この辞典のやくそく

●漢字の右上の▼の印は、その漢字が常用漢字でないことを示しています。また、▽の印は、その漢字が常用漢字ではあるが、常用漢字表にのっていない読みであることを示しています。

●専門用語として使われることばの、使われる分野が示されています。文学・生物・天文・音楽・法律など。

●各地方で使われている代表的な方言や、共通語が地域によって別の意味で使われている場合の情報が示されています。

●いわゆる和製英語… 本来の英語との… ついての説明が参… 示されています。

ⓐ常用漢字 2136 字を… べて見出しに立てて… ます。

ⓑ部首と部首内の画数、総画数が示されています。

ⓒ筆順が示されています。いま書いている部分と、すでに書いた部分は黒で、これから書く部分は灰色で示されています。

ⓓ音読みをカタカナで、訓読みをひらがなで示しています。太字は漢字があたる部分、細字は送りがなの部分です。

ⓔ小学校で習う漢字（1026 字）には、習う学年を示しています。これが示されていない漢字は、中学校で習う漢字です。

ⓕその漢字を使う熟語の例が音訓ごとに示されています。
▨は、その漢字が上にくる熟語です。
▨は、その漢字が下にくる熟語です。

あか(赤)くなる ⇩「あかい」の子項目

あけがた【明け方】〈名〉夜があける直前の、少し明るくなった時分。対暮れがた。類あかつき。払暁《ふつぎょう》。黎明《れいめい》。あけぼの。↓あけぼの 表現

あさ1【麻】〈名〉❶〔植物〕茎《くき》の皮から繊維《せんい》をとるために栽培《さいばい》する一年草。例麻糸。麻布。❷「①」… つくった糸や布。▽アアサ

あさ2【朝】〈名〉夜が明けてからの数時間。また、夜… ら正午までのあいだ。対晩。アアサ

あざ2【▼痣】〈名〉皮膚《ひふ》の一部が変色したもの。赤・… さき・青などの色があり、打ち身によってできる一時的な…

あさ・る【▽漁る】〈動五〉手に入れようとして、あちこ… 探しまわる。例餌《え》をあさる。買いあさる。

アダージョ〈名〉〔音楽〕速度記号の一つ。「緩《ゆる》や… かに」演奏する。◇イタリア adagio

あづちももやまじだい【▽安土桃山時代】〈名〉〔歴史〕織田信長《おだのぶなが》と豊臣秀吉《とよとみひでよし》が政権をにぎっていた時代。一六世紀おわりの約三十年間。戦国時代の混乱が治まり、全国の統一が完成した。

あいぼう【相棒】〈名〉対等の密接な関係で、仕事などをいっしょにする相手。類パートナー。参考むかし、駕…

あけぼの【▼曙】〈名〉夜がほのぼのと明けはじめるころ。

表現「あ…」や「明けがた」とさす時間は変わらないが、…』の「春はあけぼの」がぴったりくるように、…の場合にいうことが多く、「あかつき」「明…関係なく使う。また、「文明のあけぼの」…しいものの始まる時期を表わす。

…ない。だめだ。西日本で言う。例まだ…らなあかん。…は「あきまへん」。参考ていねいな言いか…

…の前ぶれもなく突然《とつぜん》。例いきな…り電話で命じられた。類突如《とつじょ》。❷順序をふまず直…いきなりおいしい」「いきなり立派…味で使う。

…エンジンでうごく二輪車。単…の省略複合語。英語では…ike という。

あ・う1【会う・遭う】〈動五〉❶〔会う〕ある場所で、人と顔を合わせる。例人と会う。人に会う。❷〔遭う〕も

敬語 ①の意味での謙譲《けんじょう》語としては、「お会いする」のほか、ふつう「お目にかかる」を使う。また、「お目もじする」「拝眉《はいび》する」「拝顔する」などの言いかたもある。

あめもよう【雨模様】〈名〉❶いまにも雨がふりだしそうな空のようす。例雨模様だから傘《かさ》を持ってでかけよう。❷雨がちな天候。例きょうは全国的に雨模様でしょう。▽「あまもよう」「あまもよい」「あめもよい」ともいう。

注意「荒《あ》れ模様」ということばと同様に、①が本来の意味だが、②の意味でも使われる。「雪模様」も同様。

【哀】口部6 全9画
アイ **あわれ**・**あわれ**む
哀哀哀哀哀
音〔アイ〕 ▨哀愁《あいしゅう》。哀悼

【愛】心部9 全13画
愛愛愛愛愛
アイ 教小4 音〔アイ〕 ▨愛情《あいじょう》。愛用《あいよう》。愛国心《あいこくしん》。愛読書《あいどくしょ》。 ▨慈愛《じあい》。純愛《じゅんあい》。恋愛《れんあい》。兄…
注意 県名の「愛媛《えひめ》県」にも用いる。

---

⑨同じかな見出しどうしでアクセントがことなる語や、意味ごとにアクセントがことなる語には、アクセントが示されています。太字は高く発音する部分で、細字は低く発音する部分です。
アクセントの末尾に」の印がある場合は、その語の次にくる語の最初の音が低く発音されることを示しています。

⑩他の見出し語句への参照が示されています。

●▽の印は、その下の情報が、㊀㊁…、❶❷…にかかわらず、その項目全体、または、▽の上全体にかかることを示しています。

⑪表現欄では、その語句のよりくわしい使いかたやニュアンス、比喩（ひゆ）的な用法、慣用的な言いまわし、類義語との使い分けなど、表現に役立つ情報が説明されています。

⑫参考欄には、その語句の語源、具体例、専門分野で使われる意味、同じ表記で別の読みかたをする語など、知識をひろげるための発展的な情報が示されています。

⑬敬語欄では、その語句の尊敬語・謙譲語・丁重語にあたる言いかたが説明されています。

⑭注意欄では、その語句の意味をかんちがいして生じた使われかたと本来の意味などについて説明されています。

例解新国語辞典【第十版】目次

監修 林 四郎

編著 篠崎晃一〔編修代表〕・相澤正夫・大島資生

例解新国語辞典

第十版 シロクマ版

三省堂

［監修者］
筑波大学名誉教授
文学博士　林　四郎

［編著者］
東京女子大学教授　篠崎晃一（代表）
国立国語研究所名誉教授　相澤正夫
東京都立大学教授　大島資生

◉

国立国語研究所名誉所員　野元菊雄
南　不二男
東京学芸大学名誉教授　国松　昭
松岡榮志
国立国語研究所名誉所員　石綿敏雄
茨城大学名誉教授　菅井建吉

［イラスト］中山隆夫
飛鳥幸子
［付録製作］株式会社キャデック
平田嘉男・平田　顕
［装画］内藤和美
［装丁］吉野　愛

First Edition 1984
Tenth Edition 2021
Printed in Japan

とびらのことば

この辞書で、
こんなことを考えながら
ことばの力を高めてください。

わたしたちのまわりには、ことばがあふれています。
わたしたちは無意識のうちに、それらのことばを使っています。

ふだん何気なく使っていることばを、あらためてひとつひとつ丁寧《ていねい》に眺《なが》めてみると、いままで気がつかなかった多くの発見があります。

知らなかった意味をもつことば
知らなかった使いかたをすることば
意味が変わってきたことば
意味が似ている別のことば
意味が反対の別のことば

同じことを伝えるのにも、たくさんの言いかたがあります。

男女によって違《ちが》うことば
年齢《ねんれい》によって違うことば
相手や場面によって違うことば
地方によって違うことば

ひとつひとつのことばは、
孤立《こりつ》しているわけではありません。
いろいろなことばと重なったりつながったりして、
仲間をつくっています。

たくさんのことばの中から、
どのことばを選んで、どう組み合わせるのか、
無限の可能性が豊かな表現力を生み出します。

教科書、ウェブサイト、雑誌、新聞、
小説、エッセイ、
漫画《まんが》、テレビ、ラジオ……
ふだんわたしたちは、たくさんの書きことばや
話しことばに出会っています。
目や耳に入ってくることばのすがたを深く丁寧に探《さぐ》っていき、
その先にある広大なことばの世界を見渡すことができれば、
もっともっと上手にことばを使えるようになるはずです。

この辞書を手がかりに、ことばの世界を探検してみましょう。

この辞典の活用のしかた

辞書には長い歴史があり、知識の宝庫とも言われてきました。

知らないことを知るための、ふたしかなことを確かめるための、つえとも柱ともなり、人々の言語生活に欠かすことのできない道具として使われてきました。

この『例解新国語辞典』は、そのような辞書の伝統をふまえながら、わたしたちのことばの世界が広まり深まるように、あなた自身の日本語が生きいきとしたものになるように、という願いをこめて編修した辞書です。

これからくわしく説明するように、この辞典は、ことばの意味と使いかたがわかるだけでなく、実際に文章を書くときや、会話の際の表現にも役だつように作ってあります。また、日本語に関する知識がふえ、興味が深まるためのくふうもしてあります。

〔見出し語句〕　この辞典で解説しようとしてとりあげた項目を示す語句です。中学校で使われる最新の教科書をはじめ、新聞・テレビや小説・説明文などによく出てくる、次のような語句を選びました。

・日本語の言語生活にとって基礎となる語句と漢字
・新しいカタカナ語もふくめて科学や文化に関する用語
・ことわざや故事成語・慣用句

大型の国語辞典にものっていないような語句を含む、見出しの語句五万九千のほかに、用例や対義語・類義語、表現欄や参考欄、囲み記事などで扱った語を加えると、六万語をこえる数になります。

〔見出し語句のならべかた〕　五十音順になっています。同じかながならぶ場合は、

・清音―濁音―半濁音、直音―促音（そくおん）または拗音（ようおん）の順になっています。カタカナ語や方言の長音は、
・ピース→ピイス、ベース→ベエス、ボーイ→ボオイのように、発音どおりのところにならべてあります。

〔漢字表記〕　漢字での書き表わしかたです。「標準表記」と「参考表記」の二種類に分けて示しました。用例や 表記

見出し語句

かって　かって　きよう　きょう
1ちり　2ちり　ち・る
ひん　びん

漢字表記

【朝なぎ】＝標準表記
〔朝▼凪〕＝参考表記
▼＝表外漢字
▽＝表外音訓

品詞・活用

〈名・形動〉
〈動下一〉

●求めることばを見つけるには

① 小口にある五十音ごとの赤いしるし（「つめ」といいます）でだいたいの見当をつけ、各ページの「肩見出し」（「柱」といいます）で、のっているページを見つけだします。

見出し語の上に番号がふってあるのは同音異義語で、漢字表記のちがいで区別します。使い分けにとくに注意したい表記はアミをかけて目立つようにしてあります。

② ことわざ・故事成語・慣用句などは、その句の最初にある語の子項目として出ていることが多いので、そのつもりでさがします。

③ さがしている語が見つからないからといって、簡単にあきらめてしまってはいけません。「〜性」「〜的」や「不〜」「無〜」などの付いている語（派生語）は、よく使うものは見出しとしてのせてありますが、のっていない場合は、中心になっている語の意味を調べ、それと、くっついている語の意味をあわせて語全体の意味を考えるようにします。

複合語についても、同じように、見出しがなくても、上の単位と下の単位の意味をくみ合わせて考えましょう。

の欄でも、適切な表記がわかるようになっています。

〔品詞・活用〕　その語の品詞名、活用の種類を示しました。略語の意味は、(8)ページに出ています。

〔意味・用法〕　語句の意味が、具体的に生きいきと伝わるように心がけました。文のなかにあてはめたとき、うまく前後とつながるように、というくふうもしてあります。類義語との微妙な意味や用法のちがいにも心をくばりました。

〔用例〕　この辞典では、用例が主役のひとつです。その語にふさわしい生きた用例を示すようにしました。用例を二つ以上示す場合は、句例・文例・語例の順にならべてあります。

・句例――ことばとことばの慣用的なむすびつきを示す例です。なお、イディオムやことわざなど、特別な意味のある句例には、すぐ下の（　）で簡単に意味を説明し、また、「がっしり(と)した体格」のような形で「と」がついてもつかなくても使えることを示しました。

・文例――その語句が、実際にどういう場面で、どのように使われるかを示した例です。

・語例――その語が、どういうことばとむすびついて別のことば（複合語）をつくっていくかの例です。必要に応じて（　）のなかに意味や用法、その複合語がさらにどういう語句とむすびつくかを示しました。

〔対義語・類義語〕　対(つい)になる語、反対の意味をもつ語、似た意味の語をできるだけ多く示しました。あなたの語彙や表現力を一段とひろげていくでしょう。

〔アクセント〕　同音でアクセントのことなる語には、アクセントを記しました。また、意味によってアクセントがちがう場合には、参考欄などで、その使い分けを示しました。

意味・用法
一 二 ―大分類
❶❷❸ ―小分類
〔生物〕〔音楽〕＝分野別意味

用例 例

対語・対義語 対

類義語 類

外来語のつづり ◇ドイツ Acryl

アクセント ア

参照項目 ↓ ⇩

接続 接続

◉意味を調べるなら

① 一つの語の意味が、一 二 ❶❷などとわけて書いてあるときには、自分の表現したい気持ちや、もとの文章にあてはめて、どれがいちばんぴったりするかを考えます。

② その場合、用例や 対 類 なども役にたつはずです。表現 注意 参考 の欄にもたいせつなことが出ています。

③ ⇩・↓や 絵 などのしるしがあったら、その指示にしたがって、かならずその先をも調べるようにします。

◉使いかたが知りたければ

① その語の品詞名や活用のしかたは、〈　〉のなかを見ればすぐにわかります。

② 使いかたは、用例でわかります。それを参考にして自分でもいろいろな用例を作ってみましょう。表現 参考 の欄にも、特別な使いかたなどが書いてありますから、かならず目を通すようにします。接続 の欄には、助動詞・助詞が、どんな語のどんな形につながるかが書いてあります。

〔表現〕 意味の説明のところでは示しきれないような、その語句の実際の使われかたや、似た語句との関係、比喩表現や用法の制限などについての説明が書いてあります。

〔注意〕 ことばの誤用についての情報が書いてあります。意味をかんちがいして使われることが多くなった語句や、もとは誤用であったものの、その新しい意味のほうがすっかり定着してしまった語句について、注意を喚起しています。

〔敬語〕 動詞を中心とするある語句について、それを尊敬語・謙譲語・丁重語ではそれぞれ何というかについて書いてあります。

〔参考〕 その語句の語源、文化的・社会的な背景、百科事典的な情報などが書いてあります。さらに、「和製英語」と呼ばれる一部のカタカナ語には、本来の英語では何というか、そのまま英語とかんちがいして使うとどういう意味になるか、といった発展的な情報も書いてあります。

〔由来〕 おもに故事成語のなりたちを説明してあります。

〔方言〕 日本各地で使われているその地域特有のことばのうち、代表的なものをのせました。共通語と同じことばでありながら別の意味で使われている「気づかない方言」についての発展的な情報も、一部の共通語に書いてあります。

〔常用漢字〕 常用漢字二一三六字の書きかたと音訓、熟語例を示した項目です。漢字は大きな字で示してあります。

① **部首と部首内の画数、総画数** 部首や画数は、辞書によっていろいろな立場がありますが、原則として、従来の伝統的な部首および画数に従いました。

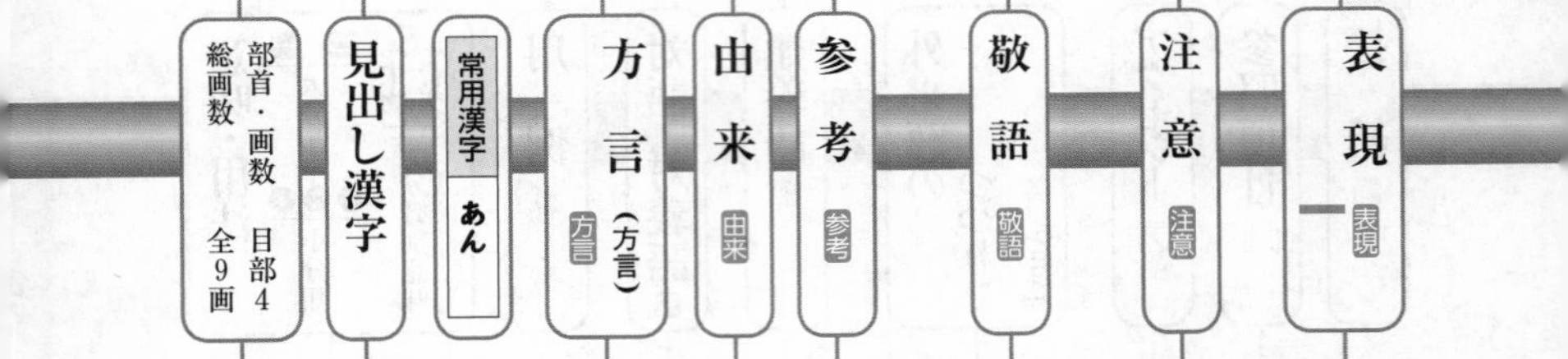

◉**書きかた（表記）を確かめるには**

① その語をどういう漢字で書けばいいかが知りたかったら、【 】のなかを見ましょう。〔 〕のなかは、参考表記ですから、普通の文章の場合には使う必要がありません。【 】も〔 〕もない場合は、見出しのまま、かなで書きます。ただし、「だに」のような場合には、用例や表現に「街のダニ」のような例が出ていますから、「ダニ」とカタカナで書いたほうがいいな、とわかります。

② 同音語がある場合には、ひとつひとつの語の意味をよく確かめてから、どの漢字にするかをきめる必要があります。

一二…や❶❷…の下の【 】のなかに、意味による書きわけが示してある語もあります。

③ 外来語の場合は、◇の下に原語が出ていますから、場合によっては、それを利用してもよいでしょう。

④ 送りがなも、「表記」欄や見出し語のなかの「・」（語幹と語尾のくぎりめ）や、用例で確かめられます。

◉**表わしかた（表現）を探すなら**

① 文章を書いていて、もっとよい表現はないかと思ったら、まず頭に浮かんだことばを引いて、その語に関する部分をていねいに読みます。すると、意味のなかや、用例のなかから、きっとヒントがえられます。それでもまだ満足できなかったら、対類に出ている語を調べたり、さらに、それをたどって、どんどん引いていきます。そうすれば、きっと気に入るような言い表わしかたを見つけだせます。よい文章を書きたいと思うなら、てまを惜しんではなりません。

② **筆順**　文字の全体の形を考えながら書けるよう、黒と灰色の二色に分けて示しました。筆順は、きれいで正確な字を書くためのものですから、一つだけとはかぎりません。特別な書き順がある字には※をつけてあります。

③ **音訓**　常用漢字表に示された音訓について、カタカナで音を、ひらがなで訓を示してあります。ほそい字の部分は送りがなです。

④ **学年配当**　小学校で習う字には、「学年別漢字配当表」に従って教のしるしをつけ、初めて教わる学年を数字で示しました。

⑤ **熟語例**　その漢字がどういう熟語をつくるか、その字の音訓ごとにわけて、語例をいくつかあげてあります。

⑥ **注意**　当て字・熟字訓や府県名など、特別な読みかたをする語についての注意などが書いてあります。

〈**イラスト**〉　要所要所にちりばめられた楽しいイラストを、ことばの理解に役だててください。項目のなかにある絵というしるしが、イラストへのガイド役です。

〈**囲み記事**〉　「ことばの知識」「ことばの使いかた」「ことばの使いわけ」など、ことばの理解や運用に役だつ情報が収めてあります。どんな囲み記事があるかは巻末に目次がのせてあります。

〈**国名・人名**〉　本文各ページの下の欄外に、現在の世界の国名と、日本や世界の歴史上の重要人物を、それぞれ五十音順にのせてあります。

〈**付録**〉　巻末につけた付録も、この辞典の特色をなすたいせつな部分です。ことばというものを、いろいろな角度からみることができるように、また、国語の学習に役だつようにしてあります。

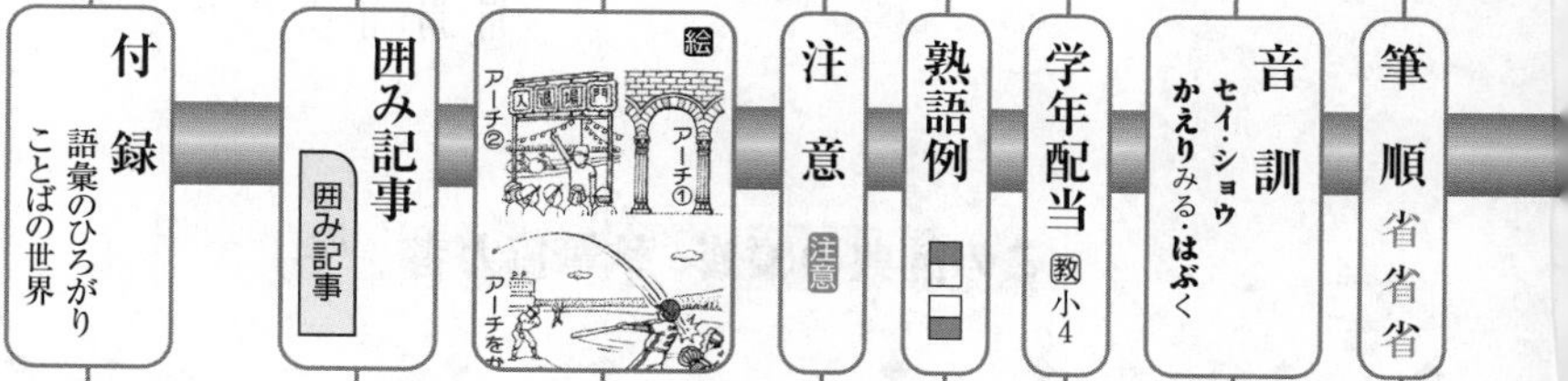

◉**ことばを楽しむなら**

① どこでも好きなページを開いて読んでみましょう。ところどころにイラストがありますから、それを拾い読みしていくだけでも、楽しい時間がすごせます。とくに、「いえ」「ねこ」「みず」は、ページ一面のイラストが出ていますから、それを参考にして、自分でもいろいろな語のイラストを作ってみましょう。

② 「囲み記事」には、さまざまな観点からとらえたことばのためになる情報がいっぱいつまっています。「囲み記事」を読んで、そのなかの語をもう一度調べてみるのも、よい勉強になると思います。

③ 付録にも、イラストを中心にしたことばのとらえかたがたくさんのっています。グループをつくっていることば、和語・漢語・外来語などの語種のこと、季節のことば、方言の分布、品詞の分類や活用表、敬語の分類などです。きっとみなさんに活用していただけると思います。

④ ひとつの語を出発点にして、そこにある対や類の語を次から次へと調べてみるのもおもしろい勉強です。

◉**欧文略語集**

「AED」「ATM」のようにアルファベット（ローマ字）からなる略語や、「Jアラート」「R指定」のようにアルファベットから始まることばは、ABC順で引けるように巻末に横組みでまとめてありますので、うしろからめくって調べてください。

品詞・活用略語表

<動サ変>は、多く<する>として示しました。

〈名〉……名詞
〈代名〉……代名詞
〈動〉……動詞
〈動五〉……動詞五段活用
〈動上一〉……動詞上一段活用
〈動下一〉……動詞下一段活用
〈動カ変〉……動詞カ行変格活用
〈動サ変〉……動詞サ行変格活用
〈する〉……動詞サ行変格活用
〈補動〉……補助動詞
〈形〉……形容詞
〈補形〉……補助形容詞
〈形動〉……形容動詞
〈副〉……副詞
〈連体〉……連体詞
〈接〉……接続詞
〈感〉……感動詞
〈格助〉……格助詞
〈接助〉……接続助詞
〈副助〉……副助詞
〈終助〉……終助詞
〈助動〉……助動詞
〈接頭〉……接頭語
〈接尾〉……接尾語
〈造語〉……造語成分

この辞典の編修・執筆協力者

◆初版　相原林司・安倍千之・阿部広重・石井みち江・井ノ内宏・氏家洋子・梅津彰人・遠藤裕子・大江一道・大木正義・岡崎和夫・小沢義正・小林一仁・沢木幹栄・滋野雅民・白井啓介・鈴木孝典・田沼　将・都築秀行・坪本篤朗・寺岡　潔・中島友一・中道真木男・中山隆夫・名倉正博・林博・堀口純子・町田隆吉・町田守弘・山口仲美・山田　正・吉田夏生・渡部成哉

◆第二版　相澤正夫・篠崎晃一・新屋映子・備前徹・守屋三千代・湯沢正範

◆第三版　相澤正夫・守屋三千代

◆第四版　相澤正夫・石井みち江・大島資生・新屋映子・藤原浩史・舟部淑子・細川直美・町田隆吉

◆第五版　相澤正夫・大島資生・小林久美・鈴木芳明・中井精一・町田隆吉・三井はるみ

◆第六版　新井小枝子・小幡真理・鴻野豊子・菅井紫野・鈴木芳明・高橋　昭・武田加奈子・張麟声・中井精一・中尾比早子・橋本　修・町田隆吉・三井はるみ・村上敬一・若松由美

◆第七版　岡　優子・小西いずみ・小林澄子・高橋　昭

◆第八版　大島潤子・岡　優子・小林澄子

あ …… ア

常用漢字 あ

【亜(亞)】 二部5 全7画 亜亜亜亜亜

ア 音[ア] 亜流《ありゅう》。亜麻《あま》。白亜《はくあ》。

あ[1]〈感〉ふと思いついたり、ちょっとおどろいたりしたときに思わず出す声。例あ、財布《さいふ》を持ってこなかった。

あ[2]【亜】[一]〈造語〉「アジア(亜細亜)」の省略した形。例亜州(=アジア州)。欧亜《おうあ》(=ユーラシア)。東亜(=東アジア)。[二]〈接頭〉程度がそれに似ている、という意味を表わす。例亜寒帯。亜熱帯。(SFで)亜光速。

ああ[1]〈副〉あんなふうに。あのとおり。例ああいつまでも子どもではこまってしまう。アアー

ああ言《い》えばこう言う 人の言うことにいちいちさからったり、言いのがれをしようとしたりする。

ああ[2]【▽嗚▽呼】〈感〉❶おどろきや喜び、なげきや悲しみなどを強く感じたときにでることば。例ああ、びっくりした。ああ、よかった。ああ、すばらしい。ああ、どうしよう。❷承知《しょうち》したという意味の応答のことば。親しい人や目下の人に使う。例「このペン、ちょっと借りていいですか」「ああ、いいよ」。

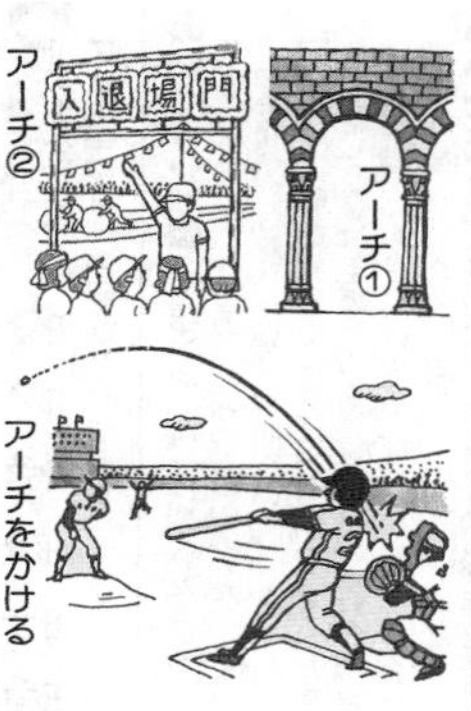

[アーチ]

ああいう〈連体〉あのような。あんな。「ああいった」「ああした」ともいう。▽アアー 例ああいう態度はよくない。

アーカイブ〈名〉❶あるテーマにそって集めた、たくさんの文書記録や映像資料、デジタルデータなどの、保管施設《しせつ》やウェブサイト。「アーカイブス」「アーカイブズ」ともいう。❷〈する〉コンピューターで、保管や送受信のため、ファイルを圧縮《あっしゅく》したり、複数のファイルを一つにまとめたりする技術。また、その処理後のファイル。書庫。◇archive(=古文書《こもんじょ》・公文書館)

アーケード〈名〉❶まるい形の屋根でおおわれた、商店街など。❷ゲームセンターのこと。例アーケードゲーム。◇arcade

アース〈名〉感電の防止や器具の保護《ほご》のために、電気器具の金属部分と地面をつなぐ線。接地。◇earth

アーチ〈名〉❶柱を立てずに重さをささえる建築の構造。石やれんがを少しずつななめに積みかさね、∩のような形にする。❷葉のついた木の枝《えだ》などをくみ合わせてつくった門。運動会などで使う。❸野球で、「ホームラン」のこと。例アーチをかける。アーチをえがく。今季第三〇号アーチ。▽絵 ◇arch

アーチェリー〈名〉西洋式の弓。また、それを使うスポーツ競技。オリンピック種目の一つ。洋弓。◇archery

アーチスト〈名〉⇩アーティスト

アーティスティックスイミング〈名〉水泳競技の種目の一つ。プールの中で、音楽に合わせて泳ぎ、美しさをきそう。以前は「シンクロナイズドスイミング」と言った。◇artistic swimming

アーティスト〈名〉芸術家。とくに、芸術の新しい分野で活躍《かつやく》する人や、ポピュラー音楽の歌手・演奏家など。「アーチスト」ともいう。◇artist

アート〈名〉芸術。美術。例ネイルアート。◇art

アートワーク〈名〉出版物のカバーやCD・DVDのジャケットなどをかざる、絵画や写真。◇artwork

アーバン〈接頭〉都会・都市の。都会での。都会ふうの。例アーバンライフ。アーバンデザイン。◇urban

アーム[一]〈名〉本体から腕《うで》のような形でつき出た部分。例ショベルカーのアーム。[二]〈造語〉腕。例アームチェア(=ひじかけ椅子《いす》)。◇arm

アームレスリング〈名〉腕相撲《うでずもう》の競技。◇arm wrestling

アーメン〈感〉キリスト教で、賛美歌や祈《いの》りのことばのおわりに、心をこめて神に言うことば。「そうでありますように!」という意味を表わす。◇ヘブライ語から。

アーモンド〈名〉モモに似《に》た葉や実をつける落葉高木《らくようこうぼく》。種はナッツの一種。◇almond 参考「扁桃《へんとう》」という訳語《やくご》があり、当て字にも使われた。

アール〈名・接尾〉メートル法の面積の単位。一アールは一〇〇平方メートル。記号「a」。◇《フランス》are

アールしてい【R指定】〈名〉⇩(巻末「欧文《おうぶん》略語集」)R指定

アールデコ〈名〉一九一〇年代から三〇年代にかけてヨーロッパやアメリカで流行した、芸術様式の一つ。直線的なデザインや幾何学《きかがく》模様など、単純で、近代的、合理的な装飾《そうしょく》を特徴《とくちょう》とする。◇《フランス》art déco(=装飾美術) 参考 時代が近く、対照的な様式の「アールヌーボー」と対比されることがある。↓次項

アールヌーボー〈名〉一八九〇年代から一九〇〇年代にヨーロッパで流行した、芸術様式の一つ。植物をモチーフにした、流れるように曲線的な模様など、複雑で、手工芸的な装飾《そうしょく》を特徴《とくちょう》とする。◇《フランス》art nouveau(=新芸術) ↓前項

常用漢字 あい

【哀】 口部6 全9画 哀哀哀哀哀

アイ あわれ・あわれむ 音[アイ] 哀愁《あいしゅう》。哀悼《あいとう》。哀願《あいがん》。悲哀《ひあい》。訓❶[あわれ] 哀れ。哀れな話。哀れがる。❷[あわれむ] 哀れむ。哀れみ。

【挨】 扌部7 全10画 挨挨挨挨挨

アイ 音[アイ] 挨拶《あいさつ》。

【愛】 心部9 全13画 愛愛愛愛愛

アイ 教小4 音[アイ] 愛情《あいじょう》。愛用《あいよう》。愛国心《あいこくしん》。愛読書《あいどくしょ》。慈愛《じあい》。純愛《じゅんあい》。恋愛《れんあい》。兄弟愛《きょうだいあい》。師弟愛《していあい》。

注意 県名の「愛媛《えひめ》県」にも用いる。

【曖】日部13 全17画

アイ 音[アイ] 曖昧《あいまい》。

曖 曖 曖 曖 曖

[1]あい【合い】㊀〈造語〉あいだ。続いていたものがとぎれて、なにもないあいだ。また、二つのもののあいだ。例 合いの手。合間《まあい》。合着《あいぎ》。谷合い。間合い。㊁〈接尾〉❶動詞のあとにつけて、名詞をつくる。たがいになにかをしあうことを表わす。例 言い合い。なれ合い。見合い。❷名詞のあとにつけて、漠然《ばくぜん》とした全体の感じを表わす。例 意味合い。色合い。

[2]あい【藍】〈名〉❶〔植物〕葉からこい青色の染料《せんりょう》をとる一年草。❷「①」の草からとった染料。例 藍ぞめ。類 インディゴ。❸こい青色。藍色。

藍より青《あお》し ⇩しゅつらんのほまれ

[3]あい【愛】〈名〉❶妻・夫や恋人のことを、大好きで大切に思う気持ち。例 愛をささやく。愛がみのる。類 恋《こい》。❷どんなに犠牲《ぎせい》をはらっても大切にしたいと思う気持ち。例 わが子への愛。▽→あいする

愛の鞭《むち》 指導するがわの者が、相手のためを思えばこそ、あまやかさず、逆にとるきびしい態度。

[4]あい【相】〈接頭〉❶たがいになにかをしあうことを表わす。例 相打ち。相知る。相寄る。❷あらたまったときやおもおもしく言うときにつけることば。例 当年とって七十歳《さい》に相なります。まことに相すみません。

あいあいがさ【相合い傘】〈名〉❶男女が仲むつまじく、いっしょに一本の傘に入ること。❷傘の絵の下に男女の名前をならべて書いて冷やかす落書き。

あいいれな・い【相いれない】〖相▽容れない〗〈形〉考えかたや立場がちがうために、たがいに相手をうけ入れることができない。例 相いれない仲。両国とも相いれない主張をくりかえした。

あいうち【相打ち・相討ち】〈名〉武芸などで、たがいのわざが同時にきまり、勝ち負けがつかないこと。

あいえんきえん【合縁奇縁】〈名〉人と人とのつき合いが、うまくいったりいかなかったりするのは、すべてふしぎなめぐり合わせによるのだ、ということ。類 縁は異《い》なもの。

あいおい(相生)のまつ(松) 一つの根から雄松《おまつ》と雌松《めまつ》が生えたもの。長い年月をともに過ごすものの代表とされ、夫婦《ふうふ》にたとえて使うことが多い。

[1]あいか【哀歌】〈名〉かなしい気持ちをうたった歌や詩。類 悲歌。エレジー。

あいかぎ【合い鍵】〈名〉一つの錠《じょう》に合う、別のかぎ。複製したかぎ。スペアキー。

あいかた【相方】〈名〉いっしょに組んで漫才《まんざい》などをするとき、一方からみたもう一方。例 相方をつとめる。

あいかわらず【相変わらず】〈副〉いままでと変わったようすもなく。ずっと同じ調子で。例 店は相変わらず繁盛《はんじょう》している。類 依然《いぜん》。

表現 あきれる気持ちをこめるときは「あいもかわらず」ともいい、また、連体詞として「あいもかわらぬ」の形でも使う。

[1]あいかん【哀感】〈名〉ものがなしい感じや気分。例 哀感がただよう。類 哀愁《あいしゅう》。あわれ。

[2]あいかん【哀歓】〈名〉悲しみとよろこび。例 哀歓をともにする。類 悲喜《ひき》。

[1]あいがん【哀願】〈名・する〉相手の同情をひくような態度で、必死にたのむこと。例 助命を哀願する。類 懇願《こんがん》。泣きつく。泣きを入れる。

[2]あいがん【愛玩】〈名・する〉小さな動物をかわいがること。ペットとして大事にすること。例 愛玩動物。

あいぎ【合着】〖▽間着〗〈名〉❶⇩あいふく ❷上着と下着の間に着る服。

あいきどう【合気道】〈名〉武道の一つ。武器を使わないで身をまもる術。ひじの関節をせめるわざや投げわざなどを特色とする。例 合気道家《か》。

あいきゃく【相客】〈名〉❶料理店などでの、相席《あいせき》の客。❷宿屋などでの、相部屋《あいべや》の客。

あいきょう【愛▼嬌・愛▽敬】〈名〉❶にこにこして、かわいらしいこと。例 愛嬌たっぷり。彼女《かのじょ》は頭がよくて、しかも愛嬌がある。❷人や動物が、ひょうきんでにくめないようす。例 パンダの動作には、どこか愛嬌がある。❸相手をよろこばせるような、かわいげのある態度やことば。例 愛嬌をふりまく。類 あいそ。

表現 「今の失敗はほんのご愛嬌さ」「ご愛嬌に一節《ひとふし》歌います」のように、②と③の意味では、「ご愛嬌」の形で使うことも多い。

[1]あいくち【合い口】〈名〉二人でいっしょになにかを行なうときの、相手との調子の合いかた。例 あの人とは合い口がいい。類 合い性《しょう》。

[2]あいくち〖合口・▼匕▽首〗〈名〉鍔《つば》のない短刀《たんとう》。例 懐《ふところ》に合口をのむ。類 どす。懐刀《ふところがたな》。

あいくるし・い【愛くるしい】〈形〉むじゃきで、かわいらしい。類 愛らしい。

表現 幼児や少女の顔やようす、しぐさについていう。「かわいくてたまらない」という感じで、「あいらしい」以上に気持ちがこもる。

あいけん【愛犬】〈名〉かわいがって飼《か》っているイヌ。

表現 「愛犬家」「愛犬協会」など、下にことばがつけば、「犬を愛する」の意味になる。「愛猫《あいびょう》」なども同じ。

[1]あいこ〖相子〗〈名〉勝ち負けなし。類 引き分け。ア アイコ

[2]あいこ【愛顧】〈名〉客が、商店などをひいきにすること。例 日ごろのご愛顧にこたえる。類 引き立て。ア アイコ

表現 ひいきにされるがわから礼をいうときの あいさつのことばとして使うことが多い。

あいご【愛護】〈名・する〉動物などをかわいがり、だいじにすること。例 動物愛護週間。

あいこう【愛好】〈名・する〉すきで楽しむこと。

あいこく【愛国】〈名〉自分の国を大切に思うこと。例 愛国心《しん》。愛国者。

あいことば【合い言葉】〈名〉❶合図のことば。あらかじめうち合わせておき、味方どうしで使う。❷仲間意識を高めたり、外にアピールするために、グループの目標としてかかげることば。類 標語。スローガン。

アイコン〈名〉❶コンピューターで、ファイルやプログラム、操作などをことばのかわりに絵や図形にして、画面上にあらわしたもの。クリックやタップをして使う。❷⇩イコン ❸芸能・スポーツ・ファッションなど、ある世界を代表するほどの存在で、見ればだれにでもわかるような人や物のすがた。例 アクション映画のアイコンとなった俳優《はいゆう》。類 シンボル。◇icon

アイコンタクト〈名〉おたがいの目を見ることで、意思や感情を伝えること。例 選手どうしがアイコンタクトでパスの合図をする。◇eye contact

あいさい【愛妻】〈名〉❶大切にしている妻《つま》。例 愛妻弁当。❷妻を大切にすること。例 愛妻家。

あいさつ【挨拶】〈名・する〉❶「おはよう」「いらっしゃい

ませ」「さようなら」などの、人に会ったり別れたりするときに言うことば。例 挨拶をかわす。❷はじめて会う人に「山田と申します。どうぞよろしくお願いします」というように、自分を紹介《しょうかい》すること。❸集会のはじめや終わりに、主催《しゅさい》者や来賓《らいひん》が、その場の人々に、感謝やお祝いの気持ちを述べることば。例 主催者として ひとことご挨拶を申しあげます。❹手紙・メールのはじめや終わりに書くことば。時候のようすを述べたり、相手の健康を気づかったりする。❺相手に対する敬意を表わす行動。例 挨拶に行く。転勤の挨拶。挨拶状。▽→ごあいさつ・囲み記事1(下)

あいじ【愛児】〈名〉かわいいわが子。類 寵児《ちょうじ》。

あいしゅう【哀愁】〈名〉どことなくただよう、しみじみとものがなしい感じ。例 哀愁がただよう。類 哀感。

あいしょう[1]【相性・合い性】〈名〉相手との性格や調子の合いかた。例 相性のいいカップル。あいつとはどうも相性が合わない。相性占《うらな》い。類 合い口。ア アイショー

あいしょう[2]【愛称】〈名〉親しみをこめたよび名。例 愛称募集。類 ニックネーム。あだな。ア アイショー

あいしょう[3]【愛唱・愛▼誦】〈名・する〉❶[愛唱] 好きで、よく歌うこと。例 愛唱歌。❷[愛誦] 好きな詩歌《しいか》や文章などを、時に応じてよく口ずさむこと。▽ア アイショー

あいじょう【愛情】〈名〉人や生きものに向ける、大切にしたいという思い。例 子どもに愛情を注ぐ。愛情をもって生徒に接する。夫婦の愛情。類 情愛。

あいじん【愛人】〈名〉世間ではみとめられないようなひそかな恋愛《れんあい》の相手。例 夫に愛人がいる。

アイシング〈名〉❶〈する〉筋肉を氷でひやすこと。❷ケーキやクッキーにぬりつける、砂糖・卵白などを原料とする甘い膜《まく》。❸⇩ちゃくひょう① ◇icing

アイス 一〈名〉氷。二〈造語〉❶氷の。例 アイススケート。アイスキャンディー。ドライアイス。❷「アイスクリーム」のこと。例 アイスもなか。おぐらアイス。❸氷で冷やしたもの。例 アイスコーヒー。対 ホット。◇ice

あいず【合図】〈名・する〉前もって決めておいたやりかたで、なにかを伝えたり、行動のきっかけをあたえたりすること。例 合図を送る。類 サイン。シグナル。

アイスキャンディー〈名〉果汁《かじゅう》などを棒状にこおらせた氷菓子《こおりがし》。「アイスキャンデー」ともいう。参考 イギリスでは ice lolly といい、アメリカでは Popsicle(商標)という。

アイスクリーム〈名〉牛乳や砂糖、たまごの黄身などをまぜてこおらせた菓子《かし》。略して「アイス」ともいう。◇ice cream

アイススケート〈名〉⇩スケート① ◇ice skating から。

アイスバーン〈名〉積もった雪がこおって、表面が氷のようになっているところ。◇ドイツ Eisbahn

あいすべき【愛すべき】〈連体〉みんなに好かれる。愛するだけのねうちがある。例 彼は愛すべき人物だ。

アイスホッケー〈名〉スケート競技の一種。木製の棒(=スティック)で、平べったいゴムの板(=パック)を、相手ゴールに打ちこんで、得点をきそうもの。試合は一チーム六名で行なう。冬季オリンピック種目の一つ。◇ice hockey

あい・する【愛する】〈動サ変〉❶妻・夫や恋人のことを大好きで、大切に思う。類 したう。恋する。❷大切なものとしてかわいがる。例 愛する子どものために働く。対 にくむ。❸大好きで、いつもそれに親しんでいる。例 こよなく旅を愛する。対 きらう。

あいせき[1]【相席】〈名・する〉飲食店などで、見知らぬ、よその客と同じテーブルにつくこと。

あいせき[2]【哀惜】〈名・する〉死んだ人や、去って行った人を思い出して悲しむこと。例 哀惜の念にたえない。類 哀悼《あいとう》。

あいせき[3]【愛惜】〈名・する〉手ばなすことができないほど、大切にすること。

あいせつ【哀切】〈名・形動〉あわれで、深く心をゆり動かすような感じ。例 哀切な音色。哀切きわまりない。

アイゼン〈名〉登山ぐつにつけるすべり止めの鉄の つめ。◇ドイツ Steigeisen (シュタイクアイゼン)の略。

あいそ[1]【哀訴】〈名・する〉同情をひくように、なげきながら相手にうったえること。類 哀願。ア アイソ

あいそ[2]【愛想】〈名〉❶人にいい感じをあたえるための態度や動作を表面に出すこと。例 愛想がいい。類 愛嬌《あいきょう》。→おあいそ ❷その人に好意をもとうとする気持ち。

囲み記事 1

あいさつのことば

挨拶《あいさつ》は、人とのつながりをつくるために大事なもので、おじぎをはじめ、身ぶり、手ぶり、態度、目つきなど、からだ全体で表わすものだが、中心になるのはことばである。挨拶のことばは、使う時間や場合によって、だいたい形が決まっている。

毎日の挨拶ことば

その日、はじめて顔を合わせたときの挨拶は、朝のうちなら「おはよう」「おはようございます」、日中《にっちゅう》なら「こんにちは」、暗くなってからなら「こんばんは」と言う。

家を出るときのことばは、以前は「行ってまいります」だったが、少していねいすぎると感じられるようになり、いまは「行ってきます」がふつうである。帰ったときに言う「ただいま」は、「ただいまもどりました」「ただいま帰りました」と言っていたのが短くなった言いかたである。出かける人を送り出すことばは「行ってらっしゃい」、ていねいに言えば「行ってらっしゃいませ」。人をむかえることばは「いらっしゃいませ」、とくに気持ちをこめるときは「よくいらっしゃいました」「ようこそいらっしゃいました」など。

別れのことばは、「さようなら」または「さよなら」が一般《いっぱん》的で、くだけた言いかたでは、「じゃあ(ね)」「それじゃあ」と言ったり、英語をまねて「バイバイ」と言ったりもする。学生のあいだでは、アルバイト先での挨拶をまねた、「おつかれ(さん)」という言いかたも はやっている。

場合場合の挨拶ことば

- お礼――「ありがとう」「ありがとうございます」「どうもおせわさまでした」「おそれいります」
- お礼を言われたとき――「どういたしまして」
- お祝い――「おめでとうございます」
- おわび――「どうもすみません」「申しわけありません」

 アイルランド　イギリスの西にある共和国。電子産業・製薬などが主要産業で，牧畜も盛ん。首都ダブリン。

例 愛想をつかす。彼のわがままには愛想がつきた。▽「あいそう」ともいう。ア アイソ」

表現 客が帰る際に、主人が、「どうも愛想がなくてすみません」と言うときは、人に対するもてなしを表わす。飲食店では、「おあいそ」といって、勘定《かんじょう》の意味に使う。

あいそう【愛想】〈名〉⇩あいそ〔愛想〕

[1]**あいぞう【愛憎】**〈名〉いとしさとにくさ。例 愛憎の入り交じった感情。愛憎相半ばする。

[2]**あいぞう【愛蔵】**〈名・する〉大切にして、きちんとしまっておくこと。例 愛蔵の品。愛蔵版。

あいそづかし【愛想尽かし】〈名〉相手をするのがいやになったことを表わす態度やことば。例 愛想尽かしを言う。愛想尽かしをする。

アイソトープ〈名〉「同位体」のこと。◇isotope

あいそわらい【愛想笑い】〈名・する〉相手の機嫌《きげん》を取ったり、親しみの気持ちを表わしているように見せかけたりするときにする笑い。例 愛想笑いをうかべる。愛想笑いをもらす。

あいだ【間】〈名〉❶二つのものにはさまれている部分。例 間をあける。間をつめる。❷ある時から他の時までの、ひとつづきの時間。類 間隔《かんかく》。例 間をおく。食べている間は静かだ。夏休みの間に旅行する。❸人と人との関係。例 間に入る。友だちの間で、そんなことを言うとは水くさい。❹グループをつくっている人々の範囲《はんい》、という意味の形式名詞。例 友人の間では有名な話だ。

あいたい・する【相対する】〈動サ変〉❶二つのものが向かいあう。例 県庁と市役所とが道をへだてて相対している。❷二つのものが対立する。例 相対する関係。

あいだがら【間柄】〈名〉人と人とのあいだの関係。例「おふたりの間柄は?」「兄と妹です」。類 続き柄。

表現「続き柄」は、親子・兄弟など、おもに血のつながりのある関係をいい、事務上の書類に使うことが多い。「間柄」は、親子・兄弟はもちろん、友人や知人のような関係をも表わすので、使い道が広い。

あいちゃく【愛着】〈名〉いつまでも心がひかれ、はなれがたく感じること。例 愛着を感じる。愛着を覚える。使いなれた品に愛着をもつ。

参考 古風なもとの読みかたは「あいじゃく」。

あいちょう【哀調】〈名〉音楽や詩にただよう、ものがなしいひびき。例 哀調をおびた曲をかなでる。

あいつ〈代名〉「あの人」「あれ」のくだけた言いかた。

表現 ばかにしたり、あきれたり、親しみの気持ちをこめたりして使う。「こいつ・そいつ・どいつ」も同様。

あいついで【相次いで】〈副〉一つが終わったと思ったら、また、すぐに。例 父と母が相次いで亡《な》くなった。

あいつ・ぐ【相次ぐ】〈動五〉次から次へと続いておこる。例 災難が相次ぐ。相次ぐ不祥事《ふしょうじ》。

あいづち(相▾槌)をう(打)つ 相手の話や意見を聞きながら、それに調子を合わせてことばをはさむ。

由来「相づち」は、むかし刀をつくるとき、鍛冶《かじ》がふたりで調子を合わせて かわるがわる槌《つち》を打ったこと。

あいて【相手】〈名〉❶自分といっしょになって、なにかをする人。例 相手をする。話し相手。類 相棒。相方。パートナー。❷勝負や競争で、敵がわの人。例 こんどの相手は、なかなか手ごわい。❸商売などの対象になる人。例 子ども相手に菓子《かし》を売る店。

アイデア〈名〉頭をはたらかさないとちょっと出てこないような思いつきやくふう。アイディア。例 なにかいいアイデアはありませんか。アイデアマン。類 着想。◇idea

アイディア〈名〉⇩アイデア(前項)

あいてど・る【相手取る】〈動五〉裁判や争いごとの相手とする。例 国を相手取って訴訟《そしょう》を起こす。

表現 多く、「…を相手取って…する」という形で使う。

アイテム〈名〉❶品目《ひんもく》。商品。例 人気アイテム。❷コンピューターゲームで、たとえばバトルゲームの武器など、追加して使うもの。例 課金アイテム。◇item

アイデンティティー〈名〉自分とは何者であるか、ということ。例 日本人としてのアイデンティティー。いまのお父さんは実の父ではないと知らされて、アイデンティティーがゆらぐ。◇identity

参考「自己同一性」「自己証明」などと訳されることば。

あいとう【哀悼】〈名・する〉人の死を深く悲しむこと。例 心から哀悼の意を表《ひょう》します。類 哀惜《あいせき》。

あいどく【愛読】〈名・する〉とくにすきで、よく読むこと。例 漱石《そうせき》の作品を愛読する。愛読書。

アイドリング〈名・する〉停車中の、エンジンのかけっぱなし。排気《はいき》ガスが問題とされる。◇idling

アイドル〈名〉みんながあこがれる人気者。例 アイドル歌手。類 あこがれの的。◇idol

あいなかば・する【相半ばする】〈動サ変〉相反する性質が半分ずつある。例 功罪相半ばする。

あいな・る【相成る】〈動五〉「成る」のあらたまった言いかた。例 ようやく開催《かいさい》の運びと相成りました。

あいにく【▿生憎】〈形動・副〉ものごとのぐあいが悪く、残念なようす。例 あいにくの天気。あいにく、その日はつごうが悪いのですが。類 おりあしく。↓おあいにくさま

表現 なにかをしようとして、それをさまたげる事情があるときに、残念な気持ちをこめて使う。

アイヌ〈名〉北海道地方の先住少数民族。独自の言語と文化をもち、保存と継承《けいしょう》がはかられている。◇「人」という意味のアイヌ語から。

参考 アイヌ語は、北海道の多くの地名や、シシャモ・トド・トナカイ・ラッコなどの名に残っている。

あいのて【合いの手】【▿間の手】〈名〉❶歌などのきれ目に入れる、かけ声や手拍子《てびょうし》。❷人の話のとぎれ目に入れて、話を進めやすくすることば。▽例 合いの手を入れる。

あいのり【相乗り】〈名・する〉❶タクシーなどに、連れでない人といっしょに客として乗ること。❷もともと仲間でないものが、いっしょに仕事をすること。

あいはん・する【相反する】〈動サ変〉たがいに対立する。例 相反する立場。

[1]**あいびき【合いびき】**〖合い▾挽き〗〈名〉牛肉とぶた肉をまぜたひき肉。

[2]**あいびき**〖▾逢い引き〗〈名・する〉恋人《こいびと》どうしが、人目をしのんで会うこと。古い言いかた。類 しのびあい。密会。逢瀬《おうせ》。

あいびょう【愛猫】〈名〉かわいがって飼っているネコ。↓おうせ 表現

あいぶ【愛▾撫】〈名・する〉なでたり、さすったりして、かわいくてしかたがない気持ちを態度にあらわすこと。↓あいけん 表現

あいふく【合服】【▿間服】〈名〉春や秋に着るための服。合着《あいぎ》。

あいべや【相部屋】〈名〉他人といっしょに部屋を使うこと。また、その部屋。例 相部屋になる。対 個室。

あいぼう【相棒】〈名〉対等の密接な関係で、仕事などをいっしょにする相手。類 パートナー。参考 むかし、駕

籠《かご》をいっしょにかつぐ相手をこうよんだ。

アイボリー〈名〉象牙《ぞうげ》色。すこしクリーム色がかった白。◇ivory

あいま【合間】〈名〉続いていたことがとぎれ、また始まるまでの、比較《ひかく》的短いあいだ。例勉強の合間に運動をする。類切れ目。絶え間。

合間を縫《ぬ》う ものごとがとぎれた短い時間を、別のことにうまく使う。例家事の合間を縫って内職をする。

あいまい【曖昧】〈形動〉はっきりしない。例この問題に曖昧な態度は許されない。対明瞭《めいりょう》。類あやふや。うやむや。

あいまいもこ【曖昧模▼糊】〈副・連体〉全体にぼんやりしていて、何がなんだか、よくわからないこと。多く、「曖昧模糊とした(している)」の形で使う。

アイマスク〈名〉明るいところでねむるための、目をおおうマスク。参考 英語では sleeping mask という。

あい(相)まって いくつかのことが、いっしょになって。例休日と好天が相まって、すごい人出だ。

あいまみ・える【相まみえる】〈動下一〉たがいにきそいあう者が、実際に向かいあう。例両国首脳が相まみえる。両軍相まみえる。

あいみたがい【相身互い】〈名〉おたがいに相手の事情がわかり、たすけあうこと。例武士は相身互いだ。

あいよう【愛用】〈名・する〉気に入っていつも使うこと。

あいらし・い【愛らしい】〈形〉思わずほほえみたくなるほど、かわいらしい。例愛らしいしぐさ。類愛くるしい。かれん。

アイリス〈名〉カキツバタ・アヤメなどの草花をまとめていうことば。園芸用に栽培《さいばい》される。◇iris

あいろ【▼隘路】〈名〉❶山道のせまくなったところ。❷ものごとを進めるうえで、いちばんむずかしいところ。例隘路をきりぬける。

アイロニー〈名〉皮肉《ひにく》。「イロニー」ともいう。◇irony 参考 風刺《ふうし》をこめた、物語や映画の描《えが》きかたにいうことが多い。

アイロン〈名〉衣類のしわをとったり、折り目をつけたりする道具。熱して使う。例アイロンをかける。アイロンを当てる。類こて。◇iron

あいわ【哀話】〈名〉聞いていてかなしくなる物語。類悲話。

[1]**あ・う【会う・遭う】**〈動五〉❶[会う]ある場所で、人と顔を合わせる。例人と会う。人に会う。❷[遭う]ものごとに出くわす。また、経験する。よくないことに使うことが多い。例災難に遭う。ひどい目に遭う。類ぶつかる。

敬語 ①の意味での謙譲《けんじょう》語としては、「お会いする」のほか、ふつう「お目にかかる」を使う。また、「お目もじする」「拝眉《はいび》する」「拝顔する」などの言いかたもある。

表記 ①は、「▼逢う」と書かれることもある。

会うは別《わか》れの始《はじ》め 人と人とが出会うということは、いつか必ずくる別れの始まりでしかない、ということ。

[2]**あ・う【合う】**■〈動五〉❶二つ以上のものが、いっしょになる。例まぶたが合う。目と目が合う。❷ぴったりと一致《いっち》する。例呼吸が合う。足によく合わない靴《くつ》。❸正しいものと同じになる。例答えが合う。時計が合う。❹よくつりあう。例このケーキは紅茶とよく合う。類向く。適する。マッチする。❺(「合わない」の形で)苦労したかいがない。例割の合わない仕事。そんなことを言われては合わない。

■〈接尾〉動詞の連用形につけて、「たがいに…する」という意味を表わす。例愛し合う。助け合う。話し合う。

アウェー〈名〉「アウェーゲーム」の略。サッカーなどで、対戦相手の本拠《ほんきょ》地でおこなう試合。「アウェイ」とも書く。例アウェーのイラン戦。対ホーム。◇away

アウシュビッツ〈名〉ポーランド南部の都市名。第二次世界大戦中、ナチスにより強制収容所と人体実験所がつくられ、ユダヤ人や捕虜《ほりょ》の、世界史上最悪とされる大量殺戮《さつりく》(＝ホロコースト)が行なわれた。戦後、収容所は博物館となり、世界遺産にも登録された。◇ドイツ Auschwitz

アウター〈名〉「アウターウェア」の略。ジャケットや、セーター、スカートなど、下着の上に着る衣服。アウトウェア。対インナー。◇outer

アウト ■〈名〉❶球技で、ボールがコートの外に出ること。対イン。セーフ。❷野球で、ランナーが生きないこと。対セーフ。❸ある試みがだめになること。❹ぐあいがわるいこと。だめになること。俗《ぞく》な言いかた。例今その話題はアウトだよ。

■〈造語〉…の外。外がわの。例アウトドア(＝戸外)。アウトコーナー。対イン。◇out

アウトサイダー〈名〉外がわの人。類異分子。異端《いたん》者。◇outsider

表現 社会に生きていくうえで、中心勢力にはならないかわりに、自由な立場を利用してかって気ままにふるまう人のことをいう。

アウトソーシング〈名〉企業《きぎょう》や自治体が、おもに合理化のために、自分たちでしていた仕事の一部を専門の業者にたのんで、かわりにやってもらうこと。外部委託《いたく》。◇outsourcing

アウトドア〈名〉戸外。野外。例アウトドアスポーツ。アウトドアライフ。対インドア。◇outdoor

アウトプット〈名・する〉❶コンピューターで、処理結果を出すこと。出力。❷たくわえた知識をもとにして、成果を出すことのたとえ。その成果。▽対インプット。◇output

アウトライン〈名〉話や考えの、だいたいのなかみ。類概要《がいよう》。輪郭《りんかく》。◇outline

アウトレット〈名〉売れ残り品などを工場から直接仕入れて安く売る、衣料や雑貨の店。◇outlet(＝出口)

アウトロー〈名〉無法者《むほうもの》。反逆者。無頼漢《ぶらいかん》。◇outlaw

あうん(▼阿▼吽)のこきゅう(呼吸) ふたりでする仕事や動作などの調子が、ぴったり合っていること。

由来「阿吽」は、もとサンスクリット語。「阿」は、はく息、「吽」は吸う息を意味し、両方のつながりがいいことをいう。

あえぎあえぎ【▼喘ぎ▼喘ぎ】〈副〉はあはあと苦しそうに息をしながら。例あえぎあえぎ坂道をのぼる。

あえ・ぐ【▼喘ぐ】〈動五〉❶はげしい運動や病気のために、はあはあと苦しそうな息をする。❷よくないことからのがれることができずに苦しむ。例仕事の重圧にあえぐ。

あえて【▽敢えて】〈副〉❶困難やむりを覚悟《かくご》のうえで。例あえて危険をおかす。類しいて。わざわざ。無理に。❷(あとに打ち消しのことばをともなって)かならずしも…ない。例あえておどろくにはあたらない。

あえな・い【▽敢えない】〈形〉思ったよりあっけない。はかない。例あえなく負ける。あえない最期《さいご》をとげる。

あえもの【あえ物】〖▽和え物〗〈名〉和《あ》えてつくった料理。参考 みそあえ・ごまあえ・白《しら》あえ・からしあえ・きのめあえ・わさびあえ・くるみあえなどがある。

あ・える〖▽和える〗〈動下一〉野菜・魚・貝・海藻《かいそう》などに、みそ・す・ごまだれなどを加えて軽くまぜ合わせる。

あえん【亜鉛】〈名〉〔化学〕青みをおびた銀白色の金属。トタン板・真鍮《しんちゅう》・洋銀などの原料に使われる。元素の一つ。記号 Zn

あお【青】㊀〈名〉❶よく晴れた秋の空のような色。赤・黄とともに三原色の一つ。例青色。類ブルー。❷緑色・空色・あい色・水色などをまとめていうことば。例青葉。青虫。❸交通信号で、「安全」「進め」という意味を表わす色。実際には緑色が多い。対赤。㊁〈接頭〉「若い」「未熟だ」などの意味を表わす。例青二才。青坊主《あおぼうず》。

青は藍《あい》より出《い》でて藍より青し ⇩しゅつらんのほまれ

あおあお【青青】〈副・する〉あざやかな青や緑が、一面に広がっているようす。例草木が青々としげっている。

[1]**あおい**〖▼葵〗〈名〉フユアオイ・ゼニアオイなどの植物をまとめていうことば。葉は、多くハート形。アアオイ
参考 江戸時代の将軍《しょうぐん》徳川家の使用した「葵の紋《もん》」は、フタバアオイを図案化したもの。

[2]**あお・い【青い】**〖▼蒼い〗〈形〉❶晴れた空や深い海の色をしている。❷緑色をしている。例青いりんご。❸顔色に血のけがない。例お金を落として、青い顔をして交番にかけこんだ。❹果実などが、まだ、すこしも熟していない。例青い麦。❺言うことやすることがおさない。例もののの見かたが青い。類青くさい。▽アアオイ
表現「青い果実」などといえば、④の意味であるが、⑤つまり人間として未熟であることをいう場合もある。

青くなる おどろきやおそれで、顔から血のけがひく。例財布がないのに気づいて青くなった。類青ざめる。

あおいきといき【青息吐息】〈名〉どうにもやりくりがつかなくて、こまりはてているようす。例不景気で青息吐息の毎日だ。

あおいとり【青い鳥】〈名〉メーテルリンクの戯曲《ぎきょく》名から広まったことばで、幸福や、よいことのしるし。

あおうなばら【青海原】〈名〉一面に広がっている海。

あおかび【青かび】〖青▼黴〗〈名〉餅《もち》やパンなどの食べ物に生えるかび。青みがかった緑色をしている。
参考 ペニシリンは青かびの一種からつくられる。

あおぎ・みる【仰ぎ見る】〈動上一〉❶上を向いて、高いところのものを見る。例月を仰ぎ見る。❷うやまうべき人としてみる。例師と仰ぎ見る。

あおぎり〖青▼桐・▼梧▼桐〗〈名〉街路樹などにする落葉高木。緑色の幹がまっすぐにのびる。葉はキリに似ていて大きい。初夏、うす黄色の小さな花がさく。

[1]**あお・ぐ【仰ぐ】**〈動五〉❶顔を上にむけて上の方に目をやる。例天を仰ぐ。山頂を仰ぐ。❷人を尊敬する気持ちで、高い位置にすえる。例師と仰ぐ。会長に仰ぐ。類いただく。❸お願いして、大事なことをしてもらう。例教えを仰ぐ。援助《えんじょ》を仰ぐ。❹上をむいて一気に飲む。例毒を仰ぐ。類あおる。

[2]**あお・ぐ**〖▽扇ぐ〗〈動五〉扇《せん》子《す》やうちわなどを使って風をおこす。

あおくさ【青草】〈名〉青々とした草。

あおくさ・い【青臭い】〈形〉❶青菜を切ったときのにおいがする。❷未熟だ。例青臭いことを言うな。

あお(青)くなる ⇩「あおい〔青い〕」の子項目

あおこ【青粉】〈名〉❶アオノリのこな。また、青くてこなになっている食品。❷池や金魚ばちの水を緑色にそめる藻《も》の類。

あおざかな【青魚】〈名〉サバ・サンマ・イワシなど、背の青いさかな。あおもの。

あおざ・める【青ざめる】〈動下一〉おどろきやおそれ、病気などで、血のけがなくなり、青白くなる。類青くなる。

あおじゃしん【青写真】〈名〉❶青地に白で、設計図や文字をうつしだした複写。❷試験的な計画案。例この計画は、まだ青写真の段階だ。

あおじろ・い【青白い】〈形〉❶少し青さをふくんでいて白い。❷顔色が血のけを失って青い。例青白い顔。

あおすじ【青筋】〈名〉皮膚《ひふ》の表面に青くうき出て見える静脈《じょうみゃく》。

青筋を立《た》てる 額や、こめかみの静脈《じょうみゃく》がうき出すぐらいに興奮する。例青筋を立てておこる。

あおぞら【青空】〈名〉❶よく晴れた空。例ぬけるような青空。類晴天。❷(「青空…」の形で)屋外の。野外の。例青空教室。青空市場。青空駐車《ちゅうしゃ》。

あおた【青田】〈名〉イネがまだ青あおとしている田。

あおだいしょう〖青大将〗〈名〉ヘビの一種。背中は暗緑色で、大きいものは長さ二m《メートル》ぐらいになる。

あおたがい【青田買い】〈名・する〉青田のうちに、できぐあいを予想してイネを買いとってしまうことから、企業《きぎょう》が早ばやと学生の採用をきめてしまうこと。
参考「田を刈《か》る」という言いかたにひかれて、「青田刈り」ともいうようになった。

あおたがり【青田刈り】〈名・する〉⇩あおたがい

あおだけ【青竹】〈名〉幹《みき》がまだ青い竹。「あおだけ」ともいう。例青竹色。類若竹《わかたけ》。

あおたん(方言) 打ち身によってできるあざ。北海道で言う。
参考 むかし使われていた方言。若者によってまた使われ出し、東京や東日本各地に広まった。

あおてんじょう【青天井】〈名〉❶雲ひとつない青空。❷株その他の取り引きで、ねだんがどこまでも上がりつづけること。例青天井の相場。

あおな【青菜】〈名〉ホウレンソウ・コマツナのような、こい緑色の野菜。

青菜に塩《しお》 青菜に塩をかけるとしおれてしまうように、今まで元気だった人が急にしょんぼりしてしまったようす。

あおなじみ(方言) 打ち身によってできるあざ。千葉・茨城などで言う。

あおにさい【青二才】〈名〉年も若く、経験もとぼしい男。例青二才のくせに出すぎたことを言うな。類若輩《じゃくはい》。

あおのり【青のり】〖青▽海▼苔〗〈名〉食用にする海藻《かいそう》の一種。浅い海の岩などに生える。

あおば【青葉】〈名〉初夏のころの、あざやかな緑の若葉。
表現「青葉の季節」や「新緑の候《こう》」は、四月から五月にかけて書く手紙のあいさつとして適したことばである。

あおびょうたん【青びょうたん】〖青▼瓢▼箪〗〈名〉まだ青くて、うれていないヒョウタン。類うらなり。
表現 やせて顔色の青い、ぼうっとした元気のない人をからかっていうこともある。

アメリカ合衆国　世界最大の工業国・農業国で，資本主義が高度に発達。首都ワシントン。米国。USA。

あおみ【青み・青味】〈名〉❶[青み] どちらかというと青く感じられる色合い。例青みがます。青みをおびる。青みがかる。❷[青味] 料理で、煮物《にもの》や焼き物にそえる、緑色の野菜。

あおみどろ〈名〉川や池、水田などに生える藻《も》。緑色で、糸のようにほそく密生している。

あお・む【青む】〈動五〉草木が青く色づく。

あおむき【▽仰向き】〈名〉あおむいている状態。例あおむきに寝《ね》る。対うつむき。類あおむけ。

あおむ・く【▽仰向く】〈動五〉顔を上の方にむける。対うつむく。

あおむけ【▽仰向け】〈名〉からだや物をあおむけた状態。例あおむけに寝《ね》る。あおむけにする。対うつぶせ。類あおむき。

あおむ・ける【▽仰向ける】〈動下一〉からだの胸がわや物のおもてがわを上にむける。

あおむし【青虫】〈名〉モンシロチョウなどの幼虫。緑色をしていて、キャベツなどを食べる。

あおもの【青物】〈名〉❶緑色の野菜。❷野菜をまとめていうことば。例青物市場。類青果。❸「青魚《あおざかな》」のこと。例青物は苦手です。

あおやぎ【青▽柳】〈名〉❶青あおとしたヤナギ。❷すしなどで使う、バカガイのむき身。

あおり【▼煽り】〈名〉❶風が強くふいて物を動かすこと。例強風のあおりで立ち木がたおれた。❷大きな動きがひきおこす、よくない影響《えいきょう》。例あおりを食う。不景気のあおりを受けて倒産《とうさん》する。類余波。❸自動車の運転中に、前を走る車に接近して走ること。あおり運転。うしろを走る車の進路妨害《ぼうがい》をすることをふくめてもいう。例あおり行為《こうい》。

1あお・る【▼呷る】〈動五〉すばやくあおむきながら、一気に飲む。例毒杯《どくはい》をあおる。安酒をあおる。

2あお・る【▼煽る】〈動五〉❶風が強くふきつけて、物をばたばたさせる。例幕が強風にあおられている。❷うちわなどで風を送り、火の勢いを強くする。❸ことばやふんいきなどで気分を盛り上げて、いっそう勢いづける。例競争心をあおる。類かりたてる。扇動《せんどう》する。❹自動車の運転中に、前を走る車のスピードを上げさせるためやいやがらせのために、接近して走る。

1あか【赤】〈名〉❶血のような色。黄・青とともに三原色の一つ。例赤色。類レッド。赤色《せきしょく》。❷朱色《しゅいろ》・もも色・だいだい色などをまとめていうことば。❸交通信号で、「危険」「とまれ」という意味を表わす色。対青。❹社会主義者や共産主義者をさすことば。その人たちが使っている旗の色からいう。▽アアカ

表現 「赤の他人」「赤恥《あかはじ》をかく」などの場合の「赤」は、よく目だって、だれにでもわかるほどはっきりしている、という意味を表わす。

表記 「赤組」は、「▽紅組」と書かれることもある。

赤の他人《たにん》 なんのかかわりもない、まったくの他人。

2あか【▼垢】〈名〉❶皮膚《ひふ》の表面にたまるよごれ。例あかがたまる。あかをおとす。あかを流す。あかじみる。手あか。耳あか。❷水の中にできるよごれ。例水あか。湯あか。❸生活上、やむをえず出てくる、俗《ぞく》っぽいことや、つまらないこと。例浮《う》き世のあか。▽アアカ

3あか【▼閼▼伽】〈名〉仏や墓の前にそなえる水。また、それをいれる容器。◇もとサンスクリット語。アアカ

1あかあかと【赤赤と】〈副〉明るい赤色や入り日の光、火の燃えかたが、いかにも赤くさかんに見えるようす。例赤々と燃えさかる火。「赤々と日はつれなくも秋の風」〔芭蕉《ばしょう》〕。

2あかあかと【明明と】〈副〉月の光や照明によって、あたり一面が明るくなっているようす。例部屋は一晩中明々と灯《ひ》がともっていた。

あか・い【赤い】【▽紅い】〈形〉❶夕焼け空や血のような色をしている。例赤いりんご。顔を赤くする。❷だいだい色や茶色など、赤に近い色になっている。例柿《かき》の実が赤い。かみの毛を赤く染めた。❸社会主義的または共産主義的な考えをもっている。

赤い糸《いと》 結婚《けっこん》する運命にある男女の小指を結んでいるという糸。例二人は運命の赤い糸で結ばれていた。

赤くなる はずかしさで顔がまっかになる。類赤面する。

アカウンタビリティー〈名〉行政や企業《きぎょう》などが、財政や事業に関するくわしい説明を、社会に対していつでもできるようにしておく責任。説明責任。◇accountability

アカウント〈名〉❶「口座」のこと。❷コンピューターのネットワークを利用する資格。また、それを利用者ごとに特定するための固有の文字列。例メールのアカウントをとる。◇account

あかがい【赤貝】〈名〉二枚貝の一種。海のどろの中にいる。肉は赤く、むき身にして、なまで食べる。

あかがね【▽銅】〈名〉「銅《どう》」の古い言いかた。あか。

あがき【▽足▼掻き】〈名〉もがくこと。例あがきがとれない(=身動きできない)。最後のあがき。わるあがき。

あかぎれ【▼皹・▼皸・赤切れ】〈名〉冬、寒いとき、手や足にできる皮膚《ひふ》のさけめ。類ひび。

あが・く【▽足▼掻く】〈動五〉❶手足をばたばたさせて、もがく。類じたばたする。❷困難からのがれようとして、必死になっていろいろとやってみる。例こうなってはもう、あがいてもむだだ。

あか(赤)くなる ⇩「あかい」の子項目

あかげ【赤毛】〈名〉かみの毛やからだの毛が、明るい赤茶色をしているもの。

あかご【赤子】〈名〉「赤んぼう」のやや古風な言いかた。

赤子の手《て》をひねる たいした力も使わずにたやすくできる。抵抗力《ていこうりょく》のない者に対して、なんでもしたいようにすることができる、ということから。

あかさび【赤さび】【赤▼錆】〈名〉ぬれたりしたために鉄などの表面につく、赤茶色のさび。

あかし【▽証(し)・明かし】〈名〉たしかな証拠《しょうこ》。なにも悪いことをしていないという証明。例身のあかしをたてる(=潔白《けっぱく》を証明する)。

あかじ【赤字】〈名〉❶収入よりも支出の方が多いこと。例赤字になる。赤字を出す。対黒字。❷印刷の校正で、誤りをなおすために書き入れる文字。

由来 ①は、会計の帳簿《ちょうぼ》で、支出が収入をこえると赤字で記入することからいう。

アカシア〈名〉❶オーストラリアやアフリカなどに多いマメ科の樹木。❷「ニセアカシア(=ハリエンジュ)」のこと。街路樹や庭木にする落葉高木。初夏に、白い花がさく。▽「アカシヤ」ともいう。◇acacia

あかしお【赤潮】〈名〉プランクトンが異常に発生して、海面が赤くなること。魚や貝が死ぬので、漁業には大敵。

あかじこくさい【赤字国債】〈名〉国家予算の上で、足りない歳入《さいにゅう》をおぎなうために発行される国債。正式には「特例国債」という。

あかしんごう【赤信号】〈名〉❶交通信号の一つ。「危険」や「とまれ」という意味を表わす赤色の信号。❷危険な状態に近づいているので、警戒《けいかい》しろ、という合図。例赤信号が出る。類危険信号。▽対青信号。

[1]**あか・す【明かす】**〈動五〉❶かくしていたことをあきらかにする。例たねを明かす。秘密を明かす。説き明かす。解《と》き明かす。❷一晩中寝《ね》ないで、朝をむかえる。例夜を明かす。語り明かす。泣き明かす。類うち明ける。❸証《しょう》拠《こ》を示して真実をあきらかにする。例身の潔白をあかす。類証明する。

表記 ③は、「▽証す」とも書く。▽アアカス

[2]**あか・す【飽かす】**〈動五〉❶飽きさせる。「あかせる」ともいう。❷(「…に飽かして(飽かせて)」の形で)ありあまる…を存分に使って。例暇《ひま》に飽かして旅行にしょっちゅう出かける。金《かね》に飽かしてブランド品を買いあさる。▽アアカス

あ(飽)かず あきることなく。いつまでもいやにならないで。あかずに。例昆虫《こんちゅう》図鑑《ずかん》を飽かずながめる。

あかだな【▼閼▼伽棚】〈名〉仏にそなえる水や花などを置くたな。

あかちゃ・ける【赤茶ける】〈動下一〉日に焼けて、赤っぽくなる。例赤茶けた古い封筒《ふうとう》。

あかちゃん【赤ちゃん】〈名〉「赤んぼう」の親しみをこめた言いかた。

あかつき【暁】〈名〉❶夜が明けかかるとき。例あかつきの空。類あけぼの。夜明け。明け方《がた》。早暁《そうぎょう》。払暁《ふつぎょう》。→あけぼの表現 ❷期待していたことが実現する、そのとき。例成功のあかつきには、あらためてお祝いをいたしましょう。参考 古くは「あかとき」といった。「明か時」つまり「あかるくなってくる時」という意味。

あがったり【上がったり】〈名〉仕事や商売が、まったくだめになってしまうこと。例雨で商売上がったりだ。

あかつち【赤土】〈名〉赤茶色でねばりけのある土。鉄分を多くふくむ。畑には適さない。

アカデミー〈名〉学問や芸術の権威《けんい》ある人を集めた団体。◇academy

アカデミーしょう【アカデミー賞】〈名〉アメリカの、もっとも権威《けんい》のある映画賞の名。一九二七年創設。オスカーと呼ばれる彫像《ちょうぞう》形のトロフィーが授与《じゅよ》される。

アカデミズム〈名〉大学などにおける研究や学問の権威《けんい》を重要視する考えかた。◇academism

アカデミック〈形動〉学問的である。例アカデミックなふんいき。◇academic

あかてん【赤点】〈名〉試験で、落第点のこと。赤字で書かれることからいう。

あかとんぼ【赤とんぼ】【赤▼蜻▼蛉】〈名〉夏の終わりから秋にかけてむらがって飛ぶ、からだの赤い小さなトンボ。日本の秋を知らせるものの一つ。

あがない【▼贖い】〈名〉「つぐない」の意味の古い言いかた。そのためにさしだす品物。例あがないの小羊。

[1]**あがな・う**【▼贖う】〈動五〉「つぐなう」ことの古い言いかた。例みずから命を絶《た》って罪をあがなう。

[2]**あがな・う**【▽購う】〈動五〉「買う」ことの古い言いかた。例時間は金《かね》であがなえない。

あかぬけ【あか抜け】【▼垢抜け】〈名・する〉あかぬけること。例あか抜け(の)した服装。

あかぬ・ける【あか抜ける】【▼垢抜ける】〈動下一〉都会風に洗練されて、やぼなところや素人《しろうと》くささがなくなる。例あか抜けたセンス。

あかね【▼茜】〈名〉根から赤い染料《せんりょう》をとるつる草。

あかねいろ【あかね色】【▼茜色】〈名〉赤い色。

表現 「空があかね色にそまる」は、夕焼け空の形容にふさわしい表現である。

あかはじ【赤恥】〈名〉あとあとまで残るような、ひどい恥。強めて、「あかっぱじ」。例赤恥をかく。類大恥。

あかはた【赤旗】〈名〉赤い布で作った旗。❶紅白試合で、紅組《あかぐみ》の使う旗。対白旗。❷危険を知らせるために使われる旗。❸陸上フィールド競技などで、試技に無効の判定をくだす旗。対白旗。❹革命派・労働者階級が使う旗。

由来 ①は源平合戦のとき、源氏が白旗を、平家が赤旗を使ったことからいう。④はフランス革命のとき、革命派が人民の血に染まった旗を革命のしるしとしたことからいう。

あかはだか【赤裸】〈名〉まったくなにも身につけていない生まれたままの姿。また、毛をむしられた動物のようすにもいう。類すっぱだか。まるはだか。まっぱだか。

あかふだ【赤札】〈名〉赤い色の札。とくに、商品につけて、特価品・売約済みなどの意味を表わす赤い紙の札。

アカペラ〈名〉伴奏《ばんそう》なしで、人の歌声だけで演奏する音楽。また、その合唱曲や重唱曲。◇イタリア a cappella (=「礼拝堂ふうに」の意味)

あかまつ【赤松】〈名〉クロマツとともに、日本の本州でもっともふつうに見られるマツ。常緑高木。幹の表面が赤みをおびている。パルプや建築、船・家具などの材料として使われる。雌松《めまつ》。→くろまつ参考

[1]**あかみ【赤み】**【赤味】〈名〉どちらかというと赤く感じられる色合い。例赤みがさす。赤みをおびる。

[2]**あかみ【赤身】**〈名〉肉や魚で、脂肪《しぼう》の少ない赤い色のところ。対あぶら身。白身。

あが・める【▽崇める】〈動下一〉とうといものとしてうやまう。例神とあがめる。先祖をあがめる。あがめたてまつる。類とうとぶ。

あからがお【赤ら顔】【▼赭ら顔】〈名〉中からあぶらがにじみ出たような感じのする赤い顔。

あからさま〈形動〉かくしたりあいまいにしたりしておいた方がよいことを、むきだしにするようす。例あからさまな非難。あからさまに言う。類露骨《ろこつ》。あけすけ。

[1]**あから・む【赤らむ】**〈動五〉❶少し赤くなる。例ほんのりと顔が赤らむ。❷実が熟す。例柿《かき》の実が赤らんできた。

[2]**あから・む【明らむ】**〈動五〉⇩あかるむ

あから・める【赤らめる】〈動下一〉はずかしさで顔を赤くする。例顔をぽっと赤らめる。類赤面《せきめん》する。

あかり【明かり】〈名〉❶暗い中での光。例明かりがさす。明かりをとる(=光が入るようにする)。月明かり。雪明かり。❷電灯や火など、あたりを明るくするもの。例明かりをともす。明かりをつける。

あがり【上がり】━〈名〉❶高くなっていくこと。例物価の上がり下がりがはげしい。値上がり。対下がり。類のぼり。❷続いていたものが終わりになること。例今日はこれで上がりにしよう。すごろくのあがり。❸作っていたものが完成すること。また、その状態。例カレーライス一丁上がり。染め物の上がりがきれいだ。類仕上がり。❹商売などで得られた利益。くだけた言いかた。例今月は店の上がりが少ない。類もうけ。❺「お茶」のこと。すし屋などでいう。

アルジェリア　アフリカ北西部，地中海に面する共和国。石油・天然ガスが豊富。首都アルジェ。

二〈接尾〉❶ほかのことばのあとにつき、それが終わったばかりという意味を表わす。例雨上がり。湯上がり。病《ゃ》み上がり。❷職業や身分を表わすことばのあとにつき、その人の以前の仕事や地位を表わす。例軍人上がり。やくざ上がり。

表現 二の②は、現在からみて、前の仕事や地位の低さをとりたてていう。しばしば軽蔑《けいべつ》や差別の気持ちがふくまれるので、使いかたには注意が必要。

あがりかまち【上がりかまち】〖上がり▼框〗〈名〉玄関から床《ゆか》にあがるところに、横にわたしてある角材。

あがりこ・む【上がり込む】〈動五〉人の家に無遠慮《えんりょ》に上がってすわりこむ。例ご主人のお留守に上がり込むわけにはまいりません。

あかりとり【明かり取り・明かり採り】〈名〉室内に外の光をとりこむために、かべや天井《てんじょう》につくった窓。明かり窓。

あがりゆ【上がり湯】〈名〉入浴の最後に、からだをきれいにするために浴びる湯。浴槽《よくそう》とは別にわかしたもの。

あが・る【上がる・揚がる・挙がる】一〈動五〉❶低いところから高い方へ位置が移《うつ》る。例炎《ほのお》が上がる。幕が上がる。屋根に上がる。坂を上がる。飛び上がる。燃え上がる。対さがる。くだる。おりる。類のぼる。❷海や川などから、陸の方へ移る。例おかへ上がる。類上陸する。❸ふろやプールなどから外に出る。例ふろから上がる。❹はきものをぬいで、家の中へ入る。例どうぞ、お上がりください。案内も請《こ》わずに上がる。❺今までよりも上の等級や段階に進む。例位が上がる。腕《うで》が上がる(=上達する)。小学校に上がる。成り上がる。対さがる。落ちる。類のぼる。❻勢いや量などが、それまでよりも高い状態になる。例物価が上がる。人気が上がる。対さがる。落ちる。❼大きな声や音がおこる。例歓声《かんせい》が上がる。❽冷静でいられなくて、頭に血がのぼるような感じになる。例初めての舞台《ぶたい》で、すっかり上がってしまった。❾望ましい結果がえられる。例成果が上がる。名があがる。犯人があがる。❿続いていたものが終わりになる。例雨が上がる。(すごろくで)先にあがる。バッテリーが上がる。仕事が片づいたのできょうは五時にあがろう。⓫作っていたものが完成する。例(飲食店で)料理が上がった。原稿が上がった。類仕上がる。でき上がる。⓬「訪問する」の謙譲《けんじょう》語。例ご相談に上がってもいいでしょうか。対さがる。類うかがう。お邪魔《じゃま》する。参上する。⓭「食べる」「飲む」の尊敬語。例昼食には何を上がりますか。類召《め》し上がる。
二〈接尾〉〔上がる〕動詞の連用形につけて、「すっかり…する」という意味を表わす。例仕上がる。刷り上がる。焼き上がる。のぼせ上がる。ふるえ上がる。晴れ上がる。

表現 「あがる」には、打ち消しのことばをともなう、次のような用法がある。
(1)「あの人には借りがあるので頭が上がらない」のように、ひけ目を感じていることを、「頭が上がらない」という。
(2)「いくら着かざっても、風采《ふうさい》の上がらない人」のように、容姿の見ばえがしないことを、「風采が上がらない」という。

表記 漢字で書くときは、「上がる」がふつうだが、「旗があがる」「たこがあがる」「天ぷらがあがる」は「揚がる」、「手があがる」「犯人があがる」は「挙がる」と書く習慣がある。

あかる・い【明るい】〈形〉❶光の量がじゅうぶんで、ものがよく見える。例明るい日差し。部屋が明るくなる。❷色の調子が、黒や灰色をふくまない。例明るい色。❸暗いところがなく、ほがらかだ。例明るい性質。気持ちが明るくなる。❹晴れやかで、希望がもてる状態だ。例明るい未来。❺その方面のことをよく知っている。例法律に明るい。地理に明るい。類くわしい。通じている。▽対暗い。

あかるみ【明るみ】〈名〉明るいところ。明るいこと。例急に明るみへ出たので、目がくらんだ。曇《くも》り空に明るみが差す。

明るみに出《で》る 今までかくされていたことが、多くの人に知られるようになる。例事件が明るみに出る。

注意 「明《あき》らかになる」とまぎれて、あやまって「明るみになる」と言われることもある。

あかる・む【明るむ】〈動五〉あかるくなる。「あからむ」ともいう。例東の空が明るむ。

あかん(方言) いけない。だめだ。例まだ寝《ね》たらあかん。もう帰らなあかん。参考 西日本で言う。ていねいな言いかたは、「あきません」または「あきまへん」。

あかんたい【亜寒帯】〈名〉地球の気候区分の一つ。北半球の温帯と寒帯とのあいだの地帯。冬は寒さがきびしいが、夏は気温が高くなる。シベリア東部や北アメリカ北部など。冷帯。対亜熱帯。

あかんべえ〈名・感〉下のまぶたを指でおさえて、まぶたの裏《うら》の赤いところを出してみせるしぐさ。「いやだよ」とか「おあいにくさま」とかの気持ちを表わす。

あかんぼう【赤ん坊】〈名〉生まれてまもない子ども。類赤ちゃん。赤子《あかご》。乳児《にゅうじ》。

[1]**あき**【空き】〖明き〗一〈名〉❶場所がふさがっていないこと。例座席に空きがある。❷時間がふさがっていないこと。例空き時間。類ひま。❸ある役職や地位に人がついていないこと。欠員になっていること。例定員に空きがある。▽アアキ →あく〔空く〕表記
二〈造語〉中になにかあるはずのものがない、という意味を表わす。例空き家。空きべや。空きびん。

[2]**あき**【秋】〈名〉四季の一つ。夏の暑さがおとろえて、すずしくなり、穀物や果実がみのり、やがて木々が紅葉する季節。一般《いっぱん》に九月から十一月までをさし、「暦《こよみ》の上では秋」というときには立秋から立冬の前日までをいう。例秋たけなわ。秋が深まる。秋の夜長。アアキ

表現 秋の初めを「初秋《しょしゅう》」、中ごろを「中秋《ちゅうしゅう》」、終わりごろを「晩秋《ばんしゅう》」「秋口《あきぐち》」という。

秋の日《ひ》は釣瓶《つるべ》落《お》とし 井戸《いど》につるべを落とすように、すぐに秋の日はしずんでしまう。

[3]**あき**【飽き】〈名〉興味がなくなり、いやになること。例飽きがくる。飽きのこない味。ア「アキ」

[4]**あき**【▽安▽芸】〈名〉旧国名の一つ。現在の広島県西部。「安芸の宮島《みやじま》」は日本三景の一つで、世界遺産《いさん》の厳島《いつくしま》神社で有名。芸州《げいしゅう》。アアキ

あきあき【飽き飽き】〈名・する〉すっかりあきていやになること。例先生の長話に飽き飽きする。類うんざり。

あきかぜ【秋風】〈名〉秋に吹く風。

表現 「秋風がふく」「秋風がたつ」の形で、「秋」に「飽《あ》き」をかけて、男女の間の愛情が冷めてくる意味に使う。

あきかん【空き缶】〈名〉ふたをあけて、中の物を食べ

9 アルゼンチン　南アメリカの南部，大西洋側の共和国。農業と牧畜が盛ん。首都ブエノスアイレス。

るか飲むかしたあとの、なにも入っていない缶。

あきぐち【秋口】〈名〉 秋に入りたてのころ。類初秋。対晩秋。参考「…口」という形での季節の言いかたは「秋口」だけで、「春口」「夏口」「冬口」とはいわない。

あきさめ【秋雨】〈名〉 秋にしとしとと降りつづく雨。冷たくさびしい感じがする。例秋雨前線。

あきさめぜんせん【秋雨前線】〈名〉〔気象〕 九月中旬《ちゅうじゅん》から一〇月中旬にかけて、日本付近に停滞《ていたい》して雨をもたらす前線。対梅雨《ばいう》前線。

あきす【空き巣】〈名〉 ❶すむ鳥がいなくなった巣。❷人が留守《るす》のときをねらって入るどろぼう。あきすねらい。

あ(飽)きた(足)りない じゅうぶんだと感じられない。満足できない。「あきたらない」ともいう。例授業に飽き足りず、自分で本を買って勉強した。表記「▼慊い」と書かれることもある。

あきち【空き地】〈名〉 使われていない土地。

あきついり【秋ついり】〖秋▽入▽梅・秋▼黴▽雨〗〈名〉 秋の長雨。また、その季節にはいること。参考「ついり」とは、「梅雨入《つゆい》り」の変化した形。

あきない【商い】〈名・する〉「商売」の古い言いかた。

あきな・う【商う】〈動五〉 商売として品物を売買する。

あきのななくさ【秋の七草】〈名〉 古来、秋に花をつける代表的な植物とされている草花。ハギ・オバナ(=ススキ)・クズ・ナデシコ・オミナエシ・フジバカマ・キキョウの七つ。→はるのななくさ

あきばれ【秋晴れ】〈名〉 秋の、青く高く晴れあがった、さわやかな空のようす。

あきま【空き間】〈名〉 ❶物と物とのあいだの、なにもなくてあいているところ。類すきま。❷借り手がなくて、あいている部屋。類空き部屋。空室。

あきめ・く【秋めく】〈動五〉 秋らしい気候になる。例すっかり秋めいてまいりました。

あきや【空き家】〈名〉 人が住んでいない家。

あきらか【明らか】〈形動〉 ❶疑いなくはっきりしている。例これは明らかに彼の誤《あやま》りだ。類明白。❷くもりなく、明るい。古い言いかた。例月の明らかな夜。

あきらめ【諦め】〈名〉 望みをすて、こだわりをなくすこと。また、そのような心の状態。例諦めがつく。諦めが悪い。諦めの境地。諦めが肝腎《かんじん》だ。類諦念《ていねん》。

あきら・める【諦める】〈動下一〉「もうだめだ」と望みをすてる。また、そのように思って、今までしていたことをやめる。例諦めるのはまだ早い。類断念する。

あ・きる【飽きる】〈動上一〉 ❶同じことがあまりに長く続いたために、心がそちらにむかなくなる。例仕事に飽きる。類うむ。❷十分すぎて、それ以上ほしくなくなる。例飽きるほど食べた。類食傷する。

あきれかえ・る【あきれ返る】〖▼呆れ返る〗〈動五〉 まったくひどくて、どうしようもなく思われる。例彼がいいかげんなのには、あきれ返ったよ。類あきれ果てる。あいた口がふさがらない。

アキレスけん【アキレス▼腱】〈名〉 ❶かかとの骨とふくらはぎの筋肉をつなぐすじ。❷ただ一つの弱点。例情にもろいのが、彼のアキレス腱だ。類弁慶《べんけい》の泣き所。由来ギリシャ神話の不死身の英雄《えいゆう》アキレスの、ただ一つの弱点であったことからできたことば。

あき・れる〖▼呆れる〗〈動下一〉 あまりにもひどいありさまを見て、しばらくぼうっとして声も出ないようになる。例あきれてものも言えない。ただあきれるほかない。

あきんど〖▽商▽人〗〈名〉「商人《しょうにん》」の古い言いかた。

常用漢字 **あく**

【悪(惡)】 心部7 全11画 悪悪悪悪

アク・オ わるい 教小3 音❶[アク] ▨□悪事《あくじ》。悪意《あくい》。悪影響《あくえいきょう》。悪条件《あくじょうけん》。悪筆《あくひつ》。□▨罪悪《ざいあく》。醜悪《しゅうあく》。俗悪《ぞくあく》。必要悪《ひつようあく》。❷[オ] ▨□悪寒《おかん》。□▨憎悪《ぞうお》。訓[わるい] 悪い。悪さ。悪口。悪者。悪ふざけ。意地悪。性悪《しょうわる》。

【握】 扌部9 全12画 ※握握握握握

アク にぎる 音[アク] ▨□握手《あくしゅ》。握力《あくりょく》。□▨掌握《しょうあく》。把握《はあく》。訓[にぎる] 握る。握り拳《こぶし》。一《ひと》握り。

1 **あく**〖▽灰▽汁〗〈名〉 ❶野菜などにふくまれている渋《しぶ》み。例あくをぬく。❷灰を水にとかしたときの、うわずみ。❸性格が、しつこいと思われるほど個性的であること。例あくが強い。▽ア アク

2 **あく**【悪】 ■〈名〉 道徳や法にそむいていて、悪いと考えられていること。また、そのような行ない。例悪にそまる。悪の道。悪がはびこる。必要悪。社会悪。対善。ア アク ■〈接頭〉「好ましくない」「よくない」という意味を表わす。例悪影響《えいきょう》。悪趣味《しゅみ》。悪循環《じゅんかん》。悪条件。悪文。悪例。

3 **あ・く**【空く・開く】〖明く〗〈動五〉 ■[空く] ❶場所をふさいでいるものがなくなる。穴やすきまができる。例席が空く。穴が空く。部屋が空く。対ふさがる。❷道具や機械を、前の人が使いおわり、次の人が使えるようになる。例洗濯《せんたく》機はじき空きます。対ふさがる。❸ひまになる。例手が空く。時間が空く。対ふさがる。❹前の人がやめて、欠員ができる。例教頭のポストが空いた。対ふさがる。
■[開く] しまっていたものが、ひらく。例ドアが開く。幕が開く。店が開く。対しまる。とじる。▽ア アク
表記■の「開く」は、「ひらく」と区別がつきにくいので、注意を要する。「明く」は、「背の明いたドレス」「赤ちゃんの目が初めて明いた」などに使う。

開いた口《くち》が塞《ふさ》がらない あきれはてたあまり、ぽかんと口をあけたまま、なにも言えない。

4 **あ・く**【飽く】〈動五〉 もうじゅうぶんすぎて、いやになる。例飽くことをしらない。ア アク →あかず

アクアラング〈名〉 水中で呼吸するために身につける器具。商標名。やや古い言いかた。◇aqualung 参考日本では商標名の「アクアラング」で普及したが、英語では「スキューバ(scuba)」が普通に使われる。→スキューバダイビング

アクアリウム〈名〉 ❶魚などを飼育《しいく》して観賞するための、水族館や水槽《すいそう》。❷養魚池。◇aquarium

あくい【悪意】〈名〉 ❶人の不幸をよろこび、人を傷つけようとする気持ち。人に損をさせて、自分が得をしようとする気持ち。例悪意にみちた陰口《かげぐち》。対好意。❷意地のわるい考えかた。わるい意味。例忠告《ちゅうこく》を悪意にとる。▽対善意。

あくうん【悪運】〈名〉 ❶悪いことをしても、そのむくいをうけないような運命。例悪運が強い。悪運がつきる。❷不幸な運命。例悪運に泣く。対幸運。類不運。

あくえいきょう【悪影響】〈名〉 わるい影響。例

悪影響をおよぼす。

あくえき【悪疫】〈名〉 悪性《あくせい》の流行病。

あくかんじょう【悪感情】〈名〉 ある人に対してもつ、わるい印象や気持ち。例 悪感情をいだく。

あくぎょう【悪行】〈名〉 人の道にそむいた、悪い行ない。対 善行《ぜんこう》。類 悪事。悪業《あくごう》。

あくごう【悪業】〈名〉 あとからむくいをうけるような悪い行ない。例 悪業のむくい。類 悪行《あくぎょう》。
由来 もとは仏教用語で、現世でむくいをうけるような、前世で行なった悪事をさした。

あくさい【悪妻】〈名〉 夫の仕事や生活にマイナスになるような妻。対 良妻。

あくじ【悪事】〈名〉 社会的に許されないような、悪い行ない。例 悪事が露見《ろけん》する。悪事をはたらく。悪事のかぎりをつくす。類 悪行《あくぎょう》。

悪事千里《せんり》を走《はし》る よい行ないはなかなか人に知られないが、悪い行ないの評判は、あっというまに広まる。対 好事《こうじ》門を出《い》でず。

あくしつ【悪質】〈形動〉 とても許せないほど、たちが悪い。例 悪質ないたずら。類 悪性。悪らつ。

アクシデント〈名〉 突然《とつぜん》のできごと。類 突発《とっぱつ》事件。事故。偶発事《ぐうはつじ》。ハプニング。◇accident
表現 「アクシデント」はものごとの進行のさまたげになるようなよくないできごとについていう。「ハプニング」は「意外な」というニュアンスがあるが、悪いできごととは限らない。

あくしゃうつ（方言） 困《こま》りはてる。途方《とほう》に暮れる。熊本で言う。

あくしゅ【握手】〈名・する〉 あいさつや、親しさ、共通の喜びの表現として、手をにぎりあうこと。例 握手をかわす。握手攻《ぜ》め(にあう)。
表現 「両国が握手する」のように、仲よくなることや仲なおりすること、協力しあうことのたとえとしても使う。

あくしゅう[1]【悪臭】〈名〉 気持ちが悪くなるようないやなにおい。例 悪臭がただよう。対 芳香《ほうこう》。類 異臭。

あくしゅう[2]【悪習】〈名〉 好ましくない習慣。例 悪習にそまる。類 悪風。悪癖《あくへき》。

あくしゅみ【悪趣味】〈名・形動〉 ❶人のいやがることをわざとして喜ぶような、よくないくせ。例 人をかついで喜ぶのは悪趣味だ。❷色合いやかざりつけなどが、下品でいやらしい。例 悪趣味な服装。

あくじゅんかん【悪循環】〈名〉 Aが悪くなると、Bが悪くなり、そのためにまたAがいっそう悪くなるというように、限りなく悪くなっていくこと。例 悪循環におちいる。

あくしょ【悪書】〈名〉 世の中に害をながすような悪い内容の本。例 悪書追放。対 良書。

あくじょ【悪女】〈名〉 男性にわるい影響《えいきょう》をあたえたり、男性を夢中にさせて手玉にとるような女性。

あくじょうけん【悪条件】〈名〉 ものごとがなめらかに行なわれるのをじゃまするような、まわりの事情や状態。例 悪条件を克服《こくふく》する。対 好条件。

アクション〈名〉 ❶映画や演劇で、なぐり合ったり、ピストルをうち合ったりして、はげしくからだを動かす演技。例 アクションドラマ。❷行動。実行。例 アクションを起こす。アクションに出る。◇action

あくせい[1]【悪政】〈名〉 人々の幸福を考えない、ひどい政治。対 善政。類 暴政。失政。

あくせい[2]【悪声】〈名〉 聞いて不愉快《ふゆかい》になるような感じの声。対 美声。
表現 古い言い回しで「耳に悪声を聞かず」というのは、人の悪口のような、聞いてためにならないことばは聞き入れない、という意味。

あくせい[3]【悪性】〈形動〉 病気などのたちがわるい。例 悪性のかぜ。対 良性。類 悪質。

あくせく【▼齷▼齪】〈副・する〉 目先の小さなことに追われて、いそがしく心にゆとりのないようす。例 あくせく(と)働く。

アクセサリー〈名〉 ❶指輪・ネックレス・ペンダント・ブレスレット・イヤリングなど、かざりとして身につけるもの。装身具。❷電子機器や自動車の付属品。多く、別売品にいう。◇accessory

アクセス〈名・する〉 ❶交通の手段・便《べん》。交通を利用して目的地に行くこと。例 アクセスのいい住宅地。都心部にアクセスする所要時間。❷コンピューターで、データベースなどに接続して情報をえること。❸コンピューターが、ハードディスクなどにデータの読み書きを行なう動作。例 アクセスランプ。◇access

アクセル〈名〉 車やオートバイの加速装置《そうち》。例 アクセルをふむ。アクセルをふかす。対 ブレーキ。◇accelerator の日本での省略語。

あくせんくとう【悪戦苦闘】〈名・する〉 不利な状況《じょうきょう》で、死にものぐるいでたたかうこと。類 四苦八苦。

アクセント〈名〉 ❶単語の発音で、どこを高く言うか、どこを強く言うかの型。日本語は高低のアクセント、英語は強弱のアクセントである。→囲み記事2(次ページ) ❷全体の中で、とくに強めたり、目だたせたりするところ。例 絵にアクセントをつける。ワンポイントの刺繍《ししゅう》がアクセントになっている。◇accent
参考 ①は、(1)たとえば、東京で、「ハシガ(箸が)」はハを高く言うのに対して、「ハシガ(橋が)」はシを高く言う。
(2)日本語のアクセントは、地方によってちがいがあり、また、地方によってはアクセントの区別のないところもある。
(3)この辞典では、高く発音する部分を太字で示した。

あくせん(悪銭)み(身)につかず よくないやりかたで苦労せずに手に入れたお金は、つまらないことに使って、すぐなくなってしまう。

あくた【▼芥】〈名〉 「ごみ」「ちり」の古い言いかた。

あくたい【悪態】〈名〉 言われた相手がおこらずにいられないような ひどい、きたない悪口ことば。例 悪態をつく。類 悪たれ。

あくたがわしょう【▼芥川賞】〈名〉 直木賞とともに、もっとも権威《けんい》のある文学賞の名。芥川龍之介《りゅうのすけ》を記念して一九三五年創設。新人作家を対象に年二回えらばれる。

あくだま【悪玉】〈名〉 ❶悪人。とくに、芝居《しばい》や物語中の悪者をいう。類 悪党。❷わるい働きをするもの。例 悪玉菌《きん》。悪玉コレステロール。▽対 善玉。

あくたれ【悪たれ】〈名〉 ❶わるさをしたり、にくまれ口をきいたりすること。例 悪たれ小僧《こぞう》。類 悪態。❷わるさをする子。例 この悪たれ! 類 悪童。

アクティブ〈形動〉 活動的。◇active

アクティブラーニング〈名〉 能動《のうどう》的・主体的な学習態度や、生徒どうしの協働《きょうどう》・対話による学び。暗記中心の学習に対するもの。◇active learning

あくてん【悪天】〈名〉 雨だったり風が強かったりする、よくない空もよう。例 悪天をついてレースを強行する。悪天時《じ》。悪天下。対 好天。類 悪天候。荒天《こうてん》。

あくてんこう【悪天候】〈名〉 雨だったり風が強かっ

たりする、よくない天気の状態。類悪天。

あくど・い〈形〉❶やりかたがあまりにもひどい。例あくどい商売。❷色や感じがどぎつくてくどい。

注意 語源は「灰汁《あく》どい」または「あ(=接頭語)+くどい」で、②が本来の意味だが、「あく」が「悪《あく》」とまぎれた①の意味で使う人が増えている。

あくとう【悪党】〈名〉人の道にそむいた、悪いことをするやつ。類悪漢。悪人。悪玉。悪《わる》。

あくどう【悪童】〈名〉いたずらばかりしている子ども。類悪たれ。いたずらっ子。わんぱく。悪《わる》がき。

あくとく【悪徳】〈名〉人の道にそむくような、ひどい心や行為《こうい》。例悪徳を重ねる。悪徳商人。対美徳。

あくにん【悪人】〈名〉心が正しくなく、他人に害をあたえる人。対善人。類悪者《わるもの》。悪漢。悪党。

あくぬき【あく抜き】【▽灰▽汁抜き】〈名・する〉ゆでたりして、山菜や野菜などのしぶみをとりさること。

あぐ・ねる〈接尾〉動詞の連用形について、さんざんやってみたがどうにもならず、困っている、という意味を表わす。あぐむ。例考えあぐねる。さがしあぐねる。

あくび[1]【▽欠▽伸】〈名〉ねむけやつかれを感じたり、つまらなく思ったりしたとき、自然に出る大きな息。例あくびが出る。あくびをかみころす。なまあくび。

あくび[2]【▽欠】〈名〉漢字の旁《つくり》の一つ。「歌」「歓《かん》」などの「欠」の部分。

あくひつ【悪筆】〈名〉字がへたなこと。例悪筆ですみません。対達筆《たっぴつ》。能筆。類かなくぎ流。くせ字。

あくひょう【悪評】〈名〉よくない評判。例悪評をこうむる。悪評がたつ。対好評。類不評。

あくびょうどう【悪平等】〈名〉表面的には平等にみえても、実際には平等でないこと。まちがった平等。

あくふう【悪風】〈名〉よくない風習や考えかた。例悪風にそまる。対美風。類悪習。

あくぶん【悪文】〈名〉すじがとおらず、意味のわかりにくい文章。例これは誤りではないが、悪文だ。対名文。

あくへい【悪弊】〈名〉社会に広まっている、よくない風習や傾向《けいこう》。例悪弊を一掃《いっそう》する。

あくへき【悪癖】〈名〉人のもっている、よくないくせ。例悪癖をなおす。類悪習。

あくほう【悪法】〈名〉人々を苦しめる悪い法律やルール。例将軍綱吉《つなよし》の生類《しょうるい》あわれみの令は歴史に残る悪法だ。

あくま【悪魔】〈名〉人間を悪にみちびく超越《ちょうえつ》的な存在。例悪魔にたましいを売る。悪魔のささやき。悪魔のように冷酷《れいこく》な男。類魔物《まもの》。デーモン。サタン。

あくまで【飽くまで】〈副〉❶やり始めたことや決心したことを、最後までやりぬくようす。例あくまで正しいと主張する。❷どこまでも同じ状態であるようす。例あくまで青くすみきった空。▽類とことん。どこまでも。

表現 強めていうときには、「あくまでも」の形で使う。

あくむ【悪夢】〈名〉現実であってほしくないと思うような気味の悪い、いやな夢《ゆめ》。例悪夢にうなされる。

あぐ・む〈接尾〉⇩あぐねる

あくめい【悪名】〈名〉よくない行ないをする人としてよく知られた名前。「あくみょう」ともいう。例悪名高い。悪名をとどろかす。

あくやく【悪役】〈名〉演劇や映画で、悪人の役がら。例悪役を演じる。類敵役《かたきやく》。にくまれ役。

あくゆう【悪友】〈名〉つき合うとろくなことがない、よくない友だち。

表現 「こいつは中学時代からの悪友で…」などの場合は、どんなことでもいっしょにした仲のよい仲間という意味で、むしろ親しみをこめた使いかたである。

あくよう【悪用】〈名・する〉自分の利益のために、地位や立場などを、本来の目的からはずれた正しくないことに使うこと。例地位を悪用して金をもうける。対善用。

あぐら【▼胡▼坐】〈名〉両足を折りまげて、腰のすぐ前に組み合わせるようにして、すわること。例あぐらをかく。

あぐらをかく（「…の上にあぐらをかく」の形で）自分はなんの努力もしないで、ゆうゆうと安心している。例権力の上にあぐらをかいている政治家。

あくらつ【悪辣】〈形動〉自分の利益しか考えず、やりかたが悪質で、ひどい。例悪辣な手口。

あくりょう【悪霊】〈名〉たたったり、わざわいをもたらしたりする死人の霊魂《れいこん》。

あくりょく【握力】〈名〉ものをにぎる力。例握力が

囲み記事 2

日本語のアクセント

日本語のアクセントは高さできまる。同音語の場合、アクセントが語の識別に役だつことがある。この辞典では、同音語を中心に、外来語もふくめて[ア]のところにアクセントを示した。

そのアクセントの示し方を述べておこう。日本語のアクセントは、大きく分けて、東京式と京阪《けいはん》式とがあり、アクセントで語を識別しない方言もある。この辞書では東京式を示してある。

たとえば、同音語の「ハシ」は、三つのちがったアクセントで発音される。この辞典では、高く発音する音節を示すかたかなを太字にしてある。「**ハ**シ」とあれば、「ハ」が高く、「シ」に移るところで低い音になる。このように発音すると、この語は食事のときに使う二本の棒の「箸《はし》」であることになる。

「ハ**シ**」と発音するときは、シの方をハよりも高く発音する。これには二通りあって、一つは、たとえば助詞の「が」をつけたとき「ハ**シガ**」と、「ガ」を「シ」と同じ高さで続けるものである。これをこの辞典では「ハ**シ**」と示す。「端《はし》がはみ出る」というときの「端」である。もう一つは、「ハ**シ**ガ」と高い「シ」から「ガ」になるときに低くなるものである。これを、この辞書では「ハ**シ**」と示した。「橋が長い」の「橋《はし》」である。

このように、語にはそれぞれきまったアクセントがあるが、なかには一つの語で二つ以上のアクセントをもつものもある。

文という単位で、話し手の表現意図や感情を高低によって示すのがイントネーションである。しかしこれは、原則として、語のアクセントをくずすことはない。とくに、ていねいな発音の場合には、アクセントをくずすことはない。外が雨だと聞かされて「雨？」とおどろいて言うとき、アクセントの「**ア**メ」をくずさず、いちど「メ」で下げてから質問のイントネーションで語尾を上げる。

アンゴラ　アフリカ南西部，大西洋に面する共和国。石油・コーヒー・ダイヤを産出。首都ルアンダ。

ある(=ものをにぎる力が強い)。握力計。

アクリル〈名〉❶合成樹脂《じゅし》の一つ。安全ガラスや電気の絶縁《ぜつえん》材料などに使われる。アクリル樹脂。❷軽くて保温性にすぐれ、染色《せんしょく》が自由な合成繊維《せんい》。セーターなどに使われる。アクリル繊維。◇ドイツAcryl

あくる【明くる】〖▽翌る〗〈連体〉その次の。ある特定の日や月、年を基準にしていう。例 明くる朝。明くる年。類 翌《よく》。

あくれい【悪例】〈名〉のちのちによくない影響《えいきょう》をおよぼすような前例。例 悪例をつくる。悪例を残す。

アグレッシブ〈形動〉❶攻撃的。好戦的。❷積極的。◇aggressive

あくろ【悪路】〈名〉通るのがたいへんな ひどい道。

アクロバット〈名〉軽業《かるわざ》。曲芸。参考 英語では acrobatics といい、acrobat は軽業師や曲芸師など人をさす。

あけ【明け】〈名〉❶夜があけること。例 明けの明星《みょうじょう》。対 暮れ。❷ある特定の期間が終わったすぐあと。例 休み明け。梅雨《つゆ》明け。年明け。対 入り。

明けの明星《みょうじょう》 ⇩独立項目

[1]**あげ**【上げ】〈名〉❶上げること。例 上げ幅《はば》。上げ下げ。値上げ。対 下げ。❷長い着物を、からだにちょうどよく合わせるために、肩や膝《ひざ》、腰の部分を折りこんでぬうこと。また、そのひだ。

[2]**あげ**【揚げ】〈名〉❶「あぶらあげ」の略。❷油であげたもの。例 揚げ玉。さつま揚げ。

あげあしとり【揚げ足取り】〈名〉「あげあしをとる」こと。→次項

あ(揚)げあし(足)をと(取)る 相手のことばじりや言いまちがえをとらえて、やりこめる。由来「揚げ足」とは、相撲《すもう》や柔道《じゅうどう》で技をかけようとしてあげた足のこと。

あげおろし【上げ下ろし】〈名・する〉上げたり下ろしたりすること。例 布団《ふとん》の上げ下ろし。箸《はし》の上げ下ろし(→「はし〔箸〕」の子項目)。類 上げ下げ。

あけがた【明け方】〈名〉夜があける直前の、少し明るくなった時分。対 暮れがた。類 あかつき。払暁《ふつぎょう》。黎明《れいめい》。あけぼの。→あけぼの 表現

あげく【挙げ句・揚げ句】〈名〉いろいろやってみた結果。例 あげくの果て。思案のあげく、断念した。さんざん迷ったあげく、やめにした。類 結局。由来 連歌《れんが》は、五七五の句と七七の句とを交互《こうご》につなげて展開していくが、最後の七七の句を「揚げ句」といった。最初の五七五が「発句《ほっく》」で、発句にはじまり揚げ句におわることが、このことばのもとである。

あげくの果《は》て ものごとが同じ調子でさんざん続いた結果。ふつう、好ましくないことに使う。

あけくれ【明け暮れ】〈名・副〉(朝と夕方ということから)毎日。いつも。例 病院での明け暮れ。明け暮れ心配ばかりしている。類 明けても暮れても。表現「中学時代はクラブ活動に明け暮れした」のように動詞としても使い、毎日そればかりしていたことを表わす。

あけく・れる【明け暮れる】〈動下一〉毎日がすぎる。例 なみだに明け暮れる(=泣きながら毎日をすごす)。

あげさげ【上げ下げ】〈名・する〉❶上げたり下げたりすること。例 箸《はし》の上げ下げ。類 上げ下ろし。❷ほめることと、けなすこと。

あげしお【上げ潮】〈名〉❶満ちてくる潮。対 下げ潮。引き潮。類 差し潮。満ち潮。❷潮が満ちてくるように、勢いがましてくること。例 上げ潮にのる。❸海の潮《しお》の満ち引き。

あけすけ〖明け透け〗〈形動〉ふつうなら、かくしたり、あいまいにしたりしそうなことを、はっきりと表わすようす。例 あけすけにものを言う。類 露骨《ろこつ》。あからさま。

あ(上)げぜん(膳)す(据)えぜん(膳) 食事の用意もあとかたづけも他人がやってくれて、自分は食べるだけだということ。そのように、めんどうなことは、みな、人がやってくれて楽なことだけしてすませていること。

あげぞこ【上げ底】〈名〉箱の底を上げたりして、見た目より実際の中身が少ししか入らないようにしたもの。

あけたて【開けたて】〖開け▽閉て〗〈名・する〉戸や障子《しょうじ》を、あけたりしめたりすること。類 開閉。

あげだま【揚げ玉】〈名〉❶てんぷらを揚げるときにできる、ころものかす。❷ボールの形のさつまあげ。

あけっぱなし【開けっ放し】━〈名〉あけたまま。例 窓を開けっ放しにする。━〈形動〉つつみかくすことがない。例 開けっ放しな性格。類 あけっぴろげ。

あけっぴろげ〖明けっ広げ・開けっ広げ〗〈形動〉なにもかくさず、ありのままの態度である。例 兄はあのとおり、あけっぴろげな人です。類 あけっぱなし。

あげつら・う〖▽論う〗〈動五〉一つひとつのこまかいことをとり上げて、いろいろと文句をつけて論じる。

あ(明)けてもく(暮)れても ⇩「明ける」の子項目

あけ(▽朱)にそ(染)まる 血まみれになる。

あけのみょうじょう【明けの明星】〈名〉太陽がのぼる前の東の空に、ひときわ明るくかがやいている星。「金星《きんせい》」のこと。対 宵《よい》の明星。

あげはちょう〖揚げ羽▼蝶〗〈名〉黒と黄色のしま模様の羽をもった、大きなチョウ。表現 ふつう一匹《いっぴき》二匹《にひき》と数える。羽があって大型なので、一羽《いちわ》二羽《にわ》、一頭《いっとう》二頭《にとう》と数えることがある。

あけはな・す【開け放す】〈動五〉❶戸や窓などをいっぱいまであける。❷家じゅうの戸や窓を全部あける。

あけはな・つ【開け放つ】〈動五〉「開け放す」のやや古い言いかた。

あげはば【上げ幅】〈名〉株価や賃金などの、上がった金額と、もとの金額との差。対 下げ幅。

あけび〖▽木▽通〗〈名〉山などに生える、つる性の落葉低木。秋、むらさき色で楕円《だえん》形をした、あまい実がなる。実の中は白く、種が多い。

あけぼの〖▼曙〗〈名〉夜がほのぼのと明けはじめるころ。表現「あかつき」や「明けがた」とさす時間は変わらないが、『枕草子《まくらのそうし》』の「春はあけぼの」がぴったりくるように、「あけぼの」は春の場合にいうことが多く、「あかつき」「明けがた」は季節に関係なく使う。また、「文明のあけぼの」などのように、望ましいものの始まる時期を表わす。

あげもの【揚げ物】〈名〉野菜や肉を、油であげた料理。からあげ・てんぷら・フライなど。

[1]**あ・ける**【明ける】〈動下一〉❶太陽がのぼって、あかるくなる。例 夜が明ける。対 暮れる。❷ある期間や状態が終わり、次の期間や状態に入る。例 年が明ける。休暇《きゅうか》が明ける。寒が明ける。喪《も》が明ける。

明けても暮《く》れても どんなときでも。いつも。例 明けても暮れてもぐちをこぼしている。類 明け暮れ。朝から晩まで。年がら年中。朝な夕な。日夜《にちや》。

[2]**あ・ける**【空ける・開ける】〈動下一〉━〔空ける〕❶場所をふさいでいるものをなくす。穴やすきまをつくる。例 穴を空ける。席を空ける。対 ふさぐ。うめる。❷ひまをつ

 アンティグア・バーブーダ　カリブ海東部の三つの島からなる立憲君主国。観光の国。首都セントジョンズ。

くる。自由な時間をつくる。例 時間を空ける。その日の日程を空けておきます。❸中のものを出して、すっかりからにする。例 家を空ける。バケツの水を空ける。
二［開ける］ とじていたものをひらく。例 窓を開ける。幕を開ける。店を開ける。対 しめる。とじる。とざす。
表記 「店をあける」は、「店を空ける」なら店に店員がいなくなることで、「店を開ける」なら店の戸をあけてその日の営業を始めること。

あ・げる【上げる・揚げる・挙げる】一〈動下一〉❶低い方から高い方へ移《うつ》す。例 たこをあげる。二階に上げる。対 下ろす。下げる。❷上へ向ける。例 顔を上げる。対 伏《ふ》せる。❸食べたものを口へもどしてはく。対 くだす。類 はく。❹船の中から陸へ移す。例 荷をあげる。❺人を、家の外から中に入れる。例 客を上げる。❻今までよりも上の等級や段階にする。例 位を上げる。うでを上げる(=上達する)。大学へ上げる。対 下げる。❼量や勢いなどを、それまでよりも高い状態にする。例 価格を上げる。調子を上げる。対 下げる。❽大きな声や音を出す。例 大声を上げる。歓声を上げる。悲鳴を上げる。❾望ましい結果を得る。例 成果を上げる。効果を上げる。犯人をあげる。❿油をたっぷり入れたなべの中に食材を入れて、熱を加える。例 天ぷらをあげる。↓囲み記事57(1287ページ) ⓫続いていたものを終わりにする。例 この仕事は今日中に上げてしまうつもりだ。仕上げる。つくり上げる。⓬実際に示す。例 実例をあげる。証拠《しょうこ》をあげる。⓭すべてを一つの目的にむける。例 総力をあげる。町をあげて歓迎《かんげい》する。⓮あることを実行する。例 式をあげる。兵をあげる。⓯「あたえる」「やる」などを、ていねいに言うときに使うことば。例 この時計を君に上げよう。対 くれる。もらう。
二〈補動下一〉［あげる］ 動詞の連用形に、助詞の「て」「で」がついた形につく。「…(て)やる」の美化語。例 君が教えてあげなさい。
表記 漢字で書くときは、「上げる」がふつうだが、「油であげる」「荷をあげる」「たこをあげる」は「揚げる」、「犯人をあげる」「例をあげる」「町をあげて歓迎《かんげい》する」「兵をあげる」「式をあげる」などは「挙げる」と書く習慣がある。
方言 茨城では、「夏休みの宿題あげる」のように、「提出する」の意味でも使う。

あけわた・す【明け渡す】〈動五〉今までいたところをたちのき、あとを人手にわたす。例 城を明け渡す。

あこ【▼吾子】〈名〉わが子。古い言いかた。

あご【顎】〖▼腭〗〈名〉❶人や動物の口の上下の部分。上を上《うわ》あご、下を下あごという。歯が生えていてかたい。口を開いたりとじたりする役目をし、それによって、声の出しかたを調節したり、ものをかんだりくわえたりする。❷下あご。例 顎をなでる。顎をしゃくる。顎ひげ。

顎が干上《ひあ》がる 収入がなくなって、生きていけなくなる。食えなくなる。

顎で使《つか》う いばった態度で、思いのまま人を使う。

顎を出《だ》す すっかりつかれて、「もうだめだ」というようすを見せる。類 へこたれる。

アコースティック〈名・形動〉楽器の音を電気的に増幅《ぞうふく》しないこと。生《なま》。対 エレクトリック。類 アンプラグド。◇acoustic

アコーディオン〈名〉蛇腹《じゃばら》をのびちぢみさせ、右手でメロディーを、左手で伴奏《ばんそう》をつける鍵盤《けんばん》楽器。オルガンに似た音がする。◇accordion ↓じゃばら 絵
参考 「手風琴《てふうきん》」という訳語《やくご》があり、当て字にも使われた。

あこがれ【憧れ】〈名〉あこがれること。例 憧れのまなざし。憧れの的。類 憧《しょう》憬《けい》。

あこが・れる【憧れる】〈動下一〉❶「あのようになりたいな」とか「一目《ひとめ》でも見たいものだ」という気持ちで、心がつよくその方にむかう。例 芸能人に憧れる。まだ見ぬ土地に憧れる。❷人に、ひそかな恋心《こいごころ》をもつ。

あこぎ〖▼阿▼漕〗〈形動〉欲が深く、あくどいやりかたでも平気でするようす。例 あこぎな商売。類 強欲《ごうよく》。

あこやがい【あこや貝】〖▼阿古屋貝〗〈名〉二枚貝の一種。真珠《しんじゅ》をとるために養殖《ようしょく》する。真珠貝。

[1]**あさ**【麻】〈名〉❶〔植物〕茎《くき》の皮から繊維《せんい》をとるために栽培《さいばい》する一年草。例 麻糸。麻布。❷「①」からつくった糸や布。▽ア アサ
表現 秩序《ちつじょ》が失われることを、麻の繊維《せんい》がもつれやすいことにたとえて、「麻のごとく乱《みだ》れる」という。

[2]**あさ**【朝】〈名〉夜が明けてからの数時間。また、夜明けから正午までのあいだ。対 晩。ア アサ

朝に夕《ゆう》に 朝も夕がたも。いつも。例 朝に夕に恋人《こいびと》を思う。類 朝となく夜となく。

[1]**あざ**【字】〈名〉町や村をさらにこまかく分けるときの区画の名称。例 大字《おおあざ》。ア アザ

[2]**あざ**〖▼痣〗〈名〉皮膚《ひふ》の一部が変色したもの。赤・むらさき・青などの色があり、打ち身によってできる一時的なものと、生まれながらのものとがある。例 青あざ。ア アザ

あさ・い【浅い】〈形〉❶底やおくまでの距離《きょり》がみじかい。例 底が浅い。奥行《おくゆき》が浅い。水深が浅い。❷奥まで入りこまず、表面的である。例 理解が浅い。経験が浅い。交際が浅い。ねむりが浅い。春はまだ浅い。引っ越してきてまだ日が浅い。❸程度や量が少ない。例 色が浅い。きずが浅い。大根を浅く漬《つ》ける。▽対 深い。
表現 ②③には、やがて深くなるかもしれないが、今はまだ浅いという意味で、「まだ少ない」「始まったばかり」の感じがこもっている。

[1]**あさいち**【朝一】〈名〉「朝一番」のくだけた言いかた。

[2]**あさいち**【朝市】〈名〉港町《みなとまち》などで朝にひらかれる、魚や野菜などの市《いち》。

あさいちばん【朝一番】〈名〉朝に行なう仕事などの、最初。例 朝一番(=始発)の特急で帰る。あすの朝一番で処理します。

あさがお【朝顔】〈名〉鉢《はち》や庭などに植える一年草。つるがよくのび、夏の朝早く、らっぱの形をした白・むらさき・ピンクなどの あざやかな花がさく。

あさがけ【朝駆け】〈名・する〉早朝、敵陣《てきじん》をせめること。対 夜討《ようち》ち。

あさがた【朝方】〈名〉朝の早いころ。対 夕方。

[1]**あさぎ**【浅黄】〈名〉うすい黄色。

[2]**あさぎ**【浅▼葱】〈名〉すこしみどりがかった、うすい水色。

あさぐろ・い【浅黒い】〈形〉人間の肌《はだ》の色についていう。うす黒い。例 浅黒い精悍《せいかん》な顔。

あさげ〖朝▼餉〗〈名〉「朝食」の古風な言いかた。

あざけ・る【嘲る】〈動五〉相手をせせら笑うように、ばかにする。類 あざわらう。嘲笑《ちょうしょう》する。

あさせ【浅瀬】〈名〉川や海で、水の浅いところ。類 瀬。

あさぢえ【浅知恵】〈名〉あさはかな知恵。

あさづけ【浅漬け】〈名〉ダイコンやキュウリなどの野菜を塩やぬかで短期間つけたもの。類一夜漬け。

あさって〈名〉あしたの次の日。類明後日《みょうごにち》。

あさっての方《ほう》を向《む》く まったく関係のない方向に顔を向ける。

あさ(朝)っぱらから 朝早くから。くだけた、やや乱暴な言いかた。例こんな朝っぱらから何やってんだ。

あさつゆ【朝露】〈名〉朝、草や木の葉などにおりている露。対夜露。

あさで【浅手】〈名〉❶戦いでうけたかるい傷。うす手。類軽傷。❷なべや食器で、底の浅いもの。例浅手のなべ。▽対深手。

あざと・い〈形〉ずうずうしくて、ぬけめがない。例あざとい商売をする。

あざな【▽字】〈名〉武士や文人などが自分につけた、本名以外の名。例孔子《こうし》は、本名を丘《きゅう》といい、字を仲尼《ちゅうじ》といった。

あざな・う【▽糾う】〈動五〉縄《なわ》をなう。古い言いかた。例禍福《かふく》はあざなえる縄のごとし。

あさなぎ【朝なぎ】【朝▼凪】〈名〉海岸地方で、朝、陸風から海風にかわるとき、風がやむこと。対夕なぎ。

あさなゆうな【朝な夕な】〈副〉朝といい夜といい。古風な言いかた。例朝な夕なあの人を思いつづける。類朝夕。朝晩。日ごと夜ごと。明け暮れ。明けても暮れても。

あさね【朝寝】〈名・する〉朝、おそくまで寝ていること。類朝寝坊。

あさねぼう【朝寝坊】〈名・する〉朝寝をすること。また、その人。対早起き。

あさはか【浅はか】〈形動〉考えがたりない。例浅はかな考え。浅はかな行為《こうい》。類浅薄《せんぱく》。

あさはん【朝飯】〈名〉あさごはん。対夕飯。

あさばん【朝晩】一〈名〉朝と晩。例朝晩はとくに冷えこむ。類朝夕。二〈副〉毎朝毎晩。いつでも。つねに。例朝晩考えつづけていることがある。類明け暮れ。朝夕。朝に晩に。朝な夕な。昼となく夜となく。日夜。

あさひ【朝日】【朝▽陽・▼旭】〈名〉朝がたの赤くかがやく太陽。また、その光。例朝日がのぼる。対夕日。

あさぼらけ【朝ぼらけ】〈名〉古語で、夜がほのぼのと明けはじめるころのこと。類あけぼの。

あさまし・い【浅ましい】〈形〉❶やりかたや考えが、ずるくていやしい。浅ましい。浅ましい了見《りょうけん》が浅ましい。例浅ましいすがた。類さもしい。❷見るからに情けない。例根性《こんじょう》が浅ましい。類みすぼらしい。

あさまだき【朝まだき】〈名〉朝がたの、まだ夜が明けきらないころ。類未明。

あざみ【▼薊】〈名〉野草の一つ。葉はぎざぎざで、ふちにとげがある。春から秋にかけて赤むらさきの花がさく。オニアザミ・ノアザミなど、いろいろな種類がある。

あざむ・く【欺く】〈動五〉❶あれこれうまい手を使って、うそをほんとうと思わせる。例敵を欺く。類だます。❷なにか別のものと思わせる。例昼を欺く明るさ。

あさめし【朝飯】〈名〉「朝食」のくだけた言いかた。

あさめしまえ【朝飯前】〈名・形動〉朝食前にでもできるほど、かんたんであること。例そんなことなら朝飯前だ。類お茶の子さいさい。

あさもや【朝もや】【朝▼靄】〈名〉朝がた、地上にたちこめるもや。対夕もや。

あざやか【鮮やか】〈形動〉❶色や形がはっきりしていて、すばらしい感じである。例鮮やかな色彩《しきさい》。❷技術や動きがみごとだ。例鮮やかなお手なみ。

あさやけ【朝焼け】〈名〉日がのぼろうとするとき、東の空が赤くなること。対夕焼け。

あさゆう【朝夕】一〈名〉朝と夕方。例朝夕はめっきりすずしくなった。類朝晩。二〈副〉毎朝毎晩。いつも。例朝夕練習にはげんでいる。類明け暮れ。朝晩。朝な夕な。日夜。

あざらし【▽海▼豹】〈名〉寒い海にすむ哺乳《ほにゅう》動物。体長一・五〜二メートル。足は、ひれの形をしている。毛皮と脂肪《しぼう》をとる。

あさり【浅▼蜊】〈名〉二枚貝の一種。浅い海の砂の中にすむ。吸いものやバター焼きなどにして食べる。

あさ・る【▽漁る】〈動五〉手に入れようとして、あちこち探しまわる。例餌《え》をあさる。買いあさる。

あざわら・う【あざ笑う】【▽嘲笑う】〈動五〉相手をばかにして笑う。せせら笑う。類嘲笑《ちょうしょう》する。冷笑する。あざける。

[1]あし【足・脚】〈名〉❶[足・脚] 動物の胴《どう》の下から分かれてのびている部分。からだを支えたり、歩いたりするためのもの。例足を組む。足がすくむ。きょうは足にまかせてよく歩いた。脚の線が美しい。対手。❷[足] 足くびから下の部分。例足のうら。❸[脚] 形が「①」のように細長いもの。とくに、「机の脚」のように、ものの下について、それを支えているもの。❹[足] 本体からはみ出た部分。例足を出す。❺[足・脚] 足で歩くこと。また、足を使わなくても、動いてどこかへ行くこと。例足が向く。足がはやい。足でかせぐ。足をはやめる。足ごしらえ。足しげく。足まめ。船脚《ふなあし》。❻[足] 動くための手段。例大雪で通勤の足をうばわれた。足代《あしだい》。❼[脚・足] 雨や雲のとおりすぎていく動き。例雨脚《あまあし》。雲脚。❽[足] 食べ物のくさりやすさの度合い。例足が早い(→子項目)。❾[脚] 漢字の構成《こうせい》部分の一つ。「熱」の「灬(れっか)」、「慕《ぼ》」の「⺗(したごころ)」など、下にある部分。対冠《かんむり》。▽アアシ」

表記 人体の足首から下の部分を「足」、太ももから下の部分を「脚」と書き分ける習慣がある。

参考 古い用法で、「お足」といって金銭を表わした。足があるように、すぐ出ていってしまう、という意味。

敬語 尊敬語としては、「おみ足」を使う。

足がある 野球などで、選手の足が速い。

足が地《ち》に付《つ》かない ❶興奮しておちつかない。❷考えかたややることが浮ついていて、しっかりしていない。

表記 「付かない」は「着かない」とも書く。

足がつく ❶ゆくえをくらましていた犯人の足どりがわかる。❷食べ物がくさる。

足が出《で》る 予算や収入の額をこえて、お金が多くかかる。赤字になる。足を出す。

足が早《はや》い 食べ物がくさりやすい。

足が棒《ぼう》になる 歩きすぎて、足がつっぱるほどひどくつかれる。

足が向《む》く あるところに行こうと、自然にからだがうごく。例足の向くままに気楽な旅をする。

足繁《しげ》く ⇩独立項目

足に任《まか》せて とくにどこへ行こうという目的地も定めないで、気のむくまま、足のむくままに歩くようす。

15 イエメン アラビア半島の南西端にある共和国。石油を産出。モカコーヒーの産地として有名。首都サヌア。

足の踏《ふ》み場《ば》もない わずかなすきまもないほど散らかっていたり、混雑していたりする。

足を洗《あら》う かかわっていたよくないことからぬけだす。

足を奪《うば》われる 事故や天災で交通機関がストップして、通勤や通学ができなくなる。

足を掬《すく》われる 油断していてそのすきをつかれ、ひどい目にあう。「足もとをすくわれる」ともいうようになった。

足を出《だ》す ⇩足が出る

足を延《の》ばす 旅行や散歩で、予定外の場所へもついでに行く。「足を伸ばす」とも書く。

足を伸《の》ばす ❶ひざをまげないらくな姿勢になる。❷⇩足を延《の》ばす(前項)

足を運《はこ》ぶ たのみごとなどのため、わざわざ訪ねていく。

足を引《ひ》っ張《ぱ》る 他人の進歩や、成功のじゃまをする。また、全体の進行のじゃまをする。

足を棒《ぼう》にする 歩きまわって足をひどくつかれさせる。例足を棒にしてさがしまわる。

足を向《む》けて寝《ね》られない お世話になった人や尊敬する人に対する謙遜《けんそん》のことば。

足を向《む》ける そこへ歩いて向かう。

あし[2]〖▼蘆・▼葦・▼芦〗〈名〉 水べにむらがって生える、ススキを大きくしたような形の草。葉はタケに似ている。茎《くき》で、すだれなどをつくる。よし。アアシ

あじ[1]【味】〈名〉 ❶食べ物や飲み物を口に入れたとき、舌に感じられる、あまい・からい・にがい・すっぱい、また、うまい・まずい、などの感じ。例味がこい。味をつける。味をみる。うす味。→囲み記事3(下) ❷ものごとから感じられるよさ。味わい。例いい味をだす。味がある。持ち味。▽アアジ →あじな

味もそっけもない あっさりしすぎていて、ものたりない。期待に反しておもしろみや趣《おもむき》がなく、殺風景《さっぷうけい》な感じをいう。

味を占《し》める いちどやってみたらうまくいったので、そのことが気に入り、またやってみようと思う。

あじ[2]〖▼鰺〗〈名〉 日本近海でとれる魚。マアジ・ムロアジなど、種類が多い。体長二〇~三〇《センチメートル》。ひものやたたきにして食べる。アアジ 参考 大分県の佐賀関《さがのせき》で水揚げされる「関あじ」は、地域ブランド品としてとくに有名。

アジア〖亜▽細亜〗〈名〉 州の一つ。ユーラシア大陸の東の地域。地球の全陸地のおよそ三分の一をしめる。西はウラル山脈・カスピ海でヨーロッパ州とへだてられ、東は太平洋、南はインド洋、北は北極海に面する。◇Asia

あしあと【足跡】〈名〉 ❶歩いたあとに残るはきものや足のかたち。❷にげた人のゆくえ。例足跡をくらます。▽類足跡《そくせき》。

アジェンダ〈名〉 ❶会議で話し合うべきことがら。❷行動計画。◇agenda

あしおと【足音】〈名〉 歩いたり走ったりするときに、足が地面やゆかに当たって出る音。例足音をたてる。
表現 「春の足音」のように、目に見えないなにかが近づいてくるようすのたとえとしても使う。

あしか〖▽海▼驢〗〈名〉 北太平洋にすむ哺乳《ほにゅう》動物。体長は一・五~二《メートル》ぐらいで、足はひれの形をしている。人になれやすく、いろいろな芸をする。

あしがかり【足掛かり】〈名〉 ❶なにかによじ登るとき、からだを支えるために足をかけるところ。例足掛かりひとつない絶壁《ぜっぺき》。類足場《あしば》。ホールド。❷ものごとをするときの最初のよりどころとなるもの。例小さな証拠《しょうこ》を足掛かりにして調査は進んでいった。類手がかり。

あしかけ【足かけ】〈名〉 年月の数えかたで、一年や一か月に満たないはんぱな分も、一年、一か月として数える数えかた。対丸《まる》。満。
表現 暦年《れきねん》や会計年度を基準にしていう。たとえば、ある年の十二月から翌々年の一月末までの期間は一年二か月だが、「足かけ三年」である。

あしかせ【足かせ】〖足▼枷〗〈名〉 ❶むかし、罪人《ざいにん》の足首にはめた刑具《けいぐ》。❷自由に行動することをさまたげるもののたとえ。例不合理なきまりが足かせになる。手かせ足かせ。

あしがため【足固め】〈名〉 計画や目標にそなえるための下準備。

あ(▽悪)**しからず** どうかわるく思わないで。おもに手紙・メールやあいさつなどで使われる言いかた。例あしからずご了承《りょうしょう》ください。

あしがる【足軽】〈名〉 いちばん身分の低い武士。

あじきな・い【味気ない】〈形〉 ⇩あじけない

あしきり【足切り】〈名・する〉 入試などで、ある点数より下の者を切りすてること。参考 公的には、「二段階

囲み記事 3

味の感じを表わすことば

食べ物や飲み物を舌《した》で感じるようすを表わすことばは、「あまい」「からい」「にがい」「すっぱい」「しぶい」などの形容詞である。

その味の感じから、どのことばにも、いろいろな慣用的な言いまわしがある。

あまい――砂糖やみつ、あめは、あまいものの代表で、舌にここちよく、とろけるような感じがする。それで、「あまいメロディー」「あまいことば」は人の気分をとろけさせる。あまさには、きりっとした感じがないから「点があまい」「子どもにあまい」といえば、きびしさのないようすをいう。「ねじがあまい」とすぐゆるんでしまう。

からい――塩がからいのと、とうがらしがからいのとは別の味。舌がひりひりするのは、とうがらし、しょうが、わさび、カレーの味である。「山椒《さんしょう》は小粒でもぴりりとからい」は、人のきりっとした態度をたとえたもの。からい味にはこのようにきびしい感じがあるので、「採点がからい」「からくも逃げ切った」「辛口《からくち》の評価をもらった」のような、きびしくつらい経験をいうことになる。

にがい――舌がよじれそうで、口に入れにくいから、「良薬《りょうやく》は口ににがい」のである。「にがい経験」は、忘れられない。「にがい顔」「にがりきる」「苦虫《にがむし》をかみつぶしたような顔」は、人のふきげんなようすを表わす。

すっぱい・すい――レモンや酢《す》を口にしたときの、きゅっと口をすぼめたくなる味。思うようにいかないで「すっぱい顔」をする。「すいもあまいもかみわける」は世間の苦労がなんでもわかっていること。「あまい」と「すっぱい」をあわせた味は、「あまずっぱい初恋《はつこい》の味」。

しぶい――しぶがきを食べると舌がしびれるようで、思わず顔をしかめる。むりなたのみごとをすると「しぶい顔」をされることになる。

選《せん》抜《ばつ》」などのことばが使われる。

あしくび【足首】〈名〉かかとのすこし上の、やや細くなった部分。例足首をねんざする。

あしげ【あし毛】〖▼葦毛〗〈名〉ウマの毛色で、生まれつきのくり毛や青毛などに後天的に生えてくる、白い毛や黒い毛。

あじけな・い【味気ない】〈形〉なんのおもしろみもはり合いもなくて、つまらない。やや古い言いかたでは「あじきない」ともいう。例ただ生きているだけの味気ない生活。

あしげ(足蹴)**にする** ❶足でける。❷相手にひどいしうちをする。例人を足げにする。

あしこし【足腰】〈名〉足と腰など、からだをささえる下半身。例足腰をきたえる。足腰が立たない(=立ち上がれない)。

あじさい〖▽紫▽陽▽花〗〈名〉庭木にする落葉低木。初夏、たくさんの小さな花が球のように集まってさく。花の色が空色から青、むらさきと変化する。

あしざまに〖▽悪しざまに〗〈副〉「いかにもわるい」といったふうに。古い感じのことば。例あしざまに言う。あしざまにののしる。

あししげく【足しげく】〖足▽繁く〗〈副〉あいだをおかずに、なんどもなんども。例足しげく通う。

アシスタント〈名〉助手。◇assistant

[1]**あした**〖▽明▽日〗〈名〉きょうの次の日。対きのう。類あす。明日《みょうにち》。

あしたはあしたの風《かぜ》**が吹**《ふ》**く** これから先のことは、そのときのなりゆきにまかせればよい。

[2]**あした**〖▽朝・▼晨〗〈名〉「朝《あさ》」の詩的な言いかた。

あしだ【足駄】〈名〉高い二枚の歯をはめこんだげた。雨ふりなどで、道がわるいときにはく。高げた。

あしだい【足代】〈名〉交通費。例足代がかかる。

あじつけ【味付け】〈名・する〉味をつけること。また、味のつけかた。例味つけがいい。類調味。

あしでまとい【足手まとい】〖足手▼纏い〗〈名〉なにをするときにもまつわりつき、行動のじゃまになるもの。例足手まといになる。類足かせ。首かせ。

アジト〈名〉❶非合法の政治活動家たちの秘密の本部。❷かくれ家。◇ロシア語から。

あしどめ【足留め・足止め】〈名・する〉今いる場所から出歩くことを許さないこと。また、許されないこと。例足留めをする。足留めをくう。

あしどり【足取り】〈名〉❶歩くときの足の運びぐあい。例足取りもかるく。重い足取り。類歩調。❷犯人などが動きまわった道すじ。例足取りを追う。足取りがつかめない。類足跡《そくせき》。

あじな【味な】〈連体〉気がきいていて、しゃれている。例味なもの。味なはからい。味なことをする。

表現 「味なまねをする」は、見くびっていた敵へのことば。

あしながばち【足長蜂】〈名〉ハチの一種。黒と黄色のまだら模様があり、長い足をたらして飛ぶ。

あしなみ【足並み】〈名〉❶何人かの人がいっしょに歩いたり走ったりするときの、全体の足のそろいぐあい。❷多くの人や団体が一つの行動をとるときの、気持ちや行動のまとまりぐあい。例足並みがそろう。類歩調。

あしならし【足慣らし】〖足▼馴らし〗〈名〉❶病後、弱っている足を元どおりにするために、歩く練習をすること。❷スポーツの前などに、かるく走ったりして足などの筋肉をほぐしておくこと。例足慣らしをする。

表現 「まだほんの足慣らしで…」のように、ものごとを本格的に始める前の準備段階をいうことがある。

あしば【足場】〈名〉❶歩くときに、足をつくところ。例足場がわるい。類足がかり。❷工事現場で、高いところの仕事のために、まるたや鉄パイプを組んでつくったもの。❸なにかをするための、もとになるもの。

あしばや【足早】〈形動〉足の運びが速い。例足早にたち去る。

あしび〖▽馬▽酔▽木〗〈名〉山地に生える常緑低木。春、つぼの形をした細かな白い花をたくさんつける。葉に毒がある。「あせび」ともいう。

参考 葉を食べたウマが毒にあたって、酔《よ》ったようになることから、「馬酔木」という当て字ができた。

あしぶみ【足踏み】〈名・する〉❶前へ歩かずに、その場で両足を交互《こうご》に上げ下げすること。❷ものごとがうまく進まないで、同じ状態が続くこと。例足踏み状態。

あしへん〖足偏〗〈名〉漢字の偏の一つ。「距《きょ》」「路」などの「⻊」の部分。

あしまかせ【足任せ】〈名〉はっきりと行く先をきめずに、気のむくままに歩くこと。類風まかせ。

あしまめ【足まめ】〈名・形動〉めんどうがらずにあちこち出かける、身がるなようす。例足まめに歩きまわる。

あじみ【味見】〈名・する〉食べ物や飲み物を少し口に入れて、味のよしあしを調べること。類毒味。試食。

あしもと【足下・足元】〖足▽許〗〈名〉❶足が地についている、その周辺。例足もとを照らす。❷生活や仕事の土台となるところ。例足もとを固める。❸歩いたりするときの足の運びぐあい。例足もとがふらつく。❹将来を見通す上での、いま。例足もとの景気。

表現 雨の日にわざわざ来てくれた客への挨拶《あいさつ》として、「お足下の悪いなかお越しくださいまして…」のように言う。

足もとから鳥《とり》**が立**《た》**つ** ❶身近なところで、急に思いがけない事件が起こることのたとえ。❷思い出したように、急にものごとをやり始めることのたとえ。

表現 ①②とも、ふつう「足もとから鳥が立つように」の形で使う。あわただしいようすを表わす言いかたである。

足もとに火《ひ》**がつく** 危険や緊急《きんきゅう》事態がまさに自分の身におよぼうとしている。

足もとにも及《およ》**ばない** 比べものにならないくらいおとっている。

足もとの明《あか》**るいうち** ❶日の暮れないうち。❷自分の状況《じょうきょう》の悪くならないうち。

足もとを見《み》**られる** こちらの弱みを見ぬかれる。

あしゅら【▼阿修羅】〈名〉インド神話の戦いをこのむ悪神。シャカ(釈迦)の教えにより、仏教の守り神になったという。◇もとサンスクリット語。

あじょにもかじょにも(方言) どうにもこうにも。千葉で言う。

あしらい〈名〉❶人のとりあつかいかた。例客のあしらいが上手だ。❷料理やデザインなどのとり合わせかた。

あしら・う〈動五〉❶かるくあつかって、適当に応対する。例鼻であしらう。❷ちょうどうまくとり合わせる。例菊《きく》にもみじをあしらった生け花。類配する。

アジ・る〈動五〉「扇動《せんどう》する」の俗《ぞく》っぽい言いかた。

参考 「アジテーション」の「アジ」を動詞にしたことば。

あじろ〖▽網代〗〈名〉❶川の瀬《せ》に竹や木を組んでつくった、魚をとるためのしかけ。❷竹やヒノキなどをうすくけずって、編んだもの。かきねや天井《てんじょう》などに使う。

17 イスラエル　地中海東岸の共和国。1948年に独立。農業・ダイヤモンド加工が主産業。首都エルサレム。

あじわい【味わい】〈名〉❶食べ物を口に入れているあいだに感じられてくるうまみ。❷接しているうちに感じられてくるよさや、おもしろみ。例味わいの深い作品。

あじわ・う【味わう】〈動五〉❶食べ物を口に入れて、味を楽しむ。類賞味する。❷ものごとのよさ、おもしろさなどを感じとる。例詩を味わう。類鑑賞《かんしょう》する。❸よろこびや苦しみを深く体験する。例苦しみを味わう。

あす【明日】〈名〉❶「あした」のややあらたまった言いかた。対きのう。類みょうにち。❷近い将来。

明日は我《わ》が身《み》 他人の不幸も、似《に》たような境遇《きょうぐう》にあれば ひとごとでなく、いつ自分の身にふりかかってもおかしくない、ということ。

あすかじだい【▽飛▽鳥時代】〈名〉〔歴史〕聖徳太子《しょうとくたいし》（厩戸皇子《うまやとのおうじ》）の時代から奈良に都《みやこ》ができるまでの、七世紀を中心とする百年間あまりの時代。都が今の奈良県飛鳥地方におかれていたことからいう。仏教文化が栄えた。

あずかり【預かり】〈名〉❶人からなにかを委託《いたく》されること。例預かりもの。預かり金《きん》。❷その場で決着をつけないこと。例勝負は預かりと(に)する。類引き分け。

あずか(▽与)りし(知)らない 関知しない。

あずか・る[1]【▽与る】〈動五〉❶計画や実際の行動に参加する。また、その責任の一部をもつことにもいう。例国政にあずかる。類関与《かんよ》する。❷目上の人から、よいあつかいをしてもらう。例お招きにあずかる。

あずか・る[2]【預かる】〈動五〉❶人からたのまれて、大切なものの保管や世話をひきうける。例金を預かる。人の命を預かる。❷処理の責任をまかされる。例会計を預かる。

あずき【小豆】〈名〉マメ科の一年草。畑に栽培《さいばい》され、秋、ほそ長いさやの中に、赤くてかたい実ができる。これをあんや赤飯などをつくるのに使う。参考北海道でとくに多くとれ、十勝《とかち》の小豆は地域ブランド品として有名。

━ 方言 青森で、「犬あずかる」と言えば、「飼《か》う」意味も表わす。

あず・ける【預ける】〈動下一〉❶たのんで、大切なものの保管をまかせる。例金を銀行に預ける。❷処理の責任を人にまかせる。例げたを預ける(＝処理の責任をすっかりまかせる)。勝負を預ける。→おあずけ ❸すもうで、相手にからだをもたせかける。例体《たい》を預ける。

あずさ【▼梓】〈名〉日本人に古くからなじみのふかい落葉高木。かたいので、弓や版木《はんぎ》に使われた。

あずちももやまじだい【▽安土桃山時代】〈名〉⇩あづちももやまじだい

あすなろ〈名〉ヒノキ科の常緑高木。山地に生え、ヒノキより背が高くなる。材質がかたく、水に強いので、土木や建築、船の材料として使われる。参考「あすなろ」は、「あす(＝明日)(はヒノキに)なろ(う)」の意味だという説がある。

アスパラガス〈名〉西洋野菜の一つ。多年草。若い茎《くき》を食べる。ふつう、緑色のグリーンアスパラをさし、土の中で育てた白いものをホワイトアスパラという。◇asparagus

アスファルト〈名〉道路の舗装《ほそう》に使う、黒くてねばねばしたもの。原油からガソリン・灯油・重油などをとった残り。◇asphalt

アスベスト〈名〉石綿《いしわた》。◇オランダ asbest

アスペルガーしょうこうぐん【アスペルガー症候群】〈名〉発達症の一つ。思ったことをそのまま言動に表わすことなどを特徴《とくちょう》とする。参考オーストリアの小児科医師の名にちなむ。

あずま【▽東・▼吾妻】〈名〉関東、あるいは、その付近をふくめた地方の古いよび名。類東国《とうごく》。

あずまうた【▽東歌】〈名〉〔文学〕『万葉集』巻一四や『古今《こきん》和歌集』巻二〇などに収められている東国地方の歌謡《かよう》。すべて短歌で、方言が使われている。素朴《そぼく》でいきいきとした作品が多い。

あずまおとこ【▽東男】〈名〉江戸《えど》生まれの男。関東の男。例東男の心意気。

東男に京女《きょうおんな》 男はたくましい江戸《えど》の男がよく、女は優美な京の女がよい、ということ。

あずましー(方言) 心地よい。ゆったりと落ちついた気分だ。北海道・青森などで言う。例あずましーあんべえ(＝あんばい)。

あずまや【▽東屋】【▽四▼阿】〈名〉庭園の中に、休憩《きゅうけい》所としてつくった簡素な建物。

アスリート〈名〉運動選手。とくに、陸上競技の選手。◇athlete

アスレチック〈名〉運動。例アスレチッククラブ。◇athletic

あせ【汗】〈名〉暑いときや運動をしたとき、また、あがってしまったときに、体の表面から出る水分。例汗をかく。汗がひく。手に汗をにぎる。あぶら汗。冷や汗。→あせする

━ 表現 流れるものは一筋《ひとすじ》二筋《ふたすじ》、ぽたりとたれるものは一滴《ひとしずく》二滴と数える。どちらも詩的な言いかた。

参考 漫画《まんが》の表現から、俗《ぞく》に、汗をかたどった水滴《すいてき》のような絵文字や、「汗」という字で、困惑《こんわく》したりあせったりしている状態を表わす。

汗の結晶《けっしょう》 努力を積み重ねて得られた成果。→血と汗の結晶(「ち〔血〕」の子項目)

汗をかく ❶汗がでる。❷つめたい物の表面に水滴《すいてき》が生じてたれる。例コップが汗をかいている。❸苦労して働く。例先頭に立って汗をかく覚悟《かくご》です。類汗をながす。

汗を流《なが》す ❶汗を洗いおとす。❷がんばって働く。類汗をかく。

あぜ【▽畔・▼畦】〈名〉田と田のくぎりにつくる、土をもったしきり。例あぜ道。

あせくさ・い【汗臭い】〈形〉汗の不快なにおいがする。

あぜくらづくり【▽校倉造り】〈名〉長い木材を井《い》の字形に組み、それをつみ重ねて壁《かべ》にした建物のつくりかた。日本では奈良《なら》の正倉院《しょうそういん》が有名。シベリア・中国・インドなどにもみられる。表記歴史の教科書では「校倉造」と書き、送りがなの「り」は付けない。

アセスメント〈名〉全体的に見た評価や査定。◇assessment →かんきょうアセスメント

あせ・する【汗する】〈動サ変〉汗をかく。

━ 表現 ふつう「額《ひたい》に汗して」の言いまわしで使い、地味な労働をかさねてよく働くようすを表わす。

あせだく【汗だく】〈形動〉あとからあとから汗が出て、とまらない。例汗だくになる。類汗まみれ。汗みずく。汗みどろ。

アセチレン〈名〉〔化学〕炭素と水素とからなる、無色で有毒の気体。合成樹脂《じゅし》などの原料、溶接《ようせつ》用のバーナーなどに使われる。◇acetylene

アセテート〈名〉綿に酢酸《さくさん》を加えてつくった化学繊

維《いせん》。絹のようなつやがあって、婦人服地などに使われる。◇acetate

アセトアルデヒド〈名〉プラスチックや合成ゴムの原料となる、無色で刺激臭《しげきしゅう》のある液体。飲酒《いんしゅ》によって体内にも生じ、毒素《どくそ》として残ることがある。◇acetaldehyde

あせば・む【汗ばむ】〈動五〉かるく汗をかく。例少し急いで歩くと汗ばむくらいの小春びよりとなった。

あせび〖▽馬▽酔▽木〗〈名〉⇩あしび

あせまみれ【汗まみれ】〈名・形動〉からだじゅう汗だらけになっていること。類汗だく。汗みずく。汗みどろ。

あせみずく【汗みずく】〈形動〉全身から汗がふきでている状態。例汗みずくで働く。類汗だく。汗まみれ。汗みどろ。

あせみず(汗水)**た**(垂)**らして** 汗をたくさんかいて。休むひまもなく、けんめいに働くようすをいう。例汗水たらしてかせいだ金。

あぜみち【あぜ道】〖▽畔道・▼畦道〗〈名〉田と田のあいだの細い道。

あせみどろ【汗みどろ】〈形動〉全身にびっしょり汗をかいている。類汗まみれ。汗だく。汗みずく。

あせも〖汗▼疹・汗▼疣〗〈名〉汗をかいてできる湿疹《しっしん》。夏、乳幼児にとくに多い。

あせり【焦り】〈名〉思うようにいかず、いらいらすること。例当局には焦りの色が見える。類焦燥《しょうそう》。

[1]**あせ・る**【焦る】〈動五〉❶思うようにはかどらないで、気をもむ。例焦ってもしようがない。類せく。❷思ってもみないことに出くわして、どぎまぎする。例あんな所で先生に会って焦ったよ。類うろたえる。

[2]**あ・せる**〖▼褪せる〗〈動下一〉日にさらされたり、年月がたったりして、色がうすくなり、つやがなくなる。例色があせる。類さめる。退色する。色がとぶ。

あぜん〖▼啞然〗〈副・連体〉あまりのことに、びっくりしたりあきれかえったりして、ことばが出ないようす。例あぜんとして立ちつくす。あぜんたる思い。類あっけにとられる。

あそこ〈代名〉❶話し手からも聞き手からもはなれているが、その二人から見える場所をさすことば。例あそこに見えるのがぼくの家だ。❷話し手も聞き手も知っている場所をさすことば。例六時に また あそこで会おう。▽→ここ・そこ・どこ

あそば・す【遊ばす】〓〈動五〉❶[遊ばす]遊ばせる。例子どもを公園で遊ばす。❷[あそばす]「する」という動作を、する人への敬意をこめて言うことば。例いかがあそばしました? 〓〈補動五〉[あそばす]「お帰りあそばす」「ご帰宅あそばす」のように、「お」や「ご」と組みにして使い、敬意の高い尊敬の表現をつくることば。

あそび【遊び】〈名〉❶勉強や仕事でなく、自分の好きなことをして楽しむこと。例遊びに夢中《むちゅう》になる。遊び時間。遊び半分。❷「ハンドルのあそび」のように、機械の部品などに、わざと残してあるすきまやゆとり。

参考 (1)①は、ばくちや道楽などをとくにさすことがある。(2)むかしは、とくに、和歌をつくったり、琴《こと》をひいたり、笛をふいたりして楽しむことをいった。

あそびにん【遊び人】〈名〉❶定職をもたず、ぶらぶらしている人。❷ばくちうち。❸遊び事の好きな人。放蕩者《ほうとうもの》。

あそびほう・ける【遊びほうける】〖遊び▼惚ける〗〈動下一〉遊んでばかりいる。例一日中遊びほうけている。

あそ・ぶ【遊ぶ】〈動五〉❶勉強や仕事でなく、自分の好きなことをして楽しむ。❷きまった職がなく、仕事をせずにぶらぶらしている。例会社をやめて家で遊んでいる。❸活用されていない。例せっかくの機械が遊んでいる。

表現 古い用法として、「郊外《こうがい》に遊ぶ(=出かけて風物を楽しむ)」や、「三年間ロンドンに遊び(=留学して)、シェークスピアを学んだ」などの言いかたがある。

[1]**あだ**〖▼仇〗〈名〉❶自分が、しかえしをしたい、うらみをはらしたいと思っている相手。例あだを討《う》つ。類かたき。❷うらみ。例あだに思う。あだを返す(=うらみをはらす)。❸相手の迷惑《めいわく》や害になること。例恩をあだで返す。対恩。▽アアダ」

[2]**あだ**〖▽徒〗〈名・形動〉せっかくやっても、期待したとおりの効果やむくいのないこと。また、かえってよくない結果になること。例あだやおろそか。親切があだになる。あだ花《ばな》。対恩。アアダ」

[3]**あだ**〖▼婀▼娜〗〈形動〉女性がなまめかしい魅力《みりょく》をただよわせているようす。例あだなすがた。アアダ

アダージョ〈名〉〔音楽〕速度記号の一つ。「緩《ゆる》やかに」演奏する。◇イタリア《イタリア》 adagio

あたい【値】〈名〉❶価値。ねうち。例千金の値がある。例→あたいする(次項) ❷〔数学〕数に表わした数量。方程式のxの値を求めよ。類数値。

参考 古くは、「価《あたい》」と書いて、「価格・値段、代金」の意味でも使われた。

値千金《あたいせんきん》 価値がひじょうに高いこと。例値千金の逆転ゴール。

あたい・する【値する】〈動サ変〉(「…に値する」の形で)じゅうぶんにそれだけのねうちがある。例称賛《しょうさん》に値する。英雄《えいゆう》の名に値する。検討に値しない。

あた・う〖▽能う〗〈動五〉できる。なしうる。例あたう限りの努力。参考「あとう」とも発音される。

あだうち【あだ討ち】〖▼仇討ち〗〈名・する〉「かたき討ち」の古い言いかた。

あた・える【与える】〈動下一〉❶目上の人が目下の者にものをやる。例物を与える。権利を与える。自由を与える。賞を与える。対もらう。いただく。類さずける。❷相手に、なにかができるようにしてやる。例時間を与える。仕事を与える。余裕《よゆう》を与える。❸相手がなにかを受けるようにする。例相手に圧迫《あっぱく》感を与える。いい印象を与える。注意を与える。損害を与える。

あだおろそか〖▽徒▽疎か〗〈形動〉たいしたことではないと、いいかげんにあつかうようす。あだやおろそか。例せっかくのご好意、あだおろそかにはいたしません。

あたかも〈副〉「ちょうどぴったり」という気持ちを表わす。例負けたにもかかわらずあたかも勝ちをおさめたような顔をしている。類まるで。

表現 やや古い感じのことば。「まるで」はふつうの言いかた。

あたたか【暖か・温か】〈形動〉⇩あたたかい(次項)

あたたか・い【暖かい・温かい】〈形〉❶[暖かい・温かい]肌《はだ》に気持ちよいぬくもりを感じる。例気候が暖かい。暖かい地方。温かい風呂《ふろ》。温かいスープ。対寒い。涼しい。冷たい。ぬるい。❷[温かい]愛情がこもっている。例温かいもてなし。温かくむかえる。対冷たい。ひややか。▽「あたたか」ともいい、また、話しことばでは「あったかい」「あったか」ともいう。

表現 心のこもった援助《えんじょ》をすることを、「あたたかい手をさしのべる」という。金銭にゆとりがあることを「ふところがあ

━たたかい」という。反対は「ふところが寒い」。
表記 意味が「冷たい」の反対のときは「温かい」、「寒い」の反対のときは「暖かい」と書く。

あたたま・る【暖まる・温まる】〈動五〉❶[暖まる・温まる] あたたかな気持ちよい状態になる。例空気が暖まる。ふろに入って温まる。❷[温まる] 気持ちが明るく豊かになる。例心温まる話。▽「あったまる」ともいう。

あたた・める【暖める・温める】〈動下一〉❶[暖める・温める] 温度を高めて、あたたかな気持ちよい状態にする。例部屋を暖める。スープを温める。❷[温める] さらに内容をよくするために、考えや作品などを発表しないでおく。例構想を温める。十年も温めていた原稿《げんこう》だ。▽「あっためる」ともいう。
参考「故《ふる》きを温めて新しきを知る(温故知新《おんこちしん》)」の「温める」は、学びなおす、という意味。
表現 旧友と久しぶりに会い、心のかよいあいをとりもどすことを、「旧交を温める」という。

アタック〈名・する〉❶攻撃《こうげき》をすること。❷困難な目標にむかっていくこと。類チャレンジ。◇attack

アタッシュケース〈名〉書類などを入れる、箱形の頑丈《がんじょう》な手さげかばん。◇attaché case
参考 attaché はもとフランス語で、大使館員の意味。

あ(当)たってくだ(砕)けろ ⇩「あたる」の子項目

あだな【あだ名】〖▼渾名・▼綽名〗〈名〉人の特徴をとらえるなどしてつけた、本名とは別の名前。例あだ名をつける。類ニックネーム。愛称《あいしょう》。

あだばな【あだ花】〖▽徒花〗〈名〉せっかく美しくさいても、実《み》を結ばない花。うわべははなやかでも、なかみがないことのたとえとして使う。

あたふた〈副・する〉ひどくあわてているようす。例あたふたとかけつける。予期せぬできごとにあたふたする。

アダプター〈名〉機械や器具に、規格のあわない部品をとりつけるため、あいだにはさむ調整器具。◇adapter

あたま【頭】〈名〉❶体の、首から上の部分。例頭を下げる。背の高さが頭一つちがう。対尾《お》。類かしら。❷「①」の毛の生えたあたり。例頭を洗う。頭をかかえる。❸「①」の毛。また、かみがた。例頭をかる。類かみの毛。❹もののいちばん上の部分。例鼻の頭。雲の上に富士山の頭が見える。❺人の上にたつ人。例山田氏を頭にすえる。類かしら。チーフ。トップ。ボス。❻人の数。人員。例頭をそろえる。❼頭脳のはたらき。例頭がいい。頭がかたい。頭がきれる。頭をつかう。❽ものごとのはじめ。最初。例頭から訳す。頭をそろえる。対しり。▽→あたまから・囲み記事19(416ページ)

頭が上《あ》がらない 負い目があって、対等にふるまえない。例社長とはいえ、家では奥さんに頭が上がらないらしいよ。

頭が痛《いた》い ❶頭痛《ずつう》がする。❷どうしていいかわからずになやむ。例来年の入試を考えると頭が痛い。
表現 似た言いかたで、「頭が痛む」は、「頭痛」のことで、「頭を痛める」は、なやむこと。

頭が固《かた》い 考え方に柔軟《じゅうなん》さがない。「頭が堅い」とも書く。類頑固《がんこ》。融通《ゆうずう》がきかない。

頭隠《かく》して尻《しり》隠さず かくしたいところをかくしたつもりでいても、ほかの部分がまる見えになっている。

頭が下《さ》がる 相手のりっぱなのに敬服する。例山田さんの勉強ぶりには頭が下がる思いがする。

頭に浮《う》かぶ 思いつく。例名案が頭に浮かぶ。

頭にくる 怒《おこ》らないではいられない。類腹が立つ。

頭の中《なか》が真《ま》っ白《しろ》になる あせりや極度の緊張《きんちょう》で、何も考えられない状態になる。頭が真っ白になる。

頭を押《お》さえる 相手のいきおいを力でおさえつける。

頭を抱《かか》える どうしていいかわからなくて困る。例テストのことを考えると、いつも頭をかかえてしまう。

頭をひねる ❶問題を解くとか、いいアイデアを出すとかするために、考えこむ。類知恵をしぼる。❷うたがう。あやしむ。類首をかしげる。

頭を冷《ひ》やす たかぶった気持ちをしずめる。例頭を冷やして出なおしてこい。

頭を丸《まる》める ❶かみの毛をそりおとして、坊《ぼう》さんや尼《あま》さんになる。類出家する。髪《かみ》を下《お》ろす。❷つぐないのために、頭を丸坊主《まるぼうず》にしてあやまる。

あたまうち【頭打ち】〈名〉今まで進んできたものが、もうこれ以上は進めないところにきて、動きがとまってしまうこと。例頭打ちになる。類行きづまり。

あたまかず【頭数】〈名〉必要な人数。例頭数をそろえる。

あたまから【頭から】〈副〉理由も聞かずにはじめから。はなから。例頭から決めつける。頭から反対する。類のっけから。てんから。
参考「とうすう」と読むのは別のことば。

あたまきん【頭金】〈名〉分割払いで、最初に代金の一部として払う、ある程度まとまったお金。

あたまごし【頭越し】〈名〉❶他人の頭の上を越して何かをすること。例頭越しに物をわたす。❷相談を受けるべき地位の人をさしおいて、事が進められること。例頭越しの交渉《こうしょう》。

あたまごなし【頭ごなし】〈名〉相手の言いぶんを聞こうともせず、一方的な態度であること。例頭ごなしにしかる。

あたまでっかち【頭でっかち】〈名・形動〉❶頭がふつりあいに大きいこと。そういう人。❷上のほうが下にくらべて大きいようす。例頭でっかちな組織。❸りくつばかり言って、行動がともなわないこと。そういう人。類高飛車《たかびしゃ》。居丈高《いたけだか》。

あたまわり【頭割り】〈名〉もうけや費用を、それに加わった人の数で平等に分けること。例頭割りにする。

アダム〈名〉「旧約聖書」にある、神が最初につくった人間(男)の名。神のおきてにそむいて禁断の木の実を食べ、妻のイブとともにエデンの園《その》から追放された。◇Adam

あだやおろそか ⇩あだおろそか

あたら〈副〉「おしくも」「せっかく」の古い言いかた。例あたら好機を逸《いっ》した(=おしくもチャンスをのがした)。

あたらし・い【新しい】〈形〉❶今までになかった、はじめてのようす。例新しい型。新しい考え。類あらた。❷生まれたり、作られたりしてから、あまり時間がたっていない。例新しいシャツ。▽対古い。類新鮮《しんせん》。
参考 古語の「あらたし」が変化した形。

あ(当)たらずさわ(障)らず ⇩「あたる」の子項目

あ(当)たらずといえどもとお(遠)からず ⇩「あたる」の子項目

[1]あたり【辺り】〈名〉❶近い場所一帯を、どことさし示さないで、漠然《ばくぜん》ということば。例辺りを見まわす。財布《さいふ》を落としたのは、この辺りだ。類四方。❷…の近く。例静岡《しずおか》辺り。類辺《へん》。近辺《きんぺん》。付近。❸[あたり] …ぐらい。たとえば…など。例委員長には鈴木さんあたりがいい。▽アアタリ

表現 ③は、人やものごとをはっきりさし示すのをさけて、やわらげて言うときに使う。

2 **あたり【当たり】** ㊀〈名〉❶ぶつかること。また、ぶつかったときの感じ。例当たりのはげしいスポーツ。(野球で)会心の当たり(=打撃《だげき》)。当たりどころ(がわるい)。風当たり(がつよい)。人当たり(がやわらかい)。心当たり(がある)。❷みごとに期待どおりになること。例当たりのくじ。当たり年。当たりはずれ。大当たり。対はずれ。❸調べて、けんとうをつけること。例当たりをつける。当たりがつく。▽アア タリ

㊁〈接尾〉❶食べ物や暑さのために、からだをこわすこと。例食当たり。暑気当たり。❷「その量を基準と考えて」「それだけについて」という意味を表わす。例一人あたり三個ずつに分ける。一時間あたり四ページ進んだ。類あて。

あたりさわり【当たり障り】〈名〉それがもとになって、まわりにぐあいのわるいことがおこること。例当たり障りのない答えをする。類さし障り。

あたりちら・す【当たり散らす】〈動五〉いらだちや不愉快《ふゆかい》な気持ちをがまんできないで、関係のないほかの人にむやみにつっかかる。類八つ当たりする。

あたりどし【当たり年】〈名〉❶農作物の収穫《しゅうかく》がとくに多い年。例ことしはスイカの当たり年だ。❷ものごとがうまくはこんだ年。注意①で、「台風の当たり年」のように、ありがたくないことにいうのは本来はあやまり。

あたりはずれ【当たり外れ】〈名〉期待どおりになることとならないこと。例当たり外れの多い商売。

あたりまえ【当たり前】〈形動〉❶自然で、少しもふしぎでない。例あれだけ努力したのだから、成功して当たり前だ。類当然。❷ほかとくらべて、なにも変わったところがない。例ごく当たり前の考えかただ。とうてい当たり前の人間とは思えない。類ふつう。

由来「当然」を、むかし、あて字で「当前」とも書いたため、それを訓読みしてできたことばだという。

あたりめ【当たりめ】〈名〉「するめ」の別の言いかた。「する」をきらっていう。→囲み記事6(78ページ)

あたりやく【当たり役】〈名〉その俳優のもち味がじゅうぶんにでて、評判になった役。類はまり役。

あた・る【当たる】〈動五〉❶ぶつかる。ぶつかるような感じでふれる。例ボールが当たる。強敵に当たる。当たってくだけろ。思い当たる。つき当たる。❷ねらったところにうまく命中する。また、思ったとおりのよい結果になる。例的に当たる。予想が当たる。商売が当たる。くじで一等が当たる。対はずれる。❸関係のない人に、おさえられない感情をぶつける。例つらく当たる。人に当たる。❹仕事や役割などをひきうける。例難局に当たる。任に当たる。❺わりふられる。例いい役に当たってよかった。❻自然の作用を身にうける。例雨に当たる。火に当たる。夜風《よかぜ》に当たる。❼害をうける。例暑気に当たる。食べ物に当たる(=食中毒をおこす)。食べ物が当たる。毒に当たる。❽ちょうどあてはまる。例こちらは東南に当たる。類相当する。該当《がいとう》する。❾たしかめるために調べてみる。例辞書に当たる。

表現 (1)「おどろくには当たらない」「悲観《ひかん》するには当たらない」などと言うときの「当たらない」は⑧の意味からだが、「おどろくに当たる」「悲観するに当たる」という言いかたはない。これは、「およばない」と似《に》ていて、「…するほどのことではない」ということ。

(2)顔を「そる」ことを「当たる」ともいう。「そる」のなまった形「する」から「財産をする」などの「する」を連想して、「そる」は縁起《えんぎ》がよくないとして、「あたる」といったもの。

方言 (1)北陸や京都では、「給料あたる」のように、「もらう」「もらえる」の意味でも使う。

(2)大分では、「スマホあたる」のように、「さわる、いじる」の意味でも使う。

当たって砕《くだ》けろ だめでも思いきってやってみろ。

当たらず障《さわ》らず どちらにもさしさわりがないように適当にごまかしておく。例そんな当たらず障らずの返事は、聞いても意味がない。

当たらずといえども遠《とお》からず ぴたりとではないが、だいたいは言い当てている。注意誤《あやま》って、「当たらずとも遠からず」とちぢめて使われることがある。

当たるも八卦《はっけ》当たらぬも八卦 うらないは、的中することもあり、しないこともある。

アダルト〈名・形動〉成人。成人向きの。おとなふうの。例アダルトな雰囲気《ふんいき》。アダルト映画。◇adult

あちこち ㊀〈代名〉「あちらこちら」「ほうぼう」の、ややくだけた言いかた。例あちこちに花がさいている。あちこち見てきた。㊁〈名・する〉ものごとがくいちがうこと。例やることがあちこちして、収拾《しゅうしゅう》がつかない。▽「あっちこっち」ともいう。

あちら〈代名〉❶話し手からも聞き手からもはなれている方向をさすことば。また、その方向にあるものをさすことば。「あっち」よりていねいな言いかた。例あちらを向いてください。あちらをください。類むこう。❷ある特定の人をさすことば。あのかた。例あちらさまはどなた? あちらはお連れのかたですか? ▽→こちら・そちら・どちら

あちら(を)立《た》てればこちらが立たず ものごとが両立しない。

あちらこちら〈代名〉いろいろな場所や方向。類あちこち。ほうぼう。

常用漢字 **あつ**

【圧(壓)】 土部2 全5画 圧圧圧圧圧

アッ 教小5 音［アッ］ ▨圧力《あつりょく》。圧迫《あっぱく》。圧縮《あっしゅく》。圧倒《あっとう》。▨指圧《しあつ》。気圧《きあつ》。血圧《けつあつ》。弾圧《だんあつ》。鎮圧《ちんあつ》。

あつ【圧】〈名〉強い力でおさえつけること。強くおさえつける力。例圧をかける。圧を加える。→あっする

あっ〈感〉なにかを思いついたり、おどろいたり、感心したりしたときに思わず出す声。例あっ、火事だ。

あっという間《ま》 ⇩独立項目

あっと言《い》わせる ⇩独立項目

あつあげ【厚揚げ】〈名〉⇩なまあげ

あつあつ【熱熱】〈形動〉とても熱いこと。例熱々のグラタン。熱々のカップル。

1 **あつ・い【厚い】**【▽篤い】〈形〉❶[厚い] ものの表面から裏がわの面までのあいだのへだたりが大きい。例厚い板。壁《かべ》が厚い。面《つら》の皮が厚い。対うすい。❷[厚い] たくさん重なっていて、ぎっしりつまっている感じだ。例厚い雲。層が厚い。厚化粧《あつげしょう》。対うすい。類こい。❸[厚い] ものごとの程度が大きい。例厚い志《こころざし》。人

情が厚い。信仰《しんこう》が厚い。厚く(=心から)御礼《おんれい》申しあげます。手厚い。[対]うすい。[類]深い。❹[篤い] 病気がおもい。古い言いかた。[例]病《やまい》が篤い。
▽[ア]アツイ アツイ

[2]**あつ・い【熱い・暑い】**〈形〉❶[熱い] 手でさわれないほど温度が高い。[例]熱いお茶。[対]冷たい。ぬるい。❷[暑い] 汗《あせ》が出て不快になるくらい気温が高い。[例]暑い日。暑い地方。この部屋では暑くて仕事ができない。[対]寒い。涼しい。▽[類]高温。❸[熱い] 感情が高まった状態だ。[例]熱い視線。熱くなって議論する。胸が熱くなる。お熱い(仲)。[対]冷たい。ひややか。クール。[類]夢中《むちゅう》。▽[ア]アツイ

[1]**あっか【悪化】**〈名・する〉事態が悪い方にむかうこと。[例]病状が悪化する。両国の関係は悪化の一途《いっと》をたどっている。[対]好転。[ア]アッカ

[2]**あっか【悪貨】**〈名〉品質の悪い貨幣《かへい》。[対]良貨。[ア]アッカ

悪貨は良貨《りょうか》を駆逐《くちく》する 悪いものごとと良いものごとでは、悪いものごとのほうが広がったり、力をもったりするのがふつうだ。[参考]イギリスの経済学者グレシャムの提唱《ていしょう》した法則から。

あつかい【扱い】〈名〉それにふさわしい対応をすること。対応のしかた。[例]大人の扱いをする。客の扱いが悪い。機械の扱いに困る。子ども扱い。人間扱い。

あつか・う【扱う】〈動五〉❶担当の仕事として処理する。[例]客を扱う。事件を扱う。その件は警察の交通課が扱っている。❷道具や機械、薬品などを使いこなす。[例]こんな複雑な機械はわたしには扱えません。❸人と、自分との立場を見定めて、それに合った対応をする。[例]おとなとして扱う。[類]遇《ぐう》する。待遇する。❹とくにとりあげて、問題にする。[例]この講義では最新のテーマを扱います。❺商品として売る。[例]わたくしどもでは、この型の商品は扱っておりません。

【扱】 扌部3 全6画
扱扱扱扱扱扱
あつかう

あつかまし・い【厚かましい】〈形〉みっともないと思ってはじる気持ちや、相手の人にわるいからやめようと思う心づかいなどが、まったくない。[例]厚かましい男。[類]ずうずうしい。厚顔《こうがん》。鉄面皮《てつめんぴ》。無遠慮《ぶえんりょ》。
[表現]「ずうずうしい」よりあらたまった場面で使えることばで、人にものをたのむとき、「ずうずうしいお願いですが」よりは、「厚かましいお願いですが」の方がていねい。

あつがみ【厚紙】〈名〉ボール紙などの、厚い紙。

あつがり【暑がり】〈名〉ふつうの人以上に暑さに敏感《びんかん》なこと。暑さの苦手な人。[対]寒がり。

あつかん【熱▼燗】〈名〉熱めに温めた日本酒。[対]ぬる燗。

[1]**あっかん【圧巻】**〈名〉書物や映画など、できあがった一連のものの中で、もっともすぐれた部分。[例]圧巻の演技。圧巻のプレーを見せる。

[2]**あっかん【悪漢】**〈名〉よくないことをする男。[例]あの悪漢をつかまえろ! [類]悪党。悪人。

あつぎ【厚着】〈名・する〉衣服を、何枚もかさねて着ること。[例]厚着をする。[対]薄着《うすぎ》。

あつくるし・い【暑苦しい】〈形〉温度が高くて、息ぐるしいほどだ。[例]暑苦しい部屋。

あつげしょう【厚化粧】〈名・する〉おしろいやアイシャドー、口紅などをこくぬること。こい化粧。[対]うす化粧。

あっけな・い【▼呆気ない】〈形〉あまりに簡単で、ものたりない。はりあいがない。[例]勝負はあっけなくついた。

あっけ(▼呆気)にと(取)られる おどろいたりあきれたりして、ぼうっとなる。[例]意外ななりゆきに、あっけにとられる。[類]唖然《あぜん》とする。呆然《ぼうぜん》となる。

あっけらかんと〈副・する〉❶何も関係ないという感じで平気でいるようす。[例]何を言われてもあっけらかんとしている。❷あまりの意外さにあきれて、ぽかんとしているようす。[例]その早わざにあっけらかんと見とれる。[注意]②が本来の意味だが、あまり使われなくなってきている。

あっこう【悪口】〈名〉人を悪く言うこと。悪く言うことば。[例]悪口雑言《ぞうごん》。[類]わるぐち。

あっこうぞうごん【悪口雑言】〈名〉くちぎたなく人のわるぐちを言うこと。くちぎたないわるぐち。[例]悪口雑言のかぎりをつくす。[類]罵詈《ばり》雑言。

あっさく【圧搾】〈名・する〉気体を強くおしちぢめ、容積を小さくすること。[例]圧搾空気。[類]圧縮。

あつ(暑)さ(寒)さも ひがん(彼岸)まで ⇩「ひがん(彼岸)」の子項目

あつさしすう【暑さ指数】〈名〉気温に、湿度《しつど》と日ざしの強さなどを考えあわせたもので、単位は気温と同じセ氏(℃)。熱中症の予防に役立てるめやす。WBGT(=wet bulb globe temperature の略)。

あっさつ【圧殺】〈名・する〉❶おしつぶすようにして、息の根をとめること。❷人の意見や活動をむりやりおさえこむこと。[例]言論を圧殺する。[類]抑圧《よくあつ》。
[表現]②は、「抑圧」に比べて、いっそうきびしくおさえつけることをいう。

あっさり ■一〈副・する〉❶味や色、デザインや形などが、さっぱりしているようす。[例]暑いときには、冷や麦のようなあっさり(と)したものがいい。[対]こってり。❷人の気性《きしょう》や態度が、からっとしている。[例]あっさりした人がら。[類]さっぱり。さばさば。■二〈副〉簡単に。たやすく。[例]ねばるかと思ったら、あっさり(と)ひきさがった。[類]すんなり。

あっし【圧死】〈名・する〉おしつぶされて死ぬこと。

あつじ【厚地】〈名〉厚い布地。[対]薄地《うすじ》。[類]厚手。

あっしゅく【圧縮】〈名・する〉❶力を加えておしちぢめること。[例]圧縮ガス。[類]圧搾《あっさく》。❷文章などの内容を整理してちぢめること。[類]縮小。縮約。❸コンピューターで、データの構造を変えるソフトを用いてファイルの容量を小さくすること。[対]解凍《かいとう》。

あっしょう【圧勝】〈名・する〉相手を問題にせず、一方的に勝つこと。[対]辛勝《しんしょう》。[類]大勝。完勝。

あっ・する【圧する】〈動サ変〉圧力を加えて、おさえつける。[例]あたりを圧する大音響《だいおんきょう》。他《た》を圧する強さ。[類]圧倒《あっとう》する。

[1]**あっせい【圧制】**〈名〉権力や暴力で、人々をむりに従わせるやりかた。

[2]**あっせい【圧政】**〈名〉力で人々をむりやり従わせる政治。

あっせん【▼斡旋】〈名・する〉両者のあいだに立って、うまく世話をしたり、とりもったりすること。[例]就職を斡旋する。[類]仲介《ちゅうかい》。周旋《しゅうせん》。仲立ち。

あっち〈代名〉「あちら」のくだけた言いかた。[例]あっちへ行ってよ。→こっち・そっち・どっち

あづちももやまじだい【▽安土桃山時代】〈名〉〔歴史〕織田信長《おだのぶなが》と豊臣秀吉《とよとみひでよし》が政権をにぎっていた時代。一六世紀おわりの約三十年間。戦国時代の混乱が治まり、全国の統一が完成した。

あつで【厚手】〈名〉布地や紙、陶器《とうき》などで、厚さが厚いこと。対薄手《うすで》。類厚地。

あっというま(間) ほんのわずかのあいだ。

あっといい(言)わせる 意外さでおどろかせる。例世間をあっと言わせる。

あっとう【圧倒】〈名・する〉段ちがいの差で、相手をやっつけること。相手よりもはるかにまさっていて、とてもかなわないという気にさせること。例敵を圧倒する。見る者を圧倒する。迫力に圧倒される。圧倒的。類圧する。

あっとうてき【圧倒的】〈形動〉ほかのものに対して、はるかに差をつけているようす。例圧倒的な強さ。

アットホーム〈形動〉自分の家にいるときのように、くつろいでいられる感じだ。例アットホームなふんいき。類家庭的。◇at home

アットマーク〈名〉英語の「at」を表わす「@」の記号。❶伝票上で、値段の前につけて、商品の単価を示す。❷電子メールのアドレスで、個人名と、属している組織の名のあいだにおく。参考英語では at sign というのがもっとも一般《いっぱん》的。

アッパーカット〈名〉ボクシングで、下からつき上げるようにして、相手のあごを打つパンチ。◇uppercut

あっぱく【圧迫】〈名・する〉❶強い力でおさえつけること。例胸が圧迫されて苦しい。❷権力や軍事力でおどして、むりに従わせること。例圧迫を受ける。言論の自由を圧迫する。類威圧《いあつ》。弾圧《だんあつ》。▽類しめつける。

あっぱれ【▽天晴れ】㊀〈形動〉思わず手をたたいてほめたくなるほどりっぱだ。例敵ながらあっぱれな態度だ。類みごと。㊁〈感〉「ああ、よくやった」というほめことばとして使う。古い言いかた。類おみごと。でかした。参考古語の形容動詞「あはれ」が変化した形。

アップ ㊀〈名・する〉❶上がること。また、上げること。例成績がアップする。レベルアップ。対ダウン。❷「ウォーミングアップ」の略。❸「アップロード」の略。㊁〈名〉❶「クローズアップ」の略。例顔だけをアップで撮る。❷女性の髪形《かみがた》で、うしろ髪を上の方へあげたもの。例アップにする。◇up

あっぷあっぷ〈副・する〉❶おぼれそうになって、水面でもがき苦しむようす。❷どうすることもできない状態においこまれて、こまっているようす。例借金の返済であっぷあっぷの状態だ。参考アクセントは、ふつう「アップアップ」であるが、「あっぷあっぷに」「あっぷあっぷの」「あっぷあっぷだ」の場合は、「アップアップ」となる。

アップグレード〈名・する〉❶ソフトウエアなどの新しいバージョン。また、それを古いバージョンから更新すること。バージョンアップ。❷上の等級に変えること。例飛行機の座席のアップグレード。◇upgrade

アップツーデート〈形動〉最新の。今日《こんにち》的な。例きわめてアップツーデートな問題。◇up-to-date

アップデート〈名・する〉コンピューターのファイルに記録されているデータを最新の内容に変えること。更新《こうしん》。また、更新されたデータ。◇update

アップテンポ〈名・形動〉❶〔音楽〕演奏のテンポが速いこと。❷ものごとの展開が速いようす。例物語がアップテンポで進んでいく。▽対スローテンポ。◇up-tempo

アップリケ〈名〉子どもの洋服などに、動物や花などのかたちに切った布きれをぬいつけたもの。また、その手芸をもいう。◇フランス appliqué

アップルパイ〈名〉砂糖で煮《に》たリンゴを入れて焼いたパイ。◇apple pie

アップロード〈名・する〉コンピューターのネットワークで、パソコンなどの端末《たんまつ》装置からホストコンピューターに、データを送ること。略して「アップ」ともいう。例ホームページに画像をアップロードする。対ダウンロード。◇upload

あつぼった・い【厚ぼったい】〈形〉見るからに厚くて、重たそうな感じがする。例厚ぼったい服。

あつまり【集まり】〈名〉❶集まりぐあい。例きょうは人の集まりがいい。❷集まった全体。例星雲は星の集まりだ。類集合。❸人が集まって開く会。類つどい。寄り合い。会合。集会。ミーティング。

あつま・る【集まる】〈動五〉人やものなどがあちらこちらから一つのところに寄ってくる。例一点に集まる。同情が集まる。類つどう。むらがる。参集する。集合する。

あつみ【厚み】〈名〉❶厚さの感じや程度。例厚みのある布団《ふとん》。類深み。❷奥が深くゆたかな感じ。例作風に厚みをます。

あつ・める【集める】〈動下一〉人やものを、たくさん一つのところに寄せあわせる。例人材を集める。切手を集める。衆知を集める。注目を集める。

あつもの(▼羹)にこ(懲)りてなます(▼膾)をふ(吹)く まえの失敗にこりて必要以上に用心をする。参考中国の成語から。「あつもの」とは、煮物《にもの》の熱い汁のことで、「▽温物」とも書く。

アッラー〈名〉〔宗教〕イスラム教の、ただ一つの絶対の神。◇アラビア語から。

あつら・える【▼誂える】〈動下一〉特別に注文して、つくらせる。例洋服をあつらえる。あつらえたようにからだにぴったりだ。類オーダーする。

あつりょく【圧力】〈名〉❶ある物がほかの物をおさえつける力。❷目的をとげるために、強引《ごういん》にはたらきかけること。例圧力を加える。圧力をおよぼす。議会に圧力をかける。圧力団体。類プレッシャー。

あつりょくけい【圧力計】〈名〉気体や液体の圧力をはかる装置《そうち》。気圧計や水圧計などがある。

あつりょくだんたい【圧力団体】〈名〉自分たちの利益や主張を実現するため、議会や政府などに圧力をかける集団。

あつれき【▼軋▼轢】〈名〉人と人、国と国、団体と団体との関係などが、うまくいかないこと。例あつれきを生じる。類いざこざ。摩擦《まさつ》。不和。

あて【当て・宛て】 ㊀[当て]〈名〉❶なにかが実現することをそれとなく見こむこと。見こみ。見当。例当てがはずれる。当てもなく歩く。心当て。❷たよること。例当てにする。当てにならない。❸保護するためにあてがうもの。例すね当て。胸当て。㊁[宛て]〈接尾〉人や団体を表わすことばのあとにつけて、受けとるべき相手を表わす。例社長宛てに送る。学校宛ての手紙。方言㊀は、関西では、「酒のつまみ」の意味でも使う。

当てが外《はず》れる 期待どおりの結果にならなくなる。

当てにする まえもってたよりにする。例人の助けを当てにするな。類あてこむ。

当てにならない　信頼《しんらい》できない。

あてうま【当て馬】〈名〉相手のようすをみたり、じゃまをしたりするために立てる候補者。例当て馬を立てる。
参考 ほんとうに当選させたい候補者のほかに、それと対抗《たいこう》するかたちで立てる候補者についてもいう。

あてがいぶち『宛てがい扶▽持』〈名〉必要なお金や物を適当に見積もって分けあたえること。そのようにしてあたえたお金や物。

あてが・う『宛てがう・当てがう』〈動五〉❶そばへもっていって、ぴったりとつける。例耳にあてがう。類あてる。❷相手の気持ちや要望におかまいなしに、わりあてる。例子どもが泣くのでおもちゃをあてがった。

あてこすり【当てこすり】『当て▽擦り』〈名〉相手に対する批判《ひはん》をはっきり言わないで、それとなくわかるように遠まわしに言うこと。類あてつけ。いやみ。皮肉。
表現 当てこすりを言うことを、動詞の形で「当てこする」ともいう。

あてこ・む【当て込む】〈動五〉よい結果がえられるものときめて、その先のことをする。例お天気を当てこんで、露店《ろてん》がたくさんならんだ。類当てにする。

あてさき【宛先】〈名〉❶手紙や荷物の送り先の住所氏名。❷メールの送り先。▽類宛名。

あてじ【当て字】『宛字』〈名・する〉❶漢字を、本来の意味(字義)に関係なく、ある語の表記に当てはめたもの。たとえば、「お広め」に対する「お披露目」、「インド」に対する「印度」など。❷正しい漢字を忘れたために、同じ読み方の字をとりあえず書いたもの。❸「熟字訓《じゅくじくん》」の語の漢字表記。

あてずいりょう【当て推量】〈名〉なんの根拠《こんきょ》もなく、自分かってにこうだろうと思うこと。例当て推量で言う。類あてずっぽう。臆測《おくそく》。

あですがた【あで姿】『▽艶姿』〈名〉女性の、なまめかしく美しい姿。例あで姿に酔《よ》う。

あてずっぽう【当てずっぽう】〈名〉「あてずいりょう」のくだけた言いかた。「あてずっぽ」ともいう。

あてつけ【当てつけ】〈名〉あてつけるようなふるまい。例あてつけがましい。類あてこすり。

あてつけがまし・い【当てつけがましい】〈形〉いかにも当てつけているような感じだ。例当てつけがましく話題を変える。

あてつ・ける【当てつける】『当て付ける』〈動下一〉❶相手に対する不満や批判を直接には言わず、相手が不愉快《ゆかい》になるような行動をわざと目立つようにする。類あてこする。いやみを言う。❷恋仲《こいなか》のいいところを見せつける。
表現 ①では、「当てつけに…をする」「当てつけがましく…をする」や、また、「いやみっぽく…をする」などの言いかたもある。②は受け身の形で使うことも多い。

あ(当)てどない　どこが目あてということもない。「あてどもない」ともいう。例当てどない旅。当てどなくさまよう。

あてな【宛名】〈名〉手紙・メールや荷物を送ったり、領収書や請求《せいきゅう》書を発行したりするときの、相手の氏名。または、住所・所在地と氏名。類宛先。名宛て。

アテネ〈名〉ギリシャ共和国の首都。紀元前五世紀ごろには、古代ギリシャの都市国家として栄えた。学問・芸術など文化の中心地だったので、以後アテネが「文」の象徴《しょうちょう》、スパルタが「武」の象徴となった。◇イタリア Atène

アデノイド〈名〉のどのリンパ組織がはれる病気。鼻づまりになったり、耳がとおくなったりする。子どもに多い。◇ドイツ Adenoid

あてはま・る【当てはまる】〈動五〉ぴったりと合う。例条件に当てはまる。類合う。合致《がっち》する。

あては・める【当てはめる】〈動下一〉ぴったりと合わせる。例公式を当てはめる。類適用する。

あでやか『▽艶やか』〈形動〉人をひきつけるような、はなやかさや上品な色気がある。ふつう、女性についていう。例あでやかなよそおい。

あ(当)てられる　❶恋仲《こいなか》のいいところを見せつけられる。あてつけられる。❷強いはたらきかけを受ける。例毒気に当てられる。

あ・てる【当てる・充てる・宛てる】〈動下一〉
❶[当てる]ねらったところにうまく命中させる。未知のことを正しく予想する。例的に当てる。答えを当てる。当てはめる。さがし当てる。掘り当てる。
❷[当てる]光や風、雨にさらす。例日に当てる。
❸[当てる]そばへもっていって、ぴったりとつける。例ガーゼを当てる。ひたいに手を当てる。類あてがう。
❹[当てる]漢字におきかえて書く。例「インド」に「印度」と漢字を当てて書く。当て字。
❺[充てる・当てる]利用する。ある目的のために使う。例臨時収入《りんじしゅうにゅう》を生活費に充てる。余暇《よか》を読書に充てる。類向ける。
❻[宛てる]手紙などの届《とど》け先とする。例友人に宛てて手紙を書く。宛名。宛先。名宛て。▽→あてられる
表現 (1)「株で当てて大もうけをする」の「当てる」は、①の用法で、「山を当てる(=金山などを掘りあてる)」のような言いかたからできた。
(2)客にざぶとんをすすめるとき、「どうぞお当てください」という。「ざぶとんをしりに当てる」という意味。
(3)見ていられないほどひどいありさまを、「目も当てられない光景」という。見ることを「目を当てる」といったもの。
方言 近畿《きんき》などでは、「パーマをかける」ことを、「パーマをあてる」とも言う。

【宛】　宀部5　全8画
宛宛宛宛
あてる

アテンダント〈名〉客室乗務員。◇attendant

あと[1]【後】
一〈名〉❶ある時を基準にして、それより以後の時。例後にまわす。後にも先にも。対さき。類のち。
❷これから以後のこと。例後は知らない。ぼくは帰るから、後はたのむよ。対さき。類以後。後事《こうじ》。
❸前の人が立ち去ったために、あいているところ。例後をうめる。
❹将来も続いていくはずのもの。例後が絶える。後が続かない。
❺背中の方向。例後へ下がる。後をふり返る。後も見ないで(=一目散ににげるようす)。一歩も後へひかない。故郷を後にする。対前。類うしろ。後方。
❻うしろの部分。例後につく。電車は後の車両がすいている。後おし。対前。類後部。
❼立ち去っていった方向。例後を追う。後をしたう。
二〈副〉[あと]今後に残されていることを表わす。残り。例あと五分で終わる。あと三人すわれる。類もう。
表現 一⑦は、「後をとむらう」のように、人の死後についていうこともある。
表記 「後」と漢字で書くと、「あと」とも「のち」とも読めるので、注意を要する。

後が無《な》い これが最後のチャンスで、この先にはもうない。例ここでヒットを打たなければ後がない。

後から後から こちらのつごろにおかまいなしに、絶え間なく。例後から後から客が来る。

後にも先《さき》にも そのときよりあとにも前にも。例うそをついたのは、後にも先にもそのときだけだ。

後の雁《かり》が先《さき》になる あとから来た者が、先の者を追いこしてしまい、順序が逆になる。

後の祭《まつ》り 終わったあとで、あわててなにかをしても、もう役にたたないこと。類六日のあやめ、十日の菊《きく》。

後は野《の》となれ山《やま》となれ これから先どうなろうと、知ったことではない。

後へは引《ひ》けない 引き下がれない。例ここまできたからには、もう後へは引けない。

後を追《お》う ❶追いかけてついていく。❷身近な人が死んだため、生きる力をなくして、すぐに自分も死ぬ。参考②のような死にかたを「後追い心中《しんじゅう》」という。

後を絶《た》たない このましくないことがつぎつぎと起こり止まらない。例悪質な犯罪が後を絶たない。

後を引《ひ》く ものごとがいちおう終わっても、その影響《えいきょう》がのこって、なかなか完全にはやめられない。例不満が後を引く。類尾《お》を引く。

あと[2]【跡・痕】〈名〉❶[跡・痕] 過ぎ去ったものごとが、そこにあったしるし。例金を物色した跡がある。跡地《ち》。足跡。城跡。傷痕。被弾の痕。手術の痕(跡)。類痕跡《こんせき》。❷[跡] いなくなってしまった人の地位や立場。例跡を継《つ》ぐ。跡継ぎ。跡とり。

跡を絶《た》つ まったくとだえる。例その後、消息が跡を絶った。参考もとは、「後《あと》」と同じことば。

跡を継《つ》ぐ 自分より前の人がまもってきた財産や地位を、たやさずにひきうける。

跡を濁《にご》す 後始末をきちんとしないで問題を残したまま立ちさる。例立つ鳥跡を濁さず(→「たつ〔立つ〕」の子項目)。

あとあし【後足・後脚】〈名〉四本の足で歩く動物の、うしろの足。うしろ足。対前足。類後肢《こうし》。

後足で砂《すな》をかける 世話になった人の恩を忘れるばかりか、別れぎわに迷惑《めいわく》までかけていく。

あとあじ【後味】〈名〉❶飲んだり食べたりしたあと、口の中に残る味の感じ。例後味がさっぱりしている。❷ものごとをしおえたあとに残る感じ。ふつう、よくない感じについていう。例かれと仲なおりをしたにはしたが、どうも後味がわるい。▽「後口《あとくち》」ともいう。

あとあと【後後】〈名〉ずっとあと。例あとあとのことまで考えて行動する。類のちのち。

あとおし【後押し】〈名・する〉人に力をかすこと。力をかす人。類しりおし。後援《こうえん》。

あとがき【後書き】〈名〉❶本で、本論・本文とは別に、最後につける文章。本のなりたちなどを書く。対前書き。類後記《こうき》。跋文《ばつぶん》。❷手紙で、日づけやあて名のあとに書き加えた、ちょっとした文。類追伸《ついしん》。なお書き。

あとかたづけ【後片付け】〈名・する〉仕事や行事がすんだあとで、ちらかったりよごれたりしているものをきちんと整理すること。後始末。

あとかた(跡形)もない あるものがそこにあったことを示すしるしがない。例今はもう跡形もなく消えた。

あとがま【後釜】〈名〉前の人がいなくなってあいた地位。その地位につく人。やや俗《ぞく》っぽい言いかた。例後釜にすわる。類後任。あとつぎ。

あとぐされ【後腐れ】〈名〉ものごとが終わってもすっきりしないで、あとまでごたごたが残ること。「あとくされ」ともいう。例後腐れのないようにきちんと決着をつけよう。

あとくち【後口】〈名〉❶⇩あとあじ ❷順番があとであること。対先口《せんくち》。

あどけな・い〈形〉むじゃきでかわいらしい。例あどけない寝顔《ねがお》。類いとけない。

あとさき【後先】〈名〉❶ものの前のあたりや、あとのあたり。順序。例後先をよく見てから発車する。❷あるできごとの、まえとあとのようす。例後先を考えずにかってにやってはこまる。❸ものごとの、しかるべき順序。例後先を逆にしてしまう。話が後先になりましたが…。▽類前後。

あとしまつ【後始末】〈名・する〉❶⇩あとかたづけ ❷あとに残ったあれやこれやの仕事を、全部きちんと処理すること。類しりぬぐい。事後処理。残務整理。

あとずさり【後ずさり】【後▽退り】〈名・する〉人や動物が、しりごみするようなかっこうで、うしろへさがること。「あとじさり」ともいう。

あとぜき(方言) 出入り口で、開けた戸やとびらを閉めること。熊本で言う。参考「ぜき」は、「せき止める」の「せく」から。

あとち【跡地】〈名〉建物をとりこわしたあとの土地。例跡地利用。

あとぢえ【後知恵】〈名〉あるできごとがすんでしまってからでる知恵。いくらいい考えでも、あとからでは役にたたないこと。例げすの後知恵。

表現「六日のあやめ、十日の菊《きく》」「けんか過ぎての棒ちぎり」など、それぞれ状況《じょうきょう》はちがうが、おそすぎて役にたたないことをいっている点では同じ言いまわし。

あとつぎ【跡継ぎ・後継ぎ】〈名〉❶[跡継ぎ] 家や流派などをうけ継ぐ人。類跡とり。相続人。❷[後継ぎ] 地位や役職を、前の人からうけ継ぐ人。類後継《こうけい》者。後任。あとがま。

あとづけ【後付け】〈名〉❶手紙で、本文のあとに書く日づけや自分の名、あて名。❷書物で、本文のあとについている付録や索引《さくいん》、広告など。対前付け。❸〈する〉もとからついていないものを、つけたすこと。例後付けのハードディスク。

あとづ・ける【跡づける】〈動下一〉たんねんに確かめながらあとをたどる。例歴史を跡づける。

あととり【跡取り】〈名〉家や流派などをうけ継ぐ人。例跡取り息子《むすこ》。類跡つぎ。跡目。

アドバイザー〈名〉必要なときに助言をする人。助言者。類顧問《こもん》。◇adviser

アドバイス〈名・する〉友だちや目下の人が困っているとき、ちょっとしたことを教えて助けること。そのことば。類助言。忠告。◇advice

あとばらい【後払い】〈名〉品物を受けとったり使ったりしたあとで、代金を支払うこと。対先払い。前払い。

アドバルーン〈名〉❶広告をつけて上げる気球。❷相手のでかたをみるために、わざと言ったりしたりすること。例アドバルーンを上げる。◇advertisement (=広告)のad と balloon (=気球)による日本での複合語。

アトピー〈名〉遺伝性過敏症《かびんしょう》。アレルギーを起こしやすい。例アトピー性皮膚炎《ひふえん》。◇atopy

アドベンチャー〈名〉冒険。◇adventure

アドホック 一〈形動〉❶その場しのぎの。例アドホックな解決策。❷特定の。そのための。例アドホックリサーチ(=単発調査)。二〈名〉専門店や飲食店を一か所に集めた、若者ごのみのしゃれた店の集まり。◇ad hoc

あとまわし【後回し】〈名〉今からやらなければならないことを、あとでやるようにのばすこと。例後回しにする。

アトム〈名〉「原子」のこと。◇atom 参考 もとギリシャ語で、「これ以上分《ぶん》割《かつ》できない」という意味。

あとめ【跡目】〈名〉代が変わるとき、あとに引きつぐべき正統のすじ・権限・財産など。それらを引きつぐ人。例跡目をつぐ。跡目相続。跡目争い。

あともどり【後戻り】〈名・する〉❶出発点の方向へもどること。❷よくなってきたものが、また悪くなること。例景気が後戻りする。▽類逆行。類逆戻り。

アトラクション〈名〉❶客寄せのための余興《よきょう》や出し物。❷遊園地やテーマパークの、それぞれの遊戯《ゆうぎ》設備。◇attraction

アトラス〈名〉地図帳。◇atlas 由来 もと、肩《かた》で天をささえて立つ、ギリシャ神話の巨人《きょじん》の名。地理学者のメルカトルが地図帳の巻頭に描《えが》いたことから。

アトランダム〈形動〉(多く、「アトランダムに」の形で)順序もなにもなく、手あたりしだいに。例アトランダムにとり出す。◇at random

アトリエ〈名〉画家や彫刻《ちょうこく》家などの仕事場。類工房《こうぼう》。◇《フランス》atelier

アドリブ〈名〉音楽や演劇などで、即興《そっきょう》で演じたり、言ったりすること。◇ad-lib

アドレス 一〈名〉❶住所。あて名。例アドレス帳。❷電子メールのあて先。英数字と記号の列で表わす。俗《ぞく》に「メルアド」「メアド」ともいう。❸ネットワーク上のコンピューターの一台一台にわりふられた識別番号。例ＩＰアドレス。❹⇩(巻末「欧文《おうぶん》略語集」)ＵＲＬ 二〈名・する〉ゴルフで、ボールを打つ姿勢をとること。◇address

アドレナリン〈名〉副腎《ふくじん》から分泌《ぶんぴつ》されるホルモン。心臓の働きを高めたり、血糖値を上げたり、気管をひろげたりする。止血剤《ざい》や強心剤、ぜんそくの鎮静《ちんせい》剤に利用される。◇《ドイツ》Adrenalin
表現 俗《ぞく》に「アドレナリンがふき出る」というのは、極度に緊張《きんちょう》したときやはげしい運動をしたときの、からだの反応をさしたもの。

あな【穴】〖▽孔〗〈名〉❶えぐったように、ぽっかりあいているところ。例穴をほる。穴に落ちる。穴にこもる。たて穴。横穴。落とし穴。❷中がからになっていて、向こうまでつきぬけて見えるところ。また、そういう状態。例穴があく。穴をあける。穴のあくほど見つめる。ぬけ穴。❸弱い部分。例穴がある。あのチームはショートが穴だ。類弱点。ウイークポイント。❹商売などの、損失。例穴をあける。穴をうめる。穴うめ。類欠損。❺ほかの人には知られていないが、うまくすると大きな得をするところ。競馬や競輪、魚つりなどでいう。例穴をねらう。穴場。穴馬。大穴。

穴があったら入《はい》りたい とても人前に出てはいられず、かくれてしまいたいほどはずかしい。

穴の開《あ》くほど じっと見つめるようす。「開く」は「空く」とも書く。

アナーキスト〈名〉支配者無用の考えをもつ人。無政府主義者。「アナキスト」ともいう。◇anarchist

あなうめ【穴埋め】〈名・する〉❶商売などの、不足や損失をおぎなうこと。例赤字の穴埋め。類補塡《ほてん》。❷余白や欠けている部分をおぎなうこと。例穴埋めの記事。穴埋め問題。

アナウンサー〈名〉テレビ・ラジオで、発音などの訓練を受けて、報道や司会などをする人。「鈴木アナ」「フリーアナ」のように、略して「アナ」ともいう。◇announcer

アナウンス〈名・する〉❶マイクロホンを使って、お知らせなどを放送すること。例迷子《まいご》のアナウンスがある。場内アナウンス。❷公式に発表すること。例計画の変更を関係者にアナウンスする。◇announce

あながち〖▽強ち〗〈副〉(あとに打ち消しのことばをともなって)かならずしも…ない。例この計画をとりやめたのは、あながち経済的理由だけによるものではない。
表現 やや古い言いかた。ふつうは「まんざら」「いちがいに」。

あなかんむり〖穴冠〗〈名〉漢字の冠《かんむり》の一つ。「空」「窓」などの「穴」の部分。

あなぐま【穴熊】〈名〉穴をほってその中にすむ、タヌキに似《に》た動物。「むじな」ともいう。

あなぐら【穴蔵】〈名〉食べ物などをたくわえるために、ほってつくった穴。

アナグラム〈名〉ある語句のつづりの順序をかえて、別のことばを作る遊び。◇anagram

アナクロニズム〈名〉時代錯誤《さくご》。略して「アナクロ」ともいう。◇anachronism

あなご【穴子】〈名〉近海の砂底にすむ魚。ウナギに似《に》ているが、からだの横に白いはん点が一列にならんでいる。煮たり、かばやきにしたりして食べる。

あなた[1]〖▽貴▽方〗〈代名〉相手をさすことば。自分と対等か、目下の相手に使う。類きみ。アアナタ
表記 相手が女性であるときには「▽貴▽女」とも当てる。

あなた[2]〈代名〉あちらの方。向こう。詩的なニュアンスのこもった古風なことば。例「山のあなたの 空遠く、さいわいすむと人の言う…」(上田敏《びん》)。アアナタ

あなたまかせ【あなた任せ】〈名〉自分で努力しないで、他人の力にたよったり、なりゆきにまかせたりすること。例なんでもあなた任せにしないで、少しは自分でやりなさい。類他力本願。人任せ。

あなど・る【侮る】〈動五〉人の能力や状態を低くみて、ばかにする。類なめる。みくびる。
表現 「このチームは、あなどりがたい力をもっている」のように、「あなどりがたい」は、実力を評価するときに使う。

あなば【穴場】〈名〉つり場や観光地などで、あまり知られていないが、なかなかよい場所。

アナログ〈名〉データを、連続して変化する、ほかの基準で表わすこと。例アナログ(式)時計(=回転する針の位置で時刻をしめす時計)。対デジタル。◇analog
表現 俗《ぞく》に、パソコンや携帯《けいたい》電話などの新しい機器にうとい人、またはわざとたよらない人のことを、「アナログ人間」という。

アナロジー〈名〉他の似《に》ているものに なぞらえて説明すること。類推《るいすい》。類比《るいひ》。◇analogy

あに【兄】〈名〉年上の男のきょうだい。対姉。弟。
表現 義兄《ぎけい》をふくめて言い、その場合は当て字で「▽義▽兄」と書く。
敬語 尊敬語としては、「お兄《にい》さん」「お兄さま」や、手紙で「兄上(様)」などを使う。丁重《ていちょう》語には「愚兄《ぐけい》」がある。

あにうえ【兄上】〈名〉兄をうやまって、おもに手紙で使うことば。例兄上様。

あにき【兄貴】〈名〉❶「兄《にい》さん」のやや大人びた、親しみをこめた言いかた。❷職人ややくざなどで、年上、あるいは先輩《せんぱい》の男。対姉貴。

あにでし【兄弟子】〈名〉自分より先に弟子になった人。対弟弟子。

アニバーサリー〈名〉❶記念日。❷十周年、二十周年などの、節目《ふしめ》となる年。例アニバーサリーイヤー。◇anniversary

あに(▼豈)はか(図)らんや「意外にも」の古い言いかたで、「どうして予想できたろうか(できはしなかった)」という意味。例平日なのですいているかと思いきや、あに図らんや、満員だった。

アニメ〈名〉「アニメーション」の日本での省略語。

アニメーション〈名〉少しずつちがえてかいた絵や、少しずつ動かして撮影《さつえい》した人形などを、一こま一こま速くつぎつぎに映すことによって、画面が動いているように見せる映画技術。まんが映画に使われることが多い。動画。アニメ。◇animation

アニメーター〈名〉アニメの、原画・セル画をかく人や、製作者。◇animator

あによめ【兄嫁】〖▼嫂〗〈名〉自分の兄の妻。また、配偶《はいぐう》者の兄の妻。

あね【姉】〈名〉年上の女のきょうだい。対兄。妹。
表現 義姉《ぎし》をふくめて言い、その場合は当て字で「▽義▽姉」と書く。
敬語 尊敬語としては、「お姉《ねえ》さん」「お姉さま」や、手紙で「姉上(様)」などを使う。

あねうえ【姉上】〈名〉姉をうやまって、おもに手紙で使うことば。例姉上様。類姉君《あねぎみ》。

あねご〖▼姐御〗〈名〉親分や兄貴分の妻、女親分などをうやまって呼ぶことば。例あねご肌《はだ》。
表現「姉《あね》」を敬語にしたことばだが、ふつうに姉をうやまってこう呼ぶことはない。

あねごはだ【あねご肌】〖▼姐御肌〗〈名〉面倒見がよく、さっぱりした女性の気性。

あねさんかぶり【姉さんかぶり】〖姉さん▽被り〗〈名〉女性の手ぬぐいのかぶり方。広げた手ぬぐいの中央をひたいにあて、左右から後ろに回し、はしを返して頭上にのせるもの。ねえさんかぶり。→ほっかぶり 絵

あねさんにょうぼう【姉さん女房】〈名〉夫より年上の妻。姉女房。

アネックス〈名〉新しくつけ加えた建物。別館。◇annex (=「つけ加え」の意味)

あねったい【亜熱帯】〈名〉温帯と熱帯のあいだの地帯。緯度《いど》二〇〜三〇度ぐらいの地域。対亜寒帯。

アネモネ〈名〉春に、白、赤、むらさきなどの花をつける多年草。葉は羽のような形をしている。◇anemone
参考 ギリシャ語で風のこと。この花にはビーナスとキューピッドにまつわる伝説がある。

あの〈連体〉❶話し手からも聞き手からも離《はな》れているものごとをさすことば。例あの人に聞いてみよう。聞こえますか、あの音。❷話し手が「あれ」と言えば、聞き手も知っていて、「ああ、あれか」と思うものごとをさすことば。例あの光景は忘れられない。あの話をお父さんにしてあげなさい。類例の。▽→この・その・どの・かの 表現

あのて(手)このて(手) 目的を達するための、あらゆる方法や手段。例あの手この手でせめる。類手を替え品を替え。

あのよ【あの世】〈名〉死後に行くと考えられている世界。例あの世へ行く(=死ぬ)。対この世。類冥土《めいど》。黄泉《よみ》・泉《こうせん》。

アノラック〈名〉フードのついた、風や寒さをふせぐための上着。類ヤッケ。◇anorak (もとはエスキモーのことば)

あば(方言) 新しい。宮崎で言う。

アパート〈名〉一つの建物の中をいくつかにしきり、それぞれを独立した家として貸すもの。◇apartment house の日本での省略語。参考 多く、二階建ての、マンションほどじょうぶでないものをいう。

アバウト〈形動〉おおざっぱ。いいかげん。◇about

あばきた・てる【暴き立てる】〈動下一〉かくされていたことがらを、わざとはっきりと人にわかるようにする。

あば・く【暴く】〈動五〉いままでかくされていたものを、あえて人にわかるようにする。例墓をあばく。秘密をあばく。あばきだす。あばきたてる。類暴露《ばくろ》する。

あばた〖▽痘▽痕〗〈名〉❶天然痘《てんねんとう》がなおったあと、皮膚《ひふ》に残った小さなくぼみ。例あばた面《づら》。❷表面がでこぼこしていること。例月のあばた。◇もとサンスクリット語。

あばたもえくぼ ひどいあばたも、愛している人が見れば、かわいいえくぼに見えるように、いちど好きになってしまえば、欠点が、かえって美点に見えるものだ、ということ。

あばらぼね【あばら骨】〖▼肋骨〗〈名〉「ろっこつ」のくだけた言いかた。

あばらや【あばら家】〈名〉荒《あ》れはてた、みすぼらしい家。類ぼろ家。
表現 自分の家を、小さくてみすぼらしい家だ、と謙遜《けんそん》していう場合に使うこともある。

アパルトヘイト〈名〉南アフリカ共和国にあった人種差別制度。一九九一年廃止《はいし》。参考 南アフリカ共和国の公用語アフリカーンス語で「隔離《かくり》」の意味。

あば・れる【暴れる】〈動下一〉❶人や動物が、体を乱暴《らんぼう》に動かす。例犯人が抵抗《ていこう》して暴れる。❷思うぞんぶん、自分のしたいようにふるまう。

あばれんぼう【暴れん坊】〈名〉よくけんかをしたりする男の子や男性。多少の親しみをこめていうことば。「あばれんぼ」ともいう。

アバンギャルド〈名〉前衛《ぜんえい》芸術。「アヴァンギャルド」とも書く。◇《フランス》avant-garde

アバンチュール〈名〉スリルのある恋。例一夏のアバンチュール。アバンチュールを楽しむ。◇《フランス》aventure

アピール〈名・する〉❶人々にうったえかけること。例抗議《こうぎ》のアピール。❷人をひきつける魅力《みりょく》があること。例大衆にアピールする。セックスアピール。▽「アッピール」ともいう。◇appeal

あびきょうかん【▼阿鼻叫喚】〈名〉事故や大災害など、地獄《じごく》のような状況で傷つきにげまどう人々の、助けをもとめ、泣きさけぶ声。

あび・せる【浴びせる】〈動下一〉❶相手のからだに水や湯などをざあっとかける。例頭から水を浴びせる。❷いちどにはげしく相手にぶつける。例砲火《ほうか》を浴びせる。非難を浴びせる。ひと太刀《たち》浴びせる。

あひる〖▽家▼鴨〗〈名〉鳥の一種。マガモを飼いならして、改良したもので、飛べないものが多い。ニワトリぐらいの大きさ。種類が多い。肉や卵を食用にする。

あ・びる【浴びる】〈動上一〉❶水や湯などをからだにざあっとかける。例水を浴びる。ひとふろ浴びる(=ふろに入

27 エクアドル 南アメリカ北西部，太平洋に面する共和国。石油・コーヒー・バナナなどを産出。首都キト。

る)。浴びるように(=とてもたくさん)飲む。類かぶる。非難を浴びる。❷からだいっぱいにうける。例喝采《かっさい》を浴びる。ふりそそぐ日光を浴びる。ほこりを浴びる。

あぶ〖▾虻〗〈名〉昆虫《こんちゅう》の一種。ハエに似《に》ているが、少し大きい。人や家畜《かちく》の血を吸う。

あぶ蜂《はち》取《と》らず 両方とろうとして、どちらも失敗する、ということ。類二兎《にと》を追う者は、一兎をも得ず。

アフォリズム〈名〉箴言《しんげん》。警句。類エピグラム。◇aphorism

あぶく〖▿泡〗〈名〉「あわ」の、くだけた言いかた。

あぶくぜに【あぶく銭】〖▿泡銭〗〈名〉苦労しないで手に入れたお金。

表現「悪銭」と似《に》ているが、「悪い」という意味が少しうすく、「消えやすい」という方が強調されている。

アブストラクト〈名〉❶絵画などで、見たままにかくのではなく、画家の見かた・感じかた・考えかたにしたがって、独自の形に表わす表現のしかた。類抽象《ちゅうしょう》画。❷文献《けん》の要点を短くまとめたもの。要約。◇abstract

アフターケア〈名〉❶病後の人のからだのぐあいに注意すること。❷あとの手当てをすること。例日焼けした肌《はだ》のアフターケア。❸⇩アフターサービス ◇after-care

アフターサービス〈名〉会社や商店が、商品を売ったあとも、保証や修理などのめんどうをみること。アフターケア。参考英語では after-sales service という。

あぶな・い【危ない】〈形〉❶事故や災難にあいそうで、はらはらする感じだ。例きょうの試合は危なかった。類危険。❷よくなるかどうか心もとなく、悪い結果になりそうだ。例あしたの天気は危ない。彼の話はどうも危ない。

危ない橋《はし》を渡《わた》る 危険をおかしてものごとをする。

あぶなく【危なく】〈副〉⇩あやうく

あぶなげな・い【危なげない】〈形〉不安なところがない。はらはらするところがない。例危なげないプレー。

あぶなっかし・い【危なっかしい】〈形〉見るからにあぶない感じだ。例危なっかしい足どり。

アブノーマル〈形動〉まともでない。例アブノーマルな考え。対ノーマル。類異常。◇abnormal

あぶ(▾虻)はち(蜂)と(取)らず ⇩「あぶ」の子項目

あぶみ〖▾鐙〗〈名〉ウマに乗る人が足をかけるために、鞍《くら》の両側につけてある馬具。→くら〔鞍〕絵

あぶら【油・脂】〈名〉動物や植物、鉱物にふくまれる重要な成分。ねばりけがあってかわきにくく、物質に、みずみずしさ、ねばり強さ、なめらかさをあたえる。また、栄養として、生命力や活力などを たもたせる はたらきをする。

━[油]❶植物のたねからとれる、透明《とうめい》で、どろりとした液体。アブラナ・ダイズ・ゴマなどからは、料理に必要な上質の油がえられる。オイル。例油でいためる。油をひく。❷石油。石油から精製するガソリンや灯油など。オイル。例油の流出事故。油をさす。機械油。❸動力や活力のもと。例油がきれる。

━[脂]動物の脂肪《しぼう》。例脂が のる。鼻の脂。牛肉の脂のところ。脂汗。脂身。脂ぎる。

表現「油」のもつ性質からできた言いかたに、次のようなものがある。
(1)油は、水にとけないことから、「水と油」といえば、「とけ合わないこと」「人と人とが仲よくないこと」をいう。
(2)油は、水より強い表面張力をもっているので、水面にゆれにくい層をつくる。このことから、波のない海面を、「油を流したような海」という。
(3)油は燃えやすいので、「火に油をそそぐ」は、勢いをいよいよさかんにすることをいう。

脂が乗《の》る ❶魚やけものの肉に脂肪《しぼう》がふえて、味がよくなる。❷勉強や仕事の調子がでて、積極的になる。例脂が乗って、作品の深みが増す。

油を売《う》る 用事の途中《とちゅう》で話しこんだりして、時間をむだにする。類なまける。サボる。由来江戸時代、髪《かみ》に使う油を売るとき容器にうつすのに時間がかかり、客と世間話《せけんばなし》をして待ったことから。

油を搾《しぼ》る 人の失敗や欠点をしかってこらしめる。「搾る」は「絞る」とも書く。

油を注《そそ》ぐ いきおいをいっそう強くする。けしかけるようにする。「火に油を注ぐ」から。例けんかに油を注ぐ。

あぶらあげ【油揚げ】〈名〉豆腐《とうふ》をうすく切り、油であげた食べ物。「あぶらげ」とも、略して「あげ」ともいい、また、そば・うどんにのせるものは「きつね」ともいう。

あぶらあせ【脂汗】〈名〉例額《ひたい》に脂汗をうかべる。ひどく苦しんでいるときににじみでる、べとべとした汗。

あぶらえ【油絵】〈名〉油でといた絵の具でかいた絵。油彩《ゆさい》。対水彩画《すいさいが》。

あぶらかす【油かす】〖油▾粕・油▾糟・油▾滓〗〈名〉❶ダイズやナタネなどから油をしぼり取ったあとの残りかす。飼料や肥料とする。❷⇩かす〔滓〕③

あぶらがみ【油紙】〈名〉油をぬって、水をとおさないようにした紙。防水紙。

あぶらぎ・る【脂ぎる】〈動五〉❶脂が表面にういて、ぎらぎらした感じになる。例脂ぎった顔。❷性質や態度が精力的で、しつこい感じがある。例脂ぎった中年男。

あぶらけ【油気・脂気】〈名〉あぶら分をふくんでいるようす。また、そのために、うるおいや つやがあること。

あぶらしょう【脂性】〈名〉はだにあぶらが浮《う》かびやすい体質。例脂性の人。対荒《あ》れ性。

あぶらぜみ〖油▾蟬〗〈名〉昆虫《こんちゅう》の一種。黒茶色の大きなセミで、もっともふつうに見られる。夏のさかりに「ジージー」とやかましく鳴く。

表記症状《しょうじょう》として言うときは、「脂症」と書く。

あぶらでり【油照り】〈名〉夏、うすぐもりで風がなく、あぶら汗《あせ》が出るような、むし暑い天気。

あぶらな〖油菜〗〈名〉春、黄色い小さな花をつける草。若菜を おひたしなどにして食べる。たねから菜種油をとる。なのはな。

あぶらみ【脂身】〈名〉ウシやブタなどの肉の、脂肪《しぼう》の多い部分。対赤身。

あぶらむし〖油虫〗〈名〉❶新芽について、その木や草のしるをすう小さな害虫。ありまき。❷ごきぶり。

参考①は、腹からあまい液を出してアリをさそい、アリに運ばれて次の木や草などに移る。

アプリ〈名〉「アプリケーション」の略。とくに、携帯《けいたい》電話にダウンロードして使うツールやゲームにいう。

アプリオリ〈形動〉先験的《せんけんてき》。◇「より先のものから」という意味のラテン語から。

アフリカ〈名〉ユーラシア大陸の南西のほうにある大陸・州。東はインド洋、西は大西洋、北は地中海に面する。アジア州についで広く、大部分は、熱帯に属する。人類の祖先《そせん》が ここで誕生《たんじょう》した。◇Africa

アプリケーション〈名〉コンピューターで、ワープロや表計算など、特定の仕事をするためのソフト。◇application

エジプト　アフリカ北部，地中海と紅海に面する共和国。世界最古の文明発祥の地。産油国。首都カイロ。

アプリコット〈名〉 あんず。あんず色。◇apricot

あぶりだし【あぶり出し】〖▼炙り出し〗〈名〉 火にあぶると、紙に字や絵が現れてくるもの。ミカンのしるやみょうばんの溶液《ようえき》で書くとできる。

あぶりだ・す【あぶり出す】〖▼炙り出す〗〈動五〉 あぶりだしの字や絵をうかび出させるように、はじめわからなかった事情の真相をしだいに明らかにしていく。

あぶ・る〖▼炙る・▼焙る〗〈動五〉 火の近くにかざして、焼いたり、あたためたり、かわかしたりする。例のりをあぶる。手をあぶる。

アフレコ〈名〉 映画やテレビで、映像だけを先に撮影《さつえい》し、あとで映像に合わせてせりふや音楽を入れること。◇after と recording による日本での省略複合語。→囲み記事57(1287ジペー)

あふ・れる〖▼溢れる〗〈動下一〉 いっぱいになって、外へこぼれ出る。また、こぼれるほどいっぱいになる。例あふれる涙《なみだ》。川があふれる。自信にあふれる。道路が人であふれる。道路に人があふれる。

あぶ・れる〈動下一〉 きまっている人数からはみだしたり、ものの割り当てをうけられなくなる。やや俗《ぞく》っぽい言いかた。例仕事にあぶれる。

アプローチ 一〈名・する〉 ❶取引《とりひき》や仕事の依頼《いらい》をしたい相手に、最初の連絡や訪問を行なうこと。❷一定の立場や見方で学問的な問題にとりくむこと。
二〈名〉 ❶〔建築〕 門から玄関までの通路。❷ゴルフで、グリーンの近くからのショット。寄せ。❸スキーのジャンプ競技の助走路。◇approach

あべかわもち〖▽安▽倍川餅〗〈名〉 もちを焼いて湯にひたし、砂糖の入ったきな粉をまぶした食品。元来、静岡県安倍川流域の名物。

あべこべ〈形動〉 順序や関係がさかさまであること。例あべこべになる。あべこべの方向。類逆。反対。

アベマリア〈感〉〔宗教〕 キリスト教徒が聖母マリアによびかけることば。アヴェマリア。◇Ave Maria
参考 ラテン語で、「マリアにさいわいあれ」ということ。

アベレージ〈名〉 平均。平均値。◇average
参考 とくに、野球の打率やボウリングの平均得点をさす。

アヘン〖▼阿片〗〈名〉 ケシの実からつくる麻薬《まやく》。感覚を異常にする作用や、鎮痛《ちんつう》作用がある。
参考 英語 opium の中国での音訳《おんやく》「阿片」から。

アヘンせんそう【アヘン戦争】〈名〉〔歴史〕 一八三九年に、アヘンの使用・輸入を禁じていた清《シン》(=中国)に対して、イギリスがインド産のアヘンを強硬《きょうこう》に輸出したことをきっかけにおこった戦争。一八四二年に清が敗北をみとめ、不平等な南京《ナンキン》条約をむすんで終結。

アポイントメント〈名〉 面会の約束。略して「アポ」「アポイント」ともいう。◇appointment

あほう〖▼阿▼呆〗〈名・形動〉 ❶ふつうより頭のはたらきがにぶいこと。頭のはたらきのにぶい人。類ばか。❷ふつうでは考えられないようなこと。例あほうなことを言うな。
方言 関西では、「あほ」の形でよく使う。

あほうどり〖▽信▽天▽翁〗〈名〉 白い大きな海鳥。羽をひろげると三《メートル》近くにもなる。絶滅《ぜつめつ》しかかっていて、特別天然記念物に指定されている。

アボカド〈名〉 熱帯アメリカ産の果樹の一種。果皮は緑褐色《りょくかっしょく》で、形は洋梨《ようなし》に似《に》ている。実はねっとりしたバターのような感じで、「森のバター」ともよばれる。◇avocado

アポロ〈名〉 ⇩アポロン(次項) ◇ラテン語から。

アポロン〈名〉 ギリシャ神話に出てくる、美しい青年の神。音楽・弓・予言・医術などの神で、太陽神でもある。ローマ神話では、「アポロ」。◇ギリシャ語から。

あま[1]【尼】〈名〉 ❶仏教やキリスト教の寺院などで、宗教活動をする女性。対僧《そう》。類修道女。尼僧《にそう》。❷女性をののしっていう野蛮《やばん》なことば。対野郎。◇もとサンスクリット語。

あま[2]【海女・海士】〈名〉 海にもぐって、アワビや海藻《かいそう》などをとることを仕事にしている人。表記 女性が「海女」で、男性が「海士」。古くは「▽海▽人」とも書いた。

あま[3]【亜麻】〈名〉 茎《くき》の繊維《せんい》からリンネルという布をつくったり、種から「あまに油《ゆ》」をとったりするために栽培《さいばい》する草。夏、青むらさきや白い花をつける。

アマ[4]〈名〉 「アマチュア」の日本での省略語。対プロ。

あまあし【雨脚・雨足】〈名〉 ❶はげしくふる雨が、移動していくようす。例雨脚がはやい。❷ふりそそぐ雨がえがくすじ。例雨脚がはげしい。

あま・い【甘い】〈形〉 ❶砂糖や蜜《みつ》のような味だ。例甘い菓子《かし》。甘いみかん。対からい。にがい。❷塩けが少ない。また、そのためにものたりない感じがする。例きょうのみそ汁《しる》は甘い。対からい。❸酒の味が、まろやかでかるい。対からい。❹親しみやすくて心地よい。例甘いメロディー。甘いマスク。甘いことばを信じたのがばかだった。❺ものごとに対する態度がゆるやかである。例子どもに甘い。処置が甘い。点が甘い。読みが甘い。対からい。きびしい。きつい。類手ぬるい。なまぬるい。❻自分につごうのよい見かたをして満足している。例甘く見る。考えが甘い。❼しっかりしていない。じゅうぶん役目をはたさない。例ねじが甘い。類ゆるい。▽→囲み記事3(16ジペー)

甘い汁《しる》を吸《す》う 自分では苦労しないで、人を利用して利益をえる。

甘く見《み》る たいしたことはないと考える。類軽視する。たかをくくる。

あまえ【甘え】〈名〉 相手が自分に好意をもってくれていると思い、たよりきっている態度や心。例甘えがある。甘えをすてる。

あまえび【甘えび】〖甘▽海▽老〗〈名〉 ホッコクアカエビの通称《つうしょう》。体長は九センチメートルほどで全身が赤い。味に甘みがあり、生で食べる。日本海でとれる。

あま・える【甘える】〈動下一〉 ❶子どもが親に対して、ねだったり、じゃれたりする。❷なれなれしく人の好意をうけ入れて、利用する。例おことばに甘えまして…。

あまえんぼう【甘えん坊】〈名〉 かわいがってもらいたくて、いつも親のそばをはなれない子ども。くだけた感じのことば。「あまえんぼ」ともいう。

あまがえる〖雨▼蛙〗〈名〉 カエルの一種。小さくて緑色をしているが、周囲の色によってその体色を変える。雨がふりだすときによく鳴く。

あまがさ【雨傘】〈名〉 雨にぬれないようにさすかさ。

あまかわ【甘皮】〈名〉 ❶木の実や木の幹をおおう内がわのうすい皮。対粗皮《あらかわ》。類うす皮。渋皮《しぶかわ》。❷手足のつめの根もとをおおっている、うすい皮。

あまぐ【雨具】〈名〉 雨にぬれないように使うもの。雨がさ・レインコート・雨ぐつなど。

あまくだり【天下り】〈名・する〉 役人が官庁を退職したあと、かかわりのあった団体や企業《きぎょう》の高い地位につくこと。例天下り人事。由来 もと、神話で、神が天から

 エストニア　北ヨーロッパ，バルト海沿岸の共和国。1991年ソ連から分離・独立。工業国。首都タリン。

人間の世界へおりることをいった。

あまくち【甘口】〈名・形動〉 酒やみそ、カレーなどで、からみの少ないもの。例甘口のワイン。対辛口《からくち》。類薄口《うすくち》。

あまぐつ【雨靴】〈名〉 雨などのときにはく、ゴムやビニール製のくつ。類レインシューズ。

あまぐも【雨雲】〈名〉 空に低くひろがり、雨をふらせるくも。例雨雲がたれこめる。

あまごい【雨乞い】〈名・する〉 ひでりが続いて困ったとき、雨がふるように祈《いの》ること。

あまざけ【甘酒】〈名〉 米のこうじや、酒かすなどでつくった、甘い飲み物。アルコール分は、ほとんどない。

参考 成分の栄養バランスがきわめてよく、体に吸収《きゅうしゅう》されやすいので、「飲む点滴」と言われる。

あまざらし【雨ざらし】〘雨▼曝し〙〈名〉 雨がふってもかまわずに、屋外にほうり出しておくこと。類野ざらし。

あまじお【甘塩】〈名〉 塩からさをおさえてあること。例甘塩の鮭《さけ》。類うす塩。

あましょく【甘食】〈名〉 少し甘みをつけた円錐《えんすい》形のパン。

あま・す【余す】〈動五〉 すっかり食べたり、使ったりしないで、残りが出るようにする。例せっかくのごちそうを余してしまった。類残す。

表現 「余すところ」の形で、残っているもの、の意味を表わす。「大会まで、余すところ十五日」のようにいうとき、「まだこんなに余っている」という感じではなくて、「もうこれしか残っていない」という感じがこもっている。「余すところなく」は、じゅうぶんに、申しぶんなく、の意味を表わす。

あまず【甘酢】〈名〉 ❶甘みをきかせた酢。すしにそえるショウガ漬けなどに使うもの。❷「①」を熱して水ときかたくり粉を加え、とろみをつけたもの。甘酢餡《あん》。

あまずっぱ・い【甘酸っぱい】〈形〉 甘さと酸っぱさが調和している。くだものの多くに共通した味わい。

表現 「あまずっぱい初恋《はつこい》の味」のように、かなしいような、またそのなかによろこびもまじっているような、微妙《びみょう》な感情を表わすときにも使う。

あまそぎ【尼そぎ】〘尼▽削ぎ〙〈名〉 尼となった女性が、かみの毛を肩のあたりで切りそろえること。

あまぞら【雨空】〈名〉 ❶いまにも雨がふりだしそうな空。❷雨がふっているときの空。

あまた〈副〉 「たくさん」の古い言いかた。例前例はあまたある。このたたかいで、あまたの部下を失った。

あまだれ【雨垂れ】〈名〉 屋根の軒先《のきさき》などから、ぽとぽとと落ちる雨のしずく。

雨垂れ石《いし》をうがつ 力は弱くても根気よくやり続ければ成功する、ということ。点滴《てんてき》石をうがつ。

あまちゃ【甘茶】〈名〉 ❶〔植物〕 落葉低木の一種。初夏に、アジサイに似《に》た花をつける。❷「①」の新芽をほして煮《に》た、甘い飲み物。四月八日の花祭りに、シャカ(釈迦)の像にかける習わしがある。

アマチュア〈名〉 ❶職業としてではなく、スポーツや芸能などを楽しむ人。❷その道の専門家ではない人。対プロフェッショナル。類しろうと。▽略して「アマ」ともいう。ノンプロ。◇amateur

あまつさえ〘▽剰え〙〈副〉 さらに悪いことには。古い言いかた。例雨がはげしい、あまつさえ風も出てきた。類そのうえ。さらに。加《くわ》うるに。

あまったる・い【甘ったるい】〈形〉 気持ちがわるくなるほどあまい。例甘ったるいコーヒー。あまったるい声。あまったるい考え。

あまったれ【甘ったれ】〈名〉 ひどくあまえる人。俗《ぞく》っぽい言いかた。

あまった・れる【甘ったれる】〈動下一〉 見ていると腹がたつくらいに、あまえる。また、そのようにあまえている。例甘ったれるな、しっかりしろ!

あまでら【尼寺】〈名〉 尼が住む寺。また、キリスト教で、修道女が住むための修道院。

あまど【雨戸】〈名〉 雨や風を防ぐため、また、防犯のために、しょうじやガラス戸の外がわにとりつける戸。例雨戸をくる。

あまどい【雨どい】〘雨▼樋〙〈名〉 ⇩とい〔樋〕①

あまとう【甘党】〈名〉 酒よりも、菓子《かし》などの甘いものがすきな人。対辛党《からとう》。

あまなっとう【甘納豆】〈名〉 甘く煮《に》た豆に、砂糖をまぶした菓子《かし》。

あまねく〈副〉 広い範囲《はんい》にわたって。すみずみまで。例あまねく知れわたる。あまねく行きわたる。

あまのがわ【天の川・天の河】〈名〉 〔天文〕 星空の中で、天を横ぎってつらなり、雲のように見える、白くかがやく部分。無数の星が集まったもの。銀河。

あまのじゃく〘天の邪▽鬼〙〈名〉 人の言うことやすることに、わざと反対をしたり、じゃまをしたりする人。類つむじ曲がり。へそ曲がり。由来 もともとは、仁王《におう》や四天王の足の下にふみつけられている、小さな鬼《おに》のこと。

あまみ【甘み・甘味】〈名〉 ❶あまい味。例甘みは十分だ。対からみ。類甘さ。❷⇩かんみ

あまみず【雨水】〈名〉 降《ふ》る雨の水。雨が降ってたまった水。例側溝《そっこう》から雨水があふれ出す。

あまもよう【雨模様】〈名〉 ⇩あめもよう

あまもり【雨漏り】〈名・する〉 屋根や天井《てんじょう》に雨がしみこんだり、そこからもったりすること。

あまやか・す【甘やかす】〈動五〉 かわいがって、わがままかってにさせる。

あまやどり【雨宿り】〈名・する〉 急な雨をさけて、よその家の軒下《のきした》や木かげなどで、雨がやむのを待つこと。

あまり【余り】 ㊀〈名〉 ❶使ったりしたあとに、なお残ったもの。例余りが出る。類残り。余分。はした。❷(「…のあまり」の形で)…の程度がひどい、その結果。例悲しさのあまり。

㊁〈形動〉 ふつうの程度をはるかにこえている。例あまりな仕打ち。あまりの暑さ。あまりにひどい。

㊂〈副〉 ❶(「あまり…ので」「あまり…から」「あまり…ば」などの言いかたで使う)考えられないほどひどく。例あまり(に)大きいのでびっくりした。あまりむずかしければ、私が手伝います。❷(「あまり…でない」の形で)ひかえめな否定を表わす。それほど…でない。例この本はあまりおもしろくない。類さほど。▽くだけて「あんまり」ともいう。

㊃〈接尾〉 数をあらわすことばのあとにつけて「…よりも少し多い」という意味を表わす。例百人余りの学生。対…足らず。

余りある 類有余《ゆうよ》。強《きょう》。❶なにかをしたあとに、なお余分が残る。例五人の家族を養って余りある収入。❷いくら…しても、まだたりない。例子をなくした人の悲しみは、想像してもなお余りある。

あまりに【余りに】〈副〉 話にならないほどひどく。考えられる程度をこえていることについていう。「余りにも」ともいう。例ショックがあまりに大きくて、ことばが出ない。

あまりにも【余りにも】〈副〉「あまりに」のやや話しことば的な言いかた。

アマリリス〈名〉庭にうえる多年草。初夏、茎《くき》のさきに、ユリの花に似《に》た大きな花がいくつかさく。◇amaryllis

あま・る【余る】〈動五〉❶使ったあとになお残りが出る。例人手が余る。材料が余らないように考えて買う。類残る。❷処理できる程度をこえている。例思案に余る。手に余る。身に余る。目に余る。

表現 「勢い余ってひっくりかえる」と言えば、余分にありすぎて、かえってよくない結果になることを表わす。

方言 中国・四国などでは、「落雷《らくらい》する」の意味でも使う。

アマルガム〈名〉〔化学〕水銀と他の金属との合金。やわらかいのが特徴《とくちょう》。◇amalgam

あまん・じる【甘んじる】〈動上一〉不満でも、文句を言わないで、じっとがまんする。「あまんずる」ともいう。例薄給《はっきゅう》に甘んじる。甘んじて罰《ばつ》を受ける。類甘受《かんじゅ》する。安《やす》んじる。

あまん・ずる【甘んずる】〈動サ変〉⇩あまんじる

あみ[1]【網】〈名〉❶糸や針金などを、目をあらくして編んだもの。例網をはる。網戸。金網《かなあみ》。焼き網。類ネット。❷魚や昆虫《こんちゅう》などをとらえるために、「①」をふくろの形にしたもの。例網にかかる。網をうつ。定置網《ていちあみ》。❸印刷で、灰色に塗ったように見える、細かな点の集まり。アミ。

表現 (1)「法の網をくぐる」「捜査《そうさ》の網をはりめぐらす」のように、とらえたり規制したりするために、こまかくはりめぐらしてあるもの、という意味でも使う。(2)②は一枚二枚と数える。③は棒がついているものは一本二本、漁船でひくような大きなものは一帖《いちじょう》二帖《にじょう》と数える。

あみ[2]【▼醤▼蝦】〈名〉海でとれるエビに似《に》た小動物。つくだ煮《に》にする。また、魚のえさにする。

あみあげぐつ【編み上げ靴】〈名〉短靴《たんぐつ》と長靴の中間の深さで、合わせ目をひもでしめるくつ。編み上げ。

あみがさ【編みがさ】『編み▼笠』〈名〉編んでつくった笠。すげ・いぐさ・わらなどを材料にしてつくる。

あみがしら『網頭・▼罔頭』〈名〉漢字の頭《かしら》の一つ。形としては「网」「⺳」「罒」などがあり、「置」「罪」などの漢字がある。あみめ。

あみだ【▼阿▽弥▼陀】〈名〉❶〔仏教〕西方浄土《さいほうじょうど》にすみ、「なむあみだぶつ」ととなえるすべての人を極楽《ごくらく》にみちびくといわれるほとけ。阿弥陀如来《にょらい》。阿弥陀仏。❷前が上がり額が見える、帽子《ぼうし》のかぶりかた。「あみだかぶり」ともいう。例あみだにかぶる。対目深《まぶか》(にかぶる)。❸「あみだくじ」の略。▽絵 ◇もとサンスクリット語。

注意 ②は、「帽子を横にかたむけて、ななめにかぶる かぶりかた」という意味ではない。

表記 ②と③は、かな書きにする。

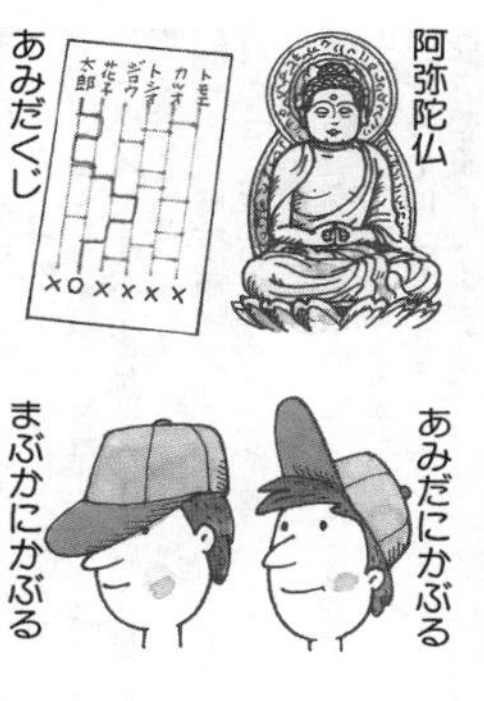

[あ　み　だ]

あみだくじ『▼阿▽弥▼陀▼籤』〈名〉たて線に、横線を段ちがいにくみ合わせて書き、上から順にたどって、当たりはずれや順番をきめるくじ。略して「あみだ」ともいう。絵

あみだ・す【編み出す】〈動五〉新しく考えだす。例新しい戦術を編み出す。

あみだな【網棚】〈名〉電車やバスなどの、座席の上のほうにある、荷物をのせるための棚。

あみど【網戸】〈名〉カやガなどが家の中に入るのを防ぐためにとりつける、目のこまかい網をはった戸。

アミノさん【アミノ酸】〈名〉〔化学〕タンパク質をつくっている、さまざまな化合物。参考 体内で合成できず、食べ物からしかとれないものを「必須アミノ酸」という。

あみのめ【網の目】〈名〉❶⇩あみめ〔網目〕① ❷細かくはりめぐらされているもの。例網の目に走る道路。警戒《けいかい》の網の目をくぐる。

あみめ[1]【網目】〈名〉❶網になっているものの、すきま。あみのめ。例網目から日光がもれる。❷網のようになった模様。例網目模様。

あみめ[2]【編み目】〈名〉編んだものの糸と糸との、すきま。また、編みものをするときの、糸と糸をからみ合わせたひとこまひとこま。例編み目があらい。

あみもと【網元】〈名〉自分の漁船や網をもち、多くの漁師をやとって漁業をとりしきる人。

あみもの【編み物】〈名〉毛糸や糸で、セーターやテーブルかけなどを編むこと。編んだもの。例編み物教室。

アミューズメント〈名〉娯楽《ごらく》。遊戯《ゆうぎ》。遊具。例アミューズメントパーク。◇amusement

アミラーゼ〈名〉〔化学〕デンプンやグリコーゲンなどを分解して麦芽糖《ばくがとう》やブドウ糖にする酵素《こうそ》。動物の唾液《だえき》などにふくまれ、消化酵素としてはたらくほか、植物や細菌《さいきん》などにもある。◇ドイツ Amylase

あ・む【編む】〈動五〉❶毛糸・糸・竹・針金などをからみ合わせて、セーターやかごなどをつくる。例竹を編む。手袋を編む。類織る。❷文章を集めて、本にする。例文集を編む。類編集する。

アムネスティ〈名〉政治権力から人権を守るための国際組織。アムネスティインターナショナル。一九六一年設立。ロンドンに事務局がある。◇Amnesty (=特赦《とくしゃ》)

あめ[1]【雨】〈名〉❶くもった空からおちてくる水滴《すいてき》。海や地表から蒸発した水蒸気が上空で雲となり、雲の水分が多くなりすぎると雨になる。例雨が降る。雨が上がる。雨に洗われる。雨に煙《けむ》る。滝《たき》のような雨。❷雨の降る天気。天気図の記号は●。例雨のち曇《くも》り。対晴れ。曇り。類雨降り。雨天。❸雨のように降りそそぐもの。例涙《なみだ》の雨。弾丸《だんがん》の雨。▽アアメ

表現 日本は四季おりおり、適度に雨の降る国なので、雨に関係したさまざまなことばがある。

(1)「あめ」「あま」「さめ」をふくんだことば――にわか雨・通り雨・こぬか雨・雨もよう、雨傘《あまがさ》、秋雨《あきさめ》・村雨《むらさめ》・氷雨《ひさめ》・霧雨《きりさめ》など。

(2)雨の字の音「ウ」からつくられたことば――豪雨《ごうう》・雷雨《らいう》・霖雨《りんう》・驟雨《しゅうう》・梅雨《ばいう》・暴風雨《ぼうふうう》など。

 エチオピア　アフリカ東部内陸の共和国。アフリカ最古の独立国。コーヒー原産地。首都アディスアベバ。

(3)右の(1)と(2)以外で「あめ」を表わすことば――時雨《しぐれ》・夕立・狐《きつね》の嫁入《よめい》り・梅雨《つゆ》・さみだれなど。

(4)雨が降るようすを表わすことば――どしゃ降り・しとしと・ぱらぱら・ざあっと・車軸《しゃじく》を流すように・そぼ降る・ぽつぽつ など。

参考 (1)「雨脚《あまあし》・雨宿《あまやど》り・雨水《あまみず》・雨垂《あまだ》れ・雨雲《あまぐも》」のように、ほかのことばの上につくときは、「あめ」が「あま」になることが多い。

(2)「春雨《はるさめ》・秋雨《あきさめ》・小雨《こさめ》」のように、ほかのことばの下につくときは、「さめ」となることがある。

雨降《ふ》って地《じ》固《かた》まる ごたごたしたあと、かえってものごとがうまくいくようになる。

あめ[2]【▼飴】〈名〉口にふくみ、少しずつとけてくる甘みを楽しむ菓子《かし》。いも・米・砂糖などからつくる。例あめをなめる。あめだま。千歳《ちとせ》あめ。類キャンディー。アアメ

飴と鞭《むち》 やさしくいたわる面ときびしく接する面を使い分けて、人をしたがわせるやりかた。例飴と鞭の政策。

飴をしゃぶらせる ⇩あめだまをしゃぶらせる

あめあがり【雨上がり】〈名〉雨がやんだばかりのとき。

あめあられ【雨あられ】〖雨▼霰〗〈名〉弾丸《だんがん》などが、つぎつぎにはげしく飛んでくること。例雪玉の雨あられ。雨あられとふりそそぐ。

あめいろ【あめ色】〖▼飴色〗〈名〉水あめのような色。ややすきとおった、黄色がかったうすい茶色。例玉ネギをあめ色になるまでいためる。

アメーバ〈名〉原生動物の一つ。自由にかたちを変える。「アミーバ」ともいう。◇ameba, amoeba

あめおとこ【雨男】〈名〉晴れないとこまるような予定がある日はきまって雨になる、不運な男。対晴れ男。

あめおんな【雨女】〈名〉晴れないとこまるような予定がある日はきまって雨になる、不運な女。対晴れ女。

あめかぜ【雨風】〈名〉雨と風。例雨風を防ぐ。雨風をしのげる避難《ひなん》小屋。類雨露《あめつゆ》。風雨《ふうう》。

あめがち【雨がち】〈名〉雨のふる時間・日が多いこと。

あめかんむり〖雨冠〗〈名〉漢字の冠《かんむり》の一つ。「雪」「雷」などの「雨」の部分。あまかんむり。

アメダス〈名〉気象庁の地域気象観測システム。日本各地の気象《きしょう》を自動で観測し、一時間ごとに集計する。◇AMeDAS (= Automated Meteorological Data Acquisition System の略)

あめだま【あめ玉】〖▼飴玉〗〈名〉玉の形のあめ。

飴玉をしゃぶらせる 相手をごまかしたり、うまく利用したりするために、気に入ることを言ったりしたりしてよろこばせる。「あめをしゃぶらせる」ともいう。

あめつゆ【雨露】〈名〉雨や露。例雨露を防ぐ。雨露をしのぐだけの貧しい家。類雨露《うろ》。雨風《あめかぜ》。

アメニティー〈名〉❶生活環境《かんきょう》の快適さ。❷ホテルの客室に備えつけてある、歯ブラシ・せっけん・シャンプーなどのセット。アメニティーグッズ。◇amenity

あめもよい【雨もよい】〖雨▽催い〗〈名〉⇩あめもよう

あめもよう【雨模様】〈名〉❶いまにも雨がふりだしそうな空のようす。例雨模様だから傘《かさ》を持ってでかけよう。❷雨がちな天候。例きょうは全国的に雨模様でしょう。▽「あまもよう」「あまもよい」「あめもよい」ともいう。

注意 「荒《あ》れ模様」ということばと同様に、①が本来の意味だが、②の意味でも使われる。「雪模様」も同様。

アメリカ〖亜▽米利加〗〈名〉❶北アメリカと南アメリカをあわせた言いかた。❷「アメリカ合衆国」のこと。◇America

アメリカンインディアン〈名〉南北アメリカ大陸の先住民。◇American Indian

参考 Indianとはインド人のこと。アメリカ大陸にやってきたヨーロッパ人が、そこをインドとまちがえたことから。「アメリカインディアン」「インディアン」ともいうが、現在これらの語はきらわれ、「ネイティブアメリカン」が使われる。

アメリカンフットボール〈名〉楕円《だえん》形のボールを使って相手の陣地《じんち》を攻めあう球技。試合は、一チーム十一人で行なう。選手はたがいにはげしくぶつかり合うため、防具を身につける。アメフト。◇American football

あめんぼ〈名〉ほそ長い足で水の上をすべるように進む昆虫《こんちゅう》。「あめんぼう」ともいう。

あや〖▼綾・▽文〗 一〈名〉❶線や色でえがき出された模様。例杉《すぎ》のあや。あや織り。❷うつくしい絹の布。例綾絹。綾錦《あやにしき》。❸ものごとの入りくんだ事情。例事件のあや。❹文章やことばなどで、実際以上にかざって表現したもの。例ことばのあや。類修辞。レトリック。

二〈名・形動〉人目をひくうつくしさやおもしろさ、味わいがあるようす。例目もあやな。あやなす。

あやう・い【危うい】〈形〉「あぶない」のやや古い言いかた。例危ういところを助かった。

あやうく【危うく】〈副〉すんでのことに。あぶなく。例危うく命をおとすところだった。

あやおり【あや織り】〖▼綾織り〗〈名〉布の織りかたで、細いななめのしまがうき出るように織ったもの。

あやかし〈名〉幽霊《ゆうれい》や怪奇《かいき》現象など、まかふしぎなものごと。古い言いかた。

あやか・る〖▽肖る〗〈動五〉尊敬したり、あこがれたりするものに似《に》るようにする。例しあわせそうな二人にあやかりたい。

あやし・い【怪しい・妖しい】〈形〉 一〔怪しい〕❶正体がわからなくて気味がわるい。例怪しい人影《ひとかげ》。類不審《ふしん》。❷はっきりせず、信用できない。例雲ゆきが怪しい。この答えは怪しいからやりなおそう。類疑わしい。おぼつかない。

二〔妖しい〕ふしぎに刺激《しげき》的で、気持ちがふるえるようにひきつけられるものがある。例妖しい美しさ。妖しい魅力《みりょく》。類妖艶《ようえん》。

あやし・む【怪しむ】〈動五〉❶どうも信用できないと思う。例人に怪しまれるような行動をするな。❷(「…ではないかと」につづけて)どうもそうらしい、と思う。例かれが金を盗《ぬす》んだのではないかと怪しむ。▽類疑う。

あや・す〈動五〉抱《だ》いたり、声をかけたり、おもしろい顔をしたりして、赤んぼうのきげんをとる。

あやつりにんぎょう【操り人形】〈名〉❶糸・棒・指などで人形を動かし、おどりや劇をさせること。また、その人形。類マリオネット。❷自分の意志をもたないで、かげの力に動かされるままに行動する人。類傀儡《かいらい》。

あやつ・る【操る】〈動五〉❶はなれている所から人形や機械を思うように動かす。例機械を操る。人形を操る。❷自分はかくれていて、思いのままに人を動かす。例人を操って秘密をさぐらせる。❸道具や技術、また、ことばなどを使いこなす。例舟《ふね》を操る。三か国語を操る。

あやとり〖▼綾取り〗〈名〉ひもを輪の形にくって両

手の指にかけ、相手とかわるがわる取りあって、つぎつぎとちがう形をつくって楽しむ遊び。一人でする遊びかたもある。

あやぶ・む【危ぶむ】〈動五〉うまくいかないのではないかと心配する。例 前途《ぜんと》を危ぶむ。類 危惧《きぐ》する。懸念《けねん》する。

あやふや〈形動〉はっきりしていなくて、どうにもたよりない。例 あやふやな態度。類 あいまい。

あやまち【過ち】〈名〉❶とりかえしのつかないほどの、重大な失敗や罪。例 過ちをおかす。類 まちがい。過失《かしつ》。❷ふとしたことからおかしてしまったまちがい。例 青春の過ち。単なる過ち。類 落ち度。

方言 富山では、「捻挫《ねんざ》」「骨折」の意味でも使う。↓
━ 囲み記事49（1108ページ）

あやま（過）ちてはあらた（改）むるにはばか（▼憚）ることなかれ あやまちに気づいたら、すぐに改めなくてはいけない。

あやまり【誤り】〈名〉まちがい。例 誤りを訂正《ていせい》する。弘法《こうぼう》も筆の誤り。

1 **あやま・る【誤る】**〈動五〉❶そうするつもりではないのに、してしまう。例 誤って、人をきずつけた。類 まちがえる。まちがう。❷適切でないやりかたをする。例 選択《せんたく》を誤る。方針を誤る。道を誤る。類 まちがえる。まちがう。❸よくない結果へとみちびく。例 身を誤る。そのことばは人を誤るおそれがある。

2 **あやま・る【謝る】**〈動五〉自分が悪かったことを認めて、相手に許しを求める。例 過ちと知ったら謝らなくてはいけない。類 わびる。謝罪する。

あやめ『▼菖▼蒲』〈名〉初夏を代表する水辺《みずべ》の花。ハナショウブに似たむらさきや白の花がさく。↓いずれあやめかかきつばた（「いずれ」の子項目）

あや・める『▽殺める・▽害める』〈動下一〉「殺す」の古い言いかた。例 人をあやめる。

1 **あゆ**『▼鮎』〈名〉きれいな川にすむ魚。すがたがよくて、よいかおりがする。塩焼きなどにして食べる。
表記 よいかおりのするところから、「▽香▽魚」とも当てる。

2 **あゆ【▼阿▼諛】**〈名・する〉おせじを言って人のきげんをとること。また、そのおせじ。例 阿諛追従《ついしょう》。類 追従《ついしょう》。おべっか。おもねる。おべんちゃら。

あゆみ【歩み】〈名〉❶一歩一歩あるくこと。例 歩みが速い。歩みが乱れる。❷これまでにたどってきたすじみち。例 国の歩み。戦後日本の歩み。▽類 足どり。

あゆみよ・る【歩み寄る】〈動五〉❶歩いて相手の方へ近づいていく。❷自分の主張や権利などをたがいにゆずり合って、一致《いっち》の方向に近づく。例 賛成側と反対側の双方《そうほう》が歩み寄る。類 折り合う。折れ合う。妥協《だきょう》する。譲歩《じょうほ》する。

あゆ・む【歩む】〈動五〉一歩一歩あるいて進む。例 近代国家の歩む道。歩みよる。
表現 ふつうの「あるく」の意味で使った場合には、文学的なニュアンスがこもった言いかたになる。

1 **あら【荒・粗】** ━〈名〉❶［あら］身の部分をとったあとの、魚の骨や頭、尾《お》の部分に多少の肉がついているもの。「アラ」とも書く。例 かつおのあらを煮《に》る。❷［粗］人やものの欠点。例 粗が見える。粗をさがす。粗をほじくる。類 きず。▽ア アラ」
━〈接頭〉名詞の上につけて、「洗練されていない」「あらあらしい」という意味を表わす。❶［荒］暴力的ではげしい。手かげんしない。例 荒波。荒技《あらわざ》。荒療治《あらりょうじ》。❷［粗・荒］ごつごつしている。また、ざらざらしている。あらっぽい。例 粗（荒）けずり。粗（荒）むしろ。粗挽《び》き。❸［粗・荒］おおざっぱ。まだ、仕上げられていない。例 粗筋。粗造り。粗ぬり。

2 **あら**〈感〉❶おどろいたり感心したりしたときに思わず出す声。おもに女性が使う。例 あら、ひどい。あら、すてき。❷「何だか変だぞ」と疑問に感じたときに出す声。▽ア①アラ ②アラ

アラート〈名〉災害などに備えるための警報。◇alert

アラーム〈名〉❶警報。警報装置。❷目覚まし時計の音。例 アラームが鳴る。アラームをセットする。◇alarm

あらあら【粗粗】〈副〉だいたい。ざっと。例 事情は粗々わかった。

あらあらし・い【荒荒しい】〈形〉やさしさや思いやりがなく、乱暴である。例 荒々しいふるまい。類 荒っぽい。粗暴《そぼう》。

1 **あらい【洗い】**〈名〉❶洗うこと。せんたく。例 洗いがきく（＝洗うことができる）。洗いに出す。丸洗い。水洗い。❷コイやスズキなどの白身《しろみ》を冷水に通し、かたくひきしめたさし身。例 洗いにする。

2 **あら・い【荒い】**〈形〉手がつけられないくらい、いきおいや動きがはげしい。例 気性《きしょう》が荒い。波が荒い。人づかいが荒い。金づかいが荒い。手荒い。類 荒っぽい。

3 **あら・い【粗い】**〈形〉❶全体をかたちづくっている、そのひとつひとつが大きい。例 あみめが粗い。対 細かい。❷おおざっぱで、十分でない。例 粗く見積もる。仕事が粗い。対 細かい。類 荒っぽい。粗雑《そざつ》。雑。❸ざらざらしている。なめらかでない。例 表面の粗いやすり。

あらいぐま『洗い熊』〈名〉タヌキに似《に》たけもの。北アメリカの森林の水辺《みずべ》に生息し、小動物や果実などを器用に洗って食べる。

あらいざらい【洗いざらい】『洗い▼浚い』〈副〉あるもののすべて、また、思っていることや知識のすべてを出しつくすようす。例 なやみを洗いざらいうちあける。類 すっかり。残らず。

あらいざらし【洗いざらし】『洗い▼晒し』〈名〉なんども洗濯《せんたく》してくたくたになり、色がさめた状態。

あらいそ【荒▼磯】〈名〉荒波のうち寄せる、岩のごつごつした海岸。「ありそ」ともいう。

あらいば【洗い場】〈名〉❶洗濯《せんたく》や、さら洗いなどをするところ。❷ふろ場で、からだを洗うところ。

あらいもの【洗い物】〈名〉洗わなければいけない、よごれた食器や衣類。例 洗い物をする。

あら・う【洗う】〈動五〉❶水や湯などで、よごれを落とす。例 シャツを洗う。顔を洗う。洗剤で洗う。雨に洗われて、新緑がいちだんとうつくしい。洗い清める。洗い流す。類 洗濯《せんたく》する。❷水がうち寄せる。例 波が岸を洗う。❸ほんとうの すがたを さぐり出して、はっきりさせる。例 身元を洗う。洗い出す。
表現 「心が洗われる思いがする」は、きれいなすがすがしい気持ちになること。

あらうみ【荒海】〈名〉風が強くて波の荒い海。例 荒海にのり出す。「荒海や佐渡に横たふ天の川」（芭蕉）。

あらが・う『▽抗う』〈動五〉強い力に対して服従せずに、あえてたち向かっていく。例 あらがいがたい。
表現 やや古い言いかた。ふつうは「抵抗《ていこう》する」という。

あらかじめ〈副〉事がおこる前に。例会議の議題をあらかじめお知らせしておきます。類前もって。事前に。

あらかせぎ【荒稼ぎ】〈名・する〉荒っぽいやりかたでおおもうけすること。例バブルに乗って荒稼ぎをする。

あらかた〈副〉ざっと見たところ。大部分は。例客は、あらかた帰った。類おおかた。だいたい。ほとんど。ほぼ。

あらかべ【荒壁・粗壁】〈名〉壁の内部の、きざんだわらをまぜた土の部分。上ぬりをして、表面をきれいにする。

アラカルト〈名〉西洋料理で、「一品料理」のこと。メニューを見て、好みのものを注文する。◇《フランス》à la carte

参考 伝統的な日本建築の壁のつくりかた。

あらぎも(荒肝)をひしぐ なみたいていなことではおどろかない人をも、「あっ」と言わせる。

あらぎょう【荒行】〈名〉僧《そう》や信者が、滝《たき》にうたれたり、ねむらずに山を歩いたりする、きびしい修行《しゅぎょう》。

あらくれ【荒くれ】〈名〉荒っぽくて、こわいもの知らずの人。例荒くれ男。荒くれ者。

あらけずり【荒削り・粗削り】 一〈名・する〉材木をざっと削ること。また、こまかい仕上げがしてないこと。例荒削りしたままの木材。 二〈形動〉大ざっぱで、じゅうぶんでない。例荒削りな人がら。類がさつ。

あら・げる【荒げる】〈動下一〉⇩あららげる

あらごと【荒事】〈名〉歌舞伎《かぶき》で、怪力《かいりき》の武士や鬼神《きじん》などの出る、あらあらしい芝居《しばい》や、そのあらあらしい演技。例荒事師。対和事《わごと》。

あらさがし【粗探し】〈名・する〉人物や作品の欠点をむりに探して、けちをつけようとすること。

あらし【嵐】〈名〉荒れくるって吹く、はげしい風。雨をともなった強風。例嵐がくる。嵐をはらむ。類暴風雨。

表現「拍手《はくしゅ》の嵐が巻き起こる」「批判《ひはん》の嵐が吹き荒れる」のような使い方もする。

嵐の前《まえ》の静《しず》けさ はげしい動きや変化がおこる前の、ぶきみに静まりかえった状態。

【嵐】 山部9 全12画

嵐 嵐 嵐 嵐 嵐

あらし

あら・す【荒らす】〈動五〉❶きちんととのっていたところを、めちゃめちゃにする。例へやを荒らす。肌《はだ》を荒らす。❷他人の家や土地に入って、盗《ぬす》みをはたらいたり、乱暴なことをしたりする。例縄張《なわば》りを荒らす。

あら(▽非)ず(「…にあらず」の形で)「…ではない」の古い言いかた。例さにあらず(=そうではない)。

あらすじ【粗筋】〈名〉小説や劇のだいたいの筋書き。類あらまし。梗概《こうがい》。

あ(有)らずもがな なくてもよい。いっそのことない方がました。例あらずもがなのことをする。類なくもがな。

参考「もがな」は、願望を表わす古語の終助詞。

あらせいとう〈名〉庭などに植える草花。春に、赤やむらさき、白などの花がふさ状にさく。ストック。

あらそい【争い】〈名〉自分の気持ちを通そうとしたり、相手に勝とうとしたりして、きそうこと。例骨肉の争い。争いのもと。争いごと。先陣争い。言い争い。類紛争《ふんそう》。もめごと。いさかい。

あらそ・う【争う】〈動五〉❶たがいに相手をたおそうとして攻《せ》めあう。例隣国《りんごく》と争う。言い争う。類戦う。けんかをする。❷相手に勝とうとして、それぞれががんばる。例賜杯《しはい》を争う。先を争う。一刻を争う(=わずかな時間もむだにできない場合である)。われがちに争う。あらそって流行の服を着る。類きそう。競争する。

争えない ❶議論の余地がないほど、はっきりしている。例争えない事実。❷負けまいとしても、それにはうち勝てない。例年は争えない。やはり血筋は争えないものだ。

あらた【新た】〈形動〉新しい。例思い出を新たにする。ふたたび新たな感動をよぶ。

表現 ややあらたまった、古い感じのことば。ふつうは「新しい」を使う。

あらたか〈形動〉神や仏に祈《いの》った効果が現れるようす。「霊験《れいげん》あらたか」の形で使うことが多い。

あらだ・てる【荒立てる】〈動下一〉そっとしておけばいいのに、わざわざとり上げて、前よりいっそうめんどうくさくする。例事を荒立てる。

あらたま・る【改まる】〔▽革まる〕〈動五〉❶〔改まる〕これまでよりもよい状態になる。例この処置で長年の悪風が改まったのはよろこばしい。❷〔改まる〕いつもとちがうきちんとしたようすになる。例改まった場面。急に改まって、なにを言い出すのか。❸〔改まる〕新しい状態に変わる。例元号が令和に改まる。料金はこの十月に改まったばかりだ。❹〔革まる〕病気のぐあいが急にわるくなる。例昨夜、病勢にわかにあらたまり、ついに永眠《えいみん》されました。

表現 ④は、葬儀《そうぎ》でのあいさつなど、儀式ばった場面で使われる。

あらためて【改めて】〈副〉❶今ではなく、別のおりに。例改めて、またまいります。❷ことあたらしく。例改めて言うまでもないことだ。類いまさら。

あらた・める【改める】〔▽革める・新める〕〈動下一〉❶それまでのよくない状態をよい状態に変える。例欠点を改める。心を改める。悔《く》い改める。類なおす。❷別の機会にする。例日を改める(=別の日にする)。❸いつもとはちがう、きちんとしたようすにする。例ことばを改める。服装を改める。❹正しいものかどうか調べる。例切符《きっぷ》を改める。類吟味《ぎんみ》する。

あらっぽ・い【荒っぽい】〈形〉▽→あらためて(前項) ❶いきおいや動きがはげしく、乱暴である。例「おす!」というのは、ずいぶん荒っぽいあいさつのしかただ 類荒荒しい。❷大ざっぱで、ていねいでない。例荒っぽくいえば、こういうことです。

表現「あらい」よりも、よくない、がさつだ、という気持ちがこもっている。

あらて【新手】〈名〉❶あたらしく、その集団に加わった人々。例新手をくり出す。対古手《ふるて》。❷あたらしく考え出したやりかた。例新手の詐欺《さぎ》。

表記 ②は、「粗っぽい」とも書く。

参考「しんて」と読むのは、囲碁《いご》・将棋《しょうぎ》の用語。

あらなみ【荒波】〈名〉はげしいいきおいで押し寄せる波。

表現「世間の荒波」のように、世の中のきびしさなどを表わすこともある。

あらなわ【荒縄】〈名〉わらでつくったなわ。

あらぬ〈連体〉本来の筋や方向から はずれた。例あらぬことを口ばしる。あらぬ方向へ行く。類とんでもない。

あらねつ【粗熱】〈名〉加熱調理をした直後に、フライパンや食材に残っている高熱。例粗熱を取る(=少し冷ます)。

あらの【荒野】〔▼曠野〕〈名〉⇩あれの

アラビア〈名〉アジア大陸の西南部にある大きな半島。ほとんどが砂漠《さばく》で、サウジアラビアがもっとも広い地域をしめている。石油の大生産地。◇Arabia

アラビアすうじ【アラビア数字】〈名〉⇩さんようすうじ

あらびき【粗びき】〘粗▼挽き〙〈名〉穀物や肉などを、小さなかたまりが残るくらいに、粗くひきくだいたもの。

あらひとがみ【▽現人神】〈名〉人のすがたでこの世に現れた神。かつて、天皇のことを言った。

アラブ〈名〉西アジアから北アフリカにかけて住んでいる、イスラム教を信仰《しんこう》し、アラビア語を話す諸民族。◇Arab

アラベスク〈名〉アラビア風の模様や音楽のこと。◇フランス《フラ ンス》 arabesque

あらまき【新巻き】〈名〉秋にとれたサケに塩をふりかけて、保存できるようにしたもの。年末・年始の食べ物として親しまれている。新巻き鮭《ざけ》。類塩ざけ。

表記 もとは、荒縄《あらなわ》で巻いたので「荒巻き」と書いた。

あらまし 一〈名〉事件や話などのおおまかな内容。類あらすじ。概要《がいよう》。概略。例事件のあらましを報告する。二〈副〉だいたい。おおよそ。例仕事はあらましかたがついた。類ほぼ。おおむね。梗概《こうがい》。

あらむしゃ【荒武者】〈名〉勇ましいが、ふるまいのあらあらしい武士。また、乱暴な人。例荒武者ぶり。

アラモード〈名〉❶最新流行。最新流行の型。❷洋菓子《ようがし》などに、果物・生クリーム・アイスクリームなどをそえたもの。例プリンアラモード。◇フランス《フラ ンス》 à la mode（＝「流行にそって」の意味）

あらもの【荒物】〈名〉家庭生活に必要な道具類。バケツやほうきのように実用的であって、装飾《そうしょく》品でないもの。例荒物屋。対小間物《こまもの》。類雑貨。

あらゆる〘▽凡ゆる〙〈連体〉あるかぎりの。「ありとあらゆる」ともいう。例あらゆる場合にあてはまる。あらゆる可能性をさぐる。

あらら・げる【荒らげる】〈動下一〉あらっぽい感じにする。例声を荒らげる。

注意「ら」が一つぬけて、「あらげる」と言われることも増えたが、「ひろい→ひろげる」などとちがって、「やわらか→やわらげる」などと同様に古語の形容動詞「あららか」からできた動詞であるので、「あららげる」が本来の形。

あらりょうじ【荒療治】〈名・する〉手あらいやりかたで病気を治したり、ものごとを解決したりすること。例この問題の解決には荒療治が必要だ。

あられ〘▼霰〙〈名〉❶〔気象〕空からふってくる、白くてこまかい氷のつぶ。雹《ひょう》よりは小さい。天気図の記号は◬。❷料理で、材料をこまかく立方体に切ったもの。❸小さく切って干した餅菓子《もちがし》。また、干した米を、煎《い》って、味つけした菓子。例あられもち。ひなあられ。

あられもな・い〈形〉❶態度やすがたがだらしなく乱れていて、よくない。女性としてふさわしくない、という気持ちで使う。例あられもないすがた。類しどけない。❷あるべきでない。あるまじき。例あられもないことを口走る。

参考「あられ」は、動詞「ある」の未然形＋可能を表わす助動詞「れる」の連用形から。②がもとの意味。

あらわ〘▽露(わ)〙〈形動〉ふつうならかくしているものが、はっきり外に現れているようす。例肌《はだ》もあらわに。不満をあらわに顔に出す。類むき出し。露骨《ろこつ》。

あらわざ【荒技・荒業】〈名〉格闘技《かくとうぎ》で、はげしい動きをともなう危険なわざ。

[1]**あらわ・す【現す・表(わ)す】**〈動五〉❶［現す］いままで見えなかったものを見えるようにする。例すがたを現す。正体を現す。対かくす。❷［表わす］考えや気持ちなどを、人にわかるようにはっきりと表面に出す。例ことばで表わす。態度に表わす。不快感を表わす。類表現する。発表する。

表記「表」の字を使って「あらわす」と書くときは、「表す」でも「表わす」でもよい。教科書では「表す」を使っている。ただし、「表す」と書くと、「ひょうす」とも読めるので、この辞典では、それと区別するために「表わす」と書いている。

[2]**あらわ・す【著す】**〈動五〉自分の考えや調べた結果などを、文章にして世間に発表する。例本を著す。類著述《ちょじゅつ》する。出版する。

あらわれ【現れ・表れ】〈名〉❶［現れ］いままで見えなかったものが見えるようになること。例真価の現れ。❷［表れ］表面に出てくること。例喜びの表れ。世相の表れ。頭をかくのは自信のなさの表れだ。

あらわ・れる【現れる・表れる】〈動下一〉❶［現れる］いままで見えなかったものが見えるようになる。その場に出てくる。例真価が現れる。悪事が現れる。太陽が雲間から現れた。対消える。類出現する。❷［表れる］中にかくれていたものが表面に出てくる。例性格が行動に表れる。時代の特徴《とくちょう》が作品に表れている。類出る。

あらんかぎり【有らん限り】〈名・副〉力や声などを、出せるだけすべて。例あらん限りの声をふりしぼる。力をあらん限り出しつくす。類ありったけ。

[1]**あり**〘有り・在り〙〈名〉❶あること。❷「ある」の文語。例人生山あり谷あり。❸ルールの範囲《はんい》内であること。また、許容できること。俗《ぞく》っぽい言いかた。例なんでもあり。▽対なし。アアリ

[2]**あり**〘▼蟻〙〈名〉昆虫《こんちゅう》の一種。土の中に巣をつくり、集団生活をいとなむ。一つの集団には、一匹の女王アリと、数匹の雄《おす》アリ、たくさんの働きアリがいる。アアリ

表現 アリのからだが小さいことや、よく動きまわることから、「ありのはい出るすきもない」「ありのように働く」などの言いかたがある。

ありときりぎりす イソップの寓話《ぐうわ》の一つ。働きもののアリに対し、なまけもののキリギリスが冬に飢え死にする教訓話。

蟻の穴《あな》から堤《つつみ》も崩《くず》れる ちょっとした油断やすきから、大きな失敗がおきる。

蟻のはい出《で》る隙《すき》もない ちょっとしたすきまもないほど、警戒《けいかい》がきびしい。類水ももらさぬ。

アリア〈名〉〔音楽〕オペラなどの中で歌われる、美しいメロディーの独唱《どくしょう》曲。詠唱《えいしょう》。◇イタリア《イタ リア》 aria

ありあけのつき【有り明けの月】〈名〉夜明けの空に、まだしずまずに残っている月。類残月。

ありあま・る【有り余る】〈動五〉ありすぎるほど、たっぷりある。例有り余る物資をかかえている。有り余る才能をもてあます。

ありありと〈副〉❶まるで目の前にほんとうに見ているかのように感じられるようす。例ありありと目にうかぶ。類まざまざ。❷心の中が、はっきりと顔や動作に出るようす。例不満のようすが、ありありと見えた。

ありあわせ【有り合わせ】〈名〉特別に用意したのでなく、たまたまその場にあった物。例有り合わせの食事。有り合わせの材料。

表現 特別に用意したごちそうでも、謙遜《けんそん》して、「有り合わせのものですが」と言ってお客に出すことがある。

アリーナ〈名〉❶周囲を観客席でかこんだ競技場。

35 オーストリア　中部ヨーロッパ，アルプスの東にある共和国。観光と工業の国。永世中立国。首都ウィーン。

❷野球場や競技場でコンサートなどを行なうとき、グラウンド上に特別にもうけた観客席。◇arena

あり・うる【有り得る】〈動下二〉ないとはいえない。「ありえる」ともいう。例失敗することもありうる。対ありえない。

あ(有)りえ(得)ない ❶あるはずがない。例天からお金がふってくるなどありえない。❷常識では考えられないほどだ。うけいれがたい。俗《ぞく》っぽい言いかた。例その選択《せんたく》はありえない。▽「ない」ともいう。対ありうる。

ありか〖在り▽処〗〈名〉物がかくされているところ。人がかくれているところ。例ありかをつきとめる。類所在。

ありかた【在り方】〈名〉❶ものごとの現実のようす。かくれているところ。❷当然こうあるべきだ、という状態。ありよう。例今の政治のありかたに疑問をもつ。例教育のありかたを求めて、いろいろな試みをする。

ありがた・い〖有り難い〗〈形〉❶感謝しないではいられない気持ちである。例君が来てくれたとはありがたい。ありがたくいただきます。類かたじけない。❷とうとく、崇高《すうこう》である。例ありがたいお話をうかがって、心が洗われる思いがします。

ありがたみ〖有り難み〗〈名〉本当にありがたいなあという感じ。例親が死んでから親のありがたみがわかる。

ありがためいわく【ありがた迷惑】〈名・形動〉相手が善意でやってくれていることはわかるが、実は迷惑《めいわく》である状態。例ありがた迷惑な話。

ありがち〖有りがち〗〈形動〉同じようなことが、よくある。あまりそうあってほしくないことについていう場合が多い。例子どもにありがちなけが。

ありがとう〖有り難う〗〈感〉相手に対する感謝の気持ちを表わすときに使うことば。

表現「ありがとうございます」を略したことば。気楽にものが言える相手に使う。

ありがね【有り金】〈名〉現在、手もとに持っている現金。いますぐに使える現金。例有り金をはたく。

あ(有)りき それが前提になっていること。例結論ありきのむなしい議論。

参考「き」は、過去を表わす文語の助動詞の終止形。

ありきたり〖在り来たり〗〈形動〉前からいくらでもあって、めずらしくもない。例ありきたりの考え。類ありふれた。月なみ。

参考 以前から(変わることなく)ある、という意味の古語「ありきたる」の名詞形から。

ありくい〖▼蟻食〗〈名〉ほそ長くつきでた口と長い舌をもち、アリを食べる哺乳《ほにゅう》動物。中南米に多い。

ありさま〖有り様〗〈名〉まざまざと目にうつった、全体のようす。例現地のありさまを伝える。類状況《じょうきょう》。状態。

表現「来てみれば、このありさまだ」のように、非難する気持ちをこめて使うことが多い。

ありじごく〖▼蟻地獄〗〈名〉❶〔動物〕ウスバカゲロウの幼虫。かわいた地面にすりばち形の穴をつくり、アリなどの虫がすべり落ちてくるのを待ちかまえてとらえる。❷ウスバカゲロウの幼虫がつくった穴。

あ(在)りしひ(日) ❶その人が生きていた時。例在りし日のおもかげ。類生前。❷過ぎ去った日。例在りし日の思い出。

ありづか【アリ塚】〖▼蟻塚〗〈名〉アリが土の中に巣をつくるために運び出した土が、もり上がって小さな山のようになったもの。

ありつ・く〈動五〉なんとか手に入れる。例仕事にありつく。食事にありつく。

ありったけ〖有りったけ〗〈名・副〉そこにあるだけのもの。また、そこにあるもののすべて。例ありったけの椅子《いす》。金をありったけ出して買った。類あらんかぎり。

ありてい【有り体】〈名・形動〉かくさずありのまま。やや古い感じのことば。例有り体(=あからさま。あけすけ)に言えば。

ありとあらゆる〖有りとあらゆる〗〈連体〉あるかぎりのものすべて。「あらゆる」を強めていったことば。例この店には、ありとあらゆる品物がそろっている。

ありのまま〖有りの▼儘〗〈名・副〉うそをついたり、かざったりしないようす。そっくりそのとおり。例ありのままに言う。ありのままの自分を見てもらう。類あるがまま。

アリバイ〈名〉犯罪が行なわれた時間に、その現場にいなかったという証明。例アリバイがある。アリバイを立証する。類不在証明。◇alibi

ありふ・れる〖有り触れる〗〈動下一〉(「ありふれた」「ありふれている」の形で)どこにでもあって、少しもめずらしくない。例ありふれた話。世の中にありふれている悩み。

類ありきたり。月なみ。平凡。

ありまき〖▼蟻巻〗〈名〉⇩あぶらむし①

ありゅう【亜流】〈名〉学問や芸術などで、一流の人のまねをすること。また、まねをする人。エピゴーネン。例彼はピカソの亜流にすぎない。

ありゅうさんガス【亜硫酸ガス】〈名〉⇩にさんかいおう

ありよう〖有り様〗〈名〉❶ものごとの現実のすがた。ありさま。例社会のありように疑問をもつ。❷ありのまま。例ありようを言えば、経営は火の車だ。類実情。❸(あとに打ち消しのことばをともなって)そのようなことがあるわけがない。そのようであるはずがない。例そんな奇妙なことはありようがない。

表現②は実際の状態が見かけとはちがうときによく使う。

[1]**あ・る**〖在る・有る〗一〈動五〉❶そこに存在する。例あそこに池がある。❷そなわっている。例それぞれの民族には固有の文化がある。この薬は疲労《ひろう》回復にききめがある。❸特定の状態にある。例苦境にある。減少傾向《けいこう》にある。そのころ、彼は委員長の地位にあった。❹あることがおこる。あることが行なわれる。例二度あることは三度ある。あした小学校で運動会がある。❺時がたつ。例ややあって、会議が始まった。

二〈補動五〉❶(「である」の「ある」)あるものごとがなにかと等しい関係、あるものごとがなにかに所属する関係、また、あるものごとがどうあるかの状態を表わす。…だ。…です。例山本氏はわが社の創立者である。クジラは哺乳《ほにゅう》類である。船は父島の南東を航海中であった。❷(「てある」の「ある」)ある行動や状態、また、その結果が、つづいていることを表わす。また、予定されたものごと、仮に考えられたものごとなどを表わす。例せんたくものが干してある。当日は午後五時解散としてある。❸(形容詞や形容動詞につけて)その状態であることを表わす。例必死に弁解している彼のすがたを見ると、おかしくもあり、気の毒でもあった。▽対ない。

表記「ある」とかなで書くのがふつうだが、「財宝《ざいほう》の在りか」のように存在するという意味のときは「在る」と書き、「財産が有る」「教養が有る」「有り金《がね》」のように所有するという意味のときは「有る」と書く習慣がある。また、「無

い」に対して「有る」と書くこともある。

表現 (1)「ある」は、「金がある」「意見がある」というように、生きていないもの、動かないものについて言い、生きているもの、動くものについては、「人がいる」「蚊《か》がいる」のように、「いる」を使うのがふつう。→いる〔居る〕表現 (2)命令形「あれ」は、日常のことばではあまり使わないが、「若い二人に幸《さち》あれ」のように、あらたまった場面で、いのるような気持ちを表わすときに使う。(3)「ある」が元になっていることばに、「あらず・あらずもがな・あらぬ・あらんかぎり・ありうる・あるべき・あるまじき」などがあり、それらについては、それぞれの場所にならべた項目を参照のこと。

敬語 ていねいに言うときは「あります」か、さらにていねいな「ございます」を使う。

方言 一は、九州の西部では、「ドラマの再放送あっている」のように、「やっている」ことを「あっている」という。打ち消しは「あっていない」。

有るか無《な》しか ❶あるのかないのかわからないほどわずか、またはかすかであること。例あるかなしかの風。❷だいたいそれくらいであること。例二メートルあるかなしかの道はば。▽「あるかないか」ともいう。

有ること無《な》いこと 話の中に、本当のこともあるが、本当ではないことも入っているようす。例きらいな人のことについて、あることないこと言いふらす。

ある[2]【▼或る】〈連体〉はっきりしない、また、はっきりさせたくないものごとをさすことば。例あるとき。ある人。

あるいは【▼或いは】 一〈接〉「AあるいはB」で、AかBかのどちらかを表わす。例今年の大会は、延期あるいは中止の可能性がある。類または。もしくは。
二〈副〉もしかしたら。ひょっとしたら。例到着《とうちゃく》はあすの予定ですが、あるいは、一日延びるかもしれません。

表現 一は、話しことばでは「または」がよく使われ、「あるいは」「もしくは」は、やや書きことば的である。

あるがまま【在るが▼儘】〈名・副〉手を加えたりしないで、そのまま。例あるがままの姿。あるがままに見る。類ありのまま。

アルカリ〈名〉〔化学〕水にとけると、アルカリ性を示す物質。水酸化ナトリウムなど。対酸。◇オランダ alkali

アルカリせい【アルカリ性】〈名〉〔化学〕酸を中和する性質。赤色《せきしょく》リトマス紙を青くかえる。塩基性。対酸性。

あるき【歩き】〈名〉歩くこと。例歩きで五分。一人歩き。よちよち歩き。食べ歩き。類徒歩。

アルキメデスのげんり〔原理〕〔物理〕液体や気体の中にある物体は、「浮力《ふりょく》」のはたらきによって、その物体と同じ体積の液体や気体の重さだけ軽くなる、という原理。

参考 古代ギリシャの数学者・物理学者アルキメデスが入浴中にこれに気づき、「ユリイカ(=わかった)」とさけびながら狂喜《ききょう》してはだかのままかけ出したという話は有名。

ある・く【歩く】〈動五〉❶足を交互《こうご》に動かして進む。例駅までは歩いて二〇分かかる。❷あちこちへ行く。あちこちなにかをしてまわる。足で動くだけでなく、乗り物で移動することについてもいう。例世界中を歩く。宣伝カーで町中に知らせて歩いた。とび歩く。飲み歩く。

表現 「彼女は歩く百科事典だ(=博識《はくしき》だ)」のように、人を物にたとえる言いかたもある。

アルコール〈名〉❶〔化学〕つんとした独特のにおいのある、無色の液体。飲み物や燃料、消毒薬などに使われる。エタノール。広い意味では、メタノールやグリセリンなどをもふくむ。❷「酒」のこと。例アルコール飲料。◇オランダ alcohol

アルコールちゅうどく【アルコール中毒】〈名〉酒を飲みすぎておこる中毒。急性と慢性《まんせい》とがあり、慢性のものをアルコール使用障害《しょうがい》(=アルコール依存症《いぞんしょう》の改称《かいしょう》)という。俗《ぞく》に「アル中」と略していうのも慢性の場合である。

アルゴリズム〈名〉コンピューターが情報処理を行なう手順。◇algorithm

あるじ【▽主】〈名〉❶家の主人。例一家のあるじ。❷店などの主人。例宿のあるじ。▽類ぬし。

アルちゅう【アル中】〈名〉「アルコール中毒」の略。

アルツハイマーびょう【アルツハイマー病】〈名〉老人性の認知症《にんちしょう》の一種。脳がちぢむ病気。

由来 ドイツの神経病学者の名に由来する。

アルト〈名〉〔音楽〕❶女性の声のうちでもっとも低い音域。また、その声や、その声の歌手。❷同じ種類の楽器で、中間の音域をうけもつ楽器。例アルトサックス。◇イタリア alto ▽→メゾソプラノ・ソプラノ

あるときばらい【有る時払い】〈名〉期限を決めずに、おかねのあるときにしはらったり返済したりすること。例有るときばらいの催促《さいそく》なし。

アルバイト〈名・する〉つとめをもつ人がその本来のつとめのほかに、また、学生が勉強のかたわら、収入をえるためにする仕事。略して「バイト」ともいう。◇ドイツ Arbeit(=労働)

アルバム〈名〉❶写真をはってとっておくための、大きな本の形をしたもの。類写真帳。❷いくつかの曲を収めたレコードやCD。例ニューアルバム。◇album

アルピニスト〈名〉登山家。◇alpinist

アルビノ〈名〉生まれつき、皮膚《ひふ》や髪《かみ》の毛などの色素が欠けている人や動物。◇albino

アルファ【A・α】〈名〉❶ギリシャ文字のアルファベットで、最初の文字。対オメガ。❷動物学で、サルの社会の階級の第一順位。ボスザル。第二順位は「ベータ」という。◇ギリシャ語から。

参考 野球で、後攻のがわのチームが最終回の攻撃《こうげき》を完了《かんりょう》しないで勝つ場合に、「七アルファ対六」などという。記号は「X《エックス》」を使う。

アルファベット〈名〉ローマ字を、A・B・C…というふうに順にならべたもの。英語のアルファベットは二十六文字。◇alphabet 参考 ギリシャ文字の最初の字アルファ(α)と二番目の字ベータ(β)からできたことば。

アルプス〈名〉ヨーロッパ南部の山脈の名。◇Alps

参考 高くけわしい山を代表する名ともなり、「日本アルプス」のように使われるようになった。「アルピニスト」もこのことばからできたことば。→にほんアルプス

あ(有)るべき ❶そこにあるのが当然の。例あるべきものがないことがわかってあわてる。❷当然そうでなくてはならない。例人間のあるべきすがた。対あるまじき。類理想的。

アルペン 一〈造語〉アルプスの。例アルペンホルン。
二〈名〉「アルペン競技」の略。◇ドイツ Alpen

アルペンきょうぎ【アルペン競技】〈名〉スキー競技で、滑降《かっこう》・大回転・回転・スーパー大回転の四種目。冬季オリンピック種目の一つ。→ノルディックきょうぎ

アルマイト〈名〉アルミニウムの表面を酸化させて、じ

37 オランダ　ヨーロッパ北西部にある立憲君主国。国土の4分の1は海面下に位置する。首都アムステルダム。

ようぶな膜《まく》をつくったもの。腐食《ふしょく》しにくく、なべや食器に使われる。もと、商標名。◇alumite

あ(有)るまじき けっしてそうであってはならない。例教育者にあるまじき行ない。対あるべき。類もってのほか。

アルミ〈名〉「アルミニウム」の略。◇日本での省略語。例アルミサッシ。アルミホイル。アルミ缶《かん》。

アルミニウム〈名〉〔化学〕銀白色の、延《の》ばしやすい金属。じょうぶで加工しやすく、日用品に広く使われている。また、ジュラルミンなどの軽合金の材料とされる。元素の一つ。記号「Al」。◇aluminium

アルミホイル〈名〉アルミニウムをうすく平らにのばしたもの。アルミ箔《はく》。食品・薬品などをつつむのに使う。◇aluminium foil から。

あれ[1]**【荒れ】**〈名〉❶天候などがひどくなること。また、荒れて混乱すること。例荒れ模様。大荒れ。❷皮膚《ひふ》が、あぶらけがなくなって、がさがさになること。例荒れ性《しょう》。肌《はだ》荒れ。▽[ア]アレ

あれ[2]〈代名〉❶話し手からも聞き手からもはなれているものごとをさすことば。例あれは いったい なんだろう。これよりあれの方が安いよ。あれこれ。❷自分より少し目下の人や身内《うみ》で、その場からはなれていたり、そこにいなかったりする人をさすことば。例あれが後輩《こうはい》の山田ですよ。❸目の前のことではないが、話し手も聞き手も知っているものごとや、ときをさすことば。例君にたのんでおいたあれ(=あの件)はどうなった。あれ以来(=あのときから)会っていない。▽[ア]アレ →これ・それ・どれ

あれ[3]〈感〉おどろいたり、ふしぎに思ったりしたときに、思わず出す声。例あれ、道をまちがえた。類あら。ありゃ。[ア]アレ」

あ(有)れかし 「ぜひそうあってほしい」とねがう気持ちを表わす古い言いかた。例幸《さち》あれかしといのる。

あれくる・う【荒れ狂う】〈動五〉ものすごくあばれる。例荒れ狂う波。暴徒が荒れ狂う。

アレグレット〈名〉〔音楽〕速度記号の一つ。「やや速く」演奏する。◇《イタリア》allegretto

アレグロ〈名〉〔音楽〕速度記号の一つ。「速く」演奏する。◇《イタリア》allegro

あれこれ〈名・副〉いろいろのものごと。あれやこれや。例あれこれ思いなやむ。類なんのかのと。なにやかやと。

あれしょう【荒れ性】〈名〉肌《はだ》にあぶらけがたりなくて、かさかさになりやすい体質。対脂性《あぶらしょう》。表記症状《しょうじょう》として言うときは、「荒れ症」と書く。

あれち【荒れ地】〈名〉岩や石などがごろごろしていて、作物を育てるのに適していない土地。例荒れ地を開く。

あれっきり〈名・副〉❶あのときを最後として。あのときかぎり。例あれっきり消息を絶った。❷あれしか。古い言いかた。例あれっきり持っていなかった。

あれの【荒れ野】〈名〉見わたすかぎり、雑草ぐらいしか生えていない、さむざむとした野原。「あらの」ともいう。例荒れ野を開く。類荒野《こうや》。

あれは・てる【荒れ果てる】〈動下一〉すっかり荒れてしまう。例荒れ果てた農地。

あれもよう【荒れ模様】〈名〉❶天気がひどい状態になりそうであること。❷人のきげんやその場の状態が、わるくなりはじめていること。例試合は荒れ模様だ。

あれよあれよ ものごとがどんどん進むのに、どうにもできず、ただ、おどろいているようすを表わすことば。例あれよあれよという間に、船はしずんでしまった。

あ・れる【荒れる】〈動下一〉❶天気がわるくなり、ひどい状態になる。例海が荒れる。天候が荒れる。対静まる。おさまる。❷人の精神状態や行動が、節度をうしなって乱れる。例生活が荒れる。酒を飲んで荒れる。類すさむ。すさぶ。❸その場の状態がめちゃくちゃになる。例田畑が荒れる。類荒廃《こうはい》する。❹なめらかでなくなる。がさがさになる。例舌が荒れる。肌《はだ》が荒れる。

アレルギー〈名〉❶〔医学〕あるものにふれたり、また、ある食べ物を食べたり、薬を飲んだりしたとき、過敏《かびん》な反応を示すこと。じんましんやペニシリンショックなど。❷ある人物やものごとに対して、拒絶《きょぜつ》反応をおこすこと。例核《かく》アレルギー。◇《ドイツ》Allergie

アレルゲン〈名〉アレルギーをおこす原因となる、多種多様な物質。花粉やほこり、牛乳やたまご、うるしや金属など。◇《ドイツ》Allergen

アレンジ〈名・する〉❶大もとをかえずに、全体のようすを別の形に整えなおすこと。❷手はずをととのえること。例首脳会談をアレンジする。参考①は、音楽では「編曲」にあたる。◇arrange

アロエ〈名〉熱帯植物の一つ。原産地はアフリカ。葉はつるぎ状で厚《あっ》く、とげがある。汁液《じゅうえき》は、下剤《げざい》や健胃剤になるほかジュースにも使う。◇《オランダ》aloë

アロハ〈名〉「アロハシャツ」の略。ハワイ風の半そでの開襟《かいきん》シャツ。はでな模様がついている。参考「こんにちは」「さようなら」などを意味する、ハワイのあいさつのことば。

あわ[1]**【泡】**〈名〉❶液体が空気などをふくんで小さな玉のようにふくれたもの。例泡が立つ。泡を立てる。水のあわ(→独立項目)。泡だてる。類あぶく。気泡《きほう》。❷いきおいよくしゃべるときに出るつば。例口角《こうかく》泡を飛ばす。▽[ア]アワ」

泡を食《く》う 不意をつかれて、ひどくあわてる。

あわ[2]**【▼粟】**〈名〉穀物《こくもつ》の一種。やせ地でもよく育つ。実は黄色で小つぶ。小鳥のえさなどにする。[ア]アワ

あわ[3]**【▽安▽房】**〈名〉旧国名の一つ。現在の千葉県南部。房州《ぼうしゅう》。[ア]アワ

あわ[4]**【▼阿▽波】**〈名〉旧国名の一つ。現在の徳島県。淡路島《あわじしま》との間にある「阿波の鳴門《なると》(=鳴門海峡《かいきょう》)」の渦潮《うずしお》や、阿波おどり、阿波和紙は有名。阿州《あしゅう》。[ア]アワ

あわ・い【淡い】〈形〉❶色や味があっさりしていて、いやみやくどさがない。例淡いブルーの服。上品で淡いあまみ。対濃《こ》い。類うすい。❷気持ちがそれほど強くない。例淡い恋心《こいごころ》。淡い期待をいだく。❸少しばかりである。例淡い春の光。類かすか。ほのか。うすい。表現「淡い」は感じのいいことばで、不満や非難の気持ちをこめずに、少なさを表わすところに特徴《とくちょう》がある。

あわさ・る【合わさる】〈動五〉❶同じ形の二つのものが、ぴったりとつく。❷重なったりまざったりする。例高音と低音が合わさる。

あわじ【淡路】〈名〉旧国名の一つ。現在の兵庫県淡路島。淡州《たんしゅう》。例淡路平野。

あわ・す【合わす】〈動五〉⇩あわせる

あわせ【▼袷】〈名〉秋や春に着る、うらじをつけた和服。対単衣《ひとえ》。

あわせかがみ【合わせ鏡】〈名〉一枚の鏡では見ることのできない自分の後ろがわを、さらにもう一枚の鏡にうつして見ること。共鏡《ともかがみ》。

あわせて【併せて】〈副〉前のものといっしょに。例この見本も併せてご覧ください。類それとともに。同時に。

ガーナ　アフリカ西部，ギニア湾沿いの共和国。マンガン・石油・ダイヤ・金・カカオを産出。首都アクラ。

あわせめ【合わせ目】〈名〉二つ以上のものを一か所に合わせてある部分。例着物の合わせ目。類つぎ目。

あわせも・つ【併せ持つ・合わせ持つ】〈動五〉二つのものを、ともにもっている。類かねそなえる。

表現「やさしさと厳しさを併せ持つ」のように、反対にみえる二つのものをもつのにいうことが多い。

あわ・せる【合わせる・併せる】〈動下一〉❶[合わせる・併せる]二つ以上のものをいっしょにする。例手を合わせる。力を合わせる。類合併《がっぺい》する。→あわせて ❷[合わせる]ふれ合うようにする。例目と目を合わせる。顔を合わせる。合わせる顔がない。❸[合わせる]一致《いっち》させる。例照準を合わせる。心を合わせる。話を合わせる。類そろえる。❹[合わせる]比べて一致するかどうか、ためす。例答えを合わせる。照らし合わせる。類照合する。▽「あわす」ともいう。

表記「併せて健康をいのる」「併せ考える」のように、ならべて示したり、同時になにかを行なったりするときは、「併せる」と書く習慣がある。

合わせる顔《かお》がない ⇩「かお」の子項目

あわただし・い【慌ただしい】〈形〉あれこれといそがしくて、おちつくひまがない。例慌ただしい一日。類せわしい。せわしない。気ぜわしい。

1 あわだ・つ【あわ立つ】【▼粟立つ】〈動五〉寒さやおそろしさのために、毛穴がふくれて肌《はだ》がぶつぶつになる。類鳥肌がたつ。身の毛がよだつ。

2 あわだ・つ【泡立つ】〈動五〉泡が、もり上がるように、たくさん出る。例泡立つたきつぼ。

あわだ・てる【泡立てる】〈動下一〉泡立つようにする。例せっけんをよく泡立ててから手を洗う。

あわてふため・く【慌てふためく】〈動五〉あわてにあわてて、とり乱す。例地震《じしん》に慌てふためく。

あわ・てる【慌てる】〈動下一〉なにかにせかされたり、思いがけないできごとや人に出あったりして、おちつきを失う。例急報に慌ててかけつける。類うろたえる。

あわび【▼鮑】〈名〉巻き貝の一種。波のあらい磯《いそ》の岩にはりついている、皿《さら》の形をした大きな貝。

あわびの片思《かたおも》い ⇩いそのあわびのかたおもい

あわもり【泡盛】〈名〉沖縄《おきなわ》特産の、コメから作る焼酎《しょうちゅう》。

あわや〈副〉事故などが今にも起きようとしている場面に出くわしたときの、「もうだめか」という気持ちを表わすことば。それがすんでのところで起きないでよかったという、ほっとした気持ちをこめて使う。例あわや衝突《しょうとつ》かと覚悟《かくご》したが、奇跡《きせき》的に助かった。

表現俗《ぞく》に、「あわや世界記録更新《こうしん》かという泳ぎ」のように、望ましいことにも、はらはらした気持ちを効果的に表わすために使われることがある。

1 あわゆき【泡雪】【▼沫雪】〈名〉❶あわのように軽く、すぐにとけてしまう雪。❷たまごの白身をあわだてて作った菓子《かし》。泡雪羹《かん》。

2 あわゆき【淡雪】〈名〉春先にふる、消えやすい雪。

あわよくば〈副〉そうなってほしいと期待をこめるようすを表わす。うまくすると。例あわよくば優勝できるかも。

あわれ【哀れ】■一〈名〉❶かわいそうだ、気の毒だと思う気持ちからわいてくる、ものがなしい気持ち。例哀れをおぼえる。哀れをさそう。哀れをもよおす。類哀感《あいかん》。悲哀。❷しみじみと心に深く感じられるおもむき。例旅の哀れ。類風情《ふぜい》。興趣《きょうしゅ》。
■二〈形動〉❶かわいそうで、こちらまで悲しくなる。例哀れな話。類いたましい。ふびん。❷見てはいられないほどひどい。例食べるものもない哀れな暮らし。類みじめ。悲惨《ひさん》。

あわれみ【哀れみ】【▼憐れみ】〈名〉人をあわれむ気持ち。例哀れみをこう。あわれみをさそう。類同情。

あわれ・む【哀れむ】【▼憐れむ】〈動五〉相手をかわいそうだ、気の毒だと思う。類同情する。

常用漢字 あん

【安】
宀部3 全6画
安安安安安

アン やすい 教小3 音[アン] ▨安心《あんしん》。安全《あんぜん》。安産《あんざん》。安静《あんせい》。安楽死《あんらくし》。安易《あんい》。▨不安《ふあん》。治安《ちあん》。平安《へいあん》。訓[やすい]安い。安んじる。安らかだ。安らぐ。安らぎ。安物。安月給。安普《ぶ》請《しん》。円安。格安。

【案】
木部6 全10画
案案案案案

アン 教小4 音[アン] ▨案出《あんしゅつ》。案文《あんぶん》。案件《あんけん》。案内《あんない》。▨考案《こうあん》。原案《げんあん》。骨子案《こっしあん》。答案《とうあん》。

【暗】
日部9 全13画
暗暗暗暗暗

アン くらい 教小3 音[アン] ▨暗黒《あんこく》。暗室《あんしつ》。暗記《あんき》。暗算《あんざん》。暗号《あんごう》。暗示《あんじ》。▨明暗《めいあん》。疑心暗鬼《ぎしんあんき》。訓[くらい]暗い。暗がり。暗闇。薄暗い。

1 あん【案】〈名・接尾〉会議などに出して、みんなで検討するためのもとになる考え。また、それを数えることば。例案を出す。修正案。折衷《せっちゅう》案。三案を検討《けんとう》する。類たたき台。プラン。→あんじる

案に相違《そうい》する 前もって思っていたこととちがう。例案に相違して、結果は上出来だった。

2 あん【▼庵】■一〈名〉僧《そう》や世捨て人などが住んだ、そまつな小屋。類いおり。草庵。■二〈接尾〉文人の住まいや名前、茶室などの名につけることば。現在では、料亭《りょうてい》やそば屋の屋号に多い。例松風《しょうふう》庵。

3 あん【▼餡】〈名〉❶マメやイモをにてつぶし、砂糖や塩で味をつけたもの。あんこ。例あんパン。こしあん。つぶあん。❷料理で、味をつけた汁《しる》に、かたくり粉やくず粉を入れて、どろりとさせたもの。くずあん。例あんかけ。❸肉や野菜をきざんだ、ギョーザなどの中身。

あんい【安易】〈形動〉❶努力したり、深く考えたりしないでいいかげんである。例安易な道。安易な方法。安易な考え。類安直。❷「平易《へいい》」のやや古い言いかた。

あんいつ【安逸】〈名・形動〉わずらわしいことがなく、のんびりしていること。例安逸をむさぼる。安逸な生活。

あんうつ【暗鬱】〈形動〉気分が重くしずんでいるようす。類沈鬱《ちんうつ》。憂鬱《ゆううつ》。陰鬱《いんうつ》。暗澹《あんたん》。

あんうん【暗雲】〈名〉❶すぐにどしゃぶりの雨でもふりだしそうな、不気味な黒雲。例暗雲がたれこめる。❷戦争など、暗くて重大な事件がいよいよやってきそうだという、不安な情勢。例暗雲がただよう。暗雲低迷《ていめい》。

あんえい【暗影】【暗▼翳】〈名〉❶写真で、くらいかげ。❷悪いことがおこりそうな、不吉《ふきつ》な予感。例暗影を投げかける。

1 あんか【行火】〈名〉炭火などを入れて、足をあたためるために使う暖房《だんぼう》器具。持ち運びができる。ア アンカ

2 あんか【安価】■一〈名・形動〉ねだんが安いこと。安いね

だん。対高価。類廉価《れんか》。二〈形動〉いいかげんだ。例安価な同情。類安易。やすっぽい。▽アアンカ

アンカー〈名〉❶船のいかり。❷リレー競技で、各チームの最後をうけもつ選手。最終走者。また、最終泳者。◇anchor

あんがい【案外】〈形動・副〉予想とはちがっているようす。例案外な売れゆきに気をよくする。この問題は簡単そうで案外にむずかしい。病気と聞いたが、案外元気な声だった。類思いのほか。意外。予想外。けっこう。表現「案外に」は「案外と」の形でも使う。

あんかけ【▼餡掛け】〈名〉かたくり粉などでどろりとさせた汁《しる》をかけてしあげた料理。

あんかん【安閑】〈副〉気楽に。なにもせず のんびりと。例安閑としてはいられない。

[1]**あんき【安危】**〈名〉安全であるか危険であるかということ。例国家の安危にかかわる問題。アアンキ

[2]**あんき【暗記】**〈名・する〉何も見なくても、そのとおりに書いたり言ったりできるように、文章や数字などを覚えること。例丸暗記。棒暗記。アアンキ

あんぎゃ【行脚】〈名・する〉❶〔仏教〕僧《そう》が、修行《しゅぎょう》のため、各地を歩きまわること。例行脚僧。類遊行。❷講演や宣伝などのために、ほうぼうを旅すること。例全国行脚。

あんきょ【暗▼渠】〈名〉排水《はいすい》などのために、地下に外からは見えないようにつくった、水をとおすためのトンネル。対明渠。

アングラ〈名〉映画・演劇などで、実験的・前衛的な芸術。例アングラ劇場。◇underground の日本での省略語。

アングル〈名〉カメラなどで、ものを写すときのレンズを向ける角度。例この写真は、アングルがおもしろい。類視角。とらえかた。◇angle

アングロサクソン〈名〉ゲルマン民族の一派。五世紀前半にブリタニア(＝現在のイギリス)に侵入《しんにゅう》して、イギリスの主要国民となった。◇Anglo-Saxon

あんくん【暗君】〈名〉リーダーとしての資格のない、おろかな君主。対名君。明君。

アンケート〈名〉多くの人に同じ質問を用意して調査すること。例アンケートをとる。◇《フランス》enquête

あんけん【案件】〈名〉❶会議で、討議するために用意された議案。類議題。❷現在、訴訟《そしょう》問題になっていることがら。例係争中の案件。

あんこ【▼餡こ】〈名〉「餡①」のややくだけた言いかた。

あんこう【▼鮟▼鱇】〈名〉深い海にすむ魚。頭がひらたくて、口が大きく、グロテスクな印象をあたえる。なべ料理などにする。

[1]**あんごう【暗号】**〈名〉通信のための符号《ふごう》で、発信者と受信者以外の者にはわからないしくみにしてあるもの。例情報を暗号で送る。暗号を解読する。

[2]**あんごう【暗合】**〈名・する〉偶然、うまく一致《いっち》すること。

アンコール〈名〉音楽会や演劇の公演などで、予定のプログラムが終わったあとも、聴衆《ちょうしゅう》や観客が拍手《はくしゅ》をつづけ、もう一度やってほしいとせがむこと。また、望みにこたえて演奏などをすること。例アンコールにこたえる。◇encore

あんこく【暗黒】〈名・形動〉❶まっくらであること。類くらやみ。やみ。❷理性の働きがおさえられ、人間が明るくのびのびと生きていないこと。例暗黒時代。❸暴力や非常識が はびこっていること。例暗黒街。

アンゴラ〈名〉❶「アンゴラウサギ」の略。❷アンゴラウサギの毛皮や、その毛を使った毛糸や織物。◇Angora

あんさつ【暗殺】〈名・する〉政治上の立場や主義・思想のちがいから、対立する人を殺すこと。例暗殺をくわだてる。

[1]**あんざん【安産】**〈名・する〉あまり苦しまず、ぶじに子を産むこと。苦しみや危険の少ないお産。対難産。アアンザン

[2]**あんざん【暗算】**〈名・する〉そろばんや電卓を使わず、筆算でもなく、頭の中だけで行なう計算。アアンザン

あんざんがん【安山岩】〈名〉〔地学〕くらい灰色の、火山岩の一種。日本の火山の大部分は安山岩からできている。建築などに使われる。参考「安山」は、この岩の名づけのもとになったアンデス山脈のことをさす。

アンサンブル〈名〉❶同じ生地《きじ》でつくった上着とスカートなど、ひと組みの婦人服。❷全体としてのまとまりがあること。演劇や音楽の上演などについていう。例アンサンブルがととのっている。類調和。❸〔音楽〕合奏または合唱。また、そのための小グループ。◇《フランス》ensemble

あんじ【暗示】一〈名・する〉はっきりした形ではなく、それとなく示すこと。例ラストシーンの夜明けは、主人公の将来《しょうらい》を暗示している。対明示。類示唆《しさ》。ヒント。例暗示にかかる。二〈名〉相手にそう思いこませること。暗示にかける。自己暗示。参考二は もと、心理学用語。日常いう暗示は、もっと軽いもので、親が子に「あんたは、やればできるのだから」と言って自信をもたせるのなども暗示のうちである。

[1]**あんしつ【暗室】**〈名〉外から光線が入らないようにつくった部屋。写真の現像や理科の実験などのときに使う。

[2]**あんしつ【▼庵室】**〈名〉僧《そう》や尼《あま》、世捨て人が、世間をはなれて住む そまつな住まい。類いおり。

あんじゅう【安住】〈名・する〉❶どこからも、だれからもおびやかされないで、安心して住むこと。例安住の地。❷現状に満足して変化をのぞまないこと。例特権的な地位に安住する。

あんしゅつ【案出】〈名・する〉くふうして考え出すこと。例新技術を案出する。類発案。

[1]**あんしょう【暗唱】**〖暗▼誦〗〈名・する〉文章や数字などを覚え、何も見ずに、それを正確に口に出して言うこと。類そらんじる。

[2]**あんしょう【暗証】**〈名〉本人であることを識別するための、前もって登録してある秘密の文字や数字。例暗証番号。暗証登録。

[3]**あんしょう【暗礁】**〈名〉海面下にかくれて見えないが、船の航行のさまたげとなる岩。類岩礁。

暗礁に乗《の》り上《あ》げる 予想しなかった障害のために、計画が進まなくなり、解決の見とおしが たたなくなる。

あんじょー(方言) ちゃんと。関西で言う。参考「味よう(＝味良く)」が変化した形。

あんしょく【暗色】〈名〉暗い感じの色。対明色。

あん・じる【案じる】〈動上一〉❶他人の身の上を心配する。例健康を案じる。類気づかう。❷考えをめぐらす。例一計を案じる。▽「あんずる」ともいう。

あんしん【安心】〈形動・名・する〉気がかりなことがなくて、やすらかに おちついていること。例彼にまかせれば安心だ。夜も安心して眠れない毎日だ。安心感。ひと安心。対心配。不安。類安堵《あんど》。

あんしんりつめい【安心立命】〈名〉 心がやすらかにおちつき、自分のすることに迷いがないこと。

あんず【▼杏・▼杏子】〈名〉 果樹の一つ。落葉高木。春、もも色の花がさく。実はウメよりも大きく、モモよりも小さい。干しあんず・ジャム・砂糖づけなどにして食べる。アプリコット。

あん・ずる【案ずる】〈動サ変〉 ⇩あんじる

案ずるより産《う》**むが易**《やす》**し** あれこれ心配するより、思いきってやったほうが、よい結果がえられるものだ。

あんせい【安静】〈名〉 病気やけがをしている人が、からだを動かさないで、静かに寝《ね》ていること。例絶対安静。

[1]**あんぜん**【安全】〈名・形動〉 事故や災難にあう心配がない状態。例安全をおびやかす。安全を保つ。安全性。対危険。

[2]**あんぜん**【暗然】〈副・連体〉 悲しみで胸がいっぱいになっているようす。例暗然と思いに沈む。暗然たる気持ち。暗然とした気分。

あんぜんかみそり【安全かみそり】〖安全▼剃▽刀〗〈名〉 皮膚《ひふ》を守るためのわくの中に、取りかえられる刃《は》を入れて使うかみそり。

あんぜんちたい【安全地帯】〈名〉 安全な場所。とくに、広い道路のなかほどに、路面《ろめん》電車に乗り降りする客の安全をまもるためにつくられた、車の通れない場所。

あんぜんピン【安全ピン】〈名〉 針《はり》の先が露出《ろしゅつ》しないようにした、楕円《だえん》形のピン。

あんぜんべん【安全弁】〈名〉 ❶ボイラーなどで、気体の圧力が限度をこすと、自動的に弁がひらいて気体を外に出し、爆発《ばくはつ》を防ぐ装置《そうち》。❷危険な状態になるとはたらいて、安全をたもつしかけ。そういう役をするものごとや人。例国連は、戦争がおこりそうになった場合に安全弁としてはたらかなければならない。

あんぜんほしょう【安全保障】〈名〉 外国による侵略《しんりゃく》から、国の安全を守ること。例国連安全保障理事会。

あんぜんもう【安全網】〈名〉 ⇩セーフティーネット

あんそく【安息】〈名・する〉 心をやすらかにし、からだをやすめること。例安息の地。安息の日々。

あんそくび【安息日】〈名〉〔宗教〕 ユダヤ教やキリスト教で、仕事を休んで、神のめぐみに感謝をささげる日。

ふつう、日曜日をいう。「あんそくじつ」ともいう。

アンソロジー〈名〉 初めからひとまとまりでできたものでなく、さまざまな詩歌《しいか》や文章を集めてまとめたもの。詞華《しか》集。◇anthology

あんた〈代名〉「あなた」の俗《ぞく》っぽい言いかた。

あんだ【安打】〈名〉 野球で、「ヒット」のこと。

アンダー 一〈名〉 ゴルフで、合計打数が基準打数より少ないこと。「アンダーパー」の略。対オーバー。二〈接頭〉競技の出場資格の年齢《ねんれい》が、それ以下であること。多く、「U-20(=二十歳以下)」のように表わされる。◇under

アンダーウェア〈名〉 下着。◇underwear

アンダーシャツ〈名〉 下着用のシャツ。◇undershirt

アンダーパス 一〈名〉 線路や道路をくぐるように、交差させてつくってある道路。◇underpass 二〈名・する〉 球技で、下手投げのパス。◇under pass

アンダーライン〈名〉 下線。対サイドライン。◇underline

あんたい【安泰】〈名・形動〉 危険がなく、どっしりおちついていること。例お家の安泰。類安寧《あんねい》。

あんたん【暗▼澹】〈副・連体〉 将来の見とおしが暗く、希望がもてない。例暗澹となる。暗澹たる思い。暗澹とした気分。類暗鬱《あんうつ》。憂鬱《ゆううつ》。

アンダンテ〈名〉〔音楽〕 速度記号の一つ。「ゆっくり歩くような速さで」演奏する。◇イタリア andante

[1]**あんち**【安置】〈名・する〉 仏像や遺体を大切に置いておくこと。

[2]**アンチ**〈接頭〉「反」「非」などの意味を表わす。例アンチテーゼ。アンチ軍国主義。◇anti-

アンチテーゼ〈名〉 哲学《てつがく》や論理学で、すでになされている命題に対立する命題。対テーゼ。◇ドイツ Antithese

あんちゅうもさく【暗中模索】〈名・する〉 手がかりがないままに、問題を解決しようとして、あれこれやってみること。類試行錯誤《さくご》。

あんちょく【安直】〈形動〉 苦労しないで、てがるにすませる。例安直なやりかた。類安易。イージー。

あんちょこ〈名〉 勉強のてまをはぶくために、教科書の解説や解答などを書いた自習書。「教科書ガイド」の古い言いかた。類虎《とら》の巻。参考「安直《あんちょく》」から。

アンツーカー〈名〉 水はけのよい、赤茶色の土。陶土《とうど》などを焼いてつくる。陸上競技場やテニスコートなどに使われる。◇フランス en-tout-cas (=「すべての場合に」の意味)

あんてい【安定】〈名・する〉 ❶大した変動がなく、おちついていること。例安定を保つ。安定を欠く。経済が安定している。❷ものを置いたときに、ちょっとのことではたおれたりひっくり返ったりせず、しっかりしていること。例安定のよい家具。安定感。

アンティーク〈名〉 古美術品。骨董《こっとう》。「アンチーク」ともいう。例アンティークショップ。西洋アンティーク。アンティーク家具。◇フランス antique

アンテナ〈名〉 ❶電波を出したり、受けたりする金属製の装置《そうち》。例パラボラアンテナ。❷俗《ぞく》に、関心のある分野についての情報をえるために、注意をはらうこと。例アンテナを張る。アンテナにひっかかる。◇antenna

あんてん【暗転】〈名・する〉 ❶演劇で、幕をおろさないで、舞台《ぶたい》を暗くして、そのあいだに場面をかえること。❷ものごとが悪い方へかわること。対好転。

[1]**あんど**【安▼堵】〈名・する〉 心配ごとがなくなって、ほっとすること。例安堵の胸をなでおろす。類安心。

[2]**アンド**〈造語〉 …と…。例ギブアンドテイク。◇and 参考「アンド」の意味の記号「&」は、フランス語 et の e と t から合成したもの。

あんとう【暗闘】〈名・する〉 おもてには見えないところで、たたかうこと。例水面下で暗闘をくりかえす。

アンドロメダだいせいうん【アンドロメダ大星雲】〈名〉〔天文〕 アンドロメダ座にある星雲。二百万光年のかなたにあり、銀河系と同じくらいの大きさがある。アンドロメダ銀河。

あんどん【行▼燈】〖行▽灯〗〈名〉 むかしの照明器具の一つ。木製の四角いわくに紙を張り、中に油を入れた皿《さら》を置いて、火をともす。表現 一張《ひとは》り二張《ふたは》りと数える。

あんな〈連体〉「あのような」のくだけた言いかた。例あんなひどい人はいない。参考「あんなに」「あんなだ」と使うことから、形容動詞とする考え方もある。「こんな・そんな・どんな」も同様。

あんない【案内】〈名・する〉 ❶道や場所を知らない人

41 カザフスタン　中央アジアの共和国。1991年ソ連の解体で独立。石油・ウランを産出。首都アスタナ。

に、それを教えたり、そこに連れていったりすること。例名所を案内する。これから みなさんを会場へご案内します。案内係。道案内。類ガイド。ナビ。❷てびき。例入学案内。類ガイド。ナビ。❸通知。知らせ。例新規開店の案内。

あんなに〈副〉「あれほど」のくだけた言いかた。例あんなにやせていたのに、たくましくなったね。

あんに【暗に】〈副〉はっきりと言うわけではなく。それとなく。例暗ににおわせる。

アンニュイ〈名〉何もすることがなかったり、する気になれなかったりしていやになること。倦怠《けんたい》。◇《フランス》ennui

あんにんどうふ【▼杏▽仁豆腐】〈名〉中華《ちゅうか》料理で好まれるデザート。杏仁(＝アンズの種)の粉を寒天でかため、豆腐状に切ってシロップにひたしたもの。

あんねい【安寧】〈名〉社会が平和でおだやかなこと。例安寧を乱す。安寧秩序《ちつじょ》。類安泰《あんたい》。

あんのじょう【案の定】〈副〉予想が的中して。やっぱり思ったとおり。例案の定、雨がふってきた。

あんのん【安穏】〈名・形動〉生活や社会に変動がなく、おだやかなこと。例安穏に暮らす。安穏な人生を送る。類平穏《へいおん》。平安。

あんば【あん馬】『▼鞍馬』〈名〉器械体操の器具の一つ。ウマの背のような形をした台の上に、二つの取っ手がついている。また、それを使って行なう男子の競技種目。

あんばい ━〈名〉❶からだのぐあい。例あんばいがわるくて寝《ね》ている。❷(「いいあんばいに」の形で)心配していたことがおこらず、うまいぐあいにいっていることを喜ぶ気持ちを表わす。例いいあんばいに晴れてきた。▽古めかしい言いかた。

━〈名・する〉ものごとの順序やとり合わせを、ほどよくすること。例あとは適当にあんばいしてください。

表記 元来は、塩と酸味とで料理の味かげんをすることから、「▽塩梅」と書いた。そこに、ものの配列や順序を考える意味の「▼按排」がいっしょに重なって、「▼按配」「案配」など、いろいろな書きかたができた。

アンパイア〈名〉野球などで、審判《しんぱん》員。◇umpire

アンバランス〈形動〉つり合いがとれていない。不均衡《ふきんこう》。つり合い。◇unbalance

あんパン『▼餡パン』〈名〉中に餡を入れた丸いパン。

参考 明治八年、銀座の木村屋で売り出された。

あんぴ【安否】〈名〉無事か無事でないか。例安否を気づかう。安否を問う。類存否《そんぴ》。

アンビバレント〈形動〉相《あい》矛盾《むじゅん》する気持ちを同時にもつようす。二律背反《はいはん》的。◇ambivalent

あんぶ[1]**【暗部】**〈名〉陰《かげ》の部分。あまり触れたくない部分や、近づきたくないような所。例心の暗部。

あんぶ[2]**【▼鞍部】**〈名〉屋根のくぼんだ所。

あんぷ[1]**【暗譜】**〈名・する〉楽譜を暗記すること。楽譜を暗記していること。例長い曲を暗譜で演奏する。アアンプ

アンプ[2]〈名〉ステレオなどの増幅《ぞうふく》器。◇amplifier の日本での省略語。

アンフェア〈形動〉公正でない。不公平だ。例アンフェアな戦い方。対フェア。◇unfair

アンプル〈名〉注射液などを入れて密封《みっぷう》した、ガラス製やプラスチック製の小さな入れ物。◇《フランス》ampoule

あんぶん【案分】『▼按分』〈名・する〉数や量を、割合に応じて分けること。例頭数《あたまかず》に応じて利益を案分する。案分比例。

表記 法律では「▼按分」を使う。

アンペア〈名・接尾〉〔物理〕電流の基本単位。記号「A」。◇ampere 参考 フランスの科学者アンペールの名にちなむ。→でんりゅう参考

あんぽ【安保】〈名〉❶「安全保障」の略。例安保条約。国連安保理(＝理事会)。❷一九五一(昭和二六)年に調印された「日米安全保障条約」の略。アメリカ軍の日本駐留《ちゅうりゅう》を定めたもの。例安保闘争《とうそう》。安保反対デモ。

あんま『▼按摩』〈名・する〉筋肉のこりや痛みをとりさるために、人のからだをもんだり、たたいたりすること。また、その職業の人。類マッサージ。

あんまく【暗幕】〈名〉部屋を暗くするために引く、黒いカーテン。映写や、写真の現像《げんぞう》をするときなどに使う。

あんまり ━〈形動〉なんとも言いようがないほどひどい。例あんまりな言いかた。かってに人の日記を見るなんてあんまりだ。

━〈副〉⇩あまり三

表現 「あまり」を強めた、おもに話しことばでの言いかた。

あんみつ『▼餡蜜』〈名〉あずきのあんをのせたみつ豆。

あんみん【安眠】〈名・する〉じゃまされないで、安らかにぐっすりとねむること。例安眠をさまたげる。安眠妨害《ぼうがい》。対不眠。類熟睡《じゅくすい》。

あんもく【暗黙】〈名〉「わかった」ということを、口に出して言わないこと。例暗黙のうちに認める。

暗黙の了解《りょうかい》 口には出さないが、たがいに了解し合っていること。類不文律《ふぶんりつ》。

アンモナイト〈名〉四億年から七千万年も前に、世界中の海で栄えた軟体《なんたい》動物。巻き貝のような殻《から》をもつ。示準《しじゅん》化石の一つ。◇ammonite

アンモニア〈名〉〔化学〕無色で、鼻をさすような不快なにおいをもつ気体。窒素《ちっそ》と水素とからできている。肥料や薬の原料とするほか、冷却《れいきゃく》するときに使う。◇ammonia

あんや【暗夜】〈名〉月も星も出ていない、まっくらな夜。類闇夜《やみよ》。

暗夜に灯《ともしび》を失《うしな》う たよりにしていたたった一つのものがなくなり、もう、すがるものが何もない。

あんやく【暗躍】〈名・する〉人々に知られないところで、しきりに動きまわり、なにかをしくんだり、たくらんだりすること。例スパイが裏で暗躍する。類策動。

あんゆ【暗喩】〈名〉「隠喩《いんゆ》」のこと。対明喩。

あんらく【安楽】〈名・形動〉苦痛も心配ごともなく、みちたりてゆったりしていること。例安楽いす。安楽死。

あんらくし【安楽死】〈名〉助かるみこみのない病人やけが人に、よけいな苦しみをあじわわずにすむような方法を選んでむかえさせる死。類尊厳《そんげん》死。

アンラッキー〈形動〉不運だ。ついていない。対ラッキー。◇unlucky

あんるい【暗涙】〈名〉悲しくくやしいときに、人知れず流すなみだ。例暗涙にむせぶ。

常用漢字 い

【以】 人部3 全5画
以以以以以
イ 教小4 音[イ] 以上《いじょう》。以内《いない》。以外《いがい》。以前《いぜん》。以後《いご》。以心伝心《いしんでんしん》。

【衣】 衣部0 全6画
衣衣衣衣衣衣
イ ころも 教小4 音[イ] 衣服《いふく》。衣食住《いしょくじゅう》。糖衣錠《とういじょう》。衣類《いるい》。更衣《こうい》。脱衣《だつい》。作業衣《さぎょうい》。訓[ころも] 衣。羽衣。衣替え。
注意「浴衣」は、「ゆかた」と読む。

【位】 イ部5 全7画
位位位位位位位
イ くらい 教小4 音[イ] 位置《いち》。位階《いかい》。即位《そくい》。第一位《だいいちい》。上位《じょうい》。首位《しゅい》。各位《かくい》。地位《ちい》。式《しき》。単位《たんい》。訓[くらい] 位。位取り。位負け。気位。
注意「三位一体」は、連声《れんじょう》で「さんみいったい」と読む。

【囲(圍)】 口部4 全7画
囲囲囲囲囲囲囲
イ かこむ・かこう 教小5 音[イ] 囲碁《いご》。胸囲《きょうい》。周囲《しゅうい》。範囲《はんい》。包囲網《ほういもう》。訓❶[かこむ] 囲む。囲み記事。❷[かこう] 囲う。雪囲い。

【医(醫)】 匚部5 全7画
医医医医医医医
イ 教小3 音[イ] 医者《いしゃ》。医学《いがく》。医療《いりょう》。校医《こうい》。名医《めいい》。無医村《むいそん》。専門医《せんもんい》。

【依】 イ部6 全8画
依依依依依依依依
イ・エ 音❶[イ] 依存《いそん》。依頼《いらい》。依拠《いきょ》。依然《いぜん》。❷[エ] 帰依《きえ》。

【委】 女部5 全8画
委委委委委委委委
イ ゆだねる 教小3 音[イ] 委託《いたく》。委任《いにん》。委員《いいん》。委細《いさい》。訓[ゆだねる] 委ねる。

【威】 女部6 全9画
※威威威威威威威威威
イ 音[イ] 威圧《いあつ》。威嚇《いかく》。威儀《いぎ》(を正す)。威勢《いせい》。威力《いりょく》。威厳《いげん》。威信《いしん》。球威《きゅうい》。権威《けんい》。示威《じい》。猛威《もうい》。

【為(爲)】 灬部5 全9画
為為為為為為為為為
イ 音[イ] 為政者《いせいしゃ》。行為《こうい》。作為《さくい》。人為《じんい》。無作為《むさくい》。無為徒食《むいとしょく》。
注意「為替」は、「かわせ」と読む。

【畏】 田部4 全9画
畏畏畏畏畏畏畏畏畏
イ おそれる 音[イ] 畏敬《いけい》。畏怖《いふ》。訓[おそれる] 畏れる。畏れ。

【胃】 月部5 全9画
胃胃胃胃胃胃胃胃胃
イ 教小6 音[イ] 胃腸《いちょう》。胃液《いえき》。胃酸《いさん》。胃弱《いじゃく》。胃潰瘍《いかいよう》。健胃薬《けんいやく》。

【尉】 寸部8 全11画
尉尉尉尉尉尉尉
イ 音[イ] 尉官《いかん》。大尉《たいい》。

【異】 田部6 全11画
異異異異異異異
イ こと 教小6 音[イ] 異質《いしつ》。異同《いどう》。異論《いろん》。異彩《いさい》。異教徒《いきょうと》。異口同音《いくどうおん》。同音異義語《どうおんいぎご》。特異《とくい》。変異《へんい》。驚異《きょうい》。訓[こと] 異なる。…を異にする。

【移】 禾部6 全11画
移移移移移移移
イ うつる・うつす 教小5 音[イ] 移動《いどう》。移住《いじゅう》。移行《いこう》。移植《いしょく》。移籍《いせき》。転移《てんい》。推移《すいい》。変移《へんい》。訓❶[うつる] 移る。移り変わり。移り気。目移り。❷[うつす] 移す。

【萎】 艹部8 全11画
萎萎萎萎萎萎
イ なえる 音[イ] 萎縮《いしゅく》。訓[なえる] 萎える。

【偉】 イ部10 全12画
偉偉偉偉偉偉
イ えらい 音[イ] 偉大《いだい》。偉容《いよう》。偉丈夫《いじょうふ》。偉人伝《いじんでん》。魁偉《かいい》。訓[えらい] 偉い。偉ぶる。

【椅】 木部8 全12画
椅椅椅椅椅椅
イ 音[イ] 椅子《いす》。車椅子《くるまいす》。

【彙】 彑部10 全13画
彙彙彙彙彙彙
イ 音[イ] 語彙《ごい》。
表記 一画目から三画目を「ヨ」のような形にして、「彙」とも書く(画数は同じ)。

【意】 心部9 全13画
意意意意意意
イ 教小3 音[イ] 意見《いけん》。意思《いし》。意識《いしき》。意味《いみ》。決意《けつい》。注意《ちゅうい》。寓意《ぐうい》。不本意《ふほんい》。

【違】 辶部10 全13画
違違違違違違
イ ちがう・ちがえる 音[イ] 違反《いはん》。違法《いほう》。違約《いやく》。違和感《いわかん》。差違《さい》。相違《そうい》。訓❶[ちがう] 違う。行き違う。違い。勘違い。場違い。❷[ちがえる] 違える。聞き違える。間違える。見違える。

【維】 糸部8 全14画
※維維維維維維
イ 音[イ] 維持《いじ》。維新《いしん》。繊維《せんい》。

【慰】 心部11 全15画
慰慰慰慰慰慰
イ なぐさめる・なぐさむ 音[イ] 慰安《いあん》。慰問《いもん》。慰労《いろう》。慰謝料《いしゃりょう》。慰霊碑《いれいひ》。弔慰《ちょうい》。訓❶[なぐさめる] 慰める。慰め。❷[なぐさむ] 慰む。慰み。

【遺】 辶部12 全15画
※遺遺遺遺遺遺
イ・ユイ 教小6 音❶[イ] 遺産《いさん》。遺失物《いしつぶつ》。遺書《いしょ》。遺族《いぞく》。遺伝《いでん》。遺棄《いき》。拾遺《しゅうい》。補遺《ほい》。後遺症《こういしょう》。❷[ユイ] 遺言《ゆいごん》。

【緯】 糸部10 全16画
緯緯緯緯緯緯
イ 音[イ] 緯度《いど》。北緯《ほくい》。南緯《なんい》。経緯《けいい》。

【易】 ⇩常用漢字 えき〔易〕

 カナダ 北アメリカ北部にある立憲君主国。木材・ウラン・ニッケルなどを産出。工業も盛ん。首都オタワ。

【唯】⇩常用漢字 ゆい〔唯〕

1 **い**【井】〈名〉「井戸」の古い言いかた。[ア]**イ**」

井の中《なか》の蛙《かわず》「井の中の蛙大海を知らず」の略。井戸の中のカエルが広い海を知らないように、自分の経験や知識がせまいことに気づかないで、いばっていること。

2 **い**【▼亥】〈名〉❶「十二支」の第十二番目で、イノシシ。❷昔の方角の名で、北北西。❸昔の時の名で、午後十時、およびその前後一時間、計二時間の間。▽[ア]イ

[参考] ①は、中国などではブタである。

3 **い**【医】■一〈名〉病気をなおすこと。また、その技術。[ア]**イ**」■二〈接尾〉「医師」のこと。[例]開業医。執刀《しっとう》医。専門医。

医は仁術《じんじゅつ》 医師の技術は金もうけの手段ではなく、人をあたたかい心で救うためにある。

4 **い**【威】〈名〉相手を圧倒《あっとう》するいきおい。[例]四方に威をふるう。[ア]**イ**」

5 **い**【胃】〈名〉消化器官の一つ。食道と小腸のあいだにあり、食べたものを一時たくわえて消化する。[類]胃袋。[ア]イ

6 **い**【異】〈名〉ふつうとはちがうようすが目だつこと。[ア]**イ**」↓いなこと・いなもの・ことにする

異とするに足《た》りない おどろくにはあたらない。

異を立《た》てる ほかの人とちがう考えかたをうち出す。

異を唱《とな》える ちがう意見を出して反対する。

7 **い**【意】〈名〉❶なにかをしようとする、心のはたらき。[例]感謝の意を表する。[対]知。情。❷意味。▽[ア]**イ**」

意に介《かい》する あることについて、気にする。多く、打ち消しの形で使う。[例]まったく意に介さない。

意に適《かな》う 満足できるほど、その人の希望・意向に合う。[類]意に沿う。

意に沿《そ》う その人の考えや気持ちに合ったやり方をする。[類]意にかなう。

意に染《そ》まぬ 気にいらない。気が進まない。意に染まない。[例]意に染まぬ仕事。

意に満《み》たない 満足のできる程度に達していない。

意のあるところを酌《く》む 人がほんとうはなにを言いたいのかを察して理解する。「酌む」は「▼汲む」とも書く。[例]人を意のままにあやつる。

意のまま 自分の思うとおりに。[例]人を意のままにあやつる。[類]思いのまま。

意を酌《く》む 人の気持ちを察する。「酌む」は「▼汲む」とも書く。[例]君の意を酌んで協力しよう。

意を決《けっ》する「こうしよう」と、はっきりと決心をする。[例]意を決して実行する。

意を体《たい》する 他人の考えを自分のものとしてうけとめ、その考えで行動する。

意を尽《つ》くす 考えや思いのすべてを、ことばで言いあらわす。[例]意を尽くしませんが、以上のとおりです。

意を強《つよ》くする 自分の考えが正しいという証拠《しょうこ》や、支持者を見つけて安心し、自信をもつ。

意を用《もち》いる 気をくばる。[例]細部にまで意を用いる。

8 **い**【位】〈接尾〉❶順位を表わす。[例]第一位。❷小数点以下の位《くらい》どりを表わす。[例]小数点以下第二位は四捨五入せよ。

9 **い**【委】〈造語〉「委員会」の省略した形。[例]衆院予算委で審議する。県教委(=教育委員会)。

10 **い**【▼伊】〈造語〉「イタリア(伊太利亜)」「イタリア語」のこと。[例]日独伊三国同盟《にちどくいさんごくどうめい》。伊和辞典。

11 **い**〈終助〉❶質問をする文の終わりにつけて、相手に対する親しみをこめた、くだけた調子をつけ加える。[例]むこうに見えるのはなんだい？ きみのすきなのはどっちだい？

❷文の終わりにつけて、強調や、うったえを表わす。[例]そんなことは百も承知だい。ばかにするない。

[参考]「かい」「わい」の「い」も、もともとはこの「い」。

1 **いあい**【居合い】〈名〉刀を、さやにおさめたままの姿勢から、ぬいた瞬間《しゅんかん》に相手を切るわざ。

2 **いあい**【遺愛】〈名〉なくなった人がだいじにしていたもの。[例]遺愛の品《しな》。遺愛品《ひん》。

いあいぬき【居合い抜き】〈名〉道ばたなどで行なう居合いの見せ物。長い刀を使って見せることが多い。

いあつ【威圧】〈名・する〉大きさや強さ、権力を見せつけて、相手を、とてもかなわないという気持ちにさせること。[例]あたりを威圧する。人を威圧する。威圧的。

いあつてき【威圧的】〈形動〉相手を力でしたがわせようとするような。[例]威圧的な態度。

いあわ・せる【居合わせる】〈動下一〉❶何人かが、たまたま同じ場所にいる。[例]病室に居合わせた人と仲良くなる。❷たまたまそこにいる。[例]事故現場に居合わせた人に取材する。

いあん【慰安】〈名・する〉日ごろの苦労にむくいて、ゆっくり楽しんでもらうこと。[例]慰安旅行。[類]慰労。

い・い【▽良い・▽好い・▽善い】■一〈形〉❶すぐれている。好ましい。望ましい。「よい」という形をとることもある。[例]天気がいい。品質がいい。気立てがいい。気分がいい。スタイルがいい。腕《うで》がいい。気前がいい。調子がいい。病気がよくなる。[対]わるい。[類]良好。

❷好ましい条件がそろっている。好適だ。それでじゅうぶんだ。[例]ここは遊ぶのにいい場所だ。これはまあ、いいところでいい方《かた》にお会いしました。むずかしいことはないよ、ただ立っていればいいのだから。[対]わるい。

❸相手が希望していることに許可をあたえる言いかたで、おもに「…ていい」の形をとる。[例]もう帰っていい。それでもいい。あとはいいから、早く出かけなさい。[類]よし。

❹勧告《かんこく》する気持ちで、教えるように言う言いかたで、「したらいい」「すればいい」「するといい」のようにいうことが多い。「するがよい」という古い言いかたもある。[例]つかれたら、むりしないで休んだらいい。わからないことは、先輩《せんぱい》に聞くといい。どうともかってにするがいい。

❺もうじゅうぶんだ。不要、無用だ。▽[類]よろしい。[例]言いわけはもういいから、以後気をつけなさい。「ご飯のおかわりは？」「いい」。

■二〈接尾〉「住みいい」のように、動詞の連用形のあとにつけて、■一の②と同じく「好適だ」の意味を表わす。反対は「…にくい」になる。[例]書きいい(筆)。[類]やすい。

[表現]「いい」は「よい」より気楽なことば。やじるような調子で「いいぞ、いいぞ」とはいうが、「よいぞ、よいぞ」とはいわない。↓囲み記事4(次ページ)

[参考]「いい」は、標準語では、終止形と連体形でしか使われないので、活用形からみた「よい」と「いい」の関係は次に示すようになる。

未然形	連用形	終止形	連体形	仮定形	命令形
よかろ	よかっ よく	よい	よい	よけれ	○
○	○	いい	いい	○	○

[表記]「いい」は、ふつうかなで書く。「よい」は、「良い」がいちばんひろく使われ、「▽好い」は「好ましい、適している」という意味のときに、「善い」は「道徳的に望ましい」という意味のときに使われる。

接続 推量・様態《ようたい》の助動詞の「そうだ」があとにつくときは、他の形容詞では語幹に接続するのに対して、「よい」の場合は「よさそうだ」と、「さ」をはさんだ形になる。「ない」も同様。

いい顔《かお》をしない 賛同しない。

いい気味《きみ》だ にくらしい相手が不幸になったり、こまったりしているのを知って、胸がすっとする。類 ざまあみろ。

いい子《こ》になる 人によく思われるように行動する。子供に限らず大人にもいう。例 人前でいい子になる。

表現 権力とか大衆とか、大きな力にこびる行動を見下していうことば。似《に》た傾向《けいこう》のものに「八方美人」「ぶりっ子」などがあり、反対のものに「悪者《わるもの》になる」「にくまれ役を演じる」などがある。

いい線《せん》いっている 期待にそむいていない。

いい面《つら》の皮《かわ》 他人の失敗に「それ見ろ」という感じでつぶやいたり、自分の失敗を自分であざけったりして言うことば。

いい年《とし》 ものごとのいい悪いがよくわかってもよい年齢《ねんれい》。例 いい年をして、みっともない。

表現 例 のように、多く、年齢のわりに幼稚《ようち》な行ないをした人をたしなめるのに使う。

いい仲《なか》 恋人どうしの関係。他人から見た言いかた。例 いい仲になる。

いい迷惑《めいわく》 まぎれもない迷惑。皮肉をこめた言いかた。

いいあい【言い合い】〈名〉❶たがいに言うこと。例 本音《ほんね》の言い合いをする。❷くちげんか。例 激しい言い合いになる。

いいあ・う【言い合う】〈動五〉❶くちげんかをする。❷おおぜいがたがいに言う。

いいあ・てる【言い当てる】〈動下一〉❶ちょっと見ただけではふつうはわからない事実を、正しく見きわめて言う。例 本音《ほんね》を言い合う。❷ものごとに、うまく特徴《とくちょう》をとらえた表現をあたえる。例 実体のない好景気を「バブル景気」とはうまく言い当てたものだ。

いいあらそい【言い争い】〈名〉相手を負かそうとして、たがいにはげしく意見を言うこと。例 言い争いをする。言い争いになる。類 口げんか。口論。

いいあらそ・う【言い争う】〈動五〉たがいに相手を言い負かそうとして、それぞれの意見を主張して争う。例 たがいに負けまいとして言い争う。類 口論する。

いいあらわ・す【言い表(わ)す】〈動五〉ものごとのようすや、思っていることを、ことばで表わす。

いいえ〈感〉相手の言ったことを、打ち消したり反対したりすることば。かるい調子で言うときは「いえ」と短くなる。対 はい。類 ノー。いや。→いや〔否〕敬語

い〔言〕いえ〔得〕てみょう〔妙〕 ⇩「いう」の子項目

いいおと・す【言い落とす】〈動五〉伝えるべきことの一部を、うっかり言いわすれる。類 言いもらす。

いいかえ【言い換え】〈名〉別のことばで言うこと。例 言い換えがきかない。

参考 用語用字をやさしくする方法に「言い換え」と「書き換え」とがある。「瀆職《とくしょく》」を「汚職《おしょく》」、「庇護《ひご》する」を「かばう」とするなどが言い換えで、「車輛《しゃりょう》」を「車両」、「煽動《せんどう》」を「扇動」とするなどが書き換えである。

いいかえ・す【言い返す】〈動五〉注意されたりからかわれたりしたときに、負けずにこちらからも言う。類 口答えする。ことばを返す。売りことばに買いことば。

いいか・える【言い換える】〈動下一〉別のことばで言う。言いかたをかえる。類 言いなおす。言いあらためる。換言《げんかん》する。

いいがかり【言い掛かり】〈名〉理由にならないことをむりやりにこじつけて、相手につっかかること。そのような理由や口実。例 言い掛かりをつける。類 因縁《いんねん》。

いいかげん【〖▽好い加減〗】 ━〈形動〉おおまかで無責任だ。例 いいかげんな返事をするな。類 適当。
━〈副〉がまんの限度をこえそうなくらいに。かなりの程度。例 いいかげん、いやになる。

参考 (1)「おふろの湯かげんは?」「とってもいいかげんだ」の「いいかげん」は、「いい」と「かげん」のふたつのことば。
(2)「ふざけるのもいいかげんにしろ」の「いいかげん」は、「こちらががまんできる限度内」の意味。

いいかた【言い方】〈名〉ことばの使いかたや調子。ことばのはしばし。例 言い方が気にくわない。類 口調。口ぶり。口のきき方。

いいかわ・す【言い交わす】〈動五〉❶たがいにことばをやりとりする。❷「結婚《けっこん》しよう」とおたがいに言って約束《やくそく》をする。例 言い交わした仲。類 婚約する。

いいき【いい気】〖▽好い気〗〈形動〉❶なにも気づかないでのんきだ。例 悪口を言われているのも知らないでいい気なものだ。❷自分勝手に得意になっている。例 いい気になってはしゃぐ。

いいきか・す【言い聞かす】〈動五〉目下の者に対して、相手がよくわかって納得《なっとく》するように話す。「言い聞かせる」「言って聞かせる」ともいう。例 かんでふくめるように言い聞かす。類 言いふくめる。説得する。

いいきり【言い切り】〈名〉そこで言いおわり、あとがつづかないこと。例 言い切りの形(=終止形)。

いいき・る【言い切る】〈動五〉❶最後まで言いおえる。例 長いせりふを言いきって、ひと息ついた。❷反論を

囲み記事 4

「いい」のいろいろな用法

「いい」の用法には、ほんとうによい意味で使うときと、皮肉《ひにく》な調子で、むしろ非難《ひなん》する気持ちをこめて使うときとがある。「よい」を皮肉な調子で使うことは少ない。

(ふつうの用法)	(皮肉な用法)
すずしくていい気持ちだ。	しくじっていい気味だ。
きみもいい青年になったね。	いい年をしてみっともない。
なかなかいい線いってる。	わがままもいいところだ。
チョウは変態のいい例だ。	おやじは親ばかのいい見本でしたよ。
かれにはいいくすりになる。	おれには、いい迷惑《めいわく》だ。

「いい」を返事に使う場合、「イエス」か「ノー」かはっきりしない、あいまいな言いかたになることがある。「すこし寒いですね。ストーブをつけましょうか」「いいですよ」。こういう言いかたはよくない。「つけていい」のか「つけないでいい」のかはっきり言うか、「ありがとう、つけてください」「いいえ、だいじょうぶです」のように、別の言いかたをするとかしたほうがよい。

 カメルーン　アフリカ中部，ギニア湾東岸にある共和国。石油・カカオ・コーヒーを産出。首都ヤウンデ。

ゆるさないような調子で、断定的に言う。例きっぱりと言いきる。類断言する。

いいぐさ【言いぐさ】〖言い▽種・言い草〗〈名〉❶人の言った内容や、その言いかた。類せりふ。❷なにかにつけて口にすることば。例年寄りの言いぐさ。

表現 このことばには、「その言いぐさが気にくわない」というように、とかく非難する気持ちがこもっている。

いいくる・める【言いくるめる】〈動下一〉その場かぎりの適当な言いかたで、なるほどと思わせて、ごまかす。例白を黒と言いくるめる。類まるめこむ。

いいこ・める【言い込める】〈動下一〉言い争って、相手をやっつける。類言い負かす。やりこめる。論破する。

いいさ・す【言いさす】〈動五〉言いおわらずにやめる。

イージー〈形動〉❶あまり注意をはらわずいいかげんな。例ものごとをイージーに考えてばかりいてはいけない。❷かんたんな。てがるな。例イージーオーダー。◇easy

イージーオーダー〈名〉あらかじめきめておいた洋服の型や生地《きじ》を使って、客の体型に合わせてつくる仕立て。また、そうしてつくる洋服。仮縫《かりぬ》いはない。◇easyと order による日本での複合語。

イージーリスニング〈名〉はげしいリズムや音のない、ゆったりした気分で聴ける音楽。◇easy listening

いいしぶ・る【言い渋る】〈動五〉言いにくいとか、言いたくないとかで、言わずにぐずぐずしている。例「オーケー」のひとことを言い渋る。類言いよどむ。

いいしれぬ【言い知れぬ】〈連体〉なんと言ってよいかわからない。例言い知れぬ恐怖《きょうふ》におそわれる。

いいすぎ【言い過ぎ】〈名〉ここまでは言ってよいという限度をこえていること。

いいす・ぎる【言い過ぎる】〈動上一〉言ってはいけないようなことまで言う。

イースター〈名〉キリスト教の復活祭。◇Easter

イースト〈名〉パンをつくるとき、ふくらませるのに使う酵《こう》母《ぼ》。パン種《だね》の一つ。イースト菌《きん》。◇yeast

イーゼル〈名〉絵をかくとき、キャンバスや画板をのせてささえる台。画架《がか》。◇easel

いいそ・える【言い添える】〈動下一〉言うべきことをひととおり言い終えたあとで、参考や補足のためにつけ加えて言う。類言い足す。

いいそこな・う【言い損なう】〈動五〉❶言いかたをまちがえる。例せりふを言いそこなう。類言いまちがう。❷言うつもりでいたのに言わないで終わる。例うっかりして大切なことを言いそこなった。類言いそびれる。

表現「言いそこないをする」は①の意味に限られる。

いいそび・れる【言いそびれる】〈動下一〉言いだせないでいるうちに、言わないままで終わる。例しかられるのがこわくて、つい言いそびれた。類言い損なう。

いいだくだく【唯唯諾諾】〈副〉自分の意見をもたず、人の言うことにどんなことでも従《したが》ってしまうようす。例唯々諾々と(して)命令に従う。

いいだしっぺ【言い出しっぺ】〈名〉それをしようと最初に言いだした人。参考 最初にくさいと言った人が、じつはおなら(=屁《へ》)をした当人である、という意味から。う気持ちをこめていう。

いいた・てる【言い立てる】〈動下一〉おおげさにとりあげて、あれこれ言う。例欠点を言い立てる。

いいつか・る【言いつかる】〈動五〉上の人から命令をうける。例先生から言いつかってきました。

敬語 謙譲《けんじょう》語は「仰《おお》せつかる」。

いいつく・す【言い尽くす】〈動五〉言いたいことを全部言う。例言い尽くせぬ思い。対言いもらす。

いいつくろ・う【言い繕う】〈動五〉自分の失敗やまちがいなどを、いろいろしゃべってごまかす。

いいつけ【言いつけ】〈名〉人に、なにかをしろと言う命令。例親の言いつけをまもる。類指示。指図《さしず》。

敬語 尊敬語は「仰《おお》せつけ」「仰せ」。

いいつ・ける【言いつける】〈動下一〉❶人に、なにかをしろと言う。例仕事を言いつける。類命じる。指図《さしず》する。❷人の悪口を上の人に言う。例いじわるばかりすると、先生に言いつけるぞ。類告げ口する。

敬語 ①の尊敬語は「仰《おお》せつける」。

参考 ②の意味で「言いつけ」とはいわない。

いいつたえ【言い伝え】〈名〉むかしから語り伝えられてきた話や習慣。類伝説。言いならわし。

いいつの・る【言い募る】〈動五〉興奮して、しだいに言いかたがはげしくなる。

イートイン〈名〉ファーストフード店やコンビニなどで、「テイクアウト」に対し、そこで買った食べ物を店内で食べること。◇eat と in による日本での複合語。

いいとこどり【いいとこ取り】〈名〉ものごとのいい部分だけを選んで取り入れること。俗《ぞく》な言いかた。例友だちの宿題をいいとこ取りで写す。

いいなずけ〖▽許▽嫁・▽許▽婚〗〈名〉❶子どもたちが幼いころに、親どうしの話で決めた、将来の結婚《けっこん》相手。❷「婚約者」の古い言いかた。注意 ①がもとの意味。

いいならわし【言い習わし】〈名〉むかしから広く世間で言われてきたことばや習慣。類言い伝え。伝承。

いいならわ・す【言い習わす】〈動五〉むかしから広く世間でそう言う。例言い習わされてきたことわざ。類言い伝える。伝承する。

いいなり【言いなり】〈名〉人の言うことを、「はい、はい」と聞いて、そのとおりにすること。「いうなり」ともいう。例言いなりになる。類言うがまま。

いいぬ・ける【言い抜ける】〈動下一〉うまいことを言って、なんとか苦しい状態からのがれる。類言いのがれる。

いいね【言い値】〈名〉商品に売り手の方でつけたねだん。例言い値で買う。対付け値。

いいのがれ【言い逃れ】〈名・する〉自分の罪や責任からのがれるために、あれやこれやと言うこと。類言いわけ。言い抜け。

いいのが・れる【言い逃れる】〈動下一〉ことばでうまくごまかして、にげる。類言い抜ける。

いいのこ・す【言い残す】〈動五〉❶言うべきことがまだあったのに、そこまで言わないで終わる。対言いつくす。❷自分のいなくなったあとにしてほしいことを言って、去る。例父の言い残した教え。類言いおく。遺言《ゆいごん》する。

表現 ②は、死にのぞんで、または、ながい別れに際して、ぜひとも伝えておきたいことを言うときに使うことが多い。

いいはな・つ【言い放つ】〈動五〉思いきったことをためらわずに言う。

いいは・る【言い張る】〈動五〉あくまでも主張をとおそうとして、つよく言う。類言い通す。

いいひらき【言い開き】〈名・する〉非難されたことに対し、そうなった理由や事情を説明して、非難が当たらないことを明らかにすること。類申し開き。弁明。

いいふく・める【言い含める】〈動下一〉今後のことについて、こういうときはこうするようにと、よくよく説明し、承知させる。例手はずを言い含める。類言い聞かす。

いいふら・す【言い▽触らす】〈動五〉わるくちやうわさを、あちこちで言いひろめる。類吹聴《ふいちょう》する。

いいふる・す【言い古す】〈動五〉昔からずっと言われ、新しさがなくなる。例言い古された話。

[1]**いいぶん【言い分】**〈名〉その人として、言わせてもらいたいこと。例きみにはきみの言い分があるだろう。アイイブン

[2]**イーブン**〈名〉数や量がひとしいこと。等分であること。とくにスポーツで、同点、ひきわけ。◇even アイーブン

いいまか・す【言い負かす】〈動五〉りくつを言って、相手をおさえつける。類論破する。

いいまわし【言い回し】〈名〉ことばでの言いあらわしかた。例うまい言い回し。類表現。

いいもら・す【言い漏らす】〈動五〉言うべきことの一部を、言いわすれてしまう。対言いつくす。類言いおとす。

いいよう【言い様】〈名〉表現のしかた。口のききかた。例ものは言い様。言い様に気をつけなさい。

いいよど・む【言いよどむ】〖言い▼淀む〗〈動五〉ことばにつまったり、ためらってあいまいな言いかたをしたりする。類言いしぶる。

いいよ・る【言い寄る】〈動五〉相手と交際したくて、近づいて口説《くど》く。

いいわけ【言い訳】〈名・する〉自分に落ち度があると感じているときに、そうなったのはしかたのないことだと、いろいろ理由をあげて説明すること。また、その説明。例言い訳にならない。言い訳がたたない。類弁解。弁明。釈明《しゃくめい》。言いのがれ。申し訳。→もうしひらき表現

いいわた・す【言い渡す】〈動五〉きまったことを正式に告げる。例判決を言い渡す。類申し渡す。宣告する。参考「申し渡す」と同じく、権威《けんい》ある者が一方的に言うときに使う。

[1]**いいん【医院】**〈名〉医者が個人で経営している診療《しんりょう》所の名に使われることば。類クリニック。

[2]**いいん【委員】**〈名〉みんなから選ばれて仕事にあたる人。例委員になる。委員をつとめる。委員会。委員長。

い・う【言う】〖▼云う〗**一**〈動五〉❶ことばを口から出す。例言って聞かす。口で言う。はっきり言う。だまっていないで言いなさい。言いはる。言い負かす。類話す。しゃべる。口にする。❷表現する。例言ってみれば。ひとことで言うと。はやく言えば。ここまでくるには、言うに言われぬ苦労があった。言い表わす。言いつくす。❸[いう]音を出す。例戸ががたぴしという。❹[いう]称《しょう》する。例名を太郎《たろう》という。平和憲法といわれる日本国憲法。▽→囲み記事39(979ページ)

二〈補動五〉[いう]おもに「…という」の形で使う。その場合、「…」にあたる部分が伝える内容である。❶伝え聞いた不確かな情報であることを表わす。例ここは戦国時代の城跡《しろあと》だという。❷(「…ということ」「…というのは」「…というのも」の形で)話題をしめくくって示すときに使う。例それというのも。君が正直だということは、だれでも知っている。❸(「AというB」の形で)言いかえを示す。例春という季節はねむいものだ。きみという人はあきれた人だ。❹(「AというA」の形で)A全部、という意味を表わす。例窓という窓に明かりがついている。❺(「…というと」「…といえば」「…といって」などの形で)話題を示す。例彼は、暮れというとかならず借金にくる。❻(「こういう」「そういった」などの形で)「そのような類の」という意味を表わす。例そういう行ないはつつしんでほしい。

表記 実際に声に出して発言する意味で使うとき以外は、かな書きがふつう。

参考 話しことばでは、「ゆう」とも発音する。

敬語 (1)尊敬語としては、「言われる」のほか、「おっしゃる」を使う。また「仰《おお》せられる」「仰せになる」という敬意の高い言いかたもある。
(2)謙譲《けんじょう》語としては、「申し上げる」を使う。また、「言上《ごんじょう》する」という敬意の高い言いかたもある。
(3)丁重《ていちょう》語としては、「申す」を使う。

言い得《え》て妙《みょう》 その場にぴたりと当てはまる表現であること。

言うだけただ みずから行動せずに、口先でもっともらしいことを言うだけなら苦労はいらない。

言うに言われぬ 言おうとしても、言い表わすことができない。類筆舌《ひつぜつ》につくしがたい。

言うに事《こと》欠《か》いて どうせ言うなら、ほかに言うべきこともあるだろうのに。

言うは易《やす》く行《おこ》なうは難《かた》し 考えをただ口に出して言うのはかんたんだが、実行するのはむずかしい。

言うまでもない とりたてて言わなくてもわかりきっている。類言《げん》をまたない。

敬語 丁重《ていちょう》にあらたまって言うときは、「申すまでもありません」「申すまでもなく」と言う。

言わず語《かた》らず ことばに出してはなにも言わないで。例相手の気持ちが言わず語らずのうちに、伝わってくる。類以心伝心。

表現 意味の似《に》た打ち消しの表現をかさねて強調する言いかたに、「あたらずさわらず」「鳴かず飛ばず」「負けずおとらず」「見ず知らず」などがある。

言わずと知《し》れた 説明がいらないほどわかりきった。例働かなければ食べていけないなんて、言わずと知れたことだ。類当たり前。

言わずもがな ⇩独立項目

言わぬが花《はな》 口に出して言うよりも、言わないで想像させるほうが味がある、ということ。また、「言うとかえって損になるよ」と、忠告する意味でいうこともある。

いうなり【言うなり】〈名〉⇩いいなり

いえ【家】〈名〉❶家屋。人が住むための建物。例家を建てる。家が建つ。家をあける(=るすにする)。類住まい。うち。住居。住宅。ハウス。❷家庭。ひと組の夫婦《ふうふ》が中心になってできる、血のつながりのある人々の集まり。例家を出る(=別居する)。類うち。一家。家族。❸家系。先祖からつづいている家族のつながり。例家をつぐ。家にしばられる。家の名をけがす。類血筋。血統。▽絵(49ページ)

表現 (1)類義語に「うち」があるが、「うち」は、「いえ」に比べて、「自分のいるところ」「生活をしている場所」というニュアンスがつよい。
(2)①はふつう一軒《いっけん》二軒《にけん》と数える。大型のものは一棟《いっとう》二棟《にとう》、不動産の売買などでは一戸《いっこ》二戸《にこ》と数える。

敬語 (1)尊敬語としては、「お住まい」「お宅」などを使う。「お家」は、現代では別の意味になる。
(2)丁重《ていちょう》語としては、「拙宅《せったく》」「小宅」などを使う。

ガンビア　アフリカ西部，大西洋に面する小共和国。落花生と漁業の国。首都バンジュール。

いえい【遺影】〈名〉なくなった人のおもかげをしのばせる、肖《しょう》像《ぞう》画や写真。

いえがら【家柄】〈名〉先祖代々の家の社会的地位。家の格式。例 家柄がよい。家柄の出。類 家格。

いえき【胃液】〈名〉胃から出る消化液の一つ。タンパク質を分解するペプシンなどの酵《こう》素《そ》をふくんでいる。

いえじ【家路】〈名〉家へ帰る道すじ。例 家路につく。家路をたどる。類 帰り道。帰途《きと》。帰路。

イエス〈感〉相手の言うことを認めたり、同意したりする気持ちを表わすことば。はい。対 ノー。◇yes

イエス＝キリスト〈名〉⇩キリスト

イエズスかい【イエズス会】〈名〉〔歴史〕一五三四年にイグナティウス＝ロヨラを中心につくられたカトリックの教団。きびしい規律をもち、アジアなどの地域にキリスト教をひろめた。ヤソ会。

参考 日本に初めてキリスト教を伝えたのは、一五四九年に来たフランシスコ＝ザビエルなど、この派の人々である。

いえで【家出】〈名・する〉もどらないことを決意して、家を出ること。例 家出少女。類 出奔《しゅっぽん》。蒸発。

いえなみ【家並み】〈名〉❶⇩やなみ ❷（多く「家並みに」の形で）どの家にも。

いえもと【家元】〈名〉生け花や茶《さ》道《どう》、おどりなどの流派の本家。また、その本家の当主。類 宗家《そうけ》。

いえやしき【家屋敷】〈名〉家と土地をいっしょに財産としてあつかうときのことば。例 家屋敷を手ばなす。

1 **い・える【言える】**〈動下一〉そういってよい。例 確実に言えることは何もない。ア「イエル」

表現 相手のことばに同感だということを「言える、言える」とか、「言えてる！」とか言うことがある。

2 **い・える【癒える】**〈動下一〉病気やけががなおり、もとにもどる。例 病《やまい》が癒える。傷が癒える。類 なおる。治癒《ちゆ》する。回復する。ア イエル

イエローカード〈名〉❶サッカーで、危険な行為《こうい》をした選手に、審判《しんぱん》が警告のために示す黄色いふだ。一試合中に二回で退場となる。❷「国際予防接種証明書」の通称《つうしょう》。外国に行くときに、必要な予防接種を受けたことを証明する黄色い用紙。◇yellow card

1 **いえん【胃炎】**〈名〉胃の粘膜《ねんまく》におこる炎症《えんしょう》。胃カタル。ア イエン

2 **いえん【以遠】**〈名〉あるところをふくめ、そこよりもっと遠い所。ア イエン

表現 「静岡《しずおか》以遠」のように地名につけて使う。

いおう【硫黄】〈名〉〔化学〕青白いほのおをあげて燃える、黄色い結晶《けっしょう》。火山地帯でとれ、火薬・マッチ・硫酸《りゅうさん》・医薬品の原料となる。元素の一つ。記号 S

いおり【▼庵】〈名〉僧《そう》や隠者《いんじゃ》など、世を捨てた人が住む、そまつで小さなすまい。例 いおりをむすぶ（＝いおりを建てて、そこに住む）。草のいおり。類 庵《あん》。草庵。

1 **いおん【異音】**〈名〉機械などが動いているときの、正常でない音。例 異音を感知して列車が緊急《きんきゅう》停止した。

2 **イオン**〈名〉〔化学〕電気をおびた、原子や原子の集まり。陽イオンと陰《いん》イオンがある。◇ドイツ Ion ア イオン

ア イオン

いおんびん【イ音便】〈名〉音便の一種。カ行・ガ行の五段活用動詞で、連用形の語尾の「き」「ぎ」が、助詞「て」や助動詞「た」などにつづくときに「い」に変化すること。「書いて」「漕《こ》いだ」など。→おんびん〔音便〕

1 **いか【▼烏▽賊】**〈名〉海にすむ軟体《なんたい》動物の一種。からだはまるいつつ形で、口の方に十本の足がある。敵に出あうと、すみをはいてにげる。ホタルイカやスルメイカなど種類が多い。ア イカ

表現 ふつう一匹《いっぴき》二匹《にひき》と数える。食用としては一杯《いっぱい》二杯《にはい》と数えることもある。形の特徴《とくちょう》から一本二本も使う。

2 **いか【以下】**〈名〉❶そこから下。数や量が、目やすの数や量と同じか、それより少ないこと。程度についても同じように使う。例 十人以下では団体としてあつかえない。小学生以下は半額だ。対 以上。類 未満。❷（「…以下…」の形で）ある人を代表として、あとのすべてをひっくるめて、という意味を表わす。例 隊長以下十名。❸そこよりあとに述べること。例 実例は以下に示す。対 以上。類 下記。▽ア イカ ↓いじょう〔以上〕表現

表現 (1)「未満」とのちがい ——「五歳《さい》以下」といえば、五歳をふくんでそれより下を、「五歳未満」といえば五歳をふくまないで、それより下を表わす。

(2) ①の、程度を表わす用法では(1)の原則があいまいになることがある。「小学生以下は半額」なら小学生は半額になるのに、「彼の計算能力は小学生以下だ」というと、小学生よりもおとることを表わす。

(3) ②の 例 は「全員で十名」を表わすが、この場合の「以下」を「ほか」におきかえて、「隊長ほか十名」とすると、「全員で十一名」ということになる。

3 **いか【異化】**〈名・する〉❶〔生物〕体外からとりいれた物質を、体内で化学的に単純な成分にかえること。異化作用。対 同化。❷文学や演劇などで、ごく平凡なものごとを、思わず「えっ？」と感じさせるような意外なものごととして表現し、読者や観客の通念にゆさぶりをかけること。▽ア イカ

1 **いが【▼毬】**〈名〉クリの実をつつむ、外がわの皮。するどいとげにおおわれている。ア「イガ」

2 **いが【▼伊賀】**〈名〉旧国名の一つ。現在の三重県西部。戦国時代に活躍《かつやく》した伊賀忍者《にんじゃ》の故郷《こきょう》。陶器《とうき》の伊賀焼《やき》は有名。伊州《いしゅう》。賀州《がしゅう》。ア イガ

1 **いかい【位階】**〈名〉国家に対して、てがらや功績《こうせき》のあったものにあたえられる、くらい。例 位階勲等《くんとう》。ア イカイ

2 **いかい【異界】**〈名〉亡霊《ぼうれい》・鬼《おに》・妖怪《ようかい》・宇宙人などが住む世界。ア イカイ

3 **いかい（方言）**❶大きい。関東・中部・近畿《きんき》・中国などで言う。いけー。いきゃー。例 いかい声出すな。❷多い。はなはだしい。副詞的に使われることが多い。北海道・中部・近畿・中国などで言う。例 いかい遅いな。

1 **いがい【以外】**〈造語〉それを除いたほかのもの。例 ぼく以外はそのことを知らない。ア イガイ

2 **いがい【意外】**〈形動〉考えたことや予想したこととまったくちがっている。例 事件は意外な方向に発展した。類 思いがけない。思いのほか。案外。予想外。ア イガイ

参考 連用形の「意外に」は「意外と」という形でも使う。

3 **いがい【遺骸】**〈名〉「死骸」の、つめたい感じをさけた言いかた。類 なきがら。遺体。ア イガイ

いがいと【意外と】〈副〉思いのほか。案外。

いかいよう【胃潰瘍】〈名〉胃のかべの内側がただれてくずれる病気。

いかが【▽如▽何】〈副・形動〉❶どのように。どんなぐあい。どう。例 いかがいたしましょうか。ご気分はいかがですか。❷相手の意向をたずねることば。例 コーヒーはいかが？ ❸賛成できない気持ちを表わすことば。例 いまごろ

いえ（家）

① 家屋《かおく》

や（屋・家）
- 平家 / 二階家
- 大屋 / 小屋
- やもり（＝家守り）
- やさがし（＝家捜し）

「いえ」の古いことばは「や」

- 屋敷、屋形、屋台 / 屋根
- 東屋(あずまや)（＝四阿） / 古家　古家もり

関連語

ハウス
うち
住まい
住居・住宅

アパート
マンション
レジデンス
共同住宅

家の構造と部分の名

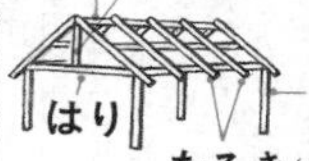

- むなぎ（＝棟《むね》に平行な木）
- うだつ（＝はりの上にあがる木）［うだつが上がらない（慣用句）］
- はり
- はしら
  - 大黒柱(だいこくばしら)
  - 床　柱(とこばしら)
- たるき（＝たてに垂《た》れる木）

- やね
  - 瓦(かわら)屋根
  - トタン屋根
  - わらぶき屋根
- かべ
- 戸 / 入り口 / 玄関
- へや
  - 大部屋、小部屋
  - 子供部屋
- ま
  - 居間、客間
  - 応接間、茶の間
- まど
- しつ
  - 和室、洋室
  - 客室、浴室
- 土台 / いしずえ
- ひさし［ひさしを貸して、母屋(おもや)を取られる（慣用句）］

- 山おく・海辺・丘の上
- 町なか・道ばた
- 木造・ブロック
- 一戸建て・二戸建て
- 切り妻造り・寄せ棟造り・入り母屋造り

―の家

- 大きな・りっぱな
- 広い・住みよい
- こぢんまりした
- 雨風をしのぐ

―家

家を
- 建てる・つくる・買う
- 借りる・貸す
- 売る・手放す・譲る
- こわす・取りこわす
- 担保に入れる
- 立ちのく・明け渡す

> •家のつくりやうは夏をむねとすべし。冬はいかなる所にも住まる。暑きころわろき住居は、たへがたきことなり。（『徒然草』）　•さみだれや 大河を前に 家二軒（蕪村）

② 家庭《かてい》

関連語

ホーム
ファミリー
うち
一家(いっか)
家族(かぞく)

父 / 母 / おじ / おば

長男・長女 / 次男・次女 / 三男・三女 / 末子(ばっし)・末っ子

- 祖父母の代
- 父・母―親の代
- 子の代
- 孫の代

- 明るい・たのしい
- ゆかいな・陽気な
- 笑いのたえない

―家

家を
- もつ・守る・支える
- 構える（➡一家を構える）
- 離れる・明ける
- かえりみる・だいじにする

家の
- あるじ・主人（➡一家のあるじ）
- 主婦（➡一家の主婦）
- きりもり
- 資産

家に
- 帰る・もどる
- こもる・ひきこもる
- 電話をする・連絡する

> •家にあれば笥(け)に盛る飯(いひ)を草枕 旅にしあれば 椎の葉に盛る（『万葉集』有間皇子）
> •ここにして家やもいづく白雲のたなびく山をこえて来にけり（『万葉集』）
> •草の戸も住みかはる代ぞ雛の家（芭蕉『奥の細道』）
> •橋本の家の台所では昼飯(ひる)仕度に忙(せわ)しかった。（島崎藤村『家』）

③ 家系《かけい》

関連語

血すじ
家がら
血統
まき

源《みなもと》の家
- 為義(ためよし)
- 義朝(よしとも)
- 頼朝(よりとも)
- 実朝(さねとも)

平《たいら》の家
- 正盛(まさもり)
- 忠盛(ただもり)
- 清盛(きよもり)
- 重盛(しげもり)

家が
- 栄える・富み栄える
- 傾く・衰える

家を
- つぐ・引きつぐ
- 背負う・しょっている

家の
- 名
  - を―けがす・傷つける
  - に―傷がつく・かかわる
- おきて・定め

> •これは家に伝はれる小烏(こがらす)といふ太刀（『平家物語』）
> •積善の家には必ず余慶あり（『易経』）

計画を変更《へんこう》するのは いかがなものか。あまり出すぎるのも いかがかと思いまして。

表現 「どう」よりは、よほど文章語的なので、話しことばでは、あらたまった感じやていねいさを表わすことになる。

いかがわし・い【▽如▽何わしい】〈形〉❶ほんとうかどうか疑わしい。❷下品で、よくない。例いかがわしい人物。

いかく【威嚇】〈名・する〉相手がこわがるように おどしつけること。例威嚇射撃《しゃげき》。類威圧。

いがく【医学】〈名〉病気の原因や病気のなおしかた、予防法を研究する学問。例医学博士。西洋医学。

いかくちょう【胃拡張】〈名〉胃が異常にひろがってしまう病気。たくさん食べる人がなりやすい。

いがぐり【▼毬▼栗】〈名〉❶いがの中に入ったままのクリの実。❷かみの毛を丸がりにした男の子の頭。

いかさま〈名〉ほんものらしく見せかけること。例いかさまをやる。この件はどうもいかさまくさい。いかさま師。類いんちき。まやかし。

いか・す【生かす】【▽活かす】〈動五〉❶[生かす]生きつづけさせる。生命をたもたせる。例あの人をもうすこし生かしておきたかった。❷[生かす・活かす]力を発揮させる。例才能を生かす。時間を生かす。もち味を生かす。類活用する。はたらかせる。▽対殺す。

いかすい【胃下垂】〈名〉胃が異常にたれさがる病気。

いかずち【▽雷】〈名〉「かみなり」の古い言いかた。

いかだ【▼筏】〈名〉材木を何本もならべて結びあわせ、水にうかべたもの。例いかだを組む。いかだを流す。

いがた【鋳型】〈名〉鋳物をつくるのに使う型。つよい金属でつくり、その中にとかした金属を流しこんでいろいろの形のものをつくる。

鋳型にはめる 人の性格や行動などを、強制的にある型にはめるようにする。

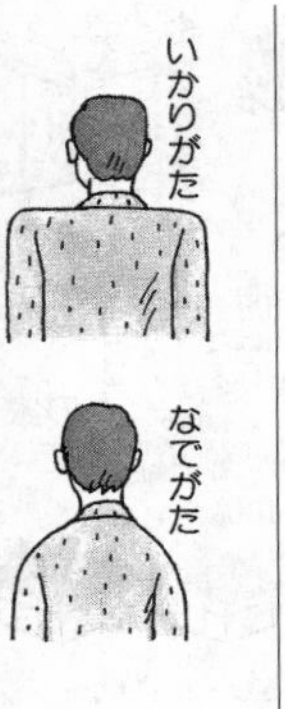

[いかりがた]

いかつ・い【▽厳つい】〈形〉感じがごつごつしてかたい。例いかつい肩。類いかめしい。ごつい。

いかなご〈名〉近海にすむ、銀白色で細長い魚。幼魚を煮干《にぼ》しやつくだ煮などにする。「こうなご(小女子)」ともいう。

いかなる【▽如▽何なる】〈連体〉「どのような」「どんな」のかたい言いかた。例いかなる言い訳も認めない。

いかに【▽如▽何に】〈副〉❶どんなに。どれだけ。どう。例この写真で今度の台風がいかに大きな被害《ひがい》をもたらしたかがわかる。❷(「いかに…でも」の形で)極端《きょくたん》な場合を仮定して言うときに使うことば。どんなに…でも。例いかに力の強い彼でもこのとびらは開けられまい。

いかにも【▽如▽何にも】〈副〉❶どう考えてみても。ほんとうに。例このまま帰るのは、いかにも残念だ。類まことに。非常に。❷見るからに。聞けば聞くほど。例いかにも王者らしい最期《さいご》だった。❸あたかも。さも。例いかにも降《ふ》りそうで、なかなか降らない。いかにも悪者らしくふるまっているが、悪いことはできない人だ。

いかばかり【▽如▽何ばかり】〈副〉「どれほど」の意味の改まった言いかた。例ご遺族の悲しみはいかばかりかと…。

いかほど【▽如▽何程】〈副〉❶どのくらい。物のねだんや数量をたずねるときに使う、ていねいなことば。例料金はいかほどでしょう。いかほどお入り用ですか。❷どれほど。どんなに。程度のはなはだしいのを強めていうことば。例いかほどおっしゃられましても、ご希望には そえません。▽丁重《ていちょう》な言いかた。

いがみあ・う【いがみ合う】【▼啀み合う】〈動五〉すさまじい勢いで、はげしくあらそう。例兄弟がいがみ合う。

いかめし・い【▽厳めしい】〈形〉りっぱで人を威圧《いあつ》するような感じがあり、近よりがたい。例いかめしい顔つき。いかめしい警備。類ものものしい。

いカメラ【胃カメラ】〈名〉口から食道をとおして胃の中に入れ、内部をしらべる超《ちょう》小型のカメラ。

いかよう【▽如▽何様】〈形動〉「どんなぐあい」「どういうふう」の、あらたまった言いかた。例おっしゃっていただければ、いかようにもいたします。

いから・す【怒らす】〈動五〉おこったようなようすをつくる。いからせる。例肩《かた》を怒らす。目を怒らす。

いがらっぽ・い〈形〉のどがざらざらした感じで、気持ちがわるい。「えがらっぽい」ともいう。

[1]**いかり**【怒り】〈名〉おこること。おこっている心。例怒りがこみ上げる。怒りにもえる。怒りをおさえる。怒りをまねく。類いきどおり。立腹。憤怒《ふんぬ》。アイカリ」→囲み記事5(左)

怒り心頭《しんとう》に発《はっ》する 心の底から はげしく怒りがつきあげてくる。

怒りを買《か》う こちらに関係のあることが原因で、人をおこらせてしまう。例主君の怒りを買う。

[2]**いかり**【▼錨・▼碇】〈名〉船が流されないように、鎖《くさり》や綱《つな》につけて水底へしずめる、鉄製の おもり。例いかりを上げる。いかりを下ろす。アイカリ

いかりがた【怒り肩】〈名〉もり上がって角ばった感じの肩。絵 対なで肩。

囲み記事 5

「怒《いか》り」のいろいろな表現

怒りを表現することばとして最も一般《いっぱん》的なのは「おこる」で、少し文章語的な言いかただと「いかる」となる。「いきりたつ」は怒りの感情をおさえきれない場合である。

怒りを表わす擬態《ぎたい》語には、「かっか(する)」「かっと(なる)」「むっと(する)」「いらいら(する)」「いらっと(くる)」などがある。「ふくれる」「口をとがらせる」「むすっと(する)」などは、おこった表情に注目した表わしかたである。

漢語の表現は「激怒《げきど》する」「激高《げきこう》する」「憤激《ふんげき》する」などで、「憤懣《ふんまん》やるかたない」は怒りをどこにぶつけてよいかわからない状態を表わす。

怒りを感じる体の部分を用いた表現として、「頭にくる」「腹が立つ」「腹を立てる」「腹にすえかねる」などがある。「むかむかする」「むかつく」は胃などの不快感も表わすが、怒りの表現としても使われる。

いか・る【怒る】〈動五〉心の底からこみ上げてくる感じで、腹がたつ。例烈火《れっか》のごとく怒る。類いきどおる。おこる。腹をたてる。立腹する。憤慨《ふんがい》する。↓囲み記事5（前ページ）

表現「おこる」より古風で格調の高いことばで、怒りの内容にもいっそう正義に近いものが感じられる。「天もいかる」は自然だが、「天もおこる」ではしまらない。

怒れる拳《こぶし》笑顔《えがお》に当《あ》たらず おこって拳をふりあげても、相手が笑顔だと気勢をそがれてなぐりにくい。おこっている相手には、むしろやさしい態度で接すると丸くおさまる。「笑顔に当たる拳はない」ともいう。類柔《じゅう》よく剛《ごう》を制《せい》す。北風と太陽。

いか・れる〈動下一〉❶古くなってだめになる。調子が変になる。例この車も少しいかれてきた。❷心をうばわれる。例あいつ、彼女にすっかりいかれちゃったな。類うつつをぬかす。❸まともな道からそれる。例いかれたやつ。いかれぽんち。

表現 くだけた言いかたで、きちんとした話しことばや文章には使わない。

1 **いかん【▽如▽何】**〈名〉ものごとのなりゆき。ものごとがどんなふうであるか。例検査の結果いかんでは、すぐ入院させる必要がある。類次第《しだい》。アイカン

表現「さて、その結果やいかん(=どうなることやら)」のように、副詞として使う古い言いかたもある。

いかんともしがたい どうすることもできない。かたい言いかた。例この痛みはいかんともしがたい。

2 **いかん【衣冠】**〈名〉むかし、貴族の男性が宮中にでるときに着た略式の服装。例衣冠束帯《そくたい》。アイカン

3 **いかん【尉官】**〈名〉旧軍隊で、大尉・中尉・少尉の位をまとめていったことば。アイカン

4 **いかん【移管】**〈名・する〉管理する者を他にかえること。例文化財を国に移管する。アイカン

5 **いかん【遺憾】**〈名・形動〉残念な気持ちがすること。かたい、あらたまった言いかた。例遺憾の意を表する。遺憾ながら。遺憾千万《せんばん》。アイカン ↓いかんなく

表現 自分のがわのことについていえば、「すみません」とあやまったことになる。相手がわのことについていえば、「けしからん」と抗議《こうぎ》したことになる。

遺憾の意《い》を表《ひょう》する 残念であるという気持ちを相手に表わす。とくに政治家がよく使う言いかた。

6 **いかん** 「いけない〈形〉」のくだけた言いかた。ふつう男性が使う。例無理しちゃいかん。アイカン

いがん【依願】〈名〉命令にしたがってではなく、本人からの願い出によって、ということ。

表現「依願退職《たいしょく》」の形で使うことが多いが、自分の意志で仕事をやめることをいまはふつう「自己都合(による)退職」または「自主退職」というので、とくに「依願退職」といえば、なにか悪いことをしてしまったとき、懲戒免職《ちょうかいめんしょく》や懲戒解雇《かいこ》の処分をうける前に、体裁《ていさい》を考えて自分からやめたことをさす場合がある。

いかんせん どうしようにも。残念ながら。例いかんせん時間がない。行ってみたいが、いかんせん遠すぎる。

いかんそく【維管束】〈名〉種子植物とシダ植物の体内をとおる、水分の通路である道管と、養分の通路である師管が集まった部分。葉では葉脈となる。

いかんそくたい【衣冠束帯】〈名〉宮中で、古くから伝わる儀式《ぎしき》や行事の際に着る正式の服装。

いかんなく【遺憾無く】〈副〉思う存分《ぞんぶん》。十二分に。心残りに思うことなく十分に。例練習の成果を遺憾なく発揮する。

常用漢字 いき

【域】 土部8 全11画 ※域域域域域

イキ 教小6 音[イキ] ◩域外《いきがい》。域内《いきない》。◪音域《おんいき》。海域《かいいき》。区域《くいき》。地域《ちいき》。西域《さいいき・せいいき》。領域《りょういき》。

1 **いき【生き】**〈名〉❶とれたてであるように、新鮮《しんせん》なこと。いきいきとしていること。例生きがいい。とれたてで、生きのいい鯛《たい》。生きのいい若者。類鮮度《せんど》。❷校正で、一度消した字をまた生かすこと。「イキ」と書く。「ママ」ともいう。▽ア①イキ ②イキ」

2 **いき【行き】**〈名〉❶目的の場所へ行って帰るときの、前半。例行きは楽だ。対帰り。類往路。❷地名のあとにつけて、列車やバスなどの行き先を表わす。例東京行きの急行。❸返信用など、自分あての郵便物のあて名にそえることば。▽「ゆき」ともいう。アイキ

参考 ③で、「…行」と書かれた郵便物を送り返すときは、「…様」「…御中《おんちゅう》」などと、書きなおすのが礼儀《れいぎ》。

3 **いき【息】**〈名〉鼻や口をとおして胸の中の肺に空気を入れたり、入れた空気をそこから出したりすること。すう空気やはく空気。例息がきれる。息がつまる。息をぬく。息をはずませる。息切れ。ため息。類呼吸。アイキ

息が合《あ》う 両者のタイミングや調子がぴったりとあう。類呼吸が合う。

息が上《あ》がる はげしい運動のあとで呼吸がはやくなる。

息がかかる 有力者の勢力関係で守られている。

表現「ダレの息がかかっている」「ダレの息がかかり」という言いかたで使う。

息が切《き》れる ❶苦しいほど呼吸がはげしくみだれる。類息を切らす。❷続けてきたことを、それ以上続けられなくなる。

息が絶《た》える 呼吸がとまって死ぬ。息絶える。

息が詰《つ》まる うっとうしさや緊張《きんちょう》で、息苦しくなる。例一日中家にいると息が詰まる。

息が長《なが》い ひとつのことを、少しずつでも長いあいだねばりづよく続ける。

息せききって ⇩独立項目

息の根《ね》を止《と》める ❶殺す。❷相手がふたたび活動できないように、やっつける。

息も絶《た》え絶《だ》え 弱りきって、いまにも呼吸がとまりそうなようす。類気息奄奄《えんえん》。

息もつかせず ゆっくり息をするひまもあたえないほど。

息を切《き》らす 「はあはあ」「ぜいぜい」と、自分の呼吸をはげしくみだれさせる。類息が切れる。

息を凝《こ》らす ひとつのことにむちゅうになったり、緊張《きんちょう》したりして、呼吸をおさえてじっと動かずにいる。例息を凝らして見つめる。類息をころす。息をつめる。

息を殺《ころ》す 緊張《きんちょう》のためや相手にさとられないために、息をしないで、じっとする。類息をこらす。息をつめる。

息をつく ❶息を口から出す。❷それまでの危険や苦しさから解放されて、ほっとする。例息をつくひまもなく次の仕事にうつる。

息を詰《つ》める 緊張《きんちょう》やおそろしさなどで、一時的に息をとめる。類息をころす。息をこらす。

息を抜《ぬ》く 仕事などの途中《とちゅう》で、ちょっと休んだり緊張《きんちょう》をゆるめたりする。例息をぬくひまもない猛《もう》練

習。類息を入れる。ひと息いれる。ひと息つく。

息をのむ おどろきや緊張《きんちょう》などで、いっしゅん息をするのもわすれたようになる。類ことばを失う。

息を引《ひ》き取《と》る 「死ぬ」の遠回しな言いかた。

息を吹《ふ》き返《かえ》す 死にそうであった生き物が生き返る。また、いちどおとろえてしまっていた組織や事業がたちなおる。例新製品のおかげで会社は息を吹き返した。

4 **いき**【粋】〈名・形動〉気がきいていて、あかぬけしていること。例粋な姿《すがた》。粋なはからい。対やぼ。無粋《ぶすい》。アイキ

5 **いき**【域】〈名〉❶(「…の域に達する」の形で)高いレベルの力量や境地にいたる。例彼の腕《うで》も、とうとう名人の域に達した。❷(「…の域を出ない」の形で)あくまでも…にすぎない。例推測の域を出ない。▽アイキ

6 **いき**【意気】〈名〉「さあ、やるぞ」という、さかんな気持ち。例意気があがる。意気に感ずる。意気揚々《ようよう》。意気軒昂《けんこう》。意気消沈《しょうちん》。心《こころ》意気。アイキ

7 **いき**【遺棄】〈名・する〉ほうっておいてはいけないものを、そのままにすてておくこと。例死体遺棄。アイキ

8 **いき**【▽壱岐】〈名〉旧国名の一つ。現在の長崎県壱岐島。対馬《つしま》とならんで、北九州と朝鮮《ちょうせん》を結ぶ重要地点。壱州《いっしゅう》。例壱岐水道(＝海峡《かいきょう》)。アイキ

1 **いぎ**【威儀】〈名〉おごそかな場所にふさわしい、きちんとしたりっぱなすがたや態度。例威儀を正す。

威儀を正《ただ》す きちんとした身なりやふるまいをする。例威儀を正して、式典にのぞむ。

2 **いぎ**【異議】〈名〉同意しない意見。例異議をとなえる。異議をさしはさむ。判決に異議を申したてる。「異議あり！」。類異存。異論。

3 **いぎ**【意義】〈名〉❶やってみるだけのねうち。例意義のある仕事。有意義。類価値。❷ことばが表わしている内容。▽類意味。

いきあ・う【行き会う・行き合う】〈動五〉どこかへ行く途中《とちゅう》で、または行った先で出あう。「ゆきあう」ともいう。

いきあたりばったり【行き当たりばったり】〈名・形動〉計画をたてないで、その場その場の思いつきやなりゆきにまかせてものごとを行なうこと。「ゆきあたりばったり」ともいう。

いきあた・る【行き当たる】〈動五〉進んで行くうちに、予想しなかったものごとにぶつかる。「ゆきあたる」ともいう。例難問に行き当たる。類直面する。

いきいき【生き生き】〈副・する〉元気があふれているようす。新鮮《しんせん》で いきおいのいいようす。例いきいきした表情だ。その場のようすがいきいきとえがかれている。

いきいそ・ぐ【生き急ぐ】〈動五〉人生は短いから、やりたいことを早くやろうと、あせるような生きかたをする。

表現 夭折《ようせつ》した、印象的な有名人などの人生を評しても いう。

いきうつし【生き写し】〈名〉すがたかたちや態度がとてもよく似ていること。類うり二つ。そっくり。

表現 「父親に生き写し」のように、血すじをひく人について いうのがふつう。

い(生)きうま(馬)のめ(目)をぬ(抜)く 利益のためにすばしこくたちまわり、ゆだんもすきもない。

いきうめ【生き埋め】〈名〉がけくずれやなだれなどで、生きたまま、土砂《どしゃ》や雪にうずまること。また、うずめること。例生き埋めになる。生き埋めにする。

いきえ【生き餌】〈名〉家畜《かちく》やペットのえさ、また、釣りのえさとする、生きたままの動物や虫。

いきおい【勢い】━〈名〉❶他を圧倒《あっとう》するような強い力。例勢いがある。勢いがあまる。勢いあまって(→「あまる」表現)。❷勢いのある方につく。類勢力。威勢《いせい》。❷例勢いがいい。破竹の勢い。類威勢。❸動いていて、加わった力。動きにともなって現れる、速さや強さなどの力。例勢いがつく。勢いにのる。勝ちぬいてきた勢いで優勝をねらう。類はずみ。

━〈副〉[いきおい] これまでのなりゆきから、自然に。例方法がわかってくると、いきおい、練習が楽しくなる。▽ア━イキオイ ━イキオイ

いきおいこ・む【勢い込む】〈動五〉やる気に満ちて、はりきる。例勢い込んで出かける。

いきがい【生きがい】『生き▽甲▼斐』〈名〉生きていてよかったと思う気持ち。例生きがいを感じる。

いきか・う【行き交う】〈動五〉ある人はむこうに行き、ある人はこちらに来る。「ゆきかう」ともいう。類往来する。

いきかえ・る【生き返る】〈動五〉死んだと思われたものが、また元気になる。例ひさしぶりの雨で、草木が生き返ったようだ。類よみがえる。蘇生《そせい》する。復活する。

いきがかり【行き掛かり】〈名〉ものごとを始めたためについたいきおい。「ゆきがかり」ともいう。例行きがかり上やめられない。

いきがけ【行き掛け】〈名〉どこかに行くついでや、行く途中《とちゅう》。「ゆきがけ」ともいう。例行きがけに買い物をする。

行き掛けの駄賃《だちん》 なにか、ことをするついでに、ほかのことをすること。わるさをする場合に使うことが多い。

いきかた【生き方】〈名〉人としての生きる態度。アイキカタ

いきが・る【粋がる】『意気がる』〈動五〉自分をかっこうよく見せようとして、無理に背のびした行動をする。

いきき【行き来】〈名・する〉こちらからは行き、むこうからは来ること。「ゆきき」ともいう。例車の行き来がたえない。たがいに行き来する。類往来。往復。交流。

いきぎれ【息切れ】〈名・する〉❶呼吸が早くなり、乱れること。例息切れがする。❷長くつづく仕事の途中《とちゅう》でつかれが出て、能率がおちてくること。例あとから息切れしないように、力をセーブしておく。

いきぐるし・い【息苦しい】〈形〉❶呼吸が楽にできない。類胸苦《むなぐる》しい。❷緊張《きんちょう》した状況《じょうきょう》で、気がるにものが言えない。例息苦しい雰囲気《ふんいき》。類重苦しい。

いきけんこう【意気軒▼昂】〈副・連体〉やる気にみちあふれたようす。例意気軒昂と試合に向かう。意気軒昂たるものがある。全員、意気軒昂帰国した。

いきごみ【意気込み】〈名〉「やってやるぞ」という元気いっぱいの気持ち。例決戦前の意気込みを語る。類意欲。覇気《はき》。

いきご・む【意気込む】〈動五〉「さあ、やるぞ」とはりきる。例今度こそと意気込む。類気負う。

いきさき【行き先】〈名〉これから行くところ。目的地。「ゆきさき」ともいう。例行き先をきめる。

表現 「ゆくさき」ともいうが、やや改まった感じがある。

いきさつ『▽経▽緯』〈名〉事件やものごとのこまごまとした事情。例彼が退学になったいきさつを説明しよう。類経緯《けいい》。経過。わけ。

いきざま【生き様】〈名〉生きていくうえでのありさまやようす。例すさまじい生き様。参考「死に様」から連想されてつくられたことば。

いきじごく【生き地獄】〈名〉地獄を思わせるような、ひどい現実の状態。例この世の生き地獄。

いきじびき【生き字引】〈名〉どんなことでも、聞けばすぐに答えがかえってくるような物知り。

いきしょうちん【意気消沈】〈名・する〉がっかりして気力をなくすこと。類意気阻喪《そそう》。

いきすぎ【行き過ぎ】〈名〉適当な程度や範《はん》囲《い》をこえること。「ゆきすぎ」ともいう。例多少の行き過ぎは大目に見る。類過度。やりすぎ。

いきす・ぎる【行き過ぎる】〈動上一〉❶足をとめずに、通りすぎる。❷うっかりして、目的とする場所より先まで行ってしまう。❸「そんなにまでして」と思うくらいに、ものごとをする。例行き過ぎた指導。▽「ゆきすぎる」ともいう。

いき(息)せ(▽急)きき(切)って 急いだりあわてたりしたために、はあはあとあらい息づかいをして。

いきそそう【意気阻喪】〈名・する〉何かをやろうとする元気がなくなってしまうこと。類意気消沈《しょうちん》。

いきた・える【息絶える】〈動下一〉⇩息が絶える（「いき〔息〕」の子項目）

いきだおれ【行き倒れ】〈名〉飢《う》えや寒さ、病気のために、道などにたおれて死ぬこと。また、そうして死んだ人。「ゆきだおれ」ともいう。類のたれ死に。

いぎたな・い〈形〉起きる時間になっても、いつまでも眠《ねむ》っている。寝坊《ねぼう》だ。また、寝相《ねぞう》が悪い。例いぎたなく眠りこけている。参考古語には、「いもねず(=眠らない)」「安《やす》きいもねず(=安眠もできない)」のように、「い」に「眠り」の意味があった。

いきち【生き血】〈名〉生きている人や動物の血。

生き血を吸《す》う 自分の利益のために、弱い者を徹底《てってい》的に苦しめる。例人の生き血を吸う悪徳金融《きんゆう》業者。類生き血をすする。

いきちがい【行き違い】〈名〉❶たがいに会おうとして出かけたが、うまく出会えないこと。例行き違いになる。類すれちがい。❷連絡《れんらく》がうまくいかないで、誤解などが生じること。例行き違いがある。行き違いがおこる。類手違《てちが》い。▽「ゆきちがい」ともいう。

いきづかい【息遣い】〈名〉呼吸の調子。例息遣いがはげしい。作者の息遣いが伝わってくるような文章だ。

いきつぎ【息継ぎ】〈名・する〉❶歌ったり泳いだりしている途中《とちゅう》で、息をすいこむこと。❷仕事の合間に少し休むこと。類息抜き。息休め。一服。

いきつ・く【行き着く】〈動五〉❶ある場所へ向かって行き、そこに着く。例行き着いたのは見知らぬ町だった。❷ものごとが進行して、ある結果がでる。例世の中の行き着く先(=ゆくすえ)。議論の行き着くところ(=結論)。▽「ゆきつく」ともいう。類たどり着く。

いきづ・く【息づく】〈動五〉息をする。例いまだに開拓《かいたく》時代の精神が息づいている。

いきつけ【行きつけ】〈名〉その店によく行くこと。なじみの店。「ゆきつけ」ともいう。例行きつけの飲み屋。

いきづま・る[1]【行き詰まる】〈動五〉ものごとがうまく進まず、どうにもならなくなる。「ゆきづまる」ともいう。例交渉《こうしょう》が行き詰まる。類頓挫《とんざ》する。

いきづま・る[2]【息詰まる】〈動五〉息もできないほど緊張《きんちょう》する。例息詰まる熱戦。

い(行)きつもど(戻)りつ 同じところを何度も行ったり来たりすること。「ゆきつもどりつ」ともいう。

いきとうごう【意気投合】〈名・する〉ものの考えかたや趣味《しゅみ》などの相性《あいしょう》が一致《いっち》すること。例初対面《しょたいめん》でたちまち意気投合した。

いきどおり【憤り】〈名〉心の底からのいかり。例憤りを感じる。政治の腐敗《ふはい》に憤りをおぼえる。類憤怒《ふんぬ》。憤慨《ふんがい》。憤激《ふんげき》。

いきどお・る【憤る】〈動五〉そんなことは許せないと、はげしくおこる。類憤慨《ふんがい》する。怒《いか》る。腹を立てる。

い(生)きとしい(生)けるもの この世に生きているものすべて。

いきとど・く【行き届く】〈動五〉心くばりがすみずみにまでおよぶ。「ゆきとどく」ともいう。例手入れの行き届いた庭。

いきどまり【行き止まり】〈名〉道がそこで終わっていて、それ以上進めないこと。「ゆきどまり」ともいう。

いきながら・える【生き長らえる】〈動下一〉❶長生きする。❷あぶないめにあっても、とにかく死なずに生きている。類生き残る。

いきなり〈副〉❶なんの前ぶれもなく突然《とつぜん》。例いきなりかばんをひったくられた。類突如《とつじょ》。❷順序をふまず直接に。例社長からいきなり電話で命じられた。方言宮城《みやぎ》の若者は、「いきなりおいしい」「いきなり立派だ」のように、「とても」の意味で使う。

いきぬき【息抜き】〈名・する〉仕事の途中《とちゅう》で、緊張《きんちょう》をとき、つかれをとるために、少し休んだり、ほかのことをしたりすること。例息抜きをする。勉強の息抜きに音楽を聴《き》く。類一息(入れる)。気晴らし。

いきぬ・く【生き抜く】〈動五〉どんな困難《こんなん》があっても、へこたれずに生きつづける。

いきのこり【生き残り】〈名〉❶死なないで残ること。例生き残りをかけて戦う。類生存。サバイバル。❷運よく死なないで残った人。例前代の生き残り。

いきのこ・る【生き残る】〈動五〉その場の多くの人が死ぬような状態の中で、死なずに残る。類生きのびる。

いきの・びる【生き延びる】〈動上一〉危ないところをきりぬけて、なんとか死なないですむ。類生き残る。

いきば【行き場】〈名〉そこに行けば、落ち着いていられる場所。「ゆきば」ともいう。例退職後はどこにも行き場がなくて時間を持てあましている。類身の置き所。

いきはじ【生き恥】〈名〉生きていることそのものが、恥であること。例生き恥をさらす。対死に恥。

いぎぶか・い【意義深い】〈形〉大きなねうちや甲斐《かい》のある。例意義深い一日となる。類有意義。

いきぼとけ【生き仏】〈名〉仏様のように尊くありがたい人。

いきま・く【息巻く】〈動五〉「文句があるなら相手になってやろうじゃないか」などと、おおげさにおこったりして、たいへんないきおいを示す。類気炎をあげる。いきり立つ。

いき・む【息む】〈動五〉重いものでも持ちあげるときのように、息をつめて、下腹にぐっと力を入れる。類息張る。

いきもの【生き物】〈名〉生きていて、動いたり、生えたりしているもの。命を持つもの。動物や植物など。→せいぶつ〔生物〕

表現 (1)植物よりも、とくに動物をいうことが多い。
(2)「言葉は生き物だ」のように、独自の動きをしたり変化したりするもののたとえにも使う。

いきょ【依拠】〈名・する〉ささえとして、あるものにもとづくこと。例実例に依拠する。国民に依拠した政治。類よりどころ。立脚《りっきゃく》。

[1]**いきょう**【異教】〈名〉自分たちの信じる神とは別の神を信じ、自分たちとはちがう習慣をもつ宗教。

[2]**いきょう**【異郷・異境】〈名〉❶[異郷]ふるさとを遠くはなれた、よその土地。例異郷での生活をおくる。❷[異境]自分の育った土地と環境《かんきょう》のちがう、よその国。▽類異国。他国。

[1]**いぎょう**【異形】〈名〉ふつうとはちがった、わけがわからない、不気味なすがた。例異形の者。

[2]**いぎょう**【偉業】〈名〉後世《こうせい》にのこるような、偉大な仕事。例前人未到《ぜんじんみとう》の偉業をなしとげる。類快挙。

いきょうと【異教徒】〈名〉異教を信じる者。

いきようよう【意気揚揚】〈副・連体〉得意そうで元気いっぱい。例勝って意気揚々とひきあげる。

いきょく(委曲)**をつ**(尽)**くす** こまかいことまでもれなくとりあげる。例委曲を尽くして説明する。

いきりた・つ【いきり立つ】〈動五〉もうがまんがならないといった調子で、まっかになっておこる。類いきまく。

いきりょう【生き霊】〈名〉うらむ相手にとりついて苦しめる、生き身の人のたましい。生きすだま。対死霊。

[1]**い・きる**【生きる】〈動上一〉❶命をたもっている。例生きるか死ぬかのせとぎわだ。対死ぬ。類生存する。❷例下町に生きる人々。類生活する。生計をたてる。❸効果やはたらきがじゅうぶんにひき出される。例味が生きる。文が生きる。塩かげんひとつで料理が生きる。対死ぬ。類引きたつ。❹野球や碁《ご》などで、塁《るい》に出た選手や、打った石が、だめにならずにすむ。対死ぬ。

表記 ③は、「▽活きる」と書かれることもある。

[2]**いきる**(方言) 調子に乗って強がる。関西で言う。対びびる。

いきわかれ【生き別れ】〈名〉親子やきょうだいが生きたまま別れ別れになること。対死に別れ。類生別。

いきわた・る【行き渡る】〈動五〉全体に、もれなくおよぶ。「ゆきわたる」ともいう。例あまねく行き渡る。注意が行き渡る。全員に行き渡る。類行きとどく。

常用漢字 **いく**

【育】月部4 全8画 育育育育育

イク そだつ・そだてる・はぐくむ 教小3 音[イク] ▨育児《いくじ》。育成《いくせい》。飼育係《しいくがかり》。保育園《ほいくえん》。□▨教育《きょういく》。体育《たいいく》。知育《ちいく》。発育《はついく》。訓❶[そだつ]育つ。育ち。育ち盛《ざか》り。都会育ち。❷[そだてる]育てる。育ての親。子育て。❸[はぐくむ]育む。

[1]**い・く**【行く】〖▽往く〗━〈動五〉❶今いる場所から出かける。例おい、もう行こうか。対来る。❷ある目的地へ、または、ある目的のために、出かける。例となりの町へ行く。手紙を出しに行く。対帰る。❸ある場所に通じている。例駅へ行く道。❹通る。通過する。例沖合《おきあい》をタンカーが行く。❺習慣的な行動として、かよう。例三年間、料理学校へ行った。❻[いく] ある場所に、なにかがとどく。例そのうちにお宅に連絡《れんらく》がいくと思います。❼[いく]ものごとがすすむ。例仕事がうまくいく。思いどおりにいく。はかがいく(=どんどん進む)。類はこぶ。❽[いく] ある状態に達する。例満足がいく。納得《なっとく》がいく。❾[いく] する。行動する。くだけた言いかた。例若さでいく。がんばっていこう。❿一定の時間がすぎる。例行く春。行く年来る年。

━〈補動五〉[いく] ❶(「…ていく」の形で)ある動作や状態が、どこかはなれた場所または未来にむかって、すすむことを表わす。例苗《なえ》が生長していく。夜がふけていく。❷(「…ていく」の形で)あることをした結果を残してたち去る。例手つけ金だけははらっていこう。

参考「ゆく」とも言うが、「行った」「行って」のように音がつまるときは「いっ」としか言わない。

敬語 (1)尊敬語としては、「行かれる」のほか、「いらっしゃる」「おいでになる」を使い、どちらも「いる」「来る」の尊敬語と同じ形になる。また、「お越《こ》しになる」「お運びになる」も使う。(2)謙譲《けんじょう》語としては、「伺《うかが》う」「参上する」「上がる」を使う。(3)丁重《ていちょう》語としては、「参る」を使い、「来る」の丁重語と同じ形になる。

[2]**い・く**【逝く】〈動五〉人が死ぬ。「ゆく」ともいう。例若くして逝く。類逝去《せいきょ》する。死去する。亡《な》くなる。

表現「逝く」は、もともと「行く」と同じことだが、川の流れのように、行ったらもうもどってこない場合にあてて、人の死をいうようになった。

[3]**いく**【幾】〈接頭〉❶数や量がわからないことを表わす。例幾人《いくにん》・幾《いく》たり。幾日。❷数量や程度などがとても多いことを表わす。例幾千年。幾久しく。幾山川。

イグアナ〈名〉爬虫《はちゅう》類の一種。中南米の熱帯にすむ大型のトカゲ。◇iguana

いくえにも【幾重にも】〈副〉二度も三度も。例不行きとどきの点は幾重にもおわびします。類かさねがさね。重々《じゅうじゅう》。

いくさ【戦】〖▽軍〗〈名〉「戦争」「戦闘《せんとう》」の、やや古い言いかた。類合戦《かっせん》。

いぐさ〖▼藺草〗〈名〉しめった土地に生える葉のない多年草。水田で栽培《さいばい》して、茎《くき》でたたみおもて・はなむしろなどをつくる。熊本でほとんどがとれる。藺《い》。

いくさき【行く先】〈名〉⇩ゆくさき

[1]**いくじ**【育児】〈名〉おさない子どもを育てること。例育児に専念する。類子育て。

[2]**いくじ**【意気地】〈名〉なにがなんでもやりぬこうとする気力。類甲斐性《かいしょう》。意地。根性《こんじょう》。気概《きがい》。ガッツ。

表現「意気地がない」「意気地なし」の形で使われるのがふつうで、見ていても歯がゆく、「しっかりしろ」と活を入れたくなるようすをいう。

いくじなし【意気地なし】〈名〉ものごとに立ち向かおうとする気力がない人。類弱虫。

いくせい【育成】〈名・する〉しっかりしたものに育てあげること。例選手を育成する。苗《なえ》の育成。類養成。

いくたの【幾多の】〈連体〉かぞえられないくらい多くの。例幾多の困難をのりこえる。類たくさん。

表現「幾多、苦労をかさねる」のように、「幾多」の形で副詞として使うこともある。

いくたび【幾たび】〖幾度〗〈副〉「いくど」のあらたまった言いかた。例幾たび試みても成功にいたらなかった。

いくつ〖幾つ〗〈名〉❶一つ一つかぞえられるものの数や、年齢《ねんれい》などをたずねるときのことば。何個。何歳《なんさい》。どれほど。例あの子はいくつになったのかな。❷(「いくつか」「いくつも」の形で)はっきりわからない数を表わす。例読めない字がいくつかあった。こんなめずらしい化石はいくつもあるものじゃない。
表現 一つ一つかぞえられるものでも、「いくつ」を使うことができないものがある。たとえば、人間・本・紙幣《しへい》など。

いくど【幾度】〈副〉なんど。例幾度もくり返す。幾度となく。類幾たび。

いくどうおん【異口同音】〈名〉みんなが口をそろえて同じことを言うこと。例異口同音に答える。

いくにち【幾日】〈名〉❶どれだけの日数か。例完成までに幾日かかりますか。幾日かおくれそうだ。❷日にちはいつか。例前回お会いしたのは幾日でしたか。❸(「いくにちも」の形で)多くの日数。例けがが治るのに幾日もかかった。
表現「何日《なんにち》」よりも、あらたまった言いかた。

イグノーベルしょう【イグ(・)ノーベル賞】〈名〉ノーベル賞のパロディーとしてアメリカの雑誌がもうけている、ユーモラスな研究や発明に対して贈《おく》られる賞。
参考 Nobel に Ig をつけて、形容詞の ignoble (=不名誉《ふめいよ》な)にかけたしゃれ。

いくばく〈副〉❶(あとに打ち消しのことばをともなって)ほとんど…ない。いくらも…ない。例余命いくばくもない。❷(多く「いくばくか」の形で)わずか。例いくばくかの金《かね》。

いくび【▼猪首】〈名〉イノシシを思わせる、太い首。

いくひさしく【幾久しく】〈副〉いつまでも。例幾久しくよろしくお願いいたします。類末永く。

いくぶん【幾分】〈名・副〉いくらか。ある程度。例給料の幾分かを仕送りする。雨がいくぶん小降《こぶ》りになった。類若干《じゃっかん》。多少。

いくもう【育毛】〈名〉毛の生長をたすけること。例育毛剤《ざい》。

[1]**いくら**〖幾ら〗 ━〈名〉❶数量やねだんをたずねるときのことば。どれだけ。どれほど。どのくらい。例このりんごは一個いくらですか。❷はっきりわからない数量やねだん、程度などを表わし、その多さまたは少なさを、強調するときのことば。「いくらでも」は多さを、「いくらも」は打ち消しのことばをともなって少なさを表わす。例そんな例はいくらでもある。今月のこづかいは、あといくらも残っていない。
━〈副〉(「いくら…ても」「いくら…でも」の形で)たとえ…しても。たとえ…でも。例いくらベテランの彼でも、あの相手にはてこずるだろう。▽アイクラ

[2]**イクラ**〈名〉筋子《すじこ》をひとつぶずつばらばらにして、塩水であらった食品。◇ロシア語から。アイクラ

いくらか〈副〉あまりはなはだしくはないが、ある程度。例前よりいくらかよくなった。類なにがしか。多少。

[1]**いけ**【池】〈名〉❶くぼ地に水がたまっているところ。自然のものも、人工のものもある。湖よりも小さい。例ため池。類沼。❷すずりの水をためるところ。類海。

[2]**いけ**〈接頭〉好ましくない感じをどぎつく表現することば。例いけ好かない。いけずうずうしい。いけしゃあしゃあと。

いけい【畏敬】〈名・する〉身のひきしまるような思いで尊敬すること。例畏敬の念をいだく。

いけいれん【胃けいれん】〖胃▼痙▼攣〗〈名〉胃がとつぜん収縮する症状《しょうじょう》。はげしい痛みがある。

いけがき【生け垣】〈名〉あまり背の高くない常緑樹を植えてつくったかきね。

いけす〖生け▼簀〗〈名〉魚やエビなどを、生かしてつかまえておくところ。川や海や漁船の中に、木や竹などをくみあわせたり、あみをはったりしてつくる。

いけず(方言)いじわる。関西で言う。女性のほうが使うことが多い。例いけずせんといて(=しないで)。

いけすかない【いけ好かない】〈形〉人の性質や態度などが、いやらしくて気に入らない。例あいつは自慢《じまん》話ばかりして、いけ好かないやつだ。
表現 くだけた話しことばで、改まった場面では話されない。「ます」を入れて「いけすきません」などと言うとおかしい。

いげた【井桁】〈名〉❶木で「井」の字の形に組んだ、井戸のふち。❷「井」の字の形。例井桁の家紋《かもん》。木を井桁に組む。井桁模様。❸番号を表わす「#」の記号。形がよく似《に》ているシャープ「♯」とまぎれやすい。

いけづくり【生け作り】〖▽活け作り〗〈名〉生きたままのコイやタイなどの肉を切りとって刺《さ》し身にし、もとの魚のすがたにもりつけて出す料理。「いきづくり」ともいう。

い(行)けどもい(行)けども どんなに進んでいっても。「ゆけどもゆけども」ともいう。例行けども行けども出口が見えない。

いけどり【生け捕り】〈名〉生き物を、生きたままつかまえること。例人食いザメを生け捕りにする。
表現「生け捕る」と、動詞の形でも用いる。

いけない〈形〉❶状態や行動などがよくない。例ぼんやりしていたわたしがいけなかった。彼はうそつきでいけない。❷だめである。例来てはいけない。いけないったらいけない。類ならない。❸(「…なければいけない」の形で)「…するべきである」という意味を表わす。例宿題はしなければいけない。類ならない。❹酒が飲めない。下戸《げこ》である。対いける。

いけにえ【生けにえ】〖生け▼贄〗〈名〉神にそなえる生き物。例生けにえをささげる。

いけばな【生け花】〖▽活け花〗〈名〉草木の花や葉、枝《えだ》を切りとって、かたちよくうつわにさし入れること。また、その技術や作法。床《とこ》の間《ま》・たな・台などに置いて室内をかざる。「生花《せいか》」ともいう。類華道《かどう》。

イケメン〈名〉ハンサム。美男子《びなんし》。二枚目。くだけた言いかた。
参考「行けてる面《めん》(=顔)」から。

[1]**いける**〖行ける〗〈動下一〉❶かなりじょうずにできる。例彼はスポーツならなんでもいける。❷酒がたくさん飲める。例あの男はいける口だ。対いけない。❸食べ物や飲み物がおいしい。例この漬物《つけもの》はなかなかいける。▽アイケル

[2]**いける**【生ける】〖▽活ける・▽埋ける〗〈動下一〉❶[生ける・活ける] 見て楽しむために、切りとった花や葉、枝《えだ》をうつわにさし入れる。例花を生ける。❷[埋ける] 炭火を火ばちの灰の中にうめる。▽アイケル

[3]**いける**【生ける】〈連体〉生きている。例遺体の顔は生けるがごとくであった。アイケル

生ける屍《しかばね》 生きてはいるが生気がなく、ぬけがらのようになってしまった人。

[1]**いけん**【意見】〈名〉❶あるものごとについて、考えたり感じたりしていること。例意見を述べる。意見を聞く。意見がわかれる。意見がまとまる。意見調整。少数意見。類見解。考え。所見。❷〈する〉人のまちがいをいさめて、やめるように言うこと。例人に意見する。類注意。説教。▽アイケン

2 **いけん【違憲】**〈名〉 憲法に違反していること。[例]違憲立法審査《しんさ》権。[対]合憲。[ア]**イケン**

いげん【威厳】〈名〉 なれなれしくは近づけない、おごそかなふんいき。[例]どことなく威厳のある人物。[類]おもおもしさ。威光。威信。

1 **いご【以後】** [一]〈名〉 ある特定のときをふくみ、そのときよりもあと。[例]五時以後は受け付けない。明治以後の作家。[対]以前。[類]以降。以来。→いぜん〔以前〕[表現] [二]〈名・副〉 今からのちずっと。[例]以後(は)気をつけます。[類]今後。向後《こうご》。

2 **いご【囲碁】**〈名〉「碁《ご》」の正式な言いかた。→ご〔碁〕

いこい【憩い】〈名〉 からだや心をゆっくりと休めること。[例]憩いの場。憩いのひととき。[類]休息。

1 **いこ・う【憩う】**〈動五〉 からだや心をゆっくりと休める。[例]木陰《こかげ》に憩う。[類]休息する。[ア]**イコウ**

2 **いこう【以降】**〈名〉 ある特定のときからあとずっと。[例]明治以降、首都は東京にある。[対]以前。[類]このかた。以後。以来。[ア]**イコー**

3 **いこう【衣▽桁】**〈名〉 和服をかけるための家具。部屋のすみなどに立てて使う。えもんかけ。[ア]**イコー** →えもんかけ[絵]

4 **いこう【威光】**〈名〉 まわりの人をおそれおおく思わせ、従わせるふんいき。[例]親の威光。金の威光。[類]威信。威厳。[ア]**イコー**

5 **いこう【移行】**〈名・する〉 ものごとの状態がほかの状態へ移っていくこと。[例]移行期間。[ア]**イコー**
[表現] 多く、制度などの変更《へんこう》についていう。

6 **いこう【移項】**〈名・する〉〔数学〕 数式の一方の辺を他方に移すこと。たとえば A＝B の右辺を左辺に移項すると A－B＝0 となる。[ア]**イコー**

7 **いこう【意向】**〈名〉 心の中で、「こうしたい」「こうしよう」と考えていること。[例]意向をただす。意向を伝える。[類]思わく。心づもり。意図。[ア]**イコー**

8 **いこう【遺稿】**〈名〉 生前には発表されないまま残された原稿。[例]遺稿をまとめる。[類]遺作。[ア]**イコー**

9 **いこう【遺構】**〈名〉 むかしの建物や都市などの ようすを知る手がかりとなるような あと。[ア]**イコー**

いこうそち【移行措置】〈名〉 新しい制度に移っていくときの一時的な措置。

イコール〈名〉 ❶〔数学〕 等号。❷等しいこと。同じであること。[例]これできみとぼくの条件はイコールになった。◇equal

いこく【異国】〈名〉 ことばや風習のちがう人たちの住む外国。[例]異国の土となる。異国情緒《じょうちょ》。[類]異境。異郷。異邦《いほう》。他国。

いこくじょうちょ【異国情緒】〈名〉 いかにも外国らしいおもむきを感じさせる情景やふんいき。[例]異国情緒たっぷり。異国情緒をあじわう。[類]エキゾチシズム。

いごこち【居心地】〈名〉 そこにいるときの気分や感じ。[例]居心地がいい。居心地がわるい。

いこじ【意固地】『依▼怙地』〈名・形動〉 むきにならなくてもよいのに、意地をはって、自分の考えを変えないこと。「えこじ」ともいう。[例]いこじになる。いこじな態度。[類]かたくな。頑固《がんこ》。頑迷《がんめい》。強情。

いこつ【遺骨】〈名〉 死者の骨。とくに、戦死者の骨をさすことがある。[例]遺骨をひろう。遺骨をおさめる。

いごっそー（方言） がんこ者。へそまがり。高知で言う。

1 **いこん【遺恨】**〈名〉 長く心にのこるうらみ。[例]遺恨をいだく。遺恨をはらす。遺恨試合。[類]宿根。[ア]**イコン**

2 **イコン**〈名〉 教会で、キリストや聖母・聖者などを描いた聖画像。図像。アイコン。◇ドイツ Ikon [ア]**イコン**

いざ〈感・副〉 いよいよやるぞ、という気持ちを表わすことば。[例]いざ決行というときに、じゃまが入った。

いざ鎌倉《かまくら》 大事件がおこってそれに対処しなければならないとき。さあ、たいへんな時だ。
[由来] 鎌倉幕府に一大事がおこったと聞いて、鎌倉にかけつける武士の緊張《きんちょう》した気持ちを表わしたことば。謡曲《ようきょく》の文句から。

いざという時《とき》 急を要するとき。

1 **いさい【委細】**〈名・副〉 こまごまとした事情。なにもかも。[例]委細かまわず。委細 承知いたしました。[類]委曲。子細。詳細《しょうさい》。[ア]**イサイ**

委細構《かま》わず どんな事情があろうと気にせずに。

委細を尽《つ》くす 解説や描写《びょうしゃ》などが、細かいところにまで行きとどいている。

2 **いさい【異彩】**〈名〉 ほかと比べて、きわだって目をひく特色。[例]異彩を放つ。[類]異色。[ア]**イサイ**

3 **いさい【異才・偉才】**〈名〉 目だってすぐれた才能。そのような才能をそなえた人。[例]現代美術界の異才。[類]異能。[ア]**イサイ**

いさお『▽勲』〈名〉 国や社会のためにつくしたてがら。古い言いかた。[例]いさおをたてる。

いさおし『▽勲』〈名〉 成功による名誉《めいよ》。

いさかい『▼諍い』〈名〉 口げんかぐらいの、ちょっとしたけんか。[例]いさかいをおこす。いさかいが絶えない。[類]言いあらそい。

いざかや【居酒屋】〈名〉 ぶらっとたち寄って気がるに飲み食いできる大衆的な酒場。[類]飲み屋。

いさき〈名〉 陸近くの海にすむ魚。四〇《センチメートル》ぐらいで、背にうすい褐色《かっしょく》のしまがある。塩焼きがうまい。

いさぎよ・い【潔い】〈形〉 行動にひきょうなところがなく、公正である。[例]自分のあやまりを潔く認める。潔く辞任する。
[注意] 「いさぎ」ということばはないので、「いさぎ(が)いい」「いさぎ(が)わるい」という言いかたは あやまり。

いさぎよ(潔)しとしない ある行ないが、自分の信念に反するので、とてもそれをする気になれない。

いさく【遺作】〈名〉 生前には発表されないまま残された芸術作品。[類]遺稿《いこう》。

いざこざ〈名〉 それほど深刻でない、ちょっとしたあらそい。[例]いざこざがたえない。[類]ごたごた。もめごと。トラブル。

いささか〈副〉 ❶少しばかり。「自分が予想したよりもいくぶんか…ぎみだ」というニュアンスで使う。[例]この暑さには、いささか参ったね。[類]やや。❷(「いささかも」の形で、あとに打ち消しのことばをともなって)少しも…ない。[例]この件につき、いささかも不服はありません。
[表現] ①の場合、「ぼくは英語を話すことにかけては、いささか自信がある」のように、話す人が、自分のことを「いささか…だ」と言うときには、実際には他人からみて「かなり…だ」と考えられる場合がある。話す人の自信や、自慢《じまん》したい気持ちもうかがえる。

いざし(知)らず …はどうだかわからないが。…なら許せるが。[例]人のことはいざ知らず。子どもならいざ知らず。
[参考] 「いざ」は「いさ〈副〉」(＝さあ、どうだかの意)が、「いざという時」の「いざ」とまぎれたもと誤用。

いざない『▽誘い』〈名〉 「さそい」の詩的な言いかた。[例]音楽へのいざない。旅へのいざない。

いざな・う『▽誘う』〈動五〉 さそいをかけて引き出す。

例メルヘンの世界にいざなう。類導く。

いさまし・い【勇ましい】〈形〉❶なにごともおそれず、積極的だ。❷人の心をふるいたたせずにはおかない。例勇ましいかけ声。表現 詩的なニュアンスをこめていうことば。

いさみあし【勇み足】〈名〉❶すもうで、相手を追いつめながら、自分の足が先に土俵の外に出て、負けになること。❷調子にのってやりすぎ、失敗すること。例とんだ勇み足をしてしまった。

いさみはだ【勇み肌】〈名〉いせいがよく、まがったことがきらいな性格が外に見えているさま。例勇み肌のあんちゃん。類いなせ。競《きお》い肌。

いさ・む【勇む】〈動五〉やる気がわいてきて、じっとしていられなくなる。例勇みたつ。喜び勇む。類はりきる。

いさ・める〖▼諫める〗〈動下一〉おもに目上の人に対して、「まちがっていますから、おやめください」などと言う。類諫言《かんげん》する。たしなめる。→いましめる表現

いざよい〖▽十▽六▽夜〗〈名〉陰暦《いんれき》十六日の夜に出る月。満月の次の夜。参考 前夜の満月にくらべて、月の出かたがおそく、光が生彩《せいさい》を欠くため、まるでためらいながら出てくるような感じなので、こういう。

いざよ・う〈動五〉ためらって、なかなかすすもうとしない。古い言いかたで、「いさよう」ともいう。例いざよう波。

いさりび【いさり火】〖▽漁り火〗〈名〉夜、沖《おき》で、漁船が魚を集めるためにともす火。類漁火《ぎょか》。

1 **いさん**【胃酸】〈名〉胃液の中にふくまれている酸。塩酸が多く、タンパク質を分解する消化酵素《こうそ》「ペプシン」のはたらきをたすける。例胃酸過多《かた》。

2 **いさん**【遺産】〈名〉❶人の死後に残った財産。例遺産をつぐ。父の遺産をあてにする。遺産相続。遺産争い。❷前の時代に生きた人々が残していったたいせつなもの。例文化遺産。自然遺産。日本遺産。

1 **いし**【石】〈名〉❶岩石《がんせき》。物質としては岩と同じだが、岩が地面の一部で動かぬものと考えられるのに対し、石は地面からはなれ、動かせるものといえる。また、石はかたい鉱物である点に金属と共通性があるが、金属がわれにくく熱にとけやすいのに対して、石は熱にとけにくく、われやすい。例石を切りだす。石切り場。庭石。軽石。焼け石。❷宝石。例時計の石。❸碁石《ごいし》。例白の石をもつ。❹じゃんけんの「ぐう」。❺人体の中にできる石のようなかたまり。結石《けっせき》。例腎臓《じんぞう》に石ができる。▽アイシ」

表現 石には、かたさをはじめ、いろいろな性質があり、それぞれの性質を強調した、いろいろな言いまわしがある。
(1)かたくて、どうにもならないもの。——石に矢の立つためしあり。石頭。石部金吉《いしべきんきち》。
(2)重いもの。——荷物が石のように重い。
(3)変わらないもの。——石に字をきざむ。いしぶみ(=「碑」と書くが、もともとは「石文」という意味)。
(4)いちど熱くなったら、さめにくいもの。——焼け石に水(→「やけいし」の子項目)。石焼き。
(5)ただじっとしているもの。——石のようにおしだまっている。
(6)どこにでもあるつまらぬもの。——石ころ。

石にかじりついても 目的のためには、どんなことにもたえて。「石にかじりついてでも」ともいう。例石にかじりついてもやりとげてみせる。

石に矢《や》の立《た》つためしあり 何事もいっしょうけんめいやればできないことはない。

石の上《うえ》にも三年《さんねん》 なにごとも、がまんづよくやればなんとかなるものだ。

2 **いし**【医師】〈名〉「医者」のあらたまった言いかた。例医師免許《めんきょ》。歯科医師。類ドクター。アイシ

3 **いし**【意志】〈名〉考えたことをなしとげようとする、心のはたらき。例意志が強い。意志をつらぬく。意志をまげる。意志薄弱《はくじゃく》。自由意志。アイシ ↓いし〔意思〕

4 **いし**【意思】〈名〉心に思うことの内容。例意思が通じる。意思を伝える。意思の疎通《そつう》を欠く。意思表示。アイシ

表現「意思」は法律でも使うことばで、考えていることに重点があり、「意志」は、なにかをやりとげる決意に重点がある。

5 **いし**【遺志】〈名〉なくなった人が、やりたいと思っていたこと。例亡父《ぼうふ》の遺志をつぐ。アイシ

6 **いし**【▼縊死】〈名・する〉首をつって死ぬこと。アイシ

1 **いじ**【意地】〈名〉❶人の行ないの根本にある考えかたや心がまえ。例意地が悪い。意地がきたない。類気立て。根性。❷自分の考えをむりに通そうとする心。例意地がある。意地をはる。意地を通す。▽アイジ」

方言 沖縄では、「勇気」「怒《いか》り」の意味でも使う。

意地を通《とお》す ゆずれないという気持ちをかたくまもりつづける。例最後まで意地を通した。

意地を張《は》る 自分の考えにこだわって、相手に歩みよろうとしない。類片意地を張る。意固地《いこじ》になる。

2 **いじ**【遺児】〈名〉親が死んだあとに残された子ども。例交通遺児。類忘れ形見。アイジ

3 **いじ**【維持】〈名・する〉ものごとの状態を、なんとかそのままにたもつこと。例健康を維持する。現状維持。維持費。類保持。保つ。支える。アイジ

いしあたま【石頭】〈名〉❶石のようにかたい頭。❷新しいことや新たな事態をうけいれることのできない人。例なんど説明したらわかるんだ、この石頭！類頑迷固陋《がんめいころう》。頑固《がんこ》。

いしうす【石臼】〈名〉石でつくった臼。穀物を粉にしたりするときなどに使われた。

いしがき【石垣】〈名〉石をかべのように積み重ねたへい。

いしき【意識】〈名〉❶自分の現在の状況《じょうきょう》や行動などに気がついていること。例意識がある。意識がもどる。意識を失う。意識的。無意識。❷〈する〉気にすること。こだわること。例罪の意識。優勝を意識してかたくなった。意識過剰《かじょう》。❸関心をもつこと。例政治意識。❹自分をそういう者だと思い定めること。例エリート意識。類自覚。

意識が高《たか》い 自分を高めていこうとする強い意欲を持っている。

いじきたな・い【意地汚い】〈形〉食べ物や金銭などに対する欲望がつよい。とくに、食い意地がはっている。

いしきてき【意識的】〈形動〉自分で自分の行動の意味やその結果などを、ちゃんと知っていながら、わざとするようす。例意識的に冷たい態度をとる。類故意。

いしきふめい【意識不明】〈名〉意識をうしなった状態。例意識不明になる。類人事不省《ふせい》。

いしきり【石切り】〈名〉❶石を山から切り出すこと。例石切り場《ば》。❷石をけずったり彫《ほ》ったりして、細工すること。

いしく【石工】〈名〉石材を山から切り出したり、また、それをきざんで墓石などをつくる職人。せっこう。

いじくらしー（方言） うっとうしい。うるさい。石川で言う。参考 若い世代では「いじっかしー」が多い。

いじく・る〈動五〉 いじる。例 いじくりまわす。

いじ・ける〈動下一〉 ❶おそれや寒さに負けて、だらしなくちぢこまっている。❷自分をだめなものと思いこみ、弱気になる。例 いじけた態度。▽類 萎縮《いしゅく》する。

いじげん【異次元】〈名〉 ❶SFやゲームで、われわれの生きている現実とは別に存在するとされる世界。類 異世界。❷なみはずれていること。次元がちがうこと。別次元。例 異次元の強さを見せる。異次元の才能。

いしこい（方言） 粗《そ》悪《あく》だ。茨城・栃木で言う。いしけえ。えしこい。

いしころ【石ころ】〈名〉 どこにでもある小さな石。

いしずえ【礎】〈名〉 ❶建物の柱の下にすえる土台石。類 基礎《きそ》。❷ものごとの基礎となるもの。例 国の礎。▽類 礎石。もとい。

いしだたみ【石畳】〈名〉 石をたいらにしきつめたところ。例 石畳の道。

いしだん【石段】〈名〉 大きな石をしきつめた階段。

いしつ【異質】〈形動〉 性質がほかのものとちがっている。例 異質な文化にふれる。対 同質。

いしづき【石突き】〈名〉 ❶雨がさやステッキ、また、やりなどの柄《え》の先で、地面にあたる部分。❷キノコの根もとのかたい部分。▽絵

いじっぱり【意地っ張り】〈名・形動〉 なにかにつけて意地をはり、我《が》をとおす人。類 強情《ごうじょう》っぱり。

いしつぶつ【遺失物】〈名〉 「落としもの」「忘れもの」のかたい言いかた。駅や警察などで使われることば。対 拾《しゅう》得《とく》物。

いじどうくん【異字同訓】〈名〉 いくつかのことなる漢字が、同じ訓をもち、意味にも共通点があること。同訓異字。参考 たとえば、「断・裁・絶」の三字は、どれも「たつ」という訓をもち、「切りはなす」という共通の意味がある。

［いしづき］

いしなご（方言） くるぶし。千葉で言う。

いしはくじゃく【意志薄弱】〈名・形動〉 意志が弱くて、忍耐《にんたい》や努力、決断ができないこと。

いしばし【石橋】〈名〉 石材を寄せあわせてつくった橋。

石橋をたたいて渡《わた》る なにごとにも、念には念をいれて用心ぶかく行なう。

いしひょうじ【意思表示】〈名・する〉 自分の考えや気持ちを、おもてにだして示すこと。例 意思表示がはっきりしない。参考 意思表示が法律上効果をもつためには、遺言《ゆいごん》のように一定の手続きが必要である。

いしぶみ〖▽碑〗〈名〉 「碑《ひ》」のこと。類 石碑《せきひ》。

いしへん〖石偏〗〈名〉 漢字の偏の一つ。「砂」「研」などの「石」の部分。

いしぼとけ【石仏】〈名〉 ❶石でつくった仏像。せきぶつ。❷感情をおもてに出さない人。いつもだまっている人。

いじまし・い〈形〉 見ているほうがみじめになるほど、こせこせして、けちくさい。例 人の分《ぶん》まで食べるとは いじましい。

いじめ〖▽苛め〗〈名〉 弱い者に苦しみをあたえて、ゆかいなおもいをすること。

いじめっこ【いじめっ子】〖▽苛めっ子〗〈名〉 いつも弱い子をいじめている子。

いじ・める〖▽苛める〗〈動下一〉 自分より弱いものに対して、わざといやがることをして、苦しめて楽しむ。対 かわいがる。類 いびる。しいたげる。虐待《ぎゃくたい》する。

表現 「いじめる」は、ことばによるほか、たたく、つねるなど直接害を加える。「いびる」は、ことばや態度でいじめる。

[1]**いしゃ【医者】**〈名〉 病気やけがをなおす仕事をする人。例 医者にかかる。お医者さん。類 医師。ア イシャ

医者の不養生《ふようじょう》 医者が、病人に「からだをだいじにしろ」と言うくせに、自分はからだに気をつけないこと。言う本人は、意外に実行していない。

[2]**いしゃ【慰謝】〖慰▼藉〗**〈名・する〉 心の苦しみをなぐさめ、やすらぎをあたえること。例 慰謝料。ア イシャ

いじゃく【胃弱】〈名〉 胃のはたらきが弱い状態。

いじやける（方言） いらいらする。栃木・茨城などで言う。いじゃける。例 バスがなかなか来なくていじやける。参考 「意地（が）焼ける」から。

いしゃりょう【慰謝料】〖慰▼藉料〗〈名〉 相手にあたえた精神的苦しみに対し、つぐないとしてはらうお金。

[1]**いしゅ【異種】**〈名〉 ことなった種類。例 異種格闘《かくとう》技。対 同種。類 別種。

[2]**いしゅ【意趣】**〈名〉 人からひどい目にあわされたことに対するうらみ。例 意趣をはらす。意趣返し。

[1]**いしゅう【異臭】**〈名〉 鼻をつくいやな変なにおい。例 異臭を放つ。類 悪臭。

[2]**いしゅう【▼蝟集】**〈名・する〉 まるでハリネズミの毛のように、多くのものがびっしりと集まること。例 広場に蝟集した群衆。

いじゅう【移住】〈名・する〉 遠くへ移《うつ》り住むこと。例 オーストラリアに移住する。

いしゅがえし【意趣返し】〈名・する〉 しかえしをして、うらみをはらすこと。類 意趣晴らし。復讐《ふくしゅう》。

いしゅく【萎縮】〈名・する〉 おそれや寒さのために、ちぢこまって元気がなくなること。類 いじける。なえる。

いしゅつ【移出】〈名・する〉 国内のある地域から別の地域へ、物資を送り出すこと。対 移入。

いしゅばらし【意趣晴らし】〈名・する〉 しかえしをして、たまっていたうらみをはらすこと。類 意趣返し。

いしょ【遺書】〈名〉 死んだあとのために、家族などにあてて書いた手紙。書き置き。例 遺書をしたためる。類 遺言《ゆいごん》状。

[1]**いしょう【衣装】〖衣▼裳〗**〈名〉 ❶はれがましい場所へ出るための、きらびやかな衣服。例 衣装をつける。衣装もち（＝衣装をたくさんもっている人）。花嫁《はなよめ》衣装。❷演《えん》劇《げき》やテレビ番組などで、出演者が着る衣服。例 衣装合わせ。舞台衣装。類 コスチューム。▽ア イショー

[2]**いしょう【異称】**〈名〉 正式の名前とは別の、そのものの特徴《とくちょう》をとらえたよび名。対 正称。類 異名《いみょう》。別称。別名。ア イショー

[3]**いしょう【意匠】**〈名〉 ❶芸術作品をつくるときのくふう。類 趣向《しゅこう》。❷商品がよく売れるようにするために、その形や色にさまざまなくふうをすること。例 意匠登録。類 デザイン。▽ア イショー

[1]**いじょう【以上】**〈名〉 ❶そこから上。数量が、目やすの数と同じか、それより多いこと。程度についても同じように使う。例 百人以上参加した。中級以上の人は次のコー

スに進む。対以下。❷それまで述べたこと全部。例報告は、以上のとおりです。対以下。❸文章や話の最後につけて、「おしまい」という意味を表わすことば。これまで。❹(「…する以上は」「…した以上」の形で)「…する(した)からには当然」という意味を表わす。例参加する以上は優勝したい。▽アイジョー ↓いか〔以下〕表現

表現 (1)「五人以上」といえば、五人をふくむが、「五人をこえる」といえば、五人をふくまず六人からになる。
(2)(1)の、程度を表わす用法では(1)の原則があいまいになることがある。「中級以上」には中級がふくまれるが、「人間以上の力を発揮した」といえば、人間をこえた力、ということになる。

2 **いじょう【委譲】**〈名・する〉権利や仕事などを、ほかにゆずってまかせること。例権限を委譲する。アイジョー

3 **いじょう【異状】**〈名〉ふつうでない、わるいようす。例別に異状はない。対常態《じょうたい》。類異常。別状。アイジョー

4 **いじょう【異常】**〈名・形動〉どうみても正常ではないこと。例検査で異常が見つかる。異常な行動。異常気象。対正常。類異状。アブノーマル。おかしい。変。アイジョー

いじょうふ【偉丈夫】〈名〉からだが大きくてりっぱな男性。「いじょうぶ」ともいう。例堂々たる偉丈夫。

1 **いしょく【衣食】**〈名〉からだをおおうものと口に入れるもの。人が生きていくために、まず必要なもの。アイショク

衣食足《た》りて礼節《れいせつ》を知《し》る 日々の生活ができなくては礼儀《れいぎ》のことなど考えられない。生活の安定が第一だ。類恒産《こうさん》なければ恒心なし。

2 **いしょく【委嘱】**〈名・する〉仕事や役職を、人にたのんでやってもらうこと。例委嘱をうける。委員を委嘱する。類委託《いたく》。委任。嘱託。アイショク

3 **いしょく【移植】**〈名・する〉❶植物を別の場所に植えかえること。例苗《なえ》を移植する。❷からだの組織の一部や臓器を切りとって、ほかの部分や、ほかの人にうつしかえること。例臓器移植。▽アイショク

4 **いしょく【異色】**〈形動〉ほかのものとちがって、ひときわ目だつ特色。例異色の存在。異色作。類異彩《いさい》。アイショク

いしょくじゅう【衣食住】〈名〉人間が生きていくのに必要な三つの要素である、衣服と食べ物とすまい。

いじらし・い〈形〉けんめいになにかをしたり、なにかにたえたりしていて、いかにもあわれで、同情したくなるようすだ。
表現 おもに、おさない子どもについていう。

いじ・る〖▽弄る〗〈動五〉❶指先で、ものにさわったり動かしたりする。例耳をいじるくせがある。類いじくる。❷趣味《しゅみ》や道楽で、手入れや世話などをする。例庭をいじる。❸必要もないのに、少しずつ変えたり、入れかえたりする。例機構をいじる。類いじくる。❹漫才《まんざい》やお笑い番組で、おもしろい反応を引き出すために、かまう。例いじられキャラ。

いしわた【石綿】〈名〉変成岩の一種が変化して、綿のようになったもの。熱や電気をつたえにくく、防火や保温に役立つが、すいこむと肺がんになる危険があるので、使用に制限がある。アスベスト。

いじわる【意地悪】〈名・形動〉わざと人を困らせたり、いやがらせをしたりすること。そういうことをしてよろこぶ、いやな人。例意地悪な言いかた。

いじわる・い【意地悪い】〈形〉性質がねじけていて、人が困ることや、いやがることをわざとする。

1 **いしん【威信】**〈名〉有力者のもつ権威と、それにみんなが寄せている信頼《しんらい》。例威信にかかわる。横綱《よこづな》の威信にかけて。類威光。権威。威厳。アイシン

2 **いしん【維新】**〈名〉ものごとがすべてあらたまり、新しくなること。日本ではとくに、「明治維新」をいうことが多い。例維新の元勲《げんくん》。アイシン

1 **いじん【異人】**〈名〉❶「外国人」の古い言いかた。例横浜の異人館。❷幽霊《ゆうれい》のように、人間のすがたをした、人間でないもの。
表現 「同名異人」の「異人」は、「別の人」の意味。

2 **いじん【偉人】**〈名〉世の中のためになることをしたすぐれた人。例世紀の偉人。偉人伝。

いしんでんしん【以心伝心】〈名〉口に出して言わなくても、心の中が通じあうこと。類言わず語らず。

いす【椅子】〈名〉❶こしかけ。例長椅子。座椅子。❷役所や会社などでの高い地位。例社長の椅子をねらう。類座。役職。ポスト。

表現 脚《あし》のあるものは一脚《いっきゃく》二脚《にきゃく》と数える。脚が目立たないものには一台二台も使う。

いず【▼伊豆】〈名〉旧国名の一つ。いまの静岡県の伊豆半島と、東京都の伊豆諸島。むかし、流刑《るけい》の地とされ、源頼朝《みなもとのよりとも》などが流された。豆州《ずしゅう》。

いずい(方言) 違和感《いわかん》があってしっくりしない。北海道・岩手・宮城などで言う。えずい。例目さゴミ入っていずいや。
参考 いやな人と席がとなりになるなどして居づらいような、精神的な状態にも使う。

いすか〈名〉冬、日本に渡《わた》ってくる小鳥。赤黄色で、くちばしが上下にねじれるように交差している。

いすかの嘴《はし》の食《く》い違《ちが》い ものごとがくいちがって、思うようにならないこと。イスカのくちばしの形からでた言いまわし。

いすく・める【射すくめる】〖射▼竦める〗〈動下一〉相手を鋭く見つめて恐れさせ、動けないようにする。

いずこ〈代名〉「どこ」の古めかしい言いかた。

いすとりゲーム【椅子取りゲーム】〈名〉人数より少ないいすを円形にならべてそのまわりを回り、合図でいっせいにいすに座って、座れなかった人がぬけていくゲーム。
表現 「社長の座をめぐる椅子取りゲーム」のように、ポスト争いの意味でも使われる。

イスパニア〈名〉「スペイン」のこと。◇《スペイン》España

いずまい【居ずまい】〈名〉すわっているときの姿勢。例居ずまいを正す。

1 **いずみ【泉】**〈名〉❶地面から自然に水がわき出るところ。わき出る水。例泉がわく。類わき水。❷発生の大もと。例知識の泉。▽類源泉。アイズミ

2 **いずみ【▽和▽泉】**〈名〉旧国名の一つ。現在の大阪府南西部。和泉市にその名が残る。泉州《せんしゅう》。アイズミ

イズム〈名〉主義。学説。思想上の立場。◇ism
表現 英語では「…主義」「…学説」などを意味する接尾語であるが、日本語ではこれを名詞として使い、「わたしはなんのイズムも信じない」のように言う。「がんばりズム」のような造語もできる。

いずも【▽出▽雲】〈名〉旧国名の一つ。現在の島根県東部。出雲神話がつくられた土地。出雲市にその名が残る。雲州《うんしゅう》。例出雲平野。出雲大社《たいしゃ》。出雲そば。

イスラムきょう【イスラム教】〈名〉七世紀のはじめ、アラビアでムハンマド(マホメット)がはじめた宗教。ただ一つの絶対の神アッラーを信仰《しんこう》し、その前では、人はみな

59 グアテマラ　メキシコ南東の共和国。古代マヤ文明の中心。コーヒー・砂糖を産出。首都グアテマラシティ。

平等であると説く。聖典をコーラン(クルアーン)という。キリスト教、仏教とともに世界三大宗教の一つ。イスラーム(教)。古くは「回教《かいきょう》」ともいった。
参考「イスラム」とは、アラビア語で神に服従《ふくじゅう》すること。左手で食事をすること、豚肉を食べること、利息をつけてお金を貸すこと、飲酒、賭博《とばく》などを禁じている。イスラム教徒のことを「ムスリム」という。

イスラムげんりしゅぎ【イスラム原理主義】〈名〉世界情勢の変化にともなう西洋的・近代的な変化に強く反対し、イスラム教の本来のきびしい信仰《しんこう》や生活スタイルを守ろうとする考え。また、その考えにもとづいた社会を作ろうとする運動。

イスラムていこく【イスラム帝国】〈名〉〔歴史〕七世紀から一三世紀にかけて、ムハンマド(マホメット)およびその後継《こうけい》者によってたてられたイスラム教徒の帝国。一時は、アジア・アフリカ・ヨーロッパにまたがる大帝国となったが、のちに分裂《ぶんれつ》した。サラセン帝国。

いずれ ━〈副〉❶「いずれにしても」の略された形。例いずれこうなることとは思っていた。❷(「いずれまた」「いずれそのうち」などの形で)いつかはわからないが、近い将来において。例いずれまた、うかがいます。
━〈代名〉「どれ」「どちら」の意味を表わす古い言いかた。例いずれおとらず。

いずれあやめかかきつばた どれをとってみても、あの美しいあやめか、かきつばたかと思うほどの花ばかりであることから、美人がせいぞろいしていること。

いずれにしても〈副〉なんだかんだといっても、結局は。「いずれにせよ」「いずれ」ともいう。
敬語丁寧《ていねい》語は、「いずれにしましても」「いずれにいたしましても」。

いすわ・る【居座る】〖居据わる〗〈動五〉いつまでもその場所にいて、まわりの人が迷惑《めいわく》しているのにもかまわないで、そこから動こうとしない。

いせ【▼伊▽勢】〈名〉旧国名の一つ。現在の三重県北部。伊勢神宮がある。伊勢志摩《しま》国立公園も有名。平氏《へいし》の故郷。伊勢市にその名が残る。勢州《せいしゅう》。例伊勢平野。伊勢湾。お伊勢さん(=伊勢神宮)。

1 **いせい【以西】**〈名〉その場所をふくめて、そこから西の方。対以東。アイセー

2 **いせい【威勢】**〈名〉❶いきいきとして、勢いのあること。例威勢がいい。類元気。❷とてもかなわないと思わせるような、外にあふれ出る勢い。類威風。▽アイセー

3 **いせい【異性】**〈名〉❶同じ種類の生物で、雌雄《しゆう》の性が異なること。❷男性からみての女性、女性からみての男性。例異性を意識する。▽対同性。アイセー

いせいしゃ【為政者】〈名〉行政の責任をもつ者。

いせえび【▼伊▽勢えび】〖▼伊▽勢▽海▽老〗〈名〉エビの一種。長いひげをもち、全長三〇《センチメートル》以上にもなる。縁起《えんぎ》のよいものとして、かざり物や、祝いの料理に使う。

1 **いせき【遺跡】**〖遺▼蹟〗〈名〉歴史的な事件や建物などのあった場所。類遺址《いし》。古跡。

2 **いせき【移籍】**〈名・する〉入っている戸籍や団体をかえること。例移籍選手。類転籍。トレード。

1 **いせつ【異説】**〈名〉ふつうの説とはちがった考え。例異説をとなえる。対通説。定説。

2 **いせつ【移設】**〈名・する〉❶ある施設《しせつ》を、別の場所に移してつくること。例基地を移設する。類移築。❷設備や家電製品などを、別の場所にもっていって設置すること。例エアコンを引っこし先に移設する。

いせん【緯線】〈名〉地球上の同じ緯度をかりに線でむすんで表わしたもの。赤道に平行で、経線と直角にまじわる。対経線。→いど〔緯度〕

1 **いぜん【以前】**〈名〉❶その時になるまえ。例明治以前。対以後。以降。❷今からしばらくまえ。例以前からのとりきめ。類まえまえ。❸問題としてとりあげる必要がないくらい低い程度。例それは道徳以前の問題だ。▽アイゼン
表現「x以後」は「xになってから」でxをふくむが、「x以前」は「xになる前」でxをふくまない。「明治以前」とは江戸《えど》時代末期まで。

2 **いぜん【依然】**〈副〉もとのままで変わっていないようす。例依然として変化がない。類相変わらず。アイゼン
表現多く、「依然として」「旧態依然」などの形で使う。

いぜんけい【▼已然形】〈名〉〔文法〕文語の活用形の一つ。「降れ、美しけれ、静かなれ」といった形で、助詞「ば、ど、ども」がついたり、係《けい》助詞「こそ」の結びになったりする。口語の文法では、これにあたる形は仮定形という。

いそ【▼磯】〈名〉海岸の波うちぎわで、岩の多いところ。例いそづり。いそべ。

磯の鮑《あわび》の片思《かたおも》い アワビの貝がらは二枚貝とちがって片方だけにあることから、一方的に相手を恋《こい》しく思っている状態をさす。片恋。

いそいそ〈副〉これからすることが、いかにも楽しみらしく、動作もかろやかなようす。例いそいそと出かける。

いそう【位相】〈名〉❶変化するものの、あるときの位置とか、他のものとの関係で言い表わす位置とかのような、大きな全体の中での位置づけやようす。❷言語学で、性別・世代・職業・住んでいる地方などのちがいや、場面ごとの使い分けによってあらわれる、ことばのちがいのこと。

いそうろう【居候】〈名〉他人の家に住んで、食べさせてもらっている人。類食客《しょっかく》。

いそがし・い【忙しい】〈形〉用事が多くてゆっくりするひまもない。例目がまわるほど忙しい。類せわしない。多忙《たぼう》。

いそ(急)がばまわ(回)れ ⇩「いそぐ」の子項目

いそぎ【急ぎ】〈名〉とくに急ぐこと。例急ぎの仕事。ご用とお急ぎのない方。急ぎでお願いします。

いそぎあし【急ぎ足】〈名〉足を速めた歩きかた。例急ぎ足で歩く。

いそぎんちゃく〖▼磯巾着〗〈名〉浅い海の岩について いる刺胞《しほう》動物。からだはつつ形でやわらかく、たくさんの触手《しょくしゅ》が花びらのように出ている。
表現ふつう一匹《いっぴき》二匹《にひき》と数える。植物のように一株《ひとかぶ》二株《ふたかぶ》と数えることもある。

いそ・ぐ【急ぐ】〈動五〉❶今していることを、はやくやってしまおうとして、速度をはやめる。例勝ちを急ぐ。完成を急ぐ。したくを急ぐ。急いで書く。❷はやく行こうとして速度をはやめる。例帰りを急ぐ。道を急ぐ。

急がば回《まわ》れ 急ぐときこそ、遠まわりになっても安全確実な道を行け。類急《せ》いては事をしそんじる。

いぞく【遺族】〈名〉人の死後に のこされた家族。

いそし・む〖▽勤しむ〗〈動五〉ひとつのことをせっせとまじめにやる。例勉学にいそしむ。類はげむ。精を出す。
表現やや古風な言いかた。ふつうは「はげむ」という。

いそづり【いそ釣り】〖▼磯釣り〗〈名〉海岸の岩の多いところでする釣り。対沖《おき》釣り。浜《はま》釣り。渓流《けいりゅう》釣り。類おか釣り。

クウェート　アラビア半島の北東にある立憲君主国。石油の産出で知られる。首都クウェート。

いそん【依存】〈名・する〉他のものごとにたよること。「いぞん」ともいう。例海外の資源に依存する。依存心(が強い)。相《そう》互《ご》依存。

いぞん【異存】〈名〉反対する意見や気持ち。例異存がない。類異議。

いた【板】〈名〉木材をひらたくうすく切ったもの。似《に》た形のプラスチック・金属・石などにもいう。例ガラス板。

板につく わりあてられた役目に慣《な》れて、ぴったり合った感じになる。例彼の仕事ぶりも板についてきた。

由来 役者が舞台《ぶたい》(=板)になじむ意味から。

1**いた・い【痛い】**〈形〉❶たたかれたり、ころんだりしたときの感じ。❷こちらの思っているのとちがったり、弱点をつかれたりして困る。例耳が痛い。痛いところをつかれて弱った。▽アイタイ

参考 俗《ぞく》に、見ていて痛々しいふるまいに対して、「はずかしい、みっともない」という意味で使われることもある。

方言 香川・高知・鹿児島などでは、「いて」「いたか」とも言い、「きょうのお風呂《ふろ》いとうて入れん」のように、「お湯が熱い」の意味でも使う。

痛くもかゆくもない 少しも苦痛を感じない。少しも影響《えいきょう》を受けない。

痛くもない腹《はら》を探《さぐ》られる 悪いことはしていないのに、あたかもしたかのように、さぐりを入れられる。

表現 「うるさい」「迷惑《めいわく》だ」という感じで使う。

2**いたい【遺体】**〈名〉「死体」の、つめたい感じをさけた言いかた。例犠牲《ぎせい》者の遺体。遺体を埋葬《まいそう》する。ご遺体。類なきがら。遺骸《いがい》。アイタイ

表現 一体《いったい》二体《にたい》と数える。

いだい【偉大】〈形動〉圧倒《あっとう》されるほどすぐれている。例偉大な人物。偉大な足跡《そくせき》。

いたいけ〘▽幼気〙〈形動〉幼くて、かわいらしい。いじらしい。「いたいけない」ともいう。例いたいけな少年。類いとけない。

いたいじ【異体字】〈名〉長い歴史の中で生まれた同じ漢字の複数の書き方。多くはその中の標準的でないほうをいう。たとえば、「峰《みね》」に対する「峯」など。

いたいたし・い【痛痛しい】〈形〉人がうけた痛手や打撃《だげき》が、こちらに痛みとして伝わってくるように感じる。例痛々しいようす。見るからに痛々しいきずあと。

いたかべ【板壁】〈名〉大きな板を壁としたもの。

1**いたく【委託】**〈名・する〉仕事をほかの人にたのみ、かわりにやってもらうこと。例業務を民間に委託する。委託販売《はんばい》。外部委託。類委嘱《いしょく》。嘱託。委任。アイタク

2**いたく**〘▽甚く・痛く〙〈副〉心にしみるほどふかく。例いたく感動した。アイタク

いだ・く【抱く】〈動五〉❶両うでだきかかえるようにして持つ。例母の胸にいだかれる。類だく。かかえる。❷だくようなかたちで、まわりをとりかこむ。例山にいだかれた静かな湖。❸ある考えや気持ちをもつ。例希望を胸にいだく。疑いをいだく。不審《ふしん》をいだく。

表現 ①の意味では「だく」がふつうに使われる。「いだく」は文学的な表現にみられることばで、「大事そうに」「しっかりと」「愛情をこめて」などの意味あいをふくんでいる。

いたけだか【居丈高】〘威丈高〙〈形動〉相手をおどかして、おさえつけるような態度だ。例居丈高になる。居丈高にものを言う。類頭ごなし。高圧的。高姿勢。高飛車。

参考 「居丈」とは、座高のこと。

いたこ【イタコ】〈名〉東北地方で、死者の霊《れい》をよびよせ、自分の口をとおしてその霊のことばを人に伝える「口寄《くちよ》せ」をするという巫女《みこ》。

いたざい【板材】〈名〉木や合成樹脂《じゅし》を素材にした、板の形の工作材料。

いた(致)しかた(方)ない 「しかたがない」の意味の、改まった言いかた。

いた(痛)しかゆし かけば痛いし、かかなければかゆいというように、どちらにしてもうまいぐあいにいかない。

いたじき【板敷き】〈名〉床《ゆか》にたたみをしかず、板をはっただけのところ。類フローリング。

いた・す【致す】一〈動五〉「する」の丁重《ていちょう》語。二〈補動五〉(「お…いたす」「ご…いたす」の形で)「する」の丁重語。類申す。

表現 あらたまった言いかた。ふつう、「いたします」のように丁寧《ていねい》語の「ます」をつけて使われ、次の三つの用法がある。

(1)動詞「する」が「いたす」になる場合。
｛それは私がします｝→｛それは私がいたします｝

(2)「…する」という形の動詞が「…いたす」になる場合。
｛日曜も営業します｝→｛日曜も営業いたします｝

(3)「お持ちする」のように「お…する」を使った謙譲《けんじょう》語の表現が、さらにあらたまって「お…いたす」になる場合。
｛私がお持ちします｝→｛私がお持ちいたします｝

参考 かつては「至《いた》る」の他動詞として、「至らせる」の意味でも用い、それが、「思いを致す」「私の不徳の致すところ」のような表現に残っている。

いたずら〘▽悪▽戯〙〈名・形動・する〉ふざけて、ちょっとよくないことをすること。例いたずらがすぎる。いたずらな子ども。いたずら半分。いたずらざかり。類悪さ。

いたずらに〘▽徒に〙〈副〉むだに。なんの みのりもなく。例いたずらに時がすぎる。いたずらに労力をついやす。類むなしく。

いたぞうり【板草履】〈名〉底に細い板をならべてつけた、作りの簡単な安い草履。明治・大正期に使われた。

いただき【頂】〈名〉山のいちばん上。例山の頂。対ふもと。類頂上。頂点。山頂。てっぺん。

いただ・く【頂く】〘▽戴く〙一〈動五〉❶頭にのせる。例雪を頂く山。❷たのんで団体などの長になってもらう。例A氏を会長に頂く。類仰《あお》ぐ。❸「もらう」の謙譲《けんじょう》語。例先生からいただいた本。対さしあげる。類頂戴《ちょうだい》する。たまわる。↓いただけない ❹「食べる」「飲む」の謙譲語。例ごちそうさま、もうじゅうぶんいただきました。類頂戴する。

二〈補動五〉[いただく]「(…て・で)もらう」の謙譲語。例さらにくわしく説明していただけますか。お先に失礼させていただきます。対さしあげる。くださる。

いただ(頂)けない 「だめだ」「不合格だ」ということの遠回しな言いかた。

いたたまれな・い〈形〉心配や不安のために、とてもじっとしていることができない。「いたたまらない」ともいう。

いたち〘▼鼬〙〈名〉ネズミより少し大きいくらいのけもの。敵に追いつめられると、つよい悪臭《あくしゅう》を発する。

表現 イタチが悪臭を放《はな》つことを「いたちの最後っぺ」といい、苦しまぎれにめちゃくちゃなことをして人に迷惑《めいわく》をかけることにもいう。

いたちごっこ〘▼鼬ごっこ〙〈名〉たがいに同じことをくり返しあっていて、はてしがないこと。類堂々めぐり。

参考 昔の、子どもの遊びの名から。

いたって【至って】〈副〉不都合なところや特別に変わったところがないということを強調することば。[例]わたしはいたって元気です。[類]すこぶる。はなはだ。至極《しごく》。きわめて。ごく。

いたで【痛手】〈名〉❶重大な損害。[例]大きな痛手をこうむる。[類]大打撃。❷心にうける、ひどいきず。[例]痛手を負う。[類]深手。重傷。▽[類]ダメージ。

いだてん【▼韋駄天】〈名〉足が速いといわれる、仏法を守る神の一つ。そこから、たいへんな勢いで走る人をさす。[例]韋駄天ばしり。

いたどり〘▽虎▼杖〙〈名〉山野に自生する多年草。夏に、うすべに色や白の小さな花をたくさんつける。若い茎《くき》は食べられる。根は薬として使われる。

いたのま【板の間】〈名〉板じきの部屋。

[参考]「板の間かせぎ」は、脱衣《だつい》場でのかっぱらい。

いたば【板場】〈名〉料理屋の調理場。調理をする人。[類]板前。

いたばさみ【板挟み】〈名〉対立している二つのものにはさまって、どちらについていいかきめられずに困ってしまうこと。[例]義理と人情の板挟み。[類]ジレンマ。

いたぶ・る〈動五〉いじめる。痛めつける。

いたべい【板塀】〈名〉木の板をならべてつくったへい。

いたまえ【板前】〈名〉日本料理屋の、調理人。[類]調理師。コック。板場《いたば》。

いたまし・い【痛ましい】〈形〉ひどい状態で、見ていて心が痛む。[例]痛ましい事件。[類]悲惨《ひさん》。

[方言]北海道・東北などでは、「いだまし-」「いたわし-」とも言って、「時計落としてしまっていだまし」のように、「惜しい・もったいない」の意味で使う。

いたま・る〘▼炒まる〙〈動五〉じゅうぶんにいためた状態になる。[例]肉がいたまったら、野菜を加える。

いたみ【痛み・傷み】〈名〉❶[痛み]からだのどこかに感じる痛さ。[例]歯の痛み。胃の痛み。❷[痛み]心に感じる苦しみ。[例]胸の痛み。他人の心の痛みがわかる。❸[傷み]形のある物体の損傷。[例]リンゴの傷み。家の傷みがはげしい。

いたみい・る【痛み入る】〈動五〉人の親切や好意をどういって感謝すればいいかわからないほどありがたく感じる。[例]かずかずのご配慮《はいりょ》、痛み入ります。[類]恐縮《きょうしゅく》する。おそれいる。

いたみわけ【痛み分け】〈名〉❶すもうで、取り組みの最中にどちらかの力士がけがをして、引き分けになること。❷対立している人同士がおたがいに少しずつ不利益を受け入れて決着をつけること。[例]ここは痛み分けということにしましょう。

いた・む[1]【痛む・傷む】〈動五〉❶[痛む]からだのどこかに痛みを感じる。[例]腹が痛む。ずきずき痛む。❷[痛む]心が苦しくなるほど、かわいそうだと思う。[例]胸が痛む。❸[傷む]古くなったり、ぶつかったりして、だめなところができる。[例]家が傷む。傷んだリンゴ。

[表現]「ふところが痛む」は、その出費がちょっと苦しいという意味。

いた・む[2]【悼む】〈動五〉心から人の死を悲しむ。[例]友の死を悼む。故人《こじん》を悼む。[類]哀悼《あいとう》する。

いため[1]【板目】〈名〉❶板と板とを合わせてある部分。❷板の木目《もくめ》が平行にそろっていなくて、山形や波形になっているもの。[対]正目《まさめ》。→もくめ[絵]

いため[2]〘▼炒め〙〈造語〉油でいためた料理。[例]いためご飯。野菜いため。

いためつ・ける【痛めつける】〈動下一〉ひどいめにあわせる。

いた・める[1]〘▼炒める〙〈動下一〉料理で、中華《ちゅうか》なべやフライパンに油を引いて、材料をまぜながら熱する。[例]キャベツと豚肉をいためる。→囲み記事57(1287ページ)

いた・める[2]【痛める・傷める】〈動下一〉❶[痛める]からだのどこかをわるくする。からだに痛みを感じる。[例]肩《かた》を痛める。腹を痛めた子。❷[痛める]苦しみや悲しみになやまされる。[例]心を痛める。小さな胸を痛める。問題解決に頭を痛める。❸[傷める]きずをつける。だめにする。[例]本を傷める。

いた(至)らない 満足できるほど十分ではない。人間が未熟だ。「いたらぬ」ともいう。[例]至らない点も多いかと存じますが、よろしくお願いいたします。

[表現]初対面のあいさつなどのとき、謙遜《けんそん》の気持ちをこめて使うことば。

いたり【至り】〈名〉❶よろこびが最高に達していること。[例]感激《かんげき》の至り。[類]きわみ。極。❷いきおいにのったために、やりすぎてしまうこと。[例]若気《わかげ》の至り。

イタリック〈名〉欧文《おうぶん》活字で、*English* のように、ななめ右にすこしかたむいている書体。◇italics →しょたい(書体)[絵]

いた・る【至る】〘▽到る〙〈動五〉❶ずっとつづいていて、あるところまで通じている。[例]山頂に至る道。耕して天に至る。[類]達する。届く。到達《とうたつ》する。❷つづいてきたものが、ある状態やある結果になる。[例]大事には至らない。[類]およぶ。❸(「AからBに至るまで」の形で)AとBの範囲《はんい》にあるすべてのものが、という意味を表わす。[例]小学生からお年寄りに至るまで人気の番組。❹(「…に至っては」の形で)もっと極端《きょくたん》なものを示す。[例]この宝石は、最高級品に至っては百万円もする。❺よろこびや悲しみがわき上がってくる。[例]悲喜《ひき》こもごも至る。▽→いたって・いたらない

至る所《ところ》 どんなところも。[例]至る所水びたしになる。[類]どこもかしこも。随所《ずいしょ》に。あちらこちら。

いた(至)れりつ(尽)くせり 配慮《はいりょ》が、よくいきとどいているようす。[例]至れり尽くせりの設備。

いたわし・い〘▽労しい〙〈形〉かわいそうで、いたわってやりたい。古めかしい言いかた。[例]ああ、おいたわしい。

いたわり〘▽労り〙〈名〉弱いものをだいじにあつかおうとする態度。[例]いたわりが足りない。いたわりのことば。

いたわ・る〘▽労る〙〈動五〉❶弱いものに気をくばってだいじにあつかう。[例]病人をいたわる。[類]いとう。❷よく働いたことを、上の立場の人が認めて、あたたかくあつかう。[類]ねぎらう。慰労《いろう》する。

いたん【異端】〈名〉宗教や学問の世界で、正しいとされているものとひどくちがう、信仰《しんこう》や考えかた。[例]地動説もかつては異端の説であった。異端視。異端者。[対]正統。

いたんしゃ【異端者】〈名〉異端の信仰《しんこう》や考えかたをもち、主張する人。[例]ガリレオもかつては異端者と呼ばれた。

[表現]「異端者をもって任ずる」のように、宗教や学問に限らず、一般《いっぱん》に組織や制度の中で、伝統や権威《けんい》に反発して、独自の考えを強く主張する人のことをいうこともある。

常用漢字 **いち**

【一】 一部0 全1画 一

イチ・イッ ひと・ひとつ 教小1 音❶[イチ] ▨一番《いちばん》。一度《いちど》。一面《いちめん》。一流《いちりゅう》。一市民《いちしみん》。一大事《いちだいじ》。▨第一《だいいち》。万一《まんいち》。世界一《せかいいち》。❷[イツ] ▨一般《いっぱん》。一式《いっしき》。一斉《いっせい》。一心同体《いっしんどうたい》。▨専一《せんいつ》。単一《たんいつ》。統一《とういつ》。唯一《ゆいいつ》。訓❶[ひと] 一息。一筋。一握り。一仕事。一芝居《しばい》。❷[ひとつ] 一つ。一つ覚え。一つ心。気持ち一つ(で決まる)。
注意「一日」は「ついたち」、「一人」は「ひとり」とも読む。

【壱(壹)】 士部4 全7画 壱壱壱壱

イチ 音[イチ] ▨壱万円《いちまんえん》。参考 商売や契約《けいやく》の文書で、「一」のかわりに使う。「一」では、あとから線をいれて「十」や「二」などに書きかえられるおそれがあるため。同様に、「二」は「弐」、「三」は「参」、「十」は「拾」と書く。

[1]**いち【市】**〈名〉一定の場所に集まり、生産物をもちよって、売り買いをすること。また、そのもよおし。例市が立つ。青物市。ほおずき市。アイチ

[2]**いち【一】**一〈名〉❶数のいち。例一たす一は二。❷ものごとの最初。例一から出なおす。❸第一等のもの。最高のもの。例一の子分。一、二を争う。一といって二とはくだらない。類トップ。ナンバーワン。▽アイチ 二〈接頭〉「あるひとりの」「一介《いっかい》の」という意味を表わす。例一個人としての意見。一市民のうったえが市政を動かした。参考 常用漢字 いち〔壱〕↓

一か八《ばち》か 運を天にまかせ、思いきって。例いちかばちかやってみる。類のるかそるか。乾坤一擲《けんこんいってき》。

一から 最初の段階から。例仕事を一から教える。一文《いちもん》無しになって一から出直す。類ゼロから。

一から十《じゅう》まで なにからなにまで。例こんどの件では、一から十まで、あの人のお世話になった。

一にも二《に》にも ほかにはなにもなく、ただそれだけ。例すもうの基本は一にも二にも前に出ることだ。類もっぱら。ひたすら。

一も二《に》もなく なんの問題もなく。例父に相談したら、一も二もなく賛成してくれた。

一を聞《き》いて十《じゅう》を知《し》る ちょっと聞いただけで、全体のようすをたちまち理解してしまう。頭がよく、ものわかりがいい。類目から鼻へぬける。

[3]**いち【位置】**〈名・する〉❶ものがあるべき場所。また、ある場所にあること。例位置につく。その山は県の西南に位置する。❷社会における地位や立場。例出世には有利な位置にいる。▽アイチ

いちあん【一案】〈名〉採り上げるにあたいする、一つの考え。例それも一案だ。ここに一案を示す。

[1]**いちい【▼櫟】**〈名〉深山に生える常緑高木。庭にも植える。秋に赤い実がなり、食べられる。その材は建材や器具などに使われる。あららぎ。おんこ。アイチイ

[2]**いちい【一位】**〈名〉一番の位。例一位で当選した。対最下位。類一等。首位。トップ。アイチイ

いちいせんしん【一意専心】〈副〉あるひとつのことだけに心を集中させるようす。例一意専心努力する。

いちいたいすい【一衣帯水】〈名〉帯のようにほそい一筋の川や海。ひと流れの水をへだてたとなりどうし。

いちいち〖一一〗〈副〉もれなくひとつひとつについて。例いちいち相談してはいられない。類逐一《ちくいち》。表現「めんどうくさい」「うるさい」という感じをともなう。

[1]**いちいん【一因】**〈名〉いくつかの原因のうちの一つ。例気力の不足も敗北の一因だ。

[2]**いちいん【一員】**〈名〉団体や組織を構成している一人。例クラスの一員。

いちいんせい【一院制】〈名〉国会が一つの議院だけによってつくられている制度。↓にいんせい

いちえん【一円】〈名〉ある場所一帯。その地域のおよそ全体。表現「関東一円」のように、広い地名などのあとにつけて使うのがふつう。

いちおう【一応】〈副〉❶じゅうぶんではないが、だいたい。例これで、一応見とおしがたった。❷念のために。例一応お知らせしておきます。参考 もと、「一往」と書いた。

いちおく(一億)そう(総) 名詞の前につけて、「日本国民全員が」の意味を表わす。例一億総グルメ。一億総活躍《かつやく》(＝政府のスローガン)。参考 日本の人口が約一億人であることからの、誇張《こちょう》した言いかた。

いちおし【一押し・一推し】〈名〉いちばんいいものだと思い、人にもっともすすめるものごと。俗《ぞく》なことば。例この夏一押しの映画。この店ではチーズケーキが一押しだ。参考「一押し」を「ひとおし」と読むのは別のことば。

いちがいに【一概に】〈副〉全体をひっくるめて一様《いちよう》に。打ち消す言いかたで使うことが多い。例一概にそうは言えない。

いちがん(一丸)となる 外からの力に対抗《たいこう》したり、外へむかってうって出たりするために つよく団結する。

いちがんレフ【一眼レフ】〈名〉一つのレンズで、撮影《さつえい》レンズとファインダー用のレンズをかねる方式のカメラ。◇「レフ」は reflex から。

いちぎ【一義】〈名〉❶ひとつの道理。類一理。❷一つの意味。❸いちばん根本的な意味。例第一義。

いちぎてき【一義的】〈形動〉❶他に先んじて決めたり重要視したりすべき。第一義的。例一義的には、それはどうでもよい。❷一つの意味しかなく、受け取りかたのちがいが生じない。例法令の表現は一義的でなければならない。対両義的。多義的。

いちく【移築】〈名・する〉建物を、もとの形のまま、別の場所に建てかえること。類移設。

いちぐう【一隅】〈名〉中心からとおい、すみの部分。類片すみ。一角。

いちぐん【一軍】〈名〉❶部隊としてのまとまりがある、一つの軍勢。また、軍全体の意味でも使う。例一軍の将。❷プロ野球やプロサッカーで、公式試合に出場する選手のチーム。対二軍。

いちげい(一芸)にひい(秀)でる どれか一つの技能や芸能にすぐれている。

いちげき【一撃】〈名・する〉力をこめて一発相手にみまうこと。例一撃を加える。一撃のもとに。

[1]**いちげん【一元】**〈名〉❶ものごとのもとになるものが一つであること。例一元論。対多元。❷平成なら平成、令和なら令和という、一つの元号。例一世一元(＝天皇一代中は、一つの元号で通すこと)。❸〔数学〕未知数が一つであること。例一元二次方程式。

[2]**いちげん【一言】**〈名・する〉⇩いちごん②

いちげんか【一元化】〈名・する〉ばらばらに分かれていた組織や手続きを、一つの系統にまとめること。例一元化をはかる。類一本化。

 グレナダ カリブ海東部にある小立憲君主国。ナツメグ・バナナ・カカオを産出。首都セントジョージズ。

いちげんこじ【一言居士】〈名〉 どんなことについても、自分の意見を ひとことさしはさまないと気がすまない、うるさい人。類うるさがた。

いちげんろん【一元論】〈名〉 あらゆるできごとは、ただ一つの原理や原則にもとづくとする 考えかた。対二元論。多元論。

1**いちご**〘▾苺・▾莓〙〈名〉 くだものの一つ。小さくて赤く、水分が多くて、あまずっぱい味がする。そのまま食べたり、ジャムにしたりする。ふつう食べるのはオランダイチゴ。ストロベリー。 ア**イチゴ**

参考 日本一の産地は栃木県で、栃木の「とちおとめ」や福岡の「あまおう」は品種としてとくに有名。

2**いちご**【一語】〈名〉 一つの単語。また、みじかいことば。例この勝利は幸運の一語につきる。 ア**イチ**ゴ

3**いちご**【一期】〈名〉 生まれてから死ぬまで。一生。例一期の思い出。 ア**イチ**ゴ

いちごいちえ【一期一会】〈名〉 人と人との出会いは一生に一度だけだからたいせつにせよ、ということ。

由来 心をこめて人をもてなせと教える茶道《さどう》のことば。

いちごころ〈名〉 一発でころりと参ること。あっさり負けること。俗《ぞく》っぽい言いかた。例いちころでやられる。

いちごん【一言】〈名〉 ❶ひとまとまりの短い語句。例一言のもとに拒否《きょひ》された。一言一句。類ひとこと。いちげん。❷〈する〉自分の考えをひとことだけ言うこと。

一言もない まったく言いわけのしようもない。例そう言われると、一言もない。

いちごんいっく【一言一句】〈名〉 ❶語句の一つ一つ。❷⇩いちごんはんく(次項)

いちごんはんく【一言半句】〈名〉 わずかのことば。一言一句。例一言半句聞きもらすまいと耳をかたむける。

いちざ【一座】〈名〉 ❶芝居《しばい》などの興行をする一つのグループ。❷そこにいる人みんな。例一座を見わたす。

1**いちじ**【一次】〈名〉 ❶何回かつづけて行なわれることの最初のもの。例一次試験。❷〔数学〕二乗、三乗、四乗…などの項を ふくまないこと。例一次式。一次関数。

2**いちじ**【一事】〈名〉 ひとつのことがら。

一事が万事《ばんじ》 一つの例で、ほかのすべてのことがわかること。例一事が万事この調子では、先が思いやられる。

3**いちじ**【一時】〈名・副〉 ❶しばらくのあいだ。ちょっとのあいだ。例一時の興奮ですべてをだめにする。一時あずかり。類当座。当分。❷以前のある時期。例一時はだめかと思った。❸そのときかぎり。例一時の気休め。一時のがれ。▽類いっとき。

いちじいっく【一字一句】〈名〉 どの文字もどの語句も。例一字一句まちがえずに書き写す。

いちじきん【一時金】〈名〉 月々に分けたりしないで、一度にまとめて支払《しはら》うお金。例退職一時金。

いちじく〘▿無▿花▿果〙〈名〉 庭などに植える落葉小高木。秋、ビワに似た形の実がなる。参考 イチジクの実は、花托《かたく》(=植物で、花のつくところ)が肥大したもの。

いちじしのぎ【一時しのぎ】〘一時▾凌ぎ〙〈名〉 その場だけをやりくりして切りぬけること。類まにあわせ。その場しのぎ。一時のがれ。→そのばしのぎ 表現

いちじだい(一時代)をきず(築)く かがやかしい業績によって、他の時代とははっきり区別される一つの時代をつくる。例映画の世界で一時代を築いた人。

いちじつ【一日】〈名〉 「いちにち」の古風な言いかた。例秋の一日(=ある日)、郊外《こうがい》にあそぶ。

一日の長《ちょう》 少しの差であるが、一方がまさっていること。「いちにちのちょう」ともいう。

いちじつせんしゅう【一日千秋】〈名〉 待ちどおしくて、一日が千年にも思えるほど、時間がたつのがおそく感じられること。「いちにちせんしゅう」ともいう。例一日千秋の思い。

いちじてき【一時的】〈形動〉 長つづきはしない。例やりかたを一時的にかえてみる。

いちじに【一時に】〈副〉 ものごとが集中しておこるようす。まとめていっぺんに。例問題点が一時にあきらかになった。類一度に。いちどきに。

いちじのがれ【一時逃れ】〈名〉 相手から責められたりしたとき、ほんとうの解決にはならない、いいかげんなことを言って、その場をごまかすこと。例一時のがれの言いわけ。類一時しのぎ。その場しのぎ。

いちじゅういっさい【一汁一菜】〈名〉 ごはんのほかは、しるとおかずが一種類ずつだけの、質素な食事。

いちじゅ(一樹)のかげ(陰) 知らない者どうしが同じ木陰《こかげ》で雨宿りをすることから、たまたま 人と出会うことをいう。例一樹の陰一河《いちが》の流れも他生《たしょう》の縁《えん》(=他人どうしが同じ木陰で休み、同じ川の水を飲むのも、前世からの縁だ)。

いちじゅん【一巡】〈名・する〉 ぐるりとまわって、また出だしにもどること。例場内を一巡する。打者一巡の猛攻《もうこう》。類ひとまわり。ひとめぐり。一周。

いちじょ【一助】〈名〉 いくらかの助け。少しの足し。例資金づくりの一助ともなれば幸いです。

表現 謙遜《けんそん》した気持ちを「一」にこめている。

いちじょうの【一場の】〈連体〉 ❶あるまとまりをもったひとくぎりの。例一場の教訓。類ひとくさり。❷その場かぎりの。例一場の夢《ゆめ》。

いちじるし・い【著しい】〈形〉 はっきりわかるほど目だつ。例進境著しい。類顕著《けんちょ》。

いちじん(一陣)のかぜ(風) さっと通りすぎていく風。

いちず〘一▿途〙〈形動〉 一つのことだけを思いつめている。例いちずに思いこむ。いちずに彼をしたっている。類ひたすら。ひたむき。

いちぞく【一族】〈名〉 血のつながりのある人々。類一門。同族。ファミリー。

いちぞん【一存】〈名〉 ひとりだけの考え。例わたくしの一存では、お答えできません。類独断。

1**いちだい**【一代】〈名〉 ❶人が生まれてから死ぬまでのあいだ。例人は一代、名は末代。一代で財産をきずいた。一代記。一世一代。類一生。一世。❷君主や戸主、家元などの地位にある人が、そのままかわらないで、その地位にいる期間。❸(「一代の…」の形で)「その時代を代表する…」という意味を表わす。例一代の名優。

2**いちだい**【一大】〈接頭〉 「きわめて大きな」「きわめて重大な」という意味を表わす。例一大発見。

いちだいき【一代記】〈名〉 人の一生について、その人がしたことやその人に関するできごとなどを年代順に並べて書いた記録。類伝記。

いちだいじ【一大事】〈名〉 きわめて重大なできごと。例「すわ、一大事」とかけつけた。類大事件。

いちだん【一段】〈名〉 ❶階段の段の一つ。段階の一ステップ。例一段おりる。敵の方が一段うわ手だ。❷文章の、ひとくぎり。

クロアチア　バルカン半島の共和国。1991年旧ユーゴスラビアから独立。工業と観光の国。首都ザグレブ。

いちだんと【一段と】〈副〉以前や他とくらべて、明らかに程度が高くなっているようす。例寒さが一段ときびしくなった。一段と美しくなった。類ひときわ。ますます。

いちだんらく【一段落】〈名・する〉ものごとがひとくぎり終わること。「ひと段落」ともいう。例一段落つく。

いちづけ【位置付け】〈名〉全体の中でしめるべき位置をきめること。また、そのようにしてきめられた位置。例常用漢字表の学校教育での位置付け。

いちづ・ける【位置付ける】〈動下一〉全体の中にしめるべき位置をきめる。例この事件を歴史のながれの中に位置付けてみた。

いちど【一度】〈名・副〉❶一回。例もう一度言ってください。類いっぺん。❷(「一度に」の形で)間をおかずにひと続きに何かをするようす。同じ時期にそろって。例盆と正月が一度にきたようないそがしさだ。類一挙に。いちどきに。同時に。

表現 ①の意味で使うときには、次の三つの用法がある。
(1)文字どおり、一度・一回をさす。「ハワイには一度行ったことがある」
(2)「一度でいいから」の意味で、二度以上可能ならそれにこしたことはない、という気持ちをこめて使う。「ハワイへ一度(は)行ってみたいものだ」
(3)あとに「も」をつけて、打ち消しをつよめる。「ハワイには一度も行ったことがない」

いちどう【一同】〈名〉同じ立場や同じ場所にいる人々。例兄弟一同。有志一同。

いちどう(一堂)にかい(会)する 関係者たちが特別に足をはこんで、ひとつの建物に集まる。

いちどきに〖一時に〗〈副〉いくつかのものごとが、いっしょにおこるようす。やや古風な言いかた。例北国では、桃《もも》と桜がいちどきにさく。類一挙に。一度に。いっせいに。同時に。

いちどく【一読】〈名・する〉ひととおり目をとおすこと。例一読の価値がある作品。類一覧。通読。

いちなん(一難)さ(去)って またいちなん(一難) やっとひとつ終わったと思ったら、またまた別の災難がおこって、息もつけないこと。類前門の虎《とら》後門の狼《おおかみ》。

いちに【一二】〈名〉❶ひとつふたつ。ひとりふたり。わずかの数。例一二の欠点はだれにもある。❷一番と二番。例一、二をあらそう。

表現 例のように「一、二」と書くことが多い。

いちにち【一日】〈名〉❶午前零時《れいじ》から午後十二時までの、二十四時間。❷朝起きてから夜ねるまでのあいだ。例きょうは、充実《じゅうじつ》した一日だった。類終日。❸あるときからかぞえて二十四時間。例事故からまる一日たった。類一昼夜。❹わずかの期間。例ローマは一日にして成らず。類一時《いっとき》。❺ある日。例秋の一日、古都をたずねる。類いちじつ。

いちにちいちぜん【一日一善】〈名〉「日にひとつはよいことをしよう」という標語。

いちにちせんしゅう【一日千秋】〈名〉⇩いちじつせんしゅう

いちにてん【一二点】〈名〉漢字を訓読するときの、返り点の一つ。本文の漢字の左下に小さくつける「三二一」の記号。→かえりてん 表記「一・二点」とも書く。

いちにん【一任】〈名・する〉ものごとのとりあつかいを、すべてまかせること。例議長に一任する。類全任。

いちにんしょう【一人称】〈名〉❶〔文法〕「わたし」「ぼく」「おれ」など、話し手が自分をさしていうことばのこと。自称。対二人称。三人称。→にんしょうだいめいし ❷〔文学〕物語や小説、詩で、語り手(話者《わしゃ》)が、「わたし」や「ぼく」という登場人物であり、その視点《してん》から語られるもの。対三人称。

いちにんまえ【一人前】〈名〉❶ふつうの大人ひとりが、いちどに食べる分量。また、そのようにきめられた分量。❷ふつうの大人として活動できる力や知識をもっていること。例からだだけは一人前だが、仕事は半人前だ。

いちねん[1]**【一年】**〈名〉❶一月一日から十二月三十一日までの期間。❷あるときからかぞえて十二か月間。例事故から一年たった。❸学校での第一学年。一年生。例中学一年。▽アイチネン

一年の計《けい》は元旦《がんたん》にあり 年間計画は元日の朝に立てるべきだ。何ごとも、まず計画を立てることから始めよ。

いちねん[2]**【一念】**〈名〉迷いなく、ひとつのことにむかう気持ち。例一念発起。仕上げたい一念でがんばる。類専心。アイチネン

いちねんそう【一年草】〈名〉芽が出てから、その年のうちに花がさき、実をむすび、かれてしまう植物をまとめていうことば。キュウリ・ヒマワリなど。一年生植物。一年生草本。→にねんそう・たねんそう

いちねんほっき【一念発起】〈名・する〉新しくなにかをはじめようと、急に思いたつこと。

由来 もと、仏道《ぶつどう》にこころざす決心をすること。

いちのとり【一の▼酉】〈名〉十一月の最初の酉の日。初酉《はつとり》。→にのとり・さんのとり 参考 毎年十一月の酉の日には、各地の神社に酉の市《いち》が立つ。

いちば【市場】〈名〉❶さかなや野菜などの生産物を集め、小売業者などにせり売りをするところ。例青物市場。魚《うお》市場。❷一つの建物の中に、日用品や食料品などの小さな店がならんでいるところ。マーケット。

表現 ①は、「市場《しじょう》」ともいう。これは公式のかたい言いかた。

いちはつ〖一▽八・▼鳶▽尾〗〈名〉草花の一種。多年草。五月ごろ、ハナショウブに似《に》た、むらさきや白の大きな花をつける。

いちばつひゃっかい【一罰百戒】〈名〉一部の人に厳しい罰《ばつ》をあたえて、他の多くの人のいましめとすること。例一罰百戒をねらう。類みせしめ。

いちばまち【市場町】〈名〉〔歴史〕定期的に市の開かれる場所に発達した町。「四日市《よっかいち》」「五日市《いつかいち》」など、市の開かれる日を名前にしたところが多い。

いちはやく【いち早く】〈副〉時をうつさず、すぐに。まっ先に。例いち早く注文した。

いちばん【一番】 一〈名〉❶順番をかぞえるときの、最初。類第一。❷もっともすぐれていること。もっともよいこと。例つかれたときは、寝《ね》るのが一番だ。類なにより。第一。→囲み記事23(453ページ) ❸勝負ごとやゲームの、一回。例ここ一番という勝負につよい。
二〈副〉❶なににもまして。どれよりも。例世界で一番高い山。類もっとも。最高に。❷思いきってものごとにとりかかろうとする、はりきったようす。例よし、一番、勝負に出るか！ 類一丁。

いちばんどり【一番どり】〖一番▽鶏〗〈名〉朝、いちばん早く鳴くニワトリ。その鳴き声。

いちばんのり【一番乗り】〈名・する〉みんなが目ざしているところへ、だれよりも先にのりこむこと。

いちばんぼし【一番星】〈名〉夕方、いちばん初めに見える星。例一番星見つけた。

いちひめにたろう【一姫二太郎】〈名〉❶一番目に育てやすい女の子、二番目に男の子という順で、子どもをもつこと。親にとって、理想的な子どものもちかたとされる。❷女の子ひとりと男の子ふたりの子どもをもつこと。注意①が本来の意味だが、②の意味でも使われる。「二男《になん》一女《いちじょ》」のくだけた言いかた。

いちびょうそくさい【一病息災】〈名〉病気を一つもって、気をつけながらくらすのが健康の秘訣《ひけつ》。参考「無病息災」からできたことば。

いちびる（方言）ふざける。はしゃぐ。近畿《きんき》・四国などで言う。子供が調子にのってさわいでいるのを言うことが多い。例いつまでもいちびっとったらしばく(=ひっぱたく)ぞ。

[1]いちぶ【一分】〈名〉❶一割の十分の一。一パーセント。❷尺貫《しゃっかん》法の長さの単位。一寸の十分の一。約三ミリメートル。❸ごくわずか。例一分のすきもない。▽ア①②イチブ ③イチブ

[2]いちぶ【一部】〈名〉❶全体のうちの、ある部分。例校舎の一部を建てなおす。対全部。類一部分。❷本や新聞などを数えるときの単位。▽アイチブ

いちぶしじゅう【一部始終】〈名〉事件などの、はじめから終わりまでの、くわしい事情。類顛末《てんまつ》。経緯《けいい》。いきさつ。参考この「一部」は、書物の全体のこと。

いちふじにたかさんなすび【一富士二▼鷹三▼茄▽子】初夢《はつゆめ》に見ると縁起《えんぎ》がよいとされているもの。順に、富士山・タカ・ナスとなる。

いちぶぶん【一部分】〈名〉広いひろがりの中の限られたところ。全体の中の、わずかな部分。類一部。

いちべつ【一▼瞥】〈名・する〉一瞬《いっしゅん》、ちらりと見ること。例一瞥もくれない。類一見。ひと目。

いちべついらい【一別以来】だいぶ前に別れてから今まで。

いちぼう【一望】〈名・する〉広い範囲《はんい》を一度に見わたすこと。例町を一望のもとに見わたす。一望千里。

いちまいいわ【一枚岩】〈名〉ひとつづきの平たい大きな岩。

表現「あの政党も一枚岩ではない」の「一枚岩」は、組織がかたくひとつにまとまっていること。

いちまいうわて【一枚上手】能力や技術がひとランク上であること。「一枚上《うえ》」ともいう。

いちまいかむ【一枚か（▼嚙）む】あることを行なう一員に加わる。類一口《ひとくち》乗る。

いちまいかんばん【一枚看板】〈名〉❶ある組織や団体の中での、中心人物。❷ほかに代わりのない、たった一つのもの。例あの投手は、チームの一枚看板だ。

いちまつの【一抹の】〈連体〉ほんの少しだけの。例一抹の不安。

いちまつもよう【市松模様】〈名〉二つのちがった色の四角形を、たてにも横にも交互《こうご》になるようにならべて、碁盤《ごばん》の目のようにしたもよう。→もよう絵

参考石だたみをかたどったものなので、「石畳《いしだたみ》」ともいう。「市松」というのは、江戸《えど》時代にこの模様のはかまを愛用した歌舞伎《かぶき》俳優の佐野川《さのがわ》市松からでた。

[1]いちみ【一味】〈名〉悪人の仲間。類徒党。→次項

[2]いちみ【一味】〈名〉「一味唐辛子《とうがらし》」の略。「七味《しちみ》」に対して、唐辛子だけを使った香辛《こうしん》料。→前項

参考「ひとあじ」と読むのは別のことば。

いちみゃく【一脈】〈名〉つながって、ひとつづきのもの。

表現どこか、目に見えないところでつながっているように思えることを、「一脈通じるところがある」という。

いちめい【一命】〈名〉一つしかない、たいせつないのち。例一命をとりとめる。一命をおとす。

いちめん【一面】〈名〉❶ものごとの、ある一つの側面。例一面の真理。彼には、ああ見えてもなかなか人情家の一面がある。一面的。❷そのあたり全体。例空一面に広がった雲。類一帯。❸重要な記事がのる、新聞の最初のページ。例一面トップの記事。

いちめんしき【一面識】〈名〉ちょっとだけ会って、ほんの少し知っていること。例彼とは一面識もない。

いちめんてき【一面的】〈形動〉ものの見かたが、かたよっている。例一面的な見かた。類表面的。

いちもうさく【一毛作】〈名〉同じ田畑に一年に一回だけ、ある作物をつくること。単作。対二毛作。多毛作。→にもうさく参考

いちもうだじん【一網打尽】〈名〉いっぺんに、悪者などのグループ全部をとらえてしまうこと。例一味を一網打尽にする。

いちもく【一目】一〈名〉碁盤《ごばん》の一つの目。碁石一つ。例一目勝ち。二〈名・する〉ちらっと見ること。例一目瞭然《いちもくりょうぜん》。類ひと目。一見《いっけん》。一瞥《いちべつ》。

一目置《お》く 相手がすぐれていることを認め、一歩ゆずった態度をとる。例経験ゆたかな彼も、あの人には一目置いているようだ。参考碁《ご》で、実力の下の者が、一目(=一石)先においてはじめるところから出た言いかた。

いちもくさんに【一目散に】〈副〉わき目もふらず走ったり、にげたりするようす。例一目散ににげ出す。類一散に。

いちもくりょうぜん【一目瞭然】〈名・形動〉ひと目見ただけで、すべてがよくわかること。

いちもつ【一物】〈名〉心の中にかくし持っている悪い考え。例腹に一物(→「はら〔腹〕」の子項目)

[1]いちもん【一文】〈名〉ごくわずかのお金。例こんなものは一文のねうちもない。一文なし。アイチモン

[2]いちもん【一門】〈名〉❶親族の関係にある人々。類同族。一族。❷仏教や学問の一派。類同門。▽アイチモン

いちもんいっとう【一問一答】〈名〉一つ聞いては一つ答えるというように、ぽつりぽつり問答すること。まとめて聞いて、まとめて答えるのとは反対。

いちもんじ【一文字】〈名〉「一」の字のように、横にまっすぐなこと。例口を一文字にむすぶ。

いちもんなし【一文無し】〈名〉まったくお金をもっていないこと。文なし。類すかんぴん。無一文。

いちや【一夜】〈名〉❶日ぐれから夜あけまでのあいだ。例一夜明けて。秋の一夜、友と語りあかす。❷ある夜。▽類一晩《ひとばん》。一夜《ひとよ》。

いちゃいちゃ〈副・する〉人目も気にしないで、恋人たちや夫婦がいかにも仲良さそうにしているようす。

いちやく【一躍】〈副〉急に高い地位や名声をえるようす。いっぺんに。例一躍有名になる。類一足飛びに。

いちゃつく〈動五〉いちゃいちゃする。

いちやづけ【一夜漬け】〈名〉ひとばん、塩でつけただけで食べるつけもの。類浅漬け。

表現「一夜漬けの勉強」は、さしせまってからあわててする不十分な勉強。

いちゃもん〈名〉「言いがかり」の俗《ぞく》っぽい言いかた。

コートジボアール　アフリカ西部，ギニア湾沿岸の共和国。カカオ・コーヒー・石油を産出。首都ヤムスクロ。

例いちゃもんをつける。

いちゅう【意中】〈名〉胸のおく。心の中にひめている考え。例意中を明かす。意中をさぐる。

意中の人《ひと》 心の中で、ひそかに「この人だ」ときめている人。例彼女の意中の人はだれだろうか。

表現 恋人《こいびと》とか、なにかの職に適任だと考えている人物とかを意味するのがふつう。

[1]**いちよう【一葉】**〈名〉一枚の木の葉。本の紙や小舟《こぶね》などにもいう。類ひとは。

一葉落《お》ちて天下《てんか》の秋《あき》を知《し》る 目の前の小さな事件から、世の中のなりゆきを感じとる。また、ふとしたことから、さかりを過ぎておとろえはじめたことに気づく。「桐《きり》一葉《ひとは》落ちて…」ともいう。由来 キリの葉は秋がくるといちばんはじめに葉が落ちるので、「ああ、この大自然に秋が来た」とわかる、ということからでた言いまわし。中国の故事による。

[2]**いちよう【一様】**〈形動〉どれも同じで、変わったところがない。例だれも一様に賛成した。

[1]**いちょう【胃腸】**〈名〉胃と腸。

[2]**いちょう〖▽銀▼杏・▽公▽孫▽樹〗**〈名〉街路樹などにする落葉高木。葉はおうぎ形で、秋、黄葉《こうよう》する。雌株《めかぶ》になる実を「ぎんなん」という。

[3]**いちょう【移調】**〈名・する〉〔音楽〕あるメロディーを、形を変えずに、そのまま別の高さ(=ちがった調)に移すこと。類転調。

いちようらいふく【一陽来復】〈名〉❶悪いことがしばらくつづいたあとに、ようやく幸運がめぐってくること。❷冬が去り、春になること。

いちよく【一翼】〈名〉おおがかりな仕事の中の、一つの役割。例一翼をになう。類一端《いったん》。

いちらん【一覧】〈名〉❶〈する〉ざっと目をとおすこと。類通覧。一読。❷いろいろな内容を、ひと目でわかるように、まとめて、ならべたもの。例一覧表。類リスト。

いちらんせいそうせいじ【一卵性双生児】〈名〉一つの受精卵《らん》から生まれたふたご。顔つきがとてもよく似《に》ている。→にらんせいそうせいじ

いちり(一理)ある すべて正しいとは思わないが、考えようによっては、なるほどと思えるところがある。

いちりいちがい【一利一害】〈名〉一つのものごとの中に、利益になる面と害になる面の両方があること。

[1]**いちりつ【市立】**〈名〉「市《し》立《りつ》」のこと。同じ読みの「私立」とまぎれないための言いかた。参考 同様に、「私立」は「わたくしりつ」と言って区別する。

[2]**いちりつ【一律】**〈形動〉❶同じ調子でずっとつづいている。例千編一律。❷すべてを同じあつかいにする。例一律に千円支給する。▽類均一。

いちりづか【一里塚】〈名〉江戸《えど》時代、街道《かいどう》ぞいに一里(=約四キロメートル)ごとに盛り土をし、エノキなどをうえてつくった道しるべ。里程標。

いちりゅう【一流】〈名〉❶とてもすぐれていること。例一流の人物。一流品。❷やりかたが独特であること。例彼一流の方法。

いちりょうじつ【一両日】〈名〉きょうかあす。できるだけ急いですべきことについての、あらたまった言いかた。例一両日中にこちらから伺《うかが》います。

いちりん【一輪】〈名〉花や車輪の数をかぞえるときの、一つ。例一輪ざし。一輪車。

いちりんざし【一輪挿し】〈名〉花を一輪か二輪くらい生けるのにちょうどよく作られた、小さな花びん。

いちる(一▼縷)の のぞ(望)み わずかに残る希望。参考「縷」は、糸のこと。

いちれい【一礼】〈名・する〉かるく、しかし礼儀《れいぎ》正しくおじぎすること。例一礼して前を通る。

いちれんたくしょう【一▼蓮▼托生】〈名〉この先は、たがいに同じ運命だと思うこと。類死なばもろとも。由来 来世《らいせ》は極楽《ごくらく》で同じハスの花の中に生まれるさだめ、という仏教の考えからでたことば。

いちれんの【一連の】〈連体〉ひとつながりの。例一連の事件。

いちろ【一路】一〈副〉わき道にそれたりしないで、まっすぐ。例一路帰国の途《と》につく。一路東京にむかう。二〈名〉旅の道中。例一路平安をいのる。

常用漢字 **いつ**

【逸(逸)】 ⻌部8 全11画

逸逸逸逸逸

イッ 音[イツ] ▨逸材《いつざい》。逸品《いっぴん》。逸話《いつわ》。逸脱《いつだつ》。逸《いっ》する。▨秀逸《しゅういつ》。後逸《こういつ》。散逸《さんいつ》。

[1]**いつ〖▽何▽時〗**〈代名〉これと限定できない、ある時を表わす疑問のことば。例いつご出発ですか。

[2]**いつ【一】**〈名〉「ひとつ」のあらたまった言いかた。例軌《き》を一にする。心を一(=いっしょ)にする。

いつう【胃痛】〈名〉胃のいたみ。

いつか〖▽何▽時か〗〈副〉❶未来のはっきりしない時を表わす。そのうち。例またいつか会いたい。❷過去のはっきりしない時を表わす。以前。例いつか行ったことがある。❸時がたったとも気がつかないうちに。例ねむっているうちに、電車はいつか品川をすぎていた。類いつぞや。

いっか【一家】〈名〉❶一つの家族。例一家をささえる。一家総出《そうで》で。一家だんらん。類ファミリー。❷ある専門の方面で、独自の存在として認められている人。例一家をなす。一家言《いっかげん》。❸親分子分関係のような、団結のかたい組織。例清水一家。

一家を成《な》す ある分野で、独自の世界・技術をもっているとみとめられる。

いっかいき【一回忌】〈名〉⇩いっしゅうき

いっかいの【一介の】〈連体〉とるにたりない一人の。謙遜《けんそん》して、また、人を見くだしていう。例一介の役人。

[1]**いっかく【一角】**〈名〉❶一つのかど。例三角形の一角。類コーナー。❷中央や中心をはずれた、はしの小さな部分。例氷山の一角。町の一角。類片すみ。すみっこ。一隅《いちぐう》。❸つのを一本だけもっていること。例一角獣《いっかくじゅう》。

[2]**いっかく【一画】〖一▼劃〗**〈名〉❶土地にくぎりをつけたときの、ひとくぎり。例銀座の一画に店をかまえる。類一区画。❷漢字を書くとき、ひとつづきに書く線。例一点一画にも注意をくばる。

いっかくじゅう【一角獣】〈名〉❶ヨーロッパの想像上の動物。ウマに似《に》て、ひたいに一本の角をもつ。清らかさ・幸福のシンボルとされる。ユニコーン。❷クジラのなかまで、イルカに角が生えたような哺乳《ほにゅう》動物。おすの牙《きば》が長くのびているのでこういう。「一角」ともいう。

いっかくせんきん【一▼攫千金】〈名〉いちどに、しかも簡単におおもうけをすること。例一攫千金を夢見る。

いっかげん【一家言】〈名〉独特の見識のある発言。例一家言をもつ。

いっかせい【一過性】〈名〉病気の症状《しょうじょう》で、発病後、一定の経過をたどり、比較《ひかく》的早くなおるもの。

[1]**いっかつ**【一括】〈名・する〉一つにまとめること。例問題を一括して検討しよう。一括審議《しんぎ》。類総括。統括。

[2]**いっかつ**【一喝】〈名・する〉ひと声、びっくりするような大きな声でしかりつけること。例一喝してしりぞける。

[1]**いっかん**【一環】〈名〉全体の中ではたらく一部分。例文化祭の一環として運動会を行なう。

[2]**いっかん**【一貫】〈名・する〉はじめから終わりまで、一つの考えかたややりかたで、つらぬき通すこと。例一貫して反対の立場をとる。方針が一貫している。終始一貫。中高一貫教育。一貫性。

いっかん(一巻)**のお**(終)**わり** 続いてきたことが、取り返しのつかない不都合な形で一挙に終わりになること。例このがけから落ちたら一巻の終わりだ。類おしまい。由来無声映画の弁士が説明のおわりに言ったことば。

いっき【一▼揆】〈名〉〔歴史〕農民が幕府や領主などの圧政に対して、力を合わせて抵抗《ていこう》したこと。百姓《ひゃくしょう》一揆など。

いっきいちゆう【一喜一憂】〈名・する〉状況《じょうきょう》がよくなればよろこび、悪くなればしおれ、をくりかえすこと。例病状の変化に一喜一憂する。

いっきうち【一騎打ち・一騎討ち】〈名〉一対一で勝負すること。

いっきかせい【一気▼呵成】〈名〉ものすごい勢いでひといきにやってしまうこと。例一気呵成にしあげる。

いっきとうせん【一騎当千】〈名〉一人で千人を相手に戦えるほど強いこと。例一騎当千のつわもの。

いっきに【一気に】〈副〉途中《とちゅう》で休まないで。例一気にしあげる。対徐徐《じょじょ》に。類ひといきに。いっぺんに。

いっきゅう【一級】〈名〉品質や技術のレベルで、最もすぐれた段階。例一級に合格する。一級品。

いっきょ【一挙】〈名〉いちどの動作。例前後編一挙公開。→いっきょに

いっきょいちどう【一挙一動】〈名〉動作の一つ一つ。一挙手一投足。例一挙一動を見はられているようで息がつまる。類することなすこと。

いっきょう【一興】〈名〉それなりのおもしろみ。例そうやってみるのも一興だ。

いっきょくしゅうちゅう【一極集中】〈名・する〉大都市などの特定の地域にだけ、政治・経済・文化の中心的な施設《しせつ》があつまること。

いっきょしゅいっとうそく【一挙手一投足】〈名〉⇩いっきょいちどう

いっきょに【一挙に】〈副〉いちどにかためて。例一挙に勝負を決した。類いっぺんに。いちどきに。

いっきょりょうとく【一挙両得】〈名〉一つの動作で二つの成果がえられること。類一石二鳥。

いつ・く【居着く】〈動五〉ほかへ行こうとせず、一つの場所におちついてすむ。類住みつく。

いっく【一句】〈名〉❶俳句や川柳《せんりゅう》の一つ一つをかぞえることば。例一句うかぶ。❷ことばの ひとくぎり。例一言《いちごん》一句。参考和歌の場合は「一首《いっしゅ》」、詩の場合は「一編《いっぺん》」という。

いつくしみ【慈しみ】〈名〉かわいがってだいじにする態度。例慈しみに満ちたことば。慈しみ深い。

いつくし・む【慈しむ】〈動五〉かわいがってだいじにし、いきとどいた世話をする。例子を慈しむ。

いっけい【一計】〈名〉これならうまくいくという、方策のひとつ。例一計を案じる。類一策。

いっけつ【一決】〈名・する〉みんなの意見や考えが、一つにまとまって決着がつくこと。例衆議一決。

[1]**いっけん**【一件】〈名〉❶一つの事件。また、ひとつながりと考えられる事件。例一件落着。❷あのこと。例のこと。例あの一件はどうした？

[2]**いっけん**【一見】■一〈名・する〉いちど見ること。ざっと見ること。例一見の価値がある。百聞は一見にしかず。一見してにせ物とわかった。類一瞥《いちべつ》。ひと目。■二〈副〉ちょっと見たところでは。例一見かしこそうに見える。

いっけんや【一軒家・一軒屋】〈名〉❶一軒だけぽつんと建っているいえ。例野中《のなか》の一軒家。❷「一戸建て」のややくだけた言いかた。

いっこ【一顧】〈名・する〉ふり返って、ちらっと見ること。ちょっと心にとめること。例一顧だにしない。一顧も与えない。

[1]**いっこう**【一行】〈名〉旅行などで、いっしょに行動している人々。例御《ご》一行様。類一団。

[2]**いっこう**【一考】〈名・する〉少し考えてみること。例一考にあたいする。一考を要する。

[3]**いっこう**【一向】〈副〉（あとに打ち消しのことばをともなって）時間がたってもまったく変わらないようす。例いくら注意しても一向に効き目がない。類ちっとも。さっぱり。

表現「何を言われても、一向平気」などは、否定のことばがなくても意味が否定になっている。

いっこういっき【一向一▼揆】〈名〉〔歴史〕一五世紀の後半から一六世紀の末にかけて、一向宗の信者たちが大名に対しておこした一揆。

いっこうしゅう【一向宗】〈名〉⇩じょうどしんしゅう

いっこく【一刻】■一〈名〉どんどんすぎさる時間の中のひときざみ。例一刻も早く。一刻をあらそう。一刻も猶予《ゆうよ》できない。一刻一秒。刻一刻。一刻千金(=時がすぎさるのをおしんでいうことば)。類一分一秒。■二〈形動〉がんこで、他人の考えをうけ入れようとしない。例一刻者《もの》。類一徹《いってつ》。

いっこく(一国)**いちじょう**(一城)**のあるじ** (▽主) 小さくても自分の国や城をもち、部下から威厳《いげん》のある指導者としてあおがれる人。

いっこくせんきん【一刻千金】〈名〉ほんのわずかな時間も、ひじょうにたいせつな価値があること。過ぎ去っていく時を、おしんでいうことば。

いっこだて【一戸建て】〈名〉集合住宅に対して、一軒《いっけん》ずつ独立して建てた家。戸建て。類一軒家《や》。

いっこん【一献】〈名〉さかずきいっぱいの酒。例一献かたむける。

表現酒をふるまうときは、謙遜《けんそん》して「一献さしあげたい」のように言う。

いっさい【一切】■一〈名〉関係するすべて。例家事一切をひきうける。一切合切《がっさい》。■二〈副〉（あとに打ち消しのことばをともなって）まったく…ない。例そのことは一切知らない。類なにひとつ。少しも。ちっとも。

いつざい【逸材】〈名〉断然すぐれた才能をもつ人。

いっさいがっさい【一切合切・一切合財】〈名・副〉かかわりあるものはすべて。残らずすべて。例一切合

コソボ　バルカン半島内陸部にある共和国。2008年セルビアから分離・独立。首都プリシュティナ。

切を投げだす。一切合切ひっくるめて。類なにもかも。

いっさいならず【一再ならず】〈副〉一度や二度ではなく何度も。例一再ならず注意したが、改めようとしない。

いっさく【一策】〈名〉「ひとつやってみるか」と思うはかりごと。例窮《きゅう》余《よ》の一策。類一計。

いっさくじつ【一昨日】〈名〉「おととい」のあらたまった言いかた。

いっさくねん【一昨年】〈名〉「おととし」のあらたまった言いかた。

いっさつ【一札】〈名〉あとあとの証拠《しょうこ》とするために、約束ごとなどを書いた書類。例一札入れる(=わたす)。一札とる(=もらう)。

いっさら(方言)(あとに打ち消しのことばをともなって)全く…ない。山梨で言う。例あそこの方言いっさらわからん。

いっさんかたんそ【一酸化炭素】〈名〉〔化学〕酸素が足りないところで、炭や石油などを燃やすと生じる気体。色もにおいもないが、有毒。

いっさんに【一散に】〖逸散に〗〈副〉わき目もふらずに走って。例一散に山をかけおりた。類一目散に。

いつしか〈副〉気づかぬうちに時がたって。いつのまにか。例いつしか日も暮れて、月が出ていた。

いっしき【一式】〈名〉道具や用具などの、ひとそろい。例洗面用具一式。

いっしそうでん【一子相伝】〈名〉学問や芸術、技術の秘訣《ひけつ》を、自分の子のうちのひとりにつたえていくこと。例一子相伝の技。

いっしどうじん【一視同仁】〈名〉すべての人に対して、わけへだてのない仁愛《じんあい》の心で接すること。

いっし(一糸)まとわず からだになにも着ないで。

いっし(一糸)みだ(乱)れず 少しも乱れず、整然として。例一糸乱れず行動する。

いっしゃせんり【一▼瀉千里】〈名〉ものごとがいきおいよく一気にすすむようす。

いっしゅ【一種】一〈名〉❶いろいろ種類がある中の、一つの種類。例あざみは菊《きく》の一種だ。❷いろいろなとらえかたがある中の、一つのとらえかた。例子どものけんかは一種のスポーツだ。二〈副〉一つの言いかたでいえば。例一種異様なふんいき。

表現 一の①は、多く、「…の一種」と、あとにつく形で使われ、ものごとをはっきり規定する表現である。これに対し、二の②は、「一種の…」と前につく形で使われ、「こうも言える」という程度の軽い表現である。

[1]**いっしゅう【一周】**〈名・する〉ひとまわりして、もとのところにもどること。例グラウンドを一周する。一周忌《き》。世界一周。類一巡《いちじゅん》。

[2]**いっしゅう【一蹴】**〈名・する〉❶敵をかんたんに負かす。類しりぞける。❷要求をまったくうけいれずに、拒否《きょひ》する。類はねつける。

いっしゅうき【一周忌】〈名〉死後満一年の命日。一年目の法事。一回忌。→しゅうき〔周忌〕参考

いっしゅくいっぱん【一宿一飯】〈名〉旅の途中《とちゅう》で、ひと晩とまって、食べさせてもらうこと。例一宿一飯の恩義にあずかる。

いっしゅん【一瞬】〈名・副〉一回まばたきする、わずかな時間。例一瞬のできごと。歴史的な一瞬。一瞬、目をうたがった。類瞬間。瞬時。刹那《せつな》。

いっしょ【一緒】〈名〉❶一つにまとめること。まとまった状態。例一緒にする。一緒になる。❷区別がつかない状態であること。例そんな幼稚《ようち》なことをするのでは赤んぼうと一緒だ。あいつと一緒にしないでくれ。類同じ。❸(「ご一緒する」の形で)相手とともに行くことの、謙遜《けんそん》した言いかた。例途中《とちゅう》までご一緒しましょう。▽→いっしょに

[1]**いっしょう【一生】**〈名・副〉生まれてから死ぬまで。生きているあいだ。例一生を終える。一生をささげる。このご恩は一生忘れません。類生涯《しょうがい》。終生。一生涯。

表現「一生の不覚」「一生のお願い」などは、「一生にただ一度」の意味で、強める言いかた。

[2]**いっしょう【一笑】**〈名・する〉ちょっとわらうこと。例破顔一笑。

一笑に付《ふ》す とり合わないで、笑って終わりにする。類笑いとばす。

いっしょうがい【一生涯】〈名・副〉一生の、すべての期間。例これは、わたしの一生涯をかけた夢だ。類一生。終生《しゅうせい》。

いっしょうけんめい【一生懸命】〈副・形動〉なにかを一心にするようす。例一生懸命(に)がんばる。

参考「一所《いっしょ》懸命」が変化してできたことば。

いっしょう(一将)こう(功)な(成)ってばんこつ(万骨)か(枯)る 一人の将軍がてがらをたてたかげには、名もない多くの兵士の生命が失われている。上の人だけでてがらをひとりじめするのを非難するときに使うことば。

いっしょく【一色】〈名〉❶ひとつの色。ひといろ。例青一色。❷全体がひとつの傾向《けいこう》にあること。例街中《まちじゅう》がクリスマス一色だ。

いっしょくそくはつ【一触即発】〈名〉ちょっとさわっただけで、大爆発《だいばくはつ》がおこりそうな緊迫《きんぱく》した情勢。例両国の関係は、一触即発の危機にある。

いっしょくた【一緒くた】〈名〉「いっしょ」のくだけた言いかた。例何もかも一緒くたにする。類ごちゃまぜ。

いっしょけんめい【一所懸命】〈副・形動〉「一生懸命」のもとになった言いかた。参考もとは、中世の武士が自分の領地を命がけで守ることをいった。

いっしょに【一緒に】〈副〉二つ以上のものがまとまって。例一緒に遊ぶ。一緒に行きましょう。類ともに。

いっし(一矢)をむく(報)いる 全体としては不利な戦いの中で、一つだけ有効な反撃《はんげき》をくわえる。

[1]**いっしん【一心】**〈名〉❶ただもうそのことばかり思うこと。例母に会いたい一心で、百里の道を歩いてきた。一心不乱。→いっしんに ❷多くの人の気持ちが一致《いっち》すること。例一心同体。▽アイッシン

[2]**いっしん【一身】**〈名〉自分ただひとり。例責任を一身に引きうける。信望を一身にあつめる。アイッシン

[3]**いっしん【一新】**〈名・する〉古いすがたをとどめずに、なにからなにまで新しくすること。例面目を一新する。類刷新。アイッシン

[4]**いっしん【一審】**〈名〉〔法律〕裁判で、第一段階目の審理。地方裁判所で行なわれる。第一審。例一審判決。アイッシン

いっしんいったい【一進一退】〈名・する〉小さな変化はあっても、大きな変化はなにもないこと。例病状が一進一退をつづける。

いっしんきょう【一神教】〈名〉ただ一つの神を信じる宗教。ユダヤ教・キリスト教・イスラム教など。対多神

教。参考 神を、ただ一つの絶対、全能の神と考える。

いっしんじょうの【一身上の】〈連体〉ごく個人的な。おもに履歴《りれき》書などで使う言いかた。例一身上の都合(理由)により退職。

いっしんとう【一親等】〈名〉〔法律〕最短の親族関係。自分からみての父母と子ども。↓しんとう〔親等〕

いっしんどうたい【一心同体】〈名〉複数の人間がひとりの人間のように、考えも行動も同じであること。

いっしんに【一心に】〈副〉気持ちを一つのことに集中して。心をこめて。例一心に練習する。類一生懸命《いっしょうけんめい》。一心不乱に。

いっしんふらん【一心不乱】〈名〉心が一つに集中し、ほかに気がちらないこと。例一心不乱にいのる。

いっすい【一睡】〈名・する〉わずかの時間ねむること。例昨夜は心配で一睡もできなかった。類ひとねむり。

いっすいのゆめ(一炊の夢)⇩かんたんいっすいのゆめ

いっ・する【逸する】〈動サ変〉❶正しい道からそれる。例常軌《じょうき》を逸する。類逸脱《いつだつ》する。❷手に入れそこなう。例好機を逸する。類にがす。のがす。

いっすん【一寸】〈名〉❶尺貫《しゃっかん》法の長さの単位。一尺の十分の一で、約三《センチメートル》。❷とても短いこと。例一寸きざみ。

一寸先《さき》は闇《やみ》 少しでも先のことは、なにがおこるかわからない、ということ。類お先《さき》真っ暗。

一寸の光陰《こういん》軽《かろ》んずべからず 人生は短いのだから、わずかの時間でもむだにすごしてはならない。

一寸の虫《むし》にも五分《ごぶ》の魂《たましい》 ふけばとぶようなものにでも、その身に応じたほこりがあるのだということ。

いっすんきざみ【一寸刻み】〈名〉とても短くくぎりを入れること。例一寸刻みのスケジュール。

いっせ【一世】〈名〉❶仏教でいう、三世《さんぜ》(=前世・現世・来世)の一つ。例親子は一世、夫婦《ふうふ》は二世《にせ》。❷人の生涯《しょうがい》。例一世一代。

いっせい【一世】〈名〉❶一人の人間が生きている期間。例一世を風靡《ふうび》する。❷ある一時代。類一生。一代。❸同じ名前の国王や皇帝《こうてい》のうち、最初に地位についた人。例エリザベス一世。❹移民や開拓《かいたく》民の、最初の代の人。類一代。当代。

一世を風靡《ふうび》する ある時代に、たいへんないきおいではなばなしく流行する。

いっせいいちだい【一世一代】〈名〉一生のあいだに一度しかないこと。例一世一代の大仕事。

いっせいに【一斉に】〈副〉みんなそろって同時に。例一斉に立ちあがる。類いちどに。

いっせき【一席】〈名〉❶宴会《えんかい》・演説・落語などの、一回。例一席ぶつ。一席お笑いを申し上げます。❷順位づけの第一位。第一席。例一席に入る。

一席ぶつ 得意げに一方的に話して聞かせる。

一席設《もう》ける 人を接待するための宴会《えんかい》を開く。

いっせきにちょう【一石二鳥】〈名〉一つのことをして、同時に二つの利益をえること。類一挙両得。

いっせき(一石)**をとう**(投)**じる** なにも問題のないところに、「さあどうだ」と一つ問題を投げかける。

いっせつ【一説】〈名〉❶一つの考えかた。❷別の説。例一説によると…。

[1]**いっせん**【一戦】〈名〉一回のたたかい。例一戦をまじえる。

[2]**いっせん**【一線】〈名〉❶一本のまっすぐな線。例一線にならぶ。❷さかい目をしめす一本の線。例…の一線をこえる。一線を引く。❸ある分野で、もっとも重要な位置や立場。第一線。例一線をしりぞく。

一線を画《かく》する 他とはっきりとけじめをつける。類一線を引く。

一線を越《こ》える ここまでは許される、という限界をこえた行為《こうい》におよぶ。

いっそ〈副〉現状をのぞましい方向にもっていくために、思いきって。「いっそのこと」ともいう。例そんなに本が好きなら、いっそ本屋さんで働いてはどうか。

[1]**いっそう**【一掃】〈名・する〉きれいさっぱりとりはらうこと。例悪弊《あくへい》を一掃する。(野球で)走者一掃の二塁打。

[2]**いっそう**〖一層〗〈副〉程度が前よりもはげしい。例雨がいっそうはげしくなった。類一段と。

いっそくとび【一足飛び】〈名〉ふつうの順序をとびこして、いっぺんに進むこと。例初級から一足飛びに三級になった。類一躍《いちやく》。

いっそのこと〈副〉⇩いっそ

いつぞや〈副〉よくおぼえていないが、たしかあのとき。「いつか」の、やや古い、改まった言いかた。例いつぞやは、たいへんありがとうございました。

[1]**いったい**【一体】■〈名〉二つ以上のものが一つにまとまること。例一体となる。表裏《ひょうり》一体。■〈副〉❶(「一体に」の形で)全体として。例この作品は一体におもしろくない。類概《がい》して。総じて。❷強い疑問の気持ちを表わす。例お前はいったいだれだ。いったいどこへ行っていたんだ。

[2]**いったい**【一帯】〈名〉そのあたり全部。例被害《ひがい》は関東地方一帯に広まった。類一円。

いったいぜんたい【一体全体】〈副〉「少しもわからない」という、強い疑問を表わすときに使う。例一体全体どうなっているんだ。

いったく【一択】〈名〉❶自分で選択できるほかの候補《こうほ》がないこと。❷いくつかの候補の中から、あるものごとを迷わず選ぶこと。▽くだけた言いかた。

いつだつ【逸脱】〈名・する〉本筋《ほんすじ》をふみはずして、それていくこと。例常識を(から)逸脱した行為《こうい》。類脱線《だっせん》。

[1]**いったん**【一端】〈名〉❶一方のはし。❷全体の中の、一部分。例事件の一端が明らかになった。▽アイッタン

[2]**いったん**【一旦】〈副〉❶かりに。一時的に。例いったん返して、また借りる。類一時《いっとき》。❷ひとたび。一度。例いったん約束《やくそく》したことはかならず守る。いったん石油の輸入が止まったなら、国内の産業は壊滅《かいめつ》状態になる。▽アイッタン

いっち【一致】〈名・する〉❶二つ以上のものがぴったり合って、同じになること。例両首脳のあいだで、意見の一致をみた。満場一致。類合致《がっち》。❷合わさって一つになること。例一致してあたれば、困難も克服《こくふく》できる。一致団結。類結束《けっそく》。

いっちはんかい【一知半解】〈名〉知識があさく、よくはわかっていないこと。類なまかじり。

いっちゅうや【一昼夜】〈名〉まる一日。例事件から一昼夜たった。

いっちょう【一丁】■〈名〉❶刃物《はもの》や農具、豆腐《とうふ》や一品料理などで、一つ。例ラーメン一丁あがり。❷

それしか身につけていないこと。例パンツ一丁で歩きまわる。ふんどし一丁。タオル一丁。

二〈副〉元気よくなにかをしようとするときに、いうことば。例さあ、一丁いこうか。類一番。一発。

いっちょういっせき【一朝一夕】〈名〉みじかい期間。例外国語は一朝一夕にはマスターできない。

いっちょういったん【一長一短】〈名〉長所があれば、そのかわり短所もあること。

表現 AB二つをくらべたとき、ある点ではAがBよりすぐれ、別の点ではBがAよりすぐれていれば、「それぞれに一長一短がある」と言う。

いっちょうら【一張羅】〈名〉たった一着しかもっていない、よそいきの衣服。

いっちょくせん【一直線】〈名〉❶まっすぐな一本の線。❷ものごとがまっすぐなこと。例一直線に進む。

いつつ【五つ】〈名〉❶四の次の数。いつ。ご。❷五歳《さい》。また、五個。

いっつい【一対】〈名〉二つでひと組みになっているもの。類ペア。

いって【一手】〈名〉❶碁《ご》や将棋《しょうぎ》で、一回だけ石を打ったり、こまを動かしたりすること。例次の一手を考える。❷一つだけの方法。例おしの一手でいく。❸人にまかせたり、人をいれたりせず、自分だけですること。例一手ににぎる。一手に引き受ける。

いってい【一定】〈名・する〉一つにきまっていて、変化しないこと。例一定したペースで走る。

いってつ【一徹】〈名・形動〉自分の考えなどをあくまでもおしとおそうとするようす。例老いの一徹。類かたくな。がんこ。一刻《いっこく》。

[1]**いってん**【一点】〈名〉❶得点の、一つ。例一点をあらそう好ゲーム。❷一か所。また、ごくわずか。例人々の目が一点に集中する。一点の疑惑《ぎわく》もない。紅《こう》一点《いってん》。❸商品や作品などを数えるときの、一つ。例一点物(=もともと一つしかない商品)。▽アイッテン

[2]**いってん**【一転】〈名・する〉❶すっかりようすが変わること。例前年の減少から一転して大幅に増加した。心機一転。類一変。急転。❷一回転すること。▽アイッテン

いってんいっかく【一点一画】〈名〉漢字を書くときの、点や線の一つ一つ。例一点一画もゆるがせにしない。

いってんばり【一点張り】〈名〉ただ一つのことでおしとおすこと。例知らない、の一点張りだ。類一本やり。

いっと【一途】〈名〉もっぱらその道ひとすじ。

表現 多く、「事態は悪化の一途をたどる」のように、どちらかというとわるい方にどんどん進んでいくことをいう。

いっとう【一等】一〈名〉ランクづけされるものの第一。例競走で一等になる。一等賞。一等席。二〈副〉「いちばん」のやや古い言いかた。例いっとういい。

いっとうせい【一等星】〈名〉〔天文〕夜空に見える恒星《こうせい》の中で、もっとも明るいもの。シリウス・ベガ(=織女《しょくじょ》)・アルタイル(=牽牛《けんぎゅう》)など。

いっとう(一頭)ち(地)をぬ(抜)く ふつうの人々より一段とすぐれている。

いっとうりょうだん【一刀両断】〈名〉ひと太刀《たち》でさっと二つにたち切るように、ものごとを思いきって処置すること。例一刀両断にする。

いっとき【一時】〈名・副〉❶しばらくのあいだ。例聞くは一時の恥《はじ》、聞かぬは一生の恥(→「きく〔聞く〕」の子項目)。この本を一時あずかってください。類当座。❷ある一時期。例一時の苦労を忘れたような顔をしている。❸そのときかぎり。例一時のがれ。▽類一時《いちじ》。

いっとはなしに〖▽何▽時とはなしに〗〈副〉気がつかないでいるあいだに。例いっとはなしにいなくなった。類いつのまにか。

いつなんどき〖▽何▽時何時〗〈副〉「いつ」を強めた言いかた。どんなとき。例いつなんどき事件にまきこまれるかわからない。お呼びがあれば、いつなんどきでも参ります。

いつに【一に】〈副〉別のことではなくて。ただそれだけ。例一にみなさまのおかげです。類ひとえに。

いつになく〖▽何▽時に無く〗〈副〉いつもとはちがって。例いつになく元気がない。

いつのまに【いつの間に】〖▽何▽時の間に〗〈副〉気がつかないでいるあいだに。例いつのまにやら。いつのまに雨がやんだのか。

いつのまにか【いつの間にか】〖▽何▽時の間にか〗〈副〉気がつかないでいるあいだに。例いつのまにかとっぷりと日がくれていた。類いつしか。いつとはなしに。

いっぱ【一派】〈名〉❶学問や芸術、武芸などの一つの流派。例一派をたてる。類一門。❷考えかたの似《に》た人の集まった、集団や仲間。例一党一派。

いっぱい【一杯】一〈名〉❶コップやさかずきなどの、いれもの一つをみたす分量。例一杯やる。❷酒を少し飲むこと。気らくに酒を飲むこと。例一杯きげん。

二〈形動・副〉［いっぱい］❶あふれそうにたくさん。例元気いっぱいな子。おなかがいっぱいになる。いっぱい食べる。❷限度ぎりぎりまで。例時間いっぱいまでねばる。今週いっぱい待ちましょう。力いっぱい働く。▽アー イッパイ

三イッパイ

一杯食《く》う うまくだまされる。類かつがれる。

一杯食《く》わす 相手をうまくだます。「一杯食わせる」ともいう。類かつぐ。

いっぱい(一敗)ち(地)にまみ(▽塗)れる ❶ふたたび立ちあがれないほどに、徹底《てってい》的にうちのめされる。中国古代の歴史書『史記』のことば。❷何度かある戦いのうちで、一度負ける。例二戦目は一敗地にまみれたが、ほかは全勝できた。注意 ①が本来の意味だが、「一敗」という語に引きずられて②の意味で使う人が増えている。

いっぱし〖一端〗一〈副〉能力のない者が、一人前のようにふるまうようす。例いっぱし大人ぶるところがおかしい。二〈名〉一人前であること。例ああやっているところはいっぱしの職人だね。類人なみ。ひとかど。

いっぱつ【一発】〈名〉❶一つの弾丸《だんがん》。また、鉄砲《てっぽう》を一回発射すること。例一発でしとめる。❷げんこつで一回なぐること。例一発くらう。❸野球で、一本のホームラン。例この選手には一発がある。❹「ひとつ」「一回」を強めた俗《ぞく》っぽい言いかた。例一発当たれば大もうけだ。一発屋。一発勝負。

いっぱつや【一発屋】〈名〉❶ふだんは目立たないが、時として人をおどろかす働きをする人。たとえば、打率は低いが思わぬときにホームランを打つ野球選手。❷いちど脚光をあびただけで、あまり見なくなった芸能人。たとえば、歌が一曲だけヒットした歌手。

[1]**いっぱん**【一半】〈名〉二つに分けたうちの、一方。例責任の一半はわたしにある。

[2]**いっぱん**【一般】〈名〉❶全体にひろく共通していること。例世間一般の傾向《けいこう》。対特殊《とくしゅ》。類全般。普遍

《ふへん》。❷ごくありふれていること。例一般市民。対特別。特殊。類普通。なみ。❸特別の条件をそなえない、ふつうの人。例一般向け。一般公開。▽↓いっぱんに

いっぱんか【一般化】〈名・する〉❶広く行きわたること。例パソコンも一般化してきた。❷一部のことがらに限って成り立っていることを、すべての場合に当てはめようとすること。例安易な一般化。類普遍《ふへん》化。

いっぱんせい【一般性】〈名〉広くみとめられ、共通して成り立つという性質や傾向《けいこう》。例一般性に欠ける主張。対特殊《とくしゅ》性。類普遍《ふへん》性。

いっぱんてき【一般的】〈形動〉広く全体にわたっているようす。例一般的な傾向《けいこう》。類全般的。

いっぱんに【一般に】〈副〉特別の場合をのぞき、ふつうの場合は、いつでもどこでも。例一般に女性のほうが長生きする。類ふつう。おおむね。がいして。

いっぱんろん【一般論】〈名〉ひとつひとつの具体的なことではなく、全体としてはどうなのかを論じる議論。

いっぴ【一日】〈名〉「ついたち」の俗《ぞく》な言いかた。

いっぴきおおかみ【一匹おおかみ】【一匹▼狼】〈名〉集団に属さず、ひとりで思うままに行動する人。

いっぴつ【一筆】〈名〉❶いっきに続けて書くこと。例一筆で書く。類ひとふで。❷ちょっとした文章を書くこと。例一筆したためる。

いっぴ(一▼臂)のちから(力)をか(貸)す かたうでほどの力をかすことから、わずかばかりの手助けをする。

いっぴょう(一票)のかくさ(格差) 選挙のとき、一区域の議員定数と有権者の数との比率が全国で必ずしもひとしくならない、不公正な状態。

1 いっぴん【一品】〈名〉一つの商品や料理など。ひとしな。例一品だけ買う。おかずをあと一品作る。類一点。↓次項 表記

2 いっぴん【逸品】〈名〉特別にすぐれた美術品や骨董《こっとう》品。類絶品。表記「てんかいっぴん」は「天下一品」、「てんかのいっぴん」は「天下の逸品」と書く。

いっぴんりょうり【一品料理】〈名〉ほかの料理と組み合わせずに、それだけで注文する料理。類アラカルト。

いっぷいっさい【一夫一妻】〈名〉ひとりの夫にひとりの妻がいるという、現代社会でふつうの婚姻《こんいん》の形態。例一夫一妻制。対一夫多妻《たさい》。一妻多夫。

いっぷう【一風】〈副〉(「一風変わった…」の形で)どこかちがったところがある。例一風変わった味。参考動物のつがいの「一雌一雄《いっしいちゆう》」にいうこともある。

1 いっぷく【一服】〈名〉❶抹茶《まっちゃ》や粉ぐすりの、一回分。例一服の清涼剤《せいりょうざい》。一服もる。❷〈する〉お茶をのんだりたばこをすったりして、ひと休みすること。例三時だから一服しよう。類小休止。休憩《きゅうけい》。▽アイップク

一服盛《も》る 殺すために、こっそりと人に毒をのませる。

2 いっぷく【一幅】〈名〉かけ軸《じく》などをかぞえるときの、一つ。例一幅の絵。アイップク

表現例にあげた「一幅の絵」は、「一幅の絵になる景色」のように使うことが多く、とくに数をとりたてていっているわけではない。「絵になるほど美しい」という感じ。

いっぷたさい【一夫多妻】〈名〉ひとりの夫がふたり以上の妻を同時にもつという婚姻《こんいん》の形態。例一夫多妻制の民族。対一夫一妻。一妻多夫。

いつぶん【逸聞】〈名〉あまり知られていない、めずらしい話。類逸話。エピソード。

1 いっぺん【一片】〈名〉❶紙や花びらなどの、うすく小さいもの、一つ。例一片の花びら。類ひとひら。一枚。❷「一片の肉」のように、全体から切りとった一部分。類ひと切れ。❸ほんの少し。例一片の良心ももち合わせていないのか。類わずか。▽アイッペン

2 いっぺん【一変】〈名・する〉突然、まったくちがったものに変わること。また、変えること。例態度が一変する。様相を一変する。類一転。急変。アイッペン

3 いっぺん【一遍】〈名・副〉❶一回。いちど。例いっぺんも行ったことがない。❷(「いっぺんに」の形で)かためていちどに。例いっぺんに全部はできないよ。類いちどきに。一挙に。同時に。▽ア①イッペン ②イッペン

いっぺんとう【一辺倒】〈名〉一つのものだけにかたよること。例親米一辺倒の外交。類一本やり。

いっぽ【一歩】〈名〉歩いたひと足の距離《きょり》。例もう一歩も歩けない。第一歩。

表現「一歩先んじる」「実現の一歩を進める」「一歩一歩着実に進める」などの「一歩」は、わずかだが確実にみとめられる分量を表わす。

一歩も譲《ゆず》らない ❶少しも妥協《だきょう》しない。❷ほんの少しもおとっていない。

1 いっぽう【一方】■〈名〉❶いろいろあるうちの、一つの方向や方面。例天の一方をにらむ。❷二つあるもののうちの、その一つの方。例一方の話だけではわからない。片一方。一方通行。対他方。両方。類片方。❸ある方面にかたよっていること。例物価は上がる一方だ。■〈接〉もう一つの面についていえば。例鈴木くんは山田さんがやったという。一方、山田さんは鈴木くんがやったという。▽アイッポー

2 いっぽう【一法】〈名〉別の一つの方法。例なにもいわないのも一法だ。アイッポー

3 いっぽう【一報】〈名・する〉かんたんに知らせること。とりあえずの知らせ。例到着《とうちゃく》しだい、ご一報ください。▽アイッポー

いっぽうつうこう【一方通行】〈名〉車などをひとつの方向へだけ通行させること。

表現考えなどを言うがわが、相手の意見を聞かないで、ただ一方的に伝えることについてもいう。

いっぽうてき【一方的】〈形動〉二つのものが関係する場合に、たがいにはたらきかけ合うことがなく、一方から一方へと、はたらきかけの方向がきまってしまうようす。例一方的に話す。一方的な試合。

いっぽんか【一本化】〈名・する〉ばらばらに進んでいるものを、まとめてひとつにすること。ばらばらに進んでいたものが、まとまってひとつになること。例法案の一本化。

いっぽんがち【一本勝ち】〈名〉柔道《じゅうどう》・剣道《けんどう》で、規定のわざが時間内にきまって勝つこと。

いっぽんぎ【一本気】〈名・形動〉ひとつの方向をつらぬかなければ気がすまない性質。例一本気な男。

いっぽんしょうぶ【一本勝負】〈名〉柔道《じゅうどう》や剣道《けんどう》で、どちらかが一本とれば勝ち負けが決まる試合のやり方。

いっぽんだち【一本立ち】〈名・する〉自分ひとりの力でやっていくこと。類独立。自立。ひとり立ち。

いっぽんぢょうし【一本調子】〈名・形動〉話しかたなどが、いつも同じような調子で変化が少ないこと。「いっぽんちょうし」ともいう。類単調。平板《へいばん》。千編一律。

いっぽんづり【一本釣り】〈名〉網《あみ》を使わず、釣

り糸一本で魚を釣り上げること。例かつおの一本釣り。

いっぽんやり【一本やり】〖一本▼槍〗〈名〉いつも、あくまで一つの方法だけで、ものごとを進めること。類一辺倒。一点張り。

いつも〖▽何▽時も〗〈副〉❶どんなときでも。例彼はいつもにこにこしている。類いつでも。つねに。❷ふつうの場合。例きょうの人出はいつもより多かった。類ふだん。日ごろ。平常。平素。

いつわ【逸話】〈名〉人のかくれた一面を知らせる、おもしろい話。類エピソード。逸聞《いつぶん》。

いつわり【偽り】〈名〉事実をねじまげていること。例偽りの証言。偽りを言う。類うそ。でたらめ。

いつわ・る【偽る】〈動五〉事実や本心とはちがったことを言い、相手にほんとうのことのように思いこませる。例身分を偽る。本心を偽る。類あざむく。だます。

イデア〈名〉哲学《てつがく》で、観念。理念。また、理想。◇「考え」「理想」を意味するギリシャ語から。

イディオム〈名〉「慣用句」のこと。◇idiom

イデオロギー〈名〉政治的立場や行動のよりどころとなるような、一つのまとまった思想。◇《ドイツ》Ideologie

いでたち〖▽出で立ち〗〈名〉服装。身じたく。これからなにかしようというときの、その人のようすをいうことが多い。例変わったいでたちで現れる。

いてつ・く〖▽凍てつく〗〈動五〉とても寒くて、ものがかちかちにこおりつく。例いてつくような北国の夜。

い(居)てもた(立)ってもいられない⇩「いる〔居る〕」の子項目

いでゆ【いで湯】〖▽出で湯〗〈名〉「温泉」の、少し詩的な言いかた。例いで湯の里。

い・てる〖▽凍てる〗〈動下一〉こおる。こおるように寒く感じる。

いてん【移転】〈名・する〉❶住まいや事業所などの場所を変えること。また、場所が変わること。例会社を(が)移転する。移転通知。類転居。❷ほかに移すこと。例技術を移転する。

いでん【遺伝】〈名・する〉〔生物〕親から子に、形態や性質が伝えられること。例遺伝子。隔世《かくせい》遺伝。

いでんし【遺伝子】〈名〉〔生物〕遺伝をおこすもとになるもの。その本体はDNA《ディーエヌエー》(デオキシリボ核酸《かくさん》)で、染色《せんしょく》体にふくまれている。

いでんしくみかえ【遺伝子組(み)換え】〈名〉ある作物がもともと持っていない遺伝子を人工的に組みこんで、品種改良を行なう技術。類ゲノム編集。

いと[1]【糸】〈名〉❶布や皮をぬいあわせるのに使う、ほそ長くてじょうぶなもの。植物やまゆなどの繊維《せんい》や、化学繊維をより合わせてつくる。例糸をつむぐ。糸をよる。糸がからまる。ぬい糸。つり糸。❷琴《こと》や三味線《しゃみせん》などの弦《げん》。また、琴や三味線。

表現 (1)①は一本二本と数える。糸をつむぐときに、「綛《かせ》」という枠《わく》のような器具に巻いたものは一綛《ひとかせ》二綛《ふたかせ》、糸巻きに巻いたものは一巻《ひとま》き二巻《ふたま》きと数える。
(2)「クモの糸」「納豆《なっとう》の糸」「糸こんにゃく」など、細いものに言い、「糸のような新月」「糸のような目」などの言いかたもある。

糸を垂《た》れる つり糸を水面にだらりとさげることから、魚つりをする。

糸を引《ひ》く ❶自分は表面に出ないで、自由自在に人を動かす。例かげで糸を引く。❷糸のようにほそ長くのびる。例よだれが糸を引く。納豆《なっとう》が糸を引く。

いと[2]【意図】〈名・する〉心の中でねらいをさだめて、「こうもっていこう」と考えていること。例…の意図がある。初めに意図したのとちがう結果になった。制作意図。類もくろみ。つもり。意向。心づもり。

いど[1]【井戸】〈名〉地面にたて穴をほって地下水をくみ出す設備。ふつう、つるべでくみ上げたり、ポンプですい上げたりする。例井戸水。ほりぬき井戸。

いど[2]【緯度】〈名〉地球上のある地点が、赤道から北または南へはなれている度合い。その地点と地球の中心点をむすぶ直線が赤道面とつくる角度で表わす。赤道を〇度、北極・南極をそれぞれ九〇度とする。対経度。

参考 赤道より北を「北緯《ほくい》」、南を「南緯《なんい》」という。

いと・う[1]〖▼厭う〗〈動五〉❶いやだと思う。例世をいとう。苦労をいとわない。対好む。類きらう。いやがる。おしむ。❷なるべく変わったことをさけて、ぶじにすごす。例おからだを おいといください。類いたわる。大事をとる。▽ア イトウ

いとう[2]【以東】〈名〉その場所をふくめて、そこから東の方。対以西。ア イトー

いどう[1]【異同】〈名〉比べようと思ういくつかのもののあいだで、ちがっている点。例異同をしらべる。二者のあいだに、多くの異同がみられた。類ちがい。相違《そうい》。差異。

いどう[2]【移動】〈名・する〉場所を変えること。例平行移動。類転移。

いどう[3]【異動】〈名・する〉❶会社などの組織の中で、所属や地位が変わること。例人事《じんじ》異動。❷住所や本籍《ほんせき》地が変わること。役所の手続きでいうことば。例住民異動。

いどうせいこうきあつ【移動性高気圧】〈名〉〔気象〕シベリア高気圧の一部がわかれた、高気圧。春や秋に、日本付近を西から東へと移動していく。

いとおし・い〈形〉かわいくてしかたがない。

いとおし・む〈動五〉かけがいのないものとして、たいせつにする。例わが身をいとおしむ。行く春をいとおしむ。

いときりば【糸切り歯】〈名〉歯で糸を切るときふつうに使われる歯で、前歯の両はしにある犬歯がこれにあたる。けものならその位置に きばがある。

いとぐち【糸口】〖▽緒・▽緒口〗〈名〉ものごとの手がかり。例事件解決の糸口をつかむ。類端緒《たんしょ・たんちょ》。

いとけな・い〖▽幼けない〗〈形〉とてもおさない。例いとけない子ども。類あどけない。いたいけ。

いとこ〖▽従▽兄▽弟・▽従▽姉▽妹〗〈名〉父母の兄弟《きょうだい》姉妹《しまい》の子ども。

表記 「従兄」「従弟」「従姉」「従妹」とも書く。

いどころ【居所】〈名〉今いる所。「居場所」よりややくだけた言いかた。例居所をつきとめる。虫の居所が悪い(=きげんがよくない)。類居所《きょしょ》。

いとし・い〖▽愛しい〗〈形〉かわいくてたまらない。恋《こい》しくてたまらない。例いとしい人。いとしく思う。

いとしの〖▽愛しの〗〈連体〉いとしい。曲名などに使われる古風な言いかた。

いとすぎ【糸杉】〈名〉ヨーロッパ原産の、常緑高木。街路樹《がいろじゅ》にしたりする。ゴッホの絵で有名。

いとぞこ【糸底】〈名〉茶わんの底の、輪の形に少しつきでた部分。糸尻《じり》。高台《こうだい》。

いとてき【意図的】〈形動〉こうしようと心にきめて、するようす。例意図的に行動する。

いとでんわ【糸電話】〈名〉二個の筒の底に糸をつなげてたるみのないように張り、声を糸の震動《しんどう》にのせて伝えるおもちゃ。

いとなみ【営み】〈名〉❶生きるための活動。例日々の営み。❷今後のためのしたく。例冬の営み。

いとな・む【営む】〈動五〉生活・商売・活動などを日々つみかさねていく。例社会生活を営む。宿屋を営む。類経営する。

いとのこ【糸のこ】〖糸▼鋸〗〈名〉板をくりぬいたり、まるく切ったりするのに使う、細くてうすい刃《は》ののこぎり。

いどばたかいぎ【井戸端会議】〈名〉何人かの、おもに女性が集まってするおしゃべり。

参考 むかし、共同井戸のまわりが、主婦たちの気らくなおしゃべりの場所であったことからできたことば。

いとへん【糸偏】〈名〉漢字の偏の一つ。「級」「紙」などの「糸」の部分。

いとま〖▽暇〗〈名〉❶ひまな時間。休みの時間。例応接にいとまがない。❷別れること。わかれ。例いとまを告げる。いとま乞《ご》い。→おいとま ▽古風な言いかた。

表現 使用人が主人の家をはなれることを、「休暇をいただく」の意味で「おいとまをいただく」と言い、それが「やめさせていただく」「お別れする」の意味になった。同様に、「いとまを出す」または「ひまを出す」が、「やめさせる」の意味になった。

いとまき【糸巻き】〈名〉さいほうの道具の一つ。糸をまきつけておくもの。

いとまごい【いとま乞い】〖▽暇乞い〗〈名・する〉別れのあいさつをすること。「帰るおゆるしをいただく」という意味で、たいへんへりくだった言いかた。例きょうはおいとま乞いにまいりました。

いどみかか・る【挑み掛かる】〈動五〉今まさに、正面から立ち向かおうとしている。例敵に挑みかかる。

いど・む【挑む】〈動五〉相手をうち負かそうという意気ごみで、正面からたちむかう。例戦いを挑む。ヒマラヤに挑む。類挑戦《ちょうせん》する。チャレンジする。

いとめ【糸目】〈名〉❶たこをあげるとき、つり合いをとるためにつける糸。例金に糸目をつけない(→「かね〔金〕」の子項目)。❷陶器《とうき》などに細くきざみつけたすじ。

いと・める【射止める】〈動下一〉❶弓矢や銃《じゅう》で、ねらったものをしとめる。例くまを射止める。❷ねらったものを手に入れる。例彼女のハートを射止めた。

いとも〈副〉苦労せずに何かができるようすを強調していうことば。例いともたやすくやってのけた。

参考 文語の副詞「いと」に助詞「も」がついたもの。

いとようじ【糸ようじ】〖糸▼楊枝〗〈名〉じょうぶな糸を用いて、歯と歯の間の食べかすをとる道具。

いとわし・い〖▼厭わしい〗〈形〉「いやだ」の意味の、やや古い言いかた。類うとましい。おぞましい。

いな【否】■〈感〉いいや、そうではない。例晴れたら、否、雨でも決行する。類いや。■〈名〉賛成しないこと。例賛成か否か。否も応もなく。対諾《だく》。

いない【以内】〈造語〉時間や数量などが、ある範囲《はんい》をふくんで、それよりも少ないこと。例五番以内の成績。半径十キロ以内の地点。一時間以内にもどる。

いなお・る【居直る】〈動五〉急に態度をかえて、ふてぶてしくなる。例居直り強盗《ごうとう》。類ひらきなおる。

いなか【田舎】〈名〉❶都会とちがい、田畑や山林の多いところ。例草深い田舎。東京もこの辺までくるとずいぶん田舎だ。片田舎。対都会。類地方。ひな。❷都会でくらしている地方出身の人が、生まれ故郷をさしていうことば。例田舎がある。田舎へ帰る。

いながらにして〈副〉そこにいるままで。例いながらにしてわかる。

いなげな(方言)風変《ふうが》わりな。中国・四国で言う。

いなご〖▼蝗・▼螽〗〈名〉昆虫《こんちゅう》の一種。バッタのなかまで、体長四センチ《センチ》メートルぐらい。はじめは緑色だが、秋になると茶色になる。イネを食べる害虫。

い(異)なこと 変なこと。例これは異なことをおっしゃる。→いなもの

いなさく【稲作】〈名〉❶イネを栽培《さいばい》すること。❷イネのできぐあい。▽類米作。

いな・す〈動五〉❶すもうで、すばやく身をかわして、つっこんできた相手をよろめかせる。❷議論などで、相手の追及にまともに答えず、さらりとかわす。例かるくいなす。

いなずま【稲妻】〈名〉かみなりがなる前に、大空をよこ切って走る、不規則なかたちの、つよい光のすじ。例稲妻が走る。

いなせ〈名・形動〉若くていせいがよく、さっそうとしていること。例いなせな若者。類勇み肌《はだ》。

表現 東京の下町の職人風の人の感じで、現代的な人についてはいわない。

いなだ〈名〉ブリの小さいときの呼び名。→ぶり 参考(1)

いなな・く〖▼嘶く〗〈動五〉ウマが、いきおいよく鳴く。

いなば〖▽因▼幡〗〈名〉旧国名の一つ。現在の鳥取県東部。『古事記』に「因幡の白兎《しろうさぎ》」の話がある。因州《いんしゅう》。

いなびかり【稲光】〈名〉かみなりがなる前に、一瞬《いっしゅん》あたりを明るく照らしだす、いなずまの光。

いなほ【稲穂】〈名〉イネのほ。例「実るほど頭《こうべ》を垂《た》れる稲穂かな」〈川柳〉

いな・む【否む】〈動五〉❶「いやだ」といってことわる。❷「そうでない」といって否定する。例否みがたい。

いなむら【稲むら】〖稲▼叢〗〈名〉脱穀《だっこく》したイネのわらをたばにして、つみかさねたもの。

いな(否)めない 否定できない。例否めない事実。

い(異)なもの 変わっているもの。ふしぎなもの。例縁《えん》は異なもの(→「えん〔縁〕」の子項目)。→いなこと

いな(否)や ⇩やいなや

いなら・ぶ【居並ぶ】〈動五〉ずらりとならんで威圧《いあつ》感がある。例居並ぶ面々《めんめん》(=人たち)。

いなり【稲▽荷】〈名〉イネをはじめ、五穀をみのらせると信じられている神をまつった神社。その神の使いとされるキツネの像がシンボルで、「おいなりさん」として親しまれる。京都市の伏見《ふしみ》稲荷が中心。

いなりずし【稲▽荷▽寿司】〈名〉油あげをあまからく煮《に》て、中にすし飯をつめた食べ物。おいなりさん。

参考 東では俵《たわら》形、西では三角に作る伝統がある。

いなん【以南】〈名〉その場所をふくめて、そこから南の方。対以北。

イニシアチブ〈名〉会議や組織、仕事を、先にたってリードすること。例イニシアチブをとる。類主導権。ヘゲモニー。◇initiative

いにしえ〖▽古〗〈名〉「遠いむかし」の古い言いかた。

参考「いに」は古語「い(往)ぬ」の連用形、「し」は助動詞「き」の連体形で、「行ってしまった方向」の意味。

イニシエーション〈名〉❶手ほどき。❷通過儀礼《ぎれい》。◇initiation

イニシャル〈名〉姓名《せいめい》などをローマ字で書いたときの、頭《かしら》文字。たとえば「小山太郎」を「Taro Koyama」と書いたときの、「T.K.」。◇initial

いにゅう【移入】〈名・する〉❶国内のある地域から別の地域に、物資を運びこむこと。対移出。❷精神的な何かが、移ってくるとか入りこむとかすること。例文化の移入。感情移入。

いにん【委任】〈名・する〉信用できる人を選び、自分のすべきことを、かわりにその人にしてもらうこと。例全権を委任する。委任状。類委託《いたく》。

いにんじょう【委任状】〈名〉委任する内容を書いて、署名した書類。

[1]**いぬ【犬】**一〈名〉むかしから人間と親しい関係にある哺乳《ほにゅう》動物。人に飼われて、家や家畜《かちく》の番や狩猟《しゅりょう》に使われたり、愛玩《あいがん》動物となったりする。例のら犬。負け犬。→いぬ〔戌〕(次項)

二〈接頭〉❶ほかのことばの上につけて、「なみ以下のつまらないもの」という意味を表わす。例犬死に。犬畜生。❷似《に》ているが、ちがうもの。例犬たで。

表現 (1)「権力の犬」「警察の犬」のように、権力者が命令するとおりに働く手先のたとえとしても使われる。

(2)一はふつう一匹《いっぴき》二匹《にひき》と数える。大型犬や訓練をほどこした犬は一頭二頭と数えることがある。

犬の遠吠《とおぼ》え 面とむかっては文句を言えず、かげであれこれいうことを、あざけっていうことば。

犬も歩《ある》けば棒《ぼう》に当《あ》たる ❶でしゃばってよけいなことをすると、とんでもない目にあう。❷なんでもいいから、やっていれば、少しは収穫《しゅうかく》があるものだ。

犬も食《く》わない なんのねうちもない。ばかばかしい。「そんなつまらないものには、犬だって見向きもしないよ」と言いたいほどだ。例夫婦《ふうふ》げんかは犬も食わない。

[2]**いぬ【▼戌】**〈名〉❶「十二支」の第十一番目で、イヌ。❷むかしの方角の名で、西北西。❸むかしの時の名で、午後八時、およびその前後一時間、計二時間の間。

[3]**いぬ（方言）** 帰る。西日本で言う。いぬる。いのる。例そろそろいのか(=帰ろうか)。もういぬるんか。

参考 古語では「往ぬ」と書いて、「行く」の意味で使った。関西では「行く」の意味で使うところもある。

いぬい【▽乾】〈名〉むかしの方角の言いかたで、北西。例乾門。

イヌイット〈名〉⇩エスキモー ◇Inuit

いぬかき【犬かき】【犬▼搔き】〈名〉顔を水につけず、両腕を体の前で曲げて水をかく、犬のような泳ぎかた。

いぬき【居抜き】〈名〉店舗《てんぽ》などの不動産物件で、設備や什器《じゅうき》がそのままにしてあること。例居抜きで借りる。

いぬじに【犬死に】〈名・する〉意味もない、むだな死にかた。例犬死にになる。類むだ死に。

いぬたで【犬▼蓼】〈名〉夏から秋にかけて、米つぶぐらいの大きさの 赤い花が穂《ほ》のようにつく雑草。あかまんま。あかのまんま。

いね【稲】〈名〉米をとるために栽培《さいばい》する一年草。イネの種が米で、日本では主食とするほか、酒や餅《もち》をつくる。水田でつくる水稲《すいとう》と、畑でつくる陸稲《りくとう》とがある。→こめ 参考

いねかり【稲刈り】〈名〉実ったイネを刈りとること。

いねこき【稲こき】【稲▽扱き】〈名〉刈《か》りとったイネの穂《ほ》から、もみをしごいてとること。また、その道具や機械。類脱穀《だっこく》。

いねむり【居眠り】〈名・する〉すわったり、こしかけたりしたまま、うとうとすること。類うたたね。舟《ふね》をこぐ。

いのいちばん【いの一番】〈名〉「い」は「いろは」のはじめの文字であることから、だれよりも早いこと。例いの一番に仕上げる。類まっ先。

いのう【異能】〈名〉独特の、すぐれた能力。例異能の学者。類異才。

いのこり【居残り】〈名〉そのままその場所に残ること。例放課後の居残り。居残り組。類残留。

いのこ・る【居残る】〈動五〉ほかの人が帰ったあとや、帰る時刻になっても帰らないでそこにずっといる。類残留する。踏《ふ》みとどまる。

いのしし【▼猪】〈名〉けものの名。形はブタに似て、きばをもち、黒褐色《こっかっしょく》の毛が全身に生えている。→い〔亥〕

表現 全力でまっすぐ走る習性から むこうみずな動物とみなされ、「猪突猛進《ちょとつもうしん》」ということばもある。

いのち【命】〈名〉❶どんな生き物でも、「生きている」ということは、ある共通の何物《なにもの》かを持っているということだと考えたときの、その何物かのこと。例新たな命の誕生。命をつなぐ。命の恩人。仕事に命をかける。命にかかわる不注意。事故で命を落とす。命がちぢむほどおどろく。類生《せい》。❷なにより大切で、たよりになるもの。例この作品は私の命だ。道具は職人の命だ。▽類生命《せいめい》。

命あっての物種《ものだね》 どんなにお金やものが手に入っても、命がなくなってはなんにもならない。

命長《なが》ければ恥《はじ》多《おお》し 長年生きているとそれなりに、恥ずかしいことをいくつもしてきているものだ。

命の洗濯《せんたく》 日ごろの めんどうなことをさっぱりとわすれて、気晴らしをすること。類リフレッシュ。

命の綱《つな》 全面的にたよりにする、たいせつなもの。

命を吹《ふ》き込《こ》む ⇩ふきこむ 表現(2)

いのちがけ【命懸け】〈名〉命を落とす危険を覚悟《かくご》すること。例命がけで戦う。類決死。捨て身。

いのちからがら【命からがら】〈副〉命を守るのだけがやっとというありさまで。例命からがらにげだす。

いのちごい【命乞い】〈名・する〉殺さないで助けてくれ、とたのむこと。

いのちしらず【命知らず】〈名・形動〉命をおとすことなど少しも気にしないこと。そのような人。例命知らずの冒険《ぼうけん》家。

いのちづな【命綱】〈名〉水中や高いところで仕事をする人が、万一のために身につけておくつな。

いのちとり【命取り】〈名〉死んだり破滅《はめつ》したりする原因になるものごと。例インフレ対策の失敗が内閣の命取りになった。類致命《ちめい》傷。

いのちびろい【命拾い】〈名・する〉もうだめだと思ったところを、運よく助かること。例あやうく命拾いをする。

い(井)のなか(中)のかわず(▼蛙) ⇩「い〔井〕」の子項目

イノベーション〈名〉革新。技術革新。◇innovation

いのり【祈り】〈名〉いのること。いのることば。例祈りをささげる。類願い。

いの・る【祈る】〈動五〉❶人間をこえる大きな力によびかけて、「どうかこのことを実現させてください」と願う。例一心に祈る。類念じる。❷相手によいことがあるようにと、心から思う。例成功を祈る。類願う。

[1]**いはい【位▼牌】**〈名〉死んだ人の法名《ほうみょう》を書いて、仏壇《ぶつだん》に置く、木のふだ。表現 一柱《ひとはしら》二柱《ふたはしら》と数える。

[2]**いはい【遺灰】**〈名〉火葬《かそう》した遺体が灰となったもの。

いばしょ【居場所】〈名〉❶今いる場所。例 居場所を知らせる。❷落ちつくことのできる場所。例 どこにも居場所がない。類 居所《いどころ》。居所《きょしょ》。

いばしんえん【意馬心猿】〈名〉〔仏教〕欲望がはげしく、心のみだれがおさえられないこと。心の中に馬や猿《さる》がすんでいて、あばれ回るようだということ。

[1]**いはつ【衣鉢】**〈名〉師の僧《そう》が仏法をつぐべき弟子《でし》にあたえる袈裟《けさ》と鉢《はち》。

衣鉢を継《つ》ぐ 学問や芸術などの分野で、先生の教えや方法などを受けつぐ。

[2]**いはつ【遺髪】**〈名〉死者の形見のかみの毛。

いばら〖茨〗〈名〉ノバラやカラタチなど、とげのある低木類をさすことば。

茨の道《みち》 困難や苦しみが多い、人生のあゆみ。

【茨】 艹部6 全9画

いばら 教小4 参考 県名の「茨城《いばらき》県」をとくに表記するための常用漢字。

茨 茨 茨 茨 茨

いば・る【威張る】〈動五〉「自分はえらいのだぞ」と、人に見せつけるようにふるまう。例 あの人は能力はあるが、いばるのがわるいくせだ。いばりちらす。類 えらぶる。

いはん【違反】〈名・する〉法律や規則などをやぶること。例 規則に違反する。駐車《ちゅうしゃ》違反。選挙違反。

いびき〖▼鼾〗〈名〉寝《ね》ているときに、呼吸とともに口や鼻から出る、うるさい音。例 いびきをかく。かみなりのようないびき。高いびき。

いびつ〖▼歪(つ)〗〈形動〉ゆがんでいる。例 いびつな箱。参考「飯櫃《いいびつ》(=米びつ)」の変化した形。

いひょう【意表】〈名〉人が思ってもいなかったこと。類 意外。予想外。

意表に出《で》る 人の思いもしないような行動にでる。

意表を突《つ》く 人の思いもしないような行動をして、あわてさせる。例 敵の意表を突く。

いび・る〈動五〉弱い相手に対して、その人がいたたまれなくなるような意地悪なことをする。→いじめる 表現

[1]**いひん【遺品】**〈名〉人が死んだあとに残した品物で、その人の思い出となるもの。類 形見。遺物。遺留品。

[1]**いふ【畏怖】**〈名・する〉神や人、大自然に対して、そばに近づけない大きさを感じ、心の底からおそれること。例 畏怖の念をいだく。

[2]**いふ【意符】**〈名〉⇩ぎふ〔義符〕

[1]**イブ**〈名〉行事が行なわれる日の前夜。例 クリスマスイブ。◇eve

[2]**イブ**〈名〉旧約聖書に書かれている、神が最初につくった女性の名。◇Eve →アダム

[1]**いふう【威風】**〈名〉あたり一面のものを従わせてしまう、目に見えないつよい力。例 威風堂々としたすがた。類 威勢。ア イフー

[2]**いふう【遺風】**〈名〉❶今も一部に残っていて、むかしをしのぶことのできる風習。❷今もはたらきかける力をもっている、なくなった人の教えや人格。類 遺徳。▽ア イフー

いぶかし・い〖▼訝しい〗〈形〉「どうも変だ」と感じられる。類 腑《ふ》に落ちない。おかしい。けげん。

いぶかしげ〖▼訝しげ〗〈形動〉「どうも変だ」と思っているらしいようす。例 いぶかしげな顔。

いぶかし・む〖▼訝しむ〗〈動五〉「どうも変だ」と思う。例 いやに親切なので、なにかたくらんでいるのではないかといぶかしむ。

いぶか・る〖▼訝る〗〈動五〉疑わしいと思う。

いぶき【息吹】〈名〉みずみずしい生命を感じさせるけはい。例 春の息吹。青春の息吹。参考 もともとは「息」「息づかい」のこと。

いふく【衣服】〈名〉洋服や和服など、からだをおおうもの。類 服。衣料。衣類。

いぶくろ【胃袋】〈名〉「胃」のくだけた言いかた。例 胃袋をみたす(=たくさん食べる)。

いぶしぎん【いぶし銀】〖▼燻し銀〗〈名〉硫黄《いおう》でいぶして、表面の光沢《こうたく》をおさえた銀。また、その色。表現「いぶし銀のような演技」のように、はなやかではないが、しぶくて深い味わいのあるものをたとえるのに使う。

いぶ・す〖▼燻す〗〈動五〉❶燃えにくいものを燃やして、けむりを出させる。例 生木《なまき》をいぶす。類 くすべる。❷硫黄《いおう》を使って、銀や銅を黒ずんだ色にする。表現 (1)「蚊《か》をいぶす」は、蚊とり線香《せんこう》や笹《ささ》などをいぶしたけむりで蚊をおいはらうこと。(2)いぶして風味をそえた食品が「薫製《くんせい》」。

[1]**いぶつ【異物】**〈名〉まぎれこんだりして、まわりと調和しないもの。例 異物が混入する。ア イブツ

[2]**いぶつ【遺物】**〈名〉❶今でもまだ残っている前の時代のもの。例 前世紀の遺物。❷人が死後に残したもの。類 形見。遺品。▽ア イブツ イブツ

イブニングドレス〈名〉夕方から夜にかけての社交的な集まりに着る、女性の洋式の礼装《れいそう》。夜会服。◇evening dress

いぶ・る〖▼燻る〗〈動五〉よく燃えないで、けむりばかりたくさん出る。例 生木《なまき》がいぶる。類 くすぶる。

いぶんか【異文化】〈名〉ことばや習慣、ものの考え方などが、自分たちの文化とはちがう文化。

いぶんし【異分子】〈名〉集団の中で、全体にとけこまない人。類 異端《いたん》者。アウトサイダー。

いへき【胃壁】〈名〉胃の内がわの面。

いへん【異変】〈名〉とつぜんおこる、変わったできごと。例 暖冬異変。類 変異。変事。

いへんさんぜつ【▼韋編三絶】〈名〉本をくり返し読むこと。韋編三《み》たび絶つ。由来 孔子《こうし》が、『易経《えききょう》』をくり返し読んだため とじひもが何度も切れたという中国の故事から。

イベント〈名〉❶行事。もよおし。❷試合。競技種目。◇event

いぼ〖▼疣〗〈名〉皮膚《ひふ》の変質によるもり上がり。表現「じゃがいものいぼ」のような言いかたもある。

[1]**いほう【異邦】**〈名〉自分が生まれ育った所とはようすがちがう外国。例 異邦人。類 異国。異境。

[2]**いほう【違法】**〈名・形動〉法律に違反すること。例 違法行為《こうい》。対 合法。適法。類 不法。

いほうじん【異邦人】〈名〉「外国人」の、古い、または詩的な言いかた。類 異人。外人。

いぼきょうだい【異母兄弟】〈名〉父が同じで、母がちがう兄弟や姉妹《しまい》。類 腹ちがい。

いほく【以北】〈名〉その場所をふくめて、そこから北の方。対 以南。

[1]**いま【今】** ━〈名〉❶現在の一瞬《いっしゅん》。例 今の今まで。今か今かと。ただいま。それ、今だ!

❷現在にごく近い未来や過去をふくめていうことば。[例]今行くよ。今帰りました。❸現在をふくめて、ややひろがりのある期間をいうことば。[例]今のところ。今のうちに。❹現代。今日《こんにち》。[例]人の心は今もむかしも変わらない。[対]むかし。過去。▽[ア]①②④イマ ③イマ
[二]〈副〉さらに。その上に。[例]今一度やらせてください。今しばらくお待ちください。
[三]〈接頭〉むかしの有名な人の名などにつけて、「現代の」「現在の」という意味を表わす。[例]今浦《うら》島《しま》。
[参考][二]は、「ひとつ」「しばらく」など、小さく限定することばをつけて使われる。

今か今かと 待ち望んでいたことがもうすぐ起こるとか始まるとかいうときの、待つ人の期待の心を言い表わした表現。[例]今か今かと待ちかまえる。[類]今やおそしと。

今のうち ⇩独立項目

今のところ ⇩独立項目

今もって ⇩独立項目

今や遅《おそ》しと あることの実現を強く期待して待ちのぞむようす。[類]今か今かと。

今を盛《さか》りと 今がいちばん盛んな時だということを誇示《こじ》するかのように。[例]今を盛りとさく花。

今を時《とき》めく 今、世の中でもてはやされている。

[2]いま【居間】〈名〉家族がいつも自由に使うへや。リビングルーム。[類]茶の間。[対]客間。応接間。

いまいち【今一】〈副〉「いまひとつ」の俗《ぞく》な言いかた。[例]体がいまいち本調子でない。[ア]イマ」

いまいまし・い【忌々しい】〈形〉しゃくにさわってしかたがない。[例]ほんとにいまいましいハエだ。

いまげんざい【今現在】〈名〉同じ意味の「今」と「現在」とをくっつけて強調した言いかた。[例]今現在の状況《じょうきょう》を知りたい。

いまごろ【今頃】〈名・副〉このとき。または、この季節。[例]今頃どうしているかな、あいつ。今頃雪がふるとは変な気候だ。[類]今時分。

いまさら【今更】〈副〉❶今また、新しく感じられて。[例]父のことばがいまさら身にしみる。いまさら言うまでもない。[類]あらためて。事新しく。❷「今になってはおそすぎる」という気持ちをこめていうことば。[例]いまさら変更《へんこう》は許されない。

いましがた【今し方】〈副〉ほんの少し前。たったいま。[例]いましがた来たばかりだ。[類]ただいま。

イマジネーション〈名〉想像。想像力。[例]イマジネーションの世界。◇imagination

いまじぶん【今時分】〈副〉❶時期や時刻がまったくはずれている今ごろの時に。❷ちがう場所でのことを思いやっての「今ごろは」。[例]今時分大阪に着いているだろう。
[表現]五月に東京で雪が降るとか、真夜中に人が訪ねてくるとかしたら、「え、今時分!?」とおどろくのが①の意味。

いましめ【戒め】〖▽縛め〗〈名〉❶[戒め]「こういうことは、してはいけない」という、否定面からの教え。[例]戒めを守る。前車のくつがえるは後車の戒め。[類]注意。訓戒《くんかい》。❷[縛め]動けないようにしばること。[例]いましめを解く。

いまし・める【戒める】〈動下一〉❶「まちがっているからやめなさい」と注意する。[例]非行を戒める。[類]たしなめる。いさめる。❷「こういうことは、いけないことだ」とあらかじめ言って、させないようにする。[例]将来を戒める。みずからを戒める。[類]訓戒《くんかい》する。
[表現]おもに目上の人に対する行動。「いさめる」は目下の者に対する行動。

いましも【今しも】〈副〉ちょうどいま。いままさに。[例]今しも出発しようとしているところだった。

いま・す〈動四〉「いらっしゃる」の意味の古語。[例]「いかにいます父母《ちちはは》」(唱歌「故郷《ふるさと》」)

いまだ〖▽未だ〗〈副〉「まだ」の古い言いかた。[例]いまだ来《きた》らず。彼はいまだ行方不明である。

いまだかつて〖▽未だ▼嘗て〗〈副〉(あとに打ち消しのことばをともなって)今までにいちども…ない。[例]そんな話はいまだかつて聞いたことがない。

いまだに〖▽未だに・今だに〗〈副〉今になってもまだ。[例]いまだに忘れられない光景がある。あの日のことはいまだに覚えている。

いまどき【今時】〈名〉このごろ。[例]今どきの若い者。今どきめずらしい孝行者だ。[類]当世。当節。
[表現]「今」という時に対し、何かしらおどろきの気持ちをこめていうことが多い。

いまに【今に】〈副〉そのうちに。近い将来そうなるということを思いえがいていう。[例]今に見ていろ。今に後悔《こうかい》するぞ。[類]やがて。まもなく。

いまにも【今にも】〈副〉あることが、すぐにもおこりそうなようす。[例]今にも泣きだしそうな空。[類]まもなく。

いま(今)のうち(内) あとではだめで、たった今。[例]今のうちに逃《に》げよう。逃げるなら今のうちだ。

いま(今)のところ いま現在では。当面は。[例]今のところ順調です。[類]目下《もっか》。

いまひとつ【今一つ】〈副〉❶もうひとつ。❷もうあと少しというところで。[例]どうも今一つものたりないね。
[表現]②は、俗《ぞく》に「今一《いまいち》」などともいう。

いまふう【今風】〈名・形動〉「現代ふう」の意味のくだけた言いかた。[例]今ふうのファッション。

いまもって【今もって】〖今▽以て〗〈副〉今になってもまだ。[例]今もって消息不明。

いまや【今や】〈副〉❶今、まさになにかがおころうとすること、なにかをしようとすることを、強調していうことば。今にも。今こそ。[例]ゴール前で、今やシュートというときに時間切れとなった。❷むかしと比べて、現在の状態をとくにとり上げていうことば。今では。[例]今やコンピューターは、家庭にまで入りこんできた。

いまよう【今様】〈名〉❶今、はやっているありさま。現代ふう。[例]今様の髪型《かみがた》。❷七五調の四句からできている平安時代の流行歌。

いまわし・い【忌まわしい】〈形〉❶どうにもいやでたまらない。[例]忌まわしい思い出。❷縁起《えんぎ》がよくない。不吉《ふきつ》だ。[例]忌まわしい夢《ゆめ》。

いま(今)わのきわ(際) 命のたえようとするとき。時代がかった言いかた。[類]死にぎわ。最期《さいご》。臨終《りんじゅう》。
[参考]「いまわ」の「わ」は、もと、格助詞の「は」のこと。

いみ【意味】〈名〉❶〈する〉ことばや記号、身ぶりなどが表わしている内容。また、ある内容を表わすこと。[例]この四字熟語の意味を次の中から選びなさい。文章の意味が通るように接続詞を使おう。あの道路標識は「歩行者専用」を意味している。[類]意。意義。❷ことばや行動のうらにある意図や事情。[例]こんなことをさせられる意味がわからない。意味深長《しんちょう》。❸するだけのねうち。[例]勉強をする意味。見ているだけではせっかく来た意味がない。無意味。[類]意義。価値。

 サンマリノ　イタリア半島北東部の小共和国。観光・切手収入が主な財源。最古の共和国。首都サンマリノ。

表現「…に直結する」という意味で、「かつて、その伝染《でんせん》病にかかることは死を意味した」のような使いかたもある。

参考ことばには、ひろい意味(=広義《こうぎ》)とせまい意味(=狭義《ぎきょう》)との、ちがった意味範囲《はんい》で使われるものがある。

↓広義・狭義

いみあい【意味合い】〈名〉ある表現で言おうとしていることの内容。

いみありげ【意味ありげ】〖意味有り気〗〈形動〉ことばやふるまいに、何か特別な意味がかくされているような感じ。例意味ありげにほほえむ。意味ありげな一言。類意味深長。

いみきら・う【忌み嫌う】〈動五〉いやがって、心の底から嫌う。

いみことば【忌み言葉】〖忌み▽詞〗〈名〉縁起《えんぎ》がわるいとして、使うのをさけることば。あることばをさけ、そのかわりに使うことば。類禁句。↓囲み記事6(下)

いみじくも〈副〉じつにうまいぐあいに。例コスモスを秋桜《あきざくら》とは、いみじくもいったものだ。

表現「よくも」より古風なことば。

いみしん【意味深】〈形動〉「意味深長」を略して、いっそう意味ありげにひびかせたことば。

いみしんちょう【意味深長】〈形動〉ことばや行動の中に、表面には表れない深い意味がこめられている。

いみだんらく【意味段落】〈名〉⇩だんらく参考

イミテーション〈名〉模造品。類レプリカ。◇imitation

いみな【▼諱・忌み名】〈名〉高貴な人の死後に、うやまいをこめておくる名前。「おくりな」ともいう。

いみょう【異名】〈名〉別名《べつめい》。とくに、その人や物の特徴《とくちょう》をうまくつかんでつけられた呼び名。例月の異名(=睦月《むつき》・如月《きさらぎ》など)。地球は「水の惑星《わくせい》」という異名をもつ。「神の子」の異名をとる選手。類異称《いしょう》。俗称《ぞくしょう》。

いみん【移民】〈名・する〉自分の国をはなれて、外国ではたらくためにうつり住むこと。また、うつり住んだ人。

いみんぞく【異民族】〈名〉ことなる民族。

い・む【忌む】〈動五〉不吉《ふきつ》なことや、いやなものをきらったり、さけたりする。例忌むべき風習。けがれを忌む。忌みきらう。

イメージ〈名〉❶〈する〉心に思いうかべる、人のすがたや物のかたち。それらを想像すること。例イメージがうかぶ。イメージをふくらませる。類心象《しんしょう》。❷すがたやかたちから受ける印象。例イメージがいい。イメージを変える。イメージアップ。イメージダウン。❸パソコンであつかう静止画像。例イメージデータ。◇image

イメージアップ〈名・する〉印象や見かけがそれまでよりもよくなること。例イメージアップをはかる。対イメージダウン。◇日本での複合語。

イメージキャラクター〈名〉その企業や商品を印象づけるために、広告などにきまって登場する人。◇日本での複合語。

イメージダウン〈名・する〉それまであたえていた好ましい印象や見かけが悪くなること。例イメージダウンにつながる。対イメージアップ。類幻滅《げんめつ》。◇日本での複合語。

イメージチェンジ〈名・する〉すがたやかたちの一部を変えて、全体の印象をちがったものにすること。俗《ぞく》に、略して「イメチェン」ともいう。例イメージチェンジをはかる。◇日本での複合語。

イメージトレーニング〈名〉本番にのぞんだときの状況《じょうきょう》と対処のしかたを、頭の中で具体的に思いえがいて練習すること。スポーツなどの訓練で用いる。◇日本での複合語。

いも【芋】〈名〉植物の地下茎《ちかけい》や根に、でんぷんなどがたまって、大きくなったもの。じゃがいも・さつまいも・さといも・やまのいもなどをまとめていう。

表現やぼな人をからかって「いも」ということがあり、「いも野郎」「いも侍《ざむらい》」などのことばもある。

参考「芋」のほか、「いも」を表わす漢字に「▼藷」「▼薯」がある。サツマイモを「甘藷《かんしょ》」「甘薯《かんしょ》」、ヤマイモを「自然薯《じねんじょ》」、ジャガイモを「馬鈴薯《ばれいしょ》」ともいう。

芋を洗《あら》うよう 人が多くてぶつかりそうだ。例夏の海岸は、芋を洗うような混雑ぶりだ。

【芋】 艹部3 全6画 芋芋芋芋

いも 訓[いも] 芋。芋虫。里芋。焼き芋。芋づる式。

いもうと【妹】〈名〉年下の女のきょうだい。対姉。弟。

表現義妹《ぎまい》をふくめて言い、その場合は当て字で「▽義

囲み記事 6

いろいろな忌《い》み言葉(禁句・タブー)

昔から、縁起《えんぎ》をかついで、または人への気づかいとして、ある場合にはあることばを使うのをさけるという習慣がある。そのようなことばのことを、忌み言葉、または禁句やタブーと言い、たとえば次のようなものがある。

・数字の「四」——日本語では、「四」は読みが「死」に通じて不吉《ふきつ》であるため、病院やアパートなどでは、四号室や一〇四号室などという部屋の番号を使わずに、三号室の次は五号室などとなっている。

・結婚披露宴《けっこんひろうえん》で——「去る」「切る」「さめる」など、離婚《りこん》を連想させることば。

・告別式で——「重ねがさね」「返すがえすも」「ふたたび」など、不幸が続くことを連想させることば。

ほかにも、不吉さや不景気を連想させるものごとのよび名を、別のよび名に言いかえる忌み言葉もある。その多くは、「お開き」や「鏡開き」などをのぞいて、今では使われることが減《へ》ってきたが、相手に配慮《はいりょ》しながらことばを選んで使うように心がける気持ちは、つねに大切にしたいものである。

・宴会《えんかい》や会合の「終わり」→「お開き(にする)」と言う。

・「鏡割り」→「割る」という言いかたをさけて、「鏡開き」と言う。

・「梨《なし》」→「無し」に通じるため、「有りの実」と言いかえた。

・「するめ」「すり鉢《ばち》」「すずり箱」「ひげをする(=そる)」など→お金を失う意味の「する」をきらって、「当たりめ」「当たり鉢」「当たり箱」「ひげを当たる」などと言いかえた。

・植物の「葦(あし)」→「悪(あ)し(=わるい)」に通じるため、「よし」と言いかえた。

▽妹」と書く。
敬語 尊敬語としては、「妹さん」「(お)妹さま」や、手紙やメールで「(お)妹御《いもうとご》」などを使う。丁重《ていちょう》語には「愚妹《ぐまい》」がある。

いもがゆ【芋がゆ】〖芋▼粥〗〈名〉サツマイモを入れてつくったかゆ。参考『今昔《こんじゃく》物語集』や芥川龍之介《あくたがわりゅうのすけ》の小説にでてくる昔の芋がゆは、ヤマノイモを使い、甘葛《あまづら》(=つる草の一種)を加えてつくった。

いもづる【芋づる】〖芋▼蔓〗〈名〉サツマイモ・ヤマノイモなどの長いつる。サツマイモのは食用ともなる。

いもづるしき【芋づる式】〖芋▼蔓式〗〈名〉イモのつるをたぐってイモをほるときのように、つぎつぎと現れること。あまりよくないものについていう。例犯人が芋づる式につかまった。

いもに【芋煮】〈名〉里芋と、肉・ネギ・こんにゃくなどを煮た、東北地方の郷土《きょうど》料理。例芋煮会(=山形県の伝統行事)。

いもの【鋳物】〈名〉金属を熱してどろどろにとかし、型に入れてつくった器物《うつわもの》。参考金属板を曲げたりのばしたりしてつくるものに比べ、大量生産で簡単にできるが、ぶあつく、われやすい。

いもむし【芋虫】〈名〉チョウやガの幼虫のうち、毛のない虫。緑色や茶色のものが多い。対毛虫。

いもめいげつ【芋名月】〈名〉陰暦《いんれき》八月十五日の夜に出る月。初もののサトイモをそなえて月見をしたところから、この名がある。中秋の名月。

いもり〈名〉トカゲに似《に》た両生類。腹は赤く、背は黒い。参考水のあるところにすむので、「井守《いもり》」。

いもん【慰問】〈名・する〉不幸な人や苦労している人々をなぐさめながら、はげますこと。例慰問におとずれる。

いや[1]【嫌】〖▼厭〗〈形動〉❶とてもうけ入れる気になれない。例嫌なやつ。嫌な感じ。❷もうつづけたくない気持ちである。例嫌になる。嫌というほど食べた。▽アイヤ」

いや[2]〖▽否〗一〈接〉自分の言ったことを途中《とちゅう》で否定して、すぐに言いなおすときに使う。例三百万円、いや、五百万円はする。いやいや(=強めた表現)。二〈感〉同意しない、という気持ちを表わす。例いや、わたしはまいりません。いや、ちがいます。▽アイヤ

敬語 二は「いいえ」のほうがていねいな感じである。したがって「いや」は目上の人にはあまり使えないが、とっさに答えるときは「いいえ」よりは口に出やすい。

いやでも応《おう》でも うけいれる、うけいれないという意志に関係なく。「いやが応でも」ともいう。例いやでも応でもこの仕事は引き受けてもらわなければならない。

いや[3]〈感〉❶おどろきの気持ちを表わす。例いや、驚いた。いや、これはすごい。いや、ひさしぶりだね。❷とまどいの気持ちを表わす。例いや、こまったな。いや、いつもすみません。▽類いやあ。いやいや。アイヤ

いやいや〖嫌嫌〗一〈副〉ほんとうはやりたくないのに、しかたなくなにかをするようす。例いやいや承知する。いやいやながら(引き受ける)。類しぶしぶ。ふしょうぶしょう。二〈名〉幼児が首をふって、いやだという気持ちを表わすこと。例いやいやをする。

いやおうなしに〖▽否応なしに〗〈副〉こちらの考えなどおかまいなしに。「いやおうなく」ともいう。例いやおうなしに野球部に入部させられた。類有無《うむ》を言わせず。

いやがうえにも【いやが上にも】〖▽弥が上にも〗〈副〉なおいっそう、ますます。例主役の登場で、いやが上にも盛りあがる。

いや(▽否)がおう(応)でも ⇩いやでも応でも(「いや〔否〕」の子項目)

いやがらせ【嫌がらせ】〈名・する〉相手に直接危害は加えないが、間接的なやりかたで相手にやりきれない思いをさせること。たとえば、聞こえよがしにいやみを言う、など。

いやが・る【嫌がる】〈動五〉いやだという気持ちを態度や表情で表わす。類いとう。

いやき【嫌気】〈名〉⇩いやけ

いやく[1]【医薬】〈名〉❶医療《いりょう》用のくすり。例医薬品。❷医療とくすり。例医薬分業。
参考①は、農薬や化学薬品と区別して言う。▽アイヤク

いやく[2]【違約】〈名・する〉契約《けいやく》をまもらないこと。例違約金。類破約。アイヤク

いやく[3]【意訳】〈名・する〉原文の一語一語にこだわらず、全体の意味がよくわかるように翻訳《ほんやく》すること。対逐語《ちくご》訳。直訳。アイヤク

いやくきん【違約金】〈名〉契約《けいやく》にそむいたつぐないとして相手にはらうお金。

いやくひん【医薬品】〈名〉病気やけがをなおすためのくすり。法律により規制されている。

いやくぶがいひん【医薬部外品】〈名〉法律で医薬品と区別されている、人体への作用が強くないもの。入浴剤《ざい》や、歯みがき粉など。

いやけ【嫌気】〈名〉もういやだ、ごめんだと思う気持ち。「いやき」ともいう。例嫌気がさす(=いやになる)。

いやし【癒やし】〈名〉心にうけた傷やストレスを、なおしたりやわらげたりすること。ヒーリング。

いやし・い【卑しい】〖▼賤しい〗〈形〉❶欲が深く、やたらとほしがる。例食べ物に卑しい。類さもしい。あさましい。❷品がなく、心の低さを感じさせる。例卑しい笑い。卑しい行ない。類下劣《げれつ》。❸社会での位置づけが低い。例卑しい生まれ。対とうとい。類卑賤《ひせん》。

いやしくも〖▼苟も〗〈副〉かりにも。たとえどうあっても。例いやしくも良識ある市民のなすべきことではない。
表現あらたまった場面で使う、やや古風なことば。

いやし・める【卑しめる】〈動下一〉いやしい者として見くだして、ばかにする。類さげすむ。見下げる。

いや・す【癒やす】〈動五〉病気やけがが、心にうけたいたでをなおす。例病《やまい》を癒やす。心を癒やす。
表現「この子猫かわいい、癒やされる」のように、受け身の形で使うことが増えている。↓いやし

いやに〈副〉不快な感じや不安などを感じさせるくらい、いつもとちがっているようす。みょうに。例いやに青い顔をして走っていったが、なにかあったかな。いやにかみなりの鳴る年だ。類ばかに。やけに。

いやはや〈感〉どうにもしかたがない、というあきれた気持ちを表わす。例いやはや、こまったものだ。いやはや、この暑さにはまいった。

イヤホン〈名〉ラジオ・テープレコーダーなどの音声を、自分だけで聞くのに使う器具。耳にさしこんで使う。「イヤホーン」ともいう。類ヘッドホン。◇earphone

いやみ【嫌味】〖▼厭味〗〈名・形動〉❶ひとを不愉快《ふゆかい》にさせるようなことを遠まわしに言ったりしたりするしかた。例嫌味を言う。類当てつけ。皮肉。あてこすり。❷まわりにあたえる刺激《しげき》が強すぎて不愉快に感じられること。例嫌味な服装。

いやらし・い〈形〉❶人をいやな気持ちにさせる。例

 ジブチ　アフリカ北東部，紅海の入口にある小共和国。首都ジブチは貿易の中継港として発達。

自分のことしか考えていないいやらしいやつ。変態的だ。エッチだ。例いやらしい目つき。❷すけべえだ。▽「いやったらしい」「やらしい」ともいう。
方言 佐賀では、「やらしい」とも言い、「かわいい」の意味でも使う。

イヤリング〈名〉耳たぶにつける装身《そうしん》具。耳かざり。類ピアス。◇earring

いゆう【畏友】〈名〉尊敬の気持ちをいだきながら、つきあっているともだち。

いよ【▼伊予】〈名〉旧国名の一つ。現在の愛媛県。伊予柑《いよかん》の産地。伊予市にその名が残る。予州《よしゅう》。

いよいよ〈副〉❶さらにいっそう。類ますます。例台風が近づくにつれて、風はいよいよ強くなった。❷期待していたことが、ついにすぐそこにこようとしているようす。例いよいよ本番だ。類とうとう。❸「ほんとうにもう」とせっぱつまった感じを表わす。例いよいよ困ったときでなければ相談に来るな。
表現「いよいよになる」「いよいよとなる」の形で、最期《さいご》のときがくる、最悪の状態になる、という意味を表わす。

1 **いよう【威容・偉容】**〈名〉❶[威容]おごそかで、近づきがたいようす。例威容がある。❷[偉容]実に力強い、堂々たるすがた。例偉容をほこる。

2 **いよう【異様】**〈形動〉変だと思うくらい、ほかとちがっている。例異様なふんいき。

いよく【意欲】〈名〉すすんでなにかをしようとする、はりきった心。例意欲がわく。意欲を失う。意欲があふれる。意欲作（＝意欲的な作品）。類意気込み。覇気《はき》。

いよくてき【意欲的】〈形動〉やる気じゅうぶん。例意欲的な作品。意欲的に取り組む。

1 **いらい【以来】**〈名〉そのときから今まで。アイライ
表現「入学以来ずっと、いちども遅刻《ちこく》したことがない」というように、何年にもわたる長い期間についていうのがふつうで、「けさの九時以来、ここで待っている」などとはいわない。この場合は「九時から」という。

2 **いらい【依頼】**〈名・する〉❶用事などをしてくれるように人にたのむこと。例依頼心。例依頼に応じる。依頼状。❷人にたよること。▽アイライ

いらいしん【依頼心】〈名〉人にたよる気持ち。例依頼心が強い。対自主性。主体性。類依存心。

いらいら〈名・副・する〉気持ちばかりが先にすすんで実際のことがすすまないときの、感情がおさえきれないような感じ。例いらいらが高じる。気がいらいらする。類じりじり。いらだつ。参考名詞の場合のアクセントは「**イライラ**」、副詞・動詞の場合は「**イライラ**」。

いらう（方言）さわる。手でもてあそぶ。西日本で言う。例汚い手でいろたらあかんがな（＝いけないよ）。

いらか【▼甍】〈名〉「かわら」「かわら屋根」の古い言いかた。例いらかの波。大きな家々が、いらかをならべている。

イラスト〈名〉「イラストレーション」の日本での省略語。文章や広告などの内容をわかりやすく説明した絵。例イラストマップ。類さし絵。

イラストレーション〈名〉⇩イラスト（前項）◇illustration
表現 漫画《まんが》のような軽いタッチの絵、という意味でもよく使う。

イラストレーター〈名〉イラストをかくことを仕事とする人。◇illustrator

いらだたし・い【▽苛立たしい】〈形〉思いどおりにいかなくて、気持ちがおちつかない。例いらだたしい気持ち。

いらだち【▽苛立ち】〈名〉気持ちがいらいらすること。例いらだちをおさえる。いらだちをかくしきれない。

いらだ・つ【▽苛立つ】〈動五〉自分の思うようにいかなくて、おちつかなくなる。例いらだつ気持ちをおさえる。類いらいらする。じれる。

いらっしゃい〈感〉❶来た人をむかえるときのことば。❷おいでなさい。例ぼうや、こちらへいらっしゃい。
参考 元来は、「いらっしゃる」の命令形。②はその用法。

いらっしゃ・る ━〈動五〉❶「行く」の尊敬語。類おいでになる。行かれる。例{どこへ行きますか。}→{どちらへいらっしゃいますか。}
❷「来る」の尊敬語。類おいでになる。おこしになる。こられる。見える。例{どこから来ましたか。}→{どちらからいらっしゃいましたか。}
❸「いる」の尊敬語。類おいでになる。おられる。例{いまどこにいますか。}→{いまどちらにいらっしゃいますか。}
━〈補動五〉「（なにかをして）いる」ということの尊敬語。例{書いている。 読んでいる。}→{書いていらっしゃる。 読んでいらっしゃる。}
表現 話しことばでは、「いらっしゃった」は「いらした」とも言う。

いらっと〈副・する〉思うとおりにいかなくて、ちょっと神経にさわるようす。例回りくどい言い方にいらっときた。

いらぬ【▽要らぬ】〈連体〉よけいな。例いらぬ手出しは無用だ。

いり【入り】〈名〉❶中に入っている客や物の、数や量。例客の入りが悪い。一合入り。❷収入。例入りの多い仕事。実《み》入り。❸ある特定の期間の最初の日。例寒の入り。彼岸《ひがん》の入り。対明け。❹太陽や月がしずむこと。例日の入り。対出《で》。❺（「…入り」の形で）ある土地や環境《かんきょう》、集団の中に入ること。例仲間入り。政界入り。❻あるものが中に入っていること。例ミルク入り（のコーヒー）。

1 **いりあい【入相】**〈名〉「夕がた」の古い言いかた。例入相の鐘《かね》。

2 **いりあい【入会】**〈名〉昔からの慣習で、そこに住む人々が共同でまわりの野山や海浜を利用しあい、たきぎや肥料、魚介《ぎょかい》類など日常生活に必要なものをえること。例入会権。

いりうみ【入り海】〈名〉海岸線が陸地にふかく入りこんだかたちになっている海。類湾《わん》。入り江《え》。内海《ないかい》・うちうみ。

いりえ【入り江】〈名〉海や湖が、陸の中まで入りこんで、池のようになっているところ。類湾《わん》。入り海。

いりぐち【入り口】〈名〉対出口。❶敷地《しきち》や建物で中に入るために設けられたところ。❷ものごとの最初の段階。参考 出口と入り口が同じ「出入り口」の場合、外からみれば入り口、中からみれば出口となる。

いりく・む【入り組む】〈動五〉ものごとが複雑にからみ合う。例入り組んだ話。類こみ入る。

いりひ【入り日】〈名〉やがてしずもうとする太陽。類夕日。落日《らくじつ》。落陽。

いりびた・る【入り浸る】〈動五〉自分の家に帰らないで、人の家などに、いつづける。例酒場に入り浸る。

いりまじ・る【入り交じる】〈動五〉いろいろなもの

ジャマイカ　カリブ海の島を国土とする立憲君主国。ボーキサイト・砂糖・コーヒーを産出。首都キングストン。

が一つにまざり合う。例よろこびと悲しみの入りまじった複雑な気持ちだ。

いりみだ・れる【入り乱れる】〈動下一〉多くのものが、どれがどれだかわからなくなるほど、まじり合う。例敵味方入り乱れてはげしく戦う。

いりむこ【入り婿】〈名〉結婚《けっこん》した男性が女性の実家に入り、その姓《せい》を名乗ること。また、その男性。類婿養子。

いりもやづくり【入▽母屋造】〈名〉〔建築〕屋根の形式で名づけられた日本建築の様式の一つ。切り妻造りの切り口にあたる面にも屋根のひさしがつけてある。また、その屋根をもつ家をもさす。→やね絵

1 **いりゅう**【慰留】〈名・する〉現在の地位をしりぞこうとする人を、なだめて、思いとどまらせること。

2 **いりゅう**【遺留】〈名・する〉❶置き忘れること。❷死んだあとに残すこと。例遺留分。▽遺留品。

イリュージョン〈名〉❶幻影《げんえい》。幻想。❷大がかりな奇術。◇illusion

いりゅうひん【遺留品】〈名〉❶どこかへ置き忘れられた物。忘れ物。❷死後にのこした物。類遺品。

参考 ①は、警察や鉄道の駅などで使うことば。

いりゅうぶん【遺留分】〈名〉〔法律〕遺産のうち、遺言《ゆいごん》がどのように指定していても、相続人がかならず受け取れるように法律が保障する部分。

いりよう【入り用】〖要り用〗〈名・形動〉品物やお金が、必要であること。入用《にゅうよう》。例入り用の品。入り用になる。

1 **いりょう**【衣料】〈名〉人が着るもの。例衣料品。類衣服。衣類。

参考 できあがった品のほか、材料についてもいう。

2 **いりょう**【医療】〈名〉病気やけがをなおすこと。例医療器具。医療機関。医療センター。

いりょく【威力】〈名〉人をおそれさせ、したがわせるようなつよい力。例威力がある。威力を発揮する。

1 **い・る**【入る】[一]〈動五〉「はいる」の、やや古い言いかた。例政界に入りて、もはや十年がすぎた。アイル

[二]〈接尾〉動詞の連用形につけて、上の動詞の意味を強めるはたらきをする。例おそれ入る。いたみ入る。

表現 [一]は、ふつう「いる」でも「はいる」でもよいが、次のような慣用的な言いまわしでは「いる」を使う。「気に入る」「堂に入ったふるまい」「ひとり悦《えつ》に入る」など。

2 **い・る**【要る】〈動五〉ないと困ることになる。必要である。例金《かね》がいる。根気がいる。人手がいる。どうしても十万円いる。何もいらない。アイル →いらぬ

3 **い・る**【煎る】〖▼炒る〗〈動五〉料理で、材料をなべなどに入れて、強い火で熱して、水分をとりさる。例ごまをいる。類焙《ほう》じる。アイル →囲み記事57(1287ジー)

参考 油をひいた場合は「いためる」という。

4 **いる**〖居る〗[一]〈動上一〉同じその場所に存在する。そこにある。例父のつとめが東京にあるあいだは、わたしも東京の学校にいます。

[二]〈補動上一〉❶(「…ている」の形で)動作や状態がつづいている。例犬がほえている。建物がかたむいている。❷(「…ている」の形で)前になにかしたことの結果が残っている。また、なにかをした経験がある。例彼はもう気が変わっていた。その本なら、とっくに読んでいる。▽アイル

表現 [一]の場合、「いる」は、人や動物のように、生きているもの、動くものについて使い、生きていないもの、動かないものには「ある」を使うのがふつうである。「パトカーがいる」のように言うのは、パトカーを、車ごと「行動者」とあつかってのこと。→ある〔在る〕表現(1)

敬語 (1)尊敬語としては、「いらっしゃる」「おいでになる」を使い、どちらも「行く」「来る」の尊敬語と同じ形になる。また、西日本では「おられる」も使う。
(2)丁重《ていちょう》語としては、「おる」を使う。

居《た》ても立ってもいられない 心配や、待ちきれない思いなどで、どうにも落ちついていられない。類矢も盾《たて》もたまらない。

参考 この「居る」は座るという意味で、座っていることも立っていることもできないということ。

5 **いる**【射る】〈動上一〉❶弓で矢をとばす。例矢を射る。的を射る。❷はなたれた矢のようにいきおいよくぶつかる。例一条の光線が目を射る。眼光するどく人を射る。▽アイル

6 **いる**【鋳る】〈動上一〉金属をとかし、鋳型《いがた》に入れて器物《うつわもの》にしあげる。類鋳造《ちゅうぞう》する。アイル

いるい【衣類】〈名〉身につけてからだをおおうためのもの。類衣服。衣料。

いるか〖▽海▽豚〗〈名〉むれをつくって海中にすむ、魚のかたちをした哺乳《ほにゅう》動物。知能が高くて人になれやすく、水族館などで曲芸をするものもある。

表現 ふつう一頭二頭と数える。一匹《いっぴき》二匹《にひき》と数えることもある。

いるす(居留守)**をつか**(使)**う** 人が来たときや電話がかかってきたとき、家にいるのに、会ったり話をしたりするのがつごうがわるいので、いないことにする。

イルミネーション〈名〉夜、建物や樹木などを、たくさんの電灯やネオンを使ってかざること。その電灯やネオン。類電飾《でんしょく》。◇illumination

いれ【入れ】〈造語〉❶入れること。例入れ知恵。てこ入れ。❷入れる容器。例定期入れ。筆入れ。

1 **いれい**【異例】〈名〉今までに例のない、特別なこと。例異例のこと。異例の抜擢《ばってき》。類異数。

2 **いれい**【慰霊】〈名・する〉死んだ人の霊をなぐさめること。例慰霊塔《とう》。慰霊祭。

いれかえ【入れ替え・入れ換え】〈名・する〉いれかえること。例観客の入れ替え。メンバーの入れ替え。入れ替え作業。総入れ替え。類交替《こうたい》。

いれか・える【入れ替える・入れ換える】〈動下一〉❶それまで入っていたものを出して、かわりに新しく別のものを入れる。例(映画館で)客を入れ替える。心を入れ替える(→「こころ」の子項目)。❷入っていたものを別の入れ物に移す。例ジュースを缶《かん》からコップに入れ替える。類移しかえる。

いれかわり【入れ替わり】〈名〉いれかわること。類交替《こうたい》。

表現 一つのこと(A)が終わって間もなく、また、似たような別のこと(B)が起こったとき、「Aと入れ替わりにBが…」のような言いかたができる。

いれかわりたちかわり【入れ替わり立ち替わり】〈副〉人が次から次へと来ては帰るようす。例新しく開店した店に入れ替わり立ち替わり客が入ってくる。

いれかわ・る【入れ替わる】〈動五〉それまであったものにかわって、新しくほかのものが入る。例役員が入れ替わる。机が入れ替わる。類交替《こうたい》する。

イレギュラー [一]〈形動〉変則的。例イレギュラーな配列箇所《かしょ》が見つかる。[二]〈名・する〉「イレギュラーバウンド」の略。野球で、打球が地面のでこぼこや小石によって

 ジョージア 黒海東岸の共和国。1991年ソ連解体で独立。柑橘・ブドウが特産。首都トビリシ。旧称グルジア。

急にあらぬ方向にはずむこと。◇irregular

いれこ【入れ子】〖入れ▽籠〗〈名〉❶箱や器《うつわ》の中に、ひとまわり小さい同じ形のものを、いくつか順々に入れこめるようにしたもの。例入れ子のタッパー。❷ある順序でならんでいるものの中に、順番どおりでないものがはさまっていること。順番が前後していること。例入れ子になる。(物語で)入れ子構造(→がくぶちこうぞう)。

いれずみ【入れ墨】〖▽刺▽青〗〈名〉人のひふに針先で絵や文字などをほり、そこに墨《すみ》や朱《しゅ》などの色をさしたもの。彫《ほ》り物。類タトゥー。

いれぢえ【入れ知恵】〖入れ▼智▼慧〗〈名・する〉ほうっておけば自分では考えつかないことを、そっと教えこむこと。知恵をつけること。

表現 教える内容がよくない場合にいうことが多い。

いれちがい【入れ違い】〈名〉いれちがうこと。例入れ違いになる。入れ違いに気がつく。

いれちが・う【入れ違う】〈動五〉❶ある人が出ていったすぐあとに別の人が入ってきて、その二人が出会わない。入れ違いになる。類すれちがう。❷まちがった場所に入れる。入れまちがえる。入れ違いをする。

いれば【入れ歯】〈名〉ぬけた歯のかわりに入れた、人工の歯。例入れ歯を入れる。類義歯《ぎし》。

イレブン〈名〉サッカーで、一チームをつくる十一人の選手。◇eleven

いれもの【入れ物】〈名〉物を入れておくための容器。

い・れる【入れる】〈動下一〉❶外から中へ移す。例口に入れる。部屋に入れる。風を入れる。対出す。❷新しく中に加える。例頭に入れる。仲間に入れる。耳に入れる。学校に入れる。手に入れる(=自分のものにする)。人を入れる(=採用する)。対出す。❸ともにふくめる。例考えに入れる。計算に入れる。❹力や作用を加える。例力を入れる。熱を入れる。念を入れる。メスを入れる。❺かってによけいなものを加える。例口を入れる。くちばしを入れる。類さしはさむ。❻よくしようとして、手を加える。例手を入れる。筆を入れる。(植木に)はさみを入れる。❼他人の意見や考えなどを、「よい」として認める。例意見を入れる。要望を入れる。彼はとうとう世に入れられないままなくなった。受け入れる。聞き入れる。❽お湯をついだりわかしたりして、飲み物をつくる。例お茶を入れる。コーヒーを入れる。❾動くようにする。例スイッチを入れる。❿相手に送る。例第一報を入れる。電話を入れる。

いろ【色】■一〈名〉❶目に感じられる赤・青・黄・緑などの感覚。例色をつける。色があせる。色がさめる。色がはげる。色をかさねる。色をまぜる。明るい色。あざやかな色。色鉛筆《えんぴつ》。色分け。赤色。水色。類色彩《しきさい》。カラー。❷人間の肌《はだ》の色。例色が白い。色白《いろじろ》。❸はなやかな感じ。おもしろみ。例色をそえる。(花嫁《はなよめ》の)色直し。類いろどり。❹おとなどうしの性的な関係にかかわること。例色を好む。色恋《いろこい》。色気。色ごと。色っぽい。❺気持ちが表れた、顔の表情。例色に出る。色をなす。色を失う。安堵《あんど》の色。色めきたつ。顔色。❻それらしいけはい。例夕ぐれの色があたりにただよう。■二〈造語〉「種類」ということを表わす。例七色(の声)。十人十色《じゅうにんといろ》。

表現 (1)■一①の場合、厳密には色相《しきそう》に関していい、明度の関係からいう白・黒・灰色などは色に入れないときれるが、ふつうはこれらも色という。(2)■一⑥は、「いろ」という和語よりも漢語の造語要素「色《しょく》」の方がよくその意味を表わしうる。たとえば、「地方色」「敗色濃厚《のうこう》」「暮色蒼然《ぼしょくそうぜん》」など。

色を失《うしな》う 恐怖《きょうふ》や、思いがけないできごとにぶつかって、顔色が青くなる。

色をつける ❶色彩《しきさい》を加える。❷ものを売るときなどに、多少のサービスをする。

色をなす 憤然《ふんぜん》としておこる。

いろあい【色合い】〈名〉❶そこからうける感じをもふくめた色のぐあい。例はなやかな色合い。類色目。色味。色調《しきちょう》。❷そうなりそうなようす。例事件は迷宮入りの色合いをおびてきた。

いろあ・せる【色あせる】〖色▼褪せる〗〈動下一〉時がたったために、あざやかな色がうしなわれ、美しさや新鮮《しんせん》さがなくなる。例色あせた着物。色あせた美貌《びぼう》。感動が色あせる。

いろいろ〖色色〗〈形動・副〉種類が多くて、変化にとんでいる。例いろいろなできごとが次つぎにおこる。人の性格にもいろいろある。いろいろためしてみる。いろいろとややこしい。類あれやこれや。さまざま。いろんな。

いろう[1]【慰労】〈名・する〉今までの苦労をいたわり、ねぎらうこと。例慰労会。類慰安。

いろう[2]【遺漏】〈名〉必要なことがぬけ落ちてしまうこと。例万事《ばんじ》遺漏なく進行した。類手落ち。手ぬかり。

いろおとこ【色男】〈名〉女性から好かれそうな美男子。例色男、金《かね》と力はなかりけり。類二枚目。

いろか【色香】〈名〉女性の、男をひきつける魅力《みりょく》。例色香にまよう。

いろがみ【色紙】〈名〉きれいな色にそめた紙。折り紙などに使う。類千代紙。参考「色紙《しきし》」は別のことば。

いろぐろ【色黒】〈名・形動〉生まれつき色が黒いこと。例色黒の男。対色白。類浅黒い。

いろけ【色気】〈名〉❶いかにも女らしい感じ。例色気がある。におうばかりの色気。お色気。色気たっぷり。❷恋に対する強い関心。例まだ色気のない、おとなしい子。色気づく。❸女性がいることによってその場がうきたつような感じ。例いかにも色気のないふんいきだ。❹興味を感じさせること。例色気のない返事。❺「なにかをやってみたい」という気持ち。例…に色気がある。色気を出す。あの人は政治にも色気がある。

いろこい[1]【色恋】〈名〉おとなの恋愛《れんあい》。古風な言いかた。アイロコイ

いろこ・い[2]【色濃い】〈形〉❶色が濃く、くっきりとしている。❷特徴がよく表れている。例作者の持ち味が色濃く表れた作品。❸そのふんいきやけはいが強く感じられる。例敗戦の可能性が色濃い。▽アイロコイ

いろごと【色事】〈名〉❶おとなの恋愛《れんあい》にかかわること。類情事。❷芝居《しばい》で、男女の間のなまめかしい演技。例色事師。

いろじかけ【色仕掛け】〈名〉ある目的のために、女が、男を色気でまどわして利用すること。

いろじろ【色白】〈名・形動〉肌《はだ》の色が生まれつき白っぽいこと。例色白の女性。対色黒。

いろずり【色刷り】〈名〉二色以上の色を使って印刷すること。類カラー印刷。二色刷り。多色刷り。

いろづ・く【色づく】〖色付く〗〈動五〉木の葉や実

などが美しい色になる。例山が色づく。木々が色づく。

いろっぽ・い【色っぽい】〈形〉おもに女性の性的な魅力《みりょく》を感じさせるようす。

いろつや【色艶】〈名〉顔や肌《はだ》のつや。

いろどり【彩り】『色取り』〈名〉❶いくつもの色のとり合わせ。例彩りがいい。彩りゆたか。類色彩《しきさい》。彩色《さいしき》。❷目をひく美しさ。例彩りをそえる。類色。

いろとりどり【色とりどり】『色取り取り』〈名・形動〉❶いろいろな色があって明るくはなやかなようす。例色とりどりの花がさき乱れている。❷種類が多いこと。類多彩《たさい》。

いろど・る【彩る】『色取る』〈動五〉❶ものに色をつけて、きれいにする。例山を彩る紅葉《もみじ》。❷美しいものをつけ加えて、はなやかにする。例会場を花で彩る。

いろは【▼伊呂波・以呂波】〈名〉❶「いろは歌」のこと。❷学問や技術、芸能などの初歩。「イロハ」と書くことが多い。例料理のイロハを母に教えてもらう。類ABC。▽→囲み記事7(下)

いろはうた【いろは歌】『▼伊呂波歌』〈名〉⇩囲み記事7(下)

いろはがるた〈名〉「犬も歩けば棒にあたる」「論より証拠《しょうこ》」のように、読みふだを読みあげて、いろは四十七文字の各一字と絵とが書いてある取りふだを取りあうかるた遊び。読みふだの文句はよく知られたことわざが多い。現在では各種自由につくられている。

いろまち【色町・色街】〈名〉芸者や遊女のいる店が集まっている場所。類色里。

いろみ【色味】〈名〉色の感じ・印象。類色合い。色目。色調《しきちょう》。

いろめ【色目】〈名〉❶相手を誘惑《ゆうわく》しようとする、色っぽい目つき。例色目をつかう。類秋波《しゅうは》。流し目。❷衣服などの色合い。例お色目ちがいもございます。

表現 ①は、「政権に色目をつかう」のように、自分の希望することが実現するように、ひそかに人の気をひくような態度をとることについてもいう。

いろめがね【色眼鏡】〈名〉❶「サングラス」の古い言いかた。❷あらかじめこうだと断定して、その目でものをみること。例色眼鏡で人を見る。類先入観。偏見《へんけん》。

いろめきた・つ【色めき立つ】〈動五〉「色めく」を

囲み記事 7 いろは歌と五十音図

いろは歌

かなのすべての字をどれも一回ずつ使って意味のある文句にしたものが、平安時代にいくつかできた。そのなかでもっとも人びとに親しまれてきたのが「いろは歌」である。それは、

いろはにほへとちりぬるをわかよたれそつねならむうゐのおくやまけふこえてあさきゆめみしゑひもせす

色は匂へど散りぬるを、我が世誰ぞ常ならむ。有為《うゐ》の奥山今日越えて、浅き夢見じ。酔ひもせず

という四十七文字の歌で、

美しく咲く花もやがては散ってしまう。わたしたちの人生もいつまでも不変ではない。このあてにならない人生の山路をきょうも越えて行くのだ。浅い夢を見ていたり、酔《よ》っぱらったりしているように、ぼんやりとしていては、この世のほんとうのすがたを知ることはできない。

といった意味の仏教の教えを述べたものである。のちに「ん」の字を加えて「いろは四十八文字」となった。

明治・大正期までは、「いろは」はよく使われ、辞書の見出し語もいろは順でならべたものがあった。いまでも劇場の座席などに、いろは順が残っていることがある。「いろは歌」は空海《くうかい》(=弘法大師《こうぼうだいし》)がつくったという言いつたえがあるが、はたしてそうかどうかはたしかではない。

むかしは、習字をはじめるときに「いろは」を書いたので、習いごとの最初の手ほどきのことを「いろは」というようになった。「泳ぎかたをイロハから習う」「仕事のイロハ」などというのがそれである。

五十音図

かなの全部の文字を、あるはっきりした原理によって整理したのが、あいうえお、かきくけこ…といった五十音図である。

その整理の原理は、基本的には、よこの段には同じ母音で発音するものを、たての行には同じ子音で発音するもの(いまは発音が変化して一部ちがう子音になっているものもあるが)をまとめる、ということである。

これはローマ字で書いてみるとよくわかる。たとえば、あかさたな…という「あ」の段にはみな終わりがaのものが集まっている。「か」の行のかきくけこはみなkではじまる。

あ	か	さ	た	な	…
a	ka	sa	ta	na	
い	き	し	ち	に	…
i	ki	si	ti	ni	
う	く	す	つ	ぬ	…
u	ku	su	tu	nu	
え	け	せ	て	ね	…
e	ke	se	te	ne	
お	こ	そ	と	の	…
o	ko	so	to	no	

現在では、前の「いろは」よりも五十音の方がいろいろなところでよく使われている。辞書の見出し語の順序もそうだし、名簿《めいぼ》などでも、五十音順(=あいうえお順)で人の名前をならべるのがふつうである。

五十音図も平安時代につくりはじめられたものらしい。それほど古い起源をもつものだが、現代の言語学者が日本語の発音を整理した表をつくるとしても、けっきょく同じようなものができてしまうと考えられるくらい、そのしくみは合理的なものである。

 シンガポール　マレー半島南端の島にある共和国。加工貿易の国。金融・情報通信の拠点。首都シンガポール。

つよめた言いかた。

いろめ・く【色めく】〈動五〉緊張《きんちょう》したり、動揺《どうよう》したりして、はりつめた空気になる。例決勝戦進出の知らせに学校中が色めく。類色めきたつ。

いろもの【色物】〈名〉❶白以外の、単色の衣類など。例色物・柄《がら》物《もの》を分けて洗濯する。❷正統でない、ちょっと変わったもの。「イロモノ」とも書かれる。例色物扱《あつか》いされる。類際物《きわもの》。参考②は寄席《よせ》で、落語・講談以外の奇術や曲芸などをさす言い方から。

いろもよう【色模様】〈名〉美しくいろどられた模様。

いろよい【色よい】〖色▽好い〗〈連体〉希望にあうような。つごうのいい。例色よい返事を待つ。

いろり〖囲炉裏〗〈名〉農家などで、床《ゆか》を四角にきって、火をたくようにしたところ。暖房《だんぼう》や炊事《すいじ》に使う。例いろりを囲む。いろりばた。

いろわけ【色分け】〈名・する〉❶色をつけて区別すること。例赤と白とに色分けする。❷ひと目でちがいがわかるように、はっきりと分けること。

いろん【異論】〈名〉まわりとちがう意見。不賛成の態度。例異論がない。異論をとなえる。類異議。

いろんな〖色んな〗〈連体〉「いろいろな」のくだけた言いかた。例世の中には、いろんなやつがいるものだ。

いわ[1]【岩】〈名〉❶大きな石。❷地面や山をつくっている、かたい物質。▽類岩石。アイワ」↓いし〖石〗①

いわ[2]【違和】〈名〉❶まわりとしっくりせず、おちつかないちぐはぐな感じ。例違和を感じる。性別違和(=性同一性障害の改称《かいしょう》)。❷からだに感じる、ちょっと変な感じ。例違和をおぼえる。▽「違和感」の形で使うことが多い。アイワ

いわい【祝い】〈名〉❶めでたさをわかち合うこと。例祝いの宴《えん》。卒業祝い。前祝い。類祝賀。❷祝う気持ちを示すためにおくる品物やことば。お祝い。例祝いを述べる。お祝いをいただく。

いわ・う【祝う】〈動五〉よいことがあったのをよろこぶ気持ちを、ことばや儀式《ぎしき》の形で表わす。例門出《かどで》を祝う。入学を祝う。勝利を祝う。雑煮《ぞうに》を祝う(=正月を祝う儀式として雑煮を食べる)。

いわお〖▼巌〗〈名〉どっしりとしていて動きそうもない岩。

いわかん【違和感】〈名〉違和の感覚。例違和感がある。違和感をあたえる。右肩《みぎかた》に違和感をおぼえる。

いわく〖▼曰(わ)く〗一「…が言うには」という意味を表わす。例先生いわく、「…」とのことだ。二〈名〉かくれた事情。例いわくがある。いわくありげ。いわくつき。いわく因縁《いんねん》。類わけ。由《よし》。

いわく有《あ》りげ 背後になにか複雑な事情がありそうだ。例いわくありげな古道具。さっきの客はなにかいわくありげなようすだった。

いわく言《い》い難《がた》い 複雑で、簡単には言い表わせない。例いわく言い難い味。

由来 中国の古典『孟子《もうし》』の中のことばから。

いわくいんねん【いわく因縁】〖▼曰く因縁〗〈名〉あることがらに複雑にからんでいる事情。例いわく因縁のある話。

いわくさ【岩草】〈名〉岩と草。岩だらけの地面にぼうぼうと生えている草。

いわくつき〖▼曰く付き〗〈名〉このましくないわけや事情があること。例いわくつきの美術品。

いわし〖▼鰯〗〈名〉あたたかい海にむれをつくってすむ、小さな魚。マイワシ・カタクチイワシなど、種類が多い。食用にするほか、飼料《しりょう》や肥料にもする。

鰯の頭《あたま》も信心《しんじん》から なんでもないイワシの頭でも、信心すればありがたいものになる。信ずることの大切さをいう場合と、変なものごとを信ずることをからかっていう場合とがある。

いわしぐも【いわし雲】〖▼鰯雲〗〈名〉さざなみのような形で、うすくひろがる雲。秋の雲。類うろこ雲。さば雲。↓けんせきうん

い(言)わずかた(語)らず ⇩「いう」の子項目

い(言)わずとし(知)れた ⇩「いう」の子項目

い(言)わずもがな ❶「言わないほうがいいのに」という感じ。例言わずもがなのことを言う人だ。❷言うまでもなく。例子どもは言わずもがな、大人まで見たがる。参考「もがな」は、願望を表わす古語の終助詞。

いわな〖岩▽魚〗〈名〉谷川にすむ魚の一つ。ほそ長く、腹にうすい赤色の点がある。

い(言)わぬがはな(花) ⇩「いう」の子項目

いわば[1]【岩場】〈名〉登山ルートなどで、むきだしの岩の多いところ。アイワバ

いわば[2]【言わば】〈副〉たとえて言うならば。ことばで言い表わすならば。例言わばすみきった秋の空のような気分だ。アイワバ　イワバ

いわはだ【岩肌】〈名〉木や草でおおわれないで、むきだしになった岩の表面。

いわみ〖▽石見〗〈名〉旧国名の一つ。現在の島根県西部。世界遺産《いさん》の石見銀山遺跡がある。石州。

いわむろ【岩室】〈名〉岩と岩のあいだにあいた大きな穴。岩屋《いわや》。

いわゆる〈連体〉よく一般《いっぱん》に言われている。俗《ぞく》に言う。例積乱雲《せきらんうん》、いわゆる入道雲《にゅうどうぐも》。

いわれ〈名〉❶古くからの言いつたえ。例いわれを説いてきかせる。類由来。由緒《ゆいしょ》。来歴。❷(下に打ち消しのことばをともなって)理由のない。例いわれのない非難をあびせられる。

い(言)わんばかり 直接そう言ってはいないが、態度や遠回しの言いかたが、明らかにそういう気持ちを示しているようす。例勝手にしろと言わんばかりの冷たい態度。

いわんや〈副〉言うまでもなく。まして。例いわんや彼においてをや(=言うまでもなく彼はかならずそうだ)。参考漢文で、「況」をこう読み、「況や」と書いた。

常用漢字 **いん**

【引】弓部1 全4画

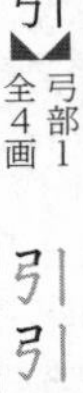

イン ひく・ひける 教小2 音[イン] ▨引力《いんりょく》。引率《いんそつ》。引火《いんか》。引退《いんたい》。▨牽引《けんいん》。吸引《きゅういん》。索引《さくいん》。訓❶[ひく] 引く。引き際。引き算。字引。値引き。駆《か》け引き。くじ引き。❷[ひける] 引ける。引け時。引け目。

【印】卩部4 全6画

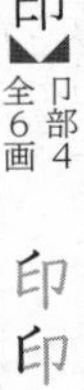

イン しるし 教小4 音[イン] ▨印刷《いんさつ》。印鑑《いんかん》。印象《いんしょう》。▨押印《おういん》。調印《ちょういん》。ゴム印《いん》。認《みと》め印(の品)。訓[しるし] 印。米印。旗印。目印。矢印。印ばかり

【因】口部3 全6画

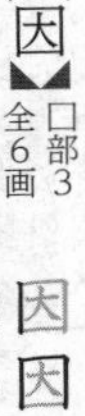

イン よる 教小5 音[イン] ▨因果《いんが》。因習《いんしゅう》。因縁《いんねん》。▨一因《いちいん》。原因《げんいん》。勝因《しょういん》。要因《よういん》。起因《きいん》。

ジンバブエ　アフリカ南東部の内陸にある共和国。クロム・ニッケルなど鉱物資源が豊富。首都ハラレ。

訓［よる］…に因る。

【咽】口部6 全9画
イン 音［イン］ 咽喉《いんこう》。咽頭炎《いんとうえん》。
咽咽咽咽咽咽咽

【姻】女部6 全9画
イン 音［イン］ 姻戚《いんせき》。姻族《いんぞく》。 婚姻《こんいん》。
姻姻姻姻姻姻姻

【員】口部7 全10画
イン 教小3 音［イン］ 員数《いんずう》。 委員《いいん》。議員《ぎいん》。全員《ぜんいん》。満員《まんいん》。定員《ていいん》。監視員《かんしいん》。作業員《さぎょういん》。幅員《ふくいん》。
員員員員員員員

【院】阝部7 全10画
イン 教小3 音［イン］ 院内《いんない》。院長《いんちょう》。院政《いんせい》。 議院《ぎいん》。大学院《だいがくいん》。通院《つういん》。入院《にゅういん》。美容院《びよういん》。 病院《びょういん》。
院院院院院院院

【淫】氵部8 全11画
イン みだら 音［イン］ 淫行《いんこう》。淫乱《いんらん》。淫欲《いんよく》。 訓［みだら］淫らだ。 表記 五画目から七画目を、「彩」や「採」のように「ツ」のような形にして、「淫」とも書く。
淫淫淫淫淫淫淫

【陰】阝部8 全11画
イン かげ・かげる 音［イン］ 陰気《いんき》。陰湿《いんしつ》。陰影《いんえい》。陰謀《いんぼう》。 光陰《こういん》。山陰《さんいん》。緑陰《りょくいん》。太陰暦《たいいんれき》。 訓❶［かげ］陰。陰干し。木陰。日陰。 ❷［かげる］陰る。陰り。
陰陰陰陰陰陰陰

【飲】食部4 全12画
イン のむ 教小3 音［イン］ 飲食《いんしょく》。飲料《いんりょう》。 愛飲《あいいん》。痛飲《つういん》。暴飲暴食《ぼういんぼうしょく》。 訓［のむ］飲む。飲み水。がぶ飲み。
飲飲飲飲飲飲飲

【隠(隱)】阝部11 全14画
イン かくす・かくれる 音［イン］ 隠居《いんきょ》。隠者《いんじゃ》。隠棲《いんせい》。隠忍《いんにん》。隠微《いんび》。隠語《いんご》。隠匿《いんとく》。隠蔽《いんぺい》。 訓❶［かくす］隠す。隠し味。隠し芸。隠し事。目隠し。 ❷［かくれる］隠れる。隠れ家。雲隠れ。
隠隠隠隠隠隠隠

【韻】音部10 全19画
イン 音［イン］ 韻律《いんりつ》。韻文《いんぶん》。 音韻《おんいん》。押韻《おういん》。脚韻《きゃくいん》。余韻《よいん》。
韻韻韻韻韻韻韻

1 **いん【印】** 一〈名〉❶はんこ。 例印をおす。 類印鑑《いんかん》。 ❷はんこがおされること。 例課長の印をもらう。 ❸〔仏教〕さとりの内容を示すために、手の指をくみあわせてつくる、いろいろな形。 例印を結ぶ。 ▽ア イン
二〈造語〉「インド(印度)」のこと。 例日印共同事業。

2 **いん【陰】**〈名〉❶かくれていて、おもてからは見えないところ。 ❷「陰陽《いんよう》」の「陰」。 ▽ア イン

陰に籠《こ》もる おもてに出さないで内にこもっていて、不愉快《ふゆかい》な感じである。

陰に陽《よう》に ときには人目につかないように、また、あるときは堂々と。 例陰に陽にかばう。 類陰《かげ》になり ひなたになり。

3 **いん【韻】**〈名〉❶音声。音韻。 ❷詩や韻文で使われる、音のひびきを利用した技巧《ぎこう》。 例韻をふむ。頭韻《とういん》。脚韻《きゃくいん》。 ▽ア イン

韻を踏《ふ》む 詩や韻文で、あるきまった部分の音《おん》のひびきをそろえる。韻を押《お》す。押韻《おういん》する。

4 **いん【▼殷】**〈名〉〔歴史〕中国の古代王朝(紀元前一六世紀ごろ～前一一世紀ごろ)。王はうらないによって政治を行ない、黄河《こうが》の中流域を支配した。すぐれた青銅器《せいどうき》や、漢字のもとになった甲骨《こうこつ》文字が作られた。商。 ア イン

5 **いん【員】**〈接尾〉ある仕事にたずさわる人や、ある役割をもつ人。 例銀行員。販売員《はんばいいん》。作業員。調査員。誘導員。補助員。

6 **イン** 一〈名〉球技で、ボールがコートの内がわにはいること。 ア イン
二〈造語〉…のなか。内がわの。 例インドア(=室内)。インコーナー。 ▽対アウト。 ◇in

いんいんめつめつ【陰陰滅滅】〈副・連体〉気分やふんいきや調子がとても暗いようす。 例陰々滅々たる読経《どきょう》の声。

いんうつ【陰鬱】〈形動〉暗い感じである。 例陰鬱な顔。陰鬱な天気。 類うっとうしい。陰気。

1 **いんえい【印影】**〈名〉紙などにおしたはんこの形。

2 **いんえい【陰影】**〖陰▼翳〗〈名〉❶光がものにさえぎられてできる、暗い部分。 例(絵に)陰影をつける。 類かげ。 ❷深みや味わいを生みだす微妙《びみょう》な調子。 例陰影にとむ。 類ニュアンス。

いんおうご【印欧語】〈名〉「インドヨーロッパ語族」に属する言語。

いんか【引火】〈名・する〉燃えやすいものに、ほかの火や熱がうつって、火がつくこと。 例ライターの火が灯油に引火する。

いんが【因果】 一〈名〉❶この原因があってこの結果があること。原因と結果。 例因果はめぐる。因果関係。 ❷前世でした悪い行ないのむくい。運の悪さ。 例なんの因果でこんな目にあうのか。因果応報。 二〈形動〉不運だ。 例因果な性分。因果な身の上。 ▽ア インガ

因果を含《ふく》める 相手を説得して納得《なっとく》させたり、あきらめさせたりする。 表現 二は、不幸をのがれがたい運命と感じていうことば。

いんがおうほう【因果応報】〈名〉人の善悪の行ないに応じて、そのむくいが、かならずあるということ。 注意 元来は仏教で、前世と現世、現世と来世のあいだで、善因には善果のむくい、悪因には悪果のむくいがあることを教えたことば。いまでは、同じこの世で悪いことをすれば、悪いむくいがある、という意味で使う。

いんがかんけい【因果関係】〈名〉一方が原因でもう一方がその結果であるというつながりのある関係。 例因果関係がある。事件の因果関係。

いんがし【印画紙】〈名〉写真の焼きつけや ひきのばしに使う感光紙。

インカていこく【インカ帝国】〈名〉〔歴史〕一二世紀ごろから一六世紀にかけて、南米のペルーを中心に栄えた、インカ族の国。巨大な石造建築に代表される文明をきずいた。一五三三年、スペイン人にほろぼされた。

いんがりつ【因果律】〈名〉すべての出来事は例外なくある原因から生まれた結果で、原因と結果の間に必然的関係が存在するという、事実のおこりかたの法則。

いんかん【印鑑】〈名〉❶「はんこ」のあらたまった言いかた。 類印。印章。 ❷本人のものであることを証明するために役所に とどけでて登録しておく、特定の はんこの印影。

例印鑑証明。

いんかん(▼殷鑑)とお(遠)からず 自分のいましめとすべきわるい見本は、近いところにあるものだ。由来 中国古代の殷《いん》王朝にとって重要な教訓は、すぐ前に滅亡《めつぼう》した夏《か》王朝にこそもとめられる、という中国の古い詩集『詩経』のことばから。

1**いんき【陰気】**〈形動〉気分やその場のふんいきが暗い感じで、晴れ晴れしない。例陰気な性格。陰気くさい。対陽気。類陰鬱《いんうつ》。

2**インキ**〈名〉インク。◇オランダ inkt アインキ

いんきょ【隠居】〈名・する〉勤めをやめるなど、社会的な活動から身をひき、静かに暮らすこと。現役《げんえき》をしりぞいた人。例隠居所。楽《らく》隠居。ご隠居。ご隠居さん。

いんぎん【▼慇▼懃】〈形動〉とてもていねいで、おもおもしい。例いんぎんな態度。いんぎん無礼。

いんきんたむし【陰金田虫】〈名〉陰部《いんぶ》あたりの皮膚《ひふ》病の総称《そうしょう》。いんきんは陰嚢《いんのう》湿疹《しっしん》や皮膚炎、たむしは疥癬《かいせん》類の俗称《ぞくしょう》。

いんぎんぶれい【▼慇▼懃無礼】〈名・形動〉表面上はていねいな態度だが、実は内心ばかにしていること。

インク〈名〉書いたり印刷したりするのに使う、色のついた液体。「インキ」ともいう。◇ink

いんけい【陰茎】〈名〉男性のからだの尿《にょう》をだす部分で、生殖《せいしょく》のための器官。ペニス。

1**いんけん【引見】**〈名・する〉身分の高い者が人をよびよせて、会うこと。例皇帝の引見をうける。

2**いんけん【陰険】**〈形動〉うわべはよさそうにしているが、実は悪意をもっていて、かげではひどいことをしている。例陰険な男。陰険な目つき。

いんげんまめ【隠元豆】〈名〉マメ科のつる性の一年草。実はほそ長いさやに入っていて、ゆでて食べたり、種を煮《に》て食べたりする。略して「いんげん」ともいう。日本では、北海道でほとんどがとれる。

参考 禅僧《ぜんそう》の隠元が日本に伝えた。

いんこ【▼鸚▼哥】〈名〉オウムのなかまで、小形の鳥。黄緑などのあざやかな色をしていて、人のことばをまねるものもある。セキセイインコなど、種類が多い。

いんご【隠語】〈名〉仲間うちだけで通用し、一般《いっぱん》の人にはわからないような、特殊《とくしゅ》なことばや言い回し。

1**いんこう【咽喉】**〈名〉〔医学〕のど。例耳鼻《じび》咽喉科。参考 口のおくにあたる咽頭と、それより下で首の中にある喉頭とを合わせていったことば。

2**いんこう【淫行】**〈名・する〉性的な行為《こうい》を、お金や楽しみだけのためにすること。とくに青少年に対するものをさしていう。例淫行条例。

いんごう【因業】〈形動〉人情がなくて、欲がふかいようす。例因業なおやじ。

いんごっぱち(方言) がんこ者。強情《ごうじょう》者。埼玉で言う。

インサイド〈名〉❶内側。内部。❷野球で、バッターに近い方。内角。▽対アウトサイド。◇inside

いんさつ【印刷】〈名・する〉文字や図版を使って版をつくり、同じ印刷物を大量につくること。おもな方法に、凸版《とっぱん》・平版《へいはん》・凹版《おうはん》の三種がある。参考 七七〇年につくられた、奈良県の法隆寺《ほうりゅうじ》につたわる百万塔陀羅尼《ひゃくまんとうだらに》(＝小さな木製の塔におさめられた呪文《じゅもん》の句)は、現存する世界最古の印刷物とされる。

いんさん【陰惨】〈形動〉明るさや温かさがまったくない、ひどく、やりきれないありさま。例陰惨な事件。

1**いんし【因子】**〈名〉あるはたらきを引き起こすもとになるもの。例遺伝因子。類ファクター。アインシ

2**いんし【印紙】**〈名〉特定の税金や手数料をおさめたしるしとして正式の書類などにはりつける、切手に似たもの。とくに、収入印紙。類証紙。アインシ

いんじ【印字】〈名・する〉プリンターなどの機械で文字や符号《ふごう》を紙に打ち出すこと。例印字速度。

いんしつ【陰湿】〈形動〉暗くじめじめしていて、いやな感じである。例陰湿なやりかた。

いんじゃ【隠者】〈名〉世間とのかかわりをたち、山奥《やまおく》などで自由にくらす人。類世捨て人。

いんしゅ【飲酒】〈名〉酒をのむこと。日本では二十歳《さい》になるまで禁じられている。例飲酒運転。

いんしゅう【因習・因襲】〈名〉古くからつづいていて、進歩や発展をさまたげるような習慣。例因習にとらわれる。因習をやぶる。類旧習。

インシュリン〈名〉⇩インスリン

いんじゅん【因循】〈形動〉❶古いしきたりややりかたを守るだけで、改めようとしない。例因循姑息《こそく》。類旧態依然《いぜん》。❷ぐずぐずして、思いきりがわるい。

1**いんしょう【印章】**〈名〉「印(＝はんこ)」のあらたまった言いかた。類印鑑《いんかん》。

2**いんしょう【印象】**〈名〉見たときや聞いたときに、心にきざまれ、あとまで残っている感じ。例印象がいい。印象に残る。第一印象。印象づける。印象的。

いんしょうしゅぎ【印象主義】〈名〉〔美術〕一九世紀後半、フランスの画家たちのあいだに生まれた、絵についての考えかた。ものの姿をそのまま写すのではなく、自然からうける印象や感覚をたいせつにしてえがこうというもの。→いんしょうは

いんしょうてき【印象的】〈形動〉心に強くきざまれて、あとまでその感じが残っている。例印象的なできごと。印象的な映画の場面。

いんしょうは【印象派】〈名〉〔美術〕印象主義を実行する、画家の一派。フランスのマネ・モネ・ルノアールら。

いんしょうひひょう【印象批評】〈名〉芸術作品からうけた直観的な印象によって行なう批評。

いんしょく【飲食】〈名・する〉食べたり飲んだりすること。例飲食店。飲食物。類のみくい。

いんしん【▼殷▼賑】〈名・形動〉おおいにさかえ、にぎわうこと。にぎわい。例殷賑をきわめる。

いんすう【因数】〈名〉〔数学〕ある数や式を、いくつかの数や式の積で表わしたときの、それぞれの数や式。例因数分解。参考 たとえば、$a^2-b^2=(a+b)(a-b)$ というのは、a^2-b^2 を因数に分解すれば、$a+b$ と $a-b$ になることを表わしている。

いんずう【員数】〈名〉ものの数。とくに、あるきめられた数。例員数をそろえる。員数外。類人数。

いんすうぶんかい【因数分解】〈名〉⇩いんすう

インスタント〈名〉準備をしなくても、すぐにできること。例インスタント食品。類即席《そくせき》。◇instant

インストール〈名・する〉ソフトウェアをハードディスクなどの記録媒体《ばいたい》にコピーして細かな設定を行ない、使えるようにすること。対アンインストール。◇install

インストラクター〈名〉指導員。◇instructor

インスピレーション〈名〉急に頭の中に生まれる、直観的な考え。例インスピレーションがわく。類ひらめき。霊感《れいかん》。◇inspiration

インスリン〈名〉血液中のブドウ糖の量をコントロールする膵臓《すいぞう》からでるホルモン。たりなくなると糖尿《とうにょう》病になる。「インシュリン」ともいう。◇insulin

[1] **いんせい【院政】**〈名〉〔歴史〕天皇が上皇や法皇となったあとに、その御所《ごしょ》(=院)で行なう政治。一〇八六年、白河上皇がはじめた。

表現 「院政をしく」は、引退した政界や財界の実力者が、実際の活動に影響《えいきょう》をあたえることにもいう。

[2] **いんせい【隠▼棲】**〈名・する〉さわがしい世間からはなれ、静かに暮らすこと。類 隠遁《いんとん》。遁世《とんせい》。

[3] **いんせい【陰性】**〈名〉❶暗くて内にこもりがちな性質や傾向《けいこう》。例 陰性の人。❷「陰性反応」の略。病気の検査をした結果、反応が現れず、病気にかかっていないこと。▽対 陽性。

いんぜい【印税】〈名〉本の作者や、音楽の作曲家、作詞家などに対して、その定価と発行部数に応じて、一定の率でしはらわれるお金。

[1] **いんせき【姻戚】**〈名〉⇩いんぞく ア **インセキ**

[2] **いんせき【▼隕石】**〈名〉燃えつきないで、宇宙から地上にふってきた、流星などの破片《はへん》。ア **イ**ンセキ 表記 理科の教科書などでは「いん石」と書かれることもある。

[3] **いんせき【引責】**〈名・する〉自分で責任をとること。例 引責辞職(辞任)。ア **インセキ**

いんぜん【隠然】〈副・連体〉表面に出ず、かげで強い影響力《えいきょうりょく》をもつようす。例 隠然たる力。

インセンティブ〈名〉目標の達成に向けて、やる気をより強くもたせるためにあたえるほうび。◇incentive

いんぞく【姻族】〈名〉結婚《けっこん》したことによって新しくできる、血のつながりのない親類。たとえば、配偶《はいぐう》者のきょうだいなど。姻戚《いんせき》。

いんそつ【引率】〈名・する〉人々をひきつれて移動すること。例 生徒を引率する。類 率《ひき》いる。

インターセプト〈名〉サッカーなどで、相手チームの選手がパスしたボールを横取りすること。類 カット。◇intercept

インターチェンジ〈名〉高速道路と一般《いっぱん》道路をつなぐ出入り口。IC。◇interchange

インターナショナル〈形動〉国際的。例 インターナショナルな行事。◇international

インターナショナルスクール〈名〉ある国に住む外国人の生徒に、おもに英語で授業を行なう私立の学校。帰国子女や、早期の英語習得をのぞんでいる人が入学できるところもある。◇international school

インターネット〈名〉世界規模で情報が交換《こうかん》できる、コンピューターのネットワーク。ネット。◇internet

インターハイ〈名〉全国高等学校総合体育大会。高校総体。◇inter と high school から日本でできたことば。

インターバル〈名〉時間的な間隔《かんかく》のこと。劇場での休憩《きゅうけい》時間や、野球で、投手の投球と投球とのあいだなどをいう。◇interval

インターフェース〈名〉❶コンピューターと周辺機器とをつなぐ接続口の規格・形状。❷人がコンピューターを操作するときの仲立ちとなるハードウェアとソフトウェアを、使いやすさという点からみていうことば。◇interface

インターホン〈名〉同じ建物や乗り物の中での連絡に用いる、有線の通話装置《そうち》。「インターホーン」ともいう。◇interphone

インターン〈名〉❶「インターンシップ」のもとで職業体験をする学生。例 インターン募集。❷理容師や美容師の国家試験の受験資格をえるために実習中の人。◇intern 参考 英語では、大学病院などで見習いとして働く「研修医」のこともいう。

インターンシップ〈名〉就職《しゅうしょく》活動の一環《いっかん》として、学生が在学中に一定期間、会社などで仕事を実地に体験する制度。その学生を「インターン」という。◇internship

いんたい【引退】〈名・する〉役職や地位などを、つとめ終えてやめること。例 現役《げんえき》を引退する。類 しりぞく。

インダスぶんめい【インダス文明】〈名〉〔歴史〕紀元前二五〇〇年ごろから紀元前一五〇〇年ごろまで、インダス川流域に栄えた文明。青銅器や文字が使われた。モヘンジョダロやハラッパは、その代表的な遺跡《いせき》。四大文明の一つ。

インタビュー〈名・する〉放送や記事をつくるために人に会って話を聞きだすこと。◇interview

インチ〈名・接尾〉ヤードポンド法の長さの単位。一インチは二・五四センチメートル。◇inch

いんちき〈形動・名・する〉人をごまかすこと。例 いんちきな話。いんちきするな！類 いかさま。

いんちょう【院長】〈名〉病院など、院とよばれるところの最高責任者。

インディアン〈名〉⇩アメリカンインディアン

インディオ〈名〉中南米の先住民。◇スペイン Indio

いんでこーわい（方言） 帰ります。愛媛で言うあいさつことば。例 そろそろいんでこーわい。

参考 「い(往)んでくる」から。

インデックス〈名〉❶索引《さくいん》。❷手帳や書類などの、ページのまとまりごとにつけるつまみ。タブ。例 インデックスラベル。◇index

インテリ〈名〉知識人。学識をもつ人。また、学歴・教養の高い人。◇ロシア語の「インテリゲンチャ」から。

インテリア〈名〉へやの中をかざること。室内装飾《そうしょく》。対 エクステリア。類 内装。◇interior

インテリジェンス〈名〉❶知性。❷とくに国家機密の、情報。また、情報・諜報《ちょうほう》機関。◇intelligence

インテルサット〈名〉国際電機通信衛星機構。通信衛星の開発・打ち上げ・利用を目的とする世界的な組織。また、同機構が打ち上げた通信衛星の名。◇INTELSAT (=International Telecommunication Satellite Organization の略)

インド〘印度〙〈名〉アジア大陸の南につきでた大きな半島。また、この半島を国土とする共和国。◇India

インドア〈名〉室内。例 インドアスポーツ。対 アウトドア。◇indoor

[1] **いんとう【咽頭】**〈名〉のどのうち、声帯より上の部分。

[2] **いんとう【淫▼蕩】**〈名・形動〉酒や色ごとにむちゅうになること。

いんどう【引導】〈名〉〔仏教〕死者のためにお経《きょう》を読み、その冥福《めいふく》をいのること。

引導を渡《わた》す ❶坊《ぼう》さんが、死者にこの世との別れの宣言をする。❷相手に最終的な言いわたしをする。

いんとく【隠匿】〈名・する〉ものを不正にかくしたり、犯人をかくまったりすること。例 隠匿物資。

イントネーション〈名〉会話の中で、文の終わりや息のつぎ目などにみられる声の調子の上がり下がり。これに

よって話し手の意図や感情が表わされる。質問で、終わりの調子を上げて発音するのは 一つの例。類抑《よく》揚《よう》。◇intonation

インドよう【インド洋】〈名〉 アジア大陸・アフリカ大陸・オーストラリア大陸・南極大陸に囲まれた海。

インドヨーロッパごぞく【インドヨーロッパ語族】〈名〉 インドとヨーロッパにまたがって存在している、共通の起源をもつ諸言語。ヒンディー語・イラン語・英語・ドイツ語・フランス語・スペイン語など。印欧《いんおう》語。

イントロ〈名〉 「イントロダクション」の略。楽曲の出だしの部分をいうことが多い。◇intro

イントロダクション〈名〉 全体への導入や手びき。略して「イントロ」ともいう。◇introduction

いんとん【隠▼遁】〈名・する〉 さわがしく俗《ぞく》な世の中をきらって、そこからのがれて、静かにかくれ住むこと。例隠遁生活。類隠棲《いんせい》。遁世《とんせい》。

インナー 一〈造語〉 ❶内部の。内がわの。❷心の。精神の。例インナーライフ。二〈名〉 「インナーウェア」の略。下着。対アウター。◇inner

いんにく【印肉】〈名〉 印をおすときに使う、朱《しゅ》や墨《すみ》などの顔料をしみこませたもの。単に「にく」ともいう。

いんにん【隠忍】〈名・する〉 つらさや不満をじっとがまんすること。例隠忍の日々。

いんにんじちょう【隠忍自重】〈名・する〉 じっとがまんをして、行動を つつしむこと。例隠忍自重の日々を送る。

いんねん【因縁】〈名〉 ❶〔仏教〕 事実を発生させ、成立させる 根本原因。例前世の因縁。ここで出会ったのも何かの因縁だ。❷運命でつながる関係。例浅からぬ因縁。類宿命。さだめ。❸人に からむための言いがかり。例因縁をつける。

インバーター〈名〉 電流の、直流を交流に変えたり、周波数を変えてモーターの回転数をコントロールしたりする装置。◇inverter 参考 これを応用したエアコンは電気代が節約でき、蛍光灯《けいこうとう》はちらつかない。

インバウンド〈名〉 海外からの旅行客。参考 英語の inbound は形容詞。

インパクト〈名〉 衝撃《しょうげき》。大きな影響《えいきょう》。例強いインパクトをあたえる。類ショック。◇impact

いんび[1]【淫▼靡】〈形動〉 みだらで、道徳的にみだれた感じ。例淫靡なふんいきの裏町《うらまち》。

いんび[2]【隠微】〈形動〉 かげにかくれ、あいまいではっきりしない。例隠微な行動。

いんぶ【陰部】〈名〉 性器のある部分。

インフォーマル〈形動〉 略式の。くだけた。例インフォーマルな服装。対フォーマル。◇informal

インフォームドコンセント〈名〉 医師が患者《かんじゃ》に、治療《ちりょう》にあたってその目的や内容を十分に説明して、同意を得ること。◇informed consent

インフォメーション〈名〉 ❶案内所。❷情報。▽「インフォーメーション」ともいう。◇information

インプット〈名・する〉 ❶コンピューターにデータを入れること。入力。❷読書などを通じて、知識をとりこむことのたとえ。▽対アウトプット。◇input

インフラ〈名〉 社会生活や経済《けいざい》活動をいとなむ上での基盤《きばん》となる、設備や施設《しせつ》。ライフラインをはじめ、学校・病院・商店など。◇infrastructure (=下部構造)の日本での省略語。

インプラント〈名〉 人工の歯を骨にうめこむこと。◇implant

インフルエンザ〈名〉 ウイルスに感染《かんせん》しておこる病気。のどの痛みや高熱、筋肉痛などの症状《しょうじょう》がある。流行性感冒《かんぼう》。◇influenza 参考 英語では略して flu ともいう。

インフレ〈名〉 〔経済〕 商品の量に比べて、通貨の発行高がふえて、そのねうちが下がり、物価が上がること。対デフレ。◇inflation の日本での省略語。

インプロ〈名〉 台本のない、即興《そっきょう》で行なう劇《げき》。即興劇。◇improvisation の日本での省略語。

いんぶん【韻文】〈名〉 リズムをともなって表現された文章。詩・短歌・俳句などをいう。対散文。

いんぺい【隠蔽】〈名・する〉 人に知られてはこまる悪事や秘密をかくして、外から見えなくすること。例隠蔽工作。対暴露《ばくろ》。

いんぼう【陰謀】〈名〉 こっそりたてた、よくない計画。例陰謀をくわだてる。陰謀をめぐらす。類悪だくみ。謀略。策謀。策略。

インポテンツ〈名〉 男性の性的不能。陰茎《いんけい》が固くならず性交できないこと。◇ドイツ Impotenz

いんめつ【▼堙滅・▼湮滅】〈名・する〉 〔法律〕 完全に消滅させること。証拠《しょうこ》を故意になくすのにいう。

いんもう【陰毛】〈名〉 成人するにつれて、陰部あたりに生える毛。類恥毛《ちもう》。

いんゆ【隠喩】〈名〉 「花のかんばせ」「人間は考える葦《あし》である」のように、たとえるものと たとえられるものを直接むすびつけて、「それだ」と表現する比喩。暗喩。メタファー。対直喩。→囲み記事46(1030ページ)

いんよう[1]【引用】〈名・する〉 自分の話や文章の中に、ほかの人が言ったり書いたりしたことばをそのまま使うこと。例引用文。引用符《ふ》。類ひく。アインヨー 参考 文章中に引用するときには、「 」などに入れて示すか、別の段落にして、自分自身が書いた文章との区別がはっきりわかるようにしなければならない。また、だれの、どこに書かれたことばか(=出典)をはっきり示す必要がある。

いんよう[2]【飲用】〈名・する〉 飲むことに使うこと。例飲用に適した水。飲用水《すい》。アインヨー

いんよう[3]【陰陽】〈名〉 ❶陰と陽。古代中国で生まれた考えかた。世界は、月と日、夜と昼、女と男のように、反対の性質をもつ二つのものからできているとする。❷電気や磁極の、陰極と陽極。マイナスとプラス。▽アインヨー インヨー 参考 ①は、「おんよう」「おんみょう」と読めば、うらないのやりかたである「陰陽道《どう》」をさす。

いんようふ【引用符】〈名〉 文中で、会話や引用を示すために付ける符号。たとえば、和文での「かぎかっこ」や、欧文での「クォーテーションマーク」など。

いんりつ【韻律】〈名〉 詩歌《しいか》の、ことばのリズム。

いんりょう【飲料】〈名〉 飲み物。例飲料水。清涼《せいりょう》飲料。

いんりょうすい【飲料水】〈名〉 飲むための液体。水やジュースなど。例この水は飲料水にはならない。

いんりょく【引力】〈名〉 〔物理〕 物体と物体とが、たがいに引きあう力。例万有《ばんゆう》引力。対斥力《せきりょく》。参考 引力のうち、地球の引力を「重力」という。

いんれき【陰暦】〈名〉 「太陰暦」の略。対陽暦。参考 「旧暦」と同じ意味で使われることが多い。

いんろう【印籠】〈名〉 むかし、武士が、中に印や薬を入れ、腰《こし》にさげてもち歩いた小さな容器。→やたて絵

う…ウ

常用漢字 う

【右】 口部2 全5画 右右右右右

ウ・ユウ みぎ 教小1 音❶[ウ] ▨右岸《うがん》。右折《うせつ》。右脳《うのう》。右派《うは》。右翼《うよく》。▨極右《きょくう》。❷[ユウ] ▨右筆《ゆうひつ》。▨左右《さゆう》。座右《ざゆう》の銘《めい》。訓[みぎ] 右。右腕。右手。右利き。右肩上がり。

【宇】 宀部3 全6画 宇宇宇宇宇宇

ウ 教小6 音[ウ] ▨宇宙《うちゅう》。▨気宇壮大《きうそうだい》。堂宇《どうう》。

【羽】 羽部0 全6画 羽羽羽羽羽羽

ウ・は・はね 教小2 音[ウ] ▨羽化《うか》。羽毛《うもう》。訓❶[は] 白羽の矢。一羽《わ》。三羽《ば》。六羽《ぱ》。❷[はね] 羽。羽飾り。羽布団。

【雨】 雨部0 全8画 雨雨雨雨雨雨雨雨

ウ あめ・あま 教小1 音[ウ] ▨雨季《うき》。雨後《うご》(のたけのこ)。雨天《うてん》。雨量《うりょう》。▨降雨《こうう》。豪雨《ごうう》。梅雨《ばいう》。雷雨《らいう》。暴風雨《ぼうふうう》。訓❶[あめ] 雨。雨上がり。大雨。❷[あま] 雨脚。雨音。雨具。雨雲。雨漏り。雨宿り。雨ざらし。

注意「五月雨」は「さみだれ」、「時雨」は「しぐれ」と読む。「梅雨」は、「ばいう」とも「つゆ」とも読む。「小雨《こさめ》」「春雨《はるさめ》」など、「あめ」が「さめ」となることばもある。

う[1]【▼卯】〈名〉❶「十二支」の第四番目で、ウサギ。❷むかしの方角の名で、東。❸むかしの時の名で、午前六時、およびその前後一時間、計二時間の間。▽アウ

う[2]【▼鵜】〈名〉水鳥の一種。からだは黒く、ほそ長いくちばしで魚をとって、ふくろのような食道にたくわえる。ウミウ・カワウ・ヒメウなどの種類がある。アウ」

参考 ウが食道にたくわえた魚をはき出させて、魚をとる方法がある。それを「うかい」という。➡うかい〔鵜飼い〕

鵜の真似《まね》をする烏《からす》 自分の力を考えずに、むやみに人のまねをすると失敗するということ。

参考 ウも黒い鳥、カラスも黒い鳥だが、カラスがウのまねをして水にもぐれば、おぼれることから。

鵜の目《め》鷹《たか》の目《め》 ⇩独立項目

う[3]〈助動〉❶話し手が、まだしていないことを実際にすると心にきめたとき、その気持ち(意志)を表わす。自分だけの行動についていうほか、相手もさそっていっしょにしようというときにも使う。例こんどはしっかりやろう。いっしょに食事に行きましょう。

❷まだおこっていないことをおしはかったり、はっきりそうだとはわかっていないものごとを想像したりすること(推量)を表わす。例パリの町はきれいだろう。北国の冬は寒かろう。午後は雨になるでしょう。

❸「…うが」「…うと」「…うとも」「…うものなら」などの言いかたで、仮に考えたこと(想定)を表わす。例雨が降ろうが風がふこうが、びくともしない。何がおころうと、君の責任ではない。そんなこと言おうものなら、ぶっとばされるぞ。

参考 このことばは、文字では「う」と書くが、「読もう」「書こう」が「ヨモー」「カコー」であるように、発音は「オ」。

接続 五段活用の動詞、形容詞、形容動詞、および助動詞「た」「だ」「たい」「です」「ます」の未然形につく。「行こう」「よかろう」「静かだろう」「来たろう」「雨だろう」「食べたかろう」「雨でしょう」「行きましょう」など。その他の活用の動詞と、別の助動詞につくのは「よう」。➡よう〈助動〉

うい【初】〈接頭〉はじめての。例初陣《ういじん》。初孫。

ウイークエンド〈名〉「週末」のこと。◇weekend

参考 月曜からはじまった週の、金曜日の夕方から日曜日までの、仕事から解放されるときをさす。

ウイークデー〈名〉土曜・日曜以外の曜日。土曜をふくむこともある。週日。類平日。◇weekday

ウイークポイント〈名〉弱点。◇weak point

ウイークリー〈名〉週刊の新聞や雑誌。例ウイークリーマガジン。◇weekly

ういういしい【初初しい】〈形〉ものに慣《な》れていない感じがする。いかにも新鮮《しんせん》だ。例初々しいすがた。

類うぶ。

ういざん【初産】〈名〉はじめての出産。

ういじん【初陣】〈名〉はじめてたたかいに参加すること。スポーツの試合などについてもいう。例初陣をかざる。

ウイスキー〈名〉洋酒の一種。オオムギを発酵《はっこう》させ、蒸留してつくる。ウィスキー。◇whiskey

ウィット〈名〉気のきいたユーモアで、その場をおもしろくする才知。例ウィットに富む。類機知。◇wit

ういてんぺん【有為転変】〈名〉〔仏教〕宇宙のすべてのものは、うつりかわって変化すること。例有為転変の世の中。類万物流転《ばんぶつるてん》。

ウイニングボール〈名〉❶野球で、守備がわの勝利がきまった瞬間《しゅんかん》の使用球。❷ゴルフで、優勝した試合での最後の使用球。参考 winning と ball による日本での複合語。英語では game ball という。

ういまご【初孫】〈名〉はじめての孫。はつまご。

ウイルス〈名〉❶インフルエンザ・ポリオ・日本脳炎《のうえん》などの病原体《びょうげんたい》。ふつうの顕微鏡《けんびきょう》では見えないほど小さい。細菌《さいきん》をさえぎるフィルターを通過してしまうほど小さいため、「濾過性《ろかせい》病原体」という訳語《やくご》がある。かつては「ビールス」ともいった。❷⇩コンピューターウイルス

◇「毒《どく》」の意味のラテン語から。

ういろう【▽外郎】〈名〉❶米の粉と砂糖でつくった、もちもちした食感の蒸《む》し菓子《がし》。名古屋・山口の名産。❷痰《たん》をきる、丸薬の一種。小田原の名産。

ウインク〈名・する〉気心のしれた人に合図を送るために、また、女性が軽く色目を使う意味で、片目をちょっとつぶってみせること。類目配《めくば》せ。◇wink

ウインター〈造語〉冬。例ウインタースポーツ。◇winter

ウインチ〈名〉ロープやくさりを使って、重い物をもちあげる機械。絵(次ページ) ◇winch

ウインドー〈名〉❶「ショーウインドー」の略。例ウインドーショッピング。❷パソコンの画面上の、窓のように見える作業領域。▽「ウィンドウ」とも書く。◇window

ウインドーショッピング〈名〉ショーウインドーの中を見て楽しむこと。◇window shopping

ウインドブレーカー〈名〉風を防いで、からだが冷えないようにするために着るジャンパー。もと商標名。◇

windbreaker

ウインナー〈名〉ゆびの太さほどの、長さ数センチのソーセージ。ウインナソーセージ。参考 オーストリアの首都ウィーンで作り始めたとされることからの名。

うーばんぎや（方言）おおざっぱだ。熊本で言う。

ウーマン〈造語〉成人の女性。女。例 キャリアウーマン。◇woman

ウール〈名〉羊毛。羊毛の毛糸や布地。◇wool

ウーロンちゃ【ウーロン茶】【▼烏▽龍茶】〈名〉中国産の茶の一種。褐色《かっしょく》でかおりが強い。

[1]**うえ【上】**━〈名〉❶物が落ちていくのと反対の方向。位置の高いところ。例 目をあげて上を見る。飛行機が雲の上を飛ぶ。対 下《した》。❷表面に出るほう。例 ブラウスの上にカーディガンをはおる。対 下《した》。類 表がわ。外がわ。❸地位や能力、年齢《ねんれい》などが高い段階にあるほう。例 上にたつ者には責任がある。経験では君が上だ。三つ上の兄とはよくけんかをしたものだ。対 下《した》。類 上位。❹ものを考えるときに基準とするところ。例 点数の上では勝ったが、内容は負けている。類 面。着眼点。❺(「…した上」の形で)「ひとつのことをしたのに加えて」という意味を表わす。例 犯人は被害《ひがい》者を殺した上、金をうばってにげた。❻(「…した上」の形で)「ひとつのことをしたあとで」という意味を表わす。例 その件については、調査した上、お答えします。▽アウエ
━〈接尾〉目上の親族を表わすことばのあとにつけて、尊敬の気持ちを表わす。例 父上。母上。兄上。姉上。おじ上。おば上。

[ウインチ]

参考 ━の④⑤⑥は、なんらかの方向の意味でなく、かならず修飾《しゅうしょく》語をつけて使うので、形式名詞の用法である。

上から目線《めせん》⇩独立項目

上には上がある これが最高(または最低)だろうと思っていると、広い世間には、かならず、それより上(または下)があるものだ。類 下には下がある。注意 人についていうときは、「上には上がいる」ということが多くなった。

上を下《した》へ 混乱しているようす。例 上を下への大さわぎ。参考 あわてて、上に置くべきものを下にし、下を上にする意味。

上を向《む》く 元気を出す。しょんぼりしない。例 上を向いて行こう。類 前を向く。顔を上げる。

[2]**うえ【飢え】**【▽餓え】〈名〉❶ひどい空腹に苦しむ状態。例 飢えに苦しむ。飢えをしのぐ。類 飢餓《きが》。ひぼし。❷欠乏《けつぼう》感に苦しむ状態。例 愛情の飢え。類 渇《かわ》き。▽アウエ

ウェア〈名〉着るもの。衣服。例 スポーツウェア。メンズウエア。◇wear

ウェイター〈名〉レストランなどで、食べ物や飲み物を運ぶ係の男性。「ウエーター」とも書く。対 ウェイトレス。類 給仕。ボーイ。◇waiter

ウエイト〈名〉❶筋力《きんりょく》のトレーニングや重量挙げに使う重《おも》り。例 ウエイトトレーニング。❷体重。ボクシングなどで、選手の所属する階級をいうときに使う。❸重要さの程度。力点。例 健康保持にウエイトをおく。類 比重。▽「ウエート」とも書く。◇weight

ウエイトリフティング〈名〉「重量挙げ」のこと。◇weightlifting

ウェイトレス〈名〉レストランや喫茶店《きっさてん》などで、客の注文をきき、注文の品を持ち運びする係の女性。「ウエートレス」とも書く。対 ウェイター。◇waitress

ウエーター〈名〉⇩ウェイター

ウエート〈名〉⇩ウエイト

ウエートレス〈名〉⇩ウェイトレス

ウエーブ〈名〉❶電波や音波などの波。例 マイクロウエーブ。❷かみの毛を、なみうったかたちにすること。また、そうなっているかみ。例 ウエーブがかかる。ウエーブをかける(=かみの毛にパーマをかける)。類 カール。◇wave

うえからめせん【上から目線】〈名〉目上の立場でもないのに、目下の人に対するような、えらそうな態度。くだけた言いかた。例 上から目線でものを言う。

うえき【植木】〈名〉庭や鉢《はち》に植えてある木。また、庭に植えるように育てた木。例 植木屋。植木鉢《ばち》。

表現 ふつう、一本二本と数える。地面に植えたものは一株《ひとかぶ・いっしゅ》二株《ふたかぶ・にしゅ》、鉢《はち》に植えたものは一鉢《ひとはち》二鉢《ふたはち》と数えることがある。

うえきばち【植木鉢】〈名〉木や草花を植えてそだてるための容器。

うえこみ【植え込み】〈名〉庭で、たくさん木を植えたところ。その植えてある木。類 前栽《せんざい》。

うえさま【上様】〈名〉❶領収書などで、相手の名前のかわりに書くことば。名前がわからないときや、名前をはっきりさせたくないときなどに使う。じょうさま。❷むかし、天皇や将軍など、身分の高い人をうやまっていったことば。

うえした【上下】〈名〉❶うえとした。上下《げじょう》。❷上と下が逆であること。例 上下になる。類 さかさま。

うえじに【飢え死に】〈名・する〉食べ物がなくなって、死ぬこと。類 餓死《がし》。

ウエスタン〈名〉❶映画で、「西部劇」のこと。❷アメリカ西部の人々の音楽。◇Western

ウエスト〈名〉人間の腰《こし》の上のいちばん細い部分。そのまわりの長さ。腹囲《ふくい》。類 胴《どう》まわり。◇waist

うえつ・ける【植え付ける】〈動下一〉❶植物の苗《なえ》を、ほかの場所から移して植える。❷人の心につよく記憶《きおく》させて、忘れないようにさせる。例 小さいときの経験が不正へのにくしみを植え付けた。

ウェット〈形動〉情にもろく、感傷的である。さらっとしていない。「ウエット」とも書く。例 ウェットな性格。対 ドライ。◇wet

表現 「しめりけがある」という意味で、「ウェットティッシュ」などの複合語をつくる。

ウェットスーツ〈名〉ダイビング(潜水《せんすい》)や水上スポーツ用の服。水を通すが、体温の低下を防ぐ厚手の素材でできている。「ウエットスーツ」とも書く。◇wet suit

ウエディング〈名〉結婚《けっこん》。結婚式。例 ウエディングケーキ。ウエディングマーチ。◇wedding

ウェビング〈名〉一つのキーワードから、関連することばをクモの巣(=ウェブのもとの意味)のように線でつないで、連

想を広げていく発想法。類マッピング。◇webbing

ウェブ〈名〉「ワールドワイドウェブ」の略。インターネットで使われている世界規模のネットワーク。例ウェブサイト。ウェブページ。◇web(=クモの巣)

ウェブサイト〈名〉インターネットを通じてそれぞれの情報が発信されている、おおもとの場所。例官庁のウェブサイトにアクセスする。◇web site 参考一般《いっぱん》に、「ホームページ」とほぼ同じ意味で使われることが多い。

ウェブページ〈名〉インターネット上に公開されている各画面。◇web page

う・える[1]【飢える】【▽餓える】〈動下一〉❶食べるものがなく、おなかがすいて死んでしまいそうになる。❷のどから手が出るほど、ほしくてたまらなくなる。例愛に飢える。▽類かつえる。アウエル

う・える[2]【植える】〈動下一〉❶植物を育てるため、根を土にうめる。例木を植える。球根を植える。❷ぴったりはめこむ。例活字を植える。▽アウエル

うえん【▼迂遠】〈形動〉道がまがりくねって遠いということから、目的を達するのに、遠まわりで能率が悪い。例迂遠な方法。

うお【魚】〈名〉「さかな」の、もとの言いかた。いまはふつう複合語に使う。例魚市場《いちば》。出世《しゅっせ》魚。↓さかな〔魚〕参考

うおいちば【魚市場】〈名〉魚や貝などの取り引きをする市場。魚河岸《うおがし》。

うおうさおう【右往左往】〈名・する〉うろたえて、あっちへ行ったりこっちへ来たりすること。

ウォーキング〈名〉健康のために、やや速めに歩くこと。例ウォーキングシューズ。◇walking

ウォーターフロント〈名〉都市の、海や川に面したところ。臨海部。◇waterfront

ウォーミングアップ〈名・する〉スポーツをする前に、からだをならすために行なうかるい運動。準備運動。略して「アップ」ともいう。◇warming-up

ウォールがい【ウォール街】〈名〉ニューヨーク市マンハッタン島の南部にある地区。株式取引所や銀行、証券会社が集まり、世界の金融《きんゆう》の中心地となっている。

うおがし【魚河岸】〈名〉⇩うおいちば

うおごころ(魚心)**あれば みずごころ**(水心) 相手の出かたによっては、こちらも調子を合わせよう。

ウォッカ〈名〉ライムギ・トウモロコシなどを原料とする、無色透明のアルコール度数の高い蒸留《じょうりゅう》酒。ロシアの特産。「ウォトカ」「ウォツカ」ともいう。◇ロシア vodka

ウォッチング〈名〉ありのままを観察すること。例バードウォッチング。◇watching

うおのめ【魚の目】〈名〉足のうらなどの皮膚《ひふ》の一部がかたくなって、内がわにくいこんだもの。

うおへん【魚偏】〈名〉漢字の偏の一つ。「鮎《あゆ》」「鯨《くじら》」などの「魚」の部分。

ウォン〈名〉韓国《かんこく》・北朝鮮《きたちょうせん》の通貨の単位。◇朝鮮語から。

うおんびん【ウ音便】〈名〉音便の一種。形容詞の連用形の語尾の「く」が「う」に変化すること。標準語では、「お早うございます」「お寒うございます」など。参考西日本方言ではひろく使われ、形容詞ばかりでなく、「言うた」「買《こ》うた」のように動詞にもみられる。

うか【羽化】〈名・する〉〔生物〕昆虫《こんちゅう》のさなぎが、からから出て、羽の生えた成虫になること。

うかい[1]【▼鵜飼い】〈名〉飼いならした海鵜《うみう》をあやつって、魚をとること。参考岐阜県の長良《ながら》川の鵜飼いがとくに有名。

うかい[2]【▼迂回】〈名・する〉まわり道をすること。例迂回路。類遠まわり。

うがい【▼嗽】〈名・する〉水やくすりの液を口にふくんで、口の中やのどをすすいではき出し、きれいにすること。

うかうか〈副・する〉❶ぼんやりとなにもしないで時間をすごすようす。例うかうか(と)暮らしているうちに、三年たってしまった。❷よく考えないでものごとを行なうようす。例うかうかと口車にのる。類うっかり。うかつ。

うかがい【伺い】〈名〉上の者に意見をたずねること。例伺いを立てる。進退伺い。

うかがいし・る【うかがい知る】【▼窺い知る】〈動五〉だいたいのようすを知る。例外部の者にはうかがい知れない事情があったにちがいない。

うかが・う[1]【伺う】〈動五〉❶「聞く」「たずねる」の謙譲《けんじょう》語。例お話を伺う。ごきげんを伺う。類お聞きする。お尋《たず》ねする。うけたまわる。拝聴《はいちょう》する。❷「訪問する」の謙譲語。例明日《みょうにち》お宅に伺います。類おじゃまする。お訪ねする。あがる。

うかが・う[2]【▼窺う】〈動五〉❶気づかれないように、こっそりあたりのようすを見る。例顔色をうかがう。❷ようすをみながらチャンスをまつ。例すきをうかがう。機会をうかがう。❸だいたいのようすがわかる。例自信のほどがうかがわれる。うかがい知る。

うかさ・れる【浮かされる】〈動下一〉⇩熱に浮かされる(「ねつ〔熱〕」の子項目)

うか・す【浮かす】〈動五〉❶表面に浮かばせる。例氷を水に浮かす。対沈《しず》める。類浮かべる。❷宙ぶらりんの状態にする。例腰《こし》を浮かす。❸お金などをやりくりして、あまりを出す。例費用を浮かす。▽「うかせる」ともいう。

うかつ【▼迂▼闊】〈形動〉ぼんやりしていて、注意がたりない。うっかりしている。例うかつにも気づかなかった。

うが・つ【▼穿つ】〈動五〉❶穴《あな》をあける。穴をほる。古い言いかた。例雨だれ石をうがつ(→「あまだれ」の子項目)。❷じゅうぶんな根拠《こんきょ》もなく深読みをする。例うがった見方をすれば。うがったことを言うな。注意②は本来は、ものごとの深いところまでつっこんでとらえる意味。

うかとうせん【羽化登仙】〈名〉酒によっていい気分になること。由来中国古代の神仙《しんせん》思想で、人間に羽がはえ、仙人となって天にのぼったことから。

う(浮)**かぬ かお**(顔) ⇩「うく」の子項目

うかば・れる【浮かばれる】〈動下一〉❶死んだ人のたましいがなぐさめられて、仏の世界へ行くことができる。成仏《じょうぶつ》できる。❷(多く「浮かばれない」の形で)苦労がむくわれない。例そんなことを言われたのでは、ぼくは浮かばれないよ。

うかびあが・る【浮かび上がる】〈動五〉❶底の方からうごいて水面にでる。❷見えなかったものが表面に現れる。例犯人像が浮かび上がる。❸めぐまれない境遇《きょうぐう》からよい状態へうつる。▽類浮上《ふじょう》する。

うか・ぶ【浮かぶ】〈動五〉❶空中や水面にとどまる。例海に浮かぶ。空に浮かぶ。対沈《しず》む。類浮く。❷表面に現れて、外から見えたり、知られたりするようになる。例顔に不快の表情が浮かんだ。対消える。❸心の中に現れる。例名案が浮かぶ。

浮かぶ瀬《せ》 苦しい状態や気持ちからぬけだす機会。例続けていればやがて浮かぶ瀬もあろう。

うか・べる【浮かべる】〈動下一〉❶空中や水面にただよわせる。例舟《ふね》を浮かべる。対沈《しず》める。類浮かす。❷表面に現す。例笑《え》みを浮かべる。❸心にえがく。例思い浮かべる。

うか・る【受かる】〈動五〉競争や試験に合格する。例試験に受かる。対落ちる。すべる。類通る。

うか・れる【浮かれる】〈動下一〉じっとしていられないほど、楽しい気分になる。対しずむ。類浮き浮きする。浮き立つ。

うがん【右岸】〈名〉川の右がわの岸。対左岸。→さがん〔左岸〕参考

うかんむり【ウ冠】〖ウ冠〗〈名〉漢字の冠《かんむり》の一つ。「安」「客」などの「宀」の部分。

うき[1]【浮き】〈名〉つりの道具の一つ。魚がかかったことを知るために、つり糸につけて水面に浮かべるもの。ア**ウキ**

うき[2]【右記】〈名〉たて書きの文章で、そこより前に書きしるしたこと。対左記。以下。類上記。以上。ア**ウキ**

うき[3]【雨季】〖雨期〗〈名〉〔気象〕熱帯など、四季のはっきりしない地域で、一年のうち雨が多くふる季節。例雨季に入る。対乾季《きかん》。ア**ウキ**

うきあが・る【浮き上がる】〈動五〉❶地面から空中へ、また、水中から水面に浮く。例魚が浮き上がる。類浮上《ふじょう》する。浮かぶ。浮かび上がる。❷くっきりした形に見えてくる。例朝日をうけて、山のいただきが浮き上がってきた。類浮かぶ。浮かび上がる。❸まわりの人たちから相手にされなくなる。例自分の考えだけで行動していると、みんなから浮き上がってしまうぞ。類浮く。

うきあしだ・つ【浮き足立つ】〈動五〉不安やおそれを感じて、おちつきがなくなる。類にげ腰《ごし》になる。

注意「浮き立つ」「うきうきする」という意味ではない。

うきうき【浮き浮き】〈副・する〉うれしくて、動作がおちつかないようす。例夏休みが近づいて、みんなうきうきしている。類浮き立つ。弾《はず》む。

うきくさ【浮き草】〈名〉水田や沼《ぬま》などに浮いている、小さな草。

表現「浮き草のような生活」「浮き草稼業《かぎょう》」のように、きまった家や土地におちつかないで生活することのたとえとしても使う。

うきぐも【浮き雲】〈名〉晴れた空にぽっかり浮かぶ雲。

表現 (1)白くて綿のようでいかにも軽そうである、大きくない、ゆっくり動いていていつのまにか位置が変わっている、などの特徴《とくちょう》がある。(2)「浮き雲のような生活を送る」のように、将来どうなるか見こみのつかないことのたとえとしても使う。

うきしずみ【浮き沈み】〈名・する〉❶物が浮いたり沈んだりすること。❷人の地位や生活がよくなったりわるくなったりすること。例浮き沈みがはげしい。類盛衰《せいすい》。

うきしま【浮き島】〈名〉❶沼《ぬま》や湖などで、水面にういて島のように見える水草のかたまり。❷蜃気楼《しんきろう》によって、島が水面にうかんでいるように見えること。

うきた・つ【浮き立つ】〈動五〉とても楽しくておちつかなくなる。類うきうきする。浮かれる。

うきな【浮き名】〈名〉その人の、おとなの恋愛《れんあい》についてのうわさ。例浮き名を流す。類艶聞《えんぶん》。スキャンダル。

うきぶくろ【浮き袋】〈名〉❶中に空気を入れ、人が水中にしずまないようにするために、身につけたりつかまったりする、ゴムやビニールのふくろ。❷〔生物〕魚の体内にある小さなふくろ。からだの浮力《ふりょく》を調節する。

うきぼり【浮き彫り】〈名〉❶〔美術〕完全な立体でなく、物の形が、平面上にうき上がるようにほる彫刻《ちょうこく》。レリーフ。❷関係のあるいろいろなことがらを示すことによって、事実がはっきりとわかるようにすること。例購買《こうばい》調査で国民生活の実態が浮き彫りになった。

う(憂)きみ(身)をやつす やせ細るほどなにかに熱中する。例道楽にうきみをやつす。類うつつをぬかす。

うきめ【憂き目】〈名〉つらく、悲しい経験。例失恋《しつれん》の憂き目をみる。

うきよ【浮き世】〈名〉はかなく、つらいことの多い、この世の中。例浮き世の風。浮き世のあら波にもまれる。浮き世ばなれ(した生活)。類世間。参考(1)「憂《う》き世」からできたことば。(2)江戸《えど》時代には、「浮世絵」「浮世草子」のように、「当世風」の意味で使った。

浮き世の習《なら》い よくても悪くても、世の中はこういうものなのだ。

うきよえ【浮世絵】〈名〉〔美術〕江戸《えど》時代にはじまった風俗《ふうぞく》画。おもに、遊女や芝居《しばい》の俳優などを題材としてえがいた。

うきよぞうし【浮世草子】〈名〉〔文学〕江戸《えど》時代、京都と大坂《おおさか》(＝大阪)を中心に流行した小説のジャンル。当時の生活や風俗《ふうぞく》をいきいきとえがいた。元禄《げんろく》のころが最盛《さいせい》期で、井原西鶴《いはらさいかく》などが代表作家。

うきよばなれ【浮世離れ】〈名・する〉俗世間《ぞくせけん》とかかわりをもっていないかのような、生活のしかたやものの考えかた。

うきわ【浮き輪】〈名〉水中でからだを浮かせるために使う、輪の形の浮き具。

う・く【浮く】〈動五〉❶水中から水面に出る。水面にとどまる。また、地面からはなれて空中にとどまる。例水に浮く。宙に浮く。対沈《しず》む。類浮かぶ。❷固定してあったものがゆるむ。例歯が浮く。土台の金具が浮いてしまった。❸お金が節約できる。あまりが出る。例ごちそうになった分だけ食費が浮いた。❹まわりの人たちから相手にされない。例浮いた存在。類浮き上がる。

浮かぬ顔《かお》 心配でもあるのか、すっきりしない顔つき。浮かない顔。例どうした、浮かぬ顔をして。

うぐい〖▼鯎〗〈名〉川や湖にすむコイのなかま。体長三〇センチメートルほどで、食用となる。はや。あかはら。

うぐいす〖▼鶯〗〈名〉鳥の一種。やや茶色のまじったうすいみどり色で、スズメくらいの大きさ。春のはじめに、ホーホケキョと、よくすんだ声で鳴く。例うぐいす色。

表現 春をつげる鳥としてむかしから親しまれ、「春告げ鳥」ともいわれる。ウメがさくころに現れるので、「梅《うめ》にうぐいす」が早春の風物詩となる。

うぐいすいろ【うぐいす色】〖▼鶯色〗〈名〉ウグイスの羽のような、茶色のまじったみどり色。類オリーブ色。

ウクレレ〈名〉ギターを小さくした形の、ハワイ音楽で使う小型の弦楽器《げんがっき》。四本の弦がある。◇ukulele

うけ[1]【受け】 ㊀〈名〉❶人々の中での受けいれられかた。例受けがいい。受けがわるい。受けをねらう。俗受《ぞくう》け。❷スポーツの試合などで、相手の攻撃《こうげき》をふせぐこと。例受けにまわる。受け太刀《だち》。対攻《せ》め。類守勢。守り。❸おもしろがられること。例受けをねらう。㊁〈造語〉受けとるためのもの。ささえるもの。例受け皿《ざら》。郵便受け。軸《じく》受け。

[2]**うけ**【▼筌】〈名〉細く割ったタケなどを編み、つつやかごのようにしたもの。横にして水中にしずめ魚をとる。

うけあい【請け合い】〈名〉請け合うこと。例 この品なら、お気に入ること請け合いです。安請け合い。

うけあ・う【請け合う】〈動五〉まちがいのない、たしかなことだと、責任をもって保証する。例 品質は わたしが請け合います。

うけい・れる【受け入れる】〈動下一〉❶適当なせわをするために、また、なかまに加えるために、むかえ入れる。例 新入生を受け入れる。難民を受け入れる。類 ひき受ける。❷相手の考えや要求などを正しいとみとめて、とり入れる。例 先生の説得を受け入れる。対 こばむ。拒絶《きょぜつ》する。類 聞き入れる。受諾《じゅだく》する。

うけうり【受け売り】〈名・する〉他人から聞いたり、本で読んだりしたことを、そのまま人に伝えているにすぎないこと。例 あいつは、ひとの受け売りばかりしている。

うけおい【請負】〈名〉うけおうこと。例 請負人《にん》。(土木建築)請負業。

うけお・う【請け負う】〈動五〉いつまでに、どれだけの金額でしあげるかという 全体のわくをとりきめて、仕事をひき受ける。例 工事を請け負う。

うけこたえ【受け答え】〈名・する〉相手のことばに対して、きちんとしたことばをかえすこと。

うけざら【受け皿】〈名〉❶落ちるしずくなどを受けるために下に置く皿。❷あるものごとを引きついで支障なく処理していくための受け入れ態勢。

うけたまわ・る【承る】『受け賜る』〈動五〉❶「聞く」の謙譲《けんじょう》語。「うかがう」よりも、さらにかしこまった気持ちがつよい。例 先生のご意見を承りたいのですが。お元気だと承っております。類 拝聴《はいちょう》する。❷「承知する」「ひき受ける」の謙譲語。例 ご用命(=命令)たしかに承りました。

うけつ・ぐ【受け継ぐ】〈動五〉前の人がしてきたことをつづけてする。例 伝統を受け継ぐ。事業を受け継ぐ。類 ひき継ぐ。継承《けいしょう》する。

うけつけ【受付・受け付け】〈名〉❶[受付] よそから来た人をまず受けいれて、用件を聞き、とりつぎをする場所。その係。❷[受け付け] 申しこみや注文などを受けいれること。例 応募《おうぼ》の受け付けは三十日まで。

うけつ・ける【受け付ける】〈動下一〉❶申しこみや注文、投書や苦情など、外部からの申し出を受けいれる。類 受理する。❷(「受け付けない」の形で)外からあたえられたものを、自分の中にとりいれない。例 病人は食べ物を受け付けない状態だ。

うけて【受け手】〈名〉受けとる立場の人。対 送り手。

うけと・める【受け止める】〈動下一〉❶のがさず、しっかりととらえる。例 ボールを受け止める。❷自分にむかってくることに対して、にげずに ある態度をとる。例 事態を深刻に受け止める。

うけとり【受取・受け取り】〈名〉❶[受取] 受けとるがわが、「これだけのものをたしかに 受けとった」と証明する書きつけ。類 受領証。領収書。レシート。❷[受け取り] 受けとること。

うけとりにん【受取人】〈名〉郵便物や宅配便を受けとるほうの人。対 差出《さしだし》人。

うけと・る【受け取る】〈動五〉❶自分にさし出されたり、わたされたりしたものを受けいれる。例 ボールを受けとる。手紙を受けとる。❷相手の行動やことばの意味を、自分なりに理解する。例 額面どおりに受けとる。まちがって受けとられる。類 解釈《かいしゃく》する。

敬語 謙譲《けんじょう》語としては、「お受け取りする」のほか、「拝受する」や、手紙で「落手する」「落掌《らくしょう》する」などを使う。

うけなが・す【受け流す】〈動五〉まともに相手にならないようにして、相手をはぐらかす。例 柳《やなぎ》に風と受け流す。記者の質問を、かるく受け流した。類 スルーする。

うけ(有▼卦)にい(入)る よい運にめぐりあう。例 企画《きかく》が大あたりで、うけに入ったよ。参考 「有卦」とは、運勢《うんせい》で、万事《ばんじ》がうまくいく年回りのこと。

うけばこ【▼函】〈名〉⇩かんにょう

うけみ【受け身】㊀〈名・形動〉自分からすすんで行動しないで、他人からのはたらきかけを受ける一方であること。例 受け身になる。受け身にまわる。類 消極的。㊁〈名〉❶〔文法〕ある動作・作用の受け手を主語にたてたときの述語の形。日本語では、動詞に助動詞「れる・られる」をつけて言い表わす。受動態《じゅどうたい》。❷柔道《じゅうどう》で、けがをしないようにうまくたおれる 技術。

うけもち【受け持ち】〈名〉自分の役割としてひき受けること。また、その人や仕事。例 一年生の受け持ち。類 担当。担任。分担。

うけも・つ【受け持つ】〈動五〉ある役目をひき受けて、責任をもつ。例 学級担任を受け持つ。類 担当する。

う・ける【受ける・請ける】〈動下一〉❶[受ける] 自分の方にむかってくるものをとる。例 受けて立つ。風を受ける。質問を受ける。電話を受ける。身に受ける。真《ま》に受ける。受け止める。待ち受ける。❷[受ける] ほかからの行為《こうい》や作用などの影響《えいきょう》がある。例 ショックを受ける。被害《ひがい》を受ける。対 あたえる。❸[受ける] なにかよいものをもらう。いただく。例 祝福を受ける。賞を受ける。生を受ける。類 さずかる。❹[受ける] 自分にむけられた、ある行為に応じる。例 授業を受ける。試験を受ける。手術を受ける。❺[受ける] 人気を集める。好評をえる。おもしろがられる。例 大衆に受ける。しゃれが受ける。

表現 とくに女子のあいだでは、「おかしい、おもしろい」という意味でも使われる。

❻[受ける・請ける] なにかをすることを 承知する。例 工事を請ける。おさそいをお受けします。請け負う。下請け。ひき受ける。

表記 ふつうは「受ける」と書くが、仕事などを行なう約束をしたり、責任をもったりするときは、とくに「請ける」と書く。

受けて立《た》つ 相手がしかけた攻撃《こうげき》や言い争いなどに、堂々と応じる。例 よろしい、受けて立ちましょう。

うけわたし【受け渡し】〈名・する〉品物やお金を、一方が渡し、一方が受け取ること。類 授受。

うげん【右舷】〈名〉船の中から見て、船首にむかって右がわの部分。対 左舷。

うごう(▼烏合)のしゅう(衆) 数ばかり多いが、まとまりがなく、なんの役にもたたない集団。参考 「烏合」とは、カラスの群《む》れのこと。

うごか・す【動かす】〈動五〉❶ものを別のところへ移す。例 たんすを動かす。❷ものをゆらす。例 風が小枝《こえだ》を動かす。❸影響をあたえて、変化させる。例 動かしがたい事実。歴史を動かす。❹機械や組織などをはたらかせる。例 エンジンを動かす。部下を動かす。

うごき【動き】〈名〉❶動くこと。動きかた。例 動きがとれない。❷変化すること。例 世界の動き。

動きがとれない どうにも動くことができない。

うご・く【動く】〈動五〉❶今までとちがうところへ移る。例ここを動きたくない。四月一日づけで人事課へ動いた。❷じっとしていないで、ゆれたり運動したりする。例風で木の枝《えだ》が動く。❸ものごとが変化する。例世界の情勢が大きく動いている。❹機械や組織などが、はたらく。例警察が動く。エンジンが快調に動いている。うらで大物政治家が動いていたらしい。対止まる。

動かぬ証拠《しょうこ》 ⇩「しょうこ〔証拠〕」の子項目

動く歩道《ほどう》 人を乗せて自動的に前に進ませる通路。ムービングウォーク。

うこさべん【右顧左▼眄】〈名・する〉周囲のようすばかりみていて、なかなか自分の意志で動こうとしないこと。左顧右眄。例やると決めたら、右顧左眄せず進め。

うご(雨後)の たけのこ(▼筍) 雨が降ったあとに、タケノコがにょきにょきと頭をもたげるように、なにかがおこったあと、同類のものがいっせいにたくさんすがたを現すようす。

うごめ・く【▼蠢く】〈動五〉虫などが、もぞもぞと動く。類蠢動《しゅんどう》する。

表現「わる者がうごめく」というように、あまりよくない者たちがなにかをしはじめることにもいう。

うこん【▽鬱金】〈名〉❶根茎《こんけい》を黄色染料《おうしょくせんりょう》や漢方薬に利用するために栽培《さいばい》される多年草。❷「①」の植物の根から作る黄色の染料。

うさ【憂さ】〈名〉いやなことがあったり、思いどおりにならないために、気持ちがすっきりせず、ゆううつなこと。例憂さを晴らす。類つらさ。

うざい(方言) ⇩うざったい

うさぎ【▼兎】〈名〉耳が長くて、しっぽが短いけもの。あと足が発達していて、よくはねる。草食で、飼いやすい。↓うさぎ〔卯〕

表現ふつう一匹《いっぴき》二匹《にひき》と数える。食用としては鳥のようにあつかって一羽《いちわ》二羽《にわ》と数えることがある。

うさぎと亀《かめ》 イソップの寓話《ぐうわ》の一つ。かけっこで、ウサギが油断して居眠《いねむ》りしているすきに、のろくても着実に進んだカメが勝った教訓話。

うさぎとび【うさぎ跳び】【▼兎跳び】〈名〉❶腰《こし》をおとし、両手を後ろへ回し、両足をそろえて前へぴょんぴょんと跳んでいく運動。ひざに大きな負担《ふたん》がかかる。❷両足をそろえて、両手を前へつきながら跳んでいく運動。

うざったい(方言) 気味が悪い。東京・神奈川などで言う。「うざってー」とも。

参考東京都の西部(多摩・八王子地区)で使われていた方言が、都心部で「うっとうしい・わずらわしい」の意味で使われるようになり、若者ことばとして全国に広まっている。その場合は「うざい・うぜー」ともいう。

うさばらし【憂さ晴らし】〈名・する〉つらいことやいやな思いを、楽しいことをしてまぎらすこと。類気晴らし。

うさんくさ・い【うさん臭い】【▼胡散臭い】〈形〉なんとなくあやしくて、信用できない。例うさん臭い話。

[1]うし【牛】〈名〉家畜《かちく》の一種。角《つの》があり、体が大きく、動きがゆっくりしている。↓うし〔丑〕(次項)

参考運搬《うんぱん》や耕作に使われる役牛《えきぎゅう》、乳を利用する乳牛、肉を利用する肉牛の三種に分かれる。

牛に引《ひ》かれて善光寺《ぜんこうじ》参《まい》り 他のものにさそわれ、みちびかれて、たまたまよいことをすること。

牛の歩《あゆ》み ものの進みかたがゆっくりしていること。

牛の涎《よだれ》 ほそく長く、つながっていて切れないもの。

[2]うし【▼丑】〈名〉❶「十二支」の第二番目。ウシ。❷むかしの方角の名で、北北東。❸むかしの時の名で、午前二時、およびその前後一時間、計二時間の間。例うしみつ時。

[1]うじ【氏】〈名〉家系《かけい》をあらわす名。「みょうじ」の古い言いかた。例氏素性《すじょう》(が正しい)。対名《な》。アウジ

氏が半分《はんぶん》育《そだ》ちが半分 人格形成には、家がらや血すじ(=遺伝《いでん》)と、どんな育てられ方をしたかということ(=環境《かんきょう》)とが、同じくらい影響《えいきょう》する。

氏より育《そだ》ち 人格形成には、家がらや血すじより、育てられ方のほうがだいじだ。

[2]うじ【▼蛆】〈名〉ハエなどの幼虫。うじ虫。例うじがわく。アウジ

うじうじ〈副・する〉思いきりがわるく、はっきりした態度をとらないようす。例うじうじした態度。類ぐずぐず。

うしお【▽潮】〈名〉❶みちたりひいたりする海の水。❷海の水の流れ。海流。❸魚肉や貝でつくる吸《す》いもの。うしおじる。

うじがみ【氏神】〈名〉❶一族の先祖としてまつる神。❷土地の守り神。類産土神《うぶすながみ》。鎮守《ちんじゅ》の神。

時《とき》の氏神 ちょうどよいときに出てきて、けんかの仲裁《ちゅうさい》をしたり、困ったことを助けてくれる、ありがたい人。

うじこ【氏子】〈名〉ある神社の信者たち。

参考もとは、氏神に守られた土地に住む人々をさした。

うじすじょう【氏素性・氏素姓】〈名〉ある人がどんな血すじに生まれ育ったかということ。例氏素性のあやしい者ではありません。

うしとら【▼艮・▼丑▼寅】〈名〉むかしの方角の名で、「丑」と「寅」のあいだ。北東。

参考よくないものがこの方角から入ってくると考えられ、「鬼門《きもん》」とされた。↓きもん参考

うしな・う【失う】〈動五〉❶いままで持っていたものをなくす。例財産を失う。信用を失う。気を失う。❷自分のものにすることができないで、にがしてしまう。例機会を失う。大事な試合を失った。類失する。❸自分にとって大事な人に死なれる。例子を失う。友を失う。▽類なくす。

失う物《もの》は無《な》い 失敗した場合に失ってしまうことをおそれるほどの、財産も地位も名誉《めいよ》も持っていない。だから、挑戦《ちょうせん》をためらう理由はない。

うしへん【牛偏】〈名〉漢字の偏の一つ。「牧」「物」などの「牜」の部分。

うしみつ【▼丑三つ】【▼丑満つ】〈名〉むかしの時刻で、午前二時から二時半ごろ。例うしみつ時。

参考深夜で、おばけなど、こわいものが出るときとされた。

うじむし【うじ虫】【▼蛆虫】〈名〉⇩うじ〔蛆〕

うじゃうじゃ〈副・する〉小さい虫などがたくさんうごめいているようす。

表現一般《いっぱん》に、「掃《は》いて捨てるほどある」と言えるとき、「うじゃうじゃしている」とも言える。

うじょう【有情】〈名〉❶愛やにくしみなどの人間らしい心のあること。対無情。❷木や石などに対して、人や動物のように生命のあるもの。対非情。

うしろ【後ろ】〈名〉❶自然な姿勢で立ったときの、背中の方向。物の正面と反対の方。例ふり返って後ろを見る。人の後ろにかくれる。対前。前方。さき。類あと。後方。❷後方の部分。例電車は後ろがすいていた。列の後ろにつく。対前部。前。類後尾《こうび》。後部。❸せなか。

例敵に後ろを見せる(↓子項目)。後ろむき。後ろすがた。後ろ前。対前面。類背面。

後ろを見《み》せる にげる。例敵に後ろを見せる。

うしろあし【後ろ足・後ろ脚】〈名〉⇩あとあし

うし(後)ろがみ(髪)をひ(引)かれる きっぱりと思いきれないで、どうしても心がそこに残る。例後ろ髪を引かれる思いで友人に別れを告げた。

うしろぐら・い【後ろ暗い】〈形〉なにか悪いことをかくしていて、心にやましいところがある。類うしろめたい。

うしろすがた【後ろ姿】〈名〉うしろの方から見た、人のすがた。例後ろ姿を見送る。

うしろだて【後ろ盾】〈名〉目だたないところにいて、助けてくれる人。例有力な後ろ盾があるので心づよい。類後見。後援者《こうえんしゃ》。スポンサー。パトロン。

うしろで【後ろ手】〈名〉❶両手を後ろに回すこと。例後ろ手にしばられる。❷後ろの方。

うしろばね【後ろ羽】〈名〉⇩こうし〔後翅〕

うしろまえ【後ろ前】〈名〉衣服のうしろと前を反対に着ること。例セーターを後ろ前に着る。

うしろむき【後ろ向き】〈名〉せなかを見せた姿勢。例後ろ向きになる。対前向き。

表現「後ろ向きの生きかた」は、消極的な態度。

うしろめた・い【後ろめたい】〈形〉自分のしたことに罪悪感があって、なにか心がおちつかない。例友だちをうらぎったようで後ろめたい。類後ろぐらい。やましい。

うし(後)ろゆび(指)をさ(指)される かげで、非難されたり わるぐちを言われたりする。たんに「指をさされる」ともいい、また、「指される」は「差される」とも書く。

[1]**うす【臼】**〈名〉❶きねでついて、餅《もち》などを作るために使う道具。つつ形の木や石の上部を、おわん形にくりぬいたもの。例つき臼。❷穀物をすりつぶして、粉にする道具。円盤《えんばん》のかたちをした二枚の厚い石をすり合わせる。例石臼。ひき臼。▽絵

［う す］

[2]**うす【薄】**㊀〈接頭〉❶「厚みがすくない」という意味を表わす。例薄がみ。薄ごおり。❷「程度がよわい」という意味を表わす。例薄あじ。薄むらさき。薄明かり。薄情け。❸どことなくその感じがする。例薄ぎたない。薄きみわるい。▽類うすら。

㊁〈接尾〉そのことが、あまり多いとはいえない。例品薄。手薄。望み薄。気のり薄。

うず【渦】〈名〉まんなかへむかってぐるぐる巻いている、水や空気のながれ。例渦を巻く。渦巻き。

表現「人の渦に巻きこまれる」のように、一度入りこんだらぬけ出せそうにないことを表わすときに使うこともある。

うすあかり【薄明かり】〈名〉❶ぼんやりとしたかすかな光。例薄明かりのさすへや。❷日の出前や日の入り後などの空がかすかに明るいこと。類薄明《はくめい》。

うすあじ【薄味】〈名〉料理の味つけがあっさりしていること。

[1]**うすい【雨水】**〈名〉❶あまみず。❷二十四節気の一つ。今の二月十九日ごろ。草木の芽が出始める時期。▽アウスイ

[2]**うす・い【薄い】**〈形〉❶物の表面から裏がわの面までのへだたりが小さい。例薄い板。かべが薄い。対厚い。❷色や味があっさりしている。例薄いブルー。薄い塩あじ。対濃《こ》い。❸濃度《のうど》や密度が低い。例高山《こうざん》では酸素が薄い。薄く化粧《けしょう》をする。髪《かみ》が薄い。対濃い。厚い。❹ものごとの程度が少ない。例人情が薄い。興味が薄い。印象が薄い。なじみが薄い。縁《えん》が薄い。効果が薄い。対厚い。濃い。深い。▽アウスイ

うすうす【薄薄】〈副〉はっきりとはわからないが、少しは感じとっているようす。例うすうす気づいてはいた。

うずうず〈副・する〉あることをしたくてたまらなくなっているようす。例野球をしたくてうずうずしている。

うすがみ(薄紙)をは(剝)ぐように ほんの少しずつ。病気がよくなっていくようすを表現するときに使う。

うすぎ【薄着】〈名・する〉衣服をふつうより少なく身につけること。例薄着してかぜをひく。対厚着。

うすぎたな・い【薄汚い】〈形〉全体になんとなくよごれていて、きたならしい。類こぎたない。

うすぎぬ【薄絹】〈名〉地《じ》のうすい絹。

うすきみわる・い【薄気味悪い】〈形〉どことなくおそろしくて、どうも気分がよくない。例薄気味悪い墓地の中。あのにやにやが薄気味悪い。

うず・く〖▼疼く〗〈動五〉ずきずきした痛みが感じられる。例傷口がうずく。古傷がうずく。心がうずく。

表現「心がうずく」には、前にしたあやまちなどが思いだされて、いたたまれない気持ちであるという意味と、なにかをやりたい気持ちが、そう表面には出ないが、おさえがたいという意味とがある。

うすくち【薄口】〈名〉厚さ・色・味がうすいもの。例薄口のしょうゆ。対濃《こ》い口。

うずくま・る〖▼蹲る〗〈動五〉背中をまるめ、からだを小さくして、しゃがみこむ。例その場にうずくまる。

うすぐも【薄雲】〈名〉うすくひろがっている雲。巻層雲《けんそううん》であることが多い。

うすぐもり【薄曇り】〈名〉空一面にうすい雲がかかっている状態。

参考 気象《きしょう》情報では、雲量9以上をさす。

うすぐら・い【薄暗い】〈形〉全体的に少しくらい感じがする。例薄暗いへや。類ほの暗い。小《お・こ》暗い。

うすげしょう【薄化粧】〈名・する〉目だたないほどの、ごくあっさりした化粧。対厚化粧。

表現「初雪で薄化粧した野山」は、雪が少し降って、一面ほんのり化粧したようであること。

うすごおり【薄氷】〈名〉水面にうすくはった氷。

うすじ【薄地】〈名〉うすい布地。対厚地。類薄手。

うすじお【薄塩】〈名〉❶塩かげんがうすいこと。類あま塩。❷食材に塩を少しふること。例薄塩をする。

うずしお【渦潮】〈名〉潮のながれが、地形の関係で、うずまきになっているところ。

参考 徳島県鳴門《なると》の渦潮が有名。

うすずみ【薄墨】〈名〉字や絵をかく墨の色がまっ黒でなく、ねずみ色や灰色であること。

表現「一面に薄墨を流したような空」は、どんよりとくもって今にも降り出しそうな空。

ウスターソース〈名〉野菜や果実、香辛料《こうしんりょう》から作る、さらっとした黒いソース。◇Worcester sauce

参考 イギリスのウースター地方で初めに作られた。

うずたか・い【うず高い】〖▽堆い〗〈形〉ものが積ま

れて、こんもりともり上がっている。例 書類がうず高く積まれた机。

うすっぺら【薄っぺら】〈形動〉❶ものに厚みがなく、いかにもやすっぽい感じがする。例 薄っぺらなしきぶとん。❷人の考えかたや性質がうわついている。例 薄っぺらな考え。類 軽薄《けいはく》。浅薄《せんぱく》。

うすで【薄手】〈名〉❶布地や紙、陶器《とうき》などで、厚さがうすいこと。対 厚手。類 薄地。❷⇩あさで①

うすばかげろう〖薄羽▼蜉▼蝣〗〈名〉昆虫《こんちゅう》の一種。トンボに似《に》ているが、羽がうすい。夏の夕方によく見かける。幼虫は、アリジゴク。

うすび【薄日】〈名〉雲のあいだや、こんもりとしげった木のすきまなどから、うすくもれる太陽の光。例 薄日がさす。薄日がもれる。

うすべに【薄紅】〈名〉❶黄みがかった、うすい紅色。❷うすくつけた、口紅やほお紅。例 薄紅をさす。

うすべり【薄べり】〈名〉畳表《たたみおもて》に布のへりをつけたしきもの。

うずまき【渦巻き】〈名〉❶渦が巻いている所。❷巻き貝のからのような、渦をまいた形やもよう。例 渦巻き形。渦巻き模様。

うずま・く【渦巻く】〈動五〉❶水や空気が、うずのようにまわる。❷いろいろなものごとが、はげしくいりみだれる。例 欲望がうずまく世界。

うすま・る【薄まる】〈動五〉ふくまれるものの濃《こ》さが弱まる。例 容疑が薄まる。

うずま・る〖▽埋まる〗〈動五〉❶土や砂、雪などにおおわれて見えなくなる。例 家も木も雪にうずまる。類 うもれる。うずもれる。❷すきまもないほど、いっぱいになる。例 広場は人でうずまっていた。▽類 うまる。

うすめ【薄目・薄め】〈名〉一［薄目］〈名〉少しだけあけている目。例 薄目をあける。二［薄め］〈名・形動〉ふつうよりいくぶんうすい程度。例 薄めの生地《きじ》。薄めのコーヒー。対 厚め。濃いめ。

うす・める【薄める】〈動下一〉水などを加えて、色や味などの濃《こ》さを弱める。例 たれを薄める。

表現 「…の傾向《けいこう》を薄める」といえば、ものごとの程度を低くしたり、少なくしたりすることをいう。

うず・める〖▽埋める〗〈動下一〉❶土や砂、雪などをほってものを中に入れ、上から土などをかけて見えなくする。例 宝物をうずめる。❷すきまが見えないくらいいっぱいにする。例 空白をうずめる。広場をうずめた大群衆。▽類 うめる。

表現 「この地に骨をうずめる」といえば、これからの人生をこの土地で生活してよそには行かない、という意味。

うずも・れる〖▽埋もれる〗〈動下一〉❶ほかのものにおおわれて、すがたやかたちが見えなくなる。例 地底にうずもれる。類 うずまる。うまる。❷だれにも価値を知られないままでいる。例 うずもれた才能。▽類 うもれる。

うすやみ【薄闇】〈名〉かすかに明るさの感じられるやみ。対 暗闇《くらやみ》。まっ暗闇。類 薄暗がり。

うすよご・れる【薄汚れる】〈動下一〉どことなくきたない感じがする。例 薄汚れた着物。類 薄ぎたない。

うすら【薄ら】〈接頭〉「薄《うす》」の、少しくだけた言いかた。例 薄ら寒い。薄ら笑い。

うずら〖▼鶉〗〈名〉ずんぐりした、小さな鳥。赤茶色で、黒のまだらがある。肉と卵は食用にする。

うすら・ぐ【薄らぐ】〈動五〉あることがらの程度が、以前高かったときにくらべて、低くなる。例 悲しみが薄らぐ。寒さが薄らぐ。類 薄れる。

うすらさむ・い【薄ら寒い】〈形〉はっきり「寒い」のではないが、何だか寒いように感じられる。

表現 肌《はだ》に寒さを感じるよりも、世間が住みやすくないと感じたようなときに「うすら寒い世間の風」のようにいう。「うそざむい」も似《に》た意味。

うすらわらい【薄ら笑い】〈名・する〉⇩うすわらい

うす・れる【薄れる】〈動下一〉少しずつうすくなる。例 痛みが薄れる。興味が薄れる。類 薄らぐ。

うすわらい【薄笑い】〈名・する〉相手をばかにしたように、声を出さないでちょっと口をゆがめて笑うこと。「うすらわらい」ともいう。例 薄笑いをうかべる。

うせつ【右折】〈名・する〉自動車などで右へまがること。例 右折禁止。対 左折。

う・せる〖▽失せる〗〈動下一〉「なくなる」「いなくなる」の古い言いかた。

表現 現代語では、ふつう、「消えうせる」「うせもの」のように複合語として使うか、または、命令形で「うせろ」「出てうせろ」「とっととうせろ」のように、相手をののしって言うときのあらっぽいことばとして使う。

うそ[1]〖▼嘘〗〈名〉❶事実ではないことを、人に信じさせようとして言うことば。例 うそをつく。うそで固める。うそいつわり。うそつき。対 ほんとう。まこと。真実。類 ほら。いつわり。でたらめ。空言《そらごと》。虚言《きょげん》。❷正確でないこと。例 行きたくないと言っては、うそになる。うそ字(=誤字)。類 誤り。❸(「うそのよう」の形で)信じられないくらいふしぎだ。例 うそのような本当の話。ゆうべの暴風雨がうそのように、晴れあがった秋空。❹「適切でない」「そういうことがあってはならない」という気持ちを強めていうときに使うことば。例 あれだけ実力のあるチームが代表に選ばれないなんて、うそだ。

表現 そうではない、ちがう、信じられない、という意味で、感動詞的に「うそ!」ということがある。

うそから出《で》たまこと うそで言ったことが、偶然《ぐうぜん》に、事実となってしまうこと。類 ひょうたんから駒《こま》(↓「ひょうたん」の子項目)。

うそも方便《ほうべん》 場合によっては事実をかくしたり、うそを言ったりする方がよいこともある、ということ。

うそ[2]〖▼鷽〗〈名〉口ぶえのような声で鳴く、スズメよりやや大きな鳥。おすは、のどのあたりがもも色で美しい。「うそどり」ともいう。

うそいつわり【うそ偽り】〖▼嘘偽り〗〈名〉「うそ」を強めた言いかた。例 うそ偽りは申しません。

うぞうむぞう【有象無象】〈名〉どこにでもころがっている、つまらない物や人。例 有象無象のやから。

うそざむ・い【うそ寒い】〈形〉どこか寒いような感じがする。例 うそ寒い話。↓うすらさむい 表現

うそつき〖▼嘘▽吐き〗〈名〉うそをつく人。対 正直者。類 ほらふき。

うそっぱち〖▼嘘っぱち〗〈名〉「うそ」を強めた、俗《ぞく》っぽい言いかた。まったくの嘘。まっかな嘘。例 あいつの話は全部うそっぱちだ。

うそなき【うそ泣き】〖▼嘘泣き〗〈名・する〉泣くふりをすること。

うそのかわ【うその皮】〖▼嘘の皮〗〈名〉真実をおおいかくしているうそ。例 うその皮をひんむく。

うそはっぴゃく【うそ八百】〖▼嘘八百〗〈名〉あ

れこれと、たくさんうそをつくことを強めていうことば。例うそ八百をならべる。

うそぶ・く【▼嘯く】〈動五〉そらとぼけたことを言ったり、大げさなことを言ったりする。例「あしたのマラソンでは絶対に優勝する」とうそぶく。注意「嘘《うそ》をつく」という意味ではない。「うそぶく」の「うそ(嘯)」は古語で口笛のことで、「うそぶく」のもとの意味は、口笛を吹《ふ》くこと。

うた【歌・唄】〘▽詩〙〈名〉❶［歌・唄］ことばにリズムやメロディーをつけたもの。例歌をうたう。歌がうまい。歌うたい。歌声。子守歌。かぞえ歌。小唄。長唄。類歌曲。歌謡《かよう》。❷［歌］和歌・短歌のこと。例歌をよむ。歌によむ。表記(1)「唄」は、日本の三味線《しゃみせん》音楽や俗謡《ぞくよう》に使う。(2)詩《し》の題名の中で、「詩」を「うた」と読ませることもある。

【唄】口部7 全10画

うた

うたあわせ【歌合わせ】〈名〉むかし、歌人が集まって左右二組に分かれ、それぞれの和歌を一首ずつ組みにしてどちらがすぐれているかを判定し、勝負をきそったあそび。

うたい【謡】〈名〉能楽の歌詞。能楽の歌詞に節《ふし》をつけてうたうこと。類謡曲《ようきょく》。

表現 一番二番と数える。そのなかの一定の旋律《せんりつ》(メロディー)は一節《ひとふし》二節《ふたふし》と数える。

うたいあ・げる【歌い上げる】〈動下一〉❶声に調子をつけて、おわりまで歌いきる。❷詩や歌、小説を、感情をこめてつくる。例青春の悲しみを歌い上げた作品。

うだいじん【右大臣】〈名〉〔歴史〕日本古代の律令《りつりょう》制度で、太政官《だじょうかん》の官名の一つ。位は太政大臣・左大臣につぐ。

うたいつ・ぐ【歌い継ぐ】〈動五〉前の世代から後の世代へと、歌って伝える。歌いつづける。

うたいて【歌い手】〈名〉歌をうたう人。歌のうまい人。例かれはなかなかの歌い手だ。類歌手。

うたいもんく【うたい文句】〘▼謳い文句〙〈名〉とくに知らせたい、強調したいことを言うことば。

うた・う[1]【歌う・謡う】〘▽唄う〙〈動五〉❶ことばにリズムやメロディーをつけて声に出す。とくに、歌曲や歌謡《かよう》を声に出して表現することをいう。例歌をうたう。小鳥が歌う(＝さえずる)。❷詩や歌につくる。例旅をうたった詩。表記謡曲をうたうことを「謡う」と書く。三味線《しゃみせん》音楽や俗謡《ぞくよう》には「唄う」と書くこともある。

うた・う[2]【▼謳う】〈動五〉多くの人にわかるように、はっきりとことばで示す。例憲法は主権在民をうたっている。

うだうだ〈副〉どうでもいいことをいつまでも言いつづけるようす。例うだうだ話していてもらちがあかない。

うたがい【疑い】〈名〉うたがうこと。例ガンの疑いがある。疑いがとける。疑いがはれる。疑いをかける。疑いをいだく。疑いのまなざし。疑いぶかい。

うたがいな・い【疑いない】〈形〉不安や疑問をいだくまでもない。まちがいない。例優勝は疑いない。疑いなくかれは無罪だ。

うたかいはじめ【歌会始】〈名〉毎年一月中旬に宮中で行なわれる、奈良時代から続くとされるお題で和歌をよむ会。

うたがいぶか・い【疑い深い】〈形〉ものごとをなかなか信じない性格である。

表現「うたぐりぶかい」ともいい、そのほうが、いっそう邪推《じゃすい》がきつい語感になる。

うたが・う【疑う】〈動五〉❶あることについて、「どうも事実とちがうのではないか」「どうもあやしい」と思う。例人を疑う。目を疑う(→「め〔目〕」の子項目)。耳を疑う(→「みみ」の子項目)。対信じる。❷「どうもそうらしい」と思う。例あの男が犯人ではないかと疑う。▽類うたぐる。あやしむ。あやぶむ。

表現①で、「きみの常識を疑う」といえば、考えていることがおかしい、ということになる。②は、わるいほうに考えられる、というときに使う。

うたがき【歌垣】〈名〉古代、春と秋に若い男女が、山や海辺《うみべ》に集まり、歌を詠《よ》み交《か》わしたり舞《まい》を舞ったりして、恋の思いを伝え合った宴《うたげ》の会。

うたかた〘▽泡▼沫〙〈名〉水にうかぶ泡《あわ》のように、消えやすくたよりないもののたとえ。例うたかたの恋《こい》。

うたがわし・い【疑わしい】〈形〉❶ほんとうであるかどうか、または、実際にそうなるかどうか、たしかでない。例効果のほどは疑わしい。類あやしい。おぼつかない。❷なんとなくあやしい。なんとなく変だ。例疑わしい行動をするな。類不審《ふしん》。

疑わしきは罰《ばっ》せず たしかな証拠《しょうこ》がなければ被告人《ひこくにん》を犯人とみとめないという、刑事司法の原則。疑わしきは被告人の利益に従う。

うたぐりぶか・い【うたぐり深い】〘▽疑り深い〙〈形〉⇩うたがいぶかい

うたぐ・る〘▽疑る〙〈動五〉「うたがう」の、「勘《かん》ぐる」とまぎれた、くだけた言いかた。

うたげ〘▽宴〙〈名〉「宴会《えんかい》」の詩的な言いかた。

うたたね【うたた寝】〈名・する〉寝床《ねどこ》でないところで、思わずうとうとねむってしまうこと。類いねむり。仮眠《かみん》。舟《ふね》をこぐ。

うだつ〘▼梲〙〈名〉〔建築〕梁《はり》の上に立ててある、棟木《むなぎ》をささえる短い柱。

うだつが上《あ》がらない いつになってもよい境遇《きょうぐう》や生活が得られない。いつまでもぱっとしない。

参考 棟上《むねあ》げのときにうだつをしっかり立てないと、家のかたちにならないことから。

うだで(方言) 気が進まない。いやだ。秋田で言う。

うたひめ【歌姫】〈名〉「女性歌手」の美化した言いかた。

うたまくら【歌枕】〈名〉古くから和歌によみこまれてきた名所や旧跡《きゅうせき》。

うだ・る〘▼茹だる〙〈動五〉❶⇩ゆだる ❷暑さのために、ぐったりする。例うだるような暑さ。

うたれづよ・い【打たれ強い】〈形〉❶格闘《かくとう》技や野球などで、攻撃《こうげき》を受けてもたえる力がある。例打たれ強いピッチャー。❷まわりから非難されてもたえる強さがある。例打たれ強い性格。類忍耐強い。

うち[1]【内】〈名〉❶ものの内部。例手の内。胸の内。内ポケット。対そと。類なか。
❷心のなか。例内にこもる。内に秘めた思い。内なる声(＝本心や良心)にしたがう。内なる闘志《とうし》。
❸その期間の中、という意味を表わす形式名詞。例日が暮れないうちに、山をこえよう。それ、いまのうちだ。
❹自分と同じグループに属するもの。なかま。例うちの部にそういう者はいない。ダチョウは鳥のうちでもっとも大型のものだ。類なか。
❺自分の家族。例うちの父です。うちじゅうで出かける。対よそ。類いえ。

❻自分の家。例もう、うちへ帰ろう。類自宅。❼人がすむ建物。例うちを建てる。類いえ。家屋。表記①と②以外は、ふつうかなで「うち」と書く。⑤⑥⑦は「▽家」と書かれることもある。方言関西で、女性が自分をさしていう場合にも使う。

うち[2]【打ち】〈接頭〉❶動詞につけて、その意味を強めるはたらきをする。例打ち切る。打ち消す。打ち勝つ。打ち重なる。打ち続く。❷動詞につけて、ことばの調子をととのえる。例打ち明ける。打ち解ける。

うちあげ【打ち上げ】〈名〉❶花火やロケットを空にあげること。❷芝居《しばい》などの興行をおえること。そのあとの慰労《いろう》会。❸一つの仕事をおえること。そのあとの慰労会。

うちあけばなし【打ち明け話】〈名〉なやみや秘密にしていることをかくさずに語る話。

うちあげはなび【打ち上げ花火】〈名〉円筒《えんとう》にこめた火薬が、「ヒュー」という音とともに空高く上がって、きれいな形に開く花火。対しかけ花火。

うちあ・ける【打ち明ける】〈動下一〉それまで他人に知らせないでいたことを、はじめて話す。例秘密を打ち明ける。計画を打ち明ける。ぼくだけには打ち明けてくれよ。打ち明け話。類告白する。

うちあ・げる【打ち上げる】〈動下一〉❶花火やロケットを、火薬などの爆発力《ばくはつりょく》によって空中に上げる。❷野球で、ボールを打って高く上げる。例フライを打ち上げる。❸波がものを運んできて、岸に残していく。例海岸に打ち上げられた貝がら。❹すもうや芝居《しばい》などの興行をおえる。❺一つの仕事をおえる。

うちあわせ【打ち合わせ】〈名〉❶ものごとのやりかたや進めかたを、前もって相談すること。❷衣服(洋服の場合は、とくに上着)の、前開きの左右がかさなりあう部分。

うちあわ・せる【打ち合わせる】〈動下一〉❶前もって話しあって、ものごとの進めかたをきめる。例あらかじめ係の人と打ち合わせる。❷物と物をつよくぶつける。

うちいり【討ち入り】〈名・する〉敵の本拠《ほんきょ》に攻《せ》め入ること。例赤穂義士《あこうぎし》の討ち入り。

うちいわい【内祝い】〈名〉出産や入学、卒業など、めでたいことがあったときのお祝いを、身内だけでひかえめにすること。そのときに、よろこびの気持ちを表わすものとして、身近な人におくる祝いの品。

表現「内祝い」としておくるのは、当事者の方からで、ほかの人からのおくりものにはいわない。のし紙に「内祝い」と書く。ほかの人が当事者におくる祝いのお金や品には、のし紙に「寿《ことぶき》」「お祝い」などと書く。

うちうち【内内】〈名〉おもてに出さないで、なかまや親しい人たちのあいだだけで、なにかをすること。例祝宴《しゅくえん》は内々ですませる。類内輪《うちわ》。内内《ないない》。

うちうみ【内海】〈名〉陸地にかこまれた海。対外海《そとうみ》。類内海《ないかい》。入り海。

うちか・く【打ち欠く】〈動五〉たたいてくだく。例石を打ち欠いて作った石器。

うちかけ【▼裲▼襠】〈名〉和服で、女性が帯をしめた上に着る式服。参考もとは武家の女性の礼装《れいそう》。現在でも、花嫁《はなよめ》が婚礼《こんれい》に着る。

うちか・つ【打ち勝つ】〈動五〉❶強敵に勝つ。ひどい困難や苦しみをのりこえる。例困難に打ち勝つ。誘惑《ゆうわく》に打ち勝つ。類克服《こくふく》する。❷野球で、打撃《だげき》戦をものにして、勝つ。対投げ勝つ。

うちがわ【内側】〈名〉ものの、外に出ない、中の方のがわ。対外側。類裏側。内部。

うちき【内気】〈形動〉気が弱くて、思ったことを、なかなか言ったり 実行したり できない。類内向的。

うちきり【打ち切り】〈名〉続いてきたものごとを、そこでやめること。例これで打ち切りにする。

うちき・る【打ち切る】〈動五〉続いていることを途中《ちゅうと》でやめる。例調査を打ち切る。

うちきん【内金】〈名〉代金の一部として、前もってしはらうお金。類手つけ。

うちくだ・く【打ち砕く】〈動五〉元にもどらないくらいに、こなごなにくだく。例夢は無残に打ち砕かれた。

うちくび【打ち首】〈名〉首をきりおとした、むかしの刑罰《けいばつ》。

うちけし【打ち消し】〈名〉〔文法〕動作・状態・存在を否定するときの言い表わしかた。動詞に助動詞の「ない」「ぬ」などをつけて言い表わす。否定。

うちけ・す【打ち消す】〈動五〉そうではないと否定する。例疑惑《ぎわく》を打ち消す。大臣は事件とのかかわりを強く打ち消した。

うちこ・む【打ち込む】〈動五〉❶たたいて中へ入れる。例くさびを打ち込む。❷球技で、相手がわのコートへ強い球を送る。剣道《けんどう》などで、相手を強く打つ。例スマッシュを打ち込む。❸野球などで、思いどおりにヒットが打てるようになんども練習する。❹あることにいっしょうけんめいになる。例仕事に打ち込む。研究に打ち込む。類没頭《ぼっとう》する。精進《しょうじん》する。傾注《けいちゅう》する。

うちこわし【打ち壊し】〖打ち▽毀し〗〈名〉❶思いきりたたいて、めちゃくちゃに壊してしまうこと。❷〔打ちこわし〕〔歴史〕江戸《えど》時代、飢饉《ききん》などで生活にこまった人々が、金持ちや米屋をおそったこと。

うちじに【討ち死に】〈名・する〉武士が敵とたたかって死ぬこと。

うちぜい【内税】〈名〉商品を買うとき、価格の中に消費税がふくまれていること。対外税《そとぜい》。

う(打)ちそろ(▼揃)って 全員がものものしくそろって。

うちだし【打ち出し】〈名〉すもうや芝居《しばい》などの、一日の興行のおわり。類はね。→せんしゅうらく

うちだ・す【打ち出す】〈動五〉考えをみんなにわかるようにはっきりと示す。例方針を打ち出す。

うちた・てる【打ち立てる】〈動下一〉樹立《じゅりつ》する。例新記録を打ち立てる。

うちつ・ける【打ち付ける】〈動下一〉❶釘《くぎ》を打ちこんで固定させる。❷強く当たる。例雨が窓に打ち付ける。

うちつづ・く【打ち続く】〈動五〉次から次へときれ目なくつづく。例打ち続く戦乱。

うちっぱなし【打ちっ放し】〈名〉❶球を打ったまま、拾い集めたりしないこと。ゴルフの練習場にいう。❷コンクリートを固まったままの状態にしておき、表面に塗料《とりょう》をぬったり別の建材をはったりしないこと。

うちづら【内面】〈名〉家族や親しいなかまにだけ示す態度や表情。例内面がいい。対外面《そとづら》。参考「ないめん」と読むのは別のことば。

う(打)ちつ(連)れて 顔をそろえてぞろぞろと。例兄弟打ち連れていなかの祖母を訪ねる。類引き連れて。連れ立って。

うちでし【内弟子】〈名〉師匠《ししょう》の家にすみこんで、教えをうける弟子。

うちでのこづち【打ち出の小▼槌】〈名〉自分の望みを言いながらふると、その望みがかなうという、昔話の「一寸法師《いっすんぼうし》」などに出てくるつち。
表現 富《とみ》をずっと生みだすことのできる事業などのたとえとしても使う。

うちと・ける【打ち解ける】〈動下一〉えんりょや警戒《けいかい》心をすてて、親しくなる。例 打ち解けたふんいき。やっと打ち解けて話ができるようになった。

うちどころ【打ち所】〈名〉❶物などにぶつかったりしたからだの部分。例 打ちどころが悪い。❷指摘《してき》すべきところ。例 非の打ちどころがない(→「ひ〔非〕」の子項目)。

うちどめ【打ち止め・打ち留め】〈名〉❶興行のおわり。❷ものごとのおわり。例 これで打ち止めにしよう。

うちと・る【討ち取る・打ち取る】『撃ち取る』〈動五〉❶[討ち取る] 武器をつかって、敵を殺す。例 敵の大将を討ち取る。❷[打ち取る] 野球で、ピッチャーがバッターに勝つ。例 セカンドフライに打ち取る。
表記 ①は、銃《じゅう》を使うときには「撃ち取る」とも書く。

うちのめ・す【打ちのめす】〈動五〉相手が立ちあがれなくなるほど、徹底《てってい》的にやっつける。例 さんざんに打ちのめす。

うちのり【内のり】『内▽法』〈名〉箱や部屋などを、その内がわではかった寸法。対 外のり。

うちひしが・れる【打ちひしがれる】『打ち▽拉がれる』〈動下一〉強い衝撃《しょうげき》で、勢いや気力をくじかれる。例 悲しみに打ちひしがれる。

うちびらき【内開き】〈名〉ドアなどが内がわにひらくこと。対 外開き。

うちぶところ【内懐】〈名〉❶着物を着たときの、いちばん中のほうのふところ。❷人に知られたくない内部。また、その事情。例 敵の内懐ふかく入りこむ。

うちぶろ【内風呂】〈名〉❶銭湯に対して、自分の家の風呂。❷温泉などで、客室や旅館の中にある風呂。内湯《うちゆ》。▽対 外風呂。

うちべんけい【内弁慶】〈名・形動〉家族にはいばっているが、他人の前ではいくじがなくて なにも言えないこと。類 陰《かげ》弁慶。

うちぼり【内堀】〈名〉城などに二重に堀がある場合の、内がわの堀。対 外堀。

うちまか・す【打ち負かす】〈動五〉徹底《てってい》的にやっつけること。例 敵を打ち負かす。

うちまく【内幕】〈名〉外からは知りにくい内部の事情。例 内幕をあばく。類 内情《ないじょう》。楽屋裏《がくやうら》。

うちまご【内孫】〈名〉自分のむすこの嫁《よめ》に生まれた孫。内孫《ないそん》。対 外孫《そとまご》。

うちまた【内股】〈名〉❶ももの内がわ。類 内もも。❷足のつま先を内がわにむけて歩く歩きかた。例 内股で歩く。対 外股。

うちみ【打ち身】〈名〉からだの一部を強く打って筋肉をいためること。打ちきず。類 打撲《だぼく》傷。

うちみず【打ち水】〈名〉すずしくするために、また、ほこりをしずめるために地面に水をまくこと。

うちやぶ・る【打ち破る】『撃ち破る』〈動五〉❶はげしくせめて、負かす。例 敵を打ち破る。❷よくない習慣や考え方をすっかりとりのぞく。例 因習を打ち破る。▽類 打破《だは》する。

うちゆ【内湯】〈名〉「うちぶろ②」に同じ。対 外湯。

うちゅう【宇宙】〈名〉地球・太陽・星など、存在するすべてをふくむ広大な空間。例 宇宙空間。小宇宙。

うちゅうじん【宇宙人】〈名〉地球以外の星に住むとされる、人に似《に》た生き物。類 異星《いせい》人。エイリアン。地球外生命体。

[1]**うちゅうせん**【宇宙船】〈名〉宇宙を飛行する乗り物。

[2]**うちゅうせん**【宇宙線】〈名〉地球の外からふりそそいでくる放射線。

うちゅうひこうし【宇宙飛行士】〈名〉宇宙船の乗組員。

うちょうてん【有頂天】〈形動〉うれしくて、気分がまいあがっている状態。もと、仏教のことば。例 ほめられて有頂天になる。

うちよ・せる【打ち寄せる】〈動下一〉寄せてくる。近寄る。例 打ち寄せる波。

[1]**うちわ**【内輪】〈名〉❶家族や仲間など、親しい者だけで外部の人を入れないこと。例 内輪の集まり。内輪もめ。❷実際よりやや少ない量。例 内輪にみつもる。類 うちうち。類 少なめ。▽ア ウチワ

[2]**うちわ**『▽団▽扇』〈名〉紙と竹などでできた、風を送るかんたんな道具。夏、手であおいで使う。ア ウチワ
表現 ふつう一本二本と数えるが、一枚二枚も使う。

うちわけ【内訳】〈名〉全体の数や金額などを、種類や項目ごとにわかるようにしたもの。類 明細。

うちわもめ【内輪もめ】〈名〉仲のいいはずの家族やなかまなどのあいだの争い。類 内紛《ないふん》。

常用漢字 **うつ**

【鬱】 鬯部19 全29画 ※

鬱 鬱 鬱 鬱 鬱 鬱
鬱 鬱 鬱 鬱 鬱 鬱

ウツ 音[ウツ] ■鬱屈《うっくつ》。鬱病《うつびょう》。□陰鬱《いんうつ》。憂鬱《ゆううつ》。

[1]**う・つ**【打つ・撃つ・討つ】〈動五〉■[打つ] ❶あるものを、いきおいをつけて、ほかのものに当てる。例 頭を打つ。雨が窓を打つ。ヒットを打つ(=飛ばす)。鐘《かね》を打つ(=たたいて鳴らす)。手を打ってよろこぶ。❷たたくような動作で仕事をしたり、なにかをつくったりする。例 水を打つ(=まく)。そばを打つ(=つくる)。能面を打つ。畑を打つ(=たがやす)。碁《ご》を打つ。電報を打つ。❸たたいたり、たたくような感じのことをして、いきおいよく中に入れる。例 くぎを打つ。注射を打つ。コンクリートを打つ(=流しこむ)。❹しるしをつける。例 点を打つ。番号を打つ。❺感動をあたえる。例 心を打つ。胸を打つ。❻必要な処置をとったり、必要な動作などをする。例 手を打つ(=方法を講じる)。芝居《しばい》をうつ(=うそのふるまいをする)。にげをうつ(=にげようとする)。群衆はなだれをうってにげだした。
■[撃つ] 目標にむけて、弾丸《だんがん》を発射する。例 鉄砲《てっぽう》を撃つ。
■[討つ] 敵をせめて、やっつける。例 敵《かたき》を討つ。賊《ぞく》を討つ。討ちほろぼす。
打てば響《ひび》く 鐘《かね》を打つとすぐ鳴るように、はたらきか

99 セントルシア　カリブ海東部にある小立憲君主国。火山の景勝地で，観光と農業の国。首都カストリーズ。

けに対して、すぐに反応が返ってくる。例あいつは打てば響く男だ。

うつ[2]【鬱】〈名〉あまりにも深いなやみごとなどがあって、気分がすっかりふさぎこんでしまっている状態。例鬱になる。鬱状態。鬱気味。鬱病。対躁《そう》。

うつうつ【鬱鬱】〈副・連体〉気がかりなことや心配ごとがあって、心が晴れないようす。例鬱々として日をくらす。鬱々たる気持ち。

うっかり〈副・する〉注意していなければならないところを気づかずに。例うっかり見落とす。うっかりして、宿題を忘れた。類うかうか。うかつ。

うづき【▼卯月】〈名〉陰暦《いんれき》で、四月のこと。

うつくし・い【美しい】〈形〉❶見たり聞いたりするものが、人の心をとらえるほど、こころよい感じである。例美しい花。声が美しい。対きたない。類きれい。❷賞賛にあたいするほどりっぱだ。例美しい友情。▽対みにくい。類うるわしい。→囲み記事8(下)

うっくつ【鬱屈】〈名・する〉不安・不愉快《ふゆかい》・失望など、あってほしくないものが心にわだかまっていてどうにも気が晴れないこと。例気分(気持ち)が鬱屈する。

うっけつ【鬱血】〈名・する〉〔医学〕静脈《じょうみゃく》内の血液が、うまく流れないで、たまってしまうこと。

うつし【写し】〈名〉書類や図形などを、そのとおりに写しとったもの。例写しをとる。類コピー。

うつしだ・す【映し出す・写し出す】〈動五〉❶光線をあてて、ものの形や映像が見えるようにする。例スクリーンに映し出されたすがた。❷情景を文章でわからせる。例社会の姿を詳細に写し出す。

表記 ①には「映」が適し、②には「写」が適する。

うつ・す[1]【写す・映す】〈動五〉━[写す]❶文字や文章、絵などをそのとおりに、別のものにえがく。例友だちのノートを写す。書き写す。類模写する。転写する。コピーする。❷実物そっくりにつくる。例コロンブスの船を写した模型。類模する。❸写真をとる。例写真を写す。花を写す。

━[映す]❶鏡や水面などに、もののすがたや形をあらわす。例鏡に顔を映す。青空を映した水面。❷光をあてて、ものの表面に、ほかのもののかげやすがたをあらわす。例映画を映す。スライドを映す。スクリーンに映す。映し出す。

▽→うつす〈移す〉表現

うつ・す[2]【移す】〈動五〉❶今までとはちがった、別のところへ動かす。別のほうへ向ける。例席を移す。部署を移す。話題を移す。心を移す。視線を移す。時を移さず(→「とき〔時〕」の子項目)。類移動させる。❷今までとはちがった状態にする。動きをおこす。例実行に移す。行動に移す。❸病気を伝染《でんせん》させる。例かぜをうつす。

表現「写す」「映す」も「移す」も、もとは同じことばで、同じすがたを、そっくりそのままもうひとつ別の場所に動かすことをいう。

うっすら〖▽薄っすら・▽薄ら〗〈副〉かすかに。ほんの少し。例雪がうっすらつもる。うっすらと紅《べに》をひく。

表記 都《みやこ》をうつす場合は、「▽遷す」とも書かれる。また、③は「▽染す」と書かれることもある。

うっせき【鬱積】〈名・する〉不満やいかり、なやみなどが解消されないまま、心のうちにつもること。例不満が鬱積する。

うつせみ〖▽空▼蟬〗〈名〉セミのぬけがら。

うっそう〖鬱▼蒼〗〈副・連体〉たくさんの草や木がこんもりしげって、うすぐらいようす。例木がうっそうとしげる。うっそうたる原始林。うっそうとした森。

うったえ【訴え】〈名〉うったえること。うったえた内容。例訴えをきく。訴えをおこす。

うった・える【訴える】〈動下一〉❶裁判をして自分が正しいのをみとめてくれるように、公《おおやけ》の機関に申しでる。例加害者を訴える。被害《ひがい》を訴える。訴えてでる。類告訴《こくそ》する。提訴する。訴えをおこす。❷要求・感情・感覚などを人にわからせようとする。例苦痛を訴える。なにかを訴える目つき。❸はたらきかけて、人の心をうごかす。例心情に訴える。大衆に訴える。目に訴える。類アピールする。さけぶ。❹効果のある手段をみつけて、目的をとげようとする。例腕力《わんりょく》に訴える。武力に訴える。

うったて(方言)書道の起筆《きひつ》。手始め。岡山・香川・徳島などで言う。

参考 方言だと気づいていない人が多い。

うっちゃらかす(方言)ほうっておく。関東・静岡などで言う。

うっちゃり〈名〉すもうで、土俵ぎわまでせめこまれた力士が、身をそらせて相手を土俵の外へ投げだすわざ。例うっちゃりをくらう(=もうちょっとのところで逆転される)。

うっちゃ・る〈動五〉❶ほうり出す。ほったらかす。例勉強道具をうっちゃっておく。❷ほうっておいてせわをしない。ほったらかす。例あんなわからず屋は、うっちゃっとけばいいよ。❸すもうで、土俵ぎわまでおしてきた相手を、身をそらせて土俵の外へ投げだす。❹一方的におしまくられていた形勢を、最後にいっきに逆転する。

方言 関東・中部などでは、「捨てる」の意味でも使う。

うつつ〖▽現つ〗〈名〉夢《ゆめ》でもまぼろしでもない、現実。例この世は夢かうつつか。夢うつつ。

うつつを抜《ぬ》かす あることにむちゅうになって、本来し

囲み記事 8

うつくしい・うるわしい・きれい

古い時代、「うつくしい」は子どもや小さいものに対する「かわいい」という気持ちを表わすことばだったが、のちに意味が変化して、美《び》一般《いっぱん》を表わすようになった。

「美人」のことを「うつくしい人」「きれいな人」というが、「うるわしい人」とはあまりいわない。「うるわしい」は「うるわしい友情」「うるわしき伝統《でんとう》」など、外面的なうつくしさよりも内面的なうつくしさをいうことが多く、また、「うるわしい」は高潔《こうけつ》という意味合いも持ち、「うるわしい話」といえば「美談」のことになる。「おうつくしい」「おきれいだ」とはいうが、「おうるわしい」とはいわない。「うるわしい」の中にもともと大事にあつかう感じがふくまれているからだろう。

「きれい」は「うつくしい」と重なる使いかたのほかに、「このハンカチは洗ってあるからきれいだ」のように「清潔だ」の意味もある。これは「よごれがない」ことを表わしている。また、「用意した料理はきれいになくなった」など「残らず」の意味でも使う。このことから、「きれい」は「余分なものがなく、整ったうつくしさ」を表わすと考えられる。

なければならないことを忘れてしまう。例 競馬《けいば》にうつつをぬかす。類 憂《う》き身をやつす。いかれる。

うっつぁし（方言） うるさい。うっとうしい。福島で言う。

うって【打つ手】〈名〉解決するための手段・方法。例 打つ手がない。

うってかわ・る【うって変わる】〈動五〉短《みじか》いあいだにようすがすっかり変わる。例 朝がたの雨とはうって変わって、雲ひとつない日本晴れになった。

うってつけ〘打って付け〙〈形動〉ちょうどうまいぐあいに条件にぴったりあてはまること。例 きみにうってつけの仕事がある。類 もってこい。おあつらえむき。格好。好適。

うって・でる【打って出る】〈動下一〉自分からすすんでのり出していく。例 選挙に打って出る。

うっとうし・い〘鬱陶しい〙〈形〉❶なんとなく重苦しくて、心がはればれとしない。さっぱりしない。例 うっとうしい天気。うっとうしい気分。❷じゃまでわずらわしい。例 うっとうしい連中。▽類 陰鬱《いんうつ》。

うっとり〈副・する〉ものごとのすばらしさや気持ちよさなどに、心をうばわれてしまうようす。例 うっとりと見とれる。うっとりした気分になる。

うつびょう【鬱病】〈名〉日常生活が送れないほど鬱がひどくなって、医者にかからなければならない状態。対 躁《そう》病。

うつぶ・す〘▼俯す〙〈動五〉⇨うつぶせる

うつぶせ〘▼俯せ〙〈名〉おなかを下にして横になった姿勢。例 うつぶせになる。対 あおむけ。

うつぶ・せる〘▼俯せる〙〈動下一〉❶おなかを下にして横になる。❷ものをさかさまにして置く。例 茶わんをうつぶせる。▽「うつぶす」ともいう。類 ふせる。

うっぷん【鬱憤】〈名〉心の中にたまったいかりや不満。例 鬱憤をはらす。類 むしゃくしゃ。

うつぼ〘▼鱓〙〈名〉海にすむ、ウナギのように細長く平たい魚。大きな口とするどい歯でえものにかみつき、「海のギャング」と呼ばれる。

うつぼつ【鬱勃】〈副・連体〉やる気持ちがおさえがたくさかんだ。例 闘志《とうし》鬱勃、試合にのぞむ。鬱勃たる闘志。

うつむ・く〘▼俯く〙〈動五〉顔が下向きになる。例 うつむいたままだまっている。対 あおむく。類 伏《ふ》せる。

うつむ・ける〘▼俯ける〙〈動下一〉❶顔を下に向ける。例 顔をうつむける。対 あおむける。❷器《うつわ》の上または表面を下にする。例 植木ばちをうつむけて重ねる。

うつらうつら〈副・する〉ねむけや高熱などのために、意識がぼんやりしているようす。例 うつらうつらと夢《ゆめ》ごこちだ。類 うとうと。

うつり【写り・映り】〈名〉❶うつりかた。うつりぐあい。例 写真（の）写りがいい。テレビの映りが悪い。❷上着とズボン、着物と羽織《はおり》のように、相接したものの調和。

うつりが【移り香】〈名〉ほかのものからうつってついた、よいかおり。類 残り香。

うつりかわり【移り変わり】〈名〉時がたつにつれて、かわっていくこと。例 時代の移り変わり。自然の移り変わり。類 推移。変化。

うつりかわ・る【移り変わる】〈動五〉時がたつにつれて、ようすがそれまでとちがってくる。例 世の中が移り変わる。類 推移する。変化する。

うつりぎ【移り気】〈名・形動〉興味や関心などが、次から次へとかわりやすいこと。例 移り気な性格。あの人は移り気だから困る。類 あきっぽい。うわきっぽい。気が多い。多情。むら気。気まぐれ。

うつりす・む【移り住む】〈動五〉ほかの場所へ引っ越して、そこに住む。類 移住《いじゅう》する。

うつりばし【移り箸】〈名〉和食で、一つのおかずを食べ、次にご飯を食べずに、続けて別のおかずを食べること。無作法とされる。

1
うつ・る【写る・映る】〈動五〉㊀［写る］写真やビデオに画像ができる。例 写真に写る。㊁［映る］❶ものの表面に、ほかのもののすがたやかげが現れる。例 鏡に映った顔。人のかげが障子《しょうじ》に映る。❷ものごとが見える。目にはいる。また、そのように思われる。例 目に映る。人目には、慎重《しんちょう》なのが臆病《おくびょう》に映る。類 映じる。❸まわりのものによく合って、見た目がいい。例 この制服には、赤いネクタイがよく映る。類 似《に》合う。はえる。▽↓うつる〔移る〕表現（次項）

2
うつ・る【移る】〈動五〉❶動いて、今までとはちがった、別のところへいく。例 住まいが移る。会社を移る。店がよそに移った。類 移動する。移転する。❷今までとちがった状態にする。新しいものごとにとりかかる。例 さっそく実行に移る。❸病気が伝染《でんせん》する。例 かぜがうつる。類 感染する。❹においや色などが、ほかのものにつく。例 においが移る。❺関心が今までとちがった方にむく。例 心が移る。情が移る。❻時間がたつ。少し古い言いかた。例 時が移る。類 経過する。❼変わっていく。例 世が移る。季節が移る。類 移ろう。変遷《へんせん》する。変転する。

表現 「写る」「映る」も「移る」も、もとは同じことばで、同じすがたが、そっくりそのままもうひとつ別の場所に動くことをいう。

表記 都《みやこ》がうつる場合は、「▽遷る」と書かれることもある。また、③は「▽染る」と書かれることもある。

うつろ〘▽虚ろ〙〈形動〉❶なかみがなくて、からである。例 中がうつろになった木。類 空虚《くうきょ》。❷ぼんやりして、ものを考える力のないようす。例 うつろな声。うつろな目をする。

うつろ・う【移ろう】〈動五〉様相が変化していく。例 移ろう心。季節が移ろう。

うつわ【器】〈名〉❶中にものを入れておくためのもの。例 ガラスの器。器にもる。類 容器。❷能力や才能などの点からみた、人間の大きさ。例 器が大きい。彼は社長の器ではない。類 器量。度量。

うで【腕】〈名〉❶肩《かた》のつけねから手首までの部分。例 腕を組む。腕をまわす。腕力《うでぢから》。かた腕。きき腕。❷ひじから手首までの部分。ひじより上の部分を「二の腕」という。例 腕をまくる。腕まくり。腕輪。❸身につけた技能。うでまえ。例 腕がいい。きみの料理の腕はたいしたもんだね。腕だめし。腕きき。すご腕。類 技量《ぎりょう》。手腕《しゅわん》。

腕が上《あ》がる 技能が向上する。じょうずになる。対 腕がおちる。

腕が落《お》ちる 技能が低下する。へたになる。対 腕があがる。

腕が立《た》つ 技能がすぐれている。

腕が鳴《な》る 力を発揮したくて、むずむずしている。

腕に覚《おぼ》えがある みごとにやってのける自信がある。

腕によりをかける とくに気を入れて、じゅうぶんにわざをふるう。例 腕によりをかけて料理をする。

参考 「より」は、「縒《よ》り」のこと。

腕を競《きそ》う たがいに負けまいと、力をふるい合う。

腕をこまぬく なにかをする必要があるときに、なにもしないでながめている。「こまぬく」は、俗《ぞく》に「こまねく」と言われることが多い。

腕を撫《ぶ》す 力を発揮する機会がないのを残念がりながら、じっとしている。

腕を振《ふ》るう 技能を発揮して、みごとにやってみせる。例料理に腕を振るう。

腕を磨《みが》く 技能を向上させるために訓練をする。

うてき【雨滴】〈名〉雨つぶ。雨のしずく。

うでぎ【腕木】〈名〉柱などから、横につき出すようなかたちに とりつけた木。アーム。例腕木信号。

うできき【腕利き】〈名〉とくにすぐれた知識や能力をもつこと。また、それをもっている人。例腕利きの弁護士。類やり手。敏腕《びんわん》。辣腕《らつわん》。

うでぐみ【腕組み】〈名・する〉両腕を胸の前でくみ合わせること。例腕組みをして考えこむ。

うでくらべ【腕比べ】〈名〉腕に自信のある者が、わざや力をきそい合い、勝ち負けをきめること。類力比べ。

うでずく【腕ずく】〘腕▽尽く〙〈名〉腕力《わんりょく》にたよって何かをすること。例腕ずくでとり返す。類力ずく。

うでずもう【腕相撲】〈名〉二人でむきあい、机などにたがいにひじをたてて、手のひらをにぎりあい、力を入れて、相手の腕をたおす遊び。手の甲《こう》がついたら負け。

うでたてふせ【腕立て伏せ】〈名〉うつぶせになり、両足をまっすぐにのばし、両手を床《ゆか》につけて、ひじを曲げたりのばしたりする運動。腕立て。プッシュアップ。

うでだめし【腕試し】〈名〉自分の実力がどのくらいになったかを知るためにためしてみること。類力試し。

うでっこき【腕っこき】〈名〉実地できたえた腕きき。例腕っこきの刑事《けいじ》。

うでっぷし【腕っ節】〈名〉力仕事や、けんかをするときの強さ。例腕っ節が強い。類腕力《わんりょく》。

うでどけい【腕時計】〈名〉手首にはめて使う時計。

うてな〘▽台〙〈名〉❶高くそびえたつ、りっぱな建物。高殿《たかどの》。❷ものをのせる台。例蓮《はす》のうてな。

う(打)てばひび(響)く ⇩「うつ〔打つ〕」の子項目

うでまえ【腕前】〈名〉ものごとをうまくやれる能力や技術。例腕前をひろうする。みずぎわだった腕前。類手腕《しゅわん》。手なみ。技量。うで。

うでまくり【腕まくり】〘腕▼捲り〙〈名・する〉衣類のそでをまくりあげること。

う・でる〘▼茹でる〙〈動下一〉⇩ゆでる

うてん【雨天】〈名〉雨のふる天気。雨ふり。例雨天決行。雨天順延。対晴天。

うてんじゅんえん【雨天順延】〈名〉屋外での行事予定を、当日雨が降れば晴れる日まで延期していくこと。

うど〘▽独▽活〙〈名〉山野に生える多年草。栽培《さいばい》もされる。春、のびたての白い茎《くき》をすみそあえや てんぷらにして食べる。高さ一・五《メートル》ぐらいになる。

うどの大木《たいぼく》 大きいばかりで役にたたない者。

うと・い【疎い】〈形〉❶あまり親しくない。例去る者は日々に疎し(→「さる〔去る〕」の子項目)。❷経験が少なく、よく知らない。例世事に疎い。類暗い。

うとうと〈副・する〉浅くねむるようす。また、ねむりかけの状態。例うとうと(と)ねむりはじめる。類うつらうつら。

うとまし・い【疎ましい】〈形〉近よりたくない。きらいだ。例しつこくされて疎ましくなった。類おぞましい。

うと・む【疎む】〈動五〉いやがって遠ざける。例人にうとまれる。類うとんじる。

うどん〘▼饂▼飩〙〈名〉めんの一種。小麦粉を食塩水でこね、ほそく切って、ゆで上げたもの。香川県の讃岐《さぬき》うどんや秋田県の稲庭《いなにわ》うどんなどが とくに有名。

表現 料理は一丁《いっちょう》二丁《にちょう》、どんぶりに入れたものは一杯《いっぱい》二杯《にはい》、ゆでるまえの材料は一玉《ひとたま》二玉《ふたたま》と数える。

うどんこ【うどん粉】〘▼饂▼飩粉〙〈名〉小麦粉。

うとん・じる【疎んじる】〈動上一〉親しみがもてず、遠ざける。よそよそしくする。うとんずる。類うとむ。

うなが・す【促す】〈動五〉❶早くするように、いそがせる。例答えを促す。類せきたてる。催促《さいそく》する。❷刺激《しげき》をあたえて 活動をさかんにさせる。例生長を促す。発展を促す。注意を促す。類促進する。

うなぎ〘▼鰻〙〈名〉魚の名。ほそ長くて黒く、ぬるぬるしている。川などの淡水《たんすい》で成長し、海にくだって産卵《さんらん》する。稚魚《ちぎょ》を「しらすうなぎ」という。かば焼きにして食べる。ニホンウナギは絶滅危惧種《ぜつめつきぐしゅ》に指定されている。

表現 生き物としては一匹《いっぴき》二匹《にひき》と数える。食材としては一本二本、串に刺してかば焼きにしたものは一串《ひとくし》二串《ふたくし》、一枚二枚と数える。

参考 夏の土用《どよう》の丑《うし》の日によく食べる習慣がある。

うなぎの寝床《ねどこ》 細長い住居。間口がせまく奥行きが深い家やへや。

うなぎのぼり【うなぎ登り・うなぎ上り】〈名〉みるみるまにぐんぐん上がること。例石油の価格がうなぎ登りに上昇《じょうしょう》した。

うなさ・れる〈動下一〉こわい夢《ゆめ》を見て、ねむったままで苦しそうなうめきごえをだす。例悪夢《あくむ》にうなされる。

表現 物価や成績、地位などについていうことが多い。

注意 「熱に浮かされる」を、「熱にうなされる」というのは誤《あやま》り。

うなじ〘▽項〙〈名〉首のうしろ。類えり首。首すじ。

うなじを垂《た》れる 元気なく下をむく。

うなず・く〘▼頷く〙〈動五〉理解や同感、承諾《しょうだく》の気持ちを示す身ぶりとして、首をたてにふる。例うんうんとうなずく。類首肯《しゅこう》する。

うなず・ける〘▼頷ける〙〈動下一〉納得《なっとく》できる。例相手の言い分にもうなずけるところがある。

うなだ・れる〘▽項垂れる〙〈動下一〉力なく顔を下にむける。

うなばら【海原】〈名〉ひろく、遠くまでつづく海面。例大《おお》海原。青《あお》海原。

うなり〘▼唸り〙〈名〉うなる声や音。腹《はら》にひびく低い連続音。例うなりをあげる。

うな・る〘▼唸る〙〈動五〉❶痛みや苦しみ、困惑《こんわく》やいかりなどをあじわったとき、「ウー」とか「ウーン」とかいうような、ことばにならない声をだす。類うめく。❷動物が、低い声を長くだす。❸低いが、腹にひびくような音が長くつづく。例モーターがうなる。❹「ヒューッ」と、高くするどい音がする。例風がうなる。❺ものがたくさんあることを たとえていう。例うなるほどある。財布《さいふ》に 金がうなっている。❻(「うならせる」の形で)感動して、ことばにならない声をださせる。例大向《おおむ》こうをうならせる。

うに〈名〉海中の岩のあいだにすむ、いがぐりの形をした棘

タイ　インドシナ半島中央部の立憲君主国。米・サトウキビ・錫を産する。観光・工業も盛ん。首都バンコク。

皮《ひ》動物。卵《らん》巣《そう》や精巣を食べる。
[表記] 動物は「▽海▽胆」、食べものは「▽雲▽丹」と当てる。

うぬぼれ〖▽自▼惚れ〗〈名〉自分で自分をたいしたものだと思っている気持ち。[例]うぬぼれのつよい人。

うぬぼ・れる〖▽自▼惚れる〗〈動下一〉ほんとうはたいしたことがないのに、自分ではすぐれていると思いこんでいい気になる。[類]思いあがる。天狗《てんぐ》になる。

うね【畝】〈名〉作物を植えるために畑の土をほそ長くもり上げたところ。[例]畝をつける。畝をうつ。畝間。

【畝《うね》】 田部5 全10画

うねうね〈副〉高く低く、あるいはまがりくねってどこまでも。[例]うねうねと続く山道。

うねま【畝間】〈名〉畑のうねとうねのあいだの、低くなっているところ。

うねり〈名〉ゆるやかで大きい波がおこること。うねる波。[例]うねりが出る。うねりが高い。

うね・る〈動五〉❶道や川が左右に大きくまがりくねりながらつづく。[例]うねっていく山道。[類]蛇行《だこう》する。❷波の表面が大きくゆったりとゆれうごく。

うのう【右脳】〈名〉大脳の右半球。みぎのう。左脳に対して、直感的で、想像力や全体把握などにすぐれると考えられている。[対]左脳。

うのはな〖▼卯の花〗〈名〉❶山野に生え、生けがきなどにもする落葉低木。初夏に、白い小さな花をつける。うつぎ。❷豆腐《とうふ》のしぼりかす。おから。

うの(▼鵜▼呑)みにする よく理解もしないで、そのままうけ入れる。[例]人のことばをうのみにする。
[参考] 鵜が魚を丸のみすることから。

う(▼鵜)のめ(目)たか(▼鷹)のめ(目) 目つきもするどく、少しもゆだんなく機会をうかがうようす。

うは【右派】〈名〉政党などの中で、保守的な考えをもつ人たちのグループ。[対]左派。[類]右翼《うよく》。

[1]**うば**【乳母】〈名〉母親がわりに、子どもに乳をのませたり、せわをしたりする女の人。[例]乳母車。

[2]**うば**〖▼姥〗〈名〉年老いた女の人。

うばいあい【奪い合い】〈名〉たがいに自分のものにしようとあらそうこと。[例]グラウンドの奪い合い。

うばいあ・う【奪い合う】〈動五〉たがいに自分のものにしようとあらそう。

うばいと・る【奪い取る】〈動五〉力ずくで取り上げる。[例]民衆から自由を奪い取る。

うば・う【奪う】〈動五〉❶相手からむりに取ってしまう。[例]財産を奪う。権利を奪う。生命を奪う。熱を奪う(=冷たくする)。奪いとる。[類]取り上げる。❷他人の注意や関心を、こちらにひきつけてしまう。[例]目を奪う。心を奪う。

うはうは〈副・する・形動〉予想外に得をして、うれしくてたまらないようす。俗《ぞく》な言いかた。[類]うほうほ。

うばぐるま【乳母車】〈名〉むかし、赤んぼうをのせて、おして歩いた箱形の車。また、「ベビーカー」の古い言いかた。

うばざくら【うば桜】〖▼姥桜〗〈名〉若いさかりをすぎているのに、まだはなやかな感じのある女性。

うばすて【うば捨て】〖▼姥捨て〗〈名〉年寄りを山に捨てること。「うば」は老女だが、民話では男女に通じている。「おばすて」ともいう。[例]うば捨て山。[参考]きまりにしたがって一度は山に捨てるが、年寄りの知恵に救われて、うば捨てをやめることになる民話が各地にある。

[1]**うぶ**〖▽初・▽初▽心〗〈名・形動〉❶世間のうらおもてを知らなくて、すなおだ。純だ。[例]まだうぶだ。[類]ういういしい。❷骨董《こっとう》品や古書で、初めて市場《しじょう》に出てきたもの。[例]うぶもの。うぶ出し。

[2]**うぶ**【産】〈接頭〉うまれたばかりのときの。[例]産声。産毛。産着。

うぶぎ【産着】〖産▽衣〗〈名〉生まれたばかりの赤んぼうにきせるきもの。ベビーウェア。

うぶげ【産毛】〈名〉幼児の顔に生えているような、やわらかい毛。[例]うぶ毛をそる。

うぶごえ【産声】〈名〉子どもが生まれたときに、はじめてだす泣き声。ふつう「おぎゃあ」と表現する。

産声を上《あ》げる ❶子どもが生まれる。❷新しいものが生まれ出る。▽[類]誕生《たんじょう》する。

うぶすながみ【産▽土神】〈名〉その人が生まれた土地の守り神。[類]氏神《うじがみ》。

うぶゆ【産湯】〈名〉生まれてまもない赤んぼうを、湯に入れてあらうこと。[例]産湯をつかう。

[1]**うま**【馬】〈名〉重要な家畜《かちく》の一種。顔や首がながく、足のはやい動物。日本では、むかしは耕作や運搬《うんぱん》、乗用に使われたが、現在では競馬に使うことが多い。[例]馬にまたがる。馬を駆《か》る。馬方。馬屋。馬車馬《ばしゃうま》。→うま〔午〕
[表現] ふつう一頭二頭と数えるが、一匹《いっぴき》二匹《にひき》も使う。━人が乗ったものは一騎《いっき》二騎《にき》と数える。
[参考] 古くは「こま」ともいい、「駒」の字をあてた。

うまが合《あ》う 気が合って、いっしょに行動しやすい。[例]きみとはなんとなくうまが合うね。

馬の耳《みみ》に念仏《ねんぶつ》 いくら説ききかせてもききめのないこと。[類]馬耳東風《ばじとうふう》。

[2]**うま**〖▽午〗〈名〉❶「十二支」の第七番目。ウマ。❷むかしの方角の名で、南。❸むかしの時の名で、昼の十二時、およびその前後一時間、計二時間の間。

うま・い〈形〉❶よろこんで食べたくなるほど、味がよい。ややぞんざいな言いかた。[類]おいしい。❷考えかたや、やりかたがたくみだ。[例]うまいおせじ。話がうまい。司会がうまい。廃物《はいぶつ》利用とはうまく考えたな。[類]じょうず。❸とても好都合である。[例]うまい話。うまくいく。そんなうまいこと言ったってだめだぞ。▽[対]まずい。
[表記] ①は「▽旨い・▽美▽味い・▽甘い」、②は「▽上▽手い・▽巧い」、③は「▽旨い」と当てる。
[方言] 東北北部・九州南部などでは、「んめ」「うまか」とも言い、━「甘《あま》い」の意味でも使う。

うまい汁《しる》を吸《す》う ⇩「しる〔汁〕」の子項目

うまうまと〈副〉人をたくみにひっかけるようす。[例]かれの話にうまうまとだまされた。[類]まんまと。

うまおい〖馬追い〗〈名〉緑色でキリギリスに似た昆虫《こんちゅう》。秋には「スイッチョ」と鳴く。うまおいむし。
[参考] 鳴き声がウマを追うかけ声に似ていることから。

うまかた【馬方】〈名〉むかし、ウマに人や荷物をのせ、たづなをひいて運ぶことを仕事としていた人。馬子《まご》。

うまげな（方言） 立派《りっぱ》な。香川で言う。

う(▼倦)まずたゆ(▼弛)まず ⇩「うむ〔倦む〕」の子項目

うまとび【馬跳び・馬飛び】〈名〉前かがみになっている人の背に両手をついて、またを広げてとびこえる遊び。

うまに【うま煮】〖▽旨煮・▽甘煮〗〈名〉肉や野菜をあまくてこい味に煮つけた料理。

 大韓民国(だいかんみんこく) 朝鮮半島南部の共和国。電子機器・自動車など工業が盛ん。首都ソウル。韓国。

うまのほね【馬の骨】〈名〉生まれや育ちのわからないような人を、ばかにしていう言いかた。例あんな男、どこの馬の骨だかわかったものじゃない。

うまのり【馬乗り】〈名〉ウマにのるようなぐあいにまたがること。例馬乗りになる。

うまへん〖馬偏〗〈名〉漢字の偏の一つ。「駅」「駐《ちゅう》」などの「馬」の部分。

うまみ【うま味】〖▽旨味〗〈名〉❶おいしさのもととなるよい味。例素材のうま味を生かす。❷おもしろさを感じる部分。例この辺がこの仕事のうま味だ。❸商売で、もうけが多いこと。例うまみのある仕事。

うまみちょうみりょう【うま味調味料】〈名〉コンブ・カツオ・シイタケなどの天然のうま味の成分を、化学的に合成してつくった調味料。化学調味料。

うまや【馬屋】〖▼厩〗〈名〉ウマを飼っておくための建物。類馬小屋。厩舎《きゅうしゃ》。

うま・る【埋まる】〈動五〉❶たくさんのものにおおわれて、見えなくなる。例土砂《どしゃ》に埋まった家。類うずもれる。うもれる。❷あいていたものがふさがって、いっぱいになる。例席が埋まる。夏、海べは人で埋まった。▽類うずまる。❸たりないところ、欠けていたところがおぎなわれる。例欠員が埋まる。臨時《りんじ》収入で今月の赤字が埋まった。

うまれ【生まれ】〈名〉❶生まれた場所やとき。例生まれも育ちも信州《しんしゅう》です。大阪《おおさか》生まれ。明治生まれ。早生まれ。遅《おそ》生まれ。❷生まれた家の家がら。例生まれがいい。類素性《すじょう》。毛なみ。

うまれお・ちる【生まれ落ちる】〈動上一〉「生まれる」と同じことを、生まれる瞬間《しゅんかん》を強調してなまなましく表現した言いかた。例生まれ落ちてこのかた。

うまれかわり【生まれ変わり】〈名〉いちど死んでから、生まれ変わった人や動物。例宮本武蔵《みやもとむさし》の生まれ変わりかというほどの剣のうでまえ。

うまれかわ・る【生まれ変わる】〈動五〉❶いちど死んでから、また別のものになって生まれてくる。類転生する。❷別人になったように、考えかたや態度がかわる。例生まれ変わった気持ち。真人間《まにんげん》に生まれ変わる。

表現 ②は、結果がよくなった場合に使うことが多い。

うまれこきょう【生まれ故郷】〈名〉生まれた土地。類いなか。郷里。ふるさと。

うまれつき【生まれつき】〈名・副〉生まれたときすでにそなわっていること。例生まれつきおこりっぽい。のんきなのは生まれつきだ。類生まれながら。生来。

うまれながら【生まれながら】〈副〉生まれたときからそなわっているようす。例生まれながらの悪人はいない。類生まれつき。生来。

うまれも・つ【生まれ持つ】〈動五〉生まれつき身にそなわる。「持って生まれた」が変化した言いかた。例生まれ持った才能。

うま・れる【生まれる・産まれる】〈動下一〉❶[生まれる・産まれる] 母親の体内からこの世にでる。例子どもが生まれる。商家に生まれる。生まれてこのかた。生まれおちる。対死ぬ。類誕生する。生をうける。❷[生まれる] 今までなかったものが新しくできる。例国が生まれる。作品が生まれる。類生じる。誕生する。

表現 ①は哺乳《ほにゅう》動物にも、卵生《らんせい》の動物にもいうが、卵生の動物では、「卵からかえる」などともいう。

表記 「子どもがうまれる」は、ふつう「生まれる」と書くが、「予定日が来ても産まれない」のように、とくに母の体外に出ることをいうときは「産まれる」と書く。

うみ[1]【海】〈名〉❶地球上、はるかかなたまでつづく水の世界。塩水で、表面には波がたつ。例海をわたる。海にかこまれる。海の幸《さち》。海の男。海のように広い心。海べ。海鳴り。外海《そとうみ》。入り海。対陸。類大海原《おおうなばら》。青海原《あおうなばら》。❷(「…の海」の形で)一面にひろがって見えるもの。例雲の海。火の海。❸すずりで、水をためるためのへこんだところ。墨《すみ》をするところは「陸《おか》」という。類池。▽アウミ

表現 古くはみずうみのことも「うみ」といった。塩水の海と区別して、淡水《たんすい》の意味で「淡海《あわうみ》」ともいった。

参考 地球の表面積の約七〇パーセント、陸地総面積の約二・四倍にあたる。いちばん深い所は一万メートル以上ある。

海の物《もの》とも山《やま》の物ともつかない その人や物がこの先どうなっていくのか、まったく見当がつかない。

うみ[2]〖▼膿〗〈名〉おできやうんだきず口からでる黄色いしる。白血球や菌《きん》がふくまれている。類のう。アウミ

うみおと・す【産み落とす・生み落とす】〈動五〉

表現 「うみを出す」のように、問題解決のため、思いきって悪いところをはっきり表に出す、という意味でも使う。

うみがめ【海亀】〈名〉海にすむカメ。産卵《さんらん》のとき、陸に上がる。アオウミガメ・アカウミガメなど種類が多い。

赤んぼうやたまごを、からだの外へ産んで出す。足はひれに似たかたちをしている。

うみせんやません【海千山千】〈名〉世の中の経験をつんで、わるぢえにたけた人。類老獪《ろうかい》。千軍万馬。

参考 海に千年、山に千年住むと、ヘビも竜《りゅう》になるということから。

うみだ・す【生み出す】〖産み出す〗〈動五〉それまでになかった新しいものをつくり出す。例アイデアを生み出す。利益《えき》を生み出す。類創生する。創出する。

うみづき【産み月】〈名〉赤ん坊を産む予定になっている月。類臨月。

うみどり【海鳥】〈名〉⇩かいちょう〔海鳥〕

うみなり【海鳴り】〈名〉遠くでも聞こえる海の波のひびき。例きょうは一段と海鳴りがする。

うみねこ〖海猫〗〈名〉海岸の岩などにむれてすむ、カモメに似《に》た海鳥。鳴き声がネコに似ている。

うみのおや【生みの親・産みの親】〈名〉❶自分を生んでくれた親。対育ての親。養い親。類実の親。❷組織や団体、制度などをはじめてつくった人。

生みの親より育《そだ》ての親 生んでくれた人より、育ててくれた人こそが本当の親だ。

う(産)みのくる(苦)しみ 出産のときの苦しみ。

表現 多く、新しくものごとをうみだすときの、なかなかうまくいかないようすを表わすときに使う。

うみのさち【海の幸】〈名〉魚や貝、海藻《かいそう》など、海でとれて、食料になるものに対して、ありがたい気持ちをこめていう言いかた。うみさち。例海の幸にめぐまれた土地。対山の幸。

うみのひ【海の日】〈名〉国民の祝日の一つ。七月の第三月曜日。「海の恩恵《おんけい》に感謝するとともに、海洋国日本の繁栄《はんえい》を願う」ための日。

うみびらき【海開き】〈名〉夏が近づいて、海水浴場などが、その年はじめて一般《いっぱん》の人々に開放されること。類山開き。川開き。

うみべ【海辺】〈名〉海に近いあたり。対山辺《やまべ》。類海岸。海浜《かいひん》。浜辺。

うみへび【海蛇】〈名〉❶あたたかい海にすむ爬虫《はちゅう》

台湾(たいわん)日本の南西方にある島。共和制をとる。工業が盛ん。中心都市はタイペイ(台北)。

類の一種。長さは一《メートル》以上で、毒をもつ。❷南の海にすむ、ヘビに似《に》たほそ長い魚。

うみぼうず【海坊主】〈名〉海面からにゅっと立ち現れるとおそれられた、坊主《ぼうず》頭の化け物。

[1]**う・む【生む・産む】**〈動五〉❶[生む・産む] 母体が、子や卵を外へ出す。例子を産む。卵を産む。類出産する。分娩《ぶんべん》する。❷[生む] 今までなかったものを新しくつくりだす。例傑作《けっさく》を生む。疑惑《ぎわく》を生む。努力が天才を生む。▽アウム

[2]**う・む【▼倦む】**〈動五〉勉強や仕事などにつかれたり、いやになったりする。例うまずたゆまず(→子項目)。うむことなく(=やめないでつづけて)。類あきる。アウム

倦まず弛《たゆ》まず 長いあいだ、ずっと調子をおとさないで。例うまずたゆまず努力する。

[3]**う・む【▼膿む】**〈動五〉傷やはれものにうみがたまる。類化膿《かのう》する。アウム

[4]**うむ【有無】**〈名〉あるかないか。例欠席者の有無を調べる。アウム

有無を言《い》わせず 相手が承知しようとすまいと、強引《ごういん》に。

うめ【梅】〈名〉早春、白や赤のかおりのよい花をつける落葉高木。六月ごろ、青い実がなり、梅ぼしや梅酒をつくる。花の白いのを白梅《しらうめ・はくばい》、赤いのを紅梅《こうばい》という。

参考 (1)古くから松・竹とともにめでたい植物とされる。(2)ウメの実の日本一の産地は和歌山県で、「南高梅《なんこううめ》」は地域ブランド品としてとくに有名。

うめあわせ【埋め合わせ】〈名〉❶たりないところを、ほかのものでおぎなうこと。例生活費の埋め合わせ。❷相手にしてもらったことや、相手にあたえた損害に対して何かの形でおぎない、返すこと。おぎない、返すもの。例埋め合わせをする。埋め合わせに…をする。類つぐない。

うめあわ・せる【埋め合わせる】〈動下一〉たりないところをほかのものでおぎなう。例質のおとる分を量で埋め合わせる。

うめき【▼呻き】〈名〉うめくこと。うめく声。例うめきをあげる。

うめきごえ【うめき声】【▼呻き声】〈名〉苦痛にもがきくるしむ声。例うめき声がもれる。

うめ・く【▼呻く】〈動五〉苦しくて低い声をもらす。

表現 「うなる」よりいちだんと苦しみが大きい感じである。

うめくさ【埋め草】〈名〉雑誌や新聞の編集で、紙面のあいてしまった部分をうめる、みじかい記事。

うめしゅ【梅酒】〈名〉果実酒の一種。青ウメを、氷砂糖を入れた焼酎《しょうちゅう》につけてつくる。

うめたて【埋め立て】〈名〉うめたてること。例埋め立て地。

うめたてち【埋め立て地】〈名〉海や谷などをうめたててつくった土地。

うめた・てる【埋め立てる】〈動下一〉海や川などに土を入れて、陸地をつくる。類干拓《かんたく》する。

うめぼし【梅干し】〈名〉ウメの実を塩づけにして干し、ふたたびシソの葉とともにつけてつくった、すっぱい食べ物。

→うめ 参考(2)

うめもどき【梅▽擬き】〈名〉山中や湿地に生える落葉低木。あわいむらさき色の花がさき、赤い実が枝につく。庭木としても植えられる。

う・める【埋める】〈動下一〉❶地面の穴に入れ、上から土などをかけて見えなくする。例死んだ小鳥を庭に埋めた。類うずめる。❷すきまがないくらい、いっぱいにする。例穴を埋める。見送りの人々が路上を埋めた。対あける。類うずめる。❸たりない部分をおぎなう。例欠員を埋める。節約して赤字を埋める。

表現 「ふろをうめる」といえば、熱い湯に水を入れて温度をさげることをいう。

うもう【羽毛】〈名〉鳥のふわふわしたはね。ある種の恐竜にも生えていた。

うもれぎ【埋もれ木】〈名〉長い年月のあいだ、土のなかに埋まっていて、かたくなった木。例埋もれ木細工。

表現 「一生を埋もれ木におわる」のように、世間の人々から長いこと忘れられているという意味でも使う。

うも・れる【埋もれる】〈動下一〉❶土や砂などにおおわれて、見えなくなる。例雪に埋もれた線路。類うずまる。うまる。❷才能や価値が、世に知られないでいる。例埋もれた逸材を発掘《はっくつ》する。▽類うずもれる。

うやうやし・い【恭しい】〖▽恭々しい〗〈形〉ていねいで礼儀《れいぎ》正しい。例うやうやしく頭を下げる。

うやま・う【敬う】〈動五〉とうといと思って、大事なあつかいをする。例師と敬う。神を敬う。類たっとぶ。とうとぶ。あがめる。尊敬する。

うやむや【有▼耶無▼耶】〈形動〉いいかげんで、なんだかわからない。例うやむやな返事。うやむやのうちに終わる。うやむやにする。類あいまい。

うようよ〈副・する〉あまり大きくない生き物がたくさん集まって、うごめいているようす。例へびがうようよいる。

表現 「役たたずがうようよいても しかたがない」のように、とるにたりない人間が右往左往しているようすにもいう。

うよきょくせつ【▼紆余曲折】〈名・する〉ものごとがスムーズにいかず、いろいろな障害にぶつかりながらすすむこと。例紆余曲折をへて、やっと結論に達した。

うよく【右翼】〈名〉❶飛行機の右のはね。❷政治のうえで、保守的な、または、国粋《こくすい》的な考えかたをする人たちの集まり。例右翼団体。類右派。❸野球で、本塁《ほんるい》から見て、右の外野。ライト。例右翼手。▽対左翼。

[1]**うら【浦】**〈名〉❶海や湖が、陸にはいりこんだ形になっているところ。❷「浜辺《はまべ》」の古い言いかた。

表現 ①は多く、「田子《たご》の浦」「二見《ふたみ》が浦」のように、海岸の地名にいう。

【浦】 氵部7 全10画 浦浦浦浦浦

うら 訓[うら] 浦。津々《つつ》浦々。

[2]**うら【裏】**〈名〉❶ものの二つの面のうち、おもてではない方。おもてや正面の反対がわ。目の前に現れていない、かくれている方のがわ。例裏にまわる。裏をかえす。紙の裏。きものの裏。裏通り。裏口。路地裏。対おもて。まえ。類うしろ。❷おもてからではわからない、かくれたところ。例裏がある。裏であやつる。裏の世界。ものごとには表と裏がある。ことばの裏をよみとる。裏とりひき。裏工作。裏金。裏帳簿《ちょうぼ》。裏話。裏わざ。対おもて。類陰《かげ》。❸野球で、先攻《せんこう》チームが守備につき、後攻チームが攻撃《こうげき》する番。例七回の裏。対おもて。❹確かめること。例裏をとる。裏づける。

方言 埼玉など関東では、「紙をうらに回す」のように、「うしろ」の意味で使う所もある。

裏には裏がある なにがほんとうだかわからないほど、ものごとが入りくんでいる。

裏を返《かえ》せば 逆のみかたをすれば。例かしこいとは、裏を返せばずるいということにもつながる。

タジキスタン　中央アジア南部の共和国。1991年ソ連解体で独立。綿花・アルミを産する。首都ドゥシャンベ。

裏をかく 相手の予想に反することをして、こちらの有利になるようにする。類裏をいく。出しぬく。

裏を取《と》る 相手の言ったことが正しいかどうかを、実際の証《しょう》拠《こ》にあたってたしかめる。もともとは、警察関係の人や記者のあいだで使われる言いかた。

うらうち【裏打ち】〈名・する〉 ❶衣服や紙、皮などの裏に、別の布や紙などをはって、じょうぶにすること。❷そのことの確実さを保証すること。保証。例体験に裏打ちされた説得力のある話だ。類裏づけ。

うらうら〈副〉 よく晴れて、明るく、のどか。

表現「うらうらと照れる春《はる》日《ひ》にひばりあがりこころかなしもひとりし思へば」(万葉集・大伴《おおともの》家持《やかもち》)の「うらうら」は、現代語と少しもちがわない。

うらおもて【裏表】〈名〉 ❶うらとおもて。例芸能界の裏表。紙の裏表をたしかめる。類表裏《ひょうり》。❷人に見えるところと見えないところとで、行動にちがいがあること。例裏表のある人は信用できない。類かげひなた。表裏。❸うら返しの状態。例シャツを裏表に着る。

うらかいどう【裏街道】〈名〉 幹線道路にそって設けられた、幹線より設備のととのわない道路。対表街道。類裏道。

表現「人生の裏街道を歩く」といえば、正業につかず、まともでない生活をおくることをいう。

うらがえし【裏返し】〈名〉 ふだんは裏になっている面を表に出すこと。例裏返しにする。

うらがえ・す【裏返す】〈動五〉 それまでうらだったところをひっくりかえして、おもてにする。例裏返していえば(=逆のみかたをすれば)。

うらがき【裏書き】〈名・する〉 ❶たしかであるという証明。例うわさを裏書きする事実がある。❷小切手や手形などのうらに、保証や確認《かくにん》のために住所や氏名などを書いて、印をおすこと。

うらかた【裏方】〈名〉 ❶舞台《ぶたい》のうらで働く人。道具や衣装《いしょう》を担当する人などをいう。対表方。❷目だたないが、かげで働いて、仕事をささえている人。例裏方にまわる。類縁《えん》の下の力もち。

うらがなし・い【うら悲しい】〈形〉 なんとなく悲しい。例うらがなしい気持ち。類うらさびしい。ものがなしい。

うらがね【裏金】〈名〉 取り引きの相手を動かすためにかげでわたす金。会計帳簿《ちょうぼ》にはのらずに動く金。

うらがれ【うら枯れ】〖▽末枯れ〗〈名〉 秋が深まって、草木の葉や枝《えだ》の先の方がかれはじめること。

うらが・れる【うら枯れる】〖▽末枯れる〗〈動下一〉 冬が近づいて、草木の葉や枝《えだ》の先の方がかれる。例うら枯れた木立。

うらがわ【裏側】〈名〉 裏のがわ。くだけて「うらっかわ」ともいう。例コインの裏側。社会の裏側。対表側。類裏面。

うらぎり【裏切り】〈名〉 信頼《しんらい》にそむく利敵行為《こうい》。例裏切り行為。類背信。

うらぎ・る【裏切る】〈動五〉 ❶人の信頼《しんらい》にこたえるどころか、反対に、その人の不利になることをする。例信頼を裏切る。友を裏切る。❷期待していたことと、反対の結果を出す。例期待を裏切る。予想を裏切る。類そむく。

うらぐち【裏口】〈名〉 ❶裏がわにある出入り口。対玄関《げんかん》。類勝手口。通用口。❷かくれて、不正なことをする場所。例裏口入学。裏口営業。

うらこうさく【裏工作】〈名〉 はかりごとに対して、じゃまや反対する人が出ないように、目立たないところで、いろいろな人に働きかけておくこと。類裏面工作。

うらごえ【裏声】〈名〉 特別な発声法で出す、高い声。類ファルセット。参考ヨーデルに特徴《とくちょう》的。

うらごし【裏ごし】〖裏▼漉し〗〈名〉 目のこまかい網《あみ》や、目のあらい布を使って、イモやマメなどをつぶして、こすこと。また、その作業に使う、小さい木のわくに網《あみ》をはった料理道具。

うらさく【裏作】〈名〉 主となる作物を収穫《しゅうかく》したあと、同じ田畑に、ほかの作物をつくること。対表作。

うらさびし・い【うら寂しい】〈形〉 なんとなくさびしい。例うらさびしい気持ち。類うらがなしい。

うらじ【裏地】〈名〉 衣服のうらについている布。

うらじろ【裏白】〈名〉 ❶〔植物〕 シダ植物の一種。葉のうらは白い。正月のかざりに使う。❷紙のおもての面にだけ書いて、うらに何も書かないこと。

うらづけ【裏付け】〈名〉 あるものごとが確かであることを保証するもの。例この計画には裏付けとなる予算がない。裏付け捜査《そうさ》。類裏うち。

うらづ・ける【裏付ける】〈動下一〉 考えかたや計画を、具体的なものによってささえて、確かなものにする。例実践《じっせん》に裏付けられた教育論。類実証する。

うらて【裏手】〈名〉 建物や町なみなどのうらの方のがわ。

うらどおり【裏通り】〈名〉 にぎやかな大通りからひっこんだところにあるせまい通り。対表通り。

うらない【占い】〈名〉 うらなうこと。例占いがあたる。占いを信じる。夢《ゆめ》占い。星占い。トランプ占い。占い師。類易《えき》。

うらな・う【占う】〈動五〉 人の運命や、ものごとがどうかわっていくかなど、将来のことがらを、なにかの前兆にもとづいて推測する。例運勢を占う。将来を占う。類予言する。予測する。

うらなり〖▽末▽生り〗〈名〉 植物のつるの先の方に実《み》がなること。対本《もと》なり。類青びょうたん。

表現夏目漱石《なつめそうせき》の『坊《ぼ》っちゃん』に出てくるのは、顔色がすぐれず、よわよわしく見える人のあだ名。

ウラニウム〈名〉「ウラン」のこと。◇uranium

うらばなし【裏話】〈名〉 一部の人にしか知られていない、内部の事情についての話。類内輪話。秘話。

うらはら【裏腹】〈名・形動〉 ❶言うこととすることが相反するようす。❷二つのものが、実は深い関係にあること。例生と死とは裏腹だ。

うらばんぐみ【裏番組】〈名〉 テレビで、ある番組と同じ時間帯に放映されている、ほかの放送局の番組。

うらびょうし【裏表紙】〈名〉 うしろがわの表紙。

うらぶ・れる〈動下一〉 みじめなようすになる。例うらぶれた姿を人前にさらす。類零落《れいらく》。落魄《らくはく》。

うらぼん【▼盂▼蘭盆】〈名〉 仏教の行事の一つ。七月、または八月の十五日に行ない、祖先の霊《れい》の冥福《めいふく》をいのる。盆。精霊会《しょうりょうえ》。◇もとサンスクリット語。

参考もともとは、陰暦《いんれき》の七月十五日に行なった。

うらまち【裏町・裏街】〈名〉 おもて通りからはずれた、あまりにぎやかでない町。例パリの裏町。

うらみ【恨み】〖▽怨み・▽憾み〗〈名〉 ❶他人や、できごとをうらむ気持ち。例恨みがある。恨みをいだく。恨みを買う。恨みをはらす。恨みをのむ。食べ物の恨みはおそろしい。恨み言。恨みつらみ。逆《さか》恨み。類怨恨《えんこん》。怨念《おんねん》。

❷[憾み]（多く、「…するうらみがある」「…のうらみがある」の形で）…の傾向《けいこう》がある、…のように感じられる、という意味を表わす。このましくない場合に使う。例その措置《そち》はおそきに失するうらみがある。類きらい。

恨み骨髄《こつずい》に徹《てっ》する うらむ気持ちが、心の奥底《おくそこ》にしみとおるほど深くてはげしい。

恨みを買《か》う 思いがけなく人にうらまれてしまう。

恨みをのむ うらむ気持ちを自分の中におさえて、外にあらわさない。

うらみごと【恨み言】〖▽怨み言〗〈名〉うらみをこめたことば。例恨み言を言う。

うらみち【裏道】〈名〉うらがわにある、せまい道。類裏通り。裏街道《かいどう》。

うらみっこ【恨みっこ】〈名〉おたがいに相手をうらむこと。例恨みっこなし。

うらみつらみ【恨みつらみ】〈名〉つもりつもった、いろいろのうらみ。例恨みつらみが爆発《ばくはつ》する。

うら・む【恨む】〖▽怨む〗〈動五〉❶相手が自分にしたことをひどいと感じ、できればしかえしをしたいと思う。類根にもつ。❷残念だと思う。くやしいと思う。例あのときの失言が恨まれてならない。類くやむ。

うらめ【裏目】〈名〉さいころで、ある目の反対がわの目。

裏目に出《で》る 予測していたのとは逆の、不利な結果になる。例作戦が裏目にでて、初戦をうしなった。

うらめし・い【恨めしい】〖▽怨めしい〗〈形〉うらみたいような気持ちである。例恨めしいと思う。

うらめん【裏面】〈名〉「裏面《りめん》」の ややくだけた言いかた。例紙の裏面。友人の意外な裏面。対おもて面。

うらもん【裏門】〈名〉建物の裏がわにある門。対表門。正門。

うらやまし・い【羨ましい】〈形〉すぐれた人や、また、人のしあわせなようすをみて、「ああ、いいな、ああなりたいな」などと思うようす。例羨ましくてしようがない。

うらや・む【羨む】〈動五〉すぐれた人や、また、人のしあわせなようすをみて、「ああ、いいな、ああなりたいな」と思う。例人を羨む。人も羨む夫婦仲《ふうふなか》。

うららか〖▽麗らか〗〈形動〉❶空がよく晴れておだやかで、寒くも暑くもない。例うららかな空。類のどか。❷心も表情も明るく、くもりがない。▽類ほがらか。

表現 ①は、俳句では春の季語になる。

うらわか・い【うら若い】〈形〉年が若くて、ういういしい。女性についていう。

うらわざ【裏技】〈名〉明らかにされていなくて、一部の人だけが知っている、うまいやりかた。例ゲーム攻略《こうりゃく》の裏技。裏技を使って光熱費を節約する。

ウラン〈名〉〔化学〕原子力発電などの燃料として使われる放射性元素。ウラニウム。記号U。◇ドイツ Uran

う(売)らんかな ⇩「うる〔売る〕」の子項目

[1]**うり**〖▼瓜〗〈名〉マクワウリなどのくだものをまとめていうことば。アウリ 参考 植物の分類上は、さらにひろく、シロウリ・キュウリ・マクワウリなどをもまとめていう。

瓜の蔓《つる》に茄子《なすび》は生《な》らぬ ふつうの親からすぐれた子が生まれることはない。対鳶《とんび》が鷹《たか》を生む。類蛙《かえる》の子は蛙。

瓜二《ふた》つ 二つに割ったウリのそれぞれのように、よく似ている。例他人とは思えないほど、うり二つだ。類そっくり。生き写し。酷似《こくじ》。

表現 とくに、顔だちについていうことが多い。

[2]**うり【売り】**〈名〉❶売ること。例別荘《べっそう》を売りに出す。対買い。❷値下がりをみこして、株式を売ること。例売りに回る。売りが殺到《さっとう》する。対買い。❸⇩うりもの② ▽アウリ

うりあげ【売り上げ】〈名〉商品を売ってえた収入。例月に百万円の売り上げを上げる。売り上げがのびる。

表記 「売上金」「売上高」のような複合語の場合は、送りがなを付けない。

うりある・く【売り歩く】〈動五〉品物を持って、売りながら歩く。類行商《ぎょうしょう》する。

うりおしみ【売り惜しみ】〈名・する〉品物があるのに売りたがらないで、店に出さないこと。

うりかい【売り買い】〈名・する〉ものを売ったり買ったりすること。類売買《ばいばい》。

うりかけきん【売掛金】〈名〉品物を売って、あとで受け取る約束になっている代金。対買掛金。

うりきれ【売り切れ】〈名〉売り切れた状態。例売り切れになる。売り切れの札《ふだ》を出す。

うりき・れる【売り切れる】〈動下一〉品物がみんな売れてしまう。

うりこ【売り子】〈名〉❶店で品物を売る人。類店員。❷駅や車内、劇場などで、品物を売ってあるく人。

うりことば【売り言葉】〈名〉けんかを売ることば。

売り言葉に買《か》い言葉 相手の乱暴なことばに対して、同じように言いかえし、けんかになること。

うりこみ【売り込み】〈名〉売り込むこと。例売り込みをかける。売り込み合戦。

うりこ・む【売り込む】〈動五〉❶相手が買いたくなるように宣伝する。例新製品を売り込む。❷自分を相手にみとめさせるように、しきりにはたらきかける。例自分を売り込む。顔を売り込む。名前を売り込む。

うりざねがお【うりざね顔】〖▼瓜▽実顔〗〈名〉おもながで、ややふっくらした感じの顔。

参考 日本で、むかし、美人のタイプとされた。

うりさば・く【売りさばく】〖売り▼捌く〗〈動五〉たくさんの商品をうまいぐあいに売ってしまう。

うりだ・す【売り出す】〈動五〉❶新しい商品を売りはじめる。類発売する。❷ねだんを下げるなどして、たくさん売る。❸世の中にひろく知られはじめる。例最近売り出した歌手。

うりつ・ける【売り付ける】〈動下一〉むりにおしつけたりだましたりして、買わせる。例安物を売りつける。

うりて【売り手】〈名〉品物を売るがわの人。例売り手の立場。対買い手。↓うりぬし 参考

うりてしじょう【売り手市場】〈名〉その商品をほしがる人が多くて、ねだんを下げなくてもよく売れ、生産者や販売《はんばい》者がわに有利な状況《じょうきょう》。人手不足でつとめ口が見つけやすいことにもいう。対買い手市場。

うりとば・す【売り飛ばす】〈動五〉おしげもなく安いねだんで売ってしまう。例在庫処分のため高級品を二束三文で売り飛ばした。

うりぬし【売り主】〈名〉その品物を売った人。対買い主。参考 「売り手」と「買い手」は商品流通のなかでの立場をいうので「だれ」と特定されないが、「売り主」と「買い主」は特定される。

うりね【売値】〈名〉ものを売るときの ねだん。対買値。類売価《ばいか》。

うりば【売り場】〈名〉物を売るところ。例おもちゃ売り場。

 チェコ 中部ヨーロッパの共和国。チェコスロバキアの解体で独立。石炭が豊富で工業が盛ん。首都プラハ。

うりはら・う【売り払う】〈動五〉持ちものを人手にわたしてお金にかえる。例家屋敷《いえやしき》を売り払う。

うりもの【売り物】〈名〉❶売るための品物。売ってもよいもの。例こんなきずがあっては売り物にならない。類商品。❷人の興味や関心をひくような、いちばん目だつ得意のものごと。「売り」ともいう。例速球が売り物のピッチャー。類セールスポイント。目玉。

うりょう【雨量】〈名〉〔気象〕大気中の水蒸気が、雨や雪、ひょうなどになって地上にふりそそぐ量。類降水量。

うりわた・す【売り渡す】〈動五〉❶売って相手にわたす。例転勤のため家を売り渡した。❷自分の利益のために大事なものを敵にわたす。例悪魔《あくま》にたましいを売り渡す。

[1]う・る【売る】〈動五〉❶ものや権利、アイデアなどを、お金とひきかえに相手にわたす。例商品を売る。信用を売る。なかみで売る。対買う。❷相手に応じさせるように、なにかをしかける。例けんかを売る。媚《こび》を売る。対買う。❸利益のために、なにかをうらぎる。例国を売る。❹(「名を売る」「顔を売る」の形で)名前や顔をたくさんの人に知られるようにする。類ひろめる。▽アウル

表現 ある品物をたくさん持っていることを、「売るほどある」とくだけて言う。

売らんかな とにかく売ってしまおう。売り上げを第一に考える商売の態度。

[2]うる【得る】〈動下二〉「える」の文語的な形。アウル

参考 もともとは文語の動詞「う」の連体形で、口語では「える」を使うが、「ありうる」など「うる」も今でも使う。

うるう【▼閏】〈名〉暦《こよみ》で、一年の日数がふつうの年よりも多いこと。→うるうどし 参考 地球の自転の速度と天体のうごきを厳密にあわせるために、ほぼ一年にいちど、一秒を調整することを「うるう秒」という。

うるうづき【うるう月】【▼閏月】〈名〉旧暦《きゅうれき》で、暦《こよみ》と季節とを合わせるためにくりかえされる月。数年おきに一年が十三か月となる。

うるうどし【うるう年】【▼閏年】〈名〉太陽暦《たいようれき》で、四年に一度の、二月が二十九日まである年。暦《こよみ》と実際の季節のずれを調節するために設けられている。

参考 昔の太陰暦《たいいんれき》では、ある月を二回くりかえす。

うるうる〈副・する〉目に涙がたまって、うるんで見えるようす。俗《ぞく》っぽい言いかた。例目をうるうるさせる。

うるおい【潤い】〈名〉❶ほどよいしめりけ。例潤いをたもつ。❷しっとりとしたあじわい。例潤いのある文章。❸心にゆとりのあること。例潤いのある生活。

うるお・う【潤う】〈動五〉❶たりなかったしめりけや水分が、じゅうぶんにいきわたる。例ひさしぶりの雨で田畑が潤った。対かわく。→うるむ 表現 (1) ❷たりなかったものがあたえられて、ゆとりができる。例家計がうるおう。

うるお・す【潤す】〈動五〉❶ほどよいしめりけをあたえる。例のどを潤す。田畑を潤す。❷利益・恩恵《おんけい》をあたえる。例民《たみ》をうるおす。

うるかす（方言） 水につける。ひたしてふやけさせる。東北で言う。うるがす。例もち米、水さうるがしておぐべ。

うるさ・い【▽煩い】〈形〉❶音や声が耳について不快だ。例ラジオがうるさい。ここは自動車の音がうるさい。類やかましい。さわがしい。そうぞうしい。❷こまかいことまで、なにかと注文が多い。例うるさいおやじ。時間にうるさい。ぼくはコーヒーにはちょっとうるさい。口うるさい。類きびしい。やかましい。❸じゃまなのに、しつこくつきまとってわずらわしい。例ハエがうるさい。かみの毛がうるさい。類うっとうしい。

表記 たわむれて「▽五▽月▼蠅い」と書くこともある。

方言 (1)中国地方・高知などでは、「服がぬれてうるさい」のように、「雨などにぬれて不快だ」という意味でも使う。(2)高知では、「病気でうるさい」のように、「つらい・苦しい」の意味でも使う。

うるさがた【うるさ型】〈名〉なんにでも口をだして、文句をつけたがる人。類一言居士《いちげんこじ》。やかまし屋。

うるし【漆】〈名〉❶山野にはえる落葉高木。秋、まっかに紅葉する。例うるしにかぶれる。❷「①」の樹液からつくる塗料《とりょう》。木製の上等な食器や道具類にぬる。日本一の生産地は岩手県。

参考 うるしぬりの器物《うつわもの》を、「漆器《しっき》」という。

うるち【▼粳】〈名〉日本で、ふつうのご飯にする米。うるち米《まい》。対もち米。もち。

ウルトラ〈接頭〉「極度」「超《ちょう》」などの意味を表わす。例ウルトラナショナリズム。◇ultra

うる・む【潤む】〈動五〉水けがたっぷりある。水分をふくんで、形や輪郭《りんかく》がぼやける。

表現 (1)「うるおう」は、中に水分をとりいれるようすをいい、「うるむ」は、水分が外にあふれでそうなようすをいう。(2)「目がうるむ」は、なみだがあふれそうなこと。「声がうるむ」は、泣き声になって、ことばがはっきりしなくなること。

うるめいわし【▽潤目▼鰯】〈名〉うるんだような大きな目の、大形のイワシ。干物《ひもの》にする。

うるわし・い【麗しい】〈形〉❶ととのい、気品があって美しい。例みめうるわしい。類端麗《たんれい》。❷きげんも顔つきも、はればれとしている。例女王さまはごきげん麗しくご帰国になった。❸じつにいいなと感じられる。例うるわしい友情。類美しい。▽→囲み記事8(100ページ)

うるわしの【麗しの】〈連体〉うるわしい。作品名などに使われる古風な言いかた。

うれい【憂い・愁い】〈名〉❶［憂い］ものごとがよくない方へすすむのではないかという気づかい。例後顧《こうこ》の憂い。インフレ進行の憂いがある。類おそれ。心配。❷［愁い］なんとなく感じられるものがなしい気持ち。例愁いにしずむ。愁いをおびる。春の愁い。

表現 ②は、なんとなく上品で、ちょっと詩的な言いかた。

うれ・える【憂える・愁える】〈動下一〉❶［憂える］ものごとがわるい方へすすむのではないかと気づかう。例国の将来を憂える。類案じる。心配する。❷［愁える］なげきかなしむ。例友の死を愁える。

うれくち【売れ口】〈名〉品物の売れていく、さき。

表現 「売れ口がある」「売れ口がない」「売れ口をさがす」のように使うので、この「口」は「はけ口」「さばけ口」の「口」と同じである。

うれし・い【▼嬉しい】〈形〉ものごとがうまくいって満足でき、明るくこころよい気持ちである。例うれしいことを言う。待っていた手紙がきて一日うれしかった。対悲しい。類楽しい。よろこばしい。

うれしい悲鳴《ひめい》 よろこばしい状態になったのはいいが、そのおかげでとてもいそがしくなり、思わずあげる悲鳴。例注文が殺到《さっとう》してうれしい悲鳴をあげる。

うれしなき【うれし泣き】【▼嬉し泣き】〈名・する〉うれしさのあまり、泣くこと。

うれしなみだ【うれし涙】【▼嬉し涙】〈名〉うれし

さのあまり、流れでる涙。

うれすじ【売れ筋】〈名〉同類の商品の中でよく売れているもの。例売れ筋の商品。

ウレタン〈名〉発泡《はっぽう》性の合成ゴムの一種。マットレスなどの寝具《しんぐ》・断熱材や吸音材などに広く使われる。◇ドイツ Urethan

うれっこ【売れっ子】〈名〉人気があって、あちこちから仕事をたのまれる人。例売れっ子作家。

うれのこり【売れ残り】〈名〉売れずに最後まで残っているもの。

うれゆき【売れ行き】〈名〉品物が売れていく、量やはやさ。例売れ行きがいい。類売れぐあい。はけ。

[1]**う・れる【売れる】**〈動下一〉❶品物が買われる。例飛ぶように売れる。よく売れる本。類さばける。はける。❷ひろく知られるようになる。例名が売れる。顔が売れる。

[2]**う・れる【熟れる】**〈動下一〉果実などが、食べごろになる。類熟《じゅく》す。▽アウレル

うろ【▽虚】〈名〉空洞《くうどう》。例大きなうろのある木。アウレル

うろうろ〈副・する〉あてもなく、また、困ったりあわてたりして、あちこち歩きまわるようす。類うろつく。

うろおぼえ【うろ覚え】〈名〉記憶《きおく》がたしかでないこと。例うろ覚えでものを言わないでください。

うろこ【▼鱗】〈名〉魚などのからだをおおい、身を保護するもの。雲母《うんも》に似《に》たうすい小片《しょうへん》が、屋根のかわらのようにならんでいる。

うろこぐも【うろこ雲】【▼鱗雲】〈名〉魚のうろこのように、てんてんとひろがってみえる雲。巻積《けんせき》雲のこと。

表現「いわし雲」ともいい、秋の雲に多い。

うろた・える〈動下一〉おどろきあわてて、とり乱す。類まごつく。狼狽《ろうばい》する。度を失う。

うろちょろ〈副・する〉目的もなく落ち着かないようすで動きまわって、めざわりなさま。類うろうろ。

うろつ・く〈動五〉あちこちをうろうろと歩きまわる。例さかり場をうろつく。類徘徊《はいかい》する。うろうろする。

うろん【▼胡▽乱】〈形動〉あやしくて疑わしい。例うろんな目つき。うろんな男。類うさんくさい。

うわあご【上顎】〈名〉口の上のほうの顎。対下顎。

うわがき【上書き】〈名・する〉❶手紙や小包などで、封筒《ふうとう》や包装《ほうそう》のおもてに書く受取人の住所や氏名。それを書くこと。類表書き。❷コンピューターで、今ある文字やファイルの上に、それをおおい消す形で別の文字やファイルを入力・保存すること。

うわがけ【上掛け】〈名〉❶衣服の上にはおるもの。❷布団《ふとん》の上にかけるもの。

うわかわ【上皮】〈名〉物の表面をおおうもの。

うわき【浮気】〈形動・名・する〉気持ちがよそにとんでいきやすいこと。とくに男女関係でいう。例浮気をする(=結婚している者が配偶《はいぐう》者以外の人に思いをよせ、関係したりすること)。浮気な性格。浮気心。浮気者。類移り気。気が多い。

うわぎ【上着】〈名〉上半身に着る服で、いちばん外がわに着るもの。対下着。

うわぐすり【上薬】〈名〉陶器《とうき》や磁器を焼くとき、最後にぬって、表面につやをだす薬品。釉《ゆう》。釉薬《ゆうやく》。

うわくちびる【上唇】〈名〉上下二つあるくちびるの、上のほう。対下唇。

うわぐつ【上靴】〈名〉建物の中ではくくつ。例上靴にはきかえる。類うわばき。

うわごと〈名〉高熱や悪夢《あくむ》にうなされたときなどに、無意識にしゃべってしまうことば。

うわさ【▼噂】〈名・する〉❶そこにいない人を話題にして話すこと。例いま、きみのうわさをしていたところだ。うわさ話。❷言いふらされて、あちこちにひろまった話題。例うわさが立つ。うわさがながれる。うわさの人物。人のうわさにのぼる。類流言。風聞。ゴシップ。

うわさをすれば影《かげ》 だれかのうわさをしていると、よくその人がその場に現れるものだ、ということ。

人《ひと》のうわさも七十五日《しちじゅうごにち》 人の気持ちはうつりやすいもので、世間をさわがせたことでも、七十五日もすると(=時間がたてば)、自然に話題にされなくなる。

うわすべり【上滑り】〈形動・名・する〉調子はいいが、ふかみがなくて、軽薄《けいはく》なこと。例上滑りな議論。

うわずみ【上澄み】〈名〉液体で、中にまじっていたものがしずんで、上の方にできる、澄んだ部分。

うわず・る【上擦る】〈動五〉興奮や緊張《きんちょう》のために、不自然に調子が高くなる。例声がうわずる。

うわぜい【上背】〈名〉背の高さ。身長。類背《せ》。

表現 背が高いことを「上背がある」といい、「上背が高い」とはいわない。

うわつ・く【浮つく】〈動五〉得意さや気分のよさから調子にのって、おちつかない態度になる。例一度や二度の成功で浮ついた気持ちでいると、大失敗をするぞ。

うわっちょうし【上っ調子】〈名・形動〉ことばや動作などがおちつかないこと。例そんな上っ調子な態度では人に見すかされるよ。類軽佻浮薄《けいちょうふはく》。

うわっつら【上っ面】〈名〉見てすぐにわかる外がわだけの部分。例その批評は上っ面をなでただけでふかみがない。類うわべ。外面。表面。

うわっぱり【上っ張り】〈名〉よごれてもいいように、ふつうの衣服の上に着るもの。類スモック。

うわづみ【上積み】〈名・する〉❶つんである荷物の上にさらにつむこと。上につんである荷物。対下積み。❷ある金額に、さらにいくらかの金額をくわえること。例五千円上積みすることで話がまとまった。類上乗せ。

うわて【上手】〈名〉ほかのものとくらべたとき、むこうが下で、こちらが上だという位置。例上手をいく。上手に出る。かけっこなら、こちらが一枚上手だ。対下手《したて》。

表現 (1)人に対して「上手に出る」とは、「わたしが上で、あなたが下」という感じを態度に表わすこと。高圧的な言いかたや態度であること。
(2)すもうで、「上手」は、相手のまわしを相手のうでの外がわからつかむこと。

参考「かみて」「じょうず」と読むのは別のことば。

うわてなげ【上手投げ】〈名〉❶すもうで、相手のまわしをうでの外がわからつかんで引きつけ、投げたおすわざ。❷野球などで、うでを肩の上から下へふりおろすようにする投げかた。オーバースロー。オーバーハンドスロー。▽対下手投げ。

うわぬり【上塗り】〈名・する〉塗料《とりょう》をぬるときの、しあげの塗り。例恥の上塗り(→「はじ〔恥〕」の子項目)。

うわのせ【上乗せ】〈名・する〉きまった金額に、さらにいくらかつけ加えること。類上積《うわづ》み。水増し。

うわのそら【上の空】〈名〉ほかのことに気をとられて、心がここにないようになっていること。

うわばき【上履き】〈名〉建物の中で使うはきもの。対下ばき。類上靴《うわぐつ》。

うわばみ〖▼蟒〗〈名〉大きなヘビ。類大蛇《だいじゃ》。おろち。表現「大酒飲み」のことを、「うわばみ」ということもある。

うわべ【上べ】〖上辺〗〈名〉外から見える表面のようす。例上べをかざる。上べをつくろう。類うわっつら。表《おも》て向き。

うわまえ【上前】〈名〉❶着物の前を合わせるとき、外側になるほう。対下前。❷働いて受け取る、お金や物の一部分。例上前をはねる。

上前をはねる 人にわたすことになっているものの一部を、だまって自分のものにする。

うわまわ・る【上回る】〈動五〉なにかと比べて、分量や程度がそれより上になる。例予想を上回る。大幅《おおはば》に上回る利益。対下回る。類こえる。しのぐ。

うわむき【上向き】〈名〉❶上をむいていること。例上向きに置く。❷ものごとがのぞましい方向にむかうこと。例景気が上向きになる。▽対下向き。

うわむ・く【上向く】〈動五〉上昇《じょうしょう》してよい方向に向かう。例景気が上向く。対下向く。

うわめづかい【上目遣い】〈名〉目だけを上の方にむけて、相手のようすを見ること。例上目遣いに見る。

表現 相手に不満があるときとか、相手からしかられているときなどにすることがよくあるので、あまりいい感じのものとは思われていない。

うわや【上屋】〈名〉❶工事のためや建物の保護のため、建築物をおおうようにつくった建物。❷港や駅などで、乗客や荷物を雨つゆからまもるためにつくった簡単な屋根。

うわやく【上役】〈名〉会社や官庁などで、ある人からみて上の地位にある人。対下役。類上司。

うわ・る【植わる】〈動五〉植えた状態になる。例花壇《かだん》にチューリップが植わっている。

常用漢字 **うん**

【運】 ⻌部9 全12画 運運運運運運

ウン はこぶ 教小3 音[ウン] ▨運動《うんどう》。運営《うんえい》。運賃《うんちん》。運命《うんめい》。運試《うんだめ》し。□▨海運《かいうん》。家運《かうん》。幸運《こううん》。恋愛《れんあい》運。訓[はこぶ] 運ぶ。運び。筆運び。

【雲】 ⻗部4 全12画 雲雲雲雲雲雲

ウン くも 教小2 音[ウン] ▨□雲海《うんかい》。雲散霧消《うんさんむしょう》。雲泥《うんでい》の差。□▨積乱雲《せきらんうん》。雷雲《らいうん》。星雲《せいうん》。風雲児《ふううんじ》。訓[くも] 雲。雲行き。入道雲。

[1]**うん**【運】〈名〉人の力では変えられない、めぐり合わせ。例運がいい。運がひらける。運がない。運のつき。運を天にまかせる。時の運。くじ運。類つき。

運がない 幸運が向いてこない。ついていない。

運が向《む》く 幸運がめぐってくる。例地道にたえて、自分にもやっと運が向いてきた。

運の尽《つ》き 幸運にみはなされてしまうこと。

運を天《てん》に任《まか》せる これから先のなりゆきを、すべて天のなすがままにする。例やるだけのことはやった。あとは運を天にまかせるだけだ。

[2]**うん**〈感〉相手の言うことに対して、返事をしたり、みとめたことを示したりするときに出す声。「はい」のくだけた言いかた。対ううん。

うんえい【運営】〈名・する〉組織などの全体がよく機能をはたすように、うまくうごかしていくこと。例大会を運営する。運営委員。類経営。

うんおう【▼蘊奥】〈名〉⇩うんのう

うんか【雲▼霞】〈名〉雲やかすみのように、一面をおおうもの。集まる人数の多さをいうときに使うことば。例雲霞のごとき大軍。

うんが【運河】〈名〉船をとおすための、人工の水路。例スエズ運河。パナマ運河。

うんかい【雲海】〈名〉高い山の上や飛行機から見おろしたときの海のように見える雲の広がり。

うんき【▽温気】〈名〉むっとするようなむし暑い空気。

うんきゅう【運休】〈名・する〉乗りものの運転や運航を休むこと。「運転(運航)休止」の略。類欠航。

[1]**うんこう**【運行】〈名・する〉天体や交通機関が、きまったとおりにコースをすすむこと。例運行が乱れる。

[2]**うんこう**【運航】〈名・する〉航路にそって船や飛行機がすすむこと。

うんざり〈副・する〉つくづくいやになって、もうがまんできないという気持ち。例うんざりするほど多い。類げんなり。あきあき。

うんさんむしょう【雲散霧消】〈名・する〉雲やきりのように、たちまちあとかたもなく消えさること。

うんし【運指】〈名〉楽器をひくときの、指の動かし方。指づかい。

うんじょうびと【雲上人】〈名〉宮中に仕える殿上人《てんじょうびと》や女官《にょかん》など。

参考 宮廷《きゅうてい》社会を「雲の上」といったことから。

うんしん【運針】〈名〉手でぬうときの針のはこび。

うんすい【雲水】〈名〉寺をもたず、修行《しゅぎょう》のために旅をする僧《そう》。類行脚《あんぎゃ》僧。

うんせい【運勢】〈名〉ひとりひとりにそなわっている将来の運命。例運勢をうらなう。

うんそう【運送】〈名・する〉荷物を目的地へ送りとどけること。例運送業。類輸送。運搬《うんぱん》。搬送《はんそう》。

うんだめし【運試し】〈名〉自分の運のよしあしを知るために、かけごとなどをして、その結果をみること。

うんちく〖▼蘊蓄〗〈名〉よく研究して身につけた、ふかい学問の知識。

蘊蓄を傾《かたむ》ける ふかい知識をすっかりだしつくす。

うんちん【運賃】〈名〉乗り物に乗ったり、貨物を送ったりするための料金。

うんてい【雲底】〈名〉雲の、いちばん下の部分。とくに、積雲などのそこの面。

うんでい(雲泥)**のさ**(差) 二つのものの価値や能力にたいへんなへだたりがあること。例技量に雲泥の差がある。類月とすっぽん。ちょうちんにつり鐘《がね》。

うんてん【運転】〈名・する〉❶自動車や電車などの乗りものや、大きな機械を動かすこと。例運転手。安全運転。❷資金をうまくうごかして活用すること。例運転資金。類運用。

うんてんしゅ【運転手】〈名〉自動車や電車など、乗りものをうごかすことを職業とする人。類運転士。

うんどう【運動】〈名・する〉❶〔物理〕物体が時間の経過にしたがって、位置を変えること。対静止。❷からだをきたえたり、楽しんだりするために、からだをうごかすこと。例運動会。運動場。類スポーツ。❸目的をもって、人々にはたらきかけて活動すること。例選挙のために運動する。平和運動。

運動の法則《ほうそく》〔物理〕物体が運動するときの自然界の法則で、慣性の法則、加速度の法則、作用反作用の法則の三つからなる。

うんどういん【運動員】〈名〉政党や団体などで、ある目的のために手足となって多くの人々にはたらきかける役割をになう人。

うんどうしんけい【運動神経】〈名〉❶脳からの命令をうけて、筋肉に運動をおこさせる神経。→かんかくしんけい ❷スポーツをたくみにこなす能力。例運動神経が発達している。

うんともすんとも まったく返事や反応がないようす。例うんともすんとも言ってこない。

うんぬん【▼云▼云】〈名〉❶あとにつづく文句をはぶくときのことば。類しかじか。等等《とうとう》。❷(「うんぬんする」の形で)あれこれ言う。例いまさら結果をうんぬんするな。

うんのう【▼蘊奥】〈名〉学問や芸術、技術などのもっともおくふかいところ。「うんおう」ともいう。類奥義《おうぎ》。

蘊奥を究《きわ》める 学問や芸術、技術のおくふかいところまで知りつくす。

うんぱん【運搬】〈名・する〉荷物をはこぶこと。例材木を運搬する。運搬作業。

うんぴつ【運筆】〈名〉筆づかい。類筆法。

うんめい【運命】〈名〉人や世の中のなりゆきを支配する超《ちょう》自然的な力。例運命にしたがう。運命のいたずら。抗《こう》しがたい運命。運命的(な出会い)。類宿命。命運。さだめ。星回《ほしまわ》り。

うんめいきょうどうたい【運命共同体】〈名〉運命を左右するようなできごとがあったとき、幸福も不幸も共にすることになる、そこにいるものどうし。

うんめいろん【運命論】〈名〉この世の中のすべてのことは、人力のおよばないところできめられているので、どうあがいてもしかたがない、という考えかた。例運命論者。

うんも【雲▽母】〈名〉岩石を構成する主要な鉱物の一種。六角形の結晶《けっしょう》をもち、うすくはがれる性質がある。熱につよくて電気をとおしにくいので、絶縁《ぜつえん》体に使われる。きらら。

うんゆ【運輸】〈名〉荷物や人を運搬《うんぱん》・輸送すること。例運輸業。

うんよう【運用】〈名・する〉お金や きまりなどを、実際の場にあてはめて、はたらかせること。例資金を運用する。

うんりょう【雲量】〈名〉〔気象〕空にうかんでいる雲の分量の、空の全体にしめる割合。雲がないのを0、青空がまったく見えないのを10とする。人の目によってはかる。

え……エ

え【会】⇩常用漢字かい〔会〕

え【回】⇩常用漢字かい〔回〕

え【依】⇩常用漢字い〔依〕

え【恵】⇩常用漢字けい〔恵〕

1 **え【柄】**〈名〉❶ほうきや、きゅうすなどの道具類で、持つために棒状になっている部分。類とって。❷キノコのかさをささえている部分。❸植物で、葉のねもとの軸《じく》の部分。類葉柄《ようへい》。▽アエ

2 **え【絵】**〈名〉❶ものの形や見た感じなどを、文字や記号を使わないで、色や形で平面上に書きあらわしたもの。例絵で見る。絵にかく。絵をかく。絵師。類絵画《かいが》。❷テレビ・映画・カメラ業界で、映像・画像。「▽画」とも書かれる。例いい画《え》が撮れた。▽アエ」

絵に描《か》いた餅《もち》 うまそうだが食べられないものという意味で、実際の役にたたない計画をいう。類画餅《がべい》。

絵に描《か》いたよう なにかのようすを典型的に表わしている。例しあわせを絵にかいたような家族。

絵になる 思わず見入って感心するような場面だ。

絵のような 美しい。おもに景色にいうたとえ。

3 **え【餌】**〈名〉「えさ」の古い言いかた。例餌をあさる。餌づけ。すり餌。アエ」

4 **え**〈感〉相手の言うことに、疑いをもったり、おどろいたりしたときに出すことば。例え、ほんとですか。アエ」

エア 一〈名〉「空気」のこと。例エアがぬける。エアカーテン。エアブレーキ。

二〈造語〉❶「航空」のこと。例エアメール。エアポート。❷「放送」のこと。例オンエア(=放送中)。◇air

エアコン〈名〉室内の温度や湿度《しつど》を調節する装置。◇air conditioner の日本での省略語。

エアバス〈名〉低運賃・大量輸送を目的とした大型ジェット旅客機。国内線、短・中距離《きょり》の国際線に就航している。◇airbus

エアバッグ〈名〉自動車の内がわにセットされていて、衝突《しょうとつ》したとき自動的にふくらんで中の人を守る空気ぶくろ。◇air bag

エアブラシ〈名〉絵の具を霧状《きりじょう》にして吹きつけ、濃淡《のうたん》を描画《びょうが》する器具。◇airbrush

エアポート〈名〉空港。◇airport

エアポケット〈名〉大気中で、下降《かこう》気流が生じているために、飛行機が失速し、急に高度が落ちるようなところ。山脈の上空などに多い。◇air pocket

表現 油断《ゆだん》・不注意や、うっかり見落とされていたところなどのたとえとしても使われる。

エアメール〈名〉航空便。航空便による外国への手紙。◇airmail

エアライン〈名〉❶航空機が通る空のみちすじ。航路。❷航路を持っている航空会社。◇airline

エアロビクス〈名〉酸素をできるだけたくさんとりこむことで健康の増進をはかろうとする全身運動。ジョギング・サイクリング・水泳など、長い時間全身を使ってする運動がよいとされる。有酸素運動。◇aerobics

常用漢字 えい

【永】 水部1 全5画 永永永永永

エイ ながい 教小5 音[エイ] ◩永遠《えいえん》。永劫《えいごう》。永久歯《えいきゅうし》。永住権《えいじゅうけん》。永世中立《えいせいちゅうりつ》。永続《えいぞく》。永年《えいねん》。永眠《えいみん》。訓[ながい] 永い。日永。末永く。

【泳】 氵部5 全8画 泳泳泳泳泳

エイ およぐ 教小3 音[エイ] ◩泳法《えいほう》。◪遠泳《えんえい》。水泳《すいえい》。競泳《きょうえい》。背泳《はいえい》。遊泳禁止《ゆうえいきんし》。力泳《りきえい》。訓[およぐ] 泳ぐ。泳ぎ。平泳ぎ。立ち泳ぎ。

【英】 艹部5 全8画 英英英英英

エイ 教小4 音[エイ] ◩英雄《えいゆう》。英断《えいだん》。英知《えいち》。英語《えいご》。英米《えいべい》。◪俊英《しゅんえい》。育英《いくえい》。和英辞典《わえいじてん》。

中国 ⇨中華(ちゅうか)人民共和国(前ページ)

【映】日部5 全9画 映映映映映映

エイ うつる・うつす・はえる 教小6 音[エイ] 映画《えいが》。映写室《えいしゃしつ》。映像《えいぞう》。上映《じょうえい》。反映《はんえい》。訓❶[うつる] 映る。映り。テレビ映り。❷[うつす] 映す。❸[はえる] 映える。夕映え。

【栄(榮)】木部5 全9画 栄栄栄栄

エイ さかえる・はえ・はえる 教小4 音[エイ] 栄華《えいが》。栄枯盛衰《えいこせいすい》。栄誉《えいよ》。栄養《えいよう》。栄光《えいこう》。繁栄《はんえい》。光栄《こうえい》。虚栄《きょえい》。訓❶[さかえる] 栄える。❷[はえ] 栄えある。❸[はえる] 栄える。出来栄え。見栄え。

【営(營)】口部9 全12画 営営営営

エイ いとなむ 教小5 音[エイ] 営業《えいぎょう》。営利《えいり》。直営《ちょくえい》。運営《うんえい》。経営《けいえい》。国営企業《こくえいきぎょう》。陣営《じんえい》。訓[いとなむ] 営む。営み。

【詠】言部5 全12画 詠詠詠詠詠

エイ よむ 音[エイ] 詠歌《えいか》。詠唱《えいしょう》。詠嘆《えいたん》。吟詠《ぎんえい》。朗詠《ろうえい》。訓[よむ] 詠む。

【影】彡部12 全15画 影影影影影

エイ かげ 音[エイ] 影響《えいきょう》。影印《えいいん》。撮影《さつえい》。遺影《いえい》。近影《きんえい》。陰影《いんえい》。投影《とうえい》。幻影《げんえい》。訓[かげ] 影。影絵。影法師。影武者。面影。月影。人影。

【鋭】金部7 全15画 鋭鋭鋭鋭鋭

エイ するどい 音[エイ] 鋭角《えいかく》。鋭利《えいり》。鋭敏《えいびん》。鋭峰《えいほう》。鋭鋒《えいほう》。新進気鋭《しんしんきえい》。新鋭《しんえい》。精鋭《せいえい》。先鋭《せんえい》。訓[するどい] 鋭い。

【衛(衞)】行部10 全16画 衛衛衛衛衛

エイ 教小5 音[エイ] 衛生《えいせい》。衛星《えいせい》。衛兵《えいへい》。護衛《ごえい》。守衛《しゅえい》。

[1]**えい【栄】**〈名〉「栄光」「栄誉《えいよ》」の意味の形式名詞。例受賞の栄にかがやく。ご臨席《りんせき》の栄をたまわる。

[2]**えい〖▼鱏〗**〈名〉海にすむ魚の一種。からだは平たくて、ひし形か円形。尾《お》が長くとがっている。

[3]**えい**〈感〉自分に気合をかけるために出す声。例えいとばかりに打ちこむ。えい、思いきってやるとするか。

[4]**えい【英】**〈造語〉「イギリス(英吉利)」「英語」のこと。例駐英《ちゅうえい》大使。英会話。

[1]**えいい【営為】**〈名〉じみちに続けていることがら。「いとなみ」のかたい言いかた。例知的営為。

[2]**えいい【鋭意】**〈副〉目的にむかって、きわめて熱心に。例期日までに完成するよう、鋭意努力中です。

えいいん【影印】〈名・する〉古書などを写真にとって印刷すること。例影印本。

えいえい【営営】〈副・連体〉長いあいだ、なまけることなく仕事をするようす。例営々と働く。営々たる歩み。

えいえん【永遠】〈名〉ときが無限につづくこと。例永遠の真理。永遠の愛。永遠に語り伝える。類とわ。とこしえ。永久。恒久《こうきゅう》。

えいか【詠歌】〈名〉❶和歌を作ること。作った和歌。❷⇨ごえいか

[1]**えいが【映画】**〈名〉画面にうごく映像をつくり出すために撮影《さつえい》して編集したフィルム。また、それをスクリーンにうつし出したもの。例映画を見る。映画を撮《と》る。映画に出る。映画監督《かんとく》。特撮《とくさつ》映画。

表現 ふつう一本二本と数えるが、制作数を数えるときは一作二作も使う。

[2]**えいが【栄華】**〈名〉権力をにぎり、栄えること。例栄華をきわめる。栄耀《えいよう》栄華。

えいがか【映画化】〈名・する〉小説や漫画《まんが》、実際にあった事件、歴史上の出来事などを、映画にすること。類ドラマ化。

えいかく【鋭角】〈名〉〔数学〕直角(=九〇度)より小さい角。例鋭角三角形。対鈍角《どんかく》。

えいかん【栄冠】〈名〉競技の勝利者にあたえられる名誉《めいよ》。例栄冠にかがやく。栄冠をかちとる。

[1]**えいき【英気】**〈名〉いきいきとものごとにとりくむ気力。例英気をやしなう。英気をたくわえる。

[2]**えいき【鋭気】**〈名〉するどさを感じさせる、強い気性やいきおい。例敵の鋭気をくじく。

えいきごう【▼嬰記号】〈名〉〔音楽〕シャープ。対変記号。

えいきゅう【永久】〈名〉これからずっとつづくこと。時のおわりがないこと。例永久につづく。永久保存。半永久。類とわ。とこしえ。永遠。恒久《こうきゅう》。

えいきゅうし【永久歯】〈名〉乳歯がぬけたあとに生える歯。上下左右あわせて、全部で三十二本。

えいきょう【影響】〈名・する〉あるもののはたらきがほかのものにもおよんで、なんらかの変化をひきおこすこと。例影響がある。影響がつよい。影響をあたえる。影響をおよぼす。影響をうける。台風の影響。影響力。悪影響。類波及《はきゅう》。

えいぎょう【営業】〈名〉❶〈する〉利益を目的として事業を行なうこと。例営業中。営業時間。❷会社で、もっぱら商品の販売《はんばい》を行なう業務。また、その部門。例営業マン。営業部。類セールス。

えいきょうりょく【影響力】〈名〉ほかのものに影響をあたえる力。例影響力がある。

[1]**えいけつ【永▼訣】**〈名〉永遠の別れ。

[2]**えいけつ【英傑】**〈名〉ずばぬけた才能を発揮《はっき》して、世の中を動かした人。

えいけん【英検】〈名〉「実用英語技能検定」の通称《つうしょう》。七段階の級ごとに、実用に即する英語能力をはかって認定する試験。

えいこ【栄枯】〈名〉国や組織、家などがさかえたり、おとろえたりすること。例栄枯盛衰《せいすい》。

えいご【英語】〈名〉イギリスをはじめ、アメリカ合衆国、カナダ、オーストラリア、ニュージーランドなど、ひろい地域で話されていることば。例アメリカ英語。

参考 地域によって少しずつちがいがある。アメリカで使われている英語を、とくに「米語《べいご》」ということがある。事実上の世界共通語となっている。

[1]**えいこう【栄光】**〈名〉かがやかしい名誉《めいよ》。例栄光にかがやく。栄光につつまれる。類栄誉。

[2]**えいこう【▼曳航】**〈名・する〉船が、ほかの船をひっぱって進むこと。

えいごう【永▼劫】〈名〉いつまでも、果てしがないこと。例おかした罪は永劫に消えない。未来永劫。類永久。永遠。久遠《くおん》。

えいごうかいき【永▼劫回帰】〈名〉ドイツの哲学《てつがく》者ニーチェの、ニヒリズム(=虚無《きょむ》主義)の思想を表わ

すことばの一つ。世界は、無意味で無目的な、同じことの永遠のくりかえしであるが、その運命に耐えて力強く生きよと説いたもの。永遠回帰。

えいこく【英国】〈名〉イギリス。由来 イギリスを、漢字で「英吉利」と書いたことからできたことば。

えいこせいすい【栄枯盛衰】〈名〉時の流れの中で、勢力がさかんになったりおとろえたりすること。例 栄枯盛衰は世の習い。

えいさい【英才】〈名〉ひじょうにすぐれた才能をもつ人。おもに若い人についていう。例 英才教育。対 鈍才《どんさい》。類 秀才《しゅうさい》。俊才《しゅんさい》。

えいじ[1]【英字】〈名〉英語の文字。例 英字新聞。ア エージ

えいじ[2]【▼嬰児】〈名〉「赤んぼう」の、やや古い言いかた。類 赤子《あかご》。ア エージ

えいじつ【永日】〈名〉昼間が長い、春の日。

えいじはっぽう【永字八法】〈名〉漢字を書くときの基本となる、八種類の筆のはこびかた。参考「永」という字を分解すると、この八種類の筆のはこびかたがすべてそなわっている。

えいしゃ【映写】〈名・する〉映画やスライド写真などを、スクリーンにうつし出すこと。例 映写機。

えいじゅう【永住】〈名・する〉移っていった土地に、そのまま死ぬまで住むこと。例 永住の地。永住権。

えいしょう【詠唱】一〈名・する〉歌を、情感ゆたかにうたいあげること。二〈名〉⇩アリア

えい・じる[1]【映じる】〈動上一〉❶光や色、形などがものにうつる。例 水面に映じるさかさ富士。❷光に照らされてかがやく。例 山のすがたが朝日に映じて、くっきりとうかび上がった。類 はえる。❸ある印象をもって、感じられる。類 映る。▽「えいずる」ともいう。

えい・じる[2]【詠じる】〈動上一〉❶詩歌をつくる。詠《よ》む。例 菊《きく》を詠じた古歌。❷詩歌を声に出して歌う。例 朗朗と古歌を詠じる。類 吟《ぎん》じる。▽「えいずる」ともいう。

えいしん【栄進】〈名・する〉組織の中で、地位が目覚ましく上がること。類 栄達。

エイズ〈名〉性的接触《せっしょく》や輸血・血液製剤《せいざい》の使用などでうつる死亡率の高い病気。ウイルス(=HIV)により免疫《めんえき》機構が破壊《はかい》される。後天性免疫不全症候《しょうこう》群。表記 acquired immuno-deficiency syndrome の略で、「AIDS」とも書く。

えいすうじ【英数字】〈名〉英字と算用数字。

えい・ずる[1]【映ずる】〈動サ変〉⇩えいじる〔映じる〕

えい・ずる[2]【詠ずる】〈動サ変〉⇩えいじる〔詠じる〕

えいせい[1]【衛生】〈名〉健康をたもつこと。例 衛生的。不衛生。精神衛生。

えいせい[2]【衛星】〈名〉❶地球をまわる月のように、惑星《わくせい》のまわりをまわる星。❷「人工衛星」の略。例 衛星放送。衛星中継《ちゅうけい》。衛星写真。▽サテライト。

えいせいこく【衛星国】〈名〉大国のまわりにあって、そのつよい影響《えいきょう》下にある小さい国。

えいせいちゅうけい【衛星中継】〈名・する〉人工衛星をつかって、テレビなどの電波のなかつぎをすること。

えいせいちゅうりつこく【永世中立国】〈名〉条約によって、すべての戦争に関係しない義務をおい、他国から、その独立と領土をみとめられている国。スイスなど。

えいせいてき【衛生的】〈形動〉清潔で、健康を保ち、病気を防ぐのに適している。例 衛生的な食堂。対 非衛生的。不衛生。

えいせいとし【衛星都市】〈名〉大都市のまわりにあって、中心都市のはたらきの一部を分担している都市。

えいせいほうそう【衛星放送】〈名〉放送局からの電波を、いったん上空の人工衛星で受信し、地上の専用アンテナへ送る方式の放送。電波の障害物がないのが利点。BS放送。

えいぜん【営繕】〈名・する〉建物を修理したり、建てたりすること。例 営繕課。

えいそう【営巣】〈名・する〉鳥や昆虫などが、巣《す》を作ること。例 営巣本能。

えいぞう【映像】〈名〉❶光線の屈折《くっせつ》や反射によってうつし出される物体の像。例 写真の映像。水面の映像。映像を記録する。映像がゆがむ。❷映画やテレビなどの画像。例 映像が乱れる。ニュース映像。❸心にうかぶ、すがたやかたち。例 夢で見た映像。類 イメージ。表現「影像」と書かれることもある。

えいぞく【永続】〈名・する〉その性質や状態が、いつまでも長く続いていくこと。例 友好関係が永続する。永続性。永続的。

えいたつ【栄達】〈名〉きわめて高い地位にまで出世すること。例 栄達を望む。類 栄進。

えいたん【詠嘆】【詠▼歎】〈名・する〉ため息がでるほど、ふかく感動すること。類 感嘆。驚嘆《きょうたん》。

えいだん【英断】〈名〉すぐれた判断にもとづく、よい決断。例 英断をくだす。類 勇断。

えいたんご【英単語】〈名〉英語の単語。

えいち【英知】【▼叡▼智】〈名〉ものごとの本質をふかくとらえて、正しく対処するちえ。例 英知をあつめる。

えいてん【栄転】〈名・する〉勤務地がかわり、今までより高い地位につくこと。対 左遷《させん》。類 昇進《しょうしん》。

えいねん【永年】〈名〉ながい年月。例 永年勤続。

えいびん【鋭敏】〈形動〉❶感じかたがするどい。例 鋭敏な嗅覚《きゅうかく》。類 敏感。繊細《せんさい》。❷頭のはたらきがするどい。例 鋭敏な頭脳。対 鈍重《どんじゅう》。類 鋭利。

えいぶん【英文】〈名〉❶英語の文章。例 英文和訳。❷イギリス文学。例 英文学科。

えいへい【衛兵】〈名〉警備にあたる兵士。類 番兵。

えいべつ【永別】〈名・する〉死に別れること。死別。例 永別の朝。類 ながの別れ。

えいほう[1]【泳法】〈名〉クロール・平泳ぎなどの泳ぎの型。泳ぎ方。

えいほう[2]【鋭峰】〈名〉するどくそびえる山のみね。

えいほう[3]【鋭▼鋒】〈名〉するどく、てきびしい攻撃《こうげき》。例 敵の鋭鋒をかわす。参考「鋒」は矛先《ほこさき》。

えいみん【永眠】〈名・する〉死ぬことのおだやかな言いかた。永い眠《ねむ》りにつくこと。例 母は昨夜、永眠いたしました。類 永逝《えいせい》。逝去。死去。

えいやく【英訳】〈名・する〉英語に翻訳《ほんやく》すること。例 和文英訳。

えいゆう【英雄】〈名〉才能や武勇にすぐれていて、偉大《いだい》なことをなしとげた人。例 幕末《ばくまつ》の英雄。類 英傑《えいけつ》。ヒーロー。

えいよ【栄誉】〈名〉すぐれたものとしてみとめられて、ほめたたえられること。例 栄誉をになう。栄誉礼。国民栄誉賞。類 名誉。栄光。ほまれ。

えいよう【栄養】〈名〉生物が生命をたもち、元気を出すために、からだにとりいれる養分。例 栄養がある。栄養

 朝鮮民主主義人民共和国　朝鮮半島北部にある社会主義共和国。首都ピョンヤン(平壌)。

をとる。栄養素。類滋養《じよう》。

えいようえいが【栄▾耀栄華】〈名〉 はなばなしく栄えて、なにひとつ思いどおりにならないものはない、という状態。「えようえいが」ともいう。例栄耀栄華をきわめる。

えいようか【栄養価】〈名〉 ある食品の栄養的な価値。エネルギー(カロリー)と、栄養素の量(重さ)で表わす。

えいようし【栄養士】〈名〉 法律上の資格をもち、栄養についての指導をする人。

えいようしっちょう【栄養失調】〈名〉 栄養の不足やバランスのわるさから、からだの調子がおかしくなること。

えいようそ【栄養素】〈名〉 栄養となる個々の成分。参考 炭水化物・たんぱく質・脂質《ししつ》が三大栄養素で、ビタミン・無機質(ミネラル)を加えて五大栄養素とよばれる。

えいよれい【栄誉礼】〈名〉 外国の元首をむかえるときに行なう礼式。

1 **えいり【営利】**〈名〉 利益を目的にして、活動すること。例営利事業。営利誘拐《ゆうかい》。非営利。

2 **えいり【鋭利】**〈形動〉 ❶刃物《はもの》が、よく切れる。例鋭利なナイフ。❷頭のはたらきがするどい。例鋭利な観察力。類鋭敏《えいびん》。▽対にぶい。

エイリアン〈名〉 異星人。地球外生命体。◇alien

えいりん【映倫】〈名〉 映画の内容を道徳的な立場から自主的に審査《しんさ》する、映画業界の機関。正式名は「映画倫理規定管理委員会」。

えいりんしょ【営林署】〈名〉 国有林の管理をおもな仕事とする役所。

えいれい【英霊】〈名〉 死者の霊を、うやまう気持ちでいうことば。とくに、戦死者について使うことが多い。

ええ〈感〉 ❶相手の言うことにうなずいたり、承知したりしたときに出す声。例ええ、わかりました。❷話をするときに、ところどころに出てくる つなぎの役をすることば。

エーカー〈名・接尾〉 ヤードポンド法の面積の単位。一エーカーは四八四〇平方《ヤード》で、約四〇五〇平方《メートル》にあたる。おもにアメリカやイギリスで使う。◇acre

えーかん(方言) とても。非常に。かなり。静岡で言う。例えーかん暑い。雨がえーかん降ったね。参考「いいかげん」が変化した形。

エーきゅうせんぱん【A級戦犯】〈名〉 ⇩(巻末「欧文《おうぶん》略語集」)A級戦犯

エージェント〈名〉 専門的な知識をもっていて、やっかいな手続きを本人の代わりに行なう業者。代理店。代理人。◇agent →だいり〔代理〕参考

エース〈名〉 ❶トランプの1のふだ。記号はA。❷スポーツで、最高のはたらきをすることが期待される選手。例エースアタッカー。❸テニスやバレーボールなどで、サーブで得点すること。例サービスエース。◇ace

表現 あるグループで、もっとも中心になるはたらきをする人をさすこともある。②は、野球では主戦投手をさす。

エーテル〈名〉 ❶〔化学〕「エチルエーテル」のこと。無色で、揮発しやすい液体。麻酔剤《ますいざい》や溶剤《ようざい》として使われる。ひろくは「メチルエーテル」をふくめていうことがある。❷〔物理〕 音がつたわるのに空気や水が必要なように、光がつたわるのに必要と考えられていた物質。現在では、ないとされている。◇《オランダ》ether

エーデルワイス〈名〉 高山植物の一つ。アルプスの代表的な花。◇《ドイツ》Edelweiss

エーばん【A判】〈名〉 ⇩(巻末「欧文《おうぶん》略語集」)A判

えーふりこぎ(方言) 見栄《みえ》っ張《ぱ》り。秋田で言う。参考「いい振りこく」が変化した形。

エープリルフール〈名〉 四月一日にはうそをついて人をだましてもよいという、欧米《おうべい》からきた風習。四月ばか。万愚節《ばんぐせつ》。参考 英語では April Fool はこの日にだまされた人のことをさす。April Fool's Day という。

エール〈名〉 スポーツの試合で、選手をはげます大きな声。例エールを送る。エールを交《か》わす。エールの交換《こうかん》。類声援《せいえん》。◇yell

表現 スポーツ以外でも、人をはげますためのことばにいう。

えがお【笑顔】〈名〉 にっこり笑った顔。例笑顔をふりまく。笑顔をみせる。はじけるような笑顔。

笑顔に当《あ》たる拳《こぶし》は無《な》い ⇩怒《いか》れる拳笑顔に当たらず(「いかる」の子項目)

えかき【絵描き】〈名〉 「画家」のくだけた言いかた。例絵描きさん。→おえかき

えが・く【描く】【▽画く】〈動五〉 ❶絵や図であらわす。例人物を描く。❷ものごとのようすをことばで表現する。例近代人の苦悩《くのう》を描く。▽類書く。❸心の中に思いうかべる。例心に描く。まぶたに描く。夢《ゆめ》を描く。

表現 ①は、「弧《こ》を描いて」「放物線を描いて」のように線状にうごくようすをいうときにも使われる。

えがた・い【得難い】〈形〉 大変ねうちがあって、手に入れようと思っても、なかなか手に入らない。例得がたい品。得がたい人材。得がたい経験。類貴重。

えがら【絵柄】〈名〉 絵の感じや構成。類図柄。

えがらっぽ・い〈形〉 ⇩いがらっぽい

常用漢字 **えき**

【易】 日部4 全8画

易 易 易 易 易

エキ・イ やさしい 教小5 音❶[エキ] ▨易者《えきしゃ》。▨貿易《ぼうえき》。交易《こうえき》。不易《ふえき》。❷[イ] ▨安易《あんい》。簡易《かんい》保険《ほけん》。難易度《なんいど》。容易《ようい》。訓[やさしい] 易しい。

【疫】 疒部4 全9画

疫 疫 疫 疫 疫

エキ・ヤク 音❶[エキ] ▨疫学《えきがく》。疫病《えきびょう》。疫痢《えきり》。▨悪疫《あくえき》。免疫《めんえき》。検疫《けんえき》。防疫《ぼうえき》。❷[ヤク] ▨疫病神《やくびょうがみ》。

【益】 皿部5 全10画

益 益 益 益 益

エキ・ヤク 教小5 音❶[エキ] ▨益虫《えきちゅう》。益鳥《えきちょう》。益《えき》する。▨収益《しゅうえき》。純益《じゅんえき》。損益《そんえき》。有益《ゆうえき》。利益《りえき》。❷[ヤク] ▨御利益《ごりやく》。

【液】 氵部8 全11画

液 液 液 液 液

エキ 教小5 音[エキ] ▨液晶《えきしょう》画面。液状《えきじょう》。液体《えきたい》。▨血液《けつえき》。唾液《だえき》。樹液《じゅえき》。水溶液《すいようえき》。乳液《にゅうえき》。

【駅(驛)】 馬部4 全14画 ※

駅 駅 駅 駅

エキ 教小3 音[エキ] ▨駅長《えきちょう》。駅伝《えきでん》。駅弁《えきべん》。駅前《えきまえ》。▨各駅停車《かくえきていしゃ》。始発駅《しはつえき》。

【役】 ⇩常用漢字 やく〔役〕

1 **えき【役】**〈名〉 むかしの、大きな戦《いくさ》。例西南の役。

アエキ

2 **えき【易】**〈名〉 世の中のすべてのことは、陰《いん》と陽とのく

みあわせによっておこるとする、古代中国で生まれた考えかた。これにもとづいて、算木《さんぎ》と筮竹《ぜいちく》を使ってするうらない。日本で、今も行なわれている。［例］易をたてる。易者。

えき[3]**【益】**〈名〉❶よい結果。よい結果をつくるもの。よい結果になること。［例］益になる。［対］害。［類］利得。❷もうけ。［対］損。［類］利潤《りじゅん》。収益。▽［ア］エキ →いんよう〔陰陽〕①

えき[4]**【液】**〈名〉水のように、流れる性質をもったもの。［例］リトマス紙を液にひたす。保湿液。美容液。［ア］エキ →えきする

えき[5]**【駅】**〈名〉電車や列車の発着するところ。ステーション。［例］駅ビル。ターミナル駅。［類］停車場。［ア］エキ

えきいん【駅員】〈名〉駅ではたらく職員。

えきか【液化】〈名・する〉〔物理〕気体や固体が、液体に変化すること。また、気体や固体を液体に変化させること。［例］液化ガス。→きか〔気化〕

えきがく[1]**【易学】**〈名〉易《えき》の原理を知り、易によるものの見かたを身につけるための学問。［ア］エキガク

えきがく[2]**【疫学】**〈名〉感染症《かんせんしょう》や集団食中毒などの原因や、その広がりのようすを調べる学問。［例］疫学的調査。［ア］エキガク

えきぎゅう【役牛】〈名〉田畑をたがやしたり、荷物を運んだりするために飼う牛。［対］乳牛。肉牛。

えききょう【易経】〈名〉中国の「五経」の一つ。陽を「━」で、陰《いん》を「╍」で表示し、二つの記号の組み合わせでできる六十四種類の「罫《け》」によって、自然や人生の変化の道理を解く書物。現在はおもに占《うらな》いに使われる。たんに「易」ともいう。

エキサイティング〈形動〉見ている人を熱狂《ねっきょう》させるような。［例］エキサイティングな試合。◇exciting

エキサイト〈名・する〉興奮すること。［例］相手の反則に、選手がエキサイトする。［類］高ぶる。◇excite

エキシビション〈名〉公開を目的にしたもよおし。展覧会や展示会など。◇exhibition

［表現］スポーツで、紅白ゲームや親善《しんぜん》試合など、公式の試合でない試合を「エキシビションゲーム」「エキシビションマッチ」といい、模範《もはん》演技を「エキシビション」という。

えきしゃ【易者】〈名〉易のうらないを職業とする人。［類］八卦見《はっけみ》。→えき〔易〕

えきしょう【液晶】〈名〉固体と液体の性質を半分ずつもつ物質。デジタル時計・電卓《でんたく》・コンピューター・テレビ・携帯《けいたい》電話などの表示画面に使われる。

えきじょう【液状】〈名〉水や油などのような液体の状態。［例］液状化。液状地盤《じばん》。

えきじょうか【液状化】〈名・する〉地震《じしん》のとき、地盤《じばん》が液体のような動きを示すこと。地下水が豊富で砂の多い地盤で起きやすい。［例］液状化現象《げんしょう》。

エキス〈名〉❶食物やくすりの有効成分をとり出して、濃縮《のうしゅく》したもの。［例］にんにくのエキス。梅《うめ》のエキス。❷ものごとの、もっとも本質的で大切な部分。［類］精髄《せいずい》。▽［類］エッセンス。◇オランダ extract から。

エキストラ〈名〉映画の撮影《さつえい》などで、通行人や群衆として臨時にやとわれる人。◇extra

エキスパート〈名〉ある専門分野の熟練者。［例］移植手術のエキスパート。◇expert

えき・する【益する】〈動サ変〉役にたつ。［例］世を益する。人に益する。［対］毒する。［類］ためになる。

エキセントリック〈形動〉行動や考えかたなどが、ふつうの人とひどく変わっている。［類］風変わり。◇eccentric

エキゾチック〈形動〉風物やふんいきなどに、異国的な感じがある。［例］エキゾチックな顔だち。◇exotic

えきたい【液体】〈名〉形が一定せず、体積はそのままで、どんな容器にもおさまる、たとえば水や油のような物質。［例］液体酸素。→きたい〔気体〕・こたい〔固体〕

えきちゅう【益虫】〈名〉人間の生活に有益な虫。カイコやミツバチなど。［対］害虫。

えきちょう[1]**【益鳥】**〈名〉害虫を食べるなど、人間の生活に有益な鳥。ツバメやヒバリなど。［対］害鳥。

えきちょう[2]**【駅長】**〈名〉鉄道の駅で、いちばん上の役の人。

えきてい【駅亭】〈名〉街道《かいどう》の宿場《しゅくば》。

えきでん【駅伝】〈名〉「駅伝競走」の略。数人ずつのチームが、それぞれリレー式に長い距離《きょり》を走りつぎ、かかった時間で順番をきめるスポーツ。［参考］むかしは、宿場からつぎの宿場へ、人やものを送りとどけることをさした。

えきとう【駅頭】〈名〉駅のあたり。［例］駅頭に立つ。

えきびょう【疫病】〈名〉悪性の伝染《でんせん》病。

えきべん【駅弁】〈名〉駅で売っている弁当。

えきほう【液胞】〈名〉〔生物〕植物の細胞中にある、細胞液とよばれる液体でみたされている部分。

えきむ【役務】〈名〉人のために労力を提供すること。

えきり【疫痢】〈名〉赤痢菌《せきりきん》などの病原菌に感染しておこる幼児の急性の病気。高い熱や下痢《げり》などの症状《しょうじょう》をおこす。

えぐ・い〈形〉あくが強くてのどを刺激《しげき》するような味がする。熟していないくだものや山菜などの味についていう。

［方言］大阪では、「むごい」「残酷《ざんこく》だ」の意味でも使う。

エクササイズ〈名〉❶からだをきたえたり、運動能力を維持《いじ》したりするために行なう、運動や体操。❷練習問題。▽「エキササイズ」ともいう。◇exercise

エクスタシー〈名〉心が、一種特別な状態になること。◇ecstasy（=心が自分の外に出る、の意味）

［表現］「うっとりする」「我《われ》を忘れる」「恍惚《こうこつ》となる」「忘《ぼう》我《が》の境《きょう》」「陶然《とうぜん》とする（なる）」などのことばにおきかえられる。

エクステリア〈名〉塀《へい》・門・テラス・庭など、家の外まわりの設備や装飾《そうしょく》。［対］インテリア。◇exterior

エクスプレス〈名〉急行列車。◇express

エグゼクティブ〈名〉❶企業《きぎょう》や組織で高い地位にある人。❷「エグゼクティブクラス」の略。飛行機や船の客席で、普通《ふつう》席よりやや上等の席。◇executive

えくぼ〘▽笑▼窪・▼靨〙〈名〉笑ったときに、ほおにできる、小さなくぼみ。［例］あばたもえくぼ（→「あばた」の子項目）。えくぼがかわいい。かたえくぼ。

えぐ・る〘▼抉る〙〈動五〉❶刃物《はもの》などをさしこんでまわしながら引いて中身をとり出し、穴をあける。［例］えぐり取る。えぐり出す。［類］しゃくる。❷わるいところを残らずとり出して、あとをきれいにする。［例］傷口をえぐる。患部《かんぶ》をえぐる。❸おくふかくまでかきまわして、なさけ容赦《ようしゃ》なく苦痛をあたえる。［例］肺腑《はいふ》をえぐる。悲しみに心がえぐられる。❹かくれたふかい事情をさぐって、さらけ出す。［例］真相をえぐる。

［表現］おおもとからこそぎとる、というのが中心の意味。文脈によって、「荒療治《あらりょうじ》」「残酷《ざんこく》」「相手かまわず」「徹底《てってい》的」「きれいさっぱり」「なにも残さず」などの意味になる。

えげつない（方言）ひどい。大阪で言う。［例］えげつな

ツバル　南太平洋上の九つの環礁からなる立憲君主国。コプラ(=ヤシの実の胚乳)を産する。首都フナフティ。

え

い臭《にお》い。

エコ〈名〉自然環境《かんきょう》の保全や、資源・エネルギーの節約につとめること。類省エネ。◇eco

エゴ〈名〉❶自分。自我。❷自分の利益やつごうだけを考えること。◇ラテン語から。

エゴイスト〈名〉思いやりのない、自分中心にものを考える人。類利己主義者。◇egoist

エゴイズム〈名〉なんでも自分中心に考える考えかた。類利己主義。◇egoism

えこう【回向】〈名・する〉〔仏教〕死者の霊《れい》がやすらかであるよう、お経《きょう》をよみあげて、仏に願うこと。例死者を回向する。類手向《たむ》け。供養《くよう》。法要。

エコー〈名〉❶こだま。やまびこ。類反響《はんきょう》。❷残響《ざんきょう》。◇echo

えごころ【絵心】〈名〉❶絵のよさがわかったり、かいたりできる才能。例絵心がある。❷絵をかきたい気持ち。

えこじ〖依▼怙地〗〈名・形動〉⇩いこじ

エコノミー〈名〉❶節約。安あがり。例エコノミークラス。❷経済。◇economy

エコノミークラス〈名〉旅客機や客船の、普通《ふつう》席。対ファーストクラス。類ツーリストクラス。◇economy class 参考設備やサービスが中間にあたる席を、「ビジネスクラス」または「エグゼクティブクラス」という。

エコノミークラスしょうこうぐん【エコノミークラス症候群】〈名〉長時間せまい座席にすわって足を動かさずにいることが原因でおこる、血栓《けっせん》症の一種。血流が悪化して血の固まりができ、それが肺まで達すると、呼吸困難などをおこす。ロングフライト症候群。深部静脈血栓症。参考旅客機の普通席の利用者に多いことからの名。車や列車などでも起こる。

えこひいき〖依▼怙▼贔▼屓〗〈名・する〉自分の好きな人だけに、とくによくしてやること。例目をかけるのとえこひいきをするのとはちがう。

エコマーク〈名〉環境《かんきょう》省の指導のもとで、環境の保全に配慮《はいりょ》していると認定された商品につけられるマーク。外国にも同じような制度がある。◇ecomark

エコロジー〈名〉❶生態学。❷人間と自然環境、また、人間と人間がうみ出した技術や社会環境との関係を研究する学問。◇ecology

エコンテ【絵コンテ】〈名〉映画の撮影《さつえい》用台本。シナリオをもとに、構図や登場人物の動きを、カットごとに絵で示したもの。参考「コンテ」は continuity から。

えさ【餌】〈名〉❶動物を飼《か》ったり捕らえたりするために、あたえて食べさせるもの。例餌をやる。釣《つ》りの餌。類餌《え》。飼料《しりょう》。❷野生動物が食べる食物《しょくもつ》をさがす。餌場(=食物が集中している所)。❸人をおびきよせたり意欲をもたせたりするための手段。俗《ぞく》な言いかた。例宝石を餌に交際をせまる。

えし[1]**【絵師】**〈名〉「画家」の古めかしい言いかた。表現とくに、昔の日本画の作家についていう。

えし[2]**【▽壊死】**〈名・する〉からだの組織の一部や細胞が破壊されて死んでだめになってしまうこと。

えじき【餌食】〈名〉❶ほかの動物のえさとして食べられる動物。例ハゲタカのえじきになる。❷わるい人間のために利用されること。例悪徳商人のえじきになる。

エジプトぶんめい【エジプト文明】〈名〉〔歴史〕エジプトのナイル川流域に栄えた古代文明。紀元前三千年ごろに統一国家が生まれた。王の墓であるピラミッドがつくられ、太陽暦《れき》や象形文字が使われた。四大文明の一つ。

えしゃく【会釈】〈名・する〉かるく一礼すること。例会釈をかわす。表現相手の好意に対して、感謝の気持ちを表わすなんらかの言動を、「会釈」ということもある。

えしゃじょうり【会者定離】〈名〉〔仏教〕この世のものはすべてうつりかわり、縁《えん》あって会った者どうしもかならず別れるときがある、ということ。

えすか（方言）恐ろしい。怖《こわ》い。佐賀で言う。

エスカルゴ〈名〉フランス料理などで使う、食用の大きなカタツムリ。◇《フランス》escargot

エスカレーター〈名〉人や荷物をのせて自動的に上下にはこぶ、階段のかたちをした装置《そうち》。◇escalator 表現俗《ぞく》に、受験勉強の苦労をせずに楽に進学できる、私立大学付属の小学校・中学校・高校での進学のしかたを、「エスカレーター式」という。

エスカレート〈名・する〉しだいに大きくはげしくなっていくこと。◇escalate

エスキモー〈名〉北アメリカの北極海沿岸を中心に、東シベリアからグリーンランドにかけて住む、モンゴル系とみられる種族。クジラやアザラシをとるなど、狩猟《しゅりょう》生活をいとなむ。◇Eskimo 参考もと、ネイティブアメリカンのことばで「生肉を食べる人」という意味。この語感がきらわれ、イヌイット(=「人間」の意味)とよばれることが多い。

エスコート〈名・する〉相手につきそって行動をみちびくこと。多く男性が女性につきそうことをいう。例さりげないエスコート。◇escort

エステティック〈名〉顔やからだを美しく保つための手入れ。美容。略して「エステ」。例エステティックサロン。◇《フランス》esthétique

エスニック〈形動〉民族的。人種的。例エスニック料理。◇ethnic

エスプリ〈名〉❶精神。心。❷いきいきした知性のはたらき。例エスプリのあふれる小説。◇《フランス》esprit

エスプレッソ〈名〉細かくひいたコーヒー豆に圧縮蒸気を通してつくる、こいコーヒー。◇《イタリア》espresso

エスペラント〈名〉世界の共通語とする目的で、ポーランドのザメンホフが考えだした言語。◇Esperanto

えせ〖▽似▽非・▽似▼而▽非〗〈接頭〉ほんものに似《に》ているが、実際はまったくちがうもの。似て非《ひ》なるもの。例えせ学者。

えそ〖▽壊▼疽〗〈名〉〔医学〕からだの組織の一部が死んで、そのはたらきを失うこと。脱疽《だっそ》。例肺えそ。

えぞ【▼蝦▼夷】〈名〉〔歴史〕❶⇩えみし ❷「北海道」の古いよび名。蝦夷地。

えそらごと【絵空事】〈名〉絵にはかいてあるが、現実にはありえないこと。話だけはよさそうだが、決してそうはならないこと。例そんな計画は絵空事だ。

えだ【枝】〈名〉❶木の幹からわかれでて、のびていくもの。例枝がしげる。枝をのばす。枝をおろす(=枝を切る)。枝ぶり。下枝。枯《か》れ枝。❷中心部からわかれてでたところ。例枝わかれ。枝葉。枝道。類派生。

えたい(得体)のし(知)れない正体がわからない、素性《すじょう》がわからない、うす気味がわるい、という気持ちを表わすことば。例えたいの知れない連中。

えだげ【枝毛】〈名〉かみの毛の先が、木の枝のようにわかれたもの。

エタノール〈名〉〔化学〕医薬品や酒などに使われる

無色の液体。酒精《しゅせい》。エチルアルコール。◇ドイツ Äthanol

えだは【枝葉】〈名〉❶枝や葉。❷中心からはずれた、どうでもよいこと。類枝葉末節《しようまっせつ》。些事《さじ》。

えだぶり【枝振り】〈名〉枝のつきぐあいからみた、樹木のようす。例枝振りがいい。みごとな枝振り。

えだまめ【枝豆】〈名〉まだ熟しきらない大豆《だいず》を枝ごともいだもの。さやのままゆでて、中の豆を食べる。

えだみち【枝道】〈名〉本道から分かれたほそい道。

えだわかれ【枝分かれ】〈名・する〉❶幹《みき》から分かれて枝が出ること。❷大もとの流れがいくつかの道すじに分かれること。例人と猿《さる》は共通の祖先から枝分かれして進化した。

エチケット〈名〉人とつき合うときの、他人に対する心くばりや作法。例エチケットを守る。エチケットを知らない。類マナー。礼。礼儀《れいぎ》。◇フランス étiquette

表現 「マナー」は、食事のしかたや歩きかたなど、具体的な行動や作法のやりかたなので、「わるいマナー」もありうるが、「エチケット」は「礼儀」で、目に見えない心づかいもふくめていったものだから、「わるいエチケット」はありえない。

えちご【▽越後】〈名〉旧国名の一つ。現在の新潟県。戦国時代、上杉謙信《うえすぎけんしん》が活躍《かつやく》。越後獅子《じし》が有名。越前・越中とあわせて越州《えっしゅう》という。例越後山脈。

えちず【絵地図】〈名〉名所・旧跡《きゅうせき》の場所や、鉄道の路線などを、わかりやすく絵で示した地図。

えちぜん【▽越前】〈名〉旧国名の一つ。現在の福井県北部。越中・越後とあわせて越州《えっしゅう》という。例越前和紙。越前がに。越前くらげ。

えちゃけな（方言） かわいい。石川で言う。

エチュード〈名〉❶〔美術〕絵画や彫刻《ちょうこく》で、練習のためにかいたり、つくったりする作品。類習作。❷〔音楽〕器楽の練習のためにつくられた作品。類練習曲。◇フランス étude

エチルアルコール〈名〉⇩エタノール ◇ドイツ Äthylalkohol

常用漢字 **えつ**

【悦】 忄部7 全10画 悦悦悦悦悦

エツ 音[エツ] 悦楽《えつらく》。喜悦《きえつ》。恐悦《きょうえつ》。満悦《まんえつ》。

【越】 走部5 全12画 ※越越越越越

エツ こす・こえる 音[エツ] 越境《えっきょう》。越権《えっけん》。越冬《えっとう》。越年《えつねん》。卓越《たくえつ》。超越《ちょうえつ》。優越感《ゆうえつかん》。訓❶[こす] 越す。年越し。❷[こえる] 越える。山越え。

【謁（謁）】 言部8 全15画 謁謁謁謁謁

エツ 音[エツ] 謁見《えっけん》。謁《えっ》する。拝謁《はいえつ》。

【閲】 門部7 全15画 閲閲閲閲閲

エツ 音[エツ] 閲覧《えつらん》。校閲《こうえつ》。検閲《けんえつ》。

えっきょう【越境】〈名・する〉境界線や国境をこえること。例越境入学。

エックスせん【X線】〈名〉目には見えないが、物質をつきぬける性質がある、電磁波《でんじは》の一種。からだの中のようすを写真にとることができるので、医療《いりょう》によく使う。レントゲン線。参考ドイツのレントゲンが発見した。

えづけ【餌付け】〈名・する〉野生動物にえさをあたえて、人になれさせること。例さるの餌付けに成功する。

[1]**えっけん【越権】**〈名〉する権利がないはずのことを勝手にすること。例越権行為《こうい》。

[2]**えっけん【謁見】**〈名・する〉国王や君主にお目にかかること。例将軍に謁見する。対引見。接見。類お目通り。拝謁。

エッジ〈名〉❶はし。ふち。へり。❷スキー板の滑走《かっそう》面の両がわの角。そこにつけてある金属板。例エッジをきかせる。◇edge

えっすい【越水】〈名・する〉川などの水が、堤防《ていぼう》からあふれ出ること。その水。類氾濫《はんらん》。

えっ・する【謁する】〈動サ変〉地位や身分の高い人に会う。お目にかかる。例陛下《へいか》に謁する。

エッセイ〈名〉随筆《ずいひつ》。随想。「エッセー」とも書く。◇essay 参考もとの意味は「試論」で、英語では小論文・評論文・論説文などもさす。

エッセイスト〈名〉随筆《ずいひつ》家。◇essayist

エッセンス〈名〉❶それの、いちばんだいじなところ。類精髄《せいずい》。❷植物などの成分をとり出したもの。食品や香料《こうりょう》などに使われる。例バニラエッセンス。▽類エキス。◇essence

エッチ〈形動〉性的にいやらしい意味の、くだけた言いかた。例エッチな話。類すけべえ。変態。参考「変態」をローマ字書きした hentai のかしら文字とされる。

えっちゅう【越中】〈名〉旧国名の一つ。現在の富山県。越前・越後とあわせて越州《えっしゅう》という。例越中和紙。越中具足《ぐそく》。

えっちらおっちら〈副〉やっとのことで歩いているようす。例えっちらおっちら(と)山道を登る。

エッチング〈名〉〔美術〕銅が酸で腐食《ふしょく》するのを利用して、銅板でつくる版画。◇etching

えっとう【越冬】〈名・する〉冬の季節をすごし、のりきること。例南極越冬隊。

えつどく【閲読】〈名・する〉本や書類などを、内容に注意しながら読むこと。類閲覧。

えつ（悦）にい（入）る ものごとがうまくいって一人で喜び、満足する。例一人悦にいる。

えつねん【越年】〈名・する〉年をこして、新年をむかえること。類年こし。

えつねんそう【越年草】〈名〉⇩にねんそう

えつぼ（笑▼壺）にい（入）る 状況《じょうきょう》が望むとおりになってきたために思わず笑い出したくなる。

えつらく【悦楽】〈名〉よろこびやたのしみ。例悦楽にふける。類快楽。

えつらん【閲覧】〈名・する〉図書館などで、そこにそなえつけてある書物や新聞、書類を調べたり、読んだりすること。例閲覧に供する。閲覧室。類閲読。

えて【得手】〈名・形動〉得意なわざ。得意なようす。人には得手不得手がある。得手勝手。対不得手。例

得手に帆《ほ》を揚《あ》げる すべて好調に、事をすすめる。類順風満帆《じゅんぷうまんぱん》。順風に帆を揚げる。

えてかって【得手勝手】〈名・形動〉自分のつごうばかりを考えて、他人の迷惑《めいわく》などをかえりみないこと。例そんな、得手勝手(なこと)をしてはこまる。

えてがみ【絵手紙】〈名〉自分でえがいた絵に文章をそえた、おもむきのある手紙やはがき。

えてして【得てして】〈副〉とかくそうなることが多い

ようす。[例]口の達者な人は得てして実行がともなわない。

エデュテインメント〈名〉「エデュケーション(教育)」と「エンターテインメント(娯楽《ごらく》)」を組みあわせたことば。遊びながら学べるソフトウエアや番組など。「エデュテイメント」ともいう。◇edutainment

エデン〈名〉〔宗教〕旧約聖書で、アダムとイブが、神といっしょに住んでいた楽園。[例]エデンの園。◇Eden

えと【▽干▽支】〈名〉❶古い暦《こよみ》で、年や日を表わすために使った、十干《じっかん》と十二支《じゅうにし》をくみあわせたもの。「甲子《きのえね》」から「癸亥《みずのとい》」まで六十種ある。音読みして「かんし」ともいう。❷「①」のうち、十二支だけの部分。[例]来年のえとは未《ひつじ》だ。

[表現]②で、えとが同じえとにもどるのに十二年かかることから、俗《ぞく》に同じえとの人との年齢差を「一回《ひとまわ》り上《うえ》」「二回《ふたまわ》り下《した》」などと言ったりする。

[参考]「えと」ということばは、「え」が「兄」を、「と」が「弟」を表わし、十干の「甲乙丙丁…」を五行《ごぎょう》の「木火土金水」に当て、甲＝きのえ(木の兄)、乙＝きのと(木の弟)、丙＝ひのえ(火の兄)、丁＝ひのと(火の弟)…のように称《しょう》したことからきている。

えど【江戸】〈名〉東京都の中心部の古いよび名。一六〇三年、徳川家康《とくがわいえやす》が幕府を開いてから、政治の中心地として急速に発達した。一八六八年(明治元年)に「東京」と改称《かいしょう》。

江戸の敵《かたき》を長崎《ながさき》で討《う》つ 意外なところや、すじのちがうことでしかえしをすること。

火事《かじ》と喧嘩《けんか》は江戸の華《はな》 ⇩「かじ〔火事〕」の子項目

えとき【絵解き】〈名・する〉絵や図を使って、わかりやすく説明すること。[類]図解。

えとく【会得】〈名・する〉知りたいことや、身につけたい技能のいちばん大事なところを、「これだ！」とつかみとること。[例]新しいわざを会得する。[類]体得。

えどじだい【江戸時代】〈名〉〔歴史〕一六〇三年に徳川家康《とくがわいえやす》が江戸に幕府を開いてから、一八六七年に明治政府ができるまでのあいだ。徳川時代。

エトセトラ〈名〉その他いろいろ。◇ラテン語から。

[表記]例をならべたあとに、etc. と書くことが多い。

えどっこ【江戸っ子】〈名〉江戸で生まれて、江戸で育った人。今なら、東京生まれの東京育ち。

[参考]厳密《げんみつ》には、三代つづきの人をいう。威勢《いせい》がよく、人情味があり、さっぱりした気性《きしょう》が特徴《とくちょう》、ということになっている。

えどまえ【江戸前】〈名〉すっきりして、いかにも江戸の特徴《とくちょう》がよく出ているようす。[例]江戸前のすし。

[参考]江戸の前の海(＝いまの東京湾《とうきょうわん》)でとれる魚を「江戸前の」といって指したことから。

エナメル〈名〉❶ワニスからつくった、つやがある塗料《とりょう》。くつやハンドバッグなどに使う。❷金属や陶器《とうき》の表面にぬる、うわぐすりの一種。琺瑯《ほうろう》。◇enamel

えにし【▽縁】〈名〉「縁《えん》」の古い言いかた。

エニシダ〈名〉庭木にするヨーロッパ原産の落葉低木。夏のはじめ、黄色いチョウのようなかたちの花がさく。◇《スペイン》hiniesta から。

えにっき【絵日記】〈名〉絵といっしょに書く日記。

エネルギー〈名〉❶〔物理〕物体のもっている、仕事をする能力。位置エネルギー・運動エネルギーのような力学的エネルギーのほかに、熱・光・電磁気などもエネルギーとして考えられる。❷産業や人間生活に欠かせない、電気やガスなど。[例]エネルギー資源。エネルギー問題。❸ものごとをする気力。活力。[例]エネルギーのある人。若さとエネルギーにあふれた活躍《かつやく》ぶりだ。[類]精力。バイタリティー。◇《ドイツ》Energie

エネルギッシュ〈形動〉元気にみちあふれている。[例]エネルギッシュな男。エネルギッシュに全国を遊説《ゆうぜい》して歩く。[類]精力的。◇《ドイツ》energisch

えのき【▼榎】〈名〉❶ケヤキに似た落葉高木。初夏、うすきいろの花がさく。建材や炭にする。❷「えのきだけ」の略。食用キノコの一種。モヤシのような形で、全体が白く、かさは小さい。日本一の産地は長野県。

えのぐ【絵の具】〈名〉絵に色をつけるための材料。油絵の具、水彩《すいさい》絵の具などがある。[類]顔料《がんりょう》。

えはがき【絵葉書】〈名〉片面を絵や写真にした、郵便はがき。

えび【▽海▽老・▼蝦】〈名〉海や川にすむ、甲殻《こうかく》類の一種。殻《から》におおわれ、四本の触角《しょっかく》と十本の足がある。イセエビ・クルマエビなどの種類がある。

[表現]ふつう一匹《いっぴき》二匹《にひき》と数える。食用としては尻尾《しっぽ》が目立つことから一尾《いちび》二尾《にび》と数えることもある。

えびで鯛《たい》を釣《つ》る わずかなものをもとでにして、大きな利益をえること。「えびたい」とちぢめてもいう。

[参考]ここでいうエビは、えさにする小さなもの。

エピゴーネン〈名〉亜流《ありゅう》。◇《ドイツ》Epigonen

えびす[1]【▼夷・▼戎】〈名〉むかし、都《みやこ》から遠くはなれたところにすんでいる人々を野蛮視《やばんし》して言ったことば。[例]あらえびす(＝荒夷)。あずまえびす(＝東夷)。[類]えぞ。えみし。[ア]エビス

えびす[2]【恵比▽寿】〈名〉七福神の一人。烏帽子《えぼし》をかぶり、右手につりざおを持ち、左手に魚のタイをかかえている。商売の神とされる。[ア]エビス ↓しちふくじん[絵]

えびすがお【えびす顔】【恵比▽寿顔】〈名〉にこにこした顔つき。

[表現]望みがかなったり、ものごとがうまくいったりして、おおいに喜んでいるときの笑い顔についていうことが多い。

エピソード〈名〉❶話題になっている人や事件の特徴《とくちょう》の一面がよく示されている、簡単な話。[類]逸話《いつわ》。逸聞《いつぶん》。❷物語の中にさしはさまれた、本筋とは直接には関係のない、みじかい話。[類]挿話《そうわ》。余話。こぼれ話。❸シリーズものの物語の、一つの話。◇episode

えびちゃ【えび茶】【▽海▽老茶】〈名〉黒みがかった赤茶色。[例]えび茶のくつ。

エピローグ〈名〉❶小説や劇などの最後の、全体のしめくくりになっている部分。[類]終章。❷ものごとの結末。▽[対]プロローグ。◇epilogue

えふで【絵筆】〈名〉絵をかくのに使う筆。画筆《がひつ》。

[表現]絵をかくことを、「絵筆をにぎる」とか、「絵筆をとる」とかいう。「絵筆を捨てる」「絵筆を折る」は、絵をかくのをすっかりやめてしまうこと。

えぶみ【絵踏】〈名〉⇩ふみえ

エプロン〈名〉❶炊事《すいじ》や掃除《そうじ》などのときに使う洋風の前かけ。❷空港の格納庫《かくのうこ》の前にある、作業用の広いスペース。◇apron

エフワン【F1】〈名〉国際的な自動車レースのうち、もっとも高い性能の車種を用いるもの。また、そのレースに使われる自動車。◇Formula One の略。

えほうまき【恵方巻き】〈名〉節分の日に食べる太巻きずし。恵方(＝その年の干支《えと》にもとづいてよいとされる

方角)を向いて食べると、縁起《えんぎ》がよいとされる。大阪での慣習が広まったもの。

えぼし【▼烏▽帽子】〈名〉むかし、元服《げんぷく》した公家《くげ》や武士がかぶった帽子《ぼうし》。今は神主《かんぬし》が、儀式《ぎしき》のときにかぶる。絵

エポック〈名〉古い時代と新しい時代のさかい目となる時期。画期《かっき》。例エポックを画《かく》する(=新時代をひらく)。エポックメーキング。◇epoch

エポックメーキング〈形動〉画期的《かっきてき》だ。◇epoch-making

エボナイト〈名〉かたくて黒い色をした、プラスチックのような物質。生ゴムに硫黄《いおう》を加えてつくる。電気器具などに使う。◇ebonite

エホバ〈名〉〔宗教〕⇩ヤハウェ ◇ヘブライ語から。

えほん【絵本】〈名〉絵を中心にした、子どもむけの本。

えま【絵馬】〈名〉願いごとをするときや、願いごとがかなったときに、神社や寺におさめる額。ウマの絵がかいてある。

表現 一面《いちめん》二面《にめん》と数える。

えまき【絵巻】〈名〉「絵巻物」のこと。作品名の下につけて、たとえば『源氏物語絵巻』のようにいう。

表現 「戦国絵巻をくりひろげる」のように、目の前に展開される一大イベントや事件の形容にも用いる。

えまきもの【絵巻物】〈名〉物語の要所要所を絵で示しながら少しずつ文章をそえた巻物。

えみ【笑み】〈名〉声をたてないで、にっこりと笑うこと。例笑みをうかべる。笑みがこぼれる。ほほ笑み。満面の笑み。

えみし【▼蝦▼夷】〈名〉〔歴史〕むかし、中央のヤマト政権や朝廷《ちょうてい》の支配がおよばなかった、関東や東北、北海道に住む人々を敵視《てきし》して言ったよび名。「えびす(夷)」の変化。えぞ。

え・む【笑む】〈動五〉声をたてないで、にっこり笑う。古いことば。例ほほ笑む。

[えぼし]

エメラルド〈名〉宝石の一種。ふかい緑色をしている。五月の誕生石《たんじょうせき》。緑玉石。翠玉《すいぎょく》。◇emerald

えもいわれぬ【えも言われぬ】〈連体〉そのすばらしさを、ことばではなんとも言い表わせない。例山のお花畑は、えも言われぬ美しさだった。参考「えも」は、文語の動詞「得《う》」の連用形にもとづく副詞「え」と、助詞「も」。

えもじ【絵文字】〈名〉文字・ことばと同じようなはたらきをする絵。❶大むかし、ことばを簡略な絵で表わして伝えようとした、原始的な文字。中米のマヤ族などで使われた。類象形文字。❷電子メールなどで文字のように用いられる、イラスト風の記号。❸⇩ピクトグラム

えもの[1]【得物】〈名〉相手をやっつけるための武器。例得物を手にする。

えもの[2]【獲物】〈名〉人が狩《か》りや漁で手に入れた動物。類収獲《しゅうかく》。

えもんかけ【▽衣紋掛け】〈名〉❶和服をかけておくための道具。短い棒の中央にひもをつけたもの。❷衣桁《いこう》。▽絵 参考 ハンガーのことをこう呼ぶ人もいる。

えようえいが【▽栄▼耀栄華】〈名〉⇩えいようえいが

えら【▼鰓】〈名〉❶魚などの呼吸器官。❷人のあごの両はし。例えらが張った男。

エラー〈名・する〉❶しくじり。失敗。類へま。❷野球で、守備がわがした失策。◇error

えら・い【偉い】〈形〉❶人がらや言動などが他人に比べてすぐれている。例あの人は絶対腹をたてないから偉いよ。類立派。❷身分や地位が高い。❸[えらい] 予想もできないほど、程度がはなはだしい。例えらい(=たいへんな)ことになった。

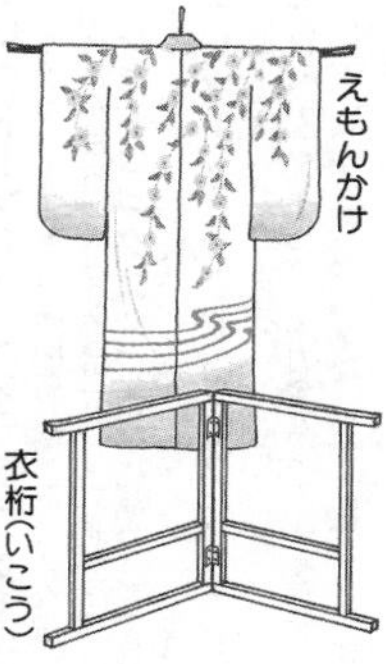

[えもんかけ]

方言 (1)中部・近畿《きんき》・中国・四国などでは、「今日の仕事はえらかった」「体がえらい」のように、「疲れる」「しんどい」の意味でも使う。(2)③は、もとは西日本の方言で、「今夜はえらい(=えらく)寒い」のように副詞としても使う。

えら・ぶ【選ぶ】〈動五〉❶いくつもあるものの中から、これと決める。例代表を選ぶ。代表に選ぶ。選び出す。選びぬく。類よる。選択《せんたく》する。❷(「手段を選ばない」のように、打ち消しの形で)えり好みをしないで、なんでも使う。例弘法《こうぼう》は筆を選ばず。

表現 人でないものが主語になって、たとえば「この道具は人を選ぶ」と言えば、使いこなせる人が限られるほど高級な道具だ、ということ。

選ぶところがない 区別できない。なんのちがいもない。

えらぶ・る【偉ぶる】〈動五〉実際の偉さとは関係なしに、偉く見えるように行動する。

えり【襟】【▼衿】〈名〉❶衣服で、首のまわりにあたる部分につける布。例襟をかきあわせる。❷首のうしろの部分。類首すじ。うなじ。

表現 ①は一枚《ひとかけ》二枚と数える。着物の掛け襟は一掛《ひとかけ》二掛《ふたかけ》と数える。

襟を正《ただ》す みだれた襟もとをととのえることから、姿勢を正しくして、気持ちをひきしめる。

エリア〈名〉一定の範囲《はんい》の場所。区域。例サービスエリア。類地域。◇area

えりあし【襟足・襟脚】〈名〉頭のうしろのかみのはえぎわ。また、そこから、首のつけねや背すじにつづくあたりまでの部分。例襟足のきれいな女性。類えりくび。えりがみ。

エリート〈名〉少数のすぐれた人。例エリート意識。エリート社員。類選良。◇フランスélite

えりがみ【襟髪・襟上】〈名〉首のうしろのかみの毛。また、首のうしろ。例襟髪をつかんでひきたおす。

えりくび【襟首】〈名〉首のうしろの部分。例襟首をつかんでしょっぴく。類首すじ。うなじ。

えりぐり【襟ぐり】【襟▼刳り】〈名〉洋服で、首をだすためにあけてある部分。例襟ぐりが深い。

えりごのみ【えり好み】【▽選り好み】〈名・する〉「これならいい、それではいやだ」と好ききらいをいい、好きなも

 ドミニカ共和国 カリブ海，ハイチと島を二分する国。カカオ・コーヒーを産する。首都サントドミンゴ。

のだけとること。より好み。例えり好みがはげしい。

えりしょう【襟章】〈名〉 制服のえりにつける、階級や所属などを表わす記章。

えりすぐ・る【▽選りすぐる】〈動五〉 えらびにえらんで、よいものを中からとりだす。「よりすぐる」ともいう。例えりすぐった選手。類厳選する。精選する。

えりぬき【えり抜き】【▽選り抜き】〈名〉 ⇩よりぬき

えりまき【襟巻き】〈名〉 寒さをふせいだり、かざりにするために首にまくもの。布や毛皮などでつくる。類マフラー。

えりもと【襟元】〈名〉 洋服で、首にちかい部分。和服で、左右のえりがかさなり合うあたり。

えりわ・ける【えり分ける】【▽選り分ける】〈動下一〉 種類のちがうたくさんのものの中から、条件にあうものをとり出す。「よりわける」ともいう。類選別する。

える[1]【得る】〈動下一〉 ❶自分に役だてたり、自由に使ったりするものとして、手に入れる。例承認《しょうにん》を得る。共感を得る。志を得る。ところを得る(=働きやすいところが見つかる)。❷理解できる。例要領をえない。❸(「…える」「…ことをえる」などの形で)…することができる。例そんなふしぎなことがありえるだろうか。そんなばかなことはありえない。

表現 終止するときの形が「うる」になることもある(→「うる〔得る〕」参考)。とくに、動詞の連用形についたときは、「ありうる」のように、「うる」になることが多い。③は、「…えない」のように打ち消しの形をとって、「…することができない」という不可能を表わすことが多い。

える[2]【獲る】〈動下一〉 ❶けもの・鳥・魚などをつかまえる。❷たたかってうばい取る。努力して自分のものにする。類勝ち取る。

エルゴノミクス〈名〉 人間工学。「アーゴノミクス」ともいう。◇ergonomics

エルニーニョ〈名〉 クリスマスのころ、海流の関係から、南米のエクアドル・ペルー沖《おき》で海水の温度が異常にあがる現象。異常気象の原因となる。◇《スペイン》El Niño(=「神の子イエス」の意味)→ラニーニャ

エレガント〈形動〉 みぶりや服装などが洗練されていて、品がよく、優雅《ゆうが》だ。例エレガントな身のこなし。エレガントにふるまう。◇elegant

エレクトーン〈名〉 いろいろの楽器の音色を出すことができる電子オルガン。参考 日本で開発・製造されたもので、electric と tone をまぜてつくった商標名。

エレクトロニクス〈名〉 電子工学。◇electronics

エレジー〈名〉 かなしい気持ちをうたった詩や音楽。類悲歌。哀歌《あいか》。◇elegy

エレベーター〈名〉 動力をつかって、人や荷物を上下にはこぶ箱型の装置《そうち》。昇降《しょうこう》機。類リフト。◇elevator

表現 一基《いっき》二基《にき》と数える。乗り物として一台二台を使うこともある。

参考 イギリスでは lift という。

エロ〈名・形動〉 「エロティシズム」の日本での省略語。例エロ本。

表現 もとの「エロティシズム」よりも下品な内容を表わすので、「エログロナンセンス」などと言われる。

エロス〈名〉 ❶ギリシャ神話で、男女をむすびつける愛の神。ローマ神話のキューピッドにあたる。❷精神的なものへの愛。また逆に、性的な愛。男女間の愛情。◇Eros

エロティシズム〈名〉 おもに芸術の分野で、男女のあいだの性的なテーマを追求する考え方。「エロチシズム」ともいう。◇eroticism

エロティック〈形動〉 性的な興味や欲望をおこさせるようす。「エロチック」ともいう。類セクシー。色っぽい。官能的。扇情《せんじょう》的。◇erotic

常用漢字 **えん**

【円(圓)】 冂部2 全4画

円円円円

エン まるい 教小1 音[エン] ▨□円《えん》グラフ。円周《えんしゅう》。円卓《えんたく》。円滑《えんかつ》。円熟《えんじゅく》。円高《えんだか》。□▨半円《はんえん》。千円《せんえん》。関東一円《かんとういちえん》。訓[まるい] 円い。円さ。円み。

【延】 廴部5 全8画

延延延延延延

エン のびる・のべる・のばす 教小6 音[エン] ▨□延期《えんき》。延滞金《えんたいきん》。延長《えんちょう》。延納《えんのう》。延焼《えんしょう》。□▨順延《じゅんえん》。遅延届《ちえんとどけ》。訓❶[のびる] 延びる。延び延びになる。❷[のべる] 延べる。延べ。日延べ。❸[のばす] 延ばす。引き延ばし。

【沿】 氵部5 全8画

沿沿沿沿沿沿

エン そう 教小6 音[エン] ▨□沿海《えんかい》。沿岸《えんがん》。沿線《えんせん》。沿道《えんどう》。沿革《えんかく》。訓[そう] 沿う。川沿い。道路沿い。

【炎】 火部4 全8画

炎炎炎炎炎炎

エン ほのお 音[エン] ▨□炎上《えんじょう》。炎暑《えんしょ》。炎天下《えんてんか》。炎症《えんしょう》。□▨火炎《かえん》。胃炎《いえん》。中耳炎《ちゅうじえん》。訓[ほのお] 炎。

【怨】 心部5 全9画

怨怨怨怨怨

エン・オン 音❶[エン] ▨□怨恨《えんこん》。❷[オン] ▨□怨念《おんねん》。

【宴】 宀部7 全10画

宴宴宴宴宴

エン 音[エン] ▨□宴会《えんかい》。宴席《えんせき》。□▨酒宴《しゅえん》。祝宴《しゅくえん》。披露宴《ひろうえん》。

【媛】 女部9 全12画

媛媛媛媛媛

エン 教小4 音[エン] □▨才媛《さいえん》。

注意 県名の「愛媛《えひめ》県」にも用いる。

【援】 扌部9 全12画

援援援援援

エン 音[エン] ▨□援軍《えんぐん》。援護《えんご》。援助《えんじょ》。援用《えんよう》。□▨応援《おうえん》。後援会《こうえんかい》。支援《しえん》。声援《せいえん》。救援活動《きゅうえんかつどう》。

【園】 囗部10 全13画

園園園園園

エン その 教小2 音[エン] ▨□園芸《えんげい》。園児《えんじ》。園長《えんちょう》。園遊会《えんゆうかい》。□▨公園《こうえん》。庭園《ていえん》。通園《つうえん》。動物園《どうぶつえん》。保育園《ほいくえん》。訓[その] 学びの園。花園。

【煙】 火部9 全13画

煙煙煙煙煙

エン けむる・けむり・けむい 音[エン] ▨□煙突《えんとつ》。煙幕《えんまく》。煙雨《えんう》。煙霧《えんむ》。□▨喫煙所《きつえんしょ》。禁煙《きんえん》。黒煙《こくえん》。煤煙《ばいえん》。湯煙。訓❶[けむる] 煙る。❷[けむり] 煙。土煙。❸[けむい] 煙い。煙たい。煙たがる。

【猿】 犭部10 全13画 猿 猿 猿 猿 猿
エン さる 音［エン］ ▨猿人《えんじん》。▨野猿《やえん》。類人猿《るいじんえん》。犬猿《けんえん》の仲《なか》。訓［さる］猿。猿楽。猿しばい。猿知恵。猿まね。猿回し。

【遠】 辶部10 全13画 遠 遠 遠 遠 遠
エン・オン とおい 教小2 音❶［エン］▨遠近《えんきん》。遠征《えんせい》。遠足《えんそく》。遠心力《えんしんりょく》。遠慮《えんりょ》。▨永遠《えいえん》。敬遠《けいえん》。望遠鏡《ぼうえんきょう》。❷［オン］▨久遠《くおん》。訓［とおい］遠い。遠出。遠目。遠ざかる。遠回し。

【鉛】 金部5 全13画 鉛 鉛 鉛 鉛 鉛
エン なまり 音［エン］▨鉛筆《えんぴつ》。鉛害《えんがい》。鉛直線《えんちょくせん》。▨亜鉛《あえん》。黒鉛《こくえん》。訓［なまり］鉛。鉛色。

【塩(鹽)】 土部10 全13画 塩 塩 塩 塩 塩
エン しお 教小4 音［エン］▨塩分《えんぶん》。塩田《えんでん》。塩酸《えんさん》。▨食塩《しょくえん》。岩塩《がんえん》。製塩《せいえん》。訓［しお］塩。塩味。塩辛い。塩漬け。盛《も》り塩。

【演】 氵部11 全14画 ※演 演 演 演 演
エン 教小5 音［エン］▨演技《えんぎ》。演劇《えんげき》。演奏会《えんそうかい》。演習《えんしゅう》。演繹《えんえき》法。▨公演《こうえん》。主演《しゅえん》。出演《しゅつえん》。

【縁(緣)】 糸部9 全15画 縁 縁 縁 縁 縁
エン ふち 音［エン］▨縁談《えんだん》。縁組《えんぐ》み。縁起《えんぎ》。縁側《えんがわ》。縁日《えんにち》。▨血縁《けつえん》。絶縁《ぜつえん》。無縁《むえん》。訓［ふち］縁。縁取り。額縁。
注意「因縁」は、連声《れんじょう》で「いんねん」と読む。

【艶(艷)】 色部13 全19画 ※艶 艶 艶 艶
エン つや 音［エン］▨艶聞《えんぶん》。妖艶《ようえん》。訓［つや］艶。艶っぽい。艶やかだ。色艶。肌《はだ》艶。

[1]えん【円】 ━〈名〉まるいかたち。例円をえがく。 ━〈名・接尾〉日本の通貨の単位。記号は「¥」。
参考 ━の面積は、πr^2(=半径×半径×円周率3.14)で求める。

[2]えん【宴】〈名〉にぎやかに飲み食いをたのしむ会。例宴をもよおす。宴たけなわ。類宴会。うたげ。

[3]えん【縁】〈名〉❶運命として、前からきまっているめぐり合わせ。例多生《たしょう》の縁。ここで会ったのもなにかのご縁でしょう。類えにし。❷人やものごととのあいだのむすびつき。例縁を切る。夫婦《ふうふ》の縁。縁もゆかりもない。かれはスポーツとはおよそ縁のない人だ。くされ縁。❸縁がわ。例縁の下。ぬれ縁。ひろ縁。

縁なき衆生《しゅじょう》は度《ど》し難《がた》し 人の意見に耳をかさない者はすくいようがない。

縁の下《した》の力持《ちからも》ち ⇩「えんのした」の子項目

縁は異《い》なもの 人間どうし、どこでどう結ばれるかわからない、その結びつきはおもしろいものだ。「味なもの」をあとにつけてもいう。類合縁奇縁《きえん》。

縁もゆかりもない つながりや結びつきがなにもない。

縁を切《き》る それまでの関係をたち切る。例親子の縁を切る。類手を切る。

[4]えん【炎】〈接尾〉炎症《えんしょう》のこと。例胃炎。肺炎。皮膚《ひふ》炎。中耳《ちゅうじ》炎。

[1]えんいん【延引】〈名・する〉予定よりおくれたり、長びいたりすること。例刊行が延引する。類遅延《ちえん》。

[2]えんいん【遠因】〈名〉直接にははたらいていない、とおい原因。例戦争の遠因となった事件。対近因。

えんう【煙雨】〈名〉けむるように、音もなく降る雨。例煙雨にかすむ町なみ。類霧雨《きりさめ》。

えんえい【遠泳】〈名・する〉海や湖で、長い距離《きょり》をおよぐこと。例遠泳大会。

えんえき【演▼繹】〈名・する〉❶一つのことをもとにして、さらにおしひろげて説明すること。❷一般《いっぱん》的な原理から特殊《とくしゅ》な事実を推論すること。三段論法は、その代表的なもの。対帰納。

えんえきほう【演▼繹法】〈名〉演繹によって考えをすすめていく方法。対帰納法。

[1]えんえん【延延】〈副・連体〉いつまでも、また、どこまでも、切れずにつづくようす。例延々とつづく。延々たる演説。延々長蛇《ちょうだ》の列。延々三時間におよぶ熱戦をくりひろげた。類ながなが。
参考「延延」は、もともとは、時間的に長くつづくようすをいい、見た目に長くつづいているようすをいうのには、「蜿蜒」と書くことばがあった。しかし、字がむずかしいうえに、「蜿蜿」「蜒蜒」「蜒蜿」と、いろいろな書きかたがあって一定しにくいので、「延延」で代用されるようになった。

[2]えんえん【炎炎】〈副・連体〉火がいきおいよく燃えあがるようす。例炎々たるほのお。炎々と燃えさかる。

[3]えんえん【▼奄▼奄】〈副・連体〉息づかいが苦しいようす。例奄々と息をつく。奄々たる息づかい。気息奄々。

えんおう(▼鴛▼鴦)の ちぎ(契)り つがいのオシドリのように、夫婦の仲がむつまじいようす。
参考 鴛《えん》と鴦《おう》は、オシドリの雄《おす》と雌《めす》のこと。

[1]えんか【演歌】〈名〉日本的な節まわしやメロディーの歌謡《かよう》曲。アエンカ

[2]えんか【▼嚥下】〈名・する〉口の中のものをのみこむこと。「えんげ」ともいう。アエンカ

[1]えんかい【沿海】〈名〉❶海にそっている陸地。類海ぞい。臨海。❷海の、陸地にちかいところ。例沿海航路。対遠洋。類近海。▽類沿岸。

[2]えんかい【宴会】〈名〉人が集まり、食べたりのんだりして、たのしむ会。類酒宴。宴席。酒もり。
表現「こんど一席設《もう》けます」のように、ふつう一席《いっせき》二席と数える。

[1]えんがい【塩害】〈名〉潮風《しおかぜ》や、流れこんだ海水にふくまれる塩分のためにうける被害《ひがい》。

[2]えんがい【煙害】〈名〉❶工場などから出るけむりや、火山のけむりのためにうける被害《ひがい》。❷たばこのけむりを受動的に吸《す》わされる害。

[1]えんかく【沿革】〈名〉学校や会社、神社や制度などの、そのおこりから現在までのうつりかわり。例母校の沿革を語る。類変遷《へんせん》。歴史。

[2]えんかく【遠隔】〈名〉とおくはなれていること。例遠隔の地。遠隔操作。遠隔授業。対近接。類リモート。

えんかくそうさ【遠隔操作】〈名・する〉⇩リモートコントロール

えんかくち【遠隔地】〈名〉中心になるところから、とおくはなれているところ。例遠隔地手当。

えんかつ【円滑】〈形動〉ものごとがとどこおらないで、うまくすすむようす。例会議は円滑にはこんだ。

えんかナトリウム【塩化ナトリウム】〈名〉

 トリニダード・トバゴ　カリブ海，ベネズエラ近くの共和国。石油・天然ガスを産する。首都ポートオブスペイン。

〔化学〕塩素とナトリウムとの化合物。食塩として調味料に使うほか、化学工業の原料としても使う。類塩《しお》。

えんかビニール【塩化ビニール】〈名〉〔化学〕アセチレンと塩化水素の化合物。合成樹脂《じゅし》や合成繊維《せんい》の原料とする。略して「塩ビ」ともいう。

えんかぶつ【塩化物】〈名〉〔化学〕塩素との化合物。

えんがわ【縁側】〈名〉❶日本風の建築で、へやの外がわにある板じきの部分。縁。❷ヒラメなどの、ひれのつけ根のあたりの肉。

えんがん【沿岸】〈名〉❶海にそっている陸地。類海ぞい。臨海。❷海の、陸地に近いところ。例沿岸漁業。▽類沿海。参考大きな湖や大河についてもいう。

えんがんぎょぎょう【沿岸漁業】〈名〉海岸から遠くない海で行なわれる漁業。小さめの船を使って、魚や貝、海藻《かいそう》をとる。

1 **えんき**【延期】〈名・する〉行事を、予定の日より先にのばすこと。例会議が延期になる。類日のべ。くりのべ。くりさげる。アエンキ

2 **えんき**【塩基】〈名〉〔化学〕酸と反応して塩《えん》と水をつくる物質。水にとけるものは、「アルカリ」ともいう。例塩基性(=アルカリ性)。アエンキ

1 **えんぎ**【縁起】〈名〉❶この先いいことがあるか、それとも不運なことが起こるかを暗示《あんじ》するかのような、小さなできごと。例茶柱《ちゃばしら》が立つとは縁起がいい。箸《はし》が折れるとは縁起が悪い。縁起物。類験《げん》。❷社寺などの、できたわけや、その後のうつりかわり。▽ア①エンギ ②エンギ

縁起でもない なにか悪いことがおこりそうで、不吉《ふきつ》だ。例縁起でもないことを言うな。

縁起を担《かつ》ぐ ❶「茶柱が立つといいことがある」とか、「箸《はし》が折れたから不吉《ふきつ》だ」などと、ちょっとした偶然《ぐうぜん》のできごとを、実際に起こりそうな運不運に結びつけて考えたがる。❷願いがかなうように、科学的な根拠《こんきょ》のないことにすがる。たとえば、勝負に勝つためにカツ丼を食べる。注意①が本来の意味だが、②の意味で使われることも増えた。

2 **えんぎ**【演技】〈名・する〉❶ことばやからだのうごきによって、芸や わざを演じること。❷人の目をごまかすために、わざとある動作をすること。例彼の反対は本心ではなくて演技だ。類芝居《しばい》。パフォーマンス。▽アエンギ

えんぎもの【縁起物】〈名〉めでたいかざりもの。参考正月のしめかざり、酉《とり》の市のくまで、神社の縁日に売る だるまなどがそれ。

えんきょく【▼婉曲】〈形動〉ものの言いかたや文章の表現のしかたが、おだやかで 遠まわしなようす。例婉曲にことわる。婉曲表現。

表現 ろこつに言うと、その場のふんいきをこわしたり、相手の感情を害したりしそうなとき、感じをやわらげるのに使う表現の方法。たとえば、「きらいだ」をさけて「趣味《しゅみ》が合わない」、「断る」をさけて「えんりょする」というなど。

えんきょり【遠距離】〈名〉とおい道のり。例遠距離列車。対近距離。類長距離。

えんきり【縁切り】〈名・する〉親子や夫婦《ふうふ》、師弟などの、つながりをたつこと。対縁組み。縁結び。類絶縁。離縁《りえん》。

えんきん【遠近】〈名〉遠いことと近いこと。例カメラの遠近を調節する。遠近法。

えんきんほう【遠近法】〈名〉〔美術〕絵画で、実際の距離《きょり》のちがいを画面にあらわす表現のしかた。

えんぐみ【縁組み】〈名・する〉それまで他人だった者が、夫婦《ふうふ》や養子などのつながりをもつようになること。例養子縁組み。対縁切り。類縁結び。

えんグラフ【円グラフ】〈名〉円をおうぎ形にくぎって、数や量の割合を表わした図。↓グラフ絵

えんぐん【援軍】〈名〉苦戦をしている味方を助けるためにおくられる軍隊。類援兵。救援隊。

表現「きみが援軍にきてくれて助かったよ」などという援軍は、困ったときに助けてくれる、ありがたい人。

えんげ【▼嚥下】〈名・する〉⇩えんか〔嚥下〕

1 **えんけい**【円形】〈名〉まるいかたち。対方形。

2 **えんけい**【遠景】〈名〉❶とおくに見える風景。❷絵や写真などで、とおくに見える風景。例遠景に富士をあしらう。類背景。バック。▽対近景。

1 **えんげい**【園芸】〈名〉草花や野菜、果樹などを栽培《さいばい》したり 造園したりする技術。

2 **えんげい**【演芸】〈名〉寄席《よせ》で見られるような大衆的な芸。演歌・おどり・落語・漫才《まんざい》など。

えんけいだつもうしょう【円形脱毛症】〈名〉頭の毛の一部がまるくぬけおちる病気。皮膚《ひふ》病だが、非常にいやなことがあって、ひとり悩む人に起こることもある。

エンゲージリング〈名〉婚約《こんやく》のしるしに相手におくる指輪。婚約指輪。◇engagement ring から。

えんげき【演劇】〈名〉人々が、それぞれ役をもって舞台《ぶたい》に登場し、脚本《きゃくほん》にしたがって演技をしながら物語を展開して、観客に見せる芸術。類劇。芝居《しばい》。

エンゲルけいすう【エンゲル係数】〈名〉〔経済〕生活に必要なお金のうち、食費がしめる割合。百分率で表わす。この割合がすくない方が生活がゆたかだとされる。参考ドイツの統計学者、エンゲルが考えだした。

えんげん【▼淵源】〈名〉ものごとが発生してくるおおもと。例淵源をさぐる。類根源。根本。

1 **えんこ**【円弧】〈名〉〔数学〕円周の一部分。

2 **えんこ**【塩湖】〈名〉水一《リットル》中に、〇・五《グラム》以上の塩分をふくむ湖。死海・カスピ海など。対淡水湖。

3 **えんこ**【縁故】〈名〉❶血のつながりや縁組みで生じる関係。例縁故をたよる。類縁続き。❷人と人、人と物などの特別のかかわり。例むかしの縁故でせわになる。縁故採用。類コネ。手づる。つて。

1 **えんご**【縁語】〈名〉和歌や文章をつくるとき、一つのことばと意味のうえでつながりのあることばを用いて表現の効果をあげる方法。また、そのことば。アエンゴ

2 **えんご**【援護】〖▼掩護〗〈名・する〉人を守るために、力をそえてやること。例援護の手をさしのべる。援護射撃《しゃげき》。アエンゴ 表記もともとは、「援護」は「困っている者を助ける」の意味で、「掩護」は「敵の攻撃《こうげき》から味方を守る」の意味で使われたが、今は「援護」で区別なく使う。

えんこうきんこう【遠交近攻】〈名〉遠い国と友好関係をむすび、近い国をせめおとそうとする外交政策。

えんごしゃげき【援護射撃】〖▼掩護射撃〗〈名・する〉❶味方の言動を助けるために、自分も主張をしたり行動したりすること。❷攻撃《こうげき》されている味方を助けて射撃すること。

えんこん【怨恨】〈名〉深いうらみ。類怨念《おんねん》。

えんさ【怨▼嗟】〈名・する〉ふかくうらんで、なげくこと。例怨嗟の声。怨嗟のまと。

えんざ【円座】〈名〉❶わらを円形にあんだしきもの。

❷何人もの人が、まるく輪になってすわること。例円座をくむ。類車座。

えんざい【▼冤罪】〈名〉罪がないのに、罪があるとされること。無実の罪。例冤罪をはらす。類ぬれぎぬ。表記社会の教科書などでは「えん罪」と書かれることもある。

エンサイクロペディア〈名〉「百科事典」のこと。◇encyclopedia

えんさん【塩酸】〈名〉〔化学〕鼻をさすようなにおいがする、強い酸。塩化水素を水にとかしたもの。化学工業でひろく使われる。胃液の中にも少しふくまれている。

えんざん【演算】〈名・する〉〔数学〕式にしたがって計算すること。類運算。計算。

えんし【遠視】〈名〉遠くのものはよく見えるが、近くのものはぼんやりする視力。凸《とつ》レンズのめがねで調節する。遠目《とおめ》。対近視。近眼。

[1]**えんじ【園児】**〈名〉幼稚園《ようちえん》や保育園にかよっている子ども。アエンジ

[2]**えんじ【▼臙脂】**〈名〉黒みをおびた、こい赤色。赤とむらさきの絵の具をまぜて、つくることができる。例えんじのネクタイ。アエンジ

エンジェル〈名〉天使。エンゼル。◇angel

えんじつてん【遠日点】〈名〉〔天文〕太陽のまわりをまわる惑星《わくせい》や彗星《すいせい》が、太陽からもっとも遠くはなれるところ。対近日点。

エンジニア〈名〉機械・電気・土木・情報処理などの技術者・技師。◇engineer

エンジニアリング〈名〉工学。工学技術。例ヒューマンエンジニアリング(=人間工学)。◇engineering

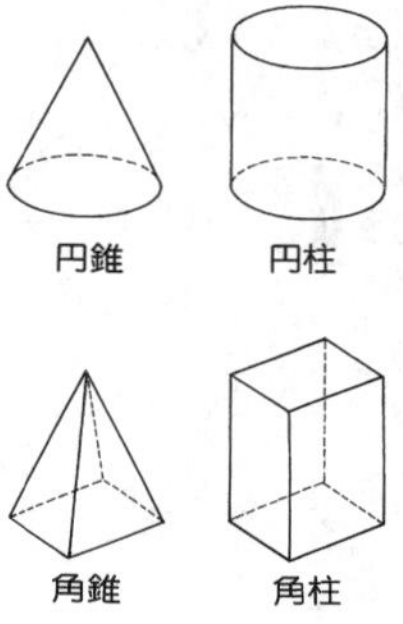

[えんすい]

えんじゃ【縁者】〈名〉血すじや縁組みによってつながっている人。例親類縁者。類親戚《しんせき》。親類。

えんじゃく(▼燕▼雀)いずくんぞこうこく(▼鴻▼鵠)のこころざし(志)をし(知)らんや　小物には大物の志はわからないものだ。由来ツバメやスズメのような小さな鳥には、オオトリやハクチョウのような大きな鳥の志はわからないものだ、という『史記』のことばから。

[1]**えんしゅう【円周】**〈名〉〔数学〕円形をつくっている輪。また、その長さ。例円周率。参考円周の長さは、2×π(パイ=円周率)×r(半径の長さ)で求める。

[2]**えんしゅう【演習】**〈名〉❶〈する〉実際とおなじかたちで行なう訓練。例予行演習。類実習。❷大学で、学生に課題を与え、調べた結果を発表させて、研究の方法を学ばせる訓練。ゼミナール。ゼミ。

えんしゅうりつ【円周率】〈名〉〔数学〕円周の、直径に対する比。円周を直径で割ったあたい。約三・一四一六。記号はπ《パイ》。→えんしゅう〔円周〕参考

えんじゅく【円熟】〈名・する〉❶だれからも「りっぱなものだ」と思われるくらい、芸やわざがじゅうぶんに上達していること。例円熟した芸風。対未熟。類熟達。熟練。❷ある程度年をとり、人格や考えかたがおだやかになって、人あたりがよくなること。例円熟味。類円満。

えんしゅつ【演出】〈名・する〉❶脚本《きゃくほん》をもとに、俳優や舞台装置《そうち》などすべてを指導して、劇をまとめあげること。例演出家。類監督《かんとく》。❷会や式などの効果をあげるために、いろいろくふうをすること。例きょうの結婚《けっこん》式の演出はすばらしかった。

えんしょ【炎暑】〈名〉真夏の、たえがたい暑さ。例炎暑がつづく。炎暑の折《おり》から(=手紙の書き出しに使う文句)。類酷暑《こくしょ》。猛暑《もうしょ》。炎熱。

えんじょ【援助】〈名・する〉力をかしてたすけること。とくに、金銭上のたすけをさすことが多い。例全世界に資金を援助する。援助をあおぐ。経済的な援助。援助物資。類救援。

エンジョイ〈名・する〉気持ちよく楽しむこと。くだけた言いかた。例生活をエンジョイする。◇enjoy

[1]**えんしょう【炎症】**〈名〉からだの一部が熱をおびて、赤くはれたり、ただれたりして痛むこと。例炎症をおこす。

[2]**えんしょう【遠称】**〈名〉〔文法〕指示語(こそあど)の分類の一つ。話し手からも聞き手からも遠いところにあるものなどをさし示すことば。「あれ」「あそこ」「あちら」「あの」「あんな」「ああいう」など、「あ」ではじまるのが特徴《とくちょう》。対近称。中称。→こそあど

[3]**えんしょう【延焼】**〈名・する〉火事が、別の建物や地域に燃えうつること。例延焼をくいとめる。類類焼。

えんじょう【炎上】〈名・する〉❶いきおいよく燃えあがること。大きな建物や寺、城の火事についていうことが多い。❷ブログやツイッターなどで述べたことに対して、批判《ひはん》の書きこみが殺到《さっとう》すること。

えんしょくはんのう【炎色反応】〈名〉〔化学〕ある物質を火の中に入れると、その物質をつくっている元素に特有の色のほのおが出る反応。これを利用して物質の成分をしらべることができる。

えん・じる【演じる】〈動上一〉❶劇の中の人物になって、人々の前で演技する。例役を演じる。類役をつとめる。❷人前で、目だつことをやる。例醜態《しゅうたい》を演じる。はでな販売《はんばい》合戦を演じる。類しでかす。▽「えんずる」ともいう。

[1]**えんじん【円陣】**〈名〉何人もの人が輪のかたちにならぶこと。例円陣をくむ(→スクラム絵)。アエンジン

[2]**エンジン**〈名〉発動機や蒸気機関。例エンジンがかかる。エンジンをかける。ジェットエンジン。◇engine アエンジン

表現「エンジンがかかる」は、調子の低かった活動がいよいよ本格的になり始めること、の意味でも使う。

えんしんぶんりき【遠心分離機】〈名〉遠心力を利用して、比重のちがう二種類の液体や、液体の中にまじる固体をふり分ける装置。「機」は「器」と書く場合もある。

えんしんりょく【遠心力】〈名〉〔物理〕物体が円をえがいて運動するとき、その物体を円の中心から遠ざけようとする力。対向心力。

えんすい【円▼錐】〈名〉〔数学〕底は平らでまるく、上はとがっている立体。絵 参考体積は、「底面積 × 高さ ÷ 3」で求める。角錐も同じ。

えんずい【延髄】〈名〉脳の、いちばん下にあり、脊髄《せきずい》につづく部分。呼吸や心臓のはたらきを支配している。

トルコ　地中海と黒海にはさまれた共和国。古代から東西文明の交わる国。農業・工業が盛ん。首都アンカラ。

エンスト〈名〉「エンジンストップ」の略。自動車のエンジンが、不意に止まること。例エンストを起こす。参考日本での省略複合語。英語では engine trouble または engine stall という。

えん・ずる【演ずる】〈動サ変〉⇩えんじる

1 **えんせい【延性】**〈名〉金属の性質の一つ。引っぱったとき、切れないで長くのびる性質をいう。金・銀・銅などは、この性質にとむ。→てんせい〔展性〕

2 **えんせい【▼厭世】**〈名〉生きていく気もなくなるほど、この世がいやになること。例厭世の思想。厭世家。厭世的。厭世主義。対楽天。類悲観。虚無《きょむ》。

3 **えんせい【遠征】**〈名・する〉❶大きな軍隊が、はるばる遠くまでせめていくこと。例遠征の途《と》につく。❷試合や探検などのために、はるばる出かけていくこと。例海外遠征。

1 **えんせき【宴席】**〈名〉人々が集まって、酒食をたのしむ席。例宴席につらなる。類酒席。

2 **えんせき【遠戚】**〈名〉血すじのとおい親戚。

3 **えんせき【縁石】**〈名〉車道と歩道のしきりとして敷《し》かれるコンクリートブロック。

4 **えんせき【縁戚】**〈名〉血すじや、家の関係でつながっている、身内のもの。類親類。親戚《しんせき》。

えんせきがいせん【遠赤外線】〈名〉電磁波で赤外線の一種。物質によく吸収され、加熱効率が高い。暖房器具や調理器具に使われる。例遠赤外線グリル。

えんぜつ【演説】〈名・する〉おおぜいの人の前で、意見や主張をのべること。例政治家の演説。街頭《がいとう》演説。類〈パブリック〉スピーチ。

えんせん【沿線】〈名〉鉄道や高速道路などにそった地域。例中央線沿線。類沿道。

えんぜん【艶然】『▼嫣然』〈副・連体〉女性が、色っぽくにっこり笑うようす。例艶然とほほえむ。

えんそ【塩素】〈名〉〔化学〕黄緑色で、においが強く毒のある気体。漂白や消毒に使う。元素の一つ。記号 Cl

えんそう【演奏】〈名・する〉楽器で音楽をかなでて、人に聞かせること。例ピアノを演奏する。対歌唱《かしょう》。類弾《ひ》く。

えんそく【遠足】〈名・する〉学校で、見学や運動のために行なう、日帰りの旅行。類ハイキング。ピクニック。

エンターテイナー〈名〉人々をたのしませる芸能人。◇entertainer

エンターテインメント〈名〉娯楽《ごらく》性の高い芸能・映画・音楽・小説など。俗《ぞく》に「エンタメ」と略す。◇entertainment

えんたい【延滞】〈名・する〉❶しはらいが期日におくれること。例借金を延滞する。税金の支払いが延滞する。延滞金。類滞納。❷レンタル品の返却《へんきゃく》が期日におくれること。例延滞料金。

1 **えんだい【演題】**〈名〉講演や演説、また落語などの題名。

2 **えんだい【縁台】**〈名〉戸外で夕すずみなどをするときに、こしかけるほそ長い台。

3 **えんだい【遠大】**〈形動〉考えることの規模がはてしなく大きい。例遠大な計画。

えんだか【円高】〈名〉〔経済〕日本の通貨である「円」の価値が、ドルやユーロなどの外国の通貨に対して高くなった状態。対円安。参考たとえば、「一ドル＝二百円」の時にくらべて、それが円高になった「一ドル＝百円」の時には、同じ二百円を二ドルと交換できる、ということ。輸出品の価格は高くなり、輸入品は安くなる。

えんたく【円卓】〈名〉まるいテーブル。例円卓をかこむ。円卓会議。

えんたくかいぎ【円卓会議】〈名〉円卓を使って行なう会議。参考席に地位の上下をつくらないために、まるいテーブルを利用する。国際的な会議にはこれが多い。

エンタメ〈名〉「エンターテインメント」の日本での略。

1 **えんだん【演壇】**〈名〉演説や講演をする人が立って話をするための、一段高くつくってある壇。類論壇。講壇。

2 **えんだん【縁談】**〈名〉結婚《けっこん》などをすすめる、相談。例縁談をもちこむ。縁談をまとめる。

えんちゃく【延着】〈名・する〉電車・バス・旅客機や郵便が、予定の時刻や期限よりおくれて着くこと。対早着。

えんちゅう【円柱】〈名〉❶まるい柱。❷〔数学〕茶筒《ちゃづつ》のかたちの立体。類円筒《えんとう》。→えんすい 絵

参考体積は、「底面積 × 高さ」で求める。角柱も同じ。

えんちょう【延長】〈名〉❶〈する〉時間や距離《きょり》をさらに のばすこと。例期間を 延長する。延長戦。延長国会。延長コード。対短縮。❷かたちなどはちがっていても、「続きなのだ」と考えられるものごと。例修学旅行は授業の延長だ。❸線路などを一本につなげたときの、全部の長さ。例延長三千キロメートル。

えんちょうせん【延長戦】〈名〉スポーツの試合で、所定の時間や回数のうちに勝敗がきまらないため、さらに時間や回数をのばして行なうこと。

えんちょうせんじょう【延長線上】〈名〉前にあったことからの当然の発展結果としてとらえられること。例長年の研究の延長線上に新たな発見が生まれる。

えんちょく【鉛直】〈名・形動〉おもりを糸でつり下げたときの、糸が示す重力の方向。水平面に対して垂直であること。例鉛直方向。鉛直線。

えんつづき【縁続き】〈名〉血のつながりや縁組みによって、親類になっていること。類身内《みうち》。親戚《しんせき》。

エンディング〈名〉終わり。終わりの部分。とくに、映画やテレビ番組の結末。例エンディングをむかえる。エンディングテーマ。対オープニング。◇ending

エンディングロール〈名〉⇩エンドロール

えんてん【炎天】〈名〉真夏の太陽が照りつけている天気。例炎天のもと。炎天下。類炎暑。炎熱。

えんでん【塩田】〈名〉太陽の熱を利用して海水から天然の塩をとるために、海岸につくる砂田。参考瀬戸《せと》内海地方に発達したが、現在はほとんどみられない。

1 **えんとう【円筒】**〈名〉まるい筒《つつ》。例円筒形《けい》。類円柱。

2 **えんとう【遠島】**〈名〉❶遠くはなれた島。❷〔歴史〕江戸《えど》時代の刑罰《けいばつ》の一つで、罪人を遠い島に送ったこと。島流し。島送り。類流刑《るけい》。

1 **えんどう【沿道】**〈名〉大きな道路にそったところ。類道路ぞい。道ぞい。沿線。アエンドー

2 **えんどう【▼豌豆】**〈名〉野菜の一つ。つる性の一年草。若いマメはさやごと、また、かたくなったマメはとり出して食べる。アエンドー

えんどお・い【縁遠い】〈形〉❶あまり関係がない。例金《かね》もうけは私には縁遠い話だ。❷結婚《けっこん》する機会になかなかめぐり合わない。

えんとつ【煙突】〈名〉けむりを外へ出す通路としてつ

トンガ　南太平洋のトンガ諸島を国土とする小立憲君主国。コプラ・カボチャを産する。首都ヌクアロファ。

くった、長い筒《つつ》。通風もかねる。

エントリー〈名・する〉❶競技会や就職《しゅうしょく》活動などで、参加を申しこんで登録してもらうこと。[例]エントリーナンバー。❷初心者・入門者として使うこと。[例]エントリーモデル。❸ブログの、一件一件の記事。また、記事や写真を投稿すること。◇entry

エントリーシート〈名〉❶就職希望者が、書類選考の対象として企業《きぎょう》に登録してもらうためにまず提出する書類。履歴《りれき》書とちがって、企業によって書式がさだめられている。◇entry sheet ❷競技会などで、出場者や参加者として登録してもらうために提出する書類。◇日本での複合語。

エンドレス〈形動〉いつまでも続いて、終わることがない。[例]エンドレステープ。◇endles

エンドロール〈名〉映画やテレビ番組の終わりに、下から上へと順に流れていく、出演者名やスタッフ名などの表示。「エンディングロール」ともいう。◇end roll

えんにち【縁日】〈名〉神社や寺で、神や仏の供養《くよう》や祭りなどが行なわれる日。

えんにょう『延▼繞』〈名〉漢字の繞の一つ。「延」「建」などの「廴」の部分。

えんねつ【炎熱】〈名〉真夏のはげしい暑さ。[例]炎熱地獄《じごく》。[類]炎暑。炎天。

えんのう【延納】〈名・する〉決められた日にお金や品物がおさめられないとき、延期しておさめること。[例]税金を延納する。延納願い。

えんのした【縁の下】〈名〉縁がわの下。ゆかの下。

縁の下の力《ちから》持《も》ち 見えないところで、みんなのためにはたらいている人。[類]裏《うら》方《かた》。

えんばく【▼燕麦】〈名〉イネ科の一年草または二年草。高さ一メートルほど。実《み》は家畜《かちく》のえさやオートミールなどにする。からすむぎ。

[えんびふく]

えんばん【円盤】〈名〉❶まるくてひらたい形のもの。[例]空とぶ円盤。❷「円盤投げ」に使うまるい盤。重さは男子用二キログラム、女子用一キログラム。

えんばんなげ【円盤投げ】〈名〉陸上競技の一種。きめられた円内(=サークル)から、円盤を投げて、その飛んだ距離《きょり》をきそうもの。

えんぴつ【鉛筆】〈名〉木の軸《じく》の中に黒鉛のしんが入っている筆記用具。[例]鉛筆をけずる。鉛筆のしん。鉛筆けずり。赤鉛筆。色鉛筆。

えんびふく【▼燕尾服】〈名〉男性の洋式礼服の一つ。上下とも黒で、上着のうしろのすそが長く、ツバメの尾《お》のように二つにわかれている。[絵] [類]モーニング。タキシード。

[1]**えんぶ【円舞】**〈名〉❶おおぜいがまるく輪になっておどるダンス。[類]輪舞《りんぶ》。❷ワルツやポルカなど、ひと組みの男女がまわりながらおどるダンス。[例]円舞曲。

[2]**えんぶ【演武】**〈名〉武芸を演じて見せること。

[3]**えんぶ【演舞】**〈名〉舞《まい》を演じて見せること。

えんぶきょく【円舞曲】〈名〉⇩ワルツ

エンブレム〈名〉ある団体などのシンボルとなるようにデザインされたマーク。紋章《もんしょう》・記章・校章・など。[類]ワッペン。◇emblem

[1]**えんぶん【塩分】**〈名〉物の中にふくまれている塩の量。[例]塩分をひかえる。[類]しおけ。[ア]エンブン

[2]**えんぶん【艶聞】**〈名〉男女の色恋《いろこい》にかかわる話やうわさ。[例]艶聞の絶えない人。[ア]**エンブン**

えんぺん【縁辺】〈名〉❶そこに接したまわり。[例]大陸の縁辺部。❷縁故のある人。

えんぼう【遠謀】〈名〉ずっと先ざきのことまで考えに入れた計略。[類]深謀。

[表現]「遠謀深慮《しんりょ》」「深謀遠慮」は、強めた言いかた。

えんぽう【遠方】〈名〉遠くはなれたところ。

えんま【▼閻魔】〈名〉地獄《じごく》で罪人をさばくという、大王。[絵]◇もとサンスクリット語。

[表現]うそをつくと「えんまさまに舌をぬかれる」というのは、「かみなりさまにおへそをとられる」というのと同じで、むかし、親が小さな子どもをしつけるときに使った言いまわし。

[えんま]

えんまく【煙幕】〈名〉戦争で、味方をおおいかくし、敵の目をくらますためにまきちらすこいけむり。

煙幕を張《は》る ❶けむりをまきちらして、敵の目をくらます。❷つごうのわるいことをかくすために、別なことをしゃべりちらしたりして、人の注意をそらす。

えんまちょう【▼閻魔帳】〈名〉地獄《じごく》の閻魔大王が、死者の生きていたときの罪状を記入するという帳面。

[表現]教師が、生徒の成績や品行《ひんこう》などを記入する帳面のことにもいう。

えんまん【円満】〈形動〉角だったところがなく、おだやかな感じである。[例]円満な人物。円満な家庭。円満に解決する。円満退社。

えんむ【煙霧】〈名〉こまかいちりやけむりが空気中にただよって、きり状になって視界をさえぎるもの。天気図の記号は㊇。[類]スモッグ。

えんむすび【縁結び】〈名〉夫婦《ふうふ》のつながりを新たにつくること。[例]縁結びの神。[対]縁切り。離縁《りえん》。[類]縁組み。

えんめい【延命】〈名・する〉寿命《じゅみょう》をのばして、生きながらえること。[例]内閣の延命を策する。息災《そくさい》延命。延命治療《ちりょう》。

[表現]二人のなかをとりもつことを「縁結びをする」という。

えんもく【演目】〈名〉演芸・演劇・演奏での出し物。

えんやす【円安】〈名〉〔経済〕日本の通貨である「円」の価値が、ドルやユーロなどの外国の通貨に対して安くなった状態。[対]円高。[参考]たとえば、「一ドル＝百円」の時にくらべて、それが円安だった「一ドル＝二百円」の時には、同じ二百円を一ドルとしか交換できなかった、ということ。輸出品の価格は安くなり、輸入品は高くなる。

えんゆうかい【園遊会】〈名〉庭園を会場として、多くの客をまねき、食事や余興でもてなす会。

[1]**えんよう【遠洋】**〈名〉陸地から遠くはなれた海。[例]遠洋漁業。遠洋航海。[対]近海。沿海。

[2]**えんよう【援用】**〈名・する〉自分の主張をおぎなうため、ほかの書物や具体例などを引用・利用すること。

えんらい[1]**【遠来】**〈名〉 遠いところから はるばるやってくること。例遠来の客。

えんらい[2]**【遠雷】**〈名〉 遠くの かみなり。

えんりょ【遠慮】 一〈名・する〉 ❶他人に気をつかって、自分のしたいことや言いたいことを ひかえめにすること。例遠慮がない。遠慮なくお使いください。遠慮は無用だ。彼とは遠慮のない間柄《あいだがら》だ。遠慮がち。遠慮ぶかい。❷「ことわる」「しない」の遠まわしな言いかた。例年賀状を遠慮する。出席は遠慮しておこう。類辞退。さしひかえる。二〈名〉 先ざきのことまで見とおしたふかい考え。例深謀《しんぼう》遠慮。類深慮。▽ア一エンリョ 二エンリョ

方言 近畿《きんき》では、食べ物を何人かで一つずつ取って食べたあと、皿に残っただれも取らない一個を、「遠慮のかたまり」と言う。ほかにも独特の言い方をする地方がある。

遠慮会釈《えしゃく》もない 相手の気持ちを少しもかえりみないで、なにかをする。

えんりょぶか・い【遠慮深い】〈形〉 ことばづかいや態度がひかえめで、目立ちたがらない。例遠慮深い人が ら。類つつしみ深い。

えんろ[1]**【園路】**〈名〉 公園・庭園や動物園・植物園などの中の道。

えんろ[2]**【遠路】**〈名〉 とおい道のり。例遠路はるばる。遠路をものともしない。類長途《ちょうと》。

お……オ

常用漢字 **お**

【汚】 氵部3 全6画 汚汚汚汚汚汚

オ けがす・けがれる・けがらわしい・よごす・よごれる・きたない 音[オ] 熟汚水《おすい》。汚物《おぶつ》。汚染《おせん》。汚濁《おだく》。汚点《おてん》。汚職《おしょく》。汚名《おめい》。 訓❶[けがす] 汚す。❷[けがれる] 汚れる。汚れ。❸[けがらわしい] 汚らわしい。❹[よごす] 汚す。お口汚し。❺[よごれる] 汚れる。汚れ。汚れ物。汚れ役。❻[きたない] 汚い。汚らしい。口汚い。

お[1]**【尾】**〈名〉 ❶鳥・けもの・魚などのからだで、頭と反対の方へ長くのびている部分。例尾をふる。尾をたれる。尾頭《おかしら》つき。対頭。類しっぽ。おっぽ。❷「凧《たこ》の尾」や「彗星《すいせい》の尾」のように、「①」に似《に》て、うしろへつき出たものや長くのびたもの。

尾を引《ひ》く なにかの影響《えいきょう》があとあとまで のこる。類あとを引く。

尾を振《ふ》る 犬が人間に尾をふるように、相手に気に入られようとして、ごきげんをとる。しっぽをふる。

お[2]**【緒】**〈名〉 ❶ものを結びつけたり、器物《うつわもの》をあつかったりするための ひも。かざりにもする。例緒をすげる。へその緒。げたの緒。玉の緒。勝って兜《かぶと》の緒をしめよ。堪忍袋《かんにんぶくろ》の緒が切れる。鼻緒。下げ緒。❷琴《こと》など、日本の楽器にはる糸。例琴の緒。類弦《げん》。

お[3]**【小】**〈接頭〉 ❶「小さい」という意味を表わす。例小川。❷「すこし」という意味を表わす。例小暗《ぐら》い。小やみなく(ふる雨)。

お[4]**【▽御】**〈接頭〉 名詞、形容詞、動詞の連用形などの上につける。❶美化語をつくって、ものの言いかたに、上品な感じや やさしい感じをそえる。例お寒うございます。お米。お箸《はし》。お天気。❷尊敬語をつくる。例先生は きょうお休みです。もうすぐお見えになります。もうお帰りになりました。お宅。お顔。お美しい。❸(「お…する」「お…いたします」などの形で)謙譲《けんじょう》語をつくる。例荷物をお持ちします。お電話いたします。お話し申し上げます。今すぐにはお答えできません。❹(「お…なさい」の形で)目下の相手に

囲み記事 9

「お」のつくことば・「ご」のつくことば

「お」は和語に、「ご」は漢語に

ていねいな言いかたをする場合に、ことばに「お」や「ご(御)」をつけることがある。「お」をつけるのは「お子さん」「お刺身《さしみ》」「お名前」「お友だち」「お忙《いそが》しい」などである。一方、「ご」をつけるのは「ご安心」「ご家族」「ご自宅」「ご夫婦《ふうふ》」「ご友人」「ご立派《りっぱ》」などである。日本語固有のことば(和語・大和言葉《やまとことば》)には「お」をつけ、漢字の音読みでできている漢語には「ご」をつけるのが一般《いっぱん》的な傾向《けいこう》だが、漢語でも身近な日常生活に使うことばには、「お医者さん」「お客」「お電話」「お料理」「お野菜」「お洗濯《せんたく》」「お中元」「お大事に」「お元気で」のように「お」のつくものがたくさんある。この中には「お丈夫《じょうぶ》・ご丈夫」「お勉強・ご勉強」など「お」も「ご」もつくことばもある。このように「お」や「ご」をつけた表現は、「美化語」とよばれる。

「お」も「ご」もつかないことば

外来語に「おピアノ」「おテレビ」など「お」をつけるとおかしい。「おどり」「奥さん」「弟さん」など、「お」で始まることばにも「お」はつかない。「傘《かさ》」「言葉」は「お傘」「お言葉」、「意見」「連絡」は「ご」をつけて「ご意見」「ご連絡」と言う。だが、「こうもり傘」「決まり言葉」のようになると「おこうもり傘」「お決まり言葉」とは言いにくく、「賛成意見」「緊急《きんきゅう》連絡」も「ご賛成意見」「ご緊急連絡」とは言えない。このように、長いことばには「お」と「ご」がつきにくい。また、「くそ」「くさい」など、よくない意味のことばにも「お」はつかない。

「お」「ご」がつくと意味が変わることば

「にぎり(=にぎりずし)」「ひや(=ひや酒)」「負け」などは、「お」がつくと「おにぎり(=にぎり飯)」「おひや(=飲食店で出す水)」「おまけ(=サービスとしてつける品物、または少し値引きをすること)」となって、まったくちがう意味を表わす。

「ご」も、つくと意味が変わる場合がある。たとえば「機嫌《きげん》」は人の気分のことをいい、「ご機嫌」は「ご機嫌をうかがう」など「機嫌」をていねいにいう美化語として使われる。だが一方で、「一郎君は先生にほめてもらってご機嫌だ」のように、何かいいことがあって気分がいいこと、つまり「上機嫌」なことも表わす。

対するかるい親しみの気持ちをこめた命令を表わす。例さあ、お食べなさい。▽→囲み記事9(前ページ)

[5]**お**【▽男・雄】〖▼牡〗〈接頭〉❶人などを表わすことばにつけて「男の」、動物などを表わすことばにつけて「雄《おす》の」という意味を表わす。例男神。雄ぎつね。雄花。❷二つで対《つい》になるもののうち、いきおいの強い方や、つきでた方。例男滝《おだき》。男波《おなみ》。雄ねじ。▽対女《め》。

おあいそ〖お愛想〗〈名〉❶人のごきげんをとったり、うれしがらせたりするための、ことばや態度。例おあいそを言う。→あいそ〔愛想〕❷〈する〉料理屋や飲み屋で、勘定《かんじょう》・会計を遠まわしにいう言いかた。類お勘定。

おあいにくさま〖お▽生憎様〗〈形動・感〉「いまは、ちょうどぐあいがわるくて、あなたのご期待にそえません」という意味を表わす。例せっかくおいでになったのに、品切れで、おあいにくさまでした。行けなくて、おあいにくさま!

表現 もともと「あいにく」をていねいにいったことばだが、すまないという気持ちとは反対に、「おあいにくさま、そうはいきませんよ」のように、「いいきみだ」に近い気持ちを表わすこともある。

おあし【お足】〈名〉「お金」の古い言いかた。

オアシス〈名〉砂漠《さばく》で、泉や地下水があり、植物が生えているところ。◇oasis

表現 「都会のオアシス」なら、ほっと一息つける所。

おあずけ【お預け】〈名〉❶飼いならした動物の前に食べ物をおいて、「よし」と言うまで食べさせないこと。❷約束が、予定の期日をすぎても実行されないでいること。例旅行はしばらくお預けだ。

お預けを食《く》う 期待していたことの実現が、先までのばされる。

おあつらえむき【おあつらえ向き】〖お▼誂え向き〗〈形動〉のぞみにぴったりと合っている。例おあつらえ向きの話。類もってこい。かっこう。うってつけ。

おあと(後)がよろしいようで 落語家がはなしを終えたときに言うきまり文句。次の出番の準備がととのったようだから交替する、という意味。

[1]**おい**【老い】〈名〉❶年をとって、からだや頭のはたらきがおとろえていくこと。例老いの身。しのびよる老い。類老化。❷年をとった人。例老いも若きも。老いのくりごと。類年より。老人。▽アオイ

老いの一徹《いってつ》 思いこんだら、どんなことがあっても自分の態度をかえない、老人のがんこさ。

老いのすさび 年をとってからの人生をなぐさめるあそびごと。

[2]**おい**〖▼甥〗〈名〉ある人からみて、その兄弟や姉妹《しまい》の、息子《むすこ》。おいっ子。おい子《ご》。対姪《めい》。アオイ

敬語 尊敬語としては、「おい御《ご》さん」または「おい子《ご》さん」を使う。

おいあ・げる【追い上げる】〈動下一〉❶追いつきそうないきおいで追っていく。例必死に追い上げたが、今一歩およばなかった。❷上の方へ追いつめていく。例犯人をビルの最上階へ追い上げる。類追いやる。

おいうち【追い打ち・追い討ち・追い撃ち】〈名〉❶にげる相手をおいかけて、さらに攻撃《こうげき》を加えること。類追撃《ついげき》。❷ダメージをうけて弱った人に、さらにダメージをあたえること。例追い打ちをかける。

おいえ【お家】〈名〉個人が所属する集団。例お家の事情。

表現 「お家の大事」「お家騒動《そうどう》」などのように、もともとは、武士がつかえている主人の家のことをいった。

おいえげい【お家芸】〈名〉その人の得意な芸。例手品は彼のお家芸だ。類おはこ。十八番。お手のもの。

表現 もともとは、歌舞伎《かぶき》などで、俳優の属する家(=一門)が得意とする芸をいう。

おいえそうどう【お家騒動】〈名〉❶江戸《えど》時代、大名の家の相続や権力をめぐるあらそいがもとで、藩《はん》全体がまきこまれたもめごと。❷家庭や組織の中の、やっかいなあらそいごとやもめごと。

おいおい【追い追い】〈副〉順をおってだんだんに。しだいに。また、そのうち。例追々わかってくる。

おいおと・す【追い落とす】〈動五〉❶追いかけていって上から下へ落とす。例イノシシを谷へ追い落とす。❷上位の人に勝って、その地位をうばいとる。例先輩《せんぱい》を追い落としてリーダーになる。類追撃《ついげき》する。

表現 計画的行動として、「追い落としにかかる」「追い落としをはかる」のようによくいう。

おいかえ・す【追い返す】〈動五〉好ましくない相手を、追いたてて帰らせる。類追いはらう。

おいか・ける【追い掛ける】〈動下一〉❶さきをいくものに追いつこうとして、後から追う。例犯人を追いかける。流行を追いかける。類追跡《ついせき》する。❷あることにつづいて、次のことがおこる。例危篤《きとく》の知らせを追いかけるように、死去の通知がとどいた。

おいかぜ【追い風】〈名〉❶進んでいるものを追いかけるように、うしろから吹く風。例ヨットが追い風を受けて進む。→さんこうきろく ❷有利にはたらく要因のたとえ。例チームに追い風が吹く。▽対向かい風。類順風《じゅんぷう》。

おいこ・す【追い越す】〈動五〉うしろから進んでいたものが前の人や車などに追いついて、さらに相手をぬいて前にでる。例前の車を追い越す。類追い抜《ぬ》く。

おいこみ【追い込み】〈名〉競技や勉強、仕事が終わる直前に、全力をだして努力すること。例追い込みをかける。追い込みの段階。選挙戦も追い込みに入った。類ラストスパート。

[1]**おいこ・む**【老い込む】〈動五〉年をとって、いちだんとおとろえがめだつようになる。類ふけこむ。

[2]**おいこ・む**【追い込む】〈動五〉❶追いたてていって、さくやあみなどの中へ入れる。例羊を囲いに追い込む。❷相手をせめたてて、苦しい状態におちいらせる。例破滅《はめつ》に追い込む。窮地《きゅうち》に追い込む。類追いつめる。追いやる。❸とくにスポーツで、能力の限界を突破《とっぱ》させるために、わざと苦しいトレーニングを課する。例自分を追い込む。選手たちを追い込む。

[1]**おいさき**【生い先】〈名〉おさない人がこれから生きていく、先ざきの人生。例この子の生い先がたのしみだ。類ゆくすえ。将来。

[2]**おいさき**【老い先】〈名〉年をとった人の、のこりの人生。例老い先みじかい。類余命。

おいさらば・える【老いさらばえる】〈動下一〉年老いて、みにくく、みすぼらしくなる。

おいし・い〖▽美▽味しい〗〈形〉❶味がよい。例おいしいお菓子《かし》。山の空気はおいしい。対まずい。類うまい。美味。いける。❷不相応に利得がある。俗《ぞく》な言いかた。例おいしいアルバイト。自分だけおいしい思いをする。

おいしげ・る【生い茂る】〈動五〉草や木が、枝《えだ》や葉を、すきまがないほどいっぱいにのばす。類茂る。繁茂《はんも》する。はびこる。

おいすが・る【追いすがる】〖追い▼縋る〗〈動五〉

あとを追ってきた人が、はなれまいとして、すがりつく。

おいそれと〈副〉(「おいそれとはできない」の形で)簡単にはできない、深く考えないとできない、という意味を表わす。例おいそれとはできない問題だ。

おいだ・す【追い出す】〈動五〉人を、今いるところから追いたてたり、仲間はずれにしたりする。類追いはらう。

おいたち【生い立ち】〈名〉❶どこで生まれ、どう成長してきたかということ。例生い立ちを語る。不幸な生い立ち。類経歴。素性《すじょう》。❷子どもの成長。例生い立ちを見まもる。

表現「経歴」は、「学歴」や「職歴」を中心とした人の歴史であるのに対して、「生い立ち」は、子ども時代の歴史。また、「日本列島の生い立ち」のようにもいえる。

おいた・てる【追い立てる】〈動下一〉❶その場所からむりやり動かす。どかす。例報道陣《じん》を追い立てる。対立ちのく。引きはらう。❷「早く早く」と急がせる。例スケジュールに追い立てられる。類せき立てる。追いまくる。

表現①の意味で追い立てられることを、「追い立てを食う」ともいう。

おいちら・す【追い散らす】〈動五〉集まっているものを、むりにちりぢりにさせる。例野次馬を追い散らす。

お(追)いつお(追)われつ 追ったり追われたりしながら進んでいくようす。例追いつ追われつのデッドヒート。類ぬきつぬかれつ。

おいつ・く【追いつく】〖追い付く・追い着く〗〈動五〉❶うしろから進んでいたものが、目あてのものに近づいて、ならぶ位置までくる。おとっていたものが相手と同じレベルになる。例やっと同点に追いついた。追いつき追いこせ。類キャッチアップする。❷不足や損失などをとりもどす。くだけて「おっつく」ともいう。例水不足にこれだけの雨では、とても追いつかない。

おいつ・める【追い詰める】〈動下一〉相手がどこにもにげるところがない状態にまで、追いこむ。類追いやる。

[1]**おい(▼於)て** (「…において」の形で)❶ものごとの行なわれる場所や時を示す。例公会堂において開催《かいさい》する。現在においてそのようなことはゆるされない。❷…について。…の点で。例学問において、かれにまさる者はいない。▽類で。アオイテ オイテ

表現 会話より書きことばで使われる。

[2]**お(▽措)いて** ⇩おく〔置く〕㊀⑦ アオイテ

おいで〖お▽出で〗〈名〉「行く」「来る」「居《い》る」ことの尊敬語。例先生もおいでになる。おいでを首を長くしてお待ちしています。→おこし〔お越し〕表現

表現「こっちへおいで」のように、「来い」をやさしくいう言いかたがある。

おいてきぼり【置いてきぼり】〈名〉⇩次項

おいてけぼり【置いてけぼり】〈名〉「置き去《ざ》り」のくだけた言いかた。「おいてきぼり」ともいう。

由来 釣った魚を「置いてけ」と、お堀《ほり》から声が聞こえたという、江戸時代のふしぎな話から。

お(老)いてはこ(子)にしたが(従)え ⇩「おいる」の子項目

おいとま〖▽御▽暇〗〈名・する〉帰ることをていねいにいう、古風な言いかた。例そろそろおいとまします。

おいなりさん〖お稲▽荷さん〗〈名〉「いなりずし」、また、神社の「いなり」を、親しんでいうことば。

おいぬ・く【追い抜く】〈動五〉追いついて、相手よりさきにでる。例前の車を追い抜く。類追いこす。抜かす。

おいねー(方言) ❶…してはいけない。例そんなことしちゃおいねーよ。❷…しなければならない。例六時めー(＝前)に起きねっぱおいねーよ。▽千葉で言う。

由来「(手に)負えない」に由来することば。

おいはぎ【追い剝ぎ】〈名〉夜道や山道で、通行人をおどし、金品をうばう盗賊《とうぞく》。

おいはら・う【追い払う】〈動五〉じゃまなものや、うるさいものを追いたてて去らせる。例はえを追い払う。類追い返す。追い出す。追いやる。追放する。

おいぼれ【老いぼれ】〈名〉年寄《としより》。かろんじた言いかた。

おいぼ・れる【老いぼれる】〈動下一〉年をとって、からだの自由がきかなくなり、頭のはたらきがおとろえる。

おいまくら・れる【追いまくられる】〖追い▼捲られる〗〈動下一〉ひっきりなしにせかされる。例仕事に追いまくられる。

おいまわ・す【追い回す】〈動五〉相手をしつこく追いかける。例とんぼを追い回して遊ぶ。

表現 受け身で「仕事に追い回される」のようにもいう。

おいめ【負い目】〈名〉援助《えんじょ》や恩をうけた人に対していだく、頭のあがらない思い。例負い目がある。類ひけめ。

おいもと・める【追い求める】〈動下一〉手にいれようと、どこまでも求めつづける。例理想を追い求める。類追求する。

おいや・る【追いやる】〖追い▽遣る〗〈動五〉❶人を追いたてて、去らせる。類追いはらう。追放する。❷人を、いやなところへむりやり行かせる。例死に追いやる。へやのすみに追いやる。類追いつめる。追いこむ。

おいら〈代名〉「おれ」の古い感じの言いかた。ふつう、男子がおどけて、くだけた調子で使う。

おいらく【老いらく】〈名〉年をとることの文学的な表現。例老いらくを嘆《たん》ずる。類老年。

老いらくの恋《こい》 年をとってからいだく恋心。あまり似《に》つかわしくないものとしていう言いかた。

おいらん〖▽花▼魁〗〈名〉むかしの遊郭《ゆうかく》で、位の高い遊女。

[1]**お・いる【老いる】**〈動上一〉老人になる。例老いてますますさかん。年老いる。類老いぼれる。アオイル →ふける〔老ける〕表現

老いては子《こ》に従《したが》え 時とともに立場は変わる。老後はでしゃばらず、子どもの世代にまかせなさい。

[2]**オイル**〈名〉❶油。例サラダオイル。❷石油やガソリン。例オイルタンカー。❸自動車などの潤滑《じゅんかつ》油。例オイル交換《こうかん》。◇oil ▽アオイル

オイルショック〈名〉「石油危機」のこと。

表現「オイルがきれる」は、元気がなくなることにもいう。

参考 日本での複合語。英語では oil crisis という。

オイルフェンス〈名〉海で、石油が流出したとき、広がらないように張る囲い。◇oil fence

おいろなおし【お色直し】〈名〉結婚《けっこん》式の披露宴《ひろうえん》の途中《とちゅう》で、新婦や新郎《しんろう》が、式服からもっとはなやかな服に着がえること。

おいわけ【追分】〈名〉❶街道《かいどう》が二つにわかれるところ。❷「追分節《ぶし》」の略。▽例信濃《しなの》追分。

常用漢字 **おう**

【王】 王部0 全4画 ※ 王王王王

オウ 教小1 音[オウ] ▨王子《おうじ》。王位《おうい》。王冠《おうかん》。

王朝《おうちょう》。国王《こくおう》。女王《じょおう》。帝王《ていおう》。三冠王《さんかんおう》。
注意「親王」「勤王」「天王星」などは、連声《れんじょう》で「オウ」を「ノウ」と読む。

【凹】 凵部3 全5画 ※
オウ 音[オウ] 凹凸《おうとつ》。凹面鏡《おうめんきょう》。凹《おう》レンズ。
注意「凸凹」は、「でこぼこ」と読む。

【央】 大部2 全5画
オウ 教小3 音[オウ] 中央《ちゅうおう》。

【応(應)】 心部3 全7画
オウ こたえる 教小5 音[オウ] 応答《おうとう》。応募《おうぼ》。応接間《おうせつま》。応急《おうきゅう》。応用《おうよう》。呼応《こおう》。相応《そうおう》。適応《てきおう》。訓[こたえる] 応える。手応え。
注意「反応」「順応」「感応」は、連声《れんじょう》で「オウ」を「ノウ」と読む。

【往】 彳部5 全8画 ※
オウ 教小5 音[オウ] 往診《おうしん》。往復《おうふく》。往来《おうらい》。往路《おうろ》。往年《おうねん》。右往左往《うおうさおう》。既往症《きおうしょう》。

【押】 扌部5 全8画
オウ おす・おさえる 音[オウ] 押収《おうしゅう》。押印《おういん》。押韻《おういん》。花押《かおう》。訓❶[おす] 押す。押し。押し切る。押し出す。押し花。押し問答。ごり押し。❷[おさえる] 押さえる。押さえ。押さえ込む。

【旺】 日部4 全8画 ※
オウ 音[オウ] 旺盛《おうせい》。

【欧(歐)】 欠部4 全8画
オウ 音[オウ] 欧州《おうしゅう》。欧米《おうべい》。欧文《おうぶん》。欧風《おうふう》。西欧《せいおう》。渡欧《とおう》。

【殴(毆)】 殳部4 全8画
オウ なぐる 音[オウ] 殴打《おうだ》。殴殺《おうさつ》。訓[なぐる] 殴る。殴り合い。殴り書き。横殴り。

【桜(櫻)】 木部6 全10画
オウ さくら 教小5 音[オウ] 桜花《おうか》。観桜《かんおう》。訓[さくら] 桜。桜色。桜前線。桜吹雪《ふぶき》。桜餅《もち》。桜湯。葉桜。枝垂《しだ》れ桜。八重《やえ》桜。

【翁】 羽部4 全10画
オウ 音[オウ] 老翁《ろうおう》。塞翁《さいおう》が馬。

【奥(奧)】 大部9 全12画
オウ おく 音[オウ] 奥義《おうぎ》。深奥《しんおう》。訓[おく] 奥。奥まる。奥深い。奥床しい。奥底。奥歯。奥行き。

【横(橫)】 木部11 全15画 ※
オウ よこ 教小3 音[オウ] 横断《おうだん》。横転《おうてん》。横領《おうりょう》。横行《おうこう》。横柄《おうへい》。横隔膜《おうかくまく》。専横《せんおう》。縦横《じゅうおう》。訓[よこ] 横。横たわる。横顔。横座り。横ばい。横取り。真横。

【皇】 ⇩常用漢字 こう〔皇〕
【黄】 ⇩常用漢字 こう〔黄〕

[1]**お・う【負う】**〈動五〉❶人やものをせなかにのせる。例背負う。類しょう。おぶう。❷自分の身にうける。きずをうける。例責任を負う。義務を負う。痛手を負う。❸恩恵《おんけい》をうける。例成功はきみの力に負うところが大きい。
負うた子《こ》に教《おし》えられ 教えなければならない相手から、逆に、こちらが教えられることもある、ということ。
▽アオウ

[2]**お・う【追う】**〈動五〉❶先に進んでいるもののところまで、行きつこうとする。また、それをつかまえようとして、あとから進んでいく。例追いつ追われつ。追いかける。❷手に入れたいと思って努力する。例理想を追う。犯人を追う。追い求める。❸道すじをたどる。例足どりを追う。目で追う。❹順番にしたがってひとつひとつ進んでいく。例順を追う。回を追う。日を追って、あたたかくなってきた。❺うしろから強制して前へ進ませる。例牛を追う。勉強に追われる。▽アオウ →おわれる・おって〈副〉

[3]**おう【王】**〈名〉❶国家の、唯一《ゆいいつ》最高の権力者。例王を立てる。類君主。皇帝《こうてい》。キング。❷もっともすぐれたもの。例ライオンは百獣《ひゃくじゅう》の王だ。❸将棋《しょうぎ》で、いちばん位の高い駒《こま》。王将。類玉《ぎょく》。玉将。▽アオー

[4]**おう【翁】**一〈名〉年を重ねた男子。その人を尊敬して語る場合に名をいう代わりのことばとして使う。アオー 二〈接尾〉大きな功績をあげた、年配の男性の名前につけて敬意を表わす。例福沢諭吉《ふくざわゆきち》翁。
表現 のちの人がその人の功績をたたえる意味で敬称《けいしょう》として用いる場合が多い。ナポレオンや松尾芭蕉《まつおばしょう》を、「ナ翁」「蕉翁」と呼ぶこともある。

おうい【王位】〈名〉国王としての位《くらい》。

おういつ【横▼溢】〈名・する〉満ちあふれるほどに、さかんなこと。例自由の横溢する都市。

[1]**おういん【押印】**〈名・する〉はんこやスタンプをおすこと。類捺印《なついん》。押捺《おうなつ》。

[2]**おういん【押韻】**〈名・する〉一つの詩の中の、いくつかの句のはじめや終わりに、同じひびきの音のことばをおくこと。句のはじめを「頭韻《とういん》」、終わりを「脚韻《きゃくいん》」という。

おうう【奥羽】〈名〉東北地方。むかしの陸奥《むつ》と出羽《でわ》を合わせたよび名。例奥羽山脈。

おうえん【応援】〈名・する〉❶声や身ぶりなどで、味方をはげますこと。例応援にかけつける。応援歌。応援団。類声援。❷こまっている人の手助けをすること。例応援を要請《ようせい》する。類加勢《かせい》。❸「支援《しえん》」の、ややくだけた言いかた。例買って、お店を応援する。

おうおう【往往】〈副〉⇩おうおうにして(次項)

おうおうにして【往往にして】〈副〉そうなりやすい傾向《けいこう》があるようす。例あわてると、往々にして肝心《かんじん》なことを忘れるものだ。

[1]**おうか【桜花】**〈名〉「さくらの花」のかたい言いかた。例桜花爛漫《らんまん》。アオーカ

[2]**おうか【押下】**〈名・する〉ボタンやキーを押すこと。アオーカ

[3]**おうか【欧化】**〈名・する〉西洋風になること。西洋風にすること。例欧化主義。欧化思想。アオーカ

[4]**おうか【▼謳歌】**〈名・する〉みんなでそのよさをたたえ、今のしあわせを、だれはばからずに楽しむこと。例青春を謳歌する。繁栄《はんえい》を謳歌する。アオーカ

おうが【横▼臥】〈名・する〉よこむきに寝《ね》ること。
表現 あおむけに寝ることを「仰臥《ぎょうが》」、うつぶせに寝ることを「伏臥《ふくが》」という。

おうかくまく【横隔膜】〈名〉哺乳《ほにゅう》類の胸と腹の境目にある筋肉性のまく。呼吸を助けるはたらきをする。

[1]**おうかん【王冠】**〈名〉❶王さまのかぶるかんむり。❷びんの口にかぶせる金属のふた。類口金。

[2]**おうかん【往還】**〈名〉❶〈する〉行ったり来たりすること。類往来。❷街道《かいどう》。

[1]**おうぎ【扇】**〈名〉「扇子《せんす》」のこと。例扇の舞《まい》。舞扇。アオーギ 参考「あおぐ」からできたことば。

扇の要《かなめ》 ものごとのもっとも肝心《かんじん》なところ。

[2]**おうぎ【奥義】**〈名〉その道やそのわざの、いちばんおくふかくにある秘訣《ひけつ》。「おくぎ」ともいう。例奥義をきわめる。武芸の奥義。類極意《ごくい》。真髄《しんずい》。神髄。蘊奥《うんのう》。アオーギ

おうぎがた【扇形】〈名〉❶扇をひらいた形。❷〔数学〕一つの円弧《えんこ》と、その両はしに引いた半径でできる図形。

[1]**おうきゅう【王宮】**〈名〉王さまが住む宮殿《きゅうでん》。類王城。

[2]**おうきゅう【応急】**〈名〉突然《とつぜん》のできごとに対して、とりあえずなんとかすること。例応急手当て。応急処置。類急場しのぎ。

おうきゅうしょち【応急処置】〈名〉突然《とつぜん》の事故や急病人、けが人に、とりあえずする一時的な手当て。類応急措置《そち》。応急手当て。

おうぎょく【黄玉】〈名〉⇩トパーズ

おうけ【王家】〈名〉王の一族。類王室。

おうけん【王権】〈名〉王の権力。例王権神授説。

[1]**おうこう【王侯】**〈名〉王と諸侯。むかし、社会の最上級をしめていた人たち。

表現「王侯貴族の暮らし」は、ぜいたくをきわめた生活。

[2]**おうこう【横行】**〈名・する〉悪いやつらがのさばったり、悪いことが平気で行なわれたりすること。例悪徳商人の横行。類まかりとおる。跋扈《ばっこ》。

おうこく【王国】〈名〉王の治める国。君主国。対共和国。類帝国。

表現「サッカー王国ブラジル」「火山王国日本」のように、あるものが大きな勢力をもつところのたとえにも使う。類大国《たいこく》。

おうごん【黄金】〈名〉❶「金《きん》」のこと。例黄金に目がくらむ。類こがね。❷とても価値のあるもの。例黄金の左腕《さわん》(=左ききの投手やボクサーについていう)。

おうごんじだい【黄金時代】〈名〉そのもののいきおいがいちばんさかんな時代。例無声映画の黄金時代。類全盛《ぜんせい》時代。最盛期。

おうごんぶんかつ【黄金分割】〈名〉〔数学〕一つの線分を、一対一・六一八の比でわけること。長い線と短い線との比が、全体の線と長い線との比とひとしい。参考長方形のたてよこがこの比だと美しいという。

おうざ【王座】〈名〉❶王のすわる座席。王の位。類王位。玉座《ぎょくざ》。❷能力や成績の順位で、最上位。例王座につく。ゆるがぬ王座。類チャンピオン。

おうさつ【応札】〈名・する〉⇩にゅうさつ②

おうさま【王様】〈名〉❶「王」の尊敬語。❷その分野で最高の地位にあるもの。例くだものの王様。→おう〔王〕

[1]**おうし【雄牛】**【▼牡牛】〈名〉おすの牛。対雌牛《めうし》。アオウシ

[2]**おうし【横死】**〈名・する〉事故や殺害などによる、ふつうでない死にかたをすること。類変死。アオーシ

[1]**おうじ【王子】**〈名〉国王のむすこ。また、王家《おうけ》の男子。プリンス。対王女。

[2]**おうじ【皇子】**〈名〉天皇《てんのう》や皇帝《こうてい》のむすこ。対皇女《こうじょ》。類みこ。親王《しんのう》。

[3]**おうじ【往時】**〈名〉はるかに過ぎ去ったむかし。例往時をしのぶ。対近時。類往年。昔日《せきじつ》。

おうしつ【王室】〈名〉王の一家。類王家《おうけ》。

おうじゃ【王者】〈名〉その社会で他にぬきんでた力をもっている人。例密林の王者ターザン。体操界の王者。

[1]**おうしゅう【応酬】**〈名・する〉相手に負けずにやりかえすこと。例非難の応酬。やじの応酬。アオーシュー

[2]**おうしゅう【欧州】**〈名〉ヨーロッパ。アオーシュー

[3]**おうしゅう【押収】**〈名・する〉〔法律〕検察官や警察官が、犯罪の捜査《そうさ》に必要なものを、裁判所の許可をえて、容疑者などからとりあげること。裁判所が裁判の証拠《しょうこ》として必要なものをとりあげること。例証拠物件を押収する。類没収《ぼっしゅう》。アオーシュー

[4]**おうしゅう【奥州】**〈名〉旧国名「陸奥《むつ》」の漢語ふうの名。例奥州藤原氏《ふじわらし》。

[1]**おうじょ【王女】**〈名〉国王のむすめ。また、王家《おうけ》の女子。プリンセス。対王子《おうじ》。アオーシュー

[2]**おうじょ【皇女】**〈名〉⇩こうじょ〔皇女〕

[1]**おうしょう【王将】**〈名〉将棋《しょうぎ》で、それを守りきれなくなると負けになる、いちばん位の高い駒《こま》。王。類玉《ぎょく》。玉将。

[2]**おうしょう【応召】**〈名・する〉戦前、国から兵としてよびだしを受けて、軍隊に集まったこと。例応召兵。対召集。

[1]**おうじょう【王城】**〈名〉王の住む城。王宮のある都《みやこ》。例王城の地。類王宮。宮城。アオージョー

[2]**おうじょう【往生】**〈名・する〉❶〔仏教〕あの世へいって、そこであらたに生まれること。とくに、極楽《ごくらく》に生まれかわること。例極楽往生。❷死ぬこと。例往生をとげる。大往生。❸どうしようもなくて、あきらめるよりほかないようになること。例この問題にはまったく往生したよ。立ち往生。類にっちもさっちもいかない。▽アオージョー

おうじょうぎわ【往生際】〈名〉まさに生命がたえようとしているとき。例往生際がわるい。類死にぎわ。

おうしょくじんしゅ【黄色人種】〈名〉人種を皮膚《ひふ》の色で分けた区分の一つ。きいろみがかった皮膚をもつ人たち。日本人・中国人など、多く東アジアに住む。モンゴロイド。→はくしょくじんしゅ・こくしょくじんしゅ

おう・じる【応じる】〈動上一〉❶相手のはたらきかけにこたえる。例質問に応じる。よびかけに応じる。要望に応じる。類応答する。❷さまざまな状態や変化にふさわしい行動をする。例場合に応じて、対処することにしよう。類対応する。▽「おうずる」ともいう。

[1]**おうしん【往信】**〈名〉返事をもらうことを前提としてだす手紙・メール。対返信。

[2]**おうしん【往診】**〈名・する〉医者が患者《かんじゃ》の家に行って診察や治療《ちりょう》をすること。対宅診。

おうすい【王水】〈名〉〔化学〕濃塩酸《のうえんさん》と濃硝酸《のうしょうさん》とを三対一の割合でまぜたもの。ほかの酸にはとけにくい金や白金をとかす。

おう・ずる【応ずる】〈動サ変〉⇩おうじる

おうせ【▼逢瀬】〈名〉恋人《こいびと》どうしが人目をさけて、そっと会うこと。例逢瀬を重ねる。類あいびき。

表現 「あいびき」は無理にも会おうとする行ないに重点をおくことば、「おうせ」は、すべてを忘れ得る出会いの時に重点をおくことば。

[1]**おうせい【王政】**〈名〉王や天皇が中心になって行なう政治。例王政復古。

[2]**おうせい【旺盛】**〈形動〉いきおいにあふれている。例旺盛な食欲。好奇心旺盛な人。元気旺盛。

おうせいふっこ【王政復古】〈名〉武家政治や共和政治を、もとの王政にもどすこと。日本では、江戸《えど》幕府から政権を皇室がとりもどした明治維新《いしん》をさす。

おうせつ【応接】〈名・する〉客に会い、その相手をすること。例応接間。類応対。

応接に暇《いとま》がない ❶つぎつぎと別の客に会うのにいそがしい。例千客万来《ばんらい》で、応接にいとまがない。❷めまぐるしくうつりかわる事態に対処するのにいそがしい。例事件につぐ事件で、応接にいとまがない。

おうせつま【応接間】〈名〉お客を通して、もてなすための部屋。多く洋風の部屋をさす。対居間。類客間。

おうせん【応戦】〈名・する〉攻《せ》めてきたのをうけて、たたかうこと。類防戦。抗戦《こうせん》。

おうぞく【王族】〈名〉血すじからいって、王になる可能性のある家がら。

おうだ【殴打】〈名・する〉人のからだを、ひどくなぐること。類打擲《ちょうちゃく》。

[1]**おうたい【応対】**〖応待〗〈名・する〉かかってきた電話や、やってきた人の相手をすること。例来客の応対に出る。応対に困る。電話の応対。類応接。

[2]**おうたい【横隊】**〈名〉よこにならんでいる隊形。例一列横隊。対縦隊。

おうだく【応諾】〈名・する〉人のたのみなどを聞きいれること。例要請《ようせい》を応諾する。類承諾。受諾。

[1]**おうだん【応談】**〈名〉「相談に応じます」という意味の略語。応相談。例価格応談。勤務時間応談可。

[2]**おうだん【黄▼疸】**〈名〉肝臓《かんぞう》でつくられる胆汁《たんじゅう》の色素が血液中にふえて、からだが黄色くなる病気。

[3]**おうだん【横断】**〈名・する〉❶道路や川などを、車や水の流れと直角にまじわるように横切ること。例道路を横断する。横断歩道。類わたる。よこぎる。❷広い海や陸地を、東西の方向、または短い方向に、はしからはしまで行くこと。例太平洋横断の旅。対縦断《じゅうだん》。❸ほそ長いものをよこに切ること。例横断面。対縦断。❹同じ種類でたがいに独立しているものどうしに、つながりをつけること。例(電子辞書の)横断検索《けんさく》機能。(政治家の)派閥《ばつ》横断の勉強会。

おうだんほどう【横断歩道】〈名〉車の走る道路を歩いて横切る人の安全のために設けられた部分。白線のしま模様で標示される。

おうだんまく【横断幕】〈名〉標語など、人目につかせたい語句を大きく書いてかかげる、横長の幕。参考元来、道路を横断するようにかかげるものを言ったことから。

おうちゃく【横着】〈形動・名・する〉やるべきことをやらないでいようとすること。例横着をきめこむ。横着な男。横着して足で動かす。横着者《もの》。

おうちょう【王朝】〈名〉❶天皇が政治の中心となっていた時代。とくに、平安時代をいう。例王朝文学。❷「ササン王朝」のように、王家の名のあとにつけて、その王家がひきつづいて王位にあった時代を表わす。

おうて【王手】〈名〉将棋《しょうぎ》で、相手が王将を守る手を打たなくてはならないところに、駒《こま》を動かしたり打ったりすること。

王手をかける もうにげ場がないというところに、相手を追いこむ。

おうてっこう【黄鉄鉱】〈名〉真鍮《しんちゅう》色をした鉱物。硫酸《りゅうさん》などの原料にする。

おうてん【横転】〈名・する〉ものが横だおしになること。例列車が横転する。横転事故。

おうと【▼嘔吐】〈名・する〉胃の中のものを、口からはきだすこと。類あげる。はく。もどす。

おうどいろ【黄土色】〈名〉きいろがかった茶色。

[1]**おうとう【応答】**〈名・する〉質問やよびかけに、手ごたえのある確かな答えをすること。例「こちら本部。一号車、応答せよ」。質疑応答。類受け答え。

[2]**おうとう【桜桃】**〈名〉サクランボをとる桜。サクランボ。

おうどう【王道】〈名〉❶武力や権力によるのでなく、人間の徳をもって善政を行なう政治の方法。対覇道《はどう》。❷らくな方法。例学問に王道なし。❸もっとも正統的な方法。もっともすぐれた方法。俗《ぞく》な言いかた。例面接試験攻略の王道。

おうとつ【凹凸】〈名〉❶表面がたいらでなく、へこんだところやもり上がったところがあるようす。類でこぼこ。❷一様でないこと。例成績に凹凸がある。類不均等。

参考 ②は、royal road を訳したことば。「王のためにつくった歩きやすい道」ということ。

おうな【▼媼・▼嫗】〈名〉「おばあさん」「老女」にあたる古いことば。対おきな。

おうなつ【押▼捺】〈名・する〉印鑑《いんかん》や指紋《しもん》を紙面におすこと。類押印。捺印。参考「捺」も、おすこと。

おうにんのらん【応▽仁の乱】〈名〉〔歴史〕室町《むろまち》時代、一四六七年から十一年間、京都を中心につづいた内乱。全国の守護大名が二派に分かれて戦い、その結果、幕府の力がおとろえ、戦国時代にうつっていった。

おうねつびょう【黄熱病】〈名〉アフリカや南アメリカの熱帯地方に多い、カがはこぶウイルスに感染しておこる急性の病気。高い熱がでて、黄疸《おうだん》をおこす。

おうねん【往年】〈名〉すぎ去ったむかし。例往年の大スター。対近年。類往時。昔日《せきじつ》。

表現 人々の思い出の中にある過去をいい、遠いむかしのことはあまりいわない。

おうのう【▼懊悩】〈名・する〉ふかく思いなやんで、重い心をどうすることもできないこと。類煩悶《はんもん》。苦悩。苦悶。

おうばんぶるまい【▼椀飯振る舞い】〈名〉⇩おおばんぶるまい

おうひ【王妃】〈名〉王の妻。類きさき。クイーン。

おうふう【欧風】〈名〉ヨーロッパふう。例欧風料理。

おうふく【往復】〈名・する〉❶行って、また帰ってくること。例一日二往復のバス便。往復乗車券。往復はがき。対片道。❷行ったり来たりすること。例東京と大阪を往復する生活。類行き来。

おうふくはがき【往復はがき】〖往復葉書〗〈名〉はがきで、往信用と返信用の二枚がひと続きになったもの。

[1]**おうぶん【応分】**〈名〉能力や身分にちょうどみあっていること。例応分のご寄付をおねがいします。類相応。相当。

[2]**おうぶん【欧文】**〈名〉英語・ドイツ語・フランス語・ロシア語など、ヨーロッパの言語で書かれた文章。また、その文字。例欧文の手紙。欧文タイプライター。対和文。邦文

おうへい【横柄】〈形動〉人をみくだした、いばった態度だ。態度が大きい。例おうへいな口をきく。類不遜《ふそん》。

おうべい【欧米】〈名〉ヨーロッパとアメリカ。例欧米諸国。類西洋。

おうへん【王偏】〈名〉「玉偏《たまへん》」の俗《ぞく》な言いかた。→囲み記事47（1059ページ）

おうぼ【応募】〈名・する〉募集に応じて、申しこむこと。例コンクールに応募する。応募作品。応募者。

おうほう【応報】〈名〉行ないのよしあしに応じてあらわれる結果。例因果応報。

表現 仏教のことばで、暗い面での悪因悪果を意味するのがふつう。

おうぼう【横暴】〈名・形動〉力のある者が、他人の迷惑《めいわく》など考えもせずに、自分の思いどおりにふるまうこと。例横暴をきわめる。横暴なふるまい。類乱暴。専横。

おうみ【▽近▽江】〈名〉旧国名の一つ。現在の滋賀《しが》県。江州《ごうしゅう》。例近江盆地。近江牛。

参考「おうみ」はもと「あわうみ＝淡海」で、湖水のこと。京都から近い湖である琵琶湖《びわこ》を「ちかつおうみ」、遠い湖である浜名湖を「とおつおうみ」とよんだ。

おうむ【▼鸚▼鵡】〈名〉鳥の一種。熱帯地方の原産で種類が多い。色が美しく、人のことばをまねる。

おうむがえし【おうむ返し】【▼鸚▼鵡返し】〈名〉❶相手のことばをそのままくりかえして返事にすること。❷考えもしないで反射的に返事をすること。

おうめんきょう【凹面鏡】〈名〉中央がくぼんだ鏡。凸《とつ》レンズのように、光を集める性質があり、天体望遠鏡などに使われる。対凸面鏡。

1**おうよう**【応用】〈名・する〉考えかたや原理などを実際の場面にあてはめて、役だてること。例原理を応用する。応用がきく。応用問題。

2**おうよう**【▼鷹揚】〈形動〉気持ちが大きく、ゆったりしている。例鷹揚な人。鷹揚にかまえる。類おおらか。

表記「大様」とも書く。その場合のかなづかいは「おおよう」。

おうらい【往来】〈名〉❶〈する〉人や車が、道路を行ったり来たりすること。例往来がはげしい。類行き来。通行。往還《おうかん》。❷人や車がとおるところ。例往来に出る。類道路。

おうりょう【横領】〈名・する〉他人のお金や、公共のものを不正に自分のものにしてしまうこと。例公金横領。類着服。ねこばば。

おうレンズ【凹レンズ】〈名〉中心がうすくて、まわりが厚いレンズ。通過する光を散らす性質がある。近視用のめがねなどに使う。対凸《とつ》レンズ。→とつレンズ絵

おうろ【往路】〈名〉行くときに通る道。対復路。

おえかき【お絵描き】〈名〉絵をかくことの幼児語。

おえつ【▼嗚▽咽】〈名・する〉声をつまらせながら、しゃくりあげて泣くこと。例おえつがもれる。おえつをこらえきれない。類むせび泣き。

おえらいさん【お偉いさん】〈名〉「お偉方《えらがた》」の、もっとくだけた言いかた。

おえらがた【お偉方】〈名〉高い地位の人々を敬遠していう、会話のうえでの軽い言いかた。類お偉いさん。

1**お・える**【負える】〈動下一〉負担になることができる。例私の手に負えるようなことではない。

表現「責任は負えない」「手に負えない」のように、多くは打ち消しの形で用いる。例のように肯定《こうてい》形の場合でも、あとに打ち消しの「ない」をともなう。

2**お・える**【終える】■〈動下一〉❶一つのことをしあげる。一つのことをおしまいまでする。例修行《しゅぎょう》を終える。❷終わりにする。一生を終える。類すます。完了《かんりょう》する。例宿題を終える。類やめる。

■〈接尾〉動詞の連用形につけて、それを終わらせることを表わす。例読み終える。▽対始める。

おえん（方言）だめだ。いけない。岡山で言う。

1**おお**〈感〉❶おどろきや感動を表わして発することば。例おお、寒い。おお、きれいだ。❷主に男性が用いて、くだけたあいさつ、応答、承知などを表わすことば。例おお、いたか。類ああ。

2**おお**【大】〈接頭〉❶「大きい」「広い」という意味を表わす。例大男。大声。大空。大海原《うなばら》。対小《こ》。❷「多い」「たくさん」という意味を表わす。例大人数。大入り。対小《こ》。❸ものごとの程度が、「はげしい」「ひどい」という意味を表わす。例大いばり。大さわぎ。大あわて。❹同じ名でよばれるもののうち、年齢《ねんれい》や序列が上のものを表わす。例大奥さま。大旦那《だんな》。対若《わか》。❺「だいたいのところ」という意味を表わす。例大づかみ。大すじ。❻名詞と動詞の結びついた句につけて、「おおいに」「たくさん」という意味をつけくわえる。例大汗をかく。大酒《ざけ》を飲む。大ぼらを吹く。大風呂敷《ぶろしき》を広げる。大手《で》を振って。対小《こ》。

おおあざ【大字】〈名〉町や村のなかの区画で、さらに小さい字《あざ》に分けられる広い地域。対字。

おおあじ【大味】〈形動〉❶食べものの味に、こまやかなうまみが感じられない。例大味な魚。❷おおまかで、おもむきが欠けている。例大味な試合。

おおあせ（大汗）をかく たくさん汗をかく。例意見をまとめるのに大汗をかいた。ミスして大汗をかいた。

表現 力をつくしたりうろたえたりするたとえに使う。

おおあたり【大当たり】〈名・する〉❶くじや予想がみごとに的中すること。例大当たりをとる。❷芝居《しばい》や映画などが、大成功を収めること。

おおあな【大穴】〈名〉❶大きな損失。例大穴をあける。❷競馬や競輪などで、予想もしなかった結果が出ること。例大穴をあてる。大穴をねらう。類番くるわせ。

おおあめ【大雨】〈名〉つよく、たくさん降る雨。例大雨注意報。対小雨《こさめ》。類豪雨《ごうう》。

おおあり【大有り】〈名〉「ある」を強めた、俗《ぞく》な言いかた。例「何か言い分はあるか」「大有りだ」。

おおあれ【大荒れ】〈名〉❶風や雨などがはげしく、天気が非常に悪いこと。例大荒れの空模様。❷人の感情や動作がひどく荒れて、乱暴になること。❸会議や試合がひどく混乱してもめること。例国会は大荒れの一日だった。

おおあわて【大慌て】〈名〉突然《とつぜん》のことに、ひどくあせってまごまごすること。例「寝すぎた」と大慌てで出て行く兄。

1**おお・い**【多い】〈形〉❶数や量が、たくさんある。回数などが、ふつうと比べてたくさんだ。例三連休は人出《ひとで》が多い。六月は雨量が多い。最近、火事が多い。類少なくない。多数。多量。❷数や量が、ほかとくらべて大きい。例こちらのほうが一個多い。▽対少ない。アオーイ

2**おおい**【覆い】【▽被い】〈名〉ものがかくれるように、上にかぶせるもの。例覆いをかける。類カバー。アオーイ

おおいかぶさ・る【覆いかぶさる】【覆い▽被さ

る』〈動五〉上から包みこむようにかぶさる。

おおいちばん【大一番】〈名〉すもうで、優勝にかかわるような大事な勝負。例優勝をかけた大一番。
表現「その人の今後を決めることになる大事な場面」という意味で、「大一番の勝負をものにする」のような言いかたもできる。

おおいちょう【大▽銀▼杏】〈名〉❶大きなイチョウの木。❷十両以上の力士のまげの形で、まげの先をイチョウの葉の形に広げたもの。→まげ 絵

おおいなる【大いなる】〈連体〉大きな。偉大《いだい》な。例大いなる功績。

おおいに【大いに】〈副〉❶なにかをする量や時間が多いようす。例旧友と大いに語り合った。大いに勉強してほしい。❷程度のはなはだしいようす。やや古風な言いかた。例大いにけっこう。大いに愉快《ゆかい》だ。▽類はなはだ。

おおいばり【大威張り】〈名・する・形動〉❶必要以上にえらそうな態度をとること。例少しの出世で大いばりたいそう。❷なんの遠慮《えんりょ》もせずにふるまうこと。例はみっともない。❷なんの遠慮もせずにふるまうこと。例やることさえやっていれば大いばりでいられる。

おおいり【大入り】〈名〉映画やコンサート、スポーツなどのイベントで、大勢の観客が入ること。例大入り満員。大入りぶくろ。対不入り。

おおいりぶくろ【大入り袋】〈名〉客が大入りになったとき、関係者にくばる祝いのお金が入ったふくろ。

おお・う【覆う】『▽被う』〈動五〉❶広がるものをひろげてかぶせて、中のものを、外から見えなくしたり、外気にふれないようにしたり、また、きずがつかないように守ったりする。例顔を覆う。目を覆う(→「め〔目〕」の子項目)。雪に覆われる。類かぶせる。包む。❷知られないようにかくす。例生産の低下は、覆うべくもない。覆いかくす。

おおうけ【大受け】〈名・する〉ギャグや冗談《じょうだん》が、おおいに受けること。俗《ぞく》っぽい言いかた。

おおうつし【大写し】〈名〉写真や映画などで、特定のものだけを画面いっぱいにうつすこと。類クローズアップ。

おおうなばら【大海原】〈名〉草原のように広がる、広びろとした海。類青海原。

おおおかさばき【大岡裁き】〈名〉的確かつ正当で、人情味にあふれた処理や裁定。参考江戸の名奉行《ぶぎょう》、大岡越前《えちぜんの》守《かみ》の裁判にちなんでいうことば。

おおおく【大奥】〈名〉江戸《えど》時代、将軍の夫人や側室たちが暮らしていた江戸城内の特別な一角。将軍以外の男性は中に入るのを禁じられた。

おおおじ【大伯父・大叔父】〈名〉祖父母の、男のきょうだい。対おおおば。

おおおとこ【大男】〈名〉おとなの標準より、からだが明らかに大きい男。対小男。類巨漢《きょかん》。
表記祖父母の兄は「大伯父」、弟は「大叔父」と書く。

おおおば【大伯母・大叔母】〈名〉祖父母の、女のきょうだい。対おおおじ。
表記祖父母の姉は「大伯母」、妹は「大叔母」と書く。

おおがい【▼頁・大貝】〈名〉漢字の旁《つくり》の一つ。「頂」「順」などの「頁」の部分。

おおがかり【大掛かり】〈形動〉人手や費用を多くかけて、盛大《せいだい》にやるようす。例大掛かりな芝居《しばい》。類大規模。大じかけ。

おおかた【大方】一〈名〉❶全体の中の多くの部分。例正月で大方の店は休みだ。類大半。たいてい。❷多くの人々。例大方の予想どおりになった。
二〈副〉自分の見るところ、だいたいは。例おおかたそんなことだろうと思っていた。類おおむね。あらかた。

おおがた【大型・大形】〈名〉❶[大型]同類のものをサイズや規模《きぼ》で分けたときの、大きいもの。例大型バス。大型新人。大型連休。❷[大形]形の大きいこと。大きいもの。例大形の花火。▽対こがた。

オーガニック〈名〉有機栽培《さいばい》。◇organic

おおかみ『▼狼』〈名〉けものの名。イヌに似《に》ているが、口が大きく、きばがするどい。夜行性でむれをなしていて、人家をおそうことがある。

おおかみしょうねん【おおかみ少年】『▼狼少年』〈名〉❶オオカミに育てられたとされる少年。❷ふだんうそをついてばかりいるために、肝腎《かんじん》なときに本当のことを信用してもらえない子ども。『イソップ物語』からでた教訓の一つ。

おおがら【大柄】〈形動〉❶からだがふつうより大きい。例大柄な人。❷もようや図案が大きくて目だつ。例大柄のゆかた地。▽対小柄。

おおかれすくなかれ【多かれ少なかれ】〈副〉多い少ないの差はあっても、どちらにせよ。多少とも。例だれにでも、多かれ少なかれ なやみごとがあるものだ。類大なり小なり。

おおき・い【大きい】〈形〉❶ものの面積や体積、あるいはものごとの規模や範囲《はんい》などが、ほかのものに比べて、うわまわっている。例大きい建物。人物が大きい。大きい希望。問題が大きくなった。❷〔数学・理科〕数値がほかより上である。例七は五より大きい。❸子どもどうしを比べてみて、年齢《ねんれい》が上である。例大きい子のまねをする。大きくなった(＝成長した)ね。大きく(＝おとなに)なったら。❹程度がはなはだしい。例影響《えいきょう》が大きい。❺言うことやすることがおおげさである。例大きいことを言う。大きく出たね。▽対小さい。❻貨幣《かへい》が高額である。例大きいの(＝一万円札や五千円札)しか持ち合わせがない。対こまかい。▽類大きな。
参考くだけた言いかたは「おっきい」。

おおきな【大きな】〈連体〉大きい。例大きな荷物。大きな(＝おおげさな)ことを言うな。大きな 顔をするな。対小さな。
参考くだけた言いかたは「おっきな」。

大きなお世話《せわ》⇩せわ 表現

大きな顔《かお》をする えらそうな態度をとる。

大きな口《くち》をたたく ⇩大口をたたく(「おおぐち」の子項目)

大きな政府《せいふ》 ⇩せいふ〔政府〕参考

おーきに〔方言〕ありがとう。関西で言う。例毎度おーきに。
由来現代語で「大きな」という連体詞として使うようになった、古語の形容動詞「おほき」の連用形に由来することば。

おおきみ【大▽王】〈名〉〔歴史〕古代、ヤマト(大和)政権の首長《しゅちょう》。のちに天皇と呼ばれるようになった。

オーきゃく【O脚】〈名〉両足のひざがはなれて、アルファベットのOの字の形になっている足。

おおぎょう【大仰・大形】〈形動〉おおげさで、わざとらしくみえるようす。例大仰な話しかた。大仰におどろく。

おおぎり【大喜利】〈名〉寄席《よせ》で、最後の演目のあと複数の出演者によって演じられる、余興《よきょう》としてのさまざまな だしもの。また、それになぞらえた、テレビ番組での な

 ニュージーランド　オーストラリア東方の島を国土とする立憲君主国。農業・牧畜が盛ん。首都ウェリントン。

ぞかけなどの言葉遊び。参考「大切り」の当て字。

おおく【多く】 ■一〈名〉❶全体の中の大部分。例参加者の多くは、中学生だった。❷たくさん。例その件について多くは知らない。■二〈副〉たびたびおこるようす。よく。例初心者は多くこの誤りをおかす。類ほとんど。しばしば。

おおぐい【大食い】〈名・する〉並はずれて多くたべること。例やせの大食い。類大食漢。大飯ぐらい。

オークション〈名〉競売《きょうばい・けいばい》。例ネットオークション。◇auction

参考ロンドンで設立された「サザビーズ」と「クリスティーズ」(ともに十八世紀に設立)が、オークション業者としてとくに有名で、世界中の収集家が参加する。

おおぐち【大口】〈名〉❶大きな口をあけること。また、あけた口。例大口をあけて笑う。❷おおげさなことば。例大口をたたく(→子項目)。❸取り引きなどで、大量または多額であること。例大口の注文。大口の寄付。対小口《こぐち》。

大口をたたく 自分にいかにも能力がありそうなことを、あまり信頼《しんらい》できない感じで言う。大きな口をたたく。類大言壮語《たいげんそうご》する。

おおくまざ【大熊座】〈名〉〔天文〕北の空の星座。北斗《ほくと》七星をふくむ。春から夏にかけて、よく見える。

おおぐらい【大食らい】〈名〉並はずれてたくさん飲み食いする人。類大食い。大飯食らい。大食《たいしょく》漢。

おおくらざらえ【大蔵ざらえ】〘大蔵▼浚え〙〈名〉在庫処分のための大安売り。「蔵ざらえ(=蔵をさらうこと)」を強めた古風なことば。

オーケー【OK】 ■一〈感〉「よろしい」「承知した」という意味を表わす。オーライ。例オーケー、ひきうけた。■二〈名・する〉承知すること。承認《しょうにん》。例社長のオーケーがまだ出ない。▽「オッケー」ともいう。

おおげさ【大げさ】〘大▼袈▼裟〙〈形動〉たいしたことでもないのに、たいへんなことのように見せかけたりふるまったりする。例大げさな話。大げさに言う。類オーバー。

オーケストラ〈名〉〔音楽〕たくさんの弦楽器《げんがっき》・管楽器・打楽器で音楽を演奏すること。管弦楽。また、演奏する楽団。管弦楽団。◇orchestra

おおごしょ【大御所】〈名〉特定の高い地位にあって、大きな影響《えいきょう》力をもつ人。例文壇《ぶんだん》の大御所。

由来もと、隠居《いんきょ》した将軍のこと。とくに、江戸《えど》幕府を開いた徳川家康《いえやす》をさしていう。

おおごと【大事】〈名〉重大な事態。例それは大事だ。とんだ大事になりかねない。類大事《だいじ》。

おおざっぱ【大ざっぱ】〘大雑把〙〈形動〉❶注意ぶかさがたりなくて、雑である。例彼のやりかたは、いつも大ざっぱで困る。❷小さなことにこだわらないで、全体を大きくとらえるようす。例大ざっぱに見つもる。大ざっぱに言えば。類大づかみ。おおまか。

おおざと〘▼邑〙〈名〉漢字の旁《つくり》の一つ。「郡」「都」などの「阝」の部分。参考「こざとへん」と区別していう。ふつう、漢和辞典では「邑」(七画)の部にふくまれる。

おおじ【大路】〈名〉「大通り」の古い言いかた。例都《みやこ》大路。対小路《こうじ》。

おおし・い【雄雄しい】〈形〉どんな困難にも勇ましくたちむかうようす。例雄々しいすがた。対女女《めめ》しい。

おおしお【大潮】〈名〉潮の満ち干《ひ》の差が、もっとも大きくなること。また、そのとき。ひと月のうちに二回あり、満月と新月のあとにおこる。対小潮《こしお》。

おおじかけ【大仕掛け】〈形動〉しくみやしかけが大きい。例大仕掛けな舞台《ぶたい》装置《そうち》。類おおがかり。

おおしまつむぎ【大島つむぎ】〘大島▼紬〙〈名〉鹿児島《かごしま》県奄美《あまみ》大島でつくりはじめられた、細かいかすり織りのつむぎ。「大島」と呼ばれることが多い。

おおじょたい【大所帯】〈名〉人数の多い家。会社や団体にもいう。

おおすじ【大筋】〈名〉ものごとのだいたいの筋みち。例大筋では合意に達した。類大略。あらまし。

オーストラリア〈名〉アジア大陸の南東、南太平洋にある大陸。また、この大陸を国土とする連邦《れんぽう》共和国。◇Australia

おおすみ【大隅】〈名〉旧国名の一つ。現在の鹿児島《かごしま》県東部。古代の民《たみ》、熊襲《くまそ》や隼人《はやと》の住んでいた地。隅州《ぐうしゅう》。例大隅半島。大隅諸島。

おおずもう【大相撲】〈名〉❶プロの力士が興行するすもう。日本相撲協会の主催《しゅさい》。❷なかなか勝負のつかない、長いすもう。「水入り」にいたるほど長いこともある。

おおせ【仰せ】〈名〉おことば。お言いつけ。例仰せにしたがう。仰せにそむく。仰せのとおり。

おおぜい【大勢】〈名・副〉たくさんの人。人数が多いこと。例大勢の人。人が大勢来る。

注意「多勢」と書くのはあやまりで、「多勢《たぜい》」という別のことばがある。また、「大勢」を「たいせい」「たいぜい」と読むのもそれぞれ別のことば。

おおぜき【大関】〈名〉すもうの番付《ばんづけ》で、横綱《よこづな》のすぐ下の位。関脇《せきわけ》の上。三役のいちばん上。

おおせつか・る【仰せつかる】〈動五〉高い地位の人から命令をくだされる。例監督《かんとく》から大役を仰せつかる。

おおせつ・ける【仰せつける】〈動下一〉「言いつける①」の尊敬語。高い地位から命令をくだしてさせる。例なんなりと仰せつけください。類申しつける。

おお・せる〈接尾〉動詞の連用形につけて、「最後まで…しきる」ことを表わす。例だましおおせる。にげおおせる。

おおそうじ【大掃除】〈名〉特別に念をいれて、建物や家のすみずみまでする掃除。年末にすることが多い。

表現「社内の大掃除が必要だ」のように、組織内の反対者などを完全に追い出す意味で使うこともある。

オーソドックス〈形動〉考えかたや方法が、むかしから正しいとされてきたものにしたがっている。正統的。例オーソドックスなやりかた。◇orthodox

オーソリティー〈名〉専門分野の権威《けんい》者。類第一人者。◇authority

おおぞら【大空】〈名〉大きい広びろとした空。

オーダー ■一〈名〉❶順序。順番。配列。例バッティングオーダー。❷数値の規模《きぼ》。大きな桁《けた》。例何千人というオーダーの犠牲《ぎせい》者が出た。■二〈名・する〉注文。特注。◇order

オーダーストップ〈名・する〉飲食店で、その日のラストオーダーをとり、以後は注文をとらないこと。

参考日本での複合語。英語では last orders という。

オーダーメイド〈名〉注文にあわせてつくった品物。洋服についていうことが多い。対レディーメイド。類カスタムメイド。参考日本での複合語。英語では made to order または custom-made という。

おおだい【大台】〈名〉金額や数量などで、大きなさかいめとなる数字。例大台をわる。大台にのる。売り上げが

一千億円の大台にのった。

おおだすかり【大助かり】〈名・する〉とてもこまっているときに援助《えんじょ》を受け、ほっとした気持ちになること。例きみが来てくれて大助かりだった。

おおたちまわり【大立ち回り】〈名〉はでではげしいけんかや格闘《かくとう》。例大立ち回りを演じる。類活劇。参考もともとは芝居《しばい》での演技についていう。

おおだてもの【大立て者】〈名〉その社会で、第一級の実力者。例政界の大立て者。類大御所《おおごしょ》。

おおだな【大▽店】〈名〉大きな商店。

おおちがい【大違い】〈名〉ふたつのものの違いが非常に大きく、くらべものにならないこと。例聞くと見るとは大違い。

おおづかみ【大づかみ】〖大▼摑み〗〈名・形動〉ものごと全体のおおすじをとらえること。例大づかみに言えば。類おおざっぱ。おおまか。

おおつごもり〖大▼晦▽日〗〈名〉「おおみそか」の古い言いかた。

おおっぴら【大っぴら】〈形動〉❶ふつうなら人の目を気にすることを平気でするようす。例昼間から大っぴらに酒をのむ。❷それまで秘密であったことが知られるようになった状態。例事が大っぴらになってしまった。▽類公然。

おおつぶ【大粒】〈名〉つぶが大きいこと。例大粒の雨。大粒のなみだ。対小粒。

おおづめ【大詰め】〈名〉❶ものごとの最終段階。終わりの場面。例試合も大詰めをむかえた。類終局。❷歌舞伎《かぶき》で、最後の幕または場面。類大団円《だいだんえん》。

おおて【大手】〈名〉❶規模の大きい会社。例大手スーパー。大手すじ。私鉄大手。❷城のおもて口。例大手門。大手町。対からめ手。

オーディオ〈名〉❶映像・音響《おんきょう》機器の音声。例オーディオ端子《たんし》。対ビデオ。❷ステレオなどの音響装置《そうち》。例オーディオ製品。◇audio

オーディション〈名〉歌手や演奏者などの実技によって、公演や放送などの出演者とするかどうかを審査《しんさ》すること。例オーディションをうける。◇audition

オーデコロン〈名〉かおりのうすい香水《こうすい》。たんに「コロン」ともいう。◇《フランス》eau de Cologne

おおで(大手)をひろ(広)げて 両うでをよこに大きくのばし、手のひらを開いて。相手を通さない断固とした態度をいう。例大手を広げて立ちはだかる。

おおで(大手)をふ(振)って 両うでを大きく振って。自信にみちた態度やいばった態度をいう。例大手を振って歩く。

おおど【大戸】〈名〉商店の、通りに面した大きな戸。

おおどうぐ【大道具】〈名〉舞台《ぶたい》で使う道具のうち、建物や樹木、背景などの、大きなもの。対小道具。

おおどおり【大通り】〈名〉町の中心部をはしる、はばの広い通り。類広小路《ひろこうじ》。メインストリート。

オートクチュール〈名〉❶専属デザイナーのいる高級洋装店。❷高級注文服。対プレタポルテ(=既製《きせい》服)。類オーダーメイド。カスタムメイド。◇《フランス》haute couture

オートバイ〈名〉ガソリンエンジンでうごく二輪車。単車。類バイク。参考日本での省略複合語。英語ではmotorcycleまたはmotorbikeという。

オードブル〈名〉西洋料理で、最初に出るちょっとした料理。前菜。◇《フランス》hors-d'œuvre

オートマチック〈名・形動〉自動。自動的。例オートマチックコントロール。◇automatic

オートミール〈名〉燕麦《えんばく》を精白したもの。おかゆのようにして、牛乳や砂糖を加えて食べる。◇oatmeal

オートメーション〈名〉工場で、ほとんど人手を使わないで機械が仕事をし、物を生産するしくみ。また、一般《いっぱん》事務を、なるべく機械で自動的に処理すること。◇automation

おおとら【大トラ】〖大虎〗〈名〉ひどいよっぱらい。

オートレース〈名〉オートバイや自動車による競走。参考日本での複合語。英語ではmotor racingという。

オートロック〈名〉閉まると自動的にかかるかぎ。参考日本での複合語。英語ではautomatic lockingという。

オーナー〈名〉持ち主。とくに、会社や船、大きな建物、球団などの持ち主。◇owner

おおなた(大▼鉈)をふ(振)るう 予算や事業計画などの必要度の低い部分を、思いきってけずる。

おおにんずう【大人数】〈名〉多い人数。おおぜい。例大人数の家族。大人数でおしかける。対小《こ》人数。類多《た》人数。

オーバー ㊀〈名・する〉こえること。例定員をオーバーする。時間をオーバーする。㊁〈形動〉実際の程度以上に強調するようす。例オーバーに話す。類大げさ。㊂〈名〉ゴルフで、合計打数が基準打数より多いこと。「オーバーパー」の略。◇over

オーバーオール〈名〉❶服がよごれるのを防ぐために上に着る、ゆったりしたうわっぱり。❷胸あてとつりひものついたズボン。作業服や子どもの遊び着とする。◇①overall ②overalls

オーバータイム〈名〉❶バレーボールで、ボールを受けてから、規定の回数以上ボールにふれること。反則になる。❷バスケットボールで、制限された区域に一定の時間以上とどまること。反則になる。◇overtime

オーバーヒート〈名・する〉❶エンジンが過熱すること。❷競争が度をこえてはげしくなり、今にも火をふきそうな状態になること。◇overheat

オーバーフロー〈名・する〉あふれだすこと。例人口が増加してオーバーフロー寸前だ。◇overflow

オーバーホール〈名・する〉機械やエンジンを分解して、点検・修理などをすること。◇overhaul

オーバーラップ〈名・する〉❶映画などで、前の画面にあとの画面をかさねるようにして映しだす手法。❷二つのものがかさなること。例現実と思い出がオーバーラップする。◇overlap

オーバーワーク〈名〉働きすぎ。◇overwork

おおばけ【大化け】〈名・する〉それほど目立っていなかったものが、ねうちや、実力、人気などを急に上げて、突然人々から注目されるようになること。俗《ぞく》な言いかた。

おおばこ〖▽車▽前▽草〗〈名〉道ばたなどに生える雑草の一種。スプーンの形をした葉がねもとからひろがり、春から秋にかけて、じみな小さい花が穂《ほ》のようにつく。

おおはば【大幅】〈形動〉ねだんや数量、規模などで、もとのものと、そのあと変化したものとの差が大きい。例大幅な値上げ。大幅な修正。大幅にくいちがう。

おおばん【大判】〈名〉❶写真や雑誌などで、ふつうより大きなサイズ。❷おもに江戸《えど》時代に恩賞《おんしょう》・贈答

 ノルウェー　北ヨーロッパにある立憲君主国。森林・石油資源に恵まれ，漁業・海運業も盛ん。首都オスロ。

用につくられた、大きな楕円《だえん》形の金貨。対小判。

おおばんぶるまい【大盤振る舞い】〈名・する〉相手ののぞみをはるかに超える金品をあたえること。参考「大盤」は元来は「おうばん(椀飯)」で、食事のもてなしをさした。

オープニング〈名〉❶はじまり。はじめての公開。例オープニングセール。❷演劇・映画・テレビ番組などのはじめの部分。例オープニングに流れる曲。類プロローグ。▽対エンディング。◇opening

おおぶねにの(乗)ったきも(気持)ち すべてまかせていれば、心配はいらないという安心感。

おおぶり[1]【大降り】〈名〉雨や雪の降るいきおいが強いこと。対小降り。類本降り。どしゃ降り。

おおぶり[2]【大振り】〈名・する〉大きく振ること。振りかたが大きいこと。例バットを大振りする。対小振り。類強振《きょうしん》。

おおぶり[3]【大ぶり】〈形動〉形がやや大きめである。例大ぶりな茶わん。対小ぶり。

おおぶろしき(大風呂敷)をひろ(広)げる 「ふろしきを広げる」の強調。実際はそうでもないのに、話だけは大きなことを言う。類大口をたたく。大言壮語《たいげんそうご》する。

オーブン〈名〉西洋料理で、むし焼きに使う道具。パンやケーキを焼くときにも使う。天火《てんぴ》。◇oven

オープン ━〈名・する〉開場。開店。例本日オープン。類開業。店開き。━〈形動〉開放的。かくしへだてのない。例なんでもオープンに話しあえる友だち。━〈造語〉❶「ひらいた」「ひらけた」「野外の」という意味を表わす。例オープンカー。オープンシャツ。オープンセット。❷「オープンゲーム」の略。例(テニス・ゴルフの)全英オープン。◇open

オープンカー〈名〉屋根の部分がない自動車。◇open car

オープンかかく【オープン価格】〈名〉安売り競争のはげしい家電品などに、メーカーが、有名無実な希望小売《こうり》価格をはじめからもうけていないこと。

オープンゲーム〈名〉❶スポーツで、プロやアマを問わず、だれでも競技に参加できるようにした試合。❷プロ野球で、シーズンオフに行なわれる非公式な試合。オープン戦。◇open game

オープンセット〈名〉映画の撮影《さつえい》のために、屋外につくった建物などのセット。参考日本での複合語。英語では outdoor set または open-air set という。

おおべや【大部屋】〈名〉❶旅館や病院などで、おおぜいが入れる大きなへや。例大部屋につめこむ。❷まだ有名でない俳優たちがいっしょに使うひかえ室。例大部屋の女優。

オーボエ〈名〉木管楽器の一つ。二枚の舌(=リード)のあるたて笛。◇《イタリア》oboe

おおまか【大まか】〈形動〉❶重要なところだけを注意して、こまかいところには こだわらない。例大まかなあらすじを話す。費用を大まかに見つもる。対こまか。類おおづかみ。❷ものごとに注意がいきとどかないで、雑なようす。例大まかな性格。▽類おおざっぱ。

おおまた【大股】〈名〉股を広くあけること。例大股で歩く。対小股。

おおまわり【大回り】〈名・する〉❶大きく円をえがいてまわること。対小回り。❷遠回り。

おおみえ(大見得)をき(切)る 大げさに見得を切る。→「みえ」の子項目

おおみず【大水】〈名〉雨や雪どけで、川の水があふれて、地面が水びたしになること。例大水が出る。類洪水《こうずい》。出水《しゅっすい》。

おおみそか【大みそか】『大▼晦日』〈名〉一年の最後の日。十二月三十一日のこと。類おおつごもり。参考「みそか」は「三十日」のこと。毎月の月末をいう。

オーム〈名・接尾〉〔物理〕電気抵抗《ていこう》の単位。導体《どうたい》の二点間の電位差が一ボルトで、その間に流れる電流が一アンペアであるとき、その二点間の電気抵抗を、一オームとする。記号「Ω」。◇《ドイツ》Ohm

おおむぎ【大麦】〈名〉イネ科の一年草または二年草。実《み》には長いのぎ(=毛)がある。米にまぜて麦飯《むぎめし》にしたり、ビールの原料や家畜《かちく》の飼料《しりょう》にしたりする。

おおむこう【大向こう】〈名〉芝居《しばい》で、正面の奥にひろがる安い立ち見席の客。例大向こうの受けをねらう。

大向こうをうならせる ❶大向こうにいる観客を感動させる。❷多くの人々から絶大な人気を得る。

おおむね『▽概ね』〈副〉だいたい。例いくら必要か、おおむね見とおしがついた。おおむねよかろう。類おおかた。

おおめ【多め】〈名・形動〉ふつうより、いくぶん多い程度。例塩を多めに入れる。対少なめ。

おおめだま【大目玉】〈名〉ひどくしかること。表現しかるがわは「大目玉をくらわす」、しかられるがわは「大目玉をくらう」「大目玉をくう」という。

おおめ(大目)にみ(見)る 小さな失敗や欠点をとがめだてしない。例今回のことは 大目にみよう。類見のがす。目こぼしをする。

おおもじ【大文字】〈名〉ローマ字の字体の一つ。aに対するA、bに対するBなどの文字。英語では、文のはじめや、固有名詞のはじめなどに使う。対小文字。

おおもと【大本】〈名〉基礎《きそ》になる、いちばん大事なところ。例大本を正す。類根本《こんぽん》。基本。

おおもの【大物】〈名〉❶つりや猟《りょう》で、価値のあるえもの。例大物をしとめる。❷その社会で、大きな勢力をもつ人物。例将来の大物。類大立て者。❸まわりから注目されるようなスケールの大きい人物。例かれは大物だ。類大器《たいき》。▽対小物。

おおや【大家】〈名〉貸家やアパートの持ち主。対店子《たなこ》。類家主《やぬし》。参考「大家《たいか》」は別の語。

おおやいし【大▽谷石】〈名〉あわい青緑色をした凝灰岩《ぎょうかいがん》。耐久《たいきゅう》性や耐火性にとみ石垣《いしがき》などに用いられる。宇都宮《うつのみや》市大谷町のあたりでとれる。

おおやけ【公】〈名〉❶国家や都道府県、市区町村のこと。例政府は、公を代表する機関だ。類公共団体。❷個人ではなく、社会全体に関係すること。例公にする。公になる。公の利益。事件が公になった。❸会社など、組織に属している一員としての立場。例公の場。公の発言。▽対私《わたくし》。

公にする 広く世の中の人々に知らせる。公表する。

おおゆき【大雪】〈名〉たくさん降るゆき。対小雪。類豪雪《ごうせつ》。

おおよう【大様】〈形動〉⇩おうよう〔鷹揚〕

おおよそ『大▽凡』〈名・副〉⇩およそ

オーラ〈名〉並はずれた人がそなえている、周囲の人からあおぎ見られるような、独特のふんいき。例オーラがただよう。オーラが出ている。◇aura

オーライ〈感〉「よろしい」という意味を表わす。オーケ

ー。例発車オーライ。バックオーライ。◇all right から。

おおらか〈形動〉気持ちが大きくゆったりしていて、こせこせしていないようす。例おおらかな人がら。類おうよう。

オーラル〈接頭〉口頭の。口述の。口を使った。例オーラルコミュニケーション。◇oral 参考学校の英語科でいうオーラルは、「オーラルコミュニケーション」の略。

[1]オール〈名〉ボートのかい。絵 類櫓《ろ》。◇oar

[2]オール [一]〈造語〉❶「すべて」「全部」という意味を表す。例オールナイト。オールラウンド。オール一本勝ち。❷テニスや卓球《たっきゅう》などで、どちらも同じ得点であることを表わす。例サーティオール。◇all [二]〈名・する〉徹夜《てつや》。「オールナイト」を略した若者ことば。

オールオアナッシング 全部か、またはゼロか。争った結果の取り分に中間がないこと。◇all or nothing

オールナイト〈名〉一晩じゅう。夜どおし。例オールナイトシアター。◇all-night

オールマイティー [一]〈形動〉どんなことでもできること。例オールマイティーな人。[二]〈名〉トランプでいちばん強い札。スペードのエース。◇almighty

オールラウンド〈形動〉どの方面にも能力がある。万能。例オールラウンドプレーヤー。◇all-round

オーロラ〈名〉〔地学〕南極や北極のあたりの空に見られる、帯や幕のような光。極光。◇aurora

おおわく【大枠】〈名〉計画や予算全体について、ほぼこんな感じとわかる程度の、おおまかな内容。例補正予算の大枠。関係者に改革案の大枠を示す。

おおわざ【大技】〈名〉❶柔道・すもう・レスリングなどで、思いきりのいい豪快《ごうかい》な技。対小技。❷体操競技で、難度の高い技。

［オール］

おおわらい【大笑い】〈名・する〉❶はげしく笑うこと。類高笑い。爆笑《ばくしょう》。❷はげしく笑うにあたいすること。例そいつは大笑いだ。類笑止《しょうし》。

おおわらわ【大わらわ】〖大▽童〗〈形動〉なりふりかまわず、むちゅうになって動きまわっているようす。由来もともと、結《ゆ》っていないざんばらがみのことで、むかし、兵士がかみを乱して奮戦したようすからいう。

[1]おか【丘】〖岡〗〈名〉山というには少し低い、もり上がっている土地。例小高い丘。類丘陵《きゅうりょう》。

【岡】 山部5 全8画 岡 岡 岡 岡 岡 岡 岡 岡

おか 教小4 注意 県名の「岡山県・静岡県・福岡県」を表記するための常用漢字。

[2]おか〖▽陸〗〈名〉❶陸地。例おかに上がる。おか蒸気(=明治時代、蒸気機関車をさしたことば)。❷すずりの、墨《すみ》をする部分。対池。▽対海。

表現 ①は、おもに、海からみていう。

おかに上《あ》がった河童《かっぱ》 とくいな分野でないため、まったく力が出せないこと。

おかあさん【お母さん】〈名〉子どもなどが、親しみをこめて母親をよぶことば。対お父さん。類お母さま。母さん。ママ。おふくろ。母上。→囲み記事30(765ページ)

おかえし【お返し】〈名〉相手からのあいさつや儀礼《れいぎ》に対する返礼。例お返しをする。

おかかえ【お抱え】〈名〉地位の高い人が、自分のための仕事をしてもらうためにやとう人。例お抱えの運転手。社長のお抱え。

おかき〖お欠き・お▼掻き〗〈名〉うすく切った餅《もち》を、焼いたり揚げたりしてつくる菓子《かし》。かきもち。

おがくず〖おが▼屑〗〈名〉のこぎりで木を切るときにでる、こなのようなくず。

おかげ〖▽御陰〗〈名〉❶よい結果がえられたことに対する感謝のことば。例おかげをこうむる。おかげをもちまして新社屋がめでたく完成いたしました。おかげさま。❷(「…のおかげで」の形で)よい結果になったことの原因をあげて、「ああよかった」という気持ちを表わす。例きみのおかげで助かった。勉強したおかげで合格した。

表現 もともとは、「神や仏、また、あなたや多くの人々が守ってくださった大きなお力」という意味。「とんだじゃまが入ったおかげで、とりにがしてしまった」のように、わるい結果へのうらみをこめて、わざと皮肉にいう場合もある。

おかざり【お飾り】〈名〉❶神仏の前の、かざりつけやそなえもの。とくに、正月のしめかざり。❷名前だけで、なかみのないもの。例お飾りの社長。

おかし・い〈形〉❶おもしろくて笑いたくなる。例はしがころげてもおかしい年ごろ。❷正常でない。へんだ。例機械の調子がおかしい。頭がおかしくなる。類異常。❸あやしい。いぶかしい。例そぶりがおかしい。

表記 ①は、当て字で「▽可▽笑しい」と書かれることもある。

方言 千葉・九州などでは、「人に見られておかしー(おかしか)」のように、「恥ずかしい」の意味でも使う。

おかしな〈連体〉❶どこかへんで、よいとはいえない。例おかしな表現。類奇妙《きみょう》。❷おもしろくて、笑わせるような。例おかしな格好をしてもりあげる。

おかしらつき【尾頭付き】〈名〉しっぽと頭がついたままの焼きざかな。祝いごとの料理には欠かせないもの。「めでたい」に音が通じるところから、ふつうタイを使う。

おか・す【侵す・犯す・冒す】〈動五〉[一]〖侵す〗❶よその国や人の土地に、無断で入りこむ。例国境を侵す。国籍《こくせき》不明機が領空を侵した。類侵犯《しんぱん》する。侵入する。侵略する。❷よその国や人の権利をそこなう。例権限を侵す。「侵すことのできない永久の権利」〔日本国憲法〕。類侵害する。

[二]〖犯す〗してはならないことをする。道徳にそむくことをする。法律や規則などをやぶる。例罪を犯す。法を犯す。

[三]〖冒す〗❶困難なことをむりにする。例危険を冒す。救助隊は風雨を冒して出発した。❷害をあたえる。けがす。例すでにがんは全身を冒していた。芸術の神聖を冒す。

おかず〈名〉食事のときの、ご飯と汁物《しるもの》以外の食べもの。例おかずをつまむ。類副食物。総菜《そうざい》。

表現 質素な食事のことを「一汁一菜《いちじゅういっさい》」というように、おかずは一菜《いっさい》二菜《にさい》と数えることがある。

おかっぱ〖お▽河▽童〗〈名〉女の子の髪型《かみがた》の一種。前髪はひたいで、ほかは耳もとからえりあしぐらいの長さに切りそろえて、自然にたらす。

おかっぴき【岡っ引き】〈名〉江戸《えど》時代に、与力

 ハイチ　カリブ海，ドミニカ共和国と島を二分する共和国。コーヒー・カカオを産出。首都ポルトープランス。

《よりき》・同心などの役人にやとわれて、犯人をとらえる仕事などをした人。目明かし。

おかどちがい【お門違い】〈名〉目ざすところをまちがえていること。例ぼくに文句を言うなんて、お門違いもはなはだしいよ。類けんとう違い。すじ違い。

おかね【お金】〈名〉⇩かね〔金〕②

おかぶ(株)をうば(奪)う ほかの人の得意なわざを、みごとにやってのける。

おかぼ〖▽陸▽稲〗〈名〉畑でつくるイネ。水稲《すいとう》よりやや質がおとる。「りくとう」ともいう。

おかま【お釜】〖▽御釜〗〈名〉❶「かま」や「かまど」の美化語。❷火山の噴火口《ふんかこう》や火口湖。❸［おかま］俗《ぞく》に、女性っぽい感じの男性のこと。

おかまい【お構い】〈名・する〉相手にいろいろと気をつかうこと。とくに、客に対するもてなし。表現「なんのお構いもいたしませんで」「どうぞお構いなく」のように、否定の形であいさつことばにするのがふつう。

おかまいなし【お構いなし】㊀〈名・形動〉まわりに対してひとつも心をくばらないこと。例電車の中でもお構いなしにさわぐ。㊁〈名〉とがめだてしないこと。例小さいミスはお構いなしとしよう。

[1]**おかみ**【お上】〈名〉❶政府や役所をうやまっていう語。例お上の命令。お上にたてつく。❷武家で、臣下がその主君や奥方《おくがた》をうやまっていう語。参考古代には、政府の中心であった天皇を指した。

[2]**おかみ**〖▽女▽将〗〈名〉料理屋や旅館など、日本風の店の女主人。類マダム。ママ。

おかみさん〈名〉❶おもに商人の家の主婦や女主人。やや古い感じの言いかた。❷「妻」「おくさん」の俗《ぞく》っぽい言いかた。類かみさん。

おがみたお・す【拝み倒す】〈動五〉拝むようにしつこくお願いをして、無理にたのみをきいてもらう。例拝み倒して保証人になってもらった。

おが・む【拝む】〈動五〉❶神や仏、また、徳の高い人や恩をうけた人に対する、尊敬や感謝、お願いする気持ちを、頭をさげる、手を合わせる、ひざまずくなどの動作で表わす。例ふし拝む。類礼拝《らいはい》する。礼拝《れいはい》する。ぬかずく。❷人にものをたのんだりする、切実な気持ちを動作に表わす。例拝みます、どうかひきうけてください。拝みたおす。❸貴重なものを、ちょっと見せてもらう。例札束《さつたば》を拝む。類拝見する。

おかめ〈名〉❶ユーモラスで、あいきょうのある女の顔。そのように作った面。→ひょっとこ 絵 類おたふく。❷女をからかっていう、よくないことば。▽対ひょっとこ。

おかめはちもく【岡目八目】〖▽傍目八目〗〈名〉何でも、はたから見ていると、当事者よりもなりゆきがよく見えるものだということ。参考「八目」は碁《ご》の八目先のこと。

おかもち【岡持ち】〈名〉出前の料理をはこぶための道具。すしをならべるおけ形のもの、皿もりを二重、三重におさめるはこ形のものなどがある。

おから〈名〉豆腐《とうふ》をつくるとき、大豆《だいず》をしぼったあとの残りかす。家畜《かちく》の飼料《しりょう》や食用にする。類きらず。うのはな。

オカリナ〈名〉粘土《ねんど》などでつくった笛。卵やハトのような形をしている。八個から十個の穴をいろいろにおさえて曲をふく。◇イタリア ocarina

オカルト〈名〉神秘的・超《ちょう》自然的なこと。テレパシーや死後の世界のことなど。例オカルト現象。オカルト映画。◇occult

おがわ【小川】〈名〉細く小さな川。

おかわり【お代わり】〈名・する〉一つ食べ終わったり飲み終わったりしてから、もう一つ同じものを食べたり飲んだりすること。例ごはんのお代わり。

おかん【悪寒】〈名〉熱が出たときの、いやな感じのする寒さ。例悪寒がする。類寒け。

おかんむり【お冠】〈名〉気にいらないことがあって、きげんがわるいこと。例先生は今日ちょっとお冠だ。表現主として目上の人についていう。

[1]**おき**【沖】〈名〉海や湖で、岸から遠くはなれたところ。例沖へこぎだす。沖合。アオキ

[2]**おき**〖▼熾・▼燠〗〈名〉赤く火をたもっている炭。アオキ

[3]**おき**【▽隠岐】〈名〉旧国名の一つ。現在の島根県隠岐諸島。流刑《るけい》の地とされ、後鳥羽《ごとば》上皇などが流された。隠州《おんしゅう》。アオキ

[4]**おき**〖置き〗〈接尾〉数や量を表わすことばにつけて、その数だけあいだをあける意味を表わす。例ノートに一行おきに（＝一行ずつあけて）書く。たねを十センチおきに植える。類ごと。→囲み記事22（428ページ）

おぎ〖▼荻〗〈名〉水べにむらがってはえる雑草。ススキに似《に》ているが、それより大きい。

おきあい【沖合】〈名〉沖の方。例沖合の船。

おきあいぎょぎょう【沖合漁業】〈名〉十トン以上の船で、おおむね日帰りのできる距離《きょり》にある漁場で行なわれる漁業。カツオの一本づりやイカつり漁など。

おきあがりこぼし〖起き上がり小▽法師〗〈名〉底にあるおもりの力で、たおしてもすぐ起き上がる人形。だるま形が多い。

おきあが・る【起き上がる】〈動五〉横になった状態から立つ。例ベッドから起き上がる。

おきか・える【置き換える】〈動下一〉❶物を、現在の場所から他の場所に移して置く。❷物をどかしてそこに別の物を置く。例花瓶《かびん》と人形を置き換える。❸記号や文字を、別のものと取りかえる。例xをyに置き換える。類置換《ちかん》する。

おきがさ【置き傘】〈名〉日中《にっちゅう》にふりだす雨にそなえて、仕事場などに置いておく傘。

おきざり【置き去り】〈名〉❶あとに残して、行ってしまうこと。取り残すこと。例置き去りにする。置き去りにされる。❷かえりみないで、進めていってしまうこと。例国民を置き去りにした政府の決定。

おきじ【置き字】〈名〉漢文で、原文にはあっても訓読するときには読まない助字。

オキシダント〈名〉〔化学〕大気を汚染《おせん》する物質。オゾン、二酸化窒素《ちっそ》など、多くの種類があり、目やのどをいためる。◇oxidant

オキシドール〈名〉過酸化水素を水にとかしたもの。きずぐちの消毒などに使う。◇ドイツ Oxydol

おきて〖▼掟〗〈名〉ある社会や集団の中で、かならず守らなければならないきまり。例おきてにしたがう。おきてにそむく。おきてをやぶる。国のおきて。類戒律《かいりつ》。さだめ。

おきてがみ【置き手紙】〈名〉用件を便箋《びんせん》などに書いて、そこに残しておくこと。書き置きの手紙。

おきどころ【置き所】〈名〉物を置く場所。置き場。置き場所。例身の置き所がない。

おきな〖▽翁〗〈名〉「年をとった男性」の古い言いかた。

パキスタン　インドの北西にある共和国。小麦・綿花・米を産し，繊維工業も盛ん。首都イスラマバード。

対おうな。

おぎな・う【補う】〈動五〉不足部分をつけ加えて、完全にする。例説明を補う。欠員をアルバイトで補う。類うめる。補充《ほじゅう》する。補塡《ほてん》する。

おきなかし【沖仲仕】〈名〉港内に停泊《ていはく》する船から、はしけを使って荷物をつみおろしする労働者。「港湾労働者」のやや古い言いかた。

おきにいり【お気に入り】〈名〉特別に気に入っている人や物。例お気に入りの万年筆。

おきぬけ【起き抜け】〈名〉朝、起きたばかりのとき。類起きがけ。

おきびき【置き引き】〈名・する〉置いてある荷物をこっそりぬすんで持ちさる犯罪。

おきべん【置き勉】〈名〉家に持って帰る必要のない勉強道具を、学校に置いておくこと。くだけた言いかた。

おきまり【お決まり】〈名〉いつもやり方が決まっていること。また、うんざりするほどくり返されていること。例お決まりの説教。類お定まり。ありきたり。

おきみやげ【置き土産】〈名〉あとに残すみやげもの。
表現「このがけくずれは台風の置き土産だ」のように、よくないものごとについてもいう。

おきもの【置物】〈名〉室内に置いて、かざりにするもの。陶器《とうき》や彫刻《ちょうこく》などが多い。

おきゃん【お▼俠】〈名・形動〉てきぱきした、元気で活発な若い女性。類おてんば。はねっかえり。

おきゅう【お▼灸】〈名〉⇩きゅう〔灸〕

おぎり【お義理】〈名〉「義理」の、皮肉をこめた言いかた。例お義理でつきあってやったのさ。

お・きる【起きる】〈動上一〉❶横になっている状態から、立つ。立ちあがる。例転んでもただでは起きない(→「ころぶ」の子項目)。対たおれる。
❷ねどこから出る。例早く起きる。けさは五時半に起きた。もう起きなさい。対寝《ね》る。
❸目を覚ます。目が覚めている。例大声を出すと子どもが起きますから、静かにしてください。ゆうべの十一時ごろはまだ起きていた。対ねむる。寝る。
❹事件やある事態が発生する。例発作《ほっさ》がおきる。奇跡《きせき》がおきる。類おこる。生じる。
❺火がかっかとしてくる。例炭火がおきる。類おこる。

方言 徳島・香川では、「満腹になる」の意味でも使う。

常用漢字 **おく**

【屋】 尸部6 全9画 ※
屋屋屋屋屋屋
オク や 教小3 音[オク] ■屋上《おくじょう》。屋外《おくがい》。屋内《おくない》。■家屋《かおく》。社屋《しゃおく》。廃屋《はいおく》。訓[や] 屋根。屋号。屋台。屋形船。居酒屋。花屋。

【億】 イ部13 全15画
億億億億億
オク 教小4 音[オク] ■億兆《おくちょう》。億万《おくまん》。億万長者《おくまんちょうじゃ》。■一億《いちおく》。

【憶】 忄部13 全16画
憶憶憶憶憶
オク 音[オク] ■記憶《きおく》。追憶《ついおく》。

【臆】 月部13 全17画
臆臆臆臆臆
オク 音[オク] ■臆説《おくせつ》。臆測《おくそく》。臆断《おくだん》。臆病《おくびょう》。臆面《おくめん》。

おく[1]【置く】 一〈動五〉❶もってきて、その場所にとどめる。例本をたなに置く。肩《かた》に手を置く。机を窓ぎわに置く。お茶代を置いて店を出た。
❷施設《しせつ》や役職などを設ける。例各学校に保健室をおくこととする。委員会に書記をおく。類設置する。
❸あいだに空白があるようにする。例間《ま》をおく。距離《きょり》をおく。へだてをおく。冷却《れいきゃく》期間をおく。
❹道具を手ばなして、活動をやめる。例筆をおく。はしをおく。
❺大事なものを、すえる。例重点をおく。目標をおく。
❻ある状態がそのままつづくようにする。例念頭におく。心におく(=とどめる)。警察の監視《かんし》のもとにおかれる。学校の管轄《かんかつ》下におく。据《す》え置く。捨《す》て置く。
❼[おく] わきにとりのける。除外する。例この問題はしばらくおいて次に進もう。君をおいて、ほかに適任者はいない。
❽[おく] 打ち消して、「…せずにはおかない」というと、「このままでは許さない、かならずそうする」の意味になる。例かならずつかまえてぐうと言わせずにはおかない。

二〈補動五〉[おく] ❶(「…ておく」の形で)なにかをして、そのままにする。例売上金を金庫にしまっておく。話を聞くだけは聞いておく。
❷(「…ておく」の形で)なにかの準備のために、前もってする。例画用紙は少し多めに買っておこう。今のうちにトイレに行っておきなさいよ。▽アオク
表現 二は、やや古風な言いかたでは、「言い置く」「書き置く」「聞き置く」「捨て置く」のように、動詞の連用形にも接続する。
表記 一④は「▼擱く」、⑦は「▽措く」と書かれることがある。

おく[2]【奥】〈名〉❶中へ深く入りこんだところ。例建物の奥のほうへ進んでいく。穴の奥が深い。山奥。奥地。❷住居の、入り口から遠いところ。例客を奥にとおす。❸他人にはわかりにくい、考えのふかいところ。例心の奥。奥の手。▽アオク

奥が深《ふか》い きわめるのはむずかしい。例芸の道は奥が深い。

おく[3]【億】〈名〉十進法で、一万の一万倍の数。例地球の年齢《ねんれい》は億の単位でかぞえられる。アオク

おくがい【屋外】〈名〉建物のそと。対屋内。類戸外。アウトドア。

おくがき【奥書】〈名〉写本の最後に、だれが、いつ、どういう本から書き写したか、など記してそえる文章。

おくがた【奥方】〈名〉身分や地位が高い人の妻。古い言いかた。類令閨《れいけい》。

おぐさ【小草】〈名〉小さな草。詩的な言いかた。

おくさま【奥様】〈名〉他人の妻の敬称《けいしょう》。

おくさん【奥さん】〈名〉他人の妻のよびかたで、「奥さま」よりくだけた言いかた。

おくじょう【屋上】〈名〉大きなビルなどの上で、人が出られるように平らになっているところ。例屋上庭園。

屋上屋《おく》を架《か》す 屋根の上にまた屋根をつくるという意味から、むだなことをかさねてすることのたとえ。

おく・する【臆する】〈動サ変〉心がちぢこまって、できることもできなくなる。例おおぜいの前では臆してものも言えない。類気おくれする。びくびくする。

おくせつ【臆説・憶説】〈名〉かってな想像による考えや意見。例社長の引退について種々の臆説がとびかっている。

 バチカン市国　ローマ市内にある，ローマ教皇を首長とする宗教国家。世界最小の国。首都バチカン。

おくそく【臆測・憶測】〈名・する〉たしかな根拠《こんきょ》もないのに、いいかげんにおしはかること。また、そうした推測。例臆測にすぎない。臆測の域を出ない。類あて推量。

おくそこ【奥底】〈名〉奥深いところ。例心の奥底。

オクターブ〈名〉〔音楽〕ある音から上へむかって八度高い音、または、下へむかって八度低い音。◇フランス octave 参考 八度のへだたりを「一オクターブ」と数える。人の耳は、オクターブちがいの音を高さのちがう同音と感じる。

おくだん【臆断】〖憶断〗〈名・する〉たしかな根拠《こんきょ》がないのに、かってな想像で判断すること。

オクタンか【オクタン価】〈名〉自動車のエンジンなどで、ノッキング(=異常爆発《ばくはつ》)を起こしにくいガソリンの性質を表わす数値。高いほど、ノッキングが起こりにくい。

おくち【奥地】〈名〉都市や海岸から遠くはなれた、ジャングルや砂漠《さばく》など、人のあまり住んでいないところ。

おくちよごし【お口汚し】〈名〉客に食べ物をだすときの、へりくだった言いかた。例ほんのお口汚しですが。

おくづけ【奥付】〈名〉書物の著者名・発行者名・発行年月日などを印刷したところ。ふつう、書物の最後についている。

おくて【奥手】〖▽晩▽稲・▽晩▽生〗〈名〉❶〔晩稲・晩生〕〔植物〕イネや野菜、くだものなどで、おそく成熟する性質をもつもの。対わせ。類晩熟。❷〔奥手・晩生〕大人になっても、することや考えることが子どもっぽいこと。対おませ。

おくない【屋内】〈名〉建物のなか。例屋内競技。対屋外。類室内。インドア。

おくに【お国】〈名〉❶相手を高めてその母国や出身地をいうことば。例お国はどちらですか。❷「地方」のことをいう美化語。例お国なまり。お国ことば。

おくにことば【お国言葉】〈名〉生まれ故郷のことば。地方特有のことば。類お国なまり。いなかことば。方言。

おくになまり【お国なまり】〖お国▼訛り〗〈名〉その人の生まれ故郷特有の、ことばの発音。類お国ことば。

おくにぶり【お国ぶり】〖お国振り〗〈名〉その国や地方特有の風俗《ふうぞく》・習慣。例お国ぶりを披露《ひろう》する。類お国がら。

おくのいん【奥の院】〈名〉寺の本堂や神社の拝殿《はいでん》より奥にあって、本尊や神霊《しんれい》をまつってある堂。

おくのて【奥の手】〈名〉最後まで使わないでおく、だいじな手段。例奥の手を使う。類切り札。秘術。

おくば【奥歯】〈名〉口の奥の方にある歯。対前歯。類臼歯《きゅうし》。

奥歯に物《もの》が挟《はさ》まったよう 思っていることをはっきりと言わず、なにかをかくしているような話しかただ。

おくびにもだ(出)さない 心にあることを、少しも外に出さない。参考「おくび」は、げっぷのこと。

おくびょう【臆病】〖憶病〗〈名・形動〉新しいことに足をふみだす勇気がまったくないこと。例臆病をなおす。臆病者。臆病かぜ(をふかす)。類小心《しょうしん》。

おくびょうかぜ(臆病風)をふ(吹)かす すっかり弱気になって、何もできないでいる。

おくふか・い【奥深い】〈形〉❶入り口から奥までの距離《きょり》が長い。例奥深い森。❷意味や味わいが深い。例奥深いことば。奥深い趣味《しゅみ》の世界。類深遠《しんえん》。▽「おくぶかい」ともいう。

おくま・る【奥まる】〈動五〉奥にあって、外部から遠い。例奥まったへや。

おくまんちょうじゃ【億万長者】〈名〉けたちがいの大金持ち。類大富豪《だいふごう》。

おくみ【▼衽】〈名〉着物の前の方の、えりからつまでの部分にぬいつける、細長い布。

おくめん【臆面】〈名〉気おくれした顔つき。表現「臆面もなく」の形で使い、「臆面もなくしゃしゃり出る」のように、はじ知らずでずうずうしいようすを表わす。

おくやみ【お悔やみ】〈名〉人の死をおしみ、遺族をなぐさめること。また、そのことば。例お悔やみに行く。

おくゆかし・い【奥床しい】〈形〉ことばや態度などがつつしみぶかく、上品で、心がひかれる感じである。例奥ゆかしい態度。奥ゆかしい人がら。

おくゆき【奥行き】〈名〉❶家屋や地所、家具などの、前面から奥までの長さ。例奥行きのある収納スペース。対間口《まぐち》。❷心の深さ。例ことばに奥行きがある。類深み。

オクラ〈名〉緑色の、シシトウに似た形のアオイ科の野菜。切ると中がねばねばしている。おひたしなどにする。◇okra

おぐらあん【小倉あん】〖小倉▼餡〗〈名〉蜜《みつ》につけたあずきのつぶ入りのあん。また、「つぶあん」のこと。

おぐら・い【小暗い】〈形〉すこし暗い。こぐらい。類うす暗い。ほの暗い。

おくらいり【お蔵入り】〈名・する〉❶品物が使われないで、しまいこまれてしまうこと。❷発表や公表をされないで、そのままになること。例お蔵入りになった映画。

おくら・せる【遅らせる】〈動下一〉❶予定の時刻を先へのばす。例出発を遅らせる。対早める。❷進めかたをおそくする。例歩度《ほど》を遅らせる。対すすめる。速める。▽「おくらす」ともいう。

おぐらひゃくにんいっしゅ【小倉百人一首】〈名〉天智《てんじ》天皇から順徳《じゅんとく》天皇までの約五百七十年間の百人の和歌を一首ずつ集めた歌集。藤原定家《ふじわらのていか》がえらんだと伝えられる。表記①は、「後らせる」とも書く。

おくりおおかみ【送りおおかみ】〖送り▼狼〗〈名〉親切に家まで送っていくふりをして、途中《とちゅう》でその女性をおそうわるい男。

おくりがな【送り仮名】〈名〉❶和語(=訓読みのことば)を書くときの漢字の読みかたをおぎなうためのかな。「行く」の「く」や「小さい」の「さい」など。❷漢文を訓読するとき、漢字の右下にそえる小さなかたかな。活用語尾や助詞などを歴史的仮名づかいで示す。参考①は、動詞や形容詞のように、語尾変化のあることばを漢字で書くときに、活用語尾の部分を送るのがふつうであるが、「動かす」のように語幹の一部から送る場合もあり、「来ない」「来た」のように、活用語尾の部分まで漢字で書いてしまう場合もある。また、名詞でも「うしろ」を「後ろ」、「ななめ」を「斜め」と送って読みやすくしようとすることがある。

おくりこ・む【送り込む】〈動五〉特別の目的をもって、目的の場所に人を入れる。例スパイを送り込む。

おくりじょう【送り状】〈名〉ものを送るときに、その内容を書いて、送り主から受け取り主にとどける書類。

おくりだ・す【送り出す】〈動五〉出て行く人を送る。荷物などを先方へ送る。商品を市場へ送り出す。例卒業生を拍手《はくしゅ》で送り出す。対むかえ入れる。

おくりて【送り手】〈名〉送るがわの人。[例]放送の送り手。[対]受け手。

おくりな【贈り名・▼諡】〈名〉むかし、身分の高い人や徳の高い人の死後に、おくった称号《しょうごう》。たとえば、空海におくられた弘法大師《こうぼうだいし》などをさす。

おくりび【送り火】〈名〉盂蘭盆《うらぼん》の終わりの日に、祖先の霊《れい》を送るために家の前でたく火。[対]むかえ火。

おくりむかえ【送り迎え】〈名・する〉人を送ったり迎えたりすること。[例]園児の送り迎え。[類]送迎《そうげい》。

おくりもの【贈り物】〈名〉他人に贈るもの。プレゼント。[例]贈りものをする。[類]進物《しんもつ》。

おく・る【送る・贈る】〈動五〉[一]［送る］❶手もとにあるものを、はなれた場所にうつす。[例]荷物を送る。合図を送る。拍手《はくしゅ》を送る。声援《せいえん》を送る。送り出す。送りとどける。
❷案内したり別れをおしんだりして、人につきそってあるところまでいく。[例]客を駅まで送っていく。[対]迎《むか》える。
❸時をすごす。[例]月日を送る。一生を送る。
❹順番につぎの場所へうつす。[例]ひざを送る。
❺送りがなをつける。[例]「明るい」は「る」から送る。
[二]［贈る］相手に対して、感謝や祝福、称賛《しょうさん》などの気持ちを表わすために、なにかをあたえる。[例]記念品を贈る。博士《はくし》の称号《しょうごう》を贈る。[類]進呈《しんてい》する。贈呈《ぞうてい》する。
[敬語][二]の尊敬語に、「(ご)恵贈《けいぞう》」などがある。

おくるみ〈名〉寒さをふせぐため、赤んぼうを衣服の上からつつむ布製品。

おくれ【遅れ・後れ】〈名〉おくれること。[例]遅れがでる。遅れをとりもどす。時代遅れ。[類]遅延《ちえん》。

後れを取《と》る 人に後れる。[例]ゆだんして後れをとった。[類]後塵《こうじん》を拝する。

おくれげ【後れ毛】〈名〉女性の、両耳のうしろのあたりやえりあしにたれさがった短い毛。

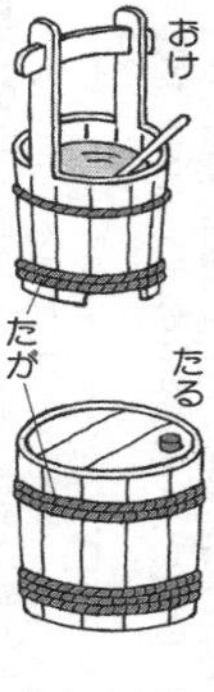

［おけ］

おくればせ【遅ればせ・後ればせ】〖遅れ▼馳せ・後れ▼馳せ〗〈名〉必要な時期におくれたこと。多く「遅ればせながら」の形で使う。[例]遅ればせながら、誕生日おめでとう。

おく・れる【遅れる・後れる】〈動下一〉❶ものごとの行なわれる時刻やあるものごとが、きめられた時刻やほかのものごとと比べて、あとになる。[例]電車が遅れる。出世が遅れる。学校に遅れる。乗り遅れる。[類]おそくなる。遅延《ちえん》する。のびる。❷時計のしめす時刻が、ほんとうの時刻よりおそい速度でうつっていく。[例]この時計は一日に十分も遅れる。[対]すすむ。❸ものごとの進みぐあいが、おそくなる。[例]仕事が遅れる。[対]すすむ。はかどる。[類]とどこおる。遅滞《ちたい》する。
[表記]「後れる」は、「流行に後れる」「先頭から後れる」のようにほかから取り残されたり、うしろの位置になったりした場合に使う。

おけ〖▼桶〗〈名〉水をくんだり、食べ物などをはこぶのに使う、木などでつくったつつがたの入れもの。[絵]

[1]**おけら**〈名〉〔植物〕山野に生える多年草。秋、白やうすべに色の花をつける。根を漢方で胃の薬とし、また、正月のおとそに使う。

[2]**おけら**〈名〉❶〔動物〕⇩けら ❷すっからかん。[例]おけらになる。

お(▼於)ける（「…における」の形で）…での。…の場合の。かたい言いかた。[例]わが国における教育問題。

おこえがかり【お声掛かり】〈名〉力のある人の特別な口ぞえ・命令・とりはからい。[例]社長お声掛かりの人事。

おこがまし・い〈形〉つつしみがない。[例]おこがましいのですが、申し上げます。[類]身のほど知らずだ。

おこげ〖お焦げ〗〈名〉釜《かま》や鍋《なべ》の底にこげついたご飯。こげめし。

おこさま【お子様】〈名〉子どものことを、その親や保護者に敬意を表わすためにいう尊敬語。[例]先生のお子様はおいくつですか。お子様をお連れのお客様。

[1]**おこし**〖▼粔▼籹〗〈名〉菓子《かし》の一種。むしたもち米をかわかしていり、ゴマや豆などといっしょに水あめと砂糖でかためたもの。[ア]オコシ

[2]**おこし【お越し】**〈名〉「来ること」「行くこと」の尊敬語。[例]当地へはいつお越しでしたか。どちらへお越しですか。[ア]オコシ
[表現]「おいで」とほぼ同じ意味だが、やや敬意がつよく、また、「おいで」のように「居《い》る」意味はない。

おこ・す【起こす・興す】〈動五〉[一]［起こす］❶横になっているものをたてにする。[例]身を起こす。からだを起こす。
❷目をさまさせる。[例]寝《ね》た子を起こす。[対]ねかす。[対]ねかす。
❸わるい状態を生じさせる。[例]事件をおこす。問題をおこす。食中毒をおこす。肺炎《はいえん》をおこす。
❹ある気持ちを生じさせる。[例]好奇《こうき》心をおこす。むら気をおこす。思いおこす。
❺新しくはじめる。[例]筆をおこす。行動をおこす。訴訟《そしょう》をおこす。書きおこす。
❻地面をほりかえす。[例]土をおこす。
❼炭などの火を、さかんに燃えるようにする。[例]火をおこす。炭をおこす。
[二]［興す］始めて、いきおいをさかんにする。[例]家を興す。産業を興す。国を興す。
[表記][一]⑦は、「▼熾す」と書かれることもある。

おごそか【厳か】〈形動〉気持ちがひきしまるほど、威厳《いげん》があっておもおもしい。[例]厳かなふんいき。[類]厳粛《げんしゅく》。荘重《そうちょう》。荘厳《そうごん》。

おこた〈名〉「こたつ」の幼児むけの言いかた。

おこた・る【怠る】〈動五〉すべきことをしないでいる。[例]義務を怠る。注意を怠る。[類]なまける。

おこつ【お骨】〈名〉人を火葬《かそう》にしたあとのほね。[例]お骨をひろう。お骨を納める。[参考]もとは「骨《こつ》」の美化語であるが、現在では美化する意識はうすれている。

おことば(言葉)ですが 目上の人に対して、その意見に反対するようなことを言うときの前おき。

おこない【行(な)い】〈名〉❶なにかをしようと思ってする一回一回の動作。行為《こうい》。❷日ごろの行動。[例]行ないをつつしむ。行ないをあらためる。日ごろの行ない。[類]行状《ぎょうじょう》。品行《ひんこう》。素行《そこう》。

おこないすま・す【行(な)い澄ます】〈動五〉❶僧《そう》などが、よく戒律《かいりつ》を守り、清らかな心で仏道の修行をする。❷よい行ないばかりしているようなようすをする。とり澄ます。

 バヌアツ　南太平洋のニューヘブリデス諸島にある共和国。コプラ・カカオ・まぐろを産する。首都ポートビラ。

おこな・う【行(な)う】〈動五〉形式や慣例にしたがって、あることがらを 実際にすすめる。例試合を行なう。式を行なう。演奏会を行なう。とり行なう。類する。やる。挙行する。

表現「する」が、ふつうのことば。「やる」は、口でいうときのかるいことば。「行なう」は、掲示《けいじ》の文章に書くようなときの、ちょっと形式ばった感じのことば。「来週テストをやるよ」はかるい調子。「来週テストをします」は標準的な言いかた。「来週テストを行なう」は掲示の文。

表記「行う」「行なう」の二通りの送りがなの付け方があり、教科書などでは「行う」を使っているが、「行った」と書くと、「いった」とまぎれるおそれがあるので、この辞典では、「行ない」「行なう」のように「な」を送って表記している。

おこなわ・れる【行(な)われる】〈動下一〉❶もよおしなどが実行される。例国勢調査は五年ごとに行なわれる。類実施《じっし》される。挙行される。❷世の中で使われる。例世に行なわれる。類はやる。

おこのみやき【お好み焼き】〈名〉❶小麦粉を水と卵でといてキャベツの千切りとまぜたものをベースとする鉄板料理。丸く広げて焼き、ソースを塗って食べる。関西の名物。→モダンやき ❷水でといた小麦粉、キャベツの千切りともやし、中華麺《ちゅうかめん》、卵などを材料に、丸く焼いて作る広島の名物。よそでは「広島焼き」と言う。

おこぼれ『お▽零れ』〈名〉他人の利益があまってこぼれた分が意外にもこちらにながれてきたもの。類おあまり。

おこもり【お籠もり】〈名・する〉❶神仏に祈るために、社寺にとまりこむこと。参籠《さんろう》。❷出歩かず、宿での滞在《たいざい》そのものを楽しむ旅のしかた。例おこもり旅。

おこり【起こり】〈名〉ものごとのはじまりや原因。例事のおこり。地名のおこり。表記「文明のおこり」のような場合には、「興り」とも書く。

おごり『▼奢り・▼驕り・▽傲り』〈名〉㊀［奢り］❶相手の分も代金をはらって、ごちそうすること。例今晩はおれのおごりだ。❷必要以上にお金をかけて盛大《せいだい》にすること。例おごりをきわめる。類ぜいたく。奢侈《しゃし》。

㊁［驕り・傲り］自分の能力を過信し、いい気になって、謙虚《けんきょ》な気持ちを失うこと。

おごりたかぶ・る【おごり高ぶる】『▼驕り高ぶる・▽傲り高ぶる』〈動五〉人を見くだし、高慢《こうまん》な態度をとる。

おこ・る[1]【怒る】〈動五〉❶気に入らないことがあって、がまんできない気持ちになる。例まっかになっておこる。類いかる。立腹する。はらをたてる。❷目下の者の、よくない行動や態度に対して、きつく注意する。例生徒をおこる。類しかる。▽→囲み記事5（50ジペ）

おこ・る[2]【起こる・興る】〈動五〉㊀［起こる］❶あることが生じる。例風が起こる。静電気が起こる。事件が起こる。戦争が起こる。発作《ほっさ》が起こる。類おきる。❷炭などの火のいきおいがつよくなる。例炭がおこる。類おきる。

㊁［興る］始まって、いきおいがさかんになる。例国が興る。産業が興る。類興隆《こうりゅう》する。台頭《たいとう》する。勃興《ぼっこう》する。

表記㊀②は、「▼熾る」と書かれることもある。

おご・る『▼奢る・▼驕る・▽傲る』〈動五〉㊀［奢る］❶いい気になって、ぜいたくな生活をする。例口がおごる（→「くち」の子項目）。❷自分のお金で、人が食べる分などの代金をしはらう。類勘定《かんじょう》をもつ。ごちそうする。ふるまう。例先輩《せんぱい》に缶ジュースをおごってもらった。

㊁［驕る・傲る］金や権力、才能があるのをいいことに、いい気になって、自分の思うままの行動をする。例心がおごる。

敬語㊀②の美化語としては「ごちそうする」、尊敬語としては ふつう「ごちそうなさる」、謙譲《けんじょう》語としては「ごちそうさせていただく」を使う。また、「おごってもらう」の謙譲語としては、ふつう「ごちそうになる」を使う。

おごる平家《へいけ》は久《ひさ》しからず 成功していい気になっていると、そのうちまた落とされる。参考『平家物語』の語り出しの中のことば「おごれる人も久しからず」から。

おこわ『お▽強』〈名〉もち米をむすかたくかしたもの。とくに、赤飯のこと。参考もと、「強飯《こわめし》」の美化語。

おさ【▽長】〈名〉「長《ちょう》」の意味の、昔の言いかた。例村の長。類かしら。

おさえ【押さえ・抑え】〈名〉❶［押さえ］ものが動かないようにするためにのせる、重いもの。例石を押さえにする。類おもし。❷［抑え］人にかってなことをさせないで、自分にしたがわせる力。例抑えがきく。抑えがきかない。❸［抑え］野球で、勝ったまま相手チームに点を取らせないようにすること。そのための最後に登板する投手。クローザー。ストッパー。

おさえこみ【押さえ込み】〈名〉❶活動などを、おさえこむこと。例政治活動の押さえ込み。❷柔道《じゅうどう》で、相手を上からつよく押さえつけ自由に動けないようにする、寝《ね》わざの体勢。例押さえ込みに入る。

おさえこ・む【押さえ込む】〈動五〉上から力をくわえて、自由にうごけないようにする。

おさえつ・ける【押さえつける・抑えつける】〈動下一〉❶動けないようにしっかりおさえる。❷圧迫《あっぱく》して、人に自由な言論や行動をさせないようにする。例反対意見をおさえつける。類抑圧《よくあつ》する。

おさ・える【押さえる・抑える】〈動下一〉❶［押さえる］上から物をあてがったりおしつけたりして、動かないようにする。例きずぐちを押さえる。口を押さえる。紙を押さえながら字を書く。❷［抑える］相手が自由に動けないようにする。例敵を抑える。反対派の動きを抑える。意見を抑えて発言させない。類封《ふう》じる。❸［抑える］それ以上大きくなったり 広がったりしないように、ものごとのいきおいや動きをくいとめる。例インフレを抑える。なみだを抑える。いかりを抑える。どなりたい気持ちを抑えて聞いていた。類制する。こらえる。❹［押さえる］しっかりつかんで、自分の意のままになる状態をたもつ。例現場を押さえる。証拠《しょうこ》を押さえる。資産を押さえる。首都圏《けん》を押さえる。類掌握《しょうあく》する。❺［押さえる］大事な点をつかんで、その全体を自分のものにする。例要点を押さえる。

おさおさ〈副〉（あとに打ち消しのことばをともなって）少しも…ない。古風な言いかた。例用意は おさおさおこたりない。

おさがり【お下がり】〈名〉❶神仏にそなえたものを、おろしたもの。また、客にだした食べ物の のこり。例お下がりをいただく。❷年長者や先輩《せんぱい》からもらった使いふるし。さがり。類おふる。

方言京都では、「今日もおさがりどすなー」のように、「雨降り」の意味でも使う。

おさきに【お先に】〈副・感〉「先に」の美化語。相手より先に仕事をおえて帰ったり、先になにかをさせてもらうと

きに言う。例お先に失礼します。

おさきばしり【お先走り】〈名・形動〉ひとりよがりに判断して軽率《けいそつ》にも他人より先になにかをしてしまうこと。そのような軽率な人。「おさきっぱしり」ともいう。

おさきぼう(先棒)をかつ(担)ぐ 他人の手先となってはたらく。

おさき(先)ま(真)っくら(暗) 先の見通しをつけないまま、なにかをすること。また、将来の見通しがまったく立たないこと。例お先真っ暗なご時世《じせい》だ。類一寸《いっすん》先は闇《やみ》。

おさげ【お下げ】〈名〉女子の髪型《かみがた》の一種。髪の毛を編《あ》むか結ぶかして、肩《かた》のほうにたらすもの。

おさだまり【お定まり】〈名〉いつもそれと定められたように、変わりばえがしないこと。例お定まりの自慢《じまん》話。類お決まり。

おさと(里)がし(知)れる ことばづかいや行動によって、生まれや育ちのわるさがわかる。

おさな・い【幼い】〈形〉❶年齢《ねんれい》が低い。例幼いとき。幼い子ども。類いとけない。幼少。❷子どもっぽい。ようちだ。例幼い考え方。

おさなご【幼子】〈名〉まだ小さい子ども。類幼児。

表現「おさなごのようにきよらかな目をしている」のように、純粋《じゅんすい》さや純真さ、きよらかさのたとえに使う。

おさなごころ【幼心】〈名〉まだ判断力のない、子どもの心。例幼心にもはっきりおぼえている。類子ども心。

おさなともだち【幼友達】〈名〉子どものころ、いっしょに遊んだ友だち。子どものころから仲よくしている友だち。類幼なじみ。竹馬《ちくば》の友。

おさななじみ【幼なじみ】〖幼▼馴染み〗〈名〉子どものころ、なかよくしていた人。類竹馬《ちくば》の友。

おざなり〖▽御座なり〗〈名・形動〉その場かぎりのまにあわせで、いいかげんなこと。例おざなりな返事をする。おざなりな処置ですませる。注意「おざなり」は、必要なことをいいかげんながらも一応やるという点で、語形と意味の似《に》ている「なおざり」と区別できる。

おさまり【収まり・納まり】〈名〉おさまること。例おさまりがいい。おさまりがつかない。類収納。収拾《しゅうしゅう》。

おさま・る【収まる・納まる・治まる・修まる】〈動五〉❶［収まる・納まる］ものがきちんとなにかの中に入っておちつく。例社長のいすに納まる。もとのさやに収まる(＝なかなおりする)。❷［納まる］お金がはらいこまれる。ものが納入される。例国庫に納まる。❸［収まる・治まる］もとどおりにおちついた、しずかな状態になる。例風が収まる。戦乱が収まる。丸く収まる。痛みが治まる。腹の虫が収まらない。対あれる。類静まる。収束《しゅうそく》する。❹［治まる］平和で秩序《ちつじょ》ある状態となる。例国が治まる。世の中が治まる。対あれる。みだれる。❺［修まる］人間としてよいぐあいにおちついている。「身」とか「行ない」についていうことば。

おさむ・い【お寒い】〈形〉ものごとの外面やなかみが貧弱《ひんじゃく》で、こころぼそい感じだ。例大型予算といっても、福祉《ふくし》の面ではお寒いものだ。

おさ・める【収める・納める・治める・修める】〈動下一〉❶［収める・納める］ものをきちんとなにかの中に入れる。例腹に収める。写真に収める。作文は原稿《げんこう》用紙三枚以内に収めること。類しまう。収納《しゅうのう》する。❷［収める］いちど出したものをもどして、もとどおりにする。例刀を収める。矛《ほこ》を収める(→「ほこ」の子項目)。兵を収める。いかりを収める。❸［納める］お金や物をうけとるべき人にわたす。はらいこむ。例税金を納める。会費を納める。商品を得意先に納めてきた。類納入する。納品する。❹［収める・納める］なにかをもらって自分のものにする。例どうぞお納めください。❺［収める］よい結果をえる。例成功を収める。実験は大きな成果を収めた。❻［納める］おわりにする。接尾語的にも使う。例このへんで会を納めます。舞《ま》いおさめる。類終える。❼［治める］混乱をしずめ、平和で秩序《ちつじょ》ある状態をたもつ。例国を治める。世の中を治める。類統治する。❽［修める］学問や技術などを勉強して、身につける。例彼らは近代的な航海術を修めた。類修得する。習得する。マスターする。

表現④の用法は、もらう側《がわ》ではなく、返す側や送る側が使うのがふつう。

おさらい〈名・する〉❶習ったことを、もう一度自分でやってみること。類復習。❷芸ごとなどで、習った芸を、師匠《ししょう》や客の前で演じること。例おさらい会。

おさん【お産】〈名〉子をうむこと。出産。例お産がかるい。類分娩《ぶんべん》。

おさんどん〈名〉台所でする仕事。例おさんどんをする。参考むかし、お手伝いさんを「お三」「お三どん」と言ったことから。

おし1【押し】〈名〉❶自分の主張や希望をむりにとおそうとする態度。例押しがつよい。押しの一手。❷すもうで、相手のからだに両手をあてて押していくこと。❸おさえつけるもの。例つけものに押しをする。類おもし。

おし2【推し】〈名〉推すこと。人にすすめるものごと。→おす［推す］参考

おし3〖▼唖〗〈名〉ことばが話せない障害。生まれつきの場合が多い。注意差別感が出るので、現在は用いない。

おじ【伯父・叔父】〈名〉父母の兄弟。父母の、男のきょうだい。対おば。表記父母の兄は「伯父」、弟は「叔父」と書く。

おしあいへしあい【押し合いへし合い】〈名・する〉多くの人がたがいに押し合うほど混雑すること。→へし

おし・い【惜しい】〈形〉❶大事なものをなくしたり、むだにしたりしたくない気持ちだ。例命が惜しい。時間が惜しい。これは手ばなすには惜しい品だ。なごり惜しい。❷大事なものを失ったり、手に入れそこなったりして、残念だ。例もう少しだったのに惜しいことをした。

おじいさん〖お▽祖▽父さん・お▼爺さん〗〈名〉❶［お祖父さん］「祖父《そふ》」に対する、親しみをこめた言いかた。❷［お爺さん］年をとったよその男の人に対する、親しみをこめた言いかた。▽対おばあさん。

表現①はあらたまった場面で身内をさすときは、「祖父《そふ》」という。

おしいただ・く【押し頂く】〈動五〉ものを、頭の上にうやうやしく、両手でささげるようにして持つ。例ありがたくおしいただく。

おしい・る【押し入る】〈動五〉強引《ごういん》に他人の家やへやの中へ入る。例銀行に強盗《ごうとう》が押し入った。類押し込む。

おしいれ【押し入れ】〈名〉座敷《ざしき》についている物入れの戸だな。ふすまでしきり、中に寝具《しんぐ》や座ぶとんなどを

入れておく。

おしうり【押し売り】〈名・する〉 人が買いたいと思っていないものを、むりやり売りつけること。その商売人。

参考 洋間だと「クローゼット」。

表現 「親切の押し売りはごめんだよ」のように、相手の気持ちを考えないで、むりにおしつけるときにも使う。

おしえ[1]【押し絵】〈名〉 型をとった厚紙をきれいな布でつつみ、中に綿を入れてふくらませ、人物や花、鳥などの形にして台にはったもの。羽子板などに使う。

おしえ[2]【教え】〈名〉 こうすべきだ、こうしてはならない、といったことをおしえること。おしえたなかみ。例 教えを請《こ》う。教えにそむく。類 教育。

表現 「教える」ことのなかみには、道とか電話番号とかの単なる情報もあり、犯罪の手口など悪いことさえあるが、「教え」というときは、「師の教え」「先輩《せんぱい》の教え」などというように、価値やありがたみのあるものが内容になるのがふつうである。

おしえご【教え子】〈名〉 先生としてある人がおしえた生徒。類 弟子《でし》。

おしえこ・む【教え込む】〈動五〉 相手がじゅうぶんに納得《なっとく》し理解するまで、くり返し教える。例 商売のいろはを教え込む。

おしえさと・す【教え諭す】〈動五〉 相手がじゅうぶんにさとるまで、ものの道理をしっかりと言い聞かせる。例 礼儀を教え諭す。

おし・える【教える】〈動下一〉 ❶相手にものの考えかたや知識、技術をさずけて、身につけさせる。例 英語を教える。学校で教える。類 教育する。教授する。❷知っていることを、人に知らせる。例 道を教える。こつを教える。目で教える。❸教訓をあたえる。例 子に教えられる。教えさとす。

表現 ③は、「教えられる」と受け身の形でいうことが多い。

→おそわる 表現

おしおき【お仕置き】〈名・する〉 子どもをこらしめるためのきびしい罰《ばつ》。例 おしおきをする。類 折檻《せっかん》。

おしかえ・す【押し返す】〈動五〉 押してきた相手を逆に押してむこうのほうにもどす。例 敵の攻撃《こうげき》を押し返す。

おしかけにょうぼう【押しかけ女房】〈名〉 男性の家にむりに妻としてはいり込んできた女性。

おしか・ける【押し掛ける】〈動下一〉 ❶おおぜいの人が、はげしいいきおいで集まる。類 つめかける。❷よばれないのに、かってに行く。例 押しかけ女房《にょうぼう》。

おじぎ【お辞儀】〈名・する〉 人に対して頭をさげること。日本人が行なうあいさつのしるしとして、いちばんふつうのものであり、尊敬や感謝の気持ちを態度にあらわしたもの。類 礼。

表現 (1)おじぎをする動作を表わすほかの言いかたに「頭をさげる」「会釈《えしゃく》する」「腰《こし》をかがめる」などがあり、その程度を「かるく」「ふかく」「ふかぶかと」などで表わす。また、すこし遠くから、こころもち頭をさげておじぎするのを「目礼《もくれい》」という。

(2)草が水不足でしおれているのを、「草がおじぎしてしまった」のようにいうことがある。

おしきせ【お仕着せ】〈名〉 ❶主人が使用人にあたえて着せる衣服。❷上から一方的にあてがわれたもの。例 おしきせの規則。

おじぎそう【おじぎ草】〘▽御辞儀草・▽含▽羞草〙〈名〉 さわると、葉を閉じたりたれさがったりする草。夏、うすい紅色の花がさく。ねむりぐさ。

おしき・る【押し切る】〈動五〉 ❶押しつけるようにして切る。❷反対や困難などをおしのけて、思うとおりにする。例 親の反対を押しきって結婚《けっこん》した。

おしくも【惜しくも】〈副〉 ものごとがもう少しのところでできない。例 タッチの差で惜しくも二位となった。

おじけ〘▽怖じ気〙〈名〉 こわがって、しりごみする気持ち。例 おじけをふるう。おじけがつく。おじけづく。

おじけづ・く〘▽怖じ気づく〙〈動五〉 急にこわいという気持ちにとらわれる。例 敵にうしろを見せるとは、おじけづいたか。

お(惜)しげ(気)もなく なくすことを残念に思う気持ちもなく。例 せっかくもらった賞品を、惜しげもなく人にあげてしまった。類 なんの未練もなく。気前よく。

おしこみ【押し込み】〈名〉 家に入りこんできた強盗《ごうとう》。押し込み強盗。

おしこ・む【押し込む】〈動五〉 ❶おしてむりに中に入れる。例 かばんに押し込む。のどに押し込む。類 つめこむ。押し込める。❷強引《ごういん》に他人の家やへやの中へ入る。類 押し入る。

おしこ・める【押し込める】〈動下一〉 ❶人をとじこめて、外へ出さない。例 地下牢《ろう》に押し込める。❷むりに中へ入れる。類 押し込む。

おしころ・す【押し殺す】〈動五〉 笑いや声、感情などを努力しておさえること。例 押し殺したような声。

おじさん〘小▽父さん〙〈名〉 よその中年の男性を、したしみをもってよぶことば。例 おじさん、ちょっと手つだって。対 おばさん。

おしずし【押しずし】〘押し▽寿司・押し▼鮨〙〈名〉 木型で押し固めて作るすし。箱ずし。大阪《おおさか》ずし。

おしすす・める【推し進める】〈動下一〉 ものごとをはかどらせる。例 計画を推し進める。類 推進する。

おしせま・る【押し迫る】〈動五〉 すぐそこまで迫る。まぢかになる。例 敵軍が押し迫る。年末が押し迫ってきた。

おしたじ【お下地】〈名〉 「しょうゆ」や「にものつゆ」の美化語。おもに女性がつかう。

おしだし【押し出し】〈名〉 ❶おして出すこと。とくに、すもうで、組まずに相手のからだをおして、土俵の外へ出すこと。❷野球で、満塁《まんるい》のとき、フォアボールかデッドボールとなって、一点入ること。❸人に接するとき、相手にあたえる威圧《いあつ》感。例 押し出しのいい人。押し出しが立派だ。類 恰幅《かっぷく》。

おしだ・す【押し出す】〈動五〉 ❶おして、中から外へ出す。とくに、すもうで、組まずに相手の体をおして、土俵の外へ出す。類 突《つ》き出す。❷目標や方針を目だつように外へかかげる。例 「金《かね》のかからない政治」のスローガンを前面に押し出していく。類 打ち出す。

おしだま・る【押し黙る】〈動五〉 ひとことも口をきかずじっとしている。

おしちや【お七夜】〈名〉 子どもが生まれて七日目の夜の祝い。参考 よく、このときに子どもの名前をつける。

おしつけがまし・い【押しつけがましい】〈形〉 まるで押しつけるような。例 押しつけがましい態度。

おしつ・ける【押しつける】〘押し付ける〙〈動下一〉 ❶あるものを別のものにあてて、動かさないようにしながら強くおす。類 押さえつける。❷相手ののぞまないことをむりに受け入れさせる。例 責任を押しつける。仕事を押しつける。❸むりに他人の手もとに置くようにする。例 にせ

ものを押しつける。

おしっこ〈名・する〉小便。もとは幼児語。

おしつま・る【押し詰まる】〈動五〉❶行事の日がいよいよ近づく。例開幕まであと一月《ひとつき》と、押し詰まってきた。類さしせまる。❷年の終わりが近づく。例今年もいよいよ押し詰まりました。

おして〖押して〗〈副〉むりなお願いをするときのことば。

表現「おしてお願いいたします」は、お願いをする者が自分の立場だけでいう一方的な言いかた。それに対し、お願いされる人の立場を考えていえば、「まげてお引き受けくださるようお願いいたします」のようになる。

お（推）してし（知）るべし ⇩「おす〔推す〕」の子項目

おしとお・す【押し通す】〈動五〉自分の意見ややりかたを、最後までかえないでつづける。例わがままを押し通す。「反対」の線で押し通した。類つらぬく。

おしどり〖▼鴛▼鴦〗〈名〉沼《ぬま》や湖にすむ水鳥の一種。カモに似ているが、すこし小さい。おすには、イチョウの葉の形をしただいだい色のかざり羽がある。

表現いつもおすとめすがいっしょにいることから、「おしどり夫婦《ふうふ》」のように、仲のいい夫婦のたとえとされる。

おしなべて〈副〉どれもこれも同じようなようす。平均しているようす。例どの学科もおしなべてよくできた。

おしの・ける【押しのける】〖押し▽退ける〗〈動下一〉つよくおして、むりやり場所をあけさせる。

おしのび【お忍び】〈名〉見つかると大さわぎになるような、地位や身分の高い人が、プライベートでこっそりとそこへ行くこと。

おしば【押し葉】〈名〉木の葉や草を紙のあいだにはさんで、おさえつけて乾燥《かんそう》させ、ひらたくしたもの。植物の標本や本のしおりなどにする。→おしばな

おしはか・る【推し量る】〈動五〉あることをもとにして、「こうではないか」と考える。例相手の意向を推し量って行動すべきだ。類推量する。推測する。

おしばな【押し花】〈名〉草木の花を紙のあいだにはさんで、おさえつけて乾燥《かんそう》させ、ひらたくしたもの。植物の標本や本のしおりなどにする。→おしば

おしひろ・げる【押し広げる】〖押し▽拡げる〗〈動下一〉❶押して広げる。例穴を押し広げる。❷理論などを適用する範囲《はんい》を拡大させる。例別の場合に押し広げて考える。

おしひろ・める【押し広める】〈動下一〉ものごとを世の中にいきわたらせる。例神の教えを押し広める。

おしべ〖雄▼蕊〗〈名〉花の中にある花粉をつくる器官。花粉のある葯《やく》と、それをささえる花糸《かし》とからなる。対めしべ。

おしボタン【押しボタン】〈名〉押して、機械や装置を作動させるボタン。プッシュボタン。例押しボタン式。

おしぼり〖お絞り〗〈名〉手や顔をふくために、湯や水にひたしてしぼった、手ぬぐいやタオル。類お手ふき。

おしまい〖お▽終い・お仕舞い〗〈名〉「しまい」のていねいな言いかた。例はい、おしまい。もうおしまいだ。

おしみな・い【惜しみない】〈形〉まったくためらわずにものごとをするようす。例惜しみない拍手《はくしゅ》をおくる。

おし・む【惜しむ】〈動五〉❶うしなったことを残念に思う。例故人の才能を惜しむ。❷うしなったり、むだにしたり、きずつけたりしたくないと思う。例時間を惜しむ。金《かね》を惜しむ。別れを惜しむ。名を惜しむ（＝名誉《めいよ》を重んじる）。❸することをいやがる。例骨身を惜しまず。協力を惜しまない（＝おおいに協力する）。類いとう。しぶる。

表現③は、「惜しまず」「惜しまない」の形で使うことが多い。また、「惜しみない拍手《はくしゅ》をおくる」のように、「惜しみない」のようにも使う。

惜しむらくは 残念なことには。例惜しむらくは、山田さんはからだがよわい。

おしむぎ【押し麦】〈名〉オオムギをたいらにつぶして、かわかしたもの。ふつう米とまぜて、たいて食べる。

おしめ〈名〉⇩おむつ

おしめり【お湿り】〈名〉適度なうるおいをもたらす雨をいう美化語。例いいお湿りですね。

お（押）しもお（押）されもしない ⇩「おす〔押す〕」の子項目

おしもんどう【押し問答】〈名・する〉たがいに自分の意見や考えをくり返し主張して、ゆずらないこと。

おじや〈名〉雑炊《ぞうすい》。とくにみそで味つけしたものをいうことがある。

おしゃか〖▽御▽釈▼迦〗〈名〉できそこなってしまった製品。不良品。例おしゃかになる。

おしゃぶり〈名〉赤んぼうにしゃぶらせるおもちゃ。

おしゃべり ━〈名・する〉人と気らくに雑談すること。例おしゃべりもときには必要だ。━〈名・形動〉よく話すこと。よく話す人。例おしゃべりな人。対無口。類多弁。饒舌《じょうぜつ》。

表現━は、少し軽蔑《けいべつ》した感じで使われる。また、「あいつはおしゃべりだから知らせない方がいいよ」のように、かるがるしく調子にのって、言ってはいけないことまで言ってしまう人を非難するときにもいう。「あの人の話にはおしゃべりが多すぎる」は、わきみちにそれた話をさす。

おしゃま〈名・形動〉年のわりに大人びたことをするようす。そのような女の子。類おませ。

おしゃらぐ（方言） おしゃれ。茨城で言う。

おしや・る【押しやる】〖押し▽遣る〗〈動五〉押してむこうのほうに遠ざける。例荷物をわきへ押しやる。

表現「不安感を押しやる」など、心のことにもいう。

おしゃれ〖お▼洒▽落〗〈形動・名・する〉服装や髪型《かみがた》、化粧《けしょう》などに気をくばり、すてきに見えるようにすること。例おしゃれをする。おしゃれな人。類おめかし。

おじゃん〈名〉やりかけていたものごとが途中《とちゅう》でだめになること。話しことばで使う。例楽しみにしていた遠足も雨でおじゃんになった。

おじゅう【お重】〈名〉「重箱」の美化語。重箱につめた料理。

おしょう【和尚】〈名〉お寺のお坊《ぼう》さん。◇もとサンスクリット語。

おじょうさま【お嬢様】〈名〉育ちのよい娘《むすめ》。「お嬢さん」のていねいな言いかた。

表現「お嬢様育ちで困る」のように、世の中の苦労を知らないことを強調していう。また、「お宅のお嬢様」のように、相手への敬語としても使う。

おじょうさん【お嬢さん】〈名〉他人の娘や若い女性を呼ぶことば。「お嬢様」よりくだけた言いかた。

おしょうすい【お小水】〈名〉「小水」の美化語。

おじょうず（上手）をい（言）う 相手をよろこばせようとして、口先だけのほめことばを言う。

おしょく【汚職】〈名〉政治家や役人などが、自分の地位を不正に利用して、お金やものをうけとったかわりに、相手がもうかるようにとりはからうこと。

 パラグアイ　南アメリカの内陸にある共和国。大豆・マテ茶を産する。日系人が多い。首都アスンシオン。

おじょく【汚辱】〈名〉いたたまれないほど体面や名誉《めいよ》をけがされること。例汚辱にまみれる。類恥辱《ちじょく》。屈辱《くつじょく》。はずかしめ。

おしよ・せる【押し寄せる】〈動下一〉たいへんないきおいで多くのものがせまってくる。例大軍が押し寄せる。津波《つなみ》が押し寄せる。類殺到《さっとう》する。

おしろい【▽白▽粉】〈名〉化粧《けしょう》するために、顔などにぬる白い粉末。また、それをとかした液体。例おしろいをはたく。類フェースパウダー。

おしわ・ける【押し分ける】〈動下一〉力をこめてものを左右にかきわける。例群衆を押し分けて進む。

おしんこ【お新▽香】〈名〉「つけもの」のこと。

[1]**お・す【押す】**〈動五〉❶自分から遠ざかる方向に力を加える。圧力を加える。例ドアを押す。ボタンを押す。印《いん》を押す。押しても引いても動かない。対引く。❷ひとどおりのことではやめないで、さらに、確かめようとする。例念を押す。だめを押す。❸むりであることを知っていながら、なにかをする。例横車《よこぐるま》を押す。病気をおして働く。→おして ❹相手より優勢である。例おせおせムード。いま、味方のチームが押している。類圧倒《あっとう》する。❺進行がおくれる。例時間が押しているから急ごう。▽アオス

押しも押されもしない 高い能力をもち、また、高い地位にあって、みんながりっぱだと認められている。「押しも押されもせぬ」ともいう。注意誤《あやま》って、「押しも押されぬ」とちぢめて使われることがある。

押すな押すな 人がおおぜいおしかけて、こみ合っているようす。例押すな押すなの大盛況《だいせいきょう》。

[2]**お・す【推す】**〈動五〉❶知っていることをもとにして、まだよくわかっていないことについて考える。例推して知るべし。ぼくの経験から推すと、山の天気はこのままもつだろう。推しはかる。類推量《すいりょう》する。推測《すいそく》する。❷いいと思って、人にすすめる。例会長に推す。きみの推す人ならまちがいあるまい。類推薦《すいせん》する。推奨《すいしょう》する。プッシュする。▽アオス 参考若者ことばでは、アイドルなどを応援する意味でも使われ、その対象を「推し」という。

推して知《し》るべし ここから先は言わなくてもわかるだろう。

[3]**おす【雄】〖▼牡〗**〈名〉動物のうち、男性にあたるほう。精巣《せいそう》があり、精子をつくる。人についてはいわない。対雌《めす》。アオス」
表現ふつう、「オス」とかたかなで書かれることも多い。また、記号の「♂」で表わされることがある。

おすい【汚水】〈名〉使ったあとのきたない水。使ったよごれた水。例汚水処理場。対浄水《じょうすい》。類廃水《はいすい》。
参考降《ふ》った雨水《あまみず》とともに、「下水《げすい》」という。

おずおず〈副・する〉こわがっているように。ためらいがちに。例おずおずときりだす(=はなしはじめる)。おずおず答える。類こわごわ。おそるおそる。びくびく。

おすそわけ【お裾分け】〈名〉もらいものや利益の一部を、ほかの人に分けること。

お(押)すな お(押)すな ⇩「おす〔押す〕」の子項目

おすみつき【お墨付き】〈名〉力のある人が、「よろしい、これでよい」とみとめること。権威《けんい》者の自筆による証文を意味する。例社長のお墨付き。

オセアニア〈名〉州の一つ。オーストラリア大陸と、その近くの島々からなる地域。大洋州。◇Oceania

おせいぼ【お歳暮】〈名〉年の暮れに、せわになった人などにおくるおくりもの。参考もと、「歳暮」の美化語。

おせおせ【押せ押せ】〈名〉❶影響《えいきょう》がつぎつぎにおよんで、全体が予定どおりにいかなくなること。例押せ押せになる。❷攻勢をかけること。例押せ押せムード。

おせじ【お世辞】〈名〉相手をよろこばせよう、気に入られようとして、相手をほめることば。例お世辞がうまい。お世辞を言う。お世辞たらたら。お世辞わらい。類おべっか。おべんちゃら。おじょうず。追従《ついしょう》。阿諛《あゆ》。
表現相手をほめることばがお世辞だと思われてはこまるとき、「お世辞ぬきで、これはよくできています」などという。また、どうにもほめようがないことを「お世辞にもほめられない」という。

おせち【お節】〈名〉「お節料理」の略。

おせちりょうり【お節料理】〈名〉正月用の、特別につくった料理。おせち。
参考北海道や東北では、大みそかに食べる風習がある。

おせっかい〖お節介〗〈名・形動〉必要以上の世話をやくこと。例おせっかいをやく。よけいなおせっかい。おせっかいな人。類口だし。差し出口。

オセロ〈名〉盤《ばん》の上に白と黒のこまを交代で置いていき、相手のこまをはさむと自分の色のこまになり、その色の多さで勝負をあらそうゲーム。商標名。◇Othello

おせわ【お世話】〈名・する〉「世話」の尊敬・謙譲《けんじょう》・美化語。例いろいろとお世話になります。身のまわりのお世話をさせていただきます。お世話さま。→せわ 表現

おせわさま【お世話様】〈名・感〉他人が自分のために尽くしてくれたことへの感謝の気持ちを表わすあいさつのことば。例どうもお世話さまでした。

おせん【汚染】〈名・する〉空気や水、食品などが、薬品やガス、放射線などの有害なものでよごれること。例環境《かんきょう》を汚染する。大気汚染。汚染水《すい》。対除染。

おぜんだて【お膳立て】〈名・する〉すぐにとりかかれるように、ものごとをととのえておくこと。例お膳立てがととのう。会議のお膳立てをする。類用意。
参考元来は食膳をととのえることをいう。

おそ・い【遅い】〈形〉❶ものごとをするのが、ほかと比べて時間がかかる。例足が遅い。進歩が遅い。返事が遅い。類のろい。❷時間や時期がたっている。例帰りが遅い。遅い夕食。もう遅いから寝《ね》よう。❸まにあわない。例今ごろ言っても遅いよ。後悔《こうかい》してももう遅い。▽対はやい。

おそいかか・る【襲い掛かる】〈動五〉不意に近づいてきて攻撃《こうげき》する。例牙《きば》をむいて襲いかかる。

おそ・う【襲う】〈動五〉❶せめかかって危害を加える。例台風が襲う。強盗《ごうとう》に襲われる。類襲撃《しゅうげき》する。❷(「襲われる」の形で)このましくない感情にとりつかれる。例死の恐怖《きょうふ》に襲われる。類かられる。❸あとを継《つ》ぐ。例あとを襲う。名を襲う。類襲名する。

おそうまれ【遅生まれ】〈名〉四月二日から十二月三十一日までのあいだに生まれたこと。対早生まれ。
参考同じ年に生まれていても、遅生まれの人は早生まれの人よりも一年あとから学校に入学することになる。

おそかれはやかれ【遅かれ早かれ】〈副〉おそいはやいのちがいはあっても。いつかは。例子どもは遅かれ早かれ親からはなれる。類早晩《そうばん》。

おそ(遅)きにしっ(失)する 今からでは手おくれだ。例遅きに失した対策。

おそくとも【遅くとも】〈副〉どんなにおくれても。おそくも。例遅くとも五時までには行きます。

おそざき【遅咲き】〈名〉花がふつうの時期よりもおそめにさくこと。例遅咲きのさくら。対早咲き。
表現「遅咲きの作家」のように、世間でみとめられるまでに時間がかかることのたとえとしても使う。

おそじも【遅霜】〈名〉霜の季節がすぎてからおりる霜。対早霜。類晩霜《ばんそう》。別れ霜。

おそで【遅出】〈名・する〉交替《こうたい》制勤務の職場で、おそい時間帯に出勤すること。対早出。類遅番。

おそなえ【お供え】〈名〉❶正月に、神だなや床《とこ》の間《ま》に置く、まるいもち。類かがみもち。❷神仏にささげる、ものや金銭。類供物《くもつ》。

おそね【遅寝】〈名・する〉夜いつまでも起きていて、おそくなってから寝ること。対早寝。類夜ふかし。宵《よい》っぱり。

おそばん【遅番】〈名〉交替《こうたい》制の職場で、遅い時間に出勤するほうの番。対早番。類遅出《おそで》。

おそまき【遅まき】〖遅▼蒔き〗〈名〉ふつうの時期よりおくれて、種をまくこと。対早まき。
表現「遅まきながら」のように、しなければいけないときよりおくれて、ものごとをすることについてもいう。

おぞまし・い〈形〉不愉快《ふゆかい》で、もうとてもごめんだという感じがする。例おぞましいできごと。類うとましい。
表現「うとましい」に比べていやな感じがはるかにつよい。

おそまつ【お粗末】〈形動〉「よくない」「つまらない」などの意味。ものごとを謙遜《けんそん》したり、ばかにしたりするときに使う。例お粗末なプレー。(料理をふるまったあとで)お粗末さまでした。→そまつ

おそらく〖恐らく〗〈副〉おおかた。たぶん。例野菜の値上がりは、おそらく当分つづくだろう。
表現あとに推量を表わすことばがくるのがふつう。また、「おそらくは」の形で使われることもある。

おそるおそる【恐る恐る】〈副〉こわがって、びくびくしながらものごとをするようす。例おそるおそる顔を出す。類こわごわ。おっかなびっくり。おどおど。おずおず。

おそるべき【恐るべき】〈連体〉おそろしくなるほど、ものすごい。例恐るべき破壊《はかい》力。恐るべき才能。→こうせいおそるべし

おそれ【恐れ・畏れ】〖虞〗〈名〉❶[恐れ・畏れ]おそれる気持ち。例恐れをいだく。恐れをなす(=こわがる)。恐れをしらぬ勇者。畏(恐)れ多い。類恐怖《きょうふ》。畏怖《いふ》。❷[虞]わるいことがおこる可能性。例台風が大雨をふらすおそれがある。類心配。危惧《きぐ》。懸念《けねん》。
表記②の「虞」は、日本国憲法にも使われている漢字であるが、いまは ふつうかな書きにする。

【虞】 虍部7 全13画 ※
虞 虞 虞 虞 虞 虞
おそれ

おそれい・る【恐れ入る】〈動五〉❶相手にめんどうをかけたり気をつかわせたりして、すまないと思う。例これはどうもおそれ入ります。おいそがしいところ おそれ入りますが。類恐縮《きょうしゅく》する。痛み入る。❷相手の、能力がありすぎるのをみて、参ってしまう。例いやあ おみごと、おそれ入りました。お手なみのほど、おそれ入りました。
表現「あれで本人は天才のつもりだから、おそれ入るよ」のように、相手があまりひどいのであきれてしまう、というときにも使う。

おそれおお・い【畏れ多い・恐れ多い】〈形〉❶身分の高い人に対して、とても失礼だ。例その名を口にするのもおそれ多い。❷身分の高い人から、そんなことをしてもらうのはありがたいが、かえってこころぐるしい。例おそれ多いおことばをいただく。

おそれおのの・く【恐れおののく】〖恐れ▽戦く〗〈動五〉ふるえがとまらないほど、ひどくこわがる。類戦慄《せんりつ》する。

おそれながら【畏れながら・恐れながら】〈副〉わたくしごときがいたしますのはまことに恐縮《きょうしゅく》なことですが。例おそれながらひとこと発言させていただきます。
表現へりくだった気持ちで言う、やや古風なことば。

おそ・れる【恐れる・畏れる】〈動下一〉❶[恐れる]おそろしいと思う。例死を恐れる。失敗を恐れる。強敵だからといって恐れるな。恐れおののく。類こわがる。❷[恐れる]悪いことがおこりはしないかと思って、心配する。例天候が不順なので不作になるのを恐れる。類あやぶむ。案じる。危惧《きぐ》する。懸念《けねん》する。❸[畏れる]自分の力がとおくおよばないものに対して、うやまう気持ちをいだく。例師を畏れうやまう。神を畏れぬしわざ。類畏怖《いふ》する。

おそろい〖お▼揃い〗⇩そろい

おそろし・い【恐ろしい】〈形〉❶身に危険がせまるようで、にげ出したい気持ちがおさえられない。例恐ろしい猛獣《もうじゅう》。恐ろしいことがおこりそうだ。類こわい。❷おどろくほどの力がある。例執念《しゅうねん》というのはおそろしいものだ。❸程度がひどい。例きょうはおそろしく暑い。
表現②を強めると「おっそろしい」。③は、例のように、多く「おそろしく」の形で副詞的に使う。

おそわ・る【教わる】〈動五〉教えてもらう。類習う。
表現「おそわる」は、先生など、もともと教える立場の人から教えてもらうこと。「おしえられる」は、「あの人の生きかたには教えられることが多い」のように、なにかをみて、自分でそこから発見する、という意味で使うことがある。

オゾン〈名〉〔化学〕大気中にわずかにふくまれている気体。酸素原子三個がむすびついてできている。消毒や漂白《ひょうはく》に使う。◇ozone

オゾンそう【オゾン層】〈名〉大気のなかで、オゾンを多く含んでいる部分。太陽からの紫外線《しがいせん》を吸収して、その害から地上の生物を守る役目をしている。
参考冷蔵庫やスプレーなどに使われたフロンガスによるオゾン層の破壊《はかい》が心配されている。

オゾンホール〈名〉成層圏《けん》のオゾン層で、オゾンの激減した部分。とくに南極上空がひどい。大気中のフロンの増加が原因とされる。◇ozone hole

おだい【お代】〈名〉「代金」の美化語。例お代はお連れのかたからいただいております。

おだいじ(大事)に「からだをたいせつにして下さい」ということ。
表現ふつう、病気やけがの人に対して、別れぎわに言う。いたわりのあいさつのことば。

おだいもく【お題目】〈名〉言うだけで実行できそうもない主張。例お題目に終わる。お題目をとなえる。→だいもく③

おたおた〈副・する〉うろたえて、何をしていいかわからなくなって。例おたおたするな、落ちつけ。

おたか・い【お高い】〈形〉つんとしてプライドが高い。

お高くとまる 自分をえらい者と思い、人をみくだす。

おたがい【お互い】〈名・副〉その二人とも。数人のみんな。例お互いのためだ。お互い、がんばりましょう。

おたがいさま【お互い様】〈名〉どちらのがわにも感謝や反省をすべき点があるからおあいこだ、ということ。例こちらにも落ち度があったのですから、お互い様です。

おたがいに【お互いに】〈副〉 その二人がともに。例お互いになぐさめ合う。

おたく【お宅】 一〈名〉 ❶他人の家や家庭をいう尊敬語。例あす、お宅へうかがいます。❷アニメやゲーム、パソコン、タレントなどのマニア。くだけた言いかた。二〈代名〉「あなた」という意味を表わす。由来 一の②は、生《なま》の人間に関心はなく、同じ趣味《しゅみ》の相手と、どこのだれかを問題にせずに ただ「お宅」と呼びあって、せまい共通世界での会話をしていたことから できた言いかたで、「オタク」と かなで書く。

おだく【汚濁】〈名・する〉 よごれて にごること。例河川《かせん》の汚濁。

おたけび【雄▽叫び】〈名〉 これから戦おうとするときなどに発する、勇ましいさけびごえ。例おたけびを上げる。

おたずねもの【お尋ね者】〈名〉 警察がつかまえようとしている犯罪容疑者。

おたち【お立ち】〈名〉「出発」の尊敬語。例いつお立ちになりますか。お客様のお立ちだ。対お着き。

おたちあい【お立ち会い】〈感〉 大道商人などが、その場にいる人々によびかけることば。例さあ、お立ち会い。参考「その場に立ちあっているお人」の意味。

おたっし【お達し】〈名〉 上にある権力が発する、命令や指示。例その筋からのお達し。

おだ(▼煽)てにの(乗)る 人からほめられて、ついついい気になってものごとをする。

おだ・てる【▼煽てる】〈動下一〉 人をさかんにほめて、いい気にさせる。例おだてて やらせる。類もち上げる。

おたふく【お多福】〈名〉 おかめ。

おたふくかぜ【お多福風邪】〈名〉 耳の下にある唾液腺《だえきせん》がはれる病気。ウイルスによっておこり、顔がふくれておたふくのようになる。子どもに多い。流行性耳下腺炎《じかせんえん》。

おだぶつ【お▼陀仏】〈名〉 人が死ぬことをつき放した見かたでいうことば。例おだぶつになる。

おたまじゃくし【▽御玉▼杓子】〈名〉 ❶汁《しる》をすくうための、柄《え》のついたまるいしゃくし。略して「お玉」。❷卵からかえったばかりのカエルの子。水の中にすみ、頭としっぽだけの形が「①」のしゃくしに似《に》ている。❸楽譜《がくふ》の「音符《おんぷ》」のふざけた言いかた。例歌はすきだが、お玉じゃくしが苦手で…。▽絵

[おたまじゃくし]

おためごかし〈名〉 いかにも相手のためを思ってするように見せかけて、実は自分の利益をはかること。例おためごかしの親切。

おだやか【穏やか】〈形動〉 ❶しずかで、おちついている。例穏やかな海。穏やかに話す。❷事件やさわぎがなく、平和である。例心中《しんちゅう》穏やかでない。類静穏《せいおん》。

おだわらぢょうちん【小田原▽提▽灯】〈名〉 ほそながい筒《つつ》のような形の ちょうちん。→ちょうちん絵

おだわらひょうじょう【小田原評定】〈名〉 いろいろな意見が出て ながびくだけで、いつまでもきまらない相談。由来 豊臣秀吉《とよとみひでよし》が北条《ほうじょう》氏の小田原城をせめたとき、せめられた城では相談ばかりして、戦うか降伏《こうふく》するか、なかなかきまらなかったことからできたことば。

おち【落ち】 一〈名〉 ❶あるべきものが欠けて、不十分であるところ。例リストに落ちがある。類手ぬかり。もれ。❷ものごとが たぶんそうなるだろうと思われる、よくない結末。例どうせ また、ふられるのが落ちだよ。類関《せき》の山。❸落語のしめくくりになる、おもしろい結び。また、話のおもしろい結末。例この話にはまだ落ちがある。類下げ。二〈造語〉 その土地にいることができないで にげ出すこと。例都落ち。落ち武者。

おちあい【落ち合い】〈名〉 川が合流するところ。参考「下《しも》落合」など、地名によく使われる。

おちあ・う【落ち合う】〈動五〉 約束しておいて、それぞれが出むいていっしょになる。例友だちと駅でおちあう。参考「川がおちあう所」が、元来の言いかた。

おちい・る【陥る】〈動五〉 ❶どうにもならない、困った状態になる。例危険に陥る。危篤《きとく》に陥る。錯覚《さっかく》に陥る。類おちこむ。❷敵のはかりごとにかかる。例術中に陥る。類はまる。❸せめられて敵にうばわれる。例重要拠点《きょてん》が陥る。類落ちる。陥落《かんらく》する。

おちうど【落▽人】〈名〉 戦いに負けて、敵の目をのがれて暮らす人。「おちゅうど」ともいう。例平家の落人。参考 穴に「落ち入る」意味から。

おちおち【落ち落ち】〈副〉（あとに打ち消しのことばをともなって）ゆったりとしてはいられない、という意味を表わす。例おちおち食事もしていられない。

おちかづき【お近づき】〈名〉「知り合いになること」の謙譲《けんじょう》語。例お近づきになれて光栄です。

おちこぼれ【落ちこぼれ】〘落ち▽零れ〙〈名〉 競争やものごとの進みぐあいについていけず、とりのこされた人。類落伍《らくご》者。

おちこぼ・れる【落ちこぼれる】〘落ち▽零れる〙〈動下一〉 ❶きちんとおさめられないで、こぼれ落ちたり残されたりする。例リストから落ちこぼれたことばをひろう。❷一定のレベルよりも下である。

おちこみ【落ち込み】〈名〉 それまでより低くなったり、悪い状態になったりすること。例景気の落ち込み。

おちこ・む【落ち込む】〈動五〉 ❶落ちて中に入る。❷まわりに比べて、急に低くなる。例山腹が 落ち込んで、深い谷になっている。❸それまでよりわるい状態になる。例景気が落ち込む。❹なやみや心配、失敗などのために、元気がなくなる。類しずむ。

おちつき【落ち着き】〈名〉 ❶態度がしずかで、あわてるようすがないこと。例落ち着きがある。落ち着きを失う。❷ものを置いたときの、安定した感じ。例落ち着きがわるい。類すわり。

おちつきはら・う【落ち着き払う】〈動五〉 どんな事態でも平然として少しも動揺《どうよう》しない。

おちつ・く【落ち着く】〈動五〉 ❶心や動作が、しずかな安定した状態になる。例気分が落ち着く。もっと落ち着いて話しなさい。落ち着きはらう。❷動きのあるものが このましい状態で 安定する。例天候が落ち着く。病状が落ち着く。物価が落ち着く。❸住所や仕事などがきまって、生活が安定する。例新居に落ち着く。生活が落ち着く。❹話の結論がでる。例遠足は 延期することに落ち着い

た。類落着する。❺人の感覚をつよく刺激《しげき》しないようすである。例落ち着いた色。落ち着いたふんいき。

おちど【落ち度】〈名〉やりかたがよくなかったところ。失敗した点。例被害《ひがい》者のがわにも落ち度があった。類あやまち。過失。失点。

おちの・びる【落ち延びる】〈動上一〉たたかいにやぶれた者が、追いうちをのがれて遠くへにげる。

おちば【落ち葉】〈名〉かれて、枝《えだ》から落ちていく葉。地上に落ちた葉。例落ち葉の季節。類落葉《らくよう》。

おちぶ・れる【落ちぶれる】〈動下一〉貧乏《びんぼう》になったり、身分が下がったりして、みじめな状態になる。類没落《ぼつらく》する。零落《れいらく》する。落魄《らくはく》する。

おちぼ【落ち穂】〈名〉イネやムギをかり入れたあとに落ちているほ。「おちほ」ともいう。例落ち穂をひろう。

おちぼひろい【落ち穂拾い】〈名〉かり取ったあとに落ちているイネやムギの穂を拾い集めること。

おちむしゃ【落ち武者】〈名〉むかし、いくさに敗れてにげのびていく武士。

おちめ【落ち目】〈名〉商売や人の運などが、しだいにうまくいかなくなってくること。例落ち目になる。人気スターも落ち目になるとひどいものだ。類斜陽《しゃよう》。

おちゃ【お茶】〈名〉❶茶の木の葉を飲料用に製したもの。せんじて飲むのが煎茶《せんちゃ》、粉末にしたのを湯とともに飲むのが抹茶《まっちゃ》。麦茶やこぶ茶、そば茶などもある。例お茶(=煎茶)をいれる。お茶(=抹茶)をたてる。お茶を点じる。類お茶グリーンティー。❷「①」を飲む程度のかるい休憩《きゅうけい》。例お茶にする。お茶によぶ。そろそろお茶にしよう。類一服。❸「茶の湯」のこと。例お茶を習う。お茶をたしなむ。お茶の作法《さほう》。類茶道《さどう》。

表現 (1)①をとくに紅茶などと区別していうときは「日本茶」という。②の意味では、紅茶もコーヒーもふくまれる。(2)①は、ふつう一杯《いっぱい》二杯《にはい》と数えるが、あらたまった場面では一服《いっぷく》二服《にふく》を使う。

参考 もとは「茶」の美化語であるが、現在では美化する意識はうすれている。

お茶を濁《にご》す まじめにとりくまないで、いいかげんなことを言ったりしたりして、その場をごまかす。

お茶をひく 芸者などが、お客がなくてひまでいる。

おちゃうけ【お茶請け】〈名〉お茶を飲むときに食べる、菓子《かし》やつけものなど。類お茶菓子。

おちゃづけ【お茶漬け】〈名〉ご飯にお茶をかけたもの。

おちゃ(茶)のこ(子)さいさい 「かんたんにできる」という意味の、ふざけた言いかた。お茶の子。類朝めしまえ。

由来 「お茶の子」はお茶菓子、「さいさい」ははやしことばのこと。

おちゃめ【お茶目】〈形動〉むじゃきないたずらが好きで、あいきょうがある。例お茶目な人。→ちゃめっけ

おちゃらけ〈名〉ふざけて、おもしろおかしくふるまうこと。俗《ぞく》っぽいことば。参考 動詞は「おちゃらける」。

おちゅうげん【お中元】〈名〉七月はじめからお盆にかけてする、お世話になった人へのおくりもの。

参考 もと、「中元」の美化語。

おちゅうど【落▽人】〈名〉⇩おちうど

おちょうしもの【お調子者】〈名〉すぐ調子にのって、軽はずみなことをする者。身内をたしなめる感じのことば。例あのお調子者が何をしでかすか心配だ。

おちょきん(方言) 正座。福井で言う。由来 きちんとしたさまを意味する古語の「ちょきり」に由来することば。

おちょく・る〈動五〉「からかう」の俗《ぞく》な言いかた。

おちょこ【お▼猪▽口】〈名〉日本酒を飲むのに使う小さなさかずき。

おちょこになる 強風で、傘《かさ》の開きかたが逆向きにそりかえる。

おちょぼぐち【おちょぼ口】〈名〉小さくすぼめた、かわいらしい口。例おちょぼ口をする。

お・ちる【落ちる】〈動上一〉❶ものが、自然の力によって、高い場所をはなれて低い場所にさがる。例かみなりが落ちる。日が落ちる。猿《さる》も木から落ちる(→「さる〔猿〕」の子項目)。すべり落ちる。類落下する。転落する。❷中にはまりこむ。例川に落ちる。わなに落ちる。謀略《ぼうりゃく》に落ちる。❸ついていたものがなくなる。例よごれが落ちる。色が落ちる。肉が落ちる(=やせる)。類とれる。❹程度や段階、品質や力などがわるくなったり、さがったりする。例成績が落ちる。人気が落ちる。スピードが落ちる。人後《じんご》に落ちない(=ほかの人におとらない)。対上がる。類下がる。❺不合格になる。例大学に落ちる。予選で落ちる。コンテストに落ちる。対通る。うかる。類すべる。❻あるべきはずのものがもれる。例この名簿《めいぼ》には彼の名前が落ちている。落ちこぼれる。ぬけ落ちる。❼戦いに負けて、城や都が敵にうばわれる。類陥《おち》いる。陥落《かんらく》する。❽堕落《だらく》する。俗《ぞく》っぽい言いかた。❾格闘技の絞《し》め技で、失神《しっしん》する。

表現 「落ちる」は、ものが、その意志や目的に関係なく、高いところから低いところに落下することに言う。意志や目的があるときは「おりる」と言う。また、「水に落ちる」とはいうが、水の中では「落ちる」ではなく「しずむ」。

表記 墜落《ついらく》する意味では「▽墜ちる」、⑧の意味では「▽堕ちる」とも書かれる。

常用漢字	おつ

【乙】 乙部0 全1画

乙

オツ 音[オツ] ▨乙種《おつしゅ》。▨甲乙《こうおつ》。

注意 「乙女」は、「おとめ」と読む。

おつ【乙】 ━〈名〉❶「十干《じっかん》」の二番め。訓は「きのと」。甲、丙《へい》、丁《てい》などとともに、以前は、順番や序列を表わす記号としてよく使われた。→じっかん〔十干〕❷「甲」がすぐれたものであるのに対して、それよりおとったもの。例甲乙をつけがたい。

━〈形動〉❶ちょっと変わってはいるが、それはそれでいいものだ。例おつな味。たまには散歩してみるのもおつなものだ。類ちょっといける。あじなもの。❷人が、上品そうにとりすましている。例おつにすます。

おつうじ【お通じ】〈名〉⇩つうじ〔通じ〕①

おつかい【お使い】〈名〉買い物など、ちょっとした用事で、近所にでかけること。例お使いに行く。

おっか・ける【追っかける】〈動下一〉「追いかける」のややくだけた言いかた。

おっかない(方言) おそろしい。東北・関東・中部などで使う。おっかねー。参考 古語の「おほけなし」から。

おっかなびっくり〈副〉こわがりながらものごとをす

るようす。例 おっかなびっくりのぞく。類 こわごわ。

おつかれさま【お疲れ様】〈名・感〉一日の労働や仕事が終わったあとで、ねぎらいの気持ちをこめてかけるあいさつのことば。例 お疲れさまでした。類 ご苦労様。

おつき【お付き】〈名〉えらい人のそばにつきそっていて世話をする人。類 おとも。

おっくう【億▼劫】〈形動〉めんどうで、なにもやりたくない気持ちだ。例 口をきくのもおっくうだ。類 大儀《たいぎ》。

おつくべ（方言） 正座。長野で言う。

おつくり【お作り・お造り】〈名〉❶［お造り・お作り］刺身《さしみ》をいう「つくり」の美化語。❷［お作り］身支度《みじたく》や化粧《けしょう》を指す「つくり」の、古い美化語。

参考 ①はおもに関西で使われていたが、料亭《りょうてい》や割烹《かっぽう》を中心に全国に広がった。

おつげ【お告げ】〈名〉神仏が、人間に意思を伝えることば。例 お告げをうける。類 託宣《たくせん》。神託。

おっこちる（方言） 落ちる。関東で言う。

おっことす（方言） 落とす。関東で言う。

おっしゃ・る【▽仰る・▽仰▽言る・▽仰▽有る】〈動五〉「言う」の尊敬語。例 おっしゃるとおりにいたします。お客さまがそうおっしゃいます。山本様とおっしゃる方がお待ちです。類 おおせられる。いわれる。

おっちょこちょい〈名・形動〉おちつきがなく、うわっ調子で、考えのあさいこと。また、そのような人。例 おっちょこちょいな性格。

おっちんする（方言） すわる。関西で、幼児に対して言う。

おっつ・く【追っつく】〈動五〉⇩おいつく②

おっつけ【追っ付け】〈副〉そのうち。まもなく。やがて。くだけた言いかた。例 彼もおっつけ来るだろう。

おっつ・ける【押っつける】【押っ付ける】〈動下一〉❶「押しつける」の俗《ぞく》な言いかた。❷すもうで、相手のうでを押さえてはたらかせなくする。

おって[1]【追って】〈副〉あとで。のちほど。例 結果は、追って郵便でお知らせします。類 後日。

おって[2]【追っ手】〈名〉にげる者をつかまえようとして、追う人。例 追っ手がかかる。

おってがき【追って書き】〈名〉手紙で、本文が終わったあとに、さらにつけ加えて書く文。類 追伸《ついしん》。

おっと【夫】〈名〉結婚《けっこん》している男女のうちの男性のほう。対 妻。類 亭主《ていしゅ》。主人。旦那《だんな》。

敬語 「おっと」は、「彼女は夫に早く死なれて…」のように第三者のことをいうときや、「夫は早く亡《な》くなりまして…」と自分の夫をさしていうときに使う。相手の人の夫をいうときは、「ご主人」「旦那《だん》さま」「(ご)夫君《ふくん》」などの尊敬語を使う。同じような使いわけが「妻」と「奥さま」にもある。

オットセイ〈名〉北の海にすむ哺乳《ほにゅう》動物。皮は暗褐色《あんかっしょく》で、毛がやわらかく、防寒具に利用する。

おつとめひん【おつとめ品】【お▽勉め品】〈名〉客よせのために、商品のねだんをできるだけ安くして売る品。類 サービス品。奉仕《ほうし》品。

おっとり〈副・する〉人がらや態度などが、おだやかで、ゆったりと落ちついているようす。例 おっとり(と)かまえる。おっとりした態度。

おっとりがたな【押っ取り刀】〈名〉急なことが起こったとき、とるものもとりあえずかけつけること。例 押っ取り刀でかけつける。参考 武士が、危急の際、刀を腰《こし》に差すひまもなく手に持ったまま出かけることをいった。

おっぱい〈名〉「乳《ちち》」「ちぶさ」の、赤んぼうむけの言いかた。

おっぱら・う【追っ払う】〈動五〉「追い払う」のくだけた言いかた。

おっぽりだ・す【おっぽり出す】〈動五〉⇩ほっぽりだす

おっぽ・る〈動五〉⇩ほっぽる

おつむ〈名〉「頭」の幼児語。「頭」の古い言いかたである「つむり」の丁寧《ていねい》語「おつむり」の略。

表現 おとなでも、「なにぶん、おつむが弱いので」など、自分のことをちゃかして使うことがある。

おつり【お釣り】〈名〉つり銭《せん》。

表現 「お釣りがくる」と言えば、足りないどころか十分すぎるくらいだ、という意味。

おてあげ【お手上げ】〈名〉「両手を上げて降参する」という意味で、いきづまって解決の方法がないこと。例 万策《ばんさく》つきた、もうお手上げだ。類 閉口。

おていさい(体裁)をい(言)う 人に聞かれて、かっこうが悪くないようにとりつくろったことを言う。

おてがる【お手軽】〈形動〉❶「手軽」の美化語。❷かんたんにできることだけですませていて、いいかげんだ。皮肉をこめていう。例 あまりにお手軽な作りの番組。類 安っぽい。

おでき〈名〉できもの。はれもの。

おでこ〈名〉❶「ひたい」のくだけた言いかた。❷ひたいが出っぱっていること。ひたいが目立つ顔。

おてだま【お手玉】〈名〉おもに女の子の遊び道具。アズキを入れた小さな布製のふくろ。いくつかを次つぎにほうり上げて受け、順ぐりに回して続ける遊び。

おてつき【お手付き】〈名・する〉かるたをとるとき、まちがって別のふだに手をつけること。

おてなみ【お手並み】〈名〉⇩てなみ

おてのもの【お手の物】〈名〉なれていて、いともたやすくできるもの。例 料理はお手のものだ。類 得意。おはこ。十八番。お家芸。

おでまし【お出まし】〈名〉「出ていくこと」「出てくること」の尊敬語。例 陛下のお出ましです。

おてもと【お手元】【お手▽許】〈名〉❶「てもと」の尊敬語。例 お手元の資料をご覧ください。❷箸《はし》のこと。飲食店などでいう。

おてもり【お手盛り】〈名〉自分につごうがいいように、かってに自分できめること。例 お手盛りの予算。

参考 「飯を盛る」「酒を盛る」は、人にしてあげる動作。それを、盛ってくれる人をはぶいて自分で盛るのがお手盛り。

おて(手)やわ(柔)らかに きびしくしないで、手かげんしてとりあつかってくださいとたのむことば。例 お手柔らかに願います。

おて(手)をはいしゃく(拝借)する ❶参列者に一本じめなどの手拍子をたのむことば。くだけた感じの会では、「それでは皆様、お手を拝借」のように言い切る。❷「手を借りる」の謙譲《けんじょう》語。

おてん【汚点】〈名〉ほかはよくても、そのよごれ一つで全体がだめになるよごれ。例 汚点を残す。

表現 「玉にきず」が全体をだめにしているとは思いたくない小さな欠点をいうのに対して、「汚点」は、絶対にゆるせない重大な欠点をいう。

おでん〈名〉だいこん・こんぶ・こんにゃく・がんもどき・はんぺんなどを、うす味でながく煮《に》こんだ料理。

参考 もと、「田楽《でんがく》」のていねいな言いかた。

おてんきや【お天気屋】〈名〉 気分のかわりやすい人。くだけた言いかた。

おてんとうさま〘お天▽道様〙〈名〉 太陽を俗《ぞく》にしたしんでいう言いかた。おてんとさま。参考 「天道」とは「天の道」、つまり太陽が東から西に移動することからいう。

おてんば〘お転婆〙〈名・形動〉 女の子が、男の子にも負けないほど、元気で活発であること。例 おてんばむすめ。類 おきゃん。はねっかえり。参考 男の子の「わんぱく」にあたる。

おと【音】〈名〉 空気の振動《しんどう》が耳に入り、鼓膜《こまく》をふるわせることによっておこる感覚。「大きい」「小さい」、「高い」「低い」などの区別がなされる。❶耳に聞こえるひびき。音響《おんきょう》。例 音がする。音をだす。音をたてる。屋根うらで変な音がする。物音。足音。類 音《ね》。サウンド。❷たより。通信。例 音もさたもない。音さた。類 音信。

表現 実際に音がたつものでなくても、「不祥事《ふしょうじ》をきっかけに会社の信頼が音をたててくずれた」のように、強めていう。

参考 ②の用法は古くなって、現在では独立の使いかたは少ない。「おとずれ」や、古語の「おとなふ」の「おと」はこれと同じものである。

音に聞《き》こえた 有名で、その評判は耳に入っている。「音に聞く」ともいう。例 音に聞こえた名医。

おとうさん【お父さん】〈名〉 子どもなどが、親しみをこめて父親をよぶことば。類 お父さま。パパ。親父《おやじ》。父上。父さん。対 おかあさん。↓囲み記事30(765ページ)

おとうと【弟】〈名〉 年下の男のきょうだい。対 兄。妹。

表現 義弟《ぎてい》をふくめて言い、その場合は当て字で「▽義▽弟」と書く。

敬語 尊敬語としては「弟さん」「弟さま」や、手紙で「弟御《おとうとご》」などを使う。丁重《ていちょう》語には「愚弟《ぐてい》」がある。

おとおし【お通し】〈名〉 料理屋で、料理をだすまえに酒につけてだす、かんたんなつまみ。類 つきだし。

おどおど〈副・する〉 不安やおそれ、自信のなさなどのために、おびえておちつかないようす。例 おどおどした目つき。おどおど(と)あたりを見まわす。類 びくびく。

おとがい〘▼頤〙〈名〉 「下あご」の古い言いかた。

おどか・す【脅かす】〘▽威かす・▽嚇かす〙〈動五〉 ❶相手におそろしい思いをさせる。類 脅迫《きょうはく》する。おどす。❷急に思いがけないことをして、人をびっくりさせる。例 先回りしておどかす。類 おどろかす。

おとぎ〘お▼伽〙〈名〉 おとぎばなし。例 おとぎの国。

おとぎぞうし〘お▼伽草子〙〈名〉 室町《むろまち》時代から江戸《えど》初期にかけてつくられ、民衆のあいだにひろまった、空想的な短い物語。「一寸法師」「鉢《はち》かずき」など。

おとぎばなし【おとぎ話】〘お▼伽▼噺〙〈名〉 子どもがよろこんで聞く、空想的な話。「一寸法師」など、「お伽草子」で伝えられた話や、同類の話。類 昔話。

おとくい【お得意】〈名〉 ❶じょうずの意味の「得意」の尊敬語。例 かれお得意の芸。❷だいじな客の意味の「得意」の尊敬語。例 お得意さん。類 おなじみ。顧客《こきゃく》。常連。

おど・ける〈動下一〉 わざとこっけいなことをしたり、言ったりする。例 おどけた態度。類 ふざける。

おとこ【男】〈名〉 人間を性によって分けたときの一方で、子どもを生む能力をもたないほう。「男性」「男子」などと比べて、意味や用法がひろい。❶ひろく、男性をさすことば。例 見なれない男。彼はおもしろい男だ。生まれた子は、男か女か。男もの。山男。年男。類 男子。❷「強い」「りっぱである」などの意味がこめられている男性。ややいきおいこんだ誇張《こちょう》した感じがともなう。例 男になる。男の一言。男気《おとこぎ》。男らしい。男一匹《いっぴき》。男三四郎《さんしろう》どこへゆく。❸男性としての魅力《みりょく》を発揮している、すがたかたち。例 ほれぼれするようないい男。男まえ。男ぶり。❹男女の関係の、一方としての男性。▽対 女。

男が廃《すた》る 男であるにもかかわらず、勇気やいさぎよさなど男らしいとされる気質を発揮できずに、面目がつぶれる。例 ここでにげては男がすたる。類 男を下げる。

男は度胸《どきょう》女《おんな》は愛嬌《あいきょう》 男にはものごとをおそれない気力が、女にはかわいらしさがたいせつだ。

男を上《あ》げる 男が、男でなければできない、胸のすくようなてがらをたてて、「たいした人間だ」という評判をとる。

おとこぎ【男気】〈名〉 悪が善に勝っている、正直者が損をしている、弱者がいじめられている、などのことは見すごせないといった、本来、男がもつべき性格。類 義侠《ぎきょう》心。侠気《きょうき》。

おとこごころ(男心)とあき(秋)のそら(空) 女に対する男の飽《あ》きっぽさを、掛詞《かけことば》でことよせたもの。

おとこで【男手】〈名〉 ❶男性の労働力。例 男手がたりない。❷男性の筆跡《ひっせき》。例 男手の達筆。▽対 女手。

おとこなき【男泣き】〈名・する〉 めったに泣かない男が、こらえきれずに泣くこと。例 男泣きに泣く。

おとこぶり【男ぶり】〘男振り〙〈名〉 男としての姿かたち、顔つき。例 男ぶりがいい。なかなかの男ぶり。

おとこまえ【男前】〈名・形動〉 顔立ちがよく、男としての魅力《みりょく》にとむこと。類 美男子。好男子。ハンサム。

おとこまさり【男勝り】〈名・形動〉 男性以上に男らしい能力や気性《きしょう》をもつ女性。女丈夫《じょじょうふ》。

おとこみょうり【男冥利】〈名〉 男に生まれたという幸せ、喜び。例 男冥利につきる。

表現 「女冥利」とは、ふつうは言わない。

おとこもの【男物】〈名〉 男性が使うものとして作った品物。例 男物のセーター。対 女物。

おとこやもめ【男やもめ】〘男▼鰥〙〈名〉 結婚《けっこん》経験のある、男性のひとり者。類 寡夫《かふ》。

男やもめにうじがわく 男やもめの身辺は、寄りつけないほどきたない。

おとさた【音沙汰】〈名〉 手紙や電話、メールなどでのたより。例 あれきり音沙汰がない。類 消息。音信。

おどし【脅し】〘▽威し〙〈名〉 いうことをきかせるために、相手がおびえるようなことを言うこと。例 脅しをかける。脅し文句。類 脅迫《きょうはく》。

おとしあな【落とし穴】〈名〉 ❶けものなどをだましてとらえるための穴。❷人をおとしいれるための、わるだくみ。❸うっかりしているとはまってしまう危険。▽例 落とし穴にはまる。類 陥穽《かんせい》。わな。

おとしい・れる【陥れる】〈動下一〉 ❶最悪の状態においこむ。はめる。例 人を陥れる。窮地《きゅうち》に陥れる。❷せめ落とす。例 城を陥れる。類 落とす。

参考 穴に「落とし入れる」意味から。

おとしがみ【落とし紙】〈名〉 トイレで使う紙。遠まわしな、古い言いかた。

おとしご【落とし子】〈名〉 思いがけなく生じた、あり

 フィジー　南太平洋のフィジー諸島にある共和国。砂糖生産と観光・衣料品加工が主な産業。首都スバ。

がたくない結果。例 戦争の落とし子。

おとしこ・む【落とし込む】〈動五〉アイデアを企画《きかく》書として、目標を計画書としてまとめたりするなど、まだ形になっていないものを具体的な形にすること。俗《ぞく》っぽい言いかた。

おとしだね【落とし▼胤】〈名〉身分の高い人が妻以外の女性に生ませた子。類 ご落胤《らくいん》。

おとしだま【お年玉】〈名〉新年を祝って、子どもなどにあたえるお金。

おとしどころ【落とし所】〈名〉話し合いや交渉《こうしょう》で、おたがいに妥協《だきょう》して落ちつくことができる結論。俗《ぞく》っぽい言いかた。例 落とし所をさぐる。

おどしと・る【脅し取る】〈動五〉したがわなければ命が危険だと感じさせて、金品をうばい取る。

おとしぶた【落とし蓋】〈名〉なべの中に入る寸法の、木のふたを煮物《にもの》にふれるようにのせること。味がよくしみる。例 落とし蓋をする。

おとしまえ【落とし前】〈名〉けんかなどのいざこざの始末。始末をつけるためのお金。例 落とし前をつける。

表現 受けた損害の補償《ほしょう》をしろということをすごみをきかせていうときのことばになっている。

おとし・める【▼貶める】〈動下一〉おとったものと考えて、ばかにする。類 見くだす。見さげる。さげすむ。

おとしもの【落とし物】〈名〉外出中に、知らないうちにどこかで落としてしまったもの。例 落とし物をする。落とし物をひろう。対 拾いもの。類 遺失物《いしつぶつ》。

おと・す【落とす】〈動五〉❶高いところから低いところへ下がるようにする。例 爆弾《ばくだん》を落とす。影《かげ》を落とす。なみだを落とす。射落とす。❷しくんで、わるい状態にさせる。例 罪に落とす。わなに落とす。類 おとしいれる。はめる。❸ついていたものを、なくす。例 よごれを落とす。しみを落とす。対 つける。❹程度や段階、品質や力などをさげたり、低くしたりする。例 声を落とす。速度を落とす。調子を落とす。肩《かた》を落とす(=元気をなくす)。身を落とす(=おちぶれる)。話を落とす(=下品にする)。力を落とす。気を落とす。対 あげる。類 さげる。❺必要なものをなくしたり、ぬかしたりする。例 さいふを落とす。命を落とす。大事な資料を一つ落としていた。見落とす。とり落とす。❻相手をせめて、もちこたえられなくする。例 城を落とす。せめ落とす。くどき落とす。泣き落とす。❼コンピューターで、ファイルをインターネットからダウンロードしたり、ハードディスクからメディアにコピーしたりする。

おど・す【脅す】〖▽威す〗〈動五〉相手をこわがらせて、言うことをきかせようとする。例 ナイフで脅す。類 脅迫《きょうはく》する。おどかす。

おとずれ【訪れ】〈名〉やってくること。例 春の訪れ。

表現 好ましいものが、明るくおだやかに来る感じ。

おとず・れる【訪れる】〈動下一〉❶人に会うために、その人のいるところに行く。見物のために、目的地をたずねる。例 自宅を訪れる。パリを訪れる。類 訪問する。❷ある状態やある時がやってくる。例 冬が訪れる。平和が訪れる。類 到来《とうらい》する。

おとそ〖お▼屠▼蘇〗〈名〉正月にのむ「とそ」の美化語。例 おとそを祝う。おとそ気分。

おととい〈名〉⇩おととい(次項)

おととい〈名〉きのうの前の日。おとつい。類 一昨日《いっさくじつ》。

おととい来《こ》い 気にいらない人を追いかえすときにいう、ののしりのことば。「来るな」の意味。

おととし〖おと年〗〈名〉去年の前の年。類 一昨年《いっさくねん》。

おとな【大人】〈名〉❶世間からみて、一人前だとみとめられるまでに成人した人。例 大人になる。からだは大人なのに、考えかたが幼稚《ようち》だ。類 成人。成年。❷判断力などがじゅうぶんにあること。例 考えが大人だ。▽対 子ども。

参考「たいじん」と読むのは別のことば。

おとな・う〖▽訪う〗〈動五〉「おとずれる」の古い言いかた。例 友をおとなう。

おとなげな・い【大人げない】〖大人気無い〗〈形〉大人としてのおちつきや考えぶかさがない。子どもじみている。類 年がいもない。

おとなし・い〖大人しい・▽温▽和しい〗〈形〉❶おだやかで、さわいだり反抗《はんこう》したりしない。例 おとなしい動物。おとなしくひきさがる。子どもたちはおとなしくしている。❷はでではない。例 おとなしい柄《がら》。類 じみ。

おとな・びる【大人びる】〈動上一〉大人らしくなる。例 彼もすっかり大人びてきた。類 ませる。

おとまり【お泊まり】〈名・する〉自宅に帰らずに宿泊《しゅくはく》すること。くだけた言いかた。例 今日は編集室にお泊まりです。

おとめ【乙女】〈名〉清純な感じの少女。

おとも【お供】〈名・する〉主人や目上の人にしたがって、いっしょに行くこと。つきしたがう人。例 社長のお供でアメリカへ行く。類 随行《ずいこう》。

おとり〖▼囮〗〈名〉❶ある動物をおびきよせるために、つないで出しておく動物やそのかたちをしたもの。❷人をうまくさそいよせるための人や品物。例 おとりを使う。おとりになる。おとり捜査《そうさ》。

おどり【踊り】〈名〉リズムにのって、からだを動かし、うつくしい動きをつくり出すこと。例 踊りの輪。類 舞《まい》。舞踏《ぶとう》。舞踊《ぶよう》。ダンス。

おどりあが・る【躍り上がる】〈動五〉うれしさのあまり、おどるようなかっこうでとび上がる。

おどりこ【踊り子】〈名〉踊りの芸をもつ女の子。

おとりさま【お▼酉様】〈名〉⇩とりのいち

おどりじ【踊り字】〈名〉同じ字を二つ続けて書くとき、二つめの字のかわりに書く符号《ふごう》。繰り返し符号。

参考 (1)ひらがなの場合には「ゝ」を、かたかなのときは「ヽ」を使い、たとえば「はゝ」「ハヽ」のように書く。二字めを濁音《だくおん》にするときは、「きゞ」「キヾ」のように「ゞ」「ヾ」に濁点をうつ。また、「さらさら」を「さら〳〵」と書くこともあった。かなの踊り字を書く習慣は現在少なくなっている。(2)漢字のときは、「木木」を「木々」、「人人」を「人々」と書くように、「々(=同《どう》の字点)」を使う。しかし、「民主主義」「研究所所長」のように二字のあいだに意味の切れ目があるときは、「々」を使わない。

おどり・でる【躍り出る】〈動下一〉❶いきおいよく出てくる。❷競争相手を抜いて、優位に立つ。講談《こうだん》めいた言いかた。例 いっきに首位に躍り出た。

おどりば【踊り場】〈名〉❶階段の途中《とちゅう》でちょっと休めるように、広くしてあるところ。❷次の上昇《じょうしょう》が始まる前の、一時的な休みのたとえ。例 景気の踊り場にさしかかる。

おと・る【劣る】〈動五〉ほかと比べて、よくない状態で

フィリピン　ルソン島やミンダナオ島を主要領土とする共和国。農業・漁業・電気機器産業が盛ん。首都マニラ。

ある。例品質が劣る。負けず劣らず(=たがいに ひけをとらない)。対まさる。類およばない。

おど・る【踊る・躍る】〈動五〉❶[踊る] リズムにのって、気持ちよくからだを動かす。例踊りを踊る。踊りくるう。類舞《ま》う。❷[踊る] あやつられて、行動する。例人に踊らされる。❸[躍る] きちんとしていないで、乱れる。例字が躍っている。❹[躍る] からだをはげしく動かして、空中にはね上がる。例銀鱗《ぎんりん》が躍る。身を躍らせてプールにとびこむ。小躍り。❺[躍る] うれしいことや、たのしいことを前にして、どきどきする。例心が躍る。胸が躍る。類はずむ。わくわくする。

表現 ①の場合、「まう」は日本舞踊《ぶよう》などの優雅《ゆうが》な踊りについて使うのに対し、「おどる」は優雅な動きにも、躍動《やくどう》的ではげしい動きのときにも使う。

おとろえ【衰え】〈名〉いきおいが弱くなること。例衰えが見える。衰えを見せない。

おとろ・える【衰える】〈動下一〉力やいきおいが弱くなる。例体力が衰える。台風の勢力が衰えてきた。類弱まる。衰弱《すいじゃく》する。

おどろおどろ〈副・する〉おどろおどろしい感じ。

おどろおどろし・い〈形〉不気味で、おそろしげな感じだ。例おどろおどろしい地獄《じごく》絵。

おどろか・す【驚かす】〈動五〉不意をついたり、意外な目にあわせたりして、心にショックをあたえる。例世間を驚かす。目を驚かす。類びっくりさせる。おどかす。

おどろき【驚き】〈名〉❶おどろくこと。例驚きをかくす。❷おどろくべきこと。例いやはや、これは驚きだ。

おどろ・く【驚く】〈動五〉予想していなかったことにであって、心にショックをうける。例驚くにはあたらない。急のことで驚いた。驚きあわてる。類びっくりする。はっとする。ぎょっとする。どきっとする。たまげる。

方言 東北・中国・四国などでは、「目が覚める」の意味でも使う。古語の残存。

驚くべき 予想をこえた。ものすごい。例驚くべき実態が明らかになる。

おないどし【同い年】〈名〉同年齢《どうねんれい》。例同い年のいとこ。類同年。

おなか【〖お▽腹〗】〈名〉「腹《はら》」の少していねいな言いかた。

おながどり【尾長▽鶏】〈名〉ニワトリの一品種。江戸《えど》時代に高知でつくり出された。尾が五、六メートルもある。特別天然記念物。

おながれ【お流れ】〈名〉計画していたことが、中止になること。例雨で遠足はお流れになった。類とりやめ。

おなぐさみ【お慰み】〈名〉楽しみ。例うまくいったらお慰み。

表現「多少ともあなたに楽しんでいただけそうなこと」という意味で、どうせうまくいくまいと思いながら、皮肉をこめていう言いかた。

おなご【〖▽女子〗】〈名〉「女」「女の子」の古い言いかた。

おなさけ【お情け】〈名〉あわれんで、情けをかけた結果できたこと。例先生のお情けで合格した。

おなじ【同じ】一〈形動〉❶比べるもののあいだに、少しもちがいがない。例同じ気持ち。対別。類ひとしい。一緒《いっしょ》。❷別のものでなく、それ自身である。例君が見たのは似た人ではない、同じ人なのだ。対異なる。類同一。
二〈副〉どうせ。例同じやるなら、気持ちよくやりたい。
▽くだけた言い方では「おんなじ」ともいう。

参考 一の連体形は、ふつうの形容動詞の連体形「〜な」の形ではなく、「同じ本」のように、語幹の形で使われる。

同じ穴《あな》の狢《むじな》 ちがうように見えても、実際はわるいことをたくらむ、同じなかまであること。一つ穴の狢。

同じ釜《かま》の飯《めし》を食《く》う 親しいなかまとして、いっしょに生活する。一つ釜の飯を食う。

おなじく【同じく】一〈副〉同じように。例さっきと同じく処理してください。二〈接〉同じことがらをならべていうとき、くり返すかわりに使うことば。同《どう》。例「二年一組、山田。同じく、鈴木」。

おなじみ【〖お▼馴染み〗】〈名〉❶その店をよく利用してくれる客。例おなじみさん。類顧客《こきゃく》。なじみの客。❷(「おなじみの」の形で)よくご存じの。例会場はおなじみの市民会館です。

おなみだ(涙)ちょうだい(頂戴) 人を泣かせることを目的とした、通俗《つうぞく》的な話。

おなら〈名〉おなかで発生したガスが、おしりの穴から出るもの。へ。例おならをする。

おなり【〖お成り〗】〈名〉えらい人が、外出したり到着《とうちゃく》したりすることをうやまっていう、古めかしいことば。例お殿様《とのさま》のおなり。

おに【鬼】一〈名〉❶神ではないが、人間をこえた、ふしぎな怪物。人のかたちで、それよりも大きくたくましく力があり、頭につの、口にきばがある。幽界《ゆうかい》から人間世界に出没《しゅつぼつ》し、とかく、わざわいをもたらす。例鬼をもひしぐ力。赤鬼。青鬼。❷人間の感情をもつとは思えない、冷酷《れいこく》な人。❸ひとつのことに全力を集中している人。例鬼になる。仕事の鬼。勝負の鬼。❹遊びで、追いかけて人をつかまえる役。
二〈接頭〉❶「きびしくてこわい」という意味を表わす。例鬼軍曹《ぐんそう》。鬼監督《かんとく》。❷「同じ種類の中で大きいもの」という意味を表わす。例鬼やんま。鬼ゆり。鬼あざみ。

表現 ふつう一匹《いっぴき》二匹《にひき》と数えるが、人間のようにあつかうときは一人《ひとり》二人《ふたり》も使う。

鬼が出《で》るか蛇《じゃ》が出《で》るか つぎにどんなおそろしいことがおこるのだろうか。

鬼が笑《わら》う 先のことはわからないのに、それをかしこそうにあれこれ言うのをからかうことば。

鬼に金棒《かなぼう》 強いものがいっそう強くなること。類弁慶《べんけい》になぎなた。

鬼の居《い》ぬ間《ま》に洗濯《せんたく》 こわい人やうるさい人がいないあいだに、のんびりすること。類羽をのばす。

鬼の霍乱《かくらん》 ふだんは病気などまったくしない人が、めずらしく病気になること。「霍乱」は、暑気あたりのこと。

鬼の首《くび》を取《と》ったよう 自分の小さな成功を、大てがらのように言い立てている。

鬼の目《め》にも涙《なみだ》 強い一方で、やさしさがないように見える人の目にも涙が光るのを見て、「やはりやさしいところがあるのだな」と思う感じをいう。

鬼は外《そと》 福《ふく》は内《うち》 節分の夜の豆まきのときにとなえることば。家内安全を願う庶民《しょみん》の心を表わす。

鬼も十八《じゅうはち》番茶《ばんちゃ》も出花《でばな》 十八歳《さい》のむすめなら鬼でも美しく、安い番茶も、最初の一杯《いっぱい》はうまい。若さ、ういういしさの魅力《みりょく》には負ける。

オニオン〈名〉玉ネギ。例オニオンスライス。◇onion

おにがわら【鬼瓦】〈名〉瓦ぶきの屋根の棟《むね》の両端に、かざりとして置く大きい瓦。絵(次ページ)

表現 鬼の面をかたどって魔よけにしたもの。「鬼瓦のよう

「な」は、いかつい顔の形容。

おにぎり〖お握り〗〈名〉 にぎりめし。おむすび。

表現 「お」のない「にぎり」は「にぎりずし」をさす。

おにごっこ【鬼ごっこ】〈名〉 鬼になった者が、のこりの者を追いかけてつかまえる遊び。

おにび【鬼火】〈名〉 暗い夜、墓場やしめった土地で、小さく燃えるように見える青白い光。きつね火。

おにもつ【お荷物】〈名〉 ⇩にもつ②

おにやんま〖鬼▼蜻▼蜓〗〈名〉 大型のトンボ。体長約八センチ《メートル》でからだは黒く、黄色い横じまがあり、目は緑色。

おね【尾根】〈名〉 山の頂上と頂上とをむすんでつづく、ウマの背のような部分。例 尾根づたい。尾根道。類 稜線《りょうせん》。山稜。

おねうち【お値打ち】〈名・形動〉 品質のわりに値段が安いこと。例 お値打ち品。

おねがい【お願い】〈名・する〉 相手をうやまって、または遠慮《えんりょ》がちにする、たのみごと。例 お願いがあります。よろしくお願いします。お願いです。

おねだり〈名・する〉 ほしいほしいと、たのむこと。くだけた言いかた。例 新しい靴《くつ》をおねだりする。

おの〖▼斧〗〈名〉 強く打ちあてて、木などをきったり、わったりする道具。鉄でつくったぶあつい刃《は》に柄《え》をつけたもの。

表現 ふつう一挺《いっちょう》二挺《にちょう》と数えるが、一本二本も使う。大きなものを「まさかり」という。

おのおの【各々】〖各〗〈名〉 何人もいる人の、ひとりひとり。例 人はおのおの考えかたがちがう。類 めいめい。それぞれ。ひとりひとり。各人。各自。

おのずから〖▽自ずから〗〈副〉 しぜんにそうなるようす。例 読書百遍《ひゃっぺん》意おのずから通ず（↓「どくしょ」の子項目）。類 おのずと。

おのずと〖▽自ずと〗〈副〉 なにも手を加えなくても、そうなることが決まっているようす。例 おのずとわかるときがくる。類 おのずから。ひとりでに。

おのづくり〖▼斧▼旁〗〈名〉 漢字の旁《つくり》の一つ。「断」「新」などの「斤」の部分。

おののく〖▽戦く・▽慄く〗〈動五〉 おそろしさや緊張《きんちょう》のために、ぶるぶる ふるえる。例 恐怖《きょうふ》におののく。おそれおののく。類 わななく。戦慄《せんりつ》する。

おのぼりさん【お上りさん】〈名〉 田舎《いなか》から都会へ見物などのために出てきた人を、からかっていうことば。

オノマトペ〈名〉 擬声《ぎせい》語（擬音語ともいう）と擬態《ぎたい》語のこと。◇フランス《フラ》 onomatopée

[1]**おのれ**【己】〈名〉 「自分」の古い言いかた。例 おのれに勝つ。まず おのれをかえりみよ。おのれ自身。ア オノレ

[2]**おのれ**〈感〉 いかりにもえたときや、くやしいときに 発することば。例 おのれ！ いまに見ていろ。ア オノレ

おば【伯母・叔母】〈名〉 父母の、女のきょうだい。対 おじ。

表記 父母の姉は「伯母」、妹は「叔母」と書く。

おばあさん〖お▽祖▽母さん・お▽婆さん〗〈名〉 ❶［お祖母さん］「祖母《そぼ》」に対する、親しみをこめた言いかた。❷［お婆さん］ 年をとった よその女の人に対する、親しみをこめた言いかた。▽対 おじいさん。

表現 ①は、あらたまった場面で身内をさすときは「祖母《そぼ》」という。

オパール〈名〉 乳白色で半透明《はんとうめい》の鉱物。黄・赤・青・緑などの色がまざったものもあって、宝石とされる。十月の誕生石《たんじょうせき》。蛋白石《たんぱくせき》。◇オランダ《オラ》 opaal

おは(尾羽)う(打)ちか(枯)らす 以前、意気さかんだったころのすがたと比べて、今は、いかにも貧しく、元気のないすがたで、しょんぼりしている。

おはぎ〖お▼萩〗〈名〉 うるちともち米をまぜてたき、かるくついて小さくまるめ、あんや きなこ、すりごまなどをまぶして作る菓子《かし》。はぎのもち。ぼたもち。

おはぐろ【お歯黒】〈名〉 江戸《えど》時代、結婚《けっこん》した女性が歯を黒く染めたこと。古くは、貴族の間でも行なわれた。

おばけ【お化け】〈名〉 ❶ぞっとさせるすがたで現れ、人間をこわがらせるもの。例 お化けが出る。お化け屋敷《やしき》。類 幽霊《ゆうれい》。妖怪《ようかい》。❷ 例「お化けカボチャ」「キュウリのお化け」のように、同種のものの中でとびぬけて大きいものや、形のかわったもの。おもに植物についていう。

表現 「お化け」は本来はおそろしいものなのだが、現代では「化けもの」や「幽霊」とちがって、どこかユーモラスで 親しみぶかい感じのことばになっている。

参考 死んだ人がばけて出るお化けもあり、一つ目小僧やからかさのお化けのような正体不明のお化けもある。

おはこ〖▽十▽八▽番〗〈名〉 その人のもっとも得意な芸。例 おはこが出る。類 十八番《じゅうはちばん》。お家芸。

参考 「はこ」は、「箱」のこと。

おはこび【お運び】〈名〉 ❶「足を運ぶ」を意味する「運ぶ」の尊敬表現。おいでくださること。例 おそろいでのお運び、おそれいります。わざわざお運びいただきましてありがとうございます。類 お越《こ》し。❷飲食店などで料理を運ぶ仕事。例 お運びさん。

おばさん〖小▽母さん〗〈名〉 よその中年の女性を、親しみをもって よぶことば。例 おばさん、ちょっと見て。対 おじさん。

おはじき〖お▽弾き〗〈名〉 ガラスや貝がらなどでつくった、ひらたくてまるい形の小さなものを、指先ではじいてとりあう遊び。また、その玉。

おはち【お鉢】〈名〉 ご飯を入れておく 容器。類 めしびつ。おひつ。

お鉢が回《まわ》ってくる あまりうれしくないものの順番がめぐってくる。

おはつ【お初】〈名〉 ❶はじめてのもの。その年はじめて食べる季節の物。はつもの。例 お初をいただく。❷おろしたての衣服。❸（「お初に」の形で）「初めて」の美化語。例 お初にお目にかかります。

[1]**おばな**【尾花】〈名〉 「秋の七草《ななくさ》」の一つ。ススキ。

[2]**おばな**【雄花】〈名〉 イチョウやカボチャなどの、おしべしかなく、めしべのない花。対 めばな。

おはなばたけ【お花畑】〈名〉 高山植物の花がひろく一面にさいているところ。

おはやし〖お▼囃子〗〈名〉 ⇩はやし〔囃子〕

おはよう〖お早う〗〈感〉 朝のあいさつのことば。ていねいに言うときは「おはようございます」。「こんにちは」や「こんば

［おにがわら］

ブータン　ヒマラヤ山脈南東部，インドと中国にはさまれた立憲君主国。ラマ教を信仰。首都ティンプー。

んは」とちがって、家族に対しても使う。

おはらい〖お▼祓い〗〈名〉わざわいを除くために神社で行なう儀式《ぎしき》。例おはらいを受ける。

おはらいばこ【お払い箱】〈名〉いらなくなったものを捨てたり、やとっていた人をやめさせたりすること。例お払い箱にする。お払い箱になる。
由来 古いお札《ふだ》をおさめる、神社の箱の意味から。

おび【帯】〈名〉❶着物の上から、胴《どう》に巻きつけてしめるもの。例帯をむすぶ。帯をしめる。帯をとく。❷ものにまきつける細長いもの。例本の帯。帯封《おびふう》。
表現 一本二本と数える。伝統的に一条《いちじょう》二条《にじょう》、一筋《ひとすじ》二筋《ふたすじ》も使っている。

帯に短《みじか》したすきに長《なが》し 中途《ちゅうと》はんぱで、どちらにも使えない。

おびあげ【帯揚げ】〈名〉女性の和装で、帯が下がらないように結ぶ布。かざりの役目もする。

おび・える〖▼怯える・▽脅える〗〈動下一〉こわがって、びくびくする。例不安におびえる。影《かげ》におびえる。類おののく。
表現 まだすがたを現していないものをこわがる場合にいうことが多い。

おひがら【お日柄】〈名〉「日柄」の美化語。例本日はお日柄もよろしく、おめでとうございます。
表現 結婚《けっこん》式のスピーチなどでよく使われることば。

おびかわ【帯革・帯皮】〈名〉革製の帯。「ベルト」の古い言いかた。

おびきだ・す【おびき出す】〖▽誘き出す〗〈動五〉うまく相手をだまして、外へ出てくるようにする。例敵を城からおびき出す。類さそい出す。

おひきたて【お引き立て】〈名〉「ひきたてる②」ことの尊敬語。ひいきにされる商人や芸人などが礼を言うときのあいさつのことばとして使う。例毎度お引き立てにあずかり、ありがとうございます。類ご愛顧《あいこ》。

おひきまわし【お引き回し】〈名〉「ひきまわす②」ことの尊敬語。指導されるがわの人がへりくだって言う。例よろしくお引き回しのほど願い上げます。

おびきよ・せる【おびき寄せる】〖▽誘き寄せる〗〈動下一〉うまく相手をだまして、こちらに近づいてくるようにする。例敵をおびき寄せる。

おびグラフ【帯グラフ】〈名〉細長い長方形をくぎって、数や量の割合を表わすグラフ。→グラフ絵

おひざもと【お膝元・お膝下】〈名〉権力者の威力《いりょく》がもっとも強くおよんでいるところ。例将軍のお膝元。

おびじめ【帯締め】〈名〉女性が、帯をおさえるために上からしめる、細いかざりひも。類帯どめ。

おひたし【お浸し】〈名〉ホウレンソウやコマツナなどの野菜を、さっとゆでてしぼり、しょうゆをかけて食べる料理。

おびただし・い〖▼夥しい〗〈形〉❶数や量がとても多い。例おびただしい人数。❷程度がはなはだしい。例きたないことおびただしい。

おひつ〖お▼櫃〗〈名〉たきあがった飯を移して入れておくいれもの。めしびつ。類お鉢《はち》。

おびどめ【帯留め・帯止め】〈名〉帯をおさえるために上からしめる、かざりのついたひも。また、そのかざり。女性が使う。類帯じめ。

おひとよし【お人よし】〖お人▽好し〗〈名・形動〉人のたのみをなんでも聞いてしまい、利用されやすい人。例世の中に出たら、お人よしをしていてはだめだよ。

おびな〖▽男▼雛〗〈名〉内裏《だいり》雛のうち、男性をかたどったほう。対めびな。

おひなさま〖お▼雛様〗〈名〉「ひな人形」「ひな祭り」を親しんでいう言いかた。とくに女雛《めびな》をさすこともある。

オピニオンリーダー〈名〉集団の意見や見かたをつくりだす中心勢力。◇opinion leader

おひねり〖お▽捻り〗〈名〉お金を白紙にくるみ、上部をひねってとめたもの。神仏用や心づけ用にする。

おびふう【帯封】〈名〉雑誌や新聞を郵送するのに、はばのせまい紙をまきつけて送るやりかた。

おひや【お冷や】〈名〉飲食店でだす、つめたい飲み水。

おびやか・す【脅かす】〈動五〉❶危害を加えそうなそぶりをみせて、相手をこわがらせる。例人を脅かす。不安に脅かされる。❷人の生活や地位を、あやうくする。例生命を脅かす。王座を脅かす。

おひゃくどまいり【お百度参り】〈名〉❶ぜひともかなえたい願いごとがあって、神社や寺の境内《けいだい》の一定の距離《きょり》を百回往復し、そのたびにおがむお参りのしかた。❷たのみごとがあって、ある人の所へ何度も何度もお願いに行くこと。▽類日参《にっさん》。

おひゃくど(百度)をふ(踏)む 「お百度参り」をする。

おひらき【お開き】〈名〉宴会《えんかい》、とくに、祝宴などが終わること。例お開きにする。類閉会。
表現 「終わる」「閉じる」と言うのをきらって、そのかわりに使うことば。

お・びる【帯びる】〈動上一〉❶身につける。例こしに剣《けん》を帯びる。勲章《くんしょう》を帯びる。類佩《は》く。❷ある性質や感じをもつ。例まるみを帯びる。哀調《あいちょう》を帯びた歌声。❸ひきうける。例使命を帯びる。任務を帯びる。類になう。
表現 ③は、公式の仕事について使うことが多い。

おひれ【尾ひれ】〖尾▼鰭〗〈名〉うわさ話などにかってにつけ加えて、おおげさにしたりおもしろくしたりする要素。脚色《きゃくしょく》した部分。例話に尾ひれがつく。尾ひれをつけて話す。参考 魚の尾とひれの意味から。→おびれ

おびれ【尾びれ】〖尾▼鰭〗〈名〉魚の尾の部分のひれ。

おひろめ【お披露目】〈名・する〉世の中の人にあいさつをして、ひろく知ってもらうこと。結婚《けっこん》や襲名《しゅうめい》などのときにする。参考「お広め」に当て字をしたもの。

オフ〈名〉❶電気や機械などのスイッチが入っていない状態。対オン。❷割引《わりびき》。値引き。プライスオフ。例二〇%オフセール。❸仕事をはなれた、休みのとき。オフタイム。例オフの日。芸能人のオフショット(＝プライベート中の写真)。❹⇩オフシーズン② ◇off

オファー〈名〉仕事の上での申し出。希望する売買条件の提示。例映画主演のオファーをもらう。◇offer

オフィシャル〈形動〉❶公式の。例オフィシャルゲーム(＝公式試合)。❷公認《こうにん》の。例オフィシャルレコード(＝公認記録)。◇official

オフィス〈名〉会社などの事務をするところ。仕事場。事務所。◇office

おぶ・う【負ぶう】〈動五〉「人を背負う」の意味のややくだけた言いかた。

オフェンス〈名〉バスケットボールやアメリカンフットボールなどで、攻撃《こうげき》。対ディフェンス。◇offence

オフかい【オフ会】〈名〉インターネット上で知り合った人たちが、集まって直接顔を合わせる会合。「オフライン

ブラジル 南アメリカ東部の共和国。コーヒー・さとうきび・鉄などを産し農業・工業が発達。首都ブラジリア。

の会」の意味。

おふくろ【お袋】〈名〉男子が、自分の母のことを親しみをこめていう古風なことば。うちとけた会話の中で使う。例おふくろの味。対おやじ。

オブザーバー〈名〉❶会議で、正式の参加者としてではなく出席して、意見は言えるが、投票権のない人。❷発言権もなく、その場にいて見聞きすることだけをゆるされている人。類傍聴《ぼうちょう》人。◇observer →囲み記事30(765ジペー)

オフサイド〈名〉サッカー・ラグビー・ホッケーなどで、競技者が、味方のもつボールより前方にいる状態。また、その状態でパスをうける反則のこと。対オンサイド。◇off-side 参考 味方チーム(=サイド)からはなれて(=オフ)いるという意味で、点が簡単に入らないようにするためのルール。サッカーやホッケーでは、パスをうける人が相手陣内《じんない》にいて、その前方に敵が二人以上いない場合をいう。

おぶさ・る【負ぶさる】〈動五〉❶人のせなかにせおわれる。❷人の力やはたらきにたよる。例人に負ぶさって生活してたんじゃしようがない。類すがる。

オフシーズン〈名〉❶観光地などで、客の少ない時季。対オンシーズン。ハイシーズン。❷スポーツで、試合が行なわれない時季。オフ。▽「シーズンオフ」ともいう。◇off-season

オブジェ〈名〉幻想的で象徴《しょうちょう》的な美を生みだすために使われる、さまざまな美術材料。それらでつくった作品。◇フランス objet 参考 生け花では、花以外の材料をいう。

オプション〈名〉機器・設備や、自動車用品・旅行商品などで、高度な機能をもたせたり、使う人の好みに合わせたりするために、つけ加えて買うもの。類別売り(品)。◇option(=「選択肢《せんたくし》」の意味)

おふせ【お布施】〈名〉〔仏教〕法要の謝礼として、僧《ぞう》にわたす品物やお金。例お布施をつつむ。

オフセット〈名〉原版から直接印刷しないで、いったんゴム版にうつしてから紙に印刷する方法。◇offset

おふだ【お札】〈名〉神社や寺が、災難から身を守るものとして人々にくばるふだ。類護符《ごふ》。お守り。

おぶつ【汚物】〈名〉大小便やごみなど、きたないもの。

オプティミスト〈名〉何ごとにも楽天的な考えかたをする人。楽観論者。楽天家。対ペシミスト。◇optimist

オプティミズム〈名〉ものの明るい面をみて、いいほうへと考える考えかた。楽観論。楽天主義。対ペシミズム。◇optimism

オフホワイト〈名〉純白《じゅんぱく》でなく、かすかにグレーまたはクリームがかった白色。類きなり。◇off-white

オブラート〈名〉でんぷんでつくった、うすいすきとおったまく。飲みにくい粉ぐすりやキャラメルなどをつつむのに使う。例オブラートに包む。◇オランダ oblaat

オブラートに包《つつ》む 露骨《ろこつ》で刺激《しげき》の強い言いかたをさけて、ぼかしたりやわらげたりして表現する。

オフライン〈名〉コンピューターが、通信回線で結ばれていず、単独でしか使えない環境《かんきょう》にあること。また、通信回線で結ばれてはいるが、ネットワークへの接続を切ってデータのやりとりができない状態にあること。対オンライン。◇off-line

オフリミット〈名〉立ち入り禁止。立ち入り禁止地域。◇off-limits

おふる【お古】〈名〉使い古したもの。ふつうは目下の人にあたえる目上の人の使ったものをいう。

おふれ【お触れ】〈名〉⇩ふれ

オフレコ〈名〉報道関係者などが、取材で知ったことを報道せずにおくこと。◇off the record(=「記録にとどめない」の意味)の日本での省略語。

オペ〈名〉「オペレーション①」の日本での省略語。

おべっか〈名〉目上の人のごきげんをとるために、むやみにその人をもち上げるようなことを言うこと。例おべっかをつかう。類おべんちゃら。おせじ。追従《ついしょう》。ごますり。阿諛《あゆ》。

オペラ〈名〉〔音楽〕歌と管弦《かんげん》楽で構成される劇。歌劇。◇イタリア opera

オペラグラス〈名〉オペラや劇を見るときに使う、小型の双眼鏡《そうがんきょう》。◇opera glasses

オベリスク〈名〉古代エジプトの神殿《しんでん》などの前に建てられた、先のとがった四角い石の柱。王の功績などが書いてある。絵 ◇フランス obélisque

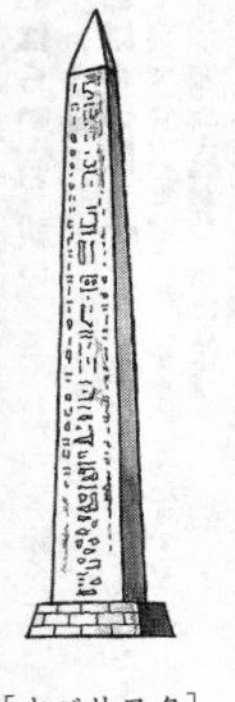

［オベリスク］

オペレーション〈名〉❶〔医学〕手術。略して「オペ」ともいう。❷軍事上の作戦。❸機械の操作・運転。❹飲食店などでの、業務の運営。例オペレーションを回す。◇operation

オペレーター〈名〉❶機械を運転・操作する人。❷コールセンターで、電話をとりつぐ人。◇operator

オペレッタ〈名〉〔音楽〕喜劇的な内容の、かるいオペラ。喜歌劇。◇イタリア operetta

おべんちゃら〈名〉相手にとり入るために使う、その場かぎりの調子のいいことば。べんちゃら。例おべんちゃらを言う。類おべっか。おせじ。ごますり。追従《ついしょう》。阿諛《あゆ》。

おへんろさん【お遍路さん】〈名〉⇩へんろ

おぼえ【覚え】〈名〉❶自分が経験したことを記憶《おく》していること。例覚えがある。身に覚えがない。そんなことを言った覚えはない。うろ覚え。❷前に、それをやったことがあって、自信があること。例うでに覚えがある。❸新しいことを身につける能力。記憶する能力。例覚えがはやい。もの覚え。❹上の人から信用されて、よく思われていること。例社長の覚えがめでたい。❺忘れないために書いておくもの。例覚え書き。類メモ。

おぼえがき【覚え書き】〈名〉❶忘れないように書きとめておくもの。類メモ。手控《てびか》え。❷おたがいの申しあわせや自国の意見を書いた、略式の外交文書。

表記 ②は、「覚書」と送りがなを付けないのがふつう。

おぼえず【覚えず】〈副〉自分がなにをしているか気がつかないうちに。やや古い言いかた。類思わず。

おぼ・える【覚える】〈動下一〉❶自分が経験したこと、習ったことを心にとどめている。例単語を覚える。顔を覚える。しかえしをしてやるから覚えておけ。類記憶《きおく》する。❷経験したことを身につける。例仕事を覚える。こつを覚える。いちど味を覚えると、やめられない。類知る。❸ある感じを心やからだにうける。例寒さを覚える。感動を覚える。悲しみを覚える。ひじにかるい痛みを覚える。類感じる。 →おぼえず

おぼし・い【▽思しい】〈形〉(「…とおぼしい」の形で)…であると思われる。そのように見える。例中学生とおぼ

しい少年。

おぼしめし【▽思し召し】〈名〉人の「考え」や「気持ち」を、その人をうやまう気持ちをこめていうことば。ときによって、「お考え」「ご意向」「ご意志」「おこころざし」「ご希望」などのどれかにあたる意味となる。例おぼしめしにかなう。寄付の額は、おぼしめしによります。類御意《ぎょい》。

表現「神さまのおぼしめし」のように、神仏など、人間をこえたものの意思をも表わす。

おぼしめ・す【▽思し召す】〈動五〉「思う」「考える」ということを、思ったり考えたりする人への敬意をこめていうことば。「お思いになる」「お考えになる」より敬意が高い。

おぼつかな・い【▽覚▽束ない】〈形〉❶ものごとがうまくいくかどうか、うたがわしい。例優勝はもちろん、一勝することもおぼつかない。類あやしい。❷あぶなっかしくて、たよりない。例おぼつかない手つき。類心もとない。

注意「おぼつく」という動詞はなく、それを打ち消したことばではないので、「おぼつかぬ」「おぼつかず」や「おぼつきません」というのは、本来はあやまり。

おほり【お堀】【お▼濠】〈名〉「堀」の美化語。

おほりばた【お堀端】〈名〉「堀端」の美化語。

おぼ・れる【溺れる】〈動下一〉❶水の中で死ぬ。水の中で死にそうになる。例川で溺れる。溺れ死ぬ。類溺死《できし》する。❷一つのことに夢中になり、ほかのことは何もわからなくなってしまう。例恋《こい》に溺れる。酒に溺れる。類耽溺《たんでき》する。

溺れる者《もの》はわらをもつかむ 危難におちいった者は、たよりにならないものにでもすがろうとする。

おぼろ【▼朧】〈形動〉ぼんやりとかすんでいる。例月がおぼろにかすんでいる。

おぼろげ【▼朧気】〈形動〉かすんでいるように、はっきりしないようす。例おぼろげな記憶《きおく》。類ぼんやり。

おぼろづきよ【おぼろ月夜】【▼朧月夜】〈名〉月がかすんで、ぼんやりと見える、うす明るい春の夜。

おぼん【お盆】〈名〉⇒うらぼん

オマージュ〈名〉❶賛辞。賞賛。❷〈する〉ある作家や作品に対して深い敬意を持っているしるしとして、その模倣《もほう》や借用を自分の作品の中で行なうこと。◇フランス hommage ▽例オマージュをささげる。類リスペクト。

おまいり【お参り】〈名・する〉神社や寺におがみにいくこと。類参詣《さんけい》。参拝。

おまえ【お前】〈代名〉同等の人や、目下の者をよぶときのことば。例お前の態度はなんだ。

表現もとは、目上の人に使ったていねいなことばだったが、現在では、ぞんざいな言いかたになっている。

おまけ【お負け】〈名・する〉❶商品のねだんを、特別に安くすること。類ねびき。❷商品に、景品や付録などをつけること。その景品や付録。例おまけをつける。

おまけに〈接〉さらにつけ加えて。例ころんですりむいただけではなく、おまけに服までやぶいてしまった。

おませ〈名・形動〉子どもが、年のわりに大人びていること。例おませな女の子。おませを言う。おませさん。対奥手。類おしゃま。

おまちどおさま【お待ち遠様】〈名・感〉長く待たせている人に、お待たせしました、と少しわびる気持ちでかけるあいさつのことば。

おまつりさわぎ【お祭り騒ぎ】〈名〉❶祭りのときの、にぎやかなさわぎ。❷おおぜいで、にぎやかにさわぎたてること。類どんちゃんさわぎ。

おまもり【お守り】〈名〉災難をよけるために、身につけたり、車や建物につけたりする、小さなふだ。寺や神社で出す。類お札《ふだ》。護符《ごふ》。

おまる〈名〉病人や幼児などがへやの中で使う、持ちはこびのできる便器。類しびん。

由来「まる」は、大便・小便をする意味の古語の動詞。

おまわりさん【お巡りさん】〈名〉警察官を親しんで呼ぶことば。

おまんま【お▽飯】〈名〉「ご飯」の幼児語的な言いかた。

表現俗《ぞく》に、「仕事がなくてはおまんまのくいあげだ」のように、おとなも使うことがある。

おみあし【おみ足】〈名〉「足」を非常に高い敬語にして言ったことば。相手の足に言及《げんきゅう》するとき、おもに女性がいう。

おみおつけ【▽御味▽御付け】〈名〉「お味噌汁《みそしる》」の、おもに東日本での言いかた。

おみき【お神酒】〈名〉神にそなえる酒。

おみくじ【お▽神▼籤】〈名〉神社にお参りした人がひく、吉凶《きっきょう》をうらなうくじ。

おみこし【お▽神▼輿】〈名〉⇒みこし

おみずとり【お水取り】〈名〉奈良の東大寺《とうだいじ》で、二月堂のそばの井戸《いど》から水をくみ、本堂にはこぶ儀式《ぎしき》。三月十二日の深夜から翌日の明けがたにかけて行なわれる。これがすむとこの地方では春がくるといわれる。

おみそれ〈名・する〉だれだか気づかなかったときや、相手が思いがけずすぐれていたことを知ったときに、使うことば。例君の作品ですか。これはおみそれしました。

オミット〈名・する〉除くこと。しめ出すこと。◇omit

おみとおし【お見通し】〈名〉かくそうとしていることが、すっかりわかってしまうこと。例かくしたって、おれさまにはちゃんとお見通しさ。

おみなえし【▽女▽郎▽花】〈名〉「秋の七草《ななくさ》」の一つ。山野に生え、秋、あわつぶほどのきいろい花がむらがってさく。参考古くから和歌によまれ、美人にたとえられた。

おみみ(耳)をはいしゃく(拝借) 「聞いていただく」ということを間接的にいう言いかた。

おむすび【お結び】〈名〉「おにぎり」のこと。

おむつ〈名〉大小便をうけるために、赤んぼうや寝《ね》たきりの人のまたにあてがっておく布や紙。類おしめ。むつき。

表現いつまでも世話のやける人をからかって、「おむつがとれない」などと言う。

オムニバス〈名〉映画などで、独立したみじかい話をいくつか集めて、一つの作品としたもの。◇omnibus

参考乗り合い自動車の意味から、一冊につめこんだ選集本をいうようになり、今の意味になった。

オムライス〈名〉ケチャップで味つけしながらいためたご飯を、うす焼き卵で包んだ料理。◇「オム」は、フランス omelette から。

オムレツ〈名〉ときほぐした卵をやわらかく焼いた料理。西洋風のたまごやき。◇フランス omelette

おめ【お目】〈名〉「目」の尊敬語。例さすが、お目が高い。お目にとまりましたか。おはずかしい。

お目に掛《か》かる 「会う」の謙譲《けんじょう》語。類お会いする。

お目に掛《か》ける 「見せる」の謙譲《けんじょう》語。類お見せする。ごらんに入れる。

おめい【汚名】〈名〉不名誉《ふめいよ》な、はずかしい評判。例汚名を返上する。汚名をそそぐ。類悪評。

おめいへんじょう【汚名返上】〈名〉過去のよく

ブルガリア ヨーロッパ南東部にある共和国。1990年社会主義から共和制に移行。農業国。首都ソフィア。

ない行ないや失敗による不名誉《ふめいよ》を、人に見直してもらえるような活躍《かつやく》によって晴らすこと。類 名誉挽回《ばんかい》。参考 「汚名返上」と「名誉挽回」とがまざって、「汚名挽回」といわれることがある。

おめおめ〈副〉 はじをさらしながら、それにあまんじているようす。例 今さらおめおめともどることはできない。表現 だらしなさを非難する気持ちで使う。

オメガ〖Ω・ω〗〈名〉 ギリシャ文字のアルファベットで、最後の文字。例 アルファからオメガまで(=最初から最後まで)。対 アルファ。

おめかし〈名・する〉 化粧《けしょう》をしたり、いい服を着たりして、見た目にひきたつようにすること。類 おしゃれ。

おめがね(眼鏡)**にかなう** 相手ののぞみどおりの条件をそなえていて、気に入られ、みとめられる。眼鏡にかなう。

おめこぼし【お目こぼし】〖お目▼溢し〗〈名・する〉 「目こぼし」の尊敬語。例 なんとかお目こぼしを願えませんでしょうか。

おめし【お召し】〈名〉 ❶「招くこと」「呼ぶこと」「車に乗ること」「服を着ること」の尊敬語。例 お召しの車。お召しをうける。先生は 礼服をお召しになっています。お召しかえ。❷「おめしちりめん」の略。和服用の絹織物の一種。▽ア ①オメシ ②オメシ

おめしかえ【お召し替え】〈名・する〉 衣服、とくに着物を着がえることの尊敬語。

おめしもの【お召し物】〈名〉 「着物」の尊敬語。

お(▽怖)**めず おく**(臆)**せず** 気おくれしたり、おそれたりしないで堂々と。

おめだま(目玉)**をく**(食)**う** しかられる。

おめつけやく【お目付役】〈名〉 他人の行動やあり方を見はって監督《かんとく》する立場の人。例 政界のお目付役。

おめでた〈名〉 おめでたいこと。とくに、結婚《けっこん》や妊娠《にんしん》、出産などにいう。例 おめでた続き。類 慶事《けいじ》。

おめでた・い〖▽御目出▽度い〗〈形〉 ❶「めでたい」の、ていねいな言いかた。❷ばか正直で、人がよすぎたり、考えが あますぎたりする ようす。例 あいつを信じるなんて、きみもおめでたいね。

おめでとう〖▽御目出▽度う〗〈感〉 めでたいこと、喜ばしいことを祝うときのことば。

おめみえ【お目見得】〈名・する〉 はじめて人々の前にすがたを見せること。例 新型機がきょうお目見得する。

おめもじ【お目もじ】〖お目文字〗〈名・する〉 お目にかかることの古めかしい上品な言いかた。おもに女性が手紙などで使う。例 お目もじの折をお待ちしています。類 拝眉《はいび》。拝顔。

おめん【お面】〈名〉 ❶能楽などで使う「面」の美化語。❷縁日《えんにち》の屋台などで売られる、子供むけのキャラクターの顔をかたどった仮面。

おも【面】 一〈造語〉 「かお」のこと。例 面なが。面もち。面やつれ。 二〈名〉 たいらなものの表面。例 水の面。▽→おもて(面) 表現

[1]**おもい**【思い】〖▽想い〗〈名〉 ❶頭の中で、すじみちをたてたりせずに、あれこれ考えること。例 思いをめぐらす。思いにふける。類 考え。❷あることにであって経験した感じ。例 こわい思いをする。❸前もって想像すること。例 思いをはせる。思いもよらぬ。類 予想。❹そうしたいという希望。例 思いがかなう。満たされない思い。思いどおり。❺恋《こい》する気持ち。例 思いを寄せる(→子項目)。せつない思い。❻心配や悲しみなどの、しずんだ気持ち。例 思いにしずむ。やるせない思い。類 うれい。❼うらむ気持ち。例 思いをはらす。▽ア オモイ →おもう 表現

思い半《なか》ばに過《す》ぎる 考えてみて、思いあたることが多い。だいたいの察しがつく。

思いの丈《たけ》 つもりつもった思いのすべて。おもに恋愛《れんあい》感情についていう。例 思いの丈を書きつらねる。

思いも掛《か》けない まったく予想もしない。「思いがけない」をさらに強めて言う。類 思いもよらない。思わぬ。

思いも寄《よ》らず 「まったく予想もしなかったことだが」という前おきのことば。例 思いもよらず、いい結果がでた。類 思いもかけず。

思いも寄《よ》らない まったく想像もしていなかった。

思いを致《いた》す ふだんはつい考えずに過ぎていることがらを、落ち着いてじっくりと考える。例 職務の重大さに思いを致し、誠心誠意 事にあたる所存でございます。→いたす

参考

思いをはせる あこがれの気持ちで、想像をめぐらす。例 遠く異郷に思いをはせる。

思いを寄《よ》せる ❶あることに心をむけて、そのことについて考える。❷ある人を恋《こ》いしたう。類 心を寄せる。思いをかける。

[2]**おも・い**【重い】〈形〉 ❶それを持ちあげたり、動かしたりするには、大きな力がいる。例 重い荷物。体重が重い。❷心に負担が感じられる。例 重い足どり。気が重い。❸何かにおさえつけられているようで、なかなか動かない にぶい感じだ。例 こしが重い。口が重い。頭が重い。❹程度が大きく、重大である。例 重い罰《ばつ》。重い地位。病気が重い。責任が重い。❺コンピューターの処理速度がおそい。▽対 軽い。ア オモイ

おもいあがり【思い上がり】〈名〉 自分をえらいと思って、いい気になっていること。例 思い上がりもはなはだしい。類 うぬぼれ。

おもいあが・る【思い上がる】〈動五〉 自分をえらいものだと思って、いい気になる。例 ちょっと思い上がってはいませんか。類 うぬぼれる。つけあがる。のぼせる。

おもいあた・る【思い当たる】〈動五〉 考えているうちに、ふと気づいて、「これだ!」と思う。例 それについては思い当たるふしがある。

おもいあま・る【思い余る】〈動五〉 自分では問題を解決することができないで、どうしていいかわからなくなる。

おもいいれ【思い入れ】〈名〉 ❶特別な理由があり、ほかのものと違ってこれだけは大切にしたい、と思う強い愛着。例 思い入れが強い。❷芝居《しばい》で、何も言わないで心の動きや感情を表現するしぐさや表情。例 思い入れたっぷり。

おもいうか・べる【思い浮かべる】〈動下一〉 心の中に、すがたやかたちをえがき出す。類 想起する。

おもいえが・く【思い描く】〈動五〉 実際に体験していないことについて、情景などを想像する。

おもいおこ・す【思い起こす】〈動五〉 むかしのことをふりかえって、心にうかべる。類 思い出す。

おもいおもい【思い思い】〈名・副〉 ひとりひとりが、それぞれ自分の思うようにすること。例 思い思いのプレゼントを持ちよる。思い思い(に)かってに行動する。

おもいかえ・す【思い返す】〈動五〉 ❶すぎたことを思いだして、あれこれ考える。類 回顧《かいこ》する。❷一度きめたことを、もう一度考えて、別のことにかえたり、やめたりする。類 思いなおす。考えなおす。

ブルキナファソ　アフリカ西部の内陸にある共和国。粟・綿花・ごまなどを産する農業国。首都ワガドゥグー。

おもいがけず【思いがけず】〈副〉まったく予期していなかったことに。例思いがけず町で旧友に会った。類不意に。

おもいがけな・い【思いがけない】〈形〉そんなことがおこるとは思ってもいなかった。例思いがけないところで、思いがけない人に会った。類予想外。意外。

おもいきった【思い切った】〈連体〉実現したいことに向かって、強い決心で大きくふみこんだ。例思い切った改革。類大胆《だいたん》な。断固たる。

おもいきって【思い切って】〈副〉迷いやためらいをふりすてて。例思い切って先生に質問した。

おも(思)いきや …と思っていたら、そうではなくて。予想とはちがう意外なことが起こったとき、おどろきをこめて使う。例入門書と思いきや、内容のレベルはかなり高い。

おもいきり【思い切り】一〈副〉力をかげんしたり、ためらったりしないで。力のかぎり。例思い切り遊びたい。類思う存分。二〈名〉❶いつまでも迷っていないで、決心すること。例なかなか思い切りがつかない。類ふんぎり。❷だめだと知って、すっぱり あきらめること。例思い切りがいい。思い切りがわるい。類あきらめ。

おもいき・る【思い切る】〈動五〉❶まよいをすてて、決心する。→おもいきった・おもいきって ❷すっぱりと あきらめる。例彼女《かのじょ》を思い切れない。

おもいこみ【思い込み】〈名〉「これはこうだ」と信じてしまっていること。例思い込みが強い。

おもいこ・む【思い込む】〈動五〉❶すっかりそうだと信じる。❷あることをしようと、かたく決心する。

おもいさだ・める【思い定める】〈動下一〉よく考えて心に決める。例これで終わりにしようと思い定める。

おもいしら・せる【思い知らせる】〈動下一〉身にしみて忘れないように、相手によくよく わからせる。例あいつ、今度思い知らせてやる。

おもいし・る【思い知る】〈動五〉いやというほど、よくわかる。例社会に出て、自分のあまさを思い知った。

おもいすごし【思い過ごし】〈名〉考えすぎからくる誤解。類考えすぎ。とりこしぐろう。

おもいだしわらい【思い出し笑い】〈名・する〉前にあったことを思い出して思わずもらすしのび笑い。

おもいだ・す【思い出す】〈動五〉忘れていたことを、ふたたび心にうかべる。

おもいた・つ【思い立つ】〈動五〉あるきっかけで、急になにかをしようという 考えをおこす。

思い立ったが吉日《きちじつ》 なにかをしようと思いたったら、その日からすぐにはじめろ、ということ。

おもいちがい【思い違い】〈名〉別のことや事実でないことを、正しいと思うこと。類誤解。かんちがい。

おもいつき【思い付き】〈名〉とつぜんひらめいた考え。例思いつきはいいが実現はむずかしい。類アイデア。

おもいつ・く【思い付く】〈動五〉とつぜんある考えが頭にうかぶ。例いいアイデアを思いつく。

おもいつ・める【思い詰める】〈動下一〉あることをまじめひとすじに考える。例あまり思い詰めるなよ。

おもいで【思い出】〖▽想い出〗〈名〉なにかをきっかけにして、よみがえってきた記憶《きおく》。例思い出にひたる。思い出にふける。

方言 福井では、「家族で旅行に行って おもいでやった」のように、「楽しい」の意味でも使う。

おもいとどま・る【思いとどまる】〈動五〉しようと思ったことを、考えなおして やめる。類踏《ふ》みとどまる。

おもいなお・す【思い直す】〈動五〉いったん決心したことを、思うところがあって、変える。例思い直して、やっぱり行くことにした。

おもいなしか【思いなしか】〈副〉なんだかこちらの思いすごしのせいかもしれないが。例思いなしか今日は先生の顔色がわるい。類心なしか。

おもいなや・む【思い悩む】〈動五〉いくら考えても解決策が得られず、苦しむ。例一人思い悩む。類思いわずらう。くよくよする。

おもいのこ・す【思い残す】〈動五〉わりきれない気持ちが残る。例ここで死んでも思い残すことはない。

おもいのほか【思いの外】〈副〉予想に反して。例思いのほかよく釣《つ》れた。類案外。意外に。

おもいめぐら・す【思い巡らす】〈動五〉いろんな場合を想定して、さまざまの可能性や方法を考える。

おも(思)いやられる ⇩おもいやる②③

おもいやり【思いやり】〖思い▽遣り〗〈名〉その人の立場になって考えてみること。例思いやりがある。思いやりのある態度をしめす。類同情。

おもいや・る【思いやる】〖思い▽遣る〗〈動五〉❶その人のためを思って、心配したり、なにかをしてあげたりする。例病気の友を思いやる。類気づかう。❷遠くにいる人のことを考える。例去っていった人のことが思いやられる。❸将来のことを心配する。例今からこんな ふうじゃ、先のことが思いやられる。

参考 ②と③の例の「思いやられる」は、「思いやる」の未然形《みぜんけい》に、自発の助動詞「れる」が付いたもの。

おもいわずら・う【思い煩う】〈動五〉解決できないことを、考えこんで苦しむ。類思いなやむ。苦にする。

おも・う【思う】〈動五〉❶心をはたらかせる。心で判断する。例この答えは正しいと思う。❷心に感じる。例いやだと思ったら、やめればよい。❸前もって、こうではないかと予想する。例思ったとおり。こうなるとは思ってもみなかった。→おもわぬ ❹こんなことではないかと想像する。例まだ見ぬ国での生活を思う。❺「こうありたい」「こうなってほしい」と希望する。例思うにまかせない。思うほどには勉強がはかどらない。❻心の中で大事にあつかう。例国を思う。子を思う。

表現 似《に》たことばに「考える」があるが、「考える」がすじみちをたてた知的な頭のはたらきを表わすのに対して、「おもう」は、感じや想像、希望など、感情や意志をふくんだ意味を表わす。

敬語 (1)尊敬語としては、「思われる」「お思いになる」を使うほか、敬意のかなり高い言いかたに「おぼしめす」がある。(2)丁重《ていちょう》語としては、「存じる」を使う。

表記 ④と⑥は、「▽想う」と書かれることもある。

思いきや ⇩独立項目

思うに任《まか》せない 思うようにならない。例資金不足で校舎の改築も思うに任せない。類ままならない。

おもうぞんぶん【思う存分】〈副〉そうしたいと思うだけじゅうぶんに。類思い切り。思うまま。

おもうつぼ【思うつぼ】〖思う▼壺〗〈名〉そうなればいいと思っていた状態。例思うつぼにはまる。

おもうに【思うに】〈副〉わたしのみるところでは。例思うにこれには深い事情がある。

おも・える【思える】〈動下一〉「思う」の、可能または自発の形。思われる。例私には、そうは思えない。

おもおもし・い【重重しい】〈形〉威厳《いげん》があっておちついている。例重々しい口調。対かるがるしい。

おもかげ【面影】【▽俤】〈名〉❶目にうかぶ、その場にいない人のすがたやかたち。例面影をしのぶ。❷むかしのことを思い出させるもの。例(父の)面影がある。(十年前の)面影をのこす。面影をとどめる。類なごり。

おもかじ【面▼舵】〈名〉船の針路《しんろ》を右の方向に変えるときの舵のとりかた。対取り舵。

おも(重)きをお(置)く (「…に重きを置く」の形で)重要なこととしてあつかう。

おも(重)きをな(成)す なくてはならない大事な人となる。例後に幕府で重きを成した人物となった。

おもくるし・い【重苦しい】〈形〉上からおさえつけられて、身動きできないような感じだ。例重苦しいふんいき。類息苦しい。

おもざし【面差し】〈名〉顔の感じ。やや古い言いかた。類おもだち。顔つき。

おもし【重し】【重▽石】〈名〉❶ものをおさえるために上に置くもの。とくに、つけもの用の石。例重しをおく。重しをする。❷心理的に人をおさえつける力。例重しがきく。類貫禄《かんろく》。▽類おさえ。

おもしろ・い【面白い】〈形〉❶たのしくて心がひかれる感じだ。例勉強は、わからないうちはおもしろくないが、わかりだすとおもしろい。対つまらない。類興味ぶかい。❷笑いだしたくなる感じだ。例おもしろいことを言って、人を笑わせる。類おかしい。こっけいだ。

表現「おもしろくない」という言いかたは、「おもしろい」をたんに打ち消す以外に、「不愉快《ふゆかい》」「不快」に近い意味でも使う。例ライバルに先をこされて、心中《しんちゅう》おもしろくない。

おもしろおかし・い【面白おかしい】〈形〉楽しくゆかいなばかりで、苦しみも深刻さもない。例失敗談をおもしろおかしく話す。類浮かれっぱなし。

おもしろはんぶん【おもしろ半分】【面白半分】〈形動〉やり方が真剣《しんけん》でなく、遊びのような態度であること。例どんな仕事でもおもしろ半分ではできない。

おもしろみ【面白み】〈名〉おもしろく感じられる部分。例おもしろみのない話。類おかしみ。

おもた・い【重たい】〈形〉いかにも重い感じである。

おもたせ【お持たせ】〈名〉来客が持ってきてくれた手みやげの菓子などを、そのままその客へのもてなしとして使うときのことば。例お持たせで恐縮《きょうしゅく》ですが、おひとつどうぞ。注意自分が人にわたすみやげ物のていねいな言い方だと誤解《ごかい》している人が少なくない。

おもだち【面立ち】〈名〉「顔立ち」の古い感じの言いかた。類おもざし。容貌《ようぼう》。

おもだった【主立った・重立った】〈連体〉なかでも中心的な。例主立った人たち。類主要。

おもちゃ〈名〉子どもが手にして遊ぶもの。類玩具《がんぐ》。

おもちゃにする まじめに考えてとりあつかうのでなく、自分だけの興味で、かって気ままにとりあつかう。

おもちゃばこ(箱)をひっくりかえ(返)したよう ❶たいへん散らかっている。❷順序次第《しだい》もなく、やたらに並んでいる。

[1]**おもて**【表】〈名〉物の二つの面のうち、それを代表するほう。❶ものの二つの面のうち、表面や上になる面。例はがきの表。たたみの表。紙の表とうら。表地《おもてじ》。表がわ。表書き。たたみ表。うら表。対うら。類外がわ。❷外から見える、ものごとのぐあい。例表をかざる。表をつくろう。世間のことには、表とうらがある。対うら。類うわべ。❸公式なこと。おおやけの場《ば》。例表の理由。表に出す。表ざた。表だつ。表むき。対うら。❹建物の中からみて、外のひろいところ。例表で遊ぶ。表へ出る。文句があるなら表へ出ろ。類外。❺野球で、先攻《せんこう》のチームが攻撃《こうげき》する番。例七回表。対うら。

[2]**おもて**【面】〈名〉❶人の顔。例面を上げる。面をふせる。ほそ面。類おも。つら。面《めん》。❷たいらなものの表面。例水の面。かがみの面。類おも。❸能楽で使う仮面。面《めん》。能面。▽古風で優雅《ゆうが》な言いかた。

表現「面」という漢字の訓よみのことばには、「おもて」のほかに、「おも」「つら」がある。「おも」は、「水の面《おも》」などのように②の用法のほか、顔の意味で「おもなが」「おももち」などのことばをつくる。「つら」は、顔の意味で「つらがまえ」「泣きっつら」などのことばをつくり、「そのつらが気にくわない」などの用法もあり、乱暴なことばになっている。

おもてかいどう【表街道】〈名〉幹線《かんせん》であるほうの街道。対裏街道。

おもてがき【表書き】〈名・する〉封筒《ふうとう》や包みのおもてに、住所・氏名などを書くこと。類上《うわ》書き。→囲み記事10(次ページ)

おもてかんばん【表看板】〈名〉世間にしめす、実際の内容とちがった、おもてむきの名目《めいもく》。

おもてぐち【表口】〈名〉建物の正面の出入り口。正式な出入り口。例表口から入る。対裏口《うらぐち》。

おもてさく【表作】〈名〉同じ田畑で、一年間に二種の作物を時期的にわけてつくるとき、はじめにつくるイネなどの主要な作物。対裏作。

おもてざた【表沙汰】〈名〉❶知られたくないことが、ひろく世間に知れわたること。例スキャンダルが表沙汰になってしまった。❷裁判にもちこむこと。例表沙汰にする。補償《ほしょう》問題を表沙汰にしないで解決したい。

おもてだ・つ【表立つ】〈動五〉❶世間に知られるようになる。例表だった動きは、まだない。❷訴訟《そしょう》のような、公式の問題になる。例事が表だってくるようなら、こちらも対策を考えなければならない。類表ざたになる。

おもてどおり【表通り】〈名〉人や車がたくさん行き来し、町の中心になっている、広い通り。対裏通り。

おもてぶたい【表舞台】〈名〉多くの人が見ている、公然と活動できるところ。例国政の表舞台で活躍《かつやく》する。失脚して表舞台から遠ざかる。

おもてむき【表向き】〈名〉❶実質は別にして、見えやすい、表面上のこと。例表向きははなやかに見えるが、実際は苦労の多い仕事。類うわべ。❷公式のあつかい。例欠席の理由は、表向き病気としておく。類たてまえ。

おもてもん【表門】〈名〉建物のおもてがわにある、正式の門。対裏門。類正門。

おもと【▽万▽年▽青】〈名〉鉢《はち》植えなどにして、葉を見てたのしむ常緑多年草。あつく、つやのある葉が根もとから群生《ぐんせい》する。

おもな【主な】〈連体〉全体の中で、中心になっている。例主な人物。主な産業。

おもなが【面長】〈形動〉顔がすこし長めである。

[1]**おもに**【主に】〈副〉全体の中で、中心や多数をしめて

ブルンジ　東アフリカ内陸部の高原地帯にある共和国。コーヒー・綿花・茶を産する。首都ブジュンブラ。

いるようす。例この辞典は、主に中学生を対象にしている。類主《しゅ》として。アオモニ

[2]**おもに【重荷】**〈名〉❶自由な行動をさまたげる重い荷物。❷気持ちのうえで、負担になるような責任や仕事。例重荷になる。重荷をせおう。▽ア**オモニ**

重荷を下《お》ろす 気持ちの負担になっていたことがなくなって、ほっとする。

おもね・る【▼阿る】〈動五〉気に入られようとして、相手のよろこぶようなことばかり、言ったりしたりする。例権勢におもねる。世間におもねる。類へつらう。迎合《げいごう》する。こびる。追従《ついしょう》する。阿諛《あゆ》する。

おもはゆ・い【面映ゆい】〈形〉てれくさい。きまりがわるい。例ほめられすぎて面映ゆい。

おもみ【重み】〈名〉❶重さ。例荷物の重み。❷落ち着き。貫禄《かんろく》。例重みに欠ける。❸重要さ。価値。例一票の重み。ことばの重み。

おもむき【趣】〈名〉❶全体から感じられる、味わいのあるふんいき。例趣がある。趣のある庭。類情趣《じょうしゅ》。風情《ふぜい》。❷全体から感じられるようす。例趣を異にする。❸言おうとしていること。例お申しこしの趣は、了解《りょうかい》いたしました。類趣意《しゅい》。趣旨《しゅし》。

表現 ③は、あらたまった手紙の中などで使う。

おもむ・く【赴く】〈動五〉❶目的の場所へ行く。例任地に赴く。❷ものごとがある状態にむかう。例病気が快方におもむく。勢いのおもむくところ。

表現 ①は、やや公式な使い方。

おもむろに【▽徐に】〈副〉しばらくは何もしないでいて、それから、ゆっくりと動きだすようす。例おもむろに口をひらく。類やおら。

おももち【面持ち】〈名〉その人の気持ちがみてとれる顔つき。例心配そうな面持ち。類表情。

表現 不安やあせり、緊張《きんちょう》など、あまりよくない表情についていう。

おもや【母屋・母家】〈名〉❶家の敷地《しきち》の中にある建物のうち、生活の中心となるおもな建物。離《はな》れや物置などに対していう。❷軒《のき》など、まわりについている部分に対して、家の本体の部分。

おもやつれ【面やつれ】【面▼窶れ】〈名・する〉病気や苦労のために、顔がやせほそること。

おもゆ【重湯】〈名〉少しの米をたくさんの水でたいてしるだけにしたもの。病人や乳児の食事にする。類かゆ。アオモリ

[1]**おもり【お守り】**〈名・する〉乳幼児のせわ。アオ**モ**リ

表現「会長のお守りに行って来ます」のように、せわの焼ける人のめんどうをみることについてもいう。

[2]**おもり【重り・▼錘】**〈名〉重さを加えるために、下につけるもの。つり糸につけるものなどもある。アオ**モリ**

おもろい（方言）おもしろい。関西で言う。

おもわく【思惑】〈名〉❶予想・期待・もくろみなど、人それぞれが秘めている考え。例思惑が外れる。思惑どおりに事が運ぶ。登場人物たちの思惑が絡《から》みあう。❷人にどう思われるか、ということ。例世間の思惑を気にする。

参考「思う」の文語「おもふ」の未然形に、接尾語の「く」がついたことばで、「惑」は当て字。「いわく」「おそらく」「願わくは」などと同じできかたのことば。

おもわし・い【思わしい】〈形〉ものごとが思いどおりで、このましい状態だ。打ち消しのことばとともに使われることが多い。例思わしい返事をしてくれない。病状が思わしくない。

おもわず【思わず】〈副〉自分のしていることに気づかないで。無意識に。例思わず身をのりだした。類つい。

おもわせぶり【思わせぶり】〈名・形動〉いかにもなにか知っているようなようすをみせながら、なかなかそれをはっきり知らせないこと。例思わせぶりな態度。類ジェスチャー。

おもわぬ【思わぬ】〈連体〉予想もしなかった。例思わぬ結果を招く。類思いもかけない。思いもよらぬ。予期せぬ。想定外の。

おもん・じる【重んじる】〈動上一〉ものごとの重要さや人の能力をみとめて、たいせつにする。「おもんずる」ともいう。例体裁《ていさい》を重んじる。仲間に重んじられる。対かろんじる。類とうとぶ。たっとぶ。重視する。尊重する。

おもん・ずる【重んずる】〈動サ変〉⇩おもんじる

おもんばか・る【▽慮る】〈動五〉まわりの人のことや先のことも、落ちのないように考えに入れる。「おもんぱかる」ともいう。例万一をおもんばかって保険に入る。類考慮《こうりょ》する。

参考「おもいはかる」が変化した形。

[1]**おや【親】**━〈名〉❶子どもをつくった人。子どもを養育している人。例親のすねをかじる。子は親の背中を見て育

囲み記事 10

包みの表書き

お祝いやお悔《く》やみで、お金を包んで持っていくとき、表書きをどうするかで迷うことがある。

①慶事《けいじ》(お祝いごと)の場合

「御祝」と書けば、だいたいの場合、それで用が足りる。お祝いの理由をはっきりさせたい場合には、「御入学祝」「御卒業祝」などと書く。結婚《けっこん》祝いには、「寿」とすることが多い。

②お見舞《みま》いの場合

これも、「御見舞」と書けばそれでよいわけであるが、「病気御見舞」「火事御見舞」などと、ていねいに書くこともある。

③弔事《ちょうじ》(悲しみごと)の場合

お葬式に持っていくには、「御霊前《れいぜん》」なら神仏どちらでも使える。はっきりしているときは、仏式なら「御霊前」または「御香典《こうでん》」、神式なら「御玉串《たまぐし》料」、キリスト教なら「御花料」と書く。一周忌《いっしゅうき》などの法事の場合は、「御仏前」「御香料」「御供《おそなえ》」、キリスト教・神式の記念日には、「御花《おはな》料」「御玉串《たまぐし》料」でよい。

④その他の場合

お祝いのお返しは「内祝《うちいわい》」、病気見舞いのお礼なら「快気《かいき》祝」などと書くが、一般的には「粗品《そしな》」を使う。「志《こころざし》」もあるが、「寸志《すんし》」は自分より目下の人への場合のみとされている。お世話になった人への贈《おく》り物では「御中元《ちゅうげん》」「御歳暮《せいぼ》」がある。

水引《みずひき》は、③の弔事にかかわる場合の黒白以外は、赤白(または金銀)を使う。自分の名前は、どこのだれということがよくわかるように、はっきりと書くようにする。

贈り物でいちばんたいせつなものは、心であって、形ではない。自分のこととして心得ておくことは必要であるが、ものしり顔に人のすることにけちをつけるなどは、すべきではない。

 ベトナム インドシナ半島東部にある社会主義共和国。米中心の農業国。機械・繊維産業も盛ん。首都ハノイ。

つ。生みの親より育ての親（↓「うみのおや」の子項目）。親孝行。父親。母親。対子。子ども。❷トランプ・マージャンなどで、ゲームをリードする役。▽ア オヤ」

■〈接頭〉いくつかあるものの中で、そのもとになるもの。例親会社。親株。対子。

表記「『竹取《たけとり》物語』は物語の祖《おや》とよばれる」のように、「祖先」の意味で使う場合には、「ᐁ祖」とも書かれる。

親の因果《いんが》が子《こ》に報《むく》いる 親が悪いことをしたために、そのむくいとして子どもがわざわいを受ける。

親の心《こころ》子《こ》知《し》らず 親はふかい愛情で子どもを育てるが、子どもはそれがわからないで、不平を言ったり、うらんだりする、ということ。

親のすねをかじる ⇩すねをかじる（「すね」の子項目）

親の七光《ななひかり》 ⇩次項

親の光《ひかり》は七光《ななひかり》 親の地位や社会の評価の高さが子の出世に役立つこと。「親の七光り」というのがふつうになった。

親の欲目《よくめ》 親は自分の子どものことを実際以上にすぐれているように見るということ。ひいき目。類親ばか。

親は無《な》くとも子《こ》は育《そだ》つ 親と早く別れても、子どもはなんとか育っていくものだ。

おや[2]〈感〉なんだか変だな などと思ったときに出す声。例おや、これはなんだろう。ア オヤ オヤ

おやがいしゃ【親会社】〈名〉その会社に資本を出して、経営を支配している会社。対子会社。

おやがかり【親掛かり】〈名〉子どもが、親からお金を出してもらって生活すること。類すねかじり。

表現 男子が成人後もなお一人立ちできない場合に「まだ親がかりの身で…」のように言ったりする。

おやかた【親方】〈名〉すもうや職人の社会で、弟子《でし》たちのめんどうをみて、その技能を高めるように指導したり、仕事の監督《かんとく》をしたりする、責任のある立場の人。

親方日《ひ》の丸《まる》 うしろに国がついているという安心感から、役人がいい気になっていることを皮肉ることば。

おやがわり【親代わり】〈名〉親でないのに親の役目をして、その子の面倒《めんどう》をみる人。例兄が親代わりになって育ててくれた。

おやき【ᐁ御焼き】〈名〉小麦粉で作った皮で野沢菜《のざわな》やあんこなどを包んで、丸く平たい形にして焼いたもの。長野県などの名物。

おやくごめん【お役御免】〈名〉仕事や役目をやめさせること。例不正をして、お役御免になる。

表現 仕事や役目から解放されることを喜んでいう場合にも用いる。また、使わなくなって処分するものについてもいう。例今日で委員もお役御免だ。お役御免になったビルを解体する。

おやくしょしごと【お役所仕事】〈名〉形式ばかりだいじにして、融通《ゆうずう》のきかない役所の仕事ぶり。非難やあざけりをこめた言いかた。

おやげねー（方言） かわいそう。群馬・長野などで言う。

おやこ【親子】〈名〉❶親と子。例親子ほど年がちがう。❷親と子の関係のようなもの。例親子電話。❸とり肉とときたまごを煮《に》たものをのせた、丼《どんぶり》やうどん。

おやご【親御】〈名〉一般《いっぱん》に人の親を話題にするとき、軽い敬語にしていうことば。

表現「親御さんの気持ちを思うと、胸《むね》がつまります」のように、実際には「さん」をつけて「親御さん」という。相手の人の親なら、それも言いにくく「親御さま」というか、このことばをさけて「お父様」「お母様」「ご両親」「ご両親さま」のようにいう。

おやこうこう【親孝行】〈形動・名・する〉親をたいせつにすること。例親孝行なむすこ。対親不孝。

おやごころ【親心】〈名〉親が子を思うやさしい気持ち。また、それと同じような、目下の者をかわいがる気持ち。

おやこどんぶり【親子丼】〈名〉とり肉とときたまごを煮《に》て、ごはんにのせたどんぶり。親子どん。

方言 北海道では、焼き鮭《ざけ》のほぐし身とイクラをのせたものも言う。

おやじ【親ᐁ父】〈名〉❶男性が自分の父のことを、親しみをこめていうことば。うちとけた会話の中で使う。対おふくろ。❷職場や店などの長を、使われている人たちや客が親しんでいうことば。❸中年以上の男性をさすことば。親しみをこめたり、ばかにしていう。

おやしお【親潮】〈名〉千島《ちしま》列島（＝「北方領土」から北東へ連なる島々）から、北海道と本州の太平洋側を南下する寒流。千島海流。

参考 ゆたかな海産物をはこんでくれることからの名。

おやしらず【親知らず】〈名〉❶生みの親の顔を知らないこと。❷歯のうちで、もっともおそくはえる、おくの上下四本の歯。類知歯《ちし》。

おやす（安）いごよう（御用） 人のたのみごとを、「たやすいことです」とこころよく引き受けるときのことば。

おやす（安）くない 男女が特別の関係にあるようすをひやかしていう、くだけた言いかた。

おやすみ【お休み】〈感〉寝る前や、夜に親しい人と別れるときに言うあいさつのことば。ていねいな言い方は「おやすみなさい」。

おやだま【親玉】〈名〉あるグループの中心になる人物。俗《ぞく》っぽい言いかた。類親分。ボス。かしら。

おやつ【お八つ】〈名〉昼食と夕食のあいだに食べる間食。午後三時ごろに食べる菓子《かし》。類お三時。

参考 むかしの時間のよびかたの「昼の八つ時」が、いまの午後二時から三時間で、三時は「八つ半」にあたる。

おやっとさあ（方言） おつかれさま。鹿児島で言うあいさつことば。

おやばか【親ばか】【親馬鹿】〈名〉自分の子どもをかわいがるあまり、子どもの欠点に気づかなかったり、過大に評価したりすること。

おやばなれ【親離れ】〈名・する〉子どもが精神的にひとり立ちし、親をたよりにしなくなること。対子離れ。

おやふこう【親不孝】〈形動・名・する〉親をたいせつにしないで、心配や苦労ばかりさせること。例親不孝なむすこ。対親孝行。

おやぶん【親分】〈名〉あるグループで、いちばん上にたつ人。対子分。類かしら。頭領。親玉。ボス。

おやぼん【親本】〈名〉文庫化・新装版化・復刊するもととなる、最初に出た本。

おやま【ᐁ女ᐁ形】〈名〉歌舞伎《かぶき》などで、女の役を演じる男優。おんながた。

おやま（山）のたいしょう（大将） せまい社会で、自分がいちばんえらいと思っている人。

おやみ【小やみ】【小ᐁ止み】〈名〉⇩こやみ

おやもと【親元】【親ᐁ許】〈名〉その人の親が生活しているところ。例親元をはなれる。類実家。

おやゆずり【親譲り】〈名〉自分の親からうけついだ、性格や財産。例親譲りの気性《きしょう》。

おやゆび【親指】〈名〉手足の指で、内がわのはしにある、いちばん太い指。

おゆうぎ【お遊戯】〈名〉幼稚《ようち》園・保育園や小学校で子どもたちがする、かんたんなおどり。

およが・せる【泳がせる】〈動下一〉❶泳ぐようにさせる。例青天にこいのぼりを泳がせる。❷ようすを見るために、わざと放っておいて好きなようにさせる。例警察は犯人を泳がせる作戦に出た。❸宙にただようような、不安定な動きかたをさせる。例視線を宙に泳がせる。▽「およがす」ともいう。

およぎ【泳ぎ】〈名〉およぐこと。例泳ぎが上手だ。平泳ぎ。類水泳。

およ・ぐ【泳ぐ】〈動五〉❶人や動物、魚などが、手足やひれをうごかして、水面や水中を進む。類水泳する。❷世の中や人ごみなどを、たくみにかきわけて進む。例政界をおよぐ。❸宙にただようような、不安定な動きかたをする。例突風《とっぷう》でからだが泳ぐ。うしろめたさで目が泳いでいる。類よろめく。ゆれる。

およそ【▽凡そ】一〈副〉❶一般《いっぱん》的にいって。話のはじめに使うことが多い。例「およそ人間は基本的人権を保有し…」。類そもそも。❷だいたいのところ。ややあらたまった言いかた。例残り時間はおよそ六分となった。類約。ほぼ。だいたい。❸(あとに打ち消しのことばをともなって)まったく関係がない、まったくできない、という意味を表わす。例およそおいしいとは言えない料理。この問題をとける子はおよそいないだろう。

二〈名〉ものごとの全体の おおまかなようす。例およその見当。およその見とおし。出かける前に、およその計画をたてておこう。類あらまし。概略《がいりゃく》。

参考「おおよそ」がちぢまってできたことば。一の②は数学では、「≒」の記号を使う。

およばずながら【及ばずながら】〈副〉十分なことはできないが、という気持ちを表わす。例及ばずながら、お手伝いさせていただきます。

表現 人に力をかしたり、仕事を引き受けたりしたときに、自分の力を謙遜《けんそん》していうことば。

およ(及)ばない ❶あるレベルや基準まで とどかない。例足もとにも及ばない。遠く及ばない。類おとる。❷(「…に及ばない」「…には及ばない」の形で)そうする必要がない。例わざわざ本人が来るには及ばない。

およばれ【お呼ばれ】〈名〉食事などに招待されること。ふつう、女性が使う。例今日はお呼ばれなの。

および【及び】〈接〉先にあげたものと同じ種類や資格のものを つけ加えて言うためのことば。例東京、大阪および京都の知事が集まった。類ならびに。

およ(呼)びがか(掛)かる 仕事や用事、遊びのために声をかけられる。例最近お呼びが掛からない。

およびごし【及び腰】〈名〉不安定な中腰で、手を前につきだして、なにかをしようとする姿勢。例及び腰でボールをとる。類にげ腰。へっぴり腰。

表現「本腰」でなく、中途《ちゅうと》はんぱな姿勢で、ものにとりくむことにも使う。

およびた・てする【お呼び立てする】〈動サ変〉「呼び立てる」の謙譲《けんじょう》語。

表現「呼び立てる」は上位者が下位者にすること。それを、上位者を呼び立てる結果になった場合に、呼んだ者が恐縮《きょうしゅく》して「お呼び立ていたして申し訳ございません」のように言う。

およ(呼)びでない だれからも招かれていない。その場にいるのはどうも場違《ばちが》いだ。

およ(及)びもつかない いくらがんばっても、とてもかなわない。例彼の仕事ぶりには とても及びもつかない。

およ・ぶ【及ぶ】〈動五〉❶ものごとが、かなりのところまで広がる。例力の及ぶかぎり。火事の被害《ひがい》は、三〇億円に及ぶ。類いたる。達する。❷ものごとが、ある段階まで進む。例犯行に及ぶ。事《こと》ここに及んではどうしようもない。この期《ご》に及んで まだわるあがきするつもりか。類いたる。❸(あとに打ち消しのことばをともなって)ほかと比べてみて、とてもかなわない。とてもできない。例及ばずながら。力及ばず。類如《し》く。▽→およばない

およぼ・す【及ぼす】〈動五〉なにかをした結果や影響《えいきょう》を、他のものに あたえる。例…に効果を及ぼす。…に害を及ぼす。

オラトリオ〈名〉〔音楽〕おもに宗教的な内容の歌詞を、合唱を中心に、オーケストラなどで 演奏する曲。◇イタリア oratorio

おらぶ(方言) さけぶ。西日本で言う。

オランウータン〈名〉ボルネオやスマトラにすむ、類人猿《るいじんえん》の一種。からだに赤茶色の毛がはえていて、うでが長い。猩猩《しょうじょう》。◇オランダ orang-oetan (=もとインドネシア語で、「森の人」という意味)

おり[1]【折・折り】〈名〉❶[折]あるとき。そのとき。例折も折。フランスにまいりました折、たくさんの絵を見てまいりました。❷[折]なにかをするのにちょうどいいとき。例折にふれて。折をみて。折あしく。類機会。時機。❸[折り]うすい板やあつい紙をおりまげてつくった箱。また、それに菓子《かし》や料理をつめたもの。折り箱。例折りにつめる。折りづめ。菓子折り。

折に触《ふ》れて そういう機会があれば、いつも。

折も折《おり》 ほかでもないちょうどそのときに。

折《おり》も折 時《とき》も時 なんという運命の皮肉か、ちょうどそのとき。類折しも。

参考「折よく」を強めていう場合と、「折あしく」を強めていう場合の両方がある。

表現 ①は「とき」よりも ややあらたまった言いかた。

折を見《み》て ちょうどよい機会をうかがって。例折を見て先方に話をしておこう。

おり[2]【▽澱】〈名〉液体の底にしずんでいる かす。

おり[3]【織り】一〈名〉❶おりかた。例織りがていねいだ。❷おること。例手織り。
二〈接尾〉〔織〕織物。例西陣織《にしじんおり》。

おり[4]【▽檻】〈名〉けものや罪人が逃《に》げないようにとじこめておく、格子《こうし》などのついた箱や へや。例おりに入れる。おりを破る。

おりあい【折り合い】〈名〉❶人と人との仲。例折り合いがわるい。❷ゆずりあって、おたがいに納得《なっとく》すること。例折り合いがつく。類妥協《だきょう》。

おりあ・う【折り合う】〈動五〉両者がゆずり合って、ある線で 納得《なっとく》する。「おれあう」ともいう。例ねだんの点で折り合わない。類妥協《だきょう》する。歩み寄る。

おりあしく【折あしく】〖折▽悪しく〗〈副〉タイミングが悪いことに。「おりわるく」と言われることもある。例折あしく、降ってきた。対折よく。類あいにく。

おりいって【折り入って】〈副〉人になにかをたのみこむときに使うことば。特別に。ぜひとも。例折り入ってきみにたのみたいことがある。

オリーブ〈名〉あたたかい地方で栽培《さいばい》する常緑小高

ベネズエラ 南アメリカの北部にある共和国。南米一の産油国。鉱物資源が豊富で観光も盛ん。首都カラカス。

木。実《み》は塩づけにして食用にするほか、オリーブ油をとる。枝《えだ》は平和のシンボルとされる。原産地は地中海沿岸。日本では、香川県小豆島《しょうどしま》での栽培《さいばい》がさかん。◇olive

オリーブいろ【オリーブ色】〈名〉きいろみをおびた、すこしくすんだ緑色。類うぐいす色。

オリエンテーション〈名〉新入生や新入社員などに対する説明会。◇orientation

オリエンテーリング〈名〉地図と磁石をたよりに、山野にもうけられたコースを一周して、速さをきそう競技。◇orienteering

オリエント〈名〉❶〔歴史〕古代ローマ人が地中海東岸一帯をさしていったことば。メソポタミアとエジプトを中心に、世界最古の文明が発生した地域。❷東方。東洋。◇Orient（＝もとラテン語で、「東方」「日ののぼるところ」という意味）

おりおり【折折】一〈名〉そのときそのとき。例四季折々。二〈副〉「ときどき」の、ややあらたまった言いかた。例おりおり見かけることがある。類ときおり。

オリオンざ【オリオン座】〈名〉〔天文〕冬の代表的な星座。中心に三つ星があり、その近くに大星雲がある。参考オリオンはギリシャ神話の狩人《かりゅうど》で、三つ星はその腰《こし》のベルトにあたる。

おりかえし【折り返し】一〈名〉❶おりかえした部分。例ズボンの折り返し。❷ある場所まで行ってもどること。また、そのおりかえす地点。例折り返し運転。折り返し点。❸詩や歌詞のくりかえしの部分。類リフレイン。二〈副〉手紙やメールの返信を送ることや、電話を受けてからかけなおすこと。例本日中に、折り返しこちらから連絡します。

おりかえ・す【折り返す】〈動五〉❶もとの方へ折ってかさねる。例ズボンのすそを折り返す。❷あるところまで進み、その同じ道をもとの方へもどる。類ひき返す。

おりかさな・る【折り重なる】〈動五〉たくさんのものが、つぎつぎにかさなり合う。例人々が折り重なるようにたおれていた。

おりがみ【折り紙】〈名〉❶紙をおって、いろいろなものの形をつくる遊び。それに使う、色のついた紙。類色紙《いろがみ》。❷刀や美術品などが、たしかな品物であることを保証する書類。例折り紙付き。類きわめ。鑑定《かんてい》書。

表現 ②は、「かれの人物は、ぼくが折り紙をつけますよ」「あの人のうでまえは折り紙付きだ」のように、人物や品物がまちがいのないものである、という意味でも使う。

おりがみつき【折り紙付き】〈名〉たしかだという保証がついていること。例折り紙付きの人物。類きわめつき。

おりから【折から】〈名・副〉❶ちょうどそのとき。例折から雨が降りだした。類折しも。❷そのようなときだから。多く、手紙・メールで使うことば。例お寒い折から、おからだをたいせつに。

おりこみ【折り込み】〈名〉新聞などに はさみこんでくばる、チラシなど。例折り込み広告。

おりこ・む【織り込む】〈動五〉❶模様の入った織物をつくるために、色や種類のちがう糸を中に入れて織る。❷種類のちがうものを、うまく中に入れながらつくっていく。例この小説には著者自身の体験もおりこまれている。予算にはそのこともおりこんである。類もりこむ。組み込む。

オリジナリティー〈名〉独創性。◇originality

参考 それまでになかった新しさのことであり、「独力」という意味は必ずしもふくんでいない。

オリジナル一〈形動〉「独自の」という意味を表わす。例オリジナルな作品。二〈名〉複製や模造品に対して、原作や原文のこと。◇original

おりしも【折しも】〈副〉ちょうどそのとき。例折しも彼がとおりかかった。類折から。

おりたた・む【折り畳む】〈動五〉折り返して小さく重ねる。例折りたたみ傘《がさ》。

おりた・つ【降り立つ】〈動五〉低いところにおりて、そこに立つ。例駅のホームに降り立つ。

おりづめ【折り詰め】〈名〉持ちはこべるように、料理を折りにつめたもの。例折り詰め弁当。

おりづる【折り鶴】〈名〉折り紙で折ったツル。

おりど【折り戸】〈名〉ちょうつがいで、まんなかから折りたためるようにしたとびら。

おりな・す【織り成す】〈動五〉織り方にさまざまのくふうを加えて、織物の模様を作り出す。

表現 比喩《ひゆ》的に、「錦《にしき》織り成すもみじ」「登場人物の織り成す人間模様」のような言いかたもよくする。

おりひめ【織り姫】〈名〉⇩しょくじょ

おりふし【折節】一〈名〉「季節」の優雅《ゆうが》な言いかた。例折節のうつりかわり。二〈副〉「ときどき」の古い言いかた。例折節思い出す。

おりめ【折り目】〈名〉❶たいらなものを折りたたんだあとにできるすじ。例ズボンの折り目。類筋目。❷ものごとのけじめ。例折り目を正す。折り目をつける。折り目正しい。類節度。

おりめただし・い【折り目正しい】〈形〉ふるまいがきちんとしている。例折り目正しい好青年。

1**おりもの【下り物】**〈名〉子宮から出てくる粘液《ねんえき》や血液など。

2**おりもの【織物】**〈名〉たて糸とよこ糸をくみあわせて、織ってつくった布地。例織物業界。絹織物。

おりよく【折良く】〈副〉ちょうどよいときに。ややあらたまった言いかた。例折よく山田さんが通りかかった。対折あしく。

お・りる【下りる・降りる】〈動上一〉❶高いところから低い方へうごいていく。例階段を下りる。木から下りる。幕が下りる。飛び下りる。対上がる。のぼる。類くだる。↓おちる表現 ❷とまっている乗り物から外へでる。例電車を降りる。電車から降りる。名古屋で降りる。対乗る。❸ある役目や地位にある人が、自分からしりぞく。例主役を降りる。委員長を降りる。類やめる。❹権威《けんい》のある決定があたえられる。例許可が下りる。命令が下りる。類くだる。❺天からふってきたような感じで、地面にできる。例霜《しも》が降りる。露《つゆ》が降りる。

表記「下りる」と「降りる」とは、それほどはっきりと使いわけられないが、②③⑤は「降りる」と書くことが多い。

おりん【お鈴】〖▽御鈴・▽仏鈴〗〈名〉仏壇《ぶつだん》などに置いて、棒（＝りん棒）で「チーン」と鳴らす、おわん形の仏具。

オリンピック〈名〉四年に一度、夏季と冬季に行なわれる、世界的なスポーツ競技大会。五輪。↓パラリンピック ◇Olympic 参考 古代ギリシャの時代に、神殿《しんでん》の前で行なわれた競技会にならって、一八九六年、「近代オリンピックの父」と呼ばれるフランスの教育家、クーベルタン男爵《だんしゃく》の提唱《ていしょう》によってはじめられた。シンボルマーク

の五つの輪は五大陸を表わす。「平和の祭典」とも呼ばれる。

お・る[1]【折る】〈動五〉❶力を加えてまげる。まげて切りはなす。例枝《えだ》を折る。❷まげて かさねる。例ひざを折る。指を折る。紙を折る。折りまげる。折りかえす。❸紙をたたんで、物の形をつくる。例つるを折る。折りづる。❹今までつづけてきたことを中断する。例筆を折る(↓「ふで」の子項目)。腰《こし》を折る(↓「こし(腰)」の子項目)。我《が》を折る(↓「が(我)」の子項目)。

お・る[2]【▽居る】**一**〈動五〉「いる(居る)」の丁重《ていちょう》語。例母は家におります。わが家には犬が一匹おります。**二**〈補動五〉「…ている」の丁重語。例事件のことはよく存じております。その時計は五分進んでおります。▽あらたまった言いかた。言いきるときは「ます」をつけていうのがふつう。

表現 新聞記事や専門書などの かたい書きことばでは、「…ていて」「…ていなくて」のかわりに、「…ており」「…ておらず」という。例新しい工場ではほとんどの作業がロボットによって行なわれており、人間が手でする作業はごく少ない。犯人はまだつかまっておらず、警察がゆくえを追っている。

方言 丁重語の「おる」に尊敬の助動詞「れる」を組み合わせた「おられる」は、本来は誤用とされるが、西日本では、「いる」のかわりにふつうに「おる」を使うため、「おられる」が尊敬表現として成り立つ。

お・る[3]【織る】〈動五〉糸をたてよこにくみあわせて、布をつくる。例はたを織る。布を織る。類編む。

オルガン〈名〉鍵盤《けんばん》楽器の一つ。ピアノのように鍵盤をおして音を出す。くだ(＝パイプ)に空気をおくって、音を出すものや、小さな板(＝リード)をふるわせて音を出すものがある。現在では、電気を利用して音をつくる電子オルガンが主流となっている。◇オランダ orgaan 参考「風琴《ふうきん》」という訳語《やくご》があり、当て字にも使われた。

オルゴール〈名〉曲を、ぜんまいじかけで、自動的にくりかえして演奏する装置《そうち》。◇オランダ orgel 参考「自鳴琴《じめいきん》」という訳語《やくご》があり、当て字にも使われた。

おれ【俺】〈代名〉男子が自分をさしていう、かなりくだけた、または少し乱暴《らんぼう》な言いかた。ふつう、ごく親しい相手や目下の相手に対して使う。対おまえ。類ぼく。

【俺】 イ部8 全10画
おれ
俺俺俺俺俺

おれあ・う【折れ合う】〈動五〉⇩おりあう

おれい【お礼】〈名・する〉ことばやおくりものなどで、感謝の気持ちを表わすこと。そのことばやおくりもの。例お礼を申し上げる。お礼をさし上げる。お礼にうかがう。お礼のしるし。類謝辞。謝礼。

表記 のし紙やのし袋《ぶくろ》には、ふつう「▽御礼」と書く。

おれいまいり【お礼参り】〈名〉❶神仏にかけた願いがかなったときに、お礼として神社や寺にするお参り。❷暴力団員などが、釈放《しゃくほう》されたあとで、自分を告発した人や証言した人のところへ行って、しかえしをすること。俗《ぞく》な言いかた。

おれきれき【お歴歴】〈名〉地位が高く、有名な人たち。類おえらがた。

おれせんグラフ【折れ線グラフ】〈名〉折れ線で、数や量の変化やちがいを表わしたグラフ。↓グラフ絵

お・れる【折れる】〈動下一〉❶力が加えられて、まがる。まげられてはなれる。例枝《えだ》が折れる。❷急にまがった状態になる。例道が左に折れている。❸まがる。例その角を右に折れて三軒《げん》めです。❹自分の意見や主張をひっこめて、妥協《だきょう》する。例熱心な説得に、とうとう先方も折れた。類曲げる。譲歩《じょうほ》する。

オレンジ〈名〉❶〔植物〕ミカンの類の一種。実《み》はふつうのミカンより大きく、味もかおりもよい。実のはしにへそのようなでっぱりがあるものをネーブルオレンジという。例オレンジジュース。❷赤みをおびたこい黄色。オレンジ色。だいだい色。◇orange

おろおろ〈副・する〉❶おこられたり、おどろいたりして、どうしてよいか わからず、うろたえるようす。例おろおろ(と)歩きまわる。❷泣いて、声がふるえるようす。例おろおろ(と)泣く。

おろか[1]【▽疎か】〔「…はおろか」の形で〕…はいうまでもなく。…はもちろんのこと。例万年筆はおろか、ボールペンも持っていない。

おろか[2]【愚か】〈形動〉知能や考えなどがたりない。かしこくない。例おろかな考え。

おろかし・い【愚かしい】〈形〉だれが見てもおろかに見える。例愚かしい考え。

おろし[1]【下ろし】**一**〈名〉ダイコンやワサビなどをすったもの。例おろしあえ。大根おろし。アオロシ」 **二**〈接尾〉❶あたらしい品物を使いはじめること。例仕立ておろし。❷作家やアーティストなどの表現活動を表わす動詞の連用形に付いて、過去に発表した作品を二次的に利用したのでなく、ある商品などのために初めてそれを行なったことを表わす。例書き下ろし。描《か》き下ろし。語り下ろし。撮《と》り下ろし。❸山からふいてくる風。例比叡《ひえい》おろし。

表記 二の③は「▼颪」とも書く。「颪」は日本製の漢字。

おろし[2]【卸】〈名〉おろし売り。アオロシ」 オロシ

おろしうり【卸し売り】〈名〉問屋が、生産者や輸入業者から仕入れた商品を、小売商に売りわたすこと。

おろしがね【下ろし金】〈名〉ダイコンやワサビなどをすりおろすために使う台所用品。

おろししょう【卸商】〈名〉おろし売りをする商売。その商売人。対小売商。類問屋《とんや》。

おろしね【卸値】〈名〉おろし売りの値段。卸価格。

参考 市場での一般《いっぱん》の価格は「小売値《こうりね》」である。

おろ・す[1]【下ろす・降ろす】**一**〈動五〉❶高いところから低いところへうつしたり、たらしたりする。例腰《こし》を下ろす(＝すわる)。看板を下ろす。雪を下ろす。幕を下ろす。たなから下ろす。あげた手を下ろす。見下ろす。対上げる。のせる。類下げる。❷とまっている乗り物から人を外に出す。例病院の前で車から降ろす。対乗せる。❸役目や地位からはずす。例主役から降ろす。委員長から降ろす。類やめさせる。解任する。❹はえているものを切っておとす。例枝《えだ》を下ろす。❺魚を料理のために切りわける。例魚を下ろす。三枚に下ろす(↓さんまい)。❻おろしがねで、する。例だいこんをおろす。❼衣類や道具などの新品をはじめて使う。例くつを下ろす。❽預金や貯金をひき出す。例お金を下ろす。❾堕胎《だたい》する。例子どもをおろす。**二**〈接尾〉「下ろす」作家やアーティストなどの表現活動

を表わす動詞の連用形に付いて、過去に発表した作品を二次的に利用したのでなく、ある商品などのために初めてそれを行なう意味を表わす。例書き下ろす。描《か》き下ろす。

表記 一の、「下ろす」と「降ろす」の使い分けについては、「おりる」の表記を参照。⑨は「▽堕ろす」とも書かれる。

[2]**おろ・す**【卸す】〈動五〉問屋が、仕入れた商品を小売商に売る。

【卸】 卩部7 全9画 卸卸卸卸卸卸

おろす・おろし 訓❶[おろす] 卸す。棚卸し。❷[おろし] 卸。卸商。卸値。

おろそか〖▽疎か〗〈形動〉しなければならないことをしないで、ほったらかしている。例あだやおろそか。おしゃべりをしていると、手の方がおろそかになる。類なおざり。

おろち〖▽大▽蛇〗〈名〉「大きなヘビ」をいう古い言いかた。例やまたのおろち。類うわばみ。大蛇《だいじゃ》。

おわい【汚▼穢】〈名〉大小便。

おわす（方言）終わらせる。栃木・茨城で言う。例早く仕事おわして遊びに行くべ。

おわらい【お笑い】〈名〉❶思わず笑いたくなるような失敗やできごと。例そいつはとんだお笑いだ。お笑いぐさ。類笑止《しょうし》。❷演芸などの、人を笑わせる出しもの。例毎度ばかばかしいお笑いを一席。お笑い番組。

おわらいぐさ【お笑いぐさ】〖お笑い▽種〗〈名〉思わず笑ってしまうようなできごとや話。もの笑いのたね。例とんだお笑いぐさだ。

表現 人をあざけるときに用いるが、謙遜《けんそん》や自嘲《じちょう》で自分のことにも言う。

[1]**おわり**【終わり】〈名〉❶ある期間や時間の、最後に近いとき。例夏の終わり。映画の終わりの部分。類末期。すえ。❷ずっと続いていたことがそこでとぎれ、あとがなくなること。例はじめから終わりまで。一巻の終わり(＝もうだめだ)。類おしまい。最後。おひらき。▽対はじめ。アオワリ

終わりを告《つ》げる ❶ある期間の終わりを知らせる。例一日の終わりを告げる曲。❷ある時代が終わる。例王国の繁栄《はんえい》は終わりを告げた。類終焉《しゅうえん》する。▽物語めいた言いかた。

[2]**おわり**【尾▽張】〈名〉旧国名の一つ。現在の愛知県の一部。戦国時代に活躍《かつやく》した織田信長《おだのぶなが》の拠点《きょてん》。江戸時代、「尾張の殿様」は、紀伊《きい》、水戸《みと》とともに徳川御三家《とくがわごさんけ》の一つ。伝統工芸品の尾張七宝《しっぽう》は有名。尾州《びしゅう》。張州《ちょうしゅう》。アオワリ

おわ・る【終わる】一〈動五〉❶ずっと続いていたものごとが、そこでとまる。そこでやめにする。例仕事が終わる。これで本日の会議を終わります。対はじまる。はじめる。→おひらき ❷(「…に終わる」の形で)期待に反した結果しかえられなかった、という気持ちを表わす。例不成功に終わる。期待に反して銅メダルに終わった。❸(「終わっている」などの形で)将来性がないことを表わす、くだけた言いかた。例この業界はもう終わっている。

二〈接尾〉動詞の連用形につけて、動作がそこでとまることを表わす。例読み終わる。食べ終わる。対はじめる。

おわ・れる【追われる】〈動下一〉❶ほかのことができないほど、そのことでいそがしい。例スケジュールに追われる。❷追放される。例国を追われる。職を追われる。

常用漢字 **おん**

【音】 音部0 全9画 音音音音音音

オン・イン おと・ね 教小1 音❶[オン] ▨音楽《おんがく》。音響《おんきょう》。音声《おんせい》。音訓《おんくん》。音読《おんどく》。音信不通《おんしんふつう》。▨騒音《そうおん》。発音《はつおん》。高音《こうおん》。❷[イン] ▨福音《ふくいん》。母音《ぼいん》。子音《しいん》。無音《ぶいん》。訓❶[おと] 音。雨音。足音。羽音。物音。❷[ね] 音。音色。

注意「観音」は、連声《れんじょう》で「かんのん」と読む。

【恩】 心部6 全10画 恩恩恩恩恩恩

オン 教小6 音[オン] ▨恩義《おんぎ》。恩情《おんじょう》。恩師《おんし》。恩人《おんじん》。恩恵《おんけい》。恩赦《おんしゃ》。▨謝恩《しゃおん》。忘恩《ぼうおん》。

【温(溫)】 氵部9 全12画 温温温温温

オン あたたか・あたたかい・あたたまる・あたためる 教小3 音[オン] ▨温泉《おんせん》。温暖《おんだん》。温度《おんど》。温室《おんしつ》。温厚《おんこう》。温存《おんぞん》。温故知新《おんこちしん》。▨気温《きおん》。体温《たいおん》。訓❶[あたたか] 温かだ。❷[あたたかい] 温かい。❸[あたたまる] 温まる。❹[あたためる] 温める。

【穏(穩)】 禾部11 全16画 穏穏穏穏穏

オン おだやか 音[オン] ▨穏健《おんけん》。穏便《おんびん》。穏当《おんとう》。穏和《おんわ》。▨不穏《ふおん》。平穏《へいおん》。訓[おだやか] 穏やかだ。

注意「安穏」は、連声《れんじょう》で「あんのん」と読む。

【怨】 ⇩常用漢字 えん〔怨〕

[1]**おん**【音】〈名〉❶耳に聞こえるおと。例大きい音。金属音。生活音。効果音。発信音。❷人間が、ことばをしゃべるために、口からだすおと。例イとエの音の区別をはっきりさせる。類音声。❸漢字の読みかたで、中国の発音をもとにしたもの。例音と訓。音読み。対訓。類字音。▽アオン

[2]**おん**【恩】〈名〉人からうけた、あたたかいめぐみ。例恩がある。恩をうける。恩をかえす。恩にむくいる。親の恩。師の恩。恩もうらみもない。対仇《あだ》。アオン

恩に着《き》せる なにかをしてやって、感謝を強要する。「恩を着せる」ともいう。

恩に着《き》る 「世話になった」という気持ちをもちつづける。例一生恩に着ます。

恩を仇《あだ》で返《かえ》す 恩をうけていながら、返礼をしないばかりか、反対に、害を加えるようなことをする。

恩を売《う》る 相手になにかをしてやって、相手が感謝しなければならないようにする。

[3]**おん**【御】〈接頭〉尊敬やていねいの意味を表わす。例御礼。御身。

表現「お〔御〕」と同じ意味であるが、それより尊敬やていねいさの程度がつよく、あらたまった感じがする。

[4]**オン**〈名〉❶機械などのスイッチが入っている状態。例電源をオンにする。対オフ。❷〈する〉ゴルフで、ボールがグリーンの上にのること。◇on ▽アオン

おんいき【音域】〈名〉〔音楽〕声や楽器などが出すことのできる、いちばん高い音といちばん低い音との範囲《はんい》。例音域がひろい。音域のせまい楽器。

おんいん【音韻】〈名〉ある言語、たとえば日本語なら日本語で、別々の音《おん》として区別されていることばの音。

オンエア〈名・する〉ラジオやテレビで放送すること。放送中。◇on the air から。

おんかい【音階】〈名〉〔音楽〕音楽に使われる音を、

ペルー　南アメリカの北部，太平洋側にある共和国。鉱物資源が豊富。インカ帝国の栄えた地。首都リマ。

その高さの順に一オクターブにまとめたもの。例長音階。短音階。五音音階。

おんがえし【恩返し】〈名・する〉うけた恩に対して、感謝の気持ちをこめてある行ないをすること。類報恩。

おんがく【音楽】〈名〉音の強弱や高低、音色などのくみあわせによって、人間の感情などを表現する芸術。例音楽家。音楽会。

おんかん【音感】〈名〉リズムやメロディー、ハーモニーを聞きとる能力。例音感がするどい。音感教育。

おんがん【温顔】〈名〉やさしくおだやかな顔。例同窓会で師の温顔に接する。類温容。

おんぎ【恩義】〈名〉うけた恩に対して、義理を感じる恩。例恩義を感じる。恩義にむくいる。

おんきせがまし・い【恩着せがましい】〈形〉恩を感じろと言わんばかりのやりかたであること。例人に親切にするのもいいが、恩着せがましくするなよ。

おんきょう【音響】〈名〉耳にひびいてくるおと。例音響効果。大音響。

おんぎょく【音曲】〈名〉日本風の、古典的な演奏やうた。例歌舞《かぶ》音曲。

おんくん【音訓】〈名〉漢字の音読みと訓読みのこと。たとえば、「山」の音は「サン」、訓は「やま」。

おんけい【恩恵】〈名〉うける人の利益や幸福となるもの。例恩恵をうける。恩恵に浴する。類めぐみ。

おんけつどうぶつ【温血動物】〈名〉「定温動物」の古い言いかた。対冷血動物。

おんけん【穏健】〈形動〉急進的でもなく、がんこに保守的でもなく、現実に即《そく》したおちついた考えをもっている。例穏健な思想。穏健派。対過激《かげき》。

おんげん【音源】〈名〉❶音の出ているもと。例音源をたどる。❷CDなどの、もととなる録音。例発掘《はっくつ》された幻《まぼろし》の音源。ライブ音源。

おんこ【恩顧】〈名〉目上の人が、目下の者の利益になるように考えてくれること。例恩顧をうける。恩顧をこうむる。恩顧にむくいる。

おんこう【温厚】〈形動〉人の性質がやさしくて、おだやかである。例温厚な人がら。温厚篤実《とくじつ》。

おんこちしん【温故知新】〈名〉むかしからの考えを学びなおして、その中から新しい考えをひきだすこと。参考『論語』の「故《ふる》きを温《あたた》めて新しきを知る」から。

おんさ【音▼叉】〈名〉U字形にまげた金属の棒に、柄《え》をつけたもの。たたくと、あるきまった高さの音が出るので、楽器の調整や、理科で音響《おんきょう》の実験に使う。

おんし[1]【恩師】〈名〉むかし、自分を教育してみちびいてくださった先生。

おんし[2]【恩賜】〈名〉天皇や君主が、人民にものをあたえること。例恩賜賞。

おんしつ[1]【音質】〈名〉楽器やステレオの音、人の声などの特徴《とくちょう》や性質。例音質がいい。

おんしつ[2]【温室】〈名〉寒さに弱い野菜や草花などを育てるために、また、季節に関係なく野菜や草花を育てるために、室温を一定にたもつような設備をそなえた建物。類ビニールハウス。

おんしつこうか【温室効果】〈名〉人間のエネルギー消費によって急激にふえた二酸化炭素などのガス(=温室効果ガス)が、大気中で温室のおおいのようにはたらき、地球温暖化をもたらす現象。

おんしつそだち【温室育ち】〈名〉あまり大事に育てられたために弱よわしくて、きびしい世の中で生活していくのがむずかしいこと。類過保護。

おんしっぷ【温湿布】〈名〉こった肩《かた》や冷えた腰《こし》などにあて、温めてなおす湿布。対冷湿布。

おんしゃ[1]【恩赦】〈名〉〔法律〕政府が、国の祝いごとなどのとき、特別に、犯罪人の刑罰《けいばつ》をゆるしたり、かるくしたりすること。

おんしゃ[2]【御社】〈名〉相手の会社をいう尊敬語。対弊社《へいしゃ》。小社。類貴社。

おんしゅう【恩▼讐】〈名〉人からうけた、なさけとうらみ。

おんじゅん【温順】〈形動〉❶性格がおだやかで、さからわないようす。類従順。❷気候がおだやかで、すごしやすいようす。例温順な風土。▽類温和。

おんしょう[1]【温床】〈名〉農作物の苗《なえ》を寒い時期にそだてるために、人工的に温度を高くたもつ設備をした苗どこ。表現「悪の温床」のように、よくないものごとが生じやすいふんいきのある場所や環境《かんきょう》をもさす。

おんしょう[2]【恩詔】〈名〉皇帝などの貴人からの、情け深い、ありがたいおことば。

おんじょう【温情】〈名〉弱い立場にある人に対する、あたたかく、思いやりのある心。例温情ある判決。

おんしょく【音色】〈名〉それぞれの楽器が出す、独特の音。類ねいろ。

おんしらず【恩知らず】〈名・形動〉恩をうけていながら、むくいることをしないこと。例恩知らずな人。類忘恩《ぼうおん》。

おんしん【音信】〈名〉手紙や電話などで、ようすを知らせること。例音信がとだえる。類たより。消息。

おんじん【恩人】〈名〉いくら感謝してもたりないほど世話になった人。例命の恩人。

おんしんふつう【音信不通】〈名〉手紙や電話などによる連絡《れんらく》がまったくないこと。

オンス〈名・接尾〉❶ヤードポンド法の重さの単位。一《オンス》は十六分の一《ポンド》で、約二八・五《グラム》にあたる。❷「トロイオンス」の略。貴金属や宝石の重さの単位。一《オンス》は十二分の一《ポンド》で、約三一・一《グラム》にあたる。▽記号「oz」。◇オランダ ons

おんすい【温水】〈名〉あたたかい水。例温水プール。対冷水。

おんすうりつ【音数律】〈名〉音節の数によってつくられるリズム。たとえば、俳句は五・七・五の音数律をもつ。

おんせい【音声】〈名〉❶人が、声帯や舌などをはたらかせて出すことばのおと。類音《おん》。❷テレビやラジオ、映画などから流れてくる声やおと。類オーディオ。参考「大音声」は、「だいおんじょう」と読む。

おんせいげんご【音声言語】〈名〉「話しことば」の専門的な言いかた。「文字言語」に先立つもの。対文字言語。

おんせつ【音節】〈名〉実際に発音できる最小のことばの音。類拍《はく》。シラブル。参考日本語では、「カ・キ・サ・ソ」など、ふつうかな一字が一つの音節を表わしている。「キャ・キョ」などの拗音《ようおん》では二字が一つの音節にあたる。英語では、cat, dog, strike などがそれぞれ一音節で、日本語とは音節のかたちがだいぶちがっている。

おんせつもじ【音節文字】〈名〉日本語の「カ・キ・ク・ケ・コ」といったかなのように、一つ一つの文字が一つの音節を表わしている文字。

参考 ローマ字は音素文字だから、「カ」は ka と書かれ、子音 k と母音 a との合成であることが示される。

おんせん【温泉】〈名〉❶地熱であつくなった地下水がわきでるところ。例温泉がわく。類いでゆ。❷地下からわく温水を利用して、保養のための浴場などをつくったところ。例温泉街。温泉地。参考 ②で、湧出《ゆうしゅつ》量・源泉《げんせん》数が日本一の別府《べっぷ》温泉(大分県)や、現存する日本最古の温泉である道後《どうご》温泉(愛媛県)は とくに有名。

おんぞうし【御曹司・御曹子】〈名〉身分の高い人や金持ちの家の、男の子。類貴公子。

おんそく【音速】〈名〉音がつたわる速さ。一気圧の空気中では、セ氏一五度で、秒速三四〇《メートル》。→マッハ

おんぞん【温存】〈名・する〉ここぞというときのために、だいじにとっておくこと。例体力を温存する。

[1]**おんたい【御大】**〈名〉リーダーを、親しみをこめてよぶことば。例いよいよ御大の登場だ。ア オンタイ

[2]**おんたい【温帯】**〈名〉地球の気候区分の一つ。熱帯と寒帯のあいだの地帯。気候が温暖で、四季の区別がはっきりしている。日本はこれに属している。ア オンタイ

おんたいていきあつ【温帯低気圧】〈名〉〔気象〕温帯地方で発生する低気圧。前線をともなうことが多い。単に低気圧といえば、温帯低気圧をさす。→ていきあつ

おんだん【温暖】〈形動〉気候がおだやかで、あたたかい。例温暖の地。温暖な地方。対寒冷。

おんだんか【温暖化】〈名・する〉人為《じんい》的な原因によって、平均気温があがること。例都市の温暖化。→ちきゅうおんだんか

おんだんぜんせん【温暖前線】〈名〉〔気象〕あたたかい空気がつめたい空気をおしのけていくところにできる前線。低気圧の東がわにあるのがふつうで、雨がふりやすい。通過後は気温が上がる。対寒冷前線。

おんち【音痴】〈名〉❶音に対する感覚がよくないために音程が はずれた歌をうたうこと。音感のにぶい人。❷ある方面の感覚がにぶいこと。例方向音痴。参考 ①は、学校などで、「調子はずれ」と言いかえられることもある。

おんちゅう【御中】〈名〉郵便物を、個人あてでなく、会社や団体などに出すときに、あて名のあとにつけることば。参考「御中」の上や下には、「様」をつけない。

[1]**おんちょう【音調】**〈名〉❶音《おと》の高い低いの調子。❷話をするときの、ことばの高低。詩や歌のリズムについてもいう。参考 単語を発音するための音調をアクセントといい、文をしゃべるときにあらわれる音調をイントネーションという。

[2]**おんちょう【恩▼寵】**〈名〉神や君主からあたえられる、ありがたいめぐみ。類恩沢《おんたく》。

おんてい【音程】〈名〉〔音楽〕二つの音が同時に、または、つづいてひびく場合の高低の差。例音程がくるう。

オンデマンド〈名〉購入《こうにゅう》者や利用者の注文や要求をうけてから、それに応じて、商品やサービスを提供《ていきょう》すること。例オンデマンド出版。オンデマンド配信。◇on demand

おんてん【恩典】〈名〉その人の有利になるような特別のとりはからい。例恩典をあたえる。恩典に浴する。

[1]**おんど【音頭】**〈名〉❶おおぜいで歌ったり、合奏したりするとき、調子をそろえるために、拍子《ひょうし》(＝タクト)をとったり、先に歌ったり、楽器を鳴らしたりすること。❷おおぜいで歌ったり、おどったりするための歌やおどり。参考 ②は、ふつう「東京音頭」「伊勢《いせ》音頭」のように、おどりをともなう民謡《みんよう》調の曲の名に使われる。

音頭を取《と》る おおぜいで何かをするときに、先に立ってみんなをリードする。例乾杯《かんぱい》の音頭をとる。

[2]**おんど【温度】**〈名〉もののあたたかさや熱さ、冷たさの度合い。ふつう使われるのはセ氏の単位(℃)で、一気圧のもとで水のこおる温度を〇度、沸騰《ふっとう》する温度を一〇〇度とする。例温度が高い。温度が上がる。表現 〇度より低い温度は、「零下《れいか》五度」「氷点下五度」「マイナス五度」のようにいう。

おんとう【穏当】〈名・形動〉おだやかで、だれからも文句がでないような感じだ。例穏当な処置。穏当を欠く。類妥当《だとう》。穏便。

おんどく【音読】〈名・する〉❶書かれた文章を、声をだしてよむこと。対黙読《もくどく》。❷「音読み」のこと。対訓読。

おんどけい【温度計】〈名〉温度をはかる器具。参考 気温をはかるものは、「寒暖計」ともいい、体温をはかるのは「体温計」という。

おんどさ【温度差】〈名〉❶温度の差。例朝と昼との、池の水の温度差。❷それぞれの人の、同じものごとに対する、関心や、気分のもりあがり方のちがい。例両者の見解に温度差を感じる。

おんどとり【音頭取り】〈名〉❶「音頭①」をとること。❷おおぜいで何かをするときに、先に立ってみんなをリードし、計画・実行すること。例歓迎《かんげい》会の音頭取りをつとめる。

おんどり【▽雄鳥】〈名〉おすの鳥。とくに、おすのニワトリ。対めんどり。表記 ニワトリなら「▽雄▽鶏」とも書く。

オンドル〈名〉朝鮮や中国の東北部で使われている、床下のくだに煙を通すしくみの暖房装置。◇朝鮮語から。

おんとろうろう【音吐朗朗】〈副〉詩や文章を読み上げる声が、よくとおって、はっきりしていること。例音吐朗々と朗読する。

おんな【女】〈名〉人間を性によってわけたときの一方で、子どもを生む能力をもつほう。同じ意味の「女性」「女子」などと比べて、意味や用法がひろい。
❶ただ単に、女性のこと。例女もの。女親。女主人。類女子。婦人。
❷「きれい」「やさしい」などの意味がこめられている女性。例女なのだから、もうすこし女らしくしなさい。
❸男に比べて、たよりない感じの女性。例女の細うで。
❹女性としての魅力《みりょく》を発揮しているすがたかたち。例ほれぼれするようないい女だ。女ぶり。
❺男女の関係の、一方としての女性。▽対男。

女三人《さんにん》寄《よ》れば姦《かしま》しい 女の人は ただでさえおしゃべりなのに、三人も集まるとよけいにやかましい。参考「姦《かん》」の字の説明にいう ざれごと。

おんながた【女形・女方】〈名〉⇩おやま

おんなごころ(女心)とあき(秋)のそら(空) 男に対する女の飽《あ》きっぽさを、掛詞《かけことば》でことよせたもの。

おんなこども【女子供】〈名〉女と子供。女や子供。例女子供にはできない仕事。表現 弱い、あるいは役にたたないなどの意をふくんだ、ばかにした言いかた。

おんなだてらに【女だてらに】〈副〉つつましいはずの女の人でありながら女らしくなく。男女平等の現代にはふさわしくないことば。例女だてらにあぐらをかいて。

おんなたらし【女たらし】〖女▼誑し〗〈名〉 次から次へと女の人をだましてもてあそんだり、そういうことに生きがいを感じる男性。「女ったらし」ともいう。

おんなで【女手】〈名〉 ❶女性の労働力。例女手一つで、五人の子をそだてた。❷女性の筆跡《ひっせき》。例この手紙は女手だ。▽対男手。参考 むかし、ひらがなを「女手」、漢字を「男手」といった。

おんなへん〖女偏〗〈名〉 漢字の偏の一つ。「好」「姓《せい》」などの「女」の部分。

おんなもの【女物】〈名〉 女性が使うものとして作った品物。例女物の財布《さいふ》。対男物。

おんねつ【温熱】〈名〉 あたたかく感じる熱。例温熱療法《りょうほう》。

おんねん【怨念】〈名〉「このうらみは 必ずはらすぞ」と心に深くきざんだ思い。類怨恨《えんこん》。

おんのじ【御の字】〈名〉 たいへんありがたい、ということ。また、高望《たかのぞ》みをしないで満足するべきこと。例ぼくの成績だと、たとえ第三志望でも合格できれば御の字だ。類万々歳《ばんばんざい》。注意 くだけた言いかたで、目上の人からしてもらったことに対しては使わない。

おんぱ【音波】〈名〉〔物理〕 空気中や水中をつたわる音の波。

オンパレード〈名〉 全部がそろって出てくること。例若手歌手のオンパレード。◇on parade

おんびき【音引き】〈名〉 ❶辞書で、ことばをさがすとき、そのことばの発音や、漢字の音《おん》によってさがすようにしたもの。例音引き索引《さくいん》。類五十音引き。→かくびき ❷⇩ちょうおんふごう

おんぴょうもじ【音標文字】〈名〉 ❶⇩ひょうおんもじ ❷その言語でふつう使われている文字でなく、実際の発音を表わすために、とくにつくられた記号。英和辞典などで使われている [tʃ,ð,ʌ,ə] などはその一例。類発音記号。

おんびん[1]【音便】〈名〉 二つ以上のことばがひとつながりになったとき、発音しやすいように、ことばの中のある部分の形が規則的に変化すること。イ音便(書きて→書いて)、撥音便《はつおんびん》(飛びて→飛んで)、促音便《そくおんびん》(取りて→取って)、ウ音便(お寒くございます→お寒うございます)の四種類がある。

おんびん[2]【穏便】〈形動〉 ものごとの処理などを、おだやかにして、あらだてない。例穏便な処置。穏便にすます。穏便にとりはからう。類穏当。

おんぶ〖負んぶ〗〈名・する〉 ❶人をせおうこと。❷人にたよること。

おんぶにだっこ 自分ではなにもしなくても、いつもまわりの人がうまく助けてくれること。

おんぷ[1]【音符】〈名〉〔音楽〕 楽譜《がくふ》にしるされる記号。音の長短や高低をしめす。𝅝・𝅗𝅥・♩・♪・𝅘𝅥𝅯など。対休符。類おたまじゃくし。

おんぷ[2]【音譜】〈名〉〔音楽〕 曲を一定の記号で書き表わしたもの。類楽譜《がくふ》。譜。

おんぷう【温風】〈名〉 あたたかい風。対冷風。

オンブズマン〈名〉 政府に対する国民の苦情の調査や、不法・不適正な政府の活動の監視《かんし》・告発などを行なう役人。北欧《ほくおう》諸国に多い。行政監察官。◇ombudsman 参考 現在、日本でも民間でさかんで、多く地方自治体に対して監視《かんし》の目を光らせている。

おんぼろ〈名・形動〉 ひどく古くなったり、ひどくいたんだりしていること。例おんぼろの自転車。類ぼんこつ。

おんまえ【御前】〈名〉 貴人の前・そば。

おんみつ【▽隠密】 ━〈名〉 戦国時代・江戸《えど》時代に、大名や幕府にやとわれて活躍《かつやく》したスパイ。類忍者《にんじゃ》。間諜《かんちょう》。 ━〈形動〉 ものごとを、人に知られないようにこっそりとするようす。例事を隠密にはこぶ。隠密行動。隠密裏《り》。類内密。

おんみょうじ【▽陰▽陽師】〈名〉 陰陽道《おんみょうどう》の術で祈禱《きとう》などを行なった人。おんようじ。

参考 西洋の悪魔ばらいにあたる。

おんみょうどう【▽陰▽陽道】〈名〉 古代中国の陰陽《いんよう》五行説にもとづいて吉兆を占い、わざわいをさけることを目的とする学問。おんようどう。

おんめい【音名】〈名〉〔音楽〕 音の高さをよぶ名。ドレミファ、ハニホヘトなどのよびかたがある。→かいめい〔階名〕

おんやく【音訳】〈名・する〉 漢字の音《おん》や訓で、外国語の音を書き表わすこと。たとえば、クラブを「倶楽部」、サラサを「更紗」と書くのがそれ。

おんやさい【温野菜】〈名〉 あたためた野菜の料理。

おんよう【温容】〈名〉 おだやかで やさしそうな顔つき。例温容に接する。類温顔。

おんよみ【音読み】〈名・する〉 漢字を、中国の発音にもとづき、その日本化した発音で読むこと。たとえば、「読」の「ドク」、「味」の「ミ」など。音《おん》。音読。対訓読み。

オンライン〈名〉 ❶コンピューターが通信回線で結ばれていること。また、その環境《かんきょう》のもとで実際にネットワークに接続して、データをやりとりできる状態にあること。例オンラインショップ。オンライン授業。対オフライン。❷球技で、ボールの落ちたところがコートのうち・そとを分けるライン上であること。アウトにはならない。オンザライン。◇on-line

おんりょう[1]【音量】〈名〉 音の大きさの程度。例音量をあげる。音量をしぼる。類ボリューム。

おんりょう[2]【怨霊】〈名〉 うらみをいだいて死んだ人の霊《れい》。例怨霊のたたり。

おんれい【御礼】〈名〉「お礼」のかしこまった言いかた。例満員御礼。

おんわ【温和・穏和】〈形動〉 ❶[温和] 暑さ寒さの変化が少なくて、あたたかでおだやかだ。例温和な気候。❷[温和・穏和] 性質がおとなしくてやさしい。例温和な人がら。▽類温厚《おんこう》。柔和《にゅうわ》。温順。

ボスニア・ヘルツェゴビナ バルカン半島にある共和国。1992年旧ユーゴスラビアから独立。首都サラエボ。

常用漢字 か

【下】一部2 全3画 下下下

カ・ゲ した・しも・もと・さげる・さがる・くだる・くだす・くださる・おろす・おりる 教小1 音❶[カ] ⬒下位《かい》。下線《かせん》。下流《かりゅう》。下降《かこう》。下記《かき》。⬓地下《ちか》。落下《らっか》。天下《てんか》。部下《ぶか》。目下《もっか》。❷[ゲ] ⬒下水《げすい》。下車《げしゃ》。下巻《げかん》。下品《げひん》。⬓上下《じょうげ》。乱高下《らんこうげ》。卑下《ひげ》。訓❶[した]下。下着。下腹。下町。下書き。下ごしらえ。下見。下火。❷[しも]下。下手《しもて》。下半期。下の句。下ぶくれ。川下。❸[もと]下。足下。❹[さげる]下げる。下げ幅。値下げ。❺[さがる]下がる。値下がり。昼下がり。❻[くだる]下る。下り。下り坂。川下り。❼[くだす]下す。腹下し。❽[くださる]下さる。❾[おろす]下ろす。書き下ろす。こき下ろす。❿[おりる]下りる。飛び下りる。注意「下手」は、「へた」とも読む。

【化】匕部2 全4画 化化化化

カ・ケ ばける・ばかす 教小3 音❶[カ] ⬒化学《かがく》。化石《かせき》。化繊《かせん》。⬓気化《きか》。強化《きょうか》。進化《しんか》。感化《かんか》。教化《きょうか》。文化《ぶんか》。❷[ケ] ⬒化粧《けしょう》。化身《けしん》。⬓道化《どうけ》。権化《ごんげ》。訓❶[ばける]化ける。化け物。化けの皮(がはがれる)。お化け。❷[ばかす]化かす。

【火】火部0 全4画 火火火火

カ ひ・ほ 教小1 音[カ] ⬒火事《かじ》。火災《かさい》。火山《かざん》。火星《かせい》。火曜日《かようび》。⬓消火器《しょうかき》。防火装置《ぼうかそうち》。灯火《とうか》。訓❶[ひ]火。火花。火柱。火元。火遊び。炭火。弱火。不審火。下火。❷[ほ]火影。

【加】力部3 全5画 加加加加加

カ くわえる・くわわる 教小4 音[カ] ⬒加減《かげん》。加算《かさん》。加害者《かがいしゃ》。加工《かこう》。加入《かにゅう》。加盟店《かめいてん》。⬓増加《ぞうか》。参加《さんか》。添加物《てんかぶつ》。訓❶[くわえる]加える。❷[くわわる]加わる。

【可】口部2 全5画 可可可可可

カ 教小5 音[カ] ⬒可能《かのう》。可燃物《かねんぶつ》。可決《かけつ》。可否《かひ》。可憐《かれん》。⬓許可《きょか》。認可《にんか》。不可《ふか》。

【仮(假)】イ部4 全6画 仮仮仮仮仮

カ・ケ かり 教小5 音❶[カ] ⬒仮説《かせつ》。仮想《かそう》。仮定《かてい》。仮眠《かみん》。仮面《かめん》。仮性近視《かせいきんし》。仮装行列《かそうぎょうれつ》。❷[ケ] ⬒仮病《けびょう》。訓[かり]仮処分。仮住まい。仮縫い。仮免許。仮に。注意「仮名」は、「かめい」とも読み、別のことば。

【何】イ部5 全7画 何何何何何

カ なに・なん 教小2 音[カ] ⬓幾何学《きかがく》。訓❶[なに]何。何者。何事。何故。何かしら。何気ない。何分。何やら。❷[なん]何回。何十。何点。何度。何遍。何本。何人。何の。何なりと。

【花】艹部4 全7画 花花花花花

カ はな 教小1 音[カ] ⬒花瓶《かびん》。花弁《かべん》。花壇《かだん》。花粉《かふん》。⬓開花《かいか》。生花《せいか》。造花《ぞうか》。綿花《めんか》。訓[はな]花。花柄。花束。花冷え。花吹雪。花見。押し花。切り花。草花。

【佳】イ部6 全8画 佳佳佳佳佳

カ 音[カ] ⬒佳作《かさく》。佳人《かじん》。佳品《かひん》。⬓絶佳《ぜっか》。

【価(價)】イ部6 全8画 価価価価価

カ あたい 教小5 音[カ] ⬒価値《かち》。価格《かかく》。⬓真価《しんか》。単価《たんか》。定価《ていか》。物価《ぶっか》。米価《べいか》。栄養価《えいようか》。評価《ひょうか》。訓[あたい]価。

【果】木部4 全8画 果果果果果

カ はたす・はてる・はて 教小4 音[カ] ⬒果汁《かじゅう》。果実酒《かじつしゅ》。果断《かだん》。果報《かほう》。⬓青果店《せいかてん》。結果《けっか》。効果《こうか》。戦果《せんか》。訓❶[はたす]果たす。果たし合い。果たし状。果たして。❷[はてる]果てる。❸[はて]果て。最果て。注意「果物」は、「くだもの」と読む。

【河】氵部5 全8画 河河河河河

カ かわ 教小5 音[カ] ⬒河川《かせん》。河口《かこう》。⬓運河《うんが》。銀河《ぎんが》。山河《さんが》。大河《たいが》。氷河《ひょうが》。訓[かわ]河。注意「河原」は、「かわら」と読む。「河岸」は、「かがん」とも「かし」とも読む。

【苛】艹部5 全8画 苛苛苛苛苛

カ 音[カ] ⬒苛酷《かこく》。苛政《かせい》。苛烈《かれつ》。

【科】禾部4 全9画 科科科科科

カ 教小2 音[カ] ⬒科学《かがく》。科目《かもく》。科料《かりょう》。⬓学科《がっか》。教科《きょうか》。ユリ科《か》。前科《ぜんか》。罪科《ざいか》。

【架】木部5 全9画 架架架架架

カ かける・かかる 音[カ] ⬒架橋《かきょう》。架空《かくう》。架設《かせつ》。⬓高架《こうか》。十字架《じゅうじか》。書架《しょか》。開架《かいか》。閉架《へいか》。訓❶[かける]架ける。❷[かかる]架かる。

【夏】夂部7 全10画 夏夏夏夏夏

カ・ゲ なつ 教小2 音❶[カ] ⬒夏季《かき》。夏期《かき》。⬓初夏《しょか》。盛夏《せいか》。❷[ゲ] ⬒夏至《げし》。訓[なつ]夏。夏服。夏休み。夏ばて。夏やせ。真夏。一夏の思い出。

【家】宀部7 全10画 家家家家家

カ・ケ いえ・や 教小2 音❶[カ] ⬒家族《かぞく》。家庭《かてい》。家具《かぐ》。家屋《かおく》。家畜《かちく》。⬓生家《せいか》。民家《みんか》。作家《さっか》。芸術家《げいじゅつか》。❷[ケ] ⬒家来《けらい》。⬓本家《ほんけ》。分家《ぶんけ》。山田家《やまだけ》。訓❶[いえ]家。家柄。家出。家元。お家騒動。持ち家。❷[や]家主。母家《おもや》。借家。

【荷】艹部7 全10画 荷荷荷荷荷

カ に 教小3 音[カ] ⬒荷重《かじゅう》。荷担《かたん》。⬓出荷《しゅっか》。入荷《にゅうか》。負荷《ふか》。訓[に]荷。荷物。重荷。

【華】艹部7 全10画 華華華華華

カ・ケ はな 音❶[カ] ⬒華美《かび》。華麗《かれい》。華道《かどう》。

◪栄華《えいが》。豪華《ごうか》。中華料理《ちゅうかりょうり》。繁華街《はんかがい》。❷[ケ] ◪香華《こうげ》。散華《さんげ》。訓[はな] 華やかだ。華やぐ。華々しい。華がある。

【菓】 艹部8 全11画

カ 音[カ] ◪菓子《かし》。菓子折《かしおり》。駄菓子《だがし》。和菓子《わがし》。洋菓子《ようがし》。◪製菓《せいか》。茶菓《さか》。銘菓《めいか》。

【貨】 貝部4 全11画

カ 教小4 音[カ] ◪貨車《かしゃ》。貨物《かもつ》。貨幣《かへい》。◪雑貨《ざっか》。外貨《がいか》。金貨《きんか》。通貨《つうか》。百貨店《ひゃっかてん》。

【渦】 氵部9 全12画 ※

カ うず 音[カ] ◪渦中《かちゅう》。訓[うず] 渦。渦潮。渦巻き。渦巻く。

【過】 辶部9 全12画 ※

カ すぎる・すごす・あやまつ・あやまち 教小5 音[カ] ◪過去《かこ》。過度《かど》。過干渉《かかんしょう》。過程《かてい》。過失《かしつ》。◪経過《けいか》。通過《つうか》。超過《ちょうか》。濾過《ろか》。訓❶[すぎる] 過ぎる。昼過ぎ。五十過ぎ(の男女)。❷[すごす] 過ごす。寝過ごす。見過ごす。❸[あやまつ] 過つ。❹[あやまち] 過ち。

【嫁】 女部10 全13画

カ よめ・とつぐ 音[カ] ◪転嫁《てんか》。訓❶[よめ] 嫁。嫁入り。嫁さがし。嫁姑。兄嫁。花嫁。❷[とつぐ] 嫁ぐ。嫁ぎ先。

【暇】 日部9 全13画 ※

カ ひま 音[カ] ◪休暇《きゅうか》。余暇《よか》。寸暇《すんか》。訓[ひま] 暇。暇人。暇つぶし。暇な時。手間暇(かける)。

【禍(禍)】 ネ部9 全13画 ※

カ 音[カ] ◪禍根《かこん》。禍福《かふく》。◪災禍《さいか》。戦禍《せんか》。輪禍《りんか》。

【靴】 革部4 全13画

カ くつ 音[カ] ◪製靴《せいか》。訓[くつ] 靴。靴下。靴ずれ。雨靴。運動靴。革靴。長靴。

【寡】 宀部11 全14画

カ 音[カ] ◪寡作《かさく》。寡聞《かぶん》。寡黙《かもく》。寡婦《かふ》。◪衆寡《しゅうか》(敵《てき》せず)。多寡《たか》。

【歌】 欠部10 全14画

カ うた・うたう 教小2 音[カ] ◪歌手《かしゅ》。歌曲《かきょく》。歌劇《かげき》。歌唱力《かしょうりょく》。◪校歌《こうか》。短歌《たんか》。和歌《わか》。応援歌《おうえんか》。流行歌《りゅうこうか》。訓❶[うた] 歌。歌姫。歌会始《はじめ》。歌枕。鼻歌。元歌。持ち歌。❷[うたう] 歌う。歌い手。歌い上げる。

【箇】 竹部8 全14画

カ 音[カ] ◪箇所《かしょ》。箇条書《かじょうが》き。

【稼】 禾部10 全15画

カ かせぐ 音[カ] ◪稼業《かぎょう》。稼働《かどう》。訓[かせぐ] 稼ぐ。稼ぎ。稼ぎ頭。稼ぎ時。荒稼ぎ。出稼ぎ。共稼ぎ。

【課】 言部8 全15画

カ 教小4 音[カ] ◪課税《かぜい》。課題《かだい》。課程《かてい》。課長《かちょう》。◪日課《にっか》。放課後《ほうかご》。会計課《かいけいか》。課する。

か[1]**【香】**〈名〉いいにおい。詩的な言いかた。例花の香。梅の香。類かおり。アカ

か[2]**【蚊】**〈名〉昆虫《こんちゅう》の一種。多く夏にでて、めすは、人や家畜《かちく》の血をすう。幼虫は、「ぼうふら」といい、水の中にすむ。種類が多く、日本脳炎《のうえん》やマラリアを媒介《ばいかい》するものもある。例蚊に刺《さ》される。アカ

蚊の鳴《な》くような声《こえ》 小さくて弱よわしい声。

【蚊】 虫部4 全10画

か 訓[か] 蚊。蚊取り線香。蚊柱。やぶ蚊。

か[3]**【火】**〈名〉「火曜日」の略。アカ

か[4]**【可】**〈名〉❶よいとみとめて、ゆるすこと。例可とする。セット売りが原則だが、分売も可。❷学校で、成績の段階の一つ。▽アカ」

参考 ②は、大学などでいう。優・良・可の順で、合格のなかで、もっとも下のレベル。不合格は「不可」という。

可もなく不可《ふか》もなし 特別の欠点もないかわりに、とりたてていうほどの長所もない。ごく平凡《へいぼん》である。無難だ。類毒にも薬にもならない。

か[5]**【科】** 一〈名・接尾〉生物の分類階級を表わす、「界・門・綱《こう》・目《もく》・科・属・種」の一つ。例サル目(または霊長《れいちょう》目)ヒト科ゴリラ属。ネコ目(または食肉目)イヌ科。アカ 二〈接尾〉教科・科目を表わす。例国語科。生活科。社会科。家庭科。類学科。

か[6]**【課】**〈名〉❶教科書などでの、学習内容のひとまとまり。例つぎの課を予習する。❷会社や官庁などでの組織のひとまとまり。例総務課。文書課。▽アカ」→かする〔課する〕

参考 ②で、ふつう、「課」は「部」に属し、「課」の中は「係」に分かれる。

か[7] 一〈終助〉文の終わりにつけて、問題になっているものごとについて ふたしかに思う気持ちや感動など、いろいろな心のはたらきを表わす。

❶〔質問〕知りたいことを人にたずねる意味を表わす。例いま何時ですか。あなたは山田さんですか。

❷〔疑問〕はっきりしないことについてのうたがいの気持ちを表わす。例こんなことでいいのか。地震《じしん》はほんとうにこないのだろうか。↓かな〈終助〉一

❸〔勧誘〕打ち消しのことばといっしょに使って、人をさそう意味を表わす。例映画を見に行かないか。そろそろ食事にしませんか。

❹〔うながし〕打ち消しのことばといっしょに使って、こちらの思うことを相手に実行させたり、みとめさせたりするように、つよくせまる態度を表わす。例さあ、早く答えないか。じょうだんも いいかげんにしないか。

❺〔反語〕疑問の形で表現して、実は逆の意味のことをつよく主張する。例そんなこと、おれが知るか(=知らない)。欠点のない人なんて世の中にいるものか(=いない)。

❻〔感動〕おどろいたり感心したりしたときや、はっとなにか思いあたることがあったときなどの気持ちを、直接的に表わす。例ううん、これが月の岩石か。あっ、これだったのか。

二〈副助〉文のなかで、疑問に思うところにそえて、そこがふたしかだということを表わす。

❶おおまかには わかっているがふたしかであることを表わす。

例へやの中にだれかいる。何人か人手を借りたい。❷たしかでない原因や理由をあげて、「たぶんこのためだろう」という気持ちを表わす。例年のせいか、どうもつかれる。❸二つ以上のことがあって、はっきりしないが、そのうちのどれかである、という意味を表わす。また、どれともはっきりしないことを表わすこともある。例三月か四月に完成する。正しいかいなかが問題だ。正体はきつねかなにかだ。参考 二③を並立《へいりつ》助詞とする考え方もある。

か[8]〈接頭〉形容詞の上につけて、ことばの調子をととのえ、いかにもそのような感じだ、という意味を表わす。表現「かぼそい(声を出す)」「かよわい(女の身で)」「かぐろい(髪《かみ》をなびかせ)」などの形容詞をつくる。

か[9]【化】〈接尾〉そのように変わること、変えることを表わす、サ変動詞としても用いる名詞をつくる。例歯垢《しこう》が石灰化して歯石になる。グローバル化した社会。

か[10]【日】〈接尾〉日付《ひづけ》を表わしたり、日数を数えたりすることば。二から十までの和語の数詞につく。例三月三日《みっか》。五日《いつか》間《かん》。

か[11]【歌】〈接尾〉❶うた。例流行歌。愛唱歌。挿入《そうにゅう》歌。❷「和歌」のこと。例旋頭《せどう》歌。

か[12]【箇】〈接尾〉ものを数えるときに差しはさむことば。「カ」や「ケ」と書かれることもある。例三か月。四か年。五か国。六か条。

常用漢字 が

【牙】 牙部0 全4画 牙牙牙牙

ガ・ゲ きば 音❶[ガ] 牙城《がじょう》。歯牙《しが》。毒牙《どくが》。❷[ゲ] 象牙《ぞうげ》。訓[きば] 牙。

【瓦】 瓦部0 全5画 瓦瓦瓦瓦

ガ かわら 音[ガ] 瓦解《がかい》。瓦礫《がれき》。訓[かわら] 瓦。瓦ぶき。瓦屋根。鬼瓦。

【我】 戈部3 全7画 ※ 我我我我我

ガ われ・わ 教小6 音[ガ] 我慢《がまん》。我流《がりゅう》。自我《じが》。彼我《ひが》。訓❶[われ] 我。我々。我ら。我先に。我ながら。❷[わ] 我が国。我が町。我が物。我が物顔。我が家。

【画(畫)】 凵部6 全8画 ※ 画画画画

ガ・カク 教小2 音❶[ガ] 画家《がか》。画質《がしつ》。画像《がぞう》。画面《がめん》。映画《えいが》。絵画《かいが》。自画自賛《じがじさん》。日本画《にほんが》。版画《はんが》。洋画《ようが》。❷[カク] 画期的《かっきてき》。画策《かくさく》。画数《かくすう》。企画《きかく》。区画《くかく》。計画《けいかく》。参画《さんかく》。総画《そうかく》。

【芽】 艹部5 全8画 芽芽芽芽

ガ め 教小4 音[ガ] 発芽《はつが》。出芽《しゅつが》。麦芽《ばくが》。萌芽《ほうが》。訓[め] 芽。芽生える。木の芽。木の芽時。新芽。若芽。

【賀】 貝部5 全12画 賀賀賀賀

ガ 教小4 音[ガ] 賀正《がしょう》。賀状《がじょう》。祝賀《しゅくが》。年賀《ねんが》。

【雅】 隹部5 全13画 ※ 雅雅雅雅

ガ 音[ガ] 雅楽《ががく》。雅語《がご》。雅趣《がしゅ》。高雅《こうが》。典雅《てんが》。風雅《ふうが》。優雅《ゆうが》。

【餓】 食部7 全15画 ※ 餓餓餓餓餓

ガ 音[ガ] 餓死《がし》。餓鬼《がき》。飢餓《きが》。

が[1]【我】〈名〉あくまでこだわって、人にゆずるわけにはいかないような、自分の意見や考え。例我がつよい。我をとおす。類信念。わがまま。

我を折《お》る 譲歩《じょうほ》する。

我を張《は》る まわりと調和しないほど、自分の立場や考えを主張する。

が[2]【▼蛾】〈名〉昆虫《こんちゅう》の一種。チョウに似《に》ているが、羽の色がじみであつぼったく、とまるとき羽をひらいているものが多い。夜、灯火をもとめてとんでくる。

が[3]〈接〉前に言っていることとは逆のことを言って、後につづける。例三月にしてはめずらしく大雪が降った。が、すぐとけてしまった。対だから。類しかし。しかしながら。けれども。だが。

が[4] 一〈格助〉名詞または名詞と同じはたらきをする句につけて、それが主語のはたらきをすることをしめす助詞。❶動作をするもの、なんらかの状態や性質をもっているものをしめす。例犬が走る。風がつよい。花がきれいだ。❷なにかをすることができるとか、なにかについての感じをいうとき、その対象になるものをしめす。例山が見える。犬がこわい。くだものがすきだ。❸あるものを、とくにほかのものと区別して強調する。例(雪ではなくて)あられが降っているんだ。(ねこではなくて)犬がこわい。(ほかの場所ではなくて)ここが会場です。❹上の語が下の語を修飾して、文語的な表現をつくる。口語の「の」にあたる。例我《わ》が国。君が代《よ》。君がためには(=君にとっては)。それがために(=そのせいで)。飛ぶがごとくかけつける。

二〈接助〉活用語の終止形につけて、後から述べることの前おきとなるものごとを、まずしめす助詞。❶前と後のことがらが、たがいに逆の関係であることを表わす。例からだは小さいが、心は大きい。家じゅうさがしたが、見つからなかった。対から。類けれど(も)。❷助動詞「う」「よう」または「だろう」の後につけて、「そうであっても、それにもかかわらず」という意味を表わす。例人がなんと言おうが、わたしはやる。雨だろうが、風だろうが、練習はつづけるんだ。❸そこでまず問題になることがらをしめして、後へ話をつなぐ。例顔色がわるいが、どうしたのか。はじめて見ましたが、りっぱなものですね。類けれど(も)。❹文の終わりに終助詞のように使われて、言いきりの調子をやわらかくする。例彼はもう家に帰っているはずだが。類けれど(も)。

が[5]【画】〈接尾〉「絵」のこと。例風景画。水彩画。

カー〈造語〉自動車。自動車用の。例スポーツカー。クラシックカー。カークーラー。カーラジオ。◇car

カーキいろ【カーキ色】〈名〉うすい茶褐《かっ》色《しょく》。参考かわいた土の色をいうインドのことばから。

かあさん【母さん】〈名〉母親をよぶよびかたの一つ。庶民《しょみん》的で親しみのある言いかた。対父さん。

カースト〈名〉インドで紀元前の昔から形成されてきた、世襲《せしゅう》の職業にもとづく身分のこと。バラモン(=僧侶《そうりょ》)・クシャトリヤ(=王侯《おうこう》・士族)・ヴァイシャ(=庶民《しょみん》)・シュードラ(=隷属《れいぞく》民)の四つの基本的な階層《かいそう》(ヴァルナ)のもとに、約三千の職業集団が属《ぞく》している。インドで

は「ジャーティ(=生まれの意味)」とよばれる。◇caste(=「家がら・血すじ」の意味)

ガーゼ〈名〉ほそいもめん糸で、あらく織ったやわらかい布。包帯や乳児のはだ着に使う。◇ドイツ Gaze

カーソル〈名〉❶コンピューターの画面上の、入力位置などを示すしるし。❷計算尺についている、目もりを読みとるための、縦に線の入った透明《とうめい》な板。◇cursor

ガーター〈名〉くつしたどめ。◇garter

かあつ【加圧】〈名・する〉圧力を加えること。

カーディガン〈名〉毛糸で編《あ》んだ、前あきのセーター。「カーデガン」ともいう。◇cardigan(=人名から)

ガーデニング〈名〉趣味《しゅみ》としての、園芸や庭いじり。◇gardening

カーテン〈名〉日よけや目かくし、かざりのために窓などにつるす布。例カーテンをかける。◇curtain

カート〈名〉❶荷物をはこぶための手押し車。例ショッピングカート。❷⇩ゴーカート ◇cart

カード〈名〉❶いろいろなことを書いて整理するのに使ったり、特別のあいさつをするときに送ったりする、厚紙。例カードをとる。クリスマスカード。❷トランプのふだ。例カードをくばる。カードをきる。❸試合のくみあわせ。例好カード。❹かけひきのために使うもののたとえ。例外交カード。◇card 参考 病院の「カルテ」も、百人一首の「かるた」も、英語でいえば、「カード」になる。

ガード[1]〈名・する〉❶見はったり、護衛したりする人。例ガードマン。ボディーガード。❷ふせぐこと。また、ふせぐかまえをすること。例ガードが固い。ガードを固める。ガードレール。◇guard

ガード[2]〈名〉❶道路の上にかけられた鉄橋。類陸橋。❷市街地の鉄道高架《こうか》線。例ガード下。◇girder bridge の日本での省略語。

ガードマン〈名〉人や物などの警備にあたる人。参考 日本での複合語。英語ではたんに guard という。

カートリッジ〈名〉❶レコードプレーヤーで、針をとりつける部分。❷万年筆にさしこんで使う、インクをつめた小さいつつ。❸テープレコーダーやビデオ、カメラなどにさしこんで使う、テープやフィルムをおさめた容器。◇cartridge

ガードレール〈名〉車道のへりにとりつけられた、事故をふせぐためのさく。◇guardrail

カーナビ〈名〉「カーナビゲーションシステム」の略。自動車のダッシュボードにとりつけて、画面の地図が動きながら、現在位置や設定した目的地までの道順を知らせる装置。◇car navigation system の日本での省略語。

カーニバル〈名〉断食《だんじき》のあとに行なった宗教行事からでたお祭り。謝肉祭。◇carnival

カーネーション〈名〉春から夏にかけて、赤・白・黄などの花がさく草。◇carnation 参考「母の日」のシンボルの花とされ、母が生きている人は赤、母がなくなった人は白の花をかざる。

ガーネット〈名〉⇩ざくろいし ◇garnet

カーバイド〈名〉「炭化カルシウム」のこと。◇carbide

カーブ〈名・する〉❶まがること。まがっているところ。例カーブをきる(=まがる)。カーブをえがく。類曲線。弧《こ》。❷野球で、投手の投げた球がまがること。まがる投球。対ストレート。シュート。◇curve 参考 ②は、右投手の球は左がわにまがる。その逆のまがりかたを「シュート」という。

カーフェリー〈名〉乗客と車をいっしょに運ぶ船。「フェリー」ともいう。◇car ferry

カーブミラー〈名〉見通しの悪い曲がり角などに、安全の確認のために取りつけた凸面鏡。◇curve と mirror による日本での複合語。

カーペット〈名〉床《ゆか》のしきものとして使う、あつい毛織物。じゅうたん。類ラグマット。◇carpet

ガーベラ〈名〉庭にうえる多年草。葉はタンポポに似《に》て、夏に赤や黄などの花がさく。◇gerbera

カーボン〈名〉❶炭素。❷「カーボン紙《し》」の略。複写を下に残すために、紙のあいだにはさむ、黒や青、赤の紙。◇carbon

カーボンファイバー〈名〉炭素《たんそ》をおもな成分とする繊維《せんい》。炭素繊維。衝撃《しょうげき》に強くて軽い。航空機の材料やスポーツ用品などに使われる。

ガーリック〈名〉ニンニク。ニンニクの粉。◇garlic

カーリング〈名〉氷上で行なうスポーツの一つ。四人一組の二チームが、にぎりの付いた円盤《えんばん》状の石をすべらせ、リンク上の円の中に入れて得点をきそう。◇curling

カール〈名・する〉かみの毛やまつ毛がまるく巻くこと。また、まるく巻くようにすること。まき毛。類ウエーブ。◇curl

ガール〈造語〉女子。少女。例ガールフレンド(=彼女《かのじょ》)。シンデレラガール。キャンペーンガール。対ボーイ。◇girl

ガールスカウト〈名〉心身をきたえ、社会への奉仕《ほうし》活動を行なう少女の国際的団体。例ガールスカウト日本連盟《れんめい》。対ボーイスカウト。◇Girl Scouts

常用漢字 かい

【介】 𠆢部2 全4画 介介介介

カイ 音[カイ] 介護《かいご》。介助《かいじょ》。介抱《かいほう》。介在《かいざい》。介入《かいにゅう》。紹介《しょうかい》。仲介《ちゅうかい》。一介《いっかい》の。魚介類《ぎょかいるい》。

【回】 口部3 全6画 回回回回回回

カイ・エ まわる・まわす 教小2 音❶[カイ] 回収《かいしゅう》。回転《かいてん》。回覧《かいらん》。回数《かいすう》。回答《かいとう》。迂回《うかい》。巡回《じゅんかい》。挽回《ばんかい》。今回《こんかい》。❷[エ] 回向《えこう》。訓❶[まわる] 回る。身の回り。回り道。小回り(が利く)。胴回り。❷[まわす] 回す。回し読み。手回し。

【灰】 火部2 全6画 灰灰灰灰灰灰

カイ はい 教小6 音[カイ] 灰白色《かいはくしょく》。石灰《せっかい》。訓[はい] 灰。灰色。火山灰。

【会(會)】 𠆢部4 全6画 会会会会会会

カイ・エ あう 教小2 音❶[カイ] 会話《かいわ》。会議《かいぎ》。会員《かいいん》。会社《かいしゃ》。面会《めんかい》。集会《しゅうかい》。機会《きかい》。照会《しょうかい》。❷[エ] 会釈《えしゃく》。会得《えとく》。一期一会《いちごいちえ》。法会《ほうえ》。訓[あう] 会う。出会う。

【快】 忄部4 全7画 快快快快快快快

カイ こころよい 教小5 音[カイ] 快活《かいかつ》。快晴《かいせい》。快勝《かいしょう》。快諾《かいだく》。快調《かいちょう》。快方《かいほう》(に向かう)。快癒《かいゆ》。明快《めいかい》。愉快《ゆかい》。全快《ぜんかい》。不快《ふかい》。訓[こころよい] 快い。

【戒】戈部3 全7画 ※ 戒戒戒戒戒

カイ いましめる 音[カイ] 戒厳令《かいげんれい》。戒告《かいこく》。戒心《かいしん》。戒律《かいりつ》。訓戒《くんかい》。自戒《じかい》。警戒《けいかい》。

【改】攵部3 全7画 改改改改改

カイ あらためる・あらたまる 教小4 音[カイ] 改革《かいかく》。改正《かいせい》。改心《かいしん》。改良《かいりょう》。改造《かいぞう》。改札《かいさつ》。更改《こうかい》。訓❶[あらためる]改める。改めて。❷[あらたまる]改まる。

【怪】忄部5 全8画 怪怪怪怪怪

カイ あやしい・あやしむ 音[カイ] 怪物《かいぶつ》。怪獣《かいじゅう》。怪奇現象《かいきげんしょう》。怪談話《かいだんばなし》。怪事件《かいじけん》。奇怪《きかい》。妖怪《ようかい》。訓❶[あやしい]怪しい。怪しげだ。❷[あやしむ]怪しむ。

【拐】扌部5 全8画 拐拐拐拐拐

カイ 音[カイ] 拐帯《かいたい》。誘拐《ゆうかい》。

【悔(悔)】忄部6 全9画 悔悔悔悔悔

カイ くいる・くやむ・くやしい 音[カイ] 悔恨《かいこん》。悔悛《かいしゅん》。後悔《こうかい》。訓❶[くいる]悔いる。悔い。❷[くやむ]悔やむ。お悔やみ。❸[くやしい]悔しい。悔しがる。

【海(海)】氵部6 全9画 海海海海海

カイ うみ 教小2 音[カイ] 海岸《かいがん》。海水浴《かいすいよく》。海草《かいそう》。海難事故《かいなんじこ》。海外《かいがい》。日本海《にほんかい》。雲海《うんかい》。人海戦術《じんかいせんじゅつ》。航海《こうかい》。訓[うみ]海。海風。海開き。海鳴り。荒海。内海。外海。注意「海女・海士」は「あま」、「海原」は「うなばら」と読む。

【界】田部4 全9画 界界界界界

カイ 教小3 音[カイ] 世界《せかい》。学界《がっかい》。芸能界《げいのうかい》。境界《きょうかい》。限界《げんかい》。視界《しかい》。

【皆】白部4 全9画 皆皆皆皆皆

カイ みな 音[カイ] 皆無《かいむ》。皆勤賞《かいきんしょう》。訓[みな]皆。皆さん。皆様。皆々様。

【械】木部7 全11画 ※ 械械械械械

カイ 教小4 音[カイ] 機械《きかい》。器械《きかい》。

【絵(繪)】糸部6 全12画 絵絵絵絵絵

カイ・エ 教小2 音❶[カイ] 絵画《かいが》。❷[エ] 口絵《くちえ》。絵描き《えかき》。絵本《えほん》。絵図《えず》。絵日記《えにっき》。似顔絵《にがおえ》。塗《ぬ》り絵《え》。

【開】門部4 全12画 開開開開開

カイ ひらく・ひらける・あく・あける 教小3 音[カイ] 開始《かいし》。開放《かいほう》。開拓《かいたく》。開幕《かいまく》。公開《こうかい》。全開《ぜんかい》。打開《だかい》。展開《てんかい》。訓❶[ひらく]開く。開き直る。切り開く。川開き。店開き。山開き。❷[ひらける]開ける。❸[あく]開く。幕開き。❹[あける]開ける。

【階】阝部9 全12画 階階階階階

カイ 教小3 音[カイ] 階段《かいだん》。階下《かいか》。階級《かいきゅう》。階層《かいそう》。音階《おんかい》。段階《だんかい》。地階《ちかい》。最上階《さいじょうかい》。

【塊】土部10 全13画 塊塊塊塊塊

カイ かたまり 音[カイ] 塊茎《かいけい》。塊根《かいこん》。金塊《きんかい》。山塊《さんかい》。土塊《どかい》。訓[かたまり]塊。一塊(の肉)。

【楷】木部9 全13画 楷楷楷楷楷

カイ 音[カイ] 楷書《かいしょ》。

【解】角部6 全13画 ※ 解解解解解

カイ・ゲ とく・とかす・とける 教小5 音❶[カイ] 解決《かいけつ》。解禁《かいきん》。解除《かいじょ》。解放《かいほう》。読解《どっかい》。理解《りかい》。誤解《ごかい》。分解《ぶんかい》。❷[ゲ] 解脱《げだつ》。解熱剤《げねつざい》。解毒剤《げどくざい》。訓❶[とく]解く。解き明かす。謎解き。❷[とかす]解かす。❸[とける]解ける。解け出す。雪解け。

【潰】氵部12 全15画 ※ 潰潰潰潰潰

カイ つぶす・つぶれる 音[カイ] 潰瘍《かいよう》。訓❶[つぶす]潰す。押し潰す。握り潰す。❷[つぶれる]潰れる。酔い潰れる。

【壊(壞)】土部13 全16画 壊壊壊壊壊

カイ こわす・こわれる 音[カイ] 壊滅《かいめつ》。決壊《けっかい》。破壊《はかい》。崩壊《ほうかい》。訓❶[こわす]壊す。ぶち壊す。❷[こわれる]壊れる。

【懐(懷)】忄部13 全16画 懐懐懐懐懐

カイ ふところ・なつかしい・なつかしむ・なつく・なつける 音[カイ] 懐疑《かいぎ》。懐古《かいこ》。懐中時計《かいちゅうどけい》。懐妊《かいにん》。懐炉《かいろ》。述懐《じゅっかい》。所懐《しょかい》。本懐《ほんかい》。訓❶[ふところ]懐。懐刀。懐具合。懐手。内懐。❷[なつかしい]懐かしい。❸[なつかしむ]懐かしむ。❹[なつく]懐く。人懐っこい。❺[なつける]懐ける。

【諧】言部9 全16画 諧諧諧諧諧

カイ 音[カイ] 俳諧《はいかい》。

かい[1]〖▽甲▼斐〗〈名〉努力したことによるよい結果。例苦心のかいがあった。アカイ ↓がい〔甲斐〕

かい[2]【▽甲▼斐】〈名〉旧国名の一つ。現在の山梨県。戦国時代、武田信玄《たけだしんげん》が活躍《かつやく》。原産の甲斐犬は有名。富士山は甲斐と駿河《するが》とにまたがる。甲州《こうしゅう》。アカイ

かい[3]【貝】〈名〉からだを石灰《せっかい》質のかたい殻《から》でつつんだ、ふつう水中にすむ軟体《なんたい》動物。その動物の殻。例貝のように口をとざす(=ぴったり口をとじてなにも言おうとしない)。貝殻《かいがら》。貝柱。アカイ
参考ハマグリなどの二枚貝と、サザエなどの巻き貝にわけられる。貝は、古代中国では貴重なもので、貨幣《かへい》のもとになった。「貨・財・買・賣(売)・費・貿・資・賃・購《こう》」など、金銭に関係のあることがらを表わす漢字に、貝をふくむものが多いのは、このためである。

【貝】貝部0 全7画 貝貝貝貝貝

かい 教小1 訓[かい]貝。貝殻。貝塚。ほら貝。

かい[4]【買い】〈名〉❶物を買うこと。❷相場の取引《とりひき》で、将来の値上がりを見込んで買うこと。例買いを入れ

る。買い注文。❸買うだけの価値があること。例これは買いだ。▽対売り。アカイ

5 **かい**【▼櫂】〈名〉手で動かして、船を進める道具。棒状で、ひらたくなっている先の方で水をかく。例かいをこぐ。類オール。櫓《ろ》。アカイ

6 **かい**【下衣】〈名〉〔家庭〕下半身に着る衣服をまとめていうことば。対上衣。アカイ

7 **かい**【下位】〈名〉序列や立場などが下であること。下位に終わる。下位分類。下位打線。対上位。アカイ

8 **かい**【会】〈名〉❶人々が、共通の目的をもってある場所に集まること。会合。例会がある。会を開く。会をもよおす。❷特別の目的や活動のためにつくったグループ。例会に入る。▽アカイ →かいする〔会する〕

9 **かい**【回】〈名・接尾〉同じことが、くりかえして行なわれるときの、そのひとつひとつ。その総数や順番をかぞえることば。例回を重ねる。回を追うごとに。三回くりかえす。第四回。五回目。類回数。度数。アカイ

10 **かい**【快】〈名〉いい気分であること。対不快。アカイ

11 **かい**【階】〈名・接尾〉二階だて以上の建物で、同じ高さの平面にあるへやや廊下《ろうか》。それが下からいくつめかをかぞえることば。例上の階。三階。アカイ

12 **かい**【解】〈名〉問題などの答え。例次の数式の解を求めよ。対問い。類答え。解答。アカイ

13 **かい**〈終助〉文の終わりにつけて、相手にたずねる意味を表わす。多く、男性がしたしい相手にむかって、きらくにたずねるときに使う。例仕事は今日中にすみそうかい。入ってもいいかい。

14 **かい**【界】〈接尾〉❶観念上の範囲《はんい》。例自然界。動物界。人間界。❷社会。例芸能界。社交界。

常用漢字 **がい**

【外】夕部2 全5画

外 外 外 外 外

ガイ・ゲ そと・ほか・はずす・はずれる 教小2 音❶［ガイ］▨外出《がいしゅつ》。外交問題《がいこうもんだい》。外国《がいこく》。外貨《がいか》。外見《がいけん》。外祖父《がいそふ》。▨海外《かいがい》。郊外《こうがい》。対外政策《たいがいせいさく》。対象外《たいしょうがい》。❷［ゲ］▨外科《げか》。外題《げだい》。外道《げどう》。訓❶［そと］外。外海。外側。外面《そとづら》。内外。❷［ほか］思いの外。殊《こと》の外。もっての外。❸［はずす］外す。取り外す。踏み外す。❹［はずれる］外れる。町外れ。仲間外れ。

【劾】力部6 全8画

劾 劾 劾 劾 劾

ガイ 音［ガイ］▨弾劾《だんがい》。

【害】宀部7 全10画 ※

害 害 害 害 害

ガイ 教小4 音［ガイ］▨害悪《がいあく》。害虫駆除《がいちゅうくじょ》。害毒《がいどく》。▨危害《きがい》。災害《さいがい》。傷害事件《しょうがいじけん》。損害《そんがい》。妨害《ぼうがい》。

【崖】山部8 全11画

崖 崖 崖 崖 崖

ガイ がけ 音［ガイ］▨断崖《だんがい》。訓［がけ］崖下。崖っぷち。

【涯】氵部8 全11画

涯 涯 涯 涯 涯

ガイ 音［ガイ］▨生涯《しょうがい》。天涯孤独《てんがいこどく》。

【街】行部6 全12画

街 街 街 街 街

ガイ・カイ まち 教小4 音❶［ガイ］▨街頭《がいとう》。街路樹《がいろじゅ》。▨市街《しがい》。学生街《がくせいがい》。商店街《しょうてんがい》。繁華街《はんかがい》。❷［カイ］▨街道《かいどう》。訓［まち］街。街角。

【慨（慨）】忄部10 全13画

慨 慨 慨 慨 慨

ガイ 音［ガイ］▨慨嘆《がいたん》。▨憤慨《ふんがい》。感慨《かんがい》。悲憤慷慨《ひふんこうがい》。

【蓋】艹部10 全13画

蓋 蓋 蓋 蓋 蓋

ガイ ふた 音［ガイ］▨蓋然性《がいぜんせい》。▨頭蓋骨《ずがいこつ》。口蓋《こうがい》。訓［ふた］蓋。火蓋。落とし蓋。

【該】言部6 全13画

該 該 該 該 該

ガイ 音［ガイ］▨該当《がいとう》。該博《がいはく》。▨当該《とうがい》。

【概（概）】木部10 全14画

概 概 概 概 概

ガイ 音［ガイ］▨概念《がいねん》。概括《がいかつ》。概略《がいりゃく》。概《がい》して。▨一概《いちがい》に。大概《たいがい》。梗概《こうがい》。

【骸】骨部6 全16画 ※

骸 骸 骸 骸 骸

ガイ 音［ガイ］▨骸骨《がいこつ》。▨形骸化《けいがいか》。残骸《ざんがい》。死骸《しがい》。

1 **がい**【害】〈名〉きずをつけたりはたらきをじゃましたりするような、わるい影響《えいきょう》。例害がある。害をおよぼす。害をなす。害になる。対益《えき》。→がいする

2 **がい**【▽甲▼斐】〈接尾〉名詞や動詞の連用形などに付いて、「そうするだけのねうちがある」「それにふさわしい」という意味を表わす。例生きがい。やりがい。年がい。

3 **がい**【外】〈接尾〉ある範囲《はんい》をはずれていることを表わす。例予想外の出来事。予定外の出費。範囲外。規格外。対内。

4 **がい**【街】〈接尾〉道の両がわに住宅や店がたちならんでいるところ。例住宅街。商店街。中華街。ビル街。

ガイア〈名〉❶ギリシャ神話の、大地の女神。❷地球。◇Gaia

かいあく【改悪】〈名・する〉手なおししたために、前よりもかえってわるくなること。例憲法の改悪。対改善。改正。改良。参考反対者の目で批評的に言うことばで、当事者は、改善するための「改正」だと思っている。

がいあく【害悪】〈名〉他に害をあたえるような、わるいこと。例害悪をながす。害悪をおよぼす。類害毒。

かいあ・げる【買い上げる】〈動下一〉官庁などが民間からものを買う。例博覧会の跡地《あとち》を国が買い上げた。対払《はら》い下げる。

かいあさ・る【買いあさる】〖買い▽漁る〗〈動五〉ほしいものをさがして、どんどん買う。例金にあかして買いあさる。

がいあつ【外圧】〈名〉外部から加えられる圧力。例大国の外圧を受ける。外圧に屈する。

1 **かいい**【会意】〈名〉漢字の六書《りくしょ》の一つ。二つ以上の漢字を合わせて、あたらしい漢字をつくること。「人」と「言」を合わせて「信」とするなどがそれ。

2 **かいい**【▼魁偉】〈形動〉からだが大きく、顔もいかめしい。男性についていう。例容貌《ようぼう》魁偉。

かいいき【海域】〈名〉ある基準でくぎられた、一定の範囲《はんい》の海。例対馬《つしま》海域。類水域。

かいいぬ【飼い犬】〈名〉人にかわれているイヌ。対のら犬。野犬《やけん》。

 マダガスカル　アフリカ南東，インド洋上の島が国土の共和国。農業国で漁業も盛ん。首都アンタナナリボ。

か

飼い犬に手《て》をかまれる 日ごろからかわいがって、目をかけていた者にうらぎられる。

1 **かいいん【会員】**〈名〉会に入っている人。例会員をつのる。会員証。類メンバー。

2 **かいいん【海員】**〈名〉船の乗組員。船長はふくまれない。類船員。水夫。船乗り。

1 **かいうん【海運】**〈名〉船に人や貨物をのせて、海上をはこぶこと。例海運業。対陸運。陸送。類水運。

2 **かいうん【開運】**〈名〉運勢がよくなること。例開運のお守り。

1 **かいえん【怪演】**〈名・する〉常人ばなれした役柄《やくがら》を印象的に演じること。その演技。

2 **かいえん【海▼淵】**〈名〉〔地学〕海溝《かいこう》の中のもっとも深い部分。

3 **かいえん【開宴】**〈名・する〉宴会を始めること。宴会が始まること。

4 **かいえん【開園】**〈名・する〉❶幼稚園など「園」と名のつく施設《しせつ》を新たにつくり、業務を始めること。また、業務が始まること。例テーマパークを(が)開園する。開園式。❷動物園や遊園地などが営業していること。園がその日の業務を始めること。例開園中。開園時間。▽対閉園。

5 **かいえん【開演】**〈名・する〉演劇や演奏のプログラムをはじめること。また、はじまること。例10時開演。対終演。類開幕。

1 **がいえん【外延】**〈名〉ことばや概念《がいねん》がしめしている事物の範囲《はんい》。対内包。→ないほう〔内包〕参考

2 **がいえん【外▼苑】**〈名〉御所や神宮の外側にある広い庭。対内苑。

かいおうせい【海王星】〈名〉〔天文〕太陽系の八番目の惑星《わくせい》。約一六五年で公転する。直径は地球の四倍ほどで、二つの衛星をもつ。

かいおおい【貝覆い】〈名〉平安時代末期に始まった、ハマグリの貝がらを一対《いっつい》ずつ合わせる、トランプのような遊び。貝がらのうらに一対ずつ同じ絵や歌を書いた。

かいおき【買い置き】〈名〉必要なときのために、前もって買っておくこと。また、その品。例買い置きがある。買い置きの歯ブラシ。類買いだめ。ストック。

かいおん【快音】〈名〉❶エンジンなどの、調子のいい音。❷野球で、いい当たりのヒットを打ったときの音。

1 **かいか【階下】**〈名〉二階だて以上の建物で、ある階よりも下の階。対階上。アカイカ

2 **かいか【開化】**〈名・する〉外国のすすんだ文化をとり入れて、文明国になろうとすること。例開化の波。文明開化。アカイカ 参考日本では、近代国家としてのあゆみをはじめた明治初期が「開化」の時代。

3 **かいか【開花】**〈名・する〉花開《はなひら》くこと。例開花予想。ルネサンス文化の開花。アカイカ カイカ

4 **かいか【開架】**〈名・する〉図書館で、利用者が書架の資料を自分で自由にとりだせるようになっていること。例開架式。対閉架。アカイカ

かいが【絵画】〈名〉「絵」のあらたまった言いかた。例絵画展。絵画的。類図画。

1 **がいか【外貨】**〈名〉外国の貨幣。例外貨の獲得《かくとく》。外貨にかえる。対邦貨《ほうか》。

2 **がいか【▼凱歌】**〈名〉たたかいに勝ってうたう、よろこびの歌。例凱歌を奏する。類勝ちどき。

ガイガーカウンター〈名〉放射線の有無《うむ》や量を調べる装置。ガイガーミュラー計数管。ガイガー計数管。◇Geiger counter 参考一九二八年、ドイツのガイガーとミュラーが考案した。

かいかい【開会】〈名・する〉会議や集会、競技会などをはじめること。例開会を宣する。開会の辞。対閉会。

かいがい【海外】〈名〉海のむこうの国々。例海外旅行。類国外。外国。

1 **がいかい【外海】**〈名〉陸地に囲まれないで、大きくひろがっている海。対内海。類そとうみ。外洋。

2 **がいかい【外界】**〈名〉自分たちをとりまいている、外の世界。例外界からとざされる。対内界。

かいがいし・い【▽甲▼斐▽甲▼斐しい】〈形〉❶労をおしまない。例かいがいしく看病《かんびょう》する。❷手ぎわがよく、きびきびしている。例かいがいしくたち働く。

かいかく【改革】〈名・する〉制度や組織のわるいところをあらためて、よくすること。例行政改革。類変革。改変。革新。

参考日本史の上では、江戸幕府の三大改革として、徳川吉宗《よしむね》の享保《きょうほ》の改革、松平定信《まつだいらさだのぶ》の寛政《かんせい》の改革、水野忠邦《ただくに》の天保《てんぽう》の改革があった。

かいがく【開学】〈名・する〉大学を開設すること。

1 **がいかく【外角】**〈名〉❶〔数学〕多角形の、ひとつの辺の延長と、となりの辺のあいだの角。❷野球で、ホームベースの、バッターから見て遠い方。例外角低めの直球。類アウトコーナー。▽対内角。

2 **がいかく【外郭】**〖外▼廓〗〈名〉都市や城の外がわをかこむ、へいやかべ。

がいかくだんたい【外郭団体】〈名〉官庁などと密接な関係があって、仕事の一部をうけおっている団体。

かいかつ【快活】〈形動〉明るく元気で、きびきびしている。例快活な少年。類活発。

がいかつ【概括】〈名・する〉内容をおおざっぱにまとめること。例みんなの意見を概括する。類要約。

かいがてき【絵画的】〈形動〉まるで絵のようである。例絵画的な光景。

かいかぶ・る【買いかぶる】〖買い▽被る〗〈動五〉人の能力を、実際以上に高いものだと思いこむ。例そう買いかぶられても困る。対見くびる。類過大評価する。

かいがら【貝殻】〈名〉貝の外がわをおおう、かたいもの。

1 **かいかん【会館】**〈名〉集会やもよおしものをするためにつくった建物。ホール。例市民会館。

2 **かいかん【快感】**〈名〉なんともいえないいい気持ち。例快感をあじわう。快感をおぼえる。

3 **かいかん【開館】**〈名・する〉❶図書館や美術館など「館」と名のつく施設《しせつ》が、新しくできること。❷図書館や美術館などが、業務をしていること。館がその日の業務を始めること。例開館時間。▽対閉館。

1 **かいがん【海岸】**〈名〉陸地と海とが接しているところ。類海辺《うみべ》。海浜《かいひん》。

表現「海岸で遊ぶ」というときの海岸は、波うちぎわのあたりをいうが、「海岸の避暑《ひしょ》地」というときの海岸は、もっと広く、一つの町をふくむくらいの地域をさしている。

2 **かいがん【開眼】**〈名・する〉今まで見えていなかったものが、はっきり見えるようになること。例文学に開眼する。類さとり。→かいげん〔開眼〕

1 **がいかん【外観】**〈名〉外から見たようす。例建物の外観。外観だけをよくしてもだめだ。類うわべ。外見。みかけ。外形。見てくれ。

2 **がいかん【概観】**〈名・する〉全体の状況《じょうきょう》をざっとみること。例歴史を概観する。

かいがんせん【海岸線】〈名〉海と陸とのさかいの線。

かいがんだんきゅう【海岸段丘】〈名〉〔地学〕海岸にできた、階段のようになっている地形。地面がもり上がったり、海面が下がったりして、海底が陸となったもの。類 河岸《かがん》段丘。

1 **かいき【会期】**〈名〉会が開かれている期間。例 会期を延長する。国会の会期。会期中。

2 **かいき【回忌】**〈名・接尾〉仏教で、人が死んだあとに毎年めぐってくる命日《めいにち》。命日が何回目であるかをかぞえることば。類 周忌。年忌。
参考 満一年目を一回忌または一周忌といい、満二年目を三回忌または三周忌という。七回忌・十三回忌・十七回忌などでも、それぞれその日に供養《くよう》が行なわれる。

3 **かいき【回帰】**〈名・する〉ひとまわり終わって、あるいは、ほかのところへ行っていたものが、また、もとのところにもどること。例 伝統に回帰する。回帰線。回帰性。

4 **かいき【怪奇】**〈名・形動〉恐怖《きょうふ》感をよびおこすほど、あやしくふしぎなこと。例 怪奇小説。複雑怪奇。類 奇怪。

5 **かいき【開基】**〈名〉〔仏教〕寺院を新しくたてること。寺院の創始者。開山《かいさん》。

1 **かいぎ【会議】**〈名〉人々が集まって、ある問題について話しあうこと。例 会議を開く。会議にのぞむ。会議がもめる。類 会合。
表現 「学術会議」のように、ほかのことばのあとにつけて、組織や機関の名とすることもある。

2 **かいぎ【懐疑】**〈名〉見たものや聞いたことをそのまま信じないで、ほんとうはどうなのかと疑ってみること。例 懐疑の念をいだく。懐疑主義。懐疑的。

がいき【外気】〈名〉建物の外の空気。例 外気をいれる。外気にふれる。外気にあたる。

かいきいわい【快気祝い】〈名〉病気がなおった祝い。参考 病気中おせわになった人へ感謝の気持ちを表わすために、おくりものをしたり、食事にまねいたりする。

かいきえん【怪気炎】〈名〉本当かなとうたがいたくなるような威勢《いせい》のよさ。例 怪気炎をあげる。

かいきげっしょく【皆既月食】〈名〉〔天文〕月が、地球の影《かげ》の中に完全に入ってしまう現象。

かいきしょく【皆既食】〈名〉〔天文〕「皆既日食」、または「皆既月食」のこと。対 部分食。

かいきせん【回帰線】〈名〉緯度《いど》二三度二七分の緯線。参考 北半球の線を北回帰線、南半球の線を南回帰線という。太陽は夏至《げし》のときと冬至《とうじ》のとき、この線のまうえにくる。

かいぎてき【懐疑的】〈形動〉なんとなくうたがわしい気持ちをいだいている。例 政府の景気見通しには懐疑的にならざるをえない。

かいきにっしょく【皆既日食】〈名〉〔天文〕太陽が、月のうしろに完全にかくれてしまう現象。→にっしょく

かいきゃく【開脚】〈名・する〉運動で、両脚を、左右、または前後にひらくこと。対 閉脚《へいきゃく》。

かいぎゃく【諧▾謔】〈名〉人をわらわせたり、なごませたりする、ちょっとしたことばづかいのおかしみ。例 諧謔に富んだ文章。諧謔精神。類 ユーモア。

1 **かいきゅう【階級】**〈名〉❶身分や地位の、順序づけ。例 階級が上がる。軍隊の階級。類 等級。位《くらい》。ランク。❷人々を、その身分や財産、生活の程度などの点からわけて、同類をひとまとめにして考えたときのグループ。例 階級闘争《とうそう》。支配階級。上流階級。知識階級。労働者階級。類 階層。

2 **かいきゅう【懐旧】**〈名〉すぎ去ったむかしを思い出して、しみじみとなつかしむこと。例 懐旧の念にたえない。懐旧談。類 懐古。

かいきょ【快挙】〈名〉称賛《しょうさん》すべきすごいことを実現させること。例 前人未到《ぜんじんみとう》の快挙を成しとげる。日本人初《はつ》の快挙を達成する。類 偉業《いぎょう》。

1 **かいきょう【回教】**〈名〉「イスラム教」の古い言いかた。ア カイキョー

2 **かいきょう【海峡】**〈名〉海が二つの陸地にはさまれて、せまくなっているところ。例 津軽《つがる》海峡。類 水道。ア カイキョー

1 **かいぎょう【改行】**〈名・する〉文章で、新しい段落にするとき、前の文に続けず、つぎの行にうつって書くこと。先頭を一字あけて書きだすのがふつう。

2 **かいぎょう【開業】**〈名・する〉❶事業や店などを新しく始めること。新しく始まること。例 新線の開業。店を(が)開業する。❷経営中であること。例 開業医。▽類 開店。オープン。

がいきょう【概況】〈名〉だいたいのようす。例 概況を知らせる。気象概況。類 概要。

かいぎょうい【開業医】〈名〉個人で病院・医院を経営する医師。

かいきょく【開局】〈名・する〉放送局をつくって放送を始めること。放送局がつくられ放送が始まること。

がいきょく【外局】〈名〉中央官庁に直属するが、独立した権限をもつ機関。対 内局。
参考 日本では、「…庁」「…委員会」と名のつくところ。

1 **かいきん【皆勤】**〈名・する〉ある期間、一日も休まないで出席、出勤すること。例 皆勤賞。類 精勤。

2 **かいきん【解禁】**〈名・する〉禁止令をといて、自由にできるようにすること。例 アユ漁は毎年六月に解禁される。解禁日。類 解除。
表現 狩《か》り・漁の対象となる鳥獣《ちょうじゅう》や魚介《ぎょかい》類には、たいてい禁猟《きんりょう》区・禁漁区や、禁猟期間・禁漁期間がもうけてあるので、それについて「解禁」がある。

がいきん【外勤】〈名・する〉集金やセールス、配達など、会社や事業所の外に出て仕事をすること。対 内勤。類 外回り。

かいきんシャツ【開襟シャツ】〈名〉えりがゆったりとあいたシャツ。夏、ネクタイなしで着る。

かいくぐ・る〈動五〉体《たい》をかわして、うまいぐあいにくぐりぬける。例 おおぜいの人のあいだをかいくぐって外に出た。類 すりぬける。

かいぐん【海軍】〈名〉海の守りや戦闘《せんとう》をうけもつ軍隊。対 陸軍。空軍。類 水軍。

1 **かいけい【会計】**〈名〉❶学校や会社、役所などで、金銭の出し入れに関する仕事。その係。例 会計係。類 経理。❷旅館や飲食店などでの代金のしはらい。例 会計をすませる。お会計。類 勘定《かんじょう》。おあいそ。

2 **かいけい【塊茎】**〈名〉〔植物〕地下茎で、養分をたくわえてかたまりになっている部分。ジャガイモなど。類 塊根。

1 **がいけい【外形】**〈名〉外がわのかたちやようす。類 外観。

2 **がいけい【外径】**〈名〉管などのまるい断面の、外がわの直径。対 内径。

かいけいかんさ【会計監査】〈名〉会社の会計書類が適正かどうか検査すること。

かいけいねんど【会計年度】〈名〉国や公共団体、会社などで、収入や支出の計算のつごうからくぎられた、一年の期間。参考 日本では、四月一日から次の年の三月三十一日までとすることが多い。

かいけい(会稽)のはじ(恥)をすす(▽雪)ぐ たたかいに敗れてうけたはずかしめを、苦心努力のすえ、みごとにはらすこと。由来 古代中国で、越《えつ》の王が呉《ご》の軍と会稽山でたたかって敗れたが、のちに呉を破って恥をすすいだことにもとづく。

かいけつ【解決】〈名・する〉問題や事件を、うまく処理すること。また、問題や事件がうまく処理されること。例 紛争《ふんそう》を(が)解決する。解決をはかる。解決をみる。問題の解決。解決策。未解決。類 決着。

かいけつびょう【壊血病】〈名〉ビタミンCが不足しておこる病気。出血しやすくなる。

[1] **かいけん【会見】**〈名・する〉❶公式または正式の立場で、人と会うこと。例 首相と会見する。会見を申しこむ。会見に応じる。類 接見。❷「記者会見」の略。

[2] **かいけん【改憲】**〈名・する〉憲法を改正すること。例 改憲案。

[1] **かいげん【改元】**〈名・する〉国の元号をかえること。元号がかわること。

[2] **かいげん【開眼】**〈名・する〉仏像や仏画ができあがったときに、これから、それらが仏さまになることを記念して儀式《しき》を行なうこと。例 大仏開眼。開眼供養《くよう》。

がいけん【外見】〈名〉外がわから見えるすがた。そとみ。例 外見を気にする。外見はりっぱだが、中身はどうかな。類 外観。うわべ。みかけ。見てくれ。

かいげんれい【戒厳令】〈名〉国内で反対勢力が混乱をおこしそうなときに、軍隊に大きな権力をあたえてとりしまらせる、政府の命令。例 戒厳令をしく。参考 現在の日本の憲法では「戒厳令」をみとめていない。

[1] **かいこ【蚕】**〈名〉絹糸をとるためにかうカイコガの幼虫。クワの葉を食べて成長し、まゆをつくる。このまゆから絹糸をとる。

━ 表現 ふつう一匹《いっぴき》二匹《にひき》と数えるが、人間にとって大切な昆虫として一頭二頭と数えることもある。

[2] **かいこ【回顧】**〈名・する〉自分の経験したことをふり返ってみること。例 回顧談。回顧録。類 回想。追憶《ついおく》。追想。思い返す。

━ 表現「回顧と展望」は、これまでをふり返り、今後を見わたすことをいう。

[3] **かいこ【懐古】**〈名・する〉自分たちの昔を思い出して、なつかしむこと。過ぎた時代のことやふんいきをしたうこと。例 懐古趣味《しゅみ》。類 懐旧。

[4] **かいこ【解雇】**〈名・する〉やとっていた人を、やめさせること。一般《いっぱん》の企業でいう。対 雇用。類 首切り。馘首《かくしゅ》。くび。免職。

[1] **かいご【介護】**〈名・する〉病人や障害者、高齢《こうれい》者などの日常生活の世話をすること。

[2] **かいご【悔悟】**〈名・する〉いままでの自分の行ないがまちがっていたことに気づいて、あらためようと思うこと。例 悔悟の念。悔悟のなみだ。類 改悛《かいしゅん》。改心。

[1] **かいこう【回航】**〈名・する〉❶船を別の港にうつすために動かすこと。❷各地を船でまわること。類 周航。巡航。

表現 ①は、乗客や貨物をつまない場合にいう。

[2] **かいこう【改稿】**〈名・する〉原稿を書き直すこと。

[3] **かいこう【海溝】**〈名〉〔地学〕海の中で、とくに深い部分がみぞのようにつづいているところ。例 日本海溝。類 海淵《かいえん》。

[4] **かいこう【開校】**〈名・する〉学校をつくって授業を始めること。学校がつくられ授業が始まること。対 閉校。廃校《はいこう》。

[5] **かいこう【開港】**〈名・する〉❶新しく港や空港を建設して、使えるようにすること。新しく港や空港が建設され、使えるようになること。❷外国との貿易のために、外国船の出入りをみとめること。

[6] **かいこう【開講】**〈名・する〉新しく講義や講習を始めること。新しく講義や講習が始まること。

[7] **かいこう【▼邂▼逅】**〈名・する〉思いがけなく出会うこと。かたい言いかた。類 めぐりあい。

かいごう【会合】〈名・する〉人々がより集まって、相談すること。その集まり。例 会合を開く。類 会議。集会。

がいこう【外交】〈名〉❶国と国とのあいだの交際や交渉《こうしょう》。例 外交を絶つ。外交官。外交的。対 内政。❷会社などで、外部の人と交渉《こうしょう》や取り引きをする、外まわりの仕事。その仕事をうけもつ人。例 保険の外交。外交員。類 外勤。

かいこういちばん【開口一番】〈副〉口をひらいて話しはじめた、その最初に。例 開口一番、休会を宣した。

がいこういん【外交員】〈名〉よその会社や商店、一般《いっぱん》の家庭をまわって、販売《はんばい》・宣伝などの仕事をする人。類 セールスマン。

がいこうかん【外交官】〈名〉外務大臣の指示のもとに、外国との交渉《こうしょう》を担当する公務員。大使・公使・書記官など。

がいこうじれい【外交辞令】〈名〉⇩しゃこうじれい

[1] **がいこうてき【外向的】**〈形動〉自分の中にひきこもって考えこむよりも、活発に行動して、外部に対応したり、実際に処置していくのをこのむ性格である。例 外向的な人。対 内向的。

[2] **がいこうてき【外交的】**〈形動〉❶外国との交渉《こうしょう》に関係している。例 外交的な圧力をかける。類 外交上。❷人との交際や交渉にむいている。例 外交的な人。

がいごうないじゅう【外剛内柔】〈名〉⇩ないじゅうがいごう

[1] **かいこく【海国】**〈名〉まわりを海にかこまれている国。例 海国日本。類 島国。

[2] **かいこく【開国】**〈名・する〉国が、それまでとざしていた外国との交際や貿易を始めること。対 鎖国《さこく》。

[3] **かいこく【戒告】**〈名・する〉公務員などに対する懲戒《ちょうかい》処分の一つ。規則をやぶった者を、法律によってきびしく注意すること。例 戒告をあたえる。戒告を受ける。戒告処分。→ちょうかい〔懲戒〕参考

がいこく【外国】〈名〉よその国。類 異国。他国。

がいこくかわせ【外国為替】〈名〉通貨のことなる外国との商《しょう》取引《とりひき》で、現金ではなく手形で決済を行なうこと。略して「外為《がいため》」という。

がいこくご【外国語】〈名〉❶よその国のことば。❷学校の教科の一つ。原則として英語を学ぶ。

がいこくじん【外国人】〈名〉よその国の人。例 外国人選手。類 外人。異人。

かいごし【介護士】〈名〉資格を持って介護にたずさ

わる人の総称《そうしょう》。介護福祉《ふくし》士や、ホームヘルパー、ケアマネージャーなど。表記 法律上の正式な名称ではなく、「介護師」とも書く。

がいこつ【骸骨】〈名〉骨だけの人体。類白骨。表現 ひどくやせた人を「骸骨のよう」と形容したりする。

かいごふくしし【介護福祉士】〈名〉法律上の資格をもち、障害者や高齢《こうれい》者の介護をしたり、介護者への助言や指導をしたりする人。

かいごほけん【介護保険】〈名〉高齢《こうれい》者などに、自宅や施設《しせつ》で介護サービスを提供するための保険。

かいこ・む【買い込む】〈動五〉先のことを考えて物を十分に買っておく。

かいころく【回顧録】〈名〉自分の体験したできごとをふりかえって、書きしるした文章。

かいごろし【飼い殺し】〈名〉役にたたなくなった家畜《かちく》を、死ぬまでかうこと。参考 会社などで、給料はしはらうが何もするなという、人間の「飼い殺し」もある。

[1] **かいこん【悔恨】**〈名・する〉これまでの自分の行ないがまちがっていたことに気づいて、悲しく、くやしく思うこと。例悔恨の念。悔恨の情。類後悔。

[2] **かいこん【開墾】**〈名・する〉山林や荒《あ》れ地をきりひらいて、田畑にすること。類開拓《かいたく》。

[3] **かいこん【塊根】**〈名〉養分をたくわえて、かたまりになっている根。サツマイモやダリアの球根など。類塊茎《かいけい》。

[1] **かいさい【開催】**〈名・する〉会合やもよおしものをひらくこと。例開催があやぶまれる。開催にこぎつける。開催にふみきる。開催中。開催期間。類もよおす。

[2] **かいさい【快▼哉】**〈名〉すばらしい気分。

快哉を叫《さけ》ぶ 「やったぞ」とよろこびの声をあげる。

かいざい【介在】〈名・する〉両方のあいだに、それをわけへだてるほかのものが入っていること。例両者のあいだに介在するかべをとりのぞく。

がいさい【外債】〈名〉外国の市場で発行する公債や社債。対内債。

がいざい【外在】〈名・する〉問題や性質が内部にはなく、その外にあること。対内在。

[1] **かいさく【改作】**〈名・する〉文学や音楽、絵画などの、すでにできあがっている作品に手を加えて、つくりかえること。類リメイク。

[2] **かいさく【開削】**【開▼鑿】〈名・する〉山野をきりひらいて、道路や運河をつくること。

かいさぐ・る【▼掻い探る】〈動五〉手でさわってたしかめながらさがす。

かいさつ【改札】〈名・する〉駅の出入り口で、乗客の乗車券をしらべること。そのための場所。例改札口。自動改札。 ↓けんさつ〔検札〕

[1] **かいさん【海産】**〈名〉魚や貝、のりなど、海でとれるもの。例海産物。類水産。海の幸《さち》。

[2] **かいさん【開山】**〈名〉〔仏教〕❶⇩かいき〔開基〕❷一つの宗派をはじめた人。類開祖。

[3] **かいさん【解散】**〈名・する〉❶集会などがおわって、集まっていた人々がわかれわかれに帰ること。例こんどの遠足は現地で解散します。対集合。類散会。❷会社や団体などの組織が活動を停止すること。例人気バンドが解散した。対結成。❸衆議院で、議員の任期がおわらないうちに、総理大臣が全議員の資格をとくこと。例衆議院を(が)解散する。解散権。参考 ③で、衆議院の解散後、総選挙が行なわれる。国会のはたらきをとめないために、参議院には解散がない。参議院の場合は、「任期が切れる」「任期切れ」などという。

かいざん【改▼竄】〈名・する〉もとの文章などを、自分につごうのいいように変えてしまうこと。

がいさん【概算】〈名・する〉大きな数量をもとめるときに、おおよその計算をすること。例概算で十万円の利益が出るはずだ。

かいさんぶつ【海産物】〈名〉海でとれた魚や貝、海藻《かいそう》などをまとめていうことば。類水産物。

[1] **かいし【開始】**〈名・する〉はじめること。はじまること。例授業を(が)開始する。試合開始。対終了《しゅうりょう》。類スタート。

[2] **かいし【懐紙】**〈名〉たたんでふところに入れて持つ白い和紙。参考 お茶や短歌の会などで、出された菓子《かし》をうけたり、茶器や楊枝《ようじ》などをぬぐったりするのに使う。

かいじ【開示】〈名・する〉外部にかくすことなく示すこと。例情報の開示。

[1] **がいし【外史】**〈名〉民間の人が書いた歴史書。対正史。類野史。

[2] **がいし【外資】**〈名〉国内の事業に投入された、外国の資本。例外資導入。

[3] **がいし【▼碍子】**〈名〉電線を電柱でささえるのに必要な、絶縁《ぜつえん》するための器具。多く、陶器《とうき》を使う。

[1] **がいじ【外字】**〈名〉❶外国の文字。例外字新聞。❷パソコンやワープロで、標準的に用意されている以外の文字。例外字登録。▽アガイジ

[2] **がいじ【外耳】**〈名〉耳で、こまくの外がわから耳の穴の入り口までの部分。対中耳《ちゅうじ》。内耳。アガイジ

がいして【概して】〈副〉おおまかにいって。例試運転は概して好評だった。類おおむね。いったいに。

かいしめ【買い占め】〈名〉ある品物を全部買い集めてしまうこと。例株の買い占め。

かいし・める【買い占める】〈動下一〉使ったり、もうけたりするために、ある品物を全部買い集めてしまう。例土地を買い占める。類買いきる。

[1] **かいしゃ【会社】**〈名〉利益をえることによって事業を進めていくためにつくる組織。株式会社・合資会社・合名会社・合同会社と、特例有限会社がある。例会社につとめる。会社をやめる。類企業《きぎょう》。アカイシャ

表現 実名をかくしたいときは「A社」「B社」のようにいう。

一社二社と数える。

敬語 自分の属する会社の丁重《ていちょう》語として「小社」「弊社《へいしゃ》」、相手の会社の尊敬語として「御社《おんしゃ》」「貴社《きしゃ》」を使う。

[2] **かいしゃ【▼膾▼炙】**〈名・する〉⇩人口に膾炙する〔じんこう〔人口〕〕の子項目〕アカイシャ

がいしゃ【外車】〈名〉外国から輸入した、高級な感じのする自動車。例外車を乗り回す。

かいしゃいん【会社員】〈名〉社会人として、会社につとめている人。類サラリーマン。

[1] **かいしゃく【介▽錯】**〈名・する〉切腹する人の首を切って、はやく死ねるようにしてやること。

[2] **かいしゃく【解釈】**〈名・する〉書かれたものや人の言ったことの意味を理解して、明らかにすること。例正しい解釈。解釈をあやまる。善意に解釈する。古典解釈。英文解釈。類解する。受け取る。

かいしゃほう【会社法】〈名〉会社のありかたについてさだめた法律。商法や有限会社法などに散在していた会社に関する法律を見直し、改正・統合・再編成して二

 マレーシア マレー半島南部とカリマンタン島北部からなる立憲君主国。工業が盛ん。首都クアラルンプール。

○○六年に施行《しこう》。最低資本金の撤廃《てっぱい》、有限会社の廃止《はいし》、あらたな合同会社の規定などの改定がおこなわれた。

[1] **がいじゅ【外需】**〈名〉国外での需要。対内需。

[1] **かいしゅう【回収】**〈名・する〉いったんくばったものや用ずみになったものを、集めること。例アンケートを回収する。欠陥《けっかん》商品を回収する。

[2] **かいしゅう【改宗】**〈名・する〉今まで信じていた宗教や宗派をやめて、別の宗教や宗派を信仰《しんこう》すること。類宗旨《しゅうし》がえ。

[3] **かいしゅう【改修】**〈名・する〉道路や建物などの、わるい部分をつくりなおすこと。例河川を改修する。改修工事。類改築。修理。

[1] **かいじゅう【怪獣】**〈名〉異様なすがたをした動物。異様なすがたと独特の力で人間に脅威《きょうい》をあたえながらも親しまれている、架空《かくう》の動物。

[2] **かいじゅう【海獣】**〈名〉海にすむ哺乳《ほにゅう》動物。クジラ・オットセイ・アザラシ・アシカなど。

[3] **かいじゅう【懐柔】**〈名・する〉うまいことをいって自分に反抗《はんこう》しないように手なずけること。例敵を懐柔する。懐柔策。類だきこむ。

[4] **かいじゅう【▼晦渋】**〈形動〉表現がむずかしくてわかりにくい。例晦渋な文章。対明快。類難解《なんかい》。

がいしゅう【外周】〈名〉ある場所の外がわのまわり。また、その長さ。外まわり。例建物の外周。対内周。

がいじゅう【害獣】〈名〉人や家畜《かちく》に危害を加えたり、田畑をあらしたりするけもの。

がいしゅういっしょく【▼鎧袖一触】〈名〉よろいのそででちょっとふれた程度で、かんたんに敵をまかすこと。

がいしゅつ【外出】〈名・する〉家や職場からよそへ出かけること。例外出を禁じる。外出をさしひかえる。ちょっと外出してくる。

[1] **かいしゅん【改▼悛】**『悔▼悛』〈名・する〉自分のおかした罪を悪かったと思い、心をいれかえること。例改悛の念にかられる。改悛の情。類改心。悔悟《かいご》。

[2] **かいしゅん【買春】**〈名・する〉男性が性欲をみたすために、お金をはらって女性の体を買うこと。対売春《ばいしゅん》。

かいしょ【楷書】〈名〉漢字の書体の一つで、一点一画をくずさずに書く書きかた。例楷書で書く。→しょたい〔書体〕絵

[1] **かいじょ【介助】**〈名・する〉病人や老人につきそい、動作の手助けをすること。類介護。

[2] **かいじょ【解除】**〈名・する〉禁止や制限などの命令をとりけして、ふつうの状態にもどすこと。例武装《ぶそう》を解除する。警報解除。類解禁。

[1] **かいしょう【▽甲▼斐性】**〈名〉一人の社会人としてだれの世話にもならず生活していける能力。例かいしょうがない。かいしょうなし。類意気地《いくじ》。アカイショー

[2] **かいしょう【改称】**〈名・する〉名称《めいしょう》をかえること。あたらしい名称。例社名を改称する。類改名。アカイショー

[3] **かいしょう【快勝】**〈名・する〉気持ちがいいほど、あざやかに勝つこと。類楽勝。大勝。アカイショー

[4] **かいしょう【解消】**〈名・する〉それまでにあった関係や状態をすっかりとりのぞくこと。また、すっかりなくなること。例契約《けいやく》を解消する。ストレスを(が)解消する。アカイショー

[1] **かいじょう【会場】**〈名〉会がひらかれる場所。例会場をさがす。会場を設営する。

[2] **かいじょう【海上】**〈名〉海のうえ。例海上交通。対陸上。類洋上。海面。

[3] **かいじょう【階上】**〈名〉二階だて以上の建物で、ある階よりもうえの階。対階下。

[4] **かいじょう【開城】**〈名・する〉降伏《こうふく》して、敵に城をあけわたすこと。類落城。

[5] **かいじょう【開場】**〈名・する〉❶会場の入り口を開けて、人々を入れること。例六時開場、七時開演。❷劇場や飛行場など「場」と名のつく施設《しせつ》が、新たに使えるようになること。対閉場。

[6] **かいじょう【解錠・開錠】**〈名〉かぎをあけること。対施錠《せじょう》。

[1] **がいしょう【外相】**〈名〉外務大臣。国務大臣の一人で、外務省の長。

[2] **がいしょう【外商】**〈名〉店の売り場をとおさないで、直接外部の客から注文をとって商品を売ること。例外商部。対店売《てんばい》。

[3] **がいしょう【外傷】**〈名〉からだの表面にうけたきず。例外傷をおう。類けが。

かいじょうたつ【下意上達】〈名〉一般《いっぱん》の人の意見が、上の者につたわること。対上意下達。

かいじょうほあんちょう【海上保安庁】〈名〉中央官庁の一つ。海上の安全を守る役所。国土交通省に属する。

かいしょく【会食】〈名・する〉人々が集まって、ゆっくり話をしながら食事をすること。

表現 ふだんのふつうの食事ではなく、親睦《しんぼく》のためや特別な目的をもってする、やや儀式《ぎしき》ばった食事をいう。

がいしょく【外食】〈名・する〉家庭ではなく、飲食店で食事をすること。例外食産業。

かいじょけん【介助犬】〈名〉病人や老人の介助をするために訓練されたイヌ。

[1] **かいしん【回診】**〈名・する〉病院で、医師が入院患者を診察してまわること。アカイシン

[2] **かいしん【改心】**〈名・する〉今までの心がけや行動が悪かったことに気づいて、心をいれかえること。類改悛《かいしゅん》。悔悟《かいご》。アカイシン

[3] **かいしん【改新】**〈名〉制度や方法をあらためて、新しくすること。例大化の改新。類刷新。アカイシン

[1] **がいしん【外心】**〈名〉〔数学〕多角形に外接する円の中心。三角形の場合は、三辺の垂直二等分線の交点。対内心。

[2] **がいしん【外信】**〈名〉外国からの通信や情報。

がいじん【外人】〈名〉外国人。例外人さん。

かいじん(灰▼燼)にき(帰)する たいせつなものやりっぱなものが、すっかり燃えてなくなってしまう。例戦火で都《みやこ》は灰燼に帰した。類水泡《すいほう》に帰《き》する。

かいしんの【会心の】〈連体〉うまくいって、心から満足な。例会心の笑《え》み。会心の作。

かいず【海図】〈名〉海の深さや海岸線、灯台の位置などをしるした、航海用の図面。

かいすい【海水】〈名〉うみの塩からい水。例海水浴。海水着。

かいすいぎ【海水着】〈名〉「水着《みずぎ》」のやや古い言いかた。

かいすいよく【海水浴】〈名〉海べに行って、海の水をあびたり、泳いだりすること。例海水浴に行く。

かいすう【回数】〈名〉それが何回おきたかを表わす数。

例 回数をかさねる。回数券。類 度数。回。

がいすう【概数】〈名〉おおよその見当でいう数や量。きりのいいところでおおづかみに表わした数や量。対 実数。

かいすうけん【回数券】〈名〉乗り物や食堂などで使用する、何回分かの切符《きっぷ》をひとつづりにしたもの。

1 **かい・する【介する】**〈動サ変〉あいだにおく。例 人を介して申しこむ。意に介さない。

2 **かい・する【会する】**〈動サ変〉何人かの人が同じところにより集まって、顔を合わせる。例 一堂に会する。類 つどう。参集する。

3 **かい・する【解する】**〈動サ変〉ことばにこめられている意味を理解する。例 英文を解する。風流を解する。類 解釈する。

3 **がい・する【害する】**〈動サ変〉❶からだや気分をわるくする。例 健康を害する。感情を害する。類 そこなう。❷殺す。例 人を害する。類 殺害する。あやめる。

1 **かいせい【改正】**〈名・する〉規則や規約などを、よりよいと思うものにあらためること。例 憲法改正論議。対 改悪。類 改定。是正《ぜせい》。

2 **かいせい【改姓】**〈名・する〉姓をかえること。類 改名。参考 ふつう、結婚《けっこん》したときに、男性または女性のがわの姓にかえることをいう。

3 **かいせい【快晴】**〈名〉空に雲ひとつなくて、気持ちよくはれていること。類 日本ばれ。ピーカン。参考 気象用語としては、雲の量が空全体の十分の一以下であるときをさす。天気図の記号は◯。

1 **かいせき【会席】**〈名〉何人かで集まって開く、会合や宴会《えんかい》。例 会席料理。

2 **かいせき【解析】**〈名・する〉❶ものごとを要素ごとにわけて、組み立てをはっきりさせること。例 構文解析。類 分析。❷〔数学〕関数について研究する学問。解析学。

3 **かいせき【懐石】**〈名〉茶の湯で、茶を出す前に出す簡単な料理。茶懐石。参考「懐石料理」は、これをまねて料亭《りょうてい》などで出す、精進《しょうじん》料理風の料理。

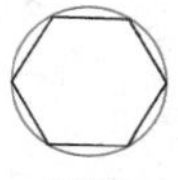

外接円

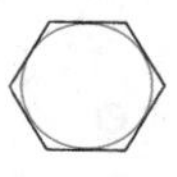

内接円

［がいせつ］

1 **がいせき【外戚】**〈名〉母かたの親戚。

かいせつ【開設】〈名・する〉施設《しせつ》などを新しくつくり、その営業や運用を始めること。例 診療《しんりょう》所を開設する。銀行口座を開設する。類 新設。創設。

2 **かいせつ【解説】**〈名・する〉前後の事情や、そのことの意義、他への影響《えいきょう》などまで入れて、わかりやすく説明すること。例 ニュース解説。

1 **がいせつ【外接】**〈名・する〉〔数学〕ある図形が、他の図形の外がわに接すること。どちらかが円形であるときにいう。絵 例 三角形に外接する円。対 内接。

2 **がいせつ【概説】**〈名・する〉要点をあげて全体のおおすじを説明すること。対 詳説《しょうせつ》。類 概論。総論。

カイゼルひげ【カイゼル▼髭】〈名〉両端がはね上がった形の口ひげ。→ひげ〔髭〕絵 参考「カイゼル(Kaiser)」はドイツの皇帝のこと。

1 **かいせん【回線】**〈名〉通信のためにはりめぐらせた電線。例 回線が通じる。回線がふさがっている。

2 **かいせん【改選】**〈名・する〉役員や議員を、新しくえらびなおすこと。例 学級委員を改選する。

3 **かいせん【▼廻船】【回船】**〈名〉〔歴史〕国内の港をむすんで品物をはこんだ船。中世以降、商業の発達とともにさかんになった。例 廻船問屋。

4 **かいせん【海戦】**〈名〉海上でのたたかい。対 陸戦。空戦。

5 **かいせん【海鮮】**〈名〉とれたばかりの新鮮な魚介《ぎょかい》類。例 海鮮料理。

6 **かいせん【▼疥▼癬】**〈名〉カイセン虫《ちゅう》という虫が寄生しておこる、とてもかゆいひふ病。

7 **かいせん【開戦】**〈名・する〉戦争をはじめること。例 英米と開戦する。対 終戦。

かいぜん【改善】〈名・する〉方法や組織、制度などのわるいところをなおして、よくすること。また、よくなること。例 待遇《たいぐう》を改善する。業績が改善する。改善をはかる。改善の余地がある。体質改善。対 改悪。類 改良。改正。

1 **がいせん【外線】**〈名〉❶学校や会社などで、外部へ通じている電話。例 外線を内線につなぐ。対 内線。❷屋外にある電線。

2 **がいせん【▼凱旋】**〈名・する〉勝利者が、本拠地《ほんきょち》にかえること。例 凱旋帰国。凱旋門。

がいぜん【概然】〈副・連体〉いきどおり、なげくようす。

がいぜんせい【蓋然性】〈名〉あることが見こみどおりにおこると思われる程度。例 蓋然性が高い。類 可能性。確率。公算。

表現「可能性」は、「ある」「ない」でいえるが、「蓋然性」のほうは、「高い」「低い」「大きい」「小さい」「確率…パーセント」というくらい具体的に表現するのに適していて、「ある」「ない」ではいわない。

かいせんどんや【▼廻船問屋】〈名〉〔歴史〕江戸時代、廻船によってはこばれる品物の集荷や保管と、売買のとりつぎを行なった業者。

がいせんもん【▼凱旋門】〈名〉凱旋する軍隊を歓迎《かんげい》して、戦勝を記念するためにつくった門。参考 パリのエトワール凱旋門がとくに有名。

1 **かいそ【改組】**〈名・する〉会社や役所の組織をかえること。例 内閣の改組。役員の改組。

2 **かいそ【開祖】**〈名〉❶ある流派をはじめた最初の人。類 元祖。始祖。❷仏教で、一つの宗派をひらいた人。類 開山《かいさん》。教祖。

1 **かいそう【回送】【▼廻送】**〈名・する〉❶送られてきた手紙などを、あけないで、そのまま別のところへ送ること。類 転送。❷電車や自動車を、客や荷物を乗せないで、別のところにまわすこと。例 回送車。

2 **かいそう【会葬】**〈名・する〉葬式に出席すること。例 会葬者。

3 **かいそう【回想】**〈名・する〉自分の経験した過去のことを、それからそれへと思いおこすこと。例 回想にふける。回想録。類 回顧《かいこ》。追憶《ついおく》。

4 **かいそう【回▼漕】**〈名・する〉船で荷物をはこぶこと。

5 **かいそう【快走】**〈名・する〉気持ちよく速く走ること。

6 **かいそう【改装】**〈名・する〉建物の設備や見かけなどをかえること。例 店舗《てんぽ》を改装する。類 模様がえ。新装。

7 **かいそう【海藻・海草】**〈名〉❶［海藻］ワカメやテングサなどの、海中にはえる藻類。胞子《ほうし》でふえる。褐藻《かっそう》類・緑藻類・紅藻類などがある。対 淡水藻。❷［海草］

 南アフリカ　アフリカ南端の共和国。金・ダイヤ・クロムなど鉱物資源が豊富で工業も盛ん。首都プレトリア。

アマモなど、海中にはえる種子植物。

8 **かいそう**【階層】〈名〉❶社会を構成している人々を地位や身分、職業、年齢《ねんれい》などによってわけた、それぞれの集団。例低所得者階層。類階級。❷下から上へ、性質のことなる部分が重なってできているものについて、それぞれの重なり。例階層構造。

かいぞう【改造】〈名・する〉建物や機械、組織などの、ぐあいのわるいところをつくりなおすこと。例内閣改造。

がいそう【外装】〈名〉❶建物の、外がわに面する部分の設備やかざり。例外装工事。対内装。❷荷物などの包装。

かいぞうど【解像度】〈名〉テレビやパソコンのディスプレー、プリンター、デジタルカメラなどの性能を示す、表示・印刷される点々の細かさ。高いほどきれい。

かいぞえ【介添え】〈名〉花嫁《はなよめ》や病人などにつきそって、世話をすること。例介添え人《にん》。

1 **かいそく**【会則】〈名〉会のきまり。例会則を定める。類会規。

2 **かいそく**【快速】〈名〉❶すばらしく速いこと。例快速電車。快速船。❷「快速電車」の略。とまる駅を少なくして走る。

かいぞく【海賊】〈名〉船に乗って、ほかの船や沿岸地方をおそい、金品をうばう集団。例海賊船。

かいぞくばん【海賊版】〈名〉外国の出版物などを無断で複製し、売り出したもの。

表記 CDやレコードの場合は「海賊盤《ばん》」と書く。

がいそふ【外祖父】〈名〉母かたの祖父。対外祖母。

がいそぼ【外祖母】〈名〉母かたの祖母。対外祖父。

1 **かいたい**【解体】〈名・する〉組みたてられているものをばらばらにして、もとの形をなくすこと。また、ばらばらになって、もとの形がなくなること。例自動車を解体する。組織を(が)解体する。連邦《れんぽう》国家が解体する。類分解。

表現 マグロやウシなどを、食用に部位ごとに切り分けることにもいう。

2 **かいたい**【拐帯】〈名・する〉〔法律〕持ちにげ。例公金を拐帯する。拐帯犯。

3 **かいたい**【懐胎】〈名・する〉「妊娠《にんしん》」の書きことば的な言いかた。例処女懐胎。類懐妊《かいにん》。受胎。

1 **かいだい**【改題】〈名・する〉題名を変えること。

2 **かいだい**【解題】〈名・する〉書物や作品の、作者・発表時期・体裁《ていさい》・内容などを説明すること。また、その説明。例文献《ぶんけん》解題。

かいたく【開拓】〈名・する〉❶山林や原野をおおがかりにきりひらいて、田畑をつくること。例開拓地。類開墾《かいこん》。開発。拓殖。❷新しい分野をきりひらくこと。例市場を開拓する。例未開拓。

かいだく【快諾】〈名・する〉たのみごとを、気持ちよくひきうけること。例快諾をえる。類二つ返事。

かいたくち【開拓地】〈名〉新たに開拓された土地。類新開地。

かいだし【買い出し】〈名〉パーティー用の食べ物・飲み物や、まとめ買いをする物を、買いに出かけること。

かいたた・く【買いたたく】〘買い▼叩く〙〈動五〉ひどく安いねだんにさせて、買う。

かいだめ【買いだめ】〘買い▼溜め〙〈名・する〉値あげや品うすになるのをみこして、品物をたくさん買いこんでおくこと。例かんづめの買いだめ。類買い置き。

がいため【外▽為】〈名〉外国為替《かわせ》の通称《つうしょう》。

1 **かいだん**【会談】〈名・する〉責任のある立場にいる人たちが、公式に会って話しあうこと。例会談をひらく。会談を申しいれる。首脳会談。

2 **かいだん**【怪談】〈名〉幽霊《ゆうれい》や化け物の出てくる、聞いてぞっとする話。参考 歌舞伎《かぶき》や講談で演じられてきた古典的な三大怪談として、「(東海道)四谷《よつや》怪談」「番町皿屋敷《さらやしき》」「牡丹灯籠《ぼたんどうろう》」がとくに有名。

3 **かいだん**【階段】〈名〉高さのちがうところをつなぐ、段段になっている通路。例階段をあがる。階段をおりる。階段をふみはずす。

表現 「出世の階段」のように、順番にすすんであがっていく等級や地位を表わすときにも使う。

がいたん【慨嘆】〘慨▼歎〙〈名・する〉「これはひどい」と、ひどくなげかわしく思うこと。例社長の無責任を慨嘆する。慨嘆にたえない。

かいだんじ【快男児】〈名〉元気がよく、人にさわやかな感じをあたえる若い男性。快男子。類好漢。

ガイダンス〈名・する〉❶学校で、生徒・学生の学習や生活、就職などについて、指導したり助言したりすること。❷初心者や見学者のための、案内・指導《しどう》。例史跡《しせき》のガイダンス施設《しせつ》。◇guidance

がいち【外地】〈名〉国外の土地。昔の言いかた。対内地。

かいちく【改築】〈名・する〉建物の全部または一部をつくりなおすこと。類改修。

1 **かいちゅう**【回虫】〘▼蛔虫〙〈名〉人や家畜の小腸などに寄生する、ミミズに似た虫。

2 **かいちゅう**【海中】〈名〉海のなか。類水中。

3 **かいちゅう**【懐中】〈名〉❶ふところや内ポケットの中。そこに入れて持つこと。例懐中電灯。懐中時計。❷持ち歩いているお金。例懐中がとぼしい。懐中物《もの》。

4 **かいちゅう**【改鋳】〈名・する〉金属でできたものを、いったんとかし、改めてつくりなおすこと。例貨幣《かへい》の改鋳。

1 **がいちゅう**【外注】〈名・する〉自分の会社や工場などではまかないきれない仕事を、外部の業者に注文してさせること。類アウトソーシング。

2 **がいちゅう**【害虫】〈名〉人間の生活に害になる虫。ノミ・ハエ・アブラムシなど。対益虫。

かいちゅうでんとう【懐中電灯】〈名〉乾電池を使った、持ち歩きのできる小型の電灯。

1 **かいちょう**【会長】〈名〉❶会を代表し、その責任を負う立場にある人。❷会社などで、社長の上に位置する人。日本では、社長を引退した人などにあたえられる実権のない名誉《めいよ》職的な場合も多い。例会長にいただく。名誉会長。類会頭。

2 **かいちょう**【海鳥】〈名〉海岸や小さな島にすみ、さかななどをえさにしている鳥。ウミネコなど。うみどり。

3 **かいちょう**【階調】〈名〉写真やテレビ画像の濃淡。

4 **かいちょう**【開帳】〈名・する〉お寺で、きめられた日に厨子《ずし》のとびらをひらいて、たいせつな仏像を一般《いっぱん》の人々が拝《おが》めるようにすること。開扉《かいひ》。

5 **かいちょう**【快調】〈形動〉からだやものごとの調子が、すばらしくいい。例快調な出だし。快調にとばす。類好調。

がいちょう【害鳥】〈名〉農作物を食いあらすなど、人間の生活に害になる鳥。カラスなど。対益鳥。

かいちん【開陳】〈名・する〉日ごろ考えている意見を述べること。かたくるしいことば。例所信を開陳する。

かいつう【開通】〈名・する〉鉄道や道路、電話などの

設備ができて、通じるようになること。例全線開通。

かいづか【貝塚】〈名〉石器時代の遺跡《いせき》の一つ。人が食べた貝のからなどがつもったもの。

かいつ・ける【買い付ける】〈動下一〉❶いつもそこで買っている。例ふだん買い付けている店。❷業務として、定期的に大量に仕入れる。

かいつぶり〈名〉水鳥の一種。ハトくらいの大きさ。水草で水の上に巣をつくる。「かいつむり」ともいう。にお。

かいつま・む〈動五〉大事なところだけを大ざっぱにとらえてまとめる。例かいつまんで話す。類概括《がいかつ》する。

かいて【買い手】〈名〉品物を買うがわの人。例買い手がつく。買い手に回る。対売り手。→うりぬし 参考

[1]**かいてい【改定】**〈名・する〉公式に定めたことの内容をあらためること。例料金改定。類改正。

[2]**かいてい【改訂】**〈名・する〉まちがいを正したり、よりよくしたりするために、本などの内容をなおすこと。例教科書の改訂。改訂版。

[3]**かいてい【海底】**〈名〉海のそこ。例海底ケーブル。類水底。

[4]**かいてい【開廷】**〈名・する〉法廷で、その日、その裁判を始めること。対閉廷。

[5]**かいてい【階▼梯】**〈名〉❶「階段」のかたい言いかた。❷一段ずつのぼっていく、学習や発展の段階。

かいてき【快適】〈形動〉とても気持ちがよい。例快適な乗りごこち。快適に動くパソコン。類ここちよい。

[1]**がいてき【外的】**〈形動〉❶外向きの。例外的業務。❷精神ではなく、肉体や物質に関係している。例外的欲求。▽対内的。

[2]**がいてき【外敵】**〈名〉外部にいる敵。

表現 国の内部、企業《きぎょう》の内部など、中の敵もありうるとして、それと対比していう。

かいてしじょう【買い手市場】〈名〉その商品をほしがる人が少なくて、ねだんを下げなければなかなか売れず、消費者がわに有利な状況《じょうきょう》。不況でつとめ口を見つけにくいことにもいう。対売り手市場。

[1]**かいてん【回転】**【▼廻転】〈名・する〉❶一点を中心にしてくるりとまわること。例回転軸《じく》。回転ドア。回転移動。一回転。❷頭がよくはたらくこと。例頭の回転が速い。❸流れるように、たえず入れかわること。例客の回転のいい店。❹「回転競技」の略。

[2]**かいてん【開店】**〈名・する〉❶店をあけて、その日の営業を始めること。❷商店が、新しく店をひらくこと。類開業。オープン。▽対閉店。類店開き。

かいでん【皆伝】〈名〉武道や芸道で、師匠《ししょう》から奥義《おうぎ》まで教えられること。例免許《めんきょ》皆伝。

[1]**がいでん【外伝】**〈名〉❶正史からもれた、伝記や逸話《いつわ》。❷物語の番外編やうら話。類スピンオフ。

[2]**がいでん【外電】**〈名〉外国の通信社から送信されてくるニュース。例外電が入る。

参考「電」はもと、電報のこと。

かいてんきゅうぎょう【開店休業】〈名〉開店しているとは名ばかりで、客がなくて休業同然であること。

表現 なにかをしはじめたのに、なにもすることがないことを「開店休業の状態」という。

かいてんきょうぎ【回転競技】〈名〉スキーのアルペン競技の一つ。斜面《しゃめん》に立てられたきまった数の旗を、順に右左交互にまわってすべりおり、その速さをきそう。スラローム。

かいてんしきん【回転資金】〈名〉会社や店で、材料や商品の仕入れ、給料など、仕事を進めるために必要な資金。運転資金。

かいてんじく【回転軸】〈名〉回転する物の中心をつらぬいて、回転運動をささえる軸。

かいてんもくば【回転木馬】〈名〉メリーゴーランド。

ガイド〈名・する〉❶旅行や山登りで、つきそって案内をすること。案内者。案内人。類道案内。❷内容紹介《しょうかい》や、やりかたの手びき。例ガイドブック。類しおり。案内。❸「教科書ガイド」の略。学校教科書の内容の解説や解答を書いた自習書。◇guide

[1]**かいとう【回答】**〈名・する〉要求や問いあわせに対して、自分の意見や態度を示して答えること。例アンケートに回答する。質問に回答する。(クイズ番組の)回答者。

[2]**かいとう【解答】**〈名・する〉❶問題や質問などに対して、よく考えてその答えを示すこと。例解答用紙。類答案。❷「正答」のこと。例解答を見る。

[3]**かいとう【解凍】**〈名・する〉❶冷凍した食品をとかして、もとの状態にもどすこと。対冷凍。生《なま》。❷〔情報〕⇩しんちょう〔伸張〕

[4]**かいとう【会頭】**〈名〉会の代表者。いくつかの会や団体の連合組織、または同じ資本系統の会社の連合体の長の場合にいう。類会長。

[5]**かいとう【怪盗】**〈名〉ぬすみ方があざやかで、証拠《しょうこ》を残さず、警察も手をやくような盗賊《とうぞく》。

表現「怪盗ルパン」というように、盗賊を興味の対象として見ていることば。

[1]**かいどう【怪童】**〈名〉ふつうの子どもと比べものにならないほど、たくましく強い男の子。

[2]**かいどう【海道】**〈名〉海にそった道路。とくに東海道をさすことがある。

[3]**かいどう【街道】**〈名〉むかしから、大きな町まちを結びつけている重要な道路。例日光街道。

表現 道を表わすことばは、どれも人生行路を表わすことができる。街道も「社会の表街道をいく」「人生の裏街道をあゆむ」「出世街道をまっしぐら」など、よくいう。

[1]**がいとう【外灯】**〈名〉屋外の電灯。

[2]**がいとう【外▼套】**〈名〉「オーバー(コート)」の古い言いかた。

[3]**がいとう【街灯】**〈名〉道路を明るくするために、道のわきにつけてあるあかり。

[4]**がいとう【街頭】**〈名〉人どおりの多いとおり。町なか。例街頭演説。街頭インタビュー。類街角《まちかど》。

[5]**がいとう【該当】**〈名・する〉ある条件にちょうどあてはまること。例以下の条件に該当する人はご連絡《れんらく》ください。該当者。類当たる。

かいとう(快刀)らんま(乱麻)をた(断)つ よく切れる刀でもつれた麻糸《あさいと》を断ち切ることから、やっかいな事件や問題を、みごとに解決する。

[1]**かいどく【買い得】**〈名〉ねだんのわりに物がよいとか、量が多いとかで、買って得になること。例お買い得(の品)。対買い損《そん》。

[2]**かいどく【解読】**〈名・する〉ふつうでは読めない文字や記号の意味をとき明かすこと。例暗号を解読する。

がいどく【害毒】〈名〉人にあたえる わるい影響《えいきょう》。例害毒を流す。類害悪。

ガイドブック〈名〉案内書。手引書。◇guidebook

ガイドライン〈名〉❶政府などが施策《しさく》上の目標として示す、数量的な基準。指導目標。指針《ししん》。❷文字をそろえて書くなどするための線。◇guideline

かいと・る【買い取る】〈動五〉買って自分のものにする。例土地を買い取る。類買い入れる。

かいな〖▽腕〗〈名〉「うで」の古い言いかた。例(すもうで)かいなを返す。かいなぢから。

かいなで〖▼掻い▼撫で〗〈名〉表面だけで深くは知らないこと。通りいっぺん。例かいなでの知識。

かいなら・す【飼い慣らす】〖飼い▼馴らす〗〈動五〉動物にえさなどをあたえ、しつけをして、言うことをきくようにする。

かいなん【海難】〈名〉航海中におこる、衝突《しょうとつ》や沈没《ちんぼつ》、火災などの災難。例海難救助。類水難。

がいに(方言)たいそう。ひどく。たくさん。東北・中国・四国などで言う。例がいに生意気だ。

かいにゅう【介入】〈名・する〉直接関係のないはずの者が、よこあいからわりこむこと。例紛争《ふんそう》に介入する。武力介入。軍事介入。類干渉《かんしょう》。

表現 国や組織についていうことが多い。

[1]**かいにん**【解任】〈名・する〉ある任務や職務をやめさせること。対任命。類解職。免職《めんしょく》。罷免《ひめん》。

表現 高い地位の人をやめさせることにいうことが多い。

[2]**かいにん**【懐妊】〈名・する〉「妊娠《にんしん》」のあらたまった言いかた。類懐胎《かいたい》。受胎。

[1]**かいぬし**【買い主】〈名〉その品物を買った人。対売り主。アカイヌシ →うりぬし 参考

[2]**かいぬし**【飼い主】〈名〉その動物を飼っている人。類主人。アカイヌシ

かいね【買値】〈名〉買うときの、もののねだん。対売値《うりね》。類買価《ばいか》。

がいねん【概念】〈名〉❶一匹《いっぴき》一匹のイヌからその共通した特徴《とくちょう》をとりだして、「イヌ」とはどういう動物か、と考えるような、一つの類として頭にえがく考え。例概念をはっきりさせる。美の概念。概念規定。概念形成。類概念。上位概念。❷年寄りといえば「がんこもの」、若者といえば「未熟もの」ときめてかかるような固定した考え。例既成《きせい》の概念。水はおそろしいという概念をうえつけられてしまうと、水泳がおぼえられない。固定概念。類先入観。❸何かについて、頭の中だけでつくりあげている考え。例概念の遊び。実物を見ないで、概念でえがいた絵だ。概念図。類観念。

がいねんず【概念図】〈名〉要点をわかりやすく示した図。

がいねんてき【概念的】〈形動〉具体的でなく、おおまかにとらえられている程度である。例概念的には理解できたが、実体がよくわからない。

かいは【会派】〈名〉主義主張を同じくするものでつくられる派閥《はばつ》や団体。

[1]**かいば**【飼い葉】〈名〉ウマやウシに、えさとしてあたえる草やわら。例飼い葉おけ。類まぐさ。アカイバ

[2]**かいば**【海馬】〈名〉❶〔医学〕大脳の一部で、短期的な記憶《おく》をつかさどる部分。❷タツノオトシゴ、トド、セイウチの別名。▽アカイバ

参考 ①は、タツノオトシゴに形が似《に》ていることからの名。

かいはい【改廃】〈名・する〉制度や法律などを、改めたりやめたりすること。例組織を改廃する。

[1]**がいはく**【外泊】〈名・する〉友だちの家など、ふだん住んでいるところではないところに とまること。

表現 旅行などのときには いわない。

[2]**がいはく**【該博】〈形動〉知識がひじょうに広い。例該博な知識。類博識。博学。

かいはくしょく【灰白色】〈名〉灰色《はいいろ》がかった白。類ミルキーホワイト。アイボリーホワイト。

かいばしら【貝柱】〈名〉二枚貝の、貝がらをあけたりとじたりする筋肉。さし身や乾物《かんぶつ》にして食べる。

かいはつ【開発】〈名・する〉❶山林や原野などをきりひらいて、人間の生活に直接役だたせようとすること。例土地の開発がすすむと、自然が破壊《はかい》される。電源開発。類開拓《かいたく》。❷いろいろなくふうをして、あたらしく実用化すること。例新機種の開発。

かいばつ【海抜】〈名〉海面の高さの平均値を基準として、そこから測った平地や山などの高さ。標高。日本では、東京湾の平均海面を海抜0メートルとする。

がいはつてき【外発的】〈形動〉外部からの影響《えいきょう》によってひき起こされる。対内発的。

がいはんぼし【外反▼拇▼趾】〈名〉足の親指がとなりの指のほうにまがった状態。先の細いくつをはき続けることによる。

[1]**かいひ**【会費】〈名〉❶会の活動をつづけるために会員が出すお金。例年会費。❷その会に出席する人が出すお金。例会費を徴収《ちょうしゅう》する。▽アカイヒ

[2]**かいひ**【回避】〈名・する〉はじめからさけたり、途中《とちゅう》からにげたりして、ぶつからないようにすること。例責任を回避する。衝突《しょうとつ》を回避する。アカイヒ

[3]**かいひ**【開扉】〈名・する〉❶とびらをあけること。❷開帳。例秘仏開扉。▽アカイヒ

かいびかえ【買い控え】〈名・する〉❶買うのを待つこと。例値下げのきまった商品を買い控えする。❷以前にくらべて買わないようにすること。例不況《ふきょう》で消費者が買い控えする。類買い渋《しぶ》り。

かいびゃく【開▼闢】〈名〉天地のはじまり。例開闢以来(のできごと)。天地開闢(=天地創造)。類創世。

かいひょう【開票】〈名・する〉投票の結果を調べること。例開票速報。

かいひん【海浜】〈名〉「うみべ」の専門的な言いかた。例海浜植物。類海岸。

がいぶ【外部】〈名〉❶もののそとがわ。そとの部分。例建物の外部。❷組織や団体の そと。例外部にしれる。外部にもらす。外部の人。▽対内部。

[1]**かいふう**【海風】〈名〉❶海の方からふいてくる風。海の上をふく風。❷〔気象〕日中、海から陸にむかってふく風。海軟風《かいなんぷう》。対陸風。

[2]**かいふう**【開封】〈名〉❶〈する〉手紙などの封をあけること。メールをひらくことにもいう。❷郵便物の封の一部をあけておくこと。第三種郵便物(=雑誌など)と第四種郵便物(=通信教育の教材など)を特別料金で送るときのとりきめ。ひらき封。

がいふう【▼凱風】〈名〉「みなみかぜ」の文学的な言いかた。対朔風《さくふう》。

[1]**かいふく**【回復・快復】〖▼恢復〗〈名・する〉❶[回復・快復]病気やけがが なおること。例回復が早い。病気が回復する。健康が(を)回復する。回復力。疲労《ひろう》回復。類治癒《ちゆ》。いえる。❷[回復]よくない状態にあったものが、もとのよい状態をとりもどすこと。例天気が回復する。平和を回復する。名誉《めいよ》を回復する。新幹線のダイヤは夕がたには回復の見こみです。

[2] **かいふく【開腹】**〈名・する〉〔医学〕治療《ちりょう》のため、腹を切り開くこと。[例]開腹手術。

がいぶせい【外部生】〈名〉その学校や大学に、付属や系列の学校でない学校から進学してきた生徒。[対]内部生。

かいぶつ【怪物】〈名〉正体のわからない、あやしい生き物。[類]ばけもの。モンスター。

[表現]「政界の怪物」のように、ふつうの人とちがった、おそろしいほどの力や才能をもっている人についてもいう。

[1] **かいぶん【回文】**〖▼廻文〗〈名〉「たけやぶやけた」のように、上から読んでも下から読んでも同じになる文。[ア]カイブン

[2] **かいぶん【灰分】**〈名〉「ミネラル」のこと。[ア]カイブン

[1] **がいぶん【外分】**〈名・する〉〔数学〕線分の両端《りょうたん》からの距離《きょり》が、あたえられた比になるように、線分の延長線上に点をもとめること。[対]内分。

[2] **がいぶん【外聞】**〈名〉❶自分に対する、まわりの人の見かた。[例]外聞がわるい。外聞をつくる。外聞を気にする。恥《はじ》も外聞もない。[類]人ぎき。世間体《せけんてい》。聞こえ。体裁《ていさい》。❷ほかの人に聞かれること。[例]外聞をはばかる(=人に聞かれたら困る)。

かいぶんしょ【怪文書】〈名〉人や組織のことをわるく書いた、でどころのはっきりしない文書。[例]怪文書が出まわる。

がいぶんぴつ【外分泌】〈名〉分泌物がからだの表面や消化器にしみ出ること。あせ・つばなど。「がいぶんぴ」ともいう。[対]内分泌。

かいへい【開閉】〈名・する〉あけたり、しめたりすること。また、あいたり、しまったりすること。[例]ファスナーを開閉する。ドアが自動的に開閉する。[類]あけしめ。あけたて。

かいへいたい【海兵隊】〈名〉海軍部隊で、上陸作戦を任務とする部隊。ふつう、アメリカ海軍についていう。

がいへき【外壁】〈名〉建物のそとに面しているかべ。

[1] **かいへん【改変】**〈名・する〉ものごとの内容をあらためること。[例]組織の改変。[類]改革。変革。

[2] **かいへん【改編】**〈名・する〉いちど編成や編集をしたものを、編成・編集しなおすこと。[例]春の番組改編。

[3] **かいへん【貝偏】**〈名〉漢字の偏の一つ。「財」「貯」などの「貝」の部分。

[1] **かいほう【介抱】**〈名・する〉病人やけが人の、手当てや世話をすること。[類]看病。看護。[ア]カイホー

[2] **かいほう【会報】**〈名〉会のようすを会員にしらせるために発行する印刷物。[ア]カイホー

[3] **かいほう【快方】**〈名〉病気やけがなどがよくなっていくこと。[例]快方にむかう。[ア]カイホー

[4] **かいほう【開放】**〈名・する〉❶戸や窓をすっかりあけること。また、あけておくこと。[例]開放感のある広い部屋。❷制限をつけず、だれでも自由に出入りできるようにすること。[例]校庭を日曜日も開放する。門戸《もんこ》開放。[対]閉鎖《へいさ》。▽[ア]カイホー

[5] **かいほう【解放】**〈名・する〉自由をうばわれている人々を、自由にすること。[例]週末の解放感。奴隷《どれい》解放。[対]束縛《そくばく》。[ア]カイホー

[6] **かいほう【解法】**〈名〉問題の解き方。[ア]カイホー

かいぼう【解剖】〈名・する〉❶〔医学〕内部のようすを調べるためや、死因を調査するために、死んだ動物や人のからだをきりひらくこと。[例]解剖にふす。死体を解剖する。解剖学。生体解剖。❷ものごとをこまかく分析《ぶんせき》すること。[例]心理を解剖する。

かいほうてき【開放的】〈形動〉秘密や制限などがなく、入り口があけられている感じだ。[例]開放的な性格。

がいまい【外米】〈名〉輸入した米。[対]内地米。

かいまく【開幕】〈名・する〉舞台《ぶたい》の幕があいて、劇などがはじまること。[対]閉幕。[類]開演。幕あき。

[表現]「オリンピック開幕まであとひと月」のように、注目をあつめるもよおしの開始にも言う。

かいま・みる【かいま見る】〖▽垣間見る〗〈動上一〉❶すきまからちらりと見る。ちょっとのぞく。古風な言いかた。[例]ものかげからかいま見る。❷一端《いったん》を知る。[例]練習試合を視察して、敵の実力をかいま見た。

[表現]派生《はせい》した、「かいま見える」「かいま見せる」という言いかたも増えている。

かいみょう【戒名】〈名〉⇩ほうみょう

かいみん【快眠】〈名・する〉気持ちよくぐっすりねむること。[例]快眠をえる。快食快眠。

かいむ【皆無】〈名・形動〉まったくないこと。[例]可能性は皆無だ。出席者は皆無の状態だ。[類]絶無。

がいむしょう【外務省】〈名〉中央官庁の一つ。外国との交渉《こうしょう》や条約のとりきめなどの仕事をする。

[1] **かいめい【改名】**〈名・する〉名前を変えること。[類]改姓《かいせい》。

[2] **かいめい【階名】**〈名〉〔音楽〕音階のそれぞれの音をよぶ名前。[参考]「階名」は、たとえば、ハ長調ではドになるように、主音の移動にしたがってかわる。「音名」は、音の絶対的な高さをあらわす。

[3] **かいめい【解明】**〈名・する〉わからない点をしらべて、あきらかにすること。[例]真相を解明する。[類]究明。

かいめつ【壊滅】〖潰滅〗〈名・する〉もとの形がまったく残らないほど、めちゃめちゃになってしまうこと。[例]市街が壊滅する。壊滅の危機に瀕《ひん》する。漁業が壊滅的打撃《だげき》をうける。[類]崩壊《ほうかい》。全滅。

[1] **かいめん【海面】**〈名〉海の表面。[例]海面すれすれに飛ぶ。地球温暖化で海面が上がる。[類]海上。

[2] **かいめん【海綿】**〈名〉❶⇩かいめんどうぶつ ❷「海綿動物」の骨をかわかしたもの。やわらかく、たくさんの穴があって水けをよく吸うので、化粧《けしょう》用具や文房具《ぶんぼうぐ》として使う。スポンジ。

がいめん【外面】〈名〉❶ものの外がわの面。❷人やものの外がわに現れているようすや感じ。[例]外面は平静をよそおう。[対]内心。[類]外見。みかけ。うわっつら。▽[対]内面。[類]表面。[参考]「そとづら」と読むのは別の語。

かいめんかっせいざい【界面活性剤】〈名〉物の表面に液体がついたとき、空気との関係で表面の液体の張力《ちょうりょく》が小さくなり、すべりやすい性質をもつ物質。洗剤《せんざい》や帯電防止剤などに用いられる。

がいめんてき【外面的】〈形動〉❶かたちになってそとに現れている。[例]外面的な特徴《とくちょう》。❷みかけだけのことである。[例]外面的には整っているが、なかみはばらばらだ。▽[対]内面的。[類]表面的。

かいめんどうぶつ【海綿動物】〈名〉海底の岩などにくっついて生活する、つぼ状の下等動物の総称《そうしょう》。

かいもく【皆目】〈副〉(あとに打ち消しのことばをともなって)まったくわからないということを強調していう言いかた。[例]皆目見当もつかない。[類]少しも。ちっとも。全然。

かいもと・める【買い求める】〈動下一〉買って手に入れる。[例]旅先で買い求めた品。

かいもの【買い物】〈名・する〉❶品物を買うこと。

の。例 買い物にいく。類 ショッピング。❷買ってとくになるもの。例 いい買い物をした。お客さん、これは買い物ですよ。類 買いどく。

かいもん【開門】〈名・する〉門をひらくこと。対 閉門。

がいや【外野】〈名〉❶野球で、本塁《ほんるい》からみて、一塁・二塁・三塁をむすぶ線より遠くのほう。また、そこを守る人。例 外野フライ。外野手。対 内野。❷そのものごとに直接関係のない人。俗《ぞく》な言いかた。例 外野がうるさい。

かいやく【解約】〈名・する〉契約《けいやく》をとりけすこと。例 解約手数料。類 キャンセル。とりけし。

がいやしゅ【外野手】〈名〉野球で、外野をまもる人。対 内野手。

かいゆ【快癒】〈名・する〉病気やけがが、すっかりよくなること。類 全快。全治。回復。平癒《へいゆ》。

かいゆう【回遊】〈名・する〉❶あちこちを旅行してまわること。例 回遊乗車券。類 周遊。❷魚などがむれをつくって、季節によって移動すること。例 回遊魚。

がいゆう【外遊】〈名・する〉見物や勉強などの目的で、しばらく外国に出かけること。類 洋行。

かいゆうぎょ【回遊魚】〈名〉産卵やえささがしのため、季節ごとに、海洋のきまった場所をむれで移動していく魚。マグロ・カツオ・サンマ・ニシンなど。

かいよう[1]**【海洋】**〈名〉「うみ」のかたい言いかた。対 陸地。大陸。類 大洋。

かいよう[2]**【海容】**〈名・する〉ひろい心でゆるすこと。おもに手紙で使うあらたまったことば。例 ご無礼の数かず、ご海容の程をお願い申し上げます。

かいよう[3]**【潰瘍】**〈名〉ひふや粘膜《ねんまく》が、ただれてくずれる病気。また、そのくずれたところ。例 胃潰瘍。

がいよう[1]**【外洋】**〈名〉陸地から遠く、はるかにひろがる海。対 近海。類 外海《がいかい・そとうみ》。遠洋。

がいよう[2]**【概要】**〈名〉全体の要点をまとめたもの。例 概要を述べる。類 あらまし。概略。アウトライン。

かいようせいきこう【海洋性気候】〈名〉〔気象〕海の影響《えいきょう》を強くうける気候。一日や一年における気温の変化が小さい。降水量が多く湿度《しつど》が高い。

がいようせん【外洋船】〈名〉遠洋航海用の船。

がいようやく【外用薬】〈名〉〔医学〕ひふなどにつけるくすり。対 内服薬。内用薬。

かい(▼隗)よりはじ(始)めよ なにかをするには、まず言いだした人からはじめるのがよい。または、手近なことからはじめるのがよい、ということ。由来 古代中国で郭隗《かくかい》という学者が、王様からすぐれた人材を集める方法について聞かれ、「まず自分のようなつまらない者でも優遇《ゆうぐう》すれば、次々と集まってくる」と答えた、という話から。

かいらい【▼傀▼儡】〈名〉背後の力に思うままにあやつられている人。例 現政権は某《ぼう》大国の傀儡にすぎない。傀儡政権。参考 もと、「あやつり人形①」のこと。

がいらい【外来】〈名〉❶ほかの地域から入ってきたもの。例 外来語。外来種。外来文化。対 在来。類 伝来。渡来《とらい》。舶来《はくらい》。❷「外来患者《かんじゃ》」の略。病院で、「入院患者」に対して、通院患者をいう。

がいらいご【外来語】〈名〉はじめは外国語として入り、その国のことばとして使われるようになったことば。対 和語。漢語。類 カタカナ語。➡囲み記事11(左) 参考 外来語は、ふつうかたかなで表現するきまりになっているが、「かるた」「天ぷら」「たばこ」のような例外もある。

がいらいしゅ【外来種】〈名〉よそ(海外)から持ちこまれてそこに定着し、繁殖《はんしょく》するようになった動物や植物。ふえすぎると、生態系《せいたいけい》に影響《えいきょう》が出る。対 在来《ざいらい》種。

かいらいせいけん【▼傀▼儡政権】〈名〉外国などによってあやつられている政権・政府。

かいらく【快楽】〈名〉感覚的な刺激《しげき》による、よろこび。例 快楽にふける。快楽主義。類 悦楽《えつらく》。

かいらん【回覧】〈名・する〉本やお知らせなどを順々にまわして見ること。例 回覧板。

かいり[1]**【海里】**〖カイリ〗〈名・接尾〉海上での距離

囲み記事 11

外国からきたことば(外来語)

外来語とは 大昔からの日本語を「和語」とか「大和言葉《やまとことば》」とかいい、外国から入っていまは日本語になっていることばを「外来語」という。

漢語も、もとは外来語 奈良時代に朝鮮《ちょうせん》半島を経由して、中国大陸のことばと文字が日本に入ってきた。そのことばが漢語で、その文字が漢字である。だから、漢語はもともと外来語であった。しかし、漢語は日本語に入ってから、もとの発音とはちがう日本語の音《おん》に変化した。こうしてできたのが漢字の「音読み」である。そして、漢字は長いあいだ生活の中で使っているあいだに借りものの感じがすっかりなくなってしまった。その上、日本人が漢字を使ってつくったことばも増え、外来の漢語も、漢字の音読みを使って日本でできたことばも区別がなくなった。そこでいまは、両者の区別をせずにどちらも漢語といい、外来語としてはあつかっていない。

オランダ・ポルトガルなどからの外来語 江戸時代には、幕府の政策によっていわゆる「鎖国《さこく》」をし、外国と交際をしなかったが、オランダだけは例外とされ、またオランダを通して、ポルトガルやスペインなどの品物もいわゆる「南蛮《なんばん》渡り」で入ってきた。たとえば、「博多《はかた》どんたく」の「ドンタク」は日曜日を意味するオランダ語で、雨の日に着る「カッパ」はもともとポルトガル語から入ったことばである。

英語からの外来語 いまは、英語、とくにアメリカで使われている英語からきた外来語が圧倒《あっとう》的に多い。「インターネット」「ファイル」「ダウンロード」などコンピューターに関係するものから、「アイデア」「キッチン」「プレッシャー」など日常生活でよく使うことば、「ハイレベル」「スタンダード」などやや抽象《ちゅうしょう》的な意味を表わすものまで、さまざまな分野にわたって取り入れられている。

なお、「キーホルダー」「ジェットコースター」「バックミラー」などは和製英語とよばれ、英単語を用いて日本でつくられたことばで、英語での表現とは異《こと》なる。この辞典にのっている和製英語には、対応する英語の表現が紹介《しょうかい》してある。この三つを英語では何というか、調べてみよう。

《りきょ》の単位。一海里は約一八五二メートル。

[2]**かいり【▼乖離】**〈名・する〉いっしょになるはずのものが、はなれてしまうこと。例理想と現実が乖離する。

[3]**かいり【解離】**〈名・する〉❶くっついていたものが、はがれること。例大動脈解離(=大動脈をつくる層状の膜《まく》のあいだに血が流れこんでしまうこと)。❷事実として受け入れがたい体験の記憶《おく》や、感情・知覚などが自我から切りはなされて、精神の統合が失われること。例解離性障害。

かいりき【怪力】〈名〉なみはずれた、すごい力。例怪力の持ち主。類大力無双《だいりきむそう》。ばかぢから。

かいりくふう【海陸風】〈名〉〔気象〕海岸地方でふく風。昼は海から陸へ、夜は陸から海へとふき、そのむきがかわる朝と夕がたには風がなくなる。→なぎ

かいりつ【戒律】〈名〉〔宗教〕同じ信条のもとに組織をつくって生活する人たちがまもらなければならない、きびしいおきて。例戒律を守る。戒律を破る。類規律。戒。

がいりゃく【概略】〈名・副〉あるものごとのだいたいのようす。例事件の概略。仕事の内容は、概略つぎのとおり。類あらまし。大略。概要。

かいりゅう【海流】〈名〉つねに一定の方向に移動する海水のながれ。暖流と寒流がある。

かいりょう【改良】〈名・する〉道具・品質・品種などの欠点をあらため、前よりもいいと思うものにすること。例改良をほどこす。改良をかさねる。品質改良。対改悪。類改善。

がいりんざん【外輪山】〈名〉〔地学〕大きな火口のなかに、あたらしく火山ができたとき、それをとりまくようにもり上がっている、もとの火口。火山の中央部が大きく陥没《かんぼつ》したとき、その周囲の高い部分をもいう。

かいれい【海▼嶺】〈名〉〔地学〕海底の山脈《さんみゃく》のような地形。

[1]**かいろ【回路】**〈名〉電流が電源から出てひとまわりして、ふたたびその電源にもどるまでの道すじ。サーキット。例回路を閉じる。電気回路。集積回路。

[2]**かいろ【海路】**〈名〉船のとおる道すじ。例待てば海路の日和《ひより》あり(→「まつ〔待つ〕」の子項目)。対陸路。空路。類船路《ふなじ》。航路。水路。

[3]**かいろ【懐炉】**〈名〉ふところに入れて、からだをあたためる道具。

がいろ【街路】〈名〉都市の道路。例街路樹。

かいろう【回廊】〖▼廻廊〗〈名〉神社や仏堂などの、建物の外がわにめぐらされた、長い廊下。

かいろうどうけつ【▼偕老同穴】〈名〉ともに年をとり、死んでからは同じ墓穴にはいること。夫婦《ふうふ》がかたい絆《きずな》で結ばれていることを表わす。中国最古の詩集『詩経《しきょう》』のことばから。

がいろじゅ【街路樹】〈名〉都市の道路ぞいに植えてある樹木。類並木。

カイロプラクティック〈名〉主として背骨のゆがみを正すことによって病気やからだの不調をなおす技術。アメリカで創始された。◇chiropractic

がいろん【概論】〈名〉ある学問のおおよその内容説明。例概論書。哲学《てつがく》概論。類概説。

かいわ【会話】〈名・する〉人と話のやりとりをすること。その話。例会話をかわす。会話を楽しむ。外国人と英語で会話する。会話文。英会話。日常会話。類対話。

かいわい【界▼隈】〈名〉ある場所と、その近くの一帯。例銀座界隈。類近辺。

かいわぶん【会話文】〈名〉話されたことばをそのまま表わした文。「元気かい」「ああ元気だよ」のような文をいう。対地《じ》の文。

かいわれだいこん【貝割れ大根】〈名〉ダイコンの種を容器でひょろ長く育て、双葉が開いたところで収穫《しゅうかく》する野菜。にがみがあり、サラダや薬味にする。参考双葉の形が、二枚貝の開いた形に似《に》ていることからの名。

かいん【下院】〈名〉外国の二院制の議会で、日本の衆議院にあたる議院。対上院。

[1]**か・う**〖▽支う〗〈動五〉ものをあてがって、ささえにする。例横からつっかい棒をかう。アカウ

[2]**か・う【買う】**〈動五〉❶品物や権利を、お金をはらって自分のものにする。例ノートを買う。金《かね》で買う。対売る。類求める。❷ある結果を身にうける。例怒《いか》りを買う。うらみを買う。ひんしゅくを買う。類招く。❸高く評価する。例人がらを買う。努力を買われる。彼の才能は買うが、性格がきらいだ。❹その気になってひきうける。例売られたけんかを買う。対売る。▽アカウ

買って出《で》る ⇩独立項目

[3]**か・う【飼う】**〈動五〉動物のせわをしてやしなう。例犬を飼う。類飼育《しいく》する。アカウ

ガウス〈名・接尾〉磁束《じそく》密度(=磁場《じば》の強弱)の単位。一平方センチメートルあたりの磁力線の数ではかる。記号「G」。◇gauss 参考ドイツの数学者の名にちなむ。

カウチ〈名〉全体に低めで、ひじかけが片側だけの、寝《ね》そべることのできるソファー。寝いす。◇couch

カウボーイ〈名〉アメリカ西部などの牧場にやとわれて、牛のせわをする男。◇cowboy

かうん【家運】〈名〉一家の運命。例家運がかたむく。

ガウン〈名〉❶ゆったりした西洋風のへや着。❷裁判官や大学教授などが、公式の場で着る、ゆったりしたうわぎ。▽「ローブ」ともいう。◇gown

カウンセラー〈名〉カウンセリングをする人。◇counselor

カウンセリング〈名・する〉学校や職場などで、なやみ・苦しみをもっている人の話を聞き、相談にのり、助言をすること。例カウンセリングを受ける。◇counseling

カウンター〈名〉❶店で、客がしはらいをするところ。類レジ。❷酒場や料理店などで、調理場とのあいだにもうけた、つくりつけのほそ長いテーブル。❸ボクシングで、相手が打ってでてくるところにこちらからはなつパンチ。衝撃《しょうげき》がより強い。❹アイスホッケーやサッカーなどで、攻撃《こうげき》してきた相手の球をうばいとり、一転して反撃にうつること。例カウンターアタック。◇counter

カウンターカルチャー〈名〉社会の中の一部の人々によって作り出された、主流の文化に対抗するような文化。対抗文化。反体制文化。◇counterculture 参考一九六〇年代のアメリカのヒッピーが代表的。

カウント〈名・する〉❶数をかぞえること。また、その数。❷野球で、ひとりのバッターに対する投球の、ストライクとボールの数。❸ボクシングなどで、ダウンのあと、レフェリーが数をかぞえること。また、その数。例カウントをとる。◇count

カウントダウン〈名〉秒読み。◇countdown 参考大きい数から少ない方へかぞえるから「ダウン」。

かえ【替え】〈名〉❶とりかえること。例替えがきかない。❷予備。スペア。例替え芯《しん》。替えズボン。

かえうた【替え歌】〈名〉メロディーはそのままいかし

て、ちがう歌詞をつけた歌。対もと歌。

かえし【返し】〈名〉しょうゆに砂糖《さとう》やみりんを加えて熱し、ねかせたもの。出し汁と合わせてそば・うどんのつゆとする。

[1]**かえ・す【返す】**㊀〈動五〉❶もとあったところにもどす。例読みおわった本を棚《たな》に返す。持ち主に返す。類復する。❷他人からもらったり借りたりしたものを、その人にもどす。例かりを返す。金《かね》を返す。本を返す。つき返す。類返済する。返却《へんきゃく》する。❸相手からされたのと同じことを、こちらからもする。例礼を返す。恩を返す。のしをつけて返す。おことばを返す(=反対する)ようですが…。類お返しをする。❹かわってしまったものごとを、もういちど もとの状態にもどす。例白紙に返す。むかしに返す。類復元する。❺ある方向にうごいてきたものを、逆の方向へうごかす。例きびすを返す。とって返す。ひき返す。❻もののむきを反対にする。うらをおもてにしたり、上下を逆にしたりする。例うらをかえす。手のひらをかえす。手くびをかえす。うらがえす。でんぐりがえす。❼たがやす。例田をかえす。
㊁〈接尾〉動詞の連用形につく。❶同じ動作をもういちどする。例読み返す。❷相手からされたのと同じ動作を自分からもする。例なぐり返す。言い返す。
表記 ㊀の⑥と⑦は、「▽反す」と書かれることもある。
参考「帰す」も「孵《かえ》す」も、もとは同じことば。

返す刀《かたな》で 一か所を攻撃《こうげき》するや、すぐに別の場所を攻撃すること。例返す刀で切りつける。参考 一回の動作の往と復とでそれぞれ別の効果をあげること。

返す言葉《ことば》もない 思いもよらないことを言われて、返事のことばが出てこない。

[2]**かえ・す【帰す】**〈動五〉もとの場所へもどす。その場をたちさらせる。例子どもを家へ帰す。門の前でタクシーを帰した。→かえす〔返す〕参考

[3]**かえ・す【▼孵す】**〈動五〉たまごをあたためて、ひなにする。類孵化《ふか》する。→かえす〔返す〕参考

かえすがえす【返す返す】〈副〉❶すぎたことをくやんで、なんども 考えるようす。例返すがえす(も)残念でならない。❷くれぐれも。例返すがえす たのんだぞ。

かえだま【替え玉】〈名〉❶本物や本人にみせかけたにせもの。例替え玉をつかう。❷ラーメン店で、おかわりとして注文する麺《めん》の玉。残したスープに入れて食べる。

かえって〈副〉「こうなるだろう」と考えていたこととは反対に。例都心の方が、かえって道路の混雑が少ないときもある。類逆に。むしろ。

かえで【▼楓】〈名〉山野に生える落葉高木。葉は手のひらのかたちをしていて、秋、美しく紅葉する。もみじ。

かえり【帰り】〈名〉❶出発点にもどるために、出先から出ること。または、出発点に着くこと。例帰りがおそい。❷目的の場所へ行ってもどるときの、後半。例帰りに寄る。対行き。類帰路。復路。帰途《きと》。

がえり【帰り】〈接尾〉❶そこから帰る途中《とちゅう》であること。例つとめ帰り。❷そこから帰ってきたこと。例外国帰り。刑務所《けいむしょ》帰り。

かえりうち【返り討ち】〈名〉あだうちしようとする者を、逆にやっつけること。例返り討ちにする。

かえりざ・く【返り咲く】〈動五〉❶咲く季節がすぎてから、もういちど花が咲く。❷いちどなくした地位や人気をとりもどして、また、もとのように活動する。例大関に返りざいた力士は少ない。類カムバックする。

かえりち【返り血】〈名〉相手を切ったとき、自分にはね返ってくる血。例返り血を浴びる。

かえりてん【返り点】〈名〉漢文を訓読するとき、上にもどって読むことを表わす記号。「不レ知ラ」(知らず)の「レ」(=レ点)、「学ブ二漢文ヲ一」(漢文を学ぶ)の「一」「二」(=一二《いちに》点)のようなもの。

かえり・みる【顧みる・省みる】〖返り見る〗〈動上一〉㊀〔顧みる〕❶うしろをふりむいて見る。類ふりかえる。❷むかしのことを思いおこして考える。例過去を顧みる。歴史を顧みる。類回顧《かいこ》する。回想する。ふりかえる。❸(多く、打ち消しの形で)気にかけない。例危険を顧みない。家族を顧みない。
㊁〔省みる〕自分の行動や考えを、あとでよく考える。例おのれを省みる。わが身を省みる。類反省する。自省する。内省する。

[1]**かえる【▼蛙】**〈名〉水田や小川、池などにすむ両生類。あと足が発達していて、よくはねる。アマガエル・トノサマガエルなど、種類が多い。成長するまでは「おたまじゃくし」という、しっぽがある。類かわず。ア**カ**エル

蛙の子《こ》は蛙 子どもは、親に似《に》るものだ。平凡な親からは、平凡な子が生まれる、ということ。対鳶《とんび》が鷹《たか》を生む。類瓜《うり》の蔓《つる》に茄子《なすび》は生《な》らぬ。

蛙の面《つら》に水《みず》 なにを言われても、なんとも感じないで平気でいるようす。類蛙の面にしょんべん。

[2]**かえ・る【返る】**㊀〈動五〉❶もとのとおりになる。もとのところにもどる。例われに返る。正気に返る。忘れ物が返る。若がえる。生き返る。❷こちらのはたらきかけに対して、相手が反応する。例こだまが返る。答えが返る。❸もののむきが反対にかわる。うらがおもてになったり、上下が逆になったりすることをいう。例軍配《ぐんばい》がかえる。ふりかえる。▽ア**カ**エル
㊁〈接尾〉動詞の連用形につけて、「ひどく…する」「すっかり…する」という意味をそえる。例あきれ返る。静まり返る。しょげ返る。わき返る。むせ返る。
表記 ㊀の③は、「▽反る」と書かれることもある。
参考「帰る」も「孵《かえ》る」も、もとは同じことば。

[3]**かえ・る【帰る】**〖▽還る〗〈動五〉❶もといたところにもどってくる。例選手たちが学校に帰ってきた。練習船が母港に帰る。対行く。❷自分の家や国などへもどる。例さっきのお客さまはもうお帰りになりました。▽類もどる。ア**カ**エル →かえる〔返る〕参考
表記「はるばる遠くから帰還《きかん》する」という意味で使うときには、「還る」を使うこともある。

帰らぬ人《ひと》となる 「死ぬ」の遠まわしな言いかた。

[4]**かえ・る【▼孵る】**〈動五〉卵《たまご》が温められて、ひなになる。例卵がかえる。ひながかえる。類生まれる。孵化《ふか》する。ア**カ**エル →かえる〔返る〕参考

[5]**か・える【代える・換える・替える】**〈動下一〉❶〔代える〕あるものと同じはたらきを、ほかのものにさせる。代理をさせる。例いのちには代えられない。レポート提出をもって、試験に代える。余人《よじん》をもって代えがたい。❷〔換える・替える〕それまでのものを、別のものにする。例土地を金《かね》に換える。気分を換える。水を換える。ひき換える。乗り換える。類交換《こうかん》する。転換する。▽ア**カエル**

[表記] ②の「換える」と「替える」は、それほどはっきりと使い分けられないが、「頭を切り替える」「休日を振《ふ》り替える」「図表を差し替える」のように動詞の連用形に続くときは、「替える」と書く習慣がある。

[参考] 「代える」も次項の「変える」も、もとは同じことば。

[6]**か・える【変える】**〈動下一〉❶前とちがうようにする。ほかとちがうようにする。[例]ヘアスタイルを変える。このへやだけ、かべの色を変えてみた。[類]変化させる。❷ものの位置などを別のところにうつす。予定していた時を別の時にする。[例]河岸《かし》を変える(→「かし〔河岸〕」[表現])。開会の時刻を変えた。[類]変更《へんこう》する。▽[ア]**カエル**

[表現] 「服装を変える」「計画を変える」のように、自分の意志でなにかを変化させるのが、このことば本来の意味であるが、ときに、自分の意志とかかわりなくかわってしまうものにも、「変える」を使うことがある。「顔色を変える」「目の色を変える」などがそれで、「顔色が変わる」「目の色が変わる」とほとんど同じ意味となる。

かえん【火炎】〖火▼焔〗〈名〉めらめらともえ上がったほのお。火。[例]火炎が窓からふき出る。

がえん・ずる【▽肯んずる】〈動サ変〉「承知する」「承諾《しょうだく》する」の意味の、古めかしくてかたい言いかた。

かお【顔】〈名〉❶首から上の前面、ひたいからあごまでの部分。[例]顔をあげる。顔をそむける。顔をあわせる。顔の色つや。[類]顔面《がんめん》。つら。おもて。❷顔のようす。めはなだち。[例]顔がいい(=きれいな顔だ)。いかつい顔。上品な顔。顔かたち。顔だち。顔つき。[類]つらつき。容貌《ようぼう》。❸顔面に表れる心のうごき。[例]顔をくもらす。顔がこわばる。すずしい顔(→「すずしい」の子項目)。いい顔をしない。[類]表情。❹その人の人格や名誉《めいよ》などを代表するもの。[例]顔をつぶす。顔がつぶれる。顔を立てる。[類]面目。体面。メンツ。❺人がそこにいること。[例]顔がそろう。顔を出す。顔をみせる。なつかしい顔。会場に彼の顔がみえない。❻人によく知られていること。[例]顔が広い。顔がきく。あの人、業界ではなかなかの顔なんですよ。▽→がお

[敬語] 尊敬語に、「(ご)尊顔《そんがん》」などがある。

合《あ》わせる顔がない 相手に申しわけなかったり、はずかしかったりして、平気で対面することができない。

顔が売《う》れる 多くの人によく知られる。

顔が利《き》く 名前をよく知られていたり勢力があったりして、特別あつかいをしてもらえる。[類]幅《はば》が利く。

顔が立《た》つ 名誉《めいよ》や立場がきずつけられないですむ。[類]面目をたもつ。

顔が広《ひろ》い つきあう人が多く、いろいろなところで名前が知られている。

顔から火《ひ》が出《で》る とてもはずかしい思いをして、顔がまっかになる。

顔に泥《どろ》を塗《ぬ》る 相手に、がまんできないようなはじをかかせる。

顔を上《あ》げる 元気を出す。しょんぼりしない。[例]顔を上げて行こう。[類]上を向く。前を向く。

顔を売《う》る おおぜいの人に、自分の名前を知ってもらうようにする。

顔を貸《か》す たのまれて、ある所に行って人に会う。

顔を曇《くも》らせる 心配ごとなどで、表情が暗くなる。[類]うかない顔をする。

顔をしかめる ふきげんそうに、ひたいにしわをよせる。[類]眉《まゆ》をひそめる。眉根をよせる。

顔を出《だ》す ❶表面にあらわれる。[例]つくしが顔を出す。❷会合などにちょっと出席する。[例]集まりに顔を出す。

顔をつなぐ 縁《えん》が切れないよう、たまに会っておく。

顔を潰《つぶ》す 他人に、人前に出られなくなるほどのはじをかかせる。[類]面目をうしなわせる。

顔を直《なお》す あせなどによる化粧《けしょう》のくずれを直す。

顔を見《み》せる その場にすがたを現す。

顔を汚《よご》す 名誉《めいよ》をきずつける。

がお【顔】〈接尾〉(動詞の連用形について)人や物の外見のようすが、そうしようとしているように見えることを表わす。書きことば的な言いかた。[例]道をたずね顔の旅行者。夕立を知らせ顔の空模様。

かおあわせ【顔合わせ】〈名・する〉❶はじめて集まること。[例]新役員の顔合わせをかねた会をひらく。❷映画や舞台《ぶたい》などで、共演すること。❸すもうで、とりくみのこと。[例]初顔合わせ。

かおいろ【顔色】〈名〉❶からだのぐあいを感じさせる顔の色つや。[例]顔色がいい。[類]血色。❷気持ちが表れている顔のようす。顔色《がんしょく》。[例]顔色をうかがう。顔色をかえる。顔色にでる。[類]気色。表情。

かおう【花押】〈名〉古《こ》文書《もんじょ》などで、名前の下に判のかわりにかいた、署名を図案化した記号。→サイン[絵]

かおかたち【顔形】〈名〉顔のようす。[類]顔だち。容貌《ようぼう》。目鼻だち。

かおく【家屋】〈名〉人がそこで生活するための建物。[例]家屋が流失する。[類]家。住宅。

カオス〈名〉秩序《ちつじょ》ができあがる以前の世界。混沌《こんとん》。[対]コスモス。◇ギリシャ語から。

かおだち【顔立ち】〈名〉もって生まれた顔のようす。[例]上品な顔立ち。[類]顔かたち。目鼻立ち。造作《ぞうさ》。

かおつき【顔つき】〖顔付き〗〈名〉見る人にその性格や気持ちなどを感じさせる、顔のようす。[例]おそろしい顔つき。うれしそうな顔つき。[類]表情。面《おも》持ち。

かおつなぎ【顔つなぎ】〈名〉❶縁《えん》が切れないように、たまに人に会っておくこと。❷知らない人どうしをひきあわせること。

かおなじみ【顔なじみ】〖顔▼馴染み〗〈名〉しょっちゅう会っていて、よく知っていること。[例]かれとは昔からの顔なじみだ。[類]顔見知り。

かおパス【顔パス】〈名〉立場や人間関係を利用して、ただで入場・乗車すること。俗《ぞく》な言いかた。

かおぶれ【顔触れ】〈名〉なにかの会合や仕事などに参加する人々。[例]顔触れがそろう。[類]メンバー。

かおまけ【顔負け】〈名・する〉(「…(も)顔負け」の形で)…でさえとてもかなわないほどであること。[例]歌手も顔負けの歌をうたう。[類]…はだし。そこのけ。そっちのけ。まっさお。顔色《がんしょく》なし。

かおみしり【顔見知り】〈名〉たがいに顔を知っているあいだがら。[例]顔見知りの関係。顔見知りの犯行。[類]顔なじみ。

かおみせ【顔見せ・顔見世】〈名・する〉❶「顔見せ」いろいろな人の前に、はじめて顔を見せること。[例]顔見せをする。❷「顔見世」歌舞伎《かぶき》で、一座の役者がそろって、観客に顔を見せること。[例]顔見世興行。

かおむけ【顔向け】〈名〉人と顔をあわせること。[例]顔向けができない(=はずかしくて会えない)。

かおもじ【顔文字】〈名〉かっこや点などの記号とアルファベットなどの文字を、横一列に絵のように組み合わせ

て、人間のさまざまな表情やしぐさをユーモラスに表わしたもの。電子メールやホームページで使われる。顔マーク。

かおやく【顔役】〈名〉ある地域や社会の中で、よく知られていて、勢力のある人。例盛り場の顔役。類ボス。

かおり【香り・薫り】〈名〉❶いいにおい。例香りが高い。茶の香り。類香《か》。❷ある土地や時代などのイメージをかもし出すようなふんいき。例パリの香り。文化の薫り。類におい。

かお・る【香る・薫る】〈動五〉あたりに、いいにおいがただよう。例ほのかに香るバラ。風薫る五月。類におう。
表記「香る」は鼻で感じられるいいにおいの場合に使い、「薫る」は比喩《ひゆ》的にいいにおいが感じられるような雰囲気《ふんいき》である場合に使う。

がおる（方言）弱る。北海道・東北などで言う。例暑くてがおった。

かおん【▼訛音】〈名〉標準音からはずれた発音。ことばのなまり。

1 **かが**【加賀】〈名〉旧国名の一つ。現在の石川県南部。「加賀百万石《ごく》」は前田利家《まえだとしいえ》以来の前田氏の所領。有力外様《とざま》大名の代表とされる。染《そ》め物の加賀友禅《ゆうぜん》や、火消しの加賀鳶《とび》も有名。加賀市にその名が残る。加州《かしゅう》。賀州《がしゅう》。

2 **かが**【花芽】〈名〉⇩はなめ

1 **がか**【画架】〈名〉⇩イーゼル

2 **がか**【画家】〈名〉絵をかくことを職業としている人。類絵かき。

がが【▼峨▼峨】〈副・連体〉岩や山がけわしくそびえているようす。例峨々としてそびえる。峨々たる連山。

かかあ〖▼嚊〗〈名〉自分や他人の妻を親しんで、または、さげすんでいうことば。

かかあでんか【かかあ天下】〖▼嚊天下〗〈名〉夫婦《ふうふ》で、妻のほうがいばっていること。対亭主《ていしゅ》関白。

かがい【課外】〈名〉学校で、時間わりにさだめられた学習以外のこと。例課外活動。対正課。

がかい【瓦解】〈名・する〉全体の組み立てがつぎつぎとくずれて、ばらばらになってしまうこと。例幕府が瓦解する。類崩壊《ほうかい》。

かがいしゃ【加害者】〈名〉危害や損害をあたえたほうの人。対被害《ひがい》者。

かかえこ・む【抱え込む】〈動五〉❶大きなものを胸にだく。❷手にあまるほど多くのことや、むずかしいことをひきうける。例難問を抱え込む。類しょいこむ。

かか・える【抱える】〈動下一〉❶ものを、うででだくようにして持つ。例包みを抱える。こわきに抱える。だき抱える。類だく。いだく。❷せわをしたり、解決したりしなければならないものとして、ひきうける。例病人を抱える。難問を抱える。❸人をやとう。古い感じのことば。例運転手を抱える。めし抱える。→おかかえ
表現「頭を抱える」は大弱り、「腹を抱える」は大笑い。

カカオ〈名〉熱帯地方に多い常緑小高木。種をココアやチョコレートの原料にする。◇cacao

1 **かかく**【価格】〈名〉「値段《ねだん》」のあらたまった言いかた。例高《こう》価格。低《てい》価格。適正価格。価格帯《たい》。価格競争。

2 **かかく**【過客】〈名〉旅をしている人。詩的な言いかた。例「月日は百代の過客にして…」〔芭蕉《ばしょう》〕。類行人《こうじん》。遊子《ゆうし》。

1 **かがく**【化学】〈名〉自然科学の一部門。物質の性質や変化を研究する学問。高等学校の、理科の一科目。例化学工業。無機化学。有機化学。生化学。→かがく〔科学〕参考

2 **かがく**【科学】〈名〉観察や実験をとおして、事実を順序だてて説明できる一般《いっぱん》法則をみつけだし、また、それを応用する学問。サイエンス。例科学者。科学技術。
参考ふつう「科学」といえば、物理学や化学などの自然科学をさすが、広くは、人文科学・社会科学をふくめていう。「化学」と同じ音のことばなので、「化学」を「ばけ学」、「科学」を「サイエンスの科学」といって区別することもある。

ががく【雅楽】〈名〉〔音楽〕日本に古くからある歌とおどりが、インド・中国・朝鮮《ちょうせん》から伝来した音楽とむすびついてできた音楽。平安時代に宮廷《きゅうてい》で行なわれた。

かがくきごう【化学記号】〈名〉⇩げんそきごう

かがくこうぎょう【化学工業】〈名〉物質の化学反応を利用して、さまざまな製品を作り出す工業。
参考重工業と合わせて「重化学工業」という。

かがくしき【化学式】〈名〉〔化学〕物質がどのような元素からできているかを、記号で表わした式。
参考たとえば、水は水素原子(H)二つと酸素原子(O)一つとからできているので、化学式は、H_2Oと書く。

かがくしゃ【科学者】〈名〉科学を研究している人。おもに、自然科学の研究者をさしていう。

かがくせんい【化学繊維】〈名〉石油などの原料から化学的に合成したり、天然繊維を化学的に処理したりしてつくった繊維。略して「化繊」ともいう。

かがくちょうみりょう【化学調味料】〈名〉⇩うまみちょうみりょう

1 **かがくてき**【化学的】〈形動〉化学の法則にしたがっている。例化学的な変化。

2 **かがくてき**【科学的】〈形動〉事実をよくしらべて正確にとらえ、客観的にものごとを処理しようとするようす。例科学的な態度。

かがくはんのう【化学反応】〈名〉〔化学〕塩酸と水酸化ナトリウムから食塩と水ができるように、二つの物質からもとの物質とはちがった別の物質ができること。物質をつくっている原子のくみあわせが変化することによる。
表現二種類のものごとが組み合わさって、思わぬすばらしい効果が生まれることを、「化学反応を起こす」とたとえていう。

かがくひりょう【化学肥料】〈名〉原料を化学的に処理してつくった肥料。硫酸《りゅうさん》アンモニウムや過燐酸《かりんさん》石灰など。対天然肥料。類人工肥料。金肥。

かがくへいき【化学兵器】〈名〉有毒な化学物質を使用した兵器。毒ガスなど。
参考核《かく》兵器・生物兵器とともに、「大量破壊兵器」「大量殺戮《さつりく》兵器」または「ABC兵器」といわれる。また、生物兵器とともに「貧者《ひんじゃ》の核兵器」とも呼ばれる。

かがくへんか【化学変化】〈名〉化学反応による物質の変化。対物理変化。

かか・げる【掲げる】〈動下一〉❶ものを、人によく見えるように高く上げる。例旗を掲げる。類ささげる。❷人の目につくように書いてしめす。例けさの新聞はどれもエネルギー問題を第一面にかかげていた。類掲載《けいさい》する。❸主義や主張などを、人によくしられるようにしめす。例理想をかかげる。スローガンをかかげる。

かかし〖▽案▽山子〗〈名〉鳥やけものをよせつけないために田畑にたてる、竹やわらでつくった人形。絵

かか・す【欠かす】〈動五〉必要なことをせず、あなをあけてしまう。あとに打ち消しのことばをともなうことが多い。例毎日欠かさず出席する。朝のジョギングを欠かしたことがない。

かかずら・う〈動五〉めんどうなことやつまらないことに関係する。例めんどうな仕事にかかずらう。類かかわる。

かかたいしょう【▼呵▼呵大笑】〈名・する〉「あはは」と大きな声をあげて笑うこと。古めかしい言いかた。

かかと【▼踵】〈名〉❶足のくるぶしの下、土ふまずよりうしろの部分。類きびす。❷はきものの底のうしろの部分。例かかとの高いくつ。類ヒール。

かがぼし（方言）まぶしい。山形で言う。

[1]かがみ【鏡】〈名〉❶顔やすがたなどを映して見るための道具。例鏡をのぞく。鏡にうつす。手鏡。合わせ鏡。❷⇩かがみ〔鑑〕（次項）

表現 (1)鏡は表面が平らで光って見えるので、まったく波がない水面を、「鏡のよう」とたとえる。

(2)一面《いちめん》二面《にめん》と数える。

[2]かがみ【▽鑑】〈名〉お手本となるほど、模《も》範《はん》的な人。「鏡」とも書く。例警察官のかがみ。医者のかがみ。

かがみびらき【鏡開き】〈名〉神だななどにそなえたかがみもちを小さくわり、しるこにいれて、食べる行事。一月十一日にするのがふつうで、正月のおわりと仕事始めを意味した。「鏡割り」の忌《い》み言葉。参考鏡開きの日に行なう、剣道《けんどう》や柔道《じゅうどう》の初稽古《はつげいこ》のこともいう。

かがみもち【鏡餅】〈名〉大小二つの、まるくて平たいもち。重ねあわせて、おもに神前のそなえものや、正月のかざりに使う。類お供え。➡さんぼう〔三方〕絵

表現 一重《ひとかさね》二重《ふたかさね》と数える。

かが・む【▽屈む】〈動五〉❶こしやひざをまげて、姿勢を低くする。こごむ。対のばす。類しゃがむ。❷まがって、ぴんとのばせない状態になる。例腰がかがむ。対のびる。

［かかし］

かが・める【▽屈める】〈動下一〉こしやひざをまげて、姿勢を低くする。例身をかがめる。対のばす。

かがやかし・い【輝かしい】〈形〉まぶしいほどはなやかだ。例輝かしい未来。

かがやか・す【輝かす】【▼耀かす】〈動五〉生き生きと光らせる。例希望に目を輝かす。

かがやき【輝き】〈名〉かがやくこと。かがやきかた。例輝きを増す。ネオンの輝き。星の輝き。

かがや・く【輝く】〈動五〉❶きらきらと光ってみえる。例輝く星。空に輝く。類きらめく。❷はなばなしい名誉《めいよ》やあふれる喜びで、まぶしいように感じられる。例優勝の栄冠《えいかん》にかがやく。喜びにかがやく。

[1]かかり【係】〈名〉会社などで、ある仕事をうけもつ人。例係の人。係員。類担当。アカカリ

[2]かかり【係り】〈名〉〔文法〕あることばが、他のことばを修飾《しゅうしょく》すること。例係りかた。➡かかりむすび アカカリ

[3]かかり【掛かり】〈名〉なにかに必要な費用。例掛かりがかさむ。諸《しょ》掛《が》かり。類出費。ものいり。アカカリ

[1]がかり〈接尾〉数を表わすことばにつけて、「それだけ必要である」という意味を表わす。例五日がかり。二人がかり。総がかり。

[2]がかり【係・掛】〈接尾〉「…をする役目」「…をする役目の人」という意味を表わす。例案内係。出札《しゅっさつ》掛。

かかりあ・う【掛かり合う・係り合う】〈動五〉⇩かかわりあう

かかりいん【係員】〈名〉その仕事をうけもつ人。

かかりうけ【係り受け】〈名〉〔文法〕主語と述語、修飾《しゅうしょく》語と被《ひ》修飾語など、文の成分どうしの「係り」（＝修飾することば）と「受け」（＝修飾されることば）の関係。

かかりきり【掛かりきり】〈名〉一つのことに集中してほかのことをしないこと。「かかりっきり」ともいう。例育児に掛かりきり。

かかりじょし【係(り)助詞】⇩けいじょし

かかりつけ【掛かり付け】〈名〉病気のとき、いつもきまってみてもらうこと。例掛かり付けの医者。

かがりび【かがり火】【▼篝火】〈名〉夜、照明のために屋外でもやす火。例かがり火をたく。

かかりむすび【係り結び】〈名〉〔文法〕文語の文で、前に係助詞がくると、文の終わりの述語の活用語があるきまった活用形になること。「なむ」「ぞ」「や」「か」のときには連体形で、「こそ」のときには已然《いぜん》形でむすぶ。参考「神のみぞ知る」や「好きこそものの上手なれ」のような表現に残っている。

かか・る【掛かる・懸かる・架かる・係る・▼罹る】

━〈動五〉❶ひっかかって、ぶらさがっている。例壁《かべ》に絵がかかっている。のれんのかかった店。❷ひっかかっている。つかまえられる。例あみにかかる。病気にかかる。暗示にかかる。声が鼻にかかる。❸処置をまかせる。例医者にかかる。すぐれた作家の手にかかると、どんな材料も生きてくる。❹一定の手つづきにまかされる。例会議にかかる。❺重大な結果が、そのことできまる。例賞金がかかる。いよいよ優勝のかかった一番だ。❻かぶさるように身におよんでくる。例しぶきがかかる。声がかかる。王手がかかる。嫌疑《けんぎ》がかかる。迷惑《めいわく》がかかる。散りかかる。ふりかかる。❼一方から他方にとどく。例橋がかかる。ケーブルがかかる。雨上がりに虹《にじ》がかかる。❽しかけがはたらく。うごきはじめる。例エンジンがかかる。ブレーキがかからない。❾ついやすことが必要になる。例金《かね》がかかる。時間がかかる。てまがかかる。❿一面におおう。例きりがかかる。もやがかかる。⓫すすんでいどむ。例さあ、かかってこい。⓬しはじめる。例仕事にかかる。したくにかかる。きめてかかる。かかりきる。とりかかる。類着手する。⓭関係する。かかわる。あらたまった言いかた。例本件にかかるいっさいのことを弁護士にゆだねる。⓮興行《こうぎょう》が行なわれる。例町にサーカスがかかる。⓯〔文法〕ある語句が、他の語句と、修飾《しゅうしょく》関係や主述《じゅつ》の関係をもつ。例形容詞が名詞に係る。副詞が動詞に係る。主語は述語に係っている。対受ける。➡かかりうけ

━〈接尾〉動詞の連用形につく。❶「まだそうなりきってはいないが、そのことがもう始まっている」という意味を表わす。例死にかかる。

 モロッコ　アフリカ北西端の立憲君主国。燐鉱石を産し，柑橘・オリーブなどの農業・観光も盛ん。首都ラバト。

❷「その動作にうつる」、また、「その動作がつづいている」という意味を表わす。例乗りかかった船(=ものごとをすでにやり始めていて、途中《とちゅう》でやめるわけにはいかないこと)。さしかかる。とびかかる。もたれかかる。

表記「掛かる」がいちばんひろく使われるが、㊀の①⑤⑩では「懸かる」、⑦では「架かる」がしばしば使われる。「▾罹る」は「病気にかかる」に使われる。「係る」は⑬と⑮に使われる。使い分けがはっきりしない場合は、かな書きにするのがよい。

方言 (1)新潟では、「あしたの授業でかかるかもしれないから予習しておこう」のように、「指名される・あてられる」という意味でも使う。↓かける〔掛ける〕方言
(2)㊀⑬の意味で、新潟では、「電話にかかる(=電話に出る)」のような使い方もする。

かが・る〈動五〉ほつれないように、糸でからげてぬう。

がか・る〈接尾〉名詞につけて、動詞をつくる。❶「…のふうになる」という意味を表わす。例芝居《しばい》がかる。❷「ややその色をおびる」という意味を表わす。例青みがかる。

かかわり【関わり】〈名〉関係。つながり。例関わりがある。関わりをもつ。

かかわりあい【関わり合い】〈名〉両方で、なにかの関係をもっていること。例関わり合いにならないほうがいい。

かかわりあ・う【関わり合う】〈動五〉関係をもつ。かかりあう。例その件には関わり合いたくない。

かかわ・る【関わる】〈動五〉❶関係をもつ。関係する。例小事に関わる(=こだわる)。めんどうなことには関わりたくない。関わりあう。類かかずらう。かかる。❷わるい影響《えいきょう》をあたえる可能性がある。例命に関わる。名誉《めいよ》に関わる。❸(「…にかかわらず」の形で)…に関係なく。例晴雨にかかわらず。年齢《ねんれい》にかかわらず。好むと好まざるとにかかわらず。↓にもかかわらず

[1]**かかん**【花冠】〈名〉〔植物〕花びらが集まっている部分。

[2]**かかん**【果敢】〈形動〉決断力があって大胆《だいたん》だ。例果敢にたちむかう。勇猛《ゆうもう》果敢。類勇敢。勇猛。

かがん【河岸】〈名〉かわぎし。例河岸ぞい(の景色)。

かがんだんきゅう【河岸段丘】〈名〉〔地学〕川の岸にできた、階段のようになっている地形。類海岸段丘。

[1]**かき**【▾牡▾蠣】〈名〉二枚貝の一種。浅い海の岩につく。食用にするために、養殖《ようしょく》する。マガキは十二〜二月、岩ガキは六〜八月が旬《しゅん》。身が白く、栄養が豊富《ふほう》であるため、「海のミルク」とよばれる。アカキ

[2]**かき**【垣】〈名〉「垣根」のこと。例垣をめぐらす。石垣。人垣。類フェンス。アカキ」

表現「垣をつくる」は、人と人とのあいだに へだてをつくることをいう。「垣をめぐらす」は、自分のからにとじこもって、他人が入りこめないようにすることにもいう。

【垣】土部6 全9画
垣垣垣垣垣
かき 訓[かき] 垣。垣根。生け垣。

[3]**かき**【柿】〈名〉果樹の一つ。落葉高木。日本の秋の代表的なくだもの。赤黄色の実《み》をつける。甘柿《あまがき》と渋柿《しぶがき》とがある。日本一の産地は和歌山県。アカキ

参考「柿が赤くなれば、医者が青くなる」という言い回しがあるほど、栄養価が高い。

【柿】木部5 全9画
柿柿柿柿柿
かき 訓[かき] 柿。柿渋《かきしぶ》。渋柿。干《ほ》し柿。

[4]**かき**【下記】〈名〉書類などで、そこからあとの方に書きしるしたこと。例校則を下記にしるす。対上記。類左記。以下。アカキ

表現たて書きの文章では、ふつう「左記」というが、「下記」といってもよい。

[5]**かき**【火気】〈名〉❶火がついているものがそばにあること。例火気厳禁。類火のけ。❷燃えている、火の いきおい。例火気をよわめる。類火勢。▽アカキ

[6]**かき**【火器】〈名〉鉄砲《てっぽう》や大砲など、弾丸《だんがん》を発射する武器。アカキ

[7]**かき**【花▾卉】〈名〉くさばな。アカキ

[8]**かき**【花器】〈名〉水盤《すいばん》や花瓶《かびん》など、花をいけるいれもの。アカキ

[9]**かき**【夏季・夏期】〈名〉夏の季節・時期。例夏季休暇《きゅうか》。夏期講習《こうしゅう》。アカキ

[10]**かき**〖▾掻き〗〈接頭〉動詞につける。❶手や、手に持ったものでなにかをすることを表わす。例かきわける。かきまぜる。❷あとにつくことばを強めるはたらきをする。例かききえる。かきくもる。かきくどく。

[1]**かぎ**〖▾鉤〗〈名〉❶先がまがっているほそ長い金属製の道具。ものをひっかけるのに使う。❷「①」のような形をしたもの。例かぎがた。かぎ針。❸⇩かぎかっこ

[2]**かぎ**【鍵】〈名〉❶錠《じょう》をあけしめするもの。例へやの鍵。合い鍵。対錠。類キー。❷「錠」のこと。例鍵をかける。鍵をあける。鍵あな。類ロック。

表現「問題をとく鍵」「事件の鍵をにぎっている」のような言いかたで、あることを解決するための、もっとも重要なことがら、という意味にもなる。とくにその場合には、「カギ」と書かれることも多い。

がき〖餓鬼〗〈名〉子どもや、未熟な人をののしっていうことば。例まだ がきのくせに。ガキ大将。類じゃり。

由来もと仏教で、おかした罪で地獄《じごく》におち、常に飢《う》えとのどのかわきに苦しむ亡者《もうじゃ》のこと。

がきの使《つか》**い** ⇩子供《こども》の使い

かきあげ【かき揚げ】〖▾掻き揚げ〗〈名〉てんぷら の一種。貝ばしらやシバエビ、こまかく切った野菜などの材料を、ころもであわせて油であげたもの。

かきあ・げる【書き上げる】〈動下一〉❶おわりまですっかり書く。例論文を書き上げる。❷一つ一つ取り出して、ならべて書く。

かきあじ【書き味】〈名〉筆やペンの先が紙の上をすべる感触。例書き味ばつぐんの万年筆。

かきあつ・める【かき集める】〖▾掻き集める〗〈動下一〉かたっぱしから集める。例金《かね》をかき集める。

かぎあ・てる【嗅ぎ当てる】〈動下一〉❶においをかいで、その物のありかや中身を当てる。例麻薬《まやく》のありかをかぎ当てる。❷見えていないが問題があるのを、正しい感覚で「ここがくさいぞ」と思う。例不正をかぎ当てる。

かきあらわ・す【書き表(わ)す】〈動五〉❶ものごとのようすや、自分の感じたこと、考えたことなどを、文章や絵に表現する。例いきさつをことこまかに 書き表わす。❷ことばを文字でしるす。例「ふじさん」は、「富士山」と書き表わす。類表記する。

かきあわ・せる【かき合わせる】〖▾掻き合わせる〗〈動下一〉手で一か所によせる。例えりをかき合わせる。

かきいれどき【書き入れ時】〈名〉商品がどんどん

売れて、もうけの多いとき。例暮れは商店のかきいれ時だ。由来売り上げを帳簿《ちょうぼ》に書きこむのにいそがしい時期、という意味から。

かきおき【書き置き・書置】〈名・する〉❶相手と会えなかったときなどに、用件を書き残しておくこと。書いて残したメモ。類置き手紙。❷「遺書」のこと。

かきおこ・す【書き起こす】〈動五〉文章をあらたに書きはじめる。類起筆する。

かきおと・す【書き落とす】〈動五〉不注意などで、書くべきことをぬかして書いてしまう。類書きもらす。

かきおろし【書き下ろし】〈名〉新聞や雑誌に連載《さい》されたものではなく、はじめから単行本として出版するために書いた作品。対連載。

かきおろ・す【書き下ろす】〈動五〉単行本として出版するために、小説や論文などをあたらしく書く。

かきかえ【書き換え・書き替え】〈名〉❶証書などに書いてあることの内容を、書きあらためること。例免許証の書き換え。❷一度でき上がった文章を書きあらためること。

かきか・える【書き換える・書き替える】〈動下一〉❶書き直す。書き改める。例不適当な表現を書き換える。❷契約《けいやく》書、証書などの前のものを改めて、新しくする。例保険証を書き換える。

かぎかっこ〖▼鉤括弧〗〈名〉文中で、そこが引用や会話であることを表わす「」『』のしるし。かぎ。参考『』(=二重かぎかっこ)は、「」の中に引用や会話の部分があるとき、また、書物や作品の名前をかこむときに使う。

かきき・える【かき消える】〖▼掻き消える〗〈動下一〉あっという間に、すっかり消えてなくなる。

かきくだしぶん【書き下し文】〈名〉漢文を日本語の語順に直して、それを漢字かなまじり文で書いたもの。参考たとえば、「月落烏啼霜満天」という漢詩の原文を、「月落ち烏《からす》啼《な》いて霜《しも》天に満《み》つ」と書いたもの。

かきけ・す【かき消す】〖▼掻き消す〗〈動五〉一気にすっかり消す。例かき消すように姿が見えなくなった。

かきごおり【かき氷】〖欠き氷〗〈名〉氷を小さくくだいたもの。類氷水。フラッペ。

かきことば【書き言葉】〈名〉「話し言葉」に対して、文字で書かれたことば。漢語によるかたい表現やいかめしいことばが使われやすく、古風なことばもまじりやすい。対話し言葉。類文字言語。文章語。文語。

かきこみ【書き込み】〈名〉書きこむこと。書きこまれた文字など。例書き込み禁止。手帳の書き込み。

かきこ・む【書き込む】〈動五〉❶文字などを、ある枠《わく》や範囲《はんい》の中に書きいれる。例余白に書き込む。手帳《てちょう》に書き込む。類記入する。❷コンピューターで、データをメディアに記録する。対読み出す。

かぎざき【かぎ裂き】〖▼鉤裂き〗〈名〉衣服をくぎなどにひっかけて、鉤の形(=L字形)にさくこと。

かきじゅん【書き順】〈名〉⇩ひつじゅん

かきしる・す【書き記す】〈動五〉文字にして記録する。

かきそ・える【書き添える】〈動下一〉文章や絵などに、ことばを書き足す。書き加える。

かきぞめ【書き初め】〈名〉新年になって最初にふで字を書く行事。ふつう、一月二日に行なう。

かきそんじ【書き損じ】〈名〉書いている途中《とちゅう》で失敗すること。その、書くのに失敗したもの。書きそこない。例書き損じが許されないので緊張《きんちょう》した。

かきそん・じる【書き損じる】〈動上一〉文章や絵を書いていて、途中《とちゅう》でまちがえたり失敗したりする。類書きあやまる。書きそこなう。

がきだいしょう【ガキ大将】〈名〉遊びやいたずらなどのとき、みんなをリードする親分格の子ども。

かきだし【書き出し】〈名〉文章のいちばんはじめ。類冒頭《ぼうとう》。

かぎだ・す【嗅ぎ出す】〈動五〉❶においをかいで、目的のものを見つけだす。❷かくされているものやことがらをさぐりだす。例不正を嗅ぎ出す。

[1]**かきた・てる**【かき立てる】〖▼掻き立てる〗〈動下一〉ある気持ちをおこさせて、いても立ってもいられなくする。例不安をかき立てる。

[2]**かきた・てる**【書き立てる】〈動下一〉新聞や週刊誌などで、オーバーな表現を使って、さかんに書く。例スターのスキャンダルを書きたてる。

かきちら・す【書き散らす】〈動五〉深く考えもせず筆にまかせて書く。やたらにいろんなところに文章を発表する。例雑文を書き散らす。

かきつけ【書き付け】〈名〉忘れない程度に、必要なことを書き記したもの。類メモ。

かきつ・ける【書き付ける】〈動下一〉❶文字や文句などを書きとめる。例メモを書き付ける。❷「書きつける」いつも書いていて慣れている。書き慣れる。表現①は名詞「書き付け」になるが、②はならない。

かぎつ・ける【嗅ぎ付ける】〈動下一〉❶においで、何かのありかを知る。例菓子《かし》のにおいをかぎつける。❷気配やふんいきから、かくされているものやことがらに気づく。例秘密をかぎつける。

かぎっこ【鍵っ子】〈名〉共働きのため、昼間親が家にいなくて、家の鍵を持たされている子ども。

かきつた・える【書き伝える】〈動下一〉文章として書き残して、次の代の人々に伝える。

かきつづ・る【書きつづる】〖書き▼綴る〗〈動五〉ことばを連ねて文章を書く。例思い出を書きつづる。

かきつばた〖▼杜▽若〗〈名〉しめった土地に生える、アヤメに似《に》た草。とがった長い葉をもち、五、六月ごろ、むらさき色の大きな花がさく。→いずれあやめかかきつばた(「いずれ」の子項目)

かきつら・ねる【書き連ねる】〈動下一〉❶同種のものを並べて書く。例登場人物の名前を書き連ねる。類列記する。❷長ながと書く。例思いのほどを書き連ねる。

かきて【書き手】〈名〉❶書いた人。対読み手。類筆者。❷すぐれた文章や書をかく人。例彼はなかなかの書き手だ。

かきとめ【書留】〈名〉配達をたしかなものにし、また、事故のときの弁償《べんしょう》をするために、別料金をとって、発送人や受取人を記録するなどの特別あつかいをする郵便。一般《いっぱん》書留・簡易《かんい》書留と、現金書留の三種類がある。

かきと・める【書き留める】〈動下一〉覚えのために書いておく。例要点を書き留める。

かきとり【書き取り】〈名〉❶書きうつすこと。❷かなを漢字になおしたり、口で言われたことばを文字で書いたりすること。例書き取りのテスト。

かきと・る【書き取る】〈動五〉人の言ったことや書いたことを、そのとおりに書く。

かきなが・す【書き流す】〈動五〉ふかく考えたり、こ

とぼをえらんだりしないで、かるい気持ちですらすらと書く。

かきなぐ・る【書きなぐる】〈動五〉文字や絵を、らんぼうに書く。類なぐり書きする。

かきなら・す【書き鳴らす】〖▼掻き鳴らす〗〈動五〉弦楽器《げんがっき》を指でかくようにして音をだす。例ギターをかき鳴らす。

かきぬ・く【書き抜く】〈動五〉文章の中から必要な部分だけを抜き出して書く。例問題点を書き抜く。類書き出す。抜き書きする。

かきね【垣根】〈名〉敷地《しき ち》のまわりにめぐらすしきり。竹垣やいけがき、板べいなどがある。垣。例垣根を結《ゆ》う。

表現「垣根をとりはらう」「垣根を外す」は、人と人とのあいだのへだてをなくすこと。→かき〔垣〕表現

かきのこ・す【書き残す】〈動五〉❶文章に書いて後に残す。例遺書を書き残す。❷書くはずのことの一部を書かずにしまう。

かぎのて【かぎの手】〖▼鉤の手〗〈名〉ほぼ直角にまがっている形。例かぎの手にまがる。かぎの手になった建物。類L字形《エルじがた》。

かぎばな【かぎ鼻】〖▼鉤鼻〗〈名〉ワシのくちばしのように、下がわにまがった形の鼻。類わしばな。

かぎばり【かぎ針】〖▼鉤針〗〈名〉先がかぎの形にまがっているあみもの用の針。対棒針。

かきま・ぜる【かき混ぜる】〖▼掻き混ぜる〗〈動下一〉手やスプーン、はしなどを入れて、それをぐるぐる回し、中のものがまざるようにする。例たまごをかき混ぜる。類攪拌《かくはん》する。かきまわす。

かきまわ・す【かき回す】〖▼掻き回す〗〈動五〉❶手やスプーンなどを入れて、中のものをぐるぐる回す。類攪拌《かくはん》する。かきまぜる。❷秩序《ちつじょ》を無視して、混乱をおこさせる。例差別的な発言で議論をかき回す。

かきみだ・す【かき乱す】〖▼掻き乱す〗〈動五〉混乱させる。例気持ちをかき乱す。平和をかき乱す。

かきむし・る〖▼掻き▼毟る〗〈動五〉つづけて、指先ではげしくひっかく。例頭をかきむしる。

かきもち【欠き餅】〖▼掻き餅〗〈名〉❶かがみもちを小さくくだいたもの。❷うすく切って、ほしたもち。❸⇩おかき

かきもの【書き物】〈名〉❶書いた文書。例書き物を残す。❷文章を書くこと。例書き物にはげむ。

かきもら・す【書き漏らす】〈動五〉必要なことを書きわすれる。類書き落とす。

かきゃくせん【貨客船】〈名〉貨物が主で、客も乗せられるようにつくった船。

かぎゃくはんのう【可逆反応】〈名〉化学反応で、ある物質から生成物ができる反応と、その生成物からもとの物質ができるといった、二つの逆向きの反応が同時に起こること。対不可逆反応。

[1]**かきゅう**【下級】〈名〉等級や段階などが低いこと。例下級生。対上級。高級。

[2]**かきゅう**【火急】〈名・形動〉とてもいそぐこと。例火急の用事。類緊急《きんきゅう》。至急。

かぎゅう【▼蝸牛】〈名〉かたつむり。

蝸牛角上《かくじょう》の争《あらそ》い せまい所で、つまらないことで争っている、ばかげた行ない。

かきゅうせい【下級生】〈名〉学年が下のクラスの生徒。対上級生。

かきゅうてき【可及的】〈副〉できるだけ。形式ばった言いかた。例可及的すみやかに国外に退去せよ(=できるだけはやく国外に出ていきなさい)。

かきょ【科挙】〈名〉〔歴史〕むかし、中国で行なわれた役人の採用試験。

[1]**かきょう**【佳境】〈名〉全体の中でいちばん興味をかきたてられる部分。例話はいよいよ佳境に入った。類クライマックス。最高潮。アカキョー

[2]**かきょう**【架橋】〈名〉橋をかけること。例架橋工事。アカキョー

[3]**かきょう**【華▼僑】〈名〉中国以外の国に定住している中国人。とくに、商業に従事している人をさす。華商。アカキョー

[1]**かぎょう**【家業】〈名〉家の商売。例家業をつぐ。

[2]**かぎょう**【稼業】〈名〉生活のための収入をえている仕事。例稼業にはげむ。人気稼業。

がぎょう【画業】〈名〉画家や漫画《まんが》家としての業績・キャリア。

かぎょうへんかくかつよう【カ行変格活用】〈名〉〔文法〕動詞の活用の種類の一つ。五十音図のか行の「い」「う」「お」の三段にわたって活用する。カ変。

参考「来る」の一語だけ。次のように活用する。

未然形	連用形	終止形	連体形	仮定形	命令形
こ	き	くる	くる	くれ	こい

かきょく【歌曲】〈名〉〔音楽〕❶「歌」のこと。類歌謡《かよう》。❷クラシック音楽で、詩にメロディーをつけた歌。シューベルトなどが名曲をつくった。リート。

かぎ(限)らない …と決まったわけではない。例知っているとは限らない。

表現「…ないとは限らない」と二重否定にすれば、「そうであるかもしれない」と肯定《こうてい》方向を示すことになる。

かぎり【限り】〈名〉❶もうこれ以上はないというぎりぎりのところ。例限りがない。力のかぎり。声のかぎり。見わたすかぎり。人間の欲望には限りがない。限りない。声をかぎりに助けを求める。ぜいたくのかぎりをつくす。類限界。限度。極限。際限。❷定められた範囲《はんい》の最後のところ。例今日かぎりで退職する。その場かぎりの話だよ。❸(「…の限りではない」の形で)その範囲に入らない。例当院は予約制ですが、急患《きゅうかん》の際は、その限りではありません。❹ものごとの続くあいだ。例仕事がある限り、はたらきつづける。

かぎりな・い【限りない】〈形〉どこまでいっても終わりがない。例限りない青空。類はてしない。きりがない。

かぎ・る【限る】〈動五〉❶範囲《はんい》をきめる。例時間を限る。人数を限る。限られた時間。❷くぎりをしめす。例山の稜線《りょうせん》がくっきり空を限っている。❸(「…に限る」の形で)それがいちばんよい。例すきやきはしもふりの牛肉に限る。❹(「…に限って」の形で)「…だけは」「…ばかり」という意味を表わす。例あの人に限って、そんなうそを言うはずがない。▽→かぎらない

[1]**かきわ・ける**【書き分ける】〈動下一〉ちがいがわかるように区別して書く。

[2]**かきわ・ける**【かき分ける】〖▼掻き分ける〗〈動下一〉手で左右におしひらく。例人ごみをかき分ける。

かぎわ・ける【嗅ぎ分ける】〈動下一〉においのちがいや、雰囲気《ふんいき》のちがいを感じとって、何のちがいなのかを

判別する。例 安全か危険かを嗅ぎ分ける。

1 **かきわり【書き割り】**〈名〉芝居《しばい》の、舞台装置の一つ。座敷《ざしき》や景色などを書き、背景として用いる。

1 **かきん【家▼禽】**〈名〉ニワトリやアヒルなどの、家で飼う鳥。対 野禽。類 飼《か》い鳥。

2 **かきん【▼瑕▼瑾】**〈名〉ほとんど申し分のないものにある、ほんのわずかな欠点。類 玉にきず。

3 **かきん【課金】**〈名・する〉使用料などの料金を、利用者に支払わせること。その料金。例 従量制の課金。

注意 ゲームやアプリの利用者が、料金を支払って利用することにもいうのは、本来は誤《あやま》り。

常用漢字 かく

【各】 口部3 全6画

カク おのおの 教 小4 音［カク］ ▨各自《かくじ》。各種《かくしゅ》。各人《かくじん》。各位《かくい》。 訓［おのおの］各。

表記 「おのおの」は、現在はふつう「各々」と書く。

【角】 角部0 全7画 ※

カク かど・つの 教 小2 音［カク］ ▨角度《かくど》。角柱《かくちゅう》。角砂糖《かくざとう》。角逐《かくちく》。角界《かくかい》。 ▨直角《ちょっかく》。触角《しょっかく》。互角《ごかく》。頭角《とうかく》。 訓❶［かど］角。角地。角部屋。曲がり角。街角。四つ角。❷［つの］角。角笛。角隠し。

【拡(擴)】 扌部5 全8画

カク 教 小6 音［カク］ ▨拡大《かくだい》。拡充《かくじゅう》。拡張《かくちょう》。拡声器《かくせいき》。 ▨軍拡《ぐんかく》。

【革】 革部0 全9画

カク かわ 教 小6 音［カク］ ▨革新《かくしん》。革命《かくめい》。 ▨改革《かいかく》。行革《ぎょうかく》。皮革《ひかく》。 訓［かわ］革。革靴。革製品。なめし革。

【格】 木部6 全10画

カク・コウ 教 小5 音❶［カク］ ▨格式《かくしき》。格別《かくべつ》。格調《かくちょう》。格闘技《かくとうぎ》。 ▨価格《かかく》。規格《きかく》。性格《せいかく》。主格《しゅかく》。❷［コウ］ ▨格子《こうし》。

【核】 木部6 全10画

カク 音［カク］ ▨核心《かくしん》。核実験《かくじっけん》。核兵器《かくへいき》。核家族《かくかぞく》。 ▨中核《ちゅうかく》。結核《けっかく》。反核運動《はんかくうんどう》。非核宣言《ひかくせんげん》。

【殻(殼)】 殳部7 全11画

カク から 音［カク］ ▨甲殻《こうかく》。地殻《ちかく》。 訓［から］殻。貝殻。吸殻。

【郭】 阝部8 全11画

カク 音［カク］ ▨城郭《じょうかく》。外郭《がいかく》。輪郭《りんかく》。

【覚(覺)】 見部5 全12画

カク おぼえる・さます・さめる 教 小4 音［カク］ ▨覚悟《かくご》。覚醒《かくせい》。 ▨感覚《かんかく》。触覚《しょっかく》。錯覚《さっかく》。自覚《じかく》。発覚《はっかく》。 訓❶［おぼえる］覚える。覚え。覚え書き。うろ覚え。もの覚え。❷［さます］覚ます。目覚まし。❸［さめる］覚める。目覚め。寝覚め。

【較】 車部6 全13画

カク 音［カク］ ▨較差《かくさ》。 ▨比較《ひかく》。

【隔】 阝部10 全13画

カク へだてる・へだたる 音［カク］ ▨隔月《かくげつ》。隔世《かくせい》。隔週《かくしゅう》。隔絶《かくぜつ》。 ▨遠隔《えんかく》。間隔《かんかく》。 訓❶［へだてる］隔てる。分け隔て。❷［へだたる］隔たる。隔たり。

【閣】 門部6 全14画

カク 教 小6 音［カク］ ▨閣議《かくぎ》。閣僚《かくりょう》。 ▨組閣《そかく》。内閣《ないかく》。入閣《にゅうかく》。天守閣《てんしゅかく》。神社仏閣《じんじゃぶっかく》。楼閣《ろうかく》。

【確】 石部10 全15画 ※

カク たしか・たしかめる 教 小5 音［カク］ ▨確認《かくにん》。確信《かくしん》。確定《かくてい》。確実《かくじつ》。確《かく》たる。 ▨正確《せいかく》。的確《てきかく》。明確《めいかく》。当確《とうかく》。 訓❶［たしか］確かだ。不確か。❷［たしかめる］確かめる。

【獲】 犭部13 全16画 ※

カク える 音［カク］ ▨獲得《かくとく》。 ▨捕獲《ほかく》。漁獲高《ぎょかくだか》。 訓［える］獲る。獲物。

【嚇】 口部14 全17画

カク 音［カク］ ▨威嚇《いかく》。

【穫】 禾部13 全18画 ※

カク 音［カク］ ▨収穫《しゅうかく》。

【画】 ⇩常用漢字 が〔画〕

【客】 ⇩常用漢字 きゃく〔客〕

1 **か・く【欠く】**〈動五〉❶かたいものの一部をこわす。例 うっかりして茶わんを欠いてしまった。❷なくては困るものがそなわっていない。例 礼儀《れいぎ》を欠く。義理を欠く。きめ手を欠く。常識を欠く。こと欠く。類 失する。▽ア カク

2 **か・く【書く・描く】**〈動五〉❶［書く・描く］ものごとを、ペンや筆などを使って、文字や図などの形にあらわす。例 字を書く。絵を描く。まんがを描く。書き表わす。書きのこす。類 描《えが》く。記す。❷［書く］文章や作品をつくる。例 手紙を書く。小説を書く。詩を書く。曲を書く。書きつづる。▽ア カク

表記 文字や文章を記すときは「書く」が、絵や図にあらわすときは「描く」が使われる。

3 **か・く【▼掻く】**〈動五〉❶指先や先のとがったものなどで、くいこませるような感じでこする。例 頭をかく。蚊《か》にさされたところをかく。❷手やはしなどで、こするようにしてまぜる。例 からしをかく。かきまわす。かきまぜる。❸手や道具で、おしやったり、よせ集めたりする。例 雪をかく。おちばをかく。水をかいてボートは進む。かきこむ。かきよせる。❹はものでで切りとる。例 かつおぶしをかく。氷をかく。▽ア カク

表現 「いびきをかく」「あせをかく」「はじをかく」「べそをかく」などのきまった言いかたがある。いずれも、あまりこのましくないものが表面にでることを表わす。

4 **か・く【▼舁く】**〈動五〉駕籠《かご》などを、二人(以上)で肩《かた》にかついで運ぶ。ア カク

5 **かく【角】**〈名〉❶四角い かたち。例 だいこんを角に切っ

ラオス インドシナ半島内陸部の社会主義共和国。農業・水力発電が盛ん。小乗仏教の国。首都ビエンチャン。

てなべに入れる。❷〔数学〕二本の直線や二つの平面がまじわってできるかたち。その大きさを「角度」という。❸将《しょう》棋《ぎ》のこまの一つ。おもてには「角行《かっこう》」と書かれ、うらには「龍(=竜)馬《りゅうめ》」と書かれている。▽ア①カク ②カク ③カク カク」

6 **かく【画】**〈名・接尾〉漢字を書くとき、線や点をひとつづきに書く筆記具の運び(=動かしかた)。また、それを数えることば。例画数。点画。(漢和辞典の)総画索引《さくいん》。「右」は五画の漢字で、横棒は二画目だ。アカク カク」

7 **かく【格】**〈名〉❶ある分野の中で、そこに属している人やものごとがしめている、地位などの順位。例格が高い。格が上がる。格がおちる。彼の方が格が上だ。十両と幕内ではすもうの格がちがう。格あげ。格づけ。先輩《せんぱい》格。類等級。ランク。クラス。レベル。❷みたしていなければならない基準。例格にはずれる。類規格。❸〔文法〕文をくみたてている体言と述語、体言と体言のあいだの関係。日本語では、「が」「を」「に」「の」などの格助詞で示される。▽アカク

8 **かく【核】**〈名〉❶〔植物〕くだものの中にある種をつつんでいるかたいから。❷〔生物〕細胞《さいぼう》の中心にある球状の部分。遺伝や新陳代謝《しんちんたいしゃ》に関係するはたらきをもつ。❸ものごとの成立や発展の中心になる部分。中核。例市民運動の核。❹「原子核」のこと。❺「核兵器」の略。例核を保有する。

9 **かく【▼斯く】**〈副〉文語の指示語。このように。こんなに。例かくなるうえは。かくのごとき。アカク

10 **かく【各】**〈連体〉それぞれの。例各家庭。アカク

1 **か・ぐ【嗅ぐ】**〈動五〉なにかのにおいを鼻で感じとる。例においを嗅ぐ。嗅ぎあてる。嗅ぎわける。アカグ

2 **かぐ【家具】**〈名〉家にそなえておいて、生活のために使う道具。類調度。アカグ

参考 たんす・いす・テーブルなど、大きめのものについていう。

常用漢字 **がく**

【学(學)】 子部5 全8画 学学学学

ガク まなぶ 教小1 音[ガク] 学問《がくもん》。学者《がくしゃ》。大学《だいがく》。通学《つうがく》。学習《がくしゅう》。留学《りゅうがく》。学校《がっこう》。科学《かがく》。生物学《せいぶつがく》。訓[まなぶ] 学ぶ。学び。学び舎。

【岳(嶽)】 山部5 全8画 岳岳岳岳

ガク たけ 音[ガク] 岳父《がくふ》。山岳《さんがく》。訓[たけ]○○岳《だけ》。

【楽(樂)】 木部9 全13画 楽楽楽楽

ガク・ラク たのしい・たのしむ 教小2 音❶[ガク] 音楽《おんがく》。雅楽《ががく》。管弦楽《かんげんがく》。器楽《きがく》。声楽《せいがく》。楽器《がっき》。楽曲《がっきょく》。楽譜《がくふ》。楽隊《がくたい》。楽屋《がくや》。❷[ラク] 気楽《きらく》。娯楽《ごらく》。行楽《こうらく》。道楽《どうらく》。楽園《らくえん》。楽観《らっかん》。楽勝《らくしょう》。楽天的《らくてんてき》。訓❶[たのしい] 楽しい。❷[たのしむ] 楽しむ。楽しみ。

注意 「神楽」は、「かぐら」と読む。

【額】 頁部9 全18画 額額額額

ガク ひたい 教小5 音[ガク] 金額《きんがく》。差額《さがく》。全額《ぜんがく》。定額《ていがく》。扁額《へんがく》。額縁《がくぶち》。額面《がくめん》。訓[ひたい] 額。富士額。猫の額(ほどの庭)。

【顎】 頁部9 全18画 顎顎顎顎

ガク あご 音[ガク] 顎関節《がくかんせつ》。訓[あご] 顎。

1 **がく【学】**〈名〉❶学問。学識。例学にいそしむ。学を修《おさ》める。学がある。学のない人。少年老い易《やす》く学成り難《がた》し(→「しょうねん」の子項目)。歴史学。生物学。❷大学や、付属の研究機関。「官」「民」「産」に対していう。例産学協同の研究。▽アガク ガク

2 **がく【額】**〈名〉❶金銭の量。例支出の額が収入をうわまわる。類金額。❷絵や書、写真をおさめて、かべなどにかけておくもの。例額をかける。額に入れる。▽ア①ガク ②ガク

3 **がく【▼萼】**〈名〉花の外がわにあって、花を保護して、ささえている部分。ふつう、緑色をしている。アガク ガク」

かくあげ【格上げ】〈名・する〉資格や地位、等級などを上げること。対格下げ。降格。類昇格《しょうかく》。

かくい【各位】〈名〉おおぜいの人にむかって、そのひとりひとりをうやまっていうことば。みなさまがた。例保護者各位におかれましては…。

表現 あらたまった会合や手紙などで使う。「各位様」「各位殿」のようにさらに「様」や「殿」をつけてはおかしい。

がくい【学位】〈名〉研究業績が、学問上の価値をみとめられたときにあたえられる称号。例学位をとる。

参考 学士号・修士号・博士号がある。

かくいつか【画一化】〈名・する〉それぞれの特徴《とくちょう》や個性を無視して、同じ枠《わく》にはめこむこと。また、同じ枠にはまったようになること。例街並《まちな》みの画一化。

かくいつてき【画一的】〈形動〉それぞれの特徴《とくちょう》や個性を無視して、すべてをいちようにあつかうようす。例画一的な教育。

かくう【架空】〈名〉実際にはなく、頭の中でつくりだしたもの。例架空の人物。類虚構《きょこう》。想像上。フィクション。

かくえき【各駅】〈名〉❶その路線上にある、ひとつひとつの駅。例各駅にとまります。❷「各駅停車」の略。例各駅で行く。

かくエネルギー【核エネルギー】〈名〉原子核が分裂《ぶんれつ》したり融合《ゆうごう》したりするときに生じる、巨大《きょだい》なエネルギー。

がくえん【学園】〈名〉学校。とくに、私立学校で、小学校から高校までのように、つながりのある教育を行なうところをいう。

がくえんとし【学園都市】〈名〉大学などの研究機関を中心に据《す》えて、計画的に開発された都市。

かくおび【角帯】〈名〉男子の和服の一般的な帯。二つ折りにしてかたく仕立てた、はばのせまいもの。

がくおん【学恩】〈名〉学問や研究の上で受けた恩。

1 **かくかい【各界】**〈名〉政界・財界・芸能界など、職業や専門ごとの、それぞれの社会。「かっかい」ともいう。アカクカイ

2 **かくかい【角界】**〈名〉力士とその関係者の社会。「かっかい」ともいう。アカクカイ 由来 「角」は、「相撲《すもう》」を「角力(=ちからくらべの意)」とも当て字することから。

かくがい【閣外】〈名〉内閣の構成員に入っていないこと。例閣外協力。対閣内。

がくがい【学外】〈名〉その大学の組織や敷地《しきち》のそと。対学内。類校外。

1 **かくかく【▼斯く▼斯く】**〈副〉内容を省略《しょうりゃく》していうときに使うことば。例かくかくしかじか。「かくかくの理

ラトビア　北ヨーロッパ，バルト海沿岸の共和国。1991年ソ連から独立。化学・木材加工が盛ん。首都リガ。

由で」と明示されなければ納得《なっとく》できない。類これこれ。

2 **かくかく【▼赫▼赫】**〈連体〉名誉《めいよ》や功績が、だれの目にもあきらかですばらしい。「かっかく」ともいう。例赫々たる戦果。武勲《ぶくん》赫々。ア カクカク

がくがく 一〈副・する〉固定されていたものがゆるんで、不安定に動くようす。例いすの脚《あし》ががくがくする。ア カクカク 二〈形動・副・する〉おそれや緊張《きんちょう》、つかれなどのために、関節がこわばり、不自然な動きをするようす。例ひざががくがくになる。類ぶるぶる。がたがた。
参考 アクセントは、ふつう「**ガ**クガク」であるが、二で形容動詞として使う場合は、「ガ**クガク**」となる。

かくかくさん【核拡散】〈名〉核兵器をもつ国が増えていくこと。例核拡散防止条約。

かくかぞく【核家族】〈名〉夫婦《ふうふ》とその子どもだけの家族。

1 **かくぎ【格技】**〈名〉「格闘技《かくとうぎ》」のやや古風な言いかた。例格技場。格技室。

2 **かくぎ【閣議】**〈名〉内閣としての仕事をするために、総理大臣が各大臣をあつめて行なう会議。

がくぎょう【学業】〈名〉学校の勉強。例学業にはげむ。学業をおえる。

がくげい【学芸】〈名〉学問と芸術。例学芸会。学芸欄《らん》。

がくげいいん【学芸員】〈名〉博物館に展示される文化資料につき研究し、よい展示法を考えるための職員。大学で必要な科目を受講することにより、法律にもとづく資格が得られる。

がくげいかい【学芸会】〈名〉小学校などで、劇や音楽をみんなの前で発表する会。
表現 素人《しろうと》のようにひどい演技のたとえとしても使われる。

がくげき【楽劇】〈名〉〔音楽〕ワグナーのはじめたオペラの一種。音楽に重点をおく歌劇に対し、劇と音楽との統一をめざした。「トリスタンとイゾルデ」などがその代表作。

かくげつ【隔月】〈名〉ひと月おき。例隔月刊。

かくげん【格言】〈名〉簡潔《かんけつ》な表現で、世の中の真理を述べた、人生の教訓として使われることば。「時は金《かね》なり」など。類金言。箴言《しんげん》。ことわざ。警句。

かくご【覚悟】〈名・する〉わるい結果を予想して、そうなってもよいと心をきめること。例死を覚悟する。覚悟をきめる。決死の覚悟。覚悟はできています。類心がまえ。気がまえ。観念。
表現 元来わるいひびきはなく、大事なことをはっきり自覚する意味であったが、大事が人生の一大事に結びつき、しばしば生死にかかわることにもなるので、「最悪の場合を覚悟する」というたぐいの言いかたが多くなった。「何としても合格する覚悟」なら、積極面だけの言いかた。

1 **かくさ【格差】**〈名〉❶資格や等級、価格などの差。例格差をつける。(選挙で)一票《いっぴょう》の格差(→その項)。❷まずしい者と富《と》める者との、経済《けいざい》的な差。例格差が広がる。格差社会。

2 **かくさ【較差】**〈名〉同じものごとをちがった条件でくらべたときの、量や質の差。例昼と夜の気温の較差。

かくざい【角材】〈名〉切りくちの四角な細長い木材。

がくさいてき【学際的】〈形動〉研究が二つ以上の学問分野に関係している。例学際的な研究。

かくさく【画策】〈名・する〉目的のために計画をたて、うらであれこれ行動すること。あまり公明正大でない行動にいうことが多い。例合併《がっぺい》を画策する。類策動。

かくさげ【格下げ】〈名・する〉資格や地位、等級などを下げること。対格上げ。類降格。左遷《させん》。

1 **かくさん【拡散】**〈名・する〉❶ばらばらに広くちらばること。また、広くちらばらせること。例においが拡散する。汚染《おせん》物質を拡散する。核《かく》拡散防止条約。対収斂《しゅうれん》。集中。❷〔物理〕濃度《のうど》のちがう気体や液体に別の気体や液体を入れたとき、両者がまじりあって、全体が同じ濃《こ》さになる現象。
表現 「デマがネット上に拡散する」のように、近年、インターネットなどで情報やコンピューターウイルスが一気に広がることによく使う。

2 **かくさん【核酸】**〈名〉細胞《さいぼう》の核の中にふくまれている物質。タンパク質の合成や遺伝にふかいかかわりがある。

かくし【客死】〈名・する〉旅先、とくに外国で死ぬこと。「きゃくし」ともいう。

かくじ【各自】〈名〉何人もいる人のひとりひとり。例昼食は各自が用意すること。類各人。めいめい。おのおの。

1 **がくし【学士】**〈名〉四年制大学を卒業した人にあたえられる文学士・理学士などの学位。

2 **がくし【学資】**〈名〉学校で勉強をつづけるために必要な資金。類学費。

かくしあじ【隠し味】〈名〉料理の味を引き立たせるために、それ自身の味がわからない程度にいれる調味料。例隠し味にしょうゆを使う。

かくシェルター【核シェルター】〈名〉核兵器による攻撃から身を守るための地下設備。

かくしがまえ【▼匚構え】〈名〉漢字の構えの一つ。「匹《ひつ》」「匿《とく》」などの「匚」の部分。
参考 「はこがまえ(匚)」とは本来別であるが、形が似《に》ており、また新字体ではみな「匚」の形にして区別をしないため、「はこがまえ」に合わせてあつかわれることが多い。

かくしき【格式】〈名〉身分や家がらによる、定められた礼儀《れいぎ》作法。例格式を重んじる。格式が高い。

がくしき【学識】〈名〉学問を通じてえられた、ふかい知識や見識。例学識経験者。類学殖《がくしょく》。

がくしきけいけんしゃ【学識経験者】〈名〉専門領域の学問で評価を受け、豊富な経験と高い見識をもつと社会的にみとめられた人。

かくしきば・る【格式張る】〈動五〉礼儀《れいぎ》作法をだいじにして、おごそかなふんいきを出そうとする。それを批判する立場からいうことば。例格式ばった儀式。

かくしげい【隠し芸】〈名〉ひそかにならっておいて、宴会《えんかい》の席などでひろうする芸。

かくしごと【隠し事】〈名〉人に知られないように隠していることがら。例隠し事をしない仲。

かくしだて【隠し立て】〈名・する〉むりしてでもかくしておこうとすること。例隠しだてすると、ためにならぬぞ。

1 **かくしつ【角質】**〈名〉かみの毛やつめ、はねなどをつくっている物質。ケラチン。

2 **かくしつ【確執】**〈名〉それぞれが自分の主張にこだわって、ゆずろうとしないことからおこるあらそい。例確執がある。

1 **かくじつ【隔日】**〈名〉一日おき。例隔日勤務。

2 **かくじつ【確実】**〈形動〉絶対にまちがいや変更《へんこう》などがない。ほんとうである。例これはうわさで、確実なところはわからない。当選確実。

 リトアニア 北ヨーロッパ，バルト海沿岸の共和国。1991年ソ連より独立。農牧業が盛ん。首都ビリニュス。

かくじっけん【核実験】〈名〉核分裂《ぶんれつ》や核融合《ゆうごう》の実験。核兵器を爆発《ばくはつ》させる実験。

かくして【▼斯くして】〈接〉このようにして。やや古い言いかた。例かくして三年の歳月《さいげつ》がながれた。

がくしゃ【学者】〈名〉学問研究に従事している人。類学究。研究者。

かくしゃく【▼矍▼鑠】〈副・連体〉年をとっても、元気でしっかりしている。例かくしゃくと十里の道を歩む。かくしゃくたる老人。かくしゃくとした老人。

[1]**かくしゅ【各種】**〈名〉さまざまの種類。例各種とりそろえる。各種学校。類種種。多種。

[2]**かくしゅ【▼馘首】**〈名・する〉働いている人をやめさせること。類解雇《かいこ》。くび。首切り。肩たたき。

[3]**かくしゅ【▽鶴首】**〈名・する〉ツルのように首を長くして待つこと。手紙で使う。例鶴首して待つ。

かくしゅう【隔週】〈名〉一週間おき。

かくじゅう【拡充】〈名・する〉組織や設備などを大きくして、内容もよりゆたかなものにすること。例体育施設を拡充する。

がくしゅう【学習】〈名・する〉知識や考えかた、技能などを身につけるために、くりかえし学ぶこと。とくに、学校で勉強すること。例学習法。学習時間。

参考 生物学では、先天的な「本能」と対《つい》になることば。

がくしゅうかんじ【学習漢字】〈名〉⇩きょういくかんじ

がくしゅうざい【学習材】〈名〉学習に使う材料。「教材」の、学ぶ立場からの言いかた。

がくしゅうしどうようりょう【学習指導要領】〈名〉文部科学省が、小学校・中学校・高等学校の教育の目標や各教科で教える内容について基準を示したもの。教科書の編集の基準ともなっている。

がくしゅうしょう【学習症】〈名〉知的発達におくれはないが、聞くとか、話す・読む・書く・計算するなどの、特定のことがらができない状態。「学習障害《しょうがい》」の改称《かいしょう》。ＬＤ《エルディー》。

がくしゅうしょうがい【学習障害】〈名〉⇩がくしゅうしょう

かくしゅがっこう【各種学校】〈名〉ふつうの教育課程による教育ではなく、各専門方面の知識や技術を教えるところ。理容・美容、料理、デザイン、会計など多様。

がくじゅつ【学術】〈名〉とくに専門的な学問。例学術書。学術調査団。

かくしょう【確証】〈名〉たしかで、まちがいのない証拠《しょうこ》。例確証をえる。確証をつかむ。

がくしょう【楽章】〈名〉〔音楽〕交響《こうきょう》曲・ソナタなどの、まとまったひとくぎり。これが集まって、一つの曲になる。例このコンチェルトは三楽章からなる。第一楽章。

[1]**かくしょく【角食】(方言)** 食パン。北海道で言う。

がくしょく【学食】〈名〉「学生食堂」の略。学校内にもうけた、学生や生徒のための食堂。

[2]**がくしょく【学殖】**〈名〉学問によって身についたふかい知識や素養。例豊富な学殖。類学識。

かくじょし【格助詞】〔文法〕助詞の分類の一つ。おもに、体言のあとについて、その体言が文のくみたてのうえで、主語・連体修飾《しゅうしょく》語・連用修飾語などになるようにはたらく。「が」「の」「を」「に」「へ」「と」「から」「より」など。

[1]**かくしん【革新】**〈名・する〉新しい考えにもとづいて、これまでの制度や方法などをかえること。例革新をもたらす。革新的。革新政党。技術革新。対保守。類改革。イノベーション。

[2]**かくしん【核心】**〈名〉ものごとのいちばん中心になっている重要な部分。例核心にふれる。核心をつく。問題の核心。類中枢《ちゅうすう》。

[3]**かくしん【確信】**〈名・する〉たしかであるとかたく信じてうたがわないこと。例確信をえる。確信をもつ。成功を確信する。

かくじん【各人】〈名〉何人もいる人のひとりひとり。例なにをえがくか各人できめること。各人各様。各人各説。類各自。おのおの。めいめい。それぞれ。

かくじんかくよう【各人各様】〈名〉考え方ややり方が人によってちがうこと。人それぞれ。人さまざま。

かくしんてき【革新的】〈形動〉これまでに比べて飛躍《ひやく》的に新しい。例革新的思想。対保守的。類進歩的。急進的。

かくしんはん【確信犯】〈名〉❶自分の利益のために、法律や規則をわざとやぶった人を非難《ひなん》していうことば。「故意犯《こいはん》」であることを強調する言いかた。例違法《いほう》駐車《ちゅうしゃ》の確信犯。❷なんらかの信念や良心にもとづく犯罪《はんざい》。安楽死の幇助《ほうじょ》や、宗教にもとづくテロ行為《こうい》など。

[1]**かく・す【隠す】**〈動五〉人に見られたり、知られたりしないようにする。例ものを隠す。すがたを隠す。身を隠す。事実を隠す。隠された意味。おおい隠す。対あらわす。

注意 ②が、法律学上のもとの意味。

[2]**かく・す【画す】**〈動五〉⇩かくする

かくすい【角▼錐】〈名〉〔数学〕正多角形の底面と、二等辺三角形の側面によってかこまれた立体。↓えんすい 絵 参考 体積は、「底面積 × 高さ ÷ 3」で求める。円錐も同じ。

かくすう【画数】〈名〉漢字を書くとき、ひとふでで書く漢字の点や線を合計した数。一画、二画とかぞえる。たとえば、「中」は四画、「学」は八画、「校」は十画。

かく・する【画する】〈動サ変〉はっきりくぎりをつける。「かくす」ともいう。例一線を画する。一時期を画する。

[1]**かくせい【隔世】**〈名〉❶時代や世代が大きくちがうこと。例隔世の感。❷一世代おき。例隔世遺伝。

隔世の感《かん》 まったく世の中がかわってしまったなあという感じ。例隔世の感がある。

[2]**かくせい【覚醒】**〈名・する〉ねむりや迷いからさめること。例意識が覚醒する。洗脳《せんのう》状態から覚醒する。

[1]**がくせい【学生】**〈名〉学校にかよって、教育をうけている人。とくに、大学生や短大生、高等専門学校生をいう。例学生時代。学生割引。学生服。

[2]**がくせい【学制】**〈名〉学校または教育についての制度。例学制改革。

[3]**がくせい【楽聖】**〈名〉ひじょうにすぐれた大音楽家。例楽聖ベートーベン。

かくせいいでん【隔世遺伝】〈名〉〔生物〕❶祖父や祖母からの潜性《せんせい》(劣性《れっせい》)遺伝。❷祖先の体質や性格の特徴《とくちょう》が、世代をへだてて遺伝すること。類先祖返り。

かくせいき【拡声器】〈名〉遠くまで聞こえるように、音声を大きくする器械。スピーカー。

かくせいざい【覚醒剤】〈名〉目をさまさせ、意識をはっきりさせる作用のあるくすり。ヒロポンなど。

がくせいふく【学生服】〈名〉男子生徒用の、詰め

襟《えり》・黒無地・長そで長ズボンの制服。

がくせき【学籍】〈名〉その学校に在学している、または、在学していたということを表わす籍。

かくぜつ【隔絶】〈名・する〉遠くはなれていて、他とのつながりがないこと。例世間から隔絶された世界。他と隔絶した能力。

がくせつ【学説】〈名〉学問上のものごとについての考えや、その学問についてのまとまった考えかた。

かくぜん【画然】【▼劃然】〈副・連体〉分かれ目がはっきりしている。例画然と区別する。画然たる区別。類截然《せつぜん》。

がくぜん【▼愕然】〈副・連体〉意外なことがらを知って、ショックを受けるようす。例愕然たる思いがする。急な知らせに愕然とした。

[1]**がくそう【学窓】**〈名〉ともに学んだ学校。例学窓をすだつ。類学舎《まなびや》。

[2]**がくそう【学僧】**〈名〉❶学問にすぐれた僧。❷学生でもある僧。

かくだい【拡大】〈名・する〉かたちや規模をひろげて、大きくすること。また、ひろがって、大きくなること。例写真を拡大する。紛争《ふんそう》が拡大する。拡大鏡。対縮小。類拡張。

がくたい【楽隊】〈名〉音楽を合奏する人々の一隊。

かくだいかいしゃく【拡大解釈】〈名・する〉ことばや文章の意味を、ふつうに理解される範囲《はんい》をこえて自分に都合よく理解すること。例法律の拡大解釈。

かくだいきょう【拡大鏡】〈名〉小さな字やものの一部分を拡大してみせる凸《とつ》レンズ。類虫めがね。ルーペ。

かくだいさいせいさん【拡大再生産】〈名・する〉〔経済〕生産が利益を生み、その利益を利用してさらに生産の規模を大きくすること。対縮小再生産。

かくたる【確たる】〈連体〉しっかりしていて、ゆるがない。例確たる証拠《しょうこ》もなしに、人をうたがうな。

かくだん【格段】〈形動〉程度にはなはだしいちがいがある。例格段の差。格段にすぐれる。類格別。

がくだん【楽団】〈名〉音楽を合奏する人々の団体。例管弦《かんげん》楽団。

かくだんとう【核弾頭】〈名〉ミサイルなどの先端《せんたん》にとりつける、原子爆弾《ばくだん》や水素爆弾。

かくち【各地】〈名〉それぞれの地方。いろいろな地方。例全国各地の名産。各地で反対運動がおこる。

かくちく【角逐】〈名・する〉たがいに相手をけおとそうとして、あらそうこと。例両者の角逐。

かくちゅう【角柱】〈名〉❶切りくちが四角なはしら。❷〔数学〕両端《りょうたん》が平行で同一のかたちの面をもつ多角形と、それに垂直な長方形とでできている立体。底面のかたちによって、三角柱・四角柱などという。→えんすい〔円錐〕絵

参考 体積は、「底面積 × 高さ」で求める。円柱も同じ。

[1]**かくちょう【拡張】**〈名・する〉おしひろげて規模を大きくすること。また、規模が大きくなること。例グラウンドを拡張する。血管が拡張する。軍備の拡張をはかる。類拡大。

[2]**かくちょう【格調】**〈名〉文章や詩歌、絵画や音楽などの芸術作品がもっている、気品のある調子。例格調がある。格調が高い。類風格。品格。

がくちょう【学長】〈名〉大学の教育上の最高責任者。類総長。

かくづけ【格付け】〈名・する〉品質や価値、資格や能力によってわけて、段階をきめること。レーティング。

がくっと〈副・する〉折れるように急に。一足とびに悪いほうに進むようす。がくりと。例がくっとひざをつく。売れ行きががくっと落ちる。類がっくり。

かくて【▼斯くて】〈接〉「こうして」のやや古いかたち。例かくて十年の歳月《さいげつ》がながれた。

[1]**かくてい【各停】**〈名〉「各駅停車」の略。急行や特急などに対して、すべての駅にとまる電車。

[2]**かくてい【確定】**〈名・する〉うごかすことができないものとして、はっきりきめること。また、きまること。例範囲《はんい》を(が)確定する。最終案を(が)確定する。当選が確定する。確定的。類決定。

かくていしんこく【確定申告】〈名〉自営業者など、自分で税金をおさめる人が、自分で計算して、前の年の所得と、その金額にみあった税額とを税務署に申告すること。

かくていてき【確定的】〈形動〉もはや変化することはありえないほど、はっきりきまっている。例もはや 勝利は確定的だ。類決定的。

カクテル〈名〉❶数種の洋酒をまぜた飲みもの。ジュースなどをまぜることもある。例カクテルパーティー。❷いろんなものをまぜ合わせたもの。例カクテル光線。◇cocktail

がくてん【楽典】〈名〉西洋音楽で、楽譜《がくふ》を読み書きするための規則。また、その理論を書いた本。

[1]**かくど【角度】**〈名〉❶〔数学〕二つの直線、または、二つの平面がまじわってできる角の大きさ。例角度が大きい。急角度(=角度がせまいこと)。❷ものごとを見る立場。例角度をかえる。少し、ちがう角度からも考えてみよう。類観点。視点。視角。

[2]**かくど【確度】**〈名〉たしかさの程度。例確度が高い。類たしからしさ。確率。蓋然《がいぜん》性。

がくと【学徒】〈名〉❶学生や生徒。古風な言いかた。❷学問研究にはげむ人。類学者。学究。研究者。

[1]**かくとう【格闘】【▼挌闘】**〈名・する〉武器を持たないでたたかうこと。例クマと格闘する。格闘技。類くみうち。つかみ合い。とっくみ合い。

表現 「難問と格闘する」のように、むずかしいことに正面からとりくんで、いっしょうけんめい努力することにもいう。

[2]**かくとう【確答】**〈名・する〉はっきりと責任をあきらかにして答えること。また、そのような答え。例確答した者はだれもいない。確答をさける。確答をえる。類明答。

がくどう【学童】〈名〉小学校にかよっている子ども。小学生。類児童。

かくとうぎ【格闘技】〈名〉すもうや柔道《じゅうどう》、レスリングやボクシングなど、武器を持たないであらそい、かちまけをきめるスポーツ。

がくどうほいく【学童保育】〈名〉両親が働いている小学生を、放課後の一定時間、保育すること。

かくとく【獲得】〈名・する〉努力して、手にいれること。例権利を獲得する。対喪失《そうしつ》。

かくない【閣内】〈名〉内閣の内部。内閣を構成する、総理大臣以下、各省庁の大臣、長官。

がくない【学内】〈名〉その大学の組織や敷地《しきち》のなか。対学外。類校内。

かくにん【確認】〈名・する〉ほんとうにそうであるかどうかをたしかめること。例身元を確認する。情報を確認す

 リヒテンシュタイン　スイスの隣の小立憲君主国。観光・金融や精密機械工業が盛ん。首都ファドーツ。

る。未確認。

かくねん【隔年】〈名〉 一年おき。

がくねん【学年】〈名〉 ❶学校生活でのひとくぎりの一年間。例学年末。❷学生や生徒の学習のすすみ方をしめす、一年きざみの段階。例学年がすすむ。学年別。一学年。

かくねんりょう【核燃料】〈名〉 原子炉《ろ》で使う燃料。ウランやプルトニウムなどの 放射性物質が使われる。

かくのう【格納】〈名・する〉 倉庫や容器などにしまうこと。例データを格納する。格納庫。

がくは【学派】〈名〉 一つの学問のうえで、同じ考えをもつ人たちのグループ。学問上の流派。例プラトン学派。

かくばくはつ【核爆発】〈名〉 原子爆弾《ばくだん》や水素爆弾の爆発。

がくばつ【学閥】〈名〉 同じ学校の出身者だけでつくられていて、他の学校の人を入れようとしないグループ。

かくば・る【角張る】〈動五〉 ❶まるみがなくて、かどがつっぱっている。例角ばった顔。❷まじめすぎて、おもしろくない。例角ばった話。▽類四角ばる。

かくはん【▼攪▼拌】〈名・する〉 よくまざるように、じゅうぶんに かきまわすこと。例攪拌機。類かきまぜる。
参考もともとは、「こうはん」と読んだ。

がくひ【学費】〈名〉 授業料や本代など、学校で勉強するために必要な費用。類学資。

かくびき【画引き】〈名〉 漢字の辞典で、画数によって漢字をひくようにしたもの。例画引き索引(=総画索引)。→おんびき①

かくひつ【▼擱筆】〈名・する〉 文章を書きおえること。対起筆。参考「筆を擱《お》く」ということ。

がくふ[1]【岳父】〈名〉 妻の父親。アガクフ
参考高い山のように尊敬すべき父、という意味。

がくふ[2]【楽譜】〈名〉〔音楽〕 音符・休符などのきめられた記号と約束によって、音楽を書き表わしたもの。ふつうは五線譜。例楽譜をよむ。類譜。音譜《おんぷ》。アガクフ

がくぶ【学部】〈名〉 大学で、学問の分野によって大きくわけたグループ。理学部・文学部など。

がくふう【学風】〈名〉 ❶ある個人や研究団体の、学問するうえでの、考えかたや方法の特色。例学風をつぐ。❷大学の 伝統的な気風。例学風をしたう。類校風。スクールカラー。

かくぶそう【核武装】〈名・する〉 核兵器の装備。

がくぶち【額縁】〈名〉 ❶絵などを、かけるためにいれるわく。❷かざりのため、窓や出入り口のまわりにはめるわく。

がくぶちこうぞう【額縁構造】〈名〉〔文学〕 物語の構成が、「現在→過去→現在」と進むとか、現実と現実の間に空想や夢の中の話が はさまるなど、複雑になっているもの。話の本筋《ほんすじ》を大きな外枠《そとわく》(=額縁、フレーム)に見立てていう。「枠《わく》構造」「入れ子構造、入れ子型」ともいう。

かくぶんれつ【核分裂】〈名・する〉 ❶〔物理〕 原子核がこわれて、二つ以上の原子核ができること。ウランやプルトニウムなどの原子核でおこり、その際、大きなエネルギーをだす。原子爆弾《ばくだん》はこれを利用したもの。対核融合《ゆうごう》。❷〔生物〕 細胞《さいぼう》の核が、二つにわかれること。

かくへいき【核兵器】〈名〉 核分裂《ぶんれつ》や核融合《ゆうごう》がうみだす、大きなエネルギーを利用した兵器。原子爆弾《ばくだん》や水素爆弾など。例核兵器禁止条約。
参考化学兵器・生物兵器とともに、「大量破壊兵器」「大量殺戮《さつりく》兵器」または「ABC兵器」といわれる。

かくべからざる【欠くべからざる】〈連体〉 欠くことのできない。なくてはならない。類不可欠の。

かくへき【隔壁】〈名〉 あいだをしきっているかべ。

かくべつ【格別】 ━〈副〉 ❶(「格別…ない」の形で)それほど…ない。例かれは格別すぐれた選手ではない。❷(「格別に」の形で)ほかよりとくにきわだって。例この映画は格別におもしろかった。━〈形動〉 ふつうの場合に比べて、程度が大きい。例ここからのながめはまた格別です。さすが北海道、格別の寒さですね。▽類特別。格段。

かくほ【確保】〈名・する〉 大事なものをしっかりつかんでおくこと。例食料を確保する。資源を確保する。

かくほう【確報】〈名〉 まちがいのない、信用のできる知らせ。例確報をえる。確報をまつ。

かくぼう【角帽】〈名〉 上が四角になっている、つばのある黒い帽子。かつての大学生の制帽。

がくぼう【学帽】〈名〉 学生や生徒がかぶるように、学校できめた帽子。類制帽。

かくま・う〖▽匿う〗〈動五〉 追われている人を、見つからないように保護する。例犯人をかくまう。

かくまく【角膜】〈名〉 眼球の前面についている、皿《さら》のかたちをしたすきとおった膜。例角膜移植。

かくまけ【格負け】〈名・する〉 過去の実績にもとづく格のうえでおとっていて、よわよわしく見えること。例格負けせずに堂々と張りあう。類貫禄《かんろく》負け。名前負け。

かくめい【革命】〈名〉 ❶国家や社会の組織を力によって根本からかえること。例革命がおきる。革命をおこす。革命軍。→クーデター表現 ❷それまでとは まるでちがってしまうような、大きな変革。例産業革命。

がくめい【学名】〈名〉 ❶生物の、学問上の名まえ。❷学者としての評判。例学名があがる。
参考①は、ラテン語で表わされ、各国共通に用いられる。たとえば、「人」は Homo sapiens (=知恵《ちえ》あるヒト)。

かくめいてき【革命的】〈形動〉 それまでのものをすべてひっくりかえすほどの 大きな変わりかたである。例革命的発明。類画期的。

がくめん【額面】〈名〉 ❶証券や債券《さいけん》、貨幣《かへい》などに書いてある金額。例額面をわる(=額面よりも安くなる)。❷税金や さしひくべき金額をふくんだ名目上の金額。例額面は多いが実質は少ない。
表現「話を額面どおりにうけとる」というときの「額面」は、表面に現れている意味ということ。

かくも〖▼斯くも〗〈副〉 「これほどまでに」のあらたまった言いかた。例本日は、かくも盛大《せいだい》なる送別会をひらいていただき、ありがとうございます。

がくもん【学問】〈名〉 ❶研究の成果としてまとめられた知識や理論の体系。類学術。❷〈する〉 まなぶこと。まなんでえられた知識。例学問がある。学問に はげむ。耳学問。類学識。学殖《がくしょく》。

学問に王道《おうどう》なし 基礎《きそ》から順々に積み上げていかなければ、学問はできない。王様のための特別な便法などない、ということ。西洋のことわざ。

がくもんてき【学問的】〈形動〉 いかにも学問らしい厳密《げんみつ》さがある。例学問的な態度。

がくや【楽屋】〈名〉 劇場で、出演者が舞台《ぶたい》にでる前の準備や休憩《きゅうけい》などをする部屋。

がくやうら【楽屋裏】〈名〉 表面のうごきのかげにあって、人目にふれさせたくない ところ。例楽屋裏をさらけだ

す。両党のあいだで、楽屋裏でのとりひきがあったようだ。

がくやおち【楽屋落ち】〈名〉事情を知っている一部の人にしか通じないこと。類舞台《ぶたい》裏。内幕《うちまく》。内情《ないじょう》。

かくやく【確約】〈名・する〉かならずすると約束すること。例支援《しえん》を確約する。確約をえる。類誓約《せいやく》。

かくやす【格安】〈形動〉ねだんがふつうより、とくに安い。例おねだんは格安になっています。類割安。

がくやばなし【楽屋話】〈名〉うちうちでしか口にされないような事情やはなし。

かぐやひめ【かぐや姫】〈名〉『竹取物語』の主人公。竹から生まれ、翁《おきな》のもとで美しい娘《むすめ》に成長するが、どんな求婚《きゅうこん》もことわって月の世界へ帰る。

がくゆう【学友】〈名〉同じ学校などで、いっしょにまなんでいる友だち。例皇太子のご学友。

表現 名門の子弟《してい》についていうことが多い。

かくゆうごう【核融合】〈名〉〔物理〕いくつかの原子核がむすびついて、一つの原子核になること。水素・ヘリウムなどの原子核でおこり、その際に、大きなエネルギーをだす。水素爆弾《ばくだん》はこれを利用したもの。対核分裂《ぶんれつ》。→かくへいき

がくようひん【学用品】〈名〉えんぴつやノート、ふで入れなど、学校で勉強するのに使うもの。類文具。文房具。

かぐら【神楽】〈名〉神をまつるときに行なう、日本の伝統的な音楽や舞《まい》。例神楽歌。

参考 宮廷《きゅうてい》での神楽と、民間での里神楽とがある。

かくらん【▼攪乱】〈名・する〉かきまわして混乱をおこすこと。例敵の陣営《じんえい》を攪乱する。攪乱工作。

参考 もともとは、「こうらん」と読んだ。

かくり【隔離】〈名・する〉まざらないように、他からはなすこと。とくに、伝染病患者《かんじゃ》などをほかの人からはなして、一定の場所に収容すること。例隔離病棟《びょうとう》。

[1]**かくりつ【確立】**〈名・する〉多少のことではびくともしない、しっかりしたものにすること。また、しっかりしたものになること。例制度を(が)確立する。自我《じが》を(が)確立する。方針の確立。類樹立。

[2]**かくりつ【確率】**〈名〉あることが偶然《ぐうぜん》におこると期待(=予測)される割合。たとえば、さいころをふったとき、一から六までのある目がでる確率は、それぞれ$\frac{1}{6}$。例当選確率。類確度。蓋然性《がいぜんせい》。

がくりと〈副・する〉⇩がくっと

かくりょう【閣僚】〈名〉内閣を構成している各大臣。参考 総理大臣はふくまない。

がくりょく【学力】〈名〉勉強して身につけた知識や能力の程度。例学力がつく。学力がおとる。

がくれい【学齢】〈名〉義務教育をうける、六歳から十五歳までの期間。例学齢に達する(=小学校に入学する年齢になる)。学齢期。

かくれが【隠れ家】〈名〉人目をのがれてすむ家。例隠れ家にひそむ。隠れ家をつきとめる。

がくれき【学歴】〈名〉その人がどんな学校を出たかということ。例学歴が高い。学歴社会(=学歴が重要視される社会)。

かくれキリシタン【隠れキリシタン】〈名〉〔歴史〕江戸《えど》時代、幕府による禁止令のもとで、ひそかにキリスト教を信仰《しんこう》した人。

かくれみの【隠れみの】〖隠れ▼蓑〗〈名〉本心やほんとうのすがたをかくすための、おもてむきのものをたとえていうことば。例いそがしさを隠れみのにして顔を出さない。

由来 それを着ると、からだが見えなくなるという伝説上のみのからできた言《い》いかた。

かく(隠)れもない はっきりとおもてにあらわれている。例隠れもない事実。

かく・れる【隠れる】〈動下一〉❶もののかげになって見えなくなる。例月が隠れる。かげに隠れる。❷おもてから見えないところにひそむ。例隠れた才能。隠れた意味。化石には古代のなぞが隠れている。❸人目につかないようにする。例隠れひそむ。❹(「隠れた」の形で)世間に名前や実力が知られていない。例隠れた逸材《いつざい》。

表現 「お隠れになる」は、「死ぬ」の最高の尊敬語。

かくろん【各論】〈名〉全体の中の、ひとつひとつのことがらについての意見や説。例各論に入る。総論賛成、各論反対。対総論。

かぐわし・い〖▼馨しい〗〈形〉上品な、よいかおりがする。例かぐわしい花。かぐわしいにおい。類かんばしい。

がくわり【学割】〈名〉「学生割引」の略。鉄道の運賃や映画館の入場料などを学生・生徒にかぎって、一定の割合で安くすること。例学割がきく。

かくん【家訓】〈名〉家に伝えられている教え。類家法。

がくんと〈副・する〉❶とつぜん大きな力をうけるようす。例急ブレーキでがくんときた。❷急に程度がはなはだしくなるようす。例がくんと深くなる。❸急にからだの力がぬけるようす。例がくんとひざをつく。

[1]**かけ【欠け】**〈名〉欠けること。例図書室の雑誌に欠けがないか、調べる。ア カケ

[2]**かけ【掛け】**一〈名〉❶「かけ売り」や「かけ買い」の略。例掛けで買う。❷そばやうどんの上に熱いしるをかけただけの食べ物。例かけそば。かけうどん。「かけ二丁、お願いします」。対もり。▽ア カケ

二〈接尾〉❶動詞の連用形につけて、「…している途中《とちゅう》でやめたまま」という意味を表わす。例食べかけ。読みかけ。❷名詞につけて、「かけるもの」という意味を表わす。例洋服かけ。▽→がけ〔掛け〕

方言 一②のうどんは、関西では「素《す》うどん」と言う。

[3]**かけ【賭け】**〈名〉ゲームなどに、お金やものをだしあって、勝った人がそれをとること。例かけをする。かけに勝つ。かけごと。ア カケ」

かげ【影・陰】〈名〉一〔影〕❶ものが光をさえぎるためにできる、黒ずんだかたち。例影がうつる。影をおとす。影を投ずる。影をふむ。影法師。影絵。類シルエット。陰影《いんえい》。→かげの❷水面などにうつる、もののすがた。例影をうつす。山の影がみずうみにうつっている。❸もののすがた。例影がうすい。影をひそめる。島影。

二〔陰〕❶光のあたらないところ。例木の陰で休む。木陰《こかげ》。日陰。❷ものにかくれて見えないところ。目だたない場所。例陰にかくれる。陰であやつる。陰で悪口を言う。草葉の陰(=あの世)。かがやかしい成功の陰に、じみな努力がある。陰口《かげぐち》。ものかげ。類裏。❸くらさ。陰気さ。例あの人にはどこか陰がある。類かげり。❹かばってくれる大きな力。かばってくれるものがある安全な場所。「お」をつけて「お陰」「お陰さま」のようにいうことが多

 ルーマニア　バルカン半島北東部にある共和国。小麦・石油・鉄鉱を産し，機械工業も盛ん。首都ブカレスト。

い。例寄らば大樹の陰(↓「よる〔寄る〕」の子項目)。お陰をこうむる。今回の成功は、ひとえに、みなさまのご声援《せいえん》のお陰です。

表現 (1)二④の「お陰」は、感謝する気持ちをこめて使うのが本来であるが、「ゆうべは、停電のお陰ですっかり予定がくるってしまった」のように、単に原因や理由をいったり、逆に、いまいましい気持ちをこめていうこともある。
(2)もともと、「かげ」は、「光」を意味することばで、いまでも「日かげ」「月かげ」は、日光、月光のことにもいう。光に照らしだされたもののすがたも「かげ」といった。「影もかたちも見えない」「影をしたう」「うわさをすれば影」「人影まばら」「おもかげ」などの「かげ」は、みな人のすがたを意味している。

影が薄《うす》**い** 目だたなくて、迫力《はくりょく》がない。例かれは学校では影がうすい存在だ。

陰で糸《いと》**を引**《ひ》**く** 自分はうしろにかくれていて、人を思うままにあやつる。

陰になり日向《ひなた》**になり** あるときは人に知られないように、また、あるときはおもてだって、いつも助けるようすをいう。類陰《いん》に陽に。

影の形《かたち》**に添**《そ》**うように** ある人のそばに、いつでも別のある人のすがたが見えることをいう。

影も形《かたち》**もない** それらしいものも、それに関係したものも、いっさい見あたらず、なにも残さないで消えている。

影を潜《ひそ》**める** おもてに見えないようになる。例過激な政治運動は影を潜めている。

1 **がけ**【崖】〈名〉 山や岸がかべのようにけわしくきりたっているところ。例崖くずれ。類断崖《だんがい》。絶壁《ぜっぺき》。

2 **がけ**【掛け】〈接尾〉 ❶服装などのことばにつけて、それを身につけていることを表わす。例ゆかたがけ。たすきがけ。❷数を示すことばにつけて、割合を表わす。例定価の八がけ(=八割)で売る。❸人数を表わすことばにつけて、その人数でこしかけるようになっていることを表わす。例二人がけ。❹動詞の連用形につけて、「…する途中《とちゅう》」「…したばかり」という意味を表わす。例いきがけ。帰りがけ。出がけ。類しな。

[かげえ]

かけあい【掛け合い】〈名〉 ❶かけあうこと。類談判。❷演芸で、ふたりがかわるがわる話したり歌ったりすること。例掛け合い漫才《まんざい》。

かけあ・う【掛け合う】〈動五〉 ❶両方でなにかをたがいにかける。例水を掛け合う。❷すんなりきまらないむずかしいことについて、相手に交渉《こうしょう》をもちかける。例損害を補償《ほしょう》するように役所に掛け合う。類折衝《せっしょう》する。談判する。

かけあし【駆け足】〈名〉 ❶走ること。例それ、駆け足! ❷⇩ギャロップ

表現 (1)「はや足」より速いが、全力疾走《しっそう》とはちがう。
(2)あわただしさを表わすたとえとして、「冬が駆け足でやって来る」のような言いかたもする。

かけあわ・せる【掛け合わせる】〈動下一〉 ❶かけ算をする。❷〔生物〕交尾《こうび》させる。交配する。例二つの品種を掛け合わせる。

1 **かけい**【▼筧】〈名〉 ⇩かけひ アカケイ

2 **かけい**【花茎】〈名〉〔植物〕 タンポポやスイセンなどにある、根から直接でて、花をささえるくき。葉はつけない。アカケー

3 **かけい**【佳景】〈名〉 なかなか いいながめ。アカケー

4 **かけい**【家系】〈名〉 祖先から現在にいたる、家族の歴史的なつながり。例家系をたどる。家系図。類血すじ。血統。血縁《けつえん》。アカケー

5 **かけい**【家計】〈名〉 収入と支出からみた、家庭の生活状態。例家計がくるしい。家計をたすける。家計簿《ぼ》。類生計。暮らしむき。アカケー

かけいぼ【家計簿】〈名〉 家庭で、収入や支出の内容や金額を記入するノート。

かけうり【掛け売り】〈名・する〉 あとで代金をうけとる約束で、さきに品物をわたすこと。対掛け買い。

かげえ【影絵】〈名〉 手や紙などで、もののかたちをつくって、その影を壁面《へきめん》や紙面にうつす遊び。また、その影に似《に》せてつくった絵。類シルエット。絵

かけおち【駆け落ち】〈名・する〉 結婚《けっこん》を ゆるされない恋人どうしが、ほかの土地へにげていくこと。

か(掛)けが(替)えのない たいせつで、なにものにもかえられない。例かけがえのない命。かけがえのない人物を失った。

1 **かげき**【過激】〈形動〉 考えかたや行動が、度をこえてはげしい。程度がはなはだしい。例過激な思想。過激な運動。過激派。対穏健《おんけん》。アカゲキ

2 **かげき**【歌劇】〈名〉 「オペラ」のこと。アカゲキ

かげきは【過激派】〈名〉 自分たちの主張を暴力的方法を使って、実現しようとする人たちのグループ。

かけきん【掛け金】〈名〉 分割して定期的にはらう、保険料やつみたて金。例月々《つきづき》の掛け金。

がけくずれ【崖崩れ】〈名〉 がけの上や側面から、岩石や土砂《どしゃ》が崩れおちること。

かげぐち【陰口】〈名〉 その人のいないところで言うわるぐち。例陰口をきく。陰口をたたく。

かけごえ【掛け声】〈名〉 ❶競技や芝居《しばい》などで、力づけるために味方やひいきの人によびかける声。類声援《せいえん》。❷調子をとったり、いきおいをつけるために出す声。例掛け声をかける。

表現 「やるやる」と言いながらいっこうにやらないことを「掛け声ばかりだ」という。

かけごと【賭け事】〈名〉 お金や品物をかけてする勝負ごと。賭博《とばく》。類ギャンブル。ばくち。

かけことば【掛▽詞】〈名〉〔文学〕 古くからある表現技術の一つ。「松《まつ》」と「待つ」のような同音を利用して、一語(または語の一部)に二つ以上の意味をもたせること。和歌などに多い。

かけこみ【駆け込み】〈名〉 ❶かけこむこと。例駆け込み乗車。❷間に合うように、急いでなにかをすること。例駆け込みセーフ。値上げ前の駆け込み需要《じゅよう》。

表現 助けを求めて とびこんでくることをいう場合がある。「駆け込み訴《うった》え」は、被害《ひがい》の現場をのがれてきた人がなまなましく訴えをすること。「駆け込み寺」は、むかし、家でしいたげられた妻が夫や家をのがれて尼寺《あまでら》に駆け込み、社会的に離縁《りえん》をゆるされた、鎌倉《かまくら》の東慶寺《とうけいじ》などのこと。

かけこ・む【駆け込む】〈動五〉 走って中に入る。↓かけこみ 表現(前項)

ルクセンブルク　西ヨーロッパ内陸部の立憲君主国。鉄鉱を産し，製鉄・金融が盛ん。首都ルクセンブルク。

かけざん【掛け算】〈名・する〉ある数や式に、別の数や式をかける計算。乗法《じょうほう》。 参考 かけ算の答えを、「積《せき》」という。 対 割り算。

かけじく【掛け軸】〈名〉書や絵を布地や紙にはって、床《とこ》の間やかべにかけられるようにしたもの。 類 掛け物。

かけす〈名〉鳥の一種。ハトよりすこし小さく、背はぶどう色で、羽に白・あい色・黒などのまだらがある。ほかの鳥の鳴き声をまねたりする。かしどり。 表現 壁《かべ》にかけたものは一幅《いっぷく》二幅《にふく》と数える。

かけず【掛け図】〈名〉教室などでひろげてかけて、説明に使うための地図や絵。

かけすて【掛け捨て】〈名〉保険で、払いこむ保険料に積み立て部分がなく、保険金以外のお金はもどってこないこと。

かけずりまわ・る【駆けずり回る】〈動五〉❶走りまわる。くだけた言いかた。❷あちこちいそがしく動きまわる。 例 選挙運動で一日中駆けずり回る。 類 奔走《ほんそう》する。駆け回る。

かげぜん【陰膳】〈名〉長くよそにでかけている人のぶじをいのって、家の者がその人のためにそなえる食事の膳。 例 陰膳をすえる。

かけそば【掛け▼蕎▽麦】〈名〉⇩かけ〔掛け〕一②

かけだし【駆け出し】〈名〉仕事をはじめたばかりで、経験が浅いこと。未熟者《もの》。 例 駆け出しの記者。 対 ベテラン。 類 新人。新米。

かけちが・う【掛け違う】〈動五〉❶かけかたをまちがえて掛ける。 例 ボタンを掛け違う。❷ものごとが食いちがって合わない。 例 話が掛け違う。

かけつ【可決】〈名・する〉正式の会議で、提出された議案が賛成多数で決定し、成立すること。 例 予算案を可決する。 対 否決。

かけつ・ける【駆けつける】〈動下一〉とるものもとりあえずという感じで、大急ぎでやってくる。 例 急を聞いて駆けつける。

がけっぷち【崖っぷち】〔崖っ縁〕〈名〉❶崖の上の、目の前は谷底というところ。❷追いつめられた、つらい状況《じょうきょう》。 例 崖っぷちに立つ。

かけて ❶(おもに「…から…にかけて」の形で)ある場所や時間から引き続いて、別の場所や時間までずっと。 例 千葉から横浜にかけて工業地帯が広がる。今年から来年にかけて。 類 わたって。❷(「…にかけては」の形で)…に関しては。 例 サッカーにかけてはだれにも負けない。

かけながし【掛け流し】〈名〉⇩げんせんかけながし

かげながら【陰ながら】〈副〉見えないところで。 例 陰ながらご成功をおいのりしています。 類 よそながら。

かけぬ・ける【駆け抜ける】〈動下一〉走って通り抜ける。 例 通りを駆け抜ける。子どもが駆け抜ける。 表現 懸命《けんめい》にあわただしく生きることのたとえとして、「激動の時代を駆け抜ける」のような言い方もする。

かけね【掛け値】〈名〉実際より高くつけたねだん。 例 掛け値なしのねだんです。 表現 「掛け値のないところを言う」といえば、はったりやオーバーな言いかたではなく、ありのままに言うことをさす。

かげの【影の】〈連体〉おもてには出てこないが、大きな役割を果たす存在の。 例 影の主役。影の功労者。

かけはし【懸け橋・架け橋】〈名〉けわしいがけなどに、板やフジのつるなどをわたしてつくった橋。 類 つり橋。 表現 「友好の架け橋」は、両者のあいだをとりもつこと。

かけはな・れる【懸け離れる】〈動下一〉とても遠くへだたっている。 例 彼の考えは常識とかけ離れている。

かけひ【懸▼樋・▼筧】〈名〉庭に水を引くために、かけわたした竹のとい。かけい。

かけひき【駆け引き】〈名・する〉相手の出かたに応じて、あの手この手を使って、商売や交渉《こうしょう》を自分の有利になるようにすすめること。 例 駆け引きがうまい。 由来 もとの意味は、馬に乗った武士の戦場での戦いかたのこと。「駆け」は敵に向かって攻《せ》めよせること、「引き」は退却《たいきゃく》すること。

かげひなた【陰ひなた】〔陰日▽向〕〈名〉人が見ているかどうかで、言うことやすることにちがいがあるようす。 例 陰ひなたなく働く。 類 うらおもて。

かげべんけい【陰弁慶】〈名〉自分の家やなかまの前ではいばっているのに、他人の前ではまるでいくじがないこと。 類 内《うち》弁慶。

かげぼうし【影法師】〈名〉くっきりと人のかたちをうつしだしている影。

かげぼし【陰干し】〈名・する〉日かげでかわかすこと。 類 日干し。

かけまわ・る【駆け回る】〈動五〉❶あちこち走りまわる。❷あちこちいそがしく飛びまわる。 例 資金繰《ぐ》りに駆け回る。 類 駆けずり回る。奔走《ほんそう》する。

かげむしゃ【影武者】〈名〉❶敵の目をくらますために、大将や重要人物の身がわりになっている人。❷表面にでず、かくれたところで行動する重要人物。 類 黒幕。

かけめぐ・る【駆け巡る】〈動五〉あちこち走り回る。 例 「旅に病《や》んで夢は枯《か》れ野を駆け巡る」〈芭蕉〉。

かけもち【掛け持ち】〈名・する〉同じ時期に、二つ以上の仕事を、ひとりですること。 類 兼任《けんにん》。兼務。

かけよ・る【駆け寄る】〈動五〉走って近寄る。

かけら〔欠けら・欠▽片〕〈名〉❶われたり、くだけたりしたものの、小さな一部分。 例 ガラスのかけら。 類 破片《はへん》。小片。❷(「…のかけらもない」の形で)ほんの少しもない。 例 あいつには良心のかけらもない。 類 みじん。

かげり【陰り】〈名〉暗い感じ。 例 陰りのある顔。陰りをおびる。景気の先ゆきに、陰りがみえる。 類 かげ。

か・ける[1]【欠ける】〈動下一〉❶ものの一部がなくなったり、こわれたりして完全ではなくなる。 例 刃《は》が欠ける。欠けた茶わん。❷あるべきもの、なくてはこまるものが、ない状態である。 例 メンバーが欠ける。礼儀《れいぎ》に欠ける。常識に欠ける。❸(「月が欠ける」の形で)満月のあと、月がほそっていく。 対 満ちる。 ▽ア カケル

か・ける[2]【掛ける・懸ける・架ける】一〈動下一〉❶はずれないように、しっかりとめる。しっかりとそのような状態にする。 例 ボタンをかける。めがねをかける。ひもをかける。看板をかける。帆《ほ》をかける。かべに絵をかける。腰《こし》をかける。肩《かた》にかける。気にかける。お目にかける。鼻にかける(=自慢《じまん》する)。

❷おとしいれる。 例 計略にかける。わなにかける。

❸あつかいを人やものにまかせる。 例 医者にかける。手にかける(=殺す)。(なべを)火にかける。機械にかける。ふるいにかける。

❹一定の手つづきにまかせる。 例 会議にかける。

❺かぶせるようにする。またそこに、なんらかの影響《えいきょう》がおよぶようにする。 例 ふとんをかける。水をかける。塩をかける。ぞうきんをかける。ブラシをかける。みがきをかける。圧力をかける。王手をかける。心配をかける。迷惑《めいわく》をかける。やっかいをかける。目をかける。体重をかける。願《がん》をかける。望み

 ルワンダ　東アフリカの内陸にある共和国。茶・コーヒー，タングステンなどレアメタルを産出。首都キガリ。

をかける。あびせかける。さしかける。❻つながりをつける。とどかせる。[例]電話をかける。声をかける。橋をかける。かけわたす。❼しかけをはたらかせる。[例]かぎをかける。エンジンをかける。ブレーキをかける。ラジオをかける。CDをかける。❽ものをついやす。[例]金《かね》をかける。時間をかける。生涯《しょうがい》をかける。費用はいくらかけてもよい。❾つくる。[例]巣をかける。小屋をかける。わなをかける。❿かけ算をする。記号「×」。[例]二かける二は四。⓫〔生物〕種《しゅ》の交配をする。[例]かけあわせる。▽[ア]カケル →かけて

[二]〈接尾〉動詞の連用形につく。❶「ある動作を始める」「ある動作の途中《とちゅう》である」という意味を表わす。[例]帰りかける。❷「相手やほかのものに対してそうする」という意味を表わす。[例]話しかける。問いかける。立てかける。

[表記]「掛ける」がいちばんひろく使われるが、「懸ける」も、「命を懸ける」など「託《たく》する」という意味のときに使われる。「橋をかける」は、宙に浮《う》いたつり橋のようなときは「懸ける」が使われ、一方から他方へわたすようなときは「架ける」が使われる。使い分けがはっきりしない場合は、かな書きにするのがよい。

[方言]山形・新潟などでは、「先生にかけられた」のように、「指名する・質問する」という意味でも使う。→かかる

[方言](1)

【掛】 扌部8 全11画 掛掛掛掛掛

かける・かかる・かかり [訓]❶[かける] 掛ける。掛け金。たすき掛け。前掛け。❷[かかる] 掛かる。引っ掛かる。掛かり付け。手掛かり。二日掛かり。❸[かかり] 掛。

3 **か・ける**【賭ける】〈動下一〉❶ゲームなどに、お金やものをだしあい、勝負をあらそう。[例]大金をかける。❷重大な結果をそのことできめる。[例]首相の決断に国家の行く末をかける。命をかける。名誉《めいよ》にかけて。威信《いしん》にかけて。この一戦に優勝をかけて戦う。▽[類]賭《と》する。張る。[ア]カケル

4 **か・ける**【駆ける】【▼駈ける】〈動下一〉人や動物がスピードを出して走る。[例]駆けっこ。[ア]カケル

5 **かけ・る**【▼翔る】〈動五〉高い空を速く飛ぶ。[例]空をかける。天《あま》がける。[ア]カケル

かげ・る【陰る】【▼翳る】〈動五〉❶日の光がよわくなる。また、そのために少し暗くなる。[例]日が陰る。あたりが陰る。❷物の陰になって光が当たらない。[例]逆光で被写体《ひしゃたい》が陰る。❸心配などで、表情が暗い感じになる。[例]顔が陰る。[類]くもる。

1 **かげろう**【▽陽▽炎】〈名〉春や夏の晴れた日に、地面からほのおのように、ゆらゆらとたちのぼるもの。[例]かげろうがたつ。かげろうがもえる。

[参考]日光であたためられた空気と、冷たい空気がいりみだれて、光が屈折《くっせつ》することによっておこる現象。

2 **かげろう**【▼蜉▼蝣】〈名〉昆虫《こんちゅう》の一種。形はトンボに似《に》ているが、それよりも小さい。夏、水べなどを飛ぶ。

[表現]「かげろう」は、成虫になってから非常に短いあいだに死んでしまうので、そのかたちのこころもとないこともあって、はかないことのたとえとして使われる。

1 **かげん**【下弦】〈名〉満月から新月になるまでの間の半月《はんげつ》。下弦の月。[対]上弦。→じょうげん〔上弦〕[参考]

2 **かげん**【下限】〈名〉❶ものの数量やねだんなどで、それより下はない最低のところ。❷過去の特定の時代や年代の、もっとも現在に近い時期。▽[対]上限。

3 **かげん**【加減】[一]〈名〉❶〈する〉たし算とひき算。[例]加減乗《じょう》除《じょ》。❷〈する〉ちょうどいいように調節すること。[例]胃の調子がわるいので食事を加減する。手加減。❸ものごとの調子やぐあい。[例]加減がわるい(=からだの調子がよくない)。加減をみる。お加減いかがですか(=おからだいかが?)。あじ加減(をみる)。塩加減。湯加減。

[二]〈接尾〉❶…の程度やぐあい。[例]うつむき加減。ほろよい加減。ばかさ加減。❷少し…である。

4 **かげん**【寡言】〈名〉口かずが少ないこと。[対]多言。[類]寡黙。

かげんじょうじょ【加減乗除】〈名・する〉四則《しそく》による計算。

かこ【過去】〈名〉❶すぎさった時。「もうもどってこない」という意味がこもることがある。[例]過去にさかのぼる。過去の人。かえらぬ過去。[対]未来。[類]以前。むかし。❷人がいままでにしてきたこと。[例]過去がある。過去を忘れる。暗い過去。[類]経歴。❸〔文法〕動作・作用・状態を、すでにすぎさったこととして表わす言いかた。→かこけい

1 **かご**【▼駕▽籠】〈名〉むかし、人をのせ、上についた棒を前後からかついで運んだ箱がたの乗りもの。[例]かごかき。早かご。[ア]カゴ

[表現]一挺《いっちょう》二挺《にちょう》と数える。一台二台も使う。

2 **かご**【籠】〈名〉竹などを編んでつくったいれもの。[例]虫かご。買い物かご。ゆりかご。[ア]カゴ

籠の鳥《とり》 かごの中で飼《か》われている鳥のように、他人によって自由をうばわれている人。

3 **かご**【加護】〈名〉神仏が守ってくれること。[類]守護。[ア]カゴ

4 **かご**【▼訛語】〈名〉標準語とはちがう発音に聞こえることば。[ア]カゴ

5 **かご**【過誤】〈名〉「あやまち」「あやまり」のかたい言いかた。[例]医療《いりょう》過誤。[ア]カゴ

がご【雅語】〈名〉「文章」を「ふみ」、「さそう」を「いざなう」というように、現在、日常には使わない、和歌などに使う古風で優雅な感じのすることば。[対]俗語《ぞくご》。

かこい【囲い】〈名〉へいやかきねなど、まわりをかこむもの。[例]囲いをする。雪がこい。

かこいこ・む【囲い込む】〈動五〉❶囲って中に入れる。[例]柵《さく》の中に羊を囲い込む。❷自分のところに取りこんで、外に行かないようにする。[例]顧客《こきゃく》を囲い込む。自国の資源を囲い込む。

1 **かこ・う**【囲う】〈動五〉❶うちと外とを区別するために、まわりをとりまく。[例]かなあみで囲う。[類]かこむ。❷目だたないように、人を養う。[例]犯人を囲う(=かくまう)。▽[ア]カコウ

[表現]寒い地方で、野菜などを貯蔵しておくことにもいう。

2 **かこう**【下降】〈名・する〉段階や程度が低くなること。下の方へおりていくこと。[例]下降線。下降気流。[対]上昇《じょうしょう》。[類]降下。低下。落下。[ア]カコー

3 **かこう**【火口】〈名〉〔地学〕噴火口《ふんかこう》。[ア]カコー

4 **かこう**【加工】〈名・する〉原料や製品に手をくわえて、ちがうものにつくりかえること。[例]金属を加工する。加工食品。[ア]カコー

5 **かこう**【可耕】〈名〉耕作が可能であること。[例]可耕地。[ア]カコー

6 **かこう**【仮構】〈名・する〉ないものを仮にあるとして、頭や文章の中でつくり上げること。また、あるとしてつくり上げ

たもの。類虚構《きょこう》。フィクション。アカコー
7 **かこう【河口】**〈名〉川が、海やみずうみに流れこむところ。例河口港。類かわぐち。ア**カコー**
かごう【化合】〈名・する〉〔化学〕水素と酸素が結合して水になるなど、二つ以上の物質が反応して、性質がことなる別の物質ができること。例化合物。
表現 まざり合っているだけで、別の物質ができないときに━は、「混合」という。
がごう【雅号】〈名〉画家や書家、文筆家などが、本名のほかにもつ名前。類号。筆名。ペンネーム。
参考 夏目漱石《なつめそうせき》(本名は、金之助《きんのすけ》)の「漱石」、森鷗外《もりおうがい》(本名は、林太郎《りんたろう》)の「鷗外」など。
かこうがん【花▼崗岩】〈名〉〔地学〕火成岩のうちの、深成岩の一種。灰白《かいはく》色で、黒いはんてんがある。御影石《みかげいし》とよばれ、建築や装飾《そうしょく》用に使われる。
表記 理科の教科書などでは「花こう岩」と書かれる。
かこうげん【火口原】〈名〉〔地学〕火山の火口付近にある、外輪山にかこまれた平地。阿蘇山《あそさん》にあるものは、とくにひろい。
かこうこ【火口湖】〈名〉〔地学〕火山の火口に水がたまってできたみずうみ。蔵王山《ざおうさん》の御釜《おかま》など。
かごうぶつ【化合物】〈名〉〔化学〕二つ以上の物質が化合してできた物質。例有機化合物。対単体。
→こんごうぶつ②
かこうぼうえき【加工貿易】〈名〉外国から原料を輸入して製品にし、外国に輸出する貿易。
かこく【苛酷・過酷】〈形動〉❶まったく人情が感じられないほど、苦しめかたがひどい。例苛酷な労働。❷きびしすぎる。例過酷な要求。
表記 ①は「苛酷」、②は「過酷」と書くことが多い。
かこけい【過去形】〈名〉〔文法〕過去のことを表わすときの動詞や形容詞の形。
参考 日本語の動詞なら、連用形に「た」をつけた「行った」のような形。英語の動詞では一般に -ed をつけて表わし、また go(=行く)が went(=行った)になったりする。
かこちょう【過去帳】〈名〉死んだ人の法名《ほうみょう》や俗名《ぞくみょう》、死亡年月日などを記録した、寺の帳簿《ちょうぼ》。
かこ・つ【▽託つ】〈動五〉自分の身の上について、ぐちを言う。例不運をかこつ。類ぼやく。こぼす。

かこつ・ける【▽託ける】〈動下一〉自分の行動を正当化するために、関係ないことを口実に使う。例病気にかこつけて参加をことわる。類ことよせる。
かこみ【囲み】〈名〉❶とりまいている敵がたの軍勢。例囲みをやぶる。類包囲。❷「囲み記事」の略。
かこみきじ【囲み記事】〈名〉新聞などで、特別にわくでかこんである記事。略して「囲み」ともいう。類コラム。
参考 この辞典でも、ことばの学習や知識に必要な記事を囲み記事としてかかげている。
かこ・む【囲む】〈動五〉ぐるりとまわりをとりまく。例食卓《しょくたく》を囲む。敵に囲まれる。まるで囲む。類囲う。
かこもん【過去問】〈名〉試験で、これまでに出題された問題。
1 **かこん【仮根】**〈名〉〔生物〕維管束《いかんそく》のないコケ植物や、藻類《そうるい》のうちワカメなどの、根《ね》のように見える部分。「付着器《ふちゃくき》」ともいう。
2 **かこん【禍根】**〈名〉わざわいを生みだすもと。例禍根をたつ。禍根をのぞく。将来に禍根をのこす。
かごん【過言】〈名〉事実に合わない、おおげさな言いかた。類言いすぎ。
表現 「…といっても過言ではない」の形で使うことが多い。
1 **かさ【▼笠】**〈名〉❶雨や日光などをふせぐために頭にかぶるもの。例笠を編《あ》む。すげ笠。三度笠。❷「電灯のかさ」のように、「①」の形をしたもの。▽ア**カ**サ
表現 ふつう一枚二枚と数えるが、上からかぶせるものなので━で一蓋《いちがい》二蓋《にがい》も使う。
かさに着《き》る 自分のうしろだてとなる人の力や地位をたのみにして、いばりちらす。類威《い》を借《か》る。
2 **かさ【傘】**〈名〉雨や日光などをさけるために、手に持って頭の上に開いて、かざすもの。例傘をさす。傘をたたむ。傘に入る。(天気予報で)傘マーク(=雨)。雨傘《あまがさ》。日傘。こうもり傘。唐傘《からかさ》。番傘《ばんがさ》。蛇《じゃ》の目傘。類パラソル。ア**カ**サ
表現 (1)安全や身分を保障してくれるもののたとえとしても使う。たとえば、核《かく》兵器を防御《ぼうぎょ》用の武器と考えたとき、ある国の核兵器で守られる範囲《はんい》内にいることを、その国の「核の傘に入る」という。→さんか〔傘下〕
(2)一本二本と数える。和紙を張った傘は一張《ひとはり》二張《ふたはり》も使う。

3 **かさ【▼嵩】**〈名〉ものの大きさや量。例かさがある。かさが高い。かさがふえる。かさをへらす。かさばる。水かさ。類体積。容積。ボリューム。アカ**サ**」
かさに懸《か》かる 力にものをいわせて、相手をあたまからむりやりおさえつけようとする。
4 **かさ【▼暈】**〈名〉〔気象〕うすぐもりのときに、太陽や月のまわりに見える、光の輪。ア**カ**サ
5 **かさ【▼瘡】**〈名〉ひふにできたはれもの。アカ**サ**
かさあげ【かさ上げ】【▼嵩上げ】〈名・する〉❶堤防などの高さを今までよりも高くすること。例かさ上げ工事。❷分量や金額を増やすこと。例給料のかさ上げをはかる。
かざあな【風穴】〈名〉❶風がふきぬける穴やすきま。❷山腹などにあって、夏も、冷たい風がふきでてくる奥深い穴。類風穴《ふうけつ》。
1 **かさい【火災】**〈名〉火事。例火災が発生する。火災報知器。火災保険。
表現 「火災」は「火事」に比べて、公式な感じのする言いかたで、「火事」は日常的な言いかたなので、とっさに「火事だ!」とはいうが、「火災だ!」とはあまりいわない。
2 **かさい【家裁】**〈名〉「家庭裁判所」の略。
かざい【家財】〈名〉家にある道具や財産。例火事のために家財のすべてをうしなう。家財道具。
がさい【画才】〈名〉絵をじょうずにかく才能。
がざい【画材】〈名〉❶絵をかくときの題材。❷筆・絵の具など、絵をかくための材料・道具。
かざいどうぐ【家財道具】〈名〉家の中にあるあらゆる道具。例家財道具を売りはらう。
かさいりゅう【火砕流】〈名〉火山から噴《ふ》き出す高温の火山灰や軽石などが、高速で流れおちるもの。
がさいれ【ガサ入れ】〈名〉「家宅捜索《かたくそうさく》」の警察用語。
かさかさ 一〈副〉うすくて軽いものがこすれあって、小さな音を出すようす。例かれ葉がかさかさ(と)音をたてる。二〈形動・副・する〉かわいて、うるおいのないようす。例かさかさした肌《はだ》。かさかさになる。
参考 アクセントは、ふつう「**カ**サカサ」であるが、二で形容動詞として使う場合は、「カ**サカサ**」となる。
がさがさ 一〈副・する〉❶かわいたものがふれあって、大

きな音を出すようす。例がさがさ(と)新聞を広げる。❷動きに落ちつきがなく、そうぞうしいようす。例がさがさした人。三〈形動・副・する〉かわいて表面があれているようす。例がさがさにひび割れた手。
参考アクセントは、ふつう「ガサガサ」であるが、三で形容動詞として使う場合は、「**ガ**サ**ガサ**」となる。

かざかみ【風上】〈名〉風がふいてくる方向。例風上にまわる。対風下《かざしも》。

風上にも置《お》けない とても仲間としてあつかえないほど、性質やすることが卑劣《ひれつ》だ。
表現くさいものを風上におくと、風下《かざしも》にいる人が迷惑《めいわく》を受けることからいう。人をののしっていうことば。

1 **かさく【佳作】**〈名〉なかなかよくできた作品。例選外佳作。類佳品。

2 **かさく【寡作】**〈名・形動〉画家や作家などが、作品を少ししかつくらないこと。例寡作な作家。対多作。乱作。
表現「秀作《しゅうさく》」というほどではないときに使う。

かさぐも【▼笠雲】〈名〉〔気象〕富士山など高い山の山頂にかかる、笠の形をした雲。雨になる前兆とされる。

かざぐるま【風車】〈名〉❶軸《じく》につけた数枚のはねが風をうけてまわるようにした、おもちゃ。❷ふうしゃ。

かざけ【風邪気】〈名〉なんとなくかぜをひいたような感じ。かぜけ。例風邪気がぬけない。類かぜ気味。

かざごえ【風邪声】〈名〉かぜをひいて、のどがかすれたり、鼻がつまったりしたときの声。「かぜごえ」ともいう。

かさこそ〈副〉かれ葉やうすい紙などがふれあって生じる、かすかな音を表わす語。

かささぎ【▼鵲】〈名〉鳥の一種。カラスより小さい。かたとはらが白く、全体は黒い。尾《お》が長い。日本では北九州だけにすむ。参考七夕のとき、つばさをひろげてならんで、天の川に橋をかける、という伝説がある。

かざしも【風下】〈名〉風のふいていく方向。対風上。

風下に立《た》つ 人におくれをとって、その人の影響《えいきょう》を受ける立場にいる。

かざ・す【▼翳す】〈動五〉❶まぶしさをさけるため、目の上になにかをさしかける。例小手《こて》をかざす。❷手に持ったものを頭より上にあげる。例日にかざす。ふりかざす。❸平たいものを近づける。例ストーブに手をかざす。自動改札にICカードをかざす。

かさだか【かさ高】〖▼嵩高〗〈形動〉見た目に体積が大きい。かさが高い。

がさつ〈形動〉動作やもの言いに、おだやかさ、おちつき、気品などがまるでない。例がさつなもの言い。類粗野。

かさつ・く〈動五〉肌《はだ》が、かさかさになる。

かさな・る【重なる】〈動五〉❶あるものの上に、ほかのものがのる。例遠く山々が重なっている。つみ重なる。❷あるものごとの上に、さらに同じようなものごとが加わる。例日曜と祭日が重なる。仕事が重なる。不幸が重なる。類かち合う。ぶつかる。ダブる。

がさね【重ね】〈接尾〉いくつかさなっているかを数えることば。例二枚重ね(のティッシュペーパー)。三段重ね(の重箱)。

かさねあわ・せる【重ね合わせる】〈動下一〉❶同じ種類のものを、すきまなく重ねる。❷同じ種類のものとして、直接関連づける。例主人公の気持ちを自分に重ね合わせて考える。▽「かさねあわす」ともいう。

かさねがさね【重ね重ね】〈副〉同じことをなんどもくりかえして。例重ねがさねのご好意ありがたく存じます。重ねがさねよろしくお願いいたします。
表現お礼を言ったり、強く念をおしたりするときに使う。

かさねぎ【重ね着】〈名・する〉衣服を何枚も重ねて着ること。類厚着。

かさねて【重ねて】〈副〉もういちど念をいれて。例重ねてお願いいたします。

かさ・ねる【重ねる】〈動下一〉❶あるものの上に、ほかのものをのせる。例皿《さら》を重ねる。手を重ねる。セーターの上にカーディガンを重ねる。重ね着《ぎ》。つみ重ねる。❷あるものごとの上に、同じようなものごとを加える。例失敗を重ねる。罪を重ねる。練習を重ねる。年を重ねる。類くりかえす。反復する。

かざはな【風花】〈名〉❶風にはこばれてきた雪。❷晴天の日にふる雪。▽「かざばな」ともいう。

かさば・る【かさ張る】〖▼嵩張る〗〈動五〉荷物などが、じゃまになるほど、大きなスペースをしめる。例かるいがかさ張る荷物だ。類かさむ。

かさぶた〈名〉傷やできものがなおってくるとき、上にできる皮。例かさぶたがとれる。

かざみ【風見】〈名〉風の方向を知るための、矢やニワトリのかたちをした道具。屋根などにとりつける。例風見鶏《どり》。類風向計。

かざみどり【風見どり】〖風見▽鶏〗〈名〉ニワトリをかたどった風見。
表現風の吹く方向によって向きが変わることから、まわりのようすを見て都合のよいほうに態度を変える人のたとえにも使う。

かさ・む【▼嵩む】〈動五〉❶ものの体積や量が大きくなる。例荷物がかさむ。類かさばる。❷出費が予定より多くなる。例費用がかさむ。

かざむき【風向き】〈名〉風のふく方向。例風向きをみる。
表現「風向きが変わる」「風向きがわるい」というときの「風向き」は、ものごとのなりゆきの方向や相手のきげんをさす場合がある。

かざり【飾り】〈名〉かざるためにとりつけるもの。また、かざること。例飾りがない(＝正直で見えをはったりしない)。飾りをつける。飾りにする。首飾り。しめ飾り。飾りボタン。類装飾《そうしょく》。→おかざり

かざりけ【飾り気】〈名〉飾りによって本物よりよく見せようとする気持ち。例飾り気がない。

かざりた・てる【飾り立てる】〈動下一〉人目をひくように、かざりすぎるほど、はでにかざる。

かざりつけ【飾り付け】〈名・する〉きれいに見えるように、全体のバランスを考え、かざる物を選んで、効果的に配置すること。例商品の飾り付け。会場の飾り付け。類デコレーション。

かざりまど【飾り窓】〈名〉「ショーウインドー」のこと。

かざりもの【飾り物】〈名〉❶見たようすが、美しく、またはりっぱに見えるように飾りつけたもの。❷外部の人に見せるためだけの物や人。例あの社長は飾り物で、実際の仕事は副社長がしている。

かざ・る【飾る】〈動五〉❶りっぱで見ばえのする形にととのえる。例祭壇《さいだん》を飾る。花を飾る。最後を飾る。有終の美を飾る。花で飾る。着飾る。❷みかけだけをきれいに見せる。例うわべを飾る。ことばを飾る。ていさいを飾る。

かさん【加算】〈名・する〉❶もととなるものに、ある数や

量を加えること。例 一割(を)加算する。❷たし算。対 減算。

かざん【火山】〈名〉けむりやガス、溶岩《ようがん》などをふきだしている山。例 火山活動。参考 地学では、過去の噴火《ふんか》によって溶岩や火山灰が火口のまわりに積み重なってできた地形的なもり上がりをさす。→かつかざん

かさんかすいそ【過酸化水素】〈名〉〔化学〕無色透明《とうめい》の液体。分解すると、水と酸素になる。漂白剤《ひょうはくざい》・消毒薬のほか、ロケット燃料にも使う。

かざんがん【火山岩】〈名〉〔地学〕マグマが、地下の浅いところや地表に出て固まったもの。急に冷やされてできるため、粒子《りゅうし》がこまかい。流紋《りゅうもん》岩・安山岩・玄武《げんぶ》岩などがある。深成岩とともに火成岩の一つ。

かざんたい【火山帯】〈名〉〔地学〕火山がおびのようにつらなっている地域。参考 日本列島は環《かん》太平洋火山帯に属し、日本の火山の分布は東日本火山帯と西日本火山帯の二つに大別される。

かざんだん【火山弾】〈名〉火口から飛び散った溶岩《ようがん》が、空中でかたまったもの。

かざんばい【火山灰】〈名〉〔地学〕火山からふき出された溶岩《ようがん》や軽石が粉々になったもの。

かさんめいし【可算名詞】〈名〉英語などの言語で、一つ、二つと数えることのできる名詞。英語では apple・boy・dog などで、語尾に s または es をつけて複数をあらわす。対 不可算名詞。

[1] **かし【河岸】**〈名〉❶川の岸。❷川の岸にある魚市場《うおいちば》。例 魚河岸《うおがし》。▽ア カシ

表現「河岸を変える」というときの「河岸」は、遊んだり、飲食したりする場所をさす。

[2] **かし【貸し】**〈名〉❶人に貸すこと。また、貸したもの。とくに、貸した金。❷相手のためにしてやって、まだ、そのお返しをしてもらっていないこと。例 貸しがある。貸しをつくる。▽対 借り。ア カシ

[3] **かし【▼樫】**〈名〉あたたかい地方にはえる常緑高木。葉はつやがあってかたい。初夏、たれさがった花をつけ、秋にはどんぐりに似《に》た実がなる。材質はかたく、船や器具などに使う。アカガシ・シラカシなど数種がある。ア カシ

[4] **かし【下肢】**〈名〉人やサルの脚《あし》。専門的な言いかた。対 上肢。ア カシ

[5] **かし【下賜】**〈名・する〉身分の高い人がものをくださること。とくに、天皇がくださる場合に使う。対 献上《けんじょう》。ア カシ

[6] **かし【可視】**〈名〉肉眼で見えること。例 可視光線。可視化。対 不可視。ア カシ

[7] **かし【仮死】**〈名〉意識を失って、外見では死と区別できない状態。例 仮死状態。ア カシ

[8] **かし【菓子】**〈名〉おやつとして食べたり、客にお茶といっしょに出したりする食べ物。多くはあまくつくってある。例 菓子折り。洋菓子。和菓子。ア カシ

参考 元来、「菓」は果物《くだもの》を表わす。

[9] **かし【歌詞】**〈名〉音楽にのせて歌われることば。例 歌詞カード。ア カシ

[10] **かし【▼瑕▼疵】**〈名〉〔法律〕きず。欠点。欠陥。ア カシ

[11] **カし【カ氏】**〖華氏〗〈名〉温度の表わしかたの一方式。水がこおる温度を三二度、沸騰《ふっとう》する温度を二一二度とする。夏の暑い日の温度は一〇〇度近くになる。記号「°F」。対 セ氏。ア カシ 参考 温度につけて「100°F」などと表わすが、現在、日本ではほとんど使われず、セ氏が使われている。Fはこの方式の創始者、ドイツ人 Fahrenheit(ファーレンハイト)の頭文字。その名を中国語で、「華倫海(ホワルンハイ)」と書いたので「華氏」という。

[1] **かじ**〖▼舵・▼楫・▼梶〗〈名〉船のうしろにあって、船の進む方向をかえる装置《そうち》。例 かじとり。おもかじ。とりかじ。

かじを取《と》る ❶かじをうごかして、船を目的の方向に進める。❷ものごとがうまく進むように、だれかが全体をたくみにリードする。

[2] **かじ【鍛冶】**〈名〉鉄を熱して打って、刃物《はもの》や農具などをつくる職業。例 鍛冶屋。刀鍛冶。

由来「金打《かなう》ち」が、「かぬち→かじ」と変化したことば。

注意「冶」は、さんずいの「治」でない。

[3] **かじ【火事】**〈名〉建物などが燃えること。例 火事をおこす。火事を出す。火事にあう。火事見舞《みま》い。火事場。類 火災。→かさい〔火災〕表現

表現 大きな火事が「大火《たいか》」。小さくて火事ともいえないのが「ぼや」。火事の出たもとが「火元《ひもと》」。燃えひろがるのが「延焼」。よそからの火で燃えてしまうと「類焼」。道路のむこうへ燃えうつるとか、火の粉《こ》で、もっとはなれたところへ燃えうつるとかすれば「飛び火」。

火事と喧嘩《けんか》は江戸《えど》の華《はな》 火事の多い江戸での火消しの働きぶりと、気の短い江戸っ子の喧嘩の威勢《いせい》のよさは、江戸の名物だった。

対岸《たいがん》の火事 ⇩「たいがん〔対岸〕」の子項目

[4] **かじ【家事】**〈名〉食事のしたくや、そうじ、せんたくなどの家庭の仕事。例 家事に追われる。

[5] **かじ【加持】**〈名〉仏の力で病気や災難からのがれられるように、僧侶《そうりょ》が仏にいのること。例 加持祈禱《きとう》。

[1] **がし【餓死】**〈名・する〉飢《う》えて死ぬこと。類 飢え死に。

[2] **がし**〈接尾〉そうしろと言わんばかりの態度。例 聞こえよがし。これ見よがし。出て行けがし(にあつかう)。

かしあた・える【貸し与える】〈動下一〉かして、使わせる。類 貸与《たいよ》する。

かしおり【菓子折り】〈名〉菓子が入った折り箱。

参考 訪問するときの、贈り物。

かしか【可視化】〈名・する〉見すごしやすいものや、かくされているものなどを、よく見えるようにすること。くだけた言いかたでは「見える化」ともいう。例 アイデアをチャートで可視化する。類 視覚化。

[1] **かじか**〖河鹿・▼鮖〗〈名〉清流にすむ、カエルの一種。雄《おす》は夏にきれいな声で鳴く。かじかがえる。

[2] **かじか**〖▼鰍〗〈名〉魚の一種。谷川にすみ、一五《センチメートル》ほどで、うろこがない。焼いて食べたりする。

かじか・む〈動五〉寒さのために、手足の指先がこごえてうごかしにくくなる。例 手がかじかむ。

かしかり【貸し借り】〈名・する〉お金や物を、貸したり借りたりすること。類 貸借《たいしゃく》。

表現 人と人の関係に、気持ちの上での貸し借りというものもあり、それをふくめて「これで貸し借りなしだね」のような言い方をする。

かしかん【下士官】〈名〉士官の下、兵の上の位の軍人。

かじき〈名〉海にすむ魚。二《メートル》ほどで、上あごが剣《けん》のようにつき出ている。さし身にしたりする。マカジキ・メカジキなどの種類がある。かじきまぐろ。

かしきり【貸し切り】〈名〉乗り物や劇場、旅館などの一部または全部を、ある期間、一定の人や団体だけに貸すこと。例 貸し切りにする。貸し切りバス。

かしきんこ【貸し金庫】〈名〉銀行などが料金をとって契約《けいやく》者に使わせる、小型の金庫。専用の室内に、集合住宅の郵便受けのように並んでいるもの。

1 **かし・ぐ【▽炊ぐ】**〈動五〉「炊《た》く」の古語。

2 **かし・ぐ【▽傾ぐ】**〈動五〉ななめになる。例船がかしぐ。かしいだ柱。類かたむく。

かし・げる【▽傾げる】〈動下一〉ななめにまげる。例首をかしげる。類かたむける。

1 **かしこ【▽彼▽処】**〈代名〉あそこ。古い言いかた。例どこもかしこも。

2 **かしこ** 女性が手紙の最後につけるあいさつのことば。
表現「つつしんで申し上げました」の意味。男性の「敬具」にあたる。

かしこ・い【賢い】〈形〉❶頭がいい。対おろか。類賢明《けんめい》。利発。❷要領がいい。例なかなか賢いやりかただ。▽類利口。

かしこうせん【可視光線】〈名〉人間の目に見える、電磁波としての光線。七色あり、赤・だいだい・黄・緑・青・藍《あい》・紫《むらさき》の順で波長が長くなる。参考赤外線や紫外線《しがいせん》のように、目に見えない「不可視光線」もある。

かしこま・る【▽畏まる】〈動五〉❶目上の人の前などで、つつしみぶかく、きちんとした態度をとる。例かしこまって話をきく。❷かたくなって、きちんとした姿勢ですわる。例まあ、そうかしこまらないで、楽にしなさい。類正座する。❸「かしこまりました」の形で「つつしんで承知しました」という意味を表わす。類うけたまわる。

かしず・く【▽傅く】〈動五〉いつもそばにつかえて、その人の世話をする。例女王にかしずく。

かしだおれ【貸し倒れ】〈名〉貸したお金が回収できないこと。例貸し倒れになる。

かしだし【貸し出し】〈名・する〉貸し出すこと。

かしだ・す【貸し出す】〈動五〉❶外へ持ち出すことを前提《ぜんてい》に、ものを貸す。例図書を貸し出す。❷銀行などが、団体や個人にお金を貸しつける。

1 **かしつ【加湿】**〈名・する〉水蒸気によって、室内の湿度を高めること。例加湿器。対除湿。

2 **かしつ【過失】**〈名〉不注意のためにまねいた、よくない結果。例過失がある。過失をおかす。過失致死《ち》。過失傷害。対故意。類あやまち。落ち度。

1 **かじつ【佳日】**〈名〉めでたい日。縁起《えんぎ》がよい日。類吉日《きちじつ》。佳節《かせつ》。よき日。

2 **かじつ【果実】**〈名〉草木の実。類くだもの。フルーツ。

3 **かじつ【過日】**〈名〉すぎさったある日。多く、手紙・メールの中で使う。例過日は大変おせわになりました。類このあいだ。せんだって。先日。先般《せんぱん》。先ごろ。

がしつ【画質】〈名〉テレビや写真などの画像の質。うつり具合。例鮮明な画質。高画質。

かしつけ【貸し付け】〈名〉返す期限や利子などをきめて、お金を貸すこと。例貸付金。対借り入れ。類融資《ゆうし》。表記「貸付金」のような複合語の場合は、送りがなは付けないことがある。

かじつしゅ【果実酒】〈名〉くだものを材料にしてつくった酒。参考果実を発酵《はっこう》させる本格的なものと、焼酎《しょうちゅう》につける簡単なものとがある。

かしつしょうがい【過失傷害】〈名〉自分の不注意で、他人にけがを負わせること。

かしつちし【過失致死】〈名〉不注意の結果、人を死なせてしまったこと。例過失致死罪。参考そのつもりで殺したのとはちがうが、重い責任が問われる。

かして【貸し手】〈名〉金品をかすがわの人。貸し方。対借り手。→ぬし(主)参考(2)

かじてつだい【家事手伝い】〈名〉家にいて、家事や家業を手伝うことを仕事としていること。つとめに出ないで親と同居している独身女性の身分。

かじとり【かじ取り】【▽舵取り】〈名〉船のかじをうけもつ人。類操舵手《そうだしゅ》。舵手《だしゅ》。
表現「国政のかじ取り役」のように、国や団体などの進むべき道の責任を持つことの意味で使うこともある。

カジノ〈名〉トランプやルーレットなどでお金をかけて遊ぶところ。アメリカのラスベガスや、中国特別行政区のマカオのものが有名。◇イタリア casino

かじば【火事場】〈名〉火事の現場。

火事場の馬鹿力《ばかぢから》 火事のような非常時に、常識では考えられないほどの強い力が発揮されること。「ばか力」「くそ力」ともいう。

かじばどろぼう【火事場泥棒】〈名〉火事さわぎのときに、どさくさにまぎれてぬすみをする人。かじどろ。

かしま【貸間】〈名〉お金をとって、人に貸すへや。

かしまし・い【▼姦しい】〈形〉話し声がうるさい。参考「姦《かん》」は元来「心がねじけていて、わるい」という意味の漢字で、「声がうるさい」などという意味はなく、字づらの印象から当てられたもの。「女三人寄《よ》ればかしましい」もその字づらから生まれた言いかた(→「おんな」の子項目)。

カシミア〈名〉インドのカシミール地方産のヤギの毛で作った織物。やわらかであたたかく、高級な服地を作るときに使う。◇cashmere

かしや【貸家】〈名〉お金をとって、人に貸す家。対借家《しゃくや》。類家作。

1 **かしゃ【仮▽借】**〈名〉漢字の六書《りくしょ》の一つ。意味に関係なく、その字の音を借りて、ことばを表わすもの。「才」を年齢《ねんれい》の「歳《さい》」に使うなど。

2 **かしゃ【貨車】**〈名〉貨物をはこぶ鉄道の車両。対客車。

かじゃ【▽冠者】〈名〉狂言《きょうげん》で、大名につかえる、若い使用人。例太郎冠者。次郎冠者。

1 **かしゃく【仮借】**〈名〉見のがして、ゆるすこと。多く、打ち消しのかたちで使う。例仮借なく罰《ばっ》する。類容赦《ようしゃ》。参考「かしゃ」と読むのは別のことば。

2 **かしゃく【▼呵▽責】**〈名〉罪《つみ》をしきりにせめること。例良心の呵責(→「りょうしん(良心)」の子項目)。

かじや(鍛冶屋)のこんど(今度) 約束の期限があてにならないこと。類紺屋《こうや》のあさって。

かしゅ【歌手】〈名〉歌をうたうことを職業としている人。類歌い手。シンガー。

かじゅ【果樹】〈名〉くだものがなる木。例果樹園。

がしゅ【雅趣】〈名〉風雅なおもむき。例雅趣ゆたか。類雅致《がち》。

カジュアル〈名・形動〉❶気がるに着られること。ふだんの気がるな服装。普段着。日常着。例カジュアルなよそおい。カジュアルウエア。対フォーマル。❷気がるに利用できること。値段の高くない店。例カジュアルなレストラン。◇casual

1 **かしゅう【家集】**〈名〉個人の和歌をあつめた本。「私家集《しかしゅう》」「家の集」ともいう。

2 **かしゅう【歌集】**〈名〉❶和歌をあつめた本。和歌集。❷歌曲をあつめた本。参考①で、文学史上とくに、現存する最古の和歌集である奈良時代の『万葉集』と、平安

時代の『古今和歌集』、鎌倉時代の『新古今和歌集』が、三大歌集とよばれる。

1 **かじゅう【加重】**〈名・する〉重さや負担を、今までよりもっとふやすこと。例 刑罰《けいばつ》を加重する。加重をかける。

2 **かじゅう【果汁】**〈名〉くだものをしぼったしる。例 天然果汁。類 ジュース。

3 **かじゅう【荷重】**〈名〉橋などの構造物や機械に外部から加わる力。また、重さにたえられる限界。

4 **かじゅう【過重】**〈形動〉負担が大きすぎる。例 過重な仕事。

1 **がしゅう【我執】**〈名〉自分だけの考えにとらわれて、そこからぬけ出せないこと。

2 **がしゅう【画集】**〈名〉絵をあつめた本。

かじゅうへいきん【加重平均】〈名〉平均値を計算するとき、たしあわせる各数値を、重要度に応じてあらかじめ調整して出す平均値。

かじゅえん【果樹園】〈名〉果樹をそだてている農園。

がしゅん【賀春】〈名〉新春を祝うこと。年賀状に書くことば。類 頌春《しょうしゅん》。賀正。

かしょ【箇所】 一〈名〉(「修正箇所」「問題の箇所」のような使い方で)「…の場所」という意味を表わす。例 訂正《ていせい》すべき箇所。危険箇所。
二〈接尾〉部分や場所の数を表わす。例 三か所。
表記 二は、「か所」と書くのが標準的で、「カ所」と書くことも多く、また、「ヶ所」とも書かれる。

1 **かしょう【火傷】**〈名〉〔医学〕やけど。

2 **かしょう【仮称】**〈名〉正式のよびかたがきまるまで、かりにつけておく名前。類 仮題。
表現 「辞書研究センター(仮称)」のようにして、かりの名前であることを示すのに使うことが多い。

3 **かしょう【河床】**〈名〉川の底をつくっている地盤《じばん》。「かわどこ」ともいう。

4 **かしょう【過小】**〈形動〉実際よりも、また必要以上に小さく考える。例 過小に見つもる。過小評価。対 過大。

5 **かしょう【過少】**〈形動〉必要以上に少ない。例 (税金の)過少申告《しんこく》。対 過剰《かじょう》。過多。

6 **かしょう【歌唱】**〈名・する〉歌をうたうこと。例 歌唱力。歌唱指導。対 演奏。類 ボーカル。

1 **かじょう【過剰】**〈名・形動〉必要以上に、多くなっていること。例 過剰に生産する。過剰生産。過剰人口。自信過剰。対 過少。不足。類 過多。

2 **かじょう【箇条】**〘▽個条〙 一〈名〉あることがらをいくつかに分けて順番に述べたときの、ひとつひとつ。例 箇条書き。類 条項。
二〈接尾〉「一」の数を表わしたり、総数をかぞえたりすることば。例 三箇条にはこう書いてある。全部で五箇条ある。
表記 二は、「か条」「カ条」、または「ヶ条」とも書く。

がしょう【賀正】〈名〉正月を祝うこと。「がせい」ともいう。年賀状に書くことば。類 賀春。頌春《しょうしゅん》。

1 **がじょう【牙城】**〈名〉強大な勢力の中心部で、かんたんには入りこめないところ。例 敵の牙城にせまる。牙城を崩《くず》す。類 本拠《ほんきょ》。

2 **がじょう【賀状】**〈名〉祝いの手紙。年賀状をさすことが多い。

かじょうがき【箇条書き】〈名・する〉「一、…。二、…。」のようにあることがらを簡潔に分けた形で書くこと。

かしょうひょうか【過小評価】〈名・する〉実際の価値より低くみつもること。対 過大評価。類 軽視。

かしょくしょう【過食症】〈名〉食欲が異常に増して食べすぎてしまう、精神性の病気。ストレスなどが原因とされる。対 拒食《きょしょく》症。

かしょくのてん【華▼燭の典】〈名〉結婚式《けっこんしき》。
表現 「盛大ではなやか」という印象のことばなので、自分や身内の者の結婚式については使わない。

1 **かしら【頭】**〈名〉❶「あたま」の古い言いかた。例 頭をおろす(=かみの毛をそって出家する)。❷いちばん上の地位にある人。例 頭にすえる。おかしら。座頭《ざがしら》。類 親分。親玉。ボス。頭領。リーダー。❸ひとまとまりになっているものの、最初。例 十歳《さい》の子をかしらに、三人の子がいる。❹漢字の部分の一つのまとまりで、「虍《とらがしら》」「癶《はつがしら》」など。かんむり。▽→がしら

2 **かしら**〈終助〉文のおわりにつけて、はっきりしないことについてのうたがいの気持ちを表わす。例 あしたは雪かしら。あの本はどこに置いたかしら。
表現 概《がい》して、女性的なやさしいひびきがある。

がしら【頭】〈接尾〉❶…したとたん。例 出会いがしら。❷その中の一番。例 出世頭。

かしらもじ【頭文字】〈名〉❶欧文《おうぶん》で、固有名詞を書くときの、最初の大文字。類 イニシャル。❷欧文で、文のはじめに使う、大文字。類 キャピタル。

かじりつ・く【▼齧り付く】〈動五〉❶かみつく。類 かぶりつく。❷しっかりとつかまる。例 石にかじりついてもやってみせる。類 すがる。しがみつく。❸地位を失うまいと必死になる。くだけた言いかた。例 社長の座にかじりつく。類 しがみつく。
表現 大事件のあった日など、よく「きょうは、一日テレビにかじりついていた」のようにいう。

かじ・る【▼齧る】〈動五〉❶かたいものを少しずつ、歯でかみとる。例 リンゴをかじる。親のすねをかじる。❷少しだけやってみる。例 フランス語を少しかじってみたが、ものにならなかった。聞きかじる。なまかじり。
方言 山梨・長野・静岡などでは、「背中をかじる」のように、「つめでひっかく・かゆいところをかく」という意味でも使うが、それを方言だと気づいていない人が多い。

1 **かしわ【▼柏】**〈名〉山野に生える落葉高木。葉は、かしわもちをつつむのに使う。

2 **かしわ(方言)** とり肉。西日本で言う。

かしわで【かしわ手】〘▼柏手〙〈名〉神社で神を拝むときにするように、ひらいた両手を打ちあわせて鳴らすこと。拍手《はくしゅ》。例 かしわ手を打つ。

かしわもち【▼柏餅】〈名〉❶カシワの葉でつつんだ、あん入りのもち。五月の節句に食べる。❷一枚のふとんを二つおりにして、そのあいだに入って寝《ね》ること。

1 **かしん【花信】**〈名〉ウメ、サクラなど、花がさいたという知らせ。類 花便り。ア カシン

2 **かしん【家臣】**〈名〉将軍や大名などにつかえる人。類 家来。ア カシン

3 **かしん【過信】**〈名・する〉実際にはそれだけの力がないのに、あると思って、たよること。例 科学を過信する。自分の力を過信するな。ア カシン

1 **かじん【佳人】**〈名〉きよらかで、美しくて人がらもいい女の人。例 佳人薄命《はくめい》。類 麗人《れいじん》。ア カジン

2 **かじん【家人】**〈名〉❶自分の家の者。とくに、妻または夫。例 家人が留守《るす》で、わたしにはわかりません。❷ある家に住んでいる人。例 家人不在中の空き巣事件。▽
ア カジン

相沢忠洋(ただひろ)(1926～89) 考古学者。日本の旧石器時代の石器を群馬県の岩宿ではじめて発見した。

[3]**かじん**【歌人】〈名〉和歌をつくることを専門としている人。類歌《うた》詠《よ》み。アカジン

がしんしょうたん【▼臥薪▼嘗胆】〈名・する〉かたきをうつために、つらい苦労をかさねること。由来 もともとの意味は、薪《まき》の上に寝《ね》ることとにがい胆《きも》をなめること。むかし中国で、相あらそっていた呉《ご》王と越《えつ》王が、たがいにうけたうらみを忘れないために、みずから身をくるしめた、という故事による。

かじんはくめい【佳人薄命】〈名〉美しい女の人はとかくからだが弱く、若くして亡《な》くなることが多いということ。類美人薄命。

[1]**かす**【▼粕・▼糟】〈名〉さけかす。例かすづけ。アカス

[2]**かす**【▼滓】〈名〉❶ためてある液体の底にたまったもの。類おり。❷使いみちのない残りもの。残りかす。類くず。残滓《ざんし》。❸おもにウシの、小腸を乾燥《かんそう》させた食材。牛《ぎゅう》かす。あぶらかす。例(大阪の)かすうどん。▽アカス

[3]**か・す**【貸す】〈動五〉❶あとで返してもらうことを約束して、自分のものを人に使わせる。例本を貸す。部屋を貸す。類貸与《たいよ》する。❷自分の知識や能力を、人のために役だてる。例知恵を貸す。力を貸す。手を貸す。耳を貸す(=聞く)。▽対借りる。アカス

[4]**か・す**【化す】〈動五〉⇩かする〔化する〕アカス

[5]**か・す**【科す】〈動五〉⇩かする〔科する〕アカス

[6]**か・す**【課す】〈動五〉⇩かする〔課する〕アカス

[7]**かす**（方言）米を研《と》ぐ。関西で言う。参考 西日本では、「水に浸《ひた》す」の意味でも使う。

かず【数】〈名〉❶「ひとつ、ふたつ、みっつ…」というふうにして、いくつあるかを表わしたもの。例数をかぞえる。数が多い。数がある(=そろっている)。しなかず。ことばかず。類数量。数値。❷一つや二つではない、かなりの量。例数ある品物。数をこなす。むこうが数でくるなら、こちらは質でいこう。❸ねうちをみとめて、とくに仲間にいれることができるもの。例数ならぬ身。数に入る。ものの数ではない。

数知《し》れない とてもかぞえきれないほど、たくさんある。例被害《ひがい》にあった人は数しれない。

ガス〈名〉❶気体。例炭酸ガス。毒ガス。❷都市ガス・プロパンガスなど、燃料として使う気体。例ガスがもれる。ガスタンク。ガスもれ。❸海岸地帯や山に発生する、濃《こ》い霧《きり》。例ガスが出る。◇オランダ gas
表現 ❸を動詞化して、俗《ぞく》に「ガスる」という。

かすい【仮睡】〈名・する〉少しのあいだうとうとすること。類仮眠《かみん》。

かすいたい【下垂体】〈名〉大脳の下のほうにたれ下がった、ソラマメほどの大きさの器官。内分泌腺《ないぶんぴつせん》の一つとして、成長ホルモンなどがつくられる。

かすいぶんかい【加水分解】〈名〉〔化学〕ある物質に水が加わったとき、二つ以上の物質に分解する反応。

かすか【▽微か】〈形動〉感じられる程度が、ほんの少しである。例かすかに見える。かすかに聞こえる。かすかな光。かすかに息をしている。類ほのか。わずか。

かすがい【▼鎹】〈名〉❶戸じまりに使う、かけがね。❷材木などをつなぎとめるための、「コ」の字形の大きなくぎ。→くさび絵

かすかす 一〈形動・副・する〉食べ物について、もっとふくんでいるはずの水分が足りないようす。例かすかすのりんご。かすかすしてまずい豆腐《とうふ》。二〈形動・副〉ほとんど余裕《よゆう》のないようす。例時間にかすかす(で)間に合った。類ぎりぎり。すれすれ。参考 一のアクセントは、形容動詞は「カスカス」、副詞は「カスカス」。

かずかず【数数】一〈名〉いろいろたくさんのもの。例思い出の品の数々。数々の作品。二〈副〉いろいろたくさん。例品物を数々とりそろえました。

ガスけつ【ガス欠】〈名〉車のガソリンがなくなること。くだけた言いかた。

かずさ【▽上▽総】〈名〉旧国名の一つ。現在の千葉県中部。下総《しもうさ》とあわせて総州《そうしゅう》という。

カスタード〈名〉牛乳とたまごを材料にしてつくる、あまくてかおりのあるクリーム状の食品。例カスタードクリーム。カスタードプリン。◇custard

カスタネット〈名〉歌とおどりの拍子《ひょうし》をとるためや、オーケストラでリズムをきわだたせるために使う、二枚貝のようなかたちの打楽器。◇castanets

カスタマイズ〈名・する〉使用者の好みに合わせて、商品に手を加えて特別なものにするとか、ソフトウェアの初期設定を変更《へんこう》するとかすること。◇customize

ガスちゅうどく【ガス中毒】〈名〉一酸化炭素などのガスをたくさん吸うことによって起こる中毒。

かすづけ【かす漬け】【▼粕漬け】〈名〉野菜や肉、さかななどを酒かすで漬けた食べ物。

カステラ〈名〉小麦粉に砂糖や水あめ、たまごなどをまぜて、むし焼きにした菓子《かし》。◇ポルトガル Castella 由来 スペインの古い王国(カスティーリャ)の名から。室町《むろまち》時代末に長崎に伝わり、名物となった。

カスト〈名〉⇩カースト

ガスとう【ガス灯】〈名〉明治時代に使われた、ガスを燃やして光をえるあかり。参考 電灯とちがって、ガス灯はいちいち点火しなければともらない。しかし、油を燃やすそれまでの灯火にくらべ、非常に明るいものであった。

ガスぬき【ガス抜き】〈名・する〉炭坑《たんこう》などで、発生したガスをとりのぞくこと。表現 人々の不満が爆発《ばくはつ》しないうちに意見を聞くなどの処置をすることにもいう。

かずのこ【数の子】〈名〉ニシンのたまごを干したり、塩づけにしたりした食べ物。正月に食べる。

ガスバーナー〈名〉目的物に強いほのおを吹きつけるためのガスの吹き出し口。◇gas burner

ガスマスク〈名〉有毒ガスや煙などから身を守るために顔につける器具。防毒マスク。◇gas mask

かすみ【▼霞】〈名〉春、山のふもとなどにかかる、うすい雲のようなもの。例かすみがかかる。かすみがたつ。かすみがたなびく。春がすみ。類もや。きり。参考 俳句の季語としては、「かすみ」は春、「きり」は秋。

かすみあみ【かすみ網】【▼霞網】〈名〉小鳥をつかまえるための、細い糸であんだ網。「かすみ」ともいう。現在、法令で使用禁止。

かすみがせき【▼霞ヶ関】〈名〉東京都千代田《ちよだ》区にある、中央省庁の集まる官庁街。とくに、政界を表わす「永田町《ながたちょう》」に対して、官界・官僚《かんりょう》をさしていう。

かす・む【▼霞む】〈動五〉❶かすみがたちこめて、遠くがぼんやりして見えなくなる。例遠くの山がかすんで見えた。類けむる。❷ものがはっきり見えなくなる。例目がかすむ。遠くがかすむ。❸ほかのもののせいで、存在が目だたなくなる。例新人のはなやかな活躍《かつやく》で、ベテランがかすんでしまった。

かすめと・る【かすめ取る】【▼掠め取る】〈動五〉❶相手が油断しているすきにぬすみ取る。❷うばい取る。

アインシュタイン (1879～1955) アメリカの物理学者。ドイツ生まれ。相対性理論を考えた。

かす・める〖▼掠める〗〈動下一〉❶人をごまかして行動する。とくに、すきをねらって、さっとぬすむ。例人の目をかすめる。かすめ取る。❷すれすれに近いところをとおって、さっと行ってしまう。例ツバメが軒先《のきさき》をかすめて飛んだ。❸思いや表情などがちょっと現れて、たちまち消える。例なつかしい気持ちがいっしゅん心をかすめた。類よぎる。

かすり〖▼絣〗〈名〉十文字や井桁《いげた》など、こまかなもようが、かすれた感じで出ている織物。福岡の久留米絣《くるめがすり》、沖縄の琉球絣《りゅうきゅうがすり》など。例かすりの着物。

かすりきず【かすり傷】〖▼掠り傷・▽擦り傷〗〈名〉❶こすれてできた、ひふの表面のかるい傷。類擦過傷《さっかしょう》。❷少しの損害。例被害《ひがい》は、かすり傷程度ですんだ。

1 **かす・る**〖▼掠る・▽擦る〗〈動五〉こするようにかるくふれて、さっと過ぎる。例バットに球がかする。

2 **か・する**【化する】〈動サ変〉すっかり変化して、別のものになる。「化す」ともいう。例空襲《くうしゅう》で焼け野原と化した。

3 **か・する**【科する】〈動サ変〉法律で、罰《ばつ》をあたえる。「科す」ともいう。例刑を科する。罰金を科する。類処する。処罰する。

4 **か・する**【課する】〈動サ変〉仕事や命令をあたえる。「課す」ともいう。例仕事を課する。

かす・れる〖▼掠れる〗〈動下一〉❶墨《すみ》やインクが、紙や布にじゅうぶんにつかないで、文字などがところどころ切れたり消えたりする。例字がかすれる。❷声がのどにひっかかったようになって、よく出ない。例声がかすれる。類かれる。しわがれる。

かせ〖▼枷〗〈名〉むかしの刑罰《けいばつ》の道具。罪人の首や手足にはめて、からだの自由をうばう物。

表現 行動の自由をさまたげるものごとを、広く「かせ」といって表わす。「手かせ」「足かせ」など。

1 **かぜ**【風】〈名〉❶温度や気圧などの関係でおこる大気の流れ。例風がふく。風がある。風が出る。風がやむ。風を切る(=風にさからう)。風をはらむ。風にあたる。風にひるがえる旗。雨風。追い風。南風。からっ風。❷「役人風をふかせる」「臆病《おくびょう》風にふかれる」などのように接尾語的に使って、「いかにも…のようなようす」という意味を表わす。

風薫《かお》る 若葉をわたる風がすがすがしくかぐわしいようすをいう。例風薫る五月。

風が吹《ふ》けば桶屋《おけや》がもうかる ものごとの影響《えいきょう》が、めぐりめぐって意外なところにまで波及《はきゅう》する。

参考 風が吹く→砂ぼこりが目に入って盲人《もうじん》がふえ、盲人の使う三味線《しゃみせん》の注文がふえる→三味線の皮をとるためにネコがへり、ネズミがふえて桶をかじる→桶の注文がふえて桶屋がもうかる、という理屈。

風の便《たよ》り どこからともなく伝わってきたうわさ。例風の便りに聞く。類風聞《ふうぶん》。

注意 誤《あやま》って、「風のうわさ」と言う人もいる。

風光《ひか》る 春のやわらかな陽光のなかを、風がそよそよとふいているようす。例風光る五月。

風を切《き》る 空気を切るかのようにして勢いよく進む。例自転車で風を切って走る。

風を食《く》らう 悪事がばれて、あわててにげるようす。例風をくらってにげる。

どういう風の吹《ふ》き回《まわ》しか どういう事情のためか。おかしい、ふしぎだ、という気持ちで使う。「どうした風の吹き回しか」ともいう。例どういう風の吹き回しか、けちなあいつがおごってくれた。

2 **かぜ**【風邪】〈名〉ウイルスによって呼吸器がおかされる病気。発熱や頭痛、のどの痛みやせき、くしゃみ・鼻水などの症状《しょうじょう》をともなうことが多い。感冒《かんぼう》。例風邪をひく。風邪をこじらせる。風邪がぶりかえす。

敬語「風邪をひく」の尊敬語は「お風邪を召《め》す」。

風邪は万病《まんびょう》の元《もと》 風邪からさまざまな病気にかかることがあるから注意せよ。

がせ〈名〉❶「にせもの」の意味の隠語《いんご》。❷「がせねた」の略。▽「ガセ」とも書く。

かぜあたり【風当たり】〈名〉世間の人の非難や攻撃《こうげき》。例風当たりが強い。

1 **かせい**【火星】〈名〉〔天文〕太陽系の四番目の惑星。赤くかがやいて見える。直径は地球のほぼ半分で、表面には山や谷がある。うすい大気と、二つの小さな衛星がある。

2 **かせい**【火勢】〈名〉燃えあがっている、火のいきおい。例火勢がおとろえる。類火気。

3 **かせい**【加勢】〈名・する〉力を貸して助けること。弱いほうに加勢する。類応援《おうえん》。援助。救援。助太刀《すけだち》。例

4 **かせい**【仮性】〈名〉〔医学〕原因はちがうが、症状《しょうじょう》がその病気によく似《に》ていること。例仮性近視。対真性。類疑似《ぎじ》。

5 **かせい**【家政】〈名〉家事全般《ぜんぱん》を処理する方法・技術。例家政学。

6 **かせい**【歌聖】〈名〉和歌の道をきわめた歌人。歌のひじり。類歌仙《かせん》。詩聖。

かぜい【課税】〈名・する〉税金をかけること。例所得に課税する。対担税《たんぜい》。

かせいがん【火成岩】〈名〉〔地学〕マグマが冷えて固まってできた岩石。火山岩と深成岩にわけられる。

かせいきんし【仮性近視】〈名〉長時間の読書などによって一時的に起こる、近視の症状《しょうじょう》。

かせいソーダ【苛性ソーダ】〈名〉⇩すいさんかナトリウム

かせいふ【家政婦】〈名〉やとわれて、家事をすることを職業にしている女性。類派出婦。お手伝いさん。

かせき【化石】〈名〉❶地質時代の生物の死体、または、その生活のあとが、岩石の中に残されたもの。❷〈する〉石になったように動かなくなること。やや古い言いかた。例化石したように立ちつくす。

かせぎ【稼ぎ】〈名〉❶はたらいてお金をもらうこと。例稼ぎに出る。稼ぎ手。出稼ぎ。❷はたらいて、もらうお金。例稼ぎがある。稼ぎがたりない。ともかせぎ。類収入。所得。

かせきねんりょう【化石燃料】〈名〉石炭・石油・天然ガスなどの燃料。

かせ・ぐ【稼ぐ】〈動五〉❶収入をえるために、せっせとはたらく。例大金を稼ぐ。自分で稼いだ金で自分のすきなものを買う。❷努力して、自分の得《とく》になるようなことをする。例点を稼ぐ。点数を稼ぐ。❸チャンスをうかがいながら、時間をすごす。例時を稼ぐ。

方言 東北地方・新潟では、「働く」の意味で使い、「朝から田んぼでかせぐ」のように、お金とは結びつけずに労働自体をさしても言う。

かぜけ【風邪気】〈名〉⇩かざけ

かぜごえ【風邪声】〈名〉⇩かざごえ

1 **かせつ**【仮設】〈名・する〉一時のまにあわせのためにつく

 青木昆陽(こんよう)(1698〜1769) 江戸時代の儒学者・蘭学者。飢饉に備えてサツマイモの栽培をすすめた。

ること。[例]仮設住宅。仮設ステージ。[対]常設。

2 **かせつ【仮説】**〈名〉実験や研究をすすめていくときに、かりにたてておく説明原理。[例]仮説をたてる。[類]仮定。

3 **かせつ【架設】**〈名・する〉電線や橋などをかけわたすこと。[例]電話を架設する。

カセット〈名〉フィルムや録音テープを、あつかいやすいように小さな箱におさめたもの。◇cassette

カセットテープ〈名〉カセットにおさめられている録音・録画用のテープ。◇cassette tape [表現]ふつう一本二本と数える。巻いてあることから一巻《いっかん》二巻《にかん》も使う。

かぜとおし【風通し】〈名〉❶屋内に風を吹きとおらせること。[例]風通しのいい部屋。[類]通風。❷組織内の、意思の疎通《そつう》や部署間《ぶしょかん》の交流のぐあい。

がせねた〈名〉「うそ・でたらめの情報」の意味の隠語《いんご》。がせ。「ガセネタ」とも書く。[例]ガセネタをつかまされる。[類]デマ。虚報《きょほう》。

かぜねつ（方言）口内炎《えん》。福井で言う。

かぜまかせ【風任せ】〈名〉風にふかれるままに動くように、その場のなりゆきにまかせること。

かぜよけ【風よけ】〖風▽除け〗〈名〉吹きつける風を防ぐこと。また、防ぐためのもの。

ガゼル〈名〉アフリカからアジアにかけての乾燥《かんそう》地帯にすむ、レイヨウの仲間。体は細身で、四肢《しし》が細い。◇gazelle

1 **かせん【下線】**〈名〉横書きの文の文字の下に引く線。アンダーライン。[対]傍線《ぼうせん》。[ア]**カセン**

2 **かせん【化繊】**〈名〉「化学繊維《せんい》」の略。[ア]**カセン**

3 **かせん【河川】**〈名〉「川」の専門的な言いかた。[例]河川の氾濫《はんらん》。[ア]**カ**セン [参考](1)くらしの上でとくに重要なものは、一級河川・二級河川に指定されている。(2)長さから見て、信濃《しなの》川・利根《とね》川・石狩《いしかり》川が、日本三大河川。流域面積では、利根川が最大。

4 **かせん【架線】**〈名〉空中にかけわたしてある電線や電話線。[ア]**カセン** [参考]電車のパンタグラフに電気を送る電線は、「がせん」と呼ぶ習慣がある。

5 **かせん【歌仙】**〈名〉❶和歌のひじょうにすぐれた人。[例]六歌仙。❷連歌・連句の形式の一つ。長短三十六句を交互《こうご》につらねたもの。[例]歌仙を巻《ま》く（=一巻の歌仙をつくる）。▽[ア]**カ**セン

6 **かせん【寡占】**〈名〉ある商品の生産や市場《しじょう》を、少数の会社で占《し》めてしまうこと。[例]寡占化。[ア]**カセン** [表現]一社なら「独占」、二社なら「複占」という。

がぜん【▼俄然】〈副〉おだやかだったものが、急にいきおいよくなるようす。にわかに。[例]入賞が有望と聞いて、俄然はりきりだした。

がせんし【画仙紙】〈名〉字や絵をかくときに使う、厚く白いたてながの紙。中国から伝わった。

かせんしき【河川敷】〈名〉河原や堤防《ていぼう》など、法律で、その河川に属すると定められているところ。「かせんじき」ともいう。

かそ【過疎】〈名〉人々がほかの地域にうつり住んだりして、人口がひどく少なくなってしまうこと。[例]過疎の村。過疎地帯。過疎化。[対]過密。

がそ【画素】〈名・接尾〉デジタルカメラなどで、画像を写し出す微小な点の数の単位。数が大きいほど鮮明《せんめい》。ピクセル。

1 **かそう【下層】**〈名〉❶かさなっているもののうちで、下になっている層。❷社会全体の中で、生活水準の低い部分。[例]下層階級。[対]上流。中流。▽[対]上層。

2 **かそう【火葬】**〈名・する〉遺体《いたい》を焼いて、骨にしてほうむること。[例]火葬場。[対]水葬。風葬。土葬。[類]荼毘《だび》に付す。

3 **かそう【仮装】**〈名・する〉物語中の人物や動物など、いろいろなものに変装して人に見せること。

4 **かそう【仮想】**〈名・する〉事実でないこと、まだ起こっていないことを、もし実際そうなったら、と考えてみること。[例]仮想の敵を設定して備える。仮想敵国。仮想現実（=バーチャルリアリティー）。

5 **かそう【家相】**〈名〉うらないで、間取《まど》りや方角などの家のようすのこと。[例]家相がいい。

がぞう【画像】〈名〉❶絵にかかれた人やものの姿。[例]自画像。❷テレビなどにうつった映像。[例]画像がゆがむ。鮮明《せんめい》な画像。

かそうぎょうれつ【仮装行列】〈名〉さまざまに扮装《ふんそう》した人たちが列になってねり歩くこと。

かそうてきこく【仮想敵国】〈名〉国防政策などを練るために、仮に敵国と想定する国。

かぞえ【数え】〈名〉「かぞえどし」の略。[例]ぼくは数えでちょうどはたちだ。[対]満。

かぞえあ・げる【数え上げる】〈動下一〉❶一つ一つ数える。[例]数え上げたらきりがない。❷数え終わる。

かぞえうた【数え歌】〈名〉「一つとせ…」「二つとせ…」というように、数の順をおってつづいていく歌。

かぞえた・てる【数え立てる】〈動下一〉ひとつひとつとりたてていう。[類]数えあげる。[表現]「欠点を数えたてる」「失敗を数えたてる」のように、よくないことをことさらにとりあげていうときに使う。

かぞえどし【数え年】〈名〉生まれた年を一歳《さい》として、新年をむかえるたびに一歳を加えてかぞえる年齢《ねんれい》。略して「数え」ともいう。↓まんねんれい

かぞ・える【数える】〈動下一〉❶いくつか、どれくらいか、または、何番目かなどを明らかにする。[例]数を数える。順番を数える。[類]勘定《かんじょう》する。❷評価して、その中の一つとする。[例]スポーツが万能《ばんのう》であることも、彼の長所に数えることができる。[類]列挙する。

数える程《ほど》すぐ数え終わってしまうほど。ほんの少し。[例]貝拾いに来たのに、数えるほどしかとれない。

かそく【加速】〈名・する〉速度をあげること。速度があがること。[例]車を加速する。実現に向けた取り組みを加速する。物価高が加速する。加速度。[対]減速。

1 **かぞく【家族】**〈名〉夫婦《ふうふ》や親子、兄弟など、きわめて近い血のつながりがあり、ふつうは、生活をともにしている人々。[例]家族をやしなう。家族制度。家族名《めい》（=名字《みょうじ》・姓《せい》）。核《かく》家族。[類]一家。ファミリー。

2 **かぞく【華族】**〈名〉明治時代につくられた身分の一つ。公爵《こうしゃく》・侯爵《こうしゃく》・伯爵《はくしゃく》・子爵・男爵の五つの位。第二次世界大戦後に廃止《はいし》。[類]貴族。

かぞくせいど【家族制度】〈名〉❶社会制度によってきまる家族のありかた。[例]家族制度がかわる。❷〔歴史〕家を代表する戸主（=家長）が、ほかの家族を支配し、家の財産を長男にのみ相続させる、かつての日本の封建《ほうけん》的な制度。第二次世界大戦後、廃止《はいし》。

かそくど【加速度】〈名〉❶すすむ速さが、時間をおってどんどん速くなっていくこと。[例]加速度がつく。❷〔物理〕一定の時間に速度が変化していく割合。

かそくどてき【加速度的】〈形動〉時間がたつにつ

青木繁(しげる)（1882～1911）明治の洋画家。インドや日本の神話を題材にした色調豊かな作品を残した。

れて速度がどんどん速くなるような。

かそけき【▽幽けき】〈連体〉「かすかな」の古い言いかた。例かそけき音。

かそせい【可塑性】〈名〉粘土《ねんど》やプラスチックなどにみられるような、力を加えると形が変わり、力をのぞいても変わったそのままの形がのこる性質。

カソリック〈名〉⇩カトリック

ガソリン〈名〉石油からつくられる燃料の一つ。揮発《きはつ》性がつよく、自動車などの燃料として使われる。例ガソリンがきれる。ガソリンスタンド。◇gasoline

[1]**かた**【方】 ━〈名〉❶「人」のこと。その人を尊敬する気持ちをこめて、またはていねいにいうことば。例あちらにいらっしゃる方はどなたですか。あの方。❷方向。方角。例西の方をさして進む。類方《ほう》。❸(あとに「ない」をともなって)「…する方法がない」「…する手段がない」という意味を表わす形式名詞。例せん方なく。無念やる方ない。▽アカタ」

━〈接尾〉❶動詞につけて、「…する方法」「…の程度やようす」という意味を表わす。例母の喜び方といったらなかった。読み方。(電車の)込《こ》み方。❷関係ある二つ以上のうち、どれか一つに属していることを表わす。例母方。父方。❸手紙のあて名を書くとき、その人が寄宿している家の姓名《せいめい》のあとにつけることば。「がた」ともいう。❹人数を示すときのうやまった言いかた。例お一方《ひとかた》。お二方《ふたかた》。お三方《さんかた》。

表現 (1)━③は、こちらから出すとき、自分が「山田一郎」なら、「木村方 山田一郎」のように書いて出すが、山田さんに手紙を出すのなら、「木村様方 山田一郎様」と、木村にも「様」をつけないと、木村さんに失礼になる。(2)━④は、三人までしか言わない。

[2]**かた**【片】 ━〈名〉(「片がつく」「片をつける」の形で)ものごとの処理が終わる。ものごとの処理を終わらせる。アカタ」

━〈接頭〉❶二つあるもののうちの、一方であることを表わす。例片方。片手。片道。片思い。❷「完全でない」「すくない」という意味を表わす。例片言《かたこと》。❸「中心からはなれた」「すみの方である」という意味を表わす。例片いなか。

[3]**かた**【形】〈名〉❶もののかたち。例雨にぬれて帽子《ぼうし》の形がくずれてしまった。→かた〔型〕表記。❷借金をするとき、かわりにあずけるもの。例かたにとる。かたにおく。借金のかたに、時計をあずける。類抵当《ていとう》。担保。質草《しちぐさ》。質《しち》。▽アカタ」

[4]**かた**【型】〈名〉❶同じかたちのものを製造するためにつくる、金属や土、紙などでできたわく。例型をとる。型紙。鋳型《いがた》。ひな型《がた》。❷古くから習慣としてきまっている、ものごとのやりかたや形式。例型にはまる。型をやぶる。型のごとく。型どおり。型やぶり。類しきたり。ならわし。慣例。❸芸道や武道、スポーツなどで、手本となる、さだまった動きや方式。例型をおぼえる。型ができていない。類フォーム。❹同じ種類のものを、ほかのものから区別している、共通の形式。例新しい型の自動車に買いかえる。血液型《がた》。新型《しんがた》。類タイプ。モデル。パターン。▽アカタ」↓がた〔型〕

表記 ③は、「柔道《じゅうどう》の形を習う」「水泳の自由形」のように「形」と書くこともある。

型にはまる 考えや行動に変化がなく、きまりきっている。例型にはまらない生き方。

型にはめる 枠《わく》にはまったきゅうくつで決まりきった状態にしてしまう。例型にはめて個性をうばう。

[5]**かた**【肩】〈名〉❶うでのつけねから首までの部分。例肩がこる。肩をたたく。肩をもむ。肩をいからす。肩の力をぬく。肩ひじ(はる)。いかり肩。なで肩。❷動物の前足のつけね、また、鳥のつばさのつけねの部分。❸着物や洋服などの、「①」にあたる部分。例肩あて。❹「封筒《ふうとう》の右肩」のように、ものの上の方の、かどのあたりにあたる部分。❺野球などで、ボールを投げる力。例肩がいい。肩がつよい(=強肩《きょうけん》)。▽アカタ

表現 「肩」は、ものをかつぐとき、重みをうけとめるところであることから、責任や人の期待が「肩にかかる」という。

肩が凝《こ》らない ざっくばらんで、よけいな気をつかわなくてすむ。例肩がこらない話。

肩で息《いき》をする 苦しそうに肩を上下させながら、大きく息をする。

肩で風《かぜ》を切《き》る 肩をはりだすようにして、いせいよく歩くことから、権力をえて、「どうだ」というふうに得意げにふるまう。

肩に掛《か》かる たよりにされて、その責務をになう。例日本の未来は若者の肩にかかっている。類双肩《そうけん》にかかる。

肩の荷《に》が下《お》りる 気にかかっていた責任や義務がなくなり ほっとする。

肩の荷《に》を下《お》ろす 長いこと、心の負担となっていたことがうまく解決して、ほっとする。

肩を怒《いか》らす 肩をつりあげるようにして、自分に力のあることをしめす。

肩を入《い》れる ⇩かたいれ

肩を落《お》とす がっかりして肩の力がぬけ、だらりとする。例がっくりと肩を落とす。

肩を竦《すく》める 肩をちょっと上に上げて、「あきれた」「不満だ」「理解できない」などの気持ちをしぐさで表わす。

参考 西洋人のよくする動作で、日本人はあまりしない。

肩をそびやかす 肩をできるだけ高くして、自分のいきおいをしめす。

肩を叩《たた》く ❶こりをほぐすために肩をたたく。❷退職をやんわりとすすめる。

肩を並《なら》べる ❶そばにならんで立つ。❷同じくらいの実力をもっている人が、対等の関係でならぶ。類比肩《ひけん》する。伍《ご》する。

肩を持《も》つ とくにひいきして、味方をする。例肩をもつわけじゃないが、かれはうそをつくような男じゃないよ。類支持する。加勢する。

[6]**かた**【潟】〈名〉❶海の一部分が砂州《さす》などでくぎられてできたみずうみ。例(秋田県の)八郎潟《はちろうがた》。❷海岸で、潮の満ち干《ひ》によって、かくれたり現れたりするところ。例干潟《ひがた》。▽アカタ」

【潟】氵部12 全15画 ※潟潟潟潟潟

かた 教小4

[7]**かた**【過多】〈名〉必要以上に多いこと。例胃酸過多。対過少。類過剰《かじょう》。アカタ

[1]**がた**〈名〉機械や人間の体などの、不具合《ふぐあい》・不調。「ガタ」とも書く、くだけた言いかた。例体のあちこちにガタが来ている。

[2]**がた**【方】〈接尾〉❶尊敬する気持ちをこめて、ふたり以上の人をさす。例先生方。あなた方。類たち。❷関係ある二つ以上のうち、どれか一つに属していることを表わす。

 芥川龍之介(1892~1927) 大正時代の小説家。作品に「鼻」「羅生門」「蜘蛛の糸」「河童」など。

例敵方。豊臣《とよとみ》方。類がわ。❸だいたいの数量や程度を表わす。例三割方高くなった。類ばかり。ほど。くらい。❹一日のうちのだいたいのときを表わす。例明け方。暮れ方。❺⇩かた〔方〕㊁③

[3]**がた【形】**〈接尾〉❶どのようなかたちかを表わす。例三日月《みかづき》形。山形。❷どういう役割やすがたの人かを表わす。例女形。花形。優《やさ》形。

[4]**がた【型】**〈接尾〉❶どういう種類や形式かを表わす。例A型(の血液)。冬型(の気圧配置)。❷どういう性格かを表わす。例うるさ型。ドンキホーテ型。

[1]**かた・い【固い・堅い・硬い】**〈形〉❶力を加えても、容易に変形したりこわれたりしない。例硬い金属。対やわらかい。ゆるい。❷力を加えても、容易に動かない。例引き戸が固い。固いハンドル。固くしばる。対ゆるい。類きつい。❸精神的な圧力や物理的な攻撃《こうげき》を加えても、容易にへこたれない。例堅い約束《やくそく》。固い決心。固く信じる。堅く禁ずる。口が固い。守りが堅い。❹心や態度にゆとりがなく、動作や表現がなめらかでない。例硬い表情。頭が硬い。文章が硬い。本番は硬くなって、うまくできなかった。対やわらかい。❺きちんとしていて、まちがいはないが、おもしろみに欠けている。例堅い人。堅い話。堅い商売。手堅い。対やわらかい。❻まちがいなく そうなる と判断できそうだ。例わが校の優勝は堅い。

表記「固い」「堅い」「硬い」の使い分けは、はっきりとはきまっていないが、「固い」がいちばんひろく使われる。「硬い」は①のようにものの性質や、④のように人の心や態度について使われる傾向《けいこう》がある。「堅い」は⑤のように性格が堅実《けんじつ》だ、⑥のように確《たし》かだというときに使われる傾向がある。具体的には、例を参照。

方言(1)富山・石川などでは、とくに子供に対して、「おとなしい・行儀《ぎょうぎ》がいい・かしこい」という意味でも使う。(2)福井では、「かてー」とも言い、「達者だ・元気だ」という意味でも使う。

[2]**かた・い【難い】**〈形〉「むずかしい」の改まった言いかた。

表現用法のかぎられたことばで、「察するに難くない」「想像に難くない」など、打ち消しの形で使うのがふつう。

[1]**かだい【仮題】**〈名〉正式にではなく、仮につける題名。

[2]**かだい【課題】**〈名〉答えや解決案を出すように もとめられた問題。例課題をあたえる。課題にとりくむ。当面の課題。緊急《きんきゅう》課題。類懸案《けんあん》。

[3]**かだい【過大】**〈形動〉実際よりも、また、必要以上に大きく考える。例過大な期待。過大評価。対過小。

[1]**がたい**〈名〉「体格」の俗《ぞく》な言いかた。「がたいがいい」「がたいのでかいやつ」のように、大きくがっちりした体格にいう。

[2]**がた・い【難い】**〈接尾〉「…するのがむずかしい」という意味を表わす。例忘れがたい。たえがたい。救いがたい。

参考動詞の連用形につけて、形容詞をつくる。

がだい【画題】〈名〉❶絵につける題名。❷絵の題材。

かたいじ【片意地】〈名〉自分の考えかたややりかた、このみなどをがんこにおしとおすこと。例片意地をはる。類かたくな。強情《ごうじょう》。意地っぱり。

かだいし【過大視】〈名・する〉実際よりも上に評価すること。

かたいっぽう【片一方】〈名〉⇩かたほう

かたいなか【片田舎】〈名〉都会から遠くはなれていて、交通や生活に不便ないなか。類僻村《へきそん》。僻地。辺地。

かだいひょうか【過大評価】〈名・する〉実際の価値より高くみつもること。対過小評価。類買いかぶる。

かたいれ【肩入れ】〈名・する〉特別にひいきにして、力をかすこと。肩を入れること。例肩入れしている力士。類後援《こうえん》。

かたうで【片腕】〈名〉❶片方の腕。対両腕。類片手。❷もっとも役にたち、たよりになる部下。例社長の片腕として はたらく。類右腕。腹心《ふくしん》。

かたおち【型落ち】〈名・する〉最新型が発売されたことにより、旧型となること。そうなった製品。例型落ちして安くなるのを待つ。

がたおち【がた落ち】〈名・する〉多いほど、高いほどいいものが、急に大きくおちること。例成績ががた落ちした。スキャンダルで評判ががた落ちだ。

かたおもい【片思い】〈名〉一方だけが相手を恋しく思っていること。例片思いのせつなさ。対両思い。類片恋《かたこい》。

かたおや【片親】〈名〉❶なにかの事情で親が片方しかいないこと。例片親の子ども。❷父か母のどちらか一方。▽対二親《ふたおや》。

かたがき【肩書き】〈名〉人の勤め先やそこでの地位、また、社会的な身分。例肩書きがつく。肩書きをもつ。肩書きがものをいう。由来たて書きの名刺《めいし》などで、氏名の右肩に書くことからいう。

[1]**かたがた【方方】**〈名〉「人々」のうやまった、またはていねいな言いかた。例ご来場の方々に申し上げます。

[2]**かたがた**〈接尾〉あることとあわせて、別なこともする、という意味を表わす。例お礼 かたがた、おうかがいします。

参考「ほうぼう」と読むのは別のことば。

類がてら。

表現「がてら」にくらべ、ていねいな言いかた。

がたがた㊀〈副・する〉❶かたいものがふれあって出る音。例戸が がたがた(と)いう。❷寒さや恐怖《きょうふ》のため、からだがこわばって はげしく ふるえるようす。例がたがた(と)ふるえる。類ぶるぶる。わなわな。がくがく。㊁〈形動・副・する〉こわれそうになっているようす。例ががたのくるま。クラスが がたがたになる。㊂〈副〉文句や不平をあれこれいうようす。例がたがた言うな!

参考アクセントは、ふつう「ガタガタ」であるが、㊁で形容動詞として使う場合は、「ガタガタ」となる。

かたかな【片仮名】〈名〉かなの一つ。「ア・イ・ウ」などのかたちのかな。平安時代の初めに、漢字の一部分をとってつくられた表音文字。たとえば、「伊」から「イ」、「呂」から「ロ」ができた。→かな〔仮名〕・ひらがな

参考「カタカナ」と書くことも多い。「片」は一部分の意味。僧侶《そうりょ》が仏典の漢文を訓読するための送りがなとしてつくられた。現在、かたかなは、おもに外来語や生物名などの表記に使われている。→囲み記事12(次ページ)

かたかなご【カタカナ語】〔片仮名語〕〈名〉かたかなで表記されることば。おもに外来語と、いわゆる和製英語など。

かたがみ【型紙】〈名〉それにあわせて布地を切ったり、色をつけたりするために、一定の型に切りぬいた紙。

かたがる(方言)かたむく。北陸などで言う。例壁《かべ》の絵がかたがっとる。

かたがわ【片側】〈名〉表か裏、左がわか右がわのよう

アクバル(1542~1605) ムガール帝国最盛期の皇帝。イスラム教とヒンドゥー教の融和をはかった。

な、ものの一方の側面。例片側しか見えない。片側通行。対両側。類片面。

かたがわり【肩代わり・肩替わり】〈名・する〉人の借金や責任を、他の人がそっくりひきうけてやること。

かたき【敵】〈名〉❶しかえしをしてやろうと思っている相手。例敵を討《う》つ。敵をとる。親の敵。目の敵(→「め〔目〕」の子項目)。類仇敵《きゅうてき》。あだ。❷同じ目標をもって、はげしくせり合っている相手。例商売敵《しょうばいがたき》。恋敵《こいがたき》。類ライバル。

表現「かたきのように固くしめたふた」のような言いかたもある。

かたぎ[1]〖▽気▽質〗〈名〉その年代や職業、身分などに特有な性格。例むかしかたぎ。職人かたぎ。役者かたぎ。類気風。気性《きしょう》。気質《きしつ》。

かたぎ[2]【堅気】〈名・形動〉地道《じみち》でまじめな職業についていること。例堅気になる。対やくざ。

かたきうち【敵討ち】〈名・する〉❶主君を殺された家来や、肉親を殺された一族の者が、うらみをはらすために相手を殺すこと。類あだ討ち。❷自分をひどい目にあわせた相手に、しかえしをすること。類報復。復讐《ふくしゅう》。

かたきやく【敵役】〈名〉❶劇や映画で、悪人の役。類悪役。❷人からにくまれる役目。例敵役にまわる。類にくまれ役。

かたく【仮託】〈名・する〉本当に言いたいことを、ほかのことを言っているようなふりをして述べること。例小説の中の事件に仮託して、自分の考えを述べた。

かたくずれ【型崩れ】〈名・する〉衣類のもとの形がくずれること。対着《き》崩れ。

かたくそうさく【家宅捜索】〈名・する〉検事や警察官が職権によって、犯罪と関係のありそうな家や事務所などを捜索すること。例家宅捜索が入る。類ガサ入れ。

かたくな〖▽頑な〗〈形動〉自分の考えや態度を変えようとしない。例かたくなな態度。かたくなに口をとざす。類頑固《がんこ》。強情《ごうじょう》。いこじ。頑迷《がんめい》。一刻。

かた(難)くない(「…に難くない」の形で)…するのがむずかしくない。あらたまった言いかた。例想像に難くない。

かたくりこ【かたくり粉】〖片▼栗粉〗〈名〉植物のカタクリの根からとったでんぷん。まっしろな粉で、料理に使う。現在は、多くジャガイモからとる。例水溶《みずと》きかたくり粉。

かたくるし・い【堅苦しい】〈形〉形式ばって、気づまりである。例堅苦しいあいさつはぬきにしよう。

かたぐるま【肩車】〈名〉両肩の上に子どもをまたがらせて、かつぐこと。例肩車をする。

かたごし【肩越し】〈名〉人の肩の上をこすようにして、何かをすること。例肩越しに見る。

かたこと【片言】〈名〉❶幼児や、そのことばをよく知らない外国人などの、たどたどしい話しかた。例片言の日本語。❷ほんの少しの、ことば。例片言も聞きもらすまいと、耳をそばだてていた。

かたこり【肩凝り】〈名〉疲れて肩の筋肉がこわばり、重苦しくなった状態。

かたさき【肩先】〈名〉うでのつけ根。類肩口《かたぐち》。

かたしき【型式】〈名〉⇩けいしき〔型式〕

かたじけな・い〖▽辱ない・▼忝ない〗〈形〉親切や好意がありがたい。例かたじけないおことば。

かたす(方言) かたづける。しまう。関東で言う。

表現 相手を高くとうとく感じていることば。

かたず【固唾】〈名〉⇩かたずをのむ

かたすかし【肩透かし】〈名〉❶すもうで、いきおいよくぶつかってくる相手に対して、体《たい》をかわして、その肩口に手をかけ、前へひきたおすわざ。❷相手のいきおいをそらして、むだに終わらせること。例肩透かしを食う。

カタストロフィー〈名〉❶とつぜんの大惨《さん》事《じ》。破局。❷演劇や小説の、とくに悲劇的な、大づめの場面。▽「カタストロフ」ともいう。◇catastrophe

かたすみ【片隅】〈名〉目だたないすみっこ。例部屋のかたすみ。都会のかたすみ。類一隅《いちぐう》。

かたず(固唾)をの(飲)む どうなるかと心配しながら、緊張《きんちょう》してなりゆきを見まもる。類手に汗《あせ》をにぎる。

参考「固唾」とは、緊張して口の中にたまったつば。「飲む」は「▼呑む」とも書かれる。

かたたたき【肩たたき】〖肩▼叩き〗〈名〉❶肩のこりをほぐすため、肩をかるくたたくこと。また、それにつかう道

囲み記事 12

かたかなの機能

文章の中でかたかなを用いるのは、次のような場合である。

(1)外来語を書く
「テレビ」「コンピューター」「インターネット」「カメラ」「テスト」など。

(2)生物学上の和名を書く
「ヒト」「ニホンザル」「クロマグロ」「モンシロチョウ」「イネ科」「マメ科」など。

(3)擬声《ぎせい》語・擬態《ぎたい》語を書く
「突然ドカンと大きな音がした」「風鈴《ふうりん》がチリンチリンと鳴っている」など。
なお、擬態語はひらがなで書く場合もあるし、かたかなを使う場合もある。たとえば、「メラメラと真っ赤に燃える」「綿毛《わたげ》がフワフワ舞《ま》っている」など。漫画《まんが》などでは擬態語をかたかなで書くことが多い。

(4)むずかしい漢字をさける
「青天のヘキレキ」「効果テキメン」「試験の前はユウウツだ」「コンロ」「ローソク」など。

(5)読み手の注意をひきつける
和語でも、読み手の注意をひくためにわざとかたかなで書く場合がある。
・和語の場合——「ワザを学ぶ」「クルマ社会」など。
・漢語の場合——「ヘンな話」「操作はカンタン」など。
なお、「携帯《けいたい》」ということばをかたかなで「ケータイ」と書くと、もっぱら「携帯電話」のことを表わす。このようにかたかなは、漢字で書く場合とは異《こと》なる意味合いをもつこともある。

(6)日本語の音《おん》を示す
「サ行変格活用」「タ行イ段の〝ち〟」など。また、辞典などでアクセントを示すとき。

か

具。❷かるく肩をたたくような感じで、退職をすすめること。例そろそろ肩たたきがありそうだ。

かたち【形】〈名〉❶たとえば、「丸い」「三角」「ふくらんだ」「とがった」「たまごに似《に》た」のようにとらえられる、もののようす。例形をえがく。形をうつす。類かた。❷ととのったありさま。できあがりのすがた。例形がつく。形がくずれる。形になる。形をつける。形をととのえる。形をなす。あちこち手を入れて、なんとか形がついてきた。❸人の顔つき、服装や身づくろいなど、そとから見てわかる、その人のようす。例形をあらためる。かおかたち。すがたかたち。類なり。すがた。

かたちづく・る【形作る】〈動五〉まとまったかたちにつくりあげる。例かれのねばり強い性質は、幼年期に形作られたものだ。類形成する。

かたづ・く【片付く】〈動五〉❶乱れていたものが、きちんとなる。例へやが片付く。❷気にかかっていたことが、解決する。例例の事件は、やっと片付いた。❸およめにいく。古い言いかた。例片付いた先。

かたづけ【片付け】〈名〉ちらかしたものを整理すること。例後片付け。お片付け。

かたづ・ける【片付ける】〈動下一〉❶乱れていたものを、きちんとする。例へやを片付ける。類整理する。整頓《せいとん》する。❷気にかけていたことを、解決する。例宿題を片付ける。類処理する。❸およめにやる。古い言いかた。

がたっと〈副〉❶急にものごとが落ちこんでしまうようす。例がたっと売り上げが落ちる。❷かたいものにぶつかったりするときに出る音。例電車ががたっと止まる。▽「がたりと」ともいう。

かたっぱしから【片っ端から】〈副〉次つぎと。手あたりしだいに。例敵を片っ端からやっつける。

かたつむり『▼蝸▽牛』〈名〉陸にすむ巻き貝の一種。つゆどきによく見かけ、うずまき状のからがある。
参考デンデンムシ・デエデエ・マイマイツブロ・モオロモロなど、日本全国でおよそ三百とおりの言いかたがある。学術的にはマイマイとよばれる。

かたて【片手】〈名〉片方の手。対両手。類片うで。
表現「片手でどうだい」「片手なら手をうってもいい」など、商取引《しょうとりひき》をするとき、金額を表わす「五」という数をはっきりいうのをさけて、「片手」ということがある。

かたておち【片手落ち】〈名〉配慮《はいりょ》がたりなくて、一方だけに不利なあつかいをすること。例片手落ちの処理。類不公平。

かたてま【片手間】〈名〉本来の仕事のあいま。例片手間ではできない。

かたどおり【型通り】〈名・形動〉世間一般《いっぱん》できまっているやりかたのとおり。例型通りのあいさつ。

かたとき【片時】〈名〉ほんのわずかの時間。「片時も…ない」と、打ち消しを強めるのに使う。例あなたのことは片時も忘れません。類一時《いっとき》。

かたど・る『▽象る・形取る・型取る』〈動五〉かたちを似《に》せてつくる。例城をかたどったケーキ。

かたな【刀】〈名〉長くするどい刃《は》をもった、ものを切るための武器。例刀をさす。刀をぬく。刀をふりまわす。刀にかける(=人を切る)。類太刀《たち》。剣《けん》。つるぎ。刀剣。
表現ふつう一本二本と数える。武士の刀は一振《ひとふ》り二振《ふた》りともいう。

かたなし【形無し】〈形動〉面目《めんぼく》まるつぶれで、どうしようもない。例あの一件できみも形なしだね。

かたならし【肩慣らし】〈名・する〉❶野球やソフトボールなどで、準備運動としてボールを投げて肩をほぐすこと。❷本番に臨《のぞ》む準備のたとえ。類ウォーミングアップ。

かたば【片刃】〈名〉刃物《はもの》で、一方にだけ刃がついているもの。「かたは」ともいう。対両刃。もろ刃。

かたはし【片端】〈名〉一方のはし。→かたっぱしから

かたはだ(片肌)ぬ(脱)ぐ 片方の腕を着ている着物のそでからぬき出して、肩をあらわにする。
表現威勢《いせい》のよさを表現するのに言う。「いっちょう片肌ぬいでやるか」のように、だれかに助力するときのたとえとして使うことが多い。類もろ肌脱ぐ。

かたはば【肩幅】〈名〉肩のところでみる、人体の横幅。例肩幅が広い。

かたばみ『▽酢▼漿▽草』〈名〉道や庭にはえる雑草。ハートを三つ合わせた形の葉をつけ、小さないろい花がさく。

かたはらいた・い【片腹痛い】〈形〉相手をばかにして笑いたい気持ちがおさえられない。古めかしい言いかた。例その腕《うで》で師範《しはん》の看板を出すとは片腹痛い。類ちゃんちゃらおかしい。笑止千万《せんばん》。
由来そばで見ていていたたまれないという意味の、古語の「かたはら(=傍《かたわ》ら)痛し」からできたことば。

かたばん【型番】〈名〉製品の機種を見わけるための記号や番号。

かたひざ【片膝】〈名〉片方のひざ。例片膝を立ててすわる。

がたぴし〈副・する〉引き戸がなめらかに開かないようす。例がたぴしいう戸。
表現一般《いっぱん》に、ものごとの運営がなめらかでないようすを「がたぴししている」という。

かたひじは・る【肩肘張る】〈動五〉弱いところをほかの人に見せまいとして、虚勢《きょせい》をはる。例肩肘張って生きる。類つっぱる。

かたびら『▼帷▽子』〈名〉裏をつけない着物。ひとえ。

かたぶつ【堅物】〈名〉まじめすぎて、かえってあつかいにくい人。ゆうずうのきかない人。

かたへん『片偏』〈名〉漢字の偏の一つ。「版」「牌《はい》」などの「片」の部分。

かたほう【片方】〈名〉二つあるものの、一方《いっぽう》。片一方。例片方のくつ。片方の言い分。対両方。双方。

かたぼう(片棒)をかつ(担)ぐ あまりよくない仕事の仲間に加わる。

かたまり【塊】〈名〉❶一つにかたまったもの。例雪の塊を投げつける。❷多くの人や動物などが、一か所に集まっているようす。
表現欲望やうそだらけの人を、「欲のかたまり」「うそのかたまり」などという。

かたま・る【固まる】〈動五〉❶やわらかい状態のものが、かたくなる。例粘土《ねんど》が固まる。類凝固《ぎょうこ》する。❷多くの人や動物が、からだをよせ合って集まる。例人が固まって歩く。❸しっかり定まる。がっちりする。例考えが固まる。基礎《きそ》が固まる。
表現俗《ぞく》に、人が対応のしかたに窮《きゅう》して無反応になることにもいう。

[1]**かたみ【形見】**〈名〉死んだ人や別れた人のもっていたもので、その人を思い出させるような記念の品物。例形見の指輪。形見分け。類遺品。遺物。アカタミ

[2]**かたみ【肩身】**〈名〉自分で感じる自分のからだの大き

浅井忠(ちゅう) (1856~1907) 明治時代の洋画家。明治美術会を結成。田園生活や風景をえがいた。

さ。自分がこの社会に占《し》めている空間の広さの感じ。[ア] カタミ
表現 肩身が「せまい」のは、世間に対してひけ目を感じることを、「ひろい」のは、ほこらしさを感じることを表わす。

かたみち【片道】〈名〉行きか帰りか、どちらか一方。例 片道二百円、往復四百円だ。対 往復。

かたみわけ【形見分け】〈名・する〉死んだ人の残した品物を、家族や親戚《しんせき》、友人などのあいだで記念として分けること。

かたむき【傾き】〈名〉❶ななめになっている度合い。例 傾きかげん。類 傾斜《けいしゃ》。❷ものごとがある方向にむかっていこうとすること。例 日本人は塩分をとりすぎるかたむきがある。類 傾向《けいこう》。きらい。

かたむ・く【傾く】〈動五〉❶ななめになる。例 船が傾く。類 かしぐ。❷太陽や月が西の方へおちていく。例 日が傾く。❸いきおいがおとろえる。例 家運が傾く。❹考えや気持ちが、ある方向へひかれる。例 賛成に傾く。心が傾く。

かたむ・ける【傾ける】〈動下一〉❶ななめにする。例 さかずきを傾ける(=酒をのむ)。首を傾ける。類 かしげる。❷いきおいをおとろえさせる。例 家を傾ける。国を傾ける。❸力や注意をあるものごとに集中させる。例 うんちくを傾ける。全力を傾ける。耳を傾ける。

かため【固め】[一]〈名・形動〉ふつうよりいくぶん固い程度。例 固めのラーメン。対 やわらかめ。[二]〈名〉❶安定させること。例 足固め。基礎《きそ》固め。❷しっかり守ること。例 門固め。❸約束して、絆《きずな》を強めること。例 固めのさかずき。

かた・める【固める】〈動下一〉❶どろどろしたものや、やわらかいものを、かたくする。例 ゼリーを冷蔵庫で冷やして固める。ふみ固める。❷ゆれうごいているものを安定させる。例 身を固める(=結婚《けっこん》する)。ほぞを固める(=覚悟《かくご》する)。基礎《きそ》を固める。❸守りをしっかりする。例 守りを固める。城を固める。
方言 栃木では、「鍵《かぎ》をかける」の意味でも使う。

かためわざ【固め技】〈名〉柔道《じゅうどう》で、おさえこんだり、しめたりする わざ。

かためん【片面】〈名〉表と裏があるものの、どちらか一方の面。対 両面。類 片側。

かたやぶり【型破り】〈名・形動〉世間の習慣や、今までのきまったやりかたにとらわれないこと。例 型破りな人物。類 いっぷう変わった。

かたより【偏り】〖片寄り〗〈名〉ある一つの方向にずれること。例 彼の考えには偏りがみられる。

かたよ・る【偏る】〖片寄る〗〈動五〉ある一つの方向にずれる。例 偏った考え。類 偏《へん》する。偏重《へんちょう》する。

かたらい【語らい】〈名〉くつろいだ気分で、親しく話しあうこと。例 語らいの場。

かたら・う【語らう】〈動五〉❶親しく話しあう。例 友と語らう。❷いっしょになにかしないかとさそう。例 旧友たちを語らって旅に出る。
表現 やや古い感じのことばで、文学的ひびきがある。

[1]**かたり**〈副〉かたいものがふれあって出る、あまり大きくない音。例 かたりとも いわないほど、しずまりかえっている。類 がたり。かたん。[ア] カタリ

[2]**かたり**【語り】〈名〉❶物語を語って聞かせること。❷映画や劇、テレビなどで、すじや人物の気持ちを説明しながら話をすすめること。類 ナレーション。▽[ア] カタリ

[3]**かたり**【▼騙り】〈名〉ことばたくみに人をだまして、お金や品物をうばいとる詐欺《さぎ》行為《こうい》。詐欺師。類 ぺてん。ぺてん師。[ア] カタリ

かたりあか・す【語り明かす】〈動五〉一晩じゅうねむらずに、夜が明けるまで語り合う。

かたりか・ける【語りかける】〈動下一〉❶〔語り掛ける〕相手の人を目ざし、その心にとどくように、話しかけていく。❷語ろうとして、ほとんど語らずにやめる。

かたりぐさ【語り草】〈名〉いつまでも語り伝えられるような話のたね。例 語り草になる。

かたりくち【語り口】〈名〉話をするときの調子。

かたりつ・ぐ【語り継ぐ】〈動五〉親の世代から子の世代へ、とぎれることなく語って伝える。例 昔話を語り継ぐ。類 語り伝える。

かたりつた・える【語り伝える】〈動下一〉次の代の人に話して伝える。例 語り伝えられてきた民話。類 語りつぐ。

かたりて【語り手】〈名〉❶物語などを、語って聞かせる役目の人。類 話し手。❷「語り②」の役の人。類 ナレーター。❸〔文学〕物語や小説、詩の中で、その文章を話している、作者がつくった想像上の人格。たとえば、ヘルマン・ヘッセの小説「少年の日の思い出」の、「私」。「話者《わしゃ》」ともいう。

がたりと〈副〉⇩がたっと

かたりべ【語り▽部】〈名〉❶古代日本で、伝説を語り伝えることを専門にしていた氏族。❷自分で体験したり伝え聞いたりした、多くの人にとって重要なはずのことがらを、次の世代に語りつぐことを自らに課している人。例 広島の語り部。水俣《みなまた》事件の語り部。民話の語り部。

かたりもの【語り物】〈名〉浪曲《ろうきょく》や平家琵琶《びわ》のような、楽器に合わせ、節をつけて物語をのべるもの。また、そのようにして語った作品。対 謡物《うたいもの》。

[1]**かた・る**【語る】〈動五〉❶できごとや気持ちを話して聞かせる。例 事件の一部始終を語る。語りあかす。類 話す。しゃべる。❷浄瑠璃《じょうるり》や浪曲《ろうきょく》などを、演じる。▽[ア] カタル

語るに落《お》ちる なにげなく話しているうちに、うっかり本当のことを言ってしまう。

[2]**かた・る**【▼騙る】〈動五〉もっともらしいうそをついて、人をだます。例 人の名をかたる。[ア] カタル

[3]**カタル**〈名〉〔医学〕粘膜《ねんまく》の炎症《えんしょう》。例 腸カタル。◇ドイツ Katarrh [ア] カタル

カタルシス〈名〉❶劇、とくに悲劇を見ることで、日常の苦しみや悲しみから解放されること。❷ふだんたまっていた感情をはき出して、すっきりすること。◇ギリシャ語から。

カタログ〈名〉商品の目録。◇catalog
参考 かつて「型録」と書いたことがあるが、これは、その音にあてて、意味を漢字で表現したもの。

かたわ【片輪】〈形動〉欠点や足りないところがあって、全体のバランスがとれていない。
注意 からだに障害のある人についての差別的な言いかたで、現在はふつう使用をさける。

かたわら【傍ら】〈名〉❶すぐそば。例 傍らに置く。❷なにかをしながら、一方で。例 勉学のかたわら、家事をてつだう。
表現 ②は、「…のかたわら…する」の形で使う。

かたわらいた・い【傍ら痛い】〈形〉⇩かたはらいたい

 朝倉敏景(としかげ) (1428～81) 越前(福井県)の戦国大名。「朝倉敏景十七箇条」という分国法を制定。

かたわれ【片割れ】〈名〉なかまの一人。悪いなかまについていう。例強盗《ごうとう》の片割れを追う。

[1]**かたん【下端】**〈名〉下の方のはし。対上端。

[2]**かたん【加担・荷担】**〈名・する〉よくないたくらみに加わること。例悪事に加担する。類加勢。

[1]**かだん【花壇】**〈名〉庭や公園の、花をうえてあるところ。アカダン

[2]**かだん【歌壇】**〈名〉歌人たちがつくっている社会。アカダン

[3]**かだん【果断】**〈形動〉決意して、断固行なうようす。例彼の果断な処置でおおぜいの人が助かった。

がだん【画壇】〈名〉画家たちがつくっている社会。アガダン

カタンいと【カタン糸】〈名〉ミシン用の木綿《もめん》の糸。参考「カタン」はcotton（＝コットン、木綿）から。

[1]**かち【勝ち】**〈名〉勝つこと。勝ったたたかいや試合。例勝ちをおさめる。勝ちをひろう。勝ちを急ぐ。勝ち負け。対負け。類勝利。アカチ

勝ちに乗《じょう》じる 勝ったいきおいにそのままのる。

[2]**かち【価値】**〈名〉どのぐらい役にたつか、どれほどよいものか、という、その程度。例価値がある。価値が高い。価値がさがる。価値をうしなう。価値を損じる。価値判断。利用価値。貨幣《かへい》価値。類ねうち。意義。意味。アカチ

[1]**がち**〈名〉「がちんこ」をちぢめた若者ことば。本気。本当。多く「ガチ」と書く。例ガチで勝負する。類まじ。

[2]**がち【勝ち】**〈接尾〉動詞の連用形や名詞に付いて、そうなりやすい、そうなることが多い、という意味の形容動詞をつくる。例おくれがち。忘れがち。黒目がち。

かちあ・う【かち合う】〈動五〉ものごとがたまたまかさなる。例日曜と祭日がかち合う。類ぶつかる。

かちいくさ【勝ち戦】〈名〉戦争や試合に勝つこと。勝ったたたかい。例勝ち戦を祝う。対負け戦。

かち・える【勝ち得る】〈動下一〉努力をかさねた結果、手に入れる。例信頼《しんらい》をかちえる。類かちとる。

かちかち 一〈副〉小さくてかたいものが、くりかえし軽くふれあってたてる音。例寒くて歯がかちかち鳴る。
二〈形動〉❶温度やふんいきなどの変化で、非常にかたくなっている。例水がかちかちに凍《こお》る。緊張《きんちょう》してかちかちになる。❷がんこでまったく融通《ゆうずう》がきかない。例かちかちの頭。▽ア一カチカチ 二カチカチ

表現 強調すると「かちんかちん」「かっちんかっちん」。

かちかん【価値観】〈名〉なにがどれだけの価値や意義をもっているかということについての、ひとりひとりの考えかたや感じかた。参考 たとえば「命の水」と「湯水のように使う」とでは、水についての価値観がまるでちがう。

かちき【勝ち気】〈名・形動〉人に負けまいとして、はりきる性格。例勝ち気な女性。類きかん気。負けん気。負けずぎらい。

かちく【家畜】〈名〉食用にしたり仕事に使ったりするために飼う動物。ウシ・ブタ・ニワトリなど。類家禽《かきん》。

かちこし【勝ち越し】〈名〉勝ち越すこと。例勝ち越しがきまる。対負け越し。

かちこ・す【勝ち越す】〈動五〉❶勝った回数が負けた回数をうわまわる。対負け越す。❷試合の中で、相手より得点が多くなる。

かちすす・む【勝ち進む】〈動五〉試合や勝負で勝って次の段階に進む。例二回戦に勝ち進む。類こまを進める。

かちてん【勝ち点】〈名〉スポーツのリーグ戦で、勝敗の結果に応じてあたえられる点数。勝ちを二点、負けを〇点、引き分けを一点とするなど。

かちどき【勝ちどき】【勝ち▼鬨】〈名〉たたかいに勝ったときにあげる歓声《かんせい》。例勝ちどきをあげる。類凱歌《がいか》。ときの声。

かちと・る【勝ち取る】〈動五〉がんばって成果を自分のものにする。例栄冠《えいかん》を勝ち取る。類かちえる。

かちなのり【勝ち名乗り】〈名〉すもうで、勝ったほうの力士の名前を行司が呼び上げること。例勝ち名乗りを受ける。

かちぬき【勝ち抜き】〈名〉競技などで、勝った者だけが次の試合に進んで、優勝をきめるやりかた。例勝ち抜き戦。対総あたり。類トーナメント。

かちぬ・く【勝ち抜く】〈動五〉現れる相手を次々にたおして次へ進む。例五人勝ち抜く。受験戦争を勝ち抜く。

かちのこ・る【勝ち残る】〈動五〉試合や勝負に勝って次の段階に残る。

かちほこ・る【勝ち誇る】〈動五〉勝っていい気になる。例勝ち誇った顔。

かちぼし【勝ち星】〈名〉すもうで、勝ったしるしにつける白丸。勝負に勝つこと。例勝ち星をあげる。対負け星。黒星。類白星。

かちまけ【勝ち負け】〈名〉どちらが勝ち、どちらが負けるか。類勝敗。勝負。

かちめ【勝ち目】〈名〉勝てそうな見こみ。例まともにたたかっては勝ち目がない。類勝ちみ。勝算。

かちゃくちゃない（方言） 乱雑《らんざつ》な状態。気持ちが不安定なようす。青森で言う。かちゃくちゃねー。

参考 いらいらの原因となる、ごちゃごちゃして複雑な状況や乱雑な状態を表わす。

[1]**かちゅう【火中】**〈名〉火のなか。アカチュー

火中の栗《くり》を拾《ひろ》う 自分の得《とく》にならない、危険な仕事に手をだす。例好んで火中の栗を拾うようなことをするな。由来 西洋の、寓話《ぐうわ》からでたことわざ。

[2]**かちゅう【花柱】**〈名〉〔植物〕めしべの、柱頭と子房《しぼう》をむすぶ、棒のかたちをした部分。アカチュー

[3]**かちゅう【渦中】**〈名〉事件やもめごとのまっただなか。例渦中の人物。アカチュー

[1]**かちょう【家長】**〈名〉むかしの法律で、一家の主人。戸主《こしゅ》。類世帯主。アカチョー

[2]**かちょう【課長】**〈名〉会社や役所などで、一つの課の責任をまかせられる地位。課のチーフ。アカチョー

がちょう【▼鵞鳥】〈名〉水鳥の一種。ガンを飼いならしたもの。首が長く、白色で、くちばしが黄色のものが多い。肉やたまごは食用。羽毛《うもう》で防寒具をつくる。

かちょうふうげつ【花鳥風月】〈名〉自然の美しい風物。例花鳥風月を友とする。類雪月花《せつげっか》。

がちんこ〈名〉真剣勝負。真剣であること。もと相撲《すもう》界からでた、俗《ぞく》なことば。多く「ガチンコ」と書く。例ガチンコ対決。対八百長《やおちょう》。

かちんとく（来）る 相手のちょっとした無神経なことばや行動に、気分を害する。類むっとする。

常用漢字 **かつ**

【括】 扌部6 全9画

括 括 括 括 括

カツ 音[カツ] ▨括弧《かっこ》。▨一括《いっかつ》。概括《がいかつ》。総括《そうかつ》。包括《ほうかつ》。

【活】氵部6 全9画 活活活活活

カツ 教小2 音[カツ] 活動《かつどう》。活力《かつりょく》。活用《かつよう》。活気《かっき》。活発《かっぱつ》。 生活《せいかつ》。復活《ふっかつ》。快活《かいかつ》。

【喝(喝)】口部8 全11画 喝喝喝喝喝

カツ 音[カツ] 喝采《かっさい》。喝破《かっぱ》。 一喝《いっかつ》。恐喝《きょうかつ》。恫喝《どうかつ》。

【渇(渴)】氵部8 全11画 渇渇渇渇渇

カツ かわく 音[カツ] 渇望《かつぼう》。渇水《かっすい》。 枯渇《こかつ》。 訓[かわく] 渇く。渇き。

【割】刂部10 全12画 ※割割割割割

カツ わる・わり・われる・さく 教小6 音[カツ] 割愛《かつあい》。割烹料亭《かっぽうりょうてい》。 割拠《かっきょ》。割賦《かっぷ》。割腹《かっぷく》。割愛《かつあい》。 分割払《ぶんかつばら》い。 訓❶[わる] 割る。割り算。時間割り。縦割り行政。❷[わり] 割がいい。割合。割に。五割。❸[われる] 割れる。割れ目。ひび割れ。仲間割れ。❹[さく] 割く。

【葛】艹部9 全12画 葛葛葛葛葛

カツ くず 音[カツ] 葛藤《かっとう》。葛根湯《かっこんとう》。 訓[くず] 葛。葛湯。 表記「葛」(=11画)とも書く。

【滑】氵部10 全13画 ※滑滑滑滑滑

カツ・コツ すべる・なめらか 音❶[カツ] 滑降《かっこう》。潤滑油《じゅんかつゆ》。滑走路《かっそうろ》。滑車《かっしゃ》。滑石《かっせき》。 円滑《えんかつ》。❷[コツ] 滑稽《こっけい》。 訓❶[すべる] 滑る。滑り。滑り台。滑り止め。❷[なめらか] 滑らかだ。

【褐(褐)】衤部8 全13画 褐褐褐褐褐

カツ 音[カツ] 褐色《かっしょく》。茶褐色《ちゃかっしょく》。

【轄】車部10 全17画 ※轄轄轄轄轄

カツ 音[カツ] 管轄《かんかつ》。所轄《しょかつ》。直轄《ちょっかつ》。

1 か・つ【勝つ】〈動五〉❶相手を負かす。相手よりすぐれていることをはっきりさせる。例試合に勝つ。敵に勝つ。勝ち進む。きょうこそ勝ちにいくぞ。荷が勝つ(=任務が重すぎる)。対負ける。❷困難とたたかってそれをのりこえる。例おのれに勝つ。誘惑《ゆうわく》に勝つ。うち勝つ。対負ける。❸その成分が他の成分よりも目だつ。例おにゆりの花はオレンジよりもう少し赤みの勝った色だ。

表記 ②は、「▽克つ」と書かれることもある。

勝って兜《かぶと》の緒《お》を締《し》めよ たたかいに勝っても気をゆるめないで、いよいよ心をひきしめて、つぎのたたかいにそなえよ。

勝てば官軍《かんぐん》 ほんとうはまちがっていることでも、あらそいに勝てば、それが正しいことになる、ということ。勝てば官軍、負ければ賊軍《ぞくぐん》。

2 かつ【且つ】➊〈副〉いくつかの動作がいっしょにならんで行なわれるようす。…しては…する。…したり…したり。例飲み、かつ食らう。語り、かつ笑う。かつ歌い、かつおどる。➋〈接〉あることがらの上に、別のことがらが加わることを表わす。さらに。その上。例この魚はおいしいし、かつ栄養もある。

【且】一部4 全5画 且且且且且

かつ

3 かつ【活】➊〈名〉生きること。➋〈接尾〉「活動」の略。例就活《しゅうかつ》(=就職活動)。婚活《こんかつ》(=結婚のための活動)。

活を入《い》れる ❶気絶した人の息をふきかえさせる。❷元気のない人をはげまして、元気を出させる。類気合を入れる。注意 次項の「喝」とまぎれて、あやまって「喝を入れる」と書く人が増えている。

死中《しちゅう》に活を求《もと》める 絶望的にみえる状況《じょうきょう》の中でも、がんばって道をきりひらこうとする。

4 かつ【喝】〈感〉禅宗《ぜんしゅう》の修行《しゅぎょう》などで、まちがいをさとらせたり、はげますときに出す声。

5 かつ【渇】〈名〉❶のどがかわくこと。例渇をおぼえる。渇をいやす。類かわき。❷はげしくほしがること。

6 カツ〈名〉「カツレツ」の日本での省略語。例カツ丼《どん》。串《くし》カツ。表記 和食のように定着しているので、ひらがなで「かつ」と書かれることも多い。

がつ【月】〈接尾〉一から十二までの漢語の数に付けて、一年の十二の月をひと月ずつ表わす。

かつあい【割愛】〈名・する〉おしいと思いながら、しかたなしに省くこと。例時間の関係で、以下の部分は割愛させていただきます。

かつ・える【▽飢える】〈動下一〉「飢《う》える」の古い言いかた。

かつお【▼鰹】〈名〉海にすむ魚。八〇《センチメートル》ほどで、形はマグロに似《に》て、少し小さい。夏のはじめ、さし身などにして食べるのが、旬《しゅん》。かつおぶしにしたり、内臓で塩辛《しおから》をつくったりする。参考 春以降《いこう》、太平洋岸を黒潮《くろしお》にのって北上するものを「初《はつ》ガツオ」といい、夏から秋、産卵《さんらん》のためにUターンして南下する、あぶらの乗りきったものを「戻《もど》りガツオ」という。

かつおぶし【かつお節】【▼鰹節】〈名〉カツオの身を煮《に》て干したもの。うすくけずって、料理にふりかけて食べたり、だしをとったりする。「かつぶし」ともいう。

表現 一本二本と数える。干《ほ》すときに数本つらねたものは一連《いちれん》二連《にれん》と数える。

参考 鹿児島県枕崎《まくらざき》のものはとくに有名。

1 かっか【閣下】〈名〉高い地位にある人に対する敬称《けいしょう》。例大統領閣下。

2 かっか〈副〉❶(「かっかと」の形で)炭火などが赤くさかんに燃えるようす。❷(「かっかする」の形で)はげしいいかりや興奮《こうふん》で、頭に血がのぼり、周囲に熱気をはなつかのようになる。❸〈する〉顔やからだがひどくほてるようす。例かぜでからだがかっか(と)する。

がっか【学科】〈名〉❶学校でまなぶ教科・科目。例得意学科。❷大学でまなぶ、各学部のなかの専門分野。例文学部の日本文学科、医学部の看護《かんご》学科など。❸「実技」に対して、頭でおぼえることがらのこと。例学科試験。

1 がっかい【学会】〈名〉同じ専門分野の研究者の団体。例学会名簿《めいぼ》。英文学会。

2 がっかい【学界】〈名〉学問の世界。例学界で話題になる。学界の常識。

かつかざん【活火山】〈名〉〔地学〕現在、けむりや溶岩《ようがん》をだして活動しているか、過去の一定期間に噴火《ふんか》したことがある火山。参考 過去の一定期間を一万年とするのが国際的な主流で、富士山もふくまれる。桜島・阿蘇山《あそさん》・浅間山

《あさまやま》・三原山などは現在活動している。

かっかそうよう【隔靴▼掻▼痒】〈名〉靴《くつ》の上から足のかゆいところをかくように、思うようにものごとが進まず、もどかしいこと。例隔靴掻痒の感がある。

かつかつ〈副〉最低限度ぎりぎりで、まったく余裕《よゆう》のないようす。例かつかつの生活。時間にかつかつ(で)間に合った。

がつがつ〈副・する〉❶食いつくように夢中《むちゅう》で食べるようす。例がつがつ(と)食べる。❷むやみに欲ばったり、物をほしがるようす。例金《かね》にがつがつする。

がっかり〈副・する〉失望で気がゆるみ、すっかり元気がなくなるようす。例そうがっかりするなよ。類がっくり。

かっき【活気】〈名〉はつらつとしたいきおい。例活気がある。活気にみちる。活気づく。類生気。

がっき[1]【学期】〈名〉学校生活の一年間を、一学期・二学期・三学期とか、前期・後期とかにわけたひとくぎり。

表現「新学期」といえば、四月からの新しい学年の始まりにいうことが多い。

がっき[2]【楽器】〈名〉音楽を演奏するための道具。打楽器・管楽器・弦楽器《げんがっき》などがある。

かつぎだ・す【担ぎ出す】〈動五〉❶重い荷物などをかついで外へ運び出す。例火事場からけが人を担ぎ出す。❷みんなで説得して、代表や候補者などになってもらう。例選挙に担ぎ出す。

かっきてき【画期的】〖▼劃期的〗〈形動〉今までにないすばらしさで、新しい時代をきりひらいたといえるほどだ。例画期的な発明。類エポックメーキング。

がっきゅう[1]【学究】〈名〉ひたすら学問の研究のみに打ちこむ人。例学究肌《はだ》。類学者。研究者。

がっきゅう[2]【学級】〈名〉学校で、勉強したり活動したりするために、生徒を、いくつかの大きなグループにわけたもの。例学級担任。類クラス。組。

かっきょ【割拠】〈名・する〉いくつもの勢力が、各地方を支配して、勢力をはること。例群雄《ぐんゆう》割拠。

かつぎょ【活魚】〈名〉生きのいい魚。例活魚料理。類鮮魚《せんぎょ》。

かっきょう【活況】〈名〉商取引《しょうとりひき》が活発で、景気がいいようす。例活況を呈《てい》する。類盛況《せいきょう》。

がっきょく【楽曲】〈名〉音楽作品。例さまざまなジャンルの楽曲を手がける。類曲。

かっきり〈副〉「ちょうど」「正確に」のくだけた言いかた。例十時かっきりに電話した。類きっかり。

かっきん【▼恪勤】〈名・する〉まじめに仕事にはげむこと。例精励《せいれい》恪勤。

かつ・ぐ【担ぐ】〈動五〉❶重い荷物などを、肩《かた》や、肩から背中の部分でになう。例ふくろを担ぐ。❷自分たちの上に立つ人だとして、みんなでおしたてる。例会長に担ぐ。担ぎ出す。❸ふざけて、人をだます。例人を担ぐ。類いっぱいくわす。❹縁起や迷信《めいしん》をだいじにする。例縁起を担ぐ。御幣《ごへい》を担ぐ。

がっく【学区】〈名〉公立学校の通学区域。

かっくう【滑空】〈名・する〉グライダーや飛行機が、動力を使わないで、気流にのって飛ぶこと。

がっくり〈副・する〉❶力がぬけて、からだのはたらきが急に作用しなくなるようす。例がっくり(と)ひざを折る。類がくっと。❷うまくいっていた状態が急に悪いほうに変わるようす。例客ががっくり(と)減る。類がくっと。❸うまくいかないことがわかって、ひどく元気をなくしたようす。例がっくり(と)肩《かた》をおとす。類がっかり。

かっけ〖▽脚気〗〈名〉ビタミンB_1の不足による病気。足がしびれたり、むくんだりする。

表現 死ぬことを「がっくり行く」と俗《ぞく》に言うこともある。

がっけい【学兄】〈名〉学問上の友人。

表現 男性どうしで、自分の同輩《どうはい》や後輩《こうはい》をうやまっていう書きことば。目上の人には使わない。

かつげき【活劇】〈名〉❶切りあいやなぐりあいなど、はげしいうごきの多い映画や演劇。アクションドラマ。❷映画などにありそうな、はでなけんかやうごき。類大たちまわり。

かっけつ【▼喀血】〈名・する〉肺や気管支などから、せきと同時に血をはくこと。参考 肺結核《はいけっかく》などでおこる。胃から出るのは、「吐血《とけつ》」。

かづける(方言) 他人のせいにする。南《みなみ》東北・新潟などで言う。かつける。かんつける。

かっこ[1]【括弧】〈名〉数式やことばなどをかこんで、その部分を他と区別する記号。( )「 」『 』など。例かっこに入れる。かっこでくくる。かぎかっこ。

参考 数式では、計算の優先順序として、( )=小かっこ、{ }=中かっこ、[ ]=大かっこを使う。

かっこ[2]【確固】〖確▼乎〗〈副・連体〉考えや思いがしっかりしていて、びくともしない。例確固として動かない。確固たる信念。

かっこい・い〈形〉見た目が洗練されていて、思わず人の心をひきつける。「格好がいい」のくだけた言いかた。例かっこいい車。かっこいい生き方。かっこいい!対かっこ悪い。類あかぬける。スマート。

かっこう[1]【格好】〖▼恰好〗■一〈名〉外から見たかたちやすがた、ようす。「かっこ」ともいう。例格好がいい。格好がつかない。格好をつける。背格好。年格好。■二〈形動〉のぞましい条件に合っている。例格好なねだん。彼はこの役に格好な人物だ。類うってつけ。おあつらえむき。絶好。■三〈接尾〉年齢《ねんれい》を示す数字につけて、「…ぐらい」という意味を表わす。おもに中年以上の人に対してつかう。例年は五十格好の人だ。類がらみ。▽アカッコー

格好がつく なんとか見かけがととのい、はずかしい思いをしなくてすむ。例一勝でもすれば格好がつく。類さまになる。体裁《ていさい》をたもつ。

格好をつける 見かけを体裁《ていさい》よくととのえる。例格好をつけてあて名を筆で書いてみた。

かっこう[2]〖郭公〗〈名〉鳥の一種。ハトより小さい。うすい茶色で、腹に黒のよこじまがある。わたり鳥で、日本には春やってくる。ほかの鳥の巣にたまごをうみ、自分では育てない習性(=托卵《たくらん》)をもつ。かんこどり。よぶこどり。アカッコー 参考「カッコー」と鳴くことからできた名。

かっこう[3]【滑降】〈名・する〉スキーで、雪の斜面《しゃめん》をすべりおりること。スキー競技の一種目。例滑降競技。直《ちょっ》滑降。アカッコー

がっこう【学校】〈名〉人を集めて教育をするところ。小学校・中学校・高等学校・大学・各種学校などがある。例学校にあがる。学校がひける。類スクール。学園。

表現 (1)「学校が始まる」「今日は学校がある」など、「授業」の意味で使うこともある。(2)実名をかくしたいときは「A校」「B校」のようにいう。一校二校と数える。

参考 大学は、研究と教育をする機関であることから、学校と区別することもある。

かっさい【喝采】〈名・する〉大きな声をかけたり、拍手《はくしゅ》をしたりして、ほめそやすこと。例喝采を送る。喝采をあびる。喝采を博する。拍手喝采。

がっさく【合作】〈名・する〉多くの人が協力して、一つのものをつくること。例日米合作(の映画)。類共作。

がっさつ【合冊】〈名・する〉何冊かの本を一つにとじ合わせること。そうしてつくった本。類合本。

かっさら・う【▼掻っ▼攫う】〈動五〉すきを見て、とつぜんうばいさる。例売上金をかっさらう。

━表現「賞という賞をかっさらった」など、気楽な言い方なら、よい意味でも言えるところが「かっぱらう」とちがう。

がっさん【合算】〈名・する〉いくつかの数を合計すること。類加算。

かつじ【活字】〈名〉❶活版印刷に使う、なまりなどでできた文字の型。例活字をひろう。活字をくむ。活字体。❷印刷された文章・読み物。例活字になる。活字に親しむ。活字に弱い。活字ばなれ。
参考「活」は、うごかせること。

かつじたい【活字体】〈名〉手で書いたのではない、活字の書体。

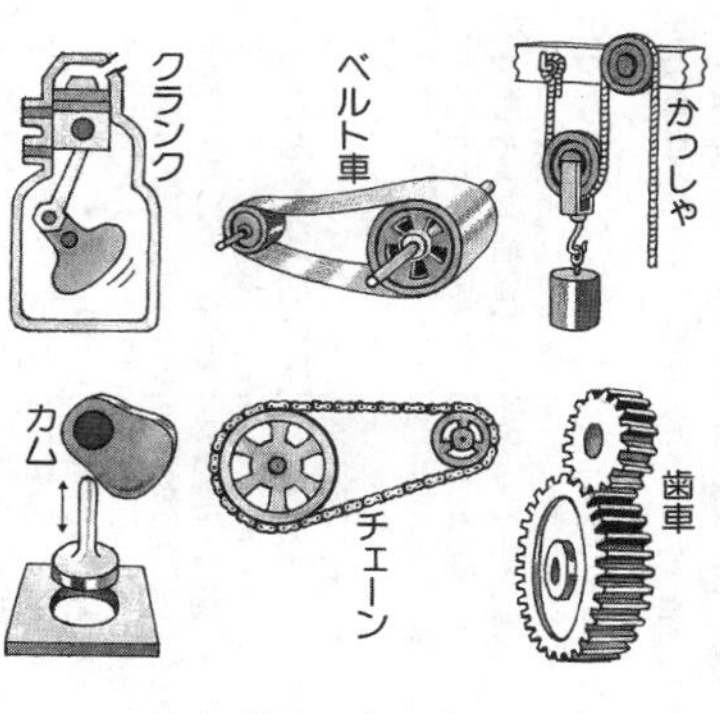

[かっしゃ]

かっ(渇)してもとうせん(盗泉)のみず(水)をの(飲)まず どんなにこまっても、まちがったことはしない。

かっしゃ【滑車】〈名〉車輪に、つなをかけたもの。絵
参考てこの原理を応用したもので、つなをひいて車輪をまわすことにより、力の方向や大きさを変えるのに使う。

がっしゅく【合宿】〈名・する〉スポーツや会議などで、集中的にものごとをこなして、効果をあげるためにとまりこむこと。例強化合宿。

かつじょう【割譲】〈名・する〉物や土地の一部をゆずりわたすこと。例領土を割譲する。

がっしょう[1]【合唱】〈名・する〉〔音楽〕複数の人が、音程のちがうグループにわかれ、それぞれの旋律《せんりつ》で同時に発声し、全体として一つの曲を歌うこと。コーラス。例歓《かん》喜《き》の歌を合唱する。三部合唱。混声合唱。対独唱。斉唱《せいしょう》。

がっしょう[2]【合掌】〈名・する〉両方の手のひらを、顔や胸の前で合わせて拝むこと。例位牌《いはい》に合掌する。

がっしょうづくり【合掌造り】〈名〉〔建築〕二本の木材を急角度の∧形に組んだものをならべてかやぶきの屋根をささえた、家のたてかた。広大な屋根うらを養蚕《ようさん》などに使った。絵参考岐阜県飛騨《ひだ》地方の白川郷《しらかわごう》と、富山県五箇山《ごかやま》とにある合掌造りの集落は、世界遺産となっている。

がっしょうれんこう【合従連衡】〈名〉そのときどきの状況《じょうきょう》におうじて、いっしょになったり、はなれたりすること。由来古代中国の戦国時代、大国の秦《しん》に対した小国の外交政策。「合従」は、六つの小国がたがいに連合して、秦に対抗するのがよいとした政策。「連衡」は、小国ごとに秦と同盟をむすぶのがよいとした政策。

[がっしょうづくり]

かっしょく【褐色】〈名〉黒ずんだ茶色。例褐色のはだ。茶褐色。赤褐色。類こげ茶。ブラウン。

がっしり〈副・する〉つくりがしっかりと安定して、がんじょうなようす。例がっしり(と)した体格。がっしり(と)受けとめる。類がっちり。

かっすい【渇水】〈名・する〉日照りで、川や貯水池などの水がかれること。例渇水期。類水飢饉《ききん》。

がっ・する【合する】〈動サ変〉二つ以上のものがいっしょになる。また、いっしょにする。例二つの川が合する。

かっせい【活性】〈名〉化学反応をおこしやすい性質。その性質をもっていること。例活性炭。

かっせいか【活性化】〈名・する〉沈滞《ちんたい》しているものを活気づかせること。例組織の活性化をはかる。

かっせいたん【活性炭】〈名〉気体や液体の精製や脱色《だっしょく》・脱臭《だっしゅう》などに使われる、吸着力の強い炭。

かつぜつ【滑舌】〈名〉話すときの、発音のなめらかさや明瞭《めいりょう》さ。例滑舌がいい。滑舌がわるい。
参考もと、放送業界用語。

かっせん【合戦】〈名・する〉やり、刀、鉄砲《てっぽう》などを使って行なった、むかしの戦争。類いくさ。
━表現「雪合戦《ゆきがっせん》」「歌合戦《うたがっせん》」のように、対抗《たいこう》戦《せん》という意味で、今も使われる。

かつぜん【▼豁然】〈副・連体〉広びろとしたようす。例かつ然と開《ひら》ける。かつ然とした大パノラマ。

かっそう【滑走】〈名・する〉地面や氷などの上を、すべるように走ること。例スキーで滑走する。滑走路。

がっそう【合奏】〈名・する〉〔音楽〕二つ以上の楽器で、一つの曲を演奏すること。アンサンブル。対独奏。

かっそうろ【滑走路】〈名〉飛行機が離着陸《りちゃくりく》のために走る、長くてまっすぐな通路。

カッター〈名〉❶物を切る道具。例カッターナイフ。テープカッター。❷汽船や軍艦《ぐんかん》などにのせてあるボート。❸「カッターシャツ」の略。◇cutter

カッターシャツ(方言) ワイシャツ。西日本で言う。
参考「カッター」に「勝った」をかけた商標名から。

がったい【合体】〈名・する〉二つ以上のものが合わさって一つになること。例細胞が合体する。公武合体。類合《がっ》併《ぺい》。結合。合同。

 足利義教(あしかがよしのり)(1394～1441) 室町幕府の第6代将軍。守護大名を厳しく統制。暗殺された。

かったつ【▼闊達】〈形動〉心がひろく、小さなことにこだわらない。例闊達な人物。自由闊達。

かったる・い〈形〉❶だるい。❷まわりくどかったり、のろのろしていたりして、もどかしくじれったい。例先生のかったるい話。❸めんどうくさくてやる気が出ない。例宿題やるのかったるいなあ。▽俗《ぞく》な言いかた。由来「かいな(=腕)だるい」が変化した、もと関東地方の方言。

かつだんそう【活断層】〈名〉〔地学〕以前にうごいた記録があり、これからもうごく可能性のある断層。うごいたときに、地震《じしん》がおこる。

がっち【合致】〈名・する〉ぴったり合うこと。類一致。あてはまる。例目的に合致する。事実と合致する。

かっちゃく【活着】〈名・する〉さし木やつぎ木、移植した植物が、根づいて生長すること。例活着がいい。

かっちゅう【▽甲▼冑】〈名〉よろいとかぶと。類具足。

がっちり〈副・する〉❶ゆるみなく、しっかりと組み合わされるようす。例がっちり(と)握手《あくしゅ》する。❷つくりががんじょうであるようす。例がっちりした建物。類がっしり。❸ぬけめなく、しっかりと行なうようす。例がっちり(と)お金をためる。

ガッツ〈名〉何があってもへこたれない根性《こんじょう》。例ガッツがある。類意気地《いくじ》。気概《きがい》。◇guts

がっつ・く〈動五〉❶がつがつとものを食べる。❷がつがつと欲ばる。例そうがっつくなって。

ガッツポーズ〈名〉「勝ったぞ」「やったぞ」という気持ちをあらわす、力のこもったしぐさ。参考日本での複合語。英語では fist pump または victory pose という。

がっつり〈副〉「しっかりと」「おおいに」の意味の若者ことば。例がっつり食べる。

かつて【▼嘗て】〈副〉❶以前。むかし。例私はかつてパリに住んでいた。❷(下に打ち消しの語をともなって)いままでにいちどもない。例かつてない大惨事《だいさんじ》。

[かっぱ]

表現「かって」ともいうが、「かつて」が正しい。「の」をつけて、「かつての名選手」のようにも言える。

かって【勝手】一〈名・形動〉❶ほかの人のことは考えないで、自分のしたいようにすること。例勝手を言う。勝手な行動。ひとりで勝手に行く。そんな勝手はゆるさない。勝手にしろ！　自分勝手。身勝手。❷(「勝手に」の形で)ひとりでに。自然に。例だいじな場面で体が勝手に動いてくれた。二〈名〉❶台所。例勝手口。お勝手。❷なにかをするときの、しやすいかどうかのぐあい。例勝手を知っている。勝手がちがう。勝手がわからない。勝手がわるい。使い勝手。

勝手が違《ちが》う　いつもなじんでいるようすとちがって、やり方がうまくつかめない。例転勤した先では勝手が違って、とまどった。

か(勝)ってかぶと(▼兜)のお(緒)をし(締)めよ　⇩「かつ〔勝つ〕」の子項目

かってきまま【勝手気まま】〈名・形動〉人のことや世間の常識などを無視し、自分のしたいようにすること。例勝手気ままなふるまい。勝手気ままをする。類勝手放題。好き放題。

かってぐち【勝手口】〈名〉台所から家の外へ通じる出入り口。対玄関《げんかん》。類裏口。

かって・でる【買って出る】〈動下一〉自分からすすんで引き受ける。例ボランティアを買って出る。

かってむき【勝手向き】〈名〉❶台所にかかわること。❷家の経済状態。例勝手向きが悪い。類台所事情。暮らし向き。

がってん【合点】〈名・する〉「承知」の意味を表わす、古い、また俗《ぞく》な言いかた。例合点だ(=承知した)。

1**かっと**　一〈副〉❶日ざしが強く照りつけるようす。例かっと照りつける太陽。❷目や口を急に大きく開くようす。例目をかっと見開く。二〈副・する〉急におこりだしたり、頭に血がのぼったりするようす。例思わずかっとなってどなりつける。

2**カット**　一〈名・する〉❶長いもの、つづくものを途中《とちゅう》でたちきること。例髪《かみ》をカットする。❷切るようにすること。けずること。例ボールをカットする(=回転を加えて打つ)。賃金カット。カットグラス。▽アカット　カット　二〈名〉❶本や新聞に入れる小さなさし絵。類イラスト。❷映画で、一つのカメラでつづけてとった一場面。類ショット。◇cut　▽アカット

かっとう【葛藤】〈名〉❶心の中で、あれこれなやむこと。例心の葛藤に苦しむ。❷人と人とのあいだがごちゃごちゃになり、関係がむずかしくなること。例両国の葛藤が深まる。類悶着《もんちゃく》。

かつどう【活動】〈名・する〉❶いきいきと動き、かつはたらくこと。例活動家。活動的。政治活動。クラブ活動。ボランティア活動。類アクティビティー。❷そのもの本来のはたらきをすること。例細胞《さいぼう》の活動。火山活動。❸「活動写真」の略。「映画」の古い言いかた。

かつどうか【活動家】〈名〉政治や社会に対する理想や信念をもち、その実現のために積極的に行動する人。

かつどうてき【活動的】〈形動〉❶生き生きと活発に行動している。例活動的な人。❷からだを動かすのに適している。例活動的な服装。

カットグラス〈名〉けずって模様をつけた高級なガラス器。類切り子ガラス。◇cut glass

カットソー〈名〉編んだ生地を裁断してぬった衣類。◇cut and sewn から。

カツどん【カツ丼】〈名〉適当な大きさに切った豚《とん》カツをタマネギといっしょにあまからく煮《に》て卵でとじ、どんぶり飯の上にのせた食べ物。「かつ丼」とも書く。

1**かっぱ【▽河▽童】**〈名〉❶日本人の心に生きてきた想像上の動物。川や沼《ぬま》にすみ、人の子どものすがたをして、手足に水かきがあって泳ぎがうまい。頭の皿の水がだいじ。「カッパ」とも書かれる。絵❷泳ぎのすきな人。おもに、子どもについていう。例かっぱ天国。▽アカッパ

河童の川流《かわなが》れ　泳ぎのうまい河童でも水におぼれることがあるということから、どんな名人でも、ときには思わぬ失敗をする、というたとえ。類弘法《こうぼう》も筆の誤《あやま》り。猿《さる》も木から落ちる。上手《じょうず》の手から水がもれる。

2**かっぱ【喝破】**〈名・する〉❶大声でしかりとばすこと。❷真理を明らかにすること。▽アカッパ

3**カッパ【▽合羽】**〈名〉上からはおるようにして着る、むかしふうの雨よけ。例雨《あま》ガッパ。類レインコート。◇ポルトガル capa　アカッパ　表記日本語にふかく定着した外来語で、ひらがなや漢字で書くことも多い。

足利義尚(あしかがよしひさ)（1465〜89）　室町幕府の第9代将軍。義政の子。応仁の乱のなかで将軍になった。

かっぱつ【活発】〘活▼潑〙〈形動〉動作やことばがいきおいにあふれている。例活発な少年。活発な議論。

表現 気象《きしょう》情報で、「活発な雨雲」のような言いかたもある。

かっぱらい〘▼搔っ払い〙〈名〉かっぱらうこと。かっぱらってぬすむ者。類置き引き。

かっぱら・う〘▼搔っ払う〙〈動五〉置いてある物を、人目をぬすんでさっと持っていく。

かっぱん【活版】〈名〉活字をくんでつくった印刷の版。それで行なう印刷。例活版印刷。

がっぴょう【合評】〈名・する〉作品や問題について、みんなで批評したり意見をのべ合ったりすること。例合評会。

[1]**かっぷ【割賦】**〈名〉「分割ばらい」のこと。例割賦販《はん》売《ばい》。対即金。ア**カップ**

[2]**カップ**〈名〉❶とってのある茶碗《ちゃわん》。例コーヒーカップ。❷料理で、粉や液体などの量をはかる入れ物。一カップは二百ミリリットル。例計量カップ。しょうゆ一カップを加える。❸賞杯《しょうはい》。例優勝カップ。類トロフィー。❹コップ形の入れ物。例カップめん。◇cup ▽ア**カップ**

表現 ①は受け皿とセットで一客《いっきゃく》二客《にきゃく》と数える。

参考 ①に対して、「コップ」は、とってのない、ガラス製の水飲みの容器。③は、「ワールドカップ」のようにそれを争う競技会の名にも使われる。

[1]**かっぷく**〘▼恰幅〙〈名〉腹や腰《こし》のあたりの肉づきなどからみたからだつき。類おしだし。

表現 「恰幅がいい」の形で、中年や壮年《そうねん》の男性について使うことが多い。

[2]**かっぷく【割腹】**〈名・する〉自殺するために、自分の腹を切ること。例割腹自殺。類切腹。

カップリング〈名・する〉❶種類のことなる二つのものを組み合わせること。❷主となるものに、組み合わせること。CDのタイトル曲といっしょに収録されている曲など。◇coupling 参考 ②で、CDに表示される「c/w」は、coupling with の略。

カップル〈名〉ひと組みの恋人どうしや夫婦。例お似合いのカップル。(お見合いで)カップル成立。◇couple

がっぺい【合併】〈名・する〉二つ以上のものを合わせて一つにすること。一つになること。類合体。併合。

表現 「隣村《りんそん》を合併する」「二社が合併する」のように、とくに、市町村や企業《きぎょう》などの組織についていう。

がっぺいしょう【合併症】〈名〉ある病気にかかると起こりやすくなる別の病気。例合併症を引き起こす。

がつへん〘▼歹偏〙〈名〉漢字の偏の一つ。「死」「残」などの「歹」の部分。かばねへん。

かっぽ〘▼闊歩〙〈名・する〉❶堂々と力づよく大またに歩くこと。例大道《だいどう》を闊歩する。❷周囲に気がねしないで、だいたんにふるまうこと。

かつぼう【渇望】〈名・する〉のどのかわいた人が水を飲みたいと願うように、それをとても強く願ったり、ほしいと思ったりすること。類切望。熱望。

かっぽう【割▼烹】〈名〉日本風の調理。

参考 食材を、切ることと煮《に》ることの意味。やや高級な日本料理店をいう「割烹店」ののれんに見られることば。

かっぽうぎ【かっぽう着】〘割▼烹着〙〈名〉料理をするときに着る、そでのある前かけ。

がっぽり〈副〉たくさんのおかねが入ってくるか、出ていくかするようす。くだけた言いかた。例がっぽりかせぐ。がっぽりと税金を取られる。

がっぽん【合本】〈名・する〉❶何冊かの本をいっしょにとじ合わせること。そうしてつくった本。類合冊《がっさつ》。❷何冊かの本をあらたに一冊の本としてまとめなおして出版すること。そうしてつくった本。

かつもく〘▼刮目〙〈名・する〉目をこすって、よく注意して見ること。例刮目して待つ。

かつやく【活躍】〈名・する〉積極的に活動して、めざましい成果をあげること。例ご活躍を期待しています。

かつやくきん【括約筋】〈名〉開閉の働きをする、輪の形の筋肉。胃の出口、肛門《こうもん》、尿道《にょうどう》などにある。

かつよう【活用】〈名・する〉❶もののはたらきをじゅうぶんに生かして使うこと。例人材を活用する。❷〔文法〕「行かない・行きます・行く・行けば」のように、動詞・形容詞・形容動詞、または、助動詞が、その使われる位置や表わす意味によって、規則的に形が変わること。例五段活用。→巻末の「動詞の活用」など

かつようけい【活用形】〈名〉〔文法〕用言や助動詞が活用するときの、未然・連用・終止・連体・仮定(文語では已然《いぜん》)・命令の六つの語形。

かつようご【活用語】〈名〉〔文法〕単語の中で、その使われる位置や表わす意味によって規則的に形が変わるもの。動詞・形容詞・形容動詞および助動詞のこと。

かつようごび【活用語尾】〈名〉〔文法〕活用のあることばで、形が変化する部分。対語幹。

参考 たとえば、「よろこぶ」の「ぶ」、「美しく」の「く」の部分。変わらない部分は、「語幹」という。

[1]**かつら**〘▼桂〙〈名〉日本各地にはえる落葉高木。葉はハート形で、ふちにぎざぎざがある。材質がかるくてやわらかく、変形しにくいので、家具や彫刻《ちょうこく》に使う。

[2]**かつら**〘▼鬘〙〈名〉演劇の扮装《ふんそう》やおしゃれなどのためにかぶる、人工の頭髪《とうはつ》をうえたもの。対地毛《じげ》。

かつりょく【活力】〈名〉活動のもとになる、いきいきとした力。例活力がある。活力にあふれる。活力をたくわえる。類精力。バイタリティー。エネルギー。

かつれい【割礼】〈名〉ある民族や宗教で行なう、無用と考える性器の一部を切り取る風習。

カツレツ〈名〉ぶた肉・牛肉・とり肉などに小麦粉やたまご、パン粉をまぶして、油であげた料理。類フライ。◇cutlet →カツ

かつろ【活路】〈名〉あやういところをのがれて、生きのびる方法。例活路をきりひらく。活路をみいだす。

がつんと〈副〉❶かたい物どうしが勢いよくぶつかるようす。例柱に頭をがつんとぶつける。❷強くはっきり言って、相手の心に衝撃《しょうげき》をあたえるようす。例がつんと言ってやる。

かて【糧】〈名〉生きるための食べ物。例日ごとの糧。

表現 「食糧《しょくりょう》」にくらべ、「日々《ひび》の糧」「心の糧」など、文学的ひびきをもち、意味も精神面にかたむく。

[1]**かてい【仮定】**〈名・する〉❶「この先、もしこうなれば…」と、将来のことを考えてみること。例「もし失敗したら」と仮定して、そのあとのことを考える。❷現在の事実とは無関係に、あの場合、この場合と、思いえがいてみること。女の人が「私が男なら、そんなことはしない」というような場合。例異常な事態を仮定する。類想定。

参考 副詞の「かりに・たとえ・もし・もしも」や、助詞の「たら・なら・ば」で表わされる。

[2]**かてい【家庭】**〈名〉❶いっしょに暮らす夫婦《ふうふ》や親子などがつくる まとまりの場。例家庭を守る。家庭に入る(=

 足利義政(あしかがよしまさ)(1435〜90) 室町幕府の第8代将軍。応仁の乱が起こった。京都の東山に銀閣を建立。

仕事をやめて家事に専念する)。家庭生活。類家。❷⇩かていか

3 **かてい【過程】**〈名〉ものごとが始まってから終わるまでのあいだのようす。例結果よりも過程が大事だ。類経過。経緯《けいい》。プロセス。

4 **かてい【課程】**〈名〉学校などで、一定期間に勉強するようにきめられた学習内容。類カリキュラム。

かていいがく【家庭医学】〈名〉各家庭で、医者にかかるほどでもない軽い病気やけがに対処したり、さまざま病気の予防や健康の維持《いじ》をはかるための基礎的な知識。

かていか【家庭科】〈名〉小、中、高等学校の教科の一つ。衣食住など、家庭生活にかかわり深いことを学ぶ。

かていきょうし【家庭教師】〈名〉生徒の家に行って教える先生。

かていけい【仮定形】〈名〉〔文法〕口語の活用形の一つ。「降れ(ば)」「美しけれ(ば)」「静かなら(ば)」のように、助詞の「ば」がつく形で、まだおこらない動作や状態などを仮定していうのが代表的な使いかた。

かていさいばんしょ【家庭裁判所】〈名〉〔法律〕裁判所の一つ。家族や少年の犯罪事件などをとりあつかう。略して「家裁」ともいう。→さいばんしょ

かていてき【家庭的】〈形動〉❶自分の家庭をたいせつにしている。例家庭的な夫。❷家庭を感じさせるあたたかいふんいきがある。例家庭的な料理店。

カテキン〈名〉緑茶に含まれる、しぶみや苦みの成分。抗菌《こうきん》作用や抗癌《がん》作用があるといわれる。茶カテキン。◇catechin

カテゴリー〈名〉範《はん》疇《ちゅう》。◇《ドイツ》Kategorie

かててくわ(加)えて「加えて」を強めた言いかた。そのうえさらに。参考「かてる」は、「まぜる」意味の古語。

カテドラル〈名〉ローマカトリック教で、司教が在任する大聖堂。◇《フランス》cathédrale

か(勝)てば かんぐん(官軍) ⇩「かつ〔勝つ〕」の子項目

がてら〈接尾〉「AがてらBする」の形で、「Aをするついでに、Bをする」という意味を表わす。例散歩がてら、書店に寄ってきた。類かたがた。

かてん【加点】〈名・する〉ゲームなどで、さらに点数をくわえること。対減点。

1 **かでん【家電】**〈名〉テレビ・掃除《そうじ》機・洗濯《せんたく》機など、家庭で使う電化製品。例家電製品。家電メーカー。

2 **かでん【荷電】**〈名・する〉〔物理〕物質が電気をおびること。

がてん【合点】〈名・する〉今までわからなかったことやふしぎだったことが、「ああ、そうか」とわかること。例合点がいく。ひとり合点。早合点。類納得《なっとく》。

合点がいかない 納得《なっとく》できない。腑《ふ》に落ちない。例社長の方針には合点がいかない。

がでんいんすい【我田引水】〈名〉自分につごうのいいように考えたり、したりすること。類手前勝手。参考「我《わ》が田に(だけ)水を引く」の意味。日本でできた熟語。

かでん(▼瓜田)のくつ(▽履) ウリの畑でくつをいじってウリどろぼうとまちがえられるような、うたがわしい行動。類李下《りか》の冠《かんむり》。

1 **かど【角】**〈名〉❶もののはしのとがったところ。例机の角。例角をまがる。❷道の折れまがっているところ。例角地。→すみ〔隅〕絵

角が立《た》つ やりかたがおだやかでないために、険悪なふんいきになる。例ものも言いようで角が立つ。

角が取《と》れる 人生の苦労などを経験して、人がらがおだやかになる。類圭角《けいかく》がとれる。

2 **かど【門】**〈名〉❶家の門《もん》。❷家。

表現 現在、ふつうの単語としては使わないが、ほかのことばといっしょに、①の意味で「門出《かどで》」「門松」など、②の意味で「お門ちがい」「笑う門には福きたる」「門ごとにチラシを配って歩く」などの言い方に生きている。

3 **かど【▽廉】**〈名〉罰《ばっ》となる理由。例謀反《むほん》のかどで、とらえられた。

4 **かど【過度】**〈名・形動〉適切な程度をこえていること。例過度の疲労《ひろう》。過度に期待される。対適度。類いきすぎ。過当。

かといって ⇩そうかといって

1 **かとう【果糖】**〈名〉果実やはちみつにふくまれる糖類。

2 **かとう【下等】**〈形動〉同じ種類のものの中で、レベルが低い。例下等な植物。下等動物。対高等。上等。類低級。

3 **かとう【過当】**〈形動〉適当な程度をこえている。例過当な競争。過当競争。類過度。

1 **かどう【華道・花道】**〈名〉花を生ける技術や作法。生け花。アカドー

2 **かどう【歌道】**〈名〉和歌の技術や作法。アカドー

3 **かどう【稼働・稼動】**〈名・する〉人がはたらいたり、機械が動いたりすること。例稼働時間。アカドー

4 **かどう【可動】**〈形動〉動かすことができる。例可動橋。可動式。可動性。アカドー

かとうきょうそう【過当競争】〈名〉企業《きぎょう》間の限度をこえた激しい競争。例過当競争におちいる。

かとうせいじ【寡頭政治】〈名〉少数の人が権力をにぎって行なう政治。

かとうどうぶつ【下等動物】〈名〉進化のあまり進んでいない、からだのしくみの単純な動物。対高等動物。

かとき【過渡期】〈名〉ものごとが前の状態からつぎの状態へうつりかわる途中《とちゅう》の、不安定な時期。例過渡期にある社会。

かとく【家督】〈名〉戸主《こしゅ》の地位。例家督をつぐ。

かどぐち【門口】〈名〉家の出入り口。

かどち【角地】〈名〉道の曲がり角にある土地。

かどで【門出】〈名〉決意して、長い旅にでること。例門出を祝う。類壮途《そうと》。旅立ち。出発。

表現 古雅《こが》なことばとして、「新生活の門出を祝う」など、祝電やあいさつのことばによく使われる。

かとてき【過渡的】〈形動〉ものごとが前の状態からつぎの状態へうつりかわる途中《とちゅう》である。

かどば・る【角張る】〈動五〉かどがつき出ていて、ごつごつした感じだ。例角張った岩。

表現「角張った口調」などは、話し方や態度が大げさでものものしく、どうも感心できないこと。

かどばん【角番】〈名〉❶碁《ご》や将棋《しょうぎ》などの連続戦で、負けのきまる最後の対局。❷すもうで、負けこすと地位が下がる場所。とくに、大関《おおぜき》についていう。

かどまつ【門松】〈名〉新年に、玄関《げんかん》や門のところに立てる、かざりの松。松かざり。絵(次ページ) 参考 正月の七日(または十五日)まで立てる。この間が「松の内」。

表現 一対《いっつい》二対《につい》と数える。

カドミウム〈名〉〔化学〕青みをおびた銀白色の、延《の》ばしやすい金属。有毒な蒸気をだす。メッキや合金、電池な

どに使われる。元素の一つ。記号「Cd」。◇cadmium

参考 公害物質の一つ。鉱山の廃液《はいえき》にふくまれ、体内にたまると害になる。

かとりせんこう【蚊取り線香】〈名〉除虫菊を原料にした、緑色でうずまき状の殺虫剤。先端に火をつけて、けむりで蚊を退治する。類蚊やり。

カトリック〈名〉キリスト教の古くからの教派。ローマ教皇《きょうこう》のもとに統一され、「ローマカトリック」という。ほかに「ギリシャカトリック」もあり、ともに「旧教」といわれ、「新教(=プロテスタント)」と区別される。例カトリック教会。◇オランダ katholiek

かどわか・す【▽拐かす】〈動五〉「誘拐《ゆうかい》する」の古い言いかた。

かとんぼ【蚊▼蜻▼蛉】〈名〉蚊を大きくした形で足が長く、飛ぶよりとまっていることが多い虫。

1**かな【仮名】**〈名〉日本特有の文字。平安時代の初めに、万葉がなとして使われた漢字をもとにして、その全体をくずしたり、一部分をとったりしてつくられた。ひらがなとかたかなの二種類がある。対真名《まな》。→ひらがな・かたかな

参考「かめい」と読むのは別のことば。

2**かな**〈終助〉一文のおわりにつけて、問題になっているものごとについて、ふたしかに思う気持ちや願望などを表わす。❶はっきりわからない、または、疑問に思っている、という意味を表わす。例五百円ではたりないかな。ここはどこかな。このつぎの休みは何日だったかな。❷打ち消しのことばといっしょに使って、願望の気持ちを表わす。例はやく夏休みがこないかな。国際線のパイロットになれないかな。二『▼哉』文語の助詞。文のおわりに使って、強い感動を表わす。…だなあ。…であることよ。例「名月をとってくれろと泣く子かな」〔小林一茶《いっさ》〕。

参考二は、俳句の切れ字のひとつとされている。また、口語体の文章の中でも使われる。例その答えが、悲しいかな、わからなかったのです。

[かどまつ]

かなあみ【金網】〈名〉針金であんだ網。

かない【家内】〈名〉❶家の中。家族。例家内工業。家内安全。❷「妻」のこと。類女房《にょうぼう》。

表現②は、男性が自分の妻をいうことば。

かな・う【▼叶う・▽適う・▽敵う】〈動五〉❶[叶う] 願っていたことが、そのとおりになる。例願いがかなう。望みがかなう。類実現する。❷[適う] あてはまる。例理にかなう。目的にかなう。類合致《がっち》する。❸[敵う] 対抗《たいこう》できる。例きみにかなう相手ではない。とても大関《おおぜき》にはかなわない。→かなわない

かなえ【▼鼎】〈名〉脚《あし》が三本ついた鉄器。

表現昔の中国で、君主や権威《けんい》者のシンボルとされた。それで、上に立つ者の実力がうたがわしくなってきたとき、「鼎の軽重《けいちょう》が問われる」という。

かな・える【▽適える・▼叶える】〈動下一〉望みや願いを聞きとどける。例望みをかなえる。

かながた【金型】〈名〉金属製の鋳型《いがた》。鋳物をつくるときや、プラスチックの成型《せいけい》に用いる。

かなきりごえ【金切り声】〈名〉金属を切りさくような、かん高くひびく声。例金切り声をあげる。

かなぐ【金具】〈名〉木製や布製の品物などにとりつけてある金属製の部品。例金具がはずれる。

かなくぎりゅう【かなくぎ流】『金▼釘流』〈名〉くぎを一本一本つなげて書いたような、へたな字。

かなぐりす・てる【かなぐり捨てる】〈動下一〉もっているものを、きっぱりすてさる。例地位も名誉《めいよ》もかなぐり捨てる。

かなけ【金気】〈名〉❶水にとけこんでいる、金属の成分。例井戸《いど》の水に金気がある。❷鉄のなべやかまを使うときに出る、赤黒いしぶのようなもの。❸金属類。

かなし・い【悲しい】『▽哀しい』〈形〉心がいたんで、泣けてくる気持ちだ。例悲しいできごと。対うれしい。

方言北《きた》東北、沖縄などでは、「かわいい」の意味でも使う。

かなしばり【金縛り】〈名〉❶身がすくんで、動けないこと。例金縛りになる。一瞬《いっしゅん》、金縛りで、足が前へ出なかった。❷意識がふつうにあるのに、体が動かないこと。寝入《ねい》りばなや、夢《ゆめ》の中でこの状態になることがある。類呪縛《じゅばく》。❸金《かね》をあたえて、その力で相手の自由をうばうこと。例金縛りにする。

かなしみ【悲しみ】『▽哀しみ』〈名〉かなしい気持ち。例悲しみをこらえる。悲しみにうちひしがれる。対喜び。類悲哀《ひあい》。

かなし・む【悲しむ】『▽哀しむ』〈動五〉悲しい気持ちになる。悲しく思う。残念に思う。例友の死を悲しむ。対よろこぶ。

かなた『▽彼▽方』〈代名〉むこうのほう。例はるかかなた。銀河のかなた。

かなづかい【仮名遣い】〈名〉日本語をかなで書くときの、かなの使いかた。現代仮名遣いと、歴史的仮名遣いとがある。

かなづち『金▼槌』〈名〉あたまの部分が鉄でできているつち。くぎを打つときなどに使う。類とんかち。ハンマー。

表現かなづちは水にしずむところから、泳げない人をいう。

かなつぼまなこ【金つぼ眼】『金▼壺眼』〈名〉落ちくぼんだ小さなまるい目。

かな・でる【奏でる】〈動下一〉琴《こと》やバイオリン、フルートなどで、演奏する。例曲を奏でる。類奏《そう》する。

表現古い感じのことば。ふつうは「演奏する」「ひく」という。

かなとこ【金床】『▽鉄床』〈名〉金属を、たたいてきたえたり打ってのばしたりするときに、台として使う、鉄製の工具。かなしき。

かなぶん〈名〉昆虫《こんちゅう》の一種。二センチメートルほどの大きさで、つやのある青銅《せいどう》色をしている。かなぶんぶん。

かなめ【要】〈名〉いちばん重要なところ。例守備の要。チームの要。肝心《かんじん》要。類要点。

参考もとの意味は、扇《おうぎ》の骨をまとめている、大事なくぎのこと。

かなもの【金物】〈名〉かなづちやくぎぬき、なべややかんなど、金属でできている道具や器具をまとめていうことば。例金物屋。

かならず【必ず】〈副〉❶万に一つも、はずれることな

 芦田均(あしだひとし) (1887～1959) 民主党の総裁。1948年, 民主・社会・国民協同の3党連立内閣を組織した。

く。例人間は必ず死ぬ。水は、一気圧のもとではセ氏百度になると必ず沸騰《ふっとう》する。類例外なく。まちがいなく。絶対に。❷きっと。例今年は、必ず勝ってみせます。類なにがなんでも。なんとしても。どうしても。

かならずしも【必ずしも】〈副〉(あとに打ち消しのことばをともなって)例外なしに…であるというわけではない。いつも…とはかぎらない。例名物は、必ずしもうまいものばかりではない。

かならずや【必ずや】〈副〉(あとに推量のことばをともなって)まちがいなく…だ。例必ずや成功するだろう。類きっと。

かなり〈副〉はっきりどのぐらいとは言えないが、程度がきわめて高いと思われるようす。例かなり勉強ができる。かなり大きな建物。類そうとう。

カナリア〈名〉鳥の一種。きいろい羽のものが多い。美しい声で鳴く。◇スペイン canaria

がな・る〈動五〉耳ざわりな大声でわめきちらすように言う。俗《ぞく》な言いかた。例大音量のマイクでがなる。がなりたてる。

かな(▽敵)わない ❶対抗《たいこう》できない。勝てない。例腕力《わんりょく》ではあいつにかなわない。❷つくづくこまった。やりきれない。例やかましくてかなわない。

かに【▼蟹】〈名〉海や川にすむ、甲殻《こうかく》類の一種。平たい殻《から》につつまれ、一対《つい》のはさみと四対の足をもち、横に歩く。食べられるものが多い。海産の ズワイガニ・タラバガニ・毛ガニ、淡水産のサワガニなど。

表現 ふつう一匹《いっぴき》二匹《にひき》と数える。食用としては、器《うつわ》のような殻の形から、一杯《いっぱい》二杯《にはい》と数えることもある。

蟹は甲羅《こうら》に似《に》せて穴《あな》を掘《ほ》る 人はめいめい、自分にふさわしい考えかたや行動をするものだ。

かにく【果肉】〈名〉くだものの、皮と種のあいだの食べられる部分。例果肉の多いくだもの。

カニバリズム〈名〉人間が人間の肉を食べる行為《こうい》・風習。食人《しょくじん》。人肉食《じんにくしょく》。◇cannibalism

がにまた【がに股】【▼蟹股】〈名〉立ったり、歩いたりするとき、両ひざが外がわにひらいている足の形。類O脚《オーきゃく》。

かにみそ【▼蟹味▼噌】〈名〉カニの甲羅《こうら》の中にある内臓。

かにゅう【加入】〈名・する〉団体や組織などに入ること。例組合に加入する。対脱退。類加盟。入会。

カヌー〈名〉❶丸木をくりぬいたり、木の骨組みにけものの皮や木の皮をはってつくった小さな舟《ふね》。❷スポーツ用の小舟で、ボートとちがって、進む方向にからだを向け、パドルと呼ばれる櫂《かい》でこぐもの。また、その舟を使って行なう競技。カナディアンカヌーとカヤックの二種類がある。オリンピック種目の一つ。絵 ◇canoe

[カ ヌ ー]

[1]かね【金】〈名〉❶金属。例かねの食器。かねのたらい。とめ金。(ピストルの)引き金。類メタル。❷金銭《きんせん》。おかね。例金がかかる。金をつかう。金を貸す。金をもうける。金になる。金で買う。金にあかして。金目《かねめ》のもの。金づる。金持ち。金まわり。にせ金。はした金。持ち金。あり金。類銭《ぜに》。マネー。貨幣《かへい》。

表現 金銭の意味で言うときは「おかね」がふつう。「おかね」は元々は「かね」の美化語であるが、現在では美化する意識はうすれている。そのため、たんに「かね」と言っただけではぞんざいな印象をあたえることがある。

参考 金属の意味の「かね」の下にほかのことばがついて複合語になると、読みが「かな」となる。「金物《かなもの》・金具《かなぐ》・金網《かなあみ》・金だらい」など。金銭のときは「かな」にならない。「金目《かねめ》・金持《かねも》ち」など。

金がうなる お金があまりあまるほどたまっている。

金が物《もの》を言《い》う なにごとにつけ、お金が大きなはたらきをする。

金に飽《あ》かす たくさんのお金を、おしげもなくつぎこむ。例金に飽かして買い集める。

金に糸目《いとめ》をつけない おしまずに金を使う。

金に目《め》がくらむ お金がほしいという欲のために、だいじなことが見えなくなる。

金の切《き》れ目《め》が縁《えん》の切れ目 お金を持っているうちはちやほやしてくれるが、お金がなくなると、冷たくなりつながりがきれるものだ、ということ。

金のなる木《き》 ほうっておいても次々に利益を生み出してくれるありがたい財源。例公営ギャンブルは自治体にとって金のなる木だ。

金の世《よ》の中《なか》 金があれば何でも思うようになる、この世の中。例万事金の世の中だ。

金のわらじで尋《たず》ねる かんたんには さがし出せないものを、根気よくさがしつづける。

参考 この「金」は鉄のことで、どれだけ歩いてもすり減らないわらじを履いて、という意味。

金は天下《てんか》の回《まわ》り物《もの》 お金は人から人へめぐりあるく。今はなくても、そのうち、やってくる。

金を落《お》とす 旅先などの店で、お金を使う。例観光客にお金を落としてもらう。

金を食《く》う いくらでもお金がかかる。

[2]かね【鐘・▼鉦】〈名〉❶[鐘] 寺や教会などで、太い棒でついたり、ひもを引いたりしてならす、大きな金属製の道具。手でふって鳴らす小さなものもある。例鐘をつく。鐘が鳴る。鐘の音《ね》。除夜の鐘。つり鐘。絵(次ページ) ❷[鉦] 手にさげたり置いたりしてたたいて鳴らす、小さな金だらい状の器具。たたきがね。

表現 ①②とも、一口《いっこう》二口《にこう》と数える。

鉦や太鼓《たいこ》で捜《さが》す にぎやかに みんなで大さわぎをしながら さがす。

[3]かね ❶うたがいの気持ちをこめて念おしする意味を表わす。例君にそんなことができるのかね。❷念おししながらた

アショカ王 (?~前232?) 古代インドのマウリヤ朝の王。インドを初めて統一。仏教で国を治めた。

しかめる意味を表わす。例もうできましたかね。❸相手に希望する気持ちを表わす。例早く来てくれないかね。❹無責任につきはなす気持ちを表わす。例さあ、どうですかね。

かねあい【兼ね合い】〈名〉一方にかたよらないで、両方のつり合いがうまくたもたれていること。例両者の兼ね合いがむずかしい。兼ね合いをみる。類バランス。

かねがね〈副〉「以前から」の意味の、少しあらたまった言いかた。例お名前は、かねがねうけたまわっております。類かねて。

かねくいむし【金食い虫】〈名〉お金がかかるばかりで、何の役にも立たないこまりもの。皮肉をこめて言う。

かねぐり【金繰り】〈名〉事業などに必要なお金のやりくり。例金繰りがつかない。類金策。資金繰り。

かねじゃく【▽曲尺・▼矩尺】〈名〉⇩さしがね①

かねずく【金ずく】〈名〉金の力で何でもしとげようとするやりかた。金銭ずく。例金ずくではいかない。

かねそな・える【兼ね備える】〈動下一〉よい性質やすばらしい特色をあわせもっている。例計画性と実行力を兼ね備えた人物。類兼備《けんび》する。

[1]**かねつ**【加熱】〈名・する〉熱を加えて、温度を上げること。類加熱処理。

[2]**かねつ**【過熱】〈名・する〉❶燃えだしたり、こげそうになったりするほどあつくなりすぎること。❷競争などがはげしくて、いまにも火をふきそうないきおいであること。例過熱する安売り合戦。

かねづかい【金遣い】〈名〉お金の使いかた。例金遣いがあらい。類金ばなれ。

かねづまり【金詰まり】〈名〉生活費や資金《しきん》に余裕《よゆう》がなくなること。対金余り。

かねづる【金づる】【金▼蔓】〈名〉お金を出してくれる人。資金源。例金づるをさがす。類スポンサー。

かねて【▽予て】〈副〉以前から。例かねて申していたとおり。かねての夢。かねてからの念願。類かねがね。

表現 本来は重複《ちょうふく》表現だが、「かねてから」「かねてより」もよく使われる。

かねない〈接尾〉動詞につけて、「…しないとはいえない」「…する危険性がある」という意味を表わす。例あの男なら、そのくらいのことはやりかねない。

かねばなれ【金離れ】〈名〉お金をだすべきときの、だしっぷり。例金離れがいい。類金づかい。

かねへん【金偏】〈名〉漢字の偏の一つ。「鉄」「銀」などの「金」の部分。

かねまわり【金回り】〈名〉収入のぐあい。例金回りがいい。類ふところぐあい。

かねめ【金目】〈名〉お金に換算《かんさん》したときの価値が高いこと。例金目のもの。

かねもうけ【金もうけ】【金▼儲け】〈名・する〉事業や投資によって、お金をたくさん手に入れること。

かねもち【金持ち】〈名〉お金や品物をたくさん持っている人。類金満家。財産家。富豪《ふごう》。

金持ち喧嘩《けんか》せず 金持ちは、わざわざ人とあらそって、自分の損になるようなばかなことはしない。

か・ねる【兼ねる】㊀〈動下一〉一つの働きのうえに、もう一つ、ほかの働きをする。二つの働きをいっしょにする。例総理大臣が外務大臣を兼ねる。仕事を兼ねて旅行に行く。㊁〈接尾〉動詞に付いて、「…することができない」「…しにくい」という意味を表わす。例待ちかねる。見かねる。

表現 ㊁に、「ちょっとわかりかねます」「お引き受けいたしかねます」のような使いかたがある。「知りません」「できません」より、おだやかな言いかたになる。

かねん【可燃】〈名〉よく燃えること。例可燃ごみ。可燃物。可燃性。対不燃。

かの【▽彼の】〈連体〉あなたも知っている例の。例これが、かの有名な野口英世《ひでよ》の生家だ。

［かね］

表現 「あの」にあたる古い言い方で、改まった感じになる。

[1]**かのう**【化▼膿】〈名・する〉きずやはれものが、うみをもつこと。例きずぐちが化膿する。化膿どめ。類膿《う》む。

[2]**かのう**【可能】〈名・形動〉やれば実際にできること。可能な方法。実現が可能かどうか、それが問題だ。可能性。対不能。不可能。

かのうせい【可能性】〈名〉実現できるかどうかというみこみや、その度合い。例可能性がある。可能性が高い。可能性が強い。類蓋然性《がいぜんせい》。→がいぜんせい 表現

表現 「可能性をひめた人物」「無限の可能性」のように、将来、なにかができる力をもっている、という意味もある。

かのうどうし【可能動詞】〔文法〕五段活用の動詞を、「…することができる」という意味をもった下一段活用の動詞にしたもの。「うまく書ける」の「書ける(←書く)」、「じょうずに読める」の「読める(←読む)」などで、その活用には、命令形がない。

かのえ【▼庚】〈名〉十干《じっかん》の第七番目。→じっかん〔十干〕

参考 「金《かね》の兄《え》」の意味。

かのこ【鹿の子】〈名〉❶シカの子。❷「かのこまだら」の略。シカの毛のように白い斑点《はんてん》のある模様。

かのじょ【彼女】㊀〈代名〉話し手や聞き手以外の女性。例彼女は最近明るくなったね。対彼。㊁〈名〉交際相手の女子。例彼女ができた。対彼。彼氏。類恋人。ガールフレンド。

かのと【▽辛】〈名〉十干《じっかん》の第八番目。→じっかん〔十干〕

参考 「金《かね》の弟《と》」の意味。

カノン〈名〉一つの旋律《せんりつ》を、同じ旋律があとからおいかけるようにつくられた曲。類輪唱《りんしょう》。輪奏。◇canon

かば【河馬】〈名〉アフリカの川や湖にすむ哺乳《ほにゅう》動物。体長四《メートル》にもなり、首と足が短く、太っていて、陸上では動きがにぶい。草食性。

カバー〈名・する〉❶ものの外がわをおおうこと。おおい。例ブックカバー。シートカバー。❷たりないものを、おぎなうこと。例損失をカバーする。類補充《ほじゅう》。補塡《ほてん》。❸球技で、ほかの選手の守備をたすけること。カバーリング。❹力がおよぶこと。例全国をカバーするサービス網《もう》。カバーの範囲《はんい》が広い。❺ポピュラー音楽で、かつてヒットした曲を、別の歌手や演奏家がレコーディングしたりコンサートで歌ったりすること。◇cover

 アダム=スミス (1723～90) 近代経済学の基礎を築いたイギリスの経済学者。自由放任主義を主張。

がばい（方言）とても。非常に。佐賀で言う。例がばいうまか。

かばいだて〖▼庇い立て〗〈名・する〉必要以上にかばおうとすること。例かばいだてするとためにならないぞ。

かばいろ【かば色】〖▼樺色・▼蒲色〗〈名〉赤みをおびた黄色。だいだい色。

かば・う〖▼庇う〗〈動五〉いたわって守る。例子どもをかばう。きずをかばう。類庇護《ひご》する。

かはく【下▼膊】〈名〉「前腕《ぜんわん》」の意味の、医学などでの言いかた。対上膊。

がはく【画伯】〈名〉❶すぐれた画家。❷画家の敬称《けいしょう》。例山田画伯。

かばしら【蚊柱】〈名〉夏の夕がたに、たくさんのカが、生殖《せいしょく》行動のため集まって飛んで、柱のように見えるもの。例蚊柱がたつ。

かばち（方言）へ理屈《りくつ》。生意気。中国地方で言う。例かばちたれんな。

がばと〈副〉急に起き上がったり、ふせたりするようす。例がばとふとんをはねのける。

1 **かばね**【▽姓】〈名〉〔歴史〕ヤマト政権のもとで、大化の改新よりまえに、家がらや職業を示すために使われた氏族のよび名。臣《おみ》・連《むらじ》・君《きみ》などがある。

2 **かばね**〖▼屍〗〈名〉「しかばね」の詩的な言いかた。例戦場にかばねをさらす。

かばねへん〖▼屍偏〗〈名〉⇩がっへん

かばやき【かば焼き】〖▼蒲焼き〗〈名〉ウナギなどをさいて、たれをつけて、くし焼きにした料理。例うなぎのかば焼き。

1 **かはん**【河畔】〈名〉川岸や、そのあたり。類川べ。川ばた。

2 **かはん**【過半】〈名〉全体の半分より多いこと。例国土《こくど》の過半を山岳《さんがく》地帯が占《し》める。過半数。

かばん〖▼鞄〗〈名〉品物や書類などを入れてもちはこぶための道具。革《かわ》・布・ビニールなどでできている。バッグ。

がばん【画板】〈名〉絵をかくときに、画用紙をはりつける台にする板。

かはんしん【下半身】〈名〉からだのこしから下の部分。「しもはんしん」ともいう。対上半身。

表現「下半身の話」とか「下《しも》がかった話」とかいって、性欲についての話題をさすことがある。

かはんすう【過半数】〈名〉全体の半分をこえる数。例過半数に達する。与党が過半数を占める。過半数の賛成をえる。賛成が過半数割れとなる。

かばんもち【かばん持ち】〖▼鞄持ち〗〈名〉上役につきしたがって、いろいろこまかいことをせわする人。

表現いつも上役のそばにいて、ごきげんをとる人を、ばかにしていうことばとしても使う。

1 **かひ**【可否】〈名〉❶ものごとのよしあし。例可否を論じる。類是非《ぜひ》。良否。当否。❷賛成と反対。例可否を決する。可否を問う。類賛否。

2 **かひ**【歌碑】〈名〉短歌や詩をほりこんだ石碑。類句碑。詩碑。

1 **かび**〖▼黴〗〈名〉動植物や衣類、食物などに生える、下等な菌類《きんるい》の一種。例かびが生える。アカビ

表現「かびの生えた考え」のような言いかたで、古くさくて使いものにならない、という意味を表わす。

2 **かび**【華美】〈名・形動〉はなやかでうつくしいこと。はでではでぜいたくなこと。例華美に流れる（=はでになりすぎている）。華美な服装。類華麗《かれい》。アカビ

2 **がび**〖▼蛾眉〗〈名〉❶昔の美人画に見られる、三日月形《がた》のまゆ。❷美人。参考元来は、ガの触角のこと。

かびくさ・い【かび臭い】〖▼黴臭い〗〈形〉カビのにおいがする。例かび臭いふとんを干《ほ》す。

表現「それはかび臭い考えだ」といえば古くさいということ。

かひつ【加筆】〈名・する〉文章や絵にあとから書きたして直すこと。例加筆訂正《ていせい》。類補筆。

がびょう【画びょう】〖画▼鋲〗〈名〉絵やはり紙などをかべなどにとめるときに使う、頭が大きく、足の短い針。

方言西日本では、「押しピン」とも言う。

か・びる〖▼黴びる〗〈動上一〉カビが生える。

1 **かびん**【花瓶】〈名〉びんやつぼのかたちをした、花をいけるいれもの。

2 **かびん**【過敏】〈形動〉感じかたが敏感すぎる。例過敏な反応。神経過敏。

1 **かふ**【寡夫】〈名〉妻と死別するか離婚《りこん》するかして、再婚しないでいる男性。対寡婦。類男やもめ。

2 **かふ**【寡婦】〈名〉夫と死別するか離婚《りこん》するかして、再婚しないでいる女性。対寡夫。類未亡人。後家《ごけ》。

1 **かぶ**【株】■一〈名〉❶植物のねもとの部分。例株をわける。株わけ。切り株。❷〔経済〕ある事業によって生み出される利益に対する分け前。その分け前をえる権利を保証するものとしての株券。例株が上がる。株を買う。株でもうける。株価。上場《じょうじょう》株。▽アカブ

■二〈接尾〉❶「親分株」「古株」のように、その仲間の中での地位を表わすことば。❷植物の株（=■一①）を数えることば。❸株券を数えることば。

表現「株が上がる」は、人の評価が高まることについてもいう。「お株をうばわれる」といえば、自分だけの得意な芸をほかの人にとられてしまう、という意味を表わす。

【株】木部6 全10画

かぶ 教小6

株株株株株

2 **かぶ**〖▼蕪〗〈名〉野菜の一つ。二年草。根の白いものが多いが、赤いのもある。根と葉をつけものなどにして食べる。「すずな」ともいい、春の七草の一つ。日本一の産地は千葉県。かぶら。かぶらな。アカブ

3 **かぶ**【下部】〈名〉ものの下の方の部分。例下部組織。対上部。アカブ

4 **かぶ**【歌舞】〈名・する〉歌をうたったり、舞《まい》をまったりすること。例歌舞音曲《おんぎょく》。アカブ

1 **かふう**【下風】〈名〉❶かざしも。❷人より下の地位。例下風に立つ（=人の支配下にある）。▽アカフー

2 **かふう**【家風】〈名〉その家特有のやりかたやふんいき。例家風にあわない。アカフー

3 **かふう**【歌風】〈名〉作品にあらわれた、和歌のつくりかたの特色。例万葉（集）の歌風。類よみぶり。アカフー

がふう【画風】〈名〉絵画作品にあらわれた、表現上の特色や傾向《けいこう》。例ゴッホの画風。

カフェ〈名〉コーヒー。喫茶《きっさ》店。◇《フランス》café

カフェイン〈名〉〔化学〕神経を興奮《こうふん》させる物質。コーヒーや茶などにふくまれている。◇《ドイツ》Kaffein

カフェオレ〈名〉コーヒーと、同量のあたためたミルクをまぜた飲み物。◇《フランス》café au lait

かぶか【株価】〈名〉株式を売買するねだん。

かぶき【歌舞伎】〈名〉能・狂言《きょうげん》や人形浄瑠璃《じょうるり》とともに、日本の古典劇を代表する演劇。出雲阿国《いずものおくに》に始まり、江戸《えど》時代に発展して、人々に親しまれ

阿弖流為(あてるい)（?~802） 胆沢(いさわ)地方(岩手県)の蝦夷(えみし)の指導者。朝廷の支配に抵抗。

た。舞踊《ぶよう》を基本としながら、ストーリー性をもち、せりふと音楽の調和に独特の様式美をもつ。
由来 変わった身なりやふるまいをする意味の、古語の動詞「傾《かぶ》く」の名詞形に由来することば。

かふく【禍福】〈名〉わざわいとしあわせ。

禍福はあざなえる縄《なわ》のごとし 幸福と不幸とはたがいにからみ合い、幸が不幸に、不幸が幸に転じて、変転きわまりないものである。類 塞翁《さいおう》が馬。

かふくぶ【下腹部】〈名〉❶腹のへそより下の部分。したばら。❷陰部《いんぶ》。

かぶけん【株券】〈名〉株式会社が株主に対して発行する有価証券。売買できる。株。株式。

かぶさ・る【▽被さる】〈動五〉❶あるものが別のものの上におおうように重なること。❷負担となる精神的な何かがおよんでくる。例 重い責任がかぶさってきた。

かぶしき【株式】〈名〉❶株式会社の資本の単位。❷株券。例 株式投資。株式市場。株式相場。
表現 ①は一株《ひとかぶ》二株《ふたかぶ》と数える。

かぶしきがいしゃ【株式会社】〈名〉多くの人が、資本を出しあって株主《かぶぬし》となって、組織した会社。

カフスボタン〈名〉かざりをかねて、ワイシャツや洋服のそでぐちをとめるボタン。
参考 「カフス(cuffs)」はそでの折り返しのことで、この語は日本での複合語。英語では cuff links という。

かぶ・せる【▽被せる】〈動下一〉❶もの全体を上からおおう。例 土をかぶせる。❷ほかの人におわせる。例 罪をかぶせる。責任をかぶせる。類 着せる。

カプセル〈名〉❶中に薬を入れてそのまま飲める、ゼラチンでつくった小さな容器。また、それに入った薬。❷内部を密閉した容器。例 タイムカプセル。◇ドイツ Kapsel

[かぶと]

かふそく【過不足】〈名〉多すぎたり、足りなかったりすること。「かぶそく」ともいうようになった。例 過不足なく分配する。類 過不及《かふきゅう》。

かふちょうせい【家父長制】〈名〉父親が家長として家族全員に対して大きな支配権をもつ社会制度。

かぶと【▼兜・▽甲】〈名〉❶戦いのため頭にかぶる、かたいかぶりもの。鉄や革《かわ》でつくる。絵 例 勝ってかぶとの緒《お》をしめよ(→「かつ〔勝つ〕」の子項目)。類 ヘルメット。❷「かぶとむし」の略。
表現 ①は一頭《ひとかしら》二頭《ふたかしら》と数える。戦いで首をはねたことから一刎《ひとはね》二刎《ふたはね》も使う。

兜を脱《ぬ》ぐ 降参する。類 シャッポをぬぐ。

かぶとがに【▼兜▼蟹】〈名〉「生きている化石」といわれる節足動物。円形のいかめしい甲羅《こうら》からつるぎのようなかたい尾《お》が出ている。全長六〇《センチメートル》くらい。瀬戸《せと》内海などの、どろの中にいる。

かぶとむし【▽甲虫・▼兜虫】〈名〉昆虫《こんちゅう》の一種。体長五《センチメートル》ほどで、つやのある黒いからにつつまれ、おすには長いつのがある。

かぶぬし【株主】〈名〉株式会社に出資して、その会社の株を所有し、利益の分け前をえる人。例 株主総会。一口《ひとくち》株主。

がぶのみ【がぶ飲み】〈名・する〉いっきに大量に飲むこと。俗《ぞく》な言いかた。類 一気飲み。

かぶら[1]【▼蕪】〈名〉⇩かぶ〔蕪〕

かぶら[2]【▼鏑】〈名〉❶鏃《やじり》のすぐ手前につけて、矢が飛ぶときにうなるような音を出すもの。蕪《かぶ》の根のような形で、中空《ちゅうくう》になっている。❷「①」を矢に付けた「かぶら矢」のこと。

がぶり〈副〉口を大きくあけ、勢いよく食いついたり飲みこんだりするようす。例 がぶりとかみつく。

かぶりつき〈名〉劇場で、舞台《ぶたい》のすぐ下の席。

かぶりつ・く〈動五〉口を大きく開けて、いきおいよく食べ物に食いつく。例 りんごにかぶりつく。類 かじりつく。

かぶりもの【かぶり物】【▽冠り物】〈名〉帽子《ぼうし》など、頭にかぶるもの。

かぶり(▽頭)をふ(振)る あたまを左右にふって、承知できない、という意思を表わす。類 首を横にふる。
表現 「かぶりをたてに振る」と言えばイエスになるが、「たてに」がなければ「横に」と同じでノーになる。

かぶ・る【▽被る・▽冠る】〈動五〉❶頭や顔にそれをおおうものをのせる。「かむる」ともいう。例 帽子《ぼうし》をかぶる。例 水をかぶる。ほこりをかぶる。❷表面全体に水や粉などがつく。例 面をかぶる。類 浴びる。❸ほんとうは引き受けなくてよいものを、自分の身におう。例 罪をかぶる。泥《どろ》をかぶる(→「どろ」の子項目)。❹かさなる。ダブる。俗《ぞく》っぽい言いかた。例 予定がかぶる。キャラがかぶる。
方言 北海道では、「傘をさす」ことを「傘をかぶる」と言う。

かぶれ〈名〉❶皮膚《ひふ》がかぶれること。❷(接尾語的に使って)「…に深く影響《えいきょう》されて夢中《むちゅう》になっている」という意味を表わす。例 西洋かぶれ。流行かぶれ。

かぶ・れる〈動下一〉❶ウルシなどの木のしるや薬の成分のために、ひふが赤くはれて、かゆくなる。例 うるしにかぶれる。類 まける。❷なにかの影響《えいきょう》を強くうけて、このましくない状態になる。例 過激《かげき》思想にかぶれる。

かぶわけ【株分け】〈名・する〉草花の根をいくつかにわけて移植して、ふやすこと。

かふん【花粉】〈名〉おしべの葯《やく》の中にできる小さなつぶ。黄色でまるいものが多い。昆虫《こんちゅう》や風などに運ばれてめしべの柱頭《ちゅうとう》につく(=受粉《じゅふん》する)と、花粉管が胚珠《はいしゅ》へと伸びて、受精《じゅせい》が行なわれる。

かぶん[1]【寡聞】〈名〉自分の知識や見聞が少ないことを謙遜《けんそん》していうことば。例 寡聞にして知らない。対 博識。類 浅学。

かぶん[2]【過分】〈形動〉自分の立場や能力にふさわしい程度をこえている。例 過分なおことば。
表現 謙遜《けんそん》しながら、感謝の気持ちを表わすときに使うことが多い。

かふんしょう【花粉症】〈名〉スギなどの花粉のため、粘膜《ねんまく》が刺激《しげき》されることによっておこるアレルギー。目や鼻に異常が生じることが多い。

かぶんすう【仮分数】〈名〉〔数学〕分数で、分母より分子のほうが大きいもの。対 真分数。

かべ【壁】〈名〉❶建物のまわりやへやをくぎるための、動かないようにつくったしきり。例 土壁。白壁。❷行動をさえぎる障害のたとえ。例 壁にぶつかる。言葉の壁(=外国語を使えないこと)が立ちはだかる。壁を破る。

安部磯雄(あべいそお)(1865～1949) 社会主義者。キリスト教人道主義の考えから社会主義運動に参加。

壁に耳《みみ》あり だれがどこで聞いているかわからない。秘密はもれやすい。「障子に目あり」と続く。

かへい【貨幣】〈名〉 品物と交換《こうかん》する価値があるものとして、政府がきめて発行する硬貨《こうか》や紙幣。とくに硬貨をいうことがある。例 昔の一円と今の一円では、貨幣価格がことなる。類 金《かね》。通貨。

がべい【画餅】〈名〉 絵にかいたもちのように、計画があるだけで、とても実現しそうにないこと。「がへい」ともいう。

画餅に帰《き》す せっかくの計画が、実現されないままむだにおわってしまう。

かへいかち【貨幣価値】〈名〉〔経済〕 商品などと交換《こうかん》するときに、お金がもっているねうち。

かべかけ【壁掛け】〈名〉 壁にかける、へやのかざり。

かべがみ【壁紙】〈名〉 ❶へやの壁にはりつける、模様などが入ったあつい大きな紙。❷パソコンや携帯《けいたい》電話で、画面上に設定して表示させるかざりの画像。

かべしんぶん【壁新聞】〈名〉 掲示《けいじ》板や壁などに、ニュースや主張などを書いてはりだした紙。

かへん【カ変】〈名〉〔文法〕「カ行変格活用」の略。

かべん【花弁】〈名〉「花びら」の専門的な言いかた。

1 **かほう【下方】**〈名〉 下の方向。例 業績予想の下方修正。ア カホー

2 **かほう【火砲】**〈名〉 大砲や高射砲など、大型の火器。ア カホー

3 **かほう【加法】**〈名〉〔数学〕 たし算のこと。四則《しそく》の一つ。和を求める。対 減法《げんぽう》。ア カホー

4 **かほう【果報】**〈名・形動〉 よい むくい。ひとりでに おとずれてくる しあわせ。例 果報者《もの》。ア カホー

果報は寝《ね》て待《ま》て 運は人の力ではどうにもならないものだから、あせらないで、幸運のめぐってくるのを待つのがよい。類 待てば海路《かいろ》の日和《ひより》あり。

5 **かほう【家宝】**〈名〉 家に伝わる、だいじな宝。ア カホー

1 **かぼう【果房】**〈名〉 くだものの実《み》がまとまって たくさんついている ふさ。

がほう【画報】〈名〉 写真や絵を中心とした雑誌。類 グラフ。

かほうもの【果報者】〈名〉 幸運な人間。

表現 気やすく言える相手に「この果報者め」のように言うのがふつうで、「運のいいやつ」というひびきをもつことば。

かほうわ【過飽和】〈名〉〔化学〕 ❶液体中に、物質がその温度でとけうる量（=飽和量）以上に入っていること。❷空気中に、蒸気が、その温度の飽和量以上にふくまれていること。

かほご【過保護】〈名〉 子どもなどをそだてるとき、必要以上にせわをしすぎること。例 過保護にそだった子。

かぼす【▽臭▼橙・香母酢】〈名〉 ユズに似《に》た柑橘《かんきつ》類の一つ。しぼり汁《じる》を焼き魚などに使う。大分県の名産。

かぼそ・い【か細い】〈形〉 細くて いかにも よわよわしく感じられる。例 か細い うで。か細い声。

かぼちゃ【▽南▼瓜】〈名〉 野菜の一つ。つる性の一年草。実《み》は大きく、中は黄色で、ビタミンAを多くふくむ。日本一の産地は北海道。

参考 カンボジアから伝わったといわれるので、この名がある。

ガボット〈名〉〔音楽〕 フランスで生まれた、二拍子《びょうし》のおどりの曲。◇フランス gavotte

かほんか【▼禾本科】〈名〉 単子葉植物の「イネ科」の古いよびかた。イネ・ムギ・トウモロコシ・ススキなどが属する。

1 **かま**〈名〉 さかな料理で、えらの下の、腹のいちばん上の胸びれのついている部分。脂《あぶら》がのっている。ア カマ

2 **かま【釜】【▽缶】**〈名〉 ❶ご飯をたいたり、湯をわかしたりするのに使う道具。例 釜めし。茶釜。電気釜。風呂《ふろ》釜。❷汽車や汽船などの、湯をわかして蒸気《じょうき》をつくる装置《そうち》。類 ボイラー。汽缶《きかん》。▽ア カマ

表現 ①は伝統的に一口《いっこう》二口《にこう》と数える。

【釜】 金部2 全10画

かま

釜釜釜釜釜

3 **かま【窯】**〈名〉 木炭や陶器《とうき》などを中で焼いてつくるためにきずいた設備。例 窯元。炭焼き窯。ア カマ

4 **かま【鎌】**〈名〉 ❶草やイネなどを かるための道具。刃《は》が柄《え》と直角についている。❷カマキリの前足。▽ア カマ

表現 ふつう一挺《いっちょう》二挺《にちょう》と数えるが、一本二本も使う。

鎌をかける 自分が知りたいと思っていることを、相手が自然に話しだすように、じょうずにそれとなく話しかける。

【鎌】 金部10 全18画

かま

鎌鎌鎌鎌鎌鎌

1 **がま【▼蒲】**〈名〉 水べに生える たけの高い草。夏、太いろうそくの形をした大きな穂《ほ》をつける。つるぎの形をした葉は、むしろや すだれをあむのに使う。

2 **がま【▼蝦▼蟇】**〈名〉「ひきがえる」の古い言いかた。

かまいたち【鎌▼鼬】〈名〉 皮膚《ひふ》がいきなりさける現象。参考 むかし、イタチのしわざだとされたことからいう。いまは、空気中にできる真空部分のせいだとされる。

かまいて【構い手】〈名〉 相手になってかまってくれる人。例 構い手がいない。

かま・う【構う】〈動五〉 ❶問題にする。気にする。例 構うことはない、やりたいようになりふり構わず仕事をする。例 構わないで先に行ってください。↓かまわない ❷せわをしようとして気をつかう。例 犬をかまう。↓おかまい ❸弱いものをおもしろ半分にからかう。

方言 三重県の伊勢《いせ》や、鳥取・島根などでは、「スマホをかまう」のように、「さわる、いじる」の意味でも使う。

かまえ【構え】〈名〉 ❶外がわから見た、建物のつくり。例 どっしりした構えの家。門がまえ。類 構造。❷人やものごとに対する姿勢や心のそなえ。例 すきのない構えをみせる。心がまえ。類 態勢。❸漢字の部首の一つのまとまり。「口(くにがまえ)」「門(もんがまえ)」など、まわりをとりまいているもの。

かま・える【構える】〈動下一〉 ❶建物や家庭などをりっぱに ととのえる。例 一家を構える。邸宅《ていたく》を構える。❷すぐ使えるように、手に持って準備する。例 カメラを構える。❸ごまかすために、つくりごとをする。例 言《げん》を構える。❹はたから見てそれと見える態度をとる。例 おうへいに構える。のんきに構える。

方言 香川・高知では、「会議するきに かまえちょいて」のように、「準備する・支度《したく》する」の意味でも使う。

かまきり【▼蟷▼螂】〈名〉 昆虫《こんちゅう》の一種。かまのようなかたちの前足で、ほかの虫をとって食べる。音読みで「とうろう」ともいう。

がまぐち【がま口】〈名〉 口金がついて、上の方が大きくひらく財布《さいふ》。類 札《さつ》入れ。紙入れ。

かまくび【鎌首】〈名〉 鎌のように直角にまげた首。

表現 ヘビなどが上の方へのばした首をいうが、「鎌首をもたげる」といえば、人がぶきみに、すきあらば、と何かをねらっているようすにも使う。

かまくら〈名〉 雪国の小正月、子どもたちが人の入れる雪室《ゆきむろ》を作り、中にあかりをともしてたがいに訪問しあう行事。秋田県のものが有名。絵

かまくらじだい【鎌倉時代】〈名〉〔歴史〕 源頼朝《みなもとのよりとも》が鎌倉(=現在の神奈川県の都市)に幕府をひらき、守護・地頭を設置してから、執権《しっけん》の北条《ほうじょう》氏がほろびるまでの時代。一一八五年から一三三三年まで。はじめて武士が権力をにぎって政治を行なった。

かま・ける〈動下一〉 あることばかりに心をむけて、ほかのことがおろそかになる。例 雑事にかまける。

がまし・い〈接尾〉 いかにもそれらしいようすを外面にあらわしている。例 恩きせがましい。言いわけがましい。さし出がましい。

[1]**かます**〖▼叺〗〈名〉 穀物や肥料、石炭などをいれて運ぶためのふくろ。むしろを二つにおり、両がわをとじて作る。↓たわら絵

[2]**かます**〖▼魳〗〈名〉 海にすむ魚。三〇センチ《センチメートル》ほどで、ほそ長く、口が長くつきでている。塩焼きや ひものにして食べる。

かませいぬ【かませ犬】〖▼嚙ませ犬・▼咬ませ犬〗〈名〉 ある人の強さを引きたてる役として対戦させる、実力的におとる人。例 かませ犬のボクサー。

参考 もと、闘犬の調教で、犬に闘志と自信をもたせるためにかませる、かまれ役の犬のこと。注意 「食わせ物」とまぎれて「食わせ犬」と言われることもある。

かま・せる〖▼嚙ませる〗〈動下一〉 ❶二つのものの間のすきまをふさぐ。例 さるぐつわをかませる。くさびをかませる。❷力を加えてなぐる。▽「かます」ともいう。例 相手の顔面に一発かませてやった。

[かまくら]

がまだす(方言) がんばる。精を出す。福岡・熊本などで言う。例 いっちょがまだそーかね。

参考 「我慢《がまん》出す」が変化した形。

かまち〖▼框〗〈名〉〔建築〕 ❶へやのゆかの周囲のふちをつくっている横木。例 上がりかまち。❷しょうじや扉《とびら》の周囲のわく。

かまど〖▼竈〗〈名〉 れんがや土でつくった台所の設備。なべやかまをその上にかけて、ご飯をたいたり、おかずを煮《に》たりする。へっつい。

かまとと〈名〉 むじゃきに見せかけるために、だれでも知っているようなことを、知らないふりをしてたずねること。そういうタイプの人。

方言 東北北部では、「財産《ざいさん》」の意味でも使い、「破産《はさん》する」ことを「かまどけす」「かまどけぁす」などと言う。

かまびすし・い〈形〉 やかましい。うるさい。古い感じのことば。例 かまびすしいほどのかえるの声がする。

かまぼこ〖▼蒲▼鉾〗〈名〉 タラなどの白身の魚をすりつぶして、塩や砂糖で味つけし、むしたり焼いたりした食品。

かまめし【釜飯】〈名〉 小さな釜の中に、米や肉、野菜などを一人前ずつ入れて、味をつけてたいたご飯。

かまもと【窯元】〈名〉 長時間高温を加えて陶磁器《とうじき》を作る、大規模な窯の設備。その窯で、自分の製作物を作る人。

かまゆで【釜ゆで】〖釜▼茹で〗〈名〉 ❶釜でものをゆでること。❷むかし、釜で罪人をゆでて殺した刑罰《けいばつ》。

かま(構)わない さしつかえない。遠慮《えんりょ》せず…してもよい。例 どちらでも構わない。行っても構わない。

がまん【我慢】〈名・する〉 苦しみや痛みなどを外にださないで、こらえること。例 寒さを我慢する。我慢がならない。我慢づよい。やせ我慢。類 しんぼう。忍耐《にんたい》。たえる。

がまんづよ・い【我慢強い】〈形〉 がまんしてたえる力がつよい。類 しんぼうづよい。

[1]**かみ【上】**〈名〉 「うえ」という意味の古いことばで、いろいろな複合語になるが、現在では単独の用法は少ない。❶水や風などの発する方角。例 上の方からももが流れてきた。川上。風上《かざかみ》。❷むかし。例 その上。❸一定の期間の、はじめの方。例 上期。上半期。❹もっとも上の位置。例 上は社長から下は新入社員まで、勤務時間はみな同じ。上座。上手。お上。▽対 しも。

ア カミ

上へ通《とお》る 上役《うわやく》にみとめられる。許可される。

[2]**かみ【神】**〈名〉 ❶宇宙全体も、この世も、あの世も、すべてを支配する力のあるもの。例 神の摂理《せつり》。神をたたえる。全知全能の神。唯一《ゆいいつ》絶対の神。類 造物主《ぞうぶつしゅ》。創造主。❷いろいろなものにやどる霊。例 風の神。かまどの神。❸よいことや悪いことを人間にもたらす力のあるもの。例 福の神。えんむすびの神。疫病《やくびょう》神。❹日本神話の中で、国土を生んだり守ったりしてきたもの。例 八百万《やおよろず》の神。神棚《かみだな》。国つ神。天《あま》つ神。❺死んでから神社にまつられるようになった人。❻各民族の神話の中で活躍《かつやく》する人間以上のもの。例 酒の神。火の神。▽ア カミ

表現 「二柱《ふたはしら》の神をまつる神社」のように、一柱《ひとはしら》二柱と数える。

参考 ふつう、「神」ということばを使うとき、その意味が右のいずれかに区別されるとはかぎらない。漠然《ばくぜん》といくつかの意味にまたがって使っていることが少なくない。たとえば、「苦しいときの神だのみ」「さわらぬ神にたたりなし」などのことわざでいう神は、③が主だが、他の意味にもわたっている。また、神についての考えかたは、民族・宗教・社会体制によってさまざまである。①はキリスト教のような一神教の神、②～⑤は日本での民俗的な神、⑥はひろく各民族の神。

神かけて 神様にちかって。うそいつわりなく。

神も仏《ほとけ》もない 世の中には、こまったとき、助けになってくれる神や仏がいると聞くが、実際には神も仏もありはしない。こんなにひどいことが行なわれているではないか。

[3]**かみ【紙】**〈名〉 植物の繊維《せんい》などでつくった、うすくひらたいもの。印刷したり、字を書いたり、ものを包んだりするのに使う。例 紙をすく。紙をさばく。「ア カミ」

[4]**かみ【髪】**〈名〉 ❶頭に生える毛。例 髪がうすい。髪をかる。髪をゆう。髪をすく。類 頭髪《とうはつ》。❷「①」のようすやかたち。例 髪が乱れる。ざんばら髪。日本髪。黒髪。▽「ア カミ」

髪を下《お》ろす かみの毛をそって、僧《そう》や尼《あま》になる。類

阿倍仲麻呂(あべのなかまろ)(698?～770) 奈良時代に唐に渡った留学生。唐に仕え，詩人の李白などと交流した。

出家する。頭《かしら》を下ろす。頭《あたま》を丸める。

[5]**かみ**【加味】〈名・する〉あるものに、ほかのものの特徴《とくちょう》や意見などを少しつけ加えること。例努力点を加味する。アカミ

かみあ・う【かみ合う】『▼噛み合う』〈動五〉ちがった二つのものがしっくりと合って、まとまった一つのはたらきをする。例歯車がかみ合う。議論がかみ合わない。

かみあわせ【かみ合わせ】『▼噛み合わせ』〈名〉❶ものとものとがたがいに合わさる、その具合。例歯車のかみ合わせが悪い。❷上下の歯の合わさり具合。

かみいちだんかつよう【上一段活用】〈名〉〔文法〕動詞の活用の種類の一つ。五十音図の「イ段」に活用する。「起きる」「見る」「落ちる」など。→巻末の「動詞の活用」

かみがかり【神懸かり】〈名〉神懸かっていること。例神がかりになる。神がかりの技《わざ》。類入神《にゅうしん》。

かみがか・る【神懸かる】〈動五〉❶神霊《しんれい》が人にのりうつる。のりうつったかのようになる。❷神業《かみわざ》のようにすぐれる。例神がかったプレー。

かみかくし【神隠し】〈名〉子どもなどが、急にどこへ行ってしまったかわからなくなること。例神隠しにあう。

かみかぜ【神風】〈名〉〔歴史〕神がふきおこしたという風。とくに、一三世紀、元寇《げんこう》のときにふいて元《げん》の船をしずめ、日本をすくった暴風雨。

神風が吹《ふ》く 奇跡が起きたように、形勢が有利になる。

[1]**かみがた**【上方】〈名〉京都や大阪《おおさか》のあたり。例上方落語。上方歌舞伎《かぶき》。類関西。

由来 もと京都に皇居があったことから、江戸《えど》からみて「上《かみ》のほう」という意味でできたことば。

[かみしも]

[2]**かみがた**【髪型・髪形】〈名〉結《ゆ》ったりセットしたりした、髪のかっこう。類ヘアスタイル。

がみがみ〈副〉ほんの小さなことも見とがめて、声高く小言を言うようす。例そうがみがみ言うな。

かみき【上期】〈名〉上半期。対下《しも》期。

かみきりむし【髪切り虫】〈名〉昆虫《こんちゅう》の一種。触覚《しょっかく》が長く、あごの力が強く、木のみきに穴をあける。種類が多い。幼虫はテッポウムシといい、樹木の害虫。

かみくず【紙くず】『紙▼屑』〈名〉いらなくなってすてた紙きれ。例紙くず同然になった手形。類反故《ほご》。

かみくだ・く【かみ砕く】『▼噛み砕く』〈動五〉❶かたいものをばりばりとかんで、こまかくする。❷むずかしいことを、やさしいことばでわかりやすく説明する。例かみ砕いていう。

かみこ【紙子】〈名〉むかしの、和紙で仕立てた衣服。保温性にすぐれた。

かみころ・す【かみ殺す】『▼噛み殺す』〈動五〉❶かみついて殺す。類食い殺す。❷あくびや笑いがでそうなのを、口をとじておさえる。例あくびをかみ殺す。

かみざ【上座】〈名〉地位の上の人のすわるべき場所。「じょうざ」ともいう。対下座《しもざ》。類上席。

参考 ふつう、入り口から遠い席で、日本間ではとこのまに、洋間では暖炉《だんろ》に近い位置。

かみさま【神様】〈名〉❶「神」の敬語。例神様、どうかおたすけください。神様は何事もご存じです。❷ある分野で、ひじょうにすぐれた人。例野球の神様。

かみさん『上さん』〈名〉自分や他人の妻をよぶ「おかみさん」の、もっとくだけた言いかた。

かみしばい【紙芝居】〈名〉物語を何枚かの絵にかいて、順々に見せながら語り進めるもの。

かみし・める【かみ締める】『▼噛み締める』〈動下一〉❶力を入れてかむ。例くちびるをかみ締める。❷ふかい意味がわかるまで、よく考える。また、つくづくと味わう。例教訓をかみしめる。よろこびをかみしめる。

かみしも『▼裃』〈名〉江戸《えど》時代に武士が着用した礼服。肩がぴんと張った肩衣《かたぎぬ》を上半身につけ、はかまを下半身につける。絵

表現 かみしもを着なくなった今も、ことばとしては生きている。「かみしもを着る」は緊張《きんちょう》してこちこちになること。「かみしもをぬぐ」はくつろぐこと。

かみすき【紙すき】『紙▼漉き』〈名〉紙をすくこと。紙をすく職人。

かみそり『▼剃▽刀』〈名〉ひげやかみの毛をそるのに使う、刃《は》がうすくてよく切れる刃物。

表現「かみそりのよう」は、頭のはたらきがするどいこと。そういう人を「切れもの」とも「かみそり」ともいった。

かみだな【神棚】〈名〉家の中で神様をまつる棚。

かみだのみ【神頼み】〈名〉神に助けをこうこと。例苦しいときの神頼み。

かみつ【過密】〈形動〉それ以上多くなったらうごきがとれなくなるほど、こみすぎている。例過密なスケジュール。過密都市。過密ダイヤ。対過疎《かそ》。

かみつ・く【かみ付く】『▼噛み付く』〈動五〉歯でしっかりくいつく。例犬がかみつく。

表現「上役《うわやく》にかみつく」は、上の地位の人にはげしく意見を言ったり文句を言ってくってかかったりすること。

かみづつみ【紙包み】〈名〉紙で包んであるもの。

かみつぶ・す【かみ潰す】『▼噛み潰す』〈動五〉形がなくなるほどかんでつぶす。例にが虫をかみ潰したような顔(→独立項目)。

かみつぶて【紙つぶて】『紙▼礫』〈名〉紙をかたく小さく丸めて投げやすくしたもの。→つぶて

かみて【上手】〈名〉❶川で、上流の方。例川の上手にまわる。類川上。❷客席からみて、舞台《ぶたい》の右の方。▽対下手《しもて》。参考「上手」は、「うわて」「じょうず」とも読み、それぞれ意味がちがう。

かみなづき【神無月】〈名〉⇩かんなづき

かみなり【雷】〈名〉❶雲と雲、あるいは雲と地表の間で起きる放電現象。いなびかりと大きな音響《おんきょう》をともなう。例雷がなる。雷がおちる。類いかずち。❷雷をおこす神さま。例雷さま。類雷神《らいじん》。

参考「神《かみ》鳴《な》り」の意味から。

表現 上にたつ人が頭からしかりつけるのが「雷がおちる」「雷をおとす」。よく「雷をおとす」父親が「雷おやじ」。

かみなりぐも【雷雲】〈名〉かみなりをともなう雲。雷雲《らいうん》。気象学でいう「積乱雲」にあたる。

かみにだんかつよう【上二段活用】〈名〉〔文法〕文語動詞の活用の種類の一つ。五十音図の「イ段」

と「ウ段」に活用する。たとえば、「起く」なら「き・き・く・くる・くれ・きよ」と変化する。→巻末の「動詞の活用」

かみねんど【紙粘土】〈名〉紙を煮《に》て、のりを加えて粘土のようにしたもの。

かみのく【上の句】〈名〉❶短歌で、五・七・五・七・七の、五・七・五の部分。対下《しも》の句。❷俳句で、五・七・五の、初めの五文字。

かみのけ【髪の毛】〈名〉頭に生える毛。頭髪《とうはつ》。髪。例髪の毛一本でもたいせつにする。

かみパック【紙パック】〈名〉密閉された長方形の紙製の容器。牛乳・ジュース・お茶などをつめて売る。

かみはんき【上半期】〈名〉会計年度のくぎりとする、前半の六か月。上期《かみき》。対下《しも》半期。

かみひとえ【紙一重】〈名〉うすい紙一枚ほどの厚さの、ほんのちょっとしたちがい。例紙一重の差。

かみふぶき【紙吹雪】〈名〉歓迎《かんげい》やお祝いなどのときに、紙をこまかく切ってまきちらすもの。

かみやしき【上屋敷】〈名〉江戸《えど》時代、大名が江戸につくって、ふだんの住居とした屋敷。対下屋敷。

かみやすり【紙やすり】〖紙▼鑢〗〈名〉⇩サンドペーパー

かみゆい【髪結い】〈名〉髪を結う仕事。

参考むかしから、女性の職業として確立していた。

髪結いの亭主《ていしゅ》 妻の収入で養われている夫。

かみよ【神代】〈名〉日本の神話で、神武《じんむ》天皇以前の、神が国を治めていたという時代。例神代のむかし。

かみわ・ける【かみ分ける】〖▼嚙み分ける〗〈動下一〉注意ぶかくよくかんで、味をみわける。

表現「酸《す》いもあまいもかみ分ける」は、人生の経験がふかく、いろいろなことをよく知っている、ということ。

かみわざ【神業・神技】〈名〉❶[神業]人間の力ではとうていできないような、行ない。例神業に近い。対人間業。❷[神技]神がかりのテクニック。

かみん【仮眠】〈名・する〉ちゃんとねむるのではなく、ちょっとの間、一応ねむること。例仮眠をとる。類仮睡《かすい》。うたた寝《ね》。

カミングアウト〈名・する〉同性愛者であることなど、偏見《へんけん》をおそれてかくしていたことを、自分から公表すること。カムアウト。◇comming-out

[1]**か・む**〖▼擤む〗〈動五〉鼻からつよく息をふき出して、はなじるをだしてふきとる。例鼻をかむ。アカム

[2]**か・む**〖▼嚙む〗〈動五〉❶上下の歯で、ものをはさみ、切ったりおしくだいたりする。例よくかんで食べる。舌をかむ。かみつく。かみくだく。かみ切る。❷水がはげしくぶつかる。例岩をかむ波。❸きつくはさむ。例ファスナーが布をかんでいる。▽アカム→かませる

かんで含《ふく》める よくわかるように、やさしくていねいに言いきかせる。類言いふくめる。参考元来、母親が赤ん坊《ぼう》にものを食べさせるとき、あらかじめ自分がかみくだいてやわらかくしてから子の口にふくませることをいう。

一枚《いちまい》かむ ⇩独立項目

ガム〈名〉「チューインガム」の略。◇gum (=ゴム)

カムイ〈名〉アイヌ民族の神。◇アイヌ語から。

がむしゃら〈名・形動〉ほかのことは考えず、ただもうたいへんないきおいで行動するさま。例がむしゃらに働く。類猪突猛進《ちょとつもうしん》。

ガムテープ〈名〉荷造りに使う、はば広で粘着《ねんちゃく》力の強いテープ。◇gummed tape から。

参考英語では packing tape という。

カムバック〈名・する〉芸能界やスポーツ界などで、いちどしりぞいたあと、ふたたびもとのはなやかな地位にもどってくること。類返り咲き。復帰。◇comeback

カムフラージュ〈名・する〉⇩カモフラージュ

[1]**かめ**〖▽瓶・▼甕〗〈名〉❶液体などを入れる、底のふかい陶製《とうせい》のいれもの。例かめに水をいっぱいにみたした。類つぼ。❷花をいれるうつわ。▽ア「カメ」

[2]**かめ【亀】**〈名〉爬虫《はちゅう》類の一種。かたい甲羅《こうら》はよろいのようで、頭・尾《お》と四本の足を中におさめられるので、「蔵六《ぞうろく》」とよばれた。海水にすむものも淡水にすむものもあり、種類が多い。アカメ

表現(1)「つるは千年、かめは万年」というように、古くからツルとともに長生きをする、めでたい動物とされる。
(2)「うさぎとかめ」の話では、おそいが堅実《けんじつ》に歩き最後の勝利を得る者とされる。
(3)浦島《うらしま》太郎の伝説では、助けられた恩返しに太郎を竜宮《りゅうぐう》へ案内する使者となる。

亀の甲《こう》より年《とし》の功《こう》 長い経験がなによりも大事だ、ということ。

[1]**かめい【加盟】**〈名・する〉団体に、その一員として加わること。例国連に加盟する。加盟国。加盟店。対脱退《だったい》。類加入。参加。

[2]**かめい【仮名】**〈名〉本名をかくして、一時つけておく名前。例仮名を使う。対実名。類変名。

参考「かな」と読むのは別のことば。

[3]**かめい【家名】**〈名〉❶家《いえ》代々の名。一家の名。例家名をつぐ。❷家の名誉《めいよ》。例家名をおこす。家名をけがす。

カメオ〈名〉❶めのうや貝がらなどに、おもに女性の顔をうきぼりにした装身具。❷映画やテレビドラマで、大物俳優《はいゆう》が端役《はやく》で出演すること。◇cameo

がめつ・い〈形〉欲が深く、利益をえることにぬけめがない。

カメラ〈名〉❶写真をとるための、レンズとシャッターをそなえた機械。写真機。例カメラにおさめる。デジタルカメラ。❷映画やテレビの撮影《さつえい》機。例カメラをまわす。◇camera

カメラマン〈名〉カメラで写真や映画をとることを仕事にしている人。類写真家。◇cameraman

カメレオン〈名〉爬虫《はちゅう》類の一種。熱帯にすみ、トカゲに似《に》る。大きさは三〇《センチメートル》ぐらい。体色をかえることができ、目を左右別々にうごかす。◇chameleon

かめん【仮面】〈名〉顔にかぶるお面。類マスク。

表現「仮面をかぶる」「仮面をはぐ」というときの「仮面」は、本心や素性《すじょう》をかくすものということにもなる。

がめん【画面】〈名〉映画やテレビなどで、像がうつる部分。また、その画像。例画面がちらつく。画面にみいる。

[1]**かも**〖▼鴨〗〈名〉水鳥の一種。アヒルに似《に》ていて首がながく、足がみじかい。わたり鳥で、冬、日本にきて、春、北へさる。マガモ・コガモなど種類が多い。

表現「かもにする」「いいかもがきた」といえば、だまして利用するのにちょうどいい相手のこと。

鴨がねぎをしょって来《く》る こちらに好都合《こうつごう》なことが、むこうからやってくる。

[2]**かも**〈副助〉(「かもしれない」などの形で)そうしたことがひょっとしたらある、と推測する気持ちを表わす。例あるかもしれないし、ないかもしれない。参考くだけた話で使う「あの人はもう知っているかもね」などの「かも」も、この助詞。

 天草(あまくさ)四郎 (1621～38) 江戸時代, 島原・天草一揆でキリシタンの農民たちにおされて盟主となった少年。

かもい【▼鴨居】〈名〉〔建築〕引き戸やしょうじなどをはめて、左右に動かしてあけたてするための、みぞのついた、上の方にある横木。絵 対敷居《しきい》。

1 **かもく**【科目】〈名〉❶いくつかに分類したときの、一つ一つの区分。例病院の診療《しんりょう》科目(＝内科・外科など)。❷学校で教える教科や、教科の中の各分野のこと。

2 **かもく**【寡黙】〈名・形動〉ことばかずが少ないこと。例寡黙な人。対冗舌《じょうぜつ》。類無口。寡言《かげん》。

かもじ【▼髢】〈名〉日本髪《がみ》を結《ゆ》うとき、地毛《じげ》をおぎなうためにつける毛。

かもしか【▼羚▽羊】〈名〉❶山岳《さんがく》地帯にすむ草食性の哺乳《ほにゅう》動物。からだはヤギぐらいで、二本の角がある。ニホンカモシカは特別天然記念物。❷アジア・アフリカの草原にすむ草食性の哺乳動物。足が細く、走るのが速い。例かもしかのような足。

かもしだ・す【醸し出す】〈動五〉全体のふんいきや気分を、作るとはなしに作りだす。例機運を醸し出す。類醸成《じょうせい》する。

かもしれない ⇩かも〈副助〉

かも・す【醸す】〈動五〉❶発酵《はっこう》を利用して、酒やしょうゆなどをつくる。例酒を醸す。類醸造《じょうぞう》する。❷あるふんいきや気分をつくり出す。例物議を醸す。ふんいきを醸す。▽類醸成《じょうせい》する。

かもつ【貨物】〈名〉貨車や船などではこぶ、大きな荷物。例貨物列車。貨物船。

かもつせん【貨物船】〈名〉貨物をはこぶための船。対客船。

かもなんばん【▼鴨南蛮】〈名〉カモの肉とぶつ切りのネギを入れた、そばやうどん。かもなん。

[か　も　い]

か

かものはし【▼鴨の▼嘴】〈名〉オーストラリアにすむ、原始的な哺乳《ほにゅう》動物。体長四五《センチメートル》ほどで、カモのようなくちばしがあり、みじかい足にみずかきがある。たまごをうみ、乳でそだてる。

カモフラージュ〈名〉❶〈する〉本来のすがたがわからないようなよそおいをして、まわりの目をあざむくこと。例欠点をカモフラージュする。類迷彩《めいさい》。偽装《ぎそう》。擬態《ぎたい》。❷迷彩柄《がら》。▽「カムフラージュ」ともいう。◇《フランス》camouflage

かもめ【▼鷗】〈名〉海鳥の一種。背とつばさの上面が灰色、そのほかは白い。わたり鳥で、冬、日本にきて沿岸にむれをなしてすむ。

かもん【家紋】〈名〉その家のしるしとして受けつがれている図案。徳川家の葵《あおい》など。類紋所《もんどころ》。

1 **かや**【▼茅・▼萱】〈名〉ススキ・チガヤ・スゲなどをまとめていうことば。屋根をふく材料にする。例かやぶき。アカヤ

2 **かや**【蚊帳・蚊屋】〈名〉風を通しながら蚊をふせぐ、網状《あみじょう》につくった大きな布。かねの輪でへやのよすみにかけて、へやいっぱいにひろげる。例蚊帳をつる。アカヤ

蚊帳の外《そと》 局外者の立場。そこに置かれて、内部の事情を知らせてもらえないこと。

3 **かや**【▼榧】〈名〉山野に生える常緑高木。小さなほそい葉が二列にならぶ。材質はかたく、浴槽《よくそう》・船・碁盤《ごばん》などをつくる。

がやがや〈副・する〉おおぜいの人の声がまじりあって、うるさいようす。例がやがや(と)した教室。アカヤ

1 **かやく**【火薬】〈名〉爆発《ばくはつ》をおこす薬品。硝石《しょうせき》や木炭、硫黄《いおう》などをまぜてつくる。例火薬をこめる。火薬庫。類爆薬。

表現 国際紛争《ふんそう》などの起こりやすい場所を、爆発の危険性の大きい所という意味で「火薬庫」ということがある。かつて、バルカン半島が欧州《おうしゅう》の火薬庫といわれた。

2 **かやく**(方言) たきこみご飯やうどんなどに入れる具。西日本で言う。例かやくご飯。かやくうどん。

参考「加薬」の意味。

カヤック〈名〉❶エスキモーが海獣《かいじゅう》の猟《りょう》に使う、木のわくにアザラシの皮をはった小舟《こぶね》。類ウミアック。❷スポーツ用のカヌーの一種。↓カヌー絵 ◇kayak

かやぶき【▼茅▼葺き】〈名〉カヤでふいた屋根の作り。

かやり【蚊やり】【蚊▽遣り】〈名〉蚊《か》を追いはらうために、けむりをたてること。また、そのための線香《せんこう》。蚊とり線香。例蚊やりをたく。蚊やり火。

かゆ【▼粥】〈名〉たくさんの水で米つぶがくずれるほどやわらかくたいたもの。例かゆをする。類おもゆ。

かゆ・い【▼痒い】〈形〉ひふをかきたくなる感じだ。例頭がかゆい。虫にさされてかゆい。むずがゆい。

かゆいところに手《て》が届《とど》く 細かいところまで注意がいきとどいて、サービス満点だ。いたれりつくせり。

かゆみ【▼痒み】〈名〉かゆいこと。かゆさの感じ。例かゆみ止め。

かよい【通い】〈名〉自宅から勤め先にいくこと。例通いのお手伝いさん。対住みこみ。類通勤。

かよいつ・める【通い詰める】〈動下一〉同じ所にずっと通い続ける。類日参《にっさん》する。

1 **かよ・う**【通う】〈動五〉❶定期的に同じところへ行き来する。例船が通う。学校に通う。❷あるきまった道すじを行き来する。例血管に血が通う。類通る。▽アカヨウ

表現「心が通う」は、人と人とのあいだに、あたたかく通じあうものがあること。「血が通う」は、生きものの温かみを感じさせることをいい、「お役所仕事は、とかく形式だけで血が通っていない」のような言いかたをする。

2 **かよう**【火曜】〈名〉日曜からかぞえて、週の第三番目の曜日。火曜日。アカヨー

3 **かよう**【歌謡】〈名〉ふしをつけてうたう、調子のととのったことば。例古代歌謡。類うた。歌曲。アカヨー

4 **かよう**【▼斯様】〈形動〉「このよう」の古めかしい言いかた。例かように存ずる次第でございます。アカヨー

かようきょく【歌謡曲】〈名〉第二次世界大戦が終わって以降《いこう》、多くの人々に親しまれてきた、通俗《つうぞく》的な日本の歌。演歌をふくむ。

がようし【画用紙】〈名〉絵の具やクレヨンなどで絵をかくための、厚手の紙。

かよく【寡欲】〈形動〉金銭や名声などに対して、欲が少ない。例寡欲な人。類少欲。無欲。

かよわ・い【か弱い】〈形〉いかにも弱くてたよりない。例か弱い乙女《おとめ》。類弱よわしい。

[1]**から【空】** 一〈名〉中に入っているものがなにもないこと。例空になる。空にする。空の財布《さいふ》。類からっぽ。アカラ」 二〈接頭〉なかみや実質がなく、かたちだけだ、という意味を表わす。例空手形。空元気。空まわり。

[2]**から【唐】** 一〈名〉むかし、中国をさしたことば。朝鮮《ちょうせん》やその他の外国をふくめることもある。例唐の国。アカラ 二〈接頭〉中国製の、中国産の、中国風の、の意味を表わす。朝鮮やその他の外国についてもいうことがある。例唐傘《からかさ》。唐芋《からいも》(＝さつまいも)。唐衣《からころも》。

[3]**から【殻】**〈名〉❶「たまごの殻」「弁当の殻」のように、なかみや実質のものをとりさった、外がわの部分。例もぬけの殻。ぬけ殻。すい殻。茶殻。❷「貝殻」のように、なかみをつつんでいるかたい皮。▽アカラ」

表現 「殻にとじこもる」といえば、自分の世界を守って、そこから出てこない、ということ。「殻を破る」といえば、慣習やしきたりをやぶることをさす。

[4]**から** 一〈格助〉名詞または接続助詞「て」につけて、動作や状態がはじまる点、ものごとができあがるもとになるものなどを示す助詞。
❶動作がはじまる場所や人などを表わす。例となりの教室から音楽が聞こえてくる。窓からものを捨てるな。この本は山野さんから預かりました。類より〈格助〉。
❷動作や状態がはじまる時間や時期を表わす。例朝からずっとテレビを見ている。夕がたから雪になった。類より〈格助〉。
❸動作や状態がおこる原因や理由、また、考えのもとになる根拠《こんきょ》などを表わす。例食糧《しょくりょう》の不足から暴動《ぼうどう》がおこった。いろいろのデータから火山の噴火《ふんか》はないと判断した。
❹あるもののもとになる原料や材料、また、成分などを表わす。例水は水素と酸素からなる。類より〈格助〉。
❺数量を表わすことばにつけて、その数量がたいへん大きい、という意味を表わす。その量よりも多い、という気持ちをこめて使う。例この種のメロンは千円からします。三千人からの人が募金《ぼきん》に応じた。
二〈接助〉活用語の終止形につけて、あることが原因・理由になって、次のものごとがおこることをしめす。例あぶないからやめなさい。このかきはあまいから好きだ。対が。けれど(も)。類ので。

表現 (1)格助詞の「から」は、「より」とよく似《に》た用法の場合が多いが、どちらかというと「より」の方が、文章語的であらたまった感じがある。
(2)接続助詞の「から」は「ので」とちがって、「から」のあとにくる部分が、いいわるいとかすききらいなどの話し手の判断や感情、また、命令や依頼などを表わすことがある。

方言 鳥取では、「公園から遊ぶ」のように、動作を行なう場所も表わす。

表記 一の①と②は、範囲《はんい》を示すときには、「東京駅～京都駅」「午前九時～午後五時」のように、記号の「～」を使って書くことも多い。

[1]**がら**〈名〉❶肉をとりさったあとの、骨。ニワトリの骨をさすことが多い。スープのだしをとる。❷石炭などのもえかす。例石炭のがら。▽アガラ

[2]**がら【柄】** 一〈名〉❶布地などの、もよう。例柄がいい。花柄。❷人のからだの、大きさ。例柄が小さい。大柄(な人)。類体格。なり。❸態度やことばづかいなどから感じられる性質や品位。例柄がわるい。❹その人のもともとの性格や、その人にふさわしい立場。例柄にあわない。柄でもない。柄にもなく、やさしいことをいう。▽アガラ 二〈接尾〉名詞につけて、そのものの性質やようす、立場などを表わす。例家柄。人柄。場所柄。時節柄。

[1]**カラー**〈名〉❶洋服の襟《えり》。❷学生服の、詰《っ》め襟《えり》の内側にとりつける、白いプラスチック製のプレート。◇collar

[2]**カラー**〈名〉❶色。例カラーテレビ。カラーフィルム。対白黒。モノクロ。類天然色。❷絵の具。例ポスターカラー。❸特色。例学校のカラー。スクールカラー。ローカルカラー。◇color

がらあき【がら空き】〈名・形動〉中に人や物が少なくて、ほとんど何もないこと。例がら空きの映画館。類がらすき。がらがら。

からあげ【唐揚げ・空揚げ】〈名〉あげものの料理で、かたくり粉をうすくつけて油であげたもの。とくに、鳥の唐揚げのこと。→すあげ

から・い【辛い】〈形〉❶トウガラシやコショウが舌《した》にふれたときのような、ひりひりする感じだ。対あまい。❷塩けがつよい。塩辛い。例あま辛い。対あまい。類しょっぱい。❸酒が、あまみが少なく、さっぱりしている。対あまい。❹評価がきびしい。例点が辛い。対あまい。❺つらい。例辛い目をみる。▽↓囲み記事3(16ページ)

方言 ②は、おもに西日本で言い、関西では、反対の「塩けが不足していて味がうすい」ことを「水くさい」という。

からいばり【空威張り】〈名〉だめなやつが、うわべだけ強そうに肩肘《かたひじ》をはること。例空威張りをする。

からう(方言) 背負う。九州で言う。例ランドセルからう。

からうた【唐歌】〈名〉漢詩。対大和《やまと》歌。

カラオケ〈名〉ヒット曲などの伴奏《ばんそう》だけを録音したものをスピーカーから流し、それにあわせてマイクで歌う娯楽《ごらく》。参考 歌のないオーケストラで、「空オケ」の意味。

からおりもの【唐織物】〈名〉❶古代、中国から渡来した織物。❷部分的に色糸を織りこんで刺繍《ししゅう》のように見せた絹織物。平安時代から作られ、能装束《しょうぞく》にさかんに用いられた。

からか・う〈動五〉相手をちょっとこまらせて、おもしろがる。例わるいじょうだんを言ってからかう。

方言 山梨では、「手を尽《っ》くす」という意味でも使う。

からかさ【唐傘】〈名〉竹の骨に油紙をはった雨がさ。むかしからの日本のかさ。対こうもり。洋がさ。類番がさ。じゃのめ。

からかみ【唐紙】〈名〉美しい色やもようのある紙をはったふすま。参考 元来は、その紙の名。

からから 一〈形動〉❶のどに水分がまったくなくなったようす。例のどがからからだ。❷空気や大地がかわききったようす。例からからの空気。二〈副〉❶かわいたものが軽くふれあって出す音。例枯《か》れ枝がからからと音をたてる。❷大声で笑うようす。例からからと笑う。▽ア一カラカラ 二カラカラ

がらがら 一〈名〉❶神社や寺でお祈りをするときに縄《なわ》をゆすって鳴らす、大きな鈴《すず》。くだけた言いかた。❷手に持ってふると音が出る、赤んぼうのおもちゃ。二〈形動〉とてもすいている。例がらがらの電車。類がらあき。三〈副〉❶引き戸のあく音、うがいの音、ものがくずれる音など、耳にひびく音のようすを表わす。❷〈する〉言うことやすることが粗雑《そざつ》だが、わるい感じではないようす。やや古い言いかた。例がらがらした性格。類がさつ。粗野《そや》。がらっぱち。▽ア一ガラガラ」二ガラガラ 三ガラガラ

 アメリゴ=ベスプッチ (1451～1512) イタリアの探検家。スペインの遠征隊に参加，中南米を探検。

がらがらへび『がらがら蛇』〈名〉毒ヘビの一種。南北アメリカ大陸にすむ。体長二メートル《メートル》ぐらい。参考 危険が近づいたときにしっぽをふって出す音からの名。

からきし〈副〉まるで。まったく。下に打ち消しの語や否定的な表現をともなう。「からっきし」ともいう。例 からきし意気地《いくじ》がない。からきしだめだ。

からくさもよう【唐草模様】〈名〉織物や染め物で、つる草のからんでいるようすを図案化したもの。例 唐草模様のふろしき。→もよう 絵

がらくた〈名〉用がなくなった品物。

からくち【辛口】〈名〉❶酒やみそなどの味の、あまみの少ないもの。例 辛口の酒。対 甘口《あまくち》。❷えんりょのない、きびしい評価のしかた。例 辛口の批評。

からくも【辛くも】〈副〉苦しい状態やあぶない状態からなんとかぬけ出したようす。やっとのことで。例 一点差で辛くもにげきった。類 かろうじて。

からくり〈名〉❶人形や道具を、外からはわからないように、あやつってうごかすしかけ。例 からくり人形。❷手のこんだ複雑なしかけや方法。例 からくりを見やぶる。

から・げる『▽絡げる・▼紮げる』〈動下一〉❶しばって、ひとまとめにする。例 荷物をからげる。❷おちないようにして、衣服のはしの方をまくりあげる。例 すそをからげる。しりをからげる。類 はしょる。たくしあげる。

からげんき【空元気】〈名〉表面だけ元気なようにみせかけること。例 せめて空元気だけでもだせよ。

からさわぎ【空騒ぎ】〈名・する〉わけもなくやたらに、さわぎたてること。類 ばか騒ぎ。

からし【辛子】『▼芥子』〈名〉料理に使う、黄色のからいこな。カラシナのたねをひいてつくる。マスタード。

[1]からす『▼烏・▼鴉』〈名〉鳥の一種。全身が黒い。ふつう、カラスといえば、ハシブトガラス・ハシボソガラスをさす。不吉《ふきつ》な鳥とみなされることもあるが、知能はきわめて高く、体に対する脳の大きさの比率はイヌ以上といわれる。ア カラス

からすの足跡《あしあと》 目じりにできる小じわ。

からすの行水《ぎょうずい》 カラスの水浴びがとてもかんたんなことから、ふろに入っている時間がひじょうにみじかいこと。

からすのぬれ羽《ば》色《いろ》 つやのある黒色。参考 ふさふさとしたかみの毛の黒さをほめていうことば。

鴉《う》の真似《まね》をする烏《からす》 ⇩「う〔鵜〕」の子項目

[2]から・す【枯らす】『▼涸らす・▼嗄らす』〈動五〉❶〔枯らす〕草木を死なせる。例 水分やうるおいをなくす。植木を枯らす。❷〔涸らす〕水をなくす。水をくみつくしてなくす。例 井戸《いど》をからす。❸〔嗄らす〕のどを使いすぎたり、かぜをひいたりして、声を出なくする。例 声をからす。声をからしてさけぶ。

ガラス『▽硝子』〈名〉珪砂《けいしゃ》や石灰《せっかい》石、ソーダ灰などを高熱でとかし、冷やしてかためたもの。透明《とうめい》でかたいが、もろい。窓やドアなどの建築材料や食器などに、ひろく使う。例 ガラス窓。強化ガラス。くもりガラス。◇オランダ glas →グラス 参考 ▽ア カラス

からすうり『▼烏▼瓜』〈名〉山野に生える落葉つる草。秋のおわりごろ、赤いたまご形の実がなる。

からすき『唐▼鋤・▼犂』〈名〉農具の一つ。ウシやウマに引かせて、田畑をたがやすときに使った大きなすき。

からすぐち【からす口】『▼烏口』〈名〉製図のとき、黒い線をひくのに使う用具。先がカラスのくちばしのようにとがっている。

ガラスざいく【ガラス細工】〈名〉ガラスを高温でやわらかくして、いろいろな工芸品をつくること。

ガラスせんい【ガラス繊維】〈名〉グラスファイバー。

ガラスばり【ガラス張り】〈名〉ガラスをはってあること。例 ガラス張りのドア。

表現「ガラス張りの政治」といえば中で行なわれていることが外部の人間にもよくわかり、秘密がないことをいう。

からすみ〈名〉ボラの卵巣《らんそう》を塩づけにし、干《ほ》して固くした食べ物。高級珍味《ちんみ》として知られる。

からすむぎ『▼烏麦』〈名〉イネ科の雑草。エンバクの原種といわれる。また、エンバクのこと。

からせき【空せき】『空▼咳』〈名〉❶痰《たん》の出ないせき。❷合図したりごまかしたりするために、わざとするせき。▽「からぜき」ともいう。類 せきばらい。

からだ【体】『▽身▽体』〈名〉❶人間をはじめ、動物の、首・胴《どう》・手足などの全体。例 体が大きい。体が弱い。体がつづかない。体をきたえる。体をこわす。体のぐあい。体は大人になっても、心が子どものままの青年だ。暑さのおりから、どうぞお体をおいといください。類 身体《しんたい》。肉体。❷胴体《どうたい》。例 おたまじゃくしの体から、やがて手足が出てきた。

表現「体と心」「体があく」「自由な体になる」のように、体のどこかをさすわけではなく、人間の肉体の存在を抽象《ちゅうしょう》的にさす用法もある。

参考 理科(生物学)では、植物についてもいう。

体が言《い》うことを聞《き》かない からだが思うように動いてくれない。

体を張《は》る 命の危険をおかしても、それをやる。例 体を張って仕事をする。

からだき【空だき】『空▼焚き』〈名・する〉中になにもいれないでたくこと。例 ふろの空だき。

からたち『▼枳▽殻』〈名〉生け垣《がき》などにする落葉低木。枝《えだ》にとげがある。春に白い花がさき、秋に黄色い実がなる。

からだつき『体付き』〈名〉外から見たからだのかっこう。例 がっちりしたからだつき。類 体格。

からちゃ【空茶】〈名〉菓子《かし》をそえないでだすお茶。

からっかぜ【空っ風】〈名〉雨や雪をともなわないで、強くふく、かわいた冬の風。

からっきし〈副〉⇩からきし

からっけつ〈名〉お金がまったくないこと。俗な言いかた。

[1]からっと〈副〉⇩からりと ア カラット

[2]カラット〈名・接尾〉❶宝石の重さの単位。一カラットは〇・二グラム。記号「ct」。❷合金の中にふくまれている金の割合を表わす単位。純金は二四カラット。記号「K」または「Kt」。◇carat, karat ▽ア カラット

がらっと〈副〉⇩がらりと

からっぽ【空っぽ】〈形動〉中になにもない。

からつゆ【空梅雨】〈名〉つゆの時季に、雨があまり降らないこと。

からて【空手】〈名〉❶手や足を使って相手をたおす武術。❷手になにも持っていないこと。例 空手で帰る。類 手ぶら。徒手《としゅ》。表記 ①は、「唐手」とも書いた。

からてがた【空手形】〈名〉資金のうらづけのない手形。

表現「空手形におわる」は、実行されなかったということ。

からとう【辛党】〈名〉菓子《かし》などの甘《あま》いものより

も、酒のすきな人。対甘党。類左党《さとう》。左利《き》き。

注意「からい食べものが すきな人」という意味ではない。

からには 前にのべた条件や理由をうけて、当然期待される結果をあとに示す。例いったん引きうけたからには、やめるわけにはいかない。

からねんぶつ【空念仏】〈名〉言うだけで実行しないこと。例空念仏におわる。類かけ声。

からぶき【から拭き】〖▽乾拭き・空拭き〗〈名・する〉家の柱やゆか、家具などを、かわいた布でふくこと。

からぶり【空振り】〈名・する〉ボールを、打っとかけるとかしようとしたのに、当たらないこと。例空振り三振。

表現「空振りに終わる」は、ものごとが、努力したけれど不成功に終わったことをいう。

カラフル〈形動〉はなやかな色をたくさん使って、見た目がきれいであるようす。例カラフルなシャツ。類はなやか。多《た》彩《さい》。◇colorful

からま・せる【絡ませる】〖▼搦ませる〗〈動下一〉からんだ状態にさせる。「からます」ともいう。例髪《かみ》に指を絡ませる。

からまつ【唐松】〖▽落▽葉松〗〈名〉本州中部の高原地方に多い落葉高木。葉は針のかたちで、新緑と秋の黄葉が美しい。建築材として適している。

からま・る【絡まる】〖▼搦まる〗〈動五〉❶まきついて、とれなくなる。例つたが絡まる。糸が絡まる。❷複雑に関係する。例この事件には、いくつもの問題が絡まっている。▽類もつれる。からむ。

からまわり【空回り】〈名・する〉❶車輪や機械などがむだにまわること。❷ものごとが かみあわずに、むだに動くこと。例議論が空回りする。▽類空転。

からみ【辛み・辛味】〈名〉からい味。ぴりっとくるからさ。例辛みがきいている。対あまみ。

表現「からさ」は塩からさにも、とうがらしのようなからさにもいうが、「からみ」は、おもにとうがらしのようなからさにいう。

がらみ〖▼搦み〗〈接尾〉❶それと関連して。例政局は総選挙がらみで動く。❷年齢《ねんれい》を示す数字につけて、「そのくらい」という意味を表わす。おもに中年から初老の人に対してつかう。

表現 ②は「四十がらみ」が多く、次が「五十がらみ」。それ以外はあまりいわない。

からみつ・く【絡み付く】〖▼搦み付く〗〈動五〉❶しっかりと巻くようにしてつく。❷いやなことを言ったりしたりして、人につきまとう。言いがかりをつける。

から・む【絡む】〖▼搦む〗〈動五〉❶まきついてはなれなくなる。例すそが絡む。たんが絡む。絡みつく。絡みあう。類まつわる。❷あるものごとが他のものごとと密接な関係をもつ。例金《かね》が絡む。感情が絡む。❸あれこれ言いがかりをつける。例酔《よ》うと絡むくせがある。

表現お笑い番組の影響《えいきょう》から、「人の話に加わろうとする」という意味でも使われる。

からメール【空メール】〈名〉宣伝《せんでん》用や会員登録用の電子メールを受け取るために、タイトル(件名)にも本文にも文字を記さずに送るメール。

からめて〖▼搦め手〗〈名〉城のうら門。対大手《おおて》。

表現「搦め手からせめる」といえば、城をせめるときだけの言いかたではなく、一般《いっぱん》に、思わぬ方向からせめて、相手をまいらせようとすることをいう。

から・める【絡める】〖▼搦める〗〈動下一〉❶まきつける。例足を絡めて、体《たい》をあずける。❷関係させる。例賃上げと絡めて、労働時間の短縮をもとめる。❸液状のものや、ねばりけのあるものを表面全体につける。例もちにしょうゆをからめる。❹しばって動けなくする。例罪人をからめる。からめ取る。

がらもの【柄物】〈名〉布や紙などで、もようや絵などが入っているもの。また、そういう布地などでつくった品物。対無地。

からりと〈副〉❶しめり気や暗さがなく、気持ちのよいようす。例からりと晴れ上がった空。❷〈する〉性格がさっぱりしていて、明るいようす。例からりとした性格。▽「からっと」ともいう。対じめじめ。

がらりと〈副〉❶引き戸をいきおいよく音をたてて開けるようす。例がらりと戸を開ける。❷前の状態から一挙に変わってしまうようす。例態度ががらりと変わる。がらりとメンバー一新。▽「がらっと」ともいう。

か(駆)られる ある感情にはげしく動かされる。例…したい衝動《しょうどう》に駆られる。好奇心に駆られて…する。

がらん【▼伽藍】〈名〉寺の大きな建物。例七堂《しちどう》伽藍。◇もとサンスクリット語。

がらんと〈副〉❶部屋などに人けがなく、物も置かれていないようす。例がらんとした空き家。❷金属製のものがたてるにごった音。例バケツががらんとたおれた。

がらんどう〈名・形動〉広いへやなどの中に、ものがなにもないこと。例がらんどうの大広間。

1 **かり【仮】**〖仮り〗〈名〉❶一時的なまにあわせ。例仮の宿。仮の名。仮のすがた。類臨時。❷事実でないこと。例仮定。例仮の話。▽アカリ

2 **かり【狩り】**〈名〉野生のけものや鳥を、銃《じゅう》や網《あみ》などの道具を使ってとること。例狩りに行く。狩り場。類狩猟《しゅりょう》。猟。ハンティング。アカリ

表現 (1)複合語になると、かならずしも動物をつかまえることを意味しない。「もみじがり」のように見物《けんぶつ》を意味するときがあり、また、「ぶどうがり」「きのこがり」のように、植物やくだものをとりにいくことを意味するときもある。
(2)動物が、他の動物をとらえて食べる捕食《ほしょく》行動にもいう。

3 **かり【借り】**〈名〉❶人から借りること。また、借りたもの。とくに、借りたお金。例前借り。対貸し。❷相手からしてもらって、そのお返しをしていないこと。例借りがある。借りができる。借りをつくる。借りをかえす。対貸し。❸相手からされて、くやしいと思ったものの、まだしかえしをしていないうらみ。▽アカリ

4 **かり**〖▼雁〗〈名〉鳥のガンのこと。アカリ

表現むかしの詩や歌では「がん」より、「かり」「かりがね」が多く使われた。

5 **カリ**〈名〉〔化学〕❶「カリウム」の略。例青酸カリ。❷カリウムの化合物。とくに炭酸カリウムをさす。◇《オランダ》kali ▽アカリ

1 **かりあ・げる【刈り上げる】**〈動下一〉かみの毛を、上の方まで短く刈る。

表現こういう刈り方を「刈り上げ」という。

2 **かりあ・げる【借り上げる】**〈動下一〉❶政府・自治体《じちたい》や、上の立場の者が、民間から借りる。例用地を借り上げる。❷おおがかりなものを借りる。例マンションを借り上げて社宅にする。

かりあつ・める【駆り集める】〈動下一〉たくさんの人を、そこここから大急ぎで集める。

1 **かりい・れる【刈り入れる】**〈動下一〉みのった穀

 有島武郎(ありしまたけお) (1878～1923) 白樺派の小説家。人間の真実の生き方を追求する作品を書いた。

物を刈り取って収穫《しゅうかく》する。例刈り入れどき。

[2]**かりい・れる【借り入れる】**〈動下一〉銀行などから金を借りる。対貸《か》し付ける。表記「借入金《かりいれきん》」のような複合語の場合は、送りがなを付けない。

かりう・ける【借り受ける】〈動下一〉よそから借りて、自分のもとに置く。

表現「借りる」と同じことだが、しっかりした手続きをふんで借りてくるという感じがこもる。

カリウム〈名〉〔化学〕銀白色の、延《の》ばしやすい金属。水に入れるとはげしく反応する。元素の一つ。記号「K」。◇《オランダ》kalium

カリエス〈名〉結核菌《けっかくきん》によって骨がとける病気。例脊椎《せきつい》カリエス。◇《ドイツ》Karies

カリカチュア〈名〉戯画《ぎが》。風刺《ふうし》画。◇carica-ture

かりがね〖▼雁・▼雁が音〗〈名〉鳥のガンの鳴く声。また、ガン。

かりかり ■一〈副〉「がりがり」よりもかるい感じで、ものをかんだりひっかいたりする音のようす。■二〈副・する〉いらついているようす。例仕事がうまくさばけないらしく、かりかりしている。■三〈形動・副・する〉油でほどよいかたさに焼いたり揚《あ》げられたりしている感じ。例かりかりのベーコン。

参考副詞・サ変動詞のアクセントは「**カ**リカリ」、形容動詞のアクセントは「カリ**カリ**」。

がりがり ■一〈副〉❶かたいものを歯でけずるようにくり返しかむ音のようす。例リンゴをがりがり(と)かじる。❷かたいものの表面を強くひっかく音のようす。例板をがりがり(と)けずる。❸ひたすら物事に熱中するようす。例がりがり勉強する。

■二〈形動〉❶自分だけのことを考えて利益をむさぼりはかるようす。例出世欲でがりがりな人。がりがり亡者《もうじゃ》。❷ひどくやせているようす。例がりがりにやせこける。がりがりの体。▽ア■一**ガ**リガリ ■二ガリ**ガリ**

がりがりもうじゃ【がりがり亡者】〈名〉自分の利益しか考えない欲の深い人をののしって言うことば。

かりぎぬ【狩▽衣】〈名〉むかしの衣服。狩りの服から貴族のふだん着、武士の礼服と変化した。

カリキュラム〈名〉教育内容を、その効果があがるように、系統だててならべた計画。◇curriculum

かりき・る【借り切る】〈動五〉場所や座席などを、全部借りる。例会場を借りきる。

かりこ・む【刈り込む】〈動五〉庭木やかみの毛をみじかくかって、形をととのえる。例生け垣《がき》を刈り込む。

かりしゃくほう【仮釈放】〈名・する〉法律によって自由な行動ができないようにされている者を、決められた期間が終了する前に条件つきで自由にさせる制度。

かりしょぶん【仮処分】〈名〉〔法律〕裁判で権利が争われているとき、判決がでるまで、裁判所が仮にその権利をみとめること。裁判が長びくことによって権利が失われたり、損害をうけたりするのを防ぐための処置。

カリスマ〈名〉超人的で人をひきつけるふしぎな能力。例カリスマ性のある人。◇《ドイツ》Charisma

表現俗《ぞく》に、超一流の技能や魅力《みりょく》によって庶民《しょみん》に支持される職業人のこともいう。

かりずまい【仮住まい】〈名・する〉しばらくのまにあわせに住むこと。まにあわせに住む家。

かりそめ〖仮初め〗〈名〉その場かぎりのこと。例かりそめの恋。かりそめのすまい。

かりそめにも〖仮初めにも〗〈副〉ほんの少しでも。かりにも。例かりそめにもそんなことは口にだすな。

かりたお・す【借り倒す】〈動五〉お金などを借りたまま返さないで、相手に損をさせる。類踏《ふ》み倒す。

かりだ・す【駆り出す】〈動五〉何かをさせるために、人をむりにつれ出す。例応援《おうえん》に駆り出される。

かりた・てる【駆り立てる】〈動下一〉刺激《しげき》をあたえて、何かせずにはいられないようにする。類あおる。

かりちん【借り賃】〈名〉家や部屋、駐車《ちゅうしゃ》場など、スペースを借りるときの代金。賃貸料。対貸し賃。

かりつや【仮通夜】〈名〉人が死んだ夜、通夜の準備がととのわないときにとりあえず行なう通夜。対本通夜。

かりて【借り手】〈名〉金品をかりるがわの人。借り方。対貸し手。→ぬし〔主〕参考(2)

かりと・る【刈り取る】〈動五〉❶収穫《しゅうかく》のために、刈ってとりいれる。例イネを刈り取る。❷刈って、とりのぞく。例雑草を刈り取る。

かりに【仮に】〈副〉❶一時的に。まにあわせとして。例受付の机の場所は、仮にここにしておきます。❷なにかを仮定すると。もし、…だとしたら。例仮に石油の供給がいまの半分になったら、日本はどうなるだろう。

かりにも【仮にも】〈副〉❶たとえ仮の話であっても。どんなことがあっても。例仮にも死ぬことなど口にするな。❷十分な資格があるかどうかは別として。例こんなことも知らないなんて、仮にも中学生なんだろう、君は。類とにもかくにも。

かりぬい【仮縫い】〈名・する〉洋服を注文してつくるとき、本式にしたてる前に仮に縫って、ぐあいをみること。また、それを着てみて、合うかどうかをみること。

ガリバー〈名〉一八世紀のイギリスの作家スウィフトの小説『ガリバー旅行記』の主人公。大人国・小人国などいろいろな世界を経験した冒険《ぼうけん》談で有名。◇Gulliver

表現「ガリバー型企業《きぎょう》」などの言いかたで、圧倒《あっとう》的に優位なシェアをもっていることをいうことがある。

カリフ〈名〉〔歴史〕イスラム教の創始者ムハンマド(マホメット)の後継《こうけい》者。宗教と政治を支配する。◇ca-liph

カリフラワー〈名〉野菜の一つ。キャベツの一種。葉の中心につく、白っぽい花のつぼみの部分をゆでて食べる。はなやさい。◇cauliflower

がりべん【がり勉】〈名〉息ぬきや遊びをせず、勉強ばかりしていること。参考試験で点数をとるための、創造性のない勉強をさしていう。

かりめん【仮免】〈名〉「仮免許」の略。車の練習のために実際の路上で運転することを許す、仮の免許証。

かりもの【借り物】〈名〉人から借りたもの。例借り物をかえす。

表現「借り物の知識」は、自分のものになっていない知識。

[1]**かりゅう【下流】**〈名〉❶川の、水が流れていく方向。例下流へ移動する。❷川口に近いあたり。例下流域。▽対上流。類川下《かわしも》。

表現「上流」「中流」は「上流階級」「中流階級」のように、社会的階層の意味でも使われるが、「下流」をこの意味で使うことは少ない。「下層」というのがふつう。

[2]**かりゅう【▼顆粒】**〈名〉小さくかたまった、まるいつぶ。そのような状態のくすり。例顆粒状。

がりゅう【我流】〈名〉正式ではない、自分かってなやりかた。例我流でスポーツをやってはうまくならない。類自己流。

かりゅうかい【花柳界】〈名〉芸者や遊女のいる、あそびの世界。

かりゅうど〖▽狩▽人〗〈名〉「猟師《りょうし》」の古めかしい言いかた。「かりうど」ともいう。

かりゆし〈名〉沖縄ふうの模様のついた、半そでの開襟《かいきん》シャツ。参考「めでたい」という意味の沖縄方言。

1**かりょう**【加療】〈名・する〉病気の治療をほどこすこと。例三か月の加療を要す。加療中。

2**かりょう**【科料】〈名〉〔法律〕刑法上のかるい犯罪に対して、刑罰《けいばつ》としてはらわせる少額のお金。類罰金。参考「過料」と区別して、「とがりょう」ともいう。

3**かりょう**【過料】〈名〉〔法律〕行政上の法令違反《いはん》をした人にはらわせるお金。参考「科料」と区別して、「あやまちりょう」ともいう。

がりょう【雅量】〈名〉人の欠点や落ち度をとがめない、ひろくゆったりした心。例雅量がある。雅量にとぼしい。

がりょうてんせい【画▽竜点▼睛】〈名〉ものごとの最後のたいせつなしあげ。例画竜点睛を欠く。由来竜《りゅう》をえがき、最後にひとみ(=睛)をかき入れたら、その竜が天にのぼったという中国の故事から。「睛」の字を「晴」と書かないように注意したい。

かりょく【火力】〈名〉火の燃えるいきおい。火の発する熱の高さ。例火力が強い。火力発電。

かりょくはつでん【火力発電】〈名〉石炭や重油を燃やした熱を使って、電気をおこすこと。

か・りる【借りる】〈動上一〉❶あとで返すことを約束して、人のものを使わせてもらう。例金を借りる。へやを借りる。❷人の知識や能力を自分のために役だたせてもらう。例ちえを借りる。助けを借りる。力を借りる。手を借りる。名を借りる。ねこの手も借りたいほどいそがしい。▽対貸す。

表現「ちょうどいい機会ですので、この場を借りてひとこと申しあげます」のように、なにかを利用する、という意味でも使う。

敬語謙譲《けんじょう》語は、「お借りする」「拝借《はいしゃく》する」。

借りてきた猫《ねこ》のよう よその家へ行ったネコのように、ふだんとちがっておとなしく元気がない人のことをからかっていうことば。

かりん〖花▽梨〗〈名〉果樹の一つ。かおりのよい、卵形の実をつける。砂糖づけにしたり、焼酎《しょうちゅう》につけて果実酒をつくるのによい。

かりんさんせっかい【過▼燐酸石灰】〈名〉〔化学〕燐の鉱石に硫酸《りゅうさん》を加えてつくる。褐色《かっしょく》の粉末。肥料に使う。表記理科の教科書などでは「過リン酸石灰」と書かれる。

かりんとう〖花林糖〗〈名〉菓子《かし》の一つ。かたくねった小麦粉を小さい棒のかたちに切って、油であげて黒砂糖のみつをつけたもの。

1**か・る**【刈る】〈動五〉生えているものを横に薙《な》いで、切りとる。例草を刈る。頭を刈る(=髪《かみ》を刈る)。

【刈】 刂部2 全4画

刈 刈 刈 刈

かる 訓[かる] 刈り取る。刈り入れ。芝刈り。坊主刈り。

2**か・る**【狩る】〈動五〉狩りをする。

3**か・る**【駆る】〖▼駈る〗〈動五〉せきたてて走らせる。例馬を駆る。余勢を駆る(=勢いに乗じてなにかする)。→かられる

4**かる**〖借る〗(方言)借りる。西日本で言う。

が・る〈接尾〉形容詞や形容動詞の語幹につけて、五段活用の動詞をつくる。❶…であることがようすにあらわれる。例痛がる。いやがる。ほしがる。おもしろがる。❷いかにもそのようであるようにみせる。例いきがる。強がる。類ぶる。

かる・い【軽い】〈形〉❶ものをもち上げたり、動かしたりするのに、それほど大きい力がいらず、かんたんだ。例軽い荷物。体重が軽い。❷心になんの負担もない。例気が軽い。軽い足どり。❸おさえつけるものがなく、かんたんに動く。例しりが軽い(=行動が身がるだ。うわきっぽい)。口が軽い。❹たいした程度でない。例軽く会釈《えしゃく》する。軽くみる。軽いけが。負担が軽い。❺コンピューターの処理速度がはやい。▽対重い。

かるいし【軽石】〈名〉火山からふきだした溶岩《ようがん》が急に冷えてできた、穴が多くて軽い石。参考入浴のとき、足のうらをこするのによい。

かるがる【軽軽】〈副〉いかにも軽そうにものをうごかすようす。いかにもたやすそうにものごとをするようす。例軽々と子どもをだきあげる。むずかしい曲を軽々(と)弾《ひ》きこなした。類やすやすと。造作《ぞうさ》なく。

かるがるし・い【軽軽しい】〈形〉行動のしかたに配慮《はいりょ》や落ちつきがない。例軽々しく動くな。対おもおもしい。類軽はずみ。軽率《けいそつ》。

カルキ〈名〉〔科学〕漂白《ひょうはく》や消毒に使う、白い粉。消石灰《しょうせっかい》に塩素ガスを吸わせてつくる。さらし粉《こ》。◇オランダ kalk

かるくち【軽口】〈名〉❶きがるにじょうだんなどをいうこと。例軽口をたたく。❷ふかく考えないで、なんでもべらべらしゃべってしまうこと。例軽口をつつしめ!

カルシウム〈名〉〔化学〕銀白色の、延《の》ばしやすい金属。石灰《せっかい》岩などの岩石や、動物の骨や歯にふくまれている。元素の一つ。記号「Ca」。◇オランダ calcium

カルストちけい【カルスト地形】〈名〉〔地学〕石灰《せっかい》岩でできた台地が、雨や地下水によって侵食《しんしょく》されてできた、でこぼこのはげしい地形。鍾乳洞《しょうにゅうどう》もできる。◇ドイツ Karst 参考山口県の秋吉台《あきよしだい》が日本一広く、その地下にある鍾乳洞の秋芳洞《しゅうほうどう》も有名。

かるた〖歌留多・▽骨▼牌〗〈名〉長方形の紙のふだに、絵や文字を書いたもの。いろはがるた・歌がるた(=百人一首)・花がるた(=花ふだ)などがある。例競技かるた。◇ポルトガル carta 参考「かるた」と、「カード」と、病院の「カルテ」は、もとは同じヨーロッパのことば。

カルチャー〈名〉文化。教養。「カルチュア」ともいう。例カルチャーショック。カルチャーセンター。◇culture

カルチャーショック〈名〉別の環境にうつったとき、生活のしかたや考えかたのちがいから感じる、とまどい。◇culture shock

カルテ〈名〉医者が患者《かんじゃ》の病状や所見《しょけん》などを書き入れる用紙。◇ドイツ Karte →かるた参考

カルテット〈名〉四重唱。四重奏。◇イタリア quartetto

カルデラ〈名〉〔地学〕火山の山頂部分が陥没《かんぼつ》したり、爆発《ばくはつ》でふき飛ばされたりしてできた、直径数キロメートル以上の大きなくぼ地。例カルデラ湖。◇caldera

カルテル〈名〉〔経済〕同種の事業をしている企業《きぎょう》が、製品の価格や生産量を協定して、おたがいの利益を守るための連合。企業連合。◇ドイツ Kartell →トラスト

カルト〈名〉❶少数の熱狂《ねっきょう》的信者によって組織された宗教集団。例 カルト集団。❷映画や漫画、小説などで、一部の熱狂的な愛好者がいる作品。例 カルト的人気を誇《ほこ》る。◇cult

かるはずみ【軽はずみ】〘軽弾み〙〈名・形動〉よく考えもしないで、つまらないことをしたり、言ったりすること。例 軽はずみな行動。類 軽率《けいそつ》。

カルビ〈名〉牛のばら肉。◇朝鮮語から。

カルマ〈名〉〔仏教〕「業《ごう》」のこと。◇もとサンスクリット語。

かるみ【軽み】〈名〉〔文学〕松尾芭蕉《まつおばしょう》が主張した俳句の作風の一つ。身近なことを詠《よ》み、しかもさらりとした感じが出ていること。

カルメラ〈名〉菓子《かし》の一つ。赤砂糖を煮《に》て、重曹《じゅうそう》でふくらませて、かたまらせたもの。カルメ焼き。◇ポルトガル《ガル》 caramelo 参考「キャラメル」と、もとは同じことば。

かるわざ【軽業】〈名〉つなわたりや玉乗りなど、からだを身がるに動かしてするわざ。また、その見せ物。例 軽業師。類 曲芸。はなれわざ。アクロバット。

かれ【彼】■一〈代名〉話し手や聞き手以外の男性。あの男性。例 彼はなかなかの紳士《しんし》だ。対 彼女《かのじょ》。■二〈名〉⇩かれし■二

参考 元来、「かれ」は「あれ」と同じことばで、人にかぎらず何でもさすことができた。人をさす場合も、男をさすとはかぎらなかった(「かれこれ」は「あれこれ」、「かれを思い、これを思えば…」は、「あれやこれやいろいろ考えてみると…」ということ)。明治以後、欧文《おうぶん》の訳語としてたとえば、英語の he を「彼」、she を「彼女」と訳すようになり、今の用法ができた。そこから「彼氏」ということばもできた。

彼を知《し》り己《おのれ》を知れば百戦《ひゃくせん》殆《あや》うからず 対戦相手のことはもちろん、自分がわの長所も弱点も冷静につかんで対策をたてれば、なんど戦っても負けはしない。中国の兵法書『孫子』のことば。

かれい[1]〘▼鰈〙〈名〉海の底にすむひらたい魚。右がわに両目がある。目のあるがわが黒茶色で裏がわは白い。煮《に》つけなどにして食べる。→ひらめ ア カレー

かれい[2]【加齢】〈名〉年をとっていくこと。例 加齢臭《しゅう》。類 老化。エージング。ア カレー

かれい[3]【華麗】〈形動〉はなやかで美しい。例 華麗な演技。華麗なショー。類 絢爛《けんらん》。華美。ア カレー

カレー〈名〉❶トウガラシやコショウ、ニンニクなどの粉末をまぜてつくった、黄色でからい香辛料《こうしんりょう》。❷「カレーライス」の略。◇curry ▽ア カレー

表記 当て字で「▼咖▼喱」と書かれることもある。

ガレージ〈名〉自動車の車庫。◇garage

方言 京都では、時間貸しの有料駐車《ちゅうしゃ》場のことを言う。

かれえだ【枯れ枝】〈名〉❶生きている木の、枯れた枝。❷葉が枯れてなくなったあとの枝。

カレーライス〈名〉いためた肉や野菜に、水や塩、カレー粉を入れて煮《に》こみ、ご飯にかけて食べる料理。カレー。ライスカレー。◇curry and rice から。

かれおばな【枯れ尾花】〈名〉穂《ほ》が枯れたススキ。

かれき【枯れ木】〈名〉かれてはだかになった木。

枯れ木に花《はな》が咲《さ》く いちどおとろえたものが、いきおいをとりもどす。

枯れ木も山《やま》の賑《にぎ》わい つまらないものでも、ないよりはましだ、ということ。

がれき〘瓦▼礫〙〈名〉かけたかわらや小石。崩壊《ほうかい》した建物の残骸《ざんがい》。例 がれきの山と化す。

表現「がれきにひとしい」は、無価値であること。

かれくさ【枯れ草】〈名〉立ち枯れた草。

かれこれ〈副〉❶いろいろ。とやかく。例 その人物については、かれこれ言う人が多い。類 あれこれ。❷(数量を表わすことばにつけて)その数や量に近いことを表わす。おおよそ。例 もうかれこれ七時だ。かれこれ十年前の話だ。

かれさんすい【枯(れ)山水】〈名〉日本庭園の様式の一つ。水を使わず、石や砂で自然の風景をあらわす。

かれし【彼氏】■一〈代名〉「彼」をしたしんでいう言いかた。例 彼氏、このごろ元気かな? ■二〈名〉交際相手の男子。彼。例 彼氏ができる。対 彼女《かのじょ》。類 恋人。ボーイフレンド。

かれつ【苛烈】〈形動〉きびしく、はげしい。例 戦況《せんきょう》は苛烈をきわめる。類 激烈。熾烈《しれつ》。

カレッジ〈名〉一つの学部だけの大学。単科大学。対 ユニバーシティー。◇college

かれの【枯れ野】〈名〉草木の枯れた、さびしい野原。例「旅に病《や》んで夢は枯れ野をかけめぐる」(芭蕉《ばしょう》)。

かれは【枯れ葉】〈名〉枯れて、茶色になった葉。

かれはざい【枯れ葉剤】〈名〉環境《かんきょう》破壊兵器の一つで、植物を枯《か》らす薬剤《やくざい》。ダイオキシンをふくみ、人体にも多大な害となる。参考 ベトナム戦争でアメリカ軍が散布し、その後ベトナムだけでなくアメリカの帰還《きかん》兵の子孫にも奇形児が生まれる原因となった。

かれら【彼ら】〘彼▽等〙〈代名〉あの人たち。

か・れる【枯れる】〘▼涸れる・▼嗄れる〙〈動下一〉水分やうるおいがなくなる。❶[枯れる] 草や木が死んで、水けがなくなったり、色が変わったりする。類 しおれる。❷[枯れる] 年をとってみずみずしさがなくなる。例 やせても枯れても。❸[枯れる] 人格や芸などに、はでなところがなくなって、ふかいあじわいをもつようになる。例 枯れた芸。❹[涸れる] 川や池などの水がなくなる。例 井戸《いど》がかれる。類 干《ひ》上がる。枯渇《こかつ》する。❺[涸れる] 考えたり感じたりする力が少なくなる。例 詩想がかれる。類 枯渇《こかつ》する。❻[嗄れる] のどの使いすぎやかぜのために、声がかすれて出なくなる。例 声がかれる。類 かすれる。

かれん〘可▼憐〙〈形動〉かわいらしく、そっと大事にあつかいたい感じだ。例 かれんな少女。野原にかれんにさくすみれ。類 かわいらしい。愛らしい。

カレンダー〈名〉「暦《こよみ》」のこと。◇calendar

表現 連休などの休暇《きゅうか》のとりかたで「カレンダーどおり」といえば、とくに自分から休みをとることはないことを表わす。

かろう[1]【家老】〈名〉〔歴史〕江戸《えど》時代、大名の家来で、位がもっとも上の人。例 国家老。

かろう[2]【過労】〈名〉働きすぎてつかれがたまること。例 過労でたおれる。過労がたたる。

がろう【画廊】〈名〉絵をならべてかざり、見せたり売ったりするところ。ギャラリー。

かろうし【過労死】〈名〉働きすぎが原因で死ぬこと。

かろうじて【辛うじて】〈副〉あぶないところをぬけだしたり、なんとか成功したりするようすを表わす。やっとのことで。例 走りに走って、辛うじてまにあった。類 からくも。どうにかこうにか。

カロチン〈名〉⇩カロテン(次項) ◇ドイ《ドイ》ツ Karotin

アルキメデス (前287?～前212?) 古代ギリシャの数学者・物理学者。「アルキメデスの原理」を発見。

カロテン〈名〉ニンジンなどの緑黄色野菜に多くふくまれている黄赤色の色素。体内に入るとビタミンAにかわる。カロチン。◇carotene 参考 野菜にふくまれるカロテンのほとんどが、β(ベータ)という種類のカロテン。

かろとうせん【夏炉冬扇】〈名〉夏の火鉢《ひばち》や冬の扇《おうぎ》のように、時節にあわないで、役にたたないもの。

かろやか【軽やか】〈形動〉動きのようすがとても軽そうで、こころよく感じられる。例 軽やかな足どり。動きも軽やかに。類 軽快。

カロリー〈名・接尾〉❶熱量の単位。一カロリーは、一気圧のもとで、水一グラムの温度を一度上げるのに必要な熱量。記号「cal」。❷食物が消化吸収されて出る熱量。「①」の千倍を単位とする。記号「Cal」。例 カロリーが高い。低カロリー(食品)。◇ドイツ Kalorie

ガロン〈名・接尾〉液体の体積の単位。イギリスの一ガロンは、四・五四六リットル。アメリカの一ガロンは、三・七八五リットル。◇gallon

かろん・じる【軽んじる】〈動上一〉ものごとの重要さや人の能力をみとめないで、いいかげんにあつかう。「かろんずる」ともいう。例 人命を軽んじる。人を軽んじる。対 重んじる。類 軽視する。

かろん・ずる【軽んずる】〈動サ変〉⇩かろんじる

かわ[1]【川】〖河〗〈名〉山から流れ出した水が地上のくぼんでいるところにそって流れて行き、やがて海にそそぐもの。例 川が流れる。川をわたる。川をくだる。川をせく。川にはまる。類 河川。→かせん〔河川〕参考

表記「河」は、ふつう地名や名字《みょうじ》に用いられる。

川の字《じ》に寝《ね》る「川」の字のように三人がならんで寝る。夫婦が子どもを中にして寝るさまによく言う。

かわ[2]【皮・革】〈名〉❶[皮] 動物のからだや植物の表面をおおって保護しているまく。例 皮をはぐ。皮をはがす。皮をむく。皮をなめす。つらの皮。杉皮。渋皮《しぶかわ》。❷[革] くつやかばん、その他の製品をつくるために、動物の皮を加工して、やわらかく、なめらかにしたもの。例 革製品。革ばり。なめし革。牛革。

表現 (1)動物のうち、けものの皮にふさふさした毛がついているものは「毛皮」という。また、エビ・カニ・貝類・甲虫《こうちゅう》のように、外皮のかたいものは、「皮」といわないで、「殻《から》」という。(2)植物のうち、樹木の幹《みき》をおおっているものを「樹皮」、果実の表面にあるものを「果皮」という。(3)「ギョーザの皮」のように、中身をつつんでいるうすいものをさすこともある。(4)「化けの皮」「うその皮」などの「皮」は、人の本質をおおいかくしているもの、という意味。

かわ[3]【側】 **がわ【側】** 一〈名〉⇩がわ ❶いくつかにわかれているものや、わけて考えられるものの一つ、という意味を表わす形式名詞。例 消費者の側にたつ。敵側。類 がた。❷中心になる部分をつつんでいるもの。例 腕時計の側の部分。二〈接尾〉…のほう、という意味を表わす。例 線路側。類 寄り。▽類 サイド。

参考「かわ」の連濁《れんだく》にもとづくことば。「右っかわ」「向こうっかわ」のような場合は にごらない。

かわい・い〖可▽愛(い)い〗〈形〉❶小さくて、愛らしい。好感やほほえましさを感じるようすについていう。例 かわいい少女。彼にはまだ、かわいいところがある。対 にくらしい。類 かわいらしい。❷自分の子どもなどを、たいせつに思う。例 できのわるい子ほどかわいい。

表現 人がらや行動のしかたに憎めないあいきょうがあることを「かわいげがある」、ないことを「かわいげがない」という。

かわいい子《こ》には旅《たび》をさせよ 子どものためには、あまやかしたりしないで、世の中の苦しみやつらさを経験させるのがよい。

かわいが・る〖可▽愛(い)がる〗〈動五〉愛らしく思い、たいせつにする。例 子どもをかわいがる。対 いじめる。

かわいげ〖可▽愛(い)げ〗〈名〉子どもの、かわいらしい感じ。おとなの、親しみやすい感じ。例 かわいげのないやつ。

かわい(可▽愛)さあま(余)ってにく(憎)さひゃくばい(百倍) かわいくてたまらないと思っている人に対して、なにかのひょうしに憎いと思い始めると、ひとしお憎くてたまらないと思ってしまうこと。

かわいそう〖可▽哀想・可▽哀相・可▽哀そう〗〈形動〉気の毒で、同情にたえない気持ちだ。例 事故で親をなくした子どもがかわいそうでならない。類 ふびん。

かわいらし・い〖可▽愛らしい〗〈形〉見るからにかわいい感じだ。例 かわいらしい小犬。類 愛くるしい。

かわうお【川魚】〈名〉川でとれる魚。アユ・フナ・イワナなど。かわざかな。例 川魚料理。

かわうそ〖川▼獺・▼獺〗〈名〉川岸にすむ哺乳《ほにゅう》動物。体長七〇センチメートルほどで全身が黒く、尾《お》が長い。足に水かきがあり、魚をとって食べる。

かわか・す【乾かす】〈動五〉ぬれたものの水分や湿気《しっけ》をとりのぞく。例 服を乾かす。対 ぬらす。類 乾燥《かんそう》する。

かわかみ【川上】〈名〉❶川の水の流れてくる方角。❷川のみなもとに近いあたり。▽対 川下《かわしも》。類 上流。

かわき【乾き・渇き】〈名〉❶[乾き] 水けがなくなること。例 乾きがはやい。なま乾き。❷[渇き] のどがかわくこと。例 渇きをいやす。類 渇《かつ》。❸[渇き] はげしい欲求が満たされない状態。例 心の渇き。類 飢《う》え。渇望《かつぼう》。

かわぎし【川岸・河岸】〈名〉川に接している土地。類 河岸《かがん》。河岸《かし》。川べ。

かわきり【皮切り】〈名〉ひとつづきの行事や事件などのはじまり。例 この事件を皮切りに、次々とふしぎな事件がおきた。類 手始め。

かわ・く【乾く・渇く】〈動五〉❶[乾く] ものにふくまれていた水分や湿気《しっけ》がなくなる。例 せんたく物が乾く。空気が乾く。対 しめる。類 乾燥《かんそう》する。❷[渇く] のどがからからになって、水分がほしくなる。例 のどが渇く。対 うるおう。

表現「親の愛情に渇いている」のように、「強く求める」という意味でも使われる。類 飢《う》える。渇望《かつぼう》する。飢渇《きかつ》する。

かわくだり【川下り】〈名〉川を舟で下流にいくこと。

かわぐつ【革靴】〈名〉革製のくつ。

かわざかな【川魚】〈名〉⇩かわうお

かわざんよう【皮算用】〈名〉ものごとが始まる前、あるいは、そのなりゆきが、まだはっきりしないうちに、自分につごうのいいように結果を予想して、いろいろ計算したり計画をたてたりすること。

参考「とらぬたぬきの皮算用」ということわざにもとづく。

かわしも【川下】〈名〉❶川の水が流れていく方角。❷川口に近いあたり。▽対 川上《かわかみ》。類 下流。

かわ・す[1]【交わす】〈動五〉❶やりとりをする。例 ことばを交わす。あいさつを交わす。(酒を)くみ交わす。(文書を)

とり交わす。類交換《こうかん》する。まじえる。❷かさなりあうようにする。例枝《えだ》を交わす。

[2]**かわ・す**『▼躱す』〈動五〉❶ぶつかりそうなものを、ひらりとからだのむきをかえてさける。例身をかわす。体《たい》をかわす。追及《ついきゅう》をかわす。類よける。❷まさった状態のままにげきる。例ライバルの追撃《ついげき》をかわして一位になる。❸うしろから追いぬいて、まさった状態になる。例ライバルを次々にかわして先頭に立つ。

注意 ①と、そこから転じた②が本来の意味だが、③の意味で使われることも増えている。

かわず『▼蛙』〈名〉カエルの古い言いかた。例「古池やかはづとびこむ水の音」〔芭蕉《ばしょう》〕。

かわすじ【川筋】〈名〉❶川の流れのみちすじ。❷川にそった土地。例川筋の家々。類川沿い。流域。

かわせ【為替】〈名〉〔経済〕おもに遠いところと取り引きを行なうときに、現金でしはらうかわりに、手形・小切手・証書などによって送金する方法。例郵便為替。

かわせそうば【為替相場】〈名〉〔経済〕ある国の通貨と別の国の通貨を交換するときの比率。為替レート。

かわせみ『▼翡▼翠』〈名〉水べにすむ鳥の一種。スズメほどの大きさで、美しい光沢《こうたく》をもち、「飛ぶ宝石」とよばれる。頭とくちばしが大きい。魚をとって食べる。参考「川蟬《かわせみ》」の意味。漢語で「翡翠《ひすい》」といい、当て字される。

かわせレート【為替レート】〈名〉⇩かわせそうば

かわぞい【川沿い】〈名〉川に沿っていること。

かわぞこ【川底】〈名〉川の底。例川底をさらう。

かわたれどき『▽彼▽誰時』〈名〉夜明けのころ。↓たそがれ 由来

かわち【河▽内】〈名〉旧国名の一つ。現在の大阪府東部。鎌倉《かまくら》時代末期、楠木正成《くすのきまさしげ》が活躍《かつやく》。河内弁は大阪ことばの一方の代表。河内音頭や、綿布《めんぷ》の河内木綿《もめん》も有名。河州《かしゅう》。

かわどこ【川床】〈名〉川底の地盤《じばん》。河床《かしょう》。

かわどめ【川止め】〈名〉むかし、川が増水したとき、人々がわたったり、川に入ったりすることを禁じたこと。

かわはぎ『皮剝ぎ』〈名〉海にすむ魚の一種。からだはひし形。口先がつき出ていて、するどい歯がある。皮が厚く、はいでから料理する。

かわばた【川端】〈名〉川のほとり。類川べ。河畔《かはん》。

かわびらき【川開き】〈名〉その年の川での夕すずみなどの開始をいわって、花火などをうち上げてたのしむ年中行事。

かわべ【川辺】〈名〉川のほとり。類川ばた。河畔《かはん》。

かわべり【川べり】『川▽縁』〈名〉川のふち。土手。

かわむこう【川向こう】〈名〉川をへだてた、むこうがわ。例川向こうの家。類対岸。

かわも【川▽面】〈名〉川の水面。類川面《かわづら》。

かわや『▼厠』〈名〉「便所」の古い言いかた。

[1]**かわら【瓦】**〈名〉粘土《ねんど》をひらたくかためて、窯《かま》で焼いたもの。屋根をふくのに使う。類いらか。

[2]**かわら【河原・川原】**〈名〉川すじで、ふだんは水が流れず、土や石が露出《ろしゅつ》している部分。

かわらけ『▽土▽器』〈名〉素焼《すやき》したただけの陶器。神道《しんとう》などで使うさかずきをさすことが多い。

かわらばん【瓦版】〈名〉江戸《えど》時代、火事やあだうちなどの事件、そのほか、読者の興味をひきそうな記事をのせて刊行した印刷物。木版の一枚刷りで、今の新聞のもとになったものの一つ。

かわらぶき【瓦ぶき】『瓦▼葺き』〈名〉家の屋根が瓦でふいてあること。

[1]**かわり【代わり】**〈名〉❶あるものと同じはたらきをする、別のもの。例代わりの品。包帯がないので、ハンカチを代わりにした。類代用。→おかわり ❷ある人がするはずの役目を、別の人がすること。また、その人。例代わりがきく。母の代わりに、客の応対に出る。身代わり。類代理。❸うけた利益にみあうお返し。例そのかわり。→かわりに

[2]**かわり【変わり】**〈名〉前とちがった状態になること。例町のようすはふだんと変わりがなかった。類変化。

表現「みなさまお変わりありませんか」は、先方の人たちの安否をたずねるあいさつのことば。「おかげさまでみな変わりなくすごしております」は、答えのことば。

かわりだね【変わり種】〈名〉❶動植物の中で、かたちや品質がふつうとちがったもの。例変わり種のスイカ。類変種。❷言うことやすることが、ふつうとかなりちがっている人。例学者としては変わり種だ。類変わり者。

かわりに【代わりに】〈副〉返礼やひきかえとして。例代わりにこれをあげよう。

表現 関連した言いかたに、「その代わり」「その代わりに」「…する代わりに」がある。「Aする代わりにBする」には、「Aをしないで、その代用にBする」と、「Aをするその代償《だいしょう》としてBもする」と、二つの意味がある。

かわりばえ【代わり映え】〈名〉今までとかわったために、よくなること。例代わり映えがしない。

かわりは・てる【変わり果てる】〈動下一〉ひどいありさまにかわってしまう。死ぬことについていうことが多い。例変わり果てた我が子の姿。

かわりばんこ『代わり番こ』〈名〉一つのことを代わるがわるすること。子どもっぽい言いかた。

かわりびな【変わりびな】『変わり▼雛』〈名〉時の話題になった人物などを、ひな人形のように仕立てたもの。

かわりみ【変わり身】〈名〉まわりの情勢の変化をよみとって、自分の考えや行動をそれに合わせて変えること。例変わり身がはやい。

かわりめ【変わり目】〈名〉一つの状態が別のちがった状態になる、そのさかい。例季節の変わり目。

かわりもの【変わり者】〈名〉他の人からみて、まわりの人と変わった言動が多い人。類奇人《きじん》。変人。変わり種。

[1]**かわ・る【代わる・換わる・替わる】**〈動五〉❶〔代わる〕あるものと同じはたらきをほかのものがする。代理をする。例市長に代わって祝辞を述べる。なり代わる。❷〔替わる・換わる〕それまであったものが、別のものや新しいものにあらたまる。例首相が替わる。毎日メニューが替わる。入れ替わる。配置が換わる。類交替《こうたい》する。転換《てんかん》する。

表記 ②の「替わる」と「換わる」は、それほどはっきりと使い分けられないが、「配置が換わる」のように「転換する」という意味のときは「換わる」と書く習慣がある。

[2]**かわ・る【変わる】**〈動五〉❶前とちがった状態になる。例気が変わる。風向きが変わる。がらりと変わる。リトマス紙の色が青から赤に変わった。変わりはてる。生まれ変わる。類変化する。❷ふつうとは、ちょっとちがう。例変わった形。あいつはいっぷう変わっていて、おもしろいやつだぞ。

かわるがわる【代わる代わる】〈副〉同じ動作を、交替《こうたい》しながら順々にするようす。例荷物を二人で代わるがわる持つ。

かわ・れる【買われる】〈動下一〉❶買っていかれる。❷人から才能や人がらをすぐれているとみこまれる。例うでを買われる。

常用漢字　かん

【干】干部0　全3画　干干干
カン　ほす・ひる　教小6　音［カン］干渉《かんしょう》。干潮《かんちょう》。干満《かんまん》。欄干《らんかん》。若干《じゃっかん》。十干《じっかん》。訓❶［ほす］干す。干し柿。干し草。一夜干し。❷［ひる］干上がる。干物。潮干狩り。

【刊】刂部3　全5画　刊刊刊刊刊
カン　教小5　音［カン］刊行《かんこう》。新刊《しんかん》。週刊誌《しゅうかんし》。隔月刊《かくげつかん》。朝刊《ちょうかん》。休刊《きゅうかん》。

【甘】甘部0　全5画　甘甘甘甘甘
カン　あまい・あまえる・あまやかす　音［カン］甘言《かんげん》。甘受《かんじゅ》。甘美《かんび》。甘味料《かんみりょう》。甘味処《かんみどころ》。甘露煮《かんろに》。甘蔗《かんしょ》。甘藷《かんしょ》。訓❶［あまい］甘い。甘んじる。甘み。甘酒。甘辛。甘口。甘酸っぱい。❷［あまえる］甘える。甘えぐせ。甘えん坊。❸［あまやかす］甘やかす。

【汗】氵部3　全6画　汗汗汗汗汗汗
カン　あせ　音［カン］汗顔《かんがん》(の至《いた》り)。汗腺《かんせん》。発汗《はっかん》。訓［あせ］汗。汗する。汗水(たらして)。汗ばむ。汗まみれ。あぶら汗。冷や汗。寝汗。

【缶(罐)】缶部0　全6画　缶缶缶缶缶缶
カン　音［カン］缶《かん》。缶切《かんき》り。缶詰《かんづめ》。

【完】宀部4　全7画　完完完完完完完
カン　教小4　音［カン］完結《かんけつ》。完成《かんせい》。完全《かんぜん》。完璧《かんぺき》。完了《かんりょう》。補完《ほかん》。未完《みかん》。

【肝】月部3　全7画　肝肝肝肝肝肝肝
カン　きも　音［カン］肝臓《かんぞう》。肝油《かんゆ》。肝腎《かんじん》。肝要《かんよう》。訓［きも］肝。肝いり。肝っ玉。肝吸い。砂肝。

【官】宀部5　全8画　官官官官官官官官
カン　教小4　音［カン］官庁《かんちょう》。官職《かんしょく》。官僚《かんりょう》。官能《かんのう》。消化器官《しょうかきかん》。五官《ごかん》。教官《きょうかん》。長官《ちょうかん》。半官半民《はんかんはんみん》。

【冠】冖部7　全9画　冠冠冠冠冠冠冠冠冠
カン　かんむり　音［カン］冠詞《かんし》。冠婚葬祭《かんこんそうさい》。冠《かん》たる。王冠《おうかん》。月桂冠《げっけいかん》。栄冠《えいかん》。訓［かんむり］冠。

【巻(卷)】己部6　全9画　巻巻巻巻巻巻巻巻巻
カン　まく・まき　教小6　音［カン］巻頭《かんとう》。巻末《かんまつ》。全巻《ぜんかん》。第一巻《だいいっかん》。圧巻《あっかん》。訓❶［まく］巻く。巻き貝。巻き舌。巻物。渦巻き。のり巻き。葉巻。❷［まき］巻の一。虎の巻。

【看】目部4　全9画　看看看看看看看看看
カン　教小6　音［カン］看護《かんご》。看守《かんしゅ》。看病《かんびょう》。看破《かんぱ》。看板《かんばん》。

【陥(陷)】阝部7　全10画　陥陥陥陥陥陥陥陥陥陥
カン　おちいる・おとしいれる　音［カン］陥没《かんぼつ》。陥落《かんらく》。陥穽《かんせい》。欠陥《けっかん》。訓❶［おちいる］陥る。❷［おとしいれる］陥れる。

【乾】乙部10　全11画　乾乾乾乾乾乾乾乾乾乾乾
カン　かわく・かわかす　音［カン］乾燥《かんそう》。乾季《かんき》。乾《かん》パン。乾杯《かんぱい》。乾電池《かんでんち》。訓❶［かわく］乾く。生乾き。❷［かわかす］乾かす。

【勘】力部9　全11画　※勘勘勘勘勘勘勘勘勘勘勘
カン　音［カン］勘弁《かんべん》。勘所《かんどころ》。勘違《かんちが》い。勘案《かんあん》。勘定《かんじょう》。勘当《かんどう》。山勘《やまかん》。

【患】心部7　全11画　患患患患患患患患患患患
カン　わずらう　音［カン］患者《かんじゃ》。患部《かんぶ》。疾患《しっかん》。急患《きゅうかん》。内憂外患《ないゆうがいかん》。訓［わずらう］患う。長患い。

【貫】貝部4　全11画　貫貫貫貫貫貫貫貫貫貫貫
カン　つらぬく　音［カン］貫通《かんつう》。貫徹《かんてつ》。貫禄《かんろく》。貫目《かんめ》。縦貫《じゅうかん》。突貫《とっかん》。終始一貫《しゅうしいっかん》。尺貫法《しゃっかんほう》。訓［つらぬく］貫く。

【寒】宀部9　全12画　※寒寒寒寒寒寒寒寒寒寒寒寒
カン　さむい　教小3　音［カン］寒気《かんき》。寒暑《かんしょ》。寒中《かんちゅう》。寒梅《かんばい》。寒村《かんそん》。厳寒《げんかん》。防寒具《ぼうかんぐ》。大寒《だいかん》。貧寒《ひんかん》。訓［さむい］寒い。寒がる。寒気。寒空。梅雨寒。寒々(とした)。

【喚】口部9　全12画　喚喚喚喚喚喚喚喚喚喚喚喚
カン　音［カン］喚起《かんき》。喚問《かんもん》。喚声《かんせい》。召喚《しょうかん》。阿鼻叫喚《あびきょうかん》。

【堪】土部9　全12画　※堪堪堪堪堪堪堪堪堪堪堪堪
カン　たえる　音［カン］堪忍《かんにん》。堪忍袋《かんにんぶくろ》。訓［たえる］堪える。注意「堪能《かんのう》」は「たんのう」とも読む。現在は「たんのう」がふつう。

【換】扌部9　全12画　換換換換換換換換換換換換
カン　かえる・かわる　音［カン］換気《かんき》。換算《かんさん》。交換《こうかん》。転換《てんかん》。訓❶［かえる］換える。入れ換える。置き換える。❷［かわる］換わる。

【敢】攵部8　全12画　※敢敢敢敢敢敢敢敢敢敢敢敢
カン　音［カン］敢然《かんぜん》。敢闘《かんとう》。果敢《かかん》。勇敢《ゆうかん》。

【棺】木部8　全12画　棺棺棺棺棺棺棺棺棺棺棺棺
カン　音［カン］棺《かん》おけ。出棺《しゅっかん》。石棺《せっかん》。納棺《のうかん》。木棺《もっかん》。

【款】欠部8　全12画　款款款款款款款款款款款款
カン　音［カン］定款《ていかん》。借款《しゃっかん》。落款《らっかん》。

【間】門部4　全12画　間間間間間間間間間間間間
カン・ケン　あいだ・ま　教小2　音❶［カン］間隔

《かんかく》。間食《かんしょく》。間接《かんせつ》。間道《かんどう》。期間《きかん》。中間《ちゅうかん》。民間《みんかん》。時間《じかん》。❷[ケン] 世間《せけん》。人間《にんげん》。訓 ❶[あいだ] 間。間柄。❷[ま] 間。間違う。間取り。間延び。応接間。客間。床《とこ》の間。

【閑】門部4 全12画 閑閑閑閑閑閑
カン 音[カン] 閑散《かんさん》。閑静《かんせい》。閑居《かんきょ》。閑却《かんきゃく》。安閑《あんかん》。森閑《しんかん》。農閑期《のうかんき》。等閑《とうかん》。繁閑《はんかん》(の差)。

【勧(勸)】力部11 全13画 ※勧勧勧勧勧
カン すすめる 音[カン] 勧告《かんこく》。勧誘《かんゆう》。勧進《かんじん》。勧奨《かんしょう》。訓[すすめる] 勧める。勧め。

【寛(寬)】宀部10 全13画 寛寛寛寛寛
カン 音[カン] 寛大《かんだい》。寛容《かんよう》。

【幹】干部10 全13画 幹幹幹幹幹幹
カン みき 教小5 音[カン] 幹事《かんじ》。幹線道路《かんせんどうろ》。主幹《しゅかん》。基幹産業《きかんさんぎょう》。根幹《こんかん》。訓[みき] 幹。

【感】心部9 全13画 ※感感感感感感
カン 教小3 音[カン] 感心《かんしん》。感謝《かんしゃ》。感覚《かんかく》。感情《かんじょう》。共感《きょうかん》。実感《じっかん》。直感《ちょっかん》。音感《おんかん》。

【漢(漢)】氵部10 全13画 漢漢漢漢
カン 教小3 音[カン] 漢字《かんじ》。漢語《かんご》。漢詩《かんし》。漢方薬《かんぽうやく》。悪漢《あっかん》。熱血漢《ねっけつかん》。門外漢《もんがいかん》。

【慣】忄部11 全14画 慣慣慣慣慣
カン なれる・ならす 教小5 音[カン] 慣例《かんれい》。慣習《かんしゅう》。慣性《かんせい》。慣用句《かんようく》。習慣《しゅうかん》。訓 ❶[なれる] 慣れる。慣れ。慣れっこ。手慣れる。場慣れ。❷[ならす] 慣らす。

【管】竹部8 全14画 管管管管管
カン くだ 教小4 音[カン] 管理《かんり》。管轄《かんかつ》。管楽器《かんがっき》。管制塔《かんせいとう》。所管《しょかん》。保管《ほかん》。血管《けっかん》。水道管《すいどうかん》。訓[くだ] 管。

【関(關)】門部6 全14画 関関関関関
カン せき・かかわる 教小4 音[カン] 関係《かんけい》。関心《かんしん》。関与《かんよ》。関節《かんせつ》。機関《きかん》。相関《そうかん》。難関《なんかん》。税関《ぜいかん》。訓 ❶[せき] 関。関取。関所。関の山。❷[かかわる] 関わる。関わり。

【歓(歡)】欠部11 全15画 ※歓歓歓歓歓
カン 音[カン] 歓迎《かんげい》。歓声《かんせい》。歓喜《かんき》。歓談《かんだん》。歓待《かんたい》。哀歓《あいかん》。交歓会《こうかんかい》。

【監】皿部10 全15画 ※監監監監監監
カン 音[カン] 監禁《かんきん》。監査《かんさ》。監視《かんし》。監督《かんとく》。舎監《しゃかん》。警視総監《けいしそうかん》。

【緩】糸部9 全15画 緩緩緩緩緩緩
カン ゆるい・ゆるやか・ゆるむ・ゆるめる 音[カン] 緩和《かんわ》。緩衝材《かんしょうざい》。緩慢《かんまん》。緩急《かんきゅう》。弛緩《しかん》。訓 ❶[ゆるい] 緩い。❷[ゆるやかだ] 緩やかだ。❸[ゆるむ] 緩む。緩み。❹[ゆるめる] 緩める。

【憾】忄部13 全16画 ※憾憾憾憾憾
カン 音[カン] 遺憾《いかん》。

【還】辶部13 全16画 還還還還還
カン 音[カン] 還元《かんげん》。還付金《かんぷきん》。還暦《かんれき》。帰還《きかん》。生還《せいかん》。送還《そうかん》。奪還《だっかん》。返還《へんかん》。

【館】食部8 全16画 館館館館館館
カン やかた 教小3 音[カン] 館長《かんちょう》。館内《かんない》。体育館《たいいくかん》。大使館《たいしかん》。図書館《としょかん》。博物館《はくぶつかん》。美術館《びじゅつかん》。旅館《りょかん》。訓[やかた] 館。

【環】王部13 全17画 ※環環環環環
カン 音[カン] 環境《かんきょう》。環状線《かんじょうせん》。環礁《かんしょう》。循環《じゅんかん》。金環食《きんかんしょく》。

【簡】竹部12 全18画 簡簡簡簡簡簡
カン 教小6 音[カン] 簡単《かんたん》。簡潔《かんけつ》。簡素《かんそ》。簡便《かんべん》。簡易保険《かんいほけん》。書簡《しょかん》。竹簡《ちくかん》。木簡《もっかん》。

【観(觀)】見部11 全18画 ※観観観観
カン 教小4 音[カン] 観光《かんこう》。観察《かんさつ》。観点《かんてん》。観衆《かんしゅう》。参観《さんかん》。景観《けいかん》。静観《せいかん》。壮観《そうかん》。人生観《じんせいかん》。

【韓】韋部8 全18画 韓韓韓韓
カン 音[カン] 韓国《かんこく》。日韓《にっかん》関係。

【艦】舟部15 全21画 ※艦艦艦艦
カン 音[カン] 艦船《かんせん》。艦隊《かんたい》。艦長《かんちょう》。軍艦《ぐんかん》。航空母艦《こうくうぼかん》。戦艦《せんかん》。潜水艦《せんすいかん》。

【鑑】金部15 全23画 ※鑑鑑鑑鑑
カン かんがみる 音[カン] 鑑賞《かんしょう》。鑑定《かんてい》。鑑識《かんしき》。印鑑《いんかん》。図鑑《ずかん》。年鑑《ねんかん》。訓[かんがみる] 鑑みる。

1 **かん【缶】**〈名〉飲み物や食べ物などをいれる、金属製の容器。筒形《つつがた》や四角い箱形で、密閉できるようになっているものが多い。例 缶入り。缶詰《かんづめ》。缶切り。缶ジュース。缶ビール。空き缶。アルミ缶。ア カン
表現 空き缶は一個二個と数える。中身の入った缶ジュースなどは一本二本、缶詰は一缶《ひとかん》二缶《ふたかん》と数える。
参考 オランダ語の kan からきたことば。

2 **かん【官】** 一〈名〉国家の機関。国家の仕事や職員。例 官と民。官民一体となって。官を辞して野にくだる。対 民。民間。野。ア カン 二〈接尾〉国の行政機関の役人や、国の重要な任務にたずさわっている人。例 行政官。報道官。航空管制官。司令官。
表現 二には、俗《ぞく》に、「試験官」「面接官」のように、国とは関係のない役目もある。

3 **かん【巻】** 一〈名〉一冊の書物。例 この小説は巻をおっておもしろくなる。おもしろくて巻をおくことができない(=読むのをやめられない)。ア カン
二〈接尾〉ひとそろいの書物や、映画フィルム、DVDソフトなどの、数や順番をかぞえることば。例 全二十巻。第

安重根(アンジュングン)(1879〜1910) 韓国の独立運動家。初代韓国統監の伊藤博文をハルビンで暗殺。

五巻。
参考 経典《きょうてん》などの昔の書物が巻物《まきもの》で、一巻、二巻とかぞえたことから。

4 **かん【寒】**〈名〉暦《こよみ》のうえで、一年中でもっとも寒いとされる時期。立春前の三十日間で、前半を小寒、後半を大寒という。例 寒があける。ア **カン**
表現 「寒の入り」は、小寒に入ること。また、その日。「寒のもどり」は、春になってから一時的に寒くなること。

5 **かん【棺】**〈名〉遺体をおさめる箱。類 ひつぎ。ア **カン**

6 **かん【間】**〈名〉あいだ。時間、空間のへだたり。二つ以上のものごとのへだたりをいうことばで、接尾語としても使う。例 日中間の諸問題。指呼《しこ》の間（＝きわめて近いこと）。その間、わずかに三キロ進んだだけ。東京・大阪《おおさか》間を往復する。間一髪《いっぱつ》。ア **カン**

間髪《はつ》を入《い》れず あいだをおかず、すぐに。注意 かみの毛一本さえあいだに入れるすきまもない、という意味で、「間髪」は「かんぱつ」でなく、「間、髪をいれず」と読む。
表記 「入れず」は「▽容れず」と書かれることもある。

7 **かん【勘】**〈名〉りくつでわかるのではなくて、一瞬《いっしゅん》ぴんとくること。例 勘がいい。勘をはたらかす。勘でわかる。類 直感。第六感。インスピレーション。ひらめき。ア **カン**

8 **かん【感】**〈名〉❶ものごとに接したとき、自然に生じる、思いや気持ち。例 隔世《かくせい》の感。違和感。親近感。達成感。罪悪感。お買い得感。類 感じ。❷つよく心をうごかされること。例 （今昔の）感にたえない。類 感動。▽ア **カン** →かんじる

感極《きわ》まる この上なく感激《かんげき》する。感激にたえない。例 感極まってなみだをながす。類 胸が一杯《いっぱい》になる。胸がつまる。

感に堪《た》えない 実に深く感動している。

9 **かん【観】** 一〈名〉ものごとが、見る人にあたえる、みかけの感じ。例 …の観を呈《てい》する。この一発で勝負がついた観がある。ア **カン** 二〈接尾〉それぞれの人が持つ、ものの見かたや考えかた。例 価値観。人生観。恋愛観。

10 **かん【漢】**〈名〉❶〔歴史〕中国の古代王朝の一つ。紀元前二〇二年成立。紀元八年に新に王朝をうばわれるまでを前漢、二五年、新をほろぼしたあとから二二〇年にたおれるまでを後漢《ごかん》という。❷漢王朝だけでなく、中国全般《ぜんぱん》をさしたことば。中国の主要な民族の名。例 漢民族。▽ア **カン**

11 **かん【管】**〈名〉中がからっぽで円筒《えんとう》形のほそ長いもの。例 ガラス管。ガス管。類 くだ。ア **カン**

12 **かん【▼疳】**〈名〉ひきつけなどの、発作《ほっさ》的な神経症《しょう》。子どもに多い。疳の虫。癇《かん》。ア **カン**

13 **かん【▼緘】**〈名〉手紙の封《ふう》をするところに書いて、「たしかに封をした」の意味を表わすことば。ア **カン**

14 **かん【▼燗】**〈名〉日本酒を、とっくりなどに入れて、適当な温度にあたためること。そのあたたまりぐあい。例 燗をする。燗をつける。熱《あつ》燗。ぬる燗。ア **カン**

15 **かん【▼癇】**〈名〉❶すぐにいらいらしたり、おこったりすること。そのような性質。例 癇にさわる。癇が高ぶる。類 癪《しゃく》。❷⇩かん〔疳〕▽ア **カン**

癇にさわる 他人の言うことなどが、その人のいらいらしやすいところを刺激《しげき》する。例 彼女のもの言いがやたらかんにさわる。類 しゃくにさわる。

16 **かん【貫】** 一〈名・接尾〉尺貫《しゃっかん》法の重さの単位。一貫は三・七五キログラム。一貫の千分の一が一匁《いちもんめ》で、三・七五グラム。二〈接尾〉にぎりずしを数えることば。
表記 二は、語源が明らかでないため、「カン」とも書く。

17 **かん【館】**〈接尾〉たくさんの人が集まって活動をしたり、さまざまな展示をしたりする建物。例 体育館。美術館。博物館。

18 **かん【韓】**〈造語〉「韓国」「韓国語」のこと。例 日韓関係。韓日辞典。

常用漢字 **がん**

【丸】 丶部2 全3画 丸丸丸
ガン まる・まるい・まるめる 教小2 音［ガン］ ⬒丸薬《がんやく》。⬓弾丸《だんがん》。砲丸《ほうがん》。訓❶［まる］丸。丸洗い。丸印。丸太。丸裸。花丸。丸ごと。❷［まるい］丸い。丸み。丸さ。❸［まるめる］丸める。

【含】 口部4 全7画 含含含含含
ガン ふくむ・ふくめる 音［ガン］ ⬒含有量《がんゆうりょう》。含蓄《がんちく》。⬓包含《ほうがん》。訓❶［ふくむ］含む。含み。含み声。❷［ふくめる］含める。言い含める。

【岸】 山部5 全8画 岸岸岸岸岸岸
ガン きし 教小3 音［ガン］ ⬒岸壁《がんぺき》。⬓海岸《かいがん》。沿岸《えんがん》。湖岸《こがん》。対岸《たいがん》。彼岸《ひがん》。湾岸道路《わんがんどうろ》。訓［きし］岸。岸辺。向こう岸。
注意 「河岸」は、「かし」とも読む。

【岩】 山部5 全8画 岩岩岩岩岩岩
ガン いわ 教小2 音［ガン］ ⬒岩石《がんせき》。岩盤《がんばん》。岩礁《がんしょう》。岩塩《がんえん》。⬓火成岩《かせいがん》。奇岩《きがん》。溶岩《ようがん》。訓［いわ］岩。岩場。岩海苔。

【玩】 王部4 全8画 ※ 玩玩玩玩玩玩
ガン 音［ガン］ ⬒玩具《がんぐ》。⬓愛玩《あいがん》。

【眼】 目部6 全11画 眼眼眼眼眼眼
ガン・ゲン まなこ 教小5 音❶［ガン］ ⬒眼科《がんか》。眼球《がんきゅう》。眼力《がんりき》。眼目《がんもく》。⬓検眼《けんがん》。肉眼《にくがん》。双眼鏡《そうがんきょう》。主眼《しゅがん》。千里眼《せんりがん》。❷［ゲン］ ⬓開眼《かいげん》。訓［まなこ］眼。どんぐり眼。血眼。
注意 「眼鏡」は、「めがね」と読むのがふつう。

【頑】 頁部4 全13画 頑頑頑頑頑
ガン 音［ガン］ ⬒頑固《がんこ》。頑迷固陋《がんめいころう》。頑強《がんきょう》。頑健《がんけん》。頑丈《がんじょう》。

【顔】 頁部9 全18画 顔顔顔顔顔
ガン かお 教小2 音［ガン］ ⬒顔面《がんめん》。顔料《がんりょう》。⬓洗顔《せんがん》。童顔《どうがん》。紅顔《こうがん》。厚顔無恥《こうがんむち》。訓［かお］顔。顔色。顔立ち。顔合わせ。顔見知り。寝顔。横顔。したり顔。

【願】 頁部10 全19画 願願願願願
ガン ねがう 教小4 音［ガン］ ⬒願望《がんぼう》。願書《がんしょ》。⬓祈願《きがん》。志願《しがん》。哀願《あいがん》。念願《ねんがん》。訓［ねがう］願う。願い。

1 **がん【眼】** 一〈名〉（「眼をつける」「眼をとばす」の形で）すれちがいざまに、相手の目をにらむこと。やくざめかした言い

 アンデルセン（1805～75） デンマークの童話作家・詩人。「はだかの王様」など多くの童話を残した。

かた。

■二〈接尾〉ものを見分ける力。例審美《しんび》眼。鑑識《かんしき》眼。選球眼。

[2]**がん【▼雁】**〈名〉水鳥の一種。全身褐色《かっしょく》。秋、日本に渡来《とらい》し、冬のあいだ水べにすむ。マガン・ヒシクイなど種類が多い。かり。かりがね。→かり〔雁〕表現

[3]**がん【▼癌】**〈名〉腫瘍《しゅよう》の一種。ひふ・ねんまく・臓器・骨などに発生する悪性のはれもの。なおりにくく、ほかの場所に転移する。肺癌・胃癌・子宮癌など。

表現「現代社会の癌ともいうべき公害問題」のように、組織や機構などの中で、運営上のさまたげとなっているものや人についてもいう。

[4]**がん【願】**〈名〉神仏へのねがいごと。例願をかける。願かけ。

[5]**ガン**〈名〉銃《じゅう》。例ガンマニア。モデルガン。◇gun

かんあけ【寒明け】〈名〉寒がすぎ、立春になること。

がんあつ【眼圧】〈名〉眼球の中をみたしている房水《ぼうすい》の水圧。この水圧が眼球に張りをもたせて、まるい形をたもっている。例緑内障で眼圧が上がる。

かんあん【勘案】〈名・する〉ほかのことも考えあわせること。例さまざまな条件を勘案する。

かんい【簡易】〈形動〉手がるで簡単だ。また、そのぶん安直《あんちょく》だ。例簡易組み立て式の家具。感染症《かんせんしょう》の簡易検査キット。簡易保険。簡易食堂。簡易裁判所。

がんい【含意】〈名・する〉「利口《りこう》」ということばが、時に「ずるい」の意味をふくみ得るように、ことばの表面には見えないが、その裏にともなっている意味。類暗示。示唆《しさ》。

かんいさいばんしょ【簡易裁判所】〈名〉〔法律〕裁判所の一つ。少額のお金をめぐるあらそいや、かるい犯罪事件をとりあつかう。→さいばんしょ

かんいっぱつ【間一髪】〈名〉時間や事態などが非常にさしせまっていること。例間一髪セーフ。類危機一髪。参考「間一髪、まにあった」とも言えるし、「間一髪、まにあわなかった」とも言える。「かみの毛一本の差」がタイムアップ以前にあったか以後にあったかでそれが分かれる。

かんいん【▼姦淫】〈名・する〉不道徳でみだらな肉体関係をもつこと。例姦淫をおかす。

かんえん【肝炎】〈名〉〔医学〕肝臓が炎症《えんしょう》をおこす病気。多くはウイルスが原因となる。

がんえん【岩塩】〈名〉陸地の岩石のあいだからとれる、つぶ状に結晶《けっしょう》した塩。工業用や食塩の原料とする。

かんおう【観桜】〈名〉サクラの花をながめて楽しむこと。類花見。

かんおけ【棺おけ】〖棺▼桶〗〈名〉遺体をおさめるための木製のおけ。類ひつぎ。棺。早《はや》おけ。

棺桶に片足《かたあし》を突っ込《こ》む 年をとって残りの命が短い。ののしっていう、下品な言いかた。

かんおん【漢音】〈名〉漢字音の一つ。奈良《なら》時代から平安時代の初めごろに日本に伝えられた、中国唐《とう》の都長安や洛陽《らくよう》の音。→ごおん・とうおん 参考「山」を「さん」、「柔」を「じゅう」と読むのが漢音で、それらを、「せん」「にゅう」と読むのは呉音《ごおん》。

[1]**かんか【干▼戈】**〈名〉盾《たて》と矛《ほこ》。昔の武器。例干戈を交える(＝武器をもって戦う)。

[2]**かんか【看過】**〈名・する〉見すごしてはいけないことを、見すごすこと。例看過しえない事態。

[3]**かんか【感化】**〈名・する〉長いあいだ接することによって自然と影響《えいきょう》をうけ、考えや行動がかわること。例感化をうける。映画に感化される。

[4]**かんか【管下】**〈名〉ある役所や機関の権限がおよぶ範囲《はんい》。類管轄《かんかつ》下。管内。

[1]**がんか【眼下】**〈名〉高いところから見わたせる下のあたり一帯。例眼下に見おろす。アガンカ

[2]**がんか【眼科】**〈名〉医学の一分科。目の病気に関することをあつかう。アガンカ

[3]**がんか【眼▼窩】**〈名〉眼球のはいっているくぼみ。例くぼんだ眼窩。類眼孔《がんこう》。アガンカ

かんかい【官界】〈名〉役人がつくっている社会。

[1]**かんがい【干害】**〖▼旱害〗〈名〉日照りのために、農作物がかれたり、実がつかなかったりする災害。類干ばつ。

[2]**かんがい【寒害】**〈名〉季節はずれの低温のためにおこる農作物の被害《ひがい》。類冷害。

[3]**かんがい【感慨】**〈名〉心にふかく感じて、しみじみと思うこと。例感慨にふける。感慨にひたる。

[4]**かんがい【▼灌▼漑】**〈名・する〉人工的に水をひいて、田畑をうるおすこと。例灌漑用水。

がんかい【眼界】〈名〉❶ある地点から目にはいる範囲《はんい》。例眼界がひらける。類視界。❷ものの見かたや考えかたの範囲《はんい》。例眼界がせまい。類視野。

かんがいむりょう【感慨無量】〈名〉しみじみとした思いが、はかりしれないほど深いこと。類感無量。

かんがえ【考え】〈名〉考えること。考えて頭の中にあるもの。例考えがある。考えがあさい。考えをめぐらす。考えにふける。…する考えだ。考えごと。考えもの(だ)。類意見。見解。所見。了見《りょうけん》。

かんがえあわ・せる【考え合わせる】〖考え併せる〗〈動下一〉そのことも考えに入れる。例失敗したときのことも、あらかじめ考え合わせておこう。

かんがえごと【考え事】〈名〉頭の中でいろいろと考えること。例考え事をする。

かんがえこ・む【考え込む】〈動五〉疑問に思うことをめぐって、ああか、こうかとふかく考える。

かんがえすぎ【考え過ぎ】〈名〉あれこれ推測して、必要以上に悪い方に考えてしまうこと。

かんがえだ・す【考え出す】〈動五〉考えて、新しいものややり方を生み出す。類考案する。案出する。

かんがえつ・く【考え付く】〈動五〉考えが浮かぶ。例いい方法を考えついた。類思いつく。

かんがえなお・す【考え直す】〈動五〉❶いったん出した結論を変えることもふくめて、ちがう方向からもう一度検討する。例計画を最初から考え直す。類再考する。❷考えを変える。例今日は家にいようと思ったが、考え直して出かけることにした。類思い直す。

かんがえもの【考え物】〈名〉もういちどよく考えた方がいいと思われることがら。例それはちょっと考え物だ。

かんが・える【考える】〈動下一〉❶知っていること、感じたことにもとづいて頭をはたらかせる。とくに、すじみちをたてて頭をはたらかせること。例問題を考える。立場を考える。将来を考える。人間は考える葦《あし》である。❷くふうして、つくり出す。例考え出す。考えつく。

表現「思う」とのちがいについては「おもう」を参照。

考える葦《あし》 自然の中では弱い一本の葦のようなものにすぎないが、考える、というすばらしい能力をもっている人間。参考フランスの哲学《てつがく》者パスカルのことばから。

[1]**かんかく【間隔】**〈名〉二つ以上のもののあいだの へだたり。空間的な へだたりにも、時間的な へだたりにもいう。例間隔をあける。間隔をとる。間隔をおく。十メートル以上の間隔をとって走る。五分間隔で電車が発着する。類

安藤昌益(しょうえき) (1703?～62) 江戸時代の思想家。農民の立場にたち武士の支配する社会を批判した。

あいだ。刻み。

2 **かんかく【感覚】**〈名〉❶目・耳・鼻・舌・ひふの五官が感じるはたらき。見る・聞く・かぐ・味わう・さわるの五感。[例]感覚がまひする。[類]感じ。❷ものごとの微妙《びみょう》な感じをとらえる心のはたらき。[例]感覚がするどい。[類]センス。

1 **かんがく【官学】**〈名〉国の財政によって運営する学校。やや古いことば。[対]私学。

2 **かんがく【漢学】**〈名〉漢文や漢籍《かんせき》などを中心とした、むかしの中国に関したさまざまな学問。[対]洋学。国学。

3 **かんがく【管楽】**〈名〉〔音楽〕フルートやトランペットなどの管楽器を使って演奏される音楽。[対]弦楽《げんがく》。

かんかくきかん【感覚器官】〈名〉〔医学〕目・耳・鼻・舌・皮膚《ひふ》など、刺激《しげき》をうけとる器官。

かんかくしんけい【感覚神経】〈名〉目や耳、鼻や舌、ひふなどで感じた刺激《しげき》を脳へつたえる神経。知覚神経。→うんどうしんけい①

かんかくてき【感覚的】〈形動〉「考える」はたらきよりも「感じる」はたらきが生き生きしている。[例]感覚的な文章。[類]直観的。

がんかけ【願掛け】〈名・する〉神仏に、願いごとがかなうようにいのること。

かんかつ【管轄】〈名・する〉あたえられた権限によって、一定の範囲《はんい》内のことを管理し、さしずすること。[例]管轄下。[類]所轄。所管。

かんがっき【管楽器】〈名〉〔音楽〕フルートやトランペット、笛《ふえ》などのように、くだに息をふきこんで音をだす楽器。木管と金管がある。→がっき〔楽器〕

かんが・みる【鑑みる】〈動上一〉過去の例や現在の状況《じょうきょう》をよくよく考えあわせる。あらたまった場面で使うことば。[例]史実に鑑みて判断する。

［が　ん　ぎ］

カンガルー〈名〉オーストラリアにすむ有袋《ゆうたい》類の動物。あと足と尾《お》が発達している。めすは、腹にあるふくろに子を入れて育てる。種類が多い。◇kangaroo

1 **かんかん** 一〈副〉かたいものがくりかえしぶつかりあって、軽く反響《はんきょう》しながら音をたてるようす。[例]半鐘《はんしょう》がかんかん鳴る。二〈形動〉❶日差しが強く照りつけるようす。[例]かんかん照り。❷炭火がいきおいよく燃えているようす。[例]かんかんになる。▽❸はげしくおこるようす。[ア]一カンカン 二カンカン

2 **かんかん【閑閑】**〈副・形動〉おちついてのんびりしているようす。[例]悠々《ゆうゆう》閑々。[ア]カンカン

1 **かんがん【汗顔】**〈名〉はずかしさや恐縮《きょうしゅく》の気持ちから、顔にびっしょりあせをかくこと。[類]赤面《せきめん》。

[表現] もっぱら「汗顔《かんがん》の至《いた》り」の形で言う。本当にはじる場合より、「身にあまる光栄」というようなときに言うのがふつう。

2 **かんがん【▼宦官】**〈名〉〔歴史〕むかし、中国などで皇帝《こうてい》や貴族の後宮《こうきゅう》につかえた、去勢された男性。

がんがん 一〈副〉❶かたいものがくりかえしぶつかりあって、反響《はんきょう》しながらやかましい音をたてるようす。[例]シャッターをがんがんたたく。❷いきおいがはげしいようす。[例]抗議《こうぎ》の電話ががんがんくる。二〈副・する〉頭がひどく痛むようす。[例]頭ががんがんする。

かんかんがくがく【▼侃▼侃▼諤▼諤】〈名〉正しいと思うことを、えんりょなくはっきりと言うこと。[例]かんかんがくがくの議論。[注意]「けんけんごうごう」は別のことば。

かんかんでり【かんかん照り】〈名〉空には雲一つなく、太陽がはげしく照りつける天気。

1 **かんき【乾季・乾期】**〈名〉〔気象〕熱帯など、四季のはっきりしない地域で、一年のうち、雨の少ない季節・時期。[対]雨季。[ア]カンキ

2 **かんき【寒気】**〈名〉❶「寒さ」のややあらたまった言いかた。[例]寒気がゆるむ。[対]暑気。❷〔気象〕まわりの空気に比べて低温な空気。[例]強い寒気が流れ込む。[対]暖気。▽[ア]カンキ [参考]「さむけ」と読むのは別の語。

3 **かんき【寒季・寒期】**〈名〉一年のうち、寒い季節・時期。[類]寒冷期。[ア]カンキ

4 **かんき【換気】**〈名・する〉室内などのよごれた空気を、外のきれいな空気と入れかえること。[例]換気孔《こう》。換気扇《せん》。[類]通風。[ア]カンキ

5 **かんき【喚起】**〈名・する〉刺激《しげき》して動きをおこさせること。[例]注意を喚起する。世論を喚起する。[類]呼び起こす。[ア]カンキ

6 **かんき【歓喜】**〈名・する〉非常によろこぶこと。[類]大喜び。[ア]カンキ

がんぎ【▼雁木】〈名〉❶雪国で、軒《のき》のひさしを長くはり出して雪よけとし、その下を通路にする設備。[絵] ❷船着き場の桟橋《さんばし》。

かんきせん【換気扇】〈名〉プロペラのような羽根を回して、よごれた空気をへやの外にだす装置。ファン。

かんきだん【寒気団】〈名〉〔気象〕寒い地方から暖かい地方へ流れこんできた、低温の空気の大きなかたまり。

かんきつるい【▼柑▼橘類】〈名〉ミカンやレモンなどをまとめていうことば。シトラス。

1 **かんきゃく【観客】**〈名〉演劇やスポーツ、もよおしものなどの見物をしている人々。[類]観衆。

2 **かんきゃく【閑却】**〈名・する〉たいせつなことをいいかげんに考えて、ほうっておくこと。[類]等閑。なおざり。

1 **かんきゅう【緩急】**〈名〉❶ゆるやかなことと急なこと。おそいこととはやいこと。[例]緩急よろしきをえる。緩急自在の投球。❷急な、さしせまった状態。[例]一旦《いったん》緩急あれば…。[類]危急。▽[ア]カンキュー

2 **かんきゅう【感泣】**〈名・する〉感激《かんげき》のあまり、泣きだすこと。[ア]カンキュー

がんきゅう【眼球】〈名〉目のもっともたいせつな部分で、球の形をしているところ。[類]目玉。目のたま。

かんぎゅうじゅうとう【汗牛充棟】〈名〉車につんで牛に引かせれば、牛があせをかくほどの重さがあり、家の中につみ上げれば、棟《むね》に達するほどの量があること。家の中に本がたいへん多いことをいう。

かんきょ【閑居】〈名・する〉❶俗《ぞく》世間とはきりはなされているような、静かな住まい。そこでひっそりと生活すること。❷ひまであること。[例]小人閑居して不善をなす（→「しょうじん〔小人〕」の子項目）。

1 **かんきょう【感興】**〈名〉これはおもしろいと、興味がわ

安藤信正(のぶまさ)（1819〜71）　江戸末期の磐城平(いわきたいら)(福島県)藩主。老中。公武合体を進めた。

くこと。例感興をそそる。感興をもよおす。感興のおもむくままに足をのばした。

2 **かんきょう【環境】**〈名〉❶そこで生活する人や生物に、たえずはたらきかけて、その性格や資質をかたちづくるものとしての、外界の状態。例環境がわるい。環境がかわる。環境をととのえる。環境に応じる。めぐまれた環境。類まわり。❷人をとりまく自然の状態のこと。自然環境。例環境汚染《おせん》。環境破壊《はかい》。環境保全。❸コンピューターで、どんな機器やソフトウェアを使っているか、また、通信ネットワークに接続《せつぞく》できるかどうかという、全体の状況《じょうきょう》のこと。参考①の環境の種類として、自然環境・地域環境・社会環境・生活環境・家庭環境・教育環境などがある。

1 **かんぎょう【官業】**〈名〉公社など、政府が経営する事業。国営事業。対民業。

2 **かんぎょう【寒行】**〈名〉寒のあいだに、きびしいさむさにたえて行なう修行。寒念仏、寒参りなど。

がんきょう【頑強】〈形動〉ねばりづよくて、なかなかまいったとは言わない。例頑強に抵抗《ていこう》する。

かんきょうアセスメント【環境アセスメント】〈名〉開発が環境にあたえる影響《えいきょう》を、事前の調査によって、予測・評価すること。環境影響評価。

かんきょうしょう【環境省】〈名〉中央官庁の一つ。環境保護、公害防止、廃棄物《はいきぶつ》対策などの仕事をする。

かんきょうホルモン【環境ホルモン】〈名〉ダイオキシンやＰＣＢなど、身の回りから体内に少しずつ入りこんで、正常なホルモンの働きのじゃまをする化学物質。男性の精子の数がへったり、腫瘍《しゅよう》ができるなどの悪い影響《えいきょう》があるとされる。「外因性内分泌攪乱《ないぶんぴつかくらん》化学物質」の通称《つうしょう》。

かんきり【缶切り】〈名〉かんづめを開けるための、小さな刃のついた道具。

1 **かんきん【換金】**〈名・する〉品物などをお金にかえること。例換金作物。

2 **かんきん【監禁】**〈名・する〉ある場所にとじこめ、自由をうばうこと。類拘束《こうそく》。軟禁《なんきん》。

がんきん【元金】〈名〉預金、貸しつけ、借金の、はじめの金額。対利子。利息。類元金《もときん》。元本《がんぽん》。

かんく【管区】〈名〉管理・統轄《とうかつ》する担当の区域。例第三管区海上保安本部。関東管区気象台。

がんぐ【玩具】〈名〉「おもちゃ」のあらたまった言いかた。

がんくつ【岩窟】〈名〉岩のあいだにできている、ほら穴。類岩穴。岩屋。

がんくび【▼雁首】〈名〉❶キセルの、先の方の金属部分。対吸い口。❷人の頭や首をあざけっていうことば。

雁首をそろえる 人がいっしょにまとまる。見くだした、乱暴な言いかた。例雁首そろえて、おいでなすったな。

かんぐ・る【勘ぐる】〘勘繰る〙〈動五〉かってに気をまわして、うらの事情を想像する。

表現「げす(下種)の勘ぐり」というように、「勘ぐる」のは、いじわるく考えることだと感じられている。

かんぐん【官軍】〈名〉政府がわの軍隊。対賊軍《ぞくぐん》。

かんけい【関係】〈名〉❶二つ以上のもののあいだの、かかわり。例関係がふかい。関係をたつ。縁故《えんこ》関係。人間関係。利害関係。因果関係。❷〈する〉あるものごとにかかわること。例関係がある。関係をもつ。事件に関係した人はみな処罰《しょばつ》された。資金の関係で、計画を断念した。関係者。関係づける。無関係。類関連。関与《かんよ》。❸(名詞につけて、「…関係」の形で)あるものごとにかかわることがら。ややぼかしていうときに使うことば。例貿易関係の仕事をしています。類方面。分野。関連。

かんげい【歓迎】〈名・する〉よろこんで、むかえること。例歓迎会。大歓迎。対歓送。類歓待。

かんげいこ【寒稽古】〈名〉心身をきたえるために、寒《かん》の期間に行なう、武道や芸能の稽古。

かんけいしゃ【関係者】〈名〉それに関係のある人。

かんけいどうぶつ【環形動物】〈名〉からだがほそ長く、多数の輪がつらなっているような構造の動物をまとめていうことば。ミミズ・ヒル・ゴカイなど。

1 **かんげき【間隙】**〈名〉❶人やものなどの、すきま。例ディフェンスの間隙を縫《ぬ》ってシュートを放つ。❷すき。油断。例間隙に乗じる。間隙をつく。

2 **かんげき【感激】**〈名・する〉人のりっぱな行動や、すばらしいものごとを見て、心をはげしくうごかされること。例もてなしに感激する。感激にたえない。感激家。類感動。

3 **かんげき【観劇】**〈名・する〉劇を見ること。類芝居見物《しばいけんぶつ》。

1 **かんけつ【完結】**〈名・する〉長くつづいていたものが、すっかりおわること。例一年間つづいた連載《れんさい》小説が完結した。完結編。類完了《かんりょう》。

2 **かんけつ【間欠】**〘間▼歇〙〈名〉一定間隔《かんかく》で、くり返しおこること。例間欠泉。間欠的。対連続。

3 **かんけつ【簡潔】**〈名・形動〉表現などが、わかりやすく手みじかで、しかも要領をえていること。例簡潔な文章。簡潔に話す。文章は簡潔をたっとぶ。対冗長《じょうちょう》。冗漫《じょうまん》。類簡明。簡略。

かんけつせん【間欠泉】〘間▼歇泉〙〈名〉周期的にふき出したり止まったりする温泉。

1 **かんけん【官憲】**〈名〉「警察官」「検察官」などのこと。

2 **かんけん【管見】**〈名〉自分の意見や知識・見聞を、せまいものとしていう丁重《ていちょう》語。例管見によれば。管見の限りでは。管見に入る。類卑見《ひけん》。

3 **かんけん【漢検】**〈名〉「日本漢字能力検定」の通称《つうしょう》。十二段階の級ごとに、漢字の知識や理解力などをはかって認定する試験。

1 **かんげん【甘言】**〈名〉人の気にいるような、うまいことば。例甘言にのる。甘言につられる。

2 **かんげん【換言】**〈名・する〉言いかたをかえて言うこと。類言いかえる。

表現「換言すれば」「換言すると」などの形で、よく使う。

3 **かんげん【管弦】**〘管▼絃〙〈名〉〔音楽〕❶管楽器と弦楽器。例管弦楽団。類糸竹《しちく》。❷雅楽の合奏。例管弦のしらべ。

4 **かんげん【還元】**〈名・する〉❶〔化学〕酸化物から酸素をとりさること。ある物質と水素を化合させること。対酸化。❷もとにもどすこと。とくに、受けた恩や利益などに対して、お返しをすること。例利益の一部を社会に還元する。白紙還元。

5 **かんげん【▼諫言】**〈名・する〉目上の人にむかって、「それはまちがっています」と言うこと。類いさめる。

がんけん【頑健】〈名・形動〉からだがじょうぶで、がんばりがきき、むりをしても病気にならないこと。例頑健なからだ。頑健そのもの。対虚弱《きょじゃく》。類頑丈《がんじょう》。

かんげんがく【管弦楽】〘管▼絃楽〙〈名〉⇩オーケ

アンネ=フランク（1929～45）「アンネの日記」を書いたユダヤ人少女。ナチスの強制収容所で没す。

ストラ

かんこ【歓呼】〈名・する〉人を迎《むか》えたり送ったりするときに、大きなよろこびの声をあげること。例歓呼の声で迎える。

1 **かんご【漢語】**〈名〉音読みの漢字を使って書き表わすことば。古い時代に、外来語として中国から伝わったことばと、あとになって、日本で新しくつくったことばとがある。たとえば、「仁義」「君子」「飲食」などは むかし伝わったもので、「空港」「中間子」「単車」などは日本でつくったもの。対和語。外来語。ア**カンゴ** ↓囲み記事11(186ジペー)

2 **かんご【看護】**〈名・する〉病人やけが人などの手当てやせわ。例看護師。類看病。介抱《かいほう》。アカンゴ

がんこ【頑固】〈名・形動〉他人の言うことなど、聞こうともしないで、あくまで自分の考えでおしとおす態度。例頑固な老人。頑固をつらぬく。頑固おやじ。類かたくな。強情《ごうじょう》。いこじ。頑迷《がんめい》。一徹《いってつ》。

表現「頑固な病気」は、治りにくい病気。「頑固なよごれ」は、なかなか落ちないよごれ。

方言 頑固者をあらわす代表的なことばに、肥後(熊本)の「もっこす」、土佐《とさ》(高知)の「いごっそー」、津軽《つがる》(青森)の「じょっぱり」などがある。

1 **かんこう【刊行】**〈名・する〉本を印刷して世にだすこと。例定期刊行物。類出版。

2 **かんこう【敢行】**〈名・する〉かんたんではないことを、果敢に行なうこと。例全国ツアーを敢行する。類決行。断行。

3 **かんこう【感光】**〈名・する〉フィルムや印画紙が、光にあたって変化すること。例感光紙。

4 **かんこう【慣行】**〈名〉前からのならわしとして行なわれること。類慣例。

5 **かんこう【観光】**〈名・する〉よその土地の景色や風物、名所などを ながめてまわること。例島内を観光する。観光客。観光地。観光バス。観光農園。類見物。

1 **がんこう【眼光】**〈名〉目のかがやき。例眼光がするどい。

眼光炯炯《けいけい》 目がするどくかがやいている。例眼光炯々として人を射る。

眼光紙背《しはい》に徹《てっ》する 目の光が紙の裏側まで見とおすということから、深い意味まで理解する力がある。

2 **がんこう【眼孔】**〈名〉眼球のはいっているあな。類眼窩《がんか》。

3 **がんこう【▼雁行】**〈名〉❶ななめに並んでとぶ、鳥のガンの行列。❷〈する〉ななめに並んで すすむこと。

かんこうし【感光紙】〈名〉光に反応して色が変わる紙。写真の焼き付けやワープロなどのプリンター用紙に利用されている。

かんこうしげん【観光資源】〈名〉観光客を集めるための山・海などの自然の資源、史跡《しせき》・建造物・祭り・行事などの文化的な資源、レクリエーション施設《しせつ》などのこと。

かんこうち【観光地】〈名〉自然がうつくしく、名所・旧跡《きゅうせき》などがあって、観光に適した土地。

1 **かんこうちょう【官公庁】**〈名〉国や地方公共団体などの、おおやけの仕事をする役所。

2 **かんこうちょう【観光庁】**〈名〉国土交通省の外局の一つ。外国人観光客を増やすための仕事をする。

かんこうへん【肝硬変】〈名〉〔医学〕肝臓の細胞がこわれ、組織がかたくなって、機能が低下する病気。

かんこうれい【▼緘口令・▼箝口令】〈名〉知られてはこまることを、外部にもらさないようにしろという命令。例緘口令をしく。

かんごえ【寒肥】〈名〉冬の寒いあいだに、作物や庭木などにあたえる肥料。例寒肥をほどこす。

かんこく【勧告】〈名・する〉ある行動をとった方がよいと、人につよくすすめること。例辞職を勧告する。

かんごく【監獄】〈名〉「刑務《けいむ》所」や「拘置《こうち》所」のやや古い言いかた。

かんごし【看護師】〈名〉法律上の資格をもち、けが人や病人のせわ、医師の手助けなどを行なう人。例看護師免許《めんきょ》。参考(1)かつては、女性を「看護婦《ふ》」、男性を「看護士」と言った。(2)下位の資格の「准《じゅん》看護師」に対し、俗《ぞく》に「正《せい》看護師」という。

かんこつだったい【換骨奪胎】〈名・する〉先人のつくった文学作品の、発想法や表現法をたくみに使って、新しい作品をつくり出すこと。

かんこどり(閑古鳥)がな(鳴)く 商売がはやらないで、山の中のようにひっそりしている。参考「閑古鳥」はカッコウのことで、「閑古」はその鳴き声の当て字。

かんこんそうさい【冠婚葬祭】〈名〉成人式や結婚式、葬式や先祖の法事という、人の一生のうちの大事な儀式《ぎしき》。

かんさ【監査】〈名・する〉会社や団体などの、仕事やお金のうごきを 検査すること。例監査役。会計監査。

1 **かんさい【完済】**〈名・する〉債務を、すべて返済し終えること。例住宅ローンを完済する。ア**カンサイ**

2 **かんさい【関西】**〈名〉京都や大阪を中心とした地方。例関西弁。対関東。類京阪神《けいはんしん》。上方《かみがた》。↓きんき〔近畿〕アカンサイ

由来 いまの滋賀県大津《おおつ》市にあった、逢坂《おうさか》の関《せき》という関所《せきしょ》の西側の意味から。

かんざいにん【管財人】〈名〉〔法律〕他人の財産を管理する役の人。とくに、倒産した会社の整理や更生《こうせい》、破産の処理などをする。

かんさく【間作】〈名・する〉❶おもな作物をそだてるとき、そのうねのあいだに ほかの作物を栽培《さいばい》すること。また、その作物。❷おもな作物の収穫《しゅうかく》のあとに、ほかの作物を栽培すること。また、その作物。

がんさく【▼贋作】〈名・する〉絵画や小説などの作品の、にせもの。また、にせものをつくること。類偽作《ぎさく》。

かんざくら【寒桜】〈名〉二月ごろ、うすべに色の花を咲かせる桜。

かんざし【▼簪】〈名〉女性が日本髪《にほんがみ》をゆったときにさして、かざりとするもの。

1 **かんさつ【監察】**〈名・する〉行政や経営などに規定の違反《いはん》がないかをしらべて、とりしまったりすること。例監察官。

2 **かんさつ【観察】**〈名・する〉ありのままのすがたをよく見ること。例野鳥の生態を観察する。参考科学では、「実験」とともにたいせつなことば。「実験」が、手を加えてどうなるかをためすのに対し、「観察」は、手を加えないで、ものごとの自然のなりゆきを見て、記録にとどめることをいう。

3 **かんさつ【鑑札】**〈名〉特定の営業や行為《こうい》を許可したしるしとして、役所からだす 許可証。例犬の鑑札(=犬を飼うことをみとめる証明)。

かんさつい【監察医】〈名〉解剖《かいぼう》などによって、殺人事件や変死体の死因の調査をする医師。

1 **かんさん【換算】**〈名・する〉ある単位の数量を別の単

アンペール(1775~1836) フランスの物理学者。電流の単位のアンペア(A)はその名に由来。

位におきかえて、かぞえること。「かんざん」ともいう。例ドルを円に換算する。時給に換算する。

2 **かんさん【閑散】**〈副〉しずかで、ひっそりしているようす。例閑散とした商店街。参考「閑散期」は、鉄道などで客の少ない時期。

1 **かんし【干支】**〈名〉十干《じっかん》と十二支。また、それをくみあわせたもの。アカンシ →えと①

2 **かんし【漢詩】**〈名〉中国のむかしからの伝統的な詩。また、これをまねて日本でつくった詩。漢字だけでつくられる。

3 **かんし【冠詞】**〔文法〕英語やドイツ語などで、名詞の前において、単数・複数の区別など、文法的なはたらきを示すことば。英語の a, the など。定冠詞、不定冠詞などの種類がある。アカンシ

4 **かんし【監視】**〈名・する〉人の行動を見はること。例監視の目を光らせる。アカンシ

5 **かんし【環視】**〈名・する〉多くの人が、まわりをとりまいて見ること。例衆人環視の中で。アカンシ

1 **かんじ【感じ】**〈名〉❶刺激《しげき》をうけて生じる感覚。例寒さで指先の感じがなくなる。❷あるものごとから自然にうける印象や感情。例感じがわるい。感じがでる。感じをだす。類フィーリング。▽アカンジ

2 **かんじ【漢字】**〈名〉古代中国でつくられ、今も使われている文字。一字一字が意味を表わす。古代、日本に伝わり、以後日本語の文字として使われるようになった。平安時代に、漢字から ひらがな・かたかながつくられ、漢字かなまじりの文が書かれるようになった。真名《まな》。本字。アカンジ

3 **かんじ【幹事】**〈名〉❶会や団体の中心となって、事務をうけもつ役。❷会合や宴会《えんかい》などの世話役。例忘年《ぼうねん》会《かい》の幹事。▽アカンジ

4 **かんじ【監事】**〈名〉❶法人のお金のうごきや仕事を監督《かんとく》する役目。❷団体の事務をうけもつ役目。▽アカンジ 参考①は、会社では「監査役」という。

5 **かんじ【▼莞▼爾】**〈副・連体〉にっこりと笑うようす。例莞爾として笑う。莞爾と死んでいく。アカンジ

かんじい・る【感じ入る】〈動五〉心から感心する。例山田くんのけなげな行ないに感じ入った。

かんじおん【漢字音】〈名〉⇩じおん

かんじかなまじりぶん【漢字仮名交じり文】〈名〉漢字とかなをまぜて書いた文。いまの日本語の標準的な書きかた。

がんじがらめ【▼雁字▼搦め】〈名〉❶人をなわでしばって、動けなくすること。例がんじがらめにしばる。❷いろいろな関係がからんで自由な動きができないこと。例浮《う》き世のしがらみで がんじがらめになっている。

かんしき【鑑識】〈名〉❶あるものが、いいものかどうか、ほんものかどうかを見わけること。例鑑識眼。❷犯罪事件の調査で、警察が、のこされた指紋《しもん》や血液などを分析《ぶんせき》してしらべること。その係。▽類鑑定。

かんじき【▼橇】〈名〉雪道で、ふかい雪の中にふみこまないように、はきものの下につける、輪のかたちをした用具。

がんしき【眼識】〈名〉美醜《びしゅう》や真偽《しんぎ》を見わける力。例眼識をそなえる。

かんしつ【乾漆】〈名〉❶かわいてかたまったうるし。薬剤などに使う。❷麻の布をうるしで何枚もぬりかためて、仏像や工芸品を作る方法。奈良《なら》時代の作品に多い。

がんじつ【元日】〈名〉一年の最初の日である一月一日のこと。国民の祝日の一つ。

かんしつけい【乾湿計】〈名〉温度計を二本ならべて、一方のたまの部分を、ぬれた布でおおったもの。両方の目もりの差から、湿度を知ることができる。

かんじつげつ【閑日月】〈名〉取りたてて仕事がなく、のんびりとした日々。古めかしい言いかた。例閑日月を送る。

かんじと・る【感じ取る】〈動五〉実際に見たりふれたりしたものから、その背後にある、気配や感情などを感じる。例風に春の気配を感じ取る。

1 **かんしゃ【官舎】**〈名〉公務員やその家族が住むために、政府や地方自治体がたてた住宅。

2 **かんしゃ【感謝】**〈名・する〉自分にむけられた好意や親切などに対して、ありがたく思うこと。ありがたく思って礼をいうこと。例感謝にたえない。感謝のことば。感謝の念。ご好意に感謝します。

1 **かんじゃ【患者】**〈名〉病気にかかったり、けがをしたりして、治療《ちりょう》をうけている人。類病人。

2 **かんじゃ【間者】**〈名〉「スパイ」の古い言いかた。類間諜《かんちょう》。

かんしゃく【▼癇▼癪】〈名〉ちょっとしたことにも感情をおさえきれないで、いかりをぶちまけること。例かんしゃくをおこす。かんしゃく持ち。類癇癖《かんぺき》。

かんじゃく【閑寂】〈形動〉ひっそりとしていて、さびしいほど静かである。例閑寂なわびずまい。

かんしゃくだま【▼癇▼癪玉】〈名〉火薬を少し紙につつんでまるめたもの。地面にたたきつけると、びっくりするような音をだして爆発《ばくはつ》する。表現「かんしゃく玉を破裂《はれつ》させる」は、いかりをおさえられないで、人をどなりつけることにもいう。

かんじやす・い【感じやすい】〚感じ▽易い〛〈形〉ちょっとしたことにも心が動揺《どうよう》しやすい。感受性がするどい。例感じやすい年ごろ。類多感。

1 **かんしゅ【看守】**〈名〉刑務《けいむ》所で、囚人《しゅうじん》を見はる職員。

2 **かんしゅ【看取】**〚観取〛〈名・する〉見てとること。例心の動きを看取する。

1 **かんじゅ【甘受】**〈名・する〉あたえられたものがどんなものでも、文句を言わないで、うけいれること。例非難を甘受する。類あまんじる。

2 **かんじゅ【貫主・貫首】**〈名〉〔仏教〕各宗派の総本山の管長。または、大寺院の住職。類座主《ざす》。

3 **かんじゅ【感受】**〈名・する〉外界からの刺激《しげき》を感じとること。例感受性。

1 **かんしゅう【慣習】**〈名〉世間の人々のあいだに、むかしからひろく行なわれていること。例慣習をやぶる。類ならわし。しきたり。風習。習慣。

2 **かんしゅう【監修】**〈名・する〉本の編集を責任をもって監督《かんとく》すること。

3 **かんしゅう【観衆】**〈名〉スポーツやもよおしものなどを見物する、おおぜいの人々。例大観衆。類観客。

がんしゅう【含羞】〈名〉「はにかみ」「はじらい」の意味の、書きことば的な言いかた。例含羞をふくんだ笑顔。

かんしゅうほう【慣習法】〈名〉法律の条文で示されてはいないが、法律と同じ効力をもっている慣習。

かんじゅく【完熟】〈名・する〉作物の実や種が完全に熟すこと。例完熟トマト。対未熟。

かんじゅせい【感受性】〈名〉外界からの刺激《しげき》を、心にふかく感じとる能力。例感受性がつよい。感受

安禄山(あんろくざん)(705～57)　中国，唐の玄宗時代の節度使。ソグド人。反乱を起こして長安を占領。

性がするどい。ゆたかな感受性。[類]感性。

[1]**かんしょ【寒暑】**〈名〉さむさとあつさ。[例]寒暑の差が大きい国。[類]寒暖。

[2]**かんしょ【甘▼蔗】**〈名〉「さとうきび」のこと。

[3]**かんしょ【甘▼藷・甘▼薯】**〈名〉「さつまいも」のこと。

がんしょ【願書】〈名〉許可をうけるために役所や学校にだす書類。とくに、入学願書をさすことが多い。

[1]**かんしょう【干渉】**〈名・する〉❶直接には関係のない人が、自分の思うようにしようと、よけいな口を出すこと。[例]他人の生活に干渉する。大国の干渉。内政干渉。[類]さしで口。介入《かいにゅう》。❷〔物理〕二つ以上の音や光の波がかさなり合って、その力を大きくしたり小さくしたりする現象。▽[ア]カンショー

[2]**かんしょう【完勝】**〈名・する〉相手を完全に圧倒《あっとう》して勝つこと。[対]完敗。[類]圧勝。[ア]カンショー

[3]**かんしょう【冠省】**手紙で、最初の時候のあいさつなどをはぶいて、そのかわりに書くことば。「頭にのせるものを省略しました」という意味。[ア]カンショー

[表現]「前略」と意味は同じであるが、「冠省」は、おもにあらたまった事務的な手紙に使い、ふつうは「前略」を使う。

[4]**かんしょう【勧奨】**〈名・する〉こうするほうがいいとすすめること。[例]退職を勧奨する。[ア]カンショー

[5]**かんしょう【感傷】**〈名〉ものごとに心を動かされて、さびしくなったり、悲しくなったりすること。[例]感傷にひたる。感傷にふける。感傷的。[ア]カンショー

[6]**かんしょう【緩衝】**〈名〉対立する二つのもののあいだにあって、両者の直接のぶつかり合いや不和、ショックなどをやわらげること。また、やわらげるはたらきをするもの。[例]緩衝地帯。[ア]カンショー

[7]**かんしょう【環礁】**〈名〉輪の形をしたサンゴ礁。太平洋のあたたかい海域の島々にみられる。[ア]カンショー

[8]**かんしょう【観賞】**〈名・する〉植物や動物、娯楽《ごらく》作品、趣味のものなどを見て、たのしんだり学んだりすること。[例]観賞魚《ぎょ》。[類]鑑賞。[ア]カンショー

[9]**かんしょう【鑑賞】**〈名・する〉芸術作品のよさを理解しながら、じっくりとあじわうこと。[例]音楽鑑賞。絵画鑑賞。オペラ鑑賞。[類]観賞。[ア]カンショー

[10]**かんしょう【観照】**〈名・する〉冷静に対象を見つめ、深い洞察《どうさつ》力で、その事実にひそむ意味をとらえること。[例]自然観照。[ア]カンショー

[11]**かんしょう【▼癇性・▼疳性】**〈名・形動〉神経質で、異常なまでにきれいずきだったり、ちょっとしたことでも気にさわっておこったりする性質。[例]山田くんはひどく癇性な人だ。[類]癇癖《かんぺき》。[ア]カンショー カンショー

[1]**かんじょう【感情】**〈名〉よろこびや悲しみ、すききらい、そのほか、いろいろの感じかたでゆれうごく心のはたらき。[例]感情が高ぶる。感情をおもてにだす。感情をこめる。感情を害する。感情をおさえる。感情にはしる。感情の起伏《きふく》(がはげしい)。感情が入っては、ものごとを正しく判断できない。感情的。個人感情。恋愛感情。[類]情緒《じょうちょ》。[ア]カンジョー [参考]大きくは快と不快にわけられ、意志・理性とならんで、心の三方面をなすと考えられる。

感情に走《はし》る 冷静にしていられず、すぐに喜んだり悲しんだり怒ったりする。

感情を害《がい》する 人を不愉快《ふゆかい》な気分にさせる。不愉快な気分になる。

[2]**かんじょう【勘定】**〈名・する〉❶ものの数をかぞえること。かぞえた結果。[例]人数を正確に勘定する。どんぶり勘定。❷収入と支出を計算すること。計算した結果。[例]勘定があう。勘定科目。❸飲食の代金やサービスの料金などを計算した額。かかった費用をしはらうこと。[例]勘定をはらう。勘定をすます。勘定書き。お勘定。[類]会計。▽[ア]カンジョー

[表現]「道路の混雑を勘定に入れて、早めに出かける」の「勘定に入れる」は、あらかじめ予想して、考えに入れておくこと。

[3]**かんじょう【環状】**〈名〉まるい輪のようなかたち。[例]環状線。[ア]カンジョー

[1]**がんしょう【岩床】**〈名〉地面と平行に地中にひろがっている、板状の岩。

[2]**がんしょう【岩▼漿】**〈名〉マグマ。

[3]**がんしょう【岩礁】**〈名〉海面下にかくれていて見えない、大きな岩。[類]暗礁。

がんじょう【頑丈】〈形動〉❶もののつくりがしっかりしていて、こわれにくい。[例]頑丈なかぎ。❷からだつきがしっかりしていて、じょうぶだ。[例]頑丈なからだ。[類]頑健。▽[対]きゃしゃ。

かんじょういにゅう【感情移入】〈名・する〉作品や自然などの中に、自分の気持ちをふかく入りこませることによって、それといっしょになること。

かんじょうずく【勘定ずく】〈名〉利益のことばかり考えてすること。[例]勘定ずくでやる。[類]そろばんずく。

かんじょうせん【環状線】〈名〉輪のようなかたちにめぐらされている、道路や線路。

かんじょうだか・い【勘定高い】〈形〉自分の損得ばかりを考えている態度だ。[類]計算高い。打算的。

かんしょうちたい【緩衝地帯】〈名〉対立しあった二つ以上のものごとのあいだにもうけられた中立地帯。

[表現]とくに、対立する二つの国のあいだにもうけられたものをいう。

かんしょうてき【感傷的】〈形動〉感傷におぼれやすい。[例]感傷的な少女。[類]センチメンタル。おセンチ。

かんじょうてき【感情的】〈形動〉感情のうごきがはげしく、それがすぐ態度にあらわれる。[例]感情的にならないで最後まで話を聞いてよ。[対]理性的。

かんじょうろん【感情論】〈名〉感情にかられた議論。[例]感情論にはしる。それは感情論というものだ。

[1]**かんしょく【完食】**〈名・する〉かなりの分量の食べ物を、残さず食べること。[ア]カンショク

[2]**かんしょく【官職】**〈名〉公務員としての地位や、そのつとめ。[例]官職につく。[ア]カンショク

[3]**かんしょく【寒色】**〈名〉〔美術〕見る人に寒い感じをあたえる色。青系統の色。[対]暖色。[ア]カンショク

[4]**かんしょく【間色】**〈名〉⇩ちゅうかんしょく② [ア]カンショク

[5]**かんしょく【間食】**〈名・する〉食事と食事のあいだに、おやつや軽食を食べること。[ア]カンショク

[6]**かんしょく【閑職】**〈名〉重要でない、ひまな職。[例]閑職においやられる。[対]激職。要職。[ア]カンショク

[7]**かんしょく【感触】**〈名〉手や肌《はだ》がものにふれたときにうける感じ。[類]手ざわり。[ア]カンショク

[表現]「だいじょうぶだとの感触をえる」といえば、相手の言動からうけとった、その人の真意や意向などの、それとない感じをさす。

がんしょく【顔色】〈名〉かおいろ。

顔色なし 相手にすっかり圧倒《あっとう》されてしまうこと。[類]まっさお。顔負け。

か

井伊直弼(いいなおすけ) (1815～60) 江戸末期, 彦根(滋賀県)の藩主。大老。日米修好通商条約に調印した。

かん・じる【感じる】〈動上一〉❶外部からの刺激《しげき》をうけて、温度や痛さ、ものの形などを知る。例暑さを感じる。痛みを感じる。類おぼえる。❷心をうごかされる。例心に感じる。意気に感じる。責任を感じる。好意を感じる。楽しく感じる。❸ある印象をうける。例不安に感じる。危険を感じる。▽「かんずる」ともいう。

[1]**かんしん【感心】**〈形動・名・する〉すぐれている、たいしたものだ、と思って心が動かされること。目上の人のことには用いない。例感心な子ども。行儀《ぎょうぎ》のよさに感心する。感心にも今日は早く帰ってきた。

感心しない よくないと思い、賛成できない。例感心しない態度。そのやり方は感心しない。

[2]**かんしん【関心】**〈名〉あることに心がひかれて、それに注意をむけること。例関心がある。関心が高まる。関心をはらう。関心をよせる。…に関心をもつ。関心事《じ》。無関心。類興味。

[3]**かんしん【寒心】**〈名〉現在の状態に対して、心配のあまり、ぞっとすること。

表現 多く、「寒心にたえない」という形で、うれえなげくという意味に使う。

[4]**かんしん【歓心】**〈名〉相手の厚意・好意をうけいれて喜ぶ気持ち。例異性《いせい》の歓心を得ようとする。

歓心を買《か》う 人の喜ぶようなことをして、気に入られようとする。例上役の歓心を買う。類おべっかを使う。

[1]**かんじん【勧進】**〈名・する〉寺や仏像をつくったり、修理したりするために、寄付を集めること。

[2]**かんじん【肝腎・肝心】**〈名・形動〉とてもたいせつで、欠くことができないこと。例そこが肝腎なところだ。類肝要。

参考 肝臓と、腎臓または心臓が、体の中でもとくにたいせつなものだとの認識《にんしき》からきたことば。

かんじんかなめ【肝腎要・肝心要】〈名・形動〉「肝腎」を強めた言いかた。もっともたいせつなこと。

かんしんじ【関心事】〈名〉関心をよせていることがら。例人生最大の関心事。全国民の関心事。

かんじんずもう【勧進相撲】〈名〉江戸《えど》時代、勧進のためのお金をとって興行《こうぎょう》された相撲。

かんじんちょう【勧進帳】〈名〉寺や仏像をつくったり、修理したりするのに必要な寄付を集めるときに、説明のためにその目的や理由を書いたもの。

かんじんもと【勧進元】〈名〉❶すもうや芝居《しばい》の興行を計画してせわをする人や団体。❷あることの計画の中心になってせわをする人。

[1]**かんすい【完遂】**〈名・する〉すっかりやりとげること。例任務を完遂する。

[2]**かんすい【冠水】**〈名・する〉田畑や道路などが、洪水《こうずい》などのために、水をかぶること。類水びたし。浸水《しんすい》。

[3]**かんすい【▼梘水】**〈名〉中華麺《ちゅうかめん》を作るときに小麦粉にまぜる、炭酸カリウムなどをとかした液。麺にこしと黄色みがでる。例かんすい麺。

[4]**かんすい【▼灌水】**〈名・する〉農作物や草木に水をそそぐこと。

[5]**かんすい【▼鹹水】**〈名〉塩からい水。海水。専門的な言いかた。例鹹水湖。対淡水《たんすい》。

かんすう【関数】【▼函数】〈名〉〔数学〕ある数 x をきめると、もう一つの数 y がきまるような数量上の関係があるとき、y は x の関数であるという。例三角関数。

かんすうじ【漢数字】〈名〉一・二・十・百・千・万などの、数を表わす漢字。→さんようすうじ・ローマすうじ

参考 0《れい》には、記号の「〇」(=丸印「○」とは別の記号)を代用する。

かんすぼん【巻子本】〈名〉和本の一種、「巻物《まきもの》」のこと。

かん・する【関する】〈動サ変〉あるものごとにかかわる。例われ関せず。図書館設置に関して、意見を述べる。類関係する。関連する。

かん・ずる【感ずる】〈動サ変〉⇩かんじる

[1]**かんせい【完成】**〈名・する〉すっかりできあがること。ちゃんとつくり上げること。例作品が(を)完成する。完成品。アカンセー

[2]**かんせい【官製】**〈名〉政府がつくること。政府がつくったもの。例官製はがき(=郵便局で売っている通常はがきの旧称《きゅうしょう》)。対私製。アカンセー

[3]**かんせい【陥▼穽】**〈名〉「落とし穴」のこと。例陥穽におちいる。陥穽にはまる。アカンセー

[4]**かんせい【閑静】**〈形動〉あたりがひっそりしている。例閑静な住宅街。アカンセー

[5]**かんせい【感性】**〈名〉外界のようすを感じとる心のはたらき。例感性がゆたかだ。類感受性。アカンセー

[6]**かんせい【慣性】**〈名〉〔物理〕物体が外部から別の力をうけないかぎり、現在の状態をそのままつづけるという性質。類惰性《だせい》。アカンセー →運動の法則(「うんどう」の子項目)

[7]**かんせい【管制】**〈名・する〉❶政府が、非常事態にそなえて、一般《いっぱん》の自由な活動を禁止したり、制限したりすること。例報道管制。灯火管制。類統制。❷空港で、飛行機と連絡《れんらく》をとりながら、離《り》着陸などについて指示すること。例管制塔《とう》。航空管制官。▽アカンセー

[8]**かんせい【歓声】**〈名〉よろこんでだす、「わあい」「いいぞ」「がんばれ」「やった!」などというさけび声。例歓声をあげる。歓声があがる。類歓呼。アカンセー

[9]**かんせい【喚声】**〈名〉おどろいたり、興奮《こうふん》したりしてだす、大きな声。例喚声をあげる。アカンセー

かんぜい【関税】〈名〉輸入品にかける税金。

かんせいとう【管制塔】〈名〉空港で、飛行機と連絡をとりながら、離《り》着陸などについて指示をするところ。

がんせいひろう【眼精疲労】〈名〉目がつかれて、ものが見えにくかったり頭痛がしたりする、不快な症状《しょうじょう》。類疲れ目。

かんぜおんぼさつ【観世音▼菩▼薩】〈名〉〔仏教〕慈悲《じひ》の心がふかく、人々の苦しみをすくう仏。略して「観音《かんのん》」ともいう。観音菩薩。観音さま。

かんせき【漢籍】〈名〉中国の古典。対和書。洋書。

がんせき【岩石】〈名〉❶岩《いわ》や石《いし》。❷〔地学〕地殻《ちかく》をつくっている、かたい物質。そのできかたによって、火成岩・堆積《たいせき》岩・変成岩の三種にわけられる。

[1]**かんせつ【冠雪】**〈名・する〉山の上に雪が積もること。例初《はつ》冠雪。

[2]**かんせつ【間接】**〈名〉じかでなく、あいだに何かがはさまっていること。例直接または間接に影響《えいきょう》する。間接的。対直接。

[3]**かんせつ【関節】**〈名〉手首やひじ、ひざなどの、骨と骨とのつなぎ目。例関節炎《えん》。

[4]**かんせつ【環節】**〈名〉〔動物〕ミミズなどの、からだが輪のかたちの連続でできているような動物の、そのひとつひとつの部分。体節。

[5]**かんぜつ【冠絶】**〈名・する〉比較《ひかく》するものがないほどすぐれていること。例世界に冠絶する。

かんせつしょうめい【間接照明】〈名〉光を一度天井《てんじょう》や壁《かべ》に反射させて、ほのかに明るくする照明のしかた。

かんせつぜい【間接税】〈名〉税金をおさめる人と、実際にそれを負担する人がちがう税金。消費税や、たばこ税・酒税《しゅぜい》など。対直接税。参考税金をおさめるのは製造する人や販売《はんばい》する人であるが、実際に負担するのは消費者である。

かんせつせんきょ【間接選挙】〈名〉選挙権をもっている人が選挙人をえらび、その選挙人が候補者について選挙して当選者をえらびだす制度。対直接選挙。参考アメリカの大統領選挙は、この方式。

かんせつてき【間接的】〈形動〉じかではないが、かかわりがある。例間接的に知っている人。対直接的。

かんせつわほう【間接話法】〈名〉〔文法〕人のことばを引用するとき、そのままではなく、引用する人の立場に人称や時制を合わせて変える述べかた。たとえば、「太郎が先生に『父があした学校に来ます』と言った」は、直接話法なら、「太郎が先生に、太郎の父が次の日に学校に来ると言った」のようになる。対直接話法。

がんぜな・い【頑是ない】〈形〉まだおさなくて、もののよしあしがわからない。例頑是ない子ども。

[1]**かんせん【汗腺】**〈名〉哺乳《ほにゅう》類のひふにある、あせを出して体温を調節するはたらきをする腺。

[2]**かんせん【官選】**〈名〉政府が任命するかたちでえらぶこと。対民選。公選。

[3]**かんせん【感染】**〈名・する〉❶病気がうつること。例インフルエンザに感染する。感染経路。感染源。院内感染。❷できごとが まわりにひろがってうつること。例あくびが感染する。悪風に感染する。類感化。染まる。▽類伝染。参考①の感染のしかたには、接触《せっしょく》感染・飛沫《ひまつ》感染・空気感染などがある。

[4]**かんせん【幹線】**〈名〉鉄道や道路などで、いくつかの主要地点をむすぶ線。例幹線道路。新幹線。対支線。ローカル線。類本線。

[5]**かんせん【観戦】**〈名・する〉試合などを見物すること。例プロ野球を観戦する。

[1]**かんぜん【完全】**〈名・形動〉なにもかもじゅうぶんにそなわっていること。例完全な円。完全を期する。完全にこっちの負けだ。完全無欠。対不完全。類完璧《かんぺき》。万全。

[2]**かんぜん【敢然】**〈副・連体〉危険も困難もおそれずに、思いきって。例敢然とたたかう。

がんぜん【眼前】〈名〉目のまえ。まのあたり。例眼前の光景。類目前《もくぜん》。鼻先。

かんぜんじあい【完全試合】〈名〉野球で、一人の投手がランナーを一人も出さないで勝った試合。パーフェクトゲーム。

かんせんしょう【感染症】〈名〉ウイルスや細菌《さいきん》が、人の体内にはいりこんで増殖《ぞうしょく》して引きおこす病気。

かんぜんしょくひん【完全食品】〈名〉俗《ぞく》に、からだに必要な栄養素がバランスよくふくまれている食品のこと。参考牛乳・卵・バナナ・納豆・玄米などにいうことがあるが、なんらかの認定基準があるわけではない。

かんぜん(間然)するところ(所)がな(無)い あれこれ批判するところがないほど完璧《かんぺき》だ。参考「間」は、批判を加えるすきまの意味。

かんぜんちょうあく【勧善懲悪】〈名〉よい行ないをすすめ、悪をこらしめること。

かんぜんはんざい【完全犯罪】〈名〉犯罪の証拠《しょうこ》をまったく残さずに行なわれた犯罪。

かんぜんむけつ【完全無欠】〈名・形動〉全部そなわっていて、たりないところや欠けているところがないこと。例完全無欠な人はいない。「完全」を強めていうことば。

かんそ【簡素】〈名・形動〉必要なものだけで、お金のかかるものや、かざりけがないこと。例簡素な住まい。簡素化。類質素。シンプル。

がんそ【元祖】〈名〉あるものごとをはじめた最初の人。類創始者。表現「日本の辞書の元祖は『新撰字鏡《しんせんじきょう》』だ」などというように、ものごとのはじまりをさすこともある。

[1]**かんそう【完走】**〈名・する〉マラソンや自動車レースなどの長距離《きょり》競走で、途中《とちゅう》で棄権《きけん》せずに最後まで走ること。

[2]**かんそう【乾燥】**〈名・する〉かわくこと。かわかすこと。例空気が乾燥する。材木を乾燥する。乾燥機。乾燥剤《ざい》。無味乾燥(＝あじけない)。

[3]**かんそう【間奏】**〈名〉〔音楽〕曲の主要部分のあいだにあるみじかい部分の演奏。例間奏曲。対前奏。

[4]**かんそう【感想】**〈名〉見たり聞いたりして、心に感じたこと。例感想をのべる。感想文。類所感。

[5]**かんそう【歓送】**〈名・する〉出発を祝い、はげまして送りだすこと。例歓送会。対歓迎《かんげい》。類壮行《そうこう》。表現歓送会と歓迎会をひとつの会としておこなうときは「歓送迎会」という。

かんぞう【肝臓】〈名〉内臓の一つ。腹部の右上、横隔膜《おうかくまく》の下にある。胆汁《たんじゅう》をだしたり、栄養物を代謝したり、たくわえたりするなど、重要な はたらきをする。類肝《きも》。参考調子が悪くなっても自覚症状《しょうじょう》があらわれにくいことから、「沈黙《ちんもく》の臓器」と呼ばれる。

かんそうきょく【間奏曲】〈名〉〔音楽〕オペラの幕あいなどに演奏される 器楽の曲。

かんそうげいかい【歓送迎会】〈名〉歓送会と歓迎会。

かんそうざい【乾燥剤】〈名〉ものを乾燥させたり、しめらないようにして保存したりするのに使う物質。

かんそうぶん【感想文】〈名〉考えたり感じたりしたことをまとめた文章。

かんそく【観測】〈名・する〉❶天候や天体のようすなど、自然界の現象をしらべること。例観測データ。気象観測。❷ものごとのなりゆきを、これまであったことをもとにして、おしはかること。例希望的観測。

かんそん【寒村】〈名〉さびれたまずしい村。

かんそんみんぴ【官尊民卑】〈名〉政府や役人ばかりだいじにして、民間の人やものごとをかるくあつかうこと。

カンタータ〈名〉〔音楽〕独唱や重唱、合唱などと器楽の伴奏《ばんそう》とで演奏される曲。みじかいオラトリオまたはオペラ風の歌曲をいう。◇イタリア cantata

カンタービレ〈名〉〔音楽〕「歌うように、メロディーを美しく演奏せよ」。◇イタリア cantabile

ガンダーラびじゅつ【ガンダーラ美術】〈名〉〔歴史〕紀元前後から数世紀にわたって、インド西北部(＝現在はパキスタン領)のガンダーラ地方を中心にさかえた仏教美術。

[1]**かんたい【寒帯】**〈名〉地球の気候区分の一つ。南極・北極を中心とした地帯で、寒さがきびしい。→ねったい・おんたい〔温帯〕

2 **かんたい**【歓待】〖款待〗〈名・する〉客を心からもてなすこと。例歓待をうける。類歓迎《かんげい》。

3 **かんたい**【艦隊】〈名〉二隻《せき》以上の軍艦で編成された海軍の部隊。

かんだい【寛大】〈形動〉心がひろく、他人に対して思いやりがある。例寛大な処置。類寛容。

がんたい【眼帯】〈名〉目のけがや病気などのとき、目をおおって保護するためにあてるガーゼなど。

かんたいじ【簡体字】〈名〉中国で使っている、字体を簡略にした漢字。「车(=車)」「电(=電)」など。「簡化字」ともいう。参考もとの漢字を「繁《はん》体《たい》字」という。

かんたいへいよう【環太平洋】〈名〉太平洋をとりまく地域。例環太平洋地域。環太平洋諸国。

かんだか・い【甲高い】〈形〉頭にひびくほど、声の調子が高い。例甲高い声。

かんたく【干拓】〈名・する〉湖や湾などの水をほして、農地や宅地にすること。例干拓地。

かんたる【冠たる】〈連体〉もっともすぐれている。例世界に冠たるA国の自動車産業。

がんだれ【▼雁垂れ】〈名〉漢字の垂れの一つ。「厚《こう》」「原」などの「厂」の部分。

1 **かんたん**【感嘆】〖感▼歎〗〈名・する〉「すごい!」「たいしたものだ」と感心して、ほめること。例感嘆の声。感嘆これを久しゅうする。類詠嘆《えいたん》。驚嘆《きょうたん》。

2 **かんたん**【簡単】〈形動〉❶ものごとがこみいってなくて、やさしい。例簡単な問題。類容易。❷てみじかで、あっさりしている。例簡単な面接試験がある。

1 **かんだん**【間断】〈名〉途中《とちゅう》でとぎれること。例間断なく降りつづける雨。類たえま。表現「間断なく」の形で使うことが多い。

2 **かんだん**【閑談】〈名・する〉ひまにまかせて、のんびりと話をすること。類閑話。

3 **かんだん**【歓談】〖款談〗〈名・する〉うちとけて、たのしく話し合うこと。例歓談をかわす。歓談のうちに時をすごす。しばしご歓談ください。類談笑。

4 **かんだん**【寒暖】〈名〉さむさとあたたかさ。例寒暖の差がはげしい。寒暖計。類寒暑。

がんたん【元旦】〈名〉元日の朝。例一年の計は元旦にあり(↓「いちねん〔一年〕」の子項目)。類元朝。表現年賀状の日付に「一月元旦」と書くのは正しくない。「一月」は不要。「令和…年元旦」のように書く。

かんたん(肝胆)あい(相)て(照)らす おたがいにふかく理解し、心をうちあけて、つきあう。

かんたん(▼邯▼鄲)いっすい(一炊)のゆめ(夢) 人の世の富貴《ふうき》や栄達のはかなさをいうことば。一炊の夢。由来中国の唐《とう》のむかし、盧生《ろせい》という青年が、邯鄲という地で、出会った老道士にまくらをかりて昼寝《ひるね》したところ、夢で、かねて願っていたように立身出世してしあわせになったところで目がさめた。見ると、昼寝するとき道士がむしはじめていたキビは まだむしあがっていなかった。そんな短い間の夢だった。実際の立身出世も、この夢と同じはかないものと盧生は さとったという話。

かんだんけい【寒暖計】〈名〉温度計の一つ。気温をはかるもの。

かんたんし【感嘆詞】⇩かんどうし

かんたんふ【感嘆符】〈名〉詠嘆《えいたん》やおどろき、人にうったえかけることなどを表わす「!」の記号。エクスクラメーションマーク。俗《ぞく》に「びっくりマーク」ともいう。注意もとは西洋の言語で使う記号であり、あらたまった文章の中では使わない。「疑問符=?」も同様。

かんたんぶん【感嘆文】〈名〉⇩かんどうぶん①

かんたん(肝胆)をくだ(砕)く けんめいにまごころをつくす。

1 **かんち**【▼奸知】〖▼奸▼智〗〈名〉ずるがしこい知恵。例奸知にたけた男。類悪知恵。狡知《こうち》。

2 **かんち**【完治】〈名・する〉病気やけがが、すっかりなおること。類全治《ぜんち》。根治《こんじ》。

3 **かんち**【感知】〈名・する〉ものごとの状況《じょうきょう》を敏感に感じとること。例地震《じしん》を感知する。異常を感知する。感知器。類察知。

4 **かんち**【関知】〈名・する〉かかわりがあって、事情をよく知っていること。表現「その件はわたしのいっさい関知しないところです」のように、打ち消しの文の中で使われるのがふつうで、かかわりがないことを強調するときにいう。

かんちがい【勘違い】〈名・する〉うっかり思いちがいをすること。例テストでとんだ勘違いをしてしまった。

がんちく【含蓄】〈名〉ことばや文章に感じられる、おくぶかい意味やあじわい。例含蓄がある。含蓄にとむ。

かんちゅう【寒中】〈名〉❶陰暦《いんれき》で、冬、立春前約三十日間。寒《かん》。例寒中お見舞い申しあげます(=寒中見舞いの手紙の文章)。❷冬の寒さのきびしい時期。例寒中水泳。対暑中。

がんちゅう【眼中】〈名〉目の中におさまるということから、関心や意識の範囲《はんい》内、という意味を表わす。表現ふつう、「眼中にない」「眼中におかない」の形で使われ、「まったく関心がない」という意味を表わす。また、「眼中にあるのは金《かね》だけ」のような言いかたで、関心の集中するものを強める用法がある。

1 **かんちょう**【干潮】〈名〉海の潮《しお》がひいて、海面の高さがもっとも低くなる状態。ふつう一日に二度おこる。対満潮。満ち潮。類退潮。引き潮。アカンチョー

2 **かんちょう**【官庁】〈名〉国の政治に関する事務をとりあつかう機関。国が運営する機関。各省のほか、都道府県庁などをもふくめていう。類役所。アカンチョー

3 **かんちょう**【間▼諜】〈名〉「スパイ」の古い言いかた。類間者。アカンチョー

4 **かんちょう**【管長】〈名〉仏教や神道《しんとう》などで、宗派を代表して、とりしきる人。類貫主《かんじゅ》。座主《ざす》。アカンチョー

5 **かんちょう**【▼浣腸】〈名・する〉肛門《こうもん》から腸にくすりをそそぎこむこと。つまった大便をだしたり、栄養をおぎなったりするためにおこなう。アカンチョー

がんちょう【元朝】〈名〉「元日の朝」の意味の、かたい言いかた。類元旦《がんたん》。

1 **かんつう**【▼姦通】〈名・する〉自分の夫・妻以外の人と肉体関係をもつこと。類浮気《うわき》。密通。不義。参考妻の姦通だけを一方的に罰《ばっ》した「姦通罪」は、戦後なくなった。

2 **かんつう**【貫通】〈名・する〉ものに穴をあけて、反対がわまで通じさせること。また、そのような穴ができること。例弾丸《だんがん》が背中を貫通する。トンネルが貫通する。

カンツォーネ〈名〉〔音楽〕イタリアの歌謡《かよう》曲。◇イタリア canzone

かんづ・く【感づく】〖感付く〗〈動五〉知らされていないのに、なんとなく直感的にそれとわかる。例おかしいと感づく。類感知する。察知する。

かんつばき【寒つばき】〘寒▼椿〙〈名〉冬にさくつばき。

かんづめ【缶詰】〈名〉加工した食品を缶につめて、空気が入らないようにしたもの。長く保存できる。類 びん詰。
表現 人が「かんづめになる」のは、仕事でどこかに入りっぱなしになること。

1 **かんてい【官邸】**〈名〉首相などの公務のために、国が提供する邸宅。対 私邸。類 公邸。

2 **かんてい【艦艇】**〈名〉大小各種の、軍事用の船。

3 **かんてい【鑑定】**〈名・する〉美術品や資料、筆跡《ひっせき》などが、ほんものかにせものか、ねうちがあるか などを見きわめること。例 鑑定書。類 鑑別。

がんてい【眼底】〈名〉〔医学〕眼球内部のおくの部分。網膜や血管などがある。

かんていりゅう【勘亭流】〈名〉歌舞伎《かぶき》の看板や番付などに使われる、まるくて太い独特の文字の書体。

かんてつ【貫徹】〈名・する〉自分の考えや行動を、最後までとおすこと。例 初志を貫徹する。要求貫徹。

か(▼噛)んでふく(含)める ⇩「かむ〔噛む〕」の子項目

カンテラ〈名〉もちはこびできる小さな石油ランプ。◇オランダ kandelaar

カンデラ〈名・接尾〉光度の単位。記号「cd」。類 燭光《しょっこう》。◇candela

1 **かんてん【干天】**〘▼旱天〙〈名〉ひでりの空。例 干天の慈雨《じう》。ア カンテン

干天の慈雨《じう》 ひでりつづきのときに降る めぐみの雨のことから、こまっているときのありがたい たすけ。

2 **かんてん【寒天】**〈名〉❶冬のさむざむとした空。類 寒空《さむぞら》。❷テングサの煮汁《にじる》をかためて、寒気にあててこおらせ、乾燥《かんそう》させたもの。半透明《はんとうめい》でかるい。また、それを煮てかためた、ゼリー状の食品。▽ア ①カンテン ②カンテン

3 **かんてん【観点】**〈名〉ものごとを観察したり、考えたりするときの 目のつけどころ。例 観点がちがう。観点をかえる。観点の相違《そうい》。類 見地。視点。視角。ア カンテン
表現 「視点」が、どの立場から見るかを問題にするのに対して、「観点」は対象のどこを見るかを問題にする。

かんでん【感電】〈名・する〉電流にふれて、ショックをうけること。例 感電死。

かんでんち【乾電池】〈名〉炭素棒を陽極(=プラス)に、亜鉛《あえん》を陰極(=マイナス)に使い、そのあいだに塩化アンモニウム・二酸化マンガンなどをまぜ合わせて小さな容器につめこんだ電池。取りあつかいや持ちはこびに便利。

かんてんぼうき【観天望気】〈名〉風の感じや雲の動きなどから天気の推移を予想する、昔からのやりかた。

かんと【官途】〈名〉役人としての仕事や地位。例 官途につく(=役人になる)。

かんど【感度】〈名〉刺激《しげき》に対して反応する どあい。たとえばラジオが電波に、写真のフィルムが光に反応するときなどの反応の程度。例 感度がいい。

1 **かんとう【完投】**〈名・する〉野球で、一人の投手が一試合を最後まで投げぬくこと。ア カントー

2 **かんとう【巻頭】**〈名〉本のはじめの部分。例 巻頭をかざる。巻頭言《かんとうげん》。対 巻末。類 巻首。ア カントー

3 **かんとう【敢闘】**〈名・する〉力いっぱいたたかうこと。例 敢闘賞。類 奮闘《ふんとう》。奮戦。ア カントー

4 **かんとう【関東】**〈名〉〔地理〕首都東京を中心に、茨城・栃木・群馬・埼玉・千葉・神奈川の一都六県がふくまれる地方。対 関西。→しゅとけん ア カントー
由来 いまの神奈川県箱根町《はこねまち》にあった、箱根の関《せき》という関所《せきしょ》の東側の意味から。

5 **かんとう【▼竿頭】**〈名〉さおの先。ア カントー

1 **かんどう【勘当】**〈名・する〉親子のつながりをたって、子どもをおいだすこと。主従や師弟《してい》の関係についてもいう。類 義絶。

2 **かんどう【間道】**〈名〉一般《いっぱん》の人の知らない小道。例 間道をぬける。対 本道。類 ぬけ道。

3 **かんどう【感動】**〈名・する〉心をなにかに強く動かされること。とくに、すばらしいものごとにふれて、心を強くゆさぶられるような感じがすること。例 困難に立ち向かう姿《すがた》に感動する。感動をあたえる。感動をよぶ。感動の嵐《あらし》。深い感動。感動的。類 感銘《かんめい》。感激。

かんとうげん【巻頭言】〈名〉書物の最初の部分にのせることばや文章。

かんとうし【間投詞】 ⇩かんどうし

かんどうし【感動詞】〔文法〕呼びかけ・応答・さそいかけ・強調・おどろきなど、感情を直接的に表わす自立語。「はい」「えいっ」など。間投詞。感嘆《かんたん》詞。

かんとうじょし【間投助詞】〔文法〕助詞の分類の一つ。文節のおわりにつけて、語調を整えたり、強調や話し手の感動などを表わしたりする。「ね」「よ」「さ」「な」など。
参考 この辞典では、間投助詞は終助詞にふくめる。

かんとうだいしんさい【関東大震災】〈名〉〔歴史〕一九二三(大正一二)年九月一日、関東地方をおそった大地震。

かんどうてき【感動的】〈形動〉すばらしさに強く心が動かされる。例 感動的な場面。

かんどうぶん【感動文】〈名〉❶文の形式上の分類の一つ。感動した気持ちをそのまま表現するもので、単語一語だけのときや、主語や述語がそろわないことも多い。「感嘆《かんたん》文」ともいう。❷感動したできごとや思いを書く作文。

1 **かんとく【感得】**〈名・する〉何かのきっかけでふと、深い真理を感じとってさとること。

2 **かんとく【監督】**〈名・する〉人の上にたって、仕事のさしずをしたり、とりしまったりして、全体をまとめ ひきいること。また、その役目。例 工事を監督する。野球部の監督。映画監督。現場監督。類 指揮《しき》。ディレクター。

かんどころ【勘所】〈名〉ものごとを うまくやりこなすうえで、もっとも重要なところ。例 かんどころをおさえる。類 急所。つぼ。

がんとして【頑として】〈副〉だれがなんと言おうと、自分の主張をまもり、他人の意見を聞きいれようとしないようす。例 頑としてきかない。

カントリー〈造語〉❶国。祖国。故郷。例 カントリーリスク。❷郊外《こうがい》。地方。例 カントリークラブ。◇country

1 **かんな【▼鉋】**〈名〉材木の表面をけずって平らにしたり、なめらかにしたりする工具。例 かんなを かける。かんなくず。ア カンナ

2 **カンナ**〈名〉庭にうえる草花の一種。多年草。大きい葉がでて、夏、赤や黄色などのあざやかな大きな花がさく。ハナカンナ。◇canna ア カンナ

かんない【管内】〈名〉警察署などの、うけもちの範囲《はんい》内。対 管外。類 管轄《かんかつ》地域。管下。

かんなづき【神無月】〈名〉陰暦《いんれき》で、十月のこと。

池大雅(いけのたいが)(1723～76) 江戸中期の文人画家。明・清の南画をこえた独自の日本的な文人画を完成。

「かみなづき」ともいう。

かんなん【▼艱難】〈名〉ものごとをやりとげるまでの、つらくて苦しいこと。例艱難辛苦《しんく》。類苦難。辛酸《しんさん》。

艱難汝《なんじ》を玉《たま》にす 人は、多くの困難や苦労をのりこえて、はじめて、りっぱな人物になれる。

かんなんしんく【▼艱難辛苦】〈名・する〉たいへんな苦労。文章語的な言いかた。

かん(簡)にしてよう(要)をえ(得)る 簡潔で、しかも、必要な要点をきちんとふくんでいる。例簡にして要を得た説明。

かんにょう【▼凵▼繞】〈名〉漢字の繞《にょう》の一つ。「凹《おう》」「凶《きょう》」などの「凵」の部分。うけばこ。

かんにん【堪忍】〈名・する〉おこりたいのを、ぐっとがまんして相手を許すこと。やや古風な言いかた。例成らぬ堪忍するが堪忍(→「なる(成る)」の子項目)。類勘弁。

カンニング〈名・する〉試験で、答えがわかるものをぬすみ見る不正行為《こうい》。例カンニングペーパー。
参考 英語の cunning は「ずるがしこい」という意味であり、不正行為のことは cheating という。

かんにんぶくろ(堪忍袋)のお(緒)がき(切)れる もう、これ以上がまんができなくなる。

かんぬき【▼閂】〈名〉門や戸の戸じまりに使う横木。絵 例かんぬきをかける。かんぬきをさす。

かんぬし【神主】〈名〉「神職《しんしょく》」のややくだけた言いかた。例神主さん。

かんねい【▼奸▼佞】〈名・形動〉ねじけた心をもち、わるがしこいこと。例奸佞の輩《やから》。

かんねん【観念】 一〈名〉あるものごとについて、「こういうものだ」という考え。例固定観念。観念論。観念的。

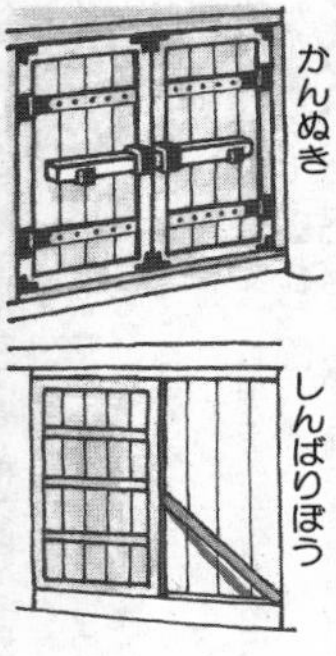

[かんぬき]

二〈名・する〉もうこれで終わりだ、とあきらめて覚悟《かくご》すること。例もはやこれまでと観念して、目をとじる。

がんねん【元年】〈名〉ある元号の、最初の年。例平成三十一年は、五月から令和元年になった。

かんねんてき【観念的】〈形動〉現実を知らず、頭の中だけでものごとを考えている。例観念的な小説。類抽象《ちゅうしょう》的。

かんねんろん【観念論】〈名〉❶哲学《てつがく》で、ものごとは、人間の心がそれをみとめたときにはじめて存在することができる、という考えかた。対唯物《ゆいぶつ》論。類唯心論。❷実際のようすを考えに入れないで、頭の中だけでつくりあげた考え。例きみの意見は、単なる観念論にすぎない。

1 **かんのう【完納】**〈名・する〉税金など、おさめるべきものをすべておさめること。類全納。

2 **かんのう【官能】**〈名〉❶動物のもつ感覚器官のさまざまなはたらき。❷性に関する感覚。例官能的。

3 **かんのう【間脳】**〈名〉脳の一部で、大脳と中脳とのあいだの部分。自律神経を支配する。

4 **かんのう【感応】**〈名・する〉❶なにかに対して、心が反応すること。❷導体が、磁気や電気をおびること。例感応コイル。

かんのうてき【官能的】〈形動〉人の感覚、とくに性的な欲望にうったえかけてくるような。例官能的な音楽。

かんのむし【▼疳の虫】〈名〉⇩かん〔疳〕

かんのん【観音】〈名〉〔仏教〕「観世音菩薩《かんぜおんぼさつ》」の略。また、観世音菩薩を本尊とする寺の通称《つうしょう》。例観音さま。悲母《ひぼ》観音。
参考 三大観音として、東京の浅草《あさくさ》観音(=浅草寺《せんそうじ》)、名古屋の大須《おおす》観音(=真福寺《しんぷくじ》)、三重県の津《つ》観音(=観音寺《かんのんじ》)はとくに有名。

かんのんびらき【観音開き】〈名〉まんなかで二つにわかれたとびらで、左右にひらく戸。

かんば【▼悍馬】〈名〉気性のあらいウマ。荒馬《あらうま》。

1 **かんぱ【看破】**〈名・する〉真相をするどく見やぶること。例たくらみを看破する。類見ぬく。

2 **かんぱ【寒波】**〈名〉〔気象〕冬、大陸から移動してきて、はげしい寒さをもたらす大気。例寒波におそわれる。寒波襲来《しゅうらい》。

3 **カンパ**〈名・する〉政治的な活動のための募金《ぼきん》。また、それに対して少しずつお金を出しあうこと。例不当解雇《かいこ》支援《しえん》資金をカンパする。◇ロシア語から。

1 **かんばい【完売】**〈名・する〉用意した商品が、すべて売れてなくなること。すべて売りつくすこと。例チケット一万枚が(を)完売する。即日《そくじつ》完売。類売り切れ。

2 **かんばい【寒梅】**〈名〉寒中にさく、はやざきのウメ。

3 **かんばい【観梅】**〈名〉ウメの花を見てたのしむこと。類梅見《うめみ》。

1 **かんぱい【完敗】**〈名・する〉手も足もでずに負けること。対完勝。類大敗。惨敗《ざんぱい》。

2 **かんぱい【乾杯】**〈名・する〉お祝いやはげましの意味をこめて、みんながいっせいにさかずきをあげて、のむこと。例原稿の完成に乾杯! 乾杯の音頭《おんど》をとる。

かんぱく【関白】〈名〉❶〔歴史〕むかし、天皇をたすけて政治をとりしきった最高の官職。例摂政《せっしょう》関白。❷いばっている者。例亭主《ていしゅ》関白。

かんばし・い【芳しい】〈形〉❶かおりがいい。「かぐわしい」が変化した古い言いかた。例芳しい新茶。❷成績や評判が、よい。多く、打ち消しの形で使う。例英語の点数が芳しくなかった。

かんばし・る【甲走る】〈動五〉するどく高い声がひびく。例甲走った声。

カンバス〈名〉⇩キャンバス

かんばせ【▽顔】〈名〉「かお」の古い言いかた。例花のかんばせ。
表現 「何のかんばせあって故郷に帰れましょうか」のように、一相手にあわせる顔の意味で、今でも使うことがある。

1 **かんばつ【干ばつ】**【干▼魃・▼旱▼魃】〈名〉長いあいだ雨が降らないで、田畑の水がかれてなくなること。例干ばつにみまわれる。類日照り。干害。

2 **かんばつ【間伐】**〈名・する〉樹木がよく育つように、多すぎる木を切ること。苗《なえ》などの間引きに相当する。

かん(間)はつ(髪)をい(入)れず ⇩「かん〔間〕」の子項目

がんば・る【頑張る】〈動五〉❶最後までいっしょうけんめい努力する。例ゴールまでがんばれ! ❷自分の考えをゆずろうとしないで主張しつづける。例そんなにがんばってつっぱらなくてもいいのに。❸ある場所をうごかないでい

る。例入り口に大きな犬ががんばっている。

かんばん【看板】〈名〉❶宣伝や案内などのために、会社名や店名、商品名を大きな文字や絵で書いてかかげたもの。例看板をだす。看板をかかげる。立て看板。一枚看板(→独立項目)。❷「①」のように、人目につきやすいようにして、おもてにだすもの。例慈善《じぜん》事業を看板に、あくどいことをしている。看板むすめ。❸むかし、閉店するときに看板をしまったことから、飲食店や酒場などが一日の営業をおえること。例看板にする。

看板が泣《な》く りっぱな名前や肩書《かたがき》があるのに、それに見合うだけの中身がなくて、なさけない。例この程度の料理じゃ高級料亭の看板が泣く。

1 **かんぱん【甲板】**〈名〉船の上部で、平らになっているところ。デッキ。参考船員用語では「こうはん」という。

2 **かんぱん【乾板】**〈名〉ガラス板などに、光に反応しやすい薬品をぬってかわかしたもの。フィルムの役目をする。

3 **かんパン【乾パン】**〈名〉かたく焼いた小さなパン。ビスケットに似《に》ている。携帯《けいたい》用や非常用の保存食として利用される。

がんばん【岩盤】〈名〉地中にある岩石の層。

かんばんだおれ【看板倒れ】〈名〉見かけはりっぱだが、実際の内容がともなわないこと。類見かけだおし。羊頭狗肉《ようとうくにく》。

かんばんむすめ【看板娘】〈名〉その人の魅力《みりょく》によって店の雰囲気《ふんいき》を高め、客をひきつけるような存在感のある娘。

1 **かんび【甘美】**〈形動〉❶あまくておいしい。例甘美なくだもの。❷うっとりするようにこころよい。例甘美な旋律《せんりつ》によいしれる。

2 **かんび【完備】**〈名・する〉必要なものを全部そなえていること。必要なものが全部そなわっていること。例防犯システムを(が)完備する。冷暖房《れいだんぼう》完備。対不備。

かんぴ【官費】〈名〉費用として国からしはらわれるお金。やや古い言いかた。例官費留学生。類国費。

がんぴ(方言) 模造紙。富山で言う。参考和紙の原料となる植物の「雁皮《がんぴ》」から。方言だと気づいていない人が多い。

がんぴし【▼雁皮紙】〈名〉ガンピという木の皮の繊維《せんい》でつくった、うすくてつやのある上質の和紙。

かんびょう【看病】〈名・する〉病人につきそって、せわをすること。例寝《ね》ずの看病。類看護。介抱《かいほう》。

かんぴょう〖干▼瓢・乾▼瓢〗〈名〉ユウガオの実《み》をほそ長くむいて、ほした食品。のり巻きなどに使う。栃木県の特産物。

がんびょう【眼病】〈名〉目の病気。類眼疾《がんしつ》。

かんぴょうき【間氷期】〈名〉〔地学〕氷河時代の、氷期と次の氷期のあいだにある、温暖な期間。

かんぴんたん(方言) 干《ひ》からびた状態。三重で言う。例ご飯かんぴんたんなっとる。

1 **かんぶ【患部】**〈名〉からだの中の、病気でわるくなっている場所。傷のできているところ。

2 **かんぶ【幹部】**〈名〉組織の中心になって、その団体をうごかしていく人。例学校の幹部。類首脳。

かんぷ【還付】〈名・する〉政府が国のものとしたり、借りあげたりした土地や財産などを、本来の持ち主にかえすこと。例還付金。

カンフー〈名〉中国の拳法《けんぽう》。クンフー。◇中国語「功夫」から。

1 **かんぷう【完封】**〈名・する〉❶野球で、一人の投手が相手チームに点をあたえないで勝つこと。シャットアウト。❷相手のうごきを完全におさえこむこと。

2 **かんぷう【寒風】**〈名〉冬にふく、冷たい風。さむかぜ。例寒風ふきすさぶ十二月の街《まち》。

かんぷく【感服】〈名・する〉「実にみごとだ」「すばらしい」などと、心の底から感心すること。例みごとなおてなみ、感服いたしました。

かんぶつ【乾物】〈名〉シイタケ・魚・コンブなどを、ほして、保存がきくようにした食品。例乾物屋。

がんぶつ【▼贋物】〈名〉にせもの。類偽物《ぎぶつ》。

かんぶつえ【▼灌仏会】〈名〉⇩はなまつり

かんぷ(完膚)な(無)きまで 傷のついてないところがないほど、打撃《だげき》のうけかたが徹底《てってい》的であること。例完膚なきまでにたたきのめす。

かんぷまさつ【乾布摩擦】〈名〉乾いた布でおもに上半身の肌《はだ》を強くこすること。肌をきたえ、病気に対する抵抗《ていこう》力を高めるために、寒い冬の時期に行なう。

かんぶり〖寒ぶり〗〖寒▼鰤〗〈名〉寒い季節、とくに寒の時期にとれるブリ。脂《あぶら》がのっていておいしい。

カンフル〈名〉精製された樟脳《しょうのう》。かつて心臓が弱くなったときなどに、そのはたらきを強めるために使われた。◇オランダ kamfer

表現社会事象について「カンフル剤《ざい》(またはカンフル注射)をうつ」といえば、特別に強力な応急処置をすること。

かんぶん【漢文】〈名〉中国古典の文章を、日本でよぶことば。また、これにならって日本人がつくった詩や文章。例漢文訓読。対和文。国文。

かんぶんくんどくたい【漢文訓読体】〈名〉漢文を日本語の文語文に直訳した文章。たとえば、『論語』の「子曰、学而時習之、不亦説乎」を、「子《し》曰《い》ハク、学ビテ時ニ之《これ》ヲ習フ、また説《よろこ》バシカラずや」と読んだもの。

カンペ〈名〉「カンニングペーパー」を略した、俗《ぞく》な言いかた。テレビ番組の出演者やスピーチを行なう人などがぬすみ見る、話す内容などを書いたもの。

1 **かんぺき【完璧】**〈名・形動〉どこにも欠点がなく実にりっぱなこと。例完璧を期する。完璧なでき。類完全。完全無欠。参考もと、きずひとつない宝玉《ほうぎょく》の意味から。「璧」の部首は「玉」であり、「土」の「壁」ではない。

2 **かんぺき【▼癇癖】**〈名〉ちょっとしたことにもすぐにかっとなる性質。例癇癖の強い兄。類かんしゃく。癇性。

1 **がんぺき【岩壁】**〈名〉かべのようにけわしくきりたった、大きな岩。

2 **がんぺき【岸壁】**〈名〉港の波止場《はとば》で、海と岸をくぎっているコンクリートなどでできたかべ。例船が岸壁に横づけになる。

かんべつ【鑑別】〈名・する〉種類や性質、程度などを見さだめて、わけること。例ひなの鑑別(=おすかめすか見分けること)。類識別。鑑定。判別。

1 **かんべん【勘弁】**〈名・する〉相手の罪や過失、無礼などをゆるすこと。例勘弁して。ご勘弁ください。類堪忍《かんにん》。アカンベン

2 **かんべん【簡便】**〈名・形動〉取り扱いなどが、だれにでもかんたんにできて便利なこと。例簡便な方法。類手軽。軽便。アカンベン

1 **かんぼう【官房】**〈名〉大臣や長官のすぐ下で、政府や省庁の重要な業務を行なう機関。例内閣官房。

2 **かんぼう【感冒】**〈名〉〔医学〕「風邪《かぜ》」のこと。例

 伊沢修二(いざわしゅうじ) (1851～1917) 明治～大正の教育家。文部省で唱歌を創始。東京音楽学校を創立。

流行性感冒。

[1]**かんぽう**【官報】〈名〉政府が国民に知らせるべきことがらを編集して、毎日発行する文書。

[2]**かんぽう**【漢方】〈名〉西洋医学に対して、古く中国から伝来した医術。例漢方医。漢方薬。

がんぼう【願望】〈名・する〉あることやある状態が実現すればいいのにと思うこと。その思い。類念願。希望。

かんぽう(管▼鮑)のまじ(交)わり 深く理解し合った親密な友達関係。由来中国春秋時代の二人の名士、管仲《かんちゅう》と鮑叔《ほうしゅく》の話から。

かんぽうやく【漢方薬】〈名〉漢方で使うくすり。おもに植物の根や樹皮、動物の内臓などを原料とする。

かんぼく【▼灌木】〈名〉「低木」の古い言いかた。対喬木《きょうぼく》。

かんぼつ【陥没】〈名・する〉❶地震《じしん》や大雨などで、地面がおちこみ、ぽっかり穴があくこと。例陥没湖。対隆起《りゅうき》。❷骨やからだの一部が、おちこんだようにへこむこと。例頭蓋骨《ずがいこつ》陥没骨折。

[1]**かんぽん**【刊本】〈名〉印刷され刊行された本。おもに江戸《えど》時代の本で、写本に対していう。類版本《はんぽん》。

[2]**かんぽん**【完本】〈名〉❶何冊かでひとそろいになる本で、一冊も欠けていないもの。対欠本。端本《はほん》。零本《れいほん》。❷刊行された時のまま、カバー・帯・ケースなどをすべて備えた古本。対裸本《らほん》。

がんぽん【元本】〈名〉あとから利益を生みだすもとになるもとでや権利。類元金《がんきん》。

カンマ〈名〉⇩コンマ①

ガンマせん【γ線】〈名〉〔物理〕放射線の一つ。波長のみじかい電磁波。物質を透過《とうか》する力がつよいので、がんの治療《ちりょう》や、鋳物《いもの》の検査などに使われる。

かんまつ【巻末】〈名〉本のおわりの部分。例巻末の索引《さくいん》。巻末付録。対巻頭。巻首。類巻尾《かんび》。

[1]**かんまん**【干満】〈名〉海面が高くなったり、低くなったりすること。干潮と満潮。潮のみちひ。例干満の差。類潮汐《ちょうせき》。

[2]**かんまん**【緩慢】〈形動〉動作がゆるやかで、きびきびしていない。例緩慢なうごき。類のろい。

かんみ【甘味】〈名〉あまい味。あまい味の食べ物。「あまみ」ともいう。例甘味料。

がんみ【玩味】〈名・する〉❶食べ物をよくかんで味わうこと。❷文章などのよさ、おもしろさをよく味わうこと。例熟読玩味する。

かんみりょう【甘味料】〈名〉砂糖やステビアなど、食品にあまい味をつけるための調味料。例人工甘味料。

かんみんぞく【漢民族】〈名〉現在、中国の総人口の九〇%以上をしめる民族。古くから黄河《こうが》流域にすみ、しだいに中国全土にひろがった。

かんむり【冠】〈名〉❶むかし、身分の高い人々があらたまった服装をするときに頭にかぶったもの。❷漢字の構成《こうせい》部分の一つ。「家」の「宀(うかんむり)」、「第」の「⺮(たけかんむり)」など、上にある部分。対脚《あし》。

冠を正《ただ》す かんむりをきちんとかぶりなおし、礼儀《れいぎ》ただしくする。

冠を曲《ま》げる えらい人が、きげんをわるくして、すねてしまう。類おかんむりになる。

かんむりょう【感無量】〈名〉しみじみした思いが胸いっぱいにこみあげてくること。類感慨《かんがい》無量。

[1]**かんめい**【感銘・肝銘】〈名・する〉忘れられないほどふかい感動をうけること。例感銘をうける。感銘をあたえる。ふかい感銘。

[2]**かんめい**【簡明】〈形動〉かんたんで、はっきりしている。例考えを簡明に述べる。類簡潔《かんけつ》。

がんめい【頑迷】〈形動〉その場にふさわしくない自分の考えを、あくまでもおしとおそうとして、ほかの人の意見をまったく聞こうとしない。例頑迷な人。頑迷固陋《ころう》。類いこじ。かたくな。頑固。石頭。強情。

かんめん【乾麺】〈名〉長く保存できるように乾燥《かんそう》させた麺。対生麺《なまめん》。

がんめん【顔面】〈名〉「かお」のかたい言いかた。例顔面を紅潮《こうちょう》させる。顔面蒼白《そうはく》。

がんもく【眼目】〈名〉いちばんたいせつな点。例調査の眼目。類主眼。要点。

がんもどき【▼雁▽擬き】〈名〉豆腐《とうふ》の中に、こまかく切った野菜やヒジキなどを入れて、油であげた食べもの。

[1]**かんもん**【喚問】〈名・する〉おおやけの場によび出して、疑問の点を問いただすこと。例証人を喚問する。類査問《さもん》。

[2]**かんもん**【関門】〈名〉目的を達成するために通りぬけなければならない、むずかしいところ。例第一関門を突破《とっぱ》する。

[1]**かんやく**【完訳】〈名・する〉外国語で書いてある作品を、どこも省略せず全部訳すこと。全部訳したもの。対抄訳《しょうやく》。類全訳。

[2]**かんやく**【漢訳】〈名・する〉ある国のことばを、漢文に翻訳《ほんやく》すること。たとえば、漢訳仏典はサンスクリット語の仏典を古代中国語に翻訳したもの。

[3]**かんやく**【監訳】〈名・する〉別の人が行なった本や映画などの翻訳《ほんやく》が、正確かどうか、責任をもってチェックすること。例監訳者。

[4]**かんやく**【簡約】〈形動・名・する〉要点だけをつかんで、かんたんにすること。例簡約英和辞典。類簡略。

がんやく【丸薬】〈名〉小さくまるめたくすり。類錠剤《じょうざい》。

[1]**かんゆう**【官有】〈名〉政府が所有していること。対民有。私有。類国有。公有。

[2]**かんゆう**【勧誘】〈名・する〉利点を説明して、相手をさそい入れること。例宿泊客を勧誘する。保険の勧誘。

がんゆう【含有】〈名・する〉ある成分や性質などを、中にふくんでいること。例含有成分。含有量。

がんゆうりょう【含有量】〈名〉混合物にふくまれている、ある物質の量。例鉄分含有量。

かんよ【関与】〖干与〗〈名・する〉重要な点でかかわりをもつこと。例国政に関与する。類参与。あずかる。

[1]**かんよう**【慣用】〈名〉習慣として一般にひろく使われること。例慣用音。慣用句。慣用的。

[2]**かんよう**【寛容】〈名・形動〉他人の考えをよく受け入れるような、また、人の失敗をとがめないで許したりするような、心のひろさがあること。例寛容の精神。寛容な態度。類寛大。

[3]**かんよう**【肝要】〈形動〉きわめてたいせつである。例ここであきらめないことが肝要だ。類肝心。

[4]**かんよう**【▼涵養】〈名・する〉水がしみこむように、ゆっくりと自然に身につけさせること。例児童・生徒の公徳心を涵養する。類育成。

かんようおん【慣用音】〈名〉漢字の音読みの一つ。もとの中国の発音にしたがったものではなく、日本で古くから習慣的に使われてきている読みかた。たとえば、ほんと

うはシュであるはずの「輪」を、ユと読むなど。

かんようく【慣用句】〈名〉いくつかの単語でできている句が、全体として特別の意味をもつようになったもの。「あごを出す(=すっかりつかれる)」「足をのばす(=ついでに行く)」「口がすべる(=うっかり言う)」など。イディオム。成句。

かんようしょくぶつ【観葉植物】〈名〉鉢《はち》植えなどにして、葉のかたちや色を見てたのしむ植物。オモト・ゴムノキなど。

かんようてき【慣用的】〈形動〉習慣としてひろく使われている。例慣用的な用法。

がんらい【元来】〈副〉もともと。もとから。例元来、そのことばはちがう意味で使われていた。類本来。

[1] **かんらく【陥落】**〈名・する〉❶城や陣地《じんち》が敵に攻め落とされること。例首都陥落。類落城。落ちる。陥《おちい》る。❷順位が落ちること。例首位(から)陥落。二位(へ)陥落。

[2] **かんらく【歓楽】**〈名〉遊びや、酒などによるよろこび。例歓楽をつくす。歓楽におぼれる。歓楽の巷《ちまた》。歓楽街。類享楽《きょうらく》。

かんらくがい【歓楽街】〈名〉娯楽《ごらく》施設《しせつ》や酒場、風俗《ふうぞく》営業店などの集まったにぎやかな場所。札幌《さっぽろ》のすすきの、新宿の歌舞伎町《かぶきちょう》、名古屋の栄《さかえ》、大阪のミナミ、博多《はかた》の中洲《なかす》など。

かんらん【観覧】〈名・する〉劇やスポーツ、展示物などを、たのしみや勉強のために見ること。例観覧席。観覧料。類見物。見学。

かんらんしゃ【観覧車】〈名〉遊園地の乗り物の一つ。巨大《きょだい》な車輪に客の乗る箱をつるし、車輪をゆっくり回転させてじょじょに高所にあげ、展望を楽しませる。

[1] **かんり【官吏】**〈名〉政府の役人。「国家公務員」の古い言いかた。

[2] **かんり【管理】**〈名・する〉仕事や組織、また、金銭や物品などを責任をもってうごかしたり、安全をはかったりすること。例管理職。管理人《にん》。品質管理。

がんり【元利】〈名〉元金と利子。

がんりき【眼力】〈名〉ものごとの真偽《しんぎ》や善悪などを見ぬく力。例するどい眼力。

かんりしょく【管理職】〈名〉会社などで、責任をもって仕事をとりしきる役目。その役目の人。

かんりつ【官立】〈名〉「国立」の古い言いかた。

かんりにん【管理人】〈名〉建物や、そこに住んでいる人たちのせわをする係の人。

かんりゃく【簡略】〈名・形動〉必要なことだけがかんたんにまとまっていること。例手つづきを簡略にする。簡略化。対煩雑《はんざつ》。類簡潔。簡約。

[1] **かんりゅう【乾留】**〖乾▼溜〗〈名・する〉〔化学〕固体の物質を、空気を入れないで熱して分解すること。木材や石炭から、さまざまな物質をとり出すときなどに使われる方法。

[2] **かんりゅう【貫流】**〈名・する〉川などが、ある地域をつらぬいて流れていること。

[3] **かんりゅう【寒流】**〈名〉高緯度《こういど》地方から赤道にむかって流れる、水温の低い海流。カリフォルニア海流・千島《ちしま》海流など。塩分が少なく、プランクトンが豊富で魚がたくさんいる。対暖流。

[4] **かんりゅう【還流】**〈名・する〉よそへ流れ出たお金や人が、もとのところへもどってくること。

[5] **かんりゅう【環流】**〈名・する〉大気、海水、血液などが、ぐるぐるまわって流れること。類循環《じゅんかん》。

[1] **かんりょう【完了】**〈名・する〉❶するべきことが、すっかりおわること。すっかりおえること。例準備完了。対未了。類完結。終了。❷〔文法〕動作やことがらが今の時点ですでに終了していることを表わす言いかた。「もうご飯を食べましたか。(―いいえ、まだ食べていません)」のように、動詞に助動詞の「た」をつけて言い表わす。

[2] **かんりょう【官僚】**〈名〉役人。とくに、行政の中心にいる上級の役人。例官僚国家。

[1] **がんりょう【岩▼稜】**〈名〉岩場のつづく山の稜線。アガンリョー

[2] **がんりょう【顔料】**〈名〉水や油にとけない、着色料。塗料《とりょう》・印刷インク・化粧《けしょう》品などの原料とする。アガンリョー

かんりょうしゅぎ【官僚主義】〈名〉事務を処理するのに、法規と前例とにしたがって形式的に処理し、冒険は決してしないというやりかた。

かんりょうてき【官僚的】〈形動〉形式ばかりをおもんじて、ゆうずうがきかず、やることに血がかよっていない。

かんるい【感涙】〈名〉感激《かんげき》のあまり流すなみだ。例感涙にむせぶ。

[1] **かんれい【慣例】**〈名〉なんども行なわれ、習慣のようになっていることがら。例慣例にしたがう。類ならわし。しきたり。慣行。

[2] **かんれい【管▽領】**〈名〉〔歴史〕室町《むろまち》幕府で、将軍の政治全般《ぜんぱん》を補佐《ほさ》した最高の職。

[3] **かんれい【寒冷】**〈形動〉気温が低くて、とても寒い。例寒冷地。寒冷期。対温暖。

かんれいぜんせん【寒冷前線】〈名〉〔気象〕つめたい空気があたたかい空気をおしのけていくところにできる前線。低気圧の西がわに生じることが多く、大気が不安定で風雨をともなう。通過後は気温が下がる。対温暖前線。

かんれき【還暦】〈名〉生まれた年の干支《えと》が、ふたたびめぐってくること。それがかぞえ年六十一歳《さい》に当たる。本卦《ほんけ》がえり。例還暦をむかえる。参考百二十歳を「大《だい》還暦」という。

かんれん【関連】〖関▼聯〗〈名・する〉あることにかかわりがあること。例台風関連のニュースをお伝えします。関連事項。関連性。類連関。関係。

かんれんせい【関連性】〈名〉あることと他のことがどのようにかかわっているかのかかわりぐあい。例喫煙《きつえん》と寿命《じゅみょう》の関連性を調べる。

かんれんづ・ける【関連付ける】〈動下一〉二つ以上のことがらにつながりをつける。例二つの事件を関連づけて考える。

[1] **かんろ【甘露】**〈名〉あまくて、このうえなくおいしいこと。例「甘露! 甘露!」(=「おいしい!」)という気持ちを表わす古い言いかた)。甘露煮《に》。

[2] **かんろ【寒露】**〈名〉二十四節気の一つ。今の十月九日ごろ。露《つゆ》を冷たく感じる時季。

かんろく【貫▼禄】〈名〉からだつきや動作、態度などにあらわれる、その地位にふさわしいおもおもしさ。例貫禄がある。貫禄がつく。貫禄負け。類押《お》し出し。表現太っていることを「貫禄がある」、太ることを「貫禄が―つく」ということもある。

かんろくまけ【貫▼禄負け】〈名・する〉相手の堂々とした態度や、豊かな経験からくる落ち着きに圧倒《あっとう》さ

石井柏亭(はくてい)(1882～1958) 大正～昭和に活躍した画家。風景画が得意。「パリの宿にて」など。

れ、戦いもしないのに負けた感じになること。

かんろに【甘露煮】〈名〉小魚や貝、栗《くり》などを砂糖や蜜《みつ》であまからく煮つめた食べ物。

1 **かんわ**【閑話】〈名〉つまらないむだ話。文章語的な言いかた。例 閑話休題。ア カンワ

2 **かんわ**【緩和】〈名・する〉❶ものごとの程度をやわらげること。例 衝撃《しょうげき》を緩和する。制限を緩和する。規制緩和。❷いつ争いになるかわからない関係が、いくらかなごやかになること。また、なごやかにすること。例 両国の緊張《きんちょう》が(を)緩和する。▽ア カンワ

かんわきゅうだい【閑話休題】「むだ話をやめて、話を本論にもどす」ということ。類 それはさておき。注意 誤《あやま》って、本論の途中《とちゅう》で むだ話を始めるときのことばとして使う人が増えている。

かんわじてん【漢和辞典】〈名〉漢字の読みと意味や、漢字で書き表わす日本語の単語の意味を解説した辞書。

き…キ

常用漢字 き

【企】ヘ部4 全6画 ※企企企企企企

キ くわだてる 音[キ] ⬒企画《きかく》。企図《きと》。企業《きぎょう》。訓[くわだてる] 企てる。企て。

【伎】イ部4 全6画 伎伎伎伎伎伎

キ 音[キ] ⬓歌舞伎《かぶき》。

【危】卩部4 全6画 危危危危危危

キ あぶない・あやうい・あやぶむ 教小6 音[キ] ⬒危険《きけん》。危害《きがい》。危機《きき》。危急存亡《ききゅうそんぼう》。危篤《きとく》。⬓安危《あんき》。訓❶[あぶない] 危ない。危ながる。❷[あやうい] 危うい。危うく。❸[あやぶむ] 危ぶむ。

【机】木部2 全6画 机机机机机机

キ つくえ 教小6 音[キ] ⬒机上《きじょう》。訓[つくえ] 机。

【気(氣)】气部2 全6画 気気気気気気

キ・ケ 教小1 音❶[キ] ⬒気体《きたい》。気候《きこう》。気温《きおん》。気品《きひん》。気苦労《きぐろう》。気遣《きづか》い。⬓空気《くうき》。天気《てんき》。元気《げんき》。陽気《ようき》。❷[ケ] ⬒気配《けはい》。気色《けしき》ばむ。⬓塩気《しおけ》。人気《ひとけ》。火《ひ》の気《け》。注意「意気地」は、「いくじ」と読む。

【岐】山部4 全7画 岐岐岐岐岐岐岐

キ 教小4 音[キ] ⬒岐路《きろ》。⬓分岐点《ぶんきてん》。多岐《たき》(にわたる)。注意 県名の「岐阜《ぎふ》県」にも用いる。

【希】巾部4 全7画 希希希希希希希

キ 教小4 音[キ] ⬒希望《きぼう》。希求《ききゅう》。希少《きしょう》。希代《きたい》の。希薄《きはく》。

【忌】心部3 全7画 忌忌忌忌忌忌忌

キ いむ・いまわしい 音[キ] ⬒忌避《きひ》。忌中《きちゅう》。⬓禁忌《きんき》。一周忌《いっしゅうき》。訓❶[いむ] 忌む。忌み嫌う。❷[いまわしい] 忌まわしい。

【汽】氵部4 全7画 汽汽汽汽汽汽汽

キ 教小2 音[キ] ⬒汽車《きしゃ》。汽船《きせん》。汽笛《きてき》。

【奇】大部5 全8画 奇奇奇奇奇奇奇奇

キ 音[キ] ⬒奇異《きい》。奇抜《きばつ》。奇妙《きみょう》。奇襲《きしゅう》。奇数《きすう》。⬓怪奇《かいき》。数奇《すうき》。珍奇《ちんき》。好奇心《こうきしん》。

【祈(祈)】ネ部4 全8画 祈祈祈祈祈祈祈祈

キ いのる 音[キ] ⬒祈願《きがん》。祈禱《きとう》。祈念《きねん》。訓[いのる] 祈る。祈り。

【季】子部5 全8画 季季季季季季季季

キ 教小4 音[キ] ⬒季節《きせつ》。季語《きご》。季刊誌《きかんし》。⬓四季《しき》。雨季《うき》。夏季《かき》。

【紀】糸部3 全9画 紀紀紀紀紀紀紀紀紀

キ 教小5 音[キ] ⬒紀元《きげん》。紀行文《きこうぶん》。紀伝体《きでんたい》。⬓世紀《せいき》。風紀《ふうき》。ジュラ紀《き》。

【軌】車部2 全9画 軌軌軌軌軌軌軌軌軌

キ 音[キ] ⬒軌道《きどう》。軌跡《きせき》。⬓狭軌《きょうき》。広軌《こうき》。常軌《じょうき》(を逸《いっ》する)。

【既(既)】旡部5 全10画 既既既既既既既既既既

キ すでに 音[キ] ⬒既刊《きかん》。既婚《きこん》。既定《きてい》。既製品《きせいひん》。既往症《きおうしょう》。⬓皆既日食《かいきにっしょく》。訓[すでに] 既に。

【記】言部3 全10画 記記記記記記記記記記

キ しるす 教小2 音[キ] ⬒記憶《きおく》。記号《きごう》。記事《きじ》。記入《きにゅう》。⬓暗記《あんき》。明記《めいき》。日記《にっき》。伝記《でんき》。訓[しるす] 記す。書き記す。

【起】走部3 全10画 起起起起起起起起起起

キ おきる・おこる・おこす 教小3 音[キ] ⬒起床《きしょう》。起立《きりつ》。起点《きてん》。起源《きげん》。⬓奮起《ふんき》。喚起《かんき》。提起《ていき》。縁起《えんぎ》。訓❶[おきる] 起きる。起き上がる。起きぬけ。早起き。❷[おこる] 起こる。沸き起こる。❸[おこす] 起こす。引き起こす。巻き起こす。

【飢】食部2 全10画 飢飢飢飢飢飢飢飢飢飢

キ うえる 音[キ] ⬒飢餓《きが》。飢饉《ききん》。訓[うえる] 飢える。飢え。飢え死に。

【鬼】鬼部0 全10画 鬼鬼鬼鬼鬼鬼鬼鬼鬼鬼

キ おに 音[キ] ⬒鬼神《きじん》。鬼才《きさい》。⬓餓鬼《がき》。殺人鬼《さつじんき》。訓[おに] 鬼。鬼ごっこ。鬼瓦。

【帰(歸)】巾部7 全10画 帰帰帰帰帰帰帰帰帰帰

キ かえる・かえす 教小2 音[キ] ⬒帰国《きこく》。帰省《きせい》。帰還《きかん》。帰属《きぞく》。帰納法《きのうほう》。帰依《きえ》。帰化《きか》。⬓復帰《ふっき》。回帰線《かいきせん》。訓❶[かえる] 帰る。帰り。帰り道。帰り際。里帰り。❷[かえす] 帰す。

石川三四郎（1876～1956） 社会主義者。日露戦争に反対した。のちに無政府主義に転じた。

【基】 土部8 全11画 基基基基基
キ もと・もとい 教小5 音[キ] ▨基礎《きそ》。基準《きじゅん》。基本《きほん》。基盤《きばん》。基金《ききん》。基地《きち》。基幹産業《きかんさんぎょう》。▨塩基《えんき》。訓❶[もと]基。基づく。❷[もとい]基。

【寄】 宀部8 全11画 寄寄寄寄寄
キ よる・よせる 教小5 音[キ] ▨寄宿舎《きしゅくしゃ》。寄港《きこう》。寄生虫《きせいちゅう》。寄贈《きぞう》。寄付《きふ》。寄稿《きこう》。寄与《きよ》。訓❶[よる]寄る。近寄る。寄り合い。寄り道。年寄り。身寄り。❷[よせる]寄せる。人寄せ。
注意「寄席」は、「よせ」と読む。

【規】 見部4 全11画 規規規規規
キ 教小5 音[キ] ▨規格《きかく》。規則《きそく》。規律《きりつ》。規定《きてい》。▨定規《じょうぎ》。正規《せいき》。内規《ないき》。法規《ほうき》。

【亀(龜)】 亀部0 全11画 亀亀亀亀亀
キ かめ 音[キ] ▨亀裂《きれつ》。訓[かめ]海亀。陸亀。

【喜】 口部9 全12画 喜喜喜喜喜
キ よろこぶ 教小5 音[キ] ▨喜劇《きげき》。喜寿《きじゅ》。▨歓喜《かんき》。狂喜《きょうき》。悲喜《ひき》。一喜一憂《いっきいちゆう》。訓[よろこぶ]喜ぶ。喜び。喜ばしい。喜び勇んで。ぬか喜び。

【幾】 幺部9 全12画 ※幾幾幾幾幾
キ いく 音[キ] ▨幾何学《きかがく》。訓[いく]幾つ。幾ら。幾日。

【揮】 扌部9 全12画 揮揮揮揮揮
キ 教小6 音[キ] ▨揮毫《きごう》。揮発油《きはつゆ》。▨指揮《しき》。発揮《はっき》。

【期】 月部8 全12画 期期期期期
キ・ゴ 教小3 音❶[キ] ▨期間《きかん》。期限《きげん》。期日《きじつ》。期待《きたい》。▨延期《えんき》。定期《ていき》。予期《よき》。上半期《かみはんき》。❷[ゴ] ▨最期《さいご》。この期《ご》に及《およ》んで。末期《まつご》。一期一会《いちごいちえ》。

【棋】 木部8 全12画 棋棋棋棋棋
キ 音[キ] ▨棋士《きし》。棋院《きいん》。棋譜《きふ》。▨将棋《しょうぎ》。

【貴】 貝部5 全12画 ※貴貴貴貴貴
キ たっとい・とうとい・たっとぶ・とうとぶ 教小6 音[キ] ▨貴族《きぞく》。貴重《きちょう》。貴金属《ききんぞく》。貴婦人《きふじん》。貴社《きしゃ》。▨高貴《こうき》。騰貴《とうき》。兄貴《あにき》。訓❶[たっとい]貴い。❷[とうとい]貴い。❸[たっとぶ]貴ぶ。❹[とうとぶ]貴ぶ。

【棄】 木部9 全13画 棄棄棄棄棄
キ 音[キ] ▨棄却《ききゃく》。棄権《きけん》。▨遺棄《いき》。廃棄《はいき》。不法投棄《ふほうとうき》。破棄《はき》。放棄《ほうき》。

【毀】 殳部9 全13画 ※毀毀毀毀毀
キ 音[キ] ▨毀損《きそん》。毀誉褒貶《きよほうへん》。

【旗】 方部10 全14画 旗旗旗旗旗
キ はた 教小4 音[キ] ▨旗手《きしゅ》。旗艦《きかん》。▨国旗《こっき》。星条旗《せいじょうき》。万国旗《ばんこくき》。訓[はた]旗。旗揚げ。旗色。旗頭。旗印。赤旗。手旗信号。

【器(器)】 口部12 全15画 器器器器器
キ うつわ 教小4 音[キ] ▨器官《きかん》。器具《きぐ》。器量《きりょう》。器用《きよう》。▨楽器《がっき》。食器《しょっき》。陶器《とうき》。大器晩成《たいきばんせい》。訓[うつわ]器。

【畿】 山部10 全15画 ※畿畿畿畿畿
キ 音[キ] ▨畿内《きない》。▨近畿《きんき》。

【輝】 車部8 全15画 輝輝輝輝輝
キ かがやく 音[キ] ▨輝石《きせき》。▨光輝《こうき》。訓[かがやく]輝く。光り輝く。輝き。輝かしい。

【機】 木部12 全16画 ※機機機機機
キ はた 教小4 音[キ] ▨機械《きかい》。機能《きのう》。機会《きかい》。機嫌《きげん》。機体《きたい》。▨危機《きき》。動機《どうき》。有機《ゆうき》。訓[はた]機。機織り。

【騎】 馬部8 全18画 ※騎騎騎騎騎
キ 音[キ] ▨騎士《きし》。騎手《きしゅ》。騎馬《きば》。騎兵隊《きへいたい》。▨一騎当千《いっきとうせん》。

1
き【木】【▽樹】〈名〉❶木質のかたい幹をもち、地上にしっかりと生えているもの。例木をきる。木にのぼる。松の木。草木。類樹木《じゅもく》。木本《もくほん》。❷材木やたきぎとしての木。例木をけずる。木をくべる。木の机。❸歌舞伎《かぶき》で、拍子木《ひょうしぎ》。例木が入る。木をいれる。▽アキ」
表記「樹」は①にだけ使う。③は「▼柝」とも書く。
木から落《お》ちた猿《さる》 たよるものがなくなって、どうしていいかわからなくなること。
木で鼻《はな》を括《くく》る 相手をつめたくあつかう。
参考もとは、「木で鼻をこくる(＝こする)」と言った。
木に竹《たけ》を接《つ》ぐ 二つのものがいかにもとってつけたようで、調和していない。
木によりて魚《うお》を求《もと》む まちがった方法では、目標にたどりつくことができない。
木を見《み》て森《もり》を見ず 小さいことばかり注意して、全体を見うしなう。

2
き【生】 一〈名〉まじりけのないこと。例ウイスキーを生で飲む。アキ」二〈接頭〉❶純粋《じゅんすい》で、まぜものがない、という意味を表わす。例生まじめ。生じょうゆ。生そば。生一本。❷精製していない。例生糸。

3
き【黄】〈名〉「黄色」のこと。類イエロー。アキ」

4
き【気】〈名〉❶その場にただよっている感じ。例清澄《せいちょう》の気がみなぎる。❷吸ったりはいたりする息。例気がつまる(＝息も自由にできないほど、きゅうくつだ)。❸それぞれの人にそなわっている、性質や傾向《けいこう》。例気がつよい。気が長い。気がいい。類性格。❹ものごとに対したときなどの思いや感情。例気がせく。気がかわる。気がもめる。気をしずめる。気にくわない。❺なにかをするときの心のはたらき。例気がきく。気がぬける。気をつかう。気がはやい。やる気。❻意識。例気がつく。気をうしなう。▽アキ
気が合《あ》う 考えや気持ちが一致《いっち》しやすく、たがいに親しみをもつ。

 石川啄木(たくぼく)(1886～1912) 明治時代の詩人・歌人。生活苦の中で口語調のすぐれた短歌を作った。

気がある ❶恋の相手として気になっている。他人から見た言いかた。例あいつは彼女に気がある。❷(「…する気がある」の形で)あることをしようと思っている。表現「気のない返事」は②の反対表現の例。

気がいい 人を疑ってかかるようでなく、接しやすい。

気が多《おお》い ものごとに対する興味や関心が、つぎつぎに別なことにうつる。類あきっぽい。うつり気。うわき。

気が大《おお》きい 小さいことは気にしないで、思いきったことができる。例給料が入って、気が大きくなった。

表現「気が小さい」のほうは、性格としてとらえた言いかたなので、ある人を「気の小さい人」といえるが、「気が大きい」のほうは、「大きくなる」の形で使うのがふつうで、「気の大きい人」という言いかたはあまりしない。

気が置《お》けない ❶えんりょしたり気をつかったりする必要がなく、安心して気楽につきあえる。例気の置けない仲。類気安い。❷ゆだんがならない。気を許せない。例気の置けない人。▽対気が置ける。注意①が本来の意味だが、誤《あやま》って、正反対の②の意味で使う人もいる。

気が置《お》ける 「気が置けない」の反対の意味。気が置かれる。

気が重《おも》い とてもそのことをする気になれず、いやな気持ちでさっぱりしない。類気が進まない。

気が利《き》く ❶こまかいところまで注意がいきとどく。例彼は人はいいが、気が利かなくてこまる。❷しゃれている。いいセンスが感じられる。例気が利いたスーツ。

気が気でない なにかが気になって、落ち着いた気持ちではいられない。例家族の安否が不明なので気が気でない。類気もそぞろ。気をもむ。

気が狂《くる》う 精神のはたらきがおかしくなる。例いそがしくて気が狂いそうだ。類気がちがう。

気が差《さ》す 自分のしたことなどが悪かったのではないかと、気になる。例どうも気がさしてしようがない。

気が進《すす》まない そのことをしようという気がどうしてもおこらない。例気が進まない仕事。対気が向く。類気が重い。

気が済《す》む 思うようにしたいことをして、すっきりと納得《なっとく》する。例ああ、これで気が済んだ。気の済むようにしろ。

気が立《た》つ 感情がたかぶって、興奮しやすくなる。

気が小《ちい》さい ちょっとしたことですぐに心配したり、こわがったりする性格だ。類小心。→気が大きい表現

気が散《ち》る 心を一つのことに集中できない。

気がつく ❶いままで意識になかったことを、意識するようになる。気づく。例忘れ物に気がついた。❷注意がこまかいところにまでとどく。例よく気がつく人。❸意識がもどる。例やっと気がついたか。

気が強《つよ》い 負けまいとする気持ちがおもてにでる性格だ。対気が弱い。

気が遠《とお》くなる ショックやおどろきのために、ぼうっとなる。例問題が山のようにあって、気が遠くなりそうだ。

気がとがめる 「わるいなあ」という気持ちがしてしかたがない。

気が長《なが》い なにごとにも時間がかかるものだと思って、のんびりしている。こせこせしない。「気を長くして待つ」のようにもいう。対気が短い。類気なが。悠長《ゆうちょう》。

気が抜《ぬ》ける ❶それまでのような意欲がなくなる。例テストが終わって気が抜ける。❷食べ物の風味や刺激《しげき》性がなくなる。例気の抜けたサイダー。

気が早《はや》い 先のことをゆっくり待っていられない性格だ。類せっかち。

気が張《は》る 気持ちが緊張《きんちょう》する。例気の張る仕事。

気が引《ひ》ける 自分にも弱みがあったりして、相手につよい態度がとれない。類気おくれがする。ひけめを感じる。

気が短《みじか》い しんぼうづよく待つことができないで、すぐおこったり、いらいらしたりする。対気が長い。類短気。

気が向《む》く そのことをしてみようという気持ちになる。例気が向いたらあそびにおいで。対気が進まない。

気がもめる 心配でいらいらする。例無事かどうか気がもめる。類気をもむ。

気が弱《よわ》い 強い態度をとれない性格だ。例あいつは気が弱いからな。対気が強い。

気が若《わか》い 年齢《ねんれい》のわりにものの考え方が若々しく、それが外見や趣味《しゅみ》に表われている。

気に入《い》る 「うん、これはいい」と思う。例気に入った服を買う。そのやりかたは気に入らない。→おきにいり

敬語尊敬語としては、「お気に召す」を使う。

気にかかる なんとなく気になって、落ち着かない。例テストの点数が気にかかってしようがない。

気にかける どうなったか、どうしているかと、心配する。類気にする。気にとめる。心にかける。

気に食《く》わない 自分の気持ちにあわず、とても不満だ。例あいつの態度が気にくわない。類気にいらない。

気に障《さわ》る 人の言ったことやしたことが気にくわないで、気分をそこねる。例気に障ることを言うな。

気にする 「どうしようか」「どうだろうか」と、あれこれ考える。心配する。例うわさを気にする。点数を気にする。ていさいを気にする。類気にかける。気にとめる。かまう。

気に留《と》める ❶何かが心にひっかかっていて、心配する。類気にする。気に病《や》む。❷忘れないように、気をつける。

気になる ❶「どうなるのか」といった心配や不安の気持ちがある。類気にかかる。❷ちょっと心がひかれる。例気になる彼女。

気に病《や》む ちょっとしたことを心配して、なやむ。くよくよする。例そんなことを気に病んでもしようがない。類気にとめる。

気の置《お》けない ⇩気が置けない

気のせい まわりの状況《じょうきょう》などから、実際には起きていないことを起きたかのように感じとること。

気のない 積極的な気持ちが少しも感じられない。例気のない返事。

気の抜《ぬ》けた ⇩気が抜ける

気は心《こころ》 量はわずかだが、気持ちだけはこもっている。例気は心です、受け取っておいてください。

気を入《い》れる 本気でうちこもうと精神をかたむける。例気を入れて練習にはげむ。

気を失《うしな》う 意識がなくなる。

気を落《お》とす うまくいかないで、がっかりする。例まあ、そんなに気をおとすなよ。類気おちする。力をおとす。

気を利《き》かせる こまかいところまで注意をはたらかせる。例もう少し気を利かせてほしいな。

気を配《くば》る まわりの人々や状況《じょうきょう》に対して、こまかい注意をはらう。心づかいをする。類気をつかう。意を用いる。配慮《はいりょ》する。

気を静《しず》める 興奮《こうふん》した気持ちをおだやかにする。

気を遣《つか》う あれこれ注意をはたらかす。類気をくばる。配慮《はいりょ》する。

気をつける じゅうぶんに注意する。

石川達三(たつぞう)(1905～85) 昭和の小説家。世相・風俗・社会をテーマにした作品が多い。「人間の壁」など。

気を取《と》られる ほかのことに注意をうばわれる。

気を取《と》り直《なお》す 思いなおして、元気をだす。

気を抜《ぬ》く 緊張《きんちょう》をゆるめ、ほっとしたり、いいかげんな気持ちになったりする。例 気を抜く ひまがない。

気を吐《は》く いせいのいいところを示す。例 ひとり気をはく。

気を引《ひ》く ❶それとなく話をもちかけて、相手の気持ちをさぐる。❷さそいをかけて、相手をこちらへひきよせる。

気を回《まわ》す 他人のために、あれこれ思いつきにくいことまで、すばやく注意をはたらかせる。

気をもたせる それとなく他人に期待をいだかせる。

気をもむ ものごとのなりゆきが気がかりで、落ち着かず、やきもきする。例 一人で気をもんでいてもしようがない。

気を許《ゆる》す 人やものごとを信用して警戒《けいかい》しない。類 心を許す。

気を良《よ》くする いいことがあって、ゆかいな気分になる。例 味方の勝利に気をよくする。

気を悪《わる》くする 不愉快《ふゆかい》な気分になる。例 こんなこと言って、気を悪くしないでください。

5 **き【忌】**〈名〉❶家族のだれかが死んだあと、その身内の者が家にこもって、外出などをつつしむこと。例 忌が明ける。類 喪《も》。❷死んだ人の命日《めいにち》。例 父の忌の日。漱石《そうせき》忌。▽アキ」

6 **き【奇】**〈名〉ふつうとはだいぶかわっていて、人目をひくおもしろさのあること。例 奇をてらう。奇をこのむ。アキ」

奇をてらう 注目を集めるために、わざと変わったことをしてみせる。例 奇をてらったデザイン。

7 **き【季】**〈名〉〔文学〕俳句の中によみこむ約束になっている、その季節をよく表わしているものごと。また、そのことば。季語。例 季が重なる。類 季題。アキ」

8 **き【記】**〈名〉ノートなどに書きとめること。書きとめたもの。例 思い出の記。旅行記。見聞記。観察記。アキ」

9 **き【期】**〈名・接尾〉一定の期間。また、それを数えることば。例 第一期の募集は終了しました。収穫期。青年期。揺籃《ようらん》期。アキ」

10 **き【機】** 一〈名〉あることをするのに、ちょうどいいとき。例 機が熟する。機に乗じる。機を失する。機をみる。機をうかがう。この機をのがさないでやってしまおう。アキ」 二〈接尾〉❶機械のこと。例 発電機。原動機。耕運機。❷飛行機のこと。例 ジェット旅客機。偵察《ていさつ》機。❸飛行機をかぞえることば。

機を見《み》るに敏《びん》 「よし今だ」と適切に判断して、行動にかかるのがはやい。

表現 「機を見るに敏」なのは人の資質で、「機敏《きびん》」は、「機敏な処置」とか「機敏にふるまう」とかいうように、行動や動作のしかたを表わす。

11 **き**〈助動〉文語の助動詞。いま言っていることを過去のこととして思い起こしてのべるときに使う。例 野菊《のぎく》のごとき君なりき。はじめに光ありき。

12 **き【基】**〈接尾〉エンジン・リフト・石塔《せきとう》など、すえつけたものを数えることば。

13 **き【器】**〈接尾〉❶「器具」のこと。例 炊飯器。消火器。保育器。❷「器官」のこと。例 消化器。生殖《せいしょく》器。

14 **き【騎】**〈接尾〉馬に乗った武者をかぞえることば。

常用漢字 ぎ

【技】 扌部4 全7画 技 技 技 技 技

ギ わざ 教小5 音[ギ] ▨技術《ぎじゅつ》。技師《ぎし》。技芸《ぎげい》。技巧《ぎこう》。▨演技《えんぎ》。競技《きょうぎ》。特技《とくぎ》。妙技《みょうぎ》。訓[わざ] 技。早技。大技。得意技。

【宜】 宀部5 全8画 宜 宜 宜 宜 宜

ギ 音[ギ] ▨適宜《てきぎ》。便宜《べんぎ》。時宜《じぎ》。

【偽（僞）】 イ部9 全11画 偽 偽 偽 偽 偽

ギ いつわる・にせ 音[ギ] ▨偽証《ぎしょう》。偽作《ぎさく》。偽装《ぎそう》。偽造《ぎぞう》。偽名《ぎめい》。▨真偽《しんぎ》。虚偽《きょぎ》。訓❶[いつわる] 偽る。偽り。❷[にせ] 偽。偽者。偽札。

【欺】 欠部8 全12画 欺 欺 欺 欺 欺

ギ あざむく 音[ギ] ▨欺瞞《ぎまん》。▨詐欺《さぎ》。訓[あざむく] 欺く。

【義】 羊部7 全13画 ※ 義 義 義 義 義

ギ 教小5 音[ギ] ▨義理《ぎり》。義母《ぎぼ》。義歯《ぎし》。義憤《ぎふん》。▨正義《せいぎ》。意義《いぎ》。語義《ごぎ》。定義《ていぎ》。

【疑】 疋部9 全14画 疑 疑 疑 疑 疑

ギ うたがう 教小6 音[ギ] ▨疑念《ぎねん》。疑問《ぎもん》。疑似餌《ぎじえ》。疑心暗鬼《ぎしんあんき》。▨懐疑《かいぎ》。嫌疑《けんぎ》。質疑《しつぎ》。容疑者《ようぎしゃ》。訓[うたがう] 疑う。疑い。疑わしい。

【儀】 イ部13 全15画 ※ 儀 儀 儀 儀 儀

ギ 音[ギ] ▨儀式《ぎしき》。儀礼《ぎれい》。▨行儀《ぎょうぎ》。礼儀《れいぎ》。祝儀《しゅうぎ》。葬儀《そうぎ》。地球儀《ちきゅうぎ》。

【戯（戲）】 戈部11 全15画 ※ 戯 戯 戯 戯 戯

ギ たわむれる 音[ギ] ▨戯画《ぎが》。戯曲《ぎきょく》。▨児戯《じぎ》。遊戯《ゆうぎ》。訓[たわむれる] 戯れる。戯れ。

【擬】 扌部14 全17画 擬 擬 擬 擬 擬

ギ 音[ギ] ▨擬音《ぎおん》。擬似《ぎじ》。擬人法《ぎじんほう》。▨模擬試験《もぎしけん》。

【犠（犧）】 牛部13 全17画 ※ 犠 犠 犠 犠 犠

ギ 音[ギ] ▨犠牲《ぎせい》。犠打《ぎだ》。

【議】 言部13 全20画 ※ 議 議 議 議 議

ギ 教小4 音[ギ] ▨議員《ぎいん》。議会《ぎかい》。議論《ぎろん》。▨会議《かいぎ》。異議《いぎ》。抗議《こうぎ》。審議《しんぎ》。

1 **ぎ【技】**〈名〉すぐれたわざ。テクニック。

2 **ぎ【義】** 一〈名〉人としてしなければならないこと。二〈接尾〉ことばや表現の意味。また、それを数えることば。例 一義的に決まる（＝あいまいさがない）。多義的（＝意味がたくさんあるようす）。多義語。

義を見《み》てせざるは勇《ゆう》無《な》きなり しなければならないと知りながら手をださないのは、その人に勇気がないからである。

3 **ぎ【儀】** 一〈名〉❶儀式。例 婚礼《こんれい》の儀。❷形式名詞「こと」の意味の、あらたまった古い言いかた。例 その儀ばかりはご容赦《ようしゃ》ください。二〈接尾〉「…に関しては」「…は」という意味をへりくだって表わす。例 私《わたくし》儀、このたび下記に転居いたしました。

4 **ぎ【▼魏】**〈名〉〔歴史〕中国で、三国時代の王朝の一

 石坂洋次郎(ようじろう) (1900~70) 昭和の小説家。青春小説を次々に発表。「若い人」「青い山脈」など。

つ。二二〇年から二六五年まで、黄河《こうが》流域を中心に華北《かほく》を支配した。都《みやこ》は洛陽《らくよう》。日本の邪馬台国《やまたいこく》の女王卑弥呼《ひみこ》が使いをおくった国。

ぎ[5]【議】 一〈名〉 正式の場で議論されること。例総会の議をへて決定された。 二〈造語〉「議員」「議会」の略。例県議(=県議会議員)。衆議(=衆議院議員)。

ぎ[6]【着】〈接尾〉 ❶どんな用途《ようと》・目的の衣類かを表わす。例柔道《じゅうどう》着。仕事着。晴れ着。類衣。 ❷どんな着かたかを表わす。例厚着。重ね着。

ギア〈名〉 ❶歯車《はぐるま》。とくに、自動車の変速装置。「ギヤ」ともいう。 ❷用具。例アウトドアギア。◇gear

きあい【気合】〈名〉 ❶だれにも負けないでしっかりやろうとするときの、はげしい気持ちの勢い。例気合が入る。気合を入れる。気合負け。 ❷空手や剣道で、さけび声。

表現 「気合をかける」は、気がぬけている人を、「しっかりしろ!」とはげますこと。

きあいまけ【気合負け】〈名・する〉 力をきそう相手がわの気力におされて、始める前から負けた感じになること。

ぎあく【偽悪】〈名〉 ほんとうはそうではないのに、いかにも悪人であるかのように見せかけること。対偽善。

きあつ【気圧】〈名〉〔気象〕 大気の圧力。高空や高山では低く、また、天候によってもかわる。例気圧配置。高気圧。低気圧。参考 単位はヘクトパスカル(hPa)。一気圧は一〇一三ヘクトパスカル《ヘクトパスカル》にあたる。

気圧の谷《たに》 天気図の上で、低気圧の中心から等圧線が細長くのびた、気圧の低いところ。谷の東側では一般《いっぱん》に天気が悪い。

きあつけい【気圧計】〈名〉〔気象〕 気圧をはかる器械。バロメーター。晴雨計。

きあわ・せる【来合わせる】〈動下一〉 たまたまそこにやってきて、人や事件などに出会う。類いあわせる。

きあん【起案】〈名・する〉 条文や文書などのもとになる案をつくること。例起案者。類立案。起草。

ぎあん【議案】〈名〉 会議で話しあうために出される問題。例議案を提出する。類議題。議事。案件。

きい[1]【奇異】〈名・形動〉 ふつうのものごととはようすが変わっていること。例奇異の念をいだく。奇異な感じがする。類奇妙《きみょう》。ふしぎ。奇怪《きかい》。アキイ

きい[2]【紀▼伊】〈名〉 旧国名の一つ。現在の和歌山県と、三重県の一部。徳川御三家の一つ紀州藩《きしゅうはん》があった(あとの二つは尾張《おわり》と水戸《みと》)。紀州。例紀伊山地。紀伊半島。アキイ

キー[3]〈名〉 ❶鍵《かぎ》。例キーホルダー。対ロック。 ❷問題をとく手がかり。例ここに事件解決のキーがある。キーポイント。キーワード。 ❸ピアノやパソコンなどの、指で打つ部分。鍵《けん》。 ❹〔音楽〕 曲全体の音の高さ。調《ちょう》。例キーを下げて歌う。キーをはずしてしまう。◇key ▽アキー

キーきょく【キー局】〈名〉 ネットワークの中心として、地方局に主要な番組を送りだす放送局。

キーセンテンス〈名〉 文章の中心となる、大事な一文。◇key sentence

きいたふう【利いた風】〈形動〉 まるですべて分かっているといったようす。例利いたふうな口をきく。

表記 もと、気が利いているようすの意味から「利いた風」と書くが、いまは「聞いた風」と書かれることも多い。

きいちご【木▼苺】〈名〉 山野に生える落葉低木。とげがあり、夏に実がなって食べられる。

きいつ【帰一】〈名・する〉 考えたり調べたりしたことの結論が、かならずそこに到達《とうたつ》すること。例一連の事故の原因はすべてそこに帰一する。

きいっぽん【生一本】 一〈名〉 まじりけのない日本酒。例灘《なだ》(=兵庫県の酒所《さけどころ》)の生一本。 二〈形動〉 まがったことがきらいで、ものごとにすじを通すようす。例生一本な性格。

き(聞)いてあきれる ⇩「きく〔聞く〕」の子項目

き(聞)いてごくらく(極楽)み(見)てじごく(地獄) ⇩「きく〔聞く〕」の子項目

きいと【生糸】〈名〉 カイコのまゆからとったままの糸。対練り糸。類きぬいと。

キーパー〈名〉 ❶⇩ゴールキーパー ❷物の保管や、転倒《てんとう》・落下などの防止のための器具。◇keeper

キープ〈名・する〉 ❶保持。維持《いじ》。 ❷確保。例(サッカーで)ボールをキープする。体力をキープする。スリムな体形をキープする。ボトルキープ。◇keep

キーポイント〈名〉 問題の要点。参考 日本での複合語。英語ではたんに key または point という。

キーボード〈名〉 ❶ピアノなどにある鍵盤《けんばん》。 ❷鍵盤楽器。 ❸ワープロやパソコンなどで、指でたたいて入力する装置。◇keyboard

キーホルダー〈名〉 かぎをなくさないように、輪にまとめてぶらさげておく小道具。参考 日本での複合語。英語では key chain または key ring という。

キーマン〈名〉 ものごとの中心となる人。決定権を持っている人。類キーパーソン。◇keyman

きいろ【黄色】〈名・形動〉 レモンの皮や菜の花のような色。三原色の一つ。例黄色にそまる。類イエロー。

きいろ・い【黄色い】〈形〉 黄色である。例黄色い花。実《み》が黄色くなる。

表現 「黄色い声」は、若い女性や子どもの発する、かん高くひびく声のことをいい、また、「くちばしが黄色い」は、まだ一人前ではない、という意味を表わす。

キーワード〈名〉 問題の解決や、文章の意味をつかむためのかぎとなる、重要なことば。◇key word

きいん【起因】〈名・する〉(「…に起因する」の形で)…が原因となってなにかが起こる。例運転者の不注意に起因した事故。表記 本当の原因は何だったのか、ということを強める意味では、「帰因」とも書く。

ぎいん[1]【議員】〈名〉 選挙によってえらばれて、国や地方の行政などについて議論し、それをきめる権限をもつ人。例国会議員。市会議員。

ぎいん[2]【議院】〈名〉 ❶国会。日本では衆議院と参議院の二院制。 ❷国会のひらかれる建物。国会議事堂。

ぎいんないかくせい【議院内閣制】〈名〉 内閣が、議会の支持によって成立し、行政権の行使については議会に対して責任をおう、という政治制度。

きう【気宇】〈名〉 ものごとにたいする心のもちかた。例気宇壮大《そうだい》な構想。

キウイ〈名〉 ❶くだものの一つ。茶褐色《ちゃかっしょく》で表面に毛があり、果肉はうすい緑色で、あまく酸味がある。原産地は中国。ニュージーランドで品種改良された。キウイフルーツ。 ❷ニュージーランドの森にすむ夜行性の鳥。ニワトリよりやや小さく、つばさが退化し、尾もない。▽「キーウィ」「キーウィー」ともいう。◇kiwi 参考 ①は、色と毛の感じが②の鳥に似《に》ているところからの名。

きうん【気運・機運】〈名〉 ❶[気運] ある方向にむかっていきそうないきおい。例賛成の気運が高まる。 ❷[機運] ものごとがうまくいきそうな、めぐりあわせ。例機

運が熟する。類 機会。ころあい。

きえ【帰依】〈名・する〉神や仏を心から信じて、その教えにしたがうこと。例 仏道に帰依する。

きえい【気鋭】〈名〉意気ごみがするどく、はつらつとしていること。例 気鋭の新人。新進気鋭。

きえい・る【消え入る】〈動五〉火が消えるときのように、弱くなっていき、なくなってしまう。例 消え入るような声。

きえう・せる【消えうせる】〖消え▿失せる〗〈動下一〉その場から消えてなくなる。例 とっとと消え失せろ。

きえさ・る【消え去る】〈動五〉すっかりなくなってしまう。例 悲しみが消え去る。類 消え失《う》せる。

きえつ【喜悦】〈名・する〉心の底からわいてくる、よろこび。例 喜悦の表情。

きえのこ・る【消え残る】〈動五〉明かりや火、かおり、けむりなどがなくならないで、あとに少しだけ残る。例 消え残る夕日。街の明かりが消え残る。

き・える【消える】〈動下一〉今まであったものがなくなって、なにも残らなくなったり見えなくなったりする。例 あかりが消える。火が消える。すがたが消える。にじが消える。音が消える。においが消える。痛みが消える。うたがいが消える。対 現れる。類 消失する。消滅《しょうめつ》する。

表現 「手もとに置いていたハンドバッグがいつのまにか消えていた」のように、知らないうちにものがなくなったりすることも「消える」という。

1**きえん【気炎】**〖気▾焔〗〈名〉さかんな意気ごみ。例 気炎をあげる。気炎をはく。怪《かい》気炎。ア **キエン**

2**きえん【奇縁】**〈名〉大きな力にあやつられて成ったようなふしぎな関係。例 合縁《あいえん》奇縁。ア **キ**エン

3**きえん【機縁】**〈名〉なにかをするきっかけになること。例 友人の結婚《けっこん》式が機縁になって、ふたりが知りあった。ア **キ**エン

ぎえんきん【義援金】〖義▾捐金〗〈名〉災害にあった人や、気の毒な人を助けるために出すお金。

きえんさん【希塩酸】〖▾稀塩酸〗〈名〉塩酸を水でうすめたもの。消化剤《ざい》や消毒剤に使う。

きおい【気負い】〈名〉はりきりすぎていること。例 選手に気負いがある。類 力み。

きおいた・つ【気負い立つ】〈動五〉「さあやるぞ」とやる気になって気持ちがもりあがる。例 試合を前に気負い立つ選手たち。類 勇み立つ。

1**きお・う【気負う】**〈動五〉「負けるものか」といきおいこむ。類 意気ごむ。はりきる。ア キ**オ**ウ

2**きおう【既往】**〈名〉すぎさった時。過去のできごと。例 既往は問わない。既往症《しょう》。ア キ**オー**

きおうしょう【既往症】〈名〉〔医学〕今はなおっているが、前にかかったことのある病気。

きおく【記憶】〈名・する〉❶以前の経験や学んだことなどを忘れないでおぼえておくこと。また、その内容。例 記憶がいい。記憶がない。記憶がうすれる。記憶にとどめる。記憶になまなましい。記憶力。記憶喪失《そうしつ》。❷コンピューターなどの電子機器が、情報をたくわえておくこと。例 記憶装置。記憶媒体《ばいたい》。記憶容量。

きおくれ【気後れ】〈名・する〉相手のいきおいや、その場のふんいきにのまれて、弱気になり、しりごみすること。例 気後れがする。類 臆《おく》する。

キオスク〈名〉駅の売店。キヨスク。◇kiosk

きおち【気落ち】〈名・する〉がっかりすること。類 落胆《らくたん》。失望。力落とし。気を落とす。

きおん【気温】〈名〉大気中の温度。例 最高気温。→あつさしすう〔暑さ指数〕

参考 正式には、地上一・五メートル《メートル》ではかった温度で表わす。

1**ぎおん【▾祇▿園】**〈名〉京都市東山区の祇園社(=八坂《やさか》神社)のある辺りの地名。近世以来、花街として知られ、高級料亭《りょうてい》が多い。

2**ぎおん【擬音】**〈名〉❶ドラマなどで、道具を使ってほんとうの音に似せてつくった音。例 擬音効果。❷漫画《まんが》で、ものの音や声をまねて書き表わされたことば。

ぎおんご【擬音語】〈名〉⇩ぎせいご

ぎおんしょうじゃ【▾祇▿園精舎】〈名〉インドにある寺院の名。シャカ(釈迦)が教えを説いたところとして有名。

1**きか【机下】**〈名〉手紙で、あて名の左下にそえて、相手に対する敬意を表わすことば。類 侍史《じし》。→わきづけ

2**きか【気化】**〈名・する〉〔物理〕液体や固体が気体にかわること。例 アルコールが気化する。気化熱。→えきか

3**きか【奇貨】**〈名〉思いがけない利益を得ることができそうな品物や機会。例 震災《しんさい》を奇貨として防災対策を見直す。参考 めずらしい品物の意味から。

奇貨居《お》くべし 得がたいこのチャンスをのがさずに利用するべきだ。由来 めずらしい品物は、あとで値打ちが出たときに大もうけできるから、まず買っておくのがいい、という意味の『史記』のことばから。

4**きか【奇禍】**〈名〉思いがけなく ふりかかってきた災難。例 奇禍にあう。

5**きか【帰化】**〈名・する〉❶今までの国籍《こくせき》をはなれて、よその国の国民になること。例 日本に帰化する。帰化人《じん》。❷よその国に はこばれた植物や動物が、その国で自然に繁殖《はんしょく》するようになること。アメリカシロヒトリなどがその例。例 帰化植物。

6**きか【幾何】**〈名〉⇩きかがく

7**きか【▾麾下】**〈名〉その指揮《しき》官の指揮のもとにあること。例 将軍の麾下に入る。類 配下。

参考 「麾」は、むかし大将が軍を指揮するときに使った旗。

8**きか【貴下】**〈代名〉相手をさすことば。あなた。例 貴下には、ますますご健勝のことと存じます。類 貴殿《きでん》。

表現 男性どうしで、自分と同等か目下の者に対して、手紙文で使う ていねいな言いかた。

きが【飢餓】〖▾饑餓〗〈名〉食べものがなく、ひどく空腹になること。例 飢餓に苦しむ。飢餓感。飢餓地獄《じごく》。類 飢《う》え。干《ひ》ぼし。

1**ぎが【戯画】**〈名〉風刺《ふうし》をもりこんだ、こっけいな絵。例 鳥獣《ちょうじゅう》戯画。類 カリカチュア。風刺画。

2**ギガ** ㊀〈接頭〉単位の名のうえにつけて、「十億倍」の意味を表わす。「メガ」の一千倍で、「テラ」の一千分の一。記号G。→キロ 参考 ㊁〈名・接尾〉コンピューターで、「ギガバイト」の略。情報量の単位。㊂〈名〉(㊁の意味から)スマートフォンなどの、契約《けいやく》上 利用可能なデータ通信量。俗《ぞく》っぽい言いかた。例 ギガが減《へ》る。◇giga

1**きかい【機会】**〈名〉なにかをするのに、ちょうどぐあいのいいとき。例 機会をあらためる。機会をうかがう。機会をつかむ。機会をのがす。機会をまつ。機会均等。類 チャンス。好機。ころあい。時機。ア キ**カイ**

機会の平等《びょうどう》 ⇩びょうどう 参考

2**きかい【機械・器械】**〈名〉❶[機械] 動力によって同じ動きをくりかえして、ある目的の仕事をする 複雑な しか

 石田三成(みつなり)(1560～1600) 豊臣秀吉の武将。五奉行の一人。関ヶ原の戦いに敗れ，殺された。

けの装置《そうち》。例 機械工業。精密機械。機械的。❷ 【器械】 ある目的の仕事や運動をするために使う、かんたんなしかけの装置。例 器械体操。▽ア キカイ
表現 「機械」に対して「器械」は、規模が小さく、人の手などによって動かされるものをいう。

3 **きかい【奇怪】**〈形動〉人間の知恵《ちえ》や常識ではわからないような、あやしくぶきみなようす。例 奇怪な事件。奇怪千万《せんばん》。類 奇異。怪奇。ア キカイ
表現 強調して、「きっかい」「ききかいかい」ともいう。

1 **きがい【危害】**〈名〉けがをさせたり、人の命にかかわるようなひどいことをすること。例 危害を加える。ア キガイ

2 **きがい【気概】**〈名〉困難にくじけないで、やりとげようとする強い心。例 気概がある。気概をもつ。気概をみせる。類 意地。気迫《きはく》。気骨《きこつ》。ガッツ。ア キガイ

ぎかい【議会】〈名〉国民からえらばれた議員によってくみたてられ、国や地方の行政について討議《とうぎ》して、決定する機関。とくに、国会をさすこともある。例 議会をひらく。議会を解散する。議会制度。県議会。

きかいか【機械化】〈名・する〉それまで人や動物などがやっていた仕事を、機械でするようにすること。例 農業を機械化する。

きかいきんとう【機会均等】〈名〉機会がだれにもひとしくあたえられていること。例 教育の機会均等。

きかいこうぎょう【機械工業】〈名〉機械を使って品物を大量につくる工業。対 手工業。

きかいたいそう【器械体操】〈名〉鉄棒・平均台・平行棒・つり輪・跳馬《ちょうば》・鞍馬《あんば》などの、道具を使ってする体操。対 徒手体操。

きかいてき【機械的】〈形動〉❶人間的な血がかよわないで、機械のようにひとつの型にはまった単調なやりかたである。例 機械的に仕事をこなす。❷機械のように、いつも正確に同じ動きをしている。例 機械的なうごき。❸機械を用いた。例 データを機械的に抽出《ちゅうしゅつ》する。

きかいぶんめい【機械文明】〈名〉機械力の進歩にともなって発達した近代文明。

きがえ【着替え】〖着換え〗〈名・する〉今まで着ていたものを、別な服や下着にかえること。あとでとりかえるために用意しておく服や下着。例 旅行に着替えをもっていくのをわすれてしまった。類 更衣《こうい》。

きが・える【着替える】〖着換える〗〈動下一〉それまで着ていたものをぬいで、別の服や下着を着る。きかえる。
敬語 尊敬語に、「お召《め》し替え」がある。

きかがく【幾何学】〈名〉〔数学〕図形や空間の性質について研究する学問。幾何。参考 「幾何」という表記は、英語 geometry の中国語訳から。

きかがくてき【幾何学的】〈形動〉幾何学に関連がある。とくに、形が規則的である。

きかがくもよう【幾何学模様】〈名〉直線や曲線だけでえがいた図形による絵がら。

1 **きがかり【気がかり】**〖気掛かり・気懸かり〗〈名・形動〉心配で心がおちつかないこと。例 気がかりなことがある。類 懸念《けねん》。危惧《きぐ》。

1 **きかく【企画】**〈名・する〉新しくなにかを行なうために、具体的な計画をたてること。そのたてた計画。例 企画をたてる。企画だおれ。好企画。類 プラン。プランニング。
表現 個人ではなく会社や団体などで、新しい仕事やもよおしなどを行なうときに使う。

2 **きかく【規格】**〈名〉品物のかたちや質などについてきめられた標準。例 規格品。➡ジス・ジャス

きがく【器楽】〈名〉〔音楽〕楽器で演奏する音楽。独奏・重奏・合奏がある。例 器楽合奏。対 声楽。

ぎがく【▽伎楽】〈名〉むかし、インド・チベット地方から百済《くだら・ペクチェ・ひゃくさい》を通って、七世紀の初めに日本に伝えられた、仮面をかぶっておどる舞楽《ぶがく》。

きかげき【喜歌劇】〈名〉⇩オペレッタ

きがさなり【季重なり】〈名〉連歌や俳句の一句の中に季語が二つ以上入っていること。ふつう季語は一句に一つと定められている。

きかざ・る【着飾る】〈動五〉人目をひくほどに、いい衣装《いしょう》を身につける。類 盛装《せいそう》する。ドレスアップ。

きかじん【帰化人】〈名〉その国に帰化した人。

ギガスクール〈名〉⇩(巻末「欧文《おうぶん》略語集」)GIGAスクール構想《こうそう》

1 **きか・せる【利かせる】**〈動下一〉❶じゅうぶんききめがあるようにする。例 塩あじを利かせる。はばを利かせる(=いばる)。顔を利かせる(=大きな顔をする)。にらみを利かせる。❷心をこまかくはたらかせる。例 機転を利かせる。気を利かせる。▽「きかす」ともいう。

2 **きか・せる【聞かせる】**〈動下一〉❶聞くようにさせる。例 言って聞かせる。生徒に教材のCDを聞かせる。❷話や演奏などがすばらしくて、おもわず聞きいるようにさせる。例 かれの歌はなかなか聞かせる。▽「きかす」ともいう。
➡ききどころ 表現

きがね【気兼ね】〈名・する〉相手に遠慮《えんりょ》して、したいことをしないでいること。例 人に気兼ねしていっしょに暮らすより、ひとりでいる方がいい。

きかねつ【気化熱】〈名〉〔物理〕液体や固体が気体になるときに、まわりからうばう熱。蒸発熱。

1 **きがまえ【気構え】**〈名〉ものごとにとりくむときの、しっかりした気持ち。類 心構え。覚悟《かくご》。

2 **きがまえ【▼气構え】**〈名〉漢字の構えの一つ。「気」などの「气」の部分。

きがる【気軽】〈形動〉あっさりしていて、こだわりがない。リラックスした気持ちでなにかできる。例 なんでも気軽にひきうける。お気軽に手に取ってご覧ください。

1 **きかん【気管】**〈名〉呼吸器官の一つ。のどから肺につづく管状の部分。ア キカン

2 **きかん【汽缶】**〈名〉⇩ボイラー① ア キカン

3 **きかん【季刊】**〈名〉一年に四回、季節ごとに刊行されること。クォータリー。例 季刊誌。ア キカン

4 **きかん【奇観】**〈名〉めったに見られないめずらしいながめ。例 天下の奇観。ア キカン

5 **きかん【既刊】**〈名〉書物がすでに刊行されていること。刊行された本。対 未刊。続刊。ア キカン

6 **きかん【帰還】**〈名・する〉ようやく帰ってくること。例 宇宙からの帰還。戦地から無事《ぶじ》に帰還する。難民《なんみん》の帰還。ア キカン

7 **きかん【基幹】**〈名〉そこがしっかりしていて健全なはたらきをしなければ、ほかでなにをやっても、全体が生きてこないという、おおもとのところ。例 基幹産業。ア キカン

8 **きかん【期間】**〈名〉特定のある期日から他の期日までのあいだ。例 期間中。期間限定。有効期間。短期間。ア キカン

9 **きかん【旗艦】**〈名〉❶艦隊を指揮《しき》する司令官がのる軍艦。❷ある会社の、もっとも重要な店舗《てんぽ》や、もっともすぐれた製品。例 旗艦店。旗艦商品。▽類 フラッグシップ。ア キカン

[10]**きかん【器官】**〈名〉からだの組織の中で、あるきまったはたらきを受けもつ部分。動物の目・鼻・口・耳や各内臓《ないぞう》、植物の根・茎・葉・花など。例 消化器官。呼吸器官。ア キカン

[11]**きかん【機関】**〈名〉❶火力や電力などで機械をうごかす装置《そうち》。例 蒸気機関。❷ある特定のはたらきを受けもつ組織。例 機関誌。報道機関。▽ア キカン

[1]**きがん【祈願】**〈名・する〉神や仏にねがいをかけること。例 合格を祈願する。類 誓願《せいがん》。願かけ。ア キガン

[2]**きがん【奇岩】**〈名〉めずらしい形の岩。ア キガン

ぎかん【技官】〈名〉技術や技芸関係の仕事をする国家公務員。対 事務官。教官。

ぎがん【義眼】〈名〉うしなった目のかわりにはめこむ、人工の眼球。これを使ってものを見ることはできない。

きかんき【利かん気・聞かん気】〈名・形動〉人に負けたり、言いなりになったりするのがきらいな性質。例 きかん気な子ども。きかん気が出る。類 勝ち気。負けん気。

きかんさんぎょう【基幹産業】〈名〉電力や鉄鋼《てっこう》業など、国の経済の基礎《きそ》をささえる重要な産業。

[1]**きかんし【気管支】**〈名〉気管が下の方で二つにわかれて、左右の肺につづく部分。

[2]**きかんし【機関士】**〈名〉汽車や汽船などの機関部を整備し、運転する人。

[3]**きかんし【機関紙】**〈名〉政党など、組織や団体が、主張や宣伝をするために発行している新聞。参考 雑誌の場合は「機関誌」。

きかんしゃ【機関車】〈名〉客車や貨車を引いて走るための装置《そうち》をそなえた鉄道車両。例 蒸気機関車。電気機関車。類 汽車。気動車。

きかんじゅう【機関銃】〈名〉ひきがねをひいたままで、弾丸《だんがん》を連続して発射できる銃。マシンガン。略して「機銃」ともいう。大口径《こうけい》のものは「機関砲《ほう》」という。

きかんぼう【利かん坊・聞かん坊】〈名〉気がつよく、人の言いなりにならない元気な子。

[1]**きき【危機】**〈名〉あぶないとき。例 危機がせまる。危機を脱《だっ》する。危機をのりこえる。危機に瀕《ひん》する。危機感。危機一髪《いっぱつ》。類 ピンチ。

[2]**きき【鬼気】**〈名〉身の毛がよだつような、おそろしいけはい。例 鬼気せまる迫力《はくりょく》。

[3]**きき【記紀】**〈名〉奈良時代の歴史書『古事記』と『日本書紀』をあわせた言いかた。例 記紀神話。記紀歌謡《かよう》。参考『万葉集』を加えて、「記紀万葉」という。

[4]**きき【機器】**〈名〉機械や器械のこと。例 教育機器。

きぎ【木木】〈名〉立ちならぶ木。例 木々の緑があざやかな季節をむかえた。

ぎぎ【疑義】〈名〉内容や意味がはっきりしないで、うたがわしいこと。例 疑義をただす。類 疑問。

ききいっぱつ【危機一髪】〈名〉ほんのまぢかに重大な危険がせまっていること。例 危機一髪のところで助かった。類 間《かん》一髪。

きき・いる【聞き入る・聴き入る】〈動五〉耳をすましてじっと聞く。うっとりして聞く。例 熱心に聞き入る。名演奏に聴き入る。

きき・いれる【聞き入れる】〈動下一〉相手の要求や希望をうけいれて、言うとおりにする。例 忠告を聞き入れる。願いを聞き入れる。類 聞きとどける。承知する。

ききうで【利き腕】〈名〉両うでのうち、より力をいれることができ、自由に使える方のうで。利き手。例 利き腕をおさえる(＝あばれないようにする)。

きき・おとす【聞き落とす】〈動五〉聞くべきことを、うっかりして聞かないままにしてしまう。類 聞きもらす。

ききおぼえ【聞き覚え】〈名〉前に聞いたのをおぼえていること。例 声に聞き覚えがある。

きき・およぶ【聞き及ぶ】〈動五〉すでに、人から聞いて知っている。

敬語「この件、お聞き及びのことと存じますが、念のため、お知らせいたします」のように、「お聞き及び」の形で、相手がすでに知っていることの尊敬語として使うことが多い。

ききかいかい【奇奇怪怪】〈形動〉とてもふしぎで、なにがなにやらまったくわからない。「奇怪」を強めた言いかた。例 奇々怪々なできごと。

きき・かえす【聞き返す】〈動五〉❶一度聞いたこと、またはよく聞きとれなかったことをもう一度聞く。❷こちらからも質問する。

ききがき【聞き書き】〈名・する〉話を聞いて、その内容を書きしるすこと。その書きしるしたもの。類 再話。

きき・かじる【聞きかじる】〖聞き▼齧る〗〈動五〉全部でなく、ごく一部分だけをちょっと聞いて知っている。例 初歩を聞きかじったことがあるだけです。

ききかん【危機感】〈名〉たいへんなことになるのではないか、という不安や心配の気持ち。例 危機感をあおる。類 危機意識。

ききかんり【危機管理】〈名〉不測《ふそく》の事態がいつ起きても、迅速《じんそく》・適切に対応できるように、日ごろから十分な備えをしておくこと。

ききぐるし・い【聞き苦しい・聴き苦しい】〈形〉❶聞きとりにくい。例 番組の一部にお聞き苦しい点がありましたことをおわびします。類 聞きにくい。❷聞いた人に不愉快《ふゆかい》な感じをあたえるようす。例 お聞き苦しい話をお耳に入れて恐縮《きょうしゅく》です。

ききこみ【聞き込み】〈名〉情報のえられそうなところをいろいろ聞いてまわること。例 聞き込みに歩く。聞き込み捜査《そうさ》。

ききざけ【利き酒・聞き酒】〈名・する〉酒を口にふくんで味わい、酒のよしあしを見分けること。

き(聞)きしにまさる ⇩「きく〔聞く〕」の子項目

ききじょうず【聞き上手】〈名・形動〉人の話を聞くのがうまい人。聞くのがうまいようす。対 話し上手。

ききす【▼雉子】〖▼雉子〗〈名〉鳥のキジの古めかしい言いかた。

きき・すごす【聞き過ごす】〈動五〉聞いてもとくに心にとめないでおく。類 聞き流す。

ききずて【聞き捨て】〈名〉うわさや、よくない話を聞いても、そのままにしてほうっておくこと。「きすて」ともいう。例 聞き捨てにする。

表現「聞き捨てならない」「聞き捨てにできない」など、打ち消しの形で使うことが多い。

きき・だす【聞き出す】〈動五〉自分の知りたいことを、あちこち聞いて歩いたり、うまく言わせたりして知る。

きき・ただす【聞きただす】〖聞き▼糺す〗〈動五〉疑問の点を徹底《てってい》的にたずねて、明らかにする。類 問いただす。

ききちが・える【聞き違える】〈動下一〉話し手の言ったことを、まちがえて聞いてしまう。例 電話番号を聞き違える。類 聞き誤《あやま》る。

表現「私の聞き違えかもしれません」というように、名詞の形で使うことも多い。

ききつ・ける【聞きつける】〖聞き付ける〗〈動下

 泉鏡花(いずみきょうか) (1873～1939) 明治時代の小説家。神秘的な独特の世界をはなやかな文章で表現した。

一〉❶音や声をふと耳にして、なんだろうかと思う。例サイレンを聞きつけてやじうまが集まってきた。❷いつも聞きなれている。例聞きつけた声。

ききづら・い【聞きづらい】〖聞き▿辛い〗〈形〉❶はっきり聞こえない。❷不愉快《ふゆかい》で聞いていたくない気持ちだ。例そんなこと、あの人には聞きづらいよ。❸こちらから質問しにくい。

ききて【聞き手】〈名〉話を聞くがわの人。例聞き手にまわる。対話し手。類聞き役。聴者《ちょうしゃ》。

ききとが・める【聞きとがめる】〖聞き▾咎める〗〈動下一〉聞いたことの中に気にくわないことやはっきりしないことなどがあって、そこに文句をつける。

ききどころ【聞き所・聴き所】〈名〉聞いて、いちばん価値のあるところ。例講演の聞き所。

表現 話の中身よりも話し方に重点を置いたとき、話の、いちばんあぶらののったところを「聞かせ所」という。

ききとして【喜喜として】〖▾嬉▾嬉として〗〈副〉いかにも楽しそうに。いかにもうれしそうに。例喜々としてたわむれる。

ききとど・ける【聞き届ける】〈動下一〉目上の人が、目下の者の願いや申し出を聞いてやる。

ききと・る【聞き取る・聴き取る】〈動五〉人の言うことを聞いて、正しく理解する。例正確に聞き取る。

ききなが・す【聞き流す】〈動五〉他人がとやかく言うことを気にかけないで、知らんぷりをする。例あんなやつの言うことは聞き流しておけばいい。類聞き捨てる。

ききのが・す【聞き逃す・聴き逃す】〈動五〉聞くつもりでいたのに、うっかりそのチャンスを失ってしまう。類聞きそこなう。聞きもらす。聞き落とす。

ききほ・れる【聞きほれる・聴きほれる】〖聞き▾惚れる・聴き▾惚れる〗〈動下一〉聞いてうっとりする。例おもわず聞きほれる。

き(聞)きみみ(耳)をた(立)てる 人の話や物音をよく聞きとろうとして、注意を集中する。類耳をすます。耳をそばだてる。

ききめ【効き目・利き目】〈名〉くすりを飲んだり、治療《ちりょう》をしたりした効果。例効き目がある。効き目があらわれる。類効能。効用。

表現「あの人には注意しても効き目がない」などのように、━病気やけが以外にも使う。

ききもら・す【聞き漏らす】〈動五〉聞くべきことを、なにかの事情で聞かないままにしてしまう。類聞き落とす。

ききやく【聞き役】〈名〉会話をしているとき、もっぱら話を聞くがわの人。例聞き役にまわる。

ききゃく【棄却】〈名・する〉〔法律〕裁判所が、申し立ての内容を認めないこと。例上告棄却。類却下。

[1]**ききゅう**【危急】〈名〉大きな危険がすぐ近くにせまっていること。例危急を告げる。危急存亡。類緩急《かんきゅう》。

[2]**ききゅう**【気球】〈名〉ヘリウムなどの空気よりかるい気体や、あたためた空気を入れて空にあげるボール形のふくろ。広告や観測、スポーツなどに使われる。軽気球。例熱気球。

[3]**ききゅう**【希求】〈名・する〉心からそうなることを望み、追い求めること。例憲法第九条は戦力の放棄《ほうき》を希求している。

ききゅうそんぼう【危急存亡】〈名〉危険な状態にさらされ、その組織や団体が存在しなくなるかもしれないという事態。

危急存亡の秋《とき》 生きのこるか、ほろびるかの重要な分かれめのとき。

ききょ【起居】〈名・する〉❶立ったり、すわったりすること。また、そのような基本的な動作。例起居に不自由する。類立ち居《い》ふるまい。❷日常生活をおくること。日常生活。例起居を共にする。

起居を共《とも》にする いっしょに生活する。

[1]**ききょう**【帰京】〈名・する〉東京に帰ること。例けさ、帰京しました。

[2]**ききょう**〖▾桔▿梗〗〈名〉「秋の七草《ななくさ》」の一つ。山野にはえ、秋、つりがね形の青むらさき色の花がさく。

[3]**ききょう**【帰郷】〈名・する〉ふるさとへ帰ること。類帰省《きせい》。→きせい〔帰省〕表現

[4]**ききょう**【奇矯】〈形動〉言うことやすることが、ふつうの人とひどく変わっている。例奇矯なふるまい。

[1]**きぎょう**【企業】〈名〉会社や工場のように、利益をあげる目的で事業を行なう組織。民営の私企業と、公営の公企業。例大企業。中小企業。アキギョー

表現 実名をかくしたいときは、会社と同様に「A社」「B━社」のように言い、一社二社と数える。

[2]**きぎょう**【起業】〈名・する〉事業を新しくおこすこと。例起業家。アキギョー

ぎきょうしん【義▾侠心】〈名〉自分の損得にかまわず、弱い人をたすけようとする心情。類男気《おとこぎ》。侠気。

ぎきょうだい【義兄弟】〈名〉❶義理の兄弟。夫や妻の兄弟。姉や妹の夫など。❷たがいに兄弟のような関係になろうと約束をした人どうし。類兄弟分。

きぎょうひみつ【企業秘密】〈名〉❶それぞれの会社が、関係のない人には教えないことがら。類機密事項《じこう》。❷仕事などをする上で、個人が秘密にしていることがらのたとえ。くだけた言いかた。

ぎきょく【戯曲】〈名〉劇がそのままできるようなかたちで書かれた文学作品。例戯曲化。類ドラマ。

ききわけ【聞き分け】〈名〉言われたことの道理がよくわかること。例聞き分けのいい子。聞き分けがない。

ききわ・ける【聞き分ける】〈動下一〉❶二種類以上の音を聞いて、そのちがいを区別する。❷自分に対して言われたことの道理やすじみちがわかる。類納得《なっとく》する。得心する。

[1]**ききん**【基金】〈名〉❶事業や社会的活動などの基礎《きそ》になるように準備してある資金。❷「①」の資金を運用するためにもうけられた団体。例国際交流基金。

[2]**ききん**【飢▾饉】〈名〉❶農作物のできがわるいために、食物がたりなくなって、うえに苦しむこと。❷生活に欠かせないものがたりなくなって、ひどくこまること。例水飢饉。類欠乏《けつぼう》。参考 日本史の上では、江戸時代の三大飢饉として、享保《きょうほう》・天明・天保《てんぽう》の飢饉があった。

ききんぞく【貴金属】〈名〉さびにくくて、空気中で酸化しにくい金属。金・銀・白金など。対卑《ひ》金属。参考 少量しかとれず、高価であることからいう。

常用漢字 **きく**

【菊】 艹部8 全11画

菊 菊 菊 菊 菊

キク 音〔キク〕■菊《きく》。菊花《きっか》。菊人形《きくにんぎょう》。■白菊《しらぎく》。野菊《のぎく》。

[1]**き・く**【利く・効く】〈動五〉❶〔効く〕ききめがあらわ

和泉式部(いずみしきぶ) 生没年不明。平安時代中ごろの女性歌人。情熱的な和歌をよんだ。

れる。例薬が効く。宣伝《せんでん》が効く。風刺《ふうし》が効く。❷[利く] よく機能したり、はたらいたりする。例鼻が利く。目が利く。気が利く。年をとって、このごろは からだが利かなくなってきた。❸[利く] そのことができる。例洗濯《せんたく》が利く。むりが利く。見とおしが利かない。▽アキク

表記「わさびが きく」は、ふつうは②の意味で「利く」と書くが、とくにその効果《こうか》に注目するときは「効く」と書くこともある。

口《くち》を利く ⇩「くち〔口〕」の子項目

[2]**き・く【聞く・聴く】**〈動五〉❶[聞く] 音や声を耳で感じる。話を耳から入れて理解する。例話を聞く。うわさを聞く。きょう、テストがあるとは聞いていない。類耳にする。❷[聴く] 自分の方から積極的に耳をかたむける。例講演を聴く。音楽を聴く。国民の声を聴く。❸[聞く] 相手の言うことをうけいれる。例言うことを聞く。忠告を聞く。妹はどうしても行くといって聞かない。願いを聞く。聞きいれる。聞きとどける。類承知する。承諾《しょうだく》する。承認《しょうにん》する。❹[聞く] 相手になにかをたずねる。例道を聞く。わけを聞く。聞きただす。類質問する。▽アキク

表現 (1)③と④には、「先方の都合をメールで聞いてみます」のような耳を使わない用法がある。
(2)香《こう》の種類を鼻でかぎわけることを「香をきく」、酒の味を舌でためすことを「聞き酒をする」という。いずれも、耳は使わないが、感覚をとぎすましてうけいれることを「きく」で表わした慣用的な言いかたである。

敬語 謙譲《けんじょう》語としては、「お聞きする」「お聴きする」のほか、①②④の意味で「伺《うかが》う」、①③の意味で「承《うけたまわ》る」、②の意味で「拝聴《はいちょう》する」などを使う。

表記 ④は、「▼訊く」と書かれることもある。

聞いてあきれる (「…とは聞いてあきれる」の形で)…ということばに、それを言った人の実体が、あまりにふさわしくない。とうてい…だという資格はない。

聞いて極楽《ごくらく》見《み》て地獄《じごく》 人の話ではたいへんよさそうなのに、実際に見てみるとひどいものだ、ということから、話と実際とはおおちがいだ、ということ。

聞きしに勝《まさ》る 話に聞いて思っていた以上である。例被害《ひがい》の聞きしにまさるひどさ。

聞くは一時《いっとき》の恥《はじ》 聞かぬは一生《いっしょう》の恥 知らないことを人に聞くのは、そのときは はずかしい気持ちがするが、聞かないで知らないままでいれば、一生 はずかしい思いをするから、がまんして人に聞け、ということ。

聞く耳《みみ》を持《も》たない そんな話は受けつけない。

[3]**きく【菊】**〈名〉庭などにうえて観賞用とする多年草。秋に白や黄色などの花がさき、独特のかおりがある。古くから栽培《さいばい》され、種類も多い。アキク キク

参考 これを態度で表わすのが、「門前ばらい」。

[4]**きく【起句】**〈名〉文章の書き出しの部分。とくに、漢詩で絶句《ぜっく》の第一句。アキク ↓きしょうてんけつ①

[1]**きぐ【危惧】**〈名・する〉わるい結果になるのではないかと心配して、おそれること。例国の将来を危惧する。危惧の念。類懸念《けねん》。気がかり。

[2]**きぐ【器具】**〈名〉ふだんの生活で使う、かんたんな器械や道具。例電気器具。類用具。

ぎく【疑▼懼】〈名〉うたがい おそれること。例疑懼の念。類危惧《きぐ》。

[1]**きぐう【奇遇】**〈名〉思いがけなく、めぐり会うこと。例こんなところで会うとは、奇遇だね。

[2]**きぐう【寄▼寓】**〈名・する〉他人の家の一部に住まわせてもらい、衣食の世話になること。類寄食。居候《いそうろう》。

きくか【菊花】〈名〉⇩きっか

ぎくしゃく〈副・する〉ことばや動作がなめらかでない。例ぎくしゃくした関係。類ぎこちない。

きくずす【着崩す】〈動五〉衣服を、わざと、きちんとしていない着かたで着る。

きぐち【木口】〈名〉❶建築につかう木材の種類や品質。❷木材をよこに切ったときの切り口。「こぐち」ともいう。❸手さげぶくろなどの上部につけた木の とって。

きくにんぎょう【菊人形】〈名〉秋の菊祭のときなどに、菊の花でかざって作られる人形。

きくのせっく【菊の節句】〈名〉五節句の一つ。陰暦《いんれき》九月九日に行なわれた行事で、菊見の宴《えん》などをもよおした。重陽《ちょうよう》。

参考 現在も、九月九日のことをこういうことがある。

きくばり【気配り】〈名・する〉ものごとがうまくいくように、こまかいところにもあれこれ注意すること。類心配り。心づかい。配慮《はいりょ》。

きぐみ【木組み】〈名・する〉〔建築〕木材に切りこみを入れて、組み合わせること。

きぐらい【気位】〈名〉心の中で、自分はりっぱでえらいと思っていること。類自尊心。プライド。

気位が高《たか》い 自分は とくにりっぱでえらいと思い、なにかにつけて、そのようなそぶりや言いかたをする。

きくらげ【木▽耳】〈名〉中華料理でよく使う、人の耳の形に似《に》た暗い茶色のキノコ。

ぎくりと〈副・する〉急におそれとおどろきを感じて、どきっとするようす。「ぎくっと」ともいう。例弱点をつかれて、ぎくりとする。

表現 ショックの大きさでは「どきり」も「ぎくり」も同じことだが、「ぎくり」には、うしろめたさとか、引け目とか、内面の弱みや傷にふれられる感じが強い。

きぐるみ【着ぐるみ】〈名〉中に人が入って生きているように見せる、大きなぬいぐるみ。例怪獣《かいじゅう》の着ぐるみ。

きぐろう【気苦労】〈名〉なにかにつけて気をつかって、つかれること。例気苦労が多い。類心労。気づかれ。気骨《きぼね》。

表現 ふつう一体《いったい》二体《にたい》と数える。

[1]**きけい【奇形】**〖▼畸形〗〈名〉生物で、生まれつき ふつうとちがったかたちをしたもの。形態異常。アキケー

[2]**きけい【奇計】**〈名〉人がふつうでは思いつかないような、うまいやりかたや作戦。例奇計をめぐらす。類奇策。アキケー

[3]**きけい【貴兄】**〈代名〉相手をさすことば。類貴君。賢兄《けんけい》。大兄《たいけい》。アキケー

表現 男性どうしで、自分と同等か 少し目上ぐらいの相手をうやまっていうことば。手紙で使うことが多い。

[1]**ぎけい【偽計】**〈名〉〔法律〕人をあざむく行ない。例偽計業務妨害《ぼうがい》。

[2]**ぎけい【義兄】**〈名〉❶義理の兄。姉の夫や配偶《はいぐう》者の兄をいう。対実兄。義弟。❷たがいに兄弟のような関係になろうと約束した者どうしの、兄にあたるほう。対義弟。

ぎげい【技芸】〈名〉専門的な技術や わざ。

表現 美術や工芸の分野についていうことが多い。

きげき【喜劇】〈名〉こっけいなおもしろさをとおして、人

き

 出雲阿国(いずものおくに) 生没年不明。歌舞伎の始祖。1603年京都で「かぶきおどり」を始めて人気を集めた。

間をえがいた劇。単に、こっけいさだけをねらいにした劇をもいう。コメディー。対悲劇。
━表現「こいつは喜劇だ」のように、おかしくて笑いだしたくなるようなできごとをさすのにも使う。

1 **きけつ【既決】**〈名〉❶すでにきまっていること。❷〔法律〕裁判で有罪か無罪か、すでに決まっていること。例既決囚《きけつしゅう》。▽対未決。

2 **きけつ【帰結】**〈名・する〉考えやできごとが、あれこれうごいたすえに、あるところにおちつくこと。例当然の帰結。類落着。結論。帰着。

ぎけつ【議決】〈名・する〉会議できめること。会議できめたことがら。例処分を議決する。議決権。類決議。

ぎけつけん【議決権】〈名〉会議の正式な構成員として、議決のときに一票を投じる権利。

1 **きけん【危険】**〈名・形動〉あぶないこと。例身に危険がせまる。身の危険を感じる。危険をおかす。危険物。危険信号。対安全。類あぶない。

2 **きけん【棄権】**〈名・する〉試合への出場権や、選挙の投票権など、自分の権利をすてて、使わないこと。例マラソンを途中《とちゅう》棄権する。棄権票(=無投票と白票《はくひょう》)。

1 **きげん【紀元】**〈名〉❶歴史上の年数をかぞえるとき、もとになる年。年数の上につけて、それが歴史上の年数であることを示すことば。例紀元二千年。❷国ができた、最初の年。▽アキゲン 参考西暦《せいれき》では、キリストが生まれたとされる年をさし、紀元前をB.C. 紀元後をA.D. で示すことがある。イスラム暦では、ムハンマド(マホメット)が迫害《はくがい》にあってメジナにのがれた年をさす。

2 **きげん【起源】**〈名〉ものごとのはじまり。例生命の起源。類始原。本源。源流。アキゲン

3 **きげん【期限】**〈名〉約束するときに、「いついつまでに」ときめておく月日や期間。例期限がきれる。期限をまもる。期限内。類しめ切り。期日。日限。アキゲン

期限を切《き》る あることをさせる時間の限度をはっきりとくぎって示す。

4 **きげん【機嫌】**〈名〉人の気分の状態。例機嫌がいい。機嫌をうかがう。機嫌をそこなう。機嫌を損ずる。機嫌をとる。上機嫌。アキゲン →ごきげん
━表現「ご機嫌だね。なにかいいことがあったの?」のように、「ご機嫌」の形で気分がいいことをさすこともある。

機嫌を取《と》る 相手が喜びそうなことを言って、とりいる。ご機嫌取りをする。

きげんせつ【紀元節】〈名〉現在の「建国記念の日」となっている二月十一日の、以前の呼び名。

きげんぜん【紀元前】〈名〉紀元元年より以前。例紀元前百年。→きげん〔紀元〕参考

きご【季語】〈名〉〔文学〕連歌《れんが》や俳句で、季節を表わすことばとしてよみこむようにきめられていることば。たとえば、「古池やかはづ飛びこむ水の音」〔芭蕉《ばしょう》〕では、「かはづ(=カエル)」で、春のものとされる。季。類季題。

1 **きこう【気孔】**〈名〉〔植物〕葉のうらがわなどにある小さなあな。空気や水蒸気が出入りする口。アキコー

2 **きこう【気候】**〈名〉ある地域の、長期間にわたる天気や気温などのようす。例気候がよい。温暖《おんだん》な気候。海洋性気候。類天候。気象。アキコー

3 **きこう【奇行】**〈名〉ふつうと変わった風がわりな行動。例奇行をかさねる。アキコー

4 **きこう【紀行】**〈名〉旅行中に見たことや感じたことを書いた読み物。例紀行文。類旅行記。アキコー

5 **きこう【起工】**〈名・する〉大工事をはじめること。例起工式。対竣工《しゅんこう》。落成。類着工。アキコー

6 **きこう【起稿】**〈名・する〉原稿を書きはじめること。対脱稿《だっこう》。類起筆《きひつ》。アキコー

7 **きこう【帰港・帰航】**〈名・する〉❶〔帰港〕船が出発地のみなとにかえること。例船は帰港の途中《とちゅう》である。❷〔帰航〕船や飛行機が帰ること。例帰航中。▽アキコー

8 **きこう【寄港・寄航】**〈名・する〉❶〔寄港〕航海中の船が途中《とちゅう》でどこかのみなとにたちよること。❷〔寄航〕船や飛行機が途中《とちゅう》でどこかのみなとや空港にたちよること。▽アキコー

9 **きこう【寄稿】**〈名・する〉依頼《いらい》をうけて、新聞や雑誌などに原稿を書いて送ること。また、その原稿。例特別寄稿。アキコー →とうこう〔投稿〕

10 **きこう【機構】**〈名〉団体や会社などの組織をくみたてているしくみ。例行政機構。流通機構。アキコー

11 **きこう【貴公】**〈代名〉「きみ」の古い言いかた。もともとは目上に対して使った。アキコー

1 **きごう【記号】**〈名〉あるきまった意味や内容を表わすものとして通用しているしるし。文字・標識・符号《ふごう》など。とくに、文字に対して符号をいう。

2 **きごう【揮▼毫】**〈名・する〉毛筆で書や絵画をかくこと。その書や絵。

ぎこう【技巧】〈名〉特別のものをつくったり、しあげたりするときに使われるすぐれた技術。おもに芸術作品をつくる場合にいう。例技巧をこらす。技巧的。技巧派。類テクニック。

きこうし【貴公子】〈名〉高貴な家に生まれた、上品でうつくしい若い男。類御曹司《おんぞうし》。

きこうたい【気候帯】〈名〉地球を気候の共通した地帯にわけたもの。参考一年の平均気温が高いか低いかによって、熱帯・温帯・冷帯・寒帯などに区分する。

ぎこうてき【技巧的】〈形動〉内容のよさよりも、やりかたの手ぎわ、方法、技術の面ですぐれている。例技巧的な作品。技巧的な文章。

きこうぼん【希▼覯本】【▼稀▼覯本】〈名〉めずらしくて価値のたかい本。類希書。

きこえ【聞こえ】〈名〉❶聞こえること。聞こえる度合い。例このごろ、耳の聞こえがわるくなった。❷聞いたときにあたえる印象。例マンションというと聞こえはいいが、要するに鉄筋アパートだ。❸世間の評判。例秀才の聞こえが高い。

きこえよがし【聞こえよがし】〈形動〉悪口や皮肉を、わざわざ相手に聞こえるように言うこと。例聞こえよがしに言う。

きこ・える【聞こえる】〈動下一〉❶音や声がひとりでに耳にはいる。例音が聞こえる。人に聞こえる。外に聞こえる。❷うけとられる。例じょうだんに聞こえるかもしれないが、ほんとうなんだ。❸世間に知られている。有名である。例彼はうでのいい大工として世に聞こえていた。

きこく【帰国】〈名・する〉外国から本国に帰ること。例帰国の途《と》につく。類帰朝。

ぎごく【疑獄】〈名〉罪状がはっきりわからなくて、判決のむずかしい裁判事件。とくに、政府の大臣や高官のかかわった大がかりな不正事件についていう。

きこくしじょ【帰国子女】〈名〉外国でくらして相当の期間教育をうけてから、帰国して日本でくらすことになった子。

李舜臣(イスンシン)(1545~98) 朝鮮の将軍。豊臣秀吉の朝鮮侵略の際に水軍を指揮し日本軍を破った。

きごこち【着心地】〈名〉衣服を着たときの、からだになじむ感じ。例着心地がいい。

きごころ【気心】〈名〉その人の考えかたや感じかた。例気心が知れる。気心の知れたあいだがら。

きこしめ・す【聞こし召す】〈動五〉❶酒を飲むことをしゃれていうことば。例一杯聞こし召す。❷「聞く」「聞き入れる」「聞きとどける」などを敬語表現にした、古い、文章語的なことば。現代語なら「お聞きになる」「お聞きくださる」「聞き入れてくださる」「お聞きとどけくださる」などになる。

ぎこちな・い〈形〉しゃべりかたや態度がぎくしゃくしていて、スムーズにいかない。「ぎごちない」ともいう。例ぎこちない動作。

きこつ【気骨】〈名〉自分の信じることはどこまでも守りとおそうとする、つよい心。例気骨がある。気骨の人。類気概《きがい》。参考「きぼね」と読むのは別の語。骨《ほね》。

きこな・す【着こなす】〈動五〉衣服を、自分によくにあうようにたくみに着る。
表現「着こなしがうまい」のように名詞の形でも使う。

ぎこぶん【擬古文】〈名〉むかしの文章にならってつくった文章。とくに、江戸《えど》時代の国学者などが、平安時代の文体をまねてつくった文語の文章。

きこ・む【着込む】〈動五〉❶衣服を何枚もかさねて着る。❷あらたまって、きちんとした服装をする。例白いタキシードを着込んですましている。

きこり【木こり】『木▼樵・▼樵・▼樵▽夫』〈名〉木を山林からきりだすのを職業にしている人。

きこん[1]【気根】〈名〉〔植物〕地上に出ている植物の根。

きこん[2]【既婚】〈名〉結婚していること。例既婚者。対未婚。
表現離婚《りこん》した人についていうこともある。

きざ『気▽障』〈名・形動〉態度や服装などが、いかにもきどっていて、いやな感じをあたえるようす。例きざなやつ。
参考「気障《きざわ》り」からできたことば。

きさい[1]【奇才】〈名〉世にまれな、すぐれた才能をもっている人。また、その才能。例天下の奇才。

きさい[2]【鬼才】〈名〉ほんとうに人間かと思いたくなるほど、人並みはずれた才能をもつ人。また、その才能。例画壇《がだん》の鬼才。

きさい[3]【記載】〈名・する〉書物や書類などに書いてのせること。例姓名を記載する。類掲載《けいさい》。

きざい[1]【器材】〈名〉❶器具の材料。❷器具や材料。

きざい[2]【機材】〈名〉❶機械の材料。❷機械や材料。

きさき『▽后・▽妃』〈名〉皇帝《こうてい》や王の妻。おきさきさま。類皇后《こうごう》。王妃《おうひ》。

ぎざぎざ〈形動・名・する〉のこぎりの歯のような、こまかくてするどい形になっているようす。きざみめが並んでいるようす。例ぎざぎざな線。ぎざぎざが入った紙。ぎざぎざした切り口。参考形容動詞・名詞の場合のアクセントは「**ギ**ザギザ」、サ変動詞の場合は「**ギザ**ギザ」。

きさく[1]【気さく】〈形動〉人がらや態度に、きどったり、格式ばったりしたところがなくて、親しみやすい。例山田先生の気さくな応対に緊張《きんちょう》がほぐれた。
参考「気がさくい(=さっぱりしている)」からできたことば。

きさく[2]【奇策】〈名〉だれも考えつかないような、めずらしいはかりごと。例奇策を弄《ろう》する。類奇計。

ぎさく【偽作】〈名〉絵画や小説などの作品で、すでにおおやけになっている作品に似《に》せてつくったにせもの。類贋作《がんさく》。

きざし【兆し】『▼萌し』〈名〉これから起こるものごとを前もって知らせるような、かすかなようす。例景気回復の兆しが見えてきた。類前ぶれ。前兆《ぜんちょう》。兆候《ちょうこう》。

きざ・す【兆す】『▼萌す』〈動五〉❶草木が芽を出す。類芽ばえる。❷ものごとが起こることを知らせるような、かすかなようすが感じられる。例春が兆す。悪心が兆す。

きざはし『▽階』〈名〉「階段」の詩的な言いかた。

きさま【貴様】〈代名〉男性が、相手の男性をよぶのに使うことば。例貴様もいっしょにやるか。
表現もとは目上の人に対して使ったが、現在は相手をののしるときや、きわめて親しい人に対して使う。

きざみ【刻み】■一〈名〉❶木や石などに、小刀やのみなどで入れた切りこみ。例刻みを入れる。刻みをつける。❷「刻みたばこ」の略。タバコの葉をこまかく切ったもの。パイプなどにつめてすう。
■二〈接尾〉少しずつ同じ程度にくぎったものが、くりかえし続いていることを表わす。例五分刻みで電車がホームに入る。一寸刻み。類ごと。間隔《かんかく》。

きざみつ・ける【刻み付ける】〈動下一〉❶木や石などにきざみをつける。❷彫刻《ちょうこく》刀で物の形をほりつけるように、心に確実に記しとめる。例心に刻みつける。

きざ・む【刻む】〈動五〉❶小刀や包丁で切って、こまかくする。例たまねぎを刻む。切り刻む。❷木や石などを、小刀やのみなどでほる。例文字を刻む。刻みこむ。❸心の中に、しっかりとどめる。例胸に刻む。刻みつける。類銘《めい》じる。銘記する。
表現長くつづいているものに、少しずつくぎりを入れるという意味で使うこともある。「めもりを刻む」など。「時を刻む」は、時間がたっていくことをいう。

きさらぎ『▽如▽月』〈名〉陰暦《いんれき》で、二月のこと。

きざわり【気障り】〈名・形動〉人の言うことやすることが不快で気にさわること。

きさん【起算】〈名・する〉ある時から数えはじめること。

きし[1]【岸】〈名〉陸地が、川や湖、海などに接するところ。例岸に上がる。岸べ。川岸。向こう岸。類水ぎわ。アキシ」

きし[2]【棋士】〈名〉碁《ご》や将棋《しょうぎ》の対局を職業とする人。アキシ

きし[3]【騎士】〈名〉❶馬にのっている兵士。❷ヨーロッパ中世の貴族出身の武士。ナイト。例騎士道。▽アキシ

きし[4]【旗▼幟】〈名〉合戦《かっせん》のとき、敵と味方を見分けるためにかかげたはたやのぼり。アキシ

旗幟を鮮明《せんめい》にする ある争点《そうてん》について、どちらかの立場に味方するのかはっきりさせる。「旗幟を明らかにする」ともいう。

きじ[1]【木地】〈名〉❶木のもくめ。例かべ板に木地のおもしろさをいかした。❷塗料《とりょう》をぬる前の、白木のままの木。❸「木地ぬり」の略。もくめがあらわれるようにうるしをぬったもの。▽アキジ

きじ[2]【生地】〈名〉❶まだ手を加えたり、かざったりしていない、自然のままの性質や状態。例生地を生かす。生地が出る。生地を出す。❷衣服やカーテンなど、布《ぬの》製品をつくる材料の布。類布地《ぬのじ》。❸小麦粉などに水を加えてこねたもの。例パン生地。そば生地。❹陶磁器《とうじき》などで、うわぐすりをぬっていないもの。▽アキジ
参考「せいち」と読むのは別のことば。

李承晩(イスンマン)(1875~1965) 韓国の政治家。米国などで独立運動を行なう。1948年に初代大統領。

[3]**きじ**〖▼雉・▼雉子〗〈名〉鳥の一種。おすは、尾《お》が長く、からだにふかみどり色のつやがあって美しい。「けん、けん」とするどい声で鳴く。日本特産で、国鳥とされる。類 きぎす。ア キジ

きじも鳴《な》かずば撃《う》たれまい 無用の発言をしたばっかりに、自分から災難をまねいてしまうことのたとえ。よけいなおしゃべりはつつしめ、ということ。

[4]**きじ**【記事】〈名〉❶ニュースや論説文などを広く伝えるために書かれた、とくに新聞や雑誌の文章。例 新聞記事。三面記事。連載《れんさい》記事。署名《しょめい》記事。匿名《とくめい》記事。❷歴史学で、史書に書かれていることがら。例『日本書紀』に…という記事が見える。▽ア キジ

[1]**ぎし**【技師】〈名〉会社や工場などで、高度の技術関係の仕事をうけもつ人。類 技術者。エンジニア。

[2]**ぎし**【義士】〈名〉どこまでも正義をつらぬきとおす、りっぱな人。例 赤穂《あこう》義士。類 志士。

[3]**ぎし**【義肢】〈名〉義手や義足。例 義肢装具《そうぐ》士《し》（＝国家資格の一つ）。スポーツ義肢。

[4]**ぎし**【義歯】〈名〉入れ歯や差し歯のこと。

[5]**ぎし**【義姉】〈名〉義理の姉。兄の妻や配偶《はいぐう》者の姉をいう。対 実姉。義妹。

[1]**ぎじ**【疑似・擬似】〈名〉ほんものではないが、それと見分けることがむずかしいくらい似《に》ていること。例 疑似コレラ。疑似体験。疑似餌《え》。疑似的。
参考 例のように、複合語をつくる使い方が多い。

[2]**ぎじ**【議事】〈名〉正式の集まりで審議《しんぎ》すること。また、そこできめることがら。例「議事進行！」。議事録。類 議案。議題。

きしかいせい【起死回生】〈名〉死にかけているものの、ほろびかけているものを生きかえらせること。例 起死回生の策。起死回生のホームラン。

きしかた【来し方】〈名〉⇩こしかた

ぎしき【儀式】〈名〉人々が集まり、一定の型にしたがった式次第《しだい》によって行なう厳粛《げんしゅく》な行事。結婚《けっこん》式・卒業式・成人式など。社会生活をしていくうえで、重要なふしめとなるもの。

ぎしきば・る【儀式張る】〈動五〉形式をおもんじて、きまじめにものごとを行なう。例 あまり儀式ばらない結婚《けっこん》式にしよう。類 形式ばる。

きじく【機軸】〈名〉ものごとや活動の中心となるもの。例 機軸にすえる。チームの機軸として活躍《かつやく》する。
参考 元来は、車輪や機械の心棒という意味。「新機軸」という形で使うことも多い。↓しんきじく

きじくつうか【基軸通貨】〈名〉貿易や金融《きんゆう》などの国際的な取り引きで、おもに使われる通貨。現在のアメリカドルや、かつてのイギリスポンド。

[1]**きしつ**【気質】〈名〉❶さびしがり屋だとか、おこりっぽいとか、それぞれの人が特有にもっている性質。類 気性《きしょう》。気だて。性向。❷その年代や職業、身分の人に特有な、ものの考えかた。例 職人気質。類 かたぎ。気風。
参考 人間の気質を、生理的条件とむすびつけて、多血質、胆汁《たんじゅう》質、粘液《ねんえき》質、憂鬱《ゆううつ》質の四種にわけるのは、ギリシャ以来の考えかたで、近代の学者にいろいろ修正されながら、今でものこっている。

[2]**きしつ**【器質】〈名〉生物の器官の、構造や形のうえでの性質。対 機能。

[1]**きじつ**【忌日】〈名〉⇩きにち ア キジツ

[2]**きじつ**【期日】〈名〉前もってなにかをすることがきめられた日。例 期日を守る。類 期限。日限。ア キジツ

きじつまえとうひょう【期日前投票】〈名〉選挙で、仕事や旅行などのためにきめられた日に投票できないとき、あらかじめ特定の投票所で投票をすませること。法律上は「きじつぜんとうひょう」という。↓ふざいしゃとうひょう

きしどう【騎士道】〈名〉ヨーロッパ中世の騎士の気風。キリスト教を信じ、婦人をとうとび、勇気・礼儀《れいぎ》・名誉《めいよ》などを重んじた。例 花さける騎士道。

ぎじどう【議事堂】〈名〉議員が集まって会議をするためにつくられた建物。とくに、国会議事堂をさす。議院。

きしな【来しな】〈名〉来るときの道の途中《とちゅう》。来るついで。例 来しなに立ち寄る。類 来がけ。

きじばと〖▼雉▼鳩〗〈名〉野生のハト。背は褐色《かっしょく》で、首の両がわにこい青色と白色のしま模様がある。アジアに広く分布。「やまばと」ともいう。

きしべ【岸辺】〈名〉岸のあたり。例 岸辺にさく花。類 水辺《みずべ》。

きしぼじん【鬼子母神】〈名〉⇩きしもじん

きしみ〖▼軋み〗〈名〉❶物がきしむ音。❷二者が対立している状態。例 米中両国のきしみ。類 不和。

きし・む〖▼軋む〗〈動五〉ものとものとがこすれ合ったり、うまく合わなかったりして、ぎしぎし音をたてる。例 ゆかがきしむ。戸がきしむ。車輪がきしむ。類 きしる。
表現「両者の関係がきしみがちだ」というように、二つのもののごとのあいだがうまくいかない場合にも使う。

きしめん〖▼棊子麺〗〈名〉名古屋名産の、平たく作ったはばの広いうどん。ひもかわうどん。

きしもじん【鬼子母神】〈名〉安産や育児の神として信仰《しんこう》される、仏教の女神《めがみ》。「きしぼじん」ともいう。

[1]**きしゃ**【汽車】〈名〉線路の上を走る列車。もと、蒸気を動力としたことからいう、古い言いかた。例 夜汽車《よぎしゃ》。ア キシャ 「キシャ」

[2]**きしゃ**【記者】〈名〉新聞や雑誌、放送の記事を編集したり取材したり書いたりする人。例 記者会見。事件記者。ア キシャ

[3]**きしゃ**【喜捨】〈名・する〉お金やものをすすんで寺社や困っている人にさしだすこと。ア キシャ

[4]**きしゃ**【貴社】〈名〉相手の会社をいう尊敬語。対 弊社《へいしゃ》。小社。類 御社《おんしゃ》。ア キシャ

きしゃかいけん【記者会見】〈名〉記者を集めて、世の中に知らせたいできごとの説明会を開くこと。

きしゃく【希釈】〖▼稀釈〗〈名・する〉溶液に水などを加えて、濃度をうすくすること。例 三倍に希釈する。

ぎしゃば・る（方言）気張《きば》る。りきむ。山形で言う。

[1]**きしゅ**【期首】〈名〉会計年度など、きめられた期間のはじめのころ。対 期末。

[2]**きしゅ**【旗手】〈名〉スポーツの選手団や軍隊などで、旗をかかげて持つ役目の人。
表現「新文学の旗手」のように、ある運動や団体の中心となって推進《すいしん》する人をさすときにも使う。

[3]**きしゅ**【機首】〈名〉飛行機の、機体の前部。例 機首をあげる。対 機尾。

[4]**きしゅ**【機種】〈名〉❶飛行機の種類。❷機械などの種類。例 パソコンの新機種。

[5]**きしゅ**【騎手】〈名〉ウマの乗り手。とくに、競馬の選手についていうことが多い。例 騎手生活。

きじゅ【喜寿】〈名〉七十七歳《さい》。七十七歳になったお祝い。↓囲み記事15（282ページ） 参考「喜」をくずして書いた「㐂」という字が、「七十七」と読めるところから。

ぎしゅ【義手】〈名〉うしなった手のかわりにつける、人工の手。スポーツ用のものもある。対義足。類義肢《ぎし》。

1**きしゅう【奇習】**〈名〉ふうがわりな習慣や風習。アキシュー

2**きしゅう【奇襲】**〈名・する〉不意に敵のすきをおそうこと。例奇襲をかける。奇襲攻撃《こうげき》。類不意打ち。やみうち。急襲。アキシュー

3**きしゅう【紀州】**〈名〉旧国名「紀伊《きい》」の漢語ふうの名。例紀州みかん。紀州南高梅《なんこううめ》。紀州犬。アキシュー

4**きしゅう【既習】**〈名〉学習ずみ。例既習事項《じこう》。対未習。アキシュー

きじゅう【機銃】〈名〉「機関銃」の略。

きしゅく【寄宿】〈名・する〉❶他人の家の一部を借りて住むこと。類下宿。❷学生や会社員などが、学校や会社に用意してもらった宿舎に住むこと。例寄宿舎。

きしゅくしゃ【寄宿舎】〈名〉学校などで、学生を生活させるために設けた建物。類寮《りょう》。参考学校の教育方針によって、全生徒を寄宿舎に入れて教育することもある。これを「全寮制」という。

きしゅつ【既出】〈名〉すでに人の目にふれていたり、とり上げられたりしていること。例既出の論文。対新出。初出。

1**きじゅつ【奇術】**〈名〉見物人の面前で、どうにもふしぎに思われることをして見せて、みんなを楽しませる芸。例奇術師。類手品。魔術。マジック。イリュージョン。アキジュツ

2**きじゅつ【既述】**〈名・する〉その文章の前の部分ですでに書いていること。例既述のように。類前述。上述。アキジュツ

3**きじゅつ【記述】**〈名・する〉調べたり考えたりしたことを書きしるすこと。その書きしるした文章。例経験したことを客観的に記述する。(コンピューターで)プログラムを記述する。記述内容。記述式(の問題)。類叙述《じょじゅつ》。アキジュツ

ぎじゅつ【技術】〈名〉❶実際になにかをしたり、つくったりするわざ。例技術がいる。類技能。技量。テクニック。❷科学を実地に応用してものをつくるわざ。例技術革新。科学技術。❸中学校の教科「技術・家庭」の一分野。製図、木材の加工、作物の栽培《さいばい》、コンピューターなどの基本を学ぶ。

ぎじゅつしゃ【技術者】〈名〉主に工学関係の技術を生かす分野の仕事をしている人。類技師。エンジニア。

ぎじゅつてき【技術的】〈形動〉❶技能へのこだわりが強い。例この作品は技術的で、魂《たましい》にひびかない。❷技術の面にかかわるようす。例技術的には、これ以上教えることはない。

1**きじゅん【規準】**〈名〉守るべき規則。例規準にしたがう。社会生活の規準。類規範《きはん》。

2**きじゅん【基準】**〈名〉❶なにかを比べるとき、そのもとになるもの。例昨年度の実績を基準にして考える。類標準。❷最低の条件をしめすきまり。例建築基準。→囲み記事13(左下)

3**きじゅん【帰順】**〈名・する〉反抗《はんこう》するのをやめ、相手にしたがうようになること。例徳川幕府に帰順する。類帰服。

ぎしょ【偽書】〈名〉❶いま一般《いっぱん》に信じられているようにしてできたのではなく、別のできかたでできている書き物。❷本物らしくつくられた書物や手紙。

1**きしょう【気性】**〈名〉人が生まれつきもっている性質。例気性があらい。気性がはげしい。類気質。気だて。かたぎ。気風。きっぷ。性情。

2**きしょう【気象】**〈名〉晴雨・気温・湿度《しつど》・風向などの、大気のようす。例気象観測。気象情報。気象警報。気象予報士(＝国家資格の一つ)。類気候。

3**きしょう【起床】**〈名・する〉起きてねどこからでること。例起床時間。対就床《しゅうしょう》。就寝。

4**きしょう【記章・▼徽章】**〈名〉身分や職業、資格などをしめすために帽子や衣服につけるしるし。類バッジ。

5**きしょう【希少】〖▼稀少〗**〈形動〉めったに見つからないほど少ない。例希少な品。希少価値。類希有《けう》。レア。

1**きじょう【机上】**〈名〉つくえの上。

机上の空論《くうろん》 頭の中だけのもので、実際には役にたたないりくつ。

2**きじょう【騎乗】**〈名・する〉ウマに乗ること。

3**きじょう【気丈】**〈形動〉なにが起きてもとりみだしたりしないで、気持ちがしっかりしている。例気丈にふるまう。対気弱。

ぎしょう【偽証】〈名・する〉裁判などで、うその証言をすること。例偽証罪。

ぎじょう【議場】〈名〉会議をする大きな部屋。

きしょうえいせい【気象衛星】〈名〉大気のようすを観測するために宇宙に打ち上げられる人工衛星。

きしょうかち【希少価値】〖▼稀少価値〗〈名〉めったにないために生じたねうち。

きしょうだい【気象台】〈名〉気象庁に属し、気象の観測や研究をする施設《しせつ》。天気予報などを発表し、また、地震《じしん》や火山の観測も行なう。

きしょうちょう【気象庁】〈名〉気象に関する仕事をする役所。各地の気象台や測候所からの情報にもとづいて、天気予報を出す。国土交通省に属する。

きしょうてんけつ【起承転結】〈名〉❶〔文学〕漢詩、とくに絶句の、句のならべかた。第一句で言いおこし

囲み記事 13

「基準」と「標準」

ものごとの性質を判断するとき、この二つのことばは同じような意味で使われることもあるが、基本的なとらえかたがちがう。「基準」は、ものごとの性質について、「ここより上か下か」で分ける、その分かれ目となる値《あたい》や程度のことである。テストでは「基準点」をとれているかどうかで、合格か不合格かを決める。二酸化炭素など温室効果ガスについて設けられる「排出《はいしゅつ》基準」は、この量をこえて排出してはいけないと定めるものである。

一方、「標準」は、ものごとについて一般《いっぱん》的にだいたいこれくらいが普通《ふつう》だ、一般的だ、と考えられる値や程度を表わす。たとえば、中学一年生男子の身長について、たくさんのデータを集めて平均を求めると、「中学一年生男子の身長の標準」がわかる。また、広く普通に使われている参考書は「標準的な参考書」とよばれる。

李成桂(イソンゲ)(1335～1408) 朝鮮，高麗の将軍。倭寇平定に手柄をたて，1392年李氏朝鮮を建国。

(=起句)、第二句でそれをうけ(=承句)、第三句で他に転じて新生面をひらき(=転句)、第四句で全体をまとめる(=結句)。❷物語の展開のしかた。▽類序破急。

きじょうぶ【気丈夫】〈形動〉❶これなら何があっても大丈夫と安心していられる。例みんなといっしょにいれば気丈夫だ。類心丈夫。❷気持ちが強く、しっかりしている。例気丈夫にふるまう。類気丈。

ぎじょうへい【儀▼仗兵】〈名〉儀式の際、閲兵《えっぺい》をうけたり、警備をしたり、皇族・高官・貴賓《きひん》などの警護にあたる兵士。

[1]**きしょく**【気色】〈名〉顔つきにあらわれている、快か不快かの感情。例気色をうかがう。類顔色。気色《けしき》。機嫌《きげん》。

表現「気色がわるい」といえば、なにかに接して、とてもいやな気分になることをいう。

[2]**きしょく**【寄食】〈名・する〉他人の家に住んで、食事などの世話になること。例叔父《おじ》の家に寄食する。類寄宿。寄寓《きぐう》。居候《いそうろう》。

[3]**きしょく**【喜色】〈名〉うれしそうなようす。例喜色をうかべる。喜色満面。対憂色《ゆうしょく》。

キシリトール〈名〉白樺《しらかば》や樫《かし》の木からとれる成分を原料とした甘味《かんみ》料。虫歯の原因となる酸に変化せず、細菌《さいきん》の活動を弱めるはたらきがあり、ガムや歯みがき粉などに使われる。◇xylitol

きし・る〖▼軋る〗〈動五〉強い力が加わって、ものとものとがこすれ合ったり、うまく合わなかったりして、「きいっ」という音をたてる。類きしむ。

ぎじろく【議事録】〈名〉議事の内容を記録した正式の文書。

ぎしわじんでん【「▼魏志」▼倭人伝】〈名〉中国の歴史書『三国志』の中の「魏志」にある、日本に関する記録。

参考三世紀ごろの日本のようすを伝える貴重な資料。

[1]**きしん**【帰心】〈名〉故郷や家などに、はやく帰りたいと思う気持ち。例帰心矢のごとし。

[2]**きしん**【寄進】〈名・する〉寺や神社に、物やお金を出すこと。例灯籠《とうろう》を寄進する。類喜捨。

[1]**きじん**【奇人】〈名〉性質やふだんの行動が、ひどく変わっている人。類変人。変わり者。

[2]**きじん**【鬼神】〈名〉❶あらあらしく、おそろしい神。「おにがみ」とも読む。❷死者のたましい。▽「きしん」ともいう。

[3]**きじん**【貴人】〈名〉身分や地位の高い人。

ぎしん【義臣】〈名〉主君のために身をささげてつかえるけらい。忠義な家臣。類忠臣。

ぎしんあんき【疑心暗鬼】〈名〉いったんうたがいだすと、なんでもないことまでうたがわしくなり、なにも信じられなくなること。例疑心暗鬼になる。

由来うたがう気持ちに駆《か》られると、暗闇《くらやみ》に鬼の姿が見えたようにさえ思うという、中国の故事にもとづく。

ぎじんか【擬人化】〈名・する〉ものごとを、人間に見立てて、ことばや絵で表現すること。例「怒《いか》りくるう海」は自然を擬人化した表現だ。

ぎじんほう【擬人法】〈名〉人でないものを人のように見立てた表現方法。「春風のささやき」「粉雪《こなゆき》が舞《ま》う」など。

[1]**きす**〖▼鱚〗〈名〉海にすむ魚の一種。岸ちかくの砂地になったところにいて、背がうす黄色をしている。あっさりした味で、てんぷらや塩やきにして食べる。

[2]**キス**〈名・する〉愛情や敬意を表わすために、相手のくちびるや手、ひたい、ほおなどに、自分のくちびるでふれること。「キッス」ともいう。口づけ。類接吻《せっぷん》。◇kiss

参考日本では、おもに男女間の愛情の表現とだけ考えられているが、欧米《おうべい》では、親愛の情をしめすあいさつとされ、親子のあいだや、同性のあいだでもかわされる。

きず【傷】〖▼疵・▼瑕〗〈名〉❶切ったり、ついたり、ぶつけたりしてできた、ひふや肉をいためたところ。例傷がふかい。傷がおもい。傷を負《お》う。かすり傷。類けが。外傷《がいしょう》。❷心にうけたいたで。例心の傷。今度の事件は、彼の心に大きな傷をのこした。傷あと。❸ものの、いたんでいたり、不完全であったりするところ。例傷がつく。玉にきず。名声に傷をつける。傷もの。類難点。あら。

傷をなめ合《あ》う 精神的に傷ついた者どうしが、おたがいをなぐさめあう。

きずあと【傷痕】〖傷跡〗〈名〉❶傷がなおったのち、ひふに残ったあと。❷大きな被害《ひがい》や精神的ないたでをうけたなごり。例台風の傷痕。心の傷痕。

[1]**きすい**【汽水】〈名〉海水と淡水《たんすい》がまじり合った水。例汽水湖《こ》。汽水魚《ぎょ》。

[2]**きすい**【既遂】〈名〉犯罪などを、実際にやってしまったこと。対未遂。

[1]**きすう**【奇数】〈名〉〔数学〕二でわりきれない整数。対偶数《ぐうすう》。アキスー

[2]**きすう**【帰▼趨】〈名〉情勢が最終的にいきつくこと。いきつくところ。例戦いの帰趨は、すでに明らかである。アキスー

[3]**きすう**【基数】〈名〉ものの数や量を表わすとき、もとになる数。アキスー

参考十進法では、一から九までの整数をいう。

ぎすぎす ㊀〈副・する〉態度やふんいきがなごやかでないようす。例ぎすぎす(と)した空気。㊁〈形動・副・する〉やせていて、ふくよかさのないようす。例ぎすぎすにやせる。

参考アクセントは、ふつう「**ギ**スギス」であるが、㊁で形容動詞として使う場合は、「ギス**ギス**」となる。

きず・く【築く】〈動五〉基礎《きそ》をしっかり固めたうえに、なにかをつくり上げる。例堤防《ていぼう》を築く。財産を築く。信用を築く。地位を築く。築き上げる。

きずぐち【傷口】〖▼疵口〗〈名〉けがによってできた、ひふや肉のやぶれた部分。例傷口がふさがる。

表現「傷口をえぐる」「傷口に塩を塗《ぬ》る」「傷口をひろげる」などのように、人にふれてもらいたくないような個人的な過去のできごとや、また、解決がむずかしくて深刻な問題であるために、人々が口にするのをさけるようなことがらについてもいう。

きずつ・く【傷つく】〖傷付く〗〈動五〉❶体に傷をうける。物に傷がつく。例傷ついた兵士。❷心にいたでをうける。例傷つきやすい。❸名誉《めいよ》などがそこなわれる。例この事件を公表すると傷つく人がいる。

きずつ・ける【傷つける】〖傷付ける〗〈動下一〉❶体や品物に傷をつける。❷精神的な損害や苦しみをあたえる。例感情を傷つける。信用を傷つける。

きずな【▼絆】〈名〉親と子の関係に代表されるような、断《た》ち切ることのできない人間どうしのむすびつき。例絆が強まる。絆を断つ。かたい絆で結ばれた二人。

きずもの【傷物】〖▼疵物〗〈名〉傷がついて、価値がなくなったもの。多く、商品についていう。

[1]**き・する**【帰する】〈動サ変〉❶ものごとが、結局あるところにおちつく。例帰するところ。灰燼《かいじん》に帰する(=燃え

て灰になってしまう）。水泡《すいほう》に帰する（＝むだになってしまう）。ロケットのうちあげ計画は、失敗に帰した。❷ものごとの原因や責任をだれかのせいにする。例 失敗の責任を彼だけに帰するのは不当だ。表現 よくない結果におわることに使うことが多い。

[2]**き・する【記する】**〈動サ変〉❶文字などを書きしるす。❷頭の中や心にきざみつけておぼえる。例 心に記する。類 記憶《きおく》する。

[3]**き・する【期する】**〈動サ変〉❶期限をきめる。例 四月一日を期して行なう。❷あることをやりとげようと決意する。例 必勝を期してたたかう。❸望みをかける。例 きみに期するところが大きい。類 期待する。

期せずして 前もって約束したり、きめておいたりしたことでなく。偶然《ぐうぜん》に。例 ふたりの考えは期せずして一致《いっち》した。

ぎ・する【擬する】〈動サ変〉❶凶器《きょうき》などを、人のからだにつきつける。例 短刀を擬する。❷かりにそうであるかのように考えたり、あつかったりする。例 次期社長に擬せられる。類 見立てる。なぞらえる。

[1]**きせい【気勢】**〈名〉 はりきった意気ごみ。例 気勢をあげる。気勢をそぐ。

[2]**きせい【奇声】**〈名〉 聞いた人がおどろくような、変な声。例 奇声を発する。

[3]**きせい【既成】**〈名〉 ものごとが、すでにうごかしがたい事実となっていること。例 既成の事実。既成概念《がいねん》。

[4]**きせい【既製】**〈名〉 すでにつくられている品物であること。例 既製品。既製服。類 レディーメード。できあい。

[5]**きせい【帰省】**〈名・する〉 休みなどに、ふるさとに一時的に帰ること。例 帰省客。類 帰郷。里帰り。

表現 「帰郷」は、一時的な場合にも、恒久《こうきゅう》的な場合にも使う。「帰省」は、帰って親を気づかうのが元の意味で、一時的なときだけに使う。

[6]**きせい【寄生】**〈名・する〉 生物が他の生物にとりつき、その養分をすって生きること。例 寄生虫。

表現 自分ではなにもしないで、だれかにすがって、そのおこぼれで利益をえたり、生活をしたりすることにもいう。「寄生虫」にも同じ用法がある。

[7]**きせい【規正】**〈名・する〉 規則によって悪い点をただすこと。例 政治資金規正法。

[8]**きせい【規制】**〈名・する〉 混乱などを、さけたりおさえたりするために、きまりをつくって制限すること。また、そのきまり。例 行動を規制する。規制がかかる。規制緩和《かんわ》。交通規制。自主規制。

ぎせい【犠牲】〈名〉❶ある目的のために、自分のいのちや、だいじにしているものをなげだすこと。例 犠牲をはらう。犠牲になる。犠牲的。❷事故や災害にあって、生死にかかわる損害をうけること。損害をうけた人やもの。例 こんどの事件は、多くの犠牲を出した。犠牲者。

参考 ②は、①のだいじなものがなくなる意味が誇張《こちょう》されてできたもの。

きせいがいねん【既成概念】〈名〉「これはこういうものだ」というすでにできあがっている考えかた。例 既成概念をやぶる。既成概念にとらわれない。類 通念。常識。ステレオタイプ。

きせいかんわ【規制緩和】〈名〉 国や地方自治体が企業《きぎょう》や業界などに対して定めた、許可や検査、届け出などといった規制を、ゆるくしたりなくしたりすること。

ぎせいご【擬声語】〈名〉 ものの音や声をまねて表わしたことば。かたかた・ごっとんごっとん・ぴいぴいなど。「擬音語」ともいい、また、「擬態《ぎたい》語」とあわせて「オノマトペ」という。→囲み記事14(左)

きせいじじつ【既成事実】〈名〉 すでに起こってしまって、変えることのできないたしかなできごと。

ぎせいしゃ【犠牲者】〈名〉 犠牲になった人。例 事故の犠牲者。

きせいせん【規制線】〈名〉 警察などが、関係者以外の立ち入りを禁じるために張る、テープやロープ。

きせいちゅう【寄生虫】〈名〉 カイチュウやサナダムシのように、他の生物に寄生して生きる動物。→きせい〔寄生〕表現

ぎせいてき【犠牲的】〈形動〉 自分のことは考えずに、すすんで助けようとするようす。例 犠牲的精神。

きせいひん【既製品】〈名〉 すでに作ってある品物。

囲み記事 14

擬声《ぎせい》語と擬態《ぎたい》語（オノマトペ）

日本語では、擬声語（または擬音語）・擬態語が非常によく使われて、その応用範囲《はんい》も広い。

形の特徴《とくちょう》 「どきどき」「にこにこ」「ぴかぴか」「ふわふわ」というように、二つ重ねて使うことが多い。重ねない場合は「どきっ」「どきり」「どっきり」「どきん」「どっきん」、「ふわっ」「ふんわり」「ふわり」のように語中や語末に促音《そくおん》（＝つまる音「っ」）や撥音《はつおん》（＝はねる音「ん」）、語末に「り」が入った形になる。こうしてできた形がさらに重なって「どっきんどっきん」「ふわりふわり」のようになる場合もある。

形が変わって意味も変わる場合 「どきどき」や「ふわふわ」は右のように形が変わっても表わす感じはほぼ同じだが、形の変化にともなって表わす感じが変わるものもある。例として「ぽかぽか」をみてみよう。

・ぽかぽか・ぽっかぽか――春の日和《ひより》のような暖かさを表わす。

・ぽかぽか・ぽかり・ぽかっ・ぽかりぽかり・ぽかんぽかん――なぐられるようすを表わす。

・ぽっかり――空に雲がうかぶようす。大きな穴があいたようす。

・ぽかっ・ぽかん――うっかりしている。（「ぽかをやる」という言いかたもある）

ふつうのことばとの関係 「冷える」「冷やす」は擬声語でも擬態語でもない。しかし、「ひややか」「ひえびえ」は擬態語のように感じられ、「ひやひや」「ひやり」「ひやっ」「ひんやり」は完全に擬態語と言える。一方、「せせらぎ（＝谷川などの流れる音）」や「さえずり（＝小鳥の鳴く声）」などは、擬声語から生まれたことばだという説もある。

漢語の擬声語・擬態語 「泉が滾々《こんこん》とわき出している」「月が皓々《こうこう》と照る」「太陽の光が燦々《さんさん》とふりそそぐ」など。「燦然《さんぜん》と輝《かがや》く」という形もある。「とんちんかんな答え」の「とんちんかん」も、もとは漢語の擬声語だった。

 板谷波山（はざん）（1872～1963） 明治～昭和の陶芸家。つや消し釉と薄肉の彫刻模様で独自の作風を築いた。

きせかえ【着せ替え】〈名〉着ている服をぬがせて、別の服を着せること。例着せ替え人形。

1**きせき【奇跡】**〖奇▼蹟〗〈名〉ふつうには ありえないような、ふしぎなできごと。いやなことには言わない。例奇跡が起こる。奇跡の生還《せいかん》を果たす。奇跡の大逆転。奇跡的。類ミラクル。

2**きせき【軌跡】**〈名〉❶車輪のとおったあと。類わだち。❷〔数学〕ある条件をみたす点をつらねてできる図形。❸続けてきた活動や、精神のうつりかわりのあと。例中学生活の軌跡。

3**きせき【鬼籍】**〈名〉死んだ人の名前を書きしるす名簿《めいぼ》。例鬼籍に入《い》る(=「死去する」の遠まわしな言いかた)。類過去帳。

4**きせき【輝石】**〈名〉火成岩のなかに多くみられる、暗緑色または黒色の鉱物。カルシウム・鉄・マグネシウムなどをふくむ。表記理科の教科書などでは「キ石」と書かれることもある。

ぎせき【議席】〈名〉❶議場にある議員の席。❷議員としての資格。例議席をうしなう。議席をあらそう。

きせきてき【奇跡的】〈形動〉奇跡といえるほどめずらしい。例奇跡的に助かる。

き(期)せずして ⇩「きする〔期する〕」の子項目

きせつ【季節】〈名〉一年を、気候の変化にもとづいて、いくつかの期間にわけたもの。日本が属している温帯などでは、春・夏・秋・冬の四つ(=四季《しき》)にわける。例季節がうつる。季節がめぐる。季節はずれ。季節感。類シーズン。参考北半球と南半球では季節が逆で、南半球のクリスマスや正月は夏になる。熱帯では、ふつう 雨季と乾季《かんき》の二つにわける。

きぜつ【気絶】〈名・する〉一時的に意識をうしなうこと。類失神。

ぎぜつ【義絶】〈名・する〉親子や兄弟などの縁《えん》をきること。類勘当《かんどう》。

きせつかん【季節感】〈名〉「ああ、この季節だ」と肌《はだ》に伝わってくる感じ。例季節感がある。季節感をただよわせる。季節感あふれる便り。表現季節感豊かな情景を、よく「風物詩」という。

きせつはずれ【季節外れ】〈名〉その季節には ひじょうにめずらしいこと。例季節外れの大雪。

きせつふう【季節風】〈名〉〔気象〕夏と冬とで むきが逆になる風。モンスーン。参考日本では、夏は南よりの風、冬は北西の風。

1**き・せる【着せる】**〈動下一〉❶衣服などをからだにつけさせる。例ぬれぎぬを着せる。恩に着せる。❷罪や不名誉《ふめいよ》などを人におしつける。

2**キセル**〖▽煙▽管〗〈名〉きざみたばこをすうときに使う、和風のパイプ。ふつう、すい口と先端《せんたん》(=がん首)が金属、そのあいだが竹でできている。◇カンボジア語から。表現(1)ふつう一本二本と数えるが、一管《いっかん》二管《にかん》も使う。(2)前とあとだけが 金《かね》でできているということに ひっかけて、乗る駅から少しの間と、降りる駅のてまえからだけの料金をはらって、その中間の料金をはらわない不正乗車のことにもいう。

きぜわし・い【気ぜわしい】〖気▽忙しい〗〈形〉❶気持ちがせかされて落ちつかない。例年末は、とかく気ぜわしい。類あわただしい。❷見ていて落ちつきがなく、せっかちだ。例きみは気ぜわしい人だ。▽類せわしない。

1**きせん【汽船】**〈名〉大洋を航海するような大型の船。もと、蒸気を動力としたので「汽船」という。

2**きせん【貴▼賤】**〈名〉貴《とう》といことと卑《いや》しいこと。例職業に貴賤はない。

3**きせん【機先】**〈名〉ものごとのはじまろうとする やさき。

機先を制《せい》する 相手よりも先に行動をおこして、有利な立場にたつ。類先手を打つ。

きぜん【▼毅然】〈副・連体〉意志がつよく、他からは動かされない。例毅然として立つ。毅然たる態度。

ぎぜん【偽善】〈名〉ほんとうはそうではないのに、うわべだけをりっぱにみせかけること。そのみせかけの行ない。例それは偽善だ。偽善者。対偽悪。

ぎぜんしゃ【偽善者】〈名〉善人をよそおってかげでよくないことをしたり、うわべだけの善行に自分で酔《よ》っているような人。

1**きそ【起訴】**〈名・する〉〔法律〕裁判所にうったえること。とくに、検察官が犯罪者の処罰《しょばつ》を求めて、裁判所にうったえることをいう。類提訴。告訴。

2**きそ【基礎】**〈名〉❶建物などの、いちばん下の構造《こうぞう》。上部の重量をささえ、安定させる部分。例基礎工事。❷ものごとをするときの もとになる、だいじな部分。例基礎ができている。基礎を固める。基礎知識。基礎体力。基礎的。類基本。根本《こんぽん》。▽類いしずえ。礎石。もとい。

1**きそ・う【競う】**〈動五〉たがいに競争する。例各社自慢の新型車が速さを競った。類はりあう。せる。せりあう。アキソウ

2**きそう【起草】**〈名・する〉条約や条文などの案となる文をつくること。類立案。アキソー

3**きそう【基層】**〈名〉ものの根底にあって支えている部分。例日本文化の基層。アキソー

きぞう【寄贈】〈名・する〉公共の施設《しせつ》に、好意で品物をおくること。「きそう」ともいう。例本を寄贈する。学校に記念樹を寄贈した。対受贈。類贈呈《ぞうてい》。

ぎそう【偽装・擬装】〈名・する〉知られてはこまるものごとを、相手の目からかくすために、別のものとまぎらわしい色やかたちにすること。例肉牛の産地を偽装する。偽装工作。類カモフラージュ。

ぎぞう【偽造】〈名・する〉悪用するつもりで にせものをつくること。例偽造紙幣《しへい》。類贋造《がんぞう》。

きそうてんがい【奇想天外】〖▼綺想天外〗〈形動〉おもわず「あっ」とおどろくほど、思いつきがかわっている。例奇想天外な物語。類奇抜《きばつ》。

きそうほんのう【帰巣本能】〈名〉〔動物〕ミツバチやハトなどが、自分の巣にもどってくる本能。帰巣性。

きそく【規則】〈名〉❶国家や団体、組織などに属する人が、あるいは、自分自身が、一定の秩序《ちつじょ》をたもつために定めたきまり。ルール。例規則を守る。規則をやぶる。規則に反する。規則にのっとる。規則にてらす。規則正しい生活。交通規則。類規約。規律。❷でたらめではなく、一定の秩序《ちつじょ》やくり返しがあること。例規則性。規則的。類法則。

1**きぞく【帰属】**〈名・する〉財産や権利が、ある個人や団体のものになること。例千島の帰属をめぐる問題。アキゾク

2**きぞく【貴族】**〈名〉代々、家がらによって、社会の上流に属して特権をもつことを制度的にみとめられていた階級。例貴族的。類華族《かぞく》。アキゾク 表現「独身貴族」のように、経済的にめぐまれて、ゆたかな

━ 生活をしている人をたとえていうことがある。

[1]**ぎそく**【偽足・擬足】〈名〉〔生物〕アメーバなどの原生動物で、原形質が一時的につき出したもの。運動や食物をとるはたらきをする。

[2]**ぎそく**【義足】〈名〉うしなった足のかわりにつける、人工の足。スポーツ用のものもある。対義手。類義肢《ぎし》。

ぎぞく【義賊】〈名〉悪徳商人から金品をぬすんで、困っている人にあたえるなど、自分なりの正義を守るどろぼう。

きそくえんえん【気息▼奄▼奄】〈副・連体〉いまにも呼吸がとまりそうで、生きているのがやっとという状態。例気息えんえんと余命を保つ。気息えんえんたるありさま。類息もたえだえ。

きそくただし・い【規則正しい】〈形〉ものの動きや生活のリズムが一定していて、きちんとしている。

きそくてき【規則的】〈形動〉一定のきまりにしたがっている。例規則的な動き。

きそてき【基礎的】〈形動〉ものごとをささえる基礎になっている。例なにごとにも基礎的な勉強がたいせつだ。

きそば【生そば】〘生▼蕎▽麦〙〈名〉小麦粉をほとんどまぜないで、そば粉だけでつくったそば。

[1]**きそん**【既存】〈名・する〉すでに存在していること。「きぞん」ともいう。例既存の事実。

[2]**きそん**【毀損】〘棄損〙〈名・する〉きずつけたりこわしたりすること。例名誉《めいよ》毀損。類破損。

きた【北】〈名〉方角の一つ。太陽の出る方にむかって、左手の方。地図では、上が北にあたることが多い。対南。

ぎだ【犠打】〈名〉野球で、犠牲《ぎせい》フライや犠牲バントのこと。打者をアウトにしながら、ランナーをつぎの塁《るい》にすすめるためのもの。

ギター〈名〉弦楽器《げんがっき》の一つ。弦は、ふつう六本。例ギターをつまびく。◇guitar

表現 一本二本、一挺《いっちょう》二挺《にちょう》と数える。エレキギター━は一台二台も使う。

きたアメリカ【北アメリカ】〈名〉アメリカ大陸のうち、北半分の大陸・州。カナダ・アメリカ合衆国・メキシコと、「中央アメリカ」の国々がある。西部をロッキー山脈が走る。北米《ほくべい》。

[1]**きたい**【気体】〈名〉空気のように、自由にかたちや体積をかえることができる物質。また、その状態。類ガス。アキタイ →えきたい・こたい〔固体〕

[2]**きたい**【期待】〈名・する〉❶将来のよい結果やよい状態をあてにして待っていること。例期待に応《こた》える。期待を裏切る。期待どおり。期待はずれ。類嘱望《しょくぼう》。❷〔数学〕なんらかの根拠《こんきょ》にもとづいて、将来《しょうらい》の結果が予測できること。例期待確率。期待値。▽アキタイ

[3]**きたい**【機体】〈名〉飛行機の胴体《どうたい》。飛行機の全体。例機体がかたむく。アキタイ

[4]**きたい**【奇態】〈形動〉ふつうとちがったすがた・ようす。例奇態な事件。類奇妙《きみょう》。アキタイ

きだい【季題】〈名〉〔文学〕俳句によみこむ季語。類季。

ぎたい【擬態】〈名・する〉〔動物〕ある動物が、まわりの環境《かんきょう》に似《に》た色やかたちになること。または、なっていること。自分の身をまもったり、敵をあざむくのに役だつ。シャクトリムシが小枝《こえだ》に似るなどがそれ。

ぎだい【議題】〈名〉会議で議論するためのテーマ。例議題を提出する。議題を審議《しんぎ》する。類議案。議事。

ぎたいご【擬態語】〈名〉ものごとの状態やようすの感じを直接表わしたことば。きらきら・すべすべ・ぴかぴか・ぬらりなど。「擬声《ぎせい》語」とあわせて「オノマトペ」という。→囲み記事14(前ページ)

きたいの【希代の】〘▼稀代の〙〈連体〉めったにない。「きだいの」ともいう。例希代の英雄《えいゆう》。類不世出の。

きたいはずれ【期待外れ】〈名〉期待をうらぎる結果になること。例期待外れに終わる。

きたえあ・げる【鍛え上げる】〈動下一〉徹底《てってい》的にきたえて、すぐれたものにする。

きた・える【鍛える】〈動下一〉❶金属を熱しては打ち、打っては冷やして、つよくする。例鉄を鍛える。❷からだや心を、きびしくトレーニングして、つよくする。例からだを鍛える。類修練する。鍛練《たんれん》する。しごく。

きたかいきせん【北回帰線】〈名〉北緯《ほくい》二三度二七分の緯線。対南回帰線。→かいきせん

きたかぜ【北風】〈名〉北からふいてくる、つめたくてきびしい風。北風《ほくふう》。対南風。

北風と太陽《たいよう》 人に言うことを聞かせるには、強硬《きょうこう》な姿勢《しせい》よりも柔和《にゅうわ》な姿勢で接するほうが効果《こうか》的だ。『イソップ物語』からでた教訓の一つ。類怒《いか》れる拳《こぶし》笑顔《えがお》に当たらず。柔《じゅう》よく剛《ごう》を制す。

きたきつね【北▼狐】〈名〉キツネの一種。毛色はあかるい黄色。足の前面が黒い。日本では北海道にすむ。

きたきりすずめ【着たきりすずめ】〘着たきり▼雀〙〈名〉いつも同じ服を着ていること。「舌切り雀」ということばに似《に》せて、おもしろさをだした表現。

きたく【帰宅】〈名・する〉外出先から家に帰ること。

きたけ【着丈】〈名〉着たときの、衣服の長さ。

きた・す【来す】〈動五〉結果としてなにかわるいことをひきおこす。例支障を来す。からだに変調を来す。類招く。

きだて【気立て】〈名〉人に接するときに現れる性質。例気立てがよい。気立てがやさしい。類気質。気性。

表現 子どもや若い女性についていうことが多い。

きたな・い【汚い】〘▼穢い〙〈形〉❶よごれている。例汚い足。汚い部屋。類不潔。きたならしい。❷きちんとしていなくて、不快である。例汚いことば。字が汚い。❸心がいやしい。例きたないやりかた。金《かね》にきたない。類卑劣《ひれつ》。▽対きれい。うつくしい。

きたならし・い【汚らしい】〘▼穢らしい〙〈形〉いかにも不潔な感じである。例心が汚らしい。汚らしいハンカチ。類けがらわしい。きたない。

きたにほん【北日本】〈名〉気象《きしょう》情報で、北海道と東北地方のこと。

きたはんきゅう【北半球】〈名〉地球を赤道で半分に分けたときの、北の部分。対南半球。

きたまくら【北枕】〈名〉頭を北に向けてねること。死者の寝《ね》かせかたとして、ふだんはこれをさける。

ぎだゆう【義太▽夫】〈名〉江戸《えど》時代前半、竹本義太夫がはじめた浄瑠璃《じょうるり》の一派。義太夫節。例義太夫をかたる。

ギタリスト〈名〉ギターの演奏者。◇guitarist

きたる【来(た)る】〈連体〉これからやってくる。日づけの上につけて使う、あらたまった言いかた。例水泳大会は、来る八月十日と決まりました。対去る。

参考「台風きたる」や「待ち人《びと》きたらず」などの「きたる」

 市川左団次(さだんじ)(二代目) (1880～1940) 歌舞伎俳優。小山内薫と自由劇場を組織し，新劇を試みた。

は、「やってくる」意味の古語の動詞。

きたるべき【来(た)るべき】〈連体〉これからくるはずの。今度の。

[表現]「来るべき未来への展望」のように「必ずくる」ものにもいい、「来るべき災害にそなえる」のように「くるかもしれない」ものにもいう。

きたん【忌▼憚】〈名〉遠慮《えんりょ》して、はっきり言わないこと。打ち消しの形で使う。[例]忌憚のないご意見をどうぞ。どうぞ忌憚なくおっしゃってください。

[1]**きだん**【気団】〈名〉〔気象〕ひろい地域にわたってひろがる、同じような温度や湿度《しつど》をもつ、大規模な空気のかたまり。寒気団と暖気団がある。シベリア気団や小笠原《おがさわら》気団など。

[2]**きだん**【奇談】〖▼綺談〗〈名〉❶[奇談]めずらしく、ふしぎな話。❷[綺談]おもしろおかしくつくられた話。

常用漢字 **きち**

【吉】口部3 全6画 吉吉吉吉吉吉

キチ・キッ [音]❶[キチ] 吉日《きちじつ》。吉例《きちれい》。大吉《だいきち》。❷[キッ] 吉凶《きっきょう》。吉報《きっぽう》。不吉《ふきつ》。

[1]**きち**【吉】〈名〉うらないで、運勢や縁起《えんぎ》がよいこと。[例]おみくじは吉と出た。[対]凶《きょう》。

[2]**きち**【危地】〈名〉いのちにかかわるほど危険なところや立場。[例]危地を脱《だっ》する。危地に追いこまれる。[類]窮地《きゅうち》。

[3]**きち**【既知】〈名〉すでに知られていること。もうわかっていること。[例]既知のことがら。[対]未知。

[4]**きち**【基地】〈名〉軍隊や探検隊などの、活動のよりどころとなる場所。[例]秘密基地。南極基地。[類]根拠地。

[5]**きち**【機知】〖機▼智〗〈名〉その場のなりゆきに応じて、とっさにでる知恵《ちえ》。[例]機知にとむ。[類]ウイット。当意即妙《そくみょう》。とんち。

きちがい【気違い】〈名〉❶考えや行動が正常でない人。❷程度をこえて、一つのことに熱中している人。[例]釣っり気違い。[類]マニア。

[注意]現在では差別語として使用がさけられる。

きちく【鬼畜】〈名〉残酷《ざんこく》で人間らしい心をもっていない人。[例]鬼畜の所業。

きちじ【吉事】〈名〉喜ばしい、めでたいできごと。[対]凶事《きょうじ》。[類]慶事《けいじ》。

きちじつ【吉日】〈名〉何かをとりおこなうのに縁起《えんぎ》がよい日。「きちにち」「きつじつ」ともいう。[例]吉日をえらんで縁談をすすめる。大安《たいあん》吉日。[類]佳日《かじつ》。

きちすう【既知数】〈名〉〔数学〕方程式の中の、すでに値《あたい》のわかっている数。[対]未知数。

きちにち【吉日】〈名〉⇩きちじつ

きちゃく【帰着】〈名・する〉❶出発したところにかえりつくこと。[例]ただいま帰着いたしました。❷議論や考えなどが、結局はある点におちつくこと。[類]帰結。

きちゅう【忌中】〈名〉家族が死んだために、他人との交際を遠慮《えんりょ》する期間。ふつう、四十九日間。[類]喪中《もちゅう》。

[表現]葬式《そうしき》のとき、家の前にはり出す紙に「忌中」と書くことが多い。

[1]**きちょう**【▼几帳】〈名〉寝殿《しんでん》造りの建物で用いた室内調度の一つ。台に二本の柱を立て、その上に一本の横木をわたし、布をたらしたもの。間仕切りにしたり、座のわきに立ててへだてとした。

[表現]一基《いっき》二基《にき》と数える。[ア]キチョー

[2]**きちょう**【記帳】〈名・する〉帳簿《ちょうぼ》や通帳に、数字や名前などを書き入れること。[ア]キチョー

[表現]儀式《ぎしき》や会合で、参会したことをしるすために、受付にある芳名録《ほうめいろく》に名前を書くのにもいう。

[3]**きちょう**【帰朝】〈名・する〉「帰国」のあらたまった言いかた。[例]帰朝報告。[ア]キチョー

[4]**きちょう**【基調】〈名〉❶楽曲の中心となっている主要な音階。[類]主調。❷思想や行動、作品などの根本になる特色や主張。[例]この絵は、青を基調に黒でアクセントをつけている。基調報告。▽[ア]キチョー

[5]**きちょう**【機長】〈名〉飛行機の乗務員の長。ふつう操縦士がなる。キャプテン。[ア]キチョー

[6]**きちょう**【貴重】〈形動〉とてもねうちがある。[例]貴重な時間。貴重な体験。貴重品。[類]貴《とうと》い。得がたい。[ア]キチョー

ぎちょう【議長】〈名〉会議の責任者となって、話しあいをすすめ、まとめる役。[類]座長。

[表現]「座長」が小さなグループでの司会者であるのに対して、「議長」は公式な会議での司会者。

きちょうひん【貴重品】〈名〉たいせつな品物。

きちょうめん【▼几帳面】〈名・形動〉ものごとのすみずみまで気をくばって、きちんとしていること。そうしなくてはいられない性格。[例]きちょうめんな男。[対]だらしない。

キチンしつ【キチン質】〈名〉節足動物の外皮や、細菌などの細胞壁《さいぼうへき》をつくっている、かたい物質。

きちんと〈副・する〉❶よく整理されていて乱れていない状態だ。[例]洋服をきちんとたたむ。きちんとした部屋。❷規則正しく。[例]きちんとした生活。

きちんやど【木賃宿】〈名〉そまつな安宿《やすやど》。

[由来]もと、江戸時代、たきぎ代(=木賃)だけをとった安宿のこと。

常用漢字 **きつ**

【喫】口部9 全12画 ※ 喫喫喫喫喫喫

キッ [音][キッ] 喫煙《きつえん》。喫茶《きっさ》。喫《きっ》する。満喫《まんきつ》。

【詰】言部6 全13画 詰詰詰詰詰詰

キッ つめる・つまる・つむ [音][キッ] 詰問《きつもん》。難詰《なんきつ》。[訓]❶[つめる] 詰める。詰め物。詰め合わせ。詰め襟。缶詰。❷[つまる] 詰まる。行き詰まる。❸[つむ] 詰む。詰み。

きつ・い〈形〉❶いいかげんなことは少しも許されないほどきびしい。[例]仕事がきつい。きつくしかる。[対]あまい。❷しっかりしていて、あなどれない感じだ。[例]きつい顔つき。きつい性質。[対]あまい。❸よゆうがなくて、きゅうくつだ。[例]きつい服。きつくむすぶ。スケジュールがきつい。[対]ゆるい。[類]かたい。タイト。❹ふつうと比べてつよい。[例]きつい酒。きつい日ざし。

[方言](1)西日本では、「体がきつい」のように、「つらい・苦しい」の意味でも使い、この用法は全国に広まってきている。

(2)東北・北陸などでは、「きっつい」とも言い、「よく泣か

なかったね、きつい子だ」のように、子供に対して「がまん強い・しっかりしている」という意味でも使う。

きつえん【喫煙】〈名・する〉 たばこを吸《す》うこと。日本では二十歳《さい》になるまで禁じられている。 参考 たばこを吸わない人が、吸う人のけむりをいやでも吸わされてしまうことを、「受動喫煙」「二次喫煙」という。

きつおん【▼吃音】〈名〉 話すときにことばがつかえて、なめらかに発音できないこと。専門的な言いかた。

きっか【菊花】〈名〉 キクの花。きくか。

きっかい【奇っ怪】〈形動〉 「奇怪」を強めて、「世にも不思議な」とか「聞きずてならぬ」とかの意味を表わすことば。 例 奇っ怪な物音。

きづかい【気遣い】〈名・する〉 どうなることかと思って、あれこれ心配すること。 例 無用の気遣い。 類 心遣い。

きづか・う【気遣う】〈動五〉 どうなることかと思って、あれこれ心配する。 例 安否《あんぴ》を気遣う。 類 案じる。

きっかけ〈名〉 あることがおこる直接の原因となることがら。あることをおこす合図。 例 きっかけがない。きっかけをあたえる。きっかけをつかむ。話のきっかけをつくる。 類 動機。契機《けいき》。

きっかり〈副〉 数や時間が、ちょうどぴったりだ。 例 今ちょうど三時きっかりだ。 類 きっちり。かっきり。

きづかれ【気疲れ】〈名・する〉 緊張《きんちょう》や心配などのために、心がつかれること。 例 気疲れがする。 類 気苦労。心労。

きっきょう【吉凶】〈名〉 縁起《えんぎ》のよいわるい。 例 吉凶をうらなう。 類 禍福《かふく》。

きっきん【喫緊】〈形動〉 さしせまっていて、すぐに対応しなければならない。 例 喫緊の政治的課題。

キック〈名・する〉 足でけること。とくにスポーツでいう。 例 キックオフ。コーナーキック。キックボクシング。 ◇kick

きづ・く【気づく】【気付く】〈動五〉 ❶いままで意識になかったことを、意識するようになる。気がつく。 例 誤りに気づく。はっと気づく。 ❷正気にもどる。 例 ふっと気づいてあたりをきょろきょろ見まわしている。

キックオフ〈名〉 ❶サッカーやラグビーなどで、ボールをけって試合を開始したり再開したりすること。 ❷団体などの発足《ほっそく》。 例 キックオフミーティング。 ◇kickoff

キックバック〈名・する〉 販売《はんばい》者や購入《こうにゅう》者に、礼金として、卸《おろし》値《ね》や売り値の一部を支払うこと。そのお金。 類 リベート。バックマージン。 ◇kickback

キックボクシング〈名〉 足げりやひじ打ちが許されているボクシング。 ◇kickboxing

ぎっくりごし【ぎっくり腰】〈名〉 むりな姿勢で重いものを持ち上げようとしたりして、とつぜんはげしい腰のいたみにおそわれること。中年の人に多い。

きつけ[1]【気付け】〈名〉 気をうしなった人の意識を回復させること。 例 気付けぐすり。

きつけ[2]【着付け】〈名〉 和服をきちんと着ること。また、人に着せてあげること。 例 着付け教室。

きづけ【気付】〈名〉 郵便物を、相手の住所でなく関係のあるところに送って、そこから手わたしてもらうときに、関係ある人や組織の名前にそえることば。「きつけ」ともいう。 参考 「中村太郎様気付 山田一郎様」のように書く。

きっこう[1]【▼拮抗】〈名・する〉 同じくらいの力で、たがいにはりあうこと。 例 拮抗した軍事力。 類 対抗。

きっこう[2]【▽亀甲】〈名〉 ❶カメのこうら。 ❷カメのこうらのような六角形の模様。 例 亀甲形。亀甲かっこ(=〔 〕のこと)。 →もよう 絵

きっさ【喫茶】〈名〉 ❶お茶やコーヒーなどを飲むこと。 ❷「喫茶店」の略。 表現 「喫茶店」の意味で使うのと、文章で「喫茶の習慣は室町《むろまち》時代に始まった」のように使うのとがおもで、日常生活でお茶を飲むことを「喫茶する」とは言わない。

きっさき【切っ先】〈名〉 刃物《はもの》などの、先のとがった部分。 例 切っ先するどく切りかかってきた。 表現 「批判の切っ先もにぶりがち」のように、言動のするどさについてもいう。

きっさてん【喫茶店】〈名〉 コーヒーなどの飲み物やケーキ、軽い食事などを出すみせ。

きつじつ【吉日】〈名〉 ⇩きちじつ

ぎっしゃ【▽牛車】〈名〉 むかし、貴族が乗ったくるま。ウシにひかせる。 →じんりきしゃ 絵

参考 「ぎゅうしゃ」といえば、ウシにひかせた荷車《にぐるま》。

ぎっしり〈副〉 ものがすきまなく、いっぱいにつまっているようす。 例 ぎっしり(と)つめこむ。 類 びっしり。

キッス〈名・する〉 ⇩キス

きっすい[1]【生(っ)粋】〈名〉 純粋《じゅんすい》そのものであること。 例 生粋の江戸っ子。 類 生え抜き。

きっすい[2]【喫水】【▼吃水】〈名〉 船の、水につかっている部分。また、その深さ。 例 喫水線。 類 船脚《ふなあし》。

きっすいせん【喫水線】〈名〉 船が水にうかんでいるときに水面と船がふれている線。

きっ・する【喫する】〈動サ変〉 ❶お茶などをのむ。 ❷わるい結果をこうむる。 例 惨敗《ざんぱい》を喫する。一驚《いっきょう》を喫する(=たいそうおどろく)。

きっそう【吉相】〈名〉 ❶よい運勢のあらわれた人相。 例 吉相をしている。 対 凶相《きょうそう》。 ❷よいことがおこりそうなしるし。 例 吉相、吉相!(=めでたい、めでたい!) 類 吉兆。

きづち【木づち】【木▼槌】〈名〉 木製のつち。

ぎっちょ〈名〉 「左きき」のくだけた言いかた。

きっちょう【吉兆】〈名〉 よいことがおこりそうなしるし。 対 凶兆《きょうちょう》。 類 瑞兆《ずいちょう》。瑞祥《ずいしょう》。

きっちり〈副・する〉 ❶すきまがないようす。 例 きっちり(と)はめる。きっちり(と)した服。 ❷過不足なくちょうど。 例 きっちり一万円はらう。 類 きっかり。 ▽類 ぴったり。

ぎっちり〈副〉 ❶すきまなくつまっているようす。 例 本がぎっちりつまった棚《たな》。 類 ぎっしり。 ❷ゆるんでいなくて、しっかりしているようす。 例 お金をぎっちりとにぎりしめる。 類 がっちり。

キッチン〈名〉 「台所」のこと。 例 キッチンばさみ。ダイニングキッチン。リビングキッチン。 ◇kitchen 参考 洋食店の名にも使われる。

きつつき【▼啄▽木▽鳥】〈名〉 鳥の一種。するどいくちばしで、木の幹をつついて穴をあけ、中にいる虫を食べる。アオゲラ・アカゲラなど、種類が多い。たくぼく。

きって【切手】〈名〉 郵便料金をはらったしるしとして、郵便物にはる小さい紙。日本では、一円切手から千円切手まである。

きっての 「…の中でいちばん」という意味を表わす。 例 かれは学内きっての秀才《しゅうさい》とうわさされていた。

きっと〈副〉 ❶見こみや期待がはずれないはずだという気持ちを表わす。まちがいなく。 例 かれはあした、きっと帰ってくる。 ❷態度が急にきびしくなるようす。 例 きっとなる。きっとにらみつける。 ▽ア ①キット ②キット

きつね【▼狐】〈名〉 ❶けものの一種。からだはうす茶色

 市川団十郎(九代目)(1838～1903) 明治時代の歌舞伎俳優。歌舞伎の改良に努力した。

で、ほっそりしていて、尾《お》が大きく、口がとがっている。おもに肉食。人を化かすといわれ、昔話などにえがかれてきた。❷あまからく煮《に》た油あげをのせた、うどん・そば。油あげがキツネの好物とされることから。
━方言 ②は、大阪ではうどんにのせた場合だけに言い、そばにのせたものは「たぬき」と言う。

きつねとたぬきのだましあい ずるがしこい者どうしがだましあうこと。「だましあい」を「ばかしあい」ともいう。

きつねにつままれる 考えてもいなかったことがとつぜんおこって、ぽかんとする。例きつねにつまれたようだ。

きつねの嫁入《よめい》り 日が照っているのに小雨がぱらつくこと。類天気雨。

きつねいろ【きつね色】〖▼狐色〗〈名〉うすい茶色。

きつねつき〖▼狐▼憑き〗〈名〉キツネがとりついたとされる、気がへんになる病気。
━表現 パンなどがこんがりこげたようすを、「きつね色にやける」という。

きつねび【きつね火】〖▼狐火〗〈名〉⇩おにび

きっぱり〈副・する〉あいまいでなく、はっきり。断固として。例その話はきっぱり(と)ことわった。

[1]**きっぷ**〖気っ風〗〈名〉行動や態度などから感じられるその人の性質。「気風《きふう》」の変化した形。類気性《きしょう》。
━表現「きっぷがいい」のような形で、「ものごとにこだわらない、さっぱりした性質」という意味で使うことが多い。

[2]**きっぷ**【切符】〈名〉お金をはらった証拠《しょうこ》となるふだ。乗車券・入場券・観覧券など。例切符を切る。類チケット。券。

きっぽう【吉報】〈名〉めでたい知らせ。例吉報をもたらす。対凶報《きょうほう》。悲報《ひほう》。類朗報《ろうほう》。

きづまり【気詰まり】〈名・形動〉遠慮《えんりょ》したり緊張《きんちょう》したりして、気持ちがのびのびしないこと。例なんとなく気詰まりなふんいきがただよった。

きつもん【詰問】〈名・する〉きびしく相手をせめて、徹底《てってい》的に問いただすこと。

きつりつ【▼屹立】〈名・する〉大きな山などが、いかめしく堂々とそびえ立っていること。

[1]**きてい**【既定】〈名〉すでにきまっていること。例既定(の)方針。対未定。

[2]**きてい**【基底】〈名〉ものごとの基礎《きそ》をかたちづくっているもの。類根底。土台。

[3]**きてい**【規定】〈名・する〉規則としてさだめること。さだめた規則。例消費者の権利を規定した条文。規定にのっとる。規定にしたがう。服務規定。

[4]**きてい**【規程】〈名〉役所などで、ある事務を処理するときの基準となる、ひとまとまりの規則。

ぎてい【義弟】〈名〉❶義理の弟。妹の夫や配偶《はいぐう》者の弟をいう。対実弟。義兄。❷たがいに兄弟のような関係になろうと約束した者どうしの、弟にあたるほう。対義兄。

きてき【汽笛】〈名〉蒸気をふきだしてならす、汽車や汽船などのふえ。

きてれつ〖奇▽天烈〗〈形動〉ふつうとちがっていて、とてもへんなさま。例奇妙《きみょう》奇天烈。

[1]**きてん**【起点】〈名〉ものごとの出発点。例駅を起点とする散策《さんさく》コース。対終点。類始点。

[2]**きてん**【基点】〈名〉距離《きょり》などをはかったり、図形を書いたりするときの、もとになるところ。

[3]**きてん**【機転・気転】〈名〉ものごとがおきた、その時どきに応じてはたらく、すばやいたくみな判断。例機転がきく。機転をきかせる。類融通《ゆうずう》。

きでん【貴殿】〈代名〉相手をさすことば。あなたさま。類貴下。
━表現 男性が、同等か目上の男性をさしていうことば。手紙や公式の文書で使う。

ぎてん【疑点】〈名〉疑問に思うところ。例いささか疑点が残る。

きでんたい【紀伝体】〈名〉歴史書の記述形式の一つ。帝王の伝記である本紀《ほんぎ》と臣下の伝記である列伝を中心に、全体をくみたてていくもの。これに対するものに「編年体」がある。

[1]**きと**【企図】〈名・する〉なにかをするために、計画をたてること。類くわだて。はかる。

[2]**きと**【帰途】〈名〉かえり道。例帰途につく。類帰路。

[1]**きど**【木戸】〈名〉❶庭などにある、木でできたかんたんな開き戸。例うら木戸。❷すもうや芝居《しばい》などの、興行場の出入り口。例木戸銭。

[2]**きど**【輝度】〈名〉発光する物体の表面の明るさ。

きどあいらく【喜怒哀楽】〈名〉よろこびやいかり、悲しさやたのしさなど、人間のさまざまな感情。例喜怒哀楽がはげしい。喜怒哀楽が顔に出やすい人。

[1]**きとう**【祈▼禱】〈名・する〉神や仏にいのること。例祈禱会。祈禱書。類祈念。

[2]**きとう**【気筒】〈名〉シリンダー。

[1]**きどう**【気道】〈名〉呼吸するときの空気の通路。鼻の穴、のど、気管、気管支などからなる。アキドー

[2]**きどう**【軌道】〈名〉❶電車や列車などがとおる、レールをしいた道。類線路。❷天体のうごくみちすじ。例人工衛星の軌道を修正する。❸ものごとがすすんでいく経過。例軌道にのる。軌道をはずれる。▽アキドー

軌道に乗《の》る ものごとが順調にすすんでいく見通しがつく。例新しい事業もようやく軌道に乗った。

[3]**きどう**【起動】〈名・する〉機械の運転を始めること。始まること。例パソコンを(が)起動する。再起動。類始動。たちあげる。たちあがる。アキドー

[4]**きどう**【機動】〈名・する〉状況《じょうきょう》の変化に即応《そくおう》してすばやく動くこと。例機動的(に対応する)。機動性(のある組織)。機動力(を生かす)。機動部隊。アキドー

[5]**きどう**【棋道】〈名〉将棋や囲碁《いご》の道。アキドー

ぎとう【擬闘】〈名〉映画や演劇における、格闘《かくとう》の演技。
参考「擬闘師」は、擬闘を指導する人。

きどうしゃ【気動車】〈名〉ディーゼルエンジンなどを原動機にして走る車両。ディーゼル車。

きどうたい【機動隊】〈名〉大事件や大きな災害が起きたときなどに、すばやく警備を行なう特別の警官隊。

きどうらく【着道楽】〈名〉衣服にたくさんのお金をつかって着かざることを無上の楽しみにしている人。

きときと（方言）新鮮《しんせん》なさま。まじりけのないさま。富山・石川などで言う。例きときとの魚。
参考「あの人ぁ、きときとの人や」のように、人についても、若々しくて気力が充実している意味で使う。

[1]**きとく**【危篤】〈名〉今にも死んでしまいそうなほど、病気が重いこと。例危篤におちいる。危篤状態。
━表現「重態」よりも、もっとさしせまっている。

[2]**きとく**【奇特】〈形動〉他人の利益にはなっても、自分の利益にはならないことを、自分からすすんでするようす。

例奇特な心ざし。奇特な人。類殊勝《しゅしょう》。注意 誤《あやま》って、「奇特な人」を、わざわざしなくてもいいことをする変わった人、という意味で使う人が増えている。

きどく【既読】〈名〉もう読んだこと。例既読の本。(メッセージアプリで)既読がつく。対未読。

きとくけん【既得権】〈名〉❶前からもっている権利。❷法律上、正当に手にした権利。

きどせん【木戸銭】〈名〉芝居《しばい》や興行などの入場料。少し古い言いかた。

きどり【気取り】〈名〉❶気どったようす。例変な気取りがない。気取り屋。❷それらしいようすをすること。例タレント気取り。学者気取り。

きど・る【気取る】〈動五〉❶自分をよく見せようとして動作や表情をかざる。例気どったポーズ。気どったねこ。類すます。すかす。❷そうではないのに、あたかもそういう人であるかのようにふるまう。例政治家を気どる。

きない[1]【畿内】〈名〉むかし、京都および京都に近い五つの国をまとめてよんだ名。摂津《せっつ》・河内《かわち》・和泉《いずみ》・大和《やまと》・山城《やましろ》の五つで、今の京都府・大阪《おおさか》府・奈良《なら》県のあたり。参考「けどる」と読むのは別の語。→けどられる

きない[2]【機内】〈名〉飛行機の中。例機内食。

きなが【気長】〈名・形動〉なにごともものんびりかまえて、あせったりいらだったりしないこと。例気長に待つ。あいつの気長にはあきれる。対気みじか。類悠長《ゆうちょう》。

きながし【着流し】〈名〉男性の、はかまをつけない和服すがた。例町を着流しであるく。

きなくさ・い【きな臭い】〈形〉紙や布などがこげるにおいがする。類こげくさい。

表現「だいぶきな臭い話になってきた」のように、火薬が爆発《ばくはつ》するときのにおいから、戦争に関係する表現の形容に使われ、さらに一般《いっぱん》に、たとえば政治上、両者のあいだが、険悪になることにもいう。

きなこ【黄な粉】〈名〉ダイズをいってひいた粉。黄色やきみどり色をしていて、もちなどにまぶして食べる。

きなり【生成り】〈名〉麻《あさ》や木綿《もめん》などの、染めたりさらしたりしていない布地や糸。また、そのやや黄みがかった白色。例肌《はだ》に気持ちのいい生成りのシャツ。

キニーネ〈名〉キナの木からとれるくすり。マラリアの特効薬として使うほか、健胃剤《ざい》・解熱剤《げねつざい》にも使う。◇オランダ kinine

きにち【忌日】〈名〉毎年あるいは毎月めぐってくる、人が死んだ日と同じ日づけの日。きじつ。類命日。

きにゅう【記入】〈名・する〉用紙の、きめられた欄《らん》などに、必要なことがらを書きこむこと。類書き入れる。

きぬ[1]【絹】〈名〉❶カイコのまゆからとった糸。その糸でおった織物。シルク。例絹糸。絹織物。❷「絹ごし」の豆腐《とうふ》(絹豆腐)のこと。対木綿《もめん》。

きぬ[2]【▽衣】〈名〉「着る物」の意味の古語。

きぬいと【絹糸】〈名〉カイコのまゆからとって加工した、ほそくてつやのある上等の糸。類生糸《きいと》。絹糸《けんし》。

きぬおりもの【絹織物】〈名〉絹でつくったおりもの。

きぬごし【絹ごし】【絹▼漉し】〈名〉「絹ごし豆腐《とうふ》」の略。木綿《もめん》豆腐に対して、まるで絹の布でこして作ったようななめらかな口あたりであることからいう。絹豆腐。

きぬずれ【きぬ擦れ】【▽衣擦れ】〈名〉人の動きにともなって、衣服のすそやそでなどがすれ合って音がでること。

きぬた【▼砧】〈名〉むかし、布地を槌《つち》で打ってやわらかくしたりつやを出したりするときに、下に置いた木や石の台。そのようにして打つことにもいう。

きね【▼杵】〈名〉もちなどをうすでつくときに使う、木でできた道具。→うす〔臼〕絵

ギネスブック〈名〉さまざまな分野での世界一をのせた本。◇Guinness Book 参考イギリスのビール会社ギネス社が、一九五六年以来毎年発行している。

きねづか【▼杵▽柄】〈名〉きねの柄《え》。例昔取った杵柄(→「むかし」の子項目)。

キネマ〈名〉「映画」の古い言いかた。「シネマ」の忌《い》みことば。類活動写真。◇kinema

きねん[1]【祈念】〈名・する〉願いごとがかなうように、心の中でじっといのること。例平和を祈念する。類祈願。祈禱《きとう》。アキネン

きねん[2]【記念】〈名・する〉❶のちのちの思い出に残しておくこと。思い出になるようなもの。例記念にする。いい記念になる。記念品。卒業記念。❷むかしのことを忘れないように思いおこして、祝うこと。例記念日。記念行事。▽アキネン

ぎねん【疑念】〈名〉「変だな」「おかしいな」と思うこと。例疑念をいだく。疑念が胸にうかぶ。類疑心。疑惑《ぎわく》。疑問。

きねんさい【祈年祭】〈名〉陰暦《いんれき》二月四日に行なう、五穀豊穣《ほうじょう》を祈る朝廷《ちょうてい》の儀式《ぎしき》。奈良《なら》・平安時代に「としごいのまつり」として行なわれ、応仁《おうにん》の乱ののちに廃止《はいし》されたが、明治五年に復活。現在は宮中で行なわれている。

きねんひ【記念碑】〈名〉事件や人物などを記念するためにたてる石碑。メモリアル。

きねんび【記念日】〈名〉なにかを記念するための、毎年のきまった日。結婚《けっこん》記念日、時の記念日など。類アニバーサリー。参考詩碑や句碑なども、記念碑の一種。→囲み記事15(次ページ)

きのう[1]【昨日】〈名〉❶きょうの前の日。類昨日《さくじつ》。❷過去ではあるが、まだ新しい過去で、記憶《きおく》もなまなましいとき。例この問題がおこったのは、きのうやきょうのことではない。きのうきょう。❸すぎてしまったとき。例きのうのことを言ってもしかたがない。それより、あすのことを考えよう。類過去。むかし。▽対あす。あした。アキノー

きのう[2]【気▼囊】〈名〉〔動物〕鳥類の肺についている、空気のはいった大形のふくろ。昆虫《こんちゅう》の腹部にもある。アキノー

きのう[3]【帰納】〈名・する〉一つ一つのことがらの中から共通するものをひきだして、全体にあてはまる法則を見つけだすこと。例帰納法。対演繹《えんえき》。アキノー

きのう[4]【機能】〈名・する〉人やしくみ、ものごとが、うまくはたらくこと。そのはたらき。例組織が機能する。機能を生かす。機能を発揮《はっき》する。機能的。自動停止機能。類性能。アキノー

ぎのう【技能】〈名〉なにかをつくったり、行なったりする能力。類うで。うでまえ。技術。技量。手なみ。

きのうきょう【昨日今日】〈名〉つい最近。きのうやきょう。例昨日今日の話ではない。類昨今。

きのうせい【機能性】〈名〉❶健康食品で、からだのさまざまな機能や活動を安定させ、自然治癒《ちゆ》力を高めるはたらき。血圧低下、脂肪《しぼう》分解、水分補給をうながすなど。例機能性食品。機能性飲料。❷衣料品などの繊維《せんい》製品で、特別に加工された、吸水・速乾・発熱・

一休(いっきゅう)(1394～1481) 室町中期，京都の大徳寺の禅僧。自由な禅のあり方を追求。とんち話で有名。

防臭などのはたらき。例機能性素材。参考①は、「とくほ」の通称《つうしょう》のある特定保健用食品やスポーツ飲料などにいう。

きのうてき【機能的】〈形動〉じゅうぶんに機能を発揮できる。働きやすい。例機能的なデザイン。

きのうほう【帰納法】〈名〉帰納によって考えをすすめていく方法。対演繹《えんえき》法。

きのえ【▽甲】〈名〉十干《じっかん》の第一番目。例きのえとら。参考「木の兄《え》」の意味。↓じっかん〔十干〕

きのこ【▼茸・木の子】〈名〉かさと柄《え》の部分からなる、菌類《きんるい》の一種。日かげのくさった木や落ち葉の中などに生え、ほかの植物に寄生して成長する。シイタケやマツタケなど食べられるものと、テングダケのような毒キノコとがある。

表現 ふつう一本二本と数える。小さくて何本もかたまっているものは一株《ひとかぶ》二株《ふたかぶ》、木の幹《みき》に棚《たな》のように生えるものは一枚二枚と数える。

きのこぐも【きのこ雲】【▼茸雲】〈名〉核《かく》爆発や噴火《ふんか》などの際に出る巨大なキノコの形をした雲。

きのと【▽乙】〈名〉十干《じっかん》の第二番目。例きのとた つ。参考「木の弟《と》」の意味。↓じっかん〔十干〕

きのどく【気の毒】〈形動〉❶かわいそうで心がいたむようす。例気の毒な人。お気の毒に。類かわいそう。ふびん。❷申しわけないと思うようす。すまない。例それは彼には気の毒なことをした。類遺憾《いかん》。

表現 おもに②の意味で、「それは、気の毒したなあ」のように、「する」をつけて言うこともある。

方言 富山・石川では、「きのどくな」の形で、もらいものをしたときなどのお礼のことばとしても使う。

きのぼり【木登り】〈名・する〉木によじのぼること。

きのみ【木の実】〈名〉⇩このみ〔木の実〕

き(着)のみ(身)き(着)のまま そのとき、着ていたもののほかには、なにも持っていないこと。例ゆうべの火事で、着の身着のままで焼けだされた。

きのめ【木の芽】〈名〉❶木の枝《えだ》に新しくでた芽。例木の芽時。❷サンショウの新芽。例木の芽田楽。▽「このめ」ともいう。

きのめどき【木の芽時】〈名〉木々が芽を吹くとき。早春の季節。「このめどき」ともいう。

き

きのやまい【気の病】〈名〉精神のつかれからおこる病気。類ノイローゼ。神経症《しょう》。気病《きや》み。

きのり【気乗り】〈名・する〉「よし、やろう」という気になること。例気乗りがする。気乗りがしない。類やる気。

きのりうす【気乗り薄】〈形動〉あまりやる気になっていない。例気乗り薄な返事。

きば[1]【牙】〈名〉肉食動物の前歯の両わきにある、大きくてするどい歯。アキバ

表現 相手をきずつけようとして、その用意をすることを、「牙をとぐ」といい、また、敵意をあからさまにしめすことを、「牙をむく」という。

きば[2]【木場】〈名〉❶材木をたくわえておくところ。❷材木商が多く集まっているところ。▽アキバ

きば[3]【騎馬】〈名〉ウマに乗ること。例騎馬隊。騎馬民族。アキバ

きはく[1]【気迫】【気▼魄】〈名〉「なにがなんでもやるぞ」という、からだにみなぎる はげしい気持ち。例気迫がこもる。気迫にみちる。類意気ごみ。気概《きがい》。

きはく[2]【希薄】【▼稀薄】〈形動〉❶気体の密度や液体の濃度《のうど》がうすい。例高山になればなるほど、空気が希薄になる。❷感情や熱意などがとぼしい。例なにがなんでもやろうという気持ちが希薄だ。▽対濃厚《のうこう》。

きばく【起爆】〈名〉爆発をひきおこすこと。例起爆剤《ざい》。起爆装置。

きばくざい【起爆剤】〈名〉❶爆発をひきおこすのに用いる薬剤。起爆薬。❷状況《じょうきょう》を一気に好転させるきっかけとなるものごと。例逆転の起爆剤となった同点ゴール。

きはずかし・い【気恥ずかしい】〈形〉なんとなくちょっと恥ずかしい。類きまりがわるい。

囲み記事 15

人生の記念日

人生のふしめを記念する習慣

人は生まれてから死ぬまでのあいだ、毎年誕生《たんじょう》日をむかえて一つずつ年をとっていく。東洋でも西洋でも、一年を単位にして、意味のある年に名前をつけたり、祝ったりする習慣がある。

生まれてから何年たったか

・お宮参り――生後一か月をめやすに、神社に参拝し、子どもの誕生を祝い、すこやかな成長を祈る習慣。

・七五三――女子は三歳と七歳、男子は五歳を祝い、十一月十五日に神社に参拝する習慣。

・成人式――二十歳で、成人となることを祝う。一月の第二月曜日の「成人の日」に行なうのがふつう。

・而立《じりつ》・不惑《ふわく》・知命《ちめい》・耳順《じじゅん》――孔子《こうし》の言行を記録した中国の古典『論語』に、「われ十有五にして学に志す。三十にして立つ。四十にして惑《まど》わず。五十にして天命を知る。六十にして耳《みみ》順《したが》う。七十にして心の欲《ほっ》するところにしたがって、矩《のり》をこえず」とあることから、三十歳を「而立」の年、四十歳、五十歳、六十歳をそれぞれ「不惑」「知命」「耳順」の年という。六十歳は「還暦《かんれき》」でもある。「還暦」という表現は生まれた年の干支《えと》が六十年後に「還《かえ》」ってくるところからいう。

・古希《こき》・喜寿《きじゅ》・米寿《べいじゅ》・卒寿《そつじゅ》・白寿《はくじゅ》――七十歳は、『論語』の「七十にして…矩をこえず」ということばよりも、中国の詩人杜甫《とほ》の「人生七十古来稀《まれ》なり」によって「古希(古稀)」を祝う。「喜」のくずし字「㐂」から七十七歳を「喜寿」、「米」の字を分解すると八十八になるところから八十八歳を「米寿」、「卒」の略字「卆」を九十とみて九十歳を「卒寿」、「百」の字から第一画目の「一」を取り去ると「白」という字になることから、九十九歳を「白寿」と呼ぶ。

結婚《けっこん》してからのふしめ

西洋では、結婚後一年を「紙の祝い」、五年を「木の祝い」、十年を「錫《すず》の祝い」、十五年、二十五年、五十年、六十年を「水晶《すいしょう》、銀、金、ダイヤモンドの祝い」とする。日本では、おもに銀婚式、金婚式を祝う。

一遍(いっぺん)(1239～89) 鎌倉時代，時宗を始めた僧。「踊り念仏」を行ない，諸国を回って布教した。

きばせん【騎馬戦】〈名〉三人でウマを模した形をつくり、一人がそれにのり、敵と味方にわかれて帽子《ぼうし》をとりあうなどする競技。

きはつ【揮発】〈名・する〉液体が、ふつうの温度で気体になること。例揮発油。揮発性。類蒸発。気化。

きばつ【奇抜】〈形動〉考えや行動が、ふつうの人には思いもつかないほど、かわっている。例奇抜なアイデア。類奇想天外。突飛《とっぴ》。

きはっせい【揮発性】〈名〉常温下で、液体が気体になる性質。例アルコールは揮発性が強い。

きはつゆ【揮発油】〈名〉ベンジンやガソリンのように、ふたをあけたままにしておくと、すぐ気体になってしまう液体。

きば・む【黄ばむ】〈動五〉白いものが、黄色っぽくなる。

きばや【気早】〈形動〉気が早い。例気早な連中。類せっかち。

きばらし【気晴らし】〈名・する〉ゆううつでしずんでいる気持ちを、なにかほかのことをして、さっぱりはれやかにすること。例気晴らしに散歩する。類気分転《てん》換《かん》。息ぬき。うさばらし。なぐさみ。

きば・る【気張る】〈動五〉❶はらに力を入れてがんばる。例そんなに気張るなよ。❷思いきって、きまえよく金をだす。例祝儀《しゅうぎ》を気張る。類はずむ。張り込む。

方言 西日本では、「朝早くからきばる」のように、「仕事などにはげむ」という意味でも使う。

きはん【規範・軌範】〈名〉どう考えたり行動したりするのがふさわしいかという、手本や模範。

[1]**きばん【基板】**〈名〉多くの電子部品(=素子《そし》)からなる電気回路をのせる、絶縁体《ぜつえんたい》でできた土台。

[2]**きばん【基盤】**〈名〉ものごとがなりたつための基礎《きそ》となるもの。例基盤がゆらぐ。生活の基盤をきずく。経済基盤。類土台。インフラ。

きひ【忌避】〈名・する〉いやがってさけること。例徴兵《ちょうへい》を忌避する。類回避。

参考 裁判では、当事者が、担当の裁判官では自分の不利になると考えたとき、その裁判官を拒否することをいう。

[1]**きび【▼黍】**〈名〉穀物《こくもつ》の一種。実《み》は黄色で、アワよりやや大つぶ。もちやだんごなどをつくる。

[2]**きび【機微】**〈名〉人の心や人間関係などのおくにひそむ、微妙《びみょう》な動き。例人情の機微にふれる。

きびき【忌引き】〈名・する〉近親者の通夜《つや》や葬式《そうしき》に加わるために、勤めや学校をやすむこと。また、そのための特別休暇《きゅうか》。

きびきび〈副・する〉気持ちいいほど、むだなくすばやく行動するようす。例きびきび(と)した動き。

きびし・い【厳しい】〈形〉❶いいかげんなところや、妥協《だきょう》するところがない。人をあまえさせるところがない。例きびしい先生。きびしい現実。しつけがきびしい。手きびしい。対あまい。ゆるい。類厳格《げんかく》。やかましい。うるさい。❷がまんできないくらい ひどい。例きびしい寒さ。残暑がきびしい。

きびす【▼踵】〈名〉「かかと」のこと。「くびす」ともいう。

きびすを返《かえ》す もときた道をひきかえす。類きびすをめぐらす。

きびすを接《せっ》する 多くの人やものごとが、次から次へとつづく。

きびすを巡《めぐ》らす 「きびすを返す」の古風な言いかた。

きびだんご【▼黍団子】〈名〉キビをむしてつぶしてつくっただんご。

きひつ【起筆】〈名・する〉文章を書きはじめること。対擱筆《かくひつ》。

ぎひつ【偽筆】〈名〉ほかの人の字に似《に》せて書かれた、にせものの文章や書。対真筆《しんぴつ》。類偽書。

きび(▼驥尾)にふ(付)す すぐれた人のあとに、ただついていく。その自分の行動を謙遜《けんそん》していうときに使う。

参考「驥尾」は、足の速い馬のしっぽのこと。

きびょう【奇病】〈名〉めずらしい病気。原因や治療《ちりょう》法がわからない病気。

きびょうし【黄表紙】〈名〉〔文学〕江戸《えど》時代後期に流行した、風刺《ふうし》・こっけいを中心とした絵入りの読み物。幕府の指示で、題材が教訓性の強いかたきうち物にうつっていった。

[1]**きひん【気品】**〈名〉表情や行ないにあらわれる上品な感じ。芸術作品などについてもいう。例気品にあふれる。気品が高い。類品格。

[2]**きひん【貴賓】**〈名〉身分の高いお客さま。例貴賓席。類賓客。

きびん【機敏】〈形動〉その場に応じた行動が、すばやくできる感じだ。類敏捷《びんしょう》。

[1]**きふ【寄付・寄附】**〈名・する〉→「き〔機〕」の子項目

組織や団体、公共事業や神社、寺などに、お金や品物を出すこと。例寄付をつのる。寄付金。類カンパ。寄進。献金《けんきん》。

[2]**きふ【棋譜】**〈名〉碁《ご》や将棋《しょうぎ》の対局のなりゆきを手順にしたがって図や記号であらわした記録。

表現 一口《ひとくち》二口《ふたくち》と数える。

[1]**ぎふ【義父】**〈名〉義理の父親。配偶《はいぐう》者の父。または、養父や継《けい》父《ふ》。対実父。義母。類しゅうと。

[2]**ぎふ【義符】**〈名〉漢字の形声文字で、字義を表わす部分。意符。→せいふ〔声符〕・けいせい〔形声〕

ギブ〈名・する〉「ギブアップ」のくだけた略しかた。

ギブアップ〈名・する〉❶やりとげようとしていたことを、途中《とちゅう》で あきらめること。断念《だんねん》。❷プロ格闘技《かくとうぎ》で、降参《こうさん》すること。「まいった」と言うこと。◇give up

ギブアンドテイク〈名〉たがいに利益をあたえあい、どちらの損にもならないようにすること。◇give and take

[1]**きふう【気風】**〈名〉ある社会や地域の人々に特有の考えかたやふんいき。例当時の学生たちには、個人の自由をたっとぶ気風があった。類かたぎ。気性。気質。

[2]**きふう【棋風】**〈名〉囲碁《いご》や将棋《しょうぎ》の勝負のしかたにあらわれる、その人の特徴《とくちょう》や個性。例豪快《ごうかい》な棋風。

きふく【起伏】〈名・する〉❶土地が高くなったり、低くなったりしていること。例ゆるやかに起伏する丘。起伏の多い地形。類でこぼこ。❷感情や状況《じょうきょう》などが、高まったり低くなったり、変化が多いこと。例かれは感情の起伏がはげしすぎる。起伏の多い人生だ。

きぶくれ【着膨れ】〈名・する〉衣服をたくさんかさねて着て、ふくれあがること。

きふじん【貴婦人】〈名〉家がらのよい、上品な女の人。類淑女《しゅくじょ》。

ギプス〈名〉包帯をせっこうで固めたもの。骨を折ったときなどに、その部分を固定するために使う。「ギブス」ともいう。例ギプスベッド。◇ドイツ Gips

きぶつ【器物】〈名〉❶いれものや、道具など。❷〔法

 伊藤左千夫(さちお) (1864~1913) 明治時代の歌人。短歌雑誌「アララギ」を刊行。小説「野菊の墓」は有名。

律〕 他人の物。例 器物損壊《そんかい》の容疑《ようぎ》。

ギフト〈名〉 おくりもの。例 ギフトカード。◇gift

きぶとり【着太り】〈名・する〉 衣服を着ると、実際よりふとって見えること。例 着太りするたち。対 着やせ。

きふる・す【着古す】〈動五〉 衣服を、古くなるまでずっと着る。

表現 「着古したシャツ」は、「着古しのシャツ」ともいう。

きふワイン【貴腐ワイン】〈名〉 微生物《びせいぶつ》の働きを利用して糖度を高めたブドウでつくる、高級なあま口の白ワイン。

きぶん【気分】〈名〉 ❶そのときどきの気持ちのぐあい。心のようす。例 気分は上々《じょうじょう》。気分がよい。気分がのる。気分をよくする。気分をかえる。勉強する気分にならない。類 きげん。心持ち。❷からだの調子。例 気分がわるい。気分がすぐれない。類 気持ち。❸全体にあふれる感じ。例 町はお祭り(の)気分でわきかえっていた。類 ムード。

ぎふん【義憤】〈名〉 世の中の不正に対して、はらをたてること。例 義憤を感じる。類 公憤。

表現 「義憤」も「公憤」も、自分自身の損得には直接関係のないことについていう。

きぶんや【気分屋】〈名〉 その時の気分しだいで、言うことやすることがころころ変わる人。

きへい【騎兵】〈名〉 馬にのってたたかう役目の兵士。

きへき【奇癖】〈名〉 ふうがわりな習癖。

きへん【木偏】〈名〉 漢字の偏の一つ。「材」「杉《すぎ》」などの「木」の部分。

きべん【▼詭弁】〈名〉 自分の言い分をとおすために、つじつまのあわないことを、もっともらしく見せかけて議論すること。例 詭弁をろうする。類 へりくつ。

きぼ【規模】〈名〉 建物や計画、組織などの大きさ。例 規模が大きい。規模を拡大する。全国的規模。小規模。類 スケール。

表現 「規模」はおもに事物の大きさについていう。「スケール」は、そのほか、人がらなど抽象《ちゅうしょう》的なことについても、「あの人はスケールが大きい」などということができる。

ぎぼ【義母】〈名〉 義理の母親。配偶《はいぐう》者の母、または養母や継母《けいぼ》。対 実母。生母。義父。類 しゅうとめ。

1 **きほう【気泡】**〈名〉 液体や固体の中に気体がつまってできた、小さなあわ。例 気泡の入ったガラス。類 水泡。

2 **きほう【奇峰】**〈名〉 変わった形をしてそそり立つ峰《みね》。

3 **きほう【既報】**〈名〉 すでに、報告や報道をした知らせであること。

きぼう【希望】〈名・する〉 「こうありたい」「こうなってほしい」と望むこと。その具体的な望みや、明るい将来への期待。例 希望に燃える。高校卒業後は就職《しゅうしょく》を希望する。留学希望者。夢と希望。絶望が希望に変わる。希望的観測。対 絶望。失望。類 願望。志望。願い。

ぎほう【技法】〈名〉 芸術作品などをつくるときの技術や方法。例 創作技法。類 手法。

きぼうてきかんそく【希望的観測】〈名〉 こうあってほしいと、かってにおしはかること。例 景気回復は、政府の希望的観測にすぎない。

きぼね【気骨】〈名〉 いろいろと気をつかうこと。例 気骨がおれる。類 気苦労。参考 「気骨《きこつ》」は別の語。

気骨が折《お》れる いろいろと気をつかうことが多く、つかれる。

きぼり【木彫り】〈名〉 木を、物の形に、ほったりけずったりすること。類 木彫《もくちょう》。

きほん【基本】〈名〉 ものごとのおおもとになるもの。そこから、いろいろなことが発展したり、変化したりする。例 勉強の基本。基本をまなぶ。なにごとも基本が大事だ。基本方針。基本給。基本的。類 基礎《きそ》。

表現 「無断外出は基本みとめられない」のように、副詞として、「基本的に」の意味でも使われる。

きほんきゅう【基本給】〈名〉 交通費や家族手当などをふくまない、基本になる給料。類 本給。本俸《ほんぽう》。

きほんてき【基本的】〈形動〉 いちばんの基本である。例 基本的な考え。類 ベーシック。

きほんてきじんけん【基本的人権】〈名〉 〔法律〕 人間として、生まれながらに当然もっている基本的な権利。生存する権利をはじめ、教育をうける権利、表現や信教の自由、選挙権や被《ひ》選挙権などが日本国憲法で保障されている。

ぎまい【義妹】〈名〉 義理の妹。弟の妻や配偶《はいぐう》者の妹をいう。対 実妹。義姉。

キマイラ〈名〉 ⇩キメラ

きまえ【気前】〈名〉 お金や品物を、けちけちしないで人にあげてしまう気質。例 気前がいい。気前よくおごる。

きまぐれ【気まぐれ】〖気▽紛れ〗〈名・形動〉 考えや行動が一定しないで、その時どきの気分や思いつきでかわること。例 気まぐれな人。一時の気まぐれ。類 むら気。移り気。

表現 人の性格や行動のほかにも、「気まぐれな秋の空」のように、かわりやすく、予測のつきにくいことにも使う。

きまけ【気負け】〈名・する〉 相手の気迫や格に圧倒されて、たたかう前から負けたような気持ちになること。例 気負けして試合に負ける。

きまじめ【生真面目】〈名・形動〉 非常にまじめなこと。例 生まじめな人。類 くそまじめ。

きまず・い【気まずい】〈形〉 たがいに気持ちがしっくりしないで、なんとなくうちとけない。例 気まずい思いをする。気まずい空気が会場をつつんだ。

きまつ【期末】〈名〉 きめられた期間のおわりのころ。例 期末テスト。期末手当。対 期首。

きまって【決まって】〈副〉 そのことがあれば必ず。例 運動会というと決まって熱を出す。

きまま【気まま】〈名・形動〉 まわりのことを気にしないで自分のすきなように行動すること。例 気ままな生活。気ままにふるまう。かって気まま。類 奔放《ほんぽう》。

きまり【決まり】〈名〉 ❶みんなで守るように決められていること。例 決まりを守る。類 規則。ルール。約束。❷いつもきまってすること。例 決まり文句。類 習慣。通例。❸仕事などのくぎり。例 決まりがつく。決まりをつける。類 決着。▽→おきまり

きまりが悪《わる》い はずかしくて、体裁《ていさい》がわるい。きまり悪い。類 てれくさい。ばつが悪い。→きまる 表記

きまりて【決まり手】〖▽極り手〗〈名〉 すもうで、勝負をきめたわざ。

きまりもんく【決まり文句】〈名〉 ある場面にいつもきまって言われることば。類 常套《じょうとう》句。

きまりわる・い【きまり悪い】〈形〉 ⇩きまりが悪い(「きまり」の子項目)

きま・る【決まる】〖▽極まる〗〈動五〉 ❶最終的な結果や結論が出る。例 方針が決まる。委員長が決まる。受賞が決まる。類 定まる。決定する。❷スポーツなどで、あるわざが成功する。例 わざが決まる。足ばらいが決まる。

❸身なりや身のこなし、ものの言いかたなどが、その場にふさわしくぴったりはまる。例きょうの彼は、司会者としてなかなかきまっていた。類きめている。絵になる。❹(「…にきまっている」「…ときまっている」の形で)かならず…する。かならず…である。例そんなことを言われれば、だれでもおこるに決まっている。
表記「極まる」という書き方は、①にはあまり使わないが、②③④や「きまりがわるい」などのときには使うことがある。

きまわし【着回し】〈名〉洋服の色やデザインが、ほかのいろいろな服とうまく組み合わせられること。例着回しの利くジャケット。

ぎまん【欺▼瞞】〈名・する〉❶うそをついて、だますこと。例それは欺瞞だ。❷「自己欺瞞」の略。自分で自分の本当の気持ちをごまかしておくこと。

きみ[1]【君】━〈名〉主《しゅ》君《くん》や王などをうやまっていうことば。
━〈代名〉自分と同等か、目下の相手をよぶときのことば。おもに男性が使う。対ぼく。類あなた。▽アキミ

きみ[2]【黄み】〈名〉黄色っぽいこと。きいろみ。例黄みをおびた緑。アキミ

きみ[3]【黄身】〈名〉たまごの黄色い部分。脂肪《しぼう》分が多い。対白身《しろみ》。類卵黄《らんおう》。アキミ

きみ[4]【気味】〈名〉❶ものごとから感じとる気分。例気味がわるい。例いい気味だ。❷全体からうける感じ。❸ある傾向《けいこう》が感じられること。例あの人は考えすぎの気味がある。→ぎみ ▽アキミ

気味がいい 他人の失敗や不幸を知って、「ざまあみろ」という感じで使うことば。いい気味だ。

気味が悪《わる》い なんとなくこわくて、いやな感じがする。「きみわるい」ともいう。例ぬるぬるして気味がわるい。

ぎみ【気味】〈接尾〉動詞の連用形や名詞について、いくらかそんなようすが感じられる、という意味を表わす。にやけて気味がわるい男。類気持ちが悪い。

表現「つかれ気味」「おされ気味」のように、変化する状況《じょうきょう》の中での傾向《けいこう》をいうのにも使い、「『太っている』というほどではないが『太り気味』だね」のように、判定基準の段階を示す表現にも使う。

きみがよ【君が代】〈名〉日本の国歌の名。参考イギリスのように長い歴史をもつ国は、正式に国歌をもたず、また、第一次・第二次世界大戦の侵略《しんりゃく》国であったドイツでも、正式の国歌はもっていない。日本も正式に法律で国歌は決まっていなかったが、一九九九年にこの歌が国歌として定められた。歌詞の内容は、「君が代は千代に八千代に…」という、天皇の治世が永遠に続きますように、というもの。元来は、平安時代の古今《こきん》和歌集や和漢朗詠《ろうえい》集に「わが君は」という初句で出ており、古今集には詠《よ》み人知らずでのせてあるように、「君」は天皇をさすとはかぎらない歌であった。鎌倉《かまくら》時代から、和漢朗詠集などで、初句を「君が代は」に変えた写本が現れている。曲は、明治初期の宮内《くない》庁の雅楽《ががく》部の作曲とされる。

きみじか【気短】〈形動〉なにごとにものんびりと落ち着いていられなかったり、おこりっぽかったりする性格。例気短な人。対気なが。類せっかち。短気。

きみつ[1]【気密】〈名〉ぴったりしめきって、空気をとおさないこと。例気密状態。気密室。気密性。

きみつ[2]【機密】〈名〉国家や組織などの、外部にしられてはいけないことがら。例機密をもらす。機密書類。機密費。類秘密。

ギミック〈名〉❶おもちゃなどの、しかけ。からくり。❷〔音楽〕奇抜《きばつ》な演奏や音。◇gimmick

きみつせい【気密性】〈名〉気密がたもたれている状態・程度。例気密性がある。気密性にすぐれる。

きみつひ【機密費】〈名〉秘密のことに使うお金。

表現使途《しと》が秘密というよりも、社長など使用の権限をもつ人が、その都度の判断で自由に使えることを意味するのがふつう。

きみどり【黄緑】〈名〉黄色みをおびた明るいみどり色。

きみゃく(気脈)をつう(通)じる ひそかに、たがいの気持ちや考えを知らせあう。

表現ほんとうは連絡をとりあってはいけない両者の関係についていう言いまわし。

きみょう【奇妙】〈形動〉ふつうとはちがって変な感じがする。例奇妙な話。奇妙な味。類奇異。妙。ふしぎ。

きみわる・い【気味悪い】〈形〉気味が悪い。例薄《うす》気味悪い。気味悪い話。類気持ち悪い。

ぎむ【義務】〈名〉当然しなければならないことがら。義務がある。義務をおう。義務をはたす。義務をおこたる。例義務教育。義務づける。義務的。対権利。

ぎむきょういく【義務教育】〈名〉全国民が自分の子どもに受けさせなければならない教育。参考日本国憲法では、国民の三大義務として、普通教育を受けさせる義務、勤労《きんろう》の義務、納税《のうぜい》の義務の三つをさだめている。参考日本では小学校六年、中学校三年の計九年間。

きむずかし・い【気難しい】〈形〉ちょっとしたことでも気にいらないと、いちいちぶつぶつ言ったり、不満を顔にだしたりしやすい。例気難しい老人。類神経質。

きむすめ【生娘】〈名〉❶性体験のないむすめ。類バージン。処女。❷うぶなむすめ。▽類おぼこ。

キムチ〈名〉朝鮮《ちょうせん》のからいつけ物。ハクサイ・ダイコンなどの塩づけに、トウガラシ・ニンニク・ショウガ、魚介《ぎょかい》類の干物《ひもの》をまぜてつけたもの。◇朝鮮語から。

ぎむづ・ける【義務付ける】〈動下一〉義務として、あることをさせる。例ヘルメットの着用を義務付ける。

ぎむてき【義務的】〈形動〉すすんでするのではなく、それが義務となっている。例義務的なあいさつ。

きめ【木目】〖▽肌▽理〗〈名〉❶[木目]⇩もくめ ❷[肌理]人の肌《はだ》や、ものの表面の感じ。例きめが細かい。きめが粗《あら》い。きめ細か。

きめい【記名】〈名・する〉書類やカード、持ち物などに名前を書きこむこと。例記名投票。対無記名。類署名。

ぎめい【偽名】〈名〉本名《ほんみょう》を知られるとこまるときに使う、にせの名前。例偽名を使う。対実名。本名。類変名。

きめこまか【きめ細か】〈形動〉なかなか気がつかないようなこまかいところまで注意がいきとどいている。「きめ細かい」ともいう。例きめ細かな配慮《はいりょ》。

注意「こまか」が「こまやか」とまぎれて、「きめこまやか」という形で使う人も多い。

きめこ・む【決め込む】〈動五〉❶かってにそうだと思いこむ。例勝てると決め込む。❷そのつもりになって、そのようにふるまう。例名探偵《たんてい》を決め込む。❸そうしようと決めたことをおしとおす。例だんまりを決め込む。

きめつ・ける【決めつける】〖決め付ける〗〈動下一〉他人がなんと言おうとおかまいなしに、「絶対…だ」と

 伊藤仁斎(じんさい) (1627~1705) 江戸時代の儒学者。孔子や孟子の教えにもどることを主張した。

一方的に断定する。例証拠《しょうこ》が十分でないのに、かれを犯人だと決めつけるのは危険だ。

きめて【決め手】〈名〉 決着をつけるために、どうしても必要なもの。例決め手をかく。残された指紋《しもん》が犯人逮捕《たいほ》の決め手になった。

き(決)めてかかる ⇩「きめる」の子項目

キメラ〈名〉 ❶ギリシャ神話に登場する、頭はライオン、胴はヤギ、尾はヘビの怪獣。❷動植物で、一つの個体に複数の異なる遺伝子や細胞を持つもの。じゃがいもとトマトをかけあわせたポマト、双生《そうせい》児に見られる複数の血液型を持つ血液キメラ、遺伝子組み換えでマウス抗体《こうたい》とヒト抗体からつくったキメラ抗体など。▽「キマイラ」ともいう。◇chimera

き・める【決める】〖▽極める〗〈動下一〉 ❶最終的な結果や結論をだす。例方針を決める。委員長を決める。心を決める。決めてかかる。類定める。決定する。❷スポーツなどで、あるわざをうまくやってのける。例わざを決める。外角低めにストライクを決めた。❸身なりや身のこなし、ものの言いかたなどが、その場にぴったりで、見た人に「これだ!」と思わせる。例発表会にネクタイをして決めてくる。❹(「…と決めている」の形で)…と思いこんでいる。…するのを習慣としている。例子どもたちは、父親は毎日帰りがおそいものと決めている。

表記「極める」という書き方は、①にはあまり使わない。

決めてかかる ほかの可能性をみとめようとせず、がんこにある判断にしたがう。

きめん(鬼面)ひと(人)をおどろ(驚)かす おおげさなみせかけだけで、人をびっくりさせる。

きも【肝】〈名〉 ❶肝臓《かんぞう》、または内蔵。古い言いかた。❷度胸《どきょう》。胆力《たんりょく》。例肝が太い。肝っ玉。❸肝要な点。くだけた言いかた。多く「キモ」と書く。

肝が据《す》わる どんなにかわったことにぶつかっても、おどろかないで、どっしり落ち着いている。例肝が据わった人。

肝に銘《めい》じる 心にきざみつけて、忘れないようにする。

肝を潰《つぶ》す 非常におどろく。

肝を冷《ひ》やす ふいに危険を感じたり、失敗に気づいたりして、ひやっとする。例自動車にぶつかりそうになって肝を冷やした。

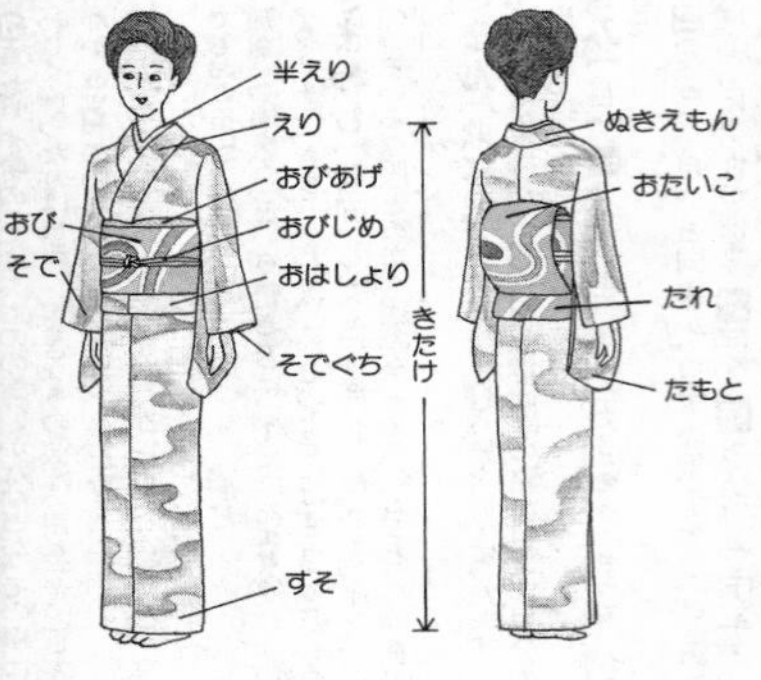

[き も の]

きも・い〈形〉 「気持ち悪い」をちぢめた若者ことば。

方言 岐阜・愛知などでは、「この靴《くつ》きもい」のように、「きつい」の意味でも使う。

きもいり【肝煎り・肝入り】〈名〉 あいだにたって、あれこれと世話をして話をまとめること。その役割の人。例市長の肝煎りで計画が実現する。

きもう【起毛】〈名・する〉 織物の表面をけば立たせること。はだざわりがやわらかくなる。

きもだめし【肝試し】〈名〉 夜の墓地など、うすきみわるいところを歩かせ、勇気があるかどうかをためすこと。また、そのような行事。

きもち【気持ち】〈名〉 ❶あるものごとや人に接したときに自然におこる、感情や心の中の思い。例気持ちを許せる友だち。人の気持ちになって考える。突然のことで気持ちが追いつかない。類心持ち。心情《しんじょう》。心境《しんきょう》。心地《ここち》。❷からだのぐあいからおこる、いい わるいの感じ。例気持ちがいい。類気分。

表現 (1)人にお金や品物をわたすとき、「ほんの気持ちですが」と言ってさし出す。「つまらないものですが」と言うのと同じで、謙遜《けんそん》した態度を表わす。それを、「お気持ちだけ受け取っておきます」と遠慮《えんりょ》することもある。

(2)「気持ち、右に寄ってください」のように、「ほんの少し」の意味で副詞的に用いることもある。

気持ちが悪《わる》い ❶気味が悪い。例気持ちの悪い生き物。類気色《きしょく》が悪い。❷気分が悪い。例食べすぎて気持ちが悪い。❸心が落ち着かない。例理由もないのに物をもらうのは気持ちが悪い。▽「きもちわるい」ともいう。

きもちわる・い【気持ち悪い】〈形〉 ⇩気持ちが悪い(「きもち」の子項目)

きもったま【肝っ玉】〖肝っ▽魂〗〈名〉 ものに動じない強い気力。きもだま。どぎも。きも。例肝っ玉のすわった男。肝っ玉かあさん。類胆力《たんりょく》。度胸。

きもの【着物】〈名〉 ❶身につけてからだをおおうもの。類衣服。❷洋服に対して、和服。絵 例着物すがた。▽着物を着る。着物をぬぐ。

表現 (1)①は、実際には、上に着るもの、つまり上着やズボン、スカートをさすのがふつう。下着をつけても「着物を着た」ことにはならない。

(2)②は、ふつう一枚二枚と数える。「晴れ着一着」のようにひとそろいの衣装は一着《いっちゃく》二着《にちゃく》と数える。

敬語 ①の尊敬語は「お召《め》し物」「お召し」。

きもん[1]【気門】〈名〉 昆虫などの動物の体表《たいひょう》にある、呼吸のための あな。体内で気管《きかん》につながっている。

きもん[2]【鬼門】〈名〉 にがてで、さけたいと思っている相手やものごと。例校長先生はどうも鬼門だ。

参考 俗信《ぞくしん》で、古くからものごとをするのに さけた方がいいとされた方角をいう。北東の方角(=うしとら)のことで、現在でも、「家相」などのうらないのなかにのこっている。

ぎもん【疑問】〈名〉 どうもよくわからない と思っていること。ほんとうかどうか、うたがわしいこと。例疑問がある。疑問をただす。疑問に思う。説明を聞いて疑問が氷解した。疑問点。類疑義。疑念。

ぎもんし[1]【疑問詞】〈名〉〔文法〕 疑問の表現で、知りたいことがらが何であるかをしめすことば。「いつ」「どこ」「だれ」「なに」「なぜ」「どの」「いくつ」など。

ぎもんし[2]【疑問視】〈名・する〉 うたがわしいと思って見ること。例設備の安全性を疑問視する。

ぎもんふ【疑問符】〈名〉 疑問を表わす「?」の記号。

クエスチョンマーク。俗《ぞく》に「はてなマーク」ともいう。[注意] もとは西洋の言語で使う記号であり、あらたまった文章の中では、とくに必要な箇所《かしょ》以外には使わない。「感嘆符《かんたんふ》!!」も同様。

疑問符が付っく 疑問が持たれる。疑問視される。[例] 対策の効果に疑問符が付いた。

ぎもんぶん【疑問文】〈名〉 問いかける形の文。

ギヤ〈名〉 ⇩ギア

きやく【規約】〈名〉 関係者が相談してきめた、会や団体の規則。[例] 規約にのっとる。規約にしたがう。[類] とりきめ。

常用漢字 きゃく

【却】 卩部5 全7画

キャク [音]［キャク］ 却下《きゃっか》。棄却《ききゃく》。焼却炉《しょうきゃくろ》。退却《たいきゃく》。脱却《だっきゃく》。売却《ばいきゃく》。返却《へんきゃく》。冷却装置《れいきゃくそうち》。

【客】 宀部6 全9画

キャク・カク [教]小3 [音]❶［キャク］ 客席《きゃくせき》。客足《きゃくあし》。客車《きゃくしゃ》。客間《きゃくま》。客観的《きゃっかんてき》。来客《らいきゃく》。観客《かんきゃく》。千客万来《せんきゃくばんらい》。乗客《じょうきゃく》。論客《ろんきゃく》。❷［カク］ 客死《かくし》。賓客《ひんかく》。旅客機《りょかっき》。剣客《けんかく》。刺客《しかく》。

【脚】 月部7 全11画

キャク・キャ あし [音]❶［キャク］ 脚力《きゃくりょく》。脚線美《きゃくせんび》。脚光《きゃっこう》。脚本《きゃくほん》。健脚《けんきゃく》。橋脚《きょうきゃく》。三脚《さんきゃく》。二人三脚《ににんさんきゃく》。❷［キャ］ 脚立《きゃたつ》。行脚《あんぎゃ》。[訓]［あし］ 脚。机の脚。

[1]**きゃく【客】**〈名〉 ❶家や会社などに、まねかれたり用があったりしてたずねてくる人。[例] 客をもてなす。客をよぶ。客と接する。めずらしい客。まねかれざる客。客人《じん》。客ぶとん。❷ものを買ったり、お金をはらって、見たり聞いたり、乗りものに乗ったりする人。

[敬語] 呼びかけや、ていねいにいうときは、「お客さん」または「お客様」という。

[2]**きゃく【脚】**〈接尾〉 いすなど、脚《あし》付きの家具をかぞえることば。[方言] 高知では、宴会《えんかい》のことを「お客」という。

常用漢字 ぎゃく

【逆】 辶部6 全9画

ギャク さか・さからう [教]小5 [音]［ギャク］ 逆上《ぎゃくじょう》。逆襲《ぎゃくしゅう》。逆転《ぎゃくてん》。逆流《ぎゃくりゅう》。逆境《ぎゃっきょう》。反逆《はんぎゃく》。[訓]❶［さか］ 逆立つ。逆立ち。逆恨み。逆毛。逆さ。逆さま。逆さまつげ。❷［さからう］ 逆らう。

【虐】 虍部3 全9画 ※

ギャク しいたげる [音]［ギャク］ 虐殺《ぎゃくさつ》。虐待《ぎゃくたい》。残虐《ざんぎゃく》。暴虐《ぼうぎゃく》。[訓]［しいたげる］ 虐げる。

ぎゃく【逆】 [一]〈名・形動〉 ものごとの順序やすすむべき方向がふつうと反対であること。[例] 本心と逆なことを言う。[類] さかさま。さかさ。あべこべ。[二]〈名〉「ぎゃくて①」のこと。[例] 逆をとる。

ギャグ〈名〉 芝居《しばい》や寄席《よせ》などで、客を笑わせるための、即興《そっきょう》的なせりふやしぐさ。[例] ギャグを連発する。◇gag

きゃくあし【客足】〈名〉 もよおしものや商店へやってくる客の数。[例] 客足が遠のく。客足がにぶる。

きゃくあしらい【客あしらい】〈名〉 客のもてなしかた。[例] 客あしらいのいい店。[類] 客あつかい。

[1]**きゃくいん【客員】**〈名〉 団体で、一定の期間よそからむかえられて加わっている人。「かくいん」ともいう。[例] 客員教授。

[2]**きゃくいん【脚韻】**〈名〉 詩や文で、いくつかの語や句のおわりにそれぞれ同じような音をそろえて、ひびきを美しくする表現のしかた。「清く正しく美しく」など。[対] 頭韻。

きゃくえん【客演】〈名・する〉 俳優・音楽家などが一時的にほかのグループにまねかれて出演すること。

ぎゃくぎれ【逆切れ】〈名・する〉 とがめられた人が、あやまるべきなのに、とがめた人に対して逆にはげしく怒ること。最近できた俗《ぞく》なことば。[例] マナーを注意されて逆切れする。

きゃくご【客語】〈名〉 ⇩もくてきご

ぎゃくこうか【逆効果】〈名〉 期待していた効果と反対のわるい結果がでること。「ぎゃっこうか」ともいう。

ぎゃくこうせん【逆光線】〈名〉 もののうしろからさす光線。逆光《ぎゃっこう》。「ぎゃっこうせん」ともいう。[参考] この向きで写真をとると、ものがかげってしまう。

ぎゃくさつ【虐殺】〈名・する〉 むごたらしいやりかたで、人や動物を殺すこと。[類] 惨殺《ざんさつ》。殺戮《さつりく》。

ぎゃくさん【逆算】〈名・する〉 ふつうとは逆の順序や方法で計算すること。

きゃくし【客死】〈名・する〉 ⇩かくし

きゃくしつ【客室】〈名〉 ❶旅館・ホテルなどの、客がとまるへや。[類] 客間《ま》。❷乗り物の、乗客のためのへや。

きゃくしつじょうむいん【客室乗務員】〈名〉 飛行機や列車で、接客の仕事をする人。アテンダント。[対] 乗務員室。

きゃくしゃ【客車】〈名〉 客を乗せてはこぶための、鉄道の車両。[対] 貨車。

ぎゃくしゅう【逆襲】〈名・する〉 攻《せ》められていた方が、逆に攻撃にでること。[例] 逆襲にでる。[類] 反撃。

ぎゃくじょう【逆上】〈名・する〉 いかりやくやしさのために、のぼせあがって、分別がなくなること。[類] 血迷う。

きゃくしょうばい【客商売】〈名〉 旅館・飲食店など、客のもてなしをする商売。[類] 接客業。サービス業。

きゃくしょく【脚色】〈名・する〉 ❶小説や事件の話を、演劇や映画につくりなおすこと。[類] 劇化。❷事実に手をくわえて、おもしろくすること。[例] ゆうべの一件を脚色してみんなに話した。[類] 潤色《じゅんしょく》。

きゃくじん【客人】〈名〉 武士や侠客《きょうかく》が「客」をさして二人称《しょう》にも三人称にも用いた、敬意のこもった男ことば。

ぎゃくすう【逆数】〈名〉〔数学〕 1をある数でわってでた値《あたい》を、そのわった数に対していうことば。たとえば2の逆数は$\frac{1}{2}$、$\frac{2}{3}$の逆数は$\frac{3}{2}$。

きゃくせき【客席】〈名〉 演劇や映画、競技場などで客のすわる席。

[1]**ぎゃくせつ【逆接】**〈名〉〔文法〕 二つの文や句がつながられているとき、前の部分から予想されるのとは異《こと》なることや逆のことが、あとの部分で述べられていること。「しか

 伊東マンショ（1570～1612） 遣欧少年使節の一人。1582年，13歳でローマに出発し，90年に帰国。

し」「けれども」「だが」「ところが」のような接続詞、または、「が」「けれど(も)」「ても」「のに」などの接続助詞で表わされる。対順接。参考「彼は行く。しかし、わたしは行かない」「彼は行くが、わたしは行かない」というのが逆接。「彼は行く。そして、わたしも行く」「彼が行くから、わたしも行く」というのが順接。

[2]**ぎゃくせつ**【逆説】〈名〉常識に反するような言いかたでありながら、その実《じつ》、深く人をうなずかせるようなことば。パラド(ッ)クス。例心のゆたかさという点からみると、物が豊富な社会は不幸である、という逆説がなりたつ。逆説的。参考たとえば、ことわざの「負けるが勝ち」「急がばまわれ」なども、逆説的な言いかたである。

きゃくせん【客船】〈名〉客を乗せてはこぶ船。例豪華《ごうか》な客船。対貨物船。

ぎゃくせんでん【逆宣伝】〈名〉❶よくないできごとが注目を集め、皮肉《ひにく》なことに、それが効果的な宣伝となること。❷〈する〉競争相手の商品の、よくない点をせめるような宣伝のしかた。類比較《ひかく》広告。

きゃくせんび【脚線美】〈名〉女性のあしののびかたのうつくしさ。例すらっとした脚線美。

きゃくそう【客層】〈名〉居住地・年齢《ねんれい》・学歴・職業などで分類した客の種類。類客だね。

ぎゃくそう【逆走】〈名・する〉きめられた方向とは逆の方向に走ること。例(車で)一方通行の道を逆走する。

きゃくたい【客体】〈名〉人の観察や行為《こうい》の対象となるもの。例客体化。対主体。

ぎゃくたい【虐待】〈名・する〉弱い者に対して、ひどいあつかいをして苦しめること。例動物を虐待する。類しいたげる。参考児童相談所には、電話番号「一八九」で通報する。

きゃくだね【客種】〈名〉店などに集まる客の種類。例客種がいい(わるい)。類客層。

ぎゃくたんち【逆探知】〈名・する〉電話や電波を受信したがわが、その発信地をつきとめること。

きゃくちゅう【脚注】『脚▼註』〈名〉書物で、本文の下の欄《らん》につけた注釈《ちゅうしゃく》。対頭注。

ぎゃくて【逆手】〈名〉❶柔道《じゅうどう》などで、相手の関節を逆にまげて、うごけなくすること。逆。❷相手が考えていたのと反対のせめかた。例逆手にでる。▽例逆手をとる。→さかて

ぎゃくてん【逆転】〈名・する〉❶反対の方向に回転すること。類反転。❷その場のようすや形勢が、がらっとかわって、今までと反対になること。例ホームランで形勢が逆転した。

きゃくど【客土】〈名〉土壌《どじょう》を改良するために、ほかの場所から性質のちがう土をもってきて混ぜること。また、そのための土。

きゃくひき【客引き】〈名・する〉店・旅館・見せ物などに客をさそいこむこと。客をさそいこむ人。

ぎゃくひれい【逆比例】〈名・する〉⇩はんぴれい

ぎゃくふう【逆風】〈名〉❶進むのと反対の方向に吹く風。❷不利にはたらく要因のたとえ。例増税《ぞうぜい》が景気に逆風となる。▽対順風《じゅんぷう》。類向かい風。

きゃくほん【脚本】〈名〉演劇や映画などで、せりふやしぐさ、装置《そうち》などを書いたもの。類台本。シナリオ。

表現「脚本」は、書かれている中身に重点があることば。「台本」は、「台本を開く」のように冊子そのものについてもいう。

きゃくま【客間】〈名〉来客をもてなしたり、とめたりする部屋。例客間にとおす。対居間。類応接間。

ぎゃくもどり【逆戻り】〈名・する〉反対に向きをかえて、今までいたほうにもどること。例季節が逆戻りする。類あともどり。リターン。Uターン。

ぎゃくゆしゅつ【逆輸出】〈名・する〉輸入した物を加工するなどして、今度は輸出すること。対逆輸入。

ぎゃくゆにゅう【逆輸入】〈名・する〉いちど輸出した物を、先方での加工を経るなどして、また輸入すること。また、海外に進出した現地法人の製品を輸入すること。例逆輸入車。対逆輸出。

ぎゃくよう【逆用】〈名・する〉本来の目的ではなく、自分のつごうにあわせて、反対に利用すること。

きゃくよせ【客寄せ】〈名・する〉客を多く集めること。客集めの手段。例客寄せになる。客寄せパンダ。

ぎゃくりゅう【逆流】〈名・する〉ふつうとは逆の方向に流れること。例川が逆流する。血が逆流する(=我を忘れるほどおこる)。

きゃくりょく【脚力】〈名〉歩いたり走ったりする、足の力。例脚力をつける。

きゃしゃ『▿華▾奢』〈形動〉❶からだやすがたかたちがほっそりとしていて、よわよわしい。例きゃしゃなからだ。❷もののつくりがしっかりしていなくて、こわれやすい。例こんなきゃしゃなつくりの机ではすぐこわれるぞ。▽対頑丈《がんじょう》。じょうぶ。

きやす・い【気安い】〈形〉人に対して、遠慮《えんりょ》や気がねがない。例だれにでも気安く話しかける。類心安い。気がおけない。

キャスター〈名〉❶動かしやすくするために、家具やピアノなどの下につけてある小さな車。❷塩やこしょうなどを入れて食卓《しょくたく》におく、小さな入れもの。薬味《やくみ》入れ。❸テレビで、ニュースなどの報道や解説をする人。例ニュースキャスター。◇①②caster ③newscaster から。

キャスティング〈名・する〉❶配役すること。❷⇩キャスト②　◇casting

キャスティングボート〈名〉議案の裁決で、賛成と反対が同数になったとき、議長が行なう決定投票。「キャスチングボート」ともいう。◇casting vote

表現「キャスティングボートをにぎる」の形で、議会などで勢力のほぼひとしい二大政党のあいだで、少数党が議案などを決定する立場になることにもいう。さらに、ひろく一般《いっぱん》に、ものごとの決定権をにぎることにもいう。

キャスト〈名〉❶映画・ドラマ・アニメなどの配役。出演者たち。例豪華《ごうか》キャスト(がそろう)。ミスキャスト。❷〈する〉釣りで、針《はり》を水中に投げこむこと。❸液状の素材を型に流しこんで成形したもの。◇cast

きやすめ【気休め】〈名〉ほんのその場だけの安心感。例気休めになる。気休めを言うな。

きやせ【着痩せ】〈名・する〉衣服を着ると、実際よりやせた感じになること。例着痩せするたち。

きゃたつ【脚立】〈名〉ふみ台の一種。はしごを二つ折りにした形のものの上に、ふみ板をつけたもの。絵(次ページ)

キャタピラ〈名〉悪路や山野でも走れるように、車輪に鋼鉄《こうてつ》の板を帯状にとりつけた装置《そうち》。トラクター・ブルドーザー・戦車などにつける。無限軌道《きどう》。絵(次ページ)　◇caterpillar (=商標名)

[1]**きゃっか**【却下】〈名・する〉裁判所や役所などで、申したてをとりあげないこと。類棄却《ききゃく》。

[2]**きゃっか**【脚下】〈名〉「あしもと」のかたい言いかた。

きゃっかん【客観】〈名〉一人の人の考えや感じではなく、多くの人からみてもそのとおりだと考えられ、感じられること。例客観主義。客観性。客観的。対主観。

きゃっかんせい【客観性】〈名〉ものごとを、可能なかぎり個人の思い入れを排して冷静に対象物としてとらえること。例客観性に欠ける意見。文章に客観性をもたせる。対主観性。

きゃっかんてき【客観的】〈形動〉自分一人ではなく、多くの人からみてもそのとおりだと考えられるようす。例自分を客観的にみるのはむずかしい。対主観的。

ぎゃっきょう【逆境】〈名〉苦労がたえなくて、めぐまれない環境《かんきょう》。例逆境とたたかう。逆境にめげず。逆境に打ち勝つ。対順境。

1 **ぎゃっこう**【逆光】〈名〉⇩ぎゃくこうせん

2 **ぎゃっこう**【逆行】〈名・する〉今までの流れや、ものごとの順序などと反対の方向にすすむこと。例時代に逆行する。類あともどり。退行。

きゃっこう(脚光)をあ(浴)びる（舞台《ぶたい》の上でフットライトに照らされることから)はなやかに、世間の注目のまとになる。類スポットライトをあびる。

キャッサバ〈名〉ブラジル・東南アジア・熱帯アフリカなどで栽培《さいばい》されている落葉低木。地中にできるサツマイモのような根からタピオカと呼ばれるでんぷんをとり、パンや菓子《かし》にして食べる。◇cassava

キャッシュ〈名〉現金。◇cash

キャッシュカード〈名〉銀行や郵便局の専用機にさしこんで、預貯金の入出金やふりこみができる、名刺《めいし》の大きさのプラスチック製カード。◇cash card

キャッシュバック〈名・する〉支払った代金・料金の一部を、客に返金すること。

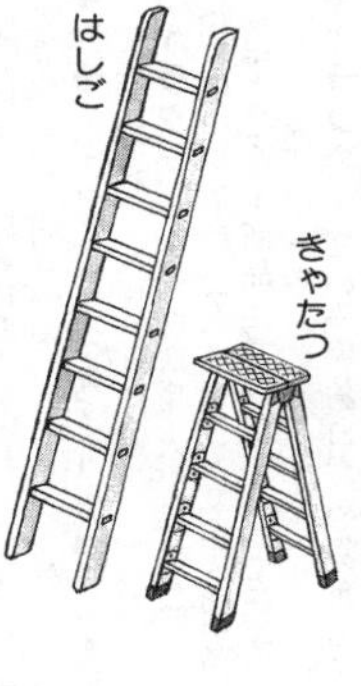

[きゃたつ]

キャッシュレス〈名〉店で、現金でなく、クレジットカードや電子マネーなどで代金の支払いを行なうこと。例キャッシュレス決済《けっさい》。◇cashless

キャッシング〈名〉ATMなどを使って、金融《きんゆう》機関から借金をすること。参考英語のcashingは、手形や小切手を現金にかえること。

キャッチ〈名・する〉❶つかんで受けとる。例ボールをキャッチする。情報をキャッチする。❷バレーボールの反則の一つ。ボールを手や腕の上に静止させてしまうこと。ホールディング。◇catch

キャッチアップ〈名・する〉追いつくこと。おくれを取りもどすこと。◇catch up

キャッチー〈形動〉いかにも人に受けそうな感じだ。例キャッチーな曲。◇catchy

キャッチコピー〈名〉人の心をつかむための、短い宣伝文。参考日本での複合語。英語ではcatchy saying またはcatchy phrase という。

キャッチフレーズ〈名〉人の心をとらえるような、宣伝のことば。◇catchphrase

キャッチボール〈名〉野球のボールを、投げたり受けたりすること。参考日本での複合語。英語では、キャッチボールをすることをplay catch という。

キャッチャー〈名〉野球で、投手が打者に対して投げるボールを受けたり、本塁《ほんるい》を守ったりする人。捕手《ほしゅ》。対ピッチャー。◇catcher

キャップ〈名〉❶まわりにつばがない帽子《ぼうし》。前につばがあるものもある。類ハット。❷万年筆やボールペンなどのふた。❸仕事をするグループの主任。◇cap

[キャタピラ]

ギャップ〈名〉ものの感じかたや考えかた、能力や経済力などのへだたり。例ギャップをうめる。ジェネレーションギャップ。コミュニケーションギャップ。◇gap

キャパシティー〈名〉❶人や機械の力の限度。❷建物の収容力。▽類うつわ。◇capacity

きゃはん【脚▼絆】〈名〉むかし、旅や作業のときに動きやすくするために、すねにしっかりまいた布。類ゲートル。

キャビア〈名〉チョウザメのたまごを塩づけにした、黒っぽいつぶつぶの食べ物。トリュフ・フォアグラとともに世界三大珍味の一つとされる。◇caviar

キャピタル〈名〉アルファベットの大文字。例キャピタルレター(=かしら文字)。◇capital

キャビネ〈名〉写真の大きさの一つ。たて一六・五《センチメートル》、よこ一二《センチメートル》。「カビネ」ともいう。◇《フランス》cabinet

キャビネット〈名〉❶ラジオやテレビなどで、機械を中におさめる外箱。❷書類整理やレコード保存などのための戸だなや箱。◇cabinet

キャビン〈名〉船室。◇cabin

キャプション〈名〉❶印刷物の写真・図・さし絵につける説明文。ネーム。❷新聞や雑誌の記事の見出し。◇caption

キャプテン〈名〉❶運動チームの主将。❷「船長」「艦長《かんちょう》」「機長」のこと。◇captain

ぎゃふんと〈副〉言いこめられて、返すことばをまったく失ったようす。例ぎゃふんとなる。ぎゃふんと言わせる。

キャベツ〈名〉野菜の一つ。二年草。球形で、大きなあつい葉がいくえにもかさなっている。甘藍《かんらん》。たまな。◇cabbage

表現 一玉《ひとたま》二玉《ふたたま》、一個二個と数える。葉は一枚二枚と数える。

ギヤマン〈名〉「ガラス」の古い言いかた。◇《オランダ》diamant から。

キャミソール〈名〉肩からひもでつる、腰までの丈《たけ》の女性用下着・肌着。◇camisole

1 **きゃら**【▼伽羅】〈名〉❶〔植物〕インドやマレーシアなどに多い常緑高木。樹脂《じゅし》を香料《こうりょう》にする。❷「①」からとった黒色の香料。例きゃら色。

2 **キャラ**〈名〉「キャラクター」の略。例サブキャラ。

 犬養毅(いぬかいつよし)（1855〜1932）明治〜昭和時代の政治家。首相。五・一五事件で暗殺された。

表現 俗《ぞく》に、個性や特徴《とくちょう》がきわだつことを、「キャラが立つ」という。

ギャラ〈名〉フリーランスで働く人などが得る報酬《ほうしゅう》。とくに、出演料。◇guarantee から。

キャラクター〈名〉❶性格。人がら。持ち味。人物像。❷小説やドラマ、アニメなどに登場する人物や動物。例キャラクター商品。▽俗《ぞく》に「キャラ」と略す。◇character

キャラコ〈名〉うすい平織りの白いもめんの布。ふとんカバーや足袋《たび》などに使う。◇calico

キャラバン〈名〉隊をくんでラクダをつれて、砂漠《さばく》をわたる商人の一行。隊商。◇caravan

表現 「全国キャラバンに出発する」のように、宣伝などのために、隊をくんで各地をまわることや、その人々もさす。

きゃらぶき【▼伽羅▼蕗】〈名〉フキの茎をしょうゆなどをつけてきゃら色(＝こい茶色)に煮詰《につ》めた料理。

キャラメル〈名〉砂糖や水飴《みずあめ》と牛乳などをまぜてつくった、少しやわらかい飴のような菓子。◇caramel

表現 ひとくちサイズの菓子は一粒《ひとつぶ》二粒《ふたつぶ》、一個二個と数える。引き出し式の紙箱で包装されたものは一箱《ひとはこ》二箱《ふたはこ》と数える。

ギャラリー〈名〉❶画廊《がろう》。❷ゴルフなどの観客。◇gallery

きやり【木やり】【木▽遣り】〈名〉❶大木などを、おおぜいで声をかけあい、力を合わせてはこぶこと。❷木やりの仕事をするときに歌う歌。木遣り唄《うた》。

キャリア[1]〈名〉❶仕事上の、これまでの経験・経歴。例キャリアがある。キャリアが長い。❷中央官庁《かんちょう》の役人のエリート。例キャリア組。◇career

キャリア[2]〈名〉❶保菌《ほきん》者。❷電気通信事業者。例携帯電話キャリア。◇carrier

キャリアウーマン〈名〉高度な知識や技能をもち、社会の第一線で働いている女性。◇career woman

キャリー〈名〉❶物にとりつけて床《ゆか》・地面をすべるように動かすための、小さな車輪。例キャリーケース。キャリー付きデスク。❷旅行用のキャリーケースやキャリーバッグの略。◇carry(＝運ぶ)からできた日本語。

キャリーオーバー〈名・する〉当選者や勝者がいなかったときに、賞金を次回へもちこすこと。◇carry over

ギャル〈名〉女の子。若い女性。◇gal

ギャロップ〈名〉馬のいちばん速い走りかた。かけ足。早がけ。◇gallop

ギャング〈名〉殺人や強盗《ごうとう》などをする凶悪《きょうあく》な犯罪団体。また、そこに属する悪人。とくに、アメリカのそれをさすことが多い。◇gang

キャンセル〈名・する〉❶予約や契約《けいやく》をとりけすこと。例旅館の予約をキャンセルする。キャンセル待ち。類解約。❷コンピューターで、実行を取り消す操作をすること。◇cancel

キャンディー〈名〉洋風の飴《あめ》。類ドロップ。◇candy

キャンドル〈名〉ろうそく。◇candle

キャンドルサービス〈名〉❶クリスマスなどに、教会の礼拝のとき、聖歌隊や参会者がろうそくに火をともして、礼拝堂を神秘的なあかりでみたすこと。❷結婚披露宴《けっこんひろうえん》で、新郎《しんろう》新婦が客のテーブルのろうそくに火をつけて回ること。◇candle light service から。

キャンバス〈名〉❶アサの布。帆布《ほぬの》やテント、画布などに使う。❷油絵用の画布。❸野球で、一塁《るい》・二塁・三塁のベース。▽「カンバス」ともいう。◇canvas

キャンパス〈名〉大学の構内。◇campus

キャンプ〈名〉❶〈する〉山や海で、テントをはり、野宿すること。例キャンプ場。ベースキャンプ。❷スポーツなどで、練習のための合宿。❸兵営。例米軍キャンプ。❹収容所。例難民キャンプ。◇camp

キャンプファイヤー〈名〉キャンプ場で、夜たく大きなたき火。みんなで火をかこみ、歌やおどり、ゲームなどをしてたのしむ。◇campfire

ギャンブル〈名〉ばくち。賭博《とばく》。例公営ギャンブル(＝競馬・競輪・競艇《きょうてい》・オートレースや宝くじ)。◇gamble

キャンペーン〈名〉政治的、社会的、または商業的な目的のために、新聞やテレビなどを通じて、大衆にひろくうったえたり、よびかけたりすること。例反政府キャンペーンをはる。店頭キャンペーン。◇campaign

きゆう【▼杞憂】〈名〉必要のない心配をすること。例杞憂におわる。杞憂にすぎない。類とりこし苦労。

由来 古代中国の杞という国に、天が落ちてきたらどうしようと心配した人があったという故事から。

常用漢字 **きゅう**

【九】乙部1 全2画

キュウ・ク ここの・ここのつ 教小1 音❶[キュウ] ▨三拝九拝《さんぱいきゅうはい》。▨九死《きゅうし》に一生《いっしょう》を得《え》る。九官鳥《きゅうかんちょう》。❷[ク] ▨九分九厘《くぶくりん》。九月《くがつ》。九九《くく》。訓❶[ここの] 九日。九重。❷[ここのつ] 九つ。

【久】ノ部2 全3画

キュウ・ク ひさしい 教小5 音❶[キュウ] ▨永久《えいきゅう》。持久《じきゅう》。耐久《たいきゅう》。❷[ク] ▨久遠《くおん》。訓[ひさしい] 久しい。久しぶり。久々。

【及】ノ部2 全3画

キュウ およぶ・および・およぼす 音[キュウ] ▨及第点《きゅうだいてん》。▨言及《げんきゅう》。追及《ついきゅう》。波及《はきゅう》。普及《ふきゅう》。論及《ろんきゅう》。訓❶[およぶ] 及ぶ。及び腰。❷[および] 及び。❸[およぼす] 及ぼす。

【弓】弓部0 全3画

キュウ ゆみ 教小2 音[キュウ] ▨弓道《きゅうどう》。弓状《きゅうじょう》。▨胡弓《こきゅう》。洋弓《ようきゅう》。訓[ゆみ] 弓。弓矢。弓取り式。弓なり。

【丘】一部4 全5画

キュウ おか 音[キュウ] ▨丘陵《きゅうりょう》。▨砂丘《さきゅう》。訓[おか] 丘。

【旧(舊)】日部1 全5画

キュウ 教小5 音[キュウ] ▨旧式《きゅうしき》。旧道《きゅうどう》。旧態依然《きゅうたいいぜん》。旧来《きゅうらい》。旧交《きゅうこう》。▨懐旧《かいきゅう》。新旧交代《しんきゅうこうたい》。復旧《ふっきゅう》。

【休】イ部4 全6画

キュウ やすむ・やすまる・やすめる 教小1 音[キュウ] ▨休暇《きゅうか》。休憩《きゅうけい》。休止《きゅうし》。休日《きゅうじつ》。▨運

犬上御田鍬(いぬがみのみたすき) 生没年不明。630年に第1回遣唐使として唐に渡った。

休《うんきゅう》。年中無休《ねんじゅうむきゅう》。定休日《ていきゅうび》。連休《れんきゅう》。訓❶[やすむ]休む。休み。休み時間。休み休み。夏休み。正月休み。❷[やすまる]休まる。❸[やすめる]休める。気休め。骨休め。

【吸】口部3 全6画 吸吸吸吸吸吸
キュウ すう 教小6 音[キュウ] ⬒吸引《きゅういん》。吸収《きゅうしゅう》。吸入《きゅうにゅう》。吸血鬼《きゅうけつき》。⬓呼吸《こきゅう》。訓[すう]吸う。吸い取る。

【朽】木部2 全6画 朽朽朽朽朽朽
キュウ くちる 音[キュウ] ⬓不朽《ふきゅう》。老朽化《ろうきゅうか》。訓[くちる]朽ちる。朽ち果てる。

【臼】臼部0 全6画 ※臼臼臼臼臼臼
キュウ うす 音[キュウ] ⬒臼歯《きゅうし》。⬓脱臼《だっきゅう》。訓[うす]石臼。

【求】一部6 全7画 求求求求求求求
キュウ もとめる 教小4 音[キュウ] ⬒求愛《きゅうあい》。求婚《きゅうこん》。求職《きゅうしょく》。求人広告《きゅうじんこうこく》。⬓探求《たんきゅう》。追求《ついきゅう》。請求書《せいきゅうしょ》。要求《ようきゅう》。訓[もとめる]求める。

【究】穴部2 全7画 究究究究究究究
キュウ きわめる 教小3 音[キュウ] ⬒究明《きゅうめい》。究極《きゅうきょく》。⬓学究《がっきゅう》。研究《けんきゅう》。探究《たんきゅう》。追究《ついきゅう》。訓[きわめる]究める。

【泣】氵部5 全8画 泣泣泣泣泣泣
キュウ なく 教小4 音[キュウ] ⬓感泣《かんきゅう》。号泣《ごうきゅう》。訓[なく]泣く。泣き明かす。泣き崩れる。泣き止む。泣き落とし。うそ泣き。

【急】心部5 全9画 急急急急急急
キュウ いそぐ 教小3 音[キュウ] ⬒急行《きゅうこう》。急激《きゅうげき》。急死《きゅうし》。急務《きゅうむ》。⬓応急処置《おうきゅうしょち》。至急《しきゅう》。緊急《きんきゅう》。訓[いそぐ]急ぐ。急ぎ。取り急ぎ。

【級】糸部3 全9画 級級級級級級
キュウ 教小3 音[キュウ] ⬒級友《きゅうゆう》。⬓階級《かいきゅう》。高級《こうきゅう》。等級《とうきゅう》。学級《がっきゅう》。上級生《じょうきゅうせい》。

【糾】糸部3 全9画 糾糾糾糾糾糾
キュウ 音[キュウ] ⬒糾弾《きゅうだん》。糾明《きゅうめい》。糾合《きゅうごう》。⬓紛糾《ふんきゅう》。

【宮】宀部7 全10画 宮宮宮宮宮宮
キュウ・グウ・ク みや 教小3 音❶[キュウ] ⬒宮中《きゅうちゅう》。宮廷《きゅうてい》。宮殿《きゅうでん》。⬓王宮《おうきゅう》。迷宮《めいきゅう》。離宮《りきゅう》。❷[グウ] ⬒宮司《ぐうじ》。⬓神宮《じんぐう》。東宮《とうぐう》。❸[ク] ⬒宮内庁《くないちょう》。訓[みや]宮。宮様。宮仕え。

【救】攵部7 全11画 救救救救救救
キュウ すくう 教小5 音[キュウ] ⬒救援《きゅうえん》。救護班《きゅうごはん》。救急車《きゅうきゅうしゃ》。救助《きゅうじょ》。訓[すくう]救う。救い。

【球】王部7 全11画 ※球球球球球球
キュウ たま 教小3 音[キュウ] ⬒球技《きゅうぎ》。球場《きゅうじょう》。球根《きゅうこん》。⬓眼球《がんきゅう》。卓球《たっきゅう》。地球《ちきゅう》。電球《でんきゅう》。訓[たま]球。球足。球拾い。

【給】糸部6 全12画 給給給給給給
キュウ 教小4 音[キュウ] ⬒給食《きゅうしょく》。給仕係《きゅうじがかり》。給水《きゅうすい》。給料《きゅうりょう》。⬓供給《きょうきゅう》。支給《しきゅう》。補給《ほきゅう》。月給《げっきゅう》。

【嗅】口部10 全13画 嗅嗅嗅嗅嗅嗅
キュウ かぐ 音[キュウ] ⬒嗅覚《きゅうかく》。訓[かぐ]嗅ぐ。嗅ぎ分ける。表記「臭《しゅう》」のように、最終画の点を省略して「嗅」(=12画)とも書く。

【窮】穴部10 全15画 窮窮窮窮窮窮
キュウ きわめる・きわまる 音[キュウ] ⬒窮屈《きゅうくつ》。窮迫《きゅうはく》。窮乏《きゅうぼう》。⬓無窮《むきゅう》。困窮《こんきゅう》。貧窮《ひんきゅう》。訓❶[きわめる]窮める。❷[きわまる]窮まる。

1 **きゅう【九】**〈名〉八より一つ多いかず。九《く》。ここのつ。

2 **きゅう【旧】**〈名〉❶もとの状態。例旧に復する。❷「旧暦《きゅうれき》」の略。例旧のお盆《ぼん》。対新。▽アキュー

3 **きゅう【▼灸】**〈名〉漢方医学の一つ。からだのあちこちにあるつぼの上にもぐさをおき、火をつけ、ひふを焼くようにして温めて病気をなおす。おきゅう。類やいと。アキュー

表現「おきゅう」と言うことが多い。「おきゅう」は元々は「きゅう」の美化語であるが、現在では美化する意識はうすれている。

灸をすえる 目下の者の態度や行動をいましめる。

4 **きゅう【急】**〈名・形動〉❶急ぐこと。急がなければならないこと。例急を要する。急な用事。❷ものごとがなんの前ぶれもなく、予想していないときにおこること。例急な話。空が急に暗くなった。急停車。類不意。とつぜん。❸危険なことや異常なことが、今にもおこりそうであること。例急をしらせる。風雲急をつげる。❹ものごとの変化や進行がはやいこと。例急な流れ。流れが急だ。急カーブ。❺傾斜《けいしゃ》が大きいこと。例急な斜面。類けわしい。▽アキュー

5 **きゅう【級】**〈名・接尾〉程度やレベルのひとくぎり。また、それをかぞえることば。例上の級をめざす。一級と二級。類クラス。等級。レベル。アキュー

6 **きゅう【球】**一〈名〉まるい形をした物体。例球の体積を求める。球状。アキュー 二〈接尾〉❶野球で、投球数をかぞえることば。❷「電球」のこと。例白熱球。

参考 球の体積は、その球がちょうど入る円柱の体積の3分の2であることから、「$\frac{4}{3}\pi r^3$」(=π《パイ》は円周率、rは半径)で求められる。また、表面積は、その球がちょうど入る円柱の側面積に等しいことから、「$4\pi r^2$」で求められる。

7 **キュー**〈名〉ビリヤード用の棒。◇cue アキュー

8 **キュー**〈名・感〉放送で、演出家が俳優やスタッフなどに発する、本番の合図。◇cue, Q アキュー

ぎゆう【義勇】〈名〉正義のためにたたかいにたちあがる勇気。例義勇軍。義勇兵。

常用漢字 **ぎゅう**

【牛】牛部0 全4画 牛牛牛牛
ギュウ うし 教小2 音[ギュウ] ⬒牛肉《ぎゅうにく》。牛乳

牛舎《ぎゅうしゃ》。牛馬《ぎゅうば》。牛歩戦術《ぎゅうほせんじゅつ》。▨水牛《すいぎゅう》。闘牛《とうぎゅう》。乳牛《にゅうぎゅう》。訓[うし]牛。雄牛。子牛。

ぎゅう【牛】〈名〉「牛肉」のこと。

きゅうあい【求愛】〈名・する〉相手に自分の愛情をしめすなどして、自分を愛してくれるようにもとめること。例(動物の)求愛行動。

きゅうあく【旧悪】〈名〉むかしのわるい行ない。例旧悪を暴露《ばくろ》する。

きゅういん【吸引】〈名・する〉❶吸《す》いこむこと。例掃除《そうじ》機の吸引力。❷吸い寄せること。例顧客《こきゃく》吸引力。

ぎゅういんばしょく【牛飲馬食】〈名・する〉ウシやウマのように、やたらにたくさん飲み食いすること。類鯨飲《げいいん》馬食。暴飲暴食。

きゅうえん【救援】〈名・する〉❶災害にあったりしてこまっている人を助けること。例救援物資。救援活動。類援助。救助。救難。❷野球で、リリーフ。例救援投手。対先発。類中つぎ。

[1]**きゅうか【旧家】**〈名〉古くからつづいている、よい家がら。例旧家の出。類名門。名家。アキューカ

[2]**きゅうか【休暇】**〈名〉学校や会社などで、日曜や祝日以外のやすみ。例休暇をとる。休暇をすごす。休暇に入る。夏期休暇。有給休暇。アキューカ

[1]**きゅうかい【休会】**〈名・する〉会議や議会などで、議事を中断して一時やすむこと。例休会中。

[2]**きゅうかい【球界】**〈名〉野球に関係する人々の社会。例球界一の俊足《しゅんそく》。

きゅうかく【嗅覚】〈名〉❶五感の一つ。鼻でにおいを感じる感覚。❷不正や、利益になりそうなものなどを嗅《か》ぎとる能力のたとえ。▽俗《ぞく》に「臭覚《しゅうかく》」と呼ばれることもある。例嗅覚がするどい。鋭敏《えいびん》な嗅覚。

きゅうがく【休学】〈名・する〉病気や家庭のつごうなどで、長期間、学校をやすむこと。対復学。

きゅうかつ(久▼闊)をじょ(叙)する ひさしぶりにあいさつをして、なつかしい思いをのべる。

きゅうかなづかい【旧仮名遣い】〈名〉「歴史的仮名遣い」のこと。対新仮名遣い。

[1]**きゅうかん【旧館】**〈名〉あたらしい建物に対して、もとからある建物。対新館。

[2]**きゅうかん【休刊】**〈名・する〉新聞や雑誌などの発行を一時やめること。対復刊。

[3]**きゅうかん【休館】**〈名・する〉図書館や美術館などが、業務を休むこと。例休館日。類閉館。

[4]**きゅうかん【急患】**〈名〉急いで手当てをする必要がある患者。類急病人。

きゅうかんち【休閑地】〈名〉❶穀物や野菜の栽培《さいばい》を一時やめている土地。類休耕地。❷利用されていない土地。類空き地。

きゅうかんちょう【九官鳥】〈名〉鳥の一種。カラスに似《に》ているがそれより小さく、くちばしと目のうしろが黄色で、人のことばをまねる。

きゅうき【吸気】〈名〉❶人や動物がすいこむ息。対呼気。❷エンジンなどが、ガスや蒸気をすいこむこと。また、すいこんだ気体。対排気《はいき》。

きゅうぎ【球技】〈名〉ボールを使ってするスポーツ。野球・テニス・サッカーなど。

[1]**きゅうきゅう【▼汲▼汲】**〈副・連体〉それだけでいっぱいで、ほかのことなどまったく考えられない。例汲々と身の保全に走る。汲々たるありさま。

[2]**きゅうきゅう【救急】**〈名〉急病人やけが人の応急の手当てをすること。例救急車。

ぎゅうぎゅう 一〈副・形動〉人やものが、せまい空間にたくさんつまっているようす。例ぎゅうぎゅう(と)つめる。ぎゅうぎゅうづめ。二〈副〉力やことばによってたっぷり苦しめるようす。例ぎゅうぎゅういわせる。

きゅうきゅうしゃ【救急車】〈名〉急病人やけが人を病院にはこぶための自動車。消防署に配置されていて、一一九番通報でよぶ。無料。参考緊急《きんきゅう》の用件でない相談ごとなどのときは「#七一一九」番を使う。

きゅうぎゅう(九牛)のいちもう(一毛) とるにたりない小さなこと。

きゅうきゅうばこ【救急箱】〈名〉きず薬・ばんそうこう・頭痛薬・かぜ薬など、応急手当てに使う薬や道具を入れる箱。

きゅうきゅうびょういん【救急病院】〈名〉救急車で運ばれてきた急病人やけが人を治療《ちりょう》する病院。

[1]**きゅうきょ【旧居】**〈名〉以前の住まい。対新居。類旧宅。

[2]**きゅうきょ【急▼遽】**〈副〉とつぜん起こったことに対して、大急ぎでなんとかするようす。例出演者の事故で、急遽代役をたてることにした。類急ぎ。

きゅうきょう【旧教】〈名〉〔宗教〕キリスト教で、「カトリック」のこと。対新教(=プロテスタント)。

きゅうぎょう【休業】〈名・する〉商店などが、営業を休むこと。例定期休業。開店休業。

きゅうきょく【究極・窮極】〈名〉どこまでもつきつめていって、いきついたところ。例究極のところ。究極の目的。類きわみ。極限。

究極の選択《せんたく》 どちらをえらぶべきか、きわめてなやましい選択肢《し》。

[1]**きゅうきん【球菌】**〈名〉球形の細菌《さいきん》。化膿《かのう》の原因となるブドウ球菌など。

[2]**きゅうきん【給金】**〈名〉「給料」のやや古い言いかた。アキューキン

きゅうきんなおし【給金直し】〈名〉すもうで、力士が本場所で勝ち越して給料が上がること。

きゅうくつ【窮屈】〈形動〉❶場所がせまかったり、ものが小さかったりして、自由にうごけない。また、そのような感じでらくにできない。例窮屈な思いをする。窮屈な服。窮屈な姿勢《しせい》。❷ぎりぎりいっぱいで、ゆとりがない。例窮屈に考える。窮屈な財政。

ぎゅうぐん【義勇軍】〈名〉自分からすすんで戦うことを願い出た、民間人によって組織された軍隊。

[1]**きゅうけい【休憩】**〈名・する〉つづけていた仕事や運動をしばらくやめて、やすむこと。例休憩時間。休憩室。類休息。一服。中休み。ひと息いれる。

[2]**きゅうけい【求刑】**〈名・する〉〔法律〕裁判で、検察官が、被告人《ひこくにん》に刑罰《けいばつ》を科するように裁判官に請求《せいきゅう》すること。

[3]**きゅうけい【球形】**〈名〉ボールのようなかたち。例球形をしたおもり。

[4]**きゅうけい【球茎】**〈名〉〔植物〕地下茎で、養分をたくわえてたまのようなかたちになったもの。サトイモなどがそれ。類球根。

[5]**きゅうけい【急啓】** 手紙の最初に書くあいさつのことば。「急ぎ申し上げます」という意味。

きゅうげき【急激】〈形動〉急に、はげしい変化がおこるようす。例気温が急激に低下する。

きゅうけつ【吸血】〈名〉人の血を吸うこと。例吸血動物。吸血こうもり。吸血鬼《き》。

きゅうけつき【吸血鬼】〈名〉夜中に墓からぬけて、人の血をすうという、西洋の魔物。ドラキュラ。バンパイア。

きゅうご【救護】〈名・する〉災害のときなどに、けが人や病人の手当てや看護をすること。例救護班。

1**きゅうこう【休校】**〈名・する〉学校が休みになること。例臨時休校。

2**きゅうこう【休耕】**〈名・する〉田や畑に作物をつくらないこと。例休耕田。

3**きゅうこう【休講】**〈名・する〉先生が講義を休むこと。

4**きゅうこう【急行】**〈名〉❶〈する〉目的地へいそいでかけつけること。例現場に急行する。類直行。❷「急行電車」「急行列車」の略。おもな駅だけにとまり、途中《とちゅう》の駅は通過して目的地にはやくつく。例急行券。対各駅停車。鈍行《どんこう》。

きゅうごう【糾合】〈名・する〉ある目的のために、よびかけて、仲間を集めること。例同志を糾合する。

きゅうこうか【急降下】〈名・する〉飛行機が、いきおいよく一気に高度を下げること。対急上昇。

表現「成績が急降下する」のように、いままで高かったものが急激に落下することにもいう。

きゅうこう(旧交)をあたた(温)める ふるくからの友だちとひさしぶりに会い、心おきなく語りあうこと。

きゅうこく【急告】〈名・する〉急いで知らせること。急ぎの知らせ。

きゅうごしらえ【急ごしらえ】〖急▼拵え〗〈名〉急場にまにあわせるために、急いでつくること。急いでつくったもの。類にわかづくり。急造。付け焼き刃《ば》。

1**きゅうこん【求婚】**〈名・する〉結婚を申しこむこと。プロポーズ。

2**きゅうこん【球根】**〈名〉〔植物〕球状やかたまりになった、根や地下茎《けい》。多くの養分をたくわえている。ユリやダリアなどにみられる。類球茎。

1**きゅうさい【休載】**〈名・する〉新聞や雑誌で、記事などの連載を休むこと。

2**きゅうさい【救済】**〈名・する〉こまりはてている人に、救いの手を差しのべること。例貧困《ひんこん》からの救済。難民救済。大雪で遅刻《ちこく》した受験生への救済措置《そち》。(宗教で)魂《たましい》の救済。類救援《きゅうえん》。

きゅうさく【旧作】〈名〉あたらしい作品に対して、前につくられた作品。対新作。

1**きゅうし【休止】**〈名・する〉運動や活動などを、一時やめること。例運転を休止する。アキューシ

2**きゅうし【臼歯】**〈名〉口のおくの方にある、うすの形をした歯。食べものをすりつぶしやすいように、先がひらたくなっている。人には、大臼歯と小臼歯がある。対門歯。アキューシ

3**きゅうし【急死】**〈名・する〉元気だった人がとつぜん死ぬこと。類急逝《きゅうせい》。頓死《とんし》。アキューシ

4**きゅうし【急使】**〈名〉急な用事でだされる、いそぎの使者。例急使をたてる。アキューシ

5**きゅうし【給紙】**〈名・する〉プリンターやコピー機に、用紙を人がセットすること。また、セットされた用紙を機械が出口まで送り出すこと。例給紙トレイ。アキューシ

1**きゅうじ【球児】**〈名〉野球にうちこむ青少年。例高校球児。

2**きゅうじ【給仕】**〈名・する〉つきそって、食事のせわをすること。その係の人。類ボーイ。ウエイター。

3**きゅうじ【給餌】**〈名・する〉❶人が、飼っている動物に、えさを与えること。❷鳥などの動物が、ひななどに、食べ物を与えること。

きゅうしき【旧式】〈名・形動〉ものの形や、ものごとに対する考えかたが古くさいこと。例旧式の車。旧式な考え。旧式になる。対新式。類時代おくれ。

きゅうじたい【旧字体】〈名〉一九四九年、当用漢字の字体表がきめられる以前に使われていた漢字の字体。たとえば「旧・体・当」の「舊・體・當」。対新字体。

きゅうしつ【吸湿】〈名・する〉布やスポンジなどが、水分をすいとること。例吸湿力。吸湿性。

きゅうじつ【休日】〈名〉学校や会社などで、休みとしてきめられている日。例休日出勤。対平日。

きゅうし(九死)にいっしょう(一生)をえ(得)る 死ぬはずのところを、やっとのことでたすかる。「九死」は「万死《ばんし》」ともいう。

1**きゅうしふ【休止符】**〈名〉⇩きゅうふ(休符)

2**きゅうしゃ【▼鳩舎】**〈名〉ハトを飼うための小屋。はと小屋。

きゅうしゃ【▼厩舎】〈名〉❶ウマやウシなど、大きい家畜《かちく》を飼《か》う小屋。類馬小屋。うまや。❷競馬用のウマを訓練したりする所。

1**ぎゅうしゃ【牛車】**〈名〉ウシにひかせるにぐるま。↓ぎっしゃ

2**ぎゅうしゃ【牛舎】**〈名〉ウシを飼《か》う小屋。牛小屋。

きゅうしゃめん【急斜面】〈名〉傾斜《けいしゃ》の大きい、ななめになった面。

きゅうしゅ【▼鳩首】〈名・する〉何人かが集まり、顔をよせあって相談すること。例鳩首協議する。

1**きゅうしゅう【九州】**〈名〉日本列島の西の端《はし》にある大きな島。福岡・佐賀・長崎・熊本・大分・宮崎・鹿児島の七県がある。アキューシュー

参考「九州地方」といえば、沖縄県をふくむ。

2**きゅうしゅう【吸収】**〈名・する〉外にあるものを中にすいこむこと。例養分を吸収する。知識を吸収する。アキューシュー

3**きゅうしゅう【急襲】**〈名・する〉敵がゆだんしているとき急におそいかかること。類奇襲《きしゅう》。不意打ち。やみうち。アキューシュー

きゅうしゅつ【救出】〈名・する〉危険におちいった人を、その場から助けだすこと。例負傷者を救出する。類救助。

きゅうしゅん【急▼峻】〈形動〉山や坂の斜面《しゃめん》が急で、けわしい。例急峻な山岳《さんがく》。

きゅうしょ【急所】〈名〉❶からだの中で、きずつくと命とりになるようなところ。例急所をやられる。急所をはずれる。❷ものごとをするうえで、いちばんたいせつな点。例急所をつく。急所をとらえる。類つぼ。かんどころ。

きゅうじょ【救助】〈名・する〉危険にさらされている人をたすけること。例人命救助。類救援《きゅうえん》。救出。

きゅうしょう【旧称】〈名〉以前の名称。類旧名。

1**きゅうじょう【休場】**〈名・する〉❶競技や興行などに出る予定の人が休むこと。例春場所を休場する。対出場。類欠場。❷競技場や興行場などが営業を休む

 井上靖《やすし》(1907～91) 昭和の小説家。人間を深く見つめる作品が多い。「しろばんば」「敦煌」など。

こと。
表現 ①は、相撲《すもう》では「休場」、野球などでは「欠場」というのがふつう。

2 **きゅうじょう【球状】**〈名〉ボールのような丸い形。

3 **きゅうじょう【球場】**〈名〉「野球場」のこと。例 甲子園球場。類 スタジアム。

4 **きゅうじょう【窮状】**〈名〉ひどく困りはてている状態。例 窮状をうったえる。

きゅうしょうがつ【旧正月】〈名〉旧暦《きゅうれき》での正月。いまの正月よりもおよそ一か月あと。

きゅうじょうしょう【急上昇】〈名・する〉❶飛行機などが、急に高度をあげること。対 急降下。❷急に高くあがること。例 物価が急上昇する。対 急落。

1 **きゅうしょく【休職】**〈名・する〉公務員や会社員などが、その資格をうしなわないで、ある期間つとめを休むこと。例 公傷による休職。休職期間。対 復職。

2 **きゅうしょく【求職】**〈名・する〉仕事をさがすこと。対 求人。

3 **きゅうしょく【給食】**〈名〉学校などで、生徒に食事をあたえること。例 給食の時間。

ぎゅうじ・る【牛耳る】〈動五〉「牛耳を執《と》る(↓次項)」の、俗《ぞく》っぽい言いかた。例 少数派にもかかわらず政界を牛耳っている。

ぎゅうじ(牛耳)をと(執)る 組織や仲間の上にたって、全体を思いどおりにうごかす。
由来 中国古代、諸侯《しょこう》が盟約《めいやく》を結ぶ儀式《ぎしき》で、盟主が牛の耳を切って血をすすりあったという故事にもとづく。「牛耳《ぎゅうじ》る」のもとになった言いかた。

1 **きゅうしん【休診】**〈名・する〉病院などが診察や診療《しんりょう》を休むこと。例 本日休診。

2 **きゅうしん【急進】**〈名・する〉いそいですすむこと。とくに、いそいで、理想を実現しようとすること。例 急進主義。急進的。対 漸進《ぜんしん》。

[きゅうす]

3 **きゅうしん【球審】**〈名〉野球で、投球の判定や、試合の進行の指示などをする審判。キャッチャーのうしろにたつ。主審。対 塁審《るいしん》。

きゅうじん【求人】〈名〉勤めてくれる人をさがすこと。例 求人広告。対 求職。

きゅうしんてき【急進的】〈形動〉改革を急激に実現しようとするさま。

きゅうじん(九▼仞)のこう(功)をいっき(一▼簣)にか(欠)く 長いあいだの努力も、わずかな失敗から不成功におわる。

きゅうしんりょく【求心力】〈名〉❶〔物理〕「向心力」のかつての言いかた。❷組織の中で、みんなの気持ちを目標にむかってまとめる力。

きゅうす【急須】〈名〉お茶をつぐ道具の一種。お茶の葉をいれて湯をそそぎ、茶わんにつぐ。多くせともので できていて、とってと口がついている。絵 類 土瓶《どびん》。

きゅうすい【給水】〈名・する〉❶水を供給《きょうきゅう》すること。例 給水制限。給水塔《とう》。給水車。類 配水。❷水を補給《ほきゅう》すること。補水。例 製氷タンクに給水する。給水タイム。

きゅうすう【級数】〈名〉〔数学〕数列の一つ一つの項《こう》をたしたもの。

きゅう・する【窮する】〈動サ変〉❶ものごとにいきづまる。どうしたらよいかわからなくなって困る。例 返事に窮する。❷貧乏《びんぼう》で生活に困りはてる。例 生活に窮する。類 困窮する。窮乏《きゅうぼう》する。

窮すれば通《つう》ず 行きづまったときには、かえってすすむべき道がひらけてくる。

1 **きゅうせい【旧制】**〈名〉むかしの制度。例 旧制中学。対 新制。

2 **きゅうせい【旧姓】**〈名〉結婚《けっこん》や縁《えん》ぐみによって姓がかわった人の、もとの姓。対 新姓。類 本姓。

3 **きゅうせい【急性】**〈名〉〔医学〕病気で、症状《しょうじょう》が急におこるもの。例 急性肺炎《はいえん》。対 慢性《まんせい》。

4 **きゅうせい【急逝】**〈名・する〉「急死」のあらたまった言いかた。例 本日、急逝なさいました。

きゅうせいぐん【救世軍】〈名〉〔宗教〕キリスト教の一宗派。軍隊に似《に》た組織をもち、伝道をしながら、めぐまれない人々をすくうために活動する。

きゅうせいしゅ【救世主】〈名〉救いのない世に出て、一挙に世の人々に救いや希望をあたえる偉大な人。「世の救いぬし」という意味。類 救い主。メシア。
表現 ものごとがどうにも行きづまったとき、それを助けてくれる人のことにもいう。

きゅうせき【旧跡】〖旧▼蹟〗〈名〉歴史にのこるような事件や建物のあったところ。例 名所旧跡。類 史跡。

きゅうせつ【旧説】〈名〉新しい学説に対して、以前の学説。対 新説。

きゅうせっきじだい【旧石器時代】〈名〉石器時代の前半にあたり、打製石器や、動物の骨や角などでつくった道具が使われていた時代。狩猟《しゅりょう》・採集の生活をした。→せっきじだい

きゅうせん【休戦】〈名・する〉話しあって、戦争を一時中止すること。例 休戦ライン。類 停戦。

きゅうぜんじつ【休前日】〈名〉日曜日の前日と、祝日の前日。参考 宿泊料金や航空運賃などで、平日より高い場合が多い。金曜日を含めていうこともある。

きゅうせんぽう【急先▼鋒】〈名〉社会運動や論争などの先頭にたって、はげしく行動すること。また、その人。例 反対運動の急先鋒にたつ。

1 **きゅうぞう【急造】**〈名・する〉必要にせまられて、まにあわせに急いでつくること。例 急造のバラック。急造チーム。類 急ごしらえ。にわかづくり。

2 **きゅうぞう【急増】**〈名・する〉急にふえること。例 人口が急増する。類 激増《げきぞう》。

1 **きゅうそく【休息】**〈名・する〉からだを休めて、ゆっくりすること。類 休憩《きゅうけい》。憩《いこ》う。

2 **きゅうそく【急速】**〈形動〉とてもはやい。例 急速な進歩。類 長足。

きゅうそ(窮▼鼠)ねこ(猫)をか(▼嚙)む よわい者でも追いつめられると、つよい者に必死に反抗《はんこう》して、負かすこともある、ということ。

1 **きゅうたい【旧態】**〈名〉古いままで、少しも進歩しない状態。例 旧態依然《いぜん》。

2 **きゅうたい【球体】**〈名〉球の形をした物体。

きゅうだい【及第】〈名・する〉試験などに合格すること。やや古い言いかた。例 及第点。対 落第。

参考 「第」は、むかしの中国の科挙試験で、成績順に合格者を分けたグループのこと。

きゅうたいいぜん【旧態依然】〈名〉ほかが進歩や変化をしているなかで、古いままで少しもかわっていないこと。類 因循《いんじゅん》。

きゅうたいりく【旧大陸】〈名〉大航海《だいこうかい》時代の一五世紀末、ヨーロッパ人がアメリカ大陸に達する前に、すでにヨーロッパ人に知られていたユーラシアやアフリカの地域。対 新大陸。

[1]**きゅうたん【急▼湍】**〈名〉流れの急な瀬《せ》。類 早瀬。

[1]**きゅうだん【糾弾】【▼糺弾】**〈名・する〉責任や罪状をきびしくといただして、批判すること。例 幹部の不正を糾弾する。類 弾劾《だんがい》。

[2]**きゅうだん【球団】**〈名〉プロ野球のチームをもって、その試合を観客に見せることを事業としている団体。例 球団事務所。

[1]**きゅうち【旧知】**〈名〉むかしからの知りあい。例 旧知のあいだがら。

[2]**きゅうち【窮地】**〈名〉のがれることができない、こまった立場。例 窮地においこむ。窮地におちいる。窮地を脱《だっ》する。類 窮境。苦境。危地。ピンチ。

きゅうちゃく【吸着】〈名・する〉なにかを吸《す》いつけること。なにかに吸いつくこと。例 脂肪《しぼう》分を吸着する。不純物が表面に吸着する。

きゅうちゅう【宮中】〈名〉宮殿《きゅうでん》のなか。

表現 日本では「皇居」、さらに「天皇家」そのものをさすこともある。「宮廷《きゅうてい》」にも同じ用法があるが、こちらは、外国の場合に使うことが多い。

きゅうちょう（窮鳥）**ふところ**（懐）**にい**（入）**ればりょうし**（猟師）**もころ**（殺）**さず** 助けを求めてきた人にはどんな場合でも冷たくすることはできない。

[1]**きゅうてい【休廷】**〈名・する〉法廷をとじて裁判をやすむこと。

[2]**きゅうてい【宮廷】**〈名〉皇帝《こうてい》や国王などのすんでいるところ。例 宮廷文学。→きゅうちゅう 表現

きゅうてき【▼仇敵】〈名〉殺してやりたいと思うほど、うらみ、かつ、にくんでいる相手。類 かたき。

きゅうてん【急転】〈名・する〉ものごとのようすが急に大きくかわること。例 事態が急転する。急転直下。類 急変。

きゅうでん【宮殿】〈名〉皇帝《こうてい》や国王などがすんでいる建物。例 バッキンガム宮殿。

きゅうてんちょっか【急転直下】〈名〉事件などのなりゆきが急にかわって、解決にむかうこと。例 懸案《けんあん》事項が急転直下解決した。表現 例 のように、副詞的に使うことも多い。

キュート〈形動〉かわいらしくて、見る人をひきつけるようす。子どもや女性についていう。◇cute

[1]**きゅうとう【急騰】**〈名・する〉物価や株価などが、急にはね上がるように高くなること。対 急落。類 暴騰。

[2]**きゅうとう【給湯】**〈名・する〉必要に応じて湯《ゆ》を出すこと。例 給湯器。給湯設備。

[1]**きゅうどう【弓道】**〈名〉弓で矢をいて、的に当てるうでまえをきそう日本の武道。弓術。ア キュードー

[2]**きゅうどう【旧道】**〈名〉新しくできた道に対して、同じ地点をむすんでいた古くからある道。対 新道。ア キュードー

ぎゅうとう【牛刀】〈名〉ウシを切りさくかたな。

牛刀をもって鶏《にわとり》を割《さ》く ⇩鶏を割くに牛刀を用いる（「にわとり」の子項目）

ぎゅうどん【牛丼】〈名〉どんぶりにもったご飯の上に、あまからく煮《に》た牛肉をつゆごとのせた料理。

きゅうなん【救難】〈名〉危険や災難にあっている人をたすけること。例 救難信号。類 救援《きゅうえん》。救助。

きゅうに【急に】〈副〉前ぶれもなく突然《とつぜん》に起こるようす。例 急に止まる。類 いきなり。にわかに。

ぎゅうにく【牛肉】〈名〉ウシの肉。ぎゅう。ビーフ。

きゅうにゅう【吸入】〈名・する〉口や鼻からすいこむこと。とくに、病気をなおすために、気体状の薬品などをすいこむこと。例 吸入器。酸素吸入。

ぎゅうにゅう【牛乳】〈名〉飲料としてのウシのちち。例 牛乳配達。類 ミルク。

きゅうねん【旧年】〈名〉去年。年があけてから前の年をさしていうことば。類 昨年。

表現 「旧年中はいろいろお世話になりました」のように、年賀状や新年のあいさつに使う。

きゅうば【急場】〈名〉とつぜん生じた、すぐになんとかしなければならない事態。例 急場をしのぐ。

ぎゅうば【牛馬】〈名〉労役《ろうえき》につかうウシやウマ。

表現 「牛馬のごときあつかいをうける」や「牛馬のようにこきつかう」などの言いかたで、人間をウシやウマと同じにみて、ひどく働かせることをいう。

きゅうはく【窮迫】〈名・する〉お金がなくなって、どうしようもなくなること。例 財政が窮迫する。類 窮乏《きゅうぼう》。逼迫《ひっぱく》。

きゅうば（弓馬）**のみち**（道）武士のこころえとしての武道。「弓馬」は、弓術と馬術のこと。

[1]**きゅうはん【旧版】**〈名〉書物で、改訂《かいてい》などをする前に出されていたもの。対 新版《しんぱん》。

[2]**きゅうはん【急坂】**〈名〉勾配《こうばい》の急な坂や斜面。「きゅうざか」ともいう。

きゅうばん【吸盤】〈名〉❶タコなどの足にみられる、ものにすいつくための器官。❷道具の一つ。タイルやガラスなどにすいつかせてとりつけ、ものをぶらさげたりするのに使う。

ぎゅうひ【▼求肥】〈名〉白玉粉《しらたまこ》・砂糖・水あめで作った、もちに似《に》た生菓子《なまがし》。

キューピー〈名〉幼児のからだに似《に》せてつくった、目のくりくりしたはだかの人形。もと、「キューピッド」からつくった商品名。例 キューピーちゃん。◇kewpie

キュービズム〈名〉〔美術〕二〇世紀のはじめ、フランスにおこった絵画の一派。幾何《きか》学的な線で物体を単純化してえがき、また、同じ物体をさまざまな角度から見て、一つの画面に同時に書きこんだりするのが特徴《とくちょう》。ピカソやブラックなどに代表される。立体派。「キュビズム」ともいう。◇cubism

きゅうピッチ【急ピッチ】〈名・形動〉ものごとの進みかたがとてもはやいこと。例 急ピッチで工事をする。類 急テンポ。

キューピッド〈名〉ローマ神話の愛の神。弓矢をもち、背につばさのはえたはだかの少年のすがたで表わされる。その矢を胸にうけた者は、恋《こい》におちいるという。ギリシャ神話では、エロス。「キューピット」ともいう。◇Cupid

きゅうびょう【急病】〈名〉とつぜんかかった病気。例 急病にかかる。急病人《にん》。

[1]**きゅうふ【休符】**〈名〉〔音楽〕楽譜《がくふ》の記号の一つ。リズムだけで、音がないことを示すもの。𝄽・𝄾・𝄿などが

 井原西鶴（いはらさいかく）（1642～93） 江戸時代の浮世草子作家。大坂で活躍。町人をいきいきとえがいた。

ある。休止符。対音符。アキューフ

[2]**きゅうふ【給付】**〈名・する〉官庁などが、一般《いっぱん》の人や団体にものやお金をあたえること。例給付金。類交付。アキューフ

きゅうぶ【休部】〈名・する〉クラブ活動を休むこと。

きゅうぶん【旧聞】〈名〉前に聞いた話で、今ではもう新しくもなく興味もひかない話。例旧聞に属する。

きゅうへい【旧弊】 一〈名〉昔からの、今ではあまりよくない習慣。例旧弊をあらためる。

二〈形動〉今ではうけいれられなくなった、古い風習や考えにとらわれている。例旧弊な考え。旧弊な男。

きゅうへん【急変】〈名〉❶〈する〉ものごとの状態が急に変化すること。わるくなることについていう。例容態《ようだい》が急変する。❷にわかにおこった変事。例急変にそなえる。

きゅうぼ【急募】〈名・する〉今すぐにでも来てほしい、という募集をすること。例店員急募。

ぎゅうほ【牛歩】〈名〉ものごとのすすみぐあいが、ウシのあゆみのようにゆっくりとしていること。例牛歩戦術。

[1]**きゅうほう【旧法】**〈名〉❶古い法令。❷古いやりかた。▽対新法。

[2]**きゅうほう【急報】**〈名・する〉いそいで知らせること。いそぎの知らせ。例急報が入る。類速報。

きゅうぼう【窮乏】〈名・する〉金やものが不足して、生活にこまること。例窮乏生活。類窮迫《きゅうはく》。困窮。

ぎゅうほせんじゅつ【牛歩戦術】〈名〉議会で、議案の成立をさまたげるため、投票するときに、わざとゆっくり歩いて時間を長びかせるやりかた。

参考 少数派である野党が与党《よとう》に抵抗《ていこう》し、議事を時間切れにもちこんで成立をはばむための戦術。

キューポラ〈名〉鋳物《いもの》に使う鉄をとかすための、まるいつつ形の炉《ろ》。「キュポラ」ともいう。◇cupola

きゅうぼん【旧盆】〈名〉旧暦《きゅうれき》によって、八月に行なう、うら盆。→うらぼん 参考

きゅうみん【休眠】〈名・する〉❶生物が一定の期間だけ活動しないで、じっとしていること。❷土地や設備などが利用されていないこと。例休眠地。

きゅうむ【急務】〈名〉急を要する仕事。例当面の急務をやりとげる。

[1]**きゅうめい【究明】**〈名・する〉わからなかったことをよくしらべて、はっきりさせること。例真相を究明する。類解明。ただす。

[2]**きゅうめい【糾明】**【▼糺明】〈名・する〉事件や犯罪について、きびしく追及《ついきゅう》して、その真相や責任などをはっきりさせること。類糾問。

[3]**きゅうめい【救命】**〈名〉人のいのちをすくうこと。例救命胴衣《どうい》。救命ボート。

きゅうめいぐ【救命具】〈名〉遭難《そうなん》者の水死をふせぐための器具。救命ブイや救命胴衣《どうい》など。

きゅうめいどうい【救命胴衣】〈名〉海や川でおぼれないように上半身に着けて体の浮力をたすける、ベストの形の救命具。ライフジャケット。ライフベスト。

きゅうめん【球面】〈名〉❶球の表面。❷〔数学〕一定点からひとしい距離《きょり》にある点が集まってつくる面。

[1]**きゅうやく【旧約】**〈名〉「旧約聖書」の略。→しんやくせいしょ 参考

[2]**きゅうやく【旧訳】**〈名〉あたらしい翻訳《ほんやく》に対して、以前の翻訳。対新訳。

きゅうやくせいしょ【旧約聖書】〈名〉ユダヤ教・キリスト教でとうとばれている書物。神とイスラエル人とのつながりをテーマに、民族の歴史、神の教えにもとづくいましめ、詩篇《しへん》など、多くの内容をふくむ。略して「旧約」ともいう。→しんやくせいしょ 参考

きゅうゆ【給油】〈名・する〉❶自動車や飛行機などに燃料を補給すること。例給油所。❷機械にあぶらをさすこと。例給油装置。給油係。

[1]**きゅうゆう【旧友】**〈名〉古くからの友だち。例町でひさしぶりに旧友と会った。

[2]**きゅうゆう【級友】**〈名〉学校の同じクラスの友だち。類同級生。クラスメート。

表現 学校を卒業して何年たっても、「級友」である。

[1]**きゅうよ【給与】**〈名〉❶〈する〉お金や品物などを人にあたえること。❷「給料」のあらたまった言いかた。

[2]**きゅうよ【窮余】**〈名〉どうにもならなくなったあげくの苦しまぎれ。例窮余の一策。

窮余の一策《いっさく》 どうしようもなくて、こまりはてたすえにやっと考えついた計画。類苦肉《くにく》の策。

[1]**きゅうよう【休養】**〈名・する〉仕事を休んで、体の疲れをとること。例休養をとる。類静養。保養。骨休め。

[2]**きゅうよう【急用】**〈名〉すぐにもかたづけなければならない用事。例急用ができる。

きゅうらい【旧来】〈名〉昔から今までつづいていること。例旧来の風習。類従来。古来。

[1]**きゅうらく【及落】**〈名〉及第か落第かということ。類合否。アキューラク

[2]**きゅうらく【急落】**〈名・する〉景気や相場、ランキングなどが、急にがくんと下落すること。例株価が急落する。人気が急落する。対急騰《きゅうとう》。急上昇。類暴落。アキューラク

きゅうり【▼胡▼瓜】〈名〉野菜の一つ。つる性の一年草。実は緑色でほそ長く、とげがある。なまのまま、またつけものなどにして食べる。参考「黄瓜《きうり》」が変化した形。

きゅうりゅう【急流】〈名〉川の急ながれの川。例急流となる。急流に運ばれる。類奔流《ほんりゅう》。激流《げきりゅう》。参考 最上《もがみ》川・富士川・球磨《くま》川が、日本の三大急流とよばれる。

[1]**きゅうりょう【丘陵】**〈名〉丘《おか》のつらなっているところ。例丘陵地帯。アキューリョー

[2]**きゅうりょう【給料】**〈名〉働いた人に、勤《つと》め先から支払われるお金。例給料があがる。給料日。類給与《きゅうよ》。サラリー。アキューリョー

きゅうれき【旧暦】〈名〉日本で、明治五年まで公式に使われていたこよみ。新月から新月までを一か月とし、元日《がんじつ》を立春のころにきめてつくったもの。自然現象とのくいちがいをうるう月で調整する。対新暦。類陰暦《いんれき》。

きゅうろう【旧▼臘】〈名〉去年の十二月。新年になってから使うことば。

表現 あらたまったかたい言いかたで、「旧臘中はお世話に一相成り…」などと、年賀状や新年のあいさつに使う。

キュロット〈名〉半ズボンのような形のスカート。キュロットスカート。◇フランス culotte

きょ【寄与】〈名・する〉なにかのために役にたつこと。例社会の発展に寄与する。類貢献《こうけん》。資する。

常用漢字 **きょ**

【去】 ム部3 全5画

去 去 去 去 去

キョ・コ さる 教小3 音❶[キョ] 去年《きょねん》。去就《きょしゅう》。去来《きょらい》。死去《しきょ》。退去《たいきょ》。除去《じょきょ》。撤去《てっきょ》。❷[コ] 過去《かこ》。訓[さる] 去る。

【巨】 ｜部4 全5画 ※巨巨巨巨巨
キョ 音[キョ] 巨人《きょじん》。巨大《きょだい》。巨漢《きょかん》。巨額《きょがく》。巨匠《きょしょう》。巨万《きょまん》(の富《とみ》)。

【居】 尸部5 全8画 居居居居居
キョ いる 教小5 音[キョ] 居住《きょじゅう》。居室《きょしつ》。居所《きょしょ》。居留地《きょりゅうち》。住居《じゅうきょ》。新居《しんきょ》。同居《どうきょ》。入居者《にゅうきょしゃ》。訓[いる] 居る。居直る。芝居《しばい》。
注意「居士」は「こじ」と読む。

【拒】 扌部5 全8画 ※拒拒拒拒拒
キョ こばむ 音[キョ] 拒絶《きょぜつ》。拒否《きょひ》。峻拒《しゅんきょ》。訓[こばむ] 拒む。

【拠(據)】 扌部5 全8画 拠拠拠拠拠
キョ・コ 音❶[キョ] 拠点《きょてん》。根拠《こんきょ》。占拠《せんきょ》。論拠《ろんきょ》。❷[コ] 証拠《しょうこ》。

【挙(擧)】 手部6 全10画 挙挙挙挙挙
キョ あげる・あがる 教小4 音[キョ] 挙手《きょしゅ》。挙行《きょこう》。挙式《きょしき》。挙動不審《きょどうふしん》。選挙《せんきょ》。検挙《けんきょ》。推挙《すいきょ》。壮挙《そうきょ》。快挙《かいきょ》。訓❶[あげる] 挙げる。言挙げ。❷[あがる] 挙がる。

【虚(虛)】 虍部5 全11画 ※虚虚虚虚虚
キョ・コ 音❶[キョ] 虚無《きょむ》。虚心《きょしん》。虚栄心《きょえいしん》。虚構《きょこう》。虚偽《きょぎ》。空虚《くうきょ》。謙虚《けんきょ》。❷[コ] 虚空《こくう》。虚無僧《こむそう》。

【許】 言部4 全11画 許許許許許
キョ ゆるす 教小5 音[キョ] 許可《きょか》。許諾《きょだく》。許容《きょよう》。特許《とっきょ》。免許《めんきょ》。訓[ゆるす] 許す。許し。

【距】 足部5 全12画 ※距距距距距
キョ 音[キョ] 距離《きょり》。

[1]きょ【居】〈名〉その人のすんでいる家。かたい言いかた。例居をうつす。居をかまえる。

[2]きょ【挙】〈名〉思いきってすること。かたい言いかた。例政権奪取《だっしゅ》の挙にでる。

[3]きょ【虚】〈名〉❶表面だけで、内容やなかみがないこと。例虚と実《じつ》。対実。❷ゆだんして、そなえをおこたっていること。例虚をつかれる。

虚を衝っく 相手の思ってもいないところを攻撃《こうげき》したり指摘《してき》したりする。類不意をつく。

常用漢字 ぎょ

【魚】 魚部0 全11画 魚魚魚魚魚
ギョ うお・さかな 教小2 音[ギョ] 魚類《ぎょるい》。魚介類《ぎょかいるい》。魚群探知機《ぎょぐんたんちき》。魚雷《ぎょらい》。金魚《きんぎょ》。鮮魚《せんぎょ》。稚魚《ちぎょ》。人魚《にんぎょ》。訓❶[うお] 魚市場。魚河岸《うおがし》。出世魚。飛び魚。❷[さかな] 川魚。煮魚。
注意「雑魚」は、「ざこ」と読む。

【御】 彳部9 全12画 御御御御御
ギョ・ゴ おん 音❶[ギョ] 御者《ぎょしゃ》。御意《ぎょい》。御苑《ぎょえん》。制御《せいぎょ》。統御《とうぎょ》。崩御《ほうぎょ》。❷[ゴ] 御飯《ごはん》。御所《ごしょ》。御殿《ごてん》。御用納《ごようおさ》め。御来光《ごらいこう》。御無沙汰《ごぶさた》。御免《ごめん》。訓[おん] 御中。御礼。

【漁】 氵部11 全14画 漁漁漁漁漁
ギョ・リョウ 教小4 音❶[ギョ] 漁業《ぎょぎょう》。漁獲高《ぎょかくだか》。漁船《ぎょせん》。漁村《ぎょそん》。漁場《ぎょじょう》。漁夫《ぎょふ》(の利《り》)。漁網《ぎょもう》。漁労《ぎょろう》。❷[リョウ] 漁師《りょうし》。禁漁《きんりょう》。大漁《たいりょう》。不漁《ふりょう》。

きょあく【巨悪】〈名〉巨大な悪。大悪人。
表現 悪の根源が大衆から見えないところにあるとか、権力者の地位にいるとかいう場合にいうことが多い。

きよ・い【清い】〈形〉❶少しもよごれやにごりがない。例清い水。❷世の中のけがれにそまっていない。例清い間がら。類清純。▽類きれい。きよらか。
表現「清き一票」は、選挙の候補者が投票をお願いするきまり文句。

ぎょい【御意】〈名〉❶身分の高い人の考えや気持ち、命令などのこと。例御意にかなう。御意を得る。❷「御意のとおり」を略したことば。おっしゃるとおり。例御意にございます。▽古めかしい言いかた。

[1]きよう【起用】〈名・する〉多くの人の中から、とくにえらびだして、重要な仕事をさせること。例新人を起用する。類登用。抜擢《ばってき》。アキョー

[2]きよう【紀要】〈名〉大学や研究所で、定期的に研究論文などを発表するための出版物。アキョー

[3]きよう【器用】〈形動〉❶手先を使ってするこまかな仕事がじょうずである。例器用な人。器用貧乏《びんぼう》。対不器用。❷要領がよい。例器用にたちまわる。▽アキョー

常用漢字 きょう

【凶】 凵部2 全4画 凶凶凶凶
キョウ 音[キョウ] 凶悪《きょうあく》。凶行《きょうこう》。凶作《きょうさく》。凶年《きょうねん》。吉凶《きっきょう》。元凶《げんきょう》。

【共】 八部4 全6画 共共共共共
キョウ とも 教小4 音[キョウ] 共感《きょうかん》。共済組合《きょうさいくみあい》。共作《きょうさく》。共通《きょうつう》。共同《きょうどう》。共有《きょうゆう》。公共《こうきょう》。訓[とも] 共に。共々。共食い。共倒れ。私共。

【叫】 口部3 全6画 叫叫叫叫叫
キョウ さけぶ 音[キョウ] 叫声《きょうせい》。叫喚《きょうかん》。絶叫《ぜっきょう》。訓[さけぶ] 叫ぶ。叫び。叫び声。泣き叫ぶ。

【狂】 犭部4 全7画 ※狂狂狂狂狂
キョウ くるう・くるおしい 音[キョウ] 狂気《きょうき》。狂喜《きょうき》。狂言《きょうげん》。狂乱《きょうらん》。発狂《はっきょう》。熱狂《ねっきょう》。酔狂《すいきょう》。偏執狂《へんしゅうきょう》。訓❶[くるう] 狂う。狂い咲き。怒り狂う。❷[くるおしい] 狂おしい。

【京】 亠部6 全8画 京京京京京
キョウ・ケイ 教小2 音❶[キョウ] 京風《きょうふう》。京

 イプセン(1828～1906) ノルウェーの劇作家。リアリズムの立場から「人形の家」などを書いた。

料理《きょうりょうり》。⬓上京《じょうきょう》。帰京《ききょう》。在京《ざいきょう》。❷[ケイ] ⬒京浜《けいひん》。京阪《けいはん》。

【享】亠部6 全8画 享享享享享享
キョウ 音[キョウ] ⬒享受《きょうじゅ》。享楽《きょうらく》。享有《きょうゆう》。

【供】イ部6 全8画 供供供供供供
キョウ・ク そなえる・とも 教小6 音❶[キョウ] ⬒供給《きょうきゅう》。供述《きょうじゅつ》。⬓自供《じきょう》。提供《ていきょう》。❷[ク] ⬒供物《くもつ》。供養《くよう》。訓❶[そなえる] 供える。お供え。❷[とも] 供。子供。

【協】十部6 全8画 協協協協協協
キョウ 教小4 音[キョウ] ⬒協調《きょうちょう》。協力《きょうりょく》。協会《きょうかい》。協議《きょうぎ》。協賛《きょうさん》。協定《きょうてい》。⬓妥協《だきょう》。農協《のうきょう》。生協《せいきょう》。

【況】氵部5 全8画 況況況況況況
キョウ 音[キョウ] ⬓近況《きんきょう》。実況《じっきょう》。状況《じょうきょう》。不況《ふきょう》。概況《がいきょう》。

【峡(峽)】山部6 全9画 峡峡峡峡峡
キョウ 音[キョウ] ⬒峡谷《きょうこく》。⬓海峡《かいきょう》。地峡《ちきょう》。

【挟(挾)】扌部6 全9画 挟挟挟挟挟
キョウ はさむ・はさまる 音[キョウ] ⬒挟撃《きょうげき》。訓❶[はさむ] 挟む。挟み込む。❷[はさまる] 挟まる。

【狭(狹)】犭部6 全9画 狭狭狭狭狭
キョウ せまい・せばめる・せばまる 音[キョウ] ⬒狭義《きょうぎ》。狭量《きょうりょう》。⬓偏狭《へんきょう》。訓❶[せまい] 狭い。狭苦しい。❷[せばめる] 狭める。❸[せばまる] 狭まる。

【恐】心部6 全10画 恐恐恐恐恐
キョウ おそれる・おそろしい 音[キョウ] ⬒恐怖《きょうふ》。恐縮《きょうしゅく》。恐慌《きょうこう》。恐喝《きょうかつ》。恐竜《きょうりゅう》。訓❶[おそれる] 恐れる。恐れ。恐れ入る。恐れおののく。恐れ多い。恐らく。❷[おそろしい] 恐ろしい。末恐ろしい。

【恭】小部6 全10画 恭恭恭恭恭
キョウ うやうやしい 音[キョウ] ⬒恭賀《きょうが》。恭順《きょうじゅん》。訓[うやうやしい] 恭しい。

【胸】月部6 全10画 胸胸胸胸胸胸
キョウ むね・むな 教小6 音[キョウ] ⬒胸囲《きょうい》。胸部《きょうぶ》。胸中《きょうちゅう》。胸裏《きょうり》。⬓度胸《どきょう》。訓❶[むね] 胸。胸三寸。胸の内。胸焼け。はと胸。❷[むな] 胸板。胸毛。胸騒ぎ。胸算用。胸元。

【脅】月部6 全10画 脅脅脅脅脅
キョウ おびやかす・おどす・おどかす 音[キョウ] ⬒脅威《きょうい》。脅迫《きょうはく》。訓❶[おびやかす] 脅かす。❷[おどす] 脅す。脅し。脅し文句。❸[おどかす] 脅かす。

【強】弓部8 全11画 強強強強強
キョウ・ゴウ つよい・つよまる・つよめる・しいる 教小2 音❶[キョウ] ⬒強弱《きょうじゃく》。強風《きょうふう》。強力《きょうりょく》。強化《きょうか》。強要《きょうよう》。⬓最強《さいきょう》。補強《ほきょう》。勉強《べんきょう》。❷[ゴウ] ⬒強引《ごういん》。強情《ごうじょう》。強奪《ごうだつ》。強盗《ごうとう》。強欲《ごうよく》。強力《ごうりき》。訓❶[つよい] 強い。強がる。心強い。我慢強い。❷[つよまる] 強まる。❸[つよめる] 強める。❹[しいる] 強いる。無理強い。

【教】攵部7 全11画 教教教教教
キョウ おしえる・おそわる 教小2 音[キョウ] ⬒教育《きょういく》。教訓《きょうくん》。教師《きょうし》。教養《きょうよう》。⬓調教《ちょうきょう》。宗教《しゅうきょう》。仏教《ぶっきょう》。訓❶[おしえる] 教える。教え。❷[おそわる] 教わる。

【郷(鄕)】阝部8 全11画 郷郷郷郷郷
キョウ・ゴウ 教小6 音❶[キョウ] ⬒郷土《きょうど》。郷里《きょうり》。⬓帰郷《ききょう》。故郷《こきょう》。異郷《いきょう》。望郷《ぼうきょう》。桃源郷《とうげんきょう》。理想郷《りそうきょう》。❷[ゴウ] ⬓近郷《きんごう》。

【境】土部11 全14画 境境境境境境
キョウ・ケイ さかい 教小5 音❶[キョウ] ⬒境界《きょうかい》。境界線《きょうかいせん》。境地《きょうち》。境遇《きょうぐう》。⬓環境《かんきょう》。国境《こっきょう》。逆境《ぎゃっきょう》。心境《しんきょう》。秘境《ひきょう》。❷[ケイ] ⬒境内《けいだい》。訓[さかい] 境。境目。県境。

【橋】木部12 全16画 橋橋橋橋橋橋
キョウ はし 教小3 音[キョウ] ⬒橋脚《きょうきゃく》。橋梁《きょうりょう》。⬓架橋工事《かきょうこうじ》。鉄橋《てっきょう》。歩道橋《ほどうきょう》。陸橋《りっきょう》。訓[はし] 橋。橋げた。橋渡し。懸け橋。つり橋。

【矯】矢部12 全17画 矯矯矯矯矯矯
キョウ ためる 音[キョウ] ⬒矯正《きょうせい》。⬓奇矯《ききょう》。訓[ためる] 矯める。矯め直す。

【鏡】金部11 全19画 鏡鏡鏡鏡鏡鏡
キョウ かがみ 教小4 音[キョウ] ⬒鏡台《きょうだい》。⬓望遠鏡《ぼうえんきょう》。顕微鏡《けんびきょう》。三面鏡《さんめんきょう》。反射鏡《はんしゃきょう》。訓[かがみ] 鏡。鏡開き。鏡もち。手鏡。
注意 「眼鏡」は、「めがね」と読む。

【競】立部15 全20画 競競競競競競
キョウ・ケイ きそう・せる 教小4 音❶[キョウ] ⬒競合《きょうごう》。競争《きょうそう》。競走《きょうそう》。競技《きょうぎ》。競泳《きょうえい》。競演《きょうえん》。競歩《きょうほ》。競売《きょうばい》。❷[ケイ] ⬒競馬《けいば》。競輪《けいりん》。訓❶[きそう] 競う。❷[せる] 競る。競り合う。

【響(響)】音部11 全20画 響響響響響
キョウ ひびく 音[キョウ] ⬓音響《おんきょう》。影響《えいきょう》。反響《はんきょう》。交響楽《こうきょうがく》。訓[ひびく] 響く。鳴り響く。響き。地響き。

【驚】馬部12 全22画 ※ 驚驚驚驚驚
キョウ おどろく・おどろかす 音[キョウ] ⬒驚異《きょうい》。驚愕《きょうがく》。驚嘆《きょうたん》。驚天動地《きょうてんどうち》。訓❶[おどろく] 驚く。驚き。❷[おどろかす] 驚かす。

【兄】⇩常用漢字 けい〔兄〕
【経】⇩常用漢字 けい〔経〕
【興】⇩常用漢字 こう〔興〕

[1]きょう【今日】〈名〉❶今、現に身をおいている、この日。例今日このごろ。類本日《ほんじつ》。今日《こんにち》。❷「①」の日と同

イブン=バツータ（1304~77） モロッコの旅行家。アジア・アフリカなどを旅して旅行記を残した。

じ日づけや、同じ曜日の日。例来週の今日、また会おう。

[2]**きょう【凶】**〈名〉うらないで、運勢や縁起《えんぎ》がわるいこと。例凶とでる。対吉《きち》。▽アキョー ↓囲み記事16(下)

[3]**きょう【京】**〈名〉❶「京都」のこと。❷その国の都《みやこ》。例京にのぼる。▽アキョー

[4]**きょう【強】**㊀〈名〉❶機器のはたらきがつよめであること。例扇風機のスイッチを強にする。❷つよい者。強者。例弱肉強食。四強《よんきょう》(=ベストフォー)。▽アキョー ㊁〈接尾〉数量を表わすことばにつけて、それよりやや多いことを表わす。例会場には一千人強の客があつまった。類あまり。▽対弱。

[5]**きょう【経】**〈名〉シャカ(釈迦)の教えや、それを解釈《かいしゃく》して、発展させた教えを記した仏教の聖典《せいてん》。お経。例経をよむ。経をあげる。アキョー

[6]**きょう【境】**〈名〉❶ある特定の場所。例無人の境。❷心の状態。例無我《むが》の境。▽アキョー

[7]**きょう【興】**〈名〉あるものごとに対して感じる、おもしろみやよろこび。例興がわく。興がさめる。興をそえる。興にのる。アキョー ↓きょうじる

興に乗《の》る おもしろさにひかれ、その場のいきおいにまかせてそれをしたい気分になる。興に乗ずる。興が乗る。

興を添《そ》える 宴会やもよおし物などで、なにかくふうをして、おもしろさや楽しさが増すようにする。

興を引《ひ》く なんだろうかという興味・関心をもたせる。

[8]**きょう【協】**〈造語〉「協会」「協同組合」「協議会」の省略した形。

[9]**きょう【教】**〈接尾〉神や仏のおしえ。例キリスト教。

[10]**きょう【▼卿】**〈接尾〉爵位《しゃくい》をもつ人の名前につける敬称《けいしょう》。例チャーチル卿。

常用漢字 **ぎょう**

【仰】 イ部4 全6画 仰仰仰仰仰仰

ギョウ・コウ あおぐ・おおせ 音❶[ギョウ] ⬒仰天《ぎょうてん》。仰角《ぎょうかく》。仰視《ぎょうし》。❷[コウ] ⬓信仰《しんこう》。訓❶[あおぐ] 仰ぐ。仰ぎ見る。❷[おおせ] 仰せ。

【暁(曉)】 日部8 全12画 暁暁暁暁暁

ギョウ あかつき 音[ギョウ] ⬒暁天《ぎょうてん》。⬓払暁《ふつぎょう》。通暁《つうぎょう》。訓[あかつき] 暁。

【業】 木部9 全13画 業業業業業業

ギョウ・ゴウ わざ 教小3 音❶[ギョウ] ⬒業界《ぎょうかい》。業者《ぎょうしゃ》。業績《ぎょうせき》。業務《ぎょうむ》。⬓学業《がくぎょう》。卒業《そつぎょう》。事業《じぎょう》。職業《しょくぎょう》。偉業《いぎょう》。❷[ゴウ] ⬒業火《ごうか》。⬓悪業《あくごう》。罪業《ざいごう》。自業自得《じごうじとく》。訓[わざ] 業。業師。仕業。早業。

【凝】冫部14 全16画 凝凝凝凝凝凝

ギョウ こる・こらす 音[ギョウ] ⬒凝固《ぎょうこ》。凝視《ぎょうし》。凝縮《ぎょうしゅく》。訓❶[こる] 凝り性。肩凝り。❷[こらす] 凝らす。

【行】⇩常用漢字 こう〔行〕

[1]**ぎょう【行】**〈名〉❶書かれた文字のひとならびの列。たての列にもよこの列にもいう。例行をあらためる。行をかえる。❷五十音図のたてのならび。例あ行。カ行五段活用。対段。列。❸仏教での修行《しゅぎょう》。例無言の行。❹書道で、「行書《ぎょうしょ》」。対真《しん》。草《そう》。

[2]**ぎょう【業】**〈名〉❶毎日従事している仕事。例父の業をつぐ。❷長いあいだかかってやりとげるような大きな仕事や、そうして身につける学問や技能。例業を修める。

きょうあく【凶悪】【▼兇悪】〈形動〉どんなに悪いことでも平気で行なうようす。例凶悪な犯人。凶悪犯罪。類極悪《ごくあく》。

きょうあす【今日明日】〈名〉きょうかあす。例今日明日にせまる。今日明日にでもどうぞ。今日明日の話ではありません。類一両日。

きょうあつてき【強圧的】〈形動〉強い力や権力でおさえつけるような。例強圧的な態度。

[1]**きょうい【胸囲】**〈名〉胸のまわりの長さ。胸まわり。バスト。例胸囲をはかる。胸囲八五センチ。

[2]**きょうい【脅威】**〈名〉威力や勢力に感じられるおそろしさ。例脅威をあたえる。脅威となる。脅威にさらされる。

[3]**きょうい【驚異】**〈名〉「あっ」とおどろくほど、すばらしいこと。例驚異の目をみはる。驚異のスピード。自然界の驚異。驚異的。

[4]**きょうい【強意】**〈名〉〔文法〕気持ちをこめたり、意味を強めたりして言い表わすこと。「来年こそがんばろう」の「こそ」、「今しも新しい計画が動きだそうとしている」の「しも」などの働き。

きょういく【教育】〈名・する〉知識や技術、教養、あるいは、人間としての心がまえなどを、身につくように教えていくこと。例教育をうける。生徒を教育する。教育(=学《がく》)のない人。教育者。教育ママ。学校教育。義務教育。家庭教育。情操《じょうそう》教育。社員教育。

きょういくいいんかい【教育委員会】〈名〉都道府県や市町村ごとにある、教育行政のための機関。公立の学校の管理なども行なう。

きょういくかんじ【教育漢字】〈名〉常用漢字二一三六字のうち、小学校六年間で読み書きをならう一

囲み記事 16

「きょう(今日)」のいろいろな用法

(1)「きょう」のなかには、過去になったきょうも、未来のきょうもある。「きょう着きました」「きょうもできなかった」は、過去になったきょうについていい、「きょう着くでしょう」「きょうこそやろう」は、未来のきょうについていっている。この点は「いま(今)」とも似《に》ていて、「いま着いた」といえば、ごく近い過去を表わし、「いま行きます」といえば、ごく近い未来を表わす。

(2)「きのう(昨日)」と合わせて「きのうきょう」というと、最も近い過去をいうことになり、「あす(明日)」と合わせて「きょうあす」というと、最も近い未来をいうことになる。「さすがベテラン、きのうきょうのかけだしとはちがう」「きょうあすのことではありませんが、準備していてください」はその例である。

(3)「きょう」は、「きのう」や「あした」と同じように、おもに日常の話しことばとして使うことばであり、あらたまった場面でのあいさつや、手紙文の中などでは、「本日《ほんじつ》」や「今日《こんにち》」を使う傾向《けいこう》がある。

 今川氏親(うじちか) (1470~1526) 駿河(するが)(静岡県)の戦国大名。「今川仮名目録」という分国法を制定。

○二六字の通称《つうしょう》。学習指導要領に「学年別漢字配当表」として定められている。学習漢字。参考 この辞典では、常用漢字項目に教のしるしをつけて示している。

きょういくきほんほう【教育基本法】〈名〉憲法《けんぽう》の精神にもとづいて、学校教育の基本的なありかたについて定めた法律。

きょういてき【驚異的】〈形動〉ひじょうにおどろくほどだ。例 驚異的な記録が出る。

きょういん【教員】〈名〉学校で、生徒や学生などに教える仕事をうけもつ人。例 教員免許《めんきょ》。教員採用試験。類 教師。教官。教諭《きょうゆ》。

[1] **きょうえい**【共栄】〈名・する〉国や組織などが、ともに発展してさかえること。例 共存共栄。

[2] **きょうえい**【競泳】〈名〉水泳で、およぐ速さをきそうこと。また、その競技。

きょうえつ【恐悦】〈名・する〉喜ぶことの かたい言いかた。例 恐悦至極《しごく》に存じます。

[1] **きょうえん**【共演】〈名・する〉❶映画や劇などに、ある人といっしょに出演すること。❷映画や劇などで、主役クラスの人が、主役以外の役で出演すること。

[2] **きょうえん**【競演】〈名・する〉演技や演奏のうまさをきそうこと。例 華麗《かれい》なる技の競演。

[3] **きょうえん**【▼饗宴】〈名〉客をもてなすための盛大《せいだい》な宴会。表現 人をよろこばせる、盛大なもよおしの意味で、「音の饗宴」「夏の饗宴オールスターゲーム」などの用法もある。

きょうおう【供応】『▼饗応』〈名・する〉ごちそうするなどして、だいじにサービスすること。例 供応をうける。供応につとめる。選挙で買収や供応などの腐敗行為《ふはいこうい》がある

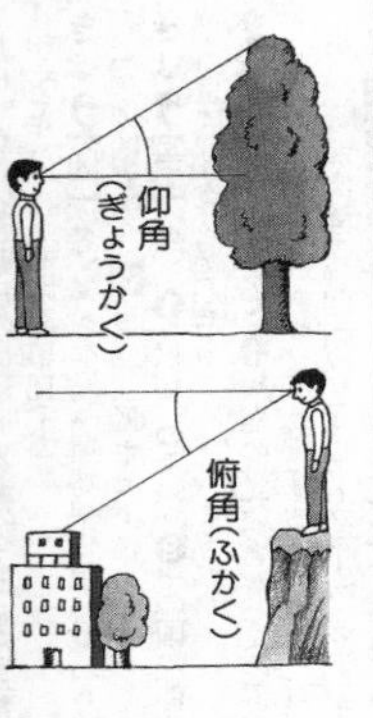

[ぎょうかく]

とをたたない。

きょうおんな【京女】〈名〉京都で生まれ育った女性。例 東男《あずまおとこ》に京女(→「あずまおとこ」の子項目)。

[1] **きょうか**【狂歌】〈名〉〔文学〕江戸《えど》時代の中ごろから流行した、こっけいな短歌。表現 一首《いっしゅ》二首《にしゅ》と数える。参考 たとえば、百人一首にある後徳大寺実忠《ごとくだいじさねただ》の和歌「ほととぎす 鳴きつるかたを眺《なが》むれば ただありあけの月ぞのこれる」をもじってつくった「ほととぎす鳴きつるあとにあきれたる後徳大寺のありあけの顔」など。

[2] **きょうか**【強化】〈名・する〉今までよりもっと強くすること。例 とりしまりを強化する。態勢を強化する。強化ガラス。対 弱化。

[3] **きょうか**【教化】〈名・する〉知らない人を教えみちびいて理解させ、よい方向にむかわせること。とくに宗教の布教についていう。例 領民を教化する。啓蒙《けいもう》教化。

[4] **きょうか**【教科】〈名〉学校で教える国語や数学などの科目。例 教科書。

きょうが【恭賀】〈名〉心からお祝いをすること。「恭賀新年」などの形で、年賀状に使うことば。類 謹賀《きんが》。

ぎょうが【仰▼臥】〈名・する〉あおむけに寝《ね》ること。対 伏臥《ふくが》。→おうが 表現

[1] **きょうかい**【協会】〈名〉ある目的のために、会員が協力して設立し、維持《いじ》している会。参考「日本放送協会(NHK)」もみんなで視聴《しちょう》料をはらって設立し、維持している会ということになる。

[2] **きょうかい**【教会】〈名〉〔宗教〕❶キリスト教で、神の教えをとき、儀式《ぎしき》を行なうための建物。類 聖堂。❷キリスト教徒のつくっている組織。「ルーテル教会」など。

[3] **きょうかい**【境界】〈名〉となり合う二つの部分をしきるさかいめ。例 境界線。類 さかい。

きょうがい【境涯】〈名〉生きていくうえで、その人がおかれている立場。例 不幸な境涯。類 境遇《きょうぐう》。表記「境界」は古い書きかた。

ぎょうかい【業界】〈名〉同じ種類の産業や商業をいとなんでいる人々の世界。例 業界紙(=ある業界の専門の新聞)。出版業界。

ぎょうかいがん【凝灰岩】〈名〉〔地学〕火山灰がつもってできた岩石。

きょうかいせん【境界線】〈名〉もののさかいをしめす線。ボーダーライン。例 合否の境界線。表現「境界線上」は、どちらとも決めにくい位置のこと。

[1] **きょうかく**【▼侠客】〈名〉心意気をもった正義感のある男性。古いことば。参考 やくざや火消し、ばくち打ちの中の、男気のある者のことを言った。

[2] **きょうかく**【胸郭】〈名〉動物の胸の部分をとりまく骨ぐみ。

[1] **きょうがく**【共学】〈名〉男女が同じ学校で、ともに勉強すること。例 男女共学。対 別学。

[2] **きょうがく**【驚▼愕】〈名・する〉ひどくびっくりすること。例 驚愕の事実。類 仰天《ぎょうてん》。喫驚《きっきょう》。

[1] **ぎょうかく**【仰角】〈名〉ものを見あげたときの、水平線に対する角度。絵 対 俯角《ふかく》。ア ギョーカク

[2] **ぎょうかく**【行革】〈名〉「行政改革」の略。ア ギョーカク

きょうかしょ【教科書】〈名〉学校で授業のときに使う本。科目ごとにある。テキスト。

きょうかしょたい【教科書体】〈名〉おもに小学校の教科書に使われる、和文用の活字の書体。きれいな字を書く手本ともなるように、毛筆の楷書《かいしょ》に近い形につくったもの。参考 この辞典の、常用漢字項目《こうもく》で筆順を示した書体が教科書体。

きょうかたびら【経▼帷▽子】〈名〉仏教の葬式《そうしき》で、お経の文句などを書いて死んだ人に着せる白い着物。

きょうかつ【恐喝】〈名・する〉相手をおどして、お金などをむりやりださせること。例 恐喝罪。類 ゆすり。

ぎょうがまえ【行構え】『行構え』〈名〉漢字の構えの一つ。「術」「街」などの「行」の部分。ゆきがまえ。

[1] **きょうかん**【共感】〈名・する〉他人の意見や考えに「なるほど、そのとおりだ」と感じること。例 共感をおぼえる。共感をよぶ。共感をあたえる。類 共鳴。

[2] **きょうかん**【叫喚】〈名・する〉苦しみやいかり、悲しみなどのために、大声でわめきさけぶこと。また、その声。例 阿鼻《あび》叫喚。

[3] **きょうかん**【教官】〈名〉国立大学などで教育や研究をおこなう国家公務員。対 技官。事務官。

ぎょうかん【行間】〈名〉文章の行と行のあいだのあき。例 行間をあける。行間がせまい。

[表現]「行間を読む」といえば、おもてには出ていない、作者のほんとうに言いたい気持ちを読みとることをいう。

1 **きょうき【凶器】**【▼兇器】〈名〉人を殺したり、きずつけたりするのに使われる道具。また、そのおそれがある道具。ピストルやナイフなど。[例]凶器をとりしまる。

2 **きょうき【狂気】**〈名〉精神のはたらきがふつうでないこと。[例]狂気のさた。[対]正気。

3 **きょうき【狂喜】**〈名・する〉あまりのうれしさに、われをわすれてよろこぶこと。[例]狂喜乱舞《らんぶ》。

4 **きょうき【驚喜】**〈名・する〉思いもよらないできごとにおどろくとともに、大いによろこぶこと。[例]当選の知らせに驚喜する。

5 **きょうき【▼侠気】**〈名〉強い者をおさえつけ、弱い者を助けずにはいられない気持ち。[類]男気《おとこぎ》。義侠心《ぎきょうしん》。

6 **きょうき【狭軌】**〈名〉鉄道のレールのはばが、標準の一・四三五メートルよりせまいもの。[対]広軌。

1 **きょうぎ【協議】**〈名・する〉人々が集まって相談すること。[例]協議会。[類]合議。[ア]キョーギ

2 **きょうぎ【狭義】**〈名〉ことばやものごとの意味に、ひろい範囲《はんい》をさすものと、せまい範囲をさすものとがあるとき、その、せまいほうの意味。[例]狭義に解釈《かいしゃく》する。[対]広義。→こうぎ〔広義〕[参考] [ア]キョーギ

3 **きょうぎ【経木】**〈名〉スギやヒノキなどの木材を、紙のようにうすくひろくけずったもの。和菓子《わがし》やつくだ煮《に》などをつつむのに使う。[ア]キョーギ

[参考]むかし、お経を書きうつすのに使ったことからいう。

4 **きょうぎ【教義】**〈名〉宗教上の中心になる教え。また、その教えの意味する内容。[類]教理。信条。宗旨《しゅうし》。[ア]キョーギ

5 **きょうぎ【競技】**〈名・する〉スポーツの試合などで、うでまえや勝敗をきそいあうこと。[例]正々堂々競技することを誓《ちか》います。競技場。陸上競技。[ア]キョーギ

ぎょうぎ【行儀】〈名〉他人からみてどう感じられるかという点での、ふるまいかたやあいさつのしかた。[例]行儀がわるい。行儀よく。[類]礼儀作法。

きょうきゃく【橋脚】〈名〉橋をささえる柱。

きょうきゅう【供給】〈名・する〉❶相手の要求に応じて、ものをあたえること。[例]供給源。[類]供与《きょうよ》。❷〔経済〕商品を市場《しじょう》に出すこと。[対]需要《じゅよう》。

きょうぎゅうびょう【狂牛病】〈名〉⇩ビーエスイー

ぎょうぎょうし・い【仰仰しい】〈形〉見かけや表現がおおげさである。[例]かれの仰々しい言いかたにはうんざりだ。[類]麗麗《れいれい》しい。

きょうぎりこん【協議離婚】〈名・する〉裁判をせずに、夫婦の話し合いで離婚すること。

きょうきん【胸襟】〈名〉心の中。[類]胸中。

胸襟を開《ひら》く 心の中をすっかりうちあける。

きょうく【狂句】〈名〉こっけいな内容をよんだ俳句。[類]川柳《せんりゅう》。

きょうぐう【境遇】〈名〉その人の生活をとりかこんでいる、まわりのようす。おもに、身よりや財産などの状態についていう。[例]さびしい境遇。めぐまれた境遇。[類]境涯《きょうがい》。身の上。

きょうくん【教訓】〈名〉失敗しないようにみちびくための教え。失敗などからえられた知恵《ちえ》。[例]教訓をあたえる。教訓を生かす。手いたい教訓。[類]いましめ。

きょうけい【恭敬】〈名・形動・する〉礼儀《れいぎ》正しい態度で、心からうやまうこと。

1 **きょうげき【京劇】**〈名〉中国の古典劇。首都ペキン(北京)で発達したことからいう。

2 **きょうげき【挟撃】**〈名・する〉はさみうちにすること。

1 **ぎょうけつ【凝血】**〈名・する〉体外にでた血液がかたまること。かたまった血液。

2 **ぎょうけつ【凝結】**〈名・する〉〔化学〕液体や気体の中にまざっている小さな粒子《りゅうし》が、集まってかたまること。とくに、空気中にふくまれている水蒸気が、水滴《すいてき》になること。[類]凝縮。凝固。

1 **きょうけん【強肩】**〈名〉野球で、かたの力が強く、ボールを遠くまで、また、速く投げられること。

2 **きょうけん【強健】**〈名・形動〉からだがじょうぶであること。[対]虚弱《きょじゃく》。[類]頑健《がんけん》。

3 **きょうけん【強権】**〈名〉警察や軍隊などによってしめされる、国民に対する国家の強制的なつよい権力。[例]強権発動。

きょうげん【狂言】〈名〉❶日本の古典劇の一つ。室町《むろまち》時代に発達した。当時の民衆生活を反映した、こっけいな題材のものが多い。❷歌舞伎《かぶき》の台本。また、その出しもの。[例]狂言作者。顔見世《かおみせ》狂言。❸人をだまそうと、本当のように見せかけて、しくむこと。[例]狂言強盗《ごうとう》。狂言自殺。[類]自作自演。マッチポンプ。

[参考]①と②を区別して、それぞれ「能狂言」「歌舞伎狂言」ということもある。

きょうげんきご【狂言▼綺語】〈名〉本当のように見せかけたでたらめなことば。[参考]むかし、文学が芸術としての高い位置をもたなかったころ、物語や演劇を作る人たちが自分たちの作品を、こんなことばで呼んだもの。

きょうけんびょう【狂犬病】〈名〉動物、とくにイヌに流行する急性の感染症《かんせんしょう》。この病気にかかったイヌにかまれると、人にも感染して、呼吸困難や麻痺《まひ》をおこして死亡する。恐水《きょうすい》病。

きょうげんまわし【狂言回し】〈名〉❶演劇で、場面のつなぎや、事件の進展を観客に説明する役柄を演じること。❷おもてにでないが、実質的にことの運びをつかさどる人。[例]委員長交代劇の狂言回しをつとめる。

きょうこ【強固】〈形動〉つよく、しっかりしている。[例]強固な意志。[類]堅固《けんご》。

ぎょうこ【凝固】〈名・する〉〔物理〕液体が、固体になること。[対]融解《ゆうかい》。[類]凝結。凝縮。

1 **きょうこう【凶行】**【▼兇行】〈名〉人を殺したりきずつけたりする、おそろしい犯行。[例]凶行におよぶ。[ア]キョーコー

2 **きょうこう【恐慌】**〈名〉❶不安やおそれなどで、だれもが落ち着かなくなって、秩序《ちつじょ》がめちゃくちゃな状態になること。[例]恐慌をきたす。❷〔経済〕景気が急にわるくなり、会社や銀行が次つぎにつぶれて生活が苦しくなること。▽[類]パニック。[ア]キョーコー

3 **きょうこう【教皇】**〈名〉⇩ローマきょうこう [ア]キョーコー

4 **きょうこう【強行】**〈名・する〉少しぐらいのじゃまや問題があっても、かまわずにむりやり行なうこと。[例]民営化を強行する。強行採決。強行手段。強行策(をとる)。[類]決行。断行。[ア]キョーコー

5 **きょうこう【強攻】**〈名・する〉ある程度の危険や犠牲《ぎせい》は覚悟《かくご》の上で、強気で攻《せ》めること。[例]強攻策(をとる)。[ア]キョーコー

[6] **きょうこう**【強硬】〈形動〉主義や主張などをあくまでもまげないで、つよくおしとおそうとする。例強硬な態度。強硬に主張する。強硬策(に出る)。対柔軟《じゅうなん》。アキョーコー

[1] **きょうごう**【強豪】〈名〉つよくて手ごわい対戦相手。例強豪にぶつかる。

[2] **きょうごう**【競合】〈名・する〉一つのことに二つ以上のことがからんで たがいにせりあうこと。例同じ新製品で、二つの会社が競合する。競合関係にある。

[1] **ぎょうこう**【行幸】〈名・する〉天皇がおでかけになること。みゆき。やや古い言いかた。

[2] **ぎょうこう**【▼僥▼倖】〈名〉まったく思いがけない幸運。例僥倖にめぐまれる。

きょうこうぐん【強行軍】〈名〉たいへんきびしいスケジュールで、旅行をすること。

表現 むりを承知で、短期間にたくさんの仕事をしようとする場合にも使う。

[1] **きょうこく**【峡谷】〈名〉けわしい山に はさまれた ふかい谷。類渓谷《けいこく》。

[2] **きょうこく**【強国】〈名〉強大な軍事力や大きな経済力をもつ国。類大国。

きょうこつ【胸骨】〈名〉肋骨《ろっこつ》をつなぎあわせている、胸の前がわにある骨。

ぎょうこてん【凝固点】〈名〉〔物理〕液体が固体に変わるときの温度。対融点《ゆうてん》。

きょうさ【教唆】〈名・する〉悪いことをするよう、教えそそのかすこと。例教唆扇動《せんどう》。

ぎょうざ〖▼餃▽子〗〈名〉⇩ギョーザ

[1] **きょうさい**【共済】〈名〉同じ団体の人々が、生活の面でたがいにたすけあうこと。例共済組合。共済保険。

[2] **きょうさい**【共催】〈名・する〉二つ以上の団体が、共同で一つのもよおしものを行なうこと。類互助《ごじょ》。

[3] **きょうさい**【恐妻】〈名〉❶夫を尻《しり》にしいている妻。❷妻におそれをいだき、頭が上がらないこと。例恐妻家。

きょうざい【教材】〈名〉学校で授業に使う、教科書や副読本、スライドなど。また、教科書などの中の各作品。類教具。

[1] **きょうさく**【凶作】〈名〉農作物のできが極端《きょくたん》にわるいこと。対豊作。類不作。

[2] **きょうさく**【共作】〈名・する〉何人かでいっしょにつくること。

きょうざつぶつ【▼夾雑物】〈名〉まじりこんでいるよけいなもの。例夾雑物をとりのぞく。

きょうざめ【興ざめ】〖興▽醒め・興覚め〗〈形動・名・する〉今まで楽しくゆかいであったのが、なにかのきっかけで、つまらなくなること。例そんなことを言われては興ざめだ。類つや消し。

きょうさん【協賛】〈名・する〉もよおしものに賛同して、協力すること。例大企業《きぎょう》の協賛をえる。協賛金。類賛助。後援《こうえん》。

ぎょうさん(方言)⇩ぎょーさん

きょうさんしゅぎ【共産主義】〈名〉生産手段の私有をやめて、ものをつくりだすしくみを社会全体のものとして、能力に応じて働き、必要なものの分配をうけるという、社会主義より徹底《てってい》した平等な社会をつくろうとする考え。コミュニズム。対資本主義。➡しゃかいしゅぎ

きょうし【教師】〈名〉学校の先生など、勉強を教えることを仕事にしている人。例家庭教師。類教員。

[1] **きょうじ**【凶事】〈名〉よくないできごと。縁起《えんぎ》のわるいできごと。対吉事《きちじ》。類弔事《ちょうじ》。アキョージ

[2] **きょうじ**【教示】〈名・する〉よくわかるように教えること。アキョージ

表現 かしこまっていうことばで、多くは目上の人に対して、「ご教示のほど、よろしくお願い申し上げます」「…につきご教示ください」のように使う。

[3] **きょうじ**【▼矜持】〈名〉自分の立場や能力を信ずることからうまれる、ほこらしい気持ち。類自負。プライド。アキョージ

ぎょうし【凝視】〈名・する〉じっと目をこらして見つめること。穴のあくほど見つめること。類熟視。

[1] **ぎょうじ**【行司】〈名〉相撲《すもう》で、土俵に上がって、勝負を判定する役。力士と同様に相撲部屋に所属する。最高位を「立《たて》行司」という。アギョージ

表現 一般《いっぱん》に判定者の立場に立つことを「行司役をつとめる」などという。

[2] **ぎょうじ**【行事】〈名〉社会や団体などで、いつもきまって行なうもよおし。例年中行事。アギョージ

きょうしきょく【狂詩曲】〈名〉⇩ラプソディー

きょうしつ【教室】〈名〉❶学校で、授業をする部屋。❷技術などを教えるところ。また、その集まり。例教室をひらく。編み物教室。スキー教室。類スクール。

[1] **きょうしゃ**【香車】〈名〉将棋《しょうぎ》のこまの一つ。前にしか進めないが、一度にいくつでも進める。きょうす。やり。アキョーシャ

[2] **きょうしゃ**【強者】〈名〉腕力《わんりょく》や権力の強い者。例強者の論理。対弱者。アキョーシャ

参考「つわもの」と読むのは別のことば。

きょうじや【経師屋】〈名〉書画の表装をしたり、ふすまやびょうぶをはったりする職人。類表具師。

ぎょうしゃ【業者】〈名〉❶その商工業にたずさわっている人。例出入りの業者。請負《うけおい》業者。業者テスト(=学校が業者から買って行なうテスト)。❷その業界の同業者。例業者間のとりきめ。

ぎょうじゃ【行者】〈名〉仏道の修行《しゅぎょう》をする人。

きょうじゃく【強弱】〈名〉つよさとよわさ。つよさの程度。例強弱をつける。

きょうしゅ【興趣】〈名〉おもわず心をひかれるようなおもしろさ。例興趣がつきない。興趣がたかまる。

[1] **きょうじゅ**【享受】〈名・する〉じゅうぶんに味わい、たのしむこと。例平和と繁栄《はんえい》を享受する。アキョージュ

[2] **きょうじゅ**【教授】〈名〉❶〈する〉学問や技芸を教えること。例生け花を教授する。❷大学や高等専門学校の先生で、いちばん上の地位。▽ア①キョージュ ②キョージュ

参考 ②は、ふつう上から、教授、准《じゅん》教授、講師、助教の順で、それに助手がつく。

ぎょうしゅ【業種】〈名〉商業・工業など、事業の種類。➡しょくしゅ〔職種〕

[1] **きょうしゅう**【郷愁】〈名〉ふるさとや、なくなってしまったもの、遠くにあるものをなつかしむ、しみじみした気持ち。ノスタルジア。例郷愁にひたる。郷愁にふける。古きよき時代への郷愁をかきたてる。類ホームシック。里ごころ。望郷の念。

[2] **きょうしゅう**【強襲】〈名・する〉はげしいいきおいでおそうこと。また、せめこむこと。例敵陣《てきじん》を強襲する。シヨートを強襲する安打。

ぎょうしゅう【凝集】〈名・する〉よりあつまって、かたまりになること。

ぎょうじゅうざが【行住座▼臥】〈名〉歩いたり止まったり、すわったり寝《ね》たりということから、毎日の生活。日常のふるまい。類 常《つね》日ごろ。

きょうしゅく【恐縮】〈名・する〉身がちぢむほど、おそれいること。類 痛みいる。

表現 (1)相手になにかしてもらったり、迷惑《めいわく》をかけたりしたことを、「わるいな」「すまない」と思ったとき、「恐縮」「恐縮です」「恐縮に存じます」などという。(2)人になにかをたのむとき、「すみませんが」という意味で、「恐縮ですが、ちょっとお願いできないでしょうか」などという。ていねいな言いかたである。

ぎょうしゅく【凝縮】〈名・する〉ばらばらであったり、うすく広がったりしていたものが、ぎゅっとまとまり、なかみが濃《こ》くなること。また、ぎゅっとまとめること。例 気体が凝縮する。雲が凝縮して雨になる。考えが(を)凝縮する。魅力《みりょく》を凝縮した作品。類 凝結。凝固。

きょうしゅつ【供出】〈名・する〉戦時中などの非常時に、民間人が国のもとめに応じて物資をさし出すこと。とくに、農家が、きめられたねだんで米などを国に売ること。例 供出米。

きょうじゅつ【供述】〈名・する〉〔法律〕裁判官や検察官のとりしらべに対して答えること。例 供述書。

きょうしゅぼうかん【▼拱手傍観】〈名・する〉手をこまぬいて、脇《わき》でただながめていること。

きょうじゅん【恭順】〈名〉上からの命令にさからわないで、おとなしく従うこと。例 恭順の意を表わす。

[1]**きょうしょ【競書】**〈名〉賞をかけるなどして、書道のうでまえをきそうこと。

[2]**きょうしょ【教書】**〈名〉アメリカ合衆国で、大統領が議会にさし出す、報告や意見を書いた書類。

ぎょうしょ【行書】〈名〉漢字の書体の一つ。楷書《かいしょ》を少しくずした書体。行。→しょたい〔書体〕絵

きょうしょう【狭小】〈形動〉見るからにせまくるしい。例 狭小な国土。対 広大。

きょうじょう【教条】〈名〉おもに宗教で、権威《けんい》ある教え。ドグマ。例 教条主義。

表現 教条そのものは大切なものだが、「教条をふりまわす」などといえば、自由な考えを封《ふう》ずるという、よくない意味になる。

ぎょうしょう【行商】〈名・する〉店をかまえないで、商品をもって売り歩くこと。例 行商人《にん》。

ぎょうじょう【行状】〈名〉ある人の、ふだんの行ない。類 行跡《ぎょうせき》。品行。身もち。

きょうじょうしゅぎ【教条主義】〈名〉権威《けんい》のある人の考えを絶対的なものとして、どのような場合でもその考えをおしとおそうとする、かたくなな態度。

きょうしょく【教職】〈名〉学校で生徒を教育する職業。例 教職につく(=学校の先生になる)。

きょう・じる【興じる】〈動上一〉ゲームや遊びを、むちゅうになってたのしむ。「きょうずる」ともいう。例 トランプに興じる。笑い興じる。

[1]**きょうしん【共振】**〈名・する〉〔物理〕近くに振動数がひとしい物体が二つ以上あるとき、一つが振動すると、その振動のエネルギーが他に伝わって自然に振動すること。共鳴。

[2]**きょうしん【狂信】**〈名・する〉気がおかしくなったのではないかと思われるほど強く信じこむこと。例 狂信的。類 妄信《もうしん》。

[1]**きょうじん【凶刃】〖▼兇刃〗**〈名〉人殺しなどに使われた刃物《はもの》。例 凶刃にたおれる。

[2]**きょうじん【狂人】**〈名〉精神の働きに異常をきたした人。類 気ちがい。

[3]**きょうじん【強▼靱】**〈形動〉強くてねばりがある。例 強靱な意志。

きょうしんざい【強心剤】〈名〉弱っている心臓のはたらきを強める薬。

きょうしんしょう【狭心症】〈名〉心臓にしめつけられるようないたみを急に感じる病気。心臓の動脈の血の流れがわるくなっておこる。

ぎょうずい【行水】〈名・する〉たらいに湯や水を入れてその中に入り、からだのあせを洗いながすこと。例 行水をつかう。からすの行水(=入浴時間がとてもみじかいこと)。類 沐浴《もくよく》。湯あみ。

きょう・する【供する】〈動サ変〉❶客や目上の人に品物をさし出す。例 茶菓《さか》を供する。❷役だつように用意する。例 参考に供する。閲覧《えつらん》に供する。

きょう・ずる【興ずる】〈動サ変〉⇩きょうじる

[1]**きょうせい【叫声】**〈名〉さけびごえ。

[2]**きょうせい【共生】**〈名・する〉ことなる種類の生物が共存して生きていくこと。また、多様な立場にある人どうしが、おたがいに支えあいながら、相手の考えを尊重しあって生きていくこと。例 ヤドカリとイソギンチャクの共生。人間と野生動物の共生。多文化共生社会。

表記 生物の場合は「共▼棲」とも書く。

[3]**きょうせい【強制】**〈名・する〉相手をおさえつけて、むりやりにさせること。例 強制的。強制労働。強制執行《しっこう》。類 強要。むりじい。

[4]**きょうせい【▼嬌声】**〈名〉女性のなまめかしい声。例 嬌声をあげる。

[5]**きょうせい【矯正】**〈名・する〉わるいところをなおして、ただしくすること。例 歯ならびの矯正。性格を矯正する。

ぎょうせい【行政】〈名〉国会できめられた法律にしたがって、国の実際の政治を行なうこと。対 立法。司法。→さんけんぶんりつ 参考 内閣にその権利があたえられ、省など行政機関である官庁で具体的にすすめる。

ぎょうせいかいかく【行政改革】〈名〉政治を行なう組織のしくみやはたらきをよりよくかえること。略して「行革」ともいう。

きょうせいしっこう【強制執行】〈名・する〉〔法律〕国や裁判所が、その命令にしたがわない者に対して、法律にもとづいて強制的にしたがわせること。

ぎょうせいしどう【行政指導】〈名〉行政機関が、法人や団体にはたらきかけてなんらかの方向づけをしたいときに、命令ではなく指導として行なう発言。

きょうせいそうかん【強制送還】〈名・する〉密入国したり罪をおかしたりした外国人を、強制的に帰国させること。

きょうせいてき【強制的】〈形動〉相手をおさえつけるように、むりやりにさせるようす。例 強制的に立ちのかせる。対 自主的。

[1]**ぎょうせき【行跡】**〈名〉人の日ごろの行ない。例 不行跡。類 行状。品行。身もち。

[2]**ぎょうせき【業績】**〈名〉事業や研究などでなしとげられた成果。例 業績をあげる。業績をのこす。会社の業績がのびてきた。類 実績。成績。

岩崎弥太郎(やたろう) (1834～85) 明治時代の実業家。土佐(高知県)の出身。三菱財閥の基礎を確立した。

きょうそ【教祖】〈名〉宗教や宗派をはじめた人。例新興宗教の教祖。類開祖。開山。

1 **きょうそう**【狂騒】『狂▼躁』〈名〉気ちがいじみた大さわぎ。類喧騒《けんそう》。

2 **きょうそう**【強壮】〈名〉体がじょうぶで、気力がみちみちていること。例強壮剤《ざい》。滋養《じよう》強壮。類壮健《そうけん》。

3 **きょうそう**【競争】〈名・する〉同じ目的やゴールをめざして、負けるものかとあらそうこと。例競争がはげしい。はげしく競争する。競争率。生存競争。類せる。せりあう。きそう。

4 **きょうそう**【競走】〈名・する〉走る速さをきそうこと。その競技。例百メートル競走。類かけっこ。レース。

5 **きょうそう**【競▼漕】〈名・する〉ボートやカヌーで、こいで進む速さをきそうこと。また、その競技。類ボートレース。

きょうぞう【胸像】〈名〉人の胸から上をかたどった像。

ぎょうそう【形相】〈名〉はげしい感情がそのままあらわれた顔つき。例形相がかわる。すさまじい形相になる。

1 **きょうそうきょく**【狂想曲】〈名〉西洋音楽で、形式にとらわれない、自由気ままな精神をもりこんだ曲。カプリッチオ。

2 **きょうそうきょく**【狂騒曲】〈名〉どたばたさわぎが繰り広げられる状況《じょうきょう》。

参考「狂想曲」をもじったことば。「人生狂騒曲」「子育て狂騒曲」などのように、名詞につけて使うことが多い。

3 **きょうそうきょく**【協奏曲】〈名〉⇩コンチェルト

きょうそうざい【強壮剤】〈名〉栄養をおぎない、からだに力をつけるくすり。ビタミン剤・栄養剤・造血剤など。

1 **きょうそく**【▽脇息】〈名〉たたみにすわったとき、ひじをのせて楽な姿勢になるために使う道具。類ひじかけ。

2 **きょうそく**【教則】〈名〉教えておぼえさせる規則や技能。とくに、楽器の練習のしかたを教えるものをいう。例教則本。交通教則。

きょうそん【共存】〈名・する〉ちがった立場のものどうしが、争わずにいっしょにいること。「きょうぞん」ともいう。例共存共栄。平和共存。類両立。併存《へいそん》。

きょうそんきょうえい【共存共栄】〈名・する〉立場のちがうものがなかよくして、ともにさかえること。

きょうだ【強打】〈名・する〉❶いやというほどつよく打つこと。例顔面を強打する。❷ボールをバットやラケットで力をこめて打つこと。

1 **きょうたい**【狂態】〈名〉とても正気とは思えないようなふるまい。例狂態を演じる。類醜態《しゅうたい》。

2 **きょうたい**【▼筐体】〈名〉機器の、外がわの箱状の部分。例パソコンの筐体。

3 **きょうたい**【▼嬌態】〈名〉女性の、甘えて気を引こうとするような、なまめかしい態度。

1 **きょうだい**【兄弟】〈名〉❶同じ親から生まれたものどうし。兄と弟だけでなく、兄と妹、姉と弟、姉と妹のあいだがらについても言い、その場合は「きょうだい」とかな書きにする。例兄弟愛。兄弟げんか。三人きょうだい。対姉妹《しまい》。❷男どうしで、とくに親しく気やすく感じている相手をよぶことば。くだけた言いかた。▽アキョーダイ

表現「兄弟でし」「兄弟会社」のように、兄弟のような関係のものに使うこともある。

兄弟は他人《たにん》の始《はじ》まり 同じ血をわけた兄弟でも、成長して利害関係がからまると、しだいに他人のようにつめたくなる、ということ。

2 **きょうだい**【鏡台】〈名〉化粧《けしょう》や身づくろいをするための、鏡のついた台。類ドレッサー。アキョーダイ

3 **きょうだい**【強大】〈形動〉非常につよく大きい。例強大な権力。対弱小。アキョーダイ

きょうだいでし【兄弟弟子】〈名〉おなじ先生や師匠《ししょう》についている、それぞれの弟子。

きょうだいぶん【兄弟分】〈名〉兄弟とおなじように親しい関係にある人。類義兄弟。

1 **きょうたく**【供託】〈名・する〉〔法律〕金や品物を、法律でさだめられたところへあずけておくこと。例供託金。

2 **きょうたく**【教卓】〈名〉教室で、黒板の前にある先生用の机。例教卓に花を生ける。

きょうたん【驚嘆】『驚▼歎』〈名・する〉「あっ」とおどろいて、「すごい」「すばらしい」と感心すること。例驚嘆にあたいする。類感嘆。詠嘆《えいたん》。

1 **きょうだん**【凶弾】『▼兇弾』〈名〉暗殺者などがうった弾丸。例凶弾にたおれる。

2 **きょうだん**【教団】〈名〉〔宗教〕同じ教義を信ずる人たちがつくっている宗教団体。

3 **きょうだん**【教壇】〈名〉教室で、教師が教えるときにたつ壇。

表現教師をつとめることを「教壇にたつ」、やめることを「教壇をさる」という。

きょうち【境地】〈名〉❶人のおかれている立場。例苦しい境地に追いこまれる。❷修行《しゅぎょう》や経験をつむことでえられる、すぐれたものの考えかたや姿勢。例さとりの境地。新境地。

きょうちくとう【▼夾竹桃】〈名〉庭などにうえる常緑低木。葉はかたくてほそ長く、夏、赤や白の花がさく。

きょうちゅう【胸中】〈名〉心の中にひめた思い。例胸中をあかす。胸中を察する。類胸のうち。心中。胸襟《きょうきん》。

ぎょうちゅう【ぎょう虫】『▼蟯虫』〈名〉寄生虫の一種。白く、一センチメートルほどの長さで、人の腸にすむ。夜、肛門《こうもん》のまわりに卵をうみつける。

きょうちょ【共著】〈名〉ふたり以上の人が分担して一冊の本を書くこと。また、その本。

1 **きょうちょう**【凶兆】〈名〉いやなことが起こりそうなしるし。対吉兆《きっちょう》。

2 **きょうちょう**【協調】〈名・する〉考えかたや立場がちがっても、協力しあって、力を合わせること。例協調性(のない人)。協調外交。

3 **きょうちょう**【強調】〈名・する〉とくに力を入れて、その部分が注意をひくようにすること。例重要性を強調する。この問題については、いくら強調しても、しすぎるということはない。類力説。

きょうつう【共通】〈形動・名・する〉あることがどれにもあてはまること。例共通の友人。二人に共通の話題。国民共通の財産。共通な点。共通する点。共通点。

きょうつうご【共通語】〈名〉❶ある国の中で、地方や社会階層などに関係なく、だれにでも通用することば。全国共通語。対方言。類標準語。❷たがいに異なった言語をもつ国や地域の人々のあいだで、話をしたり、文書のやりとりをするときに使われる言語。現在、国際的には英語がその役目をはたしている。例国際共通語。

きょうつうこう【共通項】〈名〉❶〔数学〕二つ以上の数や式で、共通する因数。共通因数。例因数分解をして共通項を取りだす。❷二つ以上のものごとのあい

だに見られる共通点。例サッカー好きという共通項で集まったメンバー。

きょうつうてん【共通点】〈名〉それぞれの共通しているところ。例共通点をみいだす。

1 **きょうてい【協定】**〈名・する〉たがいの利害にかかわる問題について、関係者が相談してとりきめること。そのとりきめ。例協定をむすぶ。協定価格。日韓《にっかん》漁業協定。類協約。

2 **きょうてい【教程】**〈名〉技能などをうまく教えるためにくふうされた順序。また、それにしたがった教科書。

3 **きょうてい【競艇】**〈名〉モーターボートの競走。先着順を予想して、観客にお金をかけさせるかけごと。

きょうてき【強敵】〈名〉つよくて、手ごわい相手。例強敵をやぶる。強敵にあたる。対弱敵。類大敵。

1 **きょうてん【教典】**〈名〉宗教上の教えを書いた本。

2 **きょうてん【経典】**〈名〉❶宗教上の教えや、信仰《しんこう》の規範《きはん》をしるした本。❷仏教の経文《きょうもん》を書いた本。

きょうでん【強電】〈名〉発電機や工場のモーターなどにつかう強い電流。対弱電。

1 **ぎょうてん【仰天】**〈名・する〉ひっくりかえりそうなくらいにおどろくこと。例びっくり仰天。類たまげる。

2 **ぎょうてん【暁天】**〈名〉明け方の空。

きょうてんどうち【驚天動地】〈名〉世間をあっといわせ、おおいにおどろかすこと。例驚天動地のできごと。

きょうと【教徒】〈名〉〔宗教〕ある宗教を信仰《しんこう》している人。例仏教徒。キリスト教徒。類信徒。信者。

1 **きょうど【▾匈奴】**〈名〉〔歴史〕紀元前四世紀から紀元一世紀にかけて、モンゴル高原を中心に活躍《かつやく》した北アジアの遊牧民族。たびたび中国へ侵入《しんにゅう》した。

2 **きょうど【郷土】**〈名〉❶生まれそだった土地。例郷土を愛する。郷土愛。類ふるさと。故郷。郷里。❷特有の伝統やふんいきをもつ土地。例郷土色。郷土芸能。類地方。ローカル。

3 **きょうど【強度】**〈名〉❶外からの力に対して、どれだけじょうぶであるかという度合い。例強度をしらべる。❷からだや心のぐあいのわるさがひどいこと。例強度の近眼。対軽度。類極度。

きょうとい（方言）⇩きょーとい

きょうとう【教頭】〈名〉小、中、高等学校で、校長をたすけ、校務をとりまとめる役の先生。類副校長。

1 **きょうどう【共同】**〈名〉❶一つのことにふたり以上の人が同じ程度にかかわりをもつこと。例共同で使う。共同トイレ。❷〈する〉ふたり以上の人が一つのことをいっしょにすること。例共同経営。共同募金《ぼきん》。対単独。

2 **きょうどう【協同】**〈名・する〉多くの人が力をあわせて仕事をすること。例協同組合。

3 **きょうどう【協働】**〈名・する〉複数の人や組織が、同じ目的のために協力しあって働くこと。類コラボレーション。

きょうどういしき【共同意識】〈名〉共同体の中で、利害をともにし、おたがいに支え合って生きているという心の持ちよう。

きょうどうくみあい【協同組合】〈名〉農民や漁民、消費者などが、それぞれの経済上の利益を守るためにつくる組合。例生活協同組合。

きょうどうせいめい【共同声明】〈名〉二つ以上の国家や団体などがいっしょに考えて意見を公表すること。そのようにして公表された意見。

きょうどうせんせん【共同戦線】〈名〉複数の団体や個人がおなじ目的のために一時的に協力しあうこと。例共同戦線をはる。

きょうどうたい【共同体】〈名〉家族や村落などのように、強い結びつきでまとまっている集団。例運命共同体。類共同社会。

きょうとうほ【橋頭▾堡】〈名〉水上から陸上の敵をせめるとき、敵地の岸べにつくる攻撃《こうげき》の拠点《きょてん》。例橋頭堡をきずく。

表現「橋頭堡をきずく」は、なにか困難なことをするとき、あらかじめ、あとから役にたつ手がかりや活動のよりどころをつくっておくことにもいう。「前進基地をきずく」「拠点をきずく」にも同じ用法がある。

きょうどしょく【郷土色】〈名〉その土地や地方の自然や風俗《ふうぞく》などから感じられる独特のあじわい。例郷土色ゆたか。類ローカルカラー。地方色。

ぎょうにんべん【行人偏】〈名〉漢字の偏の一つ。「役」「後」などの「彳」の部分。

きょうねつ【狂熱】〈名〉物狂《ものぐる》おしいほどの情熱。例狂熱的。

1 **きょうねん【凶年】**〈名〉❶農作物のできが、ひどくわるい年。不作の年。対豊年。❷わるいことの多い年。

2 **きょうねん【享年】**〈名〉人が死んだときの年齢《ねんれい》。類行年《ぎょうねん》。没年《ぼつねん》。

表現「享年八十(歳《さい》)」のように、年齢(数え年または満年齢《まんねんれい》)を表わす数字の前につけて使う。「歳」はつけないほうがいいという考えかたもある。「天から享《う》けた寿命《じゅみょう》」ということから、幼《おさな》くして亡《な》くなった場合にはふつう使わない。

ぎょうねん【行年】〈名〉亡《な》くなった人がこの世に生きた年数。数え年でも満年齢《まんねんれい》でもいう。例行年八十(歳《さい》)。類享年《きょうねん》。没年《ぼつねん》。「こうねん」ともいう。

きょうばい【競売】〈名・する〉たくさんの買い手を集めて、その中でいちばん高いねだんをつけた人に売る売りかた。オークション。例競売にかける。類せり。

参考 法律では、「けいばい」という。

1 **きょうはく【脅迫】**〈名・する〉むりやりなにかをさせようとして、相手をつよくおどすこと。例脅迫に屈《くっ》する。脅迫状。脅迫電話。脅迫罪。

2 **きょうはく【強迫】**〈名・する〉契約《けいやく》などを、むりにせまること。参考 民法や商法の用語で、ふつうは「脅迫《きょうはく》」を使う。

きょうはくかんねん【強迫観念】〈名〉特別な理由もないのに、自分がほかの人やものごとにたえず圧迫《あっぱく》されているような不安や恐怖《きょうふ》を感じること。例強迫観念にとらわれる。

きょうはん【共犯】〈名〉〔法律〕ふたり以上の者がいっしょになって罪をおかすこと。いっしょに罪をおかした者。例共犯者。

きょうび（方言）⇩きょーび

きようびんぼう【器用貧乏】〈名〉器用な人は、人には便利がられてあれこれ使われるが、一つのことにうちこめないために、大成しないままに終わってしまうこと。

きょうふ【恐怖】〈名〉身の毛がよだつようなおそろしさを感じること。例恐怖をあたえる。恐怖をおぼえる。恐怖感。恐怖心。類おそれ。

きょうぶ【胸部】〈名〉胸のあたり。例胸部疾患。

きょうふう【強風】〈名〉つよく、はげしくふく風。類

隠元(いんげん)（1592～1673） 江戸初期の禅僧。清から来日。黄檗(おうばく)宗の祖。京都の宇治に万福寺を開く。

暴風。大風《おおかぜ》。

きょうふしょう【恐怖症】〈名〉 わけもないのに、どうしてもある状態をおそれてしまう心の症状。[例]高所恐怖症。閉所恐怖症。対人恐怖症。赤面恐怖症。

[1]**きょうべん【強弁】**〈名・する〉 むりやりりくつをつけて、自分の意見を言いはること。[ア]キョーベン キョーベン

[2]**きょうべん【教▼鞭】**〈名〉 授業のとき、先生が黒板をさしたりするために使う ほそい棒。[例]教鞭をとる(=学校の先生として教える)。[ア]キョーベン

きょうほ【競歩】〈名〉 陸上競技の一つ。歩く速さをきそうもの。一瞬《いっしゅん》でも両足が同時に地面をはなれると失格になる。

きょうほう【凶報】〈名〉 人の死など、悪い知らせ。[対]吉報《きっぽう》。朗報。[類]悲報。

[1]**きょうぼう【共謀】**〈名・する〉 ふたり以上でいっしょになって悪事をたくらむこと。[類]謀議。

[2]**きょうぼう【凶暴・狂暴】**【▼兇暴】〈形動〉 ❶[凶暴] 性質がらんぼうで残酷《ざんこく》である。[例]凶暴な性格。凶暴性。❷[狂暴] くるったようにあばれるようす。[例]狂暴なふるまい。

きょうほん【狂奔】〈名・する〉 なんとか目的をとげようとして、くるったようにうごきまわること。[例]金策に狂奔する。[類]奔走。

きょうま【京間】〈名〉 関西でおもに使われる、住宅やたたみの大きさ。一間《いっけん》を六尺五寸(=約一・九七《メートル》)とするもの。

きょうまん【▼驕慢】〈名・形動〉 人をばかにして、かってきままにふるまう態度。[類]高慢。

きょうみ【興味】〈名〉 おもしろくて心がひきつけられること。[例]興味がある。興味がわく。興味をうしなう。興味をもつ。興味津々《しんしん》。興味本位。[類]関心。

きょうみしんしん【興味津津】〈副・連体〉 おもしろくてたまらないようすで。[例]興味津々見守る。興味津々たる問題。

きょうみぶか・い【興味深い】〈形〉 たいそう心がひきつけられる。[例]興味ぶかい話。

きょうみほんい【興味本位】〈名〉 おもしろければそれでいいという立場。[例]興味本位で記事に書き立てる。

きょうむ【教務】〈名〉 学校で、教育上必要な事務的な仕事。また、その係の人。[例]教務主任。

ぎょうむ【業務】〈名〉 会社や役所などでの仕事。[例]業務上。日常業務。

きょうめい【共鳴】〈名・する〉 ❶人の考えや行動に心から賛成すること。[類]賛同。❷⇩きょうしん〔共振〕

きょうもん【経文】〈名〉〔仏教〕 経典《きょうてん》に書かれている文章。お経の文句。

きょうやく【協約】〈名・する〉 たがいの利害にかかわる問題について、団体どうしまたは国どうしで相談してとりきめること。また、そのとりきめ。[例]協約をむすぶ。労働協約。[類]協定。

きょうゆ【教諭】〈名〉 幼稚《ようち》園・小学校・中学校・高等学校などの先生の肩書き名。

[1]**きょうゆう【共有】**〈名・する〉 品物や土地などを、何人かでいっしょに所有すること。[例]共有財産。[対]専有。

[2]**きょうゆう【享有】**〈名・する〉 もともとあたえられたものとしてもつこと。[例]自由を享有する権利。

きょうよ【供与】〈名・する〉 物資や資金をあたえること。[例]武器を供与する。[類]供給。

[1]**きょうよう【共用】**〈名・する〉 一つのものを何人かでいっしょに使うこと。[対]専用。[類]共同。

[2]**きょうよう【強要】**〈名・する〉 相手がいやがることでも、むりやり要求すること。[例]自白を強要する。[類]強制。むりじい。

[3]**きょうよう【教養】**〈名〉 ひとりの社会人として身につけるべき、はばひろい知識や心のゆたかさ。[例]教養がある。教養を身につける。高い教養。ゆたかな教養。教養人《じん》。教養番組。

きょうらく【享楽】〈名・する〉 目の前のたのしみをぞんぶんにあじわうこと。[例]享楽主義。[類]歓楽《かんらく》。

きょうらくてき【享楽的】〈形動〉 享楽にふけるような。[例]享楽的な気分。

きょうらん【狂乱】〈名・する〉 気がくるってふつうでない状態になること。[例]半狂乱。[類]錯乱《さくらん》。

[表現]「狂乱物価」のように、ものごとの秩序《ちつじょ》がうしなわれて、混乱した状態になることについてもいう。

[1]**きょうり【郷里】**〈名〉 自分の生まれそだった土地。[例]郷里に帰る。[類]故郷。ふるさと。郷土。

[2]**きょうり【教理】**〈名〉 宗教上の教えやその理念、理論。[類]教義。

[3]**きょうり【胸裏】**〈名〉 心の中。[例]胸裏をよぎる。

きょうりきこ【強力粉】〈名〉 たんぱく質・グルテンが多く、ねばり気の強い小麦粉。パンやマカロニに用いる。↓はくりきこ

きょうりゅう【恐竜】〈名〉 中生代《ちゅうせいだい》に栄えた、陸生《りくせい》の爬虫《はちゅう》類。大きいものは体長三〇《メートル》にもなり、種類が多い。化石が発見されている。

[1]**きょうりょう【狭量】**〈名・形動〉 心がせまくて、人の考えをうけいれられないこと。[対]広量。[類]偏狭《へんきょう》。

[2]**きょうりょう【橋▼梁】**〈名〉 大きな橋。[例]橋梁工事。

[1]**きょうりょく【協力】**〈名・する〉 なにかをするために力をあわせること。[例]友人の協力をえる。協力をおしまない。協力して校内の美化にとりくむ。一致《いっち》協力。

[2]**きょうりょく【強力】**〈形動〉 力などが、非常につよい。[例]強力な戦力。強力におし進める。

[参考]「ごうりき」と読むのは別のことば。

きょうりょくてき【協力的】〈形動〉 力をあわせようとするようす。[例]協力的な態度。

きょうれつ【強烈】〈形動〉 相手にあたえるショックが非常につよい。[例]強烈な印象。[類]激烈《げきれつ》。

ぎょうれつ【行列】〈名・する〉 ❶ならんで列をつくること。ずらっとならんだ人やものの列。[例]行列して待つ。行列をつくる。行列のできる人気店。❷〔数学〕 数字や、変数を表わすアルファベットなどを、よこ方向(=行)とたて方向(=列)にならべ、全体をかっこでくくったもの。

きょうわこく【共和国】〈名〉 国民の中からえらばれた代表者の合議によって、共同で政治を行なう国。[対]君主国。王国。

きょうわせい【共和制】〈名〉 国民に主権があり、合議制の機関によって政治が行なわれる制度。[対]君主制。

きょえい【虚栄】〈名〉 実際よりも自分をよく見せようとすること。[例]虚栄心。[類]見え。虚飾《きょしょく》。

ぎょえい【魚影】〈名〉 水中に見える魚のすがた。[例]魚影が濃《こ》い。

きょえいしん【虚栄心】〈名〉 うわべをかざって、実

際以上に自分をよく見せようとする気持ち。

ギョーザ〈名〉中華料理の一つ。小麦粉をこねてつくったうすい皮で、こまかく切った肉や野菜を半月形にくるんだもの。油で焼いたり、ゆでたりして食べる。「ぎょうざ」と書かれることもある。◇中国語「餃子」の方言から。

ぎょーさん（方言）たくさん。関西で言う。類よーけ。表記「仰山」と漢字を当てて書かれることがある。

きょーとい（方言）おそろしい。こわい。近畿《きんき》・中国などで言う。例かみなり鳴ってきょーてーっちゃ。

きょーび（方言）最近。今どき。関西で言う。例きょーびの若いもんは気がきかん。参考「今日日」の意味。

きょか【許可】〈名・する〉願い出があったことがらに対して、そのとおりでよいとみとめること。例通行を許可する。許可がいる。許可がおりる。許可をえる。許可証。許可制。類認可《にんか》。承認。

ぎょかい【魚介・魚貝】〈名〉❶[魚介]水産動物のこと。魚・貝類・エビ・カニなど。例魚介類。❷[魚貝]「①」のうち、魚と貝類。

きょがく【巨額】〈名・形動〉金額が極端《きょくたん》に大きいこと。例巨額な政治献金《けんきん》。類多額。

ぎょかく【漁獲】〈名〉漁師《りょうし》が仕事として魚などをとること。漁でとれた魚や貝。例漁獲高。漁獲量。類水揚《みずあ》げ。

[1]**きょかん**【巨漢】〈名〉からだが大きい男。類大男。

[2]**きょかん**【居館】〈名〉豪族《ごうぞく》や大名など、高い身分にあった昔の人の住まい。

ぎょがんレンズ【魚眼レンズ】〈名〉視野が一八〇度ぐらいある、広角レンズ。

きょき【▼歔▼欷】〈名〉すすり泣くこと。むせび泣くこと。例歔欷の声。

きょぎ【虚偽】〈名〉事実でないことを、いかにも事実のように見せかけてだますこと。例虚偽の申したて。対真実。類いつわり。うそ。にせ。

[1]**ぎょきょう**【漁協】〈名〉それぞれの地域の、漁業協同組合《くみあい》。

[2]**ぎょきょう**【漁況】〈名〉漁業の景気。

ぎょぎょう【漁業】〈名〉魚や貝、ノリなどの水産物をとったり養殖《ようしょく》したりする産業。第一次産業に属する。例漁業組合。沿岸漁業。類水産業。

きょきょじつじつ【虚虚実実】〈名〉敵と味方など、両者が、たがいにあらゆる策略をつかって、相手とたたかうようす。例虚虚実実のかけひき。

常用漢字　きょく

【曲】 日部2 全6画 ※ 曲曲曲曲曲曲

キョク　まがる・まげる 教小3 音[キョク] ⬒曲線《きょくせん》。曲面《きょくめん》。曲目《きょくもく》。曲芸《きょくげい》。⬓湾曲《わんきょく》。歪曲《わいきょく》。作曲《さっきょく》。名曲《めいきょく》。訓❶[まがる]曲がる。折れ曲がる。曲がり角。❷[まげる]曲げる。ねじ曲げる。

【局】 尸部4 全7画 局局局局局局局

キョク 教小3 音[キョク] ⬒局地《きょくち》。局部麻酔《きょくぶますい》。局員《きょくいん》。局面《きょくめん》。⬓支局《しきょく》。放送局《ほうそうきょく》。郵便局《ゆうびんきょく》。時局《じきょく》。結局《けっきょく》。

【極】 木部8 全12画 極極極極極極

キョク・ゴク　きわめる・きわまる・きわみ 教小4 音❶[キョク] ⬒極限《きょくげん》。極地《きょくち》。極力《きょくりょく》。極端《きょくたん》。⬓北極《ほっきょく》。究極《きゅうきょく》。終極《しゅうきょく》。積極的《せっきょくてき》。❷[ゴク] ⬒極意《ごくい》。極上《ごくじょう》。極秘《ごくひ》。極私的《ごくしてき》。⬓至極《しごく》。訓❶[きわめる]極める。極め付き。極めて。❷[きわまる]極まる。極まり。感極まる。❸[きわみ]極み。

[1]**きょく**【曲】❶〈名〉音楽のメロディー。例曲をアレンジする。❷〈名・接尾〉音楽や歌謡《かよう》の一作品。それを数えることば。例バッハの曲を演奏する。生涯《しょうがい》に数千曲の歌謡《かよう》曲を作った。▽アキョク

表現「曲がない」といえば、なんの変哲《へんてつ》もなくて、おもしろみのないことをいう。

[2]**きょく**【局】❶〈名〉「放送局」「郵便局」などの略。例局で速達をだす。局あて(に送る)。❷〈名・接尾〉囲碁《いご》や将棋《しょうぎ》の対局。また、それを数えることば。例一局お手合わせをお願いします。五番勝負の第四局。▽アキョク

[3]**きょく**【極】❶〈名〉ものごとの程度がこのうえない状態。例疲労《ひろう》の極に達する。興奮《こうふん》の極に達する。❷〈名・接尾〉対立する、きわだった勢力。また、それを数えることば。例保守《ほしゅ》の極と革新《かくしん》の極。二極政治。多極化。一極化。▽アキョク

[4]**きょく**【巨▼軀】〈名〉「巨体」のこと。アキョク

常用漢字　ぎょく

【玉】 玉部0 全5画 ※ 玉玉玉玉玉

ギョク　たま 教小1 音[ギョク] ⬒玉座《ぎょくざ》。玉石混交《ぎょくせきこんこう》。玉稿《ぎょっこう》。⬓珠玉《しゅぎょく》。宝玉《ほうぎょく》。訓[たま]玉。玉ねぎ。玉突き衝突。目玉。五円玉。替え玉。

ぎょく【玉】〈名〉❶「玉将」の略。❷飲食店で、鶏卵《けいらん》のこと。すし屋で、たまご焼きのこと。

ぎょぐ【漁具】〈名〉網《あみ》などの、漁業に使う道具。

きょくう【極右】〈名〉極端に右翼的・保守的なこと。例極右思想。極右勢力。極右的。対極左。

きょくがい【局外】〈名〉問題になっている事件や仕事にかかわりのないこと。例局外におかれる。局外者。局外中立。類部外。

きょくがくあせい【曲学▼阿世】〈名〉学問の真理をねじまげて、権力者や世間がよろこびそうなつごうのよい説をとなえること。例曲学阿世の徒。

きょくげい【曲芸】〈名〉綱《つな》わたりや皿《さら》まわしなどのむずかしいわざを見せる芸。例曲芸師。類はなれわざ。かるわざ。アクロバット。

[1]**きょくげん**【局限】〈名・する〉問題などの範囲《はんい》を、せまくかぎること。例被害《ひがい》を局限(化)するための対策。類限定。アキョクゲン

[2]**きょくげん**【極言】〈名・する〉話がわかりやすくなるように、極端《きょくたん》な言いかたをすること。例極言すれば。類極論。アキョクゲン

[3]**きょくげん**【極限】〈名〉これ以上はとても進めないという、ぎりぎりのところ。例極限に達する。極限状態。類限界。究極。きわみ。アキョクゲン キョクゲン

きょくげんじょうたい【極限状態】〈名〉ぎりぎりのところまで追いつめられた状態。

きょくさ【極左】〈名〉極端に左翼的・急進的なこと。例極左勢力。極左的。対極右。

ぎょくざ【玉座】〈名〉王や天皇がすわる特別の席。

 ウィッテ（1849～1915）ロシアの政治家。極東進出をはかる。ポーツマス会議のロシア全権。

ぎょくさい【玉砕】〈名・する〉玉が美しくくだけちるように、名誉《めいよ》をおもんじてたたかい、いさぎよく死ぬこと。例全員玉砕。玉砕戦法。
表現 困難な仕事やつよい相手にたちむかうとき、成功のみこみがない状態でぶつかっていくことがある。そのようなときにもこのことばを使う。

ぎょくじ【玉璽】〈名〉天皇の印《いん》。

きょくしょ【局所】〈名〉全体の中の一部分。とくに、人のからだの一部分。例局所麻酔《ますい》。類局部。

きょくしょう【極小】〈名〉❶きわめて小さいこと。❷〔数学〕関数の数値が小さくなってきて、これから大きくなろうとするところの数値。▽対極大。類最小。

ぎょくしょう【玉将】〈名〉将棋《しょうぎ》のこまの一つ。王将と同じであるが、ふつう、段位の低いほうの人、または、先手《せんて》の人がこれを使う。玉。

ぎょくせきこんこう【玉石混交】〈名〉すぐれたものとおとったものが、ごちゃごちゃ入りまじっているようす。

きょくせつ【曲折】〈名・する〉❶道などが、まがりくねっていること。例街道《かいどう》は右に左に曲折して湖畔《こはん》に出る。❷こみいった事情があって、複雑ないきさつがあること。例曲折をへる。紆余《うよ》曲折。

きょくせん【曲線】〈名〉なめらかにまがった線。例曲線をえがく。曲線美。対直線。類弧《こ》。

きょくそう【曲想】〈名〉〔音楽〕曲づくりのモチーフ。例曲想を練る。

きょくだい【極大】〈名〉❶きわめて大きいこと。類特大。❷〔数学〕関数の数値がだんだん大きくなってきて、これから小さくなろうとするところの数値。▽対極小。類最大。

きょくたん【極端】〈名・形動〉ふつうの状態から、とてつもなくはずれていること。例極端な言いかた。両極端。類極度。

極端に走《はし》る 極端な考えかたや行動をとる。

[1]**きょくち【局地】**〈名〉かぎられた一部の地域。例局地戦。局地的。

[2]**きょくち【極地】**〈名〉いちばんはての土地。とくに、南極と北極の地。

[3]**きょくち【極致】**〈名〉到達《とうたつ》することのできる最高の状態。ごくち。例美の極致。類極点。

きょくちてき【局地的】〈形動〉一部の地域にかぎられている。例局地的な豪雨《ごうう》。

きょくちょう【局長】〈名〉局全体の責任をもつ地位。また、その責任者。

きょくてん【極点】〈名〉❶到達《とうたつ》することのできる最後のところ。類極致《きょくち》。❷南極点また北極点。例極点に立つ。

きょくど【極度】〈名〉その先になると、どうなってしまうかわからない、ぎりぎりのところ。例極度の疲労《ひろう》。極度に衰弱《すいじゃく》する。類極端《きょくたん》。

きょくとう【極東】〈名〉ヨーロッパからみて、東のはての地域。アジア東部の日本・中国・朝鮮《ちょうせん》やインドシナなどをさす。対中東。近東。

きょくのり【曲乗り】〈名・する〉玉や動物や乗り物などに乗って行なう曲芸。

きょくばん【局番】〈名〉電話局(＝いまのＮＴＴの支店・営業所)にわりふられた番号。市外局番・市内局番の順に電話番号の先頭に示される。

きょくひどうぶつ【▼棘皮動物】〈名〉からだの表面に石灰《せっかい》質のからやとげなどをもつ下等動物をまとめていうことば。ウニ・ヒトデ・ナマコなど。すべて海産。

きょくぶ【局部】〈名〉全体の中の特定の一部分。とくに、人のからだの一部分。類局所。

きょくほ【曲▽浦】〈名〉まがりくねった海岸線。

きょくほく【極北】〈名〉❶地球上、またはある地域で、もっとも北にあるところ。例極北の地シベリア。知床《しれとこ》半島の極北。❷その世界で最上位にある人や物のたとえ。

きょくめん【局面】〈名〉❶碁《ご》や将棋《しょうぎ》で、勝負のなりゆき。❷ものごとが、どうすすむか、どうなるかという、そのときの状態。例局面を打開する。重大な局面。類形勢。情勢。

きょくもく【曲目】〈名〉コンサート・音楽番組・CDなどの、曲の構成。類プログラム。セットリスト。トラックリスト。

きょくりょく【極力】〈副〉「なるべく」の意味の、やや改まった言いかた。例酒を極力ひかえるように。

ぎょくろ【玉露】〈名〉最高級の緑茶。

きょくろん【極論】〈名・する〉思いきって極端《きょくたん》な意見を言うこと。極端な意見。例極論すれば。それは極論というものだ。類極言。

ぎょぐん【魚群】〈名〉魚のむれ。例魚群探知機。

きょげん【虚言】〈名〉うそ。うそをつくこと。例虚言をはく。虚言癖《へき》。虚言症《しょう》。

[1]**きょこう【挙行】**〈名・する〉儀式《ぎしき》や行事などをとり行なうこと。例ただいまより卒業式を挙行いたします。

[2]**きょこう【虚構】**〈名〉いかにも事実のようにつくりあげること。類架空《かくう》。フィクション。

ぎょこう【漁港】〈名〉漁業の根拠地となるみなと。

きょしき【挙式】〈名・する〉儀式《ぎしき》をとり行なうこと。とくに、結婚《けっこん》式をあげること。例挙式はいつですか。

きょしつ【居室】〈名〉家族がふだんの生活で自由に使う部屋。類居間《いま》。リビングルーム。

きょじつ【虚実】〈名〉つくりごとと事実。例虚実とりまぜて話す。

きょしてき【巨視的】〈形動〉細部にとらわれず、全体を見ようとするようす。例事態を巨視的につかむ。対微視《びし》的。類マクロ。

ぎょしゃ【御者】『▼馭者』〈名〉仕事として、馬車をうごかす人。

きょじゃく【虚弱】〈形動〉からだがひよわで、病気になりやすい。例虚弱体質。対頑健《がんけん》。強健。

ぎょしやす・い【御しやすい】『御し▽易い』〈形〉思いどおりにあやったり手なずけたりすることができる。例御しやすい相手。

きょしゅ【挙手】〈名・する〉❶片手をあげること。例挙手で採決する。ご質問のある方は挙手をお願いします。❷右手を、顔の右横へあげたり、なめうえにつきだしてする敬礼。例挙手の礼。参考 ①は、賛成・反対の意思や、質問があることを表わす合図。

きょしゅう【去就】〈名〉去ることととどまること。例去就を決する。去就にまよう。類出処。進退。
表現 ふつう、現在の自分の地位や職場にとどまるかどうか、というときに使う。

きょじゅう【居住】〈名・する〉住むこと。住みついていること。例居住地。居住者。居住性。類在住。

きょじゅうせい【居住性】〈名〉建物や乗り物などのいごこちのよさ。例居住性にすぐれる。

ウィリアム=アダムズ（1564～1620） イギリス人。オランダ船の水先案内人。徳川家康の外交顧問。

きょしゅつ【拠出】〖▼醸出〗〈名・する〉事業や寄付などのために、金や物品をだすこと。例拠出金。類カンパ。醸金《きょきん》。

きょしょ【居所】〈名〉身をおいているところ。住んでいるところ。例居所を移す。類居場所。いどころ。

きょしょう【巨匠】〈名〉芸術の分野で、偉大《いだい》な業績をあげた人。類大家。泰《たい》斗《と》。マエストロ。

きょじょう【挙上】〈名・する〉バーベルや、自分の手足を、もち上げること。

[1]**ぎょしょう【魚礁】**〈名〉海底の岩場などで、魚がたくさん集まる所。参考ブロックや廃船などをしずめた人工魚礁もある。

[2]**ぎょしょう【魚▼醤】**〈名〉塩づけにした魚からつくる調味料。秋田のしょっつる、能登《のと》のいしる、香川のいかなご醤《しょう》油《ゆ》など。

ぎょじょう【漁場】〈名〉漁《りょう》をする場所。さかなが多くいて、漁に適した場所。「ぎょば」ともいう。

きょしょく【虚飾】〈名〉うわべだけを、もっともらしくかざること。例虚飾にみちた生活。類虚栄。見え。

きょしょくしょう【拒食症】〈名〉食欲がなくなったり、食べてもすぐはき出してしまう、神経性の病気。参考正式には、「神経性やせ症《しょう》」という。

きょしん【虚心】〈形動〉先入観などがなくて、心がすなおな状態である。例虚心に聞く。虚心坦懐《たんかい》。類無心。

きょじん【巨人】〈名〉❶背がとても高く、からだも大きい人。対こびと。類大男。巨漢。❷とくにすぐれた偉大《いだい》な人。例物理学の巨人。類巨星。

ぎょしん【魚信】〈名〉釣《つ》りで、針に魚が食いついたときの、ぴくりという動き。当たり。

きょしんたんかい【虚心▼坦懐】〈名・形動〉心にわだかまりや先入観などをもたない、さっぱりしたひろい気持ち。また、そのような態度でものごとを行なうこと。例虚心坦懐に聞く。

きょすう【虚数】〈名〉〔数学〕二乗《にじょう》すると負《ふ》になる、$\sqrt{-1}$（ルートマイナスイチ）という現実にはありえないかずをもとにした、方程式に使う形式上のかず。対実数。

キヨスク〈名〉⇩キオスク

ぎょ・する【御する】〖▼馭する〗〈動サ変〉❶馬車などのウマを思うままに動かす。例御しやすい。類あやつる。コントロールする。❷人を自分の思いどおりに動かす。

きよせ【季寄せ】〈名〉季語を季節によって分類したもの。類歳時記《さいじき》。

[1]**きょせい【巨星】**〈名〉❶〔天文〕恒星《こうせい》の中で、とくに大きい星。アンタレスやカペラなど。対矮星《わいせい》。❷とても偉大《いだい》な人。例巨星墜《お》つ（＝偉大な人が死ぬ）。類巨人。

[2]**きょせい【去勢】**〈名・する〉❶動物のおすから生殖《せいしょく》の能力をうばうこと。例去勢された思想。❷ものごとにたちむかう気力を失わせること。

[3]**きょせい【虚勢】**〈名〉実力がともなわないのに、いきおいがあるように見せかけること。例虚勢をはる。類からいばり。

きょぜつ【拒絶】〈名・する〉要求や依頼《らい》をいっさいうけつけないこと。例支払いを拒絶する。拒絶反応。対受けいれる。受諾《じゅだく》。類拒否《きょひ》。

きょぜつはんのう【拒絶反応】〈名〉❶〔医学〕内臓などを移植したとき、からだがそれをうけつけまいとする反応。❷内容をよく理解しようともせず、はじめからいやなものと決めつけて、感情的になってこばむこと。例コンピューターに拒絶反応をしめす。▽類拒否反応。

ぎょせん【漁船】〈名〉漁《りょう》をするための船。

きょそ【挙措】〈名〉たちいふるまい。例挙措を失う（＝あわててとりみだす）。類挙動。

きょぞう【虚像】〈名〉❶〔物理〕目には見えるが、その場所にスクリーンをおいてもうつらない像。凹《おう》レンズや平面鏡などでできる像。❷見せかけだけの、ほんとうでないすがた。例虚像をあばく。▽対実像。

ぎょそん【漁村】〈名〉住民の多くが漁業によって生計をたてている村。対農村。

きょたい【巨体】〈名〉とても大きなからだ。類巨軀《きょく》。

きょだい【巨大】〈形動〉とても大きい。例巨大な船。対微小《びしょう》。類ジャンボ。

きょだく【許諾】〈名・する〉聞きいれてゆるすこと。例記事の掲載《けいさい》を許諾する。類許可。承諾。

ぎょたく【魚拓】〈名〉記念として、つった魚に墨《すみ》をぬって、かたちを紙にうつしとったもの。例魚拓にとる。

きょだつ【虚脱】〈名・する〉気力をなくして、体から力がぬけたようなうつろな状態になること。例虚脱感。虚脱状態。類気ぬけ。放心。

きょだん【巨弾】〈名〉❶大きな砲弾《ほうだん》。例巨弾を放つ。❷雑誌などの宣伝《せんでん》文句で、目玉となる作品のたとえ。例巨弾新連載《れんさい》。

きょっかい【曲解】〈名・する〉ものごとをわざとまげて解釈すること。例曲解してもらっては困る。類邪推。

きょっけい【極刑】〈名〉もっとも重い刑罰《けいばつ》。死刑。例極刑に処す。

きょっこう【極光】〈名〉⇩オーロラ

ぎょっと〈副・する〉予想外のことに出くわし、ひどいショックで、心が動揺《どうよう》するようす。

きょてん【拠点】〈名〉活動の よりどころとなる ところ。例拠点をきずく。類足場。↓きょうとうほ表現

[1]**きょとう【巨頭】**〈名〉国家や政財界など、大きな組織の指導的立場にある人。例巨頭会談。類首脳。

[2]**きょとう【挙党】**〈名〉政党全体をひとまとめにすること。例挙党体制。

きょどう【挙動】〈名〉人の行動や動作。例挙動があやしい。挙動不審《ふしん》。

表現スマートフォンなどの作動のしかたを人になぞらえて、「挙動が不安定だ」などと言うこともある。

きょときょと〈副・する〉不安のために落ちつかず、あたりを見まわすようす。例はじめて大都会に出てきて、きょときょとしてしまった。類きょろきょろ。

きょとんと〈副・する〉意外なことにであうなどして、その場のことがのみこめず、目をまるくしてぼんやりしているようす。例きょとんとした顔。

ぎょにく【魚肉】〈名〉さかなの肉。

きょねん【去年】〈名〉ことしの前の年。対来年。類昨年。

表現「昨年」といえばあらたまった言いかた。「去年」といえばふだんの言いかた。

ぎょば【漁場】〈名〉⇩ぎょじょう

[1]**きょひ【巨費】**〈名〉とてつもなく莫大《ばくだい》な費用。例巨費を投じる。

[2]**きょひ【拒否】**〈名・する〉要求や依頼《らい》などをつよくことわること。例拒否権。類拒絶。

 ウィルソン（1856〜1924）アメリカ大統領。パリ講和会議を指導，国際連盟の設立に努力。

きょひけん【拒否権】〈名〉❶反対してことわることができる権利。❷全会一致《いっち》の会議の議決などで、議決に反対して成立させないことのできる権利。例拒否権を行使する。

きょひはんのう【拒否反応】〈名〉自分への命令や要求、希望などに対して自然におこる、それをはねつけようとする反応。例拒否反応をおこす。類拒絶反応。

ぎょふ【漁夫】〈名〉「漁師」の古い言いかた。類漁民。

漁夫の利《り》 二つのものの争いに乗じて、他の者がなんの苦労もなく手に入れる利益。由来 浜辺《はまべ》でシギとハマグリが争っているとき、通りかかった漁師が両方ともつかまえたという、中国の故事による。

きょへい【挙兵】〈名・する〉兵を集めること。兵を集めてたたかいをおこすこと。類旗あげ。

きょへん【巨編】〈名〉文学や映画などの、スケールが大きくすぐれた作品。類大作《たいさく》。

きょほう【虚報】〈名〉いつわりの報道。うその知らせ。例虚報におどらされる。類誤報。デマ。フェイクニュース。

ぎょほう【漁法】〈名〉漁業としての、魚をとる方法。

きょほうへん【毀誉褒▼貶】〈名〉ほめたり、けなしたりすること。例毀誉褒貶は人の世の常。

きょぼく【巨木】〈名〉幹の太い大きな木。類巨樹。

表現「巨木倒れる」のように、偉大《いだい》な人物のたとえにも用いられる。

きょまん【巨万】〈名〉非常に大きな数や量。例巨万の富。巨万におよぶ。

きよみず（清水）のぶたい（舞台）からと（飛）びお（降）りる できるかどうかわからないほどむずかしいことを、思いきってやろうとすることのたとえ。

参考 京都の清水寺《きよみずでら》本堂の、がけの上に張り出している板敷《いたじき》を「清水の舞台」という。

ぎょみん【漁民】〈名〉漁業で生計をたてている人々。類漁師《りょうし》。漁夫。

きょむ【虚無】〈名〉なにもなく、ただ、むなしいこと。ニヒル。例虚無的。虚無主義。類空虚。

きょむかん【虚無感】〈名〉人生に意味はあるのだろうかとか、自分のやったことはむだだったのではないかとかいう、むなしい気持ち。対充実《じゅうじつ》感。類徒労感。

きょむしゅぎ【虚無主義】〈名〉現在あるものの価値や権威《けんい》などをみとめず、すべてのことがただむなしいという考え。ニヒリズム。

きょむてき【虚無的】〈形動〉人生のなにごとをもむなしく思うようす。例虚無的な思想。

きよめ【清め】〈名〉けがれを落として清らかにすること。例お清めの塩（↓しお参考）。

きょめい【虚名】〈名〉実力以上に評価されてつくりあげられた名声。例虚名があがる。虚名を得る。

きよ・める【清める】〈動下一〉けがれやよごれをとりのぞいて、きよらかにする。例身を清める。

きょもう【虚妄】〈名〉うそいつわりであること。例虚妄の説。

ぎょもう【漁網・魚網】〈名〉漁《りょう》をするためのあみ。定置あみや刺《さ》しあみ、流しあみなど。

きよもと【清元】〈名〉「清元節」の略。江戸浄瑠璃《えどじょうるり》の一派。三味線《しゃみせん》を使って、かんだかい声でかたる、はでで いきな音楽。

きょよう【許容】〈名・する〉そこまでは受け入れられる程度だとして、ゆるすこと。例格差を許容する。許容範囲《はんい》。許容量。類容認《ようにん》。

きょらい【去来】〈名・する〉❶行き来する。例白雲が去来する。❷心の中に、思いがうかんだり消えたりする。例さまざまな思いが去来する。

ぎょらい【魚雷】〈名〉「魚形水雷」の略。潜水艦《せんすいかん》などから発射され、自力で水中をすすんで、目標にぶつかると爆発《ばくはつ》する兵器。

きよらか【清らか】〈形動〉よごれやけがれがなく美しくすんでいる。例清らかな水。清らかな心。類清い。

[1]きょり【巨利】〈名〉非常に大きな利益。例巨利を博する。巨利をむさぼる。

[2]きょり【距離】〈名〉❶二つの地点や二つのもののあいだのへだたり。例距離がある。距離をおく。トップとの距離をちぢめる。長距離。直線距離。最短距離。❷〔数学〕二点を結ぶ線分の長さ。

表現「友人と仲直りするまでしばらく距離を置く」「距離のある態度をとる」のように、相手とのあいだにできる気持ちのうえでのへだたりをいうこともある。

きょりゅう【居留】〈名・する〉❶一時的にある場所に住むこと。類寄留。❷条約によってみとめられて、外国の一定の地域内にすむこと。例居留地。居留民。

きょりゅうち【居留地】〈名〉条約によって、外国人の居住と営業を特別にみとめた地域。

参考 日本では開国から一八九九（明治三二）年の条約改正まで、東京・大阪・長崎などにあった。

ぎょるい【魚類】〈名〉脊椎《せきつい》動物の分類で、さかなのなかま。

きょれい【虚礼】〈名〉形式だけで、心のこもっていない礼儀《れいぎ》。例虚礼廃止《はいし》。

ぎょろう【漁労】【漁▼撈】〈名〉仕事として、さかなや貝、海藻《かいそう》などをとること。例漁労長。類漁業。

きょろきょろ〈副・する〉おちつきなくあたりを見まわしているようす。例まわりをきょろきょろ（と）見まわす。

ぎょろぎょろ〈副・する〉大きく見ひらいた目で、あたりをにらみまわすようす。

ぎょろめ【ぎょろ目】〈名〉にらむように大きく見開いた目。俗《ぞく》な言いかた。

きよわ【気弱】〈名・形動〉ものごとにくじけたり、ものおじしたりするようす。例気弱な性格。急に気弱になる。対気丈《きじょう》。

[1]きらい【嫌い】 一〈形動〉自分の好みに合わない。いやだ。例嫌いなタイプ。嫌いになる。対好き。類苦手《にがて》。↓ぎらい

二〈名〉❶（多く、「…するきらいがある」「…のきらいがある」の形で）…の気味がある、…の傾向《けいこう》がある、という意味を表わす。このましくない場合に使う。例こんなことを言っては言いすぎのきらいがあるが…。類かたむき。うらみ。❷（「…のきらいなく」の形で）区別しないこと。古い言いかた。例男女のきらいなく入学をみとめる。類別。

[2]きらい【機雷】〈名〉「機械水雷」の略。水中にしかける爆弾《ばくだん》。

ぎらい【嫌い】〈接尾〉❶あるものごとがいやであることを表わす。例人嫌い。男嫌い。❷そんなふうにいやであることを表わす。例毛嫌い。食わず嫌い。▽対ずき。

きら・う【嫌う】〈動五〉いやだと思う。例勉強をきらう。湿気《しっけ》をきらう（＝湿気によわい）。ところきらわず（＝どこでもかまわず）。対好く。このむ。類いやがる。いとう。

きらきら〈副・する〉小さく見えるものが、つづけて美しく光りかがやくようす。例きらきら（と）光る星。

ぎらぎら〈副・する〉人の目を射るような感じで光りかがやいているようす。例ぎらぎら(と)照りつける。ぎらぎら(と)した目。

きらく【気楽】〈形動〉心配なことや気をつかうことがない。例気楽な仕事。気楽に話しかける。

きら・す【切らす】〈動五〉使いきって、残りがないような状態にする。例シャンプーを切らす。息を切らす。
表現「しびれをきらす」は、しびれた状態になることをさす。

きらびやか〈形動〉かがやくほどはでうつくしい。例きらびやかなよそおい。類絢爛《けんらん》。

きら(▼綺羅)ほし(星)のごと(▽如)く 実力のある人がずらりとそろっているようす。例授賞式の舞台《ぶたい》に人気俳優たちがきら星のごとくならんだ。
注意「きら」と「ほし」とで一語とかんちがいし、きらきらと美しくかがやく星の意味で「きらぼし」という言い方ができた。「綺羅」とは、はなやかな衣服で着かざった人のこと。

きらめ・く〈動五〉うつくしくきらきらと光りかがやく。例きらめく星座。星がきらめく。

きらら〖▽雲▽母〗〈名〉鉱物の「雲母《うんも》」のこと。

1 **きり**【切り】〈名〉❶つづいていたものごとが一段落するところ。例切りがいい。切りをつける。切りのいいところでひと休みしよう。類くぎり。❷[キリ] 同じ種類の中で、いちばん低級な品物。例ピン(=最高)からキリまで。▽アキリ

切りがない いつになっても終わりにならない。例いつまで言いあっても切りがない。類とめどない。限りない。果てしない。

2 **きり**〖▼桐〗〈名〉落葉高木の一つ。大きなハート形の葉をつけ、初夏、むらさき色の花がさく。材質が軽く、湿気《しっけ》をすいにくいので、高級なたんすやげたに使う。アキリ

桐一葉《ひとは》落《お》ちて天下《てんか》の秋《あき》を知《し》る ⇩一葉《いちよう》落ちて天下の秋を知る(「いちよう」の子項目)

3 **きり**〖▼錐〗〈名〉材木などに小さな穴をあけるのに使う大工道具。例きりをもむ(=穴をあける)。アキリ

4 **きり**【霧】〈名〉❶〔気象〕大気中の水蒸気が、地表近くで水滴《すいてき》となって集まり、けむりのようにただよっているもの。天気図の記号は◉。例霧がでる。霧がたちこめる。霧がはれる。霧につつまれる。こい霧。朝霧。夕霧。夜霧。川霧。類ガス。もや。かすみ。❷水などの液体を空中にこまかくとびちらしたもの。例霧をふく。霧ふき。▽アキリ
参考(1)①は、気象用語では、一《キロメートル》より近くにあるものが見えないときに使うことば。それ以上のものが見えるときには「もや」という。(2)古くは、春のものを「かすみ」、秋のものを「霧」といった。いまも一般《いっぱん》にこの区別はのこっている。

5 **きり**〈副助〉ものごとをある範囲《はんい》にかぎる、という意味をそえる助詞。❶おもに数量を表わすことばのあとにつけて、わずかにそれだけ、という意味を表わす。例ふたりきりで話そう。彼に会ったのは一回きりだ。類だけ。❷「しか」の古風な言いかた。例朝から水きり飲んでいない。❸それを最後として、あとがつづかないことを表わす。例出かけたきり帰ってこない。ふたりの間はそれきりになった。❹ずっとそのままつづいていることを表わす。例母親がつききりで看病している。ねたきり老人。
参考「っきり」「ぎり」の形が使われることもある。

ぎり【義理】〈名〉❶人とのつきあいで、かならず守り、どうしてもしなければならないと感じること。例義理をかく。義理をたてる。義理と人情の板ばさみ。義理がたい。不義理。→おぎり ❷結婚《けっこん》などで生じる、血縁《けつえん》に準じたあいだがら。例義理の母。❸(「…できた義理ではない」の形で)…の立場ではない。例今さらたのめた義理ではない。❹(「義理にも」の形で)気をつかって言っても。お世辞にも。例せっかくだが、義理にもおいしいとは言えない。

義理を欠《か》く 人とのつきあいの上でしておかなければならないとされることをおこたる。例ご祝儀《しゅうぎ》も出さずに義理を欠く。

きりあ・げる【切り上げる】〈動下一〉❶つづけていたことに途中《とちゅう》でくぎりをつけて、やめる。例仕事を切り上げる。❷〔数学〕ある桁《けた》より下の端数《はすう》を一とみなして、その桁に加える。八・三を九とするなど。対切り捨てる。

きりうり【切り売り】〈名・する〉一つにまとまっているものの一部分を売ること。例土地を切り売りする。

きりえ【切り絵】〈名〉紙や布をいろいろな形に美しく切りぬいたもの。

きりかえ・す【切り返す】〈動五〉❶相手の攻撃に対して、反撃する。例相手の批判をするどく切り返した。類やり返す。❷車のハンドルを、すばやく反対がわに回す。

きりか・える【切り替える】〈動下一〉それまでつづいていたものをやめて、ほかのものにする。例チャンネルを切り替える。頭を切り替える。類転換《てんかん》する。

きりかか・る【斬り掛かる・切り掛かる】〈動五〉刃物《はもの》をふりあげて相手を切ろうとおそいかかる。

ぎりがた・い【義理堅い】〈形〉義理をだいじにする感じだ。例義理堅い人。

きりかぶ【切り株】〈名〉木を地面の近くで切りとったあと、地上にのこった部分。例切り株につまずく。

きりがみ【切り紙】〈名〉紙を、あるもようや人のすがたなどに切りぬいたもの。例切り紙細工。

きりかわ・る【切り替わる】〈動五〉今までとちがう別のものになる。例新制度に切り替わる。類転換《てんかん》する。一変する。

きりきざ・む【切り刻む】〈動五〉こまかく切る。

きりきず【切り傷】〈名〉刃物《はもの》などで切ったためにできたきず。例ほおに切り傷のある男。類創傷《そうしょう》。

ぎりぎり〈名・形動〉数量や時間、程度などが、ゆるされる限度いっぱいで、少しのゆとりもないこと。例ぎりぎりでまにあう。時間ぎりぎりまで問題ととりくむ。これがゆずれるぎりぎりの線だ。類極限。目いっぱい。すれすれ。

きりぎりす〈名〉昆虫《こんちゅう》の一種。体長四《センチメートル》ほどで、みどり色または茶色。バッタににている。

きりきりまい【きりきり舞い】〈名・する〉いそがしさやあわただしさが一度におおいかぶさってきて、目が回るような感じであること。類てんてこ舞い。

きりくず・す【切り崩す】〈動五〉❶山などを少しずつほって、くずす。例がけを切り崩す。❷相手がわの組織を少しずつこわしていく。例反対勢力を切り崩す。❸ためていたお金を、取り崩す。例貯金を切り崩しながらなんとか生活する。注意①と②が本来の意味だが、あやまって③の意味で使われることも増えている。

きりくち【切り口】〈名〉❶ものを切った断面。❷封《ふう》をしてある袋《ふくろ》などをあけるためにつけてある目じるし。❸ものごとをとらえるときの見かたや発想のしかた。取材や商品企画《きかく》についていう。例するどい切り口で世相をあばく。表記③は「斬り口」とも書く。

きりこ【切り子】〈名〉四角なもののかどを、切りおとした形。例切り子ガラス(=カットグラス)。参考 切り子ガラス作りの伝統工芸として、江戸《えど》切子と薩摩《さつま》切子が有名。

きりこうじょう【切り口上】〈名〉一語一語をはっきりくぎっていう言いかた。かたくるしくて、よそよそしい感じがする話しかた。例切り口上であいさつされて、返事にこまった。

きりこみ【切り込み】〈名〉❶敵の中にきりこむこと。例切り込みをかける。❷議論などで、相手を追及すること。例鋭い切り込み。❸ものの一部に刃物《はもの》でつくった切れ目。例切り込みを入れる。
表記 ①と②は「斬り込み」とも書く。

きりこ・む【切り込む】〈動五〉❶敵の中に刀をふるって入る。例敵陣に切り込む。❷するどく追及《ついきゅう》する。❸刃物《はもの》でふかく切る。
表記 ①と②は「斬り込む」とも書く。

きりさげ【切り下げ】〈名〉待遇《たいぐう》を低くすること。例労働条件の切り下げ。

きりさ・げる【切り下げる】〈動下一〉切り下げをする。

きりさめ【霧雨】〈名〉霧のようにつぶのこまかい雨。例霧雨けむる町かど。類こぬか雨。ぬか雨。煙雨《えんう》。

キリシタン〖▽吉利支丹・切支丹〗〈名〉〔歴史〕一五四九年に、日本にはじめてつたわったカトリック系のキリスト教。また、その信者。◇《ポルトガル》Christão

ギリシャしんわ【ギリシャ神話】〈名〉古代ギリシャの神話。ローマ神話とともに、ヨーロッパの文学や美術に大きな影響《えいきょう》をあたえた。

ギリシャせいきょう【ギリシャ正教】〈名〉コンスタンチノープル(=今のイスタンブール)を中心とする東ローマ帝国《ていこく》の領域にひろまったキリスト教。現在、ギリシャをはじめ東ヨーロッパ諸国で信仰《しんこう》されている。

ギリシャぶんめい【ギリシャ文明】〈名〉紀元前八世紀ころにさかえた古代ギリシャの文明。各地にポリスと呼ばれる都市国家をつくり、強大な帝国型の文明とは異なる独自の文明を発達させた。代表的なポリスは、アテネとスパルタ。アルファベット・オリンピック・民主主義・芸術・哲学《てつがく》など、現代に伝わるさまざまなものごとの元が生まれた。

ギリシャもじ【ギリシャ文字】〈名〉ギリシャ語に使われる文字。「A・α《アルファ》」「B・β《ベータ》」「Γ・γ《ガンマ》」など、英語のように大文字と小文字がある。ローマ字やロシア文字のもとになった。

きりすて【切り捨て・斬り捨て】〈名〉❶〔切り捨て〕切り捨てること。例十円未満は切り捨て。❷〔切り捨て・斬り捨て〕江戸《えど》時代に、武士が町人や農民を、無礼があったとして刀で切って殺したこと。例切捨御免《ごめん》(=切り殺しても罪にならないこと)。

きりす・てる【切り捨てる】〈動下一〉❶いらない部分を切りとって捨てる。❷とるにたらないものとして見捨てる。切って捨てる。例少数意見を切り捨てる。類無視する。❸〔数学〕ある桁《けた》より下の端数《はすう》を捨てて、ゼロとみなす。八・六を八とするなど。対切り上げる。類無視する。

キリスト〈名〉イエス=キリスト(前五?〜三〇?)のこと。キリスト教の創始者。父はヨセフ。母はマリア。「神を信じ、すべての人を愛せよ」と説いて人々から救世主とあおがれた。ユダヤ教徒やローマの支配者ににくまれて、十字架《じゅうじか》にかけられて殺された。◇《ポルトガル》Christo

キリストきょう【キリスト教】〈名〉〔宗教〕古代ローマ時代、キリストによってはじめられた宗教。唯一《ゆいいつ》絶対の神への信仰《しんこう》と、民族や貧富《ひんぷ》の差別なく人々を救う神の愛を説く。聖書を教典とする。新教(=プロテスタント)と旧教(=カトリック)とがある。仏教・イスラム教とともに世界三大宗教の一つ。

きりだし【切り出し】〈名〉❶山から木や石をきりだすこと。❷あらたまって、話をはじめること。❸ななめに刃《は》のついた小刀。切り出しナイフ。

きりだ・す【切り出す】〈動五〉❶山から木や石を切りとって、はこびだす。例材木を切り出す。❷討論とか大事な用件などで、話そうとしていたことを言い出す。例別れ話をきり出す。

きりた・つ【切り立つ】〈動五〉まるで上から切ったように、するどい傾斜《けいしゃ》になっている。例切り立つがけ。

ぎりだて【義理立て】〈名・する〉なによりも義理を優先して守ること。例そんなに義理立てしなくてもよい。

きりたんぽ〖切りたんぽ〗〈名〉ご飯をすりつぶし、太い串にぬりつけて焼いた、秋田県の名物。鳥肉や野菜と鍋物《なべもの》にする。

きりつ[1]【起立】〈名・する〉いすから立ちあがって、きちんとした姿勢をとること。対着席。
表現「起立！ 礼！ 着席！」のように、学校でのあいさつなどで言うかけ声にも使われる。

きりつ[2]【規律】〈名〉団体や組織を、きちんと運営したり、個人の生活をきちっとしたものにするためのきまり。例規律ある生活。規律がみだれる。規律をまもる。きびしい規律。類規則。

きりつ・ける【切り付ける・斬り付ける】〈動下一〉相手におそいかかって刃物《はもの》で切る。例ナイフで店員に切りつけた犯人。

きりづまづくり【切り妻造り】〈名〉〔建築〕屋根の形式で名づけている日本建築の様式の一つ。二つの平面を山形にくみあわせたかたちの屋根。また、その形式にした家のつくり。略して「切り妻」ともいう。→やね絵

きりつ・める【切り詰める】〈動下一〉出費や使う量を少なくする。例食費をきり詰める。予算をきり詰める。類節約する。倹約《けんやく》する。

きりど【切り戸】〈名〉大きな戸やとびらにつけた、小さな出入り口。類くぐり戸。

きりどおし【切り通し】〈名〉山や丘《おか》などをきりひらいてつくり、両がわが高いがけになっている道路。

きりと・る【切り取る】〈動五〉ものの一部分をきりはなして別にする。

きりぬき【切り抜き】〈名〉紙や布などから、必要な部分を切りとること。また、切りとったもの。

きりぬ・ける【切り抜ける】〈動下一〉❶むずかしい事態にであったが、なんとかそこからぬけでる。例危機をきり抜ける。ピンチをきり抜ける。不況をきり抜ける。類脱《だっ》する。乗り切る。乗りこえる。❷敵の包囲をうちやぶって、のがれる。例かろうじて敵のかこみを切り抜けた。

きりばな【切り花】〈名〉枝《えだ》や茎《くき》をつけたまま切り取った花。生け花などに使う。

きりはな・す【切り離す・切り放す】〈動五〉つながっているものや、一つになっているものを切ったりして、わける。例政治と経済は、切りはなして考えることができない。類分離《ぶんり》する。

きりはら・う【切り払う】〈動五〉❶木の枝や草などを切ってとりのぞく。例枝を切り払う。❷切りつけて敵を追いはらう。表記②は「斬り払う」とも書く。

きりばり【切り貼り】〈名・する〉❶障子《しょうじ》などのやぶれたところを切りとって、あたらしい紙をはること。❷紙を切って、ほかのものにはりつけること。❸コンピューターで、インターネット上に公開されている文章を盗用《とうよう》すること。コピーアンドペースト。コピペ。

きりひら・く【切り開く】〈動五〉❶山やあれ地を切りくずしたり、ならしたりして、田畑をつくる。例荒野《こうや》を切り開く。類開墾《かいこん》する。開拓《かいたく》する。❷敵のかこみをやぶって、とおりぬける。

表現「運命を切り開く」「新分野を切り開く」のように、いきづまった状態をうちやぶる意味にも使い、その場合は「切り▽拓く」とも書かれる。

きりふ【切▽斑・切▽文】〈名〉矢の末端《まったん》部の羽根に、白地に黒いまだらが入ったワシの尾羽を用いたもの。

きりふき【霧吹き】〈名〉液体を霧のように吹きかける道具。類噴霧《ふんむ》器。スプレー。

きりふだ【切り札】〈名〉❶トランプで、ほかの札よりも強いときめた札。❷いざというときまでたいせつにとっておく、有効な手段や方法。例切り札を出す。最後の切り札。類奥《おく》の手。伝家の宝刀。

きりぼし【切り干し】〈名〉例切り干し大根。ダイコン・サツマイモなどをうすく切って干した食べもの。

きりまわ・す【切り回す】〈動五〉必要な仕事をつぎつぎと手ぎわよくかたづける。例店をきり回す。ひとりできり回す。

きりみ【切り身】〈名〉一匹《いっぴき》の魚をいくつかに切ったもの。例サケの切り身。

きりむす・ぶ【切り結ぶ】〈動五〉刀の刃《は》と刃をぶつけあって、はげしくたたかう。

きりもみ【▼錐▼揉み】〈名〉飛行機などが、機首を下にして、回転しながら、降りたり落ちたりすること。例きりもみ状態。

きりもり【切り盛り】〈名・する〉少ない収入をうまくつかって、生活していくこと。例家計の切り盛り。切り盛りがうまい。類やりくり。

きりゃく【機略】〈名〉時と場合に応じたはかりごと。例機略にとむ。機略縦横《じゅうおう》。

きりゅう[1]【気流】〈名〉大気や空気のながれ。例気流にのる。上昇《じょうしょう》気流。乱気流。

きりゅう[2]【寄留】〈名・する〉一時的に、よその土地や他人の家に住むこと。例寄留地。類寄宿。居留。

きりょう【器量】〈名〉❶女性の顔かたち。例器量がいい。器量よし。類容姿。みめ。❷ある地位や役職をこなしていくのにふさわしい能力。例器量がある。器量をあげる。器量をしめす。類うつわ。

ぎりょう【技量】【▽伎▼倆】〈名〉あるものごとをこなしていく能力。類うで。うでまえ。手腕《しゅわん》。技術。技能。

きりょく【気力】〈名〉苦しいことにもたえて、ものごとをやりとげようとする気持ち。例気力がある。気力が充実《じゅうじつ》する。気力をふるいたたせる。気力をうしなう。対体力。類精神力。

きりりと〈副・する〉ゆるみなくひきしまっているようす。きりっと。例きりりとした顔。きりりとはちまきをしめる。

きりん【▼麒▼麟・▼麒▼麟】〈名〉一【麒麟】❶地球上で、いちばん背の高い動物。アフリカが原産で、草や木の芽を食べる。ジラフ。二【麒麟】一日に千里を走るという名馬のこと。❷古代中国で信じられていた、想像上の動物。→ほうおう〔鳳凰〕絵

参考二②は、聖人が世に出るとき、現れるという。

騏驎も老《お》いては駑馬《どば》に劣《おと》る どんなにすぐれた人でも、年をとればはたらきがにぶり、ふつうの人にもおよばなくなる。

きりんじ【▼麒▼麟児】〈名〉おどろくべき才能をもち、将来がとてもたのしみな少年。類神童。天才児。

き・る[1]【切る・斬る】一〈動五〉❶刃物《はもの》などできずをつけたり、続いているものをはなして別々にしたりする。例木を切る。紙を切る。つめを切る。封《ふう》を切る。類切断する。

❷続けていたことや、続いていたことをやめて、そこで終わりにする。例電話を切る。スイッチを切る。ことばを切る。縁《えん》を切る。手を切る(=関係をたつ)。期限を切る(=時間の限度をきめる)。たちきる。

❸「①」のような感じの動作をする。例水を切る(=ぬれたものの水分をなくす。また、泳いですすむ)。カードを切る(=そろえてくって順序をめちゃくちゃにする)。ハンドルを切る(=車をまがるようにする)。札《さつ》びらを切る(=おしげもなくお金を使う)。たんかを切る(=いきおいよく文句をまくしたてる)。肩《かた》で風を切る(=いばって歩く)。おしきる。

❹新しくはじめる。例スタートを切る。口火を切る。口を切る(=話しはじめる)。火ぶたを切る。

❺ある金額や数量より少ない状態になる。例一万円を切る。百メートル走で十秒を切る。類割る。▽アキル

二〈接尾〉❶「すっかり…する」「…しおわる」という意味を表わす。例使い切る。読み切る。売り切る。

❷「ひどく…する」という意味を表わす。例困り切る。

❸「力づよく…する」「きっぱりと…する」という意味を表わす。例言い切る。

表記むかし刀で人を切った場合と、「世相を切る」「政界の不正を切る」のように、マスメディアで「するどく批判《ひはん》する」という意味で使う場合は、「斬る」とも書く。

きる[2]【着る】〈動上一〉❶衣服を身につける。例着物を着る。上着を着る。対ぬぐ。類まとう。❷自分の身にひきうける。例罪を着る。類かぶる。▽アキル

表現衣服を「着る」というのは、からだ全体または上半身をおおう衣服を身につけるときである。頭や手、足または下半身だけのときは「かぶる」「はめる」「はく」などという。「恩に着る」といえば、ありがたいと思うということ。

敬語尊敬語としては、「お召《め》しになる」や「召される」を使う。

キルク〈名〉「コルク」のこと。◇オランダkurk

キルティング〈名〉二枚の布のあいだに綿などをはさんでさしぬいしたもの。防寒服などに使う。◇quilting

ギルド〈名〉〔歴史〕中世、ヨーロッパの都市に発達した商工業者の組合。親方・職人・徒弟からなる。◇guild

きれ【切れ】一〈名〉❶ものを切ったときのぐあい。例この包丁は切れがわるくなった。類切れあじ。❷切ったものの一部分。例板きれ。紙きれ。類切れはし。❸布。布を切ったもの。例きれ地。着物のきれ。

二〈接尾〉うすく切ったさかなや肉などをかぞえることば。例二切れ。

表記一③は、「▽布」と書かれることもある。

きれあじ【切れ味】〈名〉刃物《はもの》がどれぐらいよく切れるかという程度。刃物で切ったときの感じ。例切れ味がす

るどい。切れ味がいい。切れ味がにぶい。

きれい【▼綺麗・奇麗】〈形動〉❶すっきりと美しくととのっていて、こころよい。例きれいな人。きれいな声。きれいな字。口先だけできれいなことを言うな。対きたない。みにくい。類美しい。うるわしい。❷けがれやよごれがなく、すんでいる。例きれいな水。きれいに掃除《そうじ》する。きれいな選挙。きれいずき。対きたない。不潔。類清潔。❸あとになにものこさない。例きれいに食べる。きれいに忘れる。きれいさっぱり。▽→囲み記事8(100ページ)

表現「きれいにしてやられる」「きれいに負ける」といえば、あざやかで、みごとにやられることをいう。

ぎれい【儀礼】〈名〉❶社会的な慣習としての礼儀。❷社会的な慣習としての儀式。例通過儀礼。

例儀礼をおもんじる。儀礼的。

きれいごと【▼綺麗事】〈名〉見せかけだけをとりつくろって、ごまかしたことがら。例きれいごとですませる。

きれいさっぱり〈副〉気持ちがいいほど完全になくなったようす。例きれいさっぱり忘れた。きれいさっぱり汚れを落とす。

ぎれいてき【儀礼的】〈形動〉儀礼として形だけはそうするようす。例儀礼的なあいさつがあっただけだ。

きれぎれ【切れ切れ】〈形動〉こまかくいくつかに切れている。例切れ切れに話す。切れ切れに思い出す。雲が切れ切れになる。類断片的。

きれじ【切れ字】〈名〉〔文学〕「や」「かな」「けり」など、俳句などで言いきるときに使うことば。これを使ってあじわいをふかめたり、調子をととのえたりする。

きれつ【亀裂】〈名〉岩やコンクリートなど、かたいものの表面にひびが入ること。また、そのさけ目。例亀裂が入る。亀裂を生じる。

表現「グループに亀裂が生じた」のように、今まで親しかったあいだがらが、うまくいかなくなった場合にも使う。

きれなが【切れ長】〈名・形動〉目じりがほそ長く切れたようになっている。例切れ長の目。切れ長な目。

きれはし【切れ端】〈名〉布・紙・木材などの切りはなされた一部分。例布の切れはし。

きれま【切れ間】〈名〉❶切れてあいた部分。例雲の切れ間から月が見える。❷とだえた合間。絶え間。例切れ間なく続く人。

きれめ【切れ目】〈名〉❶続いているものの途中《とちゅう》で、ちょっととぎれている部分。切れている部分。例話の切れ目。文の切れ目。金の切れ目が縁《えん》の切れ目。類たえま。合間《あいま》。❷刃物《はもの》などでちょっと切ったあと。例切れ目を入れる。

きれもの【切れ者】〈名〉頭のはたらきがするどくて、もののごとの処理がたくみな人。例クラスで一番の切れ者。

き・れる【切れる】〈動下一〉❶切られて、きずができたり、続いていたものが別々の部分にわかれたりする。例糸が切れる。堤防《ていぼう》が切れる。❷続けていたことや、続いていたことがとぎれて、終わりになる。例電話が切れる。息が切れる。話が切れる。縁《えん》が切れる。手が切れる(=関係がなくなる)。期限が切れる(=きめられていたときが過ぎる)。❸使ってしまって、なくなる。効果がなくなる。例油が切れる。薬が切れる。❹切れあじがするどい。例頭が切れる(=シャープだ)。切れる男。❺進んでいく方向が横にそれる。例右にきれる。打球が大きく左にきれた。❻突然《とつぜん》、はげしく怒《おこ》りだすことの、俗《ぞく》な言いかた。

表現①で、「手の切れるような一万円札」などといえば、おろしたての新品のお札をさす。

[1]**きろ**【岐路】〈名〉道がわかれているところ。類わかれ道。分岐点。

表現「人生の岐路に立つ」などの言いかたで、どちらかをえらぶことで、これから先の人生がきまってしまうような、重大な場面にいる、という意味でも使う。

[2]**きろ**【帰路】〈名〉帰り道。例帰路につく。対往路。類帰途《きと》。復路。家路《いえじ》。

[3]**キロ** ㊀〈接頭〉単位の名のうえにつけて、「一千倍」の意味を表わす。記号「k. K」。対ミリ。㊁〈名・接尾〉「キロメートル」「キログラム」などの略。例キロ数。◇《フランス》kilo

参考10の3乗(一千倍)がキロで、以降《いこう》、3乗するごとに、メガ、ギガ、テラ、ペタ、エクサ、ゼタ、ヨタという。

きろく【記録】〈名・する〉❶あとにまでつたえる必要のあることがらやできごとを書いておくこと。その書いておいたもの。例歴史を記録する。記録をとる。記録にのこす。記録映画。❷競技や観測などで、一定の成績や結果をのこすこと。レコード。例九秒台を記録する。最高気温を記録する。記録をやぶる。記録を更新《こうしん》する。記録をぬりかえる。記録的。→さんこうきろく

表現「記録保持者」「日本記録」「世界記録」「新記録」などの「記録」は、最高記録のこと。

きろくてき【記録的】〈形動〉とくに記録として残しておく価値があるようす。例記録的な猛暑《もうしょ》。

キログラム〈名・接尾〉メートル法の重さの単位。一《キログラム》は千《グラム》。略して「キロ」ともいう。記号「kg」。◇《フランス》kilogramme 参考物理学では、質量の単位とする。

キロすう【キロ数】〈名〉キロメートル・キログラムなど、キロ単位であらわす数値。

ギロチン〈名〉罪人の首を切り落とすときに使う、首切り台。断頭台。◇guillotine

キロメートル〈名・接尾〉メートル法の長さの単位。一《キロメートル》は、千《メートル》。略して「キロ」ともいう。記号「km」。◇《フランス》kilomètre

キロリットル〈名・接尾〉メートル法の容積《ようせき》の単位。一《キロリットル》は、千《リットル》。記号「kL」。◇《フランス》kilolitre

キロワット〈名・接尾〉電力の単位。一《キロワット》は、千《ワット》。記号「kW」。◇kilowatt

キロワットじ【キロワット時】〈名・接尾〉電力量の単位。一《キロワット》の電力を、一時間使用したときの電力量。家庭の消費電力をはかるときなどに使う。略して「ワット」ともいう。記号「kWh」。

ぎろん【議論】〈名・する〉ある問題について、意見を出しあったり、たがいに批判したりして、論じあうこと。その論。例憲法を議論する。議論をたたかわす。議論をつくす。類論議。討論。

きわ【際】〈名〉ほかのもののすぐそば。例崖《がけ》のきわに立つ。

表現「いまわのきわ」は、「今は、という時」という意味で、死ぬまぎわの遠まわしな言いかたである。

ぎわ【際】〈接尾〉❶「そのものにごく近いところ」という意味を表わす。例かべぎわ。山ぎわ。❷「なにかをしようとしたちょうどそのとき」という意味を表わす。例帰りぎわ。別れぎわ。

ぎわく【疑惑】〈名〉断定できないが、「きっとそうではないか」と、つよくあやしむ気持ち。例疑惑をまねく。疑惑を

ウェーバー (1864~1920) ⇨マックス=ウェーバー

うむ。疑惑をはらす。類疑念。

きわだ・つ【際立つ】〈動五〉まわりのものより、はるかに目だつ。例美しさが際だつ。類ひきたつ。
表現「際だった美しさ」「際だった成績」のように、「際だった」の形で使うことが多い。

きわど・い〖際どい〗〈形〉❶もう少しでだめになってしまう、ぎりぎりのようす。例きわどいところで助かった。❷もう少しで下品になりそうだ。例きわどい話。

きわまりな・い【極まりない】〈形〉この上ない。かぎりがない。例失礼極まりない。危険極まりない。→きわまる表現
注意 たとえば「親切極まりない」のように、好ましいことを表わす場合には、ふつう使わない。

きわま・る【極まる・窮まる】〈動五〉❶[極まる] もうこれ以上はないという状態になる。例失礼極まる。危険極まる。感極まる。❷[窮まる] いきづまって、その先がないという状態になる。例進退窮まる。
表現 ①に、「失礼極まりない」「危険極まりない」という言いかたがある。「…極まる」で実際はいいのだが、気持ちを強調して言ったもの。

きわみ【極み】〈名〉もうこれ以上はないという、きわまった状態。例よろこびの極み。類極《きょく》。

きわめつき【極め付き】〈名〉❶まちがいないものだという定評のあるもの。例極め付きの名品。類折り紙付き。❷すぐれたものを挙げていったなかで、もうそれ以上はないもの。例どのラーメンもおいしかったが、極め付きはこの店のだ。
注意「極め」は「折り紙」と同様、骨董《こっとう》品などにつける鑑定《かんてい》書のことで、①が本来の意味だが、「極める・極まる」という動詞の意味とまぎれて②の意味で使う人や、誤《あやま》って「極めつけ」という人が増えている。また、①は「札《ふだ》付き」とまぎれて「極め付きの悪党」のように悪い意味で使われることもある。

きわめて【極めて】〈副〉程度が極端《きょくたん》に高いようす。例病状は極めてわるい状態だが、まだ望みはある。類はなはだ。ごく。

きわ・める【極める・究める・窮める】〈動下一〉❶[極める・窮める] もうこれ以上はないところにまでいきつく。例頂上をきわめる。栄華《えいが》をきわめる。❷[極める・窮める] このうえなく、はなはだしい状態である。例雑踏《ざっとう》をきわめる。多忙《たぼう》をきわめる。困難をきわめる。❸[究める] ものごとの奥深《おくふか》いところにいきつく。例真理を究める。学を究める。
表記「限界や頂点に達する」という意味のときは「極める」が使われ、「つきつめる」という意味のときは「窮める」が使われる。③の「真理を究める」は、「真理をつきつめる」ととらえて「真理を窮める」と書くこともできる。

きわもの〖際物〗〈名〉❶ひな人形のように、売れる時期がごくかぎられている商品。❷話題になっている事件やものごとを題材にして、人々の興味や関心がさめないうちにいそいでつくった商品や作品。例きわものの映画。
注意「きわどい(=下品な)もの」という意味で使う人が増えていて、その場合は「キワモノ」と書かれることが多い。類色物。

き(軌)をいつ(一)にする 考えかたや、やりかたが同じである。参考「軌」は「わだち」のこと。

きをつけ【気を付け】〈感・名〉かかとをそろえ、両手を下にのばして正面を見つめる、きちんとした姿勢をとらせるための号令。その姿勢をとること。対休め。

常用漢字 きん

【巾】巾部0 全3画 巾巾巾
キン 音[キン] ▨巾着《きんちゃく》。▨三角巾《さんかくきん》。頭巾《ずきん》。雑巾《ぞうきん》。布巾《ふきん》。

【斤】斤部0 全4画 斤斤斤斤
キン 音[キン] ▨斤量《きんりょう》。▨一斤《いっきん》。

【均】土部4 全7画 均均均均均均
キン 教小5 音[キン] ▨均一《きんいつ》。均衡《きんこう》。均整《きんせい》。均等《きんとう》。▨平均《へいきん》。

【近】辶部4 全7画 近近近近近近
キン ちかい 教小2 音[キン] ▨近所《きんじょ》。近況《きんきょう》。近代《きんだい》。近未来《きんみらい》。近眼《きんがん》。▨最近《さいきん》。付近《ふきん》。至近距離《しきんきょり》。接近《せっきん》。訓[ちかい] 近い。近づく。近道。

【金】金部0 全8画 金金金金金
キン・コン かね・かな 教小1 音❶[キン] ▨金貨《きんか》。金塊《きんかい》。金属《きんぞく》。金額《きんがく》。金髪《きんぱつ》。金曜日《きんようび》。▨純金《じゅんきん》。資金《しきん》。税金《ぜいきん》。料金《りょうきん》。❷[コン] ▨金色《こんじき》。金剛力《こんごうりき》。▨黄金《おうごん》。訓❶[かね] 金。金遣い。金もうけ。金持ち。留め金。針金。偽金。❷[かな] 金物。金具。金だらい。金づち。金縛り。金切り声。

【菌】艹部8 全11画 菌菌菌菌菌
キン 音[キン] ▨菌糸《きんし》。菌類《きんるい》。▨細菌《さいきん》。殺菌《さっきん》。除菌《じょきん》。保菌者《ほきんしゃ》。滅菌《めっきん》。

【勤(勤)】力部10 全12画 ※勤勤勤勤勤
キン・ゴン つとめる・つとまる 教小6 音❶[キン] ▨勤務《きんむ》。勤勉《きんべん》。勤労《きんろう》。▨出勤《しゅっきん》。通勤《つうきん》。皆勤賞《かいきんしょう》。転勤《てんきん》。夜勤《やきん》。❷[ゴン] ▨勤行《ごんぎょう》。訓❶[つとめる] 勤める。勤め。勤め人。会社勤め。❷[つとまる] 勤まる。

【琴】王部8 全12画 ※琴琴琴琴琴
キン こと 音[キン] ▨琴線《きんせん》。▨鉄琴《てっきん》。木琴《もっきん》。手風琴《てふうきん》。訓[こと] 琴。

【筋】竹部6 全12画 筋筋筋筋筋
キン すじ 教小6 音[キン] ▨筋肉《きんにく》。筋骨《きんこつ》。▨上腕筋《じょうわんきん》。鉄筋《てっきん》。木筋《もっきん》。腹筋《ふっきん》。訓[すじ] 筋。筋書き。大筋。

【僅】イ部11 全13画 ※僅僅僅僅僅僅
キン わずか 音[キン] ▨僅差《きんさ》。僅少《きんしょう》。訓[わずか] 僅かだ。僅かながら。表記「謹」のような旁《つくり》の形にして、「僅」(=12画)とも書く。

【禁】示部8 全13画 禁禁禁禁禁
キン 教小5 音[キン] ▨禁止《きんし》。禁煙《きんえん》。禁帯出《きんたいしゅつ》。禁句《きんく》。禁錮刑《きんこけい》。▨監禁《かんきん》。解禁《かいきん》。厳禁《げんきん》。

【緊】糸部9 全15画 ※緊緊緊緊緊
キン 音[キン] ▨緊急《きんきゅう》。緊張《きんちょう》。緊密《きんみつ》。緊縮財政《きんしゅくざいせい》。緊迫感《きんぱくかん》。

【錦】金部8 全16画 錦錦錦錦錦錦

キン にしき 音[キン] 錦秋《きんしゅう》。訓[にしき] 錦絵。

【謹(謹)】言部10 全17画 ※謹謹謹謹謹

キン つつしむ 音[キン] 謹賀《きんが》。謹慎《きんしん》。謹呈《きんてい》。訓[つつしむ] 謹む。謹んで。

【襟】衤部13 全18画 襟襟襟襟襟襟

キン えり 音[キン] 開襟《かいきん》シャツ。胸襟《きょうきん》。訓[えり] 襟。襟首。襟元。詰め襟。丸襟。

1 **きん【斤】** 一〈名・接尾〉尺貫《しゃっかん》法の重さの単位。一斤は一六〇匁《もんめ》で、約六百《グラム》。二〈接尾〉スライスする前の食パンのかたまりをかぞえることば。

2 **きん【金】**〈名〉❶〔化学〕美しく黄色にかがやく、延《の》ばしやすい金属。古代から不変《ふへん》の価値をもつ物質としてとうとばれ、金貨や装飾《そうしょく》、装身具などに利用されてきた。元素の一つ。ゴールド。記号「Au」。例金のネックレス。金箔《きんぱく》。金めっき。類黄金《おうごん》。黄金《こがね》。❷「きんいろ」の略。つやのある美しいきいろ。例金魚。金髪《きんぱつ》。❸「金将」の略。将棋《しょうぎ》のこまの一つ。右うしろ・左うしろをのぞいて、どの方向へも一つずつすすむことができる。例と金。❹「金曜日」の略。❺金額を表わす数字の上につけることば。例金三万円也《なり》。金一封《いっぷう》。❻「金メダル」の略。

表現「沈黙《ちんもく》は金、雄弁《ゆうべん》は銀」のように、「金」は、もっとも価値の高いものとして考えられている。

参考 装飾《そうしょく》品や万年筆のペン先などに金がふくまれている程度を示すのにも使う。純金は二十四金。

3 **きん【菌】**〈名〉病気や発酵《はっこう》、腐敗《ふはい》をおこす微生物《びせいぶつ》。例菌を植える。菌を培養《ばいよう》する。類バクテリア。ウイルス。

4 **きん【禁】**〈名〉規則や命令によって、してはいけないとされていること。例禁をやぶる。禁をおかす。↓きんじる

常用漢字 **ぎん**

【吟】口部4 全7画 吟吟吟吟吟吟

ギン 音[ギン] 吟詠《ぎんえい》。吟味《ぎんみ》。苦吟《くぎん》。詩吟《しぎん》。呻吟《しんぎん》。

【銀】金部6 全14画 銀銀銀銀銀銀

ギン 教小3 音[ギン] 銀行《ぎんこう》。銀貨《ぎんか》。銀河《ぎんが》。銀髪《ぎんぱつ》。水銀《すいぎん》。路銀《ろぎん》。白銀《はくぎん》。日銀《にちぎん》。

ぎん【銀】〈名〉❶〔化学〕美しい白色のつやのある金属。古くから金《きん》についで価値の高いものとされ、貨幣《かへい》や装飾《そうしょく》に使われる。また、熱や電気をよく伝える性質を利用して、工業材料ともされる。元素の一つ。シルバー。記号「Ag」。類しろがね。❷「銀将」の略。将棋《しょうぎ》のこまの一つ。左右とまうしろ以外へ一つずつ進むことができる。❸「銀メダル」の略。

きんいつ【均一】〈形動〉数量や金額が、どれも同じである。例均一セール。均一料金。類一律。

きんいっぷう【金一封】〈名〉ひとつつみのお金。

参考 人におくったり、寄付したりするとき、金額をはっきりしめさないときに使う。

きんいろ【金色】〈名〉金のような美しいつやのある黄色。

表現「きんいろ」は光を反射するところに特色がある。「金色《こんじき》」「金色燦然《きんしょくさんぜん》」も同様。「黄金色《こがねいろ》」は、イネのみのった田などを思わせ、光よりもあたたかみを感じさせる。「山吹色《やまぶきいろ》」は単なる黄色だが、「山吹色のもの」で小判を表わしたりすると、あやしい感じになる。

1 **きんいん【近因】**〈名〉あることがおこった、直接の原因。類遠因《えんいん》。

2 **きんいん【金印】**〈名〉金の印章。とくに、一世紀の中ごろ、北九州にあった奴国《なこく》の王が、中国の後漢《ごかん》王朝の皇帝《こうてい》からさずけられた金の印章。

きんえい【近影】〈名〉❶ある人物の写真で、最近うつしたもの。例著者近影。❷あるものを、近くからアップでうつした写真。

ぎんえい【吟詠】〈名・する〉❶詩歌《しいか》を、ふしをつけてよむこと。類朗詠。❷詩歌をつくること。

きんえん【禁煙】〈名〉❶喫煙《きつえん》を禁止すること。例ここは禁煙です。禁煙車。禁煙席。❷〈する〉喫煙の習慣を自分からやめること。

1 **きんか【近火】**〈名〉近所でおこった火事。例近火お見舞い。アキンカ キンカ

2 **きんか【金貨】**〈名〉金《きん》をおもな成分とする貨幣《かへい》。アキンカ

きんが【謹賀】〈名〉つつしんで、よろこびを申しあげること。「謹賀新年」の形で、年賀状などに使うことば。類恭賀《きょうが》。

ぎんか【銀貨】〈名〉銀をおもな成分とする貨幣《かへい》。

ぎんが【銀河】〈名〉〔天文〕❶「天《あま》の川」のこと。❷宇宙にある、銀河系と同じくらいの規模の星の集まり。アンドロメダ銀河など。銀河系外星雲。小宇宙。島宇宙。↓ぎんがけい

1 **きんかい【近海】**〈名〉陸にちかい海。例近海もの(=近海でとれたさかな)。対遠洋。外洋。類沿海。

2 **きんかい【金塊】**〈名〉金《きん》のかたまり。

きんかぎょくじょう【金科玉条】〈名〉だれもがしたがわなければならないほどの、りっぱな教えや規則。

きんがく【金額】〈名〉具体的にいくらと示された金銭の量。類金高。額。

ぎんがけい【銀河系】〈名〉〔天文〕太陽系をふくむ星の集団。直径十万光年、中心の厚さ一万五千光年の円盤《えんばん》形をしている。

ぎんがみ【銀紙】〈名〉❶銀色の紙。❷アルミニウムなどを紙のようにうすくのばしたもの。

1 **きんかん【近刊】**〈名〉❶近いうちに刊行すること。また、その予定の本。❷最近刊行された本。例近刊案内。類新刊。

2 **きんかん【金▼柑】**〈名〉ミカン類の一種。常緑低木。実《み》は親指の先くらいの大きさで、皮ごと食べる。宮崎と鹿児島での生産がさかん。アキンカン

きんがん【近眼】〈名〉⇩きんし〔近視〕アキンカン

きんかんがっき【金管楽器】〈名〉〔音楽〕金属でつくられた管楽器。ホルン・トランペット・トロンボーンなど。↓もっかんがっき

きんかんしょく【金環食】〈名〉〔天文〕日食で、太陽のへりの部分だけが輪の形に輝いて見えるもの。

きんかんばん【金看板】〈名〉❶金文字で書いてあ

上杉謙信(けんしん) (1530～78) 越後(新潟県)の戦国大名。甲斐の武田信玄と戦い勇名をとどろかせた。

る看板。❷世間に対してほこらしげに示す、主義・主張。
きんき【近畿】〈名〉〔地理〕京都・大阪の二府と、三重・滋賀・兵庫・奈良・和歌山の五県がふくまれる地方。類関西。参考 気象《きしょう》情報では、三重県は東海地方にふくまれる。
きんきじゃくやく【▼欣喜▼雀躍】〈名・する〉うれしくてたまらず、おどりあがってよろこぶこと。類狂喜乱舞《きょうきらんぶ》。
きんきゅう【緊急】〈名・形動〉重大な、いそいで対処しなければならないこと。例緊急を要する。緊急な事態。緊急動議。
きんきゅうひなん【緊急避難】〈名〉❶災害時などに、安全な場所へ大急ぎでにげること。例緊急避難警報。❷〔法律〕偶然《ぐうぜん》おこった危険をさけるためにやむをえずする、ふだんはしてはいけない行ない。責任をとわれない。
きんぎょ【金魚】〈名〉淡水《たんすい》魚のフナの変種。観賞用に改良したもので、色が美しく、種類が多い。
きんきょう【近況】〈名〉人や、人をとりまいている社会の最近のうごきやようす。例近況を報じる。そちらの近況をお知らせください。近況報告。
きんきょり【近距離】〈名〉近い道のり。対遠距離。類短距離。
きんきん【近近】〈副〉ちかいうちに。例近々(に)できあがります。類ちかぢか。
きんぎん【金銀】〈名〉財宝としての金や銀。
きんく【禁句】〈名〉相手を不愉快《ふゆかい》にさせないために、言うことをさけなければならないことば。類タブー。忌《い》みことば。→囲み記事6(78ページ) 由来もとは和歌や俳諧《はいかい》で、使ってはならないとされていることばのこと。
キング〈名〉❶王。❷トランプで、王のすがたをえがいたカード。十三にあたる。▽対クイーン。◇king
キングサイズ〈名〉特別に大きいサイズ。◇king-size
[1]**きんけい【近景】**〈名〉❶近くの景色《けしき》。❷絵や写真で、てまえにある風景。▽対遠景。
[2]**きんけい【謹啓】**手紙で、最初に書くあいさつのことば。「つつしんで申しあげます」という意味。→けいはく〔敬白〕
表現 ふつうには「拝啓」を使い、「謹啓」は、とくに改まった場合に使う。
きんけつ【金欠】〈名〉お金が足りなくなること。俗《ぞく》な言いかた。例金欠病。
[1]**きんけん【近県】**〈名〉近くの県。例関東近県。
[2]**きんけん【金券】**〈名〉郵便切手・収入印紙・商品券など、特定の用途《ようと》でお金のかわりに使われる券。例金券ショップ。
[3]**きんけん【金権】**〈名〉多額のお金を背景にして権力をふるうこと。また、そういう権力。例金権政治。
[4]**きんけん【勤倹】**〈名〉仕事にはげみ、むだづかいをしないこと。例勤倹貯蓄《ちょちく》に努める。
[1]**きんげん【金言】**〈名〉短い文でふかい真理などを言いあらわしたことば。類箴言《しんげん》。格言。警句。
[2]**きんげん【謹言】**「つつしんで申し上げます」の意味で、かなり改まった手紙のむすびに使うことば。類謹白《きんぱく》。
[3]**きんげん【謹厳】**〈形動〉まじめでつつましく、うわついたところがない。例謹厳な校長先生。謹厳実直。
きんげんじっちょく【謹厳実直】〈名・形動〉いいかげんなところがなく、まじめで正直な生き方・人がら。
きんげんだい【近現代】〈名〉近代と現代。
[1]**きんこ【金庫】**〈名〉❶現金や貴重品、重要書類などを火災や盗難《とうなん》などから守るために、特別につくったいれもの、または部屋。例夜間金庫。❷国や地方の公共団体の現金をあつかうために特別な法律でつくられた金融《きんゆう》機関。
[2]**きんこ【禁錮】**〖禁固〗〈名〉❶一室にとじこめて外へ出さないこと。❷〔法律〕刑務所《けいむしょ》に入れておくだけで、強制労働をさせない刑罰《けいばつ》。例禁錮刑。対懲役《ちょうえき》。
[1]**きんこう【近郊】**〈名〉都市の近くの地。例近郊の農家。類郊外。近郷《きんごう》。近在。
[2]**きんこう【均衡】**〈名・する〉あい対する力など、ものごとのつりあいがとれていること。例収入と支出が均衡する。均衡をやぶる。均衡をたもつ。類平衡。バランス。
[3]**きんこう【金工】**〈名〉金属に細工《さいく》をする工芸。例金工作家。
[4]**きんこう【金鉱】**〈名〉❶金をふくんでいる鉱石。❷金をほりだす鉱山。類金山。
きんごう【近郷】〈名〉都市の近くの村むら。例近郷近在に知れわたる。類近在。
[1]**ぎんこう【吟行】**〈名・する〉和歌や俳句などをつくるために、景色のよいところや名所旧跡などにでかけること。
[2]**ぎんこう【銀行】**〈名〉たくさんの人々から預金《よきん》・貯金をあずかり、それを元手《もとで》にして会社や個人に融資《ゆうし》をおこなうところ。代表的な金融《きんゆう》機関。
表現 実名をかくすときには「A行《こう》」「B行」のようにいう。「大手二行が合併《がっぺい》」のように一行《いっこう》二行《にこう》と数える。営業している店の数は一店舗《いってんぽ》二店舗と数える。
きんこく【謹告】〈名・する〉「つつしんでお知らせします」という意味を表わすことば。
表現 たとえば、会社や商店などが得意先や客に知らせるためにつくる文書で、最初に使うことば。
きんこつ【筋骨】〈名〉きんにくとほね。
表現 「筋骨たくましい」「筋骨隆々《りゅうりゅう》」などの形で、男性のからだつきについていう。
きんこんしき【金婚式】〈名〉夫婦《ふうふ》そろって結婚五十周年をむかえた祝い。
ぎんこんしき【銀婚式】〈名〉夫婦《ふうふ》そろって結婚二十五周年をむかえた祝い。
きんさ【僅差】〈名〉ほんのちょっとの差。例僅差の判定で敗れる。類小差。
きんざ【金座】〈名〉〔歴史〕江戸《えど》時代、幕府が小判などの金貨の製造を行なったところ。
ぎんざ【銀座】〈名〉東京都中央区にある、はなやかな繁華《はんか》街。由来 江戸《えど》幕府の銀貨製造所があったことからできたことば。町名のあとにつけて、そのあたりでもっともにぎやかな商店街、という意味でも使う。
きんざい【近在】〈名〉都市の近くの村むら。例近在の農家。近郷《きんごう》近在に知れわたる。類近郷。近郊《きんこう》。
きんさく【金策】〈名・する〉必要な金額を、借りるなどしてそろえようとすること。例金策に歩き回る。
きんざん【金山】〈名〉金の鉱石《こうせき》をほりだす鉱山。類金鉱。
[1]**きんし【近視】**〈名〉「近視眼」の略。近くのものは見えるが、遠くがよく見えない目。凹《おう》レンズのめがねで調節する。近眼。ちかめ。対遠視。アキンシ →きんしがんてき

 上杉憲実(のりざね)（1411～66） 室町中期の武将。関東管領。足利学校(栃木県足利市にあった)を再興。

2 **きんし【金糸】**〈名〉 金箔《きんぱく》を材料とした、金色の糸。 アキンシ

表現 「金糸銀糸にいろどられた」は、豪華《ごうか》できらびやかなようすをいう。

3 **きんし【菌糸】**〈名〉〔植物〕 カビやキノコなど、菌類の本体をつくっている、ほそ長い糸状の細胞《さいぼう》。 アキンシ

4 **きんし【禁止】**〈名・する〉 命令や規則などによって、ある行為《こうい》をさせないこと。 例駐車《ちゅうしゃ》禁止。 類さし止める。 アキンシ

1 **きんじ【近似】**〈名・する〉 よく似《に》ていて、あまりちがいがないこと。 例近似した現象。近似値。近似式。 類類似。 アキンジ キンジ

2 **きんじ【近時】**〈名〉 「近ごろ」のかたい言いかた。 対往時《おうじ》。 類近年。 アキンジ

ぎんし【銀糸】〈名〉 銀箔《ぎんぱく》を材料にした、銀色の糸。 →きんし〔金糸〕表現

きん(禁)じえ(得)ない おさえとどめることができない。 例なみだを禁じえない。

きんしがんてき【近視眼的】〈形動〉 目の前のことばかり気になって、全体を見通すことができない。

きんジストロフィー【筋ジストロフィー】〈名〉 「進行性筋ジストロフィー」の略。筋肉がしだいに変形しちぢまっていき動かなくなる難病。

きんしたまご【金糸卵】〈名〉 うすく焼いた卵焼きを細く切ったもの。

きんじち【近似値】〈名〉〔数学〕 ある数にきわめて近く、ほぼ正確な値《あたい》と考えてよい数。

きんしつ【均質】〈形動〉 ものの、どの部分をとってみてもむらがなくて、同じ性質や状態である。同類のもののどれをとってみても、まったく同じである。 例均質につくりあげる。均質化(をはかる)。 類等質。

きんじつ【近日】〈名〉 きょうから数えて二、三日のうち。 例近日公開。

表現 「きょうはむりですが、近日中にうかがいます」のように、「近日中」という形で使われることが多い。

きんしつ(琴▼瑟)あいわ(相和)す 夫婦《ふうふ》の仲が円満でむつまじい。

きんじつてん【近日点】〈名〉〔天文〕 太陽のまわりをまわる惑星《わくせい》や彗星《すいせい》が、太陽にもっともちかづくところ。 対遠日点。

きんじて【禁じ手】〈名〉 すもうや将棋《しょうぎ》・囲碁《いご》などで、禁じられている、反則になるやり方。

表現 未公開株の売買のように、やればできるけれど、不正なこととしてだれもがやらないでいることなど、世の中でおたがいの規則として、やらないようにしていることをも「禁じ手」ということができる。

きんじとう【金字塔】〈名〉 のちの世までつたわるような、大きな業績。 例金字塔をうちたてる。

参考 もと、ピラミッドの訳語。

1 **きんしゅ【筋腫】**〈名〉 筋肉にできる腫瘍《しゅよう》。 例子宮《しきゅう》筋腫。

2 **きんしゅ【禁酒】**〈名〉 ❶飲酒を禁止すること。 例禁酒法。 ❷〈する〉 飲酒の習慣を自分からやめること。 例禁酒禁煙《きんえん》。 類断酒。

きんしゅう【錦秋】〈名〉 木々の紅葉する自然のけしきが、錦《にしき》のように美しい秋。

きんじゅう【▼禽獣】〈名〉 鳥やけもの。 類鳥獣。

表現 「禽獣にもおとる」などの言いかたで、恩義や道理をわきまえない人、という意味で使うことがある。

きんしゅく【緊縮】〈名〉 財政の面で、支出をきりつめること。 例緊縮財政。緊縮予算。

きんじょ【近所】〈名〉 ❶そこに近いところ。 例学校の近所に住んでいる。 ❷近くに住んでいる人。 例ご近所さん。近所づきあい。近所迷惑《めいわく》。隣《となり》近所。 類近隣《きんりん》。付近。

1 **きんしょう【近称】**〈名〉〔文法〕 指示語(こそあど)の分類の一つ。話し手から近いところにあるものなどをさし示すことば。「これ」「ここ」「こちら」「この」「こんな」「こういう」など、「こ」ではじまるのが特徴《とくちょう》。 対遠称。中称。 →こそあど

2 **きんしょう【僅少】**〈名・形動〉 数量がごくわずかであること。 例残部僅少。

きんじょう【今上】〈名〉 いまの天皇のこと。 例今上天皇。今上陛下《へいか》。

ぎんじょう【吟醸】〈名・する〉 よく吟味した原料を用いて、ていねいに醸造すること。 例吟醸酒。大吟醸。

きんじょうとうち【金城湯池】〈名〉 ❶まもりがかたく、攻《せ》め落とすのがむずかしい城。 ❷強い力をもつ者がいて、ほかの者が入りこめないところ。

きんじょう(錦上)はな(花)をそ(添)える 美しいものを、さらにいちだんと美しくする。

きんじょめいわく【近所迷惑】〈名・形動〉 となり近所の人々に対して迷惑なこと。 例もう少し静かにしないと近所迷惑だよ。

きん・じる【禁じる】〈動上一〉 ある行為《こうい》などを、してはいけないとして、やらせない。「きんずる」ともいう。 例外出を禁じる。 類禁止する。制する。 →きんじえない

ぎん・じる【吟じる】〈動上一〉 ❶漢詩や和歌を、ふしをつけてとなえる。 類吟詠《ぎんえい》する。朗詠する。 ❷俳句や和歌などをつくる。 ▽「ぎんずる」ともいう。

1 **きんしん【近親】**〈名〉 親や兄弟など、血のつながりがふかいこと。 例近親者。(野生動物の)近親交配。

2 **きんしん【謹慎】**〈名・する〉 自分のした失敗や罪をつぐなうために、自分の家などにとじこもって、行ないをつつしむこと。 例自宅に謹慎する。自宅謹慎処分。

きんす【金子】〈名〉 「おかね」の古い言いかた。

きん・ずる【禁ずる】〈動サ変〉 ⇩きんじる

ぎん・ずる【吟ずる】〈動サ変〉 ⇩ぎんじる

1 **きんせい【近世】**〈名〉〔歴史〕 時代区分の一つ。中世と近代のあいだの時代。日本史では、安土《あづち》桃山《ももやま》時代と江戸《えど》時代をいう。 アキンセー

2 **きんせい【均整・均斉】**〈名〉 もののかたちなどが、つりあいがとれてととのっていること。 例均整がとれる。彼女は均整がとれたからだつきをしている。 類プロポーション。 アキンセー

3 **きんせい【金星】**〈名〉〔天文〕 太陽系の、内がわから二番めの惑星《わくせい》。約二二五日で公転する。直径は地球よりわずかに小さく、二酸化炭素を中心とする大気がある。 アキンセー

表現 「明けの明星《みょうじょう》」「宵《よい》の明星」は、金星のこと。

参考 「きんぼし」と読むのは別のことば。

4 **きんせい【禁制】**〈名・する〉 法律や命令で禁じること。 例禁制品。男子禁制。女人《にょにん》禁制。 類法度《はっと》。 アキンセー

5 **きんせい【謹製】**〈名〉 心をこめてていねいにつくったということ。 例山田屋謹製。 アキンセー

きんせいひん【禁制品】〈名〉 法令で輸出や輸入、

上杉鷹山(ようさん) (1751～1822)　江戸中期の米沢(山形県)の藩主。産業をおこすなど藩政の改革に努力した。

販売《はんばい》などが禁止されている品物。

ぎんせかい【銀世界】〈名〉 雪が一面にふりつもって、白くかがやいている景色。また、そのような場所。例見わたすかぎりの銀世界。類雪景色。

きんせきぶん【金石文】〈名〉 石碑《せきひ》や金属器などにきざまれている古代の文字や文章。

きんせつ【近接】〈名・する〉 すぐ近くにあること。例大都市に近接した小都市。対遠隔《えんかく》。離隔《りかく》。遠離《えんり》。類隣接《りんせつ》。

[1]**きんせん【金銭】**〈名〉「おかね」の、ややあらたまった言いかた。例金銭出納《すいとう》帳。アキンセン

[2]**きんせん【琴線】**〈名〉 人の心のおくにひそんでいる、人情などに感じやすい心情。例琴線にふれる。アキンセン

きんぜん【▼欣然】〈副・連体〉 よろこんでするようす。例欣然として引きうける。欣然たる態度。

きんせんか〖金▼盞花〗〈名〉 庭にうえる草花の一種。一年草または二年草。春から夏にかけて、だいだい色の大きな花がさく。

きんせんずく【金銭ずく】〈名〉 ⇩かねずく

きんそく【禁足】〈名〉 外出を禁じて、ある場所にとどめること。例禁足を命じる。

[1]**きんぞく【金属】**〈名〉 独特のつやがあって、熱や電気をよくとおす物質。加工しやすく、じょうぶなので、用途《ようと》が広い。鉄・銅・アルミニウム・金・銀など。合金も、広い意味で金属とよばれる。例貴金属。卑《ひ》金属。重金属。軽金属。対非金属。類かね。メタル。アキンゾク

[2]**きんぞく【勤続】**〈名・する〉 同じつとめ先や職業で、何年もはたらきつづけること。例勤続年数。勤続十年。永年《えいねん》勤続。アキンゾク

きんぞくげんそ【金属元素】〈名〉〔化学〕 金・銀・銅・鉄などの金属をかたちづくる元素。対非金属元素。

きんだい【近代】〈名〉〔歴史〕 時代区分の一つ。近世と現代のあいだの時代。日本史では、明治維新《めいじいしん》から第二次世界大戦まで。

きんだいか【近代化】〈名・する〉 社会のしくみや人の考え、産業などを、新しい合理的なものにすること。また、結果としてそのようになること。例生活を(が)近代化する。近代化をめざす。

きんたいしゅつ【禁帯出】〈名〉 帯出を禁じる、ということ。図書館の本など、備えてあるものを持ち出させないように、掲示《けいじ》して注意することば。

きんだいてき【近代的】〈形動〉 新しい時代の特徴《とくちょう》を感じさせるようす。例近代的な建物。類現代的。モダン。

表現「封建《ほうけん》的」などと反対の意味で使われる。合理的、民主的で、機械文明がその特徴。また、「現代的」の方が、より新しい感じではあるが、どちらも同じ意味で使うことも多い。

きんだち【▽公▽達】〈名〉 むかし、貴族の青少年をうやまって呼んだことば。例平家の公達。

きんたろうあめ【金太郎あめ】〖金太郎▼飴〗〈名〉 どこを切っても、昔話の金太郎の顔が現れるように作られている、細長い棒の形のあめ。

表現 大きな組織体のどの部分をとってみても、同じ一つの特徴《とくちょう》がみてとれることのように、画一的で変化にとぼしいことを「金太郎あめのようだ」という。

きんだん【禁断】〈名〉 してはいけないと禁じること。例禁断の恋の映画。

禁断の木《こ》の実《み》 固く禁じられているが、あまりにも魅力《みりょく》的であるもの。由来 もとは、旧約聖書に書かれた、エデンの園《その》にある知恵《ちえ》の木の実のことで、神に食べることを禁じられていたもの。アダムとイブが誘惑《ゆうわく》にまけて、この実を食べて、エデンの園を追放された。

きんだんしょうじょう【禁断症状】〈名〉 麻薬《まやく》やアルコールなどの中毒になった者に、それが切れたときにおこる症状。

きんちさん【禁治産】〈名〉 ⇩せいねんこうけんせいど

きんちゃく【巾着】〈名〉 昔のさいふ。革《かわ》や布で作った小さなふくろで、口のところをひもでしめる。例巾着切り(＝すり)。

きんちょ【近著】〈名〉 最近の著作。類近作。

[1]**きんちょう【緊張】**〈名・する〉 ❶うまくやらなければいけない、失敗してはいけないというような気持ちで、心やからだがかたくひきしまること。また、ひどくかたくなること。例緊張がはしる。緊張がとける。緊張をほぐす。緊張感。対弛緩《しかん》。❷両者の関係がうまくいかないで、今にも争いがおこりそうな状態であること。例緊張が高まる。▽類息づまる。

[2]**きんちょう【謹聴】**〈名・する〉 他人の話を敬意をもって、注意ぶかくきくこと。類拝聴。

きんちょく【謹直】〈形動〉 まじめで、ひかえめである。例謹直な性格。

きんつば〖金▼鍔〗〈名〉 小麦粉でつくった皮であんを包み、刀のつばのようなかたちに焼いた菓子《かし》。

[1]**きんてい【▼欽定】**〈名・する〉 天皇・国王の名によって定めること。例欽定憲法。

[2]**きんてい【謹呈】**〈名・する〉 ものを人につつしんでさしあげること。類贈呈《ぞうてい》。

表現「拙著《せっちょ》を一冊謹呈します」といったり、本のとびらやほそながい紙に「謹呈 著者」とか書いたりする。

きんてき【金的】〈名〉 多くの人があこがれ、手に入れたいと思っているもの。例金的を射とめる。

参考 (1)弓を射るときに使う金色のまとからできたことば。(2)格闘技《かくとうぎ》などで、男性の急所のことを遠回しにいうことがある。

きんてんさい【禁転載】〈名〉 転載を禁じる、ということ。印刷物に表示して注意することば。

[1]**きんとう【近東】**〈名〉 ヨーロッパの東につづく地域の意味で、小アジアやアラビア半島の地中海がわの地方をさす。アフリカ大陸の北部をもふくめることが多い。例中近東。対極東。

[2]**きんとう【均等】**〈形動〉 二つ以上のもののあいだで、数や量などの差がない。例均等にわける。均等割り。機会均等。類平等。

きんとき【金時】〈名〉 ❶「金時豆」の略。赤くてつぶの大きいアズキ。❷アズキなどをあまく煮《に》てかき氷をかけた夏のおやつ。❸サツマイモの品種の一つ。

由来 坂田金時《さかたのきんとき》(＝金太郎)が赤ら顔であったことから、顔の赤い人や赤いものをたとえていう。

きんトレ【筋トレ】〈名〉 筋肉をきたえるためのトレーニング。類ウエイトトレーニング。

きんとん〖金団〗〈名〉 サツマイモをあまく煮《に》てつくったあんに、あまく煮たクリ、インゲンマメなどをまぜた食べ物。

ぎんなん〖銀▼杏〗〈名〉 イチョウの雌株《めかぶ》になる実。いってたべたり、茶わんむしに入れたりする。

上田秋成(あきなり) (1734~1809) 江戸中期の読本作家・歌人・国学者。摂津(大阪)出身。「雨月物語」は有名。

きんにく【筋肉】〈名〉 動物の骨や内臓などのまわりにあって、収縮することでからだの運動をおこす器官。

きんにくつう【筋肉痛】〈名〉 筋肉のいたみ。

きんねん【近年】〈名〉 ここ何年かのうち。例近年まれに見る大傑作《けっさく》。近年の研究で明らかにされてきた事実。対往年《おうねん》。類近時《きんじ》。

きんのう【勤王・勤皇】〈名〉〔歴史〕 天皇をうやまい、忠義をつくすこと。江戸《えど》時代のおわりに幕府をたおす運動のよりどころとなった。例勤王の志士。対佐幕。

きんば【金歯】〈名〉 金をかぶせた歯。

きんぱい【金杯】〈名〉 金で作った、または金めっきの、賞杯《しょうはい》。やさかずき。

ぎんぱい【銀杯】〈名〉 銀で作った、または銀めっきの、賞杯《しょうはい》。やさかずき。

[1]**きんぱく**【金▼箔】〈名〉 金をたたいて、紙のようにうすくのばしたもの。例金箔をはる。

[2]**きんぱく**【緊迫】〈名・する〉 情勢が非常に緊張して、気をゆるめることができない状態。例緊迫した空気。緊迫感。類切迫。急迫。

ぎんぱく【銀▼箔】〈名〉 銀をたたいて、紙のようにうすくのばしたもの。

きんぱつ【金髪】〈名〉 金色のかみの毛。類ブロンド。

ぎんぱつ【銀髪】〈名〉 銀色のかみの毛。老人の、うつくしい白髪《はくはつ》についてもいう。

ぎんばん【銀盤】〈名〉 スケートリンクの氷の面。例銀盤の女王。銀盤にまう。

表現 一面の銀白色の氷を言い表わしたことば。はなやかなフィギュアスケートやアイスダンスについて いうときに使うことが多い。

きんぴか【金ぴか】〈名・形動〉 金色にぴかぴかと光るようす。また、そういう はでなもの。俗《ぞく》っぽい言いかた。

きんぴらごぼう〖金平▽牛▼蒡〗〈名〉 細くきざんだゴボウをニンジンなどと油でいため、しょうゆなどで味つけした料理。略して「きんぴら」ともいう。

きんぴん【金品】〈名〉 お金や品物。例金品の授受。金品を贈《おく》る。

きんぷくりん【金覆輪】〈名〉 刀や鞍《くら》などのふちの部分を、金色の金具で包んで、補強・かざりとしたもの。

きんぶち【金縁】〈名〉 めがねやがくぶちなどの、金でつくったふち。または、金色をした ふち。例金縁のめがね。

きんぶん【均分】〈名・する〉 同じ割合に分けること。平等に分けること。

きんぷん【金粉】〈名〉 金のこな。または、金色のこな。類金砂《きんしゃ》。金砂子《きんすなご》。

きんべん【勤勉】〈名・形動〉 勉強や仕事を、まじめにいっしょうけんめいにすること。例勤勉な人。対怠慢《たいまん》。怠惰《たいだ》。類まめ。

きんぺん【近辺】〈名〉 そのちかく一帯。例近辺をあるく。類近傍《きんぼう》。付近。かいわい。

きんぽうげ〖金▼鳳▽花〗〈名〉 山野にはえる毒草。毛で全体がおおわれており、初夏に、黄色い小さな花がさく。うまのあしがた。

きんぼし【金星】〈名〉 すもうで、平幕《ひらまく》の力士が横綱《よこづな》に勝つこと。例金星をあげる。類殊勲《しゅくん》。

表現 スポーツの世界で、弱いチームが強いチームに勝つことや、できないと思っていたものごとをやりとげることなど、予想以上の大きな手がらや成果をあげることにもいう。

きんほんいせい【金本位制】〈名〉〔歴史・経済〕 貨幣《かへい》の価値を一定量の金《きん》の価値とひとしいものとしてさだめて、金をその国で通用する貨幣の基準にする制度。その国の中央銀行が、発行した紙幣と同額の金を保管し、紙幣との交換(=兌換《だかん》)を保証した。十九世紀前半にイギリスではじまり、一九七〇年代はじめごろまで続いた。対管理通貨制度。

参考 「きんせい」と読むのは別のことば。

ぎんまく【銀幕】〈名〉 映画のスクリーン。やや古い言いかた。例銀幕の女王。銀幕の世界。

きんまんか【金満家】〈名〉 大金持ち。古めかしい言いかた。類財産家。富豪《ふごう》。長者。

ぎんみ【吟味】〈名・する〉 こまかいところまで、念入りにしらべること。例材料を吟味する。再吟味。類検討。改める。

きんみつ【緊密】〈形動〉 ものごとのむすびつきがしっかりしていて、くいちがいがない。例緊密な関係をたもつ。緊密に連絡《れんらく》をとる。類密接。密。

表現 「緊密なあいだがら」「緊密な関係」といえば、気持ちがぴったりとあった仲のよい関係という意味にも使う。

きんみゃく【金脈】〈名〉 ❶金《きん》の鉱脈。❷資金をだしてくれる人や組織。

きんみらい【近未来】〈名〉 それほど遠くない未来。

きんむ【勤務】〈名・する〉 つとめ先に行って、仕事をすること。例市役所に勤務する。勤務時間。勤務先。類就労。就業。執務《しつむ》。服務。

きんむく【金無▼垢】〈名〉 純金、または金の合金でできていること。金メッキ製品でないこと。例金無垢の腕《うで》時計。

きんモール【金モール】〈名〉 ❶金糸をよりあわせたひも。❷金糸をおりこんだ おりもの。

きんもくせい〖金木▼犀〗〈名〉 庭にうえる常緑小高木。秋、葉のつけねに赤黄色のかおりの高い花がさく。白い花をつけるのは、銀もくせいという。

きんもつ【禁物】〈名〉 してはいけないこと。また、さけるべきこと。例油断は禁物だ。類タブー。

きんゆ【禁輸】〈名〉 輸出・輸入を禁止すること。

きんゆう【金融】〈名〉 ❶お金を貸したり 借りたりすること。例金融業。❷資金が不足しているところに、お金を貸すこと。類融資。

きんゆうきかん【金融機関】〈名〉 銀行や保険会社、信用金庫などのように、お金をあずかったり 貸したりするところ。

ぎんゆうしじん【吟遊詩人】〈名〉 中世のヨーロッパで、恋愛《れんあい》の歌や民衆的な歌を歌いながら諸国を遍歴《へんれき》した音楽家。

きんゆうちょう【金融庁】〈名〉 内閣府の外局の一つ。金融制度の企画《きかく》立案や、金融機関の監督《かんとく》などの仕事をする。

きんよう【金曜】〈名〉 日曜からかぞえて、週の第六番めの曜日。金曜日。

きんよく【禁欲】〈名・する〉 したいと思うことを、がまんすること。例禁欲生活。禁欲主義。禁欲的。

きんらい【近来】〈名・副〉 あまり遠くない過去から現在まで。かたくて、やや古い言いかた。例近来まれにみる大事件。近来の傑作《けっさく》。類近ごろ。

きんり【金利】〈名〉 ❶貸したり 借りたりしたお金の利子。例金利がかさむ。金利がつく。❷利子の率。類利率。

[1]**きんりょう**【禁猟】〈名〉 法律で、鳥獣《ちょうじゅう》をとること

上田敏(びん)(1874~1916) 明治の詩人・英仏文学者。海外文学を翻訳紹介した。訳詩集「海潮音」。

を禁じること。[例]禁猟区。禁猟期。

きんりょう[2]**【禁漁】**〈名〉法律で、魚《ぎょ》介《かい》類をとることを禁じること。[例]禁漁区。禁漁期。

きんりょく[1]**【金力】**〈名〉人や組織をうごかすことのできる、お金がもっている力。[例]金力でうごかされる。

きんりょく[2]**【筋力】**〈名〉筋肉のちから。

きんりん【近隣】〈名〉となり近所。あらたまった言いかた。[例]近隣の家。

ぎんりん[1]**【銀輪】**〈名〉「自転車」のこと。車輪がうつくしく光ることをとらえてできた美称《びしょう》。

ぎんりん[2]**【銀▼鱗】**〈名〉ぴちぴちと銀色にかがやくさかな。[例]銀鱗がおどる。

きんるい【菌類】〈名〉キノコやカビ、酵母《こうぼ》などの生物をまとめていう分類名。からだが菌糸でできていて、多くは胞子《ほうし》によってふえる。↓せいぶつ〔生物〕[参考]

きんれい【禁令】〈名〉ある行為《こうい》を禁止する法令。[例]禁令をおかす。

ぎんれい【銀▼嶺】〈名〉雪がつもってきらきらとかがやいている山。

きんろう【勤労】〈名・する〉❶職務としての仕事をすること。[例]勤労感謝の日。勤労所得。勤労者。❷肉体労働をすること。[例]勤労奉仕《ほうし》。▽[類]労働。

きんろうかんしゃのひ【勤労感謝の日】〈名〉国民の祝日の一つ。十一月二十三日。「勤労をたっとび、生産を祝い、国民たがいに感謝しあう」ための日。

きんろうしゃ【勤労者】〈名〉働いて給料をもらい、生活している人。[参考]「労働者」の階級的な感じをさけようとしてできた、やや古い感じのことば。

きんろうどういん【勤労動員】〈名〉戦時中、軍需《ぐんじゅ》品の生産のために、国家の命令によって人を集め、強制的に労働させたこと。

常用漢字 く

く…ク

【区(區)】 匚部2 全4画

ク [教]小3 [音][ク] 区別《くべつ》。区域《くいき》。区間《くかん》。区民《くみん》。区立《くりつ》。学区《がっく》。地区《ちく》。選挙区《せんきょく》。

区区区区

【句】 口部2 全5画

ク [教]小5 [音][ク] 句読点《くとうてん》。句会《くかい》。句集《くしゅう》。語句《ごく》。字句《じく》。節句《せっく》。俳句《はいく》。名句《めいく》。

句句句句句

【苦】 艹部5 全8画

ク くるしい・くるしむ・くるしめる・にがい・にがる [教]小3 [音][ク] 苦労《くろう》。苦心《くしん》。苦渋《くじゅう》。苦楽《くらく》。苦言《くげん》。苦情《くじょう》。艱難辛苦《かんなんしんく》。四苦八苦《しくはっく》。生活苦《せいかつく》。[訓]❶[くるしい] 苦しい。苦しがる。聞き苦しい。見苦しい。心苦しい。❷[くるしむ] 苦しむ。苦しみ。❸[くるしめる] 苦しめる。❹[にがい] 苦い。苦虫。苦笑い。苦々しい。ほろ苦い。❺[にがる] 苦り切る。

苦苦苦苦苦

【駆(驅)】 馬部4 全14画 ※

ク かける・かる [音][ク] 駆使《くし》。駆除《くじょ》。駆逐《くちく》。四輪駆動《よんりんくどう》。先駆者《せんくしゃ》。疾駆《しっく》。[訓]❶[かける] 駆ける。駆け込む。駆けつける。先駆け。抜け駆け。❷[かる] 駆る。駆り立てる。

駆駆駆駆

【九】⇩常用漢字 きゅう〔九〕

く[1]**【九】**〈名〉八より一つ多い数。九《きゅう》。九つ。

く[2]**【区】**❶〈名・接尾〉東京都と全国政令都市にある行政の単位。また、それを数えることば。[例]区の予算。東京の二十三区。❷〈接尾〉くぎられたひとつの地域を表わす。[例]学区。禁漁区。選挙区。

く[3]**【句】**❶〈名〉❶いくつかの単語がつながって、ひとつづきになっているが、文ではないもの。[例]文と句。副詞《ふくし》句。❷和歌や俳句などの、ひとくぎり。[例]上《かみ》の句。二の句。❷〈名・接尾〉俳句。また、それを数えることば。[例]句をひねる。句を詠《よ》む。句集。そこで一句。

く[4]**【苦】**〈名〉くるしみ。苦労。[対]楽《らく》。

苦あれば楽《らく》あり 人生には、苦しいことがあったあとには、きっとたのしいことがあるし、その逆もあるものだ。

苦にする ひじょうに気にして思いなやむ。[例]病弱を苦にする。

苦になる つらくて心の負担になる。[例]仕事の多いのが苦になる。

苦は楽の種《たね》 ⇩楽は苦の種 苦は楽の種(「らく」の子項目)

苦も無《な》く たやすく。らくらくと。[例]苦もなくやってのける。

常用漢字 ぐ

【具】 八部6 全8画

グ [教]小3 [音][グ] 具体的《ぐたいてき》。具備《ぐび》。具現《ぐげん》。具象《ぐしょう》。不具合《ふぐあい》。道具《どうぐ》。家具《かぐ》。器具《きぐ》。

具具具具具

【惧】 忄部8 全11画

グ [音][グ] 危惧《きぐ》。[表記]「具」のような旁《つくり》の形にして、「惧」とも書く(画数は同じ)。

惧惧惧惧惧

【愚】 心部9 全13画

グ おろか [音][グ] 愚問《ぐもん》。愚劣《ぐれつ》。愚鈍《ぐどん》。愚行《ぐこう》。愚痴《ぐち》。[訓][おろか] 愚かだ。愚かしい。愚か者。

愚愚愚愚愚

ぐ[1]**【具】**❶〈名〉❶たきこみご飯や、汁物《しるもの》などに入れる実《み》。[例]チャーハンの具。具だくさん。❷道具。[例]政争の具。筆記具。喫煙《きつえん》具。❷〈接尾〉櫛《くし》や数珠《じゅず》などの用具を数えることば。▽[アグ]

ぐ[2]**【愚】**〈名〉おろかなこと。[例]愚をおかす。[アグ]

愚にもつかない ばかばかしくて話にならない。まったくばかげている。

愚の骨頂《こっちょう》 この上なくばかげていること。

ぐあい【具合】【▽工合】〈名〉❶うまくすすんでいるか、悪いところはないかという点からみた、ものごとの状態。[例]具合がいい。からだの具合。いい具合にあしたはひまだ。できた具合。不具合。[類]調子。ようす。❷ものごとのすすめかた。[例]こんな具合に書いてごらん。

クアハウス〈名〉温泉と運動設備をあわせもち、専門家から健康のための助言もうけられる施設《しせつ》。◇ドイツ Kurhaus

ウェブスター(1876～1916) アメリカの児童文学者。代表作に「あしながおじさん」がある。

くい[1]【▼杭・▼杙】〈名〉 地面に打ちこみ、目じるしや支柱などにする棒状のもの。木や金属、鉄筋コンクリートのものなどがある。例 くいを打つ。

出《で》るくいは打《う》たれる ⇩「でる」の子項目

くい[2]【悔い】〈名〉 今までの心がけや行動の悪かったことに気づいて、残念に思う気持ち。例 悔いがない。悔いをのこす。類 後悔《こうかい》。

くいあげ【食い上げ】〈名〉 仕事がなくなったりして、生活できなくなること。例 めしの食い上げ。

くいあら・す【食い荒らす】〈動五〉 ❶あらっぽく、きたならしい食べかたをする。類 食い散らす。食い散らかす。❷ほかの者の領分に乱暴にふみこんで、あらす。例 対立候補に地盤《じばん》を食い荒らされる。

くいあらた・める【悔い改める】〈動下一〉 今までの行動や考えの悪かったことに気づいて、心をいれかえる。

くいあわせ【食い合わせ】〈名〉 いっしょに食べると害になるといわれる、食べものの取り合わせ。ウナギとうめぼしなど。食べ合わせ。例 食い合わせが悪い。

くいいじ【食い意地】〈名〉 なんでも食べたいと思う、いやしい気持ち。例 食い意地がはる。類 食いけ。

くいい・る【食い入る】〈動五〉 表面から中へ入りこむ。例 相手の顔を食い入るように見つめる。

クイーン〈名〉 ❶女王。または、王妃《おうひ》。❷トランプで、女王のすがたをえがいたカード。十二にあたる。▽対 キング。◇queen

表現 「社交界のクイーン」のように、仲間の中心になるようなはなやかさや、すぐれた面をもった女性をもさす。

くいき【区域】〈名〉 くぎりをつけた特定の地域。例 危険区域。類 エリア。

くいけ【食い気】〈名〉 なんでも食べたいと思う気持ち。類 食欲。食い意地。

くいこ・む【食い込む】〈動五〉 ❶中にきりきりと深く入りこむ。例 なわが手首に食い込む。❷他の領分に入りこむ。例 市場《しじょう》に食い込む。

くいさが・る【食い下がる】〈動五〉 ❶相手のからだにぶらさがるように、しっかりとつかまって、はなれない。❷強敵に対して、かんたんにあきらめないで、ねばりづよく戦う。

くいしば・る【食いしばる】〈動五〉 上下の歯をつよくかみ合わせる。

表現 「歯を食いしばる」という形で、苦痛やくやしさをがまんすることをもいう。

くいしんぼう【食いしん坊】〈名・形動〉 なんでもむやみに食べたがる人。そのように食べたがるようす。

クイズ〈名〉 質問を出して、相手に答えさせる遊び。例 クイズ番組。◇quiz

くいだおれ【食い倒れ】〈名〉 食べ物にぜいたくをして、財産をなくすこと。例 京の着倒れ、大阪の食い倒れ。

くいだめ【食いだめ】【食い▼溜め】〈名・する〉 一度にたくさん食べて、腹にためておくこと。

く(食)いた(足)りない 食事の量がたりなかったときのような感じで、どうもものたりない。例 今度の作品は、この作者のものとしてはどうも食い足りない。

くいちが・う【食い違う】〈動五〉 一致《いっち》してほしいことがうまくかみ合わない。例 意見が食い違う。類 相違《そうい》する。

くいちぎ・る【食いちぎる】【食い千切る】〈動五〉 乱暴に、かんで引き切る。

くいちら・す【食い散らす】〈動五〉 いろいろな食べものに少しずつはしをつけたり、こぼしたりして、きたならしくする。食い散らかす。類 食いあらす。

表現 いろんなことを少しずつやってみる、という意味で使うことがある。

くいつ・く【食いつく】【食い付く】〈動五〉 ❶口でものをとらえる。例 えさに食いつく。類 かみつく。❷自分の利益になりそうなものに、すぐにとびつく。例 もうけ話に食いつく。

クイック ■一〈造語〉 すばやい。例 クイックターン。クイックモーション。対 スロー。■二〈名〉 ❶バレーボールで、短いトスから打つアタック。速攻《そっこう》。❷ダンスで、速いステップ。対 スロー。◇quick

くいつな・ぐ【食いつなぐ】【食い▼繋ぐ】〈動五〉 ❶限られた食べ物を少しずつ食べて生命を長らえる。❷わずかなたくわえや収入によってほそぼそと生活を続ける。例 その日その日を食いつなぐ。

表現 「…で食いつなぎをする」とか「食いつなぎにアルバイトをする」のように、「食いつなぎ」の形でもよく使われる。

くいっぱぐ・れる【食いっぱぐれる】〈動下一〉 「くいはぐれる」のくだけた言いかた。

くいつぶ・す【食い潰す】〈動五〉 働かずに暮らして、財産を使いはたす。例 遺産を食い潰す。

くいつ・める【食い詰める】〈動下一〉 収入がなくなり、生活ができなくなる。例 食いつめ者。

くいどうらく【食い道楽】〈名〉 たくさんのおかねを使って、おいしいものを食べることを無上の楽しみにすること。そのような楽しみをもつ人。食《しょく》道楽。

くいと・める【食い止める】〈動下一〉 よくないことがそれ以上すすむのをふせぐ。例 事故を食い止める。

くいな【▽水▽鶏】〈名〉 水鳥の一種。体長二〇《センチメートル》ほどの茶色い鳥。水べの草むらにすむ。

表現 鳴き声が木の戸をたたく音に似《に》ていることから、クイナが鳴くことを「くいながたたく」という。

くいにげ【食い逃げ】〈名・する〉 飲食店で飲み食いして、お金をはらわないでにげること。無銭飲食。

くいはぐ・れる【食いはぐれる】〈動下一〉 ❶食べるチャンスをうしなう。類 食べそこなう。❷収入の道をうしなって、生活できなくなる。▽「くいっぱぐれる」ともいう。

くいぶち【食いぶち】【食い扶▽持】〈名〉 食べ物を買うのにわりあてる費用。食費。例 一家の食いぶちをかせぐ。

くいもの【食い物】〈名〉 ❶「食べ物」のぞんざいな言いかた。例 食い物のうらみはおそろしい。❷自分の利益のために悪用すること。例 人を食い物にする。

く・いる【悔いる】〈動上一〉 自分の心がけや行動がわるかったことに気づいて、残念に思う。例 前非《ぜんぴ》を悔いる。類 後悔《こうかい》する。くやむ。

クインテット〈名〉〔音楽〕 五重唱。五重奏。また、その曲やグループ。◇《イタリア》quintetto

常用漢字 **くう**

【空】 穴部3 全8画 空 空 空 空 空

クウ そら・あく・あける・から 教 小1 音 [クウ] ■ 空《くう》気《き》。空《くう》間《かん》。空《くう》腹《ふく》。空《くう》港《こう》。空《くう》転《てん》。■ 真《しん》空《くう》。上《じょう》空《くう》。低《てい》空《くう》飛《ひ》行《こう》。訓 ❶[そら] 空。空色。空模様。空耳。空々しい。青空。冬空。夕空。❷[あく] 空く。空き巣。空き家。がら空き。❸[あける] 空ける。❹

［から］空。空手。空手形。空梅雨《つゆ》。空振り。空回り。

[1]**く・う【食う】**〈動五〉❶食べること、また、生活の糧《かて》を得て生きていくことの、元の言いかた。[例]昼飯をいっしょに食おう。ああ食った食った。何食わぬ顔(→「なに」の子項目)。食うに困《こま》る。この稼《かせ》ぎでは食っていけない。→たべる[表現] ❷虫がかじったり、さしたりする。[例]虫が食う。蚊《か》に食われる。❸他の領分をおかす。相手を負かす。[例]人を食った話。(選挙で)対立候補に地盤《じばん》を食われて苦戦する。❹使ってしまう。[例]ガソリンを食う。時間を食う。金を食う。道草を食う。[類]消費する。ついやす。❺身にうけたくないものを、うけてしまう。[例]あおりをくう。あわをくう。お目玉をくう。おいてけぼりをくう。[類]くらう。こうむる。▽[ア]クウ →くえない

食うか食われるか 相手をたおすか、自分が相手にたおされるか。[例]食うか食われるかのシェア争い。[類]サバイバル合戦。生き残りをかけた戦い。

食うや食わず 貧しさやいそがしさで、食事もろくにとれないこと。[例]食うや食わずの生活。

[表現]「生きているだけ」の最低生活ということを感覚的に言い表わしていることば。

食っちゃ寝《ね》食っちゃ寝する 食べて寝るだけで、からだを動かしたり働いたりしない。くだけた言いまわし。

[2]**くう【空】**〈名〉❶地面から上の、なにもないところ。[例]空を見つめる。空をきる。空をつかむ。❷実体のあるものがなにもないこと。[例]空に帰する。▽[ア]クー

空を切《き》る 目標に当たらないで、いきおいよく空気を切りさくような、むなしい動きに終わる。[例](野球で)バットが空を切った。

常用漢字 **ぐう**

【偶】 イ部9 全11画

グウ [音][グウ] ▨対偶《たいぐう》。▨偶然《ぐうぜん》。偶発的《ぐうはつてき》。偶数《ぐうすう》。偶像《ぐうぞう》。土偶《どぐう》。配偶者《はいぐうしゃ》。

【遇】 ⻌部9 全12画

グウ [音][グウ] ▨遇《ぐう》する。待遇《たいぐう》。優遇《ゆうぐう》。奇遇《きぐう》。千載一遇《せんざいいちぐう》。▨境遇《きょうぐう》。遭遇《そうぐう》。

【隅】 阝部9 全12画

グウ すみ [音][グウ] ▨一隅《いちぐう》。[訓][すみ] 隅。隅隅。片隅。

ぐう〈名〉じゃんけんで、にぎりこぶしの形。石《いし》。グー。

くうい【空位】〈名〉❶あいている地位。❷名ばかりで、権力をともなわない地位。

ぐうい【▼寓意】〈名〉ほかのものをかりて、ある意味をそれとなくほのめかすこと。アレゴリー。

くういき【空域】〈名〉航空機の飛行のために設定される、高度と広がりで限られた空中の一定の範囲。[例]空域の有効利用。訓練空域。成田《なりた》空域。

くうかん【空間】〈名〉❶なにもない場所。[例]空間を利用する。宇宙空間。[類]スペース。❷自分を中心にした、前後・左右・上下にある無限のひろがり。[対]時間。

[参考]「空間」には、平面である二次元空間、立体である三次元空間があり、また、三次元空間に時間をくわえた四次元空間が考えられる。

くうき【空気】〈名〉❶地球をとりまく、色も味もにおいもない透明《とうめい》な気体。おもに酸素と窒素《ちっそ》からなっている。[例]空気を入れかえる。新鮮《しんせん》な空気。[類]大気。エア。❷その場のようす。[例]試験場には緊張《きんちょう》した空気がただよっていた。[類]ふんいき。

[表現]その場にいても、あまり気にならない人を、「空気のような存在」ということがある。

空気を読《よ》む 微妙《びみょう》(=デリケート)なその場のふんいきを敏感に感じとって、よけいなことを言ったりしたりしない。

くうきじゅう【空気銃】〈名〉圧縮した空気の圧力を使って弾丸《だんがん》を発射する銃。エアライフル。エアガン。

くうきょ【空虚】〈名・形動〉❶中に、なにもないこと。[類]から。からっぽ。うつろ。❷かたちだけあって、価値や内容が感じられなくて、むなしいこと。[例]空虚な生活。[類]空疎《くうそ》。

ぐうぐう〈副〉❶よくねむっているようす。また、そのときのいびきの音。❷おなかがすいて 腹がなるようす。また、そのときの音。[例]腹がぐうぐういう。

くうぐん【空軍】〈名〉飛行機を用い、空の守りや戦闘《せんとう》をうけもつ軍隊。[対]海軍。陸軍。

くうげき【空隙】〈名〉物と物のすきま。[例]空隙をうめる。[類]間隙。

ぐうげん【▼寓言】〈名〉教訓などを、ほかのものごとにたとえてのべたことば。[類]寓話。

くうこう【空港】〈名〉飛行機が、出発したり到着《とうちゃく》したりするための設備があるところ。エアポート。[例]国際空港。[類]飛行場。

くうさつ【空撮】〈名・する〉空中からの撮影《さつえい》。

ぐうじ【宮司】〈名〉その神社の神職の長。

くうしつ【空室】〈名〉だれも入居や使用、宿泊をしていない部屋。あき部屋。[例]「空室あり」のはり紙。

くうしゃ【空車】〈名〉❶タクシーが、客を乗せておらず、客が乗れること。[対]実車。❷レンタカーや、貸し切りバスなどに、借りられるあきがあること。[対]満車。❸駐車場《ちゅうしゃじょう》などに、車をとめられるあきがあること。[対]満車。

くうしゅう【空襲】〈名・する〉飛行機をつかって、空から敵地をせめること。[例]空襲をうける。空襲警報。

ぐうすう【偶数】〈名〉〔数学〕二で割りきれる整数。[対]奇数《きすう》。

ぐう・する【遇する】〈動サ変〉人をもてなす。[例]客として遇する。[類]待遇する。

くうせい【空清】〈名〉「空気清浄《せいじょう》(機)」の略。

くうせき【空席】〈名〉❶あいている座席。[例]空席が目立つ。❷欠員になっている職や地位。[例]空席をうめる。

くうぜん【空前】〈名〉今までに例がないこと。[例]空前の売れゆき。空前絶後。[類]未曽有《みぞう》。

ぐうぜん【偶然】〈名・形動・副〉思いがけないこと。そうなるべき理由がないのにおこること。[例]偶然の一致《いっち》。むかしの友だちに偶然出会った。偶然性(に左右される)。[対]必然。

くうぜんぜつご【空前絶後】〈名〉今までに例がなく、これからもおこらないと思われるほど、めずらしいこと。

くうそ【空疎】〈形動〉かたちだけあって、それにともなうべき中身がない。[例]空疎な話。[類]空虚《くうきょ》。

くうそう【空想】〈名・する〉現実にはありそうもないことや、できそうもないことを考えること。[例]空想にふける。

 植村直己(なおみ)(1941～84) 登山家。五大陸の最高峰への登頂を果たし，犬ぞりで北極点に到達した。

空想家。対現実。実際。類夢想。想像。

ぐうぞう【偶像】〈名〉神仏にかたどって、信仰《しんこう》の対象とする像。例偶像崇拝《すうはい》。参考たくさんの人から尊敬されたり、したわれたりして、あこがれの的になるのも偶像だが、それは、むしろ、アイドルとよばれるほうが多い。

ぐうぞうすうはい【偶像崇拝】〈名〉❶神の像や絵などの、目で見えるものを信仰《しんこう》の対象として崇拝すること。❷権力者や特別な能力を持つ人を無批判に崇拝すること。

ぐうたら〈形動・名・する〉だらしなく、気力のないこと。また、そうした人。例ぐうたらな生活。

くうちゅう【空中】〈名〉地上をはなれたところ。類虚空《こくう》。空《そら》。宙《ちゅう》。

くうちゅうぶらんこ【空中ブランコ】〈名〉サーカスの曲芸に使う、高いところから長いロープでつるしたぶらんこ。

くうちゅうぶんかい【空中分解】〈名・する〉❶飛行中の航空機が事故のため、空中でばらばらにこわれること。❷計画などが中途《ちゅうと》でだめになること。例構想十年の大計画があっというまに空中分解した。

くうちゅうろうかく【空中楼閣】〈名〉❶空中にきずいた建物がありえないように、根拠《こんきょ》のないものごと。類砂上《さじょう》の楼閣。❷⇩しんきろう

くうちょう【空調】〈名〉「空気調節」の略。エアコン。

クーデター〈名〉武力を使って、政権をうばいとること。類革命。◇《フランス》coup d'État

表現「革命」は、それまでの政治体制を根本からかえることをいうが、「クーデター」は、支配権をめぐるあらそいをさすことが多い。

くうてん【空転】〈名・する〉からまわり。例議論が空転する。

くうどう【空洞】〈名〉穴があいて、中がからっぽになっていること。類うろ。

表現大都市の中心部で居住者が激減したりするように、一見、外からはわからないところで中が空洞状態になることを空洞化といって、現代の社会現象の一つと見られている。

ぐうのね(音)もで(出)ない 自分の失敗などをせめられて、ひとことの言いわけもできない。

くうはく【空白】一〈名〉紙面などで、なにも書かれていない部分。二〈名・形動〉なにかなされなければならないのに、なにも行なわれないこと。または、行なわれたかどうかわからないこと。例政治の空白。その期間の記憶が空白だ。▽類ブランク。

1 **くうばく【空爆】**〈名・する〉航空機で空から爆撃《ばくげき》すること。

2 **くうばく【空漠】**〈副・連体〉ひろく、はてしなく、はっきりとらえがたい。例空漠としている。空漠たる荒野。

表現「空々漠々」は強めた言いかた。

ぐうはつ【偶発】〈名・する〉思いがけずおこること。例偶発事故。偶発的(な事件)。

くうひ【空費】〈名・する〉時間やお金など、だいじなものをむだにつかうこと。例才能を空費する。時間の空費。類浪費《ろうひ》。

くうふく【空腹】〈名〉腹がすいていること。例空腹をおぼえる。空腹をかかえる。対満腹。類すきっぱら。

くうぶん【空文】〈名〉書いてあっても、実際にはなんの役にもたたない文章やきまり。例空文化。

くうぼ【空母】〈名〉「航空母《ぼ》艦《かん》」の略。

くうほう【空砲】〈名〉銃《じゅう》や大砲を、実弾《じつだん》をこめずにうち、音だけだすこと。演習や祝典に用いられる。

クーポン〈名〉❶順に切りとって使う券。❷乗車券や宿泊《しゅくはく》券などがセットになっている旅行券。例クーポン券。◇《フランス》coupon

くうゆ【空輸】〈名・する〉飛行機で、人や物をはこぶこと。

クーラー〈名〉❶冷房装置《れいぼうそうち》。例クーラーがきく。クーラーをいれる。カークーラー。❷持ち運びのできる、保冷用の箱形の入れ物。つった魚などを氷といっしょに入れる。クーラーボックス。◇cooler

くうらん【空欄】〈名〉書類などで、あとから書き入れるために、あるいは必要ないために あけてある部分。

くうりくうろん【空理空論】〈名〉現実とかけはなれていて、実際の役にたたないりくつや議論。

クーリングオフ〈名〉訪問販売《はんばい》や電話勧誘《かんゆう》販売などで、一定の期間内(=八日以内)であれば、無条件で購入《こうにゅう》の契約《けいやく》をとりけすことができる制度。「特定商《しょう》取引《とりひき》法」で定められている。◇cooling-off

1 **クール**〈名・接尾〉テレビ・ラジオで、連続番組の区切り。また、それを数えることば。一クールは三か月。◇《フランス》cours

2 **クール**〈形動〉❶冷たい。すずしい。❷冷静で、さめている感じがする。例クールな男。❸かっこいい。とくに若者のあいだでの言いかた。◇cool

クールダウン〈名・する〉❶はげしい運動のあと、つかれを残さないために行なう、ストレッチなどの軽い運動。対ウォーミングアップ。❷温度やからだの熱を下げること。例水浴びでクールダウンする。◇cool down

クールビズ〈名〉暑い時季、省《しょう》エネのために、男性がネクタイをしないなど、なるべく涼しい仕事着で働くキャンペーン。環境省が公募してきまったことば。対ウォームビズ。

くうれいしき【空冷式】〈名〉自動車などのエンジンにこもった熱を、空気でひやす方式。対水冷式。

くうろ【空路】〈名〉❶飛行機がとぶコース。類航路。❷飛行機に乗っていくこと。例空路 帰国の途《と》につく。▽対陸路。海路。

1 **くうろん【空論】**〈名〉現実とかけはなれていて、実際の役にたたない議論。例机上の空論。アクーロン

2 **クーロン**〈名・接尾〉〔物理〕電気の量を表わす単位。一クーロンは、一アンペアの電流が、一秒間にはこぶ電気の量。記号「C」。◇《フランス》coulomb アクーロン

クーロンのほうそく【クーロンの法則】〔物理〕電気や磁気をもった二つの物体のあいだにはたらく力は、たがいの電気量、または、磁気量の積に比例し、たがいの距離《きょり》の自乗に反比例する、という法則。

ぐうわ【▼寓話】〈名〉教訓的な内容をもりこんだたとえ話。アレゴリー。

くえき【苦役】〈名〉❶からだや心を酷使《こくし》する苦しい仕事。❷罪人に罰《ばっ》としてあたえられる労働。懲役《ちょうえき》。例苦役に服する。

クエスチョンマーク〈名〉⇩ぎもんふ ◇question mark

く(食)えない ❶収入が少なくて生活できない。食っていけない。例この給料では食えない。❷どこかずるがしこくて、ゆだんができない。例食えないやつ。

表現②を強めていうと「煮《に》ても焼いても食えない」。

くえんさん【クエン酸】〖▼枸▼櫞酸〗〈名〉ミカン

やレモンなどの酸味の主成分。清涼飲料や医薬品などに使われる。

クォーク〈名〉〔物理〕 物質を構成する最小の単位である素粒子《そりゅうし》の一つ。自然界では単体で存在せず、結合して陽子や中性子を形成する。◇quark 参考 物質は分子でできていて、分子は原子から、原子は原子核と電子からできている。その原子核は陽子と中性子からなり、それらはクォークからできている。

クォーター〈名〉 ❶全体を四等分したうちの一つ。四分の一。四半分。❷四半期《しはんき》。◇quarter

クォータリー〈名〉 年四回、定期的に発行される刊行物。季刊誌。◇quarterly

クオーツ〈名〉 石英の結晶《けっしょう》(=水晶)。電圧をかけると規則ただしく振動《しんどう》する性質があり、正確な時計をつくるのに使われる。◇quartz

クォーテーションマーク〈名〉 外国語の引用文や会話文などの前後につける、「" "」「' '」などの符号《ふごう》。引用符。◇quotation marks

クオリティー〈名〉 質。品質。例 ハイクオリティー。◇quality

くおん【久遠】〈名〉 「永遠」のややあらたまった言いかた。例 久遠の理想。類 永久。永遠。無限。

くかい【句会】〈名〉 めいめいが俳句を作り、発表して批評しあう集まり。

くかく【区画】〖区▼劃〗〈名〉 土地などをいくつかにわけること。いくつかにわけられた土地。例 区画整理。

くがく【苦学】〈名・する〉 働きながら、苦労して勉強をつづけること。例 苦学して大学を卒業する。苦学生。

くかつよう【ク活用】〈名〉〔文法〕 文語形容詞の活用の一種。語尾が「く・く・し・き・けれ」と活用するもの。「高し」「清し」など。→しくかつよう

くかん【区間】〈名〉 長い距離《きょり》をいくつかに分けたときの、あるくぎりからあるくぎりまでのあいだ。

ぐがん【具眼】〈名〉 ものごとをみきわめる力があること。例 具眼の士。

くき【茎】〈名〉 植物の器官の一つ。地上に長くのびて花や葉をつける。中に養分や水分の通路がある。地下にあるときは、「地下茎《ちかけい》」という。

くぎ【▼釘】〈名〉 金属や竹、木などでつくった、一方の先がとがった小さな棒。板などをとめたりするのに使う。例 くぎを打つ。くぎを抜く。ぬかに釘(→「ぬか」の子項目)。

釘を刺《さ》す 相手がいいかげんなことをしないように、はっきりと念をおしておくこと。由来 釘を使わないで木材を組み上げた昔の建物で、念のため釘を打ったということから。

くぎづけ【くぎ付け】〖▼釘付け〗〈名・する〉 ❶くぎで打ちつけて、ものをうごかないようにすること。例 たるをくぎ付けにする。❷うごきのとれないようにすること。例 おそろしさのあまり、その場にくぎ付けになった。

くぎぬき【くぎ抜き】〖▼釘抜き〗〈名〉 くぎを抜くためのL字形をした道具。

ぐきょ【愚挙】〈名〉 心ない、おろかなふるまい。類 愚行。

くきょう【苦境】〈名〉 追いつめられて、どうしていいかわからないような苦しい立場。例 苦境にたたされる。類 窮地《きゅうち》。

[1]くぎょう【▽公▼卿】〈名〉〔歴史〕 むかし、朝廷《ちょうてい》につかえた身分のたかい貴族。類 公家《くげ》。ア クギョー

[2]くぎょう【苦行】〈名・する〉 自分のからだにがまんできないような苦痛をあたえ、それにたえることによって悟《さと》りを得ようとすること。また、そのような修行《しゅぎょう》。断食《だんじき》や不眠《ふみん》、滝《たき》にうたれることなど。例 難行苦行にたえる。ア クギョー

くぎり【区切り・句切り】〈名〉 ❶文章や詩などの切れ目。❷ものごとの切れ目。例 区切りをつける。ひと区切り。

くぎりふごう【区切り符号・句切り符号】〈名〉 文章の切れ目を表わす記号。「。(句点)」「、(読点《とうてん》)」「.(ピリオド)」など。

くぎ・る【区切る・句切る】〈動五〉 ❶文章や詩などに切れ目をつける。例 一語ずつ区切って読む。❷ものごとに切れ目をつける。例 土地を区切る。時間を区切る。類 仕切る。割る。

くぎれ【句切れ】〈名〉 短歌・俳句の、意味上の切れ目の部分。切れる位置によって、短歌では初句切れ・二句切れ・三句切れ・四句切れ・句切れなしがあり、俳句では初句切れ・二句切れ・中切れ(中間切れ)・句切れなしがある。

くぎん【苦吟】〈名・する〉 苦心して詩歌《しいか》をつくること。また、その作品。

くく【九九】〈名〉 一から九までの、それぞれの数どうしのかけあわせ。また、それを書いた表や、そのかぞえかた。

くぐも・る〈動五〉 声が口の中にこもって、はっきりと聞こえない。例 くぐもり声。

くぐり【▽潜り】〈名〉 くぐるようにして通る出入り口。

くくりつ・ける【▽括り付ける】〈動下一〉 糸やひもでくくってはなれないようにする。例 荷物に荷札をくくりつける。

くぐりど【くぐり戸】〖▽潜り戸〗〈名〉 からだをかがめて、くぐって出入りするような小さな戸口。類 切り戸。

くぐりぬ・ける【くぐり抜ける】〖▽潜り抜ける〗〈動下一〉 低い、せまい所をなんとか通り抜ける。例 トンネルをくぐり抜ける。

表現 「逆境をくぐり抜ける」「法の網《あみ》をくぐり抜ける」のように、通り抜けるのがむずかしいところを切り抜けることにもいう。

くく・る【▽括る】〈動五〉 ❶ばらばらであったものを一つにまとめる。例 なわでくくる。かっこでくくる。類 しばる。結ぶ。❷ひもなどをまいて、しばる。しめる。例 首をくくる。くくりつける。

くぐ・る【▽潜る】〈動五〉 ❶水の中にもぐる。❷ものの下を通りぬける。例 門をくぐる。戸をくぐる。

表現 「難関をくぐる」「法の網《あみ》をくぐる」などのように、通りぬけるのがむずかしいところを、すりぬけるような感じで通ることにも使う。

くげ【▽公家】〈名〉〔歴史〕 天皇につかえて、政治を行なっていた貴族。対 武家。類 公卿《くぎょう》。

くけい【▼矩形】〈名〉 「長方形」の古い言いかた。

く・ける【▼絎ける】〈動下一〉 服などのぬいかたで、ぬいめが外から見えないように、ぬう。→まつる

くげん【苦言】〈名〉 聞くのはおもしろくないが、言われた人のためになることば。例 苦言を呈《てい》する。類 忠告。

ぐけん【愚見】〈名〉 「わたくしの意見・見かた」の丁重《ていちょう》語。類 卑見《ひけん》。拙見《せっけん》。

ぐげん【具現】〈名・する〉 はっきりした形で、具体的に表わすこと。例 仏教思想を具現(化)した仏像。類 体現。

表現 「…を具現化する」という言いかたのほうがふつう。

1**ぐこう【愚考】**〈名・する〉「わたくしの考え」の丁重《ていちょう》語。例愚考いたしますに、それでは問題の解決にならないのではないかと…。

2**ぐこう【愚行】**〈名〉ばかげた行ない。例愚行を重ねる。類愚挙。

ぐこう（愚公）やま（山）をうつ（移）す 努力を続ければ、どんな困難なことでも、ついにはなしとげられるものだということ。中国の故事から。

くさ【草】 ━〈名〉「木」のようにかたい幹をもたない、茎《くき》のやわらかい植物。生存期間によって、一年草・二年草・多年草の別がある。ふつうの草のほか、つるによってのびる「つる草」、水に根をおろす「水草」などがある。例草がしげる。草をはむ。草をかる。草をむしる。類草本。→そうほん・囲み記事17(下)

━〈接頭〉スポーツなどが、そのあたりの草はらで行なわれる、ということから、「本格的でない」「庶民《しょみん》的な」などの意味を表わす。例草競馬。草ずもう。草野球。

草の根《ね》分《わ》けても探《さが》す 見えなくなったものを、なんとしてでもさがしだそうとする。

表現 地上に無数に生えている草の一本一本を、その根本を見て確認《かくにん》するといった感じがこもっている。

ぐさ【▽種・草】〈接尾〉「材料」「材料となるもの」「たね」などの意味を表わす。例質ぐさ。お笑いぐさ。語りぐさ。

くさ・い【臭い】 ━〈形〉❶顔をしかめたくなるような、いやなにおいがする。例息が臭い。❷うたがわしいところがある。例あの男が臭い。❸わざとらしいいやな感じがただよっている。例臭い演技。

━〈接尾〉❶「そのにおいがする」という意味を表わす。例あせ臭い。酒臭い。❷それらしい感じがする。あまりいいことには使わない。例老人くさい。けちくさい。いなかくさい。

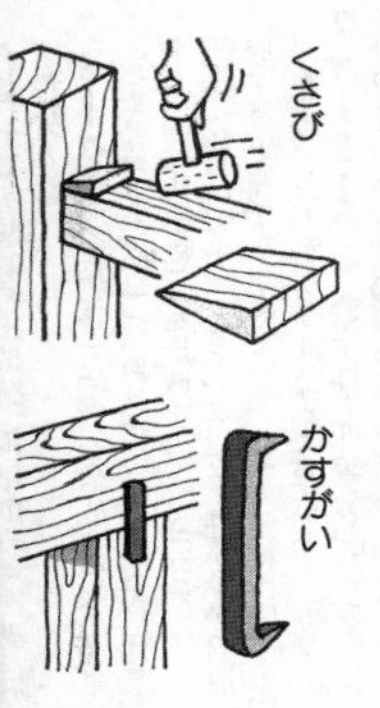

[くさび]

臭い飯《めし》を食《く》う 刑務《けいむ》所ぐらしを経験する。

臭いものに蓋《ふた》をする 知られては困る、あまりいいことではないことを、一時外からは見えないようにする。

ぐさい【愚妻】〈名〉「わたくしの妻」の丁重《ていちょう》語。例愚妻が申しますには、…。

ぐざい【具材】〈名〉料理の中に入れる材料。例吟味《ぎんみ》した具材を使う。類具。

くさいきれ【草いきれ】〈名〉夏、強い日ざしをうけた草はらから発する、むっとするような熱気。

くさいろ【草色】〈名〉青みをおびた緑色。

くさかり【草刈り】〈名・する〉草をかること。

くさかんむり【草冠】〈名〉漢字の冠の一つ。「草」「花」などの「艹」の部分。参考 ふつう、漢和辞典では「艸」(六画)の部にふくまれる。

くさき【草木】〈名〉草と木。植物をまとめていうことば。

草木もなびく いきおいがさかんで、すべてのものがつきしたがう。

草木も眠《ねむ》る 夜がふけわたって、あたりが寝《ね》静まっているようす。例草木も眠るうしみつ時。

くさきぞめ【草木染め】〈名〉化学染料《せんりょう》を使わず、植物からの天然染料で布地を染めること。

ぐさく【愚作】〈名〉❶価値のない、つまらない作品。対秀作《しゅうさく》。傑作《けっさく》。類駄作《ださく》。❷「わたくしの作品」の丁重《ていちょう》語。類拙作《せっさく》。

くさくさ〈副・する〉うまくいかなかったり、いやなことがあったりして気持ちがすっきりしないようす。例くさくさした気分。

くさぐさ【▽種▽種】〈名〉「いろいろ」「さまざま」の、やや古い言いかた。例くさぐさの民《たみ》。くさぐさのおくりもの。

くさけいば【草競馬】〈名〉公営の競馬に対して、農村などで娯楽《ごらく》のために行なわれる小規模の競馬。

くさ・す【▽腐す】〈動五〉人の、とりあげるほどのこともない欠点を、わざわざ指摘《してき》して、わるく言う。類けなす。

くさ（腐）ってもたい（▼鯛） ⇩「くさる」の子項目

くさとり【草取り】〈名・する〉雑草を取り除くこと。類草むしり。除草。

くさのね【草の根】〈名〉民間。民衆。例草の根民主主義。草の根運動。

草の根分《わ》けても探《さが》す 表現例のような形で使い、単独ではあまり言わない。

くさばな【草花】〈名〉くさやはな。また、花をつける草。

くさば（草葉）のかげ（陰） あの世。例草葉の陰からみまもる。

くさはら【草原】〈名〉木がなく、草が一面にはえている原。「くさっぱら」ともいう。類草原《そうげん》。

くさび【▼楔】〈名〉かたい木や鉄などでつくったV字形の道具。木や石のわれめにさしこみ、上からたたきこんでその木や石をわったり、また、木をくみあわせたところに打ちこんで、かたくとめたりするのに使う。絵

くさびを打《う》ち込《こ》む 失敗をふせぐために有効な手をうつ。

くさびがたもじ【くさび形文字】【▼楔形文字】〈名〉紀元前、メソポタミア地方で使われた文字。粘土《ねんど》の板にアシの茎《くき》でしるされたので、一画一画がくさびの形をしている。→もじ絵

くさぶえ【草笛】〈名〉切りとった草の茎《くき》や巻いた草の葉を口にあてて、笛のようにふき鳴らすもの。

くさぶか・い【草深い】〈形〉都会から遠くはなれていて、いかにもひらけていない。例草深いいなか。

くさぶき【草ぶき】【草▼葺き】〈名〉カヤやわらなどでふいた、屋根の作り。例草ぶきの屋根。

くさまくら【草枕】〈名〉旅先で寝《ね》ること。古い詩的

囲み記事 17

「草」をふくむ言いまわし

(1)ふつうの草――草木。草花。草ぶえ。秋草。夏草。うき草。

(2)雑草――草がはえる。草がのびる。草をかる。草をとる。草をむしる。草いきれ。草とり。草ぶかい。草むら。草まくら。

(3)食べる草――草もち。草だんご。

(4)家畜《かちく》の食べる草――草をはむ。牧場《まきば》の草。干し草。

(5)屋根などをつくる材料としての草――草でふく。草の庵《いおり》。草ぶき。

な言いかた。

くさみ【臭み】〈名〉❶いやなにおい。例臭みをぬく。❷気どったところがある、いやな感じ。例臭みのある文章。

くさむしり【草むしり】〘草▼毟り〙〈名・する〉雑草を、手で引きぬいて取り除くこと。類草取り。草引き。

くさむら【草むら】〘▼叢〙〈名〉草のしげったところ。

くさもち【草餅】〈名〉ヨモギの若葉をいっしょに入れてついた、みどり色のもち。

くさや〈名〉魚のムロアジなどの開きを、発酵《はっこう》したもと海水の汁《しる》につけて干した干物《ひもの》。焼くときのくささからいう。伊豆《いず》諸島の特産。

くさやきゅう【草野球】〈名〉楽しみでする野球。

くさら・す【腐らす】〈動五〉❶食べ物を、ほうっておいてくさった状態にする。例魚を腐らす。❷いや気がさすようにする。例気を腐らす。人を腐らすようなことばかり言うやつだ。▽「くさらせる」ともいう。

くさり【鎖】〈名〉金属の小さな輪をつないで、ひものようにしたもの。チェーン。例犬を鎖につなぐ。

くさ・る【腐る】〈動五〉❶食べものや動物の死骸《しがい》などが変質して、いやなにおいを放つようになる。例たまごが腐る。類腐敗《ふはい》する。いたむ。❷木や金属が、くずれたり、ぼろぼろになったりする。❸心がだらくして、すっかりだめになる。例あいつほど根性《こんじょう》のくさったやつはいない。❹ものごとがうまくいかないで、気力や意欲をなくす。例いちどの失敗ぐらいで、そんなにくさるなよ。

表現 ある物がよけいなほどあることを、「腐るほどある」とくだけていう。

方言 (1)栃木・群馬などでは、「雨で服がくさる」のように、「濡《ぬ》れる」の意味でも使う。(2)千葉では、「錆《さ》びる」の意味でも使う。

腐っても鯛《たい》 腐って食べられなくなっても、タイがタイであることには変わりがない。もともとがいいものは、多少だめになるとか、全盛時代のおもかげがなくなるとかしても、なおそのよさが残っているものだ。

くされえん【腐れ縁】〈名〉はなれようにもはなれられない、このましくない関係。

くさわかば【草若葉】〈名〉若々しい草の葉。

くさわけ【草分け】〈名〉❶荒《あ》れ地を開拓《かいたく》して、村などをつくること。また、つくった人。❷新しく事業などをはじめること。事業などの発展のもとをきずいた人。類草創。創業。パイオニア。先駆者《せんくしゃ》。

くし[1]【串】〈名〉食べものなどをさしとおすための、先のとがったほそ長い竹や金属の棒。例串だんご。アクシ」

【串】丨部6 全7画

串 串 串 串 串 串 串

くし 訓[くし] 串刺し。串焼き。竹串。玉串。

くし[2]〘▼櫛〙〈名〉かみの毛をとかしたり、ととのえたりする道具。アクシ」

表現 一枚二枚と数える。細長いものは一本二本、身だしなみの道具として一具《いちぐ》二具《にぐ》と数えることもある。

くしの歯《は》が欠《か》けたよう そろっていたものが、ところどころなくなっているようす。さびしい感じがする。

くし[3]【駆使】〈名・する〉自分の思いどおりに使うこと。例機械を駆使する。アクシ

くじ〘▼籤〙〈名〉偶然《ぐうぜん》によって、ものごとをきめるための方法。たとえば、多数の棒の中から一本をぬきとり、棒のはしにしるしがついていれば「当たり」とするなど。例くじをひく。くじが当たる。くじに当たる。くじびき。くじ運。あみだくじ。おみくじ。宝くじ。

くじうん【くじ運】〘▼籤運〙〈名〉くじを引いて、当たるか当たらないかの運。例くじ運が強い。

くしがき【串柿】〈名〉しぶがきの皮をむき、木や竹のくしに通してほし、あまくしたもの。類干し柿。

くじ・く〘▽挫く〙〈動五〉❶手や足などの関節を痛める。例足首をくじく。類捻挫《ねんざ》する。❷相手のいきおいをそらして、よわめる。例気をくじく。出ばなをくじく。強きをくじき、弱きを助ける。

くしくも〘▽奇しくも〙〈副〉まるでしめしあわせたかのように。例くしくもその日はかれの誕生《たんじょう》日であった。

表現 まるで関係がないと思われた事件やできごとの日時などが、偶然《ぐうぜん》ぴったりあったときに使うことば。

くしけず・る〘▼梳る〙〈動五〉かみの毛をくしでとかす。「すく」の古い言いかた。けずる。

くじ・ける〘▽挫ける〙〈動下一〉あるきっかけで、それまでの気力をなくしてしまう。例勇気がくじける。心がくじける。類屈《くっ》する。

くしざし【串刺し】〈名〉❶串でさしとおすこと。串にさしとおしたもの。❷竹ややりなどで、からだをさしとおして殺すこと。例串刺しにする。❸電子辞書で、いくつかの辞書をいっぺんに引くこと。横断《おうだん》。一括《いっかつ》。例串刺し検索《けんさく》。

くじびき【くじ引き】〘▼籤引き〙〈名〉くじをひくこと。例くじ引きできめる。類抽選《ちゅうせん》。

ぐしゃ【愚者】〈名〉おろかもの。対賢者《けんじゃ》。賢人。

くじゃく〘▽孔▼雀〙〈名〉東南アジアの森林にすむ大きな鳥。おすには、扇形にひらく美しい尾ばねがある。

くしゃくしゃ 一〈形動〉❶しわだらけだったり、乱れたりしているようす。例くしゃくしゃに丸めた千円札《さつ》。くしゃくしゃの髪《かみ》。❷泣いたり笑ったりして表情がくずれたようす。例顔がなみだでくしゃくしゃになっている。二〈副・する〉不満がたまっていらだっているようす。例気持ちがくしゃくしゃする。▽ア一クシャクシャ 二クシャクシャ

くしゃみ〈名〉鼻の中がむずがゆくなって、いきおいよく息が出てしまうこと。

くじゅう[1]【苦汁】〈名〉つらい経験や、いやな思い。例苦汁をなめる。苦汁を飲まされる。類苦杯《くはい》。

くじゅう[2]【苦渋】〈名〉非常につらい苦しみ。例苦渋を味わう。苦渋にみちた顔。

くじょ【駆除】〈名・する〉害虫や害獣《がいじゅう》を、追いはらったり、殺したりすること。例白アリを駆除する。

くしょう【苦笑】〈名・する〉おもしろくはないが、おこるほどでもなく、笑ってまぎらすよりほか しかたがなくて、笑うこと。例苦笑を禁じえない。類にが笑い。

くじょう【苦情】〈名〉うけた損害や不利益に対しても つ、不満や いかり。例苦情がでる。苦情を言う。苦情をもちこむ。苦情処理。類文句。クレーム。

ぐしょう【具象】〈名〉❶目に見えるかたちがあること。類具体。❷芸術作品などで、具体的な事物がえがかれていて、見た目に わかるようにつくられたもの。例具象画。▽対抽象《ちゅうしょう》。

ぐしょぐしょ〈形動・副・する〉ひどくぬれているようす。例雨でズボンがぐしょぐしょにぬれた。

参考 アクセントは、「ぐしょぐしょに」「ぐしょぐしょする」の場合は「グショグショ」で、「ぐしょぐしょの」「ぐしょぐしょだ」の場合は「グショグショ」。

ぐしょぬれ〘ぐしょ▼濡れ〙〈名〉ぐっしょりとぬれて

いること。類びしょぬれ。ずぶぬれ。ぬれねずみ。

くじら【鯨】〈名〉海にすむ、魚のかたちをした哺乳《ほにゅう》動物。シロナガスクジラは動物の中でいちばん大きい。乱獲《らんかく》により、数が激減したため、いまは条約で保護されている。マッコウクジラやミンククジラなど種類が多い。

表現 大型の動物なので一頭二頭と数える。

くじらまく【鯨幕】〈名〉黒と白の布を交互《こうご》にぬいあわせた幕。葬式《そうしき》のときに使う。

くしん【苦心】〈名・する〉ものごとをうまくやるために、あれこれと心をくだいて、考えること。例敬語の説明に苦心した。苦心惨憺《さんたん》。苦心談。類腐心《ふしん》。

ぐしん[1]【具申】〈名・する〉目上の人に自分の意見や希望を、くわしくのべること。類進言。上申。

ぐしん[2]【愚臣】〈名〉おろかな家来《けらい》。対賢臣。

くしんさんたん【苦心さんたん】〘苦心惨▼憺〙〈名・する〉心をくだきにくだいて努力すること。例苦心さんたんのすえ、やっとしあげた。

くす〘▼樟〙〈名〉⇩くすのき

くず[1]〘▼屑〙〈名〉木をけずったり、紙を使ったりしたあとにでるかす。例紙くず。かんなくず。鉄くず。

表現「人間のくず」は、ひどく軽蔑《けいべつ》した言いかた。

くず[2]【葛】〈名〉❶「秋の七草《ななくさ》」の一つ。大形のつる草。夏から秋にかけてむらさき色の花がふさになってさく。根からくず粉をとる。❷「くず粉」の略。例葛でとじる。

参考 ②で、奈良県の吉野《よしの》葛は、地域ブランド品としてとくに有名。

ぐず〘愚図〙〈名・形動〉決断やうごきがにぶくて、てきぱきしていないこと。また、そういう人。類のろま。うすのろ。

くずあん【葛あん】〘葛▼餡〙〈名〉⇩あん〔餡〕②

くずお・れる〘▽崩折れる・▼頽れる〙〈動下一〉人が、立つ力を失い、くずれるようにたおれる。

[くすだま]

くずかご【くず籠】〘▼屑籠〙〈名〉紙くずなどをすてるかご。類ごみ入れ。くずばこ。

グスク（方言） 沖縄の古語で、城《しろ》。城跡《じょうせき》。↓りゅうきゅう参考

ぐずぐず〘愚図愚図〙━〈副・する〉判断やうごきがおそくて、てまどるようす。例ぐずぐずしていると遅刻《ちこく》するわよ。対てきぱき。類もたもた。━〈副〉はっきりとではなく、ぶつぶつ不平や泣きごとを言うようす。例ぐずぐず言っていないで、はっきり言え。三〈形動〉ゆるんでくずれている。しまりがなくなっている。例料理がぐずぐずに煮《に》くずれる。とりきめがぐずぐずになってだれも守らない。▽ア一二グズグズ 三グズグズ

くすぐった・い〈形〉❶くすぐられて、むずむずするような、笑いだしたくなるような感じである。❷ほめられたりして、てれくさい。▽類こそばゆい。

くすぐり〈名〉人を、おおらかにワッハッハと笑わせるのでなく、小さくクスッと笑わせるような、けちな笑わせかた。例くすぐりの文学。

くすぐ・る〈動五〉❶他人のひふをかるくこすって、その人に、むずむずするような、笑いたいような感じをおこさせる。❷わざと人を笑わせるような、または、いい気持ちにさせるようなことを言う。例人の心をくすぐる。

くずこ【葛粉】〈名〉葛の根からとった、でんぷんの白い粉。料理の材料やくずもちなどに使う。

くずしじ【崩し字】〈名〉楷書《かいしょ》でなく、くずして書いた漢字。

くず・す【崩す】〈動五〉❶高くなっているものをこわす。例山を崩す。がけを崩す。❷ととのっていたものをこわす。例ひざをくずす。列をくずす。体調をくずす。❸字を書くときに、楷書《かいしょ》でなく、点画などをつづけがきにする。❹お金をこまかくする。例お金をくずす。一万円札を千円札十枚にくずす。類両替《りょうがえ》する。

くすだま【くす玉】〘▽薬玉〙〈名〉祝典や運動会などで使う、紙ふぶきやテープなどを中に入れて、割れたときこれらが出るようにした玉。絵

ぐずつ・く〘愚図つく〙〈動五〉❶天気が雨がちになる。ふったりやんだりする。❷赤ん坊や幼児がむずかる。類ぐずる。❸風邪《かぜ》などがなかなか治らない。

くずてつ【くず鉄】〘▼屑鉄〙〈名〉❶鉄で製品をつくるときに出るくず。❷使えなくなって捨てられた鉄製品。スクラップ。

くす・ねる〈動下一〉人のものをこっそりもちだして、自分のものにする。類ぬすむ。ちょろまかす。窃取《せっしゅ》する。

くすのき〘▼樟・▼楠〙〈名〉常緑高木の一種。あたたかい地方に多い。樟脳《しょうのう》の原料とするほか、材質がかたいので、建築や家具に使う。くす。

くすぶ・る〘▼燻ぶる〙〈動五〉❶燃えるでもなく、消えるでもなく、けむりが出ている。例燃えさしがくすぶる。類いぶる。❷問題が解決しないで、あとをひく。例不満がくすぶっている。❸なにするわけでもなく、ぼんやりしている。例家でくすぶっている。

グズベリ〈名〉果樹の一つ。落葉低木。果実は球形で、酸味がある。ジャムにもする。西洋すぐり。グーズベリー。◇gooseberry

くす・む〈動五〉❶しぶく、くろずんでいる。例くすんだ色。❷だれも気にかけなくなる。例くすんだ存在。

くずもみ〘▼屑▼籾〙〈名〉食用にしないものとして選別された、じゅうぶんに実っていないもみ。粃《しいな》。

くずゆ【葛湯】〈名〉くず粉に砂糖をくわえて、熱湯をそそいでねり、とろりとさせたもの。病人の食事などにする。

くすり【薬】〈名〉❶病気やけがをなおすために、飲んだり、ぬったりするもの。例薬が効《き》く。薬を服用《ふくよう》する。毒にも薬にもならない。粉薬。かぜ薬。対毒。❷他の物質に、ある化学的作用をおこさせるもの。例上《うわ》ぐすり。類薬品。

表現 (1)「こんどの失敗は、彼にはいい薬になった」のように、考えかたや生きかたのためになるもの、という意味でも使う。
(2)小さく固めたもの(錠剤《じょうざい》)は一錠《いちじょう》二錠《にじょう》、粉薬を紙につつんだものは一包《いっぽう》二包《にほう》と数える。昔は一回分の粉薬を一服《いっぷく》二服《にふく》と数えた。

薬が効《き》く 注意したり、しかったりした効果がある。

くすりゆび【薬指】〈名〉親指からかぞえて、四番目の指。類ななしゆび。無名指《むめいし》。べにさし指。

ぐ・する【具する】〘▼倶する〙〈動サ変〉❶そなわっている。そろっている。例仏性を具する。❷連れて行く。従える。例家来を具して行く。❸ついて行く。従って行く。

例 主人に具して行く。

ぐず・る〈動五〉ぐずぐずするとか言うとか、泣くとかして、こまらせる。類 ぐずつく。むずかる。だだをこねる。

くずれ【崩れ】[一]〈名〉ととのっていたものがこわれること。例 天気に 大きな崩れはない模様です。総崩れ。値崩れ。[二]〈接尾〉その身分や職業からおちぶれた人。例 モデルくずれ。役者くずれ。

くず・れる【崩れる】〈動下一〉❶高くもりあがっていたものがこわれる。例 がけが崩れる。❷ととのっていたものがこわれる。例 姿勢がくずれる。列がくずれる。天気がくずれる。信頼関係がくずれる。泣きくずれる。❸お金がこまかくなる。例 一万円札がやっとくずれた。

くせ【癖】〈名〉❶くり返しているうちに習慣となった、ちょっとした動作やこのみ。例 癖がつく。癖になる。爪《つめ》をかむ癖を直す。なくて七癖(=人にはだれでも多少の癖がある)。類 癖《へき》。性癖《せいへき》。❷ふつうとはちがう、独特な性質。例 くせのある文章。❸はじめとちがう形になって、元にもどりにくくなったものの状態。例 つりざおのくせをなおす。癖毛。

癖になる よくない習慣になる。例 スマホに手をのばすのが癖になる。

くせげ【癖毛】〈名〉ちぢれるとか、波打つとかしているかみの毛。「くせっ毛」ともいう。

くせじ【癖字】〈名〉字を書くときの、独特で あまりきれいでない字。例 癖字を直す。

くせつ【苦節】〈名〉長いあいだの苦しみにたえて がんばること。例 苦節十年。

くぜつ【口説・口舌】〈名〉言いあらそい。とくに、男女のあいだの口げんか。古い言いかた。

くせに〈接助〉…なのに。…にもかかわらず。例 知っているくせに教えてくれない。類 くせして。

表現 非難する気持ちがこもっている。

くせもの【くせ者】【▽曲者】〈名〉❶あやしい者。❷ゆだんのできない人。例 あいつは口ではうまいことを言っても、うらではなにを考えているかわからないくせ者だ。

くせん【苦戦】〈名・する〉くるしいたたかいをすること。例 格下を相手に苦戦する。苦戦をしいられる。類 苦闘《くとう》。

くそ【▼糞】[一]〈名〉❶体外に排出《はいしゅつ》される、消化された食べもののかす。類 糞《ふん》。大便。❷からだからでるかす。例 鼻くそ。耳くそ。目くそ。[二]〈感〉しゃくにさわったり、ののしったりするときに使う。例 くそ、いまいましい。なにくそ! くそったれ。[三]〈接頭〉❶相手をばかにした感じを表わすことば。例 くそばばあ。くそ坊主《ぼうず》。❷「びっくりするほど…だ」という感じを表わす。例 くそ度胸。くそまじめ。[四]〈接尾〉上のことばを強めることば。ばかにした感じがこもる。例 へたくそ。ぼろくそ。

ぐそく[1]【具足】[一]〈名・する〉じゅうぶんにそなわっていること。例 円満具足。[二]〈名〉よろいかぶと。類 甲冑《かっちゅう》。

ぐそく[2]【愚息】〈名〉「わたくしの息子《むすこ》」の丁重《ていちょう》語。類 豚児《とんじ》。

くそぢから【くそ力】【▼糞力】〈名〉あきれるほど強い力。類 ばか力。

くそどきょう【くそ度胸】【▼糞度胸】〈名〉なみはずれてずぶとい度胸。

くそまじめ【くそ真面目】【▼糞真面目】〈名・形動〉まじめすぎるようすを、からかっていうことば。類 きまじめ。

くそみそ【▼糞味▼噌】〈形動〉❶よいものと、つまらないものとの、見きわめがつかない。例 くそみそにして論じる。❷めちゃくちゃなひどいあつかいをするようす。例 くそみそに言う。くそみそにやっつける。類 みそくそ。ぼろくそ。

くだ【管】〈名〉液体や気体を通すための、中がからっぽな、ほそ長い棒状のもの。類 パイプ。チューブ。管《かん》。

管を巻《ま》く 酒に酔《よ》って、つまらないことをしつこく言う。

ぐたい【具体】〈名〉目に見える形があること。例 具体例。具体案。具体策。対 抽象《ちゅうしょう》。類 具象。

ぐたいか【具体化】〈名・する〉計画や希望などの細部がはっきりときまってきて、実現にむかうこと。例 構想が具体化する。対 抽象《ちゅうしょう》化。

ぐたいせい【具体性】〈名〉ものごとが客観的にはっきりした形をもっていること。例 話に具体性をもたせる。対 抽象《ちゅうしょう》性。類 具象性。

ぐたいてき【具体的】〈形動〉ものごとがだれにでもわかるかたちで、はっきりと目の前に現れている。例 どこがどうなのか、もっと具体的に話してくれ。対 抽象《ちゅうしょう》的。

ぐたいれい【具体例】〈名〉具体的な例・事例。よく「たとえば」と言ったあとに挙げるようなものごと。

くだ・く【砕く】〈動五〉かたいものをおしたり、たたいたりして、こなごなにする。例 石を砕く。野望を砕く。

表現 全体のままではあつかいにくいものを小さい部分に分けることによって、なんとか処理できることがあるので、「砕く」が処理のために手をつくすことを表わすことになる。「心を(千千《ちぢ》に)砕く」「肝胆《かんたん》を砕く」は、よい解決のために真実努力することをいう。「砕いて説明する」は、できるだけわかりやすくと配慮《はいりょ》して説明すること。「事を分けて話す」というのも同じこと。

方言 北海道の一部や青森、近畿や徳島などでは、「(お金を)くずす」の意味でも使う。

くたくた〈形動・副〉❶もう動けないほどひどくつかれたようす。例 くたくたになる。類 へとへと。❷衣服などの、使い古して形がくずれたようす。例 くたくたの制服。類 よれよれ。

くだくだ〈副〉長ながとまとまりなく述べるようす。例 くだくだ(と)不平を言う。類 くどくど。→くだくだしい

ぐだぐだ〈副・形動〉つまらないことで時間がむなしく過ぎていくようす。例 ぐだぐだしゃべってないで早く片づけなさい。

くだくだし・い〈形〉話や文章が長いうえに、こまかすぎて、うるさい。例 くだくだしい話。

くだ・ける【砕ける】〈動下一〉❶かたいものがこわれて、こなごなになる。例 ガラスが砕ける。波が砕ける。当たって砕けろ。砕けちる。❷(「くだけた」「くだけている」の形で)肩肘《かたひじ》をはっていないで、気らくだ。例 くだけた文章。くだけた態度。対 かたくるしい。

ください【下さい】❶「(自分のほしいものを)あたえてくれ」という意味の、ていねいな言いかた。例 お手紙を下さい。返事を下さい。少し時間を下さい。❷「…してほしい」という意味の、ていねいな言いかた。例 こちらをごらんください。どうぞおかけください。▽類 くれ。参考「くださる」の命令形「くだされ」が変化してできたことば。

くださ・る【下さる】[一]〈動五〉「くれる」の尊敬語。例 先生が下さった本。[二]〈補動五〉「(…て)くれる」の尊敬語。例 読んでくださる。お書きくださる。ご心配くださる。対 いただく。さしあげる。参考「くださった・くださっ

 厩戸皇子(うまやとのおうじ) ⇨聖徳太子(しょうとくたいし)

て」を「くだすった・くだすって」というのは、古風な言いかた。

くだ・す【下す】〖▽降す〗〈動五〉❶高いところから低いところにうつす。❷下の者に対して、命令や判定などをだす。例命令を下す。断を下す。判決を下す。類申しわたす。❸自分の責任で、あることを行なう。例判断を下す。手を下す(=自分でする)。❹相手を負かす。降伏《こうふく》させる。例強敵を下す。❺からだから外にだす。例虫を下す。腹を下す(=下痢《げり》する)。

表現「読みくだす」「書きくだす」の「くだす」は、すらすらと一気に終わらす、という意味を表わす。

くたば・る〈動五〉❶ひどくつかれて、完全に動けなくなる。類のびる。ばてる。❷死ぬ。例おまえなんかくたばってしまえ。参考①②とも、ぞんざいな言いかた。

くたびれもうけ〖くたびれ▼儲け〗〈名〉なにもえるものがなく、ただ疲《つか》れだけがのこること。例骨折り損のくたびれもうけ。

くたび・れる〈動下一〉❶からだや心がつかれて、元気をなくす。例待ちくたびれる。❷長く使った結果、いたんだり、型がくずれたりする。例くたびれた制服。

くだもの【果物】〈名〉生のままで食用になる、草木の実。水分が多く、あまいあるいはすっぱい味がする。リンゴ・ミカン・バナナなど。フルーツ。類果実。

くだら【▽百▽済】〈名〉〔歴史〕四世紀の半ばから七世紀半ばまで、朝鮮《ちょうせん》半島の西南部にあった国。中国の文化や仏教を日本につたえた。ペクチェ。ひゃくさい。

くだらな・い〖下らない〗〈形〉問題にするだけの価値がない。例くだらない話。類ばかばかしい。つまらない。

[1]**くだり**【下り】〈名〉❶くだること。くだっていく道。例川下り。天下《あまくだ》り。❷中央から地方へ行くこと。例下りの特急。▽対上り。

[2]**くだり**【▽条・▽件】〈名〉文章や話の一部分。例このくだりは、なかなかの名文だ。

くだりざか【下り坂】〈名〉❶低いほうにおりていく道。対上《のぼ》り坂。❷いきおいがさかりをすぎて、しだいにおとろえていくこと。例このごろは、売り上げが下り坂だ。対上《のぼ》り坂。❸天気がわるくなること。例天気は今晩から下り坂になるでしょう。対回復。

くだ・る【下る】〖▽降る〗〈動五〉❶自分のからだを使って下の方へ行く。例山を下る。対のぼる。❷(「野《や》に下る」の形で)公職をはなれて、民間人になる。与党《よとう》が政権をはなれて野党になる。❸中央から地方へ行く。例東海道を下る。対のぼる。❹下のものに対して、命令や判定などがつたえられる。例判決が下る。命令が下る。類おりる。❺川の下流の方へ行く。例川を下る。対のぼる。❻たたかいにやぶれて、降参《こうさん》する。例敵にくだる。軍門にくだる。❼時代が現代に近くなる。例時代が下る。対さかのぼる。❽その数を下回る。例犠牲《ぎせい》者は三百人を下らないだろう。

表現ものが「落ちる」に近い勢いでからだの中を走りぬけ体外に出ることを「くだる」で表わすことがある。「腹が下る」は、便が下痢《げり》の状態になること。「声涙《せいるい》ともに下る」は感動のあまりなみだを落としつつ語ること。

表記「降《くだ》る」は、⑥に使われる。

くだんの〖▽件の〗〈連体〉前に話に出た。例の。例くだんの男がまた現れた。

くち【口】㊀〈名〉❶人や動物の、ものを食べたり、声をだしたりする器官。例口をあける。口をむすぶ。口をつぐむ。口をつける。親の口から言うのもなんですが、あの子は本当にいい子です。おちょぼ口。❷口を使って、ものをいう。例口がうまい。口がすべる。口をつつしむ。口をさしはさむ。世間の口がうるさい。人の口にのぼる。口ほどでもない。口べた。にくまれ口。❸さそいやよびだし。例口がかかる。❹食べものの味に対する感覚。例口がこえている。口にあう。類味覚。❺食べさせなければいけない人数。例口をへらす(→くちべらし)。❻人が出入りしたり、ものを出し入れしたりするところ。例財布《さいふ》の口。非常口。中央口。❼ものごとのはじまり。例宵《よい》の口。序の口。口あけ。❽そこに入っておちつくところ。例働き口がみつかった。❾いくつかにわけたうちの、一つの種類。例あの先生は話がわかる口だ。別口。甘口《あまくち》。辛口《からくち》。

㊁〈接尾〉❶口に入れたり、口をうごかしたりする回数を数えることば。例ひと口に食べる。ひと口で言う。❷保険や寄付などの金額をきめるときの基準となる単位。例寄付は一口千円からです。

口がうまい ❶話のもっていき方が巧妙《こうみょう》だ。類話しじょうずだ。話術がたくみだ。❷口先でごまかしたり、だましたりするのがたくみだ。

口がおごる 高級なものばかり食べつけて、ふつうの料理には見向きもしなくなる。

口が重《おも》い 口数が少なく、あまりしゃべらない。例彼は口が重いほうだが、言うべきことはきちんと言う。

口が堅《かた》い 言うべきでないことは、絶対に言わない。「口が固い」とも書く。

口が軽《かる》い なんでもかるがるしくしゃべる。例あの人は口が軽いからゆだんがならない。

口が腐《くさ》っても 秘密をもらしたり軽はずみなことを言ったりしない決意を強調して言うことば。

口が肥《こ》える 美食になれて、味にうるさい。

口が酸《す》っぱくなる 忠告や注意をなんどもくり返すようすを表わす。例口が酸っぱくなるほど言っているのに、ちっともききめがない。

口が滑《すべ》る 言ってはいけないことをうっかり言ってしまう。例つい口が滑ってしまった。

口が減《へ》らない とぎれなくずけずけと言い返し、負けていない。類へらず口をたたく。

口から(先《さき》に)生《う》まれる とてもおしゃべりである。

口が悪《わる》い 人の悪口を言ったり、にくまれ口をきく。

口に合《あ》う 食べものの味が自分のこのみにあう。

口にする ❶話題にする。類話す。言う。触《ふ》れる。❷食べる。

口に出《だ》す ことばに出して言う。例個人的な理由など、口に出すべきではない。

口に糊《のり》する 粥《かゆ》をすすって空腹をしのぐ。なんとか食べていけるだけの生活をする。「口を糊する」ともいう。類糊口《ここう》をしのぐ。

口は災《わざわ》いの元《もと》 うっかりしゃべったことから わざわいをまねくことがあるので、ことばはつつしまなければいけない。「口は災いの門《もん・かど》」ともいい、また、「災い」は「禍」とも書く。

梅原龍三郎(りゅうざぶろう) (1888～1986) 大正～昭和時代の洋画家。豪華な色彩を使い力強くえがいた。

口ほどにもない 本人が日ごろ大きなことを言っているほどでもない。例口ほどにもないやつだ。
口も八丁《はっちょう》手《て》も八丁 ⇩口八丁手八丁(「くちはっちょう」の子項目)
口を利《き》く ❶話をする。例こざかしい口を利く。❷ものごとがうまくいくよう、あいだに入って、仲をとりもつ。
口を切《き》る ❶びんやふくろの栓《せん》や封《ふう》をあける。❷多くの人の中で最初に発言する。類口火をきる。
口を極《きわ》めて ほめたりけなしたりするときに、最大級のことばを使うようす。ありったけのことばで。
口を酸《す》っぱくする 同じことをなんどもくり返して言う。例口を酸っぱくして言い聞かせる。表現「口を酸っぱくして」は「口酸っぱく」ともいう。
口を滑《すべ》らす 言ってはいけないことを、ついうっかりと言ってしまう。
口を添《そ》える 他人の話しあいや交渉《こうしょう》がうまくまとまるように、わきから相手方におねがいのことばを言ってたすける。口ぞえする。
口をそろえて 別々の人がみな同じ内容のことをいって。例村じゅうの人が口をそろえて非難する。
口を出《だ》す ひとの話にわりこんで、わきから自分の意見をいう。口出しする。類口をはさむ。干渉《かんしょう》する。
口をついて出《で》る ❶すらすらと口からことばが出る。❷無意識に思いがけないことばが出る。例思いがけない受賞に、喜びのことばが口をついて出る。
口をとがらす 不満な気持ちを顔にだす。参考「くち」は「くちびる」、「とがらす」は「とがらせる」ともいう。
口を閉《と》ざす ある話題について、どんなことがあっても何も言わない。口をつぐむ。
口を濁《にご》す ⇩言葉を濁す(「ことば」の子項目)
口を拭《ぬぐ》う こっそり悪いことをしながら、証拠《しょうこ》を消して自分は知らないふりをする。
口を糊《のり》する ⇩口に糊する
口を挟《はさ》む ひとの話の最中に割って入って話す。類くちばしを入れる。くちばしを挟む。口出しする。
口を開《ひら》けば 何かしゃべるとなると、きまって。
口を封《ふう》じる 秘密がもれないよう無理にだまらせる。口封じをする。
口を割《わ》る 犯人などが、白状する。

ぐち【愚痴】〈名〉言ってもしかたのないことを言って、なげくこと。例愚痴をこぼす。類くりごと。参考愚痴を言うことを、俗《ぞく》に「ぐちる」と動詞化していう。
くちあたり【口当たり】〈名〉飲みものや食べものを口に入れたときの感じ。例口当たりのいいワイン。
[1]**くちうつし【口写し】**〈名〉話しかたや話の内容がほかの人とそっくりであること。例博士の説の口写し。
[2]**くちうつし【口移し】**〈名・する〉❶飲み物や食べ物を自分の口にふくんでから、相手の口に入れてやること。❷口頭で直接に伝えること。例昔話を口移しで伝える。類口授。口伝《くでん》。
くちうら【口裏】をあ(合)わせる 話す内容を、前もって打ち合わせておく。
くちうるさ・い【口うるさい】〖口▿煩い〗〈形〉ちょっとしたことでも、やかましく文句を言う。例口うるさいおやじ。類口やかましい。
くちえ【口絵】〈名〉本のはじめにある絵や写真。
くちおし・い【口惜しい】〈形〉残念である。やや古い言いかた。類くやしい。
くちがき【口書き】〈名〉❶はしがき。序言。❷江戸《えど》時代、奉行所《ぶぎょうしょ》などでの取り調べで、供述などを記録したもの。
くちかず【口数】〈名〉❶話す分量。例口数が多い。❷やしなっている人数。例口数をへらす。
くちがね【口金】〈名〉財布《さいふ》やハンドバッグ、びんなどの、あけるところにとりつけてある金具。類留め金。
くちき【朽ち木】〈名〉❶くさった木。❷世にみとめられないままむなしく一生をおえる人のたとえ。
くちきき【口利き】〈名〉人と人とのあいだにたって、あらそいごとや相談ごとをまとめること。類口ぞえ。
くちぎたな・い【口汚い】〈形〉❶ものの言いかたが下品である。例口汚くののしる。❷食べものにいやしい。
くちく【駆逐】〈名・する〉敵対するもの、このましくないものなどを追いはらうこと。例駆逐艦《かん》。
くちぐせ【口癖】〈名〉無意識のうちによく使うきまり文句。また、それを言うこと。例口癖になる。
くちぐちに【口口に】〈副〉たくさんの人がそれぞれになにかを言うようす。例口々に言う。口々にさけぶ。
くちぐるま【口車】〈名〉口先だけの、うまいことば。例口車にのせられる(=だまされる)。
くちげんか【口げんか】〖口▿喧▿嘩〗〈名・する〉手をださないで、ことばでするけんか。類口論。言いあらそい。
くちごたえ【口答え】〈名・する〉目上の人にさからって、言いかえすこと。例口答えをするな。
くちコミ【口コミ】〈名〉人の口から口へとつたわること。例口コミでうわさがひろがる。類口づたえ。口づて。参考「マスコミ」をもじってつくられたことば。
くちごも・る【口籠もる】〈動五〉❶口の中にことばがこもって、もぞもぞ言う。❷言いにくいことがあって、はっきり言わない。
くちさがな・い【口さがない】〈形〉ぶえんりょにあれこれと批評したり、うわさしたりする。参考「さがない」は、たちが悪いという意味の古語の形容詞「さがなし」から。
くちさき【口先】〈名〉❶口のあたり。❷うわべだけの、ことば。例彼は口先だけで、いざとなるとなにもしない。
くちさびし・い【口寂しい】〈形〉腹がへっているわけではないが、なにか口に入れないとものたりない。「くちざみしい」ともいう。
くちじょうず【口上手】〈名・形動〉うわべだけのことを言って、人をよろこばせるのがうまいこと。対口下手《くちべた》。類口達者《くちだっしゃ》。
くちずさ・む【口ずさむ】〈動五〉なんとなく心にうかぶままに、詩や歌などを口にする。例歌を口ずさむ。
くちぞえ【口添え】〈名・する〉うまくいくように、わきからとりなしたり、推薦《すいせん》したりすること。類口きき。
くちだし【口出し】〈名・する〉人の話にわりこんで、何か言うこと。例よけいな口出し。類さしで口。
くちだっしゃ【口達者】〈名〉❶うわべだけのことばづかいがじょうずなこと。類口上手。❷よくしゃべること。類おしゃべり。
くちつき【口つき】〖口付き〗〈名〉❶口もとのようす。口のかっこう。❷ものを言っているときの感じ。例いかにもうれしそうな口つきで話す。類口ぶり。口調。
くちづけ【口づけ】〖口付け〗〈名・する〉⇩キス
くちづたえ【口伝え】〈名〉❶人から人へ語りつたえること。例口伝えに聞く。類口コミ。口づて。❷文書にせず、口頭で、ものごとを教えつたえること。類口伝《くでん》。口

 ウルバヌス(ウルバン)2世 (1042?～99) ローマ教皇。エルサレム奪還のため十字軍の派遣を決定。

移し。

くちづて【口づて】『口▽伝て』〈名〉口から口へと話して、伝えること。類口伝え。口コミ。

くちどめ【口止め】〈名・する〉秘密などを、ほかにしゃべるのを禁じること。例口止め料。類緘口令《かんこうれい》。

くちとり【口取り】〈名〉❶くつわを取って、ウシやウマを引く仕事。また、それをする人。❷おもに日本料理で、主となる料理でなく、添《そ》えものになる食べ物。かまぼこ・きんとん・煮豆《にまめ》など。

くちなおし【口直し】〈名〉前に食べたり飲んだりしたものの味を消すために、別のものを食べたり飲んだりすること。また、その食べ物。

くちなし〈名〉庭にうえる常緑低木。初夏、かおりのよい白い花がさく。赤黄色の実を染料《せんりょう》やくすりに使う。

くちなわ『▽蛇』〈名〉「へび」の古い言いかた。

くちばいろ【朽ち葉色】〈名〉くさった葉のような、赤みがかった黄色。

くちぱく【口パク】〈名〉声を出さずに音声に合わせて口を動かし、いかにも歌っているように見せかけること。

くちばし『▼嘴』〈名〉鳥の口。長くつきでていて、かたい。

くちばしが黄色《きいろ》い まだ若くて、経験が少なく未熟だ。例くちばしの黄色い若僧《わかぞう》がなにを言う。

くちばしを挟《はさ》む わりこんで、口だしをする。「くちばしを入れる」ともいう。類口を挟む。容喙《ようかい》する。

くちばし・る【口走る】〈動五〉❶調子にのって、うっかりよけいなことを言う。❷意識しないままに、ものを言う。例うわごとを口走る。

くちはっちょう【口八丁】〈名〉しゃべるのがじょうずなこと。

口八丁手《て》八丁 しゃべることも達者だが、することもじょうずだ。「口も八丁手も八丁」ともいう。

くちは・てる【朽ち果てる】〈動下一〉❶すっかりくさって形がくずれる。例朽ち果てた家。❷世の中にみとめられないまま死ぬ。例いなかでさびしく朽ち果てる。

くちはばった・い【口幅ったい】〈形〉身分や能力を考えないで、大きなことや、なまいきなことを言うようす。例くちはばったいことを言うな。

くちばや【口早】〈形動〉すばやく急いで話すようす。例口早に事情を説明する。表現「口早な人」とはいわない。類早口。

くちび【口火】〈名〉❶火薬などに点火するための火。❷⇩たねび

口火を切《き》る 最初にしはじめる。類火ぶたを切る。

くちひげ【口ひげ】『口▼髭』〈名〉鼻の下にはやしたひげ。例口ひげをたくわえる。

くちびる【唇】『口▽唇』〈名〉口のまわりの部分。もも色をおびたうすいまくでおおわれていて、飲食や発音をたすける器官。上《うわ》唇と下唇。例唇がかわく。

唇を噛《か》む 残念さや腹だたしさをこらえる。

唇をとがらす 不満な気持ちを顔にだす。

くちぶえ【口笛】〈名〉くちびるをすぼめ、息をだして、笛のような音をだすこと。また、その音。例口笛をふく。

くちぶり【口振り】〈名〉話をするようす。例あの口振りでは、事情を知っているらしい。類口調。口吻《こうふん》。言葉つき。口つき。

くちべた【口下手】〈名・形動〉思うことをうまく話すことができないこと。例口下手な人。類訥弁《とつべん》。

くちべに【口紅】〈名〉くちびるに色をつけ美しく見せるためにぬる化粧《けしょう》品。ルージュ。

くちべらし【口減らし】〈名・する〉生活が苦しいために、子どもを奉公《ほうこう》や養子にだしたりして、食べさせるべき家族の数をへらすこと。

くちへん『口偏』〈名〉漢字の偏の一つ。「呼」「嘆《たん》」などの「ロ」の部分。

くちまね【口まね】『口真▽似』〈名・する〉人の話しかたや声をまねること。例口まねがうまい。類声色《こわいろ》。

くちもと【口元】『口▽許』〈名〉口のあたり。例口元が愛らしい。口元をひきしめる。

くちやかまし・い【口やかましい】『口▼喧しい』〈形〉口数が多く、少しのことにも注意したり文句をつけたりする。例口やかましい先輩《せんぱい》。類口うるさい。

くちやくそく【口約束】〈名〉書類などにしないで、口頭でかわす約束。例口約束だけでは、あてにならない。

くちゃくちゃ 一〈副〉口の中で、音をたててものをかんでいるようす。また、その音。例くちゃくちゃ(と)かむ。二〈形動〉紙や布などが、もまれてしわだらけになっているようす。例くちゃくちゃの紙。類くしゃくしゃ。▽アー**ク**チャクチャ 二**ク**チャクチャ

ぐちゃぐちゃ〈形動・副〉形や順序などがみだれて、だめな状態になるようす。例ぐちゃぐちゃのごはん。

くちゅう【苦衷】〈名〉つらく苦しい心の中。例苦衷を察する。

くちょう【口調】〈名〉❶口で言ったときの調子。例口調がいい。類語調。語呂《ごろ》。❷話しぶりからうける印象。例熱っぽい口調。重おもしい口調。命令口調。演説口調。類口ぶり。口つき。

ぐちょく【愚直】〈名・形動〉正直すぎて、ゆうずうがきかないこと。例愚直なまでに信念をつらぬきとおす。類ばか正直。

くちよごし【口汚し】〈名〉食べものが、量が少なかったりまずかったりして、口をよごすだけのものであること。例口汚し程度の食べもの。

表現 客に食べものをだすとき、「お口汚し」の形で、主人がわがけんそんして使うことが多い。↓おくちよごし

く・ちる【朽ちる】〈動上一〉❶木材や家などがくさって、だめになる。❷むなしく消えてなくなる。例朽ちることのない名声。例朽ちはてる。

常用漢字 **くつ**

【屈】 尸部5 全8画

屈屈屈屈屈屈

クツ 音[クツ] ■屈辱《くつじょく》。屈折《くっせつ》。屈伸《くっしん》。屈指《くっし》。■不屈《ふくつ》。前屈《ぜんくつ》。窮屈《きゅうくつ》。理屈《りくつ》。

【掘】 扌部8 全11画

掘掘掘掘掘掘

クツ ほる 音[クツ] ■掘削《くっさく》。■採掘《さいくつ》。発掘《はっくつ》。訓[ほる] 掘る。掘り出し物。

【窟】 穴部8 全13画

窟窟窟窟窟

クツ 音[クツ] ■巣窟《そうくつ》。洞窟《どうくつ》。岩窟《がんくつ》。

くつ【靴】〈名〉足をさしいれてはくはきもの。革《かわ》・人工皮革・布・ゴムなどでつくる。例靴をはく。靴をぬぐ。ひも靴《ぐつ》。類シューズ。

表現 (1)その深さによって「長靴《ながぐつ》」「短靴《たんぐつ》」、材質によって「革靴《かわぐつ》」「ゴム靴」、目的によって「運動靴」「スキ

-靴」などがある。

(2)左右をひと組みにして一足《いっそく》二足《にそく》と数える。

くつう【苦痛】〈名〉心やからだにうける苦しみや痛み。例苦痛をうったえる。苦痛をやわらげる。

くつがえ・す【覆す】〈動五〉❶大きなものをひっくりかえす。例船を覆す。❷今までのことを完全に否定する。例定説を覆す。決定を覆す。常識を覆す。❸それまでの社会体制をうちたおす。例政権を覆す。

くつがえ・る【覆る】〈動五〉❶大きなものがひっくりかえる。例船が覆る。類転覆《てんぷく》する。❷今までのことが完全に否定される。例判決が覆る。❸それまでの政治権力や社会体制がうちたおされる。例政権が覆る。

クッキー〈名〉洋菓子《ようがし》の一種。小麦粉・バター・砂糖などを材料にして、オーブンで焼く。◇cookie

くっきょう【屈強】〈形動〉からだががんじょうで、気力も体力もさかんである。例屈強な若者。

くっきょく【屈曲】〈名・する〉おれまがること。例屈曲した坂道。類屈折。

くっきり〈副・する〉輪郭《りんかく》がはっきりして、きわだって見えるようす。例きょうは富士山がくっきり見える。

クッキング〈名〉料理をつくること。例クッキングスクール。◇cooking

ぐつぐつ〈副〉料理の煮《に》える音のようす。

くっさく【掘削】【掘▼鑿】〈名・する〉土や岩などをほって、穴をあけたり、けずりとったりすること。例掘削工事。

くっし【屈指】〈名〉ゆびおり。例球界屈指の名投手。類有数。

くつした【靴下】〈名〉くつをはくときや、寒いときに、足にはく衣料品。類ソックス。ストッキング。

表現 左右をひと組みにして一足《いっそく》二足《にそく》と数える。

くつじゅう【屈従】〈名・する〉自分の意思をまげて、力の強い者にしたがうこと。類屈服《くっぷく》。

くつじょく【屈辱】〈名〉ひどくばかにされた、はじをかかされた、という思い。例屈辱をうける。屈辱をこうむる。屈辱感。類汚辱《おじょく》。恥辱《ちじょく》。

ぐっしょり〈副〉水や汗《あせ》などで、ひどくぬれているようす。例タオルが汗でぐっしょりとなった。類びっしょり。

クッション〈名〉❶椅子《いす》などで、羽毛《うもう》やスポンジなどを入れた、やわらかい部分。❷椅子のせなかにあてる、洋風のざぶとん。◇cushion

表現 「クッションをおく」「ワンクッションおく」「クッションになる」などの言いかたで、ものごとをなめらかにすすめるうえで、衝撃《しょうげき》をやわらげるもの、という意味でも使う。

くっしん[1]【屈伸】〈名・する〉ひざ・ひじ・こしなど、からだの一部をまげたりのばしたりすること。とくに、ひざの運動をいう。例屈伸運動。

くっしん[2]【屈身】〈名〉スポーツで、上半身を前にかたむけること。とくに体操競技で、空中でからだをV字形におりたたんだ姿勢《しせい》。対伸身《しんしん》。

グッズ〈名〉いろいろな品物。用品。例便利グッズ。パーティーグッズ。類小物。雑貨。◇goods

くつずみ【靴墨】〈名〉革《かわ》を保護したり、つやを出したりするために、革ぐつにぬるクリーム。

ぐっすり〈副〉ちょっとのことでは目をさまさないくらい深く。例ぐっすり(と)ねむる。

くっ・する【屈する】〈動サ変〉❶おりまげる。例ひざを屈する。身を屈する。❷外からの力に負けて、自分の考えを通そうとする気持ちがなくなる。例敵に屈する。誘惑《ゆうわく》に屈する。類くじける。

くつずれ【靴ずれ】【靴擦れ】〈名〉くつが足に合わないため、皮膚《ひふ》がすれてできた傷。

くっせつ【屈折】〈名・する〉❶長いものがおれまがっていること。例屈折した道。ひざの屈折。❷〔物理〕光や音波が、ある物質をとおって、ちがう物質に入るとき、その境界ですすむ方向をかえること。参考 ②の、光の屈折の大きさを表わす数値を「屈折率」という。

表現 「屈折した心理」「屈折した両国関係」のように、もともとまっすぐであるべきものが、それまでのいきさつから、ねじれてまがっていることを表わすときもある。

くっそう【屈葬】〈名〉埋葬《まいそう》方式の一つ。死者の手足を曲げて埋葬すること。桶《おけ》や瓶《かめ》に入っている遺体がそうなっている。

くったく【屈託】〈名〉気にして、いろいろ心配したり、いつまでもこだわったりすること。例屈託のない笑顔《えがお》。日頃の屈託を忘れる。

ぐったり〈副・する〉つかれや病気のために、からだの力がぬけ、元気がないようす。例ぐったり(と)寄りかかる。

く(食)っちゃね(寝)く(食)っちゃね(寝)する
⇩「くう〔食う〕」の子項目

くっつ・く〈動五〉❶わずかなすきまもないほど、ぴったりとつく。類付着する。❷二人が、恋人どうしや夫婦になる。くだけた言いかた。

方言 山梨では、「蚊《か》にくっつかれる」の形で、蚊に「刺される」の意味でも使う。

くってかか・る【食ってかかる】〈動五〉はげしく反論したり、相手を非難したりする。

ぐっと〈副〉❶力をこめるようす。息を一瞬とめるようす。例ぐっとこらえる。❷⇩ぐんと①　❸(「ぐっと来る」などの形で)胸にせまる。例ラストシーンにぐっときた。

グッドタイミング〈名・形動〉何かが行なわれるのにちょうどよい時。◇good timing

クッパ〈名〉韓国《かんこく》料理の一つ。ご飯を具だくさんのスープでひたしたもの。参考 朝鮮語でスープと飯の意味。

くっぷく【屈服・屈伏】〈名・する〉相手のいきおいに負けて、したがうこと。例敵に屈服する。類屈従。

くつべら【靴べら】【靴▼篦】〈名〉くつに足を入れやすくするために、かかとにあてるへら。

くつろ・ぐ【▽寛ぐ】〈動五〉からだや心をゆったりした状態において、楽にする。例ソファーでくつろぐ。

くつわ【▼轡】〈名〉ウマの口にくわえさせて、たづなをむすびつける金具。例くつわをならべる。→くら〔鞍〕絵

くつわを並《なら》べる ❶乗っているウマを横にならべて、いっしょにすすむ。❷同じことをいっしょにする。

くつわむし【▼轡虫】〈名〉昆虫《こんちゅう》の一種。触覚《しょっかく》が長く、また、よくとぶ。秋、がちゃがちゃと、はねをこすり合わせて鳴く。

くてん【句点】〈名〉日本語の書きことばで、文の終わりを示す「。」の記号。「丸《まる》」の専門的な言いかた。英語などで使うピリオド「.」にもいう。→とうてん

くでん【口伝】〈名・する〉芸道などで、だいじなことがらを師から弟子《でし》へ口頭で教えてつたえること。また、それをしるした書物。類口伝え。口移し。

ぐでんぐでん〈形動〉ひどく酒によって、まともに話したり歩いたりできないようす。例ぐでんぐでんによっぱらう。類べろべろ。

くど・い【▼諄い】〈形〉❶同じようなことをなんどもくり

 永楽帝(えいらくてい) (1360～1424) 中国，明の第3代皇帝。都を南京から北京に移して皇帝の権力を強めた。

かえして、しつこい。例くどい話。❷色や味、においがこすぎて、しつこい。例色がくどい。類あくどい。▽対あっさり。

方言 北陸では、「この漬物《つけもの》くどいわ」のように、「塩けが濃《こ》い」という意味でも使う。対しょーもない(=薄《うす》い)。

くとう【苦闘】〈名・する〉くるしいたたかいをすること。例苦闘のすえに勝ちとった自由。苦闘の連続。悪戦苦闘。類苦戦。

くどう【駆動】〈名・する〉❶自動車で、エンジンの動力を車軸《しゃじく》につたえてうごかすこと。例前輪駆動。四輪《よんりん》駆動(車)。❷電子機器をうごかすこと。例ハードディスク駆動装置。

ぐどう【▽求道】〈名・する〉❶〔仏教〕悟《さと》りをもとめて修行《しゅぎょう》をすること。❷一つの道をきわめようと、ひたすら修練をつむこと。きゅうどう。▽例求道者。

くとうてん【句読点】〈名〉句点と読点のこと。

くどきおと・す【口説き落とす】〈動五〉あれこれ説得して、自分の思うとおりに承知させる。

1**くど・く【口説く】**〈動五〉相手を自分の考えどおりにしようと、あれこれ言う。例口説きおとす。アクドク

2**くどく【功徳】**〈名〉〔仏教〕現世や来世で、その人に幸せをもたらす、よい行ない。例功徳をつむ。アクドク

くどくど〖▼諄▼諄〗〈副〉同じことをなんどもしつこく言うようす。例くどくど(と)説明する。

ぐどん【愚鈍】〈形動〉頭も動作もにぶくて、なにをやらせても満足にできない。例愚鈍な男。類鈍重。

くないちょう【宮内庁】〈名〉天皇や皇室に関する仕事をする役所。内閣府に属する。

くなん【苦難】〈名〉大きな苦しみやつらさをあたえるできごと。また、その苦しみやつらさ。例苦難にあう。苦難をしのぶ。苦難の道を歩む。類困難。艱難《かんなん》。

くに【国】〈名〉❶国家。一つの政府が治めている土地と、そこに住む人々。例国を治める。国を守る。国々《くにぐに》。❷政府。例被災《ひさい》者に対する国の支援《しえん》。❸生まれそだった土地。例国に帰る。国からのたより。類郷里。故郷。里。ふるさと。いなか。❹独立した一つの世界。空想上の世界についてもいう。例おとぎの国。夢《ゆめ》の国。子どもの国。類別天地。❺漠然《ばくぜん》と一つの地域をいうことば。例南の国。砂漠《さばく》の国。類地方。❻江戸《えど》時代までの日本の行政区画の中で、いちばん大きい区画。例上総《かずさ》の国。土佐《とさ》の国。国表《くにおもて》。国家老《がろう》。▽→おくに

表記 古代の、いくつかの「村(ムラ)」が集まってできたものは、「クニ」とも書く。

国破《やぶ》れて山河《さんが》在《あ》り 戦乱で国は壊滅《かいめつ》してしまっても、自然の山河はかわることなく昔のままのすがたである。参考 唐《とう》の詩人杜甫《とほ》の詩のことば。

くにおもて【国表】〈名〉〔歴史〕大名がおさめていた国。類国元《くにもと》。

表現 地方から江戸《えど》や京都をさしては、それぞれ江戸表・京表などといった。

くにがえ【国替】〈名〉〔歴史〕❶平安時代、一度任地が決まった役人が希望を出して、他の任地にかえてもらったこと。❷江戸《えど》時代、幕府が大名の領地をかえたこと。転封《てんぽう》。

くにがまえ〖国構え〗〈名〉漢字の構えの一つ。「国」「回」などの「囗」の部分。

くにがら【国柄】〈名〉その国やその地方の、伝統的な特質。

くにがろう【国家老】〈名〉〔歴史〕江戸《えど》時代、藩《はん》の家老の一つ。藩主が江戸に出ている間、藩の政治を行なう人。対江戸家老。

くにく(苦肉)のさく(策) 敵をだましたり、苦しい立場からのがれたりするために、どうしようもなくなってだす、苦しまぎれの策。類窮余《きゅうよ》の一策。

くにざかい【国境】〈名〉むかし、日本がいくつもの国にわかれていたときの、国と国とのさかい。

参考 「国境《こっきょう》」のことをいうこともある。

くになまり【国なまり】〖国▼訛り〗〈名〉⇩おくになまり

くにもと【国元】〖国▽許〗〈名〉❶生まれそだったところ。例国元の両親。類故郷。郷里。ふるさと。国。❷〔歴史〕大名の領地。類国表《くにおもて》。

ぐにゃぐにゃ〈形動・副・する〉やわらかで、ぴんとしたところがないようす。例暑さでアスファルトがぐにゃぐにゃになった。参考 アクセントは、ふつう「**グ**ニャグニャ」であるが、「ぐにゃぐにゃに」「ぐにゃぐにゃの」「ぐにゃぐにゃだ」の場合は、「グ**ニャ**グ**ニャ**」となる。

くぬぎ〖▼櫟〗〈名〉山野にはえる落葉高木。五月ごろ、黄色の小さな花が穂《ほ》になってさき、秋、「どんぐり」がなる。木炭などに利用する。

くねくね〈副・する〉ゆるやかなカーブが何回となく続いているようす。例くねくねと曲がった山道。類うねうね。

くね・る〈動五〉左右にゆったりとなんどもおれまがるようにゆれる。例からだをくねらせる。まがりくねる。

くのいち【くノ一】〈名〉女の忍者《にんじゃ》。また、女。参考 「女」の字を分解すると「く」「ノ」「一」になることから。古いことば。

くのう【苦悩】〈名・する〉どうしていいかわからなくて、苦しみ、また、なやむこと。例苦悩の色。類苦悶《くもん》。煩悶《はんもん》。懊悩《おうのう》。

くはい【苦杯】〈名〉にがい、くやしい経験、とくに敗北。例苦杯をなめる。苦杯を喫《きっ》する。類苦汁《くじゅう》。

くば・る【配る】〈動五〉❶ものをそれぞれに行きわたるようにする。例資料を配る。❷すみずみまでいきとどくようにする。例気を配る。目を配る。

くひ【句碑】〈名〉俳句をほりこんだ石碑。例句碑をたてる。類詩碑。歌碑。

くび【首】〈名〉❶頭と胴《どう》のあいだの、ほそくなった部分。例首が長い。首をしめる。首をくくる。猪《い》首。❷あたま。例首をひっこめる。首をだす。首をすくめる。首をすげかえる。首実検。さらし首。❸物の、「①」のようにすぼまった形の部分。例(お酒の)とっくりの首。

表現 「首にする」は解雇《かいこ》すること、「首になる」は解雇されることをいう。「おまえは首だ」と言えば、解雇の通告になる。以前は解雇を「首を切る」と言ったが、語感がわるいので、今はあまり使わない。

首が危《あぶ》ない 解雇《かいこ》・解任されそうである。

首が飛《と》ぶ 職業や地位を、あっさりとうばわれる。類解雇される。解任される。

首が回《まわ》らない 借金が返せないで、どうにもうごきがとれない。

首をかしげる 首をかたむけることによって、ふしぎだ、疑問だ、賛成しかねる、などの気持ちを表わす。類首をひね

る。小首をかしげる。

首を突《つ》っ込《こ》む 参加する。

表現 もともとは、ほんごしをいれないで参加することをいうが、実際には、かなりほんごしをいれていても使う。

首を長《なが》くして待《ま》つ よい知らせや、だれかの到着《とうちゃく》などを「まだか、まだか」と待ちこがれる。「首を長くする」ともいう。類鶴首《かくしゅ》。

首をはねる ❶刀で首をきりおとす。❷やとっている人をやめさせる。解雇《かいこ》する。

首をひねる 疑問に思う気持ち、納得《なっとく》できない気持ちを表わす。類首をかしげる。

首を振《ふ》る 首をたてやよこに動かす。

表現 「首をたてに振る」は「承知する」こと、「首をよこに振る」は「承知しない」ことをさす。

ぐび【具備】〈名・する〉 必要なものが十分にそなわっていること。例必要条件を具備する。類完備。

くびかざり【首飾り】〈名〉 首にかける、宝石や貴金属などの装飾《そうしょく》品。ネックレス。類首輪。ペンダント。

くびかせ【首かせ】『首▼枷』〈名〉 ❶むかし、罪人の首にはめた刑具《けいぐ》。❷自由をさまたげるもの。例子は三界の首かせ(→「こ〔子〕」の子項目)。▽類手かせ。足かせ。

くびき『▼軛・▼頸木』〈名〉 ❶馬車や牛車の、前につき出た棒の先に取りつけた横木。馬や牛の首にかける。❷自由を束縛《そくばく》するもの。例公職のくびきから解放される。

くびきり【首切り】〈名〉 ❶罪人などの首を切りおとすこと。その役目。類斬首《ざんしゅ》。❷働いている人をやめさせること。類解雇《かいこ》。馘首《かくしゅ》。 →くび表現

くびじっけん【首実検】〈名〉 実際にその人に会って、本人かどうかをたしかめること。

参考 むかし、合戦でうちとった敵の首を、だれのものか、ほんとうにその人の首か、などとたしかめたことからいう。

ぐびじんそう【▽虞美人草】〈名〉 「ヒナゲシ」のこと。

由来 むかし、中国にいた虞美人という女性の墓に生えたという伝説からできたよびかた。

くびす『▼踵』〈名〉 ⇩きびす

くびすじ【首筋】〈名〉 首のうしろの部分。類えり首。うなじ。えりがみ。

くびったけ【首ったけ】『首っ丈』〈名〉 ある人を好きになって、夢中《むちゅう》であるようす。例ぼくは彼女に首ったけだ。参考 首の高さまで深くはまりこむことから。

くびったま【首っ玉】〈名〉 首。俗《ぞく》っぽい言いかた。例ねこの首っ玉をつかむ。

くびっぴき【首っ引き】〈名〉 そばからはなさないで、いつでも使うこと。例辞書と首っ引きで洋書を読む。

くびつり【首つり】『首▼吊り』〈名・する〉 高いところからつるしたひもなどを首にまきつけて、からだの重さで首をしめて死ぬこと。例首つり自殺。類縊死《いし》。

くびながりゅう【首長竜】〈名〉 恐竜と同じ太古《たいこ》の昔にいた、水生の爬虫《はちゅう》類の一種。プレシオサウルスなど。

くびねっこ【首根っこ】〈名〉 首のうしろ。首すじ。俗《ぞく》っぽい言いかた。

首根っこを押《お》さえる ❶おさえつけて動きがとれないようにする。❷弱みをつかんで、自由をうばう。

くび・れる『▽括れる』〈動下一〉 ものの一部分がほそくなっている。例腰《こし》がくびれている。

くびわ【首輪】〈名〉 ❶イヌなどの首にはめる輪。❷かざりのために首にかける輪。類首かざり。ネックレス。

くふう【工夫】〈名・する〉 よい方法をいろいろ考えること。考えついたよい方法。例照明(の当てかた)を工夫する。工夫をこらす。

くぶくりん【九分九厘】〈副〉 九九パーセント。ほぼたしか。例合格は九分九厘、まちがいない。

くぶどおり【九分通り】〈副〉 十のうち九まで。ほとんど全部。例家は九分通りできあがった。

くぶん【区分】〈名・する〉 大きなものやたくさんのものを、いくつかにくぎって、分けること。類くわけ。

くぶんでん【口分田】〈名〉〔歴史〕 班田収授《はんでんしゅうじゅ》の法によって、国家から六歳《さい》以上の男女にあたえられ、死んだときに返させた耕地。

くべつ【区別】〈名・する〉 二つ以上のものを、性質や特徴《とくちょう》からみたちがいによって分けること。また、そのようにして分けられたちがい。例事実と意見を区別する。区別をつける。男女の区別。善悪の区別。

く・べる〈動下一〉 ものを火に入れて燃やす。例まきをくべる。火にくべる。

くぼう【▽公方】〈名〉〔歴史〕 ❶朝廷《ちょうてい》。❷将軍。例犬公方(=徳川綱吉《つなよし》のこと)。

くぼち【くぼ地】『▽凹地・▼窪地』〈名〉 まわりより低くへこんだ土地。

くぼみ『▽凹み・▼窪み』〈名〉 地面などの一部分が、まわりよりも低くなっているところ。類へこみ。

くぼ・む『▽凹む・▼窪む』〈動五〉 まわりより低く落ちこんでいる。例目がくぼむ。類へこむ。

くま[1]『▼隈』〈名〉 ❶暗くてめだたないすみ。❷ひどくつかれたときなどに、目のまわりにできるくろずんだ部分。例くまができる。❸「くまどり①」の略。▽アクマ」

方言 岩手・山形などでは、「欠点」の意味でも使う。

くま[2]【熊】〈名〉 からだの大きなけもの。手足の力が強く、木登りや泳ぎがうまい。黒や茶、あるいは白の体毛におおわれており、冬眠《とうみん》する。日本にはヒグマとツキノワグマの二種がいる。アクマ クマ」

【熊】 灬部10 全14画

くま 教小4

熊 熊 熊 熊 熊 熊

ぐまい【愚昧】〈形動〉 教育されていないため、知識程度が低いようす。

くまざさ『熊▼笹・▼隈▼笹』〈名〉 ササの一種。葉が大きく、冬になると葉のふちが白くなる。

くまそ【熊▽襲】〈名〉 むかし、九州の南部に住んでいたといわれる部族。『古事記』『日本書紀』にみえる、ヤマトタケルノミコトのくまそ征服《せいふく》の伝説は有名。

くまで【熊手】〈名〉 ❶長い柄《え》の先に、クマの手のようなつめをつけた竹製などの道具。落ち葉などをかき集めるのに使う。→どうぐ絵 ❷西《とり》の市で売る縁起《えんぎ》もの。「①」に、おかめの面や、小判《こばん》の形をしたかざりなどをつけたもの。福徳をまねきよせるといわれる。

くまどり【くま取り】『▼隈取り』〈名・する〉 ❶歌舞伎《かぶき》の俳優が、役がらを誇張《こちょう》して表わすために、紅や青などの絵の具を顔にぬること。また、その模様。絵(次ページ) ❷日本画で、遠近感をだしたりするために、色の濃淡《のうたん》をつけること。類ぼかし。

くまなく『▼隈無く』〈副〉 ❶はっきりしていてかげやくもりがない。例月の光がくまなくさしている。❷すみずみまで。のこすところなく全部。例くまなくさがす。

 江川太郎左衛門(たろうざえもん) (1801～55) 江戸後期の伊豆(静岡県)の代官。大砲を作るため反射炉を建設。

くまのい【熊の▿胆】〈名〉クマの胆嚢《たんのう》を、胆汁《たんじゅう》をとらないままほしたもの。味は苦く、漢方で胃腸薬として用いる。

くまばち〖熊蜂〗〈名〉ハチの一種。からだに黒い毛がはえた大きなハチ。かれ木などに穴をあけてすむ。ミツバチのような集団生活はしない。くまんばち。

くまんばち〖熊ん蜂〗〈名〉スズメバチの別名。
参考 名が似《に》ていて、ともに大型であるため、クマバチと同一視されることもある。

くみ【組み・組】一〈名〉❶[組み] いくつかのものが、ひとまとまりになったもの。例二個で組みになった湯のみ。二枚組みのCD。類セット。❷[組] いくつかにわけたグループ。とくに、学校のクラス。例組にわける。二年生は四つの組にわかれている。類学級。
二〈接尾〉[組み・組] くみになったものをかぞえることば。例ふとんを二組み注文した。類セット。そろい。

[1]**ぐみ**〖▼茱▼萸〗〈名〉山野にはえる落葉 または常緑低木。赤い実は食べられる。

[2]**グミ**〈名〉「グミキャンディー」の略。弾力《だんりょく》があり歯ごたえのある菓子。◇《ドイツ》Gummi(=ゴム)から。

くみあい【組合・組み合い】〈名〉❶[組合] 目的や利害を同じくするたくさんの人々が集まって、たがいにたすけあうための団体。労働組合や農業協同組合など。
❷[組み合い] つかみあって、あらそうこと。取っ組み合い。

くみあ・げる【くみ上げる】〖▼汲み上げる〗〈動下一〉❶水などをくんで高いところへうつす。例地下水をくみ上げる。❷部下や後輩《こうはい》など、より立場の低い人の意見を取り入れる。例生徒の意見をくみ上げる。

くみあわせ【組み合わせ】〈名〉❶いくつかのものを取り合わせて、セットにしたもの。例番号の組み合わせ。
❷試合などの、対戦相手の取り合わせ。❸〔数学〕いくつかのものの中から、ある個数をとりだしてつくった組。

くみあわ・せる【組み合わせる】〈動下一〉❶いくつかのものを取り合わせて組をつくる。❷試合などで、対戦相手をきめる。例強いチームどうしを組み合わせる。

くみい・れる【組み入れる】〈動下一〉より大きな組織や、スケジュールの中に入れる。例組織に組み入れる。日程に組み入れる。類組みこむ。

くみおき【くみ置き】〖▼汲み置き〗〈名〉水をバケツなどにくんで、たくわえておくこと。例くみ置きの水。

くみか・える【組み替える】〈動下一〉一度組み合わせたものをやめて、あらたに組む。例日程を組み替える。

くみかわ・す【酌み交わす】〈動五〉酒を、おたがいにつぎあい、いっしょにのむ。例酒をくみかわす。

くみきょく【組曲】〈名〉〔音楽〕みじかい曲や楽章をいくつか組み合わせて、一つの器楽曲にまとめたもの。例管弦楽《かんげんがく》組曲。

くみこ・む【組み込む】〈動五〉あるものを、全体構造の中に入れて位置づける。例計画に組み込む。類組み入れる。盛り込む。

くみし・く【組み敷く】〈動五〉くみついて相手をたおし、上からおさえつける。類組みふせる。

くみしやす・い〖▿与し▿易い〗〈形〉勝負の相手としてたいしておそろしくない。例くみしやすいとあなどる。

くみ・する〖▿与する・組する〗〈動サ変〉考えかたに賛成して、いっしょのなかまになる。例A氏の意見にくみする。類味方する。加勢する。

くみたいそう【組み体操】〈名〉体育・運動会の種目で、ペアや何人かのグループで、全身を使って、ピラミッドなど、ある形を作るもの。

くみたて【組み立て】〈名〉❶部品を組み合わせて、製品をつくること。例組み立て式。❷ものの構造。例文章の組み立て。類しくみ。組織。

くみた・てる【組み立てる】〈動下一〉ばらばらの材料を組み合わせて、まとまった形につくりあげる。例プラモデルを組み立てる。

くみつ・く【組み付く】〈動五〉相手のからだに手や足をからませて、はなれないようにする。

くみと・る【くみ取る】〖▼汲み取る〗〈動五〉❶水などを、ひしゃくなどですくいとる。類くみだす。❷おもてに出ていない相手の気持ちや事情を、こちらから察する。例人の心をくみとる。類おしはかる。推察する。
表記 ②は「酌み取る」とも書く。

くみはん【組み版】〈名〉活字を組み合わせて、印刷するための版をつくること。活字を組んだ版。

くみひも【組みひも】〖組み▼紐〗〈名〉多くの糸をくみ合わせてつくったひも。帯じめや羽織のひもなどに使う。

くみふ・せる【組み伏せる】〈動下一〉くみついて相手をたおし、動けないように おさえつける。類組みしく。

[1]**く・む**【酌む】〖▼汲む〗〈動五〉❶[汲む] 液体をすくいとる。例水をくむ。
❷[酌む] 酒をさかずきなどについで飲む。
❸[酌む・汲む] 相手の気持ちを察する。例きみには、他人の気持ちをくんでやるやさしさがない。類斟酌《しんしゃく》する。酌量する。
❹[汲む] 血筋《ちすじ》や、やりかた・考えかたを受けつぐ。例国王の血をくむ家系。芭蕉《ばしょう》の流れをくむ俳人。京都の伝統をくむ料理。▽アクム
方言 北《きた》関東では、「風呂くむ」の形で、「浴槽《よくそう》に湯をためる」ことを表わす。

[2]**く・む**【組む】〈動五〉❶糸や手足など、ほそ長いものを、たがいちがいにからませる。例足を組む。うでを組む。スクラムを組む。組みつく。
❷材木などを、なわや かすがいなどで固定する。例いかだを組む。やぐらを組む。
❸一つにまとまったものをつくる。例徒党を組む。手を組む。日程を組む。
❹試合や演技の相手になる。例四つに組む(→よつ 表現)。
❺活字をならべる。例活字を組む。▽アクム

ぐ・む〈接尾〉名詞のあとにつけて、動詞をつくる。「…のようすが ちょっとあらわれる」「…が出そうになる」という意味を表わす。例なみだぐむ。芽ぐむ。

くめん【工面】〈名・する〉あれこれ やりくりして、なんとかつごうをつけること。例金を工面する。類算段。

[1]**くも**【雲】〈名〉大空にういていて、綿のように見えるもの。大気中の水蒸気が冷えて、こまかな水滴《すいてき》または氷片

[くまどり]

となって集まってできる。例雲がたなびく。雲がながれる。雲がわく。雲間。雲あし。いわし雲。うろこ雲。雨雲《あまぐも》。黒雲。むら雲。

表現「心に雲がかかる」「心の雲がはれない」「疑惑《ぎわく》の雲」のように、心の不安を表わすことがある。

雲の上《うえ》 ⇩独立項目

雲の峰《みね》 ⇩独立項目

雲を霞《かすみ》と いちもくさんに走りだして、あっというまに姿が見えなくなること。例犯人は雲を霞とにげ去った。表現ふつう、「にげる」という意味のことばとともに使う。

雲をつかむよう 話などが、おおざっぱで、ふたしかである。例そんな雲をつかむような話をあてにはできない。類つかみどころがない。とらえどころがない。

雲をつくよう 人や建物などが、雲につきあたるかと思われるほど高い。例雲をつくような大男。

[2]**くも**【▼蜘▼蛛】〈名〉昆虫《こんちゅう》に似た、節足動物。腹が大きく、四対《つい》の足があり、多くは腹のさきから糸をだして、あみのような巣《す》をつくって虫をとらえる。アシタカグモやジョロウグモなど、種類が多い。

くもの子《こ》を散《ち》らすよう おおぜいの人が、ばらばらになって、あっというまににげ去る。

くもあし【雲足・雲脚】〈名〉雲のうごきぐあい。例雲あしがはやい。

くもがくれ【雲隠れ】〈名・する〉急にすがたをくらますこと。例かれは、つごうがわるくなると雲隠れしてしまう。

くもすけ【雲助】【▼蜘▼蛛助】〈名〉江戸《えど》時代、宿場や街道《かいどう》で、かごをかついだり、荷物をはこんだりした人。たちのわるいものが多かった。

［く　ら］

くもつ【供物】〈名〉神や仏へのそなえもの。おそなえ。

くものうえ【雲の上】〈名〉高い地位。例雲の上の存在。参考古くは「宮中」をさし、「雲の上の人」といえば、天皇・皇族や、そこにつかえる身分の高い人をいった。

くものみね【雲の峰】〈名〉夏、小山のように高くもりあがった雲。参考「積乱雲」を詩的にいったことば。

くもま【雲間】〈名〉青空が見える、雲のきれめ。

くもまく【くも膜】【▼蜘▼蛛膜】〈名〉脳と脊髄《せきずい》をつつむ膜の一つ。「ちしゅまく」ともいう。

くもまくかしゅっけつ【くも膜下出血】【▼蜘▼蛛膜下出血】〈名〉くも膜の下の血管がやぶれて出血をおこすこと。

くもゆき【雲行き】〈名〉これからの天候を示すような雲のうごき。例雲行きがあやしい(=雨になりそうだ)。類空模様。

表現「雲行きがあやしい」「雲行きがおかしい」などの言いまわしで、ものごとのなりゆきのたとえとしてもいう。天候の場合も たとえの場合も、よくなるときにはいわない。

くもら・せる【曇らせる】〈動下一〉くもるようにする。「くもらす」ともいう。例月を曇らせる。判断を曇らせる。

表現「顔をくもらせる」「声をくもらせる」のように、かなしみや心配の気持ちが顔や声に表れる意味にも使う。

くもり【曇り】〈名〉❶空が雲におおわれた天気。天気図の記号は◎。例曇り空。花曇り。対晴れ。雨。❷水滴《すいてき》やよごれなどのために、すきとおっていたものが、見えなくなること。例めがねのくもり。❸心配などで、気持ちがはれないこと。例ようやく心のくもりがとれた。

表現「くもりのない心」「くもりのない目」といえば、やましいところも かたよったところもなく、すみきっていること。

参考①は気象学では、雲量9以上の空の状態をいう。

くもりガラス【曇りガラス】〈名〉つやを消して、中が見えないようにしてあるガラス。類すりガラス。

くも・る【曇る】〈動五〉❶空が雲におおわれる。対晴れる。類かげる。❷水滴《すいてき》やよごれなどで、すきとおっていたものが、見えなくなる。例レンズがくもる。❸心配などで、表情や気分が暗くなる。例顔がくもる。心がくもる。類かげる。

表現「心がくもる」といえば、③の意味のほかに、かたよった気持ちが先にたって ものごとの判断が正確にできないことにもいう。「目がくもる」も同じ意味。

くもん【苦▼悶】〈名・する〉痛さやなやみなどのために、苦しみもだえること。例苦悶の表情。類苦悩《くのう》。煩悶《はんもん》。懊悩《おうのう》。

ぐもん【愚問】〈名〉ばかばかしい質問。例愚問を発する。愚問愚答。

くやくしょ【区役所】〈名〉区の行政上の事務をとりあつかう役所。

くやし・い【悔しい】【口▽惜しい】〈形〉他人に負けたり、ばかにされたりして、このままではどうにもおさまらない気持ちだ。残念だ。例悔しい思い。類口惜《くちお》しい。

くやしが・る【悔しがる】【口▽惜しがる】〈動五〉くやしい気持ちになる。

くやしなき【悔し泣き】【口▽惜し泣き】〈名・する〉くやしくて泣くこと。例試合に負けて悔し泣きする。

くやしなみだ【悔し涙】【口▽惜し涙】〈名〉くやしくて流す涙。

くやしまぎれ【悔し紛れ】【口▽惜し紛れ】〈名〉あまりのくやしさに、かっとなって、ふるまいがめちゃくちゃになること。例くやしまぎれにあたりちらす。

くや・む【悔やむ】〈動五〉❶自分のしたことをふりかえって、「こうすればよかった」「ああしなければよかった」などと思い、残念がる。類後悔《こうかい》する。悔《く》いる。❷人の死をかなしむ。

くゆら・す【▼燻らす】〈動五〉かおりを、けむりとして細くゆるやかにたてる。例たばこをくゆらす。香《こう》をくゆらす。

くよう【供養】〈名・する〉〔仏教〕仏または死者の霊《れい》に対して、お供えをしたり、お経をよんだりして なぐさめること。例先祖を供養する。類回向《えこう》。法要。

くよくよ〈副・する〉気にしてもしかたのないことにいつまでもこだわって、気にしているようす。例いつまでもくよくよ考えるのはよくない。くよくよするな。類気に病《や》む。

[1]**くら**【蔵・倉】【▽庫】〈名〉❶[蔵] ものをしまっておく、昔ふうの建物。類土蔵《どぞう》。物置き。❷[倉]「倉庫《そうこ》」の意味の古い言いかた。

[2]**くら**【▼鞍】〈名〉人や荷物をのせるために、ウマやウシなど

江藤新平(しんぺい) (1834～74)　明治初期の政治家。佐賀出身。征韓論に敗れ辞職。佐賀の乱を起こした。

の背中にとりつける道具。革《かわ》や木でつくる。絵(前㌻)

[1]**くらい【位】**〈名〉❶等級。階級。例位が上がる。位がすすむ。位を上げる。類グレード。ランク。❷王位。王座。例位をゆずる。位につく。❸称号。高い地位や身分を、国家や専門の協会が保証したもの。例位をさずける。位をさずかる。名人の位。位負け。❹〔数学〕数のよび名で、一の位、十の位、百の位、千の位のように十倍ごとにつけることば。例位どり。

[2]**くら・い【暗い】**〈形〉❶光の量が十分でないので、ものがよく見えない。例暗い夜道。明かりが暗い。うすぐらい。ほのぐらい。❷黒や灰色をふくむ色の調子である。例暗い色。暗い赤。❸それに接すると気持ちがしずんでしまう感じだ。例暗い性格。暗い絵。気持ちが暗くなる。❹順調でなく、あまり希望がもてない状態だ。例先ゆきが暗い。❺その方面のことをよく知らない。例法律に暗い。地理に暗い。類うとい。▽対明るい。

[3]**くらい**〖位〗〈副助〉ものごとのおおよその範《はん》囲《い》を示す助詞。❶だいたいの数量や程度を表わす。例一時間くらいかかる。費用はどれくらいですか。類ほど。ばかり。程度。❷かるくみる気持ちを表わす。例そんなことくらい、なんでもないよ。❸わかりやすい標準を表わす。…みたいに。…のように。例彼くらいの速度で歩いて、ちょうどいいんだ。あの人といっしょになれないくらいなら死んだほうがましだ。❹「他の場合とは比べものにならない」という気持ちを表わす。例旅先で病気になるくらい心細いことはない。類ほど。▽「ぐらい」ともいう。

ぐらい〖位〗〈副助〉⇩くらい〈副助〉

クライアント〈名〉❶カウンセリングを受けるための来訪者。❷得意先。顧客《こきゃく》。広告代理店の客としての広告主。❸ネットワーク上で、他のコンピューターからサービスを受けるコンピューター。◇client

グライダー〈名〉エンジンやプロペラがなく、つばさにうける風や上昇気流を利用して飛ぶ飛行機。◇glider

くらいどり【位取り】〈名〉一の位、百の位など、数の位をきめること。

くらいまけ【位負け】〈名・する〉❶自分の実力にあわない高い地位や評価をあたえられたために、仕事や生活がうまくいかなくなること。❷相手の地位が高かったり、人格がりっぱであるために、圧倒《あっとう》されてしまうこと。

クライマックス〈名〉全体の流れの中で、もっとももり上がる部分・場面。例クライマックスに達する。類最高潮。山場。佳境《かきょう》。◇climax

グラインダー〈名〉研削盤《けんさくばん》や研磨《けんま》機のこと。◇grinder

くら・う【食らう】〖▼喰らう〗〈動五〉❶がつがつたべる。がぶがぶのむ。例大飯を食らう。酒を食らう。❷痛い目やいやな目にあう。例パンチを食らう。せおい投げを食らう。こごとを食らう。類食う。

表現「食う」も似《に》た意味だが、飲むことにはいわない。

クラウド〈名〉コンピューターのデータを保存する場所として、インターネット上のサーバーにある記憶装置を使うもの。どのパソコンなどからでも同じデータを操作できる利点がある。対ローカル。◇cloud (=雲の意味)

クラウドファンディング〈名〉計画している事業や新商品の説明をして、賛同《さんどう》してくれる不特定多数の人々から資金《しきん》を集めること。◇crowd funding

クラウン〈名〉王冠。◇crown

グラウンド〈名〉運動場。競技場。「グランド」ともいう。例ホームグラウンド。参考英語では playground や baseball ground などという。

くらがえ【くら替え】〖▼鞍替え〗〈名・する〉勤め先や専門の仕事などをかえること。

くらがり【暗がり】〈名〉光がささなかったり、ものかげであるために、暗くなっているところ。人目につかないところ。

くらく【苦楽】〈名〉くるしみとたのしみ。例苦楽をともにする。

クラクション〈名〉自動車の警笛《けいてき》。例クラクションを鳴らす。◇klaxon (=もと商標名)

参考英語では (car) horn のほうが一般《いっぱん》的。

くらくら 一〈副・する〉たおれそうになるほど、めまいがするようす。例目がくらくら(と)する。二〈副〉お湯が沸騰《ふっとう》しているようす。例くらくら(と)煮《に》えたつ。

ぐらぐら 一〈副・する〉ものがはげしくなんどもゆれうごくようす。例地震《じしん》でビルがぐらぐら(と)動いた。二〈形動・副・する〉こわれたり、ゆるんだりして、動かすとゆれうごくようす。例机のあしがぐらぐらする。歯がぐらぐらになる。三〈副〉湯がはげしく沸騰《ふっとう》するようす。例ぐらぐら煮《に》たつ。

参考アクセントは、ふつう「グラグラ」であるが、二で形容動詞として使う場合は、「グラグラ」となる。

くらげ〖▽水▽母・▽海▽月〗〈名〉海にすむ刺胞《しほう》動物の一種。からだはぶよぶよしたかさのような形で、たくさんの触手《しょくしゅ》がある。種類が多く、食べられるものもある。

くらし【暮らし】〈名〉❶毎日毎日の、生活のようす。例ぜいたくな暮らし。いなかの暮らし。暮らしぶり。❷収入や支出のうえからみた生活のようす。例暮らしをたてる。暮らしをつめて貯金する。つましい暮らし。その日暮らし。類家計。生計。

グラジオラス〈名〉庭などにうえる草花の一種。多年草。球根でふえる。夏に、赤・白・黄色などのうつくしい花が下から順にさく。◇gladiolus

クラシック 一〈名〉芸術などの分野で、むかしつくられ、いまの世につたわるすぐれた作品。とくに、ヨーロッパの古典音楽をさす。例クラシック音楽。類古典。二〈形動〉古風で優雅《ゆうが》なようす。例クラシックな家具。クラシックカー。類古典的。レトロ。◇classic

くらしむき【暮らし向き】〈名〉収入や支出のうえからみた、毎日の生活のようす。類家計。生計。

[1]**くら・す【暮らす】**〈動五〉❶その日その日の生活をたてていく。例こんな安月給では暮らしていけない。❷一日をすごす。ある月日をすごす。例きょうは遊んで暮らした。毎日をぶじに暮らしております。泣き暮らす。遊び暮らす。▽アクラス

[2]**クラス**〈名〉❶学校の学級や組。例クラス会。クラスメート。❷等級。例クラスが上がる。トップクラス。Aクラス。類レベル。級。格。◇class ▽アクラス

グラス〈名〉❶ガラスでできた洋酒用の高級なコップ。例ウイスキーグラス。❷ガラス。例グラスファイバー。ステンドグラス。❸めがね。例サングラス。◇glass

参考「グラス」も「ガラス」も、おおもとは語源を同じにすることばだが、「グラス」は英語から、「ガラス」はオランダ語から入ってきて、日本ではそれぞれの用法がある。

クラスター〈名〉❶同じ種類のものの集まり・かたまり。集団。一団。例一個のクラスターを形成する。❷ある病原体《びょうげんたい》に、一か所で同時に感染《かんせん》した人々。感染者集団。集団感染者。◇cluster (=花や実の房《ふさ》、密集したものの意味)

グラスファイバー〈名〉ガラスをほそい繊維《せんい》状にしたもの。絶縁《ぜつえん》材・断熱材・スキー・ラケット・つりざおなどに使われる。ガラス繊維。◇glass fiber

クラスメート〈名〉同級生。級友。◇classmate

グラタン〈名〉西洋料理の一つ。野菜や肉などをホワイトソースであえて、チーズをのせてオーブンで焼いた料理。例マカロニグラタン。ポテトグラタン。◇《フランス》gratin

クラッカー〈名〉❶うすくてかるい、塩あじのビスケット。例チーズクラッカー。❷花火の一種。紙のつつの中からでているひもを引くと、爆発《ばくはつ》音がして紙テープなどが飛びだす。クリスマスなどに使う。❸⇩ハッカー ◇cracker

ぐらつ・く〈動五〉❶きちんと安定しないで、ぐらぐらとゆれうごく。例テーブルがぐらつく。❷気持ちが動揺《どうよう》する。例決心がぐらつく。▽類ゆらぐ。ゆるぐ。ゆれる。

クラッシュ〈名・する〉❶衝突《しょうとつ》や墜落《ついらく》。また、それによって破壊されること。例事故で車がクラッシュする。❷コンピューターで、システムやプログラムが突然機能しなくなること。データがこわれることがある。例ハードディスクがクラッシュする。◇crash

クラッチ〈名〉❶エンジンやモーターのうごきを他の部分につたえたり、きりはなしたりする機械装置《そうち》。❷「クラッチペダル」の略。自動車のクラッチを操作《そうさ》するためのふみ板。◇clutch

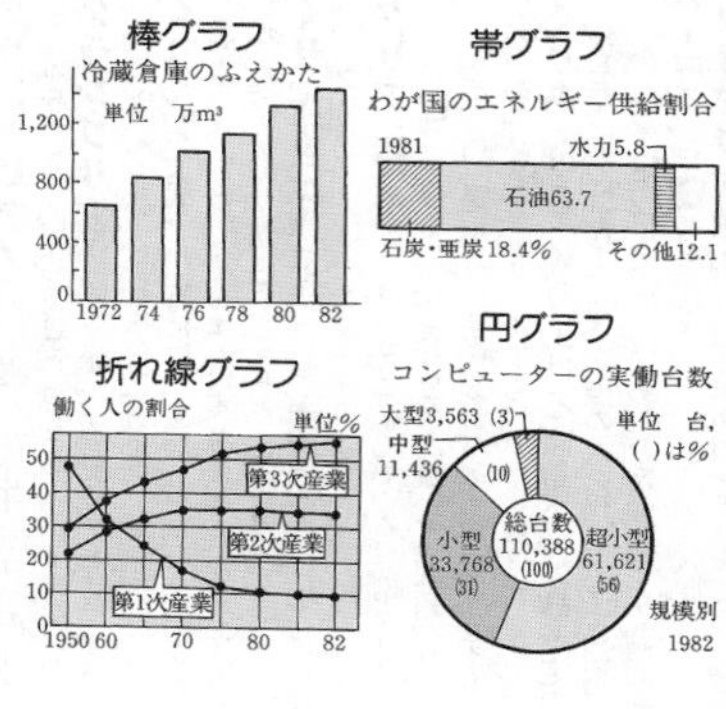

［グ　ラ　フ］

グラデーション〈名〉写真や絵画で、色のこさがしだいにこくなったりうすくなったりしていく部分の調子。階調。ぼかし。◇gradation

グラニューとう【グラニュー糖】〈名〉ざらめを細かく粒《つぶ》状に精製した砂糖。コーヒーや紅茶、洋菓子《ようがし》などに使う。参考「グラニュー」は granulated (=粒状にした)から。

グラビア〈名〉雑誌などの、写真のページ。例巻頭カラーグラビア。◇photogravure から。

クラブ〈名〉❶同じ趣味《しゅみ》や目的をもつ人の集まり。また、その集会所。例クラブ活動。類部。サークル。❷ゴルフで、ボールを打つ棒状の道具。ゴルフクラブ。❸トランプの四種のふだの一つ。♣のしるしのあるもの。対スペード。ダイヤ。ハート。❹会員制の洋風の酒場。❺音楽やダンスを楽しむ若者向けの酒場。類ディスコ。◇club

グラフ〈名〉❶ものの数量や割合を図に表わしたもの。折れ線グラフ・帯グラフ・棒グラフ・円グラフなどがある。絵 ❷写真や絵などを中心に編集した雑誌。類画報。◇graph

グラブ〈名〉野球やボクシングで使う手ぶくろ。革《かわ》でつくり、中につめものがしてある。グローブ。◇glove

グラフィック〈名・形動〉印刷物で、視覚《しかく》にうったえるように、写真や絵をたくさん使ってあること。そのような印刷物。◇graphic

グラフィックデザイン〈名〉広告・ポスター・カタログなどのような印刷物のデザイン。とくに、商業用のデザイン。◇graphic design

クラフト〈名〉手づくりの工芸品。手工芸。例クラフト用品。ペーパークラフト。◇craft

クラフトし【クラフト紙】〈名〉セメント袋《ぶくろ》や大型の封筒《ふうとう》などに使う、じょうぶなうす茶色の西洋紙。

くら(比)べもの(物)にならない 差が大きすぎて、比較《ひかく》にならない。

くら・べる【比べる】〖▽較べる・▽競べる〗〈動下一〉二つ以上のものについて、両者の同じ点やちがっている点を明らかにする。例AとBとを比べる。AをBに比べる。草食獣《じゅう》は、肉食獣に比べて繁殖《はんしょく》力が大きい。見比べる。類比較《ひかく》する。

[1]**グラマー**〈名〉文法。◇grammar

[2]**グラマー**〈形動〉女性が、ゆたかなからだつきをしていて魅力《みりょく》的である。グラマラス。例グラマーな女優。対スレンダー。◇glamour

くらま・す【▼晦ます】〈動五〉もののありかや人の居場所を、ほかの人にわからないようにする。例行方《ゆくえ》をくらます。すがたをくらます。人目をくらます。

くら・む【▼眩む】〈動五〉⇩目がくらむ(「め〔目〕」の子項目)

グラム〈名・接尾〉メートル法の重さの基本単位。セ氏四度の水一立方《センチ》《メートル》の重さにひとしい。記号「g」。◇《フランス》gramme 表記 当て字で「瓦」と書くこともあった。

くらやしき【蔵屋敷】〈名〉江戸《えど》時代、大名《だいみょう》が年貢米《ねんぐまい》や特産物を売るために、江戸や大坂(=大阪)などに設《もう》けた、取引所《とりひきじょ》を兼《か》ねた倉庫。

くらやみ【暗闇】〈名〉光がなく、まっくらであること。まっくらな所。例暗闇にまぎれる。類闇。暗黒。表現「暗やみにほうむる」のように、かくれた、人目につかないところ、という意味で使うことがある。

クラリネット〈名〉木管楽器の一つ。たてぶえ。リードをくわえ、振動《しんどう》させて、音をだす。高音は明るく、低音にはふかみがある。◇clarinet

くらわ・す【食らわす】〈動五〉のぞましくないものを一方的に与える。例パンチを食らわす。一発食らわす。

クランク〈名〉❶回転運動を往復運動に、あるいは往復運動を回転運動にかえる機械装置《そうち》。↓かっしゃ絵 ❷下図のような、かぎの手が連なった形。絵 例クランク状の道。対S字形。コの字形。L字形。❸映画の撮影《さつえい》。例クランクイン。クランクアップ。◇crank

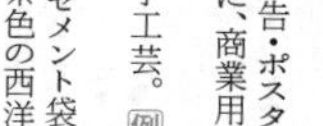
［クランク］

グランド〈名〉⇩グラウンド

グランドスラム〈名〉❶野球で、満塁《まんるい》ホームランのこと。❷ゴルフ・テニスで、四つの大きな国際大会のすべてに優勝すること。テニスでは、そのうちの一つの大会をさしてもいう。◇grand slam

 榎本武揚(えのもとたけあき) (1836～1908)　江戸～明治時代の政治家。戊辰戦争では箱館の五稜郭で戦った。

グランドピアノ〈名〉弦《げん》を水平に張った、大型で三本足のピアノ。◇grand piano

グランプリ〈名〉映画祭や、自動車のレースなどで、最優秀《さいゆうしゅう》賞。◇フランス《フランス》grand prix

くり[1]【▼栗】〈名〉山野にはえ、また、栽培《さいばい》もされる落葉高木。秋に、いがにつつまれた実がなる。実は煮《に》て食べたり、菓子《かし》の材料にする。マロン。アクリ」

くり[2]【庫裏】【庫▼裡】〈名〉寺の台所や、僧《そう》の住居。アクリ

クリア ━〈形動〉はっきりとすんでいる。例クリアな画像。 ━〈名・する〉じゃまなものをのぞいて、問題がないようにする。例(電卓《でんたく》の)数字をクリアする。障害をクリアする。▽「クリヤ」「クリアー」ともいう。◇clear

くりあ・げる【繰り上げる】〈動下一〉❶予定の順番を順に前にずらす。例次点の人を繰り上げて当選とする。❷予定の日時よりはやめる。例開会を一時間繰り上げる。▽対繰り下げる。

クリアファイル〈名〉透明のシートを二枚かさねて作った紙ばさみ。クリアフォルダー。◇clear file

クリアランスセール〈名〉在庫品や季節商品を売りつくすための大安売り。◇clearance sale

くりあわ・せる【繰り合わせる】〈動下一〉予定をあれこれ やりくりして、つごうをつける。

表現 相手に出席をたのむ手紙のきまり文句に、「万障《ばんしょう》お繰り合わせの上、ご出席ください」がある。

クリーク〈名〉排水《はいすい》や水運の便のためにほった水路。◇creek

グリーティングカード〈名〉誕生日やクリスマスなどに、お祝いやあいさつのことばをそえておくるカード。◇greeting card

クリーナー〈名〉よごれをとってきれいにするための、器具・機械や薬品。◇cleaner

クリーニング〈名〉専門の洗濯《せんたく》業者がする洗濯。例クリーニングにだす。クリーニング屋。ドライクリーニング。◇cleaning

クリーム〈名〉❶牛乳からとった、うす黄色でどろっとしたもの。洋風の料理や菓子《かし》に使う。牛乳・たまごなどを加えて作った、やわらかい、どろっとした食品。例カスタードクリーム。クリーム色。❷はだや かみの手入れのために使う、化粧《けしょう》品。例ハンドクリーム。洗顔クリーム。❸くつのつやだし。❹「アイスクリーム」の略。例ソフトクリーム。◇cream

クリームいろ【クリーム色】〈名〉うすい黄色。

くりい・れる【繰り入れる】〈動下一〉別のものやちがうものの中に入れる。例この経費は来年度の予算に繰り入れる必要がある。類繰りこむ。算入する。

クリーン〈形動〉❶清潔だ。例クリーンエネルギー(=環境をできるだけ汚さない発電など)。クリーンな選挙。❷見るからにすがすがしい。例クリーンヒット。◇clean

グリーン〈名〉❶みどり。みどり色。例グリーンピース。❷ゴルフ場で、ボールを入れるあなのある、芝《しば》をきれいにかりこんで ととのえたところ。◇green

グリーンしゃ【グリーン車】〈名〉JRの、緑色のマークで表示してある特別料金車両。

クリーンヒット〈名〉❶野球で、気持ちがすかっとするような、みごとな当たりのヒット。快打。❷新商品や興業が、みごとな成功をおさめること。◇clean hit

グリーンベルト〈名〉❶道路の中央に、道にそって帯状に草木を植えたところ。❷都市計画で、防災や環境《かんきょう》保護のために、草木を植えたところ。▽類緑地帯。◇greenbelt

クリエイティブ〈形動〉創造的。独創的。「クリエーティブ」とも書く。◇creative

クリエイト〈名・する〉創造すること。「クリエート」とも書く。例新時代をクリエイトする。◇create

くりかえしふごう【繰り返し符号】〈名〉⇩おどりじ

くりかえ・す【繰り返す】〈動五〉前にしたことと同じことをする。例あやまちを繰り返す。類反復する。

くりくり〈副・する〉丸くて、かわいらしいようす。例くりくりの頭。くりくりしたひとみ。くりくり坊主《ぼうず》。

くりげ【▼栗毛】〈名〉ウマの毛色の名。クリの実《み》の皮のような茶色の毛。また、その毛色のウマ。

クリケット〈名〉イギリスの国民的な球技。試合は、一チーム十一人で行なう。ボートのオールのようなバットで球を打ちあう。◇cricket

グリコーゲン〈名〉動物の肝臓《かんぞう》や筋肉にたくわえられている炭水化物。◇ドイツ《ドイツ》Glykogen

くりこしきん【繰越金】〈名〉会社などで、決算の結果、次の時期にくりこすお金。

くりこ・す【繰り越す】〈動五〉ある期限までに使いきれなかったお金などを、つぎの時期へまわす。例残金を来月へ繰り越す。類繰り入れる。

くりごと【繰り言】〈名〉同じことをなんども言うこと。また、そのことば。例年寄りのくりごと。類ぐち。

くりこ・む【繰り込む】〈動五〉❶おおぜいでわいわい言いながら連れだって入る。例劇場に繰り込む。対繰り出す。❷一部としてとり入れる。類繰り入れる。

くりさ・げる【繰り下げる】〈動下一〉❶予定の順番を順にあとにずらす。❷予定の日時よりおくらせる。類延期する。繰りのべる。▽対繰り上げる。

クリスタル〈名〉❶かたくて透明《とうめい》度が高いガラス。例クリスタルガラス。❷水晶《すいしょう》。◇crystal

クリスチャン〈名〉キリスト教徒。◇Christian

クリスマス〈名〉キリスト教で、キリストの誕生《たんじょう》を祝う祭り。十二月二十五日に行なう。降誕祭。例クリスマスイブ。クリスマスカード。◇Christmas, Xmas

クリスマスイブ〈名〉クリスマスの前夜。十二月二十四日の夜。◇Christmas Eve →せいや参考

クリスマスキャロル〈名〉クリスマスを祝って歌う歌。◇Christmas carol

クリスマスツリー〈名〉クリスマスのときに、かざりをつける木。ふつう、モミの木を使う。◇Christmas tree

グリセリン〈名〉〔化学〕無色でべとべとした液体。ダイナマイトの原料や、医薬品・甘味《かんみ》料・化粧《けしょう》品などに使われる。◇glycerin

くりだ・す【繰り出す】〈動五〉❶おおぜいでいきおいよく連れだってでかける。例街へ繰り出す。対繰りこむ。❷つぎつぎにだす。例新手《あらて》を繰り出す。

クリック〈名・する〉パソコンの画面上で、カーソルを合わせてマウスのボタンを「カチッ」と押すこと。類タップ。◇click

クリップ〈名〉紙や かみの毛など、うすいものをはさんだり、とめたりするのに使う器具。◇clip

グリップ〈名・する〉❶バットやラケット、オートバイのハンドルなどの にぎる部分。また、そこをにぎること。にぎりかた。❷運動用・登山用シューズの靴底《くつぞこ》や、タイヤが、ス

リップしないように地面をとらえること。◇grip

クリニック〈名〉診療《しんりょう》所。◇clinic

グリニッジじ【グリニッジ時】〈名〉イギリスのグリニッジ天文台のあった地点を通る子午線を基準とする時刻。世界各地の時刻を計算するもとになる。

くりぬ・く【▼刳り▽貫く】〈動五〉❶すっぽりと穴をあける。例木をくりぬいてつくったまるきぶね。❷えぐってとりだす。例目玉をくりぬく。

くりの・べる【繰り延べる】〈動下一〉予定の日時を先にのばす。例出発を繰り延べる。類延期する。繰り下げる。

くりひろ・げる【繰り広げる】『繰り▽拡げる』〈動下一〉見ごたえのある内容にしてその場にもち出す。例熱戦を繰り広げる。類展開する。

くりぶね【くり舟】『▼刳り舟』〈名〉太い木をたてに二つにわり、中をくりぬいてつくった舟。

くりめいげつ【▼栗名月】〈名〉陰暦《いんれき》九月十三日の夜の月。マメやクリを供《そな》えて観賞したことから、この名がある。豆名月。

くりや『▼厨』〈名〉「台所」の古い言いかた。

くりょ【苦慮】〈名・する〉うまくいかないことについて、いい方法はないかと、あれこれ思いなやむこと。例対策に苦慮する。類苦心。腐心《ふしん》。

グリル〈名〉❶魚などを上火《うわび》で焼くための、レンジ内部の装置。❷ちょっとした西洋料理の店。◇grill

グリンピース〈名〉エンドウマメの実。料理に使う。青豆。「グリーンピース」ともいう。◇green peas

[1]**く・る**【繰る】〈動五〉❶長くつづいたものを順々にひきだす。例糸を繰る。❷順おくりにしてうごかす。例雨戸を繰る。じゅずを繰る。❸順にかぞえる。例日数を繰る。❹順にめくる。例ページを繰る。

【繰】糸部13 全19画 繰繰繰繰繰

くる 訓[くる] 繰る。繰り返す。繰り出す。資金繰り。やり繰り。

[2]**くる**【来る】一〈動カ変〉❶自分の方へ近づく。自分のいるところに到着《とうちゃく》する。例電車が来る。荷物が来る。知らせが来る。対行く。❷ある時期や時間になる。例春が来る。時間が来る。チャンスが来る。来る日も来る日も雨だ。対過ぎる。❸ある状態がおこる。例不況《ふきょう》が来る。あらしが来る。かちんと来る。❹あることが原因になって生じる。よくないことがおきたときに使うことが多い。例過労からきた病気。❺(「…ときたら」「…とくると」「…ときては」などの形で)「…」をとくに強める意味を表わす。例あまいものときたら目がない。野球の話とくるとすぐにのりだしてくる。

二〈補動カ変〉「走ってくる」のように、「…てくる」の形で、動詞につく。❶こちらへ近づく。例木が流れてくる。飯は食べてきた。順番がまわってきた。対いく。❷こちらへとどく。例速いボールを投げてきた。話はことわると言ってきた。類よこす。❸…してもどってくる。例パンを買ってくる。❹…しはじめる。例記憶《きおく》がぼんやりしてくる。雨が落ちてきた。❺…しつづける。例今までがまんしてきた。

敬語 (1)尊敬語としては、「来《こ》られる」のほか、「いらっしゃる」「おいでになる」「お越《こ》しになる」「見える」「お見えになる」などを使う。また、おもに手紙やメールで、「お運び」「ご来駕《らいが》」なども使う。(2)丁重《ていちょう》語としては、「参る」を使う。

参考「きたる」と読むのは別のことば。

ぐる〈名〉いっしょに悪いことをする仲間。俗《ぞく》な言いかたで、「グル」と書くことも多い。例やつらはぐるになってぼくをだました。類共犯者。共謀《きょうぼう》者。

くるい【狂い】〈名〉くるっていること。くるいかた。例狂いが生ずる。一分《いちぶ》の狂いもない。狂いが大きい。

ぐるい【狂い】〈接尾〉夢中になりすぎること。例パチンコ狂い。女狂い。

くるいざき【狂い咲き】〈名・する〉花が、咲くはずでないときに咲くこと。

[1]**くる・う**【狂う】〈動五〉❶病気や事故、ショックなどのために、ようすやはたらきがおかしくなる。例気が狂う。調子が狂う。時計が狂う。❷予定や考えとくいちがう。例見こみが狂う。順序が狂う。❸度をこしてむちゅうになる。例ギャンブルに狂う。おどり狂う。▽アクルウ

方言 長野・静岡などでは、「ふざける、じゃれあう」の意味でも使う。

[2]**グルー**〈名〉❶船や飛行機の乗組員。❷ボートレースのチーム。◇crew ▽アクルー

グルーガン〈名〉固形《こけい》ののりを熱で溶かして押し出す工作道具。◇glue gun

クルーザー〈名〉外洋を航海できる大型のヨットやモーターボート。◇cruiser

グルーピング〈名・する〉いくつかのグループに分けること。分類。組分け。仲間分け。◇grouping

グループ〈名〉❶同じことをする人の集まり。例グループ学習。類なかま。班。❷同じような性質をもつものの集まり。例グループにわける。▽類集団。◇group

グループホーム〈名〉障害者や認知症《にんちしょう》の高齢者が、援助や介護を受けながら、数人で共同生活をする施設《しせつ》。料理、掃除、洗濯なども自分たちでする。◇group と home による日本での複合語。

グルーミング〈名・する〉❶髪《かみ》やひげの手入れ。❷⇩けづくろい ◇grooming

くるおし・い【狂おしい】〈形〉今にも心がどうかなってしまいそうだ。例狂おしい気持ち。

くるくる〈副〉❶かろやかにまわるようす。例こまがくるくる(と)まわる。❷小さく、なんども巻くようす。例くるくる(と)包帯を巻く。❸すばやく動くようす。例山田くんはくるくるとこまねずみのようによく働く。

ぐるぐる〈副〉❶大きくまわるようす。例ぐるぐる(と)ハンドルをまわす。❷あちこち動きまわるようす。例あまりぐるぐる(と)たらいまわしにするのはやめよう。

くるし・い【苦しい】〈形〉❶つらくて、とてもがまんができない。例苦しい胸のうち。息が苦しい。類つらい。❷お金やものがたりなくて困る。例苦しい財政。家計が苦しい。❸むりが見え見えで、とうてい成功しているとはいえない。例苦しい言いわけ。苦しい解釈《かいしゃく》。

苦しい息《いき》の下《した》から 死ぬまぎわの苦しそうな息づかいで。

苦しい時《とき》の神頼《かみだの》み ふだんは神仏を信仰《しんこう》していないのに、いざ苦しい目にあうと、神仏に助けをかりようとすること。人間の身がってをいうことば。

くるしまぎれ【苦し紛れ】〈名〉苦しさにたえられな

 エリザベス1世 (1533~1603) イギリスの女王。イギリス国教会の基礎を固め絶対主義を確立。

いで、なんとかしようとしてすること。例苦し紛れの弁解。苦し紛れにうそをつく。

くるしみ【苦しみ】〈名〉苦痛やなやみ。例苦しみをのりこえる。産みの苦しみ。飢《う》えの苦しみ。

くるし・む【苦しむ】〈動五〉❶からだや心のつらさのために、なやむ。例病気に苦しむ。なやみ苦しむ。❷思うようにならなかったり、どういうことかよくわからなかったりしてこまる。例理解に苦しむ。弁解に苦しむ。

くるし・める【苦しめる】〈動下一〉苦しい目にあわせる。例心を苦しめる。人を苦しめる。

グルタミンさん【グルタミン酸】〈名〉〔化学〕アミノ酸の一種。化学調味料の原料となる。

くるっと〈副〉かるくすばやく一回まわったり、ものを巻いたりするようす。「くるりと」ともいう。

ぐるっと〈副〉❶ゆっくりと、または重おもしく、回転するようす。例ぐるっと首を回す。❷物のまわりを、とり巻いたり、回ったり、見回したりするようす。例会場をぐるっと取り巻く。▽「ぐるりと」ともいう。

グルテン〈名〉小麦などに多くふくまれる、灰《はい》褐色《かっしょく》で ねばりけのあるたんぱく質。麩《ふ》の原料となる。◇《ドイツ》Gluten

クルトン〈名〉食パンをさいころ形に切って、焼いたり油であげたりした食品。スープの浮き実やサラダのトッピングに使う。◇《フランス》croûton

くるびょう【くる病】〖▼佝▼僂病〗〈名〉〔医学〕ビタミンDの不足によっておこる病気。骨がまがったりする。

くるぶし〖▼踝〗〈名〉足首の関節の部分で、内がわと外がわとの両方に骨がでっぱっているところ。

くるま【車】〈名〉❶軸《じく》を中心にして回るようになっている輪。類車輪。❷輪が回ることによって、全体がうごき、人やものを運ぶもの。とくに、一般《いっぱん》の乗用車をさすことが多い。例車を呼ぶ。車をひろう。車をころがす。

車の両輪《りょうりん》 車の左右の車輪のように、どちらも欠くことのできない関係にあるもの。

車を拾《ひろ》う タクシーを止めて乗る。

くるまいす【車椅子】〈名〉足の不自由な人が、すわったまま移動できる、車輪がついた椅子。例電動車いす。車いすテニス。車いすラグビー。

くるまえび〖車▽海▽老〗〈名〉エビの一種。腹から背中にかけて しまがあり、腹をまげると車輪のように見える。てんぷらや塩焼きなどにして食べる。

くるまざ【車座】〈名〉おおぜいの人が中を向いて まるくすわること。例車座になる(→スクラム絵)。類円座。

くるまだい【車代】〈名〉❶自動車などに乗ったときの料金。❷自動車の購入《こうにゅう》代金。

表現 ①は、「お車代」の形で、「謝礼というには少なすぎますが」という意味をこめて、呼びよせた相手にわたす。

くるまへん【車偏】〖車偏〗〈名〉漢字の偏の一つ。「軽」「輪」などの「車」の部分。

くるまよせ【車寄せ】〈名〉玄関《げんかん》先に張り出すようにつくった屋根のあるスペース。雨にぬれないで車に乗りおりするためのもの。

くるま・る〈動五〉布やふとんなどで、からだをすっかりつつんでしまう。例ふとんにくるまる。

くるみ〖▼胡▽桃〗〈名〉山野に生える落葉高木。実《み》は、しわのあるかたいからにつつまれ、食べられる。

ぐるみ〈接尾〉名詞につけて、「全部いっしょに」という意味を表わす。例家族ぐるみ。町ぐるみ。

くる・む〈動五〉布や紙などで、巻くように全体をつつむ。例赤んぼうを毛布でくるむ。さくらの葉でくるんだもち。

グルメ〈名〉❶食通《しょくつう》。美食家。❷店のおいしいものを食べる楽しみ。例グルメ番組。グルメガイド。◇《フランス》gourmet

ぐるり〈名〉周囲。まわり。ややくだけた、古風な言いかた。例お城のぐるりを歩く。

くるりと〈副〉⇩くるっと

ぐるりと〈副〉⇩ぐるっと

くるわ〖▽郭・▼廓〗〈名〉❶城やとりでなどのまわりに、他と区切るために作った囲い。❷遊郭《ゆうかく》。

くるわ・せる【狂わせる】〈動下一〉❶ふつうの状態を乱れさせる。例判断を狂わせる。運命を狂わせる。❷予想や見込みを混乱させる。例計画を狂わせる。手元を狂わせる。タイミングを狂わせる。

くれ【暮れ】〈名〉❶夕方。例暮れの六時。対明け。❷季節のおわりの時期。例秋の暮れ。❸一年のおわりの時期。例年の暮れ。暮れはなにかといそがしい。盆《ぼん》暮れ。類年末。歳末《さいまつ》。

クレイジー〈形動〉くるっている。ばかげている。◇crazy

グレー〈名〉灰色。ねずみ色。「グレイ」とも書く。例ライトグレー。◇gray

クレーしゃげき【クレー射撃】〈名〉標的として飛ばしたクレー(=素焼《すや》きの皿)を銃《じゅう》でうつ競技。

グレーゾーン〈名〉白黒のはっきりしない、どっちつかずの中間領域。「グレイゾーン」とも書く。例違法《いほう》と合法のグレーゾーン。類ボーダーライン。◇grey zone

クレーター〈名〉月や火星などの、噴火《ふんか》口に似《に》た地形。◇crater

グレード〈名〉品質の程度。等級。階級。例グレードを上げる。◇grade

クレープ〈名〉❶織物の一種。表面にこまかいしわがある。例クレープシャツ。❷小麦粉、牛乳、卵などをまぜて、うすく焼き、中にジャムなどをはさんだ洋風の菓子《かし》。◇《フランス》crêpe

グレープ〈名〉「ぶどう」のこと。◇grape

グレープフルーツ〈名〉くだものの一種。実《み》は、ブドウのように房《ふさ》になってつき、あっさりしたあまみがあり水分が多い。◇grapefruit

クレーム〈名〉苦情。文句。例クレームがつく。◇claim 参考 日本語独自の意味であり、英語では同じことを complaint という。

クレーン〈名〉重量のあるものをつり上げて移動させるのに使う機械。起重《きじゅう》機。◇crane

くれがた【暮れ方】〈名〉太陽がしずんでいって、あたりが暗くなってくるころ。対明け方。類夕方。夕刻。

くれぐれも〖▽呉れ▽呉れも〗〈副〉よくよく念をいれて。念入りに相手にたのみこむときのことば。例くれぐれもおからだを大事になさってください。くれぐれもよろしくお願いします。類かえすがえすも。

グレコローマン〈名〉レスリングの種目の一つ。相手の、こしから下をせめるのを禁じたルールでたたかう。◇Greco-Roman →フリースタイル①

クレジット〈名〉❶あとから月賦《げっぷ》などで代金をしはらう約束で、品物を販売《はんばい》するしくみ。信用販売。例クレジットカード。クレジット会社。❷映画やテレビ番組の、出演者やスタッフなどの表示。◇credit

クレジットカード〈名〉店で提示するだけで、代金

後払いで買い物や食事ができるカード。◇credit card

ぐれつ【愚劣】〈形動〉ばかげていてなんの価値もないようす。例愚劣な行為《こうい》。類下劣。

クレッシェンド〈名〉〔音楽〕「だんだん強く演奏せよ」。また、その意味を表わす記号。cresc と略して示したり、＜の記号を使う。対デクレッシェンド。◇《イタリア》crescendo

くれない【紅】〈名〉あざやかな赤色。例紅にそまる。からくれない。類べに色。べに。

くれなず・む【暮れなずむ】〖暮れ▿泥む〗〈動五〉日が暮れてしまってもよさそうなのに、なかなか暮れないでいる。例暮れなずむ夕日。

クレバス〈名〉氷河や雪渓《せっけい》などにある深いわれめ。◇crevasse

クレパス〈名〉クレヨンとパステルの両方の特長をそなえた棒状の絵の具。参考日本の会社の商標名。英語では pastel crayon という。

くれむつ【暮れ六つ】〈名〉むかしの時刻で、夕暮れの六つ時。今の午後六時ごろ。対明け六つ。

クレムリン〈名〉モスクワにある宮殿《きゅうでん》。旧ソ連政府があったところ。今はロシア連邦政府がある。◇Kremlin

くれゆ・く【暮れ行く】〈動五〉日、年、季節などが終わりに近づく。

クレヨン〈名〉棒状の、絵の具。顔料をろうで固めたもの。「クレオン」ともいう。◇《フランス》crayon

[1]く・れる〖▿呉れる〗 ■一〈動下一〉人が自分になにかをあたえる。だれかが、いま話題にしているその人になにかをあたえる。例父が小づかいをくれた。となりのおばさんが妹にケーキをくれた。対やる。あげる。

■二〈補動下一〉❶(「…てくれる」の形で)人が自分のために、なにかをする。だれかが、いま話題にしているその人のために、なにかをする。例その人は親切に駅まで送ってくれた。おじさんは、ぼくらを泊《と》めてくれた。対やる。あげる。もらう。❷(「…てくれ」の形で)人にしてもらうようにたのむ。例ぼくにもやらせてくれ。

表現 ■二①の言いかたは、「ひどいことをやってくれたよ、あいつは」のように、動作をうける人の利益にならないときにかるい皮肉をこめて使うこともある。

敬語「くれる」は、おもになにかをくれたり、なにかをしてくれたりした人を、自分と対等の人か、または、目下の人としてあつかっていうときに使うことば。目上の人としてあつかうときには、尊敬語の「くださる」を使う。

方言 群馬や、長野の一部で、小学校の花壇《かだん》などの「水やり当番」のことを「水くれ当番」と言うように、「やる(あげる)」と「くれる」の区別のない地域も全国にある。

[2]く・れる【暮れる】〈動下一〉❶夕がた、太陽がしずんで、暗くなる。例日が暮れる。対明ける。❷年がおわる。例ことしもあと二時間で暮れる。対明ける。❸見とおしがたたなかったり、かなしみで心がふさがったりして、どうしたらいいかわからなくなる。例途方《とほう》に暮れる(＝どうしてよいかわからない)。思案に暮れる。なみだに暮れる。悲嘆《ひたん》に暮れる。

表現 ②は、季節についても「春が暮れる」のようにいうことがあるが、夏や冬にはあまり言わない。

参考 ③は元々は、どうしていいかわからないで目の前が暗くなる、という意味で使われたもので、「▿暗れる」「▾眩れる」などと書いた。

ぐ・れる〈動下一〉不良になる。

ぐれん〖▿紅▾蓮〗〈名〉いきおいよく燃えあがる火の色。例ぐれんのほのお。

クレンザー〈名〉みがき粉。なべなど、金属器のよごれをおとしたり、みがいたりするために使う。◇cleanser

クレンジングクリーム〈名〉化粧《けしょう》を落とすために使う油性のクリーム。◇cleansing cream

ぐれんたい【愚連隊】〈名〉いつも何人かで悪いことをして歩く若者たち。「ぐれる」からできた古いことば。

[1]くろ【黒】〈名〉❶墨《すみ》のような色。例黒髪《くろかみ》。まっ黒。類ブラック。黒色《こくしょく》。❷黒の碁石《ごいし》。実力の下の人がもつ。❸犯罪《はんざい》の事実があること。警察関係の人や記者が使う言いかた。例かれは黒の可能性がつよい。▽対白。

表現「黒」は不吉《ふきつ》な色とされ、喪服《もふく》の色などに使われるほか、荘重《そうちょう》な色ともされ、礼服の色にも使われる。

[2]くろ(方言)あぜ。東北・関東で言う。例田のくろ。

くろ・い【黒い】〈形〉❶墨《すみ》のような色をしている。例赤黒い。どす黒い。対白い。❷人のはだがチョコレート色や褐色《かっしょく》など、黒みをおびている。例色が黒い。浅黒い。対白い。❸よごれている。例えりが黒い。❹かくされた悪事やわるだくみがあるようだ。例黒いうわさ。腹が黒い。腹黒い。

くろう【苦労】〈名・する〉ものごとをすすめようとして、いろいろ努力したり心配したりすること。例借金の返済に苦労する。苦労をかける。苦労をいとわない。苦労のかいがない。苦労が多い。苦労性《しょう》。苦労人《にん》。ご苦労さま。ひと苦労。類労苦。骨折り。難儀《なんぎ》。→ごくろう

ぐろう【愚弄】〈名・する〉ひとをばかにして、きままにからかうこと。類嘲弄《ちょうろう》。

くろうしょう【苦労性】〈名〉たいしたことでもないのに、あれこれ気にしてしまう性質。

くろうと【玄人】〈名〉専門家としての知識や技術をもっていて、それを職業としている人。対しろうと。類プロ。

くろうとはだし【玄人はだし】〈名〉しろうととは思えないほどのうまさ。例玄人はだしの料理のうで前。

由来 くろうともはだしでにげ出す、という意味。

くろうにん【苦労人】〈名〉苦労をつみかさね、ひとの気持ちや世の中のことがよくわかる人。

クローク〈名〉「クロークルーム」の略。劇場やホテルなどで、コートや手荷物などをあずかるところ。◇cloakroom の日本での省略語。

クローズアップ〈名・する〉❶映画やテレビで、人の顔などを大うつしにすること。略して「アップ」ともいう。対ロングショット。❷ある問題を大きくあつかうこと。例日本チームの不振《ふしん》がクローズアップされた。◇close-up

クローゼット〈名〉洋室で、衣類などを収納する、作り付けの戸だな。◇closet

クローバー〈名〉牧草や肥料にする多年草。葉は三つ葉で、夏、白い花がさく。しろつめくさ。◇clover

参考 四つ葉のクローバーを見つけると、幸運にめぐりあうといわれる。

グローバリゼーション〈名〉ものごとを、国の枠をこえて、地球全体の規模に広げること。グローバル化。グローバライゼーション。◇globalization

グローバル〈形動〉規模が世界的である。地球全体にかかわっている。例グローバルな視点。◇global

くろおび【黒帯】〈名〉柔道《じゅうどう》や空手などで、段をもっている人がしめる黒い帯。また、段をもっている人。

グローブ〈名〉⇩グラブ

 エルンスト (1891～1976) ドイツのシュールレアリスムの画家。コラージュの手法を採用。

グローランプ〈名〉蛍光灯《けいこうとう》についている点灯用の小さな放電管。「グロー球《きゅう》」ともいう。◇glow lamp

クロール〈名〉左右の手でかわるがわる水をかき、ばた足で進む泳ぎかた。類自由型。◇crawl

クローン〈名〉〔生物〕受精の過程を経《へ》ずに、一つの細胞《さいぼう》から細胞分裂《ぶんれつ》をくり返すことによってうまれた、遺伝子が同一の細胞群または個体。◇clone
参考 バイオテクノロジーによって人工的に家畜《かちく》などのクローンをつくることが、倫理《りんり》上問題となっている。

くろがね〖▽鉄〗〈名〉黒い金属を意味することばで、「鉄」のこと。古い言いかた。

くろかみ【黒髪】〈名〉黒ぐろとした、光沢《こうたく》のある髪の毛。例緑の黒髪。

くろぐろ【黒黒】〈副・する〉黒さがきわだっているようす。例黒々(と)した雲。

くろこ【黒子】〈名〉歌舞伎《かぶき》などで、めだたないように黒い服を着て、役者の演技をたすける人。類縁《えん》の下の力もち。
表現 一般《いっぱん》に、かげで見えない仕事をして、表に立つ人をたすけ成功させるような仕事のしかたを「黒子に徹《てっ》する」という。

くろこげ【黒焦げ】〈名〉真っ黒にこげること。

クロコダイル〈名〉ワニの一種。大形で獰猛《どうもう》。熱帯・亜熱帯にすむ。◇crocodile

くろざとう【黒砂糖】〈名〉精製するまえの黒茶色の砂糖。菓子《かし》などをつくるのに使う。

[1]**くろじ【黒地】**〈名〉布や紙の地色《じいろ》が黒いこと。対白地。

[2]**くろじ【黒字】**〈名〉支出よりも収入の方が多いこと。例黒字になる。対赤字。

くろしお【黒潮】〈名〉日本列島の太平洋側を、南から北へ流れる暖流。日本海流。

くろしょうぞく【黒装束】〈名〉上から下まですべて黒ずくめである服装。例黒装束の男。黒装束を身にまとう。

[1]**クロス**〈名〉❶布《ぬの》。布製品。例テーブルクロス。❷ものを拭《ふ》いたりみがいたりするための布。例めがねクロス。◇cloth

[2]**クロス**〈名〉❶ななめ。対角線。❷十字架《か》。十字形。❸〈する〉交差すること。例(テニスで)ボールをクロスに打つ。◇cross

グロス〈名・接尾〉品物を数えるときの単位。一グロスは一四四個で、十二ダース。◇gross

クロスカントリー〈名〉❶山野で行なう競走。❷スキーで、平地を長い距離《きょり》すべること。また、その競技。◇cross-country

クロスゲーム〈名〉接戦《せっせん》。対ワンサイドゲーム。類シーソーゲーム。◇close game

くろず・む【黒ずむ】〈動五〉黒っぽくなる。

クロスワードパズル〈名〉パズルの一種。碁盤《ごばん》の目のようにしきったます目に、ヒントになることばから推理して、たて・よこどちらに読んでも意味がとおることばができるような文字を入れていく遊び。略して「クロスワード」ともいう。◇crossword puzzle

くろダイヤ【黒ダイヤ】〈名〉❶不純物をふくんだ黒いダイヤモンド。❷貴重なエネルギー源だった時代の石炭を、ダイヤモンドに見立てたことば。

くろち【黒血】〈名〉黒みをおびた血。

クロッカス〈名〉庭などにうえる草花の一種。多年草。早春、むらさきや黄色などの花がかたまってさく。花サフラン。◇crocus

クロッキー〈名〉〔美術〕人やものを短い時間で手ばやくえがく写生。全体の感じをおおまかにえがきだす。類スケッチ。デッサン。素描《そびょう》。◇《フランス》croquis

グロッキー〈形動〉立っていられないくらい、ひどくつかれたようす。例グロッキーになる。◇groggy

くろつち【黒土】〈名〉くさった植物を多くふくんだ、耕作に適した黒色の土。

グロテスク〈形動〉気持ちがわるくなるほど、すがたやかたちが異様である。略して「グロ」ともいう。例グロテスクなすがた。◇grotesque

くろパン【黒パン】〈名〉ライムギが原料の黒いパン。

くろびかり【黒光り】〈名・する〉黒ぐろとしてつやがあること。例黒光りのする古い家具。

くろふね【黒船】〈名〉〔歴史〕江戸《えど》時代の終わりごろ日本にやってきた、アメリカやヨーロッパの黒い鉄の船。とくに、一八五三年に浦賀《うらが》(神奈川県)に来航《らいこう》して開国をせまった、アメリカのペリーの軍艦《ぐんかん》のこと。
表現 日本に進出してきて日本企業《きぎょう》をおびやかす、外国企業のたとえとしても使われる。

くろぼし【黒星】〈名〉❶すもうで、負けること。負けをあらわす黒まる。対白星。類負け星。❷失敗や落ち度のこと。例黒星をかさねる。

くろまく【黒幕】〈名〉表面には出ないで、かげで自分の思うように人をうごかす人。例政界の黒幕。

くろまつ【黒松】〈名〉マツの一種。常緑高木。アカマツより大きく、樹皮が黒っぽい。おもに海べに生える。雄松《おまつ》。
参考 黒松を「おまつ」、赤松を「めまつ」という。

クロマニョンじん【クロマニョン人】〈名〉旧石器時代後期に現れた、化石で見つけられた人類。頭脳が発達し、すぐれた石器と骨角器を使用した、狩猟《しゅりょう》採集民。

くろまめ【黒豆】〈名〉ダイズの一種で、豆の外皮の黒いもの。おせち料理などに用いる。参考 京都府と兵庫県の「丹波《たんば》の黒豆」が、地域ブランド品としてとくに有名。

クロム〈名〉〔化学〕銀白色の、延《の》ばしにくい金属。酸や水につよく、つやがよいので、ステンレス鋼など、合金の材料やめっきに使われる。元素の一つ。「クローム」ともいう。記号「Cr」。◇《ドイツ》Chrom

くろめ【黒目】〈名〉目の中央の黒い部分。例黒目がち。対白目《しろめ》。類ひとみ。瞳孔《どうこう》。

くろめがち【黒目がち】〖黒目勝ち〗〈名・形動〉黒目が大きく、人目をひく目の感じ。

くろやま【黒山】〈名〉おおぜいの人々がむらがっているようす。髪《かみ》の毛が黒いのでいう。例黒山の人だかり。

クロレラ〈名〉淡水《たんすい》産の藻《も》の一種。生長がはやく、たんぱく質をたくさんふくむ。◇chlorella

クロロフィル〈名〉葉緑素。◇chlorophyll

クロロホルム〈名〉アルコールからつくる、においのつよい無色の液体。麻酔《ますい》薬に使う。◇《ドイツ》Chloroform

くろわく【黒枠】〈名〉死亡通知状で、まわりをかこんでいる黒いわく。死亡通知状。

クロワッサン〈名〉バターをたっぷり使った三日月形のパン。◇《フランス》croissant

[1]**くわ【桑】**〈名〉葉をカイコのえさにするために栽培《さいばい》する落葉高木。黒い実《み》は食べられ、材は家具などに使われる。

エンゲル（1821～96）ドイツの統計学者。エンゲル係数(=生活費にしめる飲食費の割合)を考えた。

[2]**くわ**【▼鍬】〈名〉刃《は》のついた長方形の鉄板に柄《え》をつけた農具。田畑をたがやしたり、ならしたりするのに使う。例くわを入れる。アクワ

くわを入《い》**れる** 未開の土地をたがやしはじめることから、だれも手をつけていない領域を、あたらしくひらく。類先鞭《せんべん》をつける。アクワ クワ

くわい〈名〉水田で栽培する多年草。葉は三角形で、秋、白い花をつける。地下の球状の茎《くき》を食べる。日本一の産地は広島県。

くわいれ【くわ入れ】【▼鍬入れ】〈名・する〉工事を始めたり木を植えたりするとき、最初にくわで少し掘《ほ》る儀式《ぎしき》。例くわ入れ式。

くわえて【加えて】〈接〉それにさらに加えて。ややかたい言いかた。例期末テストがせまった。加えて学力一斉《いっせい》テストもある。

[1]**くわ・える**【加える】〈動下一〉❶それまでのものに、さらにつけたす。例塩を加える。スピードを加える。書き加える。類ふやす。増す。付加する。❷相手に対して、なにかの作用をおよぼす。↓くわえて(前項) 例一撃《いちげき》を加える。危害を加える。治療《ちりょう》を加える。❸集まりに入れる。例仲間に加える。味方に加える。

[2]**くわ・える**【▼銜える・▼啣える】〈動下一〉口にものをはさむ。例指をくわえる(↓「ゆび」の子項目)。

くわがた【くわ形】【▼鍬形】〈名〉❶かぶとの正面についている、二本の角のようなかざり。↓かぶと絵 ❷「くわがたむし」の略。

くわがたむし【▼鍬形虫】〈名〉昆虫《こんちゅう》の一種。おすのあごはよく発達していて、二本の角のようになっている。からだは平たい。カシやクヌギなどの木に集まり、その樹液をすう。

くわけ【区分け】〈名・する〉大きいものや、たくさんあるものを、いくつかにくぎること。類区分《くぶん》。分類。

くわし・い【詳しい】〈形〉❶いちいちのこまかい点にまでいきわたっている。例詳しい説明。詳しく話す。類詳細《しょうさい》。❷あることについて、こまかいところまでよく知っている。例すもうに詳しい。類明るい。

くわ・す【食わす】〈動五〉⇩くわせる

くわずぎらい【食わず嫌い】〈名・形動〉❶食べたこともないのに、嫌いだときめてかかること。❷自分でやってみたこともないのに、嫌いだときめこんでいること。▽「たべず嫌い」ともいうようになった。

くわせもの【食わせ物】〈名〉見た目はよさそうだが、実際に使ってみるとひどい品物であること。人間についてもいう。例食わせ物をつかませられる。

表記「あの男は相当な食わせ者だ」のように、人についていうときは、ふつう「食わせ者」と書く。

くわ・せる【食わせる】〈動下一〉❶生活していけるようにする。例家族を食わせる。類養う。扶養《ふよう》する。❷相手に苦痛をあたえる。また、相手をだます。例けんつくを食わせる。いっぱい食わせる。類くらわす。みまう。▽「くわす」ともいう。

くわだて【企て】〈名〉計画をたてること。例よからぬくわだて。類たくらみ。もくろみ。はかりごと。

くわだ・てる【企てる】〈動下一〉大きなことを計画する。例農民が一揆《いっき》を企てる。類たくらむ。もくろむ。はかる。

くわばら〈感〉落雷《らくらい》をはじめ、おそろしいことが身にふりかからないようにととなえる、まじないのことば。「くわばら、くわばら」と二度つづけて言うのがふつう。

由来 桑《くわ》のたくさん生えている原《はら》には雷《かみなり》が落ちないという言い伝えがいくつかある。

くわり【区割り】〈名・する〉ある場所や土地をいくつかに分けること。類区分。

く(食)われる 相手の力量におされて、勝つはずのほうがすっかりまけてしまう。例ベテランが新人に食われる。

くわわ・る【加わる】〈動五〉❶それまであるところへ、さらにつけたされる。例寒さが加わる。責任が加わる。地震《じしん》に火事が加わって、大惨事《だいさんじ》となった。つけ加わる。類増加する。増す。❷集まりに入る。例仲間に加わる。遊びに加わる。類参加する。

常用漢字 くん

【君】 口部4 全7画

クン きみ 教小3 音[クン] ▨君主《くんしゅ》。君臨《くんりん》。訓[きみ] 君。君が代。母君。 ▨聖人君子《せいじんくんし》。暴君《ぼうくん》。諸君《しょくん》。山田君《やまだくん》。

【訓】 言部3 全10画

クン 教小4 音[クン] ▨訓練《くんれん》。訓戒《くんかい》。訓告《くんこく》。訓読《くんどく》。 ▨家訓《かくん》。教訓《きょうくん》。処世訓《しょせいくん》。音訓《おんくん》。

【勲(勳)】 灬部11 全15画 ※

クン 音[クン] ▨勲功《くんこう》。勲章《くんしょう》。勲等《くんとう》。 ▨殊勲賞《しゅくんしょう》。叙勲《じょくん》。

【薫(薰)】 ⺾部13 全16画 ※

クン かおる 音[クン] ▨薫香《くんこう》。薫風《くんぷう》。薫陶《くんとう》。訓[かおる] 薫る。薫り。

[1]**くん**【訓】〈名〉漢字の読みかたで、漢字の表わす意味にふさわしい日本語本来のことばをあてたもの。訓読み。対音。類字訓。

[2]**くん**【君】〈接尾〉自分と同等か目下の人の名前のあとにつけて、よびすてにするのをさけることば。おもに男子に対して用いる。例山口君。諸君。

常用漢字 ぐん

【軍】 車部2 全9画

グン 教小4 音[グン] ▨軍隊《ぐんたい》。軍事《ぐんじ》。軍人《ぐんじん》。軍備《ぐんび》。軍国主義《ぐんこくしゅぎ》。軍資金《ぐんしきん》。 ▨空軍《くうぐん》。多国籍軍《たこくせきぐん》。将軍《しょうぐん》。

【郡】 阝部7 全10画

グン 教小4 音[グン] ▨郡部《ぐんぶ》。 ▨○○郡《ぐん》。

【群】 羊部7 全13画

グン むれる・むれ・むら 教小4 音[グン] ▨群居《ぐんきょ》。群衆《ぐんしゅう》。群集心理《ぐんしゅうしんり》。群生《ぐんせい》。群雄割拠《ぐんゆうかっきょ》。 ▨魚群《ぎょぐん》。大群《たいぐん》。抜群《ばつぐん》。訓❶[むれる] 群れる。❷[むれ] 群れ。❸[むら] 群すずめ。群千鳥。群竹。群がる。

[1]**ぐん**【軍】〈名〉戦争のために組織された集団。軍隊。例軍をおこす。

 エンゲルス（1820～95） ドイツの思想家。マルクスとともに科学的社会主義の理論を発展させた。

[2]ぐん【郡】〈名〉都道府県の、区や市以外の地域区分。いくつかの町村《ちょうそん》のまとまり。行政上の単位ではない。

[3]ぐん【群】〈名〉たくさんのものが、ひとかたまりになっていること。例群をなす。

群を抜《ぬ》く 集団の中で、とびぬけてすぐれている。

ぐんい【軍医】〈名〉軍隊で、医者として診察《しんさつ》や治療《ちりょう》をする人。

ぐんか【軍歌】〈名〉軍隊でうたう歌。兵士や国民の、軍隊意識、国家意識などを高める目的でつくられる。

くんかい【訓戒】〈名・する〉上の人が下の人に対して、まちがったことをしないように、きびしく注意すること。また、そのことば。例訓戒をたれる。類訓辞。訓示。

ぐんかく【軍拡】〈名〉「軍備拡張」の略。軍備を強めること。対軍縮。

ぐんかん【軍艦】〈名〉❶戦争のためにつくられた船。❷すし店で、「軍艦巻き」のこと。にぎりずしの側面にのりを巻きつけて、すしねたをのせたもの。

ぐんきものがたり【軍記物語】〈名〉〔文学〕平安時代の末から鎌倉《かまくら》・室町《むろまち》時代につくられた、たたかいをテーマとした物語。『平家物語』や『太平記』など。

ぐんきょ【群居】〈名・する〉同じ種類のものが同じあたりにたくさん集まって生活すること。例鳥は一般《いっぱん》に群居する性質がある。

ぐんぐん〈副〉すごいいきおいで進んだり大きくなったりするようす。例ぐんぐん(と)成長する。

くんこ【訓▼詁】〈名〉古典を正しく理解するため、ことばの使いかたを、厳密にしらべあげること。例訓詁注釈。

くんこう【勲功】〈名〉国や主君のためになしとげたりっぱなはたらき。例勲功をたてる。類いさお。てがら。

ぐんこくしゅぎ【軍国主義】〈名〉軍隊を強くして、他国を侵略《しんりゃく》することによって国力をのばそうとする考えかた。たとえば、第二次大戦中のドイツや日本などが、その例。ミリタリズム。

くんし【君子】〈名〉人がらや行ないのりっぱな人。例聖人君子。類聖人。

君子危《あや》うきに近寄《ちかよ》らず 君子は、考えぶかく慎重《しんちょう》だから、はじめからあぶないとわかっているところへは、近づかない。

君子は豹変《ひょうへん》す ❶君子は、自分がまちがっていればすぐ改める。❷自分の考えや主張をあっさりかえてしまう人を非難していうことば。注意中国の五経《ごきょう》の一つ『易経《えききょう》』のことばで、①が本来の意味。

[1]くんじ【訓辞】〈名〉まちがった行動をしないように、いましめることば。類訓戒《くんかい》。訓話。

[2]くんじ【訓示】〈名・する〉上の人が下の人に仕事上の注意などを正式にあたえること。その注意。類訓戒《くんかい》。

ぐんじ【軍事】〈名〉軍備や戦争に関すること。例軍事裁判。軍事教練。

ぐんしきん【軍資金】〈名〉たたかいに必要なお金。

表現「きょうは軍資金がたっぷりある」のように、計画を実行にうつすのに必要なお金についてもいう。

くんしゅ【君主】〈名〉世襲《せしゅう》によって国をおさめる王。例君主政治。類皇帝《こうてい》。天子。王。

ぐんじゅ【軍需】〈名〉軍事上必要とすること。軍隊が必要とする品物。例軍需品。軍需産業。対民需。

ぐんしゅう【群衆・群集】 一[群衆]〈名〉むらがり集まったたくさんの人々。例群衆がひしめく。ものみだかい群衆。二[群集]〈名・する〉たくさんの人や動物が一か所に集まること。また、その集まりやむれ。

ぐんしゅうしんり【群集心理】〈名〉おおぜいの人にまじったときの、ひとりでいるときとはちがった、人間の特殊《とくしゅ》な心理。主観的になって、判断力が低下し、人の言動に左右されやすくなる。

ぐんしゅく【軍縮】〈名〉「軍備縮小」の略。軍備を縮小すること。例軍縮会議。対軍拡《ぐんかく》。

くんしゅこく【君主国】〈名〉一人の君主によって政治が行なわれている国。王国。対共和国。

くんしょう【勲章】〈名〉国や人々のためにつくして功績のあった人に、国がおくる記章。例文化勲章。

ぐんじょう【群青】〈名〉あざやかな青。例群青色。

ぐんじん【軍人】〈名〉軍隊に属している人。対文民。

く(組)んずほぐ(▽解)れつ 組んだりはなれたり。例組んずほぐれつの格闘《かくとう》。

くんせい【▼燻製・薫製】〈名〉塩づけにした魚や肉などを、いぶしながら乾燥《かんそう》させた食品。独特の風味があって、長期間保存できる。

[1]ぐんせい【軍政】〈名〉軍隊の力によって行なわれる政治。例軍政をしく。対民政。

[2]ぐんせい【群生】〈名・する〉同じ種類の植物が一か所にたくさん集まったり、同じ種類の動物がむれをつくったりして生活すること。例群生地。類群落。

表記 動物の場合は「群▼棲」とも書く。

ぐんぜい【軍勢】〈名〉❶兵士の数。軍隊の勢力。類兵力。❷軍隊。例敵の軍勢が近づく。

ぐんぞう【群像】〈名〉ひとつのテーマのもとに、多くの人のすがたを、絵や彫刻《ちょうこく》などにあらわしたもの。例群像画。群像劇。

ぐんたい【軍隊】〈名〉兵士と武器などによってつくりあげられた集団。例軍隊に入る。

くんだり〈接尾〉自分を中心にして「どこそこくんだり」と地名につけていい、わざわざそんな所まで行くという感じを表わす。例目的もなくアメリカくんだりまでやってくるものか。参考「下《くだ》り」が変化した形。

くんち(方言) 祭り。おくんち。例唐津《からつ》くんち。長崎くんち。参考語源は、「九日《くにち》」との説もある。

ぐんて【軍手】〈名〉太いもめんの糸でつくった、作業用の手袋。むかし軍隊で使う手袋だったことからいう。

表現 左右二枚で一組《ひとくみ》二組《ふたくみ》、一双《いっそう》二双《にそう》と数える。一足《いっそく》二足《にそく》と数えることもある。

くんてん【訓点】〈名〉漢文を訓読するのに使われる記号をまとめていうよび名。返り点や送りがななど。

ぐんと〈副〉❶前よりもいちだんとよく。ぐっと。例復習の習慣で成績がぐんと上がった。❷⇩ぐっと①

[1]くんとう【勲等】〈名〉国家や社会に勲功のあった人を賞するための勲章の等級。例位階勲等。

[2]くんとう【薫陶】〈名・する〉すぐれた人格によって、他人の心をうごかし、みちびくこと。例山田先生の薫陶をうける。

ぐんとう【群島】〈名〉小さな島々の集まり。類諸島。

くんどく【訓読】〈名・する〉❶漢文を日本語式に読むこと。送りがなをつけたり、返り点を使ったりして読む。例漢文訓読体の文章。❷「訓よみ」のこと。対音読。

ぐんどく【群読】〈名・する〉国語の授業などで、作品の雰囲気《ふんいき》を効果的に表現するために、分担し、声をあわせて、みんなで読みすすめていくこと。

袁世凱(えんせいがい) (1859～1916) 清末・中華民国初期の軍人・政治家。中華民国の大総統となった。

ぐんばい【軍配】〈名〉すもうで、行司が持つうちわ。勝負の判定などを示すのに使う。絵
表現「軍配を上げる」は、行司が勝ち力士をさし示すほかに、一般《いっぱん》的に、あらそっていた者どうしのどちらかを勝ちとしてみとめることをもさす。

ぐんばつ【軍閥】〈名〉武力によって力をふるう政治的勢力。

ぐんぱつ【群発】〈名・する〉かぎられた地域に何回も続けて起きること。例群発地震《じしん》。

ぐんび【軍備】〈名〉戦争のための、兵力や武器などの準備。例軍備縮小。

ぐんぶ[1]【軍部】〈名〉陸軍・海軍・空軍などの軍隊組織が政治勢力としてはたらくときに、それを指していうことば。例軍部の圧力。軍部の発言力が強まるのは危険だ。

ぐんぶ[2]【郡部】〈名〉都道府県のなかの、郡に属している地域。

くんぷう【薫風】〈名〉若葉のかおりをのせてふく、さわやかな初夏の風。例薫風かおる五月。

ぐんぷく【軍服】〈名〉軍人・兵士の制服。例軍服に身を包む。

ぐんもん(軍門)にくだ(▽降)る たたかいにやぶれて、敵に降伏《こうふく》する。陣門《じんもん》にくだる。

ぐんゆう【群雄】〈名〉勢力をきそいあう、多くの英雄たち。例群雄割拠《かっきょ》。

ぐんゆうかっきょ【群雄割拠】〈名〉多くの英雄が諸国に現れて、たがいに他をしたがえようとあらそうこと。

ぐんよう【軍用】〈名〉軍事または軍隊に用いること。例軍用に供する。軍用機。軍用金。軍用犬。

くんよみ【訓読み】〈名・する〉漢字の読みかたの一つ。漢字が表わしている意味にふさわしい日本語本来のことばをあてて読むこと。また、その読みかた。たとえば、「会」を「あう」、「味」を「あじ」と読むのがそれ。訓。訓読。対音読み。

[ぐんばい]

ぐんらく【群落】〈名〉❶一か所にむらがってはえている植物のグループ。例みずばしょうの群落。類群生。❷多くの村落。

くんりん【君臨】〈名・する〉❶君主として国のいちばん上にたつこと。❷ある方面で、圧倒《あっとう》的な力をもって支配すること。例政界に君臨する。

くんれい【訓令】〈名・する〉上から下へ訓示して命じること。例内閣訓令。参考法律的には、中央官庁が下級の役所に命令を出すことをいう。

くんれいしき【訓令式】〈名〉日本語をローマ字で書くときの、つづりかたの一つ。シをsi、ジをzi、チをti、ツをtu、フをhuなどと、同じ行では同じ子音を使って書く方式。一九三七(昭和十二)年、内閣訓令として定められたことからの名。→ヘボンしき

くんれん【訓練】〈名・する〉能力や技術を身につけさせるために、実地に練習させること。例消防士を訓練する。訓練をつむ。職業訓練。避難《ひなん》訓練。類トレーニング。習練。

くんわ【訓話】〈名〉心がまえや生きかたを教えるためにする話。類訓辞。

け ケ

け[1]【毛】〈名〉動物のひふや植物の表面などに生える、ほそい糸状のもの。例毛が生えかわる。わき毛。綿毛《わたげ》。類毛髪《もうはつ》。頭髪。アケ
表現「そんな気持ちは毛ほどもない」「バラックに毛の生えたような家」などのように、無視してもよいほどわずかだ、という意味でも使う。

け[2]【気】 ㊀〈名〉(多く「…の気」の形で)…があるようす。…が感じられるようす。例火の気。血の気。「アケ」
㊁〈接頭〉動詞や形容詞につけて、意味を強める。また、「なんとなく」という意味を表わす。例気おされる。気だかい。気だるい。㊂〈接尾〉「…がいる」「…がある」というけはいや、「…と思う」という気分を表わす。例人気《ひとけ》。色気《いろけ》。寒気《さむけ》。しゃれっ気。→げ〔気〕

け[3]【▼褻】〈名〉日常的なこと。ふだん。対晴れ。「アケ」→はれ〔晴れ〕表記

け[4]〈終助〉❶忘れていたことに気がついたり、むかしのことを思いだしてなつかしんだりする気持ちを表わす。例あのころは近所の子とよく遊んだっけなあ。❷忘れてしまったことについて、相手にたずねたり、たしかめたりする意味を表わす。例こんどの集まりはいつでしたっけ?

け[5]【家】〈接尾〉姓《せい》や身分を表わすことばにつけて、その一門、その家、の意味を表わす。例中村家。将軍家。

げ[1]【下】〈名〉❶価値や順位などが低いこと。例成績は下の上だ。❷二つまたは三つにわかれている書物などの、最後の部分。下巻。▽対上《じょう》。

げ[2]『気』〈接尾〉「いかにもそのようだ」という意味を表わす。例あぶなげ。おそれげ。意味ありげ。言いたげ。おとなげ(ない)。参考形容詞の語幹や動詞の連用形などにつけて、形容動詞の語幹や名詞をつくる。

ケア〈名・する〉❶めんどうをみること。病人や老人の世話をすること。例アフターケア。在宅ケア。❷手入れ。例スキンケア。◇care

けあ・ける【蹴開ける】〈動下一〉足でけって開ける。けりあける。

けあし【毛足】〈名〉毛織物などで、表面にたっている毛。例毛足が長いカーペット。

けあな【毛穴】『毛▽孔』〈名〉かみの毛や体毛の根もとの小さな穴。

ケアハウス〈名〉高齢《こうれい》者のための集合住宅で、入浴や食事のサービスを行なうもの。入居者各自の部屋のそうじや身のまわりのことは自分でする。◇careとhouseによる日本での複合語。

ケアレスミス〈名〉注意していれば防げたはずの、まちがいや失敗。俗《ぞく》に「うっかりミス」ともいう。◇careless mistakeの日本での省略語。

常用漢字
けい

 円珍(えんちん)(814~91) 平安前期の僧。唐から帰国後,第5代天台座主。園城寺を再興。智証大師。

【兄】 儿部3 全5画 兄兄兄兄兄
ケイ・キョウ あに 教小2 音❶[ケイ] 兄姉《けいし》。大兄《たいけい》。義兄《ぎけい》。長兄《ちょうけい》。父兄《ふけい》。貴兄《きけい》。兄事《けいじ》。❷[キョウ] 兄弟《きょうだい》。訓[あに] 兄貴。兄嫁。
注意「兄さん」などでは、「にい」と読む。

【刑】 刂部4 全6画 刑刑刑刑刑刑
ケイ 音[ケイ] 刑法《けいほう》。刑罰《けいばつ》。刑期《けいき》。刑事《けいじ》。死刑《しけい》。刑務所《けいむしょ》。求刑《きゅうけい》。実刑判決《じっけいはんけつ》。処刑《しょけい》。

【形】 彡部4 全7画 形形形形形形形
ケイ・ギョウ かた・かたち 教小2 音❶[ケイ] 円形《えんけい》。地形《ちけい》。形式《けいしき》。形成《けいせい》。形態《けいたい》。形容詞《けいようし》。図形《ずけい》。造形《ぞうけい》。❷[ギョウ] 形相《ぎょうそう》。人形《にんぎょう》。僧形《そうぎょう》。訓❶[かた] 形。形見。手形。❷[かたち] 形。姿形。形作る。

【系】 糸部1 全7画 系系系系系系系
ケイ 教小6 音[ケイ] 系統《けいとう》。系図《けいず》。系列《けいれつ》。家系《かけい》。体系《たいけい》。直系《ちょっけい》。文科系《ぶんかけい》。太陽系《たいようけい》。

【径(徑)】 彳部5 全8画 径径径径径径径径
ケイ 教小4 音[ケイ] 直情径行《ちょくじょうけいこう》。径路《けいろ》。直径《ちょっけい》。半径《はんけい》。小径《しょうけい》。

【茎(莖)】 艹部5 全8画 茎茎茎茎茎
ケイ くき 音[ケイ] 球茎《きゅうけい》。根茎《こんけい》。地下茎《ちかけい》。訓[くき] 茎。歯茎。

【係】 亻部7 全9画 係係係係係係
ケイ かかる・かかり 教小3 音[ケイ] 係争《けいそう》。関係《かんけい》。連係《れんけい》。係累《けいるい》。係数《けいすう》。訓❶[かかる] 係る。係り結び。❷[かかり] 係。係員。会計係。保健係。

【型】 土部6 全9画 型型型型型型
ケイ かた 教小5 音[ケイ] 型式《けいしき》。原型《げんけい》。模型《もけい》。典型《てんけい》。類型《るいけい》。訓[かた] 型。型紙。型崩れ。型破り。金型。木型。血液型。

【契】 大部6 全9画 ※契契契契契契
ケイ ちぎる 音[ケイ] 契約《けいやく》。契機《けいき》。黙契《もっけい》。訓[ちぎる] 契る。契り。

【計】 言部2 全9画 計計計計計計
ケイ はかる・はからう 教小2 音[ケイ] 計算《けいさん》。計画《けいかく》。計略《けいりゃく》。計測《けいそく》。設計《せっけい》。合計《ごうけい》。寒暖計《かんだんけい》。地震計《じしんけい》。時計《とけい》。訓❶[はかる] 計る。計り知れない。❷[はからう] 計らう。計らい。取り計らう。

【恵(惠)】 心部6 全10画 ※恵恵恵恵
ケイ・エ めぐむ 音❶[ケイ] 恵贈《けいぞう》。恵存《けいそん》。恩恵《おんけい》。互恵《ごけい》。❷[エ] 恵方巻《えほうま》き。知恵《ちえ》。訓[めぐむ] 恵む。恵み。

【啓】 口部8 全11画 啓啓啓啓啓啓
ケイ 音[ケイ] 啓発《けいはつ》。啓示《けいじ》。啓蒙《けいもう》。一筆啓上《いっぴつけいじょう》。謹啓《きんけい》。拝啓《はいけい》。

【掲(揭)】 扌部8 全11画 掲掲掲掲掲
ケイ かかげる 音[ケイ] 掲示《けいじ》。掲載《けいさい》。国旗掲揚《こっきけいよう》。前掲《ぜんけい》。再掲《さいけい》。訓[かかげる] 掲げる。

【渓(溪)】 氵部8 全11画 渓渓渓渓渓
ケイ 音[ケイ] 渓谷《けいこく》。渓流《けいりゅう》。雪渓《せっけい》。

【経(經)】 糸部5 全11画 経経経経経
ケイ・キョウ へる 教小5 音❶[ケイ] 経済《けいざい》。経常利益《けいじょうりえき》。経営《けいえい》。経費《けいひ》。経験《けいけん》。経過《けいか》。経由地《けいゆち》。経緯《けいい》。❷[キョウ] 経文《きょうもん》。経典《きょうてん》。お経《きょう》。写経《しゃきょう》。訓[へる] 経る。

【蛍(螢)】 虫部5 全11画 蛍蛍蛍蛍
ケイ ほたる 音[ケイ] 蛍光灯《けいこうとう》。蛍光塗料《けいこうとりょう》。蛍光色《けいこうしょく》。蛍雪《けいせつ》。訓[ほたる] 蛍。

【敬】 攵部8 全12画 敬敬敬敬敬敬
ケイ うやまう 教小6 音[ケイ] 敬愛《けいあい》。敬意《けいい》。尊敬《そんけい》。表敬訪問《ひょうけいほうもん》。敬語《けいご》。敬服《けいふく》。敬老《けいろう》の日《ひ》。畏敬《いけい》。訓[うやまう] 敬う。

【景】 日部8 全12画 景景景景景景
ケイ 教小4 音[ケイ] 景気《けいき》。景観《けいかん》。景勝地《けいしょうち》。光景《こうけい》。風景《ふうけい》。夜景《やけい》。背景《はいけい》。景品《けいひん》。
注意「景色」は、「けしき」と読む。

【軽(輕)】 車部5 全12画 軽軽軽軽軽
ケイ かるい・かろやか 教小3 音[ケイ] 軽量《けいりょう》。軽度《けいど》。軽快《けいかい》。軽率《けいそつ》。軽薄《けいはく》。軽蔑《けいべつ》。軽音楽《けいおんがく》。軽食《けいしょく》。訓❶[かるい] 軽い。軽口。軽々と。軽はずみ。軽業。手軽だ。❷[かろやか] 軽やかだ。

【傾】 亻部11 全13画 傾傾傾傾傾傾
ケイ かたむく・かたむける 音[ケイ] 傾斜《けいしゃ》。傾倒《けいとう》。傾聴《けいちょう》。傾向《けいこう》。右傾《うけい》(化《か》)。訓❶[かたむく] 傾く。傾き。❷[かたむける] 傾ける。

【携】 扌部10 全13画 ※携携携携携
ケイ たずさえる・たずさわる 音[ケイ] 携帯《けいたい》。必携《ひっけい》。提携《ていけい》。連携《れんけい》。携行《けいこう》。訓❶[たずさえる] 携える。❷[たずさわる] 携わる。

【継(繼)】 糸部7 全13画 継継継継継
ケイ つぐ 音[ケイ] 継続《けいぞく》。継承《けいしょう》。継起《けいき》。継投策《けいとうさく》。継父《けいふ》。継母《けいぼ》。中継《ちゅうけい》。後継者《こうけいしゃ》。訓[つぐ] 継ぐ。継ぎ。引き継ぐ。

【詣】 言部6 全13画 詣詣詣詣詣詣
ケイ もうでる 音[ケイ] 参詣《さんけい》。造詣《ぞうけい》。訓[もうでる] 詣でる。初詣。

【慶】 心部11 全15画 ※慶慶慶慶慶
ケイ 音[ケイ] 慶弔《けいちょう》。慶賀《けいが》。慶事《けいじ》。慶祝《けいしゅく》。同慶《どうけい》。

円仁(えんにん)(794～864)　平安前期の僧。唐で密教を学んで帰国，第3代天台座主となる。慈覚大師。

【憬】忄部12 全15画 憬憬憬憬憬憬
ケイ 音[ケイ] 憧憬《しょうけい》。

【稽】禾部10 全15画 稽稽稽稽稽稽
ケイ 音[ケイ] 稽古《けいこ》。滑稽《こっけい》。表記 旁《つくり》の まん中の部分を「上」の形にして、「稽」(=16画)とも書く。

【憩】心部12 全16画 憩憩憩憩憩憩
ケイ いこい・いこう 音[ケイ] 休憩《きゅうけい》。小憩《しょうけい》。訓❶[いこい] 憩い。❷[いこう] 憩う。

【警】言部12 全19画 警警警警警警
ケイ 教小6 音[ケイ] 警察《けいさつ》。警戒《けいかい》。警告《けいこく》。警報《けいほう》。警備員《けいびいん》。夜警《やけい》。県警《けんけい》。

【鶏(鷄)】鳥部8 全19画 鶏鶏鶏鶏鶏
ケイ にわとり 音[ケイ] 鶏卵《けいらん》。鶏舎《けいしゃ》。鶏肉《けいにく》。闘鶏《とうけい》。養鶏業者《ようけいぎょうしゃ》。訓[にわとり] 鶏。

1 **けい**【刑】〈名〉法律をおかした者にくだす罰《ばつ》。例 刑に服する。刑を科する。

2 **けい**【計】〈名〉❶あれこれと思いめぐらした計画。古い言いかた。例 百年の計。一年の計は元旦《がんたん》にあり(→「いちねん(一年)」の子項目)。❷総計。合計。例 三日間で計五十万円の売り上げがあった。

3 **けい**【▼罫】〈名〉❶文字のたてよこの列をそろえて書けるように、一定のあいだをあけて引いた線。❷碁盤《ごばん》や将棋《しょうぎ》盤の面に引いた、たてよこの線。

4 **けい**【形】〈接尾〉その形をしていることを表わす。例 三角形。円形。

5 **けい**【系】〈接尾〉つながりのあるものどうしを、ひとまとまりのグループにすることば。例 文科系。太陽系。

6 **けい**【軽】一〈接頭〉❶重さや程度がかるいことを表わす。例 軽自動車。軽工業。軽犯罪。❷「気がるな」「ちょっとした」という意味をつけくわえる。例 軽食。軽音楽。
二〈名〉「軽自動車」の略。

常用漢字 げい

【芸(藝)】艹部4 全7画 芸芸芸芸芸
ゲイ 教小4 音[ゲイ] 芸術《げいじゅつ》。芸当《げいとう》。芸能人《げいのうじん》。園芸《えんげい》。演芸会《えんげいかい》。多芸多才《たげいたさい》。文芸《ぶんげい》。民芸品《みんげいひん》。

【迎】辶部4 全7画 迎迎迎迎迎迎
ゲイ むかえる 音[ゲイ] 迎合《げいごう》。迎賓館《げいひんかん》。迎春《げいしゅん》。歓迎《かんげい》。送迎《そうげい》バス。訓[むかえる] 迎える。迎え入れる。迎え撃つ。迎え火。送り迎え。出迎え。

【鯨】魚部8 全19画 鯨鯨鯨鯨鯨
ゲイ くじら 音[ゲイ] 鯨肉《げいにく》。鯨油《げいゆ》。白鯨《はくげい》。捕鯨船《ほげいせん》。訓[くじら] 鯨。

1 **げい**【芸】〈名〉❶訓練をかさねて身につけた技術。例 芸をきわめる。犬に芸をしこむ。❷人の目をひくような、くふうをこらしたわざ。例 芸がこまかい。芸がない。かくし芸。名人芸。お家芸。職人芸。伝統芸。

芸が細《こま》かい 細部まで、注意とくふうがされている。

芸がない なんの特色もなくて平凡《へいぼん》だ。

芸は身《み》を助《たす》ける 遊びで身につけた芸が、いざというときにお金をかせぐのに役だつ。

2 **ゲイ**〈名〉男性の同性愛者。対 レズビアン。類 ホモ。◇gay

けいあい【敬愛】〈名・する〉尊敬の気持ちとともに、したしみを感じること。例 敬愛の念。類 敬慕《けいぼ》。

1 **けいい**【経緯】〈名〉❶地図の経線と緯線。経度と緯度。❷ものごとが、始めから終わりまでのあいだにたどったすじみち。例 経緯を述べる。類 いきさつ。経過。過程。顚末《てんまつ》。参考 経は「たて糸」、緯は「よこ糸」の意味。

2 **けいい**【敬意】〈名〉❶相手を尊敬する気持ち。例 敬意をいだく。類 リスペクト。オマージュ。❷相手のことをかろんじないで、失礼のないようにする気持ち。例 敬意を表わす。敬意をはらう。

げいいんばしょく【鯨飲馬食】〈名・する〉クジラのように飲み、ウマのように食べるということから、いちどにやたらに飲み食いすること。類 牛飲馬食。暴飲暴食。

けいえい【経営】〈名・する〉❶利益があがるように、会社や商店などをいとなむこと。例 経営者。経営難。❷方針や規模などのおおもとをさだめて、ものごとを行なうこと。例 国家の経営。類 運営。

けいえん【敬遠】〈名・する〉❶表面はだいじにあつかうようにして、実際はかかわりをさけて、遠ざけること。また、さけて近づかないこと。類 敬して遠ざける。❷野球で、作戦上、わざと打者に四球をあたえること。

表現「甘いものを敬遠する」「外出を敬遠する高齢《こうれい》者」のように、たんにさける意味で使うことも多い。

けいえんげき【軽演劇】〈名〉客を楽しませたり笑わせたりするような、喜劇を中心とした演劇。

けいおんがく【軽音楽】〈名〉かるい気持ちで楽しめる音楽。クラシックに対して、ジャズやポピュラー音楽をいう。

けいか【経過】〈名〉❶〈する〉時間がすぎていくこと。例 この計画がはじまってから、すでに一年が経過した。❷ものごとの状態がうつりかわっていくようす。例 経過を説明する。病気の経過。類 経緯《けいい》。いきさつ。過程。

けいが【慶賀】〈名・する〉めでたいことをよろこび祝うこと。例 慶賀にたえない。慶賀のいたり。類 祝賀。

1 **けいかい**【警戒】〈名・する〉おこるかもしれないと思われる犯罪や災害などに対して、被害《ひがい》をうけないように、用心して対策をたてること。例 盗聴《とうちょう》を警戒する。警戒をとく。ものものしい警戒。警戒警報。警戒線。警戒心。

2 **けいかい**【軽快】〈形動〉❶身がるで、すばやい。例 軽快なフットワーク。軽快に走る。❷明るく、人をうきうきさせるようだ。例 軽快なテンポ。▽類 かろやか。

1 **けいがい**【形骸】〈名〉❶精神や命のないからだ。類 ぬけがら。❷内容がない、かたちだけのもの。例 形骸化。

2 **けいがい**【▼謦▼咳】〈名〉⇩けいがいにせっする

けいがいか【形骸化】〈名・する〉形式だけが残って、内容は無意味なものになること。例 形骸化した法律。

けいかいしょく【警戒色】〈名〉〔生物〕動物のからだの色がまわりに対して目だつこと。また、そのような色。毒ヘビやチョウの幼虫などにみられるが、その役割ははっきりしない。→ほごしょく

けいかいしん【警戒心】〈名〉好ましくないことをさけようと用心する気持ち。例 警戒心が強い。

けいがい(▼謦▼咳)**にせっ**(接)**する** 尊敬する人

の身近で、じかに話をきく。例碩学《せきがく》の謦咳に接する。
参考「謦咳」とは、せきばらいのこと。

けいかく【計画】〈名・する〉あることを行なうために、前もって方法や手順などをくふうして、考えること。また、その考えの内容。プラン。例旅行を計画する。計画をたてる。計画をねる。計画を実行にうつす。駅前の再開発計画。計画的。計画性。無計画。類企画《きかく》。企図《きと》。策。プロジェクト。

けいかくしゅっさん【計画出産】〈名〉❶人口の増加をおさえる必要のある国で、ひと組みの夫婦《ふうふ》が生める子供のかずなどを法律できめること。類産児制限。❷陣痛促進剤《じんつうそくしんざい》を用いて、日にちをきめて子供を生むこと。計画分娩《ぶんべん》。❸生みたい子供のかずや時期をあらかじめ夫婦で計画して子供を生むこと。類家族計画。

けいかくせい【計画性】〈名〉前もって計画をたてているかどうかということ。例計画性のない人。

けいかくてき【計画的】〈形動〉前もって計画がたててある。例夏休みを計画的に過ごす。計画的犯行。

けいかそち【経過措置】〈名〉法律が新しく変わるとき、関係者に不利益が生じないようにするための一時的な措置。

1 **けいかん【経管】**〈名〉口で食べたり飲んだりできない患者《かんじゃ》に対して、鼻の穴やからだにあけた穴にチューブを通して流動食をあたえること。例経管栄養。経管投与。

2 **けいかん【景観】**〈名〉大きさ、美しさなど、人をひきつける力をもったながめ。例景観が損《そこ》なわれる。類景色。

3 **けいかん【警官】**〈名〉「警察官」の略。警察の仕事をする公務員。とくに巡査《じゅんさ》をさすことが多い。類おまわりさん。参考警官の階級は、警視総監《そうかん》・警視監・警視長・警視正・警視・警部・警部補・巡査部長・巡査の順。

けいがん【▼慧眼・▼炯眼】〈名〉ものごとの真相を見のがさない、するどい目。例慧眼の士。

けいかんしじん【▼桂冠詩人】〈名〉イギリスの王室から、とくにすぐれているとして選ばれ、公式行事の際に詩をつくって王室に献上《けんじょう》する詩人。特別待遇《たいぐう》を受ける名誉《めいよ》職。

1 **けいき【刑期】**〈名〉刑に服する期間。アケーキ

2 **けいき【計器】**〈名〉長さや重さ、速さや圧力など、ものの数量をはかる器具。類計測器。メーター。アケーキ

3 **けいき【契機】**〈名〉ものごとをかえたり、発展させたりする原因になるもの。例…を契機に。失敗を契機として方針をあらためる。類きっかけ。アケーキ

4 **けいき【景気】**〈名〉❶商売がうまくいっているか、いないかのようす。例景気がいい。景気がわるい。❷社会の経済活動のようす。例景気が停滞《ていたい》する。景気が回復する。好景気。不景気。❸ものごとのいきおい。例景気をつける。類元気。威勢。▽アケーキ

参考②で、一九五〇年代から六〇年代にかけての高度成長期に、日本神話にちなんで神武《じんむ》景気・岩戸景気・いざなぎ景気と名づけられた三大景気があった。

方言山形・宮城などでは、「けいきのいいナス」のように、「見た目のようす」の意味でも使う。

5 **けいき【継起】**〈名・する〉つづいておこること。類続発。アケーキ

けいきょ【軽挙】〈名・する〉ふかく考えずにだいそれた行動にはしること。また、その行動。例軽挙をいましめる。軽挙妄動《もうどう》。

けいきょもうどう【軽挙妄動】〈名〉ふかく考えずにかるはずみな行動をとること。例軽挙妄動をつつしむ。

けいきんぞく【軽金属】〈名〉比重の小さな、かるい金属。アルミニウムなど。対重金属。

けいく【警句】〈名〉人間の性質やものごとの真理をするどくついて、たくみに言い表わした短い句。「芸術は長く、人生は短し」の類。類金言。格言。箴言《しんげん》。

けいぐ【敬具】「拝啓《はいけい》」といって書きはじめた手紙のむすびに使うことば。「つつしんで申しあげました」という意味。類敬白。→けいはく〔敬白〕表現

けいけい【▼炯▼炯】〈副・連体〉きらきらとかがやくさまを表わし、おもに「眼光炯炯」の形で使うことば。→「がんこう〔眼光〕」の子項目

けいけいに【軽軽に】〈副〉ものごとをじゅうぶん考えないで。例軽々には言えない。類かるがるしく。

げいげき【迎撃】〈名・する〉攻《せ》めてくる敵をむかえうつこと。例迎撃戦闘《せんとう》機。対出撃。

1 **けいけん【経験】**〈名・する〉実際に自分が見聞きしたり、おこなったりしたこと。そのようにしてえた知識や技能。例挫折《ざせつ》を経験する。経験がある。経験がふかい。経験ゆたか。にがい経験。経験者。経験年数。類体験。

表現「体験」も「経験」の一種であるが、「体験」は一回ないし数回の経験をいい、「実体験」ともいうように、強く身にしみて感じたことに使う。「経験」には、ただ一回の経験もあるが、回数をかさねたり、長期にわたっての場合が多い。したがって、「経験をつむ」「経験があさい」などの言いかたができるが、「体験」では、こう言えない。

2 **けいけん【敬▼虔】**〈形動〉神や仏などをふかくうやまう心をもっている。例敬虔な信者。

けいげん【軽減】〈名・する〉仕事の量や、苦痛などをへらしてかるくすること。例負担を軽減する。

けいけんしゅぎ【経験主義】〈名〉知識は経験によってえられるという考えかた。経験論。対合理主義。

けいけんそく【経験則】〈名〉理論や理屈によるのでなく、それまでの経験を通してつかんだ法則性や規則性。

けいけんち【経験知】〈名〉学校での勉強や本などで学んだことではなく、自分の生活の中で見聞きしてえた知識や知恵《ちえ》。

けいこ【稽古】〈名・する〉柔道《じゅうどう》や剣道《けんどう》などの武芸や、ピアノや茶道《さどう》などの芸ごとを習うこと。例師匠《ししょう》が弟子《でし》に稽古をつける。稽古事《ごと》。類練習。レッスン。

1 **けいご【敬語】**〈名〉話し手や書き手が、話題にのぼっている人やものごとに対して敬意を表わしたり、また、聞き手や読み手に対して、ていねいに表現したり、あらたまって表現したりするために使うことば。「待遇《たいぐう》表現」の一つ。アケーゴ →囲み記事18(次ページ)

参考日本語の敬語には、次の五種類がある。
(1)「いらっしゃる」「おっしゃる」などの《尊敬語》
(2)「うかがう」「申し上げる」などの《謙譲《けんじょう》語》(または謙譲語Ⅰ)
(3)「参る」「申す」などの《丁重《ていちょう》語》(または謙譲語Ⅱ)
(4)「です」「ます」などの《丁寧《ていねい》語》
(5)「お酒」「お料理」などの《美化語》
この辞典では、敬語を五種類に分けて考える立場から説明している。なお、敬語の分類には大きく三種類に分けて考える立場もあり、その場合は、丁重語は謙譲語のなかに、美化語は丁寧語のなかにふくまれる。

[2]**けいご【警固】**〈名・する〉不穏《ふおん》な事件が起こるのを警戒《けいかい》して、守りをかためること。ア ケーゴ

[3]**けいご【警護】**〈名・する〉重要人物や貴重なものをまもって警戒《けいかい》すること。類 警備。護衛。ア ケーゴ

げいこ【芸子】（方言）⇩げーこ

[1]**けいこう【経口】**〈名〉〔医学〕口から体内に入ること。例 経口薬。経口感染《かんせん》。

[2]**けいこう【蛍光】**〈名〉❶ホタルの光。❷〔物理〕ある種の物質に光をあてたとき、そのあいだだけ、別の光がでる現象。また、その光。例 蛍光灯。蛍光塗料《とりょう》。→りんこう〔燐光〕②

[3]**けいこう【傾向】**〈名〉ものごとの性質や特徴《とくちょう》がある方向にかたよっているようす。また、そのかたよっている度合い。例 交通事故は、へる傾向にある。類 かたむき。

表現 「…の傾向がある」「…の傾向にある」と同じ意味の言いまわしに、「とかく…になりやすい」「…しがちだ」「どちらかといえば…にかたむく」などがある。

[4]**けいこう【携行】**〈名・する〉たずさえて行くこと。例 パスポートを携行する。携行品。類 携帯。所持。

げいごう【迎合】〈名・する〉相手の気にいられようとして、自分の考えをまげてでも、調子をあわせること。例 世論に迎合する。類 おもねる。

けいこうぎょう【軽工業】〈名〉食料品や繊維《せんい》、紙など、主として日常の生活に使うものを生産する工業。対 重工業。

けいごうきん【軽合金】〈名〉マグネシウムやアルミニウムをおもな材料とした、かるい合金。ジュラルミンなど。飛行機などに使われる。

けいこうとう【蛍光灯】〈名〉棒状やドーナツ状のガラス管でできた照明器具。光が明るいわりに目にまぶしくないのが特徴《とくちょう》。

けいこう(鶏口)となるも ぎゅうご(牛後)となるなかれ 大集団の最後について生きていくよりは、小さな集団の先頭にたって生きる方がよい、という教え。

けいこうとりょう【蛍光塗料】〈名〉光を受けて発光する塗料。蛍光灯や表示板などに用いられる。

[1]**けいこく【渓谷】**〈名〉両がわに山がせまり、川が急流となって流れているところ。類 谷間。

[2]**けいこく【警告】**〈名・する〉危険な状態や、このましくない状態にならないように、前もって注意を発すること。その注意。例 生命の危険を警告する。警告を発する。類 警鐘《けいしょう》。

けいこごと【稽古事】〈名〉教養や趣味《しゅみ》として、先生に習って練習する、お茶・生け花・ピアノ・おどりなど。類 習い事。

けいこつ【▼頸骨】〈名〉首の骨。

げいごと【芸事】〈名〉おどり・琴《こと》・三味線《しゃみせん》など、遊び事としての芸能。例 芸事をたしなむ。

けいごどうし【敬語動詞】〔文法〕話し手・書き手の敬意を、一語で表現できる動詞。たとえば、尊敬の気持ちを表わす「いらっしゃる」「おっしゃる」「めし上がる」「ごらんになる」や、謙譲《けんじょう》の気持ちを表わす「まいる」「拝見する」「いただく」「申し上げる」「うかがう」など。

けいさい【掲載】〈名・する〉新聞や雑誌などに、文章や写真をのせること。例 掲載誌。類 登載。

けいざい【経済】㊀〈名〉❶ものをつくる、売る、利用するといった、商品やお金の流通の面からみた、社会の基本となる活動。例 経済の法則。経済界。自由経済。❷お金のやりくり。また、ものをむだにしないこと。例 経済観念。▽類 エコノミー。㊁〈形動〉「経済的②」の意味の古い言いかた。

参考 「経世済民《けいせいさいみん》（＝よい政治を行なって、人々の苦しみをすくうこと）」を略してできたことば。

けいざいかんねん【経済観念】〈名〉お金のやりくりや損得に関する意識。例 兄は経済観念にとぼしい。

けいざいさんぎょうしょう【経済産業省】〈名〉中央官庁の一つ。経済と産業の発展や、エネルギーに関する仕事をする。経産省。

けいざいせいさい【経済制裁】〈名〉ある国家などの不当な行為《こうい》に対して、輸出入の制限、経済援助《えんじょ》の中止などの経済的な罰《ばつ》をあたえること。

けいざいせいちょうりつ【経済成長率】〈名〉国の経済成長の割合を示す比率。国民総生産や国民所得が前年と比べて、どのくらいかわったかを率で示したもの。

けいざいてき【経済的】〈形動〉❶経済に関係しているようす。例 経済的な観点からいえば、日本は大国だ。❷安あがりだ。節約になる。費用対効果が高い。対 非経済的。不経済。

けいざいりょく【経済力】〈名〉お金や資金から生

囲み記事 18

敬語の表現

人に対する心くばりの表現 同じ内容のことを言うのでも、言いかたを変えることがある。ある相手には「いま三時だよ」「きのう田中くんに会った」と言うのに、別の相手には「いま三時ですよ」「きのう田中くんに会いました」と言ったりする。また、「わたしが行く」を「わたしがまいります」、「わたしが書いてあげる」を「わたしが書いてさしあげる」と言うこともある。第三者のことを言うのでも「きのう、あいつが来た」とも言うし、「きのう、あのかたがおいでになった」とも言う。こういう言いかたのなかの「です」「ます」「まいる」「さしあげる」「おいでになる」などのことばを敬語という。敬語は、人に対する心くばりの表現である。

外国語にも敬語の表現はある 敬語は日本語だけのもののようにいわれることがあるが、そんなことはない。外国語にも、人に対する心くばりを反映した表現がある。たとえば、英語で、自分とほかの人の名前をならべてあげるときには、Mr. Brown and I のように、自分をあとにまわして言う、といった習慣がある。人にものをたのむ場合の言いかたなど、非常にていねいな言いかたから、ごく気軽な言いかたまで、いろいろな言いかたがある。

むかしの日本語には、いまの日本語よりずっと敬語の表現が多く、尊敬語のなかにも段階があって、最高敬語というのもあった。それで主語が示されなくても、場面と敬語で文意が通じたのである。

まれる力。例 豊かな経済力。類 財力。資力。

けいさつ【警察】〈名〉国民の生命や財産をまもり、犯罪の捜査《そうさ》などを行なって、社会の混乱をふせぐ国家の行政のはたらき。また、その機関。電話「一一〇番《ひゃくとおばん》」で通報する。例 すみませんで済《す》むなら警察はいらないよ。→ひゃくとおばん 参考

けいさつかん【警察官】〈名〉⇩けいかん〔警官〕

けいさつけん【警察犬】〈名〉警察で、犯人の追跡《ついせき》や犯罪の証拠《しょうこ》品の捜査《そうさ》をたすけるイヌ。

けいさつしょ【警察署】〈名〉決められた地域の警察事務を取りあつかう役所。警察。

けいさつちょう【警察庁】〈名〉国家公安委員会の外局。国の警察に関する事務をひろくあつかう。

けいさん【計算】〈名・する〉❶足したり引いたり、かけたり割ったりして、数値を求めること。類 演算。❷結果やなりゆきを、前もって考えておくこと。例 計算に入れる。計算だかい。▽類 勘定《かんじょう》。

けいさんかんむり【▼卦算冠】〈名〉⇩なべぶた②

けいさんき【計算機・計算器】〈名〉計算を行なうための機器。例 電子計算機。卓上《たくじょう》計算器。

けいさんじゃく【計算尺】〈名〉複雑な計算が、簡単にできるようにつくられた、ものさしがたの計算器具。

けいさんずく【計算ずく】〔計算▽尽く〕〈名〉損得や有利な結果を見こしたうえで行動すること。例 なにもかも計算ずくだったとはあきれた。

けいさんだか・い【計算高い】〈形〉自分の損得にとくに敏感《びんかん》である。類 抜《ぬ》け目がない。

[1]**けいし【兄姉】**〈名〉あにやあね。対 弟妹《ていまい》。ア ケーシ

[2]**けいし【軽視】**〈名・する〉たいしたことはないと、かるくみること。例 国民を軽視した政策。対 重視。類 かろんじる。過小評価。ア ケーシ

[3]**けいし【▼罫紙】**〈名〉文字の列をそろえるために、一定の間隔《かんかく》で平行の線をひいた紙。よこの罫紙もたての罫紙もある。ア ケーシ

[4]**けいし【警視】**〈名〉警官の階級の一つ。ア ケーシ →けいかん〔警官〕参考

[1]**けいじ【兄事】**〈名・する〉兄のようにうやまって接すること。ア ケージ

[2]**けいじ【刑事】**〈名〉❶〔法律〕殺人や強盗《ごうとう》など、刑法にふれる事件。例 刑事事件。刑事罰《ばつ》。対 民事。❷犯罪の捜査《そうさ》や犯人の逮捕《たいほ》を仕事とする警官。▽ア ケージ →けいじせきにん

[3]**けいじ【啓示】**〈名・する〉神が人間に真理をしめすこと。例 啓示をうける。ア ケージ

[4]**けいじ【掲示】**〈名・する〉たくさんの人に知らせる必要があることを、紙などに書いて人目につくところにはりだすこと。また、はりだしたもの。例 掲示板。ア ケージ

[5]**けいじ【慶事】**〈名〉結婚《けっこん》や出産などの、めでたいできごと。対 弔事。類 吉事《きちじ》。祝いごと。ア ケージ

けいじか【形▼而下】〈名〉哲学《てつがく》で、見たり、聞いたり、さわったりといった、人間のふつうの感覚でとらえることができる、形のあるものごと。対 形而上。

[1]**けいしき【形式】**〈名〉❶一定の手つづきや、やりかた。例 形式をふむ。形式にしたがって書類をつくる。類 フォーム。様式。❷外がわから見た、もののかたちや見かけ。例 形式を かざる。形式ばる。形式主義。形式的。対 実質。▽対 内容。

表現「形式」は、「内容」と相対することばで、中につつみこまれる「内容」に対して、それをつつむ外がわのかたちや、わくをいう。たとえば、話しあいをするとき、なにについて話しあうかが内容で、話しあいの進めかたや決めかたは、形式ということができる。

[2]**けいしき【型式】**〈名〉独自の特徴《とくちょう》によって、ほかの同類のものと区別される型。機械や自動車などについていう。類 モデル。

参考「形式」と区別して「かたしき」と言うことが多い。

けいしきけいようし【形式形容詞】⇩ほじょけいようし

けいしきだんらく【形式段落】〈名〉⇩だんらく 参考

けいしきてき【形式的】〈形動〉形や体裁《ていさい》だけをととのえて、内容を問題にしない。例 形式的なあいさつ。形式的に整える。対 実質的。

けいしきどうし【形式動詞】⇩ほじょどうし

けいしきば・る【形式張る】〈動五〉形式をおもんじる。過剰《かじょう》なほど改まった態度でものごとを行なう。

けいしきめいし【形式名詞】〔文法〕名詞の分類の一つ。「こと」「もの」「ため」「とき」「ところ」「とおり」「はず」「まま」など、それだけではっきりとした意味を表わさず、ふつう、上に修飾《しゅうしょく》語をともなって使われることば。上に修飾語をともなって、いろいろな表現をつくる。

参考 (1)たとえば、「ことを知っていますか」とか「ために働く」とは言えず、「あした田中さんが来ることを知っていますか」「家族のために働く」のように使われる。(2)形式名詞は、漢字で書ける語でも、かな書きにすることが多い。

けいじじょう【形▼而上】〈名〉哲学《てつがく》で、見たり、聞いたり、さわったりといった、人間のふつうの感覚でとらえることのできる形をもっていない、ものごと。たとえば、真・善・美のような観念。例 形而上学。対 形而下。

けいじじょうがく【形▼而上学】〈名〉形而上の真理を探究する学問。哲学《てつがく》。

けいじせきにん【刑事責任】〈名〉〔法律〕罪をおかした者が負わなければならない法律上の責任。参考 日本で刑事責任を問われる年齢《ねんれい》は、満十四歳《さい》以上。

けいしそうかん【警視総監】〈名〉警視庁の長官。警察官の最上位。→けいかん〔警官〕参考

けいしちょう【警視庁】〈名〉東京都の警察の本部。その長官を、警視総監《そうかん》という。

けいしつ【形質】〈名〉〔生物〕親から子に遺伝して受けつがれる、特徴《とくちょう》的な形や性質。

けいじどうしゃ【軽自動車】〈名〉総排気量六六〇cc以下の小型の四輪自動車。略して「軽」ともいう。

けいじばん【掲示板】〈名〉❶掲示するための板。また、その場所。❷⇩ビービーエス(BBS)

[1]**けいしゃ【傾斜】**〈名・する〉❶ななめになること。ななめになっている度合い。例 海にむかって傾斜した敷地《しきち》。傾斜がきつい。急な傾斜。傾斜地。類 勾配《こうばい》。かたむき。❷ある方向にかたむくこと。例 時代は戦争へと傾斜していった。晩年は哲学《てつがく》への傾斜が大きくなった。▽ア ケーシャ

[2]**けいしゃ【鶏舎】**〈名〉ニワトリを飼うための小屋。とり小屋。ア ケーシャ

げいしゃ【芸者】〈名〉宴会《えんかい》の席などで、酌《しゃく》をしたり歌やおどりで客を楽しませる仕事をする女性。

けいしゅう【▼閨秀】〈名〉芸術の分野などで、才能ゆたかな女性。例 閨秀作家。

けいしゅく【慶祝】〈名・する〉めでたいことを、よろこ

び、祝うこと。

けいしゅつ【掲出】〈名・する〉目につくように書き出して示すこと。例調査項目《こうもく》を掲出する。

げいじゅつ【芸術】〈名〉実用のためでなく、作品のおもしろさ、うつくしさ、迫力《はくりょく》などをつくりだすのを目的として、作品をつくること。また、そうしてつくられた文学・絵画・彫刻《ちょうこく》・音楽・映画などの作品。例芸術家。芸術的。芸術運動。総合芸術。

げいじゅつか【芸術家】〈名〉画家・彫刻《ちょうこく》家・音楽家など、芸術作品を生み出す人。類アーティスト。

げいじゅつてき【芸術的】〈形動〉❶芸術として鑑賞《かんしょう》するレベルに達している。❷芸術にかかわる。

げいしゅん【迎春】〈名〉新年をむかえること。

表現 年賀状などのあいさつのことばとして使う。

けいしょ【経書】〈名〉古代中国で、儒教《じゅきょう》の考えのよりどころとなった書物。易《えき》・書・詩・春秋・礼記《らいき》の五経《ごきょう》が中心になっている。

1 **けいしょう【形象】**〈名〉もののかたち。

表現 おもに、芸術の方面で使うことばで、ものを見たときに心の中にうかぶイメージをさす。

2 **けいしょう【敬称】**〈名〉人の名前にそえて、敬意を表わすよびかた。「さん」「様」「殿《どの》」などを使う。例敬称をつけてよぶ。文中敬称略。

3 **けいしょう【軽少】**〈形動〉数量や程度がすくないようす。例軽少な金額ですんだ。

4 **けいしょう【軽症】**〈名〉病気の程度がかるいこと。対重症。

5 **けいしょう【軽傷】**〈名〉かるいきず。かるいけが。対重傷。→じゅうしょう〔重傷〕参考

6 **けいしょう【景勝】**〈名〉景色がよいこと。景色のよい土地。例景勝の地。類名勝。

7 **けいしょう【警鐘】**〈名〉❶火災や大水の危険を知らせるために鳴らすかね。❷人々の注意をうながすようなものごと。例警鐘を鳴らす。類警告。

8 **けいしょう【継承】**〈名・する〉地位や財産、仕事などをうけつぐこと。例王位継承。類後継。

1 **けいじょう【刑場】**〈名〉死刑を行なうための場所。例刑場の露《つゆ》と消える。

2 **けいじょう【形状】**〈名〉ものの形やようす。

3 **けいじょう【計上】**〈名・する〉ある目的に必要な費用を、予算の中に加えておくこと。例出張費を予算に計上する。

4 **けいじょう【啓上】**〈名・する〉申しあげること。手紙で使うことば。例一筆啓上。

5 **けいじょう【経常】**〈名〉いつも変わらないこと。例経常費。類恒常《こうじょう》。

けいしょく【軽食】〈名〉簡単な食事。類スナック。

けいじょし【係助詞】〔文法〕その文のおもな話題をしめしたり、強調や疑問を表わしたりする助詞。また、述語の言い表わしかたに影響《えいきょう》をおよぼす。口語では「は」「も」「こそ」「でも」などがあるが、ふつうは係助詞という種類をたてないで、副助詞にふくめてあつかうことが多い。文語の係助詞は「は」「も」「ぞ」「なむ」「か」「や」「こそ」など。「係《かか》り(の)助詞」ともいう。→かかりむすび

けいず【系図】〈名〉祖先から今までの血すじのつながりを書いた図。類系譜《けいふ》。

1 **けいすう【計数】**〈名〉数をかぞえること。かぞえた数。例計数を整理する。

2 **けいすう【係数】**〈名〉❶〔数学〕代数の項の中で、変数にかけられる定数。たとえば、$3x$ の場合の3のこと。❷〔物理・化学〕比例の率を表わす数。

けい・する【敬する】〈動サ変〉尊敬する。かたい言いかた。

敬して遠《とお》ざける 敬遠《けいえん》する。

1 **けいせい【形成】**〈名・する〉まだ完成していないものをきちんとしたかたちに つくりあげること。例人格を形成する。人間形成。

2 **けいせい【形勢】**〈名〉勝負や競技など、対立関係をふくみながら変化していくものごとの、その時どきの状態。例形勢が逆転する。有利な形勢。類情勢。局面。

3 **けいせい【形声】**〈名〉漢字の六書《りくしょ》の一つ。意味を表わす漢字と、音を表わす漢字をくみあわせて新しい漢字をつくる方法。例形声文字。

参考 たとえば、水を表わす「氵《さんずい》」と、音を表わす「工《コウ》」をくみあわせて、川を意味する「江《コウ》」の字をつくるなど。現在使われている漢字の大部分は、この方法。

4 **けいせい【警世】**〈名〉世の中の人々をいましめ、警告を発すること。例警世のことば。

けいせいげか【形成外科】〈名〉からだの形の異常や、けが・やけどなどによる損傷を、手術などによって治す医学の分野。→せいけいしゅじゅつ参考

けいせき【形跡】〈名〉あることが行なわれたことを示すあと。例…の形跡がある。形跡を残す。類痕跡《こんせき》。

けいせつ【蛍雪】〈名〉貧乏《びんぼう》をのりこえて勉強すること。

由来 むかし、中国の貧しい人が、ホタルの光や雪の明かりで本を読んで勉強したという故事からでたことば。

蛍雪の功《こう》 苦労して勉強し、目的をとげること。

1 **けいせん【経線】**〈名〉地球上の同じ経度を、かりに線でむすんで表わしたもの。南極と北極とをとおり、緯線《いせん》と直角にまじわる。子午線。対緯線。→けいど〔経度〕

2 **けいせん【▼罫線】**〈名〉印刷物の紙面の、しきりや囲みの線。

けいそ【▼珪素】〈名〉〔化学〕単独では存在しないが、化合してたいていの岩石の中で主要成分になっている物質。半導体で、トランジスターやダイオードとして使われ、樹脂《じゅし》の材料にもなる。シリコン。元素の一つ。記号「Si」。

表記 理科の教科書などでは「ケイ素」と書く。

1 **けいそう【係争】**【▼繫争】〈名・する〉法廷《ほうてい》であらそっていること。例係争中の事件。

2 **けいそう【▼珪藻】**〈名〉代表的なプランクトンの一つ。淡水《たんすい》にも海水にもみられる。

表記 理科の教科書などでは「ケイソウ」とも書く。

3 **けいそう【軽装】**〈名〉からだを動かしやすい、身がるな服装。また、かたくるしくない服装。対盛装《せいそう》。重装備。

参考 出版物でいう「軽装版」は、もとどなる上製の本と同じ内容で作られた、安価な体裁《ていさい》の本のこと。

4 **けいそう【継走】**〈名・する〉⇩リレー①

けいぞう【恵贈】〈名・する〉人からものをおくられたとき、お礼の手紙に使うことば。類恵与《けいよ》。恵投。

表現 「…のご恵贈にあずかり、ありがとうございます」のように使う。

けいそうど【▼珪藻土】〈名〉珪藻がつもってできた土。研磨剤《けんまざい》などに使う。

けいそく【計測】〈名・する〉器械を使って、ものの長さ・重さ・広さ・深さ・速さなどをはかること。例計測器。類測定。計量。

表現 「測定」とほぼ同じように使われるが、「計測工学」と

 大岡忠相(ただすけ) (1677～1751) 江戸の町奉行。越前守。江戸の市政や裁判にあたった。

━いうように、「計測」の方がいっそう精密さを感じさせる。

けいぞく【継続】〈名・する〉前から行なわれていたことを、さらに続けること。例審議《しんぎ》を継続する。継続は力なり。継続的。類続行。持続。存続。

けいそつ【軽率】〈形動〉前後のことを考えもしないで、行動にうつしてしまう。例軽率なふるまい。対慎重《しんちょう》。類かるはずみ。そこつ。

けいそん【恵存】〈名〉自分の著作などを人におくるとき、礼儀《れいぎ》として相手の名前のあとに書きそえることば。「けいぞん」ともいう。

[1]**けいたい【形態・形体】**〈名〉外から見たすがた。例社会主義の形態。政治形態。

[2]**けいたい【敬体】**〈名〉文の終わりに「です」「ます」「ございます」など、ていねいな気持ちを表わすことばを使う文章の形式。対常体。

[3]**けいたい【携帯】**━〈名・する〉身につけて持ち歩くこと。例携帯ラジオ。類携行。たずさえる。━〈名〉「携帯電話」の略。

けいだい【境内】〈名〉神社や寺院の敷地《しき ち》の中。

けいたいでんわ【携帯電話】〈名〉電波を利用し、持ち歩いて使える、ポケットに入るくらいの小型の電話機。略して「携帯」ともいい、しばしば「ケータイ」と書かれる。対固定電話。

けいたく【恵沢】〈名〉めぐみ。恩恵。例恵沢に浴する。自由のもたらす恵沢。

げいたっしゃ【芸達者】〈形動〉いろいろな芸を器用にこなせる。「げいだっしゃ」ともいう。例芸達者なタレント。

けい(兄)たりがた(難)くてい(弟)たりがた(難)し どちらもすぐれていて、優劣《ゆうれつ》をつけがたい。中国のことわざ。

けいだんれん【経団連】〈名〉「日本経済団体連合会」の略。経済関係のさまざまな団体の意見をまとめて、政府にうったえかけるための機関。日本経団連。

けいちつ【啓▼蟄】〈名〉二十四節気の一つ。今の三月六日ごろ。参考「冬眠していた虫が地面にはいでてくる」が漢字の意味で、その時季とされる。

けいちゅう【傾注】〈名・する〉一つのことに心や力を集中すること。例安全対策に全力を傾注する。類専心。専念。没頭《ぼっとう》。没入。

[1]**けいちょう【軽重】**〈名〉かるいこととおもいこと。つまらないことと、だいじなこと。例鼎《かなえ》の軽重を問う(→かなえ表現)。事の軽重を考える。軽重をつけて優先順をきめる。

[2]**けいちょう【慶弔】**〈名〉結婚《けっこん》や出産などのおめでたいことと、葬式《そうしき》などの不幸なこと。

[3]**けいちょう【傾聴】**〈名・する〉心を集中してよくきくこと。例患者《かんじゃ》のうったえを傾聴する。傾聴にあたいする。

けいちょうふはく【軽▼佻浮薄】〈名・形動〉おちついたところがなく、ことばや動作がかるはずみであること。例軽佻浮薄な輩《やから》。類上《うわ》っ調子。

けいつい【▼頸椎】〈名〉首のほね。脊椎《せきつい》の首の部分にあるもの。七つのほねとその間にある椎間板《ついかんばん》からなり、頭蓋骨《ずがいこつ》をささえている。

けいてい【兄弟】〈名〉「きょうだい」の漢文脈でのことば。例兄弟相《あい》競《きそ》う。

けいてき【警笛】〈名〉危険を知らせて、注意をうながすために鳴らす、ふえやサイレン。類クラクション。

けいてん【経典】〈名〉❶聖人や賢人《けんじん》など、すぐれた人の教えを書いた本。とくに、「経書《けいしょ》」をさす。❷宗教の根本となる本。

けいと【毛糸】〈名〉セーターなどを編むのに使う、ヒツジなどの毛をつむいでつくった糸。例毛糸のマフラー。

[1]**けいど【経度】**〈名〉地球上のある地点が、イギリスの旧グリニッジ天文台を基準点として、東や西へはなれている度合い。その地点の経線と、基準点をとおる経線とが地球の中心に対してなす角度で表わされる。東西それぞれ一八〇度まであり、東経…度、西経…度という。対緯度《いど》。

[2]**けいど【軽度】**〈名〉程度がかるいこと。けがや病気などについていうことが多い。例軽度のやけど。対強度。重度。

[1]**けいとう【系統】**〈名〉❶順序よくたどることのできるすじみち。例系統をたてる。命令系統。系統だてる。系統的。類系列。❷同じ血すじのつながり。例系統をひく。源氏の系統。類血統。流れ。❸学問や芸術などで、人から人へと受けつがれていくつながり。類流派。系列。

[2]**けいとう【傾倒】**〈名・する〉ある人やものごとにすっかり心をうばわれたり、それをふかく尊敬したりして、むちゅうになること。例文学に傾倒する。

[3]**けいとう【鶏頭】**〈名〉庭などにうえる草花の一種。一年草。夏から秋にかけて、ニワトリのとさかのようなかたちの、赤やきいろの花がさく。

けいどう【形動】〔文法〕「形容動詞《けいようどうし》」の略。

げいとう【芸当】〈名〉❶技芸や曲芸など、訓練を積んでできるようになるものごと。❷するのがとてもむずかしいものごとのたとえ。

げいどう【芸道】〈名〉芸能や技芸のみち。

けいとうじゅ【系統樹】〈名〉生物の進化のようすを一本の木にたとえて示したもの。根もとに近い部分が原始的生物、上方の枝《えだ》が高等な生物として示される。また、これになぞらえて、ものごとのたがいの関係を示したもの。

けいとうだ・てる【系統立てる】〈動下一〉内容や順序をきちんと組み立てる。例系統立ててわかりやすく教える。

けいとうてき【系統的】〈形動〉順序よく続いている。例系統的な学習法。

けいどうみゃく【▼頸動脈】〈名〉のどの左右にある、頭部に血液を送る太い血管。

けいにく【鶏肉】〈名〉食品としてのニワトリの肉。とり肉。類かしわ。チキン。

げいにん【芸人】〈名〉❶演芸を職業とする人。❷芸の達者な人。例かれはなかなかの芸人だ。

けいねん【経年】〈名〉年月が経過すること。例建物が経年劣化《れっか》する。

げいのう【芸能】〈名〉演劇や映画、軽音楽や民族音楽、落語など、娯楽《ごらく》として人々に見せたり聞かせたりするもの。例芸能界。芸能人。参考古典芸能(伝統《でんとう》芸能)では、能・文楽《ぶんらく》・歌舞伎《かぶき》が三大芸能とされる。

げいのうじん【芸能人】〈名〉映画・演劇・演芸・音楽・おどりなどで人々を楽しませることを仕事にしている人。類タレント。芸人《げいにん》。

けいば【競馬】〈名〉❶騎手《きしゅ》の乗ったウマを競走させ、先着順を予想した馬券を発売して、観客にお金をかけさせるかけごと。❷ウマを走らせる競走。例草競馬。

けいはい【軽輩】〈名〉❶「下っ端《ぱ》」の意味の、書きこ

とば的な言いかた。❷自分の身分を謙遜《けんそん》していう言いかた。類弱輩。

[1]**けいはく【敬白】** 手紙の、むすびに使うことば。「つつしんで申しあげました」ということ。類敬具。

表現 手紙では「拝啓」と「敬具」の対《つい》が多く使われるが、「敬白」は「敬具」よりさらに丁重《ていちょう》な気持ちを表わすので、「謹啓《きんけい》」と対にして使う傾向《けいこう》がある。

[2]**けいはく【軽薄】**〈形動〉言ったりしたりすることの調子がよすぎて、いいかげんだと思われるようす。例軽薄な男。対重厚《じゅうこう》。類うすっぺら。

けいはつ【啓発】〈名・する〉知らなかったことを気づかせて、その人の知識や考えをゆたかにすること。例この本にはずいぶん啓発された。類啓蒙《けいもう》。

けいばつ【刑罰】〈名〉罪をおかした者に、国があたえるばつ。例刑罰を科す。刑罰をうける。

参考 死刑・懲役《ちょうえき》・禁錮《きんこ》・罰金などがある。

けいはん【京阪】〈名〉京都と大阪《おおさか》の地域。類上方《かみがた》。

けいはんざい【軽犯罪】〈名〉公衆道徳にそむく程度の、かるい犯罪。立ち小便、物乞《ものご》いなど。

けいはんしん【京阪神】〈名〉京都と大阪《おおさか》と神戸《こうべ》の地域。

けいひ【経費】〈名〉ものごとを進めていくときにかかるお金。例経費がかかる。経費を節約する。必要経費。諸《しょ》経費。類費用。

[1]**けいび【軽微】**〈形動〉わずかである。被害《ひがい》や損害がかるい場合にいう。

[2]**けいび【警備】**〈名・する〉非常の場合にそなえて、建物などを警戒《けいかい》して守ること。例警備員。警備会社。類警護。

[1]**けいひん【京浜】**〈名〉東京と横浜の地域。例京浜工業地帯。アケーヒン

[2]**けいひん【景品】**〈名〉おまけとして商品にそえる品物。例景品をつける。アケーヒン

げいひんかん【迎賓館】〈名〉外国からの大事な客を国がもてなすための施設《しせつ》。

[1]**けいふ【系譜】**〈名〉❶先祖代々の血すじのつながり。類系図。❷あるものごとの影響《えいきょう》をうけて、同じような特徴《とくちょう》をもってつづいていく一連のながれ。例この小説はロマン主義の系譜に属している。

[2]**けいふ【継父】**〈名〉母の再婚《さいこん》によって父となった人。対実父。類まま父。▽アケーフ

[1]**けいぶ【警部】**〈名〉警察官の階級の一つ。アケーフ

〔警官〕参考

[2]**けいぶ【軽侮】**〈名・する〉人を、たいしたことはないとみて、ばかにすること。例軽侮の目で人を見る。類軽蔑《けいべつ》。侮蔑《ぶべつ》。見くだす。

[3]**けいぶ【▼頸部】**〈名〉首。また、首のようにほそくなっている部分。

げいふう【芸風】〈名〉その人、または、その人の系統の、独特の芸のやりかたや、もちあじ。

けいふく【敬服】〈名・する〉その人のりっぱさやえらさを知って、心から感心して尊敬の念をもつこと。例不屈《ふくつ》の執念《しゅうねん》に敬服させられた。類感服。

けいぶつ【景物】〈名〉四季おりおり、その季節にふさわしいおもむきをそえるもの。例春の景物のさくら。

けいふん【鶏▼糞】〈名〉肥料用のニワトリのふん。

けいべつ【軽蔑】〈名・する〉人やものごとを「いやしい」「おとっている」などと見さげること。例軽蔑のまなざし。対尊敬。類軽侮《けいぶ》。侮蔑。見くだす。さげすむ。

けいべん【軽便】〈形動〉だれにでも手がるに利用できて便利なこと。例軽便鉄道。類簡便。

[1]**けいぼ【敬慕】**〈名・する〉尊敬し、その人がらをなつかしくしたうこと。例敬慕の念。類敬愛。

[2]**けいぼ【継母】**〈名〉父の再婚《さいこん》によって母となった人。対実母。生母。類まま母。

[1]**けいほう【刑法】**〈名〉〔法律〕どのような行為《こうい》が犯罪となるか、また、犯罪者にどのような刑罰《けいばつ》をあたえるかをさだめた法律。アケーホー

[2]**けいほう【警報】**〈名〉災害や事故を警戒《けいかい》するよう、人々に強くよびかける知らせ。例警報をだす。警報を解除する。警報器。警報音。気象警報。→ちゅういほう・とくべつけいほう アケーホー

けいぼう【警棒】〈名〉警察官が護身・攻撃《こうげき》のために、腰《こし》に下げるなどして携帯《けいたい》している短い棒。

けいほうき【警報器】〈名〉火事・ガスもれなどを自動的に感じとり、知らせる装置《そうち》。

けいま【▼桂馬】〈名〉将棋《しょうぎ》のこまの一つ。一ますへだてた前方の左右にすすむ。略して「桂」ともいう。

けいみょう【軽妙】〈形動〉さらっとして、気がきいている。例軽妙なしゃれ。軽妙洒脱《しゃだつ》。

けいむしょ【刑務所】〈名〉刑の決まった犯罪者を収容しておくところ。類監獄《かんごく》。拘置所《こうちしょ》。

けいめい【鶏鳴】〈名〉にわとりの鳴き声。また、にわとりが鳴きはじめる明けがた。

げいめい【芸名】〈名〉芸能人が職業上使う名前。

けいもう【啓▼蒙】〈名・する〉人々に新しい知識や考えをあたえて、目をひらかせること。類啓発。

けいもうしそう【啓▼蒙思想】〈名〉一七世紀の後半から一八世紀にかけて、ヨーロッパにおこった思想。合理的な考えにもとづいて封建《ほうけん》制度を批判し、人間の解放を目ざして、フランス革命に大きな影響をあたえた。

けいもうしゅぎ【啓▼蒙主義】〈名〉ものごとを合理的に判断しようとする考えかた。啓蒙思想。

けいやく【契約】〈名・する〉売買や貸借《たいしゃく》、雇用《こよう》などの約束をかわすこと。例アパートを契約する。契約をとる。契約をむすぶ。契約書。契約期間。契約社員。

けいやくしゃいん【契約社員】〈名〉正社員でなく、期間と仕事の内容を限定した契約をしたうえで会社にやとわれる労働者。

[1]**けいゆ【経由】**〈名・する〉❶目的地へ行くのに、ある地点を通って行くこと。例新宿《しんじゅく》経由東京行き。ロンドンを経由してパリへ行く。❷ものがとどく途中《とちゅう》で、あるしくみをとおすこと。例ネットワークを経由する。代理店経由で入手する。▽アケーユ ケーユ

[2]**けいゆ【軽油】**〈名〉石油の原油からとれる油の一種。ディーゼルエンジンの燃料などに使う。対重油。アケーユ

げいゆ【鯨油】〈名〉クジラからとった油。せっけんなどの原料にする。

[1]**けいよう【形容】**〈名・する〉ものごとのようすや性質を、いろいろなことばやたとえを使って、言い表わすこと。例なんとも形容しがたい異様な光景だった。

[2]**けいよう【京葉】**〈名〉東京と千葉の地域。例京葉工業地帯。

[3]**けいよう【掲揚】**〈名・する〉旗などを、高いところにかかげること。例国旗掲揚。対降納。

 大隈重信(おおくましげのぶ)(1838～1922) 明治～大正時代の政治家。首相。佐賀の人。立憲改進党を結成した。

けいようし【形容詞】〔文法〕「青い」「やかましい」「うれしい」「痛い」「かゆい」のように、ものごとの性質や状態をえがいたり、人間の感情や感覚を表わしたりすることば。活用をする自立語で、動詞と同様、述語になるほか、連体修飾語や連用修飾語になる。終止形の活用語尾は口語では「い」で終わる。→巻末の「形容詞の活用」

けいようどうし【形容動詞】〔文法〕「しずかだ」「軽快だ」「まろやかだ」のように、ものごとの性質や状態をえがいたり、人間の感情や感覚を表わしたりすることば。活用をする自立語で、動詞とおなじように、述語になるほか、連体修飾《しゅうしょく》語や連用修飾語になる。終止形の活用語尾は、「だ」「です」となる。→巻末の「形容動詞の活用」 参考 形容動詞は、辞書では、語幹を見出しとしてたてるのがふつう。たとえば、「しずか」「軽快」のように。

けいら【警▼邏】〈名・する〉「パトロール」のこと。

けいらん【鶏卵】〈名〉ニワトリのたまご。

けいり【経理】〈名〉会社や団体などで、金銭の出し入れや、財産に関する仕事。また、その係。例経理をあずかる。経理部。類会計。

けいり【刑吏】〈名〉死刑をとり行なった役人。

けいり【警吏】〈名〉「警官」の古い言いかた。

けいりゃく【計略】〈名〉自分につごうのいいようにものごとを進めたり、相手をだましたりするための計画。例計略をめぐらす。計略にひっかかる。類策略。はかりごと。

けいりゅう【係留】【▼繫留】〈名・する〉船を港につないでおくこと。気球などについてもいう。

けいりゅう【渓流】〈名〉谷をながれる川。類谷川。

けいりょう【軽量】〈名〉重さがかるいこと。例軽量の力士。対重量。

けいりょう【計量】〈名・する〉重さや分量をはかり数に表わすこと。例計量カップ。類計測。

けいりん【競輪】〈名〉観客に自転車競技の先着順を予想させ、お金をかけさせるかけごと。例競輪場。

けいるい【係累】【▼繫累】〈名〉めんどうをみなければならない家族。例係累が多い。

けいれい【敬礼】〈名・する〉敬意を表わすために、おじぎや挙手などの、きちんとした礼をすること。また、その礼の動作。例最敬礼。

けいれき【経歴】〈名〉人が今までにどんな学校にかよい、また、どんな仕事をしてきたか、どんな生活をしてきたか、ということ。例過去に暗い経歴をもつ。類履歴《りれき》。素性《すじょう》。過去。→おいたち 表現

けいれつ【系列】〈名〉資本や人脈などで、むすびつきのたどれる関係。例系列会社。類系統。

けいれん【▼痙▼攣】〈名・する〉筋肉が急にひきつること。多く痛みをともなう。例けいれんを起こす。

けいろ【毛色】〈名〉動物の毛の色。アケイロ

表現「毛色の変わった…」といえば、同種のものの中で、ひときわちがったようすをしているものをいう。

けいろ【経路】〈名〉途中《とちゅう》の道すじ。例経路を変更《へんこう》する。入手経路。類ルート。アケーロ

けいろうのひ【敬老の日】〈名〉国民の祝日の一つ。九月の第三月曜日。「多年にわたり社会につくしてきた老人を敬愛《けいあい》し、長寿《ちょうじゅ》を祝う」ための日。

けう【▽希有】【▼稀有】〈形動〉あるのがふしぎなほど、めったにない。例希有な事件。類希代《きたい》。希少。

ケーキ〈名〉西洋風の菓子《かし》。小麦粉や砂糖、たまごなどからつくる。例ショートケーキ。◇cake

げーこ（方言）芸者。おもに関西で言う。例げーこ(芸子)はん。

ケース〈名〉❶中身を保護するための入れもの。箱。外箱。例ケースに入れる。スーツケース。ガラスケース。類ボックス。❷場合。例ケースに応じる。特殊《とくしゅ》なケース。モデルケース。◇case

ケーススタディー〈名〉実際の事例を分析《ぶんせき》・研究し、そこから一般《いっぱん》的な考え方をみちびきだす方法。事例研究。◇case study

ケースバイケース〈名〉それぞれの場合に応じて処置のしかたがちがうこと。参考 英語の case by case は「ひとつずつ(順番に)」という意味。

ケースワーカー〈名〉生活上のさまざまな問題に苦しみ、自分一人では解決できない人のために、個別に相談にのってアドバイスや指導《しどう》をあたえる仕事をする人。「社会福祉《ふくし》事業員」の新しい言いかた。生活保護《ほご》の受給資格《しかく》の審査《しんさ》も行なう。◇caseworker

ケータリング〈名〉パーティーや宴会《えんかい》の会場に、料理を配達したり、料理人が出向いて料理を作ったりする仕事。例ケータリングサービス。◇catering

ゲート〈名〉出入り口。門。例正面ゲート。◇gate

ゲートボール〈名〉スティックで木製などのボールを打ち、小さな門(ゲート)をくぐらせてゴールに運ぶ、日本独自の競技。一チーム五人。

ゲートル〈名〉歩きやすいように、すねにまきつける布。軍装に多い。類脚絆《きゃはん》。◇《フランス》guêtres

ケープ〈名〉そでのない、短いコート。◇cape

ケーブル〈名〉❶電線をたばねて、その上を絶縁《ぜつえん》体でおおったもの。例海底ケーブル。❷針金やアサをよってつくった太いつな。◇cable

ケーブルカー〈名〉急斜面《しゃめん》のレールの上を、「ケーブル❷」を使って車両を上下させる方式の鉄道。◇cable car 参考「ロープウェー」をさすこともある。

ケーブルテレビ〈名〉アンテナの代わりに、特定の地域にひかれたケーブルを通してテレビ放送を受信する方式。有線テレビ。CATV。◇cable television の日本での省略語。

ゲーム〈名〉❶ルールにのっとって、勝ち負けや、得点などをあらそう遊び。例ゲームセンター。ゲームオーバー。ゲームソフト。ゲームアプリ。❷スポーツなどの試合。例ゲームセット。シーソーゲーム。好ゲーム。◇game

ゲームセット〈名〉勝負がついて終わりになること。試合終了《しゅうりょう》。◇テニスでいう game and set から。

ゲームセンター〈名〉コインを入れて遊ぶ大きなゲーム機がたくさん置いてあるところ。俗《ぞく》に「ゲーセン」と略す。参考 日本での複合語。英語では arcade（アーケード）という。

けおさ・れる【気おされる】【気▽圧される】〈動下一〉相手のいきおいになんとなく圧倒《あっとう》されて、やろうとしたことができなくなる。例相手のけんまくに気おされてだまりこんだ。類たじろぐ。

けおと・す【蹴落とす】〈動五〉❶足でけって、下へおとす。❷自分がある地位につくために、競争相手を強引におしのけたり、その地位の人をしりぞかせたりする。例ライバルをけおとす。類失脚《しっきゃく》させる。

けおり【毛織り】〈名〉毛糸で布や衣服を織ること。例毛織物。類ウール。

けおりもの【毛織物】〈名〉毛糸でおったおりもの。

けが【▽怪我】〈名・する〉❶からだの一部にきずを負うこ

と。また、そのきず。例けがのあと。けがをする。けが人。おおけが。類負傷。外傷。❷小さな過失や災難。例これといったけがもなく、定年をむかえることができた。

けがの功名《こうみょう》 失敗だと思っていたり、なにげなくやったりしたことが、思いがけなくよい結果になること。

げか【外科】〈名〉医学の一部門。けがを治療《ちりょう》したり、病気を手術によってなおしたりする分野。対内科。

げかい【下界】〈名〉きよらかな天上の世界に対して、人間がすんでいるごみごみした地上の世界。類この世。

けがき【▼罫書き】〈名〉工作物を加工するとき、前もって必要な線や円、寸法などを書き入れること。

けが・く【▼罫書く】〈動五〉「けがき」を行なう。

けが・す【汚す】〈動五〉「よごす」の古い言いかた。だいじなものの価値をそこなう。例名をけがす。家名をけがす。名誉《めいよ》をけがす。末席をけがす(→まっせき表現)。類はずかしめる。

けがにん【けが人】【▽怪我人】〈名〉傷を負った人。例けが人が出る。類負傷者。

けがらわし・い【汚らわしい】〈形〉相手のけがれが自分にもうつるようで、いやな感じだ。例あんな汚らわしい男は顔も見たくない。類きたならしい。

けがれ【汚れ】〈名〉純粋《じゅんすい》さや神聖さがきずつけられて、よごれていること。例汚れをはらい清める。汚れを知らない子どもたち。

けが・れる【汚れる】〈動下一〉「よごれる」の古い言いかた。だいじなものの価値がそこなわれる。例けがれた金。名がけがれる。家名がけがれる。

けがわ【毛皮】〈名〉毛がついたままで加工してある、けものの皮。衣服などをつくる。

常用漢字	げき

【隙】 阝部10 全13画 隙隙隙隙隙隙

ゲキ すき 音[ゲキ] 間隙《かんげき》。空隙《くうげき》。訓[すき] 隙。隙間。

【劇】 刂部13 全15画 ※劇劇劇劇劇劇

ゲキ 教小6 音[ゲキ] 劇場《げきじょう》。劇団《げきだん》。劇作《げきさく》。劇薬《げきやく》。演劇《えんげき》。歌劇《かげき》。喜劇《きげき》。悲劇《ひげき》。

【撃(擊)】 手部11 全15画 撃撃撃撃撃

ゲキ うつ 音[ゲキ] 撃墜《げきつい》。撃沈《げきちん》。撃退《げきたい》。攻撃《こうげき》。打撃《だげき》。射撃《しゃげき》。銃撃戦《じゅうげきせん》。衝撃《しょうげき》。訓[うつ] 撃つ。撃ち落とす。早撃ち。

【激】 氵部13 全16画 激激激激激激

ゲキ はげしい 教小6 音[ゲキ] 激戦《げきせん》。激痛《げきつう》。激減《げきげん》。激動《げきどう》。激《げき》する。過激《かげき》。感激《かんげき》。刺激《しげき》。急激《きゅうげき》。訓[はげしい] 激しい。

げき[1]【劇】〈名〉それぞれ役にふんした人が、舞台《ぶたい》で、ある物語を演じること。また、その物語。ドラマ。例劇を上演する。人形劇。類芝居《しばい》。演劇。

げき[2]【▼檄】〈名〉「檄文」の冒頭《ぼうとう》にかかげることば。

檄を飛《と》ばす ❶檄文を方々《ほうぼう》に急いで配る。❷叱咤激励《しったげきれい》する。類発破《はっぱ》をかける。活を入れる。注意①が本来の意味だが、テレビのスポーツ中継《ちゅうけい》などでの誤用《ごよう》から、②の意味でも使われるようになった。

げきえいが【劇映画】〈名〉劇のように、物語としての筋立てをもつ映画。対記録映画。

げきえつ【激越】〈形動〉感情がひどく興奮しているようす。例激越な口調。

げきか[1]【劇化】〈名・する〉小説や事件などを劇として上演できるようにすること。類脚色《きゃくしょく》。

げきか[2]【激化】〈名・する〉戦争や競争などが、前よりはげしくなること。「げっか」ともいう。例激化の一途《いっと》をたどる。

げきが【劇画】〈名〉写実的な物語性とうごきを中心とする傾向《けいこう》の漫画《まんが》。参考ユーモアやこっけいさを中心とした「漫画」に対して、あとからできたことば。

げきから【激辛】〈名・形動〉舌がひりひりして、感覚がまひするほどからいこと。俗《ぞく》なことば。例激辛カレー。

げきげん【激減】〈名・する〉数や量が、急に大きくへること。例野生動物が激減する。対激増。

げきこう【激高・激▼昂】〈名・する〉かっとなって、はげしくいかること。げっこう。類激怒《げきど》。憤激《ふんげき》。

げきさく【劇作】〈名・する〉演劇の脚本《きゃくほん》を書くこと。また、その脚本。

げきさっか【劇作家】〈名〉演劇の脚本《きゃくほん》を書くことを仕事にしている人。

げきし【劇詩】〈名〉戯曲《ぎきょく》のかたちで書かれた詩。たとえば、ゲーテの「ファウスト」など。

げきしょう【激賞】〈名・する〉この上なくほめたたえること。例批評家の激賞をあびる。類絶賛。ほめちぎる。

げきじょう[1]【劇場】〈名〉劇や映画などを多くの客に見せるための建物。参考世間をさわがせ、マスメディアに注目されることによって自己顕示《じけんじ》欲をみたしながら行なわれる犯罪のことを、「劇場型犯罪」という。

げきじょう[2]【激情】〈名〉おさえがたいいきおいでわきおこる感情や欲望。例激情にかられる。激情型(の人)。

げきしょく【激職・劇職】〈名〉職務上の地位で、重要な仕事のために、非常にいそがしいポスト。例激職にある。対閑職《かんしょく》。類激務。

げきしん[1]【撃針】〈名〉小銃《しょうじゅう》の部品の一つ。針のようなかたちをしていて、雷管《らいかん》に衝撃《しょうげき》をあたえ、火薬に点火するはたらきをする。

げきしん[2]【激震】〈名〉集団がうける、すさまじい動揺や影響《えいきょう》。例汚職《おしょく》事件で政界に激震が走る。参考かつて八段階に分けられていた震度の最高段階。

げきじん【激甚】〈形動〉とてもひどい。例激甚な損害をこうむる。

げき・する【激する】〈動サ変〉気持ちやものごとの状態がはげしくなる。例感情が激する。

げきせん【激戦】〈名〉全力をつくしてぶつかりあう、はげしいたたかい。例激戦をくりかえす。激戦地。

げきぞう【激増】〈名・する〉数や量が、急に大きくふえること。対激減。類急増。

げきたい【撃退】〈名・する〉敵を追いはらうこと。おしかけてくる相手をよせつけないこと。

げきだん【劇団】〈名〉演劇の制作や上演などを目的とする人たちによって組織された団体。

げきちゅうげき【劇中劇】〈名〉ある劇の中に出てくる、別の劇の場面。

げきちん【撃沈】〈名・する〉敵の船を攻撃《こうげき》してしずめること。

げきつい【撃墜】〈名・する〉敵の飛行機やミサイルをうちおとすこと。

 大塩平八郎(おおしおへいはちろう)(1793～1837) 大坂町奉行の与力。貧民を救おうとして乱を起こしたが失敗。

げきつう【激痛・劇痛】〈名〉がまんできないほどの、ひどい痛み。例激痛がはしる。対鈍痛《どんつう》。

げきてき【劇的】〈形動〉うるわしい情景や感激《かんげき》のシーンといった、まるで劇を見ているような感じの場面である。例劇的な出会い。類ドラマチック。

げきど【激怒】〈名・する〉はげしいいかりをぶつけること。また、はげしいいかり。類憤激《ふんげき》。激昂《げっこう》。

げきどう【激動】〈名・する〉世の中が、大きくゆれうごくこと。例激動する社会を生きぬく。激動の二十世紀。

げきとつ【激突】〈名・する〉非常な勢いでぶつかること。

げきは【撃破】〈名・する〉攻撃《こうげき》して、敵をうちやぶること。類撃滅《げきめつ》。

げきはく【激白】〈名・する〉衝撃《しょうげき》的なこと、または長く心にとどめていたことを、一気に打ち明けること。大衆向け週刊誌やテレビのワイドショーで使うことば。

げきひょう【劇評】〈名〉演劇作品についての批評。

げきぶつ【劇物】〈名〉法律で規制されている、人体に対する毒性をもつ物質。硫酸《りゅうさん》や硝酸《しょうさん》など。

げきぶん【▼檄文】〈名〉社会的な問題を指摘《してき》し、強い調子で自分の主張を書いて人々にうったえ、ともに立ちあがるようによびかける文書。→げき〔檄〕

げきへん【激変・劇変】〈名・する〉ものごとの状態が急に大きくかわること。例情勢が激変する。

げきむ【激務・劇務】〈名〉やりきれないほどいそがしい、心身をつかれさせる任務。例激務にたえる。類激職。

げきやく【劇薬】〈名〉はげしい作用があり、使いかたをまちがえると生命にかかわる薬品。類毒薬。

げきやす【激安】〈名・形動〉商品の販売《はんばい》価格がひどく安いこと。俗《ぞく》なことば。例激安ショップ。

けぎらい【毛嫌い】〈名・する〉これというわけもないのに、どうもがまんができないで、きらうこと。類嫌悪《けんお》。

げきりゅう【激流】〈名〉ひじょうにはげしい水のながれ。例激流にのまれる。類急流。奔流《ほんりゅう》。

げきりん(▽逆▼鱗)にふ(触)れる えらい人のはげしいいかりを買う。

表現 もともとは、天皇などのいかりを買うこと。「逆鱗」は、竜《りゅう》ののどにあるという逆むきのうろこで、これにさわると竜がはげしくおこる、ということからできた言いかた。

げきれい【激励】〈名・する〉はげまして、元気づけること。例選手を激励する。激励会。類発破《はっぱ》をかける。

げきれつ【激烈】〈形動〉非常にはげしい。例激烈な競争。類熾烈《しれつ》。猛烈《もうれつ》。

げきろう【激浪】〈名〉高くはげしい波。

げきろん【激論】〈名・する〉たがいにゆずらないで、はげしく議論すること。例激論をたたかわす。激論をかわす。

げけつ【下血】〈名・する〉消化器官からの出血が、大便にまじって肛門《こうもん》から出ること。

けげん【『▽怪▼訝』】〈形動〉「どうも変だな」と思っている。例けげんなおももち。類いぶかしい。

げこ【下戸】〈名〉酒があまりのめない人。対上戸《じょうご》。

げこう【下校】〈名・する〉児童や生徒が、学校から帰ること。例下校時間。対登校。

げこくじょう【下▼剋上】〈名〕〔歴史〕地位の下の者が上の者をおしのけて、勢力をふるうこと。室町《むろまち》時代から戦国時代にかけての世の中の、社会的傾向《けいこう》をさしていうことが多い。例下剋上の世。

けさ[1]【今朝】〈名〉きょうの、この朝と、もう過ぎた朝。ア ケサ

けさ[2]【▼袈▼裟】〈名〉僧侶《そうりょ》が左肩《ひだりかた》から右わきにかけて衣《ころも》の上にまとう、長方形の布。◇もとサンスクリット語。アケサ

表現 一枚二枚と数えるが、本来の数えかたは一領《いちりょう》二領《りょう》。

げざ【下座】〈名〉❶⇩しもざ 対上座《じょうざ》。❷芝居《しばい》や寄席《よせ》で、舞台《ぶたい》の左がわで、客席からは見えないところ。音楽を奏《そう》する人たちがすわる。また、その音楽。

げざい【下剤】〈名〉胃や腸にあるものを、はやく肛門《こうもん》から出させる飲みぐすり。類通じ薬。くだし薬。

けさがけ【▼袈▼裟掛け・▼袈▼裟懸け】〈名〉❶布などを、けさのように、一方の肩《かた》からもう一方のわきにかけること。❷刀で相手の肩からななめにきりおろすこと。

げさく【▽戯作】〈名〉❶遊び半分に書いた小説。❷〔文学〕江戸《えど》時代後期の通俗《つうぞく》小説類。洒落本《しゃれぼん》・滑稽本《こっけいぼん》・黄表紙・読本《よみほん》・人情本など。

げざん【下山】〈名・する〉のぼった山からおりること。「げさん」ともいう。対登山。

けし【『▼芥子』】〈名〉アヘン(阿片)という麻薬《まやく》のとれる二年草。初夏、白や赤などの四弁の大きな花をつける。

げし【夏至】〈名〉二十四節気の一つ。北半球では、今の六月二十二日ごろ。一年中で昼の長さがもっとも長くなる。対冬至《とうじ》。

けしいん【消印】〈名〉❶消したしるしとしておす印。❷郵便局で、切手やはがきが使われたしるしにおす、日づけの印。類スタンプ。

けしか・ける【『▼嗾ける』】〈動下一〉❶相手をその気にさせるように強くはたらきかける。類そそのかす。あおる。たきつける。使嗾《しそう》する。❷イヌなどをいきおいづけて、相手を攻撃《こうげき》させる。

け(▽怪)しからん まったくよくない。ゆるせない。例けしからんやつ。遅刻とはけしからん。

表現 話し手がはげしく腹を立てていたり、非難の気持ちが強いときに使う。

けしき[1]【気色】〈名〉❶顔つきや態度にあらわれる感情。例思いつめた気色でひとことも話さない。類気色《きしょく》。❷変化がおきそうなようす。例いっこうに立ちあがる気色も見えない。類気配《けはい》。

けしき[2]【景色】〈名〉山や川、海などの自然の風物のながめ。例景色がいい。冬景色。類風景。風光。景観。→にほんさんけい

けしきば・む【気色ばむ】〈動五〉むっとした気持ちが顔や態度にでる。

げじげじ【『▼蚰▼蜒』】〈名〉節足動物の一種。長い足がたくさんある三センチメートルほどの虫。例げじげじまゆ。

けしゴム【消しゴム】〈名〉鉛筆などで書いた文字や絵をこすって消すための文房具《ぶんぼうぐ》。いまはプラスチック製のものが多い。ゴム消し。

けしさ・る【消し去る】〈動五〉あとかたもなく、なくしてしまう。例記憶を消し去る。類消去《しょうきょ》する。

けしつぶ【けし粒】【『▼芥子粒』】〈名〉❶ケシのたね。❷とても小さくこまかいもののたとえ。例宇宙の大きさからすれば、人間など、けし粒のようなものだ。類あわ粒。

けしと・ぶ【消し飛ぶ】〈動五〉飛ばされて、なくなる。例心を大きくもてば、心配なんて消し飛んでしまう。

けしと・める【消し止める】〈動下一〉火が燃え広がるのを、消してくいとめる。例火事を消し止める。

表現 うわさなどが広がらないようくいとめる意味でも使う。

大杉栄(おおすぎさかえ) (1885～1923) 無政府主義者。大正時代の労働運動に大きな影響をあたえた。

けじめ〈名〉人のふるまいかたについて、はっきりさせておくことが必要と見なされる区別・くぎり。例 公私のけじめをつける。いさぎよく辞任してけじめをつける。類 折り目。節度。

げしゃ【下車】〈名・する〉電車やバスなどの乗り物からおりること。例 バス停下車、徒歩五分。途中《とちゅう》下車。対 乗車。類 降車。

げしゅく【下宿】〈名・する〉他人の家の部屋をかりて住むこと。その部屋。例 下宿屋。下宿先。類 間借り。
表現 学生など、独身者が住む場合にいうことが多い。

げしゅにん【下手人】〈名〉「殺人犯」の古い言いかた。

げじゅん【下旬】〈名〉ひと月を十日ずつ、三つにわけたうちの終わりの十日間。二十一日から月末までのあいだ。対 上旬。中旬。

げじょ【下女】〈名〉むかし、やとわれて家事や雑用をした女の使用人。対 下男。

けしょう【化粧】〈名・する〉❶顔に、おしろいやべになどをぬって、美しく見えるようにすること。例 化粧がのる。化粧がくずれる。けばけばしい化粧。化粧品。うす化粧。類 メーク。メーキャップ。❷ものの外見をきれいにすること。例 (すもうの)化粧まわし。化粧合板。雪化粧。

げじょう【下乗】〈名・する〉神社や寺などの境内《けいだい》で、礼儀作法として、乗っている車などからおりること。

けしょうしつ【化粧室】〈名〉トイレ。おもに女性用の施設《しせつ》をさしていうことば。

けしょうすい【化粧水】〈名〉肌《はだ》あれを防ぐ、水のような化粧品。

けしょうだい【化粧台】〈名〉化粧道具をおく台。

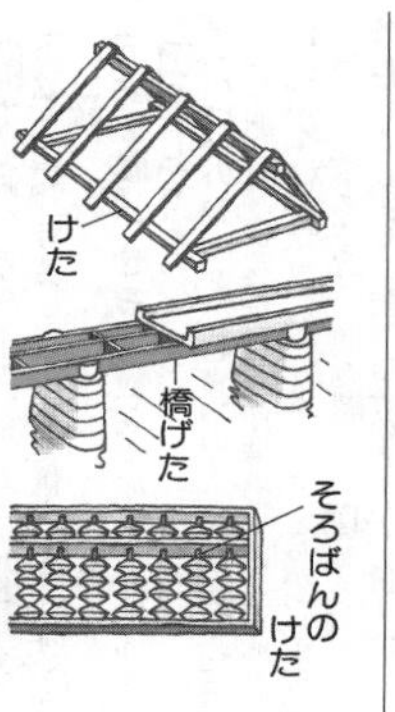

［けた］

化粧をするための、鏡のついた家具。類 ドレッサー。

けしょうなおし【化粧直し】〈名〉❶化粧のくずれをととのえること。❷建物の外観などをきれいに直すこと。

けしょうばこ【化粧箱】〈名〉❶おくり物を入れるのに使うきれいな箱。❷化粧道具を入れておく箱。

けしょうまわし【化粧回し】〈名〉力士が土俵入りのときに腰《こし》につけるまわし。はなやかな刺繍《ししゅう》のある前だれがついている。

けじらみ【毛じらみ】〖毛▼虱〗〈名〉人の陰毛《いんもう》部に寄生して血をすう、一・五《ミリメートル》ほどのシラミ。

けしん【化身】〈名〉神仏などが、人間や動物のすがたになって、この世に現れたもの。例 観音菩薩《かんのんぼさつ》の化身。悪魔《あくま》の化身。類 権化《ごんげ》。

け・す【消す】〈動五〉❶火や光をなくす。例 火を消す。火事を消す。明かりを消す。ふみ消す。対 つける。❷電気器具のスイッチを切る。例 テレビを消す。ラジオを消す。スタンドを消す。対 つける。類 とめる。❸視界からなくする。例 すがたを消す。字を消す。❹音やにおいをなくする。例 波の音に消されて、話し声が聞きとれない。❺存在をなくする。例 証拠《しょうこ》を消す。毒を消す。録音を消す。もみ消す。
表現 (1)②はどんな電気器具にもいえるわけではない。トースターなどは「消す」とはいわない。
(2)⑤は「やつを消せ」のように、人間についていうときは「殺す」の意味になる。

げす〖下▽種・下▽衆〗 ━〈名〉身分の低い人。類 下人《げにん》。━〈名・形動〉おろかで品がなく、心がいやしい。そういう人。例 げすな考え。げすな男。

げすの後知恵《あとぢえ》 おろかな人は大事なときにはいい考えが出せないで、あとになって思いつくということ。「げすの知恵は後から」ともいう。

げすの勘繰《かんぐ》り 自分の心がひねくれているために邪推《じゃすい》すること。

げすい【下水】〈名〉❶地中に通された管《くだ》を流れていく、汚水《おすい》と雨水《あまみず》。例 下水管。下水処理場。対 上水。❷「下水道」の略。例 下水工事。

げすいどう【下水道】〈名〉下水を集めてながす、みぞやくだなどの設備。対 上水道。

ゲスト〈名〉ラジオやテレビの番組などで、そのときだけ、特別に招かれて出る人。例 ゲスト出演。対 レギュラー。◇guest

けずね【毛ずね】〖毛▼臑・毛▼脛〗〈名〉毛の多く生えたすね。

けずりぶし【削り節】〈名〉かつおぶしなどをうすくけずったもの。類 花がつお。

けず・る[1]【削る】〈動五〉❶刃物《はもの》で、ものの表面をうすく切りとる。例 えんぴつを削る。❷全体の中のある部分をとりのぞく。例 予算を削る。文章を削る。名簿《めいぼ》から名前を削る。類 削除《さくじょ》する。

けず・る[2]〖▼梳る〗〈動五〉くしけずる。例 髪《かみ》をけずる。

げ(解)せない 理解できない。納得《なっとく》できない。例 あの審判《しんぱん》の判定はどうも解せない。

げせわ【下世話】〈形動〉世間でよく話題になるようなことで、あまり品がない。例 下世話な話。

げせん[1]【下船】〈名・する〉船からおりること。対 乗船。

げせん[2]【下▼賤】〈形動〉身分が低く、いやしい。対 高貴。

げそく【下足】〈名〉人が多く集まる所で、人々がぬいだはきもの。例 下足箱。下足番。下足札《ふだ》。

けた【桁】〈名〉❶〔建築〕家屋の柱の上にわたす横木で、棟木《むなぎ》と平行になるもの。棟木とともに屋根をささえる。絵 ❷橋のくいの上にわたしてある横木。この上に橋板をならべて橋をつくる。例 橋げた。絵 ❸そろばんで、玉をとおしてある棒。絵 ❹数の、位取《くらいど》り。例 桁をとりちがえる。二桁。

桁が違《ちが》う ❶数の位取《くらいど》りがまちがっている。❷数量や能力がはるかにうわ回っていて、くらべものにならない。けた違いだ。

桁を違《ちが》える ❶数の位取《くらいど》りをまちがえる。❷そのままではくらべものにならないものをくらべるため、規模《きぼ》や水準を変えて考える。

【桁】 木部6 全10画
桁 桁 桁 桁 桁 桁
けた 訓［けた］桁違い。桁数。橋桁。

げた〖下▽駄〗〈名〉はきものの一種。木の板に歯とはなおをつけたもの。絵（次ページ）例 げたをはく。ちびたげた。

 太田道灌(おおたどうかん)(1432～86) 室町中期の武将。江戸城・河越城を築く。兵法・和歌にすぐれた。

表現 左右をひと組みにして一足《いっそく》二足《にそく》と数える。

下駄を預《あず》ける ものごとの処置を、相手にすっかりまかせる。

下駄を履《は》かせる 点数などを実際よりも多くする。類 水ましする。うわのせする。

げだい【外題】〈名〉❶書物のそとがわの表紙に書かれている題名。❷歌舞伎《かぶき》や浄瑠璃《じょうるり》などで、題名。

けだか・い【気高い】〈形〉ふつうとちがった上品さや威厳《いげん》があるようす。例 気高い人。類 崇高《すうこう》。

けだし【▽蓋し】〈副〉自分の考えで推量すれば、ほぼまちがいなく。文語的なことば。例 彼の言《げん》はけだし名言である。

けたたまし・い〈形〉とつぜんするどく高い音がひびいて、おどろかされるようす。例 けたたましい声。

けたちがい【桁違い】 一〈名〉数のくらいどりのまちがい。二〈形動〉ものごとの程度がくらべものにならないほど、かけはなれている。例 桁違いの スケール。類 段ちがい。桁はずれ。

げだつ【解脱】〈名・する〉〔仏教〕迷いや欲望からぬけだし、とらわれのないさとりの境地に達すること。

けたはずれ【桁外れ】〈形動〉ふつうの状態とは比較《ひかく》にならないほど、ちがっている。例 桁外れに安い。類 桁ちがい。度外れ。とてつもない。

けだま【毛玉】〈名〉編み物や織物の毛の一部がより集まってできた小さな玉。

けだもの【▽獣】〈名〉「けもの」を強めた言いかた。

表現 元来の意味は「毛のもの」で、「けもの」と同じことだが、現代語では「このけだものめ！」のように、人としてのなさけや道徳観をもっていない人をさしてもいう。

けだる・い【気だるい】〈形〉なんとなくだるい。なにをするのもおっくうだ。例 けだるい昼さがり。類 ものうい。

げだん【下段】〈名〉❶下の段。❷剣道《けんどう》などで、構えの一つ。刀の先を、したにむけて構える。▽対 上段。

［げ　た］

けち 一〈名・形動〉お金やものをだしおしみする態度・性格。例 けちんぼ。類 しみったれ。吝嗇《りんしょく》。二〈形動〉こせこせして、なんのよさもみられない。例 けちな根性《こんじょう》。けちな野郎。三〈名〉縁起《えんぎ》の悪いこと。ちょっとした悪いことを大げさに言いたてること。例 けちがつく。

表現 (1)ちょっとしたことをねだってやってもらえないときに、「けち！」ということがある。これはごくかるいわるぐち。(2)一を動詞化して、俗《ぞく》に「けちる」という。

けちがつく いやなことが起こって、その先うまくいかなくなる。

けちをつける 欠点をさがし出して、悪くいう。類 難くせをつける。

けちくさ・い【けち臭い】〈形〉❶お金やものをだしおしんで、いやな感じだ。❷気が小さくて、こせこせしている。例 そんなけち臭い考えではだめだ。

けちけち〈副・する〉お金やものをだししぶるようす。例 そうけちけちするなよ。おこづかいをけちけち使う。

ケチャップ〈名〉洋風の調味料の一種。トマトなどを煮《に》つめて、味つけをしてつくったソース。◇ketchup

けちょんけちょんに〈副〉ことばでひどくやっつけられるようす。俗《ぞく》なことば。例 けちょんけちょんにけなす。類 こてんこてんに。

けちら・す【蹴散らす】〈動五〉❶足でいきおいよくけって、ばらばらにとびちらす。❷敵などをかるがると追いちらす。▽「けちらかす」ともいう。

常用漢字 **けつ**

【欠(缺)】 欠部0 全4画 欠欠欠欠

ケツ かける・かく 教 小4 音［ケツ］▨欠席《けっせき》。欠如《けつじょ》。欠点《けってん》。欠乏《けつぼう》。▨補欠《ほけつ》。不可欠《ふかけつ》。出欠《しゅっけつ》。病欠《びょうけつ》。訓❶［かける］欠ける。欠けら。満ち欠け。❷［かく］欠く。

【穴】 穴部0 全5画 穴穴穴穴穴

ケツ あな 教 小6 音［ケツ］▨穴居《けっきょ》。▨洞穴《どうけつ》。墓穴《ぼけつ》。訓［あな］穴。穴埋め。穴蔵。穴場。

【血】 血部0 全6画 血血血血血血

ケツ ち 教 小3 音［ケツ］▨血液《けつえき》。血圧《けつあつ》。血管《けっかん》。血統《けっとう》。▨出血《しゅっけつ》。輸血《ゆけつ》。混血《こんけつ》。心血《しんけつ》(を注ぐ)。訓［ち］血。血潮。血眼。血祭り。血まみれ。血豆。生き血。返り血。鼻血。

【決】 氵部4 全7画 決決決決決決

ケツ きめる・きまる 教 小3 音［ケツ］▨決定《けってい》。決意《けつい》。決断《けつだん》。決裂《けつれつ》。▨解決《かいけつ》。可決《かけつ》。判決《はんけつ》。対決《たいけつ》。訓❶［きめる］決める。取り決め。❷［きまる］決まる。決まり。決まり文句。

【結】 糸部6 全12画 結結結結結

ケツ むすぶ・ゆう・ゆわえる 教 小4 音［ケツ］▨結果《けっか》。結論《けつろん》。結婚《けっこん》。結晶《けっしょう》。▨起承転結《きしょうてんけつ》。連結《れんけつ》。団結《だんけつ》。凍結《とうけつ》。訓❶［むすぶ］結ぶ。結び。結び付く。結び目。縁結び。❷［ゆう］結う。結納《ゆいのう》。元結《もとゆい》。❸［ゆわえる］結わえる。

【傑】 亻部11 全13画 傑傑傑傑傑

ケツ 音［ケツ］▨傑作《けっさく》。傑出《けっしゅつ》。傑物《けつぶつ》。▨英傑《えいけつ》。豪傑《ごうけつ》。女傑《じょけつ》。

【潔】 氵部12 全15画 ※潔潔潔潔潔

ケツ いさぎよい 教 小5 音［ケツ］▨潔白《けっぱく》。潔癖《けっぺき》症《しょう》。▨純潔《じゅんけつ》。清潔《せいけつ》。訓［いさぎよい］潔い。

けつ[1]【▽尻・穴】〈名〉❶人のしり。❷順番の最後。例 けつから二番目。びりっけつ。▽品のない言いかた。ア ケツ

けつの穴《あな》が小《ちい》さい 小心で、やり方がけちけちしている。例 けつの穴が小さいやつ。

けつをまくる 急に態度をかえて、ひらきなおる。しりをまくる。類 居直る。

けつ[2]【欠】〈名〉❶全体の一部がたりないこと。例 欠をおぎなう。❷欠席。▽ア ケツ

けつ[3]【決】〈名〉会議で、ある議案に賛成か反対かをきめること。例 決をとる。決に従う。ア ケツ →けっする

大田南畝(なんぽ)（1749～1823）　江戸幕府の御家人。狂歌を作り，洒落本・黄表紙の作者でもある。蜀山人。

常用漢字 **げつ**

【月】 月部0 全4画 月月月月

ゲツ・ガツ つき 教小1 音❶[ゲツ] 月光《げっこう》。月面《げつめん》。月給《げっきゅう》。月曜日《げつようび》。月末《げつまつ》。満月《まんげつ》。今月《こんげつ》。歳月《さいげつ》。年月《ねんげつ》。❷[ガツ] 月日《がっぴ》。正月《しょうがつ》。訓[つき]月。月明かり。月見。月命日。三日月。

げつ【月】〈名〉「月曜日」の略。

けつあつ【血圧】〈名〉心臓からおしだされた血液が血管のかべをおす圧力。例血圧が高い。高血圧。

けつい【決意】〈名・する〉今後の行動や態度をはっきりきめること。そのきめた意志。例辞任を決意する。決意をかためる。決意を表明する。類決心。決断。

けついん【欠員】〈名〉定員をみたしていないこと。定員にたりない人数。例欠員がでる。欠員をうめる。

けつえき【血液】〈名〉「血《ち》」の専門的な言いかた。心臓のはたらきによって、動物の体内をまわっている液体。酸素や栄養分をはこび、ばい菌《きん》を殺したりもする。赤血球・白血球・血小板・血漿《けっしょう》からなる。例血液センター（＝輸血《ゆけつ》用の血液を保存しておくところ）。

けつえきがた【血液型】〈名〉血液のかたまり方から分けた血液の型。さまざまな分け方があるが、ふつうには、A・B・O・ABの四つに分ける。

けつえきせいざい【血液製剤】〈名〉人間の血液を原料としてつくった医薬品。輸血用、止血用などの種類がある。

けつえん【血縁】〈名〉親子やきょうだいなどの、血のつながり。また、そのつながりのある人。例血縁関係。類血すじ。血族。血脈。

けっか【結果】 ━〈名〉❶あることがもとになって、そこから生じたこと。例毎日練習した結果、かなり上達した。対原因。❷なにかをして、わかったこと。また、きまったこと。例結果がでる。結果を報告する。検査の結果。

━〈名・する〉実《み》がなること。類結実《けつじつ》。▽ア━ケッカ ニケッカ

表現「結果を求める」「結果を出す」などの形で、仕事の━上でのよい成果や成績という意味でも使われる。

結果の平等《びょうどう》 ⇩びょうどう参考

げっか【月下】〈名〉月が明るくかがやくその下。

けっかい【決壊】〖決潰〗〈名・する〉堤防《ていぼう》などがやぶれて、くずれること。例河川が決壊する。

けっかオーライ【結果オーライ】〈名・形動〉はじめは失敗にみえたやりかたが、状況《じょうきょう》が変わって、運よくいい結果がでること。俗《ぞく》な言いかた。

[1]**けっかく【欠格】**〈名〉必要な資格をもっていないこと。対適格。類失格。

[2]**けっかく【結核】**〈名〉結核菌《けっかくきん》によっておこる病気。肺結核をさすことが多い。

げつがく【月額】〈名〉一か月あたりの金額。例月額三万円を支給。

げっかびじん【月下美人】〈名〉メキシコ原産のサボテンの一種。夏の夜に、白い、一夜の花を咲かせる。

げっかひょうじん【月下氷人】〈名〉結婚《けっこん》のなかだちをする人。類仲人《なこうど》。媒酌人《ばいしゃくにん》。

けっかろん【結果論】〈名〉結果がでたあとから出される、「こんなふうにすればよかったのに」というような意見。

[1]**けっかん【欠陥】**〈名〉そのものの価値やはたらきを大きくそこなうような重大な欠点。例欠陥がある。欠陥が見つかる。欠陥をおぎなう。欠陥車。欠陥商品。

[2]**けっかん【血管】**〈名〉からだじゅうをあみの目のようにはしっている、血液がながれるくだ。心臓からでて各部へむかう動脈と、心臓へかえっていく静脈《じょうみゃく》とに大きくわかれる。例毛細血管。

けつがん【▼頁岩】〈名〉どろが水の底に積みかさなり、固まってできた、うすくて割れやすい岩。泥板岩《でいばんがん》。シェール。

[1]**げっかん【月刊】**〈名〉月に一回刊行されること。マンスリー。例月刊誌。

[2]**げっかん【月間】**〈名〉❶一か月の間。例月間売り上げ。❷特別な行事が行なわれる一か月間。例販売促進《はんばいそくしん》月間。

[1]**けっき【血気】**〈名〉若さにまかせた、むこうみずのいきおい。例血気にはやる。血気にまかせる。血気さかん。類血のけ。ア ケッキ ケッキ

[2]**けっき【決起】**〈名・する〉目的にむけて行動をおこそうと、たちあがること。例決起集会。ア ケッキ

けつぎ【決議】〈名・する〉会議や集会で、あることをきめること。例ダムの建設反対を決議する。決議案。決議文。類議決。

表現 ふつうは重大なことを決定して、宣言を発したり申━し入れをしたりするときにいうことが多い。

けっきゅう【血球】〈名〉血液中で、顕微鏡《けんびきょう》で見ると小さな球のように見えるもの。赤血球・白血球・血小板の三種類がある。

げっきゅう【月給】〈名〉勤務先から毎月しはらわれる給料。例月給日。類サラリー。月俸《げっぽう》。

けっきょ【穴居】〈名・する〉ほらあなや、地中にほったあなの中に住むこと。例穴居生活。穴居民族。

けっきょく【結局】〈副〉いろいろなことがあったうえでの、その最後のところ。例努力はしたが、結局むだだった。類とうとう。とどのつまり。あげくのはて。

けっきん【欠勤】〈名・する〉つとめを休むこと。例無断欠勤。対出勤。

けっく【結句】〈名〉詩歌の、最後の句。とくに、漢詩で絶句《ぜっく》の第四句。→きしょうてんけつ①

参考 せまい意味では、有給休暇《きゅうか》や代休をふくめない。

けづくろい【毛繕い】〈名〉動物が舌、つめ、手足などを使って、自分や他の個体の毛並みをきれいにすること。グルーミング。

げっけい【月経】〈名〉成熟した女性におこる、周期的な子宮の出血。メンス。生理。

げっけいかん【月▼桂冠】〈名〉古代ギリシャで、競技の優勝者にあたえられたゲッケイジュの枝《えだ》でつくったかんむり。類栄冠。

げっけいじゅ【月▼桂樹】〈名〉常緑高木の一種。春、黄色の小さい花をつける。実《み》や葉はかおりがよく、香料《こうりょう》に使う。

けつご【結語】〈名〉文章などの最後の部分にあって、全体をしめくくるむすびのことば。

[1]**けっこう【欠航】**〈名・する〉悪天候や事故などのために、飛行機や船が運航をとりやめること。類運休。アケッコー

[2]**けっこう【血行】**〈名〉血液が体内をながれること。例血行をよくする。血行障害。類血のめぐり。アケッコー

[3]**けっこう【決行】**〈名・する〉どんなことがあっても、思い

 大槻玄沢（おおつきげんたく）(1757〜1827) 江戸後期の医者・蘭学者。江戸で蘭学塾を開き「蘭学階梯」を著す。

きって予定していた通りに行なうこと。例雨天決行。類敢行《かんこう》。断行。強行。

[4] **けっこう【結構】** ■一〈名〉建築物や文章などの構造。類組み立て。かまえ。構成。 アケッコー
■二〈形動〉❶たいへんいい。例結構なお品《しな》をいただきまして ありがとうございました。質問することはおおいに結構だ。❷「もう十分でこれ以上はいらない」という意味で、ていねいに ことわるときにいうことば。例おかわりは もう結構です。❸(「…て結構です」の形で)「…してもよい」「…してもかまわない」という意味を表わす。例手つづきがすんだら、お帰りになって結構です。
■三〈副〉思っていたよりも。例早朝なのに、道はけっこう混《こ》んでいる。▽ア■一ケッコー ■二■三ケッコー
表現 ■二の②と③は、すげない感じがするようになり、「だいじょうぶ」と言うことが増えている。

けつごう【結合】〈名・する〉一つにむすびつくこと。一つにむすびあわせること。例アミノ酸が結合する。二つの表を結合する。分子の結合。類合体。

[1] **げっこう【月光】**〈名〉月のひかり。

[2] **けっこん【血痕】**〈名〉血のついたあと。

けっこん【結婚】〈名・する〉男性と女性が正式に夫婦《ふうふ》となること。例結婚を申しこむ。結婚指輪。結婚記念日。神前結婚。対離婚《りこん》。類婚姻《こんいん》。
参考 (1)同性どうしの結婚(同性婚)を法律でみとめている国もある。(2)動物がつがいを作ることにもいう。

けっこんしき【結婚式】〈名〉結婚して夫婦《ふうふ》になることを たがいにちかいあう儀式《ぎしき》。神式・仏式・キリスト教式などがある。

[1] **けっさい【決済】**〈名・する〉物品や代金などの受けわたしをして、取り引きを終えること。例カードで決済する。

[2] **けっさい【決裁】**〈名・する〉会社や役所で、責任をもつ立場の人が、部下のだした案をとりあげるかどうか きめること。例決裁をあおぐ。

[3] **けっさい【潔斎】**〈名・する〉仏事や神事の前に、身を清めること。例精進《しょうじん》潔斎。

けっさく【傑作】 ■一〈名〉見る人の感動をひきおこすような、すばらしいできばえの作品。対愚作《ぐさく》。駄作《ださく》。凡作《ぼんさく》。類名作。力作。秀作《しゅうさく》。マスターピース。
■二〈形動〉笑いたくなるほど、こっけいだ。例彼《かれ》ってのは、ほんとに傑作な男だ。
表現 ■一に対して、非常な努力をはらって力のこもった作品が「力作」、スケールが大きくてすぐれたものが「大作」。また、歴史的に評価がさだまっていて、見る人がえりをただすような感じになるものが「名作」である。

けっさん【決算】〈名・する〉ある期間、または、ひとつの仕事に、くぎりをつけてまとめること。また、終わりにまとめる損得の総計算。例年に一度の総決算。決算期。類仕切り。

げっさん【月産】〈名〉一か月の生産量。例月産千台を目標とする。類日産。年産。

けっし【決死】〈名〉あることをするために、死んでもかまわないという 強い気持ちをもつこと。例決死の覚悟《かくご》。決死隊。類いのちがけ。捨て身。

けつじつ【結実】〈名・する〉❶植物が実をむすぶこと。❷努力をつみかさねたすえに、よい結果がでること。例それまでの努力が結実する。類成果。結果。

けっして【決して】〈副〉(あとに打ち消しや禁止のことばをともなって)どんなことがあっても…ない。どうしても…ない。話しことばでは「けして」ともいう。例決してむりなことはするなよ。類絶対。断じて。

けっしゃ【結社】〈名〉同じ目的をもつ人たちが集まってつくった団体。例結社の自由。政治結社。

げっしゃ【月謝】〈名〉学校や塾《じゅく》などに毎月しはらう授業料。

けっしゅう【結集】〈名・する〉ばらばらになっているものが、一つにまとまること。一つにまとめること。例革新勢力が結集する。力を一点に結集する。総力を結集してことにあたる。結集力。類集結。団結。

げっしゅう【月収】〈名〉毎月の収入。

けっしゅつ【傑出】〈名・する〉才能や能力などが、とびぬけてすぐれていること。例傑出した能力。類抜群《ばつぐん》。卓抜《たくばつ》。卓立。

けつじょ【欠如】〈名・する〉必要なものやあったほうがいいものが、欠けていること。例想像力の欠如。

[1] **けっしょう【血▼漿】**〈名〉血液から赤血球・白血球・血小板をのぞいたのこりの液体の成分。からだの各部分に必要な栄養分をはこぶ役わりをもつ。表記 理科の教科書などでは「血しょう」と書かれることもある。

[2] **けっしょう【決勝】**〈名〉競技などで、最後に第一位の勝者をきめること。また、その試合。例決勝戦。準決勝。決勝点。

[3] **けっしょう【結晶】**〈名・する〉水晶やダイヤモンドのように、規則正しい平面でかこまれた物質。また、物質がそのような形にかたまること。例マグマから鉱物が結晶する。
表現 努力などをつみかさねた結果、できあがったりっぱなものを、「努力の結晶」「愛の結晶」などという。

けつじょう【欠場】〈名・する〉試合などで、出る予定の者が出ないこと。対出場。類休場。

けっしょうてん【決勝点】〈名〉❶競走などで、コースの終点。類ゴール。❷ゲームや試合で、勝ちを決めた決定的な得点。

けっしょうばん【血小板】〈名〉血液中にある血球《けっきゅう》の一つ。出血などがあったときに血液を固まらせるはたらきをする。

けっしょく【血色】〈名〉血のめぐりによる顔の色のつや。例血色がいい。類顔色。

げっしょく【月食】〖月▼蝕〗〈名〉〔天文〕月を照らす太陽の光が、地球によってさえぎられるために、月が欠けて見えること。部分月食と皆既《かいき》月食がある。

げっしるい【げっ歯類】〖▼齧歯類〗〈名〉哺乳《ほにゅう》類の一種。「ネズミ目《もく》(またはげっ歯目)」の通称《つうしょう》。犬歯がなく、先のとがった一対《いっつい》の門歯があり、種《たね》などをかじるのに適する。リス・ヤマアラシ・ネズミなど。

[1] **けっしん【決心】**〈名・する〉あることをかならずやってやろうと心の中できめること。そのきめた気持ち。例帰国を決心する。決心がつく。決心をかためる。かたい決心。類決意。アケッシン

[2] **けっしん【結審】**〈名・する〉裁判で、ある事件の審理がすべて終わること。アケッシン

けっ・する【決する】〈動サ変〉はっきりときまる。また、きめる。例運命が決する。意を決する。まなじりを決する。雌雄《しゆう》を決する(=はっきりと勝ち負けをきめる)。

[1] **けっせい【血清】**〈名〉血液がかたまるときにできる、うわずみの黄色で透明《とうめい》な液体。

[2] **けっせい【結成】**〈名・する〉ある目的に賛成する人や団体などがまとまって 組織をつくること。対解散。

けつぜい【血税】〈名〉国民が血の出るような思いでお

さめた、たいせつにあつかわなければならない税金。

けっせき[1]**【欠席】**〈名・する〉授業や会議、会合などに、休んで出ないこと。例会議を欠席する。会議に欠席する。欠席者。対出席。
参考「兵役《へいえき》義務」の意味で用いた時代もあった。

けっせき[2]**【結石】**〈名〉〔医学〕内臓の中にできる石のようなかたいもの。分泌《ぶんぴつ》液などがかたまってできる。胆石《たんせき》など。例腎臓《じんぞう》結石。

けっせきさいばん【欠席裁判】〈名〉被告《ひこく》が欠席のまま行なわれる裁判。
表現ふつうには、その人のいないところで、本人の不利になることをきめてしまうことをいう。

けっせん[1]**【血戦】**〈名〉死力をつくしてたたかうこと。死力をつくすたたかい。類死闘《しとう》。

けっせん[2]**【決戦】**〈名・する〉最終的な勝敗をきめるためにたたかうこと。そのたたかい。例敵艦隊《かんたい》と決戦する。最後の決戦。頂上決戦。

けつぜん【決然】〈副・連体〉つよく決心したようす。例決然とたちあがる。決然たる態度。

けっせんとうひょう【決選投票】〈名〉最初の投票で、さだめられた得票数に達する当選者がいないとき、得票数の多い上位二名で、もういちど行なう投票。
注意「決選」は「決定選挙」の略で、「決戦」ではない。

けっそう【血相】〈名〉青くなるとか赤くなるとか、心の動揺《どうよう》が顔に表れるようす。
表現多く「血相を変える」と使い、「そんな、血相変えてとんで来て、一体何があったのだ」のように、大事件発生でいきり立つようすを表わすのがふつう。

けっそく【結束】〈名・する〉❶同じ目的をもった人々が一つにまとまること。例反対勢力が結束する。結束がかたい。結束をかためる。類団結。連帯。❷ひもなどでむすんでたばねること。例結束機。

けつぞく【血族】〈名〉同じ祖先をもつ、血のつながりのある人々。例血族結婚《けっこん》。類血縁《けつえん》。→いんぞく

げっそり〈副・する〉急にやせおとろえたり、食欲がなくなったりするようす。例病《や》みあがりで、ほおがげっそり(と)こけている。

けっそん【欠損】〈名〉❶〈する〉一部が欠けて、不完全になること。例遺伝子が欠損する。歯の欠損箇所《かしょ》。類欠落。❷金銭的な損失。例欠損を補填《ほてん》する。類穴。

けったい（方言）変だ。奇妙《きみょう》。関西で言う。例けったいな話やなあ。

けったく【結託】〈名・する〉たがいに相談して力をあわせること。ぐるになること。多く、悪事をたくらむことに使う。例悪徳業者と結託して利益をえる。
表記「▽怪体」と漢字を当てて書かれることがある。

けったん【血▼痰】〈名〉血のまじっている痰。気管支や肺の病気のときにみられる。

けつだん[1]**【決断】**〈名・する〉思いきってはっきりきめること。そのきめたこと。例辞任を決断する。決断をくだす。決断をせまられる。決断力。類決意。裁断。

けつだん[2]**【結団】**〈名・する〉団体を結成すること。例結団式。対解団。

けっちゃく[1]**【決着・結着】**〈名・する〉いろいろのことがあった最後に、ものごとのきまりがつくこと。例決着がつく。決着をつける。交渉《こうしょう》は先方の譲歩で決着した。類落着。けり。

けっちゃく[2]**【結着】**〈名・する〉しっかりとくっつくこと。くっつけること。例結着剤《ざい》。

けっちん【血沈】〈名〉〔医学〕「赤血球沈降速度」の略。炎症《えんしょう》性の病気などの診断《しんだん》につかわれる検査法。血液を細いガラス管にいれて、赤血球のしずむ速度をはかる。病気のときには しずむ速度がはやい。赤沈。

けってい【決定】〈名・する〉ものごとをどうするか、はっきりきめること。また、きまること。きまったこと。例決定にしたがう。予算を(が)決定する。優勝を(が)決定する。決定事項。類確定。

けっていてき【決定的】〈形動〉ものごとのなりゆきが、はっきりきまったようすだ。例決定的になる。決定的瞬間《しゅんかん》。優勝はこれでもう決定的だ。類確定的。

けっていばん【決定版】〈名〉それ以上なんの修正も必要としない、正確で最良の出版物。
表現同じ種類のものの中で、最高のものについてもいう。

けってん【欠点】〈名〉よくなかったり不十分であったりして、感心できない点。例欠点がある。欠点をさらけだす。欠点をカバーする。彼は努力家だが、短気なのが欠点だ。対長所。美点。類短所。難点。弱点。あら。

ケット〈名〉「ブランケット」の日本での省略語。毛布。

ゲット〈名・する〉❶バスケットボールやアイスホッケーなどで得点を上げること。❷ほしいものを手に入れることの、くだけた言いかた。◇get

けっとう[1]**【血統】**〈名〉祖先からつづいている血のつながり。例血統書。類血すじ。

けっとう[2]**【決闘】**〈名・する〉両者のあらそいやうらみなどにけりをつけるために、いのちをかけて、約束した方法でたたかうこと。類はたしあい。

けっとうしょ【血統書】〈名〉競走馬やイヌ・ネコなどのペットで、その動物の血すじを、すぐれていると証明する文書。例血統書付き。

けっとうち【血糖値】〈名〉血液中にふくまれるブドウ糖の濃度《のうど》。高いと糖尿病になるおそれがある。

けつにく【血肉】〈名〉❶血と肉。肉体。例血肉を分けた兄弟。❷親子・きょうだいなど、血のつながったもの。類肉親。血縁。骨肉。▽「ちにく」ともいう。

けつにょう【血尿】〈名〉血のまじった小便。

けっぱく【潔白】〈名・形動〉うしろぐらいところがなく、どこに出ても はじるところがないようす。例身の潔白を証明してみせる。彼は潔白だ。清廉《せいれん》潔白。

けつばん【欠番】〈名〉いくつかある番号の中で、ある番号がかけていること。かけている番号。

けっぱん【血判】〈名・する〉誓《ちか》いのしるしに、指先に傷をつけて血を出し、指で印をおすこと。例血判状。

けつび【結尾】〈名〉文章で、最後のしめくくりの部分。対冒頭《ぼうとう》。

けっぴょう【結氷】〈名・する〉氷がはること。例河川が結氷する。

けつびん【欠便】〈名〉定期便の船や航空機などが、運行を中止すること。例悪天候のため欠便になる。類運休。欠航。

げっぷ[1]**【月賦】**〈名〉買った品物の代金を一回で払《はら》わないで、何か月かに分けて払うこと。月払い。例月賦で買う。対即金。アゲップ

げっぷ[2]〈名・する〉胃の中のガスや空気が口から出ること。また、出たもの。俗《ぞく》っぽい言いかた。類おくび。アゲップ ゲップ」

けつぶつ【傑物】〈名〉みんなが一目《いちもく》も二目もおくよ

 大伴家持(おおとものやかもち)（718?～85） 奈良時代の歌人・貴族。「万葉集」の編者といわれる。

うな、とびぬけてすぐれた人物。類大人物。

げっぺい【月餅】〈名〉中国の丸い菓子《かし》。餡《あん》を小麦粉で包み、型にはめ模様をつけて焼いたもの。

けっぺき【潔癖】〈名・形動〉不潔なことや不正、ごまかしなどをそのままにしておけないほどきらう性質。例潔癖な人。潔癖性《けっぺきしょう》。

けつべつ【決別】〖▼訣別〗〈名・する〉これ以後は二度と会うことはない、という気持ちではっきりと別れること。例決別の辞。過去と決別する。

けつべん【血便】〈名〉血のまじった大便。消化器官からの出血が原因。

けつぼう【欠乏】〈名・する〉必要なものがたりなくなること。例食糧《しょくりょう》が欠乏する。類不足。

げっぽう【月報】〈名〉❶月ごとに出される、報告のための文書や刊行物。❷全集に、巻ごとにはさみこまれる、付録の小冊子。

けつまく【結膜】〈名〉まぶたと眼球をつないでいる粘膜《ねんまく》。眼球の運動やまばたきを助ける。例結膜炎。

けつまず・く【蹴つまずく】〖蹴▼躓く〗〈動五〉「つまずく」を強めた言いかた。「けっつまずく」ともいう。

けつまつ【結末】〈名〉ものごとの終わり。例結末をつける。事件の結末。対発端《ほったん》。類帰結。

げつまつ【月末】〈名〉月の終わりのころ。類つきずえ。

けつみゃく【血脈】〈名〉❶血管。❷血のつながり。例血脈をたどる。類血すじ。血縁《けつえん》。

けづめ【蹴爪】〈名〉❶ニワトリやキジなどのおすの足のうしろにある、するどくとがった部分。攻撃《こうげき》に使われる。❷ウシやウマなどの足のうしろにある、小さな足指。▽絵

げつめい【月名】〈名〉旧暦《きゅうれき》で使われた、一月から十二月の各月の特徴《とくちょう》を表わすよび名。和風月名。一月から順に、睦月《むつき》・如月《きさらぎ》・弥生《やよい》・卯月《うづき》・皐月《さつき》・水無月《みなづき》・文月《ふみづき》・葉月《はづき》・長月《ながつき》・神無月《かんなづき》・霜月《しもつき》・師走《しわす》。

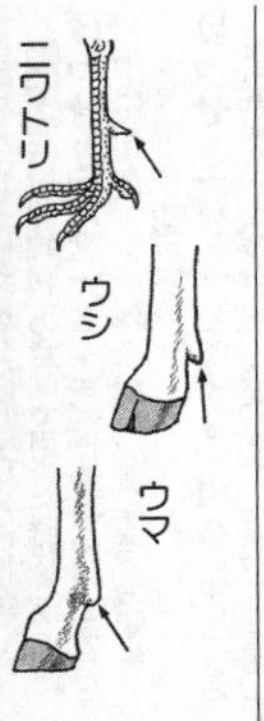

[けづめ]

げつめん【月面】〈名〉月の表面。例月面着陸。

けつゆうびょう【血友病】〈名〉出血しやすく、一度出血すると止まりにくい血液の病気。男性だけがかかる遺伝病。

げつよう【月曜】〈名〉日曜からかぞえて、週の第二番めの曜日。月曜日。

けつらく【欠落】〈名・する〉当然あるはずのものが欠けていないこと。例その日の記憶《きおく》が欠落している。類脱落《だつらく》。欠損。

けつるい【血涙】〈名〉はげしい悲しみやいかりなどのために流れでるなみだ。例血涙をしぼる。類血の涙《なみだ》。悲憤《ひふん》の涙。

けつれい【欠礼】〈名・する〉しなければならないあいさつなどをしないで、礼儀《れいぎ》を欠くこと。例年賀欠礼。

[1]げつれい【月例】〈名〉毎月一回、定期的に行なうこと。例月例の集まり。

[2]げつれい【月齢】〈名〉新月からつぎの新月をむかえるまでのあいだの月のみちかけの状態を、一日を単位として表わした度合い。満月はおよそ月齢十五になる。

けつれつ【決裂】〈名・する〉交渉《こうしょう》や相談などがまとまらないで、終わりになること。例会議が決裂する。対妥結《だけつ》。類物別れ。

[1]けつろ【血路】〈名〉敵のかこみからぬけでるために、死にものぐるいできりひらいたにげ道。例血路をひらく。類活路。表現「困難な状態をきりぬける方法」の意味にも使う。

[2]けつろ【結露】〈名・する〉空気中の水蒸気が冷たいものにふれて、その表面に水滴《すいてき》になってつくこと。例窓《まど》ガラスが結露する。結露が発生する。

けつろん【結論】〈名〉❶考えたり、話しあったり、議論したりした結果の、最終的にまとまった意見や判断。例結論がでる。結論に達する。結論づける。対序論《じょろん》。類帰結。❷論理学の三段論法でいう、最後の判断。対前提。参考②は、たとえば、「イヌは動物です」「動物は生物です」の二つの前提から「イヌは生物です」という判断をひきだした場合、最後の「イヌは生物です」が結論。

げてもの【下手物】〈名〉ふつうの人には少しもよいと思われない、変てこなもの。例げてものぐい。類いかもの。

けど〈接助・接〉「けれど(も)」のくだけた言いかた。表現相手のことばを、「けどさあ…」などと受けることもある。

けとう【毛唐】〈名〉西欧《せいおう》系の外国人をさした古いことば。参考外国人を「唐人《とうじん》」といったから、「毛の多い唐人」の意味で「毛唐人」。それを略した「毛唐」なので、いいことばではない。

げどう【外道】〈名〉❶仏教を信奉《しんぽう》する人からみた、仏教以外の教え。類異教。異端《いたん》。❷真理からはずれた説。対正道。類邪道《じゃどう》。❸魚釣《つ》りで、釣りたいと思っていない魚。

げどく【解毒】〈名・する〉体内に入った毒物の作用をけすこと。例解毒剤《ざい》。解毒作用。

けとば・す【蹴飛ばす】〈動五〉❶ものを足でけって、とばす。強くける。例ボールをけとばす。足をけとばす。❷申し出や要求などを、問題にせず、はねつける。▽「けっとばす」ともいう。

けどら・れる【気取られる】〈動下一〉周囲のようすやその人の態度などから、知られてはまずいことに気づかれてしまう。類感づかれる。

けなげ〖▽健気〗〈形動〉子どもなど、力の弱い者が、勇敢《ゆうかん》に困難にたちむかうようす。例けなげにたえる。

けな・す〖▼貶す〗〈動五〉欠点をことさらにとりあげて、わるく言う。対ほめる。類そしる。くさす。

けなみ【毛並み】〈名〉❶動物の毛のはえぐあい。❷人の、家がらや育ち。例毛並みがいい。類生まれ。

けなるい（方言）うらやましい。関東・北陸などで言う。例いい服着てけなるいな。

げなん【下男】〈名〉むかし、やとわれて雑用をした、男の使用人。対下女。類しもべ。従僕。下僕。

げにん【下人】〈名〉❶身分の低い者。❷使用人としてつかわれる者。下僕《げぼく》。

けぬき【毛抜き】〈名〉とげや体毛をはさんで抜き取る道具。

げねつ【解熱】〈名・する〉病気などで高くなった体温をさげること。例解熱剤《ざい》。

けねん【懸念】〈名・する〉なにか悪いことがあるかもしれないと、心配すること。例人体への影響《えいきょう》を懸念する。懸念がある。懸念をいだく。類気がかり。危惧《きぐ》。

ゲノム〈名〉〔生物〕染色《せんしょく》体《たい》のくみ合わせにもとづく、ある生物の遺伝《でん》情報の全体。例ヒトゲノム。◇ドイツ Genom 参考 ある作物がもともと持っている遺伝上の性質を、人工的に変える品種改良の技術を、「ゲノム編集」という。

けはい【気配】〈名〉まわりの感じから、なんとなくそうらしいと思われるようす。例気配がする。気配がない。気配を感じる。春の気配。人の気配。類気色。

けばけばし・い〈形〉ごてごてとかざりたてすぎて、いやな感じだ。俗《ぞく》に「けばい」ともいう。例けばけばしい化粧《けしょう》。

けばだ・つ【毛羽立つ】〈動五〉こすれたりして、紙や布などの表面にこまかい毛のようなものができる。

げばひょう【下馬評】〈名〉そのことに関係のない人たちがする、「ああでもない、こうでもない」といううわさ。例次期大統領をめぐる下馬評。類取りざた。呼び声。世評。由来 むかし、下馬先（＝社寺や城門などでウマからおりるところ）で、主人のおともをしてきた人たちが、主人を待つあいだの退屈しのぎに人々のうわさ話をしたことから。

けばり【毛ばり】【毛▼鉤】〈名〉羽毛をまきつけて、虫のように見せかけた釣《つ》りばり。

けびいし【▽検非違使】〈名〉〔歴史〕平安時代のはじめ、京都におかれた官職。警察や裁判の役目をうけもった。

けびょう【仮病】〈名〉病気でないのに、病気のように見せかけること。例仮病をつかう。

げひん【下品】〈形動〉趣味《しゅみ》がわるくて品格がいやしい。例下品な話。下品な色。下品な人。対上品。類品がわるい。下劣《げれつ》。はしたない。

けぶか・い【毛深い】〈形〉手足や胸などに生えている毛が多い。例毛深い人。

けぶり【▽煙】〈名〉「けむり」の古い言いかた。

けぶ・る【▽煙る】〈動五〉⇩けむる

けまり【蹴▼鞠】〈名〉むかし、貴族が革製《かわせい》のまりを地面に落とさずにけり合って、わざをきそった遊び。

けみ・する【▽閲する】〈動サ変〉❶よく調べる。例内容をけみする。❷時間をついやす。

けむ・い【煙い】〈形〉けむりが顔にかかって、目が痛く、息が苦しい。「けぶい」「けむたい」ともいう。

けむくじゃら【毛むくじゃら】〈形動〉顔やからだにもじゃもじゃと毛が生えている。

けむし【毛虫】〈名〉チョウやガの幼虫で、全身黒や茶色などの毛でおおわれている虫。対いもむし。

表現 ひどくきらいな人をののしっていうときにも使う。

けむた・い【煙たい】〈形〉❶⇩けむい。❷気づまりで、のびのびできない感じだ。「けむったい」ともいう。例煙たい存在。煙たい人。

けむたが・る【煙たがる】〈動五〉相手に対して気づまりに思う。例親を煙たがる。

けむ【▽煙】にま(巻)く おおげさなことを言ったり、相手の意表をついたりして、一方的にまくしたてて、ごまかす。

けむり【煙】〈名〉❶ものが燃えるときにでる、黒・白・灰色などの気体。例煙がたつ。煙にむせる。煙になる（＝燃えて、なくなってしまう）。煙をはく。一条の煙。火のないところに煙はたたぬ（→「ひ〔火〕」の子項目）。❷けむりのようにたちのぼるもの。例湯の煙。砂煙。土煙。水煙。

表現「煙にまかれる」は、火事のとき、ひどいけむりにとじこめられて、のがれられなくなることをいう。「人を煙にまく」は、「けむり」でなく「けむ」で、別の意味（→前項）。

けむ・る【煙る】〈動五〉❶煙があたりに広がる。❷煙がたちこめているように、物のすがたがぼんやりしている。例雨に煙る。類かすむ。▽「けぶる」ともいう。

けもの【獣】【毛物】〈名〉からだが毛でおおわれていて、四本足であるく哺乳《ほにゅう》動物。類けだもの。動物。

けものへん【獣偏】〈名〉漢字の偏の一つ。「猫《ねこ》」「独」などの「犭」の部分。参考 ふつう、漢和辞典では「犬」（四画）の部にふくまれる。

けものみち【獣道】〈名〉シカなどの野生動物が通ることで自然にできた、山の中の細い道すじ。

げや【下野】〈名・する〉政権をにぎっている人や、高い地位にある役人などが職をしりぞいて、民間人になること。

表現 与党が政権をうしなって野党になることにもいう。

けやき【▼欅】〈名〉山地に生える落葉高木。竹ぼうきを立てたようなかたちになる。木材はかたくてうつくしく、建築や家具に使う。防風林にもする。

けやぐ（方言） 友だち。仲間。青森で言う。

けやぶ・る【蹴破る】〈動五〉❶足でけって打ち破る。例ドアを蹴破る。❷はげしく攻《せ》めて敵の守りを突破する。例敵の抵抗《ていこう》を蹴破る。

けら〈名〉昆虫《こんちゅう》の一種。地中にすむ。コオロギに似《に》たかたちで、それより大きい。土をほるために前足が発達している。農作物の根をたべる害虫。おけら。

表現 お金がまったくないことを「おけら」という。

ゲラ〈名〉❶印刷で、組んだ活字をいれておく箱のようないれもの。❷「ゲラ刷り」の略。◇galley

けらい【家来】〈名〉君主や主人にしたがって、つかえる人。類家臣。臣下。子分。

げらく【下落】〈名・する〉ものの値段やランキングなどが下がること。例株価が下落する。対騰貴《とうき》。高騰。

けらけら〈副〉甲高《かんだか》い声で笑うようす。

げらげら〈副〉えんりょなく大声で笑うようす。例げらげら(と)笑う。

ゲラずり【ゲラ刷り】〈名〉⇩こうせいずり

けり[1]〈名〉ものごとの最終的な結果。例けりがつく。けりをつける。類決着。参考 和歌・俳句などの結びに、助動詞「けり」がよく使われることからいう。

けり[2]〈助動〉文語の助動詞。過去・詠嘆《えいたん》を表わす。…た。…たなあ。例いくたびも雪の深さを尋ねけり。赤い椿《つばき》白い椿と落ちにけり。参考 文末に使われるので、俳句では「切れ字」のひとつとされている。

げり【下痢】〈名・する〉腹をこわしたりして、大便が水のような状態ででること。類腹くだし。

ゲリラ〈名〉正規軍でない少人数の部隊で、不意打ちや待ちぶせなどをくりかえして敵を混乱させる戦法。そういう攻撃《こうげき》を行なう部隊や戦闘《せんとう》員。例ゲリラ戦。ゲリラ部隊。◇スペイン guerrilla

表現 不意におそってくるはげしい大雨を、「ゲリラ豪雨《ごうう》」といったりする。

け・る【蹴る】〈動五〉❶足でものをいきおいよくつく。また、はねとばす。例ボールを蹴る。地面を蹴ってとぶ。水を蹴って泳ぐ。席を蹴って立ち去る。類キックする。❷相手の要求や提案をはっきり拒絶《きょぜつ》する。類はねつける。つっぱねる。一蹴《いっしゅう》する。

ゲルマニウム〈名〉〔化学〕青みがかった灰白色《かいはくしょく》の金属。珪素《けいそ》と性質が似《に》ている。半導体として、トランジスターなどの材料に使われる。元素の一つ。記号「Ge」。◇ドイツ Germanium

 オーム（1787～1854） ドイツの数学者・物理学者。「オームの法則」を発見した。

ゲルマンじん【ゲルマン人】〈名〉〔歴史〕民族の名。金髪《きんぱつ》、長身、青い目、高い鼻、白いはだなどの特徴《とくちょう》をもつ。もとヨーロッパ北部に住んでいたが、四世紀末に大移動を開始してローマ帝国《ていこく》内に侵入《しんにゅう》し、多くの国をたてた。

げれつ【下劣】〈形動〉品性がいやしい。例下劣な行為《こうい》。類下品。

けれど〈接〉「けれども」のくだけた言いかた。

1**けれども**〈接〉いま言ったことから予想されるのとはちがう方向へ話を発展させるときにいうことば。例金はある。けれども貸す金はない。類しかし。しかしながら。だが。が。

参考 くだけた言いかたでは、「けれど」「けど」ともいう。

2**けれども**〈接助〉活用語の終止形につけて、あとから述べることの前置きとなるものごとをまず示す助詞。

❶前とあとのことがらがたがいに逆の関係であることを表わす。例少し寒いけれども、気持ちがいい。対から。

❷そこでまず問題になることがらを示して、あとへ話をつなぐ。このときは逆の関係の意味はない。例ぼくは行くけれども、きみはどうする?

❸文の終わりに終助詞のように使って、言い切りの調子をやわらかくする。例その本なら、わたしもほしいんですけれども。▽類が〈接助〉。

参考 くだけた言いかたでは、「けれど」「けど」ともいう。

けれん【▽外連】〈名〉⇩けれんみ 参考

ゲレンデ〈名〉広くて適当に起伏《きふく》があり、スキーをするのに適したところ。◇ドイツ《ドイツ》 Gelände

けれんみ【▽外連味】〈名〉❶芸能で、俗受《ぞくう》けをねらったはでなやり方。例けれんみたっぷりに演じる。類オーバーアクション。❷わざとらしさや大げさな感じ。例けれんみのない文章。

参考「けれん」とは、歌舞伎《かぶき》の宙づりのように、客を喜ばすようなはでな舞台演出や演技のこと。

げろ〈名〉❶いちど食べたものを吐《は》きだしたもの。例げろを吐く。❷〈する〉自白すること。警察が使うことば。

ケロイド〈名〉やけどなどのなおったあとが、もとどおりにならないで、赤むらさき色にもりあがったり、ひきつったりしているもの。◇ドイツ《ドイツ》 Keloid

げろう【下郎】〈名〉身分の低い男をののしっていうことば。古い言いかた。

けろっと〈副・する〉⇩けろりと(次項)

けろりと〈副・する〉なにもなかったようなさっぱりしたようす。「けろっと」ともいう。例しかられてもけろりとしている。ひと晩ねたら、けろりと治ってしまった。

けわし・い【険しい】〈形〉❶土地の傾斜《けいしゃ》が急である。例険しい登り。険しい山。類急峻《きゅうしゅん》。険阻《けんそ》。峻険。❷行く手に困難《こんなん》が予想されるようす。例前途《ぜんと》は険しい。険しい戦局。❸いかりや真剣《しんけん》さなどのために、ことばや態度などがとげとげしい。例険しい目つき。表情が険しい。

常用漢字 けん

【犬】犬部0 全4画 犬犬犬犬

ケン いぬ 教小1 音[ケン] ▨犬歯《けんし》。犬猿《けんえん》の仲。▨愛犬《あいけん》。番犬《ばんけん》。盲導犬《もうどうけん》。野犬《やけん》。訓[いぬ]犬。犬かき。

【件】イ部4 全6画 件件件件件件

ケン 教小5 音[ケン] ▨件数《けんすう》。▨事件《じけん》。条件《じょうけん》。物件《ぶっけん》。用件《ようけん》。案件《あんけん》。

【見】見部0 全7画 見見見見見見見

ケン みる・みえる・みせる 教小1 音[ケン] ▨見学《けんがく》。見物《けんぶつ》。見解《けんかい》。見識《けんしき》。▨必見《ひっけん》。意見《いけん》。偏見《へんけん》。外見《がいけん》。記者会見《きしゃかいけん》。訓❶[みる]見る。見習う。見通す。見取り図。見栄え。見様見まね。下見。味見。❷[みえる]見える。見え隠れ。見え透く。見え見え。丸見え。❸[みせる]見せる。見せつける。見せびらかす。見世所。見世物。顔見せ。

【券】刀部6 全8画 券券券券券券券券

ケン 教小6 音[ケン] ▨券売機《けんばいき》。▨証券《しょうけん》。旅券《りょけん》。債券《さいけん》。商品券《しょうひんけん》。乗車券《じょうしゃけん》。定期券《ていきけん》。割引券《わりびきけん》。

【肩】月部4 全8画 肩肩肩肩肩肩肩肩

ケン かた 音[ケン] ▨肩章《けんしょう》。肩甲骨《けんこうこつ》。▨強肩《きょうけん》。双肩《そうけん》。比肩《ひけん》。訓[かた]肩。肩書き。肩代わり。肩車。肩凝り。四十肩。右肩上がり。

【建】廴部6 全9画 建建建建建建建建建

ケン・コン たてる・たつ 教小4 音❶[ケン] ▨建設《けんせつ》。建造物《けんぞうぶつ》。建築《けんちく》。建材《けんざい》。建国《けんこく》。建議《けんぎ》。▨再建《さいけん》。封建的《ほうけんてき》。❷[コン] ▨建立《こんりゅう》。訓❶[たてる]建てる。建物。建て付け。二階建て。一戸建て。❷[たつ]建つ。

【研(硏)】石部4 全9画 研研研研研研研研研

ケン とぐ 教小3 音[ケン] ▨研究《けんきゅう》。研鑽《けんさん》。研修《けんしゅう》。研磨《けんま》。訓[とぐ]研ぐ。研ぎ澄ます。

【県(縣)】目部4 全9画 県県県県県県県県県

ケン 教小3 音[ケン] ▨県庁《けんちょう》。県民《けんみん》。県立《けんりつ》。県議会《けんぎかい》。▨○○県《けん》。廃藩置県《はいはんちけん》。

【倹(儉)】イ部8 全10画 倹倹倹倹倹倹倹倹倹倹

ケン 音[ケン] ▨倹約《けんやく》。▨節倹《せっけん》。勤倹《きんけん》。

【兼】八部8 全10画 兼兼兼兼兼兼兼兼兼兼

ケン かねる 音[ケン] ▨兼業農家《けんぎょうのうか》。兼職《けんしょく》。兼任《けんにん》。兼務《けんむ》。兼用《けんよう》。訓[かねる]兼ねる。兼ね合い。

【剣(劍)】刂部8 全10画 剣剣剣剣剣剣剣剣剣剣

ケン つるぎ 音[ケン] ▨剣道《けんどう》。剣術《けんじゅつ》。剣客《けんかく・けんきゃく》。剣豪《けんごう》。剣士《けんし》。▨真剣《しんけん》。短剣《たんけん》。刀剣《とうけん》。訓[つるぎ]剣。剣の舞。

【拳】手部6 全10画 拳拳拳拳拳拳拳拳拳拳

ケン こぶし 音[ケン] ▨拳銃《けんじゅう》。拳法《けんぽう》。拳闘《けんとう》。▨鉄拳《てっけん》。訓[こぶし]握り拳。

【軒】車部3 全10画 軒軒軒軒軒軒軒軒軒軒

ケン のき 音[ケン] ▨軒数《けんすう》。軒灯《けんとう》。意気軒昂《いきけんこう》。▨一軒家《いっけんや》。訓[のき]軒。軒先。

【健】イ部9 全11画 健健健健健健健健健健健

ケン すこやか [教]小4 [音][ケン] ⬒健康《けんこう》。健診《けんしん》。健脚《けんきゃく》。健全《けんぜん》。健闘《けんとう》。健忘症《けんぼうしょう》。⬓頑健《がんけん》。剛健《ごうけん》。壮健《そうけん》。保健室《ほけんしつ》。[訓][すこやか] 健やかな成長。

【険(險)】阝部8 全11画 険険険険険

ケン けわしい [教]小5 [音][ケン] ⬒険悪《けんあく》。険阻《けんそ》。険路《けんろ》。⬓危険《きけん》。冒険《ぼうけん》。保険《ほけん》。陰険《いんけん》。邪険《じゃけん》。[訓][けわしい] 険しい。

【圏(圈)】囗部9 全12画 圏圏圏圏圏

ケン [音][ケン] ⬒圏外《けんがい》。圏内《けんない》。圏域《けんいき》。⬓関西圏《かんさいけん》。首都圏《しゅとけん》。成層圏《せいそうけん》。大気圏《たいきけん》。勢力圏《せいりょくけん》。

【堅】土部9 全12画 ※堅堅堅堅堅堅

ケン かたい [音][ケン] ⬒堅固《けんご》。堅実《けんじつ》。堅塁《けんるい》。堅牢《けんろう》。⬓中堅《ちゅうけん》。[訓][かたい] 堅い。堅物。堅苦しい。

【検(檢)】木部8 全12画 検検検検検

ケン [教]小5 [音][ケン] ⬒検査《けんさ》。検討《けんとう》。検閲《けんえつ》。検挙《けんきょ》。⬓探検《たんけん》。点検《てんけん》。送検《そうけん》。地検《ちけん》。

【嫌】女部10 全13画 嫌嫌嫌嫌嫌嫌

ケン・ゲン きらう・いや [音]❶[ケン] ⬒嫌悪《けんお》。嫌忌《けんき》。嫌疑《けんぎ》。❷[ゲン] ⬓機嫌《きげん》。[訓]❶[きらう] 嫌う。嫌い。嫌われ者。食わず嫌い。負けず嫌い。❷[いや] 嫌だ。嫌がる。嫌がらせ。嫌気がさす。嫌味。

【献(獻)】犬部9 全13画 献献献献献

ケン・コン [音]❶[ケン] ⬒献花《けんか》。献血《けんけつ》。献上《けんじょう》。献身的《けんしんてき》。献呈《けんてい》。献杯《けんぱい》。⬓文献《ぶんけん》。貢献《こうけん》。❷[コン] ⬒献立《こんだて》。⬓一献《いっこん》。

【絹】糸部7 全13画 絹絹絹絹絹絹

ケン きぬ [教]小6 [音][ケン] ⬒絹布《けんぷ》。⬓正絹《しょうけん》。人絹《じんけん》。[訓][きぬ] 絹。絹糸。絹ごし。薄絹。

【遣】辶部10 全13画 ※遣遣遣遣遣遣

ケン つかう・つかわす [音][ケン] ⬒遣外《けんがい》。遣唐使《けんとうし》。⬓派遣《はけん》。分遣《ぶんけん》。[訓]❶[つかう] 遣う。金遣い。気遣い。心遣い。言葉遣い。❷[つかわす] 遣わす。

【権(權)】木部11 全15画 ※権権権権権

ケン・ゴン [教]小6 [音]❶[ケン] ⬒権利《けんり》。権威《けんい》。権限《けんげん》。権力《けんりょく》。⬓人権《じんけん》。棄権《きけん》。選挙権《せんきょけん》。政権《せいけん》。実権《じっけん》。❷[ゴン] ⬒権化《ごんげ》。権現《ごんげん》。

【憲】心部12 全16画 ※憲憲憲憲憲

ケン [教]小6 [音][ケン] ⬒憲法《けんぽう》。憲章《けんしょう》。憲政《けんせい》。⬓違憲《いけん》。護憲《ごけん》。立憲《りっけん》。官憲《かんけん》。

【賢】貝部9 全16画 ※賢賢賢賢賢賢

ケン かしこい [音][ケン] ⬒賢人《けんじん》。賢者《けんじゃ》。賢明《けんめい》。賢兄《けんけい》。良妻賢母《りょうさいけんぼ》。⬓先賢《せんけん》。[訓][かしこい] 賢い。ずる賢い。

【謙】言部10 全17画 謙謙謙謙謙謙

ケン [音][ケン] ⬒謙虚《けんきょ》。謙遜《けんそん》。謙譲語《けんじょうご》。

【鍵】金部9 全17画 鍵鍵鍵鍵鍵

ケン かぎ [音][ケン] ⬒鍵盤《けんばん》。[訓][かぎ] 鍵。鍵穴。合い鍵。

【繭】糸部12 全18画 繭繭繭繭繭繭

ケン まゆ [音][ケン] ⬒繭糸《けんし》。[訓][まゆ] 繭。繭玉。

【顕(顯)】頁部9 全18画 顕顕顕顕顕

ケン [音][ケン] ⬒顕著《けんちょ》。顕在《けんざい》。顕彰《けんしょう》。顕微鏡《けんびきょう》。⬓露顕《ろけん》。

【験(驗)】馬部8 全18画 ※験験験験験

ケン・ゲン [教]小4 [音]❶[ケン] ⬒験算《けんざん》。⬓試験《しけん》。経験《けいけん》。実験《じっけん》。体験《たいけん》。被験者《ひけんしゃ》。❷[ゲン] ⬒験《げん》がいい。験《げん》をかつぐ。⬓霊験《れいげん》。

【懸】心部16 全20画 懸懸懸懸懸懸

ケン・ケ かける・かかる [音]❶[ケン] ⬒懸案《けんあん》。懸垂《けんすい》。懸賞《けんしょう》。懸命《けんめい》。懸隔《けんかく》。❷[ケ] ⬒懸念《けねん》。[訓]❶[かける] 懸ける。命懸け。❷[かかる] 懸かる。

1 **けん【件】**〈名・接尾〉ひとまとまりの事項《じこう》。また、事件や案件などを数えることば。[例]例の件。残るは、この件一件だけだ。

2 **けん【券】**〈名〉❶お金や品物のかわりになる紙片。[例]商品券。割引券。サービス券。❷「切符《きっぷ》・チケット」のこと。[例]入場券。前売り券。乗車券。特急券。航空券。

3 **けん【県】**〈名〉現在の日本の行政区分で、都・道・府とともに、もっとも大きい地方公共団体。四十三県ある。また、その行政を行なう組織。[例]県の認可《にんか》を受ける。県議会。県職員。

4 **けん【剣】**〈名〉❶両がわに刃《は》のあるかたな。また、ふつうのかたな。[例]剣をとる。[類]かたな。つるぎ。刀剣。❷かたなを使って相手をたおすわざ。[例]剣をまなぶ。剣の道。[類]剣術。剣道。❸ハチのおしりにある針。

5 **けん【険】**〈名〉❶地形がけわしく、通りにくいこと。また、そのようなところ。[例]天下の険。❷人の表情や声の調子などにあらわれる、きつくてとげとげしい感じ。[例]険がある。

6 **けん【間】**〈名・接尾〉尺貫《しゃっかん》法の長さの単位。一間は約一・八《メートル》。

7 **けん【▼腱】**〈名〉筋肉を骨にむすびつけている組織。[例]アキレス腱。

8 **けん【鍵】**〈名〉ピアノやオルガン、タイプライターなどで、指でたたいたりおしたりして演奏や操作をする部分。キー。[例]鍵盤《けんばん》。

9 **けん【研】**〈造語〉「研究所」「研究会」「研究室」の略。

10 **けん【軒】**〈接尾〉家や建物を数えることば。[類]戸《こ》。

11 **けん【圏】**〈接尾〉ある一定の範囲を表わす。[例]首都圏。大気圏。暴風圏。勢力圏。

12 **けん【権】**〈接尾〉「権利」のこと。[例]投票権。黙秘《もくひ》権。

常用漢字 **げん**

【元】儿部2 全4画 元元元元
ゲン・ガン もと 教小2 音❶[ゲン] 元素《げんそ》。元気《げんき》。元凶《げんきょう》。元首《げんしゅ》。元号《げんごう》。根元《こんげん》。還元《かんげん》。次元《じげん》。多元《たげん》。❷[ガン] 元祖《がんそ》。元日《がんじつ》。元旦《がんたん》。元金《がんきん》。元本《がんぽん》。元来《がんらい》。訓[もと] 元。元栓。元帳。元手。元値。

【幻】幺部1 全4画 幻幻幻幻
ゲン まぼろし 音[ゲン] 幻覚《げんかく》。幻想《げんそう》。幻聴《げんちょう》。幻滅《げんめつ》。幻惑《げんわく》。変幻自在《へんげんじざい》。夢幻《むげん》。訓[まぼろし] 幻。

【玄】玄部0 全5画 玄玄玄玄
ゲン 音[ゲン] 玄関《げんかん》。玄米《げんまい》。幽玄《ゆうげん》。
注意 「玄人」は、「くろうと」と読む。

【言】言部0 全7画 言言言言言
ゲン・ゴン いう・こと 教小2 音❶[ゲン] 言動《げんどう》。言行一致《げんこういっち》。言語《げんご》。言論《げんろん》。宣言《せんげん》。証言《しょうげん》。発言《はつげん》。方言《ほうげん》。❷[ゴン] 言上《ごんじょう》。言語道断《ごんごどうだん》。他言《たごん》。伝言《でんごん》。無言《むごん》。遺言《ゆいごん》。訓❶[いう] 言う。言い争う。言い換える。言いがかり。言い伝え。言い訳。物言い。❷[こと] 言葉。言葉遣い。言霊。言づけ。繰り言。独り言。寝言。

【弦】弓部5 全8画 弦弦弦弦
ゲン つる 音[ゲン] 弦楽器《げんがっき》。弦楽四重奏《げんがくしじゅうそう》。上弦《じょうげん》。調弦《ちょうげん》。訓[つる] 弦。

【限】阝部6 全9画 限限限限限
ゲン かぎる 教小5 音[ゲン] 限界《げんかい》。限定品《げんていひん》。限度《げんど》。期限《きげん》。制限《せいげん》。最小限《さいしょうげん》。無限大《むげんだい》。訓[かぎる] 限る。限り。一日限り。

【原】厂部8 全10画 原原原原原
ゲン はら 教小2 音[ゲン] 原因《げんいん》。原則《げんそく》。原案《げんあん》。原野《げんや》。原発《げんぱつ》。病原菌《びょうげんきん》。高原《こうげん》。草原《そうげん》。訓[はら] 原。原っぱ。野原。松原。

【現】王部7 全11画 ※現現現現
ゲン あらわれる・あらわす 教小5 音[ゲン] 現在《げんざい》。現象《げんしょう》。現実《げんじつ》。現金《げんきん》。現行犯《げんこうはん》。現物《げんぶつ》。実現《じつげん》。出現《しゅつげん》。再現《さいげん》。表現《ひょうげん》。訓❶[あらわれる] 現れる。現れ。❷[あらわす] 現す。
注意 「河原・川原」は、「かわら」と読む。

【舷】舟部5 全11画 舷舷舷舷舷
ゲン 音[ゲン] 舷側《げんそく》。右舷《うげん》。左舷《さげん》。

【減】氵部9 全12画 ※減減減減減
ゲン へる・へらす 教小5 音[ゲン] 減少《げんしょう》。減税《げんぜい》。減量《げんりょう》。減点《げんてん》。激減《げきげん》。軽減《けいげん》。半減《はんげん》。増減《ぞうげん》。加減《かげん》。訓❶[へる] 減る。目減り。❷[へらす] 減らす。人減らし。

【源】氵部10 全13画 源源源源源
ゲン みなもと 教小6 音[ゲン] 源泉《げんせん》。源流《げんりゅう》。財源《ざいげん》。資源《しげん》。水源《すいげん》。訓[みなもと] 源。

【厳(嚴)】夂部13 全17画 ※厳厳厳厳
ゲン・ゴン おごそか・きびしい 教小6 音❶[ゲン] 厳格《げんかく》。厳戒態勢《げんかいたいせい》。厳重《げんじゅう》。厳正《げんせい》。厳密《げんみつ》。厳寒《げんかん》。厳《げん》として。威厳《いげん》。尊厳《そんげん》。❷[ゴン] 荘厳《そうごん》。訓❶[おごそか] 厳かだ。❷[きびしい] 厳しい。手厳しい。厳しさ。

げん[1]【元】〈名〉❶中国の通貨の単位。❷〔数学〕方程式で、未知数の数を数える語。例二元方程式。❸〔数学〕集合を構成する、一つ一つの要素。❹〔歴史〕中国の王朝(一二七一〜一三六八)の名。中国からモンゴルやチベットにまたがる大帝国《だいていこく》。▽アゲン

げん[2]【言】〈名〉ことばを口にすること。言ったことば。アゲン

言を左右《さゆう》にする はっきりと定まった言いかたをしない。

言をまたない 「いうまでもない」のかたい言いかた。

げん[3]【弦】〈名〉❶〔音楽〕弦楽器で音を出すために張ってある糸。例弦をかきならす。❷〔数学〕円周上の二点をむすぶ線分。❸弓のつる。▽アゲン
表記 ①はもと、「▼絃」と書いた。

げん[4]【減】〈名・接尾〉減ることを表わす。例今年の生産量は大幅減となった。対増。アゲン

げん[5]【舷】〈名〉船の左右の側面。例舷側。右舷。両舷。類ふなべり。ふなばた。アゲン

げん[6]【験】〈名〉ものごとがよい結果になるかどうかをしめすようなしるし。例験がいい。験をかつぐ。類縁起《えんぎ》。アゲン

げん[7]【厳】〈副・連体〉おかしがたい威厳《いげん》をもってそこに存在している感じ。例厳としてひかえている。厳としたその姿。類厳然。アゲン →げんに〔厳に〕

げん[8]【限】〈接尾〉大学の一日の授業の順を表わす。学校の「…時間目」にあたる言いかた。例一限は九時から始まる。

げん[9]【源】〈接尾〉何かのおおもと、みなもとという意味を表わす。例情報源をさぐる。発生源をつきとめる。

けんあく【険悪】〈形動〉今にもけんかや衝突《しょうとつ》がおこりそうな、いやな感じだ。例険悪な情勢。険悪なふんいき。類不穏《ふおん》。

げんあつ【減圧】〈名・する〉圧力を下げること。例減圧装置《そうち》。対加圧。

けんあん【懸案】〈名〉前まえからとりあげられているが、まだ解決がついていない問題。例多年の懸案。懸案事項《じこう》。類課題。

げんあん【原案】〈名〉会議などで、討論や検討のもとになる案。対成案。類たたき台。草案。

けんい【権威】〈名〉❶多くの人々がみとめている、圧倒《あっとう》的にすぐれた力。例権威がある。権威を失墜《しっつい》する。権威にしたがう。権威主義。類威信。❷ある方面の知識や技術などが最高であるとみとめられている人。オーソリティー。例その道の権威。物理学の権威。最高権威。類大家《たいか》。第一人者。

けんいん[1]【検印】〈名〉検査や検閲《けんえつ》がすんでいることを示す印。

けんいん[2]【▼牽引】〈名・する〉❶力でひっぱって動かすこと。例事故車を牽引する。牽引車。❷リードして全体を進ませること。例チームを牽引する役目。

大森房吉(ふさきち)(1868〜1923) 地震学者。震源までの距離を決める公式や地震帯を発見した。

1 **げんいん**【原因】〈名・する〉ものごとのおこるもと。また、ものごとをひきおこすもとであること。例原因になる。原因をさぐる。事故の原因。遠い原因。不注意に(が)原因する事故。対結果。

2 **げんいん**【減員】〈名・する〉団体や組織などで、人員をへらすこと。また、人員がへること。例係員を大幅に減員する。減員になる。対増員。

けんいんしゃ【▼牽引車】〈名〉先頭にあって、うしろにつながっている車をひっぱる車。

表現「組織の牽引車」のように、先頭にたってあとにつづく人をリードする人、という意味でも使う。

けんいんりょく【▼牽引力】〈名〉ものをひっぱる力。例チームの牽引力となる。

けんうん【▽巻雲】〖絹雲〗〈名〉〔気象〕雲の中でもっとも高いところにできる、白い、すじのような雲。類すじ雲。

けんえい【県営】〈名〉県が経営すること。

げんえい【幻影】〈名〉実際にはないのに、その場にあるかのように見えるもの。類まぼろし。

1 **けんえき**【検疫】〈名〉国内への感染症《かんせんしょう》の侵入《しんにゅう》を防ぐため、空港や港で旅客や貨物・家畜《かちく》に対して行なわれる検査や診察《しんさつ》。例入国の際は検疫がある。

2 **けんえき**【権益】〈名〉権利とそこからうまれる利益。

1 **げんえき**【原液】〈名〉うすめたり、まぜものをしたりしていない、もとの液。

2 **げんえき**【現役】〈名〉❶ある社会で現在活躍《かつやく》していること。例現役をしりぞく。まだばりばりの現役だ。類現職。❷在学中に受験すること。また、その人。対浪人《ろうにん》。

けんえつ【検閲】〈名・する〉国家の機関が、とりしまることを目的として、新聞や出版物、映画、郵便物の内容や表現をしらべること。例検閲に引っかかる。

参考 日本国憲法では、これを禁じている。

げんえん【減塩】〈名〉料理や調味料のなかの塩分を少なめにすること。例減塩食。減塩みそ。

けんえんけん【嫌煙権】〈名〉たばこをすわない人が、職場や公共の場で、たばこのけむりを迷惑《めいわく》に思い、拒否《きょひ》する権利。

けんえん(犬猿)**のなか**(仲) きわめて仲がわるいこと。

けんお【嫌悪】〈名・する〉見るのも聞くのもいやだというほど、きらいなこと。例嫌悪の情。嫌悪感。類憎悪《ぞうお》。毛嫌《けぎら》い。

けんおん【検温】〈名・する〉体温をはかること。

げんおん【原音】〈名〉❶原語での発音。例原音に近い表記。❷録音・再生されるもとの、生《なま》の音。

けんおんき【検温器】〈名〉体温計。

1 **けんか**【県下】〈名〉その県の全域。類県内。アケンカ

2 **けんか**【県花】〈名〉それぞれの県が、シンボルとして決めている花。アケンカ

3 **けんか**【▼喧▼嘩】〈名・する〉言いあらそいや、なぐりあいをすること。例けんかを売る(=しかける)。けんかを買う(=うけて立つ)。けんかのたね。売られたけんか。はでにけんかする。大人と子どもではけんかにならない。けんかっぱやい。口げんか。兄弟げんか。夫婦《ふうふ》げんか。類いさかい。アケンカ

けんか両成敗《りょうせいばい》 けんかをした者は、どちらがいいとかわるいとかきめないで、両方とも罰《ばっ》すること。

3 **けんか**【献花】〈名・する〉死んだ人を悼《いた》んで、花をさげること。アケンカ

1 **げんか**【言下】〈名〉なにかを言い終わって、少しもあいだをおかないこと。例言下に答える。言下にことわられた。

2 **げんか**【原価・元価】〈名〉❶品物をつくるために実際にかかる、すべての費用。類生産費。コスト。❷商品の仕入れのねだん。例原価をわる。類元値《もとね》。

げんが【原画】〈名〉複製や印刷した絵に対して、もとの絵。

1 **けんかい**【見解】〈名〉あるものごとについての、その人の見かたや考えかた。例見解を述べる。見解の相違《そうい》。識者の見解。類所見。意見。

2 **けんかい**【県会】〈名〉「県議会」の略。県の議会。例県会議員。

3 **けんかい**【▼狷介】〈形動〉心がひねくれていて、他人に意見を聞こうともしない性格である。ひとりよがりで自尊心が高く、心がせまい。

1 **けんがい**【圏外】〈名〉一定の範囲《はんい》のそと。例この一敗で優勝の圏外に去った。携帯《けいたい》電話の電波圏外。ランキング圏外。対圏内。アケンガイ

2 **けんがい**【遣外】〈名〉役目をあたえて、外国へ行かせること。例幕府《ばくふ》の遣外使節団。アケンガイ

1 **げんかい**【限界】〈名〉もうこの先はないという、ぎりぎりの状態。例限界をこえる。限界にくる。体力の限界。類限度。極限。限り。

2 **げんかい**【厳戒】〈名・する〉どんなことも見のがすまいと、きびしく警戒すること。例厳戒態勢。

げんがい【言外】〈名〉ことばには直接表わされていない部分。例言外の意味。言外ににおわせる。

げんかいしゅうらく【限界集落】〈名〉高齢《こうれい》化や過疎《かそ》化のため、共同体として維持《いじ》していくことがむずかしい集落。

1 **けんかく**【剣客】〈名〉剣道・剣術に熟達した人。けんきゃく。

2 **けんかく**【懸隔】〈名・する〉二つのものごとのあいだのへだたり。かけはなれていること。例両者の意見にはいちじるしい懸隔がある。

1 **けんがく**【見学】〈名・する〉実際にその場所に行き、自分の目で見て知識をひろめること。例工場見学。見学者。

2 **けんがく**【建学】〈名・する〉確固たる信念をもって学校を創立すること。例建学の精神。

1 **げんかく**【幻覚】〈名〉神経の異常なはたらきのため、実際にはないものが見えたり聞こえたりすること。例幻覚症状《しょうじょう》。

2 **げんかく**【厳格】〈形動〉まちがいやごまかしをすこしも許さない、きびしい態度だ。例厳格な父。類峻厳《しゅんげん》。

1 **げんがく**【弦楽】〖▼絃楽〗〈名〉〔音楽〕バイオリンやチェロなどの弦楽器を使って演奏される音楽。例弦楽四重奏。対管楽。

2 **げんがく**【減額】〈名・する〉金額などを、それまでよりも少なくすること。対増額。

げんがくしじゅうそう【弦楽四重奏】〈名〉〔音楽〕第一バイオリン・第二バイオリン・ビオラ・チェロの、四つの弦楽器による重奏。カルテット。

げんがくてき【▼衒学的】〈形動〉学問や知識のあるところをひけらかしているようである。ペダンチック。

けんかごし【けんか腰】〖▼喧▼嘩腰〗〈名〉けんか

 岡倉天心（1862～1913） 明治時代，フェノロサと日本美術の復興に努め，東京美術学校を設立。

をしかけるような、あらあらしい態度。例けんか腰になる。

げんかしょうきゃく【減価償却】〈名・する〉生産のための機械や建物などは、しだいに古くなって価値をへらしていくので、企業が、その買いかえのための費用を商品の価格のなかに組みこみながら積み立てていくこと。

げんがっき【弦楽器】【▼絃楽器】〈名〉〔音楽〕弦の振動《しんどう》によって音をだす楽器。バイオリンやチェロなど、弦をこすって音をだすものと、ギターやハープなど、弦をはじいて音をだすものとがある。→がっき〔楽器〕

けんがみね【剣が峰】〈名〉すもうで、土俵をかこむたわらの外がわに出ている部分。

表現 ものごとがうまくいくかどうかの重要な場面を、「剣が峰に立つ」といい、失敗の許されない困難な状態であることを表わす。

けんかわかれ【けんか別れ】【▼喧▼嘩別れ】〈名・する〉けんかをしたまま別れること。

けんがん【検眼】〈名・する〉視力を検査すること。

げんかん[1]【玄関】〈名〉建物の正式の出入り口。例表《おも》玄関。対勝手口。裏口。通用口。アゲンカン

げんかん[2]【厳寒】〈名〉非常にきびしい寒さ。例厳寒の地。類酷寒《こっかん》。極寒《ごっかん》。アゲンカン

げんかんばらい【玄関払い】〈名〉訪問客を玄関でだけ応対して、帰すこと。家の主人に面会しない場合もいう。例玄関払いをくわせる。類門前払い。

けんぎ[1]【建議】〈名・する〉役所や政府などの公的な機関に、ある意見を正式にのべること。また、その意見。例建議書。類建言。

けんぎ[2]【嫌疑】〈名〉わるいことをしたのではないか、というたがい。例嫌疑をうける。嫌疑がかかる。嫌疑をかける。類容疑。

げんき[1]【元気】一〈名〉❶いきいきと活動するための気力。例元気がない。元気をだす。元気をとりもどす。元気づく。元気づける。から元気。類活気。生気。活力。❷活動するときのいきおい。例元気がいい。元気よく遊ぶ。類威勢《いせい》。

二〈形動〉❶からだにぐあいの悪いところがない。例お元気でなによりです。はやく元気になってください。類健康。❷活発で、いきいきとしている。例元気な子ども。

元気に働く。類潑剌《はつらつ》。

げんき[2]【原器】〈名〉度量衡《どりょうこう》の規準《きじゅん》とする器具。例キログラム原器。メートル原器。

げんぎ【原義】〈名〉そのことばの、もともとの意味。原意。対転義。類本義。

けんきゃく[1]【剣客】〈名〉⇩けんかく〔剣客〕

けんきゃく[2]【健脚】〈名〉足がじょうぶであること。例健脚を競う。

けんきゅう【研究】〈名・する〉ものごとの本質、事実、道理などを明らかにしようとして、よくしらべ、深く考えること。また、その成果。例研究をつむ。数学を研究する。研究所。研究生。

けんぎゅう【▼牽牛】〈名〉星の名。年に一度、七月七日のたなばたの晩に天《あま》の川で「織女(=おりひめ)」と会う、という伝説がある。西洋では、「アルタイル(=わし座の一等星)」という。牽牛星。ひこぼし。→たなばた・しょくじょ

げんきゅう[1]【言及】〈名・する〉なにかの話をすすめているときに、別のあることについてもあわせて述べること。例演説で人権尊重に言及する。類言いおよぶ。

げんきゅう[2]【原級】〈名〉❶進級する前の、もとの学年や等級。❷〔文法〕英語などで、比較《ひかく》級や最上級に対して、その形容詞や副詞のもとの形。「big/bigger/biggest」の「big」など。

げんきゅう[3]【減給】〈名・する〉給料をいままでよりも少なくすること。例減給処分。類減俸《げんぽう》。→ちょうかい〔懲戒〕参考

けんきゅうじょ【研究所】〈名〉学問的な研究を目的とする組織。また、その建物。「けんきゅうしょ」ともいう。

けんきょ[1]【検挙】〈名・する〉警察が犯人または容疑者をとらえること。類逮捕《たいほ》。

けんきょ[2]【謙虚】〈形動〉自分がすぐれた者でないことをよく知って、他人の意見や批判をすなおにとりいれる態度である。例謙虚な人。謙虚になる。対不遜《ふそん》。→けんそん表現

けんきょう【顕教】〈名〉〔仏教〕密教からみた、密教以外の宗派。「けんぎょう」ともいう。対密教。

けんぎょう[1]【兼業】〈名・する〉本業のほかに、別の仕事もすること。例兼業農家。対専業。類兼職。アケンギョー

けんぎょう[2]【検▽校】〈名〉むかし、盲人《もうじん》にあたえられた、最高の官名。アケンギョー

げんきょう[1]【元凶】〈名〉悪事をはたらくときの、いちばんの中心人物。例悪の元凶。

表現 「環境破壊の元凶」のように、人々の生活に害をあたえることがらのもととなるものの意味でも使う。

げんきょう[2]【現況】〈名〉ものごとが現在どうなっているかのようす。例現況報告。類現状。

げんぎょう【現業】〈名〉事務関係でなくて、工場や作業場などの現場で働くこと。例現業労働者。

けんきょうふかい【▼牽強付会】〈名〉道理にあわないことを、むりにこじつけて、自分につごうのいいように言うこと。類こじつけ。

げんきょく【原曲】〈名〉編曲をほどこす前のもとの曲。オリジナル。

けんきん【献金】〈名・する〉有効に使ってもらうために、すすんで団体などにお金をさしだすこと。例教会に献金する。政治献金。類寄付。

表現 「寄付」より自発的な場合や意図的な場合に使う。

げんきん[1]【現金】一〈名〉貨幣《かへい》や紙幣。例現金ではらう。類キャッシュ。現なま。二〈形動〉損か得かで、ころりと態度をかえるようす。例こづかいをやるときだけ手伝うとはなんて現金な子だ。▽アゲンキン

参考 一は、いつ、どこで、だれが使っても、現にその金額だけの価値がある、という意味で、小切手・手形・分割払い・クレジット払い・振り込みなどに対していう。

げんきん[2]【厳禁】〈名・する〉「絶対にしてはいけない」と禁じること。例飲酒運転は厳禁だ。火気厳禁。アゲンキン

げんきんかきとめ【現金書留】〈名〉お金を送るための特別な郵便。定められた封筒《ふうとう》に入れて、郵便局の窓口で手続きをする。→かきとめ

げんくん【元勲】〈名〉国家のために大きな功績のあった人。また、その功績。例維新《いしん》の元勲。

げんげ〈名〉⇩れんげ②

けんけい【賢兄】〈名〉「かしこい兄」の意味から、知人の兄や同輩《どうはい》に対する敬称《けいしょう》として、手紙で使うことば。類貴兄。大兄《たいけい》。

[1]**げんけい【原形】**〈名〉変化する前の、もとのかたち。例原形をたもつ。原形をとどめない。対変化形。

[2]**げんけい【原型】**〈名〉つくられたものの、もとになる型《かた》。

[3]**げんけい【減刑】**〈名・する〉刑罰《けいばつ》の程度をかるくすること。例判決が求刑よりも減刑される。

げんけいしつ【原形質】〈名〉〔生物〕細胞《さいぼう》をつくっている、もっとも基本的なもの。核《かく》と細胞質をさす。

けんけつ【献血】〈名・する〉輸血に使ってもらうために、自分の血液を提供すること。

[1]**けんげん【権限】**〈名〉個人や組織が、法令や規則などにもとづいて、実行できるものごとの範囲《はんい》。例権限がない。権限をもつ。職務権限。アケンゲン

[2]**けんげん【顕現】**〈名・する〉❶神仏がすがたかたちをとって現れること。❷ものごとが、はっきりとした形をとって現れること。例聖《せい》なる理想が(を)顕現する。▽アケンゲン

けんけんごうごう【▼喧▼喧▼囂▼囂】〈副・連体〉人々がかってな意見をがやがやと言って、やかましいようす。例けんけんごうごう何も聞きとれない。注意「かんかんがくがく」は別のことば。

けんけんふくよう【拳拳服▼膺】〈名・する〉たいせつな教えをしっかり心にとめ、いつも自分に言って聞かせること。

けんご【堅固】〈形動〉がっちりしていて、つけ入るすきがない。例堅固な守り。意志堅固。類強固。

表現 城などの守りがかたいことや、人の気持ちがしっかりしていることをいう。

げんこ【▽拳固】〈名〉⇩げんこつ①

[1]**げんご【言語】**〈名〉「ことば」の学問的な言いかた。考えていることや感じたことを、音声または文字によって、他の人に伝える手段。アゲンゴ

言語に絶《ぜっ》する あまりのひどさに、いい表わすことばもない。例言語に絶する苦労。

[2]**げんご【原語】**〈名〉翻訳《ほんやく》したものや外来語の、もとになっている外国語。アゲンゴ

[1]**けんこう【健康】**■一〈名〉からだがいいかわるいかの状態。例健康が回復する。健康がすぐれない。健康をそこなう。健康をたもつ。健康診《しん》断《だん》。■二〈形動〉どこにもわるいところがなくて、元気である。例健康な子。健康なからだ。健康な精神。対不健康。類すこやか。元気。健康的。

[2]**けんこう【軒▼昂】**強い意気ごみが態度に表われているようすをいい、「意気軒昂」の形で使うことば。↓いきけんこう

けんごう【剣豪】〈名〉剣術の名人。

[1]**げんこう【元▼寇】**〈名〉〔歴史〕⇩もうこしゅうらい

[2]**げんこう【言行】**〈名〉言うことと、それに応じた行ない。例言行不《ふ》一致《いっち》。類言動。

[3]**げんこう【原稿】**〈名〉人前で話をしたり、書きものを印刷して発表したりするために、文章を書きしるしたもの。印刷する写真・絵・図表などにもいう。例原稿用紙。作家の自筆《じひつ》原稿(=本人の手書きの原稿)。

表現「四百字詰《づ》め原稿用紙十枚にまとめる」のように一枚二枚と数える。「二十字×二十行」のように字数は一字二字、行数は一行二行と数える。

敬語 尊敬語に「玉稿《ぎょっこう》」がある。

[4]**げんこう【現行】**〈名〉現在行なわれていること。また、行なうこと。例現行どおり。

げんごう【元号】〈名〉君主などが位についていた期間、または、そのうちの一部の期間につけた、和暦《われき》に用いるよび名。昭和・平成など。例元号が令和に改まる。元号法。参考 日本が中国にならって元号を用い始めたのは六四五年の「大化《たいか》」。その後とぎれ、七〇一年の「大宝《たいほう》」以後は今日《こんにち》まで続いている。中国が元号制をやめてからは、世界でもめずらしい例になっている。

けんこうこつ【肩甲骨】【肩▼胛骨】〈名〉せなかの上部の左右にある三角のかたちをした骨。類かいがらぼね。

けんこうしょく【健康食】〈名〉健康にいい食品。なにが健康にいいかよく考えた食事。

けんこうしんだん【健康診断】〈名〉体に悪いところがないか調べること。健診。例定期健康診断。

けんこうてき【健康的】〈形動〉❶健康を保つのによい。例健康的な遊び。❷健康である。健全だ。例考えかたが健康的だ。❸一目見て健康だとわかる。例健康的な人。

げんこうはん【現行犯】〈名〉〔法律〕実際に罪《つみ》をおかしているところを見つかった犯罪・犯人。例現行犯で逮捕《たいほ》する。ぬすみの現行犯。

けんこうほけん【健康保険】〈名〉働いている人がふだんからお金をつみたて、本人とその家族が病気やけがをしたときに、費用を国や会社などが補う保険の組織。

げんこうようし【原稿用紙】〈名〉原稿を書くための、ます目が印刷してある紙。四百字づめが最も普及。

げんこうろく【言行録】〈名〉人のことばや行ないを記録した書物。

げんごがく【言語学】〈名〉いろいろな言語を、音声・文字・文法・語彙《ごい》などの側面から研究し、言語一般《いっぱん》の本質を明らかにする学問。

げんごかつどう【言語活動】〈名〉おもに学校教育でいう、話すこと、聞くこと、書くこと、読むこと。

げんごかんかく【言語感覚】〈名〉言語生活のなかで、その場や相手にふさわしい語や表現、的確なニュアンスなどを、直感的に感じとり、使いこなす能力。例言語感覚をみがく。類語感。

けんこく【建国】〈名・する〉あたらしく国家をつくること。例建国の父。建国の精神。類立国。

げんこく【原告】〈名〉〔法律〕民事訴訟《そしょう》で、うったえをおこして裁判を要求した人。うったえられた方は、「被告《ひこく》」という。

けんこくきねんのひ【建国記念の日】〈名〉国民の祝日の一つ。二月十一日。「建国をしのび、国を愛する心を養う」ための日。参考『日本書紀』に伝わる神武《じんむ》天皇(=第一代天皇)の即位《そくい》の日としてさだめられていた、紀元節というむかしの祝日にあたる。

げんごしょう【言語症】〈名〉ことばを発したり理解したりすることが不自由な状態。「言語障害」の改称《かいしょう》。

げんごしょうがい【言語障害】〈名〉⇩げんごしょう

げんごせいかつ【言語生活】〈名〉人間の生活の中で、ことばを使って考えや感情を伝えあう活動。

げんごせいさく【言語政策】〈名〉政府が、その国のことばをよくしたり、ひろめたりするためにたてる計画。日本の「現代仮名遣《づか》い」や「常用漢字表」は、その例。

げんこつ【▽拳骨】〈名〉❶指をかたくにぎりしめた手。げんこ。例げんこつでなぐる。げんこつをおみまいする。類に

 尾形光琳(おがたこうりん)(1658～1716) 江戸時代の画家。俵屋宗達の影響を受け，華麗で装飾的な画風を完成。

ぎりこぶし。こぶし。鉄拳《てっけん》。❷ラーメンなどのスープをとるのに使われる、豚・牛の脚《あし》の骨。関節の部分がこぶしのような形になっていることからいう。

げんごろう〖源五郎〗〈名〉昆虫《こんちゅう》の一種。池や沼《ぬま》などにいる、体長四センチメートルほどの楕円《だえん》形の黒い虫。

けんこん【▽乾▼坤】〈名〉天地。参考 中国の古典『易経《えききょう》』によって、陰と陽のさまざまの組み合わせから宇宙間にあるすべての物のなりゆきをうらなう方法が示された。陽を表わすことばが「乾」、陰を表わすことばが「坤」である。乾はまた「天」を表わし、坤は「地」を表わす。

げんこん【現今】〈名〉「いま」という時代。かたい言いかた。例 現今の社会情勢。類 今日《こんにち》。昨今。

けんこんいってき【▽乾▼坤一▼擲】〈名〉運を天にまかせて、のるかそるかの思いきった行動をすること。類 一か八《ばち》か。参考「乾坤」は天地のこと、「一擲」はさいころを投げること。

けんさ【検査】〈名・する〉正しい基準にあっているかどうか、異常な箇所《かしょ》はないかどうかをしらべること。例 所持品を検査する。定期検査。身体検査。類 点検。吟味《ぎんみ》。試験。チェック。テスト。

[1]**けんざい**【建材】〈名〉建築に使う材料。木材・セメント・鉄材など。例 新建材。

[2]**けんざい**【顕在】〈名・する〉はっきりとかたちにあらわれて、存在すること。対 潜在《せんざい》。

表現「環境《かんきょう》問題が顕在化する」のように、「顕在化」の形で使うことが多い。

[3]**けんざい**【健在】〈形動〉かわったこともなく、以前と同じように元気にやっている。例 両親とも健在です。健在ぶり(を示す)。

[1]**げんさい**【減災】〈名・する〉天災などによる被害を、日ごろからの備えによってできるだけ少なくすること。

[2]**げんさい**【減殺】〈名・する〉程度や量をへらして、少なくすること。例 興味が減殺されることおびただしい。

[1]**げんざい**【原罪】〈名〉〔宗教〕キリスト教で、人類の祖先とされるアダムとイブが神のおきてにそむいたために、その子孫である人間が生まれながらに せおわされているという罪。ア ゲンザイ →アダム

[2]**げんざい**【現在】〈名〉❶過去と未来のあいだの、自分が現に生きている、この瞬間《しゅんかん》の時点。また、それにちかい前後の時間。例 現在は母と二人ぐらしです。現在地。類 いま。❷(接尾語的に使って)「基準となる、ある時点」という意味を表わす。例 この町の人口は、本年四月一日現在で二万五三六〇人です。▽ア ゲンザイ →かこ・みらい〔未来〕

表現 日常的な会話では、多く「いま」が使われ、「現在」はあらたまった場面や、書きことばとして使われる。

げんざいしんこうけい【現在進行形】〈名〉〔文法〕今このとき、何ごとかが進み、行なわれつつあることを示す言いかた。たとえば英語で、be 動詞に動詞の -ing 形をつけた言いかた。

表現 世の中の事件などについて、「そのことはまだ現在進行形だ」のようにいい、まだ終わっていないので結論が出せないという意味を表わすことがある。

参考 日本語では現在進行の意味は、動詞に「ている」をつけて表わす。なお、「ている」は動作の進行のほかに、動作の結果の状態も表わす。「木の葉が散っている」は散っていくようすも表わすし、散った結果 地面にあることも表わす。

げんざいだか【現在高】〈名〉現時点での金額や品物の数量。

げんざいち【現在地】〈名〉今いる所。

げんざいりょう【原材料】〈名〉原料と材料。

けんさく【検索】〈名・する〉辞書や本の索引をひいて、また、コンピューターを使って、さがすこと。例 キーワードで本を検索する。データベースを検索する。検索をかける。検索に引っかかる。情報検索。類 サーチ。

げんさく【原作】〈名〉翻訳《ほんやく》したり、劇にしたりする前の、もとの作品。類 原著。

けんさくエンジン【検索エンジン】〈名〉インターネットで、ことばを入力したり、分類された項目を選んだりして、必要なページを検索できるサイト。サーチエンジン。

げんさくどうぶつ【原索動物】〈名〉海産の下等動物の一種で、脊索《せきさく》(=背ぼねよりも原始的な器官)をもつ動物をまとめていうことば。ナメクジウオやホヤなど。

[1]**けんさつ**【検察】〈名〉犯罪についてしらべて、その事実をはっきりさせること。また、その仕事をする機関や人。

[2]**けんさつ**【検札】〈名・する〉鉄道の車内で、車掌《しゃしょう》などが乗客の切符《きっぷ》をしらべること。

けんさつかん【検察官】〈名〉〔法律〕犯罪をとりしらべて、その処罰《しょばつ》をもとめるために裁判所に起訴《きそ》をする行政官。参考 検察官には、検事総長・次長検事・検事長・検事・副検事の五つの階級がある。

けんさつちょう【検察庁】〈名〉検察官が仕事をする役所。法務省に属する。参考 最高検察庁・高等検察庁・地方検察庁・区検察庁などがある。

けんさん【研▼鑽】〈名・する〉学問や技術、芸などを高めようと努力すること。例 研鑽を積む。自己研鑽。

[1]**けんざん**【見参】〈名・する〉❶参上して目上の人にお目にかかること。❷目下の者にお会いになること。▽ア ケンザン 参考 もとは「げんざん」といっていたが、どちらにしても古いことばで、今は、ふつうには使われない。

[2]**けんざん**【剣山】〈名〉生け花の道具の一つ。ふとい針を金属の台にさかさに植えつけたもの。花をつきさして固定するために使う。ア ケンザン

[3]**けんざん**【検算・験算】〈名・する〉計算したものが正しいかどうかをしらべるために、もういちど計算してみること。ためし算。ア ケンザン

[1]**げんさん**【原産】〈名〉動植物のその種《しゅ》が最初に発生したこと。例 原産地。

表現「日本原産のサル」のように、地名や地域名のあとにつけて使うのがふつう。

[2]**げんさん**【減産】〈名・する〉それまでより生産高がへること。また、へらすこと。例 穀物が(を)大幅に減産する。対 増産。

げんざん【減算】〈名・する〉引き算。対 加算。

げんさんち【原産地】〈名〉❶動植物のその種《しゅ》が最初に発生した土地。❷原料や製品の生産地。

[1]**けんし**【犬歯】〈名〉前歯のとなりにある、先のとがった歯。上下それぞれ二本ずつ計四本ある。肉食動物ではきばにあたる。類 糸切り歯。ア ケンシ

[2]**けんし**【検死】〈名・する〉変死者の死体を、犯罪によるものかどうかを知るために しらべること。検視。ア ケンシ

[3]**けんし**【検視】〈名・する〉❶事件の現場などをしらべること。類 検分。❷⇩けんし〔検死〕▽ア ケンシ

[4]**けんし**【絹糸】〈名〉きぬいと。ア ケンシ

[1]**けんじ**【検事】〈名〉〔法律〕検察官の階級の一つ。ア ケンジ →けんさつかん 参考

[2]**けんじ**【堅持】〈名・する〉いちどきめたことをかたく守る

こと。[例]方針を堅持する。態度を堅持する。原則を堅持する。[類]固持。[ア]ケンジ

けんじ[3]【顕示】〈名・する〉目立つように、あきらかにしめすこと。[例]自己顕示欲。[ア]ケンジ

[表現]たのもしい感じがあり、よい意味で使うことば。「固執《こしつ》」や「墨守《ぼくしゅ》」は、あまりよくない意味で使う。

げんし[1]【原子】〈名〉〔物理〕物質をかたちづくる、基本となる粒子《りゅうし》。一つの原子核《かく》といくつかの電子からできている。[ア]ゲンシ

原子の記号《きごう》 ⇩げんそきごう

げんし[2]【原始】〈名〉❶ものごとのはじまり・起こり。[例]原始時代。原始的。[類]始原。❷〔歴史〕日本史の大きな時代区分で、古代より前。約一万年前の日本列島の形成期から、飛鳥《あすか》時代の前まで。❸自然のままであること。[例]原始林。[類]原生。▽[ア]ゲンシ

げんし[3]【原紙】〈名〉謄写《とうしゃ》版やコピーの原版として使う紙。[例]原紙を切る(=原紙に鉄筆で文や絵をかく)。[ア]ゲンシ

げんじ[1]【言辞】〈名〉ことばのつかいかた。また、ことば。[ア]ゲンジ

言辞を弄《ろう》する あれこれと言ってごまかそうとする。

げんじ[2]【源氏】〈名〉〔歴史〕平安時代に、皇族から臣下となって源《みなもと》の姓《せい》を名のった一族。鎌倉《かまくら》に幕府をひらいた源頼朝《よりとも》は、その子孫。[ア]ゲンジ

げんしかく【原子核】〈名〉〔物理〕原子の中心部分。陽子と中性子からできている。

けんしき【見識】〈名〉ものごとの本質をみとおす力。ものごとについてのはっきりしたすぐれた考え。[例]見識がある。高い見識。見識ばる。[類]識見。

けんしきば・る【見識張る】〈動五〉すぐれた考えがあることを見せようとする。

げんしじだい【原始時代】〈名〉人がまだ自然のままに狩猟《しゅりょう》と採集の生活をしていた時代。

げんしじん【原始人】〈名〉原始時代の人類。

けんじそうちょう【検事総長】〈名〉検察官の最高の地位。→けんさつかん[参考]

けんじつ【堅実】〈形動〉もののやりかたや考えかたが、しっかりしていて、確実である。[例]堅実な方法。[類]着実。地道。手がたい。

げんじつ【現実】〈名〉頭の中で考えたようなことではなくて、実際にいま目の前にあること。[例]現実になる。理想と現実。現実にあわない。現実に即《そく》する。きびしい現実。現実性。現実的。現実味。[対]空想。想像。理想。

げんじつしゅぎ【現実主義】〈名〉夢《ゆめ》や理想をもとめないで、現実に応じて行動する考えかた。リアリズム。[対]理想主義。

げんじつせい【現実性】〈名〉❶現実のことであると感じられるかどうか。[類]現実味。リアリティー。❷現実をふまえているかどうか。[例]現実性に欠ける意見。

げんじつてき【現実的】〈形動〉行ないや考えが理想や夢《ゆめ》にはしらないで、現実とむすびついている。[例]現実的な人。現実的に考える。[対]理想的。

げんじつみ【現実味】〈名〉実際にありそうな感じ。[例]現実味のない話。夢が現実味を帯《お》びてきた。[類]真実味。リアリティー。

げんしてき【原始的】〈形動〉もとのままで、進化したり変化したりしていない。自然にあるがまま。[例]原始的なやり方。

げんじてん【現時点】〈名〉いま現在の時点。

げんじな【源氏名】〈名〉ホステスや芸者などが名乗る、本名でないよび名。[由来]もと、『源氏物語』の巻名にちなんで女官《にょかん》によび名をつけたことから。

げんしばくだん【原子爆弾】〈名〉ウランやプルトニウムなどの原子核《かく》の分裂《ぶんれつ》の際に生じる、大きなエネルギーを利用した爆弾。略して「原爆」。[類]ピカドン。
[参考]第二次世界大戦中の一九四五(昭和二〇)年八月、アメリカが、六日に広島に、九日に長崎に投下した。

げんしばんごう【原子番号】〈名〉〔物理〕陽子《ようし》の数でしめした、その原子の種類をあらわす番号。

げんじぼたる【源氏蛍】〈名〉大きさ十五ミリメートルほどの、日本でいちばん大きいホタル。

けんじゃ[1]【賢者】〈名〉深い知恵《ちえ》があって、ものの道理をよくわきまえている人。賢人。[対]愚者《ぐしゃ》。

げんしゅ[1]【元首】〈名〉君主や大統領など、外国に対して国を代表する人。[ア]ゲンシュ

げんしゅ[2]【原種】〈名〉動植物で、品種改良がくわえられる以前の、もとの品種。[例]イネの原種。[対]変種。[ア]ゲンシュ

げんしゅ[3]【厳守】〈名・する〉規則や約束などをそのとおりかたく守ること。[例]時間厳守。[類]遵守《じゅんしゅ》。[ア]ゲンシュ

けんしゅう【研修】〈名・する〉ある方面の知識を身につけるために、とくに、期間をもうけて勉強すること。[例]研修旅行。社員研修。

けんじゅう【拳銃】〈名〉⇩ピストル

げんしゅう【減収】〈名・する〉収入や収穫《しゅうかく》高が前より少なくなること。[対]増収。

げんじゅう【厳重】〈形動〉少しのことも見のがさない、きびしい態度である。[例]厳重な警戒《けいかい》。厳重にとりしまる。厳重注意。

げんじゅうしょ【現住所】〈名〉現在住んでいる所《ところ》番地。

げんじゅうみん【原住民】〈名〉⇩せんじゅうみん

げんしゅく【厳粛】〈形動〉❶威厳《いげん》があっておもおもしく、心がひきしまる感じだ。[例]厳粛なおももち。厳粛にとり行なう。[類]おごそか。荘厳《そうごん》。荘重。❷事実をかくしたりごまかしたりできず、うごかすこともできない。[例]死という厳粛な事実に直面する。[類]厳然。

けんしゅつ【検出】〈名・する〉調査や分析《ぶんせき》などを行なって、ものの中にふくまれている成分などを見つけだすこと。[例]放射能を検出する。

げんしゅつ【現出】〈名・する〉目の前に現れること。立ち現れること。

けんじゅつ【剣術】〈名〉刀剣を使ってたたかう技術。[例]剣術の名人。[類]剣道。剣法。

げんしょ[1]【原書】〈名〉翻訳《ほんやく》書などに対して、そのもとになった本。とくに、洋書をさす。[類]原本。[ア]ゲンショ

げんしょ[2]【原初】〈名〉ものごとのもとになった、いちばんはじめ。かたい言いかた。[ア]ゲンショ

けんしょう[1]【肩章】〈名〉制服の肩《かた》につける階級章。

けんしょう[2]【健勝】〈名〉健康で元気なこと。[類]清勝。清栄。
[表現]「ご健勝のことと存じます」のように、多く手紙文などで、相手の健康についていう、あいさつのことばに使う。

けんしょう[3]【検証】〈名・する〉実際にしらべて、事実をはっきりさせること。[例]廃棄《はいき》物の安全性を検証す

荻生徂徠(おぎゅうそらい)(1666～1728) 江戸時代の儒学者。儒学の古典を重んじ古文辞学派と呼ばれた。

る。仮説を検証する。現場検証。

4 **けんしょう【憲章】**〈名〉国家や国家間などで、理想としてさだめられたたいせつな原則。例児童憲章。

5 **けんしょう【顕彰】**〈名・する〉かくれたよいことなどを、表彰してひろく知らせること。対受彰。

6 **けんしょう【懸賞】**〈名〉賞金や賞品をだすことを条件に、すぐれた作品やクイズへの解答などを多くの人にもとめること。また、すもうなどのとりくみで、勝った者に対する賞金など。例懸賞をつける。懸賞にあたる。懸賞がかかる。懸賞小説。懸賞問題。

1 **けんじょう【健常】**〈名・形動〉心身《しんしん》に障害のないこと。例健常者。

2 **けんじょう【献上】**〈名・する〉身分の高い人に、さし上げること。例献上品。対下賜《かし》。

3 **けんじょう【謙譲】**〈名〉へりくだって相手にゆずること。例謙譲の美徳。類謙遜《けんそん》。

1 **げんしょう【現象】**〈名〉見たりさわったりして知ることができるような、あるなにかのかたちをとって現れたことがらやものごと。例自然現象。

2 **げんしょう【減少】**〈名・する〉数量がそれまでよりもすくなくなること。例人口が減少する。対増加。増大。

げんじょう【現状】〈名〉ものごとの現在の状態。例現状に満足する。現状をふまえて議論する。不公平な現状を改善する。現状維持《いじ》。類現況《げんきょう》。

けんしょうえん【▼腱▼鞘炎】〈名〉腱鞘(=腱を包むふくろ状の組織)におこる炎症《えんしょう》。多く、手の指の酷使《こくし》が原因で、痛みがあり、運動障害をおこす。

けんじょうご【謙譲語】〈名〉敬語の五分類の一種。自分や自分のがわの行為《こうい》を低めて言うことによって、その行為が向けられる人を高くあつかい、その人に対する敬意を表わすことば。たとえば、動詞の「伺《うかが》う」「申し上げる」「お目にかかる」「差し上げる」「お届《とど》けする」「御案内する」、名詞の「お手紙(を差し上げる)」「ご説明(を申し上げる)」など。謙譲語Ⅰ。→けいご〔敬語〕

参考 (1)謙譲語は、心からへりくだっている場合ばかりでなく、行為が向けられる人を一人前の人間として尊重していることを示したり、その人と一定の距離《きょり》をおいたりする場合など、さまざまな動機で用いられる。
(2)敬語を、大きく尊敬語・謙譲語・丁寧《ていねい》語の三つに分類するときは、謙譲語のなかに丁重《ていちょう》語(謙譲語Ⅱ)もふくまれる。

1 **けんしょく【兼職】**〈名・する〉本務以外にも職務をもっていること。類兼務。兼任。兼業。

2 **けんしょく【検食】**〈名・する〉学校や病院などで、給食をだす前に、先生や医師などが試食すること。

1 **げんしょく【原色】**〈名〉❶赤・黄・青の三色。まぜあわせることで種々の色をつくることができる。光では赤・緑・青。対中間色。→さんげんしょく ❷けばけばしくて、刺激《しげき》のつよい色。❸もとのままの色。

2 **げんしょく【現職】**〈名〉現在ついている職業や職務。ある職業や職務に現在ついていること。例現職を去る。現職の警察官。類現役《げんえき》。

げんしりょう【原子量】〈名〉〔物理〕原子のおもさを、炭素原子のおもさを基準として、表わしたもの。

げんしりょく【原子力】〈名〉原子核《かく》の分裂《ぶんれつ》や融合《ゆうごう》で生じるエネルギー。例原子力発電。

げんしりょくせんすいかん【原子力潜水艦】〈名〉原子炉《ろ》を動力源とする潜水艦。長時間の潜水ができ、高速で、航続距離《きょり》が長い。略して「原潜」。

げんしりょくはつでん【原子力発電】〈名〉核分裂《かくぶんれつ》で生じる熱で蒸気をつくり、発電機を回して電気をおこすこと。例原子力発電所。

げんしりん【原始林】〈名〉人手がくわえられたことがない、自然のままの森林。類原生林。

けん・じる【献じる】〈動上一〉身分の高い人にものをさしあげる。献ずる。類献上する。奉《ほう》じる。たてまつる。

げん・じる【減じる】〈動上一〉数量や程度などがへる。また、へらす。引き算をする。「げんずる」ともいう。

げんしろ【原子炉】〈名〉ウランなどの放射性物質を、ゆっくり核分裂《かくぶんれつ》させて、そのエネルギーを利用できるようにする装置《そうち》。

表現 一基《いっき》二基《にき》と数える。

1 **けんしん【健診】**〈名〉「健康診断」の略。例定期健診。

2 **けんしん【検診】**〈名・する〉病気かどうかなどをしらべるために、診察すること。例検診をうける。定期検診。

3 **けんしん【検針】**〈名・する〉❶電気やガス、水道などの使用量をみるために、メーターの目もりをしらべること。例ガスの検針。❷衣料品・タオル・寝具《しんぐ》などに、製造に使った針《はり》が残っていないか検査すること。例検針装置。「検針済《ずみ》」のラベル。

4 **けんしん【献身】**〈名・する〉社会や人のために、自分のからだや命をなげだしてつくすこと。例献身的。

5 **けんしん【賢臣】**〈名〉かしこい家来。対愚臣《ぐしん》。

けんじん【賢人】〈名〉かしこく、すぐれた判断力のある人。賢者。対愚者《ぐしゃ》。

けんじんかい【県人会】〈名〉同じ県の出身者どうしが、親睦《しんぼく》のためにつくっている集まり。

けんしんてき【献身的】〈形動〉自分を犠牲《ぎせい》にして人につくすようす。例献身的な看護。

げんず【原図】〈名〉複写などのもとの図。

けんすい【懸垂】〈名・する〉❶たれさがること。また、たれさげること。❷体操の鉄棒やつり輪などで、両手でぶらさがって、うでの力でからだを上げたり下げたりすること。

1 **げんすい【元帥】**〈名〉軍人の最高の位。大将の上。ア ゲンスイ

2 **げんすい【減水】**〈名・する〉川や湖などの水の量がへること。対増水。ア **ゲンスイ**

けんずいし【遣▼隋使】〈名〉〔歴史〕ヤマト政権が中国の文化をとりいれるために、隋王朝におくった使い。六〇七年、小野妹子《おののいもこ》が最初に派遣された。

げんすいばく【原水爆】〈名〉原爆と水爆。

げんすうぶんれつ【減数分裂】〈名〉〔生物〕精子や卵子《らんし》などの生殖細胞《せいしょくさいぼう》がつくられるときの細胞分裂。染色《せんしょく》体の数が半分になる。

けん・ずる【献ずる】〈動サ変〉⇩けんじる

げん・ずる【減ずる】〈動サ変〉⇩げんじる

げんすん【原寸】〈名〉実物と同じ寸法。

げんすんだい【原寸大】〈名〉写真や模型などの大きさが、原物《げんぶつ》と同じ寸法になっていること。類実物大。

げんせ【現世】〈名〉自分が生きているこの世。「げんせい」ともいう。例現世の苦しみ。参考 仏教では「げんぜ」と読み、前世《ぜんせ》・来世《らいせ》に対して使う。

1 **けんせい【▼牽制】**〈名・する〉❶相手の注意や関心などをひきつけるような行動をとって、結果として相手に自由な行動をさせないようにすること。例ライバル会社を牽制する。❷野球で、盗塁《とうるい》をふせぐなどの目的で、野手がラ

ンナーのいるベースに入ったり、ピッチャーなどがその野手にボールを投げたりすること。例ランナーを牽制する。牽制球。▽アケンセー

2 けんせい【権勢】〈名〉自分の思うままのふるまいができるような、つよい権力。例権勢をふるう。権勢におもねる。権勢ならびない。権勢欲。アケンセー

3 けんせい【憲政】〈名〉憲法のさだめにもとづいて行なう政治。立憲政治。アケンセー

4 けんせい【顕性】〈名〉〔生物〕遺伝《いでん》で、両親のもつ異《こと》なる形質《けいしつ》のうち、子どもの代に現れるもの。「優性《ゆうせい》」を改めたことば。例顕性(の)形質(=子に現れる特徴《とくちょう》)。対潜性《せんせい》。アケンセー

1 げんせい【原生】〈名・する〉❶人の手が加わっていない、自然の状態であること。例原生林。原生花園《かえん》。❷原始的であること。例原生動物。▽類原始。アゲンセー

2 げんせい【現世】〈名〉⇩げんせ アゲンセー

3 げんせい【厳正】〈名・形動〉少しの悪や不公平もゆるさないようなきびしい態度で、公正をまもること。例厳正な審査《しんさ》。厳正中立。アゲンセー

げんぜい【減税】〈名・する〉税金の負担額をへらすこと。対増税。

げんせいかえん【原生花園】〈名〉北海道のオホーツク海沿岸の砂丘などにある、自然のままの状態で草花の多く生える原野。ハマナスやエゾキスゲなどが群生する。

げんせいどうぶつ【原生動物】〈名〉単細胞《たんさいぼう》の微《び》生物(=原生生物)のうち、自由に動きながらえさをとらえて食べるもの。アメーバ・ゾウリムシ・夜光虫など。

げんせいりん【原生林】〈名〉人が植えて育てたのではない、自然のままの森林。類原始林。

けんせき【▼譴責】〈名・する〉公務員などの懲戒《ちょうかい》処分のうちの「戒告」で、始末書の提出をもとめるもの。

1 げんせき【原石】〈名〉❶加工していない宝石。例ダイヤモンドの原石。❷製錬する前の鉱石。

表現「磨《みが》けば光る」ものとして、努力しだいで才能が大きくのびそうな人のたとえとしても使う。

2 げんせき【原籍】〈名〉〔法律〕籍をうつす前の、もともとの本籍。

けんせきうん【▽巻積雲】〖絹積雲〗〈名〉〔気象〕白く小さなかたまりが、うろこのようにならんだ雲。高い空にできる。参考秋の空の雲。「さば雲」「いわし雲」「うろこ雲」「まだら雲」など、いろいろのよびかたがある。

けんせつ【建設】〈名・する〉ビルや道路など、おおがかりなものをつくること。対破壊《はかい》。類建築。

表現「新国家を建設する」「都市を建設する」のように、巨大《きょだい》な組織をつくることについてもいう。

げんせつ【言説】〈名〉考えをことばに表わして述《の》べること。また、そのことば。かたい言いかた。

けんせつてき【建設的】〈形動〉ものごとを積極的によくしていこうとするような。例建設的な意見。対非建設的。破壊《はかい》的。類生産的。

げんせりやく【現世利益】〈名〉〔仏教〕生きているこの世での、病気が治る、お金がもうかる、などのご利益。

けんぜん【健全】〈形動〉❶体や心がじょうぶで健康である。例健全な身体。健全な精神。❷欠点やかたよりがなくて、安定している。例健全な考えかた。健全財政。▽対不健全。

1 げんせん【原潜】〈名〉「原子力潜水艦」の略。

2 げんせん【源泉・原泉】〈名〉❶水や温泉などのわきでるもと。❷ものごとが生じてくるもと。例活動力の源泉。▽類いずみ。

3 げんせん【厳選】〈名・する〉多くのものの中から、きびしい基準で慎重《しんちょう》にえらぶこと。類精選。えりすぐる。

1 げんぜん【現前】〈名・する〉いま目の前にあること。目の前にあらわれること。類まのあたり。立ち現れる。

2 げんぜん【厳然】〈副・連体〉近づきがたいほど、きびしくおもおもしいようす。例厳然とかまえる。厳然たる事実。類厳粛《げんしゅく》。

げんせんかけながし【源泉掛け流し】〈名〉温泉で、あふれた湯を循環《じゅんかん》させたり湯量の不足を水道水でおぎなったりせずに、わき出た湯を流れるままに湯ぶねにそそぐこと。

げんせんかぜい【源泉課税】〈名〉〔経済〕給料や利子などの所得が本人にわたる前に税金をさし引くこと。類源泉徴収《ちょうしゅう》。

げんせんちょうしゅう【源泉徴収】〈名〉給料や利子のしはらいのとき、しはらう者が前もって所得税分を差し引いて納税すること。例源泉徴収票。

1 けんそ【倹素】〈名・形動〉倹約につとめる、質素な生活態度。

2 けんそ【険阻】〖▼嶮▼岨〗〈形動〉道や地形がけわしい。例険阻な山岳地帯。

げんそ【元素】〈名〉〔化学〕どんな方法を使っても、それ以上に分解できない物質。原子の種類。百十種類以上がある。

けんそう【▼喧騒】〖▼喧▼噪〗〈名〉人の声やもの音などがうるさくて、やかましいこと。例都会の喧騒。

けんぞう【建造】〈名・する〉建物や船などの大きなものをつくること。例タンカーを建造する。(歴史的な)建造物。類築造。構築。

表現ふつうの住宅や自動車などについては使わない。

げんそう【幻想】〈名〉実際にはありえないことを、夢《ゆめ》でも見ているように、心の中に思いえがくこと。また、その内容。例幻想をいだく。幻想的。類妄想《もうそう》。

けんそううん【▽巻層雲】〖絹層雲〗〈名〉〔気象〕うすくひろがった白い雲。高い空にできる。月や太陽のまわりに、「かさ(暈)」をつくることがある。類うす雲。

げんそうてき【幻想的】〈形動〉まるで夢《ゆめ》でも見ているような。例幻想的な情景。

けんぞうぶつ【建造物】〈名〉建造されたもの。類建物。建築物。→けんぞう表現

げんそきごう【元素記号】〈名〉〔化学〕元素(原子の種類)を表わす記号。ラテン語などの元素名の、かしら文字の一文字または二文字をとって表わす。H(=水素)、Fe(=鉄)など。参考中学校の理科の教科書では「原子の記号」という。また、俗《ぞく》に「化学記号」ともいう。

けんぞく【▼眷属】〈名〉血のつながりでむすばれている人々。かたい言いかた。例一家眷属。類一族。

1 げんそく【原則】〈名〉大きく全体の方向をきめる第一の規則。たやすくはかえられない規則。例原則をきめる。原則的。→てっそく表現

表現(1)「…は原則として禁止」とあれば、事情によっては例外がみとめられる可能性がある。
(2)「無断外出は原則みとめられない」のように、副詞として、「原則として」の意味でも使われる。

2 げんそく【減速】〈名・する〉速度を落とすこと。速度が落ちること。例車を(が)減速する。対加速。

 オクタビアヌス(前63～後14) ローマ帝国の初代皇帝。エジプトを併合して地中海世界を統一。

げんそく[3]【舷側】〈名〉ふなばた。ふなべり。

げんぞく【▽還俗】〈名・する〉いちど僧《そう》や尼《あま》になった人が、ふたたび一般《いっぱん》の社会にもどること。

げんそくてき【原則的】〈形動〉❶絶対に基本にしたがうようす。例原則的な行動をとる。❷細かいことは別にして一応は同意するようす。例原則的には賛成です。

けんそん【謙遜】〈名・する〉自分や自分がわのものを、ねうちや力において、他人とくに相手の人よりもおとった者とあつかって、つつましい態度をとること。例彼は「つまらないものですが」と、謙遜してみやげをさしだした。類へりくだる。

表現 「謙虚《けんきょ》」と態度は同じだが、「謙虚」が形容動詞で「謙虚な人」というふうに使うのに対して、「謙遜」は動詞で「謙遜する」のように使う。

げんそん[1]【玄孫】〈名〉孫《まご》の孫。類やしゃご。

げんそん[2]【現存】〈名・する〉現在、なくならずに存在すること。「げんぞん」ともいう。例『古事記』は、現存する日本最古の歴史書である。

げんそん[3]【厳存】〈名・する〉明らかなものとして、たしかに存在すること。「げんぞん」ともいう。例うごかせない事実が厳存する。

けんたい[1]【▼倦怠】〈名〉❶あるものごとや状態にあきあきして、それをつづけるのがいやになってしまうこと。アンニュイ。例倦怠期。❷からだも気分もだるいこと。例倦怠感。類疲労《ひろう》。

けんたい[2]【献体】〈名・する〉死後の自分のからだを、医学の研究や実習のための材料としてさしだすこと。

けんだい【見台】〈名〉書物をのせて読む台。謡曲《ようきょく》・浄瑠璃《じょうるり》などを語るとき、台本をのせる台。

げんたい【減退】〈名・する〉勢いや力などがおとろえて、弱くなること。例食欲が減退する。対増進。増強。

げんだい[1]【原題】〈名〉翻訳《ほんやく》・変更《へんこう》する前の、もとの題名。オリジナルタイトル。ア**ゲンダイ**

げんだい[2]【現代】〈名〉❶今の世の中。例現代人《じん》。現代社会。現代語。現代的。❷〔歴史〕時代区分の一つ。近代のつぎの時代。日本史では、第二次世界大戦の終わりから現在まで。▽アゲンダイ

げんだいかなづかい【現代仮名遣い】〈名〉現代の日本語をかなで書く場合の、かなの使いかた。一九四六(昭和二一)年の内閣告示でしめされ、一九八六(昭和六一)年に改訂《かいてい》された。できるだけ発音に近づけることを原則としたもの。新仮名遣い。対歴史的仮名遣い。

参考 助詞の「は」「へ」「を」、また、「ぢ」「づ」などについては、古いかなづかいのままになっているところがある。

けんたいき【▼倦怠期】〈名〉おもに夫婦で、おたがいにあきて、相手への気持ちがさめる時期。

げんたいけん【原体験】〈名〉幼いころに経験して身にしみついてしまっている記憶《きおく》やことがら。

げんだいご【現代語】〈名〉「古語」に対して、現在使われていることば。例現代語訳。類口語。

げんだいてき【現代的】〈形動〉現代に関係のある。現代にふさわしい。例現代的な感覚。類近代的。モダン。→きんだいてき表現

げんだいぶん【現代文】〈名〉現代語による文章。対古文。文語文。

けんだま【けん玉】〖剣玉・拳玉〗〈名〉子どもの遊び道具。糸でつるした玉を、手に持った十字形の木の、くぼんだ台のところで受けたり、とがったところに、玉の穴がはまるように受けたりして遊ぶ。

けんたん【健▼啖】〈名・形動〉なんでもたくさん食べること。例健啖ぶり。健啖家。類大食。

表現 「大食漢」や「大食い」よりも、「健啖家」のほうが、その人に対しておだやかな言いかたになる。

げんたん【減反】〈名・する〉田畑の作付け面積をへらすこと。例減反政策。

けんち[1]【見地】〈名〉ものごとを観察して判断するときの、もとになる立場。例…の見地に立つ。…の見地からみる。利用者の見地。類立場。観点。視点。視角。角度。

けんち[2]【検地】〈名・する〉〔歴史〕年貢《ねんぐ》の高をきめるために、農地の面積や境界、地力を調べたこと。

参考 豊臣秀吉《とよとみひでよし》による「太閤《たいこう》検地」が有名。

げんち[1]【言質】〈名〉聞いた人に有利な内容の発言をして、それを、聞き手が「たしかに聞いた」と確認し、言った方も「たしかに言った」とみとめ、それが後日の証拠《しょうこ》となること。例言質をあたえる。言質をとる。

げんち[2]【現地】〈名〉❶仕事や事業などが実際になされているところ。事件などが実際におこったところ。例現地報告。現地採用。類現場。実地。❷自分が現在そこで生活している土地。

けんちく【建築】〈名・する〉家などをつくること。例木造建築。建築家。建築士。類建造。建設。普請《ふしん》。

けんちょ【顕著】〈形動〉はっきり目だっている。例顕著な功績。敗色が顕著になる。類いちじるしい。

げんちょ【原著】〈名〉翻訳《ほんやく》やアレンジの、もとになった作品。類原作。原典。

けんちょう【県庁】〈名〉県全体についての行政上の仕事をする役所。例県庁所在地。

げんちょう【幻聴】〈名〉実際にはしていない音が、聞こえるように感じること。類空耳《そらみみ》。

けんちょうしょざいち【県庁所在地】〈名〉その県の中で、県庁がある市。

けんちんじる【けんちん汁】〈名〉豆腐《とうふ》やにんじん、ごぼうなどをいためて、それを実《み》にしたすまし汁。

げんつき【原付き】〈名〉「原動機付き自転車」の略。排気量五〇cc以下のエンジンをつけた二輪車。

けんつく〈名〉あらっぽくしかりつけること。ひどいこごと。例けんつくをくわせる。

けんてい[1]【検定】〈名・する〉ある基準をもうけて、それに合っているかどうかを調べ、合格・不合格などをきめること。例検定に合格する。検定試験。教科書検定制度。

けんてい[2]【献呈】〈名・する〉目上の人や尊敬する人にものをさし上げること。類贈呈《ぞうてい》。謹呈《きんてい》。献上。

げんてい【限定】〈名・する〉ものごとの範囲《はんい》や数量などを せまくかぎること。例この問題に限定して話しあう。期間限定商品。限定版。類局限。制限。

げんていばん【限定版】〈名〉数量を少なくかぎってつくった、本やCDなどの商品。

けんてん【圏点】〈名〉書かれた文章の中の、とくに注意をしてほしい文字のわきにつける 点やまる などの しるし。「、」「・」「。」など。類傍点《ぼうてん》。

けんでん【▼喧伝】〈名・する〉しきりに言いふらすこと。例世に喧伝される。

げんてん[1]【原典】〈名〉翻訳《ほんやく》や引用などのもとになった本や文章。例原典にあたる。類原著。ア**ゲンテン**

げんてん[2]【原点】〈名〉❶距離《きょり》などをはかるときの、基準となる点。❷ものごとや問題の いちばんおおもとにな

るところ。例原点をさぐる。原点にかえる。原点にたちもどって考えなおす。類出発点。❸〔数学〕直線上で基準とする点。座標軸《じく》で、軸のまじわる点。記号〇で表わす。→ざひょう絵 ▽アゲンテン

[3]**げんてん【減点】**〈名・する〉点数をへらすこと。また、へらした点数。例ちょっとしたミスで大きく減点された。減点法。対加点。アゲンテン

げんど【限度】〈名〉それ以上はもうないという、ぎりぎりのところ。例限度をこえる。二日を限度とする。がまんするにも限度がある。最低限度。類限界。

[1]**けんとう【見当】**■一〈名〉❶「これからこうなるだろう」「たぶんこれはこうだろう」とおしはかった見こみ。例見当がつく。見当をつける。むずかしくて見当もつかない。見当ちがい。類予想。❷だいたいの方角。例駅はこちらの見当のはずだが。▽アケントー
■二〈接尾〉だいたいその程度だという数量を表わす。例一万円見当の品《しな》。五十見当の男。類ぐらい。相当。

[2]**けんとう【検討】**〈名・する〉いろいろな面からじゅうぶんにしらべて、研究すること。例対策を検討する。検討を加える。検討を要する。検討中。再検討。類吟味《ぎんみ》。アケントー

[3]**けんとう【健闘】**〈名・する〉力を出しきって、最後までよくたたかうこと。例健闘をいのる。健闘をたたえる。健闘むなしく。類善戦。アケントー

[4]**けんとう【軒灯】**〈名〉軒下《のきした》につけるあかり。アケントー

[1]**けんどう【県道】**〈名〉県がつくって管理する道路。アケンドー

[2]**けんどう【剣道】**〈名〉武道の一つ。面や胴《どう》、籠手《こて》などの防具をつけて、竹刀《しない》で打ちあう。類剣術。アケンドー

[1]**げんとう【幻灯】**〈名〉「スライド③」の古い言いかた。例幻灯機。

表現 ことばの感じでは「スライド」と「幻灯」とは非常にちがっていて、はじめ幻灯と言っていたころには、そこにあやしい別世界が映しだされるという、わくわくするような感じがあった。

[2]**げんとう【厳冬】**〈名〉もっとも寒さのきびしい冬のさかり。いつもの年に比べて、寒さのきびしい冬。対盛夏《せいか》。

表現「厳冬のおり、おからだにお気をつけください」など、手紙の文句としても使う。

げんどう【言動】〈名〉言うこととすること。発言と行動。例言動をつつしむ。言動一致《いっち》。類言行。

げんどうき【原動機】〈名〉エンジンやモーターなど、機械をうごかすもとになる装置。例原動機付き自転車（→げんつき）。

けんとうし【遣唐使】〈名〉〔歴史〕奈良《なら》時代から平安時代の初めにかけて、唐の文化をとりいれるために、日本から中国におくられた使い。六三〇年にはじまり、八九四年に中止された。

けんとうちがい【見当違い】〈名・形動〉みこみや考えがはずれていること。例見当違いの意見。

げんどうりょく【原動力】〈名〉❶機械に運動をおこさせるもとになる力。❷ものごとを活動させるもとになる力。例運動の原動力。革命の原動力。

ケントし【ケント紙】〈名〉洋紙の一種。絵や製図に使われる、白くて厚い質のよい紙。

けんどちょうらい【▼捲土重来】〈名〉いちど失敗した者や負けた者が、いきおいをもりかえして、ふたたび挑戦《ちょうせん》してくること。「けんどじゅうらい」ともいう。例捲土重来を期する。類再挙。

けんどん【▼慳貪】〈形動〉❶欲が深くてけちである。❷むごい。→つっけんどん

けんない【圏内】〈名〉一定の範囲《はんい》の中。例合格圏内。当選圏内。暴風雨圏内。(携帯《けいたい》電話の)電波圏内。ランキング圏内に入る。対圏外。

げんなま【現なま】〈名〉「現金」の俗《ぞく》な言いかた。

げんなり〈副・する〉あきたり、いやけがさしたりして、すっかりやる気がなくなったようす。例げんなりした顔。類うんざり。

[1]**げんに【現に】**〈副〉現実のこととして。実際に。例信じてもらえないかもしれないが、現にこの目で見たんだ。

[2]**げんに【厳に】**〈副〉きびしく。厳重に。例軽率《けいそつ》な行動は厳につつしまなければならない。

けんにょう【検尿】〈名・する〉病気の診断《しんだん》のために尿を検査すること。

けんにん【兼任】〈名・する〉ひとりで二つ以上の職務や役などをうけもつこと。対専任。類兼務。かけもち。

けんのう【献納】〈名・する〉神社や寺、国家などに必要とされる品物や、お金をさしだすこと。類奉納《ほうのう》。

げんのう【玄翁】〈名〉道具の一つ。石をくだいたりするときに使う、おおきな金づち。

げんのしょうこ〖現の証拠〗〈名〉山野に生える多年草。夏に、白またはうすべに色の花をつける。葉や茎《くき》を干して、下痢《げり》止め・腹痛の薬にする。

けんのん〖剣▼呑〗〈形動〉あぶない。あぶなくて不安だ。古めかしい言いかた。

げんば【現場】〈名〉❶事件や事故などがおこった場所。「げんじょう」ともいう。例犯行の現場をおさえる。現場検証。事故現場。類現地。実地。❷机の上でできるような事務的な仕事ではなくて、からだを使ってする作業的な仕事が行なわれている場所。例現場の経験。教育の現場。工事現場。

けんぱい【献杯】〈名・する〉❶敬意をこめて、相手のさかずきに酒をつぐこと。❷「乾杯《かんぱい》」の、不祝儀《ぶしゅうぎ》の席での言いかた。

げんばく【原爆】〈名〉「原子爆弾《ばくだん》」の略。

けんぱくしょ【建白書】〈名〉政府や役所などに意見を言うために書いた文書。類建議書。

げんばくしょう【原爆症】〈名〉原子爆弾《ばくだん》や水素爆弾の熱や放射能のためにおこる病気や障害。

げんばつ【厳罰】〈名〉きびしく罰すること。きびしい罰。例厳罰に処する。

[1]**げんぱつ【原発】**〈名〉「原子力発電所」の略。

[2]**げんぱつ【原発】**〈名・する〉〔医学〕ある症状《しょうじょう》が、その患者《かんじゃ》にとって初めて現れたものであること。例原発性のがん。対再発。続発。

けんば(犬馬)のろう(労)をとる 人のために、骨身をおしまないで働く。へりくだった言いかた。

けんばん【鍵盤】〈名〉ピアノやオルガンなどの、指でたたいたりおしたりして音をだすところ。キーボード。

けんばんがっき【鍵盤楽器】〈名〉〔音楽〕鍵盤をたたいたり、おしたりして音をだすしくみの楽器。ピアノ・オルガン・アコーディオンなど。キーボード。

けんび【兼備】〈名・する〉二つ以上の長所をあわせもっていること。例才色兼備の女性。知勇を兼備した武将。類かねそなえる。

 尾崎紅葉(こうよう)（1867～1903） 明治の小説家。口語体を広め，写実主義の立場から「金色夜叉」を書いた。

けんびきょう【顕微鏡】〈名〉きわめて小さな物質や生物などを、レンズなどで拡大して観察する器械。光学顕微鏡や電子顕微鏡がある。

けんぴつ【健筆】〈名〉字や文章のじょうずなこと。また、論文や小説などの作品をたくみにどしどし書くこと。例健筆をふるう。

げんぴん【現品】〈名〉実際の品物。現在そこにある品物。例現品限り。類現物。

けんぷ【絹布】〈名〉絹糸《きぬいと》で織った布。類絹織物。

げんぷ【厳父】〈名〉しつけのきびしい父。対慈母《じぼ》。
表現 他人の父親に対する尊敬の表現としても使う。

げんぷう【厳封】〈名・する〉割り印をおすなどして厳重に封をすること。

げんふうけい【原風景】〈名〉心の中に深くきざみこまれている、むかし見た風景やもののイメージ。

げんぶがん【玄武岩】〈名〉〔地学〕火山岩の一種。暗灰色《あんかいしょく》で、かたい。参考 兵庫県の玄武洞《どう》のものが有名なことからこの名がある。

げんぷく【元服】〈名・する〉むかし、公家《くげ》や武家で、男子が大人になったことをしめすために行なった儀式《ぎしき》。

けんぷじん【賢夫人】〈名〉かしこくてしっかりした夫人。

けんぶつ【見物】〈名・する〉たのしみのために、もよおしものや名所旧跡《きゅうせき》などを見ること。ものみだかく、事件・事故・災害などを見ること。例桜を見物する。さわぎを見物する。見物に行く。高みの見物。見物人《にん》。芝居《しばい》見物。類観光。ものみ。参考「みもの」と読むのは別の語。

げんぶつ【現物】〈名〉❶実際に見たりさわったりして、たしかめられるもの。例買うか買わないか、現物を見ないことには話にならない。類現品。❷お金に対して、品物。

けんぶつにん【見物人】〈名〉もよおしものや名所・旧跡《きゅうせき》、また、事故や災害の現場などをながめる人。

例現物支給。

[1]けんぶん【見聞】〈名・する〉見たり聞いたりすること。それによって身についた知識。例活動を身近に見聞する。見聞を広める。見聞記。見聞録。類見聞《みき》き。耳目《じもく》。

[2]けんぶん【検分・見分】〈名・する〉現場に立ちあって、調べること。例実地検分。類検視。

げんぶん【原文】〈名〉翻訳《ほんやく》したり、書きあらためたりした文章に対して、もとの文章。

げんぶんいっち【言文一致】〈名〉〔文学〕話すときに使うことばとほとんど同じようなことばを使って文章を書くこと。明治時代の作家が、それまでの文語(古語)にかえて、口語《こうご》(現代語)で小説などを書いた試み。例言文一致体。言文一致運動。

けんぺい【憲兵】〈名〉もと陸軍で、主として軍隊の中の警察として権力をふるった軍人。

げんぺい【源平】〈名〉源氏《げんじ》と平家《へいけ》。
表現 源氏が白旗を、平家が赤旗をたててたたかったことから、競技会などで、白と赤の二組に分かれて勝ち負けをあらそうことにもいう。

けんぺいりつ【建蔽率】『建▽坪率』〈名〉〔建築〕敷地の面積に対する、一階の建築面積の割合。

けんべん【検便】〈名・する〉寄生虫や細菌《さいきん》がいるかどうか、また、消化器からの出血などをしらべるために、大便を検査すること。

けんぼ【賢母】〈名〉子どもにとって、よい母親。例良妻賢母。

けんぽ【健保】〈名〉「健康保険」の略。

げんぼ【原簿】〈名〉いちばんもとになる帳簿。類台帳。

[1]けんぽう【剣法】〈名〉刀を使って勝負する武術。
表現「剣道」「剣術」とちがうところは、「柳生《やぎゅう》の剣法」というように、「太刀筋《たちすじ》の特徴《とくちょう》」という意味で使うこと。

[2]けんぽう【拳法】〈名〉こぶしや足を使ってたたかう、中国伝来の武術。

[3]けんぽう【憲法】〈名〉国の基本となるきまりを定めた、国家の最高法。→にほんこくけんぽう
表現「クラスの憲法をきめる」などのように、ものごとの大原則についていうこともある。

[1]げんぽう【減法】〈名〉〔数学〕ひき算のこと。四則《しそく》の一つ。差を求める。対加法。

[2]げんぽう【減俸】〈名・する〉給料の額をへらすこと。例減俸処分。類減給。

けんぽうきねんび【憲法記念日】〈名〉国民の祝日の一つ。五月三日。「日本国憲法の施行《しこう》を記念し、国の成長を期する」ためにもうけられた日。

けんぼうじゅっすう【権謀術数】〈名〉人をあざむき、だますためのはかりごとやたくらみ。「権謀術策」ともいう。例権謀術数をめぐらす。

けんぼうしょう【健忘症】〈名〉❶〔医学〕経験したことをすっかり、または、一部を忘れてしまう病気。❷ものごとを忘れやすいこと。例健忘症にかかる。

げんぼく【原木】〈名〉原料や材料に使う、切り出したままの木。例パルプの原木。

げんぽん【原本】〈名〉訳したり写したりしたものの、もとになった本や文書。類原書。

けんま【研磨】『研摩』〈名・する〉❶刃物《はもの》やレンズ、宝石などを、といだりみがいたりすること。例研磨機。研磨剤《ざい》。❷学問や技術などを、深めたりきたえたりすること。

げんまい【玄米】〈名〉もみがらをとりさっただけで、まだ精白していない米。例玄米パン。対白米。

けんまく【剣幕】〈名〉ひどくおこっていることがあらわれた、すごい顔つきや態度。例たいへんなけんまくでどなりこんできた。

げんまん【▽拳万】〈名〉子どもが、約束を守るしるしとして、相手と小指をからみ合わせること。指切り。

げんみつ【厳密】〈形動〉こまかいところまで気をくばるようす。ひとつも見落としがない。例厳密に言えば。

けんみん【県民】〈名〉ある県の住民。例県民性。

けんむ【兼務】〈名・する〉本務以外にも別の職務についていること。対専務。類兼任。かけもち。

[1]けんめい【賢明】〈形動〉かしこくて、ものごとを適切に判断しているようす。例賢明な処置。

[2]けんめい【懸命】〈形動〉自分がもっている力をだしきって、がんばっている。例懸命の努力。懸命にはげむ。一生懸命。

[1]げんめい【言明】〈名・する〉正式の発言として、はっきり言うこと。例長官は「妥協《だきょう》はありえない」と言明した。類断言。明言。宣言。

[2]げんめい【厳命】〈名・する〉かならず守るように、きびしく命令すること。きびしい命令。例厳命をうける。厳命をくだす。類厳令。

げんめつ【幻滅】〈名・する〉思いえがいていたこととちがう現実を知って、がっかりすること。例幻滅を感じる。類失望。

げんめん【減免】〈名・する〉税金や刑罰《けいばつ》などをかるくしたり、なくしたりすること。例授業料の減免措置《そち》。

けんもほろろ〈形動〉人のたのみなどをまったく相手にしないで、つめたくあつかうようす。例けんもほろろにことわる。類取り付く島もない。

けんもん[1]【検問】〈名・する〉あやしい点がないか、問いただしてしらべること。例検問に引っかかる。検問所。

けんもん[2]【権門】〈名〉身分が高く、権力をもった家柄《いえがら》。例権門にこびる。権門に近づかぬ。

げんや【原野】〈名〉自然のままの野原。類荒野《こうや》。

けんやく【倹約】〈名・形動・する〉お金や品物のむだづかいをなくして、費用をきりつめること。類節約。

げんゆ【原油】〈名〉地下からとったままで、精製《せいせい》されていない石油。例原油を採掘《さいくつ》する。対精油。

げんゆう【現有】〈名・する〉いま、自分のものとして持っていること。例現有(の)勢力。

けんよう【兼用】〈名・する〉一つのものを、二つ以上のことにそれぞれ役だてて使うこと。例男女兼用。ソファー兼用のベッド。対専用。

けんらん【▼絢▼爛】〈副・連体〉たいへんはなやかなようす。例絢爛とした色彩《しきさい》。絢爛たるかざりつけ。豪華《ごうか》絢爛。類きらびやか。華麗《かれい》。

けんり【権利】〈名〉自分の意思で自由に行動をきめることができて、他からおかされてはいけないものごと。例権利がある。権利を守る。義務を果たさずに権利ばかり主張する。権利を行使《こうし》するか放棄《ほうき》するかは君しだいだ。対義務。

げんり【原理】〈名〉ものごとの根本となる理論や法則。例多数決の原理。アルキメデスの原理。

けんりきん【権利金】〈名〉土地や建物などを借りるとき、借り賃とは別に、借り主が貸し主にしはらうお金。

げんりしゅぎ【原理主義】〈名〉宗教で、自由主義的な立場に対抗《たいこう》してうまれた、教義の根本にもどろうとする保守的な立場。根本主義。ファンダメンタリズム。例イスラム原理主義。

げんりゅう【源流】〈名〉❶川の流れでるいちばんもとのところ。類水源。❷ものごとのおこり。例文化の源流。類起源。

げんりょう[1]【原料】〈名〉加工品を製造するときの、もとになるもの。アゲンリョー 参考 ワインの原料となるブドウなど、製品になったときにもとの形が残っていないものをいう。「材料」とあわせて「原材料」という。

げんりょう[2]【減量】〈名・する〉❶分量や重さなどをへらすこと。対増量。❷体重をへらすこと。類ダイエット。▽アゲンリョー

けんりょく【権力】〈名〉高い地位にあって、他の人々を服従させ、支配する力。例権力をにぎる。権力をふるう。権力の座。権力者。国家権力。類権勢。

けんろう【堅▼牢】〈形動〉もののつくりが、がんじょうで、こわれにくい。例堅牢な建物。

げんろう【元老】〈名〉長く国家につくし、功労があった老政治家。ある方面で長くはたらいて、功労のあった長老をもさす。例金融《きんゆう》界の元老。

げんろくじだい【元▼禄時代】〈名〉〔歴史〕江戸《えど》時代前期の元禄年間(一六八八〜一七〇四年)を中心とした時代。京都や大坂(＝大阪)などで、新興町人を中心とした元禄文化が発達し、浮世草子《うきよぞうし》の井原西鶴《いはらさいかく》、浄瑠璃《じょうるり》の近松門左衛門《ちかまつもんざえもん》、俳諧《はいかい》の松尾芭蕉《まつおばしょう》などがでた。

げんろん【言論】〈名〉話したり文章に書いたりして、自分の考えや意見などを発表すること。また、発表された考えや意見。例言論の自由。言論機関。

げんろんきかん【言論機関】〈名〉意見を発表する場としてのはたらきをする機関。新聞・雑誌・テレビ・ラジオなどをいう。

げんわく[1]【幻惑】〈名・する〉あやしげな力やたくみな技《わざ》によって、人をまどわすこと。例「マニフェスト」というカタカナ語に幻惑されて…。

げんわく[2]【▼眩惑】〈名・する〉人の目をくらませて、まともな判断をできなくさせること。例大金に眩惑される。

常用漢字 こ

こ…コ

【己】己部0 全3画 己己己

コ・キ おのれ 教小6 音❶[コ] 自己《じこ》。利己主義《りこしゅぎ》。❷[キ] 知己《ちき》。克己心《こっきしん》。訓[おのれ] 己。

【戸】戸部0 全4画 戸戸戸戸

コ と 教小2 音[コ] 戸籍《こせき》。戸数《こすう》。戸別訪問《こべつほうもん》。戸外《こがい》。各戸《かっこ》。門戸《もんこ》。上戸《じょうご》。下戸《げこ》。訓[と] 戸。戸口。戸締まり。雨戸。ガラス戸。木戸。格子戸。引き戸。

【古】口部2 全5画 古古古古古

コ ふるい・ふるす 教小2 音[コ] 古代《こだい》。古典《こてん》。古参《こさん》。古書《こしょ》。古色蒼然《こしょくそうぜん》。太古《たいこ》。考古学《こうこがく》。尚古《しょうこ》。中古《ちゅうこ》。訓❶[ふるい] 古い。古株。古巣。古道具。古本。古びる。古臭い。古めかしい。❷[ふるす] 使い古す。

【呼】口部5 全8画 呼呼呼呼呼呼

コ よぶ 教小6 音[コ] 呼吸《こきゅう》。呼気《こき》。呼応《こおう》。呼称《こしょう》。点呼《てんこ》。連呼《れんこ》。訓[よぶ] 呼ぶ。呼びかける。呼び出す。呼び戻す。呼び声。呼び捨て。呼び名。呼び水。

【固】口部5 全8画 固固固固固

コ かためる・かたまる・かたい 教小4 音[コ] 固形《こけい》。固体《こたい》。固定《こてい》。固有《こゆう》。確固《かっこ》。強固《きょうこ》。堅固《けんご》。頑固《がんこ》。訓❶[かためる] 固める。固め技。足固め。❷[かたまる] 固まる。凝り固まる。固まり。❸[かたい] 固い。

【股】月部4 全8画 股股股股股

コ また 音[コ] 股間《こかん》。股関節《こかんせつ》。訓[また] 内股。大股。

【虎】虍部2 全8画 ※ 虎虎虎虎虎

コ とら 音[コ] 虎穴《こけつ》。虎視眈々《こしたんたん》。猛虎《もうこ》。訓[とら] 虎。虎の巻。

 小山内薫(おさないかおる) (1881〜1928) 明治〜大正時代の劇作家。新劇の演出家。築地小劇場を創立した。

【孤】 子部6 全9画
コ 音[コ] 孤独《こどく》。孤立《こりつ》。孤軍奮闘《こぐんふんとう》。孤高《ここう》。孤島《ことう》。孤児《こじ》。

【弧】 弓部6 全9画
コ 音[コ] 弧状《こじょう》。括弧《かっこ》。円弧《えんこ》。

【故】 攵部5 全9画
コ ゆえ 教小5 音[コ] 故郷《こきょう》。故事成語《こじせいご》。故障《こしょう》。故人《こじん》。故意《こい》。縁故《えんこ》。事故《じこ》。物故者《ぶっこしゃ》。訓[ゆえ] 故。故に。

【枯】 木部5 全9画
コ かれる・からす 音[コ] 枯渇《こかつ》。枯死《こし》。枯淡《こたん》。栄枯盛衰《えいこせいすい》。訓❶[かれる] 枯れる。枯れ木。枯れ葉。枯れ山水。❷[からす] 枯らす。木枯らし。

【個】 イ部8 全10画
コ 教小5 音[コ] 個人《こじん》。個性《こせい》。個体《こたい》。個別《こべつ》。個数《こすう》。各個《かっこ》。別個《べっこ》。数個《すうこ》。
参考 「三箇所《かしょ》」「箇条書き」などの「箇」を「個」で書くこともあり、この場合には、「か」と読む。

【庫】 广部7 全10画
コ・ク 教小3 音❶[コ] 金庫《きんこ》。車庫《しゃこ》。倉庫《そうこ》。文庫《ぶんこ》。冷蔵庫《れいぞうこ》。❷[ク] 庫裏《くり》。

【湖】 氵部9 全12画
コ みずうみ 教小3 音[コ] 湖水《こすい》。湖沼《こしょう》。湖畔《こはん》。火口湖《かこうこ》。人工湖《じんこうこ》。琵琶湖《びわこ》。訓[みずうみ] 湖。

【雇】 隹部4 全12画 ※
コ やとう 音[コ] 雇用《こよう》。解雇《かいこ》。訓[やとう] 雇う。雇い人。雇い主。日雇い。

【誇】 言部6 全13画
コ ほこる 音[コ] 誇示《こじ》。誇大《こだい》。誇張《こちょう》。訓[ほこる] 誇る。誇り。誇らしい。勝ち誇る。

【鼓】 鼓部0 全13画
コ つづみ 音[コ] 鼓動《こどう》。鼓吹《こすい》。鼓舞《こぶ》。鼓笛隊《こてきたい》。太鼓《たいこ》。訓[つづみ] 鼓。舌鼓(を打つ)。

【錮】 金部8 全16画
コ 音[コ] 禁錮《きんこ》。

【顧】 頁部12 全21画 ※
コ かえりみる 音[コ] 顧問《こもん》。顧慮《こりょ》。顧客《こきゃく》。一顧《いっこ》。回顧《かいこ》。愛顧《あいこ》。訓[かえりみる] 顧みる。

1 **こ【子】**〖▽児〗 一〈名〉 ❶親からうまれたもの。例子ができる。子を産む。子を育てる。腹を痛めた子。子は親の背中を見て育つ。犬の子。子育て。対親。類子ども。❷魚のたまご。例たら子。❸若い女性や男性。例受付の子にとりつぎをたのむ。❹わかれてできたもの。例竹の子。❺利子。利息。例元も子もなくす。▽アコ 二〈接頭〉「大きなもとなるものからわかれた」という意味を表わす。例子会社。対親。三〈接尾〉❶「人」という意味を表わす。例江戸《えど》っ子。売り子。売れっ子。❷こども。例いじめっ子。かぎっ子。❸「もの」という意味を表わす。例張り子。ふり子。❹女性の名のいちばんあとにつけることば。例花子。

子はかすがい 子どもは、もともとは他人どうしである夫婦《ふうふ》をつなぎとめておく強い力をもっている。

子は三界《さんがい》の首枷《くびかせ》 子どもは、その親にとって、一生自由を束縛《そくばく》する存在だ、ということ。

2 **こ【粉】** 一〈名〉こな。また、こまかくくだけたもの。例身を粉にする(→「み〔身〕」の子項目)。アコ」 二〈接尾〉「こな」という意味を表わす。例うどん粉。パン粉。→こな 表現

粉を吹《ふ》く こなのようなものを、ふきだしたように表面につける。例つるし柿《がき》が粉を吹く。

3 **こ【弧】**〈名〉❶〔数学〕曲線。または、円周の一部分。❷ゆみがた。カーブ。例弧をえがく。▽アコ」

4 **こ【個】** 一〈名〉ほかと区別されたひとりひとり。数えられるひとつひとつ。例個としての人間の存在。アコ」 二〈接尾〉うすくもなく、細長くもないものを数えることば。「枚《まい》」や「本《ほん》」で数えるものには、ふつう「個」は使わない。例一個。何個。太陽系の惑星《わくせい》は八個だ。今年は四個の台風が本土に上陸した。
表現 二は、「ひとつ、ふたつ、…」とならんで日常的によく使われ、最近では年齢《ねんれい》差を表わす「みっつ上（三歳《さい》上）」を「三個上」と言ったりする人が増えている。

5 **こ【小】**〈接頭〉❶「小さい」「せまい」などの意味を表わす。例小鳥。小声。小道。対大《おお》。❷「ある数量に、ほんの少したりない」という意味を表わす。例小一時間。❸「ちょっと」「わずかばかり」など、それほど強くない程度を表わす。例小雨《こさめ》。小太り。小ぎれい。小にくらしい。❹「小手をかざす」「小首をかしげる」のように、おもにからだの部分を示すことばにつけて、そのあとにつづく動詞に「ちょっと」の意味をつけ加える。対大《おお》。
表現 ③の場合は、「小りこう」「小むすめ」などのように、ばかにした感じで使うこともある。

6 **こ【故】**〈接頭〉姓《せい》の上につけて、その人がすでに亡《な》くなった人であることをあらわすことば。例故浅川氏。類亡《ぼう》き。

7 **こ【戸】**〈接尾〉家をかぞえることば。「軒《けん》」のあらたまった言いかた。例一戸建て住宅。全五〇戸完売《かんばい》。

8 **こ【湖】**〈接尾〉「みずうみ」のこと。例琵琶《びわ》湖。人造湖。カルデラ湖。富士《ふじ》五湖。

常用漢字 ご

【五】 二部2 全4画
ゴ いつ・いつつ 教小1 音[ゴ] 五感《ごかん》。五穀《ごこく》。五色《ごしき》。五線譜《ごせんふ》。五目飯《ごもくめし》。五輪《ごりん》。訓❶[いつ] 五日。❷[いつつ] 五つ。五つ子。注意 「五月」は「さつき」とも読み、「五月雨」は「さみだれ」と読む。

【互】 二部2 全4画
ゴ たがい 音[ゴ] 互角《ごかく》。互恵《ごけい》。互選《ごせん》。互生《ごせい》。相互《そうご》。交互《こうご》。訓[たがい] 互い。互いに。互い違い。

【午】十部2 全4画
ゴ 教小2 音[ゴ] ▨午前《ごぜん》。午後《ごご》。午睡《ごすい》。▭正午《しょうご》。子午線《しごせん》。
午午午午

【呉】口部4 全7画
ゴ 音[ゴ] ▨呉服《ごふく》。呉音《ごおん》。呉越同舟《ごえつどうしゅう》。
呉呉呉呉呉

【後】彳部6 全9画
ゴ・コウ のち・うしろ・あと・おくれる 教小2 音❶[ゴ] ▨後日《ごじつ》。後生《ごしょう》。後手《ごて》。後光《ごこう》。▭食後《しょくご》。戦後《せんご》。読後感《どくごかん》。前後《ぜんご》。背後《はいご》。❷[コウ] ▨後悔《こうかい》。後続《こうぞく》。後半《こうはん》。後学《こうがく》。後輩《こうはい》。後継者《こうけいしゃ》。後援会《こうえんかい》。後退《こうたい》。訓❶[のち] 後。後添い。後の世。❷[うしろ] 後ろ。後ろ姿。後ろ盾。後ろ向き。後ろめたい。真後ろ。❸[あと] 後。後の祭り。後足。後味。後書き。後片付け。後回し。後戻り。❹[おくれる] 後れる。後れ毛。後ればせながら。気後れ。
後後後後後

【娯】女部7 全10画
ゴ 音[ゴ] ▨娯楽《ごらく》。
娯娯娯娯娯

【悟】忄部7 全10画
ゴ さとる 音[ゴ] ▨悟性《ごせい》。▭覚悟《かくご》。悔悟《かいご》。訓[さとる] 悟る。悟り。
悟悟悟悟悟

【碁】石部8 全13画
ゴ 音[ゴ] ▨碁石《ごいし》。碁盤《ごばん》。▭囲碁《いご》。
碁碁碁碁碁

【語】言部7 全14画
ゴ かたる・かたらう 教小2 音[ゴ] ▨語学《ごがく》。語句《ごく》。語釈《ごしゃく》。語調《ごちょう》。▭国語《こくご》。外来語《がいらいご》。新語《しんご》。豪語《ごうご》。落語《らくご》。訓❶[かたる] 語る。語り明かす。語り口。語り草。語り手。物語。❷[かたらう] 語らう。語らい。
語語語語語

【誤】言部7 全14画
ゴ あやまる 教小6 音[ゴ] ▨誤解《ごかい》。誤差《ごさ》。誤字《ごじ》。誤診《ごしん》。誤報《ごほう》。誤謬《ごびゅう》。誤認《ごにん》。▭錯誤《さくご》。正誤表《せいごひょう》。訓[あやまる] 誤る。誤り。言い誤る。
誤誤誤誤誤

【護】言部13 全20画 ※
ゴ 教小5 音[ゴ] ▨護衛《ごえい》。護身術《ごしんじゅつ》。護送車《ごそうしゃ》。▭介護《かいご》。救護《きゅうご》。看護《かんご》。保護《ほご》。弁護《べんご》。
護護護護護

【御】⇩常用漢字 ぎょ〔御〕

【期】⇩常用漢字 き〔期〕

---

1 **ご【五】**〈名〉四より一つ多い数。いつつ。

2 **ご【期】**〈名〉重要なものごとが決定されるとき。または、決定されるべきとき。例この期におよんでもまだできない。

3 **ご【碁】**〈名〉たてよこ十九本ずつの線をひいた盤《ばん》の上に、一人が白、もう一人が黒の石を交互《こうご》にならべて、石でかこった場所(＝地《じ》)のひろさで勝ち負けをきめるゲーム。囲碁。例碁を打つ。→ごいし〔碁石〕・ごばん〔碁盤〕

表現 試合は一局《いっきょく》二局《にきょく》、または一番二番と数える。碁石をおく動作は一手《いって》二手《にて》、碁石をおく碁盤の目は一目《いちもく》二目《にもく》と数える。

4 **ご【語】** ■一〈名・接尾〉一つ一つのことば。また、それを数えることば。例語の意味。五万語を収《おさ》める辞書。→たんご〔単語〕 ■二〈接尾〉ある国や地域のことば。例ドイツ語。外国語。四か国語(をあやつる)。

5 **ご【御】** ■一〈接頭〉❶主として漢語の名詞につけて、尊敬語・美化語をつくる。例御両親によろしくお伝えください。いつ御出発ですか。ご本を読んであげるね。❷相手のためにする自分の動作を示す漢語につけて、謙譲《けんじょう》語をつくる。例私が御案内いたします。すぐに御案内できます。▽→囲み記事9(126ページ) ■二〈接尾〉相手の親族などを示すことばにつけて、尊敬語をつくる。例親御さん。

表現 ■一には、「御苦労さま」のように、相手に対するいたわりの気持ちを表わす場合や、「とんだ御挨拶《あいさつ》だ」のように、からかいの意味で使う場合もある。

表記 かなで「ご両親」「ご案内」のように書くことも多い。

6 **ご【後】**〈接尾〉ある時点よりあとという意味を表わす。例卒業後の進路。使用後。終戦後。

コア ■一〈名〉中核《ちゅうかく》。中心部。◇core 対前《まえ》。 ■二〈形動〉妥協《だきょう》せず、筋金《すじがね》入りである。また、そのような人から支持されているさま。俗《ぞく》な言いかた。例コアなファン。コアな人気。類マニアック。ディープ。◇hard-core から。

ごあいさつ【御挨拶】〈名・する〉❶「挨拶」のていねいな言いかた。例初めてご挨拶(を)申し上げます。❷なにかを知らせる手紙や掲示《けいじ》文で、見出しに用いるあらたまったことば。

表現 相手の失礼なことばにあきれて、「これはご挨拶だね」「まあ、ご挨拶ね」のように皮肉をこめて使うこともある。

こあくま【小悪魔】〈名〉色気とかわいらしさをあわせ持ち、男性を手玉にとる女性のことを、ちょっとした悪魔のようだという意味でいうことば。

コアラ〈名〉オーストラリアにいる、クマに似《に》た有袋《ゆうたい》類の動物。体長七〇《センチメートル》ほどで、耳が大きい。めすは腹にふくろがある。ユーカリの葉だけを食べる。◇koala

1 **こ・い【濃い】**〈形〉❶色や味の度合いがつよい。例濃い緑色。塩あじが濃い。対あわい。❷濃度《のうど》や密度がたかい。例濃いきり。ひげが濃い。類厚い。❸程度がたかい。例みこみが濃い。敗色が濃い(＝負ける可能性がたかい)。血のつながりが濃い。しだいに不安が濃くなる。▽対うすい。

2 **こい【恋】**〈名〉人のことが好きになり、いつもいっしょにいたいという思い。例恋をする。恋におちる。恋にやぶれる。恋わずらい。かなわぬ恋。類恋愛《れんあい》。愛。→こいする

恋のさや当《あ》て ⇩さやあて

恋は盲目《もうもく》 恋をすると、夢中になって本来見えるはずのものが見えなくなるものだ。

3 **こい【▼鯉】**〈名〉川や池にすむ魚。二対《つい》のひげがあり、体長一《メートル》以上になるものもある。食用となる。

参考 ニシキゴイやヒゴイは、観賞用に改良された品種。

鯉の滝登《たきのぼ》り 立身出世することのたとえ。

由来 滝を登りきったコイが竜《りゅう》になったという中国の故事から。→とうりゅうもん

4 **こい【故意】**〈名〉あるもくろみをもって、わざとすること。例故意にぶつける。未必《みひつ》の故意。故意犯《はん》。対過失。不慮《ふりょ》。類意識的。意図的。

1 **ごい【語意】**〈名〉⇩ごぎ

2 **ごい【語彙】**〈名〉単語の集まり。たとえば、現代の日本語で使われている単語全体とか、ある作家のある作品の中で使われた単語全体など。ボキャブラリー。例語彙をゆた

織田信長(おだのぶなが)(1534～82) 尾張(愛知県)の戦国大名。全国統一を進めたが，本能寺の変で殺された。

かにする。とぼしい語彙。基本語彙。

こいがたき【恋敵】〈名〉同じ人に恋をして、たがいにあらそいあう関係にある人。

こいき【小粋】〖小意気〗〈形動〉どこかすっきりしていて、しゃれている。例 小粋な日本料理店。

こいくち【濃い口】〈名〉しょうゆなどの色や味がこいもの。対 薄口《うすくち》。

こいぐち【▼鯉口】〈名〉刀のさやの口。例 こい口を切る(=刀をすぐぬけるようにゆるめる)。参考 さやの断面が、コイが口を開いた形に似《に》ていることから。

ごいけんばん【御意見番】〈名〉地位の高い人にはっきりと自分の意見をのべて、その言動をいましめる役目の人。

こいこが・れる【恋い焦がれる】〈動下一〉苦しくなるほど恋しい気持ちをいだく。

こいごころ【恋心】〈名〉人に恋をして、せつない気持ち。例 恋心をいだく。あわい恋心。類 好意。

こいじ【恋路】〈名〉恋愛《れんあい》関係が深まっていく道すじ。古風な言いかた。例 人の恋路の邪魔《じゃま》をするようなことはよせ。

ごいし【碁石】〈名〉碁に使う、ひらたくて円形の黒と白の小石。石や貝でつくる。表現 一石《いっせき》二石《にせき》と数える。

こいし・い【恋しい】〈形〉愛する人や好きなものに、せつないほど今すぐ接したいという思いがする。例 人が恋しい。故郷が恋しい。むかしが恋しい。ストーブの恋しい季節となった。類 したわしい。

こいした・う【恋い慕う】〈動五〉恋しい人のことをいちずに思う。例 母を恋い慕う。

こい・する【恋する】〈動サ変〉人のことが好きになり、いつもいっしょにいたくなる。例 恋する乙女《おとめ》。類 愛する。ほれる。したう。

こいつ〈代名〉「これ」「この人」のくだけた言いかた。→あいつ 表現

こいなか【恋仲】〈名〉たがいに恋しあう間柄《あいだがら》。例 恋仲になる。

こいにょうぼう【恋女房】〈名〉好きでたまらなくて結婚《けっこん》した妻《つま》。夫からみていうことば。類 恋妻。

こいねが・う【▽乞い願う】〖▽希う・▼冀う〗〈動五〉「どうしても」とつよくのぞむ。古い言いかた。類 切望する。

こいねがわくは〖▽希くは・▼冀くは〗〈副〉強く願うことには。

表現 「願わくは」を強めた、やや古い言いかた。あとに願望の内容がつづいて、「…ことを」の形で終わることが多い。

こいのぼり〖▼鯉▼幟〗〈名〉コイのかたちの布を、美しくいろどったのぼり。端午《たんご》の節句に、男の子の将来の出世や成功をいのって立てる。→たんご〔端午〕

表現 のぼりは一本二本と数える。布のコイを一匹《いっぴき》二匹《にひき》と数えることもある。

こいびと【恋人】〈名〉❶恋しい気持ちをいだいている相手。とくに、ともに独身で、おたがいのことが好きでつきあっている相手。例 恋人ができる。恋人を作る。恋人どうし。心の恋人。類 彼。彼氏。彼女。ガールフレンド。ボーイフレンド。交際相手。❷だれかに恋をしている人。古風な言いかた。例 楽しそうな恋人たち。

表現 (1)庶民《しょみん》のあこがれとして絶大な人気のあるアイドルなどを、「永遠の恋人」「一〇〇万人の恋人」などということがある。(2)「山はわたしの恋人です」のように、好きでむちゅうになっているものをさすことがある。

こいぶみ【恋文】〈名〉「ラブレター」の古風な言いかた。

コイル〈名〉導線を円形にぐるぐるまいたもの。電流を通すと磁場が生じる。電磁石やトランスなどに使われる。◇coil

こいわずらい【恋煩い・恋患い】〈名〉恋しい気持ちがつのって病気のようになること。類 恋の病《やまい》。

コイン〈名〉❶硬貨《こうか》。例 コイン投入口《とうにゅうぐち》。コイントス(で決める)。❷趣味で集める昔の硬貨。❸ゲームセンターなどで使う、硬貨のかわりのもの。◇coin

ごいん【誤飲】〈名・する〉飲んではいけない物を、あやまって飲みこんでしまうこと。例 飴《あめ》とまちがえてボタン電池を誤飲する。

コインランドリー〈名〉硬貨《こうか》を入れて動かす全自動洗濯《せんたく》機や乾燥《かんそう》機をセルフサービスで利用する店。◇coin(-operated) laundry

コインロッカー〈名〉駅などにある、硬貨《こうか》を入れて使うようにしたロッカー。参考 日本での複合語。英語では coin operated locker や pay locker などという。

常用漢字 こう

【口】 口部0 全3画 口口口

コウ・ク くち 教小1 音❶[コウ] ▨口述《こうじゅつ》。口論《こうろん》。口内炎《こうないえん》。▨開口一番《かいこういちばん》。閉口《へいこう》。人口《じんこう》。火口《かこう》。❷[ク] ▨口調《くちょう》。口伝《くでん》。▨異口同音《いくどうおん》。訓[くち] 口。口ごもる。口当たり。口癖。口うるさい。口絵。早口言葉。悪口。

【工】 工部0 全3画 工工工

コウ・ク 教小2 音❶[コウ] ▨工事《こうじ》。工場《こうじょう・こうば》。工芸品《こうげいひん》。工作《こうさく》。▨加工《かこう》。人工《じんこう》。着工《ちゃっこう》。旋盤工《せんばんこう》。名工《めいこう》。❷[ク] ▨工夫《くふう》。工面《くめん》。▨細工《さいく》。大工《だいく》。

【公】 八部2 全4画 公公公

コウ おおやけ 教小2 音[コウ] ▨公開《こうかい》。公私《こうし》。公式《こうしき》。公平《こうへい》。公立《こうりつ》。公務員《こうむいん》。公園《こうえん》。▨官公庁《かんこうちょう》。貴公《きこう》。訓[おおやけ] 公。

【勾】 勹部2 全4画 勾勾勾

コウ 音[コウ] ▨勾配《こうばい》。勾留《こうりゅう》。勾引《こういん》。

【孔】 子部1 全4画 孔孔孔

コウ 音[コウ] ▨孔孟《こうもう》。▨眼孔《がんこう》。気孔《きこう》。鼻孔《びこう》。換気孔《かんきこう》。

【功】 力部3 全5画 功功功功

コウ・ク 教小4 音❶[コウ] ▨功績《こうせき》。功罪《こうざい》。功労《こうろう》。功名《こうみょう》。▨成功《せいこう》。奏功《そうこう》。❷[ク] ▨功徳《くどく》。

【巧】 工部2 全5画 巧巧巧巧

コウ たくみ 音[コウ] ▨巧拙《こうせつ》。巧言令色《こうげんれいしょく》。巧妙《こうみょう》。巧者《こうしゃ》。巧手《こうしゅ》。▨技巧《ぎこう》。精巧《せいこう》。訓[たくみ] 巧みな術。巧みに。

【広(廣)】 广部2 全5画 広広広広広

コウ ひろい・ひろまる・ひろめる・ひろがる・ひろげる 教小2 音[コウ] ▨広大《こうだい》。広域《こういき》。広義《こうぎ》。広範囲《こうはんい》。広壮《こうそう》。広野《こうや》。広言《こうげん》。広告《こうこく》。広報《こうほう》。 訓❶[ひろい] 広い。広場。広々と。大広間。幅広。❷[ひろまる] 広まる。❸[ひろめる] 広める。押し広める。❹[ひろがる] 広がる。広がり。❺[ひろげる] 広げる。

【甲】 田部0 全5画 甲甲甲甲甲
コウ・カン 音❶[コウ] ▨甲乙《こうおつ》。甲羅《こうら》。甲骨文字《こうこつもじ》。 ▨装甲車《そうこうしゃ》。❷[カン] ▨甲板《かんぱん》。甲高い《かんだかい》。

【交】 亠部4 全6画 交交交交交交
コウ まじわる・まじえる・まじる・まざる・まぜる・かう・かわす 教小2 音[コウ] ▨交通《こうつう》。交番《こうばん》。交際《こうさい》。交渉《こうしょう》。交錯《こうさく》。交響曲《こうきょうきょく》。 ▨外交《がいこう》。国交《こっこう》。 訓❶[まじわる] 交わる。交わり。交わり合う。❷[まじえる] 交える。❸[まじる] 交じる。❹[まざる] 交ざる。❺[まぜる] 交ぜる。交ぜ織り。ない交ぜ。❻[かう] 飛び交う。❼[かわす] 交わす。言い交わす。取り交わす。

【光】 儿部4 全6画 光光光光光光
コウ ひかる・ひかり 教小2 音[コウ] ▨光線《こうせん》。光合成《こうごうせい》。光栄《こうえい》。光景《こうけい》。光陰《こういん》。 ▨眼光《がんこう》。月光《げっこう》。発光体《はっこうたい》。栄光《えいこう》。観光《かんこう》。 訓❶[ひかる] 光る。光り輝く。黒光り。七光り。❷[ひかり] 光。稲光。

【向】 口部3 全6画 向向向向向向
コウ むく・むける・むかう・むこう 教小3 音[コウ] ▨向上《こうじょう》。向学心《こうがくしん》。向後《こうご》。 ▨傾向《けいこう》。趣向《しゅこう》。方向《ほうこう》。意向《いこう》。志向《しこう》。一向《いっこう》(に)。 訓❶[むく] 向く。向き。向き合う。向き不向き。前向き。横向き。素人向き。❷[むける] 向ける。顔向け。❸[むかう] 向かう。向かい。向かい風。立ち向かう。❹[むこう] 向こう。向こう側。向こう傷。向こう見ず。川向こう。

【后】 口部3 全6画 后后后后后后
コウ 教小6 音[コウ] ▨皇后《こうごう》。皇太后《こうたいごう》。

【好】 女部3 全6画 好好好好好好
コウ このむ・すく 教小4 音[コウ] ▨好意《こうい》。好奇心《こうきしん》。好運《こううん》。好調《こうちょう》。好敵手《こうてきしゅ》。 ▨嗜好品《しこうひん》。良好《りょうこう》。友好《ゆうこう》。格好《かっこう》。 訓❶[このむ] 好む。好み。好ましい。❷[すく] 好く。好き嫌い。好き好き。好き勝手。好きな絵。

【江】 氵部3 全6画 江江江江江江
コウ え 音[コウ] ▨江湖《こうこ》。 訓[え] 入り江。江戸時代。

【考】 耂部2 全6画 考考考考考考
コウ かんがえる 教小2 音[コウ] ▨考察《こうさつ》。考慮《こうりょ》。考案《こうあん》。考古学《こうこがく》。 ▨思考《しこう》。熟考《じゅっこう》。再考《さいこう》。参考《さんこう》。 訓[かんがえる] 考える。考え。考え込む。考え事。考え物。考え過ぎ。

【行】 行部0 全6画 行行行行行行
コウ・ギョウ・アン いく・ゆく・おこなう 教小2 音❶[コウ] ▨行進《こうしん》。行為《こうい》。行動《こうどう》。行楽地《こうらくち》。 ▨進行《しんこう》。実行《じっこう》。発行《はっこう》。紀行文《きこうぶん》。旅行《りょこう》。❷[ギョウ] ▨行列《ぎょうれつ》。行間《ぎょうかん》。行事《ぎょうじ》。行政《ぎょうせい》。行儀《ぎょうぎ》。行者《ぎょうじゃ》。 ▨興行《こうぎょう》。修行《しゅぎょう》。悪行《あくぎょう》。❸[アン] ▨行脚《あんぎゃ》。行火《あんか》。行灯《あんどん》。 訓❶[いく] 行く。行き着く。行き詰《づ》まる。行き届く。行き止まり。東京行き(の切符)。❷[ゆく] 行く。行く先。行く末。行く手。行く行く。❸[おこなう] 行う。行い。執り行う。
注意「行方」は、「ゆくえ」と読む。訓読みの「おこなう」の送りがなについては、「おこなう」の表記を参照のこと。

【坑】 土部4 全7画 坑坑坑坑坑坑坑
コウ 音[コウ] ▨坑道《こうどう》。坑内《こうない》。 ▨炭坑《たんこう》。廃坑《はいこう》。

【孝】 子部4 全7画 孝孝孝孝孝孝孝
コウ 教小6 音[コウ] ▨孝行《こうこう》。孝養《こうよう》。 ▨不孝《ふこう》。

【抗】 扌部4 全7画 抗抗抗抗抗抗抗
コウ 音[コウ] ▨抗議《こうぎ》。抗争《こうそう》。抗弁《こうべん》。抗論《こうろん》。 ▨対抗《たいこう》。抵抗《ていこう》。反抗《はんこう》。

【攻】 攵部3 全7画 攻攻攻攻攻攻攻
コウ せめる 音[コウ] ▨攻撃《こうげき》。攻守《こうしゅ》。攻勢《こうせい》。攻略《こうりゃく》。 ▨先攻《せんこう》。後攻《こうこう》。速攻《そっこう》。正攻法《せいこうほう》。専攻《せんこう》。 訓[せめる] 攻める。攻め入る。攻め落とす。

【更】 日部3 全7画 更更更更更更更
コウ さら・ふける・ふかす 音[コウ] ▨更新《こうしん》。更迭《こうてつ》。更生《こうせい》。更年期《こうねんき》。 ▨変更《へんこう》。深更《しんこう》。 訓❶[さら] 更に。今更。尚更。❷[ふける] 更ける。夜更け。❸[ふかす] 更かす。夜更かし。

【効(效)】 力部6 全8画 効効効効効
コウ きく 教小5 音[コウ] ▨効果《こうか》。効能《こうのう》。効率《こうりつ》。効力《こうりょく》。 ▨時効《じこう》。特効薬《とっこうやく》。無効《むこう》。有効《ゆうこう》。 訓[きく] 効く。効き目。

【幸】 干部5 全8画 幸幸幸幸幸
コウ さいわい・さち・しあわせ 教小3 音[コウ] ▨幸福《こうふく》。幸運《こううん》。 ▨多幸《たこう》。薄幸《はっこう》。不幸《ふこう》。行幸《ぎょうこう》。巡幸《じゅんこう》。 訓❶[さいわい] 幸い。これ幸いと。❷[さち] 幸。海の幸。山の幸。❸[しあわせ] 幸せ。幸せな人。不幸せ。

【拘】 扌部5 全8画 拘拘拘拘拘
コウ 音[コウ] ▨拘束《こうそく》。拘留《こうりゅう》。拘禁《こうきん》。拘泥《こうでい》。拘置所《こうちしょ》。

【肯】 月部4 全8画 ※肯肯肯肯肯
コウ 音[コウ] ▨肯定《こうてい》。 ▨首肯《しゅこう》。

【侯】 亻部7 全9画 侯侯侯侯侯
コウ 音[コウ] ▨侯爵《こうしゃく》。 ▨王侯《おうこう》。諸侯《しょこう》。

【厚】 厂部7 全9画 厚厚厚厚厚

 小野妹子(おののいもこ) 生没年不明。飛鳥時代，聖徳太子の命令を受けて隋に渡った遣隋使。

コウ あつい [教]小5 音[コウ] ▨厚意《こうい》。厚情《こうじょう》。厚生《こうせい》。厚顔《こうがん》。▧温厚《おんこう》。濃厚《のうこう》。重厚《じゅうこう》。訓[あつい] 厚い。分厚い。厚み。

【恒(恆)】 忄部6 全9画

コウ 音[コウ] ▨恒常《こうじょう》。恒例《こうれい》。恒久《こうきゅう》。恒星《こうせい》。恒温動物《こうおんどうぶつ》。

【洪】 氵部6 全9画

コウ 音[コウ] ▨洪水《こうずい》。

【皇】 白部4 全9画 ※

コウ・オウ [教]小6 音❶[コウ] ▨皇帝《こうてい》。皇居《こうきょ》。皇后《こうごう》。皇室《こうしつ》。皇族《こうぞく》。皇位継承《こういけいしょう》。▧教皇《きょうこう》。上皇《じょうこう》。❷[オウ] ▧法皇《ほうおう》。注意「天皇」「勤皇」は、連声《れんじょう》で「てんのう」「きんのう」と読む。

【紅】 糸部3 全9画

コウ・ク べに・くれない [教]小6 音❶[コウ] ▨紅茶《こうちゃ》。紅白《こうはく》。紅一点《こういってん》。紅涙《こうるい》。❷[ク] ▧真紅《しんく》。深紅《しんく》。訓❶[べに] 紅。紅花。口紅。ほお紅。❷[くれない] 紅。注意「紅葉」は、「こうよう」とも「もみじ」とも読む。

【荒】 艹部6 全9画

コウ あらい・あれる・あらす 音[コウ] ▨荒廃《こうはい》。荒天《こうてん》。荒野《こうや》。荒涼《こうりょう》。荒唐無稽《こうとうむけい》。▧破天荒《はてんこう》。訓❶[あらい] 荒い。荒波。荒療治。荒々しい。手荒。❷[あれる] 荒れる。荒れ果てる。荒れ地。荒れ模様。大荒れ。肌荒れ。❸[あらす] 荒らす。倉庫荒らし。

【郊】 阝部6 全9画

コウ 音[コウ] ▨郊外《こうがい》。▧近郊《きんこう》。

【香】 香部0 全9画

コウ・キョウ か・かおり・かおる [教]小4 音❶[コウ] ▨香水《こうすい》。香気《こうき》。香辛料《こうしんりょう》。香道《こうどう》。香炉《こうろ》。▧芳香剤《ほうこうざい》。線香《せんこう》。焼香《しょうこう》。❷[キョウ] ▨香車《きょうしゃ》。訓❶[か] 香。色香。移り香。❷[かおり] 香り。❸[かおる] 香る。

【候】 亻部8 全10画

コウ そうろう [教]小4 音[コウ] ▨候補《こうほ》。▧気候《きこう》。天候《てんこう》。測候所《そっこうじょ》。伺候《しこう》。時候《じこう》。斥候《せっこう》。兆候《ちょうこう》。訓[そうろう] 候文。居候。

【校】 木部6 全10画

コウ [教]小1 音[コウ] ▨校舎《こうしゃ》。校歌《こうか》。校風《こうふう》。校閲《こうえつ》。校正《こうせい》。▧学校《がっこう》。母校《ぼこう》。将校《しょうこう》。

【耕】 耒部4 全10画

コウ たがやす [教]小5 音[コウ] ▨耕作《こうさく》。耕地《こうち》。耕運機《こううんき》。▧農耕《のうこう》。晴耕雨読《せいこううどく》。訓[たがやす] 耕す。

【航】 舟部4 全10画

コウ [教]小5 音[コウ] ▨航海《こうかい》。航路《こうろ》。航空機《こうくうき》。▧運航《うんこう》。出航《しゅっこう》。欠航《けっこう》。就航《しゅうこう》。

【貢】 貝部3 全10画

コウ・ク みつぐ 音❶[コウ] ▨貢献《こうけん》。▧朝貢《ちょうこう》。入貢《にゅうこう》。❷[ク] ▧年貢《ねんぐ》。訓[みつぐ] 貢ぐ。貢ぎ物。

【降】 阝部7 全10画

コウ おりる・おろす・ふる [教]小6 音[コウ] ▨降雨《こうう》。降車《こうしゃ》。降臨《こうりん》。降水量《こうすいりょう》。降参《こうさん》。▧下降《かこう》。乗降《じょうこう》。昇降口《しょうこうぐち》。以降《いこう》。訓❶[おりる] 降りる。乗り降り。❷[おろす] 降ろす。❸[ふる] 降る。降り掛かる。大降り。どしゃ降り。

【高】 高部0 全10画

コウ たかい・たか・たかまる・たかめる [教]小2 音[コウ] ▨高山《こうざん》。高層《こうそう》ビル。高低《こうてい》。高級《こうきゅう》。高尚《こうしょう》。高圧的《こうあつてき》。高校《こうこう》。▧標高《ひょうこう》。最高《さいこう》。崇高《すうこう》。訓❶[たかい] 高い。高台。高波。高望み。高飛車。❷[たか] 高。売上高。残高。円高。❸[たかまる] 高まる。高まり。❹[たかめる] 高める。

【康】 广部8 全11画

コウ [教]小4 音[コウ] ▧健康《けんこう》。小康《しょうこう》。

【控】 扌部8 全11画

コウ ひかえる 音[コウ] ▨控除《こうじょ》。控訴《こうそ》。訓[ひかえる] 控える。控え。控え目。手控える。

【梗】 木部7 全11画

コウ 音[コウ] ▨心筋梗塞《しんきんこうそく》。脳梗塞《のうこうそく》。

【黄(黃)】 黄部0 全11画 ※

コウ・オウ き・こ [教]小2 音❶[コウ] ▨黄葉《こうよう》。黄河《こうが》。黄砂《こうさ》。▧淡黄色《たんこうしょく》。❷[オウ] ▨黄金《おうごん》。黄桃《おうとう》。黄土色《おうどいろ》。黄疸《おうだん》。▧卵黄《らんおう》。訓❶[き] 黄。黄色い。黄緑。黄ばむ。❷[こ] 黄金《こがね》。

【喉】 口部9 全12画

コウ のど 音[コウ] ▨喉頭《こうとう》。▧咽喉《いんこう》。訓[のど] 喉。喉元。

【慌】 忄部9 全12画

コウ あわてる・あわただしい 音[コウ] ▧恐慌《きょうこう》。訓❶[あわてる] 慌てる。慌てふためく。大慌て。❷[あわただしい] 慌ただしい。

【港】 氵部9 全12画

コウ みなと [教]小3 音[コウ] ▨港湾《こうわん》。港内《こうない》。▧漁港《ぎょこう》。空港《くうこう》。出港《しゅっこう》。入港《にゅうこう》。不凍港《ふとうこう》。訓[みなと] 港。

【硬】 石部7 全12画

コウ かたい 音[コウ] ▨硬貨《こうか》。硬球《こうきゅう》。硬式《こうしき》。硬度《こうど》。硬派《こうは》。硬直《こうちょく》。▧強硬《きょうこう》。生硬《せいこう》。訓[かたい] 硬い。硬さ。

【絞】 糸部6 全12画

コウ しぼる・しめる・しまる 音[コウ] ▨絞殺《こうさつ》。絞首刑《こうしゅけい》。訓❶[しぼる] 絞る。絞り上げる。絞り。絞り

込む。❷［しめる］絞める。❸［しまる］絞まる。

【項】頁部3 全12画
コウ 音［コウ］項目《こうもく》。事項《じこう》。条項《じょうこう》。別項《べっこう》。要項《ようこう》。移項《いこう》。多項式《たこうしき》。同類項《どうるいこう》。

【溝】氵部10 全13画 ※
コウ みぞ 音［コウ］海溝《かいこう》。地溝《ちこう》。下水溝《げすいこう》。排水溝《はいすいこう》。訓［みぞ］溝。

【鉱（鑛）】金部5 全13画
コウ 教小5 音［コウ］鉱山《こうざん》。鉱石《こうせき》。鉱物《こうぶつ》。鉱脈《こうみゃく》。金鉱《きんこう》。採鉱《さいこう》。炭鉱《たんこう》。鉄鉱石《てっこうせき》。

【構】木部10 全14画 ※
コウ かまえる・かまう 教小5 音［コウ］構成《こうせい》。機構《きこう》。虚構《きょこう》。構図《こうず》。構想《こうそう》。構造《こうぞう》。構内《こうない》。遺構《いこう》。訓❶［かまえる］構える。構え。❷［かまう］構う。お構い。

【綱】糸部8 全14画
コウ つな 音［コウ］綱紀《こうき》。綱領《こうりょう》。綱目《こうもく》。大綱《たいこう》。要綱《ようこう》。訓［つな］綱。綱引き。綱渡り。命綱。横綱。

【酵】酉部7 全14画
コウ 音［コウ］酵素《こうそ》。酵母《こうぼ》。発酵《はっこう》。

【稿】禾部10 全15画
コウ 音［コウ］稿料《こうりょう》。原稿《げんこう》。初稿《しょこう》。草稿《そうこう》。投稿《とうこう》。遺稿《いこう》。

【興】臼部9 全16画 ※
コウ・キョウ おこる・おこす 教小5 音❶［コウ］興奮《こうふん》。興亡《こうぼう》。興行《こうぎょう》。振興《しんこう》。復興《ふっこう》。勃興《ぼっこう》。❷［キョウ］興味《きょうみ》。興趣《きょうしゅ》。余興《よきょう》。即興《そっきょう》。座興《ざきょう》。訓❶［おこる］興る。❷［おこす］興す。

【衡】行部10 全16画
コウ 音［コウ］均衡《きんこう》。平衡感覚《へいこうかんかく》。度量衡《どりょうこう》。合従連衡《がっしょうれんこう》。

【鋼】金部8 全16画
コウ はがね 教小6 音［コウ］鋼鉄《こうてつ》。鋼材《こうざい》。鋼板《こうはん》。製鋼《せいこう》。鉄鋼業《てっこうぎょう》。訓［はがね］鋼。

【講】言部10 全17画 ※
コウ 教小5 音［コウ］講義《こうぎ》。講演《こうえん》。講座《こうざ》。講習会《こうしゅうかい》。講談《こうだん》。受講生《じゅこうせい》。聴講《ちょうこう》。

【購】貝部10 全17画 ※
コウ 音［コウ］購入《こうにゅう》。購読《こうどく》。購買部《こうばいぶ》。

【後】⇩常用漢字 ご〔後〕

1 **こ・う【請う・乞う】**〈動五〉人に、「あるものがほしい」「あることをしてほしい」とたのむ。例案内を請う。許しを請う。教えを乞う。ア コウ
表記「乞う」は、へりくだって強くお願いをするときや、「命乞い」「雨乞い」のような形で使う。
乞う御期待《ごきたい》 なにかの宣伝《せんでん》で、期待して待っていてくれるようにとお願いする意味のきまり文句。

【乞】乙部2 全3画
こう

2 **こう**〈副〉目の前のものや近くのことをさし示していうことば。このように。例ああ言えばこう言う。こういう形のお皿《さら》がほしい。ア コー

3 **こう【功】**〈名〉努力の結果なしとげた、りっぱな手がら。例功がある。功を奏する。功をたてる。功をいそぐ。功をあせる。内助の功。年の功。類功績。ア コー
功成《な》り名《な》（を）遂《と》げる めざしていたとおり、てがらをたてて有名になる。
功を奏《そう》する 前もってやっておいたことが、うまく効果をあらわす。奏功する。表記「功」は「効」とも書く。

4 **こう【効】**〈名〉してみたことによって出るよい結果。ききめ。例効（＝功《こう》）を奏する。薬石効なく。改革の効なく。類効果。効能。効用。ア コー
効を奏《そう》する ⇩功を奏する（「こう〔功〕」の子項目）

5 **こう【甲】**〈名〉❶なかみを保護している、かたいから。甲羅《こうら》。例亀《かめ》の甲より年の功（↓「かめ〔亀〕」の子項目）。❷手や足の外がわの面。例手の甲。❸「十干《じっかん》」の一番目。きのえ。▽ア コー
参考 ③で、むかしは評価の序列によく「甲・乙《おつ》・丙《へい》・丁《てい》」が使われた。甲が最上級で、「全甲」は現在の「オール5」にあたる。

6 **こう【行】**一〈名〉行くこと。例行を共にする（＝いっしょに行く）。ア コー 二〈造語〉「銀行」のこと。また、銀行をかぞえることば。例行員。他行。

7 **こう【幸】**〈名〉しあわせ。対不幸。類さいわい。ア コー
幸か不幸《ふこう》か いいことなのか わるいことなのか、どちらともきめにくいが。例幸か不幸か、学級委員になるはめになった。

8 **こう【香】**〈名〉たくとよいかおりがするように、香料をかためてつくったもの。また、そのよいかおり。例香をたく。香をきく。香をくゆらす。ア コー

9 **こう【候】**〈名〉季節としてのおもむきが感じられるころ。類みぎり。時節。ア コー
表現 手紙などの書きだしで、「秋冷の候、お元気でおすごしですか」のように使う。

10 **こう【項】**〈名〉❶考えやとりきめを一つ一つ表わした、みじかい文やことば。例項に分ける。規約の第一条は、三つの項からなる。❷〔数学〕式のひとまとまり。▽ア コー

11 **こう【綱】**〈名・接尾〉生物の分類階級を表わす、「界・門・綱・目《もく》・科・属・種」の一つ。例哺乳《ほにゅう》綱。ア コー

12 **こう【稿】**〈名〉原稿。例稿を起こす（＝原稿を書きはじめる）。稿を改める（＝原稿を書きなおす）。ア コー

13 **こう【鋼】**〈名〉〔化学〕「鋼鉄《こうてつ》・はがね」の専門的な言いかた。例ステンレス鋼。ア コー

14 **こう【好】**〈接頭〉よい。例好成績。好景気。

15 **こう【高】**一〈接頭〉ふつうのレベルより上であることを表わすことば。例高血圧。高性能。高水準。高品質。対低。二〈造語〉「高等学校」の省略した形。例附属高。都立高。

16 **こう【口】**〈接尾〉ものが出るところ。例排気口。噴火

 オパーリン（1894〜1980） ロシアの生化学者。地球における生命の起源について論じた。

口。突破口。

17 **こう【校】**〈接尾〉「学校」のこと。また、学校を数えることば。例私立校。有名校。中高一貫校。出場する三〇校。

常用漢字 **ごう**

【号(號)】 口部2 全5画 号号号号号
ゴウ 教小3 音[ゴウ] 号令《ごうれい》。号泣《ごうきゅう》。号外《ごうがい》。号砲《ごうほう》。番号《ばんごう》。記号《きごう》。年号《ねんごう》。毎号《まいごう》。

【合】 口部3 全6画 合合合合合合
ゴウ・ガッ・カッ あう・あわす・あわせる 教小2 音❶[ゴウ] 合格《ごうかく》。合計《ごうけい》。合成《ごうせい》。合同《ごうどう》。結合《けつごう》。統合《とうごう》。調合《ちょうごう》。会合《かいごう》。❷[ガッ] 合併《がっぺい》。合作《がっさく》。合宿《がっしゅく》。合唱《がっしょう》。合致《がっち》。合掌《がっしょう》。❸[カッ] 合戦《かっせん》。訓❶[あう] 合う。試合。❷[あわす] 合わす。❸[あわせる] 合わせる。問い合わせ。注意「合点」は、「がってん」とも「がてん」とも読む。

【拷】 扌部6 全9画 拷拷拷拷拷
ゴウ 音[ゴウ] 拷問《ごうもん》。

【剛】 刂部8 全10画 剛剛剛剛剛
ゴウ 音[ゴウ] 剛健《ごうけん》。剛毛《ごうもう》。金剛《こんごう》。

【傲】 亻部11 全13画 傲傲傲傲傲
ゴウ 音[ゴウ] 傲然《ごうぜん》。傲慢《ごうまん》。

【豪】 豕部7 全14画 豪豪豪豪豪
ゴウ 音[ゴウ] 豪雨《ごうう》。豪華《ごうか》。豪傑《ごうけつ》。豪遊《ごうゆう》。豪州《ごうしゅう》。強豪《きょうごう》。文豪《ぶんごう》。大富豪《だいふごう》。

【強】⇩常用漢字 きょう〔強〕
【郷】⇩常用漢字 きょう〔郷〕

1 **ごう【号】** 一〈名〉文学者や画家などが、本名のほかにつける名前。類ペンネーム。雅号《がごう》。→ごうする 二〈名・接尾〉❶定期的にだされる、雑誌などの一冊一冊。その順番をかぞえることば。例号をかさねる。創刊号。五月号。❷乗り物の名のあとにつけることば。例ひかり号。のぞみ号。❸活字やカンバスの大きさを表わす単位。例五号の標準活字。一〇〇号の大カンバス。

2 **ごう【合】**〈名・接尾〉尺貫《しゃっかん》法の容積の単位。一合は一升《しょう》の十分の一で、約〇・一八《リットル》。

3 **ごう【剛】**〈名〉たくましくて強いこと。例柔よく剛を制す(→「じゅう〔柔〕」の子項目)。剛の者。

4 **ごう【業】**〈名〉〔仏教〕現世にむくいをもたらす、前世での善悪の行ない。宿命的なめぐりあわせ。カルマ。類因果応報《いんがおうほう》。参考「自業自得《じごうじとく》」の「業」はこれ。

業が深《ふか》い これほど不運なのは、前世での行ないが悪かったためとしか考えられない、ということ。例業の深い人。

業を煮《に》やす 思うようにいかないので、いらいらしてはらをたてる。

5 **ごう【▼壕】**〈名〉土をほってつくった穴・みぞ。例防空壕。地下壕。

6 **ごう【豪】**〈造語〉「オーストラリア(豪州)」のこと。例駐豪《ちゅうごう》大使。

こうあつ【高圧】〈名〉❶気体や液体の圧力が高いこと。例高圧ガス。❷高い電圧。例高圧線。▽対低圧。

こうあつせん【高圧線】〈名〉送電線など、高い電圧の電流を流す電線。

こうあつてき【高圧的】〈形動〉一方的に人をおさえつけて、したがわせようとするようす。例高圧的な態度。類威圧《いあつ》的。高姿勢。高飛車《たかびしゃ》。居丈高《いたけだか》。

1 **こうあん【公安】**〈名〉❶社会全体の平和と秩序《ちつじょ》。❷「公安委員会」「公安調査庁」の略。

2 **こうあん【考案】**〈名・する〉いろいろくふうして、新しい考えや方法を考えだすこと。例新しいシステムを考案する。類案出。

こうあんいいんかい【公安委員会】〈名〉警察が民主的で公平にはたらくよう管理するための行政機関。国家公安委員会と各都道府県の公安委員会とがある。参考都道府県の公安委員会は、運転免許の交付、交通規制、風俗《ふうぞく》・古物《こぶつ》営業の許可などの仕事もする。委員には民間人がなる。→こっかこうあんいいんかい

こうあんちょうさちょう【公安調査庁】〈名〉法務省の外局の一つ。暴力的破壊《はかい》活動を行なう団体の調査や解散指定の請求《せいきゅう》などの仕事をする。

1 **こうい【行為】**〈名〉人の行ない。例親切な行為。不正行為。類所業。ふるまい。表現なにかをしてやろうという目的をもつものをさす。

2 **こうい【好意】**〈名〉❶相手のことが気に入ったり、好きになったりする気持ち。例好意をもつ。好意をいだく。好意を寄せる。類恋心《こいごころ》。❷相手にやさしくする気持ち。例好意に甘える。好意を無にする。好意的。対敵意。類厚意《こうい》。

3 **こうい【厚意】**〈名〉やさしい思いやりの気持ち。例ご厚意にふかく感謝いたします。類厚情。心づかい。こころざし。親切心《しん》。好意。

4 **こうい【更衣】**〈名・する〉❶着がえ。例更衣室。❷衣《ころも》がえ。

5 **こうい【皇位】**〈名〉天皇《てんのう》・皇帝《こうてい》としての位《くらい》。例皇位の継承《けいしょう》。類帝位。

6 **こうい【校医】**〈名〉学校からたのまれて、児童や生徒の健康診断《しんだん》や診療《しんりょう》を行なう医師。学校医。

7 **こうい【高位】**〈名〉高い位《くらい》。例高位高官。

ごうい【合意】〈名・する〉交渉《こうしょう》している双方の考えが、一致《いっち》すること。例合意に達する。両国は協力の推進に(を)合意した。類同意。

こういう〈連体〉このような。こんな。「こういった」「こうした」ともいう。例こういう感じでお願いします。

こういき【広域】〈名〉広い範囲《はんい》。広い区域。例広域行政。

こういしょう【後遺症】〈名〉病気やけががいちおうなおったあとに、まだのこる症状。
表現「台風の後遺症」「事件の後遺症」のように、大きなできごとや事件のわるい影響《えいきょう》があとあとまでのこっていることについても使う。

ごういつ【合一】〈名・する〉あわさって一つになること。一つにすること。例二つの宗教が(を)合一する。類合体。一体化。調和。
表現「自然との合一」「精神と肉体の合一」のように、観念的な表現に使うことが多い。

こういっつい【好一対】〈名〉ひと組みの人やものが、よく似合《にあ》ったとり合わせであること。例好一対のカップル。注意「好対照」という意味ではない。

ガーシュイン (1898~1937) アメリカの作曲家。シンフォニックジャズという分野を開いた。

こういってん【紅一点】〈名〉❶たくさんの男性の中に、女性がひとりだけまじっていること。❷たくさんのものの中に、すぐれたものがひとつだけまじって、目立っていること。由来 中国の詩の中ことば「万緑《ばんりょく》叢中《そうちゅう》紅一点(=一面の みどりの中に赤い花が一輪さいている)」から。

こういてき【好意的】〈形動〉好ましく思う気持ちにもとづいている。例 好意的な感想が寄せられる。批判《ひはん》をはげましとして好意的に解釈《かいしゃく》する。

1 **こういん【工員】**〈名〉工場ではたらく人。古い言いかた。類 職工《しょっこう》。

2 **こういん【公印】**〈名〉公式の印。とくに官公庁の代表者の印。対 私印。

3 **こういん【光陰】**〈名〉月日《つきひ》。過ぎ去っていく時間。「光」は日、「陰」は月のこと。

光陰矢《や》のごとし 月日のたつのは、矢がとんでいくように、あっというまである。

4 **こういん【行員】**〈名〉銀行に勤めている人。「銀行員」の略式の言いかた。

5 **こういん【勾引】**〈名・する〉〔法律〕尋問《じんもん》のために容疑者などを、強制的に裁判所などに連行すること。

ごういん【強引】〈形動〉反対や困難をおしきってむりやり行なうようす。例 強引なやりかた。強引にひきずりこむ。類 うむを言わせない。

こうう【降雨】〈名〉雨がふること。ふった雨。例 降雨量。

ごうう【豪雨】〈名〉いちどにどっと降って災害をもたらすような雨。例 集中豪雨。類 大雨。

こううつざい【抗鬱剤】〈名〉気力がおとろえたり気持ちがふさぐ症状《しょうじょう》をやわらげる薬。

こううん【幸運・好運】〈名・形動〉運がよいこと。例 幸運にめぐまれる。幸運をいのる。幸運をつかむ。幸運なスタート。対 不運。悪運。非運。類 ラッキー。つき。

こううんき【耕運機】『耕▼耘機』〈名〉田畑をたがやす機械。

こううんりゅうすい【行雲流水】〈名〉行く雲や流れる水のような心境で、欲や執着《しゅうちゃく》をすてて、いっさいをなりゆきにまかせること。

1 **こうえい【光栄】**〈名・形動〉自分のしたことの価値がみとめられて、ほこらしく思うこと。例 身にあまる光栄。類 名誉《めいよ》。ほまれ。

2 **こうえい【公営】**〈名〉国や県、市町村などが経営すること。対 私営。民営。類 国営。

3 **こうえい【後▼裔】**〈名〉ある人の子孫。例 源氏の後裔。類 末裔《まつえい》。後胤《こういん》。

4 **こうえい【後衛】**〈名〉❶テニス・バドミントンのダブルスやバレーボールなどで、おもにコートのうしろの方をまもる人。❷軍隊で、本隊のうしろの方をまもる部隊。▽対 前衛。

1 **こうえき【公益】**〈名〉社会全体の利益。例 公益事業。対 私益。

2 **こうえき【交易】**〈名・する〉地域、民族、国などのあいだで、物品の交換《こうかん》や売買をすること。例 地中海の交易に活躍《かつやく》する。類 貿易。

こうえきじぎょう【公益事業】〈名〉日常生活に必要な、ガス・水道・電気・鉄道・通信などの事業。

こうえきほうじん【公益法人】〈名〉社会の人々の利益を目的とする法人。学校・病院・宗教団体などがあり、社団法人と財団法人の二種類がある。

こうえつ【校閲】〈名・する〉原稿《げんこう》や印刷物を注意ぶかく読んで、そのまちがいを直したり、内容をよりよくしたりすること。

1 **こうえん【公園】**〈名〉❶多くの人がいこい、たのしむためにつくられた庭のような場所。例 児童公園。❷美しい自然をまもり、人々が自然をたのしむことを目的として定められた広い地域。例 国立公園。

2 **こうえん【公演】**〈名・する〉多くの人の前で、劇やおどりなどを演じたり、音楽を演奏したりすること。類 上演。

3 **こうえん【好演】**〈名・する〉たくみに演技や演奏をすること。例 けなげな少女役を好演した。

4 **こうえん【講演】**〈名・する〉聞く目的で集まった人にむかって、テーマをたてて まとまった話をすること。例 文化講演会。

5 **こうえん【後援】**〈名・する〉表面にでないで、かげで活動をたすけること。例 後援会。後援者。類 うしろだて。協賛。後押《あとお》し。しり押し。

6 **こうえん【高遠】**〈形動〉けだかくて、りっぱだ。例 高遠な理想。類 高邁《こうまい》。

こうお【好悪】〈名〉好きか、好きでないか。例 好悪の感情。好悪が分かれる作品。

こうおつ【甲乙】〈名〉二つのもののあいだで、どちらがすぐれ、どちらがおとっているか、ということ。例 甲乙つけがたい。類 優劣《ゆうれつ》。由来「十干《じっかん》」の第一が「甲」、第二が「乙」であることからできた言いかた。

1 **こうおん【高音】**〈名〉❶高い声や音。❷〔音楽〕ソプラノ。▽対 低音。

2 **こうおん【高温】**〈名・形動〉高い温度。例 高温多湿《しつ》。対 低温。

ごうおん【▼轟音】〈名〉飛行機や機械などからつづけてでる、すさまじい音。例 轟音を発する。類 とどろき。

こうおんどうぶつ【恒温動物】〈名〉体温を、まわりの温度に関係なく、ほぼ一定にたもつことのできる動物。鳥類や、哺乳《ほにゅう》類をいう。定温動物。対 変温動物。

1 **こうか【効果】**〈名〉❶使ってみたりやってみたりしたことから生じた望ましい結果。例 効果がある。効果があらわれる。効果をあげる。効果がない。効果的。類 ききめ。効用。効能。効力。❷演劇や映画、テレビなどで、擬音《ぎおん》などを使うことによって、場面にほんとうらしさをだすこと。例 効果音。音響《おんきょう》効果。▽ア コーカ

2 **こうか【高架】**〈名〉線路や道路などを、地上たかくかけわたすこと。例 高架線。高架橋。ア コーカ

3 **こうか【校下】**(方言) 児童・生徒の通学区域。北陸で言う。

4 **こうか【校歌】**〈名〉その学校のいわれや精神などをこめた歌。ア コーカ

5 **こうか【降下】**〈名・する〉飛行機などが高いところからおりること。例 急降下。対 上昇《じょうしょう》。ア **コーカ**

6 **こうか【黄禍】**〈名〉黄色《おうしょく》人種の勢いがさかんになることによって、白色人種がこうむるわざわい。ア コーカ 参考 黄色人種の進出に対する白色人種の立場からの感情的な言いかた。

7 **こうか【硬化】**〈名・する〉❶かたくなってしまうこと。例 動脈硬化。❷ひどく不満で、意見や態度がかたくなになること。例 態度を硬化させる。▽対 軟化《なんか》。ア コーカ

8 **こうか【硬貨】**〈名〉小さな、まるくてうすい金属製のお金。現在の日本では、一円から五百円までの六種類の通常硬貨と、特別なできごとがあるときに発行される記念硬貨がある。対 紙幣《しへい》。類 コイン。貨幣《かへい》。ア **コ**ーカ

9 **こうか【後架】**〈名〉トイレ。禅宗《ぜんしゅう》のお寺で、洗面所をさすことば。[ア]**コ**ーカ

10 **こうか【高価】**〈形動〉ねだんが高い。高いねだんにあたいするねうちがある。[例]高価な品。[対]安価。廉価《れんか》。[ア]**コ**ーカ

1 **こうが【黄河】**〈名〉長江《ちょうこう》とともに中国の二大河川《かせん》。流域には、古都の長安・洛陽《らくよう》、安陽などがあり、史跡が多い。いつも黄色くにごっている。

2 **こうが【高雅】**〈形動〉けだかくて上品だ。[例]高雅なおもむきがある。[類]典雅。

1 **ごうか【業火】**〈名〉❶〔仏教〕悪業が、あとからわが身を焼きつくすようなはげしい苦しみとなるのを火にたとえた言いかた。❷地獄に落ちた者を焼く火。❸はげしい火災。

2 **ごうか【豪華】**〈形動〉ぜいたくで高級だ。[例]豪華なかざりつけ。豪華版。絢爛《けんらん》豪華。[類]豪勢。

1 **こうかい【公海】**〈名〉どの国の領海《りょうかい》でもなく、排他《はいた》的経済水域(EEZ)でもない海。どの国も航海・通商・漁業などのために自由に使用することができる。[ア]**コ**ーカイ

2 **こうかい【公開】**〈名・する〉多くの人が見たり、聞いたり、参加したりできるように、開放すること。[例]情報を公開する。公開放送。一般《いっぱん》公開。[対]非公開。[類]公表。[ア]コーカイ

3 **こうかい【更改】**〈名・する〉前にきめたことをあらためること。[例]契約《けいやく》更改。[ア]コー**カイ**

4 **こうかい【後悔】**〈名・する〉自分のしてしまったことがまずかったことに気づいて、しなければよかったと残念に思うこと。[例]飲酒運転をしたことを後悔した。[類]悔《く》い。悔恨《かいこん》。悔やむ。悔いる。[ア]**コ**ーカイ

後悔先《さき》に立《た》たず やってしまったあとで後悔してもはじまらないから、前もってよく注意せよ、ということ。

5 **こうかい【航海】**〈名・する〉船で海をわたること。[例]遠洋航海。[類]航行。[ア]**コ**ーカイ

1 **こうがい【口外】**〈名・する〉秘密など、他人に言ってはならないことを話してしまうこと。[類]他言。[ア]コー**ガイ**

2 **こうがい【口蓋】**〈名〉口の中のうわあごの部分。[ア]コーガイ

3 **こうがい【公害】**〈名〉工場からでる有毒な廃棄《はいき》物や排煙《はいえん》、自動車の排ガス、騒音《そうおん》などが、住民の健康や生活にあたえる害。[例]公害問題。騒音公害。[ア]コー**ガイ** [参考]工業の発展にともなって一九六〇年代より深刻化し、とくに、熊本県八代海《やつしろかい》沿岸の水俣《みなまた》病、新潟県阿賀野《あがの》川流域の新潟水俣病、富山県神通《じんずう》川流域のイタイイタイ病、三重県四日市《よっかいち》コンビナート周辺の四日市ぜんそくは、四大公害病とよばれる。

4 **こうがい【光害】**〈名〉とくに都市部での、明るすぎる照明による、人間のくらしや農作物、野生動物などへの悪い影響《えいきょう》。[ア]コー**ガイ**

5 **こうがい【郊外】**〈名〉都会の周辺の、田畑や林の多いところ。[類]近郊。[ア]**コ**ーガイ

6 **こうがい【校外】**〈名〉学校の敷地《しきち》のそと。[例]校外授業。校外指導。[対]校内。[類]学外。[ア]**コ**ーガイ

7 **こうがい【梗概】**〈名〉小説や物語などのあらすじ。[類]あらまし。すじ書き。[ア]コー**ガイ**

8 **こうがい【鉱害】**〈名〉鉱山や製錬《せいれん》所などの仕事が原因でおこる害。土地の陥没《かんぼつ》、けむりや排水《はいすい》中にふくまれる鉱毒によって、まわりの住民や動植物が被害《ひがい》をうける。[ア]コー**ガイ**

9 **こうがい【▼慷慨】**〈名・する〉世の中のありさまについて、ひどくなげくこと。[例]悲憤《ひふん》慷慨。[ア]コー**ガイ**

10 **こうがい【構外】**〈名〉駅・大学など、おおぜいの人が利用する建物や施設《しせつ》の敷地《しきち》や区域の外。[対]構内。[ア]**コ**ーガイ

ごうかい【豪快】〈形動〉堂々としていて力があふれている。[例]豪快なホームラン。[類]豪気。豪放。

ごうがい【号外】〈名〉新聞などで、大事件を急報するために、臨時に発行するもの。

こうかいぎょ【降海魚】〈名〉川で大きくなり、海へくだって卵をうむさかな。ウナギなど。

こうかいじょう【公開状】〈名〉特定の相手にあてた手紙を、新聞・雑誌・ビラなどで広く公開する文書。

こうかいどう【公会堂】〈名〉おおぜいの人の集まりなどに使うためにつくられた、公共のホール。

こうかがくスモッグ【光化学スモッグ】〈名〉公害の一つ。自動車などの排気《はいき》ガスが、日光をうけて、化学反応をおこしたために発生する濃い霧のようなもの。目やのどがいたむ。

1 **こうかく【広角】**〈名〉❶ふつうのレンズより見える範囲《はんい》が広いこと。[例]広角レンズ。❷広い角度の範囲に対応すること。[例]広角打法。

2 **こうかく【甲殻】**〈名〉カニやエビのからだの表面にある、かたいから。こうら。[例]甲殻類。

3 **こうかく【降格】**〈名・する〉資格や地位などが下がること。下げること。[例]部長が(を)課長に降格する。降格人事。[対]昇格《しょうかく》。[類]格下げ。

1 **こうがく【工学】**〈名〉工業生産の技術を研究する学問。化学工学・機械工学などがある。

2 **こうがく【光学】**〈名〉物理学の一分野。光の性質などを研究する学問。[例]光学機器。光学(式)ディスク(=光ディスク)。

3 **こうがく【好学】**〈名〉学問が大好きなこと。[例]好学の士。

4 **こうがく【後学】**〈名〉❶いちどえた知識があとになって役にたつこと。[例]後学のために見学する。❷あとにつづく学者。[例]後学に示す。[対]先学。

5 **こうがく【高額】**〈名・形動〉❶金額が、ふつうだと思われる額よりも高いこと。[例]高額所得。[対]低額。少額。[類]多額。❷金額の単位が大きいこと。[例]高額紙幣《しへい》。[対]小額。

ごうかく【合格】〈名・する〉❶試験にうかること。[類]及第《きゅうだい》。パス。❷一定の資格や条件にあてはまること。[例]製品検査に合格する。▽[対]不合格。

こうかく(口角)あわ(泡)をと(飛)ばす いきおいこんで議論する。

こうがくきき【光学機器】〈名〉カメラや顕微鏡《けんびきょう》、望遠鏡のような、光の反射や屈折《くっせつ》を応用した器具や装置《そうち》。

こうがくけんびきょう【光学顕微鏡】〈名〉光を利用した、ふつうの顕微鏡。→でんしけんびきょう

こうがくしん【向学心】〈名〉学問をしたいと思う気持ち。[例]向学心にもえる。

こうがくねん【高学年】〈名〉小学校での上のほうの学年。ふつうは、五、六年をいう。[対]低学年。

こうかくるい【甲殻類】〈名〉節足《せっそく》動物の一種。エビ・カニや、ダンゴムシのように、体の表面がかたいからでおおわれている。

こうかつ【▼狡▼猾】〈形動〉ずるがしこい。[例]狡猾な

手段。狡猾にたちまわる。

こうかてき【効果的】〈形動〉すぐれた効果がある。

ごうかばん【豪華版】〈名〉ふつうよりぜいたくで高級なもの。例きょうの夕食は豪華版だね。

こうがぶんめい【黄河文明】〈名〉⇩ちゅうごくぶんめい

1**こうかん**【公刊】〈名・する〉本などを発行して、ひろく世の中にだすこと。

2**こうかん**【向寒】〈名〉これからさむい季節にむかうこと。手紙・メールで、「向寒の折から、どうぞおだいじに」のような言いかたで使うことば。対向暑。

3**こうかん**【好漢】〈名〉いかにも男らしい、さわやかな感じを人にあたえる男性。類快男児。好男子。

4**こうかん**【好感】〈名〉相手に対してもつ好ましい感じ。例好感をあたえる。好感をいだく。好感がもてる。好感度(が上がる)。対反感。類好意。

5**こうかん**【交換】〈名・する〉❶おたがいのものをとりかえること。例本を交換しあって読む。物々《ぶつぶつ》交換。❷それまで使っていたものを、新しいものにとりかえること。例電球を交換する。メールの交換。交換日記。情報交換。❸やりとりをすること。例意見を交換する。❹電話をつなぐこと。また、その役の人。例交換をよびだす。

6**こうかん**【交歓】〈名・する〉集まって、たがいに親しみ楽しむこと。例交歓会。

7**こうかん**【▼巷間】〈名〉ちまた。俗《ぞく》世間。

8**こうかん**【高官】〈名〉地位の高い官職。その官職にいる人。例政府の高官。

9**こうかん**【▼浩▼瀚】〈形動〉書物のページ数や巻数が多い。例浩瀚な史書。類大部《たいぶ》。

1**こうがん**【紅顔】〈名〉ほっぺたに赤みがあるなど、まだおさないういういしさが残っている男の子の顔つき。例紅顔の美少年。

2**こうがん**【厚顔】〈名・形動〉あつかましくて、ずうずうしいこと。例厚顔無恥《むち》。類鉄面皮。

3**こうがん**【▼睾丸】〈名〉哺乳《ほにゅう》類のおすの精巣《せいそう》。俗《ぞく》に「きんたま」ともいう。

ごうかん【強▼姦】〈名・する〉暴力をふるったり、おどしたりして、むりやり女性をおかすこと。レイプ。婦女暴行。性的暴行。

ごうがん【傲岸】〈形動〉えらそうにいばって、ひとにゆずることがない。類傲慢《ごうまん》。高慢。

こうがんざい【抗がん剤】〖抗▼癌剤〗〈名〉がん細胞の増殖《ぞうしょく》をおさえたり、死滅《しめつ》させたりする薬。制がん剤。

こうかんじょうけん【交換条件】〈名〉引き受ける代わりに相手に受け入れさせる条件。

こうかんしんけい【交感神経】〈名〉自律神経の一つ。内臓などを支配する神経。↓ふくこうかんしんけい

こうがんむち【厚顔無恥】〈名・形動〉あつかましいことをしても平気で、はずかしいという気持ちをもたないこと。

1**こうき**【公器】〈名〉ひろく一般《いっぱん》の人々のためのもの。例新聞は社会の公器だ。

2**こうき**【広軌】〈名〉鉄道の二本のレールの間隔《かんかく》が、標準の一・四三五メートル《メートル》より広いもの。対狭軌《きょうき》。

3**こうき**【好奇】〈名〉めずらしいことや知らないことに、とくに強く気持ちがひかれること。例好奇の目。好奇にみちたまなざし。好奇心。

4**こうき**【好機】〈名〉ものごとをするのにちょうどいいとき。例好機を逸《いっ》する。類チャンス。機会。

5**こうき**【光輝】〈名〉❶強いひかりやかがやき。❷かがやかしい名誉《めいよ》。例光輝ある伝統。

6**こうき**【香気】〈名〉上品なよいかおり。例香気を放つ。類芳香《ほうこう》。

7**こうき**【後記】〈名〉❶本で、本文のあとに書くあとがき。例編集後記。❷文章で、そこよりもあとのほうに書いてあること。例後記のごとく。対前記。類後述。

8**こうき**【後期】〈名〉全期間を二つ(前期・後期)、または三つ(前期・中期・後期)に分けたときの最後の期間。

9**こうき**【皇紀】〈名〉『日本書紀』で、神武《じんむ》天皇が即位《そくい》したとされる年(西暦《せいれき》紀元前六六〇年)を元年とした紀元。今は使われない。

10**こうき**【校旗】〈名〉その学校のしるしとして定められているはた。例校旗掲揚《けいよう》。

11**こうき**【綱紀】〈名〉国をきちんと治めるうえでたいせつな規則や約束ごと。例綱紀粛正《しゅくせい》。

12**こうき**【高貴】〈名・形動〉身分が高くて、とうといこと。また、そのような家がらであること。例高貴の出。高貴な身分。対下賤《げせん》。

1**こうぎ**【公儀】〈名〉朝廷《ちょうてい》や幕府など、中央の政府。

2**こうぎ**【広義】〈名〉ことばやものごとの意味に、ひろい範囲《はんい》をさすものとせまい範囲をさすものがあるとき、その広いほうの意味。例広義に解釈《かいしゃく》する。対狭義《きょうぎ》。
参考 たとえば、広義の「動物」には人間も入るが、狭義の「動物」には人間は入らない。

3**こうぎ**【交▼誼・厚▼誼】〈名〉❶[交誼]友達としての、したしいつきあい。類よしみ。友誼。❷[厚誼]心のこもった、つきあい。類厚情。
表現 ②は、商売上のあいさつなどで、「今後とも倍旧のご厚誼をたまわりますようお願いいたします」のように使う。

4**こうぎ**【抗議】〈名・する〉相手の責任を問い、不当な行為《こうい》をやめるように申し入れること。例差別に抗議する。抗議を申しこむ。抗議の声。抗議集会。

5**こうぎ**【講義】〈名・する〉大学などでまとまった知識や学問を、相手にわかるようにといてきかせること。例シェークスピアを講義する。講義をきく。講義にでる。講義録。

1**ごうき**【剛▼毅】〈形動〉気がまえがしっかりして、けっしてひるまない。

2**ごうき**【豪気】〈形動〉小さなことにこだわらないで、だいたんだ。例豪気なふるまい。類豪放。豪快。

ごうぎ【合議】〈名・する〉集まって相談すること。例合議できめる。合議制。類協議。

こうきあつ【高気圧】〈名〉〔気象〕大気の中で、まわりと比べて気圧の高い部分。その付近では天気がいい。対低気圧。↓きあつ

こうきじてん【康▼熙字典】〈名〉清《シン》の康熙帝の命令によって編集された中国語字典。漢字字典のもっとも整備されたものとして、中国でも日本でも、同類の字書の基準となっている。

こうきしん【好奇心】〈名〉自分の知らないことや、めずらしいことに強くひかれる気持ち。例好奇心がつよい。

1**こうきゅう**【公休】〈名〉❶会社員や公務員が、日曜や祝日以外に、権利としてとれる休日。❷同業者たちが申し合わせで決めた休日。

2**こうきゅう**【考究】〈名・する〉ものごとの本質や真実にせまろうと、とことんまで考えること。

 快慶(かいけい) 生没年不明。鎌倉時代の彫刻家。東大寺の金剛力士像は運慶との合作として有名。

3 **こうきゅう**【恒久】〈名〉いつまでもそのままで、少しも変わらないこと。例恒久の平和。類永久。永遠。

4 **こうきゅう**【高給】〈名〉高い給料。例高給をはむ。高給とり。対薄給《はっきゅう》。

5 **こうきゅう**【硬球】〈名〉硬式の野球やテニスなどに使う、かたいボール。対軟球《なんきゅう》。

6 **こうきゅう**【高級】〈形動〉等級や程度、性能などが高い。例高級な内容。高級車。高級品。高級官僚《かんりょう》。対低級。下級。類上等。ハイレベル。高度。高等。

1 **ごうきゅう**【号泣】〈名・する〉大声をあげて泣くこと。類慟哭《どうこく》。

2 **ごうきゅう**【剛球・強球】〈名〉野球で、ピッチャーが投げるバッターを圧倒《あっとう》するような速くて重いボール。類豪《ごう》速球。

こうきょ【皇居】〈名〉天皇の住まい。東京都千代田区《ちよだ》内の、もと江戸城があったところ。

1 **こうきょう**【口供】〈名・する〉❶裁判で、尋問《じんもん》に対し、被告《ひこく》や証人が口頭で答えること。例口供書。類供述。❷口頭で罪状を申し述べること。

2 **こうきょう**【公共】〈名〉社会全体に関すること。例公共の福祉《ふくし》。公共事業。類おおやけ。

3 **こうきょう**【好況】〈名〉景気がいいこと。例好況の波にのる。対不況。類好景気。

1 **こうぎょう**【工業】〈名〉機械などを使って原材料を加工し、くらしや産業に必要な製品を作る産業。第二次産業に属する。例工業地帯。化学工業。アコーギョー

2 **こうぎょう**【鉱業】〈名〉地中から、鉄・銅・硫黄《いおう》・石炭などの鉱石をほりだして、まざりものをとりのぞいて、原料として使えるようにする産業。第二次産業に属する。アコーギョー

3 **こうぎょう**【興行】〈名・する〉観客から入場料をとって演劇や映画、スポーツの試合などを見せること。例興行収入。興行師。顔見世興行。アコーギョー

4 **こうぎょう**【興業】〈名〉あたらしく事業をおこすこと。アコーギョー 参考会社名にも使われる。

こうきょうがく【交響楽】〈名〉〔音楽〕「交響曲」の古い言いかた。例田園交響楽。

こうきょうきょく【交響曲】〈名〉〔音楽〕オーケストラのための、いちばん規模の大きな曲。ふつうソナタ形式による四つの楽章からできている。シンフォニー。交響楽。

こうきょうし【交響詩】〈名〉〔音楽〕作曲家のリストがはじめた交響曲の一つ。題名をもち、詩や絵、風景などを、音楽で表現することをめざしたもの。

こうきょうじぎょう【公共事業】〈名〉社会全体の役にたつことを目的とした事業。

こうきょうしん【公共心】〈名〉社会全体の利益をたいせつにする気持ち。類公徳心。

こうきょうだんたい【公共団体】〈名〉❶国家から仕事をまかされて、国家の監督《かんとく》のもとに活動する機関。地方公共団体や公共企業体《きぎょうたい》など。❷社会全体のために役だつことをする団体。

こうきょうりょうきん【公共料金】〈名〉鉄道・バス・水道・ガス・電話・郵便などの、公益事業や公営企業《きぎょう》を利用するときにしはらう料金。

こうぎょく【鋼玉】〈名〉宝石としてとうとばれる鉱物。成分は酸化アルミニウム。青色のものはサファイア、赤色のものはルビー。

1 **こうきん**【公金】〈名〉政府や公共団体などのお金。例公金を横領する。表現一般《いっぱん》に、自分勝手に使ってはいけない全体の所有になるお金の意味で使うことも多い。

2 **こうきん**【抗菌】〈名〉細菌がふえるのをおさえること。例抗菌加工。抗菌グッズ。

3 **こうきん**【拘禁】〈名・する〉留置場などにとじこめておくこと。例警察に拘禁される。

ごうきん【合金】〈名〉二種類以上の金属をとかして、まぜ合わせてできたもの。しんちゅう・ステンレス・ジュラルミンなど。例軽合金。

こうく【校区】〈方言〉児童・生徒の通学区域。西日本で言う。

こうぐ【工具】〈名〉ドライバーやペンチなど、工作や工事に使う道具。例電動工具。

1 **こうくう**【口▼腔】〈名〉⇩ここう〔口腔〕

2 **こうくう**【航空】〈名〉飛行機で空を飛ぶこと。例航空写真。航空便。

3 **こうくう**【高空】〈名〉空の高いところ。対低空。中空。類高層。

こうぐう【厚遇】〈名・する〉人に対して、よいあつかいをすること。対冷遇。類優遇。礼遇。表現その場での手あついもてなしぶりよりも、おもに、高い地位につけるとか、高い給料をはらうとかを意味する。

こうくうき【航空機】〈名〉飛行機やヘリコプター、グライダーなど、人や荷物をのせて空を飛ぶもの。

こうぐうけいさつ【皇宮警察】〈名〉天皇・皇族の護衛や皇居などの警備を担当する特別な警察組織。警察庁に属する。

こうくうびん【航空便】〈名〉❶郵便物を航空機ではこぶこと。対船便。類エアメール。❷航空機による輸送。空の便《びん》。

こうくうぼかん【航空母艦】〈名〉多くの戦闘《せんとう》用の飛行機をつんで、甲板《かんぱん》にその発着のための滑走《かっそう》路をもった軍艦。略して「空母」ともいう。

こうくり【高句▽麗】〈名〉〔歴史〕紀元前後から六六八年まで、中国の東北地方南部から朝鮮《ちょうせん》半島北部にあった国。コグリョ。

こうくん【校訓】〈名〉それぞれの学校がめざす教育理念を生徒に伝える、いくつかの目標やきまりのことば。

こうげ【香華】〈名〉仏前にそなえる香と花。例香華をたむける。

1 **こうけい**【口径】〈名〉銃砲《じゅうほう》や、カメラのレンズの部分などの直径。単位は、ふつうミリメートルで表わす。

2 **こうけい**【光景】〈名〉目の前に見える、景色やようす。例おそろしい光景。類情景。

3 **こうけい**【後継】〈名・する〉ある人から、その仕事や地位をひきつぐこと。例後継者。後継内閣。類継承《けいしょう》。あとつぎ。

こうげい【工芸】〈名〉陶磁《とうじ》器や漆器《しっき》、織物や染め物など、実用の品にうつくしさがこめられたものをつくる技術。例工芸品。染色《せんしょく》工芸。表現「スマートフォンの後継機種」のように、物にもいう。

ごうけい【合計】〈名・する〉全部の数をくわえあわせること。くわえあわせた数。類総計。トータル。

こうけいき【好景気】〈名〉生産したものがどんどん売れ、産業界に活気があること。例好景気にわく。対不景気。類好況《こうきょう》。

こうげいさくもつ【工芸作物】〈名〉収穫《しゅうかく》後、加工してから使えるようになる作物。茶・こんにゃくい

貝原益軒(かいばらえきけん)(1630～1714)　江戸時代の儒者・植物学者。本草学や教訓書など多くの著書がある。

も・たばこなど。

こうげき【攻撃】〈名・する〉❶戦争や試合などで、敵をせめること。例攻撃をかける。攻撃を加える。攻撃を受ける。対防御《ぼうぎょ》。防衛。守備。類アタック。❷相手のあやまりや弱点をついて、非難すること。例集中攻撃。類砲火《ほうか》。

こうけつ【高潔】〈形動〉心がけだかく、けがれがない。例高潔な人格。

ごうけつ【豪傑】〈名〉勇気があって、武力にすぐれた人。例豪傑笑い。類猛者《もさ》。

こうけつあつ【高血圧】〈名〉血圧がふつうよりもたかいこと。対低血圧。

表現 ものごとにこだわらないで、ふつうの人がまねのできないようなことを、平気でする人、という意味でも使う。

1 **こうけん【後見】**〈名・する〉❶人のうしろだてとなって、せわをすること。また、せわをする人。❷〔法律〕めんどうをみる人のいない子どもの養育や、判断力のおとった人の保護、財産の管理などをすること。例後見人。

2 **こうけん【貢献】**〈名・する〉あることのために役にたつこと。例社会に貢献する。貢献度。類寄与《きよ》。資する。

1 **こうげん【公言】**〈名・する〉だれに聞かれてもよいという立場で、はっきりと言うこと。例公言してはばからない。公言は差しひかえる。類明言。

2 **こうげん【広言】**〈名・する〉他人をはばからず、大きなことを言うこと。例広言をはく。類大言。豪語《ごうご》。

3 **こうげん【巧言】**〈名〉口先だけうまいことを言うこと。例巧言にのる。巧言令色。類お世辞。甘言《かんげん》。

4 **こうげん【光源】**〈名〉光の発生するもと。太陽や電球など。

5 **こうげん【抗原】**〈名〉〔医学〕体内で抗体をつくり、免疫《めんえき》の状態をつくりだすもととなるもの。細菌《さいきん》など。

6 **こうげん【高原】**〈名〉高い山地にあるたいらな土地。

表現 物価や景気があるレベルにまで達したまま一定期間つづくことや、スポーツの技能があるレベルにまで上達したところで一時的に停滞《ていたい》することを、「高原状態(プラトー)」という。

7 **こうげん【高言】**〈名・する〉えらそうに大きなことを言うこと。類大言壮語《たいげんそうご》。豪語《ごうご》。

1 **ごうけん【合憲】**〈名〉憲法に違反《いはん》していないこと。対違憲。

2 **ごうけん【剛健】**〈形動〉心もからだも強くしっかりしている。例質実剛健。対惰弱《だじゃく》。類強健。

こうげんがく【考現学】〈名〉まだ過去の歴史になっていない現在の現象を、自分の目でとらえ、自由な着眼・方法で観察し、状況《じょうきょう》や変化を記しとめていこうとする新興の学問。

こうけんりょく【公権力】〈名〉国や公共団体が、行政を執行《しっこう》する者として民衆に対してもっている権力。

こうげんれいしょく【巧言令色】〈名〉相手の気に入るように、口先だけうまいことを言って、にこやかな顔つきをすること。

参考『論語』に、「巧言令色少ないかな仁《じん》」とある。

こうこ【江湖】〈名〉「世の中」「世間」のこと。「江」は中国の長江《ちょうこう》、「湖」は洞庭湖《どうていこ》のこと。その二つをならべて「世間全体」の意味を表わしている。

表現 「江湖に迎《むか》えられる」は、とくに書物が好評をえることの決まり文句。

1 **こうご【口語】**〈名〉「文語」に対して、話しことばのこと。それが明治時代の言文一致《げんぶんいっち》運動をへて書きことばともなったもの。「現代語」の、文法用語としての言いかた。例口語体。口語文。口語文法。アコーゴ

2 **こうご【交互】**〈名〉たがいちがいになること。かわるがわるすること。アコーゴ ↓こうごに

3 **こうご【向後】**〈名・副〉今からのち。やや古風で、あらたまったことば。例向後、いっさい関係ありません。類以後。今後。アコーゴ

ごうご【豪語】〈名・する〉自信たっぷりに、大きなことを言うこと。類大言壮語《たいげんそうご》。高言。広言。

1 **こうこう【口▼腔】**〈名〉くちびるのうしろからのどまでの部分。歯や舌があり、食べ物の消化や発音をたすける。アコーコー 参考 医学では、「こうくう」という。

2 **こうこう【後攻】**〈名〉野球などで、はじめに守りについて、あとからせめること。あとぜめ。対先攻。アコーコー

3 **こうこう【後項】**〈名〉❶箇条《かじょう》書きにした文章などで、あとにくる項目。❷〔数学〕数式の中で、あとにおかれている項。▽対前項。アコーコー

4 **こうこう【高校】**〈名〉「高等学校」の略。アコーコー

5 **こうこう【航行】**〈名・する〉船で、海や川などをすすむこと。類航海。アコーコー

表現 飛行機が航路をとぶことにもいう。

6 **こうこう【孝行】**〈形動・名・する〉親をたいせつにすること。例孝行をつくす。孝行のしたい時分に親はなし。孝行息子《むすこ》。親孝行。対不孝。類孝養。アコーコー

表現 ややふざけていう言いかたではあるが、「奥さん孝行」「子ども孝行」のような言いかたもされる。

7 **こうこう【▼皓▼皓】**〈副・連体〉白く明るくかがやいているようす。例こうこうと照る月。アコーコー

表現 (1)「皓皓」と次項の「煌煌《こうこう》」は、意味が似《に》ていてまぎらわしいことばであるが、たとえば電灯でいえば、明るい蛍光《けいこう》灯なら「皓皓」で、豪華《ごうか》なシャンデリアなら、「煌煌」のほうがふさわしい。

(2)「皓皓」は、秋や冬の月光の形容によく使われる。

8 **こうこう【▼煌▼煌】**〈副・連体〉まぶしいくらい、きらきら光っているようす。例こうこうとかがやく。こうこうたるきらめき。類さんさん。アコーコー ↓前項表現(1)

こうごう【皇后】〈名〉皇帝《こうてい》や天皇のおきさき。

ごうこう【▼毫光】〈名〉仏の眉間《みけん》にあるという白い毛から四方に出ている光線。例毫光がさす。

参考 「後光《ごこう》」と混同されやすいが別のことば。

1 **ごうごう【▼囂▼囂】**〈副・連体〉人の声が、がやがやとさわがしいようす。例ごうごうたる非難。

2 **ごうごう【▼轟▼轟】**〈副・連体〉耳がいたくなるような、はげしい音がしているようす。例ごうごうとひびく。ごうごうたる爆音《ばくおん》。

こうこうがい【硬口蓋】〈名〉口の中の上あごの前の方の、骨があってかたい部分。対軟《なん》口蓋。

こうこうぎょう【鉱工業】〈名〉鉱業と工業。

こうごうし・い【神神しい】〈形〉とうとく、けだかく、神さまのようだ。例神々しい雰囲気《ふんいき》。類神聖《しんせい》。

こうごうせい【光合成】〈名〉〔生物〕植物や藻類《そうるい》が、太陽の光エネルギーを利用して、無機物である二酸化炭素と水から、有機物であるデンプンなどの栄養分をつくりだすはたらき。細胞《さいぼう》の中にある葉緑体《ようりょくたい》で行なわれ、酸素が発生する。

こうこうや【好好▼爺】〈名〉いつもにこにこしている、やさしい おじいさん。

 海北友松(かいほうゆうしょう)(1533～1615) 安土桃山時代の画家。多くの障壁画で水墨画に新境地を開いた。

こうこがく【考古学】〈名〉遺跡《せきい》や遺物を手がかりにして、古代の人間の生活や文化を研究する学問。

[1]**こうこく【公告】**〈名・する〉国や公共機関が、決定したことなどを広く世間に知らせること。例官報に公告する。類告示。公示。

[2]**こうこく【広告】**〈名・する〉商品が売れるように、もよおしものに人が集まるように、新聞やテレビなどを通じてひろく知らせること。また、知らせるもの。例広告をだす。類宣伝。コマーシャル。ＰＲ《ピーアール》。

[3]**こうこく【抗告】**〈名・する〉〔法律〕裁判所の決定や命令に対する異議の申したてを、より上級の裁判所におこなうこと。↓じょうそ参考

こうこくとう【広告塔】〈名〉❶ビルの屋上などに立つ、広告のための立体的な看板。❷特定の企業《きぎょう》や団体の宣伝になるような言動をみずからとる有名人。

こうごたい【口語体】〈名〉「本日は晴天なり」といったかたい言いかたではなく、「きょうは天気がいい」というような、現代の日本人が日常使っている文体。対文語体。

[1]**こうこつ【▼恍▼惚】**〈名・副・連体〉ものに心をうばわれて、うっとりとしている状態。例恍惚として見とれる。恍惚たる目つき。類陶然《とうぜん》。忘我《ぼうが》。エクスタシー。

[2]**こうこつ【硬骨】**〈名〉❶権力などに対して、自分の意志や主張をなかなかまげないこと。例硬骨の人。硬骨漢。類反骨。❷〔動物〕かたいほね。例硬骨魚類。対軟骨《なんこつ》。

こうこつもじ【甲骨文字】〈名〉古代中国の殷《いん》の時代に使われた象形文字。カメの甲やけものの骨にほられており、うらないなどに使われた。甲骨文。↓もじ絵

参考 漢字のもっとも古い形を示すもの。

こうごに【交互に】〈副〉❶かわるがわる。例二人で交互にみはる。❷たがいちがいに。例男子と女子が交互にならぶ。

こうこの【好個の】〈連体〉代わりになるものがないほど、うってつけの。例好個の実例。

こうこ（後顧）のうれ（憂）い 自分が遠くはなれた地で働いているときなどの、あとに残してきた家族や、やり残したことに対する気がかり。例後顧の憂いがない。

こうごぶん【口語文】〈名〉口語体の文章。対文語文。

ごうコン【合コン】〈名〉「合同コンパ」の略。男性のグループと女性のグループとがいっしょに行なうコンパ。男女の出会いを目的とすることが多い。

[1]**こうさ【交差】**〈名・する〉線や道路が一点でまじわり、十文字やすじかいになること。例視線が交差する。交差点。類クロス。アコーサ

[2]**こうさ【考査】**〈名・する〉❶人の能力を評価するために、よく考えしらべること。❷学校で、成績を評価するためにおこなう試験。例期末考査。▽アコーサ

[3]**こうさ【黄砂】**〈名〉中国大陸の北部一帯で、強い風でまいあがった黄色い砂が空をおおい降ってくる現象。春先に、しばしば日本にも飛んでくる。アコーサ

[1]**こうざ【口座】**〈名〉商取引《しょうとりひき》の相手ごとに開設される記録簿《ぼ》。例銀行に口座をひらく。郵便貯金口座。証券口座。類アカウント。アコーザ

表現 一口《ひとくち》二口《ふたくち》と数える。

[2]**こうざ【高座】**〈名〉寄席《よせ》などで、芸をする人のために、一段高くつくったところ。アコーザ

表現 落語などを一席語ることを、「高座に上がる」という。

[3]**こうざ【講座】**〈名〉❶大学で、学生に教えるためにもうける学科。❷一般《いっぱん》の人々に知識や教養をあたえるために、一定の期間おこなう講習会や放送番組。❸まとまった知識を順序だててあたえようとする本の書名に使われることば。▽アコーザ

[1]**こうさい【公債】**〈名〉国や公共団体が、経費をあつめるために発行する証券。国債と地方債。

[2]**こうさい【光彩】**〈名〉うつくしいかがやき。例光彩をはなつ。

[3]**こうさい【交際】**〈名・する〉人とつきあうこと。例交際がひろい。交際中の彼氏《かれし》。交際費。類交遊。

[4]**こうさい【高裁】**〈名〉「高等裁判所」の略。

[5]**こうさい【▽虹彩】**〈名〉眼球の角膜《かくまく》と水晶《すいしょう》体の間にあるうすい膜。光の量を調節する。

参考 人の目の色は、虹彩の色によってきまる。

[1]**こうざい【功罪】**〈名〉役に立った点と害になった点。例功罪相半ばする。類利害得失。

功罪相《あい》半《なか》ばする 役に立った点と害になった点が同じくらいあり、いいとも悪いとも決められない。

[2]**こうざい【鋼材】**〈名〉建築や機械などの材料となる鋼鉄。

[1]**こうさく【工作】**〈名・する〉❶金づちやのこぎり、かんたんな器械などを使って、なにかをつくること。また、それを教える学校の科目。❷ある目的のために、前もって関係したところへはたらきかけておくこと。例かげで工作する。裏工作。政治工作。内部工作。類細工。

[2]**こうさく【交錯】**〈名・する〉いくつかのものが入りまじること。例愛と憎《にく》しみが交錯する。期待と不安が交錯する。現在と過去が交錯する物語。類錯綜《さくそう》。

[3]**こうさく【耕作】**〈名・する〉田畑をたがやして、米やじゃがいも、大根などの作物をつくること。例農地を耕作する。水田耕作。

こうさくきかい【工作機械】〈名〉機械の部品を加工するための機械。旋盤《せんばん》・フライス盤、研削《けんさく》盤など。

[1]**こうさつ【考察】**〈名・する〉ものごとの正しいありようや問題の原因などをよく考えること。例変化の要因を考察する。考察を加える。類考究。

[2]**こうさつ【高札】**〈名〉❶むかし、役所の命令などを板に書いて、高い柱につけ、人々に知らせた、一種の掲示板《けいじばん》。❷相手からの手紙をいう尊敬語。類お手紙。おたより。

[3]**こうさつ【絞殺】**〈名・する〉手やひもなどで、首をしめて殺すこと。類扼殺《やくさつ》。

こうざつ【交雑】〈名・する〉品種改良のために、ちがう種類のおすとめす、おしべとめしべをかけあわせて、あたらしい品種をつくること。交配。例交雑種。

こうさてん【交差点】〈名〉道路がまじわるところ。類四つ角。十字路。

[1]**こうさん【公算】**〈名〉あるできごとが起こりそうな見こみ。例法案は可決される公算が大きい。工事は中止される公算が強まった。参考 もと、「確率」の古い言いかた。

[2]**こうさん【降参】**〈名・する〉❶自分より相手のほうが強いことをみとめて、戦うのをやめること。類降伏《こうふく》。かぶとをぬぐ。白旗を挙げる。❷どうにかしようとするのをあきらめること。くだけた言いかた。例この暑さには降参だ。類お手上げ。

こうざん【鉱山】〈名〉鉱石をほりだすところ。

こうざんしょくぶつ【高山植物】〈名〉高山に

生える植物。きびしい環境《かんきょう》のために、多年草や低木が多い。エーデルワイス・チングルマ・ハイマツなど。

こうさん(恒産)なければこうしん(恒心)なし 財産や収入があって生活が安定していないと、心も安定しないものだ。

1**こうし【公私】**〈名〉公的なことと個人的なこと。[例]公私のけじめをつける。公私混同。[ア]**コ**ーシ

2**こうし【公使】**〈名〉外務大臣の命令をうけて、外国に駐在《ちゅうざい》し、自分の国を代表して仕事をする外交官。位は、大使に次ぐ。[ア]**コ**ーシ

3**こうし【行使】**〈名・する〉自分のもっている力や権利などを、実際に使うこと。[例]権利を行使する。武力行使。[ア]**コ**ーシ

4**こうし【後肢】**〈名〉動物の後足《あとあし》。専門的な言いかた。[対]前肢。[ア]**コ**ーシ

5**こうし【後▼翅】**〈名〉昆虫《こんちゅう》の羽《はね》のうち、後ろのほうの一対《いっつい》。カブトムシのような昆虫では、外がわのかたい羽(＝前翅)の内がわにあるやわらかい羽。下翅《かし》。後ろ羽《ばね》。下羽《したばね》。[対]前翅。[ア]**コ**ーシ

6**こうし【後嗣】**〈名〉あとつぎ。[ア]**コ**ーシ

7**こうし【厚志】**〈名〉しんせつな気持ち。[ア]**コ**ーシ

[表現] とくに出してもらったお金のことを、「ご厚志のほどかたじけなく存じます」のように使う。[対]寸志《すんし》。

8**こうし【格子】**〈名〉❶ほそい木や竹をたてよこにくんだもの。戸や窓につける。[例]格子戸。[絵] ❷「格子じま」や「格子柄《がら》」の略。たてよこのすじを碁盤《ごばん》の目のように交差させたもよう。[絵] [類]チェック。▽[ア]**コ**ーシ

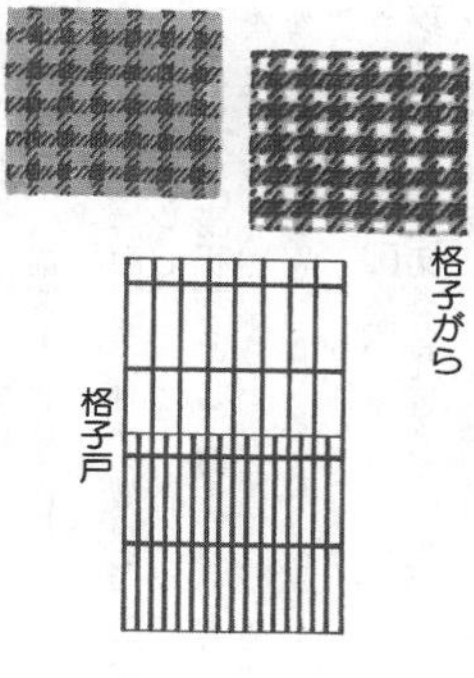

[こ う し]

9**こうし【▼嚆矢】**〈名〉ものごとのはじまり。はじめ。[例]…をもって嚆矢とする。[ア]**コ**ーシ [参考] むかし、たたかいをはじめる合図として、嚆矢《かぶらや》を射たことから。

10**こうし【講師】**〈名〉❶講演会や講習会などで、話をする人。❷大学や高等専門学校で教える人の、地位のひとつ。准《じゅん》教授の下。▽[ア]**コ**ーシ

1**こうじ【▼麴】**〈名〉米やムギ、ダイズなどをむしてねかせ、こうじかびを繁殖《はんしょく》させたもの。酒やみそ、しょうゆなどをつくるのに使う。[例]こうじを仕込む。[ア]**コ**ージ

2**こうじ【工事】**〈名・する〉建物や道路など、おおがかりなものをつくったり、なおしたりする仕事。そのような仕事をすること。[例]工事をうけおう。工事現場。[ア]**コ**ージ

3**こうじ【公示】**〈名・する〉国家または地方公共団体などが、きめたことをひろく一般《いっぱん》に示すこと。[例]投票日を公示する。[類]公告。告示。[ア]**コ**ージ

4**こうじ【好餌】**〈名〉❶人をさそいだすための巧妙《こうみょう》な手段。[類]おとり。❷まんまと犠牲《ぎせい》にされてしまうもの。[例]好餌となる。[類]えじき。▽[ア]**コ**ージ

5**こうじ【▼柑子】**〈名〉ミカン類の一種。実《み》が小さく、皮がうすくすっぱい。こうじみかん。[ア]**コ**ージ

6**こうじ【高次】**〈名〉高い次元。程度や段階が上であること。[例]もっと高次の問題だ。[対]低次。[ア]**コ**ージ

ごうし【合▼祀】〈名・する〉複数の神や霊《れい》を一つの神社に合わせてまつること。[対]分祀。

ごうじ【合字】〈名〉本来二字の漢字や仮名で表わすことばを一字で表わすように作った文字。たとえば、「麻呂《まろ》」を「麿」と書き、「コト」を「ｺ」、「こと」を「ヿ」と書くなど。また、二つ以上のアルファベットを合成した、「œ」「æ」「ﬁ」などの文字。

こうじかび【▼麴▼黴】〈名〉カビの一種。でんぷんを糖分にかえ、たんぱく質を分解するはたらきがある。酒やみそ、しょうゆの製造に使う。こうじ菌《きん》。

1**こうしき【公式】**〈名〉❶おおやけにさだまった形式。おもてだったやりかた。[例]公式の場。公式の発表。[対]非公式。[類]正式。❷〔数学〕どんな場合にでもあてはまる法則を表わした式。[例]公式にあてはめる。

2**こうしき【硬式】**〈名〉野球やテニスなどで、硬球を使って競技するやりかた。[対]軟式《なんしき》。

こうしせい【高姿勢】〈名・形動〉自分の思うとおりにしようとして強い態度をとること。[例]高姿勢でのぞむ。[対]低姿勢。[類]高圧的。居丈高《いたけだか》。高飛車《たかびしゃ》。

1**こうしつ【皇室】**〈名〉天皇の一家。

2**こうしつ【硬質】**〈名・形動〉ふつうのものより、質がかたいこと。[例]硬質ガラス。[対]軟質《なんしつ》。

こうじつ【口実】〈名〉表面をつくろうための理由。[例]口実をあたえる。口実をつくる。口実をもうける。もっともらしい口実。[類]言《い》いわけ。

こうじつせい【向日性】〈名〉〔植物〕枝や葉が、光のつよい方へのびる性質。[対]背日性。

こうしつてんぱん【皇室典範】〈名〉皇位を継承《けいしょう》する資格者や皇族の身分などについて定めた法律。

こうして〈副・接〉このようにして。

こうしど【格子戸】〈名〉ほそい木や竹をたてよこにあらく組んで作った戸。昔ふうの家の門に使われる。[絵]

こうじ(好事)ま(魔)おお(多)し いいことや、うまくいきそうなことには、とかく、ほかからじゃまが入りやすい。[類]月に叢雲《むらくも》花に風。

こうじ(好事)もん(門)をい(▽出)でず いい行ないは、人に知られることがすくない。[対]悪事千里を走る。

1**こうしゃ【公社】**〈名〉❶国が全額を出資して作った会社。公共企業体。❷地方公共団体が民間の企業《きぎょう》と共同出資したり、貸し付けなどをして設立した法人。住宅供給公社など。▽[ア]**コ**ーシャ

[参考] ①にはかつて、日本国有鉄道(現ＪＲ)、日本専売公社(現ＪＴ)、日本電信電話公社(現ＮＴＴ)などがあったが、すべて民営化された。

2**こうしゃ【巧者】**〈名・形動〉おもわず「うまい」と言いたくなるほど、すぐれていること。また、そういう人。[例]すもう巧者《こうしゃ》。[類]巧手。巧妙《こうみょう》。[ア]**コ**ーシャ

3**こうしゃ【後者】**〈名〉ならべて述べた二つのことがらのうちの、あとのほうのもの。[例]Ａ案とＢ案のうち、後者のＢ案が採用された。[対]前者。[ア]**コ**ーシャ

4**こうしゃ【校舎】**〈名〉学校の建物。[ア]**コ**ーシャ

5**こうしゃ【降車】**〈名・する〉電車やバスなどからおりること。[例]降車口。降車ホーム。[対]乗車。[類]下車。[ア]**コ**ーシャ

ごうしゃ【豪▼奢】〈形動〉暮らしぶりが、ぜいたくで、は

でである。例豪奢な生活。類奢侈《しゃし》。

1 **こうしゃく【公爵】**〈名〉貴族の階級の一つで、その最高位。→しゃくい

2 **こうしゃく【侯爵】**〈名〉貴族の階級の一つで、その第二番目。→しゃくい

3 **こうしゃく【講釈】**〈名・する〉❶それほどでもないことを、もったいぶって説明すること。例講釈をたれる。講釈をならべる。❷「講談」の古い言いかた。例講釈師。

1 **こうしゅ【攻守】**〈名〉せめることと、まもること。例攻守に活躍《かつやく》する。類攻防。

攻守所《ところ》を変《か》える 攻めと守りの立場が入れかわって、それまでと反対になる。

2 **こうしゅ【巧手】**〈名〉ほれぼれするようなうまいわざ。また、うまいわざの持ちぬし。類巧者。

1 **こうしゅう【口臭】**〈名〉人の口からでる、いやなにおい。アコーシュー

2 **こうしゅう【公衆】**〈名〉社会の一般《いっぱん》の人々。例公衆電話。類大衆。民衆。アコーシュー

3 **こうしゅう【甲州】**〈名〉旧国名「甲斐《かい》(＝いまの山梨県)」の漢語ふうの名。例甲州ワイン。甲州印伝《いんでん》(＝染《そ》め革《がわ》の工芸品)。アコーシュー

4 **こうしゅう【講習】**〈名・する〉おおぜいの人を集めて、知識や技術を教えること。例講習をうける。講習会。講習所。夏期講習。アコーシュー

ごうしゅう【豪州】〈名〉「オーストラリア」のこと。

こうしゅうえいせい【公衆衛生】〈名〉社会の人々の健康をまもるために、環境《かんきょう》を清潔にしたり、伝染《でんせん》病を予防したりすること。

こうしゅうでんわ【公衆電話】〈名〉駅や街頭《がいとう》などにあって、料金かテレフォンカードを入れれば、だれでも使えるようになっている電話。

こうしゅうどうとく【公衆道徳】〈名〉社会の人々の生活の迷惑《めいわく》にならないよう、一人ひとりが守るべき道徳。

こうしゅうは【高周波】〈名〉〔物理〕電波や交流電流などで、周波数の高い波。波の種類によって、その高さはことなる。対低周波。

こうしゅけい【絞首刑】〈名〉首をしめてころす刑罰《けいばつ》。例絞首刑に処する。類しばりくび。

1 **こうじゅつ【口述】**〈名・する〉まとまった内容を、書かないで口で言うこと。例口述試験。口述筆記。

2 **こうじゅつ【後述】**〈名・する〉文章などで、先へいってから述べること。例わが国は、後述するように天然資源がきわめてとぼしく…。対前述。類後記。

こうじゅつしけん【口述試験】〈名〉その場で、口で言って答えさせる試験。対筆記試験。類口頭試問。

こうじゅつひっき【口述筆記】〈名・する〉他の人が述べたことを、その場で正確に書きとること。

こうじゅん【降順】〈名〉データのならべ方で、数の大きい順、または文字コードの大きい順。例成績の降順(＝得点の高い順)。出版年月の降順(＝新しい順)。対昇順《しょうじゅん》。

1 **こうしょ【向暑】**〈名〉これから暑い季節にむかうこと。手紙・メールで、「向暑の折から、どうぞおだいじに」のような言いかたで使うことば。対向寒。

2 **こうしょ【高所】**〈名〉❶高いところ。例高所恐怖症《きょうふしょう》。❷全体を見わたせる高いところ。例大所《たいしょ》高所。

1 **こうじょ【皇女】**〈名〉天皇《てんのう》や皇帝《こうてい》のむすめ。おうじょ。対皇子《おうじ》。類内親王《ないしんのう》。

2 **こうじょ【控除】**〈名・する〉金額を計算するときに、ある額のお金を最初にさしひくこと。たとえば、税金の計算をするとき、収入額から一定の額をひいて、それには税金をかけないこと。例一律五〇%を控除する。基礎《きそ》控除。

1 **こうしょう【口承】**〈名・する〉口から口へと語りつたえること。例口承文芸。類伝承。

2 **こうしょう【口証】**〈名〉口頭でする証明や証言。

3 **こうしょう【工匠】**〈名〉❶家具や道具などをつくる職人。❷工作物のデザイン。

4 **こうしょう【公称】**〈名・する〉❶実際のなかみはともかく、おもてむきに発表していること。例公称発行部数。❷おおやけにその名で呼ぶこと。その呼び名。

5 **こうしょう【公証】**〈名〉❶公的な証拠《しょうこ》。❷不動産の登記や証明書の発行など、公務員が職権によって証明すること。また、その証明。

6 **こうしょう【行賞】**〈名〉りっぱなはたらきに対して、ほうびをあたえること。例論功行賞。

7 **こうしょう【交渉】**㊀〈名・する〉とりきめをするために、相手と話しあうこと。例交渉がまとまる。交渉が決裂《けつれつ》する。類折衝《せっしょう》。談判。㊁〈名〉人と人とのかかわり合い。例交渉がある。交渉をたつ。

8 **こうしょう【好尚】**〈名〉このみ。例時代の好尚にあう。類嗜好《しこう》。

9 **こうしょう【考証】**〈名・する〉古い文書や事物などをくわしく研究し、むかしのことを明らかにすること。例考証学。時代考証。

10 **こうしょう【▼哄笑】**〈名・する〉その場にいる人がどっと笑うこと。例たかだかと哄笑する。満場の哄笑を買う。類爆笑。

11 **こうしょう【校章】**〈名〉学校のしるしとして定められたマーク。

12 **こうしょう【高唱】**〈名・する〉❶声をはりあげてうたうこと。類高吟《こうぎん》。❷つよく主張すること。例改革の必要性を高唱する。

13 **こうしょう【高尚】**〈形動〉人が感心するような、程度の高さと上品さが感じられる。例高尚な趣味《しゅみ》。対低俗《ていぞく》。

1 **こうじょう【口上】**〈名〉❶口で言うこと。とくに、口で言う形式ばったあいさつ。例切り口上。❷芝居《しばい》などで、一座の代表者が、来場を感謝して、だしものなどをかんたんに紹介《しょうかい》するあいさつ。例口上を述べる。アコージョー

2 **こうじょう【工場】**〈名〉機械などを使い、ものをつくったり加工したりするところ。類工場《こうば》。アコージョー

3 **こうじょう【交情】**〈名〉友だちとしてのあたたかな気持ちのふれあい。例交情をあたためる。類交誼《こうぎ》。アコージョー

4 **こうじょう【向上】**〈名・する〉前よりもよくなること。例成績が向上する。体位が向上する。向上心。対低下。類進歩。前進。発展。アコージョー

5 **こうじょう【厚情】**〈名〉思いやりのあるあたたかい心。例このたびは格別のご厚情をたまわり、感謝にたえません。類厚意。厚誼《こうぎ》。芳情《ほうじょう》。アコージョー

ごうしょう【豪商】〈名〉豊かな財力をもち、スケールの大きい取り引きをしている商人。大商人。

ごうじょう【強情】〖剛情〗〈名・形動〉がんこで、自分の考えをまげないこと。例強情をはる。強情な人。強情

っぱり。類意地。

こうじょうか【恒常化】〈名・する〉 恒常的になること。例渋滞《じゅうたい》が恒常化した道路。

こうじょうしん【向上心】〈名〉 現状に満足しないで、もっと進歩しようとする気持ち。

こうじょうせい【恒常性】〈名〉 外からの影響《えいきょう》をうけても、一定の状態をたもとうとする性質。例生物は体内に恒常性のあるメカニズムをもっている。

こうじょうせいしゅこうぎょう【工場制手工業】〈名〉〔歴史〕 封建《ほうけん》社会の手工業から資本主義社会の機械制大工業にうつる途中《とちゅう》にあらわれた、商品の生産方法。農村から人を集めて、分業にもとづく協力のかたちで手工業的な生産をするもの。マニュファクチュア。

こうじょうせん【甲状腺】〈名〉 内分泌腺《ないぶんぴつせん》の一つ。のどの下のほうにあり、発育や新陳《しんちん》代謝に必要なホルモンを出す。

こうじょうてき【恒常的】〈形動〉 ずっと同じ状態が保たれていて、変化がない。

こうしょうにん【公証人】〈名〉 民事についての公正証書を作ったり、個人の書類を認証《にんしょう》したりする権限をもった公務員。

こうしょうぶんげい【口承文芸】〈名〉〔文学〕 民衆のあいだで語りつがれてきた文芸。伝説・民話・民謡《みんよう》など。伝承文学。

1 **こうしょく**【公職】〈名〉 公務員や議員などの、おおやけのつとめ。例公職につく。公職選挙法。

2 **こうしょく**【好色】〈名・形動〉 だらしないほど恋愛事《れんあいごと》をこのむこと。

こうしょくせんきょほう【公職選挙法】〈名〉 国や地方公共団体の議会の議員や議長の選挙に関する権利・手続き・罰則《ばっそく》などを定めた法律。

ごうじょっぱり【強▽情っ張り】〈名・形動〉 がんこで自分の考えをかえないこと。そういう性質の人。類意地っぱり。

こうじょりょうぞく【公序良俗】〈名〉〔法律〕 世の中の秩序《ちつじょ》と善良な風俗《ふうぞく》。あらゆる法律がよってたつ理念を表わすことば。例公序良俗に反する。類公共の福祉。

1 **こう・じる**【高じる】【▼昂じる・▼嵩じる】〈動上一〉 程度がひどくなる。気持ちや病気についていうことが多い。「こうずる」ともいう。例病《やま》が高じる。

2 **こう・じる**【講じる】〈動上一〉 ❶専門的な内容をといてきかせる。類講義する。❷こまった問題について、解決の方法をくふうする。例対策を講じる。手段を講じる。▽「こうずる」ともいう。

1 **こうしん**【口唇】〈名〉 「くちびる」の専門的な言いかた。

2 **こうしん**【交信】〈名・する〉 無線などで連絡《れんらく》をとりあうこと。

3 **こうしん**【行進】〈名・する〉 おおぜいの人が列をつくり、歩調をあわせてすすむこと。例デモ行進。

4 **こうしん**【更新】〈名・する〉 前のものをあらためて、あたらしくすること。例世界記録の更新。ホームページの更新。連続真夏日は過去最長を更新した。類更改。

5 **こうしん**【後身】〈名〉 前からある団体や組織が、ややかたちをかえて現在のすがたとなったもの。対前身。

6 **こうしん**【後進】〈名〉 ❶自分たちよりもあとからすすんでくる人たち。例後進に道をゆずる。後進の指導にあたる。後進国。後進性。対先進。類後輩《こうはい》。後生《こうせい》。❷〈する〉 うしろにもどること。対前進。類後退。バック。

7 **こうしん**【高進・▼亢進】【▼昂進】〈名・する〉 いきおいが、いよいよはげしくなること。例インフレが高進する。心悸《しんき》高進。

1 **こうじん**【工人】〈名〉 「職人《しょくにん》」のこと。

2 **こうじん**【公人】〈名〉 公務員や政治家など、おおやけの仕事をしている人。対私人。

表現 「公人の立場で出席する」「公人としてものを言う」のような形で使い、私人としてではなく、おおやけの立場にたって行動していることをはっきりさせるときにいう。

3 **こうじん**【幸甚】〈名・形動〉 とてもありがたく、しあわせに思うこと。

表現 「ご快諾《かいだく》いただき、幸甚に存じます」のように、手紙やメールで、相手に対するふかい感謝の気持ちを表わすときに使うことば。

4 **こうじん**【後陣】〈名〉 うしろのほうにいる部隊。「ごじん」ともいう。対先陣。

5 **こうじん**【黄▼塵】〈名〉 黄色い土けむり。

表現 「黄塵にまみれる」は、世間のうわさや俗事《ぞくじ》にわずらわされること。

こうしんえつ【甲信越】〈名〉 山梨県・長野県・新潟県の総称《そうしょう》。例甲信越地方。参考甲斐《かい》・信濃《しなの》・越後《えちご》というむかしの国名の頭《かしら》文字から。

こうしんきょく【行進曲】〈名〉〔音楽〕 行進の歩調にあうようにつくられた、二拍子《びょうし》または四拍子の曲。また、そのふんいきのリズミカルな音楽。マーチ。

こうしんこく【後進国】〈名〉 「発展途上《とじょう》国」の古い言いかた。対先進国。

表現 「日本は福祉《ふくし》の面ではまだまだ後進国だ」というように、ある面でおくれている国の意味にも使う。

こうしんじょ【興信所】〈名〉 たのまれて、個人や企業《きぎょう》の信用調査などを行なうところ。類調査会社。探偵《たんてい》事務所。

こうじんぶつ【好人物】〈名〉 悪意をもったり、人をうたがったりしない、気のいい人。

こうしんりょう【香辛料】〈名〉 こしょうやさんしょうなど、料理にかおりやからみをつける調味料。スパイス。

こうしんりょく【向心力】〈名〉〔物理〕 物体が円をえがいて運動するとき、その物体にはたらく、円の中心にむかおうとする力。かつては「求心力」と言った。対遠心力。

こうじん(後▼塵)をはい(拝)する ❶人に先んじられる。類おくれをとる。❷すぐれた人のあとについていく。

こうず【構図】〈名〉 絵画や写真などの画面の構成。

1 **こうすい**【香水】〈名〉 化粧《けしょう》品の一つ。よいかおりの香料をアルコールにとかしたもので、はだやハンカチにつけて使う。

2 **こうすい**【硬水】〈名〉〔化学〕 カルシウムやマグネシウムの化合物が、たくさんとけている水。飲み水やせんたくには適さない。対軟水《なんすい》。

こうずい【洪水】〈名〉 大雨や雪どけなどのため、川の水があふれでること。類大水《おおみず》。氾濫《はんらん》。出水《しゅっすい》。

表現 「道路は自動車の洪水だ」のように、ものがいちどきに、どっとあふれているようすをいうときにも使う。

こうすいりょう【降水量】〈名〉〔気象〕 大気中の水蒸気が、雨や雪などになって、地上にふる量。雨量。

参考 一定容器にたまった水の深さをはかってしめす。単

カエサル（前100～前44） 古代ローマの政治家・軍人。ガリアに遠征。独裁者として暗殺された。

位は、ミリメートルで表わす。

こうずか【好事家】〈名〉ふつうの人があまり興味をもたないような風がわりなことに関心をもつ人。類ものずき。

こうずけ【▽上▽野】〈名〉旧国名の一つ。現在の群馬県。平安時代末に新田義貞《にったよしさだ》が活躍《かつやく》。上州《じょうしゅう》。

こう・する【抗する】〈動サ変〉反対して、抵抗《ていこう》する。例抗しがたい運命。類あらがう。

1 **こう・ずる【高ずる】**〈動サ変〉⇩こうじる〔高じる〕

2 **こう・ずる【講ずる】**〈動サ変〉⇩こうじる〔講じる〕

ごう・する【号する】〈動サ変〉❶号をつける。例森林太郎《もりりんたろう》は、鷗外《おうがい》と号した。→ごう〔号〕一 ❷自分でおおげさに言いふらす。類豪語《ごうご》する。

1 **こうせい【公正】**〈名・形動〉かたよりがなくて平等であること。例公正を期する。公正な判断。アコーセー

2 **こうせい【攻勢】**〈名〉相手にいきおいよくせめかかる態勢。例攻勢をかける。攻勢に転じる。対守勢。アコーセー

3 **こうせい【更生】**〈名・する〉❶今までのよくなかった状態から、たちなおること。例社会の一員としてりっぱに更生する。自力更生。更生会社。❷不用品に手をくわえて、ふたたび使えるようにすること。例更生品。類再生。▽アコーセー

4 **こうせい【更正】**〈名・する〉❶正しいものに改めること。❷〔法律〕登記・判決・税の申告《しんこく》などのあやまりを正すこと。例更正申告。類修正。訂正《ていせい》。▽アコーセー

5 **こうせい【恒星】**〈名〉〔天文〕ほとんど位置がかわらない星。夜空に見える星の大部分は恒星で、太陽と同じように、みずから光をだしている。対惑星《わくせい》。アコーセー

6 **こうせい【後世】**〈名〉のちの世。例後世につたえる。後世の人。類後代。後年。アコーセー

表現 時間がたってから先のことという点では、「将来」と似《に》ているが、「後世」は、「後世に名をのこす人」とも「後世に名をのこした人」ともいえるように、今後のことにも終わったことにもいえる。「将来」は、「日本の将来をみちびく人」とはいえるが、「日本の将来をみちびいた人」とはいえない。

7 **こうせい【後生】**〈名〉⇩こうせいおそるべし アコーセ

参考「ごせ」と読むのは別のことば。

1
8 **こうせい【厚生】**〈名〉からだと心の健康をたもち、ゆたかな生活ができるようにすること。例福利厚生。アコーセー

9 **こうせい【校正】**〈名・する〉❶本式に印刷する前に、印刷したものを原稿《げんこう》と比べ合わせて、文字や図版などのあやまりをなおすこと。例校正刷り。❷はかりの誤差《ごさ》を正すこと。キャリブレーション。例校正用分銅《ふんどう》。▽アコーセー 表記 ②は、本来は「▽較正」と書く。

10 **こうせい【構成】**〈名・する〉いくつかの要素をくみたてて、一つのまとまったものをつくること。そのつくられかた。例文章の構成。社会を構成する。構成員。構成要素。類くみたて。組成。構造。アコーセー

1 **ごうせい【合成】**〈名・する〉❶いくつかのものを合わせて、一つのものをつくりだすこと。例合成写真。❷化学反応を利用して、化合物をつくりだすこと。例タンパク質を合成する。合成繊維《せんい》。合成樹脂《じゅし》。▽アゴーセー

2 **ごうせい【剛性】**〈名〉〔物理〕外から力がくわわっても、ゆがんだりこわれたりせず、もとの形をたもとうとする性質。アゴーセー

3 **ごうせい【豪勢】**〈形動〉とびぬけて、ぜいたくだ。例豪勢な料理。類豪華《ごうか》。アゴーセー

こうせい(後生)おそ(畏)るべし 若い人は、この先おおいに成長して大人物になるかもしれないので、だいじにあつかうべきだ、ということ。『論語』のことば。注意「将来《しょうらい》が末恐《すえおそ》ろしい(ほど、すぐれた若者だ)」という意味ではない。「後生」とは あとから生まれてきた人のことで、「後世」ではない。「おそるべし」とは、うやまうべきだ、ということ。

ごうせいご【合成語】〈名〉二つ以上の単語を合わせてできたことば。類複合語。

ごうせいじゅし【合成樹脂】〈名〉化学合成によってつくる樹脂状の物質。熱や圧力をくわえると簡単にかたちをかえることができる。電気をとおさず、くさったりもしないために、雑貨や建築材料、絶縁《ぜつえん》材として使われる。

こうせいずり【校正刷り】〈名〉原稿を活字にして校正用に印刷した紙。ゲラ刷り。ゲラ。

こうせいせき【好成績】〈名〉成績がいいこと。例好成績をあげる。対不成績。

ごうせいせんい【合成繊維】〈名〉化学繊維の一つ。石油や石炭などを原料として、化学的に合成してつくった繊維。ナイロン・ビニロン・ポリエステルなど。

ごうせいせんざい【合成洗剤】〈名〉石油などの原材料を化学的にくみあわせて作った洗剤。中性洗剤。

こうせいとりひきいいんかい【公正取引委員会】〈名〉総務省の外局の一つ。独占《どくせん》禁止法の運営を行なう。略して「公取委」「公取」ともいう。

こうせいねんきん【厚生年金】〈名〉労働者がお金をつみたてておいて、年をとったり、病気やけがなどで働けなくなったりしたときに、国から年金をうけとる制度。また、その年金。→こくみんねんきん

こうせいぶっしつ【抗生物質】〈名〉カビや、細菌《さいきん》がつくりだす化学的物質。ほかの細菌の発育をさまたげるはたらきをもつ。ペニシリンやストレプトマイシンなど。

こうせいろうどうしょう【厚生労働省】〈名〉中央官庁の一つ。雇用《こよう》の確保、労働条件の整備、社会福祉《ふくし》、公衆衛生などに関する仕事をする。厚労省。

1 **こうせき【功績】**〈名〉社会や文化、また、組織や団体などのためになるりっぱなはたらき。例功績をのこす。類てがら。功労。アコーセキ

2 **こうせき【航跡】**〈名〉船などが航行したあとに、水面にのこる波の白いすじ。アコーセキ

3 **こうせき【鉱石】**〈名〉役にたつ金属などをふくむ、鉱物のかたまり。アコーセキ

こうせきうん【高積雲】〈名〉〔気象〕白くて大きなかたまりが、むれをなしているような雲。類むら雲。ひつじ雲。

1 **こうせつ【巧拙】**〈名〉たくみさとつたなさ。じょうずかへたか。例巧拙にばらつきがある。アコーセツ

2 **こうせつ【降雪】**〈名〉雪がふること。ふった雪。例降雪量。類積雪。アコーセツ

3 **こうせつ【高説】**〈名〉すぐれた考え。類卓説《たくせつ》。アコーセツ

表現「ご高説を拝聴《はいちょう》しました」のように、相手の意見のことをうやまっていうときに、「ご高説」という。

ごうせつ【豪雪】〈名〉ものすごい大雪。例豪雪地帯。

こうぜつ(口舌)のと(徒) 口先ばかりたくみで、実際

ガガーリン (1934～68) ソ連の宇宙飛行士。1961年ボストーク1号で人類最初の宇宙飛行に成功。

には何もしない人。

1 **こうせん**【公選】〈名・する〉議員や知事などを、住民の投票で選挙すること。対官選。類民選。

2 **こうせん**【交戦】〈名・する〉敵とたたかいをまじえること。

3 **こうせん**【光線】〈名〉ひかり。ひかりのすじ。例可視光線。レーザー光線。

4 **こうせん**【抗戦】〈名・する〉敵の攻撃に対してたたかうこと。例徹底抗戦。類防戦。応戦。

5 **こうせん**【鉱泉】〈名〉鉱物質をたくさんふくんでいるいずみ。参考 温泉をもさしていうことがあるが、ふつうには、温度が二五度以下の「冷泉」をさす。

1 **こうぜん**【公然】〈副・連体〉天下に明らかなこととして。例公然と口にする。公然たる秘密。類おおっぴら。

公然の秘密《ひみつ》 みんな知っていながら、一応知らないということになっていることがら。

2 **こうぜん**【▼昂然】〈副・連体〉高ぶる心をおさえもしないようす。例昂然と敵にむかう。昂然たる気概《きがい》。

ごうぜん【傲然】〈副・連体〉えらそうにいばっている。例傲然と見くだす。傲然たる態度。

こうせんてき【好戦的】〈形動〉争いごとを好み、すぐ武力によって解決しようとする。例好戦的な態度。

こうぜんのき【▼浩然の気】のびのびとした、おおらかな気持ち。例浩然の気をやしなう。

1 **こうそ**【公租】〈名〉国税と地方税のこと。

2 **こうそ**【公訴】〈名・する〉〔法律〕検察官が、刑事事件について、裁判所にその審理《しんり》を行なうよう申したてること。

3 **こうそ**【控訴】〈名・する〉〔法律〕裁判で、第一審《しん》の判決に不満があるとき、さらに上級の裁判所にうったえること。類上告。→じょうそ参考

4 **こうそ**【酵素】〈名〉生物のからだの中でつくられて、体内での化学反応をたすけるはたらきをする物質。デンプンを糖分にかえるアミラーゼなど。

こうぞ【▼楮】〈名〉山地に生える落葉低木。葉はクワに似《に》ている。樹皮を和紙の原料にする。

1 **こうそう**【抗争】〈名・する〉たがいに対立して、あらそうこと。例抗争をくりかえす。対立抗争。

2 **こうそう**【高僧】〈名〉❶考えや行ないのりっぱな僧。類名僧。❷位の高い僧。

3 **こうそう**【高層】〈名〉❶建物などが高くて階数の多いこと。例高層ビル。超《ちょう》高層。❷上空の高いところ。例高層雲。類高空。

4 **こうそう**【高燥】〈形動〉海抜《かいばつ》が高くて湿気が少ない。対低湿。

5 **こうそう**【構想】〈名・する〉これからとりかかろうとする仕事の全体的な計画や、その実現のための方法についての考え。また、それを考えること。例構想がうかぶ。構想をねる。雄大《ゆうだい》な構想。未来を構想する。

6 **こうそう**【広壮】【▼宏壮】〈形動〉建物が広びろとしていて、りっぱだ。例広壮な邸宅《ていたく》。類豪壮《ごうそう》。

こうぞう【構造】〈名〉もののくみたて。しくみ。例耐震《たいしん》構造。類つくり。機構。構成。骨組み。

表現 家屋や人体のような物体についてだけでなく、人間の精神や言語など、また、政治や経済といった、物体としてはとらえられないものについてもいう。

ごうそう【豪壮】〈形動〉堂々としていてりっぱだ。例豪壮な邸宅《ていたく》。類広壮。

こうそううん【高層雲】〈名〉〔気象〕雲の種類の一つ。灰色で、空一面にひろがる雲。類おぼろ雲。

1 **こうそく**【光速】〈名〉光のすすむはやさ。真空中では一秒で、約三〇万《キロメートル》。

2 **こうそく**【高速】〈名〉❶速度がとてもはやいこと。例高速運転。対低速。❷「高速道路」の略。例高速にのる。東名高速。

3 **こうそく**【校則】〈名〉学校が定めた、生徒にまもらせる規則。類学則。

4 **こうそく**【拘束】〈名・する〉自由な行動をさせないこと。例身がらを拘束する。拘束時間。類束縛《そくばく》。

5 **こうそく**【梗塞】〈名・する〉動脈がふさがり、組織が壊死《えし》すること。例心筋梗塞。

1 **こうぞく**【皇族】〈名〉天皇のご一族。

2 **こうぞく**【後続】〈名・する〉あとにつづくこと。例後続する時代。後続の部隊。対先行。

ごうぞく【豪族】〈名〉むかし、代々ある地方にすんで、大きな財産と兵力をもっていた一族。

こうぞくきょり【航続距離】〈名〉船や航空機が、一回の燃料補給《ほきゅう》で航行をつづけることのできる距離。

こうそくどうろ【高速道路】〈名〉高速で走ることがゆるされている、自動車専用道路。高速。対一般《いっぱん》道路。

電気自動車などにもいう。

こうそくどさつえい【高速度撮影】〈名〉速い速度での連続撮影。ふつうの速さで再生すると、動きのなめらかなスローモーションになる。

こうそくどしゃしん【高速度写真】〈名〉短い露出時間で撮影《さつえい》する写真。肉眼ではとらえられないほど速く動くものの、瞬間《しゅんかん》のすがたをとらえられる。

こうそこうか【公租公課】〈名〉国や地方公共団体が国民に課する、税金などの金銭的な負担。

こうそつ【高卒】〈名〉最終学歴として、高等学校を卒業したこと。

こうた【小唄】〈名〉三味線《しゃみせん》をひきながらうたう、歌詞のみじかい唄。

1 **こうたい**【抗体】〈名〉細菌《さいきん》などの抗原が体内へ侵入《しんにゅう》してつくられるもの。新しく体内に入ってくる同一の細菌などに結合して、病気にかかるのを防ぐ。

2 **こうたい**【交代・交替】〈名・する〉人が入れかわりになること。例運転手が交代する。交替で休憩《きゅうけい》をとる。役員の交代。選手交代。世代交代。

表記 「交代」は役目や地位を入れかわることに、「交替」は順番に何かをすることに使う傾向《けいこう》がある。

3 **こうたい**【後退】〈名・する〉❶うしろへさがること。例氷河が後退する。順位が後退する。類後進。バック。❷人のふるまいが消極的になったり、すすんできたものごとの状態がわるくなったりすること。例住民サービスが後退する。後退した考え。類退歩。▽対前進。

1 **こうだい**【後代】〈名〉ある時代よりのちの世。例後代の人。類後世。

2 **こうだい**【広大】〈形動〉はてしなくひろい。例広大な砂漠《さばく》。広大無辺。対狭小《きょうしょう》。アコーダイ

こうたいげき【交代劇】〈名〉人が地位を交代するときの前後のいきさつを、演劇にみたてた言いかた。アコーダイ

こうたいごう【皇太后】〈名〉前の代の天皇のきさき。いまの天皇の母。

こうたいし【皇太子】〈名〉皇位《こうい》をつぐ皇子《おうじ》。王位をつぐ王子。類東宮《とうぐう》。プリンス。

こ

こうたいしょう【好対照】〈形動〉あざやかな対照をなしている。例好対照な性格の姉妹《しまい》。

こうだいむへん【広大無辺】〈名・形動〉ひろびろとして、はてしないこと。例広大無辺の大地。

こうたく【光沢】〈名〉ものの表面にあるかがやき。例光沢がある。絹のような光沢。類つや。

ごうだつ【強奪】〈名・する〉暴力を使ってむりにうばうこと。例現金を強奪する。類略奪。

1 **こうたん**【後端】〈名〉うしろのはし。対先端。

2 **こうたん**【降誕】〈名〉神や仏などが、人としてこの世に生まれること。例降誕祭(=とくにクリスマスのこと)。

1 **こうだん**【公団】〈名〉政府がその資金の多くをだしてつくり、おおやけの事業を行なう特殊《とくしゅ》法人。旧日本道路公団や都市基盤《きばん》整備公団など。

2 **こうだん**【後段】〈名〉❶ある段落の、あとのほうの段落。❷ある文章の、後半部分。▽対前段。

3 **こうだん**【降壇】〈名・する〉演説を終えるなどして、壇の上からおりること。対登壇《とうだん》。

4 **こうだん**【講談】〈名〉軍記物語やあだうちの物語を、調子をつけて語りきかせる演芸。講釈。

ごうたん【豪胆・剛胆】〈形動〉度胸があって、多少のことでは動じないようす。例豪胆な男。類豪勇。

こうたんさい【降誕祭】〈名〉❶聖人などの誕生日を祝う祭り。❷クリスマス。

こうだんし【好男子】〈名〉❶顔立ちがいい男性。ハンサム。男前。❷いかにも快活で、好感のもてる男性。類美男子《びなんし》。好漢。快男児。

1 **こうち**【巧遅】〈名〉たくみではあるが、しあげるのがおそいこと。例巧遅は拙速《せっそく》に如《し》かず(=へたでも早くやるほうがいい)。対拙速。

2 **こうち**【巧緻】〈名・形動〉こまかいところまで技術がいきとどいていて、すぐれていること。例巧緻をきわめる。巧緻な機械。類精緻。

3 **こうち**【拘置】〈名・する〉❶人をとらえて一定の所にとどめておくこと。❷〔法律〕犯罪の容疑者、刑《けい》のまだ決まらない犯罪者、死刑囚《しけいしゅう》を、一定の所にとどめておくこと。例監獄《かんごく》に拘置する。拘置所。

4 **こうち**【耕地】〈名〉農作物をつくるために、たがやしてある土地。類農地。

5 **こうち**【高地】〈名〉❶海抜《かいばつ》の高い土地。❷まわりにくらべて高い土地。▽対低地。

こうちく【構築】〈名・する〉くみたててつくること。例陣地《じんち》を構築する。システムを構築する。理論を構築する。構築物。再構築。

こうちしょ【拘置所】〈名〉死刑囚《しけいしゅう》や容疑者、刑《けい》のまだ決まらない犯罪者を収容しておくところ。類監獄《かんごく》。刑務所。

こうちゃ【紅茶】〈名〉茶の葉を発酵《はっこう》させてかわかした茶。また、それをせんじた、かおりがよくて、赤みをおびた褐色《かっしょく》の飲み物。例紅茶をいれる。

こうちゃく【▼膠着】〈名・する〉❶ものとものとがぴったりくっついて、はなれなくなること。❷ある状態がそのまま固定して、うごきがなくなること。例膠着した局面を打開する。膠着状態。
参考「膠」は、接着剤《ざい》などに使う「にかわ」のこと。

こうちゅう【甲虫】〈名〉昆虫《こんちゅう》のうち、前の羽がかたくなって、よろいをつけたようになっている虫。カブトムシ・テントウムシ・コガネムシなど。

1 **こうちょう**【好調】〈名・形動〉ものごとがうまくいっていること。例好調をたもつ。好調な売れゆき。好調な出だし。絶好調。対不調。類快調。

2 **こうちょう**【校長】〈名〉小中学校や高校、専門学校で、教育上の最高責任者。類学長。

3 **こうちょう**【候鳥】〈名〉「渡り鳥《どり》」の専門的な言いかた。対留鳥《りゅうちょう》。

4 **こうちょう**【紅潮】〈名・する〉興奮したりして、顔に血がのぼって、赤くなること。例ほおが紅潮する。

5 **こうちょう**【高潮】〈名〉❶満潮で、潮がいちばん高くなること。❷〈する〉ものごとのいきおいや調子がいちだんと高くなること。例最高潮。

こうちょうかい【公聴会】〈名〉国会や地方議会などで、重要なことがらを決定する前に、学識経験者や関係者などをよんで意見をきくためにひらかれる会。

こうちょく【硬直】〈名・する〉❶からだの一部または全体がかたくなって、まがらなくなること。例死後硬直。❷考えかたや姿勢などが、柔軟《じゅうなん》さをうしなうこと。例硬直した考え。硬直化。

ごうちょく【剛直】〈形動〉意志がつよくて、自分の信念にあくまで忠実である。例剛直な人。

こうちん【工賃】〈名〉ものをつくったり、加工したりする仕事に対してしはらうお金。類手間賃。

こうつう【交通】〈名〉❶人や乗り物が行き来すること。例交通がとだえる。交通がとどこおる。交通事故。交通整理。類通行。往来。❷人間や貨物が目的どおりに移動できるしくみ。例交通の便。交通の要衝《ようしょう》。交通網《もう》。都市交通。

こうつうきかん【交通機関】〈名〉自動車や鉄道、飛行機や船など、人や荷物をはこぶしくみ。

こうつうもう【交通網】〈名〉交通機関が発達して、あみの目のようになった線路や道路、航路など。

ごうつくばり〖業突く張り〗〈名・形動〉とても意地っぱりで欲ばりなこと。

こうつごう【好都合】〈形動〉つごうがいい。例好都合なことに…。それは好都合だ。対不都合。

1 **こうてい**【工程】〈名〉ものを製造したりするときの、作業をすすめていく順序。また、作業のすすみぐあい。例工程をへる。工程表。作業工程。

2 **こうてい**【行程】〈名〉❶旅行全体の、日程やコース。例七日間の全行程を終える。行程表。類旅程。❷目的地までの距離《きょり》。例一日の行程を二〇キロとする。類道程。道のり。

3 **こうてい**【公定】〈名〉国または公共団体が、公式のものとして定めること。例公定価格。

4 **こうてい**【公邸】〈名〉特別の高級公務員の、公務のために設けられた邸宅。対私邸。

5 **こうてい**【肯定】〈名・する〉❶そのとおりでまちがいないとみとめること。聞かれたことに「はい」「うん」など答えること。例(文法で)肯定文(=打ち消しでないふつうの文)。なぜか彼女は肯定も否定もしなかった。類首肯《しゅこう》。❷それでよいとみとめること。例現状を肯定する。肯定的な意見や評価が多かった。自己《じこ》肯定感(をはぐくむ)。類是認《ぜにん》。承認《しょうにん》。▽対否定。

6 **こうてい**【皇帝】〈名〉帝国の君主。

7 **こうてい**【校訂】〈名・する〉昔からある文学作品などを改めて出版するときに、本文を、いろいろな資料を参照《さんしょう》して、信頼《しんらい》できる形に訂正すること。類校合《きょうごう》。

8 **こうてい**【校庭】〈名〉学校の敷地《しきち》、とくに運動場。

柿本人麻呂(かきのもとのひとまろ) 7世紀後半ごろの歌人。「万葉集」に雄大で情熱的な歌を多く残した。

9 **こうてい【高低】**〈名〉たかいことと、ひくいこと。例音の高低。

10 **こうてい【高弟】**〈名〉たくさんの弟子《でし》の中で、とくにすぐれている人。

こうでい【拘泥】〈名・する〉いつまでも気にしすぎること。例ささいなことに拘泥するな。類こだわる。

ごうてい【豪邸】〈名〉いかにもお金をかけたと見える、大きくてりっぱな家。類邸宅。屋敷《やしき》。

こうていえき【口▼蹄疫】〈名〉家畜《かちく》の法定伝染《でんせん》病の一つ。ウイルスにより牛・豚・羊などに感染《かんせん》する。口の中やひづめの間などに水泡《すいほう》ができる。水泡が破裂《はれつ》した場合、食べたり歩いたりできずに体力が消耗《しょうもう》するため、生産性が落ちてしまう。

1 **こうてき【公的】**〈形動〉おおやけのことに関わっている。例公的な立場。公的責任。対私的。類パブリック。

2 **こうてき【好適】**〈形動〉とてもふさわしい。例スポーツに好適なシーズン。

こうてきしゅ【好敵手】〈名〉実力が同じくらいで、試合や勝負をするのにふさわしい相手。類ライバル。

1 **こうてつ【更迭】**〈名・する〉ある地位や役目についている人をやめさせ、ほかの人にかえること。例首相《しゅしょう》が大臣を更迭する。

2 **こうてつ【鋼鉄】**〈名〉炭素を少しふくんだ、かたくてじょうぶな鉄。鋼《こう》。はがね。スチール。

1 **こうてん【公転】**〈名・する〉〔天文〕ある天体が、ほかの天体のまわりを規則的にまわること。地球が太陽のまわりをまわる、など。例公転周期。対自転。アコーテン

2 **こうてん【好天】**〈名〉よい天気。例好天にめぐまれる。対悪天。類晴天。上天気。アコーテン

3 **こうてん【荒天】**〈名〉雨風のはげしい、ひどい天気。例荒天をついて出発する。類悪天候。アコーテン

4 **こうてん【好転】**〈名・する〉事態がよい方にむかうこと。例好転のきざし。情勢の好転。対暗転。悪化。アコーテン

5 **こうてん【交点】**〈名〉❶〔数学〕複数の線、または、線と面がまじわる点。❷〔天文〕惑星《わくせい》などの軌道《きどう》が黄道《こうどう》とまじわる点。▽アコーテン

6 **こうてん【後転】**〈名・する〉体操で、うしろまわりに回転すること。対前転。類バク転。アコーテン

こうでん【香典】〖香▼奠〗〈名〉死者の霊前《れいぜん》にそなえるお金や品物。香料。参考お金の場合が多く、紙につつんで、おもてにふつう「御霊前」と書く。仏式の場合は、なくなったばかりのときは「御霊前」、あとからは「御仏前」と書く。神道《しんとう》の場合は「御玉串《おたまぐし》料」、キリスト教の場合は「御花料」などと書く。

こうでんがえし【香典返し】〈名〉そなえてもらった香典に対して、返礼としておくる品物。

こうてんせい【後天性】〈名〉〔医学〕生まれつきではなく、あとからそうなったものであること。例後天性免疫《めんえき》不全症候《しょうこう》群(=エイズ)。対先天性。

こうてんてき【後天的】〈形動〉生まれつきのものではなく、あとから経験や環境《かんきょう》などによって身についてきたようす。例後天的な性格。対先天的。生得《せいとく》的。

1 **こうど【光度】**〈名〉〔物理〕ひかっている物体の明るさの度合い。単位は、カンデラ。→しょうど〔照度〕

2 **こうど【高度】**一〈名〉空中にあるものの海面からの高さ。二〈名・形動〉ほかと比べてその内容のレベルが高いこと。例高度な技術。類高級。高等。

3 **こうど【黄土】**〈名〉中国北部などにみられる、こまかい黄色の土。「おうど」ともいう。

4 **こうど【硬度】**〈名〉❶物質のかたさの程度。金属や鉱物のかたさについていう。❷〔化学〕水がカルシウムやマグネシウムなどの塩類をふくむ度合い。

1 **こうとう【口頭】**〈名〉文書によらず、直接話すこと。例口頭で願いでる。口頭試問。

2 **こうとう【公党】**〈名〉世の中にみとめられた政党。

3 **こうとう【高騰】**〈名・する〉もののねだんが急にひどく上がること。例地価が高騰する。対低落。下落。急落。類騰貴《とうき》。急騰。

4 **こうとう【喉頭】**〈名〉咽頭《いんとう》の下にあって、気管につながる呼吸器の一部。咽頭とのさかいに声帯がある。

5 **こうとう【高等】**〈形動〉等級や地位などの程度が高い。例高等な技術。高等動物。高等教育。対下等。類高級。高度。参考一部の私立学校にある「高等部」「高等科」は、高等学校のこと。

1 **こうどう【公道】**〈名〉国や公共団体がつくって管理している、だれでも通れる道路。国道や県道など。例天下の公道。対私道。アコードー

2 **こうどう【行動】**〈名・する〉じっとしていないで、なにかをすること。例行動を起こす。計画を行動に移す。かってな行動をとる。無謀《むぼう》な行動に出る。行動半径。団体行動。単独行動。別行動。自由行動。直接行動。類行為《こうい》。行ない。ふるまい。アクション。アコードー
表現 (1)目的をもってなにかをすることをいう場合が多い。(2)発言と行動とを合わせて、「言動」という。

3 **こうどう【坑道】**〈名〉地下にほった通路。とくに、鉱山などの坑内の通路。アコードー

4 **こうどう【香道】**〈名〉決められた作法にしたがって香木をたいて、そのにおいを楽しむ芸道。アコードー

5 **こうどう【黄道】**〈名〉〔天文〕公転している地球からみて、太陽が天球上をうごいていくように見える、道すじ。

6 **こうどう【講堂】**〈名〉講義・講演を行なったり式をひらいたりするための、建物や大きな部屋。アコードー

ごうとう【強盗】〈名〉他人をおどして、力ずくで品物やお金をうばいとること。そのわる者。例強盗に入る。強盗をはたらく。類どろぼう。窃盗《せっとう》。強奪《ごうだつ》。

ごうどう【合同】一〈名・する〉まったく別々の二つ以上の団体や組織などが、一つにまとまること。例合同発表会。企業《きぎょう》合同。類合体《がったい》。二〈名・形動〉〔数学〕二つの図形の大きさや形がまったく同じで、かさねれば一つになってしまうこと。

こうとうがっこう【高等学校】〈名〉中学校の卒業者に、普通教育(普通科)または専門教育(商業科・工業科・農業科・水産科など)を行なう、三年制の学校。定時制は四年制。略して「高校」ともいう。

こうとうきょういく【高等教育】〈名〉高等専門学校(高専)・専門学校・大学・大学院での教育。

こうどうげんり【行動原理】〈名〉人は何にもとづいて、ある行動をとるかということ。欲望《よくぼう》・欲求や、損得勘定《かんじょう》、義理・情愛、主義・信条、道徳心など。無意識にもとづく場合もある。動物では、本能と、学習にもとづく知恵。

こうとうご【口頭語】〈名〉とくに話しことばとして使う、書きことばになじみにくいことば。対文章語。

こうとうさいばんしょ【高等裁判所】〈名〉〔法律〕下級裁判所の中で、もっとも上位にある裁判

 景山(福田)英子(かげやまひでこ)(1865～1927) 明治～大正時代の婦人運動家。自由民権運動に活躍した。

所。地方裁判所・家庭裁判所・簡易裁判所の判決に不満があるときに、ここで裁判をやりなおす。全国に八か所ある。略して「高裁」ともいう。→さいばんしょ

こうとうしもん【口頭試問】〈名〉試験官が口頭で質問し、受験者も口頭で答える試験。対筆記試験。

こうとうせんもんがっこう【高等専門学校】〈名〉中学校卒業者を対象とする、技術者養成のための五年制の学校。工業と商船の二種類があり、多くは国立。略して「高専」ともいう。

こうとうてき【高踏的】〈形動〉❶俗《ぞく》世間からはなれて、けだかい世界を追いもとめている。例高踏的な文学。❷「おまえたちとはちがうんだ」という感じで、いかにもお高くとまっているようす。

こうとうどうぶつ【高等動物】〈名〉進化が進み、器官が複雑に分かれた動物。哺乳《ほにゅう》類など。対下等動物。

こうどうはんけい【行動半径】〈名〉❶船や航空機が、燃料の補給なしで往復できる距離《きょり》の、片道の長さ。❷行動のおよぶ範囲《はんい》。例行動半径の大きい人(動物)。行動半径を広げる。

こうとうぶ【後頭部】〈名〉あたまの後ろの部分。対前頭部。

こうとうべんろん【口頭弁論】〈名〉〔法律〕裁判官の前で、原告側(検事)、被告側(被告人・弁護人)、証人などが、口頭で、それぞれの主張を述《の》べること。

こうとうむけい【荒唐無稽】〈名・形動〉なんの根拠《こんきょ》もない、まったくのでたらめ。例荒唐無稽な話。

1 **こうどく【鉱毒】**〈名〉鉱山や製錬《せいれん》所などから出るけむりや排水《はいすい》にふくまれている、有害な毒物。

2 **こうどく【講読】**〈名・する〉ある書物の内容や意味について質問したり講義したりして、ていねいに読みすすめること。例源氏《げんじ》物語講読。

3 **こうどく【購読】**〈名・する〉雑誌や新聞などを買って読むこと。例購読料。定期購読。

こうとくしん【公徳心】〈名〉社会生活の道徳をまもろうとする気持ち。例公徳心にかける。類公共心。

こうどけいざいせいちょう【高度経済成長】〈名〉第二次世界大戦後十年を経《へ》た一九五五(昭和三〇)年ごろから、一九七三(昭和四八)年に石油危機がおこるころまでの、日本経済の急速な発展のこと。この時期に経済の規模《きぼ》がアメリカにつぐものとなった。

こうと(▼狡▼兎)し(死)してそうく(走▼狗)に(▼烹)らる すばしこいウサギが死んでいなくなれば、それを追いかける猟犬《りょうけん》もいらなくなり煮《に》て食べられてしまう、という意味から、戦争がなくなれば、てがらをたてた功臣はうとんじられてしりぞけられる、ということ。中国古代の歴史書『史記』にあることば。

こうとり【公取】〈名〉「公正取引委員会」の略。

1 **こうない【校内】**〈名〉学校のなか。例校内暴力。対校外。類学内。

2 **こうない【構内】**〈名〉建物や施設《しせつ》などの、敷地《しきち》や区域の中。対構外。

こうなご『小▽女子』〈名〉⇩いかなご

1 **こうなん【後難】**〈名〉相手をやっつけたりしたために、あとになって自分の身にふりかかってくるわざわい。例後難をおそれる。類後患《こうかん》。アコーナン

2 **こうなん【硬軟】**〈名〉かたいものとやわらかいもの。かたさとやわらかさ。例硬軟あわせもつ。アコーナン

ごう(郷)にい(入)ってはごう(郷)にしたが(従)え 風俗《ふうぞく》や習慣はその土地によってちがうから、その土地土地のやりかたにしたがうのがよい、ということ。

こうにち【抗日】〈名〉日本の行為《こうい》に抵抗《ていこう》すること。例抗日運動。対親日。

こうにゅう【購入】〈名・する〉買って自分のものにすること。例購入資金。対販売《はんばい》。類購買。

表現「せんたく機を購入する」とか「土地を購入する」とはいうが、「キャベツを一つ購入する」とはまずいわない。ある程度の大きさや量のあるものに使うことが多い。

1 **こうにん【公認】**〈名・する〉国や団体などが正式にみとめること。例公認記録。公認候補。

2 **こうにん【後任】**〈名〉前の人のあとをうけて、その地位や職務につくこと。また、その人。対前任。

こうねつ【高熱】〈名〉❶高い熱。例高熱を発する。❷病気のときの高い体温。例高熱にうなされる。

こうねつひ【光熱費】〈名〉使用する電気やガス、灯油などの費用。例光熱費がかさむ。

1 **こうねん【光年】**〈名・接尾〉〔天文〕恒星《こうせい》などの距離《きょり》の単位。光が一年かかってすすむ距離が一光年で、約九兆四六〇〇億キロメートル。

2 **こうねん【後年】**〈名〉あるときをもとにして、そのずっとあと。対先年。類後世。

こうねんき【更年期】〈名〉女性が肉体的に老年期へとうつっていく時期。月経がとまる。例更年期障害。

1 **こうのう【効能】**〈名〉悪いところをなおすためにしたことの、ききめ。例効能がある。効能が現れる。薬の効能。効能書き。類効用。効果。効力。

2 **こうのう【後納】**〈名・する〉料金を事後にしはらうこと。例料金後納郵便。

3 **こうのう【降納】**〈名・する〉かかげてあった旗などを、しまうためにおろすこと。対掲揚《けいよう》。

ごうのう【豪農】〈名〉多くの土地や財産をもっていて、その地方の有力者である農家。類富農。

こうのとり『▼鸛』〈名〉ツルに似《に》た、鳥の一種。体長一メートルほどで、からだは白く、羽が黒い。日本にすむものは、特別天然記念物に指定されている。参考西洋には、この鳥が赤ちゃんをはこんでくるという伝説がある。

こうのもの【香の物】〈名〉「つけもの」のこと。

ごうのもの【剛の者】〈名〉❶すぐれて強い人。❷そのことに関してなみはずれている人。▽類猛者《もさ》。豪傑《ごうけつ》。

こうは【硬派】〈名〉❶強硬な方針を主張するグループ。また、その中の人。類たか派。❷異性にはあまり関心がなく、あらっぽいことをしてまわる若者。▽対軟派《なんぱ》。

こうば【工場】〈名〉機械などを使って、ものをつくったり加工したりするところ。例町工場。類工場《こうじょう》。

表現ふつう、「こうじょう」よりも小規模なものをさす。

1 **こうはい【光背】**〈名〉〔仏教〕仏像のうしろにある、光明《こうみょう》を表わすかざり。絵(次ページ) 類後光《ごこう》。

2 **こうはい【交配】**〈名・する〉❶〔農業〕おすとめす、おしべとめしべのあいだで、受精または受粉をさせること。また、「交雑《こうざつ》」のこと。かけあわせ。❷〔生物〕有性生殖《ゆうせいせいしょく》、とくに動物の交尾《こうび》の、遠まわしな言いかた。

3 **こうはい【後輩】**〈名〉❶同じ学校や会社に、自分よりあとから入った人。❷ある分野で、自分よりもあとからそのことをはじめた人。▽対先輩。類後進。後生《こうせい》。

4 **こうはい【荒廃】**〈名・する〉あれて、すさんだ状態になること。例荒廃した土地。人心の荒廃(=人々の心がすさん

で、思いやりをなくすこと)。

[5]**こうはい【興廃】**〈名〉さかんになることと、おとろえること。類盛衰《せいすい》。興亡。

[6]**こうはい【降灰】**〈名・する〉火山灰が降ること。降り落ちた火山灰。

[7]**こうはい【高配】**〈名〉ありがたいこころくばり。例ご高配を賜《たまわ》り、まことにありがとうございました。
表現 手紙などで、相手に感謝やうやまいの気持ちをしめすときに使う。

[1]**こうばい【勾配】**〈名〉❶かたむいていること。また、その程度。例屋根の勾配。ゆるい勾配。勾配が急だ。類傾斜《けいしゃ》。❷かたむいている地面。例勾配をのぼる。くだり勾配。類斜面。

[2]**こうばい【紅梅】**〈名〉こいもも色の花をさかせるウメ。また、その色。

[3]**こうばい【購買】**〈名・する〉品物などを買いいれること。例購買者。購買層。購買力。購買意欲。対販売《はんばい》。類購入。

こうばいすう【公倍数】〈名〉〔数学〕二つ以上の整数に共通な倍数。例最小公倍数。対公約数。

こうはく【紅白】〈名〉赤と白。祝いごとや競技で対抗《たいこう》する組などを表わす。例紅白のもち。紅白の幕。紅白のはちまき。紅白試合。

こうばく【広漠】〈副・連体〉平坦《へいたん》なひろがりが、目に入るかぎり、どこまでもひろがっている。例広漠とつづく平原。広漠たる原野。

こうばし・い【▽香ばしい】〈形〉食べものなどがこんがり焼けたような、よいにおいがしている。例香ばしい香《かお》り。

[こうはい]

こうはつ【後発】〈名・する〉あとからおくれて出発すること。例後発の各駅停車。後発隊。後発企業《きぎょう》。対先発。

ごうはら【業腹】〈形動〉腹がたってがまんできない。やや古い言いかた。例負けてばかりで、業腹だ。
参考 地獄《じごく》の業火《ごうか》が腹の中で燃《も》えるように、ということ。「ごうふく」と読むのはあやまりで、「太っぱら」の意味の「剛腹《ごうふく》」という別のことばがある。

[1]**こうはん【公判】**〈名〉〔法律〕公開の法廷《ほうてい》で、刑事《けいじ》事件の裁判を行なうこと。

[2]**こうはん【孔版】**〈名〉謄写版《とうしゃばん》。

[3]**こうはん【後半】**〈名〉大きく二つにわけたものの、あとの半分。例後半戦。対前半。

[4]**こうはん【広範・広汎】**〈名・形動〉あることに関係する範囲が、とてもひろいようす。例広範にわたる。広範な影響《えいきょう》。広範な研究。広範な知識。類広範囲。

[1]**こうばん【交番】**〈名〉町のところどころにおかれ、警官がつめているところ。例落とし物を交番に届ける。類駐在《ちゅうざい》所。

[2]**こうばん【降板】**〈名・する〉❶野球で、投手が交代して、マウンドからおりること。対登板。❷俗《ぞく》に、芸能人が番組への出演をやめたり、政治家が要職をおりたりして、ほかの人と交代すること。

ごうはん【合板】〈名〉うすくけずった木材を、もくめの方向がたがいちがいになるように何枚もはり合わせた板。ベニヤ板など。「ごうばん」ともいう。

こうはんい【広範囲】〈名〉ひろい範囲。例広範囲におよぶ。広範囲にわたる。類広範。

こうはんせい【後半生】〈名〉人生の残りの半分。ふつう、四十歳《さい》前後からをいう。対前半生。

[1]**こうひ【口碑】**〈名〉口伝えに後世に残った昔話や言い伝え。

[2]**こうひ【工費】**〈名〉工事にかかる費用。

[3]**こうひ【公費】**〈名〉国や地方公共団体の費用。例公費を乱用する。対私費。

[1]**こうび【交尾】**〈名・する〉動物のおすとめすがまじわること。例交尾期。

[2]**こうび【後尾】**〈名〉列の最後。例後尾につく。最後尾。対先頭。類末尾。

ごうひ【合否】〈名〉合格か不合格かということ。例合否の判定。類及落《きゅうらく》。

こうヒスタミンざい【抗ヒスタミン剤】〈名〉ヒスタミンのはたらきをおさえる薬。ぜんそくやじんましん、乗り物よいの薬に使われる。

こうひつ【硬筆】〈名〉えんぴつやペンなど、書く部分がかたい筆記用具。対毛筆。

[1]**こうひょう【公表】**〈名・する〉ひろく一般《いっぱん》に発表すること。類公開。

[2]**こうひょう【好評】**〈名〉評判がよいこと。例好評を博する。好評をえる。好評販売《はんばい》中。大好評。好評さくさく。対不評。悪評。

[3]**こうひょう【高評】**〈名〉人の批評《ひひょう》をいう尊敬語。例ご高評をいただければさいわいに存じます。

[4]**こうひょう【講評】**〈名・する〉人が発表したものや、試合などの経過について、指導的な立場の人が、説明をくわえながら批評すること。類論評。コメント。

こうひょうさくさく【好評さくさく】〖好評▼嘖▼嘖〗〈形動〉ひどく評判がいい。例発表されたときから好評さくさくだった。

こうびん【後便】〈名〉このあとからだす手紙・メール。例くわしくは後便でお知らせします。対前便。

[1]**こうふ【公布】**〈名・する〉新しくきまった法律や命令、条約などを、国民に知らせるために、官報によって発表すること。類告示。発布。アコーフ 参考 法令によって、公布と同日付けで施行《しこう》されるものと、公布後所定の日数を経《へ》てから施行されるものとがある。

[2]**こうふ【交付】**〈名・する〉国や官庁などから、お金や物品を一般《いっぱん》の人や団体にわたすこと。例交付金。類給付。アコーフ

[3]**こうふ【坑夫】**〈名〉炭坑、鉱山で鉱石採掘《さいくつ》を行なう労働者。アコーフ

こうぶ【後部】〈名〉大きく二つにわけたものの、うしろの部分。対前部。類後方。

こうふう【校風】〈名〉その学校を特色づけている気風。例自主をとうとぶ校風。類学風。スクールカラー。

こうふきん【交付金】〈名〉国や地方公共団体が、法令にもとづいて他の団体や組織に出す財政援助《えんじょ》資金。

 和宮(かずのみや)(1846～77) 孝明天皇の妹。江戸末期，公武合体のため将軍徳川家茂の夫人となった。

1 **こうふく【降伏・降服】**〈名・する〉戦争に負けたことをみとめて抵抗《ていこう》をやめ、敵にしたがうこと。例無条件降伏。類降参。白旗を挙げる。

2 **こうふく【幸福】**〈名・形動〉心配なこと、苦しいことがなくて、みちたりた理想的な状態。例幸福な暮らし。対不幸。類しあわせ。幸い。ハッピー。

こうふちょう【好不調】〈名〉好調と不調。例好不調の波がある。

1 **こうぶつ【好物】**〈名〉すきな食べものや飲みもの。例大好物。

2 **こうぶつ【鉱物】**〈名〉地中や岩石中にふくまれる、天然の無機物。参考 広い意味では、石炭や石油などの有機物をふくむ。

1 **こうふん【口▼吻】**〈名〉話し手の気持ちがつたわってくるようなくちぶり。例目撃《もくげき》者の口吻を伝える。

口吻を漏《も》らす くちぶりによって、それとなく本当の気持ちをつたえる。

2 **こうふん【公憤】**〈名〉社会正義が守られていないことに対するいかり。対私憤。類義憤。→ぎふん 表現

3 **こうふん【興奮】**〈名・する〉緊張《きんちょう》したり、むちゅうになったりして、感情がたかまり、ものごとに反応しやすい状態になること。例レースに興奮する。興奮が高まる。興奮がおさまる。興奮をおさえる。興奮をしずめる。興奮状態。類エキサイト。

こうぶん【構文】〈名〉文の主部・述部などの文の中における位置などからみた構造。

こうふんざい【興奮剤】〈名〉のむと気分が高まったり、活発になったりする薬。カフェインなど。

こうぶんしかごうぶつ【高分子化合物】〈名〉〔化学〕分子量がほぼ一万以上になる巨大分子の化合物。たとえば、天然ゴム・タンパク質・合成繊維《せんい》など。

こうぶんしょ【公文書】〈名〉国家機関や公共団体が発行する文書。責任ある地位の公務員が作成して、職務上の公印をおした正式のもの。対私文書。

こうべ『▽首』〈名〉「あたま」の古い言いかた。例こうべをたれる(=あたまをさげる)。こうべをめぐらす。

こうへい【公平】〈名・形動〉一方にかたよらないで、えこひいきのないこと。例公平をかく。公平にあつかう。公平無私。対不公平。類公正。平等。

こうへいむし【公平無私】〈名・形動〉自分のことは考えにいれず、公平にふるまうこと。

1 **こうへん【好編】**〈名〉読み物としてなかなかよくできた作品。

2 **こうへん【後編】**〈名〉二つまたは三つに分かれている作品で、おわりのもの。対前編。中編。

こうべん【抗弁】〈名・する〉言われたことに対して、反対する意見をのべること。類反論。

ごうべん【合弁】〈名・する〉国をこえて共同で事業をいとなむこと。例合弁企業《きぎょう》。

こうほ【候補】〈名〉ある地位や役職などにえらばれる対象となる人。また、えらばれそうだといって評判になるもの。例候補にあがる。候補にたつ。候補者。立候補。

1 **こうぼ【公募】**〈名・する〉ひろく一般《いっぱん》から募集すること。例モニターを公募する。ア**コーボ コーボ**

2 **こうぼ【酵母】**〈名〉カビのなかまの、単細胞《たんさいぼう》の菌類《きんるい》。出芽によってふえ、発酵力がつよい。いろいろな種類があり、醸造《じょうぞう》やパンの製造に使う。酵母菌《きん》。ア**コーボ**

1 **こうほう【工法】**〈名〉工事の方法。ア**コーホー**

2 **こうほう【公法】**〈名〉法律を大きく二つにわけたときの一つで、国家にかかわる法のこと。憲法・行政法・刑法《けいほう》・訴訟《そしょう》法など。ア**コーホー** →しほう〔私法〕

3 **こうほう【公報】**〈名〉❶国民に知らせるべきことをのせて、官庁が発行する公式の文書。例選挙公報。❷官庁から国民個人にあてた公式の通知。▽ア**コーホー**

4 **こうほう【広報】『▼弘報』**〈名〉役所や団体などが、人々にひろく知らせる知らせ。類PR。ア**コーホー**

5 **こうほう【後方】**〈名〉うしろの方。例後方にさがる。対前方。類あと。ア**コーホー**

6 **こうほう【高峰】**〈名〉高くそびえるみね。ア**コーホー**

1 **こうぼう【工房】**〈名〉美術家や工芸家などの仕事場。例平田工房。類アトリエ。

2 **こうぼう【弘法】**〈名〉平安時代初期の僧、空海《くうかい》のこと。

弘法(に)も筆《ふで》の誤《あやま》り 書道にすぐれた弘法大師でも、字を書きまちがえることがある。じょうずな人でもときには失敗することがある。類猿《さる》も木から落ちる。上手《じょうず》の手から水がもれる。かっぱの川流れ。

弘法は筆《ふで》を選《えら》ばず 弘法大師のような書道の名人は、筆のえりごのみをしない。高い技能をもった人は、どんな道具や材料でもうまく使いこなす。

3 **こうぼう【光▼芒】**〈名〉光のすじ。例光芒をはなつ。

4 **こうぼう【攻防】**〈名〉せめることと、ふせぐこと。例はげしい攻防がくりひろげられた。類攻守。

5 **こうぼう【興亡】**〈名〉国家や集団などが、あたらしくできたり、ほろんだりすること。例興亡をくり返す。国の興亡。類興廃《こうはい》。盛衰《せいすい》。

1 **ごうほう【号砲】**〈名〉なにかの合図のためにうつ銃砲《じゅうほう》。例号砲一発スタートをきる。

2 **ごうほう【合法】**〈形動〉法律や規則に違反《いはん》していない。対違法。非合法。類適法。

3 **ごうほう【豪放】**〈形動〉だいたんで、小さなことを気にかけない。例豪放磊落《らいらく》。類豪気。豪快。

ごうほうてき【合法的】〈形動〉法律にしたがっている。例合法的な選挙活動。

1 **こうぼく【公僕】**〈名〉国民に奉仕《ほうし》する者。「公務員」のこと。

2 **こうぼく【香木】**〈名〉香道で用いる、よいかおりのする木。沈香《じんこう》など。

3 **こうぼく【高木】**〈名〉〔植物〕スギやサクラなど、一本のふとい幹がたかくのびる樹木。寿命《じゅみょう》が長い。対低木。参考 もと、「喬木《きょうぼく》」といった。

こうまい【高▼邁】〈形動〉人がらや精神がすぐれていて、高い理想をもっている。例高邁な精神。類高遠。

こうまん【高慢】〈形動〉うぬぼれがつよくて、人をばかにしている。例高慢な人。高慢ちき。類尊大。

ごうまん【傲慢】〈形動〉えらそうにして、人をみさげた行動をとるようす。例傲慢な態度。類尊大。

こうまんちき【高慢ちき】〈名・形動〉高慢な態度を非難していう、くだけた言いかた。

こうみゃく【鉱脈】〈名〉岩石のわれめに、役にたつ鉱物が、板のようにつまってつづいているところ。

1 **こうみょう【功名】**〈名〉てがらをたてて、名をあげること。例功名をあらそう。けがの功名。ぬけがけの功名。功名心。

荷田春満(かだのあずままろ)(1669〜1736) 江戸時代の国学者。古典を研究し国学の基礎を築いた。

2 **こうみょう【光明】**〈名〉❶暗がりにさしこむ、明るい光。❷苦しい状態の中で、行くてに見えてきた希望の光。例ひとすじの光明。

3 **こうみょう【巧妙】**〈形動〉おもわず感心するほど、たくみだ。例巧妙な手口。類たくみ。

こうみょうしん【功名心】〈名〉なにか人にできないことをして、有名になってやろうという気持ち。例功名心にはやる。

こうみん【公民】〈名〉❶政治に参加する権利と義務をもっている人。類市民。❷中学校の社会科の一分野。憲法、政治、経済、国際問題などについてまなぶ。❸高等学校の教科の一つ。現代社会、倫理《りん》、政治・経済の三科目(令和四年度より、現代社会は「公共」にかわる)。

こうみんかん【公民館】〈名〉市町村で、住民の交流や教養の向上をはかる目的でたてられた建物。

こうみんけん【公民権】〈名〉〔法律〕公民としての権利。選挙権と被《ひ》選挙権など。

1 **こうむ【公務】**〈名〉❶自分個人のことでない、おおやけの職務。❷国や公共団体が行なう仕事。▽類公用。

2 **こうむ【校務】**〈名〉学校の教員や職員が行なう仕事。

こうむいん【公務員】〈名〉国や地方公共団体で仕事をする人。国家公務員と地方公務員とがある。

こうむてん【工務店】〈名〉建築の仕事をうけおう店。

こうむ・る【被る】〈動五〉身にうける。例恩恵《おんけい》を被る。損害を被る。迷惑《めいわく》を被る。
表現「ごめんをこうむる」という言いかたで、相手からゆるしをうける、または、ことわる、という意味を表わす。

こうめい【高名】一〈形動〉有名である。例高名な作家。類著名。名高い。令名。二〈名〉名の通った人の名前をいう尊敬語。例ご高名はかねがねうかがっております。

こうめいせいだい【公明正大】〈名・形動〉心にかたよりがなく、あかるく堂々としていること。例公明正大な人。

ごうも【▼毫も】〈副〉「ほんの少しも」の古めかしい言いかた。例だますつもりはごうもない。

こうもう【孔▼孟】〈名〉古代中国の思想家である孔子と孟子。例孔孟の教え。

ごうもう【剛毛】〈名〉太くてかたい毛。対柔毛《じゅうもう》。

こうもうへきがん【紅毛▼碧眼】〈名〉赤い髪《かみ》と青い目ということから、江戸《えど》時代に西洋人のことをいったことば。

こうもく【項目】〈名〉❶ある基準で区分したものごとの、その一つ一つの部分。例項目にわける。類条項。事項。❷辞書や事典の見出し語の一つ一つ。

ごうもくてき【合目的】〈名〉ある行動や反応のうらがわに、めざす目的が明確にあって、それにかなったものであること。
表現多く、「合目的」「合目的性」の形で使われる。

こうもり【▼蝙▼蝠】〈名〉❶〔動物〕鳥のように空を飛ぶことができる哺乳《ほにゅう》動物。前足の指がながく、そのあいだに膜《まく》がある。夜行性で、虫をとらえて食べる。❷「こうもり傘《がさ》」の略。

こうもりがさ【こうもり傘】【▼蝙▼蝠傘】〈名〉ふつうのかさ。類洋傘。参考むかしの「唐傘《からかさ》」に対して、広げた形がコウモリに似《に》ていることから。

1 **こうもん【▼肛門】**〈名〉腸のおわりにある、消化器の末《まっ》端《たん》。大便をだす。しりの穴。

2 **こうもん【校門】**〈名〉学校の入口の門。類正門。

3 **こうもん【黄門】**〈名〉朝廷《ちょうてい》の官職である「中納言《ちゅうなごん》」の中国風の呼びかた。例水戸《みと》黄門(＝徳川光圀《みつくに》のこと)。

4 **こうもん【▼閘門】**〈名〉❶運河や放水路で、水量を調節するためにもうけた水門。❷水面の高さがちがう二つの運河や川などで、船をとおすための装置《そうち》。いくつかの水門をもうけて、そのあいだに船を入れて水面を上下させるしくみになっている。例閘門式運河。

ごうもん【拷問】〈名・する〉白状させるために、容疑者をいためつけること。例拷問にかける。
参考日本国憲法では、これを禁じている。

1 **こうや【紺屋】**〈名〉染め物を商売にしている家。「こんや」ともいう。アコーヤ

紺屋のあさって 約束の期限があてにならないこと。

紺屋の白袴《しろばかま》 他人のことにばかりいそがしくて、自分のことはいきとどかない、ということ。類医者の不養生。
参考紺屋が、店の仕事がいそがしくて、自分の袴を染めるひまがないことから。

2 **こうや【広野】**〖▼曠野〗〈名〉どこまでもつづいているひろびろとした野原。アコーヤ

3 **こうや【荒野】**〈名〉人の手が入っていない、あれはてたひろい野原。類荒《あ》れ野。原野《げんや》。アコーヤ

1 **こうやく【公約】**〈名・する〉選挙などのときに、政党や候補者などが、国民に対して政策の実行を約束すること。また、その約束。例減税を公約する。公約をはたす。公約にかかげる。公約違反。

2 **こうやく【▼膏薬】**〈名〉外傷などにはったりぬったりする、あぶらでねりあわせたくすり。布や紙にぬりつけてつける。

こうやくすう【公約数】〈名〉〔数学〕二つ以上の整数に共通な約数。例最大公約数。対公倍数。

こうやどうふ【高野豆腐】〈名〉小ぶりに切った豆腐をいちどこおらせてから、乾燥《かんそう》させたもの。こおりどうふ。しみどうふ。

こうゆ【香油】〈名〉髪《かみ》につける香料入りのあぶら。

1 **こうゆう【公有】**〈名・する〉国家や公共団体が所有していること。例公有地。対私有。民有。類国有。官有。

2 **こうゆう【交友】**〈名〉友だちとして親しくつきあうこと。例交友関係。

3 **こうゆう【交遊】**〈名・する〉親しくつきあうこと。例交遊をむすぶ。交遊がある。類交際。

4 **こうゆう【校友】**〈名〉同じ学校の友だち。同じ学校の卒業生。例校友会。類同窓。

1 **ごうゆう【豪遊】**〈名・する〉お金をどんどん使って、ぜいたくな遊びをすること。

2 **ごうゆう【豪勇】**〖剛勇〗〈形動〉なみはずれていさましく強い。例豪勇な男。類豪胆《ごうたん》。

1 **こうよう【公用】**〈名〉❶個人的なことでない、会社などの仕事。例公用で出張する。対私用。❷官庁や公共団体などが行なう仕事。例公用車。▽類公務。

2 **こうよう【効用】**〈名〉役にたつこと。例効用がある。類効能。ききめ。効果。

3 **こうよう【孝養】**〈名・する〉親をたいせつにして、よくせわをすること。例孝養をつくす。類孝行。

4 **こうよう【紅葉・黄葉】**〈名・する〉秋のおわりごろ、落葉する前に木の葉が赤や黄色に色づくこと。また、その葉。

片山潜(せん) (1859～1933) キリスト教徒で伝道と労働運動に力をつくし，のち共産主義者となった。

もみじなどは「紅葉」、いちょうなどは「黄葉」と書く。類もみじ。

5 **こうよう【高揚】**〈名・する〉❶気分がぐっともり上がること。例民族意識が高揚する。❷さかんになり、高くもちあがること。例景気が高揚する。

6 **こうよう【綱要】**〈名〉基本となる大切な要点。

こうようご【公用語】〈名〉❶一つの国家が国の公用文書に用いる言語。❷国際会議などで、使用がみとめられている言語。参考②で、国連の公用語は、英語・フランス語・ロシア語・中国語・スペイン語・アラビア語の六つ。

こうようじゅ【広葉樹】〈名〉うすくてひらたい葉をもつ樹木をまとめていうことば。ツバキなどの常緑樹と、ブナなどの落葉樹がある。例広葉樹林。対針葉樹。参考もと、「闊葉樹《かつようじゅ》」といった。

こうようぶん【公用文】〈名〉公文書や法令で使われる文章。文化庁によって、書き表わしかたの基準が示されている。

ごうよく【強欲】〈形動〉満足することを知らないほど欲がふかい。対無欲。類貪欲《どんよく》。あこぎ。

こうら【甲羅】〈名〉カメやカニなどのからだをおおっているかたいから。甲。

甲羅を経《へ》る ながく生きてきて、経験をつんでいる。

甲羅を干《ほ》す せなかを日光でやく。

こうらい【高▽麗】〈名〉〔歴史〕九一八年から一三九二年まで、朝鮮《ちょうせん》半島にあった国。コリョ。

こうらく【行楽】〈名〉たのしむために、観光地などにでかけること。例行楽客。行楽びより。行楽シーズン。

こうらん【高覧】〈名〉ごらんになること。

表現 たとえば自分の作品など、何かを人に見てもらうときに、「見ていただく」という意味で、「ご高覧に供します」「ご高覧にあずかり、ありがとうございます」などという。

1 **こうり【小売り】**〈名・する〉卸商《おろししょう》からある程度まとめて仕入れた品物を、一般《いっぱん》の客に売って利益をえること。例小売商。小売価格。アコウリ

表記 例のような場合は、送りがなの「り」は付けない。

2 **こうり【公理】**〈名〉〔数学〕理論をくみたてていくときに、その出発点として、証明なしでみとめることがら。類定理。アコーリ

3 **こうり【功利】**〈名〉利益の有無《うむ》をまず考えること。例功利心。功利的。功利主義。アコーリ

4 **こうり【行▼李】**〈名〉タケやヤナギなどであんだ、衣類や荷物を入れる箱。むかし、服の保存や旅行などに使った。アコーリ→ながもち〔長持〕絵

表現 一梱《ひとこり》二梱《ふたこり》と数える。

5 **こうり【高利】**〈名〉❶ふつうよりも高い利子。例高利貸し。対低利。❷多くの利益。例高利を博する。▽アコーリ

ごうりか【合理化】〈名・する〉❶企業《きぎょう》などで、新技術の導入や組織の改変などによって、労働者をさらに効率よく使い、生産性を高めて、より多くの利益を上げようとすること。❷理由のわからないものごとを、理由を見つけて合理的に説明できるようにすること。理由づけ。類正当化。

こうりかし【高利貸し】〈名〉高い利息でお金を貸す商売。「こうりがし」ともいう。類サラ金。

1 **ごうりき【合力】**〈名・する〉❶力をかして助けてやること。❷金品をめぐんでやること。▽「ごうりょく」ともいう。

2 **ごうりき【強力】**『剛力』〈名〉❶ひとなみはずれて、力が強いこと。❷登山者の荷物をはこぶ山の案内人。

こうりしゅぎ【功利主義】〈名〉❶損得を第一とする利己的な考えかた。❷個人の幸福と利益の追求を主張する思想。一九世紀に、イギリスのベンサムやミルによって、「最大多数の最大幸福」をスローガンに主張された。

ごうりしゅぎ【合理主義】〈名〉❶人情にながされたり、古い習慣にしたがったりしないで、あるべきすじみちや利害にそって考えて、行動しようとするやりかた。❷哲学《てつがく》で、正しい考えは経験によってえられず、理性によってえられるとする考えかた。デカルトなどによって主張された。対経験主義。

こうりしょう【小売商】〈名〉小売りをする商売。小売りの商売をしている人。対卸《おろし》商。問屋《とんや》。

ごうりせい【合理性】〈名〉❶論理やりくつがとおっていること。❷負担やむだが少ないこと。例合理性を追求する。▽対不合理性。

1 **こうりつ【公立】**〈名〉都道府県や市町村など、地方公共団体がつくり、運営していること。例公立学校。対私立。類国立。

2 **こうりつ【効率】**〈名〉仕事の結果と、それに使った労力・時間・エネルギーなどの比率。例効率がいい。効率がわるい。効率的。熱効率。

3 **こうりつ【高率】**〈名・形動〉比率が高いこと。高い比率。対低率。

こうりつか【効率化】〈名・する〉効率をよくすること。例仕事の効率化を図る。

こうりつてき【効率的】〈形動〉効率がいい。

こうりつてき【功利的】〈形動〉なにをするにも自分に利益があるかどうかをすぐ考える傾向がある。類打算的。

ごうりてき【合理的】〈形動〉❶道理にあっている。例合理的な考え。対不合理。❷むりがなく、むだもない。例合理的に設計された台所。類能率的。▽対非合理的。

こうりてん【小売店】〈名〉小売りをするための店。

こうりね【小売値】〈名〉小売りをするときの値段。小売価格。参考小売商が商品を仕入れるときの価格は「卸値《おろしね》」である。

1 **こうりゃく【攻略】**〈名・する〉相手の陣地《じんち》や城などを攻撃《こうげき》して、自分の支配下におくこと。類占領《せんりょう》。アコーリャク

表現 「ゲームの攻略本」「反対派を攻略する」のように、相手を打ち負かす、相手の気持ちを変えさせる、という意味でも使う。

2 **こうりゃく【後略】**〈名・する〉引用文などで、そこからあとの部分を省略すること。対前略。中略。アコーリャク

1 **こうりゅう【交流】**㊀〈名・する〉❶おたがいに無関係だった人々が、まじわること。例交流を図《はか》る。交流を深める。交流試合。国際交流。異文化《いぶんか》交流。❷国語教育で、話し合い・対話。例感想を交流する。㊁〈名〉〔物理〕きまった時間ごとに、流れる向きが変化する電流。家庭で使われているもの。略語はAC。対直流。

2 **こうりゅう【勾留・拘留】**〈名・する〉〔法律〕❶[勾留] 被疑《ひぎ》者や被告人を、拘置所にとどめておくこと。❷[拘留] 軽い犯罪に対する刑《けい》の一つ。三〇日未満のあいだ、刑事施設《しせつ》にとどめておくこと。参考①は②と区別して「未決勾留」ともいい、報道用語としては「拘置」ともいった。

勝海舟(かつかいしゅう) (1823～99) 幕末，咸臨丸の艦長として太平洋を横断。江戸城の明け渡しに尽力した。

3 **こうりゅう【興隆】**〈名・する〉国家や文化、学問などのいきおいが、どんどんさかんになること。また、さかんにすること。例 仏教が(を)興隆する。類 勃興《ぼっこう》。興《おこ》る。

ごうりゅう【合流】〈名・する〉❶二つ以上の川の流れがいっしょになること。道路についてもいう。例 合流点。❷別々に行動していたグループや個人がいっしょになること。例 本隊に合流する。対 分岐《ぶんき》。

こうりょ【考慮】〈名・する〉あれこれよく考えてみること。例 事情を考慮する。考慮に入れる。類 顧慮《こりょ》。

1 **こうりょう【光量】**〈名〉光の明るさの程度。ア コーリョー

2 **こうりょう【香料】**〈名〉❶食品や化粧《けしょう》品などに、かおりをつけるために入れるもの。バニラエッセンスなど。❷⇩こうでん ▽ア ①コーリョー ②コーリョー

3 **こうりょう【校了】**〈名〉印刷物の校正がすっかりすむこと。ア コーリョー

4 **こうりょう【綱領】**〈名〉❶ものごとの要点。❷政党や組合などの基本方針。▽ア コーリョー

5 **こうりょう【荒涼】**〈副・連体〉あれはててさびしい。例 荒涼と広がる廃墟《はいきょ》。荒涼たる原野。荒涼とした風景。ア コーリョー

こうりょく【効力】〈名〉あるものにはたらきかけて、あらわすことのできるききめ。例 効力がある。効力をうしなう。効力を発揮する。類 効果。効能。

ごうりょく【合力】〈名〉〔物理〕同時にはたらく二つ以上の力を合わせて、一つになった力。対 分力。

1 **こうりん【光臨】**〈名〉身分の高い人がわざわざその場においでになること。例 御光臨をあおぐ。

2 **こうりん【後輪】**〈名〉うしろ側の車輪。対 前輪。

3 **こうりん【降臨】**〈名・する〉人間をこえた者が別世界から来て、この地上におり立つこと。例 天孫降臨。

こうるい【紅涙】〈名〉❶血のなみだ。❷女性がなにかに同情してながすなみだ。例 紅涙をしぼる。

こうるさ・い【小うるさい】〖小▽煩い〗〈形〉ちょっとしたことにまであれこれ口出ししてくる。

1 **こうれい【好例】**〈名〉ちょうどぴったりの例。類 適例。

2 **こうれい【恒例】**〈名〉いつもきまったときにきまったかたちで行なわれる、儀式《ぎしき》や行事。例 恒例になる。恒例の夏祭り。類 慣例。

3 **こうれい【高齢】**〈名〉年をとっていること。例 高齢者。高齢化。類 高年。老齢。

ごうれい【号令】〈名・する〉❶たくさんの人に同じ動作をさせるために合図を発すること。その合図のことば。例 号令をかける。先生の号令一下《いっか》、大そうじが始まった。❷支配者が命令をくだすこと。例 天下に号令する。

こうれいかしゃかい【高齢化社会】〈名〉人口にしめる六十五歳以上の人の割合が高い(=七%以上)社会。参考 その割合が一四%以上で「高齢社会」、日本のように二一%以上で「超高齢社会」という。

こうれいち【高冷地】〈名〉海抜《かいばつ》が高く、気温が低い土地。

1 **こうろ【行路】**〈名〉一歩一歩道をすすんでいくこと。また、そのすすんでいく道。ア コーロ

表現 「人生行路」などの言いかたで、この世を生きていくとの意味でも使う。

2 **こうろ【香炉】**〈名〉香をたくための容器。ア コーロ

3 **こうろ【航路】**〈名〉船や飛行機のとおる道すじ。例 外国航路。類 海路。空路。ア コーロ

4 **こうろ【高炉】**〈名〉⇩ようこうろ ア コーロ

こうろう【功労】〈名〉世のため、人のためになる大きなはたらき。例 功労がある。功労者。類 功績。

1 **こうろん【公論】**〈名〉おおぜいの人たちがみとめて、支持している意見や考え。類 世論。ア コーロン

2 **こうろん【口論】**〈名・する〉言いあらそい。例 父親と口論する。口論になる。口論のすえ。類 口げんか。ア コーロン コーロン

3 **こうろん【抗論】**〈名・する〉相手の意見に対抗して論じかえすこと。類 反論。反駁《はんばく》。ア コーロン コーロン

こうろんおつばく【甲論乙▼駁】〈名・する〉甲(一人)が意見をのべれば、乙(別の人)がそれに反対するというように、議論がはげしく、まとまりがつかないこと。

1 **こうわ【講話】**〈名〉たくさんの人を集めて、教訓となるような話をときかせること。

2 **こうわ【講和】**〈名・する〉関係国が話しあって、戦争をやめ、平和を回復すること。例 講和をむすぶ。講和条約。

こうわん【港湾】〈名〉陸地に入りこんだ海で、港のあるところ。

1 **こえ【声】**〈名〉❶人や動物の口からでる、なんらかの意味のある音。例 声がする。声がとおい。声をかける。声をかぎらす。声をたてる。声をひそめる。声を荒《あら》らげる。声を大にする。やさしい声。声がわり。小声。地声。鳴き声。類 音声。❷虫がだす音。羽や足をこすり合わせてだす。例 虫の声。セミの声。類 音《ね》。❸ことばや意見。例 市民の声が行政《ぎょうせい》に届く。批判《ひはん》の声が高まる。読者の声。内なる声(=本心や良心)。▽ア コエ

表現 (1)ふつうは「音《おと》」といって表わすものを、「風の声」「鐘《かね》の声」のようにいって、それがかもしだすふんいきまで表わそうとすることがある。

(2)「十二月の声を聞くと、急に気ぜわしくなってくる」のような言いかたがある。「十二月が近づいてくると」という意味で、そのことばが人々の口にのぼるようになることを、「…の声を聞く」といって表わしている。

参考 「声音《こわね》」「声色《こわいろ》」「声高《こわだか》」「声《こわ》づくり」のように、ほかのことばの上につくときは、「こわ」となりやすい。

声が掛《か》かる ❶会合・宴席《えんせき》・行事などへのさそいがくる。❷演劇の観客席から、役者への声援《せいえん》が送られる。

声が遠《とお》い 電話で、相手の声が小さく聞こえて、聞きとりにくい。

声が弾《はず》む 明るくいきいきした声になる。

声なき声 人々の、おもてだっては語られない意見。

声を上《あ》げる ❶声を出す。例 声を上げて笑う。❷意見を言う。例 反対の声を上げる。▽「声を挙げる」とも書く。

声を限《かぎ》りに ありったけの声を出して。

声を掛《か》ける ❶よびかけて注意をひく。❷さそいのことばをかける。

声を聞《き》く (「…の声を聞く」の形で)そのときが近づく。そのときになる。例 東京では、十一月の声を聞くと、冬だなと思う。

声を殺《ころ》す 声を小さくおさえる。

声をとがらす おこって、とげとげしい声で言う。「声をとがらせる」ともいう。

声をのむ おどろきや感動で、思わず声が出なくなる。

葛飾北斎(かつしかほくさい)(1760〜1849) 江戸時代の浮世絵師。「富嶽三十六景」など風景版画にすぐれた。

声を励《はげ》ます 声をひときわ大きくはりあげる。古めかしい言いかた。

声を潜《ひそ》める 他人に聞こえないように、ささやくように小さな声でいう。

こえ[2]**【肥】**〈名〉農作物の収穫《しゅうかく》をふやすために、田畑に入れる栄養分。とくに、大小便。例肥桶《こえおけ》。追い肥。下肥《しもごえ》。類こやし。肥料。アコエ」

ごえ【越え】〈接尾〉そこを越えることを表わす。例山越え。アルプス越え。

ごえい【護衛】〈名・する〉人につきそって守ること。守る人。例大臣を護衛する。護衛をつける。類警護。

表現「輸送船団を護衛する」や「護衛艦《かん》」のように、人以外にも使う。

ごえいか【御詠歌】〈名〉仏や霊場《れいじょう》を賛美する歌。巡礼《じゅんれい》者が歌いながら巡礼する。参考和歌などに、ものがなしい単調な節をつけたものが多い。

こえがわり【声変わり】〈名・する〉青年期に入るころ、子どもの声から大人の声にかわること。女子よりも男子にはっきりおこる。

ごえつどうしゅう【呉越同舟】〈名〉仲のわるい者どうしが、たまたま同じところにいること。由来中国の戦国時代、呉と越の国が敵対して戦っていたことから。

ごえもんぶろ【五▽右▽衛門風呂】〈名〉鉄製の、深い碗《わん》形の風呂。かまどで直接湯をわかす。すのこを足でふんで底にしずめ、鉄の熱さをさけて入る。現在はほとんど使わない。由来むかしこの風呂で、大どろぼうの石川五右衛門がかまゆでの刑《けい》にされたことからの名。

こ・える[1]**【肥える】**〈動下一〉❶栄養分をとって、ふっくらとふとる。対やせる。❷肥料がいきわたって、地味《ちみ》がゆたかになる。例肥えた土地。対やせる。❸経験をつみかさねて、もののよしあしがよくわかるようになる。例目が肥える。舌が肥える。▽アコエル

こ・える[2]**【越える・超える】**〈動下一〉❶[越える]通りすぎるのに苦労するところを通って、むこうがわへ行く。例国境を越える。山を越える。とび越える。

❷[越える]ある時期をすごす。例年を越えても、まだ終わらない。

❸[超える・越える]ある基準やわくの外にでる。例平均を超える。限度を超える。常識を超える。十万人を超える人出。類上回《うわまわ》る。▽アコエル

表記「場所や時間を過《す》ぎて、その先に進む」という意味のときは「越える」が使われ、「基準を上回る」という意味のときは「超える」が使われる。

ごえん【誤▼嚥】〈名・する〉飲食物を、あやまって気道に飲みこむこと。例誤嚥性肺炎。

コエンザイム〈名〉体内の酵素《こうそ》の働きをたすける物質。補酵素。記号Co ◇coenzyme

ゴー〈名・感〉「進め」「始めろ」という合図。対ストップ。◇go

ゴーイングマイウェー〈名〉まわりを気にせず、自分の信念にしたがって突《つ》き進む生きかた。「わが道を行く」こと。◇going my way

こおう【呼応】〈名・する〉❶よびかけにこたえるようにして、ともに同じ行動をとること。例学生の動きに呼応して、市民が立ちあがった。❷〔文法〕文中のある語句に対して、それにともなうきまった語句があとのほうに用いられること。副詞などにみられ、たとえば「決して」のあとに、打ち消しの語句が使われるなど。

呼応の副詞《ふくし》 ⇩陳述《ちんじゅつ》の副詞(「ちんじゅつ」の子項目)

ゴーカート〈名〉遊園地などにある、乗ってあそぶための小型でかんたんなつくりの自動車。カート。◇go-cart

コークス〈名〉石炭をむし焼きにしたときにできる固体成分。けむりをださずに燃え、火力が強い。燃料として使われる。◇《ドイ》《ツ》Koks

ゴーグル〈名〉❶水泳・スキー・スノーボードや、溶接《ようせつ》の仕事などをするときに、目をおおって守れるように頭に装着《そうちゃく》する道具。❷「①」のように頭に装着して、内側のディスプレイを見る装置。例VRゴーグル。ARゴーグル。◇goggles

ゴーサイン〈名〉始めてよいという許可の合図。例ゴーサインが出る。類青信号。参考日本での複合語。英語ではgo-aheadとかgreen lightという。

コージェネレーション〈名〉一つのエネルギー源から複数のエネルギーを取りだして、効率よく利用すること。都市ガスを使って発電をおこない、その際に出る排熱《はいねつ》や温水を別の用途《ようと》に利用するなど。コジェネレーション。コージェネ。◇cogeneration

ゴージャス〈形動〉はなやかで、ぜいたくである。豪華《ごうか》。例ゴージャスな客室。◇gorgeous

コース〈名〉❶とおる道順。進路。例コースをたどる。コースをはずれる。ハイキングコース。類道すじ。❷はやさをきそう競技で、そこを走ったり、泳いだりするようにきめられた場所。例マラソンコース。→レーン③ ❸それにしたがってものごとがすすんでいく、きまった順序。例予定のコース。おきまりのコース。エリートコース。❹教育課程のこと。例ドクターコース。❺西洋料理で、前菜からデザートまで。例フルコース。◇course

コースター〈名〉❶グラスやカップを置く小さな敷物《しきもの》。❷「ジェットコースター」の略。◇coaster

ゴーストタウン〈名〉住む人がいなくなってあれはてた町。幽霊《ゆうれい》都市。◇ghost town

ゴーストライター〈名〉文筆家でない有名人が著作をするとき、著者に代わって、実際にものを書く人。◇ghost writer

コーチ〈名・する〉スポーツで、選手の指導をすること。指導をする人。コーチャー。◇coach

コーチャー〈名〉❶スポーツで、技術の指導や訓練をする人。コーチ。❷野球で、一塁《るい》と三塁の近くのきめられた場所にいて、ランナーやバッターに指示をあたえる人。◇coacher

コーディネーター〈名〉ものごとをまとめたり、調整したりする人。例国際会議のコーディネーターをつとめる。ファッションコーディネーター。◇coordinator

コーディネート〈名・する〉❶ものごとを調整し、まとめること。例研究会をコーディネートする。❷服飾《ふくしょく》・インテリアなどで、全体の調和がとれるようにまとめること。俗《ぞく》に「コーデ」と略す。◇coordinate

コーティング〈名・する〉ものの表面を、他の物質のうすい膜《まく》でおおう化学的な処理。木材や布地の防水・耐熱《たいねつ》加工や、レンズの反射防止などを目的とする。◇coating

コート[1]〈名〉防寒や雨よけのために、洋服や和服のうえにきる服。例レインコート。◇coat

コート[2]〈名〉テニス・バドミントン・バレーボールなどの試合を行なう競技場。例テニスコート。◇court

コード[1]〈名〉〔音楽〕和音。◇chord

[2]コード〈名〉❶規定。とくに、放送・新聞などで、番組や紙面をつくるにあたっての基準となる、表現上のとりきめ。例プレスコード。❷コンピューターなどで、情報を表現するために使う符号《ふごう》の体系。例コード表。コード入力。文字コード。◇code

[3]コード〈名〉ゴムやビニールなどで絶縁《ぜつえん》した電線。例アイロンのコード。◇cord

こおとこ【小男】〈名〉大人の標準より、からだが明らかに小さい男。見くだしていう。対大男。

コードバン〈名〉❶ウマの、しっぽに近いしりの部分からとれる革《かわ》。❷スペインのコルドバ産のヤギからとった高級なめし革。◇cordovan

こおどり【小躍り】〈名・する〉うれしくて、おもわずおどり上がること。例小躍りしてよろこぶ。

コードレス〈名〉電源用のコードが不要なこと。例コードレス電話。類ワイヤレス。◇cordless

コーナー〈名〉❶すみ。❷百貨店などで、特定の商品の売り場。例食料品コーナー。❸競走路などで、まがっている部分。例コーナーをまわる。第三コーナー。❹野球で、ホームベース上の、打者に近い、または、遠い部分。例インコーナー。アウトコーナー。◇corner

コーナリング〈名〉スケート・自動車などの競走で、コーナーをまがること。例コーナリングのテクニック。◇cornering

コーパス〈名〉言語研究のために、実際の文章や話しことばを大量に集めたデータベース。◇corpus

コーヒー【▼珈▼琲】〈名〉独特のかおりのある飲みもの。また、その飲みものをつくるのに使うコーヒーの木の実や粉末。例コーヒーをいれる。◇オランダ koffie

コーヒーブレーク〈名〉仕事などの途中《とちゅう》でとる、コーヒーが飲めるくらいの短い休憩《きゅうけい》。◇coffee break

コーポ〈名〉集合住宅。

ゴーヤ〈名〉瓜《うり》の両はしをとがらせたような形の野菜。緑色で表面全体に突起《とっき》がある。皮は苦みが強い。中のわたをとって豆腐《とうふ》や豚肉といためる「ゴーヤチャンプルー」は代表的な料理。参考 沖縄や南九州の特産品で、ニガウリ(蔓茘枝《つるれいし》)の方言。

コーラ〈名〉熱帯アフリカ原産のコラ(コーラ)の木の種を原料にした、黒い炭酸飲料《いんりょう》。◇cola

コーラス〈名〉合唱。合唱団。合唱曲。◇chorus

コーラン〈名〉イスラム教の聖典。神アッラーが予言者ムハンマド(マホメット)にあたえたという啓示《けいじ》を、その死後にまとめたもの。イスラム教の歴史や日常生活の規律なども説かれている。クルアーン。◇Koran

こおり【氷】〈名〉氷点下で水が固体になったもの。例氷がとける。氷がはる。氷をわる。氷でひやす。

表現 「氷の刃《やいば》」「氷のようにひややかな態度」のように、つめたくてするどいもの、また、つめたい感じをあたえるものの意味でも使う。

こおりざとう【氷砂糖】〈名〉純粋《じゅんすい》の砂糖を水にとかして、水分を蒸発させてつくった、砂糖の結晶。

こおりつ・く【凍りつく】〈動五〉❶こおってくっつく。例戸がサッシに凍りつく。❷かちかちにこおる。例凍りついた湖。類いてつく。凍結《とうけつ》する。

表現 「その場でみんな凍りついた」のように、人がびっくりしたり、しらけたりして、微動《びどう》だにしなくなることをたとえてもいう。

こおりどうふ【凍り豆腐】〈名〉⇩こうやどうふ

こおりまくら【氷枕】〈名〉熱がでたときに頭を冷やすのに使う、氷を入れたゴム製の枕。類水枕。

こおりみず【氷水】〈名〉❶氷を入れた水。❷氷をこまかくけずって、あまいしるをかけた、夏むきの食べもの。類かき氷。フラッペ。

コーリャン〈名〉おもに中国北部で栽培《さいばい》される、たけの高いモロコシ。◇中国語「高粱」から。

こお・る【凍る】【▽氷る】〈動五〉低温のために、水などの液体が、かたまる。例水が凍る。水道が凍る。

ゴール〈名〉❶競走や競泳で、決勝点、または決勝線。フィニッシュ。例ゴールイン。❷最終的な目的や目標。▽対スタート。❸〈する〉球技で、得点するためにボールを入れるところ。また、そこにボールを入れること。◇goal

ゴールイン〈名・する〉❶ゴールに入ること。類フィニッシュ。❷目的をとげること。とくに結婚《けっこん》すること。◇goal と in による日本での複合語。

ゴールキーパー〈名〉サッカーやホッケー、ハンドボールなどで、ゴールを守る役目の人。キーパー。◇goalkeeper

コールセンター〈名〉会社などで、電話での客への対応を専門に行なう部署。◇call center

コールタール〈名〉コークスなどをつくるために石炭をむし焼きにするときにできる、黒いねばねばした液体。道路の舗装《ほそう》などに使う。「コールター」ともいう。◇coal tar

コールテン【コール天】〈名〉表面にうね状の筋が出るように織った綿ビロード。ふだん着の洋服などに使う。コーデュロイ。

ゴールデンウイーク〈名〉四月の終わりから五月のはじめにかけての、休日がたくさんある週。黄金週間。◇golden と week による日本での複合語。「GW」と略して書かれることもある。

ゴールデンタイム〈名〉テレビを見る人が最も多い時間帯。午後七時から九時、または十時のあいだ。ゴールデンアワー。

参考 日本での複合語。英語では prime time という。

ゴールド〈名〉❶貴金属の「金《きん》」のこと。例ゴールド会員。ゴールド免許(=優良運転者の自動車免許)。類プラチナ。◇gold

コールドゲーム〈名〉野球で、五回をすぎてから、雨や日没《にちぼつ》で試合がつづけられないときや、点差がひどく大きいとき、それまでの得点で勝敗をきめること。そのようにして勝敗がきまった試合。◇called game

ゴールドラッシュ〈名〉新しく金《きん》が発見された場所に、人々がどっとおしよせること。◇gold rush

表現 俗《ぞく》に、スポーツの国際大会で、ある国の選手たちが金メダルをたくさんとることにも言われる。

ゴールボール〈名〉視覚《しかく》障害者のための球技の一つ。一チーム三人で、鈴の入った音の鳴るボールを、コートの横幅と同じ長さのゴールにシュートする。パラリンピック種目。◇goal ball

こおろぎ【▼蟋▼蟀】〈名〉昆虫《こんちゅう》の一種。体長二センチメートルほどで黒茶色。長い触角《しょっかく》がある。秋、すんだ声で鳴く。

[1]コーン〈名〉「とうもろこし」のこと。例コーンスープ。ポップコーン。◇corn

[2]コーン〈名〉❶ソフトクリーム・アイスクリームをのせる、ウエハースなどでできた円錐《えんすい》形の容器。❷試合の応援《おうえん》などに使う、円錐形の拡声器。❸道路工事や交通事故

加藤清正(きよまさ)(1562～1611) 安土桃山時代の武将。豊臣秀吉に仕え朝鮮に出兵。熊本城などをつくった。

の現場などに置く、円錐形の標識。◇cone

ごおん【呉音】〈名〉漢字の音読みの一つ。漢音よりも古く、奈良《なら》時代以前に日本につたえられた音。たとえば「人」を「人間」のときのように「にん」と読んだり、「生」を「一生」のときのように「しょう」と読んだりするのが呉音。これらの字を「人生」のように「じんせい」と読めば漢音。↓かんおん・とうおん

コーンスターチ〈名〉トウモロコシからとったでんぷん。食品や、のりなどに使われる。◇cornstarch

コーンフレーク〈名〉トウモロコシのつぶを蒸気で熱し、うすくかけら状につぶしてかわかした食品。牛乳をかけたり、アイスクリームにのせたりして食べる。◇cornflakes

1**こか【古歌】**〈名〉むかしの人が詠《よ》んだ歌。

2**コカ**〈名〉南アメリカ原産の常緑低木。葉からコカインをとる。コカノキ。◇coca

こが【古雅】〈形動〉古風で上品な味わいのあるようす。

1**こがい【子飼い】**〈名〉❶鳥などをひなのときから養い育てること。❷なにも知らないうちからめんどうをみて、一人前に育てること。例子飼いの部下。

2**こがい【戸外】**〈名〉家のそと。例戸外にでる。戸外で遊ぶ。類屋外。野外。アウトドア。アコガイ

1**ごかい**〖▽沙▽蚕〗〈名〉海べのどろの中にいる、ミミズに足がたくさんついたような形の虫。つりのえさに使う。

2**ごかい【誤解】**〈名・する〉まちがえて、別の意味に受けとること。例誤解をうける。誤解をまねく。誤解をとく。この点を誤解しないように。類思いちがい。とりちがえる。

こがいしゃ【子会社】〈名〉資本の面で、ほかの会社の支配をうけている会社。対親会社。

ごかいどう【五街道】〈名〉〔歴史〕江戸《えど》時代の主要な五つの交通路。江戸の日本橋を起点とする、東海道・中山道《なかせんどう》・日光街道・奥州《おうしゅう》街道・甲州《こうしゅう》街道の五つ。

コカイン〈名〉コカの葉からとれる麻薬《まやく》。局所麻酔《ますい》に用いる。◇cocaine

ごかく【互角】〈形動〉たがいの実力が同じくらいで、優劣《ゆうれつ》がない。例互角の勝負。互角にたたかう。類五分五分。伯仲《はくちゅう》。

ごがく【語学】〈名〉外国語の学習。例語学力。

1**こかげ【木陰】**〈名〉木の下で、日かげになるところ。例木陰にいこう。木陰ですずむ。

こかす（方言）たおす。ころばせる。西日本で言う。

こが・す【焦がす】〈動五〉黒くなるまでやく。例ご飯を焦がす。服を焦がす。ほのおが天を焦がす。

表現「胸を焦がす」は、ひそかにはげしく恋《こ》いしたうこと。

こがた【小型・小形】〈名〉❶［小型］同類のものの中で、形が小さいこと。小さいもの。例小型自動車。❷［小形］形が小さいこと。小さいもの。例スズメより小形の鳥。▽対おおがた。

こがたな【小刀】〈名〉小さなはもの。類ナイフ。

こかつ【枯渇】〖▼涸渇〗〈名・する〉❶かわききって、水がなくなってしまうこと。類ひあがる。❷とぼしくなること。例才能が枯渇する。資金が枯渇する。

ごがつにんぎょう【五月人形】〈名〉五月五日の節句に、男の子を祝ってかざる鍾馗《しょうき》や武者人形。

1**こがね【小金】**〈名〉大金ではないが、ある程度まとまった額のお金。例小金をためる。

2**こがね【黄金】**〈名〉❶「金《きん》」や「黄金《おうごん》」のこと。❷金貨。❸「黄金色」の略。かがやきをもつ黄色。きんいろ。▽古い言いかた。例黄金の稲穂《いなほ》。類山吹《やまぶき》(色)。

こがねづくり【黄金作り】〈名〉金または金めっきの金具で作ったり、装飾したりしたもの。

こがねむし〖黄金虫〗〈名〉昆虫《こんちゅう》の一種。体長二センチメートルほどで、金緑色。幼虫は木の根などを食べ、成虫はナラなどの木の葉を食いあらす。

こがら【小柄】〈形動〉❶からだがふつうより小さい。例小柄な老人。❷もようや図案が小さい、または、こまかい。▽対大柄。

こがらし【木枯らし】〖▼凩〗〈名〉晩秋から初冬にかけてふきあれる、つめたい風。参考東京と近畿《きんき》地方でその年に初めてふく、風速八メートル以上の木枯らしのことを、「木枯らし1号」という。

こが・れる【焦がれる】〈動下一〉苦しいほどに思いをよせる。例恋《こ》い焦がれる。待ち焦がれる。

こかん【股間】〈名〉またのあいだ。例股間をける。股間をぬくヒット。類またぐら。

こがん【湖岸】〈名〉湖のきし。例湖岸ぞいの道路。

1**ごかん【五官】**〈名〉五感をそれぞれ感じる五つの器官。目・耳・鼻・舌・皮膚《ひふ》。

2**ごかん【五感】**〈名〉視覚・聴覚《ちょうかく》・嗅覚《きゅうかく》・味覚・触覚《しょっかく》の五つの感覚。

3**ごかん【互換】**〈名〉たがいにとりかえがきくこと。例互換機。互換性。

4**ごかん【語感】**〈名〉❶ことばから受ける微妙《びみょう》な感じ。例美しい語感。類ニュアンス。❷ことばのもつ微妙な感じをとらえる感覚。例語感がするどい。語感をみがく。類言語感覚。

5**ごかん【語幹】**〈名〉〔文法〕活用のあることばで、形が変化しない部分。対活用語尾。参考たとえば、「よろこぶ」の「よろこ」、「うつくしい」の「うつくし」の部分。変化する部分は活用語尾という。また、「来る」「する」など、語によって語幹と活用語尾の区別のつけにくいものもある。

ごがん【護岸】〈名〉水害をふせぐために、川岸や海岸を堤防《ていぼう》などで補強すること。例護岸工事。

ごかんせい【互換性】〈名〉コンピューターをはじめ、各種の機械・器具のソフトウェアや部品などが、機種やメーカーがちがっても交換して使えるようになっていること。例互換性がある。

こかんせつ【股関節】〈名〉股《また》のつけねの部分の関節。例股関節脱臼《だっきゅう》。

1**こき【子機】**〈名〉電話機などで、本体からはなれたところで使える、無線の受話器。対親機。

2**こき【古希】**〖古▼稀〗〈名〉七十歳《さい》の称《しょう》。例古希の祝い。↓囲み記事15(282ページ)

由来中国の詩人、杜甫《とほ》の詩の一節、「人生七十古来《こらい》稀《まれ》なり」からできたことば。

3**こき【呼気】**〈名〉人や動物がはきだす息。対吸気。

1**ごき【語気】**〈名〉話すときの調子。例語気があらい。類語勢。語調。

2**ごき【誤記】**〈名・する〉書きまちがい。例「磐」を「盤」と誤記する。

ごぎ【語義】〈名〉ことばの意味。語意。

コキール〈名〉貝がら、またはそれに似《に》た形の皿に、調理した貝類やエビ、魚などをソースといっしょに入れ、オーブンで焼いた料理。◇《フランス》coquille

こきおろ・す【こき下ろす】〖▽扱き下ろす〗〈動五〉少しもいいところがないものだとして、徹底《てってい》的にけなす。類酷評《こくひょう》する。

加藤高明(たかあき)(1860～1926)　明治～大正の政治家。普通選挙法・治安維持法を成立させた首相。

ごきげん【御機嫌】━〈名〉人の機嫌のよしあしを話題にするときに使うことば。例御機嫌をとる。御機嫌うかがい。御機嫌ななめ。二〈形動〉とても機嫌がいい。例どうした、そんな御機嫌な顔して。類上機嫌。

ごきげんよう〖ご機嫌よう〗〈感〉人と会ったときや別れるときなどにいう、あいさつのことば。例それではみなさん、ごきげんよう。

こきざみ【小刻み】〈名・形動〉小さくきざむこと。また、そのような感じでものごとを行なうこと。例小刻みにふるえる。小刻みに歩く。小刻みに値上げする。

こぎたな・い【小汚い】〈形〉なんとなくきたならしい。例小汚い格好。対小ぎれい。類うす汚い。

こきつか・う【こき使う】〖▽扱き使う〗〈動五〉相手がへとへとになるまで、つぎからつぎへと仕事を命じてあらっぽく使う。類酷使《こくし》する。

こぎつ・ける【こぎ着ける】〖▼漕ぎ着ける〗〈動下一〉❶船をこいでいって、目的の場所につける。❷努力して、どうやらこうやら目標としたところまでたどりつく。

こぎって【小切手】〈名〉〔経済〕銀行に預金している人が、指定の金額をしはらうよう、受取人を通じて銀行にあてて依頼《いらい》する証券。

ごきない【五畿内】〈名〉畿内の五つの国。

ごきぶり〈名〉昆虫《こんちゅう》の一種。長い触角《しょっかく》をもち、黒茶色のからだには油のようなつやがある。夜行性で、繁殖力《はんしょくりょく》がつよい。クロゴキブリやチャバネゴキブリなど種類が多く、病原菌《びょうげんきん》をばらまく害虫。あぶらむし。由来「御器《ごき》かぶり」が変化した形。「御器」は黒光りした塗り物のおわんで、「かぶり」はかじること、またはかぶること。

こきみよ・い【小気味よい】〈形〉胸がすっとするほど気持ちがいい。こきみがいい。例小気味よいプレー。

こきゃく【顧客】〈名〉店や会社をひいきにしてくれる客。「こかく」ともいう。類お得意。

[1]**こきゅう**【呼吸】〈名・する〉❶生物が酸素をすって二酸化炭素をだし、生命を維持《いじ》する作用。とくに人が息をすったり、はいたりすること。例鼻で呼吸する。呼吸をととのえる。深呼吸。皮膚《ひふ》呼吸。えら呼吸。類いき。↓ひとこきゅう ❷ものごとをするときの、微妙《びみょう》な調子。例呼吸を合わせる。呼吸がわかる。仕事の呼吸をのみこむ。類こつ。▽アコキュー

表現「呼吸があう」という言いかたで、たがいの調子が通じあうことを表わす。

[2]**こきゅう**【故旧】〈名〉古くからの知り合い。類旧知。旧交。アコキュー

[3]**こきゅう**【鼓弓】〖▼胡弓〗〈名〉日本や中国で使われる、三味線《しゃみせん》を小さくしたかたちの弦楽器《げんがっき》。弓でこすって、音をだす。アコキュー

こきゅうき【呼吸器】〈名〉呼吸をするための器官。鼻・のど・気管支・肺など。

参考 魚はえらで、昆虫《こんちゅう》は気管で呼吸する。

こきょう【故郷】〈名〉生まれそだった土地。例故郷をはなれる。故郷に帰る。生まれ故郷。類ふるさと。郷里。くに。郷土。

表現 生まれそだった土地と同じくらいたいせつな土地をさして、「第二の故郷」ということがある。

故郷へ錦《にしき》を飾《かざ》る 出世してはれがましく故郷へ帰る。

ごきょう【五経】〈名〉儒教《じゅきょう》で基本とする五つの書物。「易経《えききょう》」「書経」「詩経」「礼記《らいき》」「春秋《しゅんじゅう》」。四書《ししょ》とあわせて「四書五経」という。

[1]**ごぎょう**【五行】〈名〉古代中国で、すべての物質をかたちづくるもとと考えられた、木・火・土・金《ごん》・水の五つの要素。例五行思想。参考これら五つの要素は、十干《じっかん》と結びついて、「甲《きのえ》・乙《きのと》・丙《ひのえ》・丁《ひのと》・戊《つちのえ》・己《つちのと》・庚《かのえ》・辛《かのと》・壬《みずのえ》・癸《みずのと》」という順序をしめすことばとなり、さらに「日・月」が加わって七曜にもなった。「水星・金星…」のように惑星《わくせい》の名としても生きている。

[2]**ごぎょう**〖御形〗〈名〉「春の七草《ななくさ》」の一つ。「ははこぐさ」のこと。「おぎょう」ともいう。

こぎれい【小ぎれい】〖小▼綺麗〗〈形動〉はでではないが、清潔にきちんとしていて、さっぱりした感じだ。例小ぎれいな店。対こぎたない。類こざっぱり。

常用漢字 **こく**

【克】 儿部5 全7画 克克克克克克

コク 音[コク] ⬒克服《こくふく》。克己心《こっきしん》。克明《こくめい》。⬓相克《そうこく》。超克《ちょうこく》。

【告】 口部4 全7画 告告告告告告

コク つげる 教小5 音[コク] ⬒告白《こくはく》。告別式《こくべつしき》。告示《こくじ》。告知《こくち》。告訴《こくそ》。告発《こくはつ》。⬓報告《ほうこく》。予告《よこく》。警告《けいこく》。原告《げんこく》。訓[つげる] 告げる。

【谷】 谷部0 全7画 谷谷谷谷谷谷

コク たに 教小2 音[コク] ⬓峡谷《きょうこく》。渓谷《けいこく》。深山幽谷《しんざんゆうこく》。訓[たに] 谷。谷川。谷合い。谷折り。谷間。

【刻】 刂部6 全8画 刻刻刻刻刻刻

コク きざむ 教小6 音[コク] ⬒刻印《こくいん》。刻苦《こっく》。刻限《こくげん》。⬓彫刻《ちょうこく》。深刻《しんこく》。時刻《じこく》。即刻《そっこく》。遅刻《ちこく》。訓[きざむ] 刻む。刻み付ける。小刻み。

【国(國)】 囗部5 全8画 ※国国国国国国

コク くに 教小2 音[コク] ⬒国際《こくさい》。国家《こっか》。国会《こっかい》。国語《こくご》。国産《こくさん》。⬓外国《がいこく》。帰国《きこく》。万国旗《ばんこくき》。南国《なんごく》。戦国時代《せんごくじだい》。訓[くに] 国。国境。国構え。北国。島国。お国柄。

【黒(黑)】 黒部0 全11画 ※黒黒黒黒黒黒

コク くろ・くろい 教小2 音[コク] ⬒黒板《こくばん》。黒点《こくてん》。黒煙《こくえん》。⬓漆黒《しっこく》。暗黒《あんこく》。訓❶[くろ] 黒。黒幕。黒豆。白黒。真っ黒。❷[くろい] 黒い。どす黒い。腹黒い。

【穀(穀)】 禾部9 全14画 穀穀穀穀穀

コク 教小6 音[コク] ⬒穀物《こくもつ》。穀類《こくるい》。穀倉地帯《こくそうちたい》。⬓雑穀《ざっこく》。五穀《ごこく》。米穀《べいこく》。脱穀機《だっこくき》。

【酷】 酉部7 全14画 酷酷酷酷酷酷

コク 音[コク] ⬒酷使《こくし》。酷薄《こくはく》。酷評《こくひょう》。酷似《こくじ》。酷暑《こくしょ》。⬓残酷《ざんこく》。過酷《かこく》。冷酷《れいこく》。

[1]**こ・く**〈動五〉ひねり出す。例へをこく。アコク

表現 俗《ぞく》に、見くだす気持ちをこめて、「うそをこけ」「調子こいて」「必死こいて」「いい年こいて」のように使われ

 カニシカ王 2世紀ごろ，古代インドのクシャン朝の王。仏教を保護し，ガンダーラ美術が発達した。

る。

2 **こ・く**〖▽扱く〗〈動五〉イネの穂《ほ》からもみを落とすときのように、細いすきまをむりやり通して引っぱり、くっついているものを落とす。ア コク

3 **こく**〈名〉ふかみのある、なんとも言えないいいあじわい。例 こくがある。こくのある酒。ア コク 表記 多く、「コク」とかたかなで書く。ア コク

4 **こく【石】**〈名・接尾〉❶尺《しゃっ》貫《かん》法の容積の単位。一石は一斗《と》の十倍で、約一八〇《リットル》。❷むかしの大名《だいみょう》や武士の禄高《ろくだか》を表わす単位。例 百万石の大名。▽ア コク

5 **こく【刻】**〈名〉昔の時刻のくぎりかた。一日を十二支にわりあてて十二等分した。例 子《ね》の刻。ア コク

6 **こく【酷】**〈形動〉あまりにきびしすぎる。例 それは酷な要求だよ。ア コク

7 **こく【国】**〈接尾〉「○○国」のかたちで、その国の立場や特徴をあらわす。例 加盟国。出場国。農業国。輸入国。発展途《と》上《じょう》国。

こ・ぐ〖▼漕ぐ〗〈動五〉❶櫓《ろ》やオールを使って、舟《ふね》をうごかす。❷足をまげたりのばしたりして、ものをうごかす。例 自転車をこぐ。ブランコをこぐ。

表現 いねむりをしている動作が櫓をあやつるのに似《に》ていることから、いねむりをすることを「ふねをこぐ」ともいう。

方言 東北地方・新潟などでは、「(雪の中ややぶの中を)かきわけて進む」という意味でも使う。

常用漢字 **ごく**

【獄】 犭部11 全14画 獄獄獄獄獄獄

ゴク 音[ゴク] ▨獄舎《ごくしゃ》。獄死《ごくし》。獄中《ごくちゅう》。▨監獄《かんごく》。地獄《じごく》。投獄《とうごく》。疑獄《ぎごく》。

1 **ごく【極】** ━[ごく]〈副〉量や程度が小さいこと、特別に変わったところがないことを強調することば。例 ごく貧しい人々。ごくふつうの家庭。ごくまれにこうしたことがおこる。類 きわめて。いたって。━〈接頭〉極端《きょくたん》な。例 極超《ちょう》短波。極薄《うす》。極辛《から》。表記 ━は、ふつうかな書きにするが、「▽極く」と書かれることもある。

2 **ごく【語句】**〈名〉単語、または、単語がいくつかつながってできている表現のこと。

3 **ごく【獄】**〈名〉罪人などをとじこめておくところ。例 獄につながれる。

ごくあく【極悪】〈形動〉性質や行ないが、この上なくわるい。例 極悪人《にん》。極悪非道。類 凶悪《きょうあく》。

ごくあくひどう【極悪非道】〈名・形動〉この上なく悪く、人の道をはずれていること。

こくい【国威】〈名〉諸外国に対して発揮する、国の威力・勢い。例 国威発揚《はつよう》のため。参考 むかし、国内の軍事力や経済力をふるいたたせるために使ったことば。

ごくい【極意】〈名〉武道や芸術などで、おくふかい わざと精神。例 極意を会得《えとく》する。類 奥義《おうぎ》。

こくいっこく【刻一刻】〈副〉時間がたつにつれてしだいしだいに。例 刻一刻とせまる。刻一刻とかわる風景。類 一刻一刻。刻刻。

表現 時間がたっていく過程を、とくに強めた言いかた。

こくいん【刻印】〈名・する〉印をほりこむこと。ほりこまれた印。例 刻印をおす。

表現 「恐怖の体験は深く記憶《きおく》に刻印された」のように、心理的なことがらにも使う。

1 **こくう【虚空】**〈名〉なに一つない空間。おおぞら。例 虚空をつかんでたおれる。類 空《そら》。宙《ちゅう》。ア コクー

2 **こくう【穀雨】**〈名〉二十四節気の一つ。今の四月二十日ごろ。穀物をうるおす春雨のふる時季。ア コクウ

こくうん【国運】〈名〉国の運命。例 国運をかける。国運をかたむける。

こくえい【国営】〈名〉国が経営すること。例 国営放送。対 民営。類 公営。

こくえき【国益】〈名〉国家にとって利益になること。

1 **こくえん【黒煙】**〈名〉黒いけむり。対 白煙。参考 火の手は見えない。燃える温度が低いと黒煙が出る。

2 **こくえん【黒鉛】**〈名〉⇩せきぼく

こくおう【国王】〈名〉王国で、国のいちばん上に立っておさめる者。類 君主。皇帝。

こくがい【国外】〈名〉国の領土のそと。その国の外部のこと。例 国外退去。対 国内。

こくがく【国学】〈名〉古典の研究によって、日本の古代の精神を明らかにしようとした江戸《えど》時代の学問。和学。対 洋学。漢学。参考 契沖《けいちゅう》・賀茂真淵《かものまぶち》・本居宣長《もとおりのりなが》・平田篤胤《ひらたあつたね》などの国学者がいる。

こくぎ【国技】〈名〉ある国の、伝統的、代表的なスポーツや武術。日本では、一般《いっぱん》に相撲《すもう》が国技と見なされている。

こくげん【刻限】〈名〉あらかじめきめられた時間。例 約束の刻限がすぎる。

こくご【国語】〈名〉❶それぞれの国家や民族がその社会で使っている言語。日本では、日本語のこと。❷学校の教科の一つ。日本語の「読む・書く・話す・聞く」能力を高めることを目的とする。

こくごがく【国語学】〈名〉日本語の音声・文字・語彙《ごい》・文法などについて研究する学問。日本語学。

こくこく【刻刻】〈副〉小きざみに少しずつだが、止まることなく時間がたっていくようす。「こっこく」ともいう。例 刻々と変化する。時々刻々。類 刻一刻。

ごくごく〖極極〗〈副〉「ごく」をさらに強めた言いかた。例 ごくごくありふれた話。

こくごじてん【国語辞典】〈名〉日本語の単語や慣用《かんよう》句などを集めて、五十音順にならべ、書き表わしかたや意味・用法などを日本語で説明した書物。ふつう、古語辞典は含めないでいう。国語辞書。

1 **こくさい【国債】**〈名〉財政上の必要から、国家が発行する債券。「国庫債券」の略。

2 **こくさい【国際】**〈造語〉よその国に関連していること。外国人とかかわりがあること。例 国際問題。国際空港。国際電話。国際結婚。国際化。国際的。国際性。

こくさいご【国際語】〈名〉❶話すことばがたがいに異なる民族や国家のあいだで、共通に使われている言語。現代では英語が多くの場合その役目をしている。❷共通に使われることを目的として、人工的につくられた言語。エスペラントなど。

ごくさいしき【極彩色】〈名〉原色などを使った、非常にめだつ、手のこんだいろどり。

こくさいしょく【国際色】〈名〉さまざまな国の人が参加していること。例 国際色ゆたかな大会。

こくさいじん【国際人】〈名〉自国内にとどまらない活躍《かつやく》をしている人や、外国人とのつきあいが多い人。類 コスモポリタン。

こくさいせい【国際性】〈名〉外国・外国人とのか

かわりかた。自国の常識にとらわれないものの見かた。例国際性を育てる。

こくさいてき【国際的】〈形動〉ひろく多くの国にかかわりがある。インターナショナル。例国際的な問題。国際的に有名な学者。類世界的。

こくさいほう【国際法】〈名〉国際社会で、守られなければならない法律。国際連合憲章や条約など。

こくさいれんごう【国際連合】〈名〉世界の平和をまもり、各国の協力をおしすすめるためにつくられた組織。第二次世界大戦後の一九四五年に、国際連盟にかわって発足《ほっそく》。本部はニューヨーク。略して「国連」ともいう。

参考 日本は一九五六年に加盟した。

こくさいれんごうぐん【国際連合軍】〈名〉多国間の紛争《ふんそう》の解決のために、国際連合が指揮する、加盟国の兵士によって構成された軍隊。国連軍。

こくさく【国策】〈名〉ある目的にむけての、国の政策。例国策に一致《いっち》する。類国是《こくぜ》。

こくさん【国産】〈名〉自分の国で生産・産出した品物。例国産品。国産車。

1 **こくし【国史】**〈名〉自分の国の歴史。とくに、日本人にとっての日本の歴史。アコクシ コクシ

2 **こくし【国司】**〈名〉〔歴史〕律令《りつりょう》時代に、中央政府から派遣《はけん》されて一国を治めた地方官。アコクシ

3 **こくし【酷使】**〈名・する〉人やものを、限度をこえてはげしく使うこと。例酷使にたえる。からだを酷使する。類こきつかう。アコクシ

1 **こくじ【告示】**〈名・する〉国や公共団体などがきめたことを、一般《いっぱん》の人々にひろく知らせること。例内閣告示。類公告。公示。アコクジ

2 **こくじ【国字】**〈名〉❶ある国のことばを書き表わすために使われる文字。例国語国字問題。❷日本でつくられた漢字。峠《とうげ》・凪《なぎ》・榊《さかき》など。▽アコクジ

3 **こくじ【国事】**〈名〉国の政治にとってだいじなことがら。例国事に奔走《ほんそう》する。アコクジ

4 **こくじ【国璽】**〈名〉国家のしるしとしての印章。アコクジ

5 **こくじ【酷似】**〈名・する〉非常によく似《に》ていること。類うり二つ。アコクジ

ごくし【獄死】〈名・する〉牢屋《ろうや》の中で死ぬこと。

1 **こくしびょう【黒死病】**〈名〉「ペスト」のこと。

2 **こくしょ【国書】**〈名〉❶国の元首が外国にだす正式の文書。❷漢籍《かんせき》や洋書に対して、昔の日本の書物。

こくしょ【酷暑】〈名〉真夏のひどい暑さ。対酷寒。類炎暑《えんしょ》。猛暑《もうしょ》。

表現 多く、「酷暑のおり、おからだにお気をつけください」などのように、手紙・メールの文句として使う。

こくじょう【国情】〈名〉政治や経済、文化などの面からみた、その国の状態。

ごくじょう【極上】〈名〉最上。例極上のワイン。

こくじょく【国辱】〈名〉国家や国民としての恥《はじ》。

こくしょくじんしゅ【黒色人種】〈名〉人種をひふの色で分けた区分の一つ。ひふが黒褐色《こっかっしょく》で、かみの毛がちぢれている。アフリカやオセアニアに住む人が多い。類黒人。↓おうしょくじんしゅ・はくしょくじんしゅ

こくじん【黒人】〈名〉黒色人種に属する人。↓前項

こくすいしゅぎ【国粋主義】〈名〉自分の国の歴史や文化などが、ほかのどの国よりもすぐれていて、おかされてはならないとする考え。

こくぜ【国是】〈名〉国としてまもらなければならない基本的な方針。例戦争放棄《ほうき》を国是とする。

1 **こくせい【国政】**〈名〉国の政治。例国政をになう。国政をあずかる。

2 **こくせい【国勢】**〈名〉人口や資源、経済などの面からみた、国の状態。例国勢調査。

こくぜい【国税】〈名〉国としての仕事をするために、国が国民から集める税金。対地方税。

こくぜいちょう【国税庁】〈名〉財務省の外局。税金の徴収《ちょうしゅう》、酒類の製造・販売《はんばい》の免許《めんきょ》などの仕事をする。

こくせいちょうさ【国勢調査】〈名〉政府による、人口や世帯《せたい》数などを明らかにするための全国一斉《いっせい》調査。五年ごとに簡易調査、十年ごとに本調査を、世帯ごとの回答で行なう。

こくせき【国籍】〈名〉〔法律〕❶国が国民に健全な社会生活をさせるために、「あなたはこの国の国民です」と証明し、国民としての位置をあたえる、その位置づけ。例日本国籍。❷飛行機や船がどこの国のものであるかをしめす、その所属。例国籍不明機。

こくそ【告訴】〈名・する〉〔法律〕犯罪の被害《ひがい》者やその家族が、検察官や警官に被害の内容をうったえて、加害者の処罰を求めること。類提訴。起訴。↓こくはつ

1 **こくそう【国葬】**〈名〉国家にとくに功労のあった人に対して、国家として行なう葬儀《そうぎ》。

2 **こくそう【穀倉】**〈名〉穀物の貯蔵庫。

表現「日本の穀倉地帯」といえば、米や麦が日本各地へ送れるほどとれる地方、という意味。

こくぞく【国賊】〈名〉その国の国民でありながら、国に害をあたえる人。

こくたい【国体】〈名〉❶共和制・君主制など、政治のあり方からみた、国の形態。❷「国民体育大会」の略。

こくだか【石高】〈名〉❶米や麦などの量。❷〔歴史〕土地の面積を、その土地の収穫《しゅうかく》量で表わした言いかた。豊臣秀吉《とよとみひでよし》の検地によってはじめられ、大名の領地の大きさなどをこれで表わした。「加賀百万石」の類。

1 **こくたん【黒炭】**〈名〉石炭の一種。つやのある黒色をしたふつうの石炭。コークスの製造や火力発電の燃料とする。瀝青《れきせい》炭。

2 **こくたん【黒▼檀】**〈名〉南アジアに産する常緑高木。木材は黒光りし、上質の家具材になる。

こくち【告知】〈名・する〉あることを関係者に知らせること。例告知板。受胎《じゅたい》告知。類通知。

1 **こぐち【小口】**〈名〉❶ほそいものを横に切ったときの、切りくち。❷本で、背以外の三つの断面。とくに背の反対がわの面。対のど。❸取り引きなどで、少量または少額であること。例小口の注文。小口の預金者。対大口。▽アコグチ

2 **こぐち【木口】**〈名〉⇩きぐち② アコグチ

ごくちゅう【獄中】〈名〉牢屋《ろうや》の中。刑務所《けいむしょ》の中。例獄中日記。

こくちょう【黒鳥】〈名〉小形のハクチョウの一種。全身黒茶色で、くちばしが赤い。オーストラリア原産。

ごくちょうたんぱ【極超短波】〈名〉❶⇩マイクロウエーブ ❷⇩ユーエッチエフ(UHF)

ごくつぶし【▽穀潰し・▽石潰し】〈名〉なんの働きもないのに、食べることだけは一人前の人。古いののしりことば。

 狩野永徳(かのうえいとく) (1543～90) 桃山時代の画家。織田信長・豊臣秀吉に仕え豪壮華麗な障壁画をえがいた。

こくてい【国定】〈名〉国がさだめること。

こくていこうえん【国定公園】〈名〉国立公園に準じる自然公園。国が指定して、都道府県が管理する。

こくてつ【国鉄】〈名〉❶「日本国有鉄道」の略。一九八七（昭和六二）年に分割・民営化されてJRとなった。❷その国の国営鉄道。

こくてん【黒点】〈名〉〔天文〕太陽の表面に現れる黒い点。周囲より温度が低いので、黒く見える。たくさん現れたときには、電波障害など、地球にも影響《えいきょう》がある。

こくど【国土】〈名〉一国の国境内の土地。

こくどう【国道】〈名〉おもに国が管理する幹線道路。それぞれに番号をつけ、「国道…号線」のようによんで区別する。参考 途中《とちゅう》区間が海でへだてられていて、船で結ばれている一本の国道もある。

ごくどう【極道】〈名・形動〉行ないの悪いこと。とくに酒・女・ばくちなどにふけること。例 極道な息子。極道のかぎりをつくす。極道者《もの》。類 放蕩《ほうとう》。

こくどこうつうしょう【国土交通省】〈名〉中央官庁の一つ。国土の開発と利用、交通政策などに関する仕事をし、気象や海上保安を統括《とうかつ》する。国交省。

こくどちりいん【国土地理院】〈名〉国土交通省の特別な機関。基準となる土地の測量、基準となる国土地図の作成などを行ない、その技術を災害関係の情報や国際協力にも提供する。

こくない【国内】〈名〉国の領土の中。その国の内部のこと。例 国内問題。対 国外。

こくはく[1]【告白】〈名・する〉心の中に秘めていたことを、人にうちあけること。例 愛の告白。罪を告白する。類 懺悔《ざんげ》。白状。

こくはく[2]【酷薄】〈形動〉人間味もなにもなく、実にひどい。例 酷薄非情。

こくはつ【告発】〈名・する〉❶世に知られないでいる不正や真実のすがたを明らかにして、みんなに知らせること。例 八百長《やおちょう》を告発する。内部告発。❷〔法律〕犯罪に関係のない人が、検察官や警官に犯罪がおきたことを知らせて、捜査《そうさ》と裁判を求めること。→こくそ

こくばん【黒板】〈名〉チョークで字や絵を書くための、黒や緑などの色をした板。

こくひ【国費】〈名〉国が支出する金。

こくび【小首】〈名〉「小首をかしげる」「小首をかたむける」などの言いかたで、首をちょっとまげて考えたり、変だなと思ったりするようすを表わす。

ごくひ【極秘】〈名〉絶対に秘密にしなければならないこと。例 極秘に捜査《そうさ》する。極秘文書。極秘裏《り》。

こくびゃく【黒白】〈名〉「しろくろ②」のかたい言いかた。例 裁判《さいばん》で黒白を決する。

こくひょう【酷評】〈名・する〉少しのよさも認めず、きびしく批評すること。例 酷評をあびる。類 こきおろす。

こくひん【国賓】〈名〉国の客としてまねく外国人。

ごくひん【極貧】〈名〉ひどく貧乏《びんぼう》であること。例 極貧生活。類 赤貧。

こくふく【克服】〈名・する〉努力してむずかしい問題を解決すること。困難にうちかつこと。例 インフレを克服する。困難を克服する。類 超克《ちょうこく》。

ごくぶと【極太】〈名〉とくに太いこと。例 極太のペン。極太麺《めん》。対 極細《ごくぼそ》。

こくぶん【国文】〈名〉❶日本語で書いた文章。「漢文」に対していう。❷「国文学」「国文学科」の略。

こくぶんがく【国文学】〈名〉「日本文学」のこと。また、日本文学を研究する学問。

こくぶんぽう【国文法】〈名〉日本語の文法。

こくべつ【告別】〈名〉遠くに行く人、とくに、死者への別れをつげること。例 告別の辞。

こくべつしき【告別式】〈名〉「葬式」のこと。ただし、お通夜はふくまない。とくに、出棺《しゅっかん》の前に遺体に別れをつげる儀式《ぎしき》をさす。→つや〔通夜〕

こくほう[1]【国宝】〈名〉文化史上、とくに価値があるものとして、国が指定して保存する建物や美術工芸品など。

こくほう[2]【国法】〈名〉国の法律。

こくぼう【国防】〈名〉外敵から国をまもること。

ごくぼそ【極細】〈名〉とくに細いこと。例 極細の毛糸。極細ペン。対 極太《ごくぶと》。

こくみん【国民】〈名〉国家をつくっている人々。同じ国籍《こくせき》をもっている人々。例 国民性。類 人民。

こくみんえいよしょう【国民栄誉賞】〈名〉国民に明るい希望をあたえるような大きな業績をあげた人に、内閣総理大臣の決定によりおくられる賞。

こくみんがっこう【国民学校】〈名〉一九四一（昭和一六）年から一九四七（昭和二二）年までの、小学校の名称《めいしょう》。

こくみんけんこうほけん【国民健康保険】〈名〉会社員や公務員をのぞいた、自営業者などの人々のための健康保険。略して「国保」ともいう。

こくみんしょとく【国民所得】〈名〉〔経済〕国民全体が、一定の期間にあげた生産や獲得《かくとく》した財産を、お金に計算しなおしたもの。

こくみんしんさ【国民審査】〈名〉〔法律〕最高裁判所の裁判官について、その人でいいかどうか国民が審査すること。衆議院の総選挙のとき、投票により行なわれる。

こくみんせい【国民性】〈名〉その国の国民にひろくみとめられる共通の気質。

こくみんたいいくたいかい【国民体育大会】〈名〉スポーツの普及《ふきゅう》や発展を目的として、各都道府県の代表選手が参加して毎年行なわれる全国的な競技大会。略して「国体」ともいう。二〇二三（令和五）年より「国民スポーツ大会」という名にかわる。

こくみんてき【国民的】〈形動〉ほとんどの国民が知っていたり、かかわっていたりするものだ。例 国民的人気の選手。国民的な関心事《じ》。

こくみんとうひょう【国民投票】〈名〉国にとって重要なことがらを、国民の直接投票によってきめること。憲法改正などで行なわれる。

こくみんねんきん【国民年金】〈名〉自営業者などが、お金をつみたてて、年をとったり、病気やけがで働けなくなったときに、国から年金をうけとる制度。老齢《ろうれい》年金・障害年金・母子年金など。→こうせいねんきん

こくみんのしゅくじつ【国民の祝日】〈名〉法律でさだめられた日本国民の十六の祝日。元日《がんじつ》（1月1日）・成人の日（1月の第二月曜日）・建国記念の日（2月11日）・天皇誕生日（2月23日）・春分の日（3月21日ごろ）・昭和の日（4月29日）・憲法記念日（5月3日）・みどりの日（5月4日）・こどもの日（5月5日）・海の日（7月の第三月曜日）・山の日（8月11日）・敬老の日（9月の第三月曜日）・秋分の日（9月23日ごろ）・スポーツの日（10月の第二月曜日）・文化の日（11月3日）・勤労《きんろう》感謝の日（11月23日）。

狩野山楽(かのうさんらく)（1559～1635） 狩野派の画家。豊臣家の絵師として活躍。装飾性にすぐれた。

参考 (1)国民の祝日が日曜日とかさなる場合は、そのあとのもっとも近い平日が「振《ふり》替《かえ》休日」となる。(2)ふたつの国民の祝日にはさまれる日は「国民の休日」となり、敬老の日と秋分の日の間の日が当たる年がある。

こくむだいじん【国務大臣】〈名〉内閣総理大臣から任命されて、内閣を構成する大臣。その過半数は、国会議員であることが必要。省庁の長官となる大臣と、そうでない無任所大臣とがある。

こくめい【克明】〈形動〉こまかいところにまで注意がゆきわたっていて、くわしい。例克明にしるす。類丹念。

こくもつ【穀物】〈名〉米・麦・トウモロコシ・マメなど、人間の主食となる作物。穀類。

ごくもん【獄門】〈名〉罪人の首をきって、見せしめのために人々の前にさらした、昔の刑罰《けいばつ》。

こくゆう【国有】〈名〉国が所有していること。例国有財産。国有林。対私有。民有。類官有。公有。

こくようせき【黒曜石】〈名〉火山岩の一種。黒い、ガラスのような石。黒曜岩。参考石器時代には、やじりやナイフなどに使われた。現在では、かざり物や印鑑《いんかん》などの材料にする。

ごくらく【極楽】〈名〉❶「極楽浄土《じょうど》」の略。例聞いて極楽、見て地《じ》獄《ごく》(→「きく〔聞く〕」の子項目)。❷心配も苦しみもない、安楽な境遇《きょうぐう》。類楽園。▽対地獄。

ごくらくおうじょう【極楽往生】〈名・する〉❶❷〔仏教〕死んでのち極楽浄土《じょうど》に生まれかわること。やすらかに死ぬこと。

ごくらくじょうど【極楽浄土】〈名〉〔仏教〕阿弥陀如来《あみだにょらい》がいるという、すべてがみちたりた、苦しみのない理想の世界。類西方《さいほう》浄土。

ごくらくちょう【極楽鳥】〈名〉ニューギニアやオーストラリアにいる鳥。くちばしが大きく、おすの羽の色彩《しきさい》はあざやか。種類が多い。

ごくらくとんぼ【極楽とんぼ】『極楽▼蜻▼蛉』〈名〉なやみもなく、のんきに暮らしている人をからかっていうことば。類のんきもの。

こくりつ【国立】〈名〉国の資金で設立し、運営していること。例国立大学。対私立。類公立。

こくりつこうえん【国立公園】〈名〉国が指定して管理する、規模《きぼ》の大きい自然公園。知床《しれとこ》・日光・南アルプス・伊勢志摩《いせしま》・瀬戸内海など。類国定公園。

こくりょく【国力】〈名〉国の経済力や軍事力などを総合した力。例国力をたくわえる。

こくるい【穀類】〈名〉穀物であるもの。

こくれん【国連】〈名〉「国際連合」の略。

ごくろう【御苦労】〈名・形動〉他人の尽力《じんりょく》や努力をねぎらうことば。例御苦労をおかけする。

表現 (1)「御苦労さま」は、いまはふつう目上の人が目下の者にかけることば。「おつかれさま」は、目下から目上にも言える。
(2)「今さら御苦労なこった」のような言いかたで、他人のむだな行為《こうい》や努力をあざけっていうこともある。

こくろん【国論】〈名〉国政などについての、多くの国民の意見。例国論が沸騰《ふっとう》する。類世論。

こぐんふんとう【孤軍奮闘】〈名・する〉だれも助ける人がなくて、ただ一人でいっしょうけんめいに努力すること。

[1]**こけ**『▼苔』〈名〉しめった土地、古い木の幹《みき》、岩などをおおって、一面に生える植物。花はなく、胞子《ほうし》でふえる。スギゴケ・ゼニゴケなど、種類が多い。分類名を「コケ植物」という。

[2]**こけ**『虚仮』〈名〉考えの足りないこと。ばか。例人をこけにする。こけの一念。

ごけ【後家】〈名〉夫が死んだあと、再婚《さいこん》しないでいる女性。類未亡人。

こけい【固形】〈名〉液体や気体に対して、かたまっているもの。例固形燃料。固形スープ。

ごけい【語形】〈名〉ことばのかたち。例語形変化。

ごけいじょうやく【互恵条約】〈名〉ふたつの国のあいだで、たがいに相手国が通商上とくに有利になるようとりはからうことをきめた条約。

こけいしょく【固形食】〈名〉形があって、かんで食べるふつうの食べ物。対流動食。
表現 病院などでの食事について使うことば。

こけおどし『虚仮▽威し』〈名〉見せかけだけで内容のない、ばかばかしいもの。例こけおどしの文句。

こげくさ・い【焦げ臭い】〈形〉こげるにおいがする。類きな臭い。

こけし〈名〉日本の代表的な民芸品の一つ。つつ形の胴体《どうたい》にまるい顔をつけて、かんたんなもようをかいた木の人形。東北地方の特産だが、現在は各地でつくられる。

こげちゃ【焦げ茶】〈名〉黒みをおびた茶色。例焦げ茶色。類褐色《かっしょく》。

こげつ・く【焦げつく】〈動五〉❶長く火にかけすぎたために、なべなどの中のものが焦げてくっつく。❷貸したお金などが取りもどせなくなる。

こけつ(虎穴)にい(入)らずんばこじ(虎児)をえ(得)ず トラのすむ穴に入らなければ、トラの子を生けどることができないように、危険をおかさなければ、大きな成功はのぞめない。

コケティッシュ〈形動〉男の気をひくような。色っぽい。なまめかしい。◇coquettish
表現 女性の外見やしぐさについていう。

ごけにん【御家人】〈名〉〔歴史〕鎌倉《かまくら》時代、将軍と主従関係をむすんだ武士。また、江戸《えど》時代では、将軍直属の家臣のうち旗本《はたもと》より下位で、将軍に会う資格がなかった武士。

こけむ・す『▼苔▽生す』〈動五〉石や岩や土に、長い年月をかけて、コケが生える。例こけむした岩はだ。

こけらおとし【こけら落とし】『▼柿落とし』〈名〉新築の劇場で、最初に行なう興行。
参考 新築した建物のけずりくず(=こけら)をはらい落としたあと興行したことから。「柿《こけら》」は「柿《かき》」とは別の漢字。

[1]**こ・ける**『▽痩ける』〈動下一〉肉がおちて、げっそりする。例ほおがこける。やせこける。

[2]**こ・ける**『▽転ける・▽倒ける』〈動下一〉❶ころぶ。例階段でこける。❷失敗する。例計画が途中《とちゅう》でこける。
表現 ①はもと西日本の方言で、俗《ぞく》っぽい言いかたとして広く使われるようになった。②は、「芝居《しばい》がこける」のように、興行が不人気に終わる場合などにも使う。

[3]**こ・ける**〈接尾〉「とにかくひたすら…の状態である」という意味を表わす。例笑いこける。ねむりこける。

こ・げる【焦げる】〈動下一〉火に焼かれて、黒みをおびる。例魚が焦げる。きつね色に焦げる。

こけん『▼沽券』〈名〉世間がみとめる、人のねうち。類体面。面目《めんぼく》。メンツ。参考 もともとは、土地の売り値を

しるした証券で、「沽券が下がる」は安くみられること。

沽券に関《かか》わる 他人からうける評価にさしさわりとなる。

ごけん【護憲】〈名〉 憲法や立憲政治を守ろうとすること。例護憲派。護憲論者。護憲運動。

ごげん【語源】〈名〉 あることばの おおもとの形や意味。例語源をさぐる。↓囲み記事55(1246ページ)

[1]**ここ**〈代名〉 ❶話し手が今いるところ、または、話し手に近い場所をさすことば。例ここへ来い。ここからそこまで五分だ。❷話し手が問題としてとりあげたり、さし示したりしている点、時点、場面。例きみの答えは ここがちがっている。これは ここだけの話にしてくれ。ここがまんのしどころだ。▽アココ ↓あそこ・そこ・どこ

表現 ②は、「ここ二、三日はあたたかいですね」(過去)、「ここ当分はいそがしい」(未来)のように、過去についても未来についてもいう。

ここ一番《いちばん》 その後の進みかたを左右するだいじな局面。例ここ一番というときに力を発揮できない。

ここのところ ここしばらく。最近ずっと。「このところ」ともいう。例ここのところあたたかい日がつづいている。

ここへ来《き》て このごろになって。最近になって。例ここへ来てようやく春らしくなってきた。

ここを先途《せんど》と ⇩せんど〔先途〕

[2]**ここ【個個】**〈名〉 一つ一つ。ひとりひとり。例個々の例。個々別々。個々人。類個別。アココ

こご【古語】〈名〉 ❶古文に使われていることば。古典語。例古語辞典。対現代語。類文語。❷古い時代に使われて、現在では使われなくなったことば。対新語。

ごご【午後】〈名〉 ❶正午(=午後○時《れいじ》)から夜の十二時(=午前○時)までのあいだ。例終電車は午後の十一時にでる。❷正午または昼過ぎから、夕方前までのあいだ。例午後のひととき。午後の人出は十万人をこした。▽対午前。

表現 午後の早いうち、二時ごろを「昼下がり」という。

参考 時刻を表わすのに、「PM」「pm」とも書かれる。

ココア〈名〉 カカオの実を煎《い》って粉にしたもの。その粉をとかしてつくった飲みもの。◇cocoa

[1]**ここう【虎口】**〈名〉 今にもやられそうで、見ていてもはらはらするような あぶない状況《じょうきょう》。例虎口を脱《だっ》する。虎口をのがれる。

[2]**ここう【孤高】**〈名・形動〉 理想をいだきつづけて、まわりから一人へだたっていること。例孤高を持する。孤高の精神。

こごう【古豪】〈名〉 十分に経験をつんだ実力者。スポーツや競技などで、むかしから強いという定評のあるチームや人などについていう。対新鋭《しんえい》。類ベテラン。

ごこう【後光】〈名〉〔仏教〕 仏や菩薩《ぼさつ》のからだから出るという光。また、その光をかたどった光背。例後光がさす。類光背。

ここうもく【子項目】〈名〉 辞書で、子見出しとしてのっている各項目。

ここう(▼糊口)をしのぐ 食べていくだけがやっと、という暮らしをしている。参考「糊口」は、「口を糊《のり》する(=かゆをすする)」の意味。

こごえ【小声】〈名〉 小さくて低い声。

こごえし・ぬ【凍え死ぬ】〈動五〉 寒さのために死ぬ。凍え死《じ》にする。類凍死《とうし》する。

こご・える【凍える】〈動下一〉 寒さのためにからだがひえて感覚がなくなる。例手が凍える。凍え死ぬ。

ここかしこ〈代名〉 あちらこちら。類ここそこ。

ここく【故国】〈名〉 ❶自分の生まれそだった国。類母国。祖国。❷自分の生まれそだった地方。例故国をしのぶ。類ふるさと。故郷。

ごこく【五穀】〈名〉 人間の食生活にとって重要な五種類の穀物。ふつう、米・麦・キビ・アワ・マメをさすが、穀物全体をさしてもいう。例五穀豊穣《ほうじょう》。

こごし(小腰)をかがめる 腰をちょっと かがめる。

ここじん【個個人】〈名〉 個人ひとりひとり。個人ごと。個人個人。例個々人の責任において行なう。

ここぞという この場面をのがして、いったいいつ力を発揮するのかという、肝心《かんじん》の。例くそっ、ここぞというときに役に立たない。類ここ一番。

ここち【心地】〈名〉 外からある刺激《しげき》をうけたときに感じる気持ち。例すがすがしい心地がする。生きた心地がしない。心地よい。類こころもち。気分。↓ごこち

ごこち【心地】〈接尾〉 動詞の連用形や名詞につく。❶「…しているような気分」という意味を表わす。例夢心地。夢見心地。❷「…しているときの感じ」という意味を表わす。例乗り心地。寝《ね》心地。

ここちよ・い【心地よい】〈形〉 気持ちがいい。「心地いい」ともいう。例心地よい眠《ねむ》りにつく。虫の鳴き声が耳に心地よくひびく。類快適。

こごと【小言】〈名〉 しかること。また、ぶつぶつ不平不満をのべること。例小言を言う。

ココナッツ〈名〉 ヤシの実。ラグビーボールのような形で、殻《から》がかたい。例ココナッツミルク。◇coconut

ここ(▼呱▼呱)のこえ(声)をあげる 誕生《たんじょう》する。例モーツァルトはこの町で呱呱の声をあげた。参考「呱呱」は、生まれたての赤んぼうの泣き声。

ここのつ【九つ】〈名〉 ❶八の次の数。九《きゅう》。❷九歳《さい》。また、九個。

ここのところ ⇩「ここ〈代名〉」の子項目

ここべつべつ【個個別別】〈名〉 「個別」をつよめた言いかた。例個々別々の事情。個々別々に対処する。

こご・む〖▽屈む〗〈動五〉 ⇩かがむ①

ここら〈代名〉 ❶このあたり。例ここらに病院はない。❷このくらい。この程度。例もうここらで許してやろう。▽くだけた言いかた。類ここらへん。

こころ【心】〈名〉 人にそなわった、感じる、考える、知る、おぼえる、思いだす、なにかをしようとする、などのはたらきをするもの。人間を入れ物にたとえれば、からだは容器で心はその内容といえる。心のはたらきには知(知性)・情(感情)・意(意志)の三方面があり、それを区別しないでいうときと、おもに情や意のはたらきをさしていうときとがある。

❶精神。知・情・意のはたらきの全体。例心が広い。心が大きい。心のゆとり。心をみがく。心を入れかえる。

❷感情のはたらき。例心がさわぐ。心がはずむ。心がはれる。心にしみる。心にひびく。心をうつ。心をこめる。心意気。心づくし。心ない。真心《まごころ》。類胸《むね》。

❸意志。積極的になにかをしようとする思い。例心がきまる。心をきめる。心に期する。心にもないこと。心のまま。心の底。心づもり。心がまえ。類腹《はら》。▽↓囲み記事19(次ページ)

❹⇩[2]したごころ

心が動《うご》く ❶そうしたいという気が起こる。❷気持ちが平静でなくなる。❸相手に対して愛情などがわく。

心が折《お》れる くじける。例心が折れそうになる。

狩野探幽(かのうたんゆう) (1602～74) 江戸幕府の御用絵師。永徳の孫。名古屋城・二条城などの障壁画が有名。

心が通《かよ》う おたがいの気持ちが通じ合う。
心が騒《さわ》ぐ 不安で、じっとしていられないような気持ちになる。類むなさわぎがする。
心が狭《せま》い 人の考えをうけいれたり、欠点や失敗を許したりすることができない。度量がせまい。対心が広い。
心が広《ひろ》い 人の考えを大いにうけいれ、欠点や失敗を許せる。度量がある。対心がせまい。
心に浮《う》かぶ 心のスクリーンに情景がえがき出される。例心に浮かぶあの人のおもかげ。
心に描《えが》く ようすをありありと思いうかべる。
心に掛《か》ける すぐに解決しようとはしないが、わすれないでおく。心配する。類気にかける。
心に刻《きざ》む しっかりと記憶《おく》《き》する。
心に刺《さ》さる ⇩胸に刺さる(「むね〔胸〕」の子項目)
心に留《と》める 気にかけて覚えておく。
心に任《まか》せぬ 思うようにいかない。
心にもない ほんとうはそんな気持ちが少しもない。例心にもないお世辞を言う。
心のひだ 心の中の、こまやかで感じやすい部分。例バイオリンの調べが心のひだにしみとおっていくようだ。
心を痛《いた》める ❶良心がきずつく。❷ひどく心配する。類胸を痛める。心痛《しんつう》する。
心を入《い》れ替《か》える 反省して新たな心持ちになり、態度を改める。
心を動《うご》かす 感動させる。やる気にさせる。例たび重なる説得に心を動かされた。
心を打《う》たれる 感動したり感銘《かんめい》したりする。類胸を打たれる。
心を打《う》つ 感動や感銘《かんめい》をあたえる。類胸を打つ。
心を奪《うば》われる 一つのことに関心が集中する。類気を取られる。
心を鬼《おに》にする かわいそうと思いながらも、相手をよくするために、やむをえずきびしい態度をとる。
心を傾《かたむ》ける あることにむちゅうになる。
心を砕《くだ》く 心配して、こまかく気をくばる。
心を配《くば》る 周囲に気を使う。類配慮《はいりょ》する。
心を酌《く》む 相手の気持ちを理解し、思いやる。類意をくむ。表記「酌む」は、「▼汲む」とも書く。
心を込《こ》める 形だけをつくるのでなく、真の目的を考えて内容をつくる。例心を込めて歌う。
心を捉《とら》える 人の気持ちをつかむ。
心を引《ひ》かれる 自分にとって興味や関心のある方へ気持ちがさそわれる。
心を開《ひら》く その人に対する警戒心《けいかいしん》を解き、本心を話せるようになる。対心を閉ざす。類気を許す。胸襟《きょうきん》を開く。
心を用《もち》いる 気をくばる。気をつける。
心を許《ゆる》す 安心して信頼《しんらい》感をもつ。うちとける。類気を許す。
心を寄《よ》せる ある人に対して、ひそかに愛情を感じたり好意をもったりする。類思いを寄せる。思いをかける。
こころあたり【心当たり】〈名〉❶「ああ、あのことか」などと思いあたること。例心当たりがある。❷見当をつけたところ。例心当たりをさがす。
こころあて【心当て】〈名〉たしかではないことを、「そうであってほしい」と思うこと。例心当てにする。心当てに待つ。類心だのみ。
こころある【心ある】〈連体〉❶思慮《しりょ》ぶかくて、良識がある。例心ある人にこのことを伝えたい。❷ものごとの微妙なあじわいやおもむきがわかる。▽対心ない。
こころいき【心意気】〈名〉自分で責任をとるかくごでものごとに積極的にあたる、さっそうとした態度。例心意気を示す。
こころえ【心得】〈名〉❶知識や技術をある程度は身につけていること。例心得がある。茶道《さどう》の心得。類たしなみ。❷なにかをする際の心の準備。例心得をさとす。旅の心得。心得ちがい。❸一時的に上の役職を代行させること。例課長心得。
こころえがお【心得顔】〈名〉分かっているかどうかも分からないのに、相手の言うことを十分に分かっているといった顔つきや態度。例心得顔にうなずく。
こころえちがい【心得違い】〈名〉よいとはいえない考え。例心得違いもはなはだしい。
こころ・える【心得る】〈動下一〉❶ものごとの事情やすじみちなどを理解する。例万事、心得ております。❷知識や技術を身につける。例茶道《さどう》はいちおう心得ている。
こころおきなく【心おきなく】〈副〉❶気になることがなくて、さっぱりした気持ちで。例あなたのおかげで、心おきなくでかけられます。❷えんりょや気がねをすることなく。例心おきなく、ゆっくり休んでください。
こころおぼえ【心覚え】〈名〉❶頭の中でおぼえていること。また、その記憶《おく》《き》。例わずかな心覚えをたよりにさがす。❷忘れないためのかんたんな記録。類メモ。
こころがかり【心がかり】〖心掛かり・心懸かり〗〈名・形動〉あることが心配で、心からはなれないこと。類気がかり。
こころがけ【心掛け】〈名〉ふだんからの心がまえ。例心掛けがよい。ふだんの心掛け。類気がまえ。
こころが・ける【心掛ける】〈動下一〉そうしようという考えを、いつも持ちつづける。例全体への奉仕《ほうし》をつねに心がけている。
こころがまえ【心構え】〈名〉なにかをするときに、前もってかためておく心の準備。例心構えができている。いざというときの心構え。類気構え。覚悟《かくご》。
こころから【心から】〈副〉❶まごころをこめて。例心からそう思います。心からのお礼。❷うそいつわりなく。

囲み記事 19

「心」のはたらきを表わすいろいろな表現

心のはたらきを表わすことばに「知情意《ちじょうい》」がある。「知」は知性、「情」は感情、「意」は意志である。そして、それぞれのはたらきが人間の体の別々の場所にあると考える傾向《けいこう》があった。つまり、知は頭、情は胸、意は腹にあると考えたのである。このとらえ方から、つぎのような言いかたができた。

(1)知のはたらき――頭がいい。頭がかたい。頭の回転がはやい。頭を使う。頭をなやます。頭を働かす。
(2)情のはたらき――胸がいたむ。胸が高鳴る。胸ふくらむ思い。胸もはりさけんばかり。胸をいためる。胸をおどらせる。
(3)意のはたらき――腹がすわっている。腹をきめる。腹をくくる。…する腹だ。

 狩野芳崖(かのうほうがい)(1828~88) 明治時代の日本画家。フェノロサに認められ，日本画の復興につくした。

す。類心底《しんそこ》。

表現「心より感謝申し上げます」のように、「心より」を使うとよりあらたまった言いかたになる。

こころがわり【心変わり】〈名・する〉それまであるものに対していだいていた気持ちが、ほかに変わってしまうこと。恋愛《れんあい》感情についていう場合が多い。例心変わりした彼女《かのじょ》がにくい。類変心《へんしん》。

こころくばり【心配り】〈名・する〉さまざまなことに気をつかうこと。例いろいろとお心配りありがとう。類心づかい。配慮《はいりょ》。気配り。

こころぐるし・い【心苦しい】〈形〉人に迷惑《めいわく》をかけたり、自分だけがいい思いをしたりして申しわけなく思う。例自分だけ遊んでいては心苦しい。

こころざし【志】〈名〉❶心の中にもっている目標や信念。例志をたてる。志をとげる。青雲の志。❷人に対する厚意。例せっかくのお志ですから、いただきます。

こころざ・す【志す】〈動五〉心にいだいた目標にむかって進もうと決心する。例新研究に志す。画家を志す。

表現「都《みやこ》を志して旅にでる」のように、目的地をめざして進む、という意味で使うこともある。

こころしずかに【心静かに】〈副〉ゆったりとおだやかな気持ちで。例都会の喧騒《けんそう》をはなれて、心静かに毎日をすごしたい。

こころじょうぶ【心丈夫】〈形動〉たよりがいがあって、安心できる。例きみがいてくれれば心丈夫だ。類心強い。

こころ・する【心する】〈動サ変〉よく心にとめて、注意する。例心して事を行なう。心すべき忠告。

こころづかい【心遣い】〈名・する〉相手のことを思って、いろいろと気をくばること。例あたたかいお心遣い感謝しております。類配慮《はいりょ》。心くばり。気くばり。

こころづくし【心尽くし】〈名〉誠意や愛情をこめて、なにかをすること。例お心尽くしの品、ありがたくちょうだいしました。

こころづけ【心付け】〈名〉料金のほかに、お礼として相手にお金などをあたえること。また、そのお金。類チップ。祝儀《しゅうぎ》。茶代。

こころづもり【心積もり】〈名・する〉前もって、こうしようなどと、心の中で考えておくこと。類腹づもり。意向。意図。

こころづよ・い【心強い】〈形〉たよりになるものがあるので安心だ。例心強い味方。対心ぼそい。類心丈夫だ。たのもしい。力強い。

こころな・い【心無い】〈形〉❶考えがあさく、良識がない。例心無い人々のせいでごみだらけだ。❷ものごとの、微妙《びみょう》なあじわいやおもむきがわからない。▽対心ある。

こころなしか【心なしか】〈副〉気のせいか、と思う程度にわずかに。例心なしかやせたようだ。

こころならずも【心ならずも】〈副〉自分の希望や願いに反して。例心ならずも承知してしまった。類不本意ながら。

こころにく・い【心憎い】〈形〉あまりにすぐれていたり、気がきいていたりして、しゃくにさわるほどだ。例心憎いほどたくみな気づかい。

こころね【心根】〈名〉❶人の性格や根性。例やさしい心根。❷うそのないほんとうの気持ち。類真情。

こころのこり【心残り】〈名・形動〉気になっていたことができなかったり、しのこしたりして、満足な気持ちになれないこと。例心残りな思い。類思いのこし。未練。

こころばえ【心ばえ】〈名〉心のもちよう。心のありよう。例心ばえのやさしい人。心ばえがよい。類気だて。

こころばかりの【心ばかりの】〈連体〉自分の気持ちを示すだけの。

表現「ほんの心ばかりのものですが、お納めください」のように、おくり物をするときなどに、謙遜《けんそん》していう。

こころひそかに【心ひそかに】【心▽密かに】〈副〉口にはださずに心の中だけでこっそりと。例心ひそかにチャンスをうかがう。

こころぼそ・い【心細い】〈形〉たよりなくて、不安だ。例ひとりでは心細い。対心づよい。類心もとない。

こころまち【心待ち】〈名・する〉「早くそうなったらいいな」と、心の中で待ちのぞむこと。例彼女からの手紙を心待ちにする。

こころみ【試み】〈名〉ためしにやってみること。例試みにやってみる。最初の試み。あたらしい試み。→こころみに

こころみに【試みに】〈副〉「ためしに」のやや改まった言いかた。例試みに少し食べてみてはいかがでしょう。類ためしに。

こころ・みる【試みる】〈動上一〉どうなるかわからないが、ためしにやってみる。例エベレストの登頂を試みる。

表現「ためす」とよく似《に》たことばだが、用法にいくぶんちがいがある。「人をためす」「酒をためす」「能力をためす」のような言いかたが、「試みる」ではしにくく、「試みる」を使うときは、「人との接触《せっしょく》を試みる」「酒の鑑定《かんてい》を試みる」「能力測定を試みる」のように、試みることの内容を示していうのがふつうである。反対にこれらの「試みる」を「ためす」でいうとおかしい。

こころもち【心持ち】■〈名〉ものごとに対して感じる、心の状態。例少しの酒でいい心持ちになる。類気持ち。気分。■〈副〉言われてみて、はじめて「そうか」と思う程度に。ほんの少し。例心持ち首をまげて歩く。

こころもとな・い【心もとない】【心▽許ない】〈形〉たよりなくて、不安だ。例きみのやりかたでは心もとなくて、まかせられない。類心ぼそい。おぼつかない。

こころやす・い【心安い】〈形〉よく知っていて、遠慮《えんりょ》がない。例心安い友。心安い店。心安く口を利《き》く。

こころゆくまで【心行くまで】〈副〉思いのこすことがないほどじゅうぶんに。例心行くまで料理を楽しむ。

こころよ・い【快い】【心良い】〈形〉感じがいい。気分がいい。例快い返事をもらう。快く承知する。

ここん【古今】〈名〉むかしから今にいたるまで。例古今に絶する。古今東西。

ごこん【語根】〈名〉単語の意味の中心をかたちづくり、それ以上小さな部分に分けられない要素。「はなやか」「はなばなしい」の「はな」など。

ごごんぜっく【五言絶句】〈名〉〔文学〕漢詩の形式の一つ。一句が五言(=五つの漢字)からなり、起承転結の四句でまとまっているもの。→しちごんぜっく

ここんとうざい【古今東西】〈名〉むかしも今も、東も西も。いつの時代でも、世界のどこでも。

ここんみぞう【古今未曽有】〈名〉大むかしから今までに一度もなかったこと。例古今未曽有の大災害。

ごごんりっし【五言律詩】〈名〉〔文学〕漢詩の形式の一つ。五つの漢字で一句をつくり、全体を八つの句でまとめたもの。→しちごんりっし

ごさ【誤差】〈名〉理論上の数値と、計測器具や実験器具によって出た数値との差。例誤差が生じる。時計の誤差。類くいちがい。くるい。

ござ【▼茣▼蓙】〈名〉干したイグサの茎《くき》を編んで、へりをつけたしきもの。類むしろ。こも。

こさい【小才】〈名〉目先のちょっとした問題を切りぬける才能。例小才が利《き》く。

ごさい【後妻】〈名〉前の妻《つま》に対して、その後に結婚《けっこん》した妻。のちぞい。対先妻。前妻。

こざいく【小細工】〈名・する〉❶こまごました手先のさいく。❷人の目を一時ごまかすだけの、その場しのぎの策略。例小細工を弄《ろう》する。

ございます ━〈動〉動詞の「ある」をていねいにいうことば。例まっすぐ行くと右手に出口がございます。

━〈補動〉補助動詞の「ある」をていねいにいうことば。「…てございます」「…でございます」の形で使われたり、形容詞・形容動詞の連用形につづけて使われたりする。あの子は長女でございます。例見本の品は店にだしてございます。映画はたいへんおもしろうございました。この紙はあまりじょうぶではございません。▽→ある〔在る〕

参考 (1)━━とも「あります」よりももっとていねいな形。あらたまった調子の話しことばや手紙で使うことが多い。(2)「ございます」の活用はサ行変格活用にちょっと似《に》ているが、特殊《とくしゅ》なものである。

未然形	連用形	終止形	連体形	仮定形	命令形
ませ ましょ	まし	ます	ます	ますれ	○

こさ・える【▼拵える】〈動下一〉「こしらえる」のくだけた言いかた。

こざかし・い【小▽賢しい】〈形〉❶利口《りこう》ぶった口をきいて、なまいきだ。例こざかしい口をきく。類ちょこざい。❷ずるがしこくて、ぬけめがない。例こざかしい男。▽類小《こ》利口。

こざかな【小魚】〈名〉小さな魚。類ざこ。

こさく【小作】〈名〉借地料をはらって地主から土地を借りて、農業をすること。対自作。地主。

こさくのう【小作農】〈名〉小作によっていとなむ農業。また、その農民。対自作農。

こさつ【古刹】〈名〉由緒《ゆいしょ》ある古い寺。参考「刹」は、お寺の建物のこと。

コサック〈名〉帝政《ていせい》ロシア時代に、勇敢《ゆうかん》な騎兵《きへい》として活躍《かつやく》した一団の人々。「コザック」ともいう。◇Cossack

こざっぱり〈副・する〉服装などがいかにも清潔そうで、見ていて気持ちいいようす。例こざっぱり(と)したゆかたすがた。

ごさどう【誤作動】〈名・する〉機器の作動のしかたが正しくなかったり、作動すべきでないときに動いたりすること。例誤作動をおこす。

こざとへん【▽阜偏】〈名〉漢字の偏の一つ。「降」「階」などの「阝」の部分。参考ふつう、漢和辞典では「阜」(八画)の部にふくまれる。

こさめ【小雨】〈名〉小降りの雨。例小雨がぱらつく。そぼふる小雨。対大雨《おおあめ》。

ござ・る【御座る】━〈動五〉❶「ある」「いる」をうやまった、またはていねいな、古い言いかた。例この一番にて千秋楽にござりまする。そこにござるはどなたかの？ ❷「行く」「来る」をうやまった、古い言いかた。例どちらへござりまするか。どちらからござりましたか。

━〈補動五〉「ある」「いる」をうやまった、または、ていねいな古い言いかた。例よく存じてござる。

参考「ある」の意味の場合、現代語の「ございます」にあたる。「ござある」が変化したかたち。

こさん【古参】〈名〉古くからその職場や組織にいること。古くからいる人。対新参《しんざん》。類古顔《ふるがお》。古株《ふるかぶ》。

ごさん[1]【五山】〈名〉〔歴史〕室町《むろまち》時代に、幕府が中国の南宋《なんそう》の制度にならって格づけをした臨済《りんざい》宗(＝禅宗《ぜんしゅう》の一派)の五つの寺。アゴサン

参考 京都五山(天竜《てんりゅう》寺・相国《しょうこく》寺・建仁《けんにん》寺・東福寺・万寿《まんじゅ》寺)と、鎌倉五山(建長寺・円覚《えんがく》寺・寿福寺・浄智《じょうち》寺・浄妙《じょうみょう》寺)の二つがある。

ごさん[2]【午▼餐】〈名〉「昼食」のあらたまった言いかた。例午餐会。アゴサン

ごさん[3]【誤算】〈名・する〉❶計算をまちがえること。❷予想やみこみが、そのとおりにいかないこと。例大きな誤算。類みこみちがい。▽類計算違い。アゴサン

ごさんけ【御三家】〈名〉❶江戸《えど》時代に、将軍家の一門である尾張《おわり》・紀伊《きい》・水戸《みと》の三つの藩《はん》の家柄《いえがら》を、うやまって言ったことば。徳川《とくがわ》御三家。❷ある分野でもっとも有名である三者《さんしゃ》の、くだけた言いかた。例私立女子校の御三家。業界御三家の企業《きぎょう》。類三傑《さんけつ》。

こし[1]【腰】〈名〉❶人体のせぼねの下、骨盤《こつばん》の上の部分。上半身を折りまげたり、まわしたりできるところ。例腰がまがる。腰をまげる。腰をかがめる。腰をおとす。腰をうかす。腰をおろす。腰をかける。腰つき。腰弁当。やなぎ腰。ぎっくり腰。❷ものごとをやりとおそうとする身がまえ。例腰くだけ。および腰。ねばり腰。本腰。けんか腰。にげ腰。❸もちやめん類などの、ねばりや弾力《だんりょく》。例こしがある。こしがない。▽アコシ

腰が重《おも》い なかなかとりかかろうとしない。なかなかやる気にならない。対腰が軽い。類しりが重い。

腰が軽《かる》い ❶慎重《しんちょう》なところがなく、かるがるしく行動してしまう。❷めんどうがらずに、気がるに行動するようす。対腰が重い。▽類しりが軽い。

腰が砕《くだ》ける ❶体勢がくずれる。❷最初の意気ごみが途中《とちゅう》でだめになる。

腰が据《す》わる おちついて、どっしりと構える。例三十歳《さい》を過ぎて腰が据わってきた。

腰が強《つよ》い ❶上体をささえる腰の力がつよい。❷人に妥協《だきょう》しないで、自分の信念をつらぬく。❸もちやめん類などに、ねばりけや弾力《だんりょく》性がある。

腰が抜《ぬ》ける ❶腰の関節がはずれて、立っていられなくなる。❷びっくりして、立っていられなくなる。

腰が低《ひく》い 人に対して、へりくだった態度である。対頭《ず》が高い。

参考「こしぬけ」とは無関係なことば。

腰が弱《よわ》い ❶上体をささえる腰の力が弱い。❷人と妥協《だきょう》しやすい。

腰を上《あ》げる ❶すわっていた人が、立ちあがる。❷やっと仕事にとりかかる。

腰を入《い》れる ものごとを、本気でやる体勢になる。

腰を浮《う》かす すわっていた人が立ち上がりかかる。

腰を折《お》る ❶おじぎをするような形で、腰をまげる。❷つ

 狩野元信(かのうもとのぶ)(1476～1559) 室町時代後期の画家。中国画に大和絵(やまとえ)の技法を取り入れた。

づいていることを途中《とちゅう》で無理にとぎれさせる。例話の腰を折る。景気回復の腰を折る失政。

腰を据《す》える おちついてゆっくりやる体勢をとる。

腰を抜《ぬ》かす ❶とてもおどろいて腰の力がなくなり、立てなくなる。❷腰の関節がはずれて、立てなくなる。

[2]**こし**【▼輿】〈名〉 むかしの乗りものの一つ。家のかたちをしたものの下に二本の棒(=長柄《ながえ》)をつけ、中に人を乗せて、かついで運ぶ。アコシ →みこし

[3]**こし**【古紙】〈名〉 捨てる、新聞・雑誌・段ボールなど。例古紙のリサイクル。

[4]**こし**【枯死】〈名・する〉 草や木が生えたままの状態で、かれること。類立ち枯れ。アコシ

[1]**こじ**【居士】〈名〉〔仏教〕 ❶僧《そう》にならないで、俗人《ぞくじん》のままで仏門に入った男性。❷男性の法名《ほうみょう》につけることば。▽対大姉《だいし》。類信士。

[2]**こじ**【孤児】〈名〉 両親とも欠けている子ども。類みなし子。

[3]**こじ**【故事】〈名〉 むかしから言いつたえられてきて、世間に知られていることがら。例故事にちなむ。故事来歴。

[4]**こじ**【固持】〈名・する〉 自分の考えや態度をかえたり、譲歩《じょうほ》したりしないで、がんこにもちつづけること。例自説を固持する。類堅持《けんじ》。

[5]**こじ**【固辞】〈名・する〉 いくらすすめられても、かたく辞退すること。例大臣就任を固辞する。

[6]**こじ**【誇示】〈名・する〉 自慢《じまん》して、相手によくわかるように示すこと。例力を誇示する。類見せつける。ひけらかす。見せびらかす。

[1]**ごし**【五指】〈名〉 手の五本の指。例五指にあまる。東京といえば、世界で五指に入る大都市だ。

[2]**ごし**【越し】〈接尾〉 ❶そのものをへだててすること。例窓越し。❷ある年月の間、ずっと続いていることを表わす。例三年越しの仕事。

ごじ【誤字】〈名〉 文字の書きあやまり。字形のちがう場合もあり、文字の使いかたがちがう場合もある。対正字。

こじあ・ける【こじ開ける】〖▼抉じ開ける〗〈動下一〉 戸や箱のふたなどを、むりにあける。

参考「こじ」は、すきまに物をさしこんでねじる意味の動詞「こじる」の連用形。

こしあん〖▼漉し▼餡〗〈名〉 アズキを煮《に》て裏ごしし、皮をのぞいてつくったあん。対つぶあん。

こしいれ【▼輿入れ】〈名・する〉 嫁《よめ》いり。

コジェネレーション〈名〉 ⇩コージェネレーション

こしお【小潮】〈名〉 潮の満ち干《ひ》の差が、もっとも小さくなること。また、そのとき。月に二回あり、半月《はんげつ》のころ起こる。対大潮。

こしおれ【腰折れ】 ━〈名・する〉 景気などのいきおいが途中《とちゅう》でなくなること。 ━〈名〉 できのよくない、へたな和歌。腰折れ歌。

表現 ━は、自作の和歌を謙遜《けんそん》していうのにも使う。

こしかけ【腰掛け】〈名〉 ❶腰をかけるための台。類いす。❷希望する職や地位などにつくまでのあいだ、一時的に働くこと。例腰掛けのつもりでつとめる。

こしか・ける【腰掛ける】〈動下一〉 椅子《いす》やソファーなどに腰を下ろすこと。

こしかた【来し方】〈名〉 自分がとおりすぎてきた時間。「きしかた」ともいう。例来し方をふりかえる。来し方行く末。対行く末。

こしき【古式】〈名〉 むかしからのやりかた。例古式ゆかしく。古式にのっとる。

こじき〖▽乞食〗〈名〉 ちゃんとした家にも住まず、仕事もせず、もっぱら人から食べものなどをもらって生きている人。古いことば。類物乞《ものご》い。物もらい。

ごしき【五色】〈名〉 五種類の色。とくに、青・黄・赤・白・黒の五つの色。古風な言いかた。

こしぎんちゃく【腰巾着】〈名〉 腰にさげる巾着のように、力のある人にいつもくっついてはなれない人を、見くだしていうことば。例社長の腰巾着。

こしくだけ【腰砕け】〈名〉 ❶すもうで、急に腰の力がぬけて体勢がくずれること。❷いきおいこんでやりはじめたことが、息がつづかなくなって途中《とちゅう》でだめになってしまうこと。例腰砕けになる。

こじせいご【故事成語】〈名〉 故事にもとづいてできた言いまわし。類成句。

こしたんたん【虎視▼眈▼眈】〈副〉 トラが獲物《えもの》をじっとねらうように、よい機会をじっと待っているようす。例虎視眈々とチャンスをうかがう。類鵜《う》の目鷹《たか》の目。

ごしちちょう【五七調】〈名〉 日本語による韻文《いんぶん》の調子のととのえかたの一つ。五音のことばのあとに、七音のことばをおいてひとつづきに発音するようにしたもの。→しちごちょう 参考 たとえば、和歌で「春すぎて夏きたるらし白妙《しろたへ》の衣《ころも》ほしたり天《あま》の香具《かぐ》山」〔万葉集〕は、「五七、五七、七」となっていて、五七調である。

[1]**こしつ**【固執】〈名・する〉 あくまでも自分の意見にこだわって、それをまげないこと。「こしゅう」ともいう。例従来の手法に固執する。→けんじ〔堅持〕表現

[2]**こしつ**【個室】〈名〉 ひとりだけで使える部屋。対相部屋《あいべや》。

こじつ【故実】〈名〉 儀式《ぎしき》や法令、作法などについての、むかしからのきまりやしきたり。例有職《ゆうそく》故実。

ごじつ【後日】〈名〉 ❶なん日かたったあと。例後日おうかがいします。類他日。追って。❷あることが終わったあと。例後日の参考とする。後日談。

こしつき【腰つき】〈名〉 腰のようす、かっこう。例ダンスの腰つきがいい。

ゴシック〈名〉 ❶〔美術〕 中世のヨーロッパで流行した建築様式。空にのびる先のとがった高い塔《とう》に特色がある。パリのノートルダム寺院など。❷活字の書体の一つ。全体が太くかくばっているもの。→しょたい〔書体〕絵 ▽「ゴチック」ともいう。◇Gothic

こじつけ〈名〉 こじつけること。例それはこじつけというものだ。類牽強《けんきょう》付会。

こじつ・ける〈動下一〉 関係のない話を引き合いに出して、むりにもっともらしいりくつをつける。

ごじつたん【後日▼譚】〈名〉 ⇩ごじつだん(次項)

ごじつだん【後日談】〈名〉 いったん結着した事件や物語が、その後どうなったかという話。後日譚《たん》。対前日談。前日譚。類続編。

ゴシップ〈名〉 他人についての、興味本位のうわさ話。例ゴシップ記事。類風説。流言。◇gossip

ごじっぽひゃっぽ【五十歩百歩】〈名〉 よくないという点で差がないこと。「ごじっぽ」は「ごじゅっぽ」ともいう。類似《に》たりよったり。大同小異。由来 戦争に負けて五十歩逃げた者が、百歩逃げた者を弱虫だと笑っても、自分が恥《はじ》をかくだけ。中国の古典『孟子《もうし》』にある話から。

こしぬけ【腰抜け】〈名〉 臆病《おくびょう》で いくじがない人をののしっていうことば。類腑《ふ》抜け。いくじなし。

カフカ (1883~1924) プラハ生まれの小説家。人間の不安・孤独・絶望をえがく。代表作「変身」「審判」。

こしひも【腰ひも】〖腰▼紐〗〈名〉 和服を着るとき着くずれないように、腰にまくひも。

こしぼね【腰骨】〈名〉 ❶左右の腰の骨。ようこつ。❷がまん強くものごとをやりぬく気力。例腰骨のある人。

こしまき【腰巻き】〈名〉 女性が和服を着るときに、下着として腰から脚《あし》の部分をおおうために巻く布。

こしもと【腰元】〈名〉 むかし、身分の高い人につかえて、身のまわりのせわをした女性。

[1]**ごしゃ【誤写】**〈名・する〉 ❶まちがえて書き写すこと。❷写真を誤《あやま》って写すこと。

[2]**ごしゃ【誤射】**〈名・する〉 相手をまちがえて、銃《じゅう》や弓などを射撃すること。

こしゃく〖小▼癪〗〈形動〉 なまいきで、しゃくにさわる感じだ。例こしゃくなやつ。こしゃくなまねをするな。

ごしゃく【語釈】〈名〉 ❶ことばの解釈。❷ことばの意味。辞書などで、ことばの意味をのべたところ。

ごしゃぐ（方言） しかる。東北で言う。例先生からごしゃがれた。

ごじゃっぺ（方言） でたらめ。いいかげん。栃木・茨城などで言う。例ごじゃっぺで信用できぬ。

こじゃ・れる〖小▼洒▽落る〗〈動下一〉 ちょっとしゃれている。例こじゃれた店。

こじゃんと（方言） しっかり。徹底《てってい》的に。高知で言う。例こじゃんと飲んだぜよ。

[1]**こしゅ【戸主】**〈名〉 ❶一家の主人。❷旧民法で、その家の責任者として権力をもち、家族をひきいた者。

[2]**こしゅ【固守】**〈名・する〉 かたくしっかりと守ること。例従来の政策を固守する。

ごしゅ【語種】〈名〉 ❶日本語の単語を、もともとはどこのことばであったかという見かたで分類した種類。「やま（山）」「かわ（川）」などの和語、「山岳《さんがく》」「河川《かせん》」などの漢語、「ピーク」「リバー」などの外来語に分ける。また、以上のうち二種を組み合わせた混種語がある。❷ことばをある観点で分類するときの種類。

ごしゅいんせん【御朱印船】〈名〉 ⇩しゅいんせん

[1]**こしゅう【固執】**〈名・する〉 ⇩こしつ〔固執〕

[2]**こしゅう【孤舟】**〈名〉 水面にぽつんと一そうだけうかんでいる舟《ふね》。詩的なことば。

ごじゅうおん【五十音】〈名〉 日本語で、かなで書き表わす「ア、イ、ウ、エ、オ…」の音のこと。また、これを「ア行」から「ワ行」までの十行、「ア段」から「オ段」までの五段に分けてならべた表（＝五十音図）のこと。↓囲み記事7 （83ページ） 参考 「五十音」にふくまれるかなの発音の種類は、実際は四十四だが、習慣で「五十音」といっている。また、「五十音」には、「゜」をつけて表わす音（＝半濁音《はんだくおん》）「パ・ピ・プ…」、「゛」をつけて表わす音（＝濁音）「ガ・ギ・グ…」や、「ん」「っ」「ゃ」で表わされる音は入っていない。

ごじゅうおんじゅん【五十音順】〈名〉 「五十音」の順番。つまり、アイウエオ、カキクケコ、…の順番。

ごじゅうおんず【五十音図】〈名〉 ⇩囲み記事7 （83ページ）

ごじゅうかた【五十肩】〈名〉 五十歳《さい》をすぎたころにひどく肩がこり、動かしにくくなる症状《しょうじょう》。五十腕。

ごじゅうさんつぎ【五十三次】〈名〉〔歴史〕 江戸《えど》時代、東海道にもうけられた五十三の宿場。

ごしゅうしょうさま【ご愁傷さま】〈感〉 人がなくなったとき、あとに残された人にいう、おくやみのことば。

ごじゅうそう【五重奏】〈名〉〔音楽〕 五つの楽器で行なう合奏。クインテット。

こじゅうと〖小▼舅・小▼姑〗〈名〉 ❶〔小舅〕 夫や妻の兄弟。❷〔小姑〕 夫や妻の姉妹《しまい》。こじゅうとめ。

ごじゅうのとう【五重の塔】〈名〉 寺院の建築で、五階だての、それぞれの階に屋根をつけた塔。

こじゅけい〖小▼綬鶏〗〈名〉 鳥の一種。ウズラに似《に》ているが、少し大きい。茶色に黒のぶちがある。「チョットコイ」と聞こえる声で鳴く。

ごじゅっぽひゃっぽ【五十歩百歩】〈名〉 ⇩ごじっぽひゃっぽ

ごじゅん【語順】〈名〉 文の中のことばの並び方。日本

囲み記事 20

ことばの並《なら》べかた（語順）

文の中のことばの並べかたは、言語によって異《こと》なる。たとえば、日本語と英語をくらべてみると次のようなちがいがある。

わたしは　彼女《かのじょ》に　その本を　あげた。

I gave her the book.

英語では、主語（I）の次に述語《じゅつご》（gave）がきて、そのあとに目的語（her＝間接目的語、the book＝直接目的語）が続く。日本語では、主語（わたしは）と述語（あげた）のあいだに、「彼女に」と「その本を」がある。

このように、日本語の文は、述語が文の最後にくるという特徴《とくちょう》がある。実際の例をたくさん調べてみると、日本語の文はつぎのような語順が多いことがわかる。

（いつ）（だれが）（どこで）（だれに）（なにを）（どうする）
あしたぼくは　学校で　先生に　本を　返す。

そして、述語以外のことばの順序は英語よりも自由である。最初の例の語順を変えてみても、意味は同じである。

わたしは　その本を　彼女に　あげた。
彼女に　その本を　わたしは　あげた。
その本を　わたしは　彼女に　あげた。

だが、日本語の語順が述語以外まったく自由だというわけではない。たとえば次の文をくらべてみよう。

○ 髪《かみ》をばっさりと短く切る。
？ 髪を短くばっさりと切る。

「ばっさりと」と、「切る」動作のようすをあらわす「ばっさりと」と、動作の結果を表わす「短く」は、「ばっさりと」→「短く」という順番で並ぶほうが自然に感じられる。もう一つ例を挙げよう。

○ 先生はきっとわざとやさしい問題を出したのだ。
× 先生はわざときっとやさしい問題を出したのだ。

「きっと」→「わざと」の順番は自然だが、逆にするとおかしい。「きっと」のように推量を表わすことばは、意図を表わす「わざと」よりも前に置かなければならない。このように、日本語の文でも語順が決まっている場合がある。

鏑木清方（かぶらぎきよかた）（1878～1972）　明治～昭和の日本画家。風俗画を得意とした。作品「築地明石町」。

語では、主語ー修飾語ー述語(たとえば、「花が美しくさいている」)のようになるのがふつう。→囲み記事20(前㌻)

こしょ【古書】〈名〉❶ずっとむかしの本。❷「古本《ふるほん》」のややかたい言いかた。対新書。

ごしょ【御所】〈名〉❶天皇や貴族の住まい。類内裏《だいり》。禁裏《きんり》。禁中。❷天皇や貴族を尊敬してよぶことば。例御所様。

ごじょ【互助】〈名〉みんながたがいに助けあうこと。例互助会。類共済。

1 **こしょう【小姓】**〈名〉むかし、身分の高い人の身近につかえて、そのせわをした少年。アコショー

2 **こしょう【呼称】**〈名〉❶人によびかけるときに使うよび名。「健ちゃん、お元気ですか」の「健ちゃん」など。❷〈する〉そのように呼びならわすこと。例昔は徒弟、現在は訓練生と呼称される。▽アコショー

3 **こしょう【▼胡▼椒】**〈名〉コショウの木の実をかわかして粉にした香辛《こうしん》料。類ペッパー。アコショー

方言 九州北部では、「柚《ゆず》こしょう」という大分県特産の薬味《やくみ》があるように、唐辛子《とうがらし》のこともこうよぶ。

4 **こしょう【湖沼】**〈名〉湖《みずうみ》や沼《ぬま》や池などをまとめていう、専門的な言いかた。アコショー

5 **こしょう【故障】**〈名・する〉機械やからだの一部にぐあいのわるいところができて、うまくうごかなくなること。例故障がおきる。からだの故障。アコショー

1 **こじょう【古城】**〈名〉古い城《しろ》。

2 **こじょう【弧状】**〈名〉弓のように反った形。

ごしょう【後生】〈名〉❶〔仏教〕人が死んだあとで、生まれかわるといわれる次の世。対今生《こんじょう》。類来世。❷死んでからあとの幸福。例後生を願う。後生大事。類冥福《めいふく》。❸「ぜひぜひ」といって、とくにたのむときに使う古い言いかた。例後生だからやめてください。

参考「こうせい」と読むのは別のことば。

ごじょう【互譲】〈名〉相手の立場を考えて、たがいにゆずりあうこと。例互譲の精神。

こしょうがつ【小正月】〈名〉一月十五日を中心とした、前後三日間。参考もともとは陰暦《いんれき》の行事。

ごしょうだいじ【後生大事】〈名〉とても価値があると信じて、たいせつにすること。例古い証文を後生大事にかかえこむ。

こしょく【古色】〈名〉年月をへたものがもつ、いかにも古めかしい感じ。例古色をおびる。古色蒼然《そうぜん》。

ごしょく【誤植】〈名〉印刷で、文字がまちがっていること。ミスプリント。

こしょくそうぜん【古色▼蒼然】〈副・連体〉いかにも長い年月をへたような古びたようす。例古色蒼然と静まり返る。古色蒼然たる寺院のたたずまい。

こじらいれき【故事来歴】〈名〉むかしからつたえられてきたものごとのいわれや、その歴史。類由来。由緒《ゆいしょ》。

こしら・える【▼拵える】〈動下一〉手間をかけて、作る。古風でややくだけた言いかた。さらにくだけた言いかたでは「こさえる」ともいう。例料理をこしらえる。顔をこしらえる(=化粧《けしょう》する)。金《かね》をこしらえる。言いわけをこしらえる。

表現 連用形「こしらえ」がついてできたことばがある。「腹ごしらえー働く前に食事をしておくこと」「旅ごしらえー旅行の服装をしていること」「急ごしらえー準備もなくあわててつくったから粗雑《そざつ》だ」など。

こじら・せる【▼拗らせる】〈動下一〉むりをしたり、よけいなことをしたりして、かえって複雑でやっかいな状態にする。こじらす。例かぜをこじらせる。話をこじらせる。

こじ・れる【▼拗れる】〈動下一〉むりをしたり、よけいなことをしたりしたために、かえって複雑で、やっかいな状態になる。例かぜがこじれる。話がこじれる。

こじわ【小じわ】【小▼皺】〈名〉小さいしわ。例小じわが寄る。参考多く、目じりにできるものをさし、その形から俗《ぞく》に「カラスの足跡《あしあと》」とよばれる。

1 **こじん【古人】**〈名〉むかしの人。

2 **こじん【故人】**〈名〉❶すでになくなっている人。例故人をしのぶ。❷古くからの友人。類旧友。

3 **こじん【個人】**〈名〉❶社会を形づくっているひとりひとりの人。例個人の確立なしには民主主義はない。❷社会的な立場をはなれたものとしての、ひとりの人間。例個人の意見を言うことはさしひかえます。個人的。❸集団でないひとりひとり。例旅行中は個人で行動してはいけない。個人経営。❹ほかのだれでもない、その人。例これはわたし個人の問題だ。

1 **ごしん【護身】**〈名〉暴力などの危害から身をまもること。例護身術。護身用(の短刀)。

表現「意見をはっきり言わないのも護身術として必要だ」のように、うまく世をわたる、という意味でも使う。

2 **ごしん【誤診】**〈名・する〉医者が病気の診断をまちがえること。

3 **ごしん【誤審】**〈名・する〉裁判官やスポーツの審判などが判定をまちがえること。類ミスジャッジ。

1 **ごじん【▼吾人】**〈代名〉「わたくし」「わたくしたち」のかたい言いかた。われ。われわれ。アゴジン

2 **ごじん【御仁】**〈名〉他人を尊敬していう、古い言いかた。お人。お方。アゴジン

表現「言葉づかいにうるさい御仁が現れた」のように、からかいの気持ちをこめて使われることもある。

こじんさ【個人差】〈名〉年齢《ねんれい》・男女・学歴・人種とかいうような属する集団によるちがいではない、ひとりひとりのちがい。

こじんしゅぎ【個人主義】〈名〉❶ひとりひとりの人間の価値を尊重して、その独立と自由をたいせつにしようとする考えかた。❷他人のことを考えない、自分本位の考えかた。類利己主義。

こじんじょうほう【個人情報】〈名〉個人のプライバシーにかかわる情報。氏名・住所・電話番号・生年月日や、家族構成・学歴など。例個人情報保護法。

ごしんぞ【御新▽造】〈名〉他人の妻を尊敬していった、古い言いかた。

こじんてき【個人的】〈形動〉その人だけに関係している。例個人的な問題をかかえている。仕事上の立場をはなれた個人的な意見。類私的。パーソナル。プライベート。

こじんまり【小じんまり】〈副・する〉⇩こぢんまり

1 **こ・す【越す・超す】**〈動五〉❶[越す]通りすぎるのに苦労するところを通って、むこうがわへ行く。例とうげを越す。山を越す。とび越す。❷[越す]ある時期をすごす。例冬を越す。年を越す。もち越す。くり越す。❸[越す]今まで住んでいたところから、別のところへ移る。例新居に越す。大阪《おおさか》へ越す。類ひっこす。❹[超す・越す]ある基準や、わくの外にでる。例先を超す。平均を超す。限度を超す。十万人を超す人出があった。

カボット(1451?~98?) イタリアの探検家。ニューファンドランド島と北アメリカ沿岸を探検。

表現 右にあげた用法のほか、「まさる」という意味で「…に越したことはない(＝…がいちばんいい)」といい、また「どちらへお越しですか」「どうぞ、またお越しください」などというときは、「行く」「来る」の尊敬語になっている。

表記 「場所や時間を過《す》ぎて、その先に進む」という意味のときは「越す」が使われ、「基準を上回《うわまわ》る」という意味のときは「超す」が使われる。

2 **こ・す**【▼漉す・▼濾す】〈動五〉 液体などを、網《あみ》や布などのこまかなすきまをくぐらせて、ごみやかすをとりのぞいたり、つぶをこまかくしたりする。類濾過《ろか》する。

1 **こすい**【湖水】〈名〉 みずうみ。みずうみの水。アコスイ

2 **こすい**【鼓吹】〈名・する〉 意見や思想などを宣伝し、そのよさを主張すること。類喧伝《けんでん》。アコスイ

3 **こす・い**【▼狡い】〈形〉 ちまちましたずるさである。例こすいやつだな。アコスイ

ごすい【午睡】〈名・する〉 「ひるね」のかたい言いかた。例午睡におちる。

こすう【個数】〈名〉 物のかず。いくつあるか。

こずえ【▼梢】〈名〉 木のいちばん上のあたり。

こずかた【▽不▽来方】〈名〉 岩手県盛岡《もりおか》の古いよび名。例「不来方のお城の草に寝《ね》ころびて空に吸《す》われし十五の心」〔石川啄木《たくぼく》〕。

こすから・い【▼狡辛い】〈形〉 けちで、ずるい。「こすっからい」ともいう。

コスチューム〈名〉 衣装《いしょう》。とくに、舞台《ぶたい》衣装や民族衣装のこと。◇costume

こすっから・い【▼狡っ辛い】〈形〉 ⇩こすからい

コスト〈名〉 ❶商品を生産するのにかかる費用。例コストがかさむ。類原価。❷商品のねだん。◇cost

コストパフォーマンス〈名〉 かかった費用に対する性能や効果の度合い。俗《ぞく》に、略して「コスパ」ともいう。例コストパフォーマンスが高い。類費用対効果。◇cost performance

コスパ〈名〉 「コストパフォーマンス」の日本での略。

コスプレ〈名・する〉 「コスチュームプレイ」の略。漫画《まんが》・アニメ・ゲームのキャラクターやロックシンガーなどと同じ髪型《かみがた》や化粧《けしょう》をし、同じような衣服を着て、その人になりきって楽しむこと。また、制服を着てその職業の人になりきることにもいう。◇cosplay

参考 英語の costume play は、時代背景に忠実な衣装《いしょう》を身にまとった歴史劇をいう。

ゴスペル〈名〉 ❶キリスト教の福音《ふくいん》。福音書。❷黒人霊歌《れいか》の一種。ジャズの要素が入った賛美歌。ゴスペルソング。◇gospel

こずむ(方言) 沈殿《ちんでん》する。長野・静岡などで言う。例このスープ、コショウがこずんでる。

コスモス〈名〉 人のせたけぐらいになる一年草。葉はこまかくさけていて、秋、赤むらさき・ピンク・白などの花がさく。「秋桜《あきざくら》」ともいうように、いかにも秋をいろどる花である。◇cosmos

コスモポリタン〈名〉 ❶国籍《こくせき》や特定の文化的偏見《へんけん》にとらわれないで、全世界を自分の国と考え、全人類を同胞《どうほう》と考えている人。世界主義者。❷国際人。◇cosmopolitan 参考 英語では①の意味がふつう。日本では②の意味で使うことが多い。

1 **こす・る**【▽擦る】〈動五〉 ものをほかのものにおしあてながら、面に平行して、こまかく何度も動かす。例目をこする。類擦《す》る。さする。

2 **こ・する**【鼓する】〈動サ変〉 ふるいおこす。例勇を鼓する。勇気を鼓する。類鼓舞《こぶ》する。

参考 元来は、戦場などで太鼓などを打ち鳴らして士気をふるいたたせることを言った。

ご・する【▼伍する】〈動サ変〉 強いもの、すぐれたものと同列にならぶ。例列強に伍する。類比肩《ひけん》する。列する。

こす・れる【▽擦れる】〈動下一〉 二つのものがふれあった状態でこまかく動く。

ごせ【後世】〈名〉〔仏教〕 死んだあとの世。類来世。

参考 「こうせい」と読むのは別のことば。

こせい【個性】〈名〉 その人個人に特徴《とくちょう》的な性格。例個性を尊重する。個性をのばす。個性派(の俳優《はいゆう》)。類パーソナリティー。

1 **ごせい**【互生】〈名・する〉〔植物〕 茎《くき》から葉が出るとき、一つごとに反対方向にでること。対対生。輪生。アゴセー

2 **ごせい**【悟性】〈名〉 知識や経験をもとに、ものごとを論理的に判断する心のはたらき。類理性。アゴセー

3 **ごせい**【語勢】〈名〉 話すときの、ことばにこめるいきおい。例語勢をつよめる。類語気。語調。アゴセー

こせいだい【古生代】〈名〉〔地学〕 地球の歴史で、先《せん》カンブリア時代のあと。今から約五億四千万年前から約二億五千万年前までのあいだ。無脊椎《せきつい》動物の種類が爆発的に増え、脊椎動物や陸上植物が現れ、魚類・両生類・シダ植物などがさかえた。→ちしつじだい

こせいてき【個性的】〈形動〉 ほかの人とはちがった特徴《とくちょう》がよく表れている。例個性的な文章。

こせいは【個性派】〈名〉 個性的な人など。例個性派俳優。個性派ぞろい。

こせいぶつ【古生物】〈名〉 太古の昔に生存していた生物。化石として知られる。

こせがれ【小▼伜】〈名〉 ❶自分の息子のことを謙遜《けんそん》していう言いかた。類小僧《こぞう》。❷年の若いものをののしって言うことば。類若造《わかぞう》。青二才。

1 **こせき**【戸籍】〈名〉 個人の氏名、生年月日、親や兄弟などとの続きがら、配偶《はいぐう》者や子どものあるなしなどをしるした公式の書類。市町村などの役所にある。籍。例戸籍抄本《しょうほん》。戸籍謄本《とうほん》。

2 **こせき**【古跡】【古▼蹟】〈名〉 歴史的な事件や建造物があったあと。例古跡探訪《たんぼう》の旅。類遺跡。旧跡。

こせこせ〈副・する〉 余裕《よゆう》がなく、こまかく動くようす。例こせこせした字。

ごせっぽい(方言) せいせいした。すっきりした。静岡で言う。ごせっぺー。例がきどもいなくて、ごせっぽいわ。

表現 わずらわしいことや心配ごとから解放された時の気持ちを表わす。

こぜに【小銭】〈名〉 小額の貨幣《かへい》。こまかいお金。例小銭入れ。

こぜりあい【小競り合い】〈名〉 ❶小部隊どうしの小さなたたかい。❷ちょっとしたもめごとや いさかい。

こせん【古銭】〈名〉 むかし流通していたおかね。例古銭収集。

ごせん【互選】〈名・する〉 仲間やメンバーのあいだで、選挙や話しあいによって代表などをえらびだすこと。また、その選挙。例会長選挙は理事の互選による。

1 **ごぜん**【午前】〈名〉 ❶夜の十二時(＝午前零時《れいじ》)から正午(＝午後零時)までのあいだ。例午前の三時といえば、まだ真夜中だ。❷夜明けごろから正午までのあいだ。

例午前中に配達する。▽対午後。

参考時刻を表わすのに、「AM」「am」とも書かれる。

[2]**ごぜん【御前】**〈名〉❶天皇など、ひじょうに身分の高い人の前。例御前をしりぞく。御前会議。❷むかし、身分の高い人に対して、その家臣などが使ったよびかけのことば。❸むかし、身分の高い女性などの名前につけて使ったことば。例静《しず》御前。

こせんきょう【▼跨線橋】〈名〉線路の上をまたぐようにかけた橋。類陸橋。

ごせんし【五線紙】〈名〉〔音楽〕楽譜《がくふ》をつくるために、五本の線を何組みか平行にひいた用紙。

こせんじょう【古戦場】〈名〉むかし合戦のあった所。

ごぜんじるこ【御膳汁粉】〈名〉こしあんでできた汁粉。対いなか汁粉。

ごせんふ【五線譜】〈名〉五本の線で表わされた、もっとも一般《いっぱん》的な楽譜。

こそ〈副助〉文の中のいろいろな語につけて、そこを強調するのに使う。

❶とくに強く言いたいことをきわだたせる。例こんどこそがんばろう。雪があってこそ北海道の冬だ。わたしこそお礼を申さなければなりません。

❷「ばこそ」の形で、「ほかでもない、こういうわけで」というのっぴきならない原因や理由を表わす。例きみのためを思えばこそ、言いにくいことも言っているのだ。

❸「これ以外にはありえない」という強い主張を表わす。例たばこは、からだに害こそあれ、益はない。

参考②③は文語の言いかたが現代にのこっているもので、「思えばこそ」は「思うからこそ」の意味。「害こそあれ」は、「害あり」が、係り結びの法則で、この形になったものである。

こぞ【▽去▽年】〈名〉「去年《きょねん》」の意味の古語。

こそあど〈名〉〔文法〕ものごとをさし示すことば。「こ」「そ」「あ」「ど」がことばの頭にくることからの名。代名詞の「これ・それ・あれ・どれ」、連体詞の「この・その・あの・どの」、副詞の「こう・そう・ああ・どう」など。こそあどことば。指示語。

参考「こ」ではじまるものは近称《きんしょう》、「そ」ではじまるものは中称、「あ」ではじまるものは遠称、「ど」ではじまるものは不定称とよばれる。

こぞう【小僧】〈名〉❶年少の見習い僧。類小坊主《こぼうず》。❷商店などにつとめている少年。やや古い言いかた。類でっち。❸少年をみさげたり、親しみをこめたりしていうことば。例いたずら小僧。類坊主。

ごそう【護送】〈名・する〉見はりながら送りとどけること。例犯人を護送する。護送車。

ごぞう【五臓】〈名〉漢方でいう、肺臓・心臓・脾臓《ひぞう》・肝臓《かんぞう》・腎臓《じんぞう》の五つの内臓。

ごぞうろっぷ【五臓六▼腑】〈名〉漢方でいう、五臓と六腑。腹の中のすべての内臓。

表現「五臓六腑にしみわたる」は、とくに酒のうまさをいう言いかた。

こそく【▼姑息】〈形動〉❶その場だけの、まにあわせにすぎない。類一時のがれ。その場しのぎ。❷ひきょうだ。ずるがしこい。▽例姑息な手段。

注意漢字の意味は「しばらくやすむ」ということで、①が本来の意味だが、②の意味で使う人が増えている。①の用法は、「因循《いんじゅん》姑息」という四字熟語や、「姑息的治療《ちりょう》（＝一時的に症状《しょうじょう》を改善するための治療）」のような医療の専門用語に残っている。

ごそくろう【御足労】〈名〉人にわざわざ来てもらったり、行ってもらったりすることを感謝していう、ていねいな言いかた。例御足労をおかけします。

こそこそ〈副・する〉人に見つからないように、かくれてものごとをするようす。例こそこそ(と)話をする。

方言埼玉では、「毎日こそこそ積み重ねた成果が出た」のように、「こつこつ」の意味でも使う。

ごそごそ〈副・する〉人などが動いて、音をたてるようす。例かばんの中をごそごそ(と)さがす。退屈《たいくつ》した生徒たちがごそごそしはじめる。

方言三重では、「大きすぎてゆるい状態」も表わす。

こそだて【子育て】〈名〉手がかからなくなるまで、子どもをそだてること。例子育てにはげむ。

こぞって【▽挙って】〈副〉ひとりのこらずみんながそろって、同じことをするようす。例こぞって賛成する。

ごそっと〈副〉❶一度にたくさんのものがなくなるようす。例金庫のお金がごそっと消えた。類ごっそり。❷静かだったところで、急に人や物が動く音のようす。

こそどろ【こそ泥】〈名〉人のすきを見て、ちょっとしたものをとるどろぼう。

こそばい〈方言〉くすぐったい。近畿《きんき》や四国で言う。こちょばい。

参考同様に、「くすぐる」ことは「こそばす」「こちょばす」と言う。

こそばゆ・い〈形〉くすぐったい。

ごぞんじ【御存じ】【御存▽知】〈名〉「知っている」ことの尊敬語。例御存じのように。もう御存じでしたか。→しる〔知る〕敬語

表現「御存じ、…さんの登場です」のように、「みなさんがよく知っている」という意味でも使う。

[1]**こたい【固体】**〈名〉かたちや大きさがきまっていて、変化しにくい物質。また、その状態。→えきたい・きたい〔気体〕

[2]**こたい【個体】**〈名〉❶ほかのものと区別され、それだけで独立して存在しているもの。❷独立した一つの生物体。

[1]**こだい【古代】**〈名〉❶古いむかしの時代。❷〔歴史〕時代区分の一つ。中世の前の時代。日本史では、ふつう奈良《なら》時代・平安時代をさす。▽アコダイ

[2]**こだい【誇大】**〈形動〉実際より大げさだ。例誇大な広告。誇大妄想《もうそう》。アコダイ

ごたい【五体】〈名〉❶からだのすべての部分。頭・両手・両足。または、頭・首・胴《どう》・手・足。例五体満足。類全身。❷書道で、篆書《てんしょ》・隷書《れいしょ》・楷書《かいしょ》・行書・草書のこと。

ごたいそう【御大層】〈形動〉あざけりたくなるほど、大がかりだ。例御大層なお出まし。

こだいむらさき【古代紫】〈名〉少し赤みがかった、くすんだしぶい紫色。

こだいもうそう【誇大妄想】〈名〉自分の地位や能力、また、ものごとについて、実際より大げさに空想して、それを事実だと信じてしまうこと。

ごたいりく【五大陸】〈名〉世界の大陸を、アジア・ヨーロッパ・アフリカ・アメリカ・オセアニアの五つに分けた、かつての言いかた。

こたえ【答え】〈名〉❶相手からのよびかけや問いかけに対して、ことばや身ぶりなどで返事をすること。また、その返事。例答えをかえす。うけ答え。類返答。応答。回答。❷問題をといてえられた結果。例答えが合う。答えをだす。答えを求める。答え合わせ。類解答。▽対問い。

こた(▽堪)えられない あまりにすばらしいので、だまってがまんしていられない。例こたえられないほどうまい。

賀茂真淵(かものまぶち)(1697～1769) 江戸中期の国学者。万葉集の研究を行ない，「万葉考」を書いた。

こた・える【答える・応える】〔▽堪える〕〈動下一〉 一［答える］❶相手からのよびかけや問いかけに対し、ことばや身ぶりで返事をする。例質問に答える。対問う。類返答する。応答する。
❷問題をといて答えをだす。例次の問いに答えよ。類解答する。
二［応える］❶ほかからのはたらきかけにそうような反応を示す。例期待に応える。歓声《かんせい》に応える。恩顧《おんこ》に応える。類応じる。むくいる。
❷外からの刺激《しげき》が心底《しんそこ》からつらく感じられる。例骨身にこたえる。寒さがこたえる。
三［堪える］ある状態をそのままたもつ。例もちこたえる。ふみこたえる。類たえる。→こたえられない
表記 二の②と三は、ふつう かながきにする。

こだか・い【小高い】〈形〉周囲よりすこし高くなっている。例小高い丘《おか》。

こだから【子宝】〈名〉親にとっては宝物のような、だいじな子供。例子宝にめぐまれる。

こだくさん【子だくさん】〔子沢山〕〈名〉やしなうべき子供がたくさんいること。例貧乏人の子だくさん。

ごたくせん【御託宣】〈名〉神のおつげである「託宣」の尊敬語。
表現 もっともらしいえらそうなことばをさして、「御託宣をならべる」のように皮肉をこめて使うこともある。

ごたく(御託)をなら(並)べる かってな考えを、えらそうな調子であれこれ述《の》べたてる。
参考「ご託」は、「ご託宣《たくせん》」の略。

ごたごた 一〈名〉もめごとによる混乱。例ごたごたがある。ごたごたがかたづく。類いざこざ。波風。
二〈副〉文句などをうるさくあれこれ言うようす。例あまりごたごた言うな。類がたがた。ごちゃごちゃ。
三〈副・する〉いろいろのものが入りまじって、乱雑なようす。例おし入れにものがごたごた(と)入れてある。類ごちゃごちゃ。▽ア一ゴタゴタ 二三ゴタゴタ

こだし【小出し】〈名〉いちどに全部ださないで、少しずつだすこと。例貯金を小出しにして使う。

こだち【木立】〈名〉木が何本かかたまって生えているところ。かたまって生えている木々。例夏木立。

こたつ〔▽火▼燵・▼炬▼燵〕〈名〉内側(天板《てんばん》の下)に電熱器や温風器をとりつけたテーブル。電気ごたつ。熱がにげないようにふとんをかぶせ、足を入れて温まる。例こたつに入る。こたつにあたる。参考 昔は炭火《すみび》を使った。→ほりごたつ

ごたつ・く〈動五〉❶混乱した状態になる。例仕事がごたつく。❷細かなことでもめる。

こだて【戸建て】〈名〉⇩いっこだて

こだね【子種】〈名〉「精子」を、これから芽ばえて育っていく植物の種にみたてた、やや古い言いかた。
表現「子種を宿《やど》す」は、妊娠《にんしん》すること。「子種がない」は、子供にめぐまれないこと。

ゴダブリューいちエイチ【5W1H】〈名〉英語の疑問詞 when・where・who・what・why・how の頭《かしら》文字の、五つのWとH。「いつ、どこで、だれが、何を、なぜ、どのように」という、情報を正確に人に伝えるために明示するべき六つの基本要素。

ごたぶん(御多分)にも(漏)れず 世間の多くの例のように。例ご多分にもれず、彼もだめだった。
表現 よい意味の場合には、ふつう使わない。

こだま〔木霊・▼谺〕〈名・する〉声や音が山や谷などに反響《はんきょう》して、ふたたび聞こえること。エコー。例こだまがかえる。山にこだまする。類やまびこ。
参考 古くは、木の霊《れい》が発するものと信じられていた。

こだわり〔▽拘り〕〈名〉こだわる気持ち。例こだわりを捨てる。こだわりの一品《ひとしな》。

こだわ・る〔▽拘る〕〈動五〉❶どうでもいいようなことを、ぐずぐずといつまでも気にする。例つまらないことにこだわる。類拘泥《こうでい》する。❷細かいところまでとことん気にかける。例食材にこだわる。参考 ①がもとの意味。

こたん【枯淡】〈名〉よけいなものがなく、あっさりとしたあじわいが感じられること。例枯淡の境地。

ごだんかつよう【五段活用】〈名〉〔文法〕動詞の活用の種類の一つ。活用語尾《ごび》が五十音図の「あ・い・う・え・お」の五つの段全部に出てくるもの。たくさんの動詞が、この型の活用をする。→巻末の「動詞の活用」

こち〔▽東▽風〕〈名〉東からふく春の風。

こちこち〈形動〉❶ものがひからびたり、こおったりして、非常にかたくなっている。例こちこちにこおる。❷緊張《きんちょう》のあまり、動作がスムーズにいかない。例優勝を意識してこちこちになる。❸ある考えなどにこりかたまっていて、融通《ゆうずう》がきかない。例こちこちの石頭。

ごちそう〔御▼馳走〕 一〈名〉「豪華《ごうか》な料理」の意味の美化語。 二〈名・する〉❶手料理で客をもてなしたり、人の食事代などをおごったりする意味の美化語。例たまにはごちそうさせてもらうよ。❷(「ごちそうになる」の形で)手料理をふるまってもらったり、食事代などをおごってもらったりする意味の謙譲《けんじょう》語。例おことばに甘えてきょうはごちそうになります。

ごちそうさま〈感〉食事のあとや、人にごちそうになったあとなどにいう、あいさつのことば。
表現 のろけ話を聞かされたとき、皮肉《ひにく》の感じをこめて、「もうたくさんだ」という意味で使うこともある。

ゴチック〈名〉⇩ゴシック ◇ドイツ Gotik

ごちゃごちゃ 一〈形動・副・する〉いろいろなものが入りまじって、乱雑である。例ごちゃごちゃにかきまぜる。ごちゃごちゃした文章。二〈副〉文句などをうるさくあれこれ言うようす。例ごちゃごちゃ言う。類がたがた。▽類ごたごた。
参考 アクセントは、ふつう「ゴチャゴチャ」であるが、一で形容動詞として使う場合は、「ゴチャゴチャ」となる。

こちょう[1]〔▼胡▼蝶〕〈名〉昆虫《こんちゅう》の「ちょう」の古い言いかた。アコチョー

こちょう[2]【誇張】〈名・する〉❶実際よりも大げさに表現すること。例内容の一部を誇張して伝える。❷〔美術〕⇩デフォルメ ▽アコチョー

ごちょう【語調】〈名〉話をするときのことばの調子。例語調をつよめる。類語気。語勢。口調《くちょう》。

こちら〈代名〉❶話し手に近いところ。また、そこにあるものをさし示すことば。例こちらへお入りください。こちらの方がお安くなっております。❷話し手や話し手がわの人。また、話し手に近い位置の人をさすことば。例あなたさえよければ、こちらはいつでもけっこうです。こちらが鈴木さんです。▽「こっち」よりていねいな言いかた。→あちら・そちら・どちら

こぢんまり【小ぢんまり】〈副・する〉小さいながらも、それなりにまとまりのあるようす。例こぢんまり(と)した家。

常用漢字 **こつ**

【骨】 骨部0 全10画 ※ 骨骨骨骨骨

コツ ほね 教 小6 音［コツ］ 骨格《こっかく》。骨髄《こつずい》。骨折《こっせつ》。骨子《こっし》。筋骨隆隆《きんこつりゅうりゅう》。肋骨《ろっこつ》。鉄骨《てっこつ》。老骨《ろうこつ》（にむち打つ）。気骨《きこつ》。訓［ほね］骨。骨折り。骨組み。骨接ぎ。骨抜き。骨太。背骨。屋台骨。

【滑】⇩常用漢字 かつ〔滑〕

こつ【骨】〈名〉❶おこつ。例骨つぼ。❷［こつ］ものごとをうまくやるための独特な要領。例こつがある。こつを教える。こつをおぼえる。こつをつかむ。類呼吸。秘訣《ひけつ》。

表記 ②は、「コツ」とかたかなで書くことも多い。

ごつ・い〈形〉やわらかさやスマートさのない、がんじょうでかどばった感じである。例ごついカバン。ごついからだの男。

[1] **こっか【国花】**〈名〉その国を代表・象徴《しょうちょう》する花。日本では桜《さくら》、または菊《きく》。

[2] **こっか【国家】**〈名〉「国《くに》」の学問的な言いかた。きまった領土と、そこに住む人々からなる、統治組織をもった社会集団。例近代国家。国家権力。

[3] **こっか【国歌】**〈名〉国家を象徴《しょうちょう》するものとしてきめられている歌。参考 日本では「君が代」。↓きみがよ

こっかい【国会】〈名〉日本国憲法で、国権の最高機関であり、ただ一つの立法機関としてさだめられている議会。衆議院と参議院の二院にわかれ、法律の制定、予算の議決、条約の承認《しょうにん》、内閣総理大臣の指名などを行なう。例国会を解散する。国会の会期。

[1] **こづかい【小使】**〈名〉「用務員」の古い言いかた。

[2] **こづかい【小遣い】**〈名〉生活費以外の、自分で自由につかえるお金。例小遣い帳。小遣いかせぎ。

こっかいぎいん【国会議員】〈名〉国民の選挙によってえらばれ、国会で国の政治について議論して、政策などを決定する人たち。衆議院議員と参議院議員。

こっかく【骨格】〈名〉❶高等動物で、からだをささえている器官。また、からだつきのこと。❷ものごとの全体をかたちづくり、それをささえている部分。例建物の骨格。類ほねぐみ。

こっかくき【骨角器】〈名〉けものや鳥、魚の、骨・角・きばで作った道具。

こっかこうあんいいんかい【国家公安委員会】〈名〉内閣府の外局の一つ。警察行政を統括《とうかつ》し、警察庁の管理を行なう。国務大臣を長とし、五人の委員（＝国家公務員）で構成。↓こうあんいいんかい

こっかこうむいん【国家公務員】〈名〉国から給料をもらって、国の仕事をする人。↓ちほうこうむいん

こっかしけん【国家試験】〈名〉専門的な職業につくなどするための資格のうち、法律にさだめられている資格（＝国家資格）をとるための試験。司法試験・医師国家試験・看護師国家試験・運転免許試験など。

こっかしゅぎ【国家主義】〈名〉個人の権利をおさえ、国家の利益を中心にする考えかた。

こっかっしょく【黒褐色】〈名〉黒ずんだこげ茶色。

こっかよさん【国家予算】〈名〉毎年四月から翌年三月までの一年間の、国政にかかる支出と収入の見積もり額。

こっかん【酷寒】〈名〉真冬のひどい寒さ。対酷暑《こくしょ》。類厳寒。

表現 多く「酷寒のおり、おからだにお気をつけください」などのように、手紙・メールの文句として使う。

ごっかん【極寒】〈名〉きわめつきの寒さ。例極寒の地。対極暑《ごくしょ》。類厳寒。酷寒《こっかん》。

[1] **こっき【克己】**〈名〉自分のなまけごころや欲望にうちかつこと。例克己心。ア コッキ

[2] **こっき【国旗】**〈名〉国家を象徴《しょうちょう》するものとしてきめられているはた。ア コッキ 参考 日本では「日の丸」。

こづきまわ・す【小突き回す】〈動五〉❶人のからだをくり返しつつく。❷さまざまにいじめる。

[1] **こっきょう【国教】**〈名〉国家が承認《しょうにん》し、特別の保護をあたえている宗教。参考 日本では、憲法で信仰《しんこう》の自由がうたわれ、国教はない。

[2] **こっきょう【国境】**〈名〉国と国との領土のさかい目。例国境をこえる。国境線。↓くにざかい

こっきり〈接尾〉それだけ。俗《ぞく》な言いかた。例一回こっきり。

[1] **こっく【刻苦】**〈名・する〉心身をひどく苦しめるほど努力をすること。例刻苦勉励《べんれい》。

[2] **コック**〈名〉水道などのせん。◇cock

[3] **コック**〈名〉西洋料理や中華料理などの料理人。例コックさん。類板前。板場《いたば》。◇オランダ kok

こづ・く【小突く】〈動五〉人のからだを、指さきなどでかるくつく。例こづきまわす。

コックピット〈名〉航空機の操縦室や、レーシングカーの運転席。◇cockpit

こっくり 一〈副〉頭を下にさげてうなずくようす。二〈副・する〉頭を前後にゆらしながらいねむりをするようす。例こっくりこっくりしながら。

[1] **こづくり【小作り】**〈形動〉こぢんまりとした作りである。例小作りな顔。小作りの男。

[2] **こづくり【子作り】**〈名・する〉夫婦《ふうふ》が子どもをつくろうとすること。例結婚してしばらくは子作りはしない。

こっくん【国訓】〈名〉❶訓。和訓。❷漢字の、中国でのもとの意味をはなれた、日本語独自の意味での読みかた。中国でナマズを表わす「鮎」を「あゆ」と読むなど。

こっけい【滑稽】〈名・形動〉❶おもわず笑いだしたくなるほど、おかしいこと。例滑稽なしぐさ。❷話にもならないほど、ばかばかしくくだらないこと。例なんど言ってもわからないとは、滑稽な話だ。滑稽千万《せんばん》。

参考 もとの意味は、よくしゃべって人を笑わせること。

こっけいぼん【滑稽本】〈名〉〔文学〕江戸《えど》時代後期に流行した小説の一種。江戸の町人を中心に、そのふだんの生活をおもしろおかしくえがいたもの。「東海道中膝栗毛《ひざくりげ》」「浮世風呂《うきよぶろ》」など。

こっけん【国権】〈名〉国をおさめるつよい権限。国家権力。例国会は国権の最高機関である。国権を発動する。

こっこ【国庫】〈名〉国がもっているお金を保管して、その出し入れをする機関。財務省が管轄《かんかつ》する。

ごっこ〈接尾〉本物のようなつもりでする遊び。例鬼ごっこ。学校ごっこ。

こっこう【国交】〈名〉国と国とのあいだの公式な交際。例国交がない。国交を回復する。国交断絶。

ごつごうしゅぎ【ご都合主義】〈名〉何が正しいかと考えて行動するのでなく、何がつごうがいいかと考え、自分の目先の利益だけを追って行動するやりかた。非難する気持ちのこもったことば。

こっこく【刻刻】〈副〉⇩こくこく

こつこつ〈副〉❶かたいものが軽くうちあたる音。例くつ音がこつこつ(と)ひびく。❷たゆまずに、地道に努力をかさねるようす。例こつこつ(と)勉強する。

ごつごつ〈副・する〉❶かたくて、でこぼこしている。例ごつごつした岩山。ごつごつした手。❷人がらなどが、洗練されていないで、武骨であるようす。例ごつごつした人。

こっし【骨子】〈名〉考えやプランなどの中心となる部分。例体育祭の骨子をきめる。

こつずい【骨髄】〈名〉❶骨の中にあるやわらかい組織。髄。❷心のおく深いところ。例うらみ骨髄に徹する。

こっせつ【骨折】〈名・する〉からだの骨がおれること。

こっせん（方言）…だよね。文末にそえて相手に軽く同意を求めながらたずねるときに使う。宮崎で言う。例あそこの角にコンビニあったこっせん(=あったよね)?

こつぜん【▼忽然】〈副〉急に現れるか消えるかするようす。例忽然と消える。類突然《とつぜん》。

こっそう【骨相】〈名〉❶人のからだの骨組み。❷頭や顔の骨格に表れる、人の性質や運勢を判断するしるし。

こつそしょうしょう【骨粗しょう症】『骨粗▼鬆症』〈名〉骨の形は変わることがなく、中身だけが変質してもろく折れやすくなった症状《しょうじょう》。年輩《ねんぱい》者に多くみられる。

こっそり〈副〉人に気づかれないようにかくれてするようす。秘密のうちに。例部屋をこっそり(と)ぬけだす。類ひそかに。そっと。

ごっそり〈副〉いちどにとりだす量が、はなはだしく多いようす。例ごっそり持っていく。類根こそぎ。

表現 ふつうは、ものがなくなるときのことをいうが、「金をごっそりためこんでいる」といった言いかたもある。

ごったがえ・す【ごった返す】〈動五〉多くの人や物で動きがとれないほど混雑する。

ごったに【ごった煮】〈名〉野菜や肉、魚などのいろいろな食材をいっしょにまぜて煮ること。そうしてつくった食べ物。例ごった煮にする。

こっち〈代名〉「こちら」のくだけた言いかた。例あっちじゃなくて、こっちだ。→あっち・そっち・どっち

ごっちゃ〈形動〉あるものが別のものとまざった状態。例夢と現実がごっちゃになる。

こっちょう【骨頂】〈名〉この上ないこと。例愚《ぐ》の骨頂。真骨頂。

こつつぼ【骨つぼ】『骨▼壺』〈名〉おこつを入れるつぼ。

こづつみ【小包】〈名〉❶小さなつつみ。❷郵便物として送る小さな荷物。「ゆうパック」の旧称《きゅうしょう》。

こってり〈副〉❶〈する〉味や化粧《けしょう》などがしつこいくらいこいようす。例バターをこってりぬる。対あっさり。さっぱり。❷いやというほど。例先生にこってり(と)しぼられた。類みっちり。たっぷり。

こっとう【骨▼董】〈名〉ねうちのある古い美術品や道具。例骨董品。書画骨董。類アンティーク。

コットン〈名〉「もめん」のこと。◇cotton

こつにく【骨肉】〈名〉親子や兄弟など、血のつながった関係にある者どうし。例骨肉の争い。

骨肉相《あい》食《は》む 親子や兄弟などで、たがいに争う。

こっぱ『木っ端』〈名〉❶木のけずりくずや切れはし。例こっぱみじん。❷取るにたりない、つまらないもの。例こっぱ役人。

こっぱみじん『木っ端▽微▼塵』〈名〉強い衝撃や爆発《ばくはつ》によって、かたいものが、こなごなになってとびちること。例こっぱみじんになる。類粉みじん。

こつばん【骨盤】〈名〉こしからおしりにかけての部分をかたちづくっている骨。

こっぴど・い『こっ▽酷い』〈形〉ことばやしうちが、とてもきびしい。例こっぴどくしかられる。

こつぶ【小粒】一〈名〉つぶが小さいこと。対大粒。二〈名・形動〉❶からだが小さいこと。例からだは小粒だが、足ははやい。類小がら。小兵《こひょう》。❷ほかと比べて、その人の考えや力量が小さいこと。

コップ〈名〉ガラスなどでつくった円筒《えんとう》形の水飲み。類グラス。◇オランダ kop

コップの中《なか》の嵐《あらし》 その人にとっては、たいへんなことも、全体からみれば、小さなさわぎにすぎないこと。

コッペパン〈名〉ひし形に丸みをつけたような形の、底が平らなパン。

こつまく【骨膜】〈名〉骨をつつんでいる白い膜。神経や血管がとおり、骨の保護や成長に関係している。

こづれ【子連れ】〈名〉子どもがいっしょにいること。例子連れの客。類子ども連れ。

[1]**こて**【小手】〈名〉❶ひじと手くびとのあいだ。例高手小手(にしばりあげる)。❷剣道《けんどう》で、手くびのあたりを打つこと。例小手、一本!

小手をかざす 遠くを見るときなどに、目の上にちょっと手をさしかける。

[2]**こて**『▽籠手』〈名〉❶剣道で手にはめる防具。また、そこを打つこと。❷鎧《よろい》で、うでにつける部分。❸弓を射るとき、肩から左手にかけてつける布または革《かわ》でできたおおい。弓籠手《ゆごて》。

[3]**こて**『▼鏝』〈名〉❶しっくいやセメントなどをぬるときに使う、表面を平らにする道具。小さな鉄板に木の柄《え》をつけたもの。類へら。❷鉄棒に柄をつけた道具。熱してものにおしあてて、しわをのばしたり、それをまいてちぢらせたりする。裁縫《さいほう》や調髪《ちょうはつ》などに使う。例こてをあてる。焼きごて。類アイロン。❸はんだづけのときに使う道具。はんだごて。

ごて【後手】〈名〉❶相手に先をこされて、こちらのでかたをおさえられてしまうこと。例後手にまわる。❷碁《ご》や将棋《しょうぎ》で、相手より一手あとに打ったりさしたりする番。▽対先手。

[1]**こてい**【固定】〈名・する〉うごいたり、変化したりしないようにすること。例固定客。固定観念。

[2]**こてい**【湖底】〈名〉みずうみの底。例湖底にしずむ。

こていかんねん【固定観念】〈名〉思いこんでいて、簡単には変わらない考え。例固定観念にとらわれる。

こていしさん【固定資産】〈名〉土地・建物・機械・特許権・株式など、同じ形のまま持ちつづけることのできる財産。例固定資産税。対流動資産。

こていひょう【固定票】〈名〉選挙で、ある候補者や政党にかならず投じられる確実な票。対浮動《ふどう》票。

コテージ〈名〉山小屋。とくに洋式の山小屋ふうの建物。◇cottage

こてき【鼓笛】〈名〉たいこと ふえ。例鼓笛隊。

ごてごて〈副・する〉しつこくかざり立てた結果、うるさいだけで効果がないようす。

こてさき【小手先】〈名〉手さき。手先でできるようなちょっとした細工や、それができる能力。例小手先がきく。小手先の仕事。

こてしらべ【小手調べ】〈名〉ものごとを本格的にす

る前に、ためしにちょっとやってみること。例小手調べをする。ほんの小手調べ。

こてなげ【小手投げ】〈名〉すもうで、自分のわきの下にさしこまれた相手の手をかかえこんで投げたおすわざ。

[1]**こてん【古典】**〈名〉❶古い時代に書かれた書物。例古典文学。❷国語の授業で学ぶ、古文と漢文のこと。❸長い年月のあいだに、人々から高い評価をうけて、現在もその価値をうしなっていない文学や音楽などの作品。類クラシック。

[2]**こてん【個展】**〈名〉ある人の作品だけを展示する展覧会。例個展をひらく。

ごてん【御殿】〈名〉❶身分の高い人の邸宅《ていたく》をいう尊敬語。❷大きくて、つくりがりっぱな邸宅。

こてんげいのう【古典芸能】〈名〉江戸《えど》時代やそれより前に始まって、現在も受けつがれている芸能。歌舞伎《かぶき》・人形浄瑠璃《じょうるり》・能楽《のうがく》・狂言、琴《こと》や尺八《しゃくはち》などの音曲《おんぎょく》、落語など。

こてんしゅぎ【古典主義】〈名〉一七世紀から一九世紀のはじめにかけてのヨーロッパでの、芸術上の考えかた。古代のギリシャやローマの芸術を手本とするもの。

こてんてき【古典的】〈形動〉古典としてのおもむきや風格が備わっている。例古典的な音楽。類クラシック。クラシカル。

表現「古典的な発想」のように、「すっかり古びている」という意味で使われることもあり、その場合は「古典」とはなんの関係もない。

こてんぱんに〈副〉相手を徹底《てってい》的にやっつけるようす。また、相手からやっつけられるようす。俗《ぞく》な言いかた。類こてんこてん。

[1]**こと【事】**〈名〉日本語の中でいちばん意味のひろいことばが、「もの」と「こと」である。見たりさわったりできる物体や物質は、なんでも「もの」といって表わせる一方、人の心の中での思いや、もののなりゆきなどは「こと」で表わしうる。両方あわせて「ものごと」といえば、自然や社会のありさまをふくめて、人間の心にうつるすべてを言い表わすことができる。

❶事件・事実・事項《じこう》・事情・事態などのうちの、どれかにおきかえられる意味をもつ場合。例事としだいによっては。事ほどさように。こともあろうに。事をわけて話す。ことによると。よいこととわるいこととの見わけがつかない。金銭のことはわたしにたのんでもだめだ。むかしのことは忘れよう。そういうことなら、おひきうけします。事柄《ことがら》。約束事。かくし事。けいこ事。笑い事。あらそい事。

❷「事件」に、「めんどうな」「やっかいな」「かんたんにはすまない」のような意味がこもる場合。例事をこのむ。事をかまえる。事をおこす。事をあらだてる。事のおこり。こともなげに。一週間は事なくすぎた。事めんどうとみて非常手段にでた。それは事だな。

❸「山にひとりで行くことは危険だ」の「こと」のように、上の叙述(=「山にひとりで行く」)をまとめて名詞にあたる句をつくる場合。こういう「こと」を形式名詞といい、「山にひとりで行くのは危険だ」のように、「の」におきかえられる場合もある。

❹文末にきて、いろいろな判断のしかたや、ものを言う態度を表わすのに使う、形式名詞の用法。

(a)実績や経験の有無《うむ》。…たことがある。…たことがない。例いちどそこに行ったことがある。まだ負けたことがない。

(b)発生確率の大小。…ことが多い。…ことがある。…こともある。例雪のふった翌日は晴れることが多い。「よく」「ときどき」「ときには」「たまに」「まれには」などの副詞がつくと、意味がいっそうはっきりする。例南国でも、ときには雪が降ることがある。

(c)可能判断。…ことができる。例今ならやり直すことができる。

(d)伝聞情報。…とのことだ。…ということだ。例来日するチームは、国内で負けたことがないということだ。

(e)指令的伝達。…こと。例身体検査前日には かならず入浴すること。

(f)勧誘《かんゆう》。…ことだね。…ことね。例負けがこまないうちにやめることだね。ためしにやってみることね。

(g)ゆるやかな決心や勧誘。…ことにしよう。例そろそろ帰ることにしよう。

(h)価値や必要の有無。…ことがあるか。…ことはない。…ことはあるまい。例なにを泣くことがあるか。あわてて帰ることはあるまい。▽アコト」↓囲み記事21(下)

表記 ③④は、ふつうかなで書く。①②でも、かるい意味のときには、かな書きにすることが多い。

参考「ものごと」「約束ごと」のように、他の語のあとについて複合語をつくるときには、「ごと」とにごる。

事あるとき なにか事件や、めんどうなできごとが起こったとき。例事あるときに備える。

事が足《た》りる それをやっただけで用がだいたいすんでしまう。例電話一本かけてくれれば事が足りたのに。

事ここに至《いた》る 事態が悪化して、解決がむずかしい状態になる。例事ここに至っては、降参するほかない。

事とする なにかを意識的にもっぱら行なう。例人のあらさがしを事とする。

事無《な》きを得《え》る なにもめんどうなことが起こらず、大事にいたらずにすむ。

事に当《あ》たる その任務につく。

事に触《ふ》れて なにか折あるごとに。例事に触れて思い出す。

事によると「ひょっとしたら」「もしかすると」のややあらたまった言いかた。

事のついでに ほかのなにかをしたついでに。例事のついでに一言《ひとこと》注意しておく。

> **囲み記事 21**
>
> **「こと」の特別な用法**
>
> (1)人について、「…のこと」といい、とくにその人をつよくさす気持ちを表わす。例ギョエテとはおれのことかとゲーテ言い。
>
> (2)人について、「…のことだから」のようにいい、その人についての特別の判断をする態度を表わす。例あの人のことだから、きっとだいじょうぶだと思います。
>
> (3)「早いこと」の形で、「早く」「いまのうちに」という意味の副詞になる。例早いことかたづけてしまおう。
>
> (4)「わたくしこと、このたび一身上の都合《つごう》で退社いたします」のように、届けの文書などで、自分のことをあらたまっていうときに使う。「私儀《わたくしぎ》」と同じ意味。
>
> (5)「漱石《そうせき》こと夏目金之助」のように、ペンネーム・芸名・通称《つうしょう》などをかかげて、あとに本名をだすときのつなぎのことばにする。

こ

事もあろうに 「ほかにやることはいくらでもあるだろうに、よりによって、こんなことをするとは！」と、非難していうことば。

事を欠《か》く ⇩ことかく

事を構《かま》える ものごとをかんたんにすませないで、わざとめんどうなことにしようとする。

事を好《この》む なにか事件などが起こることをこのむ。例事を好まないおだやかな人。

事を運《はこ》ぶ ものごとをすすめていく。

[2]こと〈終助〉❶感動をやわらかに表わす。自分自身にむかって言う感じがある。例まあ、かわいいお人形だこと。❷人をかるくさそったり、人にやわらかく同意をもとめたりする気持ちを表わす。「ないこと」の形をとることが多い。例あら、この写真、秋山さんじゃないこと？ いいこと？ 車に気をつけるのよ。参考名詞の「こと〔事〕」からでたことば。おもに年輩《ねんぱい》の女性が使う。

[3]こと【琴・▼箏】〈名〉邦楽《ほうがく》の楽器。長いキリの板をはりあわせた胴《どう》の上に、十三本の糸をはり、つめではじいて音を出す弦楽器《げんがっき》。例琴をひく。琴をかなでる。アコト

表現 一面《いちめん》二面《にめん》と数える。

参考 本来は、柱《じ》(=それぞれの弦を支える「人」の形の器具)を用いる一般《いっぱん》的なものを「箏《こと》」と書き、用いないものを「琴《きん》」という。

[4]こと【古都】〈名〉むかし、都《みやこ》だったところ。古くからの都。アコト

参考 日本では京都・奈良が古都としてとくに有名で、その寺社を中心とする文化財は世界遺産となっている。ほかに、神奈川県の鎌倉《かまくら》や石川県の金沢などをいう。

[5]こと【▼糊塗】〈名・する〉かくしたいことや悪事などを、別のことで一時的にとりつくろってごまかすこと。例悲惨《ひさん》な現状を糊塗する。アコト

[1]ごと〈接尾〉「…といっしょのまま」という意味を表わす。例ケースごと宝石をぬすまれた。丸ごとかじる。

[2]ごと〖▽毎〗〈接尾〉❶「くりかえされるたびに」という意味を表わす。例月ごと。夜ごと。→囲み記事22(次《ページ》) ❷「その一つ一つについてもれなく」という意味を表わす。例チラシを家ごとにくばる。好みは人ごとにちがう。

ことあげ【言挙げ】〈名・する〉あることがらをとくにとりたてて、口に出して言うこと。例つまらないことをわざわざ言挙げしなくてもよいのに。類言及《げんきゅう》。

ことあたらしく【事新しく】〈副〉あたかも、だれも知らない新しいことがらであるかのように。例事新しくとり上げるほどのことでもないことを言うなよ。

ことう【孤島】〈名〉海の中にぽつんとただ一つある島。例絶海の孤島。類離島《りとう》。はなれ島。

表現 「陸の孤島」のように、ほかとの交通のきわめて不便なところをいうこともある。

こどう【鼓動】〈名・する〉心臓が血液を送りだすために、どきどきとうごくこと。例胸がはげしく鼓動する。

表現 「新時代の鼓動が聞こえる」などの言いかたで、時代をゆりうごかすような大きなうごきがおこる前ぶれという意味を表わす場合がある。

[1]ごとう【語頭】〈名〉単語のはじめの部分。対語尾。

[2]ごとう【誤答】〈名〉まちがった答え。

こどうぐ【小道具】〈名〉❶舞台や映画などで使う道具のうち、登場人物の身の回りの小さなもの。対大道具。❷こまごました道具。例小道具入れ。

ごとうち【御当地】〈名〉ある土地をおとずれた人が、そこに住んでいる人に気をつかって、その土地をていねいにいうことば。こちら。例御当地ソング。

ことか・く【事欠く】〈動五〉❶必要なもの、のぞましいものが足りなくて困る。例毎日の食事にも事欠くありさまだ。対事足りる。類不自由する。❷(「…に事欠いて」の形で)ほかにいくらでも方法や手段はあるのに、よりによって。例言うに事欠いてそんなことを言うとは！ ▽「ことをかく」ともいう。

ことがら【事柄】〈名〉ものごと。ものごとの性質や内容。例重要な事柄。

ごとき〖▽如き〗〈助動〉…ような。…のような。例大地をゆるがすごとき喚声《かんせい》。小山のごとき巨体《きょたい》。

参考 文語の助動詞「ごとし」の連体形。「あいつごときに負けてはいられない」のように、口語体の文章の中でもときどき使われる。形式ばった、かたい感じがする。→ごとし

こときれる【事切れる】〈動下一〉呼吸がとまって死ぬ。類息たえる。息をひきとる。

こどく【孤独】〈名・形動〉たよりになるものや、心のかよいあうものがなくて、ひとりぼっちなようす。例孤独にたえる。孤独な生活。孤独感。

[1]ごとく【五徳】〈名〉火ばちやいろりなどで、鉄びんややかんをかける、三本あしまたは四本あしの鉄製の円形の台。ガスこんろの上の台にもいう。

[2]ごとく〖▽如く〗〈助動〉…ように。…のように。例もとのごとく。思いのごとく。

参考 文語の助動詞「ごとし」の連用形。「表に示したごとく、ここ数年の生産ののびはかんばしくない」「従来のごとく作業は続行する」のように、口語体の文章の中でもときどき使われる。形式ばった、かたい感じがする。→ごとし

ごどく【誤読】〈名・する〉❶まちがった字の読みかたをすること。❷読んで、まちがった解釈《かいしゃく》をすること。

ことごとく〖▼悉く・▽尽く〗〈副〉それらのどれもみなすべて。例見るもの聞くものことごとくめずらしい。類すっかり。残らず。悉皆《しっかい》。

尽《ことごと》く書《しょ》を信《しん》ずれば則《すなわ》ち書《しょ》無《な》きに如《し》かず 本に書かれていることを百パーセント信用するくらいなら、世の中に本はないほうがいい。批判力をもつことがだいじだという教え。由来 中国の古典『孟子《もうし》』にあることばで、「書《しょ》」は、五経《ごきょう》の一つ『書経《しょきょう》』のこと。

ことごとし・い【事事しい】〈形〉ものの言いかたや態度などが、ものものしくおおげさである。例事々しくさわぎたてる。

ことごとに【事ごとに】〖事▽毎に〗〈副〉なにかあるたびに。例事ごとにけんかをする。

ことこまか【事細か】〈形動〉細部にいたるまでくわしい。例事細かに説明する。類詳細《しょうさい》。

ことさら〖殊更〗 ━〈形動〉特別の気持ちをこめているようす。例ことさらなものの言いかたが、気に入らない。 ━〈副〉特別に。ひときわ。例山里のひとり暮らしは、雨の日はことさら人恋《ひとこい》しい。ことさら強調するほどのことではない。類とりわけ。ことのほか。ことに。わざわざ。とりたてて。

ことし【今年】〈名〉今、自分がすごしている、この年。類本年。

表現 (1)「今年もあとひと月で終わる」は一年間全部をさし、「今年はいい年だった」は終わった分をさし、「今年こそは計画を実行しよう」はこれからくる分をさしている。(2)「ことし」がふつうの言いかたで、「本年」や「こんねん」

 川合玉堂(かわいぎょくどう)(1873〜1957) 大正〜昭和の日本画家。狩野派と洋風の自然描写を総合。「彩雨」。

こ

ー は、あらたまった場面で使うことば。

ごとし【ˇ如し】〈助動〉文語の助動詞。たとえや例示を表わす。…ようだ。…のようだ。例光陰《こういん》矢のごとし。過ぎたるはなお及《およ》ばざるがごとし。参考 終止形のまま口語体の文章の中で使われることはないが、「ごとき」「ごとく」はときどき使われる。→ごとき・ごとく

ことだま【言霊】〈名〉むかし、ことばに宿っていると信じられていた、人の力をこえたふしぎな力。

ことた・りる【事足りる】〈動上一〉それをするのに十分である。例手持ちの現金で事足りる。対事欠《ことか》く。類まにあう。

ことづか・る【言付かる】〈動五〉人から伝言や、品物をとどけることを、たのまれる。例これを母から言付かってきました。

ことづけ【言付け】〈名・する〉人にたのんで相手に伝えてもらうこと。また、そのことば。ことづて。例ことづけをたのむ。類伝言。

ことづ・ける【言付ける】〈動下一〉人にたのんで、相手につたえてもらったり、品物をとどけてもらったりする。類伝言する。託《たく》する。

ことづて【言づて】【言ˇ伝】〈名〉⇩ことづけ

ことなかれしゅぎ【事なかれ主義】〈名〉なるべくめんどうなことをさけて、平穏《へいおん》無事にものごとがすむことだけをのぞむ、消極的な態度。

囲み記事 22

「…ごとに」と「…おきに」

次の文はどのような意味を表わすだろうか。

一か月おきに病院に行く。

この文には次の二つの意味がある。

(1)"毎月"病院に行く〔一月、二月、三月、…〕

(2)"隔月《かくげつ》"で病院に行く〔一月、三月、五月、…〕

(1)も(2)も、「間《あいだ》に一か月という長さの時間がおかれる」という点は変わらない。異《こと》なるのは、何の間か、ということである。(1)では「病院に行く」日の間である。

(1) •←一か月→•←一か月→•←一か月→•……

それに対し、(2)では「病院に行く」日をふくむ月の間である。

(2) [•] 一か月 [ ] 一か月 [•] ……

(2)では「一か月」(約三十日)が単位となっている。「…おきに」を使うとき、「一か月」のように間の間隔《かんかく》がまとまった単位としてとらえやすい場合、右の例のように二通りの意味が生じる。同じように、「一週間おきに買い物をする」でも、「毎週買い物をする」と「隔週で買い物をする」という二通りの意味にとることができる。後者では「一週間」が単位としてとらえられ、「買い物をする」日をふくむ「週」のあいだに「一週間」がおかれる。

一方、「三十日おきに病院に行く」「七日おきに買い物をする」と言えば、「三十日」は時間の長さとしてしかとらえることができないので、(1)の意味だけになる。

さて、次のような場合、「…おきに」は、「…ごとに」と同じ状況《じょうきょう》を表わす。

一メートルおきにポールを立てる。

一メートルごとにポールを立てる。

二つの文が同じ状況を表わせるのは、「一メートル」という長さが明確に示され、「ポール」の間の間隔がはっきり決まるからだと考えることができる。空間的な間隔だけでなく、時間的な間隔についても、同じようなことがいえる。

一〇分おきにチャイムが鳴る。

一〇分ごとにチャイムが鳴る。

では次のような場合はどうか。白と赤の椅子《いす》を一列に並《なら》べるとする。

三つおきに赤い椅子を置く。

これは次のどちらの状況を表わすだろうか。

A 白白白赤白白白赤白白白赤……

B 白白赤白白赤白白赤……

この文はA、B両方のとらえ方ができるのではないだろうか。

Aの場合、赤の椅子の間に置かれる椅子が三つだととらえている。

これに対してBの場合、赤の椅子の間に置かれる空間が三つだととらえている。

B …赤□白□白□赤…

このようなとらえ方のちがいによって二通りの意味が生じるのである。

一方、「…ごとに」を使うとBの意味にしかならない。

三つごとに赤い椅子を置く。

「…ごとに」は、「…」の部分を一つのまとまりとしてとらえる。たとえば、次の文でも、「5人」が一つのまとまりとしてとらえられている。

五人ごとに一グループとする。

そのため、「三つごとに赤い椅子を置く」といえば、「白白赤」という「三つ」を一つのまとまりとしてとらえるのである。

このように、「…ごとに」「…おきに」という言い方はそれぞれ次のような意味を表わす。

「…ごとに」は、「…」が一つのまとまりを作ることを表わす。

「…おきに」は、並んだものの間の間隔が「…」だ、ということを表わす。

最初の文「一か月おきに病院に行く」を、「一か月ごとに病院に行く」と言えば、毎月行く意味にしかならない。これも、「病院に行く」日までの「一か月」をひとまとまりととらえるためだろう。

ことなく【事無く】〈副〉なにごともなく無事に。例事なく議事は終了した。

ことな・る【異なる】〈動五〉あるものとほかのものが同じでない。例意見が異なる。人間は動物と異なって火を使うことができる。対似《に》る。類ちがう。

表現 このことばは、連体詞のように名詞を修飾《しゅうしょく》することが多い。その場合は、連体形の「異なる」のほかに「異なった」という形もよく使われる。また、数学では「相《あい》異なる二つの数 x、y」のように、「相」をつけて、たがいの関係をはっきり表わす習慣がある。

ことに【殊に】〈副〉ほかのものとはいちだんとちがっているようす。ややあらたまった言いかた。例彼女の演技がことに光っていた。類とくに。とりわけ。

ごとに【▽毎に】〈接尾〉⇩ごと〔毎〕

こと(異)にする 考えや態度などがちがっている。例意見を異にする。

こと(事)によると ⇩「こと〔事〕」の子項目

ことのは【言の葉】〈名〉❶ことば。❷和歌。例言の葉の道。▽古い言いかた。

ことのほか【殊の外】〈副〉❶思いのほか。例ことのほか早くついた。類意外に。案外。❷とりわけ。例ことのほか散歩が好きだ。類とくに。ひときわ。ことさら。

ことば【言葉】【▽詞】〈名〉❶人が自分の考えや気持ちをつたえる手だてとしての、音声や文字。例言葉をあやつる。言葉の能力。日本の言葉。話し言葉。書き言葉。類言語。❷単語や句など、「①」の要素となるもの。例言葉をかえる。むずかしい言葉。最近は外国から入ったかたかなの言葉が、よく使われる。はやり言葉。❸実際に言われたことがら。例別れの言葉。あたたかい言葉。彼の言葉が胸にこたえた。ソクラテスの言葉。ほめ言葉。

表現 ①は一言語《いちげんご》二言語《にげんご》、一か国語《いっかこく》二か国語《にかこくご》のように数える。②は一語二語、一句二句と数える。③は一言《ひとこと》二言《ふたこと》と数える。

お言葉ですが ⇩独立項目

言葉に甘《あま》える 相手の好意あることばをそのままありがたく受けとって、そのとおりにする。例お言葉に甘えて、お先に失礼します。

言葉に余《あま》る とてもことばなどでは言いつくせない。

言葉のあや たくみにかざった、ことばの言いまわし。

言葉を失《うしな》う おどろきのあまり、何を言ってよいかわからない。類絶句する。息をのむ。

言葉を返《かえ》す 相手のことばに対して、言いかえす。例おことばを返すようですが、わたくしは反対です。

言葉を飾《かざ》る 話のなかみをいっそうよくみせたり、相手を気持ちよくさせるために、言いかたをくふうする。

言葉を尽《つ》くす 思いつくかぎりの言葉を使って表現する。例言葉を尽くして説得をこころみる。

言葉を濁《にご》す 返答にこまったときなどに、ことばをぼかしてあいまいに言う。口を濁す。

言葉を挟《はさ》む 人が話している途中《とちゅう》で、その人に話しかける。

ことばあそび【言葉遊び】〈名〉ことばを材料にして楽しむ遊び。しり取り・早口ことば・回文《かいぶん》・しゃれ・パロディーなど。

ことばがき【▽詞書き】〈名〉和歌の前に書かれている文章。その歌のテーマや詠《よ》んだ事情をのべたもの。

ことばかず【言葉数】〈名〉口に出すことばの多さ。例ことば数の少ない人。類口数《くちかず》。

ことはじめ【事始め】〈名〉新しい仕事にとりかかること。古い言いかた。例蘭学《らんがく》事始め。

参考 ものごとのはじまり、という意味。

ことばじり【言葉尻】〈名〉❶ことばの終わりのあたり。類語尾。❷発言の中の、ちょっとした言いまちがいや矛盾《むじゅん》のある部分。

言葉尻を捕《と》らえる 人の言いまちがいや、ことばのはしばしをとらえて、相手を追及《ついきゅう》する。類あげ足をとる。

ことばすくな【言葉少な】〈形動〉口数が少ないようす。例ことば少なに心境を語る。

ことばづかい【言葉遣い】〈名〉言葉のつかいかた・選びかた。とくに話し言葉にいう。例言葉遣いが悪い。

ことばつき【言葉つき】〈名〉話すときの言いかたや調子。例言葉つきに注意する。類口つき。口ぶり。

ことぶき【寿】〈名〉めでたいことを祝うことば。

表現 年賀状や結婚《けっこん》祝いののし紙に、「寿」の字を書くことが多い。

ことほ・ぐ【▽寿ぐ・言▽祝ぐ】〈動五〉「祝う」のやや古い言いかた。例長寿《ちょうじゅ》をことほぐ。

ことほどさように【事ほどさように】【事程左様に】〈副〉これまで述べてきたように、それほどに。かたい言いかた。例事ほどさように、事件の解決には困難がともなう。

こども【子供】〈名〉❶ある男女のあいだに生まれた人。むすこ。むすめ。例子供ができる。対親。類子。❷年が若くて、まだ一人前とみとめられない人。例子供にかえる。ませた子供。子供あつかい。子供づれ。対おとな。❸判断力などがまだしっかりしていないこと。幼稚《ようち》なこと。例まだまだ考えかたが子供だ。対おとな。

子供の使《つか》い 言いつけられた用事を満足にはたせない、役に立たない使い。あらっぽく、「がきの使い」ともいう。例子供の使いじゃあるまいし。

こどもごころ【子供心】〈名〉まだ判断力がじゅうぶんでない、純真で単純なこどもの心。類おさな心。

表現 「おさな心」は純真さ・かわいさのほうに重点があり、「こども心」は未発達のほうに重点がある。「こども心に何とか親を助けようとしたのだろう」のように、「こども心に(=じゅうぶんな判断のできないこどもであっても)」の形で使うことも多い。

こどもだまし【子供だまし】【子供▼騙し】〈名〉ものごとがよくわからない子どもをだますような、やすっぽいちゃちなもの。また、そのようなこと。

表現 「ほんの子どもだましのものですが」といって、人に贈《おく》るものを謙遜《けんそん》していうときに使うこともある。

ことなげ【事も無げ】〈形動〉たいしたことはないと思っているようすだ。例事も無げな態度。事も無げに言う。類平気。平然。

こどものひ【こどもの日】〈名〉国民の祝日の一つ。五月五日。「こどもの人格を重んじ、こどもの幸福をはかるとともに、母に感謝する」ための日。端午《たんご》の節句にあたる。

ことよ・せる【事寄せる・言寄せる】〈動下一〉ほかのことを口実や名目にする。例親切に事寄せて恋心《こいごころ》を示す。

ことり【小鳥】〈名〉ウグイスやスズメなど、小形の鳥。

表現 「かこつける」よりもややおだやかな感じの言いかた。

ことわざ【▼諺】〈名〉人々の生活のちえから生まれ、いつからともなく言いならわされてきた、教訓や批判をふくむ短いことば。「良薬は口ににがし」など。類金言。格言。

 河口慧海《えかい》(1866～1945) 仏教学者・探検家。仏典の原書を求めチベットのラサに入った最初の日本人。

1ことわり【断り】〈名〉ことわること。ことわることば。例断りを言う。断りの手紙。なんの断りもなしに。

2ことわり〖▽理〗〈名〉「道理」「理由」のやや古めかしい言いかた。

ことわ・る【断る】〈動五〉❶相手のたのみや申し出をうけいれないでつき返す。例客を断る。申し出を断る。類拒否《きょひ》する。拒絶する。辞退する。❷前もって知らせたり、ゆるしをえたりする。例だれにも断らずに帰った。

敬語 ①の謙譲《けんじょう》語に「拝辞する」がある。

こな【粉】〈名〉とてもこまかいつぶ。また、その集まり。例粉をひく。類粉末。粉《こ》。

表現 「粉《こな》」は、「粉ミルク」「粉ぐすり」のように、接頭語的に使われ、「粉《こ》」は「小麦粉」「パン粉」「うどん粉」のように、接尾語的に使われる。

こなぐすり【粉薬】〈名〉粉になっている薬。類散薬。

こなごな【粉粉】〈形動〉こなのように、こまかくくだけたようす。例割れて粉々になる。

こな・す〖▽熟す〗一〈動五〉❶食べたものを消化する。❷知識や技術などをすっかり身につけて、それを自由自在に使う。例ドイツ語をこなす。類消化する。❸仕事などを処理する。例役をこなす。三日分の仕事を一日でこなす。類消化する。二〈接尾〉動詞の連用形につけて、それに熟達している意味を表わす。例パソコンを使いこなす。一輪車を乗りこなす。柄物《がらもの》を着こなす。

方言 福岡・大分・宮崎などでは、「ひどい目に合わせる」という意味でも使う。

こなた〖▼此▽方〗一〈代名〉「こちら」の古めかしい言いかた。二〈名〉「このかた」の古めかしい言いかた。

こなまいき【小生意気】〈形動〉いかにもなまいきな。例小生意気な悪たれ小僧《こぞう》。類こしゃく。

こなみじん〖粉▽微▼塵〗〈名〉かたいものが瞬間《しゅんかん》的にもとの形がわからなくなるほどこなごなになること。例こなみじんにくだく。類こっぱみじん。

こなゆき【粉雪】〈名〉こまかくて、さらさらした雪。「こゆき」ともいう。

こな・れる〖▽熟れる〗〈動下一〉❶食べたものが消化される。❷知識や技術などが身について、ぎこちなさがなくなる。例こなれた文章。こなれた和訳《わやく》。こなれた手つき。❸ある商品の、平均的な値段が安くなる。例値段がこなれてきて買いやすくなった。注意 ②は、意味を誤解《ごかい》して、「小慣れる」と書かれることもある。

ごなん【御難】〈名〉災難ややっかいごとが、うやまうべき人にふりかかったときにいう言いかた。例御難続きで、大変でしたね。

表現 自嘲《じちょう》の気持ちをこめて、「とんだ御難だったよ」などと言うこともある。

こにくらし・い【小憎らしい】〈形〉いかにもなまいきで、しゃくにさわる感じがする。例小憎らしい子ども。

こにもつ【小荷物】〈名〉❶手に持てるくらいの小さな荷物。❷鉄道輸送で、客車ではこんだ、小さな荷物。

コニャック〈名〉ブランデーの一種。品質がよく、フランス西部のコニャック地方産のものについてのみいう。◇フランス cognac

ごにん【誤認】〈名・する〉まちがえて、ちがうものごとをそうだとみとめてしまうこと。例人間をクマと誤認して発砲《はっぽう》する。事実誤認。

こにんずう【小人数】〈名〉ごく少ない人数。例小人数での宴会《えんかい》。対大人数。類少人数。

ごにんばやし【五人ばやし】〖五人▼囃子〗〈名〉❶たいこ・大鼓《おおつづみ》・小鼓・笛・地謡《じうたい》の五人でする合奏。❷ひな祭りにかざる、「①」をかたどった五体の人形。

こぬかあめ【小ぬか雨】〖小▼糠雨〗〈名〉⇩ぬかあめ

コネ〈名〉「コネクション」の日本での省略語。就職や取り引きなどに有利となるような、特別の人間関係。例コネがある。コネで就職する。類手づる。縁故《えんこ》。つて。

コネクション〈名〉❶人と人とのつながり。❷⇩コネ ❸麻薬《まやく》の密売人や密輸組織。◇connection

こねくりまわ・す【こねくり回す】〖▼捏ねくり回す〗〈動五〉うまくいく見通しが全くないまま、ただ、いろいろとやってみる。

こねく・る〖▼捏ねくる〗〈動五〉❶何度もこねまわす。例粘土《ねんど》をこねくる。❷あれこれくだくだと言ったり考えたりする。例〈理屈《りくつ》をこねくる。

ごねどく【ごね得】〈名〉いろいろと文句やいちゃもんをつけて相手にゆずらせ、その分だけ自分の方が得をすること。俗《ぞく》っぽい言いかた。

こ・ねる〖▼捏ねる〗〈動下一〉❶こな状のものに水などを加えて、よくかきまわしてねる。例セメントをこねる。❷人を困らせるような、むりなことや〈理屈《りくつ》をあれこれ言う。例だだをこねる。理屈をこねる。

ご・ねる〈動下一〉すなおに納得《なっとく》しないで、あれこれ文句や不平をいう。例ごねて要求をとおす。

この〖▼此の〗〈連体〉❶話し手に近いものごとをさすことば。例この本に書いてある。優勝をこの手にする。❷話し手が、いま話題にしたことをさすことば。例この問題を解決しなければならない。▽↓あの・その・どの

このあいだ【この間】〈名〉現在よりも少し前のあるとき。くだけた言いかたでは「こないだ」という。例この間彼に会った。類先日。先ごろ。先《せん》だって。過日《かじつ》。先般《せんぱん》。

参考 「このかん」と読むのは別のことば。

このうえ(上)ない これ以上のことはない。最高の。例この上ないしあわせ。

このうえは【この上は】〈接〉こういう事態になったからには。例この上は、ただやりとげるのみ。

このかた【この方】〈名〉あるときからあと、現在にいたるまで。例十年この方会っていない。参考 「この人」をていねいにいうときの「この方」とは別のことば。

このかん【この間】〈名〉❶ある時間から、ある時間までのあいだ。例この間、三年を要した。❷あることが進んでいる、そのあいだ。例この間の事情を説明すると。

参考 「このあいだ」と読むのは別のことば。

このご(期)におよ(及)んで 「ここまできてしまった今になって、何を言うのか」と、もう後にはもどれないという気持ちをこめて使う。

このごろ〖この頃〗〈名〉少し前から現在までの間。例このごろ流行している服。今日《きょう》このごろ。類近ごろ。最近。

このさい【この際】〈副〉なにかに直面しているいま。例この際だから、全部お話しします。

このたび【この度】〈名・副〉「今回」「今度」のあらたまった言いかた。例この度の事件。この度結婚《けっこん》することになりました。類このほど。

表現 あいさつやスピーチなどで、「この度は…」と言って、話をきりだすときに使うこともある。

このところ〈名〉⇩ここのところ(「ここ〈代名〉」の子項目)

このは【木の葉】〈名〉木《き》の葉。例木の葉が散る。木の葉がさやぐ。木の葉が舞《ま》う。
表現「木《き》の葉」というと、樹木の葉そのものをさすが、「木《こ》の葉」は、そのほかに、「木の葉のようにゆれうごく心」のような言いかたで、おぼつかなくて不安定なものを言い表わすときにも使う。

このはずく〈名〉鳥の一種。フクロウの仲間。からだは黄色みがかった褐色《かっしょく》で、小さい。夜行性で、「ブッポーソー」と鳴くので、「ぶっぽうそう(=仏法僧)」ともいう。

このへん【この辺】〈名〉❶いまいるあたり。このあたり。例この辺に西さんというお宅はないでしょうか。❷これぐらいの程度。例この辺で終わりにしよう。

このほど【この程】〈名・副〉❶「今回」「今度」のあらたまった言いかた。類このたび。❷先日。最近。例このほど引っこしてきたばかりです。

このまし・い【好ましい】〈形〉好みや望むところにかなっている。「このもしい」ともいう。例好ましい青年。好ましくない傾向《けいこう》。

1 **このみ**【木の実】〈名〉木《き》になる実。きのみ。アコノミ

2 **このみ**【好み】〈名〉なにを好んでいるかという傾向《けいこう》。例好みにあう。わたしの好み。類嗜好《しこう》。アコノミ」コノミ

この・む【好む】〈動五〉なにかを気に入って、あじわってたのしんだり、ほしいと思ったりする。例くだものを好む。好むと好まざるとにかかわらず。すき好む。対きらう。いとう。類好《す》く。→このんで

このよ【この世】〈名〉現在、人々が生きている世の中。例この世を去る。この世にいない。この世のものとも思われない。対あの世。類現世《げんせ》。下界《げかい》。

このわた〖▽海▼鼠▽腸〗〈名〉ナマコのはらわたでつくった塩辛《しおから》。参考「こ」はナマコのこと。「わた」ははらわた。

このんで【好んで】〈副〉❶自分から進んで積極的に。例好んで争いを起こす。❷好きなのでしばしば。例好んでうたう歌。

こばい【故買】〈名〉ぬすんだ品物であることを知りながら、買《か》いとること。

ごはい【誤配】〈名・する〉まちがって配達すること。

こばか(小馬鹿)**にする** 相手をみくびった態度をとり、かろんじたあつかいをする。

こはく【▼琥▼珀】〈名〉おおむかしの木のやにが、地中で石のようになったもの。赤茶色や黄色で、つやがあり、かざりものや絶縁《ぜつえん》材に使う。

ごはさん【御破算】〈名〉❶そろばんで、次の計算をする前に、たまをゼロの位置にもどすこと。例御破算で願いましては。❷ものごとがある程度すすんでから、はじまる前のなにもなかった状態にもどすこと。例御破算にする。御破算になる。類白紙にもどす。

こばしり【小走り】〈名〉小またで、走ること。例小走りで急ぐ。

こはぜ〖▼鞐〗〈名〉足袋《たび》や書物の帙《ちつ》(=昔の本のケース)などの合わせめをとめるためのもの。つめのような形をしている。例こはぜをかける。

こはだ〈名〉コノシロ(=近海魚の一)の十五《センチメートル》ほどの大きさのもの。酢《す》の物やすし種にする。

ごはっと【御法度】〈名〉してはいけないとされていること。参考もと、武家時代の法律のこと。

こばな【小鼻】〈名〉鼻の左右のふくらんだ部分。類鼻翼《びよく》。

小鼻をうごめかす 得意げなようすをみせる。

小鼻を膨《ふく》らます 不満げなようすをみせる。

こばなし【小話】〖小▼咄〗〈名〉しゃれた、気のきいた短い話。参考「しょうわ」と読むのは、ちょっとしたエピソードという意味の別のことば。

こばなれ【子離れ】〈名・する〉子どもがある程度大きくなったので、親のほうで、あまりかまいすぎたり、気にかけすぎたりしないようにすること。例このごろは子離れできない親がふえてきた。対親離れ。

こば・む【拒む】〈動五〉❶相手の要求などを、がんとしてことわる。例同行を拒む。類拒否《きょひ》する。❷すすんでくるものをとおさないようにふせぐ。例敵の侵入《しんにゅう》を拒む。類はばむ。

こばら(小腹)**がへ**(減)**る** 軽食をとりたい程度に、すこしおなかがすく。小腹がすく。

コバルト〈名〉❶〔化学〕銀白色の、延《の》ばしにくい金属。合金の材料、ガラスや陶磁器《とうじき》の着色料に使う。元素の一つ。記号Co ❷こい青色。例コバルト色。コバルトブルー。◇cobalt 参考同位体のコバルト60は放射能をもち、医療《いりょう》や殺菌《さっきん》などに利用されている。

こはるびより【小春日和】〈名〉初冬のころの、春のように暖かい日。参考「小春」は、陰暦《いんれき》十月のこと。

1 **こはん**【湖畔】〈名〉みずうみのほとり。

2 **こはん**【孤帆】〈名〉水上にたった一つ見える、帆《ほ》かけ船の帆。

こばん【小判】〈名〉江戸《えど》時代に使われた、うすい楕円《だえん》形の貨幣《かへい》。一枚が一両にあたる。対大判。

ごはん【御飯】〈名〉❶米、または、米にほかのものをまぜてたいたもの。例ご飯がすすむ。白いご飯が食べたい。❷「食事」のこと。例朝ご飯。▽類めし。
表現 ①はふつう一杯《いっぱい》二杯《にはい》と数えるが、一膳《いちぜん》二膳《にぜん》も使う。

ごばん【碁盤】〈名〉碁をうつために使う、四角形の台。表面にたてよこそれぞれ十九本ずつの線がひかれている。
表現 一面《いちめん》二面《にめん》と数える。

こばんざめ〖小判▼鮫〗〈名〉頭に小判のような形をした吸盤《きゅうばん》をもち、大型の魚や船底などに吸着して移動する小型のサメ。

こはんとき【小半時】〈名〉昔の一時《いっとき》(=二時間)の四分の一。三十分。

こび〖▼媚〗〈名〉人の気を引いて、気に入られるようにふるまうこと。

こびを売《う》る わざと相手の気をひき、気に入られるような態度をとる。

ごび【語尾】〈名〉❶ことばのはしばしや、ひとまとまりのことばの終わりのあたり。例語尾をにごす。彼の口調は、どうも語尾がはっきりしない。類ことばじり。❷単語の終わりの部分。対語頭。❸⇩かつようごび

語尾を濁《にご》す ことばの最後のだいじな部分を、はっきりと言わないでごまかす。

コピー 一〈名・する〉❶複写。例コピーをとる。類写し。転写。❷複製。模造《もぞう》。例コピー商品。二〈名〉人の関心をひきつけるための、広告の文章。例コピーライター。◇copy

コピーアンドペースト〈名・する〉⇩きりばり③ ◇copy and paste

コピーライター〈名〉職業として広告文を書く人。◇copywriter

こびき【木▼挽き】〈名〉丸太《まるた》をのこぎりでひいて製

材すること。また、それを仕事としている人。

こびと【小人】〈名〉童話や昔話にでてくる、とても小さい人間。対巨人《きょじん》。類侏儒《しゅじゅ》。一寸法師。参考「しょうじん」と読むのは別のことば。

コピペ〈名・する〉「コピーアンドペースト」の略。

こびへつら・う【▼媚び▼諂う】〈動五〉やたらにおせじを言ったり、なれなれしく機嫌《きげん》をとったりして、相手に気に入られようとする。

ごびへんか【語尾変化】〈名〉〔文法〕動詞や形容詞など、活用のあることばの末尾部分、たとえば「行く」の「く」のところが、「行かない」の「か」、「行きます」の「き」のように形が変わること。

ごびゅう【誤▼謬】〈名〉考えかたや知識などのあやまり・まちがい。例誤謬を指摘《してき》する。

こひょう【小兵】〈名〉体格が小さいこと。小さい人。例小兵力士。対大兵《だいひょう》。類小柄《こがら》。小粒《こつぶ》。

こびりつ・く〈動五〉くっついてしまって、かんたんにははなれなくなる。例なべにこびりつく。頭にこびりつく。類やきつく。しみつく。

こ・びる【▼媚びる】〈動上一〉人の気をひいて、気に入られるようにふるまう。例上役にこびる。類へつらう。おもねる。

[1]**こぶ**【▼瘤】〈名〉❶病気や打ち身などで、からだの表面の一部分がもり上がったもの。例こぶをつくる。力こぶ。類たんこぶ。❷ものの表面が一部分だけもり上がったもの。例らくだのこぶ。木のこぶ。▽アコブ」

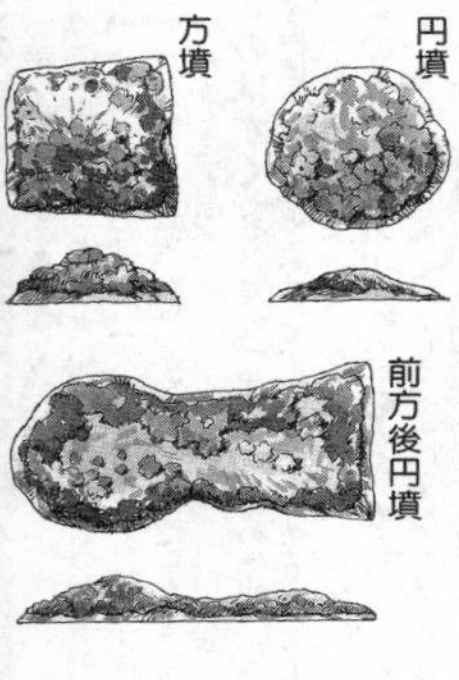

[こ　ふ　ん]

表現「目の上のこぶ」「こぶつき(=子どもがいること)」などのように、行動をじゃまするもの、という意味でも使う。

[2]**こぶ**【昆布】〈名〉⇩こんぶ アコブ

[3]**こぶ**【鼓舞】〈名・する〉はげまして、いきおいをもり上げること。例士気を鼓舞する。類ふるいたたせる。アコブ

ごふ【護符】〈名〉神社や寺で出している、わざわいから身をまもってくれるというふだ。

ごぶ【五分】〈名〉❶一寸の半分の長さ。約一・五センチメートル。例五分刈《が》り。❷一割の半分。五パーセント。例五分引き。❸実力などがどちらも同じくらいで、優劣《ゆうれつ》がつけられないこと。例五分にわたり合う。五分の勝負。五分五分。類互角《ごかく》。

こふう【古風】〈名・形動〉考えかたやもののようす、やりかたなどが、現代的でなく古めかしいこと。例古風な家。古風な考え。類むかし風。

ごふうじゅうう【五風十雨】〈名〉五日目ごとに風がふき、十日目ごとに雨がふること。表現農作物にとって理想的な天候である。また、世の中が平和であることのたとえとしても使う。

こふきいも【粉吹き芋】〈名〉ジャガイモをゆでて、汁《しる》をすて、再度火にかけて水分を蒸発させたもの。イモの表面が粉を吹いたような感じになる。

ごふく【呉服】〈名〉和服用の織物。例呉服屋。類反物《たんもの》。

ごぶごぶ【五分五分】〈名〉実力や可能性などが、どちらも同じくらいであること。類五分。互角《ごかく》。

ごぶさた【御無沙汰】〈名・する〉しばらく相手に会ったり手紙を出したりしないでいること。また、そのことをわびるあいさつに使うことば。例どうもごぶさたいたしました。ずいぶんとごぶさただったじゃないか。類無音《ぶいん》。

[1]**こぶし**【小節】〈名〉とくに演歌や民謡《みんよう》をうたうとき、曲の流れのなかで声を誇張《こちょう》してふるわせ、メロディーに装飾《そうしょく》をほどこすこと。例小節をきかせる。

[2]**こぶし**【拳】〈名〉手の指をかたくにぎりしめたもの。にぎりこぶし。例拳をふり上げる。対平手。類げんこつ。

[3]**こぶし**【▽辛▼夷】〈名〉山野に生える落葉高木。春、葉の出る前に白い花がさく。

ごふじょう【御不浄】〈名〉トイレ。女性が使う古めかしい言いかた。

こぶちゃ【昆布茶】〈名〉粉にしたり細かく刻んだコンブに湯をそそいで、成分をしみ出させた飲み物。

こぶつ【古物】〈名〉❶〔法律〕骨董《こっとう》品・古書・中古車などの、あらゆる中古品。営業には都道府県公安委員会の免許《めんきょ》がいる。例古物商。類古物《ふるもの》。❷古くから伝わる、由緒《ゆいしょ》ある品物。

こぶつき【こぶ付き】【▼瘤付き】〈名〉❶再婚《さいこん》するときに、前の夫または妻とのあいだにできた子どもを連れていること。❷子どもを連れて行動していること。表現子どもをじゃまなものとするニュアンスがある。

こぶとり【小太り】〈名・形動・する〉やや太っていること。例小太りの中年男。

こぶまき【昆布巻き】〈名〉身欠きニシンや焼いたハゼなどをコンブでまき、かんぴょうで結んで、あまからく煮《に》た和風の料理。

コブラ〈名〉毒ヘビの一種。インドやアフリカなどにいる。おこると上半身を立てて、首の部分をひろげる。キングコブラなどがある。◇cobra

コプラ〈名〉ココナッツの種の、胚乳《はいにゅう》をかわかしたもの。脂肪《しぼう》分が多く、菓子やマーガリンの原料にする。◇copra

[1]**こぶり**【小降り】〈名〉雨や雪の降るいきおいが弱いこと。例小降りになる。対本降り。どしゃ降り。大降り。

[2]**こぶり**【小ぶり】〈形動〉形がやや小さめである。例小ぶりな茶わん。対大ぶり。

こふん【古墳】〈名〉〔歴史〕古代の天皇や豪族《ごうぞく》の、土を盛った大きな墓。円墳・方墳・前方後円墳などがある。絵→こふんじだい

表現一基《いっき》二基《にき》と数える。

参考大阪府にある、前方後円墳の大仙《だいせん》(大山)古墳(仁徳《にんとく》天皇陵《りょう》)が全長四八六メートルでもっとも大きく、世界でも面積としては最大。

[1]**こぶん**【子分】〈名〉やくざなどのグループで、親分の命令にしたがって行動する人。対親分。類手下。家来。

[2]**こぶん**【古文】〈名〉江戸《えど》時代までの文章。対現代文。類文語文。

こふんじだい【古墳時代】〈名〉〔歴史〕弥生《やよい》時代のあと、三世紀末ごろから七世紀にかけて、各地の豪族《ごうぞく》やヤマト政権のような政治連合により、古墳がさかん

につくられた時代。

[1]**ごへい【御幣】**〈名〉神社でおはらいをしたり、神にささげたりするのに使う道具。紙などをほそ長く切って、短い棒にはさんだもの。→ぐんばい 絵

御幣を担《かつ》ぐ 縁起《えんぎ》を気にする。

[2]**ごへい【語弊】**〈名〉ことばの使いかたが適当でないために相手にあたえるよくない結果。例そう言ってしまっては語弊がある。

ごへいもち【五平餅】〈名〉ご飯をつぶして団子にし、串《くし》にさして、みそやしょうゆのたれをつけて焼いた食べ物。

[1]**こべつ【戸別】**〈名〉一軒《いっけん》ごと。家ごと。例戸別訪問。類各戸。

[2]**こべつ【個別】**〈名〉ひとりひとり、または、ひとつひとつを別々にあつかうこと。例個別に面談する。類個個。

コペルニクスてき(的)てんかい(転回) ものの見かたや考えかたが正反対に変わること。

参考 ヨーロッパでは、天文学者コペルニクスが地動説をとなえるまで、天動説が宗教の考えと結びついて続いていた。この天動説から地動説への移行は、人間の世界観の非常に大きな変化だった。それで、がらりと変わる大転換《てんかん》のことをこう言う。もと、ドイツの哲学《てつがく》者カントが自分の哲学の方法に使ったことば。

[1]**ごほう【語法】**〈名〉あることばの用法。

[2]**ごほう【誤報】**〈名〉まちがった知らせ。類虚報《きょほう》。

ごぼう〖▽牛▼蒡〗〈名〉野菜の一つ。キク科の二年草。葉はハート形で大きく、根はこげ茶色で細いが長くのびる。根をきんぴらごぼうやてんぷらなどにして食べる。日本一の産地は青森県。

表現「ごぼうのような足」といえば、やせていていろぐろの足のこと。「だいこん足」は、太くて白い足。

ごぼうぬき【ごぼう抜き】〖▽牛▼蒡抜き〗〈名〉競走で、いっきに何人も追いぬくこと。

注意 もとの意味は、畑のゴボウのようにぬきにくいものを強引にひきぬくこと。「抗議《こうぎ》ですわりこんだ人々をごぼう抜きにする」のように、人の腕《うで》を引っぱって排除《はいじょ》する意味で用いられた時代もあった。

[1]**こぼく【古木】**〈名〉長い年月を生きている立ち木。例樹齢《じゅれい》二百年の古木。桜の古木。類老木。

[2]**こぼく【枯木】**〈名〉枯れた立ち木。枯れ木。

こぼ・す〖▽零す〗〈動五〉❶中に入っている液体や小さな粒状《つぶじょう》のものを、外へ出してしまう。例お茶をこぼす。なみだをこぼす。砂糖をこぼす。❷不平や不満、ぐちなどを、心の中にしまっておけないで、だれかにむかって言う。例ぐちをこぼす。類ぼやく。ぐちる。かこつ。

こぼね【小骨】〈名〉魚の、うっかりするとのどにささってしまいそうな、細くて短い骨。

こぼね(小骨)がお(折)れる ちょっとした苦労がいる。例小骨の折れる仕事。参考「小さな骨が折れる」のではなく、「すこし骨が折れる(=苦労する)」ということ。

こぼればなし【こぼれ話】〖▽零れ話〗〈名〉あるものごとに関係して生まれた、ちょっとした話。例運動会のこぼれ話。類余話。余聞。エピソード。

[1]**こぼ・れる**〖▽零れる〗〈動下一〉❶中に入っている液体や小さな粒状《つぶじょう》のものなどが、あふれたりして外へでてしまう。例水がこぼれる。なみだがこぼれる。砂糖がこぼれる。→おこぼれ ❷中からあふれてくるように、自然に外にでる。例笑《え》みがこぼれる。

[2]**こぼ・れる**〖▽毀れる〗〈動下一〉刃物《はもの》の刃の部分に欠けたところができる。

こぼんのう【子煩悩】〈名・形動〉自分の子どもをとてもかわいがること。例子煩悩な父。

[1]**こま**〖▽独▽楽〗〈名〉円錐《えんすい》をさかさにしたような形のものに軸《じく》のついた、まわして遊ぶおもちゃ。

[2]**こま**〖▽高▽麗〗〈名〉朝鮮半島にあった高句麗《こうくり・コグリョ》または高麗《こうらい・コリョ》という国に対する、日本でのよび名。

[3]**こま【駒】**〈名〉❶ウマ。とくに、子ウマをさす古い言いかた。例ひょうたんから駒。❷将棋《しょうぎ》で、盤《ばん》の上でうごかす、五角形の木片。例持ち駒。❸〔音楽〕バイオリンや三味線《しゃみせん》などの弦楽器《げんがっき》の、胴《どう》と弦のあいだにはさむ小さな木片。弦をささえるとともに、弦の振動《しんどう》を胴につたえる役目をする。

【駒】 馬部5 全15画 ※ 駒駒駒駒駒

こま

[4]**こま**〖▼齣〗〈名・接尾〉❶映画や写真、漫画《まんが》などの一画面。また、それを数えることば。例思い出のひとこま。四コマ漫画。❷大学などで、一回分の授業が行なわれる時間割りの単位。例A先生は週に八コマ教えている。B大学の授業は一コマが九〇分だ。

表記「コマ」とかたかなで書くことが多い。

[1]**ごま**〖▼胡麻〗〈名〉畑につくる一年草。種はいって料理に使ったり、あぶらをとったりする。アゴマ

ごまをする 自分の利益になるように、上の人などにおせじを言ったり、サービスしたりしてきげんをとる。

[2]**ごま【護摩】**〈名〉〔仏教〕密教で、本尊《ほんぞん》の前に壇《だん》をもうけ、木を燃やして仏にいのること。アゴマ

コマーシャル〈名〉テレビやラジオでの、商業広告のための短い放送。CM。類宣伝。◇commercial

ごまあぶら【ごま油】〖▼胡麻油〗〈名〉ゴマからとれる食用油。

こまい【古米】〈名〉収穫《しゅうかく》してから、一年以上たった古い米。対新米。

参考 法律では、収穫した年の翌年の十月末までに市場《しじょう》にでるものが新米で、それ以降にでるものが古米。

こまいぬ【こま犬】〖▼狛犬〗〈名〉神社の社殿《しゃでん》の前に置いてある、一対《いっつい》の、獅子《しし》に似《に》たけものの像。絵 参考「こま」は、「高麗《こま》」から。

こまおち【駒落ち】〈名〉将棋《しょうぎ》で、格段に強いがわが、飛車・角などの駒をはずしてたたかうこと。

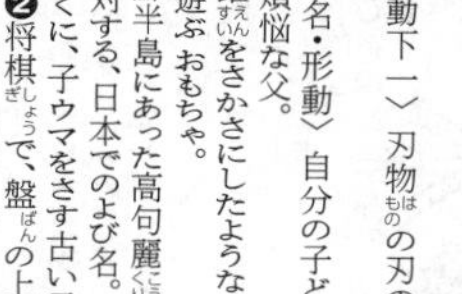

[こまいぬ]

こまか【細か】〈形動〉こまかいようす。例細かな心づかい。細かに計算する。対おおまか。

こまか・い【細かい】〈形〉❶全体をかたちづくっている、そのひとつひとつが小さい。例細かく刻む。編み目が細かい。対あらい。大きい。❷なかみがくわしい。例細かい事情。細かく説明する。話が細かい。類詳細《しょうさい》。こまやか。❸すみずみにまで注意がいきとどいている。例細かい気くばり。芸が細かい。対あらい。類こまやか。❹損得《そんとく》を中心に考えがちだ。例お金に細かい。❺貨幣《かへい》が小額である。例お金を細かくする(=小銭に両替する)。細か

 河東碧梧桐(かわひがしへきごとう)(1873～1937) 明治～昭和の俳人。各人の実感を自由に表現する俳句を提唱。

いの(=硬貨や千円札)が財布にない。対大きい。

ごまか・す〘誤魔化す〙〈動五〉 ほんとうのことをかくすために、ちょっとしたうそをついたりして、その場をとりつくろう。例人目をごまかす。金をごまかす。笑ってごまかす。類だます。

こまぎれ【細切れ】〈名〉 こまかくきったもの。とくに、ぶた肉や牛肉をこまかくきったもの。例細切れにする。

こまく【鼓膜】〈名〉 耳のおくにある外耳《がいじ》と内耳をくぎっているうすい膜。音をとらえて、振動《しんどう》として内耳につたえる。

こまげた【駒げた】〘駒下▽駄〙〈名〉 一つの材木をくりぬいてつくったげた。

こまごま〘細細〙〈副・する〉 ❶ひとつひとつは小さいが、いろいろな種類のものがたくさんあるようす。例こまごま(と)した雑用を一手にひきうける。❷こまかいところまでいきとどいている。例事件の推移をこまごまと説明する。表記漢字では「細々」と書くが、「ほそぼそ」と読みまちがえられることがあるので、かなで書くほうがよい。

ごましお【ごま塩】〘▼胡麻塩〙〈名〉 ❶いった黒ごまと塩をまぜ合わせたもの。❷黒と白が適当にまじり合ったようす。とくに、かみの毛やひげなどにいう。例ごま塩頭。

こましゃく・れる〈動下一〉 子どもが、ませていて小生意気である。「こまっしゃくれる」「こまちゃくれる」ともいう。

こます(方言) …てやる。大阪での がらの悪い言いかた。例いてこましたろか(=やってやろうか)。

ごますり〘▼胡麻▼擂り〙〈名〉 ごまをすること。ごまをする人。→「ごま〔胡麻〕」の子項目

こまた【小股】〈名〉 両足の開きかたがせまいこと。例小股で歩く。対大股。

小股の切《き》れ上《あ》がった 女性の、足が長くて腰《こし》が高く、きりりとからだが引きしまっていて粋《いき》なようす。

小股をすくう ❶すもうで、相手のまたを内側からすくうようにしてたおす。❷相手のすきをねらって、自分だけの利益をはかる。参考①のわざを「小またすくい」という。

こまち【小町】〈名〉 美しいので評判のむすめ。古めかしい言いかた。例××(地名)小町。小町娘《むすめ》。参考小野小町《おののこまち》が有名な美人だったことからいう。

ごまつ【語末】〈名〉 単語の末尾《びまつ》の部分。例語末の母音。対語頭。語中。

こまづかい【小間使い】〈名〉 主人の身の回りのこまごまとした世話をした女性。

こまっしゃく・れる〈動下一〉 ⇩こましゃくれる

こまつな【小松菜】〈名〉 野菜の一つ。アブラナの変種。やわらかい葉をおひたしやしるの実《み》にする。

こまどり〘駒鳥〙〈名〉 鳥の一種。スズメくらいの大きさ。おすは背が赤茶色で、尾《お》が赤みがかっている。ウマのいななきに似《に》た声で鳴く。

こまぬ・く〘▼拱く〙〈動五〉 うでぐみをする。→手をこまぬく(「て〔手〕」の子項目) 注意俗《ぞく》に「こまねく」と言われることが多い。

こまね・く〘▼拱く〙〈動五〉 ⇩こまぬく(前項)

こまねずみ〘▽独▽楽▼鼠〙〈名〉 ハツカネズミの変種で、小形のネズミ。全身が白く、こまのようにくるくると走りまわる性質がある。

こまねずみのように働《はたら》く あちこちこまかく、すばやく動きまわって、よく仕事をする。

こまむすび【こま結び】〘細結び・小間結び〙〈名〉 ひもの結びかたの一つ。ひもの両はしを一度交差させながら結び、もう一度交差させてかたく結ぶ。固《かた》結び。絵

[こまむすび]

こまめ【小まめ】〈形動〉 ほねおしみをせず、からだを動かして、よく働く。例こまめな男。こまめに働く。類まめ。

ごまめ〘▼鱓〙〈名〉 カタクチイワシの干物《ひもの》。正月やめでたいときの あまからい料理(=田作《たづくり》)に使う。

ごまめの歯軋《はぎし》り 弱い者が、自分よりはるかに強い相手のことを、やたらにくやしがってもむだだ、ということ。

こまめる(方言) 小銭に替《か》える。福岡・大分などで言う。

こまもの【小間物】〈名〉 化粧《けしょう》品や装身《そうしん》具。くしや歯ブラシなど、こまごました日用品。対荒物《あらもの》。

こまやか【▽細やか】〘▽濃やか〙〈形動〉 ❶[濃やか] 相手をふかく思いやるようす。例愛情がこまやかだ。例❷[細やか] 「こまかい」のていねいな感じの言いかた。▽例こまやかな気配り。こまやかなサービス。類きめこまか。

こまりもの【困りもの】〈名〉 どうにもやっかいで始末しにくいものごと。例車の多いのも困りものだ。

こま・る【困る】〈動五〉 ❶どうしてよいかわからなくて、苦しむ。例あつかいに困る。返事に困る。類弱る。まいる。❷貧乏《びんぼう》のために、苦しむ。例生活に困る。類困窮《こんきゅう》する。窮乏《きゅうぼう》する。

こまわ(小回)りがき(利)く 自動車などで、せまいところでも向きをかえることができる。表現「組織が大きくなると小回りがきかない」のように、状況《じょうきょう》に応じたすばやい対処のしかたをいうこともある。

コマンド[1]〈名〉 コンピューターに入力して実行させる命令。◇command

コマンド[2]〈名〉 軍隊で、突撃《とつげき》や奇襲《きしゅう》をしかける隊員。例コマンド部隊。◇commando

ごまんと〘五万と〙〈副〉 非常にたくさん。くだけた言いかた。例言いたいことならごまんとある。類山ほど。いくらでも。

こみ【込み】〈名〉 ❶いろいろのものをいっしょにすること。例込みにする。❷(「…込み」の形で)「…をいっしょにふくめる」という意味を表わす。例税込み。

ごみ〘▼塵・▼芥〙〈名〉 ほこりや紙くず、食べかすなど、きたなくて、なんの役にもたたないもの。例ごみを捨てる。ごみの山。ごみ拾い。生活ごみ。類くず。ちりあくた。廃棄物《はいきぶつ》。

こみあ・う【混み合う・込み合う】〈動五〉 かぎられた場所に、大勢の人やたくさんのものがつまっている。類混雑する。

こみあ・げる【込み上げる】〈動下一〉 中からもり上がるような感じで、外にあふれでてくる。例なみだが込み上げる。よろこびが込み上げる。はきけが込み上げる。

こみい・る【込み入る】〈動五〉 ものごとの事情やもののつくりなどが、複雑になっている。例込み入った事情。類入り組む。

コミカル〈形動〉 おどけた感じでこっけいである。例コミカルな映画。◇comical

ごみごみ〈副・する〉 こみあって雑然としているようす。

例 ごみごみした町。

こみだし[1]【小見出し】〈名〉❶新聞や雑誌などで、大見出しのわきにつける、小さい見出し。❷長い文章の中のくぎりにつける、その内容をまとめたり、テーマを示したりする小さな見出し。▽対 大見出し。

こみだし[2]【子見出し】〈名〉辞書で、一つの項目《こうもく》につけくわわっている、ことわざや慣用句などの見出し。対 親見出し。類 子項目。

コミック〈名〉漫画《まんが》の本や雑誌。◇comic

コミッショナー〈名〉プロ野球やプロボクシングなどで、その組織の全体をまとめる最高の権限をもった人や機関。◇commissioner

こみみ(小耳)にはさ(挟)む だれからともなく、ちらりと聞く。ちょっと耳に挟む。類 耳にする。もれ聞く。

コミュニケ〈名〉国際会議や国家間の会議についての公式発表。声明書。例 共同コミュニケ。◇フランス communiqué

コミュニケーション〈名〉ことばや文字、身ぶりなどを使って、考えや気持ちを通じあうこと。例 コミュニケーションをとる。コミュニケーションスキル。非対面コミュニケーション(=電話や電子メールでのやりとり)。◇communication

コミュニケート〈名・する〉コミュニケーションを行なうこと。◇communicate

コミュニスト〈名〉共産主義者。◇communist

コミュニズム〈名〉共産主義。◇communism

コミュニティー〈名〉共同体意識をもって人々が生活している、あるきまった範囲《はんい》の地域やその人々の集団。◇community

コミュニティースクール〈名〉地域とともにある学校づくりをしている公立学校。保護者や地域住民などから構成される学校運営協議会の意見が、学校の運営方針や教育活動などに反映されるしくみをとる。◇community school

こ・む【混む・込む】━〈動五〉❶[混む・込む] 人やものなどが、自由にうごけないほど、ぎっしりつまった状態になる。例 電車が混む。日程が込む。負けが込む(=負けつづける)。対 すく。類 混雑《こんざつ》する。❷(「手が込む」の形で)こんなところまでと思うくらい、こまかいところまでくふうしてある。例 ひどく手の込んだ細工がしてある。

━〈接尾〉[込む] 動詞の連用形につく。❶「なにかの中に入る」「入ったような状態になる」という意味を表わす。例 乗り込む。飛び込む。ながし込む。❷「その行動を十分にする」「ある状態になりきる」という意味を表わす。例 着込む。話し込む。使い込む。走り込む。信じ込む。ふさぎ込む。

表記 「混雑する」という意味では もともと「込む」と書いたが、現在では「混む」と書くのが一般《いっぱん》的になっている。

方言 福島・茨城・栃木では、「洗濯《せんたく》物をこむ」のように、「取り込む」の意味でも使い、それを福島では「おっこむ」とも言う。

【込】辶部2 全5画

こむ・こめる 参考 日本でつくられた漢字。

ゴム〈名〉ゴムノキの樹皮からとれる しるを 原料にしてつくる、弾力《だんりょく》のある物質。化学的にも合成される。タイヤやくつなど、いろいろのものに利用する。◇オランダ gom

ゴムいん【ゴム印】〈名〉ゴムで作ったはんこ。

こむぎ【小麦】〈名〉世界でもっとも重要な穀物の一つ。イネ科に属し、春まきは一年草、秋まきは二年草。オオムギとくらべて全体に細く、生育期間が長い。粉にしたものを小麦粉といい、パン・うどん・しょうゆ などの原料にする。日本一の産地は北海道。

こむぎいろ【小麦色】〈名〉小麦のような、うすい茶色。例 小麦色の肌《はだ》。

こむぎこ【小麦粉】〈名〉コムギをひいて粉にしたもの。参考 もと、「メリケン粉《こ》」ともいった。

こむずかし・い【小難しい】〈形〉❶なんとなくこみいっていてむずかしそうで、めんどうだ。例 小難しい解説書。❷きげんが悪そうだ。例 小難しい顔。

こむすび【小結】〈名〉すもうの番付《ばんづけ》で、関脇《せきわけ》と前頭《まえがしら》のあいだの位。三役の一つ。

こむすめ【小娘】〈名〉まだ一人前には成長していない女性。ややばかにした感じがあることば。類 少女。

こむそう【虚無僧】〈名〉普化宗《ふけしゅう》(=禅宗《ぜんしゅう》の一派)に属す、有髪《うはつ》の托鉢《たくはつ》僧。深い編み笠《がさ》をかぶり、首に袈裟《けさ》をかけ、尺八《しゃくはち》をふいて諸国を行脚《あんぎゃ》し、修行《しゅぎょう》した。

ゴムなが【ゴム長】〈名〉ゴム製の長ぐつ。

ごむよう【御無用】〈名〉「無用」のていねいな言いかた。例 ご心配はご無用です。他言はご無用に願います。

こむらがえり【こむら返り】〖▼腓返り〗〈名〉はげしい運動をしたときなどに、ふくらはぎの筋肉が一時的にけいれんをおこすこと。足がつること。

参考 「こむら」とは、ふくらはぎの意味の古語。

ごむり(御無理)ごもっと(御▼尤)も たとえ無理難題であっても、相手のきげんをそこねて自分が不利にならないように、だまって従うこと。卑屈《ひくつ》な態度をいう表現。

こめ【米】〈名〉日本人の常食として重要な穀物で、イネの実から もみがらをのぞいたもの。精米のしかたによって、玄米《げんまい》・白米・七分づきなどがある。酒や菓子《かし》の原料にもなる。例 米をとぐ。

表現 米をたいたものを「めし」「ご飯」といい、それが食事全体をもさすようになった。

参考 (1)米の種類には「うるち」と「もちごめ」とがあり、主食とするのは、ふつう「うるち」。「もちごめ」は、赤飯や餅《もち》にして食べる。(2)イネの品種として、コシヒカリとササニシキはとくに有名。→こめどころ 参考

こめかみ〈名〉耳の上で、目じりのわきの部分。ものをかむときに動く。

こめこ【米粉】〈名〉米をひいたこな。例 米粉で作ったもちもちのパン。

こめじるし【米印】〈名〉「米」の字の形に似《に》た記号の「※」のよび名。注や備考などを示すとき頭につける。

こめそうどう【米騒動】〈名〉〔歴史〕一九一八(大正七)年、米のねだんが急に上がり、困った人々が米屋におしかけた事件。富山県から全国各地にひろがった。

こめつきばった〖米▼搗きばった〗〈名〉昆虫《こんちゅう》のショウリョウバッタの俗《ぞく》な言いかた。後ろ足を持つと、逃げようとしてからだを上下に動かすようすが、人が米をつくときの動作に似《に》ていることから。

表現 人にへつらって、やたらにぺこぺこ頭を下げる人のたとえとしても言う。

こめつぶ【米粒】〈名〉米の一つぶ一つぶ。

コメディアン〈名〉喜劇俳優。お笑い芸人。◇comedian

コメディー〈名〉「喜劇」のこと。◇comedy

観阿弥(かんあみ)(1333～84) 室町前期の能役者・能作者。足利義満の保護を受け，能楽を芸術に高めた。

こめどころ【米所】〈名〉おいしい米がたくさんとれる土地。参考 米所の名が付いた、新潟県の魚沼米《うおぬままい》や山形県の庄内米《しょうないまい》などは、地域ブランド品としてとくに有名。

こめぬか【米ぬか】『米▼糠』〈名〉⇩ぬか

こめびつ【米びつ】『米▼櫃』〈名〉❶米をじかに入れておく箱。❷俗《ぞく》に、一家の生計を支えるかせぎ手。

こめへん『米偏』〈名〉漢字の偏の一つ。「粉」「糊《のり》」などの「米」の部分。

こ・める【込める】『▽籠める』〈動下一〉❶あるものの中に、ほかのものをすっぽりと入れる。例 弾《たま》を込める。おし込める。封《ふう》じ込める。ぬり込める。類 つめる。❷気持ちなどを、あるものに十分に入れる。例 意味を込める。心を込める。力を込める。

表現「たち込める」「たれ込める」の「込める」は、霧《きり》やけむりなどにすっぽりとおおわれた状態になることを表わす。

[1]**こめん【湖面】**〈名〉みずうみの水面。類 湖上。

[2]**こめん【鼓面】**〈名〉太鼓の、皮を張《は》った面。対 胴。

ごめん【御免】━〈名〉「もういやだ」という気持ちを表わすことば。例 ご免(を)こうむる。あんなこと二度とごめんだ。━〈感〉気がるにおわびをいうときのことば。例 待たせてごめん。ごめんね。類 失礼。

表現 ━のていねいな言いかたは、「ごめんなさい」「ごめんください」などである。「ごめんなさい」「ごめんください」は、人の家を訪問したときや、そこから帰るときに、あいさつのことばとしても使う。

御免を被《こうむ》る ❶相手の許可をいただく。例 ご免をこうむって拝見いたします。❷相手の許可をえて帰る。例 そろそろご免をこうむります。❸いやだとことわる。例 そんなめんどうなことはご免をこうむりたいよ。

参考「を」ははぶいて言うこともある。

コメンテーター〈名〉❶討論会などで、解説をしたり意見を述べたりする人。❷ニュース番組の解説者。◇commentator

コメント〈名・する〉ある問題やできごとについて、意見や説明をのべること。その意見や説明。例 コメントを加える。ノーコメント。類 論評。講評。◇comment

ごもく【五目】〈名〉いろいろな具がまざっていること。例 五目ずし。五目めし。五目そば。

ごもくならべ【五目並べ】〈名〉碁石《ごいし》を使った遊びの一つ。相対する二人で碁石をかわるがわる碁盤《ごばん》上に置き、たて・横・ななめのいずれかに先に五つの碁石をならべたほうが勝ちとなる。連珠《れんじゅ》。

こもごも『▽交▽交』〈副〉ものごとが、たがいに入れかわって。類 かわるがわる。→ひきこもごも 注意

こもじ【小文字】〈名〉ローマ字の字体の一つ。Aに対するa、Bに対するbなどの文字。対 大文字《おおもじ》。

こもち【子持ち】〈名〉❶人が、子どもをもっていること。女性についていうことが多い。❷魚が、腹に卵をもっていること。例 子持ちししゃも。

ごもっとも『御▼尤も』〈形動〉「もっとも」の尊敬語。例 おいかりになるのはごもっともです。ご意見はごもっともですが…。

こもの【小物】〈名〉❶こまごました小道具類。例 小物入れ。❷人々に重くみられないような、勢力も能力もたいしたことのない人。例 彼は小物だ。対 大物。❸つりや猟《りょう》で、小さかったり、あまり価値のないようなえもの。対 大物。

こもり【子守】〈名・する〉子どものそばにいて、遊ばせたり、めんどうをみたりすること。また、それをする人。例 子守歌。類 ベビーシッター。

こもりうた【子守歌・子守唄】〈名〉子どもをねむらせるために歌われる歌。

こも・る【籠もる】〈動五〉❶中に入ったまま、外へ出ない状態になる。例 家にこもる。寺にこもる。ひきこもる。❷気体が、外へ出ないで、そこにいっぱいになる。例 けむりがこもる。声がこもる(=ことばがはっきりしない)。❸じゅうぶん入っている。例 心がこもる。力がこもる。

こもれび【木漏れ日】〈名〉木の葉のあいだからもれてくる、日の光。

こもん【顧問】〈名〉会社や団体などで、相談をうけて意見をのべる役目。また、その役の人。

こもんじょ【古文書】〈名〉古い時代に書かれた文書。とくに、研究の資料となる、手紙・証文・日記など。

コモンセンス〈名〉常識《じょうしき》。良識。◇common sense

こや【小屋】〈名〉❶小さくてそまつな家や建物。例 ほったて小屋。馬小屋。❷芝居《しばい》や見世物などの興行をするための建物。例 小屋がけ。

こやがけ【小屋掛け】〈名・する〉芝居《しばい》や見世物のために、臨時にかんたんな建物をつくること。また、そのようにしてつくった建物。

こやく【子役】〈名〉映画や演劇などの、子どもの役。また、その役を演じる子どもの役者。

ごやく【誤訳】〈名・する〉翻訳《ほんやく》のときに、まちがえて訳すこと。まちがった翻訳。

こやくにん【小役人】〈名〉地位の低い役人を見くだしていうことば。やや古い言いかた。

こやし【肥やし】〈名〉農作物がよくそだつように、田畑に入れる栄養分。例 肥やしをやる。類 肥料。肥《こえ》。

表現「失敗を肥やしにする」のように、人間として成長していくための活動力の意味でも使う。

こや・す【肥やす】〈動五〉❶栄養分をあたえて、ふっくらと太らせる。例 ぶたを肥やす。土地を肥やす(=地味《ちみ》をゆたかにする)。❷不当な利益を自分のものにする。例 私腹を肥やす。❸経験をつんで、もののよしあしが判断できるようにする。例 目を肥やす。耳を肥やす。

こやすがい【子安貝】〈名〉巻き貝の一種。殻《から》は、くろっぽい茶色で、つやがあり、たまご形。むかし、安産のお守りとされた。

こやみ【小やみ】『小▽止み』〈名〉雨や雪などが、しばらくのあいだやんだり、弱くなったりすること。おやみ。例 雨が小やみになる。雪が小やみなく降りつづく。

こゆう【固有】〈形動・する〉ほかにはなくて、そのものだけにある。例 日本に固有の文化。日本固有種《しゅ》(の生き物)。類 独特。特有。

こゆうめいし【固有名詞】〔文法〕名詞の分類の一つ。あるひとりの人やあるひとつのものごとを呼ぶ言いかたとしてつける名前。同じ種類のもののなかで、一つ一つを区別する働きがある。たとえば、人名の「エジソン」、国名の「日本」、書名の「例解新国語辞典」など。対 普通名詞。

表現 特定の人や物の名前を、ぼかさないではっきり言うことを、「固有名詞を出す」「固有名詞を挙げる」のようにいう。

[1]**こゆき【小雪】**〈名〉少し降る雪。対 大雪。

[2]**こゆき【粉雪】**〈名〉⇩こなゆき

鑑真(がんじん)(688～763)　中国，唐代の僧。日本律宗の開祖。苦難のすえに日本にわたり布教に努めた。

ごゆっくり【御ゆっくり】〈副〉「ゆっくり」の尊敬語。例どうぞごゆっくりおすごしください。類ごゆるりと。

こゆび【小指】〈名〉親指と反対がわのはしにある指。参考俗《ぞく》に親指でボスや主人を表わすことがあるように、小指を立てて、妻や恋人《こいびと》を表わす習慣がある。

ごゆるりと【御ゆるりと】〈副〉「ゆるりと」の尊敬語。例どうぞごゆるりとおくつろぎください。類ごゆっくり。

こよい【▽今宵】〈名〉きょうの宵。類今夕《こんゆう》。今晩。

[1]**こよう**【古謡】〈名〉ある国や地域に古くから伝わる歌謡。

[2]**こよう**【雇用】〈名・する〉会社などが、人をやとうこと。例障害者の雇用を促進《そくしん》するための政策。終身《しゅうしん》雇用。対解雇。類採用。

[1]**ごよう**【御用】〈名〉❶「用事」「用件」のていねいな言いかた。例なにか御用ですか。先生に御用がございます。❷官庁などの仕事。例御用始め。❸むかし、官命によって犯人をつかまえたこと。例御用のすじ。「御用!」。御用提灯《ちょうちん》。❹勢いのある者にへつらって、言いなりになっていること。例御用学者。御用組合。▽アゴヨー ↓囲み記事56(1250ページ)

[2]**ごよう**【誤用】〈名・する〉ことばや、薬などの、まちがった使いかた。対正用《せいよう》。アゴヨー

ごようおさめ【御用納め】〈名〉官庁で、その年の仕事を全部終わりにすること。また、その日。現在は十二月二十八日。対御用始め。

ごようきき【御用聞き】〈名〉米屋や酒屋などが、得意先を回って注文を聞くこと。その注文を聞いて回る店員。やや古い感じのことば。

ごようたし【御用▽達】〈名〉特定の官庁に品物をおさめること。また、その商人。「ごようたつ」ともいう。例宮内庁《くないちょう》御用達。

表現 俗《ぞく》に、「芸能人御用達の店」のように、有名人によく利用されている店や品物という意味でも使われる。

ごようてい【御用邸】〈名〉皇室の別邸。避暑《ひしょ》や避寒などに使用する。

ごようはじめ【御用始め】〈名〉官庁で、新年になってはじめて仕事をすること。また、その日。現在は一月四日。対御用納め。

こようほけん【雇用保険】〈名〉「失業保険」の正式名。↓しつぎょうほけん

コヨーテ〈名〉けものの名。オオカミの類だが、それより小さい。野ウサギやネズミなどをとらえて食べる。アラスカからメキシコの草原地帯にすむ。◇coyote

こよなく〈副〉このうえなく。最高に。古めかしい言いかた。例こよなく晴れた青空。

こよみ【暦】〈名〉太陽や月、地球の運行をもとにしてつくった日わりの表。一年中の月日・曜日・祝祭日のほか、季節のうつりかわり、日の出と日の入り、月の満ちかけ、潮《しお》の満ち干《ひ》、各種の行事などがしるしてある。カレンダー。例暦を繰《く》る(=めくる)。暦のうえではもう春(=立春《りっしゅん》)だが、まだまだ寒い。花暦《はなごよみ》。参考太陽の運行を基準にしたものを「太陽暦《れき》」または「陽暦」、月を基準にした暦を「太陰《たいいん》暦」または「陰暦」という。

こより【▽紙▼縒り】〈名〉和紙などをほそ長く切って、ひものようによったもの。例こよりをよる。

こら〈感〉しかったりおどかしたりするために、相手に向かっていうことば。例こら! そんなことするな。類これ。

コラーゲン〈名〉タンパク質の一種。からだの器官や組織を結びつける、結合組織の主成分。動物の皮膚《ひふ》や骨や腱《けん》などに多くふくまれる。にかわの原料となる。◇collagen

コラージュ〈名・する〉〔美術〕写真や印刷物、布などを貼り合わせてつくった絵。それをつくること。◇フランス collage

こらい【古来】〈副〉むかしから。むかしから今まで。例古来語りつがれてきたこと。古来霊峰《れいほう》とあおがれてきた富士山。

ごらいこう【御来光】〈名〉高い山の上などでおがむ日の出。御来迎《ごらいごう》。例御来光をおがむ。

ごらいごう【御来▽迎】〈名〉❶「来迎」の尊敬語。❷高山で日の出や日没のとき、雲や霧《きり》に大きくうつった人のかげのまわりに、虹《にじ》のような光の輪が見られる現象。❸⇩ごらいこう(前項)

こらえしょう【こらえ性】【▽堪え性】〈名〉なにごとにもがまんづよく耐《た》えることのできる性質。例こらえ性のないやつだ。

こら・える【▽堪える】〈動下一〉❶心のうごきをおさえて、外にあらわさないようにする。例痛みをこらえる。なみだをこらえる。笑いをこらえる。類がまんする。おさえる。❷外からの力に負けないようにする。例土俵《どひょう》ぎわでこらえる。

ごらく【娯楽】〈名〉勉強や仕事ではなくて、人の心になぐさみやたのしみをあたえてくれるもの。例娯楽映画。

こらし・める【懲らしめる】〈動下一〉罰《ばっ》を加えたりして、二度とそのことをしないように思いしらせる。

こら・す【凝らす】〈動五〉一つのところに集中させる。例息を凝らす。ひとみを凝らす。くふうを凝らす。

コラボレーション〈名〉共同で事業などにとりくむこと。略して「コラボ」ともいう。類タイアップ。◇collaboration

コラム〈名〉新聞や雑誌などで、まわりを線でかこってある、小さくまとまった記事。類囲み記事。◇column

コラムニスト〈名〉コラムを書く職業の人。◇columnist

ごらん【御覧】㊀〈名〉「見ること」の尊敬語。例御覧になる(=見る)。御覧に入れる(=見せる)。御覧のとおり。㊁「御覧なさい」の略。❶「見ろ」「見なさい」ということを、やわらかくていねいにいうことば。例御覧、あの星を。❷(「…てごらん」の形で)「…してみろ」「…してみなさい」ということを、やわらかくいうことば。例もういちどやってごらん。

こり【凝り】〈名〉筋肉がはってかたくなった状態。例肩《かた》のこりをほぐす。肩こり。

コリー〈名〉イヌの品種の一つ。顔が細長く、毛が長い。◇collie

ごりおし【ごり押し】〈名・する〉自分の考えや要求をむりやり押しとおそうとすること。やや俗《ぞく》な言いかた。

こりかたま・る【凝り固まる】〈動五〉❶古くなったり、水分がなくなったりしてかたまる。❷ほかのことをまったく寄せつけないで、一つのことにむちゅうになる。例軍国主義に凝り固まる。類執着《しゅうちゃく》する。

こりくふう【湖陸風】〈名〉湖の近くで、湖水と陸地の温度差が原因で生じる風。

こりこう【小利口】〈形動〉ちょっとばかり目先がきいて、じょうずにたちまわるようす。例小利口なやつ。類こざかしい。

こりこり〈副・する〉❶歯ごたえがあって弾力性にとむ固いものをかんだときの、食感や歯切れの音のようす。❷

 ガンディー(1869~1948) インドの政治家。イギリスに不服従運動で抵抗し,インドを独立に導く。

筋肉がこり固まるようす。例首がこりこりする。

こりごり〖懲り懲り〗〈名・する〉二度としたくないと思うほど、こりること。例もうこりごりだ。類たくさん。

こりしょう【凝り性】〈名〉❶ものごとをなんでも徹底《てってい》的にやらなければ気がすまない性質。❷肩がこりやすい体質。

こりつ【孤立】〈名・する〉仲間や助けがなくて、ひとりだけでいること。例わがままを言って孤立する。孤立無援《むえん》。土砂《どしゃ》くずれで集落《しゅうらく》が孤立する。

ごりっぱ【御立派】〈形動〉「りっぱ」のていねいな言いかた。

表現「口ではいかにもご立派なことを言ってるが実際は…」のように、皮肉をこめて使うこともある。

こりつむえん【孤立無援】〈名〉仲間がなく、また、助けてくれる人もないこと。類四面楚歌《しめんそか》。

ごりむちゅう【五里霧中】〈名〉濃い霧《きり》の中と同じで、何が何やらわからないこと。

由来むかし中国に、五里四方にわたる霧(＝五里霧)をおこす道術つかいがいたという故事から。

ごりやく【御利益】〈名〉神や仏などがもたらすめぐみ。例御利益にあずかる。金《かね》の御利益。類霊験《れいげん》。

こりょ【顧慮】〈名・する〉まわりのことなどについても、気をくばって考えること。類考慮。配慮。心配り。気配り。

ごりょう【御陵】〈名〉「陵墓《りょうぼ》」の尊敬語。

ごりょうち【御料地】〈名〉皇室が所有する土地。

こりょうりや【小料理屋】〈名〉ちょっとした料理と酒をだす、和食の店。

ゴリラ〈名〉類人猿《るいじんえん》の中で最大の動物。黒茶色の毛でおおわれ、体長は二メートルにもなる。アフリカにすみ、木の上に巣をつくる。◇gorilla

表現一頭《いっとう》二頭《にとう》と数える。

こ・りる【懲りる】〈動上一〉失敗してひどい目にあい、もうやるまいという気持ちになる。例失敗にこりる。

ごりん【五輪】〈名〉オリンピックのマーク。世界の五大陸を五つの輪で表わしたもの。また、オリンピックのこと。

こ・る【凝る】〈動五〉❶なにかに興味をもってむちゅうになる。例つりに凝る。ぼくはあのころラジコンの模型飛行機に凝っていた。類熱中する。❷しゃれたおもむきがでるようにくふうする。例衣装《いしょう》に凝る。凝った料理。❸集まってかたまる。例凝りかたまる。❹筋肉がはってかたくなる。例肩《かた》が凝る。

こるい【孤塁】〈名〉たったひとつだけのこされたとりで。

表現ほかに同類のことをする人がいなくなった中で、ただひとりがんばってやっているようすを「孤塁を守る」というとき、そのけなげさをほめる気持ちがこもっている。

コルク〈名〉コルクガシの表皮の下にある組織。かるくて弾力《だんりょく》があり、熱や液体、気体をとおさない。びんのせん、はきもののうら、防音室のかべなどに利用する。「キルク」ともいう。◇《オランダ》kurk

コルセット〈名〉❶胴体《どうたい》の形をととのえるために用いる婦人用のきつい下着。❷背骨や骨盤《こつばん》がずれないように固定する医療《いりょう》器具。◇corset

ゴルフ〈名〉クラブとよばれる棒で小さな球を打ち、広いコースに点点と設けられた十八の穴に順番に入れていくスポーツ。打数の少ない人が勝ちになる。◇golf

これ〖▼此れ〗 一〈代名〉❶話し手に近い場所やものをさししめすことば。例これをきみにあげよう。❷話し手の身うちや仲間などを、ほかの人にしめすときのことば。例これがわたしのむすこです。❸現在話題にしていることや問題になっているものごとをさししめすことば。例これをやらなければ帰れない。❹現在をさししめすことば。例きょうはこれで終わりにしよう。これから先はどうしよう。▽→あれ・それ・どれ

二〈副〉ことばを強めるときに使うことば。例弁明これつとめる。三〈感〉人に注意したり、しかったりするときにいうことば。例これ、いいかげんにしなさい。類こら。▽ア一コレ 二三コレ

これ幸《さいわ》いと 偶然めぐまれた好機に乗じて。

コレクション〈名・する〉❶物を集めて、だいじに持っておくこと。その収集品や収蔵《しゅうぞう》品。例趣味《しゅみ》の骨董《こっとう》コレクション。美術館の貴重なコレクション。❷最新のファッション作品。その発表会。◇collection

参考②で、パリ・ミラノ・ニューヨークで開かれる発表会を、三大コレクションという。

コレクター〈名〉収集家。◇collector

コレクトコール〈名〉電話で、通話料金を、電話を受けるがわの人がしはらう方式。◇collect call

これこれ 一〈名〉多くのものごとを省略していうときに使うことば。例これこれの理由で。類こうこう。かくかく。かくかくしかじか。二〈感〉「これ三」を重ねて強めた言いかた。▽ア一コレコレ 二コレコレ

これしき〈名〉「たかがこれくらい」と、軽くみて言うことば。例なんのこれしき。これしきのことでは へこたれないぞ。

コレステロール〈名〉血液などにふくまれる脂肪《しぼう》に似《に》た物質。血管にたまると動脈硬化《こうか》の原因となる。◇cholesterol

これっきり〈名・副〉❶これ以上しないでほしいという気持ちを表わす。例これっきりでおしまいにしてください。❷これでおしまいという意味を表わす。例お小遣いももうこれっきりだよ。

これっぽっち〈名〉「これだけ」のくだけた言いかた。例今月の小づかいもこれっぽっちしかなくなった。

これという（多く下に打ち消しのことばをともなって）とくに取り立てて言うべき。例これという問題はない。

これまで〈名・副〉❶ある時から今まで。例これまでのことは水に流そう。❷これで終わり。例では、これまで。

表現「これといって」「これといった」の形でもよく使う。

これみよがし【これ見よがし】〈形動〉いかにも得意げに見せつけるようす。参考「がし」は、念おしの意味を表わす古語の終助詞「かし」。

コレラ〈名〉コレラ菌《きん》に汚染《おせん》された飲み水や食べ物から感染する病気。重症《じゅうしょう》の場合、はげしい下痢《げり》と嘔吐《おうと》で脱水《だっすい》症状をおこす。◇《オランダ》cholera

1**ころ**〈名〉重いものを移動させるとき、その下にしくまるい棒。

2**ころ**【頃】〈名〉❶ある時を、その前後をふくめて漠然《ばくぜん》とさすことば。例子どもの頃。さくらの頃。そろそろ来る頃だ。今ごろ。昼ごろ。類時分《じぶん》。❷あることにちょうどよい時機。例頃をみる。頃合い。年頃。食べ頃。

【頃】頁部2 全11画

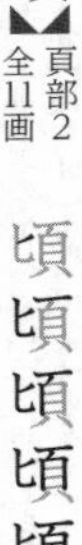

ころ

3**ころ**（方言）岐阜・愛知で、うどんやきしめんに冷たい汁《しる》をかけたもの。参考「つゆが かおる」意味の、「香露《こうろ》」から。

1**ごろ**〈名〉野球などで、地面をころがったり、バウンドしたりしていくボール。「ゴロ」とかたかなで書くことが多い。例ゴ

ロをころがす。三塁ゴロ。[ア]ゴロ

ごろ[2]【語呂】〈名〉あることばを発音したときの、耳にひびく感じ。[例]語呂がいい。[類]語調。口調。[ア]ゴロ

ころあい【頃合い】〈名〉❶あることをするのに、ちょうどいい時。[例]頃合いをみはからう。[類]時機。機会。❷ちょうどいいぐあい。[例]頃合いの品。[類]手ごろ。

ごろあわせ【語呂合わせ】〈名〉❶あることばや句の音のひびきに似《に》せて、別の意味のことばや句をつくること。たとえば、「猫《ねこ》に小判」に対して「下戸《げこ》にご飯」など。[類]地口《じぐち》。しゃれ。❷一連の数字に、意味をこじつけて読むこと。たとえば、毎月の23日を「文《ふみ》の日」といったり、√3(ルート3＝1.7320508…)を「人なみにおごれや」と読むなど。

コロイド〈名〉〔化学〕ある物質が、他の物質の中に、目に見えないこまかな粒子《りゅうし》となって、分散しているもの。デンプン溶液《ようえき》やせっけん水など。◇colloid

ころう[1]【故老・古老】〈名〉むかしのことをよく知っている老人。

ころう[2]【固▼陋】〈形動〉すでに通用しなくなった古い考えにこだわるようす。[例]頑迷《がんめい》固陋。

ころが・す【転がす】〈動五〉❶ものを回転させてうごかす。[例]たるを転がす。車を転がす(＝運転する)。ごろを転がす。❷立っているものをひっくりかえす。[例]鉢植《はちう》えを転がす。

表現 「土地を転がしてもうける」のように、俗《ぞく》に、利益をえるために転売をくり返す意味でも使う。

ころがりこ・む【転がり込む】〈動五〉❶ころがって、またはころがるような感じでなにかの中に入りこむ。[例]ボールが草むらに転がり込む。❷なにかが、思いがけなく手に入る。[例]大金が転がり込む。▽[類]ころげこむ。

ころが・る【転がる】〈動五〉❶まるいものなどが、ころころ回転しながらすすむ。[例]ボールが転がる。[類]ころげる。❷立っていたものが、なにかのはずみでたおれる。[例]つまずいてころがる。[類]ひっくりかえる。❸(「転がっている」の形で)その辺におかれている。手ぢかにいくらでもある。[例]チャンスはそこらじゅうに転がっている。

転がる石《いし》に(は)苔《こけ》は付《つ》かない ❶一か所にとどまらない人は、お金もたまらないし、友人もできない。❷活動的な人は、つねにいきいきとしている。▽「付かない」は、「生えぬ」「生《む》さず」ともいう。イギリスのことわざから。

ごろく【語録】〈名〉すぐれた人物の名言を集めたもの。

ころげお・ちる【転げ落ちる】〈動上一〉❶高い所からころがって落ちる。[例]階段から転げ落ちる。❷ゆるぎないかのようにみえた地位を一挙に失う。[例]権力の座から転げ落ちる。▽[類]転がり落ちる。転落する。

表現 「坂を転げ落ちるように」は、急に加速度的に悪化するようすをいう。

ころころ [一]〈副〉❶小さなものが、かろやかにころがるようす。❷声や音が、かろやかにころがるように聞こえるようす。❸たやすく、続けざまに行なわれるようす。[例]みんながころころ(と)だまされてしまう。❹容易に変わるようす。[例]意見がころころ変わる。[二]〈副・する〉小さいが、まるまるとして肉づきがいいようす。[例]ころころ(と)ふとった犬。

ごろごろ [一]〈副・する〉❶重くて大きいものが、ゆっくりころがるようす。また、その音や感じを表わす。❷重くて大きいものがたくさんあるようす。[例]大きな石がごろごろしている。❸似《に》たものがたくさんあるようす。[例]そんな話ならごろごろあって、ちっとも めずらしくない。❹なにもしないで、ただ時をすごすようす。[例]日曜はいつも家でごろごろしている。はたらかないで、ごろごろしている。❺異物があって不快なようす。[例]目がごろごろする。[二]〈副〉❶かみなりの鳴る音を表わす。❷ネコがのどを鳴らす音を表わす。❸腹が鳴る音を表わす。

コロシアム〈名〉❶⇩コロセウム ❷観客席のある競技場。◇colosseum

ころしもんく【殺し文句】〈名〉そのひとことで、相手の心をすっかりとらえてしまうようなたくみなことば。

ころ・す【殺す】〈動五〉❶生物、とくに動物の生命をうばう。[例]しめ殺す。たたき殺す。[対]生かす。[類]殺害する。害する。あやめる。❷はたらきをとめる。はたらきをおさえる。[例]息を殺す。感情を殺す。素材の味を殺す調理。せっかくの才能を殺してしまった。[対]生かす。❸いきおいをよわめる。[例]スピードを殺す。❹野球で、ランナーをアウトにする。[類]刺《さ》す。

表現 (1)「生まれたばかりの子を、親の不注意から殺してしまった」のように、身近な人に死なれることを「殺す」ということがある。(2)「殺される」と受け身でいうのは、ほとんど①の意味のときにかぎる。④の意味で「三塁《るい》で殺された」といわないことはないが、ふつうは「三塁でさされた」という。

コロセウム〈名〉古代ローマの、楕円《だえん》形をした競技場。「コロシアム」ともいう。◇ラテン語から。

ごろつき〈名〉きまった職をもたず、善良な人々をおどすなどの悪事をはたらく連中。[類]ならずもの。やくざ。

コロッケ〈名〉ゆでてつぶしたジャガイモやホワイトソースの中に、こまかくした野菜や肉、カニなどを入れてまるめ、パン粉をつけて油であげたもの。◇フランス croquette

ころっと〈副〉❶小さなものが、一回転するように転がったり、たおれたりするようす。[例]ペンがころっと転がる。❷かんたんにある状態になったり変化したりするようす。[例]態度がころっと変わる。ころっと負ける。❸あっというまに眠《ねむ》ってしまうようす。[例]ころっと寝つく。▽「ころりと」ともいう。

ごろっと〈副〉大きくて重い感じのものが一回転するようにころがったりたおれたり、横たわったりするようす。「ごろりと」ともいう。[例](人が)ごろっと横になる。

コロナ〈名〉❶〔天文〕太陽を放射状にとりまく、高温の気体。皆既日食《かいきにっしょく》のとき、真珠《しんじゅ》色のかがやきとして見られる。❷〔医学〕「コロナウイルス」の略。◇corona(＝「冠《かんむり》」の意味)

コロナウイルス〈名〉かぜなどの呼吸器の感染症《かんせんしょう》をひきおこす、種々《しゅじゅ》のウイルス。表面にスパイクと呼ばれる突起《とっき》がある。◇coronavirus

コロニー〈名〉❶植民地。❷一定の目的をもつ人が集まった生活共同体。とくに、回復期の患者《かんじゃ》や身体障害者などが治療《ちりょう》をうけながら はたらけるような施設《しせつ》をいう。◇colony

ごろね【ごろ寝】〈名・する〉ふとんをきちんと敷《し》いたりパジャマに着がえたりせずに、ゆかの上にごろりと横になって寝ること。

ころ・ぶ【転ぶ】〈動五〉❶つまずいたりおされたりして、たおれる。❷弾圧《だんあつ》されて、改宗する。多く、江戸《えど》時代のキリシタン信者についていった。

表現 「どちらに転んでも」とか、「どう転んでも」とかいう言いかたで、「どちらに落ち着いても」「どういう結果になっても」ということを表わす。

 桓武(かんむ)天皇 (737～806) 律令政治の立て直しをはかった天皇。794年，都を平安京に移した。

転ばぬ先《さき》の杖《つえ》 ものごとに失敗しないように事前にはらう、十分な注意。

転んでもただでは起《お》きない どんなに不利なときでも、失敗をしても、そこからなにかをつかもうとする根性《こんじょう》のある態度をたとえた言いまわし。

ころも【衣】〈名〉❶着るもの。衣服。例衣をまとう。衣をぬぐ。衣がえ。羽衣《はごろも》。❷とくに、僧《そう》が着る着物。類法衣《ほうえ》。❸てんぷらやフライなどをあげるときに、材料の外がわをくるむもの。

ころもがえ【衣替え】〖衣▽更え〗〈名・する〉❶季節のかわり目に、その気候にあった衣服に切りかえること。とくに制服の夏服・冬服にいう。類更衣《こうい》。❷季節はずれの衣服を洗ってきちんとしまい、季節に合った衣服を取り出しやすく入れかえる作業。❸「改装《かいそう》」のややくだけた言いかた。

ころもへん【衣偏】〈名〉漢字の偏の一つ。「被《ひ》」「襟《えり》」などの「ネ」の部分。参考ふつう、漢和辞典では「衣」(六画)の部にふくまれる。

ころりと〈副〉⇩ころっと

ごろりと〈副〉⇩ごろっと

[1]**コロン**〈名〉欧文《おうぶん》の句読点の一つ、「:」。ピリオド(.)とセミコロン(;)の中間的な働きをする。説明句や引用句の前に用いられることが多い。時刻や経過時間を示すときの、時と分のくぎりなどにも使う。◇colon

[2]**コロン**〈名〉「オーデコロン」の略。

コロンブスのたまご(卵) かんたんにできそうなことでも、それを最初に思いついて、実行することはむずかしい、ということ。

[1]**こわ・い【怖い】**〖▽恐い〗〈形〉わるいことやこまることがおこるのではないかという気がして、にげたい気持ちがする。わるい結果にならないかと心配である。例怖い顔。怖い(=きびしい)先生。怖い病気。怖いものなし。かみなりが怖い。あとが怖い。類おそろしい。

怖いもの知《し》らず ❶勇気や自信があって、おそれている相手がいないこと。❷世間知らずや向こう見ずのせいで、おそろしいものの存在をまだ知らないこと。

怖いもの無《な》し 勇気やたのもしい味方があって、おそれるものがないこと。例天下に怖いものなし。かれさえいればもう怖いものなしだ。

怖いもの見《み》たさ おそろしいものからは逃《に》げ出したく思うものの、好奇心からどうしても見たいと思うこと。

[2]**こわ・い**〖▽強い〗〈形〉反発する性質があったり、固かったりして、なかなか思うようにいかない。古風な言いかた。例情がこわい(=意地っぱりである)。こわい飯。(ゆかたの)のりがこわい。手ごわい。

方言北海道・東北・中国などでは、「こわくてもう歩けない」のように、「疲《つか》れた」の意味でも使う。

こわいろ【声色】〈名〉❶その人特有の声の調子。例声色をまねる。類声音《こわね》。❷有名人の声や話しかたのくせをまねること。例声色をつかう。類声帯模写。

こわが・る【怖がる】〖▽恐がる〗〈動五〉こわいと思う。類おそれる。おびえる。

こわき(小脇)にかか(抱)える わきの下に軽い物をはさんで持つ。

こわけ【小分け】〈名・する〉❶大きく分けたものを、さらに細かく分けること。二次区分をすること。例第一章を三つの節に小分けする。❷少しずつに分けること。例荷物を小分けして、みんなで持つ。

こわごわ〖怖々・▽恐々〗〈副〉びくびくしながら。例こわごわ職員室に入る。類おそるおそる。おっかなびっくり。恐々《きょうきょう》と。

ごわごわ〈副・形動・する〉布などが、しなやかでなく、かたいようす。例ごわごわのタオル。

こわざ【小技】〈名〉はでではないが、巧妙《こうみょう》なわざ。対大技。

こわ・す【壊す】〖▽毀す〗〈動五〉❶力を加えてくずしたり、きずつけたりして、使えるものをだめにしてしまう。例家を壊す。対なおす。類破壊《はかい》する。❷使いすぎたり、むりに使ったりして、機能をだめにする。例からだを壊す。腹を壊す。対なおす。類そこなう。❸まとまっているものごとをだめにする。例話を壊す。ふんいきを壊す。

方言北陸や愛知などでは、お金を「くずす」の意味でも使う。

こわだか【声高】〈形動〉声を大きくはりあげるようす。例声高に主張する。

こわっぱ〖小▽童〗〈名〉年少者や未熟な人をばかにしていう、古いことば。例生意気な小わっぱめ。類小せがれ。小僧《こぞう》。青二才。参考「こわらわ」の変化した形。

こわね【声音】〈名〉その人特有の声の調子。類声色《こわいろ》。

こわば・る〖▽強張る〗〈動五〉やわらかいものが、かたくなる。例顔がこわばる。類硬直《こうちょく》する。

こわもて〖▽強▽面〗〈名〉❶他人を威圧《いあつ》するようなこわい顔つき。例こわもてに出る。❷相手に対して強硬《きょうこう》な態度を示すこと。例交渉《こうしょう》にはこわもてでのぞむ。

こわれもの【壊れ物】〖▽毀れ物〗〈名〉❶こわれてしまった物。❷ちょっとしたことですぐこわれやすい物。例壊れ物注意。類割れ物。

こわ・れる【壊れる】〖▽毀れる〗〈動下一〉❶力が加えられて、くずれたり きずついたりして、使えるものがだめになる。例家が壊れる。いすが壊れる。類破損する。❷古くなったり、まちがった使いかたをしたりして、ものが役にたたなくなる。例トースターが壊れる。❸まとまっているものごとがうまくいかず だめになる。例縁談が壊れる。話が壊れる。ふんいきが壊れる。

常用漢字　こん

【今】 人部2　全4画　今今今今

コン・キン　いま　教小2　音❶[コン]　今後《こんご》。今回《こんかい》。今月《こんげつ》。今日《こんにち》。今夜《こんや》。昨今《さっこん》。当今《とうこん》。❷[キン]　今上天皇《きんじょうてんのう》。古今《こきん》和歌集。訓[いま]　今。今し方。今時。今のところ。今ひとつ。

注意「今朝」は「けさ」、「今日」は「きょう」、「今年」は「ことし」とも読む。

【困】 口部4　全7画　困困困困困

コン　こまる　教小6　音[コン]　困難《こんなん》。困窮《こんきゅう》。困惑《こんわく》。貧困《ひんこん》。訓[こまる]　困る。

【昆】 日部4　全8画　昆昆昆昆昆

コン　音[コン]　昆虫《こんちゅう》。昆布《こんぶ》。

注意「昆布」は、「こぶ」とも読む。

【恨】 忄部6　全9画　恨恨恨恨恨

コン　うらむ・うらめしい　音[コン]　遺恨《いこん》。怨恨《えんこん》。悔恨《かいこん》。痛恨《つうこん》。訓❶[うらむ]　恨む。恨み。逆恨

み。❷［うらめしい］恨めしい。

【根】木部6 全10画 根根根根根根
コン ね 教小3 音［コン］ ▨根茎《こんけい》。根菜《こんさい》。根源《こんげん》。根底《こんてい》。根気《こんき》。 ▧球根《きゅうこん》。事実無根《じじつむこん》。精根《せいこん》(尽《つ》きる)。平方根《へいほうこん》。 訓［ね］根。根元。根強い。根こそぎ。屋根。

【婚】女部8 全11画 婚婚婚婚婚婚
コン 音［コン］ ▨婚姻《こんいん》。婚約《こんやく》。婚礼《こんれい》。 ▧求婚《きゅうこん》。結婚《けっこん》。再婚《さいこん》。初婚《しょこん》。新婚《しんこん》。

【混】氵部8 全11画 混混混混混混
コン まじる・まざる・まぜる・こむ 教小5 音［コン］ ▨混合《こんごう》。混声合唱《こんせいがっしょう》。混雑《こんざつ》。混迷《こんめい》。混乱《こんらん》。玉石混交《ぎょくせきこんこう》。 訓❶［まじる］混じる。混じり物。入り混じる。❷［まざる］混ざる。❸［まぜる］混ぜる。混ぜ合わせる。混ぜ返す。混ぜご飯。混ぜ物。かき混ぜる。❹［こむ］混む。混み合う。人混み。

【痕】疒部6 全11画 痕痕痕痕痕痕
コン あと 音［コン］ ▨痕跡《こんせき》。 ▧血痕《けっこん》。 訓［あと］痕。傷痕。爪痕。

【紺】糸部5 全11画 紺紺紺紺紺紺
コン 音［コン］ ▨紺色《こんいろ》。紺碧《こんぺき》。 ▧紫紺《しこん》。濃紺《のうこん》。 注意「紺屋《こんや》」は、「こうや」とも読む。

【魂】鬼部4 全14画 魂魂魂魂魂魂
コン たましい 音［コン］ ▨魂魄《こんぱく》。魂胆《こんたん》。 ▧鎮魂歌《ちんこんか》。霊魂《れいこん》。精魂《せいこん》。商魂《しょうこん》。闘魂《とうこん》。入魂《にゅうこん》。 訓［たましい］魂。負けじ魂。

【墾】土部13 全16画 墾墾墾墾墾墾
コン 音［コン］ ▨墾田《こんでん》。 ▧開墾《かいこん》。

【懇】心部13 全17画 懇懇懇懇懇懇
コン ねんごろ 音［コン］ ▨懇願《こんがん》。懇切《こんせつ》。懇望《こんもう》。懇意《こんい》。懇親会《こんしんかい》。 ▧昵懇《じっこん》。 訓［ねんごろ］懇ろになる。

1 **こん【根】**〈名〉❶仕事を途中《とちゅう》でやめたりしないで、たゆまず続けていく気力。例疲《つか》れて根が続かない。精も根もつきはてる。類根気。❷〔数学〕方程式の答え。❸〔数学〕平方根。▽ア①コン ②③コン

根を詰《つ》める 長時間集中して、仕事などにはげむ。

2 **こん【紺】**〈名〉こい青色。例紺の制服。類ネイビー(ブルー)。アコン

3 **こん【今】**〈連体〉❶いま現在の。例今シーズン。❷今日の。例今夕。今未明。今十五夜。▽アコン

表現 ①の意味の熟語(表のb)を中心として、「この前の」(表のa)「この次の」(表のc)を表わす、次のような対語がある。

a	b	c
前回	今回	次回
先月 前月	今月	来月
昨秋	今秋	来秋
先週	今週	来週 次週
前期	今期	来期 次期
昨日	今日	明日
昨夜	今夜	明夜

こんい【懇意】〈形動〉したしくつき合っていて、仲がいい。例懇意なあいだがら。懇意にする。類昵懇《じっこん》。親密。ねんごろ。

こんいん【婚姻】〈名・する〉「結婚」の、おもに法律での言いかた。例婚姻届。婚姻関係。

こんかい【今回】〈名・副〉なんども行なわれているものの中で、現在のもの。対前回。次回。類今度。このたび。

こんがいし【婚外子】〈名〉正式な結婚をしていない男女のあいだに生まれた子。かつては「私生児」といった。参考 民法では、「嫡出《ちゃくしゅつ》でない子」という。

こんかぎり【根限り】〈名・副〉力のつづくかぎり。例根限りに声をはりあげる。

こんかつ【婚活】〈名〉結婚相手をみつけるための活動。参考「就活」をもじった俗《ぞく》なことば。

こんがらが・る〈動五〉どうなっているのかわからないほど、もつれてからまり合う。例糸がこんがらがる。話がこんがらがる。類混乱する。混線する。注意 元来は、「こんがらかる」または「こんぐらかる」と言った。

こんがり〈副〉もちやパンなどが、きつね色にほどよく焼けるようす。例こんがり(と)焼ける。

こんかん【根幹】〈名〉ものごとをなりたたせる、いちばんたいせつな部分。例根幹をなす。対枝葉《しよう》。類基幹。根本《こんぽん》。

表現 はだの日焼けについてもいう。

こんがん【懇願】〈名・する〉いっしょうけんめい、すがるように、たのみこむこと。類嘆願《たんがん》。懇請《こんせい》。

1 **こんき【今期】**〈名〉このいまの時期・期間。例今期の成績。対前期。来期。次期。アコンキ

2 **こんき【根気】**〈名〉最後までやりとおすねばりづよさ。例根気がいる。根気よく。類根《こん》。アコンキ

3 **こんき【婚期】**〈名〉結婚をするのにちょうどよい年ごろ。結婚適齢《てきれい》期。例婚期をのがす。婚期がおくれる。アコンキ

こんきゃく【困却】〈名・する〉すっかり困ってしまうこと。古い言いかた。類困惑《こんわく》。参考 いまの時代に合わなくなったことば。

こんきゅう【困窮】〈名・する〉ひどく困ること。とくに、貧乏《びんぼう》で、生活がひどく苦しいこと。例生活困窮者。類窮乏《きゅうぼう》。

こんきょ【根拠】〈名〉行動や判断をささえる理由となる事実。例根拠のない臆測《おくそく》。類よりどころ。

ごんぎょう【勤行】〈名〉〔仏教〕❶修行《しゅぎょう》者が、毎日のつとめとして仏前で経を読み、礼拝《らいはい》をすること。おつとめ。例勤行にはげむ。朝の勤行。❷仏の教えを守り、実行につとめること。

こんきょち【根拠地】〈名〉活動の本拠となる場所。

こんく【困苦】〈名〉生活に必要なものがえられない苦しみ、つらさ。例困苦欠乏《けつぼう》にたえる。類辛苦。

ゴング〈名〉❶「銅鑼《どら》」のこと。❷ボクシングなどの試合で、各ラウンドのはじまりやおわりの合図として鳴らすかね。◇gong

コンクール〈名〉音楽や美術などで、技能や作品をきそいあう会。類コンテスト。◇フランス《フラ ンス》 concours

ごんぐじょうど【▼欣▽求浄土】〈名〉〔仏教〕死んでから極楽《ごくらく》浄土に行きたいと、心からひたすら願うこと。

こんくらべ【根比べ】〖根▽競べ〗〈名〉根気やがまんづよさをきそうこと。

コンクリート〈名〉土木建築用材の一種。セメント

に砂利《じゃり》をくわえて、水でねり合わせたもの。例鉄筋コンクリート。◇concrete

ごんげ【権化】〈名〉❶〔仏教〕仏や菩薩《ぼさつ》が人々を救うために、仮のすがたをとってこの世にあらわれたもの。権現《ごんげん》。類化身《けしん》。❷抽象《ちゅうしょう》的な性格や思想などが、具体的なすがたになったのではないかと思うほど、その特徴《とくちょう》の強い人。例悪の権化。

こんけい【根茎】〈名〉〔植物〕多く地中にあって、根のようにみえる茎《くき》。タケやハスにみられる。

こんけつ【混血】〈名・する〉人種のちがう男女の結婚《けっこん》によって、生まれた子に両方の特色がまざり合うこと。交雑《こうざつ》によって生まれた動物にもいう。対純血。類ハーフ。

こんげつ【今月】〈名〉この月。今の月。対先月。来月。前月。

こんげん【根源・根元】〈名〉ものごとをひきおこすおおもと。例諸悪の根源。類根本《こんぽん》。

参考「根元」を「ねもと」と読むのは別のことば。

ごんげん【権現】〈名〉⇩ごんげ①

こんげんてき【根源的・根元的】〈形動〉そこより前にさかのぼることのできない、おおもとにかかわる。例「宇宙はなぜ存在するのか」という根源的な問い。対派生的。

こんご【今後】〈名・副〉これからあと。例今後の対策。今後、気をつけるように。類以後。向後《こうご》。

こんこう【混交】〖混▼淆〗〈名・する〉いろいろなものが入りまじること。例玉石混交。和漢混交文。類混合。混在。

[1]**こんごう【混合】**〈名・する〉いろいろなものがまじり合うこと。また、まぜ合わせること。例多様な文化が混合する。水と油を混合する。混合ダブルス。類混成。混交。ミックス。

[2]**こんごう【金剛】**〈接頭〉「何よりもかたく、だれよりも強い」という意味を表わす。例金剛石。金剛力《こんごうりき》。

由来 もとはサンスクリット語からきたことばで、仏教関係のことばに多く使われた。一般《いっぱん》に「仁王《におう》」という「金剛力士」は、手に金剛杵《しょ》(=迷いをうちやぶる強力な武器)をもつ力士という意味。「金剛力」は、その金剛力士がもつような力を意味する。

こんごうしゃ【金剛砂】〈名〉鋼玉《こうぎょく》のこな。ダイヤモンドにつぐかたさがあるので、金属などをといだり、みがいたりするときに使う。

こんごうせき【金剛石】〈名〉⇩ダイヤモンド①

こんごうダブルス【混合ダブルス】〈名〉テニス・卓球《たっきゅう》・バドミントンで、男女一名ずつが一組になって戦う試合形式。ミックスダブルス。

こんごうづえ【金剛▼杖】〈名〉修験者《しゅげんじゃ》や巡礼者が持つ、八角または四角の白木《しらき》のつえ。一般《いっぱん》の登山者も持つことがある。

こんごうぶつ【混合物】〈名〉❶二つ以上のものがまざり合ってできたもの。❷〔化学〕二つ以上の物質が、もとの性質をもったまま、まじり合っているもの。↓かごうぶつ

コンコース〈名〉駅や空港などで、通路をかねたホール。◇concourse

ごんごどうだん【言語道断】〈形動〉ことばも出ないほど、まったくひどい。例言語道断のふるまい。類もってのほか。

参考「道」は「道破する(=みごとに言いきる)」などいうように「言う」の意味で、「道断」は「言いようがない」ということ。

[1]**こんこん【▼昏▼昏】**〈副〉すっかり意識をなくして。深く。例こんこんとねむる。

[2]**こんこん【▼滾▼滾】**〈副〉つきることがないように、さかんに。例こんこんとわき出る。

[3]**こんこん【懇懇】**〈副〉相手によくわかるように、ていねいにくり返して。例懇々とさとす。

コンサート〈名〉音楽会。演奏会。◇concert

[1]**こんさい【根菜】**〈名〉ダイコン・サツマイモ・ゴボウなど、根を食用とする野菜。

[2]**こんさい【混載】**〈名・する〉ちがった種類の物をまぜて荷物にすること。

こんざい【混在】〈名・する〉種類のちがうものが、まじってそこにあること。例東西の文化が混在する。

こんざつ【混雑】〈名・する〉ある場所や乗り物などに、身動きが自由にならないほど、多くの人やものが集まっていること。例車内が混雑する。類こむ。こみあう。人ごみ。

コンサルタント〈名〉専門的な立場から、助言をあたえて指導する相談役。例経営コンサルタント。教育コンサルタント。類顧問《こもん》。◇consultant

こんじ【根治】〈名・する〉病気の原因をすっかりとりのぞいて、完全になおすこと。また、なおること。「こんち」ともいう。例癌《がん》を(が)根治する。類完治《かんち》。

コンシェルジュ〈名〉ホテルで、観光の相談に応じたり、劇場のチケットや車の手配をしたりなどする接客係。転じて、他の公共施設《しせつ》の案内係にもいう。「コンシェルジエ」ともいう。◇《フランス》concierge

こんじき【金色】〈名〉「きんいろ」の古い言いかた。こがね色。例金色にかがやく。

こんじゃく【今昔】〈名〉今とむかし。

今昔の感《かん》 今と昔とを比べて、その変化の大きさに、しみじみと感じいる気持ち。例今昔の感にたえない。

注意 誤《あやま》って、「昔日《せきじつ》の感」と言う人もいる。

こんしゅう【今週】〈名〉この週。いまの週。対先週。来週。

こんしゅご【混種語】〈名〉もとはことなった言語に属する単語や語構成要素がむすびついてできている単語。「赤インク」は、和語と外来語、「電気スタンド」は、漢語と外来語がむすびついた例。

[1]**こんじょう【今生】**〈名〉〔仏教〕この世で生きているあいだ。例今生の別れ。対後生《ごしょう》。他生《たしょう》。アコンジョー

[2]**こんじょう【根性】**〈名〉❶困難にたちむかう強い精神。例根性がある。類意地。意気地《いくじ》。ガッツ。❷その人の身についた性質。例根性がまがっている。さもしい根性。役人根性。類性根《しょうね》。気質。土性骨《どしょうぼね》。▽アコンジョー

[3]**こんじょう【紺青】**〈名〉あざやかなあい色。また、その色の顔料《がんりょう》。類紺碧《こんぺき》。アコンジョー

ごんじょう【言上】〈名・する〉身分の高い人に、申し上げること。

こんしょく【混食】〈名・する〉動物性食物も植物性食物もどちらも食べること。例米麦《べいばく》混食。類雑食。

[1]**こんしん【混信】**〈名・する〉ラジオや無線通信などで、ほかの局の送信がまじって入ること。類混線。

表現 電話の場合は「混線」を使うことが多い。

[2]**こんしん【懇親】**〈名〉つきあって、たがいに親しくすること。例懇親をふかめる。懇親会。類親睦《しんぼく》。

こんしんかい【懇親会】〈名〉人々がうちとけて仲よくなるための会合。参考 ふだん、仕事や研究で顔を合わ

せている人たちが、仕事や研究をはなれて、飲み食いをしながらたのしく時間をすごすように計画される。

こんしんの【▼渾身の】〈連体〉からだじゅうの。例渾身の力をふりしぼってたたかう。

こんすい【▼昏睡】〈名・する〉意識をうしなって、そのまま目のさめない状態がつづくこと。例昏睡におちいる。昏睡状態。

コンスタント〈形動〉つねに一定している。例コンスタントな成績。◇constant

こんせい[1]【混生】〈名・する〉いくつかの植物が同じ場所にいりまじって生えること。

こんせい[2]【混成】〈名・する〉別のものをいっしょにして、一つのものや組織にすること。例混成チーム。類混合。

こんせい[3]【懇請】〈名・する〉自分の要求や希望を聞き入れてくれるように、いっしょうけんめいたのむこと。類懇願。

こんせいがっしょう【混声合唱】〈名〉〔音楽〕女声と男声による合唱。

こんせき【痕跡】〈名〉以前になにかがあったり、行なわれたりしたことをしめすあと。例痕跡をとどめる。類跡形《あとかた》。形跡。

こんせつ【懇切】〈形動〉たいへん親切で、こまかいところまで気をくばるようす。例懇切な説明。

こんぜつ【根絶】〈名・する〉ものごとの原因をすっかりとりのぞいて、二度とおこらないようにすること。類根絶やし。

コンセプト〈名〉新しい商品や事業、芸術作品などを生み出すに際しての、下地となる考え。例商品開発のコンセプト。コンセプトカー(=試作車)。◇concept

こんせん[1]【混戦】〈名〉どちらが有利か全体のようすがわからないほどに、敵味方が入りみだれてたたかうこと。例混戦状態。類乱戦。

こんせん[2]【混線】〈名・する〉❶電話で、ほかの通話がまじって聞こえること。類混信。❷いろいろな話が入りみだれて、話のすじがわからなくなること。例話がすっかり混線してしまった。

こんぜん[1]【婚前】〈名〉結婚する前。例婚前旅行。婚前交渉《こうしょう》。

こんぜん[2]【混然】【▼渾然】〈副・連体〉異なったものがまじり合って、一つになって見分けがつかないようす。例混然一体となる。混然として区別がつかない。混然としたありさま。類混沌《こんとん》。

コンセンサス〈名〉意見が一致《いっち》すること。同意。例国民のコンセンサスを得る。◇consensus

コンセント〈名〉電気の配線とコードを接続するために、かべや柱などにとりつけてあるプラグのさしこみ口。参考英語ではoutlet, socket, receptacleなどという。

コンソーシアム〈名〉大規模《だいきぼ》な事業のために結成される、いくつかの企業《きぎょう》と銀行の連合体や、省庁《しょうちょう》と民間団体の協働《きょうどう》体など。例文部科学省「未来の学びコンソーシアム」。◇consortium

コンソメ〈名〉西洋料理で、澄《す》んだスープのこと。対ポタージュ。◇フランス consommé

ごんた(方言) わんぱくな子。いたずらっ子。近畿で言う。ごんたくれ。由来浄瑠璃《じょうるり》の登場人物「いがみの権太《ごんた》」の名から。

こんだく【混濁】〈名・する〉❶すきとおっているはずのものに、にごりがまじること。例水が混濁する。❷意識がはっきりしなくなること。例意識の混濁。

コンダクター〈名〉❶オーケストラの指揮者。❷案内人。添乗《てんじょう》員。類ガイド。◇conductor

コンタクト〈名〉❶連絡。接触。例先方とコンタクトをとる。❷「コンタクトレンズ」の略。◇contact

コンタクトレンズ〈名〉眼球に直接つける、小さなうすいレンズ。略して「コンタクト」。◇contact lens

こんだて【献立】〈名〉食卓《しょくたく》にだす料理の種類やくみあわせ。また、その順序。例献立表。類メニュー。

こんたん【魂胆】〈名〉心の中にこっそりもっている、わるい考え。例魂胆がある。魂胆を見ぬく。類下心《したごころ》。たくらみ。

こんだん【懇談】〈名・する〉形式ばらずに、たがいにうちとけてゆっくり話し合うこと。例懇談会。類懇話。

こんだんかい【懇談会】〈名〉たがいに懇談する会。

コンチェルト〈名〉〔音楽〕ピアノやバイオリンなどの独奏を中心に、オーケストラの伴奏《ばんそう》がこれをもりたてる曲。ふつう、三楽章からなる。協奏曲。◇イタリア concerto

こんちゅう【昆虫】〈名〉節足動物の一種。からだは頭・胸・腹の三部分にわかれ、胸部に三対《つい》のあしと、ふつう二対のはねがある。成長の途中《とちゅう》で変態するものが多い。バッタ・トンボ・チョウ・ハチなど。

コンツェルン〈名〉〔経済〕同一の資本のもとで、多くの分野の企業《きぎょう》が結びついてできた巨大《きょだい》なグループ。◇ドイツ Konzern

コンテ〈名〉デッサンなどに使う、クレヨンの一種。えんぴつよりやわらかい。商標名。参考発明者のフランスの化学者Contéの名前から。

こんてい【根底】〈名〉ものごとをなりたたせている、だいじな、もとになるもの。例根底をゆるがす。根底からくつがえす。類根本《こんぽん》。根源。土台。おおもと。

コンディショニング〈名〉体調を整えること。コンディション作り。なにかをするときのまわりの環境《かんきょう》をととのえることにもいう。◇conditioning

コンディション〈名〉なにかをしようとするときの、からだや天候、場所などの調子や状態。例コンディションがいい。コンディションをととのえる。ベストコンディション。◇condition

コンテキスト〈名〉文脈。◇context

コンテスト〈名〉作品や能力、容姿などをきそいあう会。例スピーチコンテスト。類コンクール。◇contest

コンテナ〈名〉貨物運送に使う金属製の大きな箱。荷物を荷造りしないでつみこむことができる。◇container

こんでん【墾田】〈名〉あたらしくひらいた田地。とくに「大化の改新」のあと、耕地をふやすためにひらいた土地。

コンデンサー〈名〉❶〔物理〕二つの金属板のあいだに絶縁《ぜつえん》体をはさんだもの。電気をたくわえ、交流電流だけをとおす性質がある。ラジオなどに使われる。蓄電《ちくでん》器。❷水蒸気をひやして、凝縮《ぎょうしゅく》させる装置。蒸気機関に使われる。凝縮器。◇condenser

コンテンツ〈名〉❶放送やインターネットで、また、パッケージソフトとして提供される、映像・音声・テキストなど、情報の内容・中身。❷本や雑誌の内容・目次。◇contents

コント〈名〉❶機知や皮肉で軽妙《けいみょう》にまとめた、短い物語。❷笑わせる寸劇《すんげき》。◇フランス conte

こんど【今度】〈名・副〉❶今回。終わったばかりのことをさしていう。例今度のことはなかったことにしよう。❷

 北一輝(きたいっき)(1883～1937) 国家社会主義者。陸軍の青年将校に大きな影響をあたえた。

この次。次回。いちばん近い将来の機会をさしていう。例今度はしっかりやれよ。❸今後の機会を漠然《ばくぜん》とさしていうことば。例今度、今度と言って、結局やらないのだろう。

こんとう【▼昏倒】〈名・する〉意識がぼんやりして、たおれること。類卒倒《そっとう》。

こんどう[1]【金堂】〈名〉寺の本尊をまつってある建物。類本堂。

こんどう[2]【混同】〈名・する〉区別しなければならないものを、同じようにあつかったり、考えたりすること。例けちと節約を混同する。公私混同。

コンドーム〈名〉避妊《ひにん》や性病予防のために、性交のとき、男性が陰茎《いんけい》にかぶせて使う、ゴムなどでできたふくろ。スキン。◇condom

こんとく【懇篤】〈形動〉親切でていねいなようす。例懇篤なおことばをいただき、感激しております。

ゴンドラ〈名〉❶イタリアのベネチアで使われている特有の小舟《こぶね》。平底で船首と船尾《せんび》がもち上がった形をしている。❷飛行船や気球、ロープウエーなどのつりかご。◇イタリア gondola

コントラスト〈名〉対比。対照。例あざやかなコントラストをなす。◇contrast

コントラバス〈名〉弦楽器《げんがっき》の一種。四本の弦を弓でこすって力づよい低音をだす。弦楽器の中ではもっとも大きく、最低音をうけもつ。ダブルベース。略して「バス」ともいう。◇ドイツ Kontrabass

表現 床《ゆか》に置いて演奏することから一台二台と数える。弓でこする弦楽器として一挺《いっちょう》二挺《にちょう》と数えることもある。

コンドル〈名〉ワシの一種。南アメリカの高山にすむ。頭の部分に毛がなく羽は黒い。とぶ鳥の中ではいちばん大きい。動物の死肉をたべる。◇condor

コントロール〈名・する〉❶ものごとを自分の思うとおりにうごかすこと。例自分で自分の感情をコントロールできない。類制御《せいぎょ》。調節。❷野球で、ピッチャーがボールを自分の思うところへ投げること。制球。制球力。例コントロールがいい。◇control

コントロールタワー〈名〉❶管制塔《かんせいとう》。❷司令塔《しれいとう》。◇control tower

こんとん【混▼沌・▼渾▼沌】〈名・副・連体〉多くのものが入りまじって、どうなっているのか、どうなるのか、わからないようす。例混沌としている。混沌たる状態。対秩序《ちつじょ》。

こんな〈連体〉「このような」のくだけた言いかた。例こんなことになるとは思わなかった。→あんな 参考

こんなに〈副〉「これほど」のくだけた言いかた。例こんなに好きなのに、気づいてくれない。

こんなん【困難】〈名・形動〉解決したり、実行したりするのがむずかしくて、すっかりこまること。また、そのようなことがら。例困難にであう。困難な問題。対容易。類難儀《なんぎ》。

こんにち【今日】〈名〉❶「きょう」のあらたまった言いかた。例今日の式次第《しきしだい》を申し上げます。類本日《ほんじつ》。❷このごろ。現代。例今日の情勢。

こんにちてき【今日的】〈形動〉❶今の時代に密接な関係がある。例今日的なテーマ。❷いかにも現代ふうである。例今日的な風俗《ふうぞく》。

こんにちは〖今日は〗〈感〉ひるま、人にであったり、よその家を訪問したりしたときに、はじめに言うあいさつのことば。→おはよう・こんばんは

こんにゃく〖▼蒟▼蒻〗〈名〉❶畑につくる多年草。こんにゃく芋《いも》。地下茎《ちかけい》はひらたい球のようになり、こんにゃく玉とよばれる。日本一の産地は群馬県。❷「①」の植物の地下茎を粉にして、石灰《せっかい》液をまぜ、煮《に》てかためた食べもの。灰色で弾力《だんりょく》がある。

こんにゅう【混入】〈名・する〉あるものの中に、別の余計なものがまざること。また、まぜること。例食品に毒物が(を)混入する。

こんねん【今年】〈名〉「ことし」のあらたまった言いかた。例今年もどうぞよろしくおねがいします。

こんねんど【今年度】〈名〉いま現在の年度。ことしの年度。例今年度の目標。→ねんど〔年度〕

コンパ〈名〉学生などが、いっしょに飲食してたがいの親睦《しんぼく》をふかめる会。◇company から。

コンバーター〈名〉❶交流を直流にかえる装置。❷データの種類を変換《へんかん》するソフトウエア。◇converter

コンバート〈名・する〉❶球技で、選手がうけもつ守備位置をかえること。❷ラグビーで、トライのあとのゴールキックが成功すること。❸コンピューターで、データやプログラムを、別の形式に変換《へんかん》すること。◇convert

コンパートメント〈名〉仕切り。区画。とくに、列車などのしきった客室。◇compartment

こんぱい【困▼憊】〈名・する〉もうどうしようもないほどつかれきること。例疲労《ひろう》困憊。

コンバイン〈名〉農地を移動しながらかり取りと脱穀《だっこく》と選別を同時に行なう大型の農業機械。◇combine

コンパクト━〈名〉かがみのついた、携帯《けいたい》用のファンデーション入れ。━〈形動〉小型ながら必要なものはそろっていて、まとまっている。例コンパクトな設計。コンパクトカー。◇compact

コンパス〈名〉❶二本あしの製図用具。円をかいたり、図上の二点間の距離《きょり》をはかったりするときに使う。❷人間の歩幅《ほはば》のひろさを「①」に見たてていうことば。例コンパスが長い。❸方位磁針《じしん》。方位磁石。羅針盤《らしんばん》。◇オランダ kompas 参考「円規《えんき》」という訳語《やくご》があり、当て字にも使われた。

コンパニオン〈名〉博覧会や商品の展示会、パーティーなどの催《もよお》し物に派遣《はけん》されて、案内や客の接待にあたる女性。◇companion

こんばん【今晩】〈名〉きょうの、これからくる晩と、この晩。類こよい。今夜。→こんや〔今夜〕表現

こんぱん【今般】〈名〉「このたび」のさらにあらたまった言いかた。対先般。

こんばんは〖今晩は〗〈感〉夜、人にであったり、よその家を訪問したりしたときに、はじめに言うあいさつのことば。→おはよう・こんにちは

コンビ〈名〉「コンビネーション」の日本での省略語。とくに、いっしょになにかをするための二人組。例コンビをくむ。名コンビ。

コンビーフ〈名〉塩づけにした牛肉をほぐして、かんづめにしたもの。◇corned beef から。

コンビナート〈名〉生産能率をあげるために、関連があるいくつかの工場を計画的に一つの地域に集めたもの。例石油化学コンビナート。◇ロシア語から。

コンビニエンスストア〈名〉食料品や雑貨など の日用品をひととおりそろえ、雑誌も置く、長時間営業の

小型のスーパー。「コンビニ」と略していうことが多い。◇convenience store

コンビネーション〈名〉❶二つのものやふたりのくみあわせ。例コンビネーションプレー。❷シャツとズボン下がつづいている下着。❸色のちがう革《かわ》や、材質のことなるものを合わせてつくったくつ。▽とくに①は、略して「コンビ」ともいう。❹野球で、投手の配球のこと。◇combination

コンピューター〈名〉電子回路を使って、すごいスピードで自動的に計算をする装置《そうち》。記憶《きおく》装置や制御《せいぎょ》装置をつけ、一定のプログラムによって、ふつうの計算だけでなく、事務処理やデータの処理などに使う。電子計算機。「コンピュータ」ともいう。◇computer

コンピューターウイルス〈名〉ネットワークを通じて他のコンピューターにもぐりこみ、動かなくしたりデータをこわしたりするようにしくまれたプログラム。◇computer virus

コンピューターグラフィックス〈名〉コンピューターを使って、図形や画像をえがく技術。その図形や画像。CG。◇computer graphics

こんぴら【金比羅】〖金▼毘羅〗〈名〉仏教を守る神。日本では、航海の安全を守る神とされる。香川県の金比羅宮《ぐう》が有名。由来もとはサンスクリット語で、ガンジス川などに住むワニの意味で、それが神とあがめられた。

こんぶ【昆布】〈名〉北海道など、寒い地方の海中の岩につく海藻《かいそう》。ほして料理のだしに使い、また、つくだ煮《に》などにして食べる。「こぶ」ともいう。

参考 音が「よろこぶ」に通じるところから、結納《ゆいのう》など、お祝いのときのかざりに使われる。

コンプライアンス〈名〉企業が、法令にしたがって業務を行なうこと。法令遵守《じゅんしゅ》。◇compliance

コンプレックス〈名〉劣等《れっとう》感。◇complex

コンベア〈名〉工場などで、材料や貨物を連続的にはこぶ装置。「コンベヤー」ともいう。◇conveyer

こんぺいとう〖金平糖〗〈名〉たまのまわりにいぼいぼのある、色とりどりの小さな砂糖菓子《がし》。◇《ポルトガル》confeito から。

こんぺき【紺▼碧】〈名〉黒みをおびた、こい青色。例紺碧の空。類紺青《こんじょう》。

ごんべん〖言偏〗〈名〉漢字の偏の一つ。「語」「調」などの「言」の部分。

[1]**こんぼう【▼棍棒】**〈名〉手に持ってふりまわすのにてごろな長さの棒。

[2]**こんぼう【混紡】**〈名・する〉種類のちがう繊維《せんい》をまぜて、糸をつむぐこと。そのようにつむいだ糸。

こんぽう【▼梱包】〈名・する〉はこぶために、箱に入れたり、紙でつつんだりして、荷造りをすること。また、そのようにした荷物。例梱包をとく。類荷造り。包装。

こんぽん【根本】〈名〉全体の基本になるいちばんたいせつなことがら。例根本精神。類根源。おおもと。

参考「ねもと」と読むのは別のことば。

こんぽんてき【根本的】〈形動〉いちばんの基本になっている。例根本的なまちがい。

コンマ〈名〉❶英語などの外国語の文章で、読点《とうてん》として打つ「,」の記号。日本語でも、国語や書写以外の横組みの教科書などで「、」のかわりに使われる。❷とくに簿記《ぼき》で、金額などの数字を四桁《けた》ごとに区切って、位《くらい》をわかりやすくする「,」の記号。❸小数点「.」のこと。てん。例〇《れい》コンマ一秒の差。◇comma

コンマいか【コンマ以下】〈名〉❶小数点以下。1未満の数。0コンマ以下。例コンマ以下を四捨五入《ししゃごにゅう》する。❷数量がごく少ないこと。例成功の確率はコンマ以下だ。

こんまけ【根負け】〈名・する〉相手よりも根気がつづかないで、あきらめてしまって負けること。

こんめい【混迷】〖▼昏迷〗〈名・する〉複雑に乱れていて、どうなるかわからなくなること。例政局が混迷する。世界経済が混迷の度を深める。

[1]**こんもう【根毛】**〈名〉〔植物〕根の先にあるほそい毛。地中から水分や養分を吸収する。

[2]**こんもう【懇望】**〈名・する〉心から熱心にのぞむこと。

こんもり〈副・する〉❶木々が、うすぐらいほど、よくしげっているようす。❷まるくもりあがっているようす。

[1]**こんや【今夜】**〈名〉きょうの、これからくる夜と、この夜。対昨夜。明夜。類今晩。アコンヤ

表現「今晩」よりも夜ふけまでをさす感じがある。「今夜は徹夜《てつや》だ」のように、暗くなってからあしたの朝までの時間をふくめていう。

[2]**こんや【紺屋】**〈名〉⇩こうや〔紺屋〕アコンヤ

こんやく【婚約】〈名・する〉結婚することを正式に約束し合うこと。例婚約者。婚約破棄《はき》。

こんやくしゃ【婚約者】〈名〉結婚の約束をしている相手。フィアンセ。類いいなずけ。

こんゆう【今夕】〈名〉きょうの夕がた。対昨夕。類今夕《こんせき》。

こんよう【混用】〈名・する〉❶まぜて使うこと。区別しないで使うこと。例文章に敬体《けいたい》と常体《じょうたい》を混用する。❷まちがえて混同して使うこと。

こんよく【混浴】〈名・する〉同じ浴場や露天風呂《ろてんぶろ》に、男と女が同時に入ること。

こんらん【混乱】〈名・する〉ものごとがみだれて、めちゃくちゃになること。例頭が混乱する。混乱に乗じる。

こんりゅう【建立】〈名・する〉寺院・堂塔《どうとう》などをたてること。類造立《ぞうりゅう》。

こんりんざい【金輪際】〈副〉絶対に。断じて。二度と。あとにくる打ち消しの表現を強めることば。例文法の勉強なんか金輪際やりたくない。

由来 もともとは、仏教でいう、大地のおくそこにある世界のこと。これより先には行けない絶対的極限なので、それが、「絶対に」「なにがなんでも」という強めのことばとなり、「金輪際やりとげる」のように肯定《こうてい》に使われていたものが、しだいに否定を強める言いかたになった。

こんれい【婚礼】〈名〉結婚の儀式《ぎしき》。

表現 口でいうことばとしては「結婚式」がふつうで、「婚礼」は書きことばで使うことが多い。さらにあらたまって、婚礼に人をまねくあいさつ状などでは、「婚儀《こんぎ》相ととのい…」のような言いかたになる。文学的ふんいきをつくる表現には、「華燭《かしょく》の典」という言いかたもある。

こんろ〖▼焜炉〗〈名〉もちはこびができるくらいの大きさで、煮《に》たり焼いたりする道具。土や鉄でできている。例ガスこんろ。石油こんろ。類七厘《しちりん》。

表記「コンロ」とかたかなで書くことが多い。

こんわ【懇話】〈名・する〉「懇談」の、ややあらたまったもの。例政策懇話会。

こんわく【困惑】〈名・する〉どうしていいかわからなくて困ること。例困惑の表情。類困却《こんきゃく》。当惑。

北里柴三郎(きたざとしばさぶろう)(1852〜1931) 明治〜昭和の細菌学者。ペスト菌を発見。破傷風の治療法を開発。

さ…サ

常用漢字 さ

【左】工部2 全5画 左左左左左
サ ひだり 教小1 音[サ] ▨左右《さゆう》。左記《さき》。左折《させつ》。左腕《さわん》。左翼《さよく》。左遷《させん》。▨極左《きょくさ》。証左《しょうさ》。訓[ひだり] 左。左うちわ。左利き。左手。左前。右左。

【佐】イ部5 全7画 佐佐佐佐佐
サ 教小4 音[サ] ▨佐幕《さばく》。▨補佐《ほさ》。大佐《たいさ》。

【沙】氵部4 全7画 沙沙沙沙沙
サ 音[サ] ▨沙汰《さた》。無《ぶ》沙汰。音《おと》沙汰。

【査】木部5 全9画 査査査査査
サ 教小5 音[サ] ▨査察《ささつ》。査証《さしょう》。査定《さてい》。▨検査《けんさ》。調査《ちょうさ》。捜査《そうさ》。巡査《じゅんさ》。

【砂】石部4 全9画 砂砂砂砂砂
サ・シャ すな 教小6 音❶[サ] ▨砂丘《さきゅう》。砂漠《さばく》。砂糖《さとう》。砂鉄《さてつ》。砂上《さじょう》の楼閣《ろうかく》。▨黄砂《こうさ》。熱砂《ねっさ》。❷[シャ] ▨土砂《どしゃ》。訓[すな] 砂。砂場。砂浜。砂ぼこり。
注意「砂利」は、「じゃり」と読む。

【唆】口部7 全10画 唆唆唆唆唆
サ そそのかす 音[サ] ▨教唆《きょうさ》。示唆《しさ》。訓[そそのかす] 唆す。

【差】工部7 全10画 ※ 差差差差差
サ さす 教小4 音[サ] ▨差異《さい》。差別《さべつ》。差額《さがく》。差配《さはい》。▨千差万別《せんさばんべつ》。誤差《ごさ》。時差《じさ》。交差点《こうさてん》。訓[さす] 差す。差し出す。差し引く。指差す。

【詐】言部5 全12画 詐詐詐詐詐
サ 音[サ] ▨詐欺《さぎ》。詐取《さしゅ》。詐称《さしょう》。

【鎖】金部10 全18画 鎖鎖鎖鎖鎖
サ くさり 音[サ] ▨鎖国《さこく》。鎖骨《さこつ》。▨連鎖反応《れんさはんのう》。封鎖《ふうさ》。閉鎖《へいさ》。訓[くさり] 鎖。

1 **さ【差】**〈名〉❶他のものとくらべたときのちがい。また、そのちがいの大きさ。例差がある。差がつく。差がひらく。差をつける。雲泥《うんでい》の差。温度差。高低差。時間差。年齢《ねんれい》差。類へだたり。開き。はば。❷〔数学〕ある数から他の数をひいたのこり。引き算のこたえ。対和。
表現 量的な差が大きいのを「大差《たいさ》」、小さいのを「小差」「僅差《きんさ》」、きわめて小さいのを競馬のことばをかりて「鼻の差」などという。

2 **さ**〈終助〉おもに文のおわりにつけて、話し手が自分の気持ちを気がるに表現するのに使う。
❶自分の言うことは、もうきまっていることだといった調子で、相手に伝える。例そうさ。そんなことありっこないさ。
❷質問の文にそえて、疑問の意味を強め、また、あきれたり、もてあましたりする気持ちを表わす。例なんど言ったらわかるのさ。だからなんだって言うのさ。
❸文節のおわりにつけて、話し手が、聞き手の注意をひこうとする気持ちを表わす。例だからさ、ぼくが言ったとおりだろう? でもさ、わたしはちゃんと見たんだもの。

3 **さ**【▽小】〈接頭〉名詞の上につけて、古風で詩的な美化語をつくる。例さゆり。さ霧《ぎり》。さ夜《よ》。

4 **さ**〈接尾〉形容詞や形容動詞の語幹につけて、「そうであること」や「そうである程度」の意味を表わす。例「めでたさも中くらいなりおらが春」〔小林一茶《いっさ》〕。良さ。うつくしさ。しずかさ。スマートさ。厳粛《げんしゅく》さ。
表現「こわいもの見たさに」「混雑がいやさに」「金が欲しさに」など、助詞の「に」を付けて、気持ちのうえでの理由を表わす。

常用漢字 ざ

【座】广部7 全10画 ※ 座座座座座
ザ すわる 教小6 音[ザ] ▨座席《ざせき》。座布団《ざぶとん》。座高《ざこう》。座談会《ざだんかい》。▨正座《せいざ》。講座《こうざ》。星座《せいざ》。口座《こうざ》。訓[すわる] 座る。座り込み。横座り。

【挫】扌部7 全10画 ※ 挫挫挫挫挫
ザ 音[ザ] ▨挫折《ざせつ》。脳挫傷《のうざしょう》。▨頓挫《とんざ》。

ざ【座】 一〈名〉❶集まりなどで、ひとりひとりがすわる場所。例座につく。座をたつ。座をはずす。類席。❷何人かが集まっている場所。例座が白ける。座をにぎわす。座をとりなす。類席。場。❸〔歴史〕鎌倉《かまくら》時代後半から室町《むろまち》時代にかけて発達した商工業者の同業組合。公家《くげ》や社寺などの保護をうけて、特定の品物の販売《はんばい》や製造などの独占《どくせん》権をもっていた。
二〈接尾〉❶劇場や劇団の名のあとにつけることば。また、それを数えることば。例歌舞伎《かぶき》座。オペラ座。芝居《しばい》一座。❷高い山を数えることば。例北アルプスの三座を登頂《とうちょう》。❸祭っている神や、すわった仏像を数えることば。
表現 一の①は、きまってすわる場所の意味から、「権力の座」「妻の座」のように、身分や社会的立場を示す地位もいう。

座が白《しら》ける 集まりのふんいきが、変な発言や行ないのためにこわれて、よそよそしい感じになる。

さあ〈感〉❶相手をさそったり、相手になにかをさせようとしたりするときに使う、よびかけのことば。自分自身の決意を表現するときにも使う。例さあ、出かけましょう。さあ、もうひとふんばりするか。❷新しいものごとにぶつかったときの、おどろきや期待などの気持ちを直接表わす。例さあ、たいへんだ。❸判断にまよって、返事に間《ま》をおくときのことば。例さあ、どうしようかしら。

サーガ〈名〉年代記ふうの物語。◇saga

サーカス〈名〉一座をくんで、曲芸や動物の芸当などを見せて、各地を巡業《じゅんぎょう》してまわる一団。◇circus

サーキット〈名〉❶電気の回路。回線。❷自動車やオートバイのレース用につくられた、カーブの多いコース。◇circuit

サークル〈名〉❶文化活動やスポーツなどをたのしむための集まり。例サークル活動。類クラブ。❷丸や四角で

北畠顕家(あきいえ)(1318～38) 南朝の公家・武将。親房の子。陸奥守。南朝のため各地に転戦し敗死。

かこんだところ。例ベビーサークル。◇circle

ざあざあ〈副〉水や雨などがいきおいよく流れおちるようす。例ざあざあ降《ぶ》り。類ざあっと。

ザーサイ〈名〉中国四川《しせん》省起源のつけ物の一種。タカナに似た菜の茎《くき》のこぶの部分をトウガラシや塩などを使ってつけたもの。◇中国語「搾菜」から。

サージ〈名〉毛や綿などからつくられたあや織りの洋服地。無地が多く、学校の制服やスーツに使われる。◇serge

サーチ〈名・する〉探索《たんさく》。検索。◇search

サーチライト〈名〉遠くのほうまで照らす、大型の電灯。探照《たんしょう》灯。◇searchlight

サード ■一〈造語〉第三。三番目。■二〈名〉野球で、三塁《るい》。三塁手。例サードごろ。◇third

サーバー〈名〉❶卓球・テニス・バドミントン・バレーボールなどで、サーブをする人。対レシーバー。❷コンピューターネットワークで、システムの中心となるコンピューター。対クライアント。◇server

サービス〈名・する〉❶客がよろこぶようになにかと気をくばること。例サービスがいい。アフターサービス。モーニングサービス。類接待。奉仕《ほうし》。❷相手のためにいっしょうけんめいはたらくこと。例サービス精神。家庭サービス。❸サーブ。例サービスエース。◇service

表現 (1)英語の service は、対人的な業務を正当に行なうことで、「おまけつき」「値引き」「無料」のような意味をふくまない。日本でも「セルフサービス」や郵便局の「窓口サービス」などは、この元来の意味でいう。

(2)客に接することが主になる職業を接客業といい、またサービス業ともいう。

サービスエリア〈名〉❶高速道路に設けられた、食事・手洗い・給油のできる休憩《きゅうけい》所。❷放送や携帯《けいたい》電話の電波がとどく範囲《はんい》。◇service area

サービスぎょう【サービス業】〈名〉物を生産・製造せず、利用者に便利さや娯楽《ごらく》などを提供する職業。旅館・理容・美容・医療《いりょう》・保険・広告・教育などの仕事。サービス産業。

サーブ〈名・する〉卓球・テニス・バドミントン・バレーボールなどで、ゲームをはじめるときにボールを相手のがわに打ちこむこと。また、そのボール。「サービス」ともいう。対レシーブ。◇serve

サーフィン〈名〉木やプラスチック製の板に乗って、波の勢いを利用してすすむスポーツ。波乗り。◇surfing

サーベル〈名〉西洋式のかたな。◇《オランダ》sabel

ざあますことば【ざあます言葉】〈名〉「そうよ」と言えばすむものを、上品ぶって「さいでざあます」のように「ざあます」をしきりに使う、中流女性の物言いをからかった言いかた。

ザーメン〈名〉精液。◇《ドイツ》Samen

サーモグラフィー〈名〉物体の表面の温度を測定し、温度の分布を画像に表わす装置。また、その画像。温かい部分ほど赤く、冷たい部分ほど青く示す。この装置を利用した乳癌《にゅうがん》などの診断《しんだん》法についてもいう。◇thermography

サーモスタット〈名〉温度を自動的に一定にたもつ装置《そうち》。電気器具などに使われる。◇thermostat

サーモン〈名〉魚のサケ。例サーモンピンク。キングサーモン。◇salmon

サーモンピンク〈名〉サケ(鮭)の魚肉のような、うすい赤いピンク。淡紅《たんこう》色。◇salmon pink

サーロイン〈名〉ウシの腰《こし》の上、しっぽに近い部分からとった高級な肉。例サーロインステーキ。◇sirloin

常用漢字 さい

【才】 扌部0 全3画　才才才

サイ 教小2 音[サイ] ▨才能《さいのう》。才覚《さいかく》。才気《さいき》。才人《さいじん》。才色兼備《さいしょくけんび》。▨鬼才《きさい》。秀才《しゅうさい》。天才《てんさい》。

【再】 冂部4 全6画　※再再再再再再

サイ・サ ふたたび 教小5 音❶[サイ] ▨再会《さいかい》。再婚《さいこん》。再選《さいせん》。再出発《さいしゅっぱつ》。再度《さいど》。再発《さいはつ》。再放送《さいほうそう》。再利用《さいりよう》。❷[サ] ▨再来年《さらいねん》。再来週《さらいしゅう》。再来月《さらいげつ》。訓[ふたたび] 再び。

【災】 火部3 全7画　災災災災災

サイ わざわい 教小5 音[サイ] ▨災害《さいがい》。災難《さいなん》。災厄《さいやく》。▨火災《かさい》。人災《じんさい》。天災《てんさい》。被災地《ひさいち》。防災訓練《ぼうさいくんれん》。訓[わざわい] 災い。

【妻】 女部5 全8画　※妻妻妻妻妻

サイ つま 教小5 音[サイ] ▨妻子《さいし》。▨愛妻《あいさい》。夫妻《ふさい》。良妻賢母《りょうさいけんぼ》。訓[つま] 妻。人妻。

【采】 爫部4 全8画　采采采采采

サイ 音[サイ] ▨采配《さいはい》。▨喝采《かっさい》。

【砕(碎)】 石部4 全9画　砕砕砕砕砕

サイ くだく・くだける 音[サイ] ▨砕石《さいせき》。砕氷《さいひょう》。▨破砕《はさい》。粉砕《ふんさい》。玉砕《ぎょくさい》。粉骨砕身《ふんこつさいしん》。訓❶[くだく] 砕く。かみ砕く。❷[くだける] 砕ける。

【宰】 宀部7 全10画　宰宰宰宰宰

サイ 音[サイ] ▨宰相《さいしょう》。宰領《さいりょう》。▨主宰《しゅさい》。

【栽】 木部6 全10画　※栽栽栽栽栽

サイ 音[サイ] ▨栽培《さいばい》。▨盆栽《ぼんさい》。

【彩】 彡部8 全11画　彩彩彩彩彩

サイ いろどる 音[サイ] ▨彩色《さいしき》。▨色彩《しきさい》。多彩《たさい》。淡彩《たんさい》。迷彩服《めいさいふく》。精彩《せいさい》。訓[いろどる] 彩る。彩り。

【採】 扌部8 全11画　採採採採採

サイ とる 教小5 音[サイ] ▨採集《さいしゅう》。採血《さいけつ》。採光《さいこう》。採決《さいけつ》。採否《さいひ》。採用《さいよう》。▨伐採《ばっさい》。訓[とる] 採る。

【済(濟)】 氵部8 全11画　※済済済済済

サイ すむ・すます 教小6 音[サイ] ▨救済《きゅうさい》。決済《けっさい》。完済《かんさい》。返済《へんさい》。経済《けいざい》。訓❶[すむ] 済む。使用済み。処理済み。❷[すます] 済ます。

【祭】 示部6 全11画　祭祭祭祭祭

サイ まつる・まつり 教小3 音[サイ] ▨祭礼《さいれい》。祭壇《さいだん》。▨司祭《しさい》。冠婚葬祭《かんこんそうさい》。文化祭《ぶんかさい》。訓❶[まつる] 祭る。祭り上げる。❷[まつり] 祭り。

【斎(齋)】斉部3 全11画 ※
サイ 音[サイ] ▨斎場《さいじょう》。▨潔斎《けっさい》。書斎《しょさい》。

【細】糸部5 全11画
サイ ほそい・ほそる・こまか・こまかい 教小2 音[サイ] ▨細胞《さいぼう》。細菌《さいきん》。細工《さいく》。細心《さいしん》。▨詳細《しょうさい》。明細《めいさい》。微細《びさい》。零細企業《れいさいきぎょう》。訓❶[ほそい] 細い。細腕。細長い。心細い。❷[ほそる] 細る。❸[こまか] 細か。きめ細か。事細か。❹[こまかい] 細かい。

【菜】艹部8 全11画
サイ な 教小4 音[サイ] ▨菜園《さいえん》。菜食主義《さいしょくしゅぎ》。▨根菜《こんさい》。山菜《さんさい》。野菜《やさい》。総菜《そうざい》。訓[な] 菜。菜っ葉。青菜。水菜。

【最】日部8 全12画 ※
サイ もっとも 教小4 音[サイ] ▨最《さい》たる。最近《さいきん》。最高《さいこう》。最先端《さいせんたん》。最新《さいしん》。最速《さいそく》。最大限《さいだいげん》。最適《さいてき》。最良《さいりょう》。訓[もっとも] 最も。
注意「最寄り」は、「もより」と読む。

【裁】衣部6 全12画 ※
サイ たつ・さばく 教小6 音[サイ] ▨裁縫《さいほう》。裁断《さいだん》。裁判《さいばん》。▨洋裁《ようさい》。和裁《わさい》。仲裁《ちゅうさい》。体裁《ていさい》。家裁《かさい》。訓❶[たつ] 裁つ。裁ちばさみ。❷[さばく] 裁く。裁き。

【債】亻部11 全13画 ※
サイ 音[サイ] ▨債務《さいむ》。債券《さいけん》。債権《さいけん》。▨負債《ふさい》。国債《こくさい》。

【催】亻部11 全13画 ※
サイ もよおす 音[サイ] ▨催促《さいそく》。催眠術《さいみんじゅつ》。催事場《さいじじょう》。▨開催《かいさい》。主催《しゅさい》。共催《きょうさい》。訓[もよおす] 催す。催し。

【塞】土部10 全13画 ※
サイ・ソク ふさぐ・ふさがる 音❶[サイ] ▨塞翁《さいおう》が馬《うま》。▨要塞《ようさい》。❷[ソク] ▨脳梗塞《のうこうそく》。閉塞《へいそく》。訓❶[ふさぐ] 塞ぐ。❷[ふさがる] 塞がる。

【歳】止部9 全13画 ※
サイ・セイ 音❶[サイ] ▨歳末《さいまつ》。歳月《さいげつ》。歳入《さいにゅう》。▨二十歳《にじっさい》。❷[セイ] ▨歳暮《せいぼ》。
注意「二十歳」は、「はたち」とも読む。

【載】車部6 全13画 ※
サイ のせる・のる 音[サイ] ▨記載《きさい》。掲載《けいさい》。満載《まんさい》。▨連載小説《れんさいしょうせつ》。積載《せきさい》。搭載《とうさい》。訓❶[のせる] 載せる。❷[のる] 載る。

【際】阝部11 全14画
サイ きわ 教小5 音[サイ] ▨際限《さいげん》。▨国際《こくさい》。交際《こうさい》。学際的《がくさいてき》。この際《さい》。金輪際《こんりんざい》。訓[きわ] 際。際立つ。瀬戸際。窓際。

【埼】土部8 全11画
さい 教小4 訓[さい] 埼玉県。

1 **さい**〖▼犀〗〈名〉 熱帯アジアやアフリカにすむ、陸上ではゾウについで大きい哺乳《ほにゅう》動物。あつくかたい皮におおわれ、鼻の上に一本ないし二本の角がある。草食。

2 **さい**【才】〈名〉 すぐれた能力。才能。例才におぼれる。経営の才。参考 俗《ぞく》に、年齢《ねんれい》をかぞえる「歳《さい》」のかわりに使われることがある。

3 **さい**【妻】〈名〉「妻《つま》」の古い言いかた。

4 **さい**【差異・差違】〈名〉 ちがっているところ。ちがい。例差異がある。差異に気づく。類相違。異同。

5 **さい**【細】〈名〉 こまかく、くわしいこと。例微《び》に入り細にわたる。微に入り細をうがつ。類微。

6 **さい**【際】〈名〉 あることがおこったときや、ものごとがある状態になったときを表わす形式名詞。例この際、おたがいに協力しよう。類とき。おり。場合。節《せつ》。

7 **さい**〖▼賽〗〈名〉「さいころ」の古い言いかた。例さいの目。

さいは投《な》げられた 決断がくだされたからには、もうあとにはひけない。参考 古代ローマの将軍カエサルがルビコン川をわたってローマに進軍するとき、さけんだことば。

8 **さい**【再】〈接頭〉 二度目の。改めての。例再確認。再試験。パソコンを再起動する。

9 **さい**【祭】〈接尾〉 神事や行事の名のあとにつけることば。例地鎮《じちん》祭。芸術祭。文化祭。

10 **さい**【歳】〖才〗〈接尾〉 年齢《ねんれい》をかぞえることば。

常用漢字 ざい

【在】土部3 全6画
ザイ ある 教小5 音[ザイ] ▨在学《ざいがく》。在宅《ざいたく》。在任《ざいにん》。在留《ざいりゅう》。▨健在《けんざい》。現在《げんざい》。実在《じつざい》。存在《そんざい》。訓[ある] 在る。在り方。在りし日。

【材】木部3 全7画
ザイ 教小4 音[ザイ] ▨材木《ざいもく》。材質《ざいしつ》。材料《ざいりょう》。▨木材《もくざい》。製材所《せいざいしょ》。教材《きょうざい》。素材《そざい》。人材《じんざい》。適材適所《てきざいてきしょ》。

【剤(劑)】刂部8 全10画 ※
ザイ 音[ザイ] ▨錠剤《じょうざい》。栄養剤《えいようざい》。消化剤《しょうかざい》。薬剤師《やくざいし》。洗剤《せんざい》。溶剤《ようざい》。

【財】貝部3 全10画
ザイ・サイ 教小5 音❶[ザイ] ▨財産《ざいさん》。財源《ざいげん》。財政《ざいせい》。財団《ざいだん》。財力《ざいりょく》。▨家財道具《かざいどうぐ》。私財《しざい》。文化財《ぶんかざい》。❷[サイ] ▨財布《さいふ》。

【罪】罒部8 全13画 ※
ザイ つみ 教小5 音[ザイ] ▨罪悪《ざいあく》。罪状《ざいじょう》。▨功罪《こうざい》。犯罪《はんざい》。原罪《げんざい》。謝罪《しゃざい》。無罪《むざい》。余罪《よざい》。訓[つみ] 罪。罪作り。罪滅ぼし。罪深い。

1 **ざい**【在】一〈名〉 都市から少しはなれた土地。例静岡《しずおか》の在。類在所。近郷《きんごう》近在。二〈接頭〉 地名の上について、そこにいることを表わす。例在パリ。

2 **ざい**【材】〈名〉 材料。素材。例断熱材。

材を取《と》る 作品の取材をする。例旅先での体験に材を取った小説。

北原白秋(はくしゅう) (1885～1942) 明治～昭和の詩人・歌人。詩集に「邪宗門」「思ひ出」などがある。

[3]**ざい【財】**〈名〉❶たくさんのお金や高価な品物。財産。例財をなす。重要文化財。類富。❷生活に使う物。例耐久消費財。備蓄《びちく》財。

[4]**ざい【剤】**〈接尾〉薬剤のこと。例栄養剤。整腸剤。

さいあい【最愛】〈名〉だれよりも何よりも愛していること。例最愛の妻。参考多く「最愛の」の形で使う。

さいあく【最悪】〈形動〉これ以上わるくなることは考えられないという、どん底の状態。例最悪の事態。最悪の場合を想定する。対最善。最良。

表現「このままでは最悪棄権《きけん》もありうる」のように、副詞として、「最悪の場合」の意味でも使われる。

ざいあく【罪悪】〈名〉人間としてしてはならないこと。例罪悪をおかす。罪悪感。類つみ。とが。

ざいあくかん【罪悪感】〈名〉悪いことをしたという気持ち。例罪悪感にさいなまれる。

ざいい【在位】〈名・する〉国王・皇帝《こうてい》・教皇などがその位についていること。例天皇在位二十年。

参考大相撲《おおずもう》では、横綱《よこづな》や大関などの地位についている期間を「在位十五場所」のようにいう。

さいいき【西域】〈名〉⇩せいいき〔西域〕

さいうよく【最右翼】〈名〉名だたる実力者の中で、さらにとびぬけて実力のある者。例今季優勝の最右翼と目《もく》されるチーム。

[1]**さいえん【才媛】**〈名〉教養や才能がある女性。類才女。

[2]**さいえん【再演】**〈名・する〉一回上演した劇を、ときがたってからふたたび上演すること。対初演。

[3]**さいえん【菜園】**〈名〉野菜をつくる小さな畑。例家庭菜園。

サイエンス〈名〉科学。とくに、自然科学。また、理科。◇science

さいおう(塞翁)がうま(馬) 人間の運命は、幸が不幸を生み、不幸が幸を生んで変転する。そのつど一喜一憂《いっきいちゆう》するな。類禍福《かふく》はあざなえる縄《なわ》のごとし。

由来むかし、中国で塞翁という老人の家で、馬がいなくなったことから、さまざまの幸不幸がつづいて起こった、という故事による。「人間万事《ばんじ》」を頭につけてよく言う。

[1]**さいか【災禍】**〈名〉地震《じしん》や台風など、人の力ではふせぐことのできないわざわい。例災禍にあう。災禍をのがれる。類災害。天災。

[2]**さいか【裁可】**〈名・する〉君主が、下からの案を認可《にんか》すること。例裁可をあおぐ。

[1]**ざいか【罪科】**〈名〉❶法律や道徳などにそむいた行い。類つみ。とが。❷罪に対する法律上の罰《ばつ》。例罪科に問われる。類しおき。刑罰《けいばつ》。

[2]**ざいか【罪過】**〈名〉思わず犯《おか》した、法律やモラルに反したおこない。例罪過を犯す。

[1]**さいかい【再会】**〈名・する〉長らく会わなかった人どうしが、また会うこと。例再会を期する。アサイカイ

[2]**さいかい【再開】**〈名・する〉中断していたことを、また始めること。中断していたことが、また始まること。例試合を(が)再開する。アサイカイ

[3]**さいかい【最下位】**〈名〉もっとも下位。例最下位まで落ちる。対最上位。一位。類びり。アサイカイ

さいがい【災害】〈名〉台風や地震《じしん》などによる、人の力ではどうしようもないわざわい。例災害にあう。災害にみまわれる。災害地。類災難。災禍《さいか》。

ざいかい【財界】〈名〉実業家や金融《きんゆう》業者などの社会。例財界のリーダー。類経済界。

ざいがい【在外】〈名〉外国にいること。外国にあること。例在外邦人《ほうじん》。在外公館。

ざいがいこうかん【在外公館】〈名〉外国におかれている、大使館・公使館・領事館など。

さいかいはつ【再開発】〈名・する〉一度開発された場所に、もう一度新たな計画を立てて手を入れること。例駅前の最開発に着手する。

さいかいもくよく【斎戒▼沐浴】〈名・する〉神聖な仕事にとりかかるまえに、飲食や行動をつつしみ、水をあびて、心と体をきよめること。参考「斎戒」は神前に立つためのきよめ。「沐浴」は水をあびて、洗いきよめること。

さいかく【才覚】〈名〉❶必要に応じてくふうをし、うまく処理できる才能。例才覚がある。才覚をはたらかせる。❷〈する〉くふうして手に入れること。古い言いかた。例あちこちで才覚して借金を返した。類工面《くめん》。算段。

ざいがく【在学】〈名・する〉生徒や学生として、学校に籍《せき》をおいていること。例在学中。類在校。

さいかん【才幹】〈名〉ものごとをうまく処理する能力。類才能。

[1]**さいき【才気】**〈名〉思考のひらめきを感じさせること。例才気がある。才気あふれる人。才気煥発《かんぱつ》。類才知。

[2]**さいき【再起】**〈名・する〉病気や失敗などでだめになった状態から、たちなおること。例再起を期す。新事業に再起をかける。再起不能。類再生。再挙。捲土《けんど》重来。

[3]**さいき【祭器】**〈名〉祭りに使う道具。

さいぎ【▼猜疑】〈名・する〉人の心中《しんちゅう》に悪意があるという考えにとらわれ、そういう目で見つづけること。例猜疑の目を向ける。猜疑心。

さいきかんぱつ【才気▼煥発】〈名・形動〉頭のはたらきがすぐれ、そのひらめきが外部からもよくわかること。

さいきじゅうおう【才気縦横】〈名・形動〉頭のはたらきがすぐれ、自由自在にそれが行動にあらわれること。

さいぎしん【▼猜疑心】〈名〉人を信用のおけないものとしてうたがう気持ち。例猜疑心が強い。猜疑心のかたまり。

さいきょう【最強】〈名〉いちばんつよいこと。例史上最強の格闘家《かくとうか》。

ざいきょう【在京】〈名・する〉❶東京にいる・あること。❷京都にいる・あること。例在京チーム。

[1]**さいきん【細菌】**〈名〉もっとも原始的な、微生物《びせいぶつ》の一種。単細胞《さいぼう》だが、自分自身が分裂《ぶんれつ》してふえるので、たちまちおびただしい数になる。乳酸《にゅうさん》菌のように人間生活に益をもたらすものもあり、各種の感染症《かんせんしょう》の病原菌のように害をもたらすものもある。バクテリア。

[2]**さいきん【最近】**〈名〉過去のなかではもっとも今に近く、「現在」と感じられる時期。ついさきごろ。例最近のできごと。つい最近知った。類近ごろ。このごろ。

ざいきん【在勤】〈名・する〉どこかの部署に勤務していること。例地方在勤の公務員。類在職。

さいく【細工】〈名・する〉❶手先をこまかく使って、じょうずにつくり上げること。そうしてつくったもの。例細工をほどこす。竹細工。寄せ木細工。❷人の目をごまかすために、あれこれしくんだりたくらんだりすること。例へたな細工をしやがって。小細工《こざいく》。▽類工作。

表現「細工は流々《りゅうりゅう》、仕上げをご覧《ろう》じろ」は、必ずいい結果が出るから信頼《しんらい》して待っていてくれという意味の、古い言いまわし。

さいくつ【採掘】〈名・する〉鉱物などを地中からほりだ

 北村西望(せいぼう)(1884～1987) 明治～昭和の彫刻家。力強いブロンズの人体像で有名。代表作「怒濤」など。

すこと。類採鉱。

サイクリング〈名・する〉自転車にのって、遠出や旅行をすること。◇cycling

サイクル〈名〉ぐるっとまわって、またもとにもどること。一巡《いちじゅん》する期間の長さ。例景気のサイクルが長い。類周期。◇cycle

サイクルヒット〈名〉一人の打者が一試合で、単打・二塁《るい》打・三塁打・本塁打のすべてを打つこと。参考日本での複合語。英語では the cycle という。

サイクロン〈名〉❶インド洋付近で発生する熱帯低気圧。❷掃除《そうじ》機で、吸《す》いこんだ空気を本体内部で旋回《せんかい》させ、その遠心力でごみと空気を分ける方式。◇cyclone

さいくん【細君】〖妻君〗〈名〉ごく親しい者どうしで、自分や相手の人の妻を話題にするときに、かるい調子でいうことば。現在はあまり使わない。例きみんとこの細君は元気か。

サイケ〈名・形動〉「サイケデリック」の日本での省略語。

ざいけ【在家】〈名〉僧侶《そうりょ》でないふつうの人。対出家《しゅっけ》。

さいけい【再啓】 手紙を同じ用件でもう一度送るときに最初に書くあいさつのことば。「ふたたび申し上げます」の意味。

さいけいこく【最恵国】〈名〉通商条約を結んでいる国々の中で、もっとも有利なあつかいをする国。例最恵国待遇《たいぐう》。

さいけいれい【最敬礼】〈名・する〉ふかぶかと頭を下げるおじぎ。最高度の敬礼。

1 **さいけつ【採血】**〈名・する〉診断《しんだん》や輸血などのために、からだから血をとること。アサイケツ

表現 注射器で血をとることから、一本二本と数えることがある。

2 **さいけつ【採決】**〈名・する〉議案を成立させるかどうかを、出席者の賛成、反対の数をしらべてきめること。例法案を採決する。採決に入る。採決を行なう。類決をとる。アサイケツ サイケツ

3 **さいけつ【裁決】**〈名・する〉上にたつ者が、ものごとのよしあしを最終的にきめること。例裁決がおりる。裁決をあおぐ。アサイケツ 参考 審査《さしん》の請求に対して官公庁がくだす決定をいうことが多い。

さいげつ【歳月】〈名〉「としつき」の、あらたまった言いかた。例歳月が流れる。歳月をついやす。歳月をへる。類年月《ねんげつ》。月日。星霜《せいそう》。

歳月人《ひと》を待《ま》たず 時は、人の思いなどおかまいなしに、どんどん過ぎていく。

サイケデリック〈名・形動〉人に幻覚《げんかく》をよびおこすような感じであること。そのような音楽や、カラフルではでなデザインやファッション。一九六〇年代後半に流行した。略して「サイケ」ともいう。◇psychedelic

1 **さいけん【債券】**〈名〉国・公共団体・会社などが、資金を一般《いっぱん》の人から集めるときに発行する証券。国債・公債・社債など。アサイケン

2 **さいけん【債権】**〈名〉貸してある金銭や物品などを返してもらうことができる法律上の権利。例債権者。不良債権。対債務。アサイケン

3 **さいけん【再建】**〈名・する〉いちどこわれた建物、だめになった会社、社会のしくみなどを、たてなおすこと。例財政を再建する。アサイケン

参考 神社や寺をたてなおすときは、「さいこん」という。

1 **さいげん【再現】**〈名・する〉いちど消えてなくなったものを、もういちどつくりだすこと。例なつかしの名場面を再現する。アサイゲン

2 **さいげん【際限】**〈名〉そこでおわりというところ。類限り。はて。アサイゲン

表現「際限がない」「際限なくつづく」のように、打ち消しのことばといっしょに使うことが多い。

ざいげん【財源】〈名〉事業をするのに必要な金。

さいけんしゃ【債権者】〈名〉債権をもっているがわの人。対債務者。

さいけんとう【再検討】〈名・する〉もういちど考えなおすこと。例再検討を求める。プランを再検討する。類見直し。再考。

1 **さいこ【最古】**〈名〉もっとも古いこと。例最古の木造建築。対最新。

2 **サイコ**〈名〉異常性格者。◇psycho

1 **さいご【最後】**〈名〉いちばんおわり。いちばんあと。例最後になる。最後の審判《しんぱん》。対最初。

表現 (1)「最初で最後」は、それ一回しかないことを強調した言いかた。

(2)「…たら最後」は、いったん…したらそれっきりで、どうにもならないこと。例あの人は話しだしたら最後、いつになってもとまらない。

(3)「最後に笑う者」は、最終勝利者・最終受益者の意味だが、「最後に休む人」「最後に楽しむ人」は、みんなのために働いて、休みや楽しみはみんなよりあとにする人で、イメージが反対。→せんゆうこうらく

最後の切《き》り札《ふだ》 最後にたった一つ残された、形勢逆転のための手段。

最後を飾《かざ》る 行事や仕事などのおわりを、りっぱになしとげる。類有終《ゆうしゅう》の美を飾る。

2 **さいご【最期】**〈名〉命のおわるとき。例最期をとげる(=死ぬ)。最期をみとる。非業《ひごう》の最期。類末期《まっご》。臨終。死にぎわ。いまわのきわ。

ざいこ【在庫】〈名〉商品が倉庫にあること。また、その商品。例在庫品。類ストック。

1 **さいこう【再考】**〈名・する〉いちど決めたことについて、もういちど考えなおすこと。例再考をうながす。再考の余地がない。類再検討。見直し。

2 **さいこう【再興】**〈名・する〉おとろえていた家や国、行事を、もういちどさかんにすること。類復興。

3 **さいこう【採光】**〈名・する〉へやを明るくするために、日光をとり入れたり、照明を使ったりすること。例通風と採光をよく考えた窓《まど》。

4 **さいこう【最高】**〈名・形動〉❶いちばん高いこと。例最高記録。❷人がらや内容などがいちばんすばらしいこと。例最高の品質。最高におもしろい。▽対最低。類最上。→囲み記事23(453ジペー)

5 **さいこう【催行】**〈名・する〉団体旅行やイベントを、企画《きかく》したとおりに実施《じっし》すること。例最少催行人数。

ざいこう【在校】〈名・する〉生徒として学校に籍《せき》をおいていること。例在校生と卒業生の交流。類在学。

ざいごう【罪業】〈名〉〔仏教〕わるい行ない。

さいこうがくふ【最高学府】〈名〉大学のこと。かつて、限られた人しか大学に入らなかった時代のことば。

さいこうきゅう【最高級】〈名・形動〉いちばん高級であること。例最高級の品《しな》。対最下級。

さいこうさいばんしょ【最高裁判所】〈名〉

〔法律〕裁判所のなかで、いちばん上の裁判所。下級裁判所の判決に不満のある人が、さらに裁判を求めることができる、最後のところ。また、法律や行政機関の行為《こうい》が憲法に違反《いはん》していないかどうかを、最終的に判断する権限をもつ。略して「最高裁」ともいう。→さいばんしょ

さいこうちょう【最高潮】〈名〉そこにいる人々の気持ちがもっとも高まる場面や状態。例最高潮に達する。類クライマックス。佳境《かきょう》。
注意「最高調」と書くのはあやまり。

さいこうほう【最高峰】〈名〉❶ある地域の山の中で、いちばん高い山。❷同種のものの中で、もっともすぐれたもの。例世界文学の最高峰といわれる作品。

さいごく【西国】〈名〉京都からみて、西の方にある国。中国・四国・九州。おもに九州をさしたことば。対東国。

さいごつうこく【最後通告】〈名〉⇨さいごつうちょう(次項)

さいごつうちょう【最後通▼牒】〈名〉❶平和的な話しあいをうちきって、最終的な要求を相手国に示し、みとめられなければ実力行使にでることを通告する外交文書。❷話しあいをうちきって、相手につきつける最終的な要求や通告。▽「最後通告」ともいう。

さいころ【▼骰▽子】〈名〉すごろくなどのゲームで使う、正立方体の道具。各面に反対がわの面との合計が七になるように一から六までの点がうってある。ころがして、上にでた点の数でものごとを決める。「さい」ともいう。ダイス。例さいころを振る。

サイコロジー〈名〉❶心理学。❷心理のはたらき。◇psychology

1 **さいこん【再建】**〈名・する〉神社や寺などを、たてなおすこと。→さいけん〔再建〕

2 **さいこん【再婚】**〈名・する〉離婚《りこん》を経験した人が、また次の結婚をすること。対初婚。類再縁《さいえん》。

さいさい【再再】〈副〉なん回となく。例再々注意したが、いっこうにあらたまらない。類再三。たびたび。

さいさき【▽幸先】〈名〉これからおこることを前もって知らせるような小さなできごと。例初戦で勝利をおさめ、さいさきがいい(=出だしからついている)。さいさきよく開幕二連勝。注意「幸先」と書くとおり、本来は「いいことがおこる前ぶれ」をいった。「幸先が悪い」と言うこともあるが、本来はあやまり。

1 **さいさん【再三】**〈副〉二度も三度も。例再三催促《さいそく》してやっと返してもらった。再三再四。類再再。たびたび。

2 **さいさん【採算】**〈名〉商売や事業で、もうけがでること。例採算があう。採算がとれる。

ざいさん【財産】〈名〉建物や土地、金や貴金属など、もっていてねうちのあるもの。例財産がある。財産をきずく。財産家《か》。国有財産。類資産。身代。
表現「健康がわたしの財産だ」といえば、その人にとって、かけがえのないほどたいせつなものをいう。

さいさんさいし【再三再四】〈副〉何度も何度もくり返して。「再三」を強めた言いかた。

さいさんわれ【採算割れ】〈名・する〉商品の売値が、その原価や仕入れ値より低いこと。採算がとれないこと。

1 **さいし【才子】**〈名〉頭の回転がはやく、よく気のまわる男。例才子才におぼれる。才子多病。対才女。類才人。
表現 自分の才能にうぬぼれて、なにかというと頭のいいところをみせたがる人の意味でも使う。女性については、「才女」「才媛《さいえん》」というが、これらにわるい意味がこもることは少ない。

2 **さいし【妻子】**〈名〉妻と子。つまこ。例妻子を養う。妻子をかかえて。妻子ある身で。

3 **さいし【祭司】**〈名〉宗教上の祭典をとり行なう神官。

4 **さいし【祭▼祀】**〈名〉神や祖先をまつること。

さいじ【催事】〈名〉催《もよお》し物。例催事案内。催事場。類イベント。

さいしき【彩色】〈名・する〉美しい色をつけること。例彩色をほどこす。極《ごく》彩色。類いろどり。

さいじき【歳時記】〈名〉俳句の季語をあつめて、季節ごとに天文・気象・人事・動物・植物…のように分類し、解説をくわえて、例句をあげた本。類季寄せ。
参考「料理歳時記」のように、四季折々の行事や生活、それにまつわる物事を書いた、随筆《ずいひつ》風の読み物の意味で使われることもある。

さいしたびょう【才子多病】〈名〉頭のいい人はとかくからだが弱い、ということ。

さいじつ【祭日】〈名〉❶神社で、まつりを行なう日。❷国民の祝日。類祝祭日。

1 **ざいしつ【在室】**〈名・する〉人が、自分のへやの中にいること。多く、自宅以外の、仕事用のへやについていう。例「在室」の札《ふだ》がかかっているのに返事がない。

2 **ざいしつ【材質】**〈名〉❶材木の性質。例材質がかたい。❷加工や製作のための、材料の性質。

さい(際)して ある時や、ある場面において。例出発に際して抱負《ほうふ》を述べる。類あたって。のぞんで。

さいしゅ【採取】〈名・する〉必要なものをひろいあつめること。例サンプルを採取する。砂利《じゃり》採取。

1 **さいしゅう【最終】**〈名〉❶いちばんおわり。例最終回。対最初。類最後。❷列車や電車、バスなどで、その日のいちばんおわりに出発するもの。対始発。類終発。

2 **さいしゅう【採集】**〈名・する〉資料や標本にするために、同じ系統のものをひろく集めること。例民話の採集。昆虫《こんちゅう》採集。

ざいじゅう【在住】〈名・する〉そこに住んでいること。例東京在住のアメリカ人。類居住。
表現「金沢《かなざわ》市在住」のように、地名のあとにつけて使う。また、「ロンドン在住の日本人」のように、よその土地に生活の本拠《ほんきょ》をかまえて住んでいることにも使う。

さいしゅつ【歳出】〈名〉国家や公共団体などの、一会計年度内の支出の合計。対歳入。

さいしゅっぱつ【再出発】〈名・する〉もういちどはじめから出直すこと。例人生の再出発を期する。
表現「心機一転して」とか「だめになりそうな気持ちをふるいたたせて」という感じで使う場合が多い。

さいしょ【最初】〈名〉いちばんはじめ。例なにごとも最初がかんじんだ。対最後。最終。

さいじょ【才女】〈名〉頭の回転がはやい、すぐれた女性。対才子。類才媛《さいえん》。

ざいしょ【在所】〈名〉❶都会からはなれたひなびた所。いなか。類在。❷ふるさと。❸住んでいる所。

1 **さいしょう【宰相】**〈名〉総理大臣。首相《しゅしょう》。例宰相の器《うつわ》。一国の宰相。

2 **さいしょう【最小・最少】**〈名〉❶〔最小〕全体の中で、いちばん小さいこと。例最小限。対最大。類ミニマム。❷〔最少〕全体の中で、いちばん少ないこと。例

木戸孝允(たかよし)(1833〜77) 長州出身。幕末，倒幕運動を推進。新政府で版籍奉還・廃藩置県をすすめた。

最少得点。対最多。

1 **さいじょう【斎場】**〈名〉葬式《そうしき》を行なうための場所。

2 **さいじょう【最上】**〈名〉❶いちばん上にあること。最上段。最上階。対最下。❷いちばんすぐれていること。例最上の方法。最上の品。対最低。類極上《ごくじょう》。無上。至上。▽類最高。↓囲み記事23(454ページ)

ざいじょう【罪状】〈名〉犯人の自白やとりしらべによってあきらかにされた犯罪のようす。例(刑事裁判での)罪状認否《にんぴ》。

さいじょうきゅう【最上級】〈名〉❶いちばん上の段階。対最下級。❷〔文法〕英語などで、形容詞・副詞の語形の一つ。他との比較《ひかく》で程度がもっとも大きいことを表わす。英語のbigが変化したbiggestなど。

さいしょうげん【最小限】〈名〉できるかぎり小さいこと。例被害《ひがい》を最小限にくいとめることができた。対最大限。類最小限度。ミニマム。
表記 本来はあやまりだが、できるかぎり少ないことという意味で、「最少限」と書かれることもある。

さいしょうこうばいすう【最小公倍数】〈名〉公倍数の中で、いちばん小さなもの。対最大公約数。
参考 たとえば、2と3の最小公倍数は6。

さいじょうだん【最上段】〈名〉階段や、また、段階のあるものの、いちばん上の段。対最下段。

1 **さいしょく【才色】**〈名〉女性の、頭のよさと容姿のよさ。例才色兼備。

2 **さいしょく【栽植】**〈名・する〉⇩しょくさい

3 **さいしょく【彩色】**〈名・する〉⇩さいしき

4 **さいしょく【採食】**〈名・する〉動物が食料を見つけたりとらえたりして、食べること。例採食行動。類採餌《さいじ》。捕食《ほしょく》。

5 **さいしょく【菜食】**〈名・する〉肉類をたべないで、木の実や野菜類をたべること。例菜食主義。対肉食。

ざいしょく【在職】〈名・する〉ある職業についていること。例在職中はおせわになりました。類在勤。参考 大統領、議員、将軍などの職についても使うことがある。

さいしょくけんび【才色兼備】〈名〉女性が、すぐれた才能と、美しさの両方をかねそなえていること。類才媛《さいえん》。

1 **さいしん【再信】**〈名・する〉同じ内容のメールを送りなおすこと。そのメール。

2 **さいしん【再診】**〈名〉二度め以降の診察。対初診。

3 **さいしん【再審】**〈名・する〉〔法律〕判決のくだった事件について、もういちど裁判をやりなおすこと。

4 **さいしん【細心】**〈形動〉こまかいことにまで心がいきとどいている。例細心の注意。類綿密。

5 **さいしん【最新】**〈名〉いちばん新しいこと。例最新の技術。最新式。対最古。

1 **さいじん【才人】**〈名〉頭の働きのすぐれた人。類才子。

2 **さいじん【祭神】**〈名〉神社にまつられている神。

サイズ〈名〉大きさ。例サイズをあわせる。キングサイズ。類寸法。◇size
参考 洋服のサイズは、L・M・Sなどで表示される。

ざいす【座椅子】〈名〉あしのついていない椅子。すわったときに背をもたせかけるのに使う。

さいすん【採寸】〈名・する〉洋服をつくるために、からだの寸法をはかること。

1 **さいせい【再生】**〈名・する〉❶いきおいをうしなって、だめになりそうなものが、もういちどいきおいをもり返すこと。例森林が再生する。再生をはかる。❷今までの生活を反省して、きちんとした生活をはじめること。例再生をちかう。類新生。更生《こうせい》。再起。❸〔生物〕なくなったからだの一部分が、またできてくること。例皮膚《ひふ》が再生する。❹いちど使ったものや古くなったものを、役にたつものにつくりかえること。例ペットボトルを再生する。再生品。❺録音や録画をしたテープ・DVDなどをかけて、もとの音や画面をだすこと。記号「▶」。例再生装置《そうち》。類プレイ。

2 **さいせい【再製】**〈名・する〉❶一度製品となったものをふたたび加工して別の製品にすること。❷失われた場合や、訂正したあとを残さないなどの目的で、法律にのっとって戸籍《こせき》を作り直すこと。

ざいせい【財政】〈名〉❶国家や公共団体などが収入と支出によって、いろいろな事業を行なっていくこと。例財政のたてなおし。健全財政。❷自分や家庭の、金まわり。ふところぐあい。例わが家の財政。

さいせいき【最盛期】〈名〉いちばん活気があって、さかんな時期。例最盛期をすぎる。類さかり。全盛時代。

さいせいさん【再生産】〈名・する〉〔経済〕ある生産物を売り上げた金をもとにして、あたらしい生産をくりかえし行なっていくこと。例拡大再生産。

さいせいし【再生紙】〈名〉木材資源の節約のため、いちど使った紙をとかしてパルプとし、すき直して作った紙。リサイクルペーパー。

1 **さいせき【砕石】**〈名・する〉岩石をくだいて適当な大きさにすること。くだかれた岩石。例砕石業。

2 **さいせき【採石】**〈名・する〉山から石材を切り出すこと。例採石場。

ざいせき【在籍】〈名・する〉学校や団体などに属していること。例在籍者。在籍人数。

1 **さいせん【再選】**〈名・する〉前にえらんだ人をふたたび続けてえらぶこと。ふたたび当選すること。例大差で大統領に再選される。再選をはたす。
参考 三たび続けて当選すれば「三選」で、以後同様。

2 **さいせん【▼賽銭】**〈名〉神社や寺院に参拝したとき、神仏にそなえるお金。「おさいせん」ということが多い。例賽銭箱。

1 **さいぜん【最前】**〈副〉「先ほど」の意味の、やや古い、あらたまった言いかた。例あのかたには最前お会いしました。最前より来客がございまして…。

2 **さいぜん【最善】**〈名・形動〉❶いちばんすぐれていること。例最善の策。対最悪。類最良。❷できるかぎりのこと。例最善をつくす。類全力。ベスト。▽↓囲み記事23(次ページ)
表現 「最善」の次にすぐれていることを、「次善」という。

さいぜんせん【最前線】〈名〉戦場で、敵にいちばん近いところ。類第一線。
表現 「バイオテクノロジーの最前線」のように、ある分野でもっとも進んだ仕事をしているところ、の意味でも使う。

さいせんたん【最先端】〈名〉時代や流行の、いちばんすすんでいるところ。例最先端の技術。類最新。

1 **さいそく【細則】**〈名〉こまかい点についてさだめた規則。例施行《しこう》細則。対総則。アサイソク

2 **さいそく【催促】**〈名・する〉早くなんとかしてくれるように、急がせること。例借金の催促。矢の催促。類督促《とくそく》。せきたてる。アサイソク

杵屋(きねや)六三郎(4世)(1779～1855)　江戸時代の長唄三味線方・作曲家。長唄の演奏を独立させた。

さいた【最多】〈名〉全体の中で、いちばん多いこと。例最多勝利投手。対最少。

ざいた【座板】〈名〉❶いすの、腰《こし》をおろす平らな板の部分。❷ゆか板。

サイダー〈名〉炭酸水に、あまみやかおりをつけた飲みもの。◇cider

さいたい[1]**【妻帯】**〈名・する〉妻をもつこと。

さいたい[2]**【▼臍帯】**〈名〉へその緒《お》。

参考 ここにふくまれる血液(=臍帯血)は、血液細胞《さいぼう》をつくるもとなる造血幹《かん》細胞《さいぼう》を多くふくむため、移植により白血病などの治療《ちりょう》に活用できる。

さいだい【最大】〈名〉全体の中で、いちばん大きいこと。例最大の規模。最大級。最大限。対最小。類マキシマム。→囲み記事23(下)

さいだいきゅう【最大級】〈名〉程度がいちばん上であること。例最大級の賛辞。

さいだいげん【最大限】〈名〉これ以上大きいことはありえないという、ぎりぎりの限度。例能力を最大限に発《はっ》揮《き》する。対最小限。類マキシマム。

さいだいこうやくすう【最大公約数】〈名〉公約数の中で、いちばん大きなもの。対最小公倍数。

参考 たとえば、12と8の最大公約数は4。

さいだい(細大)も(漏)らさず こまかいことも、大きなことも、すべて。例細大もらさず記録する。

さいたく【採択】〈名・する〉いくつかの中から、いいと思うものをえらぶこと。例議案を採択する。共同声明を採択する。類採用。

ざいたく【在宅】〈名・する〉自宅にいること。例先生はご在宅でしょうか。在宅介護《かいご》。在宅勤務《きんむ》。

さいたる【最たる】〈連体〉その性質をもっともよくそなえた。例かれは偽善《ぎぜん》者の最たるものだ。類典型的。代表的。

さいたん【最短】〈名〉いちばんみじかいこと。例最短距離《きょり》。最短記録。最短コース。対最長。

さいだん[1]**【祭壇】**〈名〉❶葬儀《そうぎ》のとき、遺骸《いがい》や遺骨を安置して、故人の写真やそなえものなどをおく壇。❷まつりや礼拝などのときに使う壇。

さいだん[2]**【細断】**〈名・する〉切って細かくすること。例書類をシュレッダーで細断する。

さいだん[3]**【裁断】**〈名・する〉❶型にあわせて布や紙などをたちきること。例裁断をあおぐ。❷ものごとのよしあしを、はっきりきめること。類決断。

ざいだん【財団】〈名〉❶社会に役だてる目的でさしだされた財産が正式手続きをへて財団法人となってからの、管理された財産。❷「財団法人」の略。

ざいだんほうじん【財団法人】〈名〉〔法律〕国民の利益のために提供された財産で、設立され運営される法人。学校法人や宗教法人など。→ほうじん〔法人〕

さいち【才知】〈名〉すぐれた頭のはたらき。類才気。

表現 「才知のある人」は、ほめことば。「才知にたけた人」には、用心しろというひびきがこもる。

さいちゅう【最中】〈名〉ものごとが行なわれている、ちょうどそのとき。例食事の最中。まっ最中。類さなか。

ざいちゅう【在中】〈名・する〉封筒《ふうとう》や小包などの中に、そのものが入っていること。

表現 封筒のおもての左下に「写真在中」などと書く。

さいちょう【最長】〈名〉いちばん長いこと。例最長距離《きょり》。最長記録。対最短。

さいづちあたま【さいづち頭】〘才▼槌頭〙〈名〉ひたいも後頭部も出っぱっている形をしたあたま。

参考 「さいづち」は、木製の小さなつち。

さいてい[1]**【最低】**〈名〉❶いちばんひくいこと。例最低温度。最低点。❷人がらや内容などが、とてもひどいこと。例あいつは最低だ。対最上。▽対最高。

さいてい[2]**【裁定】**〈名〉❶〈する〉ものごとのよしあしについて、上の立場の者が、はっきり結論をだすこと。例裁定をくだす。類裁《さば》き。裁断。❷〔経済〕同じ商品があまりにちがった価格で売られているなど、不合理なへだたりが解消されること。例裁定が働く。

さいていげん【最低限】〈名〉条件を満たす範囲《はんい》内でのいちばん低いところ。例憲法が保障する最低限の文化的生活。類最小限。

さいてき【最適】〈形動〉もっともふさわしい。例最適な環境《かんきょう》。最適の条件。類うってつけ。

さいてきかい【最適解】〈名〉もっとも適切な、問題解決の方法。

さいてん[1]**【祭典】**〈名〉「祭り」のかたい言いかた。例スポーツの祭典。類フェスティバル。

囲み記事 23

「最良」と「最善」は同じではない

どちらも「いちばんいい」という意味だが、使いかたは、ずいぶんちがう。

つぎの表でくらべてみよう。□に入れるのに適切なのは○、不適切なのは×で示してある。

	最良	最善	最高	最上	最大	ベスト	いちばんよい
これが□方法だ	○の	○の	○の	○の	×	○の	○
□をつくす	×	○	×	×	×	○	×
□を期す	×	○	×	×	×	×	×
わが人生で□日	○の	×	○の	○の	×	○の	○
私の□友人	○の	×	○の	○の	○の	×	○
□策をほどこす	○の	○の	×	○の	×	○の	○
□処置をする	○の	○の	○の	○の	×	○の	○
□努力をする	×	○の	×	×	○の	×	×
□体調でのぞむ	○の	×	○の	○の	×	○の	○
□結果をえる	○の	○の	○の	○の	×	○の	○

さ

 紀伊国屋(きのくにや)文左衛門　生没年不明。紀伊(和歌山)の出身。元禄期に江戸で材木・ミカンで財を築いた。

[2]**さいてん【採点】**〈名・する〉点数をつけること。

さいでん【祭殿】〈名〉冠婚葬祭《かんこんそうさい》の儀式《ぎしき》や祭礼をとりおこなう、おごそかな建物。

サイト〈名〉❶敷地《しきち》。用地。例キャンプサイト。❷「ウェブサイト」のこと。例通販サイト。◇site

[1]**さいど【再度】**〈副〉もういちど。例再度挑戦《ちょうせん》する。類ふたたび。

[2]**さいど【彩度】**〈名〉〔美術〕明度・色相とともに、色の三要素の一つ。色のあざやかさの程度。

[3]**さいど【済度】**〈名・する〉〔仏教〕迷い苦しんでいる人々を救って、苦しみのない境地へ導くこと。

[4]**サイド**〈造語〉❶わき。側面。例サイドテーブル。プールサイド。❷一方のがわ。例消費者サイド。❸本業以外の。例サイドワーク。サイドビジネス。◇side

表現「サイドがあまい」は、注意が正面にだけ向いていて、わきからつけこまれやすいこと。

サイドカー〈名〉オートバイのよこにつけた車。また、それがついたオートバイ。◇sidecar

さいどくもじ【再読文字】〈名〉漢文を日本語として訓読するときに、二度読む漢字。たとえば、「マサニ…スベシ」と読む「当」など。

サイドブレーキ〈名〉自動車で、手で操作するブレーキ。駐車《ちゅうしゃ》・停車のとき、車がひとりでに動き出さないようにするためのもの。ハンドブレーキ。

サイトマップ〈名〉あるウェブサイトの中にどんなページが含まれているかが、本の目次のように一覧《いちらん》できるページ。◇site map

サイドライン〈名〉❶テニス・バドミントン・バレーボールなどのコートの、内と外とをしきる たての線。❷傍線《ぼうせん》。対アンダーライン。◇sideline

さいな・む【▽苛む】〈動五〉しつこく苦しめる。例良心にさいなまれる。責めさいなむ。

さいなん【災難】〈名〉思いがけなくふりかかる、不幸なできごと。例災難にあう。災難をまぬがれる。災難がふりかかる。類わざわい。災害。災厄《さいやく》。

ざいにち【在日】〈名・する〉外国人が日本に住んでいること。例在日フランス人。

さいにゅう【歳入】〈名〉国家や公共団体などの、一会計年度内の収入の合計。対歳出。

さいにょう【採尿】〈名・する〉検尿《けんにょう》のために、小便を採取《さいしゅ》すること。

さいにん【再任】〈名・する〉任期が終わった人を、次の期にも、また同じ職や地位につけること。類留任。

[1]**ざいにん【在任】**〈名・する〉任務や地位についていること。例監督《かんとく》在任中はおせわになりました。

[2]**ざいにん【罪人】**〈名〉おかした罪による刑罰が確定した人。類犯罪人。

さいにんしき【再認識】〈名・する〉ものごとの意義やねうちを理解しなおすこと。例命の大切さを再認識する。

さいねん【再燃】〈名・する〉いったんはおさまった紛争《ふんそう》や論議、流行などが、またさかんになること。例外交問題が再燃する。ブームが再燃する。人気が再燃する。

さいねんしょう【最年少】〈名〉その中で、年齢《ねんれい》がもっとも下であること。対最年長。

さいねんちょう【最年長】〈名〉その中で、年齢《ねんれい》がもっとも上であること。対最年少。

さいのう【才能】〈名〉ものごとをうまくやりとげる能力。例才能がある。才能をのばす。才能をみがく。語学の才能。ゆたかな才能。類才。才覚。才幹。

さいのかわら【▼賽の河原】〈名〉❶〔仏教〕死んだ子どもが行くといわれる、三途《さんず》の川の河原。❷はてしなくつづく、むだな努力。参考①では、子どもが父母の供養《くよう》のために河原に石をつんで塔《とう》をつくろうとすると、鬼《おに》が来てこわすという。そこから②の意味となった。

さいのめ【さいの目】【▼賽の目】〈名〉❶さいころの各面にしるされた、数を表わす点。❷さいころくらいの大きさ。料理で、材料の切りかたについていうことば。例さいの目に切る。

サイバー〈造語〉コンピューターネットワークに関する。コンピューターネットワークの上での。例サイバースペース。サイバー攻撃(＝ハッキングなど)。◇cyber

[1]**さいはい【采配】**〈名〉命令したり、指図したりすること。例采配を振《ふ》る。監督《かんとく》の采配が当たる。類差配。

注意 もともとは、むかし、大将がたたかいのときに、兵を指揮《しき》するのに使ったはたきのような形の道具をさしたので、「采配を振る」という言いかたができたが、それを現在の意味にひかれて、誤《あやま》って「采配をふるう」と言う人が増えている。

[2]**さいはい【再拝】**■〈名・する〉ていねいに、かさねて礼をすること。■手紙で、文章のしめくくりとして最後にすることば。類頓首《とんしゅ》。敬具。

表現 手紙のおわりには、ふつう「敬具」を使うが、「再拝」は、それよりさらにうやまう気持ちのつよいことば。

さいばい【栽培】〈名・する〉野菜や花などをうえて、そだてること。例あさがおを栽培する。促成《そくせい》栽培。対自生。

さいばいぎょぎょう【栽培漁業】〈名〉人工的にかえした稚魚《ちぎょ》を海に放し、成長したあとでふたたびとらえる漁業。

さいばし【菜箸】〈名〉❶料理をするときに使う、長いはし。❷⇩とりばし

さいばし・る【才走る】〈動五〉頭の回転がはやくて、なんにでも気がまわる。例才走った男。類才気ばしる。

表現 才能ゆたかなのだが、それがろこつにですぎて、なまいきに感じられるような場合に使うことが多い。

さいはつ【再発】〈名・する〉❶おさまっていた病気や事件などが、もういちどおこること。例持病が(を)再発する。事故の再発防止対策。❷「再発売」の略。いちど販売《はんばい》を終えたCDやDVDソフトなどを、定価を下げるなどしてふたたび発売すること。リイシュー。

ざいばつ【財閥】〈名〉大金持ちで、とくに経済界に勢力のある資本家などの一族。

参考 かつて、三井《みつい》・住友《すみとも》・三菱《みつびし》の三大財閥などがあったが、第二次世界大戦後にGHQによって、独占禁止法などの法律をつくって解体された。

さいはっけん【再発見】〈名・する〉それまでとはちがった見かた・考えかたによって、そのもののなかに別の側面やねうちをみいだすこと。例歴史再発見。

さいはて【最果て】〈名〉中央部から遠くはなれていて、そこから先は行くところもない、さびしいところ。例最果ての地。最果ての町。類いやはて。

サイバネティックス〈名〉第二次世界大戦後のアメリカでうまれた新しい総合科学。人間と機械の自動制御《せいぎょ》や通信のシステムをさまざまな角度から比較《ひかく》研究し、人工頭脳の実現をめざす。◇cybernetics

さいばら【催馬▽楽】〈名〉平安時代に民謡《みんよう》が、雅

木下順庵(じゅんあん)(1621～98)　5代将軍徳川綱吉に仕えた朱子学者。門人に新井白石・室鳩巣がいる。

楽《がく》に取り入れられたもの。

1さいはん【再犯】〈名〉以前罪をおかした者が、ふたたび罪をおかすこと。参考 法律上は、釈放《しゃくほう》後五年以内に罪をおかすこと。対 初犯。

2さいはん【再販】〈名〉❶追加製造による、再販売。例 再販がかかる。❷「再販売価格維持契約《いじけいやく》」の略。生産者が商品の卸値《おろしね》や小売《こうり》価格を指定する契約。独占禁止法の特例として、新聞などの著作物や、化粧《けしょう》品、医薬品の一部についてみとめられている。例 再販制度。

さいばん【裁判】〈名・する〉あらそいやうったえを受けて、裁判官が法律にもとづいて判断をくだすこと。例 裁判にかける。裁判にもちこむ。裁判であらそう。公正な裁判。裁判沙汰《ざた》。類 裁《さば》き。審判《しんぱん》。

さいばんいん【裁判員】〈名〉重大な刑事事件の裁判に参加し、裁判官とともに審理《しんり》にかかわる一般《いっぱん》の人。例 裁判員制度。裁判員裁判。参考 裁判所ごとに、選挙権のある人から抽選《ちゅうせん》で候補者をえらぶ。

さいばんかん【裁判官】〈名〉裁判所において、裁判をすることができる国家公務員。

さいばんざた【裁判沙汰】〈名〉争いごとが当事者のあいだだけでなく、裁判による争いになること。例 裁判沙汰になる。

さいばんしょ【裁判所】〈名〉裁判をするための役所。日本には、最高裁判所・高等裁判所・地方裁判所・簡易裁判所・家庭裁判所の五種類がある。

1さいひ【採否】〈名〉議案や人材など、何かの候補となっているものを採用するかしないか、ということ。例 採否をきめる。類 取捨《しゅしゃ》。

2さいひ【歳費】〈名〉国会議員に支給される一年間の手当。

さいひょう【砕氷】〈名・する〉氷をくだくこと。くだいた氷。参考 海面にはった氷をくだいて進む砕氷船・砕氷艦《かん》は、流氷観光や南極観測に使われる。

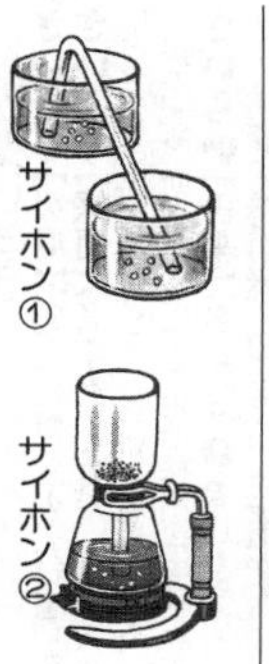

サイホン①

サイホン②

［サイホン］

さいふ【財布】〈名〉布やかわでつくった、お金を入れる小さな入れもの。類 がまぐち。札《さつ》入れ。

財布の底《そこ》をはたく 持っているお金をすっかり使ってしまう。

財布の紐《ひも》を締《し》める むだづかいをしないように、お金の使い方をひかえめにする。対 財布の紐をゆるめる。類 財布の口を締める。

さいぶ【細部】〈名〉こまかいところ。例 問題点を細部にわたって検討した。類 委細。子細。

さいぶん【細分】〈名・する〉こまかく分けること。対 大別《たいべつ》。類 細別。

さいべつ【細別】〈名・する〉こまかく分けること。対 大別《たいべつ》。類 細分。

表現 「専門分野が細分化される」のように、「細分化」の形で使うことが多い。

1さいへん【再編】〈名・する〉いちどつくったまとまりを組みかえて、あらたにつくりなおすこと。例 チームを再編する。組織を再編する。類 再編成。

2さいへん【細片】〈名〉こまかいかけら。類 破片。

さいへんせい【再編成】〈名・する〉すでに組みたてられている組織を、もういちど組みかえること。類 再編。

さいほ【採捕】〈名・する〉自然の中の生き物を、採取《さいしゅ》・捕獲《ほかく》すること。例 採捕量。

1さいほう【西方】〈名〉❶西のほう。「せいほう」より古い言いかた。❷〔仏教〕「西方浄土《じょうど》」の略。

2さいほう【再訪】〈名・する〉再びそこをおとずれること。

3さいほう【裁縫】〈名・する〉布地をたちきって、衣服などにぬいあげること。例 裁縫箱。類 針仕事。ぬいもの。仕立て。

さいぼう【細胞】〈名〉〔生物〕生物を組みたてている基本の単位。一つの核《かく》をもった原形質のかたまり。大きさは一《ミリメートル》の百分の一程度のものが多い。

ざいほう【財宝】〈名〉たくさんの財産やたからもの。類 たから。宝物《ほうもつ》。

さいほうじょうど【西方浄土】〈名〉〔仏教〕あみだ仏がすむといわれる、西のほうにある極楽《ごくらく》世界。

さいぼうそしき【細胞組織】〈名〉〔生物〕細胞が集まってできている組織。

さいぼうぶんれつ【細胞分裂】〈名・する〉〔生物〕一個の細胞が二個以上の細胞にわかれること。もとの細胞とまったく同じ二個の細胞ができる体細胞分裂や、精子や卵子《らんし》ができる減数分裂などがある。

サイボーグ〈名〉電子技術を活用した人工臓器をうめこむことにより、人間以上の能力をそなえ、宇宙や水中で活動できるように考えられた、架空《かくう》の人造人間。◇cyborg

サイホン〈名〉❶液体を高いところから低いところにうつすのに使う、まがったくだ。❷コーヒーをわかす道具の一つ。▽「サイフォン」ともいう。絵 ◇siphon

さいまつ【歳末】〈名〉年の終わりのころ。例 歳末大売り出し。類 歳暮《せいぼ》。年末。節季。

さいみつ【細密】〈形動〉こまかくてくわしい。例 細密画。類 緻密《ちみつ》。精密。

さいみつが【細密画】〈名〉非常にこまかい部分まで、ていねいにかきこんだ絵。

さいみん【催眠】〈名〉ねむたくさせること。例 催眠剤《ざい》。催眠術。催眠療法《りょうほう》。

さいみんじゅつ【催眠術】〈名〉暗示をかけて、相手を半分ねむっているような状態にするわざ。術をかけられた人は、かけた人の命令にしたがうようになる。心理療法《りょうほう》などに応用される。

さいむ【債務】〈名〉借りている金銭や物品などを返さなければいけない法律上の義務。例 債務者。対 債権。

ざいむ【財務】〈名〉財政についての事務。

さいむしゃ【債務者】〈名〉債務を負っているがわの人。対 債権者。

ざいむしょう【財務省】〈名〉中央官庁の一つ。予算や税金、為替《かわせ》の安定などの仕事をする。旧大蔵省。

ざいめい【罪名】〈名〉犯《おか》した罪《つみ》の名称《めいしょう》。「…罪《ざい》」。

さいもく【細目】〈名〉こまかな項目。例 細目にわたる。細目をさだめる。対 大綱《たいこう》。

ざいもく【材木】〈名〉家や家具などをつくるための木。例 材木問屋。類 木材。

ざいや【在野】〈名〉❶おおやけの職につかないで、民間にいること。例 在野の賢人《けんじん》。❷政権をとらないで、野

紀貫之(きのつらゆき) (868?～945?) 平安時代の歌人。「古今和歌集」の撰者。「土佐日記」を残した。

党の立場にいること。

さいやく【災厄】〈名〉「災難《さいなん》」のかたい言いかた。

さいよう【採用】〈名・する〉「これだ」と思う人や、案などをえらび出して使うこと。例新人を採用する。意見を採用する。助手に採用する。現地採用。類採択《さいたく》。

さいらい【再来】〈名・する〉❶もういちどやってくること。例ブームの再来。❷ある人の生まれかわりのような人が現れること。例宮本武蔵《みやもとむさし》の再来。

ざいらい【在来】〈名〉今まであったとおり。例在来の手法。在来線。在来種。類従前。従来。

ざいらいせん【在来線】〈名〉鉄道で、同じ区間で新しく設置された路線に対し、もとからある路線。たとえば、東海道新幹線に対する東海道線。

ざいりゅう【在留】〈名・する〉しばらくのあいだ、外国にすむこと。例在留邦人《ほうじん》(=外国にいる日本人)。

さいりよう【再利用】〈名・する〉❶廃棄物《はいきぶつ》を分解した原材料を用いて、新たな製品を作ること。再資源化。リサイクル。❷空びんなどを、廃棄せずにきれいにして、また使うこと。再使用。リユース。

[1]**さいりょう【宰領】**〈名・する〉全体をとりしきること。また、その役目の人。類管理。掌握《しょうあく》。

[2]**さいりょう【裁量】**〈名・する〉その人の判断でものごとをきめて、処理すること。例この問題については、きみの裁量にまかせる。自由裁量。

[3]**さいりょう【最良】**〈形動〉いちばんよい。例最良の方法。対最悪。類最善。→囲み記事23(453ジペー)

ざいりょう【材料】〈名〉物を作る、考える、話をする、文章を書く、などするときの、もとになるもの。例材料を集める。材料を吟味《ぎんみ》する。料理の材料。建築材料。判断材料。類素材。資料。

[サ イ ロ]

ざいりょく【財力】〈名〉人や団体を動かして事業をするだけの資金があること。例財力にものをいわせる。類資力。金力。経済力。

ザイル〈名〉登山のときに身につけて使う、じょうぶなつな。◇《ドイツ》Seil

さいるいガス【催涙ガス】〈名〉毒ガスの一種。涙《なみだ》が止まらず視力がそこなわれる。

さいるいだん【催涙弾】〈名〉催涙ガスを封入《ふうにゅう》した弾丸《だんがん》。爆発《ばくはつ》するとガスがとびちる。

さいれい【祭礼】〈名〉神社などの祭り。

サイレン〈名〉警報のけたたましい音。◇siren

サイレント〈名〉❶音声のない映画。無声映画。❷英語などのつづりの中の、発音しない文字。know の k や、listen の t など。◇silent

サイロ〈名〉冬のあいだ、飼料などをたくわえておくための、円筒《えんとう》状の建物。北海道に多い。絵 ◇silo

[1]**さいろく【再録】**〈名・する〉以前に新聞や雑誌などにのった文章や写真を、もう一度のせること。

[2]**さいろく【採録】**〈名・する〉とりあげて、収録・録画・録音など、さまざまなやりかたで記録すること。例新語を採録した辞書。昔話の採録。

さいわ【再話】〈名〉❶もととなる物語を、読みやすいように書き直した作品。たとえば、『レ・ミゼラブル』に対する『ああ無情』など。❷〈する〉聞くか読むかした話の内容を、思い出しながら書いたり、人に話したりすること。聞き書き。語り直し。英語教育では「リテリング(retelling)」ともいう。例再話作文。

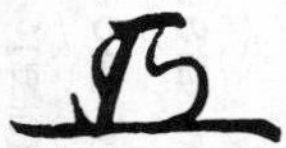

徳川家康

花押(かおう)

ピカソ

サイン

[サ イ ン]

さいわい【幸い】一〈名・形動〉❶しあわせであること。例ご両人に幸いあれ。よい友をもって幸いだ。ご出席いただければ幸いです。類幸福。❷〈する〉ぐあいよくいくこと。いい結果になること。例不幸中の幸い。忘れものが幸いして事故にあわなかった。対わざわい。

二〈副〉うまいぐあいに。例幸い、雨があがった。

表現 二には、「心配していたけれども…」という気持ちがこめられることが多い。

さいわん【才腕】〈名〉仕事をうまく処理するすぐれた能力。例才腕をふるう。

サイン 一〈名・する〉❶署名《しょめい》。例本人のサインと印鑑《いんかん》がいる。❷有名人の自署《じしょ》。例サインをもらう。サイン会。直筆《じきひつ》サイン色紙。絵 二〈名〉❶合図。野球などで、相手チームにわからないように、身ぶりで指示をあたえること。例サインを送る。サインをぬすむ。類シグナル。❷しるし。兆候《ちょうこう》。例天気急変のサイン。◇sign

参考 英語では、一の①は signature といい、②は autograph という。

サウスポー〈名〉野球のピッチャーや、ボクサーなどで、左ききの人。◇southpaw

サウナ〈名〉フィンランド風のむしぶろ。蒸気熱で室内の温度を高め、あせを流す。◇《フィンランド》sauna

サウンド〈名〉音楽の、音《おと》。音響《おんきょう》。◇sound

サウンドトラック〈名〉映画のフィルム上の、音声や音楽を記録するふちの部分。また、それを収録したCDなど。略して「サントラ」ともいう。◇soundtrack

[1]**さえ【▼冴え】**〈名〉❶光や色、音などがすんでいること。例音色《ねいろ》のさえ。❷頭脳のするどい働き。例勘《かん》のさえ。❸うでまえが、たいへんみごとなこと。あざやかさ。例わざのさえを見せる。

[2]**さえ**〈副助〉❶極端《きょくたん》な例をあげて、ましてほかの場合はいうまでもない、という意味を表わす。例はじめての人でさえすぐできるかんたんなことです。類すら。❷同じようなものごとがつけ加わり、いままでよりさらに進んだ状態になる、という意味を表わす。例天気がわるくて視

吉備真備(きびのまきび)(695~775) 奈良時代の学者・政治家。唐に留学。藤原仲麻呂の乱を平定，右大臣となる。

界がよくないのに、きりさえできた。❸「…さえ…ば」の形で、そのものごとが実現すれば、ある結果がでてくる、という意味を表わす。例雨さえあがればすぐに始められるのだがなあ。

さえかえ・る【さえ返る】〘▼冴え返る〙〈動五〉❶寒さが身にしみてきびしくなる。❷寒さがぶりかえす。

表現 とくに、早春の寒さについていうことが多い。

さえき【差益】〈名〉売買の結果や、為替《かわせ》の変動、価格の改定などによって生じた利益。対差損。

さえぎ・る【遮る】〈動五〉❶あいだにじゃまになるものを置いて、むこうがわが見えないようにしたり、むこうがわに行けないようにする。例行く手を遮る。風を遮る。光を遮る。類へだてる。❷相手の話や行動のじゃまをして中途《ちゅうと》でやめさせる。例発言を遮る。仕事を遮る。類さまたげる。

さえざえと〘▼冴え▼冴えと〙〈副・する〉ひじょうに澄《す》み切っているようす。例さえざえとさえわたる秋の月。

表現 多少、冷たい印象をあたえるニュアンスがある。

さえずり〘▼囀り〙〈名〉小鳥がさえずる声。

さえず・る〘▼囀る〙〈動五〉小鳥がつづけざまに鳴く。

表現 (1)子どもが、やかましくしゃべっているのをからかって、「なにをさえずっているんだ」などということがある。
(2)小鳥たちがさえずるのは聞いていても楽しいもの。俳句では「さえずり」が春の季語になっている。

さ・える〘▼冴える〙〈動下一〉❶光や色、音などが、すんでいる。例月光がさえる。色がさえる。❷働きがすばらしく、きわ立ってあざやかである。例頭がさえる。目がさえる。わざがさえる。さえた弁舌《べんぜつ》。対にぶる。❸寒さがあたり一帯にしみとおる。例さえかえる。

表現 みごとな答弁などを聞くと、「さえてる!」と感心したくなる。逆に、「さえない人物」「きょうは頭がさえない」などは、ぱっとしない、はなはだ満足できない状態をいう。

さえわた・る【さえ渡る】〘▼冴え渡る〙〈動五〉見わたすかぎり すみずみまで はっきり見える。例夜空にこうこうとさえ渡る月かげ。

さお〘▼竿・▼棹〙 一〈名〉❶せんたくものをほしたり、つり糸をつけたりするための、ほそ長い棒。例物干しざお。つりざお。さお竹。❷水の底をついて舟《ふね》をすすめる ほそ長い棒。例流れにさおを差す。❸三味線《しゃみせん》の糸をはる ほその長い部分。二〈接尾〉たんす・長持《ながもち》などの家具、ようかんなど棒状の食べもの、三味線を数えることば。

さおさ・す〘▼棹差す〙〈動五〉さおで水の底をついて舟《ふね》をすすめる。→流れにさおさす(「ながれ」の子項目)

さおだけ【さお竹】〘▼竿竹〙〈名〉ものほしざおに使う竹やビニールの棒。

さおとめ【早乙女】〈名〉田植えをする若い女性。

さおばかり〘▼竿▼秤〙〈名〉はかりの一種。めもりのあるさおに支点のひもをつけて、一方のはしにはかりたいものをつるし、その反対がわに、さおが水平になるように分銅《ふんどう》をつけて、重さを知るようにしたもの。→はかり絵

さか[1]【坂】〈名〉❶一方が高くなっていて、そこを行けば、のぼるか、くだるかしなければならない道。例坂をのぼる。坂をくだる。坂をあがる。坂をおりる。急な坂。坂道。上り坂。下り坂。❷斜面《しゃめん》。例公園のちょっと坂になったところ。▽アサカ」

表現 人の一生や仕事などで、あゆみが今までよりきびしくなるころを坂にたとえて、「四十の坂にさしかかる」「仕事の坂をこす」のようにいう。

さか[2]【茶菓】〈名〉客にだす、茶や菓子。「ちゃか」ともいう。例茶菓を供する。アサカ

さが〘▽性〙〈名〉生まれつき身についている性質。

表現 元来、よい意味も悪い意味もないことばだが、とかく、変えたくても変えられないこまった本性という感じで「悲しきさが」「男のさが」などという。

さかあがり【逆上がり】〈名〉頭を下に足を上にし、腹を鉄棒につけ、両うでで上半身を鉄棒に引きよせ、腹を軸《じく》に半回転して上がったのち、体をのばして鉄棒上に静止するわざ。しりあがり。

さかい【境】〈名〉❶別々のものが接するところ。例境を接する。隣国《りんごく》との境。昼と夜との境。生死の境。境目。類境界。❷特別の場所。例幽明《ゆうめい》境を異《こと》にする。

表現 ①は、場所の境界についても、時間や抽象《ちゅうしょう》的なくぎりについてもいう。

さかいめ【境目】〈名〉ちょうど境になったところ。例生きるか死ぬかの境目だ。類境界。せとぎわ。わかれめ。

さかうらみ【逆恨み】〈名・する〉❶こちらが恨みに思っている人から、逆に恨まれること。❷恨まれるいわれのない人を、すじちがいに恨むこと。類片《かた》恨み。

さか・える【栄える】〈動下一〉いきおいが強く、はなやかなありさまになる。対おとろえる。類繁栄《はんえい》する。

さかき〘▼榊〙〈名〉山野に生える常緑小高木。古くから神聖な木とされ、神道《しんとう》の儀式に使われる。→しきみ

さがく【差額】〈名〉さしひきした、のこりの金額。

さかぐら【酒蔵】〈名〉酒をつくったり、貯蔵したりするくら。

さかげ【逆毛】〈名〉❶逆の方向を向いている毛。❷ふくらんだ形にするため、生えている方向とは逆にむかってとかしたかみの毛。例逆毛を立てる。

さかご【逆子】〈名〉赤んぼうが、足のほうから先に生まれること。足から先に生まれた赤子。

さかさ【逆さ】〈名・形動〉方向や順序がふつうと反対であること。例逆さにつるす。逆さまつ毛。類逆《ぎゃく》。あべこべ。逆さま。

さかさことば【逆さ言葉】〈名〉❶意味を反対にしていうことば。「かわいい」を「にくい」というような例。❷ひとつのことばの上下の文字をいれかえて、隠語《いんご》やたわむれとしていうことば。「たね(種)」を「ねた」というような例。

さかさふじ【逆さ富士】〈名〉水面に逆さに映った富士山の影。

さかさま【逆さま】〈名・形動〉ものごとの順序や位置が、ふつうの状態や正しい状態と反対であること。例逆さまになる。逆さまに言う。類逆《ぎゃく》。あべこべ。さかさ。

さかさまつげ【逆さまつげ】〘逆さ▼睫毛〙〈名〉眼球にむかって生え、その先が目の表面を刺激《しげき》するような状態のまつげ。

さがしあ・てる【探し当てる・捜し当てる】〈動下一〉会いたい人、ほしかったもの、なくしたものなどを、さがしまわって見つける。例移転先を探し当てる。所在を探し当てる。類探り当てる。

さがしだ・す【探し出す・捜し出す】〈動五〉さがしている目当てのものを見つけだして手に入れる。例人の居所を探し出す。類探り出す。

さがしもの【探し物・捜し物】〈名〉さがすこと。さがしている物。例探し物をする。探し物が見つかる。

さかしら〘▽賢しら〙〈名・形動〉利口ぶって、出すぎたふるまいをすること。例さかしらをする。

さ

 金日成(キムイルソン) (1912〜94) 朝鮮民主主義人民共和国の最高指導者。1972年以降，国家主席。

さが・す【探す・捜す】〈動五〉ほしいものや、なくしたものを見つけだそうとする。例犯人を捜す。あらを探す。血まなこになって探す。さがし物。類さぐる。
表記「捜す」は特定のものの所在が わからないときに、「探す」は不特定のほしいものを求めるときに使われる。
表現何をさがすか、どこをさがすかにより、「あらさがし」「宝さがし」「人さがし」「家《いえ》さがし」「家《や》さがし」などのことばができる。

さかずき【杯】〖▼盃〗〈名〉酒を飲むための小さな容器。類おちょこ。ちょく。
表現「さかずきをさす」というと、相手のさかずきに酒をつぐこと。その酒を飲みほすことを「さかずきをほす」という。「さかずきを交《か》わす」は、おたがいに酒をつぎ合うこと。

さかだち【逆立ち】〈名・する〉❶両方の手のひらを地面につけて、足を上にして立つこと。類倒立《とうりつ》。❷ものが上下反対になること。類さかさま。
表現「逆立ちしても、かれにはかなわない」などの言いかたで、いくらがんばっても自分にはおよばない、できない、という意味を表わす。

さかだ・つ【逆立つ】〈動五〉横や下にむいているものが、上にむかって立つ。例かみの毛が逆立つ。

さかだ・てる【逆立てる】〈動下一〉逆の方向に立てる。例かみの毛を逆立てる。柳眉《りゅうび》を逆立てる(=美しい女性がおこったようす)。

さかて【逆手】〈名〉鉄棒などのにぎりかたで、手のひらを自分の方に向けてにぎるもの。例逆手車輪。対順手。

逆手に取《と》る 攻撃《こうげき》してきた相手の力を逆に利用して相手を制する。例相手の言い分を逆手にとって反論した。
→ぎゃくて

[1]**さかな【魚】**〈名〉水の中にすみ、えらで呼吸して、ひれと尾《お》で泳ぐ動物をまとめていうことば。類うお。魚類。
表現ふつう一匹《いっぴき》二匹《にひき》と数えるが、食用としては尾が目立つことから一尾《いちび》二尾《にび》と数えることもある。
参考「うお」が本来の名称《めいしょう》だが、「さけ(酒)」を飲むときの「な(菜)(=おかず)」としてよく食べたことから「さかな」と呼ばれるようになり、やがて「うお」より一般《いっぱん》的なことばになった。

[2]**さかな**〖▼肴〗〈名〉酒をのむときに、おかずとしてたべるもの。例酒のさかな。類つまみ。
参考「酒菜《さかな》(=酒のつまみ)」の意味から。
表現「人をさかなにする」というと、その場にいる人たちが知っている人を話題にして、おもしろがることを表わす。

さかなで【逆なで】〖逆▼撫で〗〈名・する〉❶人の顔を手のひらで下から上へなで上げること。❷相手のいやがることをわざとやって相手の気分を害すること。例神経を逆なでする。

ざがね【座金】〈名〉❶ねじをしめるとき、部品の保護やゆるみどめのために、ねじのあたまの下におくうすい金属板。❷家具などの、金具の根もとのところにつける装飾《そうしょく》用の金物《かなもの》。

さかのぼ・る【遡る】〖逆上る・▼溯る〗〈動五〉❶川の流れと逆の方向へすすむ。例川をさかのぼる。❷以前にもどる。ものごとの根本にもどる。例時代をさかのぼる。もとへさかのぼって考える。対くだる。▽類遡行《そこう》する。

さかば【酒場】〈名〉客に酒などを飲ませる店。広く、バー・居酒屋《いざかや》などをまとめていうことば。

さかま・く【逆巻く】〈動五〉はげしい風などで、波がわきあがるようにたつ。例怒濤《どとう》逆巻く大海原《おおうなばら》。類たぎる。

さがみ【▽相▽模】〈名〉旧国名の一つ。現在の神奈川県。源頼朝《みなもとのよりとも》が鎌倉《かまくら》幕府を開いた地。相州《そうしゅう》。例相模湾。相模トラフ。

さかみち【坂道】〈名〉坂になっている道。

さかむけ（方言） ささくれ。西日本で言う。

さかめ【逆目】〈名〉木材の木目《もくめ》と逆の方向のこと。この方向にかんなをかけると、なめらかにならないで、けばだったような状態になる。対まさ目。
参考逆さに剝《む》ける意味の「逆剝け」から。

さかもり【酒盛り】〈名・する〉おおぜいでわいわいさわいで酒を飲むこと。酒飲み会。類酒宴《しゅえん》。

さかや【酒屋】〈名〉❶酒を売る店。❷酒をつくって売るのを仕事にする家。例造り酒屋《ざかや》。

さかやき〖▽月▽代〗〈名〉江戸《えど》時代に、男がひたいから頭の中ほどにかけて髪《かみ》をそったこと。また、その部分。

さかゆめ【逆夢】〈名〉現実は、その夢の内容と反対の結果になる夢。対正夢《まさゆめ》。

さからいがた・い【逆らい難い】〈形〉おさえられない欲望や感情に、身をゆだねてしまいそうだ。

さから・う【逆らう】〈動五〉❶ものごとの流れとは反対の方向にむかってすすもうとする。例風に逆らう。運命に逆らう。時代に逆らう。❷親や目上の人などに、反抗《はんこう》する。例父に逆らう。類たてつく。はむかう。そむく。▽対従う。

さかり【盛り】〈名〉いきおいがもっともいい時期。例盛りをすぎる。花の盛り。暑い盛り。公園の桜は いまが盛りだ。男盛り。働き盛り。類最盛《さいせい》期。全盛。ピーク。

盛りがつく 動物が発情して異性を求める。

さがり【下がり】〈名〉❶下の方へ低くなっていくこと。例下がり藤《ふじ》。値《ね》下がり。対上がり。❷「昼」や、昔の時刻を示す語について、その時を少し過ぎた時。例昼下がり。七つさがり(=午後四時すぎごろ)。❸力士が、まわしの前に下げる ひものようなもの。例下がりをさばく。❹⇩おさがり②

さかりば【盛り場】〈名〉都会で、娯楽《ごらく》場や酒場などが たくさんあって、夜おそくまで にぎわうところ。例盛り場をうろつく。類歓楽街。

さが・る【下がる】〈動五〉❶低い方へ位置がうつる。例右肩が下がる。ズボンが下がる。対上がる。類下りる。❷上部が固定されたものが、上の方から下にたれる。例つららが下がる。たれ下がる。ぶら下がる。❸いままでよりも下の等級や段階になる。例地位が下がる。成績が下がる。価値が下がる。対上がる。類落ちる。❹いきおいや量などが、それまでよりも低い状態になる。例物価が下がる。湿度《しつど》が下がる。対上がる。類落ちる。❺後方に移動する。例一歩下がる。白線の内がわに下がる。対進む。出る。類しりぞく。❻目上の人のところから帰る。例御前《ごぜん》を下がる。もう下がってよい。対上がる。類しりぞく。
表現「頭が下がる」は①に属するが、「尊敬の気持ちがおこる」の意味にもなる。「目じりが下がる」も①だが、「だらしないほど満足している」意味にもなる。

[1]**さかん【盛ん】**〈形動〉❶いきおいがよい。元気がある。例老いて ますます盛んだ。❷熱心に行なわれている。例盛んな拍手《はくしゅ》。類隆盛《りゅうせい》。

[2]**さかん【左官】**〈名〉かべぬりの仕事をする人。

さがん[1]【左岸】〈名〉川の左がわの岸。例 左岸に船をつける。対 右岸。ア **サガン**

参考 川の左岸右岸は、言う人が上流下流のどちらを向いているかによってちがうが、登山などでは、下流にむかって左がわを左岸、右がわを右岸とする。

さがん[2]【砂岩】〈名〉〔地学〕堆積《たいせき》岩の一つ。砂つぶが海底につもって、地熱や上からの圧力でかたまってできた岩石。建築材料などに使う。ア **サ**ガン

さき[1]【先】〈名〉❶ほそ長いものの、いちばんはしの部分。例 先のとがった物。さおの先。舌の先。先っぽ。先っちょ。手先。指先。ペン先。対 もと。類 先端《せんたん》。突端《とったん》。すえ。❷順序が前であること。例 先をあらそう。先にたつ。先に帰る。どうぞお先に。まっ先。対 あと。類 先頭。トップ。❸すすんでいく前の方。すすんでいく目的のところ。例 先をこす。この先は行きどまりだ。先まわり。行く先。送り先。勤め先。対 うしろ。類 前方。行く手。❹つづいているものごとや時間の経過の中で、これからはじまる部分。例 先をよむ。先が思いやられる。その先を話してくれ。お先まっくら。類 前途《ぜんと》。今後。❺ある時を基準にして、それより以前の時。例 先に予告したとおり。対 あと。類 以前。まえ。❻話や交渉《こうしょう》の相手。例 先のつごうにあわせる。先様《さきさま》。類 先方《せんぽう》。▽ア **サキ**

表現 (1)「さっき」は、⑤の意味が副詞となったもの。
(2)「一寸《いっすん》先は闇《やみ》」の「先」は、とりあえず③の意味でいい、実際は④の意味がはたらく。

先に立《た》つ すすんでいくものの、先頭に位置する。

先を争《あらそ》う 人より前に出ようと、きそいあう。例 先を争って買いもとめる。

先を越《こ》される 自分がしたいと思っていたことを相手に先にされてしまう。注意 もともとは「先《せん》を越す」だったが、しだいに「さきを越す」になり、とくに受け身の場合は、ほとんど「さきを越される」になった。

先を読《よ》む これからあとのなりゆきを予測する。

さき[2]【崎】〈名〉❶ほそ長く海中につき出た陸地。類 みさき。❷山や丘《おか》のつきでているところ。例 山崎。▽ア サ**キ**

表現 「崎」は「御前崎《おまえざき》」のように地名の一部として使うが、「みさき」とちがって、単独ではあまり使わない。

【崎】山部8 全11画

さき 教 小4

崎崎崎崎崎

さき[3]【左記】〈名〉たて書きの文章で、そこよりうしろに書きしるしたこと。対 右記。類 以下。ア **サ**キ

表現 横書きの文章では、「下記」という。

さぎ[1]〖▼鷺〗〈名〉水鳥の一種。ツルに似《に》て、くちばしや首、足が長く、頭にかんむりのような毛がある。シラサギ・ゴイサギなど、種類が多い。ア **サギ** サギ

さぎ[2]【詐欺】〈名〉他人をだまして、お金や物をとったり、損害をあたえたりすること。例 詐欺をはたらく。詐欺にあう。詐欺師。類 ぺてん。ア **サ**ギ

さきおくり【先送り】〈名・する〉解決や処理をしなければならないことを先にのばすこと。例 問題を先送り(に)する。対 前倒《まえだお》し。参考 対義語が「前倒し」なので、その逆で「後ろ倒し」ともいうようになった。

さきおととい〈名〉おとといの前の日。さきおとつい。

さきおととし〈名〉おととしの前の年。

さきがけ【先駆け】〖▼魁〗〈名〉❶〈する〉敵の陣地《じんち》にまっ先にせめこむこと。また、その人。❷ものごとがはじまるときに、その先頭をきるもの。例 春のさきがけ。類 はしり。

さきが・ける【先駆ける】〈動下一〉他のだれよりも早くものごとを始める。例 他校に先駆けてボランティア活動をはじめる。

さきこぼ・れる【咲きこぼれる】〖咲き▼溢れる〗〈動下一〉花がえだからこぼれおちそうな感じで、いっぱい咲く。例 ふじの花が咲きこぼれる。類 咲きみだれる。

さきごろ【先頃】〈副〉「このあいだ」の、少しあらたまった言いかた。例 先頃お目にかかりました山田です。類 先般《せんぱん》。先日。過日《かじつ》。せんだって。

さきざき【先先】〈名・副〉これから先。例 からだがこう弱くては、先々のことが心配だ。希望者は先々へるだろう。類 将来。前途《ぜんと》。

表現 (1)この先この先と続く感じを表わした重ねことば。
(2)「行く先々でことわられた」は、行ったところのどこでも、という意味。

さぎし【詐欺師】〈名〉詐欺をはたらく者。類 ぺてん師。

サキソホン〈名〉⇩サクソフォーン

さきだ・つ【先立つ】〈動五〉❶あるものごとの前に、ほかのことが行なわれる。例 開幕に先立って前夜祭が行なわれた。❷先に死ぬ。例 親に先立つ。

表現 「先立つものは金《かね》だ」という言いまわしでは、なによりもまず必要となる、という意味になる。また、金ということを言わずに「先立つものがない」などともいう。

さきどり【先取り】〈名・する〉❶あとで受け取るべきものを、前もって受け取ること。例 利息の先取り。❷将来を見とおして、うまくいくだろうと思われることを、人よりも先にすること。例 時代を先取りする。結論を先取りして言うと…。類 先んじる。

さきにお・う【咲き匂う】〈動五〉花が、いいにおいをさせながら、きれいに咲く。

さきのこ・る【咲き残る】〈動五〉❶ほかの花が散ったあとまで咲いている。❷ほかの花が咲いても、まだ咲かないでいる。

さきばし・る【先走る】〈動五〉人より先になろうとして、かってな行動をする。→おさきばしり

さきばらい【先払い】[一]〈名・する〉ふつうはあとで支払《しはら》う代金や給料を、前もって支払うこと。例 代金を先払いする。対 あと払い。類 前払い。[二]〈名〉送料を、受け取るがわに支払わせること。着払い。向こう払い。対 元払い。

さきぶれ【先触れ】〈名〉なにかがおこる前に、それがおこることを予感させるような、小さなできごと。例 春の先触れ。類 前兆。前触れ。

さきほこ・る【咲き誇る】〈動五〉花が他のものを圧倒《あっとう》するかのように、いっぱいに咲く。

さきぼそり【先細り】〈名・する〉商売のもうけや仕事のいきおいなどが、先にすすむにつれて、おとろえたり少なくなったりすること。対 末広がり。類 下り坂。じり貧。しりつぼみ。しり下がり。

さきほど【先程】〈副〉「さっき」の、あらたまった言いかた。例 先程お電話いたしました鈴木です。対 後《のち》程。類 先刻。いましがた。

さきまわり【先回り】〈名・する〉❶相手が行くより先に目的地につくこと。例 先回りして待ちぶせる。❷相手のしようと思っていることを見ぬいて先にやってしまう。

459 キャロル（1832〜98） イギリスの童話作家。「ふしぎの国のアリス」「鏡の国のアリス」などで有名。

例 ぼくの話を先回りして言うなよ。類 出しぬく。

さきみだ・れる【咲き乱れる】〈動下一〉たくさんの花が、あふれんばかりに咲く。類 咲きこぼれる。

さきもの【先物】〈名〉「先物取引《とりひき》」で売買《ばいばい》されるもの。例 先物に手を出す。対 現物《げんぶつ》。直物《じきもの》。↓さきものとりひき

表現 売買する単位を、一枚二枚と数える。

さきものがい【先物買い】〈名〉そのもののほんとうの価値がまだわからないうちに、先の利益を予想して手に入れておくこと。

さきものとりひき【先物取引】〈名〉〔経済〕売買する価格と数量を現時点できめておき、品物・代金の受けわたしは将来の一定の期日に行なう取引。農産物や繊維《せんい》、ゴム、貴金属など、相場が変動するものを対象とする。買うがわにとっては、将来その品物の相場が上がれば得をし、下がれば損をすることになる。対 現物《げんぶつ》取引。

さきもり【▽防▽人】〈名〉〔歴史〕奈良《なら》時代のころ、九州を守るためにつかわされた兵士。三年交代で、多くは東国の農民があてられた。『万葉集』の防人の歌で有名。

さきゅう【砂丘】〈名〉風にふきよせられた砂や小石などでできたおか。海岸や砂漠《さばく》に多い。類 すなやま。

さきゆき【先行き】〈名〉ものごとがすすんでいく、これから先のみとおし。例 景気の先行きが不安だ。類 前途《ぜんと》。将来。行く末。行く先。

さぎょう【作業】〈名・する〉からだをうごかして、実際に仕事をすること。そのようにしてする仕事。例 作業にとりかかる。作業をはじめる。作業員。作業場。単純作業。農作業。

ざきょう【座興】〈名〉❶宴会《えんかい》の席などで、おもしろさをそえるためにする遊びや芸当。類 余興。❷その場をおもしろくするために、ふざけ半分で言ったりしたりすること。例 あれはほんの座興で言ったまでだ。類 冗談《じょうだん》。

さぎょうへんかくかつよう【サ行変格活用】〈名〉〔文法〕動詞の活用の種類の一つ。活用語尾《ごび》が、サ行の「さ」「し」「す」「せ」の四段にわたって活用する。もともとは「する」一語だけだが、ほかの語とむすびついて、「出発する」「リードする」など、多くの複合語をつくる。サ変。↓巻末の「動詞の活用」

さきよみ【先読み】〈名・する〉自分に有利になるように、先手を打ってものごとを予測すること。

さきわたし【先渡し】〈名・する〉❶代金を受けとる前に品物を渡すこと。例 商品先渡し。対 先ばらい。❷給料や代金を先にしはらうこと。▽類 前渡し。

さきん【砂金】〈名〉川底や海底などでとれる、砂のような金のつぶ。「しゃきん」ともいう。

さきん・じる【先んじる】〈動上一〉ものごとを人よりも先に行なう。「さきんずる」ともいう。類 先手《せんて》をうつ。先取《さきど》りする。

さきん・ずる【先んずる】〈動サ変〉さきんじる。

先んずれば人《ひと》を制《せい》す 人より先にものごとを行なえば、万事《ばんじ》有利になり、相手に勝つことができる。類 先手必勝。

常用漢字 **さく**

【作】 イ部5 全7画 作作作作作作
サク・サ つくる 教小2 音❶［サク］◩作成《さくせい》。作為《さくい》。作者《さくしゃ》。作文《さくぶん》。作物《さくもつ》。◪創作《そうさく》。著作《ちょさく》。豊作《ほうさく》。二毛作《にもうさく》。❷［サ］◩作業《さぎょう》。作動《さどう》。作法《さほう》。作用《さよう》。◪動作《どうさ》。発作《ほっさ》。訓［つくる］作る。作り上げる。作り話。作り笑い。

【削】 リ部7 全9画 削削削削削
サク けずる 音［サク］◩削減《さくげん》。削除《さくじょ》。◪添削《てんさく》。開削《かいさく》。掘削《くっさく》。訓［けずる］削る。削り取る。削り節。鉛筆削り。

【昨】 日部5 全9画 昨昨昨昨昨昨
サク 教小4 音［サク］◩昨日《さくじつ》。昨夜《さくや》。昨年《さくねん》。昨秋《さくしゅう》。昨今《さっこん》。◪一昨日《いっさくじつ》。
注意 「昨日」は、「きのう」とも読む。

【柵】 木部5 全9画 柵柵柵柵柵
サク 音［サク］◪鉄柵《てっさく》。木柵《もくさく》。

【索】 糸部4 全10画 索索索索索
サク 音［サク］◩索引《さくいん》。索然《さくぜん》。索漠《さくばく》。◪思索《しさく》。捜索《そうさく》。検索《けんさく》。模索《もさく》。

【策】 竹部6 全12画 策策策策策
サク 教小6 音［サク］◩策略《さくりゃく》。策動《さくどう》。策謀《さくぼう》。策士《さくし》。◪政策《せいさく》。対策《たいさく》。打開策《だかいさく》。

【酢】 酉部5 全12画 酢酢酢酢酢
サク す 音［サク］◩酢酸《さくさん》。訓［す］酢。酢の物。酢飯。

【搾】 扌部10 全13画 搾搾搾搾搾
サク しぼる 音［サク］◩搾取《さくしゅ》。搾乳《さくにゅう》。◪圧搾《あっさく》。訓［しぼる］搾る。乳《ちち》搾り。

【錯】 金部8 全16画 錯錯錯錯錯
サク 音［サク］◩錯誤《さくご》。錯覚《さっかく》。◪交錯《こうさく》。

1 **さ・く【咲く】**〈動五〉花のつぼみがひらく。ア サク

【咲】 口部6 全9画 咲咲咲咲咲
さく 訓［さく］咲く。遅《おそ》咲き。早咲き。咲き誇《ほこ》る。咲き乱《みだ》れる。

2 **さ・く【裂く・割く】**〈動五〉❶［裂く］切ったり、ひっぱったりして、二つにわける。例 紙を裂く。魚の腹を裂く。なま木を裂くように二人の仲を裂く。❷［割く］あるものの一部を切りはなして、ほかに回す。例 時間を割く。紙面を割く。領土を割く。▽ア サク

3 **さく【作】** 一〈名・接尾〉作品。また、作品を数えることば。例 会心の作。芭蕉《ばしょう》の作。自信作。失敗作。代表作。優秀作。最終選考《せんこう》に三作を残す。二〈名〉農作物のできぐあい。例 作がいい。類 作柄《さくがら》。収穫《しゅうかく》量。▽ア サク

参考 アクセントは、一は「サク」とも、二は「サク」ともいう。

4 **さく【柵】**〈名〉人や動物がとおれないように、間隔《かんかく》をおいて支柱をたて、横木などをわたしてつくるさかい。例 柵をめぐらす。柵をこえる。類 塀《へい》。ア サク

5 **さく【策】**〈名〉あることを実際に処理していくための計画や、実行の方法。例 策をねる。策をめぐらす。策を講じる。策をほどこす。最善の策。具体策。解決策。打開策。

類対策。ア「サクサク」→さくする

策に溺《おぼ》れる 策略ばかり考えて大事な根本をわすれてしまい、計画がだめになる。

策を弄《ろう》する いろいろとはかりごとをめぐらす。

1 **さくい【作意】**〈名〉❶芸術作品にこめられた作者の意図。❷たくらみ。例作意がある。

2 **さくい【作為】**〈名・する〉❶よく見せようとして、わざわざしくんだり手を入れたりすること。例作為がめだつ。作為のあとが見える。作為的。対無作為。無為。❷〔法律〕自分からすすんでしたこと。例作為犯。

3 **さくい（方言）** 人なつこい。気さくな。群馬で言う。

さくいてき【作為的】〈形動〉わざとそうしたように見える。例作為的な犯行。

さくいん【索引】〈名〉書物に書いてある事項《じこう》や人名、語句などをとりだして、五十音順などのたどりやすい順序にならべ、それらが本文のどこに出ているかを示した一覧表。インデックス。例索引をひく。

さくがら【作柄】〈名〉農作物のできぐあい。例作柄がいい。類作。

さくげん【削減】〈名・する〉もとの数量や金額などをけずって、少なくすること。例予算を削減する。

さくご【錯誤】〈名〉❶あやまり。❷考えていることと、事実とが一致《いっち》しないこと。例時代錯誤。

1 **さくさく**〈副〉❶〈する〉野菜などを切ったり、食べ物をかんだりするときの軽い感じの音のようす。例さくさくした歯ごたえ。❷雪や霜《しも》をふんで歩くときの音のようす。例さくさくと霜柱をふむ。❸仕事や操作がかろやかにすすむようす。例パソコンがさくさくと動く。▽アサクサク

2 **さくさく【▼嘖▼嘖】**〈副・連体〉くちぐちにほめそやすようす。例名声さくさくとあがる。さくさくたる評判。アサクサク 参考「嘖」は声がうるさいこと。

ざくざく〈副〉❶じゃりや霜柱《しもばしら》などの上を歩くときにでる音のようす。❷野菜などを大きめにいきおいよく切るときの音のようす。類ざっくり。❸財宝がいっぱいあるようす。❹〈する〉布地の織りかたがあらいようす。類ざっくり。❺〈する〉スナック菓子などをかむときの食感や音のようす。

さくさん【酢酸】【▼醋酸】〈名〉〔化学〕鼻をつくようなにおいと、すっぱい味がある液体。酢《す》のおもな成分。

1 **さくし【作詞】**〈名・する〉歌詞をつくること。例作詞家。アサクシ

2 **さくし【作詩】**〈名・する〉詩をつくること。アサクシ

3 **さくし【策士】**〈名〉はかりごとにたくみな人。アサクシ

表現 いい意味で使うこともあるが、「あいつは策士だからゆだんがならない」などと、わるい意味で使うことが多い。

策士策《さく》におぼれる 策士は、あまりにはかりごとを使いすぎるために、かえって失敗したりする。

さくじつ【昨日】〈名〉「きのう」の、あらたまった言いかた。対明日《みょうにち》。

さくしゃ【作者】〈名〉ある作品をつくった人。例物語の作者。作者のねらい。類著作者。著者。→ちょしゃ 表現

さくしゅ【搾取】〈名・する〉資本家や地主などが、労働者や農民に働いた分だけの報酬《ほうしゅう》をはらわず、利益をしぼりとること。例中間搾取。類すいあげる。

さくじょ【削除】〈名・する〉文章や名簿《めいぼ》などの中の一部分をとりのぞくこと。類抹消《まっしょう》。カット。

さくず【作図】〈名・する〉❶設計図などをえがくこと。類図面引き。❷〔数学〕あたえられた条件をみたす図形を、コンパスや定規を使ってえがくこと。

さく・する【策する】〈動サ変〉はかりごとをめぐらす。例勢力挽回《ばんかい》をひそかに策する。類たくらむ。

さくせい【作成・作製】〈名・する〉❶［作成］議案や文書、計画などをつくること。例報告書を作成する。❷［作製］具体的なものをつくること。例ブロンズ像を作製する。類製作。製造。

サクセスストーリー〈名〉人が成功をおさめるまでの、物語のようないきさつ。成功物語。成功譚《たん》。◇success story

さくせん【作戦】〈名〉❶試合やたたかいで、敵に勝つために前もって考えておくたたかいかた。例作戦をたてる。作戦をねる。作戦が図にあたる。❷軍隊がある期間にわたって、計画的に行なうたたかい。▽類戦術。戦略。

さくぜん【索然】〈副・連体〉おもしろみも興味もない、索漠《さくばく》としたようす。例索然とした風景。索然たる性格。

さくそう【錯▼綜】〈名・する〉ものごとが複雑に入りまじること。例利害関係が錯綜する。類交錯。

サクソフォーン〈名〉木管楽器の一つ。以前は木製、現在は金属でつくられる。やわらかい音色とゆたかな音量をだし、ジャズや吹奏《すいそう》楽に使う。「サキソホン」ともいう。サックス。◇saxophone

さくちゅう【作中】〈名〉小説などの作品のなか。例作中人物（＝登場人物）。

さくづけ【作付け】〈名・する〉田畑に農作物をうえつけること。例作付面積。

さくてい【策定】〈名・する〉方針をたてて、政策・計画などをきめること。例予算案の策定。

さくどう【策動】〈名・する〉よからぬ計画をたて、ひそかにうごきまわること。例党の分断を策動する。策動家。類暗躍《あんやく》。画策。

さくにゅう【搾乳】〈名・する〉牛乳や母乳をしぼりとること。

さくねん【昨年】〈名〉「きょねん」の、あらたまった言いかた。対来年。明年。類旧年。

さくばく【索漠】〈副・連体〉心がみたされないで、なんとなくさびしい。例索漠たる気持ち。索漠とした思い。類寂漠《せきばく》。

表現「索漠」は、心がみたされていない方に重点があり、「寂漠」は、さびしさの方に重点がある。

さくばん【昨晩】〈名〉「ゆうべ」の、あらたまった言いかた。対明晩。類昨夜。昨夕。

さくひん【作品】〈名〉絵・彫刻《ちょうこく》・詩・小説・音楽などのつくりあげられたもの。例文学作品。

さくひんせかい【作品世界】〈名〉文学作品や芸術作品に表現されている、ある作家や作品の独自の世界。

1 **さくふう【作風】**〈名〉作品ににじみでる作者特有の個性。例作風が変化する。

2 **さくふう【▼朔風】**〈名〉「きたかぜ」の文学的な言いかた。対凱風《がいふう》。

さくぶん【作文】〈名・する〉❶文章をつくること。また、その文章。例英作文。❷もっともらしく形だけはととのっているが、なかみがない文章。例役人の作文。

表現 国語の学習では、体験や考えを文章にすることを意味し、外国語の学習では、文法に合った文をつくること

(英語ではコンポジションともいう)を意味する。

さくぼう【策謀】〈名・する〉ひそかにしくんで、相手をだまそうとするたくらみ。例策謀をめぐらす。類策略。悪だくみ。陰謀《いんぼう》。はかりごと。計略。

さくもつ【作物】〈名〉田やはたけでつくる、穀物《こくもつ》や野菜。例農作物。主要作物。

さくもん【作問】〈名・する〉試験問題や練習問題を作ること。例入試の作問委員会。

さくや【昨夜】〈名〉「ゆうべ」の、ややあらたまった言いかた。対明夜。類昨晩。昨夕。

さくゆう【昨夕】〈名〉「ゆうべ」の、あらたまった言いかた。類昨晩。昨夜。

[1]さくら【桜】〈名〉山野に自生し、また、植樹される落葉高木。木いっぱいにさく白やもも色の花は、春のシンボルとして日本人に古くから親しまれ、単に花といえばふつうサクラをさした。日本の国花とされる。ソメイヨシノやサトザクラなど種類が多い。例桜ふぶき。桜前線。

[2]さくら〈名〉❶客になりすまして商品を買ってみせ、客に買う気をおこさせる売り手の仲間。❷演説会場などで、聴衆《ちょうしゅう》にまじって拍手《はくしゅ》をしたりする演説者の仲間。
表記「サクラ」とかたかなで書くことが多い。

さくらがい【桜貝】〈名〉二枚貝の一種。あさい海の砂底にすむ。貝がらは二―《センチメートル》ほどでうすく、うつくしいもも色をしている。

さくらがり【桜狩り】〈名〉桜の花見に出かけること。

さくらぜんせん【桜前線】〈名〉サクラが同じ日に花をひらく地点をむすんだ線。例桜前線が北上する。

さくらそう【桜草】〈名〉山野に生え、また、庭などにうえる草花。多年草。春、サクラに似た小さな花がかたまってさく。

さくらにく【桜肉】〈名〉(桜色をしているところから)ウマの肉。馬肉。

さくらふぶき【桜吹雪】〈名〉桜の花びらが吹雪のようにさかんに散っていくこと。花吹雪。

さくらもち【桜餅】〈名〉和菓子《わがし》の一種。小麦粉でつくった桜色の皮であんをつつみ、塩づけのサクラの葉でまいたもの。サクラのかおりがし、いかにも春を感じさせる菓子。

さくらゆ【桜湯】〈名〉塩づけにしたサクラの花に湯をそそいでつくる飲みもの。祝いごとの席などで出す。

さくらん【錯乱】〈名・する〉気持ちや考えが乱れに乱れて、わけがわからなくなること。例錯乱状態。精神錯乱。類狂乱《きょうらん》。混乱。

さくらんぼ『桜ん▽坊』〈名〉❶果実の一種。「桜桃《おうとう》」の実。直径一―《センチメートル》ほどの大きさで、色は、赤や赤むらさき。初夏に熟し、食用とする。山形県でとくに多くとれる。❷サクラの実をまとめていうことば。

さぐり【探り】〈名〉こっそりとようすや事情を知ろうとすること。例探りを入れる。

さぐりあ・てる【探り当てる】〈動下一〉❶手足でさぐって、さがし出す。例手探りで探り当てる。❷うまくさがし出す。例隠れ家を探り当てる。類探り出す。かぎ当てる。つきとめる。

さぐりだ・す【探り出す】〈動五〉調べたりして知る。例秘密情報を探り出す。

さくりゃく【策略】〈名〉相手をだまして目的を達するためのはかりごと。例策略を用いる。まんまと策略にはまる。類計略。謀略《ぼうりゃく》。策謀。陰謀《いんぼう》。

さぐ・る【探る】〈動五〉❶直接目に見えないものを、手や足でさがす。例ポケットを探る。類さがす。❷相手に気づかれないように、そのようすや事情をしらべる。例秘密を探る。ようすを探る。探るような目。相手の腹を探る。類スパイする。❸まだ知らないものごとや、見たことのない土地を、たずねる。例秘境を探る。類探検する。

さくれつ【▼炸裂】〈名・する〉砲弾《ほうだん》や爆弾《ばくだん》が、物に当たって破裂すること。
表現「怒《いか》りが炸裂する」「ギャグが炸裂する」「ギターが炸裂する」のような使いかたもある。

ざくろ『▽石▼榴・▼柘▼榴』〈名〉落葉高木の一つ。秋、だいだい色のまるい実がなり、さけて、赤やうすいべに色のたねがたくさん現れる。たねは、あまずっぱい水分にとんだ肉につつまれている。食用。

ざくろいし【ざくろ石】『▽石▼榴石』〈名〉赤や緑、黒などの色をした宝石。一月の誕生《たんじょう》石。ガーネット。

[1]さけ【酒】〈名〉アルコール分をふくんだ飲みもの。とくに、日本酒のことをいう。日本では二十歳《さい》になるまで禁じられている。例酒を酌《く》み交わす。酒が入る。酒が回る。酒が強い(弱い)。酒に酔《よ》う。酒にのまれる。酒の勢い。強い酒。からい酒。酒ぐせ。酒飲み。聞き酒。白酒。アサケ
表現酒樽《さかだる》に入った酒は一樽《ひとたる》二樽《ふたたる》、グラスや杯《さかずき》についだ酒は一杯《いっぱい》二杯《にはい》と数える。「一杯どうですか」は酒を飲みに行こうと誘うことば、「一献《いっこん》差し上げたい」は、あらたまったようすで酒の席に招《まね》くことば。
参考「酒盛《さかも》り」「酒樽《さかだる》」「酒代《さかだい》」のように、ほかのことばにつくと、「さけ」が「さか」になることがある。

酒に飲《の》まれる 酒を飲みすぎて、酔《よ》いつぶれたり理性を失ったりする。

酒は百薬《ひゃくやく》の長《ちょう》 酒は、適度にのむなら、どんな薬よりも健康によい、ということ。

[2]さけ『▼鮭』〈名〉北の海にすむ魚。全長一―《メートル》ちかくになる。川でうまれて海にくだる。産卵《さんらん》の時期には、うまれた川にもどるといわれる。新巻《あらまき》きや薫製《くんせい》などにし、たまごはすじこやイクラにしてたべる。「しゃけ」ともいう。サーモン。アサケ
表現ふつう一匹《いっぴき》二匹《にひき》と数える。食用として、新巻《あらまき》きは一本二本、切り身は一切れ二切れと数える。

さげ【下げ】〈名〉❶下げること。例下げ幅《はば》。値下げ。対上げ。❷落語のしめくくりになる、おもしろい結びのことば。類おち。

さけかす【酒かす】『酒▼粕』〈名〉清酒をしぼりとった残りのもの。かすづけやかすじるなどに使う。かす。

さけくせ【酒癖】〈名〉酒に酔《よ》ったときにでるくせ。さけぐせ。例酒癖が悪い。

さげしお【下げ潮】〈名〉沖《おき》のほうへひいていく潮。対上げ潮。差し潮。満ち潮。類引き潮。

さげす・む【蔑む】〈動五〉相手を自分よりひどくおとったものとみたり、ばかにしたりする。例さげすむような目つき。類見くだす。見さげる。おとしめる。いやしめる。軽蔑《けいべつ》する。蔑視《べっし》する。

さけどころ【酒所】〈名〉うまい日本酒の生産で有名な場所。兵庫県の灘《なだ》、京都市の伏見《ふしみ》など。

さけのみ【酒飲み】〈名〉❶酒がすきで、よくのむ人。類上戸《じょうご》。❷酒をのむこと。例酒飲みの相手をする。
▽ア①サケノミ ②サケノミ

さげはば【下げ幅】〈名〉株価や賃金などの、下がった金額と、もとの金額との差。対上げ幅。

さけ・ぶ【叫ぶ】〈動五〉❶大声をだす。類どなる。わめく。❷世間に対してつよく主張する。例軍備反対を叫ぶ。類うったえる。

さけめ【裂け目】〈名〉さけてやぶれたり、穴があいたりしたところ。例裂け目がはしる。類割れ目。

さ・ける[1]【裂ける】〈動下一〉むりやり切ったり、ひっぱったりしたために、ちぎれたりわれたりする。例服が裂ける。大地が裂ける。口が裂けても言わない。

さ・ける[2]【避ける】〈動下一〉❶接触《せっしょく》したくないものやじゃまなものに近よらないようにする。例風雨を避ける。ラッシュ時を避ける。人目を避ける。避けてとおる。類よける。回避《かいひ》する。❷することをさしひかえる。しないでおく。例直接非難することは避けたい。類遠慮《えんりょ》する。はばかる。

さ・げる[1]【下げる】〈動下一〉❶低い方へ位置をうつす。例位置を下げる。段落の始まりは一字下げる。マイクをもう少し下げてください。対上げる。類おろす。❷上から下にたらす。例風鈴《ふうりん》を下げる。ぶら下げる。❸いままでよりも下の等級や段階にする。例地位を下げる。程度を下げる。対上げる。類落とす。❹いきおい・量・ねうちなどを低くする。例ねだんを下げる。温度を下げる。男を下げる。対上げる。類落とす。❺後方に移動させる。例机の位置をすこし下げる。❻その場から、ほかのところへかたづける。例食べ終わった皿《さら》を下げる。

表現 「頭を下げる」は①に属するが、「尊敬の気持ちをこめてあいさつする」の意味でも使う。「目じりを下げる」も①に属するが、「にこにこ笑ってよろこぶ」の意味にもなる。

さ・げる[2]【提げる】〈動下一〉下にたらすようにして持つ。例かばんを手に提げる。手提げかばん。

さげわた・す【下げ渡す】〈動五〉官庁から民間へものをあたえたり、売ったりする。目上の人から目下の者へものをゆずる。類払《はら》い下げる。

さげん【左舷】〈名〉船の中から見て、船首にむかって左がわの部分。対右舷。

ざこ【雑魚】〈名〉❶小さな とるにたりない魚。❷よくない連中のうちの、下っぱの者。類小物。

雑魚の魚《とと》まじり 名もない小魚が大魚のなかにまじっているように、力のない者が強い者のなかにまじったり、地位の低い者が地位の高い人々とつきあっていたりすること。

ざこう【座高】〈名〉背すじをまっすぐにのばして いすにこしかけたときの、いすの面から頭の上までの高さ。

さこうべん【左顧右▼眄】〈名・する〉⇩うこさべん

さこく【鎖国】〈名・する〉❶外国との取り引きや交通を禁止すること。❷〔歴史〕オランダや中国などをのぞき、外国との貿易や海外への渡航を禁じた、江戸《えど》幕府の政策の通称《つうしょう》。一六三九年から、日米和親《わしん》条約が結ばれた一八五四年まで続いた。▽対開国。

さこつ【鎖骨】〈名〉肩《かた》をささえている骨。胸の上の方にあり、胸とうでの骨をつないでいる。

ざこつ【座骨】〈名〉骨盤《こつばん》の一部をかたちづくっている骨。背骨の下がわに一対《いっつい》ある。例座骨神経痛。

ざこね【雑魚寝】〈名・する〉男女をとわず、おおぜいの人が同じへやに寝ること。例山小屋でざこ寝する。

ささ【▼笹】〈名〉タケの中で、たけの高くならないものをまとめていうことば。クマザサやチマキザサなど、種類が多い。例ささぶね。

ささい【▼些細】〈形動〉小さくて、つまらない。例ささいなことまで気にやむ。類些末《さまつ》。とるにたりない。

ささえ【支え】〈名〉支えること。支えるもの。例支えをうしなう。心の支え。類支柱。

さざえ〖▽栄▼螺〗〈名〉巻き貝の一種。岩の多い海にいる。殻《から》はげんこつに似《に》た形で、かたいふたがある。つぼ焼きなどにして食べる。

ささ・える【支える】〈動下一〉❶わきから力をそえて、たおれないようにしてやる。もちこたえさせる。例つえでからだを支える。類支持《しじ》する。サポートする。❷いまの状態をなんとかもちこたえさせる。例家計を支える。一家を支える。類維持《いじ》する。❸なんとかふせぎとめる。例攻撃《こうげき》を支える。敵を支える。

ささかざり【▼笹飾り】〈名〉七夕《たなばた》用に、ササに短冊《たんざく》や飾りをぶら下げたもの。

ささくれ〈名〉つめの生えぎわの皮膚《ひふ》が、指のつけ根の方向に細くめくれ上がること。例ささくれができる。

ささくれだ・つ【ささくれ立つ】〈動五〉ものの表面があれて、とげとげになる。

ささく・れる〈動下一〉❶先がこまかくさける。例竹刀《しない》がささくれる。ささくれだつ。❷つめの生えぎわの皮膚《ひふ》が、指のつけ根の方向に細くめくれ上がる。❸気持ちがあれてくしゃくしゃする。例神経がささくれる。類すさむ。

ささげ〖▽大▽角▽豆〗〈名〉つる草の一種。一年草。さやは一〇《センチメートル》ほど。若いさやを食べたり、熟したまめを赤飯にたきこんだりする。あんや菓子《かし》の原料にもする。ささぎ。

ささ・げる〖▼捧げる〗〈動下一〉❶両手に持って、目より上へ高くさし上げる。例トロフィーを捧げる。捧げ持つ。類かかげる。❷自分が信じているものに、物・心・からだなど、自分のもっているなにかをさしだす。例愛を捧げる。一生を捧げる。神に捧げる。

ささつ【査察】〈名・する〉ものごとが規定どおりに行なわれているかどうかを調べること。例国税局の査察をうける。

さざなみ【さざ波】〖▽小波・▼漣〗〈名〉水面にこまかにたつ波。「さざなみ」ともいう。

表現 とくに「さざ波が立つ」の形で、心の小さな動揺《どうよう》や、ものごとの不穏《ふおん》な きざしのたとえとしても使う。

ささぶね【ささ舟】〖▼笹舟〗〈名〉ささの葉を折ってつくった舟。例ささ舟がさらさらと小川を流れる。

ささみ〖▼笹身〗〈名〉ニワトリの胸のあたりからとった、脂肪《しぼう》のすくないやわらかい肉。

ささむら〖▼笹▼叢〗〈名〉ささのしげった草むら。

さざめき〈名〉明るくにぎやかな音や話し声。詩的な言いかた。さんざめき。例遠く祭りのさざめきが聞こえる。

さざめ・く〈動五〉あかるくにぎやかな音や話し声をたてる。例笑いさざめく。

ささめゆき【ささめ雪】〖▽細雪〗〈名〉こまかに、また、まばらに降る雪。「さざめゆき」ともいう。類小雪。

ささやか〈形動〉規模が小さい。おおげさでなくつつましい。例ささやかな暮らし。

表現 「ささやかなパーティーを開きますので、お出かけください」「ささやかなものですが、お受けとりください」などのように、自分の方ですることを謙遜《けんそん》していうときにも使う。相手側のことについていっては、失礼になる。

ささやき〖▼囁き〗〈名〉ささやく声。例愛のささやき。風のささやき。

ささや・く〖▼囁く〗〈動五〉❶声をひそめて、そっとことばをかける。例耳もとでささやく。❷ひそかにうわさする。例社長の引退がささやかれている。

 キング（1929～68） アメリカの牧師・黒人解放運動の指導者。非暴力主義の立場で成果をあげた。

ささらほーさら（方言） めちゃくちゃだ。埼玉・山梨などで言う。

ささ・る【刺さる】〈動五〉❶先のとがったものが、なにかにつきたつ。例とげが刺さる。胸に刺さる（→「むね〔胸〕」の子項目）。❷「胸に刺さる」や「心に刺さる」を略した、くだけた言いかた。例歌詞が刺さった。

さざれいし【さざれ石】〈名〉小さな石。小石。

さざんか【▽山▽茶花】〈名〉山地に生え、また、庭にもうえる常緑小高木。晩秋から初冬にかけて、赤や白のツバキに似た花がさく。

参考 もとは「さんざか」と言って、それが変化した形。

さし[1]【差し】 一〈名〉❶「差し向かい」「一対一」のくだけた言いかた。「サシ」とも書く。例差しで飲む。差しで話す。サシで勝負する。類対座。❷［サシ］霜降《しもふ》り肉にさしているこまかな脂肪《しぼう》。

二〈接頭〉動詞の上につけて、その動詞の意味をはっきりさせたり、ていねいにしたり、ことばの調子をととのえたりする。例差し上げる。差し出す。

さし[2]（方言） 動詞の連用形につけて、「…している途中《とちゅう》でやめたまま」という意味を表わす。…かけ。西日本で言う。例読みさしの本。弁当を食べさしにする。

参考 古語の接尾語「止《さ》す」の連用形から。

さじ[1]【▼匙】〈名〉液体や粉末などをすくいとる小さな道具。例さじ加減。茶さじ。類スプーン。

さじを投《な》げる もうだめだとあきらめて手をひく。

由来 医薬分業でなかった昔、医者が、治療《ちりょう》をあきらめて薬の調合用のさじを投げたということから。

さじ[2]【▼些事】〈名〉とるにたらない小さなこと。類小事。

ざし【座視】〈名・する〉そばにいても見ているだけで、なにもしないこと。例窮状《きゅうじょう》を座視するにしのびない。類傍観《ぼうかん》。黙視《もくし》。

さしあ・げる【差し上げる】 一〈動下一〉❶手に持って、上にあげる。例高く差し上げる。類かかげる。❷「やる」「与える」の謙譲《けんじょう》語。例これを あなたに差し上げましょう。対いただく。

二〈補動下一〉「（…て）あげる」の謙譲語。目上の人や尊敬する人のためになにかをしてあげるときに使う。例肩《かた》をたたいてさしあげましょう。対いただく。くださる。

さしあし【差し足】〈名〉音をたてないように、そっとつま先をおろして歩くこと。例ぬき足差し足しのび足。

さしあたり【差し当たり】〈副〉将来のことは別として、今のところ。「さしあたって」ともいう。例差し当たり必要なものをそろえる。類さしずめ。当面。当座。

さしいれ【差し入れ】〈名・する〉❶刑務所《けいむしょ》や留置場に入っている人に、食物や日用品などをとどけること。また、その品物。❷閉じこもって仕事をしている人をはげますために、食物などをとどけること。また、その品物。

さしい・れる【差し入れる】〈動下一〉❶ものの中やすきまに、つきさすように入れる。❷差し入れをする。

さしえ【挿し絵】〈名〉読者の理解をたすけ、また、興味をひきつけるために、新聞や雑誌、本などの文章のあいだに入れる絵。類挿画《そうが》。イラスト。

サジェスチョン〈名〉❶提案。❷暗示。示唆《しさ》。ほのめかし。◇suggestion

さしお・く【差し置く】〈動五〉本来、その仕事や役割にあたるべき人やものごとを無視する。例なにを差し置いても、この仕事をかたづけなければならない。

さしおさえ【差し押さえ】〈名〉〔法律〕期限をすぎても税金や借金のしはらいをしないとき、国の力によって、その人が自分の家や持ちものなどを自由に使ったり売ったりできなくすること。

さしおさ・える【差し押さえる】〈動下一〉さしおさえをする。例自宅を差し押さえられる。

さしおり（方言） とりあえず。熊本で言う。さしより。例さしおりビールば持ってきて。

参考 方言だと気づいていない人が多い。

さしか・える【差し替える】〈動下一〉❶ほかの物と入れ替える。取り替える。例資料を一部差し替える。❷傘《かさ》などを取り替えて差す。

さしかか・る【差し掛かる】〈動五〉❶そのあたりに近づく。例峠《とうげ》に差し掛かる。❷ちょうどその時期や状態になりかかる。例山場に差し掛かる。

さじかげん【さじ加減】【▼匙加減】〈名〉❶くすりの調合の程度。例さじ加減をあやまる。❷うまくいくように、あつかいかたを特別に調節すること。例さじ加減ひとつできまる。さじ加減がむずかしい。類手加減。手心。

さしがね【差し金】〈名〉❶大工《だいく》などが使う、「L」の形の金属製のものさし。かねじゃく。絵 ❷かげで人をそそのかして、あやつること。例だれのさしがねだ、白状しろ。

由来 ②はもと、歌舞伎《かぶき》や人形浄瑠璃《じょうるり》で、小道具や人形を動かした細い さおのこと。

さしき【挿し木】〈名・する〉植物をふやす方法の一つ。切りとった茎《くき》や枝《えだ》を地面にさして、根を出させる。

さじき【桟敷】〈名〉一段高いところに板をしいて、見物客をすわらせるようにしたところ。すもうや芝居《しばい》、祭りの見物のときなどに使う。

ざしき【座敷】〈名〉たたみをしいた へや。例座敷に上がる。類和室。日本間。

表現 ⑴客間についていうことが多い。
⑵「お座敷がかかる」というと、とくに芸人や芸者などが宴会《えんかい》の席によばれるという意味になる。

ざしきわらし【座敷わらし】【座敷▽童】〈名〉旧家の奥座敷にあらわれるという、子どものすがたをした精霊《せいれい》。東北地方に伝わる俗信《ぞくしん》。

さしぐ・む【差しぐむ】【差し▽含む】〈動五〉なみだがわいて出てくる。なみだぐむ。

さしこ【刺し子】〈名〉二枚かさねあわせた綿布全体を、こまかく刺しぬいしたもの。模様の美しさから手芸品に、じょうぶさから柔道《じゅうどう》着や仕事着などに使われる。

さしこみ【差し込み】〈名〉❶おなかが急にはげしく痛むこと。例差し込みが起こる。❷さしこむもの。さしこむところ。とくに電気のプラグやコンセント。

さしこ・む【差し込む】〈動五〉❶太陽の光が入りこむ。例朝日が差し込む。❷すきまや穴にすっとつっこむ。例プラグをコンセントに差し込む。類さし入れる。❸胃や腸が急にはげしくいたむ。

表記 ①は、「▽射し込む」と書かれることもある。

さしさわり【差し障り】〈名〉つごうがわるいこと。例差し障りがある。類さしつかえ。支障。あたりさわり。

さししめ・す【指し示す】〈動五〉その方向になにか

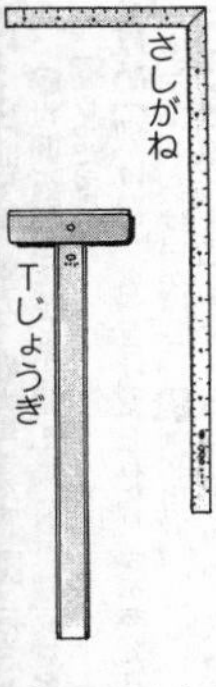

［さしがね］

金田一(きんだいち)京助 (1882～1971) 言語学者・国語学者。アイヌ語・アイヌ文学の研究で多くの業績を残す。

あることを指などで知らせる。例 ことばが指し示す事物。

さしず【指図】〈名・する〉「ああしろ、こうしろ」「こんなふうにやれ」などと言って、指示したり命令したりすること。また、その命令。例 指図をうける。類 指示。指令。

さしずめ〔差し詰め〕〈副〉❶結論的に言えば。つまるところ。例 動物にたとえれば、きみはさしずめ古だぬきだ。類 つまるところ。❷いまのところ。例 金については、さしずめ心配はないだろう。類 さしあたり。とりあえず。当面。当座。

さしせま・る【差し迫る】〈動五〉期限や行事などが、目前に近づく。例 差し迫った用事。事態が差し迫る。類 切迫《せっぱく》する。

さしだしにん【差出人】〈名〉郵便物や宅配便を発送するほうの人。例 差出人不明。対 受取《うけとり》人。

さしだ・す【差し出す】〈動五〉❶相手の前へ出す。例 お金を差し出す。手を差し出す。❷必要なものをきちんとそろえるなどして相手にわたす。例 書類を差し出す。うやうやしく差し出す。

さしたる〈連体〉「たいした」「それほどの」の意味の、かたい言いかた。例 さしたる問題はない。

さしちがえ【差し違え】〈名〉相撲《すもう》で、行司《ぎょうじ》が判定を誤《あやま》って、本当は負けていたほうに軍配《ぐんばい》を上げること。

さしちが・える【刺し違える】〈動下一〉たがいに刀で相手のからだを刺し合う。

表現「さしちがえになる」は、両者の争いがおたがい同じくらいの損害を受けて終わること。「さしちがえる覚悟《かくご》である」は自分も大損害を受けるつもりで相手にあたること。正当に戦って自分より強い相手をたおすには、それしか方法がないからである。

さしつかえ【差し支え】〈名〉ものごとをするのにさまたげとなるもの。例 差し支えがない。類 さしさわり。さわり。支障。

さしつかえな・い【差し支えない】〈形〉「かまわない」のややあらたまった言いかた。例 お客様がいついらしても差し支えないように用意してください。

さしつか・える【差し支える】〈動下一〉ふつごうが生じる。さしさわりがある。例 仕事に差し支える。類 支障をきたす。

さして[1]【指し手】〈名〉❶将棋《しょうぎ》で、こまを進めたり置いたりする方法。例 指し手に窮《きゅう》する。❷将棋をさす人。▽ア サシテ

さして[2]【差し手】〈名〉すもうなどで、相手とからだを組んだときに、相手のわきの下に手をさし入れること。また、その手。「さしで」ともいう。例 差し手争い。ア サシテ

さして[3]〈副〉（あとに打ち消しのことばをともなって）「それほど…ない」「たいして…ない」という意味を表わす。やや古風な言いかた。例 さしてあわてることもない。ア サシテ

さしでがまし・い【差し出がましい】〈形〉でしゃばっていてよけいなことだ。例 差し出がましいことを言うな。類 出すぎた。おこがましい。

さしでぐち【差し出口】〈名〉でしゃばって言う、よけいなことば。例 いらぬ差し出口をする。類 横やり。ちょっかい。口出し。

さしと・める【差し止める】〈動下一〉他人がなにかをしようとするのを、圧力を加えるなどしてやめさせる。例 出入りを差し止める。記事を差し止める。差し止めを食う。類 禁止する。

さしぬき【指▽貫】〈名〉むかし、男子が衣冠《いかん》や直衣《のうし》、狩衣《かりぎぬ》を着たときにはいたはかまの一種。

さしの・べる【差し伸べる・差し延べる】〈動下一〉❶ある方へのばして出す。例 首を差しのべる。❷（「…の手を差しのべる」の形で）助力する。例 救いの手を差しのべる。

さしはさ・む【差し挟む】〈動五〉❶他人の話などをさえぎって、ちがったことを言ったりする。例 口を差し挟む。類 入れる。❷うたがいや不満を心のなかにもつ。例 疑念を差し挟む。

さしひか・える【差し控える】〈動下一〉なにかへの配慮《はいりょ》や遠慮によって、それをするのをやめておく。例 外出を差し控える。立場上、コメントは差し控えます。類 控える。見あわせる。

さしひき【差し引き】〈名・する〉❶もとの数や量から、ある数や量を引いてへらすこと。例 差し引き五万円の損。差し引き勘定《かんじょう》。❷潮がみちたり、ひいたりすること。類 満ち干《ひ》。

さしひ・く【差し引く】〈動五〉もとの数や量から、ある数や量を引いてへらす。例 給料から差し引く。

さしみ【刺身】〈名〉新鮮《しんせん》な魚や肉などをうすく切って、なまのまましょうゆなどをつけて食べる料理。例 いかの刺身。刺身のつま。刺身包丁。

刺身のつま ❶刺身にそえる海藻《かいそう》や細切りのダイコンなど。❷引き立て役。そえもの。

さしみず【差し水】〈名・する〉水をつぎたすこと。つぎたす水。

さしむかい【差し向かい】〈名〉ふたりがたがいにむかいあってすわること。略して「さし」ともいう。例 差し向かいにすわる。類 対座。向かいあわせ。

さしむ・ける【差し向ける】〈動下一〉人にいいつけてある場所に行かせる。例 車を差し向ける。使いを差し向ける。類 派遣《はけん》する。つかわす。

さしも〈副〉あれほど。あんなにも。例 さしも栄えた町も地震《じしん》で廃墟《はいきょ》となった。さしものかれもダウンした。

表現 やや古い言いかた。否定的な言い回しのなかで使う。

さしもど・す【差し戻す】〈動五〉❶やりなおしをさせるために、もとにかえす。例 書類を差し戻す。❷〔法律〕上級裁判所が下級の裁判所の判決を否定して、裁判をやりなおさせる。例 地裁に差し戻す。

さしもの【指物】〈名〉くぎを使わずに、板を組み合わせて作る家具や器具。その伝統工芸。例 指物師。

さしゅ【詐取】〈名・する〉お金やものをだましとること。

さしゅう【査収】〈名・する〉送られてきたものを、たしかにこれだ、まちがいない、と確認して受け入れること。

表現 役所などで、人に送ったものについて「どうかご査収ください」のように使う。

さしょう[1]【査証】〈名〉「ビザ」のこと。

さしょう[2]【詐称】〈名・する〉名前や住所、年齢《ねんれい》や職業などをいつわって言うこと。例 学歴詐称。

さしょう[3]【▼些少】〈形動〉数や量がほんのわずかである。

表現「些少の品ですが、お受けとりください」などのように、自分がさし出すものを謙遜《けんそん》して、あらたまった調子で言うときに使う。

ざしょう[1]【挫傷】〈名・する〉ぶつかったり、ころんだりして、皮膚《ひふ》内部の組織が傷つくこと。例 脳挫傷。類 打ち身。打撲《だぼく》傷。

ざしょう[2]【座礁】〈名・する〉船が暗礁《あんしょう》にのりあげる

こと。

さじょう(砂上)のろうかく(楼閣)（どんなりっぱな建物でも砂の上に建てたのでは、すぐくずれて使いものにならないことから)案だけ見ていればりっぱに見えるが現実性がまったくない考えをいう。類空中楼閣《くうちゅうろうかく》。

さしわたし【差し渡し】〈名〉直径《ちょっけい》。

さじん【砂▼塵】〈名〉砂ぼこりや砂けむり。例砂塵をまきあげてすすむ。

[1]さす【砂州】〘砂▼洲〙〈名〉水流や風で運ばれてきた土砂《どしゃ》が、海岸や河口《かこう》に細長い形に積もったもの。

[2]さ・す【刺す】〈動五〉❶先のとがったするどいものを、つきたてる。例針を刺す。刀で刺す。はちに刺される。❷刺激《しげき》をあたえる。例鼻を刺す いやなにおい。❸野球で、アウトにする。例ランナーを刺す。❹裁縫《さいほう》で、針でぬう。例ぞうきんを刺す。

[3]さ・す【指す】〈動五〉❶ゆびや時計の針などが、方向や場所をしめす。例集合場所を指して出発する。時計の針が十時を指す。指《ゆび》さす。指ししめす。❷何について言っているのかを示す。例あの話は暗にきみをさして言ったものだよ。❸授業などで、先生が生徒を指名する。あてる。例授業中に何度も指された。❹将棋《しょうぎ》をする。例将棋をさす。

[4]さ・す【差す・挿す】〘▽射す〙〈動五〉❶[差す・射す]光が当たる。例西日がさす。❷[差す] それまでなかった現象が、自然な感じで現れる。例赤みが差す。かげが差す。潮が差す。いやけが差す(＝やるのがちょっといやになる)。魔《ま》が差す(＝心の中に魔物が入ったように、ふと よくない気持ちがおこる)。❸[差す] 液体を、うつわや ほかの液体に 入れる。例水をさす(→「みず〔水〕」の子項目)。類つぐ。そそぐ。❹[差す] あらたに加える。例紅《べに》をさす。❺[差す] 手に持って頭上に かざす。例傘《かさ》を差す。❻[差す・挿す] あいだにさしこむ。例錠《じょう》を差す。(相撲《すもう》で)右をさして いっきに寄る。

表現 ③は、「目薬をさす」のようにも使う。「さかずきをさす」といえば、相手のさかずきに酒をみたす意味になる。

表記 ③と④は、「水を注す」「紅を注す」のように「▽注す」と書かれることもある。

方言 和歌山では、「手袋《てぶくろ》をはめる」の意味でも使う。

差しつ差されつ 酒を、ついだりつがれたり。

ざす【座主】〈名〉寺の責任をもつ僧《そう》。とくに、延暦《えんりゃく》寺の座主をさすことがある。類管長。貫主《かんじゅ》。

さすが〘▽流▽石〙〈副〉❶予想されていたとおり。評判どおり。例さすがだ。さすがチャンピオンだけあって、強かった。❷それだけは別だと思っていたものの、やはり。例いくらずうずうしいぼくでも、さすがにそれだけは言いだせなかった。

表現 ①は、感心したり、よい意味でおどろいたりする気持ちをこめて使う。「さすがのチャンピオンも年にはかてなかった」のように、「さすがの」という形で名詞を修飾《しゅうしょく》することもある。このときは、②の意味で使う。

さずか・る【授かる】〈動五〉たいせつなものをあたえられる。例子を授かる。類たまわる。うける。

さすけね（方言） 気にしなくてよい。だいじょうぶ。東北地方南部で、心配そうにたずねられたときに「なあに、さすけね、さすけね」のように使う。

さず・ける【授ける】〈動下一〉目上の人が目下の者へだいじなものをあたえる。例賞を授ける。位を授ける。

参考「差しつかえない」が変化した形。

サステナビリティー〈名〉自然環境や、さまざまな問題をかかえている人類の、持続《じぞく》可能性。「サステイナビリティー」ともいう。◇sustainability

サステナブル〈形動〉持続《じぞく》可能である。自然環境や社会を持ちこたえさせることができる。「サステイナブル」ともいう。◇sustainable

サスペンション〈名〉自動車などで、車体とタイヤの間にとりつけ、路面からの衝撃《しょうげき》や振動《しんどう》を吸収する装置《そうち》。◇suspension

サスペンス〈名〉次がどうなるかと気がかりで、そこからぬけ出せなくなるような、ドラマや小説のすじのはこび。例サスペンスドラマ。◇suspense

サスペンダー〈名〉❶ズボンつり。❷靴下《くつした》どめ。ガーター。◇suspenders

さすまた〘刺股・刺又・刺▼叉〙〈名〉江戸《えど》時代に、犯罪人をつかまえるために使った道具。長い棒のさきにU字形の金具がついたもの。→じって 絵

さすらい〈名〉さすらうこと。例さすらいの旅に出る。類放浪《ほうろう》。流浪《るろう》。漂泊《ひょうはく》。

さすら・う〈動五〉あてもなく、さまよい歩く。例夜の町をひとりさすらう。類放浪する。流浪《るろう》する。漂泊《ひょうはく》する。

さす・る〘▽擦る〙〈動五〉手のひらをあて、やさしくこする。例腰《こし》をさする。類なでる。

ざ・する【座する】〈動サ変〉❶すわる。❷何もしないでいる。例座して食らえば山もむなし(＝働かずに消費だけすれば、どんな財産もたちまちなくなる)。

ざせき【座席】〈名〉こしかける場所。類席。シート。

表現 乗り物や劇場などの席をいうことが多い。

させつ【左折】〈名・する〉自動車などで左へまがること。例信号を左折する。対右折。

ざせつ【挫折】〈名・する〉途中《とちゅう》でくじけて、だめになること。例計画が挫折する。何度も挫折を味わう。いちど挫折したことに再挑戦《さいちょうせん》する。挫折感。類蹉跌《さてつ》。頓挫《とんざ》。

[1]さ・せる〈動下一〉❶人に、それをすることを強《し》いる。❷人がそれをすることを、ゆるす。例妹に料理の手伝いをさせる。例子どもに一人で旅行をさせる。好きなようにさせておこう。▽類やらせる。

[2]させる〈助動〉❶他のものにあることをするように要求して、実行を強《し》いる。例ボールを遠くへ投げさせる。❷他のものに、あることをするのを許したり、するのにまかせたりする。例試験をうけたいと言うので、うけさせた。❸ある状態をひきおこす。例仕事のあとの一杯《いっぱい》のコーヒーは、つかれを忘れさせてくれる。

接続 上一段活用、下一段活用、およびカ行変格活用の動詞の未然形につく。五段活用とサ行変格活用の動詞につくのは「せる」。→せる〈助動〉

させん【左遷】〈名・する〉人を今までより低い地位に移すこと。例地方の支店に左遷される。対栄転。昇進《しょうしん》。類降格。格下げ。

ざぜん【座禅・▼坐禅】〈名〉〔仏教〕禅宗《ぜんしゅう》で重視する修行《しゅぎょう》。背すじをのばして足を組んですわり、精神を集中して、雑念をなくすこと。例座禅をくむ。類禅。

参考 集中できなくなって姿勢《しせい》をくずすと、「警策《けいさく》」という板《いた》状の棒《ぼう》で肩《かた》をたたかれる。

さぞ〈副〉相手のことや、まだ経験したことのないことなどを、「きっと…だろう」とおしはかるときに使う。どんなにか…

だろう。例 ヒマラヤの山やまのながめは さぞ 雄大《ゆうだい》なことでしょう。類 さぞかし。さぞや。

さそい【誘い】〈名〉 さそうこと。例 誘いに乗る。誘いをかける。類 いざない。

さそいこ・む【誘い込む】〈動五〉 さそって、中にひきいれる。例 悪の道に誘い込む。

さそいだ・す【誘い出す】〈動五〉 ❶さそって、外出させる。例 散歩に誘い出す。類 連れ出す。おびき出す。❷うまくしむける。例 おもしろい話を誘い出す。

さそいみず【誘い水】〈名〉 動きのないところに動きをおこす、最初のきっかけをあたえるもの。類 呼び水。
由来 もともとは、井戸のポンプから水がでないとき、水をみちびくために上からそそぎこむ水のこと。

さそ・う【誘う】〈動五〉 ❶いっしょに、どこかに行こう、なにかをしようと呼びかける。例 人を誘う。スキーに誘う。類 いざなう。❷ある気分や動作がおこるようにみちびく。例 同情を誘う。なみだを誘う。類 そそる。

ざそう【挫創】〈名〉〔医学〕 鈍器《どんき》で打たれたり、かたいものにぶつかったりしてできるきず。参考 厳密には、内臓や組織などの皮膚《ひふ》の内側のきずをさすが、皮膚の表面に負った「裂創《れっそう》」も含めてさすことが多い。

ざぞう【座像】〖▼坐像〗〈名〉 すわっているすがたの、仏像などの像。対 立像。

さぞかし〈副〉 「さぞ」を強めた言いかた。例 あの時は、さぞかしおこまりだったでしょう。類 さぞや。さだめし。

さぞや〈副〉 「さぞ」の、気持ちをいっそうこめた言いかた。例 初孫はさぞやかわいかろう。類 さぞかし。

さそり〖▼蠍〗〈名〉 はげしい毒をもつ節足動物の一種。熱帯から亜《あ》熱帯にかけてすむ。体長六～一〇《センチメートル》ぐらい。八本の足と二本のはさみがあり、尾《お》のさきに強い毒をふくんだ針がある。種類が多く、日本には八重山《やえやま》や小笠原《おがさわら》諸島にいる。

さそりざ【さそり座】〖▼蠍座〗〈名〉〔天文〕 代表的な夏の星座。夕がた、南の空に見える。一等星アンタレスは、赤くてよくめだつ。

さた【沙汰】〈名〉 ❶〈する〉 処置をきめ、結果を通達すること。古風な言いかた。例 沙汰があるまで待つ。追って沙汰する。類 お達し。命令。❷今どうなっているのか、ということについての情報。例 なんの沙汰もない。音沙汰。ご無《ぶ》沙汰。取り沙汰。類 消息。❸話題になるような行ない。例 正気の沙汰。警察沙汰。

沙汰の限《かぎ》り あまりひどくて、ことばで言いようがないこと。類 もってのほか。言語《ごんご》道断。

さだいじん【左大臣】〈名〉〔歴史〕 日本古代の律令《りつりょう》制度で、太政官《だじょうかん》の長官である太政大臣の次の位の大臣。

さだか【定か】〈形動〉 はっきりしている。たしかである。例 安危のほどは定かでない。

ざたく【座卓】〈名〉 畳《たたみ》や床《ゆか》にすわって使う机。類 すわり机。

さだま・る【定まる】〈動五〉 ❶うごかぬ事実となる。例 定まった方法。運命が定まる。気持ちが定まらない。類 決定する。決まる。❷あれていたものが、静かになる。例 天下が定まる。天候が定まる。類 安定する。

さだめ【定め】〈名〉 ❶とりきめたこと。例 国の定め。類 規則。とりきめ。❷世のなりゆき。例 これも定めとあきらめよう。類 因縁《いんねん》。運命。❸一定していて、かわらないこと。例 定めなき世。

さだめし〖定めし〗〈副〉 「きっと…だろう」「まちがいなく…だ」という気持ちを表わす。さだめて。例 さだめし痛かったろうに、声ひとつたてなかった。類 さぞかし。

さだめて〖定めて〗〈副〉 ⇩さだめし(前項)

さだ・める【定める】〈動下一〉 ❶ものごとをきちんときめて、うごかないものにする。例 法律を定める。ねらいを定める。❷あれていたものを、静める。例 世を定める。天下を定める。

さたやみ【沙汰やみ】〖沙汰▽止み〗〈名〉 予定・計画・うわさなどがなくなること。例 さたやみになる。

サタン〈名〉 「悪魔《あくま》」「魔王」のこと。◇Satan

ざだん【座談】〈名・する〉 とくにしかるべき知識や経験を持った人が、何人かで、すわって話しあうこと。例 座談会。参考 三人の場合は「鼎談《ていだん》」ともいう。

ざだんかい【座談会】〈名〉 何人かの人があるテーマのもとに、自由に話しあう会。例 文学賞選考座談会。

さち【幸】〈名〉 ❶山や海でとれたもの。例 山の幸。海の幸。❷「しあわせ」の古風な言いかた。例 新婚《しんこん》の二人に幸多かれといのる。幸薄《うす》い(=薄幸《はっこう》な)生涯《しょうがい》。

ざちょう【座長】〈名〉 ❶座談会や懇談《こんだん》会などで議事の進行をうけもつ役。類 議長。❷芝居《しばい》などの、一座の中心になる人。類 座頭《ざがしら》。→ぎちょう 表現

常用漢字 さつ

【冊】 冂部3 全5画
サツ・サク 教小6 音 ❶[サツ] ▨冊子《さっし》。▨別冊《べっさつ》。分冊《ぶんさつ》。一冊《いっさつ》。数冊《すうさつ》。❷[サク] ▨短冊《たんざく》。

【札】 木部1 全5画
サツ ふだ 教小4 音[サツ] ▨札入《さつい》れ。札束《さつたば》。▨表札《ひょうさつ》。千円札《せんえんさつ》。改札《かいさつ》。出札《しゅっさつ》。入札《にゅうさつ》。落札《らくさつ》。訓[ふだ] 札。名札。値札。

【刷】 刂部6 全8画
サツ する 教小4 音[サツ] ▨刷新《さっしん》。▨印刷《いんさつ》。増刷《ぞうさつ》。訓[する] 刷る。色刷り。試し刷り。

【刹】 刂部6 全8画
サツ・セツ 音 ❶[サツ] ▨古刹《こさつ》。名刹《めいさつ》。❷[セツ] ▨刹那《せつな》。

【拶】 扌部6 全9画
サツ 音[サツ] ▨挨拶《あいさつ》。

【殺(殺)】 殳部6 全10画
サツ・サイ・セツ ころす 教小5 音 ❶[サツ] ▨殺人《さつじん》。殺害《さつがい》。殺到《さっとう》。殺伐《さつばつ》。殺風景《さっぷうけい》。▨暗殺《あんさつ》。忙殺《ぼうさつ》。黙殺《もくさつ》。❷[サイ] ▨相殺《そうさい》。減殺《げんさい》。❸[セツ] ▨殺生《せっしょう》。訓[ころす] 殺す。殺し。殺し文句。生殺し。見殺し。

【察】 宀部11 全14画
サツ 教小4 音[サツ] ▨察知《さっち》。▨観察《かんさつ》。考察《こうさつ》。診察室《しんさつしつ》。洞察力《どうさつりょく》。警察《けいさつ》。

【撮】 扌部12 全15画 ※
サツ とる 音[サツ] ▨撮影《さつえい》。▨特撮《とくさつ》。訓[とる] 撮る。隠し撮り。

【擦】 扌部14 全17画 擦擦擦擦擦擦

サッ する・すれる 音[サツ] ▨擦過傷《さっかしょう》。▨摩擦《まさつ》。 訓❶[する] 擦る。擦り切れる。擦り傷。❷[すれる] 擦れる。靴《くつ》擦れ。床《とこ》擦れ。

[1]**さつ【札】**〈名〉紙でできたお金。例手の切れるような札。類紙幣《しへい》。

[2]**さつ【冊】**〈接尾〉本・雑誌など、冊子をかぞえることば。類部。

常用漢字 **ざつ**

【雑(雜)】 隹部6 全14画 ※雑雑雑雑雑

ザツ・ゾウ 教小5 音❶[ザツ] ▨雑音《ざつおん》。雑談《ざつだん》。雑学《ざつがく》。雑貨《ざっか》。雑用《ざつよう》。▨混雑《こんざつ》。煩雑《はんざつ》。複雑《ふくざつ》。❷[ゾウ] ▨雑煮《ぞうに》。雑炊《ぞうすい》。雑木林《ぞうきばやし》。▨悪口雑言《あっこうぞうごん》。注意「雑魚」は、「ざこ」と読む。

ざつ【雑】〈形動〉やり方がいいかげんで、注意ぶかくない。例雑な仕事。雑にできている。類粗雑《そざつ》。ずさん。

さつい【殺意】〈名〉人を殺そうとする意志。例殺意をいだく。殺意がある。

さついれ【札入れ】〈名〉紙幣《しへい》を入れるさいふ。

さつえい【撮影】〈名・する〉写真や映画をとること。例記念写真の撮影。撮影所。

ざつえい【雑詠】〈名〉短歌や俳句で、題をさだめず、自由によむこと。

ざつえき【雑役】〈名〉清掃《せいそう》や運搬《うんぱん》などの役務。

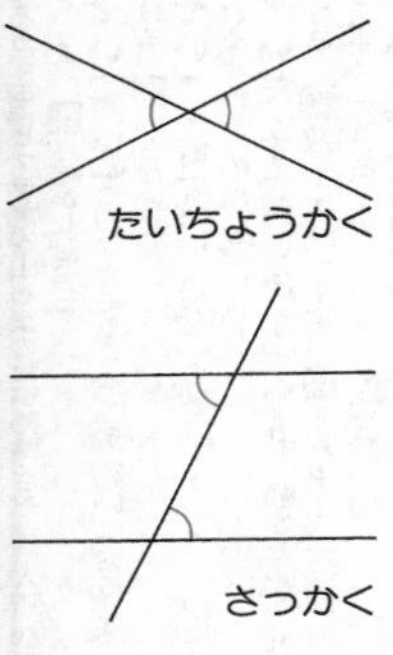

[さっかく]

ざつおん【雑音】〈名〉❶不快な感じをあたえる、さわがしい音。類騒音《そうおん》。ノイズ。例雑音が入る。❷テレビ・ラジオや電話などに入りこむじゃまな音。

表現 関係のない人たちがする、無責任な話をもさす。例雑音にまどわされず、自分のすべきことをしなさい。

さっか【作家】〈名〉芸術作品をつくる人。小説家をいうことが多い。例作家をこころざす。売れっ子の作家。作家志望。陶芸《とうげい》作家。類文筆家。

ざっか【雑貨】〈名〉毎日の生活に必要な、種種雑多な道具。例雑貨店。日用雑貨。類荒物《あらもの》。

サッカー〈名〉ゴールキーパー以外は手を使わないで、足や頭でボールを前へ進めながら攻《せ》め、相手ゴール内へボールをいれた点数で、勝負をきめる球技。試合は、一チーム十一人で行なう。オリンピック種目の一つ。◇soccer

さつがい【殺害】〈名・する〉人を殺すこと。類殺人。

[1]**さっかく【錯角】**〈名〉〔数学〕一つの直線が他の二つの直線とまじわるときにできる内がわの四つの角のうち、一つの直線をはさんで、すじかいになる一組みの角。絵

[2]**さっかく【錯覚】**〈名・する〉思いちがいをして、事実でないものを事実のように感じてしまうこと。例錯覚をおこす。錯覚におちいる。目の錯覚。

ざつがく【雑学】〈名〉いろいろな分野にわたる雑多な知識。類トリビア。

さっかしょう【擦過傷】〈名〉すり傷《きず》。かすり傷。

サッカリン〈名〉人工の甘味《かんみ》料。砂糖の数百倍あまいが、栄養はない。食品への使用には制限がある。◇saccharin

ざっかん【雑感】〈名〉まとまりのない、さまざまな感想。

さつき【五月】【▼皐月】〈名〉❶陰暦《いんれき》で、五月《ごがつ》のこと。❷〔植物〕「さつきつつじ」の略。常緑低木で、ツツジの一種。山野に生え、また庭にもうえる。初夏、赤むらさき色や白色の花をつける。

[1]**さっき**〈副〉ちょっとまえ。例かれならさっき帰りましたよ。類先ほど。アサッキ →さき〔先〕表現(1)

[2]**さっき【殺気】**〈名〉人を殺そうとする人からでる、ぞっとするようなけはい。例殺気がただよう。殺気を感じる。殺気だつ。アサッキ

ざっき【雑記】〈名〉話題をきめずに、いろいろ書きしるすこと。雑多な記録。例雑記帳。身辺雑記。

さっきだ・つ【殺気だつ】〈動五〉殺気が顔色などに表れる。何かに必死になるあまり、神経がぴりぴりする。

さつきばれ【五月晴れ】〈名〉❶五月の、よくはれわたった、さわやかな天気。❷さみだれのあいだのはれま。

注意 もともとの意味は②で、陰暦《いんれき》の五月(=現在の六月)は、梅雨《つゆ》の季節にあたることからできたことば。

さっきゅう【早急】〈形動〉ものごとをなるべくはやくするようす。例早急な対応。早急に手配する。類至急。

注意「そうきゅう」ともいうようになった。

ざっきょ【雑居】〈名・する〉同じところに種類のちがうものが、ごちゃごちゃと入りこんでいること。例雑居ビル。

表現 同じ家に何家族も住んでいたり、一つの建物にいくつもの会社が入っていたりすることや、せまい地域に、人種や民族のちがう人たちが生活していることにもいう。

さっきょう【作況】〈名〉農作物のできぐあい。さくきょう。例作況指数。作柄《さくがら》。

さっきょく【作曲】〈名・する〉曲をつくること。歌詞にメロディーをつけること。例作曲家。

さっきん【殺菌】〈名・する〉病気をおこす細菌を、加熱したり薬品を使ったりして殺すこと。類滅菌《めっきん》。消毒。

ざっきん【雑菌】〈名〉いろいろな細菌。とくに、ある細菌を培養《ばいよう》しているときに入りこんだ別種の菌。

サック〈名〉ものにかぶせる、ふくろのようなもの。例指サック。◇sack

ザック〈名〉「リュックサック」のこと。◇ドイツ Sack

サックス〈名〉サクソフォーン。◇sax

ざっくばらん〈形動〉人の態度やようすが、いかめしく格好をつけたりせず、自然な感じである。例ざっくばらんにものを言う。ざっくばらんな人がら。

ざっくり〈副〉❶切り口やわれめが大きいようす。例地面をざっくり掘る。スイカをざっくりと切る。❷〈する〉布地の織りめがあらい感じ。例ざっくりした生地《きじ》。類ざくざく。❸やりかたがおおざっぱであるようす。くだけた言いかた。例ざっくり見積もって五万円ほどかかる。

ざっけん【雑件】〈名〉主要なことではない、こまごました用件。

ざっこく【雑穀】〈名〉米・麦以外のいろいろな穀物。マメ・ソバ・キビ・ヒエ・アワなど。

さっこん【昨今】〈名・副〉「きのう」「きょう」というくら

いのこのごろ。例 昨今の世の中。

表現 手紙文では「昨今はめっきり冷えこみます」など、文字どおり「きのうきょう」の意味でも使う。

さっさと〈副〉てまどったり、ためらったりしないで、すばやく。例 さっさと帰る。さっさとかたづける。

[1]**さっし【冊子】**〈名〉書いたり印刷したりした紙を綴《と》じたもの。例 小冊子。冊子体。ア サッシ

[2]**さっし【察し】**〈名〉それとなくうらの事情を感じとってしまうこと。例 察しがいい。察しがつく。ア サッシ

[3]**サッシ**〈名〉窓わく。とくに金属製のものをいう。「サッシュ」ともいう。例 アルミサッシ。◇sash ア サッシ

ざっし【雑誌】〈名〉さまざまな論文や記事、または写真・図などを集め、かんたんな製本で定期的に刊行される出版物。ジャーナル。マガジン。

表現 ふつう一冊二冊と数える。雑誌の種類は一誌《いっし》二誌《にし》、発行数は一部二部と数える。また、発行から順に一号二号と数える。

ざつじ【雑事】〈名〉あまり重要とはいえない、こまごまとした用事。例 雑事に追われる。類 雑用。雑務。

ざっしゅ【雑種】〈名〉二つ以上の種がまじりあっているもの。例 雑種の犬。対 純血種。

ざつしゅうにゅう【雑収入】〈名〉定期的な収入以外の、少額のもろもろの収入。

さっしょう【殺傷】〈名・する〉殺すか大けがをさせるかすること。例 殺傷能力の高い武器。

ざっしょく【雑食】〈名・する〉動物性の食物も植物性の食物も両方食べること。対 肉食。草食。類 混食。

さっしょぶん【殺処分】〈名・する〉人に害をあたえる動物や飼い主のいないペットなどを殺して処分すること。

さっしん【刷新】〈名・する〉これまでのわるいところをあらためて、すっかりあたらしいものにすること。例 人心を刷新する。類 一新。改訂《かいてい》。

さつじん【殺人】〈名〉人を殺すこと。例 殺人事件。殺人的。類 殺害。人殺し。

さつじんてき【殺人的】〈形動〉殺されるかと思うほどものすごい。例 殺人的ないそがしさ。

さっ・する【察する】〈動サ変〉まわりの状況《じょうきょう》から、相手の事情や気持ちのおおよそを知る。例 察するにあまりある。心中を察する。類 推察する。推測する。

ざつぜん【雑然】〈副・連体〉いろいろなものが入りまじっている。例 物が雑然と置いてある。雑然たるへや。対 整然。

敬語 尊敬語に「(ご)賢察《けんさつ》・高察・明察」、謙譲《けんじょう》語に「拝察」がある。

さっそう【▼颯爽】〈副・連体〉きりっとして、みるからに格好がよい。例 さっそうと歩く。さっそうたる姿。

ざっそう【雑草】〈名〉農作物や園芸草花として役にたつことのない草。例 雑草がはびこる。

表現「雑草のように」の言いかたで、強い生命力をもつものの意味でも使われる。

さっそく【早速】〈副〉あいだをおかずに、すぐに。例 ご注文の品はさっそくお届けいたします。

ざった【雑多】〈形動〉いろいろなものが、ごたごたと入りまじっていること。例 雑多な用事。種々雑多。

さつたば【札束】〈名〉紙幣《しへい》を一定の枚数で、たばにしたもの。例 札束を積む(=たくさんのお金をだす)。

ざつだん【雑談】〈名・する〉話題などをきめないで、気楽に話をすること。例 雑談にふける。類 世間話。

さっち【察知】〈名・する〉相手の動きなどを感じとること。例 敵の動きを察知する。類 感知。

さっちゅうざい【殺虫剤】〈名〉害虫を殺すための薬。

さっと〈副〉❶風や雨が急にふいたり降ったりするようす。❷ものごとの移動や変化、動作などが、一瞬《いっしゅん》にして行なわれるようす。例 さっと色が変わる。

ざっと〈副〉❶おおざっぱに。おおまかに。例 ざっと目を通す。❷おおよそ。数量についての見当を示す。例 増築に、ざっと二千万はかかる。類 だいたい。❸急に勢いよく、雨がふったり風がふいたりするようす。❹勢いのある動作によって、水や地面がたてる音のようす。例 バケツの水をざっと流す。

さっとう【殺到】〈名・する〉たくさんの人やものごとが、いっぺんにおしよせること。例 注文が殺到する。

ざっとう【雑踏】【雑▼沓】〈名・する〉多くの人でこみあうこと。こみあっているところ。例 雑踏をきわめる。雑踏をぬけだす。都会の雑踏。類 人ごみ。

ざつねん【雑念】〈名〉精神の集中をさまたげる、よけいな考え。例 雑念をはらう。雑念を去る。類 邪念《じゃねん》。

ざつのう【雑▼嚢】〈名〉肩《かた》からかける布製のかばん。

ざっぱく【雑▼駁】〈形動〉知識や思想がばらばらで、統一を欠いている。

さつばつ【殺伐】〈副・連体〉あたたかさやなごやかな感じがなくて、冷たくあらあらしいようす。例 殺伐と荒《あ》れた心。殺伐たる風景。

さっぱり〈副〉❶〈する〉よけいなものや、気になっているものがなくなって、気分がいい。例 ひげをそってさっぱりした。きれいさっぱりかたづけた。類 すっきり。さばさば。❷〈する〉食物の味がこくなくて、あとに強い味をのこさないようす。例 さっぱりした味。対 こってり。類 あっさり。❸〈する〉こだわりや わだかまりなどがない。例 さっぱりした性格。類 あっさり。さばさば。❹(あとに打ち消しのことばをともなって)まったく…ない。このましくないようすを表わす。例 この問題は、いくら考えてもさっぱりわからない。類 ちっとも。少しも。全然。

表現 ④は、「不景気で、売り上げはさっぱりだ」のように、打ち消しのことばをはぶく使いかたもある。

ざっぴ【雑費】〈名〉どの項目《こうもく》にも入らない、こまごまとした費用。類 諸費。

さっぴ・く【差っ引く】〈動五〉「差し引く」のくだけた言いかた。

さつびら【札びら】【札▽片】〈名〉多くの紙幣《しへい》。

表現「札びらをきる」といえば、大金を見せびらかすようにして、おしげもなく使うこと。

さっぷうけい【殺風景】〈形動〉うるおいや、しみじみとした感じがない。例 殺風景なへや。類 寒寒とした。

ざつぶん【雑文】〈名〉気楽に書いた、かるい内容の文章。例 雑文書き。

表現 自分の文章を謙遜《けんそん》していうときにも使う。

さつま【▼薩摩】〈名〉旧国名の一つ。現在の鹿児島《かごしま》県西部。古代の民《たみ》、隼人《はやと》の地。薩州《さっしゅう》。例 薩摩半島。薩摩焼《やき》。薩摩切子《きりこ》。薩摩隼人。

さつまあげ【さつま揚げ】【▼薩摩揚げ】〈名〉魚のすり身にきざんだ野菜などを加え、小麦粉とこね合わせて油であげた食べ物。鹿児島県の特産。

方言 ご当地の鹿児島では「つけ揚げ」と言い、また、西日本では「天ぷら」と言う。

さつまいも【▼薩摩芋】〈名〉つる性の多年草。根(イ

 クールベ(1819〜77) フランス写実主義の代表的な画家。市民生活や身辺に主題を求めた。

モ)は甘みがあり、夏から秋にかけて収穫《しゅうかく》する。焼きいも・ふかしいもなど、庶民《しょみん》生活に親しまれている。アルコールの原料にもなる。甘藷《かんしょ》。日本一の産地は鹿児島県。

さつまはやと【▼薩摩▼隼▽人】〈名〉❶薩摩藩《はん》の武士。❷鹿児島《かごしま》県出身の男性。参考 古代、薩摩地方に勇猛《ゆうもう》な隼人族が住んでいたことから。

ざつむ【雑務】〈名〉本来の主要な仕事以外の、こまごました事務。例 雑務におわれる。類 雑用。雑事。

ざつよう【雑用】〈名〉いろいろなこまごました用事。例 雑用が多い。雑用におわれる。類 雑事。雑務。

さつりく【殺▼戮】〈名・する〉多くの人を、情け容赦《ようしゃ》なく殺すこと。例 大量殺戮兵器。類 無差別殺人。

さて 一〈接〉話題をかえて、次の話題をきりだすときに使う。例 さて、次の問題にうつろう。
二〈感〉なにかをしはじめるときに、ためらう気持ちを表わす。例 さて、どうしたものか。

さてい【査定】〈名・する〉いろいろ調べて、金額・等級が適切か、または正しいかなどを決めること。例 チームへの貢献《こうけん》度を査定する。中古車の査定。

サディスト〈名〉サディズムの性向をもった人。サド。対 マゾヒスト。◇sadist

サディズム〈名〉相手に肉体的・精神的苦痛をあたえることに快感をおぼえる異常な性欲。サド。対 マゾヒズム。◇sadism 参考 フランスの作家サドの名前から。

さておく【▼扨置く】〈動五〉いまのところは忘れて、わきにどけておく。例 それはさておき。冗談《じょうだん》はさておき。

表現 多く、「さておき」「さておいて」の形で使う。なにはさておき(→「なに」の子項目)。

1**さてつ【砂鉄】**〈名〉海や川の底の砂にまざっている、こまかな鉄鉱石のつぶ。

2**さてつ【▼蹉▼跌】**〈名〉ちょっとしたつまずきなのに、再起不能になるおそれもある危険な打撃《だげき》。例 事業に蹉跌をきたす。類 挫折《ざせつ》。

さては 一〈接〉前に述べたことに、あとのことをつけ加えるときに使う。そのうえさらに。例 テニス、ゴルフ、さては車にいたるまで熱中する。二〈副〉「そうか」と急に気がついたときの気持ちを表わす。例 さては、あいつが犯人か。

サテライト〈名〉衛星。人工衛星。◇satellite

さと【里】〈名〉❶山間や平地などで、人家がいくつか集まっているところ。例 村里。山里。類 村落《そんらく》。❷「ふるさと」のこと。例 お里はどちらですか。類 くに。❸生まれそだった家。例 里へ帰る。里帰り。類 実家。→おさとがしれる

1**さど【佐渡】**〈名〉旧国名の一つ。現在の新潟県佐渡市。江戸《えど》時代に日本一の金《きん》の産出量で幕府の財政をささえた。トキ(鴇)の保護センターがある。民謡《みんよう》の佐渡おけさも有名。佐州《さしゅう》。渡州《としゅう》。

2**サド**〈名〉サディスト。サディズム。対 マゾ。

さと・い【▼聡い】〈形〉理解し判断し反応することがはやくて確かだ。敏感《びんかん》だ。かしこい。例 利にさとい。目ざとい。

さといも【里芋】〈名〉野菜としてつくられる多年草。葉が大きく、柄《え》も長い。地下にできるイモと葉の柄を食べる。→ずいき〔芋茎〕

さとう【砂糖】〈名〉サトウキビやビートからとる、あまい味の調味料。精製のしかたによって、白砂糖・黒砂糖・氷砂糖・グラニュー糖などがある。

1**さどう【作動】**〈名・する〉機械がうごくこと。例 エンジンが作動しない。ア サドー

2**さどう【茶道】**〈名〉「茶《ちゃ》の湯」の作法。室町《むろまち》時代に始まり、桃山《ももやま》時代、千利休《せんのりきゅう》が完成した。「ちゃどう」ともいう。ア サドー

ざとう【座頭】〈名〉髪《かみ》をそった盲人《もうじん》。もとは、琵琶《びわ》法師の四つの位の最下位。上の三つは、総検校《そうけんぎょう》、検校、勾当《こうとう》。参考 「ざがしら」と読むのは、「一座の長」の意味の別のことば。

さとうきび【砂糖▼黍】〈名〉茎《くき》のしるから砂糖をとるためにつくられる多年草。形はトウモロコシに似《に》ている。日本では、沖縄と鹿児島でとれる。甘蔗《かんしょ》。

さとうだいこん【砂糖大根】〈名〉⇩てんさい〔甜菜〕

さとおや【里親】〈名〉よその子どもをあずかって育てる、親がわりの人。対 里子《さとご》。

表現 飼《か》い主のいないペットの引きとり手をさして、「里親募集《ぼしゅう》」のようにも使われる。

さとがえり【里帰り】〈名・する〉❶結婚《けっこん》した女性や奉公《ほうこう》に出た人が、しばらくのあいだ、実家へ帰ること。❷ふるさとに一時的に帰ること。類 帰省《きせい》。❸物が、もとあった場所にはるばる戻ってくることのたとえ。参考 かつては、女性が結婚後、はじめて実家へ帰ることをいった。

さとかた【里方】〈名〉嫁《よめ》や養子の実家の方《ほう》。

さとご【里子】〈名〉よその家にあずけて、育ててもらう子。例 里子に出す。対 里親。

さとごころ【里心】〈名〉ふるさとや実家、親兄弟などを恋しく思う気持ち。例 里心がつく。類 郷愁《きょうしゅう》。望郷。ホームシック。

さと・す【諭す】〈動五〉ものごとの道理をいいきかせて、わからせる。例 こころえちがいを諭す。教え諭す。

表現 目下の者に教えるときのことをいう。

さとやま【里山】〈名〉村落の近くにあって、人々の生活に深くかかわってきた山や森林。

さとり【悟り】〈名〉〔仏教〕心の迷いからぬけだして、真理を知ること。例 悟りをひらく。悟りを得る。悟りの境地。類 解脱《げだつ》。

さと・る【悟る】〈動五〉❶〔仏教〕「悟り」を得る。類 解脱《げだつ》する。❷かくされているものごとや事情などに気がつく。例 あやまちを悟る。死期を悟る。

表現 ①から俗《ぞく》に、「子どものくせに悟ったようなことを言うな」のように、「達観《たっかん》する、諦観《ていかん》する」という意味で使う。

サドル〈名〉自転車などで、人がすわる部分。◇saddle

さなえ【早苗】〈名〉苗代《なわしろ》から水田へうつしうえるイネのなえ。

さなか【▽最中】〈名〉ものごとや状態のいちばんさかんなとき。例 暑いさなか。類 最中《さいちゅう》。

さながら〈副〉とてもよく似《に》ているようす。例 彼の酔《よ》った顔は、さながら赤鬼のようだ。類 あたかも。まるで。

さなぎ【▼蛹】〈名〉〔動物〕完全変態する昆虫《こんちゅう》が、幼虫から成虫になるまえに、動かない状態になったもの。

表現 幼虫がさなぎになることを「蛹化《ようか》」、さなぎから成虫になることを「羽化《うか》」という。

さなだむし【▽真田虫】〈名〉⇩じょうちゅう〔条虫〕

さにあら(▽非)ず 予想どおりにはいかない。そうではない。古い感じの言いかた。例 ところがさにあらず。

さぬき【▼讃岐】〈名〉旧国名の一つ。現在の香川県。「讃岐の金比羅《こんぴら》様」や讃岐うどんが有名。讃州《さんしゅう》。

例讃岐平野。

[1]**さのう【左脳】**〈名〉大脳の左半球。ひだりのう。右脳に対して、論理的な分析《ぶんせき》や判断力にすぐれ、言語処理を行なうと考えられている。対右脳。

[2]**さのう【砂▼嚢】**〈名〉❶砂を入れた布製のふくろ。堤防《ていぼう》の修理などに使う。類土嚢。❷鳥類の胃の一部。なかに砂が入っていて、食物をくだく働きをする。すなぎも。

さは【左派】〈名〉政党などのなかで、急進的な考えをもつ人たちのグループ。対右派。類左翼《さよく》。

さば【▼鯖】〈名〉海にすむ魚。全長五〇《センチメートル》ほど。背は緑色で黒のまだらがある。日本近海ではマサバとゴマサバがとれる。塩焼きやみそ煮、しめさばなどにして食べる。栄養豊富で「青魚の王様」とよばれる。参考 大分県の佐賀関《さがのせき》で水揚げされる「関さば」は、地域ブランド品としてとくに有名。

さばを読《よ》む 自分の利益になるように、数をごまかして言う。例十日間で完成できる仕事だが、さばを読んで、二週間と言っておいた。

さはい【差配】〈名・する〉部下などに指図してものごとをとりしきること。類采配《さいはい》。

サバイバル〈名〉異常事態のもとで、生き延びること。そのための技術。例サバイバルゲーム。◇survival

さばき【裁き】〈名〉裁くこと。例裁きをうける。法の裁き。神の裁き。類審判《しんぱん》。裁判。裁定。

[1]**さば・く【裁く】**〈動五〉あらそいごとなどの、正否をきめる。例けんかを裁く。犯人を裁く。アサバク

[2]**さば・く【▼捌く】**〈動五〉❶あつかいにくいものをじょうずに処理する。例手綱《たづな》をさばく。仕事をさばく。❷商品が全部 売り切れるように、売る。例在庫品をさばく。売りさばく。❸かたまりになっているものを ばらばらにする。例とりをさばく(=肉を骨から切りとる)。かみの毛をさばく。紙をさばく。▽アサバク

[3]**さばく【佐幕】**〈名〉〔歴史〕江戸《えど》時代のおわりに、幕府をたおそうとする運動に対して、幕府を まもり助けようとしたこと。例佐幕派。対勤王《きんのう》。アサバク

方言 長崎では、「髪《かみ》をとかす」の意味でも使う。

[4]**さばく【砂漠】**【沙漠】〈名〉雨のすくない、植物があまりそだたない、砂や岩だけの広大な地域。サハラ砂漠・カラハリ砂漠・ゴビ砂漠など。アサバク

砂漠(砂地《すなち》)に水《みず》をまく ❶むだなことを続けるたとえ。❷辛抱《しんぼう》強い努力を続けるたとえ。

さば・ける【▼捌ける】〈動下一〉❶品物がすっかり売れる。例去年からの在庫がやっとさばけた。類はける。❷(多く、「さばけた」「さばけている」の形で)やたらに規則にこだわらないで、他人の事情を わかってくれる。例さばけた人。類ひらける。

さばさば〈副・する〉❶不快感やこだわりがなくなって、気分がいいようす。例問題がかたづいてさばさばした。❷ものごとにこだわらないようす。例さばさばした人。

サバナ〈名〉アフリカなどの熱帯地方にある、ところどころに木の生えている広大な草原。◇savanna(h)

さはんじ【茶飯事】〈名〉お茶を 飲んだりご飯を食べたりするような、ごくありふれたこと。例日常茶飯事。

サバンナ〈名〉⇩サバナ

[1]**さび**〈名〉すし屋で、わさびのこと。例さびぬき。

[2]**さび**〈名〉ある曲の中で、もっとも もりあがる聴かせどころ。類さわり。

[3]**さび【寂】**〈名〉❶古びて、おちついてみえるおもむき。かれたあじわい。類閑寂《かんじゃく》。枯淡《こたん》。❷低くて、しぶい深みのある声。例さびのある声。参考 ①は、俳人芭蕉《ばしょう》が「わび」とともに俳諧《はいかい》の理想とした精神。

[4]**さび【▼錆・▼銹】**〈名〉金属の表面が空気や湿気にふれて、酸化したもの。例さびがつく。ひどいさび。

表現 「身から出たさび」は、自分がしたよくない行ないから、そのむくいをうけること。

さびし・い【寂しい】【▼淋しい】〈形〉❶しずかで、はなやかさがなく、心ぼそい感じを人にあたえる。例寂しい道。対にぎやか。❷孤独《こどく》で、心がみたされないで、満足できない。例寂しい生活。寂しい笑い。❸あってほしいものがなくて、満足できない。例ふところがさびしい。口が寂しい。▽「さみしい」ともいう。

さびつ・く【▼錆び付く】〈動五〉❶すっかりさびる。さびて、ほかの物にくっつく。❷能力がおとろえる。例職人のうでがさびつく。

さびどめ【さび止め】【▼錆止め】〈名〉金属がさびるのを防ぐための、めっきや塗装《とそう》の処置。

ざひょう【座標】〈名〉〔数学〕平面または空間の中のある点の位置をしめすための数値。たがいに直角にまじわる直線を基準として表わす。例座標軸《じく》。絵

参考 平面の場合でいえば、水平軸と垂直軸とのまじわるところを原点として、原点からはかった両方の軸の上での距離《きょり》によって、平面上のすべての点の位置を表わす。

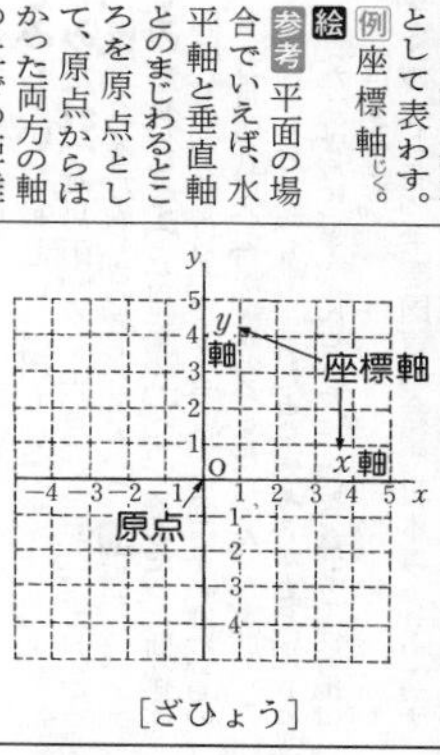

［ざひょう］

ざひょうじく【座標軸】〈名〉〔数学〕座標を表わすための基準となる軸。原点でまじわる x軸と y軸など。→ざひょう絵(前項)

さ・びる【▼錆びる】〈動上一〉金属の表面が、空気や湿気《しっけ》にふれて酸化する。例さびた自転車。

さび・れる【寂れる】〈動下一〉にぎわっていた場所に人が集まらなくなって、さびしい感じになる。例さびれた街。対にぎわう。

サブ〈名〉「補助」のこと。例監督《かんとく》のサブをつとめる。サブノート。サブタイトル。対メイン。◇sub

表現 サッカーなどの競技で、交代のメンバーでありながら実力のある選手を、「スーパーサブ」などという。

サファイア〈名〉青くすきとおった宝石。九月の誕生石《たんじょうせき》。◇sapphire

サファリパーク〈名〉ライオンなどを放し飼いにしてあり、自動車に乗ったまま見物できる動物園。◇safari park

さぶいぼ(方言) 鳥肌《とりはだ》。関西で言う。例さぶいぼ出たわ。参考 「寒疣《さむいぼ》」の意味。

サブカルチャー〈名〉社会の伝統的・正統的な文化に対して、その社会の一部の人々だけにひろまっている文化。とくに、漫画《まんが》やポピュラー音楽、流行などの若者文化をさす。◇subculture

サブタイトル〈名〉作品の副題。◇subtitle

ざぶとん【座布団】〈名〉すわるときにしく、小さなふとん。例座布団をしく。座布団をあてる。類クッション。

サプライズ〈名〉おどろかすこと。おどろくこと。例サプライズパーティー(＝内緒で準備して主役をおどろかすパーティー)。サプライズ人事。◇surprise

サフラン〈名〉庭などにうえる草花。多年草。球根をもち、秋のおわりに、うすむらさき色の花がさく。◇オランダ saf-fraan

サプリ〈名〉「サプリメント」の略。

サブリミナル〈名〉知覚できないほど短い映像や小さい音声で潜在《せんざい》意識に働きかけ、その人の考えや行動に影響《えいきょう》をあたえること。例サブリミナル効果。サブリミナル広告。◇subliminal

サプリメント〈名〉通常の食事では不足しがちな栄養素をおぎなうための食品。錠剤《じょうざい》の形にしたビタミン・カルシウムや、プロテインなど。栄養補助食品。略して「サプリ」ともいう。◇supplement

さべつ【差別】〈名・する〉あつかいかたに差をつけたり、不当なわけへだてをしたりすること。例差別をつける。男女の差別なく。差別待遇。人種差別。対平等。無差別。

さべつか【差別化】〈名・する〉類似《るいじ》品とのちがいをはっきりさせること。例他社製品との差別化をはかる。

さへん【サ変】〈名〉〔文法〕「サ行変格活用」の略。

さほう【作法】〈名〉あいさつをしたり、立ったりすわったりするときの、しかた。むかしから伝えられてきた一定のやりかたを基礎《きそ》とする。例作法にかなう。作法をならう。食事の作法。行儀《ぎょうぎ》作法。類エチケット。

参考「作法」は「さくほう」とも読み、「文章作法」のように、作り方をいうときは、「さくほう」がよい。

さぼう【砂防】〈名〉海岸や河川《かせん》、山地などの、土砂《どしゃ》くずれをふせぐこと。例砂防林。砂防ダム。

サポーター〈名〉❶手首・ひじ・ひざ・腰などの関節や筋肉を守り、動きをらくにするために はめる、伸縮《しんしゅく》性のあるもの。また、水泳・スポーツ用の下着。❷スポーツ、とくにサッカーのチームを、熱心に応援する人。❸ある事業を、資金《しきん》などの面で支援《しえん》する人。◇supporter

サポート〈名・する〉支援《しえん》。支持。例物心《ぶっしん》両面からサポートする。◇support

サボタージュ〈名・する〉労働争議で用いられる戦術の一つ。労働者が一致《いっち》してわざと仕事の能率をさげて、経営者に損害をあたえることで要求をとおそうとするもの。怠業《たいぎょう》。◇フランス sabotage →サボる 参考

サボテン〈名〉中南米原産の多年草。かわいた土地にはえ、茎《くき》は多肉質で、葉は水分の蒸発をふせぐためにとげになっている。種類が多く、観賞用とする。参考「仙人掌《せんにんしょう》」という漢語があり、当て字に使われる。

さほど〈副〉(打ち消しのことばをともなって)「それほど…ない」という意味を表わす。やや改まった言いかた。例町は三年前とさほど変わっていなかった。類たいして。

サボ・る〈動五〉しなければならないことをしないで、なまける。ずる休みをする。「さぼる」とも書く。例授業をサボる。

類油を売る。

参考「サボタージュ」の「サボ」を動詞の語幹にしたことば。

ザボン〈名〉あたたかい地方で栽培《さいばい》されるミカンの一種。実《み》は、ナツミカンより大きく、そのまま食べたり、皮を砂糖づけにして食べたりする。◇ポルトガル zamboa

さま【様】 ㊀〈名〉❶ありさま。ようす。例もの言うさまが父親にそっくりだ。様がわり。類図《ず》。❷まとまったかたち。その場にぴったり合っていること。例さまになる。さまにならない。▽→ざま

㊁〈接尾〉❶人名や身分などを表わすことばのあとにつけて、敬意を表わす。例田中様。おば様。❷ものごとをていねいにいう気持ちを表わす。例ご苦労さま。お世話さま。▽→さん〈接尾〉表現

ざま【▽様】 ㊀〈名〉見苦しいかっこう。かなりくだけた言いかた。例なんて ざまだ、それは！類ていたらく。

㊁〈接尾〉❶方向を表わすことばのあとにつけて、「その方向である」という意味を表わす。例うしろざま。横ざま。類向き。❷動詞の連用形につけて、「…すると同時に」という意味を表わす。例すれちがいざま財布《さいふ》をぬきとる。❸動詞の連用形につけて、「…するようす」「…するしかた」という意味を表わす。例食いざま。死にざま。類方《かた》。

ざまを見《み》ろ にくらしく思っている人間が失敗したのをみて、あざけっていうことば。「ざまあみろ」「ざまを見やがれ」ともいう。類いい気味だ。

サマー〈造語〉夏。例サマースクール。◇summer

サマータイム〈名〉夏をはさんだ一定期間、エネルギー消費を節約しながら、長い日照《にっしょう》時間を有効に使うために、時計を一時間進める(＝時刻が早まる)こと。夏時間。◇summer time

参考現在、アメリカなどで実施《じっし》されている。そのアメリカでは daylight saving time という。

さまがわり【様変わり】〈名・する〉ようすががらりとかわること。

さまさま【様様】〈接尾〉自分に利益をあたえてくれる物や人の名につけて、感謝の気持ちを表わすことば。例インターネットさまさまだ。

さまざま【様様】〈形動〉性質や種類などがそれぞれちがっている。例様々な角度から検討する。類いろいろ。種々《しゅじゅ》。多様。

1 **さま・す【冷ます】**〈動五〉❶温度をさげる。例湯を冷ます。熱を冷ます。❷なにかに熱中したり、興奮したりしている気持ちをおちつかせる。例興奮を冷ます。▽類冷やす。

2 **さま・す【覚ます】**〈動五〉❶ぼんやりした状態から頭をはっきりした状態にもどす。例目を覚ます。ねむりを覚ます。迷いを覚ます。❷酒の酔《よ》いをなくす。

表記②は、「▽醒ます」と書かれることもある。

さまたげ【妨げ】〈名〉じゃまになるものごと。例安眠《あんみん》の妨げになる。類妨害《ぼうがい》。

さまた・げる【妨げる】〈動下一〉じゃまをする。例進行を妨げる。類妨害《ぼうがい》する。さえぎる。

さまつ【▽些末・▽瑣末】〈形動〉少しも重要でない。例些末なことに こだわる。類枝葉《しよう》末節。

さまよ・う〈動五〉❶あてもなく歩きまわる。例あてどなくさまよう。野をさまよう。類さすらう。彷徨《ほうこう》する。❷どちらともなく、ただよう。例生死の境をさまよう。

さみし・い【▽寂しい・▽淋しい】〈形〉⇩さびしい

さみだれ【五月雨】〈名〉六月(＝陰暦《いんれき》で五月)ごろに降りつづく長雨。「さつきあめ」ともいう。類梅雨《つゆ》。

さみだれしき【五月雨式】〈名〉だらだらと断続《だんぞく》的に、ものごとが行なわれること。例一回ですめばいいものを、五月雨式に会合が開かれることになった。

注意「テレビで紹介《しょうかい》されたとたん、お客が五月雨式に増えた」のように、どんどんと次々に、という意味で使うのは本来は あやまり。

サミット〈名〉主要国首脳会議。日本・アメリカ・カナダ・イギリス・イタリア・ドイツ・フランス・ロシアの八か国の首

相や大統領による、年一回の会議。G8《ジーエイト》。◇summit（=山頂）参考 国や団体の代表者による、とくに重要な会議の名にも使われる。

さむ・い【寒い】〈形〉火のそばが恋しくなるくらい、気温が低い。「さぶい」ともいう。例足もとが寒い。寒い朝。寒い地方。寒くなる。はだざむい。うすら寒い。対暑い。暖かい。→おさむい

表現 (1)寒いとからだがちぢこまったり、いきおいがわるくなることから、「こわくて背すじが寒くなった」とか、「ふところが寒い（=お金が少ししかなくて心ぼそい）」などという。(2)お笑い番組や若者の言い方で、しゃれや冗談《じょうだん》があまりにつまらないさまを表わすこともある。

さむがり【寒がり】〈名〉寒さの苦手な人。対暑がり。

さむけ【寒気】〈名〉熱のあるときや、おそろしい思いをしたときなどに感じる、いやな寒さ。例寒気がする。類悪寒《おかん》。

さむざむ【寒寒】〈副・する〉❶いかにも寒そうな。例寒々とした冬の海辺。❷あたたかみや、うるおいのない。例寒々(と)したへや。

参考「かんき」と読むのは別のことば。

さむぞら【寒空】〈名〉さむざむとした冬の空。類寒天。

サムネイル〈名〉パソコンやスマートフォンで、データとして保存されている画像や、文書の最初のページを、小さなサイズで一覧《いちらん》表示にしたもの。◇thumbnail

さむらい【侍】『▽士』〈名〉武士《ぶし》。

表現「あの男、たいした侍だよ」のように、独立心が強く、思いきった行動がとれる人物をさしていうことがある。

由来 えらい人にお仕《つか》えする意味の、古語の動詞「さぶらふ」が変化した形。

さむらいだいしょう【侍大将】〈名〉武家時代、大将として一軍をひきいたさむらい。

さむらいどころ【侍所】〈名〉〔歴史〕鎌倉《かまくら》幕府で御家人《ごけにん》をまとめ、軍事や警察の仕事を行なった役所。室町《むろまち》幕府では京都の警備や警察の仕事にあたった。

さめ【▼鮫】〈名〉海にすむさかな。するどい歯をもち、性質があらあらしい。肉をかまぼこなどにする。

さめざめ〈副〉なみだを流してしずかに泣きつづけるようす。例さめざめと泣く。

さめはだ【さめ肌】『▼鮫肌』〈名〉サメの皮のようにざらざらしたはだ。

さ(覚)めやらぬ まだすっかりとはさめてはいない。例興奮覚めやらぬ会場。表記「冷めやらぬ」とも書く。

1 **さ・める【冷める】**〈動下一〉❶熱くしたものが、もとの温度にもどる。つめたくなる。例お茶が冷める。ふろの湯が冷める。ピザが冷める。❷なにかに熱中したり、興奮したりしていた気持ちをなくす。例興が冷める。興奮が冷める。▽類ひえる。❸(「さめた」「さめている」の形で)いつも冷静である。悟《さと》ったような性格だ。

2 **さ・める【覚める】**〈動下一〉❶ぼんやりした状態から頭がはっきりした状態にもどる。例目が覚める。夢《ゆめ》から覚める。対ねむる。❷酒の酔《よ》いが消える。

表記 ②は、「▽醒める」と書かれることもある。

3 **さ・める【▼褪める】**〈動下一〉ものの色が、つやをうしなってうすくなる。例色がさめる。類あせる。退色する。

さも〈副〉❶そうも。そのようにも。例さもありなん。❷いかにも。例さも苦しそうに口をゆがめる。

さもあ(有)りなん いかにもそうにちがいない。やや古めかしい言いかた。例その心中さもありなんと察する。

さもし・い〈形〉自分が得をするためなら体裁《ていさい》をかまわないほど いやしい。例さもしい根性。類あさましい。

ざもち【座持ち】〈名〉宴会《えんかい》などのふんいきを楽しくもりあげること。例座持ちがよい。

さもないと〈接〉もしもそのようにしないと。例早く起きなさい。さもないとおくれるわよ。

表現 同じ意味のことばに「さもなくば・さもなければ・さもないと・でないと」などがあり、先にあげたものほど、かたい言いかたになる。

さもん【査問】〈名・する〉事件などについて、関係者に問いただして調べること。例査問委員会。

1 **さや【▼莢】**〈名〉〔植物〕ダイズやエンドウなどの、種をつつんでいるから。例さやがはじける。

2 **さや【▼鞘】**〈名〉かたなややりなどの刀身や、筆先などをつつんでおく、ほそ長いつつ状のもの。

さやあて【さや当て】『▼鞘当て』〈名〉ひとりの女性をめぐって、ふたり以上の男性があらそうこと。例恋《こい》のさや当て。由来 もと、武士どうしがすれちがう時に、刀のさやが当たったことをとがめたことをさした。

さやいんげん【▼莢隠元】〈名〉さやのまま食べられるインゲンマメ。

さやえんどう【▼莢▼豌豆】〈名〉さやのまま食べられるエンドウマメ。日本一の産地は鹿児島県。

さやか【▽清か】〈形動〉明るくすんでいるようす。古い言いかた。例月かげさやかに。

さや・ぐ〈動五〉さやさやと鳴る。ざわざわと鳴る。古い言いかた。例木の葉がさやぐ。

ざやく【座薬】〈名〉肛門《こうもん》などにさし入れて使う薬。

さゆ【▽白湯】〈名〉わかしただけで、なにもまぜていない湯。

さゆう【左右】〈名〉❶ひだりとみぎ。例左右にわかれる。言《げん》を左右にする（=要点をさけた言いかたばかりする）。左右対称。❷その人のそば。例左右にはべる。❸(「…を左右する」の形で)思うようにうごかす。例運命を左右する出来事。

ざゆう【座右】〈名〉身のまわり。すぐ手にとれるところ。例座右にそなえる。座右の書。

座右の銘《めい》 いつも目につくところにおく感じで、行ないのいましめとする たいせつなことば。

さゆり【▽小▽百▽合】〈名〉かれんなユリの花。

さよ【▽小夜】〈名〉「夜」の詩的な言いかた。例さよふけて。さよあらし。

1 **さよう【左様】**〈形動〉そのよう。そのとおり。古風でていねいな言いかた。例さようでございます。さような人は存じません。アサヨー

2 **さよう【作用】**〈名・する〉❶ひとつらなりのはたらき。例呼吸作用。❷他にはたらきかけて、影響《えいきょう》をあたえること。例酸は金属に作用する。副作用。相互作用。❸〔物理〕二つの物体のあいだにはたらく、ひきあう力、または、しりぞけあう力。▽アサヨー

さようてん【作用点】〈名〉てこで、うごかそうとするものに力がはたらく点。→してん〔支点〕・りきてん②・てこ 絵

さようなら〈感〉⇩さよなら

さよきょく【▽小夜曲】〈名〉⇩セレナーデ

さよく【左翼】〈名〉❶飛行機などで、進行方向にむかって、左のはね。❷政治のうえで、急進的な考えかたをする人。また、その人たちの集まり。例左翼団体。類左派。

 国木田独歩(くにきだどっぽ)（1871～1908） 明治の詩人・小説家。ロマン主義から，のちに自然主義へと転じた。

革新。❸野球で、本塁《ほんるい》から見て外野の左の方。レフト。例左翼手。▽対右翼。

さよなら ━〈感〉人と別れるときのあいさつのことば。「さようなら」ともいう。━〈名・する〉別れること。はなれること。例そろそろこの仕事ともさよならだ。類おさらば。━〈接頭〉名詞につけて、「おわりになる」「決着がつく」という意味を表わす。野球の試合についていうことが多い。例さよならゲーム。さよならホームラン。

さより〈名〉海にすむ魚。体長四〇《センチメートル》ほどで細長く、下あごが長くつき出ている。さしみや酢《す》の物などにする。

[1]**さら**〈名〉まだ使っていないこと。まあたらしいもの。例さらのゆかたを着る。まっさら。アサラ

[2]**さら【皿】** ━〈名〉❶食べ物をのせるひらたいうつわ。例皿にもる。皿を下げる。皿洗い。❷「ひざの皿」のように、ひらたくて、皿の形をしたもの。❸漢字の脚《あし》の一つ。「盆」「盛」などの「皿」の部分。▽アサラ ━〈接尾〉皿にもった料理などをかぞえることば。

【皿】 皿部0 全5画 皿 皿 皿 皿 皿

さら 教小3 訓[さら] 皿。大皿。小皿。灰皿。

[3]**さら【沙羅】**〈名〉夏、ツバキの花に似《に》た白色の花をつける常緑高木。「しゃら」ともいう。なつつばき。例「沙羅のみづ枝《え》に花さけば、かなしき人の目ぞ見ゆる」〔芥川龍之介《あくたがわりゅうのすけ》〕。アサラ

ざら〈形動〉ありふれている。しばしばある。例ざらにある。おくれて来ることもざらなので…。

さらいげつ【再来月】〈名〉今月のつぎのつぎの月。

さらいしゅう【再来週】〈名〉今週のつぎのつぎの週。

さらいねん【再来年】〈名〉今年の次の次の年。

さら・う〈動五〉❶川や池、井戸《いど》などにたまったごみや土砂《どしゃ》をすくいとって、底をふかくする。例どぶをさらう。❷いきなり持っていってしまう。例人気をさらう。波にさらわれる。類かすめる。かすめとる。❸習得を深めるために、いちどやったことをくりかえす。おさらいをする。例記憶《きおく》をさらう。その日のうちに授業をさらう。類復習する。表記 ①は「▼浚う」「▼渫う」、②は「▼攫う」、③は「▽復▽習う」と漢字をあてることがある。

さらうどん【皿うどん】〈名〉あんかけの揚げそば。極細《ごくぼそ》の中華麺《ちゅうかめん》を揚げたものに、キャベツ・豚肉・かまぼこなどの具入りのあんをかけたもの。長崎の名物。

サラきん【サラ金】〈名〉「サラリーマン金融《きんゆう》」の略。おもに会社員にお金を貸す金融業。担保《たんぽ》は不要だが利息が高い。例サラ金に手を出す。サラ金業者。参考 俗《ぞく》っぽいことば。「消費者金融」にふくまれる。

さらけだ・す【さらけ出す】〈動五〉ふつうには外にだしたがらないものまで、すっかり外へだして見せる。例恥《はじ》をさらけだす。類暴露《ばくろ》する。

サラサ【更▼紗】〈名〉人物や花鳥、幾何《きか》などの複雑なもようをそめだした、綿や絹の布。◇《ポルトガル》sarasa

[1]**さらさら** ━〈副〉❶かろやかに流れるようす。例小川がさらさら(と)流れる。❷かわいたものがふれあうときのようす。例「ささの葉さらさら のきばにゆれる」〔童謡〕。━〈形動・副・する〉しめりけやねばりけがなく、さっぱりしている。例さらさら(と)した砂。さらさらの髪《かみ》。参考 アクセントは、ふつう「サラサラ」であるが、━で形容動詞として使う場合は「サラサラ」となる。

[2]**さらさら【更更】**〈副〉(あとに打ち消しのことばをともなって)ある気持ちが少しもない、という意味を表わす。例わるぐちを言ったおぼえはさらさらない。類みじんも。アサラサラ

ざらざら〈形動・副・する〉細かいでこぼこがあったり、砂のようなものがついていたりして、なめらかさがない状態。例強風で部屋中ざらざらになった。対すべすべ。参考 アクセントは、ふつう「ザラザラ」であるが、「ざらざらに」「ざらざらの」「ざらざらだ」の場合は「ザラザラ」となる。

さらし【▼晒し】 ━〈造語〉風や雨、日光のあたるままにしておくこと。例雨ざらし。野ざらし。━〈名〉日光にあてたり、薬品や水を使ったりして、白くすること。また、白くした布。例さらしもめん。類漂白《ひょうはく》。

さらしくび【さらし首】【▼晒し首・▼曝し首】〈名〉むかし、罪人の首をきって見せしめのためにさらした刑罰《けいばつ》。類獄門《ごくもん》。

さらしこ【さらし粉】【▼晒し粉】〈名〉⇩カルキ

さらしもの【さらし者】【▼晒し者】〈名〉おおぜいの人の前にさらされて、はずかしい思いをさせられる人。例さらし者になる。

さら・す【▼晒す】〈動五〉❶風や雨、日光などのあたるままにしておく。例風雨にさらされて、ぼろぼろになる。❷日光にあてる、水や薬品を使うなどして、白くしたりあくをぬいたりする。例布をさらす。水にさらす。類漂白《ひょうはく》する。❸見られてはこまるものが人の目にふれてしまう。例はじをさらす。醜態《しゅうたい》をさらす。

方言 ③の意味から、大阪では、「何さらしとんねん」のように、きわめて乱暴《らんぼう》な言いかたとして、「する」ことをののしって言う。

サラダ〈名〉生野菜を主体に、ハムなどをそえて、ドレッシングやマヨネーズなどをかけた食べもの。◇salad 参考 煎餅《せんべい》にいう「サラダ味」は、サラダ油をからめて塩をまぶしたもののこと。

サラダゆ【サラダ油】〈名〉ドレッシングやマヨネーズなどに使う、植物性の食用油。サラダオイル。◇salad oil

さらち【更地】〈名〉❶手入れしていない空き地。❷樹木や建造物がなく、すぐ宅地として使える土地。

ざらつ・く〈動五〉ものの表面がざらざらする。

さらなる【更なる】〈連体〉❶なおいっそうの。例更なる努力。❷次のあらたな。例更なる試練。

さらに【更に】〈副〉❶その上に。かさねて。例さらに、くわしくしらべる。類なお。❷ますます。もっと。例大地震《おおじしん》がおこる可能性は去年よりさらに大きくなってきた。類いっそう。なお。

表現「雨が降ってきた。さらに、風も強くなった。」のように、接続詞としても用い、その場合は「さらには」ともいう。

ざらに ⇩ざら

さらば〈感〉別れを告げることば。例さらば、ふるさと。

表現 別れることを「おさらばする」、いまが別れのときだということを「いよいよおさらばだ」という。

サラブレッド〈名〉ウマの品種の一つ。走るのがはやく、競馬に使われる。◇thoroughbred

表現「芸能界のサラブレッド」のように、有名な家がらの子息《しそく》のたとえとしても使われる。

サラミ〈名〉ニンニクの味をきかせ乾燥《かんそう》させた、ソーセージ。サラミソーセージ。◇《イタリア》salami

ざらめ【▽粗目】〈名〉❶結晶《けっしょう》があらく、やや赤みがかった砂糖。わたあめの原料になる。❷いちどとけかかった雪がこおって、小さな氷のつぶになったもの。ざらめ雪。

サラリー〈名〉給料。例サラリーマン。◇salary

サラリーマン〈名〉月給をもらって生活している人。月給とり。◇salaried man から。参考 とくに男性会社員をさし、女性会社員は「Ｏ《オー》Ｌ《エル》」という。

さらりと〈副〉❶かるく、なめらかなようす。べとつかないようす。例さらりとした布。❷なにごとにもこだわらないようす。また、ものごとをあっさりとなしとげるようす。例さらりと忘れる。さらりとやってのける。

表現 ①はふつう、「さらっと」の形で使う。「さらっとした髪《かみ》」「さらっとした油」のように、

ざりがに【▼蝲▼蛄】〈名〉❶池や川にすむエビの一種。体長五〜六センチメートル。いちばん前の足がはさみになっている。北海道や東北の渓流《けいりゅう》にいる。❷アメリカザリガニのこと。体長一〇センチメートルぐらいになる。北海道をのぞく各地の水田などにすみ、イネなどに害をあたえる。

さりげない〈形〉ふだんと変わったことは何もないというようすでいる。例さりげないおしゃれ。かれは、わたしの欠点をさりげなくカバーしてくれた。類なにげない。

さりとて〈接〉そうだからといって。

[1]**さる**【猿】〈名〉人間にもっともちかいといわれる哺乳《ほにゅう》動物。ニホンザル、テナガザルや、類人猿《るいじんえん》のゴリラ・チンパンジーなどのほか、多くの種類がある。→さる〔申〕(次項)

表現 一匹《いっぴき》二匹《にひき》と数えるが、人間にちかいもの(類人猿《るいじんえん》)ほど一頭二頭と数えることが多い。

猿も木《き》から落《お》ちる 木登りのうまいサルでも、ときには木から落ちることがあるように、どんなにすぐれた人でも、誤《あやま》ることがある、というたとえ。ときには失敗することがある、というたとえ。類河童《かっぱ》の川流れ。弘法《こうぼう》も筆の誤り。上手《じょうず》の手から水が漏《も》れる。

[2]**さる**【▽申】〈名〉❶「十二支」の第九番目で、サル。❷むかしの方角の名で、西南西。❸むかしの時の名で、午後四時およびその前後一時間、計二時間の間。

[3]**さ・る**【去る】■一〈動五〉❶今までいたところからはなれる。例その場を去る。世を去る(＝死ぬ)。職を去る。遠くへ去る。立ち去る。❷今までの状態が消えてしまう。例悲しみが去る。苦痛が去る。危険が去る。❸時が流れていく。例夏が去る。❹今いるところ、今の時代からへだたっている。例東京を去ること六〇キロの地点。今を去ること百年前。❺いやなものを、とりのぞく。例雑念を去る。
■二〈接尾〉動詞の連用形につけて、「完全に…する」という意味を表わす。例消し去る。忘れ去る。

去る者《もの》は追《お》わず 自分からはなれていく人はむりにひきとめないで、その人の自由意志にまかせる。対来《きた》る者は拒《こば》まず。

去る者《もの》は日々《ひび》に疎《うと》し 親しかった人でも、遠くはなれてしまえば、しだいに親しみがなくなるし、死んだ人は月日がたつにつれてだんだん忘れられていく。

[4]**さる**【去る】〈連体〉すぎさって、まだ間もない。例去る五月、長女が結婚《けっこん》しました。対きたる。

参考 日づけの上につけて使う。

[5]**さる**〈連体〉話題にする人や場所を漠然《ばくぜん》とさし示すことば。ある。例さるところに。さる人の言《げん》によれば。敵もさる者(＝なかなかしたたかな者)。

[1]**ざる**【▼笊】〈名〉竹や針金、ビニールなどをあんでつくった入れ物。野菜や米を洗ったり、水気をきるのに使う。例ざるですくう。ざるそば。

表現 「ざる碁《ご》」「ざる捜査《そうさ》」「ざる法」のように、他のことばといっしょになって、「ずさんだ」「ぬけ穴だらけだ」という意味を表わすことがある。

[2]**ざる**〈助動〉文語の打ち消しを表わす助動詞「ず」の連体形。例見ざる言わざる聞かざる。

参考 「この問題には、注目せざるをえない」のように、口語体の文章の中でも使われることがある。

さるがく【猿楽】【▽中楽・▽散楽】〈名〉古代から中世にかけて行なわれた演芸の一つ。中国から伝わった散楽《さんがく》の影響《えいきょう》をうけたもので、こっけいなものまねや曲芸を主とする。中世に入って能や狂言《きょうげん》に発展した。

さるく(方言) ぶらぶら歩きまわる。九州で言う。

さるぐつわ【猿ぐつわ】【猿▼轡】〈名〉声を出させないために、布などを口にかませ、頭のうしろにまわしてしばるもの。例猿ぐつわをかませる。

ざるご【ざる碁】【▼笊碁】〈名〉へたな碁。

さるしばい【猿芝居】〈名〉❶へたな芝居をばかにしていうことば。❷かんたんに見破ることができる、たくらみ。

参考 むかし、サルに単純な芸をしこんで、それを見せ物としたことからいう。

さるすべり【▽百▽日▽紅】〈名〉庭木にする落葉高木。木のはだがなめらかでつやがあり、夏から秋にかけてうす赤やうすむらさきの花が長いあいださく。

ざるそば【▼笊▼蕎▽麦】〈名〉ゆでて水洗いしたそばを、ざるやすのこにもったもの。上にのりがかけてあり、つけ汁につけて食べる。

表現 一枚二枚と数える。

さるぢえ【猿知恵】〈名〉一見りこうそうだが、じつはあさはかな知恵。類浅知恵。

さるのこしかけ【猿の腰掛け】〈名〉キノコの一種。木の幹に腰掛けのように半円形に生える。種類が多く、食用や薬用にするものもある。

サルビア〈名〉庭にうえる草花の一種。多年草。葉はシソに似《に》て、夏、赤い花を長い茎《くき》にたくさんつける。ひごろもそう。◇salvia

サルベージ〈名〉❶海難救助。❷難破船の引きあげ作業。例サルベージ船。◇salvage

ざるほう【ざる法】【▼笊法】〈名〉ぬけ穴だらけで現実に対応できない法律。

さるほどに【さる程に】〈接〉そうこうしているうちに。

さるまた【猿股】〈名〉腰《こし》から股のあたりをおおう、男子用の短い下着。

さるまね【猿まね】【猿真▽似】〈名・する〉サルが人のまねをすることから、よく考えもしないで、人のまねばかりすること。うわべだけのまね。例猿まねにすぎない。

さるまわし【猿回し】〈名〉サルに芸をさせる芸人。

サルモネラきん【サルモネラ菌】〈名〉腸内の菌で、チフス菌やパラチフス菌、食中毒などを起こす細菌など。◇salmonella

されき【砂▼礫】〈名〉砂と小石。「しゃれき」ともいう。

[1]**ざれごと**【ざれ言】【▽戯れ言】〈名〉ふざけたことば。

[2]**ざれごと**【ざれ事】【▽戯れ事】〈名〉ふざけ半分にすること。古風な言いかた。類たわむれ。いたずら。

されたい …をしてほしい。例折り返し返送されたい。

表現 やや強制のニュアンスをふくんだ、改まった言いかた。

されど【▽然れど】〈接〉そうではあるが、しかし。古めかしい言いかた。→たかが 表現

さればとて〈接〉そうかといって。だからといって。例さ

れぱとて、墓にふとんは着せられず(＝「孝行をしたい時には親はなし」と同じことを言っている川柳《せんりゅう》)。

ざ・れる【▽戯れる】〈動下一〉ふざけてたわむれる。古めかしい言いかた。

[1]**サロン**〈名〉上流社会の文化的な社交の場。社交的な集まりに使う広間。◇フランス salon

[2]**サロン**〈名〉インドネシア・マレーシアなどの民族衣装《いしょう》で、長いスカート状の腰布《こしぬの》。男女ともに用いる。◇マレー語から。

さわ【沢】〈名〉❶水でじめじめして、草の生えているところ。❷山あいの小さな谷川。例沢登り。

サワー ━〈名〉焼酎《しょうちゅう》やジンなどの酒を炭酸水で割った飲み物。酎ハイ。例レモンサワー。━〈造語〉酸味のある。例サワークリーム。◇sour

さわかい【茶話会】〈名〉お茶を飲んだり、お菓子《かし》を食べたりしながら、くつろいで話しあう会。「ちゃわかい」ともいう。類ティーパーティー。

さわがし・い【騒がしい】〈形〉❶大きなもの音や人声がして、うるさい。類やかましい。❷大きな事件がおこったりして、平静でない。例世間が騒がしい。▽類騒騒《そうぞう》しい。

さわが・せる【騒がせる】〈動下一〉さわがしくする。さわがす。例世間を騒がせる。どうもお騒がせしました。

さわがに【沢がに】【沢▼蟹】〈名〉谷川にすむ、カニの一種。色は茶いろっぽいものが多く、小さい。からあげなどにして食べる。

さわぎ【騒ぎ】〈名〉❶さわぐこと。人をさわがせるようなことがら。例騒ぎがおさまる。騒ぎをおこす。大騒ぎ。ばか騒ぎ。火事騒ぎ。むなさわぎ。類騒動《そうどう》。❷(「…どころのさわぎではない」の形で)そんなことを言ったり、したりする場合ではない。たいへんだ。例学校が火事になって、試験どころのさわぎではなくなった。

さわぎた・てる【騒ぎ立てる】〈動下一〉しずかにしていないで、あれこれとうるさいことを言ったりしたりする。

さわ・ぐ【騒ぐ】〈動五〉❶大声をあげたり音をたてたりして、やかましくする。例観客が騒ぐ。❷心理的に動揺《どうよう》して、おちつきがなくなる。例胸が騒ぐ。
方言 新潟では、「県内をさわいで回る」のように、「あちこち動き回る」という意味でも使う。

ざわざわ〈副・する〉❶たくさんの人が、まとまりなく話して、さわがしいようす。❷木の葉や枝《えだ》などが風にふかれて音をたてるようす。

ざわつ・く【▽騒つく】〈動五〉おちつきのないざわざわした状態になる。類ざわめく。

ざわめき〈名〉ざわめく音。例街のざわめき。

ざわめ・く〈動五〉ざわざわと、あちこちで声や音がする。例観客がざわめく。類ざわつく。

さわやか【爽やか】〈形動〉❶ほどよく冷たく、湿気《しっけ》がない。また、そのような感じがする。例さわやかな朝。気分がさわやかだ。❷接していると、こちらまで心がすんでいくようだ。例さわやかな笑顔《えがお》。▽類すがすがしい。爽快《そうかい》。❸はっきりして、とどこおりがない。例弁舌《べんぜつ》さわやか。

[1]**さわら**【▼椹】〈名〉ヒノキに似《に》た常緑高木。木材はやわらかく、建築や器具などに使う。

[2]**さわら**【▼鰆】〈名〉近海にすむさかな。背は青緑色で体長一《メートル》にもなる。照り焼きによい。

さわらび【▽早▼蕨】〈名〉芽を出したばかりのういういしいワラビ。詩的なことば。

[1]**さわり**【触り】〈名〉❶話や物語、曲の中の、いちばんいいところ。例触りだけを話す。類さび。❷話や物語、曲の、はじまりの部分。類出だし。注意 ①が本来の意味だが、②の意味で使う人が増えている。

[2]**さわり**【障り】〈名〉ものごとをするのに、じゃまになるような事情。例障りがある。あたり障り。目ざわり。類さしつかえ。障害。支障。

[1]**さわ・る**【触る】〈動五〉手などでふれる。例展示《てんじ》品に触る。手に触る。寄ると触ると(→「よる〔寄る〕」の子項目)。

触らぬ神《かみ》に祟《たた》りなし かかわらなければ、わざわいも受けずにすむから、よけいな手だしはするな。

[2]**さわ・る**【障る】〈動五〉さまたげとなる。害となる。例出世に障る。人気《にんき》に障る。からだに障る。しゃくに障る(＝腹がたつ)。気に障る。神経に障る。

さわん【左腕】〈名〉左のうで。例左腕投手。

常用漢字
さん

【三】一部2 全3画 三 三 三
サン み・みっ・みっつ 教小1 音[サン] 三角《さんかく》。七五三《しちごさん》。三差路《さんさろ》。三流《さんりゅう》。三寒四温《さんかんしおん》。再三《さいさん》。訓❶[み] 三日月。三日《みっか》。三日坊主。❷[みっ] 三つども え。三つ葉。三つ指。❸[みっつ] 三つ。
注意「三味線」は、「しゃみせん」と読む。

【山】山部0 全3画 山 山 山
サン やま 教小1 音[サン] 山菜《さんさい》。山頂《さんちょう》。山脈《さんみゃく》。山岳地帯《さんがくちたい》。火山《かざん》。高山《こうざん》。鉱山《こうざん》。登山《とざん》。訓[やま] 山。山男。山火事。山崩れ。山小屋。山積み。岩山。
注意「山車」は、「だし」と読む。

【参(參)】ム部6 全8画 参 参 参 参
サン まいる 教小4 音[サン] 参加《さんか》。参入《さんにゅう》。参拝《さんぱい》。参考《さんこう》。直参《じきさん》。墓参《ぼさん》。降参《こうさん》。訓[まいる] 参る。寺参り。宮参り。

【桟(棧)】木部6 全10画 ※ 桟 桟 桟 桟 桟
サン 音[サン] 桟《さん》。桟橋《さんばし》。
注意「桟敷」は、「さじき」と読む。

【蚕(蠶)】虫部4 全10画 蚕 蚕 蚕 蚕
サン かいこ 教小6 音[サン] 蚕糸《さんし》。蚕食《さんしょく》。養蚕《ようさん》。訓[かいこ] 蚕。

【惨(慘)】忄部8 全11画 惨 惨 惨 惨
サン・ザン みじめ 音❶[サン] 惨事《さんじ》。惨劇《さんげき》。悲惨《ひさん》。陰惨《いんさん》。凄惨《せいさん》。惨状《さんじょう》。❷[ザン] 惨死《ざんし》。惨殺《ざんさつ》。惨敗《ざんぱい》。訓[みじめ] 惨めだ。

【産】生部6 全11画 ※ 産 産 産 産 産
サン うむ・うまれる・うぶ 教小4 音[サン] 産業《さんぎょう》。国産《こくさん》。生産《せいさん》。産地《さんち》。産休《さんきゅう》。産卵《さんらん》。出産《しゅっさん》。遺産《いさん》。不動産《ふどうさん》。訓❶[うむ] 産む。産み月。産み落とす。❷[うまれる] 産まれる。❸[うぶ] 産湯。産着。産毛。
注意「土産」は、「みやげ」と読む。

【傘】 人部10 全12画
サン かさ 音［サン］ ▨傘下《さんか》。 ▨落下傘《らっかさん》。 訓［かさ］ 傘。雨傘。日傘。

【散】 攵部8 全12画
サン ちる・ちらす・ちらかす・ちらかる 教小4 音［サン］ ▨散歩《さんぽ》。散文《さんぶん》。散財《さんざい》。散乱《さんらん》。 ▨解散《かいさん》。分散《ぶんさん》。拡散《かくさん》。胃散《いさん》。 訓❶［ちる］ 散る。散り散りに。❷［ちらす］ 散らす。❸［ちらかす］ 散らかす。食べ散らかす。❹［ちらかる］ 散らかる。

【算】 竹部8 全14画
サン 教小2 音［サン］ ▨算数《さんすう》。算出《さんしゅつ》。算定《さんてい》。 ▨暗算《あんざん》。計算《けいさん》。決算《けっさん》。予算《よさん》。打算的《ださんてき》。

【酸】 酉部7 全14画
サン すい 教小5 音［サン］ ▨酸味《さんみ》。酸性《さんせい》。酸化《さんか》。酸素《さんそ》。 ▨塩酸《えんさん》。硫酸《りゅうさん》。炭酸水《たんさんすい》。辛酸《しんさん》(をなめる)。 訓［すい］ 酸い。酸っぱい。

【賛(贊)】 貝部8 全15画
サン 教小5 音［サン］ ▨賛成《さんせい》。賛同《さんどう》。賛辞《さんじ》。賛嘆《さんたん》。 ▨協賛《きょうさん》。称賛《しょうさん》。絶賛《ぜっさん》。自画自賛《じがじさん》。

1 **さん【三】**〈名〉 二より一つ多い数。 アサン ↓常用漢字 いち〔壱〕参考

2 **さん【桟】**〈名〉 ❶板がそらないように打ちつける ほそい木材。 例桟を打つ。 ❷しょうじや板戸、窓などのわくの内がわに、たて・よこにわたす ほそい木。 ❸雨戸や板戸にとりつける、戸じまりのための小さな木。 例桟をおろす。 ❹はしごや足場など、木材でくんだものの横木。 ▽アサン

3 **さん【産】** 一〈名〉 ❶⇩おさん ❷(「…県の産」などの形で)その土地の産物、または、その土地のうまれ。 ❸財産。 例産をなす。 ❹産業界。一般《いっぱん》の企業《きぎょう》。「官」「民」「学」などに対していう。 例産学官の協同研究。 ▽アサン ↓さんする

二〈接尾〉 土地の名のあとにつけて、「そこでとれた」という意味を表わす。 例カリフォルニア産。北海道産。

4 **さん【算】**〈名〉 ❶計算。とくに、そろばんなどを使って計算すること。古い言いかた。 ❷うらないや計算に使う角柱の形の木片《もくへん》。算木《さんぎ》。 例算をおく(＝うらなう)。 ▽アサン

算を乱《みだ》す 算木を机のうえになげだしたように、ものがばらばらの状態になる。

表現 集団がくずれてまったくばらばらになり、だらしなく逃げ走るさまを「算を乱して逃げて行く」のようにいう。

5 **さん【酸】**〈名〉〔化学〕 水にとけて酸性の反応を示す水素化合物。青いリトマス紙を赤に変える。 例アミノ酸。クエン酸。 対アルカリ。 アサン

6 **さん【賛】**〈名〉 ❶漢文の文体の一つ。人がらや業績などをほめたたえるもの。 ❷絵や書にあわせてそえる詩句や文章。 ↓じがじさん ▽アサン

7 **さん**〈接尾〉 ❶人名や人を表わすことばにつけて、かるい敬意や親しみの気持ちをそえる。 例鈴木さん。お母さん。おふたりさん。 ❷あいさつのことば、また、ねぎらいの気持ちを表わすことばにつけて、ていねいで親しみのこもった気持ちをそえる。 例ご苦労さん。

表現 「さま」より敬意やていねいの度合いはおちるが、話しことばでよく使う。「ご苦労さん」のように、ことばによっては、接頭語「お」「ご」とかならずいっしょに使う。

8 **さん【山】**〈接尾〉 ❶山《やま》の名につけることば。 例富士山。 ❷名高《なだか》い山や山寺《やまでら》を数えることば。 例出羽《でわ》三山《さんざん》(＝山形県の三つの山)。京都五山《ござん》(＝五つの禅宗《ぜんしゅう》の寺)。

常用漢字 ざん

【残(殘)】 歹部6 全10画 ※
ザン のこる・のこす 教小4 音［ザン］ ▨残金《ざんきん》。残塁《ざんるい》。残念《ざんねん》。残虐《ざんぎゃく》。残酷《ざんこく》。 ▨敗残《はいざん》。無残《むざん》。老残《ろうざん》。 訓❶［のこる］ 残る。生き残る。居残る。残り。残り香。残り物。居残り。 ❷［のこす］ 残す。食べ残し。

注意 「名残」は、「なごり」と読む。

【斬】 斤部7 全11画
ザン きる 音［ザン］ ▨斬殺《ざんさつ》。斬新《ざんしん》。 訓［きる］ 斬る。斬られ役。

【暫】 日部11 全15画
ザン 音［ザン］ ▨暫時《ざんじ》。暫定《ざんてい》。

【惨】 ⇩常用漢字 さん〔惨〕

ざん【残】〈名〉 のこり。とくに、収支の計算をしたあとにのこった金額。 例さしひき六百円の残がでた。

さんい【賛意】〈名〉 賛成の気持ち。 例賛意を表する。

さんいつ【散逸】〔散▼佚〕〈名・する〉 まとまっていた書類や本などが、あちこちにちらばってなくなる。

1 **さんいん【山陰】**〈名〉 中国地方の日本海がわの地方。 対山陽。

2 **さんいん【参院】**〈名〉 「参議院」の略。

1 **さんか【参加】**〈名・する〉 団体やグループ活動などのなかまに入ること。いっしょに行動すること。 例オリンピックに参加する。参加者。 類加盟。 アサンカ

2 **さんか【惨禍】**〈名〉 天災や戦争などによる、見るにしのびないような、ひどい被害《ひがい》。 例惨禍をこうむる。戦争の惨禍。 類惨害。 アサンカ

3 **さんか【傘下】**〈名〉 有力者や大きな組織の勢力の中。傘《かさ》の下《もと》。 例傘下におさめる。大企業の傘下に入る。 類支配下。翼下《よくか》。 アサンカ

4 **さんか【賛歌】**〔▼讃歌〕〈名〉 人やものごとをほめたたえた歌。 例青春賛歌。オリンピック賛歌。 アサンカ

5 **さんか【酸化】**〈名・する〉〔化学〕 物質が酸素と化合すること。ものがもえるときは、酸化がおきるが、さびなど、燃焼《ねんしょう》でない酸化も多い。 対還元《かんげん》。 アサンカ

1 **さんが【山河】**〈名〉 山と川。自然。 例ふるさとの山河。国破れて山河あり(↓「くに」の子項目)。 類山川《さんせん》。山水。

2 **さんが【参賀】**〈名・する〉 新年や、宮中におめでたいことがあったときに、国民が皇居へ行き、お祝いの気持ちを表わしたり、記帳したりすること。 例皇居一般《いっぱん》参賀。

1 **さんかい【山海】**〈名〉 山と海。 例山海に抱《いだ》かれた温泉町。山海の珍味《ちんみ》。

2 **さんかい【山塊】**〈名〉 山脈や山系から はなれている一群の山々。

 クラーク(1826〜86) アメリカの教育者。1876年来日し，札幌農学校の創設に力をつくした。

表現 多く、「丹沢《たんざわ》山塊」のように、地名の下につけて使い、あまり単独では用いない。

さんかい[3]【参会】〈名・する〉 会合に出席すること。例参会者。

さんかい[4]【散会】〈名・する〉 会合がおわること。会合がおわって、参加者が立ち去ること。類解散。

さんかい[5]【散開】〈名・する〉 軍隊の隊形で、密着して隊を組んでいたものが、ばらばらにちらばること。

さんがい【惨害】〈名〉 天災や戦争などによる、いたましい被害《ひがい》。例惨害をこうむる。類惨禍《さんか》。

ざんがい【残骸】〈名〉 もとの形をとどめないほどすっかりこわされてしまったもの。また、のこったかけら。例残骸と化す。戦車の残骸。

さんかカルシウム【酸化カルシウム】〈名〉 ⇩せいせっかい

さんかく[1]【三角】〈名〉 三本の線でかこんだ形。例目を三角にする。三角巾《きん》。三角定規。三角屋根。類三角形。ア サンカク

さんかく[2]【参画】〈名・する〉 大事業などの、計画にくわわること。例政策の立案に参画する。ア **サンカク**

さんがく【山岳】〈名〉 高い山やまがつらなっているところ。例山岳地帯。山岳信仰《しんこう》。類山地。

ざんがく【残額】〈名〉 のこりのお金や数量。例残額をしらべる。残額三千五百円。類残金。残高。残《ざん》。

さんかくかんけい【三角関係】〈名〉 恋愛《れんあい》が一対一でなく、男女三人の間で複雑になっていること。

さんかくかんすう【三角関数】〈名〉〔数学〕 直角三角形では、直角以外の角の角度がひとつさだまると、それにしたがって、三辺のうちの二辺の長さの比(=サイン・コサインなど六種類ある)の数値が六つともさだまる。この、一角によってさだまる六種の数値のこと。

さんかくきん【三角巾】〈名〉 正方形を半分にした三角形の布。包帯の代用などとする。

さんかくじょうぎ【三角定規】〈名〉 三角形の定規。直角三角形で、二つの角が四五度のものと、三〇度・六〇度のものがある。

さんかくす【三角州】〖三角▼洲〗〈名〉 川の上流からはこばれてきたすなやどろが、河口付近につもってできたたいらな土地。デルタ。

さんかくそくりょう【三角測量】〈名〉 地図などをつくるための測量法のひとつ。距離、高さの二点を基準にしてそれと測るべき地点をむすぶ三角形をつくって、その角度で、測るべき地点の位置や高さを確定する。

さんかくてん【三角点】〈名〉〔地学〕 土地の測量をするときの基準となる場所。山の頂上などがえらばれて、花崗《かこう》岩のめじるしをうめる。

さんかっけい【三角形】〈名〉〔数学〕 三本の線分でかこまれた図形。例正三角形。直角三角形。二等辺三角形。参考 面積は、「底辺 × 高さ ÷ 2」で求める。

さんがにち【三が日】〈名〉 一月一日から三日までの三日間。類松《まつ》の内。

さんかん[1]【山間】〈名〉 山の中。山と山のあいだ。例山間僻《へき》地《ち》。類山あい。山峡《さんきょう》。

さんかん[2]【参観】〈名・する〉 授業や文化財施設《しせつ》などを見にいくこと。例授業参観。参観料。類見学。

さんかんおう【三冠王】〈名〉 おもにスポーツで、おもだった三つのタイトルをとった人。とくに、野球で、あるシーズンに、ホームラン・打点・打率の三つのタイトルをとった選手。トリプルクラウン。

さんかんしおん【三寒四温】〈名〉 二月から三月にかけて、寒い日と暖かい日がめまぐるしく入れかわりながら、だんだん春へと近づいていくようす。

さんぎ【算木】〈名〉 日本のむかしの算数や占《うらな》いに使う、小さな棒。占いに使うものは六本を一組にする。

ざんき【▼慚▼愧・▼慙▼愧】〈名〉 自分のしたあやまちを、はずかしく思うこと。例慚愧のなみだ。慚愧にたえない。注意 うまくいかなくて残念、といった程度のことで使うことばではない。

ざんぎ(方言) から揚げ。北海道で言う。

さんぎいん【参議院】〈名〉 衆議院とともに国会を構成する議院。比例代表制によって選ばれる議員と選挙区から選ばれる議員があり、任期は六年。その半数は三年ごとに通常選挙によって改選され、衆議院とちがって解散はない。略して「参院」ともいう。

さんきゃく【三脚】〈名〉 ❶カメラなどをのせてささえるための三本足の台。高さを調節できる。❷三本足で、おりたたみ式の もちはこびできる こしかけやはしご。

ざんぎゃく【残虐】〈形動〉 人や生きものなどに対するいじめかたがひどい。むごたらしくて見ていられない。例残虐な行為《こうい》。類残酷《ざんこく》。残忍《ざんにん》。

さんきゅう[1]【産休】〈名〉 「出産休暇《きゅうか》」の略。働く女性が、出産のためにとる休み。ア **サンキュー**

サンキュー[2]〈感〉 感謝の気持ちを気軽に表わすことば。ありがとう。サンクス。◇thank you ア サンキュー

さんきょう【山峡】〈名〉 山と山とのあいだ。類山間。

さんぎょう[1]【産業】〈名〉 いろいろの産物をつくりだす事業。また、それに関係のあるさまざまな事業。例産業をおこす。第一次産業。地場《じば》産業。

さんぎょう[2]【賛仰】〖▼讃仰・▼鑽仰〗〈名・する〉 りっぱな人物に心酔《しんすい》して、師《し》と仰《あお》ぐこと。「さんごう」ともいう。類尊崇《そんすう》。崇敬。

ざんきょう【残響】〈名〉 鐘《かね》をついたあとのように、しばらく消えずに聞こえる音。エコー。

ざんぎょう【残業】〈名・する〉 きめられた勤務時間がすぎても、残って仕事をすること。また、その仕事。

さんぎょうかくめい【産業革命】〈名〉〔歴史〕 商品の生産が、それまでの手工業から機械工業へ変化したこと。参考 一八世紀半ば、イギリスに始まった。工場など、生産手段を所有する資本家と、工場で働く労働者が社会の中心となり、封建《ほうけん》社会から資本主義社会へと、社会のしくみが大きく変わった。日本では、一九世紀のおわりごろから、紡績《ぼうせき》業や製糸業を中心におこった。

さんぎょうはいきぶつ【産業廃棄物】〈名〉 工場などの生産活動にともなって生み出された、いらないもの。汚泥《おでい》・廃油など。

ざんきん【残金】〈名〉 ❶収入から支出をさしひいて、手もとに現在のこっている金額。類残高。残額。❷借金や月ばらいなどで、まだはらっていないお金。

さんきんこうたい【参勤交代】〈名〉〔歴史〕 江戸《えど》時代、幕府が大名を一年おきに領地と江戸を往復させて、その妻や子は江戸のやしきに住まわせた制度。

さんぐう【参宮】〈名・する〉 神社に参拝すること。

サングラス〈名〉 強い日ざしや、まぶしい雪の反射から目をまもるためにかける、色つきの めがね。◇sunglasses

さんぐん【三軍】〈名〉 ❶陸軍・海軍・空軍をまとめた言いかた。❷全軍。例三軍の将。参考 古くからあるこ

とぼで、体制の完全に整った数万人の大部隊をいう。

さんげ【散華】〈名・する〉❶〔仏教〕ほとけの供養《くよう》のために、蓮《はす》の花びらをかたどった紙をまきちらす法要。❷「戦死」を美化して言ったことば。花と散ること。

ざんげ【▼懺▽悔】〈名・する〉神仏や人につげて、くいあらためること。過去におかしたあやまちを、神仏や人につげて、くいあらためること。類告白。

1 **さんけい【山系】**〈名〉ほぼ同じ方向につらなる、いくつかの山脈があつまって、一つのまとまりをなしているもの。ヒマラヤ山系など。類山脈。

2 **さんけい【参詣】**〈名・する〉神社や寺にお参りすること。例参詣人《にん》。参詣者。類参拝。詣《もう》でる。

さんげき【惨劇】〈名〉むごたらしい事件。例惨劇を演じる。類惨事。

さんけつ【酸欠】〈名〉「酸素欠乏《けつぼう》」の略。空気中の酸素がたりなくなること。例酸欠状態。

ざんげつ【残月】〈名〉夜があけてからもまだ空にのこっている月。類ありあけの月。

さんけづ・く【産気づく】〈動五〉今にも子を産みそうな状態になる。

さんけん【散見】〈名・する〉ものごとが、あちこちにあったり、ちらほら見えたりすること。例作文に誤字が散見される。

ざんげん【▼讒言】〈名・する〉人をおとしいれるための悪口などを、目上の人に告げ口すること。例讒言に足をすくわれる。讒言に耳をかす。類中傷。

さんげんしょく【三原色】〈名〉あらゆる色彩《しきさい》のもとになる三つの色。まぜあわせかたで、どんな色でも表わすことができる。絵の具では、赤・黄・青。光では、赤・緑・青。

さんけんぶんりつ【三権分立】〈名〉政治のしくみで、国家の権力を立法権・行政権・司法《しほう》権の三つに分け、それぞれを国会・裁判所・内閣に与えて、権力の集中を防ぐこと。参考この三つの権力に対して、マスメディアまたはジャーナリズムのことを、国民への影響《えいきょう》力の大きさから「第四の権力」と呼ぶこともある。

1 **さんご【▼珊▼瑚】**〈名〉南の海にいるサンゴチュウという虫が海底の岩についてかたまり、死んで木のえだのような形になったもの。白サンゴ・赤サンゴ・もも色サンゴがあり、装飾《そうしょく》品にする。三月の誕生石《たんじょうせき》。アサンゴ

2 **さんご【産後】**〈名〉母親が赤ちゃんを産んだあと。例産前産後六週間の休暇。対産前。アサンゴ

表現「産後の肥立《ひだ》ちが良い」というと、赤ちゃんを産んだあとの母親の回復が順調であることをいう。

さんこう【参考】〈名〉考えをまとめるうえで、いろいろなものを利用すること。また、そのための材料。例参考になる。前例を参考にする。参考資料。類参照。

参考まで 実際に、または直接、役に立つかどうかわからないが。例参考までに伝えておく。以上、ご参考まで。

さんごう【賛仰】〈名・する〉⇩さんぎょう〔賛仰〕

ざんこう【残光】〈名〉太陽がしずんだあともなお、空にのこっている光。類残照。

ざんごう【▼塹▼壕】〈名〉野戦で歩兵が敵弾《てきだん》をふせぐために、土や土嚢《どのう》を前面にもりあげ、からだがかくれる深さに掘ったみぞ。

さんこうきろく【参考記録】〈名〉スポーツで、公式・公認《こうにん》の記録とはならない記録。とくに陸上競技の短距離《たんきょり》走や跳躍《ちょうやく》競技で、追い風が秒速二・〇メートルをこえる状況《じょうきょう》ででた記録で、その競技会での順位づけのみに使われるもの。

さんこうしょ【参考書】〈名〉考えをまとめたり、勉強したりするときに利用する教科書以外の本。

ざんこく【残酷】〈形動〉人や生きものに対する苦しめかたがひどい。むごたらしい。例残酷なしうち。類残虐《ざんぎゃく》。むごい。

さんごしょう【さんご礁】【▼珊▼瑚礁】〈名〉サンゴの石灰《せっかい》質がつもってできた、岩礁や島。

さんこつ【散骨】〈名・する〉遺骨を海や山にまいて死者をとむらうこと。

さんこ(三顧)のれい(礼) すぐれた人物に自分のところに来て働いてもらいたいなら、一度、二度ことわられても、せめて三度までは出向いて出馬《しゅつば》をお願いするだけの熱心さと礼儀《れいぎ》が必要だ、という考えかた。由来中国の三国時代、蜀《しょく》の劉備《りゅうび》が諸葛孔明《しょかつこうめい》の家を三度もたずねて、軍師として招いたことから。

さんざ〈副〉「さんざん」のくだけた言いかた。

さんさい【山菜】〈名〉山でとれる、食べられる植物。ワラビ・ゼンマイ・フキなど。参考山菜料理をたのしむのは、春、新芽がでる時期。

1 **さんざい【散在】**〈名・する〉あちこちにちらばって存在すること。例山あいに散在する農家。類点在。

2 **さんざい【散財】**〈名・する〉お金をたくさん使うこと。飲食や遊びなどに使う場合をいうことが多い。

ざんざい【斬罪】〈名〉首をきって殺す刑《けい》。例斬罪に処す。類斬首。打ち首。

さんさく【散策】〈名・する〉気ばらしのために、これといった目的もなく、ぶらぶら歩くこと。類散歩。逍遥《しょうよう》。

さんざし【山査子】〈名〉庭などにうえる落葉低木。枝《えだ》にとげがある。春、ウメに似《に》た白い花がさき、秋に赤い実がなる。ピラカンサ。

さんさしんけい【三▼叉神経】〈名〉脳《のう》の神経のうち、頭と顔面の感覚と、ものをかみくだく能力をつかさどるもの。

1 **ざんさつ【惨殺】**〈名・する〉目もあてられないほどひどいやりかたで殺すこと。類虐殺《ぎゃくさつ》。

2 **ざんさつ【斬殺】**〈名・する〉刀などで切り殺すこと。

さんざっぱら〈副〉「さんざん」のくだけた言いかた。

さんさろ【三差路】【三▼叉路】〈名〉道が三つにわかれているところ。みつまた。

さんさん【▼燦▼燦】〈副〉日の光が、明るくきらきらと照りかがやいているようす。例光がさんさんとふりそそぐ。

さんざん【散散】〓〈形動〉まったくひどい目にあうようす。例さんざんな目にあった。〓〈副〉いやになるほどひどく。おもによくないことについていう。例さんざんてこずる。さんざん待たされた。さんざん言って聞かせたのに。▽ア〓サンザン 〓サンザン

さんさんくど【三三九度】〈名〉結婚《けっこん》式で、夫婦《ふうふ》となる男女が同じ三つがさねのさかずきで酒を三度ずつ、計九度のみあう儀式《ぎしき》。参考「三」は、めでたい数で、これをかさねることによって夫婦の約束をかためるとともに門出《かどで》を祝う。

さんさんごご【三三五五】〈副〉何人かが、あちこちにちらばっていたり、歩いていたりするようす。例三々五々あつまる。

さんし【蚕糸】〈名〉カイコのまゆからとれる生糸《きいと》。

1 **さんじ【惨事】**〈名〉死者が何人もでるような事件。多く事故や災害についていう。例惨事を招く。類惨劇。

2 **さんじ【賛辞】**【▼讃辞】〈名〉ほめことば。例賛辞を呈《てい》する。おしみない賛辞。

さ

[1]**ざんし【残▼滓】**〈名〉あとにのこったかす。[ア]ザンシ

[2]**ざんし【惨死】**〈名・する〉顔をそむけたくなるような、むごたらしい死にかたをすること。[ア]**ザンシ**

[3]**ざんし【▼慙死・▼慚死】**〈名・する〉恥《は》じて恥じて、ついに命がつきること。死ぬほど深くはじいること。[ア]ザンシ

ざんじ【暫時】〈副〉しばらくのあいだ。かたい言いかた。

さんしきすみれ【三色すみれ】【三色▼菫】〈名〉草花の一種。一年草または二年草。春、黄・むらさき・白などの花がさく。パンジー。「さんしょくすみれ」ともいう。

さんじげん【三次元】〈名〉次元の数が三つであること。たて・よこ・高さの三つのひろがりをもつ空間。立体。[対]二次元。四次元。→じげん〔次元〕

さんしすいめい【山紫水明】〈名〉水墨《すいぼく》画を見るような、きよらかな自然の風景。[例]山紫水明の地。

さんじせいげん【産児制限】〈名・する〉人口増加をおさえたり、貧困《ひんこん》防止のために、避妊《ひにん》や人工妊娠《にんしん》中絶によって、子どもを少なく産むように調節すること。バースコントロール。[類]計画出産。

さんした【三下】〈名〉ばくちうちなどの仲間で、最も下の立場の者。

さんしちにち【三七日】〈名〉〔仏教〕人の死後二十一日目。その日に行なう法要。「みなのか」ともいう。

さんしゃく【参酌】〈名・する〉他の考えをてらしあわせて、参考にすること。[類]斟酌《しんしゃく》。

さんじゅ【傘寿】〈名〉八十歳《さい》。八十歳になった祝い。[参考]「傘」の略字「仐」が、「八十」と読めることから。

ざんしゅ【斬首】〈名・する〉昔の刑罰《けいばつ》で、重罪人の首を刀で切り落とすこと。[類]しばり首。

さんしゅう【参集】〈名・する〉目的があって人々が寄り集まること。[例]ご参集いただければ幸いです。

さんじゅうしょう【三重唱】〈名〉〔音楽〕三人の歌手による重唱。トリオ。

さんじゅうそう【三重奏】〈名〉〔音楽〕三つの楽器で行なう合奏。ピアノ・バイオリン・チェロによるピアノ三重奏など。トリオ。

さんじゅうろっかせん【三十六歌仙】〈名〉〔文学〕藤原公任《ふじわらのきんとう》(＝平安時代中期の歌人)の『三十六人撰《せん》』に選ばれた、三十六人のすぐれた歌人。柿本人麻呂《かきのもとのひとまろ》・紀貫之《きのつらゆき》など。

さんじゅうろっけい(三十六計)に(逃)げるにしかず どんな計略を考えるより、今の場合から逃げるのがいちばんよい。

[1]**さんしゅつ【産出】**〈名・する〉天然の産物がとれること。[例]石油を産出する。産出高。産出量。[類]産する。

[2]**さんしゅつ【算出】**〈名・する〉計算して、数をだすこと。[例]二点間の距離《きょり》を算出する。

さんじゅつ【算術】〈名〉むかし、小学校などで教えた、もっとも初歩の数学。いまの「算数」。

さんしゅのじんぎ【三種の神器】〈名〉❶天皇の位のしるしとして、代々の天皇がうけつぐ三つの宝物。八咫鏡《やたのかがみ》・天叢雲剣《あめのむらくものつるぎ》・八尺瓊勾玉《やさかにのまがたま》の三つ。❷その時代時代でなくてはならないものとされ、広範《こうはん》に普及《ふきゅう》する三つの品物。一九五〇年代の「洗濯機《せんたくき》・冷蔵庫・白黒テレビ」や、六〇年代の「車・クーラー・カラーテレビ(＝3C《さんシー》)」など。

[表現]ある方面で必需《ひつじゅ》品とされる三つの品物にもいう。

さんじょ【賛助】〈名・する〉事業などの趣旨《しゅし》に賛成して応援《おうえん》すること。[例]賛助会員。(音楽会などへの)賛助出演。

ざんしょ【残暑】〈名〉立秋をすぎてものこっている夏の暑さ。[例]残暑見舞《みま》い。[対]余寒。

[1]**さんしょう【山▼椒】**〈名〉山地にはえる落葉低木。枝にとげがある。若葉や実はつくだにや香辛《こうしん》料にする。舌がひりひりするがさわやかな感じの味。はじかみ。

山椒は小粒《こつぶ》でもぴりりと辛《から》い サンショウの実は、小さいが、ぴりっとからいことから、からだは小さくてもあなどることのできない実力をもっていることをいう。

[2]**さんしょう【参照】**〈名・する〉他のものを参考にすること。てらしあわせること。[例]囲み記事を参照して知識を深める。こちらの図をご参照ください。[類]照合。

[1]**さんじょう【参上】**〈名・する〉目上の人のところに行くことの謙譲《けんじょう》語。[例]さっそく参上いたします。[類]うかがう。あがる。

[2]**さんじょう【惨状】**〈名〉いたましいようす。むごたらしいようす。[例]惨状を呈《てい》する。

ざんしょう【残照】〈名〉夕日がしずんだあとも、まだ山や空の一部を照らしている光。[類]残光。

さんしょううお【山▼椒魚】〈名〉両生類の一種。ふかい山の谷川にすみ、イモリを大きくしたような太いからだに四本のみじかい足がある。

さんしょく【蚕食】〈名・する〉カイコがクワの葉を食べるときのような非常な勢いで、他の領域をはしから侵《おか》し、ぐんぐん勢力範囲《はんい》を広げていくこと。[例]市場を蚕食する。領土を蚕食される。[類]侵食《しんしょく》。

さんじょく【産▼褥】〈名〉お産のときにつかうねどこ。

さんしょく(三食)ひるね(昼寝)つ(付)き 毎回の食事が食べられて、おまけに昼寝もできる気楽な身分。専業主婦をからかっていうことが多い。

ざんしょみまい【残暑見舞い】〈名〉残暑のころにだすあいさつの手紙。→しょちゅうみまい

さん・じる【参じる】〈動上一〉❶「まいる」「うかがう」の古い感じの言いかた。❷「加わる」「参加する」の古めかしい言いかた。▽「さんずる」ともいう。

さんしん【三振】〈名・する〉野球で、打者が三つのストライクをとられて、アウトになること。[例]三球三振。

ざんしん【斬新】〈形動〉あっというほどの新味がある。[例]斬新なアイデア。[類]モダン。

さんしんとう【三親等】〈名〉〔法律〕親族関係の三番めの近さ。自分からみての、曽《そう》祖父母・曽孫《そうそん》・おじ・おば・おい・めい。→しんとう〔親等〕

[1]**さんすい【山水】**〈名〉❶山と川、みずうみなどの自然のようす。[類]山川《さんせん》。山河。❷自然のうつくしい風景。[例]山水画。枯《か》れ山水。▽[ア]サンスイ

[2]**さんすい【散水】**〈名・する〉土ぼこりや照りかえしをふせぐために、道路や庭に水をまくこと。[ア]**サンスイ**

[参考]元来は、「撒水《さっすい》」ということばだった。

さんずい【三水】〈名〉漢字の偏《へん》の一つ。「汗」「池」などの「氵」の部分。[参考]ふつう、漢和辞典では「水」(四画)の部にふくまれる。

さんすいが【山水画】〈名〉東洋画で、山や川など自然の風景をえがいたもの。

[参考]山水は、人物・花鳥とともに中国画の三大要素。

さんすう【算数】〈名〉小学校の教科の一つ。初歩の数学。

さんすくみ【三すくみ】【三▼竦み】〈名〉三者がたがいにつよく警戒《けいかい》しあって、だれもがうごけないようになること。[由来]ヘビはナメクジを、ナメクジはカエルを、カエルは

ヘビをおそれる、ということからできたことば。

サンスクリット〈名〉古代インドの文章語。梵天《ぼんてん》という神がつくったということから、「梵語《ぼんご》」ともいう。◇Sanskrit [参考]「和尚《おしょう》・禅《ぜん》・僧《そう》・奈落《ならく》」など、仏教のことばには、サンスクリット語が古代の中国で漢訳《かんやく》されて日本に伝わったものが多い。

さんすけ【三助】〈名〉むかし、銭湯で湯をわかしたり客の背中を洗ったりした、男性の使用人。

さんずのかわ【三▽途の川】〈名〉〔仏教〕死者が冥土《めいど》に行く途中《とちゅう》でわたるという川。

さん・する【産する】〈動サ変〉とれる。うみだす。つくりだす。[例]銅を産する。小麦を産する。[類]産出する。

さん・ずる【参ずる】〈動サ変〉⇩さんじる

[1]**さんせい【三省】**〈名・する〉心のもちかたや行動を日に三度、あるいは何度も反省すること。もと、『論語』のことば。

[2]**さんせい【酸性】**〈名〉〔化学〕すっぱい味がして、青色リトマス紙を赤くかえ、アルカリを中和する性質。[例]酸性食品。[対]アルカリ性。

[3]**さんせい【賛成】**〈名・する〉人の意見や考えかたに同意すること。[例]賛成をえる。賛成をもとめる。[対]反対。[類]賛同。

さんせいう【酸性雨】〈名〉石炭や石油の燃焼が原因で降る、酸性の強い雨。森林や土壌《どじょう》に悪い影響《えいきょう》をあたえる。

さんせいけん【参政権】〈名〉基本的人権の一つ。国民が政治に参加することができる権利。選挙権や被《ひ》選挙権など。

さんせいむ【酸性霧】〈名〉石炭や石油などの燃焼の結果生じた二酸化硫黄《いおう》や二酸化窒素《ちっそ》をふくんだ、酸性の強い霧《きり》。森林などを枯《か》らす。

[1]**さんせき【山積】**〈名・する〉解決しなければならないことが山ほどたまること。[例]問題が山積する。[類]やまづみ。[ア]サンセキ

[2]**さんせき【三▼蹟】**〈名〉すぐれた文字を書いた、平安時代の三人の人物。また、その筆跡。小野道風《おののとうふう》・藤原佐理《ふじわらのすけまさ》・藤原行成《ふじわらのゆきなり》のこと。[ア]サンセキ

ざんせつ【残雪】〈名〉春になっても、消えないでのこっている雪。[例]残雪がきらきらかがやいている。

さんせん【参戦】〈名・する〉戦争にくわわること。[例]連合国側に参戦する。

[1]**さんぜん【参禅】**〈名・する〉禅の道を学ぶこと。寺などで、座禅を組み、心の修行《しゅぎょう》をすること。

[2]**さんぜん【▼燦然】**〈副・連体〉太陽や星、宝石、あるいは名誉《めいよ》などが、きらきらとうつくしくかがやくようす。[例]燦然とかがやく。燦然たるかがやき。

さんせんそうもく【山川草木】〈名〉山や川、木や草ということから、自然のけしき。

さんそ【酸素】〈名〉〔化学〕色もにおいもない気体。空気の約五分の一はこれ。生物の生存に重要な役割をはたし、ものが燃えるのにも役だつ。元素の一つ。記号「O《オー》」。

ざんそ【▼讒訴】〈名・する〉人をおとしいれるために、わざと悪くうったえ出ること。[類]讒言《ざんげん》。

さんそう【山荘】〈名〉山の中にある別荘。

ざんぞう【残像】〈名〉ものを見て、その形がきえたあとも、なおそれがあるように感じられること。[参考]アニメや映画などで、一こま一こまがつながった一つの動きとして見えるのは、この作用による。

さんぞく【山賊】〈名〉山の中に住み、通行人の金品をうばう集団。[例]山賊におそわれる。[対]海賊。

さんそん【山村】〈名〉山の中の村。[類]山里。

ざんそん【残存】〈名・する〉なくならないで、まだのこっていること。「ざんぞん」ともいう。[例]旧習が残存する。

サンタ〈名〉「サンタクロース」の略。[例]サンタのおじさん。◇《ポルトガル》santa

[1]**さんだい【三代】**〈名〉❶親・子・孫の三つの世代。[例]親子三代。[類]三世《さんぜ》。❷三つの時代。[例]祖母は明治・大正・昭和の三代を生きぬいた。▽[ア]サンダイ

[2]**さんだい【参内】**〈名・する〉宮中に行くこと。古い言いかたで、いまは「参入《さんにゅう》」という。[ア]サンダイ

さんだいしゅう【三代集】〈名〉勅撰《ちょくせん》和歌集のうち最初の三集、「古今和歌集」「後撰和歌集」「拾遺《しゅうい》和歌集」のこと。

さんだいばなし【三題ばなし】【三題▼噺】〈名〉落語で、客から出してもらった三つの題目を使って、その場で一つの落語にまとめて話すもの。

ざんだか【残高】〈名〉現在のところのこっている金額。[例]預金残高。[類]残金。残額。

サンタクロース〈名〉クリスマスイブに、子どもたちにおくり物をもってくる、伝説上のおじいさん。◇Santa Claus [由来]セント・ニコラスのオランダ語形。四世紀に実在した司教の名がもとになっている。

サンタマリア〈名〉イエス=キリストの母、聖母マリア。◇《ポルトガル》Santa Maria

さんだゆう【三太▽夫】〈名〉むかし、華族《かぞく》や金持ちの家にやとわれ、家事や会計を受け持った人。[類]執事《しつじ》。家令《かれい》。

サンダル〈名〉ひもやストラップで足にくくりつけるようにしたり、つっかけたりして履《は》く履き物。◇sandal

さんたん【賛嘆】【▼讃▼歎】〈名・する〉ふかく感動してほめたたえること。[例]賛嘆の声。[類]嘆賞。[ア]サンタン

[1]**さんだん【散弾】**〈名〉破裂《はれつ》すると小さなたまが四方にとびちって、損害を大きくする弾丸。[例]散弾銃《じゅう》。[ア]サンダン

[2]**さんだん【算段】**〈名・する〉やりかたを考えること。とくに、お金を集める手だてをくふうすること。[例]返事を引きのばそうと算段する。借金を返す算段がつかない。やりくり算段。[類]工面。[ア]サンダン

さんたんたる【惨▼憺たる】〈連体〉目もあてられないほどひどい。[例]さんたんたる結果。➡くしんさんたん

さんだんとび【三段跳び】〈名〉陸上競技の一種目。ホップ、ステップ、ジャンプ、と三段にとぶはば跳び。

さんだんろんぽう【三段論法】〈名〉三段階をへて推理する方法。すでにわかっている二つのことから、三つ目のあたらしい判断をみちびく方法。[参考]たとえば、「動物は生物だ」「イヌは動物だ」の二つのことから、「イヌは生物だ」という判断をひきだす。

[1]**さんち【山地】**〈名〉❶山の多い土地。[対]平地。❷丘陵《きゅうりょう》よりも高く、ひろい地域をしめる土地。[類]山岳《さんがく》地帯。

[2]**さんち【産地】**〈名〉その産物のできる土地。[例]お茶の産地。産地直送。[類]生産地。

さんちゅう【山中】〈名〉山の中。[例]獲物《えもの》を求めて山中に分け入る。[類]山間。山あい。

山中暦日《れきじつ》なし 山の中に入っておだやかにくらしていると、気持ちがゆったりとして時のたつのを忘れる。漢詩のこ

グラント(1822~85) 南北戦争の北軍の総指揮官。アメリカ大統領。日清間の琉球帰属問題を調停。

とばから。

さんちょう【山頂】〈名〉山のいちばん高いところ。例山頂に立つ。山頂に達する。類頂上。いただき。

さんちょく【産直】〈名〉新鮮《しんせん》な農作物や魚介《ぎょかい》類などを消費者に直接とどける、「産地直送」の略。例産直品。

さんづくり【▼彡▼旁】〈名〉漢字の旁《つくり》の一つ。「形」「彩《さい》」などの「彡」の部分。

さんてい【算定】〈名・する〉お金のかかりかたを計算し、めやすとしての数字をだすこと。類見積もり。

ざんてい【暫定】〈名〉本格的にきめないで、とりあえずきめておくこと。例暫定予算。暫定措置《そち》。

[1]サンデー〈名〉日曜日。◇Sunday

[2]サンデー〈名〉アイスクリームに果物やクリームをそえたもの。例チョコレートサンデー。◇sundae

さんてん【山▼巓】〈名〉山のいただき。山頂。

ざんど【残土】〈名〉土木工事などで、穴をほったときに出る余分な土砂《どしゃ》。

サンドイッチ〈名〉パンのあいだに野菜やハムなどをはさんだ食品。◇sandwich

表現 両がわからおされたり はさまれたりすることを、「サンドイッチになる」という。

参考 一七世紀のイギリスで、サンドイッチ伯爵《はくしゃく》が、トランプ遊びをしながら食べられるように考案したという。

サンドイッチマン〈名〉広告の板をからだの前後にさげて街頭を歩いて宣伝する人。◇sandwich man

[1]さんどう【参道】〈名〉神社や寺にお参りする人が通るためにつくられた道。例表参道。

[2]さんどう【桟道】〈名〉がけにそって張りだすように、板をしいて つくった道。

[3]さんどう【賛同】〈名・する〉同じ考えだと言って賛成すること。例賛同をえる。類賛成。共鳴。同調。同意。

ざんとう【残党】〈名〉たたかいにやぶれて、なお、生きのこっている者。例平家の残党。

さんどがさ【三度がさ】『三度▼笠』〈名〉江戸《えど》時代、旅にでるときにかぶった、すげがさ。

さんど(三度)のめし(飯)より なによりも好きなことのたとえ。例三度の飯より野球が好き。

サンドバッグ〈名〉じょうぶな袋《ふくろ》に砂を入れてつるし、パンチやキックの練習に使うもの。参考 英語ではheavy bag または punching bag といい、sandbag は、護岸《ごがん》などに使う砂袋や土嚢《どのう》をさす。

サンドペーパー〈名〉金剛砂《こんごうしゃ》やガラスの粉を、厚紙や布にぬりつけたもの。木工の仕上げやさび落としに使う。紙やすり。◇sandpaper

さんどめ(三度目)のしょうじき(正直) ⇩「しょうじき」の子項目

サントラ〈名〉「サウンドトラック」の略。例サントラ盤《ばん》。◇日本での省略語。

[1]さんにゅう【参入】〈名・する〉❶ある事業や市場などに、新しく加わること。例新規参入。❷高貴な人のもとに行くこと。類参上。

[2]さんにゅう【算入】〈名・する〉計算にくわえること。例予算に算入する。類くり入れる。

ざんにん【残忍】〈形動〉平気で、むごいしうちをするようす。例残忍な性格。類残虐《ざんぎゃく》。残酷《ざんこく》。

さんにんかんじょ【三人官女】〈名〉ひな人形のうち、三体の宮中の女官《にょかん》。内裏《だいり》びなのすぐ下の段にかざる。

さんにんしょう【三人称】〈名〉❶〔文法〕「彼」「彼女」「これ」「そこ」「あちら」など、話し手が、自分でも聞き手でもない人や一般《いっぱん》のものをさしていうことば。他称。対一人称。二人称。→にんしょうだいめいし ❷〔文学〕物語や小説、詩で、語り手(話者《わしゃ》)が、登場人物の中にはいない何者かであるもの。まるで、登場人物たちの気持ちや行動のしかた、話のなりゆきをすべて知っている、神のような視点《してん》から語られるものが多い。対一人称。参考 ②の語り手は、その作品の作者ではないことになっている。

さんにん(三人)よ(寄)れば もんじゅ(文殊)のちえ(知恵) 平凡《へいぼん》な人間でも、何人かよりあつまって相談すれば、文殊菩薩《さつぼ》のようなすぐれた知恵がでてくるものだ、ということ。

ざんねん【残念】〈形動〉❶期待のとおりにならなくて、満足しない気持ちがあとまでのこっているようす。例残念に思う。残念無念。類遺憾《いかん》。無念。❷さえない。遠まわしな言いかた。例残念な成績。残念な味。類微妙《びみょう》。

ざんねんむねん【残念無念】〈形動〉残念でたまらないことを強めて言うことば。

さんのとり【三の▼酉】〈名〉十一月の三番目の酉の日。その日に立つ酉の市。→とりのいち 参考 十一月に酉の日が三度ある年は火事が多いとされる。

さんのまる【三の丸】〈名〉城で、二の丸をかこむように築かれた建物。

[1]さんば【産婆】〈名〉「助産師《じょさんし》」の、昔からの言いかた。例(お)産婆さん。アサンバ

[2]サンバ〈名〉ブラジルの陽気な音楽やおどり。四分の二拍子《びょうし》で、テンポがはやい。◇samba アサンバ

さんぱい【参拝】〈名・する〉神社や寺にお参りすること。例参拝客。類参詣《さんけい》。詣《もう》でる。

ざんぱい【惨敗】〈名・する〉目も当てられないひどい負けかたで負けること。例惨敗を喫《きっ》する。対惜敗《せきはい》。類完敗。大敗。

さんぱいきゅうはい【三拝九拝】〈名・する〉どうしても聞いてもらいたいたのみごとをするときに、相手になんども頭をさげること。類七重《ななえ》のひざを八重におる。

さんばいず【三杯酢】〈名〉酢に、塩やしょうゆの塩味と、砂糖やみりんのあまみをくわえたもの。

さんばがらす【三羽がらす】『三羽▼烏』〈名〉多くの弟子《でし》や門人、仲間のなかで、とくにすぐれた三人。

さんぱくがん【三白眼】〈名〉正面を見ていても、黒目が上に寄って、白目の部分がめだつような目。

さんばし【桟橋】〈名〉港で、人の乗りおりや荷物のつみおろしのために、波止場《はとば》から海へつきだした形につくってある設備。

[1]さんぱつ【散発】〈名・する〉❶鉄砲《てっぽう》のたまが、あいだをおいて発射されること。❷ものごとが、あいだをおいてとぎれとぎれにおこること。例相手チームを散発(の)五安打におさえる。散発的。

[2]さんぱつ【散髪】〈名・する〉かみの毛を切りそろえ、形をととのえること。ふつう男性にいう。例散髪に行く。類調髪。理髪。

さんぱつてき【散発的】〈形動〉ものごとが、間をおいて起こるようす。例散発的な地震《じしん》。

ざんばらがみ【ざんばら髪】〈名〉結《ゆ》ってあったのがほどけて、乱れてしまった髪。

ざんぱん【残飯】〈名〉食事の食べのこしや食べかす。

さんはんきかん【三半規管】〈名〉脊椎《せきつい》動物の内耳《ないじ》にある器官で、半円形に曲がった管が三つ、たがいに直角の関係でつながっているもの。体のバランスをとる働きをする。

[1]**さんび**【賛美】『▼讃美』〈名・する〉ほめたたえること。例 賛美歌。類 称賛《しょうさん》。礼賛《らいさん》。

[2]**さんび**【酸鼻】〈名・形動〉見ていられないぐらい、いたましくむごたらしいこと。例 酸鼻な事件。酸鼻を極める。

さんぴ【賛否】〈名〉賛成と反対。例 賛否を問う。賛否両論。類 可否。

さんびか【賛美歌】『▼讃美歌』〈名〉〔宗教〕神を賛美し、キリスト教の信仰《しんこう》を言い表わす歌。聖歌。

さんぴつ【三筆】〈名〉日本で、とくに書道にすぐれた三人。ふつうには、平安初期の、空海《くうかい》、嵯峨《さが》天皇、橘《たちばなの》逸勢《はやなり》の三人をさす。

さんびょうし【三拍子】〈名〉〔音楽〕❶強・弱・弱でくりかえされる拍子。四分の三拍子など。❷おはやしで使う三種の楽器でとる拍子。

三拍子そろう 必要な三条件がととのっている。

さんぴりょうろん【賛否両論】〈名〉賛成反対双方《そうほう》の意見があること。

さんぷ【散布】〈名・する〉農薬や消毒薬を、まくこと。参考 元来は、「撒布《さっぷ》」ということばだった。

ざんぶ【残部】〈名〉売れ残った図書や印刷物。

さんぷく【山腹】〈名〉ふもとから頂上までのあいだの、山の中ほど。類 中腹。

さんぷくつい【三幅対】〈名〉掛《か》け軸《じく》で、三つで一組としてかけるもの。転じて、三つで一そろいになるものにもいう。

さんぶさく【三部作】〈名〉主題やすじだてのうえで関係の深い、小説や映画などの三つの作品。作者が企図《きと》することも、あとからそう名づけられることもある。

さんふじんか【産婦人科】〈名〉妊娠《にんしん》・出産・新生児および女性の病気などをあつかう医学の分野。

さんぶつ【産物】〈名〉❶ある土地でつくられたり、とれたりするもの。❷あることの結果としてうみだされたもの。例 時代の産物。妥協《だきょう》の産物。類 所産。

ざんぶと〈副〉いきおいよく水の中に飛びこむとき、または波などを全身にあびるときの音のようす。類 ざぶりと。

サンプリングちょうさ【サンプリング調査】〈名〉たくさんの中から、全体の代表となるようにいくつかサンプルをぬき出して調べること。標本調査。

サンプル〈名〉❶商品などの見本。❷全体を代表できるように選ばれた一部分。標本。◇sample

さんぶん【散文】〈名〉小説や物語、随筆《ずいひつ》のように、リズムや韻《いん》にとらわれないでつづった文章。対 韻文。

さんぶんし【散文詩】〈名〉リズムや韻《いん》にとらわれないで、ふつうの文章のように書かれた詩。

さんぶんてき【散文的】〈形動〉❶文章が詩のリズムをもっていない。例 散文的な詩。❷ものごとの表現や考え方などが平凡でつまらない。対 詩的。

表現 散文的な表現とは、詩のように美しくもなく、劇のようにおもしろくもない表現ということで、それが「写実的」を意味するときもあり、「平凡」を意味するときもある。

さんぺいじる【三平汁】〈名〉魚のぶつ切りや野菜を煮《に》こんだ、北海道の郷土料理。

さんぽ【散歩】〈名・する〉気ばらしや健康のために、家の外に出て気ままに歩くこと。類 そぞろ歩き。散策。

[1]**さんぼう**【三方】〈名〉神仏にものをそなえるときに使う白木《しらき》の台。絵 参考 正面と両横の三方に穴があけてあるのでいう。

[さんぼう]

[2]**さんぼう**【三宝】〈名〉〔仏教〕宝物のようにたいせつにされる三つのもの。仏《ぶっ》・法《ぽう》・僧《そう》のこと。

[3]**さんぼう**【参謀】〈名〉❶軍隊で、作戦計画をねって、その実行を指導する任務。その任にある将校。例 参謀本部。❷活動の計画をねって、その実行の指導にあたる人。例 選挙参謀。

さんま『▽秋▽刀▽魚』〈名〉海にすむさかな。全長四〇センチメートルほどでほそ長い。秋にとれたものが、あぶらがのってとくにおいしい。多くは塩焼きにしてたべる。

表現 ふつう一匹《いっぴき》二匹《にひき》と数える。食用は一本二本とも数える。

さんまい【三枚】〈名〉さかなの切りかたで、頭をとったさかなの背骨にそって包丁を入れて、背骨の部分一枚と、その両がわの肉の部分二枚、計三枚に切りわけること。例 三枚におろす。

ざんまい【三昧】〈接尾〉自分のしたいことに没頭《ぼっとう》すること。例 読書三昧。ぜいたく三昧。

由来「さんまい(三昧)」は、仏教で、精神を集中して雑念をはらうこと。もとサンスクリット語。

さんまいめ【三枚目】〈名〉❶映画や芝居《しばい》で、こっけいな役を演じる俳優。❷いつもこっけいな役まわりをする人。▽対 二枚目。参考 歌舞伎《かぶき》の番付《ばんづけ》の三番目にしるされたことからいう。

さんまん【散漫】〈形動〉気持ちが集中しないで、まとまりがない。例 注意が散漫だ。

さんみ【酸味】〈名〉すっぱい味。例 酸味がつよい。

さんみいったい【三位一体】〈名〉〔宗教〕キリスト教で、父なる神と子なるイエス＝キリストと聖霊《せいれい》とは、もともと一体である、とする考えかた。

さんみゃく【山脈】〈名〉となり合う山々がつづいて長いつながりになっているもの。「山地」より高くけわしい山やまにいう。飛騨《ひだ》山脈、アルプス山脈など。類 山系。

ざんむ【残務】〈名〉かたづかずにあとにのこったこまごまとした事務的な仕事。例 残務整理。

さんめんきじ【三面記事】〈名〉新聞の社会面にのっている、社会のできごとなどをあつかった記事。参考 もと、新聞が四ページだったころ、第三面に社会記事がのっていたことからいう。

[1]**さんもん**【三文】〈名〉❶わずかのお金。例 三文のねうちもない。二束《にそく》三文。❷安っぽいこと。例 三文判。三文小説。▽ア サンモン

三文安《やす》い 甘やかされて育った人は、少したよりない。「…は三文安い」の形で、「ひとりっ子・ひとり娘・年寄りっ子・ばあちゃん子・末っ子」など、いろいろに言う。

[2]**さんもん**【山門】〈名〉寺の正門。寺の正門に代表されるその寺。例 山門を出る。ア **サンモン**

さんもんばん【三文判】〈名〉安いお金で買える、できあいのはんこ。

さんや【山野】〈名〉❶山や野原。例 山野を跋渉《ばっしょう》

グリム兄弟（兄1785～1863，弟1786～1859）「赤ずきん」などドイツの民話を集めて童話集を出版。

する(=あるきまわる)。類野山。❷いなか。

ざんや【残夜】〈名〉夜明け近くの、まだ暗い時分《じぶん》。

[1]**さんやく【三役】**〈名〉❶すもうで、大関・関脇《せきわけ》・小結《こむすび》の三つの位。❷政党や労働組合などで、いちばん中心になる三つの役職。例党三役。▽アサンヤク

[2]**さんやく【散薬】**〈名〉粉になっているくすり。こなぐすり。類散剤《さんざい》。アサンヤク

さんゆこく【産油国】〈名〉石油を産出する国。とくに石油の輸出が主要産業である国をさす。

さんよ【参与】〈名〉❶〈する〉計画や事業にくわわること。類関与。❷相談にあずかる人。相談役。

ざんよ【残余】〈名〉「のこり」「あまり」のかたい言いかた。

[1]**さんよう【山容】**〈名〉山のすがたや形。

[2]**さんよう【山陽】**〈名〉中国地方の瀬戸内海《せとないかい》がわの地方。対山陰《さんいん》。

さんようすうじ【算用数字】〈名〉0・1・2・3…のような字体の数字。もともとインド人が考えたもので、アラビア人がうけついで、ヨーロッパに伝えた。アラビア数字。洋数字。→かんすうじ・ローマすうじ

さんようちゅう【三葉虫】〈名〉古生代の海にさかえた、楕円《だえん》形でひらたいからをもった節足動物。大きさはふつう三～五センチメートルだが、数十センチメートルのものもある。

[1]**さんらん【産卵】**〈名・する〉たまごをうむこと。例産卵期。

[2]**さんらん【散乱】**〈名・する〉ものがばらばらにちらばること。類散る。散らかる。

さんり【三里】〈名〉灸《きゅう》をすえるつぼの一つ。ふつう、ひざがしらの下の、外がわの少しくぼんだところ。

さんりく【三陸】〈名〉東北地方の太平洋がわの地域。

さんりゅう【三流】〈名〉程度や品質がかなりおとっていること。例三流のチーム。

ざんりゅう【残留】〈名・する〉たち去ったりきえたりしないで、とどまっていること。例一部リーグに残留する。野菜に農薬が残留する。残留組。類居残る。

さんりょう【山▼稜】〈名〉山の、頂上と頂上をつなぐ部分。類尾根《おね》。稜線。

さんりん【山林】〈名〉林をふくむ山。山にある林。例山林にわけ入る。

さんりんしゃ【三輪車】〈名〉幼児がのる自転車。参考むかし前に一つ、うしろに二つのくるまがついている。荷物をはこんだ「オート三輪」というのもあった。

ざんるい【残塁】〈名〉野球で、塁上に走者をのこしたまま、攻撃《こうげき》をおわること。例二者残塁。

サンルーム〈名〉窓を大きくとったり、天窓をつけたりして、日光がよく入るようにしたへや。◇sun room

さんれつ【参列】〈名・する〉式典などに出席すること。例葬儀《そうぎ》に参列する。類列席。

さんろ【山路】〈名〉人が歩く山の中のみち。やまじ。

さんろく【山麓】〈名〉山のふもと。類山すそ。

さんわおん【三和音】〈名〉〔音楽〕ある音《おと》と、三度上の音程の音と、五度上の音程の音をかさねたもの。ド・ミ・ソの和音など。クラシック音楽の基本となる。

し…シ

常用漢字 し

【士】 士部0 全3画

士士士

シ 教小5 音[シ] 士官《しかん》。士気《しき》。武士《ぶし》。紳士《しんし》。名士《めいし》。会計士《かいけいし》。学士《がくし》。

注意「海士」は、「あま」と読む。「博士」は、「はくし」とも「はかせ」とも読む。

【子】 子部0 全3画

子子子

シ・ス こ 教小1 音❶[シ] 子孫《しそん》。子弟《してい》。子音《しいん》。子午線《しごせん》。皇太子《こうたいし》。女子《じょし》。菓子《かし》。原子《げんし》。帽子《ぼうし》。❷[ス] 椅子《いす》。金子《きんす》。扇子《せんす》。様子《ようす》。訓[こ] 子。子育て。子宝。子離れ。子持ち。親子。年子。一人っ子。

【支】 支部0 全4画

支支支

シ ささえる 教小5 音[シ] 支持《しじ》。支援《しえん》。支柱《しちゅう》。支店《してん》。支給《しきゅう》。気管支《きかんし》。収支《しゅうし》。十二支《じゅうにし》。訓[ささえる] 支える。支え。

注意「差し支える」は、「さしつかえる」と読む。

【止】 止部0 全4画 ※

止止止

シ とまる・とめる 教小2 音[シ] 止宿《ししゅく》。止血《しけつ》。静止《せいし》。中止《ちゅうし》。停止《ていし》。防止《ぼうし》。禁止《きんし》。阻止《そし》。訓❶[とまる] 止まる。止まり木。行き止まり。❷[とめる] 止める。打ち止め。体言止め。歯止め。

注意「波止場」は、「はとば」と読む。

【氏】 氏部0 全4画

氏氏氏

シ うじ 教小4 音[シ] 氏名《しめい》。氏族《しぞく》。姓氏《せいし》。源氏《げんじ》。各氏《かくし》。某氏《ぼうし》。両氏《りょうし》。山本氏《やまもとし》。訓[うじ] 氏。氏神。

【仕】 イ部3 全5画

仕仕仕

シ・ジ つかえる 教小3 音❶[シ] 仕事《しごと》。仕官《しかん》。出仕《しゅっし》。奉仕《ほうし》。❷[ジ] 給仕《きゅうじ》。訓[つかえる] 仕える。宮仕え。

【史】 口部2 全5画

史史史

シ 教小5 音[シ] 史学《しがく》。史実《しじつ》。史跡《しせき》。歴史《れきし》。国史《こくし》。正史《せいし》。世界史《せかいし》。女史《じょし》。

【司】 口部2 全5画

司司司

シ 教小4 音[シ] 司会《しかい》。司書《ししょ》。司法《しほう》。司令官《しれいかん》。上司《じょうし》。行司《ぎょうじ》。

【四】 口部2 全5画

四四四

シ よ・よつ・よっつ・よん 教小1 音[シ] 四角《しかく》。四季《しき》。四散《しさん》。四月《しがつ》。再三再四《さいさんさいし》。訓❶[よ] 四人。四日《よっか》。四年。❷[よつ] 四つ角。四つ切り。四つんばい。❸[よっつ] 四つ。❹[よん] 四回。四階。

【市】 巾部2 全5画

市市市

シ いち 教小2 音[シ] 市民《しみん》。市況《しきょう》。市街地《しがいち》。市内《しない》。都市《とし》。訓[いち] 市。市場。朝市。競り市。

【矢】 矢部0 全5画
矢矢矢矢矢

シ・や 教小2 音[シ] ⬓一矢《いっし》(を報《むく》いる)。訓[や]矢。矢印。矢面。矢先。矢継ぎ早。破魔矢。弓矢。

【旨】 日部2 全6画
旨旨旨旨旨旨

シ・むね 音[シ] ⬓要旨《ようし》。主旨《しゅし》。趣旨《しゅし》。本旨《ほんし》。訓[むね]旨。

【死】 歹部2 全6画
死死死死死死

シ・しぬ 教小3 音[シ] ⬒死亡《しぼう》。死者《ししゃ》。死角《しかく》。死守《ししゅ》。死球《しきゅう》。⬓即死《そくし》。安楽死《あんらくし》。事故死《じこし》。必死《ひっし》。訓[しぬ]死ぬ。死に絶える。死に別れる。死に際。死に物狂い。餓え死に。

【糸(絲)】 糸部0 全6画
糸糸糸糸糸糸

シ・いと 教小1 音[シ] ⬓綿糸《めんし》。蚕糸《さんし》。製糸《せいし》。菌糸《きんし》。訓[いと]糸。糸巻き。糸目。糸ようじ。糸口。絹糸。毛糸。横糸。

【至】 至部0 全6画 ※
至至至至至至

シ・いたる 教小6 音[シ] ⬒至急《しきゅう》。至高《しこう》。至極《しごく》。⬓夏至《げし》。冬至《とうじ》。必至《ひっし》。訓[いたる]至る。至って。…の至り。

【伺】 亻部5 全7画
伺伺伺伺伺伺伺

シ・うかがう 音[シ] ⬒伺候《しこう》。訓[うかがう]伺う。伺い(を立てる)。ご機嫌《きげん》伺い。

【志】 心部3 全7画
志志志志志志志

シ・こころざす・こころざし 教小5 音[シ] ⬒志願《しがん》。志望《しぼう》。⬓意志《いし》。闘志《とうし》。有志《ゆうし》。寸志《すんし》。訓❶[こころざす]志す。❷[こころざし]志。

【私】 禾部2 全7画
私私私私私私私

シ・わたくし・わたし 教小6 音[シ] ⬒私立《しりつ》。私人《しじん》。私的《してき》。私腹《しふく》。私有地《しゆうち》。私利私欲《しりしよく》。私語《しご》。⬓公私《こうし》。訓❶[わたくし]私。私事。私小説。❷[わたし]私。

【使】 亻部6 全8画
使使使使使使使使

シ・つかう 教小3 音[シ] ⬒使役《しえき》。使用《しよう》。使者《ししゃ》。使節団《しせつだん》。⬓駆使《くし》。酷使《こくし》。大使《たいし》。特使《とくし》。訓[つかう]使う。使い。こき使う。使い心地。使い手。使い道。魔法使い。

【刺】 刂部6 全8画
刺刺刺刺刺刺刺刺

シ・さす・ささる 音[シ] ⬒刺激《しげき》。刺傷《ししょう》。刺繡《ししゅう》。⬓名刺《めいし》。風刺《ふうし》。訓❶[さす]刺す。刺し殺す。刺身。くし刺し。❷[ささる]刺さる。突き刺さる。

【始】 女部5 全8画
始始始始始始始始

シ・はじめる・はじまる 教小3 音[シ] ⬒始業《しぎょう》。始動《しどう》。始発《しはつ》。始終《しじゅう》。始末《しまつ》。⬓開始《かいし》。創始者《そうししゃ》。年始《ねんし》。訓❶[はじめる]始める。始め。仕事始め。❷[はじまる]始まる。始まり。

【姉】 女部5 全8画
姉姉姉姉姉姉姉姉

シ・あね 教小2 音[シ] ⬒姉妹《しまい》。⬓実姉《じっし》。義姉《ぎし》。諸姉《しょし》。訓[あね]姉。姉上。姉《あね》さん女房。

注意 「姉さん」などでは、「ねえ」と読む。

【枝】 木部4 全8画
枝枝枝枝枝枝枝枝

シ・えだ 教小5 音[シ] ⬒枝葉末節《しようまっせつ》。⬓楊枝《ようじ》。訓[えだ]枝。枝毛。枝豆。枝分かれ。枯れ枝。

【祉(祉)】 ネ部4 全8画 ※
祉祉祉祉祉

シ 音[シ] ⬓福祉《ふくし》。

【肢】 月部4 全8画
肢肢肢肢肢肢

シ 音[シ] ⬒肢体《したい》。⬓下肢《かし》。四肢《しし》。選択肢《せんたくし》。

【姿】 女部6 全9画
姿姿姿姿姿姿

シ・すがた 教小6 音[シ] ⬒姿勢《しせい》。姿態《したい》。⬓容姿《ようし》。雄姿《ゆうし》。訓[すがた]姿。姿形。姿見。後ろ姿。晴れ姿。

【思】 心部5 全9画
思思思思思思

シ・おもう 教小2 音[シ] ⬒思想《しそう》。思案《しあん》。思考《しこう》。⬓意思《いし》。相思相愛《そうしそうあい》。沈思黙考《ちんしもっこう》。訓[おもう]思う。思い。思い違い。思い出す。思いやる。思わしい。片思い。

【指】 扌部6 全9画
指指指指指指

シ・ゆび・さす 教小3 音[シ] ⬒指示《しじ》。指導《しどう》。指定《してい》。指摘《してき》。指紋《しもん》。⬓十指《じっし》。食指《しょくし》。屈指《くっし》。訓❶[ゆび]指。指差す。指先。指人形。指輪。親指。❷[さす]指す。指図。名指し。

【施】 方部5 全9画
施施施施施施

シ・セ・ほどこす 音❶[シ] ⬒施設《しせつ》。施行《しこう》。施策《しさく》。施政《しせい》。⬓実施《じっし》。❷[セ] ⬒施主《せしゅ》。施療《せりょう》。⬓お布施《ふせ》。訓[ほどこす]施す。施し。

【師】 巾部7 全10画
師師師師師師

シ 教小5 音[シ] ⬒師匠《ししょう》。師弟《してい》。師範《しはん》。師事《しじ》。師団《しだん》。⬓教師《きょうし》。医師《いし》。美容師《びようし》。

【恣】 心部6 全10画
恣恣恣恣恣恣

シ 音[シ] ⬒恣意的《しいてき》。

表記 「次」のように、一画目を点にして「恣」とも書く。

【紙】 糸部4 全10画
紙紙紙紙紙紙

シ・かみ 教小2 音[シ] ⬒紙幣《しへい》。紙面《しめん》。⬓新聞紙《しんぶんし》。白紙《はくし》。表紙《ひょうし》。機関紙《きかんし》。スポーツ紙《し》。日刊紙《にっかんし》。訓[かみ]紙。紙くず。紙芝居。紙吹雪。紙やすり。紙一重。色紙。厚紙。包み紙。

【脂】 月部6 全10画
脂脂脂脂脂脂

シ・あぶら 音[シ] ⬒脂肪《しぼう》。脂粉《しふん》。⬓樹脂《じゅし》。皮脂《ひし》。油脂《ゆし》。訓[あぶら]脂。脂汗。脂身。脂ぎる。

【視(視)】 見部4 全11画
視視視視視

シ 教小6 音[シ] ⬒視力《しりょく》。視覚《しかく》。視察《しさつ》。視聴者《しちょうしゃ》。⬓監視《かんし》。注視《ちゅうし》。軽視《けいし》。敵視《てきし》。度

外視《どがいし》。

【紫】糸部6 全12画 ※紫紫紫紫紫紫

シ むらさき 音[シ] 紫紺《しこん》。紫煙《しえん》。紫外線《しがいせん》。訓[むらさき] 紫。紫色。薄紫。

【詞】言部5 全12画 詞詞詞詞詞詞

シ 教小6 音[シ] 歌詞《かし》。作詞《さくし》。動詞《どうし》。名詞《めいし》。品詞《ひんし》。注意「祝詞」は、「のりと」とも読む。

【歯(齒)】歯部0 全12画 ※歯歯歯歯歯

シ は 教小3 音[シ] 歯科《しか》。歯垢《しこう》。歯石《しせき》。歯周病《ししゅうびょう》。義歯《ぎし》。犬歯《けんし》。乳歯《にゅうし》。門歯《もんし》。訓[は] 歯。歯並び。歯磨き。歯がゆい。入れ歯。奥歯。八重歯。

【嗣】口部10 全13画 嗣嗣嗣嗣嗣嗣

シ 音[シ] 嗣子《しし》。嫡嗣《ちゃくし》。

【試】言部6 全13画 試試試試試試

シ こころみる・ためす 教小4 音[シ] 試験《しけん》。試作《しさく》。試行錯誤《しこうさくご》。追試《ついし》。入試《にゅうし》。模試《もし》。訓❶[こころみる] 試みる。試み。❷[ためす] 試す。試し。力試し。肝試し。

【詩】言部6 全13画 詩詩詩詩詩詩

シ 教小3 音[シ] 詩人《しじん》。詩集《ししゅう》。詩情《しじょう》。詩碑《しひ》。漢詩《かんし》。散文詩《さんぶんし》。注意「詩歌」は、ふつう「しいか」と読む。

【資】貝部6 全13画 資資資資資資

シ 教小5 音[シ] 資本《しほん》。資金《しきん》。資源《しげん》。資料《しりょう》。資格《しかく》。資質《ししつ》。物資《ぶっし》。投資《とうし》。

【飼】食部5 全13画 飼飼飼飼飼飼

シ かう 教小5 音[シ] 飼育《しいく》。飼料《しりょう》。訓[かう] 飼う。飼い主。放し飼い。

【誌】言部7 全14画 誌誌誌誌誌誌

シ 教小6 音[シ] 誌面《しめん》。日誌《にっし》。雑誌《ざっし》。週刊誌《しゅうかんし》。

【雌】隹部6 全14画 ※雌雌雌雌雌雌

シ め・めす 音[シ] 雌雄《しゆう》。雌伏《しふく》。訓❶[め] 雌花。雌牛。雌しべ。❷[めす] 雌。雌犬。

【摯】手部11 全15画 摯摯摯摯摯摯

シ 音[シ] 真摯《しんし》。

【賜】貝部8 全15画 賜賜賜賜賜賜

シ たまわる 音[シ] 恩賜《おんし》。下賜《かし》。訓[たまわる] 賜る。

【諮】言部9 全16画 諮諮諮諮諮諮

シ はかる 音[シ] 諮問《しもん》。訓[はかる] 諮る。

【示】⇩常用漢字じ〔示〕

1 し【士】一〈名〉りっぱな男の人。例同好の士。「アシ」 二〈接尾〉特定の資格をもつ人。例弁護士。栄養士。介護福祉《かいごふくし》士。類師。

2 し【子】一〈名〉古代中国の思想家、孔子《こうし》を尊敬した呼びかた。例『論語』に、子曰《いわ》く、…。二〈接尾〉生んだ子ども。例三子をもうける。第三子となる女の子。

3 し【氏】一〈代名〉だれかを念頭において、その人を「彼」というよりもっとていねいにあつかってさすのに使うことば。例そう言って、氏は席を立った。「アシ」 二〈接尾〉人の名前を挙げるときに、よびすてをさけるためにそえることば。また、その人数をかぞえることば。例山田氏。山田・鈴木・小川の三氏。

4 し【四】〈名〉数の一つ。三《さん》のつぎ。五のまえ。「アシ」 表現「し」は「死」を連想させるので、さけて「よん」ということもある。

5 し【市】〈名〉❶人口が多く、都会になっている町で、市制をしくための条件をそなえているところ。東京都三鷹《みたか》市、北海道小樽《おたる》市、京都府宇治《うじ》市、山口県萩《はぎ》市というように、都道府県のつぎに大きい地方自治体。例市区町村。❷「①」の行政を担当する当局。例市の職員。市の責任。▽「アシ」

6 し【死】〈名〉生命をうしなうこと。死ぬこと。例死に至る。死の床《とこ》。生と死。安楽死。対生。「アシ」

死の商人《しょうにん》 戦争をしている国などに武器を売り、利益をあげている企業《きぎょう》や政治家。

死の灰《はい》 原子爆弾《ばくだん》などが爆発したときにとびちる、放射能をおびた灰。

死を賭《と》す 死んでもかまわないという意気ごみでものごとにあたる。例死を賭して戦う。類命をかける。

7 し【師】一〈名〉学問や芸能などを教える立場の人。例師とあおぐ。師の恩。類先生。「アシ」 二〈接尾〉特定の技術や資格をもつ人。例占い師。整体師。美容師。看護《かんご》師。調理師。類士。

8 し【詩】〈名〉小説や戯曲《ぎきょく》とならぶ文学形態の一つ。純粋《じゅんすい》な直感を心のリズムにのせて表現したもの。韻文《いんぶん》によるものと散文によるものとがある。類ポエム。「アシ」 参考 和歌・俳句は日本古来の詩であるが、現代、ふつうには、それら以外の詩を「詩」ということが多い。

9 し〈接助〉いくつかのことがらをならべて示す助詞。❶同じようなことがらを、つみかさねるようにあげる。例景色もいいし、食べものもうまい。❷理由のうちの一つ、または、いくつかをあげて、ほかにも同じような理由があることを暗示する。例エラーはするし、バットは折れるし、さんざんな試合だった。

10 し〈助動〉過去のことになった感じを表わす文語の助動詞「き」の連体形。…た。例過ぎし日の思い出。うさぎ追いしかの山、こぶな釣《つ》りしかの川。→き〈助動〉

11 し【史】〈接尾〉歴史のこと。例日本史。世界史。古代史。文学史。科学史。文化史。

12 し【紙】〈接尾〉❶紙《かみ》のこと。例包装紙。新聞紙。五線紙。❷新聞のこと。また、新聞の種類を数えることば。例全国紙。地方紙。機関紙。日刊紙。スポーツ三紙。

13 し【視】〈接尾〉そのように見る意味の、サ行変格活用する名詞をつくる。例過大視。重大視。同一視。度外視。問題視。有望視。タブー視。

14 し【誌】〈接尾〉❶書きとめたもの。例日誌。植物誌。博物誌。❷雑誌のこと。また、雑誌の種類を数えることば。例週刊誌。女性誌。文芸誌。専門誌。

常用漢字 じ

【示】示部0 全5画
ジ・シ しめす 教小5 音❶[ジ] 示威《じい》。示談《じだん》。指示《しじ》。告示《こくじ》。展示《てんじ》。表示《ひょうじ》。❷[シ] 示唆《しさ》。図示《ずし》。訓[しめす] 示す。指し示す。示し(がつかない)。

【字】子部3 全6画
ジ あざ 教小1 音[ジ] 字画《じかく》。字体《じたい》。字面《じづら》。字幕《じまく》。漢字《かんじ》。数字《すうじ》。文字《もじ》。活字《かつじ》。訓[あざ] 字。大字。

【寺】寸部3 全6画
ジ てら 教小2 音[ジ] 寺院《じいん》。寺社《じしゃ》。古寺《こじ》。社寺《しゃじ》。末寺《まつじ》。訓[てら] 寺。寺子屋。尼寺。

【次】欠部2 全6画
ジ・シ つぐ・つぎ 教小3 音❶[ジ] 次回《じかい》。次点《じてん》。次男《じなん》。次元《じげん》。順次《じゅんじ》。漸次《ぜんじ》。目次《もくじ》。❷[シ] 次第《しだい》。訓❶[つぐ] 次ぐ。次いで。❷[つぎ] 次。次に。次々。

【耳】耳部0 全6画 ※
ジ みみ 教小1 音[ジ] 耳目《じもく》。耳鼻科《じびか》。耳順《じじゅん》。外耳《がいじ》。内耳《ないじ》。中耳炎《ちゅうじえん》。訓[みみ] 耳。耳打ち。耳かき。聞き耳。早耳。寝耳に水。

【自】自部0 全6画
ジ・シ みずから 教小2 音❶[ジ] 自分《じぶん》。自己《じこ》。自前《じまえ》。自由《じゆう》。自立《じりつ》。自生《じせい》。各自《かくじ》。独自《どくじ》。❷[シ] 自然《しぜん》。訓[みずから] 自ら。

【似】イ部5 全7画
ジ にる 教小5 音[ジ] 相似《そうじ》。類似《るいじ》。酷似《こくじ》。疑似体験《ぎじたいけん》。訓[にる] 似る。似通う。似顔絵。似たもの夫婦。似たり寄ったり。母親似。

【児(兒)】儿部5 全7画
ジ・ニ 教小4 音❶[ジ] 児童《じどう》。愛児《あいじ》。孤児《こじ》。交通遺児《こうつういじ》。育児《いくじ》。男児《だんじ》。幼児《ようじ》。優良児《ゆうりょうじ》。❷[ニ] 小児科《しょうにか》。注意「稚児」は、「ちご」と読む。また、県名の「鹿児島《かごしま》県」にも用いる。

【事】亅部7 全8画
ジ・ズ こと 教小3 音❶[ジ] 事情《じじょう》。事物《じぶつ》。事業《じぎょう》。事件《じけん》。記事《きじ》。関心事《かんしんじ》。工事《こうじ》。無事《ぶじ》。師事《しじ》。不祥事《ふしょうじ》。❷[ズ] 好事家《こうずか》。訓[こと] 事。事欠く。事足りる。事柄。事細か。仕事。出来事。人事。

【侍】イ部6 全8画
ジ さむらい 音[ジ] 侍従《じじゅう》。侍女《じじょ》。侍医《じい》。訓[さむらい] 侍。

【治】氵部5 全8画
ジ・チ おさめる・おさまる・なおる・なおす 教小4 音❶[ジ] 政治《せいじ》。退治《たいじ》。湯治《とうじ》。荒療治《あらりょうじ》。自治《じち》。❷[チ] 治安《ちあん》。治水《ちすい》。治世《ちせい》。治療《ちりょう》。統治《とうち》。訓❶[おさめる] 治める。❷[おさまる] 治まる。❸[なおる] 治る。❹[なおす] 治す。

【持】扌部6 全9画
ジ もつ 教小3 音[ジ] 持参《じさん》。持続《じぞく》。持久力《じきゅうりょく》。所持《しょじ》。維持《いじ》。堅持《けんじ》。支持《しじ》。保持《ほじ》。訓[もつ] 持つ。持ち帰る。持ち出す。持ち手。持ち主。金持ち。物持ち。

【時】日部6 全10画
ジ とき 教小2 音[ジ] 時間《じかん》。時刻《じこく》。時代《じだい》。時候《じこう》。日時《にちじ》。当時《とうじ》。緊急時《きんきゅうじ》。適時《てきじ》。不時着《ふじちゃく》。訓[とき] 時。時めく。潮時。昼時。注意「時雨」は「しぐれ」、「時計」は「とけい」と読む。

【滋】氵部9 全12画
ジ 教小4 音[ジ] 滋味《じみ》。滋養《じよう》。注意 県名の「滋賀《しが》県」にも用いる。

【慈】心部9 全13画
ジ いつくしむ 音[ジ] 慈愛《じあい》。慈善事業《じぜんじぎょう》。慈悲《じひ》。慈雨《じう》。訓[いつくしむ] 慈しむ。慈しみ。

【辞(辭)】辛部6 全13画
ジ やめる 教小4 音[ジ] 辞典《じてん》。辞書《じしょ》。辞令《じれい》。辞職《じしょく》。辞退《じたい》。辞任《じにん》。賛辞《さんじ》。式辞《しきじ》。送辞《そうじ》。訓[やめる] 辞める。

【磁】石部9 全14画
ジ 教小6 音[ジ] 磁気《じき》。磁石《じしゃく》。電磁波《でんじは》。青磁《せいじ》。白磁《はくじ》。陶磁器《とうじき》。

【餌[餌]】飠部6 全15画 ※
ジ えさ・え 音[ジ] 好餌《こうじ》。食餌療法《しょくじりょうほう》。訓❶[えさ] 餌。餌場。❷[え] 餌食。疑似餌。表記「飲・飯」などと同じように、偏《へん》を「食」の形にして「餌」(=14画)と書いてよい。

【璽】玉部14 全19画 ※
ジ 音[ジ] 御璽《ぎょじ》。国璽《こくじ》。

【地】⇩常用漢字 ち〔地〕

じ[1]【地】〈名〉❶地面。例 雨降って地かたまる。雪がとけて地が現れる。❷その土地。例 地のもの。地たまご。❸織物などで、文字や模様のえがかれていない部分。例 黒の地に花がらのプリントがある。❹その人のありのままの性質や調子。例 地が出る(=本来の性質が現れてしまう)。▽アジ

地で行く《い》 物語や、ことわざなどの言いまわしの中にしかなさそうな、やりかた・生きかたをする。例 波乱万丈《はらんばんじょう》を地で行く生きかた。

地の文《ぶん》 ⇩独立項目

じ[2]【字】一〈名・接尾〉文字。また、文字を数えることば。例 字を書く。字が読めない。太い字。読んで字のごとし。五十字以内で書く。二〈名〉書いた「一」のかっこう。例 字がうまい。へたな字。類 手。▽アジ」

じ[3]【▼痔】〈名〉いたみや出血をともなう、肛門《こうもん》の病気。アジ

じ[4]【辞】〈名〉ことば。とくに、儀式《ぎしき》のときのあいさつなど

黒澤明(くろさわあきら)(1910～98) 映画監督。「羅生門」「七人の侍」など，躍動的で重厚な作品で有名。

して述べられることば。例 開会の辞。ア ジ」↓じする〔辞する〕

辞を低《ひく》くする 相手をうやまって、ことばづかいをていねいにする。類 腰《こし》を低くする。

5 **じ**〈助動〉文語の助動詞。打ち消しの意味をもった意志または推量を表わす。…ないようにしよう。…ないだろう。例 負けじ魂《だましい》。類 まじ。

表現 「遅《おく》れてはならじと必死で走った」のように、口語体の文章の中でも使われることがある。

6 **じ【次】**〈接尾〉何回目であるかを表わす。例 一次面接。二次募集。

7 **じ【事】**〈接尾〉「ことがら」のこと。例 目下の関心事。不祥事。

8 **じ【時】**〈接尾〉❶一日二十四時間のそれぞれのとき。例 七時ちょうどに起きる。❷何かをするそのとき。例 下校時は車に注意。退出時には電気を消すこと。

9 **じ【路】**〈接尾〉❶その地方を通る道。また、その地方。例 信濃《しなの》路。❷そのくらいの年齢《ねんれい》を表わす。

表現 ②は、人生を旅に見立てたことばで、「五十路《いそじ》にさしかかる」「六十路《むそじ》の坂をこえる」など、一〇歳きざみでいう。

しあい【試合】〈名・する〉競技や武術などで、たがいの能力や技術をくらべて、勝ち負けをあらそうこと。例 試合に臨《のぞ》む。試合を申しこむ。試合巧者《ごうしゃ》。練習試合。親善《しんぜん》試合。類 勝負。

1 **じあい【自愛】**〈名・する〉自分の健康を考えて、むちゃをしないこと。例 どうかご自愛ください。

表現 手紙・メールで、相手の健康を気づかうあいさつのことばとして使い、自分のことには、ふつう用いない。

2 **じあい【慈愛】**〈名〉やさしくいたわる心。類 仁愛《じんあい》。仁慈。

しあがり【仕上がり】〈名〉❶しあがること。完成。例 仕上がりはいつになりますか。❷しあがったときのぐあい。できぐあい。例 仕上がりがきれいだ。

しあが・る【仕上がる】〈動五〉❶仕事が完成する。例 作品が仕上がる。類 できあがる。❷スポーツ選手の体調が、本番に向けて万全《ばんぜん》にととのう。

しあげ【仕上げ】〈名〉ものをつくる仕事などの最後の段階として、全体をととのえて、完成させること。また、その作業。例 仕上げをきちんとする。

しあ・げる【仕上げる】〈動下一〉❶仕事などをおわらせる。しおえる。例 宿題を仕上げる。❷スポーツ選手が、本番に向けて体調を万全《ばんぜん》にととのえる。

しあさって〈名〉あさっての次の日。

ジアスターゼ〈名〉アミラーゼのこと。麦芽《ばくが》などからつくられ、胃薬や発酵《はっこう》に使う。◇ドイツ Diastase

シアター〈名〉劇場。映画館。◇theater

しあつ【指圧】〈名・する〉疲労《ひろう》回復や治療《ちりょう》のため、手のひらや指で、からだの一部をおしたりすること。

じあまり【字余り】〈名〉短歌や俳句で、音《おん》の数が、標準の音数より多いこと。

参考 たとえば、「枯《か》れえだに からすのとまりけり 秋の暮」〔芭蕉《ばしょう》〕の「中の句」は九音で、字余りになっている。

しあわせ【幸せ】〈名・形動〉大きな心配事やなやみ事もなく、じゅうぶんに満足していられる状態。例 幸せな毎日。友人たちの幸せを願う。幸せ者。対 不幸せ。類 幸福。

参考 もとは「めぐりあわせ」と同じような意味のことばだったので、「仕合わせ」と書き、「しあわせよし」で運がいいという意味だった。それが「しあわせ」だけで幸運の意味になった。

方言 山口では、「しあわせます」の形で、「助かります」「幸いです」の意味で使う。

1 **しあん【私案】**〈名〉みんなで話し合ったりしないで、ひとりでつくった計画や考え。ア シアン

2 **しあん【試案】**〈名〉検討を加えるために、ためしにつくった計画や考え。対 成案。類 素案。たたき台。ア シアン

3 **しあん【思案】**〈名・する〉何か問題があって、しきりに考えをめぐらすこと。例 思案にあまる。思案のしどころ。思案なげくび。思案のたね。思案顔。ア シアン

思案に暮《く》れる どうしたらよいか、名案もうかばないで、考えあぐねる。

じあん【事案】〈名〉問題になっていることがら。例 資金面の事案について検討する。

しあんなげくび【思案投げ首】〈名〉いい考えがうかばなくて、よわっていること。

1 **しい**〖▽椎〗〈名〉あたたかい地方に生える常緑高木。実は食べられ、材木は建築や家具に使う。しいのき。ア シー

2 **しい【思▼惟】**〈名・する〉ものごとを深く論理的に考えること。類 思索《しさく》。ア シイ

1 **じい【示威】**〈名・する〉力や勢いを示すこと。例 示威運動。示威行為《こうい》。類 デモンストレーション。

2 **じい【辞意】**〈名〉現在ついている職や地位をやめたいという気持ち。例 辞意をもらす。

3 **じい【侍医】**〈名〉元首や皇族の主治医。

しいか【詩歌】〈名〉和歌・俳句・漢詩・近代詩など、韻文《いんぶん》の文学。散文詩もあるので、形式上の韻文だけをいうのではない。

しいく【飼育】〈名・する〉動物を飼ってせわをすること。

シーサー〈名〉沖縄の、「獅子《しし》②」をかたどった魔《ま》よけの焼き物の像。

じいさん〖▼爺さん・▽祖▽父さん〗〈名〉へだてのない間がらで、上から下への感じで、年寄りの男性をさしていうことば。対 ばあさん。

じいしき【自意識】〈名〉自分についての意識。例 自意識過剰《かじょう》(=他人にどう見られているか気にしすぎること)。

参考 おもしろいものに気をとられて見ているときには自分の心に気づかないが、それが終わって、「ああおもしろかった」というときには、おもしろがる自分の心に気づく。このように自分の心のありかたに気づく心を、自意識という。

シースルー〈名〉すけて見えること。例 シースルーのシャツ。◇see-through

シーズン〈名〉❶季節。❷最適な時季。例 旅行のベストシーズン。オンシーズン。オフシーズン。❸各スポーツの、試合が続く期間。例 シーズンオフ。❹続編がつくられるテレビの連続ドラマの各シリーズ。◇season

シーズンオフ〈名〉⇩オフシーズン

シーソー〈名〉長い板の中央を台でささえて、両はしに人がのり、片方が上がれば片方が下がる遊び道具。◇seesaw

シーソーゲーム〈名〉片方がリードしたかと思うと、また片方がおいついてリードするという、ぬきつぬかれつの試合。対 ワンサイドゲーム。類 クロスゲーム。接戦。◇see-saw game

シーター〈接尾〉…人《にん》乗り。例 7《セブン》シーターのミニバン。◇seater

しいたけ〖▽椎▼茸〗〈名〉食用キノコの一種。かさの表面は黒褐色《こっかっしょく》で、うらは白っぽい。木の幹《みき》に重なり

し

黒田清隆(きよたか)(1840～1900) 明治の官僚。薩摩出身。北海道の開拓・経営にあたった。

あった棚《たな》のように生える。表現 ふつう一枚二枚と数える。

しいた・げる【虐げる】〈動下一〉 権力をもつ人が、その力を使って、弱い立場の人々を、ひどいあつかいをして苦しめる。類 虐待《ぎゃくたい》する。いじめる。

シーツ〈名〉 しきぶとんの上にしく布。しきふ。◇sheet

しいて【強いて】〈副〉 むりしてでも。例 いやなら強いて参加しなくともよい。類 なんとしてでも。

しいてき【恣意的】〈形動〉 勝手気ままで、みんなが納得《なっとく》する理由は何もない。例 恣意的な解釈《かいしゃく》。

[1]**シート**〈名〉 ❶座席。例 シートベルト。❷野球で、野手の守備する位置。例 シートノック。◇seat

[2]**シート**〈名〉 ❶切手何枚分かを一枚の紙に印刷したもの。❷物をおおう防水した布。◇sheet

シード〈名・する〉 トーナメントの組み合わせをつくるとき、強いチームや強い選手どうしが最初から対戦することにならないようにすること。例 シード選手。第二シード。◇seed

シートベルト〈名〉 自動車や飛行機などの座席についている、安全用のベルト。◇seat belt

ジープ〈名〉 四輪駆動《くどう》の強力な小型自動車。アメリカの軍用車からはじまった。もと商標名。◇jeep

シーフード〈名〉 海からとれる食べ物。◇seafood

シーベルト〈名・接尾〉 放射線の、被曝《ひばく》すると生体にどれだけ影響《えいきょう》をあたえるかを表わす単位。記号「Sv」。◇sievert 参考 放射線防護の研究者の名にちなむ。放射線が人体に与える影響は、放射線の種類やエネルギーの大きさ、放射線を受けるからだの部位などによって異なるため、これらを考慮《こうりょ》して算出する。

シームレス〈名・形動〉 ❶つなぎ目やぬい目がないこと。❷断絶がなく、スムーズであること。例 シームレスな作業が可能な環境《かんきょう》。◇seamless

じいや【▼爺や】〈名〉 年輩《ねんぱい》の男の使用人を親しんで呼んだことば。対 ばあや。

シーラカンス〈名〉 数千万年前に絶滅《ぜつめつ》したと思われていたさかな。化石で見るのと非常に近い形のものが発見され、いまも生存していることがわかって世界をおどろかせた。「生きている化石」といわれる。◇coelacanth

[1]**し・いる【強いる】**〈動上一〉 相手の気持ちなどにおかまいなく、むりにさせる。例 酒を強いる。寄付を強いる。類 強要する。強制する。アシイル

[2]**シール**〈名〉 ❶封印《ふういん》のしるしとして、また、自分の持ち物などにはりつけるための、小さな紙。❷アザラシの皮。スキーなどで、すべり止めに使う。◇seal ▽アシール

しいれ【仕入れ】〈名〉 生産のための原料を買い入れたり、売るための商品を買い入れたりすること。

しい・れる【仕入れる】〈動下一〉 生産のための原料や、売るための商品を買い入れる。類 しこむ。

表現 「情報を仕入れる」のように、新しい知識を自分のものとして取り入れる、という意味でも使う。

じいろ【地色】〈名〉 布や紙などの生地《きじ》の色。

[1]**しいん【子音】**〈名〉 ことばの音の中で、舌や歯、くちびるなどのはたらきによって、はく息の通りみちがせばめられたり、閉じられたりして発音される音のこと。ko(こ)・to(と)・ba(ば)のk・t・bなど。対 母音《ぼいん》。アシイン

[2]**しいん【死因】**〈名〉 死亡した原因。アシイン

[3]**しいん【試飲】**〈名・する〉 ためしに飲んでみること。例 試飲販売。アシイン

[4]**シーン**〈名〉 人物の動きや事件のなりゆきが、目の前の展開でそのままわかる、そういう情景。例 感激のシーン。ラブシーン。ラストシーン。◇scene アシーン

じいん【寺院】〈名〉 宗教の行事を行なう建物。類 寺《てら》。参考 日本の中では、仏教の寺をさすことが多いが、外国のものをいうときは、「ウエストミンスター寺院」「回教寺院」など特定の宗教に限らず使う。

ジーンズ〈名〉 デニム地《じ》でつくった、ふだん着用のじょうぶな衣服。とくにズボン(=ジーパン)をさすが、上着(=ジージャン)もある。◇jeans

じう【慈雨】〈名〉 万物《ばんぶつ》をうるおして、生き生きさせる雨。例 干天《かんてん》の慈雨。類 めぐみの雨。

しうち【仕打ち】〈名〉 他人に対する態度やふるまい。表現 「ひどい仕打ち」など、わるい意味で使うことが多い。

しうんてん【試運転】〈名・する〉 新しくつくった乗り物や機械などの調子をみるために、ためしに動かすこと。

じぇ(方言) びっくりしたときに出すことば。岩手で言う。参考 おどろきの度合いに応じて「じぇじぇ」「じぇじぇじぇ」と重ねられていく。

シェア〈名〉 ❶〔経済〕 ある商品全体の市場の中で、特定の会社が占《し》めている販売《はんばい》数の割合。市場占有《せんゆう》率。例 シェアを拡大する。❷〈する〉 わかち合うこと。共有すること。◇share

シェアウェア〈名〉 パソコンのソフトウェアで、一定期間ためしに使った後、それが気にいった場合に料金を支払《しはら》う方式のもの。インターネットなどから制限付きのソフトをダウンロードし、登録をして料金を支払った後に、無制限に使えるようになるというものが多い。◇shareware

しえい【市営】〈名〉 市が経営すること。例 横浜《よこはま》市営地下鉄。

[1]**じえい【自営】**〈名・する〉 独立して、自分で事業や商売をいとなむこと。例 自営業。

[2]**じえい【自衛】**〈名・する〉 自分で自分をまもること。例 自衛の手段。自衛隊。

じえいかん【自衛官】〈名〉 自衛隊の隊員。とくに、制服を着用し隊の任務にあたる者をいう。

じえいたい【自衛隊】〈名〉 日本の平和と独立をまもり、国の安全をたもつために、一九五四(昭和二九)年につくられた組織。陸上・海上・航空の三隊からなる。

シェイプアップ〈名・する〉 運動や食事制限によって、余分な脂肪《しぼう》や贅肉《ぜいにく》をとり、体形を整えること。「シェープアップ」とも書く。類 フィットネス。ボディーメイク。参考 英語の shape up は、体調を整える意味。

シェーク〈名・する〉 容器を振って、中の液体を混ぜること。とくに、カクテルをつくるときに行なう。◇shake

シェード〈名〉 ❶日よけ。ひさし。❷電灯のかさ。◇shade

シェールオイル〈名〉 頁岩《けつがん》にふくまれる原油。◇shale oil

シェールガス〈名〉 頁岩《けつがん》にふくまれる天然ガス。◇shale gas

[1]**しえき【私益】**〈名〉 個人的な利益。対 公益。

[2]**しえき【使役】**〈名・する〉 ❶人を使って仕事をさせること。例 領主が農民を使役する。❷〔文法〕 自分がするのでなく、人に命じてさせること。動詞に、助動詞の「せる」または「させる」をつけて言い表わす。

ジェスチャー〈名〉 ❶身ぶり。手まね。例 ジェスチャーをまじえて語る。❷思わせぶり。見せかけ。例 あれはジェスチャーにすぎない。❸スマートフォンやタブレット型端末

 黒田清輝(きよてる)(1866～1924) 明治～大正の洋画家。パリに留学。印象派風の明るい色調の画風を完成。

《たんまつ》の画面を、指でなぞったり押したりする操作。◇gesture

ジェット〈名〉気体や液体を高速でふき出すこと。噴射《ふんしゃ》。◇jet

ジェットエンジン〈名〉前方からとり入れた空気を圧縮して、燃料をくわえて爆発《ばくはつ》させ、その反動で推進力をつけるエンジン。◇jet engine

ジェットき【ジェット機】〈名〉ジェットエンジンをつけた飛行機。音速よりも速くとぶことができるが、空気のない宇宙空間ではとべない。

ジェットきりゅう【ジェット気流】〈名〉〔気象〕北半球の上空一〇キロメートル付近で、地球を一周するようにふいている、せまい範囲《はんい》の強い西風。

ジェットコースター〈名〉❶遊園地の乗り物。起伏《きふく》のはげしいレールの上をはしり、急激《きゅうげき》にくだるときのスピードや感覚を楽しむもの。❷とくに映画で、めまぐるしい展開が続く娯楽《ごらく》作品のたとえ。例ジェットコースタームービー。参考日本での複合語。英語では roller coaster という。

ジェネリックいやくひん【ジェネリック医薬品】〈名〉新薬の特許期間がきれたあとに販売《はんばい》される、成分が同じで安い医薬品。後発医薬品。

ジェネレーションギャップ〈名〉世代のちがいによる、考えかたや価値観の相違《そうい》。世代(間《かん》)の断絶。◇generation gap

シェパード〈名〉イヌの一種。りこうで勇敢《ゆうかん》なために、番犬・警察犬・軍用犬・盲導《もうどう》犬に使われる。「セパード」ともいう。◇shepherd

シェフ〈名〉コック長。◇《フランス》chef

ジェラシー〈名〉やきもち。嫉妬《しっと》。◇jealousy

ジェル〈名〉化粧《けしょう》品などで、ゼリー状のもの。例ヘアスタイリングジェル。保湿《ほしつ》ジェル。◇gel

シェルター〈名〉❶防空壕《ごう》。避難《ひなん》所。例核シェルター。❷難民やホームレス、DVを受けた人などを保護するための収容施設《しせつ》。◇shelter

シェルパ〈名〉ネパールの山岳《さんがく》地帯にすむ一部族。ヒマラヤ登山の際の、有能な案内人として知られる。◇Sherpa

[1]**しえん【支援】**〈名・する〉力をそえて、手だすけをすること。例支援をうける。類後援。援助。サポート。

[2]**しえん【私怨】**〈名〉個人的なうらみ。例私怨をはらす。類私憤《しふん》。

[3]**しえん【紫煙】**〈名〉立ちのぼるむらさき色のけむり。たばこのけむりのこと。例紫煙をくゆらす。

ジェンダー〈名〉歴史・社会・文化などの観点からみた、男女の性による差異。例ジェンダーギャップ(=男女格差)。◇gender 参考生物学的な性別(sex)をふくめて使われることもある。

ジェントルマン〈名〉「紳士《しんし》」のこと。対レディー。◇gentleman

[1]**しお【塩】**〈名〉❶食べものにしおからい味をつけるための、いちばんもとになるもの。白いつぶになっている。塩水からとったり、岩塩から精製したりする。工業でも利用される。例塩をする(=さかなや肉などに塩をふりかけておく)。塩づけ。ごま塩。類食塩。❷「①」の調味料による味つけ。例塩があまい。塩をきかす。塩をひかえる。甘塩《あまじお》。類塩分《えんぶん》。塩け。参考「お清《きよ》めの塩」と言って、塩はけがれをはらうと考えられているため、葬式《そうしき》から帰ったとき玄関に入る前に体にかけたり、力士が土俵《どひょう》にまいたり、料理屋が「盛《も》り塩」をしたりする。

青菜《あおな》に塩 ⇩「あおな」の子項目

敵《てき》に塩を送《おく》る ⇩「てき〔敵〕」の子項目

[2]**しお【潮】**〖▾汐〗〈名〉❶海の水。例潮をくむ。潮のかおり。類うしお。❷海水のみちひき。例潮がさす。潮がみちる。上げ潮。引き潮。❸ものごとを始めたり終えたりするのにちょうどいいとき。例雨がやんだのをしおに退散した。類しおどき。

しおかげん【塩加減】〈名〉料理の塩味がこいかうすいかのぐあい。例塩加減をみる。塩加減がいい。

しおかぜ【潮風】〈名〉海の方からふいてくる風。

しおから【塩辛】〈名〉イカやさかなの身などを塩づけにした食べもの。

しおから・い【塩辛い】〈形〉塩あじがきつい。例このスープは塩辛いね。類しょっぱい。

しおからごえ【塩辛声】〈名〉かすれた声。しわがれ声。

しおき【仕置き】〈名・する〉⇩おしおき

しおくり【仕送り】〈名・する〉生活や勉強にかかる費用を送ること。また、そのお金。例子どもへの仕送り。

しおけ【塩気】〈名〉食べものなどにふくまれる塩からさの程度。例塩気が強い。類塩分。

しおけむり【潮煙】〈名〉海水がはげしく岩にぶつかって、飛びちるしぶき。例潮煙がたつ。類水煙。

しおこしょう【塩こしょう】〖塩▾胡▾椒〗〈名・する〉塩とコショウで調味すること。

しおさい【潮▿騒】〈名〉潮がみちてくるときにでる音。「しおざい」ともいう。

しおざかい【潮境】〈名〉暖流と寒流など、二つの海流が接している境界。潮目《しおめ》。

しおじ【潮路】〈名〉❶潮のみちひきのとき、海水が流れる道すじ。❷船のとおる道すじ。類航路。海路。

しおしお〈副〉気落ちして、すっかり元気がなくなった感じで。例金のつごうができず、しおしお(と)帰っていった。

しおだまり【潮だまり】〖潮▾溜まり〗〈名〉海で潮が引いたあとの、海水が残っている磯《いそ》のくぼみ。

しおた・れる〖潮垂れる〗〈動下一〉形がくずれ、見すぼらしくなっている。例しおたれた身なり。

しおづけ【塩漬け】〈名・する〉保存できるように、野菜や肉類を塩につけること。また、そうした食品。

しおつぼ【塩つぼ】〖塩▾壺〗〈名〉塩を入れるつぼ。

しおどき【潮時】〈名〉❶満潮または干潮の時刻。❷なにかをするのに、ちょうどいいとき。例しおどきを待つ。しおどきをみる。類ころあい。好機。チャンス。❸あきらめたり、引きさがったりするべきとき。類引きどき。注意①と、そこから転じた②が本来の意味だが、③の意味で使う人が増えている。

しおなり【潮鳴り】〈名〉波の音。

ジオパーク〈名〉科学的に貴重な、大地の活動のあとをはっきりと残している自然公園。世界と国内の専門組織により認定《にんてい》される。◇Geopark

しおひがり【潮干狩り】〈名〉潮が引いた砂浜で、貝などをほってたのしむこと。

しおみず【塩水・潮水】〈名〉❶[塩水]塩をとかした水。塩味のする水。❷[潮水]海水。類うしお。

しおめ【潮目】〈名〉⇩しおざかい

しおもみ【塩もみ】〖塩▾揉み〗〈名・する〉生野菜などを塩でもんでやわらかくすること。そのようにしたもの。例

グロティウス(1583~1645) オランダの法学者。自然法の存在を強調した。近代国際法の父。

きゅうりの塩もみ。

しおやき【塩焼き】〈名〉なまの魚などに 塩をつけて焼いたもの。例塩焼きにする。サンマの塩焼き。

しおゆで【塩ゆで】〖塩▼茹で〗〈名・する〉ほかの調味料を入れずに、少し塩だけを入れて、煮《に》ること。

しおらし・い〈形〉気の毒になるほど、おとなしくて従順である。例しおらしいことを言う。

ジオラマ〈名〉ミニチュアの建物・乗り物・人形などと、背景とを組み合わせて、ある場面を立体的に再現してみせるセット。立体模型。「ディオラマ」ともいう。◇フランス diorama

しおり〖枝折り・▼栞〗〈名〉❶読みかけの本のページのあいだなどにはさんで、目じるしにするもの。類ブックマーク。❷ある方面のことについて、かんたんにわかりやすく説明した印刷物。類手びき。ガイド。参考 山道を歩くとき、途中《とちゅう》の木の枝《えだ》を折って道の目じるしにしたことからいう。

しおりど【しおり戸】〖枝折り戸・▼柴折り戸〗〈名〉木や竹の枝《えだ》などでつくったかんたんな戸。庭の出入り口などにもうける。

しお・れる〖▽萎れる〗〈動下一〉❶草花などが、生気をうしなってよわる。例花がしおれる。❷気おちして、しょんぼりする。類意気消沈《しょうちん》する。▽類なえる。

しおん〖紫▼苑〗〈名〉庭にうえる草花の一種。多年草。秋、ノギクに似《に》た花がかたまってさく。根から、せき止めの薬をつくる。

じおん【字音】〈名〉漢字の読みかたで、音によるもの。「一」を「いち・いつ」、「国」を「こく」と読むなど。漢字音。対字訓。

じおんかなづかい【字音仮名遣い】〈名〉漢字の音による読みを歴史仮名遣いで書きあらわすときの、かなの使いかたのきまり。参考「ほうし(法師)」を「ほふし」、「ほうりつ(法律)」を「はふりつ」と書く類。

じおんご【字音語】〈名〉漢字で書いた単語のうち、訓ではなく音で読むもの。

1**しか【鹿】**〈名〉哺乳《ほにゅう》動物の一種。足はほそ長く、全体がしなやかな感じで、おすには木の枝《えだ》のようなつのがある。草食で、性質は おとなしい。アシカ

鹿を追《お》う者《もの》は山《やま》を見《み》ず 目先のことに気をとられ、全体を見わたした、だいじな判断ができない。

【鹿】 鹿部0 全11画 ※鹿鹿鹿鹿鹿

しか・か 教小4 訓❶[しか] 鹿。小鹿。❷[か] 鹿の子。

2**しか【市価】**〈名〉品物が、一般《いっぱん》の商店で売られるときのねだん。例市価より三割安い。市価がさがる。類時価。アシカ

3**しか【歯科】**〈名〉医学の一分野。歯の診察《しんさつ》や治療《ちりょう》をする部門。例歯科医。アシカ

4**しか**〈副助〉ものごとをせまい範囲《はんい》やひくい程度にかぎり、それをこえることがないという低評価判断を表わす。あとにかならず打ち消しのことばがくる。例気のあう友だちとしか遊ばない。五時間しか寝ていない。→だけ 表現

しかない ❶きわめて不満ではあるが、実際にあるのはそれだけだと断定する言いかた。例千円しかない。この町にはちっぽけな店しかない。❷残念ながらできることはそれ以外にはないと断定する言いかた。例何を言われても、がまんするしかない。ここまで来たら、もう行くしかない。類ほか(は)ない。

表現 ②は、くだけて「…っきゃない」ともいう。

1**じか**〖▽直〗〈名〉あいだにほかのものが入らないこと。例じか談判。類直接。→じかに

2**じか【自家】**〈名〉❶自分の家。例自家用。自家製。❷自分。自分自身。例自家中毒。自家撞着《どうちゃく》。

自家薬籠中《やくろうちゅう》の物《もの》 自分の薬箱の中にあって、いつでもとり出せる薬のように、思いどおりになるもの。

3**じか【時価】**〈名〉その時どきの品物のねだん。類相場。市価。

4**じか【時下】**〈副〉このごろ。この節。

表現 形式的な手紙で、「時下ますますご繁栄《はんえい》、なによりのことと存じます」のように使う。

じが【自我】〈名〉まわりのものとまぎれることのない、今ここにいる自分というもの。例自我にめざめる。自我をつらぬく。自我の確立。類エゴ。

1**しかい【四海】**〈名〉❶自国をとりまく四方の海。❷世の中。世界。例四海波静か。▽アシカイ

2**しかい【司会】**〈名・する〉会の進行をうけもつこと。例司会者。類進行係。アシカイ

3**しかい【視界】**〈名〉ある地点から目に見える範囲《はんい》。例視界がひらける。視界を広げる。視界に入る。類視野。眼界。アシカイ

4**しかい【▼斯界】**〈名〉その分野。その世界。例斯界の権威《けんい》。類斯道。アシカイ

5**しかい【歯科医】**〈名〉歯の治療《ちりょう》や病気の予防を専門にする医者。アシカイ

1**しがい【市外】**〈名〉市の区域外。市の周辺。対市内。アシガイ

2**しがい【市街】**〈名〉商店や人家がのきをならべたところ。例市街の中心部。市街地。アシガイ

3**しがい【死骸】**〈名〉死んでしまったあとのからだ。例動物の死骸。類死体。遺骸《いがい》。むくろ。アシガイ

1**じかい【次回】**〈名〉この次の回。この次の時。例次回の公演。対今回。前回。アジカイ

2**じかい【自戒】**〈名・する〉自分の行ないが規則や道徳をはずれないように、自分でひきしめていくこと。例自戒のことば。類自粛《じしゅく》。アジカイ

3**じかい【自壊】**〈名・する〉ひとりでにこわれること。例自壊作用。アジカイ

4**じかい【磁界】**〈名〉「磁場《じば》」のこと。アジカイ

じがい【自害】〈名・する〉刀でのどや胸をつくなどして、自分で命を絶つこと。古めかしい言いかた。類自殺。自裁。自決。自刃《じじん》。

しかいしゃ【司会者】〈名〉司会をする人。

しがいせん【紫外線】〈名〉日光の中にふくまれている、目に見えない光の一種。日やけの原因となる。医療《いりょう》や殺菌《さっきん》に利用される。スペクトルで、むらさき色の光より外がわにあるのでこの名がある。対赤外線。類UV《ユーブイ》。

しがいち【市街地】〈名〉市街になっている地域。

しかえし【仕返し】〈名・する〉ひどい目にあわされた人が、こんどは相手を同じような目にあわせること。類報復。敵《かたき》うち。しっぺ返し。あだうち。→ふくしゅう〔復讐〕

1**しかく【四角】**〈名・形動〉四本の線でかこんだ形。とくに、真《ま》四角と長《なが》四角。アシカク

表現 「四角」

表現 まじめ一方で、くだけたところ、やわらかみ、おもしろみがないようすにも言う。→しかくしめん・しかくばる

2**しかく【死角】**〈名〉❶じゅうぶんに弾《たま》のとどく範囲

 クロムウェル（1599～1658） イギリスの政治家。清教徒革命を指導し，共和政治を実現。護国卿。

《いはん》ではあるが、角度の関係で、弾をうちこめない場所。❷見とおしのきかない範囲。例運転席からは死角になっていたので、歩行者が見えなかった。▽アシカク

3 **しかく【刺客】**〈名〉人をつけねらって殺そうとする人。暗殺者。殺し屋。「しきゃく」「せっかく」ともいう。アシカク

4 **しかく【視角】**〈名〉❶見ているものの両はしと目をむすぶ二つの直線がつくる角度。例視角が大きい。❷ものを見たり考えたりする立場。例視角を変える。類視点。角度。観点。見地。アングル。▽アシカク

5 **しかく【視覚】**〈名〉五感の一つ。目でものを見るときにはたらく感覚。アシカク

6 **しかく【資格】**〈名〉❶なにかをするときの、その人の身分や立場。例クラス代表の資格で出席する。❷ある仕事や地位につくために、かならずもっていなければならない条件。例資格をえる。受験資格。▽アシカク

1 **しがく【史学】**〈名〉歴史を研究する学問。歴史学。

2 **しがく【私学】**〈名〉学生の授業料や民間の寄付などで運営する学校。私立学校。対官学。

3 **しがく【志学】**〈名〉十五歳《さい》のこと。参考『論語』の「吾《われ》十有五にして学に志す」から。孔子《こうし》が学問に志《こころざ》した年齢《ねんれい》。→囲み記事15(283ページ)

1 **じかく【字画】**〈名〉漢字の字形を形づくっている線や点。

2 **じかく【自覚】**〈名・する〉❶自分で、自分の立場や自分がしなければならないことなどがわかっていること。例自覚をもつ。警察官としての自覚がたりない。類意識。❷自分で感じていること。例肉体のおとろえを自覚する。自覚症状《しょうじょう》。類感覚。

じがく【自学】〈名・する〉学校で学ぶのでなく、自分で勉強を進めること。例自学の道。自学自習。類独学。

しかく・い【四角い】〈形〉四角のような形である。例四角い埋《う》め立て地。四角く切る。

しかくか【視覚化】〈名・する〉ことがらを図式化するなどして、見た目にわかりやすくすること。類可視化《かしか》。

しかくしめん【四角四面】〈名・形動〉❶真四角であること。❷かたどおりで、まじめなようす。例四角四面な人がら。

じかくしょうじょう【自覚症状】〈名〉からだのぐあいのわるい人が自分で感じる症状。

しかくば・る【四角張る】〈動五〉❶四角い形になる。例四角張った顔。❷きまじめでかたくるしい態度をとる。例まあ、そう四角張らないで。▽類角《かど》張る。

しかけ【仕掛け】〈名〉❶うまくくふうしてつくられたしくみや装置《そうち》。例たねも仕掛けもない。仕掛け花火。類ギミック。❷つりで、つり糸の先の方につけたつり針・おもり・うきなど。

しかけにん【仕掛け人】〈名〉❶社会的な事件や流行が起こるようにしくんで、はたらきかける人。例流行の仕掛け人。❷殺し屋。

しかけはなび【仕掛け花火】〈名〉しかけておいた火薬につぎつぎと点火して、いろいろな形が現れるようにした花火。対打ち上げ花火。

しか・ける【仕掛ける】〈動下一〉❶相手にはたらきかける。例敵が仕掛けてくるのを待つ。❷装置《そうち》をとりつけたり、準備をしたりする。例わなを仕掛ける。

しかし【▽然し・▽併し】〈接〉前に述べたこととちがうことや、関係のないことなどをつづけて述べるときに使う。例からだは弱い。しかし、気は強い。対そこで。そして。類けれども。だが。が〈接〉。

しかじか【▽然▽然】〈副〉話や文章で、くわしく述べるべきことを省略して、そのかわりに使うことば。例かくかくしかじか。類かくかく。うんぬん。等等。

じがじさん【自画自賛】〈名・する〉自分で自分のしたことをほめること。類てまえみそ。由来「自画自賛」の「賛」は、もとは「ほめる」という意味ではなく、絵に簡単な詩句などを書いておもむきをそえることを意味した。「賛」は、ふつう他人に書いてもらう。自分の絵に自分で賛を書くのが、元来の自画自賛。

しかしながら【▽然しながら】〈接〉そうではあるが、しかし。ややあらたまった言いかた。例あなたの意見はもっともである。しかしながら、実現は難しい。類さりながら。

1 **しかしゅう【私家集】**〈名〉江戸《えど》時代以前に編集された個人の歌集。家の集。家集。

2 **しかしゅう【詞華集・詞花集】**〈名〉⇩アンソロジー

し(▽如)かず ⇩しく〔如く〕

じかせい【自家製】〈名〉その家や店で独自に作ったもの。例自家製のケーキ。

じかせん【耳下腺】〈名〉耳の下の前がわにある、唾液《だえき》を分泌《ぶんぴつ》する器官。

じかせんえん【耳下腺炎】〈名〉ウイルスや細菌によってひきおこされる、耳の内部の炎症《えんしょう》。「おたふくかぜ」はこの一種。

じがぞう【自画像】〈名〉自分の顔やすがたをかいた絵。

しかた【仕方】〈名〉なにかをする方法や手段。例あいさつのしかた。類やりかた。仕様。

しかたがない ❶不満足だがあきらめるほかない。やむをえない。例なんと言われてもしかたがない。❷(「…てしかたがない」の形で)「その気持ちをおさえることができない」という意味を表わす。例おかしくてしかたがない。類たまらない。❸手のつけようもなくだめだ。例遊んでばかりいて、しかたがないやつだ。▽「しかたない」ともいう。

しかたなしに ほかによい方法もみつからずに。しようがなくて。しかたなく。類やむをえず。やむなく。

じかた【地方】〈名〉日本舞踊《ぶよう》で、しゃみせんや鳴り物(=たいこ)、唄《うた》をうけもつ人。その伴奏《ばんそう》。対立方《たちかた》。

しかたな・い【仕方ない】〈形〉⇩しかたがない(「しかた」の子項目)

じかたび【地下足袋】〈名〉とび職や、祭りでおみこしをかつぐ人などが履《は》く、ゴム底の、足袋の形をした履き物。表記「地下《じか》」は当て字で、意味どおりに「▽直足袋」と書かれることもある。

じがため【地固め】〈名・する〉❶建物の土台の下の地面をつきかためること。❷ものごとの基礎《きそ》をかためること。

じかだんぱん【▽直談判】〈名・する〉ほかの人をとおしたり、必要な手続きをふんだりしていてはらちがあかないと思って、相手と直接交渉《こうしょう》すること。

しがち〈形動〉そうすることになりやすい。例あわてると、とんでもないまちがいをしがちです。

じかちゅうどく【自家中毒】〈名〉自分の体内でできた毒素による中毒。尿毒症《にょうどくしょう》などをいう。

しかつ【死活】〈名〉死ぬか生きるか。だめになるかならないか。例死活にかかわる。死活問題。類生死。

じかつ【自活】〈名・する〉人にたよらないで、自分の働き

で生活していくこと。例自活の道。類自立。

しかっけい【四角形】〈名〉〔数学〕四本の線分でかこまれた図形。参考一つの角が内側にへこんでいる四角形（＝凹《おう》四角）は、ふつうは、四角形にふくめない。

しかつめらし・い〈形〉❶態度や顔つきが、もっともらしくてまじめくさっている。例しかつめらしい顔。❷形式ばって、かたくるしい。例しかつめらしい話。

1**しかと**〈名・する〉人を無視すること。俗《ぞく》な言いかた。アシカト 参考「鹿《しか》の十《とお》」の意味で、花札の、十点札の絵のシカが後ろを向いていることからといわれる。

2**しかと【▽確と】**〈副〉「まちがいなく」「たしかに」の古い言いかた。例しかと約束したぞ。アシカト

じかどうちゃく【自家▼撞着】〈名〉自分の言ったことが前と後でくいちがうこと。例自家撞着をおこす。自家撞着におちいる。類自己矛盾《むじゅん》。

しがな・い〈形〉なさけないくらい、ささやかだ。貧乏《びんぼう》でみすぼらしい。例しがない月給とり。

じかに【▽直に】〈副〉あいだに人やものが入らないで、直接に。例本人にじかに伝えた。セーターを肌《はだ》にじかに着た。→じか〔直〕

しが（歯牙）にもか（掛）けない 相手にしない。まるで問題にしない。類無視する。

じがね【地金】〈名〉❶めっきや加工をした金属の土台になっている金属。❷本来の性質。本心。わるい点についていうことが多い。例地金がでる。類本性《ほんしょう》。

じかはつでん【自家発電】〈名〉自分の家で電気をおこすこと。

1**しかばね【▼屍】**〈名〉死んで魂《たましい》がなくなってしまった体。古い言いかた。類むくろ。なきがら。→次項

しかばねにむち打《う》つ 死んだ人に対してきびしい批判を加える。多く、そういうやり方をたしなめるときに使う。

2**しかばね【▼尸】**〈名〉漢字の冠《かんむり》の一つ。「屍」「局」などの「尸」の部分。→前項

しかばん【私家版】〈名〉個人が、利益を目的にせず、自分の費用で少部数出版する書物。

じかび【じか火】【▽直火】〈名〉料理するとき、なべやフライパンを通さないで、直接当てる火。例じか火焼き。

じかまき【▽直▼蒔き】〈名・する〉作物をつくるときに、種を苗床《なえどこ》にまかないで、直接、田や畑にまくこと。「じきまき」ともいう。

しがみつ・く〈動五〉絶対にはなれまいと、だきつく。例お母さんにしがみつく。類かじりつく。すがりつく。

しがむ（方言） するめやガムなどを、味わいながらかみつづける。関西で言う。

しかめっつら【しかめっ面】【▼顰めっ面】〈名〉きげんのわるそうな、しかめた顔。しかめつら。例しかめっ面をする。類渋面《じゅうめん》。

しか・める【▼顰める】〈動下一〉⇩顔をしかめる（「かお」の子項目）

しかも〈接〉❶それでもなお。後に述べることが、その前に述べたことからは予想しにくいものであることを表わす。例不治の病《やまい》と知りながら、しかも笑顔《えがお》を絶やさなかった。❷そのうえ。その前に言ったことに、さらにつけ加えるときに使う。例寒さがきびしく、しかも雪がふかい。類なおかつ。

方言新潟では、「しかもうまい」のように、「とても」「非常に」や、「たくさん」の意味でも使う。

じかよう【自家用】〈名〉自分の家のために使うこと。

しがらみ【▽柵】〈名〉「人情のしがらみ」のように、人の気持ちにからみついて、はなれないもの。参考もと、水の流れをさえぎるためにくいをうってならべ、木や竹を横にむすびつけたもの。

しかり【▽然り】「そうだ」「そのとおりだ」のかたい言いかた。例今、世界は不安定だ。日本もまたしかり。参考古語の動詞「しかり」の終止形「しかあり（＝そうある）」のつまった形。

しかりつ・ける【叱り付ける】〈動下一〉きびしく強くしかる。

しか・る【叱る】〈動五〉相手のわるいところを、強い調子で注意する。例子どもを叱る。叱りつける。類おこる。

表現「おこる」は、相手にいかりの感情をぶつけること。「しかる」は、上にたつ人が下の人のわるい点をとらえて、なおさせる目的できびしく言うこと。

叱責《しっせき》する。こごとを言う。

しかるに【▽然るに】〈接〉そうであるのに。後に述べることが、その前に述べたことからは予想しにくいものであることを表わす。例おまえはわたしの旧友だ。しかるに、おまえはわたしをうらぎった。類それなのに。

しかるべき【▽然るべき】━〈連体〉それにふさわしい。例しかるべき人物。━（「…してしかるべきだ」の形で）…するのが当然である。例むこうから謝《あやま》ってしかるべきだ。

しかるべく【▽然るべく】〈副〉それにふさわしいように。適切に。例しかるべく手続きをふんで処理します。

1**しかん【士官】**〈名〉軍隊で、将校のこと。アシカン

2**しかん【史観】**〈名〉「歴史とは何か」の考えかた。例史観がなければ歴史は書けない。アシカン

3**しかん【仕官】**〈名・する〉武士が主君にめしかかえられること。例仕官の口がひらける。類宮づかえ。アシカン

4**しかん【▼弛緩】**〈名・する〉からだや心を引きしめている力がゆるんで、だらっとすること。対緊張。類たるむ。リラックス。アシカン

5**しかん【師管】【▼篩管】**〈名〉〔植物〕葉でつくられた養分を茎《くき》や根に送る管。ところどころに篩《ふるい》のようなものがある。対道管。アシカン

6**しかん【歯間】**〈名〉歯と歯のあいだ。例歯間ブラシ。アシカン

しがん【志願】〈名・する〉自分もそこに加わりたい、そうなりたいと、すすんで願いでること。例志願者。志願兵。モデル志願。類志望。

1**じかん【字間】**〈名〉文字と文字のあいだ。例字間をつめる。字間をあける。

2**じかん【時間】**〈名〉❶たえずうつっていきながら、始めもなく、終わりもない、永久につづく「時」の全体。例時間がすぎる。時間を無視する。対空間。類とき。❷時のながれの中の一点から一点まで。例時間がかかる。時間がない。時間とのたたかい。持ち時間。類ひま。❸時のながれの中のある一点。例今の時間を教えてください。電車の時間におくれた。類とき。時刻。❹なにかをするのにつごうがよいとか、なにかをするようにきめてあるとかの「時」。例食事の時間。数学の時間。帰る時間。時間外。類ころあい。時刻。刻限。❺一日を二十四等分した、そのひとつひとつの長さ。「二時間」のように、数のあとにつけて使う。

時間の問題《もんだい》 おそかれはやかれそうなるときがくること。例現政権の崩壊《ほうかい》は時間の問題だ。

時間を稼《かせ》ぐ 時間のひきのばしをはかる。時を稼ぐ。例人質の救助まで、犯人をなだめすかして時間を稼いだ。

 ケイ（1704～64）よこ糸を通す飛び杼(ひ)を発明したイギリス人。織機に取り付け，その速さを倍にした。

じがん【慈顔】〈名〉慈愛にみちたやさしい顔つき。

じかんがい【時間外】〈名〉定められた時間の範囲《はんい》外。例時間外労働。営業時間外。
表現 時間外労働の意味で「時間外をやる」、時間外手当の意味で「時間外をつける」のようにも使う。

じかんきゅう【時間給】〈名〉⇩じきゅう〔時給〕

じかんさこうげき【時間差攻撃】〈名〉バレーボールで、クイックと見せかけて相手のブロックのタイミングをずらし、ふつうにスパイクを打つ攻撃のしかた。

じかんじく【時間軸】〈名〉❶グラフで、時間や年月の経過を表わす横軸。❷時間が進む方向や、期間の長さのたとえ。例時間軸に沿って説明する。時間軸を長くとる。❸⇩タイムライン③

じかんたい【時間帯】〈名〉一日二十四時間のうち、何時から何時までと指定した、幅《はば》のある時間の区間。参考 区間の幅は時刻で指定しなくても、「通勤ラッシュの時間帯」というように内容で限定することもできる。

じかんりょこう【時間旅行】〈名〉⇩タイムトラベル

じかんわり【時間割(り)】〈名〉一日の授業や作業予定を、時間区分に割りふって表にしたもの。類時間表。タイムテーブル。

常用漢字 **しき**

【式】 弋部3 全6画 式式式式式式

シキ 教小3 音[シキ] ▨式典《しきてん》。式辞《しきじ》。式次第《しきしだい》。▨形式《けいしき》。儀式《ぎしき》。結婚式《けっこんしき》。数式《すうしき》。方程式《ほうていしき》。芋《いも》づる式《しき》。

【識】 言部12 全19画 ※ 識識識識識

シキ 教小5 音[シキ] ▨識別《しきべつ》。識字率《しきじりつ》。▨意識《いしき》。知識《ちしき》。認識《にんしき》。面識《めんしき》。道路標識《どうろひょうしき》。

【色】⇩常用漢字 しょく〔色〕

1 **しき【式】** 一〈名〉❶結婚《けっこん》や葬儀《そうぎ》、なにかの記念などの場合に行なう、一定の形式をとった行事。例式をあげる。式にのぞむ。式に列する。類儀式。❷数学や物理で、計算のしかたを記号や数字で表わしたもの。例式をたてる。▽アシキ」
二〈接尾〉形式ややりかたなどという意味を表わす。例日本式。ゴシック式。ところてん式。類風《ふう》。流。

2 **しき【士気・志気】**〈名〉「よし、やるぞ」という気持ち。例士気を高める。類やる気。アシキ

3 **しき【四季】**〈名〉四つの季節。春・夏・秋・冬。例四季のうつりかわり。四季を通じて。四季咲き(の花)。四季なり(のいちご)。四季おりおり。類四時《しじ》。アシキ

4 **しき【死期】**〈名〉❶死ぬとき。例死期がせまる。死期をはやめる。❷死ぬべきとき。死にどき。例死期を逸《いっ》する。▽アシキ

5 **しき【始期】**〈名〉それが始まる・始まった時期。対終期。アシキ

6 **しき【指揮】**〈名・する〉目的に向かって統一のとれた行動をするために、多くの人をさしずして、うごかすこと。例チームの指揮をとる。オーケストラを指揮する。指揮者。指揮権。陣頭《じんとう》指揮。アシキ

7 **しき**〈副助〉「これ」「それ」「あれ」などについて、ものごとの動作・状態などを軽《かろ》んじてとらえる意味を表わす。…くらい。例これしきのことで泣くな。

1 **しぎ【▼鴫】**〈名〉水べにすむ鳥で、秋と春に日本にたちよるわたり鳥。くちばしと足が長く、水中のさかなをとって食べるのに適している。

2 **しぎ【仕儀】**〈名〉「こうなるしかない状況《じょうきょう》」ということを、昔ふうな言いかたでいうことば。例かような仕儀と相《あい》なった。

3 **しぎ【試技】**〈名〉重量あげや走り高とび、棒高とびなどのスポーツ競技で、わざを行なうこと。種目により、回数とやりかたがきめられている。類トライアル。

1 **じき【直】** 一〈副〉[じき] 時間や距離《きょり》が近い。例じきに終わる。もうじき新学期だ。類すぐ。アジキ
二〈接頭〉あいだに入るものが一つもないことを表わす。例直弟子《でし》。直取り引き。

2 **じき【次期】**〈名〉この次の期。例次期首相《しゅしょう》。対今期。前期。先期。類来期。アジキ

3 **じき【時季】**〈名〉それをするのに、ちょうどいい季節。例時季はずれ。類時節。アジキ

4 **じき【時期】**〈名〉いつするかとか、いつからいつまでのあいだにするかという、あるとき、ある期間。例時期がはやい。重大な時期。時期尚早《しょうそう》。アジキ

5 **じき【時機】**〈名〉今がチャンスだというとき。例時機を逸《いっ》する。時機をうかがう。まだたちあがる時機ではない。類ころあい。しおどき。機会。好機。アジキ

6 **じき【磁気】**〈名〉〔物理〕磁石が鉄をひきつけたり、磁石どうしがひきあったり反発したりする、力のもとになるもの。例磁気をおびる。類磁力。アジキ

7 **じき【磁器】**〈名〉高温で焼いてつくる、かたい焼きもの。佐賀県の有田焼《ありたやき》や石川県の九谷焼《くたにやき》などが有名。アジキ 参考 陶器《とうき》よりも材料が石質で粒子《りゅうし》が細かく、たたくと澄《す》んだ音がする。青磁と白磁とがあるが、日本では白磁が多い。一般《いっぱん》に陶器より高級品が多い。

8 **じき【敷き】**〈接尾〉たたみの枚数を示すことばに付いて、へやの広さを表わす。例八畳《はちじょう》敷き。参考「千畳敷きの大岩」のように、その平面の広さを畳のへやのように示すこともある。

1 **じぎ【字義】**〈名〉ことばとしての漢字の意味。アジギ

2 **じぎ【児戯】**〈名〉子どもの遊びのような、毒にも薬にもならない行ない。稚戯《ちぎ》。例児戯に類する。児戯に等しい。アジギ

3 **じぎ【時宜】**〈名〉そのことにふさわしい、ちょうどよいとき。例時宜にかなう。時宜をえる。類ころあい。アジギ

4 **じぎ【辞儀】**〈名〉「あいさつ」の形式ばった古い言いかた。→おじぎ アジギ

じきあらし【磁気嵐】〈名〉〔地学〕地球の磁場が、急に不規則な変化をすること。太陽の活動が原因で、世界中でほぼ同時におこり、無線通信が混乱する。

しきい【敷居】〈名〉引き戸やしょうじなどをはめて、左右に動かしてあけたてするための みぞのついた、下がわの横木。例敷居をまたぐ。対鴨居《かもい》。→かもい 絵

敷居が高《たか》い ❶義理を欠いているとか、知られるとはずかしいことがあるとかで、その人のところに行きにくい。❷自分には立派《りっぱ》すぎて、入りにくい。例高級レストランは庶民《しょみん》には敷居が高い。
注意 ①が元の意味だが、②の意味で使うことも多くなり、そこから、「敷居を下げる(=気軽に利用できるようにする)」のような使いかたも生じている。

しきいし【敷石】〈名〉道路や庭などの地面に敷きならべた石。

1 **しきかく**【色覚】〈名〉色のちがいを見分ける能力。色神《しきしん》。例色覚障害。

しききん【敷金】〈名〉家やへやをかりるときに、家主にあずけておく保証金。類礼金。

1 **しきけん**【指揮権】〈名〉❶仕事のうえで指図をする権限。❷〔法律〕法務大臣が検察官に対してもつ権限。例指揮権を発動する。▽アシキケン

2 **しきけん**【識見】〈名〉ものごとの是非《ぜひ》やよしあしを、はっきり見わける能力。「しっけん」ともいう。例高い識見。類見識。ア**シキケン**

しきさい【色彩】〈名〉❶色あい。いろどり。例色彩にとむ。色彩感覚。類色。❷ある傾向《けいこう》や性質。例…の色彩をおびる。政治的な色彩。

じきさん【直参】〈名〉江戸《えど》時代、将軍に直接つかえた武士。例直参の旗本《はたもと》。対陪臣《ばいしん》。

しきし【色紙】〈名〉短歌や俳句、絵またはサインなどを書くのに使う、和紙でできた、四角で厚いきれいな紙。参考「いろがみ」と読むのは別のことば。

1 **しきじ**【式次】〈名〉儀式《ぎしき》や会の進行順序。類式次第《しきしだい》。

2 **しきじ**【式辞】〈名〉儀式《ぎしき》や式典で述べられる、あいさつのことば。

3 **しきじ**【識字】〈名〉自分の国の文字の読み書きができること。例発展途上《とじょう》国の識字率。類リテラシー。

じきじき〖直直〗〈副〉えらい人が直接自分でするようす。例じきじきのお出まし。社長がじきじきにお見えになりました。

しきしだい【式次第】〈名〉「式次《しきじ》」のややあらたまった言いかた。

しきしま【敷島】〈名〉「日本国」の昔の言いかた。

1 **しきしゃ**【識者】〈名〉知識が豊富で、ものごとについての正しい判断力をもっている人。有識者《ゆうしきしゃ》。例識者に意見を聞く。

2 **しきしゃ**【指揮者】〈名〉統一のとれた行動をするために、多くの人にさしずする人。とくに、オーケストラを指揮する人。

しきじゃく【色弱】〈名〉ある種の色にかぎって色の見わけに困難を感じること。→しきもう

1 **しきじょう**【色情】〈名〉むきだしの性的な感情。例色情にかられる。色情狂。類色欲。

2 **しきじょう**【式場】〈名〉結婚《けっこん》式や告別式などの式を行なう場所。

じきしょうそう【時期尚早】〈名・形動〉それを行なうには、時期がまだ早すぎること。例増税は時期尚早だ。

しきしん【色神】〈名〉⇩しきかく

しきそ【色素】〈名〉色のもとになっている物質。

じきそ【直訴】〈名・する〉むかし、きめられている手つづきを経《へ》ないで、天皇や江戸の将軍に直接うったえでたこと。類直願《じきがん》。表現いまでも、「社長に直訴する」のように俗《ぞく》に言う。

しきそう【色相】〈名〉〔美術〕赤や青、黄といった色あい。類色調。参考「彩度《さいど》」「明度」とあわせて、色の三要素という。

しきそくぜくう【色即是空】〈名〉〔仏教〕この世で人の目にうつるいっさいのもののすがたは、はかない仮のすがたにすぎないのだが、はかないからこそ、それがまた真実のすがたでもあるのだ、ということ。

しきだい【式台】〈名〉日本ふうの玄関《げんかん》の上がり口で、一段低くなっている板じきの部分。

しきたり〖仕来り〗〈名〉むかしからそのようにしてきたこと。例しきたりにしたがう。類ならわし。慣例。慣習。

しきち【敷地】〈名〉建物をたてたり、庭などのために使ったりする土地。類用地。

しきちょう【色調】〈名〉色の濃淡《のうたん》や明暗などのぐあい。例おちついた色調。類色あい。

しきつ・める【敷き詰める】〈動下一〉すきまをつくらないで全体に敷く。例カーペットを敷き詰める。

じきでし【直弟子】〈名〉師からじかに教えをうけた弟子。対孫弟子。

しきてん【式典】〈名〉お祝いや記念のための、大がかりな儀式《ぎしき》。例式典を挙行する。類祭典。

じきでん【直伝】〈名〉本や人をとおさないで、知識や技術が師から弟子《でし》に直接つたえられること。

じきに〖直に〗〈副〉⇩じき〔直〕

じきひつ【直筆】〈名〉とくに著名人の、自筆。また、肉筆。例直筆サイン色紙。対代筆。複製。類親筆《しんぴつ》。

しきふ【敷布】〈名〉⇩シーツ

しきふく【式服】〈名〉儀式《ぎしき》に出席するときに、正式とされている衣服。式の種類によって大体の型がきまっている。モーニングコート・とめそでなど。対平服。類礼服。

しきぶとん【敷布団】〈名〉ねるとき、からだの下にしくふとん。対かけぶとん。

しきべつ【識別】〈名・する〉ものごとの種類や性質などをしらべて、見わけること。類判別。鑑別《かんべつ》。弁別。

しきほう【四季報】〈名〉年に四回出される刊行物で、内容が報告的なもの。参考もっとも代表的な「会社四季報」は、企業《きぎょう》の業績や過去の株価を知るもの。

しきぼう【指揮棒】〈名〉〔音楽〕指揮に使う三〇《センチメートル》ほどの長さの棒。タクト。例指揮棒をふる。

しきま【色魔】〈名〉ろこつな性欲にかられて行動する男。類色情狂。

じきまき〖直▼蒔き〗〈名・する〉⇩じかまき

しきみ〖▼樒・▼梻〗〈名〉寺や墓地で見かける、独特のかおりがある常緑小高木。枝《えだ》や葉を仏前にそなえる。葉は線香《せんこう》の材料とする。実《み》は、有毒。→さかき

しきもう【色盲】〈名〉色を見わけることができないこと。すべてのものが灰白色《かいはくしょく》に見える全色盲と、赤色と緑色の区別ができないなどといった一部色盲とがある。参考程度のかるいものを「色弱」という。

しきもの【敷物】〈名〉床《ゆか》にしいて、やわらかみやあたたかみを出すためのもの。絨緞《じゅうたん》やうすべりなど。

しきゃく【刺客】〈名〉⇩しかく〔刺客〕

じぎゃく【自虐】〈名〉必要以上に自分をせめいじめること。例自虐的。

1 **しきゅう**【子宮】〈名〉動物のめすだけにある内臓の一つ。胎児《たいじ》がはぐくまれるところ。

2 **しきゅう**【支給】〈名・する〉官庁や会社などが、つとめている人に給料などをわたすこと。類給付。

3 **しきゅう**【四球】〈名〉「フォアボール」のこと。

4 **しきゅう**【死球】〈名〉「デッドボール」のこと。

5 **しきゅう**【至急】〈名・副〉最大級に急ぐこと。例至急の用。至急たのむ。大至急。類火急。緊急《きんきゅう》。大急ぎ。

1 **じきゅう**【自給】〈名・する〉自分に必要なものを自分でととのえること。例食糧《しょくりょう》を自給する。自給自足。

2 **じきゅう**【時給】〈名〉一時間あたりいくらときめられた

 ケインズ（1883～1946） イギリスの経済学者。国家が有効な需要を作れば恐慌を防げると説いた。

給料。時間給。例時給がいい。時給で働く。

しきゅうしき【始球式】〈名〉❶野球の大会や公式戦で、来賓《らいひん》が試合の前に一球だけ投球する儀式《ぎしき》。❷ゴルフの大会で、来賓などが、打者は空振りをするきまりになっている。打つと煙の出るボールなどを最初に打つ儀式。

じきゅうじそく【自給自足】〈名・する〉食物や衣服など、生きていくのに必要なものを、他にたよらないで、自分で生産すること。例自給自足の生活。

じきゅうせん【持久戦】〈名〉長びくたたかい。例持久戦に突入する。持久戦にもちこむ。類長期戦。

じきゅうそう【持久走】〈名〉学校の体育の授業で、長時間また長距離《きょり》を走るもの。

じきゅうりょく【持久力】〈名〉運動や作業の負担を長くもちこたえる体力。例持久力をつける。対瞬発《しゅんぱつ》力。類耐久《たいきゅう》力。

しきょ【死去】〈名・する〉人が「死ぬ」ことのあらたまった言いかた。例父が昨晩死去いたしました。類死亡。逝去《せいきょ》。亡《な》くなる。

じきょ【辞去】〈名・する〉別れのあいさつをして、たち去ること。類辞する。

[1]**しきょう**【司教】〈名〉〔宗教〕カトリック教会での、聖職の位。司祭の上に位置する。アシキョー

[2]**しきょう**【市況】〈名〉商品や株の、市場《しじょう》での取り引きのようす。例株式市況。アシキョー

[3]**しきょう**【詩経】〈名〉中国のいちばん古い詩集。歌謡《かよう》三〇五編を風《ふう》(＝民謡)・雅《が》(＝朝廷の歌謡)・頌《しょう》(＝祖先をたたえる歌謡)の三部に分けてある。選者はわからない。五経《ごきょう》の一つ。アシキョー

しぎょう【始業】〈名・する〉❶その日の授業や仕事などをはじめること。例始業時刻。❷その学期の授業をはじめること。例始業式。▽対終業。

じきょう【自供】〈名・する〉〔法律〕警察などのとりしらべに対して、自分のおかした罪を話すこと。類自白。

じぎょう【事業】〈名〉❶社会的な意義のある大きな仕事。例福祉《ふくし》事業。社会事業。❷利益をえるためにする仕事。例事業をおこす。事業に成功する。事業所。新規事業。公共事業。

しきょうひん【試供品】〈名〉❶ためしに使って商品のよさを実感してもらうために、メーカーが無料で配る品物。❷新品のスマートフォンなどに同梱《どうこん》されている付属品で、故障しても、修理や交換の保証がないもの。イヤホンなど。

しきよく【色欲】〈名〉むきだしの性的な欲望。例色欲にかられる。類色情。情欲。

しきょく【支局】〈名〉新聞社や放送局などで、本局とは別に各地方におかれた、その地方の業務をとりあつかう部局。対本局。類支社。支部。

[1]**じきょく**【時局】〈名〉そのときの社会の情勢。例時局に対応する。時局講演会。アジキョク　ジキョク

[2]**じきょく**【磁極】〈名〉〔物理〕磁石の磁力がもっとも強い部分。両端にあり、N極とS極とに分かれる。アジキョク　ジキョク

[1]**しきり**【仕切り】〈名・する〉❶つづいているものを、分けへだてること。分けへだてるためのもの。例仕切りをもうける。仕切りをつける。間仕切《まじき》り。類区切り。❷取り引きや帳簿《ちょうぼ》をしめくくること。類決算。❸すもうで、勝負をはじめるための身がまえ。例仕切りなおし。

[2]**しきり**【▽頻り】〈形動〉同じようなことをなんどもなんどもくりかえすようす。例反省することしきりだ。しきりに電話が鳴る。しきりに外へ出たがる。類たびたび。やたら。ひっきりなし。

しき・る【仕切る】〈動五〉❶つづいているものを、いくつかの部分に分けへだてる。例へやを仕切る。類区切る。❷お金の収支を計算して、しめくくる。❸中心となって、ものごとを処理する。例興行を仕切る。❹すもうで、取組《とりくみ》の前に、力士が土俵上で両手をおろして身がまえる。

[1]**しきん**【至近】〈名〉きわめて近いこと。例至近距離《きょり》。コンビニ至近の物件。

[2]**しきん**【資金】〈名〉仕事・遊びなどの計画を実行するために必要なお金。例資金を調達する。資金ぐり。旅行資金。建築資金。育英資金。類元手《もとで》。元金《もときん》。資本。

[1]**しぎん**【市銀】〈名〉「市中銀行」の略。民間の銀行。都市銀行。対日銀。

[2]**しぎん**【詩吟】〈名〉漢詩にふしをつけてうたうこと。

しきんきょり【至近距離】〈名〉ピストルのたまがかならずあたるくらいの近さ。

しきんぐり【資金繰り】〈名〉あれこれくふうして、事業に必要なお金を調達すること。例資金繰りがつく。

しきんせき【試金石】〈名〉❶貴金属の純度を判別するために使われる、黒色でかたい鉱物。❷人の能力や、ものごとの価値をはかる基準となるもの。例今度の地区予選が、わがチームの試金石となる。

[1]**し・く**【▽如く】〈動〉対等にならぶ。およぶ。例カラオケでは、かれにしく者はいない。百聞は一見にしかず。わびるにしくはなし(＝あやまるのがいちばんよい)。類匹敵《ひってき》する。

表現「…にしかず」「…にしくはない」「…にしく者はない」の━形が主で、いずれも文末が打ち消しになる。

[2]**し・く**【敷く】〈動五〉❶上にものをのせるために、下にひろくたいらにして置く。例布団《ふとん》を敷く。庭に石を敷く。敷きつめる。散り敷く。❷一定の範囲《はんい》に、いきわたるようにする。例陣《じん》を敷く。鉄道を敷く。戒厳《かいげん》令を敷く。市制を敷く。

表記 ②は、「▽布く」と書かれることもある。

注意 ①で、「布団を敷く」といえば、その上でねられるように布団を広げることであり、これを「布団を引く」というのは本来はあやまり。また、②で、フライパンなどに「油を引く」ことを「油を敷く」というのも、本来はあやまり。

常用漢字　**じく**

【軸】車部5　全12画　※

軸軸軸軸軸軸

ジク 音［ジク］▨軸《じく》。▨車軸《しゃじく》。地軸《ちじく》。縦軸《たてじく》。横軸《よこじく》。機軸《きじく》。主軸《しゅじく》。枢軸《すうじく》。対称軸《たいしょうじく》。

[1]**じく**【字句】〈名〉文章の中の、文字と語句。アジク

[2]**じく**【軸】〈名〉❶回転するものの中心にあって、その運動をささえる心棒。例車輪の軸。左足を軸にして三回転する。類心棒。❷活動の中心。例この会社は、自動車部門を軸に発展してきた。❸「かけ軸」のこと。❹「マッチの軸」のように、そのものの用をなす部分をささえている棒状のもの。例ペン軸。▽アジク」

参考「地球自転の軸」というように、心棒は実在しないが、はたらきの方向として仮定される線も軸である。

じくあし【軸足】〈名〉運動をするときに、軸となって体重をささえる足。

じくう【時空】〈名〉時間と空間。例時空をこえる。

じくうけ【軸受け】〈名〉❶機械などで、回転する軸をささえて、摩擦《まさつ》を少なくするしくみ。ベアリング。❷とびらなどの回転軸をうけてささえる器具。

しくかつよう【シク活用】〈名〉〔文法〕文語形容詞の活用の一つ。語尾が「しく・しく・し・しき・しけれ」と活用するもの。「うれし」「正し」など。→くかつよう

しぐさ『仕草・仕▽種』〈名〉なにかをしようとするときの、その人特有の からだの動かしかた。例しぐさがかわいい。きどったしぐさ。なにげないしぐさ。類身ぶり。所作《しょさ》。

ジグザグ〈名・形動〉右に左におれまがっていること。例ジグザグミシン。ジグザグデモ。◇zigzag

しくしく〈副〉❶あまり泣き声をださずに よわよわしい感じで。例しくしく泣きつづける。❷あまり強くはないが、続けてさされるような感じで。例腰《こし》がしくしく痛む。

じくじたる【▼忸▼怩たる】〈連体〉たいへんはずかしい。例忸怩たる思い。忸怩たるものがある。
注意 政治家などが思いどおりにならないのをくやしがったり、不満をぶつけたりするときに口にするが、本来は自分のいたらなさを反省して使うことば。

しくじ・る〈動五〉失敗をする。例だいじな試験をしくじってがっかりした。類ミスする。やりそこなう。

じくずれ【地崩れ】〈名・する〉大雨や地震で、地面が崩れること。

ジグソーパズル〈名〉ばらばらになった断片《だんぺん》をはめ込んで、もとどおりのひとつの絵にする遊び。はめ絵。◇jigsaw puzzle 参考「ジグソー」は糸のこ。糸のこで切ったように不規則な曲線で切ってあるから。

じぐち【地口】〈名〉よく知られていることわざや成句をもとに、それと似《に》た音《おん》でほかの文句をつくることばのしゃれ。「舌切り雀《すずめ》」をもじった「着たきり雀」の類。類ごろ合わせ。パロディー。

しくちょうそん【市区町村】〈名〉市と区と町と村。

しくつ【試掘】〈名・する〉ためしにほって調べること。

シグナル〈名〉❶合図。例シグナルをおくる。類サイン。❷信号機。◇signal

しくはっく【四苦八苦】〈名・する〉苦労の連続。類悪戦苦闘《くとう》。
由来 もと仏教で、人間のあらゆる苦しみを表わすことば。

じくばり【字配り】〈名〉とくに習字など、文字を書くときの、それぞれの字の配置や大きさ。例一字一字より字配りが大事だ。

しくみ『仕組み』〈名〉くみたて。構造。動きかた。例世の中のしくみ。類しかけ。からくり。

しく・む【仕組む】〈動五〉❶ひとつのまとまりができるように、くふうしてつくりあげる。❷よからぬことを計画する。例狂言強盗《ごうとう》を仕組む。類たくらむ。

シクラメン〈名〉草花の一種。多年草。春、おもに赤・白の花がさく。◇syclamen

しぐれ【時雨】〈名〉秋のおわりから冬のはじめにかけて降る雨で、降ったりやんだりするもの。

しぐ・れる『▽時▽雨れる』〈動下一〉しぐれが降る。

じくん【字訓】〈名〉漢字の訓読み。「人」を「ひと」、「国」を「くに」と読むなど。対字音。

しけ『▽時化』〈名〉❶天気がわるく、海があれること。例しけがおさまる。しけにあう。おおしけ。対なぎ。❷海があれたために魚がとれないこと。類不漁。

じげ【地毛】〈名〉もともと生えているかみの毛。かつらなどに対していう。

1 **しけい**【死刑】〈名〉犯罪《はんざい》者の生命をうばう刑罰《けいばつ》。例死刑に処する。死刑を執行《しっこう》する。死刑囚《しゅう》。死刑制度。類死罪。アシケー
表現「死」ということばをさけて、「極刑《きょっけい》」ともいう。日本では、絞首《こうしゅ》刑。

2 **しけい**【私刑】〈名〉「リンチ」のこと。アシケー

3 **しけい**【詩型・詩形】〈名〉詩の形式。俳句の十七音や、漢詩の絶句など。アシケー

しげい【至芸】〈名〉きわめてすぐれた芸。類名人芸。

1 **じけい**【字形】〈名〉❶文字のかたち。例こみいった字形の漢字。❷同じ字体の漢字の、こまかなかたちのちがい。たとえば「木」のたて棒をはねるか はねないかのちがい。→じたい〔字体〕①

2 **じけい**【次兄】〈名〉上から二ばんめの兄。

じけいれつ【時系列】〈名〉より早い日時から遅い日時へと並《なら》べた順。例データを時系列で並べる。

1 **しげき**【史劇】〈名〉歴史上の事実を題材にした劇。アシゲキ

2 **しげき**【詩劇】〈名〉せりふがすべて詩になっている劇。類韻文《いんぶん》劇。アシゲキ

3 **しげき**【刺激】『刺▼戟』〈名・する〉外部からはたらきかけて、五感や心に反応をおこさせること。例刺激がつよい。刺激をあたえる。刺激をうける。舌《した》を刺激する。刺激のない生活にあきた。先輩《せんぱい》に刺激されて天文部に入る。刺激物。刺激臭《しゅう》。アシゲキ

しけこ・む〈動五〉❶よくない遊び場などにはいりこむ。❷お金がなくて、家にとじこもる。▽俗《ぞく》なことば。

しげしげ〈副〉❶なんどとなく。例しげしげ かよう。類しきりに。❷よくよく。例しげしげと見つめる。

しけつ【止血】〈名・する〉出血をとめること。例止血剤《ざい》。類血どめ。

じけつ【自決】〈名・する〉❶今後の態度や行動を、他から動かされるのではなく、自分自身できめること。例民族自決。❷責任をとって、堂々と自分の命をたつこと。類自害。自裁。
表現①は、「民族(の)自決」などの形で使い、個人ではなく集団による意思決定を意味する。

しげどう【▽滋▼籐・▽重▼籐】〈名〉弓の束《つか》を籐《とう》でしっかりと巻いたもの。例しげどうの弓。

しげみ【茂み】『▽繁み』〈名〉草や木がたくさん生えているところ。例茂みにかくれる。

1 **しけ・る**『▽湿気る』〈動五〉しっけをふくんだ状態になる。「しっける」ともいう。類しめる。アシケル
表現「しける」は元来しっけをおびてはいけないもの(ビスケット・せんべい・茶・のりなど)について使い、「しめる」よりはしっけをふくむ度合いがすくない。
参考 この動詞は「し・ける」と下一段にも活用する。

2 **し・ける**『▽時化る』〈動下一〉悪天候で、海があれる。例海がしける。対なぐ。アシケル シケル
表現 海があれると不漁になることから、「しけた話だ」「あいつ、このごろしけている」のように、「景気がわるい」「さえない、ゆううつだ」というような意味で使うことがある。

しげ・る【茂る】『▽繁る』〈動五〉草や木が成長して、葉や枝《えだ》がたくさん出る。例茂るにまかせる。葉が茂る。草が茂る。おい茂る。類繁茂《はんも》する。

1 **しけん**【私見】〈名〉個人的な意見や考え。例私見を述べる。アシケン

2 **しけん【試験】**〈名・する〉❶ものごとの性質や能力などを知るためにためしてみること。例品質を試験する。類検査。❷問題を出して解答をもとめ、その成績によって学力や能力を判定して、評価すること。例試験に合格する。試験をうける。試験にとおる。期末試験。入社試験。類考査。▽類テスト。アシケン

1 **しげん【至言】**〈名〉道理にかなったことば。あじわうべきすぐれたことば。類名言。アシゲン

表現「…とは至言だ」という言いかたは、「…とはよく言ったものだ」「…とは言いえて妙《みょう》だ」「…とは、ずばり言えている」のようにもいえる。

2 **しげん【資源】**〈名〉石油や石炭、木材などのように、自然からとれるもので、生産活動のもとになる物資。例天然資源。地下資源。アシゲン

表現「資源」は、利用する者がその立場でいうことばであるから、労働力を「人的資源」、自然の景観を「観光資源」のようにいうことができる。

じけん【事件】〈名〉❶話のたねになるような、かわったできごと。例事件が発生する。事件があかるみに出る。事件をおこす。突発事件。殺人事件。❷裁判所があつかうことがら。例訴訟《そしょう》事件。刑事事件。

1 **じげん【次元】**〈名〉❶ものの大きさをはかるための基準。❷ものの見かたや考えかたをなりたたせている基盤《きばん》。例次元がちがう。次元がひくい。同じ次元。徳の力と金の力では次元がちがう。類レベル。▽アジゲン

参考①は、一本の直線でつくりだす「線」の次元では長さが、線と線とでつくりだす「面」の次元では広さが、面と面とでつくりだす「立体」の次元では空間がはかられる。線の次元を一次元、面の次元を二次元、立体の次元を三次元という。

2 **じげん【字源】**〈名〉❶それぞれの文字のおこり。❷漢字の構成要素。また、構成の方法。たとえば、「男」は「田」と「力」からできているなど。❸かな文字のもとになった漢字。たとえば、「あ」は「安」から、「イ」は「伊」からできている。▽アジゲン

3 **じげん【時限】**〈名〉❶ある一定の時間に限定すること。例時限爆弾《ばくだん》。類期限。❷学校の授業時間のくぎり。例第一時限。類校時。時間。▽アジゲン

しげんエネルギーちょう【資源エネルギー庁】〈名〉経済産業省の外局の一つ。鉱物資源の開発や電力エネルギーの供給にかかわる仕事をする。

しけんかん【試験管】〈名〉化学の実験などで使うほそ長い円筒《えんとう》状のガラス管。一方のはしはとじてある。

しげんごみ【資源ごみ】〈名〉資源として、リユース(=瓶《びん》などの再使用)またはリサイクル(=古紙などの再生利用)されるごみ。

しけんてき【試験的】〈形動〉正式に始める前に、ためしにするようす。例新しい規則を試験的に導入する。

じげんばくだん【時限爆弾】〈名〉セットした時間に自動的に爆発する爆弾。

じげんりっぽう【時限立法】〈名〉有効期間をあらかじめきめて作った法律。限時法。

1 **しこ【四股】**〈名〉相撲《すもう》で、力士が足を大きくひろげて、片足ずつ高く上げては地面をふむ運動。力足《ちからあし》。例四股をふむ。

2 **しこ【指呼】**〈名・する〉指さしてよんだり、声を出しながら確認《かくにん》したりすること。とくに、電車の運転士がする。

指呼の間《かん》 よべばこたえられるほど、近いこと。例国境を指呼の間にのぞむ。類目と鼻の間。目と鼻の先。

1 **しご【死後】**〈名〉死んだあと。例父の死後。死後の世界。死後八時間。対生前。類没後《ぼつご》。

2 **しご【死語】**〈名〉❶ある言語のなかで、使われなくなった単語。とくに、かつての流行語。ふつう、古語には言わない。類廃語《はいご》。❷ラテン語などのようにむかしは使われていたが、それを話す人がいなくなった言語。

3 **しご【私語】**〈名・する〉講演や授業、会議などのとき、聞く者どうしでかってにひそひそ話すこと。例私語をつつしむ。私語をかわす。

1 **じこ【自己】**〈名〉自分自身。かたい言いかたで、とくに哲学《てつがく》で使われる。例自己を見つめる。自己を語る。対他者。類おのれ。みずから。

表現「自己」ということばは、次のような意味ごとに、自分のことに関わるたくさんの熟語《じゅくご》をつくる。

(1)それを「自分で」すること。例自己採点。自己決定。

(2)「自分の」または「自分だけの」ものであること。例自己ベスト記録。自己流。自己満足。自己責任。自己負担《ふたん》。

(3)「自分を」そうすること。例自己紹介《しょうかい》。自己主張。自己弁護《べんご》。自己管理。自己形成。自己実現。自己評価。自己批判《ひはん》。自己分析《ぶんせき》。自己嫌悪《けんお》。自己肯定《こうてい》感。自己承認《しょうにん》。自己愛。

2 **じこ【事故】**〈名〉思いがけないときに発生する、わるいできごと。例事故がおこる。事故をおこす。事故にあう。出演者に事故があって、公演が中止になった。事故死。交通事故。類アクシデント。参考くだけた言いかたで、「事故った」など動詞にしていう。

じご【事後】〈名〉ものごとがおわったあと。例事後処理。事後承諾《しょうだく》。対事前。

じこあんじ【自己暗示】〈名〉自分で自分に、あることを思いこませること。例自己暗示にかかる。類自己催眠《さいみん》。

1 **しこう【至高】**〈名・形動〉この上もない水準に達していること。例至高の芸。

2 **しこう【志向】**〈名・する〉あることに気持ちがむくこと。めざすこと。例小さな政府を志向する。消費者の志向を調査する。ブランド志向。志向性。類指向。

3 **しこう【指向】**〈名・する〉あるきまった方向や目的にむかうこと。例未来を指向する技術。指向性。類志向。

4 **しこう【▼嗜好】**〈名〉飲食物などに対する好み。例嗜好がかわる。嗜好にあう。嗜好品。

5 **しこう【思考】**〈名・する〉ふかく考えること。例思考力。類思惟《しい》。考える。

6 **しこう【施工】**〈名・する〉⇩せこう〔施工〕

7 **しこう【施行】**〈名・する〉❶きまったことなどを実際に行なうこと。類実施。❷あたらしくきまった法律が実際に適用されるようになること。例法を施行する。▽「せこう」と言われることもある。

参考「せぎょう」と読むのは別のことば。

8 **しこう【試行】**〈名・する〉❶ためしにやってみること。例試行期間。類トライ。トライアル。❷くりかえし行なうことのできる実験・観測などを試みること。例試行錯誤《さくご》。

9 **しこう【伺候】**【▼祗候】〈名・する〉身分の高い人のそば近くにつかえること。身分の高い人のところに参上すること。例宮中に伺候する。

10 **しこう【歯▼垢】**〈名〉歯についた、食べ物のかすなどのよ

ごれ。かたまると歯石となる。類歯くそ。

[1]**じこう**【事項】〈名〉全体をくみたてている、ひとつひとつのことがら。例注意事項。協議事項。事項索引《さくいん》。類項目。条項。

[2]**じこう**【時効】〈名〉〔法律〕一定の期間がすぎたために、問題にすることができなくなること。例時効にかかる。時効が成立する。

表現 ふつうの会話で、「その話はもう時効だよ」といえば、古いことだから、もう責任をとったり秘密をまもったりする必要がなくなっている、という意味をさす。

参考 法律で時効が発生する期間は、問題の性格によってちがい、一〇年、一五年、二〇年など、いろいろある。

[3]**じこう**【時候】〈名〉四季それぞれの気候。例時候のあいさつ。類時節。

しこうさくご【試行錯誤】〈名〉まずやってみて、まちがいを見つけては直し、次々と進みながらよくしていくやり方。例試行錯誤をくり返す。類暗中模索《もさく》。

じごうじとく【自業自得】〈名〉自分がわるいことをしたために、よくない結果が自分にかえってくること。もと、仏教のことば。類身から出たさび。

しこうていし【思考停止】〈名・する〉❶考えるべきことについて、短絡《たんらく》的に結論づけたり、問題をすりかえて解決したと思いこんだりして、それ以上考えたり話し合ったりするのをやめてしまうこと。❷茫然《ぼうぜん》自失して、なにも考えられなくなること。▽例思考停止におちいる。

しこうひん【▼嗜好品】〈名〉栄養が目的でなく、味わいをたのしむのが目的な、飲みものや食べもの。

参考 代表的なものは、ジュース・酒・たばこ・コーヒーなど。

じごえ【地声】〈名〉意図して出す声でない、生まれつきのままの声。例大きな声は地声です。対つくり声。

しごき【▽扱き】〈名〉きびしく訓練すること。例先輩《せんぱい》のしごきを受ける。

しごきだ・す【しごき出す】【▽扱き出す】〈動五〉にぎった槍《やり》を、手のひらの中でこするようにしてつき出す。

しこく【四国】〈名〉瀬戸内海《せとないかい》をはさんで、中国地方と向かいあっている大きな島。徳島・香川・愛媛・高知の四県からなる。

[1]**しご・く**【▽扱く】〈動五〉❶細長いものを片手でにぎり、もう一方の手で引きよせるように強く引く。例やりをしごく。稲穂《いなほ》をしごく。❷スポーツなどで、とくにきびしく訓練する。例合宿でたっぷりしごかれた。類きたえる。▽アシゴク

[2]**しごく**【至極】〈副〉特別に変わったところがない、ということを強調していうことば。例簡単至極。至極あたりまえのことだ。類いたって。アシゴク シゴク

表現 「当然至極」「残念至極」のようにも使い、「この上なく当然だ」「この上なく残念だ」という意味を表わす。

[1]**じこく**【自国】〈名〉自分の国。対他国。アジコク

[2]**じこく**【時刻】〈名〉流れさっていく時間の中の各瞬間《しゅんかん》のとき。例時刻を知らせる。時刻をたずねる。正確な時刻。予定の時刻。時刻表。到着《とうちゃく》時刻。類時間。アジコク

由来 むかし、水時計や砂時計で時間の経過をはかり、もともと切れ目のない時間の流れに切れ目を入れて、何時何分何秒というように表わすことを「時をきざむ」といった。その、きざんでとらえた各瞬間を「時刻」という。

じごく【地獄】〈名〉生きているうちに悪事をはたらいた人が、死んでから行くといわれるおそろしい場所。たえず苦しみをうけるたえがたい場所で、光明のない地下の国。例地獄におちる。地獄の苦しみ。対極楽《ごくらく》。天国。

表現 「地獄を見る」「借金地獄」「受験地獄」のように、すくいようのないひどい状態をたとえてもいう。

地獄で仏《ほとけ》に会《あ》ったよう ひどく困っているときなどに、思いがけない助けにあったよろこびを表わすことば。

地獄の一丁目《いっちょうめ》 おそろしい苦しみが続く状態へとふみこんだばかりのところ。

地獄の沙汰《さた》も金《かね》次第《しだい》 地獄での裁判《さいばん》でさえ、金をだせば手かげんしてもらえるということから、金の力でなんでもできる、ということ。

地獄の釜《かま》の蓋《ふた》も開《あ》く 罪人《ざいにん》の釜ゆでにいそがしい地獄の鬼さえ、正月とお盆くらいは、閻魔《えんま》様にごあいさつにいくために仕事を休む。

注意 「パンドラの箱が開く」という意味に誤解《ごかい》している人がいる。→パンドラのはこ

じこくひょう【時刻表】〈名〉交通機関の運行予定時刻をしるした表。

じごくみみ【地獄耳】〈名〉❶他人の秘密などを、いつのまにか聞きこんでくる人。❷聞いたことは忘れない人。

じこけいはつ【自己啓発】〈名〉自分を今より高いレベルにしようと、目標達成のための何かをすること。例自己啓発セミナー。

じこけってい【自己決定】〈名〉自分にかかわることを、他人のさしずや配慮《はいりょ》によらずに、自身の意志できめること。例自己決定権。

じこけんお【自己嫌悪】〈名〉自分自身がいやになること。例自己嫌悪におちいる。対自己陶酔《とうすい》。

じこけんじ【自己顕示】〈名〉自分を目立たせること。例自己顕示欲。

じこし【事故死】〈名・する〉事故にあって死ぬこと。

じこしゅちょう【自己主張】〈名・する〉自分の意見や考えを強く言いはること。例自己主張の強い人。

じこしょうかい【自己紹介】〈名・する〉はじめて会った人に、自分自身で自分の名前や身分、職業などを知らせること。

じごしょうだく【事後承諾】〈名〉前もって承諾を得ないましてしまったことを、あとからたのんでみとめてもらうこと。例事後承諾を得る。類追認。

じこせきにん【自己責任】〈名〉他人がせわしてくれることをあてにせず、自分でことの是非《ぜひ》を判断してやるかやらないかを決め、その結果として損害をこうむっても、他人のせいにしないこと。

しごせん【子午線】〈名〉❶〔天文〕天球上で、観測する人の頭の真上をとおり、真南と真北をむすぶ線。❷「経線《けいせん》」のこと。

しこたま〈副〉「たくさん」の俗《ぞく》な言いかた。例しこたま金《かね》をためこむ。

じこちゅうしんてき【自己中心的】〈形動〉考えやふるまいが、いつも自分を中心にし、他人を思いやることがない。類自分本位。

表現 俗《ぞく》に「自己中」と略して言い、その場合、多く「自己チュー」と書く。

しごと【仕事】〈名〉❶働くこと。働きのなかみ。例仕事をてつだう。仕事の鬼《おに》。仕事でとびまわる。仕事中。もうけ仕事。水仕事。類作業。❷職業。勤務。例仕事をさがす。仕事を休む。仕事にありつく。❸〔物理〕物体に力をくわえて、位置をかえること。仕事の量は、物体にくわえた力の大きさと、その物体が動いた距離《きょり》をかけた数

値で表わす。例仕事量。

じことうすい【自己陶酔】〈名・する〉自分自身や自分のやったことにうっとりすること。対自己嫌悪《けんお》。

しごとおさめ【仕事納め】〈名〉年末年始の休みに入る前の、その年の仕事が終わる日。対仕事始め。

しごとぎ【仕事着】〈名〉仕事用の衣服・ユニフォーム。

しごとはじめ【仕事始め】〈名〉正月休みが明けて、最初に仕事をする日。対仕事納め。

しごとりつ【仕事率】〈名〉〔物理〕一定の時間内にどれだけの「仕事③」をしたかを表わす量。行なった仕事の量を、かかった時間でわってもとめる。

しこな【四股名】『▽醜名』〈名〉相撲《すもう》で、力士がよび名としてつける名前。

じこはさん【自己破産】〈名・する〉多額の借金を返済できない人が、自分から裁判所に申したてて破産宣告を受けること。財産を差し押さえられ、与信をうけられなくなるかわりに、すべての債務《さいむ》が免除《めんじょ》される。その後あらたに得た収入や財産は自分のものとなる。

じこひはん【自己批判】〈名・する〉自分自身を反省したり批判したりすること。対相互《そうご》批判。

じこひょうか【自己評価】〈名・する〉❶自分の人格や性格を自分自身で評価すること。例自己評価の低い人。❷自分の解答や答案を自分自身で評価すること。類自己採点。

じこひょうしゅつ【自己表出】〈名・する〉自分の気持ちや考えを、外に表わすこと。

じこまんぞく【自己満足】〈名・する〉自分で自分自身の言動に満足すること。例それは君の自己満足でしかない。

しこみ【仕込み】〈名〉しこむこと。↓じこみ

じこみ【仕込み】〈接尾〉場所や手段などを示す語につけて、「そこで身につけた」「それによって作った」などの意味を表わす。例北海道仕込み(のスキーのうで前)。寒《かん》仕込み(の酒)。

しこ・む【仕込む】〈動五〉❶教えこむ。例芸を仕込む。❷とり入れる。例あたらしい知識を仕込む。❸熟成させるために、酒やみそなどの原料をまぜて、かきまわしておく。例こうじを仕込む。❹飲食店で、材料を買い入れて調理の下準備をする。❺なにかの下準備をする。ややくだけた言いかた。

じこむじゅん【自己矛盾】〈名〉自分自身のなかで論理や行動に食いちがいがあること。例自己矛盾におちいる。

しこめ『▽醜女』〈名〉顔立ちのよくない女性を、おとしめていう古い言いかた。

しこり〈名〉❶筋肉や皮下組織などの一部がかたくなること。からだのかたくなった部分。例肩《かた》にしこりができた。❷いやなことがあったあとの、すっきりしない感じ。例心のしこり。心にしこりをのこす。二人のあいだにしこりが残った。類わだかまり。

表現 ①は、「肩がしこる」のように、動詞の形でも使う。

じこりゅう【自己流】〈名〉先生などにつかないで、自分だけで考えだした、独特なやりかた。類我流《がりゅう》。

しさ【示唆】〈名・する〉はっきりとはしめさないで、それとなく教えること。「じさ」ともいう。例示唆にとむ。示唆をあたえる。示唆的。類暗示。ヒント。ほのめかし。

しざ【視座】〈名〉ある思想的な立場に立ったものの見かた。例長期的な視座に立って考える。

じさ【時差】〈名〉❶地球上の各地で使われる標準時をくらべたときの、時刻の差。❷ものごとをスムーズにうごかすために、行動の基準時刻を早くしたりおそくしたりすること。例時差出勤。

[1]**しさい**【子細】『▼仔細』〈名〉❶ものごとのくわしいようす。例子細をかたる。類委細。詳細《しょうさい》。↓しさいに ❷ぐあいのわるいこと。例そのことについては別に子細はない。類さしつかえ。▽アシサイ

[2]**しさい**【司祭】〈名〉〔宗教〕カトリック教会の聖職の位。司教の下に位置する。教会の属する地域の信者をみちびき、ミサをつかさどる。神父。アシサイ ↓ぼくし

[1]**しざい**【死罪】〈名〉死刑。または、当然、死刑になるようなつみ。古い言いかた。

[2]**しざい**【私財】〈名〉個人の財産。例私財を投じる。私財をなげうつ。類私産。

[3]**しざい**【資材】〈名〉ある目的に用立てるための材料。例建築資材。

じざい【自在】〈形動〉じゃまなものや束縛《そくばく》がなくて、自由である。例自在にあやつる。伸縮《しんしゅく》自在。自由自在。自在スパナ。類思いのまま。

しさいがお【子細顔】〈名〉これには特別な事情があるのだと言いたげな表情。わけありげな顔。例子細顔で話す。

じざいかぎ【自在▼鉤】〈名〉いろりの上に天井《てんじょう》から竹ざおをさげ、鉄のかぎをつけてなべなどをぶらさげるもの。高さを調節して、受ける火の強さをかげんできる。

しさいに【子細に】〈副〉ことこまかに。例子細に調査する。類詳細《しょうさい》に。

[1]**しさく**【思索】〈名・する〉すじみちをたてて、ふかく考えること。例思索にふける。類思惟《しい》。

[2]**しさく**【施策】〈名〉行政機関などが計画や対策をたてて、それを実際に行なうこと。例施策をあやまる。類政策。

参考 政界や官公庁では「せさく」とも言われる。

[3]**しさく**【試作】〈名・する〉完成品や実用品を作れるようになるまで、まず、ためしにつくってみること。例新製品を試作する。試作を重ねる。試作品。

[4]**しさく**【詩作】〈名・する〉詩を作ること。

じさく【自作】〈名〉❶自分でつくること。例自作自演。❷自分の農地で農業をすること。対小作。

じさくじえん【自作自演】〈名・する〉❶自分で脚本《きゃくほん》を書いて、自分が役者として演じること。❷計画から実行まで自分でやること。類狂言《きょうげん》。マッチポンプ。

じさくのう【自作農】〈名〉自分の農地をもっている農民。対小作農。

じざけ【地酒】〈名〉その土地その土地で生産される日本酒。類地ビール。

[1]**しさつ**【刺殺】〈名・する〉刃物《はもの》でさして殺すこと。

[2]**しさつ**【視察】〈名・する〉その場所へ行って、実際にどうなっているかを見たりしらべたりすること。例視察におもむく。現地を視察する。視察団。

じさつ【自殺】〈名・する〉自分で自分の命を絶《た》つこと。例自殺をはかる。自殺未遂《みすい》。飛びこみ自殺。対他殺。類自害。自決。自裁。自死。

じ(辞)さない ⇩じする〔辞する〕③

[1]**しさん**【四散】〈名・する〉同じところにあったものが、あたりに散らばること。例事故現場には車体の破片《はへん》が四散していた。アシサン

[2]**しさん**【資産】〈名〉❶お金や土地、家屋など、個人や

し

団体が所有している財産。例資産家。固定資産。❷お金や土地、工場や製品など、法律のうえで、会社などの資本にすることができる財産。▽アシサン

3 **しさん【試算】**〈名・する〉正式にではなく、ためしに計算してみること。例費用を試算する。アシサン

しざん【死産】〈名〉胎児《たいじ》が死んで産まれること。類流産。

1 **じさん【自賛】**〈名・する〉自分の行ないや自分の作品などを、自分自身でほめること。→じがじさん由来

2 **じさん【持参】**〈名・する〉なにかを、持っていくこと。持ってくること。例弁当持参。持参金。

しさんか【資産家】〈名〉ゆたかな資産をもっている人。例資産家の息子。類財産家。

じさんきん【持参金】〈名〉結婚《けっこん》するときに、よめやむこが新しい家庭へもっていくお金。

1 **しし【四肢】**〈名〉両手と両足。類手足。肢体。

2 **しし【志士】**〈名〉国家や社会、あるいは理想のためにつくそうという、高いこころざしをもった人。例勤王《きんのう》の志士。類義士。

3 **しし【▼孜▼孜】**〈副〉仕事や修行《しゅぎょう》などに、一心にはげむようす。例孜々として働く。

4 **しし【嗣子】**〈名〉家のあととり。あとつぎ。類嫡子《ちゃくし》。

5 **しし【▼獅子】**〈名〉❶ライオン。❷むかし、中国で、ライオンをもとにして考えられていた、想像上の動物。からじし。❸「獅子舞《まい》」の略。例獅子を舞う。

獅子身中《しんちゅう》の虫《むし》　味方のがわにいながら味方をうらぎる者。

1 **しじ【支持】**〈名・する〉❶ある意見や方針に賛成して、それを応援《おうえん》すること。例支持をえる。支持をうしなう。与党《よとう》を支持する。支持者。類支援。❷たおれないようにささえること。

2 **しじ【指示】**〈名・する〉わかるようにさししめして教えたり、命令したりすること。例調査を指示する。指示をあたえる。指示にしたがう。指示をうける。類指図。

3 **しじ【指事】**〈名〉漢字の六書《りくしょ》の一つ。数や位置など、抽象《ちゅうしょう》的な内容をある約束でしめしたもの。「一」「上」「下」など。

4 **しじ【四時】**〈名〉春夏秋冬、四つの時期。例四時がめぐる。類四季。

表現「四季」は各季節の内容に重点があり、「四時」は規則正しくめぐることに重点がある。

5 **しじ【私事】**〈名〉相手に関係のない、個人的なこと。例私事にわたることで申しあげにくいのですが…。類わたくしごと。

6 **しじ【師事】**〈名・する〉その人を先生として、教えをうけること。例私の師事する先生。

1 **じし【自死】**〈名・する〉「自殺」のこと。

2 **じし【侍史】**〈名〉手紙で、あて名のわきにつけて敬意を表わすことば。類机下《きか》。→わきづけ

参考「侍史」とは、社長・所長など重要ポストの文書係秘書のこと。手紙のあて名書きにそれを書くのは、「この手紙は直接さし上げるのでなく、正式ルートにより、秘書を経てお届けするもの」という意味を表わすもので、謙譲《けんじょう》の気持ちがこもる。

じじ【時事】〈名〉現代の、その時どきにおこる社会的なできごと。例時事を論じる。時事問題。

ししおどし『▽鹿▽威し』〈名〉庭園で、シーソーのようにしつらえた竹の一方の端《はし》がちょろちょろと落ちてくる水を受け、その重さでかたむくのと、水をこぼした反動で他方の端が下に置いた石をたたいて音を出すのとが、延々とくりかえされるしかけ。

シシカバブ〈名〉トルコ料理で、ヒツジの肉を調味料や油をつけてくし焼きにしたもの。◇shish kebab

ししく【▼獅子▼吼】〈名・する〉力をこめて情熱的に演説すること。参考ライオンの咆吼《ほうこう》の意味。

しじご【指示語】〈名〉〔文法〕ものごとをさししめすはたらきをすることば。多く、「これ・その・あんな・どう」など、頭に「こ・そ・あ・ど」がつく。→こそあど

じじこくこく【時時刻刻】〈副〉細かい時のきざみを追って。「じじこっこく」ともいう。例時々刻々(と)変化する。類刻一刻。

ししそんそん【子子孫孫】〈名〉のちの子孫にいたる果てのないつながり。例子々孫々まで伝える。

しじだいめいし【指示代名詞】〔文法〕代名詞のうち、事物・場所・方向などをさししめすことば。「これ・それ・あれ・どれ」、「ここ・そこ・あそこ・どこ」、「こちら・そちら・あちら・どちら」など。→こそあど

1 **ししつ【脂質】**〈名〉「脂肪《しぼう》」の、栄養素としての新しい言いかた。

2 **ししつ【資質】**〈名〉生まれつきそなわっている、才能やすぐれた性質。例資質にめぐまれる。類素質。天性。

しじつ【史実】〈名〉歴史上、実際にあったこと。例史実にもとづく。

じじつ【事実】一〈名〉❶ほんとうのこと。実際にあったこと。例事実に即《そく》して言う。事実にのっとって書く。事実にてらして言えば。事実をまげる。新聞は事実を報道するのが使命だ。事実無根。既成《きせい》事実。対つくりごと。類真実。実際。現実。ファクト。❷見る・聞く・さわる、などの感覚でとらえることのできるもの。例抽象《ちゅうしょう》的な考えを述べるのでなく、事実を具体的に示せ。類事象。事例。現象。▽→囲み記事58(1291ジペー)
二〈副〉ほんとうに。たしかに。例事実、彼はそう言っている。類実際。

事実は小説《しょうせつ》よりも奇《き》なり　現実に起きるできごとは、つくりものである小説以上に、えてして予想がつかないものだ。参考イギリスの詩人バイロンの詩のことば。

じじつこん【事実婚】〈名〉婚姻《こんいん》届をだしていないため法律上は婚姻関係にないが、事実上の夫婦とみとめられる関係。対法律婚。類内縁《ないえん》。

じじつじょう【事実上】〈副〉正式な形がまだととのっていなかったり、名目上は別のあつかいになっていても、要するに。例いっしょに住んでいれば、婚姻届《こんいんとどけ》が出ていなくても、事実上の夫婦だ。参考「事実」ということばの意味に反して、「そうであるのも同然だ」「実質・本質はそうだ」と、見かけをとりはらった中身をいうことば。

じじつむこん【事実無根】〈名〉言われていることに当たる事実がまったくないこと。例事実無根のうわさ。

ししとう『▼獅子唐』〈名〉「ししとうがらし」の略。ピーマンの一種。小形で細長く、緑色の実をつける。いため物やあげ物にして食べる。

ししばな【しし鼻】『▼獅子鼻』〈名〉獅子舞《まい》の獅子の鼻のように、低くて左右に広がった鼻。ししっぱな。

ししふんじん【▼獅子奮迅】〈名〉獅子があれくるうような、すごいいきおい。例獅子奮迅の活躍《かつやく》。

しじぼう【指示棒】〈名〉黒板などを使って人にものを説明するとき、説明箇所《かしょ》をさし示して注目させる棒。ポインター。

しじま〈名〉しずまりかえっていること。例夜のしじま。

ケマル=パシャ（1881～1938）　トルコ独立運動の指導者。オスマン帝国を倒し共和国を建設した。

類静寂《せいじゃく》。

ししまい【▼獅子舞】〈名〉正月に、「獅子②」の頭をかたどったかぶりものをつけて行なう舞。

しじみ〖▼蜆〗〈名〉二枚貝の一種で、河口の砂の中にすむ。アサリより小さい貝。みそしるなどに入れる。宍道湖《しんじこ》のある島根と、十三湖《じゅうさんこ》のある青森で、とくに多くとれる。

じじむさ・い〖▼爺むさい〗〈形〉見ていていやになるほど年寄りじみている。例じじむさい服装。

ししむら〖▽肉・▽肉▼叢〗〈名〉❶肉のかたまり。❷肉体。▽古い言いかた。

[1]**ししゃ**【支社】〈名〉❶会社の組織で、本来の事業所とは別に、地方などにおかれた事業所。類支店。支局。❷大きな神社の、本来のやしろ(社)とは別のところにおかれたやしろ。類末社。▽対本社。

[2]**ししゃ**【死者】〈名〉なくなった人。類死人。

表現「死人」は、死んだ人を物としてあつかうような言いかたであるが、「死者」は、なくなった人に対する多少の敬意をこめた言いかた。したがって「死者の冥福《めいふく》をいのる」は自然だが、「死人の冥福をいのる」はおかしい。

[3]**ししゃ**【使者】〈名〉命令や依頼《いらい》をうけて使いをする人。使いの者。例使者をたてる。

[4]**ししゃ**【試写】〈名・する〉❶映画の公開前や、DVDなどの映像ソフトの発売前に、限られた人に映《うつ》して見せること。試映。❷カメラやレンズの性能を確認するために、ためしに実際に撮影《さつえい》してみること。実写。

[5]**ししゃ**【試射】〈名・する〉銃砲《じゅうほう》を、ためしにうってみること。

[6]**ししゃ**【視写】〈名・する〉学校教育で、手本とするものを見て書き写すこと。

じしゃ【寺社】〈名〉寺院と神社。類社寺。

ししゃく【子爵】〈名〉貴族の階級の一つで、その第四番目。→しゃくい

しじやく【指示薬】〈名〉溶液《ようえき》が酸性かアルカリ性かなどを調べるのに使う薬品。リトマスやBTBなど。

じしゃく【磁石】〈名〉❶鉄やニッケルなどをひきつける性質をもつもの。❷方角を知るために使う道具。中にある磁針《じしん》が、地球の磁気にひかれて南北をさす。方位磁石。類コンパス。❸つやがあって磁力をおびた黒っぽい鉱石。磁鉄鉱。

じじゃく【自若】おちついているようすを表わし、多く「泰然《たいぜん》自若」の形で使うことば。⇩たいぜんじじゃく

ししゃごにゅう【四捨五入】〈名・する〉〔数学〕求めようとする位のすぐ下の位の数が四以下のときは切りすて、五以上のときはくりあげて、求める位の数を一つ上げること。

ししゃも〖▽柳▽葉▽魚〗〈名〉長さ十五《センチメートル》ほどの、細長い銀白色の海の魚。産卵期には川にもどる。干物《ひもの》にして食べる。◇アイヌ語から。

ししゅ【死守】〈名・する〉必死にがんばってまもること。例王座を死守する。

[1]**じしゅ**【自主】〈名〉他の力を借りないで、自分できめたりやっていったりすること。例自主外交。自主独立。自主的。自主性。類自発。アジシュ

[2]**じしゅ**【自首】〈名・する〉〔法律〕犯罪《はんざい》がおきたことや、犯人がだれであるかがわかる前に、自分から警察に犯人として名乗りでること。アジシュ

注意「指名手配犯が自首した」のようにいうのは本来はあやまりで、犯人がわかっている場合は「出頭《しゅっとう》」という。

[1]**ししゅう**【四周】〈名〉まわり。周囲。例四周をとりかこむ。

[2]**ししゅう**【死臭】〖▼屍臭〗〈名〉死体が発する腐臭。

[3]**ししゅう**【刺▼繡】〈名・する〉布に、色糸で、絵やもようをぬいつけること。また、そのような工芸品。例ハンカチにイニシャルを刺繡する。刺繡糸。類ぬいとり。

[4]**ししゅう**【詩集】〈名〉詩をあつめた本。

しじゅう【始終】━〈名〉はじめから終わりまでの、すべて。例一部始終。類一切《いっさい》。
━〈副〉いつでもとだえることなく。例しじゅう人声《ひとごえ》がする。類しょっちゅう。たえず。いつも。常に。

[1]**じしゅう**【自習】〈名・する〉先生などに教わらず、自分で学習や練習をすること。例自習時間。自学自習。アジシュー

[2]**じしゅう**【時宗】〈名〉仏教の宗派の一つ。鎌倉《かまくら》時代の中ごろ、一遍《いっぺん》によってはじめられた。浄土《じょうど》の教えをわかりやすくといて、念仏をすすめるもの。遊行《ゆぎょう》宗。アジシュー

[1]**じじゅう**【自重】〈名〉車両や機械、人の体などの、それ自身の重さ。例自重トレーニング。

[2]**じじゅう**【侍従】〈名〉天皇や皇太子のそばにつかえる役。

参考「じちょう」と読むのは別のことば。

しじゅうかた【四十肩】〈名〉四十歳《さい》前後の人の肩の関節が痛くなり、うでを上下に動かしにくくなる症状《しょうじょう》。類五十肩。

しじゅうから〖四十▼雀〗〈名〉鳥の一種。スズメくらいの大きさで、頭とのどが黒く、背は青で、ほおが白い。人家の近くにすむ。

しじゅうくにち【四十九日】〈名〉〔仏教〕人がなくなってから四十九日めにする法要。七七日《なななのか》。

しじゅうしょう【四重唱】〈名〉〔音楽〕四人の歌手による重唱。カルテット。

しじゅうそう【四重奏】〈名〉〔音楽〕四つの楽器で行なう合奏。弦楽《げんがく》四重奏など。カルテット。

しじゅうはって【四十八手】〈名〉❶すもうで、勝負をきめる伝統的なわざをまとめていうことば。❷なにかをするための、多くの策略や技巧《ぎこう》。類あの手この手。

ししゅうびょう【歯周病】〈名〉歯のまわりや、歯ぐきに起こる病気。歯槽膿漏《しそうのうろう》など。

[1]**ししゅく**【止宿】〈名・する〉あるまとまった期間、自宅以外の家に寝泊《ねと》まりすること。例おじの家に止宿する。止宿先。類寄宿。

[2]**ししゅく**【私淑】〈名・する〉直接の教えをうけているわけではないが、ふかく尊敬する人をひそかに自分の師と心にきめて、書物などをとおしてまなぶこと。

表現直接会うことのできない、過去の人物やはるか遠方に住む人物についていう。

しじゅく【私塾】〈名〉学校制度と関係なく、個人的に教育を行なう機関。類塾。

じしゅく【自粛】〈名・する〉自分からすすんで行動や言動をつつしむように、気をつけること。例買い占《し》めを自粛する。自粛ムードがただよう。類自主規制。

じしゅせい【自主性】〈名〉自分の進む方向は自分で決めなければ気がすまないという性向。例自主性を養う。対依存《いぞん》心。依頼《いらい》心。類主体性。

ししゅつ【支出】〈名・する〉お金をはらうこと。はらったお金。例支出をおさえる。収入と支出。対収入。

じしゅてき【自主的】〈形動〉他人からの指示やせわを受けないで、自分の意思で行なうようにする。類 自発的。主体的。対 強制的。

じしゅトレ【自主トレ】〈名〉自主的に一人で行なうトレーニング。とくにプロ野球で、キャンプ前に選手が個人的に行なう練習。

じじゅん【耳順】〈名〉六十歳《さい》のこと。参考『論語』の「六十にして耳順《したが》う」から。孔子《こうし》が人の意見を素直に聞き入れるようになった年齢《ねんれい》。↓囲み記事15(282ページ)

しじゅんかせき【示準化石】〈名〉〔地学〕きわめて古い時代に、ひろく各地でさかえたために、地層のできた時代をきめるのに役だつような生物の化石。サンヨウチュウ(古生代)、アンモナイト(中生代)など。↓しそうかせき

ししゅんき【思春期】〈名〉性にめざめるころ。小学校高学年ごろから高校生にかけての、子どもからおとなへの移行《いこう》期。類 年頃《としごろ》。

1 **ししょ【支所】**〈名〉出先《でさき》機関として各地に置かれている、研究所や役所などの事務所。

2 **ししょ【司書】**〈名〉特別の資格をもっていて、図書館などの本の保存や整理、閲覧《えつらん》についての仕事をする人。

3 **ししょ【四書】**〈名〉儒教《じゅきょう》で基本とする四つの書物。「大学」「中庸《ちゅうよう》」「論語」「孟子《もうし》」。五経《ごきょう》とあわせて「四書五経」という。

4 **ししょ【史書】**〈名〉歴史をしるした書物。例 史書をひもとく。

しじょ【子女】〈名〉むすこやむすめ。子ども。例 良家の子女。帰国子女。対 父兄。類 子弟《してい》。

1 **じしょ【地所】**〈名〉土地。とくに、建物を建てたりするための土地。

2 **じしょ【自署】**〈名・する〉自分の筆跡《ひっせき》で署名すること。サイン。対 代署。

3 **じしょ【辞書】**〈名〉辞典。例 辞書をひく。辞書にあたる。電子辞書。類 字引。↓囲み記事25(518ページ)

1 **じじょ【次女】**〈名〉長女のつぎに生まれた女の子。表記 戸籍《こせき》や出生届《しゅっしょうとどけ》では「二女」と書く。

2 **じじょ【自助】**〈名〉他人にたよらず、自分の力でなんとかすること。例 自助努力。自助グループ。

3 **じじょ【侍女】**〈名〉むかし、身分の高い人の身の回りの世話をした女の人。類 腰元《こしもと》。

1 **ししょう【支障】**〈名〉さまたげになるような、ぐあいのわるいことがら。例 支障をきたす。全日程を支障なくおえる。類 さしさわり。さわり。さしつかえ。ア シショー

2 **ししょう【死傷】**〈名〉死者がでることと負傷者がでること。例 死傷者。ア シショー

3 **ししょう【刺傷】**〈名・する〉刃物でさしてけがをさせること。ア シショー

4 **ししょう【師匠】**〈名〉日本の古典的な芸能や技術などを教える人。対 弟子《でし》。ア シショー 参考 落語家などを「…師匠」と呼ぶときは、敬語として使っている。

5 **ししょう【詞章】**〈名〉詩歌《しいか》などの文句。能楽《のうがく》の歌詞。ア シショー

1 **しじょう【史上】**〈名〉歴史に記録されていること。例 史上に名をとどめる。史上はじめて。史上最大。史上空前。類 歴史上。

2 **しじょう【市場】**〈名〉商品の売買やとりひきが行なわれている場所や地域。マーケット。例 市場を開拓《かいたく》する。市場にでまわる。市場調査。買い手市場。↓いちば

3 **しじょう【至上】**〈名・形動〉これ以上のものはありえないこと。例 至上のよろこび。至上命令。芸術至上主義。類 最上。最高。無上。

4 **しじょう【私情】**〈名〉❶役目や立場のことをはなれた、自分の個人的感情。例 私情をさしはさむ。❷利己的な気持ち。例 私情をすてる。▽類 情実。

5 **しじょう【紙上】**〈名〉❶紙の上。❷新聞の、記事や図版がのっているところ。例 紙上をにぎわせる。紙上公開。類 紙面。

6 **しじょう【誌上】**〈名〉雑誌の、記事や図版がのっているページ。類 誌面。

7 **しじょう【試乗】**〈名・する〉乗り物にためしに乗ること。ためし乗り。例 試乗会。

8 **しじょう【詩情】**〈名〉うつくしい詩を読んだときのような気分。詩でもつくりたくなるような気持ち。例 詩情ゆたか。詩情をそそる。類 詩趣《ししゅ》。

1 **じしょう【自称】**〈名〉❶〈する〉ほんとうかどうかはわからないが、自分でかってにそうだと言うこと。例 自称会社経営者の男がつかまった。❷〔文法〕一人称。

2 **じしょう【自照】**〈名・する〉自分自身を客観的に観察し、反省すること。例 自照(の)文学(＝随筆や日記)。

3 **じしょう【自傷】**〈名・する〉自分で自分のからだを傷つけること。リストカットなど。例 自傷行為《こうい》。

4 **じしょう【事象】**〈名〉人間が見たり聞いたりして、知ることができるものごと。現実のことがら。例 社会的な事象。類 現象。できごと。

1 **じじょう【自浄】**〈名〉川や海のよごれが、自然のはたらきでもとの清さをとりもどすこと。例 自浄作用。表現 人間社会の組織が自分の力で、内部の不正や腐敗《ふはい》を正すことにもいう。例 自浄能力。

2 **じじょう【自乗】**〈名・する〉〔数学〕⇩にじょう

3 **じじょう【事情】**〈名〉❶ある事件が、どうしてそうなったのかという、そのわけ。例 事情をうちあける。事情があって、なにも言えない。類 理由。ゆえ。わけ。❷それに関連したいろいろな情報。例 事情にあかるい。家庭の事情。海外事情。食糧《しょくりょう》事情。類 状況《じょうきょう》。情勢。▽↓囲み記事58(1291ページ)

しじょうくうぜん【史上空前】〈名〉今までに例のないすごさ。例 史上空前のパニック。類 前代未聞。

じじょうじばく【自縄自縛】〈名〉自分の言ったことやしたことのために、自分の動きがとれなくなること。

しじょうめいだい【至上命題】〈名〉俗《ぞく》に、とりくむべき最重要の課題のこと。注意「課題」「命題」と「至上命令」とがまぎれてできたことば。

しじょうめいれい【至上命令】〈名〉絶対にしたがわなければいけない命令。

ししょく【試食】〈名・する〉料理のできぐあいをしらべるために、ためしに食べてみること。例 試食会。類 味見。

じしょく【辞職】〈名・する〉それまでつとめていたところや役職を、自分からやめること。例 責任をとって辞職する。辞職願《ねが》い。総辞職。類 辞任。

ししょごきょう【四書五経】〈名〉儒教《じゅきょう》で基本とする九つの書物。四書と五経。↓ししょ〔四書〕・ごきょう

じじょでん【自叙伝】〈名〉自伝。

ししょばこ【私書箱】〈名〉個人や団体が、自分あての郵便物をまとめて受け取るために、郵便局の中に借りておく専用の箱。

ししるいるい【死▼屍累累】〈副・連体〉たくさんの

し

玄奘(げんじょう)(602〜64) インドに行き経典や仏像を持ち帰った唐代の僧侶。「西遊記」の主人公のモデル。

死体がそこここに重なり合っているようす。

[1]**ししん【私心】**〈名〉自分のためだけを第一に考える心。例私心を去る。私心のない人。類利己心。

[2]**ししん【私信】**〈名〉個人的な用件でだす手紙・メール。類信書。

[3]**ししん【指針】**〈名〉❶磁石やメーターなどの針《はり》。❷今後のむかうべき方向や、とるべき姿勢などを示す方針。例指針を示す。行動の指針。類ガイドライン。

[1]**しじん【私人】**〈名〉公職についている人が、その立場をはなれて行動するときの一個人。対公人。

[2]**しじん【詩人】**〈名〉詩をつくる人。

[1]**じしん【自身】**━〈名〉自分。類自己。アジシン ━〈接尾〉話題にする人やものを、とくに強めていうときに使うことば。例それはきみ自身の問題だ。類自体。

[2]**じしん【自信】**〈名〉自分の価値や能力をみずから信じること。例自信がある。自信がつく。自信をなくす。自信満満。自信過剰《かじょう》。アジシン

[3]**じしん【地震】**〈名〉地面がゆれうごくこと。断層の運動や火山活動などで起こる。例地震大国《たいこく》日本。大《おお》地震。アジシン ↓しんど〔震度〕・マグニチュード

地震雷《かみなり》火事《かじ》親父《おやじ》 世の中でこわいものをこわい順にならべた言いかた。

[4]**じしん【磁針】**〈名〉まんなかにささえがあって自由にうごく、針の形をした小さな磁石。いつも南北をさすので、方角を知るのに使う。方位磁針。類コンパス。アジシン

じじん【自刃】〈名・する〉刀で自殺すること。類自害。自決。

じしんぐも【地震雲】〈名〉大きな地震の前に、震源地付近の上空に現れるという形の雲。化学的な説明はされていない。

ししんけい【視神経】〈名〉目の網膜《もうまく》に受けた光の刺激《しげき》を脳につたえる神経。

じしんは【地震波】〈名〉〔地学〕地震のとき、震源から周囲につたわるゆれ。地中内部をつたわるP波(縦波)・S波(横波)のほか、地表をつたわる表面波もある。

じしんまんまん【自信満満】〈名〉絶対に自分はできる、だいじょうぶだ、と確信して余裕《よゆう》があるさま。例自信満々の表情。

[1]**じ・す【辞す】**〈動五〉⇩じする〔辞する〕

[2]**ジス【JIS】**〈名〉日本産業規格。鉱工業品の種類・形状・寸法・構造などや、データ製品、サービス業務についての規格を定めたもの。経済産業省におかれた日本産業標準調査会が制定する。◇Japanese Industrial Standard の略。

じすい【自炊】〈名・する〉自分の食事を自分でつくって生活すること。対外食。

表現 ひとりぐらしの人がするのをさしていうことが多い。

しすう【指数】〈名〉❶物価や資金、生産高など、その時どきで変動するものや、知能など、人によって差のあるものにつき、現状が平均的か、どのくらい高いか低いか、などがわかるように示す数字。例物価指数。知能指数。類指標。❷〔数学〕その数を何回かけあわせるか(=累乗《るいじょう》)を示すために、数字や文字の右上に小さく書く数。たとえば、「8^3」(八の三乗)の3をいう。

しずか【静か】〈形動〉❶ものおとがしないで、ひっそりしている。例静かにあるく。静かな環境《かんきょう》。類静寂《せいじゃく》。❷動きやみだれがない。例静かな海。類おだやか。平穏。❸性質がおだやかで、おとなしい。例静かな人物。もの静か。

方言「お静かに」の形で、(1)青森・岩手などでは、客を送り出すときのあいさつことばとして「お気をつけて」の意味でも使い、(2)新潟・長野などでは、食事中の声かけとして「ごゆっくり」の意味でも使う。

しずく【滴】【▼雫】〈名〉水などの、たれて落ちるつぶ。例滴がたれる。

表現「しずく」は、「たれて落ちるつぶ」をいうのが本来だが、それだけでなく、「しずくが飛ぶ」「しずくが飛びちる」のようにいうこともある。

しずけさ【静けさ】〈名〉静かな状態。例寺の境内《けいだい》の静けさにひたる。類静かさ。静寂《せいじゃく》。

表現「静かさ」は音のなさそのものをいい、「静けさ」は静かさにともなうふんいきを表わす。

ジスコード【JISコード】〈名〉JISとして定められた、コンピューターであつかう文字の体系。一字ずつに固有の番号が割り当てられ、使用頻度《ひんど》によって、第一水準から第四水準までの四グループに分かれている。

しずしずと【静静と】〈副〉動きがゆっくりと落ち着いて静かなようす。

シスター〈名〉カトリック教会の修道女。◇sister

システマチック〈形動〉組織的。体系的。例資料をシステマチックに整理する。◇systematic

システム〈名〉❶⇩たいけい〔体系〕❷いくつかのものをある秩序《ちつじょ》のもとにくみあわせて、全体で一つのものとして動いたり、働いたりするようにしたもの。例オンラインシステム。類組織。方式。機構。制度。◇system

システムこうがく【システム工学】〈名〉工学の一分野。複雑で人工的なシステムがもっとも合理的に管理されるための手順・方法・考え方を体系的にあつかうもの。システムエンジニアリング。

じすべり【地滑り】〈名・する〉❶山腹など、傾斜《けいしゃ》のある土地の表面の一部が、少しずつすべりおちること。大雨のあとなどに多い。❷社会的におこる大きな変化。

じすべりてき【地滑り的】〈形動〉ものごとが、一定の方向・状態にむけて、連鎖《れんさ》反応をおこしながら大規模に変化していくようす。

しずまりかえ・る【静まり返る】〈動五〉物音一つしなくなる。例会場は水をうったように静まり返った。

しずま・る【静まる・鎮まる】〈動五〉❶[静まる]やかましかった音がしずかになる。例さわぎが静まる。静まりかえる。寝静まる。❷[静まる・鎮まる]乱れていたものが正常になる。おちつきをとりもどす。例気が静まる。痛みが鎮まる。内乱が鎮まる。対あれる。類おさまる。

しず・む【沈む】〈動五〉❶水の中の深い方へいく。例船が沈む。海に沈む。対うく。うかぶ。類沈没《ちんぼつ》する。もぐる。↓おちる 表現 ❷高いところに見えていたものが、下の方にいく。例日が沈む。対のぼる。❸なやみや心配で、元気をなくす。例沈んだ表情。気が沈む。沈みこむ。泣き沈む。対うかれる。類おちこむ。ふさぐ。❹生活がみじめになる。例不幸な境遇《きょうぐう》に沈む。類おちぶれる。

表現 地味で落ちついた色合いなどを「沈んだ色調」のようにいうことがある。

[1]**しず・める【沈める】**〈動下一〉❶下へ落ちていかせる。とくに、水面から水中に落ちこませる。例船を沈める。対うかす。うかせる。うかべる。❷姿勢《しせい》を低くする。例身を沈めて銃弾《じゅうだん》をよける。

表現 自分から悪い境遇《きょうぐう》の中に入っていくことを「身を沈める」という。「からだを沈める」は、文字どおり、水や湯

にどっぷりつかること。

2 **しず・める【静める・鎮める】**〈動下一〉❶［静める］さわがしい音をやめさせる。例鳴りを静める。場内を静める。❷［静める・鎮める］乱れていたものを正常にする。おちつかせる。例気を静める。せきを鎮める薬。内乱を鎮める。類おさめる。鎮静《ちんせい》する。

し・する【資する】〈動サ変〉実際のたすけとなる。例社会の発展に資する。類寄与《きよ》する。役にたつ。

1 **じ・する【侍する】**〈動サ変〉えらい人のそばに仕える。古い言いかた。類はべる。

2 **じ・する【持する】**〈動サ変〉現在の状態をたもって程度をおとさない。例身を高く持する(=高潔に生きる)。満を持して(=じゅうぶんに準備をととのえて)。

3 **じ・する【辞する】**〈動サ変〉❶別れのあいさつをして立ち去る。類辞去する。❷その職や地位にあることをやめる。例職を辞する。対つく。類辞職する。辞任する。❸(「…も辞さない」「…を辞せず」などの言いかたで)「たとえそうでもかまわない」「その覚悟《かくご》をしている」「いとわない(=いやだと思わない)」という意味を表わす。例死をも辞せず。

1 **しせい【市井】**〈名〉ふつうの人が生活しているところ。例政治に市井の声を反映させる。アシセー

市井の人《ひと》 ごくふつうの人。庶民《しょみん》。やや古めかしい言いかた。

2 **しせい【市制】**〈名〉地方自治体としての市の制度。アシセー

表現「市制をしく」とは、その地方自治体が「村」でも「町」でもなくて、「市」であることを定める、という意味。

3 **しせい【市政】**〈名〉市の行政。アシセー

4 **しせい【至誠】**〈名〉このうえなく誠実なこと。アシセー

5 **しせい【私製】**〈名〉官庁ではなくて、個人や民間がつくったもの。例私製はがき。対官製。アシセー

6 **しせい【施政】**〈名〉実際に政治を行なうこと。例施政方針。アシセー

7 **しせい【姿勢】**〈名〉❶ものごとをするときの、からだのかまえ。例姿勢がいい。姿勢をくずす。不動の姿勢。低姿勢。❷ものごとに対するときの心がまえ。例姿勢を問う。類体勢。類態度。▽アシセー

姿勢を正《ただ》す ❶きちんとした姿勢をとる。対姿勢をくずす。❷立場をわきまえて、気持ちを引きしめる。類襟《えり》を正す。

1 **じせい【自生】**〈名・する〉草木が、自然にはえること。対栽培《さいばい》。類野生。アジセー

2 **じせい【自制】**〈名・する〉自分の心の中におこるうごきを、よくないものと知っておさえること。程度をこさないようにすること。例行動を自制する。自制をうしなう。突然自制がきかなくなった。自制心。対放縦《ほうじゅう》。類自重《じちょう》。アジセー

3 **じせい【自省】**〈名・する〉自分で、自分の行為《こうい》や考えかたなどを反省すること。アジセー

4 **じせい【時世】**〈名〉たえずうつりかわる世間の状態。例めぐまれたご時世。類時代。アジセー

5 **じせい【時勢】**〈名〉世の中のうごき。例時勢にながされる。時勢におくれる。類時流。アジセー　ジセー

6 **じせい【時制】**〈名〉〔文法〕英語などで、動詞の語形変化によって表わされる、過去・現在・未来のとき。テンス。アジセー

7 **じせい【辞世】**〈名〉もうじき死ぬことを知った人が、この世に残すことば。とくに、和歌や俳句。アジセー

参考 在原《ありわらの》業平《なりひら》の辞世の歌は「つひに行く道とはかねてききしかど、きのふけふとは思はざりしを」。五十二歳で死んだ西鶴《さいかく》の辞世の句は「浮き世の月見過ごしにけり末二年」。芭蕉《ばしょう》のは「旅に病《や》んで夢《ゆめ》は枯《か》れ野をかけめぐる」。

8 **じせい【磁性】**〈名〉〔物理〕磁気をおびたものが、鉄やニッケルなどを、すいよせる性質。アジセー

しせいかつ【私生活】〈名〉つとめや立場などをはなれた、その人の個人としての生活。類プライバシー。

しせいじ【私生児】〈名〉⇩こんがいし

1 **しせき【史跡】**〖史▼蹟〗〈名〉歴史上有名な建物や事件などがあったところ。例史跡を保存する。史跡めぐり。類旧跡。名跡。古跡。

2 **しせき【歯石】**〈名〉歯のあいだや歯のねもとにたまった、石灰《せっかい》分の小さなかたまり。歯槽膿漏《しそうのうろう》などの原因になる。例歯石をとる。

1 **じせき【次席】**〈名〉上から二番目の地位。例次席検事。類次長。次官。

2 **じせき【自責】**〈名〉自分のわるい点を、自分でせめたり、とがめたりすること。例自責の念にかられる。

じせだい【次世代】〈名〉いまの世代の、つぎの世代。例次世代をになう。次世代型エンジン。

1 **しせつ【私設】**〈名〉個人または民間でつくること。例私設図書館。対公設。アシセツ

2 **しせつ【使節】**〈名〉国の代表として、外国に送りだす人。例使節団。親善使節。アシセツ

3 **しせつ【施設】**〈名〉使う目的がはっきりある設備。例公共施設。福祉《ふくし》施設。アシセツ

1 **じせつ【自説】**〈名〉自分の意見。例自説をまげる。自説に固執《こしつ》する。アジセツ

2 **じせつ【持説】**〈名〉ふだんから主張している意見や考え。例…に関する持説がある。類持論。アジセツ

3 **じせつ【時節】**〈名〉❶季節。類時候。候。❷ちょうどよい時期。例時節をまつ。時節到来《とうらい》。類時機。❸世の中の事情や情勢。▽アジセツ

表現 ①は、「若葉の時節となりました」のように、手紙で使うことが多い。

じせつがら【時節柄】〈副〉そのときの気候や世の中のようすにふさわしくふるまうようす。例時節柄ご自愛ください。時節柄祭りは自粛《じしゅく》しよう。

1 **しせん【支線】**〈名〉❶鉄道などで、本線からわかれた線。対本線。幹線。❷電柱などをささえるために、その上部から地上になめにはった金属製の線。

2 **しせん【死線】**〈名〉生死のさかいめ。例死線をさまよう。死線をこえる。

3 **しせん【視線】**〈名〉ものを見ているとき、その目のむいている方向。例視線があう。視線をそらす。人の視線を感じる。熱い視線。類目線。

視線を宙《ちゅう》に泳《およ》がせる 考えごとや気まずいことなどがあって、目を相手からそらし、あらぬ方に向ける。

しぜん【自然】 ━〈名〉❶人間がつくったもの以外の、すべてのもの。また、それが構成する世界。とくに、山や川、草や木など。例自然に親しむ。自然のいとなみ。自然の威力《いりょく》。自然界。大自然。❷手をくわえていない、そのもの本来のありのままの状態。例生まれたままの自然のすがた。自然石。対人工。▽類天然。
━〈形動〉ありのままで、わざとらしさがない。例自然な動作。自然にふるまう。対不自然。

 玄宗(げんそう)(685～762)　中国，唐の最盛期の皇帝。楊貴妃を溺愛(できあい)し，晩年，安史の乱が勃発。

二〈副〉わざとしたのでも、手をくわえたわけでもなく、なりゆきによってそうなるようす。例自然になおる。自然とわかる。明るい性格《せいかく》なので、自然まわりに人が集まってくる。類ひとりでに。おのずと。

じせん[1]【自選】〈名・する〉自分の作品の中から自分で選び出すこと。例自選詩集。

じせん[2]【自薦】〈名・する〉自分で、自分や自分の作品を推薦すること。自己《じこ》推薦。例自薦他薦を問わずご応募ください。対他薦。参考「推薦」は、ふつう、他人をするものなので、自分をする場合を「自薦」といい、それとまた区別するために「他薦」ということばができた。

じぜん[1]【次善】〈名〉いちばんよいとはいえないが、それにつぐ、まあまあのところ。例次善の策。

じぜん[2]【事前】〈名〉そのものごとがおこるまえ。例事前に知る。事前運動。対事後。

じぜん[3]【慈善】〈名〉不幸な人や暮らしにこまっている人に同情して、お金やものをあたえるなどして助けること。例慈善事業。類チャリティー。

しぜんかい【自然界】〈名〉人間がつくったのではなくて、この世の中にもとからある世界。宇宙・太陽・空・海・山・川・動物など。対人間界。

しぜんかがく【自然科学】〈名〉天文学・物理学・化学・地学・生物学など、自然の諸現象をあつかって研究する学問。↓じんぶんかがく・しゃかいかがく

しぜんげんしょう【自然現象】〈名〉人間とかかわりなく、自然界におこる さまざまなできごと。

しぜんし【自然死】〈名・する〉病気や事故、事件などによるのではなく、年をとってからだが弱って死ぬこと。

しぜんしゅぎ【自然主義】〈名〉❶自然の現れにはなにより深い意味があるのだから、なるべく人間の小さな知恵《ちえ》をはなれて自然にしたがうのがよい、とする考えかた。❷〔文学〕人間や社会のすがたが みにくければみにくいほど、それをしっかり見すえて、えんりょなくえがき出していこうとする文学運動。一九世紀後半にフランスでおこり、日本には明治後期につたわって、島崎藤村《しまざきとうそん》や田山花袋《かたい》らの作家がでた。

しぜんしょくひん【自然食品】〈名〉合成添加《てんか》物を加えない食品。無農薬・有機栽培《さいばい》の農作物など、自然のままの食品。対加工食品。

しぜんすう【自然数】〈名〉〔数学〕一、二、三のような正の整数。参考自然数でない数に、小数・分数・負数・無理数・虚数・対数などがある。

しぜんせんたく【自然選択】〈名〉〔生物〕環境に適した性質をもった生物が生きのこり、そうでないものはほろびる、という考えかた。ダーウィンの進化論のもとになった。自然淘汰《とうた》。適者生存。

しぜんぞう【自然増】〈名〉自然に増加すること。参考たとえば、消費税率を上げて税収がふえるのは意図的増加だが、人口がふえて所得税がふえるのは自然増。

しぜんたい【自然体】〈名〉❶柔道《じゅうどう》で、自然でやわらかな基本となる構え。❷身構えたり、先入観をもったりしない、あるがままのやわらかな態度。

しぜんとうた【自然▼淘汰】〈名〉⇩しぜんせんたく

しぜんりん【自然林】〈名〉人手によらず、自然に木々が育ってできた森林。天然林。対人工林。

しそ[1]〖紫▼蘇〗〈名〉葉や実を薬味とするために栽培《さいばい》される一年草。葉が赤むらさきのもの(=アカジソ)とみどりのもの(=アオジソ)がある。アシソ

しそ[2]【始祖】〈名〉❶その種族のもっともはじめのもの。例人類の始祖。始祖鳥。❷そのことを最初にはじめた人。類開祖。▽類元祖。アシソ

しそう[1]【死相】〈名〉❶人の顔つきに現れる、死が近いと感じさせる何か。例死相が出ている。❷死に顔。

しそう[2]【志操】〈名〉自分の主義や信条などをかたくまもる気持ち。例志操堅固。

しそう[3]【使▼嗾・指▼嗾】〈名・する〉そそのかすこと。けしかけること。書きことば的な言いかた。

しそう[4]【思想】〈名〉人の生きかたや社会的な行動を決定するような一つのまとまりをもったものの考えかた。例思想家。啓蒙《けいもう》思想。類主義。精神。

しぞう【死蔵】〈名・する〉役にたつものを、使わないでむだにしまいこんでおくこと。類退蔵。

じぞう【地蔵】〈名〉〔仏教〕石でつくられてお堂や道ばたにおかれている仏。旅人や子どもを守るとされる。絵

表現一体《いったい》二体《にたい》と数える。うやまって一尊《いっそん》二尊《にそん》—と数えることもある。

参考シャカ(釈迦)が死んでから次の仏が現れるまで、仏に代わって人々をみちびいて救うといわれる菩薩《ぼさつ》。地蔵菩薩。

しそうか【思想家】〈名〉ゆたかな思想をもち、人々に影響《えいきょう》をあたえる人。

しそうかせき【示相化石】〈名〉〔地学〕化石の中で、生存当時の環境を知らせてくれるもの。サンゴなど。↓しじゅんかせき

［じぞう］

しそうけんご【志操堅固】〈形動〉ひとつの考えかたや主義をかたくまもっている。例志操堅固な人。

しそうのうろう【歯槽▼膿漏】〈名〉歯ぐきの中の歯のまわりにある組織の炎症《えんしょう》。痛みがあり、うみがでたり、歯がぐらぐらしたりする。

シソーラス〈名〉語句を意味によって分類・配列した語彙《ごい》集。類義語集。◇thesaurus

しそく[1]【子息】〈名〉「他人のむすこ」の意味の かたい言いかた。例ご子息。対息女。アシソク シソク

しそく[2]【四則】〈名〉〔数学〕加法(=たし算)・減法《げんぽう》(=ひき算)・乗法(=かけ算)・除法《じょほう》(=わり算)の四つの計算方法。類加減乗除。

しぞく[1]【士族】〈名〉〔歴史〕明治維新《いしん》の際、旧武士階級にあたえられた身分。法律上の特典はない。戦後、廃止《はいし》された。アシソク

士族の商法《しょうほう》 明治維新《いしん》後の士族の商売のしかたから、なれない商売や事業に手を出した人の、見当ちがいのやりかた。利益の出し方や客のあつかい方を知らないのが特徴《とくちょう》。

しぞく[2]【氏族】〈名〉同じ先祖からでた、血縁《けつえん》によってむすばれている人々の集まり。例氏族制度。

じそく[1]【自足】〈名・する〉自分で自分の必要をみたすこと。例食糧《しょくりょう》を国内で自足する。自給自足。

じそく[2]【時速】〈名〉速度の単位で、一時間にすすむ距離《きょり》。例時速三〇〇キロの新幹線。

じぞく【持続】〈名・する〉ある状態がそのまま長くつづくこと。また、長くつづけること。例薬の効果が持続する。長期にわたって好調を持続する。類継続《けいぞく》。存続。

持続可能《かのう》な開発目標《かいはつもくひょう》 ⇩（巻末「欧文《おうぶん》略語集」）SDGs

しそこな・う【し損なう】『仕損なう』〈動五〉❶なにかをしようとして失敗する。例し損なってけがをする。類やり損なう。し損《そん》じる。しくじる。❷する機会をのがす。例発言をし損なう。

しそちょう【始祖鳥】〈名〉鳥類の祖先《そせん》と考えられる生物。ジュラ紀の地層から化石が発見された。カラスぐらいの大きさで、つばさや羽毛《うもう》をもつが、するどい歯があるなど、爬虫《はちゅう》類の特徴《とくちょう》もある。

しそん【子孫】〈名〉血のつながる人たちの中で、あとの代の人たち。例子孫に伝える。子孫にのこす。対先祖。祖先。類後裔《こうえい》。末裔。

子孫のために美田《びでん》を買《か》わず 子孫が楽に暮らせるように美田を買って残したりすると、かえってそれにたよってよくないことから、子孫のことを思えばこそ、財産を残したりはしない。参考「子孫」は「児孫《じそん》」ともいう。

しそん・じる【し損じる】『仕損じる』〈動上一〉「しそこなう」のやや古風な言いかた。

じそんしん【自尊心】〈名〉自分には自分の価値があるのだから、価値に応じたあつかいを受けるべきだと考え、それより低いあつかいをゆるさない心。例自尊心をきずつけられる。類気位《きぐらい》。プライド。

[1]**した【下】**㊀〈名〉❶物が落ちていく方向。位置の低いところ。例下をむく。下を見る。下におりる。下のへや。がけの下。対上。❷外からは見えない内がわ。例下にシャツを着る。下心。ズボン下。対上。❸地位や能力、年齢《ねんれい》などが低い段階にあるほう。例下への思いやり。下からのつき上げ。二つ下の弟。下の者から親われる。対上。類下位。❹「すぐあと」という意味を表わす形式名詞。例そう言うことばの下から、もうまちがっている。▽アシタ
㊁〈接頭〉「前もってする」「あらかじめ用意する」などの意味を表わす。例下準備。下検分。下相談。下調べ。

下へも置《お》かない たいそうたいせつにとりあつかって、もてなす。例下へもおかないあつかい。

[2]**した【舌】**〈名〉動物の口の中にあって、自由に動かすことができ、味を感じる器官。とくに人間の場合は、発音にも役だつ。例舌が肥えている。舌がもつれる。舌を出す。猫舌《ねこじた》。二枚舌。類べろ。アシタ

舌が肥《こ》える おいしいものを食べつけていて、味のよしあしがよくわかる。類口が肥える。

舌が回《まわ》る ことばがよどみなくでてくる。

舌の先《さき》 軽口《かるくち》の道具。例舌の先でまるめこむ。舌の先がよくまわる。類舌先。

舌の根《ね》も乾《かわ》かぬうちに ⇩独立項目

舌を出《だ》す ❶相手のいないところで、その人のわるぐちを言ったり、ばかにしたりする。❷自分が失敗して きまりがわるいときにする、てれかくしの動作。

舌を巻《ま》く ひどく感心してしまう。例少年の天才ぶりには、みな舌を巻いた。
表現 実際に舌を巻くわけではないが、思わず口をあけて、はーっと息をのむときの舌の感じをとらえたことば。

しだ『▽羊▽歯』〈名〉ワラビ・ゼンマイ・ウラジロなど、花の咲《さ》かない、日かげに生える維管束《いかんそく》植物。胞子《ほうし》でふえる。分類名を「シダ植物」という。

じた【自他】〈名〉❶自分と他人。例自他ともにゆるす。彼女の実力は自他ともにみとめるところだ。❷自動詞か他動詞か。例動詞の自他の区別。

自他共《とも》に許《ゆる》す 本人もふくめて、だれもがすぐれているとみとめる。例かれは自他ともに許す弓の名手だ。

したあご【下顎】〈名〉口の下のほうの顎。対上《うわ》顎。

したあじ【下味】〈名〉料理の材料に、塩・しょうゆなどであらかじめつけておく味。

[1]**したい【死体】**『▼屍体』〈名〉死んでしまったあとのからだ。例死体発見現場。対生体。類死骸《しがい》。↓いたい〔遺体〕
表現 一体《いったい》二体《にたい》と数える。

[2]**したい【肢体】**〈名〉❶手足と胴体《どうたい》。類五体。❷手足。類四肢。

[3]**したい【姿態】**〈名〉からだ全体から感じられるようす。例なまめかしい姿態。

[1]**しだい【次第】**㊀〈名〉❶ものごとの順序。例式次第。❷事の経過と、どうしてそうなったかの事情。例事の次第。事と次第によって。まことにおはずかしい次第です。類わけ。
㊁〈接尾〉❶名詞につけて、「それによってどうともなる」という意味を表わす。例地獄のさたも金次第。やめるも、つづけるも、きみ次第だ。お望み次第。お天気次第。あたり次第。❷動詞の連用形につけて、それをしたあとすぐに、という意味を表わす。例むこうに着き次第電話します。工事が完了(し)次第すぐ使えます。類やいなや。

[2]**しだい【私大】**〈名〉「私立大学」の略。

[1]**じたい【自体】**㊀〈接尾〉話題にしているものごとを強めていうことば。例使いかたではなくて、機械自体に欠陥《けっかん》がある。類自身。そのもの。㊁〈副〉それ自身としてすでに。例楽をしてもうけようというのが、自体まちがいだ。類そもそも。どだい。アジタイ

[2]**じたい【字体】**〈名〉❶文字の骨組み。とくに、同じ種類の漢字について使われる、まったくちがった形。「国」に対する「國」、「竜」に対する「龍」、「働」に対する「仂」など。例新字体。旧字体。↓じけい〔字形〕②・しょたい〔書体〕①・囲み記事24（次ページ）❷個人的な特徴《とくちょう》のある字のかたち。▽アジタイ

[3]**じたい【事態】**〈名〉ものごとの なりゆき。例事態が好転する。事態を見きわめる。事態を収拾《しゅうしゅう》する。緊急《きんきゅう》事態。類形勢。状況《じょうきょう》。アジタイ ↓囲み記事58（1291ページ）

[4]**じたい【辞退】**〈名・する〉人にすすめられたことや、自分の当然の権利などを、ことわること。例受賞を辞退する。類遠慮《えんりょ》。アジタイ
敬語 謙譲《けんじょう》語に、「拝辞する」がある。

[1]**じだい【地代】**〈名〉土地をかりるときの料金。土地を売るときのねだん。「ちだい」ともいう。例地代が上がる。類地価《ちか》。アジダイ

[2]**じだい【次代】**〈名〉次の時代。例次代をになう若者。アジダイ

[3]**じだい【時代】**〈名〉❶時の流れの中の、まとまりとしてとらえられる、ひとくぎりの期間。例江戸時代。昭和時代。恐竜の時代。古きよき時代。時代を画《かく》する。時代錯誤《さくご》。私の少女時代。類時期。年代。❷時の流れとともに動いていく世の中。例時代を反映した作品。時代の先端《せんたん》をいくデザイン。時代に流される。時代をさかのぼると。時代は下《くだ》って。時代おくれ。類時世。❸過去の世の中。例時代がつく。時代物。時代小説。大時代

元明天皇(げんめいてんのう)(661～721) 708年に和同開珎(かいちん)を鋳造させ，710年に都を平城京に移した。

《おおじだい》。時代がかる。

じだいおくれ【時代後れ】〈名・形動〉その時代の世の中の考えかたや傾向《けいこう》に、ついていっていないようす。▽ア ジダイ 例時代後れの考え。

じだいがか・る【時代がかる】〈動五〉年月をへて古び、遠い時代を感じさせる。例時代がかった家具。

じだいげき【時代劇】〈名〉明治時代以前、おもに江戸《えど》時代をあつかった劇や映画。

じだいこうしょう【時代考証】〈名〉むかしの時代をあつかう映画や劇で、そこで使われる道具や服装、風俗《ふうぞく》が適切かどうか、資料によって調べること。

じだいさくご【時代錯誤】〈名〉考え方ややり方が古めかしくて、今の時代に合わないこと。また、時代をとりちがえること。アナクロニズム。例時代錯誤もはなはだしい。

じだいしゅぎ【事大主義】〈名〉自分の主張をもたないで、時の中心勢力にしたがっていくやりかた。

しだいに【次第に】〈副〉状態の変化が少しずつつみかさなって。例しだいに雪がとける。類徐徐《じょじょ》に。

じだいはいけい【時代背景】〈名〉ある事件やことがらが起こった、その時代の全体事情。

じだいもの【時代物】〈名〉❶多くの年月をへて、古くなったもの。類骨董《こっとう》。❷浄瑠璃《じょうるり》や歌舞伎《かぶき》で、江戸時代以前の事件を題材にした作品。対世話物。

した・う【慕う】〈動五〉❶そのほうへ心が寄っていく。例故郷を慕う。❷恋しくて、いっしょにいたくてたまらず、いつもそのことばかり考えている。例あとを慕う。恋い慕う。類思慕《しぼ》する。恋する。❸そのようになりたいと思って、みならう。例師の芸風を慕う。

したうけ【下請け】〈名〉仕事の一部または全部を、その委託《いたく》をうけた下の立場の者がひきうけること。また、ひきうけた下の立場の者。例下請けに出す。
参考 会社の仕事については、「発注者(委託者)→元請け→下請け→孫請け」のような流れの一部としていう。

したうち【舌打ち】〈名・する〉くやしいとき、がっかりしたときなどに、舌をうちならすこと。
参考 それを音で言えば「ちぇっ!」「ちっ!」などとなる。

したえ【下絵】〈名〉完成品の基礎《きそ》になる絵。たとえば、染《そ》め物の がらもようなどに 必要な絵。類素描《そびょう》。デッサン。

したが・う【従う】〈動五〉❶ついていく。例時勢に従う。つき従う。対さからう。❷他人の意志のとおりにする。例意見に従う。指示に従う。対そむく。類服従する。❸きまりや方針のとおりにする。例法律に従う。慣例に従う。省略にしたがう。対そむく。さからう。類のっとる。そう。❹(「…に従い」「…に従って」の形で)…につれて。…とともに。例試合経験をつむに従って、成績もよくなってきた。

したが・える【従える】〈動下一〉❶人をともなっていく。例あとに従える。部下を従える。❷自分の意志のとおりにさせる。例天下を従える。類服従させる。

したがき【下書き】〈名〉❶〈する〉習字で、清書の前に、練習として書くこと。対清書。❷〈する〉絵で、ちゃんと書く前に、だいたいの形を書くこと。❸とりあえず書いただけで、修正の余地がある文章。例下書きに手を入れる。類草案。草稿《そうこう》。表記 ②は「下描き」とも書く。

したがって〖従って〗〈接〉いま述べたことが条件や理由になり、そこから順当に予想される結果をこれから言うためのつなぎのことば。例「あすは先生は出張にでかける。したがって授業は自習だ」。「二つの三角形の各辺の長さは等しい。したがって、二つの三角形は合同である」。類それゆえ。ゆえに。よって。

したぎ【下着】〈名〉パンツやシャツのように、はだに直接きるもの。対上着。類肌着《はだぎ》。ランジェリー。
敬語 丁寧《ていねい》語は、「したがいまして」。

したく【支度・仕度】〈名・する〉いつでもとりかかれるように、必要なものを 用意すること。例支度がととのう。食事の支度。身支度。旅支度。類準備。

じたく【自宅】〈名〉自分がすんでいる家。類うち。

したくきん【支度金】〈名〉就学や就職、結婚《けっこん》、開業、転勤などの準備に必要なお金。

したくさ【下草】〈名〉木の根もとあたりに生える草。

したくちびる【下唇】〈名〉下のほうのくちびる。例下唇をかむ(=くやしいときの表情)。対うわくちびる。

したけんぶん【下検分】〈名・する〉前もって現場を見て調べておくこと。類下見。
表現 「下見」と変わりはないが、いくぶん吟味《ぎんみ》する感じが加わる。

囲み記事 24

字体と書体

漢字の使用には、何千年という長い歴史がある。そのあいだに、同じ文字でも、字の形がいろいろに変化してきた。字を目で見たときの形のちがいについて、一般《いっぱん》に、字体のちがいと、書体のちがいとを区別している。

字体のちがい 現在わたしたちが書いている漢字、「国」「学」「体」「桜」などを、以前は、「國」「學」「體」「櫻」のように書いていた。現在の字は、昭和二十一年に当時の国語審議《しんぎ》会(現在は文化審議会の国語分科会)が当用漢字表をつくったときに、新しい字体として世に示し、それ以後、これが正式な字体となったものである。これに対して、以前、正式な字体とされていたものを、ふつう「康熙《こうき》字典体」と呼んでいる。漢字の発生地である中国では、康熙字典体の字ができるまでに、古くは、金石文《きんせきぶん》とか甲骨文《こうこつぶん》とかの時代があって、いろいろな変遷《へんせん》があった。清《シン》の康熙帝の、一七一六年にできた『康熙字典』には約五万の漢字が採録されているが、そのなかには、正字のほかに、「俗字《ぞくじ》」といわれるいろいろな字体が示されている。これらの多くは日本でも使われ、実際に書くときには、「卒」を「卆」と書くなど、さまざまな俗字が用いられている。

書体のちがい 漢字の、いちばんきちんと書いた形を楷書《かいしょ》という。少しくずしたのを行書《ぎょうしょ》、最もくずしたのを草書という。こういうちがいを書体のちがいといっている。同じ楷書でも、活字の書体として、たてよこの線の太さなどから、明朝《みんちょう》体・清朝《せいちょう》体・教科書体・ゴシック体などの区別がある。この辞書で使ってある書体は明朝体(一般の字)、ゴシック体(見出しのかなの字)、アンチック体(常用漢字項目の音訓の太字)、教科書体(筆順の字)などである。

したこうさく【下工作】〈名・する〉前もって必要なところにはたらきかけておくこと。
表現 見えないところでするのは「裏工作」という。

[1]**したごころ【下心】**〈名〉おもてにはださないが、チャンスがあれば実行しようと思っている、あまりよくない考え。例下心がある。類たくらみ。→次項

[2]**したごころ〖下心〗**〈名〉漢字の脚《あし》の一つ。「恭《きょう》」「慕《ぼ》」などの「小」と、「思」「念」などの「心」の部分。

したごしらえ【下ごしらえ】〖下▼拵え〗〈名・する〉❶前もって準備をととのえておくこと。❷料理をするときに、しあげだけを残して、あらかじめ材料に手をくわえておくこと。▽類下準備。

したさき【舌先】〈名〉❶舌の先端《せんたん》。❷たくみなことば。例舌先でごまかす。類口先。

したさきさんずん【舌先三寸】〈名〉その場での必要に応じて、ことばをうまくあやつることのできる能力。例舌先三寸で相手をまるめこむ。
表現 ほめた言いかたではない。

したざわり【舌触り】〈名〉食べ物が舌にふれたときの感じ。例とろけるような舌触り。

したじ【下地】〈名〉❶ものごとの基礎《きそ》。類素地。基盤《きばん》。❷もともとそなわっている性質。例下地がいい。類素質。❸⇩おしたじ

しだし【仕出し】〈名〉注文を受けて、会席などのための人数分の料理を作り、配達すること。例仕出し屋。仕出し弁当。

したし・い【親しい】〈形〉よく接していて、なじみがふかい。例親しい友だち。親しくつき合う。対うとい。

親しき中《なか》にも礼儀《れいぎ》あり どんなに親しい間柄《あいだがら》でも、礼儀だけは守るようにせよ。類親しき中に垣《かき》をせよ。
表記「中」は「仲」とも書く。

したじき【下敷き】〈名〉❶ものの下にしくもの。とくに、字を書くときに紙の下にしくもの。例下敷きをしく。❷大きなものに、上からのしかかられた状態になること。例下敷きになる。❸手本や基礎《きそ》となるもの。例人の作品を下敷きにする。類ベース。

したしみ【親しみ】〈名〉「とても身近だなあ」という感じ。例親しみを覚える。

したし・む【親しむ】〈動五〉❶なんのえんりょもなく、なかよくする。例友と親しむ。❷いつも接していて、身近に感じる。例土に親しむ。灯火親しむの候。

したじゅんび【下準備】〈名・する〉❶前もって、必要な物の手配や、調べものなどの準備をすること。❷料理の下ごしらえ。

したしらべ【下調べ】〈名・する〉前もってしらべておくこと。類下見。予習。

しただい【舌代】〈名〉あいさつなどを口で言うかわりに、かんたんに書きしるしたもの。ぜつだい。類口上《こうじょう》書き。

したたか〖▽強か〗 一〈形動〉ゆだんできない相手で、かんたんにあつかうわけにはいかない。例したたか者《もの》。類てごわい。二〈副〉つよく。ひどく。例転んで、むこうずねをしたたか打った。
表現 二は、「したたかに酔《よ》う」のように、「したたかに」の形でも使う。

したたかもの【したたか者】〖▽強か者〗〈名〉かんたんにあつかうわけにはいかない、てごわい相手。類剛《ごう》の者。海千山千。

したた・める〖▽認める〗〈動下一〉❶文章を書く。例手紙をしたためる。一筆したためる。❷食事をする。例朝食をしたためる。
表現 あらたまった場面で使うことばで、目上の人への手紙などに、「右のとおりしたためましたので、意のあるところをおくみいただければ幸せに存じます」のように使う。

したたらず【舌足らず】〈名・形動〉❶おさない子どもなどが、舌がよくまわらないで、発音がはっきりしないこと。例舌足らずな言いかた。❷言いたいことがじゅうぶんに表現されていないこと。例舌足らずな文章。

したたり【滴り】〈名〉しずくになって落ちること。落ちるしずく。
参考 すずしげで、俳句では夏の季語になる。

したた・る【滴る】〈動五〉❶しずくになって、ぽたぽた落ちる。類たれる。❷みずみずしさや、あざやかさがあふれるほどである。例みどりしたたる公園。

したつづみ(舌鼓)をう(打)つ おいしさのあまり、思わず舌をならす。

したっぱ【下っ端】〈名〉組織の中で低い地位にずっといる人を軽くあつかっていうことば。類軽輩《けいはい》。

したっぱら【下っ腹】〈名〉「したはら」のくだけた言いかた。

したづみ【下積み】〈名〉たくさんのものをつみ上げたとき、下の方に置かれてしまうこと。❶他のものの下につむこと。対上積《うわづ》み。❷いつまでも人に使われて、自分の能力などを発揮できない、めぐまれない状態にあること。例下積み生活(をおくる)。類不遇《ふぐう》。❸ものごとができあがっていくうえで、もっとも基礎《きそ》になること。例下積みの仕事。

[1]**したて【下手】**〈名〉ほかのものと比べたとき、むこうが上で、こちらが下だという位置。対上手《うわて》。
表現 (1)人に対して「下手にでる」とは、「あなたが上でわたしは下です」という謙遜《けんそん》した感じをことばや態度に表わすこと。(2)すもうで、「下手」は、相手のまわしをとるうでが相手のうでより内がわに入ること。
参考「しもて」「へた」と読むのはそれぞれ別のことば。

[2]**したて【仕立て】**〈名〉布地を裁断して衣服をぬいあげること。例仕立てがよい。仕立ておろし。仕立てもの。仕立屋。類裁縫《さいほう》。

したてなげ【下手投げ】〈名〉❶相撲《すもう》の技の一つ。相手の腕《うで》の下から相手のまわしをつかんで投げ飛ばすもの。❷野球などで、投手が下側からすくいあげるようにボールを投げること。アンダースロー。アンダハンドスロー。▽対上手投げ。

した・てる【仕立てる】〈動下一〉❶布地を切って、衣服にぬいあげる。例子ども服を仕立てる。❷準備をととのえる。例船を仕立てる。❸仕事などをおしえこむ。例一人前に仕立てる。類しこむ。養成する。育てる。❹そうでないはずのものを、それらしく見えるようにする。例悪人に仕立てる。類みせかける。

したどり【下取り】〈名・する〉あたらしい品物を売るとき、売り手がお客から同種の古い品物を適当な値段でひきとること。例下取りに出す。

したなめずり【舌なめずり】〖舌▼舐めずり〗〈名・する〉❶舌でくちびるをなめること。❷ほしいものが手に入ることを強く期待して待ちかまえること。

した(舌)のね(根)もかわ(乾)かぬうちに 言いおわったばかりなのに。類…と言うことばのしたから。
表現「二度としないとちかった舌の根もかわかぬうちに…」

とばがつづく。

しただえ
― といえば、そのあとには、ちかいを忘れた行動を非難することばがつづく。

したばえ【下生え】〈名〉 林などの立ち木の根もとにはえている草。類下草。

1**したばき【下ばき】**〖下▼穿き〗〈名〉 下着として、下半身にはくもの。

2**したばき【下履き】**〈名〉 屋外を歩くときにはく はきもの。くつ・げた・サンダルなど。対上履《うわば》き。

じたばた〈副・する〉 ❶手足をはげしくふってもがくようす。例手足をじたばたする。類ばたばた。❷おおいにあせったり、あわてたりしてさわぐようす。例いまさらじたばたしてもはじまらない。

したばたらき【下働き】〈名〉 ❶人に使われて働くこと。❷使用人の中でも、掃除《そうじ》や雑用などのめだたない仕事をする人。

したばね【下羽】〈名〉 ⇩こうし〔後翅〕

したはら【下腹】〈名〉 腹の下の部分。したっぱら。類下腹《かふく》部。

したび【下火】〈名〉 火事で、火のいきおいがよわくなること。例下火になる。

表現 「下火になる」は、「インフルエンザがやっと下火になった」のように、一般《いっぱん》に、流行がとうげをこし、いきおいがおとろえて消えそうにみえるときにも使う。

したびらめ【舌平目】〈名〉 海の底にすむさかな。全長三〇《センチメートル》ほどで、ヒラメのようにひらたく、からだの左がわに二つの目がある。西洋料理で、最高級のさかなとされる。

したまち【下町】〈名〉 都市の中で、「山の手」に対して低いところ。海や川が近くにあり、むかしから商売やものづくりが行われてきた、にぎやかで庶民《しょみん》的な地域。例下町情緒《じょうちょ》。下町育ち。対山の手。類ダウンタウン。

参考 東京では、江戸《えど》時代に町人が多く住んでいた、浅草や神田《かんだ》、本所《ほんじょ》などをいう。

したまわ・る【下回る】〈動五〉 なにかとくらべて、分量や程度がそれより下になる。例予想を下回る。対上回《うわまわ》る。

したみ【下見】 ㊀〈名・する〉 前もってしらべておく目的で、その場所や会場などを見ておくこと。例下見にいく。類下調べ。下検分。㊁〈名〉〔建築〕 家の外がわのかべをおおうために はった板。板を少しずつかさねてはる。

したみず〖下水〗〈名〉 漢字の脚《あし》の一つ。「泰」「暴」などの「氺」の部分。

したむき【下向き】〈名〉 ❶下を向いていること。例下向きにおく。❷ものごとがのぞましくない方向にむかうこと。例株価は下向きの傾向《けいこう》にある。▽対上向《うわむ》き。

表現 ②は、「下向く」と動詞の形でも使う。

したやく【下役】〈名〉 ある地位から見て下の地位の人。対上役《うわやく》。

したよみ【下読み】〈名・する〉 準備として、あらかじめ読んでおくこと。例台本の下読み。

じだらく【自堕落】〈形動〉 生活態度がふまじめで、だらしがないようす。例自堕落な生活。類ふしだら。

したりがお【したり顔】〈名〉 うまくやったという顔つき。例したり顔で話す。類得意顔。

したりげ〈形動〉 得意なようす。例したりげに話す。

しだれざくら【しだれ桜】〖枝垂れ桜〗〈名〉 サクラの一種。枝《えだ》のたれさがっているもの。しだりざくら。

しだれやなぎ【しだれ柳】〖枝垂れ柳〗〈名〉 ふつうのヤナギのことで、ほそ長い葉をつけた枝《えだ》がたれる。早春、きみどり色の花をつける。糸柳。

しだ・れる〖枝垂れる〗〈動下一〉 木の枝などがだらりとたれ下がる。例柳の枝がしだれる。

したわし・い【慕わしい】〈形〉 心がひかれ、その人のそばにいたい感じがする。類恋しい。

したん【紫▼檀】〈名〉 南インドやスリランカなどに多い常緑小高木。木材はかたく、黒みがかったむらさき色をしており、うつくしく、上質の家具などをつくる。

1**しだん【指弾】**〈名・する〉 わるいところを言いたてて、のけものにすること。例世間の指弾を受ける。きびしい指弾をあびる。類つまはじき。アシダン

2**しだん【師団】**〈名〉 軍隊編制上の単位の一つ。いくつかの旅団や連隊でつくられ、独立して作戦を行なう。アシダン

じだん【示談】〈名〉 あらそいごとやもめごとを、裁判にかけないで、たがいの話しあいで解決すること。例示談が成立する。示談にする。

じだんだ(地団駄)**をふ**(踏)**む** くやしさのあまり、両足を交互《こうご》にふみならす。参考「地だんだ」とは、「地たたら(＝大形のふいご)」の変化。

常用漢字 **しち**

【七】 一部1 全2画 七 七

シチ なな・ななつ・なの 教小1 音[シチ] ▨七五三《しちごさん》。七福神《しちふくじん》。七転八倒《しちてんばっとう》。訓❶[なな] 七色。七階。七草。七転び八起き。❷[ななつ] 七つ。❸[なの] 七日。初七日。注意「七夕」は「たなばた」と読む。「七日」は「なぬか」とも読む。

1**しち【七】**〈名〉 六より一つ多い数。ななつ。なな。アシチ」

2**しち【質】**〈名〉 ❶お金を借りるときに、その保証として相手に品物をあずけること。例質に入れる。時計を質に金を借りた。類質草。形《かた》。❷約束を実行する保証としてあずけるもの。▽アシチ」

3**しち【死地】**〈名〉 ❶ここが自分の死ぬ場所だとみこんだ場所。例死地を求めてさまよう。❷生きて帰れるとは思えないほど、危険なところ。また、危険な状態。例死地におもむく。死地を脱《だっ》する。▽アシチ

じち【自治】〈名〉 ❶団体や組織で、自分たちの問題を自分たちで処理すること。例自治会。自治能力。自治領。❷選んだ人に、その運営や事務を処理させること。例地方自治。→じちたい

じちかい【自治会】〈名〉 ❶学校生活を自主的に運営していくための学生の組織。❷同じ町内に住んでいる人々の親睦《しんぼく》や助けあいを目的とした住民の組織。

しちぐさ【質草】〖質▽種〗〈名〉 質屋からお金を借りるときに、保証としてあずける品物。類質。形《かた》。

じちけん【自治権】〈名〉 都道府県・市町村が、その地域内でみずからの意思にもとづいて政治を行なうことのできる権利。

しちごさん【七五三】〈名〉 七五三の祝い。数え年で、男子は三歳《さい》と五歳、女子は三歳と七歳にあたる年の十一月十五日に行なう。晴れ着をきて、氏神《うじがみ》に参拝し、無事に成長することをいのる。

しちごちょう【七五調】〈名〉 日本語による韻文《いんぶん》の調子のととのえかたの一つ。七音のことばのあとに、五音のことばをおいて ひとつづきに発音するようにしたもの。

参考 たとえば、「山のあなたの、空遠く、幸《さいわい》住むと、人の言う」のように、七五、七五と続けていく調子。和歌にも五七調と七五調とがある。「春過ぎて夏きたるらし、白たへの衣ほしたり、天《あめ》の香具山《かぐやま》」〔万葉集〕は、五七、五七、七となっていて五七調であるのに対し、「秋来ぬと、目にはさやかに見えねども、風の音にぞおどろかれぬる」〔古今和歌集〕は、五、七五、七七の構成で七五調。

しちごんぜっく【七言絶句】〈名〉〔文学〕漢詩の形式の一つ。七つの漢字で一句をつくり、全体を四つの句でまとめるもの。→ごんぜっく

しちごんりっし【七言律詩】〈名〉〔文学〕漢詩の形式の一つ。七つの漢字で一句をつくり、全体を八つの句でまとめたもの。→ごんりっし

しちじゅうにこう【七十二候】〈名〉陰暦《いんれき》で、一年間の気候の節目《ふしめ》を二十四に分けた「二十四節気《にじゅうしせっき》」のぞれぞれを、さらに三つずつに分けたもの。

しちせき【七夕】〈名〉⇩たなばた

じちたい【自治体】〈名〉国家から、一定地域内の自治の権利をみとめられているおおやけの団体。地方公共団体。地方自治体。具体的には、都・道・府・県、市・町・村をさす。

[しちふくじん]

しちてんばっとう【七転八倒】〈名・する〉がまんできない痛みや苦しみで、のたうちまわること。「しってんばっとう」ともいう。例七転八倒の苦しみ。

しちどうがらん【七堂▼伽藍】〈名〉仏教の寺院に配置される、七つの大きな主要建築物。

しちながれ【質流れ】〈名〉質屋にあずけた品物が、期限までにお金を返せなくて、質屋のものになること。例質流れになる。質流れ品。

しちふくじん【七福神】〈名〉七人の福の神。大黒天《だいこくてん》・恵比寿《えびす》・毘沙門《びしゃもん》天・弁財天・福禄寿《ふくろくじゅ》・寿老人《じゅろうじん》・布袋《ほてい》。絵

しちふだ【質札】〈名〉質屋が、品物をあずかったしるしとして客にわたす札。類質券。

しちへんげ【七変化】〈名〉❶歌舞伎《かぶき》の舞踊《ぶよう》で、一人の俳優が七役を、衣装を早変わりしながら連続して踊ること。なへんげ。❷アジサイの別名。

しちみ【七味】〈名〉トウガラシ・ゴマ・サンショウなど、地方によってことなる七種の原材料をまぜた薬味《やくみ》。七味とうがらし。七色《なないろ》とうがらし。

しちめんちょう【七面鳥】〈名〉北アメリカ原産の鳥。ニワトリより大きい。肉はクリスマス料理に好んで使われる。ターキー。参考 頭から首にかけて毛がなく、はだの色が赤や青などにかわるので、この名がある。

しちめんどう【七面倒】〈形動〉「面倒」を強めたことば。無性《むしょう》に面倒である。類七面倒くさい。

1 **しちや【七夜】**〈名〉⇩おしちや アシチヤ」

2 **しちや【質屋】**〈名〉腕時計・指輪・着物などの、金目《かねめ》の物を保証としてあずかり、利子をとって相手にお金を貸す商売をしている店。アシチヤ

しちゃく【試着】〈名・する〉衣服・靴《くつ》・帽子・めがねなどを買うとき、ためしに身につけてみること。例試着室。類フィッティング。

1 **しちゅう【支柱】**〈名〉❶ささえになる柱。例植木に支柱をたてる。類つっかえ棒。❷ものごとの中心となる、たいせつな人やもののたとえ。例一家の支柱を失う。▽アシチュー

2 **シチュー**〈名〉大きめに切った肉と野菜を、弱火で長く煮《に》こんだ西洋料理。◇stew アシチュー

しちゅうぎんこう【市中銀行】〈名〉❶民間で経営する、ふつうの銀行。❷都市銀行。▽「市銀」ともいう。

しちゅう(死中)にかつ(活)をもと(求)める ⇩「かつ〔活〕」の子項目

しちよう【七曜】〈名〉日曜から土曜までの曜日を、まとめていうことば。例七曜表。

1 **しちょう【支庁】**〈名〉本庁から遠くはなれた、地方におかれた役所。対本庁。アシチョー

2 **しちょう【市庁】**〈名〉市役所。アシチョー

3 **しちょう【市長】**〈名〉市政の最高責任者。日本では、市民の中から公選される。任期は四年。アシチョー

4 **しちょう【思潮】**〈名〉その時代の一般的な考えかた。例時代思潮。文芸思潮。アシチョー

5 **しちょう【視聴】**〈名〉❶〈する〉見たり聞いたりすること。とくに、テレビを見ること。例視聴者。❷注目。関心。例世間の視聴を集める。▽アシチョー

6 **しちょう【試聴】**〈名・する〉CDやステレオなどを、買う前にためしにきくこと。例試聴室。アシチョー

1 **じちょう【次長】**〈名〉官庁や会社などで、部長や局長のすぐ下の地位。

2 **じちょう【自重】**〈名・する〉❶行ないをつつしむこと。例隠忍《いんにん》自重。類自制。❷健康に注意して、からだをだいじにすること。類自愛。参考「じじゅう」と読むのは別のことば。

3 **じちょう【自嘲】**〈名・する〉自分で自分をさげすんだり、あざけったりすること。例自嘲の笑い。

しちょうかく【視聴覚】〈名〉視覚と聴覚。参考 おもに語学の教育で、ビデオなどを利用して視覚と聴覚にうったえることを指し、「視聴覚教育」「視聴覚教材」「視聴覚室」のように使われる。

しちょうしゃ【視聴者】〈名〉テレビやラジオを見たり聞いたりする人。類聴視者。

しちょうそん【市町村】〈名〉市と町と村。

しちょうりつ【視聴率】〈名〉テレビで、ある番組が、どのぐらい見られているかのわりあい。例視聴率が高い。

しちょく【司直】〈名〉「裁判官」のあらたまった言いかた。例司直の手にゆだねる。

じちりょう【自治領】〈名〉ある国の領土の一部であ

広開土王(こうかいどおう)(374~412) 高句麗の19代の王。朝鮮半島の大半を支配。百済救援の日本軍を破った。

りながら、独立国と同じくらいの自治をみとめられている領域。

しちりん【七厘・七輪】〈名〉炭や練炭などを燃料にして湯をわかしたり、食べものを煮《に》たり焼いたりする道具。類こんろ。→れんたん絵

じちんさい【地鎮祭】〈名〉建築工事にとりかかる前に、大地の神をまつって工事のぶじをいのる、神道の行事。

常用漢字　**しつ**

【叱】口部2　全5画
シッ しかる　音[シッ]　叱責《しっせき》。訓[しかる]叱る。叱り付ける。

【失】大部2　全5画
シツ うしなう　教小4　音[シツ]　失望《しつぼう》。失業《しつぎょう》。失語症《しつごしょう》。失敗《しっぱい》。失言《しつげん》。消失《しょうしつ》。損失《そんしつ》。紛失《ふんしつ》。過失《かしつ》。訓[うしなう]失う。見失う。

【室】宀部6　全9画　※
シツ むろ　教小2　音[シツ]　室内《しつない》。室長《しつちょう》。教室《きょうしつ》。地下室《ちかしつ》。和室《わしつ》。音楽室《おんがくしつ》。実験室《じっけんしつ》。皇室《こうしつ》。正室《せいしつ》。訓[むろ]室。室咲き。

【疾】疒部5　全10画
シツ　音[シツ]　疾患《しっかん》。疾病《しっぺい》。疾走《しっそう》。疾風《しっぷう》。

【執】土部8　全11画
シツ・シュウ とる　音❶[シツ]　執筆《しっぴつ》。執刀医《しっとうい》。執行《しっこう》。執政《しっせい》。執務《しつむ》。執拗《しつよう》。固執《こしつ》。我執《がしゅう》。確執《かくしつ》。❷[シュウ]　執念《しゅうねん》。執心《しゅうしん》。訓[とる]執る。

【湿(濕)】氵部9　全12画
シツ しめる・しめす　音[シツ]　湿度《しつど》。湿気《しっけ》。湿地帯《しっちたい》。湿疹《しっしん》。多湿《たしつ》。訓❶[しめる]湿る。湿り。湿り気。❷[しめす]湿す。

【嫉】女部10　全13画
シツ　音[シツ]　嫉妬《しっと》。

【漆】氵部11　全14画
シツ うるし　音[シツ]　漆器《しっき》。漆黒《しっこく》。乾漆《かんしつ》。訓[うるし]漆。漆細工。漆塗り。

【質】貝部8　全15画
シツ・シチ・チ　教小5　音❶[シツ]　質問《しつもん》。質疑《しつぎ》。質実《しつじつ》。質素《しっそ》。本質《ほんしつ》。実質《じっしつ》。体質《たいしつ》。神経質《しんけいしつ》。蛋白質《たんぱくしつ》。❷[シチ]　質屋《しちや》。人質《ひとじち》。❸[チ]　言質《げんち》。

しつ[1]【質】〈名〉あるものをかたちづくっている内容のよしあし。例質がいい。質がわるい。量より質。対量。

しつ[2]【室】〈接尾〉部屋《へや》のこと。部屋を数えることば。例空室《くうしつ》は残り三室です。理科室。保健室。地下室。類ルーム。

常用漢字　**じつ**

【実(實)】宀部5　全8画
ジツ み・みのる　教小3　音[ジツ]　実力《じつりょく》。実情《じつじょう》。実生活《じっせいかつ》。実演《じつえん》。実用的《じつようてき》。実に《じつに》。果実《かじつ》。現実《げんじつ》。充実《じゅうじつ》。着実《ちゃくじつ》。訓❶[み]実。実入り。木の実。❷[みのる]実る。実り。

【日】⇩常用漢字 にち〔日〕

じつ【実】〈名〉❶ほんとうのこと。実際。例実をいうと。❷ほんとうにそなわっている内容。例その実。→じつの ❸こめられているまごころ。例実のある態度。類誠意。対虚《きょ》。名をすてて実をとる。

しつい【失意】〈名〉希望することがうまくいかないで、気をおとすこと。例失意のどんぞこ。対得意。類失望。

じついん【実印】〈名〉役所に印鑑《いんかん》登録のしてある、正式のはんこ。重要書類におす。対認め印。類印鑑。

しつうはったつ【四通八達】〈名・する〉道路や交通網《もう》が四方八方にひろがっていること。

じつえき【実益】〈名〉❶衣食住や金銭にかかわるような、実用上の利益。例趣味《しゅみ》と実益をかねる。類益。❷商売などで、収入からかかった費用をのぞいた、実際の利益。類純益。▽類実利。

表現 教養とか趣味とかを、利益を生まないものと考えることが多く、「文学や哲学《てつがく》に親しむことは、教養を高めるのにはよいが、実益はあまりない」のような言いかたがなされる。

じつえん【実演】〈名・する〉❶実際に人の前でしてみせること。例実演販売《はんばい》。❷俳優や歌手などが舞台《ぶたい》で演じること。

しつおん【室温】〈名〉室内の温度。例室温を一定に保つ。

しっか[1]【失火】〈名・する〉不注意から火事をおこすこと。対放火。アシッカ

しっか[2]【▽膝下】〈名〉「ひざもと」のかたい言いかた。例父母の膝下をはなれてくらす。アシッカ

じっか[1]【実科】〈名〉実用的な技術をまなぶ科目。農業・裁縫《さいほう》・料理・工芸など。

じっか[2]【実家】〈名〉自分の生まれた家。例四国の実家に帰る。対婚家《こんか》。養家。類里。生家。

表現 もとは、結婚して生まれ育った家を出た人がその家を言うのがふつうであったが、いまは、親とわかれてくらしている人が親のいる家をさして言うようにもなった。

しっかい【▼悉皆】〈副〉「一つ残らず」「ことごとく」の意味の、かたい言いかた。

じっかい【十戒】〖十▼誡〗〈名〉人が正しく生きるための、十箇条のいましめ。仏教にもあるし、キリスト教でも、旧約聖書に、神がユダヤ民族の代表モーゼにあたえたものがある。「じゅっかい」ともいう。

じつがい【実害】〈名〉金銭面や物質面で実際にうけた損害。例迷惑《めいわく》だが、実害はない。

しっかく【失格】〈名・する〉きまりをやぶったり規定にあわなくなったりして、資格をなくしてしまうこと。例コースからそれて失格する。父親として失格だ。対適格。類欠格。

じつがく【実学】〈名〉理論より実用性や技術を重んじ、実生活にすぐ役に立つ学問。農学・工学・医学など。

しっかと〖▽確と〗〈副〉しっかりと。やや古い感じの言いかた。例しっかとつかまえて、はなさない。

しっかり〖▽確り〗〈副・する〉❶ぐらぐらしたり、ゆるん

だりしないで、がっちりしている。例しっかりした土台。しっかり(と)結ぶ。❷人がらや考えかたなどがたしかで、信頼《しんらい》できる。例考えがしっかりしている。類ぎっちり。しっかと。しっかり者。

しつかん【質感】〈名〉木材や鉄材など、そのものから受ける感じ。例金属の質感を生かした作品。参考実在する物は必ず量と質の両面をもっている。見るからに「大きい」「重そうだ」など、量を感じさせるのが量感で、何でできているかという、質を感じさせるのが質感。

しっかん【疾患】〈名〉「病気」のあらたまった言いかた。例胸部疾患。類疾病《しっぺい》。

[1]**じっかん【十干】**〈名〉「木・火・土・金・水」の五行を「え(=兄)」と「と(=弟)」にわけて、年や日を表わすために使うもの。甲《きのえ》・乙《きのと》、丙《ひのえ》・丁《ひのと》、戊《つちのえ》・己《つちのと》、庚《かのえ》・辛《かのと》、壬《みずのえ》・癸《みずのと》。「じゅっかん」ともいう。例十干十二支。→えと 参考むかし、十干を「甲《こう》・乙《おつ》・丙《へい》・丁《てい》…」と音読みして、分類記号や番号のかわりにしたり、順位や成績の程度を表わしたりすることにも使った。

[2]**じっかん【実感】**〈名・する〉りくつではなく、実際にからだで感じること。例実感がわく。実感がない。力のなさを実感する。類現実感。

しっき【漆器】〈名〉うるしをぬった、木製の食器その他の道具。福島県の会津塗《あいづぬり》、石川県の輪島塗《わじまぬり》など。類ぬりもの。

しつぎ【質疑】〈名〉疑問のところや、はっきりわからなかったことを問いただすこと。例質疑応答。

じつぎ【実技】〈名〉実際に行なう技術や演技。例体育の実技。実技試験。対学科。

しつぎおうとう【質疑応答】〈名〉疑問に思うことを質問したり、それに答えたりするやりとり。

しっきゃく【失脚】〈名・する〉それまでの地位をうしなうこと。参考おもに、政治的な話題でいう。

しつぎょう【失業】〈名・する〉それまでついていた職業をうしなうこと。働く気持ちや能力があるのに職がないこと。例失業中。失業者。対就業。類失職。

じっきょう【実況】〈名〉❶実際の、その場のありさま。例レースの実況を伝える。実況放送。実況中継《ちゅうけい》。❷〈する〉「実況放送」の略。「①」を放送で伝えること。

じつぎょう【実業】〈名〉農業や工業、商業などのように、生産や経済に関係する事業。例実業家。

じつぎょうか【実業家】〈名〉規模の大きい商工業や金融《きんゆう》などの事業をいとなんでいる人。類事業家。

じつぎょうかい【実業界】〈名〉実業家たちの社会。

じつぎょうだん【実業団】〈名〉実業にたずさわる企業《きぎょう》で作る団体。例実業団野球。

しつぎょうほけん【失業保険】〈名〉社会保険の一つ。失業者の生活を助けるために、失業してから一定の期間、もとの賃金の何割かを支給する。参考一九七五(昭和五〇)年に雇用《こよう》保険の創設により廃止《はいし》されたが、現在も一般《いっぱん》にはこの名が残っている。

しっきん【失禁】〈名・する〉病気や老衰《ろうすい》のため、知らないうちに大小便をもらしてしまうこと。

[1]**しっく【疾駆】**〈名・する〉車や馬を、たいへんないきおいで走らせること。また、たいへんないきおいで走ること。例車を疾駆する。草原を疾駆する馬。類疾走。

[2]**シック**〈形動〉ファッションやインテリアが、上品で趣味《しゅみ》のいい感じ。例シックなよそおい。◇フランス chic

しっくい【漆▼喰】〈名〉石灰《せっかい》に粘土《ねんど》をまぜて、ふのりをといた液でよく練ったもの。かべや天井《てんじょう》の上ぬりに使う。例しっくいをぬる。

シックハウスしょうこうぐん【シックハウス症候群】〈名〉新築や改築をした家の住人にみられる、目のいたみやはき気、めまいなどの症状。建材や接着剤《ざい》などから出る揮発《きはつ》性化合物が原因とされる。

しっくり〈副・する〉うまく調和して安定しているようす。例友だちとのあいだがしっくり(と)いかない。こちらの服のほうがしっくりくる。類ぴったり。

じっくり〈副〉あわてず、おちついてゆっくりと。例じっくり(と)考える。

[1]**しつけ【▼躾】**〈名〉礼儀《れいぎ》や作法が身につくように、人をしこむこと。しつけること。例しつけが行きとどく。

[2]**しつけ【仕付け】**〈名〉ぬいものをするとき、ぬい目がくるわないように、あらかじめ、糸であらくぬっておくこと。例しつけをかける。しつけ糸。

しっけ【湿気】〈名〉空気にふくまれている水分。例湿気が多い。湿気をおびる。湿気をきらう。類しめりけ。

しっけい【失敬】㊀〈形動〉相手に対してまもるべき礼儀《れいぎ》をかいている。例まったく失敬なやつだ。㊁〈名・する〉❶相手にあやまったり、別れをつげたりすること。また、そのときに使うことば。例きょうはこれで失敬する。❷他人のものを、かるい気持ちでこっそり自分のものにすること。例たばこを一本失敬する。類くすねる。㊂〈感〉男どうしの、別れるときやあやまるときの軽いあいさつのことば。例や、失敬。▽類失礼。

しつげい【漆芸】〈名〉うるしぬりの工芸。例漆芸職人。

[1]**じっけい【実兄】**〈名〉同じ父母から生まれた兄。実弟《じってい》の兄。対義兄。

[2]**じっけい【実刑】**〈名〉執行猶予《しっこうゆうよ》がなく、実際に刑に服さなければならないこと。

じつげつ【日月】〈名〉❶太陽と月。例日月の運行。❷歳月《さいげつ》。つきひ。例日月をついやす。

しつ・ける【▼躾ける】〈動下一〉礼儀や作法を教えて、身につけさせる。例子どもをしつける。

しっ・ける【湿気る】〈動下一〉⇩しける〔湿気る〕

しっけん【執権】〈名〉❶政治の実権をにぎること。また、その人。類執政。❷〔歴史〕鎌倉《かまくら》幕府で、将軍を助けて政治を行なった役目。北条《ほうじょう》氏が、この職について、幕府の実権をにぎった。

[1]**しつげん【失言】**〈名・する〉不注意や考え不足から、言うとよくない結果になることを、うっかりして言ってしまうこと。例失言をとりけす。

[2]**しつげん【湿原】**〈名〉土が大量の水分をふくんでいる草原。例釧路《くしろ》湿原。類湿地帯《しっちたい》。

[1]**じっけん【実権】**〈名〉形の上だけでない、実質的な権力。例実権をにぎる。政治の実権。

[2]**じっけん【実見】**〈名・する〉実際にそのものを見ること。例実見記。

[3]**じっけん【実験】**〈名・する〉理論や仮説が正しいかどうかを、実行してためすこと。例実験台。実験結果。核《かく》実験。→かんさつ〔観察〕参考

じつげん【実現】〈名・する〉心にえがいていたことが、本当のことになること。また、本当のものにすること。例夢《ゆめ》が(を)実現する。類かなう。かなえる。

じつげんせい【実現性】〈名〉ものごとが実際に成り

 孔子(こうし)(前551ごろ～前479) 中国，儒教を始めた春秋時代の思想家。仁にもとづく政治を説いた。

たつ可能性。例 実現性の高い計画。

じっけんだい【実験台】〈名〉❶実験するのに必要な台。❷実験の材料となる人や物。類モルモット。

しつこ・い〈形〉❶色やにおい、味や油けなどが強すぎる。類あくどい。くどい。❷いつまでもつきまとって、あきらめない。例しつこくたのむ。類くどい。

[1]**しっこう【失効】**〈名・する〉きまりや権利などが、効力をうしなうこと。例パスポートが失効する。対発効。

[2]**しっこう【執行】**〈名・する〉❶きめられたことを実際に運営したり、処理したりすること。例執行部。❷〔法律〕国家機関が、法令にもとづく処分などを実際に行なうこと。例刑を執行する。強制執行。執行猶予《ゆうよ》。

[1]**じっこう【実行】**〈名・する〉計画や約束などを、実際に行なうこと。例実行にうつす。実行力。不言実行。類実施《じっし》。実践《じっせん》。履行《りこう》。

[2]**じっこう【実効】**〈名〉実際のききめ。例実効がない。実効性。

しっこうぶ【執行部】〈名〉団体で、意思決定のなされたことを、団体に属する全員に代わって実行する部門。

しっこうゆうよ【執行猶予】〈名〉裁判で、有罪の判決がでても、一定の期間その刑《けい》を実行せず、その間に犯罪を行なわなければ、判決をないものとする制度。

[1]**しっこく【▼桎▼梏】**〈名〉自由な行動をさまたげるもの。例因習が桎梏となる。類枷《かせ》。

[2]**しっこく【漆黒】**〈名〉うるしをぬったように、つやつやしてしんから黒いこと。例漆黒のやみ。

しつごしょう【失語症】〈名〉頭にうけた傷や、脳の病気でおこる症状。話したり書いたりする言語活動ができなくなる。

じっこん【▼昵懇】〈形動〉たいそう親密で、えんりょがない。例じっこんのあいだがら。類懇意。

じっさい【実際】━〈名〉❶空想や理論ではなく、あることが現実に行なわれたりおこったりすること。例実際に見る。実際のところ。実際問題。❷ほんとうのありさま。ありのままのこと。例写真より実際の方がうつくしい。実際は、わたしでなく母がつくりました。対空想。想像。類現実。

━〈副〉ほんとうに。まったく。例実際あきれたやつだ。類事実。

じつざい【実在】〈名・する〉実際に存在していること。現実に存在していること。実存《じつぞん》。例ローマ時代に実在した土地。実在の人物。

じっさいてき【実際的】〈形動〉りくつにはしることなく、現実のすがたによく対応している。例実際的な考えかた。かれの考えかたは実際的だ。類現実的。

じっさいもんだい【実際問題】〈名〉その話を実際に行なった場合にあてはめて考えてみたとき。例実際問題として、そんなことができるのだろうか。

表現 単独で、副詞のようにも使う。

しっさく【失策】〈名・する〉❶やりそこなうこと。類失敗。へま。しくじり。エラー。❷野球で、エラーのこと。

しつじ【執事】〈名〉身分の高い人の家などで、事務や家事を監督《かんとく》したり処理したりする人。

[1]**じっし【十指】**〈名〉❶両手の指。例十指にあまる。❷多くの人の指。例十指の指すところ。▽「じゅっし」ともいう。アジッシ

十指に余《あま》る 十本の指で数えきれない。十をいくらかこえる。

十指に入《はい》る 十位以内に数えることができる。

十指の指《さ》すところ みんなの意見が一致《いっち》していて、まちがいがないこと。類衆目《しゅうもく》の見るところ。

[2]**じっし【実子】**〈名〉血のつながりのある子。対養子。継子《けいし・ままこ》。類実《じつ》の子。アジッシ

[3]**じっし【実姉】**〈名〉同じ父母から生まれた姉。実の姉。対義姉。実妹《じつまい》。アジッシ

[4]**じっし【実施】**〈名・する〉きめたことを実際に行なうこと。例計画どおり実施する。実施要領。類実行。実践《じっせん》。アジッシ

しつじつ【質実】〈形動〉かざりけがなくて、まじめである。例質実剛健《ごうけん》。類質朴《しつぼく》。

じっしつ【実質】〈名〉ものごとのほんとうのなかみや性質。例実質賃金。実質的。対形式。名目。

しつじつごうけん【質実剛健】〈名・形動〉はでなところがなく まじめで、強く たくましいこと。例質実剛健を旨《むね》とする。

じっしつてき【実質的】〈形動〉❶みかけはともかく、内容が備わっている。例実質的な仕事。❷実際の内容について のべるときに使うことば。例実質的には三時間しか寝《ね》ていない。▽対形式的。

[1]**じっしゃ【実写】**〈名・する〉❶実際の人間や風景を撮影《さつえい》すること。絵やアニメーションに対していう。例人気アニメの実写版。❷⇩ししゃ〔試写〕②

[2]**じっしゃ【実射】**〈名・する〉実弾を発射すること。実弾射撃。例実射訓練。

じっしゃか【実写化】〈名・する〉漫画《まんが》を、俳優が演技をする作品として映画化・ドラマ化すること。

じっしゃかい【実社会】〈名〉きびしい現実にみちている、実際の世の中。例実社会にでる。学歴だけでは実社会で通用しない。

[1]**じっしゅう【実収】**〈名〉❶税や経費などをさしひいた、実際に手に入る収入。類手取り。❷実際の収穫《しゅうかく》高。

[2]**じっしゅう【実習】**〈名・する〉教えられた知識にもとづいて、実際にやってみて、技術などを学びとること。例教育実習。実習生。類演習。

しつじゅん【湿潤】〈名・形動〉しめりけが多いようす。湿度の高いようす。例湿潤な土地。湿潤な気候。

しっしょう【失笑】〈名・する〉おもしろくて笑うというのではない場面で、思わず笑ってしまうこと。例失笑がもれる。

失笑を買《か》う 本人はちゃんとやっているつもりなのに、まわりには こっけいに見えたり あわれまれたりして、笑われる。

じっしょう【実証】〈名・する〉たしかな証拠《しょうこ》。その証拠にもとづいてものごとを明らかにすること。例実証をにぎる。まだ実証があがっていない。仮説を実証する。実証主義。実証的。類証明。立証。

じつじょう【実情・実状】〈名〉❶［実情・実状］おもてむきではない、実際のようす。例実情をしらべる。実情をふまえる。類実態。→囲み記事58(1291ジペー) ❷［実情］いつわりのない、ほんとうの気持ち。類真情。

表現 ①の意味で使うことが多く、「それについていろいろ言われているが、実《じつ》はそうではなくて、こうなんだ」という気持ちがこめられている。

じっしょうてき【実証的】〈形動〉事実にてらしあわせてたしかめることを重視する。例実証的な研究。

しっしょく【失職】〈名・する〉職をうしなうこと。

[1]**しっしん【失神・失心】**〈名・する〉なにかが衝撃《しょうげき》に

なって、一時的に意識がなくなること。類気絶。

しっしん[2]【湿▼疹】〈名〉ひふの表面にできる炎症《えんしょう》。あせもなど。

じっしんぶんるいほう【十進分類法】〈名〉図書の分類のしかたの一つ。内容で大きく十に分けたものを、さらに十に分け、それをまた十に分け、各項目を三けたの数字で表わす。「じっしん」は「じゅっしん」ともいう。

じっしんほう【十進法】〈名〉〔数学〕〇から九までの十個の文字を使った数の表わしかた。十倍するごとに、けた数が一つずつふえ、十で割るごとに、けた数が一つずつへる。日本でふつうに使う計算法。「じゅっしんほう」ともいう。→にしんほう

じっすう【実数】〈名〉❶実際の数値。四捨五入などをしない正確なかず。対概数《がいすう》。❷〔数学〕「虚数《きょすう》」に対して、実際にありうるかず。二乗《にじょう》すると必ず0以上になるかず。有理数と無理数のこと。

しっ・する【失する】〈動サ変〉❶「うしなう」や「欠く」のあらたまった言いかた。例機会を失する。礼を失する。❷(「…に失する」の形で)…でありすぎる。例遅きに失する。

じっすん【実寸】〈名〉❶実際の寸法。例実寸をはかる。実寸大(の模型)。類原寸。❷衣服の寸法の示しかたで、それを着る人のからだの寸法ではなく、ぬいあがった衣服そのものの寸法。例ウエスト実寸七〇センチ。

しっせい[1]【失政】〈名〉政治上の失敗。やり方のひどい政治。例失政をかさねる。類悪政。

しっせい[2]【叱正】〈名・する〉しかって、よりよく直すこと。

表現 自分が書いたものの批評や添削《てんさく》をお願いするとき、「大方《おおかた》のご叱正を乞《こ》う」「よろしくご叱正のほどを」のようなことばをそえて謙遜《けんそん》した気持ちを表わすのに使う。類批正《ひせい》。

しっせい[3]【執政】〈名〉政治上の重要な仕事を行なう高い地位の人。江戸《えど》時代の、幕府の老中《ろうじゅう》や大名の家老、ローマやフランスの政務官などをさしていったことば。類執権。

じっせい【実勢】〈名〉実際の情勢。例実勢価格。

じっせいかかく【実勢価格】〈名〉実際に店頭で売られる際の、おおよその価格。

参考 おもに、土地の公示地価や、家電品の希望小売価格・オープン価格に対していう。

じっせいかつ【実生活】〈名〉現実の生活。

しっせき[1]【叱責】〈名・する〉上の人が、下の人のあやまちなどを注意してしかること。例叱責をうける。

しっせき[2]【失跡】〈名・する〉⇩しっそう〔失踪〕

じっせき【実績】〈名〉実際になしとげた業績。例実績がある。実績をあげる。過去の実績。

じっせん[1]【実戦】〈名〉実際の戦闘《せんとう》や試合。例実戦できたえたうでで。実戦部隊。

じっせん[2]【実線】〈名〉製図などで、きれないでつづいている、ふつうの線。

じっせん[3]【実践】〈名・する〉理論や主義などを、自分で実際に行為《こうい》に表わすこと。例言われたことを実践する。実践記録。実践的。対理論。類実行。

しっそ【質素】〈名・形動〉ぜいたくをしないで、じみでつつましいこと。例質素なくらし。対ぜいたく。類簡素。

しっそう[1]【失踪】〈名・する〉どこかへ行ってしまって、ゆくえがわからなくなること。失跡《しっせき》。類出奔《しゅっぽん》。蒸発。逐電《ちくでん》。

しっそう[2]【疾走】〈名・する〉たいへんな速さで走ること。例全力で疾走する。類疾駆《しっく》。

じっそう[1]【実相】〈名〉よく目をこらして見なければわからない、本当のすがた。

じっそう[2]【実装】〈名・する〉機械や装置《そうち》などに、部品を実際に備えつけること。また、コンピューターのハードウエアやソフトウエアに、新しい機能などを組みこむこと。例基板にマイクロチップを実装する。実装検査。

じつぞう【実像】〈名〉❶〔物理〕凸《とつ》レンズや凹面《おうめん》鏡などで、光が集まってでき、スクリーンにうつしだすことのできる像。対虚像《きょぞう》。❷世間での評判や肩書《かたがき》などをはなれた、人やものごとのほんとうのすがた。類素顔《すがお》。

しっそく【失速】〈名・する〉❶飛行機が、飛行中に速度がおちて浮力《ふりょく》をうしない、落ちそうになること。❷それまであった勢いなどが、急になくなること。例景気が失速する。

じっそく【実測】〈名・する〉距離《きょり》や面積などを、計測器を使って実際にはかること。例実測値。

じつぞん【実存】〈名・する〉❶哲学《てつがく》で、ひとりひとりの人間のあり方を、なやみごとや孤独《こどく》、生き方の選択《せんたく》といった内面からとらえていうことば。❷⇩じつざい

じつぞんしゅぎ【実存主義】〈名〉現代思想の一つ。文学や芸術をもふくめた思想運動。人間の本質は、人間の自由な選択《せんたく》と判断によって、みずからつくっていくものである、という考えかた。ヤスパースやサルトルらが中心。

しった【叱▼咤】〈名・する〉大きな声でしかること。大声ではげますこと。例叱咤激励《げきれい》。

しったい【失態・失体】〈名〉ぶざまな、ひどい失敗。例失態を演じる。大失態。類醜態《しゅうたい》。

じったい[1]【実体】〈名〉もののおくにひそんでいる、ほんとうのなかみ。例実体がない。実体をつかむ。

じったい[2]【実態】〈名〉表面からではわかりにくい、ほんとうのようす。例実態を調査する。実態をあきらかにする。類実情。→囲み記事58(1291ページ)

じったいけん【実体験】〈名・する〉「体験」を強めた言いかた。自分の実際の体験。例戦争の実体験を語る。外国での生活を実体験する。

しったかぶり【知ったかぶり】〈名〉ほんとうは知らないのに、いかにも知っているようなふりをすること。

しったげ(方言)とても。秋田で言う。

しったげきれい【叱▼咤激励】〈名・する〉大声でしかり、はげますこと。例選手を叱咤激励する。

じつだん【実弾】〈名〉ほんものの弾丸。類実包。

表現 選挙などのときに、買収の費用としてとびかう現金をたとえていうことがある。

しっち[1]【失地】〈名〉他にうばわれた土地や領土、権利など。例失地を回復する。

しっち[2]【湿地】〈名〉じめじめした土地。しっけの多い土地。例湿地に生える植物。

じっち【実地】〈名〉❶いま話題のことが行なわれている実際の場所。例実地検分。類現場。現地。❷空想や理論ではなく、そのことが現実に行なわれたりおこったりすること。例実地にうつす。実地にやってみる。実地訓練。実地試験。

しっちゃかめっちゃか〈形動〉混乱していて話にならないさまを表わす俗《ぞく》なことば。例言うこともすることも、しっちゃかめっちゃかだ。類めちゃくちゃ。

じっちゅうはっく【十中八九】〈副〉ものごとの可能性が、十のうち八か九の割合まで、たしかなようす。ほとんど。「じゅっちゅうはっく」ともいい、また、「十中八、九」と書かれることもある。例十中八九まちがいない。類九分九厘《くぶくりん》。九割がた。

しっちょう【失調】〈名・する〉〔医学〕からだのバランスがくずれ、調節ができなくなること。例栄養失調。(自律神経)失調症《しょう》。

じっちょく【実直】〈形動〉まじめで正直である。例実直な人。謹厳《きんげん》実直。類りちぎ。真率《しんそつ》。

しっつい【失墜】〈名・する〉失敗があって、それまでの信用や権威《けんい》が一挙になくなること。また、信用や権威をなくすこと。例父親の権威が失墜する。

じつづき【地続き】〈名〉川や海などでへだてられずに、そのまま地面が続いていること。類陸続き。

表現 「遠い異国《いこく》の問題が日本の問題と地続きになっている」のように、ものごとがつながり合っていることのたとえにも使う。

じって【十手】〈名〉江戸《えど》時代、役人が犯罪者をつかまえるために使った道具。手もとに四、五《センチメートル》ぐらいのかぎのついた鉄の棒。「じゅって」ともいう。絵 例十手をあずかる身。十手持ち。

じってい【実弟】〈名〉同じ父母から生まれた弟。実《じっ》の弟。対義弟。実兄。

し(知)ってかし(知)らでか ⇩「しる〔知る〕」の子項目

しつてき【質的】〈形動〉質の面からみてのこと。例数は多いが、質的には感心できない。対量的。

しってん【失点】〈名〉❶競技や試合で、点をうしなうこと。対戦相手にとられた点数。対得点。❷仕事などでの失敗。例失点をかさねる。類ミス。

しっと【嫉妬】〈名・する〉❶自分の愛する人(A)が、自分以外の人(B)を愛しているのを知ったとき、Aをうらめしく思うのとBをにくく思うのとがいっしょになった気持ちをもつこと。例嫉妬の炎《ほのお》。嫉妬にもえる。嫉妬心。嫉妬ぶかい。類やきもち。やく。ジェラシー。❷ほかの人が自分よりめぐまれていたり、すぐれていたりするのを、うらやましくも、にくらしくも思うこと。例同期生の出世に嫉妬する。類ねたみ。そねみ。

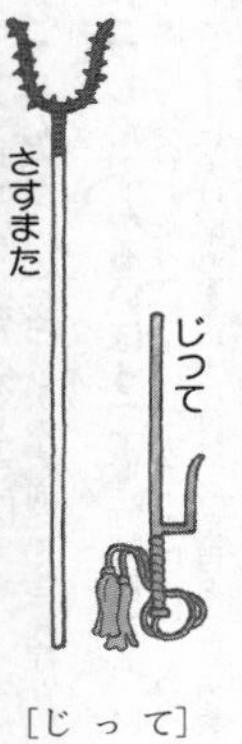

[じって]

しつど【湿度】〈名〉〔気象〕空気の しめりけを 表わす度合い。例湿度が高い。参考 空気中にふくまれる水蒸気の量を、その温度の空気がふくむことのできる最大の水蒸気量で割ったものを、パーセントで表わす。

じっと〈副〉❶〈する〉視線やからだを動かさないで。例じっと見つめる。❷痛みや苦しみ、悲しみなどを表情にださずにがまんして。例泣きたいのをじっとこらえる。

[1]しっとう【失投】〈名・する〉野球で、投手が、気をぬいたりしたために、打者に打ちやすいたまを投げてしまうこと。

[2]しっとう【執刀】〈名・する〉メスをとり、手術や解剖《かいぼう》を行なうこと。例執刀医。

じつどう【実働】〈名〉実際に仕事をしていること。例実働時間。実働七時間。

じつどうじかん【実働時間】〈名〉勤務時間から休憩時間をのぞいた、実際に働く時間。

しつどけい【湿度計】〈名〉湿度をはかる装置《そうち》。乾湿《かんしつ》計や、毛髪《もうはつ》湿度計などがある。

しっとり〈副・する〉❶適度なしめりけがあるようす。例しっとり(と)ぬれる。❷おちついた、うるおいが感じられるようす。例しっとり(と)おちついた感じの女性だ。

表現 「しっとり」にはこころよい感じがあるが、「じっとり」は水分が多すぎて、不快な感じをあたえる場合に使う。

じっとり〈副・する〉気持ちが悪いほど、しめりけの多いようす。例じっとり(と)汗ばむ。類じとじと。じめじめ。↓しっとり 表現

しつない【室内】〈名〉へやの中。対室外。類屋内。インドア。

しつないがく【室内楽】〈名〉〔音楽〕小さなホールなどで演奏する音楽。いくつかの楽器による重奏や合奏のことで、弦楽《げんがく》四重奏が、よく知られている。

じつに【実に】〈副〉強い感情をこめて断定的にいうことば。ほんとうに。まったく。例実にすばらしい。実にけしからん。

しつねん【失念】〈名・する〉うっかりして忘れてしまうこと。例約束を失念する。類度忘れ。

じつの【実の】〈連体〉❶ほんとうの。例実のところ。❷血のつながりのある。例実の父親。

じつは【実は】〈副〉ほんとうのことをいえば。事実をうちあけていえば。例実は、すっかり忘れていた。

表現 「実はお願いがあるのですが…」のように、少し言いだしにくいときや、えんりょの気持ちがあるときなどに、きりだすことばとしても使う。

ジッパー〈名〉「ファスナー」の商標名。◇Zipper

しっぱい【失敗】〈名・する〉目的をはたそうとしてやってみたがうまくいかないこと。例失敗におわる。失敗をかさねる。試験に失敗する。失敗作。失敗談。大失敗。対成功。類しくじる。やりそこなう。しそんじる。

失敗は成功《せいこう》のもと 失敗の中にこそ成功するヒントがあるのだ。

じっぱひとからげ【十把一からげ】〈名〉いろいろなものを、一つ一つのちがいを無視し、ひとまとめにしてあつかうこと。「じっぱ」は「じゅっぱ」ともいう。

じっぴ【実費】〈名〉実際にかかった費用。例交通費は実費支給とする。

しっぴつ【執筆】〈名・する〉文章を書くこと。例論文を執筆する。

しっぷ【湿布】〈名・する〉水や湯、薬液などにしめした布を患部《かんぶ》にあてて、痛みやはれなどをなおすこと。また、そのようなやりかた。例湿布をする。温湿布。

じっぷ【実父】〈名〉血のつながりのある父。対継父《けいふ》。養父。義父。類実《じっ》の父。

しっぷう【疾風】〈名〉「びゅっ」とふきすぎていく、つよくて速い風。類はやて。突風《とっぷう》。参考 気象上では、秒速八《メートル》から十《メートル》ぐらいの風をいう。

しっぷうじんらい【疾風迅雷】〈名〉はげしくふく風やかみなりのように、行動が非常にすばやく はげしいようす。類電光石火。

しっぷうどとう【疾風怒▼濤】〈名〉❶強く激しく吹く風と、激しく打ちよせる波。❷〔文学〕十八世紀ドイツで起こった文学革新運動。ゲーテやシラーによってすすめられた。Sturm und Drang (シュトルム ウント ドラン

幸田露伴(こうだろはん) (1867~1947) 明治の小説家。理想主義的な作品を書いた。代表作「五重塔」など。

ク」の訳語。

じつぶつ【実物】〈名〉絵でも写真でもなく、模型でも代用物でもない、実際のもの。例実物大。実物見本。実物教育。類本物。

じつぶつだい【実物大】〈名〉実物と同じ大きさ。例実物大の模型。類原寸大。

しっぺい【疾病】〈名〉「病気」の、ややあらたまった言いかた。類疾患《しっかん》。

しっぺがえし【しっぺ返し】〈名・する〉ひどいことを言われたり、されたりしたとき、すぐに手ひどく、しかえしをすること。「しっぺいがえし」ともいう。由来「しっぺ」とは、禅宗《ぜんしゅう》で修行《しゅぎょう》者の肩をたたく「竹篦《しっぺい》」という竹の棒のことで、それで打ち返す意味から。

しっぽ【尻尾】〈名〉❶動物の「尾《お》」の、やや くだけた、または子供っぽい言いかた。例犬の尻尾。類尾っぽ。❷ほそ長いもののはし。例大根のしっぽ。

尻尾を切《き》る ⇨とかげの尻尾切り(「とかげ」の子項目)

尻尾を出《だ》す かくしごとやうそがばれる。類ばけの皮がはがれる。馬脚《ばきゃく》をあらわす。参考キツネやタヌキが人をばかしそこなって尻尾を出したすがたから。

尻尾を摑《つか》む 人がかくしている秘密や弱み、悪事の証拠《しょうこ》を見つける。

尻尾を振《ふ》る 力のない者が権威《けんい》のある者に対して、ごきげんをとる。参考人になつく犬のすがたから。

尻尾を巻《ま》く かなわないと思って、にげだす。参考けんかにまけてにげる犬のすがたから。

じつぼ【実母】〈名〉自分を生んだ母。血をわけたほんとうの母。対継母《けいぼ》。養母。義母。類生母。実《じつ》の母。

しつぼう【失望】〈名・する〉期待がうらぎられたり、希望を持てないことがわかったりして、がっかりすること。例前途《ぜんと》に失望する。結果に失望する。かれには失望した。類落胆《らくたん》。絶望。気落ち。幻滅《げんめつ》。失意。

しっぽう【七宝】〈名〉❶仏教で、七つのたから。金・銀・瑠璃《るり》・玻璃《はり》・硨磲《しゃこ》・珊瑚《さんご》・瑪瑙《めのう》。経典《きょうてん》によってその種類がちがう。七珍《しっちん》。「しちほう」ともいう。❷「七宝焼き」の略。銅や金、銀の下地にガラス質のうわぐすりをぬって、花や鳥、人物などのもようをうつくしく焼きつけたもの。

しつぼく【質朴】〖質▼樸〗〈形動〉純真でかざりけがない。例質朴な性格の男。

しっぽり〈副〉ひっそりともの静かで落ち着いたようす。例二人でしっぽり酒を飲む。類しっとり。俗《ぞく》な言いかた。

しつむ【執務】〈名・する〉事務をとること。例執務中は私語厳禁。執務室。類勤務。

じつむ【実務】〈名〉問題を調査したり将来の方向を考えたりする仕事に対して、書類作成や金銭出納《すいとう》、渉外《しょうがい》事務といった、日常の事務を確実にこなして業務をすすめるたぐいの業務。例実務家。

じづめ【字詰め】〈名〉印刷物や原稿用紙などの、一行または一枚におさめる文字数。

しつめい【失明】〈名・する〉目が見えなくなること。

じつめい【実名】〈名〉ほんとうの名前。戸籍《こせき》上の名前。例犯人の実名入りの記事。対匿名《とくめい》。仮名《かめい》。偽名《ぎめい》。筆名。類本名《ほんみょう》。

しつもん【質問】〈名・する〉わからないことや知りたいこと、うたがわしいことなどを、相手にたずねて説明を求めること。例質問をうける。質問事項《じこう》。対回答。類聞く。ただす。問い。参考人との会話で、「はい」か「いいえ」のどちらか、または選択肢《せんたくし》から答える質問のことを「クローズドクエスチョン／絞《しぼ》る質問／閉じた質問」といい、自由に答える質問のことを「オープンクエスチョン／広げる質問／開《ひら》いた質問」という。

しつよう【執▼拗】〈形動〉なかなかあきらめないで、しつこい。例執拗につきまとう。

じつよう【実用】〈名〉役にたつものとして実際に使うこと。例実用に供する。実用一点ばり。実用化。実用的。実用品。

じつようか【実用化】〈名・する〉実際にひろく使われるようにすること。例考案を実用化する。

じつようしんあん【実用新案】〈名〉すでにある品物をさらに使いやすくするための、新しいアイデア。登録により実用新案権があたえられる。

じつようてき【実用的】〈形動〉実際の生活に役に立つ。例実用的な道具。

じづら【字面】〈名〉❶一つ一つの文字の形や、ならんでいる文字のくみあわせからうける感じ。例字面がきれいだ。❷文章の一つ一つの文字でしめされる表面上の意味。例字面をおう。▽「もじづら」ともいう。

しつらえる〖▽設える〗〈動下一〉「用意する」「準備する」の、やや古い言いかた。例ベッドをしつらえる。

じつり【実利】〈名〉実際の利益。例体裁《ていさい》より実利を重んじる。類実益。

しつりょう【質量】〈名〉〔物理〕物体のもっている、物質の量。大きさは、キログラムで表わす。重いものほど、また、力をくわえたときに加速しにくいものほど、質量が大きい。参考地球上では、ふつう、重量が質量であるが、重量は地球の引力(=重力)にひかれて生じる重さだから、月では重量は六分の一になり、無重力状態では、重量ゼロになる。これに対して、質量はどこにあってもかわらない。

じつりょく【実力】〈名〉❶発揮《はっき》できるはずの最大能力。また、高い能力。例実力がある。実力を発揮する。実力の差が結果に出る。実力テスト。類地力《じりき》。❷相手とあらそうときの武力や腕力《わんりょく》。例実力にうったえる。実力行使。

じつりょくこうし【実力行使】〈名〉❶問題の解決のために、武力や腕力《わんりょく》を用いること。❷労働争議で、ストライキなどの闘争《とうそう》手段を用いること。例実力行使に出る。

じつりょくしゃ【実力者】〈名〉ある会社や組織の中で、強い支配力をもっている人。

しつれい【失礼】 ━〈形動・名・する〉礼儀《れいぎ》として必要なことが守られていないこと。例失礼な言いかた。失礼な人。失礼にあたる。類非礼。無礼。
━〈名・する〉人と別れるとき、とくに、自分が先に帰るときに、相手に言うことば。例お先に失礼します。
━〈感〉別れるときやわびるときのことば。例じゃ失礼。これは失礼。▽類失敬。

表現「ちょっと前を失礼します」は自分の行動を無礼とみとめながらゆるしてもらってする、ことわりのことば。人の無礼をおこるときに、「失礼しちゃうわ」とか「失礼ね」とかいう、この「失礼」は相手を非難する言いかた。

じつれい【実例】〈名〉実際にあった例。例実例をあげる。類用例。

しつれん【失恋】〈名・する〉相手がこちらを思っていなかったり心がかわったりして、恋の思いがかなえられないこと。対得恋《とくれん》。

 幸徳秋水(こうとくしゅうすい) (1871～1911) 明治時代の社会主義者。平民社を設立。大逆事件で死刑になった。

じつろく【実録】〈名〉事実を記録して書いた読みもの。例 実録もの。類 ドキュメンタリー。ノンフィクション。

1 **じつわ【実話】**〈名〉実際にあった話。対 つくり話。

して【仕手】〈名〉❶ものごとをする人。❷［シテ］能楽や狂言《きょうげん》で、主役のこと。対 脇《わき》。▽ア ①シテ ②シテ」

2 **して**〈接〉それまでの話題をきりかえて、相手にたずねたりたしかめたりするときに使う、古い感じのことば。例 して、次はどうなったのか。類 ところで。ア シテ

3 **して** ㊀〈格助〉❶動作をいっしょにする意味を表わす。例 みんなして議論する。❷（「…に」「…をして」の形で）何かをやらせる相手を表わす。「…にのかたい言いかた。例 かれをしてそう言わしめる。❸（「…にして」の形で）動作の行なわれる時間を表わす。「…で」をつよめた言いかた。例 一瞬にして。寸時にして。
㊁〈接助〉前の語句をうけて、あとにつなげるはたらきをする。例 山高くして、谷深し。
㊂〈副助〉語調をととのえたりつよめたりする。例 今にして思えば、もっと親切にしてあげればよかった。

1 **してい【子弟】**〈名〉親や親がわりの保護者のもとにいる年少者。例 良家の子弟。対 父兄。類 子女。ア シテー シテー

2 **してい【私邸】**〈名〉個人として所有しているやしき。対 公邸。類 私宅。ア シテー

3 **してい【師弟】**〈名〉師匠《ししょう》とそのでし。先生と学生や生徒。例 師弟関係。ア シテー シテー

4 **してい【指定】**〈名・する〉とくに、はっきりさだめること。例 日時を指定する。指定席。類 所定。ア シテー

しでか・す【仕出かす】〈動五〉ふつうではちょっと考えられないような、とんでもないことをやる。例 目をはなしたら、何をしでかすか わかったものじゃない。類 やらかす。

1 **してき【指摘】**〈名・する〉全体の中から、大切なこと、注意すべきことなどを具体的にとり出して、はっきり示すこと。例 あやまりを指摘する。

2 **してき【史的】**〈形動〉歴史上のできごとに関係がある。例 史的な観点をもつ。

3 **してき【至適】**〈形動〉条件として、きわめて適している。例 生育の至適温度。手術の至適時期。

4 **してき【私的】**〈形動〉おおやけのことではなく、その人だけに関係している。例 私的な発言。私的なつながり。対 公的。類 個人的。プライベート。

5 **してき【詩的】**〈形動〉詩のような、なんともいえないここちよい感じがする。対 散文的。

じてき【自適】〈名・する〉自分の思うとおりに、のんびり生きること。多く、「悠悠《ゆうゆう》自適」のかたちで使う。

してつ【私鉄】〈名〉民間の会社が経営している鉄道。参考 旧国鉄のＪＲ各社に対していう。

じてっこう【磁鉄鉱】〈名〉〔鉱物〕磁性のつよい、黒い結晶体。鉄を多くふくみ、製鉄の原料となる。類 磁石。

しで（死出）のたび（旅） 死ぬこと。冥土《めいど》にあるという死出の山に行くこと。例 死出の旅に出る。

してみると〈接〉それから判断すると。そうだとすると。「してみれば」ともいう。例 してみると、あの人の意見はまちがっていなかったわけか。→にしてみると

してやったり〈感〉うまくやったぞと勝ちほこりたい気持ちを表わすことば。

してやられる まんまとだまされる。

1 **してん【支店】**〈名〉銀行や会社などの営業所として、各地で業務を行なう店。対 本店。類 支社。参考「出張所」より大きな拠点《きょてん》をさす。

2 **してん【支点】**〈名〉てこの、ささえとなる固定した点。→さようてん・りきてん②・てこ 絵

3 **してん【始点】**〈名〉〔物理・数学〕ある動きが始まる点。対 終点。類 起点。

4 **してん【視点】**〈名〉ものごとを見たり判断したりするときの立場。例 視点をかえる。類 視角。見地。角度。→かんてん〔観点〕表現

1 **しでん【史伝】**〈名〉歴史的な考証をふまえた伝記。例 史伝小説。

2 **しでん【市電】**〈名〉市が経営する電車の路線組織。

1 **じてん【自転】**〈名・する〉〔天文〕天体が、自分の中にある軸《じく》を中心にして回転すること。たとえば、地球は北極と南極をむすぶ線を軸《じく》にして回転している。対 公転。ア ジテン

2 **じてん【字典】**〈名〉漢字の字形や音訓、意味や用法などを知るための辞書。字引。類 辞典。ア ジテン

3 **じてん【事典】**〈名〉ものやことがらを表わすことばを一定の順序にならべて、それぞれに説明をくわえた書物。例 百科事典。地名事典。医学事典。類 辞典。ア ジテン
→囲み記事25(左)

4 **じてん【辞典】**〈名〉たくさんのことばを五十音順やアルファベット順など、一定の順序にならべて、ひとつひとつのことばごとに、発音・書き表わしかた・意味・使いかたなどを説明した書物。辞書。類 字引。事典。字典。ア ジテン
→囲み記事25(左)
表現 (1)ふつう一冊二冊と数える。「小型の国語辞典六種」のように、名前のちがう辞典は一種《いっしゅ》二種《にしゅ》と数える。
(2)辞典は内容を改訂《かいてい》していくので、最初の「初版」から、「第二版」「第三版」のように呼んで区別する。

5 **じてん【次点】**〈名〉落選した人の中で、最高の得票数の人。ア ジテン 参考 議員に欠員が生じると次点者がくりあげ当選となる。

6 **じてん【時点】**〈名〉過去・現在・未来とながれていく時

囲み記事 25

「事典」と「辞典」のちがい

両方とも本の見出しには、ことばがかかげられているが、説明のしかたがちがう。たとえば「電車」という項目について、「事典」なら、図解や写真を入れながら、電車の構造や種類、世界中での利用のしかた、発明されてから今日《こんにち》までの歴史、将来の電車への展望、といったことが説明される。「辞典」なら、それが電気でモーターを動かしてすすむ乗り物であること、「電車に乗る」「電車を運転する」「電車をおりる」というように使われること（「電車を操縦する」とは、いわない）などが説明される。事典も辞典も「ジテン」と同音なので、耳で区別したいとき、「ことてん」「ことばてん」ということがある。事典の項目は、ほとんどすべてが名詞のことがらに関することばで、助詞・助動詞や、動詞・形容詞、副詞・連体詞・接続詞の類はのらない。名詞でも、表わすものがはっきりしない「こと」「もの」などのことばものらない。

鴻池善右衛門(こうのいけぜんえもん)　江戸時代の大坂の豪商。両替商などを営み，3代目善右衛門のとき発展。

間の中で、問題にする特定の一点。例きのうの時点で九名からの申しこみがあった。午前八時時点の天気予報。類現在。アジテン

じでん【自伝】〈名〉自分自身の伝記。自叙《じじょ》伝。参考自伝と虚構《きょこう》をまじえて書いた文学作品を、「自伝的小説」とか「半自伝的作品」とかいう。

じてんしゃ【自転車】〈名〉人が足でペダルをふんで、車輪を回転させて走る二輪車。例自転車をこぐ。参考防犯《ぼうはん》登録が義務づけられている。→ぼうはんとうろく

じてんしゃそうぎょう【自転車操業】〈名〉むりをしてでも次々に資金をつくって操業していないと倒産《とうさん》してしまう経営。参考ペダルをこがなければたおれる自転車のようだから。

してんのう【四天王】〈名〉おおぜいの部下や弟子《でし》の中で、とくにすぐれている四人。由来もと仏教で、帝釈《たいしゃく》天につかえて四方を警備《けいび》する、持国天・増長《ぞうじょう》天・広目天・多聞《たもん》天の四人の神をさす。

[1]**しと【使徒】**〈名〉キリスト教で、イエス=キリストがえらんだ十二人の弟子《でし》。十二使徒。表現「平和の使徒」のように、社会事業など、人のためになる仕事に身命をささげて働く人のことをもさす。

[2]**しと【使途】**〈名〉お金などの使い道。例使途を明らかにする。使途不明。類用途。

しとう【死闘】〈名・する〉どちらかが死ぬまでやめない戦い。それほどはげしく戦うこと。例死闘を演じる。類血戦。

[1]**しどう【私道】**〈名〉個人が、自分の所有地につくった道路。対公道。

[2]**しどう【始動】**〈名・する〉機械や組織体がうごきはじめること。例エンジンが始動する。新プロジェクトが始動する。始動をかける。始動がかかる。

[3]**しどう【指導】**〈名・する〉目的に達するように、教えてみちびくこと。例指導にあたる。指導をうける。指導者。指導力。類指南。

じとう【地頭】〈名〉〔歴史〕鎌倉《かまくら》・室町《むろまち》時代に、幕府が全国の荘園《しょうえん》においた役人。土地の管理や年貢《ねんぐ》のとりたて、警察の仕事などを行なった。しだいに力をまして、領主化した。

[1]**じどう【自動】**〈名〉いちいち人が操作をしなくても、機械などが、自分の力でうごくこと。オートマチック。例自動ドア。自動販売《はんばい》機。対手動。アジドー

[2]**じどう【児童】**〈名〉子ども。法律では、小学生をいう。例児童劇。児童文化。類学童。アジドー

じどうし【自動詞】〔文法〕他のものに影響《えいきょう》をおよぼさない動作や変化を表わす動詞。「行く」「来る」「走る」「落ちる」「こわれる」など。対他動詞。

じどうしゃ【自動車】〈名〉エンジンの力で車輪をうごかして、道路の上を走る乗りもの。類車。

じどうせいぎょ【自動制御】〈名・する〉条件の変化にしたがって処置のしかたが変わり、いつも安定した状態で適切な作動が続けられるしくみ。オートメーション。

じどうてき【自動的】〈形動〉❶人が操作しなくても、ひとりでに動くようになっている。例自動的に開く。❷とくに手を加えなくても、自然の動きとしてそうなる。例会長不在の間、副会長が自動的に代行する。

じどうはんばいき【自動販売機】〈名〉代金を入れてボタンをおすと、商品が出てくる機械。略して「自販機」。ベンダー。

じどうぶんがく【児童文学】〈名〉子供たちのために書かれた文学作品。

じどうようごしせつ【児童養護施設】〈名〉保護者のいない子や、虐待《ぎゃくたい》されている子などをひきとって世話をする施設。

しどけな・い〈形〉だらしがなく乱れている。例しどけないすがた。類あられもない。表現おもに、女性の服装の乱れについていうことば。

しどころ【▽為所】〈名〉まさに、そのことをすべき時。例思案のしどころ。ここがまんのしどころだ。

しとしと〈副〉こまかい雨が音もなく降りつづくようす。

じとじと〈副・する〉ひどくしめりけがあって不快な感じだ。例じとじとした畳《たたみ》。類じめじめ。

しとね【▼茵・▼褥】〈名〉ねたりすわったりするときに下にしくしきもの。古いことば。例草のしとね。

し・とめる【仕留める】〈動下一〉弓矢や鉄砲《てっぽう》などを使って、ねらったものの息のねをとめる。例一発でしとめる。類射とめる。

しとやか【▽淑やか】〈形動〉しずかで上品。女性についていうことば。「おしとやか」ともいう。例着物をきると、歩きかたまでしとやかになる。類温雅《おんが》。

シトラス〈名〉⇩かんきつるい ◇citrus

[1]**じどり【地鳥】【地▽鶏】**〈名〉❶日本各地の、古くから飼《か》われているニワトリ。❷ブロイラーとちがって、じゅうぶんな運動と無農薬のえさで健康に育てられたニワトリ。参考鹿児島《かごしま》の薩摩鶏《さつまどり》、秋田の比内鶏《ひないどり》、名古屋のコーチンが、日本三大地鶏として知られる。

[2]**じどり【自撮り】**〈名・する〉自分を自分で撮影《さつえい》すること。セルフィー。

しどろもどろ〈形動〉ひどくあわてたりして、話しかたなどが乱れるようす。

[1]**しな【品】**■一〈名〉❶売り買いされる物。例品が不足する。品をえらぶ。品不足。品ぎれ。類商品。品物《しなもの》。❷とくに目的があって用意されるもの。例記念の品。貴重な品。類品物。❸品物のよしあし。例品がいい。品がおちる。品定め。類品質。質。▽アシナ
■二〈接尾〉品物・料理の種類をかぞえることば。

[2]**しな【▽科】**〈名〉⇩しなをつくる アシナ

[3]**しな【支那】**〈名〉中国に対する古いよびかた。アシナ 由来古代王朝名の秦《しん》が変化したものという。

[4]**しな**〈接尾〉ちょうどそのときに、という意味を表わす。例寝《ね》しな。帰りしな。来しな。類がけ。ばな。

[1]**しない【竹刀】**〈名〉剣道《けんどう》で使う道具。わった竹を四本たばねて刀の長さにし、つばをつけたもの。参考動詞の「しなう」がもとになってできた名。

[2]**しない【市内】**〈名〉市の区域内。対市外。

しな・う【▼撓う】〈動五〉弾力《だんりょく》があって、やわらかにまがる。しなる。例よくしなう竹。類たわむ。

しなうす【品薄】〈形動〉買いたい人が多いのに、品物が少ない。例品薄で値があがる。

しながき【品書き】〈名〉品物の名を書きならべたもの。例お品書き。類メニュー。

しなぎれ【品切れ】〈名〉その品物が全部売れたり、作るのをやめたりしたために、在庫がなくなること。

しなさだめ【品定め】〈名・する〉いろいろ批評して、もののよしあしを決めること。類品評。

シナジー〈名〉相乗効果。◇synergy

しな・せる【死なせる】〈動下一〉❶殺してしまう。

河野広中(こうのひろなか)(1849~1923) 明治の政治家。自由党の幹部。福島事件の首謀者として逮捕された。

❷死ぬことをとめることができず、死なれてしまう。例子どもを病気で死なせる。▽「死なす」ともいう。

しなぞろえ【品ぞろえ】〖品▼揃え〗〈名・する〉店で、なるべく豊富な種類の商品をそろえておくこと。

しなだ・れる〖▼撓垂れる〗〈動下一〉自分の重みを相手にあずけるようにして、よりかかる。

表現「しなだれかかる」の形で、女性が男性にもたれかかるのをいうことが多い。

しなちく〖支那竹〗〈名〉⇩メンマ

しなの【▽信▽濃】〈名〉旧国名の一つ。現在の長野県。戦国時代、武田信玄《たけだしんげん》と上杉謙信《うえすぎけんしん》が戦った地。善光寺《ぜんこうじ》(=長野市にある)が有名。信州《しんしゅう》。例信濃川。

し(死)なばもろとも ⇩「しぬ」の子項目

しな・びる〖▽萎びる〗〈動上一〉みずみずしさがなくなり、ちぢんでしまう。例しなびた手。しなびた野菜。

シナプス〈名〉ニューロンとニューロン、またはニューロンと筋細胞《きんさいぼう》の接合部。ニューロンの中を電気信号として伝わった刺激《しげき》が、シナプスで神経伝達物質という化学信号に変換《へんかん》されて、となりのニューロンまたは筋細胞に伝わる。◇synapse

しなもの【品物】〈名〉❶商売で売ったり買ったりするもの。例買うかどうかは、品物を見てからきめる。類物品。❷なにかの目的のために用意されるもの。例お礼の品物。▽類品。

シナモン〈名〉香辛料《こうしんりょう》の一つ。セイロンニッケイという落葉高木の樹皮を乾燥《かんそう》させてつくる。甘いかおりと刺激《しげき》的な味をもち、多く菓子《かし》に使われる。類肉桂《にっけい》。◇cinnamon

しなやか〈形動〉やわらかくて弾力《だんりょく》がある。例しなやかなからだ。しなやかにまがる。

じならし【地ならし】〈名〉❶〈する〉地面をたいらにすること。類整地。地がため。❷地面をならして、たいらにする道具。ローラー。❸ものごとをうまくすすめるためにあらかじめ行なう準備。類事前工作。下工作。前工作。

じなり【地鳴り】〈名〉地震《じしん》などのときに、大地の下からひろい範囲《はんい》にひびく音。類地響《じひび》き。

シナリオ〈名〉映画やテレビドラマなどの脚本《きゃくほん》。例シナリオライター。類台本。◇scenario

表現「すじがき」と同様に、もくろみを実現させるために想定した事態の展開のしかたという意味でも使う。

シナリオライター〈名〉シナリオを書く職業の人。シナリオ作家。類脚本家。放送作家。◇scenario writer

しな・る〖▼撓る〗〈動五〉⇩しなう

しな(▽科)をつく(作)る 女性が、男性の気をひくために、なまめかしい態度をとる。

1 **しなん【指南】**〈名・する〉教えみちびくこと。また、教えみちびく人。多くは、日本の伝統芸能や武術でいう。例剣術《けんじゅつ》を指南する。指南役。剣道指南。アシナン

2 **しなん【至難】**〈形動〉ほとんど不可能といいたいほど、むずかしい。例至難のわざ。アシナン

じなん【次男】〈名〉長男のつぎに生まれた男の子。例次男坊《ぼう》。

表記 戸籍《こせき》や出生届《しゅっしょうとどけ》では「▽二男」と書く。

しに(方言) とても。非常に。沖縄で言う。

シニア〈名〉❶年長《ねんちょう》者。高齢《こうれい》者。例シニア割引。(スポーツの)シニア大会。❷上級者。上級生。例シニアクラス。▽対ジュニア。◇senior

しにがね【死に金】〈名〉❶ただためておくだけで、なんにも活用しないお金。例死に金になっている。❷むだに使ってしまったお金。例死に金になった。❸葬式《そうしき》の費用としてためておくお金。例死に金を用意する。

しにがみ【死(に)神】〈名〉人にとりついて、死なせようとする神。例死に神にとりつかれる。

シニカル〈形動〉ひにくな態度である。例シニカルな笑い。◇cynical

しにぎわ【死に際】〈名〉命がまさにたえようとしているとき。例死に際の一言。類末期《まつご》。往生《おうじょう》ぎわ。

しにざま【死に様】〈名〉死ぬときのありさま。

しにしょうぞく【死(に)装束】〈名〉❶死者に着せる衣服。❷むかし、切腹するときに着た白い着物。

しにせ【老舗】〈名〉むかしからその商売をながくつづけている有名な店。例老舗ののれん。参考古語の動詞「仕似《しに》す(=まねてする)」の連用形から。

しにぞこない【死に損ない】〈名〉死のうとして死ぬことができなかった人を、ののしっていうことば。

しにたい【死に体】〈名〉すもうで、力士の体勢がくずれて立ち直ることが不可能になった状態。

表現「あの会社は死に体だ」のような言いかたもする。

しにた・える【死に絶える】〈動下一〉子孫を残さずに種族がすべて死んでしまう。類絶滅《ぜつめつ》する。

しにはじ【死に恥】〈名〉❶不名誉《ふめいよ》な死に方。❷死後に残る不名誉な評判。対生き恥。

しにみず【死に水】〈名〉人の死にぎわに、そのくちびるをぬらす水。末期《まつご》の水。

死に水をとる そばにいて、死ぬまでみとる。

しにめ【死に目】〈名〉臨終《りんじゅう》のとき。死にぎわ。例親の死に目にもあえない。

しにものぐるい【死に物狂い】〈名〉必死の覚悟《かくご》で、ものすごいいきおいをだすこと。例死に物狂いではたらく。

しにょう【し尿】〖▼屎尿〗〈名〉大便と小便。例し尿処理。し尿収集車。類汚物《おぶつ》。

しにわか・れる【死に別れる】〈動下一〉人に死なれて、やむをえず別れる。例妻に死に別れる。対生き別れ。類死別する。

表現 別れたくない人と、どうしても別れなくてはならないことがある。生きたままで別れるのが「生き別れ」で、「生き別れる」よりも「生き別れになる」がふつう。相手が死んでの別れは「死に別れ」だが「死に別れになる」とはいわず、「死に別れる」という。天寿《てんじゅ》をまっとうして死んだ人との別れは「死に別れ」ではない。

しにん【死人】〈名〉死んだ人。例死人がでる。類死者。→ししゃ〔死者〕表現

死人に口《くち》なし 死んだ人に事情を聞きたいけれども、死んだ人は話せないから、もうわからない。

表現 事件の真相を知っているはずの人が死んで、どうにも事情がわからないときとか、だれかが死んだ人に責任をかぶせる態度をとっているときなどに、端《はた》から見て、「死人に口なしだな」と思うのである。また、死者に責任をかぶせている当人の心理にも「死人に口なしだ。あいつに責任をかぶせてやれ」という思いがありうる。

1 **じにん【自任】**〈名・する〉自分の役割や性質、才能などを、これこそが自分だと思っていること。例脇役《わきやく》をもって自任する。類自負。任じる。

2 **じにん【自認】**〈名・する〉自分に関することについて、そ

れが事実であるとみとめること。よいことにもよくないことにもいう。

じにん[3]【辞任】〈名・する〉任命されていた役職を、自分からやめること。例大臣を辞任する。辞任に追い込む。対就任《しゅうにん》。解任。類辞職。退陣《たいじん》。

し・ぬ【死ぬ】〈動五〉❶命がなくなる。病気や事故で命をなくす。例死ぬ覚悟《かくご》。死なばもろとも。死んだふりをする。死ぬ気でやれば、なんでもできる。死んで花実がさくものか。死にたえる。焼け死ぬ。こがれ死ぬ。対生まれる。類死亡する。死去する。息たえる。絶命する。❷死をえらぶ。例私は死にます。死んでおわびをします。❸(「死んでいる」の形で)いきいきしたところがない。生気《せいき》がない。例目が死んでいる。❹有効に使われないままになる。例そのままでは、せっかくのお金が死んでしまう。❺野球で、アウトになる。❻碁《ご》で、相手にかこまれて石をとられる。▽対生きる。

敬語 尊敬語としては、「死なれる」「お死にになる」とは言わず、「お亡《な》くなりになる」や「ご逝去《せいきょ》(なさる)」を使う。

死なばもろとも ❶死ぬときはいっしょだ、というぐらい心を合わせて必死でがんばろう、という気持ちを表わすことば。❷自分はもうこれでおしまいだというときに、敵もまきぞえにしてやる、という気持ちを表わすことば。

死んだ子《こ》の年《とし》を数《かぞ》える もどることのできない過去のことをくやみ、ぐちを言う。

じぬし【地主】〈名〉土地のもちぬし。例大地主。

シネコン〈名〉「シネマコンプレックス」の略。

じねつ【地熱】〈名〉⇩ちねつ

シネマ〈名〉映画。◇フランス《フラ ンス》cinéma

シネマコンプレックス〈名〉複数のスクリーンをもつ映画館とショッピングセンターなどを複合した商業施設《しせつ》。略して「シネコン」。◇cinema complex

じねんじょ【自然▼薯】〈名〉「やまのいも」のこと。

しの【▼篠】〈名〉むらがって生える細い竹。ヤダケ・メダケなど。→しのつくあめ

しのうこうしょう【士農工商】〈名〉〔歴史〕江戸《えど》時代の人々の身分を、かつて、四つのおもな職業に分けて言ったことば。上から、武士・農民・職人・商人の順。

しのぎ【▼鎬】〈名〉刀の刃《は》と峰《みね》のあいだのもりあがった部分。

しのぎを削《けず》る はげしくあらそう。

しの・ぐ【▼凌ぐ】〈動五〉❶能力や程度などが、相手より上に出る。例兄をしのぐ。類まさる。凌駕《りょうが》する。上回《うわまわ》る。❷苦しいことやつらいことにじっとたえて、なんとかきりぬける。例暑さをしのぐ。飢《う》えをしのぐ。糊口《ここう》をしのぐ(=やっと生活する)。風雨をしのぐ。しのぎやすい。

し(四)**のご**(五)**の** よけいなことを、あれこれと。例四の五の口出しする。四の五の言わずに早くしろ。類つべこべ。

しの(▼篠)**つく**(突)**あめ**(雨) ほそい竹をたばねて地面につきたてるように、はげしくふる雨。どしゃぶりの雨。

しののめ【▽東▽雲】〈名〉「あけがた」の古い言いかた。例しののめの空。類あけぼの。暁《あかつき》。

しのば・せる【忍ばせる】〈動下一〉❶音やすがたを人に知られないようにする。例声を忍ばせる。❷外から見えないところに入れて持つ。例刀を忍ばせる。類かくし持つ。

しのび【忍び】〈名〉敵中にひそかに入りこんで、ようすをさぐる術。例忍びの術。忍びの者。類忍者《にんじゃ》。→おしのび

しのびあい【忍び会い】〈名〉「密会」の意味の、古めかしい言いかた。

しのびあし【忍び足】〈名〉音をたてない歩きかた。類抜《ぬ》き足差し足。

しのびこ・む【忍び込む】〈動五〉人に気づかれないように、こっそり中にはいる。

しのびな・い【忍びない】〈形〉たえられず、平気でいられない。例見るに忍びない。聞くに忍びない。

表現 「…するにしのびない」の形で使うことが多い。

しのびなき【忍び泣き】〈名・する〉声をたてずにこっそり泣くこと。

しのびよ・る【忍び寄る】〈動五〉だれにも気づかれないように、そっと近づく。例秋が忍び寄る。

しのびわらい【忍び笑い】〈名・する〉声をたてずにこっそり笑うこと。

しの・ぶ[1]【忍ぶ】〈動五〉❶人に知られないように、ひそかに行動する。例人目を忍んで密会する。世を忍ぶ仮の姿。忍び寄る。→おしのび ❷つらいことをじっとがまんする。例はじを忍ぶ。たえ忍ぶ。

しの・ぶ[2]【▼偲ぶ】〈動五〉なつかしく、恋しく思いだす。例友をしのぶ。昔をしのぶ。亡《な》き人をしのぶ。

しのぶえ【▼篠笛】〈名〉篠でつくった横笛。かすれた音色をもつ。祭りばやしなどに使われる、日本古来の楽器の一つ。

じ(地)**のぶん**(文) 文章で、会話文や引用文などではない、ふつうに述べられている部分の文。対会話文。

しば[1]【芝】〈名〉庭・公園・ゴルフ場などに一面にうえる、ほそくて短い多年草。

【芝】 艹部3 全6画

芝 芝 芝 芝 芝

しば 訓[しば] 芝。芝草。芝居。

しば[2]【▼柴】〈名〉山野に生える小さな雑木。枝《えだ》をたきぎなどに使う。例しばをかる。類そだ。

じば【磁場】〈名〉〔物理〕磁力がはたらいている場所。磁石のまわりや、電流がながれている電線のまわりにできる。磁界。

しはい[1]【支配】〈名・する〉つよい力で、ほかの人や社会などをおさえて、自分の思うようにうごかすこと。例人民を支配する。支配者。支配人《にん》。アシハイ

表現 「感情に支配される」「先入観に支配される」のように、なにかにうごかされる、という意味でも使う。

しはい[2]【賜杯】〈名〉天皇や皇族などから、競技に勝った人やチームにおくられる優勝カップ。例賜杯をあらそう。アシハイ シハイ

しばい【芝居】〈名〉❶舞台《ぶたい》の上で、役者が動作やことばによって物語を演じて、人に見せるもの。類演劇。劇。ドラマ。❷人をだますために、わざと、うその動作をしてみせること。例芝居をうつ。彼女のなみだはお芝居だ。類演技。

参考 ①は、演劇全体をさしてもいうが、とくに伝統的な歌舞伎《かぶき》などをさしていうことが多い。

しばいがか・る【芝居がかる】〈動五〉まるで演技をしているようにふるまう。例芝居がかったしぐさ。類芝居じみる。

じばいせき【自賠責】〈名〉「自動車損害賠償《ばいしょう》責任保険」の略。自動車・原付《げんつき》を持つ人が、加入を義務づけられている保険。

しはいてき【支配的】〈形動〉ある意見や考えかたが有力で、ほかのものがはいりこむすきがないくらいだ。例ちまたでは反核《はんかく》の声が支配的だ。

しはいにん【支配人】〈名〉商店や会社などで、主人や社長にかわり、仕事のすべてをとりしきる人。マネージャー。

しばいぬ【▼柴犬】〈名〉日本犬の一種。毛がうす茶色で短く、耳が立ち、尾が巻いている。しばけん。

しばかり【しば刈り】『▼柴刈り』〈名〉たきぎにするしばを切って、あつめること。

しばく（方言）人や動物を、平手や道具でたたく。西日本で言う。

じはく【自白】〈名・する〉〔法律〕自分が犯罪を行なったことを白状すること。例自白調書。類自供。

しばくさ【芝草】〈名〉「芝」のこと。

じばさんぎょう【地場産業】〈名〉地元でさかんな産業。例地場産業の育成をはかる。

しばし『▽暫し』〈副〉ちょっとの間。例しばしの別れ。類しばらく。暫時《ざんじ》。

しばしば〈副〉二度や三度ではない、もっと多い回数で。例そのころわたしは、病気で学校をしばしば休んだ。類たびたび。

じはだ【地肌】『地▽膚』〈名〉❶大地の表面。❷化粧《けしょう》をしていない、その人のはだ。類素肌《すはだ》。

しばたた・く〈動五〉しきりにまばたきをする。「た」が一つぬけて、俗《ぞく》に「しばたく」と言われることもある。例目をしばたたく。

しはつ【始発】〈名〉❶その線の電車やバスで、朝いちばんはやく発車すること。例始発は五時だ。始発電車。対終発。最終。❷電車やバスなどが、そこを起点として出発すること。例始発駅。東京始発。対終着。

じはつ【自発】〈名〉❶自分の意志で、自分からすすんでですること。例自発的。類自主。❷〔文法〕自然にそうなること。助動詞「れる」「られる」で表わされ、「故郷の丘《おか》に立つと、おさない時のことが思い出される」のような場合をいう。

しばづけ【しば漬け】『▼柴漬け』〈名〉つけものの一種。ナスやキュウリなどに、赤シソやトウガラシなどをまぜて作る。京都の名産。

じはってき【自発的】〈形動〉自分からすすんでするようす。例自発的に練習する。類自主的。

しばふ【芝生】〈名〉シバが一面に生えているところ。

じばら【自腹】〈名〉その費用として、自分のお金を出すこと。類自弁。自前。身銭《みぜに》。

自腹を切《き》る かならずしも自分ではらう必要のない費用を、あえて自分でだす。類身銭《みぜに》を切る。

しはらい【支払い】〈名〉買ったりしたものの、代金をわたすこと。例支払いをすませる。

しはら・う【支払う】〈動五〉買った品物の代金や、給料など、出すことになっているお金をわたす。はらう。例料金を支払う。

しばらく『▽暫く』〈副〉❶少しのあいだ。例しばらくお待ちください。類しばし。暫時《ざんじ》。❷やや長く感じられるあいだ。例しばらくごぶさたいたしました。

しばらくぶり『▽暫く振り』〈名〉この前の時よりかなり長く時間がたったようす。ひさしぶり。例しばらくぶりの再会。

しばり【縛り】〈名〉したがうべき条件や制約。例縛りをかける。夏休みの自由研究に縛りがある。

しばりあ・げる【縛り上げる】〈動下一〉なわやひもできつくしばって自由をうばう。

しばりつ・ける【縛りつける】〈動下一〉❶人や物を、きつくしばる。類くくりつける。❷人の自由な行動をうばう。例仕事に縛りつける。規則で縛りつける。類拘束《こうそく》する。束縛《そくばく》する。

しば・る【縛る】〈動五〉❶ものがうごかないように、なわやひもをまきつけてしめる。例しっかり縛る。きずぐちを縛る。賊《ぞく》を縛る。うしろでに縛る。類くくる。結ぶ。❷自由をうばう。例時間に縛られる。規則に縛られる。世の中はいろいろな人間関係に縛られて、思いどおりにいかないものだ。類束縛《そくばく》する。拘束《こうそく》する。

しばれる（方言）ひどく冷えこむ。がちがちにこおる。東北・北海道で言う。

しはん[1]【市販】〈名・する〉一般《いっぱん》の商店で売ること。例その商品はまだ市販されていない。市販の履歴書《りれきしょ》でけっこうです。市販品。市販薬。アシハン

しはん[2]【死斑】〈名〉死体の皮膚《ひふ》にできるむらさき色の斑点。アシハン

しはん[3]【師範】〈名〉❶模範となる人。❷芸能や武術をおしえる人。例師範代(＝代理)。▽アシハン

じばん【地盤】〈名〉❶建物の土台となる土地。例地盤がやわらかい。地盤沈下《ちんか》。❷その人のいきおいや力がいきわたっていて、ものごとを行なうときの足場になるところ。例地盤をかためる。地盤を築く。選挙地盤。類地歩《ちほ》。

しはんがっこう【師範学校】〈名〉旧制度で、小学校の教員を専門に養成した学校。

しはんき【四半期】〈名〉一年を三か月ずつ四つに分けた、それぞれの期間。

じはんき【自販機】〈名〉「自動販売機」の略。

じばんちんか【地盤沈下】〈名・する〉❶地面の表面がしずんでいく現象。❷今までの権威《けんい》や勢力が弱まっていくこと。

しはんひん【市販品】〈名〉一般《いっぱん》の商店で売っている品物。

しはんぶん【四半分】〈名〉四分の一。

しひ[1]【私費】〈名〉個人的に負担する費用。例私費で留学する。対公費。類自費。アシヒ シヒ

しひ[2]【詩碑】〈名〉詩人を記念して、その人の詩をほりこんだ石碑。類歌碑。句碑。アシヒ

しび【▼鴟尾・▼鵄尾】〈名〉かわらぶきの大きな建物の棟《むね》の両はしにおく、魚や鳥などの形をしたかざり。

じひ[1]【自費】〈名〉自分でだす費用。例自費出版。類私費。自腹。アジヒ

じひ[2]【慈悲】〈名〉❶苦しんでなやんでいる人をあわれむ心。例慈悲ぶかい。❷〔仏教〕仏が衆生《しゅじょう》を助けて、すくうこと。例慈悲をたれる。▽アジヒ

シビア〈形動〉きびしい。例シビアな評価をくだす。不況《ふきょう》で就職活動はよりシビアになっている。◇severe

ジビエ〈名〉猟《りょう》でとらえて、食肉にする動物。例ジビエ料理。◇フランス gibier

じびか【耳鼻科】〈名〉医学の一分野で、「耳鼻咽喉《いんこう》科」の略。みみやはなの病気をあつかう。

じびき【字引】〈名〉辞典や字典の、俗《ぞく》な言いかた。

じびきあみ【地引き網】〈名〉ずっと沖《おき》の方に網を広くはりめぐらして、それをおおぜいで海岸にひきよせて魚をとること。それに使う網。

じひつ【自筆】〈名・する〉本人が自分で書くこと。自分で書いた字。対代筆。類自書。直筆《じきひつ》。

じひびき【地響き】〈名〉大地がなりひびくこと。例地響きをたてる。類地鳴り。

弘法(こうぼう)大師 ⇨くうかい(空海)

じひぶか・い【慈悲深い】〈形〉情けやあわれみの心を多くもっている。

1 **しひょう【死票】**〈名〉選挙で、落選者に入れられた票。死に票。例死票になる。

2 **しひょう【指標】**〈名〉ものごとの状態を知る目じるしになるもの。たとえば、失業率が景気不景気の指標となるなど。例指標を定める。類バロメーター。

1 **じひょう【時評】**〈名〉❶世の中の、その時どきのできごとをとらえてする社会批評。例スポーツ時評。文芸時評。❷その時期における評判。例時評にのぼる。

2 **じひょう【辞表】**〈名〉辞職・辞任をする意思《いし》を書いて、上の立場の人にさしだす文書。類辞職願《ねがい》。辞任届《とどけ》。

参考 一般《いっぱん》の会社員や公務員が自分からやめるときに書くのはふつう「退職願」であり、「辞表」は、進退を自分できめる役職についている人が書く。

じびょう【持病】〈名〉慢性《まんせい》的になやまされている病気。例持病になやむ。

表現 「また持病がでた」などは、どうにもなおらないわるいくせを非難する言いかたになる。

シビリアンコントロール〈名〉軍隊を文官が統轄《とうかつ》すること。軍事的勢力が独走するのをふせぐための制度。◇civilian control

しび・れる【▼痺れる】〈動下一〉❶からだの一部または全体の感覚がなくなる。例正座して足がしびれる。電気でしびれる。類まひする。❷感電して痛みを感じる。例静電気《せいでんき》で指先がしびれる。❸あこがれていた人に会ったり、はげしいリズムの音楽を聞いたりして、興奮する。❹息がつまるほど緊張《きんちょう》する。

しび(▼痺)れをき(切)らす ❶長いあいだすわりつづけて、足がしびれる。❷がまんできないほど、待ちくたびれる。

しびん【▼溲瓶・▽尿瓶】〈名〉寝《ね》たままで、小便をするための容器。ガラスやせとものでできている。類おまる。

1 **しぶ【渋】**〈名〉❶渋い味。例かきの渋をぬく。❷おもにシブガキなどからとる、渋いしる。防腐剤《ぼうふざい》などに使う。▽アシブ」

2 **しぶ【支部】**〈名〉本部からの指示にしたがって、その地域の仕事を行なうところ。例東京支部。対本部。類支局。アシブ

1 **じふ【自負】**〈名・する〉自分の能力やしている仕事などに、自信と誇《ほこ》りをもつこと。例いい辞典ができたと自負する。自負心。類自任。誇《ほこ》り。

2 **じふ【慈父】**〈名〉子どもに対して、深い愛情をもったやさしい父親。対慈母。厳父。

しぶ・い【渋い】〈形〉❶熟していないカキを食べたときに感じる、舌がしびれるようないやな味がする。→囲み記事3(16ページ) ❷よろこんだり、その気になったりしていない。例渋い顔。❸金やものをだしおしみしている。例金《かね》に渋い。類けち。❹見た目のはなやかさはないが、おちついた深いおもむきがある。例渋い芸。渋い声。

参考 ③に関連して、財布《さいふ》のひものかたい人を、少しからかって「しぶちん」という。

しぶがき【渋柿】〈名〉熟しても、しぶいあじのカキ。干し柿にする。

しぶがみ【渋紙】〈名〉重ねてはりあわせ、カキのしぶをぬってじょうぶにした紙。ものを包むのにつかう。

しぶかわ【渋皮】〈名〉木やくだものなどのいちばんおもての皮の下にある、うすくてしぶい味のする皮。類甘皮《あまかわ》。

渋皮がむける 都会ふうに洗練される。

しぶき【▽飛▼沫・▽繁吹】〈名〉空中にとびちる、こまかい水の玉。例しぶきを上げる。水しぶき。類飛沫《ひまつ》。

1 **しふく【至福】**〈名〉このうえない幸せ。例至福の時を過ごす。

2 **しふく【私服】**〈名〉❶会社や学校で定められたものではない、個人の服。対制服。❷「私服刑事《けいじ》」の略。警官で、制服ではない、ふつうの服をきて勤務している者。

3 **しふく【紙幅】**〈名〉❶原稿《げんこう》の、あらかじめ定められた執筆《しっぴつ》枚数。例紙幅がつきる。❷書画を表装すること。表装した書画。

4 **しふく【雌伏】**〈名・する〉人の下についてがまんしながら、将来、活躍《かつやく》する機会がくるのを待つこと。例雌伏十年。対雄飛《ゆうひ》。

しぶ・く【▽繁吹く】〈動五〉しぶきがはげしく飛びちる。例波がしぶく。雨がしぶく。

じぶくろ【地袋】〈名〉和室で、床《とこ》の間の並びに、ちがいだなの下につくった、小さな戸だな。対天袋。

しふく(私腹)をこ(肥)やす 地位や職権などを悪用して、自分個人の利益をあげる。類懐《ふところ》を肥やす。

ジプシー〈名〉おもにヨーロッパ各地を、音楽やおどり、うらないなどをしてうつりあるく民族。◇Gypsy

参考 インド北西部起源の少数民族で、世界中に散在する。ボヘミアン、チゴイネルなど各地でさまざまな呼び名があるが、自称《じしょう》はヨーロッパではロマ(=「人間」の意)またはロム、中近東ではドムまたはダム。

しぶしぶ【渋渋】〈副〉いやだいやだと思いながら。例しぶしぶひきうける。類いやいや。不承不承《ふしょうぶしょう》。

じふしん【自負心】〈名〉自分の能力に自信をもつ気持ち。例自負心の表れ。類自尊心。

しぶちゃ【渋茶】〈名〉こくですぎた、渋いお茶。

しぶちん【渋ちん】〈名・形動〉けち。けちんぼ。俗《ぞく》な言いかた。

しぶつ【私物】〈名〉個人の所有物。例必要外の私物を学校に持ちこまないように。

表現 みんなのものを自分のもののようにあつかうことを、「私物化する」という。

じぶつ【事物】〈名〉もの。ものごと。例個々の事物についてしらべる。

表現 「事」よりも「物」の方が中心になることば。「物事《ものごと》」は、その反対になる。

ジフテリア〈名〉ジフテリア菌《きん》によってのどや鼻から感染する、高い熱とせきがでる病気。子どもに多い。◇diphtheria

シフト〈名・する〉❶うつりかわること。例購買《こうばい》層が若者にシフトする。❷野球で、野手が通常の守備位置を変更すること。例シフトをしく。バントシフト。❸自動車で、ギアを入れかえること。例シフトレバー。❹飲食店などで、従業《じゅうぎょう》員に勤務《きんむ》時間をわりあてること。例シフトを組む。◇shift

しぶと・い〈形〉苦痛や苦境になかなか屈《くっ》しない。例しぶといやつ。類強情《ごうじょう》。ねばりづよい。

じふぶき【地吹雪】〈名〉地面につもった雪をまきあげるようにふる吹雪。

しぶみ【渋み・渋味】〈名〉❶渋いあじ。❷じみでおちついていて、なかなか迫力《はくりょく》もある感じ。例渋味がある。

しぶ・る【渋る】〈動五〉❶うまくすすまない。例筆が渋る。類とどこおる。❷下痢《げり》の状態ではあるが、大便がでそうででない。例腹が渋る。❸あまり気がすすまないようすや態度を表わす。例寄付を渋る。出し渋る。言い

 光明(こうみょう)皇后 (701～60) 奈良時代，聖武天皇の皇后。仏教を深く信じ，悲田院や施薬院を建てた。

渋る。[類]おしむ。

しぶろく【四分六】〈名〉四対六の割合。四分六で分ける。成功の確率は四分六ぐらいだ。[例]もうけを

しふん【私憤】〈名〉個人的なうらみやいかり。[例]私憤をはらす。[対]公憤。[類]私怨《しえん》。

[1]**じぶん**【自分】[一]〈名〉当のその人。[例]自分がかわいい。自分をかえりみる。自分で考える。自分自身。[対]他者。他人。[類]自己《じこ》。自身。[二]〈代名〉わたし。おもに男性が使う。[例]はい、自分が行きます。▽[ア]ジブン

[方言] 関西では、自分と同等か目下の人に対する、ややぞんざいな二人称《ににんしょう》としても使う。

[2]**じぶん**【時分】〈名〉❶ある時期。[例]若い時分には、よくむりをした。[類]ころ。❷ちょうどいいとき。[例]時分を見はからう。夕食の時分。▽[ア]ジブン →いまじぶん

じぶんかって【自分勝手】〈名・形動〉自分のつごうだけを考えて行動すること。[例]自分勝手な人。[類]身勝手。手前勝手。わがまま。

しぶんしょ【私文書】〈名〉個人の立場でつくった文書。[対]公文書。

じぶんもち【自分持ち】〈名〉費用を自分自身でしはらうこと。[例]交通費は自分持ちだ。[類]自弁。自前。

しへい【紙幣】〈名〉貨幣のなかで、紙でできているもの。現在の日本では、千円・二千円・五千円・一万円の四種類が印刷されている。[対]硬貨《こうか》。[類]札《さつ》。お札。

じへいしょう【自閉症】〈名〉おさない時期にあらわれる発達症の一つ。人とかかわることが苦手《にがて》で、同じ行動をくり返したり、言語の発達がおくれたりする。正式には「自閉スペクトラム症（ＡＳＤ）」という。

じべた【地べた】〈名〉「地面」の俗《ぞく》っぽい言いかた。

[表現] 「地べたに はいつくばる」のように、汚れていたり冷たかったりする地面をとらえていう。

しべつ【死別】〈名・する〉家族や友人など、親しい人が死んで、永久に会えなくなること。[対]生別。[類]死なれる。ながの別れ。永別。 →しにわかれる

シベリア〈名〉ロシア領の一部。アジア大陸北部、ウラル山脈の東の地域。酷寒《こっかん》の地。◇Siberia

しへん【紙片】〈名〉小さく切ったり、やぶりとったりした紙。[類]紙きれ。

[1]**しべん**【支弁】〈名・する〉お金をしはらうこと。[例]費用は国庫から支弁する。

[2]**しべん**【至便】〈形動〉非常に便利である。[例]交通至便。

[3]**しべん**【思弁】〈名・する〉経験によらず、純粋《じゅんすい》に論理だけで考えていくこと。

じへん【事変】〈名〉❶天災や騒乱《そうらん》など、その地域全体が大さわぎになるようなできごと。[類]変事。❷宣戦布告なしで行なわれる、国と国との戦闘行為《せんとうこうい》。

じべん【自弁】〈名・する〉自分で費用を負担すること。[例]旅費を自弁する。[類]自前。

しへんけい【四辺形】〈名〉四つの辺でかこまれた平面図形。四角形のこと。[例]平行四辺形。

しぼ【思慕】〈名・する〉相手をしたわしく思うこと。[例]思慕の情。思慕の念。[類]恋慕《れんぼ》。

[1]**じぼ**【字母】〈名〉❶かなやアルファベットなど、表音文字の一字一字。❷活字をつくるもとになる型。[類]母型。

[2]**じぼ**【慈母】〈名〉子どもに深い愛情をもっている母親。[対]慈父。

[1]**しほう**【四方】〈名〉❶東・西・南・北の四つの方角。❷前後左右の四方面。❸まわり全体。あたり。[例]四方を見わたす。四方を山にかこまれる。四方八方。[類]周囲。四辺。▽[ア]シホー

[2]**しほう**【司法】〈名〉国家が法律にもとづいて、人々のあらそいごとや犯罪をさばくこと。[例]司法権。[対]立法。行政。[ア]シホー シホー →さんけんぶんりつ

[参考] 司法機関は、裁判所である。

[3]**しほう**【至宝】〈名〉このうえなく貴重でたいせつな宝。[ア]シホー

[4]**しほう**【私法】〈名〉法律を大きく二つにわけた場合の一つで、国民どうしの関係をさだめた法。民法や商法などをいう。[ア]シホー →こうほう〔公法〕

[1]**しぼう**【子房】〈名〉〔植物〕めしべのもとの ふくらんだ部分。中に、のちに種となる胚珠《はいしゅ》がある。

[2]**しぼう**【死亡】〈名・する〉人が死ぬこと。[例]死亡通知。死亡者。[類]死去。死没《しぼつ》。

[3]**しぼう**【志望】〈名・する〉将来自分が「そうなりたい」「こうありたい」とのぞむこと。[例]医者を志望する。志望校。第一志望。[類]志願。希望。

[4]**しぼう**【脂肪】〈名〉動物や植物の中にふくまれるあぶらのうち、常温で固体であるもの。エネルギーのもとになる。[例]脂肪がつく。脂肪が多い。皮下脂肪。 →ししつ〔脂質〕

じほう【時報】〈名〉❶標準時刻を一般《いっぱん》に知らせること。[例]正午の時報。❷その分野で、おこったできごとを知らせる新聞や雑誌。[例]社会時報。

しほうかいぼう【司法解剖】〈名〉刑事訴訟《けいじそしょう》法などにもとづいて、犯罪に関係がある、またはその疑いのある死体の、死因を明らかにするためにおこなわれる解剖。

じぼうじき【自暴自棄】〈名・形動〉「どうせ自分はだめな人間だから、どうなってもいい」と思い、よくなろうとする努力をやめてしまうこと。[例]自暴自棄になる。[類]やけ。やけくそ。すてばち。

しほうしけん【司法試験】〈名〉裁判官・検察官・弁護士になるための国家試験。

しほうしょし【司法書士】〈名〉人からたのまれて、裁判所や法務局にだす書類をかわりに作る仕事をする、法律上の資格をもつ人。

しほうどうぶつ【刺胞動物】〈名〉からだのしくみが海綿《かいめん》動物よりも少し複雑になった、水中にすむ無脊椎《むせきつい》動物の一種。イソギンチャクやクラゲなど、体形がコップ状やおわん状のもの。触手《しょくしゅ》の表面にある刺胞でえさを刺《さ》してつかまえる。

しほうはっぽう【四方八方】〈名〉あらゆる方向・方面。[例]四方八方手をつくして探す。

しぼうりつ【死亡率】〈名〉❶人口に対する一定期間の死亡者数の割合。ふつうは人口千人に対する一年間の死亡者の数で表わされる。❷ある病気での死亡者の割合。[例]死亡率の高い病気。

しぼ・む〖▽萎む・▼凋む〗〈動五〉ふくらんでいたものや開いていたものが、しおれる。[例]風船がしぼむ。花がしぼむ。夢《ゆめ》がしぼむ。[対]ふくらむ。[類]つぼむ。すぼむ。

しぼり【絞り】〈名〉❶「絞り染め」の略。[例]絞りの着物。博多絞《はかたしぼり》。❷花びらの色の、まだらになっているもの。[例]絞りの朝顔。❸写真で、レンズにとりつけてある、光の量を調節する装置《そうち》。

しぼりあ・げる【搾り上げる・絞り上げる】〈動下一〉❶むりに大きな声を出す。[例]声をしぼり上げる。[類]はり上げる。❷強い態度で、相手がまいるほどたっぷりとしかる。❸おどしたりして、むりにお金を出させる。

しぼりこ・む【絞り込む】〈動五〉いくつかあるものを、条件に合うものだけに減らしていく。例 候補を絞り込む。容疑者を絞り込む。

しぼりぞめ【絞り染め】〈名〉布の染めかたの一つ。染めのこしたい部分を糸でかたくくくった布を染料《せんりょう》にひたして、糸のない部分だけを染めるもの。

しぼりと・る【搾り取る】〈動五〉❶しぼって、中の液体を全部とる。例 油を搾り取る。❷相手からお金などをとれるだけとる。例 税金を搾り取る。類 すいとる。すいあげる。搾取《さくしゅ》する。

しぼ・る【絞る・搾る】〈動五〉❶強くおしたりねじったりして、水分をとりだす。例 タオルを絞る。牛の乳を搾る。袖《そで》を絞る(→「そで」の子項目)。❷ふつうなら出ないものを、むりに出させる。例 知恵《ちえ》をしぼる。声をしぼる(=しぼりだす)。しぼりとる。ふりしぼる。❸きびしくおこったりきたえたりする。例 父にしぼられる。油を搾《しぼ》る(→「あぶら」の子項目)。❹大きくひろがった状態のものを、小さくする。例 音量を絞る。問題を絞る。テーマを絞る。表記 結果として有益な液体をとりだすときは「搾る」と書かれる。

絞る質問《しつもん》 ⇩しつもん 参考

しほん【資本】〈名〉大きな事業を行なうときのもとになるお金・設備・人材など。例 資本の蓄積《ちくせき》。資本を投じる。類 元手《もとで》。資金。

しほんか【資本家】〈名〉利益をえる目的で、資本をだし、事業をいとなむ人。対 労働者。表現 「アスリートは体が資本だ」のような使いかたもある。

しほんきん【資本金】〈名〉株主が出し合う、会社の経営のもとでになるお金。

しほんしゅぎ【資本主義】〈名〉資本をもっている人が、利益をえることを目的として、働く人をやとって商品を生産する経済のしくみ。対 社会主義。共産主義。

[1]**しま【島】**〈名〉まわりを水でかこまれた小さな陸地。例 島国。はなれ島。類 島嶼《とうしょ》。「ア シマ」 表現 一島《いっとう》二島《にとう》と数える。

[2]**しま【▼縞】**〈名〉二種類以上の色の筋が交互《こうご》にならんでいるようなもよう。例 しまのシャツ。縞柄《しまがら》。たてじま。横じま。類 ストライプ。「ア シマ」 表現 ふつう一本二本と数えるが、一筋《ひとすじ》二筋《ふたすじ》、一条《ひとすじ》二条《ふたすじ》も使う。

[3]**しま【志摩】**〈名〉旧国名の一つ。現在の三重県南部。伊勢《いせ》志摩国立公園が有名。志州《ししゅう》。例 志摩半島。ア シマ

[1]**しまい【▽終い・仕舞い】**〈名〉❶つづいていたことが、おわりになること。例 しまいにする。しまいには笑いだした。しまい湯(=ふろに最後に入ること)。店じまい。❷事態がもうそれ以上どうしようもないこと。例 もうしまいだ。類 一巻のおわり。▽ア シマイ →じまい・おしまい

[2]**しまい【姉妹】**〈名〉❶姉と妹。対 兄弟。❷なんらかのつながりや似《に》たところのあるもの。例 姉妹都市。▽ア シマイ

じまい〈接尾〉(「…ずじまい」の形で)結局…しないで終わってしまうこと。例 会わずじまい。買わずじまい。わからずじまい。できずじまい。

しまいとし【姉妹都市】〈名〉国際的な親善や文化交流のために、協定をむすんだ二つの都市。

しま・う【▽終う・仕舞う】 一〈動五〉❶つづいていたものを、おわりにする。例 仕事をしまう。店をしまう(=閉店する。営業をやめる)。行かずにしまう(=行かずじまいになる)。類 おえる。やめる。❷使っていたものやちらかっていたものを、もとのところにかたづける。例 道具をしまう。ひきだしにしまう。類 おさめる。収納する。

二〈補動五〉❶ある動作や状態を強調することを表わす。例 いっきに読んでしまった。すっかりあわててしまいました。❷あまりこのましくない結果になることを表わす。例 お金を落としてしまった。先に帰ってしまうなんて! ▽→じまう・ちまう・じゃう・ちゃう

じま・う〈補動五〉「…でしまう」の、やや乱暴な言いかた。例 読んじまう。死んじまう。→ちまう

しまうま【▼縞馬】〈名〉からだ全体に白と黒のしまがあるウマ。アフリカの原野にむれをつくってすむ。ゼブラ。

じまえ【自前】〈名〉費用を自分で負担すること。例 自前でまかなう。対 まるがかえ。類 自弁。

しまおくそく【▼揣摩臆測】〈名・する〉ああでもない、こうでもないとおしはかること。類 あて推量。

しまかげ【島影・島陰】〈名〉❶[島影] 島のすがた。❷[島陰] 島のかげにかくれて見えないところ。

じまく【字幕】〈名〉映画やテレビで、題や配役、説明などを文字で映しだしたもの。とくに、外国映画の会話の翻訳《ほんやく》を映しだしたもの。スーパー。

しまぐに【島国】〈名〉海に囲まれた国。類 海国《かいこく》。

しまぐにこんじょう【島国根性】〈名〉島国にありがちな、視野がせまい、仲間うちでかたまる、おおらかでない、などの国民性。

しまだまげ【島田まげ】〖島田▼髷〗〈名〉日本髪《にほんがみ》の髪型の一つ。未婚《みこん》の女性がゆうものなので、和服の花嫁《はなよめ》姿に用いられる。「島田」と略していうことが多い。文金高島田《ぶんきんたかしまだ》はこの変型。→まげ 絵

しまつ【始末】〈名〉❶〈する〉ものごとの最終処理をきちんとすること。例 始末をつける。始末におえない。火の始末。後始末。類 処分。整理。かたづける。❷あるものごとの最後の状態がわるいときにいう語。例 あれほど注意したのに、この始末はいったいなんだ。

表現 かつては、金銭の管理をも始末といったので、節約家を少しからかって「始末屋」といった。

方言 関西では、「始末する」の形で、「節約する・倹約《けんやく》する」の意味でも使う。

始末が悪《わる》い 手にあまり、うまく対処するのがむずかしい。やっかいだ。例 始末が悪い病気。類 始末に負えない。

始末に負《お》えない やっかいで、うまくあつかえない。例 始末に負えないあばれ者。類 始末が悪い。

しまつしょ【始末書】〈名〉仕事におちどがあったとき、事の次第《しだい》と謝罪の気持ちを書いて機関の長に提出する文書。

しまった〈感〉自分の失敗やまちがいに気づいたときに思わず発することば。対 しめた。

しまながし【島流し】〈名〉❶むかし、罪人を島やへんぴな土地に行かせた刑罰《けいばつ》。類 流刑《るけい》。遠島。❷遠い不便な土地に転勤になること。例 島流しにあう。

しまめのう【▼縞▼瑪▼瑙】〈名〉宝石の一つ。うつくしいしまもようがあるめのう。八月の誕生石《たんじょうせき》。

し(締)まらない ひきしまっていない。だらしがない。例 締まらない顔。締まらない話だなあ。

しまり【締まり】〈名〉❶たるみがなく、きちんとしていること。例 口もとに締まりがない。❷しめくくり。例 締まりをつける。

しまりや【締まり屋】〈名〉けっしてむだ使いをしない人。倹約《けんやく》家。始末屋《しまつや》。にぎり屋。

しま・る【締まる・絞まる・閉まる】〈動五〉❶[締まる・絞まる] しめられて、ゆるみやあきがなくなる。例 首が絞まって苦しい。ねじがかたく締まっている。対 ゆるむ。❷[締まる] たるんだり、いいかげんになっていたものが、緊張《きんちょう》して、きちんとした状態になる。例 身が締まる。(野球で)締まっていこう！ ひき締まる。対 ゆるむ。たるむ。❸[閉まる] あいていたものが とじられる。例 戸が閉まる。店が閉まる。対 あく。ひらく。▽↓しまらない
表記 ①は、首のまわりが強く圧迫《あっぱく》されるときは「絞まる」と書く。

じまわり【地回り】〈名〉❶近くの土地で産した農産物。例 地回りの米。❷都市やその周辺を商売して歩く人。❸縄張《なわば》りのさかり場をうろつくならず者。

じまん【自慢】〈名・する〉自分や、自分に関係することをほこらしげに言うこと。例 自慢じゃないが、医者の世話になったことがない。自慢のたね。自慢話(を聞かされる)。お国自慢。うで自慢。

[1]**しみ**【▽紙▽魚】〈名〉昆虫《こんちゅう》の一種。一《センチメートル》ほどの銀色の虫。本や衣料を食べて穴をあける。

[2]**しみ**【染み】〈名〉❶ものの表面になにかのしるがこぼれて、にじんだよごれ。例 染みがつく。染みになる。染みをぬく。❷老人に多い、ひふにできる茶色の小さな点。
表現 「心のしみ」などの形で、消したくても消せない、過去のいまわしいできごとの記憶《きおく》のことをいうことがある。

[1]**じみ**【地味】〈形動〉はなやかなところがなく、人目をひくようなようすではない。例 地味な色の着物。地味な性格。対 派手。類 おとなしい。ア ジミ
参考 「地味」を「ちみ」と読むのは別のことば。

[2]**じみ**【滋味】〈名〉❶食べものがふくんでいる栄養。料理のおいしい味わい。例 滋味にとむ。❷ものごとからうける、心をゆたかにするような感じ。例 滋味あふれる作品。▽ア ジミ

しみこ・む【染み込む】〈動五〉❶内部までじゅうぶんにしみる。例 雨が地面にしみこむ。❷考えや習慣などが、人の心や世の中にふかくいきわたる。例 校風が学生にしみこむ。類 浸透《しんとう》する。▽類 しみとおる。

しみじみ〈副〉身にしみてふかく感じるようす。例 しみじみ(と)感じる。しみじみ(と)語る。
方言 茨城では、「さぼってねーで、しみじみやれ」のように、「しっかり、ちゃんと」の意味でも使う。

しみず【清水】〈名〉地中からわきでる、澄《す》んだきれいな水。

じみち【地道】〈形動〉むりをしたり、はでなことをしたりせず、しっかりと確実に やるようす。例 地道な努力。類 着実。堅実《けんじつ》。

しみつ・く【染み着く】〈動五〉❶色やにおいがついて、とれなくなる。例 あせが染みつく。においが染みつく。❷心からはなれなくなる。身についてぬけなくなる。例 心に染みつく。類 やきつく。こびりつく。

しみったれ〈名・形動〉ひどくけちけちしていること。けちんぼ。類 吝嗇《りんしょく》。

しみ・でる【染み出る】〈動下一〉中から液体がにじむように表面にあらわれる。例 シャツにあせが染み出る。類 染み出す。

しみとお・る【染み▽透る】〈動五〉❶裏がわや内部に深くしみわたる。例 冷たさがしみとおる。❷ふかく感じる。例 骨の髄《ずい》までしみとおる。▽類 しみこむ。

しみぬき【染み抜き】〈名・する〉薬品などを使って、衣服などについたしみをとりさること。

しみゃく【▼翅脈】〈名〉昆虫《こんちゅう》の はねにあるすじ。

シミュレーション〈名〉実際に似《に》せて試験的に行なうこと。模擬《もぎ》実験。誤《あやま》って「シュミレーション」ともいう。◇simulation

[1]**し・みる**【染みる】【▼滲みる】〈動上一〉❶液体が紙や布などの中に少しずつ入っていく。❷からだにふれ、神経を刺激《しげき》する。例 目にしみる。くすりがしみる。❸ふかく感じる。例 身にしみる。骨身にしみる。❹強い影響《えいきょう》をうける。例 悪習にしみる。類 そまる。

[2]**しみる**(方言) たいへん寒くて、ものがこおりついたり、ひどく冷たく感じられる。北海道・東北・中部・北陸などで言う。例 しみる朝。寒さでしみた地面。

じ・みる【染みる】〈接尾〉❶「すっかり…にそまった」という意味を表わす。例 あかじみる。油じみる。❷「いかにも…らしく」「まるで…のように」感じられる、という意味を表わす。例 年寄りじみる。子どもじみる。
表現 いずれもこのましくない場合にいう。

[1]**しみん**【市民】〈名〉❶市の住民。例 市民税。❷国の政治に参加できる資格をもった人々。例 市民権。類 公民。

[2]**しみん**【四民】〈名〉〔歴史〕江戸《えど》時代の社会を構成したおもな身分である武士・農民・職人・商人(＝士農工商)を、かつてまとめて言ったことば。参考 「四民平等」は明治維新における身分制廃止《はいし》のスローガン。

しみんうんどう【市民運動】〈名〉個人を基礎《きそ》として、共通の目的を達成することをめざす社会運動の一つ。反核《はんかく》運動・平和運動など。

しみんかくめい【市民革命】〈名〉〔歴史〕商工業の発達によって経済的な実力をもつようになった市民が、国王や貴族をたおして政治上の権力をにぎり、近代社会をつくりだそうとした革命。イギリスの名誉《めいよ》革命やフランス革命など。

しみんけん【市民権】〈名〉国家や社会の一員として、政治に参加したり保護をうけたりする権利。類 公民権。
表現 「市民権を得る」の形で、ものめずらしいものが世の中に定着して、目新しいものでなくなることのたとえとしても使う。

[1]**じむ**【事務】〈名〉役所や会社などで、机にむかって計算したり、書類をあつかったりする仕事。例 事務をとる。事務員。事務所。事務的。

[2]**ジム**〈名〉ボクシングの練習やウエイトトレーニングを行なう施設《しせつ》。また、ボクシングなどの選手を訓練して、試合の企画《きかく》などをする組織。◇gym

じむかん【事務官】〈名〉行政面での仕事をする国家公務員。対 技官。教官。

じむきょく【事務局】〈名〉会員組織などで、連絡や会計などの事務・雑用をこなすところ。

しむ・ける【仕向ける】〈動下一〉相手がその気になるように、うまくはたらきかける。

じむじかん【事務次官】〈名〉各省で、国務大臣や副大臣を補佐し、行政事務を監督《かんとく》する最高責任者である国家公務員。

じむしょ【事務所】〈名〉事務の仕事をする場所。オフィス。例 法律事務所。

じむてき【事務的】〈形動〉感情をまじえず、ものごとを型どおりにかたづけるようす。例 事務的に処理する。

しめあ・げる【締め上げる】〈動下一〉❶強くしめ

て苦しめる。❷責任を強く追及《ついきゅう》したり、失敗を責めたりする。[類]ぎゅうぎゅう言わせる。

1 **しめい【氏名】**〈名〉 氏《うじ》(=名字《みょうじ》)と名《な》。いわゆる、上の名前と下の名前。[例]住所・氏名を記入する。[類]姓名《せいめい》。フルネーム。[ア]シメー

2 **しめい【死命】**〈名〉 死ぬか生きるかの大事なところ。[例]死命を制する。[類]存亡《そんぼう》。命運。[ア]シメー

死命を制《せい》する 相手が生きるか死ぬかを左右するような急所をにぎる。

3 **しめい【使命】**〈名〉 ❶やりとげるようにあたえられた任務。[例]使命をおびる。[類]ミッション。❷はたさずにはいられないと自覚されるような任務。[例]使命感。▽[ア]シメー

4 **しめい【指名】**〈名・する〉 なにかをやってもらうために、その人の名前をはっきりさししめすこと。[例]指名をうける。議長に指名される。[類]名ざし。[ア]シメー

5 **しめい【詩名】**〈名〉 詩人としての名声。[ア]シメー

じめい【自明】〈形動〉 とくに説明や証明するまでもなく、だれにでもよくわかる。[例]自明の理。

しめいてはい【指名手配】〈名・する〉 警察が、犯罪の容疑者の名前や写真を公表して、逮捕《たいほ》に協力をよびかけること。

しめかざり【しめ飾り】〖▽注▽連飾り〗〈名〉 神だなや正月の松《まつ》の内に、玄関などにとりつけるしめなわ。

1 **しめきり【締め切り】**〈名〉 ものごとをおしまいにすること。また、おしまいにする日。[例]締め切り日。[類]期限。[表記]俗《ぞく》に「〆切」とも書く。

2 **しめきり【閉め切り】**〈名〉 戸や窓をしめたままにしておくこと。

1 **しめき・る【締め切る】**〈動五〉 おしまいにする。[例]申しこみを締め切る。

2 **しめき・る【閉め切る】**〈動五〉 戸などをすっかりしめる。長いあいだ、しめたままにしておく。[例]へやを閉め切る。

しめくくり【締めくくり】〖締め▽括り〗〈名〉 ものごとのまとめの部分。結末。[例]話の締めくくりをつける。[類]結び。しまり。

しめくく・る【締めくくる】〖締め▽括る〗〈動五〉 ものごとにまとまりをつけて、おわりにする。[例]会議を締めくくる。話を締めくくる。

しめころ・す【絞め殺す】〈動五〉 首をしめて殺す。

しめさば【締め▼鯖】〈名〉 サバを三枚におろして、塩をふり、酢《す》につけた食べ物。[表記]俗に「〆鯖」とも書く。

しめじ〈名〉 食用キノコの一種。秋、雑木林の中にかたまって生える。かさは灰色で小さい。ほんしめじ。

しめしあわ・せる【示し合わせる】〈動下一〉 前もって相談しておく。「示しあわす」ともいう。[例]手順を示し合わせる。

しめ(示)しがつかない 模範《もはん》を示すことができず、目上の者としての体面が保てない。

しめしめ〈感〉 たくらんだことがうまくいって、思わず出てくる喜びのことば。

じめじめ〈副・する〉 ❶不快にしめっぽいようす。[例]じめじめとした日が続く。[類]じとじと。❷陰気《いんき》なようす。[例]じめじめした話。

1 **しめ・す【示す】**〈動五〉 ❶相手にはっきりわかるように見せる。[例]見本を示す。方向を示す。❷相手につたえたい意味や気持ちがつたわるように、なにかの方法で表わす。[例]誠意を示す。態度で示す。[類]見せる。❸かたちに表わす。[例]実力を示す。関心を示す。[類]見せる。▽[ア]シメス

2 **しめ・す【湿す】**〈動五〉 水けをふくんだ状態にする。しめらせる。[例]真綿を水で湿す。[類]ぬらす。[ア]シメス

しめすへん【示偏】〈名〉 漢字の偏の一つ。「礼」「社」などの「ネ」の部分。[参考]もとは「示」であるが、楷書《かいしょ》で「ネ」と書かれるようになり、常用漢字では「ネ」の形を使う。ふつう、漢和辞典では「示」(五画)の部にふくまれる。

しめた〖占めた〗〈感〉 ものごとがうまくいったときに出すことば。[対]しまった。

しめだ・す【締め出す・閉め出す】〈動五〉 ❶[締め出す] なかまに入れないようにする。[例]日本製品を締め出す。[類]排斥《はいせき》する。シャットアウトする。❷[閉め出す] 門をとざして、人を家に入れないようにする。

しめたもの ⇩「しめる〔占める〕」の子項目

しめつ【死滅】〈名・する〉 その同類のものが、すべてほろんでしまうこと。[例]前世紀に死滅した動物。[類]絶滅。

じめつ【自滅】〈名・する〉 ❶自然にほろびること。❷自分のしたことで、自分がだめになること。[例]エラーで自滅する。[類]自壊《じかい》。

しめつけ【締め付け】〈名〉 しめつけること。束縛《そくばく》。[例]上からの締め付けがきつい。

しめつ・ける【締め付ける】〈動下一〉 ❶つよくしめる。❷自由を制限する。▽[類]圧迫《あっぱく》する。

しめっぽ・い【湿っぽい】〈形〉 ❶しっけをふくんでいる。じめじめしている。[例]せんたくものが、まだ湿っぽい。❷気分がはればれとしない。[例]湿っぽい気分。

しめて【締めて】〈副〉 金額を合計して、全部で。[例]締めて三万円になります。[表記]俗に「〆て」とも書く。

しめなわ【しめ縄】〖▽注▽連縄〗〈名〉 神聖なところを区別するために張《は》る縄。縄に紙のかざりをつける。

しめやか〈形動〉 ❶ひっそりとしてしずかだ。[例]雨がしめやかに降っている。❷しみじみとして かなしそうだ。[例]葬儀《そうぎ》がしめやかに行なわれた。

しめりけ【湿り気】〈名〉 ものや空気にわずかにふくまれている水分。[例]湿り気をおびる。[類]湿気《しっけ》。

1 **しめ・る【湿る】**〈動五〉 水けをふくんだ状態になる。[例]湿った空気。[対]かわく。[類]しける。[ア]シメル

2 **し・める【占める】**〈動下一〉 ❶自分のものにする。ある部分をふさぐ。[例]席を占める。勝ちを占める。味を占める(→「あじ〔味〕」の子項目)。学校の敷地《しきち》は、見はらしのいいおかの上を占めている。買い占める。❷ある地位をえる。[例]首席を占める。多数を占める。▽[ア]シメル

しめたもの もしそうなれば望みどおりだ。[例]ここまで来ればもうしめたものだ。[類]万々歳《ばんばんざい》。

3 **し・める【締める・絞める・閉める】**〈動下一〉 ❶[締める] きちんとまきつけるとか、つよくまわすなどして、ゆるんだり落ちたりしないようにする。[例]帯を締める。まわしを締める。ねじを締める。[対]ゆるめる。
❷[締める] たるんで、いいかげんになっているものを、緊張《きんちょう》させて、きちんとした状態にする。[例]気持ちを締める。ひき締める。[対]ゆるめる。
❸[締める・絞める] つよくまいたり おしつけたりする。[例]首を絞める。ニワトリを絞める(=絞めて殺す)。魚を絞める。にぎり締める。[対]ゆるめる。
❹[閉める] ひらいていたものをとじる。[例]窓を閉める。店を閉める(「廃業《はいぎょう》する」という意味でも使う)。[対]開ける。[類]とざす。
❺[締める] くぎりをつける。[例]帳簿《ちょうぼ》をしめる。 ↓し

後三条(ごさんじょう)天皇 (1034~73) 平安後期, 記録所を設けて荘園を整理し, 藤原氏の力を抑えようとした。

めて ▽ア シメル

表記 ③は、首のまわりを強く圧迫《あっぱく》するときは「絞める」と書く。⑤は、俗《ぞく》に「メる」と書かれることもある。

4 **しめる**〈助動〉 他のものに、ある動作をさせたり、ある状態を起こさせたりする意味を表わす。例 天候の激変《げきへん》は、彼女をして登頂の断念《だんねん》を決意せしめた。あれほどの人にそう言わしめた事情は何だったのか。

表現 文語の助動詞「しむ」の口語形であるが、「せる」「させる」よりかたい感じがあり、日常の会話ではあまり使わない。使うときは、動作をさせる対象を「…をして」で表わすことが多い。

接続 動詞の未然形と、「無《な》からしめる」「静かならしめる」のように、文語形容詞の未然形につく。

1 **しめん【四面】**〈名〉 ❶四つの面。例 四面体。四角四面。❷まわり。周囲。例 日本は四面を海にかこまれている。類 四方。

2 **しめん【紙面】**〈名〉 ❶紙のおもて。❷新聞の、記事や図版をのせた面。例 紙面をさく。紙面をにぎわす。類 紙上。❸印刷物の、各ページ。

3 **しめん【誌面】**〈名〉 雑誌の、記事や図版をのせたページ。類 誌上。

じめん【地面】〈名〉 土地の表面。土地。類 地表。

しめんそか【四面▼楚歌】〈名〉 どちらを見ても敵ばかりという感じ。類 孤立無援《こりつむえん》。

由来 中国古代の英雄《えいゆう》、楚の項羽《こうう》は、漢の劉邦《りゅうほう》と天下をあらそい、はじめは優勢だったが、しだいに劣勢《れっせい》となって、ついに垓下《がいか》の城で包囲された。ある夜、周囲の漢軍陣地《じんち》のあちこちからなつかしい楚の民謡《みんよう》が聞こえた。項羽は、楚の土地も民もすっかり漢の勢力下に入ってしまったことを思い、戦意をうしなった。

1 **しも【下】**〈名〉 ❶水などが流れていく方向。例 川下。風下《かざしも》。❷からだの、こしからしたの部分。例 下半身。❸一定の期間のうちの、あとの方。例 下半期。❹地位で、ひくい位置にある人。▽対 上《かみ》。

2 **しも【霜】**〈名〉 ❶夜、空気中の水蒸気が、地面やものの表面で結晶《けっしょう》して、こまかい氷となったもの。例 霜がおりる。霜ばしら。霜夜《しもよ》。遅霜《おそじも》。別れ霜。❷冷蔵庫《れいぞうこ》の冷却《れいきゃく》器などの表面にできる、こまかな氷の結晶。例 霜がつく。

表現 「頭《かしら》に霜をおく」のように、「しらが」の遠まわしな言いかたとして使うこともある。

3 **しも**〈副助〉 ❶とくに強調して示す意味を表わす。例 いましも新しい時代がはじまろうとしている。だれしもそんなことはしたくない。類 や。❷あとに打ち消しのことばがきて、部分的に否定する意味を表わす。例 かならずしもよいことではない。影響《えいきょう》なきにしもあらずだ。

表現 文語的な感じの助詞で、慣用句的な表現で使われることがよくある。

しもいちだんかつよう【下一段活用】〈名〉〔文法〕 動詞の活用の種類の一つ。五十音図の「エ段」に活用する。「入れる」「切れる」「ながめる」など。→巻末の「動詞の活用」

しもうさ【下▽総】〈名〉 旧国名の一つ。現在の千葉県北部と茨城県の一部。江戸時代の読本《よみほん》『南総里見八犬伝』の舞台《ぶたい》。上総《かずさ》とあわせて総州《そうしゅう》という。例 下総台地。

しもがれ【霜枯れ】〈名〉 霜のために草木がかれること。例 霜枯れの季節。

しもき【下期】〈名〉 下半期。対 上《かみ》期。

じもく【耳目】〈名〉 ❶自分の、聞く耳と見る目。例 耳目(=見聞《けんぶん》)を広める。耳目に触れる(=見聞《みきき》きする)。❷人々からの、関心や注目。例 耳目を集める。耳目を引く。❸手下《てした》の者。例 皇帝の耳目となって働く。

しもごえ【下肥】〈名〉 人の大小便を肥料としたもの。

しもざ【下座】〈名〉 地位の下の人がすわるべき場所。「げざ」ともいう。対 上座《かみざ》。類 末席。

しもじも【下下】〈名〉 権力というものに縁のない、ふつうの人々。例 下々の者。類 庶民《しょみん》。

しもたや【しもた屋】〈名〉 商店街の中にあって、商売をしていない住宅。参考 「仕舞《しも》うた屋」からできたことばで、「商売をやめてしまった家」の意味。

しもつき【霜月】〈名〉 陰暦《いんれき》で、十一月のこと。

しもつけ【下▽野】〈名〉 旧国名の一つ。現在の栃木《とちぎ》県。野州《やしゅう》。

しもて【下手】〈名〉 ❶川で、下流の方。類 川下。❷客席からみて、舞台《ぶたい》の左の方。▽対 上手《かみて》。

参考 「したて」「へた」と読むのはそれぞれ別のことば。

じもと【地元】〈名〉 ❶そのことに関係のある地方。例 地元の応援をうける。❷自分の住んでいる土地。

しもにだんかつよう【下二段活用】〈名〉〔文法〕 文語動詞の活用の種類の一つ。五十音図の「エ段」と「ウ段」に活用する。たとえば、「投ぐ(=投げる)」なら、「げ・げ・ぐ・ぐる・ぐれ・げよ」と変化する。

しもねた【下ネタ】〈名〉 性や排泄《はいせつ》に関する、下品で低俗《ていぞく》な話題。参考 「下《しも》」は「下半身」の意味。

じもの【地物】〈名〉 その土地の産物。地の物。

しものく【下の句】〈名〉 短歌で、五・七・五・七・七の、七・七の部分。対 上《かみ》の句。

しもばしら【霜柱】〈名〉 冬、土の中の水分がこおって、ほそい柱がたくさん集まったようなかたちになり、表面の土をもちあげているもの。例 霜柱がたつ。

しもはんき【下半期】〈名〉 会計年度のくぎりとする、後半の六か月。下期《しもき》。対 上半期。

しもぶくれ【下膨れ】〈名〉 顔の、したの方がふっくらしていること。

しもふり【霜降り】〈名〉 ❶霜がおりること。❷布地で、白いこまかい点をいちめんに織りだしたもの。❸脂肪《しぼう》がこまかく入りまじっている、上等な牛肉。霜降り肉。❹料理で、魚介《ぎょかい》や鳥肉を熱湯にくぐらせ、白くはぜるようにすること。

しもべ【▽僕】〈名〉 「召し使い」の古めかしい言いかた。

しもやけ【霜焼け】〈名〉 寒さで血行がわるくなり、手足の先などがはれてかゆくなること。類 凍傷《とうしょう》。

しもやしき【下屋敷】〈名〉 江戸《えど》時代、大名が上屋敷とは別に、江戸の市街地周辺につくった別荘《べっそう》風の屋敷。対 上屋敷。

1 **しもん【指紋】**〈名〉 人の指さきの内がわにある、多くの線でできたもよう。例 指紋がつく。指紋をとる。指紋押捺《おうなつ》。参考 一人ひとりちがっていて、一生かわらないので、本人をたしかめたり犯人をしらべたりするのに役だつ。

2 **しもん【試問】**〈名・する〉 問題をだし、解答をもとめて、人の素質や能力を知ろうとすること。例 口頭試問。

3 **しもん【諮問】**〈名・する〉 政策などについて、下部の者や、その方面の専門家に意見をもとめること。例 諮問機関。対 答申《とうしん》。類 諮《はか》る。

1 **じもん【自問】**〈名・する〉 自分にたずねること。例 自

コシャマイン　15世紀ごろのアイヌ民族の首長。和人(本州人)の進出に対して1457年反乱を起こした。

問自答。

[2]**じもん【地紋】**〈名〉布地に染め出したり織り出したりした模様。

じもんじとう【自問自答】〈名・する〉自分自身に問いかけて、自分で答えること。

しや【視野】〈名〉❶頭を動かさずに見える範囲《はんい》。例 草食動物は視野が広い。視野におさめる。類 視界。❷ 例 見かたや考えかたの範囲。例 視野がせまい。視野を広げる。この調子で行けば全国大会も視野に入ってくる。

常用漢字 **しゃ**

【写(寫)】 一部3 全5画 写写写写写
シャ うつす・うつる 教小3 音[シャ] ▨写真《しゃしん》。写生《しゃせい》。写経《しゃきょう》。写実的《しゃじつてき》。▨描写《びょうしゃ》。書写《しょしゃ》。映写室《えいしゃしつ》。被写体《ひしゃたい》。試写会《ししゃかい》。訓❶[うつす] 写す。写し。生き写し。❷[うつる] 写る。写り。写真写り。

【社(社)】 ネ部3 全7画 社社社社社
シャ やしろ 教小2 音[シャ] ▨社会《しゃかい》。社交的《しゃこうてき》。社長《しゃちょう》。社殿《しゃでん》。▨会社《かいしゃ》。商社《しょうしゃ》。入社《にゅうしゃ》。神社《じんじゃ》。訓[やしろ] 社。

【車】 車部0 全7画 車車車車車
シャ くるま 教小1 音[シャ] ▨車体《しゃたい》。車輪《しゃりん》。車庫《しゃこ》。車両《しゃりょう》。▨自動車《じどうしゃ》。電車《でんしゃ》。滑車《かっしゃ》。風車《ふうしゃ》。訓[くるま] 車。車いす。車社会。車座。車えび。歯車。注意「山車」は、「だし」と読む。

【舎】 人部6 全8画 舎舎舎舎舎
シャ 教小5 音[シャ] ▨舎監《しゃかん》。▨校舎《こうしゃ》。寄宿舎《きしゅくしゃ》。注意「田舎」は、「いなか」と読む。

【者(者)】 耂部4 全8画 者者者者者
シャ もの 教小3 音[シャ] ▨医者《いしゃ》。記者《きしゃ》。科学者《かがくしゃ》。患者《かんじゃ》。関係者《かんけいしゃ》。第三者《だいさんしゃ》。前者《ぜんしゃ》。後者《こうしゃ》。訓[もの] 者。愚か者。新参者。若者。何者。注意「猛者」は、「もさ」と読む。

【射】 寸部7 全10画 射射射射射
シャ いる 教小6 音[シャ] ▨射撃《しゃげき》。射殺《しゃさつ》。射的《しゃてき》。▨試射《ししゃ》。注射《ちゅうしゃ》。反射《はんしゃ》。放射線《ほうしゃせん》。訓[いる] 射る。

【捨】 扌部8 全11画 捨捨捨捨捨
シャ すてる 教小6 音[シャ] ▨捨象《しゃしょう》。▨四捨五入《ししゃごにゅう》。取捨《しゅしゃ》。喜捨《きしゃ》。訓[すてる] 捨てる。捨て去る。捨て金。捨て子。捨てぜりふ。捨て鉢。

【赦】 赤部4 全11画 赦赦赦赦赦
シャ 音[シャ] ▨赦免《しゃめん》。▨大赦《たいしゃ》。恩赦《おんしゃ》。容赦《ようしゃ》。

【斜】 斗部7 全11画 斜斜斜斜斜
シャ ななめ 音[シャ] ▨斜面《しゃめん》。斜線《しゃせん》。斜陽《しゃよう》。▨傾斜《けいしゃ》。訓[ななめ] 斜め。斜め読み。ご機嫌斜め。

【煮(煮)】 灬部8 全12画 煮煮煮煮煮
シャ にる・にえる・にやす 音[シャ] ▨煮沸《しゃふつ》。訓❶[にる] 煮る。煮立つ。煮物。煮汁。雑煮。❷[にえる] 煮える。煮えたぎる。煮え湯。生煮え。❸[にやす] 業を煮やす。

【遮】 辶部11 全14画 遮遮遮遮遮
シャ さえぎる 音[シャ] ▨遮光《しゃこう》。遮断《しゃだん》。遮蔽《しゃへい》。訓[さえぎる] 遮る。

【謝】 言部10 全17画 謝謝謝謝謝
シャ あやまる 教小5 音[シャ] ▨謝罪《しゃざい》。謝礼《しゃれい》。謝恩会《しゃおんかい》。謝絶《しゃぜつ》。▨陳謝《ちんしゃ》。慰謝料《いしゃりょう》。感謝《かんしゃ》。月謝《げっしゃ》。訓[あやまる] 謝る。平謝り。

【砂】 ⇩常用漢字さ〔砂〕

[1]**しゃ【社】**〈名〉「会社」のこと。例 いったん社にもどった。わが社。出版社。新聞社。ア シャ」

[2]**しゃ【▼紗】**〈名〉糸をからみあわせて織《お》った、目があらくうすい絹《きぬ》織物。夏の羽織《はおり》などに使う。類 絽《ろ》。羅《ら》。ア シャ

[3]**しゃ【車】**〈接尾〉自動車のこと。例 救急車。乗用車。

[4]**しゃ【者】**〈接尾〉❶あることをする人。例 研究者。指導者。発言者。類 人《にん》。❷ある状態にある人。例 関係者。当事者。被害者。類 者《もの》。❸あるものごとをかぞえることば。例 二者択一《たくいつ》。三者(＝先生と生徒と保護者)面談。

常用漢字 **じゃ**

【邪】 阝部5 全8画 邪邪邪邪邪
ジャ 音[ジャ] ▨邪悪《じゃあく》。邪推《じゃすい》。邪念《じゃねん》。邪道《じゃどう》。▨正邪《せいじゃ》。無邪気《むじゃき》。注意「風邪」は、「かぜ」と読む。

【蛇】 虫部5 全11画 蛇蛇蛇蛇蛇
ジャ・ダ へび 音❶[ジャ] ▨蛇口《じゃぐち》。蛇腹《じゃばら》。蛇の目《じゃのめ》。▨大蛇《だいじゃ》。毒蛇《どくじゃ》。❷[ダ] ▨蛇行《だこう》。蛇足《だそく》。▨長蛇《ちょうだ》(の列)。訓[へび] 蛇。

じゃ〈接〉「では」のくだけた言いかた。例 じゃ、始めようか。じゃ、さよなら。

ジャー〈名〉飲みものや食べものを入れて、温度を、長い時間一定にたもつための容器。類 ポット。◇jar

ジャーキー〈名〉干《ほ》し肉。例 ビーフジャーキー。ささみジャーキー。◇jerky

じゃあく【邪悪】〈形動〉悪や不正をこのむ、ねじけた心をもっている。例 邪悪な心。類 よこしま。

ジャージ〈名〉❶やわらかくてのびちぢみする、メリヤス地の布でつくった上下そろいの運動着。❷ラグビーの選手が着るシャツ。ラガーシャツ。◇jersey (＝イギリスの島の名)から。参考 ①は、英語では tracksuit または sweat suit という。

シャーシー〈名〉車体を支える台。車台。◇chassis

しゃあしゃあと〈副・する〉ずうずうしく、恥《はじ》を恥とも思わないようす。俗《ぞく》っぽい言いかた。例 うわさの主《ぬし》がよくもしゃあしゃあとこんな所へ来られたもんだね。いけしゃあしゃあと。類 ぬけぬけ。臆面《おくめん》もなく。

ジャーナリスティック〈形動〉ジャーナリズムにか

 呉昌碩(ごしょうせき) (1844～1927) 清(シン)末の画家・書家。古代の文字を研究し優れた篆刻(てんこく)作品を残す。

かわりのある。例ジャーナリスティックな活動。◇journalistic

ジャーナリスト〈名〉新聞・雑誌・放送などの記者、編集者。◇journalist

ジャーナリズム〈名〉新聞・雑誌・放送など、報道の事業。◇journalism

ジャーナル〈名〉定期的に刊行される雑誌や新聞。その名前に用いられる語。◇journal

シャープ 一〈形動〉するどい。例シャープな頭。二〈名〉❶楽譜《がくふ》で、音の高さを、本来の音より半音高くすることを指示する「♯」の記号。嬰《えい》記号。対フラット。→いげた③ ❷「シャープペンシル」の略。◇sharp

シャープペンシル〈名〉軸《じく》の中に入れたえんぴつのしんを、次々に出して書けるようになっている筆記具。シャープ。シャーペン。参考日本人が発明したもの。英語ではmechanical pencil などという。

シャーベット〈名〉果汁《かじゅう》に、砂糖や香料《こうりょう》などをくわえてこおらせた菓子《かし》。◇sherbet

シャーマニズム〈名〉原始宗教の一つ。シャーマンが呪術《じゅじゅつ》をつかって忘我《ぼうが》状態に入り、超《ちょう》自然的存在と交感し、吉凶《きっきょう》の占いや予言、悪霊《あくりょう》の払《はら》いなどを行なうもの。北アジアに多かった。◇shamanism 参考邪馬台国《やまたいこく》の卑弥呼《ひみこ》や、東北のイタコなどはこの系列につながる。

シャーマン〈名〉シャーマニズムの巫女《みこ》、あるいは男の祈禱《きとう》師。◇shaman

ジャーマン〈接頭〉ドイツ風の。例ジャーマンポテト。◇German

シャーレ〈名〉実験などで使う、ふちがあり丸くて浅いふたつきのガラスの皿。◇ドイツ Schale

[1]**しゃい【謝意】**〈名〉お礼やおわびの気持ち。例謝意を表する。

[2]**シャイ**〈名・形動〉内気で、はにかみやすいこと。◇shy

しゃいん【社員】〈名〉その会社につとめている人。例社員教育。社員食堂。正社員。

じゃ・う〈補動五〉「…でしまう」のくだけた言いかた。例読んじゃう。死んじゃう。→ちゃう

しゃうん【社運】〈名〉会社の運命。例社運をかけた新商品。

しゃおく【社屋】〈名〉会社で、その仕事が行なわれている建物。例社屋を新築する。

[1]**しゃおん【謝恩】**〈名〉おせわになった人に感謝すること。例謝恩会。謝恩セール。

[2]**しゃおん【遮音】**〈名・する〉音をさえぎること。類防音。

しゃか【シャカ・▽釈▼迦】〈名〉古代インドの、仏教の開祖。ブッダ(仏陀)。例お釈迦さま。釈迦如来《にょらい》。

釈迦に説法《せっぽう》 シャカに仏法を説くように、自分よりもよく知っている人に教えることのおろかさをいうことば。

ジャガー〈名〉北アメリカ南部から南アメリカにかけての森林にすむ、ヒョウに似《に》た猛獣《もうじゅう》。◇jaguar

しゃかい【社会】〈名〉❶組織をつくって共同生活をする人間の集団。家族や会社のような小さな集団から、都市や国家のような大きな集団まで、大きさの点でも、性格の点でも、いろいろな種類の社会がある。例社会を形成する。社会の一員。社会のしくみ。社会人《じん》。社会制度。❷世の中。せけん。例社会にでる。社会のかぜにあたる。社会の裏面《りめん》。社会面。実社会。❸同類のなかまとして連絡《れんらく》が保たれる集団。例子どもの社会。芸術家の社会。貴族社会。❹⇩しゃかいか 参考もともと、人間の集団についていうことばであるが、集団の組織をもつ「サルの社会」「アリの社会」など人間以外についてもいう。さらに、植物の群落も社会とみられる。

社会の窓《まど》 俗《ぞく》に、ズボンの前を閉じるファスナーやボタン。例社会の窓があいてるよ。

しゃがい【社外】〈名〉その会社のそと・外部。例社外に出向《しゅっこう》する。社外秘。対社内。

しゃかいか【社会科】〈名〉小・中学校の教科の一つ。政治・経済・地理・歴史などをまなび、社会生活へのただしい理解と態度とをやしなうことを目的とするもの。

しゃかいかがく【社会科学】〈名〉人間がつくりあげている社会を研究の対象とする学問。経済学・法学・社会学など。→じんぶんかがく・しぜんかがく

しゃかいがく【社会学】〈名〉社会科学の一分野。社会のいろいろな現象の法則などを研究する学問。

しゃかいけいやくせつ【社会契約説】〈名〉国家や社会は、個人の自由な意思による平等な契約として成立するという、近代民主主義のもととなった考え。一七～一八世紀、ホッブスや、ロック、ルソーなどがとなえた。対王権神授《しんじゅ》説。

しゃかいけんがく【社会見学】〈名〉社会生活への知識をひろげるために、工場や国の施設《しせつ》、旧跡や市場の競《せ》り、株主総会などの現場に行って見学すること。参考学校行事の一つだが、一般《いっぱん》にもひろがっている。

しゃかいげんしょう【社会現象】〈名〉❶学問や調査の対象としていう、社会の中のさまざまなものごと。❷全国的な人気の広がりや流行。例…が社会現象になる。類ブーム。

しゃかいじぎょう【社会事業】〈名〉公的な機関や団体が、めぐまれない人々を助けるために行なう事業。社会福祉《ふくし》事業。

しゃかいしゅぎ【社会主義】〈名〉生産手段の私有をやめて、ものをつくり出すしくみを社会全体のものとして、能力に応じて働き、働いたぶんだけの分配をうける、階級のない平等な社会にしようとする考え。対資本主義。→きょうさんしゅぎ

しゃかいじん【社会人】〈名〉実社会にでて働いている人。例学校を卒業して社会人となる。

しゃかいせい【社会性】〈名〉❶社会にひろく通用する性質。❷集団生活を円滑《えんかつ》に行なうための能力。例社会性を身につける。

しゃかいせいかつ【社会生活】〈名〉他人とのかかわりのなかで送る生活。

しゃかいてき【社会的】〈形動〉社会に関係がある。世の中における。例社会的責任。社会的使命。社会的地位。

しゃかいてつがく【社会哲学】〈名〉❶人間の集団としての社会を考察・研究の対象とする哲学。❷よりよい社会をつくっていくための基礎《きそ》となる思想。

しゃかいふくし【社会福祉】〈名〉社会全体の人々の幸福。とくに、めぐまれない人の生活をたすけること。

しゃかいふっき【社会復帰】〈名・する〉病気などで長く治療《ちりょう》していた人が治って、ふたたび社会的な活動を始めること。

しゃかいほけん【社会保険】〈名〉病気やけが、失業などをしたときに一定のお金を支給して国民の生活の安定をはかることを目的とした保険制度。社会保障制度の中心で、健康保険・雇用《こよう》保険・労災保険などがあり加入が義務づけられている。政府・地方公共団体・事業主・被《ひ》保険者が保険料を負担する。

しゃかいほしょう【社会保障】〈名〉一家の働き手が病気にかかったり死んだりしたときに、その家族の人たちが生活にこまらないように、社会保険などによって国が個人の生活を守ること。例社会保障制度。

しゃかいめん【社会面】〈名〉新聞で、事故や犯罪などの記事をのせたページ。→さんめんきじ

じゃがいも【じゃが芋】〈名〉イモの一種。寒い気候でもそだつ、世界でもっとも重要な作物の一つ。多年草で、地下にでんぷんにとむ、かたまりとなった茎《くき》ができる。多く、洋風料理で使う。日本では、北海道でとくに多くとれる。ばれいしょ。参考「じゃが」は、インドネシアの首都ジャカルタの古いよび名「ジャガタラ」から。

しゃかいもんだい【社会問題】〈名〉公害問題や失業問題など、たくさんの人々が共通して被害《ひがい》を受ける問題。例社会問題になる。

しゃが・む〈動五〉腰《こし》をおとして ひざをまげ、尻《しり》をうかした状態ですわる。類かがむ。蹲踞《そんきょ》。

しゃかりき〈副〉いっしょうけんめいに。やっきになって。俗《ぞく》っぽい言いかた。例しゃかりきになって働く。

しゃがれごえ【しゃがれ声】【▼嗄れ声】〈名〉⇩しわがれごえ

しゃが・れる【▼嗄れる】〈動下一〉⇩しわがれる

1**しゃかん**【車間】〈名〉走行中の車の、前後の車とのあいだ。例車間距離《きょり》(をたもつ)。

2**しゃかん**【舎監】〈名〉寄宿舎に住みこみ、寄宿生の監督《かんとく》をする人。

じゃき【邪気】〈名〉❶なんでも悪くとったりする、すなおさのない性格。❷むかし、人に病気をもたらすと信じられていた悪いもの。例邪気をはらう。参考①は「無邪気」ということばに生きており、独立に使うことは少ない。

シャギー〈名・形動〉❶毛織物の毛足が長いこと。例シャギーなセーター。❷毛先を不ぞろいにそいで、髪《かみ》のボリュームを軽くする切りかた。例毛先にシャギーを入れる。シャギーなショートヘア。◇shaggy

しゃきしゃき〈副・する〉❶やや固めの野菜やくだものをかんだときの、心地よい食感や歯切れの音のようす。例しゃきしゃきとした歯ざわりの大根。❷ものごとを手ぎわよく行なうようす。例仕事をしゃきしゃきとこなす。

しゃきっと〈副・する〉❶やる気があるようす。いきいきしているようす。例もっとしゃきっとしなさい。❷食べ物をかんだときの歯ごたえがよくさわやかである。

しゃきょう【写経】〈名〉経文《きょうもん》を書きうつすこと。

じゃきょう【邪教】〈名〉社会に害をあたえる宗教。類邪宗。

しやきょうさく【視野狭▼窄】〈名〉❶「視野①」がせまくなった症状《しょうじょう》。緑内障・網膜剥離《もうまくはくり》・中心性網膜炎・脳腫瘍《しゅよう》などが原因といわれる。❷「視野②」がせまい状態。類近視眼。

しゃきん【謝金】〈名〉お礼のためのお金。類謝礼。

しやく【試薬】〈名〉〔化学〕物質の成分をしらべたりするときに使う薬品。

常用漢字 **しゃく**

【尺】 尸部1 全4画 尺尺尺尺

シャク 教小6 音[シャク] 尺度《しゃくど》。尺貫法《しゃっかんほう》。尺八《しゃくはち》。一尺《いっしゃく》。縮尺《しゅくしゃく》。巻《ま》き尺《じゃく》。

【借】 亻部8 全10画 借借借借借

シャク かりる 教小4 音[シャク] 借用《しゃくよう》。借金《しゃっきん》。借地《しゃくち》。借景《しゃっけい》。借家《しゃくや》。仮借《かしゃく》。貸借《たいしゃく》。拝借《はいしゃく》。寸借詐欺《すんしゃくさぎ》。訓[かりる] 借りる。

【酌】 酉部3 全10画 酌酌酌酌酌

シャク くむ 音[シャク] 酌量《しゃくりょう》。斟酌《しんしゃく》。晩酌《ばんしゃく》。媒酌人《ばいしゃくにん》。訓[くむ] 酌む。酌み交わす。

【釈(釋)】 釆部4 全11画 釈釈釈釈

シャク 音[シャク] 釈明《しゃくめい》。釈然《しゃくぜん》。解釈《かいしゃく》。注釈《ちゅうしゃく》。保釈《ほしゃく》。希釈《きしゃく》。

【爵】 爫部13 全17画 爵爵爵爵爵爵

シャク 音[シャク] 爵位《しゃくい》。

1**しゃく**【▼勺】〈名・接尾〉❶尺貫《しゃっかん》法の容積の単位。一合の十分の一で、約〇・〇一八《リットル》。❷尺貫法の面積の単位。一坪《つぼ》の百分の一で、約〇・〇三三平方《メートル》。▽アシャク

2**しゃく**【尺】■一〈名・接尾〉尺貫《しゃっかん》法の長さの単位。一寸の十倍で、約三〇・三《センチメートル》。■二〈名〉❶長さ。例尺をはかる。尺をとる(=手の指で長さをはかる)。❷ものさし。▽古風な言いかた。❸映画や放送で、時間の長さを表わす業界用語。例尺が余る。尺が足りない。▽アシャク

3**しゃく**【▼笏】〈名〉神主《かんぬし》などが、束帯《そくたい》という礼服をきたときに、右手にもつ細長いうすい板。アシャク

4**しゃく**【酌】〈名〉酒を、相手のコップやさかずきにつぐこと。「お酌」ともいう。例酌をする。アシャク
表現 自分のさかずきにつぐのを「手酌《てじゃく》」、自分一人だけで飲むのを「独酌《どくじゃく》」という。

5**しゃく**【▼癪】〈名・形動〉不愉快《ふゆかい》で、はらがたつこと。例しゃくの種。こしゃく。アシャク

しゃくに障《さわ》る いまいましくて、いらいらする。類癇《かん》にさわる。腹立たしい。

常用漢字 **じゃく**

【若】 艹部5 全8画 若若若若若

ジャク・ニャク わかい・もしくは 教小6 音❶[ジャク] 若年《じゃくねん》。若輩《じゃくはい》。若干《じゃっかん》。傍若無人《ぼうじゃくぶじん》。自若《じじゃく》。❷[ニャク] 老若《ろうにゃく》。訓❶[わかい] 若い。若返る。若葉。若年寄。若武者。若者。❷[もしくは] 若しくは。注意「若人」は、「わこうど」と読む。

【弱】 弓部7 全10画 弱弱弱弱弱

ジャク よわい・よわる・よわまる・よわめる 教小2 音[ジャク] 弱点《じゃくてん》。弱小《じゃくしょう》。弱年《じゃくねん》。弱冠《じゃっかん》。強弱《きょうじゃく》。衰弱《すいじゃく》。軟弱《なんじゃく》。十人弱《じゅうにんじゃく》。訓❶[よわい] 弱い。弱火。弱虫。弱腰。弱音(を吐く)。ひ弱。❷[よわる] 弱る。弱り目にたたり目。❸[よわまる] 弱まる。❹[よわめる] 弱める。

 後醍醐(ごだいご)天皇 (1288～1339) 鎌倉幕府を倒し天皇親政を実現。足利尊氏に攻められ吉野に逃れた。

【寂】 宀部8 全11画 ※ 寂寂寂寂寂

ジャク・セキ さび・さびしい・さびれる 音❶[ジャク] ▨寂滅《じゃくめつ》。▨閑寂《かんじゃく》。静寂《せいじゃく》。❷[セキ] ▨寂然《せきぜん》。寂漠《せきばく》。寂寥《せきりょう》。訓❶[さび] 寂。❷[さびしい] 寂しい。寂しがる。❸[さびれる] 寂れる。

じゃく【弱】 一〈名〉❶機器のはたらきがよわめであること。例扇風機のスイッチを弱にする。❷よわい者。弱者。例弱肉強食。一強五弱(＝六チームのうちの一チームだけがとびぬけて強い場合など)。二〈接尾〉数量を表わすことばにつけて、それよりやや少ないことを表わす。例徒歩で一時間弱かかる。類足らず。▽対強。

しゃくい【爵位】〈名〉貴族にあたえられる称号《しょうごう》や身分。参考明治の法律(「華族《かぞく》令」)では、華族に、公爵・侯爵《こうしゃく》・伯爵《はくしゃく》・子爵・男爵の五階級がさだめられていた。ヨーロッパの貴族の階級についてもいう。

しゃく・う【▼杓う】〈動五〉くぼんだもので液体などをすくう。例スプーンでしゃくう。類しゃくる。

しゃくえ【赤▽衣】〈名〉赤い着物。

じゃくおんき【弱音器】〈名〉楽器に取りつけて、音を通常よりも小さくする装置《そうち》。ミュート。

しゃくざい【借財】〈名〉「借金」の古い言いかた。

しゃくし【▼杓子】〈名〉みそしるなどをすくう道具。小さなさらの形をした部分に柄《え》がついている。おたま。例ねこも杓子も(→「ねこ」の子項目)。

しゃくじ【借字】〈名〉耳にした外国語の音声を漢字の音や訓をかりて表記したもの。たとえば梵語《ぼんご》の音訳や万葉仮名など。

じゃくし【弱視】〈名〉めがねをかけてもそれが役にたたないほど、視力が弱いこと。

ジャグジー〈名〉数か所のはき出し口から、ぼこぼこと大量の気泡《きほう》を出す浴槽《よくそう》。参考もと、アメリカのジャクージ(Jacuzzi)社の商標名。

しゃくしじょうぎ【しゃくし定規】【▼杓子定規】〈名・形動〉たった一つの基準を、すべての場合にあてはめようとする、ゆうずうのきかない考えかたやりかた。例しゃくし定規な考え。由来柄《え》が湾曲《わんきょく》しているしゃくしを、むりやり定規として使う意味から。

じゃくしゃ【弱者】〈名〉弱い立場の人。例弱者救済。対強者。

しゃくしゃく【▼綽▼綽】 落ち着いてゆとりがあるさまを表わし、多く「余裕《よゆう》綽々」の形で使うことば。⇩よゆうしゃくしゃく

しやくしょ【市役所】〈名〉市の行政上の事務をとりあつかう役所。市庁。

じゃくしょう【弱小】〈形動〉よわくて小さい。例弱小な国家。弱小民族。対強大。

しゃくぜん【釈然】〈副・連体〉うたがいやうらみなどの気持ちが心から消えさって、はればれしている。多く、「釈然としない」の形で使う。例これだけくわしく事情を説明されても、どうも釈然としない。

じゃくたい【弱体】 一〈名〉よわいからだ。二〈名・形動〉体制や組織などにまとまりがなかったり、力不足だったりして、たよりないこと。例弱体化。

しゃくち【借地】〈名〉土地をかりること。かりた土地。例借地料。

じゃぐち【蛇口】〈名〉水道管の先にとりつけて、水を出したりとめたりする金属製の装置。例蛇口をひねる。

じゃくてん【弱点】〈名〉人からせめられたりするところ。類弱み。短所。欠点。例弱点をカバーする。ウイークポイント。泣き所。穴。弱点をつく。弱点をにぎる。

じゃくでん【弱電】〈名〉通信関係や家庭用に使う弱い電流。例弱電部門。弱電メーカー。対強電。

しゃくど【尺度】〈名〉ものをはかったり、評価したりする基準。例尺度がちがう。文明の尺度。類ものさし。

しゃくどう【赤銅】〈名〉銅に、金や銀をまぜた合金。

しゃくどういろ【赤銅色】〈名〉赤茶色。例赤銅色をしたはだ。

しゃくとりむし【尺取り虫】〈名〉ガの一種の幼虫。樹木の葉を食べる害虫。参考人が指で長さをはかる(＝「尺を取る」という)ようなかっこうで歩くことからの名。

しゃくなげ【石南▽花】〈名〉高山に生える常緑低木。初夏、白や赤いツツジに似《に》た花がかたまってさく。

じゃくにくきょうしょく【弱肉強食】〈名〉弱いものを犠牲《ぎせい》にして、強いものがさかえること。例弱肉強食の戦国時代。

しゃくねつ【▼灼熱】〈名・する〉やけてあつくなること。やけつくようにあついこと。例灼熱した溶鉱炉《ろ》。灼熱の太陽。灼熱の恋《こい》。類焦熱《しょうねつ》。炎熱《えんねつ》。
表現「灼熱の恋」は、はげしい恋愛のこと。

じゃくねん【若年・弱年】〈名〉まだ一人前の社会人としてみとめられない、年のわかい人。類若齢《じゃくれい》。

じゃくはい【若輩・弱輩】〈名〉年がわかくて、経験不足な、未熟な者。例わたしのような若輩には任がおもい仕事です。若輩のくせに大きなことを言うな。類青二才。
表現自分のことを謙遜《けんそん》したり、目下の者をばかにして言ったりするときに使う。

しゃくはち【尺八】〈名〉竹製のたて笛。長さは一尺八寸(＝約五五センチメートル)で、五つの指穴があり、はしをななめに切った歌口《うたぐち》から息をふきこんで鳴らす。
表現ふつう一本二本と数えるが、笛の一種なので一管《いっかん》二管《にかん》も使う。

しゃくぶく【▽折伏】〈名・する〉〔仏教〕人を説きふせて、自分の宗派の信者にすること。

しゃくほう【釈放】〈名・する〉とらえられていた人を許して、自由にすること。例身がらを釈放する。対逮捕《たいほ》。

しゃくま【借間】〈名・する〉お金をはらって、部屋を借りること。借りている部屋。類間借《まが》り。

しゃくめい【釈明】〈名・する〉人の非難などに対して、そうしなければならなかった立場や事情を説明すること。類解放。無罪放免《むざいほうめん》。

じゃくめつ【寂滅】〈名〉〔仏教〕心の迷いから解きはなたれて、悟《さと》りの境地にはいること。静かな死を意味することもある。例寂滅為楽《いらく》(＝寂滅こそ真の楽しみ)。類弁明。申し開き。

しゃくや【借家】〈名〉お金をはらって、借りてすむ家。かりや。かりいえ。対貸家《かしや》。持ちいえ。

しゃくやく【▼芍薬】〈名〉庭などにうえる多年草。初夏、赤や白の大きな花がさく。→ぼたん 表現

しゃくよう【借用】〈名・する〉人から借りて使うこと。例借用証書。

しゃくりあ・げる【しゃくり上げる】〈動下一〉かたをふるわせて、息をはげしくすいこむようにして泣く。類むせぶ。

しゃくりょう【酌量】〈名・する〉人の気持ちや事情を察して、同情をしめすこと。例酌量の余地がある。情状

酌量。類斟酌《しんしゃく》。

しゃく・る〖▼杓る〗〈動五〉❶水などをすくいとる。例しるをしゃくる。類しゃくう。❷中がくぼんだ形になるようにけずりとる。類えぐる。❸すくうように上げる。例あごをしゃくる。

じゃくれい【若齢・弱齢】〈名〉年齢が若いこと。例若齢者。対高齢。老齢。類若年。

しゃく・れる〖▼杓れる〗〈動下一〉中がくぼんでいる。例しゃくれたあご。

しゃけ〖▼鮭〗〈名〉⇩さけ〔鮭〕

しゃげき【射撃】〈名・する〉銃《じゅう》や大砲《たいほう》で、弾《たま》をうつこと。例射撃の名人。

ジャケット〈名〉❶こしぐらいの長さのうわぎ。❷レコード・CD・DVDや本のカバー。◇jacket

しゃけん【車検】〈名〉国がきめた保安基準にしたがって、定期的に行なう自動車の車体検査。

じゃけん【邪険】〖邪▼慳〗〈形動〉思いやりやさしさがみられない。例邪険にあつかう。

[1]**しゃこ**【車庫】〈名〉電車や自動車などを入れておく建物。とくに、ガレージ。

[2]**しゃこ**〖▼蝦▼蛄〗〈名〉節足動物の一種。海底のどろの中にすむ。全長一五《センチメートル》ぐらいで、エビに似《に》ている。すしのねたなどにする。

[1]**しゃこう**【社交】〈名〉社会生活をしていくために必要な、世の中の人々とのつきあい。例社交界。社交家。社交的。社交性。

[2]**しゃこう**【射幸】〖射▼倖〗〈名〉自分の努力によらず、幸運や偶然《ぐうぜん》の成功をあてにすること。

[3]**しゃこう**【遮光】〈名・する〉ひかりをさえぎること。例遮光カーテン。

じゃこう【▼麝香】〈名〉動物性の香料《こうりょう》の一種。ジャコウジカのおすからとったもの。

しゃこうかい【社交界】〈名〉上流階級の人々の交際の世界。例社交界にデビューする。

しゃこうじれい【社交辞令】〈名〉心から出たことばではなく、その場をとりつくろうための、口さきだけのあいさつやことば。外交辞令。

しゃこうしん【射幸心】〖射▼倖心〗〈名〉努力しないで、偶然《ぐうぜん》をたよりに利益を得ようとする気持ち。かけごとなどについていう。例射幸心をそそる。

しゃこうせい【社交性】〈名〉人とうまく交際していける性質。例社交性がある。

しゃこうダンス【社交ダンス】〈名〉音楽に合わせて、男女が一組になっておどるダンス。ソシアルダンス。

しゃこうてき【社交的】〈形動〉人とつきあうのがじょうずだ。例社交的な人。

しゃさい【社債】〈名〉株式会社が資金を集めるために発行する証券。類国債。公債。

しゃざい【謝罪】〈名・する〉人に迷惑《めいわく》や損害をかけたことに対して、申しわけないという気持ちをあらわすこと。例謝罪文。謝罪広告。類陳謝《ちんしゃ》。わび。あやまる。

しゃさつ【射殺】〈名・する〉銃《じゅう》などで、うち殺すこと。

[1]**しゃし**【斜視】〈名〉ものを見るときに、両方の視線が同じ方角をむかない目。類やぶにらみ。寄り目。

[2]**しゃし**【▼奢▼侈】〈名〉身分以上に、ぜいたくをすること。例奢侈に流れる。

[1]**しゃじ**【社寺】〈名〉神社とお寺。

[2]**しゃじ**【謝辞】〈名〉お礼やおわび、とくにお礼のことば。例謝辞を述《の》べる。

しゃじく【車軸】〈名〉車の心棒。

車軸を流《なが》すような 車軸のような太い雨がたたきつけるように降ってくる、大雨のようすをいうことば。

しゃじつ【写実】〈名〉目に見えた実際の状態を、そのまま文章や絵などにうつし出すこと。例写実的。

しゃじつしゅぎ【写実主義】〈名〉ものごとをありのままにえがき出そうとする、芸術上の一つの立場。一九世紀後半からおこった。リアリズム。

じゃじゃうま【じゃじゃ馬】〈名〉きかん気でわがままな、あつかいにくい女性。
表現「おてんば」はおもに幼女から少女についていい、「じゃじゃ馬」は、おとなの若い女性についていう。

しゃしゃり・でる【しゃしゃり出る】〈動下一〉当事者をさしおいて、ずうずうしく出しゃばる。

しゃしゅ【車種】〈名〉自動車の種類。例新型車種。参考その分けかたは、用途《ようと》や、型、年式、メーカーが設《もう》けたシリーズなど、さまざまである。

じゃしゅう【邪宗】〈名〉人の心をまよわせて、社会に害をあたえるような宗教。邪宗門《じゃしゅうもん》。類邪教。

じゃしゅうもん【邪宗門】〈名〉江戸《えど》時代、世を害するものとして禁じられたキリシタン(キリスト教)をおとしめていった語。

[1]**しゃしょう**【車掌】〈名〉電車やバスなどで、発車の合図やドアの開閉操作《そうさ》、車内の事務などの仕事をする乗務員。

[2]**しゃしょう**【捨象】〈名・する〉考えをまとめるときに、そこで必要なもの以外をすてさること。例「日本人」「アメリカ人」のように言うと、その集団内の多様性が捨象されがちになる。対抽象《ちゅうしょう》。

じゃしょう【邪正】〈名〉邪悪なことと、正しいこと。類善悪。

しゃしょく【写植】〈名〉「写真植字」の略。活字を使わず、文字を一つずつ写真にとってならべ、印刷の版をつくること。

しゃしん【写真】〈名〉カメラでうつした画像を、印画紙にやきつけたもの。例写真をとる。写真家。
表現 (1)パソコンや携帯電話で見る画像にもいう。(2)一枚二枚と数える。証明写真などは一葉《いちよう》二葉《によう》と数えることがある。

じゃしん【邪心】〈名〉悪いことをたくらむ気持ち。例邪心がわく。邪心をすてる。

しゃしんき【写真機】〈名〉カメラ。

ジャス【JAS】〈名〉日本農林規格。農・林・水・畜《ちく》産物とその加工品の品質保証に関する規格。◇Japanese Agricultural Standard の略。

ジャズ〈名〉〔音楽〕一九世紀から二〇世紀にかけて、アメリカの黒人のあいだでおこった軽快なリズムの音楽。例モダンジャズ。◇jazz

じゃすい【邪推】〈名・する〉人が言ったりしたりしたことを、わざわざ悪意があるようにうけとること。類曲解。

ジャスト〈名〉ぴったり。ちょうど。数値などが、きりがよいことを表わすことば。例いま、ジャスト十二時です。身長は一七〇センチジャストです。◇just

ジャストミート〈名・する〉球技、とくに野球で、タイミングよくボールの中心にバットなどの芯《しん》を当てて打つこと。◇just と meet による日本での複合語。

ジャスミン〈名〉熱帯や亜《あ》熱帯に多い常緑低木。かおりのよい白い花をつける。花からは香水《こうすい》をつくる。◇

コッホ(1843～1910) ドイツの医学者。結核菌やコレラ菌を発見。ツベルクリンを作った。

jasmine

しゃ・する【謝する】〈動サ変〉「感謝する」「謝罪する」のあらたまった言いかた。例厚意を謝する。非礼を謝する。来客を謝する(=ことわる)。

しゃせい[1]【写生】〈名・する〉実際のようすをありのままに絵や文章にえがき出すこと。スケッチ。

しゃせい[2]【射精】〈名・する〉雄《おす》が、尿道《にょうどう》を通じて精液を放つこと。

しゃせいぶん【写生文】〈名〉表現しようとするものをあるがままに書く文章。正岡子規《まさおかしき》が主張した。

しゃせつ【社説】〈名〉新聞社や雑誌社などが、その社の意見として発表する論説。

しゃぜつ【謝絶】〈名・する〉「お気持ちはありがたいけれども」と言ってことわること。例面会謝絶。

しゃせん[1]【車線】〈名〉道路の上にひいた、その中を自動車が走るようにした線。自動車がならんで走れる台数で道路のはばを表わす。例片がわ三車線。

しゃせん[2]【斜線】〈名〉ななめにひいた線。

しゃそう【車窓】〈名〉列車や自動車などの窓。

表現 中から外を見るときに、「車窓のけしき」のように使うことばで、「車窓をそうじする」のようには使わない。

しゃたい【車体】〈名〉電車や自動車などで、人やにもつをのせる部分。類ボディー。

しゃたく【社宅】〈名〉社員やその家族がすむために、会社で用意した家。

しゃだつ【▼洒脱】〈形動〉さらっとしていて、あかぬけている。例洒脱な文章。軽妙《けいみょう》洒脱。

しゃだん【遮断】〈名・する〉つづいていたものの流れをさえぎって、とめること。例交通を遮断する。類ブロック。

しゃだんき【遮断機】〈名〉ふみきりで、列車が通過するときに人や車をとめる装置《そうち》。類開閉機。

しゃだんほうじん【社団法人】〈名〉〔法律〕共通の目的をもった人々の団体を基礎《きそ》として運営される組織。農業協同組合など。→ほうじん〔法人〕

しゃち【▼鯱】〈名〉海にすむ哺乳《ほにゅう》動物の一種。イルカのなかま。性質があらく、するどい歯をもっていて、むれをつくってクジラなどをおそう。オルカ。

しゃちほこ【▼鯱・▼鯱▼鉾】〈名〉❶頭はトラに似《に》ていて、背にとげがあり、からだは魚の形をしているといわれる動物。❷「①」のさかだちした形を金属などでつくって、城の天守閣のやねの両はしにとりつけたもの。→おにがわら 絵

しゃちほこば・る〈動五〉緊張《きんちょう》して、かしこまった態度をとる。「しゃっちょこばる」ともいう。

しゃちゅう【社中】〈名〉❶会社のなか。類社内。❷邦楽《ほうがく》や詩歌関係の同門のなかま。

しゃちょう【社長】〈名〉会社の経営の最高責任者。

シャツ〈名〉❶上半身に着るしたぎ。❷「ワイシャツ」のこと。例カラーシャツ。◇shirt

参考 ①は、英語では undershirt という。

じゃっか【弱化】〈名・する〉力などが前より弱くなること。また、弱くすること。例都市機能が弱化する。対強化。類弱体化。

ジャッカル〈名〉オオカミに似《に》た動物。アフリカに多くすむ。夜行性で、親と子からなる群れで動く。小動物をとらえて食べるが、ライオンのあとをつけてその食べ残しの肉を食べたりもする。◇jackal

しゃっかん【借款】〈名〉国と国とのあいだのお金の貸し借り。例借款を供与《きょうよ》する。ドル借款。

じゃっかん[1]【若干】〈名・副〉数量をはっきりはいえないが、それほど多くはない状態であること。いくらか。例若干の修正を行なう。うたがわしい点が若干ある。若干名。類そこばく。なにがしか。

じゃっかん[2]【弱冠】〈造語〉まだ若いのに、おとなや経験豊富な人ときそってすぐれた成果をあげたときの、年齢《ねんれい》を表わす。わずか。例弱冠十七歳《さい》で芥川《あくたがわ》賞候《こう》補《ほ》となる。

由来 元来は、中国の古典で男子二十歳のこと。「弱」は二十歳、「冠」は元服《げんぶく》してかんむりをかぶる意味。

しゃっかんほう【尺貫法】〈名〉長さに尺、重さに貫、体積に升《しょう》の単位を使う、日本古来のはかりかた。

参考 一九五九年に廃止《はいし》され、メートル法で統一された。一尺は〇・三〇三《メートル》、一貫は三・七五《キログラム》、一升は一・八《リットル》。→メートルほう・ヤードポンドほう

じゃっき[1]【▼惹起】〈名・する〉事件や問題、ある症状《しょうじょう》や心理状態などをひきおこすこと。例民族紛争《ふんそう》を惹起する。

ジャッキ[2]〈名〉自動車など重いものを下からもち上げる工具。◇jack →ウインチ 絵

しゃっきん【借金】〈名・する〉お金を借りること。借りたお金。例親に(から)借金する。借金がある。借金がかさむ。借金を返す。借金をとりたてる。借金取り。類借財。負債《ふさい》。

しゃっく【赤口】〈名〉正午だけ吉《きち》で、あとは凶《きょう》とされる日。「しゃっこう」ともいう。

ジャック〈名〉❶トランプで、兵士のすがたをえがいたカード。十一にあたる。❷電気器具のプラグのさしこみ口。例イヤホンジャック。◇jack

ジャックナイフ〈名〉大型のおりたたみ式のナイフ。◇jackknife

しゃっくり〈名・する〉横隔膜《おうかくまく》が収縮し、空気が急にすいこまれることによって、くり返し変な音がでること。

しゃっけい【借景】〈名〉敷地《しきち》のむこうの景色を、自分の庭の遠景として、うまくとり入れること。

ジャッジ〈名〉❶「審判《しんぱん》員」のこと。❷ボクシングやレスリング、テニス、バレーボールなどの副審。例ラインジャッジ(=線審)。❸〈する〉判定。例ミスジャッジ。◇①②judge ③judgement の略。

シャッター〈名〉❶防犯用や防災用の、細長い金属板をつなぎ合わせたよろい戸。例シャッターをおろす。❷カメラで、一定時間だけ光をとおすために開閉する装置。例シャッターをきる。◇shutter

しゃっちょこば・る〈動五〉⇩しゃちほこばる

シャットアウト〈名・する〉❶よけいなものが中に入らないように、しめ出すこと。❷⇩かんぷう〔完封〕① ◇shutout

シャッフル〈名・する〉❶トランプを「切る」こと。カードの順番をまぜること。❷音楽プレーヤーで、曲をランダム再生すること。◇shuffle

シャッポをぬ(脱)ぐ「とてもかなわない」と降参する。類かぶとを脱ぐ。脱帽《だつぼう》する。参考 シャッポ(フランス chapeau)は、「帽子」の古い言いかた。

しゃてい[1]【舎弟】〈名〉自分の弟。いかめしい言いかた。

しゃてい[2]【射程】〈名〉❶発射した弾《たま》のとどく距離《きょり》。例標的が射程に入る。射程圏内《けんない》。❷能力のおよぶ範囲《はんい》。例この成績なら難関《なんかん》校合格が射程に

入る。射程圏内。参考「射程距離」は、重言《じゅうげん》(重複《ちょうふく》表現)ではあるが、よく使われる。

しゃてき【射的】〈名〉❶まとをねらって銃をうつこと。❷温泉場などの遊技場で、おもちゃの銃にコルクのたまをつめ、まとになる人形などをねらってうつ遊び。

しゃでん【社殿】〈名〉神社で、神霊《しんれい》をまつってある建物。類やしろ。

しゃどう【車道】〈名〉道路で、車だけがとおるところ。対歩道。人道。

じゃどう【邪道】〈名〉まともでない、まちがった行ないや方法。例邪道におちる。そんなやりかたは邪道だ。対正道。

シャトル〈名〉❶空港と駅の間など、特定の経路を往復する乗り物。例シャトルバス。シャトル便。❷バドミントンの羽根《はね》。シャトルコック。◇shuttle

シャトルラン〈名〉体力テストの一種目。電子音を合図に二〇メートルを往復できた回数を記録するもの。◇shuttle run

1**しゃない【車内】**〈名〉電車や自動車などの中。例新幹線の車内販売《はんばい》。類車中。

2**しゃない【社内】**〈名〉その会社の中・内部。例社内報。社内結婚《けっこん》。対社外。

しゃなりしゃなり〈副・する〉女性っぽく、腰をくねらせながら気どって歩くようす。

しゃ(斜)にかま(構)える 皮肉な態度をとる。「はすに構える」ともいう。参考剣道《けんどう》で、刀をななめに構えて相手の攻撃《こうげき》にそなえることから出た言いかた。正々堂々の「正眼の構え」とちがうところに特色がある。

しゃにくさい【謝肉祭】〈名〉⇩カーニバル

しゃにむに【遮二無二】〈副〉ほかのことは考えないで、ただがむしゃらに。例しゃにむにつきすすむ。注意「がむしゃら(だ)」などとまぎれ、「しゃにむ(だ)」という形容動詞があるかのように誤解《ごかい》して、「しゃにむな猛《もう》勉強」のように使うのはあやまり。

[じゃのめ]

じゃねん【邪念】〈名〉不純な気持ち。例邪念をはらう。類雑念。

じゃ(蛇)のみち(道)はへび(蛇) 蛇の通り道は蛇が知る。どんな方面にもその道に通じた人がある。

じゃのめ【蛇の目】〈名〉❶ふとい輪の形のもよう。❷「蛇の目傘《がさ》」の略。地色に、白いふとい輪の形のもようをつけた傘。類からかさ。番がさ。▽絵

1**しゃば【車馬】**〈名〉乗り物。アシャバ

2**しゃば【▼娑婆】**〈名〉❶刑務《けいむ》所のようなところからみた、外の自由な世界。❷〔仏教〕いろいろな苦しみや欲望、誘惑《ゆうわく》などの多い人間の世界。◇もとサンスクリット語。▽アシャバ

しゃばけ【▼娑婆気】〈名〉俗《ぞく》世間の名誉《めいよ》や利益からはなれられない気持ち。「しゃばっけ」ともいう。例娑婆気が多い。娑婆気がぬけない。類俗気。

じゃばら【蛇腹】〈名〉アコーディオンの胴《どう》のように、のびちぢみが自由にできるもの。絵

しゃびしゃび(方言) 水っぽいようす。東海地方で言う。しゃびんしゃびん。例このカレー、しゃびしゃび。

じゃびせん【蛇皮線】〈名〉沖縄《おきなわ》の代表的な弦楽器《げんがっき》。ヘビの皮をはった胴《どう》と竿《さお》に三本の弦をはってある。三味線《しゃみせん》のもとになったもの。

しゃふ【車夫】〈名〉人力車を引く職業の人。くるまひき。

しゃぶ〈名〉「覚醒剤《かくせいざい》」の俗称《ぞくしょう》。ふつう「シャブ」と書かれる。例シャブ漬《づ》け。

ジャブ〈名〉ボクシングで、前方に構えた手で軽くこきざみに打つパンチ。例ジャブを出す。◇jab

[じゃばら]

しゃふく【車幅】〈名〉自動車や列車の、車両のはば。しゃはば。例車幅がせまい。車幅灯。車幅感覚。

しゃぶしゃぶ〈名〉うす切りの牛肉を、火にかけたなべの熱湯にさっとくぐらせて、たれをつけて食べるなべ料理。

しゃふつ【煮沸】〈名・する〉湯をぐらぐら煮《に》たたせること。例哺乳瓶《ほにゅうびん》を煮沸消毒する。

シャフト〈名〉❶動力を伝達するための回転軸《じく》。❷ゴルフのクラブなどの長い柄《え》。◇shaft

しゃぶ・る〈動五〉口の中に入れて、すったりなめたりする。例指をしゃぶる。

しゃへい【遮蔽】〈名・する〉おおいをして、外から見えないようにすること。例遮蔽幕《まく》。類隠蔽《いんぺい》。

しゃべく・る【▼喋くる】〈動五〉ぺらぺらとめどなくよくしゃべる。俗《ぞく》な言いかた。

ジャベリック〈名〉小・中学生や障害者向けの、やり投げの代わりとする日本独自の種目。例ジャベリックスロー。ジャベリックボール。参考javelin(=やり)からつくったことば。

1**しゃべ・る【▼喋る】**〈動五〉ものを言う。口かず多く話す。例よくしゃべる。秘密をしゃべる。アシャベル

表現 親しい者や、うちわの者どうしで気楽にことばをかわす場合にいい、話題も、どうでもいいことである場合が多い。名詞で使うときは「おしゃべり」がふつう。

2**シャベル**〈名〉土や砂などを掘《ほ》ったりすくったりするのに使う、さじ形の道具。「ショベル」ともいう。東日本では片手に持って使う小型のもの、西日本では両手で持って使う大型のものをいうことが多い。類スコップ。◇shovel アシャベル

しゃへん【斜辺】〈名〉〔数学〕直角三角形の三つの辺のうちで、直角とむかいあう辺。もっとも長い辺。

しゃほん【写本】〈名〉本を手で書きうつしたもの。印刷術の発達していない時代に多く行なわれた方法。おもにそういう古い時代に書きうつされたものをいう。対刊本《かんぽん》。

シャボン〈名〉「石鹸《せっけん》」の古い言いかた。◇スペイン jabón

シャボンだま【シャボン玉】〈名〉石鹸《せっけん》を水にとかして、ストローなどにつけて吹くとできる、あわの玉。

 後藤象二郎(しょうじろう) (1838～97) 土佐藩士。大政奉還の実現に努力。新政府参議。のち自由党結成に参加。

じゃま【邪魔】〈形動・名・する〉なにかの妨害《ぼうがい》になること。よけいなもののために、さまたげられること。例仕事を邪魔する。邪魔が入る。通行の邪魔になる。邪魔な人。前の人の頭が邪魔で、舞台《ぶたい》が見えない。邪魔者。
表現「お邪魔します」は、人を訪問してへやに入るときのあいさつのことば。「お邪魔しました」は帰るときのことば。

じゃまくさい（方言） めんどうくさい。おもに関西で言う。表記「邪魔臭い」と漢字で書かれることもある。

じゃまだて【邪魔立て】〈名・する〉わざとじゃまをすること。やや古めかしい言いかた。

じゃまっけ【邪魔っ気】〈形動〉なんとなくじゃまな感じだ。例邪魔っ気なものを取りのぞく。

じゃみじゃみ（方言） テレビ放送の終了後に、画面が砂あらしのようになっている状態。福井で言う。

しゃみせん【三味線】〈名〉日本の代表的な弦楽器《げんがっき》。ネコなどの皮をはった四角な胴《どう》に竿《さお》をつけ、三本の弦をはって、これをばちではじいて音をだす。浄瑠璃《じょうるり》や長唄《ながうた》などの伴奏《ばんそう》に使われる。「さみせん」「しゃみ」ともいう。
表現 (1)伝統的に一棹《ひとさお》二棹《ふたさお》と数える。一挺《いっちょう》二挺《にちょう》と数えることもある。
(2)「三味線を弾《ひ》く」には、本心を人にわからせないために、そしらぬ顔をして別のことを言いまくるという意味もある。

ジャム〈名〉❶くだものに砂糖をくわえて煮《に》つめた食品。パンなどにつけて食べる。❷「ジャムセッション」の略。❸プリンターや複写機の内部で用紙が詰まること。◇jam

しゃむしょ【社務所】〈名〉境内《けいだい》にある神社の事務をとりあつかう事務所。

ジャムセッション〈名〉ジャズやロックの、即興《そっきょう》での演奏会。◇jam session

シャムねこ【シャム猫】〈名〉目は青く、毛はクリーム色で短く、顔、耳、足、尾《お》が黒茶色のペット用のネコ。
参考「シャム」はタイ王国の旧称《きゅうしょう》。

1 **しゃめん【斜面】**〈名〉ななめになった面。坂。例山の斜面。急斜面。アシャメン

2 **しゃめん【赦免】**〈名・する〉罪をゆるすこと。例ご赦免になる。赦免状。類免罪《めんざい》。アシャメン

しゃも【▽軍▽鶏】〈名〉ニワトリの品種の一つ。がんじょうなからだとふとい足、するどいつめをもち、闘鶏《とうけい》として飼育《いくし》し、食肉用にも飼《か》う。

しゃもじ【▼杓文字】〈名〉ご飯をもるのに使う道具。めしべら。「杓子《しゃくし》」の女房詞。→にょうぼうことば

1 **しゃよう【社用】**〈名〉会社の用事。

2 **しゃよう【斜陽】**〈名〉西にしずもうとしている太陽。また、その光。類夕日。
表現「斜陽産業」などの言いかたで、おちぶれていくものをいうことがある。太宰治《だざいおさむ》の小説『斜陽』以後できた言いかたで、旧貴族を「斜陽族」といったのがはじまり。

しゃらくさ・い【▼洒▽落臭い】〈形〉なまいきだ。こしゃくだ。乱暴で俗《ぞく》な言いかた。

じゃらじゃら〈副〉たくさんの小さくてかたいものがぶつかって出る音。

しゃらそうじゅ【▽沙羅双樹】〈名〉インド原産の常緑高木で、シャカ（釈迦）の病床《びょうしょう》の四方に二本ずつ植えられていたという木。シャカの死後、白く枯《か》れたという。

しゃり【舎利】〈名〉❶〔仏教〕ブッダ（仏陀）または聖者の遺骨。例舎利殿《でん》。舎利塔《とう》。仏舎利。❷火葬《かそう》したあとの遺骨。❸すし屋などで、「米の飯」のこと。◇もとサンスクリット語。表記 ③はかな書きにする。

じゃり【砂利】〈名〉❶岩石がくだけて、かどがまるくなった、たくさんの小石。例玉砂利。❷子どものことをぞんざいにいったことば。類餓鬼《がき》。

しゃりょう【車両】【車▼輛】〈名〉電車や自動車などのこと。その一台一台。例新造の車両。

しゃりん【車輪】〈名〉軸《じく》を中心にして回転するようになっている輪《わ》。類ホイール。

しゃれ【▼洒▽落】〈名〉❶その場の思いつきで、同じか似《に》た発音の意味のちがうことばを利用するなどして、おもしろおかしく言い表わす言いまわし。例しゃれをとばす。しゃれにもならない。だじゃれ。❷「冗談《じょうだん》」のこと。例ここまでやるとしゃれにならないよ。対まじ。

しゃれい【謝礼】〈名〉感謝の気持ちを表わすためにわたすお金や品物。例謝金。お礼。

しゃれこうべ【▼髑▼髏】〈名〉「どくろ」の古い言いかた。

しゃれこ・む【しゃれ込む】【▼洒▽落込む】〈動五〉❶いつも以上におしゃれをする。類めかしこむ。❷いつもとはちがった、ちょっと気のきいたことをする。例月夜の桜見物としゃれ込もうか。

しゃれっけ【しゃれっ気】【▼洒▽落っ気】〈名〉❶身なりをちょっとかざりたいと思う気持ち。例年ごろになってしゃれっ気が出てきた。❷気のきいたことを言って、人を感心させたり笑わせたりしようとする気持ち。例しゃれっ気たっぷりな人。

しゃれぼん【▼洒▽落本】〈名〉〔文学〕江戸《えど》時代に流行した小説の一種。遊里の風俗《ふうぞく》をえがいたもの。作者としては、山東京伝などが知られる。

しゃ・れる【▼洒▽落る】〈動下一〉❶服装や持ちもの、化粧《けしょう》などに気をくばって、すてきに見えるようにする。類かっこいい。いかす。→おしゃれ ❷気がきいている。例しゃれたつくり。類いかす。❸（「しゃれた」の形で）なまいきである。しゃらくさい。例しゃれたまねをするな。❹しゃれを言う。例しゃれのめす。

じゃ・れる〈動下一〉からみついて、ふざける。例ねこがじゃれる。ねこが毛糸にじゃれる。

シャワー〈名〉❶水や湯を、じょうろ状の口から雨のようにふらせて浴びる装置《そうち》。❷「便座シャワー」の略。洋式の便座の洗浄《せんじょう》機能。例シャワートイレ。◇shower

ジャンキー〈名〉❶麻薬《まやく》の中毒者や常用者。❷なにかにやみつきになっている人。◇junkie

ジャンクション〈名〉高速道路で、別の高速道路へ向かって本線と分かれる地点や、別の高速道路から合流してくる地点。◇junction
表記 標識には「JCT.」と略して書かれる。

ジャンクフード〈名〉カロリーが高いだけで、栄養はあまりないが、手軽に食べられる食品。スナック菓子《がし》やインスタントめんなど。◇junk food

ジャングル〈名〉熱帯地方で、木が密生している原始林。密林。◇jungle

ジャングルジム〈名〉運動場・公園などにある、鉄のパイプを立体的な格子形に組み合わせた子どもの遊び道具。◇jungle gym

じゃんけん【じゃん拳】〈名・する〉片手で、ぐう（＝

石)、ちょき(=はさみ)、ぱあ(=紙)の形をつくり、「じゃんけんぽん」と同時に出し合って、勝負をきめる遊び。

しゃんしゃん 一〈副〉❶いくつかの鈴《すず》が快くつづけて鳴るようす。❷手じめのときの、いっせいに手をたたく音。二〈副・する〉老人が元気で、よく活動しているようす。

じゃんじゃん〈副〉❶半鐘《はんしょう》のくり返し打ち鳴らされる音。❷思い切りよく次々に行なうようす。例金《かね》をじゃんじゃんつぎ込む。類どんどん。どしどし。

シャンソン〈名〉フランスの歌謡《かよう》曲。◇フランス chanson

シャンツェ〈名〉スキーのジャンプ台。◇ドイツ Schanze

シャンデリア〈名〉洋間で、天井《てんじょう》からつるす、たくさんのガラスなどのかざりをつけた豪華《ごうか》な電灯。◇chandelier

しゃんと〈副・する〉❶まっすぐに きちんとのばしているようす。例背筋をしゃんとのばせ。❷心身のはたらきにみだれがないようす。例頭はまだまだしゃんとしている。

ジャンパー〈名〉❶作業着やスポーツ着としてきる、かるくて動きやすいうわぎ。ブルゾン。❷スキーや陸上の跳躍《ちょうやく》競技の選手。◇jumper

シャンパン〈名〉炭酸入りの白ぶどう酒。祝いの席でよく使われる。「シャンペン」ともいう。◇フランス champagne

ジャンプ〈名〉❶〈する〉とび上がること。類跳躍《ちょうやく》。❷三段とび(ホップ、ステップ、ジャンプ)の最後のひととび。❸陸上競技やスキー競技の跳躍種目。◇jump

シャンプー〈名・する〉❶髪《かみ》の毛や、犬・猫などの体を洗うための液体。洗髪剤《せんぱつざい》。洗髪料。また、それで洗うこと。❷カーペットや自動車などを洗う洗剤。類クリーナー。◇shampoo

ジャンボ 一〈名〉「ジャンボジェット」の略。超《ちょう》大型のジェット旅客機《りょかっき》。二〈名・形動〉巨大《きょだい》であること。例ジャンボサイズ。類マンモス。◇jumbo

ジャンル〈名〉種類。分野。とくに、文芸作品で、詩・小説・ノンフィクション・戯曲などの区分。◇フランス genre

常用漢字 **しゅ**

【手】 手部0 全4画 手手手手

シュ て・た 教小1 音[シュ] 手中《しゅちゅう》。手腕《しゅわん》。手芸《しゅげい》。手術《しゅじゅつ》。手記《しゅき》。握手《あくしゅ》。挙手《きょしゅ》。着手《ちゃくしゅ》。選手《せんしゅ》。訓❶[て]手。手形。手仕事。手帳。手柄。手配。手並み。素手。両手。❷[た]手綱。手繰る。手向ける。注意「上手」は「じょうず」、「下手」は「へた」とも読む。

【主】 丶部4 全5画 ※ 主主主主

シュ・ス ぬし・おも 教小3 音❶[シュ] 主《しゅ》たる。主《しゅ》として。主人《しゅじん》。主治医《しゅじい》。主演《しゅえん》。主権《しゅけん》。主観的《しゅかんてき》。喪主《もしゅ》。救世主《きゅうせいしゅ》。民主的《みんしゅてき》。❷[ス] 法主《ほっす》。坊主《ぼうず》。訓❶[ぬし] 主。地主。送り主。世帯主。❷[おも] 主な人々。主立った人々。注意「法主」は、「ほうしゅ」「ほっしゅ」とも読む。

【守】 宀部3 全6画 守守守守

シュ・ス まもる・もり 教小3 音❶[シュ] 守衛《しゅえい》。守備《しゅび》。守護神《しゅごしん》。保守《ほしゅ》。攻守《こうしゅ》。看守《かんしゅ》。天守閣《てんしゅかく》。❷[ス] 留守《るす》。訓❶[まもる] 守る。守り。守り神。守り本尊。お守り。❷[もり] お守り。子守。灯台守。

【朱】 木部2 全6画 朱朱朱朱

シュ 音[シュ] 朱肉《しゅにく》。朱筆《しゅひつ》。朱塗《しゅぬ》り。

【取】 又部6 全8画 ※ 取取取取

シュ とる 教小3 音[シュ] 取材《しゅざい》。取得《しゅとく》。取捨《しゅしゃ》。採取《さいしゅ》。搾取《さくしゅ》。奪取《だっしゅ》。事情聴取《じじょうちょうしゅ》。訓[とる] 取る。

【狩】 犭部6 全9画 狩狩狩狩

シュ かる・かり 音[シュ] 狩猟《しゅりょう》。訓❶[かる] 狩る。❷[かり] 狩り。ぶどう狩り。もみじ狩り。

【首】 首部0 全9画 首首首首

シュ くび 教小2 音[シュ] 首尾《しゅび》。首位《しゅい》。首相《しゅしょう》。首都《しゅと》。機首《きしゅ》。党首《とうしゅ》。自首《じしゅ》。部首《ぶしゅ》。百人一首《ひゃくにんいっしゅ》。訓[くび] 首。首飾り。首筋。首っ引き。襟首。手首。生首。丸首。

【殊】 歹部6 全10画 殊殊殊殊

シュ こと 音[シュ] 殊勝《しゅしょう》。殊勲《しゅくん》。特殊《とくしゅ》。訓[こと] 殊に。殊の外《ほか》。殊更。

【珠】 王部6 全10画 ※ 珠珠珠珠

シュ 音[シュ] 珠玉《しゅぎょく》。珠算《しゅざん》。真珠《しんじゅ》。注意「数珠」は、「じゅず」と読む。

【酒】 酉部3 全10画 酒酒酒酒

シュ さけ・さか 教小3 音[シュ] 酒宴《しゅえん》。酒豪《しゅごう》。酒造《しゅぞう》。酒量《しゅりょう》。飲酒《いんしゅ》。果実酒《かじつしゅ》。清酒《せいしゅ》。洋酒《ようしゅ》。訓❶[さけ] 酒。酒好き。酒癖。甘酒。白酒。やけ酒。❷[さか] 酒屋。酒場。酒盛り。注意「お神酒」は、「おみき」と読む。

【腫】 月部9 全13画 ※ 腫腫腫腫

シュ はれる・はらす 音[シュ] 腫瘍《しゅよう》。訓❶[はれる] 腫れる。腫れ。腫れ上がる。腫れ物。みみず腫れ。❷[はらす] 腫らす。

【種】 禾部9 全14画 ※ 種種種種

シュ たね 教小4 音[シュ] 種類《しゅるい》。種目《しゅもく》。種子《しゅし》。種痘《しゅとう》。人種《じんしゅ》。品種《ひんしゅ》。外来種《がいらいしゅ》。予防接種《よぼうせっしゅ》。訓[たね] 種。種まき。種油。種明かし。菜種。一粒種。

【趣】 走部8 全15画 ※ 趣趣趣趣

シュ おもむき 音[シュ] 趣味《しゅみ》。趣向《しゅこう》。趣旨《しゅし》。興趣《きょうしゅ》。野趣《やしゅ》。意趣《いしゅ》。訓[おもむき] 趣。

しゅ[1]【主】〈名〉❶いくつかのものの中で、中心になるもの。例ひぐまは主として北海道に分布している。英語の勉強が主になっている。対従。❷国王。主君。主人。「しゅう」ともいう。例主につかえる。対従。❸キリスト教の神。また、キリスト。例主の御名《みな》をとなえる。▽アシュ」

2 **しゅ【朱】**〈名〉❶やや黄色に近い赤。例朱色《しゅいろ》。❷赤い色の顔料。また、それをといてつくった墨汁《ぼくじゅう》。例満面に朱をそそぐ。▽アシュ

朱に交《まじ》われば赤《あか》くなる 人は、そのまじわる友だちによって、よくもわるくもなる。

朱を入《い》れる 先生が文章などを朱色の墨汁《ぼくじゅう》でなおすことから、添削《てんさく》する。訂正《ていせい》する。

3 **しゅ【種】** ■一〈名〉❶ある特徴《とくちょう》や性質をもつもの。例この種の事件が最近ふえている。類たぐい。❷生物の分類のもっとも小さい単位。たがいに交配して子孫を残すことができるものどうし。「属」にふくまれる。例種の起源。▽アシュ」■二〈接尾〉ある特徴や性質によって分類したものをかぞえることば。例第一種免許《めんきょ》。雑誌九十種。

4 **しゅ【酒】**〈接尾〉酒《さけ》のこと。例日本酒。果実酒。

常用漢字 **じゅ**

【寿(壽)】 寸部4 全7画 寿寿寿寿

ジュ ことぶき 音[ジュ] ■寿命《じゅみょう》。■長寿《ちょうじゅ》。喜寿《きじゅ》。米寿《べいじゅ》。白寿《はくじゅ》。訓[ことぶき] 寿。

【受】 又部6 全8画 受受受受受

ジュ うける・うかる 教小3 音[ジュ] ■受賞《じゅしょう》。受信《じゅしん》。受話器《じゅわき》。受諾《じゅだく》。受容《じゅよう》。受験《じゅけん》。■享受《きょうじゅ》。甘受《かんじゅ》。感受性《かんじゅせい》。訓❶[うける] 受ける。受け取る。受け皿。受付。郵便受け。❷[うかる] 受かる。

【呪】 口部5 全8画 呪呪呪呪呪

ジュ のろう 音[ジュ] ■呪縛《じゅばく》。呪文《じゅもん》。訓[のろう] 呪う。呪い。

【授】 扌部8 全11画 授授授授授

ジュ さずける・さずかる 教小5 音[ジュ] ■授業《じゅぎょう》。授与《じゅよ》。■教授《きょうじゅ》。伝授《でんじゅ》。訓❶[さずける] 授ける。❷[さずかる] 授かる。

【需】 雨部6 全14画 需需需需需

ジュ 音[ジュ] ■需要《じゅよう》。需給《じゅきゅう》。■特需《とくじゅ》。必需品《ひつじゅひん》。内需拡大《ないじゅかくだい》。

【儒】 亻部14 全16画 儒儒儒儒儒

ジュ 音[ジュ] ■儒学《じゅがく》。儒教《じゅきょう》。儒者《じゅしゃ》。

【樹】 木部12 全16画 樹樹樹樹樹

ジュ 教小6 音[ジュ] ■樹木《じゅもく》。樹林《じゅりん》。樹齢《じゅれい》。樹立《じゅりつ》。■果樹園《かじゅえん》。街路樹《がいろじゅ》。常緑樹《じょうりょくじゅ》。落葉樹《らくようじゅ》。

1 **しゅい【首位】**〈名〉第一位。例首位に立つ。首位打者。類首席。トップ。

2 **しゅい【主意】**〈名〉❶たいせつな中心的意味。❷心の三つのはたらきである知・情・意のうち、意(=意志)をおもんじること。対主知。主情。

3 **しゅい【趣意】**〈名〉❶どういう考えや気持ちでしようとするのか、ということ。例教科書の編修《へんしゅう》趣意書。類ねらい。目的。意図。❷表現しようとしていることの中心の内容。例文章の趣意をはっきりさせる。▽類趣旨《しゅし》。

じゅい【樹医】〈名〉木が病気にかかっていないかとか、弱っていないかという診断や、その場合の治療をする技術者。樹木医。

しゅいろ【朱色】〈名〉朱の色。例沈む直前の太陽は朱色に見える。

しゅいん【朱印】〈名〉朱肉でおした印。

しゅいんせん【朱印船】〈名〉〔歴史〕一六世紀のおわりから一七世紀の前半にかけて、日本から東南アジアの各地に行った貿易船。海外への渡航《とこう》を許可した文書(=朱印状)が必要だったのでこういう。一般《いっぱん》には「御朱印船《ごしゅいんせん》」と呼ばれた。

1 **しゆう【私有】**〈名・する〉個人として所有していること。例私有財産。私有地。対国有。公有。官有。類民有。

2 **しゆう【雌雄】**〈名〉❶〔生物〕めすとおす。例雌雄の区別。❷優劣《ゆうれつ》。勝ち負け。例雌雄を競《きそ》う。▽アシユー

雌雄を決《けっ》する どちらが強いか決着をつける。

参考 中国の歴史書『史記』の中のことば。

常用漢字 **しゅう**

【収(收)】 又部2 全4画 収収収収

シュウ おさめる・おさまる 教小6 音[シュウ] ■収穫《しゅうかく》。収集《しゅうしゅう》。収入《しゅうにゅう》。■回収《かいしゅう》。吸収《きゅうしゅう》。領収書《りょうしゅうしょ》。増収《ぞうしゅう》。年収《ねんしゅう》。訓❶[おさめる] 収める。❷[おさまる] 収まる。

【囚】 囗部2 全5画 囚囚囚囚

シュウ 音[シュウ] ■囚人《しゅうじん》。■虜囚《りょしゅう》。死刑囚《しけいしゅう》。

【州】 川部3 全6画 州州州州州

シュウ す 教小3 音[シュウ] ■州立《しゅうりつ》。州議会《しゅうぎかい》。■本州《ほんしゅう》。九州《きゅうしゅう》。フロリダ州《しゅう》。欧州《おうしゅう》。訓[す] 州。中州。三角州。

【舟】 舟部0 全6画 舟舟舟舟舟

シュウ ふね・ふな 音[シュウ] ■舟運《しゅううん》。舟艇《しゅうてい》。舟航《しゅうこう》。■孤舟《こしゅう》。訓❶[ふね] 舟。小舟。渡し舟。❷[ふな] 舟遊び。舟宿。舟歌。

【秀】 禾部2 全7画 秀秀秀秀秀

シュウ ひいでる 音[シュウ] ■秀逸《しゅういつ》。秀才《しゅうさい》。秀作《しゅうさく》。■優秀《ゆうしゅう》。訓[ひいでる] 秀でる。

【周】 口部5 全8画 周周周周周

シュウ まわり 教小4 音[シュウ] ■周囲《しゅうい》。周辺《しゅうへん》。周期《しゅうき》。周遊《しゅうゆう》。周知《しゅうち》。周到《しゅうとう》。■円周《えんしゅう》。世界一周《せかいいっしゅう》。訓[まわり] 周り。

【宗】 宀部5 全8画 宗宗宗宗

シュウ・ソウ 教小6 音❶[シュウ] ■宗教《しゅうきょう》。宗派《しゅうは》。■改宗《かいしゅう》。禅宗《ぜんしゅう》。❷[ソウ] ■宗家《そうけ》。宗匠《そうしょう》。

【拾】 扌部6 全9画 拾拾拾拾拾

シュウ・ジュウ ひろう 教小3 音❶[シュウ] ■拾

し

得《しゅうとく》。⬓収拾《しゅうしゅう》。❷[ジュウ] ⬒拾万円《じゅうまんえん》(↓常用漢字「壱《いち》」参考)。訓[ひろう] 拾う。拾い物。

【秋】禾部4 全9画
シュウ あき 教小2 音[シュウ] ⬒秋季《しゅうき》。秋分《しゅうぶん》。⬓中秋《ちゅうしゅう》。晩秋《ばんしゅう》。立秋《りっしゅう》。春秋《しゅんじゅう》。一日千秋《いちじつせんしゅう》。訓[あき] 秋。秋風。秋雨前線。秋めく。

【臭(臭)】自部3 全9画
シュウ くさい・におう 音[シュウ] ⬒臭気《しゅうき》。⬓悪臭《あくしゅう》。俗臭《ぞくしゅう》。体臭《たいしゅう》。腐臭《ふしゅう》。訓❶[くさい] 臭い。生臭い。土臭い。臭み。❷[におう] 臭う。臭い。

【修】亻部8 全10画
シュウ・シュ おさめる・おさまる 教小5 音❶[シュウ] ⬒修飾《しゅうしょく》。修正《しゅうせい》。修了《しゅうりょう》。修学旅行《しゅうがくりょこう》。修復《しゅうふく》。⬓研修《けんしゅう》。改修《かいしゅう》。監修《かんしゅう》。❷[シュ] ⬒修行《しゅぎょう》。修業《しゅぎょう》。訓❶[おさめる] 修める。❷[おさまる] 修まる。

【袖】衤部5 全10画 ※
シュウ そで 音[シュウ] ⬓領袖《りょうしゅう》。訓[そで] 袖。袖口。袖丈。長袖。半袖。振り袖。

【終】糸部5 全11画
シュウ おわる・おえる 教小3 音[シュウ] ⬒終結《しゅうけつ》。終戦《しゅうせん》。終止符《しゅうしふ》。終了《しゅうりょう》。終日《しゅうじつ》。⬓最終《さいしゅう》。臨終《りんじゅう》。一部始終《いちぶしじゅう》。訓❶[おわる] 終わる。終わり。❷[おえる] 終える。

【羞】羊部5 全11画 ※
シュウ 音[シュウ] ⬒羞恥心《しゅうちしん》。⬓含羞《がんしゅう》。

【習】羽部5 全11画
シュウ ならう 教小3 音[シュウ] ⬒習得《しゅうとく》。習字《しゅうじ》。習熟《しゅうじゅく》。習慣《しゅうかん》。習性《しゅうせい》。⬓学習《がくしゅう》。練習《れんしゅう》。風習《ふうしゅう》。常習犯《じょうしゅうはん》。訓[ならう] 習う。習い事。手習い。

【週】辶部8 全11画
シュウ 教小2 音[シュウ] ⬒週刊《しゅうかん》。週末《しゅうまつ》。⬓一週間《いっしゅうかん》。今週《こんしゅう》。毎週《まいしゅう》。隔週《かくしゅう》。

【就】尢部9 全12画
シュウ・ジュ つく・つける 教小6 音❶[シュウ] ⬒就学《しゅうがく》。就職《しゅうしょく》。就任《しゅうにん》。就寝《しゅうしん》。⬓去就《きょしゅう》。❷[ジュ] ⬓成就《じょうじゅ》。訓❶[つく] 就く。❷[つける] 就ける。

【衆】血部6 全12画
シュウ・シュ 教小6 音❶[シュウ] ⬒衆知《しゅうち》。衆議院《しゅうぎいん》。衆寡《しゅうか》。衆参両院《しゅうさんりょういん》。⬓民衆《みんしゅう》。聴衆《ちょうしゅう》。合衆国《がっしゅうこく》。❷[シュ] ⬒衆生《しゅじょう》。

【集】隹部4 全12画 ※
シュウ あつまる・あつめる・つどう 教小3 音[シュウ] ⬒集合《しゅうごう》。集会《しゅうかい》。集結《しゅうけつ》。集大成《しゅうたいせい》。⬓結集《けっしゅう》。編集《へんしゅう》。全集《ぜんしゅう》。文集《ぶんしゅう》。訓❶[あつまる] 集まる。集まり。❷[あつめる] 集める。拾い集める。人集め。寄せ集め。❸[つどう] 集う。集い。

【愁】心部9 全13画
シュウ うれえる・うれい 音[シュウ] ⬒愁傷《しゅうしょう》。⬓哀愁《あいしゅう》。郷愁《きょうしゅう》。憂愁《ゆうしゅう》。旅愁《りょしゅう》。訓❶[うれえる] 愁える。❷[うれい] 愁い。

【酬】酉部6 全13画
シュウ 音[シュウ] ⬓報酬《ほうしゅう》。応酬《おうしゅう》。

【醜】酉部10 全17画
シュウ みにくい 音[シュウ] ⬒醜悪《しゅうあく》。醜態《しゅうたい》。醜聞《しゅうぶん》。⬓美醜《びしゅう》。老醜《ろうしゅう》。訓[みにくい] 醜い。

【蹴】⻊部12 全19画
シュウ ける 音[シュウ] ⬓一蹴《いっしゅう》。訓[ける] 蹴る。蹴散らす。蹴飛ばす。蹴り上げる。飛び蹴り。
参考「蹴る」の連用形は「蹴り」であるが、古語では「け」であったため、それが「蹴散らす」「蹴飛ばす」などの複合語の形に残っている。

【襲】衣部16 全22画
シュウ おそう 音[シュウ] ⬒襲撃《しゅうげき》。襲名《しゅうめい》。⬓世襲《せしゅう》。踏襲《とうしゅう》。逆襲《ぎゃくしゅう》。空襲《くうしゅう》。訓[おそう] 襲う。襲いかかる。

【祝】⇩常用漢字 しゅく〔祝〕
【執】⇩常用漢字 しつ〔執〕

1 **しゅう【州】** ㊀〈名〉❶大陸を中心とする、世界の地域区分。アジア州・ヨーロッパ州・アフリカ州・オセアニア州・北アメリカ州・南アメリカ州の六つ。→たいりく ❷アメリカなどの連邦《れんぽう》国家の行政の単位。例ニューヨーク州。㊁〈接尾〉日本の旧国名を漢語ふうにいう言いかたに使った。「陸奥《むつ》→奥州《おうしゅう》」「信濃《しなの》→信州《しんしゅう》」など。

2 **しゅう【周】**〈名〉〔歴史〕紀元前一一世紀ごろ、殷《いん》をほろぼして中国の北部を支配した王朝。その末期が春秋戦国時代で、孔子《こうし》をはじめ各地に多くの文化人がでて、たくさんの書物をのこした。紀元前二五六年、秦《しん》にほろぼされた。

3 **しゅう【週】**〈名・接尾〉日曜から土曜までの七日間。また、それをひとまとまりとして数えることば。例週に一回。八月の第三週。

4 **しゅう【衆】**〈名〉❶人数が多いこと。多くの人々。例衆にぬきんでる。衆をたのむ。烏合《うごう》の衆(→独立項目)。❷特定の人々を親しみをこめて表わすことば。衆《しゅ》。例村の衆。若い衆。

衆を頼《たの》む 味方がおおぜいいることをたよりにする。

5 **しゅう【周】**〈接尾〉場所や地点をぐるっとまわる回数をかぞえることば。例グラウンドを二周半走る。

6 **しゅう【集】**〈接尾〉複数の作品をあつめた書物のこと。また、複数のそのような書物を編集したとき、その順番を数えることば。例短編集。写真集。イラスト集。昭和の児童文学第三集。

1 **じゆう【事由】**〈名〉事情と理由。例事由をのべる。

2 **じゆう【自由】** アジユー〈名・形動〉ほかから制限されたりじゃま

されたりしないで、自分の思いどおりにできること。例自由になる。自由の身。自由な発想。自由にえらぶ。言論の自由。しびれてからだの自由がきかない。類随意《ずいい》。自在。アジユー 参考 やりたいことができる自由を「積極的自由」といい、やりたくないことを強制されない自由を「消極的自由」という。

常用漢字 じゅう

【十】十部0 全2画 十 十

ジュウ・ジッ とお・と 教小1 音❶[ジュウ] 十月《じゅうがつ》。十五夜《じゅうごや》。十字架《じゅうじか》。十文字《じゅうもんじ》。十字路《じゅうじろ》。十分《じゅうぶん》。五十音《ごじゅうおん》。数十《すうじゅう》。❷[ジッ] 十回《じっかい》。十戒《じっかい》。訓❶[とお] 十。十日。❷[と] 十色。十重《とえ》。

注意 音の「ジッ」は「ジュッ」とも言う。また、「二十」「二十歳」は「はたち」、「二十日」は「はつか」とも読む。

【汁】氵部2 全5画 汁汁汁汁汁

ジュウ しる 音[ジュウ] 果汁《かじゅう》。墨汁《ぼくじゅう》。苦汁《くじゅう》。訓[しる] 汁。汁粉。絞り汁。だし汁。豚汁。

【充】儿部4 全6画 充充充充充

ジュウ あてる 音[ジュウ] 充実《じゅうじつ》。充満《じゅうまん》。充血《じゅうけつ》。充足《じゅうそく》。充電《じゅうでん》。拡充《かくじゅう》。補充《ほじゅう》。訓[あてる] 充てる。

【住】イ部5 全7画 ※住住住住住

ジュウ すむ・すまう 教小3 音[ジュウ] 住所《じゅうしょ》。住宅《じゅうたく》。住民《じゅうみん》。安住《あんじゅう》。移住《いじゅう》。衣食住《いしょくじゅう》。居住地《きょじゅうち》。永住《えいじゅう》。訓❶[すむ] 住む。移り住む。住み込み。❷[すまう] 住まう。住まい。

【柔】木部5 全9画 柔柔柔柔柔

ジュウ・ニュウ やわらか・やわらかい 音❶[ジュウ] 柔軟《じゅうなん》。柔順《じゅうじゅん》。柔毛《じゅうもう》。柔道《じゅうどう》。懐柔策《かいじゅうさく》。優柔不断《ゆうじゅうふだん》。内剛外柔《ないごうがいじゅう》。❷[ニュウ] 柔弱《にゅうじゃく》。柔和《にゅうわ》。訓❶[やわらか] 柔らかだ。お手柔らかに。❷[やわらかい] 柔らかい。

【重】里部2 全9画 ※重重重重重

ジュウ・チョウ え・おもい・かさねる・かさなる 教小3 音❶[ジュウ] 重量《じゅうりょう》。重力《じゅうりょく》。重工業《じゅうこうぎょう》。重労働《じゅうろうどう》。重要《じゅうよう》。重視《じゅうし》。体重《たいじゅう》。厳重《げんじゅう》。二重《にじゅう》。❷[チョウ] 重宝《ちょうほう》。重用《ちょうよう》。重畳《ちょうじょう》。重複《ちょうふく》。軽重《けいちょう》。貴重《きちょう》。慎重《しんちょう》。尊重《そんちょう》。訓❶[え] 一重。八重桜。❷[おもい] 重い。重たい。重んじる。❸[かさねる] 重ねる。重ね合わす。重ね重ね。重ね着。❹[かさなる] 重なる。折り重なる。

【従(從)】彳部7 全10画 従従従従従

ジュウ・ショウ・ジュ したがう・したがえる 教小6 音❶[ジュウ] 従事《じゅうじ》。従業員《じゅうぎょういん》。従順《じゅうじゅん》。従属《じゅうぞく》。従来《じゅうらい》。服従《ふくじゅう》。追従《ついじゅう》。侍従《じじゅう》。❷[ショウ] 従容《しょうよう》。❸[ジュ] 従三位《じゅさんみ》(=官位で、「正《しょう》」につぐ位)。訓❶[したがう] 従う。付き従う。❷[したがえる] 従える。

【渋(澁)】氵部8 全11画 ※渋渋渋渋渋

ジュウ しぶ・しぶい・しぶる 音[ジュウ] 渋滞《じゅうたい》。渋面《じゅうめん》。苦渋《くじゅう》。難渋《なんじゅう》。訓❶[しぶ] 渋。渋がき。渋皮。❷[しぶい] 渋い。渋さ。渋み。❸[しぶる] 渋る。渋々。

【銃】金部6 全14画 銃銃銃銃銃

ジュウ 音[ジュウ] 銃砲《じゅうほう》。銃声《じゅうせい》。銃弾《じゅうだん》。小銃《しょうじゅう》。機関銃《きかんじゅう》。火縄銃《ひなわじゅう》。

【獣(獸)】犬部12 全16画 獣獣獣獣獣

ジュウ けもの 音[ジュウ] 獣医《じゅうい》。怪獣《かいじゅう》。鳥獣《ちょうじゅう》。猛獣《もうじゅう》。野獣《やじゅう》。訓[けもの] 獣。

【縦(縱)】糸部10 全16画 縦縦縦縦縦

ジュウ たて 教小6 音[ジュウ] 縦横《じゅうおう》。縦隊《じゅうたい》。縦断《じゅうだん》。操縦《そうじゅう》。放縦《ほうじゅう》。訓[たて] 縦。縦糸。縦書き。縦軸。縦じま。縦長。縦揺れ。縦割り。

【中】⇩常用漢字 ちゅう〔中〕

【拾】⇩常用漢字 しゅう〔拾〕

[1]**じゅう【十】**〈名〉九より一つ多い数。↓常用漢字 いち〔壱〕参考

[2]**じゅう【住】**〈名〉そこに住み、生活すること。例住環境《じゅうかんきょう》。衣食住。

[3]**じゅう【柔】**〈名〉やわらかいこと。

柔よく剛《ごう》を制《せい》す よわよわしく見える者でも、わざや知恵《ちえ》によって、強い者をたおすことができる。

[4]**じゅう【従】**〈名〉主要なものに、付随《ふずい》・付属するもの。例勉強が主《しゅ》で、遊びは従だ。主従関係。対主。

[5]**じゅう【銃】**〈名〉弾丸《だんがん》を発射する小型の武器。小銃や機関銃、ピストルなど。例銃をかまえる。銃をつきつける。類鉄砲《てっぽう》。ガン。

[6]**じゅう【中】**〈接尾〉❶ある時間の間ずっと。例雨は今夜中ふり続くでしょう。一年中。❷ある時間の間のうちに。例原稿は今夜中にしあげます。❸ある範囲《はんい》の中のすべて。例学校中。世界中。

しゅうあく【醜悪】〈形動〉見ていられないほど、ひどくみにくい。例醜悪なあらそい。醜悪な顔。

しゅうあけ【週明け】〈名〉次週の月曜日。

じゅうあつ【重圧】〈名〉つよい力でおさえつけること。例重圧がかかる。重圧にたえる。重圧をくわえる。類強圧《きょうあつ》。プレッシャー。

[1]**しゅうい【周囲】**〈名〉❶外がわのふち。まわり。例町の周囲。❷まわりをとりまいている人やもの。例周囲がうるさい。周囲の事情。類端《はた》。▽アシューイ

[2]**しゅうい【拾遺】**〈名〉和歌や文章などのもれ落ちたものをひろい集めて、おぎなうこと。類補遺。アシューイ 参考 前に出たりっぱな書物に多少のつけたしをするだけという謙遜《けんそん》した意味をこめて、書名に用いることが多い。『古今和歌集』のあとに『後撰《ごせん》和歌集』が出、そのあとに『拾遺和歌集』が出たように。

じゅうい【獣医】〈名〉イヌやネコ、家畜《かちく》など、動物の病気やけがをなおす医者。獣医師。

しゅういつ【秀逸】〈形動〉同じ種類のものの中で、とびぬけてすぐれている。例秀逸な作品。類秀抜《しゅうばつ》。

しゅういん【衆院】〈名〉「衆議院」の略。

[1]**しゅうう【秋雨】**〈名〉あきさめ。

[2]**しゅうう【▼驟雨】**〈名〉急に降りだして、すぐにやむ

し

小林一茶(いっさ)(1763~1827) 江戸後期の俳人。童心を失わず，動物などをテーマに独自の作品を残した。

雨。類にわか雨。とおり雨。

しゅううん【舟運】〈名〉舟による交通・輸送《ゆそう》。

1 しゅうえい【終映】〈名・する〉映画館で、その日の上映が終わること。例終映時刻。対開映。

1 しゅうえき【収益】〈名〉事業などからえられる利益。例収益をあげる。収益金。類もうけ。上がり。アシューエキ シューエキ

2 しゅうえき【囚役】〈名〉囚人に課せられる労働。アシューエキ

1 しゅうえん【終▼焉】〈名・する〉命が終わるとき。例終焉の地。類死にぎわ。臨終。最期《さいご》。末期《まつご》。

表現「一時代の終焉」のように、ものごとの終わりの意味でも使う。

2 しゅうえん【終演】〈名・する〉演劇や音楽会などで、その日の上演が終わりになること。対開演。

じゅうおう【縦横】〈名〉思いどおり。自由自在。例縦横に活躍《かつやく》する。縦横無尽《むじん》。

表現歌舞伎《かぶき》などでは、「はねる」という。

じゅうおうむじん【縦横無尽】〈名〉行動がまわりのものや人にさまたげられないで、自由にひろい範囲《はんい》におよんでいること。例縦横無尽の大活躍《かつやく》。

1 しゅうか【秀歌】〈名〉すぐれた和歌。類名歌。アシューカ

2 しゅうか【集荷】〈名・する〉配送する荷物を、一か所に集めること。また、そのために一定の地域をまわって集めること。例野菜を集荷する。集荷場。アシューカ

1 じゅうか【住家】〈名〉「住宅」の意味の古風な言いかた。類すみか。

2 じゅうか【銃火】〈名〉銃から発射される弾《たま》。また、そのときに出る火。例銃火をあびせる。類砲火《ほうか》。

1 しゅうかい【集会】〈名・する〉多くの人がいっしょになにかをするための集まり。例集会をひらく。

2 しゅうかい【醜怪】〈形動〉気味が悪いほど、みにくい。

しゅうかいおくれ【周回遅れ】〈名〉競走で、一周おくれて先頭の走者に追いつかれること。

1 じゅうかき【重火器】〈名〉重機関銃・大砲など、破壊力が大きく、重量感のある銃砲。対軽火器。

2 じゅうかき【銃火器】〈名〉ピストルやライフルなど、火薬を使って弾丸を発射する武器の総称。

しゅうかく【収穫】〈名・する〉❶田や畑でつくったものをとり入れること。例収穫が多い。収穫をあげる。収穫期。収穫高。❷あることをしてえた、よい結果。例初めてひとり旅をしてみて、いろいろ収穫があった。類成果。みのり。❸狩《か》りなどで手に入れたえもの。

表記③は、ふつう「収獲」と書く。

1 しゅうがく【修学】〈名・する〉勉強して学問を身につけること。例修学案内。

2 しゅうがく【就学】〈名・する〉教育をうけるために小学校に入ること。例就学年齢《ねんれい》。

しゅうがくりょこう【修学旅行】〈名〉生徒や児童が、知識や教養をひろめたり実地に学習したりする目的で、集団で旅行する学校行事。

じゆうがた【自由形】〈名〉水泳競技の一つ。自由な泳法でおよぐもの。ふつう、スピードのあるクロールになる。

しゅうかつ【就活】〈名〉「就職活動」の略。正社員・正規職員としてやとわれるための活動。

しゅうか(衆寡)てき(敵)せず どんなにがんばっても、人数の多いものにはかなわない。類多勢《たぜい》に無勢《ぶぜい》。

1 しゅうかん【収監】〈名・する〉犯罪の容疑者、有罪になった人を拘置所《こうちしょ》、刑務所《けいむしょ》に収容すること。かたい言いかた。例収監状。

2 しゅうかん【週刊】〈名〉週に一回刊行されること。ウイークリー。例週刊誌。

3 しゅうかん【週間】〈名〉❶「週」または任意の七日間を単位とする期間。例週間天気予報。❷「①」を、特別なとりくみを行なう期間としたもの。例愛鳥週間(=5月10～16日)。読書週間(=10月27日～11月9日)。

4 しゅうかん【習慣】〈名〉❶生活の中でいつもくり返して行なっている、その人のきまったやりかた。例習慣になる。習慣をつける。早起きの習慣。類くせ。❷ある国やある地方の人たちが、ふつうのこととして行なっているきまったやりかた。類風習。慣習。ならわし。

1 じゅうかん【重患】〈名〉おもい病気。おもい病気にかかっている患者。

2 じゅうかん【縦貫】〈名・する〉たてにつきぬけること。南北につきぬけること。例縦貫道路。類縦断。

1 しゅうき【周期】〈名〉同じ動きや変化をくりかえすものが、その動きや変化を一回行なうのにかかる時間。例火山活動の周期。類サイクル。

2 しゅうき【臭気】〈名〉くさいいやなにおい。例臭気がただよう。類異臭。悪臭。

3 しゅうき【秋季・秋期】〈名〉秋の季節・時期。

4 しゅうき【周忌】〈接尾〉人が死んだあと、年ごとの命日の回数を表わすことば。例一周忌。三周忌。類回忌。年忌。→かいき〔回忌〕参考

参考死んだ翌年の命日は一周忌だが、そのつぎの年の命日を三周忌とよび、二周忌とはいわない。

1 しゅうぎ【祝儀】〈名〉❶祝いの儀式。おもに結婚《けっこん》式。対不祝儀《ぶしゅうぎ》。類祝言《しゅうげん》。❷祝いの気持ちを表わすお金やおくりもの。例祝儀ぶくろ。❸礼としてあげるお金。例祝儀をはずむ。類心づけ。チップ。

2 しゅうぎ【衆議】〈名〉ある問題についての、おおぜいでの協議。例衆議に諮《はか》る。衆議一決《いっけつ》する。

1 じゅうき【▼什器】〈名〉職場や学校にそなえつけてみんなで使う、机、いす、戸だななどの事務用品。

2 じゅうき【重機】〈名〉建設・土木用の、大型の機械や特殊《とくしゅ》車両。ショベルカーなど。例被災地に重機が入る。

しゅうぎいん【衆議院】〈名〉参議院とともに国会をつくる議院。予算の議決、条約の承認《しょうにん》、内閣総理大臣の指名などの点で参議院に優越《ゆうえつ》し、また、解散の制度がある。議員は全国の各選挙区から選挙によって選ばれる。任期は四年。略して「衆院」ともいう。→かいさん〔解散〕参考

しゅうきてき【周期的】〈形動〉きまった間隔《かんかく》でくり返される。例周期的現象。類間欠的。

じゅうきネット【住基ネット】〈名〉「住民基本台帳ネットワークシステム」の略。市区町村ごとに保管している住民票などの情報を、全国的なネットワークで結んで、全国共通の情報として利用するシステム。

しゅうきひょう【周期表】〈名〉〔化学〕現在までに発見されている百十種類以上の元素を、重さと質とによって合理的に配列した表。

1 しゅうきゅう【週休】〈名〉一週間ごとに、きまった休みの日があること。例週休二日制。

2 しゅうきゅう【週給】〈名〉一週間を単位としてしは

小林古径(こけい)(1883～1957) 明治～昭和時代の日本画家。歴史画にすぐれた。代表作は「竹取物語」など。

らわれる給料。

3 **しゅうきゅう【蹴球】**〈名〉「フットボール」のこと。

じゅうきょ【住居】〈名〉人の住み場所。例住居をさだめる。類住宅。住まい。

しゅうきょう【宗教】〈名〉究極の真理や心のやすらぎをえようとして、人間の力をこえる絶対的なものを求める精神活動。例宗教を信じる。宗教をひろめる。宗教家。宗教心。原始宗教。参考キリスト教・仏教・イスラム教が世界三大宗教とよばれ、それらにヒンドゥー教とユダヤ教を加えて五大宗教とされる。

1 **しゅうぎょう【終業】**〈名・する〉❶一日の仕事をおえること。例終業時刻。❷その学期の授業をおえること。例終業式。▽対始業。

2 **しゅうぎょう【就業】**〈名・する〉❶業務につくこと。例就業規則。類勤務。❷職業についていること。例就業人口。対失業。▽類就労。

じゆうぎょう【自由業】〈名〉きめられた勤務時間にしばられないで、個人で独立していとなむ職業。著述家・弁護士・医者など。

じゅうぎょういん【従業員】〈名〉その企業《きぎょう》で働いて、賃金をもらっている人。

しゅうきょうか【宗教家】〈名〉❶牧師・僧《そう》など、ある宗教を世の中に広める活動をする人。❷熱心な信者。

しゅうきょうが【宗教画】〈名〉ある宗教の歴史上のできごとや伝説、人物などを題材にえがかれた絵画。

しゅうきょうかいかく【宗教改革】〈名〉〔歴史〕一六世紀のヨーロッパで、カトリック教会に反対しておこったキリスト教の改革運動。ドイツのルターにはじまり、フランス人カルバンらが出て、ひろがった。この運動から新教(=プロテスタント)がうまれた。

1 **しゅうきょく【終局】**〈名〉事件が解決しておちつくこと。例終局をつげる。対発端《ほったん》。類終幕。終末。

2 **しゅうきょく【▼褶曲】**〈名・する〉〔地学〕平らな地層が横からの大きな力で、波形にもりあがること。ヒマラヤやアルプスはこれでできた山脈。表記理科の教科書などでは「しゅう曲」と書かれることもある。

しゅうきん【集金】〈名・する〉代金や料金をあつめること。例集金にまわる。集金ぶくろ。

じゅうきんぞく【重金属】〈名〉比重の大きな、おもい金属。金・銀・銅・鉄など。対軽金属。

しゅうく【秀句】〈名〉すぐれた俳句。詩歌《しいか》などのすぐれた文句。類名句。

しゅうぐ【衆愚】〈名〉おろかな民衆。例(古代ヨーロッパの国での)衆愚政治。

シュークリーム〈名〉洋菓子《がし》の一種。たまごと小麦粉でつくったうすくてやわらかい皮のなかに、クリームを入れたもの。◇《フランス》chou à la crème から。

じゅうぐん【従軍】〈名・する〉兵隊としてではなく、軍隊について戦場へ行くこと。例従軍記者。

しゅうけい【集計】〈名・する〉別々に示されている数をまとめて、計算すること。

じゅうけい【重刑】〈名〉おもい刑罰《けいばつ》。

しゅうげき【襲撃】〈名・する〉はげしくおそいかかること。例敵陣を襲撃する。

じゅうげき【銃撃】〈名・する〉銃弾をはなって攻撃《こうげき》すること。例銃撃をあびせる。銃撃戦。

1 **しゅうけつ【終結】**〈名・する〉あることがすっかりおわること。例戦争が終結する。

2 **しゅうけつ【集結】**〈名・する〉ちらばっていたものが一か所にあつまること。また、あつめること。例船団が(を)港に集結する。豪華《ごうか》出演陣が集結する。類結集。

じゅうけつ【充血】〈名・する〉血管の一部に血液が異常にあつまること。例目が充血する。

しゅうげん【祝言】〈名〉男女が夫婦になる儀式《ぎしき》。結婚《けっこん》式。例祝言をあげる。

じゅうげん【重言】〈名〉あることばに、本来は無用な同じ意味のことばをつなげた表現。たとえば、「あとで後悔《こうかい》する」「まだ未完成だ」のようなもの。重複《ちょうふく》表現。

じゆうけんきゅう【自由研究】〈名〉小学校の夏休みの宿題などで、自分でテーマを決め、自分で方法を考えてとりくむ研究。

じゅうけんどう【銃剣道】〈名〉剣道着《ぎ》のような道着で、銃の形の木製の武具による突き技で競う武道。

1 **しゅうこう【舟航】**〈名・する〉舟で行くこと。例舟航の便。類航海。

2 **しゅうこう【周航】**〈名・する〉船であちこちをめぐること。例琵琶湖《びわこ》を周航する。類巡航《じゅんこう》。回航。

3 **しゅうこう【就航】**〈名・する〉あたらしい船や飛行機がはじめて航路につくこと。

4 **しゅうこう【修好・修交】**〈名・する〉国と国とのあいだで、貿易などの関係をむすぶこと。

しゅうごう【集合】〈名〉❶〈する〉一か所にあつまること。例集合時刻。対解散。❷〔数学〕一定の条件をみたすものを、一つの全体としてとらえたもの。例集合論。補集合(=その条件からはずれるものの集合)。

1 **じゅうこう【銃口】**〈名〉銃の、弾丸《だんがん》のとび出すくち。例銃口をむける。

2 **じゅうこう【重厚】**〈形動〉おもおもしく、どっしりとしていておちつきがある。例重厚な人物。重厚なつくりの家。対軽薄《けいはく》。

じゅうこうぎょう【重工業】〈名〉船舶《せんぱく》や動力機械、鉄鋼《てっこう》のような、重量の大きい製品をつくる工業。対軽工業。参考化学工業と合わせて「重化学工業」という。

しゅうごうじゅうたく【集合住宅】〈名〉マンションやアパートなど、一つの建物に個人の住まいがいくつも集まってたてられている住宅。対戸建《こだ》て住宅。

しゅうごうめいし【集合名詞】〔文法〕英語などで、単数形で人やものの集まりをあらわす名詞。family など。

じゅうごや【十五夜】〈名〉陰暦《いんれき》で、毎月十五日の夜。満月の夜。参考陰暦八月十五日の月を「中秋《ちゅうしゅう》の名月」とよんで珍重《ちんちょう》する。→じゅうさんや

じゅうこん【重婚】〈名・する〉現在結婚している者が、別の人と結婚すること。参考民法では禁止され、刑法《けいほう》上は重婚罪として処罰《しょばつ》される。

しゅうさ【収差】〈名〉〔物理〕レンズや反射鏡による像が、ぼやけたり、ゆがんだりすること。例色《いろ》収差。

ジューサー〈名〉くだものや野菜をすりつぶしてジュースをつくる器具。類ミキサー。◇juicer

1 **しゅうさい【収載】**〈名・する〉詩歌・文章などの作品を、書物や雑誌にのせること。類収録。

2 **しゅうさい【秀才】**〈名〉才能があって、勉強のよくできる人。対鈍才《どんさい》。凡才《ぼんさい》。類俊才《しゅんさい》。英才。→てんさい〔天才〕参考

じゅうざい【重罪】〈名〉殺人のような、おもい罪。例

重罪をおかす。対微罪《びざい》。類大罪。

しゅうさく[1]【秀作】〈名〉すぐれた作品。類名作。

しゅうさく[2]【習作】〈名〉芸術作品や論文などで、練習としてつくったもの。エチュード。

じゅうさつ【銃殺】〈名・する〉銃弾《じゅうだん》を発射して殺すこと。例銃殺刑。参考「射殺」に対し、刑の執行《しっこう》などで、権力をもって処置するのにいう。

しゅうさん[1]【集散】〈名・する〉❶ものや人があつまったり、ちらばったりすること。例離合《りごう》集散。❷生産物が産地からいちどあつめられて、そこから各地へ送りだされること。例物資が集散する商業中心地。集散地。アシューサン

しゅうさん[2]【衆参】〈名〉衆議院と参議院。例衆参両院。アシューサン

じゅうさんや【十三夜】〈名〉陰暦《いんれき》で、毎月十三日の夜のこと。→じゅうごや

参考 陰暦九月十三夜の月を観賞する風習がある。この夜の月を、「豆《まめ》名月」「栗《くり》名月」ともいう。

しゅうし[1]【収支】〈名〉収入と支出。例収支があう。収支のバランス。アシューシ

しゅうし[2]【宗旨】〈名〉❶各宗教の教えの主旨。類教義。❷その人が信じる宗教や宗派。例私の宗旨は真言宗です。❸自分が正しいと信じる考えかたや、このみなど。例私の宗旨は菜食主義。▽アシューシ

しゅうし[3]【修士】〈名〉大学院に二年以上在学して、修士論文の審査《しんさ》に合格した人にあたえられる学位。マスター。例修士号。アシューシ

しゅうし[4]【終止】〈名・する〉おわること。アシューシ

しゅうし[5]【終始】一〈副〉初めからおわりまで。例彼女は終始沈黙《ちんもく》をまもった。二〈名・する〉初めからおわりまでずっと同じ状態がつづくこと。例活発な討論に終始した。▽アシューシ →しゅうしいっかん

しゅうじ[1]【修辞】〈名〉ことばをえらび、使いかたをくふうして、表現を効果的にすること。ひねった表現にすること。比喩《ひゆ》・倒置《とうち》・反語・対句《ついく》など。レトリック。例修辞を凝《こ》らす。修辞法。類言葉のあや。

しゅうじ[2]【習字】〈名〉うつくしい文字が書けるように書きかたをならうこと。毛筆やペンを使う。類書写。書道。手習い。

じゆうし【自由詩】〈名〉〔文学〕詩を形のうえから分類したときの一つ。五音とか七音のくり返しによらない自由なもの。対定型詩。

じゅうし【重視】〈名・する〉ほかのことより大事なこととしてあつかうこと。例スポーツを重視する。対軽視。類尊重。重んじる。

じゅうじ[1]【十字】〈名〉十の字の形。例赤十字。十字架《じゅうじか》。類十文字。

十字を切《き》る キリスト教のカトリックで、神にいのるとき、胸の前で手で十字の形をえがく。

じゅうじ[2]【住持】〈名〉住職。

じゅうじ[3]【従事】〈名・する〉一つの仕事についてはたらくこと。例研究に従事する。類たずさわる。

ジューシー〈形動〉果汁《かじゅう》、肉汁がたっぷりとふくまれている。例ジューシーな桃。ジューシーなステーキ。◇juicy

しゅうしいっかん【終始一貫】〈名・副・する〉態度や状態が、初めからおわりまでかわらないでつづくこと。例ゲーム中、終始一貫して積極的な戦法をとった。類徹頭徹尾《てっとうてつび》。

じゅうじか【十字架】〈名〉❶むかし、処刑《しょけい》者をはりつけにした十字の形の柱。例十字架にかける。❷〔宗教〕キリスト教で、イエス＝キリストが処刑された十字の柱をかたどったしるし。キリスト教の象徴《しょうちょう》。

表現「十字架をせおう」というと、一生わすれられない重圧を身に感じながら生きる、という意味になる。

じゅうじぐん【十字軍】〈名〉〔歴史〕一一世紀の末から一三世紀にかけて、西ヨーロッパのキリスト教徒が、聖地エルサレムをイスラム教徒からうばい返すためにおこした遠征《えんせい》。七回行なわれたが目的ははたせなかった。

しゅうしけい【終止形】〈名〉〔文法〕活用形の一つ。文を言いきるときの形で、活用形の基本とされる。

しゅうしけっさん【収支決算】〈名〉収入総額を示し、支出は費目の別と総額を示し、収入額と支出額の関係を明らかにすること。ふつう、年度ごとに決算する。

じゆうじざい【自由自在】〈名・形動〉自分の思いのままであること。例自由自在につかいこなす。

しゅうじつ[1]【終日】〈名〉一日中。例終日営業。終日運転。類ひねもす。一日。

しゅうじつ[2]【週日】〈名〉ウイークデー。類平日。

じゅうじつ【充実】〈名・する〉内容がゆたかで、不足がないこと。また、そのようにさせること。例制度が(を)充実する。充実した生活。充実感。類充足。

しゅうしふ【終止符】〈名〉⇩ピリオド

じゅうしまつ〘十姉▽妹〙〈名〉小鳥の一種。スズメよりすこし小さい。白に黒や茶のまだらがある。

じゅうしゃ【従者】〈名〉主人のおともをする人。

しゅうしゅう[1]【収拾】〈名・する〉混乱した状態をうまくまとめて、正常にもどすこと。例事態を収拾する。収拾がつかない。類収束《しゅうそく》。

しゅうしゅう[2]【収集】〈名・する〉❶研究やたのしみのために、ものをあつめること。また、そのあつめたもの。例情報を収集する。収集家。収集癖《へき》。類コレクション。❷ごみをあつめること。例収集日。収集車。

表記 ①は「▼蒐集」とも書く。

じゅうじゅう【重重】〈副〉かさねがさね。じゅうぶんに。例重々おわび申しあげます。

じゆうしゅぎ【自由主義】〈名〉政治や経済、思想などのうえで、個人の自由な権利をまもり、自発的な活動範囲《はんい》を最大限に拡大しようとする立場。リベラリズム。

しゅうしゅく【収縮】〈名・する〉ふくらんでいたものがちぢまること。例筋肉が収縮する。対膨張《ぼうちょう》。類収斂《しゅうれん》。

しゅうじゅく【習熟】〈名・する〉練習をかさねて、じょうずになること。例運転に習熟する。類熟練。熟達。

じゅうじゅつ【柔術】〈名〉柔道のもととなった、日本古来の武術。明治以降、日本人が広めたブラジルで独自に発達した。

じゅうじゅん【従順・柔順】〈形動〉おとなしくて、さからわない。例従順な態度。類温順。すなお。

じゅうしょ【住所】〈名〉人が住んでいる場所の、所番地や、建物の部屋の番号。俗《ぞく》に、会社などの「所在地」にもいう。例住所録。住所不定。類いどころ。アドレス。

しゅうしょう[1]【終章】〈名〉長い小説や論文などで、最後にくる章。対序章。類エピローグ。

しゅうしょう[2]【愁傷】〈名〉親しい者の死や不幸にあって、かなしみにしずむこと。

 小林秀雄(ひでお)(1902～83) 昭和の評論家。多くのすぐれた文明批評を残す。近代批評の分野を確立。

表現 人がなくなったとき、「ご愁傷さまです」といって、家族のかなしみを思いやるあいさつのことばに使う。

1 **じゅうしょう【重症】**〈名〉病気のぐあいがひどくわるいこと。例重症患者。対軽症。

2 **じゅうしょう【重傷】**〈名〉いのちにかかわるようなひどいけが。例重傷を負《お》う。対軽傷。類大けが。深手。痛手。重態。

参考 ニュース報道では、全治一か月以上のけがが「重傷」、一か月未満のけがが「軽傷」と使い分けられている。

3 **じゅうしょう【重唱】**〈名・する〉〔音楽〕ひとりずつがちがった音域の旋律《せんりつ》をうけもって、いっしょに歌うこと。例二重唱。対斉唱《せいしょう》。

4 **じゅうしょう【銃床】**〈名〉小銃などで、銃身を支える木製の部分。

じゅうしょうしゅぎ【重商主義】〈名〉〔歴史〕国家の富をふやすために、国が貿易活動を保護して、輸出を奨励《しょうれい》したこと。一八世紀のヨーロッパでとられた、絶対主義のもとでの経済政策。

しゅうしょうろうばい【周章▼狼▼狽】〈名・する〉あわてて ひどくうろたえること。

1 **しゅうしょく【秋色】**〈名〉秋らしい景色やようす。例秋色が深まる。対春色。

2 **しゅうしょく【修飾】**〈名・する〉❶見ばえがするように、かざりつけをすること。例文字を修飾して読みやすいワープロ文書にする。修飾の多い話。❷〔文法〕ある語句が、あとにくる語句の性質や内容を、より具体的に表わすようにはたらくこと。→しゅうしょくご

3 **しゅうしょく【就職】**〈名・する〉つとめさきをみつけて、職業につくこと。例就職口。就職試験。対離職《りしょく》。退職。失業。失職。

じゅうしょく【住職】〈名〉寺でいちばんえらい僧《そう》。住持。

しゅうしょくご【修飾語】〈名〉〔文法〕文をつくっている成分の一つ。修飾のはたらきをする語句。「赤いトマト」「わたしが描《か》いた絵」など、名詞を修飾する「連体修飾語」と、「ゆっくり歩く」「絵を描く」のように動詞・形容詞などを修飾する「連用修飾語」の二種類がある。

しゅうしょくなん【就職難】〈名〉求人数が少なくて、職につくことがなかなかできないこと。

しゅうしょくぶ【修飾部】〈名〉〔文法〕文の中で、二つ以上の文節がまとまって修飾語と同じ働きをする、一つづきの部分。たとえば、「ひまわりが風に吹かれてゆれている。」の「風に吹かれて」の部分。

しゅうじょし【終助詞】〈名〉〔文法〕助詞の分類の一つ。文や句のおわりにつけて、話し手の疑問や禁止、感動、強調などを表わす。「か」「な」「なあ」「よ」など、さまざまなものがある。

じゅうじろ【十字路】〈名〉二本の道路が十の字の形でまじわっているところ。類四つ角。交差点。

1 **しゅうしん【修身】**〈名〉❶心を正しくもち、行ないに気をつけること。❷旧制度の小、中学校での教科の一つ。現在の「道徳」にあたる。▽アシューシン

2 **しゅうしん【終身】**〈名〉生きているあいだずっと。例終身刑《けい》。類終生。生涯《しょうがい》。アシューシン

3 **しゅうしん【執心】**〈名・する〉どうにも思いきれないほど、ものごとに心がうばわれてしまうこと。例だいぶ、ご執心だね。類執着。アシューシン

4 **しゅうしん【就寝】**〈名・する〉ねるために ねどこに入ること。対起床《きしょう》。類就眠《しゅうみん》。アシューシン

1 **しゅうじん【囚人】**〈名〉罰《ばつ》を受けて、刑務《けいむ》所に入れられている人。服役《ふくえき》者。

2 **しゅうじん【衆人】**〈名〉だれということもない大勢の人たち。例衆人環視《かんし》の中での事件。

3 **しゅうじん【集▼塵】**〈名・する〉きれいに清掃するために、ちりやごみを集めること。とくに小さなちりやほこりを集めることをいうことが多い。例集塵機。

1 **じゅうしん【重心】**〈名〉物体の各部分にはたらく重力があつまって つり合いがとれる点。例重心をとる。重心をうしなう。重心が高い。

2 **じゅうしん【重臣】**〈名〉重要な職務についている臣下。

しゅうじんかんし【衆人環視】〈名〉多くの人がじっと見ていること。例衆人環視の中で赤はじをかく。

しゅうしんこよう【終身雇用】〈名〉会社などで働く人を、定年になるまでやとい続けること。

シューズ〈名〉靴《くつ》。とくに短靴《たんぐつ》。◇shoes

1 **ジュース**〈名〉⇩デュース ◇deuce

2 **ジュース**〈名〉くだものや野菜類をしぼったしる。また、それに水や砂糖をくわえてつくった飲みもの。類果汁《かじゅう》。◇juice 参考 英語では「一〇〇%果汁」だけをいう。

じゅうすい【重水】〈名〉〔化学〕重水素や重酸素をふくんでいるために、ふつうの水より分子量の大きい水。

じゅうすいそ【重水素】〈名〉〔化学〕水素と同じ性質をもっているが、水素の二倍または三倍の重さをもつ元素。水素の同位体。

1 **しゅうせい【習性】**〈名〉❶習慣が身について、性質のようになったもの。類くせ。❷各動物が生まれつきもっている、特徴《とくちょう》のある行動パターン。▽アシューセー

2 **しゅうせい【修正】**〈名・する〉文章の語句をととのえたり、あやまりを なおしたりすること。例修正をくわえる。字句を修正する。類訂正《ていせい》。補正。アシューセー

3 **しゅうせい【修整】**〈名・する〉写真などに手をくわえて、きれいに見えるように なおすこと。アシューセー

4 **しゅうせい【集成】**〈名・する〉多くのものをあつめ、系統づけて配列すること。例全国の昔話を集成する。アシューセー

5 **しゅうせい【終生・終世】**〈名・副〉いのちのあるかぎり。例終生の友。終生忘れない。類一生。生涯《しょうがい》。アシューセー

じゅうせい【銃声】〈名〉銃をうつ音。類砲声《ほうせい》。

じゅうぜい【重税】〈名〉率が高くて、負担が大きすぎる税金。例重税にあえぐ。類酷税《こくぜい》。

しゅうせき【集積】〈名・する〉たくさんのものがあつまって、つみかさなること。また、あつめて つみかさねること。例情報が(を)集積する。集積回路。

じゅうせき【重責】〈名〉おもくてたいせつな責任。例重責をはたす。重責をになう。類大任。

1 **しゅうせん【終戦】**〈名〉戦争がおわること。例終戦後。対開戦。

表現 ふつう、日本では、第二次世界大戦でのわが国の敗戦をさして使う。

2 **しゅうせん【周旋】**〈名・する〉人のあいだにたって、商売や交渉《こうしょう》などがうまくいくように世話をすること。類なかだち。斡旋《あっせん》。仲介《ちゅうかい》。

しゅうぜん【修繕】〈名・する〉家具や家などの、こわれたり、ぐあいがわるくなったりした部分をなおすこと。例修繕に出す。くつの修繕。修繕費。類修理。修復。

1 **じゅうぜん【十全】**〈名〉設備や態勢がしっかりととのっていること。例十全のそなえ。類万全《ばんぜん》。

2 **じゅうぜん【従前】**〈名〉これまで。例従前どおり。類従来。

しゅうそ【臭素】〈名〉〔化学〕常温で赤茶色の、いやなにおいのする液体。揮発しやすく有毒。写真の感光材料や医薬品、染料などに使われる。元素の一つ。記号 Br

しゅうぞう【収蔵】〈名・する〉ものをしまっておくこと。例書物を収蔵する。収蔵品。

1 **じゅうそう【重奏】**〈名・する〉ちがった楽器、または音の高さでの合奏。例弦楽《げんがく》四重奏。

2 **じゅうそう【重曹】**〈名〉〔化学〕「重炭酸ソーダ」の略。水にとけるとアルカリ性をしめし、熱すると二酸化炭素をだす白い粉。医薬品やふくらし粉に使う。炭酸水素ナトリウム。

3 **じゅうそう【縦走】**〈名・する〉山登りで、尾根《おね》づたいに山を歩くこと。

じゅうそうてき【重層的】〈形動〉いくつもの層になって重なり合っている。例重層的な構造。

じゅうそうび【重装備】〈名〉念入りな装備。例冬山に重装備で登る。類完全装備。

しゅうそうれつじつ【秋霜烈日】〈名〉不正やあやまりを許さないきびしい態度。それがあたかも秋のつめたい霜《しも》、夏の日ざしのようなはげしさ・きびしさであること。例裁判官は秋霜烈日の厳正さで判決をくだした。

1 **しゅうそく【収束】**〈名・する〉まとまっていなかったものが、最後におさまりがつくこと。また、おさまりをつけること。例事態が(を)収束する。類収拾《しゅうしゅう》。

2 **しゅうそく【終息】**〈名・する〉つづいていた、またはくり返しおこっていたことがおわること。例インフルエンザが終息する。各地の暴動は終息に向かっている。類沈静(化)。
表現よくない社会現象などのおわりをいうことが多い。

しゅうぞく【習俗】〈名〉その土地に昔から伝わっている、特有の習慣や風俗。

じゅうそく【充足】〈名・する〉❶じゅうぶんにみちたりていること。例心が充足する。欲望を充足させる。類満足。❷おぎなってみたすこと。例条件を充足する。

じゅうぞく【従属】〈名・する〉自分より強いものにしたがうこと。例従属的(な地位)。従属国。類隷属《れいぞく》。

しゅうたい【醜態】〈名〉みっともない態度や行動。例醜態を演じる。醜態をさらす。類失態。狂態。

1 **じゅうたい【重体・重態】**〈名〉病気やけがなどがとてもおもく、生命があぶないこと。例重体におちいる。類重症《じゅうしょう》。重傷。危篤《きとく》。

2 **じゅうたい【渋滞】**〈名・する〉思うように進まないで、つかえること。例交通が渋滞する。事務処理が渋滞する。大渋滞。

3 **じゅうたい【縦隊】**〈名〉たてにならんでいる隊形。例三列縦隊。対横隊。

1 **じゅうだい【重代】**〈名〉先祖代々伝わってきたこと。先祖伝来。アジューダイ

2 **じゅうだい【重大】**〈形動〉見すごしがたい大きい意味をもっている。例重大な影響《えいきょう》。責任重大。重大視。アジューダイ

じゅうだいし【重大視】〈名・する〉重大なことだ、と考えること。例今度の事件を重大視する。類重要視。重視。

しゅうたいせい【集大成】〈名・する〉多くのものをあつめて、大きく一つにまとめること。そのようにまとめたもの。例研究成果を集大成した本。選手生活の集大成となる大会。

じゅうたく【住宅】〈名〉人が住むための家。例住宅地。分譲《ぶんじょう》住宅。住宅難。類住居。すまい。

しゅうだつ【収奪】〈名・する〉大きな力で人から取りあげ利益をあげること。例民衆の富《とみ》を収奪する。

しゅうたん【愁嘆】〈名・する〉なげき悲しむこと。類悲嘆《ひたん》。
表現芝居《しばい》の悲惨《ひさん》な場面をいう、「愁嘆場《ば》」の形で使うことが多い。

しゅうだん【集団】〈名〉同類のものがあつまったひとかたまり。例集団生活。武装集団。類グループ。団体。

じゅうたん【▼絨▼毯・▼絨▼緞】〈名〉カーペットのこと。

1 **じゅうだん【銃弾】**〈名〉銃のたま。例銃弾がとびかう。類砲弾《ほうだん》。弾丸。

2 **じゅうだん【縦断】**〈名・する〉❶広い海や陸地を、南北の方向、または長い方向に、はしからはしまで行くこと。例大陸縦断の旅。台風が日本列島を縦断する。❷ほそ長いものを、たてに切ること。例縦断面。類縦貫《じゅうかん》。▽対横断。

じゅうたんばくげき【▼絨▼毯爆撃】〈名〉ある地域に、じゅうたんをしきつめるように、すみずみまで爆弾《ばくだん》を落とすこと。

1 **しゅうち【周知】**〈名・する〉ひろく知れわたっていること。また、ひろく知らせること。例周知の事実。周知のように。災害情報を住民に周知する。周知徹底。類公知。

2 **しゅうち【衆知】**〈名〉人々みんなのちえ。例衆知をあつめる。

3 **しゅうち【羞恥】**〈名〉はずかしい思い。例羞恥の念。羞恥心。

しゅうちしん【羞恥心】〈名〉はずべきことに対して、はずかしいと感じる気持ち。例羞恥心がない。

1 **しゅうちゃく【終着】**〈名〉❶電車や列車、バスなどの終点。例終着駅。❷最終便の到着《とうちゃく》。例終着列車。類最終。▽対始発。

2 **しゅうちゃく【執着】**〈名・する〉あるものごとに心をうばわれて、どうにも思いきれないこと。例生に執着する。地位に執着する。執着心。類執心。
参考古風なもとの読み方は「しゅうじゃく」。

しゅうちゅう【集中】〈名・する〉❶一か所にあつまること。一か所にあつめること。例視線が集中する。非難が集中する。精神を集中する。集中攻撃《こうげき》。集中的。❷気を散らさないように、やるべきことにだけ意識を向けること。精神集中。例授業に集中する。集中力。

しゅうちゅうごうう【集中豪雨】〈名〉短時間、せまい地域に集中してはげしくふる雨。

しゅうちゅうちりょうしつ【集中治療室】〈名〉重い病気の人や大けがをした人を収容して、集中的な治療をするための処置室。ICU。

しゅうちゅうてき【集中的】〈形動〉ふだんは分散しているものごとが、そのときはあつまって強力になっている。例集中的な豪雨。交通違反を集中的にとりしまる。

しゅうちょう【▼酋長】〈名〉一部族のかしら。

じゅうちん【重鎮】〈名〉ある方面や団体でおもんじられて、中心になっている人。例学界の重鎮。

しゅうてい【舟艇】〈名〉小型の船。

 小村寿太郎(じゅたろう)(1855〜1911) 明治時代の外相。ポーツマス条約を結び，韓国併合をすすめた。

じゅうていおん【重低音】〈名〉ずんずんとひびくような、低くて重い感じの音楽の音。

しゅうてん【終点】〈名〉❶電車や列車、バスなどが最後につく駅や停留所。対起点。類終着駅。❷〔物理・数学〕ある動きが終わる点。対始点。

しゅうでん【終電】〈名〉「終電車」の略。

1 **じゅうてん**【重点】〈名〉ものごとのだいじなところ。例…に重点をおく。重点項目。類ポイント。ウエイト。力点。アジューテン

2 **じゅうてん**【充塡】〈名・する〉あいている場所にうめこんでみたすこと。例ボンベにガスを充塡する。歯にアマルガムを充塡する。虫歯を充塡する。アジューテン

じゅうでん【充電】〈名・する〉充電池に電気をみたすこと。例携帯《けいたい》電話を充電する。充電式掃除《そうじ》機。満《まん》充電。対放電。類蓄電《ちくでん》。

表現 ある期間休んで、活力をたくわえる意味でもいう。

しゅうでんしゃ【終電車】〈名〉ダイヤでその日最後の電車。終電。対始発電車。類終列車。終発。

じゅうでんち【充電池】〈名〉充電することでくり返し使うことのできる電池。充電式電池。ニッケルカドミウム（＝ニカド）電池、ニッケル水素電池、リチウムイオン電池などがある。

じゅうてんてき【重点的】〈形動〉重要なところに力を集中させるようす。例国語を重点的に勉強する。類優先的。

1 **しゅうと**【▼舅・▼姑】〈名〉❶〔舅〕夫または妻の父。対しゅうとめ。類義父。❷〔姑〕⇩しゅうとめ ▽アシュート

［じゅうにひとえ］

表現 他人の(とくに目の前にいる相手の)しゅうとのことは「おしゅうとさん」という。

2 **しゅうと**【宗徒】〈名〉ある宗教や宗派の信者。類信徒。門徒。アシュート

3 **シュート**〈名・する〉❶サッカーやバスケットボールなどで、相手のゴールにむけて、ボールをけり入れたり、投げこんだりすること。❷野球で、投手の投げた球がそるようにまがること。対カーブ。◇shoot ▽アシュート

じゅうど【重度】〈名〉程度がおもいこと。けがや病気などについていうことが多い。例重度の障害。対軽度。

しゅうとう【周到】〈形動〉すべてにいきとどいていて、手おちがない。例周到な準備。用意周到。

じゅうとう【充当】〈名・する〉金銭や人員などの不足している部分を、おぎなってみたすこと。例新採用の人員を会計業務に充当する。類充足。補塡《ほてん》。

じゅうどう【柔道】〈名〉格闘《かくとう》技の一つ。相手と組んで、投げたり組みふせたりする。オリンピック種目の一つ。

参考 明治時代に、それまでの柔術が発展して、スポーツとなったもの。

しゅうどういん【修道院】〈名〉〔宗教〕規律正しい共同生活をし、カトリック派キリスト教の修行《しゅぎょう》をする僧《そう》や尼僧《にそう》のすむ寺院。

しゅうどうし【修道士】〈名〉〔宗教〕修道院で修行《しゅぎょう》をする僧《そう》。対修道女。

しゅうどうじょ【修道女】〈名〉〔宗教〕修道院で修行《しゅぎょう》をする尼僧《にそう》。修道尼。対修道士。

しゅうどうに【修道尼】〈名〉⇩しゅうどうじょ(前項)

じゅうとうほう【銃刀法】〈名〉銃や、一定の刃渡《はわた》り以上の刃物を所持《しょじ》することの、禁止と許可の条件について定めた法律。「銃砲刀剣類所持等取締《とりしまり》法」の略。

1 **しゅうとく**【拾得】〈名・する〉落としものをひろうこと。駅や警察などでいう。例拾得物。対遺失。

2 **しゅうとく**【習得】〈名・する〉習っておぼえること。例英会話を習得する。類修得。マスター。

3 **しゅうとく**【修得】〈名・する〉学問や技芸などを学び、身につけること。類習得。マスター。

じゅうとく【重篤】〈形動〉病状が、とても悪いようす。

しゅうとくぶつ【拾得物】〈名〉だれかに拾《ひろ》われた落としもの。「拾いもの」のかたい言いかた。駅や警察などで使われることば。対遺失《いしつ》物。

しゅうとめ【▼姑】〈名〉夫または妻の母。「しゅうと」ともいう。対しゅうと。類義母。

表現 他人の(とくに目の前にいる相手の)しゅうとめのことは「おしゅうとめさん」という。

じゅうなん【柔軟】〈形動〉❶やわらかく、しなやかである。例柔軟なからだ。柔軟体操。❷きまった考えにとらわれず、その場の変化に応じて、適切に考えをかえること。例柔軟な態度。対強硬《きょうこう》。❸「柔軟体操」の略。

じゅうなんたいそう【柔軟体操】〈名〉スポーツをする前に、からだをやわらかくするために行なう体操。類準備体操。準備運動。ストレッチ。

じゅうにおんおんかい【十二音音階】〈名〉〔音楽〕十二個の半音による音階。一オクターブを半音ずつ十二に等分したもの。

じゅうにし【十二支】〈名〉方角や時刻、年や日を表わすために使う十二種の動物の名。子《ね》・丑《うし》・寅《とら》・卯《う》・辰《たつ》・巳《み》・午《うま》・未《ひつじ》・申《さる》・酉《とり》・戌《いぬ》・亥《い》。中国伝来の風習。参考 現在は、年を表わすこと以外にはあまり使われない。また、そのときは「えと」という。→えと

じゅうにしちょう【十二指腸】〈名〉小腸の一部で胃につづくところ。胆汁《たんじゅう》や膵液《すいえき》がでる。

じゅうにひとえ【十二▽単】〈名〉むかしの女官《にょかん》の正装《せいそう》。絹のひとえをかさねて着て、そでぐちやえりが何重にもなって見えるもの。絵

じゅうにぶん【十二分】〈形動〉じゅうぶんすぎるほどに みちたりている。例十二分にちょうだいしました。

表現「じゅうぶん」ではまだ言い足りない、という気持ちを言い表わす語。

しゅうにゅう【収入】〈名〉自分のところに入ってくるお金。例収入の道。収入をえる。現金収入。対支出。類所得。かせぎ。

しゅうにゅういんし【収入印紙】〈名〉政府が発行する印紙。五万円以上の金額の領収書や、契約《けいやく》書などに貼る。郵便局などで売っている。

ゴヤ（1746〜1828）　スペインの画家。ナポレオンに対するスペイン民衆の抵抗の姿をえがいた。

しゅうにゅうやく【収入役】〈名〉市町村で会計事務全体の責任を負う上級の公務員。

しゅうにん【就任】〈名・する〉仕事上のポストにつくこと。対離任《りにん》。退任。辞任。類着任。

じゅうにん【住人】〈名〉その家屋《かおく》などに住んでいる人。例マンションの住人。類住民。居住《きょじゅう》者。

じゅうにんといろ【十人十色】〈名〉十人よれば、みんな顔かたちがちがうように、このみや考えかたも人それぞれにちがう、ということ。

じゅうにんなみ【十人並み】〈名・形動〉人の顔つきや能力などが、とくにすぐれてもおらず、おとってもいないこと。類人並み。

しゅうねく【執▽念く】〈副〉執念ぶかく。古風な言いかた。

[1]**しゅうねん**【周年】㊀〈名〉まるまる一年。例周年ごとに会員を更新する。㊁〈副〉一年じゅう。例トマトの周年栽培《さいばい》。㊂〈接尾〉ものごとが始まってから何回めの年にあたるかを数えることば。例創立三十周年。類アニバーサリー。▽アシューネン

[2]**しゅうねん**【執念】〈名〉ある思いにこりかたまって、どうしてもそれにこだわる気持ち。例執念をもやす。執念ぶかい。アシューネン

じゅうねんいちじつ【十年一日】〈名〉長い期間にわたって、いやにならないで同じことをしていたり、同じ状態がつづいていたりすること。例十年一日のごとく。

じゅうねん(十年)**ひとむかし**(一昔) 十年もたつと、もうむかしのことになる。世の中の移り変わりのはげしいことのたとえ。

しゅうねんぶか・い【執念深い】〈形〉ひとつのことにこだわって、ちっとやそっとのことではあきらめない。例執念深い人。類しつこい。

しゅうのう【収納】〈名・する〉❶中に物を入れてしまっておくこと。しまっておく場所。例収納庫。収納家具。収納スペース。❷金品をたしかにうけとること。例収納係。▽類おさめる。

じゅうのう【十能】〈名〉炭火を入れてもち運んだり、石炭をすくってストーブにくべたりする道具。→どうぐ絵

[1]**しゅうは**【宗派】〈名〉同じ宗教の中での、いくつかにわかれたグループ。類教派。宗門。

[2]**しゅうは**【秋波】〈名〉男性の気をひいたり、自分の好意を男性につたえたりするための、女性の視線。例秋波を送る。類色目。流し目。

表現 なんらかの思惑《おもわく》があって、人にさそいをかけることや、敵対関係にある人と友好的になろうとすることの意味でも使う。

しゅうはい【集配】〈名・する〉郵便物や品物などを、あつめたり、くばったりすること。例集配局。

じゅうばこ【重箱】〈名〉料理をつめて何段もかさねられる四角い入れもの。いちばん上にふたがある。うるしぬりのものが多い。お重。絵

表現 ふつう一組《ひとくみ》二組《ふたくみ》と数えるが、一重《ひとかさね》二重《ふたかさね》も使う。それぞれの段は上から「一《いち》の重《じゅう》」「二《に》の重《じゅう》」などという。

[じゅうばこ]

重箱の隅《すみ》をつつく どうでもいいようなこまかいことまで、いちいち問題にする。

じゅうばこよみ【重箱読み】〈名〉漢字二字の熟語を、「重箱」のように上の字は音で、下は訓《くん》でよむ読みかた。「金星《きんぼし》」「縁組《えんぐみ》」など。対湯桶《ゆとう》読み。

しゅうバス【終バス】〈名〉バスの、その日の最終便。「最終バス」のややくだけた言いかた。

しゅうはすう【周波数】〈名〉〔物理〕電波や交流電流、音波などの、一秒間の振動《しんどう》数。ヘルツやサイクルという単位で表わす。

じゅうはちばん【十八番】〈名〉その人のもっとも得意な芸。類おはこ。お得意。お家芸。お手のもの。

参考 歌舞伎《かぶき》の市川家に伝わる十八の狂言《きょうげん》を、「歌舞伎十八番」とよんだことからいう。

しゅうはつ【終発】〈名〉電車やバスなどで、その日の最後に発車するもの。例終発におくれる。対始発。類最終。終電。

しゅうばつ【秀抜】〈形動〉ひときわ目だってすぐれている。例秀抜な文章。類秀逸《しゅういつ》。

[1]**しゅうばん**【週番】〈名〉一週間ごとに交代して行なう当番。

[2]**しゅうばん**【終盤】〈名〉碁《ご》や将棋《しょうぎ》の勝負、野球の試合や選挙戦などで、おわりに近づいた時期。例終盤に入る。終盤戦。対序盤。中盤。

[1]**じゅうはん**【重犯】〈名〉❶重い犯罪。例人殺しは重犯だ。❷ふたたび犯罪を犯すこと。類再犯。

[2]**じゅうはん**【重版】〈名・する〉いちど出した本や雑誌が品切れになったために、増刷《ぞうさつ》すること。その第二刷以降の本や雑誌。例重版がかかる。対初版。類再版。

[3]**じゅうはん**【従犯】〈名〉主犯者を助けてした犯行。対正犯。主犯。

しゅうび【愁眉】〈名〉心配そうな顔。

愁眉を開《ひら》く 心配事がなくなり、ほっと安心する。

じゅうびょう【重病】〈名〉いのちにかかわるような、おもい病気。類大病。大患《たいかん》。

しゅうふく【修復】〈名・する〉建物などのこわれたところをなおして、もとどおりにすること。例修復工事。類修繕《しゅうぜん》。

じゅうふく【重複】〈名・する〉⇩ちょうふく

[1]**しゅうぶん**【秋分】〈名〉二十四節気の一つ。九月二十三日ごろ。昼と夜の長さがほぼ等しくなる。対春分。

[2]**しゅうぶん**【醜聞】〈名〉スキャンダル。例醜聞が絶《た》えない。

[1]**じゅうぶん**【重文】〈名〉❶〔文法〕「風が吹き、落ち葉が舞う」のように、一つの文の中に、主語と述語の結びついた句が意味的に対等な関係でならんでいる文。→たんぶん〔単文〕・ふくぶん〔複文〕❷「重要文化財」の略。▽アジューブン

[2]**じゅうぶん**【十分・充分】〈形動・副〉これ以上のぞむものがないほどみちたりている。例十分な食べもの。十分に説明する。十分考える。一人で十分だ。対不十分。類十二分。アジューブン

しゅうぶんのひ【秋分の日】〈名〉国民の祝日の一つ。九月二十三日ごろ。「祖先《せんぞ》をうやまい、なくなった人々をしのぶ」ための日。秋の彼岸《ひがん》の中日《ちゅうにち》にあたる。→ひがん〔彼岸〕由来

しゅうへき【習癖】〈名〉身についてしまっている、あまりよくないくせ。類性癖。

しゅうへん【周辺】〈名〉ある場所や人などをかこむ、

そのあたり一帯。例大都市周辺の住宅地。対中央。

じゅうぼいん【重母音】〈名〉⇩にじゅうぼいん

しゅうほう【週報】〈名〉❶週ごとに出される報告書。❷週刊の業界誌などの名に使われることば。

しゅうぼう【衆望】〈名〉たくさんの人々からよせられる信頼《しんらい》や期待。例国民の衆望をになう。類輿望《よぼう》。

[1]**じゅうほう【重宝】**〈名〉たいへん貴重な宝物。古くは「ちょうほう」とも言った。

[2]**じゅうほう【銃砲】**〈名〉銃など、弾丸《だんがん》をつかう武器をまとめていうことば。例銃砲を所持する。

じゅうぼうえき【自由貿易】〈名〉〔経済〕国家がとくに保護も制約もくわえない貿易。対保護貿易。

じゆうほんぽう【自由奔放】〈名・形動〉なにものにもとらわれず、自分のすきなことをすきなようにするようす。例自由奔放な生活。自由奔放に生きる。類気まま。

シューマイ〈名〉中華料理の一つ。小麦粉をねってつくったうすい皮に、ひき肉や野菜などをつつんで、むしたもの。◇中国語「焼売」から。

しゅうまく【終幕】〈名〉❶芝居《しばい》の最後の一幕。対序幕。❷芝居がおわること。対開幕。類閉幕。
表現「終幕をむかえる」は、ものごとがおわりになること。

[1]**しゅうまつ【週末】**〈名〉一週間のおわり。金曜の夜から日曜にかけての期間をさすのがふつう。類ウイークエンド。

[2]**しゅうまつ【終末】**〈名〉ものごとや時代のおわり。例終末をむかえる。類結末。終局。

じゅうまん【充満】〈名・する〉気体やにおい、あるふんいきなどが、いっぱいにみちみちること。例室内にガスが充満する。

じゅうみん【住民】〈名〉そこに住んでいる人。例マンションの住民。住民登録。類住人。居住《きょじゅう》者。

じゆうみんけんうんどう【自由民権運動】〈名〉〔歴史〕明治の初期、板垣退助《いたがきたいすけ》らが、新政府に対して人民の自由や権利を主張し、国会の開設や税金の軽減などをとなえておこした政治運動。政府の弾《だん》圧《あつ》と内部の対立によって、目的を達しないでおとろえた。

じゅうみんぜい【住民税】〈名〉地方税の一つ。都道府県や市町村などの地方公共団体が、そこに住んでいる人や、そこに事務所をもっている会社などにかける税金。

じゅうみんとうひょう【住民投票】〈名〉かならずしも法律で決まった投票だけではないが、自治体の住民の意思を確認するために行なわれる投票。地方自治のひとつのあらわれ。例市町村合併の可否を問う住民投票が行なわれた。参考(1)公職選挙法にはしばられず、何歳から投票できるかの有権者の年齢は、地方によってことなる場合が多い。(2)「国民投票」というと、憲法改定に際しての投票をいう。

じゅうみんとうろく【住民登録】〈名〉その市区町村の住民として、役所に登録すること。

じゅうみんひょう【住民票】〈名〉市区町村の役所にある、住民登録をしている住民ひとりひとりの住所・氏名・生年月日・性別・世帯主との続柄《つづきがら》などをしるしたもの。

しゅうめい【襲名】〈名・する〉歌舞伎《かぶき》俳優や落語家などが、先代の芸名をうけつぐこと。例襲名披露《ひろう》。

じゅうめん【渋面】〈名〉ふきげんな、にがにがしい顔の表情。例渋面をつくる。類しかめっつら。渋《しぶ》い顔。

じゅうもう【柔毛】〈名〉〔動物〕小腸の粘膜《ねんまく》や胎盤《たいばん》などに、たくさんある小突起《しょうとっき》。表面積がふえ、栄養の吸収が容易になる。柔《じゅう》突起。

しゅうもく【衆目】〈名〉おおぜいの人の見かた。例衆目の見るところ。類十目《じゅうもく》。

しゅうもん【宗門】〈名〉一つの宗教の中での一つのグループ。類宗旨《しゅうし》。宗派。

じゅうもんじ【十文字】〈名〉十の字のように、二直線が交差した形。例ひもを十文字にかける。類十字。

しゅうや【終夜】〈名〉ひと晩じゅう。例終夜営業。終夜バス。類夜通し。夜もすがら。夜を徹《てっ》して。

しゅうやく【集約】〈名・する〉たくさんのものをあつめて整理し、まとめること。例出席者の意見を集約する。問題はこの一点に集約される。

じゅうやく【重役】〈名〉会社などの運営で、重要な決定をする立場にある人。取締《とりしまり》役など。類役員。
表現「重役出勤」は、一般《いっぱん》の社員がとっくに働き始めている時間に、ゆっくりと出社すること。

しゅうやくのうぎょう【集約農業】〈名〉かぎられた土地から、多くの収益をあげるために、お金や人手をたくさんつぎこむ農業のやりかた。対粗放《そほう》農業。

じゅうゆ【重油】〈名〉石油の原油から、軽油や灯油などをとりわけたあとにのこる、黒茶色のこいあぶら。燃料やアスファルトの原料に使う。対軽油。

しゅうゆう【周遊】〈名・する〉ひろく、ぐるりと旅行してまわること。例周遊券。類回遊。

しゅうゆうけん【周遊券】〈名〉指定された地域を自由に旅行して発駅に帰ることができる割引乗車券。

[1]**しゅうよう【収用】**〈名・する〉国などが、公共で用いるために、一般《いっぱん》の個人や団体の持つ所有権などの権利を、強制的に取りあげること。

[2]**しゅうよう【収容】**〈名・する〉人やものを一定の場所に入れること。例五万人を収容するスタジアム。収容人員。

[3]**しゅうよう【修養】**〈名・する〉心をりっぱにして、人格をたかめるように努力すること。例修養をつむ。精神修養。類修練。

[1]**じゅうよう【重用】**〈名・する〉⇩ちょうよう〔重用〕

[2]**じゅうよう【重要】**〈形動〉ぜったいに必要でだいじである。例重要な問題。重要書類。重要視。類大切。肝要《かんよう》。

じゅうようし【重要視】〈名・する〉大事なものごととして考えること。例家がらより人物を重要視する。類重視。

しゅうようじょ【収容所】〈名〉捕虜《ほりょ》や浮浪《ふろう》者などを収容しておく施設《しせつ》。「しゅうようしょ」ともいう。例捕虜収容所。アウシュビッツ強制収容所(↓アウシュビッツ)。

じゅうようぶんかざい【重要文化財】〈名〉法律によって、とくに保護するように指定された、貴重な建物や美術品。略して「重文」ともいう。

じゅう(柔)よくごう(剛)をせい(制)す ⇩「じゅう〔柔〕」の子項目

しゅうらい【襲来】〈名・する〉とつぜんおそってくること。例寒波が襲来する。敵機襲来。類来襲。

じゅうらい【従来】〈名〉これまで。今まで。例従来のやりかた。類従前。旧来。
注意「従来から」というと、意味にかさなりができて、おかしな言いかたになるが、今はよく言われる。本当は、「以前から」「これまでも」などと言ったほうがよい。

しゅうらく【集落】〈名〉人家のあつまり。類村落。

じゅうらん【縦覧】〈名・する〉施設《しせつ》や文書などを見たい人が自由に見ること。例文書の縦覧。

しゅうり【修理】〈名・する〉機械や道具の故障や破損を、また使えるようになおすこと。例自転車を修理にだす。類修繕《しゅうぜん》。改修。

じゆうりつ【自由律】〈名〉短歌や俳句を、五・七・五・七・七や五・七・五の伝統的な形式にとらわれず、自由によむこと。たとえば、自由律俳句に「分け入っても分け入っても青い山」(種田山頭《さんとう》火《か》)のようなものがある。対定型。

1 **しゅうりょう【修了】**〈名・する〉きめられた学業の課程を学びおえること。例修了証書。

2 **しゅうりょう【終了】**〈名・する〉続いていたものごとがおわること。対開始。類完了。

1 **じゅうりょう【十両】**〈名〉すもうの番付《ばんづけ》で、幕内《まくうち》と幕下《まくした》のあいだにあたる地位。参考十両以上の力士を「関取《せきとり》」という。

2 **じゅうりょう【重量】**〈名〉❶ものの重さの程度。例重量をはかる。重量不足。→しつりょう 参考 ❷重さが重いこと。例重量級。重量感。対軽量。

じゅうりょうあげ【重量挙げ】〈名〉バーベルを使って、もちあげることのできる重量をきそう競技。体重によって級をわけ、あげかたによってスナッチ・ジャークの別がある。ウエイトリフティング。オリンピック種目の一つ。

じゅうりょうかん【重量感】〈名〉見る者に重みを感じさせる何か。例重量感のある作品。

じゅうりょうせい【従量制】〈名〉利用した量や時間に応じて課金する方式。対定額制。固定制。

じゅうりょく【重力】〈名〉〔物理〕地球が地上のすべてのものを引っぱっている力。地球と地上の物体とのあいだにはたらく万有《ばんゆう》引力のあらわれであり、われわれがものの重さと感じているもの。参考英語のgravityの頭《かしら》文字から、「G《ジー》」といわれることもある。

じゅうりん【▼蹂▼躙】〈名・する〉人が大事にしているものを容赦《ようしゃ》なくめちゃめちゃにすること。例人権蹂躙。

シュール〈形動〉「シュールレアリスム」を思い出させるような、ちょっと変わっていて、かんたんには理解できないようす。超《ちょう》現実的。例シュールな映像。◇フランス sur

ジュール〈名・接尾〉熱量・仕事(エネルギー)の国際単位。一ジュールは、一《ニュートン》の力が物体を一《メートル》動かすときのエネルギー量。記号「J」。◇Joule 参考イギリスの物理学者の名にちなむ。

シュールレアリスム〈名〉⇩シュルレアリスム

1 **しゅうれい【秋冷】**〈名〉秋がふかまったことを感じさせる、冷えびえとした気候。対春暖。表現「秋冷の候…」の形で、手紙の時候のあいさつのことばとして使う。

2 **しゅうれい【終礼】**〈名〉学校で、一日の授業がおわったあと、連絡事項を伝えたりするための集まり。

3 **しゅうれい【秀麗】**〈形動〉けだかく、うつくしい。例眉目《びもく》秀麗(=顔だちがうつくしい)。

しゅうれっしゃ【終列車】〈名〉その日の最後に運転される列車。対始発列車。類終電車。

1 **しゅうれん【収▼斂】**〈名・する〉❶ひろがっているものを一点にあつめること。また、ひろがっているものが一点にあつまること。例凸《とつ》レンズで光を収斂する。多様な意見が環境《かんきょう》問題に収斂する。❷ひきしまりちぢむこと。例血管の収斂。類収縮。▽アシューレン

2 **しゅうれん【修練・修錬】**〈名・する〉練習をつみかさねて、心やわざをみがき、きたえること。例修練をつむ。類鍛練《たんれん》。修養。錬磨《れんま》。アシューレン

しゅうろう【就労】〈名・する〉❶仕事をはじめること。仕事をすること。例就労時間。類勤務。❷一定の職業についていること。例就労人口。対失業。▽類就業。

じゅうろうどう【重労働】〈名〉体力をひどく消耗《しょうもう》するような、きつい仕事。対軽労働。軽作業。

1 **しゅうろく【収録】**〈名・する〉❶雑誌や本などに記事としてのせること。類掲載《けいさい》。❷放送するために、また、記録としてのこすために、録音や録画をすること。

2 **しゅうろく【集録】**〈名・する〉集めて、記録や収録をすること。

しゅうわい【収賄】〈名・する〉賄賂《わいろ》をもらい、地位などを不正に利用して、相手に有利になるよう とりはからうこと。例収賄事件。対贈賄《ぞうわい》。

しゅえい【守衛】〈名〉役所や会社などで、人の出入りを監視《かんし》し、建物を警備する仕事。その役の人。

じゅえき【樹液】〈名〉❶養分として地中から吸いあげられ、樹木にふくまれる液。❷樹皮からにじみでた液体。

じゅえきしゃ【受益者】〈名〉利益を受ける側の人。参考公的なサービスにかかる費用の一部を、そのサービスを受ける人が出すことを「受益者負担」という。

1 **しゅえん【主演】**〈名・する〉映画や演劇で、主役となって演じること。例主演女優。対助演。

2 **しゅえん【酒宴】**〈名〉おおぜいで酒を飲み、楽しむ集まり。例酒宴をひらく。類さかもり。うたげ。宴会。

しゅおん【主音】〈名〉〔音楽〕音階の第一番めの音。その曲が、どの調であるかは主音名できまる。たとえば「へ」を主音とする長音階を「へ長調」とよぶ、など。

じゅが【寿賀】〈名〉長寿の祝い。古希《こき》・喜寿《きじゅ》など。賀寿。→囲み記事15(282ページ)

シュガー〈名〉砂糖《さとう》。例ノンシュガー。◇sugar

じゅかい【樹海】〈名〉ひろい地域にひろがる大森林を、ひろびろとした海にたとえたことば。

1 **しゅかく【主客】**〈名〉⇩1しゅきゃく アシュカク

2 **しゅかく【主格】**〈名〉〔文法〕主語を表わす格。アシュカク

じゅがく【儒学】〈名〉孔子《こうし》が大成した、経世済民《けいせいさいみん》(=世の中を治め、民衆をたすけること)のための学問。→じゅきょう

1 **しゅかん【主幹】**〈名〉中心となって仕事をすすめる人。例編集主幹。類主任。

2 **しゅかん【主観】**〈名〉❶哲学《てつがく》で、感じたり、みとめたり、考えをめぐらしたりする、人間の心のはたらき。❷ものごとについての、そのひと個人の感じかたや考えかた。例主観をはなれる。▽対客観。

しゅがん【主眼】〈名〉いちばんたいせつなねらい。例…に主眼をおく。…を主眼とする。類眼目。

しゅかんせい【主観性】〈名〉ものごとを個人の主観にもとづいてみるようす。例主観性の強い意見。対客観性。

しゅかんてき【主観的】〈形動〉自分の立場からだけの、見方・感じ方・考え方の範囲《はんい》内にあること。対客観的。

1 **しゅき【手記】**〈名〉自分の体験したことやその感想などを書きつづったもの。例手記をつける。

し

 コロー(1796～1875) フランスの自然主義画家。柔らかな色調の，繊細で詩情あふれる作品を残す。

[2]**しゅき**【酒気】〈名〉❶酒くさい息。❷酒に酔《よ》っているけはい。例 酒気を帯びる。酒気帯び運転。

しゅぎ【主義】〈名〉❶かんたんにはゆずれないものとしてそれぞれの人がもつ、さまざまなものの考え方。例 主義に反する。携帯《けいたい》電話は持たない主義だ。主義主張。類 信条。宗旨《しゅうし》。❷もとは「①」であったものが広まってたくさんの人に影響《えいきょう》をおよぼし、社会や国家のあり方をきめる原理となることにさえつながりうる、思想・学説や芸術の上での立場。例 実力主義。人道主義。軍国主義。民主主義。資本主義。合理主義。写実主義。利己《りこ》主義。菜食主義。楽天主義。事なかれ主義。▽類 イズム。

[1]**しゅきゃく**【主客】〈名〉❶主人と客。❷主要なことがらと、あまり重要でないことがら。例 主客転倒《しゅかくてんとう》。▽「しゅかく」ともいう。ア シュキャク ↓次項

[2]**しゅきゃく**【主客】〈名〉客たちのうちの、中心となる客。類 主賓《しゅひん》。ア シュキャク ↓前項

しゅきゃくてんとう【主客転倒】〖主客▼顚倒〗〈名・する〉主人と客の立場をとりちがえるように、ものごとの大切なことと、どうでもいいことを逆にあつかってしまうこと。「しゅかくてんとう」ともいう。類 本末転倒《ほんまつてんとう》。

しゅきゅう【守旧】〈名〉古い習慣を守ること。例 守旧派。類 保守。

[1]**じゅきゅう**【受給】〈名・する〉配給や支給を受けること。例 年金を受給する。

[2]**じゅきゅう**【需給】〈名〉需要と供給。例 需給のバランスをとる。

しゅぎょう【修行・修業】〈名・する〉❶［修行］〔仏教〕仏の教えを学び、りっぱな僧《そう》になるための努力をつむこと。例 修行をつむ。類 行《ぎょう》。❷［修行］学問や武芸を身につけるために苦しい努力をつむこと。例 武者《むしゃ》修行。❸［修業］学問や技芸を習って、身につけること。「しゅうぎょう」ともいう。例 調理師の修業。

じゅきょう【儒教】〈名〉孔子《こうし》の考えをもとにしてつくられた、道徳上の教えや政治思想。四書五経《ししょごきょう》を経典《けいてん》とする。

じゅぎょう【授業】〈名・する〉学校などの教育機関で、学問や技術などをおしえること。例 授業をうける。授業時間。遠隔《えんかく》授業。

表現 授業科目は一科目二科目と数えるが、どれだけ学ぶかについては、「年間に三〇単位以上」のように一単位《いちたんい》二単位《にたんい》と数える。授業時間は「週に八コマと る」のように一《ひと》コマ二《ふた》コマと数える。また、時間割りは朝から一時間目二時間目、一限《いちげん》二限《にげん》などと数える。

しゅぎょく【珠玉】〈名〉❶真珠《しんじゅ》や宝石など、うつくしいたま。❷それほど大きくはないが、人の心をとらえてはなさないようなすばらしさをもつもの。例 珠玉の短編。

常用漢字 しゅく

【叔】又部6 全8画 ※ 叔叔叔叔叔
シュク 音［シュク］▨伯叔《はくしゅく》。
注意「叔父」は「おじ」、「叔母」は「おば」と読む。

【祝(祝)】ネ部5 全9画 祝祝祝祝祝
シュク・シュウ いわう 教 小4 音❶［シュク］▨祝日《しゅくじつ》。祝祭日《しゅくさいじつ》。祝杯《しゅくはい》。祝福《しゅくふく》。祝賀《しゅくが》。▨慶祝《けいしゅく》。❷［シュウ］▨祝儀《しゅうぎ》。祝言《しゅうげん》。訓［いわう］祝う。入学祝い。出産祝い。
注意「祝詞」は、「しゅくし」のほか、「のりと」とも読む。

【宿】宀部8 全11画 宿宿宿宿宿
シュク やど・やどる・やどす 教 小3 音［シュク］▨宿泊《しゅくはく》。宿直《しゅくちょく》。宿舎《しゅくしゃ》。宿題《しゅくだい》。宿敵《しゅくてき》。▨合宿《がっしゅく》。下宿《げしゅく》。民宿《みんしゅく》。訓❶［やど］宿。宿帳。宿無し。宿屋。舟宿。❷［やどる］宿る。雨宿り。宿り木。❸［やどす］宿す。

【淑】氵部8 全11画 ※ 淑淑淑淑淑
シュク 音［シュク］▨淑女《しゅくじょ》。▨貞淑《ていしゅく》。私淑《ししゅく》。

【粛(肅)】聿部8 全11画 ※ 粛粛粛粛
シュク 音［シュク］▨粛正《しゅくせい》。粛清《しゅくせい》。▨自粛《じしゅく》。厳粛《げんしゅく》。静粛《せいしゅく》。

【縮】糸部11 全17画 縮縮縮縮縮縮
シュク ちぢむ・ちぢまる・ちぢめる・ちぢれる・ちぢらす 教 小6 音［シュク］▨縮尺《しゅくしゃく》。縮小《しゅくしょう》。縮図《しゅくず》。▨圧縮《あっしゅく》。短縮《たんしゅく》。濃縮《のうしゅく》。恐縮《きょうしゅく》。訓❶［ちぢむ］縮む。伸び縮み。縮み上がる。❷［ちぢまる］縮まる。❸［ちぢめる］縮める。❹［ちぢれる］縮れる。縮れ毛。❺［ちぢらす］縮らす。

しゅく【宿】〈名〉宿場のこと。例 品川の宿。

常用漢字 じゅく

【塾】土部11 全14画 塾塾塾塾塾塾
ジュク 音［ジュク］▨塾《じゅく》。塾生《じゅくせい》。塾長《じゅくちょう》。▨私塾《しじゅく》。学習塾《がくしゅうじゅく》。進学塾《しんがくじゅく》。

【熟】灬部11 全15画 熟熟熟熟熟熟
ジュク うれる 教 小6 音［ジュク］▨熟成《じゅくせい》。熟達《じゅくたつ》。熟練《じゅくれん》。熟慮《じゅくりょ》。熟睡《じゅくすい》。▨成熟《せいじゅく》。円熟《えんじゅく》。早熟《そうじゅく》。未熟《みじゅく》。訓［うれる］熟れる。

じゅく【塾】〈名〉❶勉強や特別の技能を教える、私設の教育施設《しせつ》。例 塾にかよう。学習塾。類 寺子屋。❷むかし、学者がひらいた個人的な学校。

しゅくい【祝意】〈名〉ほかの人のめでたいことをいわう気持ち。例 祝意を表する。対 弔意《ちょうい》。

[1]**しゅくえき**【宿駅】〈名〉⇩しゅくば

[2]**しゅくえん**【祝宴】〈名〉めでたいことをいわうための宴会。例 祝宴をもよおす。

しゅくえん【宿縁】〈名〉前世から定まっている運命。もと、仏教のことば。類 宿因。

しゅくが【祝賀】〈名・する〉めでたいことをみんなでいわうこと。例 祝賀会。祝賀ムード。類 慶賀《けいが》。

しゅくがん【宿願】〈名〉ずっと前からいだいていた強い願望。例 宿願をはたす。類 念願。本望《ほんもう》。

じゅくご【熟語】〈名〉❶二つ以上の単語がむすびついてできたことば。「山桜《やまざくら》」「原生林」「値下《ねさ》げ」など。❷⇩じゅくじ ❸英語で、慣用句。

しゅくごう【宿業】〈名〉〔仏教〕前世で行なった善悪さまざまな行為《こうい》がもたらす現世でのむくい。

ゴローニン（1776～1831）　ロシアのディアナ号の艦長。国後(くなしり)島で幕府に捕らえられ，のち釈放。

じゅくこう【熟考】〈名・する〉よくよく考えること。「じゅっこう」ともいう。例熟考のすえ決める。類熟慮《じゅくりょ》。

しゅくこんそう【宿根草】〈名〉⇩しゅっこんそう

しゅくさい【祝祭】〈名〉お祝いと祭り。例祝祭の祈り。祝祭日。

しゅくさいじつ【祝祭日】〈名〉祝日や祭日。

しゅくさつ【縮刷】〈名・する〉新聞や大きなサイズの書物を、縮小して印刷すること。例縮刷版。

しゅくじ【祝辞】〈名〉いわいの席で述べられるあいさつ。例祝辞を述べる。対弔辞《ちょうじ》。類祝詞《しゅくし》。

じゅくし【熟視】〈名・する〉じっと見つめること。類凝視《ぎょうし》。注視。

じゅくじ【熟字】〈名〉二字以上の漢字がむすびついて一つの単語になっている漢語。「学校」「会社」など。熟語。

じゅくじくん【熟字訓】〈名〉ある語を漢字で書くと二字以上になるが、一字一字を読んでもそういう読み方にはならない、二字以上を合わせた特別の読み方。「明日《あす》」「大人《おとな》」「七夕《たなばた》」「梅雨《つゆ》」など。

参考 この辞典では、学校で習う当て字・熟字訓を、常用漢字項目に注意として示している。

しゅくじつ【祝日】〈名〉国や自治体がきめたいわいの日。憲法記念日やこどもの日、都民の日など。類祭日。祝祭日。旗日《はたび》。→こくみんのしゅくじつ

1**しゅくしゃ【宿舎】**〈名〉❶旅行などに出かけたとき、とまるところ。類宿屋。やど。❷公務員や、団体につとめる人のためにつくられた住宅。▽アシュクシャ

2**しゅくしゃ【縮写】**〈名・する〉大きさをちぢめた写しを作ること。例大きな原図を五分の一に縮写する。アシュクシャ

しゅくしゃく【縮尺】〈名・する〉実物をずっと小さくして地図や設計図を書いたり、模型を作ったりすること。例実物の二十分の一に縮尺する。縮尺五万分の一の地形図。

しゅくしゅ【宿主】〈名〉〔生物〕寄生生物が寄生する、相手の生物。たとえば、サナダムシが寄生しているイヌやネコ。例中間宿主。

しゅくしゅく【粛粛】〈副・連体〉❶しずかに、おごそかに。例行列が粛々と進む。粛々たる態度。❷何があってもいちいち反応せず、かわらない態度で。

注意 ①が本来の意味だが、おもに政治家が「(辞任せず)粛々と職責を全《まっと》うしたい」「(中止にせず)粛々と工事を進める」などと言うときには、②に意味が移っている。

しゅくじょ【淑女】〈名〉気品があって、しとやかな女性。レディー。対紳士《しんし》。類貴婦人。

1**しゅくしょう【祝勝】**〈名〉勝利を祝うこと。例祝勝会。祝勝パーティー。

表現 一般《いっぱん》に、女性をうやまっていうことば。

2**しゅくしょう【縮小】**〈名・する〉数量や大きさ、規模などを小さくすること。また、小さくなること。例計画を(が)縮小する。格差を(が)縮小する。軍備縮小。対拡大。

3**しゅくしょう【宿将】**〈名〉実戦経験のゆたかな将軍。

しゅく・す【祝す】〈動五〉祝《いわ》う。あらたまった言いかた。例みなさんの健闘《けんとう》を祝して乾杯《かんぱい》しましょう。

しゅくず【縮図】〈名〉もとの形をそのまま縮小した図。

表現 「人生の縮図」のような言いかたで、人生のあるすがたが全部そこに集められている、という意味でも使う。

じゅく・す【熟す】〈動五〉❶くだものなどの実が、食べてよい状態となる。例熟したトマト。かきが熟す。類みのる。うれる。❷ときがたって、あることをするのにちょうどよい状態になる。例機が熟す。▽「じゅくする」ともいう。

じゅくすい【熟睡】〈名・する〉ぐっすりねむること。類安眠《あんみん》。

じゅく・する【熟する】〈動サ変〉⇩じゅくす

1**しゅくせい【粛正】**〈名・する〉きびしくとりしまって、不正や乱れをなくすこと。例綱紀《こうき》(=いちばん大事な規律)を粛正する。

2**しゅくせい【粛清】**〈名・する〉統制を乱す存在をゆるさず、抹殺《まっさつ》すること。

じゅくせい【熟成】〈名・する〉発酵《はっこう》して十分なできぐあいになること。とくに味噌《みそ》や酒などの味にまろやかなうまみがでること。例原酒の熟成を待つ。

しゅくぜん【粛然】〈副〉つつしみぶかく、しずかに。例粛然えりを正す。粛然としてひかえる。

しゅくだい【宿題】〈名〉❶自宅で学習するように、先生からだされる問題。例宿題をだす。❷その場で解決できないで、あとまでもちこす問題。例この問題は当分宿題としよう。類課題。懸案《けんあん》。

じゅくたつ【熟達】〈名・する〉すっかりなれて、申し分なくよくできること。例英語に熟達する。類熟練。習熟。熟知。練達。

じゅくち【熟知】〈名・する〉知りつくしていること。例作業方法を熟知する。類熟達。

しゅくちょく【宿直】〈名・する〉夜間の警備や連絡《れんらく》などのために、職員が交代で勤務場所にとまりこむこと。例宿直室。対日直。類夜直《やちょく》。当直。

しゅくてき【宿敵】〈名〉古くからあらそっていて、なかなかたおせないでいる敵。

しゅくてん【祝典】〈名〉いわいの儀式《ぎしき》。

しゅくでん【祝電】〈名〉いわいの電報。例祝電を披露《ひろう》する。対弔電《ちょうでん》。

しゅくとく【淑徳】〈名〉しとやかな女性の美徳。

じゅくどく【熟読】〈名・する〉文章などをじっくりと読むこと。例熟読玩味《がんみ》。対速読。類精読。味読。

しゅくとして【粛として】〈副〉おおぜいの人が静まりかえっているようす。

じゅくねん【熟年】〈名〉人間として円熟した、五十歳《さい》前後から老年までの年齢《ねんれい》。例熟年パワー。類中高年。

しゅくば【宿場】〈名〉むかし、おもな街道《かいどう》で、旅人がとまったり、ウマをとりかえたりする設備のあったところ。江戸《えど》時代に整備され、多くは宿場町になった。宿駅。

しゅくはい【祝杯】〚祝▼盃〛〈名〉祝意をこめて飲みほそうとするさかずき。例祝杯をあげる。

しゅくはく【宿泊】〈名・する〉旅行や出張《しゅっちょう》などの行き先で宿《やど》をとること。例宿泊施設《しせつ》。宿泊費。類投宿。

しゅくばまち【宿場町】〈名〉江戸《えど》時代、宿場を中心にできた町。

しゅくふく【祝福】〈名・する〉人のしあわせを、いわい、よろこぶこと。例祝福をうける。前途《ぜんと》を祝福する。

しゅくべん【宿便】〈名〉腸のかべに長いあいだへばりついているごみ。参考 一般《いっぱん》には、便秘でつまった大便(=滞留《たいりゅう》便)のこともさす。

しゅくほう【祝砲】〈名〉国家的ないわいの行事のときにうつ空砲。対弔砲《ちょうほう》。

しゅくぼう【宿坊】〈名〉その寺で修行《しゅぎょう》する人のた

コロンブス(1451?〜1506) イタリアの航海者。スペインの援助で西インド諸島に到達した。

めの宿泊施設《しせつ》。

しゅくめい【宿命】〈名〉現実はただの偶然ではなく、そうしかなりえなかった唯一《ゆいいつ》の事実だと考えるとき、そういうのがれがたい現実を生み出すなりゆきの力。[例]宿命を背負う。宿命的。宿命論。[類]運命。さだめ。星回《ほしまわ》り。

しゅくやく【縮約】〈名・する〉長い文章を短くまとめなおすこと。[例]縮約版。

じゅくりょ【熟慮】〈名・する〉時間をかけて、じっくりと考えること。[例]熟慮断行。[類]深慮。熟考。

じゅくれん【熟練】〈名・する〉ある仕事や技術について、経験をつんでよくなれていること。[例]クレーンの操作に熟練している。熟練を要する。熟練のパイロット。熟練工。[類]熟達。習熟。

1**しゅくん【主君】**〈名〉自分がつかえている殿様《とのさま》。

2**しゅくん【殊勲】**〈名〉りっぱなてがら。[例]殊勲の中村くんは語る。殊勲賞。最高殊勲選手。[類]金星《きんぼし》。

じゅくん【受勲】〈名・する〉勲章をさずかること。[対]叙勲《じょくん》。

しゅげい【手芸】〈名〉ししゅうや編みものなど、手先を使ってする細工《さいく》。[例]手芸教室。

じゅけい【受刑】〈名・する〉刑の執行《しっこう》をうけること。[例]受刑者。

しゅけん【主権】〈名〉よその国に支配も干渉《かんしょう》もされずに、自分の国のことは自分たちの意思で決める権利。国際社会における最高の権利で、すべての独立国(=主権国家)がもつ。統治《とうち》権や自衛《じえい》権をふくむ。国家主権。[例]主権在民。主権者。

1**じゅけん【受検】**〈名・する〉検査や検定試験をうけること。[例]英検を受検する。漢検受検者。

2**じゅけん【受験】**〈名・する〉試験(とくに入学試験)をうけること。[例]大学を受験する。受験生。↓前項

しゅけんこっか【主権国家】〈名〉他国の支配や干渉《かんしょう》をうけない主権をもつ独立国。

しゅけんざいみん【主権在民】〈名〉国家の意思やありかたを決める「主権」をもっているのは、政府でなく、国民であること。

しゅけんしゃ【主権者】〈名〉国家の主権をにぎっている人。[参考]民主主義国では国民。

しゅげんじゃ【修験者】〈名〉修験道を修行する人。行者《ぎょうじゃ》。山伏《やまぶし》。

しゅげんどう【修験道】〈名〉古い日本仏教の一派。密教に属する。役小角《えんのおづの》を開祖とし、山中に入って、難行・苦行をしながら修行する。

1**しゅご【主語】**〈名〉〔文法〕文をつくっている成分の一つ。述語が表わす動作を行なうもの、または、述語が表わす状態にあるものを表わす部分。「鳥が鳴く」の「鳥が」、「ぼくは一年生だ」の「ぼくは」などが、それ。[対]述語。↓囲み記事26(下)

2**しゅご【守護】**〈名・する〉❶たいせつな人や場所の安全をまもること。[例]守護神。[類]警護。加護。❷〔歴史〕鎌倉《かまくら》時代に各地におかれ、軍事や警察などの役にあたった職。室町《むろまち》時代には地方政治の実権をにぎって、守護大名となった。

1**しゅこう【手交】**〈名・する〉おおやけの書類などを、手わたすこと。[例]外交文書を手交する。

2**しゅこう【手稿】**〈名〉直筆《じきひつ》の、原稿などの書き物。[例]ダヴィンチの手稿。

3**しゅこう【首肯】**〈名・する〉相手の言うことをもっともだとみとめ、その態度を示すこと。[例]説明には首肯しがたいものがある。[類]同意。うなずく。

4**しゅこう【酒▼肴】**〈名〉さけとさかな(=つまみ)。[例]酒肴をふるまう。

5**しゅこう【趣向】**〈名〉ものごとを興味あるおもしろいものにするためのくふう。[例]趣向をこらす。

しゅごう【酒豪】〈名〉酒にたいそう強く、たくさん飲む人。[類]大酒《おおざけ》飲み。

じゅこう【受講】〈名・する〉講義や講習を受けること。[例]受講者。

しゅこうぎょう【手工業】〈名〉手やかんたんな道具を使って生産する、小規模の工業。[対]機械工業。

しゅこうげい【手工芸】〈名〉細工《さいく》物や焼き物など、おもに手先を使ってする工芸。

しゅごしん【守護神】〈名〉まもりがみ。[表現]野球のおさえの投手や、サッカーのゴールキーパーなど―をたとえてもいう。

ジュゴン〖儒▼艮〗〈名〉海草を食べる哺乳《ほにゅう》類。沖縄《おきなわ》近海から紅海・アフリカ沿岸までの浅い海にすむ。形はアザラシやトドに似《に》る。体長約二・五《メートル》。人魚のモデル

囲み記事 26

大阪城を建てたのは誰《だれ》か？
―主語が動作主《どうさしゅ》でない表現のいろいろ―

「大阪城を建てたのは誰だ？」というクイズがある。「豊臣秀吉《とよとみひでよし》だろう」と答えると、「ちがうよ、大工さんだよ」と言われてしまう。たしかに、実際に城を建てる作業をしたのは大工さんであって、秀吉ではない。正確に言うならば、「秀吉が大工さんに大阪城を建てさせた」のである。

このような言いかたは他にもある。たとえば、「田中さんは受験願書《がんしょ》に貼《は》るための証明写真を写真スタジオで撮《と》った」「明日はパーティーがあるので、鈴木さんは美容室へ髪《かみ》を切りに行った」「小川さんはデパートでズボンの丈《たけ》を直した」「市長は川に新しく橋を架《か》けた」などである。どれも、実際にその動作をする人が主語でなくてもよい。ただし、こういう言いかたができるためには、次の三つの条件がある。

①専門的な技術が必要な動作であること。

②主語の人物が、①の動作ができる専門家にたのんで、その動作をしてもらえること。

③その動作が、ある結果を残すためのものであること。

たとえば、「市長は部屋をきれいにした」と言えば、ふつうに掃除《そうじ》をするという意味で、ふつうの掃除には専門的な技術は必要でないため(←①)、市長が自分でしたことになる。だが、「市長は二十階建ての庁舎の窓《まど》を全部きれいにした」と言えば、専門家にたのんでやってもらったのだと理解できる(←②)。もう一つ、「市長はフランス料理のフルコースを作った」と言うと、市長が自分で作った意味になる。料理を作る動作は食べるためであり、結果を残すためだとは考えにくいからである(←③)。先に挙げた例では、「城」「橋」「証明写真」「切った髪」「ちょうどいい丈になったズボン」が、動作の結果として残る。

とされる。◇dugong

1 **しゅさい**【主宰】〈名・する〉たくさんの人の中心にあって指導にあたり、代表者として行動すること。例 俳句の会を主宰する。主宰者。

2 **しゅさい**【主催】〈名・する〉中心になって、会やもよおしを行なうこと。例 大会を主催する。主催者。

3 **しゅさい**【主菜】〈名〉コース料理などの、中心となるもの。ふつう、肉料理や魚料理。対 副菜。類 メインディッシュ。

しゅざい【取材】〈名・する〉❶事件などを報道記事としてまとめるために、関係者から話を聞いたり、しらべたりすること。例 事件を取材する。取材活動。❷作品の題材を、ある事件や問題の中からとりあげること。「(…を)材に取る」ともいう。例 民間伝説に取材した作品。

しゅざん【珠算】〈名〉そろばんでする計算。たまざん。

1 **しゅし**【手指】〈名〉「てゆび」の専門的な言いかた。

2 **しゅし**【主旨】〈名〉文章や話などで、言いたいことの中心。例 話の主旨。類 要旨。

3 **しゅし**【趣旨】〈名〉あることをするにあたっての、基本的な目的や理由。例 趣旨を説明する。趣旨に反する。大会の趣旨。類 趣意。

4 **しゅし**【種子】〈名〉〔植物〕「たね①」の専門的な言いかた。

しゅじ【主事】〈名〉役所や学校などで、その長のもとで一定の範囲《はんい》の事務を中心となって処理する役職。例 指導主事。

じゅし【樹脂】〈名〉植物のからだの中でつくられる、ねばねばした物質。まつやになど。→ごうせいじゅし

しゅじい【主治医】〈名〉❶ある病人の治療《ちりょう》にあたる何人かの医者の中の、中心となる人。❷いつもみてもらう、かかりつけの医者。類 ホームドクター。

しゅしがく【朱子学】〈名〉中国の南宋《なんそう》の時代に朱熹《しゅき》(=朱子)が完成した儒学《じゅがく》の学派。宇宙の原理や人間の本性をきわめようとする理論的な学問。日本には鎌倉《かまくら》時代に伝来し、江戸《えど》幕府が正式に採用して、封建《ほうけん》社会の体制をささえる思想となった。

しゅじく【主軸】〈名〉❶中心になる軸。❷原動機の動力を直接うけてほかにつたえる軸。❸中心になってはたらく大切な人。例 チームの主軸。類 中軸。

しゅししょくぶつ【種子植物】〈名〉花がさいて、たねをつける植物。イチョウなどの裸子《らし》植物と、サクラなどの被子《ひし》植物とに分けられる。

1 **しゅしゃ**【取捨】〈名・する〉えらびとることと、すてること。例 取捨にまよう。取捨選択《せんたく》。

じゅしゃ【儒者】〈名〉儒教の教義を学んだ、おもに江戸《えど》時代の学者。

しゅしゃせんたく【取捨選択】〈名・する〉いくつかの中から、よいもの、必要なものをえらびだして、そうでないものをすてること。

しゅじゅ【種種】〈名・副〉いろいろ。数多く。例 種々の食器。食品を種々とりそろえてある。種々雑多。種々さまざま。類 さまざま。各種。多種多様。

じゅじゅ【授受】〈名・する〉一方がさしだし、他方がうけとること。例 金銭の授受。類 うけわたし。

しゅじゅう【主従】〈名〉主人とけらい。

しゅじゅざった【種種雑多】〈形動〉いろいろな種類のものが、無秩序《むちつじょ》に入りまじっている。

しゅじゅそう【種種相】〈名〉観点を変えることによってとらえられる、さまざまな側面。例 現代社会の種々相。類 諸相。

1 **しゅじゅつ**【手術】〈名・する〉医者がけがや病気をなおすために、からだの一部分をきりひらいて、わるいところをきりとったり、治療《ちりょう》したりすること。オペ。例 手術室。

表現 ふつう一回二回と数える。医師や病院の実績は一例二例と数える。傷口のぬい目は一針《ひとはり》二針《ふたはり》と数える。

2 **しゅじゅつ**【主述】〈名〉〔文法〕主語と述語。主部と述部。参考「だれが→どうした」などの、主語と述語との対応を「主述の関係」という。

じゅじゅつ【呪術】〈名〉神仏にいのったりして、ふしぎなことをおこす術。類 まじない。

1 **しゅしょう**【主将】〈名〉❶スポーツで、チームの中心になる人。キャプテン。対 副将。❷全軍の大将。総大将《そうだいしょう》。

2 **しゅしょう**【主唱】〈名・する〉人々の中心となって意見などを主張すること。類 提唱。唱導。

3 **しゅしょう**【首相】〈名〉「内閣総理大臣」のこと。

4 **しゅしょう**【殊勝】〈形動〉けなげで感心だ。例 殊勝な心がけ。類 奇特《きとく》。

1 **しゅじょう**【主情】〈名〉心の三つのはたらきである知・情・意のうち、情を重んじること。例 主情的。主情主義。対 主意。主知。

2 **しゅじょう**【衆生】〈名〉〔仏教〕人間をふくめたすべての生きもの。仏の救いの対象となるもの。

1 **じゅしょう**【受章】〈名・する〉勲章《くんしょう》や褒章《ほうしょう》をもらうこと。対 授章。類 受勲。

2 **じゅしょう**【受彰】〈名・する〉表彰や顕彰《けんしょう》を受けること。また、表彰状や感謝状などを受けること。例 文部科学大臣表彰を受彰する。

3 **じゅしょう**【受賞】〈名・する〉賞をもらうこと。例 受賞者。対 授賞。

4 **じゅしょう**【授章】〈名・する〉勲章《くんしょう》や褒章《ほうしょう》をあたえること。対 受章。類 授勲。

5 **じゅしょう**【授賞】〈名・する〉賞をあたえること。例 授賞式。対 受賞。類 贈賞《ぞうしょう》。

じゅじょう【樹上】〈名〉木の上。例 樹上で生活する動物。

1 **しゅしょく**【主食】〈名〉米やパンなど、食事の中心としてたべるもの。対 副食。

2 **しゅしょく**【酒色】〈名〉酒を飲むことと、女遊びをすること。例 酒色におぼれる。

しゅしん【主審】〈名〉❶競技の審判員で、中心となる人。対 副審。❷野球で、「球審」のこと。対 塁審《るいしん》。

しゅじん【主人】〈名〉❶一家を代表する人。類 あるじ。亭主《ていしゅ》。❷自分の店をもっている人。例 女《おんな》主人。類 あるじ。❸自分がつかえている人。❹犬などの飼《か》い主。❺妻が人にむかって自分の夫のことをいう、あらたまった言いかた。→おっと〔夫〕敬語

1 **じゅしん**【受信】〈名・する〉❶電信やラジオなどで、ほかからの通信をうけること。対 送信。類 受像。❷郵便物をうけとること。▽対 発信。類 着信。

2 **じゅしん**【受診】〈名・する〉医者に診察してもらうこと。

しゅじんこう【主人公】〈名〉物語の中心となる登場人物。メインキャラクター。対 脇役《わきやく》。

しゅす【▼繻子】〈名〉たて糸かよこ糸をうきださせるように織った、つやのある織物。帯や半えりなどによく使う。

 近藤勇(いさみ)(1834～68) 江戸末期の新撰組局長。池田屋事件など京都で倒幕派の取りしまりに活躍した。

じゅず【数珠】〈名〉いくつものまるい玉に糸をとおして輪としたもの。首や手くびにかけて、仏をおがむときに使う。例数珠をつまぐる。数珠玉《だま》。念珠《ねんじゅ》。
表現つらなったものなので一連《いちれん》二連《にれん》と数える。仏具《ぶつぐ》のひとつなので一具《いちぐ》二具《にぐ》と数えることもある。

しゅすい【取水】〈名・する〉水道や農業などに使う水を、川や湖などから取り入れること。例取水口《こう》。空梅雨《からつゆ》による取水制限。

じゅすい【▽入水】〈名・する〉自殺するために、海や川などにとびこむこと。類身投げ。投身。注意「にゅうすい」ともいうようになった。

じゅずつなぎ【数珠つなぎ】〖数珠▼繋ぎ〗〈名〉数珠玉を一本の糸につなぎとおすように、多くのものをひとつなぎにすること。例車が数珠つなぎになる。

じゅずなり【数珠なり】〖数珠▽生り〗〈名〉一本の糸につながった数珠玉のように、まとまって並んでいる状態。数珠つなぎ。例数珠なりに実のついたミニトマト。

[1]**しゅせい【守勢】**〈名〉敵の攻撃《こうげき》を防ぐこと。例守勢にたつ。守勢にまわる。対攻勢。類受け。守り。

[2]**しゅせい【酒精】**〈名〉「エタノール」のこと。

[1]**じゅせい【受精】**〈名・する〉有性生殖《ゆうせいせいしょく》を行なう生物の二種類の生殖細胞《さいぼう》が結びつき、それぞれの核《かく》が合体して、一個の新しい細胞となること。例受精卵《らん》。

[2]**じゅせい【授精】**〈名・する〉⇩じんこうじゅせい

[3]**じゅせい【樹勢】**〈名〉木が生長するいきおい。

じゅせいらん【受精卵】〈名〉受精によってつくられる新しい細胞《さいぼう》。

[1]**しゅせき【手跡】**〖手▼蹟〗〈名〉その人の書いた文字。筆跡。

[2]**しゅせき【主席】**〈名〉国家など、大きな組織の最高指導者。例国家主席。類首班。

[3]**しゅせき【首席】**〈名〉成績や地位が第一番めであること。例首席をしめる。首席で卒業する。首席領事。

[4]**しゅせき【酒席】**〈名〉宴会《えんかい》など、酒をくみかわす席。例酒席にはべる。酒席でのたわむれ。

[1]**しゅせん【主戦】**〈名〉❶戦争することを主張すること。例主戦論。主戦派。対反戦。❷スポーツなどで、チームの中心となってたたかうこと。例主戦投手。類主力。

[2]**しゅせん【酒仙】**〈名〉俗《ぞく》世間の雑事をはなれて、酒をたのしむ人。参考①も②も単独では使いにくい。

しゅせんど【守銭奴】〈名〉お金をためることに異常に熱心である人。類吝嗇《りんしょく》家。

じゅそ【呪▼詛】〈名・する〉わざわいがふりかかるように悪意をこめて祈ること。例敵を呪詛する。類呪《のろ》い。

じゅぞう【受像】〈名・する〉電波をキャッチして、テレビに映像をうつしだすこと。例受像機。類受信。

しゅぞく【種族】〈名〉血縁《けつえん》のつながりがあるか、または、言語、文化を共通にする民族の集団。類部族。

しゅたい【主体】〈名〉❶自分の意志をもって他にはたらきかけるもの。例言語活動の主体。主体性。主体的。対客体。❷組織の中心になるもの。例二年生を主体にしたチーム。

しゅだい【主題】〈名〉❶芸術作品などで、制作者がもっともつよく表現しようとしたこと。類題目。❷〔音楽〕曲の中心となるメロディー。▽類テーマ。

じゅたい【受胎】〈名・する〉女性が腹に子を宿すこと。例受胎告知。類懐妊《かいにん》。懐胎。妊娠《にんしん》。

しゅだいか【主題歌】〈名〉映画やドラマなどで、主題に深くかかわり、全体を印象づける性格をもった歌。テーマソング。

しゅだいず【主題図】〈名〉〔地理〕ものごとの分布や数値を、地図上に視覚《しかく》的に表わしたもの。

しゅたいせい【主体性】〈名〉はっきりと自分の考えをもって、他人の言動に左右されない態度。対依頼《いらい》心。類自主性。

しゅたいてき【主体的】〈形動〉自分で問題意識をもち、積極的に行動できる。類自主的。

じゅたく【受託】〈名・する〉❶物品や金銭などをあずかったり、そのあつかいをたのまれて引き受けたりすること。❷仕事の依託《いたく》をうけること。例受託販売《はんばい》。受託収賄《しゅうわい》罪。

じゅだく【受諾】〈名・する〉相手の要求や申し入れなどをうけいれること。例ポツダム宣言の受諾。対拒絶《きょぜつ》。類承諾。

じゅたくしゅうわい【受託収賄】〈名〉職務権限をもつ公務員が、依頼《いらい》者に便宜《べんぎ》をはかる代わりに賄賂《わいろ》を要求したりもらったりすること。

しゅたる【主たる】〈連体〉いちばん中心となる。主要な。例主たる目的。

しゅだん【手段】〈名〉目的を達するためのやりかた。例手段がある。手段をつくす。有効な手段。目的のためには手段をえらばない。類手だて。方法。策。方策。すべ。

しゅち【主知】〈名〉心の三つのはたらきである知・情・意のうち、知をおもんじること。例主知主義。対主情。主意。

しゅちにくりん【酒池肉林】〈名〉❶ぜいたくをきわめた酒宴《しゅえん》。❷女たちにかこまれ、欲望《よくぼう》のままに快楽《かいらく》をあじわう酒宴。注意古代中国の殷《いん》の王が、大量の酒で池をつくり、肉のかたまりを林のようにつるして酒宴をひらいたという、『史記』にみえる故事からで、①が本来の意味だが、②の意味に誤解《ごかい》している人が多い。

しゅちゅう【手中】〈名〉手のなか。例手中におさめる(＝自分のものにする)。悪人の手中に落ちる(＝悪いやつにやられてしまう)。類掌中《しょうちゅう》。

じゅちゅう【受注】〈名・する〉注文をうけること。例大口の受注があった。対発注。

[1]**しゅちょう【主張】**〈名・する〉自分の考えをはっきりと言うこと。どこまでも言い張《は》ること。例主張をとおす。主張をつらぬく。権利を主張する。無実を主張する。主義主張。自己主張。アシュチョー

[2]**しゅちょう【主調】**〈名〉音楽でその曲を構成する基本となる音階。文学で、その作品の中心的傾向《けいこう》。類基調。アシュチョー

[3]**しゅちょう【首長】**〈名〉❶ある集団の長《ちょう》・頭《かしら》。最高権力者。例ヤマト政権の首長(＝大王《おおきみ》)。❷知事《ちじ》や市長・町長など、地方自治体の長。例首長選挙。❸イスラム国家の元首《げんしゅ》。例アラブ首長国連邦《れんぽう》。▽アシュチョー シュチョー

常用漢字 **しゅつ**

【出】 出出出出出
凵部3 全5画
シュツ・スイ でる・だす 教小1 音❶［シュツ］▨出荷《しゅっか》。出血《しゅっけつ》。出身地《しゅっしんち》。出入《しゅつにゅう》。出現《しゅつげん》。▨救出《きゅうしゅつ》。演出《えんしゅつ》。退出《たいしゅつ》。❷［スイ］▨出納《すいとう》。

訓❶[でる]出る。出足。出口。出先。出窓。遠出。人出。❷[だす]出す。売り出す。飛び出す。出し物。

常用漢字 **じゅつ**

【述】⻌部5 全8画　述述述述述述述述

ジュツ のべる 教小5 音[ジュツ] ▨述懐《じゅっかい》。述語《じゅつご》。▨記述《きじゅつ》。叙述《じょじゅつ》。陳述《ちんじゅつ》。著述《ちょじゅつ》。訓[のべる]述べる。

【術】行部5 全11画　術術術術術術

ジュツ 教小5 音[ジュツ] ▨術策《じゅっさく》。▨学術《がくじゅつ》。美術《びじゅつ》。技術《ぎじゅつ》。芸術《げいじゅつ》。手術《しゅじゅつ》。処世術《しょせいじゅつ》。話術《わじゅつ》。

じゅつ【術】〈名〉❶訓練によって身につけた、特別の能力や技術。例世わたりの術にたける。忍《しの》びの術。仕事術。収納術。節約術。類わざ。❷はかりごと。計略。例術をめぐらす。類たくらみ。❸相手の心を自由に動かす働きかけ。例術をかける。

しゅつえん【出演】〈名・する〉映画や劇、または、なにかの番組などに、でること。例出演者。

[1]**しゅっか**【出火】〈名・する〉火事になること。例出火の原因。対鎮火《ちんか》。

[2]**しゅっか**【出荷】〈名・する〉商品を市場や消費者に向けておくりだすこと。対入荷。

しゅつが【出芽】〈名・する〉〔生物〕❶生物のふえかたの一つ。個体のからだにできた小さなこぶが、しだいに大きくなって母体からはなれ、あたらしい個体になる。酵母菌《こうぼきん》やヒドラなどにみられる。❷「発芽」のこと。

[1]**じゅっかい**【十戒】〖十▼誡〗〈名〉⇩じっかい

[2]**じゅっかい**【述懐】〈名・する〉自分の経験を語り、いつわりのない気持ちをのべること。例過去を述懐する。

しゅっかん【出棺】〈名・する〉葬式《そうしき》の最後に、遺体をおさめたひつぎを、式場から火葬場へ送りだすこと。

しゅつがん【出願】〈名・する〉管理機関や学校に、目的にしたがって願書をだすこと。例特許を出願する。類申請《しんせい》。

じゅっかん【十干】〈名〉⇩じっかん〔十干〕

[1]**しゅっきん**【出金】〈名・する〉しはらいのためお金をだすこと。対入金。類支出。

[2]**しゅっきん**【出勤】〈名・する〉仕事をしに勤め先に行くこと。対退勤。欠勤。類出社。

しゅっけ【出家】〈名〉❶〈する〉仏門に入ること。❷僧。例出家の身。ご出家さま。対在家《ざいけ》。類坊《ぼう》さん。和尚《おしょう》。入道。

しゅつげき【出撃】〈名・する〉敵を攻撃《こうげき》するために、自分の陣地《じんち》から出て行くこと。対迎撃《げいげき》。類進撃。

[1]**しゅっけつ**【出欠】〈名〉出席か欠席か。例出欠をしらべる。出欠の返事をだす。

[2]**しゅっけつ**【出血】〈名・する〉❶傷口から血が出ること。例出血多量。内出血。❷死傷者が出るとか金銭上の損害を受けるとかの実害があること。例出血覚悟《かくご》で事業を引きうける。出血大サービス。

しゅつげん【出現】〈名・する〉今までなかったものや、知られていなかったものが、あらわれること。

しゅっこ【出庫】〈名・する〉倉庫から品物を、または、車庫から車を、だすこと。対入庫。

[1]**じゅつご**【述語】〈名〉〔文法〕文をつくっている成分の一つ。ある主体の行なう動作やその状態を表わす部分。「犬が歩く」の「歩く」、「米が高い」の「高い」、「ぼくは一年生だ」の「一年生だ」などが、それ。対主語。

[2]**じゅつご**【術語】〈名〉ある学問や技術の分野で使われる専門用語。テクニカルターム。類専門語。用語。

[1]**しゅっこう**【出向】〈名・する〉籍《せき》はもとのままで、上部の命令によって他の会社や官庁につとめること。例子会社に出向する。出向社員。

[2]**しゅっこう**【出航】〈名・する〉船が航海にでること。類出帆《しゅっぱん》。船出《ふなで》。出港。

[3]**しゅっこう**【出港】〈名・する〉船が港を出ること。対入港。類出航。出帆《しゅっぱん》。船出。

[4]**しゅっこう**【出講】〈名・する〉教師が講義をすること。とくによその学校に行って講義をすること。

じゅっこう【熟考】〈名・する〉⇩じゅくこう

しゅっこく【出国】〈名・する〉国外に出ること。例出国の手つづき。対入国。

しゅつごく【出獄】〈名・する〉刑期《けいき》を終えて、刑務所《けいむしょ》からでること。対入獄。類出所。

しゅっこんそう【宿根草】〈名〉地上にある部分がかれても、地下にある根や茎《くき》が生きつづけ、ふたたび茎や葉を出して生長する植物。「しゅくこんそう」ともいう。

じゅっさく【術策】〈名〉相手をだましたり、おとしいれたりするための計画。例術策を弄《ろう》する。類策略。

しゅっさつ【出札】〈名・する〉駅で切符《きっぷ》を売ること。例出札と改札。出札口。

しゅっさん【出産】〈名・する〉子どもをうむこと。例男児を出産する。出産予定日。類分娩《ぶんべん》。お産。

[1]**しゅっし**【出仕】〈名・する〉役所や官庁につとめること。

[2]**しゅっし**【出資】〈名・する〉事業に資金をだすこと。例出資金。類投資。

しゅつじ【出自】〈名〉❶人の生まれ。その人の家がら。❷事のおこり。▽類素性《すじょう》。

じゅっし【十指】〈名〉⇩じっし〔十指〕

しゅっしゃ【出社】〈名・する〉仕事をするために会社に出てくること。例九時に出社する。出社停止。対退社。類出勤。

しゅっしょ【出所】〈名〉❶「どこから出たか」という出どころ。例出所不明の情報。❷〈する〉釈放《しゃくほう》されて刑務所《けいむしょ》を出ること。対入獄《にゅうごく》。類出獄。

しゅっしょう【出生】〈名・する〉人が生まれること。「しゅっせい」ともいうようになった。例出生届。出生地。出生率。類誕生。生誕。

しゅつじょう【出場】〈名・する〉スポーツの競技会やコンテストなどに参加すること。例出場権(をえる)。出場者。出場資格。対欠場。休場。

しゅっしょうりつ【出生率】〈名〉「合計特殊《とくしゅ》出生率」の略。一人の女性が一生の間に産む子どもの数の平均。

しゅっしょく【出色】〈名〉多くのものの中で、段ちがいにすぐれていること。例出色のできばえ。類抜群《ばつぐん》。圧巻。傑出《けっしゅつ》。

しゅっしょしんたい【出処進退】〈名〉今後どうするかという、身の処しかた。例出処進退を明らかにする。類身の振りかた。

しゅっしん【出身】〈名〉生まれた土地や卒業した学

 西園寺公望(さいおんじきんもち)（1849～1940）　明治～大正の華族出身の政治家。立憲政友会の総裁。首相。

校、経歴など。例出身地。出身大学。類出《で》。

しゅつじん【出陣】〈名・する〉戦場にむかうこと。たたかいにでかけること。例いざ出陣。出陣式。学徒出陣。

じゅっしんぶんるいほう【十進分類法】〈名〉⇩じっしんぶんるいほう

じゅっしんほう【十進法】〈名〉⇩じっしんほう

しゅっすい[1]【出水】〈名・する〉川の水などが大量にあふれでること。例村に出水があった。類氾濫《はんらん》。洪水《こうずい》。大水《おおみず》。

しゅっすい[2]【出穂】〈名・する〉稲《いね》・麦などが育って、穂《ほ》が出ること。「でほ」ともいう。例出穂期。

しゅっせ【出世】〈名・する〉社会的地位や身分が高くなること。例出世が早い。立身出世。出世作。類立身。

しゅっせい[1]【出生】〈名・する〉⇩しゅっしょう

しゅっせい[2]【出征】〈名・する〉軍人が戦地におもむくこと。例出征兵士。

しゅっせうお【出世魚】〈名〉❶成長の段階によって、よび名がかわる魚。スズキ・ブリ・ボラなど。❷コイの別名。中国の故事から。

しゅっせがしら【出世頭】〈名〉同期の人や友人仲間の中で、いちばん出世した人。

しゅっせき【出席】〈名・する〉授業や会議、会合などにでること。例出席をとる。出席者。対欠席。

しゅっせきぼ【出席簿】〈名〉学校で、児童や生徒の出席や欠席などを記録するノート。

しゅっせばらい【出世払い】〈名〉借りたお金を、出世したときに返すこと。参考「苦しい時に無理に返さなくてよい」という、貸すがわの親心《おやごころ》をふくむことば。

しゅっそう【出走】〈名・する〉競馬・競輪などで、レースに出場すること。例出走馬。出走時刻。

しゅったい【出▽来】〈名・する〉なにか重大な事態が発生すること。やや古い言いかた。例大事件出来。類勃発《ぼっぱつ》。発生。

しゅつだい【出題】〈名・する〉❶試験やクイズなどの問題をだすこと。類設問。❷前もって詩歌《しいか》の題を指定すること。また、その題。表現①は一問二問、一題二題と数える。

しゅったつ【出立】〈名・する〉旅行にでかけること。類門《かど》出《で》。参考「出発」より古雅《こが》な感じのことば。

じゅっちゅう【術中】〈名〉たくらみのわなのなか。例術中におちいる。術中にはまる。

じゅっちゅうはっく【十中八九】〈副〉⇩じっちゅうはっく

しゅっちょう[1]【出超】〈名〉「輸出超過」の略。輸出額が輸入額をこえること。対入超。

しゅっちょう[2]【出張】〈名・する〉仕事で、かなり遠いところや、ふだん行かないところへ出向くこと。例出張手当。海外出張。

しゅっちょうじょ【出張所】〈名〉会社や官公庁などの支部として事務をとる出先機関。「しゅっちょうしょ」ともいう。対本社。本店。類支社。支店。

じゅって【十手】〈名〉⇩じって

しゅってい【出廷】〈名・する〉裁判に出席するために、法廷にでること。対退廷。類入廷。

しゅってん[1]【出店】〈名・する〉そこに、店をつくること。例郊外《こうがい》に出店する。参考「でみせ」と読むのは別のことば。

しゅってん[2]【出典】〈名〉故事・成語・ことわざや、引用の文章などの でどころである書物。類典拠《てんきょ》。

しゅつど【出土】〈名・する〉古い時代の遺物や化石が、土の中からでてくること。例大量の土器が(を)出土した遺跡。出土品。

しゅっとう【出頭】〈名・する〉警察・裁判所などからの公式のよびだしに応じて、そこにでむくこと。例指名手配犯が警察に出頭する。裁判員にえらばれて裁判所に出頭する。

しゅつどう【出動】〈名・する〉軍隊や警察、消防隊などが、活動の場所へむかうこと。

しゅつにゅう【出入】〈名・する〉人や金銭などの、出ることと入ること。類でいり。ではいり。

しゅつば【出馬】〈名・する〉❶自分でその場にでむいて、ことにあたること。例社長みずから出馬して、仕事の指揮をした。❷選挙に立候補すること。例市長選に出馬する。

しゅっぱつ【出発】〈名・する〉❶目的地へ向け出かけること。例出発時刻。対到着《とうちゃく》。類立つ。❷新しいことの始まり。例新生活の出発。出発点。再出発。類発足《ほっそく》。▽類門《かど》出《で》。スタート。

しゅっぱつてん【出発点】〈名〉❶出発するところ。❷新しくものごとを始めるところ。類原点。起点。始点。

じゅっぱひとからげ【十把一からげ】〈名〉⇩じっぱひとからげ

しゅっぱん[1]【出帆】〈名・する〉船が航海に出かけること。類出航。出港。船出。

しゅっぱん[2]【出版】〈名・する〉文章・写真・絵などを、書物や雑誌などの印刷物にして、世の中にだすこと。例出版社。自費出版。類刊行。上梓《じょうし》。

しゅっぴ【出費】〈名〉使用目的があり、お金が出ていくこと。例出費がかさむ。出費をおさえる。

しゅっぴん【出品】〈名・する〉展覧《てんらん》会に作品をだしたり、バザー・オークション・通販《つうはん》サイトなどに品物をだしたりすること。

じゅつぶ【述部】〈名〉〔文法〕文の中で、述語とそれにかかる修飾《しゅうしょく》語とをふくむ ひとつづきの部分。対主部。

しゅっぺい【出兵】〈名・する〉軍隊を外国へ出動させること。対撤兵《てっぺい》。類派兵。

しゅつぼつ【出没】〈名・する〉現れたかと思うと、また、姿をかくすこと。例密漁船が出没する。

しゅっぽん【出奔】〈名・する〉どこへ行くのか知られないように、ひそかにその土地をにげだすこと。例郷里を出奔する。類失踪《しっそう》。失跡《しっせき》。逐電《ちくでん》。家出。

しゅつらん(出藍)**のほま**(誉)**れ** 弟子《でし》の方が、先生よりもすぐれること。由来「青は藍《あい》より出《い》でて藍より青し」という、中国の思想家荀子《じゅんし》のことばをこのように言いかえたもの。

しゅつりょう【出漁】〈名・する〉漁民が漁に出ていくこと。「しゅつぎょ」ともいう。

しゅつりょく【出力】〈名〉❶作動する発電機や変圧器、エンジンなどからとり出すことのできるエネルギーの量。❷〈する〉コンピューターにプログラムとデータを入れた結果、処理してだされる情報。アウトプット。▽対入力。

しゅつるい【出塁】〈名・する〉野球で、ランナーが塁に出ること。

しゅと【首都】〈名〉その国の中央政府のある都市。

西行(さいぎょう)(1118〜90) 平安時代末期の歌人。諸国に旅して，自然をテーマとした歌を多く残した。

首府。例東京は日本の首都である。類みやこ。

しゅとう【種痘】〈名〉天然痘の予防法で、ウシの疱瘡《ほうそう》からつくったワクチンを、人のからだにうえつけること。参考一七九六年、イギリス人ジェンナーが発明した。

1 **しゅどう【手動】**〈名〉器械を、動力を使わないで、人の手で動かすこと。例自動から手動にきりかえる。手動ブレーキ。

2 **しゅどう【主導】**〈名・する〉主力となってみちびくこと。例官庁が主導する政治。

しゅどうけん【主導権】〈名〉自分が中心になって全体をすすめることができる力。例主導権をにぎる。類イニシアチブ。リーダーシップ。ヘゲモニー。ペース。

じゅどうたい【受動態】〈名〉〔文法〕「受け身」のこと。対能動態。

しゅどうてき【主導的】〈形動〉主力となって人をみちびき、ものごとを進めようとするようす。例主導的な役割を果たす。

じゅどうてき【受動的】〈形動〉ほかからのはたらきかけをうけている。例受動的な立場。対能動的。

じゅどうぶん【受動文】〈名〉〔文法〕受動態の述語をふくむ文。たとえば、「先生がA君をほめた。」に対する、「A君が先生にほめられた。」という文。対能動文。

しゅとく【取得】〈名・する〉あるものを手に入れて、自分のものとすること。例免許《めんきょ》を取得する。

しゅとけん【首都圏】〈名〉中央政府のある都市と密接な関係にある、その周辺の地域。参考日本の場合、ひろい意味では東京特別区(＝二十三区)を中心とした関東地方に山梨県を加えた一都七県をさすが、通勤通学の範囲《はんい》である東京都・埼玉県・千葉県・神奈川県の一都三県のみをさすことも多い。

しゅとして【主として】〈副〉「主《おも》に」のかたい言いかた。

じゅなん【受難】〈名〉自分に落ち度がないのに困難におちいって、ひどい苦しみを経験すること。

表現もともとは、キリスト教で、キリストが罪なくして十字架《じゅうじか》にかかったことをさすことば。

ジュニア〈名〉❶年少の人。例ジュニアクラス。対シニア。❷下級生。対シニア。❸中学生から高校生ぐらいの少年少女。類ヤング。❹息子。◇junior

しゅにく【朱肉】〈名〉朱色の印肉。

じゅにゅう【授乳】〈名・する〉赤んぼうに乳を飲ませること。例授乳時間。

しゅにん【主任】〈名〉仕事の責任者の役職名。例会計主任。類主幹。

しゅぬり【朱塗り】〈名〉朱色に塗ること。朱色に塗ったもの。例朱塗りの盆《ぼん》。

しゅのう【首脳】〈名〉政府や会社などで、そのトップにあって活躍《かつやく》する人たち。例首脳会談。首脳部。類巨頭《きょとう》。領袖《りょうしゅう》。幹部。

シュノーケル〈名〉❶水中で呼吸ができるように、片方を口にくわえ、もう片方を水面上に出して使うJ字形のパイプ。スノーケル。❷潜水艦《せんすいかん》が海面にくだを出して、給気と排気《はいき》を行なう装置。❸排煙《はいえん》装置のついた消防車。◇ドイツ Schnorchel

じゅばく【呪縛】〈名・する〉呪文《じゅもん》をとなえて人を動けなくする意味から、精神的に強く束縛《そくばく》して、自主性をうばうこと。例劣等感《れっとうかん》の呪縛から解放されたい。類かなしばり。

1 **しゅはん【主犯】**〈名〉中心となって犯罪を実行した人物。対共犯。従犯。類正犯。

2 **しゅはん【首班】**〈名〉「内閣総理大臣」のこと。例首班に指名する。

じゅばん【▼襦▼袢】〈名〉和服用の肌着《はだぎ》。長じゅばんと半じゅばん。「じばん」ともいう。◇ポルトガル gibão から。

表記日本語にふかく定着した外来語で、漢字で書くことも多い。

1 **しゅび【守備】**〈名・する〉敵の攻撃《こうげき》をふせぐこと。例守備をかためる。守備につく。対攻撃。類防御《ぼうぎょ》。守り。

2 **しゅび【首尾】**〈名〉❶始めと終わり。例首尾一貫《いっかん》。類終始。❷ものごとのなりゆきと結果。例首尾よく。首尾は上々《じょうじょう》だ。上首尾。

じゅひ【樹皮】〈名〉樹木の表皮。木のかわ。

しゅびいっかん【首尾一貫】〈名・する〉始めから終わりまで、同じ態度や考え方をつらぬくこと。

しゅひぎむ【守秘義務】〈名〉仕事で得た情報を外にもらさない義務。例公務員の守秘義務。

ジュピター〈名〉ローマ神話の神がみの中で、最高の神。ギリシャ神話のゼウスにあたる。◇Jupiter

1 **しゅひつ【主筆】**〈名〉新聞社や雑誌社などで、重要な記事や論説を書く、地位の高い記者。

2 **しゅひつ【朱筆】**〈名〉朱色の、文章などへの書き入れや訂正《ていせい》。例朱筆をいれる。類朱。

じゅひょう【樹氷】〈名〉氷点下に冷えた霧《きり》が、樹木一面にこおりついたもの。霧氷《むひょう》の一種。

しゅびよく【首尾よく】〈副〉うまいぐあいに。ものごとが希望や計画のとおりにはこんだことを表わす。例トンネルが首尾よく開通した。

しゅひん【主賓】〈名〉会食やパーティーなどで、もっとも重要な客。類正賓。主客。

1 **しゅふ【主婦】**〈名〉育児や炊事《すいじ》、せんたくをはじめ、家の内外の仕事をして、夫とともに家庭の中心になっている女の人。例家庭の主婦。

2 **しゅふ【首府】**〈名〉首都。類みやこ。

しゅぶ【主部】〈名〉〔文法〕文の中で、主語とそれにかかる修飾《しゅうしょく》語とをふくむひとつづきの部分。対述部。

シュプール〈名〉雪の表面にのこされた、スキーのすべったあと。例シュプールをえがく。◇ドイツ Spur

シュプレヒコール〈名〉❶演劇で、一団の俳優が、合唱形式でせりふを言うこと。❷デモや集会で、おおぜいの人が、声をそろえてスローガンなどをさけぶこと。◇ドイツ Sprechchor

しゅぶん【主文】〈名〉❶長い文章の中で、いちばんだいじなことが述べられている部分。❷判決文の中で、刑《けい》を宣告する部分。対前文。

1 **じゅふん【受粉】**〈名・する〉〔植物〕おしべの花粉が、昆虫《こんちゅう》や風などに運ばれて、めしべの先端《せんたん》の柱頭《ちゅうとう》につくこと。すると花粉管が胚珠《はいしゅ》へと伸びて、受精《じゅせい》が行なわれる。

2 **じゅふん【授粉】**〈名・する〉〔植物〕栽培《さいばい》のために、おしべの花粉をめしべにつけること。例人工授粉。

しゅへい【手兵】〈名〉自分の手元に置いて、直接ひきいる兵。手勢《てぜい》。

しゅべつ【種別】〈名・する〉種類によって分けること。種類による区別。類類別。

1 **しゅほう【手法】**〈名〉ものごとを効果的に表現するための手段・方法。とくに、芸術作品などをつくるときの、独特のやりかた。類技法。

西郷隆盛(たかもり)(1827~77)　薩摩藩士。倒幕運動を指導。明治政府の参議。西南戦争をおこし敗死した。

[2]**しゅほう【主峰】**〈名〉山脈中のもっとも高い山。

[3]**しゅほう【主砲】**〈名〉❶軍艦《ぐんかん》の大砲のうち、もっとも大きいもの。❷野球で、もっとも長打を期待できるバッター。多く四番バッターを指す。類大砲。

しゅぼう【首謀・主謀】〈名〉野望にみちた大計画の中心人物。例首謀者。

しゅみ【趣味】〈名〉❶職業や仕事としてではなく、自分のたのしみとしてするもの。例趣味がひろい。趣味と実益をかねる。無趣味。類道楽。❷おもむきや おもしろみ。好みの傾向《けいこう》。例趣味がいい。趣味嗜好《しこう》。悪《あく》趣味。

じゅみょう【寿命】〈名〉❶命の長さ。例寿命がつきる。寿命がくる。寿命がのびる。平均寿命。類生命。命数。❷そのものが役にたって使える期間・限界。例電球の寿命。エアコンがそろそろ寿命だ。類耐用《たいよう》年数。

[1]**しゅもく【種目】**〈名〉分類したときの項目《こうもく》。スポーツの競技などについていうことが多い。例決勝種目。種目別選手権。

[2]**しゅもく【▼撞木】**〈名〉仏教の道具の一つで、鐘《かね》などを鳴らすための棒。

じゅもく【樹木】〈名〉立ち木。類木《き》。

じゅもん【呪文】〈名〉ふしぎな力をもつと信じられる、まじないや のろいの文句。例呪文をとなえる。

しゅやく【主役】〈名〉❶映画や演劇などで、中心になる役。例主役をつとめる。対わき役。端役《はやく》。❷仕事や事件などの中心人物。

じゅよ【授与】〈名・する〉賞状などを、公式の場でさずけること。例卒業証書を授与する。

[1]**しゅよう【腫瘍】**〈名〉〔医学〕からだにできる異常な細胞《さいぼう》の集まり。良性のと悪性のとがある。肉腫や がんなど。例脳腫瘍。

[2]**しゅよう【主要】**〈形動〉重要で欠かすことができない。例主要な目的。主要点。主要産業。

[1]**じゅよう【受容】**〈名・する〉外のものをうけいれて、自分の中にとりいれること。例外来文化を受容する。受容力。

[2]**じゅよう【需要】**〈名〉〔経済〕商品を手にいれたい、買いたい、という要望。例需要がある。需要をみたす。需要に応じる。需要者。対供給。

しゅよく【主翼】〈名〉飛行機の胴体《どうたい》から両がわにはりだしていて、うき上がる力をあたえる、大きな つばさ。

しゅら【修羅】〈名〉「阿修羅《あしゅら》」の略。古代インドの戦いの神。例修羅のごとくあばれまくる。

表現 神名で使うことは少なく、ほとんど「修羅場《ば》」(別項)と、それと同じ意味でいう「修羅の ちまた」で使う。

ジュラき【ジュラ紀】〈名〉〔地学〕地球の歴史で、中生代の中ごろ。恐竜《きょうりゅう》がさかえ、始祖鳥が現れた。

しゅらば【修羅場】〈名〉敵味方入りみだれてのはげしい戦いの場。「しゅらじょう」ともいう。例修羅場をくぐる。

参考 講談や歌舞伎《かぶき》で、あらそいの場面をいう。

シュラフ〈名〉寝袋《ねぶくろ》。◇《ドイツ》 Schlafsack から。

ジュラルミン〈名〉合金の一種。アルミニウムを主成分とし、銅・マグネシウム・マンガン・珪素《けいそ》をまぜたもの。かるくてじょうぶなので、飛行機や電車車両、建築物などの材料になる。◇duralumin

しゅらん【酒乱】〈名〉酒を飲んで悪酔《わるよ》いし、暴れるくせ。

じゅり【受理】〈名・する〉書類などを正式に受けとること。例願書を受理する。類うけつける。

じゅりつ【樹立】〈名・する〉あたらしいものごとを、つくりあげること。例政権を樹立する。新記録を樹立する。類確立。

しゅりゅう【主流】〈名〉❶いくつもの支流にわかれている川のもっとも中心になるながれ。❷多くの思想や考えかた、また、勢力などの中で、もっとも中心をしめているもの。例主流派。▽対支流。類本流。

[1]**しゅりょう【首領】**〈名〉ある一団の長。ふつう、わるもののかしらをいう。類ボス。かしら。頭目。

[2]**しゅりょう【狩猟】**〈名・する〉狩《か》り。類猟。

[3]**しゅりょう【酒量】**〈名〉飲む酒の量。

じゅりょう【受領】〈名・する〉正式に品物やお金を受けとること。例受領証。類領収。

しゅりょく【主力】〈名〉❶その人がもっている力の大部分。例主力をそそぐ。❷全体の中で、中心となる勢力。例主力選手。類主戦。

じゅりん【樹林】〈名〉木がいっぱい生えているところ。例樹林帯。針葉樹林。類林。森。森林。

しゅるい【種類】〈名〉ほかのものと区別される共通の性質をもつものを集めて 一つにまとめたとき、そのまとまりの一つひとつをさすことば。例種類が異なる。種類がちがう。あらゆる種類。類たぐい。種。

シュルレアリスム〈名〉第一次世界大戦後のフランスでおこった芸術運動。夢や幻想《げんそう》などの潜在《せんざい》意識の世界を重視して、人間性の全面的解放をめざそうとする。超《ちょう》現実主義。◇《フランス》 surréalisme

じゅれい【樹齢】〈名〉木の年齢。例樹齢三百年。

参考 年輪の数によって知ることができる。

シュレッダー〈名〉文書を細かく切り刻む機械。例シュレッダーにかける。◇shredder

しゅれん【手練】〈名〉武術などで、よく訓練されたすばらしい技術。例手練の早わざ。参考「てだれ」「てれん(手練手管《てれんてくだ》)」と読むのは別の語。

しゅろ【▼棕▼櫚】〈名〉あたたかい地方に多い常緑高木。茶色の毛でつつまれた幹の先に、うちわの骨のような葉がたくさん出る。

じゅろうじん【寿老人】〈名〉七福神のひとり。頭が長く、白いひげがあり、つえを持つ。長寿をさずけるという。福禄寿《ふくろくじゅ》と区別しにくい。↓しちふくじん絵

しゅわ【手話】〈名〉耳や口の不自由な人のための、手をうごかしてする会話の方法。

じゅわき【受話器】〈名〉電話機やインターホンの本体から持ち上げて、耳と口にあてて会話をする装置。例受話器をはずす。受話器をおく。

参考 昔の電話機は、話をするための「送話器」が本体に付いていたので、もとは、相手の話を聞くための装置を「受話器」といった。今のものは正確には「送受器」という。

しゅわん【手腕】〈名〉ものごとを処理して、おしすすめていく能力。例手腕がある。手腕を発揮する。政治的な手腕。類うでまえ。手なみ。うで。技量。

常用漢字 **しゅん**

【俊】 イ部7 全9画

俊俊俊俊俊

シュン 音[シュン] 俊敏《しゅんびん》。俊英《しゅんえい》。俊秀《しゅんしゅう》。俊才《しゅんさい》。

【春】 日部5 全9画

春春春春春

西郷従道(つぐみち)(1843～1902) 明治の軍人・政治家。西郷隆盛の弟。日本の陸軍・海軍の基礎をつくった。

シュン はる 教小2 音[シュン] ▨春季《しゅんき》。春夏秋冬《しゅんかしゅうとう》。▨迎春《げいしゅん》。新春《しんしゅん》。早春《そうしゅん》。立春《りっしゅん》。青春《せいしゅん》。思春期《ししゅんき》。訓[はる]春。春風。春先。春休み。春めく。

【瞬】目部13 全18画 瞬瞬瞬瞬瞬瞬
シュン またたく 音[シュン] ▨瞬間《しゅんかん》。瞬時《しゅんじ》。▨一瞬《いっしゅん》。訓[またたく]瞬く。瞬き。

【旬】⇩常用漢字 じゅん〔旬〕

しゅん【旬】〈名〉魚や野菜、くだものなどがもっとも多くとれて、味のよい時季。例旬のもの。旬をすぎる。サンマ漁の旬をむかえる。

常用漢字 じゅん

【旬】日部2 全6画 旬旬旬旬旬旬
ジュン・シュン 音❶[ジュン] ▨旬刊《じゅんかん》。▨上旬《じょうじゅん》。中旬《ちゅうじゅん》。下旬《げじゅん》。❷[シュン] ▨旬の野菜。

【巡】巛部3 全6画 巡巡巡巡巡巡
ジュン めぐる 音[ジュン] ▨巡回《じゅんかい》。巡業《じゅんぎょう》。巡礼《じゅんれい》。巡査《じゅんさ》。巡視《じゅんし》。▨一巡《いちじゅん》。訓[めぐる] 巡る。巡り歩く。史跡巡り。
注意「お巡りさん」は、「おまわりさん」と読む。

【盾】目部4 全9画 盾盾盾盾盾盾
ジュン たて 音[ジュン] ▨矛盾《むじゅん》。訓[たて]盾。後ろ盾。

【准】冫部8 全10画 ※准准准准准准
ジュン 音[ジュン] ▨准将《じゅんしょう》。准教授《じゅんきょうじゅ》。▨批准《ひじゅん》。

【殉】歹部6 全10画 殉殉殉殉殉殉
ジュン 音[ジュン] ▨殉死《じゅんし》。殉職《じゅんしょく》。殉教《じゅんきょう》。

【純】糸部4 全10画 純純純純純純
ジュン 教小6 音[ジュン] ▨純血《じゅんけつ》。純金《じゅんきん》。純真《じゅんしん》。純粋《じゅんすい》。純白《じゅんぱく》。▨清純《せいじゅん》。単純《たんじゅん》。不純《ふじゅん》。

【循】彳部9 全12画 循循循循循循
ジュン 音[ジュン] ▨循環《じゅんかん》。▨因循《いんじゅん》。

【順】頁部3 全12画 順順順順順順
ジュン 教小4 音[ジュン] ▨順守《じゅんしゅ》。順序《じゅんじょ》。順番《じゅんばん》。順調《じゅんちょう》。順風満帆《じゅんぷうまんぱん》。▨従順《じゅうじゅん》。手順《てじゅん》。先着順《せんちゃくじゅん》。

【準】氵部10 全13画 ※準準準準準準
ジュン 教小5 音[ジュン] ▨準備《じゅんび》。準拠《じゅんきょ》。準決勝《じゅんけっしょう》。▨基準《きじゅん》。水準《すいじゅん》。標準《ひょうじゅん》。

【潤】氵部12 全15画 ※潤潤潤潤潤潤
ジュン うるおう・うるおす・うるむ 音[ジュン] ▨潤滑油《じゅんかつゆ》。潤色《じゅんしょく》。潤沢《じゅんたく》。▨豊潤《ほうじゅん》。湿潤《しつじゅん》。利潤《りじゅん》。訓❶[うるおう] 潤う。潤い。❷[うるおす] 潤す。❸[うるむ] 潤む。

【遵】辶部12 全15画 遵遵遵遵遵遵
ジュン 音[ジュン] ▨遵守《じゅんしゅ》。遵法《じゅんぽう》。

じゅん[1]【純】〈形動〉すなおできよらかだ。例純な心。類うぶ。純粋《じゅんすい》。アジュン

じゅん[2]【順】〈名〉ある基準にもとづく、ものごとの前後関係。例背の順にならぶ。順を追って説明する。順不同。番号順。五十音順。先着順。類順番。順序。オーダー。アジュン →じゅんに

じゅんあい【純愛】〈名〉ひたすら相手のことだけを思う純粋《じゅんすい》な愛情。類プラトニックラブ。

じゅんい【順位】〈名〉「一、二、三、…」と、ものをならべるとき、すぐれたものや優先したいものからならべた順序。例順位をあらそう。順位をつける。
表現 ふつう一位二位三位と数える。一位を「首位」ともいう。ややくだけた言いかたは一番二番。品評《ひんぴょう》会などでは格調《かくちょう》のある一席《いっせき》二席《にせき》を使う。格付けでは一等二等も使うが、特等などさらに上位の等級をおくこともある。

じゅんいつ【純一】〈形動〉まじりけがない。例純一な探究心。類純粋。いちず。

しゅんえい【俊英】〈名〉能力や才能がずばぬけてすぐれた人。例俊英雲のごとく。類俊秀。俊才。

じゅんえき【純益】〈名〉収入の全体から、人件費など、かかった費用をさしひいたほんとうの利益。類実益。

じゅんえん【順延】〈名・する〉予定していた行事がなんらかの事情で行なえないとき、一日ずつ順ぐりに延期すること。屋外の行事について「雨天順延」の形で使うことが多い。注意 たんに延期にする場合に使うのは、本来はあやまり。

じゅんおくり【順送り】〈名・する〉順をおって、つぎにまわすこと。例順送り人事。類順ぐり。持ち回り。

しゅんが【春画】〈名〉性行為《こうい》のようすをえがいた絵。とくに、そういう浮世絵《うきよえ》。類枕絵《まくらえ》。笑い絵。

じゅんか【純化】〈名・する〉よけいなものをとりのぞいて、まじりけのない状態にすること。例精神を純化する。類浄化《じょうか》。

じゅんかい【巡回】〈名・する〉❶各地を順々にまわること。例巡回公演。巡回図書館。❷一定区域内を見まわること。例巡回パトロール。類巡視。

しゅんかしゅうとう【春夏秋冬】〈名〉四季。

じゅんかつゆ【潤滑油】〈名〉摩擦《まさつ》をふせいで、なめらかにうごくようにするために機械にさすあぶら。
表現「潤滑油の役割をはたす」などの言いかたで、ものごとをうまくすすめるのに役だつもの、という意味でも使う。

しゅんかん【瞬間】〈名〉❶人間の感覚では時間がたったとは感じられない、ごく短い時間。例瞬間のできごと。瞬間最大風速。瞬間最高視聴率《しちょうりつ》。決定的瞬間。類瞬時。一瞬。せつな。❷なにかをしたすぐあと。…したとたん。例呼ばれてふりむいた瞬間、なぐられた。
表現「またたくま」は時間が非常にはやくたつことをいい、「瞬間」は時間がたったとは感じられないことにいう。

じゅんかん[1]【旬間】〈名〉十日間。とくに、特別な行事のある十日間。例交通安全旬間。

じゅんかん[2]【准看】〈名〉「准看護師」の略。対正看。

じゅんかん[3]【循環】〈名・する〉ぐるっとひとまわりして

 最澄(さいちょう) (767～822) 平安初期の僧。天台宗の開祖。唐から帰国後，比叡山に延暦寺を開く。伝教大師。

もとにかえり、それをなんどもくり返すこと。例体内を血液が循環する。市内循環バス。

じゅんかんき【循環器】〈名〉血液やリンパ液を体内の各部分にはこび、酸素や栄養分を補給して、不要となったものをもちさる器官。心臓や血管、リンパ管など。

じゅんかんごし【准看護師】〈名〉病院などの看護師の資格の一つ。看護師につぐ資格をもつ人。看護師の仕事に準じた仕事をする。略して「准看」ともいう。

じゅんかんしょうすう【循環小数】〈名〉〔数学〕おなじ数字を規則的にくり返して、無限につづく小数。6.123123123…など。

しゅんき【春季・春期】〈名〉春の季節・時期。

しゅんぎく【春菊】〈名〉野菜の一つ。一年生または多年生植物。葉は、羽状にさけている。よいかおりのする若葉を、おひたしにしたり、なべ料理に入れて食べる。関西などでは「菊菜《きくな》」という。

じゅんきゅう【準急】〈名〉「準急行列車」の略。急行列車のつぎにはやい列車。

しゅんきょ【▼峻拒】〈名・する〉きっぱりときびしくことわること。類拒絶。拒否。

じゅんきょ【準拠】〈名・する〉ある規準をよりどころにして、ものごとを行なうこと。例教科書に準拠する。

しゅんぎょう【春暁】〈名〉春の時季のあけがた。

じゅんきょう【殉教】〈名・する〉信仰《しんこう》を守って死ぬこと。例殉教者。

じゅんぎょう【巡業】〈名・する〉芸能人や力士、プロスポーツの選手などが、地方をまわって興行すること。例地方巡業。

じゅんきょうじゅ【准教授】〈名〉大学や高等専門学校の先生で、教授につぐ地位。

じゅんきん【純金】〈名〉まじりけのない金。二十四金。

じゅんぐり【順繰り】〈名〉順番どおりにすること。例順繰りに席をつめる。

しゅんけつ【俊傑】〈名〉他よりずばぬけてすぐれている人物。類英俊。俊才。

[1]**じゅんけつ【純血】**〈名〉別の種類の動物や、異民族の血が、まじっていないこと。例純血種。対混血。

[2]**じゅんけつ【純潔】**〈名・形動〉心やからだがきよらかで、少しのけがれもないこと。例純潔をまもる。対不純。類無垢《むく》。

じゅんけっしょう【準決勝】〈名〉決勝に進出する選手やチームをきめるための試合。トーナメント試合では、ベスト4のたたかいになる。

しゅんげん【▼峻厳】〈形動〉いいかげんなことを許さず、非常にきびしい。例峻厳な態度。類厳格。

しゅんこう【▼竣工】〈名・する〉建築や土木の工事がおわって、建造物ができること。完工。対起工。着工。類落成。

[1]**じゅんこう【巡幸】**〈名・する〉天皇があちこちをめぐって、旅をすること。

[2]**じゅんこう【巡航】**〈名・する〉船や飛行機が、いろいろなところをまわること。類回航。周航。参考「巡航速度」とは、燃料の消費がもっとも経済的になる速さをいう。

[3]**じゅんこう【巡行】**『循行』〈名・する〉きまった道すじをめぐっていくこと。

じゅんさ【巡査】〈名〉警察官の階級の一つ。ふつうの警察官のこと。一般《いっぱん》の人々に接することがもっとも多い位置にある。類おまわりさん。警官。↓けいかん〔警官〕参考

しゅんさい【俊才】『▼駿才』〈名〉とても頭のいい人。切れる人。すぐれた才能。対凡才《ぼんさい》。鈍才《どんさい》。類秀才《しゅうさい》。英才。俊英。俊秀。

じゅんさい【▼蓴菜】〈名〉山菜の一つ。池や沼に生える、多年草の水草。若い葉にはぬめりがあり、酢《す》のものや、あえものにして食べる。

しゅんじ【瞬時】〈名〉まばたきをするほどの、短い時間。例瞬時に消えさった。類瞬間。一瞬。

[1]**じゅんし【巡視】**〈名・する〉警戒《けいかい》や監督《かんとく》のために、見てまわること。例校内を巡視する。巡視船。巡視艇《てい》。類巡回。

[2]**じゅんし【殉死】**〈名・する〉なくなった主君や主人をしたい、あとを追って自殺すること。

じゅんじ【順次】〈副〉順をおって。順々に。例順次報告する。類逐次《ちくじ》。

じゅんじつ【旬日】〈名〉十日。十日間。

じゅんしゅ【遵守・順守】〈名・する〉法律や規則、命令などにしたがって、それをかたく守ること。例法令遵守。類厳守。遵奉《じゅんぽう》。

しゅんしゅう【俊秀】〈名〉能力や才能がぬきんでていること。また、そのような人。類俊英。俊才。

しゅんじゅう【春秋】〈名〉❶春と秋。❷一年間。また、年月。例春秋をへる。類歳月《さいげつ》。星霜《せいそう》。

春秋に富《と》む 年が若くて、これから先が長い。

しゅんじゅうじだい【春秋時代】〈名〉〔歴史〕中国で、周の国がおとろえて、諸侯《しょこう》がたがいにあらそった紀元前七七〇年から紀元前四〇三年までの時代。↓せんごくじだい① 参考 孔子《こうし》が編集したといわれる魯《ろ》の国の歴史書『春秋』によって、この名がある。

しゅんじゅん【▼逡巡】〈名・する〉思い切った決断ができないで、ぐずぐずすること。類躊躇《ちゅうちょ》。ためらう。

じゅんじゅん【▼諄▼諄】〈副〉よくわかるように、ていねいにくり返して言うようす。例じゅんじゅんととく。

じゅんじゅんに【順順に】〈副〉順序にしたがってつぎからつぎへ。例順々に読みあげる。順々にかたづける。

じゅんじょ【順序】〈名〉ものごとの前後関係のきまり。例順序がくるう。手続きの順序を踏《ふ》む。順序よく。類順。順番。オーダー。

表現 「順序」は数で表わされることが多いが、数には、順序を表わす場合と数量を表わす場合とがあるので注意を要する。たとえば、順序を表わす「五」をいうためには「第五」「五番」「五番目」「五人目」「五つ目」のようにいう。数量なら「五個」「五人」「五つ」などとなる。

じゅんじょう【純情】〈名・形動〉よこしまな心や損得勘定《かんじょう》のない、すなおでまっすぐな心。また、そのようす。例純情な人。純情可憐《かれん》。類純真。

しゅんしょう(春宵)いっこく(一刻)あたい(▽直)せんきん(千金) 春の夜のおもむきは、なんともすばらしいもので、一瞬《いっしゅん》一瞬に非常なねうちがある。中国の詩人、蘇軾《そしょく》の詩による表現。

しゅんしょく【春色】〈名〉いかにも春だな、と感じさせる景色やようす。対秋色。

[1]**じゅんしょく【殉職】**〈名・する〉自分の職務をはたそうとして、命をおとすこと。例消防士四名がけむりに巻かれて殉職した。

[2]**じゅんしょく【潤色】**〈名・する〉❶話や文章の効果をつよめるために、事実を誇張《こちょう》したり、おもしろくつく

斎藤道三(どうさん)（1494～1556） 戦国大名。もとは油売りの商人。権謀術数を使い美濃国で大名となる。

りかえたりすること。例潤色をくわえる。❷原作から題材をかりて改作すること。類脚色《きゃくしょく》。翻案《ほんあん》。

じゅんじょだ・てる【順序立てる】〈動下一〉筋道にそって順番を整える。例順序立てて考える。

じゅんじょふどう【順序不同】〈名〉物や名前などを、一定の基準を設けず、適当にならべること。順不同。

━表現 適当にならべた名前の一覧の最後に、ただし書きのように書きそえるかたちで使う。

1 **じゅん・じる**【殉じる】〈動上一〉❶主君や主人が死んだのち、自分もあとを追って自殺する。例主君に殉じる。類殉死する。❷あるものごとのために、命をすててつくす。例祖国に殉じる。大義に殉じる。▽「じゅんずる」ともいう。アジュンジル

2 **じゅん・じる**【準じる】〈動上一〉❶あるものを基準にして、それと同じあつかいをする。例会員に準じる。❷なにかを基準にして、それとつりあうようなあつかいをする。例会費を収入に準じてきめる。類応じる。▽「じゅんずる」ともいう。アジュンジル

じゅんしん【純真】〈形動〉人をうたがう気持ちがなく、心がきれいである。例純真な子ども。類純情。無垢《むく》。すなお。ナイーブ。アジュンシン ジュンシン

じゅんすい【純粋】〈形動〉❶少しもまじりけがない。例純粋のアルコール。類純良。きっすい。❷考えや行動に少しも打算がない。例純粋な気持ち。類純。ピュア。▽対不純。

じゅんすいばいよう【純粋培養】〈名・する〉無菌《むきん》の状態で微《び》生物などを培養すること。

━表現 子どもなどを、過保護《かほご》や世間知らずの状態で育てることのたとえとしても使う。

1 **じゅん・ずる**【殉ずる】〈動サ変〉⇩じゅんじる〔殉じる〕アジュンズル

2 **じゅん・ずる**【準ずる】〈動サ変〉⇩じゅんじる〔準じる〕アジュンズル ジュンズル

じゅんせい【純正】〈形動〉❶ほかのものがまったくまじっていない。❷理論研究だけをして、実際面は考えない。例純正数学。

1 **しゅんせつ**【春節】〈名〉中国で祝う、旧暦《きゅうれき》の正月。一月下旬から二月中旬まで。

2 **しゅんせつ**【▼浚▼渫】〈名・する〉川や港湾《こうわん》などの底をさらって、土砂をとりのぞくこと。例浚渫船。

じゅんせつ【順接】〈名〉〔文法〕二つのことを述べてから、次のことへと話が移るとき、意味の受けつぎが、自然な発展になっていること。「そして」「それで」「すると」「だから」のような接続詞、または、「から」「て」「ので」「ば」などの接続助詞で表わされる。対逆接。→ぎゃくせつ〔逆接〕

じゅんぜんたる【純然たる】〈連体〉そのものずばりである。例純然たる趣味《しゅみ》で絵をかいている。

しゅんそく【俊足】【▼駿足】〈名〉走るのが速いこと。足の速い人。例俊足をとばす。対鈍足《どんそく》。

じゅんたいじょし【準体助詞】〔文法〕活用語や名詞につけて、「…するもの」「…すること」「…のもの」という意味を表わし、名詞のかわりをする助詞。この種の助詞は「の」だけ。「ぼくが食べたのはカレーです」「夜が明けたのも知らずに寝ている」のような「の」。「準体言助詞」ともいう。

参考 この辞典では、準体助詞は格助詞にふくめる。

じゅんたく【潤沢】〈形動〉お金やものが豊富にある。例潤沢な資金。

しゅんだん【春暖】〈名〉きびしい冬が去って春のいい陽気をむかえるころの、暖かくゆったりした気候。対秋冷。

━表現 手紙で、「春暖の候…」のように、時候のあいさつのことばとして使う。

じゅんち【▼馴致】〈名・する〉慣れさせること。また、なじませて少しずつある状態にすること。例野生動物を馴致して飼育する。

じゅんちょう【順調】〈形動〉ものごとが調子よくすすんでいる。例順調に動く。類好調。快調。

じゅんて【順手】〈名〉鉄棒などのにぎりかたで、手の甲《こう》を、自分の方にむけてにぎるもの。対逆手《さかて》。

しゅんと〈副・する〉しょげて急におとなしくなるようす。

じゅんど【純度】〈名〉成分の純粋《じゅんすい》さの度合い。例純度が高い貴金属。

しゅんとう【春闘】〈名〉労働運動で、待遇《たいぐう》改善をもとめて、例年、春におこなう闘争。

しゅんどう【▼蠢動】〈名・する〉虫がうごめくように、つまらない者たちがかってにさわいだり動きまわったりすること。見くだしていうことば。

じゅんとう【順当】〈形動〉そうなるのが当然で、なんのふしぎもない。例順当に勝ちすすむ。

じゅんに【順に】〈副〉順番にしたがって次々と。例やさしい問題から順に解《と》く。類順々に。順ぐりに。

じゅんのう【順応】〈名・する〉ある状態になれて、それにふさわしい行動ができるようになること。例環境《かんきょう》に順応する。類適応。順化。同化。とけこむ。

じゅんぱく【純白】〈名・形動〉まっしろ。例純白のドレス。純白に身をつつむ。

しゅんぱつりょく【瞬発力】〈名〉とっさに反応して出せる、筋肉の力。例瞬発力にとむ。対持久力。

じゅんばん【順番】〈名〉なにかをするときの、順序。例順番がくるう。順番を待つ。

じゅんび【準備】〈名・する〉これからすることがうまくいくように、必要なものをそろえたり、調子をためしておいたり、前もって用意をすること。例準備がととのう。準備がいい。準備をととのえる。旅行の準備。準備体操。準備不足。類したく。備え。→ばんたん 注意

しゅんびん【俊敏】〈形動〉頭がよくはたらいて、行動がすばやい。例俊敏な動作。類機敏。

しゅんぷう【春風】〈名〉はるかぜ。

じゅんぷう【順風】〈名〉❶進むのとおなじ方向に吹く風。例順風を受ける。❷好都合《こうつごう》な状況《じょうきょう》のたとえ。▽対逆風。類追い風。

順風に帆《ほ》を揚《あ》げる ものごとがうまくはこぶ。類得手《えて》に帆を揚げる。順風満帆《まんぱん》。

しゅんぷうたいとう【春風▼駘▼蕩】〈副・連体〉春風がおだやかにふき、あたりのようすが平和である。周囲の人をなごませ落ちつかせる、おだやかな人がらである。例春風駘蕩ねむくなる光景。あいかわらず春風駘蕩たる者。

じゅんぷうびぞく【▼醇風美俗】〈名〉人情味のある美しい風俗習慣。良風美俗。

じゅんぷうまんぱん【順風満帆】〈名・形動〉帆《ほ》をはった船が順風を受けて快適に進むように、ものごとがなんの問題もなく、快調に進行すること。類得手《えて》に帆を揚《あ》げる。順風に帆を揚げる。

じゅんふどう【順不同】〈名〉⇩じゅんじょふどう

しゅんぶん【春分】〈名〉二十四節気の一つ。三月二一日ごろ。昼と夜の長さがほぼ等しくなる。対秋分。

じゅんぶんがく【純文学】〈名〉純粋《じゅんすい》な芸術性を目的としてつくられる文学作品。とくに小説をさすこ

斎藤茂吉(もきち)(1882～1953) アララギ派の中心歌人。写生主義と万葉風の歌風が特徴。歌集「赤光」。

とが多い。略して「純文」ともいう。対大衆文学。

しゅんぶんのひ【春分の日】〈名〉国民の祝日の一つ。三月二十一日ごろ。「自然をたたえ、生物をいつくしむ」ための日。春の彼岸《ひがん》の中日《ちゅうにち》にあたる。→ひがん〔彼岸〕由来

しゅんべつ【▼峻別】〈名・する〉きびしく区別をつけること。例よいものとわるいものを峻別する。

1 **じゅんぽう**【遵法・順法】〈名〉法律を正しくまもること。例遵法精神。

2 **じゅんぽう**【遵奉・順奉】〈名・する〉尊重して守ること。例家訓を遵奉する。類遵守。

じゅんぼく【純朴】〖▼淳朴〗〈形動〉すなおで、うそがなく、人前でかざることがない。例純朴な青年。類素朴《そぼく》。

しゅんみん【春眠】〈名〉春の夜《よ》のねむり。

春眠暁《あかつき》を覚《おぼ》えず 春はよく眠れる。夜が明けたのもしらずにねた。唐《とう》の詩人、孟浩然《もうこうねん》の詩のことば。

しゅんめ【▼駿▽馬】〈名〉足の速いウマ。対駑馬《どば》。

じゅんもう【純毛】〈名〉けものの毛だけを原料にした織物。例純毛のオーバー。類ウール。

じゅんよう【準用】〈名・する〉あることについてきめられた法律や規則を、それと同じようなほかのことに適用すること。例規定を準用する。

じゅんら【巡▼邏】〈名・する〉パトロール。類巡回。

しゅんらい【春雷】〈名〉春先に鳴る、かみなり。

じゅんりょう【純良】〈形動〉まじりけがなくて質がよい。例純良バター。

じゅんりん【純林】〈名〉杉山《すぎやま》など、一種類の樹木だけがうわっている森林。

じゅんれい【巡礼・順礼】〈名・する〉社寺や聖地、霊場《れいじょう》などをおがんで、めぐり歩くこと。例巡礼の旅。類お遍路《へんろ》。

しゅんれつ【▼峻烈】〈名・形動〉攻撃《こうげき》や追及がきびしくはげしいこと。例峻烈をきわめた批判。類苛烈《かれつ》。激烈。熾烈《しれつ》。

じゅんれつ【順列】〈名〉❶順序。❷〔数学〕何個かのものの中から、いくつかを順番にとりだして、一列にならべること。また、その列の総数。→くみあわせ③

じゅんろ【順路】〈名〉展覧会・展示場などで、入り口から出口までの全コースを、順序よく歩けるようにきめた道すじ。類道順。

常用漢字 **しょ**

【処(處)】几部3 全5画 処処処処処

ショ 教小6 音[ショ] ⬒処遇《しょぐう》。処罰《しょばつ》。処置《しょち》。処理《しょり》。処女作《しょじょさく》。⬓善処《ぜんしょ》。対処《たいしょ》。出処進退《しゅっしょしんたい》。

【初】刀部5 全7画 初初初初初初初

ショ はじめ・はじめて・はつ・うい・そめる 教小4 音[ショ] ⬒初期《しょき》。初夏《しょか》。初代《しょだい》。初診《しょしん》。初対面《しょたいめん》。初心者《しょしんしゃ》。⬓最初《さいしょ》。当初《とうしょ》。訓❶[はじめ]初め。❷[はじめて]初めて。❸[はつ]初の受賞。初雪。初耳。初詣《はつもうで》。初体験。史上初。❹[うい]初陣。初々しい。❺[そめる]書き初め。出初め式。

【所】戸部4 全8画 所所所所所所所所

ショ ところ 教小3 音[ショ] ⬒所属《しょぞく》。所得《しょとく》。所有《しょゆう》。⬓住所《じゅうしょ》。近所《きんじょ》。居場所《いばしょ》。裁判所《さいばんしょ》。訓[ところ]所。所狭しと。台所。泣き所。

【書】日部6 全10画 ※ 書書書書書

ショ かく 教小2 音[ショ] ⬒書記《しょき》。書道《しょどう》。書画《しょが》。書籍《しょせき》。書類《しょるい》。⬓読書《どくしょ》。参考書《さんこうしょ》。文書《ぶんしょ》。私書箱《ししょばこ》。訓[かく]書く。書き取る。書き手。

【庶】广部8 全11画 庶庶庶庶庶

ショ 音[ショ] ⬒庶民《しょみん》。庶務《しょむ》。

【暑(暑)】日部8 全12画 暑暑暑暑暑

ショ あつい 教小3 音[ショ] ⬒暑気《しょき》。暑中《しょちゅう》。⬓残暑《ざんしょ》。避暑《ひしょ》。猛暑《もうしょ》。小暑《しょうしょ》。大暑《たいしょ》。訓[あつい]暑い。蒸し暑い。暑さ。

【署(署)】罒部8 全13画 署署署署署

ショ 教小6 音[ショ] ⬒署名《しょめい》。署長《しょちょう》。⬓警察署《けいさつしょ》。部署《ぶしょ》。本署《ほんしょ》。

【緒(緒)】糸部8 全14画 緒緒緒緒緒

ショ・チョ お 音❶[ショ] ⬒緒戦《しょせん》。⬓端緒《たんしょ》。由緒《ゆいしょ》。❷[チョ] ⬓情緒《じょうちょ》。訓[お]緒。鼻緒。へその緒。

【諸(諸)】言部8 全15画 諸諸諸諸諸

ショ 教小6 音[ショ] ⬒諸君《しょくん》。諸悪《しょあく》。諸国《しょこく》。諸般《しょはん》の事情《じじょう》。

1 **しょ**【書】 一〈名〉❶毛筆で書いた文字。例これは小野道風《おののとうふう》の書だ。類筆跡《ひっせき》。❷毛筆による、文字の書きかた。例書をならう。類書道。❸「本」のこと。例書をひもとく。万巻の書。参考書。児童書。ビジネス書。類書物。❹「手紙」のこと。例書をしたためる。類書簡。
二〈接尾〉「書類」のこと。例説明書。申込《もうしこみ》書。契約《けいやく》書。申請《しんせい》書。

書は人《ひと》なり 手書きの文字には、書いた人の性格や人格が明らかにあらわれるものだ。類文は人なり。

2 **しょ**【緒】〈名〉ものごとのはじめ。例計画がようやく実現の緒についた。注意「ちょ」ということが多くなった。

3 **しょ**【所】〈接尾〉ある仕事や目的のためにもうけられたところ。例事務所。裁判所。刑務所。→じょ〔所〕

常用漢字 **じょ**

【女】女部0 全3画 女女女

ジョ・ニョ・ニョウ おんな・め 教小1 音❶[ジョ] ⬒女子《じょし》。女性。女優《じょゆう》。女傑《じょけつ》。女流《じょりゅう》。⬓少女《しょうじょ》。美女《びじょ》。修道女《しゅうどうじょ》。長女《ちょうじょ》。❷[ニョ] ⬒女人《にょにん》。⬓天女《てんにょ》。善男善女《ぜんなんぜんにょ》。❸[ニョウ] ⬒女房《にょうぼう》。訓❶[おんな]女。女心。❷[め]女神。女々しい。
注意「海女」は、「あま」と読む。

【如】女部3 全6画 如如如如如如

ジョ・ニョ 音❶[ジョ] ⬓欠如《けつじょ》。突如《とつじょ》。躍如《やくじょ》。❷[ニョ] ⬒如実《にょじつ》。如来《にょらい》。⬓不如意《ふにょい》。

蔡倫(さいりん) (?～121ごろ) 中国，後漢の宦官(かんがん)。2世紀初めごろ，紙の作り方を改良した。

【助】力部5 全7画
ジョ たすける・たすかる・すけ 教小3 音[ジョ] 助手《じょしゅ》。助監督《じょかんとく》。助言《じょげん》。助力《じょりょく》。救助《きゅうじょ》。援助《えんじょ》。補助《ほじょ》。訓❶[たすける] 助ける。助け。助け舟。手助け。❷[たすかる] 助かる。大助かり。❸[すけ] 助太刀《すけだち》。助っ人《と》。

【序】广部4 全7画
ジョ 教小5 音[ジョ] 序列《じょれつ》。序曲《じょきょく》。序章《じょしょう》。序幕《じょまく》。序盤《じょばん》。順序《じゅんじょ》。秩序《ちつじょ》。

【叙(敍)】又部7 全9画
ジョ 音[ジョ] 叙述《じょじゅつ》。叙景《じょけい》。叙事詩《じょじし》。叙情詩《じょじょうし》。

【徐】彳部7 全10画
ジョ 音[ジョ] 徐行《じょこう》。徐々《じょじょ》に。

【除】阝部7 全10画
ジョ・ジ のぞく 教小6 音❶[ジョ] 除外《じょがい》。除去《じょきょ》。除雪車《じょせつしゃ》。除幕式《じょまくしき》。除名《じょめい》。解除《かいじょ》。削除《さくじょ》。❷[ジ] 掃除《そうじ》。訓[のぞく] 除く。

1 **じょ【序】**〈名〉❶書物で、本文の前にある文。その本の特色や成立のいきさつを書く。序文。類はしがき。前書き。緒言《しょげん》。❷順番。例長幼の序。類序列。

2 **じょ【所】**〈接尾〉ある仕事や目的のためにもうけられたところ。例出張所。運転免許試験所。結婚《けっこん》紹介所。
方言「研究所・保健所・避難《ひなん》所・案内所・休憩《きゅうけい》所・職業安定所」などのように、東日本では「…じょ」、西日本では「…しょ」と言う傾向《けいこう》のあることばも多い。
↓しょ〔所〕

しょあく【諸悪】〈名〉世の中のいろいろな悪いこと。
諸悪の根源《こんげん》 さまざまな障害をもたらしているおおもと。例諸悪の根源をつきとめる。…が諸悪の根源だ。

じょい【女医】〈名〉女性の医師。

しょいこ【▽背▽負子】〈名〉木のわくについた縄《なわ》を両肩《かた》にかけてせおう運搬《うんぱん》具。絵(右下)

しょいこ・む【しょい込む】【▽背▽負い込む】〈動五〉やっかいなことや、むずかしいことを引き受ける。例親の借金をしょい込む。類かかえこむ。

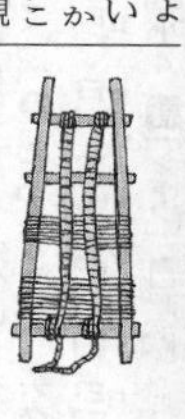
[しょいこ]

しょいちねん【初一念】〈名〉最初の決意。類初志。初心。

しょいん【書院】〈名〉❶書院づくりの座敷《ざしき》。❷書店や出版社の名にそえることば。

しょいんづくり【書院造り】〈名〉室町《むろまち》時代から安土桃山《あづちももやま》時代にかけて成立した、武家の屋敷《やしき》の建築様式。玄関《げんかん》や床《とこ》の間《ま》、ふすまなどをそなえ、現在の和風住宅のもとになった。表記 歴史の教科書では「書院造」と書き、送りがなの「り」は付けない。

ジョイント〈名・する〉❶機械・器具・部品などの、つなぎ目。つぎ手。接合部。つなぎ合わせること。❷合同すること。例ジョイントコンサート。◇joint

1 **しょう【子葉】**〈名〉〔植物〕種の中にあって、発芽したときはじめにでる葉。アショー

2 **しょう【仕様】**〈名〉❶なにかをする方法。例住所がわからないので、連絡《れんらく》のしようがない。類しかた。手段。❷機械や器具などの内容やつくりかた。例あたらしい仕様の機械。仕様書。▽アショー
表現 ②は、「耐熱仕様」「プロ仕様」のように、「…用に作られている」という意味で接尾語的にも使われる。
表記 ①は、かな書きにするのがふつう。

しょうがない ❶どうしたらいいかわからない。例寒くてしょうがない。おもしろくてしょうがない。❷手に負えない。例しょうがないやつだな。参考 とくに話しことばでは、「しょうがない」の形になることが多い。

3 **しょう【私用】**〈名〉役目のうえの仕事ではない、個人的な用事。対公用。類私事。アショー

4 **しょう【枝葉】**〈名〉❶樹木の枝《えだ》と葉。❷たいして重要でないものごと。例枝葉にわたる。枝葉末節。対根幹。類些事《さじ》。些末。▽類えだは。ア①ショー ②ショー

5 **しょう【止揚】**〈名・する〉哲学《てつがく》で、矛盾《むじゅん》する二つの考えや概念《がいねん》を一段うえの視点で見なおして、その矛盾を解消し発展させること。アウフヘーベン。アショー
参考 ヘーゲル弁証法の基本概念《がいねん》。

6 **しょう【使用】**〈名・する〉❶ある用途《ようと》に役だたせるために、ものを使うこと。例使用者。使用法。使用中。使用ずみ。類利用。❷他人をやとって仕事をさせること。例使用人《にん》。▽アショー
表現「使用者」は使う立場にある人をさし、「使用人」は使われる立場にある人をさす。

7 **しょう【試用】**〈名・する〉ためしにつかってみること。例試用期間。アショー

常用漢字 **しょう**

【小】小部0 全3画
ショウ ちいさい・こ・お 教小1 音[ショウ] 小学生《しょうがくせい》。小規模《しょうきぼ》。小心者《しょうしんもの》。小休止《しょうきゅうし》。小生《しょうせい》。大小《だいしょう》。弱小《じゃくしょう》。縮小《しゅくしょう》。訓❶[ちいさい] 小さい。小さな。❷[こ] 小型。小鳥。小文字。小じわ。小切手。小包。小細工。❸[お] 小川。小暗い。
注意「小豆」は、「あずき」と読む。

【升】十部2 全4画
ショウ ます 音[ショウ] 一升瓶《いっしょうびん》。訓[ます] 升。升目。

【少】小部1 全4画
ショウ すくない・すこし 教小2 音[ショウ] 少数《しょうすう》。少食《しょうしょく》。少年《しょうねん》。少人数《しょうにんずう》。僅少《きんしょう》。減少《げんしょう》。年少《ねんしょう》。幼少《ようしょう》。訓❶[すくない] 少ない。数少ない。残り少ない。少なくとも。❷[すこし] 少し。少しも。

【召】口部2 全5画
ショウ めす 音[ショウ] 召喚《しょうかん》。(国会の)召集《しょうしゅう》。応召《おうしょう》。訓[めす] 召す。召し上がる。召し上げる。召し使い。

【匠】匚部4 全6画
ショウ 音[ショウ] 師匠《ししょう》。巨匠《きょしょう》。名匠《めいしょう》。

 佐伯祐三(さえきゆうぞう)(1898~1928) 大正の洋画家。パリで制作活動。情感あふれる筆致でパリの街を描く。

意匠《いしょう》。

【床】广部4 全7画 床床床床床
ショウ とこ・ゆか 音[ショウ] ▨起床《きしょう》。病床《びょうしょう》。臨床試験《りんしょうしけん》。温床《おんしょう》。銃床《じゅうしょう》。訓❶[とこ]床。床上げ。床の間。寝床。❷[ゆか]床。床下。

【抄】扌部4 全7画 抄抄抄抄抄
ショウ 音[ショウ] ▨抄録《しょうろく》。抄本《しょうほん》。抄訳《しょうやく》。

【肖】月部3 全7画 肖肖肖肖肖
ショウ 音[ショウ] ▨肖像《しょうぞう》。▨不肖《ふしょう》。

【尚】⺌部5 全8画 尚尚尚尚尚
ショウ 音[ショウ] ▨尚早《しょうそう》。尚古《しょうこ》。▨高尚《こうしょう》。

【招】扌部5 全8画 招招招招招
ショウ まねく 教小5 音[ショウ] ▨招待《しょうたい》。招集《しょうしゅう》。招致《しょうち》。招請《しょうせい》。訓[まねく]招く。招き。招き猫。手招き。

【承】手部4 全8画 ※承承承承承
ショウ うけたまわる 教小6 音[ショウ] ▨承知《しょうち》。承諾《しょうだく》。承認《しょうにん》。承前《しょうぜん》。▨継承《けいしょう》。口承《こうしょう》。伝承《でんしょう》。了承《りょうしょう》。訓[うけたまわる]承る。

【昇】日部4 全8画 昇昇昇昇昇
ショウ のぼる 音[ショウ] ▨昇降《しょうこう》。昇格《しょうかく》。昇進《しょうしん》。昇降機《しょうこうき》。▨上昇《じょうしょう》。訓[のぼる]昇る。

【松】木部4 全8画 松松松松松
ショウ まつ 教小4 音[ショウ] ▨松竹梅《しょうちくばい》。▨白砂青松《はくしゃせいしょう》。訓[まつ]松。松飾り。松葉。松原。松ぼっくり。門松。

【沼】氵部5 全8画 沼沼沼沼沼
ショウ ぬま 音[ショウ] ▨沼沢《しょうたく》。▨湖沼《こしょう》。訓[ぬま]沼。沼地。

【昭】日部5 全9画 昭昭昭昭昭
ショウ 教小3 音[ショウ] ▨昭和時代《しょうわじだい》。

【宵】宀部7 全10画 宵宵宵宵宵
ショウ よい 音[ショウ] ▨春宵《しゅんしょう》。徹宵《てっしょう》。訓[よい]宵。宵っぱり。宵の口。宵やみ。今宵。

【将(將)】寸部7 全10画 将将将将将
ショウ 教小6 音[ショウ] ▨将来《しょうらい》。将軍《しょうぐん》。将棋《しょうぎ》。▨大将《たいしょう》。主将《しゅしょう》。武将《ぶしょう》。

【消】氵部7 全10画 消消消消消
ショウ きえる・けす 教小3 音[ショウ] ▨消火《しょうか》。消毒《しょうどく》。消滅《しょうめつ》。消費《しょうひ》。消極的《しょうきょくてき》。▨意気消沈《いきしょうちん》。解消《かいしょう》。抹消《まっしょう》。費消《ひしょう》。訓❶[きえる]消える。消え失せる。立ち消え。❷[けす]消す。消し去る。消し止める。消しゴム。打ち消す。黒板消し。

【症】疒部5 全10画 症症症症症
ショウ 音[ショウ] ▨症状《しょうじょう》。症例《しょうれい》。▨炎症《えんしょう》。重症《じゅうしょう》。後遺症《こういしょう》。不眠症《ふみんしょう》。

【祥(祥)】ネ部6 全10画 祥祥祥祥祥
ショウ 音[ショウ] ▨発祥《はっしょう》。吉祥《きっしょう》。不祥事《ふしょうじ》。

【称(稱)】禾部5 全10画 称称称称称
ショウ 音[ショウ] ▨称号《しょうごう》。称賛《しょうさん》。▨愛称《あいしょう》。敬称《けいしょう》。名称《めいしょう》。対称《たいしょう》。自称《じしょう》。

【笑】竹部4 全10画 笑笑笑笑笑
ショウ わらう・えむ 教小4 音[ショウ] ▨(ご)笑覧《しょうらん》。(ご)笑納《しょうのう》。▨苦笑《くしょう》。微笑《びしょう》。談笑《だんしょう》。失笑《しっしょう》。嘲笑《ちょうしょう》。訓❶[わらう]笑う。薄笑い。大笑い。笑い声。笑い者。泣き笑い。❷[えむ]ほくそ笑む。笑み。

【唱】口部8 全11画 唱唱唱唱唱
ショウ となえる 教小4 音[ショウ] ▨唱歌《しょうか》。唱和《しょうわ》。▨愛唱歌《あいしょうか》。合唱《がっしょう》。独唱《どくしょう》。提唱《ていしょう》。復唱《ふくしょう》。訓[となえる]唱える。

【商】口部8 全11画 商商商商商
ショウ あきなう 教小3 音[ショウ] ▨商売《しょうばい》。商業《しょうぎょう》。商品《しょうひん》。商店街《しょうてんがい》。▨通商《つうしょう》。行商《ぎょうしょう》。貿易商《ぼうえきしょう》。訓[あきなう]商う。商い。

【渉(涉)】氵部8 全11画 ※渉渉渉渉渉
ショウ 音[ショウ] ▨渉外《しょうがい》。渉猟《しょうりょう》。▨干渉《かんしょう》。交渉《こうしょう》。

【章】立部6 全11画 章章章章章
ショウ 教小3 音[ショウ] ▨章節《しょうせつ》。▨文章《ぶんしょう》。憲章《けんしょう》。記章《きしょう》。勲章《くんしょう》。腕章《わんしょう》。

【紹】糸部5 全11画 紹紹紹紹紹
ショウ 音[ショウ] ▨紹介《しょうかい》。

【訟】言部4 全11画 訟訟訟訟訟
ショウ 音[ショウ] ▨訴訟《そしょう》。

【勝】力部10 全12画 勝勝勝勝勝
ショウ かつ・まさる 教小3 音[ショウ] ▨勝利《しょうり》。勝負《しょうぶ》。勝敗《しょうはい》。▨優勝《ゆうしょう》。必勝《ひっしょう》。不戦勝《ふせんしょう》。名勝《めいしょう》。景勝地《けいしょうち》。訓❶[かつ]勝つ。勝ち。勝ち越す。勝ち進む。勝ち誇る。勝ち星。勝ち気。勝手。❷[まさる]勝る。男勝り。

【掌】手部8 全12画 掌掌掌掌掌
ショウ 音[ショウ] ▨掌握《しょうあく》。掌中《しょうちゅう》。掌編《しょうへん》。▨合掌《がっしょう》。車掌《しゃしょう》。職掌《しょくしょう》。

【晶】日部8 全12画 晶晶晶晶晶
ショウ 音[ショウ] ▨結晶《けっしょう》。水晶《すいしょう》。

【焼(燒)】火部8 全12画 焼焼焼焼焼
ショウ やく・やける 教小4 音[ショウ] ▨焼却《しょうきゃく》。焼香《しょうこう》。焼失《しょうしつ》。▨燃焼《ねんしょう》。全焼《ぜんしょう》。半焼

酒井田柿右衛門(さかいだかきえもん)(1596～1666) 江戸初期の有田焼の陶工。赤絵の技法を完成した。

焼《はんしょう》。訓❶［やく］焼く。焼き捨てる。焼き魚。焼きのり。焼きもち。炭焼き。塩焼き。❷［やける］焼ける。焼け落ちる。焼け跡。焼け野原。夕焼け。

【焦】灬部8 全12画 ※焦焦焦焦焦
ショウ こげる・こがす・こがれる・あせる 音［ショウ］⬒焦点《しょうてん》。焦熱《しょうねつ》。焦土《しょうど》。焦心《しょうしん》。焦燥《しょうそう》。焦慮《しょうりょ》。訓❶［こげる］焦げる。焦げ付く。焦げ茶色。焦げ臭い。黒焦げ。❷［こがす］焦がす。❸［こがれる］焦がれる。恋い焦がれる。❹［あせる］焦る。焦り。

【硝】石部7 全12画 硝硝硝硝硝
ショウ 音［ショウ］⬒硝酸《しょうさん》。硝石《しょうせき》。硝煙《しょうえん》。

【粧】米部6 全12画 粧粧粧粧粧
ショウ 音［ショウ］⬓化粧《けしょう》。

【詔】言部5 全12画 詔詔詔詔詔
ショウ みことのり 音［ショウ］⬒詔勅《しょうちょく》。詔書《しょうしょ》。訓［みことのり］詔。

【証(證)】言部5 全12画 証証証証証
ショウ 教小5 音［ショウ］⬒証拠《しょうこ》。証券《しょうけん》。証書《しょうしょ》。証人《しょうにん》。証言《しょうげん》。証明《しょうめい》。⬓許可証《きょかしょう》。免許証《めんきょしょう》。

【象】豕部5 全12画 象象象象象
ショウ・ゾウ 教小5 音❶［ショウ］⬒象徴《しょうちょう》。象形《しょうけい》。⬓印象《いんしょう》。対象《たいしょう》。現象《げんしょう》。❷［ゾウ］⬒象眼《ぞうがん》。象牙《ぞうげ》。⬓巨象《きょぞう》。

【傷】亻部11 全13画 傷傷傷傷傷
ショウ きず・いたむ・いためる 教小6 音［ショウ］⬒傷害《しょうがい》。傷心《しょうしん》。⬓死傷者《ししょうしゃ》。損傷《そんしょう》。負傷《ふしょう》。致命傷《ちめいしょう》。中傷《ちゅうしょう》。感傷《かんしょう》。訓❶［きず］傷。切り傷。古傷。傷つく。傷つける。❷［いたむ］傷む。❸［いためる］傷める。

【奨(奬)】大部10 全13画 奨奨奨奨奨
ショウ 音［ショウ］⬒奨励《しょうれい》。奨学金《しょうがくきん》。⬓勧奨《かんしょう》。推奨《すいしょう》。

【照】灬部9 全13画 照照照照照
ショウ てる・てらす・てれる 教小4 音［ショウ］⬒照明《しょうめい》。照射《しょうしゃ》。照会《しょうかい》。照合《しょうごう》。⬓日照時間《にっしょうじかん》。残照《ざんしょう》。参照《さんしょう》。対照的《たいしょうてき》。訓❶［てる］照る。照り映える。照り返し。照り焼き。かんかん照り。日照り。❷［てらす］照らす。❸［てれる］照れる。

【詳】言部6 全13画 詳詳詳詳詳
ショウ くわしい 音［ショウ］⬒詳細《しょうさい》。詳報《しょうほう》。⬓不詳《ふしょう》。未詳《みしょう》。訓［くわしい］詳しい。

【彰】彡部11 全14画 彰彰彰彰彰
ショウ 音［ショウ］⬒彰徳《しょうとく》。⬓表彰《ひょうしょう》。顕彰《けんしょう》。受彰《じゅしょう》。

【障】阝部11 全14画 障障障障障
ショウ さわる 教小6 音［ショウ］⬒障害《しょうがい》。障壁《しょうへき》。障子《しょうじ》。⬓保障《ほしょう》。故障《こしょう》。支障《ししょう》。訓［さわる］障る。差し障り。

【憧】忄部12 全15画 ※憧憧憧憧憧
ショウ あこがれる 音［ショウ］⬒憧憬《しょうけい》。訓［あこがれる］憧れる。憧れ。

【衝】行部9 全15画 ※衝衝衝衝衝
ショウ 音［ショウ］⬒衝撃《しょうげき》。衝突《しょうとつ》。衝動《しょうどう》。⬓緩衝《かんしょう》。折衝《せっしょう》。要衝《ようしょう》。

【賞】貝部8 全15画 賞賞賞賞賞
ショウ 教小5 音［ショウ］⬒賞金《しょうきん》。賞罰《しょうばつ》。賞与《しょうよ》。賞賛《しょうさん》。賞味期限《しょうみきげん》。⬓懸賞《けんしょう》。受賞《じゅしょう》。激賞《げきしょう》。鑑賞《かんしょう》。

【償】亻部15 全17画 償償償償償
ショウ つぐなう 音［ショウ］⬒償還《しょうかん》。償却《しょうきゃく》。⬓代償《だいしょう》。弁償《べんしょう》。補償《ほしょう》。賠償金《ばいしょうきん》。訓［つぐなう］償う。償い。

【礁】石部12 全17画 ※礁礁礁礁礁
ショウ 音［ショウ］⬓岩礁《がんしょう》。環礁《かんしょう》。暗礁《あんしょう》。座礁《ざしょう》。さんご礁《しょう》。

【鐘】金部12 全20画 ※鐘鐘鐘鐘鐘
ショウ かね 音［ショウ］⬒鐘声《しょうせい》。鐘楼《しょうろう》。⬓警鐘《けいしょう》。半鐘《はんしょう》。晩鐘《ばんしょう》。訓［かね］鐘。早鐘。除夜の鐘。

【正】⇩常用漢字 せい〔正〕
【性】⇩常用漢字 せい〔性〕
【省】⇩常用漢字 せい〔省〕

1 **しょう・う**【▽背▽負う】〈動五〉「せおう」のくだけた言いかた。アショウ ↓しょってる

2 **しょう**【小】一〈名〉❶小さいこと。小さいもの。例大は小をかねる(↓「だい〔大〕」の子項目)。❷「小便」の略。▽対大。アショー
二〈接頭〉「小さい」「すこし」という意味をつけくわえる。例小テスト。小旅行。小休止。
三〈造語〉「小学校」の省略した形。例市立小。私立小。

小の月《つき》 ⇩独立項目

小の虫《むし》**を殺**《ころ》**して大**《だい》**の虫**《むし》**を助**《たす》**ける** 一部分を犠牲《ぎせい》にして、全体をいかす。

3 **しょう**【升】〈名・接尾〉尺貫法《しゃっかんほう》の容積の単位。一合の十倍で、約一・八《リットル》。例一升瓶《びん》。アショー

4 **しょう**【性】〈名〉生まれつきの性質。例性に合わない。びんぼう性。こり性。心配性。類性分。たち。性格。アショー

5 **しょう**【省】〈名・接尾〉❶中央の役所。また、それを数えることば。例財務省。国土交通省。❷中国の行政区画。また、それを数えることば。例四川省《しせんしょう》。▽アショー

6 **しょう**【将】〈名〉軍隊の指揮官。例全軍の将。対兵。アショー

将を射《い》**んと欲**《ほっ》**すればまず馬**《うま》**を射**《い》**よ** 処理しやすいことから一つ一つかたづけていくと案外目的が

堺利彦(さかいとしひこ)(1870〜1933) 明治〜大正の社会主義者。「平民新聞」を発刊。日本社会党を結成。

果たせる。類 外堀《そとぼり》をうめる。❶〔数学〕わり算をしてでた数。例 商をもとめる。対 積。❷⇩いん〔殷〕▽ア ショー

8 **しょう【章】**〈名〉論文や文学作品をいくつかの部分にわけたそれぞれのくぎり。例 五章。ア ショー

表現 ふつう、大きなくぎりを「編」または「部」、その中を「章」、章の中を「節」、節の中を「項」とする。

9 **しょう【▼笙】**〈名〉雅楽《ががく》でつかう管楽器。環状《かんじょう》にならべた十七本の竹管の下にふき口をつけたもの。ア ショー

表現 一本二本と数えるが、伝統的な管楽器なので一管《いっかん》二管《にかん》も使う。

10 **しょう【賞】**〈名〉りっぱな業績に対するほうび。例 賞をあたえる。賞をうける。最優秀賞。皆勤《かいきん》賞。ノーベル賞。対 罰《ばつ》。ア ショー

11 **しょう【床】**〈接尾〉病院や介護《かいご》施設などで、ベッドの数をかぞえることば。

12 **しょう【相】**〈接尾〉大臣のこと。例 財務相。防衛相。

13 **しょう【症】**〈接尾〉からだ・心にあらわれている何かの異常。例 花粉症。肥満症。過敏《かびん》症。不眠症。神経症。

14 **しょう【勝】**〈接尾〉勝った数をかぞえることば。例 三勝二敗の勝ち越し。通算五〇〇勝。対 敗。

じょう【滋養】〈名〉とくにからだのためになる栄養。例 滋養がある。滋養になる。類 養分。

常用漢字 じょう

【上】 一部2 全3画 ※上上上

ジョウ・ショウ うえ・うわ・かみ・あげる・あがる・のぼる・のぼせる・のぼす 教 小1 音 ❶［ジョウ］▨上昇《じょうしょう》。上旬《じょうじゅん》。上半身《じょうはんしん》。上達《じょうたつ》。上演《じょうえん》。▨屋上《おくじょう》。地上《ちじょう》。向上《こうじょう》。法律上《ほうりつじょう》。席上《せきじょう》。身上《しんじょう》。❷［ショウ］▨上人《しょうにん》。▨身上《しんしょう》を潰《つぶ》す。訓 ❶［うえ］上。上下。上の子。坂上。右上。身の上。❷［うわ］上回る。上向く。上着。上積み。上履き。上べ。上の空。❸［かみ］上。上座。上手。上半期。川上。❹［あげる］上げる。上げ下げ。上げ潮。引き上げる。持ち上げる。売り上げ。❺［あがる］上がる。仕上がる。のぼせ上がる。上がり。上がり込む。上がり調子。❻［のぼる］上る。上り。上り坂。❼［のぼせる］上せる。❽［のぼす］上す。

【丈】 一部2 全3画 丈丈丈

ジョウ たけ 音［ジョウ］▨丈夫《じょうぶ》。▨方丈《ほうじょう》。訓［たけ］丈。背丈。身の丈。

【冗】 冖部2 全4画 冗冗冗冗

ジョウ 音［ジョウ］▨冗談《じょうだん》。冗舌《じょうぜつ》。冗長《じょうちょう》。冗費《じょうひ》。冗漫《じょうまん》。

【条(條)】 木部3 全7画 条条条条条

ジョウ 教 小5 音［ジョウ］▨条件《じょうけん》。条約《じょうやく》。条例《じょうれい》。条理《じょうり》。▨箇条《かじょう》。信条《しんじょう》。鉄条網《てつじょうもう》。

【状(狀)】 犬部3 全7画 状状状状

ジョウ 教 小5 音［ジョウ］▨状態《じょうたい》。状況《じょうきょう》。▨症状《しょうじょう》。現状《げんじょう》。扇状地《せんじょうち》。白状《はくじょう》。表彰状《ひょうしょうじょう》。礼状《れいじょう》。

【乗(乘)】 ノ部8 全9画 乗乗乗乗

ジョウ のる・のせる 教 小3 音［ジョウ］▨乗客《じょうきゃく》。乗車《じょうしゃ》。乗用車《じょうようしゃ》。乗数《じょうすう》。▨試乗会《しじょうかい》。添乗員《てんじょういん》。便乗《びんじょう》。大乗仏教《だいじょうぶっきょう》。訓 ❶［のる］乗る。乗り降り。乗り換え。乗り場。乗り物。初乗り。❷［のせる］乗せる。

【城】 土部6 全9画 ※城城城城

ジョウ しろ 教 小4 音［ジョウ］▨城内《じょうない》。城下町《じょうかまち》。▨落城《らくじょう》。訓［しろ］城。城跡。

注意 県名の「茨城《いばらき》県」と「宮城《みやぎ》県」にも用いる。

【浄(淨)】 氵部6 全9画 浄浄浄浄

ジョウ 音［ジョウ］▨浄化《じょうか》。浄罪《じょうざい》。浄水場《じょうすいじょう》。▨清浄《せいじょう》。洗浄《せんじょう》。不浄《ふじょう》。

【剰(剩)】 刂部9 全11画 剰剰剰剰

ジョウ 音［ジョウ］▨剰余《じょうよ》。▨過剰《かじょう》。余剰《よじょう》。

【常】 巾部8 全11画 常常常常常

ジョウ つね・とこ 教 小5 音［ジョウ］▨常識《じょうしき》。常時《じょうじ》。常備《じょうび》。常用《じょうよう》。常緑樹《じょうりょくじゅ》。▨日常《にちじょう》。正常《せいじょう》。通常《つうじょう》。非常《ひじょう》。訓 ❶［つね］常。常に。常々。❷［とこ］常夏。常世。

【情】 忄部8 全11画 ※情情情情

ジョウ・セイ なさけ 教 小5 音 ❶［ジョウ］▨情報《じょうほう》。情勢《じょうせい》。情熱《じょうねつ》。情念《じょうねん》。▨愛情《あいじょう》。友情《ゆうじょう》。実情《じつじょう》。表情《ひょうじょう》。心情《しんじょう》。詩情《しじょう》。❷［セイ］▨風情《ふぜい》。訓［なさけ］情け。情け知らず。情け深い。情けない。

【場】 土部9 全12画 場場場場

ジョウ ば 教 小2 音［ジョウ］▨場内《じょうない》。▨会場《かいじょう》。劇場《げきじょう》。運動場《うんどうじょう》。工場《こうじょう》。入場《にゅうじょう》。出場《しゅつじょう》。上場《じょうじょう》。独壇場《どくだんじょう》。訓［ば］場。場所。場違い。場慣れ。市場。広場。町工場。現場。

【畳(疊)】 田部7 全12画 畳畳畳畳

ジョウ たたむ・たたみ 音［ジョウ］▨畳語《じょうご》。▨重畳《ちょうじょう》。四畳半《よじょうはん》。訓 ❶［たたむ］畳む。畳み掛ける。畳み込む。折り畳み。❷［たたみ］畳。畳表。畳替え。青畳。

【蒸】 艹部10 全13画 蒸蒸蒸蒸蒸

ジョウ むす・むれる・むらす 教 小6 音［ジョウ］▨蒸気《じょうき》。蒸発《じょうはつ》。蒸留水《じょうりゅうすい》。訓 ❶［むす］蒸す。蒸し返す。蒸し暑い。蒸し風呂。❷［むれる］蒸れる。❸［むらす］蒸らす。

【縄(繩)】 糸部9 全15画 縄縄縄縄

ジョウ なわ 教 小4 音［ジョウ］▨縄文《じょうもん》。▨自縄自縛《じじょうじばく》。訓［なわ］縄。縄張り。しめ縄。

【壌(壤)】 土部13 全16画 ※壌壌壌壌

ジョウ 音［ジョウ］▨土壌《どじょう》。

【嬢(孃)】 女部13 全16画 ※ 嬢嬢嬢嬢嬢

ジョウ 音[ジョウ] ▨令嬢《れいじょう》。愛嬢《あいじょう》。お嬢《じょう》さん。

【錠】 金部8 全16画 錠錠錠錠錠錠

ジョウ 音[ジョウ] ▨錠前《じょうまえ》。錠剤《じょうざい》。▨施錠《せじょう》。手錠《てじょう》。

【譲(讓)】 言部13 全20画 ※ 譲譲譲譲譲

ジョウ ゆずる 音[ジョウ] ▨譲渡《じょうと》。譲歩《じょうほ》。▨委譲《いじょう》。分譲《ぶんじょう》。謙譲語《けんじょうご》。訓[ゆずる] 譲る。譲り合う。親譲り。

【醸(釀)】 酉部13 全20画 ※ 醸醸醸醸醸

ジョウ かもす 音[ジョウ] ▨醸造《じょうぞう》。醸成《じょうせい》。▨吟醸酒《ぎんじょうしゅ》。訓[かもす] 醸す。醸し出す。

1 **じょう【上】**〈名〉①価値や順位などが高いこと。例上の部。②二つまたは三つにわかれている作品の、最初の部分。アジョー

2 **じょう【丈】**〈名・接尾〉尺貫《しゃっかん》法の長さの単位。一尺の十倍で、約三・〇三メートル。アジョー

参考 ②は、二区分なら上・下、三区分なら上・中・下。

3 **じょう【情】**〈名〉喜怒哀楽《きどあいらく》にゆれる心のうごき。例情があつい。情にもろい。情にほだされる。懐旧《かいきゅう》の情。対知。意。類なさけ。人情。アジョー

情が厚《あつ》い ほかの人を思いやる気持ちがつよい。

情が移《うつ》る だんだんと親しみがわいて、はなれたくない気持ちになる。

情がこわい 生まれつきの性格がきつい。

情にもろい ほかの人をかわいそうに思う気持ちがすぐにわいてきて、とめられない。

情を通《つう》じる ①味方を裏切る。②妻以外の、あるいは夫以外の異性と肉体関係をもつ。

4 **じょう【畳】**〈名・接尾〉たたみの数をかぞえることば。ひとへやの広さを表わす。一畳でおよそひと坪《つぼ》。例八畳間《はちじょうま》。四畳半《よじょうはん》。アジョー

5 **じょう【錠】** 一〈名〉戸や、もののふたなどをあけられないようにするための、金属製の器具。錠まえ。例錠をおろす。対鍵《かぎ》。類ロック。アジョー 二〈接尾〉錠剤《じょうざい》をかぞえることば。例おとな二錠、こども一錠。

6 **じょう【状】**〈接尾〉もののすがたかたちやありさまを表わす。例放射状に広がる。らせん状の階段。

7 **じょう【▼帖】**〈接尾〉束《たば》になった紙や海苔《のり》、屏風《びょうぶ》などをかぞえることば。例三帖。

参考 (1)半紙は二十枚で一帖、洋紙は十二枚で一帖、海苔は十枚で一帖のように、ものによって枚数がちがう。(2)「畳《じょう》」のかわりにたたみをかぞえる字としても使われる。

8 **じょう【城】**〈接尾〉城《しろ》の名につけることば。例大阪城。

9 **じょう【場】**〈接尾〉なにかをするための場所。例飛行場。催事《さいじ》場。養鶏《ようけい》場。ゴルフ場。類場《ば》。

じょうあい【情愛】〈名〉夫婦や親子のような、したしい関係の人に対する、愛や思いやりの心。類愛情。

しょうあく【掌握】〈名・する〉ものごとを自分の手のひらのうちに入れるように、完全に自分のものにすること。例政権を掌握する。部下を掌握する。人心《じんしん》掌握術。

しょうい【小異】〈名〉わずかなちがい。例大同小異。

小異を捨《す》てて大同《だいどう》に就《つ》く わずかなちがいを問題にしないで、大きな目的のために協力しあう。

1 **じょうい【上衣】**〈名〉〔家庭〕上半身に着る衣服。対下衣。

2 **じょうい【上位】**〈名〉序列や立場などが上であること。例上位をしめる。上位に入る。上位にたつ。対下位。類優位。

3 **じょうい【情意】**〈名〉感情と意志。例成長にともない情意機能が発達する。

4 **じょうい【▼攘▼夷】**〈名〉江戸《えど》時代の末ごろ、日本から外国人を追い出そうとしたこと。例攘夷思想。攘夷運動。尊王《そんのう》攘夷。

5 **じょうい【譲位】**〈名・する〉王や君主が、その地位をつぎの人にゆずること。

じょういかたつ【上意下達】〈名〉上位者や上部機関の意思を下部組織の末端《まったん》までいきわたらせること。対下意上達。

しょういだん【焼▼夷弾】〈名〉敵地を焼きはらうことを目的にして使う爆弾《ばくだん》や砲弾《ほうだん》。

しょういん【勝因】〈名〉戦いに勝てた原因。対敗因。

1 **じょういん【上院】**〈名〉外国の二院制の議会で、日本の参議院にあたる議院。対下院。

2 **じょういん【乗員】**〈名〉電車やバス、船などに乗って、その運行や乗客へのサービスなどの仕事をする人。乗務員。類乗組員。クルー。

じょうえい【上映】〈名・する〉観客に見せるために、映画をうつすこと。例再上映。

しょうエネルギー【省エネルギー】〈名〉石油や電力など、産業や生活に必要なエネルギー資源を節約すること。略して「省エネ」。類エコ。

1 **しょうえん【招宴】**〈名〉人を招待して開く宴会。

2 **しょうえん【▽荘園】**〈名〉〔歴史〕奈良《なら》時代から室町《むろまち》時代にかけて、貴族や神社、寺などが自分のものとしてもっていた土地。「庄園」とも書く。

3 **しょうえん【硝煙】**〈名〉銃砲《じゅうほう》の発射や、弾丸《だんがん》の爆発《ばくはつ》で出るけむり。

じょうえん【上演】〈名・する〉劇を演じて、観客に見せること。類公演。

しょうおう【照応】〈名・する〉二つのものが、たがいにうまく関連して、調和していること。類対応。

しょうおん【消音】〈名〉音を小さくすること。外に聞こえないようにすること。例消音装置《そうち》。類防音。

じょうおん【常温】〈名〉①ふつうの状態での温度。②いつも一定である温度。類定温。

1 **しょうか【昇華】**〈名・する〉①〔物理〕固体が液体にならないで、直接、気体に変化すること。または、逆に、気体が直接、固体になること。しょうのう・沃素《ようそ》・ドライアイスなどでおこる。②低い状態から、高度な状態へとたかめること。例経験《けいけん》したことを作品に昇華する。▽アショーカ

2 **しょうか【消化】**〈名・する〉①動物が、食べたものを体内で化学的に分解して、吸収しやすい状態にすること。例消化がいい。消化にいい。消化不良。②知識を十分身につけ応用できるようにすること。例つめこみ主義の教育では、生徒が消化できない。③あたえられた仕事を、かたづけてしまうこと。例ノルマを消化する。▽類こなす。アショーカ

 嵯峨(さが)天皇 (786〜842) 平安初期の天皇。詩文にすぐれ，書道では三筆の一人に数えられる。

3 **しょうか【消火】**〈名・する〉❶火をけすこと。例消火にあたる。消火栓《せん》。対着火。点火。❷火事をけすこと。類鎮火《ちんか》。▽アショーカ

4 **しょうか【商家】**〈名〉商売をいとなんでいる家。やや古い言いかた。類商店。町屋《まちや》。アショーカ

5 **しょうか【唱歌】**〈名〉歌をうたうこと。アショーカ 参考 第二次世界大戦の前、小学校の音楽の教材にされた「文部省唱歌」をさしていうこともある。

1 **しょうが【小我】**〈名〉〔仏教〕自分一人の世界にとらわれたせまい我。例小我を捨てる。対大我《たいが》。アショーガ

2 **しょうが【生姜・生薑】**〈名〉野菜の一つ。多年草。きいろの地下茎《けい》はからくてかおりがよい。つけものや、薬味にして食べる。日本一の産地は高知県。アショーガ

1 **じょうか【城下】**〈名〉城の周辺。アジョーカ

2 **じょうか【浄化】**〈名・する〉よごれをとりのぞいてきれいにすること。例空気を浄化する。政界を浄化する。浄化槽《そう》。類純化。アジョーカ

1 **しょうかい【商会】**〈名〉商業活動をしている会社。その名前のあとにつけることば。類商店。商事。

2 **しょうかい【紹介】**〈名・する〉人やものを、はじめての人にひきあわせて、知らせること。例人を紹介する。人に紹介する。紹介の労をとる。紹介状。自己紹介。

3 **しょうかい【照会】**〈名・する〉わからないところを問いあわせて、はっきりさせること。例先方に照会する。詳細《しょうさい》は小社あて、ご照会ください。

4 **しょうかい【▼哨戒】**〈名・する〉敵の攻撃の動きを警戒すること。例哨戒艇《てい》。哨戒機。

1 **しょうがい【生涯】**〈名〉生まれてから死ぬまでの人生。そのときから死ぬまでずっと。例生涯をおくる。生涯をおえる。生涯の思い出。ご恩は生涯わすれません。類一生。一生涯。終生《しゅうせい》。アショーガイ

2 **しょうがい【渉外】**〈名〉外部の人や外国などとの交渉や連絡《れんらく》にあたること。例渉外係。類外交。アショーガイ

3 **しょうがい【傷害】**〈名〉❶人のからだをきずつけること。例傷害罪。類危害。❷けがをすること。例傷害保険。▽アショーガイ

4 **しょうがい【障害】**〘障▼碍〙〈名〉❶さまたげになるもの。例勉学の障害になる。障害をのぞく。障害をのりこえる。障害物。身体障害。類ネック。障壁《しょうへき》。❷「障害物競走」の略。陸上競技や馬術で、走路においた障害物をとびこして走って、速さをきそう競技。▽類ハードル。アショーガイ

じょうがい【場外】〈名〉会場の建物や試合場のしきりの外。例場外ホームラン。場外乱闘《らんとう》。場外馬券売場。対場内。

しょうがいがくしゅう【生涯学習】〈名〉小学校から大学までの学校で学ぶだけでなく、幼児のときから老年にいたるまで一生を通じて主体的に学びつづけること。

しょうがいぶつ【障害物】〘障▼碍物〙〈名〉さまたげやじゃまになるもの。例障害物競走。

しょうかえき【消化液】〈名〉食物を分解して吸収しやすくする液。唾液《だえき》・胃液・胆汁《たんじゅう》・膵液《すいえき》など。消化腺《せん》から消化器のなかに分泌《ぶんぴつ》される。

1 **しょうかき【消化器】**〈名〉食物を消化したり吸収したりする器官。口・食道・胃・腸など、消化液をだす消化腺《せん》がある。

2 **しょうかき【消火器】**〈名〉火事を、まだ火が小さいうちにくいとめるための、消火剤《ざい》をつめた円筒形の器具。

しょうかく【昇格】〈名・する〉資格や地位などが上がること。例係長に昇格する。対降格。類昇任。昇進。格上げ。

1 **しょうがく【小額】**〈名〉お金の単位が、小さいこと。例小額紙幣《しへい》（=千円札）。対高額。→次項

2 **しょうがく【少額】**〈名〉金額が少ないこと。対多額。高額。類低額。→前項

3 **しょうがく【奨学】**〈名〉学問を奨励《しょうれい》すること。

じょうかく【城郭】〘城▼廓〙〈名〉城全体の構え。

しょうがくきん【奨学金】〈名〉学生や生徒に、学費としてあたえたり貸しつけたりするお金。

しょうがくせい【小学生】〈名〉小学校にかよっている子ども。

しょうかせん【消火栓】〈名〉火事を消すために、道路や大きな建物などにもうけられている、水道のせん。

じょうかそう【浄化槽】〈名〉トイレなどの汚水《おすい》をきれいにして下水道に流すための水槽。

しょうがつ【正月】〈名〉一月のこと。例正月休み。寝《ね》正月。類松《まつ》の内。

しょうがっこう【小学校】〈名〉義務教育で、子どもに最初の六年間の教育をほどこす学校。

参考「三が日《にち》」、または「松の内」をさすことが多い。

しょうかふりょう【消化不良】〈名〉❶食物の消化がじゅうぶんでないこと。❷理解がじゅうぶんでなく、知識が自分のものになっていないこと。▽類不消化。

じょうかまち【城下町】〈名〉室町《むろまち》時代から江戸《えど》時代にかけて、将軍や大名の居城を中心に発展した、江戸・小田原《おだわら》・金沢《かなざわ》のような町。

1 **しょうかん【小寒】**〈名〉二十四節気の一つ。今の一月六日ごろ。寒さがいよいよきびしくなりはじめるころ。→だいかん〔大寒〕

2 **しょうかん【召喚】**〈名・する〉裁判所や、警察・役所が、日時・場所を指定して呼びだすこと。例召喚状。

参考 ゲームやファンタジーの世界では、魔界などにすむキャラクターをこちらの世界に呼びだすことをいう。

3 **しょうかん【召還】**〈名・する〉役目をあたえて遠くへ行かせていた者を呼びもどすこと。例大使を本国に召還する。対派遣《はけん》。

4 **しょうかん【将官】**〈名〉軍人の階級で、大将・中将・少将の総称《そうしょう》。参考 自衛隊では、将・将補にあたる。

5 **しょうかん【商館】**〈名〉外国人が商売のために開いた店。例オランダ商館。

6 **しょうかん【償還】**〈名・する〉借りたお金や土地を返すこと。類返済。返還。

しょうがん【賞玩・賞▼翫】〈名・する〉❶味をほめながら、たのしんで食べること。類賞味。玩味。❷あるものをだいじにして、たのしみながらあじわうこと。例書画を賞玩する。類玩賞。玩味。

1 **じょうかん【上官】**〈名〉官庁や軍隊で、その人より上の地位の人。例上官の命に従う。対部下。類上司。上役。

2 **じょうかん【情感】**〈名〉心にしみじみとしたものを呼びおこす感じ。例情感をこめてうたう。

1 **しょうき【正気】**〈名〉❶精神のはたらきが正常である

こと。例 そんなことをして、おまえ、正気か。対 狂気。❷意識がふつうにある状態。例 正気にもどる。正気をうしなう。類 本心。▽ア ショーキ

正気の沙汰《さた》 精神状態がふつうな人のすること。
表現 「正気の沙汰とは思えない」などと、打ち消しの形で使うのがふつう。

2 **しょうき**【商機】〈名〉 商売でもうけるいい機会。類 ビジネスチャンス。ア ショーキ

3 **しょうき**【勝機】〈名〉 今がんばれば勝てるという機会。例 勝機をつかむ。勝機をのがす。ア ショーキ

4 **しょうき**【▼鍾▼馗】〈名〉 病気や悪魔《あくま》をはらう強い神。ひげがこく、黒ずくめの姿で、長い剣《けん》をもつ。五月人形に好まれる。ア ショーキ →えんま 絵

1 **しょうぎ**【床▼几】〈名〉 ❶むかし、武将が陣中《じんちゅう》や狩《か》り場などで使った、簡単なこしかけ。❷軽便《けいべん》なこしかけ。

2 **しょうぎ**【将棋】〈名〉 ふたりで行なうゲームの一種。たてよこ十本ずつの線をひいた盤《ばん》の上で、それぞれが王将以下二十のこまをならべて、交互《こうご》にこまをうごかしてたたかう。相手の王将を先に取ったほうが勝ち。例 将棋をさす。
表現 試合は一局《いっきょく》二局《にきょく》、または一番二番と数える。こまを動かす動作は一手《いって》二手《にて》、将棋盤は一面《いちめん》二面《にめん》と数える。
参考 将棋の駒《こま》は、山形県天童《てんどう》市の伝統工芸品。

1 **じょうき**【上気】〈名・する〉 暑さや興奮で、顔がほてること。例 上気した顔。

2 **じょうき**【上記】〈名〉 書類などで、そこより前の方に書きしるしたこと。例 上記のとおり相違《そうい》ありません。対 下記。類 右記《うき》。以上。

3 **じょうき**【常軌】〈名〉 常識的なやりかた。例 常軌を逸《いっ》した怒《おこ》り方。

4 **じょうき**【蒸気】〈名〉 ❶水などの液体が蒸発してできた気体。スチーム。類 水蒸気。❷「蒸気船」を略した古い言いかた。

1 **じょうぎ**【定規】〈名〉 直線や曲線をひくときに使う器具。例 定規をあてる。三角定規。雲形定規。類 スケール。ものさし。→しゃくしじょうぎ

2 **じょうぎ**【情義】【情▼誼】〈名〉 対人関係での義理人情。例 情義にあつい。情義をつくす。

じょうききかん【蒸気機関】〈名〉 膨張《ぼうちょう》する水蒸気の力を動力にした機械。→ないねんきかん 参考

じょうきげん【上機嫌】〈名・形動〉 きげんがたいへんいいこと。例 上機嫌な顔。対 不機嫌。類 ご機嫌。

じょうきせん【蒸気船】〈名〉 蒸気機関によってうごく船。少しむかしの船。類 汽船。

しょうぎだおし【将棋倒し】〈名〉 一つのものが倒れたため、あとが次々に倒れていくこと。例 自転車が将棋倒しになる。参考 将棋のこまをならべて倒す遊びから。

しょうきぼ【小規模】〈形動〉 建築物や工事、事業などの大きさが小さい。例 小規模農業。対 大規模。

1 **しょうきゃく**【消却】〈名・する〉 ❶なくしてしまうこと。類 消去。❷使いきること。例 予算を消却する。

2 **しょうきゃく**【焼却】〈名・する〉 やきすてること。例 焼却炉《ろ》。

3 **しょうきゃく**【償却】〈名・する〉 ❶借金を全額返すこと。❷「減価償却」の略。工場の機械などの生産設備は、使えば使うだけねうちが下がるため、その分を次の設備費用として積み立てること。

1 **じょうきゃく**【上客】〈名〉 ❶上座《かみざ》につく、いちばんえらい客。類 正客。❷たくさんの買い物をしてくれる大切な客。類 上得意。お得意様。

2 **じょうきゃく**【乗客】〈名〉 乗りものに乗っている客。

1 **しょうきゅう**【昇級】〈名・する〉 地位や等級が上がること。例 昇級試験。類 昇任。昇格。昇進。

2 **しょうきゅう**【昇給】〈名・する〉 給料が上がること。例 定期昇給。対 降給《こうきゅう》。類 増給。

3 **しょうきゅう**【小丘】〈名〉 小さな丘。

じょうきゅう【上級】〈名〉 等級や段階などが高いこと。例 上級生。上級裁判所。対 下級。初級。

しょうきゅうし【小休止】〈名・する〉 ちょっと休むこと。対 大休止。類 小憩《しょうけい》。ひと休み。

じょうきゅうせい【上級生】〈名〉 学年が上のクラスの生徒。対 下級生。

しょうきょ【消去】〈名・する〉 消し去ること。例 データを消去する。消去法。類 消却《しょうきゃく》。

しょうぎょう【商業】〈名〉 農業や工業で生産したものを仕入れ、商品として売ることにより利益をえる事業。生産者と消費者のあいだにたって、商品の流通組織をつくっている。類 商売。

1 **じょうきょう**【上京】〈名・する〉 地方から東京へ出ていくこと。類 上洛《じょうらく》。→しょうばい 表現 →じょうらく 表現

2 **じょうきょう**【状況・情況】〈名〉 ものごとがどんなぐあいになっているか、どうなりそうか、というすがたやありさま。例 現場の状況。状況に支配される。苦しい状況。状況報告。状況判断。類 情勢。形勢。状態。ようす。様相。事態。模様。→囲み記事58(1291ページ)

じょうきょうしょうこ【情況証拠】〈名〉 〔法律〕 犯罪事実の証明に間接的に役立つ証拠。

しょうきょくせい【消極性】〈名〉 自分からすすんでものごとにとりくもうとしない傾向《けいこう》。対 積極性。

しょうきょくてき【消極的】〈形動〉 ひっこみがちで、ものごとを自分からすすんでしないようす。例 消極的な性格。対 積極的。類 受け身。

しょうきょほう【消去法】〈名〉 ❶〔数学〕 連立方程式で、未知数を順次消去し、未知数一個だけの方程式として解く方法。❷選択肢《せんたくし》がたくさんあるとき、いらないもの、まちがっているものなどを消していき、最後にのこったものを正しいとする方法。

しょうきん【賞金】〈名〉 賞として、あたえるお金。

じょうきん【常勤】〈名・する〉 正式にやとわれた人として、毎日一定の時間つとめること。例 常勤の役員。対 非常勤。臨時やとい。

1 **しょうく**【承句】〈名〉 文章のひとくぎりで、起句をうけてさらに展開する部分。とくに、漢詩で絶句《ぜっく》の第二句。→きしょうてんけつ①

2 **しょうく**【章句】〈名〉 ❶文章の中で使われている文句。❷文章のひとくぎり。段落。

じょうくう【上空】〈名〉 ある場所のうえの空。空の高いところ。例 東京の上空。上空をとぶ。

しょうぐん【将軍】〈名〉 一軍を指揮する人。

じょうげ【上下】 一〈名〉 ❶うえとした。例 上下にゆれる。❷地位の上の人と下の人。例 上下の別なく、心を一《いっ》にしてことにあたる。❸上と下でひとそろいになっているもの。スーツなどの洋服や、二冊で一つになっている本(=上巻と下巻)などについていう。❹鉄道や高速道路で、のぼりとくだり。上下線。例 事故で上下(線)とも不

 坂本竜馬(りょうま) (1835～67) 土佐藩出身。薩長連合を実現し，大政奉還を推進したが，京都で暗殺された。

通になっている。■二〈名・する〉あがったりさがったりすること。のぼったりくだったりすること。例物価が上下する。類上げ下げ。上がり下がり。

1 **しょうけい【小計】**〈名・する〉全体の中の、ある一部分だけを合計すること。一部分だけの合計。対総計。

2 **しょうけい【小憩・少憩】**〈名・する〉ちょっと休むこと。古めかしい言いかた。類ひとやすみ。小休止。

3 **しょうけい【象形】**〈名〉❶もののかたちやすがたを簡略化してうつしとること。❷漢字の六書《りくしょ》の一つ。もののかたちやすがたを図形化してつくったもの。「日」「木」「山」「鳥」など。

4 **しょうけい【▼捷径】**〈名〉❶近道。早道。❷てっとり早く到達《とうたつ》する方法。

5 **しょうけい【憧憬】**〈名・する〉あこがれ。あこがれること。書きことば的な言いかた。あやまって「どうけい」とも読まれるようになった。例憧憬の念。

じょうけい【情景】〈名〉その場のありさま。例情景をえがく。情景をうつし出す。類光景。

しょうけいもじ【象形文字】〈名〉表意文字の一つ。点や線で表わしたもののかたちを簡略にしてできた文字。エジプトの古代文字(=ヒエログリフ)や、漢字のうちの一部のもの(=「日」「木」「水」「魚」など)は、その例。→もじ絵

しょうげき【衝撃】〈名〉❶とつぜんくわえられた、つよい力。例衝撃をうける。❷強い刺激《しげき》から起こる、はげしい心の動き。▽類ショック。インパクト。

しょうげきてき【衝撃的】〈形動〉はげしい衝撃をうけるようす。例衝撃的なニュース。類ショッキング。

しょうけつ【▼猖▼獗】〈名・する〉病気や犯罪など、わるいものが猛威《もうい》をふるうこと。例猖獗をきわめる。

じょうげどう【上下動】〈名・する〉地震《じしん》などで、上下にゆれうごくこと。対水平動。

1 **しょうけん【商圏】**〈名〉商売を行なう地域の範囲《はんい》。どのあたりまでの来客を見こめるかという範囲。

2 **しょうけん【証券】**〈名〉株券や公債《こうさい》、社債などをまとめた言いかた。例証券取引所《とりひきじょ》。有価証券。

1 **しょうげん【証言】**〈名・する〉❶事実を証明するために、自分の体験にもとづいて話すこと。そのように話したことば。例目撃《もくげき》者の証言。❷法廷《ほうてい》や国会で、証人が陳述《ちんじゅつ》すること。例証言に立つ。

2 **しょうげん【象限】**〈名〉二本の直線を座標軸《じく》のように十字に交わらせた図の、上下左右の四つの部分。

2 **じょうけん【条件】**〈名〉❶あることが実現する前提として、まず、なりたっていなければならないこと。例条件がそなわる。条件がととのう。条件に合う。条件にはまる。条件反射。仮定条件。必要条件。類要件。❷あることをするときに、それに限定を加えることがら。例条件をつける。条件を出す。条件がいい。条件つき賛成。条件闘争《とうそう》。無条件。類制約。

1 **じょうげん【上弦】**〈名〉新月から満月になるまでの間の半月《はんげつ》。上弦の月。対下弦。参考満月前は月の進行方向のまえ半分が見える半月で、満月後はうしろ半分の半月である。前半のが上弦、後半のが下弦。

2 **じょうげん【上限】**〈名〉❶ものの数量やねだんで、それより上はないという最高のところ。❷過去の特定の時代や年代で、もっとも現在から遠い時期。▽対下限。

じょうけんづけ【条件づけ】〈名〉〔生物〕動物の学習行動の一つ。たとえば、イヌに肉片《にくへん》を見せるのと同時にベルを鳴らすことを続けていると、やがて、ベルの音を聞いただけで唾液《だえき》を流すようになること。

じょうけんはんしゃ【条件反射】〈名〉❶〔生物〕「条件づけ」の、かつての言いかた。対無条件反射。参考ロシアの生理学者パブロフが発見。❷〈する〉なにかを見聞きしただけで、よく考えず反射的に行動すること。

1 **しょうこ【尚古】**〈名〉むかしのものを尊《たっと》ぶこと。例尚古の気風。アショーコ

2 **しょうこ【証拠】**〈名〉たしかにそうであるというしるし。事実を証明するもの。例証拠を見せる。証拠をかためる。証拠だてる。情況《じょうきょう》証拠。間接的証拠。類証左。あかし。アショーコ

動《うご》かぬ証拠 まちがいなく、真実であることを証明するもの。

論《ろん》より証拠 人に納得《なっとく》させるためには、あれこれ議論するよりも、確かな証拠を示したほうが早くて確実だ。

3 **しょうこ【称呼】**〈名・する〉「呼称」の、やや古い言い方。アショーコ

しょうご【正午】〈名〉昼の十二時。午後〇《れい》時《じ》。

1 **じょうご【上戸】**〈名〉❶酒がすきでたくさん飲める人。対下戸《げこ》。類酒飲み。❷(「…上戸」の形で)酒に酔《よ》うと出るくせ。例笑い上戸。泣き上戸。▽アジョーゴ

2 **じょうご【▽漏▽斗】**〈名〉口のせまい入れものに液体を入れるときに使う道具。アサガオの花のように、上がひろく、下がせまくて管のようになっている。漏斗《ろうと》。アジョーゴ →どうぐ絵

3 **じょうご【畳語】**〈名〉「やまやま」「ひとつひとつ」のように、同じことばが二つかさなって一つの単語になっているもの。アジョーゴ

1 **しょうこう【小康】**〈名〉病気などの危険な状態が、一時おさまること。例小康をたもつ。小康をえる。小康状態。アショーコー

2 **しょうこう【昇降】**〈名・する〉のぼったり、おりたりすること。例昇降機(=エレベーター)。(ビルの)昇降口《ぐち》。(ふみ台)昇降運動。アショーコー

3 **しょうこう【将校】**〈名〉兵隊を指揮する上級の軍人。士官。アショーコー

4 **しょうこう【焼香】**〈名・する〉仏前や死者の霊前《れいぜん》で、香《こう》をたいておがむこと。アショーコー

1 **しょうごう【称号】**〈名〉その人のりっぱな身分や資格を表わす名。例博士《はかせ》の称号。

2 **しょうごう【商号】**〈名〉商売のうえで、会社や店の名として使う名前。類屋号。

3 **しょうごう【照合】**〈名・する〉同じはずの二つのものを見くらべながら、まちがいのないことをたしかめること。例指紋《しもん》を照合する。写真と本人を照合する。類付き合わせる。引き合わせる。照らし合わせる。

1 **じょうこう【上皇】**〈名〉位をゆずったあとの天皇のよび名。類法皇《ほうおう》。アジョーコー

2 **じょうこう【条項】**〈名〉箇条《かじょう》書きにしたものの、ひとつひとつ。類箇条。項目。事項。アジョーコー

3 **じょうこう【乗降】**〈名・する〉乗り物にのることとおりること。例乗降客。類のりおり。アジョーコー

しょうこうかいぎしょ【商工会議所】〈名〉一定地域内の商工業の発展をめざして組織された団体。中央機関として日本商工会議所がある。

しょうこうぎょう【商工業】〈名〉商業と工業。例商工業地帯。

相楽総三(さがらそうぞう)(1839～68) 幕末の志士。赤報隊を組織し転戦したが，偽官軍として処刑された。

しょうこうぐち【昇降口】〈名〉上がり下がりするための出入り口。[例]船の昇降口。

しょうこうぐん【症候群】〈名〉〔医学〕その病気の特徴《とくちょう》としてあらわれる、さまざまな症状。シンドローム。

しょうこうしゅ【紹興酒】〈名〉中国の紹興名産の醸造《じょうぞう》酒《しゅ》。米からつくり、赤茶色で酸味がある。年数のたったものを「老酒《ラオチュー》」という。

しょうこうねつ【しょうこう熱】〖▼猩紅熱〗〈名〉とつぜん高い熱がでて、からだじゅうに赤いぶつぶつができる病気。溶連菌感染症《ようれんきんかんせんしょう》。子どもに多い。

しょうこく【小国】〈名〉国土がせまい国。または、経済力・軍事力や国際的な発言力の弱い国。[対]大国《たいこく》。

しょうごく【生国】〈名〉「生まれた所」のやや古めかしい言いかた。[例]生国はどちらで?

じょうこく【上告】〈名・する〉〔法律〕裁判で、第一審《いっしん》の判決に控訴《こうそ》して二審での裁判が行なわれ、その第二審の判決にさらに不満であるとき、より上級の裁判所に最後の判断をもとめること。→じょうそ [参考]

しょうこだてる【証拠立てる】〈動下一〉証拠を示して、事実を証明する。[類]証拠づける。

しょうこ(性懲)りもなく 人があきれるほど、まったくこりずに。

1 **しょうこん**【招魂】〈名〉死者のたましいをあの世からこの世にまねいてまつり、なぐさめること。

2 **しょうこん**【商魂】〈名〉どんな機会もみのがさないで、金《かね》もうけをしようとねらっている商人の心がまえ。[例]商魂たくましい。

1 **しょうさ**【小差】〈名〉程度や数量のうえでの小さなちがい。[例]小差で敗れる。[対]大差《たいさ》。[類]僅差《きんさ》。

2 **しょうさ**【証左】〈名〉「証拠《しょうこ》」のかたい言いかた。

じょうざ【上座】〈名〉⇩かみざ [対]下座《げざ》。[類]上席。

1 **しょうさい**【商才】〈名〉商売じょうずの才能。[例]商才にたける。商才がある。

2 **しょうさい**【詳細】〈名・形動〉くわしい内容。ことこまかである。[例]詳細に説明する。詳細はおってお知らせします。[類]委細。子細。

じょうさい【城塞】〖城▼砦〗〈名〉戦うための拠点《きょうてん》。城。とりで。[例]城塞を築く。城塞と化す。

1 **じょうざい**【浄財】〈名〉営利事業でない事業をすすめるために、善意で寄付するお金。

[表現] 寄付を受けるがわでいうことば。

2 **じょうざい**【錠剤】〈名〉くすりの粉末を、小さくかためてつくった飲みぐすり。[類]丸薬。

じょうさし【状差し】〈名〉柱やかべなどにかけておいて、手紙やはがきなどを入れておくもの。

しょうさっし【小冊子】〈名〉小さく、うすい印刷物。[例]付録の小冊子。[類]ブックレット。パンフレット。

1 **しょうさん**【称賛・賞賛】〖称▼讃・賞▼讃〗〈名・する〉ほめたたえること。[例]称賛を博する。称賛の的。[類]賛美。絶賛。称揚《しょうよう》。賞美。称する。賞する。

2 **しょうさん**【勝算】〈名〉勝てる見こみ。[例]勝算がある。勝算がたつ。[類]勝ちめ。成算。

3 **しょうさん**【硝酸】〈名〉〔化学〕強いにおいのある、無色の液体。赤茶色のけむりをだす。多くの金属をとかす。肥料や火薬、染料《せんりょう》などの原料とする。

じょうさん【蒸散】〈名・する〉〔植物〕植物がその中の水を、葉の気孔《きこう》などから水蒸気として外へだすこと。

1 **しょうし**【焼死】〈名・する〉火事で、やけ死ぬこと。[ア]ショーシ

2 **しょうし**【証紙】〈名〉お金をはらったことや商品の品質などを証明するために、書類や品物にはる紙片《しへん》。[類]印紙。[ア]ショーシ

3 **しょうし**【笑止】〈形動〉笑いたくなるほど、ばかばかしい。[例]笑止千万《せんばん》。[ア]ショーシ

[表現] 「ちゃんちゃらおかしい」というくだけた言いかたは、「笑止」ということばを使うときの気分をよく表わしている。

[方言] ⇩しょーし

1 **しょうじ**【小事】〈名〉あまり重要でない、小さなことがら。[例]小事にこだわる。大事の前の小事。[対]大事。[類]些事《さじ》。些末事《さまつじ》。[ア]ショージ

2 **しょうじ**【商事】〈名〉商業や商売に関係していること。[例]商事会社。[類]商会。[ア]ショージ

[表現] 「商事会社」の意味で、「富士商事」などのように、会社の名前に使われることが多い。

3 **しょうじ**【障子】〈名〉和室で、明かりとりをかねて、部屋のしきりとする建具。たてよこに桟《さん》をつけて、和紙などをはったもの。[ア]ショージ

障子に目《め》あり だれがどこで見ているかわからない。[例]壁《かべ》に耳あり、障子に目あり。

[参考] 秘密のもれやすいことをいうことば。

1 **じょうし**【上司】〈名〉職場の上役《うわやく》。[対]部下。[ア]ジョーシ

2 **じょうし**【上肢】〈名〉人やサルの腕《うで》。専門的な言いかた。[対]下肢。[ア]ジョーシ

3 **じょうし**【城▼址・城▼趾】〈名〉城あと。[ア]ジョーシ

4 **じょうし**【上▼梓】〈名・する〉本を出版すること。むかし、梓《あずさ》の木で版木《はんぎ》を作ったことから。上木《じょうぼく》。[ア]ジョーシ

5 **じょうし**【情死】〈名・する〉男女が、かなわぬ恋になやんだすえに、心中すること。やや古い言いかた。[ア]ジョーシ

1 **じょうじ**【情事】〈名〉おとなの恋愛《れんあい》に関すること。[類]色ごと。浮いたうわさ。

[表現] 社会通念としてはみとめられない男女間の肉体関係をさすことが多い。

2 **じょうじ**【常時】〈名・副〉いつも。つねに。[例]常時、警戒《けいかい》をおこたらない。

しょうしか【少子化】〈名・する〉生まれてくる子どもの数がへること。[例]少子化が進む。少子化対策。少子高齢《こうれい》化社会。

しょうじき【正直】 一〈名・形動〉正しくすなおで、かくしだて、ごまかし、うそがないこと。[例]正直をつらぬく。正直な人。正直に話す。正直は一生の宝(＝ことわざ)。正直なところ(＝本当をいうと)困っている。正直(に)言って…。正直者《もの》。[対]不正直。うそつき。
二〈副〉本当をいうと。[例]正直わたしも困るんです。

正直の頭《こうべ》に神《かみ》宿《やど》る 正直に世をすごす者にはきっと神さまのたすけがある、ということ。

三度目《さんどめ》の正直 三度目にはものごとがなんとかなるものだ、ということ。

じょうしき【常識】〈名〉ふつうの社会人なら、だれでももっているはずの知識や考えかた。[例]常識がない。常識に欠ける。常識を欠く。常識にはずれる。その程度のことは、常識でわかるはずだ。常識をくつがえす発見。[類]良識。通念。

[表現] 「常識がない」「常識に欠ける」というのは、知識が少ないことをいうよりも、人とのつきあいかたや世間の習慣

し

 サガン(1935～2004) フランスの小説家・劇作家。小説「悲しみよこんにちは」「ブラームスはお好き」など。

を知らないことをいう。また、常識がないために、人に迷惑《めいわく》をかけても気づかないことを「非常識」という。「常識的」は、とかくほめた意味にならない。

じょうしきてき【常識的】〈形動〉ありきたりで、あまりおもしろくないようす。例 常識的な作品。

しょうしげん【省資源】〈名〉廃品《はいひん》を再利用するなどして、資源を使いすぎないようにすること。

しょうしせんばん【笑止千万】〈形動〉ばかばかしくて、まったくお話にもならない。例 笑止千万な話。

1 **しょうしつ**【消失】〈名・する〉それまであったものが、すっかりなくなること。例 山火事で森林が消失する。権利の消失。類 消滅《しょうめつ》。消えうせる。

2 **しょうしつ**【焼失】〈名・する〉焼けてなくなること。なくすこと。例 火災で広大な山林が焼失した。空襲《くうしゅう》で家財を焼失した。

じょうしつ【上質】〈名・形動〉品物や材質が上等である。例 上質の素材《そざい》。上質紙《し》。類 良質。

じょうじつ【情実】〈名〉公平な判断をさまたげる、個人的な利害や感情。例 情実をまじえる。情実人事。類 義理人情。私情。

しょうしみん【小市民】〈名〉金持ちでもなく、貧乏《びんぼう》でもない、中流の階層。類 プチブル。中産階級。

1 **しょうしゃ**【小社】〈名〉「わが社」の丁重《ていちょう》語。例 送料小社負担。類 弊社《へいしゃ》。ア ショーシャ

敬語 相手の会社をよぶ尊敬語は、「御社《おんしゃ》」「貴社」。

2 **しょうしゃ**【商社】〈名〉商品を買い入れて、それを販売《はんばい》することによって利益をあげる会社。貿易会社をいうことが多い。ア ショーシャ

3 **しょうしゃ**【勝者】〈名〉勝敗がある場合の勝ったがわ。例 勝者をたたえる。対 敗者。ア ショーシャ

4 **しょうしゃ**【照射】〈名・する〉❶日光が照りつけること。❷サーチライトや放射線などをあてること。❸⇩てらし出す 表現 ▽ア ショーシャ

5 **しょうしゃ**【▼瀟▼洒】〈形動〉すっきりしてあかぬけしている。例 瀟洒なつくりの家。ア ショーシャ

じょうしゃ【乗車】〈名・する〉電車やバスに乗ること。対 下車。降車。類 乗船。搭乗《とうじょう》。

じょうしゃけん【乗車券】〈名〉人が電車やバスに乗る権利を保証する切符《きっぷ》。参考 鉄道の場合、急行券・特急券・寝台券などとは区別される。

じょうしゃひっすい【盛者必衰】〈名〉今いきおいさかんな者も、かならずおとろえる、ということ。

しょうじゃひつめつ【生者必滅】〈名〉生きているものには、かならず死がある、ということ。

1 **じょうしゅ**【城主】〈名〉城のぬし。

2 **じょうしゅ**【情趣】〈名〉りくつぬきで、心に感じられる味わい。例 情趣にとむ。類 情緒《じょうちょ》。風情《ふぜい》。趣《おもむき》。

じょうじゅ【成就】〈名・する〉ものごとを望んでいたとおりになしとげること。また、ものごとがなしとげられること。例 国家統一の大事業を成就する。宿願がやっと成就した。大願成就。類 達成。完成。

1 **しょうしゅう**【召集】〈名・する〉❶国会をひらくために、国会議員を議院によび集めること。❷第二次世界大戦敗戦以前の日本で、国民に兵として集合を命じたこと。例 召集令状。対 応召。

参考 地方議会で、その議員をよび集めるときは「招集」を使い、「召集」は使わない。

2 **しょうしゅう**【招集】〈名・する〉会議や相談などのために、人々をよび集めること。例 招集がかかる。招集をかける。招集日。↓前項

3 **しょうしゅう**【消臭】〈名・する〉いやなにおいを消すこと。例 消臭スプレー。類 防臭。脱臭《だっしゅう》。

しょうじゅう【小銃】〈名〉銃のうち、ピストルより大きく、肩《かた》にかけたりして持ちはこぶもの。ライフルなど。

じょうしゅう【常習】〈名〉悪い習慣がくせになっていること。例 常習犯。

じょうじゅうざが【常住座▼臥】〈名・副〉ふだん何をしているときでも。

じょうしゅうはん【常習犯】〈名〉同じ犯罪をくり返す人。例 詐欺《さぎ》の常習犯。

表現 「遅刻《ちこく》の常習犯」のように、犯罪というほどではなくても、あまりほめられたことでもないことをくり返している人をさしていうことがある。

しょうしゅつ【抄出】〈名・する〉書類・書物などから、必要な部分だけをぬき出して書き写すこと。また、そのぬき書き。類 抜粋《ばっすい》。

しょうじゅつ【詳述】〈名・する〉くわしくていねいに述べること。対 略述。類 詳説。

じょうじゅつ【上述】〈名・する〉文章などで、前のところで述べたこと。例 上述のとおり…。類 前述。

じょうしゅび【上首尾】〈名・形動〉ものごとが期待どおりに、うまくいくこと。例 上首尾のでき。対 不首尾。

しょうしゅん【▼頌春】〈名〉新年を祝ってよろこぶこと。年賀状に書くことば。類 賀春。賀正。

1 **しょうじゅん**【昇順】〈名〉データの並べ方で、数の小さい順。例 出版年月の昇順(=古い順)。対 降順《こうじゅん》。

2 **しょうじゅん**【照準】〈名〉弾《たま》が命中するように標的にむけて正しくねらいをつけること。例 照準を定める。照準を合わせる。

表現 「インターハイ出場に照準を合わせて特訓する」のように、目標の達成にむけて集中することのたとえとしても使う。

じょうじゅん【上旬】〈名〉ひと月を十日ずつ三つにわけたうちの、はじめの十日間。対 中旬。下旬。類 初旬。

しようしょ【仕様書】〈名〉❶ものごとのやりかたの順序を書いた文書。類 次第《しだい》書き。説明書。❷建築物や機械などが、どのように作られているかを示した図面などの書類。▽仕様書き。

1 **しょうしょ**【小暑】〈名〉二十四節気の一つ。今の七月七日ごろ。しだいに暑さが本格的になりかけてくるころ。ア ショーショ ↓たいしょ〔大暑〕

2 **しょうしょ**【証書】〈名〉あることを証明するための、一定の形式をとった文書。例 卒業証書。借用証書。類 証文。ア ショーショ

3 **しょうしょ**【詔書】〈名〉天皇のことばを書いた文書。参考 現在の法律では、国会の召集《しょうしゅう》や衆議院の解散などのときに出される。ア ショーショ

しょうじょ【少女】〈名〉小学生から中学生くらいの年の女の子。例 少女時代。対 少年。類 おとめ。

じょうしょ【浄書】〈名・する〉下書きした文章を、きちんと書きなおすこと。類 清書。

じょうじょ【乗除】〈名・する〉〔数学〕かけ算とわり算。かけたり、わったりすること。例 加減乗除。

1 **しょうしょう**【少少】〈副〉数量や程度の少ないようす。少し。あらたまった言いかた。例 少々お待ちください。ア ショーショー

2 **しょうしょう**【▼蕭▼蕭】〈副・連体〉ものさびしく風

し

がふいたり雨がふったりするようす。例 蕭々とふりつづく。蕭々たる秋の風。ア ショーショー

1 **しょうじょう【症状】**〈名〉病気やけがのために現れるからだの異常。例 症状が出る。症状が好転する。自覚症状。類 症候。病状。ア ショージョー

2 **しょうじょう【掌上】**〈名〉手のひらの上。ア ショージョー

3 **しょうじょう【▼猩▼猩】**〈名〉「オランウータン」のこと。ア ショージョー

4 **しょうじょう【賞状】**〈名〉よい行ないをした人や成績の優秀《ゆうしゅう》な人に対して、それを賞することばを記した書状。例 賞状を授与《じゅよ》する。類 表彰《ひょうしょう》状。褒状《ほうじょう》。

5 **しょうじょう【清浄】**〈名・形動〉❶けがれがなく、きよらかなこと。❷〔仏教〕罪や煩悩《ぼんのう》がなく、心身ともきよらかなこと。例 六根清浄。▽ア ショージョー

6 **しょうじょう【▼蕭条】**〈副・連体〉ひっそりしていて、ものさびしいようす。例 蕭条とした風景。ア ショージョー

1 **じょうしょう【上昇】**〈名・する〉段階や程度が高くなること。上の方へのぼっていくこと。例 物価が上昇する。上昇気流。対 下降。降下。

2 **じょうしょう【常勝】**〈名〉たたかうたびに勝つこと。例 常勝軍。対 連敗。類 負けしらず。連勝。

1 **じょうじょう【上場】**〈名・する〉〔経済〕株式や商品を、証券取引所《とりひきじょ》や商品取引所の売買取引《ばいばいとりひき》に出すこと。例 上場株。上場会社。

2 **じょうじょう【情状】**〈名〉ある結果になるまでの事情。例 情状のいかんにかかわらず処分する。

3 **じょうじょう【上上】**〈形動〉まことにけっこうである。例 上々のでき。天気は上々。上々吉《きち》。

4 **じょうじょう【上乗】**〈形動〉たいへんよい。例 上乗のでき。上乗の作品。

じょうしょうきりゅう【上昇気流】〈名〉地表から上空へのぼる空気の流れ。例 上昇気流に乗る。

じょうじょうしゃくりょう【情状酌量】〈名・する〉〔法律〕裁判官が判決をくだすときに、罪をおかした理由などに同情すべき点があるとみとめて、刑罰《けいばつ》をかるくすること。例 情状酌量の余地がある。

しょうじょうばえ【▼猩▼猩▼蠅】〈名〉ハエの一種。体長約二《ミリメートル》ほどで、多く褐色《かっしょく》。短期間に幾《いく》世代も人工的に飼育できることから、遺伝の研究によく利用される。

しょうじょうひ【▼猩▼猩▼緋】〈名〉やや黒っぽい紅色。参考 この色の毛織物はぜいたくな舶来《はくらい》品だった。

しょうじょうぶっきょう【小乗仏教】〈名〉仏教を大きく二種類に分けたときの一つで、戒律《かいりつ》を重んじて、自己の人格形成を目標とするもの。東南アジアにひろまった。類 上座部《じょうざぶ》仏教。参考 大乗仏教がわからの批判にもとづいたかつてのよび方で、今は使わない。

しょうしょく【少食・小食】〈名・形動〉習慣や体質として、少ししか食べないこと。対 大食。

じょうしょく【常食】〈名・する〉毎日の食事として、いつも食べること。いつも食べるもの。例 米を常食する。米を常食と(に)する。

1 **しょう・じる【生じる】**〈動上一〉今までなにもなかったところに現れてくる。「生ずる」ともいう。例 問題が生じる。混乱を生じる。無から有を生じる。こまった事態が生じた。類 発生する。起こる。

表現 「…が生じる」という言いかたも、「…を生じる」という言いかたもある。

2 **しょう・じる【招じる】**〖▽請じる〗〈動上一〉「招待《しょうたい》する」の古い言いかた。「招ずる」ともいう。

表現 「さあさあ、どうぞ」と人を部屋にみちびき入れるのが「招じ入れる」。

じょう・じる【乗じる】〈動上一〉❶チャンスをうまく利用する。例 勝ちに乗じる。相手のすきに乗じる。夜陰《やいん》に乗じて攻《せ》める。類 つけこむ。つけいる。❷かけ算をする。対 除する。▽「乗ずる」ともいう。

1 **しょうしん【昇進】**〈名・する〉会社など、組織の中での地位があがること。例 課長に昇進する。対 左遷《させん》。類 栄達。栄転。昇任。昇格。

2 **しょうしん【焦心】**〈名・する〉あせっていらいらすること。類 焦慮《しょうりょ》。

3 **しょうしん【傷心】**〈名・する〉悲しみのために心をいためること。悲しみに傷ついた心。例 傷心をいやす。傷心をなぐさめる。

4 **しょうしん【小心】**〈形動〉気が小さい。例 小心者《もの》。対 大胆《だいたん》。類 小胆。臆病《おくびょう》。

1 **しょうじん【小人】**〈名〉こまかなものごとにばかりこだわる、心のいやしい人。対 大人《たいじん》。君子。ア ショージン

小人閑居《かんきょ》して不善《ふぜん》をなす 小人物は、ひまでいると、ついよからぬことをしでかすものだ。

2 **しょうじん【精進】**〈名・する〉❶野菜だけを食べて、肉や魚を食べないこと。例 精進料理。❷一つのことにうちこんで努力をつづけること。例 芸の道に精進する。類 うちこむ。❸行ないをつつしんで、身をきよらかにすること。例 精進潔斎《けっさい》。▽ア ショージン

じょうしん【上申】〈名・する〉意見や事情などを上級官庁や上役《うわやく》に文書でつたえること。例 上申書。

じょうじん【常人】〈名〉ふつうの人。なみの人。例 常人のおよぶところではない。類 凡人《ぼんじん》。

しょうじんあげ【精進揚げ】〈名〉野菜の天ぷら。参考 仏教で、仏事の際、なまものは食べず、これを食べる。

しょうじんけっさい【精進潔斎】〈名・する〉仏教や神道で、祭りごとを行なうときに、身も心も清めること。

しょうしんしょうめい【正真正銘】〈名〉まちがいなくそうであること。例 正真正銘のほんもの。

しょうしんよくよく【小心翼翼】〈副〉気が小さくて、いつもびくびくしているようす。

しょうじんりょうり【精進料理】〈名〉肉類を使わないで、野菜類でつくった料理。とくに、仏事の際に出す。

じょうず【上手】〈名・形動〉なにかをしたり、つくったりする技術がすぐれていること。なにかの名人。例 上手になる。上手な人。その道の上手。話し上手。対 下手《へた》。類 達者。うまい。→おじょうずをいう

参考 「うわて」「かみて」と読むのはそれぞれ別のことば。

上手の手《て》から水《みず》が漏《も》れる どんなにじょうずな人でも、ときには失敗することがある。類 弘法《こうぼう》も筆の誤り。河童《かっぱ》の川流れ。猿《さる》も木から落ちる。

1 **しょうすい【小水】**〈名〉小便。例 お小水。

2 **しょうすい【▼憔▼悴】**〈名・する〉病気や苦労のため、やせおとろえ、やつれること。例 憔悴しきった姿。

1 **じょうすい【上水】**〈名〉❶管やみぞを通して各戸に

 佐藤栄作(さとうえいさく)(1901～75) 政治家。首相。1972年アメリカ占領下にあった沖縄県の返還を実現。

供給されるきれいな水。対下水。❷むかしの「上水道」のこと。江戸の神田《かんだ》上水など。

2 じょうすい【浄水】〈名〉川や湖の水に処理を加えて飲める水にすること。そのきれいな水。対汚水《おすい》。

じょうすいどう【上水道】〈名〉「水道①」のこと。「下《げ》水道」と区別していう。対下水道。

1 しょうすう【小数】〈名〉❶小さいかず。❷〔数学〕絶対値が1より小さい数。

2 しょうすう【少数】〈名〉人数やものの数が少ないこと。例少数意見。対多数。

2 じょうすう【乗数】〈名〉〔数学〕かけ算で、10×2=20の2のような、かける方の数。対被《ひ》乗数。

しょうすうてん【小数点】〈名〉〔数学〕小数の部分をもつ数を書くとき、整数と小数のあいだに、下によせてつける点。コンマ。参考たて書きの文の中では、中黒《なかぐろ》「・」をかわりに使う。

しょうすうは【少数派】〈名〉全体の中で、メンバーのすくない方のグループ。対多数派。

1 しょう・する【称する】〈動サ変〉❶名のる。例王を称する。かれは、名門の出と称している。❷たたえる。古風な言いかた。例長年の功績を称する。類賞する。称賛する。

表現①で、「詩人と称する男」などの言いかたは、「ほんとうはそうではないのに」、あるいは「ほんとうかどうか疑わしいが」という意味合いで使うことが多い。

2 しょう・する【賞する】〈動サ変〉❶ほめる。また、賞を与える。例当《とう》コンクールにおいて最も優秀と認められましたのでこれを賞します。類称《しょう》する。賞賛する。❷見て楽しむ。類めでる。観賞する。鑑賞《かんしょう》する。▽古風な言いかた。

3 しょう・する【証する】〈動サ変〉❶証拠《しょうこ》をあげて、あることがらが事実であることをあきらかにする。類証明する。❷保証する。類請《う》け合う。

1 しょう・ずる【生ずる】〈動サ変〉⇩[1]しょうじる

2 しょう・ずる【招ずる】『▽請ずる』〈動サ変〉⇩[2]しょうじる

じょう・ずる【乗ずる】〈動サ変〉⇩じょうじる

1 しょうせい【小成】〈名〉少しばかりの成功。例小成に安んじる。アショーセー

2 しょうせい【招請】〈名・する〉たのんで来てもらうこと。例招請をうける。類招聘《しょうへい》。アショーセー

3 しょうせい【小生】〈代名〉わたくし。男性がおもに手紙で、自分のことをいう丁重《ていちょう》語。目上の人に対しては使わない。アショーセー

1 じょうせい【上製】〈名〉ふつうのものより上等につくること。また、そうしてつくったもの。例上製本。対並《なみ》製。類特製。参考多く、書物の製本のしかたで、糸で綴《と》じた中身を裁断してから、中身よりひとまわり大きい厚手の表紙をつけたものをいう。

2 じょうせい【情勢・状勢】〈名〉現在のものごとのようすや、これから先のなりゆき。例情勢が好転する。情勢をつかむ。世界の情勢。類状況《じょうきょう》。動向。状態。事情。模様。→囲み記事58(1291ページ)

3 じょうせい【醸成】〈名・する〉❶発酵《はっこう》を利用して、酒やみそなどをつくること。類醸造《じょうぞう》。❷あるふんいきや気分をだんだんにつくり出すこと。例社会不安を醸成する。類かもし出す。▽類かもす。

しょうせき【硝石】〈名〉硝酸カリウムの鉱石。医薬品や火薬、肥料などの原料になる。

1 じょうせき【上席】〈名〉❶地位の高い人がすわる席。対末席《まっせき》。類上座《じょうざ・かみざ》。❷序列が上であること。類上位。

2 じょうせき【定石・定跡】〈名〉❶碁《ご》や将棋《しょうぎ》で、ある局面ではもっともよいとされている、きまった打ちかたやさしかた。対新手《しんて》。❷あるものごとを処理するときに、もっともよいと考えられて、ふつうにとられる方法。例…を定石とする。定石どおりの方法。類常道。セオリー。

表記①は、碁の場合は「定石」、将棋の場合は「定跡」と書く。②は、「定石」と書くのがふつう。

3 じょうせき【定席】〈名〉❶いつもきまってすわる席。❷いつも開いている寄席《よせ》。

1 しょうせつ【小雪】〈名〉二十四節気の一つ。今の十一月二十二日ごろ。

2 しょうせつ【小節】〈名〉〔音楽〕楽譜《がくふ》の、たての線でくぎったひとこま。

3 しょうせつ【小説】〈名〉ある人物や事件などをえがくことをとおして、社会や人間のありかたを表現しようとする、散文による文学作品。例事実は小説よりも奇なり。小説家。短編小説。推理小説。

4 しょうせつ【章節】〈名〉長い文章の中での、章や節などでくぎられたまとまり。

5 しょうせつ【詳説】〈名・する〉くわしく説明すること。対概説《がいせつ》。類詳述。

じょうせつ【常設】〈名・する〉ある設備をつくり、いつでも使えるようにしておくこと。例常設の劇場。常設館。常設展示。対仮設。特設。類常置。常備。

じょうぜつ【冗舌】『▼饒舌』〈名・形動〉うるさいほど、よくしゃべること。例冗舌をふるう。冗舌な人。対寡黙《かもく》。類おしゃべり。多弁。

しょうせつか【小説家】〈名〉小説を書くことを職業としている人。類作家。

しょうせっかい【消石灰】〈名〉生《せい》石灰(=酸化カルシウム)に水をかけてできる、白い粉。肥料やしっくい、さらし粉の原料となる。化学用語では、水酸化カルシウム。

1 しょうせん【商船】〈名〉人や貨物をはこんで利益をえることを目的とする汽船。

2 しょうせん【商戦】〈名〉売り上げをのばすための競争。例歳末《さいまつ》商戦。

1 しょうぜん【承前】〈名〉雑誌の前号や本の前巻の文章を受けついで、そこにつながる、ということ。

2 しょうぜん【▼悄然】〈副・連体〉すっかり元気がなくなっている。例悄然とたちさる。悄然たるすがた。類意気消沈。すごすご。しおしお。しょんぼり。

じょうせん【乗船】〈名・する〉乗組員や客として船に乗ること。対下船。類搭乗《とうじょう》。

しょうせんきょく【小選挙区】〈名〉議員定数が一名の小さな選挙区。対大選挙区。

しょうそ【勝訴】〈名・する〉〔法律〕裁判で勝つこと。原告の勝訴は被告の敗訴になる。対敗訴。

じょうそ【上訴】〈名・する〉〔法律〕裁判の判決に不満なとき、より上級の裁判所の判断をもとめること。参考日本の裁判制度では、一審から二審への控訴《こうそ》、二審から三審(最終審)への上告、さらに、確定した決定や命令に対する異議申したてをする抗告《こうこく》の三種がある。

1 しょうそう【少壮】〈名〉年が若くて、元気があること。例少壮の学徒。類若手。

2 しょうそう【尚早】〈名〉今は、まだ条件がそろわず、は

やすぎること。例時期尚早。類拙速《せっそく》。

3 **しょうそう【焦燥】**〖焦▼躁〗〈名・する〉なんとかしなければとあせって、心がおちつかないこと。例焦燥(の念)にかられる。焦燥感。類あせり。いらだち。いらいら。

しょうぞう【肖像】〈名〉ある人の顔や姿をうつしとった絵・彫刻《ちょうこく》・写真など。例肖像画。肖像権。類ポートレート。参考「肖」は、似《に》ていること。

1 **じょうそう【上層】**〈名〉❶かさなっているもののうちで、上にある層。例上層気流。上層部。❷社会全体の中で、生活水準の高い部分。例上層階級。類上流。アッパークラス。▽対下層。

2 **じょうそう【上奏】**〈名・する〉朝廷《ちょうてい》や天皇に意見や事情などを申しあげること。類奏上。

3 **じょうそう【情操】**〈名〉うつくしさや正しさをみわけて感じとる心のはたらき。例情操教育。

じょうぞう【醸造】〈名・する〉発酵《はっこう》を利用して、酒類やみそ、しょうゆなどをつくること。類醸成。かもす。

しょうそういん【正倉院】〈名〉奈良《なら》の東大寺にある校倉造《あぜくらづく》りの倉。奈良時代に聖武《しょうむ》天皇が愛用した数千点の品などをおさめている。天平《てんぴょう》文化を代表する美術工芸品が多い。

しょうぞうけん【肖像権】〈名〉〔法律〕自分の顔やすがたを無断で人に撮影《さつえい》されたり、えがかれたり、その写真や絵を使用されたりしない権利。

しょうそく【消息】〈名〉❶いま、どこでどんな暮らしをしているか、ぶじかどうか、などを伝えるたより。例消息を伝える。三年前に会ったきり、彼は消息を絶《た》った。類音信。❷ものごとのありさまについての情報。例政界の消息に通じる。消息筋。

しょうぞく【装束】〈名〉ある場面のために特別にきまっている衣服。また、そのような衣服を身につけること。例装束をつける。晴れの装束。白装束。

しょうそくすじ【消息筋】〈名〉人々の動向や世間の動きをよく知っている人。とくに政界や財界、国際情勢などの動きをよく知っている人についていう。消息通。

表現 おもに報道で、「消息筋の情報によれば」「消息筋によれば」のように使う。

しょうそくつう【消息通】〈名〉⇩しょうそくすじ

1 **しょうたい【正体】**〈名〉❶うわべの姿のおくにかくされているほんとうの姿。例正体をあばく。正体をあらわす。❷正常な状態でいるときの、しっかりした気持ち。例正体がない。正体をうしなう。類正気。

2 **しょうたい【招待】**〈名・する〉人を客としてよぶこと。例招待状。類まねく。

1 **じょうたい【上体】**〈名〉人のからだの、腰《こし》から上の部分。例上体をおこす。類上半身。

2 **じょうたい【状態・情態】**〈名〉ものごとが、そのときにどうなっているかのようす。例経済状態。心理状態。混乱状態。類状況《じょうきょう》。情勢。→囲み記事58(1291ページ)

表現「状態」は「道路の状態」というように外から見たありさま、「情態」は「人心の情態が不安定だ」というように内面的なありさまをさして使いわけることがあるが、一般《いっぱん》には「状態」が使われる。

3 **じょうたい【常態】**〈名〉かわったところのない、ふだんの状態。例常態に戻る。鉄道の運行が常態に復《ふく》した。対異状《いじょう》。

表現「異常気象が毎年の常態になる」「便秘《べんぴ》が常態化(=慢性《まんせい》化)する」のように、悪い意味でも使う。

4 **じょうたい【常体】**〈名〉文の終わりに「です」「ます」などをつけず、「だ」「である」などを使う文章の形式。対敬体。

1 **じょうだい【上代】**〈名〉日本文学史や日本語史の時代区分で、仮名《かな》文学が生まれる中古(=平安時代)の前の時代。奈良時代(とそれ以前)のこと。アジョーダイ→次項

2 **じょうだい【上代】**〈名〉業者の使うことばで、売値《うりね》、または値引き前の定価のこと。アジョーダイ

3 **じょうだい【城代】**〈名〉〔歴史〕❶江戸《えど》時代、大坂城や二条城、駿府《すんぷ》城などを、将軍にかわって治めた職。直参《じきさん》の武士があてられた。❷江戸時代、諸藩《しょはん》における首席の国家老《くにがろう》。藩主が不在のあいだ、藩の政治をあずかった。▽アジョーダイ

しょうたいけん【招待券】〈名〉劇や映画などのもよおし物に招待したい人におくる無料の入場券。

しょうたいふめい【正体不明】〈名〉それがどういうものであるか、まったくわからないこと。

しょうたく【沼沢】〈名〉沼《ぬま》や沢《さわ》。

しょうだく【承諾】〈名・する〉相手の要求や希望を聞きいれて、ひきうけること。例承諾をえる。事後承諾。対拒否《きょひ》。類承認《しょうにん》。承知。受諾。

じょうたつ【上達】〈名・する〉練習をつんで、じょうずになること。例英語が上達する。上達がはやい。

しょうたん【小胆】〈形動〉勇気がない。気が小さい。対大胆。類小心。

1 **しょうだん【商談】**〈名〉品物の売買や取り引きなどの、商売についての相談。例商談がまとまる。

2 **しょうだん【章段】**〈名〉文章、とくに、古典の文学作品の中の、大きなくぎり。

じょうたん【上端】〈名〉上のほうのはし。対下端。

1 **じょうだん【上段】**〈名〉❶上の段。対下段。❷柔道《じゅうどう》や剣道《けんどう》、碁《ご》や将棋《しょうぎ》などで、上位の段。例上段者。❸剣道で、かまえの一つ。刀を頭の上にふりかざしてかまえる。対下段。▽アジョーダン

2 **じょうだん【冗談】**〈名〉❶人を笑わせるような、気のきいた話やことば。例冗談を言う。冗談をとばす。類ジョーク。座興。❷ふざけて、ほんとうでないことを言ったりすること。例冗談を真《ま》に受ける。冗談めかして言う。対本気。▽アジョーダン

表現「じょうだんじゃない」といえば、「ふざけるものではない」「とんでもない」ということ。

じょうだんはんぶん【冗談半分】〈名・形動〉半分まじめで、半分ふざけていること。類おもしろ半分。

表現「冗談をまじえて」という気持ちの「冗談半分で」が、とかく「冗談で」と同じ意味になる。

1 **しょうち【承知】**〈名・する〉❶あることがらを、正しいと、あるいはやむをえないこととして認めること。例あらかじめご承知おきください。類承諾《しょうだく》。了解《りょうかい》。了承。❷相手の願いや希望、要求などをみとめて、ひきうけること。類承諾。❸こまかいこともいろいろ知っていること。例そんなことは百も承知だ。▽アショーチ

承知しない 勘弁《かんべん》しない。例今度やったら承知しないぞ。

2 **しょうち【召致】**〈名・する〉目上の人や公的な機関などが、「こちらに来るように」と呼んで来させること。かたい言いかた。例関係者を召致して、聞き取り調査をする。参考人召致。アショーチ

佐藤春夫(さとうはるお)(1892～1964) 詩人・小説家。「田園の憂鬱」は散文詩風。叙情詩にも才能を示す。

3 **しょうち【招致】**〈名・する〉なにかをしてもらう目的で、よびよせること。例オリンピックの招致。類誘致《ゆうち》。アショーチ

しょうちくばい【松竹梅】〈名〉マツとタケとウメ。参考むかしからめでたいものとされ、かざりものや画題に使われる。また、商品の分類記号や旅館などのへやの名などにも使われ、「松《まつ》の間《ま》」「竹の席」のようにいう。ふつう、等級をつけてあつかい、「松」を最上とする。

1 **しょうちゅう【掌中】**〈名〉手のひらの中。例掌中に入れる。掌中におさめる。類手中。アショーチュー

掌中の玉《たま》 いつも手のひらの中に入れて持つように、たいせつにしているもの。ふつう、「最愛のわが子」という意味で使う。例掌中の玉をうしなう。

2 **しょうちゅう【焼酎】**〈名〉酒かすやサツマイモなどを蒸留してつくった、無色透明《とうめい》の、アルコール分のつよい酒。九州各県での製造が多い。アショーチュー

1 **じょうちゅう【条虫】**〈名〉寄生虫の一種。細長い帯のような形をしていて、数メートルにもなる。腸に寄生する。サナダムシ。

2 **じょうちゅう【常駐】**〈名・する〉❶ある役目の人が、ある場所にいつも配置されていること。例スクールカウンセラーが常駐する学校。❷パソコンで、あるソフトウェアが、つねに起動している状態にあること。例ウイルス対策ソフトを常駐させる。

じょうちょ【情緒】〈名〉❶あるものごとがもっている、そのもの独特のおもむき。独特のおもむきを感じさせるふんいき。例下町情緒。異国情緒。類情趣《じょうしゅ》。風情《ふぜい》。❷行動や表情にあらわれる、喜び・悲しみ・いかりなどの感情。例情緒不安定。類情調。情動。参考「じょうしょ」から「じょうちょ」に発音が移った。

1 **しょうちょう【小腸】**〈名〉消化器官の一つ。胃と大腸のあいだの部分で、十二指腸・空腸・回腸からなる。食物の消化や吸収を行なう。アショーチョー

2 **しょうちょう【省庁】**〈名〉文部科学省・文化庁など、「省」「庁」のつく役所をまとめていう語。例中央省庁。アショーチョー

3 **しょうちょう【消長】**〈名・する〉勢いがおとろえたりさかんになったりすること。例国運の消長。文明の消長がはげしい。類盛衰《せいすい》。アショーチョー

4 **しょうちょう【象徴】**〈名・する〉「平和」や「勝利の栄光」のような、頭で考えたり心に感じたりはできるが、具体的な形のないものを、別の、形のあるものによって表わすこと。また、それを表わしているもの。「ハトは平和の象徴」の類。シンボル。例象徴的。アショーチョー

じょうちょう【冗長】〈形動〉文章や話などがむだが多く、だらだらと長い。例冗長な文章。対簡潔。類冗漫《じょうまん》。

しょうちょうし【象徴詩】〈名〉〔文学〕象徴主義にもとづいてつくられた詩。

しょうちょうしゅぎ【象徴主義】〈名〉一九世紀後半にフランスでおこった芸術上の考えかた。作者の考えや感情を象徴的な表現で表わそうとする。参考詩人が中心で、ボードレール・ランボー・ベルレーヌ・マラルメなどがいる。日本には、上田敏《うえだびん》の訳詩集『海潮音《かいちょうおん》』によって紹介《しょうかい》された。

しょうちょうてき【象徴的】〈形動〉具体的な形で、抽象的ななにごとかを表わしている。シンボリック。例象徴的な表現。

しょうちょく【詔勅】〈名〉天皇がその意思を国民にしめしたことば。例終戦の詔勅。

しょうちん【消沈】〈名・する〉元気をなくして、しずみこむこと。例意気消沈。対高揚《こうよう》。

しょうつきめいにち【祥月命日】〈名〉なくなった人が息をひきとった日の、月と日づけ。なくなったつぎの年から毎年めぐってくる。忌日《きにち》。参考たとえば五月十日になくなった人は、毎年の五月十日が祥月命日で、五月以外の月の十日を命日といったが、いまは、単に命日といって、祥月命日をさすことが多い。→つきめいにち

じょうてい【上程】〈名・する〉審議《しんぎ》のために、議案を会議にだすこと。例予算案を本会議に上程する。

じょうでき【上出来】〈形動〉できぐあいがよい。例上出来の作文。対不出来。類大《おお》出来。

表現最上級のできかたをいうとともに、「最上級ではないがこのくらいできていれば十分ほめられる」という程度のできかたもいう。

1 **しょうてん【昇天】**〈名・する〉人が死んで、たましいが天にのぼること。アショーテン

表現キリスト教では、信者の死を「召天」という。

2 **しょうてん【商店】**〈名〉客に品物を売るための店。例商店街。類商家。店舗《てんぽ》。アショーテン

3 **しょうてん【焦点】**〈名〉❶〔物理〕凸《とつ》レンズや反射鏡に入ってきた平行な光線が一点に集まる、その点のこと。例焦点距離《きょり》。→とつレンズ絵 ❷人々の関心が集まるところや、注意を向けるべき点。例話題の焦点となる。議論の焦点をしぼる。▽アショーテン

参考カメラや顕微鏡《けんびきょう》・望遠鏡は、レンズの焦点(=ピント、フォーカスともいう)を被写体《ひしゃたい》や観察物に合わせることによって、はっきりとした像《ぞう》が結ばれる。

じょうてんき【上天気】〈名・形動〉よく晴れあがって、気持ちがはればれするような天気。類好天。晴天。

しょうてんきょり【焦点距離】〈名〉〔物理〕レンズや反射鏡の中心から焦点までの距離。

1 **しょうど【焦土】**〈名〉家も草木もすべて焼けてしまった土地。例焦土と化す。

2 **しょうど【照度】**〈名〉〔物理〕光をうけている場所の、明るさの度合い。単位は、ルクス。→こうど〔光度〕

参考光源からはなれると、照度はその距離《きょり》の二乗に反比例して低くなる。

じょうと【譲渡】〈名・する〉自分が持っているものや権利などを、ゆずりわたすこと。例財産を譲渡する。譲渡利得《りとく》。類譲与《じょうよ》。

じょうど【浄土】〈名〉〔仏教〕仏や菩薩《ぼさつ》がいるという、苦しみのない きよらかな世界。例極楽《ごくらく》浄土。

1 **しょうとう【小刀】**〈名〉小さいかたな。ふつう、大刀に対する わきざしのこと。類こがたな。短刀。

2 **しょうとう【消灯】**〈名・する〉明かりをけすこと。例消灯時間。対点灯。

1 **しょうどう【衝動】**〈名〉とつぜんあることをしたくなって、理性でおさえることができない心のうごき。例衝動にかられる。衝動買い。衝動的。

2 **しょうどう【唱導】**『唱道』〈名・する〉人に先んじて主張したり活動したりして、人々を導くこと。例積極財政を唱導する。

1 **じょうとう【上棟】**〈名〉⇩むねあげ

2 **じょうとう【常▼套】**〈名〉いつもの きまったやりかた。例常套手段。常套句(=きまり文句)。

3 **じょうとう【上等】**〈形動〉❶同じ種類のものの中

で、品質が高い。例上等の品《しな》。対下等。類高級。❷「まあ満足できる」という状態である。例ベストエイトまでいければ上等だよ。類上出来。❸望むところだ。がらの悪い言いかた。例けんかを売るとは上等だ。

じょうどう[1]【常道】〈名〉ごく一般《いっぱん》的で、まちがいのないやりかた。例常道をはずれる。類定石《じょうせき》。セオリー。

じょうどう[2]【情動】〈名〉なにかを見聞きしてわきおこる感情のうごき。

じょうとうしゅだん【常▼套手段】〈名〉きまりきっている、いつもどおりの方法。

しょうとく[1]【生得】〈名〉「せいとく」の古い言いかた。

しょうとく[2]【彰徳】〈名〉人の善行《ぜんこう》を世間に知らせること。例彰徳碑《ひ》。

しょうどく【消毒】〈名・する〉物や体についているばい菌《きん》やウイルスを、薬品や熱などでほろぼすこと。例傷口を消毒する。熱湯《ねっとう》消毒。消毒薬。類殺菌。滅菌《めっきん》。

じょうとくい【上得意】〈名〉いつも、ねだんの高い品物やたくさんの品物を買ってくれる、店にとってたいせつなお客。類上客。

じょうどしゅう【浄土宗】〈名〉仏教の宗派の一つ。平安時代のおわりに法然《ほうねん》がはじめ、ひたすら念仏をとなえれば、だれでも極楽《ごくらく》浄土に往生することができる、といた。→じょうどしんしゅう

じょうどしんしゅう【浄土真宗】〈名〉仏教の宗派の一つ。鎌倉《かまくら》時代に浄土宗からわかれて、親鸞《しんらん》がはじめた教え。阿弥陀《あみだ》仏への信心を説いた。略して「真宗」ともいう。一向宗。

しょうとつ【衝突】〈名・する〉❶動いている最中に、なにかにはげしくぶつかること。例衝突事故。正面衝突。❷考えや利害のちがうものが、対立したり、たがいにあらそったりすること。例衝突をさける。意見が衝突する。人と衝突する。武力衝突。

しょうとりひき【商取引】〈名〉商業での、ものを売ったり買ったりする行為《こうい》。

じょうない【場内】〈名〉会場の建物や試合場のしきりなどの、なか。例場内禁煙。対場外。

しょうなごん【少納言】〈名〉〔歴史〕律令《りつりょう》制度で、太政《だじょう》官の第三等の官。

しょうに【小児】〈名〉子ども。とくに、小学校に入る前の子ども。例小児運賃。類小人《しょうじん》。

しょうにか【小児科】〈名〉医学の一部門。子どもの病気をあつかう。

しょうにまひ【小児まひ】『小児麻▼痺』〈名〉脳性小児麻痺または脊髄《せきずい》性小児麻痺のこと。ふつうには脊髄性のもの(=ポリオ)をさす。ウイルスの感染《かんせん》によっておこり、手足がまひしてうごかなくなる病気。

しょうにゅうせき【▼鍾乳石】〈名〉鍾乳洞《どう》の天井《てんじょう》から、つららのようにたれ下がっている石灰《せっかい》岩。水にとけていた石灰分がかたまったもの。→せきじゅん〔石筍〕

しょうにゅうどう【▼鍾乳洞】〈名〉石灰《せっかい》岩の一部が、雨水や地下水でとけてできた、大きなほらあな。参考山口県の秋吉台《あきよしだい》の地下にある秋芳洞《しゅうほうどう》が、大規模なものとしてとくに有名。→カルストちけい

しようにん【使用人】〈名〉やとわれて仕事をする人。対使用者。

しょうにん[1]【上人】〈名〉〔仏教〕知識と徳のある、すぐれた僧《そう》。アショーニン　表現「親鸞《しんらん》上人」のように敬称《けいしょう》としても使う。

しょうにん[2]【昇任】〈名・する〉より上の役職や地位にうつること。類昇格。昇進。アショーニン

しょうにん[3]【承認】〈名・する〉❶まちがっていないとか、事実がそうだとかいうことをみとめて、うけいれること。例承認をえる。新国家を承認する。事後承認。対否認。類承諾《しょうだく》。了承《りょうしょう》。❷人のことをみとめてあげて、かろんじないこと。例承認要求(が満たされる)。自己《じこ》承認(を高める)。類肯定《こうてい》。▽アショーニン

しょうにん[4]【商人】〈名〉品物を買い入れて、それを売ることを仕事にしている人。類あきんど。アショーニン

しょうにん[5]【証人】〈名〉〔法律〕裁判などで、よびだされて、自分が知っている事実をのべる人。例証人をたてる。証人喚問《かんもん》。アショーニン

じょうにん【常任】〈名〉いつも、その任務や地位についていること。例常任理事。常任指揮者《しきしゃ》。

しょうにんかんもん【証人喚問】〈名〉国会や裁判所が、証人をよびだして事実を問いただすこと。

しょうにんずう【少人数】〈名〉少ない人数。例少人数のクラス。対多人数。類小《こ》人数。

しょうね【性根】〈名〉ものごとにとりくむときのささえとなる、しっかりした心のありよう。例性根がすわる。性根を入れる。類気がまえ。根性《こんじょう》。

しょうねつ【焦熱】〈名〉焼けこげるようなあつさ。類灼熱《しゃくねつ》。

じょうねつ【情熱】〈名〉もえるようなつよい感情。あるものごとに全力でとりくもうとする、ひたむきな思い。例情熱をもやす。情熱をかたむける。情熱家。情熱的。類熱情。パッション。

しょうねつじごく【焦熱地獄】〈名〉〔仏教〕地獄の一つ。亡者《もうじゃ》が、猛火《もうか》に焼かれて苦しむ所。

じょうねつてき【情熱的】〈形動〉もえるような強い感情がこもっているさま。ひたむきな気持ちで全力でとりくむようす。

しょうねん【少年】〈名〉小学生から中学生くらいの年代の人。女子をふくんでいうこともあるが、ふつうは男子だけをさす。例少年時代。少年期。対少女。参考法律的には、少年法では二十歳《さい》未満、児童福祉《ふくし》法では十八歳未満の者を「少年」と定めている。

少年老《お》い易《やす》く学《がく》成《な》り難《がた》し 若者が、まだ先が長いと思っていると、すぐ年をとって老人になる。しかし学問は、なかなかしあがらない。時間をおしんで勉強にはげみなさい。

じょうねん【情念】〈名〉心にふかくつきまとって、思いきろうとしても思いきれない感情。

しょうねんいん【少年院】〈名〉家庭裁判所で保護処分を受けた少年を収容して、教育を行なう施設《しせつ》。

しょうねんば【正念場】〈名〉失敗のゆるされない、だいじな場面。例正念場にさしかかる。参考「正念」は仏教からきたことばで、しっかりした心のこと。

しょうのう[1]【小脳】〈名〉脊椎《せきつい》動物の脳の一部。大脳の下にあり、からだのバランスをとったり、運動を調整したりする。アショーノー

しょうのう[2]【笑納】〈名・する〉人にものをあげるとき、「つまらないものですが、うけとってください」という意味で使うことば。例どうかご笑納ください。アショーノー

しょうのう[3]【▼樟脳】〈名〉クスノキを蒸留してできる、白色の結晶《けっしょう》。独特なかおりがあり、防虫剤《ざい》や火薬な

し

 ザビエル（1506～52） スペイン人。日本に初めてキリスト教を伝えたイエズス会の宣教師。

どに使われる。㋐ショーノー

じょうのう【上納】〈名・する〉 政府や上位の団体に、金品をおさめること。例上納金。

しょうのつき【小の月】〈名〉 一か月の日数が三十日かそれより少ない月。二月・四月・六月・九月・十一月の五つ。対大《だい》の月。

しょうは【消波】〈名〉 海岸や川岸で、波の勢いを弱めること。例消波堤。消波ブロック。

参考「二四六九士《にしむくさむらい》(=西向く侍)」と覚える。

1 **じょうば**【乗馬】〈名・する〉 馬にのること。

2 **しょうはい**【勝敗】〈名〉 かちまけ。例勝敗をあらそう。勝敗を決する。勝敗は時の運。類勝負。

しょうはい【賞杯】〈名〉 表彰《ひょうしょう》用の、さかずきの形をした記念品。カップ。

しょうばい【商売】〈名・する〉 ❶商品を仕入れて売ること。例商売人《にん》。類商業。あきない。❷暮らしのためにしている仕事や、専門の職業。例商売道具。

表現「商業」が社会的ないとなみをさしていうのに対して、「商売」は個人の行ないをさしていうことが多い。それで「長年、先生商売をしていると…」「わたしたちは人を笑わせるのが商売ですから…」のような言いかたができる。たんに「商売をしている」といえば、自家営業の商店を経営していること。

しょうばいがたき【商売敵】〈名〉 商売をするうえでの競争相手。

しょうばいがら【商売柄】〈副〉 専門の仕事との関係で。例商売柄、常にスーツでいなければならない。

しょうばいぎ【商売気】〈名〉 ❶どんなものでも自分のもうけにつなげようと考えること。例商売気がない。❷その職業の人らしい態度。例つい商売気を出す。▽「商売っけ」ともいう。

じょうはく【上▼膊】〈名〉「上腕《じょうわん》」の意味の、医学などでの言いかた。例上膊部。対下膊《かはく》。

しょうばつ【賞罰】〈名〉 受賞と処罰の経験。

じょうはつ【蒸発】〈名・する〉 ❶〔物理〕熱をくわえられて、液体が気体に変化すること。温度が高くなるほど、さかんに行なわれる。❷人がなんの手がかりものこさないですがたを消してしまうこと。類家出。失踪《しっそう》。失跡《しっせき》。

しょうばん【相伴】〈名・する〉 客をもてなすために出すごちそうを、客の相手をするために、もてなすがわも一緒になって食べたり飲んだりすること。例客の相伴をする。

表現「お相伴にあずかる」は、本来の客のついでにもてなしを受けることをいう。

じょうはんしん【上半身】〈名〉 からだの、こしより上の部分。例上半身裸になる。対下半身。類上体。

しょうひ【消費】〈名・する〉 お金や品物、時間や電力などを、使ってしまうこと。例消費財。対生産。類費消。消耗《しょうもう》。

表現人間の活動を経済の面から二つにわけると、「生産」と「消費」になる。「消費」は、生活上の必要事項《じこう》で、むだづかいや浪費《ろうひ》とはちがう。

じょうひ【冗費】〈名〉 むだにつかわれる費用。

じょうび【常備】〈名・する〉 必要なとき、すぐに使えるように、いつも用意しておくこと。例避難《ひなん》用品を常備する。常備薬。類常置。

しょうひきげん【消費期限】〈名〉 食品を、その日までは食べても安全であると保証する期日の表示で、牛乳や、弁当、パンなどの、日持ちのしない食品につけられるもの。その期限を一日でも過ぎたら、食べないほうがよい。↓しょうみきげん

しょうひざい【消費財】〈名〉 毎日の生活で消費するもの。車や家具などの耐久《たいきゅう》消費財と、食品や衣類などの非耐久消費財とにわけられる。対生産財。

しょうひしゃ【消費者】〈名〉 生産者に対して、商品を買って使うがわの人。

参考電話番号「一八八」の「消費者ホットライン」に連絡すれば、もよりの消費生活相談窓口につながる。

しょうひしゃきんゆう【消費者金融】〈名〉 銀行やノンバンクによる、一般《いっぱん》個人を対象とした小口のお金の貸し付け。俗《ぞく》にいう「サラ金」をふくむ。

しょうひしゃちょう【消費者庁】〈名〉 消費者にとって安心・安全な社会の実現をめざす行政機関。内閣府の外局。消費者被害《ひがい》の防止やそれに関する法律の執行《しっこう》、消費者の電話相談などを行なう。

しょうひぜい【消費税】〈名〉 物を消費するときにかけられる税金。飲食税や入場税のような直接消費税と、酒税や物品税のように製造者や販売《はんばい》業者に課せられて消費者が負担する間接消費税とがある。

しょうび(焦眉)**のきゅう**(急) 危険がさしせまっていること。まゆをこがすほど火がそばに近づく、という意味。

しょうひょう【商標】〈名〉 生産者や発売者をしめすために、品物につけるしるし。トレードマーク。ブランド。例登録商標。

しょうびょう【傷病】〈名〉 けがと病気。例傷病者。傷病兵。

1 **しょうひん**【小品】〈名〉 気がるに接することができるような、規模の小さい作品。対大作。㋐ショーヒン

2 **しょうひん**【商品】〈名〉 売るために、手に入れてきたり作ったりした品物。例商品価値。商品テスト。目玉商品。金融《きんゆう》商品。類売り物。㋐ショーヒン

3 **しょうひん**【賞品】〈名〉 競技などで、成績のよい人に、賞としてあたえる品。㋐ショーヒン

じょうひん【上品】㊀〈形動〉 センスがよく、このましい感じである。例上品な人。上品な味。対下品。類品のいい。気品がある。エレガント。㊁〈名〉 上等の品物。対下品。劣品《れっぴん》。

しょうひんけん【商品券】〈名〉 百貨店やスーパーなどで、記された金額分の買い物ができる券。ギフトカード。

しょうふ【▼娼婦】〈名〉 料金をとって男に性行為《こうい》をさせる女性。類売春婦。

1 **しょうぶ**【▼菖▼蒲】〈名〉 ❶水べに群生する多年草。葉はつるぎの形をしていて、邪気《じゃき》をはらうといわれ、五月五日の端午《たんご》の節句には、軒《のき》にさしたりふろに入れたりする。❷⇩はなしょうぶ

2 **しょうぶ**【勝負】〈名・する〉 スポーツやゲームで、ルールにしたがって勝ち負けをきめること。勝つか負けるか。例正々堂々と勝負する。勝負がつく。勝負をつける。勝負にでる。勝負にならない。真剣《しんけん》勝負。出たとこ勝負。類勝敗。試合。戦い。

表現「いい勝負」は、おたがいの力が拮抗《きっこう》して点差が開かない、見ごたえのある勝負のこと。それを、おたがいが弱くて勝負がなかなかつかないときに言えば、「五十歩百歩」や「どんぐりの背くらべ」と意味の似《に》た、皮肉をこめた言いかたになる。

方言東北では、「獲物《えもの》を射止《いと》めること」の意味でも使う。

1 **じょうふ**【城府】〈名〉 周囲に城壁《じょうへき》をめぐらした都

市。

2 **じょうふ**【情夫】〈名〉結婚《けっこん》している女性の愛人。

3 **じょうふ**【情婦】〈名〉結婚《けっこん》している男性の愛人。

1 **じょうぶ**【上部】〈名〉❶ものの上の方の部分。例上部からの命令。上部団体。▽対下部。❷会社などの組織で、権限が上であること。アジョーブ

2 **じょうぶ**【丈夫】〈形動〉❶健康で、病気になりにくいからだである。例丈夫にそだつ。丈夫な子ども。❷品物が、がんじょうで簡単にこわれない。例丈夫な机。▽対きゃしゃ。アジョーブ

しょうふく【承服】〈名・する〉相手の説明や主張を受け入れて従うこと。例承服できない。類承諾《しょうだく》。

しょうぶごと【勝負事】〈名〉碁《ご》や将棋《しょうぎ》、マージャンなどの、勝敗をあらそうゲーム。とくに、ばくち。

しょうぶし【勝負師】〈名〉❶ばくち打ち。❷職業として、碁《ご》や将棋《しょうぎ》をする人。❸成功するかどうかわからないことを、思いきって実行する人。

しょうふだ【正札】〈名〉本来のねだんを書いて商品につけたふだ。例正札つき。正札販売《はんばい》。

じょうぶつ【成仏】〈名・する〉❶〔仏教〕人間としてのなやみからぬけ出して、さとりをひらくこと。❷死ぬこと。例まよわず成仏してくれ。

表現 ②は、この世に未練をのこすことなく、あの世にいってほとけになる、という意味で使うことが多い。

しょうぶゆ【しょうぶ湯】【▼菖▼蒲湯】〈名〉五月五日の節句に、健康をいのって入る、ショウブの葉を入れてわかすふろ。武道をおもんじる意味の「尚武《しょうぶ》」ということばにかけたならわし。

しょうぶん【性分】〈名〉その人のもって生まれた、かわらない気質。例かたづけないと気がすまない性分。類たち。性質。性格。

じょうぶん【条文】〈名〉法律や条約などの、何か条かにわけて書いてある文章。

1 **しょうへい**【招▼聘】〈名・する〉仕事のために、ていねいにたのんで来てもらうこと。類招請《しょうせい》。アショーヘー

2 **しょうへい**【将兵】〈名〉将校と兵士。アショーヘー

しょうへき【障壁】【▼牆壁】〈名〉❶仕切りにするかべ。例障壁画。❷自由な活動のじゃまになるもの。例障壁をとりはらう。関税障壁。類障害。

じょうへき【城壁】〈名〉城をかこんでいるかべ。

しょうへきが【障壁画】〈名〉ふすまや壁に描いた絵。

しょうへん【掌編】【掌▼篇】〈名〉ごく短い小説や映像作品。類ショートショート。

しょうべん【小便】〈名・する〉尿《にょう》。尿を尿道からからだの外へ出すこと。「しょんべん」ともいう。例小便が近い。小便が出たい。小便をもらす。寝《ね》小便。立ち小便。類小水。おしっこ。

じょうほ【譲歩】〈名・する〉自分の意見をかえて、相手の意見にちかづけること。例一歩も譲歩しない。譲歩をせまる。最大限の譲歩。類妥協《だきょう》。歩《あゆ》み寄る。我《が》を折る。

1 **しょうほう**【商法】〈名〉❶商売のやりかた。例士族の商法。悪徳商法。❷〔法律〕商売のありかたについてさだめた法律。▽アショーホー

2 **しょうほう**【詳報】〈名〉くわしいしらせ。例詳報を待つ。詳報が入る。アショーホー

しょうぼう【消防】〈名〉火事をけしたり、火事がおこるのを防《ふせ》いだりすること。例消防署。消防車。類消火。

1 **じょうほう**【上方】〈名〉上の方向。例業績予想の上方修正。

2 **じょうほう**【定法】〈名〉❶いつものきまったやり方。❷法の定め。例定法を破る。

3 **じょうほう**【乗法】〈名〉〔数学〕かけ算のこと。四則《しそく》の一つ。積《せき》を求める。対除法《じょほう》。

4 **じょうほう**【情報】〈名〉❶人の知りたいことや、人に知らせたいことを伝達できるかたちにまとめたもの。例情報が入る。情報を提供《ていきょう》する。情報をながす。情報源。情報網《もう》。情報発信。類ニュース。インフォメーション。❷コンピューターであつかうデータの内容。例情報処理。❸「①」の伝達のしくみや、「②」のあつかい方について、パソコンの操作《そうさ》を軸《じく》にして学ぶ、高等学校の教科の一つ。

じょうほうかしゃかい【情報化社会】〈名〉すべての情報がデジタル化されてコンピューターで処理され、インターネットなどで情報が共有される社会。情報社会。

じょうほうさんぎょう【情報産業】〈名〉情報の収集や加工、提供を行なう産業。広い意味ではマスコミをふくむが、ふつうコンピューター関連の産業をいう。

じょうほうしゃかい【情報社会】〈名〉⇩じょうほうかしゃかい

しょうぼうしょ【消防署】〈名〉消火・救急活動のために市町村に置かれる機関。電話番号「一一九」で通報する。

じょうほうしょり【情報処理】〈名・する〉❶コンピューターを使って、多種多様なデータを整理・加工したり、とりだしたりすること。❷知覚《ちかく》したものごとに対する、脳の働き。

しょうぼうちょう【消防庁】〈名〉総務省の外局の一つ。消防に関する仕事をとりしきる。

じょうほうもう【情報網】〈名〉情報の届かない所がないように細かく作られた伝達組織。情報ネットワーク。

しょうほん【抄本】〈名〉❶もとの書類の必要な部分だけをうつした書類。例戸籍《こせき》抄本。対謄本《とうほん》。❷もとの書物の一部分だけを書きうつしたり、印刷したりした書物。

じょうまえ【錠前】〈名〉戸やふたにとりつけて、あかないようにする金具。錠。

しょうまっせつ【枝葉末節】〈名〉本すじにかかわりのない、つまらない小さなことがら。例枝葉末節にこだわる。類些末《さまつ》。些事《さじ》。えだは。

しょうまん【小満】〈名〉二十四節気の一つ。今の五月二十一日ごろ。

じょうまん【冗漫】〈形動〉文章や話が無用に長く、しまりがない。例冗漫に流れる。対簡潔。類冗長。

1 **しょうみ**【正味】〈名〉❶入れものやつつみ紙などをのぞいた、なかみの重さ。❷ほんとうの数や量。

方言 大阪では、「しょーみ好きちゃうわ」「しょーみな話」のように、「本当のところ、実際のところ」という意味でも使う。

2 **しょうみ**【賞味】〈名・する〉よく味わって食べること。おいしく食べること。例銘菓《めいか》を賞味する。賞味期限。類賞玩《しょうがん》。

じょうみ【情味】〈名〉心あたたまるようなふんいきや味わい。例情味あふれる郷土料理。類人情味。

しょうみきげん【賞味期限】〈名〉食品を、その日

し

 サラサーテ（1844～1908）スペインのバイオリニスト・作曲家。作品「チゴイネルワイゼン」。

までは食べても安全であると保証する期日の表示で、クッキーや缶づめ、ハムなどの日持ちのする食品につけられるもの。その期限を多少過ぎても、食べられる。↓しょうひきげん
表現「アイドルとしての賞味期限」のような、たとえの言いかたもある。

じょうみゃく【静脈】〈名〉からだの各部分から心臓にもどる、よごれた血液をはこぶ血管。対動脈。

じょうみゃくりゅう【静脈▼瘤】〈名〉静脈の血行が悪くなったり、一部が異常に拡張する症状《しょうじょう》。

[1] **しょうみょう**【小名】〈名〉〔歴史〕「大名」に対して、所有する領地が小さかった名主《みょうしゅ》や武士。

[2] **しょうみょう**【声明】〈名〉❶古代インドの文字・音韻《いん》・文法などを研究する学問。❷仏教で、法要の際、特定のリズムで唱えられる声楽。

[1] **じょうむ**【乗務】〈名・する〉鉄道やバス、飛行機などに乗りこんで、運転したり、乗客のせわをしたりする仕事をすること。例乗務員。

[2] **じょうむ**【常務】〈名〉「常務取締《とりしまり》役」の略。会社の重役で、社長、専務取締役につぐ地位。また、その地位の人。例常務会。

しょうむない（方言）⇩しょーむない

[1] **しょうめい**【証明】〈名・する〉あることがらが、事実である、または、論理的に正しい、ということを、なんらかの根拠《こんきょ》を示すことによってあきらかにすること。例無罪を証明する。証明書。印鑑《いんかん》証明。類実証。立証。

[2] **しょうめい**【照明】〈名・する〉光をあてて、あかるくすること。あかりをつけること。つけたあかり。例照明が暗い。照明をあてる。舞台《ぶたい》照明。間接照明。照明弾《だん》。

しょうめつ【消滅】〈名・する〉それまであったものが、なくなってしまうこと。例自然消滅。類消失。

しょうめん【正面】〈名〉❶もののおもてがわ。例正面にまわる。正面玄関《げんかん》。対背面。❷まっすぐむいた方向。例正面をむく。正面の席(＝正面にある席)。正面からとりくむ。

正面切《き》って 面とむかって遠慮《えんりょ》せずに。例耳の痛いことを、正面切って言う。

しょうもう【消耗】〈名・する〉❶ものを使いきってしまうこと。類消費。❷体力や精神力を使いはたして、つかれきってしまうこと。例消耗した顔。体力を消耗する。
参考もともとは、「しょうこう」と読んだ。

しょうもうひん【消耗品】〈名〉紙やえんぴつのように、使うたびにへって、やがてなくなるもの。

じょうもの【上物】〈名〉上等にできた品物。対安物。

しょうもん【証文】〈名〉約束ごとや事実の証拠《しょうこ》となる書類。例証文を入れる。証文をとる。類証書。

証文の出《だ》し後《おく》れ 効力を発揮《はっき》する時期をのがしたので、もう効果がないこと。出しただけ格好がわるい。

じょうもん【城門】〈名〉城の出入り口の門。

じょうもんじだい【縄文時代】〈名〉日本史で、縄文土器の時代。約一万年前から紀元前三世紀ごろまでの、弥生《やよい》時代にうつる前の数千年間。人々はおもにたてあな住居にすみ、土器や石器を使って、狩《か》りや漁をして生活していた。

じょうもんどき【縄文土器】〈名〉縄文時代につくられた土器。表面に縄《なわ》やむしろをおしつけたような模様のあるものが多い。

[1] **しょうや**【▼庄屋】〈名〉⇩なぬし

[1] **しょうやく**【生薬】〈名〉草の根、木の皮や実、熊《くま》の胆《い》、麝香《じゃこう》など、植物や動物の一部分を、そのままあるいは少し手をくわえただけで用いるくすり。きぐすり。アショーヤク

[2] **しょうやく**【抄訳】〈名・する〉外国語の文章の、全体ではなく、ある部分だけの翻訳《ほんやく》。そのような翻訳をすること。対全訳。完訳。アショーヤク

じょうやく【条約】〈名〉国と国のあいだで、たがいの権利や義務などを、文書によってとりきめた約束。例条約を締結《ていけつ》する。平和条約。

じょうやど【定宿・常宿】〈名〉いつもとまる宿屋。

じょうやとい【常雇い】〈名〉長期間、続けて人を雇うこと。また、その雇われている人。対臨時雇い。日雇い。

じょうやとう【常夜灯】〈名〉ひと晩中つけておく明かり。

しょうゆ【▼醤油】〈名〉日本人がふだん使う、黒っぽい液体調味料。小麦とダイズに、コウジと塩をまぜてつくる。
参考料理屋では「むらさき」ともよぶ。店頭では「正油」と書かれることも多い。

しょうよ【賞与】〈名〉役所や会社などで、六月、十二月などに、給料のほかに支給される一時金。ボーナス。

[1] **じょうよ**【剰余】〈名〉❶必要な分をさしひいた、あまり。例剰余金。類余剰。❷〔数学〕わり算で、わりきれないであまった数。

[2] **じょうよ**【譲与】〈名・する〉財産や権利などを、人にゆずること。例譲与税。類譲渡《じょうと》。

[1] **しょうよう**【小用】〈名〉❶ちょっとした用事。❷小便。例小用に立つ。▽「こよう」ともいう。

[2] **しょうよう**【称揚・賞揚】〈名・する〉すばらしいとほめたたえること。例業績を称揚する。類称賛。

[3] **しょうよう**【商用】〈名〉❶商売上の用事。例商用で出かける。❷商売をするために用いるもの。例商用車。類業務用。

[4] **しょうよう**【▼逍▼遥】〈名・する〉気のむくままにぶらぶら歩きまわること。類散歩。散策。

[5] **しょうよう**【従容】〈副・連体〉危機におちいっても、あわてずおちついているようす。例従容として死につく。

じょうよう【常用】〈名・する〉日常生活でふつうに使うこと。例常用している薬。常用漢字。

じょうようかんじ【常用漢字】〈名〉一般《いっぱん》の社会生活における漢字使用のめやすとしてさだめられている、「常用漢字表」にのっている二一三六字の漢字。それまでの当用漢字にかえて、一九八一年に一九四五字の表として内閣が告示し、二〇一〇年に改定された。学校の国語科で教える漢字や、人名用漢字とあわせて新生児などの名付けに使える漢字としても使用されている。
参考一九四六(昭和二一)年に当用漢字表が定められたあと、当用漢字でない漢字を使うことばを書き表わすために、さまざまな代用字が行なわれた。↓だいようじ

じょうようしゃ【乗用車】〈名〉何人かの人を乗せることを目的とした、ふつうの自動車。

しょうようじゅりん【照葉樹林】〈名〉おもにツバキやクスノキなど、葉に光沢《こうたく》のある常緑の広葉樹がしげる林。亜《あ》熱帯から温帯の地域にひろがる。例照葉樹林文化。

[1] **しょうらい**【生来】〈名・副〉「生来《せいらい》」の古い言いかた。アショーライ

サルトル (1905～80) フランスの実存主義哲学者・作家。小説「嘔吐」, 論著「存在と無」など。

2 **しょうらい【将来】**〈名・副〉これから先。やがてくる今後のとき。例将来にそなえる。日本の将来。この子の将来。将来有望な新人。将来性。類未来。今後。前途《ぜんと》。のちのち。あとあと。さきざき。アショーライ →こうせい〔後世〕表現

表現 (1)意味のうえで、「未来」と似《に》ているが、ふたつ、ちがう点がある。それがくるかこないかを問題にしないでいっているが、「将来」は、「ちかい将来」はもちろん、「とおい将来」にしても、やがてそのときがくるものとして使う。

(2)用法のうえで、「将来」は「将来、実業家になる」のように副詞として使えるが、「未来」にはこの用法はない。

3 **しょうらい【招来】**〈名・する〉❶外部から持ち込むこと。例中国から経典が招来された。❷ある状態を引き起こすこと。例幸福を招来する。大惨《さん》事《じ》を招来する。類まねく。まねきよせる。▽アショーライ

しょうらいせい【将来性】〈名〉将来、成長・発展する見込み。例将来性がある。将来性を買う。

じょうらく【上▼洛】〈名・する〉地方から京都へ行くこと。京都が都《みやこ》だったことからいう。類上京。入洛。

表現 「上京」ももとは同じ意味だったが、東京が日本の首都になってからは、東京へ行くことをさすようになった。

参考 中国河南省の洛陽《らくよう》が古代周王朝をはじめいくつかの王朝の首都であった関係で、「洛」が都の意味をもつようになり、日本の京都についても、洛中、洛外、洛北、洛東、上洛などのことばができた。

1 **しょうらん【笑覧】**〈名・する〉文章や書物を人に見てもらうときに、「つまらないものですが、見てください」という意味で言う語。例ご笑覧ください。

2 **しょうらん【照覧】**〈名・する〉神や仏がごらんになること。例神もご照覧あれ。

しょうり【勝利】〈名・する〉たたかいや試合などで、勝つこと。例戦いに勝利する。勝利をえる。勝利を決定づける。勝利者。勝利投手。大勝利。対敗北。類勝ち。

1 **じょうり【条理】**〈名〉ものごとをなりたたせるすじ。ものの道理。例条理にかなう。

条理が立《た》つ 話のすじみちが通る。

2 **じょうり【情理】**〈名〉人間としての当然の感情と、もののごとのすじみち。例情理をつくして説く。

じょうりく【上陸】〈名・する〉海から陸にあがること。例航海をおえて上陸した。台風が四国に上陸する。

しょうりつ【勝率】〈名〉試合をした回数に対する勝った回数のわりあい。例勝率が高い。

しょうりゃく【省略】〈名・する〉文章や話の内容、仕事の手順などのある部分をはぶくこと。類略す。

1 **じょうりゅう【上流】**〈名〉❶川で、水が流れてくる方向。水源に近いところ。対中流。下流。類川上《かわかみ》。❷社会の中で、地位が高くて経済的にゆたかな階層。例上流階級。対中流。下層。類上層。

2 **じょうりゅう【蒸留】**〖蒸▼溜〗〈名・する〉液体を熱してできた蒸気を冷やして、もういちど液体にすること。液体の中の、混合物をとりのぞくのが主目的。

じょうりゅうしゅ【蒸留酒】〈名〉発酵《はっこう》させた醸造《じょうぞう》酒を蒸留して、アルコール度を高くした酒。ブランデー・ウォッカ・ウイスキー・焼酎《しょうちゅう》など。

じょうりゅうすい【蒸留水】〖蒸▼溜水〗〈名〉〔化学〕蒸留して混合物をとりのぞいた水。薬の調合や注射液などに使われる。

しょうりょ【焦慮】〈名・する〉あせっていらいらすること。例焦慮の色が見える。類焦心。

1 **しょうりょう【小量】**〈名〉❶量が少ないこと。対大量。類少量。❷気持ちがせまいこと。対広量。類狭量《きょうりょう》。

2 **しょうりょう【少量】**〈名〉量が少ないこと。例少量の塩をくわえる。対多量。類小量。

3 **しょうりょう【渉猟】**〈名・する〉❶あるものを求めて、あちこちを探しまわること。例山野を渉猟する。❷広い範囲《はんい》にわたり各種の本を読みあさること。例文献《ぶんけん》を渉猟する。

4 **しょうりょう【精霊】**〈名〉「精霊《せいれい》」の、仏教での言いかた。

しょうりょうえ【精霊会】〈名〉⇩うらぼん

しょうりょうながし【精霊流し】〈名〉盆《ぼん》の行事の一つ。陰暦《いんれき》七月十三日にむかえた精霊をあの世に送るため、十五日の夜または十六日の朝、供物《くもつ》や灯籠《とうろう》を川や海に流すこと。類精霊送り。

しょうりょく【省力】〈名・する〉❶機械化などによって、人手が少なくてすむようにすること。例省力化。❷電気・ガスなどのエネルギー源の消費を節約すること。類省エネ。節電。

じょうりょくじゅ【常緑樹】〈名〉一年中みどりの葉をつけている樹木。ツバキやマツなど。対落葉樹。

参考 常緑樹でも、葉が落ちて入れかわることは落葉樹と同じであるが、たえず入れかわっていて、いっせいに落ちることがないので、見た目には「常緑」に見える。

しょうりん【小輪】〈名〉花がふつうのものより小さいこと。対大輪《たいりん》。

じょうるり【浄瑠璃】〈名〉三味線《しゃみせん》にあわせてかたる語り物をまとめていうよび名。江戸《えど》時代に発展し、多くの流派が現れた。竹本義太夫《たけもとぎだゆう》のはじめた義太夫節がさかんになって、「義太夫節」ともよばれる。→ぎだゆう・にんぎょうじょうるり

しょうれい【奨励】〈名・する〉上の立場にある者が、よいことだからどんどんおやりなさいと、一般《いっぱん》の人にすすめること。例早寝早起きを奨励する。

じょうれい【条例】〈名〉地方自治体がさだめた規則。その地域の中だけで効力をもつ。

じょうれん【常連・定連】〈名〉きまった会合や催《もよお》し、飲食店などにいつも顔を出す人。例常連の客。

じょうろ〖如雨露〗〈名〉草花に、水を分散させてかけるための道具。「じょろ」ともいう。→どうぐ絵

しょうろう【鐘楼】〈名〉寺院の境内《けいだい》にある、鐘《かね》つき堂。「しゅろう」ともいう。

しょうろく【抄録】〈名・する〉原文の要点をぬきだしてまとめること。抄出で作った記録。

しょうろん【詳論】〈名・する〉くわしくていねいに論じること。類詳説。細論。

しょうろんぶん【小論文】〈名〉入学試験や入社試験などで、テーマをきめて課される、短い論文。

1 **しょうわ【昭和】**〈名〉一九二六年から一九八九年までの、昭和天皇が位にあった時代の元号。「大正《たいしょう》」の後、「平成」の前。アショーワ

2 **しょうわ【笑話】**〈名〉おもわず笑いだすような、おもしろい話。わらいばなし。アショーワ

3 **しょうわ【唱和】**〈名・する〉一人の人にあわせて、ほかの人々がいっしょにとなえること。アショーワ

しょうわくせい【小惑星】〈名〉〔天文〕大部分

サン=サーンス（1835～1921）フランスの作曲家。国民音楽協会を設立。フランス音楽の復興に努力。

が火星と木星とのあいだにあって、太陽のまわりを まわっている小さな惑星。二千個以上が確認されている。

しょうわのひ【昭和の日】〈名〉国民の祝日の一つ。四月二十九日。「激動《げきどう》の日々を経《へ》て、復興を遂《と》げた昭和の時代を顧《かえり》み、国の将来に思いをいたす」ための日。昭和天皇の誕生《たんじょう》日にあたる。

しょうわる【性悪】〈名・形動〉性質・根性《こんじょう》がねじくれていること。根性の悪い人。

じょうわん【上腕】〈名〉肩《かた》とひじとの間の部分。例上腕筋。対前腕。類上膊《じょうはく》。二の腕。

しょえん【初演】〈名・する〉劇・音楽などを初めて上演・演奏すること。例本邦《ほんぽう》初演。対再演。

じょえん【助演】〈名・する〉映画や演劇で、主役を助ける役わりを演じること。対主演。類わき役。

ショー〈名〉❶展示会。例モーターショー。ファッションショー。❷客をたのしませる、かるい演芸。例ショー番組。❸映画の上映。例ロードショー。◇show

じょおう【女王】〈名〉❶女性の王。クイーン。対王。類女帝《じょてい》。❷ある分野で、第一人者あるいは花形である女性。例体操の女王。対王者。

ショーウインドー〈名〉商店で、商品をならべて、外を通る人に見せるための、大きな窓。かざり窓。◇show window

じょおうばち【女王蜂】〈名〉ミツバチやスズメバチの中で、たまごをうむハチ。一つの巣《す》に一匹《いっぴき》ずついる。参考ミツバチでは、女王バチが死ぬと、幼虫の中の一匹がローヤルゼリーを与えられて育ち、新たな女王バチとなる。

ジョーカー〈名〉トランプで、四種類各十三枚、計五十二枚のカードのほかに使う、特別なはたらきをするカード。類ばば。◇joker（＝「ジョークを言うのが好きな人」「道化師」の意味）

ジョーク〈名〉冗談《じょうだん》。◇joke

しょーしー（方言）❶はずかしい。例人の前で歌うなんてしょすちゃ。おしょしな（＝つまらない）物ですが。❷ありがたい。例いつもおしょーしな（＝ありがとう）。▽東北・新潟・長野などで言う。しょし。しょーしい。しょすい。おしょーし。おしょし。由来「笑止」に由来することば。

ショート〈名〉❶ものの長さが短いこと。例ショートカット。対ロング。❷野球で、二塁《にるい》と三塁のあいだをまもる内野手。遊撃《ゆうげき》手。❸〈する〉ふつうでは流れない つよい電流が流れて、ヒューズがとぶこと。短絡《たんらく》。◇short

[1]**ショートカット**〈名〉女性の、短く切った髪型《かみがた》。◇short cut

[2]**ショートカット**〈名・する〉❶近道。❷パソコンの操作で、手順を省略できる機能のこと。◇shortcut

ショートケーキ〈名〉洋菓子《ようがし》の一種。カステラのようにやわらかく焼いた菓子を台にして、クリームやチョコレートをぬり、イチゴなどをのせたケーキ。◇shortcake

ショートショート〈名〉思いがけない結果におわる、きわめて短い小説。◇short short story の日本での省略語。

ショービジネス〈名〉映画・演劇・音楽・テレビなど、観客をたのしませる興行に関係のある仕事。◇show business

しょーむない（方言）つまらない。関西で言う。参考「しよう（仕様）もない」が変化した形。

ショール〈名〉おもに女性が使う、肩掛《かたか》け。類ストール。◇shawl

ショールーム〈名〉商品の実物見本を展示するへや。◇showroom

[1]**しょか【初夏】**〈名〉夏の初め。五、六月ごろをいう。対晩夏。アショカ

[2]**しょか【書架】**〈名〉本だな。類書棚《しょだな》。アショカ

[3]**しょか【書家】**〈名〉書道の専門家。アショカ

しょが【書画】〈名〉書と絵画。例書画骨董《こっとう》。

[1]**しょかい【初回】**〈名〉❶第一回。❷CD・DVDソフトなどの、「初回生産」の略。例初回限定特典。

[2]**しょかい【所懐】**〈名〉心に思うこと。かたい言いかた。例所懐を述《の》べる。類所感。

じょがい【除外】〈名・する〉ある範囲《はんい》の中に入れないで、別にすること。中に入れないこと。例除外例。

しょがカメラ【書画カメラ】〈名〉⇩オーエッチシー

しょがくしゃ【初学者】〈名〉それを学びはじめてまもない人。例初学者向けの参考書。

じょがくせい【女学生】〈名〉女子の生徒や学生。

しょかつ【所轄】〈名・する〉あるきまった範囲《はんい》をうけもって、管理すること。管轄の範囲内。例所轄の警察署。ここは本署の所轄だ。類所管。管轄。

じょがっこう【女学校】〈名〉❶女子だけを入学させる学校。❷旧制度で、女子中学校のこと。

[1]**しょかん【所感】**〈名〉そのとき、そのことについて感じたこと。例所感を述《の》べる。類感想。所懐《しょかい》。

[2]**しょかん【所管】**〈名・する〉ある範囲《はんい》の事務的な仕事を、責任をもって管理すること。例文部科学省が所管する法人。類所轄《しょかつ》。管轄。

[3]**しょかん【書簡】**〖書▼翰〗〈名〉「手紙」のあらたまった言いかた。また、公式の手紙。類書状。

表現日本の総理大臣がアメリカ大統領に、公式の立場で手紙を書いてだすとすれば、「書簡を送る」というのがふさわしく、日本の少年がアメリカ大統領にだすのなら「手紙を書く」「手紙をだす」がふさわしい。

じょかん【女官】〈名〉宮中につかえている女性。「にょかん」ともいう。

じょかんとく【助監督】〈名〉映画監督の助手。

[1]**しょき【初期】**〈名〉ものごとのはじめのほうの時期。例初期消火。（地震《じしん》の）初期微動《びどう》。明治初期。対末期。類初頭。初葉。アショキ

[2]**しょき【書記】**〈名〉❶会議の記録文書の作成・発行・保管などを担当する役。例書記長。書記局。❷〈する〉文字などをつかって書き記すこと。例書記言語。▽アショキ

[3]**しょき【暑気】**〈名〉夏のあつさ。例暑気にあたる。暑気ばらい。対寒気。アショキ

しょきあたり【暑気あたり】〖暑気▽中り〗〈名〉暑さのために具合がわるくなること。類夏ばて。夏負け。

しょきの【所期の】〈連体〉こうしようと考えたとおりの。例所期の成果をあげる。

しょきばらい【暑気払い】〈名〉いやな暑さをはらいのけるために、ききめのありそうなことをすること。

しょきゅう【初級】〈名〉勉強やスポーツ、技芸などで、初歩の段階。例初級クラス。対上級。類初等。

じょきょ【除去】〈名・する〉いらないものをとりのぞくこと。例汚染《おせん》物質を除去する。

しょぎょう【所業】〈名〉おこない。ふるまい。しわざ。類所為《しょい》。表現「恥《はじ》多き所業」「人間の所業とは思えない残忍《ざんにん》

な犯行」のように、よくない意味で使うことが多い。

じょきょう【助教】〈名〉大学や高等専門学校で教える人の、地位のひとつ。講師《こうし》の下。

しょぎょうむじょう【諸行無常】〈名〉〔仏教〕この世のいっさいのもの(=諸行)はすべてうつり変わり、同じ状態にとどまることはない、ということ。

じょきょく【序曲】〈名〉❶〔音楽〕オペラやオラトリオなどがはじまる前に、演奏される音楽。❷ものごとのはじまりを予感させるもの。例この事件が、長くつづく戦乱の序曲であった。類プロローグ。序章。

じょきん【除菌】〈名・する〉ばい菌をとりのぞくこと。

ジョギング〈名・する〉健康などのために、かるく走ること。例ジョギングシューズ。◇jogging

しよく【私欲】〈名〉自分の利益のことだけを考える心。例私利私欲(にはしる)。

常用漢字 しょく

【色】 色部0 全6画 色色色色色色

ショク・シキ いろ 教小2 音❶[ショク] ⬓原色《げんしょく》。天然色《てんねんしょく》。異色《いしょく》。特色《とくしょく》。郷土色《きょうどしょく》。脚色《きゃくしょく》。物色《ぶっしょく》。才色兼備《さいしょくけんび》。❷[シキ] ⬒色彩《しきさい》。色紙《しきし》。色調《しきちょう》。色欲《しきよく》。⬓彩色《さいしき》。景色《けしき》。訓[いろ] 色。色紙。色気。色づく。桜色。十人十色。

【拭】 扌部6 全9画 拭拭拭拭拭

ショク ふく・ぬぐう 音[ショク] ⬓払拭《ふっしょく》。訓❶[ふく] 拭く。水拭き。❷[ぬぐう] 拭う。尻拭い。

【食】 食部0 全9画 食食食食食食

ショク・ジキ くう・くらう・たべる 教小2 音❶[ショク] ⬒食事《しょくじ》。食前酒《しょくぜんしゅ》。食中毒《しょくちゅうどく》。食料《しょくりょう》。⬓昼食《ちゅうしょく》。保存食《ほぞんしょく》。会食《かいしょく》。(一日《いちにち》)三食《さんしょく》。月食《げっしょく》。❷[ジキ] ⬓断食《だんじき》。乞食《こじき》。訓❶[くう] 食う。食い下がる。食いしん坊。食いぶち。食い逃げ。食い物。大食い。❷[くらう] 食らう。食らいつく。❸[たべる] 食べる。食べ歩き。食べ残し。食べ物。

【植】 木部8 全12画 植植植植植

ショク うえる・うわる 教小3 音[ショク] ⬒植物《しょくぶつ》。植樹《しょくじゅ》。植林《しょくりん》。植民地《しょくみんち》。植字《しょくじ》。⬓移植《いしょく》。入植《にゅうしょく》。誤植《ごしょく》。訓❶[うえる] 植える。植木。田植え。❷[うわる] 植わる。

【殖】 歹部8 全12画 殖殖殖殖殖

ショク ふえる・ふやす 音[ショク] ⬒殖産《しょくさん》。殖民《しょくみん》。⬓生殖《せいしょく》。繁殖《はんしょく》。養殖《ようしょく》。学殖《がくしょく》。利殖《りしょく》。訓❶[ふえる] 殖える。❷[ふやす] 殖やす。

【飾】 食部5 全13画 飾飾飾飾飾

ショク かざる 音[ショク] ⬓装飾《そうしょく》。修飾《しゅうしょく》。服飾《ふくしょく》。虚飾《きょしょく》。粉飾決算《ふんしょくけっさん》。訓[かざる] 飾る。飾り。飾り立てる。飾り気。飾りつけ。正月飾り。耳飾り。

【触(觸)】 角部6 全13画 ※ 触触触触触

ショク ふれる・さわる 音[ショク] ⬒触角《しょっかく》。触覚《しょっかく》。触診《しょくしん》。触発《しょくはつ》。触媒《しょくばい》。⬓感触《かんしょく》。接触《せっしょく》。一触即発《いっしょくそくはつ》。訓❶[ふれる] 触れる。❷[さわる] 触る。触り心地。手触り。肌触り。

【嘱(囑)】 口部12 全15画 嘱嘱嘱嘱嘱

ショク 音[ショク] ⬒嘱託《しょくたく》。嘱望《しょくぼう》。⬓委嘱《いしょく》。

【織】 糸部12 全18画 ※ 織織織織織

ショク・シキ おる 教小5 音❶[ショク] ⬒織機《しょっき》。織女星《しょくじょせい》。⬓染織《せんしょく》。紡織《ぼうしょく》。❷[シキ] ⬓組織《そしき》。訓[おる] 織る。織物。手織り。羽織。

【職】 耳部12 全18画 ※ 職職職職職

ショク 教小5 音[ショク] ⬒職業《しょくぎょう》。職場《しょくば》。職務《しょくむ》。職権濫用《しょっけんらんよう》。職人《しょくにん》。⬓就職《しゅうしょく》。役職《やくしょく》。管理職《かんりしょく》。事務職《じむしょく》。

1 **しょく【初句】**〈名〉和歌や俳句の、最初の句。アショク

2 **しょく【食】**━〈名〉❶食べもの。例食を求める。食の文化。保存食。流動食。宇宙食。❷食事。食事の量。例食がすすむ。食がほそい。→しょくす ❸〔天文〕天体が別の天体の一部または全部をおおいかくすこと。日食や月食など。▽アショク
━〈接尾〉❶食事の回数を数えることば。例朝・昼・晩の三食。❷何人分の料理や食品であるかを数えることば。例一日二〇食限定のスペシャルランチ。
表記 ━の③は、元来は「▼蝕」と書いた。

食が進《すす》む 食欲が出て、どんどん食べる。

食が細《ほそ》い たくさん食べられない体質だ。

食が細《ほそ》る 病気や老いのために、食がほそくなる。類食が落ちる。

3 **しょく【▼蜀】**〈名〉〔歴史〕中国で、三世紀の三国時代に、劉備《りゅうび》がたてた国。魏《ぎ》にほろぼされた。アショク

4 **しょく【▼燭】**〈名〉❶あかり。ともしび。古い言いかた。❷光度の古い単位。燭光《しょっこう》。現在は使わない。類カンデラ。▽アショク

5 **しょく【職】**〈名〉❶生計をたてるための仕事をする場。例職につく。職を求める。職をうしなう。類職業。❷組織の中のある地位。例校長の職にある。管理職。事務職。専門職。名誉《めいよ》職。❸仕事をするための技術。例手に職をつける。▽アショク

6 **しょく【色】**〈接尾〉❶色《いろ》のこと。また、色の種類を数えることば。例中間色。天然色。迷彩《めいさい》色。十二色の色鉛筆セット。❷傾向《けいこう》としておもてにあらわれた雰囲気《ふんいき》やようす。例郷土色。地方色。国際色ゆたかなイベント。デフレ色が強まる。

常用漢字 じょく

【辱】 辰部3 全10画 辱辱辱辱辱辱

ジョク はずかしめる 音[ジョク] ⬓屈辱《くつじょく》。雪辱《せつじょく》。恥辱《ちじょく》。侮辱《ぶじょく》。訓[はずかしめる] 辱める。

しょくあたり【食あたり】『食▽中り』〈名〉⇩しょくちゅうどく

しょくあん【職安】〈名〉⇩しょくぎょうあんていじょ

しょくいき【職域】〈名〉❶ある職業についている人の仕事の範囲《はんい》。❷職業についている場所。職場。

しょくいく【食育】〈名〉食に関する教育。食の安全

三条実美(さねとみ)(1837~91) 幕末～明治初期の政治家。公家出身。倒幕運動を進めた。新政府の太政大臣。

や食文化などについて学び、よりよい食習慣を形成するためのもの。

しょくいん【職員】〈名〉その役所・学校や、公共サービスを行なう企業《きぎょう》などで働いている人。例職員室。職員会議。団体職員。介護《かいご》職員。

しょぐう【処遇】〈名・する〉仕事のしかたに応じて、人の地位やとりあつかいをきめること。例その人にふさわしい処遇をする。類待遇。

しょくえん【食塩】〈名〉食用にするためにつくった塩。例食塩水。類食卓《しょくたく》塩。

しょくがい【食害】【▼蝕害】〈名〉虫や鳥獣《ちょうじゅう》が、植物や農作物を食いあらす害。

しょくがん【食玩】〈名〉食品、とくに菓子《かし》のおまけとして付けられる、おもちゃやフィギュア。

しょくぎょう【職業】〈名〉生活していくためにする仕事。例職業につく。職業訓練。類職。

しょくぎょうあんていじょ【職業安定所】〈名〉「公共職業安定所」の略。厚生労働大臣が管理する行政機関で、職をもとめる人に、つとめ先の紹介《しょうかい》などをする役所。「あんていじょ」は「あんていしょ」とも、また、略して「職安」ともいう。愛称《あいしょう》、ハローワーク。

しょくぎょうびょう【職業病】〈名〉その職業についているためにかかる病気。林業労働者の白蠟《はくろう》病など。

しょくげん【食言】〈名・する〉うそをつくこと。言ったことを実行しないこと。例食言行為《こうい》。参考いちど口からだしたことばを、また食べてしまう、ということ。

しょくご【食後】〈名〉食事をしたあと。対食前。

しょくさい【植栽】〈名・する〉草木をうえてそだてること。うえてそだてている草木。栽植。例植栽林。庭の植栽が色づく。

1 **しょくざい【食材】**〈名〉料理の材料にする食べ物。

2 **しょくざい【▼贖罪】**〈名・する〉❶お金を出したり、よい行ないをしたりして、おかした罪のつぐないをすること。類罪ほろぼし。❷キリスト教で、イエス＝キリストが人間の罪をつぐなうために、十字架《じゅうじか》の上で死んだこと。

しょくさん【殖産】〈名〉❶産業を盛んにすること。例殖産興業。❷財産をふやすこと。

しょくし【食指】〈名〉「人さしゆび」のこと。中国の故事による。

食指が動《うご》く うまそうな物を見て食べたい気持ちになる。あれがほしいなと思う。

食指を動《うご》かす 気に入ったものを手に入れようとして動きだす。例かれの申し出に、食指を動かされた。類触手《しょくしゅ》を伸《の》ばす。注意「触手を伸ばす」とまぎれた、「食指を伸ばす」という言いかたは あやまり。

しょくじ【食事】〈名・する〉生きていくために必要なものを食べること。その食べもの。例食事をとる。三度の食事。食事どき。類飯《めし》。ご飯。

1 **しょくしゅ【触手】**〈名〉下等動物にあって、触角《しょっかく》の役目や、食物をとらえる役目をする。ほそ長いでっぱり。アショクシュ

触手を伸《の》ばす ほしいものを手に入れようとしてはたらきかける。類食指《しょくし》を動かす。

2 **しょくしゅ【職種】**〈名〉職業の種類分け。たとえば、接客業務・生産業務・販売業務・デスク事務というような区別。アショクシュ →ぎょうしゅ

しょくじゅ【植樹】〈名・する〉木をうえること。例植樹祭。記念植樹。類植林。

しょくじょ【織女】〈名〉〔天文〕星の名。「ベガ(＝こと座の一等星)」のこと。年にいちど、七月七日の七夕の夜に、天《あま》の川で「牽牛《けんぎゅう》(＝ひこ星)」と会う、という伝説がある。織女星。おりひめ。→たなばた・けんぎゅう

1 **しょくしょう【食傷】**〈名・する〉同じ食べものやものごとにくり返し出あって、うんざりすること。例食傷ぎみ。

2 **しょくしょう【職掌】**〈名〉うけもっているつとめ。職務。例職掌がら。

しょくじりょうほう【食餌療法】〈名〉食べものの質や量を調節することによって、病気をなおす治療法。

しょくしん【触診】〈名・する〉医師が、手で病人のからだにさわって診察すること。

しょく・す【食す】〈動五〉「たべる」のかたい言いかた。

1 **しょくせい【植生】**〈名〉ある地域での植物分布の状態。例植生図。類フローラ。

2 **しょくせい【職制】**〈名〉❶仕事の分担についての制度。❷係長や課長などの、部下を管理する役。管理職。例職制の目が光る。

しょくせいかつ【食生活】〈名〉食べ物・食べ方の観点から見た、生活のすがた。例食生活を見なおす。

しょくせき【職責】〈名〉仕事のうえでの責任。例職責をはたす。

1 **しょくぜん【食前】**〈名〉食事をするまえ。例食前に飲む薬。対食後。

2 **しょくぜん【食膳】**〈名〉料理をのせるためのお膳。例食膳にのぼる。

しょくだい【▼燭台】〈名〉火をともしたろうそくを立てる台。例銀の燭台。

1 **しょくたく【食卓】**〈名〉食事をするときに使うテーブル。例食卓をかこむ。食卓につく。類お膳《ぜん》。ちゃぶ台。ダイニングテーブル。

2 **しょくたく【嘱託】**〈名〉❶ある条件の中で仕事をたのむこと。例嘱託医。類委嘱。委託。❷正式の社員や職員にはならないで、仕事の一部をうけもつ人。

しょくち【触知】〈名・する〉手でさわって、それが何なのかを知ること。点字の読み取りや医師の触診《しょくしん》にいう。

しょくちゅうしょくぶつ【食虫植物】〈名〉花や葉でとらえた昆虫《こんちゅう》から養分をとる植物。モウセンゴケやウツボカズラなど。

しょくちゅうどく【食中毒】〈名〉食べものにふくまれた、細菌《さいきん》や毒物によっておこる中毒。はき気やげり、腹痛などの症状《しょうじょう》がおこる。食あたり。

しょくつう【食通】〈名〉食べものの味にくわしく、うまい食べものを出す店をよく知っていること。そういう人。類グルメ。

1 **しょくどう【食堂】**〈名〉❶食事をするためのへや。ダイニングルーム。❷いろいろな料理を出す店。例大衆食堂。食堂車。類料理屋。レストラン。参考②は、「料理屋」「レストラン」などにくらべて、大衆的な料理を出す店のことをいう場合が多い。

2 **しょくどう【食道】**〈名〉消化器官の一部で、のどから胃までつづく、くだ。食べたものの通路。

しょくどうらく【食道楽】〈名〉⇩くいどうらく

しょくにく【食肉】〈名〉食用にする肉。

しょくにん【職人】〈名〉習っておぼえた技術をいかして、家をたてたり ものをつくったりする仕事の人。大工・左官・石工・造園師など。例職人芸。職人かたぎ。表現地味な働きぶりながら、確実に要求にこたえる仕事

三蔵法師(さんぞうほうし) ⇨げんじょう(玄奘)

をする、一般《いっぱん》の職業人《じん》をさしていうこともある。

しょくにんかたぎ【職人かたぎ】〘職人▽気▽質〙〈名〉自分の技術に自信をもって、人と妥協《だきょう》することなく、自分に納得《なっとく》できるやりかたで、仕事をみごとにやりとげる、いかにも職人らしいがんこな気質《きしつ》。

しょくのう【職能】〈名〉❶はたしている機能。❷「職業」のこと。例職能代表制。

しょくば【職場】〈名〉仕事をする場所。例職場体験(=職業体験)。

表現 勤務先の意味にも使うが、同じ勤務先でも具体的な仕事をする場所がちがえば「職場がちがう」といえる。

しょくばい【触媒】〈名〉〔化学〕化学反応がおこるときに、それ自体は変化しないで、他の物質の化学変化の速度に大きな影響《えいきょう》をあたえる物質。

しょくはつ【触発】〈名・する〉刺激《しげき》をあたえて、ある行動や気持ちをおこさせること。例先生のことばが彼を触発した。類誘発《ゆうはつ》。

しょくパン【食パン】〈名〉箱の形に焼きあげた主食用のパン。スライスして食べる。

しょくひ【食費】〈名〉生活費の中で、毎日の食事に必要な費用。例食費をきりつめる。

しょくひん【食品】〈名〉食べものにする品物。例食品添加《てんか》物。冷凍《れいとう》食品。類食料品。

しょくひんてんかぶつ【食品添加物】〈名〉食品の調理や加工、製造のときに加える、調味料・着色料・保存料など。

しょくぶつ【植物】〈名〉生物を大きく二種類に分けたときの、動物でないほう。木や草花のこと。土の中に根をおろして水分・養分を吸《す》いあげ、光合成《こうごうせい》を行ないながら成長する多細胞《たさいぼう》生物。コケ植物・シダ植物・種子植物の三種類に分けられる。対動物。↓せいぶつ〔生物〕参考

しょくぶつえん【植物園】〈名〉各種の植物を集めて栽培《さいばい》し、植物についての研究や知識の普及《ふきゅう》をはかるための施設《しせつ》。

しょくぶつじょうたい【植物状態】〈名〉⇩しょくぶつにんげん

しょくぶつせい【植物性】〈名〉❶植物特有の性質。動物でなく、植物であること。例植物性たんぱく質。❷植物からとれるものであること。例植物性洗剤《せんざい》。▽対動物性。

しょくぶつにんげん【植物人間】〈名〉脳がきずついたため、意識がなく運動能力も失われて、ただ呼吸や消化器の働きだけで生きている人。

表現 語感が冷たいので、「植物状態」、さらには「重度の昏睡《こんすい》状態」などに言いかえられる。

しょくぶつゆ【植物油】〈名〉植物のたねや実《み》からとったあぶら。ゴマ油・オリーブ油・ベニバナ油など。

しょくぶん【職分】〈名〉その職業につく者がしなければならないつとめ。例職分を果たす。類職務。

しょくぶんか【食文化】〈名〉食べものの種類や調理法などを、国や地域・時代ごとの特色をもつ文化としてとらえた言いかた。

しょくべに【食紅】〈名〉食べものに赤い色をつける色素。とくにベニバナの色素。

しょくへん【食偏】〘食偏〙〈名〉漢字の偏の一つ。「飲」「飯」「餅」などの「⻞」「飠」の部分。

参考 ふつう、漢和辞典では「食」(九画)の部にふくまれる。

しょくぼう【嘱望】〈名・する〉ぜひこうあってほしいと期待をかけること。例将来を嘱望される。類期待。

しょくみんち【植民地】〈名〉ある国の領土にされて、原料の供給地や市場となるなど、政治的、経済的にその国の支配をうける地域。類属領。

しょくむ【職務】〈名〉仕事のうえでの役目。

しょくむしつもん【職務質問】〈名〉警察官が、不審《ふしん》な者に対して路上で行なう質問。職質。

しょくもう【植毛】〈名・する〉毛を植えつけること。

しょくもつ【食物】〈名〉食べもの。飲みものもふくめていうことが多い。類食料。

表現「食物」は、生命活動や栄養素に注目していう。ふだん口にするのは「食料」。

しょくもつせんい【食物繊維】〈名〉食品中の、消化されにくいセルロースやペクチンなどの成分。野菜・くだもの・海草・豆類・穀物などに多くふくまれ、便秘・動脈硬化《こうか》・糖尿《とうにょう》病・肥満・大腸がんなどの防止に効果があるといわれる。ダイエタリーファイバー。

しょくもつれんさ【食物連鎖】〈名〉〔生物〕食べられる生物と食べる生物がつながり合った一連の関係。たとえば、木の葉↓ガ↓クモ↓モズ↓ワシなど。一般《いっぱん》に、あとのものほど大型となり数は少なくなる。

しょくゆうじょう【▼贖▼宥状】〈名〉〔歴史〕中世、カトリック教会がお金とひきかえに信者に発行した、罪をゆるす証明書。教会の資金集めにさかんに発行されたため、ルターがこれに反対して、宗教改革のきっかけとなった。「免罪符《めんざいふ》」ともいう。

しょくよう【食用】〈名〉食べものにすること。食べものとして使えること。例食用に供する。食用になる。

しょくよく【食欲】〈名〉腹がすいて、食べたい気持ち。例食欲がわく。食欲がない。食欲不振。類食いけ。

1 **しょくりょう【食料】**〈名〉食べるためのもの。例食料を買いあつめる。類食物。↓しょくもつ表現

2 **しょくりょう【食糧】**〈名〉食べもの。とくに、主食としての米や麦などをさす。例食糧不足。携帯《けいたい》食糧。

しょくりょうなん【食糧難】〈名〉食糧が手に入りにくいこと。

しょくりょうひん【食料品】〈名〉食べものにする品物。とくに、主食以外の食べもの。類食品。

しょくりん【植林】〈名・する〉山野になえ木をうえること。例植林事業。類植樹。造林。

しょくれき【職歴】〈名〉これまでしてきた職業の経歴。

しょくん【諸君】〈代名〉自分と同じかそれより下の、たくさんの人を、敬意と親しみをもってよぶことば。例学生諸君に告ぐ。類諸兄《しょけい》。みなさん。

じょくん【叙勲】〈名〉勲等《くんとう》や勲章をさずけること。対受勲。参考 年に二回、昭和の日(4月29日)と文化の日(11月3日)に受章者が発表され、「春の叙勲」「秋の叙勲」という。

1 **しょけい【処刑】**〈名・する〉刑罰《けいばつ》として、死刑にすること。例公開処刑。アショケー

2 **しょけい【初経】**〈名〉女子の、最初の月経《げっけい》。「初潮《しょちょう》」の専門的な言いかた。対閉経《へいけい》。アショケー

3 **しょけい【諸兄】**〈名〉何人かの男性に対して、敬意をこめて呼びかけるときに使うことば。対諸姉。アショケー

1 **じょけい【女系】**〈名〉❶女性によって受けつがれていく家の系統。❷母方の家系。対男系。

2 **じょけい【叙景】**〈名〉自然の景色のありさまを、詩や

 サン=テグジュペリ (1900〜44) フランスの小説家・飛行士。幻想的な童話「星の王子さま」は有名。

文章に表現すること。例叙景文。↓じょじょう参考

しょげかえ・る【しょげ返る】〈動五〉ひどくしょげる。類しょげ込む。

しょげこ・む【しょげ込む】〈動五〉すっかりしょげてしまう。類しょげ返る。

じょけつ【女傑】〈名〉ちえや勇気のすぐれた女性。類女丈夫《じょじょうふ》。

しょ・げる【▼悄気る】〈動下一〉失敗したりして、元気がなくなる。例きみ、あんまりしょげるなよ。

1 **しょけん【所見】**〈名〉見たり調べたりしたことにもとづいてまとめた意見や考え。例所見をのべる。医師の所見。

2 **しょけん【書見】**〈名・する〉「読書」の古風な言いかた。類見解。

1 **しょげん【緒言】**〈名〉書物で、本文の前に書いてある文章。「ちょげん」ともいうようになった。類はしがき。前書き。序文。

2 **しょげん【諸元】**〈名〉自動車や機械の大きさ・性能などの特徴《とくちょう》や、ある物質の大きさ・成分などの性質を、数値で示したもの。類スペック。

1 **じょけん【女権】**〈名〉女性の社会上の権利。

じょげん【序言】〈名〉本の初めなどにのべることば。類前書き。はしがき。序文。緒言《しょげん》。

2 **じょげん【助言】**〈名・する〉その人のこまっていることについて、他の人が助けになることを言うこと。例助言をあたえる。助言を求める。学生に留学を助言する。類アドバイス。

表現「助言」は、目上の人が目下の人に対して、または、自分と同じくらいの人に対してするのがふつう。

しょこ【書庫】〈名〉❶本をおさめておく、へやや建物。❷⇩アーカイブ②

1 **しょこう【初校】**〈名〉印刷物を作るときの、第一回目の校正。アショコー

2 **しょこう【▼曙光】**〈名〉❶夜あけにさしてくる、太陽の光。類暁光《ぎょうこう》。❷苦しみの中で、やっとみえはじめた希望。例曙光がさす。アショコー

3 **しょこう【諸侯】**〈名〉封建《ほうけん》時代に、領地をもち、その領民を支配していた者たち。日本での「大名」にあたる。アショコー

1 **じょこう【女工】**〈名〉女子の工員。古い言いかた。

2 **じょこう【徐行】**〈名・する〉車や電車などが、いつでも止まれる速さでゆっくり走ること。例徐行運転。

しょこく【諸国】〈名〉いくつもの国々。類列国。

じょことば【序▽詞】〈名〉〔文学〕和歌で、ある語句をみちびきだすためにその前に置かれる、修辞としての語句。枕詞《まくらことば》に対して、長さに制限がない。たとえば百人一首の伊勢《いせ》の歌「難波潟《なにわがた》みじかき芦《あし》のふしの間も逢《あ》はでこの世をすぐしてよとや」で、「難波潟みじかき芦の」は「ふし(節)」をみちびきだしている。

しょこん【初婚】〈名〉初めての結婚。対再婚。

しょさ【所作】〈名〉人のふるまいやしぐさ。例所作をまねる。類動作。

1 **しょさい【所載】**〈名〉本や雑誌などにのっていること。例五月号所載。類掲載《けいさい》。所収。

2 **しょさい【書斎】**〈名〉家で、本を読んだり書きものをしたりするためのへや。例書斎にこもる。

しょざい【所在】〈名〉どこにあるか、どこにいるか、ということ。例責任の所在を明らかにする。所在不明者。類ありか。

しょざいち【所在地】〈名〉その建物がある場所。

参考「県庁所在地」といえば「市」をさすように、おおまかな地名をさすことも、正確な所番地をさすこともある。また、会社などの所在地を俗《ぞく》に「住所」ということもある。

しょざいな・い【所在ない】〈形〉なにもすることがなくて、退屈《たいくつ》である。どうもおちつかない。類手もちぶさた。

じょさいな・い【如才ない】〈形〉手おちがなく、気がきいていてあいそがいい。例如才なくふるまう。

表現「如才がない人」「如才のない人」のように、「が」や「の」をあいだに入れて使うことも多い。

しょさごと【所作事】〈名〉歌舞伎《かぶき》で、舞踊《ぶよう》。とくに、長唄《ながうた》を伴奏《ばんそう》とする舞踊。また、舞踊劇をもいう。

じょさね(方言) かんたんだ。山形で言う。

参考「造作無《ぞうさな》い」が変化した形。

しょさん【所産】〈名〉あることの結果として、うみ出されたもの。例多年の努力の所産。類産物。

じょさんし【助産師】〈名〉法律上の資格をもち、お産をたすけ、お産の前後のせわなどをする女の人。旧「助産婦」の改称《かいしょう》。男性はなれない。類産婆《さんば》。

1 **しょし【初志】**〈名〉なにかをしようと思ったときの、最初に心にかたくちかった決心。例初志をつらぬく。初志を貫徹《かんてつ》する。類初心。

2 **しょし【書誌】**〈名〉❶書物そのものを研究の対象としてみたときの、著者や出版者、体裁《ていさい》、成立事情など。例書誌学。❷特定の主題や人物に関する文献《ぶんけん》の、くわしい目録。例森鷗外《もりおうがい》書誌。

3 **しょし【諸姉】**〈名〉何人かの女性に対して、敬意をこめて呼びかけるときに使うことば。対諸兄。

1 **しょじ【所持】**〈名・する〉身につけて、もっていること。例所持品。類携帯《けいたい》。携行。

2 **しょじ【諸事】**〈名〉いろいろなことがらや用事。例諸事万端《ばんたん》。類万事。

1 **じょし【女子】**〈名〉❶女の子。むすめ。❷女の人。例女子従業員。類おんな。女性。婦人。▽対男子。アジョシ ↓じょせい〔女性〕表現

2 **じょし【女史】**〈名〉社会的地位のある女性をよぶときに、姓《せい》や姓名につけて使う敬称《けいしょう》。アジョシ

3 **じょし【助詞】**〔文法〕品詞の分類の一つ。付属語のうち、活用しないもの。いつもほかのことばのあとにつけて使い、ことばとことばの関係を表わしたり、意味をそえたりする。「ほかのことばのあとにつけて」の中の「の」「に」「て」などがそれ。アジョシ ↓じょどうし

参考 助詞は、格助詞・副助詞・接続助詞・終助詞の四種類に分ける。

1 **じょじ【女児】**〈名〉幼い女の子。対男児。アジョジ

2 **じょじ【助字】**〈名〉漢文で、文の組み立ての役をはたす付属語。「也・於・被」など。助辞。対実字。アジョジ

3 **じょじ【助辞】**〈名〉❶〔文法〕助詞と助動詞。やや古いことば。❷⇩じょじ〔助字〕▽アジョジ

4 **じょじ【叙事】**〈名〉文芸で、人物の行動やものごとのようす、できごとなどを感情をまじえないで表現すること。例叙事詩。対叙情。アジョジ ↓じょじょう参考

しょしき【書式】〈名〉証明書や願書などの、きまった書きかた。例書式がちがう。書式をそろえる。類フォーマット。

じょじし【叙事詩】〈名〉〔文学〕民族の伝説や歴史的事件、英雄《えいゆう》の活躍《かつやく》などを物語った詩。古代ギリ

シャの「オデュッセイア」など。エピック。対叙情詩。

しょしだい【所司代】〈名〉〔歴史〕江戸《えど》時代、京都におかれた幕府の役所。おもに、朝廷《ちょうてい》や西国大名の監視《かんし》をした。

じょしつ【除湿】〈名・する〉湿気をとりのぞくこと。例除湿器。対加湿。

しょしゃ【書写】〈名〉❶〈する〉筆で書くこと。❷小学校や中学校の国語の学習内容のうちの、習字。

じょしゅ【助手】〈名〉❶仕事の手だすけをする人。アシスタント。❷大学の教職員で、講師・助教につぐ地位。事務作業を行なう。

1 **しょしゅう【初秋】**〈名〉秋のはじめ。九月ごろの、夏の暑さがよわまり、夜が長くなってくるころをいう。対晩秋。類秋口。→あき〔秋〕表現

2 **しょしゅう【所収】**〈名〉作品などが、本や雑誌におさめられていること。類所載《しょさい》。

しょしゅつ【初出】〈名・する〉文字やことば、書かれたものが、そこにはじめて登場すること。例文献《ぶんけん》初出年代。短編小説の初出誌。対既出《きしゅつ》。

じょじゅつ【叙述】〈名・する〉ものごとを、順をおって文章に書き表わすこと。類記述。

しょしゅん【初春】〈名〉春のはじめのころ。対晩春。類早春。浅春《せんしゅん》。春先。

しょじゅん【初旬】〈名〉ひと月を十日ずつ三つにわけたうちの、はじめの十日間。対中旬。下旬。類上旬。

しょしょ【処暑】〈名〉二十四節気の一つ。今の八月二十三日ごろ。暑さがおさまり、朝夕にすずしさを感じるようになる時季。

しょじょ【処女】━〈名〉まだ性的経験のない女性。例処女のようなはじらい。対童貞《どうてい》。類おとめ。生娘《きむすめ》。バージン。━〈接頭〉❶はじめてのものであることを表わす。いいもの、価値のあるものについていう。例処女作。処女航海。❷人がまだ足をふみ入れたり、手をくわえたりしていないことを表わす。例処女地。

しょじょう【書状】〈名〉「手紙」のあらたまった言いかた。類書簡。書面。

じょしょう【序章】〈名〉❶ながい小説や論文などで、はじめにくる部分。対終章。類序論。❷ものごとのはじめ。類序曲。▽類プロローグ。

じょじょう【叙情】【▼抒情】〈名〉心になみうつ感情を表現すること。例叙情詩。対叙事。

参考 ことばによる表現活動には、叙情のほかに、叙事(=具体的な事実をえがく)、議論(=考えをのべる)、説明(=知識を伝達する)などがある。文学に欠かせぬ叙景(=景色や風物をえがく)は、具体的な事実をえがいていながら、効果においては叙情になる。

じょじょうし【叙情詩】【▼抒情詩】〈名〉〔文学〕作者の感じたことや思ったことがら、情緒《じょうちょ》を、主観的に表現した詩。リリック。対叙事詩。

しょじょかいたい【処女懐胎】〈名〉キリスト教で、聖母マリアが処女のまま、神の意志によりキリストを身ごもったこと。

しょじょこうかい【処女航海】〈名〉新しくつくられた船が、初めて行なう航海。例処女航海にのぞむ。

しょじょさく【処女作】〈名〉はじめて発表した作品。文学作品についていうことが多い。

しょじょち【処女地】〈名〉❶まだ人間の手が入っていない土地。人跡未踏《じんせきみとう》の地。❷まだ調査や研究などのされていない分野。

じょじょに【徐徐に】〈副〉ゆっくりと少しずつ。だんだんに。例列車は徐々に速度をはやめた。対一気に。

1 **しょしん【初心】**〈名〉❶なにかをしようと決心したときの、最初の気持ち。例初心に返る。初心忘《わす》るべからず(=世阿弥《ぜあみ》のことば)。類初志。❷ある学問や技術をならいはじめたばかりであること。例初心者。類初級。初学。

表記「初心に返る」は、「初心に帰る」とも書く。

2 **しょしん【初診】**〈名〉その病院ではじめてうける診察。例初診料。対再診。

3 **しょしん【所信】**〈名〉ある問題について、自分がもっている考え。例所信を表明する。

しょしんえんぜつ【所信演説】〈名〉「所信表明演説」の略。内閣総理大臣が、新しく選ばれたときや臨時国会で、「総理大臣として、私はこれからこういう政治をします」という考えを発表する演説。

しょしんしゃ【初心者】〈名〉学問や技術をならいはじめたばかりの人。類ビギナー。

しょ・す【処す】〈動五〉⇩しょする

じょすう【除数】〈名〉〔数学〕わり算で、10÷5=2の5のような、わる方の数。対被《ひ》除数。

1 **じょすうし【序数詞】**〈名〉〔文法〕数詞の中で、「一位」「三着」のように順序を表わすもの。

2 **じょすうし【助数詞】**〈名〉〔文法〕ものの数や量を表わすときに、「一」「二」「三」など数そのもののあとにつけることば。日本語では「人」「個」「枚」「冊」「台」「隻《せき》」など、かぞえるものによっていろいろなことばが使われるが、この種のことばをあまり使わない言語も少なくない。→囲み記事27(次ページ)・28(619ページ)

しょ・する【処する】〈動サ変〉❶あることがらに対して、ふさわしい行動や態度をとる。「…に処する」の形で使うことが多い。例難局に処する。身を処する。類対処する。❷とりはからう。例事を処する。類処理する。❸刑罰《けいばつ》をあたえる。例死刑に処する。類科する。

1 **じょ・する【叙する】**〈動サ変〉爵位《しゃくい》や勲等《くんとう》などをさずける。例勲三等に叙せられた。

2 **じょ・する【除する】**〈動サ変〉わり算をする。対乗じる。類わる。

1 **しょせい【処世】**〈名〉世の中で、いろいろなできごとや人間関係をうまく処理して生活していくこと。例処世術。類世わたり。

2 **しょせい【書生】**〈名〉❶「学生」の古い言いかた。❷他人の家にせわになって、その家の仕事をてつだいながら勉強する人。明治・大正時代に多かった。

1 **じょせい【女声】**〈名〉〔音楽〕女の人の声。例女声合唱。対男声。

2 **じょせい【女性】**〈名〉人の性別のうち、子どもを生む能力をもつほう。ふつう、成年に達した人をさす。対男性。類おんな。女子。婦人。女の人。

表現「女」より「女性」のほうが客観的な言いかたになる。「女子」は学校やスポーツ関係などで使われ、どちらかといえば年齢《ねんれい》の低い人を、「婦人」は社会的な場面で使われ、どちらかといえば年齢の高い人をいう。

3 **じょせい【女婿】**〈名〉むすめの夫。むすめむこ。

4 **じょせい【助成】**〈名・する〉事業や研究が完成するように金銭面でたすけること。例助成金。

5 **じょせい【助勢】**〈名・する〉力を貸して助けること。手助けすること。類加勢。助力。

三遊亭円朝(1839〜1900) 幕末〜明治時代の落語家。「怪談牡丹灯籠」などの怪談や人情噺(ばなし)で有名。

じょせいき【女性器】〈名〉 女性の性器。対男性器。

じょせいてき【女性的】〈形動〉 女性のもつ特徴《とくちょう》がよくでている。対男性的。類女らしい。

表現 女性について「女性的」といえば、よい面をいっているが、男性について「女性的」というと、「男らしくない」「たよりない」というよくない意味がふくまれやすい。

しょせき【書籍】〈名〉 本。書物。類図書。書。

表現 出版物の中で、雑誌と区別していうことが多い。

じょせき【除籍】〈名・する〉 名簿《めいぼ》や戸籍などに登録されている名前を、消しさること。例除籍処分。対入籍。類除名。

1 **しょせつ【所説】**〈名〉 主張している内容。説くところ。

2 **しょせつ【諸説】**〈名〉 あるものごとについての、さまざまな説や考え。例諸説入り乱れる。諸説ふんぷん。アショセツ

じょせつ【除雪】〈名・する〉 屋根や道路につもった雪をとりのぞくこと。例除雪車。類雪かき。雪おろし。

しょせつふんぷん【諸説紛紛】〈副・連体〉 いろいろな説や推測が入り乱れて、本当のところがわからないさま。例諸説紛々としている。

1 **しょせん【初戦・緒戦】**〈名〉 ❶[初戦] 何回も行なわれる、スポーツの試合の、第一回目。例初戦で敗退する。❷[緒戦] 戦争やスポーツの試合の、はじまったばかりの段階。類序盤《じょばん》戦。

2 **しょせん【所詮】**〈副〉 どうころしてみても、結局は。例所詮、かなわぬ夢《ゆめ》とあきらめる。

じょせん【除染】〈名・する〉 放射性物質による汚染をとりのぞくこと。

しょそう【諸相】〈名〉 ものごとの、さまざまなようす。類種々相。

しょぞう【所蔵】〈名・する〉 美術品など価値の高いものを、自分の所有物としてしまっておくこと。例ルーブル美術館所蔵。類所有。

1 **じょそう【女装】**〈名・する〉 男性が女性のかっこうをすること。例女装趣味《しゅみ》。対男装。

2 **じょそう【助走】**〈名・する〉 とんだりものを投げたりするときにいきおいをつけるために、ふみきりのところまで走ること。例助走路。

3 **じょそう【助奏】**〈名〉〔音楽〕 伴奏《ばんそう》のついた独奏や独唱などで、主旋律《しゅせんりつ》をひきたたせるために、さらに別の楽器が演奏する旋律。オブリガート。

4 **じょそう【序奏】**〈名〉〔音楽〕 曲の中心部への導入として演奏される部分。導入部。イントロダクション。

5 **じょそう【除草】**〈名・する〉 田畑や庭などの雑草をとりのぞくこと。例除草剤《ざい》。類草とり。

しょそく【初速】〈名〉 ものが動きはじめたときの、その最初の速度。初速度。

しょぞく【所属】〈名・する〉 人やものが団体や組織に属していること。例新聞部に所属する。無所属。

しょぞん【所存】〈名〉 心の中で考えていること。例明日《みょうにち》参上する所存です。類考え。

1 **しょたい【所帯】**〈名〉 一つのまとまりで生活している一家。世帯《せたい》。例所帯をもつ(＝結婚《けっこん》して一家をかまえる)。所帯道具。男所帯《おとこじょたい》。アショタイ

表現 「世帯」は「世帯数」「五百世帯」「一世帯あたり」のような形で使ったり、書類で「世帯主」と使う。ふつうは「所帯」という。

2 **しょたい【書体】**〈名〉 ❶文字のかたちの種類。手書きの漢字には、楷書《かいしょ》・行書・草書・篆書《てんしょ》・隷書《れいしょ》などの区別がある。また、活字の漢字やかなには明朝《みんちょう》・清朝《せいちょう》・宋朝《そうちょう》、ローマ字には、ローマン・イタリック・ゴシックなどの別があり、「フォント」ともいう。絵 →じたい〔字体〕 ①・囲み記事24(508ページ) ❷個人の特徴《とくちょう》があらわれてい

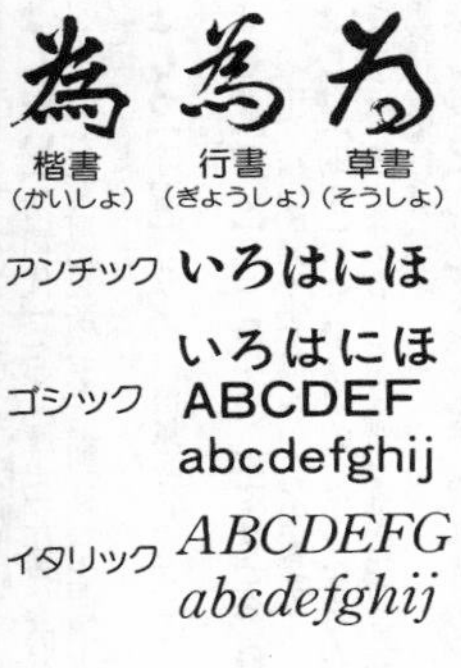

[しょたい]

囲み記事 27

助数詞

ふだん最もよく使う助数詞 紙のようにうすくひろがったものは「一枚」、鉛筆《えんぴつ》のようにほそ長いものは「一本」、紙をとじて本にしたものは「一冊」とかぞえる。消しゴムのようにかんたんにつかめるものはなんでも「一個」とかぞえるから、茶わんは「一個」だが、皿は「一枚」になる。器物には「台」がよく使われ、携帯《けいたい》ラジオも、テレビも洗濯《せんたく》機も「一台」とかぞえる。自動車も、大小にかかわらず「一台」でよい。人間をかぞえるときは「人《にん》」「名《めい》」だが、一、二までは「ひとり」「ふたり」がふつうである。

使い方のいろいろ 動物には、いろいろな使いわけがある。鳥は「一羽《いちわ》」、魚は「一尾《いちび》」とかぞえるのが習慣だが、魚は、次第に「一匹《いっぴき》」ですむようになっている。鳥でも、「ハト一匹」といってもそうおかしくはない。けものは、犬や猫ぐらいだと「一匹」で、トラやライオン、象などは「一頭」というが、これも、だんだん「一匹」になっていくかもしれない。ウサギに限って「一羽」とかぞえた習慣は、いまは、もう一般《いっぱん》には消えている。

いすは「一脚《いっきゃく》」、戸棚《とだな》やたんすは「ひとさお」とかぞえていたが、いまは「一つ」「二つ」ですむようだ。飛行機の「一機」、船の「一隻《いっせき》」は安定しているが、エンジンは「一基」から「一台」に移りつつある。建物は、家などは「一軒《いっけん》」「一棟《ひとむね》」といっているが、ビルやマンションなど大きなものは「一棟《いっとう》」という。

電車のひとつひとつの車両は「一両」とかぞえて「十両編成」などというが、次の電車に乗ろうというときは「一本(あるいは一台)待とう」といって使いわける。くつの「一足《いっそく》」は左右二つをあわせていう。「一組み」「ひとそろい」「一セット」等の内容は自由で、その数もさまざまである。

シートン (1860～1946) カナダの作家。動物の生態を研究。自分でさし絵をかいた動物記を著した。

る字の形。

しょだい【初代】〈名〉つぎつぎにうけつがれる地位に、最初についた人。例初代首相。初代菊五郎《きくごろう》。参考とくに、歌舞伎《かぶき》俳優や、伝統芸能などをうけつぐ人について、使われる。▽アショタイ

じょたい【除隊】〈名・する〉軍隊に召集《しょうしゅう》されていた人が、任務をとかれて一般《いっぱん》生活にもどること。対入隊。類退役《たいえき》。

しょたいけん【初体験】〈名〉⇩はったいけん

しょたいじ・みる【所帯染みる】〈動上一〉家庭生活の苦労でやつれ、若々しさやはつらつさがなくなる。

しょたいどうぐ【所帯道具】〈名〉家庭に必要な道具。家具や台所用品など。

しょたいぬし【所帯主】〈名〉所帯の中心となっている人。参考「世帯《せたい》主」は、ややあらたまった言いかた。

しょたいめん【初対面】〈名〉はじめてその人と顔をあわせること。例初対面のあいさつ。

しょたいもち【所帯持ち】〈名〉一家をかまえて生計をたてている人。類家族持ち。

しょたいやつれ【所帯やつれ】〖所帯▼窶れ〗〈名・する〉一家の生活をやりくりする苦労のためにつかれて、やせてしまうこと。とくに主婦についていう。

しょだな【書棚】〈名〉「本棚」のややかたい言いかた。類書架《しょか》。

しょだん【処断】〈名・する〉決定をくだし、きちんとした処理をすること。類裁定。

しょち【処置】〈名・する〉❶どうあつかうかをきめて、しまつをつけること。例処置をとる。処置にこまる。必要な処置。類処理。措置《そち》。❷けがや病気などの手あてをすること。例応急処置。

しょちゅう【暑中】〈名〉夏のあつさのつづく期間。とくに、夏の土用の十八日間。例暑中見舞い。対寒中。→どよう〔土用〕

じょちゅう【女中】〈名〉よその家や旅館・料理屋などにやとわれて、炊事・掃除《そうじ》・接客などの仕事をする女性。「お手伝いさん」の古い言いかた。例女中さん。

しょちゅううかがい【暑中伺い】〈名〉⇩しょちゅうみまい

じょちゅうぎく【除虫菊】〈名〉畑に栽培《さいばい》するマーガレットに似た多年草。初夏に、花を収穫《しゅうかく》し、かげ干しにして蚊取線香《かとりせんこう》や殺虫剤《ざい》の原料にする。

しょちゅうみまい【暑中見舞い】〈名〉暑中に、知人や友人などにだすあいさつの手紙。暑中伺《うかが》い。参考立秋をすぎてだすときには、「残暑見舞い」という。

1**しょちょう【初潮】**〈名〉「初経《しょけい》」のこと。例初潮をむかえる。対閉経《へいけい》。精通。

2**しょちょう【所長】**〈名〉研究所や事業所などのように、「…所」がつく機関や施設《しせつ》の、もっとも上の役職。その役職の人。

3**しょちょう【署長】**〈名〉警察署や税務署などのように、「…署」がつく役所の、もっとも上の役職。

じょちょう【助長】〈名・する〉人の能力やものごとのうごきが、どんどんすすんでいくようにすること。例進歩を助長する。社会不安を助長する。苗《なえ》の生育を助長する。注意よくないことについて使うことが増えてきている。

しょっかい【職階】〈名〉会社や役所などで、職種と責任の度合いに応じてきめられている階級。

1**しょっかく【食客】**〈名〉よその家で、お客のようなかたちのまま住みこんで、養ってもらっている人。類居候《いそうろう》。

2**しょっかく【触角】**〈名〉〔動物〕昆虫《こんちゅう》やエビなどの頭の先にある、一対《いっつい》または二対のひげのようなもの。触覚や嗅覚《きゅうかく》などをうけもつ。

3**しょっかく【触覚】**〈名〉五感の一つ。ものにさわったときに感じる感覚。類触感。

1**しょっかん【食間】**〈名〉朝食と昼食、昼食と夕食の、それぞれの中間の時間。おもに、薬をのむタイミングについていう。

2**しょっかん【食感】**〈名〉ものを食べたときの、口の中や舌にふれる感じ。例もちもちっとした食感。

3**しょっかん【触感】**〈名〉ものにふれたときの肌《はだ》ざわり。例触感のいい毛布。

1**しょっき【食器】**〈名〉茶わんやはしなどの、食事をするときに使う容器や道具。

2**しょっき【織機】**〈名〉布を織る機械。おりき。

ジョッキ〈名〉ビールなどを飲むのに使う、とってつきの大型のコップ。例ジョッキをかたむける。◇jug から。

ジョッキー〈名〉❶競馬の騎手《きしゅ》。❷「ディスクジョッキー」の略。◇jockey

ショッキング〈形動〉おどろいて息もとまるような。例ショッキングな事件。類衝撃《しょうげき》的。◇shocking

ショック〈名〉❶物理的に強い力が加えられること。例この機械はショックにもつよい。❷予想外のことに出会ってどきっとすること。例ひどいショックをうけた。「ショック！」。カルチャーショック。▽類インパクト。衝撃《しょうげき》。❸〔医学〕突然の強い刺激によって身体機能に障害がおこった状態。例ショック死。◇shock

ショックし【ショック死】〈名・する〉大けがによる失血や、薬品などの刺激によるショックが原因で死ぬこと。

1**しょっけん【食券】**〈名〉食堂などで、食べものとひきかえるための券。

2**しょっけん【職権】**〈名〉公務員などが、その仕事を行なうためにあたえられている権限。職務権限。例職権濫用《らんよう》(=職権を悪用すること)。

1**しょっこう【▼燭光】**〈名〉❶ともしびの光。❷光度の古い単位。燭《しょく》。類カンデラ。参考光度の単位としては、現在ふつう「カンデラ」を使う。

2**しょっこう【職工】**〈名〉工場で、機械などをうごかす労働者。古い言いかた。類工員。

しょっちゅう〈副〉いつも。しじゅう。くだけた感じのことば。例しょっちゅういねむりしている。類たびたび。

しょっつる〖▽塩▽汁〗〈名〉イワシ・ハタハタなどを塩漬けにし、魚の成分がとけてどろどろになった汁をこして作る調味料。秋田地方の特産。例しょっつるなべ。

しょってた・つ【しょって立つ】〖▽背▽負って立つ〗〈動五〉「せおってたつ」のくだけた言いかた。

しょっ・てる〈動下一〉自分を高く見すぎている。

ショット〈名〉❶ゴルフや、卓球・テニス・バドミントンなどで、たまを打つこと。例ナイスショット。❷映画や写真の、一場面。類カット。❸ウイスキーなどの洋酒の、ひと口で飲める分量。例ショットグラス。ショットバー。◇shot

しょっぱ・い〈形〉塩けのつよい味だ。くだけた感じのことば。類しおからい。

しょっぱな〖初っ▽端〗〈名〉「最初」のくだけた言いかた。類のっけ。

じょっぱり（方言）意地をはること。また、がんこな人。北海道・青森などで言う。

 シーボルト（1796～1866） ドイツの医師・博物学者。1823年に来日し，長崎の鳴滝塾で西洋医学を教えた。

由来「強情《ごうじょう》っ張り」に由来することば。

しょっぴ・く〈動五〉むりやりひっぱってつれて行く。とくに、犯人などを警察にひっぱって行く。

ショッピング〈名〉買いものをすること。買いものにでかけること。例ネットショッピング。◇shopping

ショッピングセンター〈名〉スーパーマーケットやホームセンターを中心にして、各種の小売《こうり》店や飲食店を集めた大型商業施設《しせつ》。◇shopping center

ショップ〈名〉店。商店。例コーヒーショップ。ペットショップ。◇shop

しょて【初手】〈名〉❶碁《ご》や将棋《しょうぎ》で、最初にうったりさしたりする手。❷なにかをするときの、そのはじめのうち。例初手から相手を圧倒《あっとう》する。

しょてい【所定】〈名〉前もってきまっていること。例所定の期日。所定の場所。類指定。

じょてい【女帝】〈名〉女性の天皇。女性の皇帝。

しょてん【書店】〈名〉「本屋」のやや改まった言いかた。

[1]**しょとう【初冬】**〈名〉冬のはじめのころ。対晩冬。アショトー

[2]**しょとう【初等】**〈名〉学問や教育をすすめていくときの、いちばんはじめの段階。例初等教育。対高等。類初級。アショトー 参考一部の私立学校にある「初等部」「初等科」は、小学校のこと。

[3]**しょとう【初頭】**〈名〉ある期間や時代の最初のころ。例二十世紀初頭。類初期。初年。アショトー
表現ふつう、年代をあらわすことばのあとに使われる。

[4]**しょとう【諸島】**〈名〉❶いくつかの島々。❷あるかぎられた海域の中にかたまっている島々。例伊豆《いず》諸島。類群島。列島。▽アショトー

[1]**しょどう【初動】**〈名〉あることへの対応として行なう、最初の行動。例初動でつまずく。初動の遅れから被害が拡大する。アショドー

[2]**しょどう【書道】**〈名〉毛筆で字をかく技術や芸術。類習字。アショドー

しょとうきょういく【初等教育】〈名〉小学校での教育。

じょどうし【助動詞】〈名〉〔文法〕品詞の分類の一つ。付属語のうち、活用のあるもの。「行った」の「た」、「行きたい」の「たい」のように、ほかのことば(=用言や名詞など)のあとにつけて使う。また、「行きたくない」のように、いくつかの助動詞がかさなってつくこともある。助詞とならんで、日本語の文のくみたてのうえで大切なはたらきをする。→じょし〔助詞〕・巻末の「助動詞の活用」

しょとく【所得】〈名〉個人や法人の、あるかぎられた期間の収入や利益。例給与《きゅうよ》所得。類収入。

しょとくぜい【所得税】〈名〉一年間の収入の額によって、法人や個人が国にしはらう税金。

しょなのか【初七日】〈名〉なくなった日を一日目とかぞえて、七日目。仏教では、この日を葬式《そうしき》のあとの最初の法要をする日とする。「しょなぬか」ともいう。

じょなん【女難】〈名〉男性が、女性関係によるトラブルで受ける災難。例女難の相がある。

しょにち【初日】〈名〉すもうや芝居《しばい》などの興行、展覧会などのもよおしものの最初の日。例初日をかざる(=初日に勝つ)。対千秋楽。最終日。
表現すもうで、その場所の二日目よりあとになって、はじめて勝つことを、「初日が出る」「初日を出す」という。

しょにんきゅう【初任給】〈名〉就職したときに初めてもらう給料の額。

しょねん【初年】〈名〉❶何年かひきつづいて行なわれることの、最初の年。例初年度。❷その元号や年代の、はじめのころ。例明治初年。類初頭。

じょのくち【序の口】〈名〉❶ものごとが、まだはじまったばかりであること。例ここはまだ序の口だ。❷すもうの番付《ばんづけ》で、いちばん下の位。

じょはきゅう【序破急】〈名〉❶日本の古典芸能のくみたてをいうことば。いろいろな芸能で使われる。舞楽《ぶがく》では、三段階にわかれた一曲の演奏形式をさす。はじめの「序」は、テンポがおそく拍子《ひょうし》にとらわれないで自由に演奏し、つぎの「破」は、テンポは序とかわらないが拍子にあった演奏の部分で、最後の「急」は、テンポをいちばんはやく演奏する。能楽では、一日の演目のくみたてや一曲のくみたてについていう。❷ものごとの、はじめと中間とおわり。すすみかたに変化があるときにいう。類起承転結。

しょばつ【処罰】〈名・する〉わるいことをした人に、罰をあたえること。例処罰をうける。類処分。

[1]**しょはん【初犯】**〈名〉はじめて罪をおかした者であること。対再犯。アショハン

[2]**しょはん【初版】**〈名〉❶ある書物を出版するときの、最初の版。❷ある書物を出版するときの、最初の印刷。初刷《しょずり》。第一刷《いっさつ》。例初版本《ぼん》。対改訂《かいてい》版。対重版。再版。▽アショハン

じょばん【序盤】〈名〉碁《ご》や将棋《しょうぎ》の勝負、スポーツの試合や選挙戦などが、はじまってまもない時期。例序盤戦。対中盤。終盤。

しょはんの【諸般の】〈連体〉あることについての、さまざまな。例諸般の準備。諸般の理由。諸般の都合。諸般の事情。類各般。

しょひょう【書評】〈名〉ある本の内容を読者に紹介《しょうかい》しながら、批評した文章。

しょぶん【処分】〈名・する〉❶あまったものやいらないものをしまつすること。例不用品の処分。類整理。❷規則などに違反《いはん》した人を罰《ばっ》すること。例処分をうける。行政処分。類処罰。

じょぶん【序文】〈名〉⇩じょ〔序〕①

ショベル〈名〉⇩シャベル

ショベルカー〈名〉巨大なシャベルが前についた、土木・建築用の車。シャベルカー。参考日本での複合語。英語ではpower shovel(パワーショベル)という。

しょほ【初歩】〈名〉いちばんやさしい段階。例初歩的。類初級。

しょぼ・い〈形〉みすぼらしい、ぱっとしない、けちくさい、などの意味で使う俗《ぞく》な言いかた。

しょほう【処方】〈名・する〉医師が、患者《かんじゃ》の病状にあわせてくすりの種類や分量を指定すること。それを指定したもの。例処方を書く。処方箋《せん》。

じょほう【除法】〈名〉〔数学〕わり算のこと。四則《しそく》の一つ。商《しょう》を求める。対乗法。

しょほうせん【処方箋】〈名〉処方を書きしるした紙。
表現問題の解決策《さく》のたとえとしても使われる。

しょぼく・れる〈動下一〉❶元気を失い、見るからに活気がなくなる。例しょぼくれた顔。❷貧相でみじめったらしくなっている。例しょぼくれた服装。

しょぼしょぼ ━〈副〉小雨がいきおいなくふるようす。━〈形動・副・する〉ねむかったりまぶたが重かったり

ジーメンス(1816~92) ドイツの発明家・実業家。友人と電信線の製作と敷設の事業を行なった。

で、目をあけていられず、何回もまばたきするようす。例目がしょぼしょぼになる。

参考 アクセントは、ふつう「ショボショボ」であるが、三で、「しょぼしょぼに」「しょぼしょぼの」の形で言う場合は、「ショボショボ」となる。

しょほてき【初歩的】〈形動〉まだ未熟な段階にある。例初歩的なミス。

じょまく[1]【序幕】〈名〉芝居《しばい》の最初の一幕。対終幕。類第一幕。

表現「このことが大事件の序幕となった」のように、ものごとのはじまりの意味でも使う。

じょまく[2]【除幕】〈名・する〉記念碑《ひ》や銅像などを、はじめてたくさんの人々に見せるときに、かぶせてあった布をとりのぞくこと。例除幕式。

しょみん【庶民】〈名〉特別な財産や地位などがなく、質素ではあるが健全な生活をおくっている、ごくふつうの人々。例庶民の声。類大衆。民衆。

しょみんてき【庶民的】〈形動〉きどらない。大衆的。

しょむ【庶務】〈名〉会計のような特定の事務以外の、一般《いっぱん》のさまざまな事務。例庶務係。

しょめい[1]【書名】〈名〉本の題名。

しょめい[2]【署名】〈名・する〉❶書類などに、自分の名前を書きこむこと。また、その書かれた名前。例申込《もうしこみ》用紙に署名・捺印《なついん》する。類記名。サイン。❷行政に対する要望などの賛同者が、めいめいの名前を名簿《めいぼ》に書きつらねること。例署名活動(=署名をつのる活動)。❸ある記事などを書いた人の名前。それが示されていること。例新聞の署名記事。署名入り。対匿名《とくめい》。

じょめい[1]【助命】〈名・する〉命を助けること。例助命嘆願《たんがん》。

じょめい[2]【除名】〈名・する〉団体や会などで、メンバーとしてふさわしくない人をやめさせて、名簿《めいぼ》から名前を消すこと。例除名処分。類除籍《じょせき》。

しょめん【書面】〈名〉あることがらを伝えるために、相手にとどける書類や手紙。例書面審査《しんさ》。類書状。書簡。文書。

しょもう【所望】〈名・する〉こうしてほしいと注文すること。古めかしい言いかた。例茶を一服所望する。ご所望とあらばさし上げましょう。

しょもく【書目】〈名〉書物の題名や目録。例書目解題。

しょもつ【書物】〈名〉本。書籍《しょせき》。例書物にしたしむ。書物をひもとく。類図書。書。

しょや【初夜】〈名〉最初の夜。とくに、新婚《しんこん》の夫婦がむかえるはじめての夜。

じょや【除夜】〈名〉おおみそかの夜。

除夜の鐘《かね》 おおみそかの夜に寺でつくかね。百八の煩悩《ぼんのう》をはらうために、百八回ならす。

じょやく【助役】〈名〉市長や町長、村長あるいは駅長などのつぎの位の役職。類次官。

しょゆう【所有】〈名・する〉自分のものにしてもっていること。例所有権。所有者。所有物。類所蔵。保有。

じょゆう【女優】〈名〉女性の俳優。対男優。

しょゆうかく【所有格】〈名〉〔文法〕格の一つ。名詞や代名詞の所有や所属の関係を表わす格。属格。

参考 英語の my, your, its など。日本語では助詞の「の」がその役割をはたす。

しょゆうけん【所有権】〈名〉〔法律〕土地や建物などを、自分で自由に使ったり、売ったりできる権利。

しょゆうしゃ【所有者】〈名〉所有権をもつ人。

しょよ【所与】〈名〉あらかじめ与えられたものごと。例所与の条件。所与の状況《じょうきょう》のもとで活動する。

表現 多く「所与の」の形で連体修飾語として用いる。

しょよう[1]【初葉】〈名〉はじめのころ。例平安時代の初葉。対中葉。末葉。類初期。

しょよう[2]【所用】〈名〉「用事」のあらたまった言いかた。例所用で外出しております。

しょよう[3]【所要】〈名〉なにかをするために必要なこと。例所要時間。

しょり【処理】〈名・する〉❶問題や事務をかたづけて、しまつをつけること。例ごみを処理する。処理能力。事後処理。類処置。措置《そち》。❷材料や情報などに適切なはたらきかけをして、のぞましいものに変えること。例熱処理。データ処理。

じょりゅう【女流】〈名〉専門的な分野で、社会的に活躍《かつやく》している女性。類閨秀《けいしゅう》。

表現「女流詩人」「女流作家」「女流棋士《きし》」のように、仕事を表わすことばの上につけて使うのがふつう。

しょりょう【所領】〈名〉むかし、大名や領主などが、自分のものとして所有していた土地。

じょりょく【助力】〈名・する〉力をかして、てつだうこと。例助力をうける。助力をこう。類手助け。

しょるい【書類】〈名〉記録したり、連絡《れんらく》したりするために、必要なことがらが書かれている文書。類書面。

しょるいせんこう【書類選考】〈名〉入学試験や採用試験などで、成績証明書や履歴《りれき》書などの書類の内容によって、合格か不合格かを決めること。

参考 この選考に通った人を対象に、さらに筆記試験や、実技、面接などの試験をすることが多い。

しょるいそうけん【書類送検】〈名・する〉〔法律〕被疑者《ひぎしゃ》を拘束《こうそく》せず、取り調べ調書などの捜査《そうさ》書類だけを、起訴《きそ》すべきかどうかの判断材料として検察庁へ送ること。

じょれつ【序列】〈名〉年齢《ねんれい》や地位、成績などを、ある基準にしたがってならべた順序。例序列をつける。

じょろ〈名〉⇩じょうろ

しょろう【初老】〈名〉老年に入りかけのころ。人生の後半に入ったという自覚のでる年齢《ねんれい》。四十代後半から十年ぐらいのあいだをさすことが多い。

参考「初老」のさす年齢の範囲《はんい》は、平均寿命《じゅみょう》の延《の》びに応じて高くなっていく傾向《けいこう》がある。

じょろう【女郎】〈名〉むかし、遊郭《ゆうかく》で客の相手をした女性。類遊女。娼婦《しょうふ》。

じょろうぐも【女郎▼蜘▼蛛】〈名〉大形のクモの一種。めすが大きく、おすは小さい。めすのからだには、黄色とくすんだ緑色の横じまがある。

しょろん【緒論】〈名〉論文などで、本論への導入を目的とする最初の部分。「ちょろん」ともいう。類序論。

じょろん【序論】〈名〉論文などで、本論の前おきとして、本論がだいたいどんな内容かをのべる部分。対本論。類緒論《しょろん》。序説。結論。

じょんのび(方言) 気分がゆったりすること。新潟《にいがた》で言う。

表現 温泉にゆったりと入ったときに「あー、じょんのびじょんのび」のように言い、日常のあわただしさから解放されてのんびりした気持ちを表わす。

 シェイクスピア(1564～1616) イギリスを代表する劇作家。「ハムレット」「リア王」「マクベス」など。

しょんぼり〈副・する〉元気なく、さびしそうに。例返事もせずしょんぼり(と)うなだれていた。

じら(方言) わがまま。山口で言う。例じらをくる(=だだをこねる)。

しらあえ【白あえ】〘白▽和え〙〈名〉豆腐《とうふ》を白みそ・白ゴマとともにすり、魚肉や野菜などをあえた料理。

[1]**じらい【地雷】**〈名〉地中にうめ、ふむと爆発《ばくはつ》するようにした兵器。例地雷原《げん》。アジライ

地雷を踏《ふ》む その人がじつはとてもいやがることを、知らないで言ったりしたりしてしまうことのたとえ。くだけた言いかた。

[2]**じらい【▼爾来】**〈副〉「それ以来」「それ以後」のかたい言いかた。例爾来、黙《もく》して語らず。アジライ

しらうお【白魚】〈名〉近海にすむさかな。全長一〇センチメートルほどの大きさで、春先に、たまごをうむために川をさかのぼる。

表現 若い女性の細く、きゃしゃなすきとおるような手の指を「しらうおのような手」ということがある。

しらが【白髪】〈名〉色素がなくなって白くなったかみの毛やひげなど。例白髪が目立ちはじめる年齢《ねんれい》。白髪まじり。若《わか》白髪。類銀髪《ぎんぱつ》。白髪《はくはつ》。

しらかば〘白▼樺〙〈名〉本州中部より北の高原や山地に生える落葉高木。樹皮が白くて、紙のようによこにはがれる。木材は建築や家具などに使う。しらかんば。

しらかべ【白壁】〈名〉しっくいでぬった、白いかべ。

しらかわよふね【白河夜船】〈名〉ぐっすりねむりこんでいて、なにも知らないこと。

由来 知ったかぶりして京都のことを話している男に白河はどうだと聞いたら、「白河は夜船で通ったから知らぬ」と答えた。白河は川ではなく町の名だから、この男が京都を知らないことがばれたという話がもとになっている。

しらき【白木】〈名〉かわをはいだだけで、なにもぬっていない木材。例白木の柱。

参考 かわつきの木材のことは、「黒木」という。

しらぎ【▽新▽羅】〈名〉〔歴史〕四世紀のなかばごろに朝鮮《ちょうせん》半島におこり、七世紀後半に唐《とう》とむすんで百済《くだら》《ペクチェ》・高句麗《こうくり》《コグリョ》をほろぼして朝鮮最初の統一国家になった国。九三五年に高麗《こうらい》《コリョ》にほろぼされた。シルラ。しんら。

しらぎく【白菊】〈名〉白いキクの花。

しらくも【白雲】〈名〉青空にうかぶ白い雲。

しら・ける【白ける】〈動下一〉❶もりあがっていた気分がこわれて、気まずいふんいきになる。俗《ぞく》っぽい言いかた。例座がしらける。場がしらける。類興《きょう》がさめる。❷色がうすくなって、しろっぽい感じになる。

しらこ【白子】〈名〉❶魚の精巣《せいそう》。表面がなめらかで白い。食用。❷「アルビノ」の古い言いかた。

表現 ①は一匹《いっぴき》分を一腹《ひとはら》二腹《ふたはら》と数える。

参考 ①で、「白子」を「しらす」と読めば別の食べ物。

しらさぎ〘白▼鷺〙〈名〉全身の羽毛が白いサギ。

じらじら(方言) テレビ放送の終了後に、画面が砂あらしのようになっている状態。沖縄で言う。

しらじらし・い【白白しい】〈形〉❶知っているのに知らないふりをしていて感じがわるい。例白々しい態度。類しらばくれる。❷はっきりうそだとわかるのに平気でいて感じがわるい。例白々しいうそ。

しらじらと〘白白と〙〈副〉❶夜があけて、だんだん明るくなってくるようす。例夜がしらじらとあける。❷暗いところでもはっきり白く見えるようす。例モクレンの花が夜目にもしらじらと見える。▽「しらしらと」ともいう。

[1]**しらす**〘白子〙〈名〉❶イワシなどの稚魚《ちぎょ》。ほしたものを、大根おろしや酢《す》の物に入れて食べる。❷ウナギの稚魚。

[2]**しらす【白州】**〘白▼洲〙〈名〉❶庭先や玄関《げんかん》の前の、白い砂や小石をしいたところ。❷(多く「お白州」の形で)江戸《えど》時代の奉行《ぶぎょう》所で、犯人の取り調べをしたところ。例お白州にひきだす。

[3]**シラス**〈名〉〔地理〕火砕流《かさいりゅう》が堆積《たいせき》した地層。水持ちが悪いため、稲作《いなさく》に適《てき》さず、豪雨に弱い。例シラス台地。参考「白砂《しらす》」の意味の鹿児島方言から。

しらず【知らず】〈接尾〉❶それを感じることがない。例寒さ知らず。恥知らず。恩知らず。❷それを経験したことがない。例病気知らず。苦労知らず。

じら・す〘▽焦らす〙〈動五〉なにかしてほしいとのぞんでいることを知りながら、わざとおくらせて、いらいらさせる。

しらずしらず【知らず知らず】〈副〉自分では気がつかないうちに。例知らず知らず人をきずつけてしまう。知らず知らずのうちに寝てしまった。

しらすぼし【しらす干し】〘白子干し〙〈名〉しらすを塩水で煮《に》て干した食べ物。ちりめんじゃこ。

しらせ【知らせ】〘▽報せ〙〈名〉❶人に知らせること。知らせる内容。例知らせをうける。うれしい知らせ。類通知。報知。案内。たより。❷なにかがおころうとするしるし。例虫の知らせ(=よくない予感)。類きざし。前兆。

しら・せる【知らせる】〘▽報せる〙〈動下一〉ほかの人につたえて、知るようにする。例急を知らせる。

敬語 謙譲《けんじょう》語としては、「お知らせする」のほか、「お耳に入れる」も使う。

しらたき〘白滝〙〈名〉糸のように細くした白いこんにゃく。すきやきや水たきに入れて食べる。

しらたま【白玉】〈名〉白玉粉(=もち米とうるちを水にさらしてかわかし、粉にひいたもの)をこねてだんごにして、ゆでたもの。しるこなどに入れて食べる。

しらちゃ・ける【白茶ける】〈動下一〉色があせて、しろっぽくなる。例白茶けた台地。

しらとり【白鳥】〈名〉❶羽毛《うもう》の白い鳥。❷ハクチョウの別称《べっしょう》。

しらなみ【白波】〈名〉❶あわだって白く見える波。❷盗賊《とうぞく》。古代中国の盗賊白波《はくは》賊の訓読みから。

しらぬい〘▽不▽知▽火〙〈名〉九州の八代《やつしろ》の沖《おき》に、夏の夜、ちらちら見える火。

しらぬかお【知らぬ顔】〈名〉⇩しらんかお

し(知)らぬがほとけ(仏) ⇩「しる〔知る〕」の子項目

しらぬまに【知らぬ間に】〈副〉知らないうちに。

しらばく・れる〈動下一〉知っているのに、知らないようなふりをする。つよめて「しらばっくれる」「しらっぱくれる」ともいう。類白《しら》をきる。とぼける。そらとぼける。

しらは(白羽)のや(矢)がた(立)つ たくさんのものの中から、とくにふさわしいものとして選びだされること。

由来 もと、神が、いけにえとなる娘の家の屋根に白羽の矢を立てたということから。

しらふ〘▽素▽面〙〈名〉酒に酔《よ》っていないときの状態や態度。

ジラフ〈名〉⇩きりん[二]① ◇giraffe

シラブル〈名〉音節《おんせつ》。◇syllable

しらべ【調べ】〈名〉❶調べること。例調べがつく。在

庫調べ。類調査。検査。❷音楽の調子。例琴《こと》の調べ。たえなる調べ。

調べがつく 事件や問題についての調査がすんで、必要なことがあきらかになる。

しらべもの【調べ物】〈名〉 わからないことを調べる作業。例調べ物をする。

しら・べる【調べる】〈動下一〉 わからないことや、疑問に思ったりしたことについて、本を読んだり、人に聞いたり、自分でよく観察したりする。また、そうしてたしかめる。例事実を調べる。犯人を調べる。類調査する。

しらほ【白帆】〈名〉 船に張った白い帆。

しらみ【▼虱・▼蝨】〈名〉 昆虫《こんちゅう》の一種。人や動物のひふに寄生して血をすう。発疹《はっしん》チフスなどの病原菌《きん》をはこぶことがある。

しらみつぶし【▼虱潰し】〈名〉 たくさんのシラミを一ぴきずつつぶしていくように、いろいろのことをひとつずつもれなく処理していくようす。例しらみつぶしにしらべる。

しら・む【白む】〈動五〉 白くなる。とくに、夜があけて、空やあたりが明るくなる。

しらやき【白焼き】〈名〉 魚などに調味料など何もつけずに焼くこと。その焼いたもの。例うなぎの白焼き。

しらゆき【白雪】〈名〉 真っ白な雪。

しら(白)をき(切)る 知っているのに、あくまで知らないふりをする。類そらとぼける。しらばくれる。とぼける。

参考 「しら」は「知らぬ」からで、「白」は当て字。

しらんかお【知らん顔】〈名〉 知っているのに、自分は知らない、ぜんぜん関係ない、というように見せかける顔つき。しらぬ顔。類しらんぷり。何食わぬ顔。そしらぬ顔。

しらんぷり【知らんぷり】〈名・する〉 知らないようなふりをすること。「知らぬふり」のくだけた言いかた。類知らん顔。

[1]**しり【尻】**〈名〉 ❶腰《こし》よりやや下の、背中につづいていて、肉のふっくらとしている部分。おしり。例頭かくして尻かくさず(→「あたま」の子項目)。類けつ。ヒップ。❷人のうしろ。例人の尻についていく。❸長くつづいたものの、最後。例尻から数える。ことばじり。対あたま。類けつ。❹あとしまつ。例尻をもちこむ(→子項目)。尻ぬぐい。❺なべなどの容器の底。▽アシリ」

尻が重《おも》い ぶしょうで、なかなか動こうとしない。対尻が軽い。類腰《こし》が重い。

尻が軽《かる》い ❶うわきである。❷行ないがかるがるしくて慎重《しんちょう》ではない。類腰が軽い。❸気がるにすぐ行動する。対尻が重い。類腰が軽い。

尻が長《なが》い 人の家で話しこみ、なかなか帰らない。類長っ尻《ちり》。

尻が割《わ》れる かくしていた悪事やたくらみがばれる。

尻に敷《し》く 家庭で、妻が夫よりいばっている。

尻に火《ひ》が付《つ》く ものごとがさしせまって、のんびりしていられない状態になる。

尻に帆《ほ》を掛《か》ける あわてふためいて、さっさとにげだす。例しりに帆をかけて、にげだした。

尻をたたく もっと勉強や仕事をするように、やかましく言ってやらせる。

尻を拭《ぬぐ》う ほかの人がやってしまったことの、あとしまつをする。類しりぬぐいをする。

尻をまくる ⇩けつをまくる(「けつ〔尻〕」の子項目)

尻を持《も》ち込《こ》む 自分で責任をとれないような問題を、ほかの人にどうにかしてくれとたのみこむ。

【尻】 尸部2 全5画

尻 尻 尻 尻 尻

しり 訓[しり] 尻。尻込み。尻すぼみ。尻上がり。目尻。

注意 「尻尾」は、「しっぽ」と読む。

[2]**しり【私利】**〈名〉 自分だけの利益。例私利をはかる。私利私欲(にかられる)。アシリ

しりあい【知り合い】〈名〉 おたがいにつき合っていて、ある程度知っている関係。そういう関係の人。例知り合いになる。類知人。知己《ちき》。

しりあ・う【知り合う】〈動五〉 知り合いになる。例かれとは知り合ってまだ一か月です。

しりあがり【尻上がり】〈名〉 ❶あとになるほど、よくなること。例尻上がりに成績がのびる。対尻下がり。❷ことばのおわりを高く発音すること。対尻下がり。❸⇩さかあがり

シリアス〈形動〉 ❶真剣《しんけん》。まじめ。例シリアスな顔になる。❷深刻《しんこく》。例シリアスな問題。◇serious

シリーズ〈名〉 ❶形式や内容の似《に》た、つづきもの。出版物や映画、テレビ番組などについていう。❷野球で、そのシーズンの選手権がかかっている、特別の数試合。例日本シリーズ。ワールドシリーズ。◇series

しりうま(尻馬)にの(乗)る 人の言うことやすることを信じて、かるはずみに行動する。類便乗《びんじょう》する。

しりお・く【知り置く】〈動五〉 知っておく。念頭においておく。

表現 大事なことを相手に伝えるときに、尊敬語として「お知りおきください」のように使うことが多い。

しりおし【尻押し】〈名・する〉 ❶うしろから押すこと。❷力をかして、助けること。類あと押し。後援《こうえん》。

しりがる【尻軽】〈形動〉 ❶気軽に行動するようす。軽はずみなようす。類軽率《けいそつ》。❷女性が浮気《うわき》っぽいようす。例尻軽な女。

[1]**じりき【自力】**〈名〉 ❶人の助けをかりない、自分だけの力。例自力でたちなおる。類独力。❷〔仏教〕自分の力で修行《しゅぎょう》して、さとりをひらくこと。例自力本願。▽対他力《たりき》。

[2]**じりき【地力】**〈名〉 本来もっている力。例地力を発揮する。類実力。底力。

しりきれ【尻切れ】〈名〉 ❶後ろのほうがないこと。❷ものごとが途中《とちゅう》で終わっていること。

しりきれとんぼ【尻切れとんぼ】〈名〉 きちんと終わりまでいかないで、途中《とちゅう》でつづかなくなること。中途はんぱに終わること。例尻切れとんぼになる。

シリコーン〈名〉 珪素《けいそ》の樹脂《じゅし》状の化合物。「シリコン(=珪素)」ともいう。例シリコーンゴム。◇silicone

しりごみ【尻込み】【▽後込み】〈名・する〉 ❶からだは前をむいたままで、うしろへさがること。❷臆病《おくびょう》な気持ちからぐずぐずしていること。類あとずさり。

表現 「しりごむ」と、動詞の形でも使う。

シリコン〈名〉 ❶「珪素《けいそ》」のこと。◇silicon ❷⇩シリコーン

しりさがり【尻下がり】〈名〉 ❶あとになるほど、さがったり、わるくなったりすること。類尻すぼみ。先細り。❷ことばの終わりを低く発音すること。▽対尻上がり。

しりしよく【私利私欲】〈名〉 自分さえ得《とく》をすれば、他人はどんなに損をしてもかまわない という気持ち。例私利私欲にかられる。

じりじり〈副〉 ❶あぶらとかあぶらをふくんだものが、こげるようす。例肉がじりじりこげる。❷日の光がつよいよう

 シェーンベルク(1874〜1951) 作曲家。オーストリアからアメリカに亡命。十二音技法を確立。

す。例じりじり(と)照りつける。類ぎらぎら。❸少しずつゆっくりと近づいてくるようす。例じりじり(と)せまる。類じわじわ。❹〈する〉待ちきれなくて、心がいらだってくるようす。例まだかよ、じりじりするなあ。類いらいら。

しりすぼみ【尻すぼみ】〈名・形動〉❶容器などで、下へいくにしたがって細くなること。❷最初は勢いがいいが、だんだんにおとろえていくこと。類尻下がり。▽「しりつぼみ」ともいう。

しりぞ・く【退く】〈動五〉❶うしろへさがる。例二、三歩退く。対進む。類後退する。❷えらい人のところから帰る。例御前《ごぜん》を退く。類さがる。退出する。❸それまでしていたことをやめる。ある地位からはなれる。例現《げん》役《えき》を退く。類引退する。おりる。
表現 やや古いことばで、あらたまった感じがする。次項の「しりぞける」も同じ。

しりぞ・ける【退ける】『▽斥ける・▽却ける』〈動下一〉❶その場から遠ざける。例人を退け、ふたりだけで密談する。❷むかってきたものを、負かして追いかえす。例挑戦《ちょうせん》者を退ける。類一蹴《いっしゅう》する。❸相手の意見や申し出、考えなどを、うけいれないでこばむ。例反対を退ける。❹ある地位からさげたり、やめさせたりする。

1 **しりつ【市立】**〈名〉市がつくって、運営していること。また、その施設《しせつ》。例市立病院。
参考 同じ読みの「私立」と区別して、それぞれ「いちりつ」「わたくしりつ」と言うことも多い。

2 **しりつ【私立】**〈名〉民間でつくって、運営していること。また、その施設《しせつ》。例子どもを私立に入れる。私立中学。対公立。国立。→しりつ〔市立〕参考(前項)

1 **じりつ【自立】**〈名・する〉❶ほかの力にたよらないで、自分の力で行動し、生活すること。例経済的に自立する。自立心。類独立。自治。❷物が、ささえなくてもたおれないこと。

2 **じりつ【自律】**〈名・する〉自分で自分の行動や考えにきまりをつけて、それにふさわしい行動をするようにすること。対他律。

3 **じりつ【▼而立】**〈名〉三十歳《さい》のこと。
参考『論語』の「三十にして立つ」から。孔子《こうし》が自己を確立した年齢《ねんれい》。→囲み記事15(282ページ)

じりつご【自立語】〈名〉〔文法〕それだけで一つの文節になることができる単語。品詞のうち、名詞・動詞・形容詞・形容動詞・副詞・連体詞・接続詞・感動詞をいう。対付属語。→ぶんせつ〔文節〕

じりつしんけい【自律神経】〈名〉自分の意志では動かせない、内臓や血管などを支配する神経。交感神経と副交感神経の二つの系統があり、たがいに相手をおさえるはたらきをする。

しりつぼみ【尻つぼみ】〈名・形動〉⇩しりすぼみ

しりとり【尻取り】〈名〉「たまご→ゴリラ→らっきょう」のように、前の人が言ったことばの、最後の音で始まることばを言いつなげていく、ことばの遊び。「ん」で終わることばを言うと負け。

しりぬぐい【尻拭い】〈名〉ほかの人の失敗などの、後始末をすること。

しりはしょり【尻はしょり】〈名〉動きやすくするために、着物のうしろのすそをからげて、帯にはさむこと。

じりひん【じり貧】〈名〉あとになるほど、だんだんわるい状態になること。例じり貧になる。類先細り。

しりめ【尻目】〈名〉(「…を尻目に」の形で)まったく問題にしないで無視するようす。例人々の大混乱を尻目に、さっさとその場をたち去った。
参考 もとは、顔をうごかさないでひとみだけをうごかして、ちらりと見ることをいった。

尻目にかける ちらりと見るぐらいで、まったく問題にしないで、無視した態度をしめす。

しりめつれつ【支離滅裂】〈形動〉まとまりがなく、めちゃくちゃだ。例支離滅裂な話。

しりもち【尻餅】〈名〉からだのバランスをくずして、ころんで、しりを地面につけること。例しりもちをつく。

しりゅう【支流】〈名〉❶本流にながれこんでいる川。本流からわかれたながれ。類分流。❷中心からわかれたグループ。▽対主流。本流。

じりゅう【時流】〈名〉その時代の一般《いっぱん》的な考えかたや傾向《けいこう》。例時流にのる。類時勢。潮流。

しりょ【思慮】〈名・する〉ほかへの影響や将来との関係など、さまざまな面から注意ぶかく考えること。例思慮がある。思慮がふかい。思慮を欠く。思慮分別。

1 **しりょう【史料】**〈名〉歴史を知るうえでの材料。文献《ぶんけん》・遺物など。アシリョー

2 **しりょう【資料】**〈名〉❶なにかの研究や調べ物をしたり、ある判断をくだしたりするためのもとになる、さまざまの材料や情報、文献《ぶんけん》など。例資料を集める。社会科の資料集。資料室。類データ。❷会議などで配られる書類。▽アシリョー
参考 テレビのニュース番組でいう「資料映像」などの「資料」とは、報道内容をじかに撮影《さつえい》したのでない、過去の関連映像という意味。

3 **しりょう【死霊】**〈名〉うらみをはらそうとする、死んだ人のたましい。対生き霊《りょう》。アシリョー

4 **しりょう【思料・思量】**〈名・する〉考えることの、古風でかたい言いかた。アシリョー

5 **しりょう【試料】**〈名〉調査・試験・分析《ぶんせき》などに使う見本。サンプル。アシリョー

6 **しりょう【飼料】**〈名〉ウシやウマなどの家畜《かちく》にあたえる食べもの。類かいば。えさ。アシリョー

1 **しりょく【死力】**〈名〉命もかえりみないほど、ふりしぼってだす、ありったけの力。全力。アシリョク

死力を尽《つ》くす 死にものぐるいでがんばる。

2 **しりょく【視力】**〈名〉もののかたちなどを見わける目の力。例視力がおとろえる。アシリョク

3 **しりょく【資力】**〈名〉事業などをするときの、資本金や資産の大きさ。類財力。経済力。アシリョク

じりょく【磁力】〈名〉〔物理〕磁石どうしが、たがいに引きあったり、反発したりするときの力。磁石と電流のあいだにもはたらく。類磁気。

しりょぶか・い【思慮深い】〈形〉慎重《しんちょう》にあれこれとよく考えているようす。例思慮深い人。思慮深い判断。

シリンダー〈名〉❶つつ型のガラスの容器。❷金属製のまるいつつ。中でピストンが往復運動をして、熱によるエネルギーを運動のエネルギーにかえる装置《そうち》。自動車のエンジンなどについている。気筒《きとう》。◇cylinder

1 **しる【汁】**〈名〉❶ものの中にふくまれている水分。例汁をしぼる。みかんの汁。せみは木の汁をすう。❷すいもの。おつゆ。例すましじる。▽アシル

うまい汁を吸《す》う 自分はなにもしないで、他人の努力から生まれた利益を自分のものにしてしまう。

2 **し・る【知る】**〈動五〉❶あるものごとを心でとらえる。例はじを知る。夕方のニュースで、議会の解散を知った。はかり知る。

❷気がつく。例知らずに店の前をとおりすぎた。❸ものごとがわかる。例一を聞いて十を知る(↓「いち〔一〕」の子項目)。❹おぼえている。「知っている」の形で使うことが多い。例宝のかくし場所を知っている。❺実際に経験する。例戦争を知らない世代。❻人とまじわっている。面識がある。例知った顔。その人なら、よく知っている。❼かかわりをもつ。否定的な意味で使うことが多い。例そんなこと知るもんか。私の知ったことではない。類関知する。❽「…を知らない」の形で、「…することがない」という意味を表わす。例疲《つか》れを知らない子供たち。妥協《だきょう》を知らない人。❾「…ことを知らない」「…ところを知らない」の形で、「その勢いがとまることがない」という意味を表わす。例物価の上昇はとどまることを知らない。彼女の人気はおとろえるところを知らない。▽アシル

敬語 ①で、「知っている」という意味での尊敬語としては「ご存じ」「ご承知」を使い、謙譲《けんじょう》語としては「存じ上げております」、丁重《ていちょう》語としては「存じております」などという。

知ってか知らでか 知ったうえでのことか、知らずにかわからないが。参考「で」は、打ち消しを表わす文語の接続助詞。

知らぬが仏《ほとけ》 知ってしまえば腹をたてたり悲しんだりすることも、知らずにいればよけいな苦労をしないですむ。

知る権利《けんり》 主権者である国民が、行政用の文書の公開を政府や自治体に請求《せいきゅう》できる、「情報公開法」にもとづく権利。

知る人《ひと》ぞ知る その事情や値打ちのわかる人にはよく知られている。例知る人ぞ知るその道の権威《けんい》。

知る由《よし》もない 知りえたはずもない。当然ながら知らない。例まさかこんなことになるとは、きのうまでは知る由もなかった。

シルエット〈名〉人物の横顔などを黒くぬりつぶして表わしたもの。影絵《かげえ》。◇フランス silhouette

[1]**しるく**〖▽著く〗はっきりと。例夜目《よめ》にもしるく、さくらの花が浮《う》かびあがっている。表現広く、かげや全体の輪郭《りんかく》の意味でもいう。参考古語の形容詞「しるし」の連用形。

[2]**シルク**〈名〉絹。絹でおった織物。◇silk

シルクハット〈名〉洋装《ようそう》で、正装のときにかぶる男性用の帽子《ぼうし》。円筒《えんとう》のまわりにつばがついた形をしている。◇silk hat

シルクロード〈名〉〔歴史〕古代に、アジアの内陸部をよこぎって、中国と西アジアや地中海方面をむすんでいた東西交通路。この道をとおって中国の絹織物が西方に運ばれたことからこうよばれる。絹の道。◇Silk Road

しるこ【汁粉】〈名〉アズキのあんでつくった汁に、焼いたもちや白玉などを入れたあまい食べもの。類ぜんざい。

[1]**しるし**【印】〈名〉❶ほかのものとまちがえないように、あるいは、忘れないようにつけるもの。例印をつける。矢印。目印。類マーク。❷まぎれようもなく形になって現れたもの。例記念の印。❸標識。例駐車禁止の印。旗印。

表現「しるしばかり」は「それを表わしうる最低線のもの」という意味で、「しるしばかりの雨」「しるしばかりのお礼」など、「ほんのわずか」という気持ちを表わす。

[2]**しるし**〖▽徴〗〈名〉前ぶれ。きざし。前兆。参考「いん」と読むのは別のことば。

しるしばんてん【印ばんてん】〖印半▼纏〗〈名〉えりや背などに屋号や家紋《かもん》などのしるしをそめぬいた、はんてん。類はっぴ。

[1]**しる・す**〖▽印す〗〈動五〉しるしをつける。例足跡《そくせき》をしるす。第一歩をしるす。

[2]**しる・す**【記す】〈動五〉❶書きつけておく。例名を記す。手帳に記す。類記録する。❷記憶《きおく》にしっかりととどめる。例心に記す。

シルバー〈名〉銀。銀色。銀製。◇silver

表現しらがを「銀髪《ぎんぱつ》」ということから、高齢《こうれい》者の意味でも使われ、「シルバー世代」「シルバー産業」などの言い方がある。

シルバーシート〈名〉老人、妊婦《にんぷ》や、からだの不自由な人たちのために、電車やバスなどの車内につくられた優先席。やや古い言いかた。参考日本での複合語。英語ではふつう priority seat という。

[1]**しるべ**【知るべ】〖知る▽辺〗〈名〉親しく知っている仲間。知人。古風な言いかた。例知るべをたよって上京する。

[2]**しるべ**〖▽標べ・▽導べ〗〈名・する〉案内。手引き。ガイド。古風な言いかた。例道しるべ。

しるもの【汁物】〈名〉すい物・みそ汁・スープなどをまとめた言いかた。

[1]**しれい**【司令】〈名・する〉警察や消防、軍隊や艦隊《かんたい》などを指揮すること。総指揮者。例司令塔《とう》。司令室。司令官。司令部。

[2]**しれい**【指令】〈名・する〉軍隊や官庁などの組織で、上の人が下の者に対して、命令やさしずをすること。また、その命令やさしず。例指令を出す。指令をとばす。

[1]**じれい**【事例】〈名〉❶前例となる事実。例過去の事例。❷個々の具体的な事実。例特異な事例。事例を集める。▽類ケース。例。

[2]**じれい**【辞令】〈名〉❶役所や会社などで、採用や昇任《しょうにん》、異動などについて、本人にわたす正式の文書。❷礼儀を考えて整えたことばづかい。例社交辞令。

しれいとう【司令塔】〈名〉❶軍艦《ぐんかん》の艦長などが司令をくだすための塔。❷サッカーで、指示を出しながら攻守のくみたてを行なう役割の選手。コントロールタワー。

しれごと〖▽痴れ言〗〈名〉じつにばかげた、くだらないことば。例しれごとをぬかすな。類たわごと。

[1]**しれつ**【歯列】〈名〉「歯ならび」の専門的な言いかた。例歯列を矯正《きょうせい》する。

[2]**しれつ**【▼熾烈】〈形動〉いきおいが、さかんではげしい。例熾烈《しれつ》な競争。類激烈《げきれつ》。猛烈《もうれつ》。

じれった・い〈形〉気がせいているのに、自分の思うようにならなくてあせる感じだ。例じれったいな！ 早くしてよ。類もどかしい。はがゆい。

しれっと〈副・する〉なにごともなかったかのように、平然としているようす。やや くだけた言いかた。例自分が悪いくせに、しれっとしている。

し・れる【知れる】〈動下一〉❶おおぜいの人にわかる。例世間に知れる。❷ものごとのわからなかったところが、わかるようになる。例えたいが知れない。身もとが知れる。❸(「知れた」「知れている」の形で)わかりきっている。例言わずと知れた。高が知れている。

じ・れる〖▽焦れる〗〈動下一〉ものごとが自分の思うようにいかなくて、いらいらする。類いらだつ。じりじりする。

しれわた・る【知れ渡る】〈動五〉世間のすみずみまで、ひろく知られる。例うわさが知れ渡る。

しれん【試練】〖試▼煉・試▼錬〗〈名〉精神のつよさや実力などをためすこと。真価がためされるテスト。例試練にたえる。試練のとき。きびしい試練。

ジレンマ〈名〉二つのことを両立させることができないで、そのあいだにあってどうにもならなくなっている状態。例ジレンマにおちいる。類板ばさみ。◇dilemma

[1]**しろ**【白】〈名〉❶雪や、青空にうく雲などを見たときに感じる色。類ホワイト。白色《はくしょく》。❷白の碁石《ごいし》。❸犯人ではないこと。警察関係の人や記者が使う言いかた。類潔白《けっぱく》。▽対黒。アシロ

参考 (1)白い色は、太陽光線のすべての波長を反射することによって感じられる。(2)あとのことばといっしょになるとき、「白梅《しらうめ》」「白髪《しらが》」「白壁《しらかべ》」「白波《しらなみ》」「白雪《しらゆき》」のように、「しろ」が「しら」になることがある。

[2]**しろ**【城】〈名〉敵がせめてきたときに、ふせいで戦うための、建築物。例城あと。類城郭《じょうかく》。アシロ

表現 封建《ほうけん》時代には、城は一国の主権を象徴《しょうちょう》するものであり、主権者が最後にたてこもる場所であったから、城に関連して子項目にかかげたような言いかたがあるほか、「一国一城《いっこくいちじょう》の主《あるじ》」といえば、たとえせまい範囲《はんい》でも、ある領域内は、そこの主権者であることを表わす。

参考 (1)日本の城はふつう、まわりに堀《ほり》をめぐらしてあり、石がきをきずいた中に、天守閣《てんしゅかく》をかこむようにして建物がたっている。(2)兵庫県の姫路城《ひめじじょう》は、保存状態が良く、日本で最初の世界遺産となった。

城から討《う》って出《で》る ただ守ってせめられるのを待つよりは、敵にひとあわ吹かせようと、城の外に出て戦う。

城にたてこもる 防御《ぼうぎょ》の姿勢をかためる。

城を明《あ》け渡《わた》す 敵に降伏《こうふく》し、主権を放棄《ほうき》する。

城を枕《まくら》に討《う》ち死《じ》にする 降伏《こうふく》するよりは、死ぬことを選んで死ぬ。

しろあと【城跡】〈名〉むかし城のあった場所。類城址《じょうし》。

しろあり【白あり】〖白▼蟻〗〈名〉木造建築などを食いあらす昆虫《こんちゅう》。白色で、からだやその生活はアリに似《に》ている。

しろ・い【白い】〈形〉❶白の色だ。例白い歯。白い目で見る。かみに白いもの(=しらが)がまじる。対黒い。❷人の肌《はだ》の色が白色に近い。例色が白い。対黒い。❸色がついていない。なにも書いていない。例白い紙。白いページ。

白い歯《は》を見《み》せる にっこり笑う。

白い目《め》で見《み》る 非難や軽蔑《けいべつ》のこもったつめたい目つきで見る。

しろうと【素人】〈名〉その仕事を本業としていない人。そのことについてよく知らない人。例ずぶの素人。素人のど自慢《じまん》。対玄人《くろうと》。類アマチュア。

表現 見くだした言いかたは「ど素人」。

しろうとばなれ【素人離れ】〈名・する〉素人とは思えないほどうまいこと。類くろうとはだし。

しろうとめ【素人目】〈名〉素人のみる見かた。例素人目にもよくわかる。

しろかき【代かき】〖代▼搔き〗〈名・する〉田植えの前に、田に水を入れ、土をかきならして準備をすること。

しろがね【白金】〖白▽銀・▽銀〗〈名〉❶白い金属、つまり、銀《ぎん》のこと。❷銀色。

しろくじちゅう【四六時中】〈副〉一日中。いつも。例四六時中、本を読んでいる。参考 四かける六で、二十四時間中、ということ。もとは「二六時中」と言った。

しろくばん【四六判】〈名〉本の大きさで、たて約一九《センチメートル》、よこ約一三《センチメートル》のもの。B6判に近い大きさ。

しろくべんれいたい【四六▼駢▼儷体】〈名〉漢文の文体で、四字や六字の句を基本とした対句《ついく》を用いるはなやかな文体。駢儷体。

しろくま【白熊】〈名〉北極地方にすむ白い大きなクマ。泳ぎがうまく、魚などをつかまえて食べる。北極熊。

しろくろ【白黒】〈名〉❶白い色と黒い色。とくに、写真や映画でカラーでないものをいう。例白黒映画。対天然色。類モノクロ。❷ものごとがただしいか、まちがっているか。無罪か、有罪か。例白黒をつける(=どちらなのかはっきりさせる)。類黒白《こくびゃく》。

目《め》を白黒させる ⇩「め〔目〕」の子項目

しろざけ【白酒】〈名〉ひな祭りに、ひな段にそなえたり、飲んだりする、あまい酒。白くどろりとしていて、独特のかおりがある。

しろじ【白地】〈名〉布や紙の地色が、白いこと。

しろしー(方言) うっとうしい。福岡《ふくおか》で言う。しろしか。例今日も雨でしろしかねー。

しろしょうぞく【白装束】〈名〉着物で、白ずくめの服装。けがれがないことから、神事に使う。なくなった人に着せる風習もある。

じろじろ〈副〉無遠慮《ぶえんりょ》に見つめるようす。例人の顔をじろじろ見る。

しろたえ【白たえ】〖白▽妙・白▼栲〗〈名〉❶白い布。❷「白」の、古風で詩的な言いかた。例白たえの峰《みね》(=いただきに雪がつもった峰)。

じろっと〈副〉⇩じろりと

シロップ〈名〉❶くだもののしるに、砂糖や香料《こうりょう》などを加えた飲みもの。❷こい砂糖液。◇《オランダ》siroop

しろバイ【白バイ】〈名〉交通のとりしまりにあたる警察官がのる、白い色のオートバイ。

しろはた【白旗】〈名〉白い布で作った旗。❶紅白《こうはく》試合で、白組の使う旗。対赤旗。❷降伏《こうふく》や休戦のしるしとなる旗。❸陸上フィールド競技などで、試技に有効の判定をくだす旗。対赤旗。

白旗を挙《あ》げる 降参する。もうできないと宣言《せんげん》する。

しろぼし【白星】〈名〉すもうで、勝つこと。また、それをあらわす白まる。例白星をあげる。対黒星。負け星。類勝ち星。

シロホン〈名〉「木琴《もっきん》」のこと。◇《ドイツ》Xylophon

[1]**しろみ**【白み】〖白味〗〈名〉白にちかい色。白さの程度。例白みをおびる。白みがかる。アシロミ

[2]**しろみ**【白身】〈名〉❶たまごのなかみのすきとおった部分。熱すると白くなる。対黄身。類卵白《らんぱく》。❷タラやカレイなどの魚の、白い肉。例白身の魚。対赤身。▽アシロミ

しろみそ【白みそ】〖白味▼噌〗〈名〉白っぽい、甘口のみそ。対赤みそ。

しろむく【白無▼垢】〈名〉和服で、上着も下着も白ずくめであること。多く婚礼《こんれい》衣装に用いる。例白無垢の花嫁《はなよめ》姿。

しろめ【白目】〈名〉❶目の中の、白い部分。例白目をむく(=おどろく)。対黒目。❷人を見る、つめたい目つ

慈円(じえん)(1155～1225) 鎌倉時代，貴族出身の僧。天台座主(ざす)となる。歴史書「愚管抄」を著した。

き。[例]白目で見る。[類]白眼《はくがん》。白い目。

しろもの【代物】〈名〉「品物」や「人物」を、特別の評価をこめていうときに使うことば。くだけた言いかた。[例]とんだ代物をつかまされた。あの男はなかなかの代物だよ。

[表現]低い評価にしろ、高い評価にしろ、一筋縄《ひとすじなわ》ではいかないという警戒心《けいかいしん》がこもる。

じろりと〈副〉にらむような目つきで、みじかい時間、人やものを見る目のようす。「じろっと」ともいう。

しろん[1]【私論】〈名〉個人的な意見。[類]私見。

しろん[2]【試論】〈名〉こころみにのべた論説や論文。[例]試論の域を出ない。

[表現]「…学試論」のように、本や論文の題名として使われることが多い。

じろん【持論】〈名〉その人が正しいと信じて、つねに主張している意見。[例]持論を述べる。[類]持説。

しわ【▼皺】〈名〉ひふや紙、布などがたるんだり、おされたりしたときに、その表面にできる、ほそいすじ。[例]しわがよる。しわをのばす。しわになる。ひたいにしわをよせて考えこむ。しわくちゃ。たてじわ。

しわがれごえ【しわがれ声】【▼嗄れ声】〈名〉かすれて、よく出なくなった、聞きとりにくい声。しゃがれ声。

しわが・れる【▼嗄れる】〈動下一〉声がかすれて、よく出ない状態になる。しゃがれる。[例]しわがれた声。

しわくちゃ【▼皺くちゃ】〈名・形動〉しわだらけなこと。[例]しわくちゃの服。しわくちゃの顔。しわくちゃになる。[類]しわしわ。

しわけ【仕分け】〈名・する〉たくさんのものを、使いみちや性質などで分けること。[例]仕分け作業。

しわ・ける【仕分ける】〈動下一〉仕分けをする。

しわざ【仕業】〈名〉のぞましくない結果をもたらした、おこない。[例]これはいったいだれの仕業だ。[類]所業。

しわしわ【▼皺▼皺】〈名・形動〉しわがたくさんよっていること。[例]しわしわができる。しわしわの顔。[類]しわだらけ。しわくちゃ。

じわじわ〈副〉❶少しずつゆっくりと範囲《はんい》をせばめたり広げたりしていくようす。[例]じわじわ(と)敵に近づく。うわさがじわじわ(と)広がる。❷液体が少しずつにじみでたり、しみこんだりするようす。[例]汗がじわじわ(と)出る。水がじわじわ(と)しみとおる。

しわす【師走】〈名〉一年の最後の月。十二月。「しはす」と言われることもある。

じわっと〈副〉⇩じわりと

しわぶき【▼咳】〈名〉せき。せきばらい。古い言いかた。

しわよせ【しわ寄せ】【▼皺寄せ】〈名・する〉ものごとがうまくいかなくなったとき、適切な処理ができなかったために、その影響《えいきょう》がほかまでおよんでいくこと。

じわり【地割り】〈名・する〉地面を区画して割り当てること。

じわりと〈副〉ゆっくりとしみ出るように静かに外に現れるようす。「じんわり(と)」「じわっと」ともいう。[例]喜びが心の底からじわりとわいてくる。

じわれ【地割れ】〈名・する〉地震《じしん》や日照りのために、地面に割れ目ができること。

常用漢字　しん

【心】 心部0 全4画
心心心心

シン こころ [教]小2 [音][シン] ⬓心臓《しんぞう》。心身《しんしん》。心拍数《しんぱくすう》。心情《しんじょう》。心理学《しんりがく》。⬒感心《かんしん》。好奇心《こうきしん》。良心《りょうしん》。中心《ちゅうしん》。[訓][こころ] 心。心する。心得る。心掛ける。心構え。心配り。心残り。心細い。心置きなく。

[注意]「心地」は、「ここち」と読む。

【申】 田部0 全5画
申申申申申

シン もうす [教]小3 [音][シン] ⬓申告《しんこく》。申請《しんせい》。⬒上申《じょうしん》。答申《とうしん》。内申書《ないしんしょ》。[訓][もうす] 申す。

【伸】 イ部5 全7画
伸伸伸伸伸伸伸

シン のびる・のばす・のべる [音][シン] ⬓伸縮《しんしゅく》。伸長《しんちょう》。⬒屈伸《くっしん》。追伸《ついしん》。[訓]❶[のびる] 伸びる。伸び悩む。伸び盛り。伸び縮み。背伸び。❷[のばす] 伸ばす。❸[のべる] 伸べる。差し伸べる。

【臣】 臣部0 全7画 ※
臣臣臣臣臣臣臣

シン・ジン [教]小4 [音]❶[シン] ⬓臣下《しんか》。⬒君臣《くんしん》。家臣《かしん》。忠臣《ちゅうしん》。❷[ジン] ⬒大臣《だいじん》。

【芯】 艹部4 全7画
芯芯芯芯芯芯芯

シン [音][シン] ⬓芯《しん》。芯棒《しんぼう》。⬒替え芯《かえしん》。

【身】 身部0 全7画
身身身身身身身

シン み [教]小3 [音][シン] ⬓身体《しんたい》。身長《しんちょう》。⬒全身《ぜんしん》。等身大《とうしんだい》。自身《じしん》。単身《たんしん》。出身《しゅっしん》。化身《けしん》。[訓][み] 身。身内。身寄り。赤身。脂身。親身。

【辛】 辛部0 全7画
辛辛辛辛辛辛辛

シン からい [音][シン] ⬓辛苦《しんく》。辛酸《しんさん》。辛抱《しんぼう》。辛言《しんげん》。辛勝《しんしょう》。⬒香辛料《こうしんりょう》。[訓][からい] 辛い。辛み。辛《かろ》うじて。甘辛。塩辛い。

【侵】 イ部7 全9画
侵侵侵侵侵侵侵

シン おかす [音][シン] ⬓侵入《しんにゅう》。侵害《しんがい》。侵犯《しんぱん》。侵略《しんりゃく》。⬒不可侵《ふかしん》。[訓][おかす] 侵す。

【信】 イ部7 全9画
信信信信信信

シン [教]小4 [音][シン] ⬓信義《しんぎ》。信条《しんじょう》。信念《しんねん》。信用《しんよう》。信頼《しんらい》。信号《しんごう》。⬒確信《かくしん》。自信《じしん》。通信《つうしん》。

【津】 氵部6 全9画
津津津津津津

シン つ [音][シン] ⬒興味津々《きょうみしんしん》。[訓][つ] 津波。津々浦々《つつうらうら》。

【神(神)】 礻部5 全9画
神神神神神神

シン・ジン かみ・かん・こう [教]小3 [音]❶[シン] ⬓神仏《しんぶつ》。神話《しんわ》。神託《しんたく》。神聖《しんせい》。神秘《しんぴ》。神経《しんけい》。通力《じんつうりき》。⬒精神《せいしん》。失神《しっしん》。⬒風神《ふうじん》。道祖神《どうそじん》。❷[ジン] ⬓神社《じんじゃ》。神宮《じんぐう》。神通力《じんつうりき》。[訓]❶[かみ] 神。神様。神棚。神頼み。神懸り。氏神。守り神。貧乏神。疫病神。❷[かん] 神主。❸[こう] 神々しい。

[注意]県名の「神奈川県《かながわけん》」にも用いる。また、「お神酒」は「おみき」、「神楽」は「かぐら」と読む。

【唇】 口部7 全10画
唇唇唇唇唇唇

シン くちびる [音][シン] ⬓唇音《しんおん》。⬒口唇《こうしん》。[訓][くちびる] 唇。下唇。

 ジェンナー (1749～1823)　イギリスの医者。1796年，種痘(しゅとう)法を発明した。

【娠】女部7 全10画 娠娠娠娠娠娠
シン 音[シン] ▨妊娠《にんしん》。

【振】扌部7 全10画 振振振振振振
シン ふる・ふるう・ふれる 音[シン] ▨振動《しんどう》。振幅《しんぷく》。振興《しんこう》。▨発振《はっしん》。不振《ふしん》。三振《さんしん》。訓❶[ふる] 振る。振り。振り出し。空振り。手振り。身振り。❷[ふるう] 振るう。❸[ふれる] 振れる。手振れ。

【浸】氵部7 全10画 浸浸浸浸浸浸
シン ひたす・ひたる 音[シン] ▨浸水《しんすい》。浸透《しんとう》。訓❶[ひたす] ▨浸す。水浸し。❷[ひたる] ▨浸る。入り浸る。

【真(眞)】目部5 全10画 真真真真真
シン ま 教小3 音[シン] ▨真意《しんい》。真偽《しんぎ》。真実《しんじつ》。▨純真《じゅんしん》。写真《しゃしん》。迫真《はくしん》。訓[ま] 真後ろ。真南。真夜中。真新しい。真っ先。注意「真面目」は、「まじめ」とも「しんめんもく」とも読み、意味がことなる。

【針】金部2 全10画 針針針針針針
シン はり 教小6 音[シン] ▨針路《しんろ》。針葉樹《しんようじゅ》。▨運針《うんしん》。指針《ししん》。方針《ほうしん》。秒針《びょうしん》。訓[はり] 針。針仕事。針金。針ねずみ。縫い針。待ち針。

【深】氵部8 全11画 深深深深深深
シン ふかい・ふかまる・ふかめる 教小3 音[シン] ▨深山《しんざん》。深海魚《しんかいぎょ》。深刻《しんこく》。深紅《しんく》。深夜《しんや》。意味深長《いみしんちょう》。▨水深《すいしん》。訓❶[ふかい] 深い。深入り。深さ。深み。奥深い。根深い。❷[ふかまる] 深まる。❸[ふかめる] 深める。

【紳】糸部5 全11画 紳紳紳紳紳紳
シン 音[シン] ▨紳士《しんし》。

【進】辶部8 全11画 ※進進進進進
シン すすむ・すすめる 教小3 音[シン] ▨進行《しんこう》。進出《しんしゅつ》。進化《しんか》。進学《しんがく》。進級《しんきゅう》。進展《しんてん》。進言《しんげん》。▨前進《ぜんしん》。昇進《しょうしん》。訓❶[すすむ] 進む。突き進む。進み。❷[すすめる] 進める。推し進める。

【森】木部8 全12画 森森森森森
シン もり 教小1 音[シン] ▨森林《しんりん》。森閑《しんかん》。訓[もり] 森。

【診】言部5 全12画 診診診診診診
シン みる 音[シン] ▨診察《しんさつ》。診断《しんだん》。▨往診《おうしん》。検診《けんしん》。問診《もんしん》。聴診器《ちょうしんき》。打診《だしん》。訓[みる] 診る。

【寝(寢)】宀部10 全13画 寝寝寝寝寝
シン ねる・ねかす 音[シン] ▨寝室《しんしつ》。寝具《しんぐ》。寝台車《しんだいしゃ》。▨就寝《しゅうしん》。不寝番《ふしんばん》。訓❶[ねる] 寝る。寝入る。寝ぼける。寝言。寝袋。寝たきり。うたた寝。早寝。昼寝。❷[ねかす] 寝かす。

【慎(愼)】忄部10 全13画 慎慎慎慎慎
シン つつしむ 音[シン] ▨慎重《しんちょう》。▨謹慎《きんしん》。訓[つつしむ] 慎む。慎み。

【新】斤部9 全13画 新新新新新新
シン あたらしい・あらた・にい 教小2 音[シン] ▨新旧《しんきゅう》。新年《しんねん》。新入学《しんにゅうがく》。新聞《しんぶん》。▨革新《かくしん》。最新《さいしん》。刷新《さっしん》。斬新《ざんしん》。訓❶[あたらしい] 新しい。新しさ。新しがる。真新しい。目新しい。❷[あらた] 新たな。❸[にい] 新妻。新盆。

【審】宀部12 全15画 審審審審審
シン 音[シン] ▨審議《しんぎ》。審判《しんぱん》。▨不審《ふしん》。再審《さいしん》。控訴審《こうそしん》。主審《しゅしん》。球審《きゅうしん》。

【震】雨部7 全15画 震震震震震震
シン ふるう・ふるえる 音[シン] ▨震動《しんどう》。震災《しんさい》。震源《しんげん》。震度《しんど》。▨地震《じしん》。余震《よしん》。訓❶[ふるう] 震う。身震い。武者震い。❷[ふるえる] 震える。震え。

【薪】艹部13 全16画 薪薪薪薪薪薪
シン たきぎ 音[シン] ▨薪炭《しんたん》。薪水《しんすい》。▨臥薪嘗胆《がしんしょうたん》。訓[たきぎ] 薪。薪能。

【親】見部9 全16画 親親親親親親
シン おや・したしい・したしむ 教小2 音[シン] ▨親族《しんぞく》。親類《しんるい》。親友《しんゆう》。親近感《しんきんかん》。親睦会《しんぼくかい》。親書《しんしょ》。▨両親《りょうしん》。肉親《にくしん》。訓❶[おや] 親。親子。親不孝。親分。親指。父親。母親。片親。❷[したしい] 親しい。親しさ。❸[したしむ] 親しむ。慣れ親しむ。

[1]しん【心】〈名〉❶こころ。とくに、肉体に対する精神。例心技体。対身。❷ほんとうの気持ち。ふつうは他人に見せないでいる、心のおくそこ。例心が強い。心からすきだ。向上心。親切心。同情心。探究心。
表現「いろいろ気くばりをしなければならないので大変だ」ということを、少しふざけた言いかたになるが、「しんが疲れる」という。語義①②のどちらでもある。②の例の「心から」をもっと強くいうと「心から底から」で、それを一語でいうと「心底《しんそこ》」となり、「真底」とも書く。「心底《しんてい》」ということばもあり、「そのひとことで心底が見えた」のように使う。

[2]しん【芯】〈名〉❶ものの中心にあるかたい部分。例えんぴつの芯。帯芯《おびしん》。❷いちばん中心のところ。例バットの芯にあたる。真芯《ましん》。❸もののおくぶかいところ。例からだの芯まで温まる。具材の芯まで火を通す。芯の強い(=かんたんにへこたれない)子。❹ろうそくや石油ストーブなどで、火をつける部分。例芯に火をつける。

[3]しん【信】〈名〉信用・信頼《しんらい》すること。↓しんじる
信を置《お》く その人を信じて、うたがうことをしない。
信を問《と》う 信頼されているかどうかをたしかめる。

[4]しん【真】〈名〉❶ほんとうであること。ほんものであること。例真にせまる。対偽《ぎ》。↓しんの ❷書道で、字画をくずさない書きかた。楷書《かいしょ》。対行《ぎょう》。草《そう》。
真に迫《せま》る 作りごとが、本当のように感じられる。例名優の真に迫った演技。

[5]しん【秦】〈名〉〔歴史〕中国を最初に統一した王朝。戦国時代に西北地方におこり、始皇帝《しこうてい》が、紀元前二二一年に中国を統一した。紀元前二〇六年にほろんだ。参考英語 China(チャイナ)のもとになった名。

シン[6]【清】〈名〉〔歴史〕中国を統一した王朝のうち、いちばん新しいもの。中国の東北地方からおこった女真《じょしん》族の王朝。辛亥《しんがい》革命によって一九一二年にほろんだ。

常用漢字　じん

【人】人部0　全2画　人人
ジン・ニン　ひと　教小1　音❶[ジン]　人口《じんこう》。人生《じんせい》。人道的《じんどうてき》。人材《じんざい》。個人《こじん》。成人《せいじん》。社会人《しゃかいじん》。日本人《にほんじん》。❷[ニン]　人間《にんげん》。人情《にんじょう》。人形《にんぎょう》。職人《しょくにん》。芸人《げいにん》。犯人《はんにん》。苦労人《くろうにん》。百人《ひゃくにん》。訓[ひと]人。人手。人だかり。人見知り。人恋しい。人知れず。旅人。釣り人。
注意「玄人」は「くろうと」、「素人」は「しろうと」、「仲人」は「なこうど」、「若人」は「わこうど」と読む。「大人」は「おとな」、「一人」は「ひとり」、「二人」は「ふたり」とも読む。

【刃】刀部1　全3画　刃刃刃
ジン　は　音[ジン]　白刃《はくじん》。凶刃《きょうじん》。自刃《じじん》。訓[は]刃。刃物。両刃。

【仁】イ部2　全4画　仁仁仁仁
ジン・ニ　教小6　音❶[ジン]　仁義《じんぎ》。仁術《じんじゅつ》。仁徳《じんとく》。御仁《ごじん》。❷[二]　仁王《におう》。

【尽（盡）】尸部3　全6画　尽尽尽尽尽尽
ジン　つくす・つきる・つかす　音[ジン]　尽力《じんりょく》。無尽蔵《むじんぞう》。理不尽《りふじん》。訓❶[つくす]尽くす。心尽くし。❷[つきる]尽きる。尽き果てる。力尽きる。❸[つかす]（愛想を）尽かす。

【迅】⻌部3　全6画　迅迅迅迅迅迅
ジン　音[ジン]　迅速《じんそく》。疾風迅雷《しっぷうじんらい》。

【甚】甘部4　全9画　※甚甚甚甚甚
ジン　はなはだ・はなはだしい　音[ジン]　甚大《じんだい》。激甚《げきじん》。幸甚《こうじん》。深甚《しんじん》。訓❶[はなはだ]甚だ。❷[はなはだしい]甚だしい。

【陣】阝部7　全10画　陣陣陣陣陣
ジン　音[ジン]　陣営《じんえい》。陣地《じんち》。陣頭指揮《じんとうしき》。陣痛《じんつう》。円陣《えんじん》。敵陣《てきじん》。布陣《ふじん》。報道陣《ほうどうじん》。

【尋】寸部9　全12画　尋尋尋尋尋
ジン　たずねる　音[ジン]　尋問《じんもん》。尋常《じんじょう》。千尋《せんじん》（の谷《たに》）。訓[たずねる]尋ねる。尋ね人。

【腎】月部9　全13画　※腎腎腎腎腎
ジン　音[ジン]　腎臓《じんぞう》。肝腎《かんじん》。

【神】⇩常用漢字しん〔神〕

じん[1]【仁】〈名〉儒教《じゅきょう》の最高の徳。他人への愛と思いやりの心。

じん[2]【陣】〈名〉❶軍隊が、戦闘《せんとう》のために配置されているところ。例陣をしく。陣をはる。背水《はいすい》の陣。類陣地。❷「合戦《かっせん》」のこと。例大坂冬の陣。

じん[3]【人】〈接尾〉❶その国や地方に属している人。例日本人。ドイツ人。関西人。名古屋人。❷その分野で働いている人。例新聞人。野球人。類マン。▽↓にん〔人〕

ジン[4]〈名〉洋酒の一つ。ライ麦などを発酵させ、ネズという植物の実で香りをつけて蒸留したもの。無色透明でアルコール度は高い。◇gin

しんあい【親愛】〈名・形動〉したしみや愛情を感じていること。例親愛の情。親愛なる諸君。

じんあい[1]【仁愛】〈名〉大きな思いやりの心で、人々を愛すること。類慈愛《じあい》。仁慈。

じんあい[2]【▼塵▼埃】〈名〉ちりやほこり。

しんあん【新案】〈名〉あたらしい案。あたらしく考えだされたくふう。例新案特許。

しんい【真意】〈名〉おくに秘められた、ほんとうの気持ちや意味。例真意をさぐる。真意をただす（＝問う）。類本心。本音《ほんね》。本意。

じんい【人為】〈名〉自然のままではなくて、人の手がくわわっていること。例人為的。類人工。

じんいてき【人為的】〈形動〉自然のままでなく、かなり人間が手をくわえている。類人工的。

しんいり【新入り】〈名〉あたらしく仲間に入った人。くだけた言いかた。類新参《しんざん》。新人。しんまい。新顔。

しんいん【真因】〈名〉ほんとうの原因。

じんいん【人員】〈名〉ある組織に属する人の数。例人員整理。類人数。員数。

しんうち【真打ち】【心打ち】〈名〉落語家などで、寄席《よせ》の最後に出演する、すぐれた芸のもちぬし。

しんえい【新鋭】〈名〉その分野にあたらしく進出してきて、いきおいがさかんなこと。能力があってたよれる新人。例プロゴルフ界の新鋭。新鋭機。対古豪《こごう》。類新進。新進気鋭。

じんえい【陣営】〈名〉❶軍隊が、たたかいにそなえて集まっているところ。類軍営。戦陣。陣地。❷反対勢力に対抗《たいこう》して、まとまっている人々の集まり。例革新陣営。

しんえいたい【親衛隊】〈名〉最高位の人の身辺をはなれず、護衛をつとめる部隊。
表現人気歌手や俳優などの、熱狂《ねっきょう》的なファンをさすこともある。

しんえん[1]【深▼淵】〈名〉❶ふかい淵《ふち》。❷おく深く、底知れないところのたとえ。▽例深淵をのぞきこむ。

しんえん[2]【深遠】〈形動〉際限がなく、内容がふかい。例深遠な理論。類奥深い。

しんえん[3]【親縁】〈名〉❶親戚《しんせき》としてのむすびつき。❷同じ元から出ていること。例言語の親縁関係を調べる。
参考②は、ただ似《に》ているというだけでなく、生まれて来た経路の上でつながりがある場合にいう。

じんえん【人煙】〈名〉人家からあがる炊事《すいじ》のけむり。例人煙まれな深山。

しんおう[1]【深奥】〈名・形動〉ちょっとやそっとでは本質がつかめないほど、おくのふかいこと。

しんおう[2]【震央】〈名〉〔地学〕地震の震源のま上にあたる地点。

しんおん[1]【心音】〈名〉心臓が鼓動《こどう》する音。アシンオン

しんおん[2]【唇音】〈名〉くちびるを使って発音する音。例両唇音。アシンオン
参考日本語では、バ行のb、パ行のp、マ行のmが唇音。

しんか[1]【臣下】〈名〉君主につかえる者。

 志賀直哉《なおや》（1883〜1971）　大正〜昭和の小説家。白樺派。簡潔な文体が特徴。代表作「暗夜行路」。

し

2 **しんか【真価】**〈名〉その人やものがもっている、ほんとうのねうち。例真価を問う。真価を発揮する。真価があらわれる。類本領。真面目《しんめんもく》。
3 **しんか【深化】**〈名・する〉ものごとの程度がふかまっていくこと。例深化した思想。
4 **しんか【進化】**〈名・する〉❶生物のからだが、長い年月をかけてしだいに変化すること。またその結果、新しい生物の種《しゅ》が生まれること。❷ものごとがよい方向へ発展すること。例コンピューターが進化する。類進歩。▽対退化。
参考 進化ときわめて縁《えん》のふかいことがらに、「適者生存」「自然選択《せんたく》」「突然《とつぜん》変異」などがある。生物進化の原理は、イギリスの生物学者ダーウィンが発見し、一八五九年に著書『種《しゅ》の起源』によって説いたものである。この考えかたを「進化論」という。
じんか【人家】〈名〉人がすんで、生活している家。
1 **しんかい【深海】**〈名〉海のふかいところ。ふかい海。
しんがい【侵害】〈名・する〉他人の権利や利益などに、損害をあたえること。例プライバシーを侵害する。人権侵害。
2 **しんがい【心外】**〈形動〉相手の気持ちや態度、ものごとの結果などが大きく期待にはずれていて、残念だ。例きみがそんなことを言うとは、実に心外だ。
3 **しんがい【震▼駭】**〈名・する〉(「震駭させる」の形で)人々をおどろかせ、おそれさせる。例世を震駭させた事件。類震撼《しんかん》。
じんかい【▼塵▼芥】〈名〉ごみ。例塵芥車。
しんがいかくめい【辛▼亥革命】〈名〉〔歴史〕中国で一九一一年におこった革命。清《シン》をたおし、次の年、孫文を臨時大総統として、アジアで最初の共和国である中華民国《ちゅうかみんこく》が成立した。
しんかいぎょ【深海魚】〈名〉深海の底の方にすむ魚。
じんかいせんじゅつ【人海戦術】〈名〉多くの人をいっせいに投入することで効果をあげようとするやりかた。
しんかいち【新開地】〈名〉❶あたらしく開墾《かいこん》された土地。類開拓《かいたく》地。❷あたらしくひらけた町。
しんがお【新顔】〈名〉今まで見られなかった、あたらしい人やもの。例新顔が登場する。対古顔《ふるがお》。類新入り。新人。ニューフェース。
1 **しんがく【心学】**〈名〉江戸《えど》時代、石田梅岩《ばいがん》が始めた学問。町人に対し倹約《けんやく》や正直であれと説いた。石門心学。
2 **しんがく【神学】**〈名〉〔宗教〕キリスト教の教えや信仰《しんこう》を研究する学問。
3 **しんがく【進学】**〈名・する〉今までより上の段階の学校にすすむこと。例進学指導。進学率。
じんかく【人格】〈名〉❶ただの肉体のかたまりでなく、正常にはたらく心をもったものとしての人間。例人格をそなえる。二重人格。❷成熟した人間として信頼《しんらい》できるだけの判断力や情操、道徳性。例人格の陶冶《とうや》。人格がゆがむ。すぐれた人格。人格者。類人がら。❸〔法律〕契約《けいやく》や納税などの、法律上の行為《こうい》を行なうことができるとみとめられること。そのようにみとめられたもの。
しんかくか【神格化】〈名・する〉神のようにみなして、うやまうこと。
じんかくしゃ【人格者】〈名〉言うこと、行ない、接した感じなどから、人間として尊敬できる人。
じんがさ【陣▼笠】〈名〉陣中で、かぶとのかわりにかぶったかさ。それをかぶった下級の武士。
表現 下級の武士ということから、大物政治家のもとに集まる政治家のこともいう。例陣笠代議士。
しんがた【新型】〈名〉あたらしい型。ニュータイプ。
しんがっこう【神学校】〈名〉キリスト教で、神学を研究し、牧師などの教職者をそだてる学校。
しんかなづかい【新仮名遣い】〈名〉「現代仮名遣い」のこと。対旧仮名遣い。
しんから【心から】〈副〉心の底から。例しんからそう思っているのか。
しんがり【▽殿】〈名〉❶いっしょに歩いたり、走ったりするときの、列のいちばんうしろ。順番の最後。例しんがりをつとめる。類どんじり。❷退却《たいきゃく》する軍隊の、最後に位置して、敵の追撃《ついげき》をふせぐ部隊。▽類最後尾《さいこうび》。
参考 もともとは②の意味。「しんがりをつとめる」というのは全軍から信頼《しんらい》された、重い役目にあたることだったが、たんにいちばんうしろを意味するようになった。
しんかろん【進化論】〈名〉⇩しんか〔進化〕参考
1 **しんかん【神官】**〈名〉⇩しんしょく〔神職〕
2 **しんかん【信管】**〈名〉爆弾《ばくだん》などを爆発させる装置。
3 **しんかん【新刊】**〈名〉本があたらしく刊行されたこと。例新刊案内。新刊書。類近刊。
4 **しんかん【新館】**〈名〉もとからある建物に対して、あたらしくたてた方の建物。対旧館。
5 **しんかん【震▼撼】**〈名・する〉(「震撼させる」の形で)世間の人々をおどろかして、大きな衝撃《しょうげき》をあたえること。例世の中を震撼させた大事件。
6 **しんかん【森閑・深閑】**〈副・連体〉物音ひとつしない。例森閑と静まりかえる。森閑たる午後のひととき。類静寂《せいじゃく》。
1 **しんがん【心眼】**〈名〉ものごとの本質をはっきり見きわめる、心のはたらき。例心眼をひらく。
2 **しんがん【真▼贋】**〈名〉ほんものか、にせものか。例真贋を見わける。類真否《しんぴ》。
じんかん(人間)いた(▽到)るところ(処)せいざん(青山)あり 骨をうめる墓地(=青山)は故郷にかぎらず、どこにでもあるのだから、大志をいだいて故郷をでて、おおいに活動するべきである、ということ。
しんかんせん【新幹線】〈名〉全国主要都市を高速で結ぶ、レールはばの広い鉄道。対在来線。
1 **しんき【心▼悸】**〈名〉心臓がどきどきと鼓動《こどう》すること。例心悸高進。類動悸。
2 **しんき【新規】**〈名〉ものごとを、それまでのものとは別に、あたらしくすること。例新規に申しこむ。新規まき直し。新規契約《けいやく》。
3 **しんき【新奇】**〈形動〉目あたらしくて、めずらしい。例新奇な趣向《しゅこう》。
1 **しんぎ【神技】**〈名〉人間わざとは思えないすばらしいわざ。入神の演技。類神業《かみわざ》。
2 **しんぎ【信義】**〈名〉約束をまもり、義務をはたし、正しい行ないをすること。例信義をおもんじる。
3 **しんぎ【真偽】**〈名〉ほんとうかうそか。例真偽をたしかめる。類真否《しんぴ》。実否《じっぴ・じっぷ》。
4 **しんぎ【審議】**〈名・する〉会議に提出された議案について、認めるか認めないか、訂正することはないか、などを話しあうこと。例審議に付する。審議をかさねる。審議会。審議中。類討議。議論。論議。
じんき【人気】〈名〉伝統的にその地方の人々がもって

式亭三馬(さんば) (1776～1822)　江戸後期の滑稽本作家。「浮世風呂」で庶民の姿をいきいきとえがいた。

いる気風や気質。古い感じのことば。例この町は、人気がいい。参考「にんき」「ひとけ」はそれぞれ別の語。

じんぎ【仁義】〈名〉❶人が第一に尊重すべきこととしての人への義理や礼儀《れいぎ》など。例仁義にはずれる。仁義にもとる。❷やくざのあいだで行なわれる、特別のおきてやあいさつ。例仁義をきる。

しんきいってん【心機一転】〈名・する〉あることをきっかけとして、心がけががらりとかわって、のぞましい方へむかうこと。例心機一転、新しい仕事にとりくむ。方言東北地方では、「遠慮《えんりょ》」の意味でも使う。

しんきくさい（方言）❶もどかしい。じれったい。例はよ行こ(=早く行こう)、しんきくさいなあ。❷陰気で、ゆうつだ。例しんきくさい天気や。▽近畿《きんき》・四国などで言う。参考「辛気臭い」の意。

しんきじく【新機軸】〈名〉それまでにはない、目あたらしい計画やくふう。例新機軸をうちだす。

ジンギスカン〈名〉羊の焼き肉。ドーム形の鍋で焼く、北海道の名物。

しんきまきなおし【新規まき直し】〖新規▼蒔き直し〗〈名〉初めからやり直すこと。

1 **しんきゅう【針▼灸・▼鍼▼灸】**〈名〉病気をなおしたり、予防したりするため、からだにはりをうったり、灸をすえたりすること。例針灸師。アシンキュー

2 **しんきゅう【進級】**〈名・する〉学年や等級などが、今までよりも上の段階にすすむこと。対留年。落第。アシンキュー

3 **しんきゅう【新旧】**〈名〉あたらしいことと、ふるいこと。例新旧交代。アシンキュー

しんきょ【新居】〈名〉あたらしい住まい。結婚してはじめて住むところ。例新居をかまえる。対旧居。

1 **しんきょう【心境】**〈名〉ありのままの心の状態。心境を述べる。心境の変化。類気持ち。アシンキョー 例

2 **しんきょう【信教】**〈名〉宗教を信じること。例信教の自由。アシンキョー

3 **しんきょう【進境】**〈名〉進歩や上達のぐあい。例進境いちじるしい。アシンキョー

4 **しんきょう【新教】**〈名〉〔宗教〕キリスト教で、「プロテスタント」のこと。対旧教(=カトリック)。アシンキョー

しんきょうしょうせつ【心境小説】〈名〉〔文学〕作者自身の心境を題材にした小説。一人称で書かれることが多い。志賀直哉《しがなおや》の「城《き》の崎《さき》にて」など。

しんぎょうそう【真行草】〈名〉漢字の三つの書体。楷書《かいしょ》・行書・草書のこと。

しんきろう【▼蜃気楼】〈名〉砂漠《さばく》や海岸などで、遠方の空中の低いところに、実際にはない風景があるように見えること。塔《とう》や家であったり、町なみであったりするので、「空中楼閣《ろうかく》」「海市《かいし》」など、各地にいろいろな名がある。像がさかさになっていることもある。ミラージュ。由来「蜃」は大きなハマグリ。中国に、海中の大ハマグリのはく息でできる像だという言い伝えがあったことからいう。

しんぎん【▼呻吟】〈名・する〉はげしい苦しみのために、うめくこと。また、うめくほど苦しむこと。

しんきんかん【親近感】〈名〉したしい、身ぢかな感じ。したしみがもてる感じ。例親近感をいだく。

しんきんこうそく【心筋梗塞】〈名〉冠状《かんじょう》動脈の一部がつまり、血液の流れがわるくなって心臓がはたらかなくなる病気。

1 **しんく【辛苦】**〈名〉つらく、苦しいこと。例辛苦をなめる。艱難《かんなん》辛苦。類辛酸。艱難《かんなん》。

2 **しんく【深紅・真紅】**〈名〉こい赤色。例深紅の優勝旗。類まっか。

3 **シンク**〈名〉台所などの流し。◇sink

しんぐ【寝具】〈名〉寝《ね》るときに使う、ふとんやまくらなどの用具。例寝具売場。類夜具《やぐ》。

じんく【甚句】〈名〉日本の民謡《みんよう》の一種。種類が多く、日本各地で歌われている。七・七・七・五の四句からなる。「秋田甚句」のように地名をつけていうことが多い。

しんくう【真空】〈名〉❶ある空間の中に、気体がまったく存在しない状態。例真空管。真空パック。❷実質がなくからっぽで、作用や活動などが停止した状態。例頭が真空になる。真空地帯。類空白。

じんぐう【神宮】〈名〉格式の高い大きな神社。伊勢《いせ》神宮・平安神宮・明治神宮など。類お宮。

しんくうかん【真空管】〈名〉電気器具の部品の一つ。真空にしたガラス管の中に、電極を入れたもの。

ジンクス〈名〉❶縁起《えんぎ》がわるいこと。例ジンクスをやぶる。❷縁起がいいこと。験《げん》をかつぐこと。◇jinx 参考英語の jinx は、「不吉《ふきつ》をもたらすもの」というわるい意味。

シンクタンク〈名〉広く各方面から集めた専門家による頭脳集団。政策決定や経済動向の予測、技術の開発などにあたる。◇think tank

シングル〈名〉❶ひとり用。例シングルベッド。(ホテルの)シングルルーム。❷前ボタンが一列の洋服の型。片前《かたまえ》。❸折り返しのないズボンのすそ。❹バーでウイスキーなどをついでだす量の、少ないほう。▽対ダブル。❺独身。例シングルライフ。❻二曲から数曲おさめたCDやレコード。例シングルカット。対アルバム。❼ゴルフで、ハンデが一けたのうで前。❽フィギュアスケートで、一人で行なうもの。対ペア。❾⇩シングルス ❿⇩シングルヒット ◇single

シングルス〈名〉卓球・テニス・バドミントンなどで、ひとり対ひとりでする試合。対ダブルス。◇singles

シングルヒット〈名〉野球で、一塁《いちるい》に出るヒット。たんに「シングル」ともいう。短打。単打。対ロングヒット。参考日本での複合語。英語ではたんに single という。

シンクロ〈名・する〉❶⇩どうき〔同期〕㈡ ❷⇩どうちょう〔同調〕② ◇synchronize から。

しんぐん【進軍】〈名・する〉軍隊が、敵をせめるために進んでいくこと。対退却《たいきゃく》。類行軍。進撃《しんげき》。

しんけい【神経】〈名〉❶脳からでて、からだじゅうに広がっている糸のような器官。からだの各部のようすや感じを脳につたえ、また、脳の命令を伝達する。例運動神経。❷ものごとを感じるはたらき。例神経がするどい。神経をつかう。神経にさわる。神経質。無神経。

神経が太《ふと》い ささいなことは気にしないで、堂々としている。対神経が細い。

神経が細《ほそ》い ちょっとしたことでも気になって、それに影響《えいきょう》されやすい。対神経が太い。

神経をとがらせる こまかい点にまで、または必要以上に、注意をはらう。「とがらせる」は「とがらす」ともいう。

じんけい【陣形】〈名〉❶戦闘《せんとう》に際しての軍隊の配置。類陣立て。❷碁《ご》・将棋《しょうぎ》で、盤《ばん》の上の石やこまのならべかた。

しんけいかびん【神経過敏】〈名・形動〉ちょっとした刺激《しげき》にもすぐに反応する心理状態。ものごとを必要以上に気にかけてなやむ状態。

 始皇帝(しこうてい)（前259～前210）　秦の初代皇帝。中国を初めて統一。万里の長城を築いた。

しんけいしつ【神経質】〈名・形動〉ふつうの人なら気にかけないようなとるにたりないことにも感じやすく、感情が不安定で、気分がかわりやすい性質。また、感情が一時的に不安定になっている状態。例神経質な子ども。

しんけいしょう【神経症】〈名〉⇩ノイローゼ

しんけいすいじゃく【神経衰弱】〈名〉〔医学〕過労や強すぎる緊張《きんちょう》などからおこる神経のつかれ。疲労《ひろう》感やめまい、異常な感情の高ぶりがみられる。

しんけいつう【神経痛】〈名〉からだのある部分の神経に、はげしい痛みがおこる病気。

1 **しんげき【新劇】**〈名〉明治の末におこった近代演劇の一つ。歌舞伎《かぶき》や新派《しんぱ》などに対して、近代的な考えかたや演技のしかたを特徴《とくちょう》とする。

2 **しんげき【進撃】**〈名・する〉敵をやぶってどんどん進むこと。例快進撃。対退却《たいきゃく》。類進攻《しんこう》。進軍。

しんけつ【心血】〈名〉精神と肉体のすべて。

心血を注《そそ》ぐ 自分のありったけの力をこめる。例心血を注いで完成させる。

しんげつ【新月】〈名〉❶陰暦《いんれき》で、その月の第一日目の夜にでる月。三日月をさしていうこともある。❷太陽が月のうらがわへ行って、月に日の当たっている部分がこちらからは見えなくなるため、月が見えない時期。対満月。

1 **しんけん【真剣】** ━〈名〉本物の刀。対模造刀《もぞうとう》。模擬刀《もぎとう》。 ━〈形動〉まじめさに満ち、心がはりつめている。例真剣な顔。真剣にとりくむ。真剣勝負。類本気。シリアス。
方言 大分では、「しんけん安い」のように、「とても」の意味でも使う。

2 **しんけん【親権】**〈名〉〔法律〕子どもを一人前にそだてるために、親にあたえられた権利や義務。

1 **しんげん【辛言】**〈名〉言われるとつらいが、的を射たきびしいことば。

2 **しんげん【進言】**〈名・する〉目上の人に意見を申しのべること。例進言を容《い》れる。類具申《ぐしん》。上申。

3 **しんげん【▼箴言】**〈名〉いましめや教訓となるような短いことば。類格言。金言。

4 **しんげん【震源】**〈名〉〔地学〕地下の、地震のもととなる変動がおこったところ。例震源地。

1 **じんけん【人絹】**〈名〉「人造絹糸」の略。絹糸《きぬいと》に似《に》せてつくった人工の繊維《せんい》。また、それでおった織物。レーヨン。対正絹《しょうけん》。本絹。

2 **じんけん【人権】**〈名〉人間であるからには、無条件にもっているはずの、基本的な権利。たとえば、生命や自由などを保障される権利、など。例人権擁護《ようご》。人権じゅうりん。基本的人権。

しんけんしょうぶ【真剣勝負】〈名〉❶本物の刀を使っての試合。❷自分の全力をつくしてものごとに対処すること。

じんけんひ【人件費】〈名〉人の労働に対してしはらう費用。給料や手当などにあてる経費。

しんげんぶくろ【信玄袋】〈名〉布製の手さげ袋。口をひもでしめてくくるようになっている。絵 類合切袋《がっさいぶくろ》。

1 **しんこ【新▽香】**〈名〉⇩おしんこ

2 **しんこ【▼糝粉】**〈名〉うるち米のこな。

[しんげんぶくろ]

しんご【新語】〈名〉あたらしくつくられたり、外国から入ってきたりして使われるようになったことば。対古語。

じんご【人語】〈名〉人間のことば。例人語を解する。

1 **しんこう【信仰】**〈名・する〉神や仏などをふかく信じてうやまい、その教えをもとに生きること。例信仰をもつ。信仰があつい。信仰心。類信心。

2 **しんこう【侵攻】**〈名・する〉他国の領土に、武力をもってせめ入ること。類侵略。

3 **しんこう【振興】**〈名・する〉事業がさかんになること。さかんになるようにすること。例産業が(を)振興する。学術の振興をはかる。

4 **しんこう【深更】**〈名〉夜のきわめておそい時刻。ま夜中。夜ふけ。例深更におよぶ。類深夜。

5 **しんこう【進行】**〈名・する〉❶ある場所にむかってすすんでいくこと。例進行方向。❷今の状態がいっそうふかまっていくこと。例病気が進行する。❸ものごとが先へすすむこと。先へすすめること。例プロジェクトが(を)進行する。議事の進行。類進捗《しんちょく》。

6 **しんこう【進攻】**〈名・する〉どんどんすすんでいって敵をせめること。類進撃《しんげき》。

7 **しんこう【新興】**〈名〉あたらしく始まり、ぐんぐんさかんになること。例新興宗教。新興勢力。

8 **しんこう【親交】**〈名〉非常に仲良くつきあうこと。例親交がある。親交をむすぶ。

しんごう【信号】〈名〉❶前もってきめてある符号《ふごう》や方法によって、はなれている者どうしが意思を通じさせる方法。例手旗信号。モールス信号。類合図。サイン。❷鉄道線路や道路などにおいて、乗りものや歩行者に「止まれ」「注意」「進め」などの指示をあたえる装置《そうち》。例信号をまもる。信号機。青信号。
参考 (1)信号は、形・色・身ぶり・顔つき・音などでしるしをつくり、そのしるしで意味やことばを表わすこと。たとえば、けむりを見て、下に火があることを知るのは信号ではないが、のろしのけむりに、「敵が来たことを知らせる」という意味を前もってきめておけば、信号になる。(2)信号を送ることを「送信」または「発信」といい、信号を受けることを「受信」という。

1 **じんこう【人口】**〈名〉❶ある一定の範囲《はんい》に住んでいる人の数。例世界の人口が増える。東京都の総人口。人口密度《みつど》。人口減少《げんしょう》時代。❷ある分類による人の数。例就学《しゅうがく》人口。就労人口。ゴルフ人口。❸(「人口に上《のぼ》る」などの形で)あることを話題にしたり、口ずさんだりする。
参考 ①は国別では、中国とインドが突出《とっしゅつ》して多く、ついでアメリカ・インドネシア・ブラジルの順に多い。

人口に膾炙《かいしゃ》する 人々に言いはやされて、ひろく知れわたっている。参考「膾」は「なます」、「炙」はあぶり肉で、どちらも多くの人が好んで口にすることから。

2 **じんこう【人工】**〈名〉自然のものや状態に、人間の手をくわえること。人間が、自然のものに似《に》せて、ものや状態をつくりだすこと。例人工甘味《かんみ》料。人工授粉。対自然。天然。類人為《じんい》。人造。

じんこうえいせい【人工衛星】〈名〉気象観測や電波中継《ちゅうけい》などのために、うち上げて、地球のまわりをまわるようにした物体。

しんこうがかり【進行係】〈名〉話し合いやもよおしものなどを先へすすめる係の人。

じんこうこきゅう【人工呼吸】〈名〉水におぼれた

りして、呼吸がとまって仮死状態になった人に、人工的に空気を送りこんで呼吸をよみがえらせること。

じんこうじゅせい【人工授精】〈名〉人の手でおすの精子を、めすの体内に入れて受精させること。

じんこうじゅふん【人工授粉】〈名〉人の手で花粉をめしべにつけること。品種改良などのためにする。

じんこうずのう【人工頭脳】〈名〉物にくみこんで使われるコンピューター。

じんこうちのう【人工知能】〈名〉判断や推論ができる知能を備えつけたコンピューターシステム。AI。

じんこうてき【人工的】〈形動〉自然のままではなく、人の手がくわえられている。また、人の力で作りだされている。例 人工的に作る。類 人為《じんい》的。

じんこうとうせき【人工透析】〈名〉⇩とうせき〔透析〕

じんこうみつど【人口密度】〈名〉一定の面積の土地に人の住んでいる割合。ふつう、一平方キロメートル当たりの人口で表わす。

じんこうりん【人工林】〈名〉植林によって人工的につくられた森林。対 自然林。

しんこきゅう【深呼吸】〈名・する〉思いきりふかく、大きく呼吸をすること。

1 **しんこく【申告】**〈名・する〉国民が法律上の義務として、役所などに申しでること。例 申告納税。青色申告。確定申告。

2 **しんこく【親告】**〈名・する〉〔法律〕被害者が、自分で告訴《こくそ》すること。例 親告罪(＝被害者が訴《うった》え出ることによって成立する罪)。

3 **しんこく【深刻】**〈形動〉かんたんに解決がつかない、とても重大なことだ。例 深刻な話。

しんこくか【深刻化】〈名・する〉ものごとが、さらに悪いほうに進むこと。例 環境汚染《かんきょうおせん》が深刻化する。

じんこくき【人国記】〈名〉国別または都道府県別に著名人をまとめて解説・論評した書物。じんこっき。

しんこざいく【しん粉細工】〖▼糝粉細工〗〈名〉しん粉を水でこねて蒸《む》し、鳥や花や人形の形を作って色をつけた菓子《かし》。

じんこつ【人骨】〈名〉人間の骨。

しんこっちょう【真骨頂】〈名〉そのもの本来のありかたやすがたの最もすぐれているところ。例 真骨頂を発揮する。類 真面目《しんめんもく》。

じんご(人後)にお(落)ちない 他人におとりはしない。類 引けをとらない。

シンコペーション〈名〉〔音楽〕拍子《ひょうし》の弱い拍《はく》と、それにつづく強い拍とがむすばれて、強弱の位置がいれかわること。リズムに変化をあたえ、おもしろい効果を生む。切分音《せつぶんおん》。◇syncopation

しんこん【新婚】〈名〉結婚してまだまもないこと。例 新婚生活。新婚旅行。新婚さん。

しんごんしゅう【真言宗】〈名〉仏教の宗派の一つ。平安時代の初め、唐《とう》から帰国した空海がひらいた。呪文《じゅもん》の力で即身成仏《そくしんじょうぶつ》することを説く。

しんさ【審査】〈名・する〉能力や品質などをくわしくしらべて、よいかわるいか、合格か不合格か などをきめること。例 審査員。資格審査。

しんさい【震災】〈名〉地震によっておこる災害。

じんさい【人災】〈名〉人の不注意や怠慢《たいまん》などが原因でおこる災害。対 天災。参考 たとえば、大雨による土砂《どしゃ》くずれは、一見天災にみえるが、山林の伐採《ばっさい》による地盤《じばん》の軟化《なんか》があった場合には人災とみられることになる。

じんざい【人材】〈名〉役に立つ働き手。例 広く人材を集める。えがたい人材。

1 **しんさく【真作】**〈名〉本物である作品。対 偽作《ぎさく》。贋作《がんさく》。

2 **しんさく【新作】**〈名・する〉あたらしくつくった作品。それをつくること。例 新作映画。対 旧作。表現 いろいろな新商品を、作品に見たててもいう。

1 **しんさつ【診察】**〈名・する〉医者が病気やけがの状態を判断するために、患者《かんじゃ》のからだをしらべること。例 診察室。類 診断。参考 具体的には、問診・打診・触診《しょくしん》・聴診《ちょうしん》・視診《ししん》などを行なう。

2 **しんさつ【新札】**〈名〉❶新しく発行される金額またはデザインの紙幣《しへい》。❷まだそれほど使われていない、新しい紙幣。俗《ぞく》に「ピン札」ともいう。新券。未使用券。

しんさん【辛酸】〈名〉たいへんにつらく苦しい思い。例 辛酸をなめる。類 辛苦。艱難《かんなん》。

辛酸をなめる 身をもって、つらくて苦しい経験をする。

1 **しんざん【深山】**〈名〉人里を遠くはなれた、おく深い山。例 深山幽谷《ゆうこく》。類 奥山。みやま。ア シンザン

2 **しんざん【新参】**〈名〉なかま入りしてまだ間《ま》がないこと。新来《しんらい》者。例 新参者《もの》。対 古参。類 新入り。しんまい。新人。ア シンザン

1 **しんし【紳士】**〈名〉❶上品で礼儀《れいぎ》正しいりっぱな男性。ジェントルマン。例 紳士協定。紳士的。対 淑女《しゅくじょ》。❷成人の男子。美化した言いかた。例 紳士服。対 婦人。

2 **しんし【真摯】**〈形動〉心をこめてものごとにうちこむまじめさがある。例 真摯な態度。真摯にうけとめる。

しんじ【神事】〈名〉神道《しんとう》におけるまつりごと。神道の儀式。

1 **じんじ【人事】**〈名〉❶人間としてできること。❷人間としての感覚や知覚。例 人事不省。❸会社などの組織で、人の地位や異動、評価などに関することがら。例 人事課。人事異動。新内閣《ないかく》の人事。参考 「ひとごと」と読むのは別のことば。

人事を尽《つ》くして天命《てんめい》を待《ま》つ 力のかぎりをつくして、うまくいくか いかないかについては、天にまかせて、じたばたしない。

2 **じんじ【仁慈】**〈名〉思いやりや、いつくしみの心があること。類 慈愛。仁愛。

じんじいどう【人事異動】〈名〉会社などで、配属や地位、勤務地などの変更《へんこう》が行なわれること。略して「人事」「異動」ともいう。

じんじいん【人事院】〈名〉行政機関の一つ。内閣のもとにおかれ、国家公務員の地位や給料などのとりあつかいについての仕事をする役所。

1 **しんしき【神式】**〈名〉神道《しんとう》のきまりによって行なう、結婚《けっこん》式や葬式《そうしき》などの儀式《ぎしき》。対 仏式。

2 **しんしき【新式】**〈名〉あたらしいやりかたや型。例 新式の自動車。対 旧式。類 新型。

しんしきょうてい【紳士協定】〈名〉たがいに相手を信用して、口約束だけで行なう取り決め。

シンジケート〈名〉❶企業の独占《どくせん》形態の一つ。カルテルが発達したもの。競争関係にある企業どうしが共同で中央機関を設け、生産の割り当てや共同販売《はんばい》などを行なうもの。❷国債《こくさい》などの応募《おうぼ》や引き受けを行なう

ための金融《きんゆう》機関の団体。❸売春や暴力行為《こうい》などを行なう大がかりな犯罪組織。例麻薬《まやく》シンジケート。◇syndicate

しんじこ・む【信じ込む】〈動五〉まちがいないものとして、すっかり信用する。例頭から信じ込む。

しんじたい【新字体】〈名〉一九四九年、「当用漢字字体表」できめられた漢字の字体。たとえば、「體・當」の「体・当」。対旧字体。

1 **しんしつ【心室】**〈名〉心臓の下半分のこと。心房《しんぼう》からの血液を動脈におくり出すところで、左心室と右心室にわかれている。

2 **しんしつ【寝室】**〈名〉寝《ね》るときに使う部屋。ベッドルーム。類寝間《ねま》。寝所《しんじょ》。

1 **しんじつ【真実】**一〈名〉だれにも否定することのできない、ほんとうのこと。例真実を告白する。対虚偽《きょぎ》。二〈副〉まったく、ほんとうに。やや古い言いかた。例真実、そう思うよ。類心《しん》から。
類まこと。実際。事実。

2 **しんじつ【信実】**〈名〉まじめでいつわりのないこと。そのような、人として持つべき心。例信実をつくす。信実のないことば。

しんじつみ【真実味】〈名〉❶本当らしさ。例真実味のない話。類現実味。❷うそいつわりのない深いまごころ。例真実味のある手紙。

しんしてき【紳士的】〈形動〉礼儀正しくていかにも紳士らしいようす。例紳士的な態度。

じんじふせい【人事不省】〈名〉意識をうしなって、なにもわからなくなること。例人事不省におちいる。類無意識。意識不明。前後不覚。

1 **しんしゃ【深謝】**〈名・する〉❶相手の好意や親切などに対して、ふかく感謝すること。❷自分がしたあやまちなどを、ふかくわびること。例ご迷惑《めいわく》をおかけしましたことを、深謝いたします。類謝罪。陳謝《ちんしゃ》。▽アシンシャ

2 **しんしゃ【新車】**〈名〉あたらしい車。自動車についていうことが多い。対中古車。アシンシャ

しんじゃ【信者】〈名〉その宗教を信仰《しんこう》している人。類信徒。宗徒。
表現「漱石《そうせき》信者」のように、ある考えかた、特定の人などの熱心なファンや崇拝《すうはい》者をいうこともある。

じんじゃ【神社】〈名〉日本の神をまつってあるところ。類お宮。社《やしろ》。神宮《じんぐう》。
表現一社《いっしゃ》二社《にしゃ》と数える。

しんしゃく【▼斟酌】〈名・する〉❶相手の事情をよく考えて、手かげんすること。例斟酌を加える。この点を斟酌する。なんの斟酌もなく罰《ばっ》する。類酌量。忖度《そんたく》。❷ものごとを決めるために、いくつかのものを照らしあわせて考えること。例市場の動向等を斟酌して政策を決定する。

1 **しんしゅ【進取】**〈名〉自分から積極的にものごとにとりくんでいくこと。例進取の気性にとむ。アシンシュ

2 **しんしゅ【新種】**〈名〉生物の、あらたに発見されたり作り出されたりした、種類や品種。アシンシュ

しんじゅ【真珠】〈名〉アコヤガイなどの中にできる、まるい小さな玉。白い色でつやがよく、指輪やネックレスなどに使う。六月の誕生石《たんじょうせき》。パール。

じんしゅ【人種】〈名〉人類を、かみの毛やひふの色、骨格などの特徴《とくちょう》によって、生物学的に大きくわけたときの種類。例黄色人種。白色人種。

しんしゅう【信州】〈名〉旧国名「信濃《しなの》(=いまの長野県)」の漢語ふうの名。例信州みそ。

しんじゅう【心中】〈名・する〉愛しあっている男女や、家族などが将来への希望をうしなって、いっしょに死ぬこと。例一家心中。無理心中。類情死。
表現「音楽と心中する」のように、あることに熱中して、死ぬまで続けていくという意味でも使われる。
参考「しんちゅう」と読むのは、まったく別のことば。

しんじゅがい【真珠貝】〈名〉⇩あこやがい

しんしゅく【伸縮】〈名・する〉のびることとちぢむこと。のばすこととちぢめること。例物干しざおが伸縮する。伸縮性(のある素材)。伸縮自在。

1 **しんしゅつ【進出】**〈名・する〉あたらしい活動の場をもとめて、あらたに出ていくこと。例海外へ進出する。

2 **しんしゅつ【新出】**〈名・する〉おもに教科書で、語句や文字などが、はじめて出てくること。例新出漢字。対既出《きしゅつ》。

じんじゅつ【仁術】〈名〉儒教《じゅきょう》の根本道徳である、仁(=人としての思いやりややさしさ)をほどこす方法。
表現ふつう、「医は仁術」ということばで使われる。

しんしゅつきぼつ【神出鬼没】〈名〉神か鬼《おに》かと思われるほど、自由自在に現れたり、かくれたりすること。

しんしゅん【新春】〈名〉よろこびをこめて「新年」をいうことば。手紙などで使う。例新春のおよろこびを申し上げます。類初春《はつはる》。

しんじゅん【浸潤】〈名・する〉❶液体が少しずつしみこんでいくこと。類浸透《しんとう》。❷考えかたなどが、多くの人々のあいだに、だんだんにいきわたること。類浸透。❸がん細胞や結核《けっかく》の症状《しょうじょう》などが、からだの中でまわりにひろがること。例肺浸潤。

1 **しんしょ【信書】**〈名〉個人の手紙。類私信。アシンショ
表現「信書の秘密」のように、法律的な場面で使われるあらたまったことば。また、「首相の信書」のように、「親書」ほど高くはないが、重要な地位にいる人の書いた手紙をさすことがある。

2 **しんしょ【新書】**〈名〉❶学問的な内容を一般《いっぱん》向けに読みやすく書き、買いやすいねだんにそろえた、文庫本よりやや縦長の本のシリーズ。例新書判。❷新刊書。対古書。▽アシンショ

3 **しんしょ【親書】**〈名・する〉自分で手紙を書くこと。自分で書いた手紙。とくに天皇や元首など、高い地位にある人のものにいう。アシンショ

4 **しんしょ【親署】**〈名・する〉身分の高い人が自分で署名すること。その署名。アシンショ

1 **しんしょう【心象】**〈名〉それまでに見聞きしたことがもとになって、ある形をとって心にうかぶもの。例心象風景。類イメージ。アシンショー

2 **しんしょう【心証】**〈名〉❶人のことばや行動について心にうける印象。例心証を害する。心証がよくない。❷〔法律〕審理《しんり》をとおして裁判官が得た、その事件についての確信。▽アシンショー

心証を害《がい》する 相手の気持ちを逆なでするような態度や行動をとる。

3 **しんしょう【身上】**〈名〉「財産」の意味の古い言いかた。例身上をつぶす。類身代。家産。アシンショー
参考「しんじょう」と読むのは別のことば。

4 **しんしょう【辛勝】**〈名・する〉苦戦のすえ、どうにか勝つこと。対楽勝。アシンショー →せきはい

1 **しんじょう【心情】**〈名〉ことばにはなりにくい、心の

中の思い。例登場人物の心情を理解する。類胸中。

2 **しんじょう【身上】**〈名〉❶その人にかかわること。例身上調査。類身のうえ。身元《みもと》。❷その人やものの、本来のよさや特徴《とくちょう》。例じょうぶなことが彼の身上だ。類とりえ。参考「しんしょう」と読むのは別のことば。

3 **しんじょう【信条】**〈名〉❶何より大切に思って、守っていること。例「だまされても、だまさない」を信条にしている。類モットー。❷教えの中心事項《じこう》を何か条かにまとめた文句。類教義。

4 **しんじょう【真情】**〈名〉うそいつわりのない、ほんとうの思い。例真情を吐露《とろ》する。類心根《こころね》。直情。

5 **しんじょう【進上】**〈名・する〉敬意をもって人に品物をさし出すときの「さしあげる」に当たることば。例記念の品を進上する。類進呈《しんてい》。献上《けんじょう》。

じんじょう【尋常】〈形動〉ごくふつうで、特別なところがない。例尋常な方法。尋常に勝負しろ！ 尋常一様。類通常。なみひととおり。

じんじょういちよう【尋常一様】〈名・形動〉ごくふつうで、ほかとちがうところがないこと。例尋常一様の作戦では勝利はつかめない。

しんしょうしゃ【身障者】〈名〉「身体障害者」の略。対健常者。

しんじょうしょ【身上書】〈名〉経歴や家族状況《じょうきょう》を記したもの。方言関西では、「釣書《つりがき・つりしょ》」ともいう。

しんじょうてき【心情的】〈形動〉感情的・感覚的な面がまさっているようす。

しんしょうひつばつ【信賞必罰】〈名〉功績をあげた人に賞をあたえ、わるいことをした人はかならず罰する、ということ。賞罰をきちんと行なうこと。

しんしょうぼうだい【針小棒大】〈名・形動〉ちょっとしたことがおおげさになること。例針小棒大に言う。針小棒大に伝わる。

1 **しんしょく【侵食】**『侵▼蝕』〈名・する〉❶〔地学〕水や風などが、岩や大地を少しずつけずりとっていくこと。例侵食作用。❷ほかの部分にだんだんにくいこんで、おかしていくこと。例領土を侵食する。類蚕食《さんしょく》。▽アシンショク 表記①は、もとは「浸食」と書いた。

2 **しんしょく【神職】**〈名〉神社につかえ、神をまつることを仕事としている人。神官。神主《かんぬし》。アシンショク

3 **しんしょく【寝食】**〈名〉寝《ね》ることと食べること。日常生活でもっとも基本的なこと。例寝食を忘れる。寝食をともにする。アシンショク

寝食を共《とも》にする 親しくいっしょに生活をする。

しん・じる【信じる】〈動上一〉❶ほんとうだとふかく思いこむ。例存在を信じる。ことばを信じる。信じこむ。対うたがう。類確信する。❷人間をこえた大きな力をうけ入れて、すべてをその力にまかせる。例神を信じる。類信仰《しんこう》する。信心する。❸相手が自分をだましていないと思って、警戒《けいかい》しない。例人を信じる。対うたがう。類信頼《しんらい》する。信用する。❹能力や技術がじゅうぶんあると思い、その面では、まかせる。例自分のうでを信じる。対うたがう。▽「信ずる」ともいう。

しんしろく【紳士録】〈名〉社会的な地位や財産のある人々について、氏名・住所・経歴・職業などを記した名簿《めいぼ》。

1 **しんしん【心身】**〈名〉心とからだ。精神と肉体。例心身ともに元気にみちあふれている。アシンシン

2 **しんしん【伸身】**〈名〉スポーツで、からだをまっすぐにのばすこと。とくに体操競技で、空中でからだをのばした姿勢《しせい》。対屈身《くっしん》。アシンシン

3 **しんしん【新進】**〈名〉あたらしくその分野に登場してきたこと。また、その人。例新進作曲家。新進気鋭《きえい》。類新鋭。アシンシン

4 **しんしん**『深深』〈副〉❶夜が静かにふけていくようす。夜がふけて、あたりが静まりかえるようす。例夜がしんしんとふける。❷寒さが、からだのおくまでしみこんでいくような感じである。例しんしんと冷えこむ冬の夜。❸雪が静かに降りつもるようす。▽アシンシン

5 **しんしん【津津】**〈副・連体〉ある気持ちが、さかんにわき出るようす。例興味津々。アシンシン

1 **しんじん【信心】**〈名・する〉神や仏を信じること。また、特定のものごとをありがたがって、心のやすらぎをえること。例鰯《いわし》の頭も信心から(→「いわし」の子項目)。信心ぶかい。類信仰《しんこう》。アシンジン

2 **しんじん【新人】**〈名〉ある社会や仲間にあたらしく加わって、そこで活躍《かつやく》しはじめた人。例新人を起用する。新人歌手。対ベテラン。類新入り。新顔。あらて。かけだし。しんまい。新参。ニューフェース。アシンジン

3 **しんじん【深甚】**〈形動〉そこにこめられた気持ちなどが、なみなみでなくふかい。例深甚な謝意。アシンジン

1 **じんしん【人心】**〈名〉人の心。とくに、為政者《いせいしゃ》からみた民衆や、立場が上の人からみた部下の心。例人心をつかむ。人心がはなれる。人心をまどわす。人心を一新する。人心掌握《しょうあく》術。

2 **じんしん【人身】**〈名〉❶人間のからだ。例人身事故。人身売買。類人体。❷個人の身のうえ。例人身攻撃《こうげき》。

しんしんきえい【新進気鋭】〈名〉その分野に新しく登場して、意気さかんなこと。例新進気鋭の画家。

しんしんこうじゃく【心神耗弱】〈名〉〔法律〕善悪を判断して行動する精神のはたらきが弱い状態。そういう人の犯罪に対して、裁判では、刑をかるくする。参考「心神喪失《そうしつ》」よりは程度がかるい。

じんしんじこ【人身事故】〈名〉人がけがをしたり、死んだりする交通事故。

しんしんしょう【心身症】〈名〉心理的な要因や精神的ストレスが原因となって、病気の症状《しょうじょう》が現れるもの。胃炎・胃潰瘍《かいよう》など。

しんしんそうしつ【心神喪失】〈名〉〔法律〕精神障害などのために、自分の行動の善悪が判断できず、責任をとることができない状態。→しんしんこうじゃく

じんしんばいばい【人身売買】〈名・する〉人間を商品として売り買いすること。

1 **しんすい【心酔】**〈名・する〉ある人や考えかたなどをすばらしいと思って、心から信じてしたうこと。例ゲーテに心酔する。

2 **しんすい【浸水】**〈名・する〉洪水《こうずい》などで、水につかること。また、水が入りこむこと。例浸水した家屋。床下《ゆかした》浸水。類冠水《かんすい》。

3 **しんすい【進水】**〈名・する〉あたらしくつくられた船が、はじめて水の上にうかぶこと。例進水式。

しんすい【薪水】〈名〉たきぎと汲《く》み水。

4 **しんずい【神髄・真髄】**〈名〉ものごとのいちばん中心にある、たいせつなこと。例神髄をきわめる。類精髄。精華《せいか》。奥義《おうぎ》。

じんずうりき【神通力】〈名〉⇩じんつうりき

幣原喜重郎(しではらきじゅうろう) (1872～1951) 政治家・外交官。戦後首相になり，民主化政策を推進。

しん・ずる【信ずる】〈動サ変〉⇩しんじる

1 しんせい【申請】〈名・する〉役所や上部の機関に、許可や認可《にんか》などを願いでること。例免許《めんきょ》証の交付を申請する。類出願。

2 しんせい【真正】〈名・形動〉まったくの本物であること。例真正品。類正真正銘。

3 しんせい【真性】〈名〉〔医学〕ほんとうにその病気であること。例真性コレラ。対仮性。疑似《ぎじ》。

4 しんせい【新制】〈名〉あたらしく定められた制度。例新制大学。対旧制。

5 しんせい【新星】〈名〉❶新しく発見された天体。❷〔天文〕暗かった星が、とつぜん明るくかがやきだし、そのあとゆっくりと暗くなっていくもの。星が爆発《ばくはつ》をしたものと考えられている。❸ある社会で、急に人気のでた人。芸能界の新しいスターについていうことが多い。▽→ちょうしんせい

6 しんせい【新生】〈名・する〉❶あたらしく生まれること。例新生児。❷なにかをきっかけとして、それまでとはちがった、まったくあたらしい生活に入ること。とくに、信仰《しんこう》生活に入ること。

7 しんせい【神聖】〈形動〉清らかで少しのけがれもなく、おかしがたい。例神聖な場所。神聖不可侵《ふかしん》。

1 じんせい【人生】〈名〉❶人の一生。個人について、その人の生きているあいだをいう。例人生をおくる。人生八十年。充実《じゅうじつ》した人生。類生涯《しょうがい》。❷人間が生きていくこと。例人生論。人生観。▽アジンセー

人生意気《いき》に感《かん》ず 人間は、相手の心意気や自分を理解してくれるあたたかい気持ちに感動して、行動をともにしたり仕事をしたりするものである。

人生七十《しちじゅう》古来《こらい》稀《まれ》なり 七十歳《さい》まで生きる者はむかしから多くない。→こき〔古希〕由来

2 じんせい【仁政】〈名〉人民が安心して生活できるような、心のこもった政治。対暴政。類徳政。善政。アジンセー

しんせいがん【深成岩】〈名〉〔地学〕マグマが地下深くで固まってできた岩石。ゆっくり冷えてできるため、粒子《りゅうし》が大きくてそろっている。花崗《かこう》岩・閃緑《せんりょく》岩・斑糲《はんれい》岩など。火山岩とともに火成岩の一つ。

じんせいかん【人生観】〈名〉人生の意味や目的についての考えかた。

じんせいくん【人生訓】〈名〉生きていくうえで、たよりとなる教え。例人生訓をたれる。

しんせいし【神聖視】〈名・する〉けがれなくきよく尊いものと見なすこと。

しんせいじ【新生児】〈名〉新しく生まれてきた赤んぼう。法律では、生後二十八日未満の乳児をいう。

しんせいだい【新生代】〈名〉〔地学〕地球の歴史で、約六千六百万年前から現在までのあいだ。哺乳《ほにゅう》類・鳥類・被子《ひし》植物の全盛時代。→ちしつじだい

しんせいめん【新生面】〈名〉これまでなかった新しい分野や領域。新しい方面。例新生面をきりひらく。

じんせいろん【人生論】〈名〉人生をいかに生きていくべきかについての考え。

1 しんせき【真跡】〘真▾蹟〙〈名〉ほんとうにその人が書いたもの。類真筆《しんぴつ》。

2 しんせき【親戚】〈名〉血縁《けつえん》や結婚《けっこん》などでつながった人々のうち、自分の家族以外の人々。例遠い親戚にあたる人。親戚づきあい。類親類。縁続《えんつづ》き。身内。親族。→しんぞく表現

じんせき【人跡】〈名〉人がとおったあと。人の足跡《そくせき》。例人跡まれな山里。人跡未踏《みとう》。

じんせきみとう【人跡未踏】〈名〉人間がまだその土地にふみこんでいないこと。例人跡未踏のジャングル。

シンセサイザー〈名〉電子楽器の一つ。電子回路を使ってさまざまな楽器の音色を合成・加工する。鍵盤《けんばん》楽器にになる。略して「シンセ」ともいう。◇synthesizer

1 しんせつ【真説】〈名〉俗説《ぞくせつ》などではない、正しい本当の説。アシンセツ

2 しんせつ【新雪】〈名〉あたらしく降りつもった雪。対根雪《ねゆき》。アシンセツ

3 しんせつ【新説】〈名〉❶あたらしくうちたてられた学説や意見。対旧説。❷はじめて聞く意見や話。例それは新説だ(=初耳だ)。▽アシンセツ

4 しんせつ【新設】〈名・する〉あたらしくもうけること。例学校を新設する。類開設。アシンセツ

5 しんせつ【親切】〈名・形動〉相手に対して、やさしい心や態度で接すること。例利用者に親切な辞書。親切に教える。小さな親切。親切心《しん》。対不親切。アシンセツ

しんせっきじだい【新石器時代】〈名〉石器時代を二つにわけたうちの後半の時代。といしや砂などでみがいてつくった石器(=磨製《ませい》石器)や土器がつかわれ、農耕や牧畜《ぼくちく》もはじまった。→せっきじだい

1 しんせん【神仙】〈名〉修行《しゅぎょう》のすえ、人間の物欲をこえて、行動や精神の自由を得た人。中国の道教で考える、人間の理想のすがた。

2 しんせん【深浅】〈名〉❶ふかいことと、あさいこと。❷色のこいことと、うすいこと。類濃淡《のうたん》。

3 しんせん【新鮮】〈形動〉❶肉や魚、野菜などがあたらしくて生きがいい。例新鮮な野菜。類生鮮。❷すがすがしい感じだ。例新鮮な空気。類清新。❸今までにないあたらしさが感じられる。例新鮮なアイデア。対陳腐《ちんぷ》。▽類フレッシュ。

しんぜん【親善】〈名〉国家や団体などが、たがいに理解をふかめて、仲よくすること。例国際親善。類友好。

じんせん【人選】〈名・する〉たくさんの人の中から、ふさわしい人をえらぶこと。例人選をかさねる。

しんせんぐみ【新選組】〘新▾撰組〙〈名〉幕末期、尊王攘夷《そんのうじょうい》派に対抗した、近藤勇《こんどういさみ》・土方歳三《ひじかたとしぞう》ら佐幕《さばく》派の浪士《ろうし》隊。

しんぜんび【真善美】〈名〉人間が理想とする三つのもの。認識《にんしき》上の真、倫理《りんり》上の善、審美《しんび》上の美。

しんせんみ【新鮮味】〈名〉いきいきとしていて、ういういしい魅力《みりょく》のある感じ。例新鮮味のない作品。

しんそ【親疎】〈名〉人と人とのつきあいが、親しいことと親しくないこと。親しい人と親しくない人。

1 しんそう【真相】〈名〉うわべにあらわれたことや、世間に発表されたこととはちがう、ほんとうの内容や事情。例真相を究明する。事件の真相。

2 しんそう【深窓】〈名〉屋敷《やしき》や邸宅《ていたく》などの、おくふかいところ。例深窓の令嬢《れいじょう》。

3 しんそう【深層】〈名〉ふかくかくれたところ。おくふかくひそんでいて意識されない部分。例深層心理。対表層。→ひょうそう〔表層〕参考

4 しんそう【新装】〈名・する〉建物の内装や外装、設備などをなおして、あたらしくすること。例新装開店。類改装。

しんぞう【心臓】〈名〉❶内臓の一つ。血液をおくりだす器官。にぎりこぶしぐらいの大きさで、二つの心房《しんぼう》と二つの心室からなる。例心臓がとまる(=死ぬ)。心臓まひ。❷気持ち。ハート。例心臓が強い。心臓が弱い。

表現 (1)①は「会社の心臓部」「パソコンの心臓部」のように、心臓にたとえて組織や機関のだいじな中心を表わすことがある。

(2)②は「心臓が強い」がもとになり、「あいつ、心臓だな」のように「心臓だ」だけで度胸《どきょう》がよくてあつかましいようすをいうこともある。

心臓に毛《け》が生《は》えている ずうずうしいほど度胸があって、なにごとにも平然としている。

[1]**じんぞう【人造】**〈名〉人間の力で自然のものに似《に》せてつくること。また、そのつくられたもの。例人造湖。人造人間。対天然。類人工。

表現 やや古い言いかたで、いまは「人工」というのがふつう。

[2]**じんぞう【腎臓】**〈名〉内臓の一つ。血液を濾過《ろか》して尿《にょう》をつくるはたらきをする器官。腹の背中がわの左右に一つずつあり、ソラマメのような形をしている。

しんぞうまひ【心臓まひ】〘心臓麻▼痺〙〈名〉急激におこる、心臓の機能の停止状態。

しんぞく【親族】〈名〉血のつながりがあったり、結婚《けっこん》によってつながりができた人々。例親族会議。類親戚《しんせき》。親類。

表現 「親族」は身内を かたまりとしてとらえた言いかた。「親戚」「親類」は一家族からつながりをたどって外へひろがるとらえかたである。

参考 法律では、六親等内の血族と配偶者、および、三親等内の姻族《いんぞく》をさす。

じんそく【迅速】〈形動〉たいへんすばやい。例迅速にとどける。類敏速《びんそく》。スピーディー。

しんそこ【心底・真底】一〈名〉心のおくそこ。例こんなに心底から笑ったのはひさしぶりだ。類心底《しんてい》。

二〈副〉心のそこから。本当に。例心底きらいだ。▽↓しん〔心〕表現

[1]**しんそつ【新卒】**〈名〉その年に学校を卒業した人。例新卒の社員。

[2]**しんそつ【真率】**〈形動〉まじめですなおだ。類実直。

[1]**しんたい【身体】**〈名〉人のからだ。専門的な言いかた。例身体検査。身体測定。身体能力。類人体。肉体。

[2]**しんたい【神体】**〈名〉神の霊《れい》がやどるものとして、神社などに祭られているもの。例ご神体。

[3]**しんたい【進退】**〈名・する〉❶進むこととしりぞくこと。例進退きわまる。❷毎日のふだんの行動。例進退をつつしむ。進退を誤《あやま》る。❸いまの職や地位にとどまるか、やめるかといった、自分の身の上をきめる行動。例進退うかがい。社長の進退問題に発展する。出処進退。類進去就。

表現 対語A・Bをかさねてできていることばで、たがいの関係が「AもBも」になる場合と「AかBか」になる場合とがある。「進退きわまる」は「進むことも しりぞくことも できない」、「進退をつつしむ」は「進むにも しりぞくにも、気をつける」で「AもBも」。「進退うかがい」は「進むべきか しりぞくべきかをうかがう」で「AかBか」。

[1]**しんだい【身代】**〈名〉「財産」の古い言いかた。例身代をきずく。身代をつぶす。類身上《しんしょう》。アシンダイ

[2]**しんだい【寝台】**〈名〉寝るときに使う、長方形の台。ベッド。例寝台車。アシンダイ

[1]**じんたい【人体】**〈名〉生きている人間のからだ。例人体に影響《えいきょう》がある農薬。類身体。アジンタイ

表現 一台二台と数える。

[2]**じんたい【▼靱帯】**〈名〉骨と骨を結びつけ、関節の補強や保護をするひも状の組織。アジンタイ

[1]**じんだい【神代】**〈名〉日本で、神話上の神々がこの世を支配していたとされる時代。かみよ。アジンダイ

[2]**じんだい【甚大】**〈形動〉ひどく大きい。アジンダイ

表現 「被害《ひがい》甚大」のように、よくないことについていうことが多い。

しんたいうかがい【進退伺い】〈名〉仕事のうえで大きな失敗があったとき、辞職すべきかどうか上役《うわやく》にたずね、その決定にゆだねること。また、そのことを書いた書類。

しんだいかぎり【身代限り】〈名・する〉「破産」の古めかしい言いかた。

しんたいけんさ【身体検査】〈名〉❶学校で、生徒のからだの成長や健康のぐあいなどを検査すること。❷不正なものや危険なもの、凶器《きょうき》などを持っているかどうかをしらべるために、持ちものや服装を 検査すること。

じんだいこ【陣太鼓】〈名〉むかし、戦場で、軍隊が進んだりしりぞいたりする合図に打ち鳴らした太鼓。

しんたいし【新体詩】〈名〉〔文学〕明治時代初めに西洋の詩の影響《えいきょう》をうけてつくられた、新しい形式の詩。漢詩に対していう。文語で、七五調の作品が多い。

しんだいしゃ【寝台車】〈名〉❶夜行列車で、ベッドが設けてある車両。❷病人を寝かせたまま運べる設備のある自動車。

しんたいしょうがいしゃ【身体障害者】〈名〉生まれつき、またはけがなどのために、からだの一部が不自由な人。対健常者。

しんたいそう【新体操】〈名〉なわ・ボール・クラブ(=棍棒《こんぼう》)・フープ(=輪)・リボンなどを使い、音楽にあわせてリズミカルな演技を行なう体操。また、その競技。

しんたいはっぷ【身体髪膚】〈名〉からだ全体。文章語的な言いかた。例身体髪膚これを父母に受く。

しんたいりく【新大陸】〈名〉大航海《こうかい》時代、コロンブスがヨーロッパ人として初めて到達《とうたつ》した、南北アメリカ大陸のこと。対旧大陸。類新世界。

[1]**しんたく【神託】**〈名〉神が人間に告げる、神の意思や予言。類託宣。お告げ。

[2]**しんたく【信託】**〈名・する〉❶〔法律〕お金や土地などの財産の管理や処分を、人にたのむこと。例信託銀行。❷相手を信用して、まかせること。例国民の信託をうける。

し(死)んだこ(子)のとし(年)をかぞ(数)える ⇩「しぬ」の子項目

[1]**しんたん【心胆】**〈名〉きもったま。アシンタン

心胆を寒《さむ》からしめる 心の底から、ぞっとふるえあがらせる。

[2]**しんたん【震旦】**〈名〉「中国」の古い言いかた。アシンタン

参考 インドのことをいう「天竺《てんじく》」といっしょに使われることが多かった。

[3]**しんたん【薪炭】**〈名〉燃料とする、たきぎと炭《すみ》。古い言いかた。アシンタン

しんだん【診断】〈名・する〉❶医者が患者《かんじゃ》のからだをしらべて、病気やけがの状態を判断すること。例診断をくだす。診断書。健康診断。類診察。❷今後の方針をたてるために、現状の問題点をしらべること。例企業診断。

 シドッチ(1668〜1715) 日本に密航したイタリア人宣教師。新井白石が欧米のようすをたずねた。

しんだんしょ【診断書】〈名〉 医者が作成して患者《かんじゃ》にわたす、診断の結果をしるした証明書。

1 **じんち【人知】**『人▼智』〈名〉 人間のちえ。例人知をこえる。人知のおよばぬところ。

2 **じんち【陣地】**〈名〉 たたかいのために軍隊を配置して、いろいろな準備をしてあるところ。類陣営。

しんちく【新築】〈名・する〉 あたらしく建物をたてること。あたらしくたった建物。例家を新築する。新築物件。対中古。

じんちく【人畜】〈名〉 人間と家畜。例人畜無害。

しんちゃ【新茶】〈名〉 ことし出た新芽でつくった緑茶。

1 **しんちゅう【心中】**〈名〉 おもてに表わさない心のなかの気持ち。例心中をうちあける。心中を察する。心中おだやかでない。類胸中《きょうちゅう》。内心《ないしん》。心内《しんない》。アシンチュー 参考「しんじゅう」と読むのは、まったく別のことば。

2 **しんちゅう【真▼鍮】**〈名〉 銅と亜鉛《あえん》の合金。金具などにひろく使われている。黄銅《おうどう》。アシンチュー

3 **しんちゅう【進駐】**〈名・する〉 軍隊が外国の領土内に入って、そこにとどまること。例進駐軍。類駐留。駐屯《ちゅうとん》。アシンチュー

しんちゅうぐん【進駐軍】〈名〉 他国に進駐している軍隊。とくに、第二次世界大戦後、日本に進駐した連合軍。類占領軍。

じんちゅうみまい【陣中見舞い】〈名〉 たいへんいそがしく働いている人をはげますために、食べものや飲みものなどをさし入れること。

1 **しんちょう【身長】**〈名〉 背の高さ。例身長がのびる。類背丈《せたけ》。身《み》の丈。上背《うわぜい》。

2 **しんちょう【伸長】**〈名・する〉 長さや高さ、能力や業績などが のびること。また、のばすこと。例路線が(を)伸長する。

3 **しんちょう【伸張】**〈名・する〉 ❶のびて広がること。のばして広げること。例勢力の伸張。❷〔情報〕 コンピューターで、圧縮《あっしゅく》したファイルを元にもどすこと。復元。展開。解凍。

4 **しんちょう【新調】**〈名・する〉 品物を、あたらしく買い入れることや、あつらえてつくること。衣服についていうことが多い。例制服を新調する。

5 **しんちょう【深長】**〈形動〉 考えれば考えるほど、そのふかさがわかってくる。例意味深長。

6 **しんちょう【慎重】**〈形動〉 ものごとを行なうにあたって、注意ぶかくできるだけのことを考えて、かるがるしくしない。例慎重な態度。対軽率《けいそつ》。

じんちょうげ『▽沈丁▽花』〈名〉 庭などにうえる常緑低木。早春、かおりのつよい、赤むらさきや白の小さな花がかたまってさく。ちんちょうげ。

しんちょく【進捗】〈名・する〉 ものごとがすすんでいくこと。例進捗状況《じょうきょう》。類進展。進行。

しんちんたいしゃ【新陳代謝】〈名〉 ❶生物のからだが、生きるために必要なあたらしい物質をとり入れ、古くなった不要のものを体外にだすこと。物質代謝。❷古くなったものが、あたらしいものにとってかわられること。例組織が発展するには、中心メンバーの新陳代謝が必要だ。

しんつう【心痛】〈名・する〉 ひどく心配して、心をいためること。例心痛のあまり、床《とこ》につく。

じんつう【陣痛】〈名〉 出産の際、くり返しておこるおなかの痛み。類産みの苦しみ。表現ものごとが できあがる前の、困難や苦労をもいう。

じんつうりき【神通力】〈名〉 神のように、どんなことでも自由にできるふしぎな力。「じんずうりき」ともいう。

1 **しんてい【心底】**〈名〉 心のそこの、ほんとうの気持ち。例心底を見とどける。類しんそこ。→しん〔心〕表現

2 **しんてい【進呈】**〈名・する〉 人にものをあげること。例この万年筆をきみに進呈しよう。希望者にカタログを無料で進呈します。類贈呈《ぞうてい》。進上。

じんていしつもん【人定質問】〈名〉〔法律〕 刑事裁判で、裁判長が被告人に対し、人ちがいでないことを確かめるためにする質問。

しんてき【心的】〈形動〉 人の心にかかわる。心による。例心的障害。心的作用。類心理的。

じんてき【人的】〈形動〉 物や自然ではなく、人の。例人的資源。人的被害。対物的。

シンデレラ〈名〉 ❶ヨーロッパの民話の一つ。また、その主人公の少女の名。まま母にいじめられた少女が、のちに王子と出会って、しあわせな結婚《けっこん》をする話。❷おもいがけない幸運をつかんだ人。例シンデレラボーイ。◇Cinderella

1 **しんてん【親展】**〈名〉 手紙で、あて名の人だけが封《ふう》をきるようにしてほしい、という意味のことば。参考封筒《ふうとう》のおもて、相手の名前のわきにそえて書く。

2 **しんてん【進展】**〈名・する〉 事態が、あたらしい方へすすんでひろがっていくこと。例高齢《こうれい》化が進展する。進展をみる。類展開。進捗《しんちょく》。

しんでん【神殿】〈名〉 神をまつる大きな建物。

しんでんず【心電図】〈名〉 心臓の運動によっておこる電流を記録したもの。心臓の病気の診断《しんだん》に使う。

しんてんち【新天地】〈名〉 それまで生活していたのとはまったく別の、はじめての土地や環境《かんきょう》。例新天地をもとめて移住する。類新世界。

しんでんづくり【寝殿造り】〈名〉 平安時代の貴族の屋敷《やしき》の建築様式。寝殿と対屋《たいのや》と釣殿《つりどの》を、池や築山《つきやま》のある庭を南にかこむように配置して、おのおのを渡殿《わたどの》とよばれる渡りろうかで むすんだもの。表記歴史の教科書では「寝殿造」と書き、送りがなの「り」は付けない。

1 **しんと【信徒】**〈名〉 その宗教を信仰《しんこう》している人。類信者。宗徒。アシント

2 **しんと**〈副・する〉 もの音一つせず、静かなようす。しいんと。例しんと静まりかえる。類ひっそり。アシント

1 **しんど【深度】**〈名〉 海などの、ふかさの度合い。例深度をはかる。深度計。

2 **しんど【進度】**〈名〉 ものごとのすすみぐあい。

3 **しんど【震度】**〈名〉〔地学〕 地震のときに、ある場所で機械(=震度計)によって計測されたゆれの大きさ。0~4、5弱・5強、6弱・6強、7、の十段階で示される。→マグニチュード

じんと〈副・する〉 ❶ひどく感動して、涙が出そうになる感じ。例じんとくる。❷しびれや、しびれるような冷たさや痛さを感じるようす。▽「じいんと」ともいう。

しんど・い〈形〉 ❶つかれて、からだがつらい。❷骨がおれて、めんどうだ。例しんどい仕事。類難儀《なんぎ》。参考もとは関西方言で、くだけた言いかたとして広く使われるようになった。

1 **しんとう【心頭】**〈名〉 ❶中の活動が外にほとばしり出る心の出口。例怒《いか》り心頭に発する。❷心を統一する一点。例心頭を滅却《めっきゃく》する。▽ア①シントー ②

司馬江漢(しばこうかん) (1738~1818) 江戸後期の画家・思想家。地動説を紹介。また油絵や銅版画を作った。

心頭を滅却《めっきゃく》すれば火《ひ》もまた涼《すず》し どんな苦しみも、それをこえる心の強さをもてば、苦しみとは ならない。

2 **しんとう【神道】**〈名〉日本に古くからある宗教。祭祀《さいし》をおもんじる多神教で、ふつう神社をたてて、祖先神とされる神々をまつる。アシントー

3 **しんとう【親等】**〈名〉〔法律〕親族関係の、遠い近いをいうことば。絵 アシントー 参考 自分からみて、父母と子どもは一親等、祖父母ときょうだいは二親等、おじ・おば・おい・めいは三親等、いとこは四親等になる。

4 **しんとう【浸透】**【▼滲透】〈名・する〉❶液体が、しだいにしみこむこと。類浸潤《しんじゅん》。❷考えかたなどが、多くの人のあいだにだんだんにいきわたること。例あたらしい考えかたが世間に浸透していく。類浸潤《しんじゅん》。❸〔化学〕こさのちがう液体どうしが、うすいまくをとおしてまじり合うこと。→しんとうあつ ▽アシントー

1 **しんどう【神童】**〈名〉才能が、とびぬけてすぐれている子ども。アシンドー シンドー

2 **しんどう【新道】**〈名〉あたらしくつくった道。対旧道。アシンドー

3 **しんどう【振動】**〈名・する〉❶ゆれうごくこと。例ふりこの振動。❷〔物理〕物体の位置や大きさなどが、規則正しく、変化をくり返すこと。▽アシンドー

4 **しんどう【震動】**〈名・する〉どっしりしたものがふるえ動くこと。例大地が震動する。類ゆれる。アシンドー

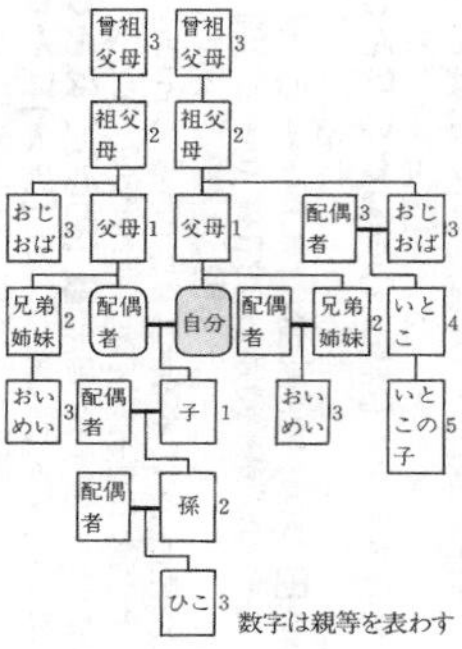

［しんとう］

3 **じんとう【陣頭】**〈名〉行動する団体の、先頭。例陣頭にたつ。陣頭指揮。類最前線。

4 **じんどう【人道】**〈名〉❶人として当然まもるべき道。類人倫《じんりん》。道徳。道義。モラル。倫理。例人道的見地。❷⇩ほどう〔歩道〕

5 **しんとうあつ【浸透圧】**〈名〉〔化学〕容器に、セロハンなどをさかいにして、二種類の溶液《ようえき》を両がわにみたしたとき、それらのあいだに生じる、圧力の差。全体が、同じこさになろうとして、おこる。

1 **じんとうしき【陣頭指揮】**〈名・する〉軍隊・職場などで、その長の人が先頭に立って部下たちに指図をし指導をすること。例陣頭指揮に立つ。

2 **じんどうしゅぎ【人道主義】**〈名〉ひとりひとりの人間に関する、人命の尊重、基本的人権の保障などをなによりたいせつにして、国家や自分の属する団体の利益を優先させない考えかた。ヒューマニズム。

じんとうぜい【人頭税】〈名〉納税の能力に関係なく、すべての人に一律に課した税。にんとうぜい。

じんどうてき【人道的】〈形動〉人道にそむかない。例人道的見地。

1 **じんとく【人徳】**〈名〉その人にそなわっている、人々に尊敬され親しまれる徳。例人徳がある。アジントク

2 **じんとく【仁徳】**〈名〉人をいつくしみ、愛する徳。「にんとく」ともいう。例仁徳にあふれる。アジントク

じんど・る【陣取る】〈動五〉場所を確保する。

シンドローム〈名〉⇩しょうこうぐん ◇syndrome

シンナー〈名〉塗料《とりょう》をうすめて ねばりけをかげんするための液。刺激臭《しげきしゅう》がつよい。◇thinner

しんない【心内】〈名〉心のなか。例喜びが心内に広がる。類心中《しんちゅう》。胸中《きょうちゅう》。

しんに【真に】〈副〉まことに。本当に。しんじつ。

しんにち【親日】〈名〉外国の人が、日本に好意をもつこと。例親日家。親日感情。対反日。類知日。

しんにちか【親日家】〈名〉日本をよく理解し、好意をもつ外国人。類知日家。

1 **しんにゅう**【▼之▼繞】〈名〉⇩しんにょう

2 **しんにゅう【侵入】**〈名・する〉他国の領土や他人の家などに むりに入りこむこと。例不法侵入。家宅侵入。類闖入《ちんにゅう》。侵《おか》す。

3 **しんにゅう【浸入】**〈名・する〉土地や建物などに水がはいってくること。

4 **しんにゅう【進入】**〈名・する〉すすんできて、その場所に入りこむこと。例車両の進入。

5 **しんにゅう【新入】**〈名〉会社や団体の一員として、あたらしく加わること。例新入生。新入社員。類新入り。新参。しんまい。

しんにょう【▼之▼繞】〈名〉漢字の繞の一つ。「近」「送」「遜《そん》」などの「辶」「⻍」の部分。しんにゅう。参考 ふつう、漢和辞典では「辵」（七画）の部にふくまれる。

1 **しんにん【信任】**〈名・する〉信用して仕事などをまかせること。例信任をえる。信任投票。対不信任。

2 **しんにん【新任】**〈名〉ある地位や職務に、あたらしく任命されること。例新任の先生。対先任。

しんにんとうひょう【信任投票】〈名〉❶国会で衆議院が、政府を信任するかしないかきめるための投票。❷その人がその職につくこと、あるいはついていることが適当かどうかを問う投票。

しんねりむっつり〈副・する〉ただだまっていて、ろくにものを言わず、あつかいにくくて感じがわるいようす。

1 **しんねん【信念】**〈名〉たいせつだと信じることを守りとおし、その考えを実行しようとする心。例信念がある。信念をもつ。強い信念。

2 **しんねん【新年】**〈名〉年があらたまってむかえる新しい年。一月七日または十五日までの松《まつ》の内をいうことが多い。例新年を迎える。対旧年。類新春。正月。

しんの【真の】〈連体〉本当の意味での。本当の。例真の闇《やみ》。真のすがた。

しんのう【親王】〈名〉天皇のむすこや孫にあたる男子。対内親王。類皇子《おうじ》。

しんのうかざり【親王飾り】〈名〉ひな人形で、男女ひと組みの内裏《だいり》びなだけで売られているもの。対段飾り。

1 **しんぱ【新派】**〈名〉❶新しい流派。❷「新派劇」の略。明治時代の中ごろ、歌舞伎《かぶき》（=旧派）に対抗《たいこう》しておこった、主として当時の人情をえがく世話物の演劇。歌舞伎と新劇の中間的なもの。

2 **シンパ**〈名〉「シンパサイザー」の略。同情者。支持者。反体制的な運動を自分自身はしないが心で支持する人。

 司馬遷(しばせん)（前145?～前86?） 中国，前漢の歴史家。正史の範とされる紀伝体の史書「史記」を著す。

◇sympathizer の日本での省略語。

じんば【人馬】〈名〉人と馬。例人馬一体となって。

しんぱい【心配】■一〈形動・名・する〉これからどうなるか、わるいことがおこりはしないかと不安に思い、心をなやませること。例心配がない。心配をかける。心配のたね。心配ごと。心配性《しょう》。対安心。■二〈名・する〉気にかけて、せわをすること。例宿《やど》や食事の心配をする。就職の心配をしてもらう。類心くばり。気づかい。せわ。

しんぱいしょう【心配性】〈名〉何につけても心配しがちな性格。対楽天的。

じんばおり【陣羽織】〈名〉むかし、武士がいくさのときに着た、そでなしのはおり。

しんぱく【心拍】〈名〉心臓がどきどき動くこと。例心拍数。

シンパシー〈名〉共感すること。共鳴すること。また、好感をもつこと。例主人公の生きざまにシンパシーを感じる。◇sympathy

しんばりぼう【心張り棒】〈名〉戸が開かないように内からおさえる棒。類つっかい棒。→かんぬき絵

シンバル〈名〉打楽器の一つ。なべのふたのような形をした金属製の板二枚を打ちあわせたり、こすりあわせたりして音をだす。◇cymbals

1 **しんぱん**【侵犯】〈名・する〉他国の領土や権利などをおかすこと。例領空を侵犯する。アシンパン

2 **しんぱん**【信販】〈名〉「信用販売」の略。例信販会社。アシンパン

3 **しんぱん**【新版】〈名〉前に出版した本のていさいや、版をあらためて、出版したもの。対旧版。アシンパン

4 **しんぱん**【審判】〈名・する〉❶事件の真相をあきらかにして、罪があるかないかをはっきりさせること。例審判をあおぐ。審判がくだる。最後の審判。類裁判。❷競技で、その進行をとりしきって、勝ち負けや反則の有無などを判断すること。その役の人。例審判に抗議《こうぎ》する。審判員。類ジャッジ。アンパイア。レフェリー。▽アシンパン

5 **しんぱん**【親藩】〈名〉江戸時代、徳川家の近親で大名になった者の藩。アシンパン 参考中でも、尾張《おわり》、紀伊《きい》、水戸《みと》の徳川家を御三家《ごさんけ》といった。

しんはんにん【真犯人】〈名〉本当の犯人。うたがいをかけられている人が複数いる推理小説などでいう。

1 **しんぴ**【真皮】〈名〉脊椎《せきつい》動物で、表皮の下にある繊維《せんい》層。表皮とともに皮膚を形成する。毛細血管や神経などがある。

2 **しんぴ**【真否】〈名〉ほんとうのことか、うそなのか。例真否のほどは わからない。類真偽《しんぎ》。

3 **しんぴ**【神秘】〈名・形動〉人間の力では ときあかせない、ふしぎなこと。例大自然の神秘。神秘のベールに包まれた古代遺跡《いせき》。神秘的。

しんびがん【審美眼】〈名〉美しさのねうちを見定める力。例審美眼を養う。

1 **しんぴつ**【真筆】〈名〉ほんとうにその人が書いたもの。対偽筆《ぎひつ》。類真跡《しんせき》。

2 **しんぴつ**【親筆】〈名〉身分の高い人の自筆。例御《ご》親筆。類直筆《じきひつ》。

しんぴてき【神秘的】〈形動〉人間の力ではときあかせないようなふしぎさのある。例神秘的な体験。

しんぴょうせい【信▼憑性】〈名〉❶話の内容が信用できること。例信憑性がある。❷どのくらい信用できるかの度合い。例信憑性が低い。

しんぴん【新品】〈名〉まだ使っていない、まあたらしい品物。対中古品。

じんぴん【人品】〈名〉人にそなわっている上品さ。例人品いやしからず。人品骨柄《こつがら》。類気品。

1 **しんぷ**【神父】〈名〉〔宗教〕カトリックで、「司祭」の一般的な言いかた。プロテスタントの牧師にあたる。アシンプ

2 **しんぷ**【新婦】〈名〉結婚《けっこん》式で「花嫁《はなよめ》」をさしていうことば。対新郎《しんろう》。アシンプ

3 **しんぷ**【新譜】〈名〉あたらしく発売される楽譜や、CD、DVDなど。例クラシック新譜情報。アシンプ

しんぷう【新風】〈名〉新鮮《しんせん》なものとして喜ばれる、新しいやりかたや考えかた。例新風をふきこむ。

シンフォニー〈名〉交響曲《こうきょうきょく》。◇symphony

1 **しんぷく**【心服】〈名・する〉ふかく尊敬して、心からその人にしたがうこと。類感服。敬服。

2 **しんぷく**【振幅】〈名〉〔物理〕物体が振動しているときに、その物体が動く範囲《はんい》の半分の長さ。ふりこのゆれはばの半分の長さ。例振幅が大きい。

3 **しんぷく**【震幅】〈名〉地震計に記録されたゆれのはば。例震幅が大きい。

しんふぜん【心不全】〈名〉心臓のはたらきが弱まり、体内にじゅうぶんな血液を送りだせなくなる病気。

じんふぜん【腎不全】〈名〉腎臓の機能が弱まって、尿《にょう》が出にくくなった状態。

しんぶつ【神仏】〈名〉❶神や仏。例神仏にいのる。❷神道《しんとう》と仏教。例神仏習合。

じんぶつ【人物】〈名〉❶人。例歴史上の人物。人物画。登場人物。類人間。❷ある人の 人がらや能力。例人物を保証する。類人間。❸人がらや能力のすぐれた人。例なかなかの人物。類人材。

しんぶつしゅうごう【神仏習合】〈名〉〔歴史〕日本古来の神々の信仰《しんこう》と、仏教との融合《ゆうごう》。寺院に神をまつったり、神社の中に寺をつくったりしたもの。

じんぶつぞう【人物像】〈名〉ある人物がどんな人かという、総合的なイメージ。例(物語で)主人公の人物像をとらえる。本校がめざす人物像。類人柄《ひとがら》。キャラクター。

シンプル〈形動〉よけいなものがついていなくて、すっきりしている。例シンプルなデザイン。類簡素。◇simple

しんぶん【新聞】〈名〉ニュースや話題などを、印刷して読者に伝達する定期刊行物。日刊がふつう。例新聞に載《の》る。新聞をとる(=購読《こうどく》する)。新聞社。新聞種《しんぶんだね》。新聞記者。壁《かべ》新聞。業界新聞。

表現 新聞の種類は一紙《いっし》二紙《にし》と数える。印刷された一新聞は一部二部、その紙面は一面二面と数える。

じんぶん【人文】〈名〉人類のつくり出した文化。じんもん。例人文地理。人文主義。

じんぷん【人▼糞】〈名〉人の大便。人前に出てくるはずのないものとしていう。

じんぶんかがく【人文科学】〈名〉人類の文化を研究の対象とする学問を、まとめていうことば。とくに、哲学《てつがく》・歴史学・言語学・文学などの学問。「じんもんかがく」ともいう。→しぜんかがく・しゃかいかがく

しんぶんし【新聞紙】〈名〉印刷されて新聞になった用紙。例新聞紙でくるむ。新聞紙を尻《しり》にしく。

しんぶんしょたい【新聞書体】〈名〉現在の新聞

柴田勝家(しばたかついえ) (?～1583) 安土桃山時代，織田信長配下の武将。北陸を支配。豊臣秀吉に敗れ自害。

の本文に使われている明朝《みんちょう》体の活字。昔より文字を大きくした分、なるべく多くの文字が入るようにやや平たい形になっている。

しんぶんすう【真分数】〈名〉〔数学〕分数で、分子が分母より小さいもの。対仮分数。

しんぶんだね【新聞種】〈名〉新聞の記事、とくに三面記事の材料になりそうな事件や問題。例新聞種になる。

じんぶんちり【人文地理】〈名〉自然と人間との相互作用という点から、集落・人口・産業・交通などを研究する地理学の分野。「じんもんちり」ともいう。

しんぺん【身辺】〈名〉❶身のまわり。例身辺の世話をする。❷その人が関係している、ものごとや仕事、人間関係など。例身辺を整理する。身辺にもめごとが多い。身辺がきれいだ。身辺雑記《ざっき》。

しんぽ【進歩】〈名・する〉技術や考え方がしだいに理想的なほうへすすんでいくこと。例長足《ちょうそく》の進歩をとげる。対退歩。類発達。発展。進化。

[1] **しんぼう【心房】**〈名〉心臓の上半分のこと。血液を心室へおくり出しているところで、左心房と右心房にわかれている。アシンボー

[2] **しんぼう【心棒】**〈名〉❶車やこまなど、回転するものの軸《じく》となる棒。❷活動の中心となる人。▽アシンボー

[3] **しんぼう【辛抱】**〈名・する〉つらいことや苦しいことを、じっとたえしのぶこと。例辛抱がたりない。もう少しの辛抱だ。辛抱づよい。類我慢《がまん》。忍耐《にんたい》。アシンボー

[4] **しんぼう【信望】**〈名〉りっぱな人物として、多くの人々からよせられる尊敬や信頼。例信望があつい。信望を得る。類声望。人望。アシンボー

[5] **しんぼう【深謀】**〈名〉先の先のことまでふかく考えてつくった計略。例深謀遠慮《えんりょ》。類深慮。遠謀。アシンボー

しんぽう【信奉】〈名・する〉宗教・思想・教えなどを心から信じ、それをたいせつに守ること。

じんぼう【人望】〈名〉人がらのよさのために、人々からよせられる尊敬や信頼《しんらい》、期待の気持ち。例人望がある。人望を集める。類信望。声望。

しんぼうえんりょ【深謀遠慮】〈名〉ずっと先のことまで、いろいろ考えをめぐらすこと。深慮遠謀。

しんぼうづよ・い【辛抱強い】〈形〉つらいことや苦しいことに、じっとたえしのぶことができる。類我慢《がまん》強い。ねばり強い。

[1] **しんぼく【神木】**〈名〉神社の境内《けいだい》にある神聖な樹木。例御《ご》神木。

[2] **しんぼく【親睦】**〈名〉いっしょに遊んだり食べたりして、なかよくすること。例親睦をはかる。親睦をふかめる。親睦会。類懇親《こんしん》。親和。

シンポジウム〈名〉ある問題についての討論会。例シンポジウムを開く。◇symposium

しんぽてき【進歩的】〈形動〉新しい考えかたややりかたをすすんでとりいれようとしている。とくに、それまでの社会の矛盾《むじゅん》を改革していこうという理想をもっていることをいう。例進歩的な意見。対保守的。類革新的。急進的。

シンボリック〈形動〉象徴《しょうちょう》的。◇symbolic

シンボル〈名〉「象徴《しょうちょう》」のこと。◇symbol

しんぽん【新本】〈名〉「古本」に対して、新品の本。

しんまい【新米】〈名〉❶その年とれたこめ。対古米。→こまい 参考 ❷あたらしく仕事についたばかりで、まだなれていない人。類新参。新入り。新人。駆《か》け出し。

じんましん【▼蕁麻▼疹】〈名〉アレルギーの一つ。急に、かゆくて赤いぼつぼつがからだに現れる病気。体質に合わない食べものでなることが多い。

[1] **しんみ【新味】**〈名〉それまでにはなかった、新しいよさ。例新味をだす。新味にとぼしい。

[2] **しんみ【親身】**〈形動〉肉親に対するときと同じように、相手をふかく思いやる心がある。例親身になる。親身に相談にのる。

しんみつ【親密】〈形動〉とても親しくて、仲がいいようす。例親密な仲。対疎遠《そえん》。類懇意《こんい》。

じんみゃく【人脈】〈名〉政界や学界などで、同じ利害関係や主張などでできている、人と人のつながり。

しんみょう【神妙】〈形動〉❶すなおでおとなしく、まじめさがよくわかる。例神妙にしろ。類従順。❷感心だ。例神妙な心がけ。

しんみり〈副・する〉人間らしい情感がしずかにしみわたる。例しんみり(と)した話。

じんみん【人民】〈名〉社会を構成している人々。類国民。民衆。

じんみんかいほうぐん【人民解放軍】〈名〉中国共産党中央軍事委員会の指揮《しき》下にある、中国共産党の軍事部門。

じんみんげん【人民元】〈名〉中華《ちゅうか》人民共和国の通貨のよび名。参考中国の昔からの通貨単位であり、台湾《たいわん》の通貨単位でもある「元」に対し、とくに現在の中国の通貨としていう。

しんめ【新芽】〈名〉植物の新しく出てきた芽。

しんめい【身命】〈名〉からだといのち。例身命をなげうつ。身命を賭《と》して遂行《すいこう》する。

[1] **じんめい【人名】**〈名〉人の名前。

[2] **じんめい【人命】**〈名〉人のいのち。例人命にかかわる。人命救助。

じんめいようかんじ【人名用漢字】〈名〉常用漢字二一三六字のほかに、新生児などの名付けに使うことが法律でみとめられている八六三字の漢字。常用漢字をふくめていうこともある。

シンメトリー〈名〉左右対称《たいしょう》。また、対称。対アシンメトリー。◇symmetry

シンメトリック〈形動〉左右対称《たいしょう》である。対アシンメトリック。◇symmetric

しんめんもく【真面目】〈名〉そのものの、本来のねうち。「しんめんぼく」ともいう。例真面目を発揮する。類真価。真骨頂。本領。参考「まじめ」と読むのは別の語。

しんもつ【進物】〈名〉お中元やお歳暮《せいぼ》などのときの、人におくる品物。例進物をおくる。進物用に包む。類贈答《ぞうとう》品。おつかいもの。

しんもん【審問】〈名・する〉裁判官が、事実を明らかにするために、被告人《ひこくにん》や証人などに問いただすこと。例異端を審問する。

[1] **じんもん【陣門】**〈名〉軍の陣屋《じんや》の出入り口。

陣門に降《くだ》る 敵に降伏《こうふく》する。軍門にくだる。

[2] **じんもん【尋問】**【▼訊問】〈名・する〉裁判官や警察官などが、問いただしてしらべること。例不審尋問。

しんや【深夜】〈名〉夜がすっかりふけたころ。例深夜番組。深夜料金。類夜ふけ。深更《しんこう》。真《ま》夜中。

じんや【陣屋】〈名〉軍隊がたたかいにそなえて集まって

いるところ。古いことば。類陣営《じんえい》。

1 **しんやく【新訳】**〈名〉同じ書物の古い翻訳《ほんやく》に対して、新しい翻訳。対旧訳。アシンヤク

2 **しんやく【新薬】**〈名〉あたらしく開発され、発売された薬。おもに医薬品についていう。対後発薬。アシンヤク

しんやくせいしょ【新約聖書】〈名〉キリスト教で、聖書の一部。旧約聖書とあわせて全体で聖書となる。

参考 旧約聖書は、神が天地と人類をつくる話と、救済の約束をあたえた神の選民ユダヤ民族が罪をかさねる歴史を中心に書かれている。新約聖書には、神の子イエス＝キリストが人間の罪をせおって十字架にかかって死に、復活したこと、また、イエスの教えやその伝道などが書かれている。「旧約」が神自身のことばによる古い約束であるのに対して、「新約」はイエスをとおした神の新しい約束である。

しんゆう【親友】〈名〉仲がよくて、たがいに心をゆるしあっている友だち。例無二の親友。類知友。知己《ちき》。

しんよう【信用】〈名〉❶〈する〉たしかだと思って信じること。例人を信用する。ことばを信用する。類信頼《しんらい》。❷人や組織などについてまちがいないと判断できる、よい評判。例信用がある。信用をおとす。店の信用。

じんよう【陣容】〈名〉軍隊などの部隊の配置。会社や団体などの構成員やその配置。例陣容を一新する。陣容をととのえる。類ラインナップ。

しんようきんこ【信用金庫】〈名〉地域の住民と中小企業のための、公共性の高い、組合組織の金融《きんゆう》機関。預金・融資《ゆうし》などの業務内容は銀行と同じ。略して「信金」ともいう。

しんようじゅ【針葉樹】〈名〉マツやスギのように、ほそくとがった葉をもつ樹木をまとめていうことば。常緑樹が多い。例針葉樹林。対広葉樹。

しんようはんばい【信用販売】〈名〉「クレジット」のこと。略して「信販《しんぱん》」ともいう。

しんらい【信頼】〈名・する〉相手の人やものを信じて、すべてをまかせることができると思うこと。例信頼をうらぎる。信頼するに足る。信頼できる商品。信頼性。類信用。

じんらい【迅雷】〈名〉急にはげしく鳴る かみなり。

しんらいせい【信頼性】〈名〉信頼をおけるものであること。信頼をおける程度。例信頼性がある。信頼性が高い。信頼性に問題がある。

しんらつ【辛辣】〈形動〉言うことや言いかたが、とてもきびしい。例辛辣な批評《ひひょう》。類痛烈《つうれつ》。

しんらばんしょう【森羅万象】〈名〉宇宙に存在する、すべてのもの。類万物《ばんぶつ》。

1 **しんり【心理】**〈名〉人間の心のうごきや意識。例親と子の微妙《びみょう》な心理をえがく。心理状態。心理描写。群集心理。心理学。類気持ち。

2 **しんり【真理】**〈名〉だれにも否定できない、正しい法則や事実。例真理の探究。不変の真理。

3 **しんり【審理】**〈名・する〉裁判で、事件の内容をくわしくしらべて、どういう法律や罰則《ばっそく》があてはまるかをはっきりさせること。

しんりがく【心理学】〈名〉人や動物の、心や意識、および、そのあらわれとしての行動を研究する学問。

じんりきしゃ【人力車】〈名〉明治から昭和の初めごろにかけて、車夫《しゃふ》が客をのせてひっぱって走った二輪車。今でも観光地などで使っているところがある。絵

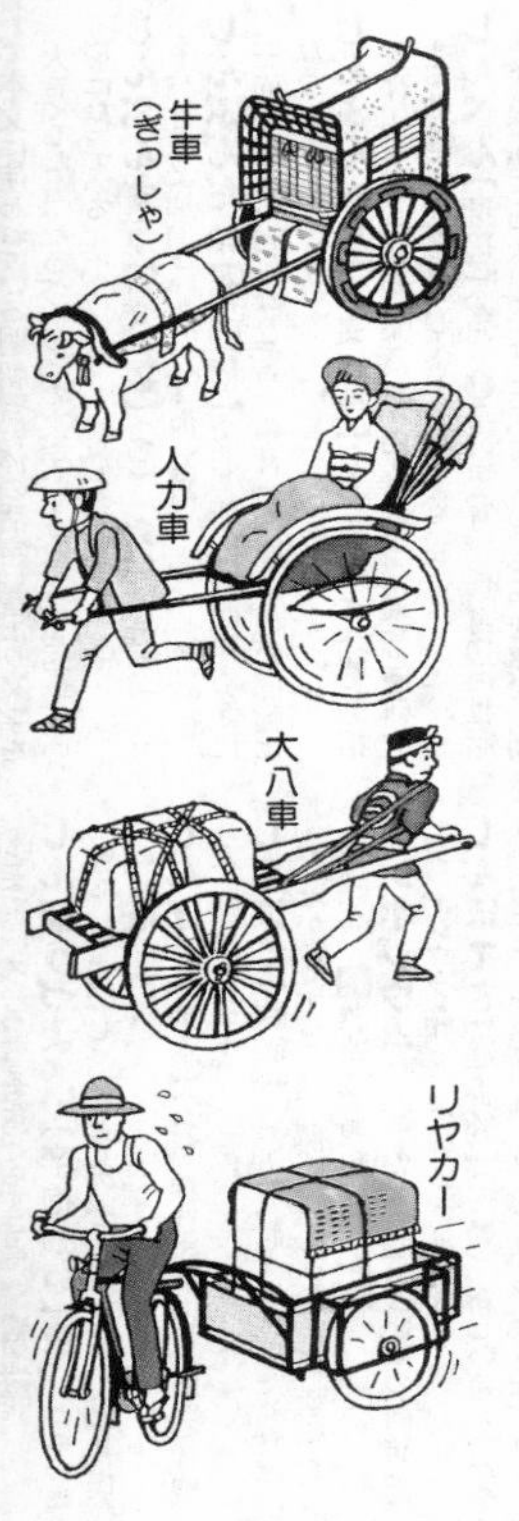

[じんりきしゃ]

しんりてき【心理的】〈形動〉人の心理に関する。例心理的な影響《えいきょう》。

しんりゃく【侵略】〈名・する〉他国を支配しようとして、武力でその領土にせめ入ること。例侵略戦争。類侵攻《しんこう》。侵入。侵《おか》す。

しんりょ【深慮】〈名〉ずっと先のことまで見通した、ふかい考え。対浅慮《せんりょ》。類深謀《しんぼう》。→えんぼう 表現

しんりょう【診療】〈名・する〉医師が病人を診察して、治療すること。例診療所。

しんりょうじょ【診療所】〈名〉医師が診療を行なう施設《しせつ》のうち、病院より小規模のもの。「しんりょうしょ」ともいう。

1 **しんりょく【深緑】**〈名〉こいみどり。ふかみどり。

2 **しんりょく【新緑】**〈名〉春から初夏、新しくもえでる若葉。例新緑の季節。新緑したたる。

表現「新緑の候…」などの言いかたで、手紙の時候のあいさつのことばとしても使う。

1 **じんりょく【人力】**〈名〉人間の力や能力。例人力のおよびがたいところ。アジンリョク

2 **じんりょく【尽力】**〈名・する〉あることを実現するために、せいいっぱい力をつくすこと。例地域の発展に尽力する。ご尽力に感謝いたします。類努力。アジンリョク ジンリョク

しんりん【森林】〈名〉広い地域にわたってたくさんの木がおいしげっているところ。類森《もり》。樹林。

じんりん【人倫】〈名〉❶人間の徳。例人倫にもとる。類人道。道義。道徳。倫理。モラル。❷人間関係をつくるものとしての人間。

しんりんよく【森林浴】〈名〉森の中を歩いて、木々が発散する清新な気を身にあび、心とからだをリフレッシュすること。

1 **しんるい【進塁】**〈名・する〉野球で、ランナーが次のベースにすすむこと。

2 **しんるい【親類】**〈名〉「親戚《しんせき》」のやや古い感じの言いかた。例親類縁者《えんじゃ》。

じんるい【人類】〈名〉 直立二足歩行によってサルから進化してきた、いきものの分類の一種としてみたときの人のこと。ヒト。例 人類の祖先。人類の存続が危《あや》ぶまれる。人類学。参考 生物学上の分類では、「哺乳綱《ほにゅうこう》サル目《もく》(または霊長《れいちょう》目)ヒト科ヒト属」に属し、人類学上は「ホモサピエンス(現生人類)」という。

じんるいあい【人類愛】〈名〉 個人に対する愛ではなく、人類すべてに対する愛。類 博愛。

じんるいがく【人類学】〈名〉 人類とその文化を科学的に研究する学問。自然人類学(=形質人類学)と文化人類学がある。

[1]**しんれい**【心霊】〈名〉 たましい。霊魂《れいこん》。例 心霊写真。心霊現象《げんしょう》。

[2]**しんれい**【振鈴】〈名〉 すずを振って鳴らすこと。

しんれいげんしょう【心霊現象】〈名〉 超常現象のうち、霊魂《れいこん》が引き起こすのではないかと思われるもの。心霊写真やポルターガイストなど。類 オカルト。

しんれき【新暦】〈名〉 太陰《たいいん》暦よりあとからできた、新しいこよみとしての太陽暦。対 旧暦。類 陽暦。

[1]**しんろ**【針路】〈名〉 ❶船や飛行機がすすんでいく方向。例 針路を西へとる。❷すすむべき方向や道すじ。例 針路をきめる。類 方針。路線。

[2]**しんろ**【進路】〈名〉 ❶人やものが動いていく方向。例 台風の進路。対 退路。❷これからどのような仕事、あるいは勉強をするかなど、その人のすすんでいく方面。例 卒業後の進路。

[1]**しんろう**【心労】〈名・する〉 やっかいなことがあって、心配したりなやんだりすること。それによる精神的なつかれ。例 心労がかさなる。類 気苦労。気づかれ。ストレス。

[2]**しんろう**【辛労】〈名〉 ひどくつらい苦労。例 辛労にたえる。辛労がむくわれる。辛労辛苦。

[3]**しんろう**【新郎】〈名〉 結婚《けっこん》式で、花婿《はなむこ》をさしていうことば。対 新婦。

じんろう【▼塵労】〈名〉 日常生活のさまざまな苦労。

じんろく【甚六】〈名〉 世間知らずのおろか者。例 総領の甚六。

[1]**しんわ**【神話】〈名〉 古くからつたえられた、その民族の神を中心とする物語。例 日本神話。ギリシャ・ローマ神話。類 説話。伝説。

表現 「銀行はつぶれないという神話が崩壊した」のように、絶対の根拠《こんきょ》がないのにだれもが信じこんでいることがら、という意味でも使われる。

参考 日本神話は、奈良時代の歴史書『古事記《こじき》』と『日本書紀《にほんしょき》』に記された神々の物語(記紀《きき》神話)を中心としている。

[2]**しんわ**【親和】〈名〉 ❶おたがいに仲よくすること。例 親和を図《はか》る。類 親睦《しんぼく》。❷物と物とがとけ合ったりなじんだりすること。例 親和性。

じんわり〈副〉 ⇩じわっと

す … ス

常用漢字 す

【須】 頁部3 全12画

ス 音[ス] ▨必須《ひっす》。

須須須須須須

[1]**す**【▼鬆】〈名〉 日数がたったゴボウやダイコンなどのしんにたてに入る、こまかい穴。例 すが入る。アス

方言 愛媛・九州などでは、「鼻のす」のように、「穴」の意味でも使う。

[2]**す**【州】【▼洲】〈名〉 川や湖、海の底に砂がたまって、島のようになったもの。例 三角州。中州。アス

[3]**す**【巣】〈名〉 ❶けものや鳥、虫などがたまごをうんだり、子そだてなどをするためにつくるすみか。例 (鳥が)巣をかける。はちの巣。❷身をよせあって暮らしているところ。例 愛の巣。❸よからぬ者たちが集まって住みついているところ。例 悪の巣。類 巣窟《そうくつ》。▽アス」

[4]**す**【酢】【▼醋】〈名〉 すっぱい味のする、液体の調味料。例 酢をする(=入れる)。米酢《こめず・よねず》。りんご酢。アス」

[5]**す**【素】〈名〉 とくにかまえたり、何かを加えたりしない状態。例 素に返る。サラダを素で食べる。アス」

常用漢字 ず

【図(圖)】 口部4 全7画

ズ・ト はかる 教小2 音❶[ズ] ▨図画《ずが》。図形《ずけい》。図表《ずひょう》。図面《ずめん》。▨地図《ちず》。合図《あいず》。指図《さしず》。設計図《せっけいず》。❷[ト] ▨図書《としょ》。▨意図《いと》。企図《きと》。壮図《そうと》。版図《はんと》。訓[はかる] 図る。

図図図図図図

[1]**ず**【図】〈名〉 ❶ものの形やものごとのありさまなどをよくわかるようにえがいたもの。例 図に表わす。天気図。→ひょう〔表〕❷「絵」の意味で、絵画の題名などに使うことば。例 金太郎、くまとたわむれるの図。❸ある場面のようす。例 とても見られた図ではない。類 さま。❹計画したことがら。とくに、計略でたくらんだこと。例 図にあたる。図星《ずぼし》。類 見こみ。

図に当《あ》たる ものごとが考えていたとおりになる。

図に乗《の》る ものごとが自分の思うとおりにはこぶので、つい いい気になって、つけ上がる。

[2]**ず**【頭】〈名〉 人のあたま。例 (すもうで)頭を低くして出る。

頭が高《たか》い いばっていて、態度がていねいでない。古めかしい言いかた。対 腰《こし》が低い。

[3]**ず**〈助動〉 打ち消しを表わす助動詞「ぬ」の連用形。例 本屋にはよらず、家に帰る。あの選手は ひじの故障でなかずとばずの一年間だった。暑からず寒からずのいい気候です。

表現 (1)「本屋にはよらずにまっすぐ家に帰る」のように、助詞「に」がついた「ずに」という形も使われる。

(2)「なかずとばず」「暑からず寒からず」などの言いかたには文語的な感じがある。

[4]**ず**〈助動〉 文語の助動詞。打ち消しを表わす。例 頭隠《かく》してしり隠さず。ローマは一日にして成らず。

接続 動詞その他の活用語の未然形につく。

参考 文語では終止形が「ず」、連体形が「ぬ」であったが、後世、文の言い切りの位置にも「ぬ」が使われるようになった。現代でも、「こうしてはいられぬ」のように、ちょっと古い感じの文章で使われることもある。また、「ありません」「ございません」の「ん」は、この「ぬ」が変化してできた形。

すあげ【素揚げ】〈名・する〉 食材を、ころもをつけずにそのまま油で揚げること。そうして揚げたもの。

すあし【素足】〈名〉 なにもはいていない、むきだしの足。

 島崎藤村(とうそん) (1872〜1943) 明治〜昭和の詩人・小説家。詩集「若菜集」, 小説「破戒」「夜明け前」など。

表現「すあしに靴《くつ》をはく」とは言うが、「はだしに靴をはく」とは言わない。「すあし」が靴や靴下に関係なく足そのものを言うのに対して、「はだし」は靴も靴下もつけていない足という意味のことばだからである。「すあしで歩く」と「はだしで歩く」は、はき物には関係がないので、どちらも言える。

ずあん【図案】〈名〉色やもようなどの配置を考えて、えがきだしたもの。類デザイン。設計。

常用漢字 **すい**

【水】 水部0 全4画 水水水水

スイ みず 教小1 音[スイ] ▨水分《すいぶん》。水泳《すいえい》。水陸《すいりく》。水族館《すいぞくかん》。水産物《すいさんぶつ》。▨海水《かいすい》。下水道《げすいどう》。香水《こうすい》。炭酸水《たんさんすい》。訓[みず] 水。水色。水洗い。水浴び。水臭い。打ち水。冷や水。力水。

【吹】 口部4 全7画 吹吹吹吹吹

スイ ふく 音[スイ] ▨吹奏楽《すいそうがく》。吹鳴《すいめい》。▨鼓吹《こすい》。訓[ふく] 吹く。吹き込む。吹きさらし。ほら吹き。
注意「息吹」は「いぶき」、「吹雪」は「ふぶき」と読む。

【垂】 土部5 全8画 ※垂垂垂垂垂

スイ たれる・たらす 教小6 音[スイ] ▨垂直《すいちょく》。▨懸垂《けんすい》。胃下垂《いかすい》。訓❶[たれる] 垂れる。垂れ下がる。雨垂れ。耳垂れ。❷[たらす] 垂らす。

【炊】 火部4 全8画 炊炊炊炊炊

スイ たく 音[スイ] ▨炊事《すいじ》。炊飯器《すいはんき》。▨自炊《じすい》。雑炊《ぞうすい》。訓[たく] 炊く。

【帥】 巾部6 全9画 帥帥帥帥帥

スイ 音[スイ] ▨元帥《げんすい》。統帥《とうすい》。

【粋(粹)】 米部4 全10画 粋粋粋粋

スイ いき 音[スイ] ▨粋人《すいじん》。▨純粋《じゅんすい》。精粋《せいすい》。抜粋《ばっすい》。無粋《ぶすい》。訓[いき] 粋。小粋。

【衰】 衣部4 全10画 衰衰衰衰衰衰

スイ おとろえる 音[スイ] ▨衰弱《すいじゃく》。衰退《すいたい》。▨盛衰《せいすい》。老衰《ろうすい》。訓[おとろえる] 衰える。やせ衰える。

【推】 扌部8 全11画 ※推推推推推

スイ おす 教小6 音[スイ] ▨推進《すいしん》。推計《すいけい》。推理《すいり》。推薦《すいせん》。▨邪推《じゃすい》。類推《るいすい》。訓[おす] 推す。推して知るべし。

【酔(醉)】 酉部4 全11画 酔酔酔酔酔

スイ よう 音[スイ] ▨酔漢《すいかん》。酔狂《すいきょう》。▨泥酔《でいすい》。麻酔《ますい》。心酔《しんすい》。陶酔《とうすい》。訓[よう] 酔う。酔い。酔い覚まし。酔っ払い。二日酔い。悪酔い。船酔い。

【遂】 ⻌部9 全12画 遂遂遂遂遂遂

スイ とげる 音[スイ] ▨遂行《すいこう》。▨未遂《みすい》。完遂《かんすい》。訓[とげる] 遂げる。成し遂げる。添い遂げる。

【睡】 目部8 全13画 ※睡睡睡睡睡睡

スイ 音[スイ] ▨睡眠《すいみん》。睡魔《すいま》。▨午睡《ごすい》。熟睡《じゅくすい》。昏睡状態《こんすいじょうたい》。

【穂(穗)】 禾部10 全15画 ※穂穂穂穂穂

スイ ほ 音[スイ] ▨穂状《すいじょう》。▨出穂期《しゅっすいき》。訓[ほ] 穂。穂先。稲穂。

す・い[1]【酸い】〈形〉「すっぱい」の古い言いかた。
方言 関東では「すっぱい」と言うのがふつうで、「すい」は中部や西日本で言う。また、「すい」は、「酢《す》を使う料理が、酢の味が強すぎておいしくない」という意味でも使われる。

酸いも甘《あま》いもかみ分《わ》ける 人生の経験を十分につんでいて、人の気持ちのつらさ、うれしさなど微妙《びみょう》なところがよくわかっている。参考「粋《すい》②」に「酸い」をかけた言いまわし。

すい[2]【粋】〈名〉❶いちばんすぐれているもの。例技術の粋を集める。❷人間のうらおもてや人情に通じて、ものわかりがよいこと。例粋人《じん》。

すい[3]【水】㊀〈名〉「水曜日」の略。㊁〈接尾〉なにかの水。例地下水。アルカリ水。化粧《けしょう》水。

常用漢字 **ずい**

【随(隨)】 ⻖部9 全12画 随随随随

ズイ 音[ズイ] ▨随員《ずいいん》。随行《ずいこう》。随時《ずいじ》。随意《ずいい》。随筆《ずいひつ》。随想《ずいそう》。▨追随《ついずい》。付随《ふずい》。

【髄(髓)】 骨部9 全19画 ※髄髄髄髄

ズイ 音[ズイ] ▨髄質《ずいしつ》。▨骨髄《こつずい》。脳髄《のうずい》。真髄《しんずい》。精髄《せいずい》。

ずい[1]【▼隋】〈名〉〔歴史〕中国の統一王朝。五八九年に全土を統一して、都《みやこ》を長安におき、中央集権の政治を行なったが、大運河の土木工事や高句麗《こうくり・コグリョ》遠征《えんせい》の失敗で、六一八年にほろんだ。

ずい[2]【▼蕊】〈名〉〔植物〕花の、おしべとめしべ。

ずい[3]【髄】〈名〉❶動物のほねの内部のやわらかい部分。例骨の髄までくさっている(=まったく救いがたい)。類骨髄《こつずい》。❷植物の茎《くき》や根の中心にとおっている、環状《かんじょう》の維管束《いかんそく》でかこまれた部分。

すいあ・げる【吸い上げる】〈動下一〉❶液体をすいこんで、上へはこぶ。例養分を吸い上げる。❷人の利益を、一方的にとりあげて自分のものとする。例もうけを吸い上げる。類搾取《さくしゅ》する。吸いとる。しぼりとる。
表現①から、「部下の意見を吸い上げる」のような言いかたも生まれている。

すいあつ【水圧】〈名〉水の圧力。例水圧が低い。

すいい[1]【水位】〈名〉基準となる面からはかった、海や川、湖の水面の高さ。例水位がさがる。

すいい[2]【推移】〈名・する〉ものごとのようすがうつりかわること。例時代の推移。類変遷《へんせん》。変化。

ずいい【随意】〈形動〉束縛《そくばく》も強制もなく、思うままにしてよい。例どうか、ご随意に。類任意。

すいいき【水域】〈名〉海や湖などをくぎった、一定の範囲《はんい》。例警戒《けいかい》水域。類海域。

ずいいきん【随意筋】〈名〉自分の意志によってうごかすことのできる筋肉。対不随意筋。
参考「随意筋」は手や足をうごかす筋肉、「不随意筋」は心臓や胃腸をうごかす筋肉。随意筋は骨についており、自

分の意志でうごかすことができるので、からだをうごかし、いろいろな姿勢をつくるのに使う。不随意筋は骨と関係なく内臓についているので、意志とは関係なくうごく。

ずいいち【随一】〈名〉多くの同じものの中で、もっともすぐれていること。また、すぐれているもの。類きっての。
表現「彼は当代随一の人気者だ」のように、「当代随一」の形で使うことが多い。

スイーツ〈名〉ケーキなど、あまい食べ物。◇sweets

スイートピー〈名〉つる性の一年草。四、五月ごろ、チョウのようなかたちの白・むらさき・ピンクなどの花がさく。◇sweet pea

スイートルーム〈名〉ホテルで、寝室《しんしつ》・居間・応接室などがセットになった豪華《ごうか》な部屋。
参考 英語では、たんに suite という。

ずいいん【随員】〈名〉えらい人のおとも。例首相《しゅしょう》の随員として海外へおもむく。

すいうん【水運】〈名〉船で、人や貨物をはこぶこと。例水運の便《べん》。対陸運。陸送。類海運。

すいえい【水泳】〈名・する〉泳ぐこと。泳ぎ。スポーツの一種目としての泳ぎ。例寒中水泳。

すいえき【▼膵液】〈名〉消化液の一つ。膵臓でつくられて、十二指腸に分泌《ぶんぴつ》される。炭水化物・タンパク質・脂肪《しぼう》を分解する酵素《こうそ》をふくむ。表記 理科の教科書などでは「すい液」と書かれることもある。

すいおん【水温】〈名〉水の温度。例水温が高い。

すいか[1]【▽西▼瓜・水▼瓜】〈名〉水けの多い、日本の夏の代表的なくだもの。つる性の一年草。皮はみどり色で大きな実がなる。中は赤または黄色。ア スイカ

すいか[2]【水火】〈名〉水の難と火の難。ア スイカ

水火も辞《じ》せず どんな苦しみや困難があっても、にげずに立ち向かうこと。

すいか[3]【▽誰何】〈名・する〉何者かわからない相手に対して、「だれか」と呼びかけ、問いただすこと。例守衛《しゅえい》に誰何される。ア スイカ

すいがい【水害】〈名〉大雨や雪どけの水などで、河川の水があふれておこる災害。類水禍《すいか》。水難。

すいかく【酔客】〈名〉⇩すいきゃく

すいかずら【▽忍▽冬】〈名〉山野に生える常緑のつる植物。初夏、葉のつけねに、かおりのいいうす赤色または白色の花が二つずつならんでさく。にんどう。

すいがら【吸い殻】〈名〉たばこを吸ったあとの残り。

すいかん【水干】〈名〉むかしの男子の服装。狩衣《かりぎぬ》の一種。古くは庶民《しょみん》のふだん着で、のち、公家《くげ》の私服となった。

すいがん【酔眼】〈名〉酒によった、とろんとした目つき。
表現「酔眼朦朧《もうろう》」はその人のようすでもあり、その人の目に映《うつ》る物のようすでもある。

ずいき[1]【▽芋▽茎】〈名〉食用とする、サトイモの葉の柄《え》。ア ズイキ

ずいき[2]【随喜】〈名・する〉心からありがたいと思うこと。類歓喜《かんき》。ア ズイキ

随喜の涙《なみだ》 心からありがたく思って流す涙。

すいきゃく【酔客】〈名〉酒によった人。「すいかく」ともいう。類酔漢。酔《よ》っぱらい。

すいきゅう【水球】〈名〉水泳競技種目の一つ。七名のチームが泳ぎながら相手がたのゴールにボールを投げいれて、得点をきそう。オリンピック種目。ウォーターポロ。

すいぎゅう【水牛】〈名〉東南アジアやアフリカにすむウシの一種。弓なりのかたちをした大きな角をもつ。

すいきょ【推挙】〈名・する〉だいじな地位や仕事にふさわしい人として、とくにすすめること。例会長に推挙する。類推薦《すいせん》。

すいきょう【酔狂・粋狂】〈名・形動〉しなくてもいいことを、ものずきで、わざわざやろうとすること。例だてや酔狂でするわけじゃない。酔狂なやつだ。類ものずき。

すいぎょ(水魚)のまじ(交)わり 水と魚の関係のように、はなれることのできない、したしいつき合い。類刎頸《ふんけい》の交わり。参考『三国志』の劉備《りゅうび》と孔明《こうめい》との信頼関係が、「君臣、水魚の交わり」の典型的なもの。

すいぎん【水銀】〈名〉〔化学〕常温で液体状である、唯一《ゆいいつ》の金属。銀白色で有毒。温度計・蛍光《けいこう》灯・医薬・化学薬品などに使う。元素の一つ。記号「Hg」。

すいきんくつ【水琴窟】〈名〉洞窟《どうくつ》の中に水滴《すいてき》が落ちたときにたつような反響音《はんきょうおん》を、日本庭園の中で楽しむためのしかけ。手水鉢《ちょうずばち》の下の地中に甕《かめ》をうめこんでつくる。

すいぎんとう【水銀灯】〈名〉水銀の蒸気を入れた電灯。つよい紫外《しがい》線を出す。殺菌《さっきん》や道路の照明などに使う。

すいくち【吸い口】〈名〉❶キセルや紙巻きたばこの、口にくわえる部分。対雁首《がんくび》。❷吸い物に入れて、かおりをよくするもの。ユズの皮や木の芽など。

すいけい[1]【水系】〈名〉川の流れがはじまって、かずかずの支流が本流へと流れこみ、やがて海にそそぐまでの、一つの川の流れのすべてのつながり。例利根川《とねがわ》水系。

すいけい[2]【推計】〈名・する〉一定の方法で計算して、数量や金額の見当をつけること。とくに、サンプルの選びかたをよくすれば、千人を調べても百万人のようすが推定できるような統計のとりかたをいう。例年間消費量の推計。

すいげん【水源】〈名〉川の水が流れでるもと。例水源地。類源流。源《みなもと》。

すいげんち【水源地】〈名〉水源のあるところ。

すいこう[1]【推▼敲】〈名・する〉文章の内容や表現などを、なんどもねりなおすこと。例推敲を重ねる。
由来 中国、唐《とう》の詩人賈島《かとう》が、「僧は推《お》す月下の門」という文句の「推(=押《お》す)」の字を「敲(=たたく)」に改めるかどうかまよっていて、大詩人韓愈《かんゆ》のすすめで「敲」にきめたという故事から。

すいこう[2]【遂行】〈名・する〉あたえられた仕事や任務などをやりとげること。例職務を遂行する。

すいごう【水郷】〈名〉川や湖などのすぐ近くにあり、景色のいい村。「すいきょう」ともいう。例水郷地帯。

ずいこう【随行】〈名・する〉身分の高い人のおともをして行くこと。例首相に随行してヨーロッパへ行く。随行員。類随伴《ずいはん》。

すいこうさいばい【水耕栽培】〈名〉土を使わず、養分をふくんだ水で作物を育てること。

すいこ・む【吸い込む】〈動五〉吸って中に入れる。例けむりを吸い込む。対はき出す。類吸引する。
表現「吸い込まれるように」と言って、心がつよくひきつけられるようすを表わすこともある。

すいさい【水彩】〈名〉「水彩画」の略。対油彩。

すいさいが【水彩画】〈名〉水でといた絵の具でかいた絵。水彩。対油絵。

すいさつ【推察】〈名・する〉相手の気持ちや事情などを「こうであろう」と考えること。例人の気持ちを推察する。推察どおり。類推測。推量。

 島津久光(ひさみつ) (1817~87) 島津斉彬の弟。兄の死後，藩主の父として実権をにぎり，公武合体に努力。

すいさん【水産】〈名〉海や川、湖などでとれること。また、そこでとれた魚や貝。例水産加工品。類海産。

すいさんかカルシウム【水酸化カルシウム】〈名〉⇩しょうせっかい

すいさんかナトリウム【水酸化ナトリウム】〈名〉〔化学〕白色のつぶ状の固体。水にとかすと、つよいアルカリ性をしめし、そのままでは皮膚《ひふ》をおかすが、せっけんや人造繊維《せんい》の製造など、化学工業でひろく使われる。苛性《かせい》ソーダ。

すいさんちょう【水産庁】〈名〉農林水産省の外局の一つ。水産資源の保護や開発、漁業の調整や、水産物の生産・流通に関する事務を行なう。

すいさんぶつ【水産物】〈名〉海や川、湖などでとれる魚介《ぎょかい》類や海藻《かいそう》など。類海産物。

すいし【水死】〈名・する〉水におぼれて死ぬこと。例水死体。類溺死《できし》。

すいじ【炊事】〈名・する〉台所などで、食事をつくること。例炊事場。類煮炊《にた》き。料理。

ずいじ【随時】〈副〉前もってきめておかず、「今がいい」と思うときに、いつでも。例入学は随時うけつけます。類適宜《てきぎ》。

すいしつ【水質】〈名〉飲料水や原料としてみたときの、水の成分や品質。例水質検査。水質汚濁《おだく》。

ずいしつ【髄質】〈名〉腎臓《じんぞう》や大脳など、二層の区別をもつ器官の内がわの部分。対皮質。

すいしゃ【水車】〈名〉川の流れや流れおちる水のいきおいを利用して車をまわし、その力を仕事に利用する装置。みずぐるま。例水車小屋。絵

参考 むかし、精米などに使った。

［すいしゃ］

すいじゃく【衰弱】〈名・する〉すっかりよわってしまうこと。例衰弱したからだ。神経衰弱。

すいじゅん【水準】〈名〉価値や品質、等級や能力などをはかるときの、平均的な程度。例水準が高い。水準に達する。生活水準。要求水準。類レベル。標準。

表現 よくても悪くても現実の平均的状態をいう場合もあり、「ここまであれば人なみ」という価値観のこもった水準であることもある。「水準以下の生活」などという場合は後者。

すいじゅんき【水準器】〈名〉ものの面や土地が水平であるかどうかをしらべる道具。

参考 液体を入れたガラス管にとじこめた空気のあわの位置でかたむきのぐあいを知るものが、ひろく使われている。

ずいしょ【随所・随処】〈名〉いたるところ。例随所に見られる。類あちこち。ほうぼう。

[1]**すいしょう【水晶】**〈名〉〔鉱物〕六角柱の形をした、石英の結晶。ふつうは無色透明《とうめい》だが、まじりものによって、さまざまな色がつく。置物やアクセサリーにするほか、光学材料や、時計にも使われる。クリスタル。アスイショー

表現 さがす気はないのに出くわす、という気持ちで使う。

[2]**すいしょう【推奨】**〈名・する〉よいものだからぜひ使ってみてはどうかと、人にすすめること。類推薦《すいせん》。アスイショー ↓すいしょう〔推賞〕表現(次項)

[3]**すいしょう【推賞】**〈名・する〉すぐれた品物などを、人にすすめる気持ちをこめてほめること。アスイショー

表現 前項の「推奨」は人にすすめることに重点があり、「推賞」はほめることに重点がある。

[1]**すいじょう【水上】**〈名〉海や川、湖などの水面。また、その上の方。例水上競技。対陸上。

[2]**すいじょう【穂状】**〈名〉稲《いね》などの穂《ほ》のような形。例穂状に花をつける。

ずいしょう【▼瑞祥】〈名〉めでたいことがおこりそうなしるし。例瑞祥があらわれる。類瑞兆。吉兆。

すいじょうき【水蒸気】〈名〉水が蒸発してできた気体。例水蒸気がふき出す。類蒸気。

すいじょうきょうぎ【水上競技】〈名〉プールなどで行なう、水泳や水球などの競技。対陸上競技。

すいしょうたい【水晶体】〈名〉目の中でレンズの役割をしているもの。

[1]**すいしん【水深】**〈名〉水面から水底までのふかさ。例水深測定。

[2]**すいしん【推進】**〈名・する〉❶スクリューやプロペラなどで前の方へすすめること。例推進器。❷積極的にすすめていくこと。例平和運動を推進する。推進力。

すいじん【粋人】〈名〉❶風流をこのむ人。❷世の中のことや、男女のあいだのことなどがよくわかっている人。

ずいじん【随身】〈名・する〉位の高い人のおともをすること。おともをする人。ひな人形でいえば、内裏《だいり》びなのおともをしている武者のこと。

すいすい〈副〉❶かろやかに自由にうごくようす。例すいすい(と)泳ぐ。❷調子よくはかどるようす。例すいすい(と)問題をとく。

[1]**すいせい【水生】**『水▼棲』〈名〉植物や動物が、水中に生えたり、水中で生活したりすること。例水生植物。水生動物。対陸生。類海生。淡水《たんすい》生。

[2]**すいせい【水性】**〈名〉水にとける性質。例水性ペイント。対油性。

[3]**すいせい【水星】**〈名〉〔天文〕太陽にもっとも近い惑星《わくせい》。八十八日で公転する。直径は地球の三分の一。惑星のなかでいちばん小さい。衛星はない。

[4]**すいせい【水勢】**〈名〉おもに川の、水の流れるいきおい。例水勢がつよい。類流勢。

[5]**すいせい【▼彗星】**〈名〉〔天文〕太陽系の小さな天体。太陽に近づいたとき、尾《お》をひくのが見られる。ほうきぼし。

表現 ほかの星とちがって、あるとき急に現れ、尾をひいてめだつので、いままでめだたなかった人が急にその才能を現すときに、「彗星のごとく現れる」という。

表記 理科の教科書などでは「すい星」と書かれることもある。

すいせいがん【水成岩】〈名〉〔地学〕堆積岩《たいせきがん》の一つ。砂などが、川や海の底につもってできたもの。

すいせいむし【酔生夢死】〈名〉酒によったような、夢《ゆめ》を見ているような心もちで、ぼんやりと人生をおえること。ただ生きただけのむだな人生についていう。

[1]**すいせん【水仙】**〈名〉あたたかい地方の海岸近くに生え、庭にもうえる多年草。球根でふえる。まだ寒さのきびしい早春、葉とともにすっとのびた茎《くき》の先に数個の黄色または白色の花がさく。アスイセン

[2]**すいせん【水洗】**〈名〉水で洗いながすこと。例水洗便所。水洗式トイレ。アスイセン

[3]**すいせん【垂線】**〈名〉〔数学〕直線や平面と、垂直にまじわる直線。垂直線。[例]垂線をおろす。[ア]スイセン

[4]**すいせん【推薦】**〈名・する〉自分がよいと思った人物や品物などを人にすすめること。[例]推薦状。推薦入学。[類]推挙。推奨《すいしょう》。プッシュ。レコメンド。[ア]**スイセン**

→じせん〔自薦〕[参考]

すいぜん【垂▼涎】〈名〉よだれを流すことから、ほしくてたまらないこと。

垂涎の的《まと》 よだれをたらすほどほしがるもの。[例]その切手はコレクターの垂涎の的だ。

すいそ【水素】〈名〉〔化学〕もっとも軽い気体。色もにおいもなく、燃えると水になる。化学工業の原料や気球などに使われる。元素の一つ。記号「H」。

[1]**すいそう【水葬】**〈名・する〉遺体を、水中にしずめてほうむること。[対]火葬。土葬。風葬。[参考]世界には「水葬」の風習をもつところもあるが、一般《いっぱん》には、航海中に死んだ人をほうむるときの方法。

[2]**すいそう【水槽】**〈名〉魚を飼ったりするために、水をためておく入れもの。

[3]**すいそう【吹奏】**〈名・する〉笛やトランペットなどの管楽器をふいて、演奏すること。[例]吹奏楽。

すいぞう【▼膵臓】〈名〉胃のうしろにあって、十二指腸に膵液をだす器官。ほかに血液中の糖分を調節するインスリンというホルモンを分泌《ぶんぴつ》する。[表記]理科の教科書などでは「すい臓」と書かれることもある。

ずいそう【随想】〈名〉折にふれて心にうかぶさまざまな思い。それらを書きしるした文章。[類]随筆。エッセー。

すいそうがく【吹奏楽】〈名〉管楽器と打楽器とによる合奏。[例]吹奏楽団。

すいそく【推測】〈名・する〉わかっていることをもとに、「たぶんこうではないか」と見当をつけること。[例]それは推測の域をでない。[類]推察。推量。推理。

すいぞくかん【水族館】〈名〉水槽《すいそう》の中に、さかなやカメなどの水生の動物を飼って人々に見せる施設《しせつ》。「すいぞっかん」ともいう。

すいそばくだん【水素爆弾】〈名〉水素原子の核融合《かくゆうごう》の際に生じるエネルギーを利用した爆弾。原子爆弾の千倍以上もの力がある。略して「水爆」ともいう。

すいたい【衰退】〘衰▼頽〙〈名・する〉いきおいがおとろえて、活気がなくなること。[対]隆盛《りゅうせい》。繁栄《はんえい》。[類]衰微《すいび》。凋落《ちょうらく》。[表現]「衰微」と同じく、組織の勢力や文化のいきおいについて使うことばで、体力のおとろえなどにはいわない。

すいだ・す【吸い出す】〈動五〉中にあるものを吸って外へ出す。[例]膿《うみ》を口で吸い出す。

すいだん【推断】〈名・する〉「おそらくこうであろう」「こうにちがいない」と判断《はんだん》をくだすこと。[例]犯人を推断する。[類]見立てる。

すいちゅう【水中】〈名〉水のなか。[例]水中めがね。水中アクロバット。[類]海中。

すいちゅうか【水中花】〈名〉水に入れると水をすって開き、花がさいたように見える造花。

すいちゅうよくせん【水中翼船】〈名〉船体から水中に小さいつばさを出して走り、浮き上がると、船体を水上に出して進む船。高速が出せ、ゆれも少ない。ハイドロフォイル。

ずいちょう【▼瑞兆】〈名〉よいことの前ぶれ。[類]吉兆《きっちょう》。瑞祥《ずいしょう》。

すいちょく【垂直】〈名・形動〉〔数学〕線と線、線と面、面と面が、それぞれたがいに直角にまじわること。↓えんちょく

すいちょくせん【垂直線】〈名〉⇩すいせん〔垂線〕

すいちょくぶんぷ【垂直分布】〈名〉〔生物〕土地の高さや水深によって、そこにすむ生物の種類や広がりかたにちがいがみられること。[対]水平分布。

すいつ・く【吸い付く】〈動五〉口や吸盤《きゅうばん》が、ほかのものの表面にぴったりとくっつく。

スイッチ〈名〉❶電流を切ったり流したりする装置《そうち》。[例]スイッチを入れる。スイッチを切る。❷〈する〉別のものに切り替《か》えること。◇switch

[表現]「やる気のスイッチが入る」のように、俗《ぞく》に、気持ちの切り替わりのたとえとしても使われる。

すいてい【推定】〈名・する〉なにかの事実を根拠《こんきょ》に、「この可能性が高い」と判断すること。[例]推定人口。[類]推量。

すいてき【水滴】〈名〉❶水のしずく。[例]水滴がつく。[類]水玉。❷書道で、すずりにつぐ水を入れておく、小さないれもの。

すいでん【水田】〈名〉イネなどをつくるために、水をあさく入れた田。みずた。たんぼ。

ずいと〈副〉気おくれも遠慮《えんりょ》もしないで、いきおいよく動くさま。ずいっと。[例]ずいと近寄る。

[1]**すいとう【水筒】**〈名〉遠足やハイキングなどに持っていく、水や飲みものを入れるための容器。

[2]**すいとう【水稲】**〈名〉水田でつくるイネ。[対]陸稲《りくとう》。

[3]**すいとう【水痘】**〈名〉⇩みずぼうそう

[4]**すいとう【出納】**〈名〉支出と収入。お金の出し入れ。[例]金銭出納簿《ぼ》。出納係。

[1]**すいどう【水道】**〈名〉❶ダムなどの水源から、水を飲料水や工業用水として使えるように供給する設備。[類]上水道。❷海で、両がわが陸地にはさまれて、せまくなっている部分。[例]豊後《ぶんご》水道。[類]海峡《かいきょう》。

[2]**すいどう【▼隧道】**〈名〉「トンネル」のこと。[表現]鉄道の用語では、「ずいどう」という。

すいとうぼ【出納簿】〈名〉お金などの出し入れを記録するノート。

すいとりがみ【吸い取り紙】〈名〉インクで書いたものに上から当てて、インクを速くかわかすための紙。

すいと・る【吸い取る】〈動五〉❶吸ってとりさる。[例]ちり紙でインクを吸いとる。掃除《そうじ》機でほこりを吸いとる。❷人のお金などを むりやり とりあげる。[例]もうけを吸いとる。[類]吸いあげる。しぼりとる。

すいとん〘水団〙〈名〉小麦粉をねっただんごを入れ、野菜などといっしょに煮《に》た汁《しる》。

すいなん【水難】〈名〉❶海・川・湖沼など水のある所での災難。[例]水難の相。水難にあう。[類]海難。❷大雨や高潮《たかしお》などによる災害。[類]水害。水禍《すいか》。

すいのみ【吸い飲み】〘吸い▼呑み〙〈名〉病人に、寝《ね》たままの姿勢で水などを飲ませるのに使う容器。きゅうすのような形をしていて、つぎくちが長い。

すいばいか【水媒花】〈名〉花粉が水ではこばれ、めしべについて受粉する植物。キンギョモなどの水生植物にみられる。→ちゅうばいか・ちょうばいか・ふうばいか

すいばく【水爆】〈名〉「水素爆弾《ばくだん》」の略。

[1]**すいはん【炊飯】**〈名〉ご飯をたくこと。[例]炊飯器。炊飯ジャー。

[2]**すいはん【垂範】**〈名・する〉自分から模範《もはん》を示すこ

下岡蓮杖(れんじょう)(1823~1914)　江戸末期～明治時代の写真家。横浜に日本最初の商業写真館を開設した。

と。例率先垂範する。

すいばん【水盤】〈名〉陶器《とうき》や鉄でつくった、花をいけるのに使う、あさくて広いうつわ。

ずいはん【随伴】〈名・する〉❶おともとしてつきしたがって行くこと。類随行。❷あることの作用にともなって発生すること。例随伴現象。

すいはんき【炊飯器】〈名〉ご飯をたく器具。参考 電気炊飯器のことを、ふだんは「電気釜《がま》」ということも多い。

すいび【衰微】〈名・する〉勢力がおとろえて、よわくなること。例国力が衰微する。衰微のきざし。類衰退。凋落《ちょうらく》。→すいたい 表現

ずいひつ【随筆】〈名〉体験したことや、考えたり感じたりしたことを自由に書いた文章。類随想。エッセー。身辺《しんぺん》雑記《ざっき》。参考 文学史の上では、三大随筆とされる『枕草子《まくらのそうし》』『方丈記《ほうじょうき》』『徒然草《つれづれぐさ》』など、文学的価値の高い作品を、とくに「随筆文学」という。日記とともに、自照《じしょう》文学の一つ。

すいふ【水夫】〈名〉「船員」に当たる古い感じのことば。

すいぶん【水分】〈名〉中にふくまれている水や液体。例水分が多い。水分をとる。類みずけ。

ずいぶん【随分】━〈副〉けっして少なくない程度だということが感じられるようす。例ずいぶんさがしました。類かなり。だいぶ。相当。
━〈形動〉ひどい。相手の言ったことやしたことを非難して言うときに使う。例それはずいぶんな言いかただよ。

[1]すいへい【水兵】〈名〉海軍の兵士。アスイヘー

[2]すいへい【水平】〈名・形動〉❶しずかな水面のように、たいらであること。例水平をたもつ。水平にたもつ。水平な線。❷垂直に対して直角の方向であること。例水平に置く。対垂直。▽アスイヘー

すいへいせん【水平線】〈名〉❶遠くの広い水面と空とが接して見える、さかいの線。類地平線。❷水平にひいた直線。

すいへいぶんぷ【水平分布】〈名〉〔生物〕緯度《いど》によって、そこにすむ生物の種類や広がりかたにちがいがみられること。対垂直分布。

すいへん【水辺】〈名〉湖や川などに近いところ。例水辺の村。類みずべ。

[1]すいほう【水泡】〈名〉❶水の表面にできるあわ。類気泡。あぶく。❷すぐに消えてしまうような、はかないもの。
水泡に帰《き》する 長いあいだ努力してきたことが、あっけなくむだになる。類灰燼《かいじん》に帰する。水のあわ。

[2]すいほう【水▼疱】〈名〉〔医学〕ひふの表面にできた水ぶくれ。例水疱ができる。

[1]すいぼう【水防】〈名〉水害をふせぐこと。

[2]すいぼう【衰亡】〈名・する〉王朝などのいきおいがおとろえて、ほろびること。例衰亡にむかう。対興隆《こうりゅう》。

すいぼくが【水墨画】〈名〉絵の具を使わないで、墨《すみ》でえがいた絵。風景画が多い。墨絵《すみえ》。参考 鎌倉《かまくら》時代に、中国から伝わり、室町《むろまち》時代に発達した。画家としては、雪舟《せっしゅう》が有名。

すいぼつ【水没】〈名・する〉洪水《こうずい》やダム建設などのために、家などが水の中にしずむこと。

すいま【睡魔】〈名〉どうしようもないねむけを、魔物にたとえていったことば。例睡魔におそわれる。

ずいまくえん【髄膜炎】〈名〉ウイルスや細菌《さいきん》の感染《かんせん》によって、脳と脊髄《せきずい》をつつむ膜におこる急性の炎症。脳脊髄膜炎。

すいません〈感〉「すみません」のくだけた言いかた。参考 以前は「脳膜炎」といった。

すいみつとう【水蜜桃】〈名〉モモの一品種。実《み》は大きくて、水分がたっぷりありあまい。

すいみゃく【水脈】〈名〉地下水のながれ。

すいみん【睡眠】〈名〉ねむること。例睡眠をとる。睡眠不足。睡眠時間。類ねむり。

スイミング〈名〉水泳。例スイミングスクール。◇swimming

すいみんじ むこきゅうしょうこうぐん【睡眠時無呼吸症候群】〈名〉睡眠中に、呼吸がとまった状態がなんどもくり返される症状。大きないびきをともなう。ねむりが浅いので日中の活動にさまざまな障害が生じ、高血圧の原因ともなる。参考 英語の sleep apnea syndrome を略して「SAS」ともいう。

ずいむし【▼螟虫】〈名〉イネなどの茎《くき》の中に入りこんで食いあらす害虫。ニカメイガなど、小さなガの幼虫。

すいめい【吹鳴】〈名・する〉高くふきならすこと。例サイレンの吹鳴。

すいめん【水面】〈名〉水の表面。類水上。みなも。表現「水面下《か》で交渉《こうしょう》を続ける」のように、おもてから見えないところを「水面下」ということがある。

すいもの【吸い物】〈名〉日本料理の汁物《しるもの》の一つ。こんぶやかつおぶしなどからとっただし汁に、酒や塩、少量のしょうゆなどを入れてつくった、実《み》の少ない、すんだ汁。おすいもの。すまし汁。おすまし。

すいもん【水門】〈名〉流水量や貯水量を調節するために、貯水池や川などにもうけた門。

すいよう【水曜】〈名〉日曜からかぞえて、週の第四番目の曜日。水曜日。

すいようえき【水溶液】〈名〉ある物質を水にとかした液体。食塩水など。

すいよ・せる【吸い寄せる】〈動下一〉吸って、近くにひきよせる。例吸い寄せられるように門を入った。

[1]すいり【水利】〈名〉❶人や荷物を、船で運ぶ交通手段。例水利の便。❷水を、飲料や、田畑の耕作、発電などに使うこと。例水利権。

[2]すいり【推理】〈名・する〉わかっていることをもとにして、まだわからないことを「こうではないだろうか」と考えること。例事件の全貌《ぜんぼう》を推理する。推理をはたらかせる。推理小説。類推測。推定。推察。

すいりしょうせつ【推理小説】〈名〉犯罪事件の動機やなぞなどを推理していく過程を中心にした小説。ミステリー。参考 かつては「探偵《たんてい》小説」といった。

すいりゅう【水流】〈名〉水の流れ。

[1]すいりょう【水量】〈名〉川や貯水池などの水の量。例水量豊富なダム。類みずかさ。

[2]すいりょう【推量】〈名・する〉❶はっきりとはそうだと断定できないことを、「こうだろう」と考えること。例当て推量。類推測。推察。推定。おしはかる。❷〔文法〕はっきりとはわからないことを、想像したり予想したりしていうときの言い表わしかた。述語《じゅつご》に「だろう」などをつけて表わす。

[1]すいりょく【水力】〈名〉ながれる水の力。うごいている水のいきおい。例水力発電。

[2]すいりょく【推力】〈名〉ものを前へおしすすめる力。類推進力。表現 ロケットなどの動力の大きさを表わすときに使う。

すいりょくはつでん【水力発電】〈名〉水の落

下田歌子(しもだうたこ)(1854～1936) 明治～昭和の教育者。女子教育に尽力，1899年実践女学校を創設した。

下によるエネルギーを利用して、電気をおこすこと。

すいれいしき【水冷式】〈名〉 自動車などのエンジンにこもった熱を、水でひやす方式。対空冷式。

すいれん【睡▼蓮】〈名〉 池や沼《ぬま》の水くさ。葉は水面にういており、夏、赤・むらさき・白などの花がさく。花も葉もハスににているが、それより小さい。

すいろ【水路】〈名〉 ❶川や湖から水をおくるための道。❷川や海などで、船のとおるみちすじ。類航路。海路。

すいろん【推論】〈名・する〉 わかっていることをもとにして、まだわかっていないことをすじみちをたてて論じること。例推論を重ねる。

スイング〈名・する〉 ❶バットやラケット、ゴルフのクラブなどを、弧《こ》をえがくようにふること。例ハーフスイング。フルスイング。❷ボクシングで、うでを横に大きくふりながら、相手を打つこと。❸〔音楽〕ジャズの演奏のしかたの一つ。ゆっくりと情緒《じょうちょ》をこめて演奏する。また、ジャズのこと。▽「スウィング」ともいう。◇swing

常用漢字 **すう**

【枢(樞)】 木部4 全8画 枢 枢 枢 枢
スウ 音[スウ] 枢軸《すうじく》。枢要《すうよう》。中枢《ちゅうすう》。

【崇】 山部8 全11画 崇 崇 崇 崇
スウ 音[スウ] 崇拝《すうはい》。崇高《すうこう》。

【数(數)】 攵部9 全13画 数 数 数 数
スウ・ス かず・かぞえる 教小2 音❶[スウ] 数字《すうじ》。数学《すうがく》。数量《すうりょう》。数千《すうせん》。整数《せいすう》。年数《ねんすう》。少数《しょうすう》。権謀術数《けんぼうじゅっすう》。❷[ス] 数寄屋《すきや》。訓❶[かず] 数。数合わせ。数々の。頭数。❷[かぞえる] 数える。数え年。数え歌。注意「数珠」は、「じゅず」と読む。

す・う[1]【吸う】〈動五〉 ❶気体または液体を、口や鼻から中にひき入れる。また、そのようなはたらきをポンプや掃除《そうじ》機にさせる。例空気を吸う。掃除機でほこりを吸う。ストローで吸う。ハチが蜜《みつ》を吸う。対はく。類吸引する。❷液体がしみこむ。例湿気《しっけ》を吸う。砂地が水を吸う。類吸収する。▽アスウ

すう[2]【数】 一〈名〉「一《いち》」から始まり「二、三、四…」「百」「千」「万」「億」「兆」と無限にかぞえていくことのできるもの。「かず」ともいう。「数量」「数値」も数のすがた。「0《れい》」を設けることによって、かぞえるためのことばがなくなっても、無限に大きな数を表わすことができる。分数や小数点を用いれば無限に小さく分割することもできる。アスー
二〈接頭〉いくつかの。二か三、三か四ぐらいの。例数人。数時間。数週間。

スウェット〈名〉 汗《あせ》を吸収しやすく、伸縮性のある布地。その布地で作った衣類。スエット。◇sweat(=汗)

すうがく【数学】〈名〉 数量や図形などを研究する学問。代数学、幾何《きか》学、解析幾何学、微分《びぶん》学、積分学など、いろいろな領域がある。

すうき【数奇】〈形動〉 幸、不幸など、うきしずみがはげしいめぐりあわせである。例数奇な運命をたどる。参考「すき」と読むのは別のことば。

すうききょう【枢機▼卿】〈名〉〔宗教〕カトリックで、最高位のローマ教皇《きょうこう》につぐ位の僧《そう》。教皇をたすけ、また、教皇を選挙する権利をもつ。

すうけい【崇敬】〈名・する〉 心からうやまい とうとぶこと。例崇敬の念をいだく。

すうこう【崇高】〈形動〉 とりわけすぐれていて、けだかい。例崇高な精神。

すうし【数詞】〔文法〕名詞のうち、ものの数量や順序を表わすことば。「三百」「第三位」など。→囲み記事28

囲み記事 28

ものの数えかた ——数詞《すうし》と助数詞《じょすうし》——

数詞に助数詞を付けてものを数える

数《かず》はふつう、「いち、に、さん、し、ご、ろく、しち、はち、く(きゅう)、じゅう」のように数える。しかし、たとえば「鉛筆《えんぴつ》」の数を数えるときは、「一《いち》鉛筆」「二《に》鉛筆」ではなく「一本《いっぽん》の鉛筆」「二本《にほん》の鉛筆」のように「本」を付けなければならない。「いち、に、さん、…」を数詞と呼び、「本」はそれを補助することばなので助数詞と呼ぶ。数詞に助数詞を付けて数えるだけではない。数えるものの形や性質によって、使う助数詞が決まっているので、さまざまな助数詞を適切に使い分ける必要がある。

数詞と助数詞には漢語と和語の二種類がある

数詞には、「ひとつ、ふたつ、みっつ、よっつ、いつつ、むっつ、ななつ、やっつ、ここのつ、とお」と数えるグループもある。すでに見た「いち、に、…」が中国語から入った漢語の数詞であり、「〜本」が漢語の助数詞であるのに対して、「ひとつ、ふたつ、…」は日本語にもとからあった和語の数詞に「〜つ」という和語の助数詞が付いた形である。数詞と助数詞は、漢語は漢語どうし、和語は和語どうしで結び付くのが原則である。ところが、たとえば「夫婦」を数えるとき「一組、二組《ふたくみ》」は和語どうしで言うが、数が大きくなると「五組《ごくみ》、六組《ろっくみ》」のように数詞だけ漢語に入れかわる傾向《けいこう》が広く見られる。

数詞と助数詞は漢語が主流に、助数詞には外来語も登場

一般《いっぱん》に数詞は漢語が広く使われる傾向にあり、十一以上の数は「二十日《はつか》」「二十歳《はたち》」などに残る少数の和語をのぞけば、現代語ではすべて漢語になっている。助数詞も「〜つ」「一人《ひとり》、二人《ふたり》」など少数のふだんよく使う和語はあるが、大多数は「一本《いっぽん》」「一枚《いちまい》」「一個《いっこ》」のような漢語になっている。また、「一《いっ》セット」「一《いち》パック」のような外来語の助数詞もしだいに増えているが、数詞は漢語を使うのがふつうである。なお、英語から入った数詞「ワン、ツー、スリー、…」も、将来はさらに定着していく可能性がある。

この辞典では、一部の単語の表現で、その単語を数えるときに付く助数詞の使いかたを解説している。また、助数詞の種類と使いかた、その変化するようすについては、囲み記事27「助数詞」も参照《さんしょう》してみよう。

 下村観山(しもむらかんざん) (1873〜1930) 日本画家。狩野芳崖・橋本雅邦に師事。日本美術院の創立に参加。

(前ページ)

すうじ【数字】〈名〉❶数を表わすのに使う文字。❷数や量によって示される、ことがらや知識。例数字によわい。❸放送業界用語で、テレビの視聴《しちょう》率と、ラジオの聴取《ちょうしゅ》率のこと。参考数字の種類には、ふつうに使う123…などの「算用数字(アラビア数字)」、一二三…などの「漢数字」があるほか、時計などに使われるⅠⅡⅢ…の「ローマ数字」がある。

すうしき【数式】〈名〉〔数学〕計算のために、数や量を表わす数字や文字を、＋－×÷などの記号でむすびつけたもの。

すうじく【枢軸】〈名〉ものごとの中心となるもの。類中枢。参考「枢軸国」は、第二次世界大戦中の日本・ドイツ・イタリアが自分たちをさした言いかた。

ずうずうし・い〖▽図▽図しい〗〈形〉人の気持ちなど考えないで、あつかましく自分かってだ。例ずうずうしい男。類ずぶとい。あつかましい。

ずうずうべん【ズーズー弁】〈名〉「シ」と「ス」、「ジ」と「ズ」、「チ」と「ツ」の発音の区別がない方言。参考東北地方、島根県出雲《いずも》地方にみられる特徴《とくちょう》。

すうせい【▼趨勢】〈名〉ものごとが今後どうなっていくかというようす。例趨勢をうらなう。時代の趨勢。類大勢《たいせい》。動向。なりゆき。

ずうたい〖▽図体〗〈名〉大きなからだつき。例ずうたいばかり大きくてなんの役にもたたない。類がら。

すうだん【数段】〈副〉かなり。ずっと。例数段すぐれた技《わざ》。類数等。

表現 能力などを比較《ひかく》して、明らかな差がみとめられるときに使う。

すうち【数値】〈名〉❶計算したり、はかったりしてだした数。❷数式の、文字の部分にあてはまる数。類あたい。

すうちょくせん【数直線】〈名〉〔数学〕無限に連続する数を、目盛りをつけた直線として表わしたもの。原点《げんてん》を0とし、右側を正《せい》の数、左側を負《ふ》の数とする。

スーツ〈名〉❶同じ布地《ぬのじ》でつくった、上下ひと組みの洋服。例ビジネススーツ。スカートスーツ。パンツスーツ。類背広《せびろ》。❷なにかの専用の服。例スタント用のスーツ。◇suit

スーツケース〈名〉衣類などをいれる、つくりのじょうぶな箱形の旅行用かばん。類トランク。◇suitcase

すうとう【数等】〈副〉ほかに比べて、かなり。何段階も。例かれの方が数等うわてだ。類数段。相当。ずいぶん。

スーパー㊀〈名〉❶「スーパーマーケット」の略。❷「スーパーインポーズ」の略。字幕。類テロップ。㊁〈接頭〉「超《ちょう》…」という意味を表わす。例スーパーマン。スーパーコンピューター。◇super

スーパーバイザー〈名〉管理者。監督《かんとく》者。◇supervisor

表現 チェーン店などで各店舗《てんぽ》の商品陳列《ちんれつ》・在庫管理などの指導をする人や、小売業界で売れ筋商品を把握《はあく》して仕入れの選択をする人などを言うことが多い。

スーパーマーケット〈名〉客が売り場で自由に品物をえらび、自分でレジにはこんで代金をはらうしくみの店で、食料品を中心にあつかうところ。「スーパー」と略していうことが多い。◇supermarket 参考日用雑貨もあつかうところも多く、衣類や家電まで、さらに幅広い品ぞろえの店を、とくに「総合スーパー」という。

スーパーマン〈名〉人間とは思えないような能力をもつ人。超人《ちょうじん》。◇superman

すうはい【崇拝】〈名・する〉りっぱな人物や威力《いりょく》のある自然に対して、心の底からふかく尊敬すること。例崇拝する人物。偶像《ぐうぞう》崇拝。太陽崇拝。

スープ〈名〉❶外国料理で、肉・魚介《ぎょかい》や野菜などを煮出《にだ》して、うまみを出した汁《しる》。日本料理では「だし」という。例鶏《とり》ガラでスープをとる。❷「①」に、味やとろみをつけたもの。例コンソメスープ。ポタージュスープ。ラーメンのスープ。◇soup

ズーム〈名〉❶〈する〉ズームレンズによる、被写体《ひしゃたい》の拡大・縮小撮影《さつえい》。❷〈する〉「①」のうち、拡大撮影。❸「ズームレンズ」の略。◇zoom

表現 拡大撮影を「ズームイン」または「ズームアップ」、縮小撮影を「ズームアウト」または「ズームバック」という。

ズームレンズ〈名〉レンズの一部を動かすことにより、カメラを固定したまま、焦点《しょうてん》を合わせたままで、対象に徐々《じょじょ》に近づいたり、遠ざかったりしていくような撮影《さつえい》ができるレンズ。映画・テレビのカメラやビデオカメラに使われる。◇zoom lens

すうよう【枢要】〈名・形動〉とくにだいじなところ。例枢要なメンバー。類かなめ。

すうりょう【数量】〈名〉数で表わした量。

すうれつ【数列】〈名〉〔数学〕いくつかの数を、ある規則によって順番をつけ、一列にならべたもの。

すえ【末】〈名〉❶先の方。はしの方。例通達が末までとどいていない。末広がり。こずえ。対もと。類末端《まったん》。先端《せんたん》。❷おわり。果て。結果。例来月の末。口論の末。いろいろ考えた末。月ずえ。対初め。類終末。❸将来。未来。例末ながく。末おそろしい。行く末。❹きょうだいのうち、年齢《ねんれい》がいちばん下であること。例四人きょうだいの末。末っ子。❺重要でないこと。例そんなことは末の問題だ。

ずえ【図会】〈名〉特定の種類の絵を集めたもの。例名所図会。

スエード〈名〉牛革《ぎゅうがわ》などの裏面《りめん》をけばだてたもの。くつや手袋、上着などにする。スウェード。裏革《うらがわ》。◇フランス suède

すえおき【据え置き】〈名〉変えることなく、そのままでつづけること。例料金は据え置きにする。

すえお・く【据え置く】〈動五〉❶部分修正や数量変更のありうるものを、変えずにそのままにしておく。例料金はしばらくのあいだ据え置かれる。❷貯金などをおろしたりしないで、ある期間あずけたままにしておく。

すえおそろし・い【末恐ろしい】〈形〉今のようすからみて、将来どんなになるか予想もつかない。

表現 もともとは「将来が心配だ」という意味だが、ときには、「五歳《さい》でこんな作曲をするとは末おそろしい」のように、将来楽しみだ、という気持ちを表わす場合もある。

すえぜん【据え膳】〈名〉⇩あげぜんすえぜん

すえたのもし・い【末頼もしい】〈形〉将来りっぱな人物になりそうで、大いに期待できる。

すえつ・ける【据え付ける】〈動下一〉機械などを、そのあるべき場所にしっかりとおく。

すえっこ【末っ子】〈名〉三人以上のきょうだいの中で、いちばん下の子。末の子。類末子《まっし・ばっし》。

すえながく【末永く】〈副〉この先ずっと、いつまでも。例末永く、お幸せに。類いく久しく。

すえひろがり【末広がり】〈名〉❶せんすのように、

シャカ(釈迦)(前563?～前483?) 古代インドの仏教の創始者。苦からの解脱と慈悲の精神を説いた。ブッダ。

先の方が広がっていく形。対先細《ぼそ》り。❷せんす。
表現「家運が末広がりにひらける」のように、しだいにさかんになっていく、めでたいことの形容として多く使う。

1 **す・える【据える】**〈動下一〉❶重みのあるものを、一定の場所に動かないようにおく。例望遠鏡を屋上に据える。❷人を重要な位置につける。例社長に据える。類任命する。❸おちつける。例こしを据える。度胸を据える。目を据える。見据える。▽アスエル

【据】 扌部8 全11画 据据据据据
すえる・すわる 訓❶[すえる]据える。据え置く。据え付ける。❷[すわる]据わる。据わり。

2 **す・える【▼饐える】**〈動下一〉食べものがくさって、すっぱいにおいがする。例ご飯がすえる。アスエル

すおう【▽周▽防】〈名〉旧国名の一つ。現在の山口県南東部。防州《ぼうしゅう》。

ずが【図画】〈名〉「絵」のこと。絵をかくこと。例図画の時間。図画工作。類絵画。

スカート〈名〉婦人服で、腰《こし》から下の部分をつつむ洋服。例ミニスカート。◇skirt

スカーフ〈名〉かざりなどのために、首にまいたり、頭をおおったりする布。おもに女性が使う。◇scarf

スカーレット〈名〉ふかいべに色。◇scarlet

スカイ〈造語〉そら。例スカイライン。◇sky

ずかい【図解】〈名・する〉図を使って、わかりやすく説明すること。類図説。絵とき。

ずがいこつ【頭蓋骨】〈名〉脳をつつむ頭のほね。
参考 医学では「とうがいこつ」という。

スカイダイビング〈名・する〉空気抵抗の強いジャンプスーツを着て飛行機からとびおり、手足を広げて降下し、パラシュートで着地するスポーツ。目標地点にできるだけ正確に降り立つことや、降下中の姿勢などをきそう。◇skydiving

スカイライン〈名〉❶建物や山などによってしきられた、空の輪郭《りんかく》線。❷山の中を走る観光コースとしての自動車道路。◇skyline

スカウト〈名・する〉有望な新人歌手や選手などを、さがし出すこと。例街でスカウトされる。◇scout

すがお【素顔】〈名〉化粧《けしょう》や扮装《ふんそう》をしていない、ありのままの顔。類地顔。すっぴん。
表現 人や町などの、かざらないありのままの実像《じつぞう》のことを、たとえば「出場選手たちの素顔」「素顔の東京」のようにたとえていう。

すかさず〈副〉機会をのがさず、すぐに。例すかさず名乗り出る。類すぐさま。即座《そく》に。

すかし【透かし】〈名〉光にかざしたときに見える、紙の中に入れたもようや文字。例透かしを入れる。
参考 紙幣《しへい》や上等な便箋《びんせん》にはこれが入っている。

1 **すか・す**〈動五〉本人自身「かっこいい」と思っているようすを外にあらわした、服装、姿勢、態度をする。例「へん、すかしちゃって!」。

2 **すか・す【透かす】**〖▽空かす〗〈動五〉❶[透かす]あいだがあくようにする。まばらにする。例あいだを透かす。❷[透かす]ものをとおして、そのむこうを見る。例日に透かす。❸[空かす]空腹になる。例腹をすかす。類へらす。

3 **すか・す【▼賺す】**〈動五〉相手のきげんをとって、こちらの言うことをきかせる。例なだめたり、すかしたり。類おだてる。もちあげる。

ずかずか〈副〉遠慮《えんりょ》もせずに、ずうずうしく入りこむようす。例ずかずか(と)あがりこむ。

すがすがし・い〖▽清▽清しい〗〈形〉心やからだが清められたようで、さわやかだ。例すがすがしい朝。すがすがしい気持ち。すがすがしい人。類爽快《そうかい》。

すがた【姿】〈名〉❶人のからだのかたちやかっこう。もののかたちや周囲のようす。例姿がいい。りりしい姿。かわりはてた姿。現在の姿。姿見。晴れ姿。うしろ姿。類容姿。❷目に見える全体のかたち。例姿をあらわす。姿が消える。姿を見せる。姿をかくす。姿焼き。

すがたかたち〖姿形〗〈名〉外から見たときの、かっこう。容姿。例すがたかたちより中身が問題だ。

すがたみ【姿見】〈名〉全身をうつして見るための、大きなかがみ。

スカッシュ〈名〉❶果物のしぼり汁にソーダ水を加え、砂糖などで味つけをした飲み物。例レモンスカッシュ。❷四方を壁に囲まれたコートで、二人のプレーヤーがラケットでたがいにボールを壁に打ち合う球技。◇squash

すかっと〈副・する〉すがすがしくさっぱりして気持ちがよいようす。例気分がすかっとする。

すがめ【▼眇】〈名〉やぶにらみのこと。

すがら〈接尾〉名詞に付いて副詞をつくる。❶はじめから終わりまでずっと。例夜もすがら。❷何かをしている途中《とちゅう》で。例道すがら。❸ただそれだけで。例身すがら。

ずから〈接尾〉人や人体を表わす名詞について副詞をつくり、そのもの自身で、の意味を表わす。例おのずから。手ずから。

ずがら【図柄】〈名〉織物などにえがきだされた、図案のもよう。例図柄がいい。類絵柄。

すがりつ・く【すがり付く】〖▼縋り付く〗〈動五〉たよりとする人やものからはなされそうなときに、はなすまいと、必死につかみ、かかえる。例そでにすがりつく。類しがみつく。とりすがる。

すが・る【▼縋る】〈動五〉❶たよりとする人やものを、はなすまいとしてしがみつく。例肩《かた》にすがる。杖《つえ》にすがる。追いすがる。類とりつく。❷人のなさけやたすけをたよりにする。例情《じょう》にすがる。類おぶさる。
表現「…の肩にすがって生きる」といえば、だれかにすっかりせわをしてもらって生活することをいう。
方言 島根・広島・山口などでは、「壁《かべ》にすがる」のように、「もたれかかる」の意味でも使う。

ずかん【図鑑】〈名〉動植物や同類のものをひろく集め、ひとつひとつ絵や写真で具体的にしめして、説明を加えた本。例動物図鑑。怪獣《かいじゅう》図鑑。

スカンク〈名〉南北アメリカにすみ、尾《お》が大きくて黒地に白のしまがある動物。追いつめられると、しりから強い悪臭《あくしゅう》のある液体をふきだす。◇skunk

ずかんそくねつ【頭寒足熱】〈名〉頭をひやして、足をあたたかにすること。健康にいいとされる。

すかんぴん〖素寒貧〗〈名・形動〉たいそう貧乏《びんぼう》なこと。からだのほかには何も持ち物がない感じの人。例すかんぴんになる。類文《もん》なし。一文なし。からっけつ。

1 **すき【好き】**〈名・形動〉❶特定のものや人に心をひかれること。例好きな人。好きになる。好きな食べもの。好きで…をする。対きらい。❷したいようにすること。例好きにするがいい。▽アスキ」→ずき

好きこそ物《もの》の上手《じょうず》なれ じょうずになるには、何より、それがすきであることがいちばん大事。

シャガール(1887~1985) ロシア出身のユダヤ系画家。幻想的で詩情豊かな作品を描いた。

[2]**すき【隙】**〖透き〗〈名〉❶物の間の、わずかな空間。仕事の途中《とちゅう》のわずかなあき時間。例一分《いっぷん》のすきもない日程。すきま。❷はりつめた気持ちのわずかなゆるみ。例すきあらば。すきができる。すきを見せる。すきをうかがう。油断もすきもない。類油断。▽アスキ

[3]**すき**〖▼犂・▼鋤〗〈名〉❶［犂］ウシやウマ、機械のうしろにつけて引かせて、田や畑をたがやす農具。❷［鋤］田や畑をたがやしたり、ならしたりするのに使う、ほそ長いシャベルのような農具。▽アスキ

[4]**すき【▽数寄・▽数奇】**〈名〉風流であること。とくに、茶の湯や和歌などに熱心なこと。例数寄を好む。アスキ」

数寄を凝《こ》らす 風流なくふうを、いろいろとほどこす。例数寄をこらした茶室。

[1]**すぎ【杉】**〈名〉日本特産の常緑針葉樹《しんようじゅ》。各地に植林されている。木材はやわらかでくさりにくく、建築材や家具材として重要。例杉板。杉木立。杉山。↓はやし〔林〕参考

【杉】 木部3 全7画 杉 杉 杉 杉

すぎ 訓［すぎ］杉。杉並木。ヒマラヤ杉。糸杉。

[2]**すぎ【過ぎ】**〈接尾〉❶「時間がそこまでたった」「年齢《ねんれい》がそれより上だ」という意味を表わす。例二時過ぎ。三十過ぎ。❷「必要以上だ」「程度が必要以上でよくない」という意味を表わす。例言い過ぎ。食べ過ぎ。

ずき【好き】〈接尾〉❶あるものごとが好きなことを表わす。例女好き。派手好き。出好き。世話好き。対ぎらい。❷ほかから好かれることを、好くほうの立場でいうことば。例男好きのする顔立ち。人好きのする性格。

スキー〈名〉雪の上をすべって進むために、くつにとりつける、平たく細長い板の道具。スキー板《いた》。また、その道具を足につけてするスポーツ。例スキーを履《は》く。◇ski

表現 スキー板は一本二本と数える。二本ひと組みで一台二台、一揃《ひとそろ》い二揃《ふたそろ》いとも数える。

スキーム〈名〉ある事業の開始から完了までの、具体的なしくみ・手順。例企業再生のスキーム。◇scheme

すきかって【好き勝手】〈名・形動〉自分のやりたいように行動するようす。

すききらい【好き嫌い】〈名〉食べものや人に対する、好きだきらいだというこのみ。例好き嫌いがはげしい。類好悪《こうお》。

す(過)ぎこ(来)しみち(道) 自分の今までの人生。類過ぎ来し方《かた》。来し方。

すきこの・む【好き好む】〈動五〉特別にこのむ。

表現「なにも好きこのんで、こんなことをしているわけではない」のように、打ち消しの形で使うことが多い。

すぎさ・る【過ぎ去る】〈動五〉時間がたつ。例過ぎ去りし夏の日の思い出。あっというまに過ぎ去る。

すきずき【好き好き】〈名〉人によって、それぞれ好みがちがうこと。例たで食う虫も好き好き(→「たで」の子項目)。

ずきずき〈副・する〉頭や傷などが脈をうつようにいたむようす。ずきんずきん。例頭がずきずきする。

す(過)ぎたるは なお(▽猶)およ(及)ばざるがごとし ⇩「すぎる」の子項目

スキット〈名〉外国語会話を教えるための寸劇《すんげき》。◇skit

すきっぱら【すきっ腹】〖▽空きっ腹〗〈名〉「空腹」のぞんざいな言いかた。「すきばら」ともいう。

スキップ〈名・する〉❶片足ではねて着地するのを、左右の足で交互《こうご》にくりかえしながら前進すること。小さな子の楽しげな歩き方。❷途中《とちゅう》をとばして先に進むこと。例むずかしい問題をスキップする。(ウェブページの閲覧《えつらん》で)広告ページをスキップする。◇skip

すきとお・る【透き通る】〖透き▽透る〗〈動五〉❶その中や向こうがわがよく見える。よく澄《す》んでいる。例透きとおったガラス窓。類透ける。❷声などが澄んで、よくとどく。

す(過)ぎない (「…にすぎない」の形で)それ以上のものではない。例それはあなたの思い込みにすぎない。

表現 たいしたことではないという気持ちをこめて使う。

すきへん〖▼耒偏〗〈名〉漢字の偏の一つ。「耕」「耗」などの「耒《もう》」の部分。らいすき。

すきま【隙間・透き間】〈名〉物と物との間の、わずかにはなれているところ。中間での短いあき時間。例すきまのないスケジュール。すきま風。類あきま。

すきまかぜ【隙間風・透き間風】〈名〉建物のすきまからふきこんでくる、つめたくていやな風。

表現 恋人どうしや夫婦の愛情がさめて、へだたりができることを、「すきま風がふく」といって表現することがある。

スキミング〈名〉クレジットカードやキャッシュカードなどの磁気カードの情報を不法に読み取り、偽造カードをつくって悪用する犯罪。◇skimming (=すくい取ること)

スキムミルク〈名〉脱脂《だっし》粉乳。◇skim milk

すきもの【好き者】〈名〉❶かわったものごとがすきな人。❷色事《いろごと》がすきな人。

すきや【数寄屋・数奇屋】〈名〉茶の湯のための、小さな建物。例数寄屋造り。

すきやき【すき焼き】〖▼鋤焼き〗〈名〉肉や豆腐《とうふ》、しらたきやネギなどを、しょうゆあじのたれで煮《に》ながら食べる料理。底のあさい鉄なべを使う。

すきやづくり【数寄屋造り】〈名〉日本建築の様式の一つ。茶室風の優雅《ゆうが》な建築。京都にある桂離宮《かつらりきゅう》が有名。表記 歴史の教科書では「数寄屋造」と書き、送りがなの「り」は付けない。

スキャット〈名〉〔音楽〕ジャズなどで、歌詞のかわりに即興《そっきょう》的に歌う、「ダバダバ、ディビディビ…」「ルルル…」などの意味のないことば。◇scat

スキャナー〈名〉コンピューターで、写真や文字、バーコードなどを画像として読み取る装置。◇scanner

スキャンダラス〈形動〉スキャンダルをひきおこしそうなようす。恥《はじ》さらしなようす。◇scandalous

スキャンダル〈名〉金銭《きんせん》の不正や、不適切な恋愛《れんあい》関係などの、うわさや事件。醜聞《しゅうぶん》。◇scandal

スキューバダイビング〈名〉空気タンクにつなげた水中呼吸器(=スキューバ)を使う潜水《せんすい》。対スキンダイビング。◇scuba diving

スキル〈名〉訓練や経験によって身につけた技能。例スキルアップ。コミュニケーションスキル。◇skill

す・ぎる【過ぎる】■〈動上一〉❶通りこす。例列車は静岡《しずおか》を過ぎた。❷時期や時間が終わる。例春が過ぎる。過ぎたことだ。対来る。❸数量がある線をこえる。…以上となる。例五十を少し過ぎた年ごろのおばさんだった。❹程度がふつうのレベルをこえる。例いたずらが過ぎる。❺まさる。例これに過ぎた光栄はありません。分《ぶん》に過ぎ

たおほめのことばをいただき、恐縮《きょうしゅく》に存じます。▽↓すぎない

二〈接尾〉動詞の連用形、形容詞・形容動詞の語幹につけて、「程度がふつうのレベルをこえる」「度をこえる」という意味を表わす。例 働きすぎる。重すぎる。静かすぎる。

接続 二で、形容詞「ない」につくときは、「緊張《きんちょう》感がなさすぎる」のように、「さ」をはさんだ形をとる。

過ぎたるは猶《なお》及《およ》ばざるがごとし なんでも、程度をこしてやりすぎれば、したりないのと同じことになってしまう。ほどほどにするのがよい、ということ。

由来『論語』から。孔子《こうし》の弟子《でし》子貢《しこう》が同門の弟子AとBの名をあげ、「どちらがまさっていますか」と問うと、孔子はAは「過ぎ」ており、Bは「及ばない」と言う。「ではAがまさっているのですね」ときくと、「いや、過ぎているのは、及ばないのと同じだ」との答えだった。人間のねうちは、量の問題ではなく、質の問題だから、多ければ少ないよりよいというものでないことを教えたのである。

スキン〈名〉❶肌《はだ》。例 スキンローション。スキンケア。❷皮革。例 バックスキン。シープスキン。❸コンドーム。◇skin

ずきん【頭巾】〈名〉寒さをふせいだり、頭部を保護したり、また、顔をかくしたりするために 頭部をおおう布。例 頭巾をかぶる。→えぼし 絵

スキンケア〈名〉とくに顔や手の、肌《はだ》の手入れ。肌荒れしないように乳液などで肌をととのえること。◇skin care

スキンシップ〈名〉肌《はだ》と肌の ふれ合い。参考 もとは母と子の関係についていうことば。日本での複合語で、英語では body (または physical) contact という。

スキンダイビング〈名〉シュノーケルやフィン(=足ひれ)だけを使って水にもぐるスポーツ。対 スキューバダイビング。◇skin diving (=「素もぐり」の意)

[1]**す・く【好く】**〈動五〉好《この》ましく思う。気に入る。例 人に好かれる。若者は好いたほれたとさわがしい。いけ好かない。対 きらう。類 好む。ア スク

表現 古風な言いかたで、多くは「好き」「好かれる」の形で使う。

[2]**す・く【透く】**〖▽空く〗〈動五〉❶［透く］その中や向こうがわが見えてしまう。例 透いて見える。透きとおる。❷［空く］中に入っていたものがなくなるとか、少なくなるとかで、あいた部分ができる。例 腹がすく。胸がすく(=ひまになる)。すいた電車。対 こむ。▽ア スク

[3]**す・く**〖▼梳く〗〈動五〉かみの毛をくしでとかす。類 とく。ア スク

[4]**す・く**〖▼漉く・▽抄く〗〈動五〉原料を水にとかして、簀《す》の上にうすくひきのばして、紙や食べものの のりなどをつくる。例 紙をすく。ア スク

[5]**す・く**〖▼鋤く〗〈動五〉畑をほりかえし、たがやす。ア スク

すぐ〖▽直ぐ〗〈副〉❶時間をおかないで。ただちに。例 すぐ(に)行きます。類 すぐさま。すかさず。❷距離《きょり》がはなれていないようす。ごく近く。例 すぐのところ。パン屋はすぐそこにある。▽類 じき。

[1]**ずく**〖▽尽く〗〈接尾〉「…だけを使って、やや強引《ごういん》に」という意味を表わす。例 うでずく。金ずく。

[2]**ずく(方言)** 根気、やる気などを惜しみなく出すこと。長野で言う。例 ずくあるねー。ずくなし(=ぐうたら・なまけ者)。

すくい【救い】〈名〉❶救うこと。助けること。例 救いを求める。救いの手をさしのべる。類 助け。❷とてもいやなことのなかに、ほっとできる部分がふくまれていること。例 だれも大けがをしなかったのは せめてもの救いだった。(物語の)救いのない結末。

救いの神《かみ》 こまりはてているときに助けてくれる、ありがたい人のたとえ。例 救いの神が現れる。

すくいがた・い【救い難い】〈形〉ひどすぎて、評価できる部分や改善しそうな見こみがまったくない。例 なんとも救いがたい男。

スクイズ〈名・する〉野球やソフトボールで、三塁走者を生還《せいかん》させるためのバント。◇squeeze

[1]**すく・う**〖▼掬う〗〈動五〉❶液体や粉を、手のひらやスプーンなど、中のくぼんだもので とり出す。例 水をすくう。砂糖をすくう。❷液体の中にあるものを、手のひらやスプーン、あみなどにうけてとり出す。例 金魚をすくう。❸相手の足などを、ややうわむきに はらい上げる。例 足をすくう。小またをすくう。▽ア スクウ

[2]**すく・う【救う】**〈動五〉❶あぶない状態や こまっている状態にあるものを助ける。例 命を救う。あぶないところを救われた。類 救助する。救出する。❷神や仏《ほとけ》などが、人々の心の苦しみや悩《なや》みをとりのぞく。類 救済《きゅうさい》する。済度《さいど》する。▽ア スクウ

[3]**すく・う【巣くう・巣食う】**〈動五〉❶虫や鳥などが、巣をつくってすむ。❷よくないものが集まって、その場にいつく。例 さかり場に巣くうチンピラたち。▽ア スクウ

表現「からだの中に病気やがんが巣くう」という言いかたは、②の用法を利用した表現である。

スクーター〈名〉いすに腰掛《こしか》けるような姿勢で乗れる形の、車輪が小さめのオートバイ。◇scooter

スクープ〈名・する〉ほかの新聞や雑誌、テレビなどの記者より先に記事をとって、はやく報道すること。例 世紀のスクープ。類 特だね。◇scoop

スクーリング〈名〉通信教育において、ある期間、学校で行なう面接授業。◇schooling

スクール〈名〉学校。教習所。例 スクールバス。クッキングスクール。スイミングスクール。◇school

すぐさま〈副〉あいだをおかずに。例 すぐさま実行にうつす。類 ただちに。すかさず。すぐ。

すくすく〈副〉どんどん大きくなるようす。例 すくすく(と)育つ。

すくせ【▽宿世】〈名〉〔仏教〕❶前世《ぜんせ》。❷前世からのつながりで今あるこの人生。因縁《いんねん》。

すくな・い【少ない】〈形〉❶数や量が、すこししかない。回数などが、ふつうと比べてすこしだ。例 客が少ない。今年は雨が少ない。残り少ないお金。類 少数。少量。❷数や量が、ほかとくらべて小さい。例 こちらのほうが一個少ない。▽対 多い。

表現「少なくない」は、むしろ多い、という感じで言う。

すくなからず【少なからず】〈副〉おおいに。例 まじめな彼があんな歌をうたったのには、少なからずおどろいた。類 はなはだ。たいそう。

すくなからぬ【少なからぬ】〈連体〉量や程度がけっして少ないといえない。かなり多い。例 台風で少なからぬ被害《ひがい》が出た。

すくなくとも【少なくとも】〈副〉❶いくら少なく見つもっても。ある程度以上の数量を予想するときに使う。例 復旧に少なくとも三日はかかる。❷最低これぐら

シャネル (1883～1971) フランスのデザイナー。服・帽子・靴など現在の女性の洋服の原型を作った。

いは。例少なくとも、毎日一時間の練習はつづけてほしい。類せめて。▽「すくなくも」ともいう。

すくなめ【少なめ】〈名・形動〉ふつうよりいくぶん少ない程度。例塩を少なめにする。対多め。類うちわ。

すくみあが・る【すくみ上がる】『▼竦み上がる』〈動五〉おそろしさのあまり、からだがちぢんで動かなくなる。

すく・む『▼竦む』〈動五〉恐怖《きょうふ》や緊張《きんちょう》のために、からだがひきつったようになって動かなくなる。例足がすくむ。身がすくむ。立ちすくむ。

ずくめ『▽尽くめ』〈接尾〉(名詞につけて)すべてがそれでいっぱいであること。例黒ずくめの服装。いいことずくめ。仕事ずくめ。

すく・める『▼竦める』〈動下一〉からだをちぢめて、小さくする。例首をすくめる。肩《かた》をすくめる。

スクラップ〈名〉❶〈する〉新聞や雑誌などの切りぬき。それをノートにはりつけるなどして保存すること。例スクラップブック。❷くず鉄。例廃車《はいしゃ》をスクラップにする。◇scrap

スクラム〈名〉❶ラグビーで、両チームの前衛が肩《かた》を組み、前かがみにおし合ってボールをとり合うこと。絵 ❷デモ行進などで、うでを組んだりして、横にならぶこと。▽例スクラムを組む。◇scrum

スクランブル〈名〉❶交差点の信号で、すべての車をとめて、歩行者が、どの方向へも道路をわたれるようにした方式。例スクランブル交差点。❷迎撃《げいげき》用戦闘《せんとう》機が緊急《きんきゅう》発進すること。◇scramble

すぐり〈名〉山地に生える落葉低木。夏、まるいすっぱい実《み》がなる。

［スクラム］

スクリーン〈名〉❶映画をうつす幕。類銀幕。❷かんたんなついたて。◇screen

スクリプト〈名〉映画・テレビ・ラジオの台本。撮影《さつえい》の手順や放送内容をこまかく記したもの。◇script

スクリュー〈名〉プロペラ式の羽根をもつ、船の推進器。◇screw(=「ねじ・らせん」の意)

すぐれて【優れて】『▽勝れて』〈副〉多くのものごとの中で、とりわけて。とくに取り立てて言うときに用いる。例優れて政治的な問題。

すぐれもの【優れ物】『▽勝れ物』〈名〉ほかのものにはない、便利さや高い効果のある製品。俗《ぞく》っぽいことば。例この洗剤は汚れがよく落ちるうえに環境も汚さない優れ物だ。

すぐ・れる【優れる】『▽勝れる』〈動下一〉❶才能や価値が、ほかよりもまさっている。例優れた人。音感が優れている。理解力に優れる。❷(「すぐれない」の言いかたで)よくない状態である。例気分がすぐれない。

スクロール〈名・する〉パソコンや携帯《けいたい》電話などで、一画面に表示しきれないとき、表示部分を上下または左右に動かすこと。◇scroll

スクワット〈名〉足腰《あしこし》をきたえるため、両足を動かさずにその場でしゃがんだり立ったりをくりかえす運動。◇squat

すげ『▼菅』〈名〉カヤツリグサ科の多年草をまとめていうことば。日本に約二百種ある。葉は線状、茎《くき》は三角形または円形。笠《かさ》や蓑《みの》などをつくった。

ずけい【図形】〈名〉❶ものの形を構造がわかるように示した絵がら。❷〔数学〕立体や面、線や点などで、ある形を表わしたもの。例平面図形。立体図形。

スケート〈名〉❶氷の上をすべるための刃《は》(=ブレード)のついた靴《くつ》をはいて、速さや技能をきそうスポーツ。アイススケート。❷「ローラースケート」の略。◇skate

スケートボード〈名〉たて七十センチほどの板に四つの車輪をつけた運動用具。その上に立って平地や斜面を滑走《かっそう》する。スケボー。◇skateboard

スケープゴート〈名〉他人の罪を負わせられ、身がわりとなる人。◇scapegoat

参考 旧約聖書にある、人々の罪を負わせられて荒野《こうや》にはなたれた、贖罪《しょくざい》のヤギの話から。

スケール〈名〉❶ものごとの大きさ。例スケールが大きい。↓きぼ 表現 ❷ものさし。類定規。◇scale

すげか・える【すげ替える】〈動下一〉すげてあったものをとりかえて、別のものにする。例げたのはなおをすげ替える。首をすげ替える(=交替《こうたい》させる)。

すげがさ『▼菅▼笠』〈名〉スゲの葉であんだかさ。

スケジュール〈名〉日程。予定。例完成までのスケジュールをくむ。ハードスケジュール。◇schedule

ずけずけ〈副〉言いにくいことを、どんどん遠慮《えんりょ》しないで言うようす。例ずけずけ言う。ずけずけ話す。

すけそうだら『助▼惣▼鱈・助宗▼鱈』〈名〉⇩すけとうだら

すけだち【助太刀】〈名・する〉助けるために加わること。助けに入った人。例助太刀に入る。類助っ人《と》。加勢。助勢《じょせい》。応援《おうえん》。由来 もともとは、あだうちなどの助けをすること。それで「太刀」ということばがつく。

スケッチ〈名・する〉❶写生をすること。写生画。類デッサン。素描《そびょう》。クロッキー。❷情景や人物をたんたんと書き表わすこと。そのように書いた、小説や随筆《ずいひつ》の小品。類点描。◇sketch

スケッチブック〈名〉写生帳。◇sketchbook

すけっと【助っ人】〈名〉手伝ってくれる人。くだけた言いかた。例助っ人をたのむ。

すけとうだら『▽介党▼鱈・助党▼鱈』〈名〉魚のタラの一品種。深海魚で、マダラより少し小さい。食用になる。日本海やオホーツク海に多くすむ。卵は、たらこといい、そのまま食用にするほか、明太子《めんたいこ》に加工する。「すけそうだら」ともいう。

すげな・い『素気無い』〈形〉あいそがなくて、ぶっきらぼうだ。思いやりがなくて、つめたい。例すげなくことわる。すげない態度。すげない返事。類つれない。そっけない。薄情《はくじょう》だ。にべもない。取りつく島もない。

すけべえ『助▽平・助▽兵▽衛』〈名〉好色であること。好色な人。くだけた言いかた。類エッチ。変態。

表現 いろいろなことに手を出したがる人の、「案外自分に才があるかもしれない」と思う気持ちを「助平根性」という。例助平根性を出したのが失敗だった。

す・ける【透ける】〈動下一〉うすいものや、まばらなものをとおして中や向こうが見える。例外が透けて見える。

類 透き通る。

す・げる【▽挿げる】〈動下一〉さしこんだり通したりしてつける。例 下駄《げた》の鼻緒《はなお》をすげる。

スケルツォ〈名〉〔音楽〕かろやかで明るい感じのする、テンポのはやい曲。◇イタリア《イタ リア》 scherzo

スケルトン〈名〉❶がいこつ。❷建物などの、ほねぐみ。❸ガスストーブの放熱のためのあみ目の板。❹中の部品がすけて見える、電子機器のデザイン。❺そり競技の一つ。長方形の板の上に腹ばいになってすべるもの。→ボブスレー・リュージュ ◇skeleton

参考 ④は日本語独自の意味。

スコア〈名〉❶〔音楽〕合奏や合唱などの各パートが、同時にどのような音やリズムで演奏しているかがひと目でわかるように、すべてのパートの楽譜《がくふ》をならべたもの。総譜。❷スポーツで、得点。また、その記録。例 スコアをつける。スコアブック。スコアボード。◇score

すご・い【▽凄い】〈形〉❶ぞっとするほどおそろしい。たいへん気味がわるい。例 すごい笑い。❷ふつうでは考えられないほど、はなはだしい。いいことにも わるいことにもいう。例 すごく暑い。すごい秀才《しゅうさい》。

ずこう【図工】〈名〉小学校の教科「図画工作」の略。

すごうで【すご腕】【▽凄腕】〈名・形動〉ひとなみはずれた能力をもち、仕事がよくできること。例 すご腕の刑事《けいじ》。類 辣腕《らつわん》。敏腕《びんわん》。うでき。

スコール〈名〉熱帯地方で雨季にふる、はげしいにわか雨。◇squall

スコーン〈名〉外がさくっとしていて中がしっとりしている、イギリスが本場の焼き菓子。ジャムやクリームをつけて食べる。◇scone

すこし【少し】〈副〉数量が多くないようす。程度が小さいようす。例 ほんの少し。もう少し。水を少しください。少しばかり。対 たくさん。類 少少。いくらか。

すこしも【少しも】〈副〉（あとに打ち消しのことばをともなって）まったく…ない。例 少しもわからない。類 ちっとも。さっぱり。

すご・す【過ごす】〈動五〉❶なにかをしながら、時間をついやす。また、生活していく。例 時を過ごす。どうにか過ごす。❷限度をこす。例 酒を過ごす。寝《ね》すごす。

表現「やりすごす」「見すごす」などの「すごす」は、目の前のことに、手を出さないでいることを表わす。

すごすご〈副〉しかられたり、がっかりしたりして、元気なくその場をはなれるようす。例 すごすご(と)ひきさがる。

スコップ〈名〉土や砂などを掘《ほ》ったりすくったりするのに使う、さじ形の道具。東日本では片手に持って使う小型のもの、西日本では片足をかけて使う大型のものをいうことが多い。類 シャベル。◇オランダ《オラ ンダ》 schop

すこぶる【▼頗る】〈副〉たいそう。おおいに。古風な言いかた。例 このワインは、すこぶる人気がある。類 はなはだ。いたって。大変。

すごみ【▽凄み・▽凄味】〈名〉人相やことばつきが、相手をこわがらせるほどすごいこと。例 すごみがある。すごみのある顔。すごみをきかせる。

すご・む【▽凄む】〈動五〉相手をふるえあがらせるように、おどかす。例 ちょっとすごんで見せる。

すごもり【巣籠もり】〈名〉❶〈する〉鳥や動物が、抱卵《ほうらん》や冬眠《とうみん》のため、巣にこもること。❷食べ物をまるい形にうつわに盛《も》り、そのまん中に別の食べ物をのせる、料理の盛りつけかた。

すこやか【健やか】〈形動〉心もからだも健康だ。「すくよか」ともいう。例 健やかに育つ。健やかな精神。どうかお健やかにお過ごしください。類 健康。

すごろく【▽双六】〈名〉室内でするゲームの一つ。「ふり出し」から「上がり」までの目を書いた紙の上でさいころをふって自分のこまをすすめ、早く「上がり」に行くことをきそう。正月の遊びとして行なわれることが多い。

すさび【▽遊び】〈名〉心のままにするあそびごと。例 筆のすさび。老いのすさび。

すさ・ぶ【▽荒ぶ】〈動五〉⇩すさむ

すさまじ・い【▽凄まじい】〈形〉❶非常にはげしい。例 すさまじい暴風雨。❷ぞっとするほどおそろしい。例 すさまじいけんまく。類 ものすごい。

すさ・む【▽荒む】〈動五〉❶いきおいがはげしくなる。例 ふきすさむ。対 静まる。おさまる。❷気持ちなどが乱れていいかげんになる。例 生活がすさむ(=乱れる)。すさんだ心。類 あれる。ささくれる。▽「すさぶ」ともいう。

すさ・る【▽退る】〈動五〉うしろへさがる。しりぞく。古い言いかた。例 あとずさり。

ずさん【▼杜▼撰】〈形動〉やりかたがいいかげんだ。例 ずさんな説明。ずさんな工事。類 雑。粗雑《そざつ》。

由来 もとの意味は、文章や詩などに誤《あやま》りが多いこと。宋《そう》の杜黙《ともく》が作った詩に破格のものが多かったという故事による。「撰」は詩を作ること。

すし【▽寿司・▼鮨】〈名〉酢《す》と塩などで味をととのえた飯と、さかなや貝、たまご焼きなどをくみ合わせた料理。「にぎりずし」「ちらしずし」「おしずし」などがある。

表現 にぎりずしは一貫《いっかん》二貫《にかん》と数えるが、同じねたの二個をひと組みにして一貫ということもある。手巻きずしは一本二本、回転ずしは一皿《ひとさら》二皿《ふたさら》、ちらしずしは一人前《いちにんまえ》二人前と数える。

由来「酢《す》い」の意味の古語「すし」から。

すじ【筋】㊀〈名〉❶長くつづく線。例 筋をつける。太い筋。筋目。毛筋。❷動物の筋肉や植物の中にとおっている繊維《せんい》質。例 筋をちがえる。さつまいもの筋。牛肉の筋をとる。筋っぽい。筋ばる。❸考えかたの全体をつらぬく一本の線。例 筋が通る。筋を通す。話の筋。筋だて。筋ちがい。筋道。大筋。あらすじ。類 道理。❹血のつながり。例 源氏《げんじ》の筋をひく家がら。血筋。類 血統。家系。筋目《すじめ》。❺素質。例 筋がいい(=素質がある)。❻その方面の人や団体。情報の出どころについていうときによく使う言いかた。例 その筋。信ずべき筋。願いの筋。権威《けんい》筋。外交筋。消息《しょうそく》筋。政府筋。ひいき筋。主人筋。

㊁〈接尾〉❶ほそ長いものを数えることば。詩的な言いかた。例 どこまでもつづくひと筋の道。ふた筋の煙《けむり》がのぼる。❷「…に沿ったあたり」という意味を表わす。例 街道《かいどう》筋。道筋。川筋。類 沿線。

表現 ㊁の①は、一般《いっぱん》には「本」が使われ、「…筋」でよく使われるのは、「一《ひと》筋」「二《ふた》筋」「三《み》筋」「幾《いく》筋」ぐらいである。「一条《ひとすじ》」のように、「筋」を「▽条」と書くこともある。

方言 大阪や岡山では、南北に走るのが「筋」、東西に走るのが「通り」と使い分けている地域もある。

筋を通《とお》す ものごとの道理をまもり、きちんと手順をふ

 シャンポリオン（1790〜1832） フランスのエジプト学者。ヒエログリフ(象形文字)の解読に成功。

む。例 筋を通して話をする。あくまで筋を通す。

ずし[1]【図示】〈名・する〉図にかいてしめすこと。

ずし[2]【▼厨子】〈名〉仏像をおさめておく、お寺のお堂のような形をした入れもの。

すじあい【筋合い】〈名〉納得《なっとく》できる理由があること。ふつう、打ち消しの形で使う。例 君にうらまれる筋合いはない。類 道理。すじ。

すじかい【筋交い】〈名〉❶ななめであること。ななめにまじわっていること。類 はすかい。❷建物で、柱と柱のあいだに ななめにとりつける木材。

すじがき【筋書き】〈名〉❶小説や演劇などで、だいたいの話のすじを書いたもの。類 あらすじ。筋だて。梗概《こうがい》。❷ものごとの進行や結論などを あらかじめきめて たてた計画。シナリオ。例 筋書きどおりに事は はこんだ。

筋書きのないドラマ とくにスポーツの試合のように、波乱にとみ、予測のつかないものごとを、劇《げき》に見たてた言いかた。野球に言ったのが最初。

すじがね【筋金】〈名〉ものの形をささえ、がんじょうにするために、中に入れるほそ長い金属。

すじがねいり【筋金入り】〈名〉きたえられて、しっかりした信念や実力をもっていること。例 筋金入りの男。

ずしき【図式】〈名〉ものごとのつながりぐあいを、見てわかるように、図で表わしたもの。例 図式化。図式的。

ずしきてき【図式的】〈形動〉わかりやすくきちんとまとまってはいるが、現実のなまなましさが消えてしまっている。例 きみの考えかたは図式的にすぎる。類 公式的。

すじぐも【筋雲】〈名〉空の高いところにできる、白い、すじのような雲。類 巻雲《けんうん》。

すじこ【筋子】〈名〉サケやマスの卵をかたまりのまま、塩づけやしょうゆづけにした食品。 →イクラ

表現 一腹《ひとはら》二腹《ふたはら》と数える。

すじだて【筋立て】〈名〉物語や劇などのおおまかな話のすすみかた。類 あらすじ。筋書き。

すじちがい【筋違い】〈形動〉❶りくつに合わない。例 筋違いな意見。❷目ざすところを まちがえている。例 わたしに文句を言うのは筋違いだ。類 おかどちがい。けんとうちがい。

すしづめ【すし詰め】【▼鮨詰め・▽寿司詰め】〈名〉すしの折り詰めのように、電車や教室などにたくさんの人やものがすきまもなくつめこまれていること。例 すし詰めになる。

すじみち【筋道】〈名〉話や考えなどをすすめるのに必要なきちんとした手順。例 筋道をたてて話す。類 筋目。

すじむかい【筋向かい】〈名〉ななめにむかいあっていること。例 筋向かいの家。

すじめ【筋目】〈名〉❶たいらなものを折ったり、表面にきざみつけたりしてできる線。例 筋目を入れる。類 折り目。❷ものごとのすじみち。例 筋目をとおす。類 筋道。❸先祖からの血すじ。例 筋目の正しい家がら。類 血統。すじ。

すじょう【素性・素姓】〈名〉❶どんな生まれや育ちであるか、どういう職業をへてきたかという、その人の過去のすべて。例 素性がしれない。素性はあらそえない。氏《うじ》素性。類 経歴。過去。履歴《りれき》。生《お》い立ち。❷あるものがつくられてから、いままでの由来。類 由緒《ゆいしょ》。

ずじょう【頭上】〈名〉頭の上の方。例 頭上注意。

すす【▼煤】〈名〉❶けむりやほのおの中にふくまれている黒い粉。不完全燃焼《ねんしょう》したときに出る。例 すすが出る。❷「①」にほこりなどがついて、天井《てんじょう》や かべについたもの。例 すすをはらう。

すず[1]【鈴】〈名〉金属製あるいは陶器《とうき》製の球の中に、玉や石をいれ、ふって鳴らすもの。例 ちりんちりんと鈴の音《ね》がきこえる。神社の鈴をがらんがらんと鳴らす。ア スズ

表現 鈴の鳴る音を、澄《す》んだ美しい女性の声にたとえた、「鈴をころがすような声」「鈴をころがすように笑う」のような言いまわしがある。

鈴をつける ⇩猫の首に鈴をつける(「ねこ」の子項目)

すず[2]【▼錫】〈名〉〔化学〕銀白色の金属。青銅やはんだなどをつくる合金の材料にするほか、すず箔《はく》として、さまざまの包装《ほうそう》に使われる。元素の一つ。記号「Sn」。ア スズ

表記 理科の教科書などでは「スズ」と書く。

すずかけ【▼篠懸】〈名〉街路樹などにする落葉高木。プラタナス。

すずかぜ【涼風】〈名〉夏の終わりごろにふく、秋を感じさせるすずしい風。詩的な言いかた。例 涼風がたつ。類 涼風《りょうふう》。

すすき【▽薄・▼芒】〈名〉「秋の七草《ななくさ》」の一つ。山野に群生して はえる、たけの高い雑草。ほそ長い葉が根からたくさんでて、秋、白く美しい穂《ほ》がつく。おばな。かや。

すすぎ【▽濯ぎ】〈名〉❶せんたくものを すすぐこと。❷足をあらうためにつかうお湯や水。

すずき【▼鱸】〈名〉浅い海にすむ魚。全長一メートルほどになる。塩焼きなどにして食べる。

参考 出世魚《しゅっせうお》の一つで、成長するにつれてセイゴ・フッコ・スズキとよび名がかわる。

すす・ぐ【▼漱ぐ・▽雪ぐ・▽濯ぐ】〈動五〉❶〔漱ぐ〕うがいなどをして、口の中をさっぱりさせる。例 口をすすぐ。類 ゆすぐ。❷〔雪ぐ〕⇩そそぐ〔雪ぐ〕❸〔濯ぐ〕水で、せっけんを洗いながしたり、よごれなどを洗いおとしたりする。例 洗濯物《せんたくもの》をすすぐ。類 ゆすぐ。

すす・ける【▼煤ける】〈動下一〉すすがついて、黒くなる。よごれたり古くなったりして、すすがついたように、うすぎたなくなる。例 すすけた天井《てんじょう》。

すずし・い【涼しい】〈形〉❶暑くて不快なときに、気持ちがいい程度につめたい。例 涼しい風。対 暖かい。暑い。❷澄《す》んでいる。例 涼しい目。

涼しい顔《かお》 ❶わたしには関係ない、といった感じのすました顔をすること。類 そしらぬ顔。❷苦痛に顔をゆがめてもおかしくないはずなのに、平気そうな顔であること。

すずしろ〈名〉「春の七草《ななくさ》」の一つ。ダイコン。

注意 ①がもとの意味。

すずな【▼菘】〈名〉「春の七草《ななくさ》」の一つ。カブ。

すずなり【鈴なり】【鈴▽生り】〈名〉❶実《み》が一本の木にたくさんみのっていること。類 たわわ。❷窓や出入り口に、人が かさなりあうように むらがっていること。例 戸口におおぜいの人が鈴なりになって、のぞきこんでいる。

すすはらい【▼煤払い】〈名・する〉おもに年末に一度行なう大そうじ。ふだんそうじしない天井《てんじょう》や家具のうしろまで、徹底《てってい》的にするのがならわし。すすはき。

すずみだい【涼み台】〈名〉暑さをさけて、外ですずむために使う、こしかけるための台。縁台《えんだい》。

すす・む【進む】〈動五〉❶前の方へ行く。例 行列が進む。対 下がる。しりぞく。引く。類 前進する。❷時計のしめす時刻が、ほんとうの時刻よりはやい速度でうつっていく。例 一日に五分進む時計。対 おくれる。❸ものごとが、はかどる。例 仕事が進む。計画が進む。話が進む。対 とどこおる。おくれる。類 進行する。進捗《しんちょく》す

周恩来(しゅうおんらい)(1898~1976) 中国の首相。革命を指導。インドのネルーと「平和五原則」を発表。

る。❹よい方へ変化する。例地位が進む。進んだ技術。対落ちる。類上がる。❺より高度なところへうつる。例大学へ進む。❻気持ちや行動が積極的になる。なにかを自発的にする。例食が進む。箸《はし》が進む。気が進まない。→すすんで ❼わるい状態が さらにひどくなる。例病気がすすむ。

すず・む【涼む】〈動五〉つめたい風にあたったり日かげに入ったりして一時的に暑さをさける。例木かげで涼む。

すずむし【鈴虫】〈名〉昆虫《こんちゅう》の一種。体長二センチメートルほどで黒っぽく、触覚《しょっかく》が長い。秋の夜、すずを鳴らすようなすんだ声で鳴く。

すずめ【▼雀】〈名〉小鳥の一種。茶色に黒のはんてんがある。多くの地方で、いちばんふつうに見られる鳥。イネなどの穀物をあらすが、害虫も食べる。

すずめの涙《なみだ》 ほんのわずかの量。

すずめ百《ひゃく》まで踊《おど》り忘《わす》れず おさないときに身についた習慣は、年をとってもわすれない、ということ。類三つ子の魂《たましい》百まで。

すずめばち【▼雀蜂】〈名〉日本のハチの中でいちばん大きいハチ。腹部に黒と黄色のしまがある。毒性の強い針をもち、樹木の空洞《くうどう》や屋根ののきなどに大きな巣を作る。参考「くまんばち」ともいう。「くまばち」は別種のハチ。

すす・める[1]【進める】〈動下一〉❶前の方へ行かせる。例注意して車を進める。類前進させる。出す。❷時計など、時間にしたがって動くものを、現在の時間より先にうつす。例時計の針を進める。対おくらせる。❸ものごとを、きまった手順にしたがって、ある段階から次の段階にうつす。例会議を進める。類進行する。

すす・める[2]【勧める・薦める】〖▽奨める〗〈動下一〉㊀[勧める] ❶自分がよいと思うことを、相手にもそうするように言う。例研究会に入るよう勧める。読書を勧める。❷「どうぞお上がりください」「お使いください」などと、相手にさし出す。例酒を勧める。勧めじょうず。㊁[薦める] 自分がよいと思う人やものを相手が採用するように言う。例その本は、彼に薦められて読んだ。類推薦《すいせん》する。推挙する。

表現「先生の勧めで進学する」「お薦めの品」のように名詞の形でもよく使う。

すずらん【鈴▼蘭】〈名〉寒い地方に生える草花の一種。六月ごろ、つりがねの形をした小さな白い花がならんでさく。よいかおりがする。

すずり【▼硯】〈名〉書道など、筆で字や絵をかくときに、水を入れて墨《すみ》をする道具。石や かわらなどでつくる。例すずりばこ。

表現表面を使って墨をすることから一面二面と数える。石が材料なので一石《いっせき》二石《にせき》と数えることもある。

すすりあ・げる【すすり上げる】〖▼啜り上げる〗〈動下一〉鼻じるをすいこむ。また、そのようにして泣く。

すすりな・く【すすり泣く】〖▼啜り泣く〗〈動五〉声をおさえて、鼻じるをすするような感じで泣く。類しのび泣く。すすりあげる。しゃくりあげる。

すずりばこ【すずり箱】〖▼硯箱〗〈名〉すずりや墨《すみ》、筆などを入れておく箱。

すす・る〖▼啜る〗〈動五〉❶そばやお茶などを、口をすぼめ、息をすうようにして飲みこむ。❷たれた鼻じるを、鼻から息をすってふたたびすいこむ。

すすんで【進んで】〈副〉自分から積極的になにかをするようす。例進んでゴミをひろう。

ずせつ【図説】〈名・する〉図を使って説明すること。また、そうして説明したもの。例図説日本史。類図解。

すそ【裾】〈名〉❶衣服のいちばん下のへりのあたり。例裾を上げる。裾をひきずる。裾模様。❷山のふもと。例裾野。山裾。❸川の下流。❹かみの毛の、えりくびのあたりのところ。例裾刈《が》り。

【裾】 ネ部8 全13画
裾 裾 裾 裾 裾 裾
すそ 訓[すそ] 裾。お裾分け。

すその【裾野】〈名〉山のふもとの、ゆるやかに傾斜《けいしゃ》してひろがっている部分。例富士の裾野。裾野がひろがる。

表現「裾野」は、山のふもとを意味するだけではなく、「裾野のひろい住民運動」のように、活動のはばのひろがりについても使う。

スター〈名〉人気のある歌手や俳優、スポーツの選手。例オールスター。大スター。類花形。◇star(=星)

スターティングメンバー〈名〉試合開始のときの出場選手。先発メンバー。略して「スタメン」ともいう。

参考日本での複合語。英語では starting lineup という。

スタート〈名・する〉❶競争・レースの開始。例好《こう》スタートをきる。(マラソンの)スタート地点。スタートダッシュ。▽対ゴール。フィニッシュ。❷ものごとの開始。例新生活がスタートする。類出発。発進。◇start

スタートライン〈名〉❶競争の出発点を示す線。例スタートラインにつく。❷新たに始まるものごとの出発点。例スタートラインに立つ。◇starting line から。

スタイリスト〈名〉❶芸能人やモデルの、衣装《いしょう》や髪型《かみがた》を選定・指導する職業の人。❷身なり・体裁《ていさい》に気をくばる人。◇stylist

スタイル〈名〉❶すがた。かっこう。からだつき。例スタイルがいい。類容姿。❷服装やかみの毛などの型。例ヘアスタイル。類身なり。❸様式。例アメリカンスタイル。❹文体。◇style

参考②は日本語独自の意味。

すだ・く〈動五〉虫がたくさん集まって鳴く。参考本来は「むらがりあつまる」の意味で、「鳴く」の意味はなかった。

すたこら〈副〉急いで歩いていくようす。俗《ぞく》っぽい言いかた。例すたこら(と)にげだす。すたこらさっさ。

スタジアム〈名〉競技場や野球場。◇stadium

スタジオ〈名〉❶映画やテレビ、写真館で、撮影《さつえい》をするところ。❷ラジオやテレビの、放送室。❸CDの録音をしたり、バレエの練習をするところ。◇studio

すたすた〈副〉わき目もふらず、急ぎ足で歩いていくようす。例すたすたと立ち去る。

ずたずた〈形動〉もとの形をとどめないほど、いくつにも細かく引きさかれるようす。例地震《じしん》で線路がずたずたになった。人の気持ちをずたずたにして平気でいる者。

すだち[1]【巣立ち】〈名・する〉巣立つこと。アスダチ

すだち[2]【酢▼橘】〈名〉ユズやカボスを小さくしたような、柑橘《かんきつ》類の一つ。しぼり汁《じる》を焼き魚や なべものなどに使う。徳島県の名産。アスダチ

すだ・つ【巣立つ】〈動五〉❶鳥のひななどが成長して、それまでの巣からはなれる。❷子どもや生徒が、親もとや学校からはなれて、一人前の人間として 社会に出る。例学窓《がくそう》を巣立つ。

 シューベルト (1797~1828) オーストリアの作曲家。「野ばら」「魔王」など美しい歌曲を作った。

スタッカート〈名〉〔音楽〕音符《おんぷ》ごとにきめられている音の長さを、そのままに演奏するのではなく、短く切るようにして演奏する方法。◇《イタリア》staccato

スタッフ〈名〉❶仕事を共同して行なう人々。例辞書編集のスタッフ。❷映画やテレビなどの、出演者以外の製作関係者。監督《かんとく》やカメラマンなど。◇staff

スタティック〈形動〉動きがない。静的。対ダイナミック。◇static

ずだぶくろ【頭▼陀袋】〈名〉❶〔仏教〕行脚《あんぎゃ》の僧《そう》が、経文などを入れて首からさげるふくろ。❷なんでもいっしょに入れられる、大きくてだぶだぶした、布のふくろ。

スタミナ〈名〉長くがんばれるだけの体力。例スタミナがきれる。スタミナをつける。◇stamina

スタメン〈名〉「スターティングメンバー」の略。

すた・る【廃る】〈動五〉すたれる。

表現「男がすたる」という言いかたで、男としての名誉《めいよ》が立たなくなる、という意味を表わす。例ここであきらめては男がすたる。

すだれ【▼簾】〈名〉ほそく割ったタケやアシを横にならべて、糸で編《あ》んでつらねたもの。つりさげて、日よけやしきりなどに使う。例すだれをさげる。すだれを巻く。

表現一枚二枚と数えるが、幕《まく》のようなものなので一張《ひとはり》二張《ふたはり》、編んでつらねたものなので一連《いちれん》二連《にれん》を使うこともある。

すた・れる【廃れる】〈動下一〉一時さかんであったものが、いきおいがふるわなくなって、世間でほとんど見られなくなる。すたる。例その習慣はすでにすたれた。対はやる。

スタンス〈名〉❶野球・ゴルフなどで、ボールを打つときの足のひらきかた。例オープンスタンス。❷立場。態度。例中立的なスタンスをとる。◇stance

スタンダード〈名・形動〉標準。例スタンダードなタイプ。スタンダードナンバー(=軽音楽などの、よく知られている曲)。◇standard

スタンディングオベーション〈名〉劇場・試合会場・演奏会場などで、観客が立ち上がって拍手《はくしゅ》を送ること。出演者・出場者への最高の賞賛を表わす。◇standing ovation

スタント〈名〉危険な演技や曲芸。◇stunt

スタンド〈名〉❶売店。例ガソリンスタンド。❷軽い食事や飲みものをだす、カウンター形式の店。例コーヒースタンド。❸ものを置く台。例インクスタンド。❹野球場や競技場で、階段式の客席。例外野スタンド。❺「電気スタンド」のこと。◇stand

スタンドプレー〈名〉❶見物人の拍手《はくしゅ》をめあてにする、はでな演技。❷人の関心をひくための、わざとらしい行動やふるまい。例彼には、スタンドプレーが多すぎる。◇grandstand play の日本での省略語。

スタントマン〈名〉映画などで、俳優の代わりに危険なアクションを演じる人。◇stunt man

スタンバイ〈名・する〉いつでも行動できるように準備をおえていること。例スタンバイOKです。◇standby

参考くだけた言いかたで、「スタンバっておく」などと動詞にしていう。

スタンプ〈名〉❶ゴム印。例スタンプインク。❷観光地などでおす、記念のゴム印。例記念スタンプ。❸メッセージアプリで使う、イラストの画像。◇stamp

スチーム〈名〉❶蒸気。例スチームアイロン。❷建物にパイプをめぐらし、その中に蒸気をとおしてあたためる暖房装置《だんぼうそうち》。例スチームを入れる。◇steam

スチール[1]〈名〉鋼鉄《こうてつ》。例スチール製。ステンレススチール。◇steel

スチール[2]〈名〉映画の宣伝のために、その一場面をひきのばして印画紙などに焼きつけたもの。例スチール写真。◇still

スチュワーデス〈名〉飛行機の、女性客室乗務員。エアホステス。対スチュワード。◇stewardess

参考男性の乗務員とともに、「キャビンアテンダント」または「フライトアテンダント」という。

スチロール〈名〉〔化学〕合成樹脂《じゅし》の材料となる、無色透明《とうめい》の液体。合成ゴムの製造に使われる。「スチレン」ともいう。例発泡《はっぽう》スチロール。◇《ドイツ》Styrol

すっ【素っ】〈接頭〉名詞・動詞・形容動詞の上について、下にくることばの意味をつよめる。例すっぱだか。すっ飛ばす。すっとんきょう。

ずつ〈副助〉❶同じ数量をそれぞれにわりあてることを表わす。例一人一つずつとってください。一台に五人ずつ乗る。❷一回に行なわれる量が一定の量にかぎられ、それがくりかえされることを表わす。例少しずつやれば、だんだん慣れるよ。毎日二ページずつ読む。

ずつう【頭痛】〈名〉頭のいたみ。例頭痛がする。

頭痛の種《たね》心配ごとやなやみごとのもと。例子どものことで頭痛の種がまた増えた。類悩みの種。

スツール〈名〉背もたれのない小さいいす。◇stool

すっからかん〈形動〉すっかりなくなるようす。とくに、お金がまったくなくなってしまったようすをいう。例ふところがすっからかんだ。

すっかり〈副〉のこすところなく、みんな。例仕事はすっかりおわった。類ことごとく。全部。残らず。

ズッキーニ〈名〉西洋カボチャの一種。形はキュウリに似ていて、濃緑か黄色。北アメリカ原産。フライやサラダ、いためものにして食べる。◇《イタリア》zucchini

すっきり〈副・する〉わずらわしいものや、はっきりしないものがないようす。また、そのために気分がさわやかなようす。例トイレに行けてすっきりした。すっきり(と)晴れ渡った空。類さっぱり。

ズック〈名〉❶アサ糸などで地をあつくおった織物。耐久性《たいきゅうせい》があり、テント・くつ・かばんなどに使う。❷「①」でつくったくつ。◇《オランダ》doek

すっくと〈副〉いきおいよく立ちあがるようす。例すっくと立ちあがる。類すくっと。

ずっこい（方言）ずるい。関西で言う。

ずっこ・ける〔ずっ▽転ける〕〈動下一〉❶人や物がころぶ。たおれる。❷おかしな状態になる。失敗する。

表現「ずっこけ芝居《しばい》」といえば、ただのどたばた喜劇を意味するように、このことばには、そそっかしさをからかう感じがこもっている。

ずっしり〈副〉持った感じが、かなり重いようす。

すったもんだ〔擦った▼揉んだ〕〈名・する〉議論やけんかなどが、ひどくもめるようす。例すったもんだのさわぎ。すったもんだの末。すったもんだ(が)ありまして…。

すってんてん〈名〉お金や財産を、すっかりなくしてしまうようす。俗《ぞく》な言いかた。類すっからかん。無一文。

すっと〈副〉❶動作が、すばやく行なわれるようす。❷気分がすっきりするようす。例胸がすっとする。

ずっと〈副〉❶非常に差がひらいている状態を表わすことば。例ずっと大きい。❷長いあいだ、とぎれることなくつづいて。例ずっと待っていたのに。

すっとば・す【素っ飛ばす】〈動五〉❶車などをいきおいよく走らせる。例高速道路をすっとばす。❷かまうことなく途中《とちゅう》をぬかす。例何ページもすっとばして本を読む。

すっと・ぶ【素っ飛ぶ】〈動五〉❶いきおいよくとぶ。例なぐられてめがねがすっとんだ。❷いそいで行く。例記者は現場にすっとんだ。

すっとぼ・ける【素っとぼける】〈動下一〉知っているのに、知らないふりをする。しらばくれる。例すっとぼけようったって、そうはいかないぞ。

すっとんきょう【素っ頓狂】〈形動〉調子はずれで、とてもまぬけな。例すっとんきょうな声をあげる。

すっぱ・い【酸っぱい】〈形〉梅干しやレモンを食べたときに感じる味。例すっぱいみかん。あまずっぱい。類酸い。→囲み記事3(16ページ)

表現 あらたまった言いかたでは、「酸味《さんみ》がある」「酸味が強い」という。

すっぱだか【素っ裸】〈名〉なに一つ身につけていないこと。類まるはだか。全裸《ぜんら》。

表現 「すっぱだかになってやりなおしだ」のように、財産などをまったく持たない状態を表わすことにも使う。

すっぱぬ・く【すっぱ抜く】〈動五〉知られたくないことをあばいて、ひろく知れわたるようにする。例秘密をすっぱぬく。類ばらす。暴露《ばくろ》する。

すっぱり〈副〉❶あざやかにものを切るようす。例すっぱり(と)切る。❷思いきりよくなにかをするようす。例すっぱり(と)あきらめる。類きっぱり。

すっぴん〖素っぴん〗〈名〉化粧《けしょう》をしていないこと。化粧をとった顔。俗《ぞく》な言いかた。類ノーメーク。素顔。地顔。

すっぽか・す〈動五〉しなければならないことをしないで、そのままにしておく。例約束《やくそく》をすっぽかす。

参考 捨《す》てる意味の「ほかす」から。

すっぽぬ・ける【すっぽ抜ける】〈動下一〉❶はまっていたものが、ふとしたはずみでぬける。例コルク栓がすっぽぬける。❷野球で、投手のなげたボールがとんでもないほうへ行く。例カーブがすっぽぬける。

すっぽり〈副〉❶全体をつつみこむようにおおっているようす。例ふとんをすっぽり(と)かぶる。❷うまくものの中にはまったり、すっかりはずれたりするようす。例すっぽり(と)はまる。すっぽりぬける。

すっぽん〖▼鼈〗〈名〉カメの一種。甲らはやわらかで、首が長い。あごの力がつよく、かみついたらはなさないといわれる。吸いものなどにして食べる。

すで【素手】〈名〉なにも持ったりつけたりしていない、はだかの手。例素手でたたかう。素手で立ち向かう。

すていし【捨て石】〈名〉❶日本式の庭で、変化をもたせるために、ところどころに置く石。❷護岸《ごがん》工事の基礎《きそ》にするために、水底になげいれる石。❸碁《ご》で、作戦上相手にとらせる石。

表現 「世の捨て石となる」といえば、いつか役にたつと考えてする、献身《けんしん》的な行為《こうい》をいう。

スティック〈名〉❶棒。棒の形をしたもの。例スティックのり。野菜スティック。リップスティック。❷ホッケーなどの、球を打つための棒。❸ドラムをたたくための棒。類ばち。◇stick

すていん【捨て印】〈名〉証書などで、あとで訂正《ていせい》や削除《さくじょ》をするときのために、あらかじめ欄外《らんがい》に押《お》しておくはんこ。

ステーキ〈名〉厚めの肉に塩・こしょうをして焼いた料理。とくに、牛の肉を焼いたものをいう。◇steak

ステージ〈名〉❶舞台《ぶたい》。例ステージに立つ。華麗《かれい》なステージ。❷段階《だんかい》。◇stage

ステーショナリー〈名〉文房具。◇stationery

ステーション〈造語〉❶駅。❷何かの仕事を担当するところ。例サービスステーション。◇station

ステータス〈名〉社会的な地位や身分。例ステータスシンボル。◇status

ステータスシンボル〈名〉その人の社会的な地位や身分の高さを示す所有物。たとえば、別荘《べっそう》・ヨットなど。◇status symbol

すてお・く【捨て置く】〈動五〉そのままにほうっておく。例かれの意見は捨て置かれた。

すてがた・い【捨て難い】〈形〉すてたり、ほうっておいたりするのがもったいない。例あいつにだって捨てがたい魅力《みりょく》がある。

すてがね【捨て金】〈名〉❶むだなお金。❷返ってくることをあてにしないで出すお金。

すてき〖素敵〗〈形動〉見た目や内容などを「あっ、いいな」と思って、気持ちがひかれる。例すてきなくつ。

すてご【捨て子】〈名〉親に置き去りにされた、赤ん坊《ぼう》や幼児。

すてさ・る【捨て去る】〈動五〉未練をのこさずに捨てる。例プライドを捨て去る。類かなぐり捨てる。

すてぜりふ【捨てぜりふ】〖捨て▽科▽白〗〈名〉けんかなどに負けた人が、たち去るときに、「覚えていろ」などと言う、負けおしみのことば。例捨てぜりふをはく。

ステッカー〈名〉❶店頭のガラスなどにはるはり紙。❷持ち物などにはる、大きめのシール。◇sticker

ステッキ〈名〉洋風のつえ。◇stick →いしづき絵

ステップ[1]〈名〉❶歩調。とくに、ダンスの足どり。例ステップをふむ。❷汽車やバスなどの、出入り口にあるふみ板。❸仕事の手順や段階。例ステップをふんで、一つずつ実行する。❹陸上競技の三段とびで、二番めに行なう跳躍《ちょうやく》。類段どり。例ホップ、ステップ、ジャンプ。◇step

ステップ[2]〈名〉中央アジアなどの草原地帯。◇steppe

ステップバイステップ〈名〉一足《いっそく》とびにやらないで、ひとつひとつ手順をふんでやること。類一歩一歩。◇step by step

すててこ【ステテコ】〈名〉男性がズボンの下にはく、うすくてゆったりとしたひざ下までの下着。類ズボン下。

由来 こっけいな踊《おど》りのはやし言葉から。

すでに〖既に・▼已に〗〈副〉❶そのときまでのあいだに起こっている、あるいはすんでいるようす。例その絵はすでに売れてしまっていた。類もう。❷今ではもう。例すでに手術ができる状態ではない。類もはや。

すてね【捨て値】〈名〉損をかくごでつけた、捨てるのも同然と思われるほど安いねだん。例捨て値で売る。

すてばち【捨て鉢】〈名・形動〉思っていたことがうまくいかないで、「どうにでもなれ」といった気分になること。類やけくそ。やけ。やぶれかぶれ。自暴自棄《じぼうじき》。

すてみ【捨て身】〈名〉失敗して死んでもかまわないという、つよい決心をしてものごとにあたること。例捨て身でぶつかる。類決死。命がけ。

す・てる【捨てる】〖▽棄てる〗〈動下一〉❶用がないものとして、投げだす。例ごみを捨てる。対拾う。❷今ま

 ジュール(1818~89) イギリスの物理学者。熱力学の基礎を作った。「ジュールの法則」を発見。

でもっていたものを手ばなす。例希望を捨てる。命を捨てる。類放棄《ほうき》する。❸見かぎる。見はなす。例祖国を捨てる。勝負を捨てる。❹(「捨てておく」の形で)かまわずにほうっておく。例水道の故障は、いつまでも捨てておくわけにはいかない。類放置する。

捨てる神《かみ》あれば拾《ひろ》う神《かみ》あり 世間は広く、みすてる人があれば、一方には助けてくれる人もあるのだから、あまりくよくよすることはない。

ステレオ〈名〉❶二個以上のスピーカーを使って、立体的な音響《おんきょう》効果をだす装置《そうち》。❷音を、複数の電気系統を通して録音・再生・放送する方式。例ステレオ放送。対モノラル。◇stereo →モノラル参考

ステレオタイプ〈名・形動〉行動や考えかたが、型にはまっていること。紋切《もんき》り型。「ステロタイプ」ともいう。◇stereotype

ステンドグラス〈名〉色ガラスをなまりのわくでふちどり、いろいろな色をくみ合わせて窓にとりつけたもの。教会建築の装飾《そうしょく》によく使われる。◇stained glass

ステンレス〈名〉鉄とニッケル、クロムの合金。さびにくい。◇stainless steel の日本での省略語。

スト〈名〉「ストライキ」の略。例ゼネスト。時限スト。

ストア〈造語〉商店。例チェーンストア。◇store

ストイック〈形動〉快楽を求めず、自分にきびしい。禁欲的。◇stoic

ストーカー〈名〉一方的な恋愛感情やうらみを持って、人につきまとう者。例ストーカー行為。◇stalker

すどおし【素通し】〈名〉❶さえぎるものがなく、そのままむこうがわが見とおせること。例素通しになった窓。❷度のついていない、ふつうのガラスを入れためがね。

ストーブ〈名〉石油やガスなどを使って部屋の中をあたためる暖房《だんぼう》器具。◇stove

参考 英語ではふつう heater といい、stove は焜炉《こんろ》や、薪《まき》や石炭を使うストーブをさす。

すどおり【素通り】〈名・する〉近くを通っても立ちよらないで、そのまま行ってしまうこと。

ストーリー〈名〉❶話。物語。例シンデレラストーリー。❷小説や映画などの物語のすじ。◇story

ストーリーテリング〈名〉物語を、話したり、読み聞かせたり、あらたに書いたりすること。◇storytelling

ストッキング〈名〉❶長いくつした。対ソックス。❷女性用のごくうすいタイツ。◇stockings

ストック[1] 一〈名・する〉食料品や日用品を、いま使う以上に置いておくこと。また、その品物。類在庫。二〈名〉〔植物〕あらせいとう。◇stock

ストック[2]〈名〉スキーですべるときに、両手に持つ棒。からだのバランスをとったり、スピードをつけたりするのに使う。◇ドイツ Stock

ストップ〈名・する〉止めること。止まること。◇stop

ストップウォッチ〈名〉秒以下のこまかい所要時間まではかれる時計。針を自由にとめることができる。スポーツ競技などで使う。◇stopwatch

すどまり【素泊まり】〈名〉夕食や朝食をとらずに、寝《ね》るだけのために旅館にとまること。

ストライキ〈名〉労働者が待遇《たいぐう》改善の要求をかかげて、仕事をいっせいに休むこと。略して「スト」ともいう。例ストライキをうつ。◇strike

ストライク〈名〉❶野球で、投手の投げたボールがホームベース上の一定の範囲《はんい》をとおること。また、その投球。からぶりやファウルもストライクとかぞえられ、ストライク三つで打者はアウトになる。対ボール。❷ボウリングで、一回めに投げたボールで、ピンを全部たおすこと。◇strike

ストライプ〈名〉しま模様。とくに、生地《きじ》に縦じまを入れて織った布地。対ボーダー。◇stripe

参考 縦じまは、英語では vertical stripes という。

ストリート〈名〉通り。市街。路上。例メインストリート。ストリートファッション。◇street

ストレージ〈名〉データを保存しておくための、パソコンなどの記憶装置《きおくそうち》。ハードディスクなど。◇storage

ストレート 一〈形動〉❶まっすぐな。例ストレートにつづく道。❷率直《そっちょく》な。例ストレートな発言。二〈名〉❶つづけざまであること。例ストレートのフォアボール。ストレートで勝つ。ストレート勝ち。❷野球で、投手の投げる直球。❸ボクシングで、うでをまっすぐにのばして打つパンチ。❹ウイスキーなどを、ほかのものをまぜたりうすめたりしないで飲むこと。◇straight

ストレス〈名〉❶肉体的、精神的にうける刺激《しげき》や緊張《きんちょう》。例ストレスがたまる。❷音の強さでことばにアクセントをつけること。→アクセント① ◇stress

ストレッチ〈名〉❶競技場や競馬場などの直線コース。例ホームストレッチ。❷筋肉や関節《かんせつ》をのばすための体操。類柔軟《じゅうなん》体操。◇stretch

ストロー〈名〉紙やビニールなどでつくった細いくだ。飲みものをすうために使う。◇straw

参考 英語で「麦わら」のこと。もとは麦わらでつくった。

ストローク〈名〉❶水泳で、手で水をかくこと。❷ゴルフや卓球・テニスなどで、ボールを打つこと。❸ボートで、オールをこぐこと。▽それらの回数をかぞえるのにも使う。◇stroke

ストロベリー〈名〉いちご。◇strawberry

ストロボ〈名〉写真をうつすのに光がたりないときに使う装置《そうち》。一瞬《いっしゅん》のあいだ、強い光をだす。類フラッシュ。◇strobo

ストロンチウム〈名〉〔化学〕やわらかい銀白色の金属。元素の一つ。記号 Sr ◇strontium

参考 原爆《げんばく》や水爆の爆発で生じるストロンチウム90には放射能があり、人体に害をおよぼす。

すな【砂】〈名〉岩石のこまかいつぶの集まったもの。さらさらしていて、水を加えても、ねばりけがないので固まらない。例砂をまく。砂まじりの風。砂山。

砂をかむよう 味けなく、なんのおもしろみもない。例砂をかむような思い。

すなあらし【砂嵐】〈名〉砂をまきあげてふく嵐。

すなお【素直】〈形動〉❶ひねくれていない。例素直な子に育つ。注意を素直に聞く。類純真《じゅんしん》。従順《じゅうじゅん》。❷これといったくせがない。例素直な字。❸ふかく考えすぎないで、ありのままである。例素直な感想。素直に考えると。

すなけむり【砂煙】〈名〉砂がもうもうとまい上がって、けむりのように見えるもの。例砂煙をあげる。類つちけむり。砂塵《さじん》。

すなご【砂子】〈名〉金・銀の粉を、扇子《せんす》・ふすま・色紙《しきし》などにちらしたもの。

すなじ【砂地】〈名〉砂の地面。→すなち

すなち【砂地】〈名〉砂におおわれた土地や海底。例砂地にすむ生物。→すなじ

砂地に水《みず》をまく ⇩砂漠《さばく》に水《みず》をまく

スナック〈名〉❶軽食。❷ポテトチップやせんべいのよ

うな菓子《かし》。スナック菓子。❸軽食を食べさせる店。❹軽食を出すバー。スナックバー。◇snack

スナップ〈名〉❶衣服の合わせめを固定するための、小さな金具。類ホック。❷「スナップショット」の略。すばやく写真をとること。すばやくとった写真。例スナップ写真。❸ボールを投げるときや、ゴルフのボールを打つときに手首の力をきかすこと。◇snap

すなどけい【砂時計】〈名〉まんなかが細くくびれたガラスのいれものの上半分に砂を入れ、その細くなった部分から落ちる砂の量によって、時間をはかるしかけの時計。

すなば【砂場】〈名〉運動や遊びをするために、砂を入れてくぎった場所。例砂場で遊ぶ。

すなはま【砂浜】〈名〉砂地になっている海岸。

すなぼこり【砂ぼこり】【砂▼埃】〈名〉風のためにおこる、こまかい砂のほこり。例砂ぼこりがあがる。類砂けむり。砂塵《さじん》。

すなやま【砂山】〈名〉砂が高くつもって、小さい山のようになっているもの。類砂丘《さきゅう》。

すなわち【▽即ち・▽則ち】〈接〉いま述べたことを別の言いかたで言いかえようとするときの、予告のことば。例今夜の月は陰暦《いんれき》八月十五日の月、すなわち中秋の名月だ。類つまり。とりも直さず。

スニーカー〈名〉運動ぐつ。◇sneaker

ずぬ・ける【図抜ける・頭抜ける】〈動下一〉多くのものの中で、他を大きくひきはなして目だつ。例ずぬけた才能。ずぬけて背の高い人。類ぬきんでる。ずばぬける。

すね【▼臑・▼脛】〈名〉ひざから足首までの前の部分。

すねに傷《きず》をもつ 人に知られたらこまる秘密がある。例すねに傷をもつ身。

すねをかじる 自分では働かないで、生活費や学費を親などから出してもらう。例親のすねをかじる。

すねかじり【▼臑▼噛り】〈名〉自分は働かないで、生活費や学費を親などから出してもらうこと。また、そういう生活をする人。「すねっかじり」ともいう。

す・ねる【▼拗ねる】〈動下一〉自分の気にいらないことがあって、ぐずぐず文句を言ったり、いじけた態度になったりする。例世《よ》をすねてくらす。類だだをこねる。

ずのう【頭脳】〈名〉人間の脳。知力や判断力などの頭のはたらき。例頭脳明晰《めいせき》。

表現「日本の頭脳」といえば、日本という国のなかで明敏《めいびん》な判断力で指導性を発揮できる人をさし、「頭脳集団」といえば、そういう人たちのグループをいう。

ずのうろうどう【頭脳労働】〈名〉頭をつかってはたらく労働。対肉体労働。類精神労働。

スノーボード〈名〉雪の上をすべるための板。スキーよりはばの広い一枚板の上に両足をのせ、ストックを使わずにすべる。また、その道具を使ってタイムなどをきそう雪上競技。俗《ぞく》に「スノボ(ー)」と略す。◇snow board

すのこ【▼簀の子】〈名〉❶ほそ長い板を、あいだをあけて横にならべ、たての桟《さん》にうちつけた低い台。❷タケやアシなどをならべて、すだれのようにあんだもの。日よけにしたり、海産物を干したりするのに使う。

参考①は、台所の流しやふろ場など、水の流れるところで、食器やからだが下を流れる水にふれないために使う。

すのもの【酢の物】〈名〉なまの魚や貝、海藻《かいそう》や野菜などを、酢などで味つけした料理。

スパ〈名〉❶温泉。また、温泉を利用した療養施設《りょうようしせつ》・保養施設・娯楽《ごらく》施設。❷温浴設備をベースにして、客に癒《い》やしとくつろぎを提供する、美容・健康のための総合施設。◇spa

スパーク〈名・する〉プラスとマイナスの電気がふれて、火花が散ること。◇spark

スパート〈名・する〉中・長距離走で、スピードを上げること。例スパートをかける。ラストスパート。◇spurt

スパイ〈名・する〉他国の軍事機密やライバル会社の企業《きぎょう》秘密を、そこにもぐりこんでさぐり出す行為《こうい》。そのような行為をはたらく者。例スパイをはたらく。スパイ事件。産業スパイ。類間諜《かんちょう》。◇spy

スパイク〈名・する〉❶野球・ラグビー・陸上競技などのスポーツ選手が走りやすいように靴《くつ》の底につける金具。その金具のついた靴。この靴で人を傷つけることを「スパイクする」という。❷バレーボールで、相手コートに、急角度にするどい球を打ちこむこと。◇spike

スパイス〈名〉「香辛料《こうしんりょう》」のこと。例スパイスをきかせる。カレー用スパイス(=ターメリックなど)。◇spice

表現あるものに加えることによって、その良さをいっそう引きたててくれるような要素のたとえとしても使われる。

スパイラル〈名〉❶らせんの形。❷悪循環《じゅんかん》。らせん降下。例負《ふ》のスパイラル。◇spiral

スパゲッティ〈名〉そばのようにほそ長いパスタ。スパゲティー。◇イタリア spaghetti

すばこ【巣箱】〈名〉鳥やミツバチの巣になるように、人間が板などでつくった箱。

すばしっこ・い〈形〉動作がこまかくてすばやい。「すばしこい」ともいう。例すばしっこい少年。類敏捷《びんしょう》。

すぱすぱ〈副〉❶刃物《はもの》で、手ぎわよく切っていくようす。❷たばこを、続けてたくさんすうようす。

ずばずば〈副〉遠慮《えんりょ》なく、言いたいことを次々と言っていくようす。類ずけずけ。

すはだ【素肌】〈名〉❶化粧《けしょう》をしていない自然のままの肌。類地肌。❷衣服を着ていないむきだしの肌。

スパナ〈名〉ナットやボルトなどを、しめたりゆるめたりする道具。◇spanner

ずばぬ・ける【ずば抜ける】〈動下一〉他を大きくひきはなしている。例ずば抜けて強い。ずば抜けた強さ。力がずば抜けている。類ぬきんでる。ずぬける。

スパムメール〈名〉不特定多数の人に向けて一方的に送りつけられる、迷惑な電子メール。◇spam mail

すばや・い【素早い】〈形〉からだの動きや反応がはやい。例素早くにげる。類敏速《びんそく》。すみやか。

すばらし・い【素晴らしい】〈形〉❶まったくみごとだ。理想的だ。例すばらしいできばえ。その計画が実行できればすばらしい。❷程度がはなはだしい。例すばらしく近代化された設備。

ずばり〈副〉まわりくどい言いかたをしないで、ものごとの核心《かくしん》を、するどくつくようす。例ずばりひとことで言ってください。痛いところをずばり(と)つかれた。

すばる【▼昴】〈名〉〔天文〕牡牛《おうし》座にある、星の集まり。プレアデス星団の日本古来のよび名。肉眼では六つの星が見えるが、全体では百個以上の星からなる。

スパルタ〈名〉はげしくてきびしい教育・指導のしかた。例スパルタ教育。スパルタ式。

参考古代ギリシャの都市国家の名。文化的なアテネと対照され、きびしい軍隊教育で知られる。

スパン〈名〉❶ある時間の幅。タイムスパン。例長いスパンで考える。類タイムスケール。時間軸。❷〔建築・土木〕柱と柱、杭《くい》と杭などのあいだの距離。◇span

 朱子(1130～1200) 南宋の学者。姓名は朱熹(しゅき)。宋学(朱子学)を大成。四書を儒学の根本経典とした。

す

ずはん【図版】〈名〉本の中に印刷されている図。
スパンコール〈名〉ドレスなどにぬいつける、金や銀の装飾《そうしょく》用のごく小さな部品。光を反射してきらめく。◇spangle
スピーカー〈名〉❶電流を音にかえる装置《そうち》。ラジオやテレビ、ステレオなどの部品の一つ。❷拡声《かくせい》器。◇speaker
スピーチ〈名・する〉たくさんの人々の前で話をすること。例スピーチの授業。来賓《らいひん》のスピーチ。スピーチコンテスト(=弁論大会)。類パブリックスピーキング。◇speech
スピーディー〈形動〉てきぱきとしていて手早い。迅速《じんそく》だ。機敏《きびん》だ。例会議がスピーディーに進む。◇speedy
スピード〈名〉❶速度。速力。例スピードをあげる。スピードをおとす。フルスピード。❷速いこと。例スピード写真。スピードボール。◇speed
スピッツ〈名〉ドイツ原産のイヌの一品種。小形で毛が白く、かん高い声でほえる。愛玩《あいがん》用。◇《ドイツ》Spitz
ずひょう【図表】〈名〉数量や割合などを、線や数字を使ってわかりやすく整理し、図や表やグラフにしたもの。
スピリット〈名〉精神。たましい。例ファイティングスピリット。フロンティアスピリット。◇spirit
スピン〈名〉ボールや、フィギュアスケート、ダンス、自動車、飛行機などの、回転・旋回《せんかい》。◇spin
スピンオフ〈名〉映画やテレビ番組で、好評だった作品の登場人物や設定を使って二次的に作られた作品。番外編。外伝。例スピンオフ小説。◇spin-off
スフィンクス〈名〉❶古代エジプトで、神殿《しんでん》やピラミッドの前につくられた、顔は人間、からだはライオンの巨大《きょだい》な石像。❷ギリシャ神話の怪物《かいぶつ》。旅人になぞをかけて、とけないと殺したという。◇Sphinx
スプーン〈名〉食事などに使う、さじ。◇spoon
すぶた【酢豚】〈名〉中華料理の一つ。ころもをつけて揚げた一口大の豚肉と、タマネギ・ニンジン・タケノコなどをいため、甘酢にからめたもの。
ずぶと・い【図太い】〈形〉ずうずうしくて、ちょっとしたことではびくともしない。例図太い神経。
ずぶぬれ『ずぶ▼濡れ』〈名〉ぐっしょりぬれること。例ずぶぬれになる。類びしょぬれ。
ずぶの〈連体〉まったくの。例ずぶのしろうと。
スプラッシュ〈名〉❶ボートをこぐときや、飛びこみ競技であがる水しぶき。❷ボウリングで、十本のピンがいっぺんに飛びちるようなストライク。◇splash
すぶり【素振り】〈名〉木刀やバット、ラケットなどを、練習のためにふること。参考「そぶり」と読むのは別の語。
スプリング〓〈名〉ばね。例ソファーのスプリング。〓〈造語〉春。例スプリングセール。◇spring
スプリングボード〈名〉❶飛びこみ競技の飛び板《いた》。❷器械体操の跳躍板《ちょうやくばん》。◇springboard
表現「海外進出をスプリングボードにして…」のように、将来の飛躍《ひやく》の足がかり、という意味でも用いられる。
スプリンクラー〈名〉❶畑やしばふに水をまくための装置《そうち》。❷天井《てんじょう》にとりつけて、火事のときに自動的に水がふきだす装置。◇sprinkler
スプリンター〈名〉陸上競技の短距離《たんきょり》走者。水泳の短距離泳者。◇sprinter
スプリント〈名〉陸上・スピードスケート・水泳・自転車・カヌーなどの、短距離のレース。◇sprint
スプレー〈名〉中にいれた水や薬液をきりのようにふき出させる道具。噴霧《ふんむ》器。きりふき。◇spray
すべ『▽術』〈名〉「方法」「手段」の古い言いかた。例なすすべもなく見守る。類策。方策。
スペア〈名〉予備の品。例スペアタイヤ。◇spare
スペース〈名〉❶空間。あいているところ。例スペースがない。へやのスペース。❷本や雑誌などの紙面で、なにも書いてないところ。例スペースをうめる。類余白。❸文章の行と行、字と字とのあいだ。❹宇宙。例スペースドラマ。◇space
スペード〈名〉トランプの四種のふだの一つ。♠のしるしのあるもの。例スペードの女王。対クラブ。ハート。ダイヤ。◇spade
すべからく〈副〉❶当然のこととして。例人はすべからく学ぶべし。❷だれでもすべて。あれもこれもすべて。類おしなべて。注意「須《す》」という漢文の再読文字を訓読したことばで、①が本来の意味だが、あやまって②の意味で使う人が増えている。
スペクタクル〈名〉映画などで、しかけがおおがかりで、はでな場面。見もの。◇spectacle
スペクトル〈名〉〔物理〕光がプリズムを通過したときにできる、さまざまな色がならんだ帯。光が分解されて、波長の順にならんだもの。◇《フランス》spectre
スペシャリスト〈名〉特技や専門知識をもつ人。例短距離走《たんきょりそう》のスペシャリスト。類専門家。◇specialist
スペシャル〈名〉特別。特製。例スペシャル番組。スペシャルランチ。◇special
すべすべ〈形動・副・する〉手ざわりがなめらかなようす。例すべすべした紙。はだがすべすべになる。対ざらざら。
参考アクセントは、ふつう「スベスベ」であるが、「すべすべに」「すべすべの」「すべすべだ」の場合は、「スベスベ」となる。
スペック〈名〉車や機械の仕様・性能。例ハイスペック。◇spec(=specification の略)
すべっこ・い【滑っこい】〈形〉つかもうとしてもすべってしまうほど、表面がつるつるである。
すべて【全て】『▽凡て・▽総て』〓〈名〉そこにある全部。例出た案の全てがよいわけではない。〓〈副〉のこらず。ことごとく。例仕事は全て終わった。類すっかり。▽類みな。
全ての道《みち》はローマに通《つう》じる⇩ローマ表現
すべり【滑り】〈名〉すべること。すべりぐあい。例滑りの悪い引き戸。(スキーでの)快調な滑り。
すべりこ・む【滑り込む】〈動五〉❶すべりながら入る。例すきまにすべりこませる。❷野球で、走者が、相手のタッチをさけるために、すべりながらベースに入る。類スライディングする。❸どうにかぎりぎりのところでまにあう。
すべりだい【滑り台】〈名〉公園などにある、子どもが上からすべり降りて遊ぶ、ななめになっている台。
すべりだし【滑り出し】〈名〉ものごとのはじめのころ。例好調な滑り出し。類出だし。
すべりどめ【滑り止め】〈名〉❶足や手がすべらないようにするためのもの。❷入りたい学校の試験に失敗したときにそなえ、別に受けておく確実に入れそうな学校。
スペリング〈名〉⇩スペル
[1]**す・べる【統べる】**『▽総べる』〈動下一〉❶多くのものをひとつにまとめる。❷支配する。治める。
[2]**すべ・る【滑る】**〈動五〉❶表面をなめらかに動く。例

スキーで滑る。電車が滑るようにホームに入ってきた。❷足や車輪など、地面に接するものが、ふみとどまれずに、安定を失う。例足が滑る。類スリップする。❸持とうとしたものがささえられないで、手をすりぬけて落ちる。例手が滑る。❹いきおいをとめることができないで、のぞましくないところまでいってしまう。例口がすべる(=言ってはいけないことを言ってしまう)。❺試験に失敗する。例試験にすべる。対うかる。類落ちる。

表現 お笑い番組の影響《えいきょう》から、「しゃれや冗談《じょうだん》が受けない」という意味で使われることもある。

スペル〈名〉アルファベットでことばを書くときの、つづりかた。参考 スペリング(spelling)から。

スポイト〈名〉液体をすいあげて、ほかのいれものにうつしたり、たらしたりするための道具。◇《オランダ》spuit

スポークスマン〈名〉政府や団体などの公式発表を担当する人。◇spokesman

スポーツ〈名〉からだを動かしてたのしむこと。からだをきたえる各種の方法。運動競技。類運動。◇sport

スポーツちょう【スポーツ庁】〈名〉中央官庁の一つ。スポーツの振興《しんこう》に関する仕事を行なう役所。文部科学省に属する。

スポーツのひ【スポーツの日】〈名〉国民の祝日の一つ。十月の第二月曜日。「スポーツにしたしみ、健康な心身をつちかう」ための日。二〇一九年までは「体育の日」といった。

スポーツマン〈名〉スポーツが得意な人や、するのが好きな人。類アスリート。◇sportsman

参考 英語では、スポーツマンシップを持つ正々堂々とした人のことをいい、女子は sportswoman、男女あわせて sportsperson という。

スポーツマンシップ〈名〉ルールにしたがい、全力で競技し、勝負にこだわらない、運動選手として望ましい態度。例スポーツマンシップにのっとる。◇sportsmanship

スポーティー〈形動〉軽快で活動的なようす。例スポーティーな服装。◇sporty

スポこん【スポ根】〈名〉漫画《まんが》やアニメ、ドラマで、あるスポーツにうちこむ若者が、どんな試練も根性《こんじょう》でのりこえながら活躍《かつやく》するすがたをえがいたもの。一九六〇～七〇年代に流行した。

ずぼし【図星】〈名〉いちばん かんじんなところ。例ずばりそのとおり、図星です。

由来 弓矢の的の中心にある黒丸のことから。

図星を指《さ》される 隠していた重要なことを、ずばりと言い当てられる。

スポット〈名〉❶地点。場所。例行楽スポット。❷空港で乗客が飛行機に乗りおりする場所。❸「スポットライト」の略。例スポットを当てる。◇spot

表現 ③で、「スポットを当てる」は、そこに注目してくわしくあつかうことにもいう。

スポットライト〈名〉舞台《ぶたい》の一部分をてらし出す照明。例スポットライトを当てる。◇spotlight

表現 「スポットライトをあびる」は、世間の注目を集めることにもいう。

すぼま・る【▼窄まる】〈動五〉先がほそくなる。だんだんせまくなる。例口のすぼまったビン。類つぼまる。

すぼ・む【▼窄む】〈動五〉❶長くのびているものの、先の方がほそくなる。❷ふくらんでいたものが小さくちぢむ。例花がすぼむ。類しぼむ。▽類つぼむ。

すぼ・める【▼窄める】〈動下一〉ひろがっていたものや、からだを小さくする。例肩《かた》をすぼめる。口をすぼめる。かさをすぼめる。類つぼめる。

ずぼら〈名・形動〉けじめがなくて、だらしがないこと。例ずぼらな人。ずぼらをする。類いいかげん。

ズボン〈名〉洋服で、こしから下をつつむもの。またから下は二またになっている。例ズボンをはく。類スラックス。パンツ。◇《フランス》jupon

スポンサー〈名〉❶お金をだして援助《えんじょ》してくれる人。類パトロン。後援者。うしろだて。❷民間放送で、番組を提供する広告主。◇sponsor

スポンジ〈名〉❶海綿。❷合成樹脂《じゅし》などを、やわらかくて、穴のたくさんある形にしたもの。クッションに入れたり、ふろでからだを洗う道具などに使う。◇sponge

表現 知識をどんどん吸収するようすを、「(かわいた)スポンジが水を吸うように」とたとえる。

スマート 一〈形動〉❶人のからだやものの形がすらりとしていて、かっこいい。例スマートなからだつき。類スリム。スレンダー。❷あかぬけしている。例スマートにふるまう。

二〈造語〉コンピューターと通信機能を組みこんだ、高性能のものであること。例スマートフォン。スマートテレビ。スマートハウス。◇smart 参考 英語では「頭がよくて、気がきく」など頭のはたらきについて言い、「抜け目がなくて、ずるい」という意味でも使われる。

スマートフォン〈名〉パソコンなみの機能をもち、画面に指でタッチして操作する携帯《けいたい》電話。俗《ぞく》に「スマホ」という。対フィーチャーフォン。◇smartphone

すまい【住まい】〈名〉人が住んで生活するところ。例住まいをたずねる。けっこうな お住まいですね。

ずまい【住まい】〈接尾〉❶どこに、どんなところに住んでいるかを表わす。例下宿住まい。借家《しゃくや》住まい。❷どういう住みかたをしているかを表わす。例独り住まい。わび住まい。

スマイル〈名〉ほほえみ。微笑《びしょう》。◇smile

すま・う【住まう】〈動五〉その場所を生活の場とさだめて住む。例ここに長らくお住まいですか。

すましじる【澄まし汁】〈名〉すいもの。すまし。

参考 みそ汁に対し、すんでいるところからいう。

1 **すま・す【済ます】**〈動五〉❶全部きちんとやってしまう。例仕事を済ます。しはらいを済ます。類終える。❷その場はそれで一応よいことにする。例金で済ます(=金をはらって、その場をきりぬける)。「知りませんでした」では済まされない。▽「すませる」ともいう。

2 **すま・す【澄ます】**〈動五〉❶にごりなどの不純物をのぞいて、すきとおった状態にする。例水を澄ます。とぎ澄ます。対にごらす。にごす。❷よけいなことを考えないで、心を一つのことに集中する。例耳を澄ます。❸表情をけす。無表情をよそおう。まわりのことには関係も関心もないような顔をする。例つんと澄まし(た)顔。おすましさん。行い澄ます。とり澄ます。

すま・せる【済ませる】〈動下一〉⇩すます〔済ます〕

スマッシュ〈名・する〉テニスやバドミントン、卓球《たっきゅう》などで、相手コート内に、ボールを つよく打ちこむこと。◇smash

すまな・い【済まない】〈形〉「ありがたい」と思う気持ちや「もうしわけない」という気持ちでいっぱいである。例すまないけど、ちょっと待ってて。待たせてすまなかったね。なにかすまない気持ちがする。

シュトラウス (ヨハン 1825～99) オーストリアの作曲家。ワルツにすぐれ,「美しく青きドナウ」は有名。

表現「すまない！」と感動詞的にも使う。ていねいにいうときは「すみません」「もうしわけありません」という。対等以下の相手には「すまん」「わるい」などという。

スマホ〈名〉「スマートフォン」の日本での略。

すみ[1]【炭】〈名〉❶木などが不完全燃焼《ねんしょう》して、あとにのこった黒いかたまり。例炭になる。❷木をむし焼きにしてつくった燃料。木炭《もくたん》。例炭をやく。炭焼き。消し炭。▽アスミ」

すみ[2]【済み】〈名〉もうすんだこと。例代金は済みだ。アスミ」

表現「用済み」「売約済み」「チェック済み」のように、多く名詞の下につけて使い、「ずみ」とにごる。

すみ[3]【隅】〖▽角〗〈名〉部屋や廊下《ろうか》、箱や庭など、まわりをかこまれた場所のかどのところ。目だたない場所。絵 例隅から隅まで。重箱の隅をつつく（→「じゅうばこ」の子項目）。隅の方で小さくなっている。すみずみ。隅っこ。片隅。四隅《よすみ》。類コーナー。アスミ

隅に置《お》けない 意外にも、その方面では才能や知識があって、ばかにできない。例隅に置けない人。

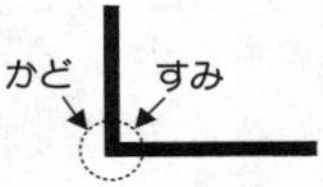

［すみ］

すみ[4]【墨】〈名〉❶すすをにかわで固めてつくったもの。また、それをすずりですってつくった黒い液。書道などで使う。例墨をする。❷タコやイカなどが口からだす、黒い液。❸なべの底などにこびりついたすす。▽アスミ」

すみえ【墨絵】〈名〉⇩すいぼくが

すみか〖住み家・住み▽処・▼棲み▽処〗〈名〉住んでいるところ。例鬼《おに》のすみか。終《つい》のすみか。

表現よくない者や動物の住み場所をいうことが多いが、自分の家をややふざけて「ここが私のすみかです」などということはできる。

すみか・える【住み替える】〈動下一〉住む家やへやをかえる。例広い家に住み替える。類引っこす。

表現「引っこす」とほぼ同じ意味だが、場所をさして「東京に住み替える」などとはあまり言わない。

すみき・る【澄み切る】〈動五〉少しのくもりもなく、完全にすむ。例澄みきった青空。類澄みわたる。

すみごこち【住み心地】〈名〉その家で生活してみたぐあい。例住み心地がいい。

すみこみ【住み込み】〈名〉やとわれた人が、主人の家にへやを借り、生活もいっしょにしながら仕事をすること。例住み込みで働く。

すみずみ【隅隅】〈名〉どんなところでもすべて。例隅々まできれいにする。隅々に目がとどく。

すみそ【酢みそ】〖酢味▼噌〗〈名〉みそに酢・みりん・砂糖をまぜ合わせたもの。魚・海藻《かいそう》・野菜などの和《あ》えものに使う。例酢みそ和え。

すみつ・く【住み着く】〈動五〉よそからそこにやってきて、ずっと住むようになる。類居つく。

すみな・れる【住み慣れる】〈動下一〉ずっと同じところに住んでいて、そこになれる。例住み慣れたわが家。

すみび【炭火】〈名〉木炭《もくたん》に火がついて、赤く燃えているもの。例炭火をおこす。

すみません〈感〉おわびやお礼をいうときのことば。何かたのんだり、たずねたりするときのあいさつのことばとしても使う。くだけた言いかたは「すいません」。→すまない

表現「すみません」の使用範囲《はんい》が大きくなってきて、最初に声をかけるときのことばとしても使われる。

すみやか【速やか】〈形動〉ものごとを手ばやくするようす。例速やかに解決する。速やかに撤退《てったい》する。類すばやい。

すみやき【炭焼き】〈名〉❶窯《かま》に入れた木をむし焼きにして炭をつくること。炭つくりを仕事とする人。❷炭火で、肉などを焼く料理。炭火焼き。

すみれ〖▼菫〗〈名〉山野に生える小さな草花。早春、小さなむらさき色の花がさく。タチツボスミレやエイザンスミレなど、多くの種類がある。バイオレット。

すみわた・る【澄み渡る】〈動五〉空などがひろびろとどこまでもすんでいる。例澄みわたった空。類澄みきる。

す・む[1]【住む】〖▼棲む〗〈動五〉❶［住む］場所をきめてそこで生活する。居住する。類住まう。❷［棲む］動物が、場所をきめたり、巣をつくったりして生活する。類生息《せいそく》する。

住めば都《みやこ》 どんなところでも、住んでいれば、そこがよくなってくるものだ。

す・む[2]【済む】〈動五〉❶つづいていたことがおわりになる。例祭りが済む。仕事が済む。❷ものごとが解決する。例謝《あやま》って済む問題ではない。類かたがつく。❸その場はそれでよいことになる。それ以上のことをしないでもよいことになる。例借りれば買わなくて済む。それじゃ世間に対して済まないぞ。類申しわけがたつ。

参考謝るときにいう「すまない」「すみません」は、③の意味からできたことば。

す・む[3]【澄む】〈動五〉❶にごりがなくなり、すきとおった状態になる。例澄んだ空気。水が澄む。❷色や音がすっきりと美しく感じられる。例澄んだ声。❸心に邪念《じゃねん》や欲などがなくて、きよらかな状態になる。例澄んだ心。❹濁点《だくてん》をつけない発音をする。「が」に対する「か」など。▽対にごる。

スムーズ〈形動〉ものごとがなめらかにすすむようす。「スムース」ともいう。例スムーズにいく。◇smooth

すめし【酢飯】〈名〉すしにする、あまみをつけた酢をまぜたごはん。すしめし。

ずめん【図面】〈名〉機械の構造や家屋のつくりなどを示した図。例図面をひく。

すもう【相撲】〖▽角▽力〗〈名〉格闘《かくとう》技の一つ。土俵の中でふたりが取り組みあって、相手を土俵の外に出すか、相手のからだの一部を土俵につけるかしたほうが勝ちになる。一般《いっぱん》に、日本の国技と見なされている。例相撲をとる。相撲とり（＝力士）。おし相撲。ちから相撲。

由来争う意味の古語「すまふ」から。

表現(1)一対一の格闘の意味で、「腕ずもう・指ずもう・足ずもう・草ずもう」などの複合語をつくる。
(2)取組《とりくみ》（＝対戦）は一番二番、技《わざ》の種類は一手《いって》二手《にて》、番付《ばんづけ》（＝順位）の上下は一枚二枚と数える。

スモーク〈名〉❶舞台などで、けむりや霧《きり》などを表わす効果。ドライアイスを用いることが多い。例スモークをたく。スモークがかかる。❷青色がかった灰色。けむり色。❸ガラスなどを、すすけたように黒っぽくしたもの。例スモークフィルム。スモークガラス。❹〈する〉肉や魚などを、薫製《くんせい》にすること。例スモークサーモン。スモークチーズ。スモークハム。◇①②④smoke ③smoked から。

すもぐり【素潜り】〈名・する〉空気タンクなどの呼吸のための器具を使わずにおこなう潜水。類スキンダイビング。

スモック〈名〉❶衣服が汚れるのを防ぐために、画家や園児などが着る、ゆったりとした上着。上っ張り。❷手芸のひとつ。裁縫《さいほう》で、布地にひだをつけてかがる技術。スモッキング。◇smock

スモッグ〈名〉工場や自動車などがだすけむりや排気《はいき》ガスが、空にたちこめて、きりのようになったもの。公害の一つといわれる。例光化学スモッグ。類煙霧《えんむ》。◇smog（smoke=けむりとfog=霧《きり》との合成語）

すもも【▼李】〈名〉果樹の一つ。常緑小高木。春、葉よりもさきに白い花がさく。葉はモモに似《に》ている。初夏、ウメの実よりすこし大きい実がなる。その実は、かおりがたかく、あまずっぱい。日本一の産地は山梨県。プラム。

スモンびょう【スモン病】〈名〉下痢《げり》や腹痛などにつづいて、足のしびれなどをおこす病気。重症《じゅうしょう》の場合は、下半身がまひし、また、目がよく見えなくなる。おなかのくすりであったキノホルムの服用が原因とされる。

すやき【素焼き】〈名〉陶器《とうき》で、うわぐすりをかけずにあまり高くない熱で焼くこと。そうして焼いたもの。例素焼きのどびん。

すやすや〈副〉安らかにねむっているようす。

すら〈副助〉極端《きょくたん》な例をあげて、ましてほかの場合はいうまでもない、という意味を表わす。例ひらがなすら満足に書けない。類さえ。

ずら（方言）…だろう。山梨・長野・静岡などで言う。

スラー〈名〉〔音楽〕高さのちがう二つ以上の音を、きらずになめらかに演奏せよ、ということをしめす記号。◇slur

スライス〈名・する〉❶食べ物をうすく切ること。うす切りにしたもの。例スライスチーズ。オニオンスライス。❷ゴルフで、打球がきき腕の方向にそれるように曲がること。❸テニスで、ボールの下をこすって逆回転をあたえること。◇slice

スライディング〈名・する〉❶すべること。例スライディングドア。❷野球で、走者が相手のタッチをさけるために、すべりながらベースに入ること。すべりこみ。◇sliding

スライド 一〈名・する〉❶なめらかにすべること。すべらせること。❷賃金や授業料などを、物価の変化にあわせてうごかすこと。例物価スライド制。
二〈名〉❶写真や絵などのフィルムに光線をあてて、映写幕に拡大してうつして見せる装置《そうち》。それに使うフィルム。むかしは、「幻灯機《げんとうき》」といった。例スライド上映会。❷顕微《けんび》鏡で観察するとき、標本をのせるガラス板。◇slide

スライドギター〈名〉ギターの奏法で、ガラス製や金属製の棒（=ボトルネック）を弦《げん》の上ですべらせ、連続したふるえるような音程をだすもの。◇slideguitar

ずらか・る〈動五〉悪いことをして、にげる。俗な言いかた。

ずら・す〈動五〉❶持ち上げずにすべらせて、位置を少し変える。例いすをずらす。❷時間などを、ほかのこととかさならないように動かす。例出発を一週間ずらす。

すらすら〈副〉ものごとがとどこおりなく進むようす。例すらすら読む。すらすらと書く。事がすらすらはこぶ。

スラックス〈名〉ズボン。類パンツ。◇slacks
参考 もとは女性用のズボンをさしたが、現在では、男ものの、とくにかえズボンをさすことが多くなった。

スラッシュ〈名〉文字列の切れ目を示したり、単位記号に「毎」の意味で使ったり、「または」の意味で使う、斜線の符号。「/」◇slash

スラブ〈名〉おもに東ヨーロッパに住んでいる民族。西スラブ（ポーランド人・チェック人など）・東スラブ（ロシア人・ウクライナ人など）・南スラブ（ブルガリア人・クロアチア人など）の三つの系統に分けられる。◇Slav

スラム〈名〉大都市で、貧しい人々が住んでいる地域。例スラム街。◇slum

ずらり〈副〉同じようなものが、たくさん並んでいるようす。

すらりと〈副・する〉❶ほっそりしていて、形がいい。例すらりとしたからだつき。類スリム。❷ものごとが調子よくいくようす。例そんなにうまくすらりといくわけないよ。

スラローム〈名〉スキーの回転競技など、ジグザグに進む速さをきそう競技。◇slalom

スラング〈名〉一部の社会や集団でしか使われない、あまり上品でないことば。類俗語《ぞくご》。◇slang

スランプ〈名〉一時的に心身が不調になること。例スランプを脱《だっ》する。スランプにおちいる。◇slump

すり[1]【刷り】〈名〉印刷すること。印刷したものの、できぐあい。例刷りの工程。刷りがみごとだ。アスリ」

すり[2]【▼掏▼摸】〈名〉電車の中や道路などで、人の財布《さいふ》などを、気づかれないようにぬすみ取ること。その常習者。アスリ

ずりあが・る【ずり上がる】〈動五〉もとあった位置からずれて上へ上がる。例シャツが胸のあたりまでずり上がった。対ずり下がる。

すりあし【すり足】【▼摺り足】〈名〉地面やゆかに足のうらをすりつけるようにして歩く歩きかた。

すりあわせ【すり合わせ】【▼摺り合わせ】〈名〉それぞれの情報や意見を出し合って調整し、まとめること。

すりあわ・せる【すり合わせる】【▼摺り合わせる】〈動下一〉❶二つのものをこすりあわせる。例はねをすり合わせる。❷つきあわせて、じゅうぶんに調整する。例双方《そうほう》の意見をすり合わせる。

すりえ【すり餌】【▼摺り餌】〈名〉小鳥などに与える、すりつぶしたえさ。

ずりお・ちる【ずり落ちる】〈動上一〉ずるずるとずれていって、落ちる。例ベッドからずり落ちる。

すりかえ【すり替え】〈名〉すりかえてごまかすこと。例中身のすりかえ。論理のすり替え。

すりか・える【すり替える】〈動下一〉ほかの人に気づかれないように、あるものを別のものととりかえる。

すりガラス【▽磨りガラス】〈名〉表面を金剛砂《こんごうしゃ》などでこすって不透明《ふとうめい》にし、むこうがすきとおって見えないようにしたガラス。類くもりガラス。

すりきず【擦り傷】〈名〉なにかでこすって、ひふなどの表面にできたきず。類擦過傷《さっかしょう》。

すりきり【すり切り】【▼摺り切り】〈名〉粉や粒をさじやカップで計るときに、そのふちと同じ高さに平らにならすこと。例すり切り一杯《いっぱい》の砂糖。対山盛り。

すりき・れる【擦り切れる】〈動下一〉くりかえしこすれて、きれる。例ズボンのひざがすりきれた。

すりこぎ【▼擂り粉木】〈名〉すりばちでものをすりつぶすときに使う棒。絵（次ページ）
参考 商店などでは「する（=失う）」ということばをきらい、縁起《えんぎ》をかついで、「すりこぎ」を「あたりぎ」、「すりばち」を「あたりばち」ということが多い。↓囲み記事6（78ページ）

すりこみ【刷(り)込み】〈名〉〔生物〕生まれてすぐに目にした動くものを親だと思いこみ、したがおうとする動物の特殊《とくしゅ》学習。鳥類に多く見られる。インプリンティング。

すりこ・む[1]【刷り込む】〈動五〉❶同じ紙面にくわえ

 シュバイツァー（1875～1965） フランスの医者。アフリカで黒人の医療のために力をつくした。

て印刷する。例校章を刷り込んだはがき。❷〔生物〕「すりこみ」をする。→前項

[2]すりこ・む【擦り込む】〈動五〉こすってしみこませる。例ハンドクリームを手にすり込む。

スリット〈名〉衣服の切れ込み。上着のすその横や、スカートのすその横につける。◇slit

スリッパ〈名〉足をすべらせるようにして、すぐにはいたりぬいだりできるうわぐつ。◇slippers

スリップ ━〈名・する〉すべること。例車がスリップする。━〈名〉女性用の下着の一つ。上半身からひざぐらいまでの長さのもの。◇slip

すりぬ・ける【擦り抜ける】〈動下一〉❶せまいところや人々のあいだを、ぶつからないようにして通りぬける。類かいくぐる。❷うまくごまかして、どうにかその場をのがれる。

すりばち【すり鉢】【▼擂り鉢】〈名〉みそやゴマなどをすりつぶすときに使う、焼きもののはち。内がわ一面にこまかいすじめがついている。→すりこぎ

すりへら・す【すり減らす】【▽磨り減らす】〈動五〉❶こすって、形などを少しずつ小さくする。❷心身を長いあいだ集中して使って、すっかりよわらせる。例神経をすり減らす仕事。

すりみ【すり身】【▼擂り身】〈名〉すりつぶした魚肉。

スリム〈形動〉❶ほっそりしている。例スリムな体。ぜい肉をそぎ落としてスリムになる。類スレンダー。スマート。❷むだがない。例経営のスリム化。◇slim

すりむ・く【擦りむく】【擦り▽剝く】〈動五〉ころんだときなどに、ひふがすれて傷がつく。例ひざをすりむく。

ずりょう【▽受領】〈名〉〔歴史〕平安時代、任命された国へ行って、そこをおさめた長官。

すりよ・る【擦り寄る】〈動五〉❶ふれるほどすぐそばに近寄る。❷ひざをすって近寄る。

表現「権力に擦り寄る」といえば、権力者に受け入れられやすい言動をして一身の利益をはかること。

［すりこぎ］

スリラー〈名〉スリルとサスペンスにみちた映画や小説。例スリラー映画。◇thriller

スリリング〈形動〉身の危険を感じてはっとするような。例スリリングな体験。スリリングな展開。◇thrilling

スリル〈名〉危険の心配、不安感、おどろきなどで、ぞっとし、ひやっとする感じ。例スリルがある。◇thrill

[1]する ━〈動サ変〉❶ある事を行なう。例いたずらをする。実験をする。商売をする。役員をする。類やる。→おこなう表現

❷そこにあり、それが身に感じられる。音やにおい、あじ、また、からだの感じ、目に見えるものなどが、自然にわかる場合にいう。例音がする。においがする。あじがする。寒けがする。いなびかりがする。

❸ある状態である。例漠然《ばくぜん》とした感じ。じっとしている。意識がはっきりする。

❹時間やねだんなどの数量が、どれだけであるかを表わす。例それから三時間して、救助の船がやってきた。この服はかなりするだろうね。

❺思わずある動作を行なう。例あくびをする。

❻ある性質や状態がそこにあることを表わす。例あどけない顔をした子どもたち。青い目をしている。

❼からだが、一時的にそういう状態になる。例病気をする。便秘をする。熱湯でやけどをしてしまった。

❽身につける。例マスクをする。はちまきをする。ネクタイをする。指輪をする。眼帯《がんたい》をする。

❾(「…うとする」の形で)「もう少しである状態になる」「もう少しである動作が行なわれる」「…しそうだ」という意味を表わす。例帰ろうとすると、雨が降りだした。夜がしらじらと明けようとしている。

❿(「…にする」の形で)「…にならせる」「…の地位につかせる」「…の役をさせる」という意味を表わす。例運動選手にする。委員長にする。

⓫(「…とする」の形で)「…と決める」「…と考える」という意味を表わす。例ゲームは一日一時間までとする。規則を見直すべきだとする考えに賛成する。気象庁《きしょうちょう》は、この地震による津波の心配はないとしています。

⓬(「…とする」の形で)「一時的に…と決める」「…と仮定する」という意味を表わす。例いま、マグニチュード7の地震《じん》がおきたとする。▽→にしては・にしてみると

━〈補動サ変〉(「お…する」「ご…する」の形で)その動作を表わすことばの謙譲《けんじょう》語をつくる。例このあいだお借りしたご本、お返しします。その件は、ご辞退します。→なる〔成る〕━ ▽アスル

表現 (1)「する」の用法として、このほか、動作をあらわす名詞や副詞などにつけて、サ行変格活用の複合動詞をつくる。たとえば、「愛する」「増加する」「さいわいする」「ストップする」「うっかりする」など。

(2)右の(1)で、「する」が「ずる」となることがある。ただし、これは現在では上一段動詞として「じる」の形で使われることが多い。たとえば、「信ずる─信じる」「生ずる─生じる」「論ずる─論じる」「あまんずる─あまんじる」など。

敬語 (1)尊敬語としては、「される」のほかに「なさる」を使い、丁重《ていちょう》語としては、「いたす」を使う。

(2)━で、「する」のかわりに丁重語の「いたす」「申す」や、謙譲《けんじょう》語の「申し上げる」を使うと、敬意がより高くなる。

[2]す・る【刷る】〈動五〉❶印刷する。例ビラを刷る。❷絵や字をほった版木に色をぬり、紙や布をあてて、その上からこすって写しとる。例版画を刷る。▽アスル

[3]す・る【擦る】〈動五〉❶ものに、ほかのものをおしつけるようにして、つよく動かす。例墨《すみ》をする。マッチをする。類こする。❷おしつけて、こすり、こまかくくだく。例みそをする。ごまをする。❸お金などをすっかりなくす。例財産をする。競馬であり金をすってしまった。類はたく。▽アスル

表記 ①は「▽磨る」「▼摺る」、②は「▼擂る」と書かれることもある。

[4]す・る【▼掏る】〈動五〉人が身につけているお金や品物を、気づかれないようにしてぬすみとる。アスル

ずる〈名〉ずるい行ない。ずるい行ないをする人。俗《ぞく》な言いかた。例ずるをする。ずる休み。

ずる・い〈形〉自分の損得をまず考えて、人をだしぬいたり、やるべきことをやらなかったりして、いやらしい。例ずるいやりかた。類わるがしこい。こすい。狡猾《こうかつ》。

スルー〈名・する〉❶サッカーで、パスされたボールをわざと見送って、うしろの味方選手に通すこと。❷俗《ぞく》に、相手の話などを受け流すこと。◇through

するが【▼駿河】〈名〉旧国名の一つ。現在の静岡県東部。富士山は駿河と甲斐《かい》とにまたがる。駿州《すんしゅう》。例駿河湾。駿河トラフ。

ずるがしこ・い【ずる賢い】〈形〉自分だけの得になるよう、悪知恵を働かせて、ものごとをするようす。例ずる賢いやり方。類わる賢い。狡猾《こうかつ》。小利口《こりこう》。

するする〈副〉なめらかにすべるように。例するすると旗があがる。

ずるずる〈副〉❶重いものを引きずるようす。例ずるずる(と)引きずる。❷とまれないで、ゆっくりとすべるようす。例ずるずる(と)すべり落ちる。❸このましくない状態が、解決しないで、そのまま長びいているようす。例ストがずるずる(と)長びく。❹めん類をすするようす。

ずるずるべったり〈形動・副〉人間関係が、けじめをつけずにだらだらとつづいているようす。

すると〈接〉❶前にあげたことから当然考えられることを、そのあとに示すときに使うことば。そうすると。そうすれば。例すると、きみはぼくがおかしいと言うのですか。類では。❷前に言ったことのあとに、次のことがおこるということを示すことば。そうすると。そうしたら。例そのまま歩きつづけた。すると道が右に折れて駅前に出た。

するど・い【鋭い】〈形〉❶刃物《はもの》などの先がとがっていて、よくささったり、切れたりする。例鋭いつめ。対にぶい。類鋭利《えいり》。❷視線や、相手に対する姿勢がきびしい。例鋭い目つき。鋭い対立。鋭く批判する。❸能力や知力が、とぎすまされたようにすぐれている。例頭が鋭い。感覚が鋭い。対にぶい。類鋭敏《えいびん》。

するめ〈名〉イカの内臓をとりのぞき、開いてほした食品。あぶって食べる。→あたりめ

するめいか〖するめ▼烏▽賊〗〈名〉イカの一種。胴《どう》の長さは約三十センチメートルほど。さしみ・するめ・塩からにして食べる。

ずるやすみ【ずる休み】〈名・する〉とくに学校や、勤めに、わざとなまけて行かないこと。やや、くだけた言いかた。

するりと〈副〉すばやく、なめらかにすべるように。「するっと」ともいう。例するりと抜け出す。

ずれ〈名〉ずれていること。例ずれが大きい。ずれを調整する。時間のずれ。

スレート〈名〉屋根がわらに使う、粘板岩《ねんばんがん》のうすい板。現在は、石綿《いしわた》にセメントをまぜてつくる。◇slate

ずれこ・む【ずれ込む】〈動五〉時期・予定などがおくれ、あとの方に入りこんでしまう。

すれすれ〖擦れ擦れ〗〈名・形動〉❶もう少しでぶつかってしまうほど近いこと。例水面すれすれに鳥が飛んだ。バッターすれすれをねらって投げる。❷もう少しで限度をこえてしまうようす。例合格点すれすれで試験に受かった。▽類ぎりぎり。

すれちが・う【擦れ違う】〈動五〉❶ふれあうほど近くを通って、それぞれが反対の方に行ってしまう。例電車がすれ違う。❷たがいに近くにいても、会えないでしまう。例彼とはすれ違ってばかりいて、しばらく話していない。❸ものごとがかみあわないで、それぞれかってな方向にいってしまう。例議論がすれ違う。類行き違う。

表現 名詞の形で、「すれ違いにかばんを引ったくる(①の意味)」「すれ違いになって会えない二人(②の意味)」などとよくいう。また、俗《ぞく》に「すれ違いが原因で離婚《りこん》する」などというときは、相手への思いやりや関心がなくなったり、価値観の違いがうけいれがたいものになったりすることを遠まわしに言ったもの。

すれっからし〖擦れっ枯らし〗〈名〉世の中でいろいろひどいめにあったりして、わるがしこくなっている人。

す・れる【擦れる】〖▽磨れる〗〈動下一〉❶ものとものとがふれあって、こすれる。例またがすれる。❷いろいろな経験をして、わるがしこくなる。

表現 ②は「すれている」と使うことが多い。

ず・れる〈動下一〉❶上下や左右にすべったようになって、正しい位置から少しはずれる。例ひもがずれる。進路がずれる。❷基準や標準となるところから、はずれる。

スレンダー〈形動〉ほっそりしている。すらっとしている。女性の体型についていうことが多い。対グラマー。類スリム。スマート。◇slender

スロー〈名・形動〉スピードが遅いこと。動作がゆっくりしているようす。例スローなテンポの曲。DVDをスローで再生する。対クイック。◇slow

スローイン〈名〉サッカーなどで、コートの外からボールを投げ入れること。最後にボールにふれた選手のがわではないチームの選手が行なう。◇throw-in

スローガン〈名〉団体などの主張を、短く力強く表わした語句。例スローガンをかかげる。類標語。◇slogan

スローダウン〈名・する〉減速。類スピードダウン。ペースダウン。◇slowdown

スロープ〈名〉斜面《しゃめん》。スキー場の斜面などについていう。例なだらかなスロープ。◇slope

スローフード〈名〉「ファーストフード」に対抗《たいこう》して起こった運動で、地元でとれる自然栽培《さいばい》の食材と、その土地の料理の伝統を守り、質のよい食生活を送ろうというもの。また、その考え方にもとづいて、手間をかけて作った料理。◇slow food

スローモー〈形動〉動作がゆっくりしていてにぶい。◇slow motion の日本での省略複合語。

スローモーション〈名〉映画のフィルムやビデオテープなどを、撮影《さつえい》・録画したときの速さよりおそく回したときの、画面でのゆっくりとした動き。◇slow motion

スローライフ〈名〉「スローフード」から発展した考え方で、効率のよさやスピードを優先する現代社会の中で、人間本来の生きかたを思い出し、急がない、心豊かな生活を送ろうというもの。◇slow life

ずろく【図録】〈名〉あるテーマのもとに、たくさんの図や写真をあつめて収録した本。例展覧会図録。

スロットル〈名〉流体の量を調節する弁。とくにガソリンエンジンの気化器などに使われる。しぼり弁。例スロットル全開。◇throttle

すわ〈感〉とつぜん起こった出来事におどろいて思わず出す声。古めかしい言いかた。例すわ、一大事(=さあ、こりゃたいへんだ)。

ずわいがに〖ずわい▼蟹〗〈名〉カニの一品種。柄《がら》は大きく手足も長く、肉がたっぷり詰まっている。ゆでると濃いピンク色になる。日本海でとれ、山陰では松葉ガニ、北陸では越前《えちぜん》ガニと呼ばれる。

すわり【据わり】〖座り〗〈名〉ものを置いたときの、安定のぐあい。例据わりのいい壺《つぼ》。

すわりこみ【座り込み】〈名〉要求や抗議《こうぎ》のために、すわりこんでうごかないこと。例座り込みに入る。

すわりこ・む【座り込む】〈動五〉❶帰りそうなようすもなく腰《こし》をすえてしまう。例どっかと座りこむ。❷要求や抗議《こうぎ》をうったえるために、その場に座ったままうごか

す

 シュリーマン(1822～90) ドイツの考古学者・貿易商。苦労してトロイの遺跡を発見，調査した。

ないでいる。

すわ・る【座る・据わる】〈動五〉■一[座る] ❶ひざをおりまげて、こしをおろす。例椅子《いす》に座る。きちんと座る。ひざをそろえて座る。(犬にむかって)お座り。対立つ。❷席につく。例となりあわせに座る。対立つ。❸重要な地位につく。例鈴木氏は副会長の椅子に座ることになった。

■二[据わる] ものがその位置にあってうごかない。例赤ん坊の首が据わる。きもが据わる。目が据わる。

表記 ■一は「▼坐る」と書かれることもある。すわる動作を「坐る」、すわる場所を「座《ざ》」と書き分ける習慣がかつてはあった。

常用漢字 **すん**

【寸】 寸部0 全3画 寸寸寸

スン 教小6 音[スン] ▨寸法《すんぽう》。寸暇《すんか》。寸前《すんぜん》。寸志《すんし》。 ▨一寸先《いっすんさき》(は闇《やみ》)。五寸《ごすん》。

すん【寸】 ■一〈名〉長さ。寸法。例寸のつまったズボン。寸づまり。■二〈名・接尾〉尺貫《しゃっかん》法の長さの単位。一尺の十分の一で、約三・〇三センチメートル。

表現「一寸法師《いっすんぼうし》」「一寸の虫にも五分《ごぶ》の魂《たましい》」のように、昔からごく小さなものを形容《けいよう》するときに、「寸」を用いてきた。

すんか【寸暇】〈名〉ほんのちょっとのひま。例寸暇をおしんで受験勉強をする。

ずんぐり〈副・する〉背が低くて、太い。例ずんぐりしたびん。ずんぐりむっくり。

すんげき【寸劇】〈名〉短い劇。とくに、こっけいみのあるもの。類コント。

すんげん【寸言】〈名〉短くてするどいひとこと。

寸言人《ひと》を刺《さ》す ⇩寸鉄《すんてつ》人を刺す

すんごう【寸▼毫】〈名〉(あとに打ち消しのことばをともなって)ほんのわずかも…ない。古風な言いかた。例寸毫もたがわない。類寸分。

すんこく【寸刻】〈名〉ほんのわずかの時間。寸時。例寸刻をあらそう事態。寸刻をおしんで はたらく。

すんし【寸志】〈名〉少しばかりのおくりもの。類薄志《はくし》。薄謝。

表現 自分のおくりものをけんそんしていうことばで、おくりものの上にかける のし紙などに書く。対(ご)厚志《こうし》。

すんじ【寸時】〈名〉ほんのわずかの時間。寸刻。例寸時もわすれたことがない。

すんしゃくさぎ【寸借詐欺】〈名〉少しのお金をすぐ返すとうまいこと言って、返さずにだましとってしまうこと。

ずんずん〈副〉速いテンポで進んでいくようす。

すんぜん【寸前】〈名〉ほんの少してまえ。時間にもいう。例ゴール寸前。十二時寸前。類直前。まぎわ。

すんたらず【寸足らず】〈名・形動〉ふつうの寸法より短くて用をなさないこと。例寸足らずのズボン。

すんだん【寸断】〈名・する〉災害などによって、人々の生活に不可欠な設備が、あちこちで使えなくなること。例大地震《おおじしん》で交通網《もう》が寸断される。類分断。

表現 身長についていうと、からかいのことばになる。

すんづくり〖寸▼旁〗〈名〉漢字の旁の一つ。「対」「封」などの「寸」の部分。

すんづまり【寸詰まり】〈名〉ふつうより寸法が短いこと。例寸詰まりの羽織。

すんてつ(寸鉄)ひと(人)をさ(刺)す ごく短いことばで、人の心に強い衝撃《しょうげき》をあたえる。寸言《すんげん》人を刺す。

すんでのところで あやうくもうちょっとのところで。すんでのことに。例すんでのところで大惨事《だいさんじ》になるところだった。参考「すんで」は「既《すで》に」の「すで」の強調。

ずんどう〖▽寸胴〗〈名・形動〉❶上から下まで同じように太い形。体形についていう。❷「ずんどうなべ」の略。煮こみ料理などに用いる円筒形のなべ。

すんなり〈副・する〉❶細くしなやかなようす。例すんなりした指。類ほっそり。❷ものごとが、スムーズにはこぶようす。例そうすんなりとはいかない。類あっさり。

すんびょう【寸秒】〈名〉ほんのわずかな時間。例寸秒をあらそう。

すんぴょう【寸評】〈名〉短いことばでの批評。例寸評をくわえる。類短評。

すんぶん【寸分】〈名・副〉(あとに打ち消しのことばをともなって)ほんの少しも…ない。例寸分のすきもない。寸分たがわぬ。類寸毫《すんごう》。

すんぽう【寸法】〈名〉❶からだや器物《うつわもの》などの長さや大きさ。例寸法をとる。寸法をはかる。類サイズ。❷これから行なう計画のだんどり。例寸法どおりに運ぶ。

せ … セ

せ【世】 ⇩常用漢字 せい〔世〕

せ【施】 ⇩常用漢字 し〔施〕

[1]**せ【背】**〈名〉❶せなか。例背におう。対腹《はら》。❷うしろがわ。背後。例黒板を背にして立つ。❸山の尾根《おね》。❹身長。「せい」ともいう。例背が高い。背の高さ。背たけ。類上背《うわぜい》。▽アセ」

背に腹《はら》は代《か》えられない 大きな犠牲《ぎせい》をはらっても守らねばならないものがある。

背を向《む》ける ❶うしろむきになる。❷調子を合わせようとしない。例世間に背を向ける。

[2]**せ【▽畝】**〈名・接尾〉尺貫《しゃっかん》法で、土地の面積の単位。一畝は一反《たん》の十分の一。約一アールにあたる。アセ」

[3]**せ【瀬】**〈名〉❶川で、歩いてわたれるほど浅くなっているところ。浅くなっているために、とくに流れが急であるところ。例浅瀬。対淵《ふち》。❷機会。チャンス。例身を捨ててこそうかぶ瀬もあれ(→「み〔身〕」の子項目)。❸立場。例立つ瀬(がない)。

せ

【瀬(瀨)】 氵部16 全19画 ▽アセ 瀬瀬瀬瀬

常用漢字 **ぜ**

【是】 日部5 全9画 是是是是是

ゼ 音[ゼ] ▨是正《ぜせい》。是認《ぜにん》。是非《ぜひ》。 ▨国是《こくぜ》。

[1]**ぜ【是】**〈名〉よいこと。また、正しいこと。例死刑《しけい》制度は是か非か。是是非非。対非。

是が非《ひ》でも ⇩独立項目

ぜ[2]〈終助〉文のおわりにつけて、そこで述べていることについての軽い強調を表わす助詞。❶自分の意志や感動などを、そのまま したしい仲間に伝える。例早く行こうぜ。おもしろいのがあったぜ。❷自分の考えを相手におしつけるように示す。例ようすがおかしいですぜ。▽類ぞ。よ。
表現 男性が話しことばで使う。

常用漢字 **せい**

【井】
二部2 全4画 井井井井
セイ・ショウ い 教小4 音❶[セイ] 油井《ゆせい》。市井《しせい》。❷[ショウ] 天井《てんじょう》。訓[い] 井戸。

【世】
一部4 全5画 世世世世世
セイ・セ よ 教小3 音❶[セイ] 世紀《せいき》。時世《じせい》。処世術《しょせいじゅつ》。後世《こうせい》。治世《ちせい》。中世《ちゅうせい》。隔世遺伝《かくせいいでん》。❷[セ] 世界《せかい》。世間《せけん》。世代《せだい》。世襲《せしゅう》。世情《せじょう》。出世《しゅっせ》。前世《ぜんせ》。一世一代《いっせいちだい》。訓[よ] 世。世の中。この世。あの世。

【正】
止部1 全5画 正正正正正
セイ・ショウ ただしい・ただす・まさ 教小1 音❶[セイ] 正義《せいぎ》。正確《せいかく》。正常《せいじょう》。正誤表《せいごひょう》。正座《せいざ》。正方形《せいほうけい》。正社員《せいしゃいん》。公正《こうせい》。訂正《ていせい》。粛正《しゅくせい》。❷[ショウ] 正直《しょうじき》。正気《しょうき》。正体《しょうたい》。正面《しょうめん》。正月《しょうがつ》。訓❶[ただしい] 正しい。❷[ただす] 正す。❸[まさ] 正に。正しく。正目。正夢。

【生】
生部0 全5画 ※生生生生生
セイ・ショウ いきる・いかす・いける・うまれる・うむ・おう・はえる・はやす・き・なま 教小1 音❶[セイ] 生活《せいかつ》。生物《せいぶつ》。生産《せいさん》。生鮮食品《せいせんしょくひん》。生徒《せいと》。人生《じんせい》。野生《やせい》。発生《はっせい》。先生《せんせい》。新入生《しんにゅうせい》。❷[ショウ] 生涯《しょうがい》。生得《しょうとく》。一生《いっしょう》。誕生《たんじょう》。今生《こんじょう》。殺生《せっしょう》。訓❶[いきる] 生きる。生き抜く。生き残る。生き写し。生きがい。生き物。生き生き。長生き。❷[いかす] 生かす。❸[いける] 生ける。生け捕り。生け花。❹[うまれる] 生まれる。生まれ変わり。生まれながら。生まれつき。早生まれ。東京生まれ。❺[うむ] 生む。生み出す。❻[おう] 生い立ち。生い茂る。❼[はえる] 生える。生え際。生え抜き。芽生える。❽[はやす] 生やす。❾[き] 生糸。生地。生一本。生真面目。❿[なま] 生の野菜。生菓子。生卵。生水。生乾き。生々しい。生半可。
注意「芝生」は「しばふ」、「弥生」は「やよい」と読む。

【成】
戈部2 全6画 ※成成成成成
セイ・ジョウ なる・なす 教小4 音❶[セイ] 成功《せいこう》。成果《せいか》。成分《せいぶん》。成人式《せいじんしき》。完成《かんせい》。賛成《さんせい》。結成《けっせい》。構成《こうせい》。助成金《じょせいきん》。❷[ジョウ] 成就《じょうじゅ》。成仏《じょうぶつ》。訓❶[なる] 成る。成り下がる。成り立つ。成金。成り行き。❷[なす] 成す。成し遂げる。

【西】
西部0 全6画 西西西西西
セイ・サイ にし 教小2 音❶[セイ] 西洋《せいよう》。西部《せいぶ》。西暦《せいれき》。北西《ほくせい》。❷[サイ] 西国《さいごく》。関西《かんさい》。東西《とうざい》。訓[にし] 西。西日本。西半球。

【声(聲)】
士部4 全7画 声声声声
セイ・ショウ こえ・こわ 教小2 音❶[セイ] 声楽《せいがく》。声援《せいえん》。声明《せいめい》。声調《せいちょう》。発声《はっせい》。美声《びせい》。混声合唱《こんせいがっしょう》。拡声器《かくせいき》。名声《めいせい》。❷[ショウ] 大音声《だいおんじょう》。訓❶[こえ] 声。歌声。小声。叫び声。話し声。猫なで声。呼び声。❷[こわ] 声色。声高。

【制】
刂部6 全8画 制制制制制
セイ 教小5 音[セイ] 制度《せいど》。制服《せいふく》。制作《せいさく》。制限《せいげん》。制空権《せいくうけん》。規制《きせい》。節制《せっせい》。編制《へんせい》。統制《とうせい》。

【姓】
女部5 全8画 ※姓姓姓姓姓
セイ・ショウ 音❶[セイ] 姓名《せいめい》。改姓《かいせい》。同姓《どうせい》。旧姓《きゅうせい》。別姓《べっせい》。❷[ショウ] 素姓《すじょう》。百姓一揆《いっき》。

【征】
彳部5 全8画 征征征征征
セイ 音[セイ] 征服《せいふく》。遠征《えんせい》。出征《しゅっせい》。

【性】
忄部5 全8画 ※性性性性性
セイ・ショウ 教小5 音❶[セイ] 性格《せいかく》。性質《せいしつ》。性別《せいべつ》。性善説《せいぜんせつ》。個性《こせい》。男性《だんせい》。母性《ぼせい》。国民性《こくみんせい》。重要性《じゅうようせい》。❷[ショウ] 性分《しょうぶん》。性根《しょうね》。性悪《しょうわる》。相性《あいしょう》。根性《こんじょう》。

【青】
青部0 全8画 ※青青青青青
セイ・ショウ あお・あおい 教小1 音❶[セイ] 青天《せいてん》。青銅器《せいどうき》。青春《せいしゅん》。青年《せいねん》。青果《せいか》。❷[ショウ] 緑青《ろくしょう》。紺青《こんじょう》。群青色《ぐんじょういろ》。訓❶[あお] 青。青ざめる。青信号。青空。青あざ。青二才。青色吐息。青白い。❷[あおい] 青い。青さ。
注意「真っ青」は、「まっさお」と読む。

【斉(齊)】
斉部0 全8画 ※斉斉斉斉斉
セイ 音[セイ] 斉唱《せいしょう》。一斉《いっせい》。均斉《きんせい》。

【政】
攵部5 全9画 政政政政政
セイ・ショウ まつりごと 教小5 音❶[セイ] 政治《せいじ》。政府《せいふ》。政党《せいとう》。政策《せいさく》。家政《かせい》。行政《ぎょうせい》。市政《しせい》。失政《しっせい》。内政干渉《ないせいかんしょう》。❷[ショウ] 摂政《せっしょう》。訓[まつりごと] 政。

【星】
日部5 全9画 ※星星星星星
セイ・ショウ ほし 教小2 音❶[セイ] 星座《せいざ》。星雲《せいうん》。星団《せいだん》。星条旗《せいじょうき》。金星《きんせい》。流星《りゅうせい》。北斗七星《ほくとしちせい》。惑星《わくせい》。衛星《えいせい》。❷[ショウ] 明星《みょうじょう》。訓[ほし] 星。星影。星くず。星空。黒星。白星。一番星。きら星のごとく。

【牲】
牜部5 全9画 ※牲牲牲牲牲
セイ 音[セイ] 犠牲《ぎせい》。

【省】
目部4 全9画 省省省省省
セイ・ショウ かえりみる・はぶく 教小4 音❶[セイ] 反省《はんせい》。内省《ないせい》。帰省《きせい》。❷[ショウ] 省庁《しょうちょう》。省資源《しょうしげん》。省略《しょうりゃく》。各省《かくしょう》。外務省《がいむしょう》。訓❶[かえりみる] 省みる。❷[はぶく] 省く。

荀子(じゅんし)(?～前235?) 中国，戦国時代の思想家。人の本性を悪とし，矯正のため礼による教化を主張。

【凄】冫部8 全10画
セイ 音[セイ] 凄惨《せいさん》。凄絶《せいぜつ》。凄然《せいぜん》。

【逝】辶部7 全10画
セイ ゆく・いく 音[セイ] 逝去《せいきょ》。急逝《きゅうせい》。長逝《ちょうせい》。訓❶[ゆく] 逝く。❷[いく] 逝く。

【清】氵部8 全11画
セイ・ショウ きよい・きよまる・きよめる 教小4 音❶[セイ] 清潔《せいけつ》。清純《せいじゅん》。清浄《せいじょう》。清流《せいりゅう》。清算《せいさん》。血清《けっせい》。粛清《しゅくせい》。❷[ショウ] 六根清浄《ろっこんしょうじょう》。訓❶[きよい] 清い。清らか。❷[きよまる] 清まる。❸[きよめる] 清める。
注意「清水」は、「せいすい」とも「しみず」とも読む。

【盛】皿部6 全11画
セイ・ジョウ もる・さかる・さかん 教小6 音❶[セイ] 盛況《せいきょう》。盛大《せいだい》。盛衰《せいすい》。隆盛《りゅうせい》。旺盛《おうせい》。全盛期《ぜんせいき》。❷[ジョウ] 繁盛《はんじょう》。訓❶[もる] 盛る。盛り上がる。盛りだくさん。山盛り。❷[さかる] 燃え盛る。盛り。花盛り。❸[さかん] 盛ん。盛んに。

【婿】女部9 全12画
セイ むこ 音[セイ] 女婿《じょせい》。訓[むこ] 婿。婿養子。花婿。娘婿。

【晴】日部8 全12画
セイ はれる・はらす 教小2 音[セイ] 晴天《せいてん》。晴雨《せいう》。晴耕雨読《せいこううどく》。快晴《かいせい》。訓❶[はれる] 晴れる。晴れ。晴れわたる。晴れやか。❷[はらす] 晴らす。気晴らし。憂さ晴らし。

【勢】力部11 全13画
セイ いきおい 教小5 音[セイ] 勢力《せいりょく》。優勢《ゆうせい》。豪勢《ごうせい》。時勢《じせい》。情勢《じょうせい》。運勢《うんせい》。形勢《けいせい》。軍勢《ぐんぜい》。訓[いきおい] 勢い。勢い込む。

【聖】耳部7 全13画
セイ 教小6 音[セイ] 聖書《せいしょ》。聖人《せいじん》。聖地《せいち》。聖夜《せいや》。聖賢《せいけん》。神聖《しんせい》。楽聖《がくせい》。詩聖《しせい》。

【誠】言部6 全13画
セイ まこと 教小6 音[セイ] 誠意《せいい》。誠実《せいじつ》。至誠《しせい》。忠誠《ちゅうせい》。訓[まこと] 誠。誠に。

【精】米部8 全14画
セイ・ショウ 教小5 音❶[セイ] 精米《せいまい》。精製《せいせい》。精密《せいみつ》。精通《せいつう》。精神《せいしん》。精霊《せいれい》。酒精《しゅせい》。受精《じゅせい》。妖精《ようせい》。❷[ショウ] 精進《しょうじん》。不精《ぶしょう》。出不精《でぶしょう》。

【製】衣部8 全14画
セイ 教小5 音[セイ] 製造《せいぞう》。製塩《せいえん》。製鉄《せいてつ》。製品《せいひん》。木製《もくせい》。複製品《ふくせいひん》。ドイツ製《せい》。

【誓】言部7 全14画
セイ ちかう 音[セイ] 誓約《せいやく》。誓詞《せいし》。宣誓《せんせい》。訓[ちかう] 誓う。誓い。

【静(靜)】青部6 全14画
セイ・ジョウ しず・しずか・しずまる・しずめる 教小4 音❶[セイ] 静寂《せいじゃく》。静粛《せいしゅく》。静観《せいかん》。静止《せいし》。静養《せいよう》。安静《あんせい》。閑静《かんせい》。平静《へいせい》。❷[ジョウ] 静脈《じょうみゃく》。訓❶[しず] 静々と。❷[しずか] 静か。静けさ。❸[しずまる] 静まる。静まり返る。❹[しずめる] 静める。

【請】言部8 全15画
セイ・シン こう・うける 音❶[セイ] 請求《せいきゅう》。請願《せいがん》。懇請《こんせい》。申請《しんせい》。❷[シン] 普請《ふしん》。訓❶[こう] 請う。❷[うける] 請ける。請負《うけおい》。下請け。

【整】攵部12 全16画
セイ ととのえる・ととのう 教小3 音[セイ] 整理《せいり》。整頓《せいとん》。整形手術《せいけいしゅじゅつ》。整備《せいび》。整列《せいれつ》。整然《せいぜん》。修整《しゅうせい》。調整《ちょうせい》。訓❶[ととのえる] 整える。❷[ととのう] 整う。

【醒】酉部9 全16画
セイ 音[セイ] 覚醒《かくせい》。

1 **せい【背】**〈名〉⇩せ〔背〕④

2 **せい【▽所為】**〈名〉ある結果をもたらす、自分ではどうしようもない原因を表わす形式名詞。例失敗を人のせいにするな。年のせいかもの忘れがひどい。なんでもない、気のせいだ。類ため。参考「所為」を訓読すれば「なすところ」で、「結果を作りだす原因」という意味。

3 **せい【正】** 一〈名〉❶〔数学〕数が0よりも大きいこと。プラス。例正の整数。対負。❷〔物理〕電荷《でんか》のうち、陽極に生じるものの性質。プラス。対負。❸本などの続きもので、最初に作られた、もととなる部分。正編《せいへん》。対続。❹おもなもの。主となるもの。対副。二〈接頭〉❶正式の。例正社員。正選手。❷文字どおりの。例正比例。❸まったくの。例正反対。❹〔数学〕多角形や多面体が、どの辺・角や面も等しい。例正三角形。正多面体。参考ものの数を、「正」の字を書きながら数えるのにも使う。

4 **せい【生】** 一〈名〉❶いのち。例生ある者。この世に生を受ける(=生まれる)。類生命。❷生きていること。例生に執着《しゅうちゃく》する。対死。二〈接尾〉勉強や訓練をしている人という意味を表わす。例在校生。受験生。受講生。幹部候補生。

5 **せい【姓】**〈名〉人の名前のうち、その人の属《ぞく》する家系《かけい》を表わす部分。ファミリーネーム。(欧米《おうべい》人などの)ラストネーム。対名《な》。類名字《みょうじ》。家族名。→みょうじ

6 **せい【性】**〈名〉❶生まれつきの男女のちがいや、本能としての恋愛《れんあい》や生殖《せいしょく》にかかわることがら。例性の問題。性にめざめる。性道徳。性衝動《せいしょうどう》。性ホルモン。性自認《せいじにん》。❷性質。本性《ほんしょう》。例人の性を、孟子《もうし》は善と考え、荀子《じゅんし》は悪と考えた。類性格。性分《しょうぶん》。たち。
表現(1)「性」のもとの意味は②の方で、生きものの根本的性質の中に男性か女性かの区別があるという関係から、①の意味が生じた。「性質」という意味は、造語要素としての「性」の中に生きていて、「国民性・植物性・娯楽性・汎用性」などのように、たくさんのことばをつくっ

ジョイス（1882～1941） アイルランドの小説家。「ダブリン市民」「ユリシーズ」など，前衛的な作品を残した。

ている。

(2)性質を言い表わしたいときは、「性質」「性格」「天性」「本性」「資性」などのことばを使い、「性」だけで使うのは「習い、性となる」のような言いまわしの場合がおもで、一般《いっぱん》にはきわめてすくない。

せい[7]**【政】**〈名〉政府。「官」「民」「産」などに対していう。

せい[8]**【精】**〈名〉❶人のすがたをとって現れるとされる、自然物のたましい。例水の精。類霊《れい》。❷あることをするための体力や気力。例精を出す。からだに精をつける(=栄養のあるものをとって体力をつける)。精一杯《せいいっぱい》。類精力。

精が出《で》る 熱心に働くようすに感心して言うことば。例ご精が出ますね。

精も根《こん》も尽《つ》きる 「精根が尽きる」を強めた言いかた。「精も根も尽きはてる」ともいう。

精を出《だ》す 熱心に働く。いっしょうけんめいに努力する。例仕事に精を出す。類いそしむ。はげむ。

せい[9]**【静】**〈名〉じっとしずかにしていること。表現「動と静」のように対《つい》にしていうのがふつう。

せい[10]**【世】**〈接尾〉受けついだ世代・地位・称号《しょうごう》などが何番目であるかを表わすことば。例日系《にっけい》三世。十五世名人。

せい[11]**【制】**〈接尾〉「制度」「しくみ」のこと。例定年制。六三制。共和制。時間制。料金制。

せい[12]**【製】**〈接尾〉その品物がどんな素材や生産地で作られたかを表わす。例プラスチック製。日本製。

せい[13]**【西】**〈造語〉「スペイン(西班牙)」「スペイン語」のこと。例西和辞典。

常用漢字 **ぜい**

【税】 禾部7 全12画 税税税税税

ゼイ 教小5 音[ゼイ] ■税金《ぜいきん》。税務署《ぜいむしょ》。税率《ぜいりつ》。■印税《いんぜい》。関税《かんぜい》。納税《のうぜい》。消費税《しょうひぜい》。

ぜい【税】〈名〉国や地方自治体が、行政に必要な経費として、住民や法人から取り立てるお金。例税を徴収《ちょうしゅう》する。税を納《おさ》める。消費税。所得税。住民税。

せいあい【性愛】〈名〉性的な欲求にもとづく恋愛《れんあい》。類エロス。

せいあくせつ【性悪説】〈名〉人の生まれつきの性質は悪で、善は後天的に習得するという考え。中国の戦国時代の人、荀子《じゅんし》がとなえた。対性善説。

せいあつ【制圧】〈名・する〉軍隊などが、相手を完全にうちまかして、その支配下におくこと。類鎮圧《ちんあつ》。

せいあん【成案】〈名〉考え方としてできあがった形。考えを整えてしるした文章。例成案をえる。あれこれ検討したが、成案にはいたらなかった。対草案。試案。

せいい【誠意】〈名〉相手の身になって、するべきことを真剣《しんけん》にしようとする気持ち。例誠意を示す。誠意がない。誠心誠意。類誠《まこと》。実《じつ》。

せいいき[1]**【西域】**〈名〉むかし、中国で、西方の地域や国をさして言ったことば。「さいいき」ともいう。参考現在、イラン・イラク・アフガニスタンなどの国々に属するあたりや、中国の新疆《しんきょう》ウイグル自治区のあたり、つまりシルクロード周辺の地域をさしている。

せいいき[2]**【声域】**〈名〉〔音楽〕人が出すことのできるいちばん高い音といちばん低い音との範囲《はんい》。女声ではソプラノ・メゾソプラノ・アルト、男声ではテノール・バリトン・バスなどの区別がある。

せいいき[3]**【聖域】**〈名〉神聖で、人間がおかしてはならない地域。例聖域をおかす。表現手を出すとたいへんなことになるために、ふれてはならないとされるものごとをさして言うことがある。

せいいく【生育・成育】〈名・する〉育つこと。育てること。例バラが(を)生育する。子どもの成育。類生長。成長。発育。表記「生育」は植物、「成育」は動物に使う。

せいいたいしょうぐん【征▼夷大将軍】〈名〉〔歴史〕平安時代のはじめ、蝦夷《えぞ》を平定するため臨時に派遣《はけん》された軍隊の長官。鎌倉《かまくら》時代からは、幕府の長になったものの職名。将軍。

せいいっぱい【精一杯】〈名・副〉自分のもつ力のかぎり。できるかぎり。例およばずながら、精一杯つとめます。類目一杯。

せいいん【成員】〈名〉団体を構成している人。例会の成員。類メンバー。構成員。

せいう【晴雨】〈名〉天気の晴れと雨。例晴雨にかかわらず行なう。

せいうけい【晴雨計】〈名〉⇩きあつけい

セイウチ〈名〉北氷洋にむれをなしてすむ哺乳《ほにゅう》動物。褐色《かっしょく》で体長四《メートル》にもなり、長い二本のきばが下向きについている。◇ロシア語から。

せいうん【星雲】〈名〉〔天文〕❶宇宙空間にひろがっている、ガスやちりのかたまり。❷銀河系のような大規模な星の集まり。例アンドロメダ星雲。類星団。

せいうん(青雲)のこころざし(志) 立身出世して高い地位につこうとする向上心。例青雲の志をいだく。参考「青雲」は、高位・高官という意味。

せいえい[1]**【清栄】**〈名〉相手に対して、「健康でますます栄えていますね」という気持ちを表わすことば。例時下ますますご清栄の段、およろこび申しあげます。類清祥《せいしょう》。健勝。表現事務的な手紙・メールであいさつことばに用い、「ご清栄」と「ご」をつける。

せいえい[2]**【精鋭】**〈名〉精力や気力がみちあふれていて、すぐれた能力をもっこと。たのもしい働き手。例精鋭部隊。少数精鋭。類つわもの。

せいえき【精液】〈名〉おすの生殖《せいしょく》器から出る、精子をつつんでいる液体。

せいえん[1]**【西縁】**〈名〉〔地理・地学〕地形上の、西側のふち。例フォッサマグナ西縁(=東北日本と西南日本の境《さかい》)。対東縁。

せいえん[2]**【声援】**〈名・する〉応援のかけ声。例選手に声援を送る。ご声援よろしくお願いします。類エール。

せいえん[3]**【製塩】**〈名・する〉塩をつくること。例製塩業。

せいおう【西欧】〈名〉❶ヨーロッパの西部。西ヨーロッパ。対東欧《とうおう》。❷西洋。類欧米。

せいおん[1]**【清音】**〈名〉日本語で、「゛」(濁音符《だくおんぷ》)や「゜」(半濁音符)をつけないかなで表わされる音のこと。たとえば、「ガ」「バ」は濁音、「パ」は半濁音で、それに対する「カ」「ハ」は清音である。アセーオン

せいおん[2]**【静穏】**〈形動〉静かで、なにごとも起こらない。類静謐《せいひつ》。平穏。アセーオン

せいか[1]**【生花】**〈名〉❶生け花。❷人工のものではない、自然の生きた花。対造花。

せいか[2]**【生家】**〈名〉その人が生まれた家。類実家。

せ

蒋(しょう)介石 (1887～1975) 中華民国総統。中国国民党の指導者。中国全土を統一したが台湾に追われた。

3 **せいか【正価】**〈名〉かけ値《ね》も割り引きもない、ほんとうのねだん。

4 **せいか【正課】**〈名〉学校で、正規の授業として、かならずおさめなければならない科目。対課外。

5 **せいか【成果】**〈名〉努力をつみかさねてみのった、りっぱな結果。例成果が上がる。成果をおさめる。期待どおりの成果。類成績。

6 **せいか【声価】**〈名〉世間のよい評判。例声価を高める。類名声。世評。声望。

7 **せいか【青果】**〈名〉野菜やくだもの。例青果市場。類青物《あおもの》。

8 **せいか【盛夏】**〈名〉夏の暑いさかり。対厳冬《げんとう》。
表現 手紙で、時候のあいさつに「盛夏の候…」といったり、末尾に日づけを書くかわりに「令和…年 盛夏」としたりする。

9 **せいか【聖火】**〈名〉❶神にささげる神聖な火。❷オリンピックで、大会の象徴《しょうちょう》として期間中燃やしつづける火。例聖火台。参考②は、古代オリンピックが行なわれた地、ギリシャのオリンポスで太陽の光から火をとり、リレーで会場まではこばれる。それを「聖火リレー」という。

10 **せいか【聖歌】**〈名〉❶神聖なうた。❷「賛美歌」のこと。例グレゴリオ聖歌。

11 **せいか【精華】**〈名〉ものごとのいちばんすぐれたところ。例平安文学の精華。類精髄《せいずい》。神髄。

12 **せいか【製菓】**〈名〉商品として、お菓子をつくること。例製菓業。

1 **せいかい【正解】**〈名〉❶正しい解答。例正解をだす。類正答。❷「好判断」の意味の、くだけた言いかた。例行かなくて正解だった。

2 **せいかい【政界】**〈名〉政治にかかわる人々の社会。政治の世界。例政界に入る。政界の大物。

3 **せいかい【盛会】**〈名〉人がたくさん集まり、にぎやかに成功した会合。例クラス会は盛会だった。

せいかいけん【制海権】〈名〉ある範囲《はんい》の海上の交通や活動を、軍事力を使って支配する力。例制海権をにぎる。

せいかがく【生化学】〈名〉生物のからだを構成する物質や、生物の生活のしかたを、化学上の現象として研究する学問。生物化学。

1 **せいかく【性格】**〈名〉人や事物が、それぞれにもっている性質や傾向《けいこう》。例性格があわない。性格の不一致《ふいっち》。明るい性格。それとこれとは問題の性格がちがう。類キャラ(クター)。パーソナリティー。

2 **せいかく【正確】**〈名・形動〉ぴたりと一致していてくるいがないこと。例正確を期する。正確に伝える。正確な時計。対不正確。類精確。確か。

3 **せいかく【精確】**〈名・形動〉❶「正確」であることを強めた表記。例精確に動く時計。❷くわしくて、たしかであること。例精確な専門知識。

せいがく【声楽】〈名〉〔音楽〕人の声で作り出す音楽。独唱・重唱・合唱がある。例声楽家。対器楽。

せいかたんでん【▼臍下丹田】〈名〉人のからだで、へそのすぐ下の部分。力をいれると気力が生じるという。

せいかつ【生活】〈名〉❶〈する〉日々の糧《かて》を得ながら、それぞれの環境《かんきょう》の中で生きていくこと。例生活がなりたつ。生活にゆとりがある。生活の安定。ゆたかな生活。生活設計。日常生活。社会生活。類暮らし。❷小学校の一・二年生でまなぶ、理科と社会をあわせた教科。生活科。❸〔生物・医学〕「生命活動」の略。生物・生体として活動していること。例生活反応(がなくなる)。生活機能(が低下する)。

せいかつく【生活苦】〈名〉お金がたりなくて、毎日の生活に必要なものが買えないことによる苦しみ。

せいかつしゅうかんびょう【生活習慣病】〈名〉栄養のかたよった食事、運動不足、睡眠不足、過度の飲酒、喫煙《きつえん》など、日常の不健康な習慣が深くかかわっている病気。参考死亡率の高い、がん・心疾患《しんしっかん》(心筋梗塞《こうそく》)・脳血管疾患(脳卒中)が、三大生活習慣病とよばれる。かつては「成人病」といった。

せいかつすいじゅん【生活水準】〈名〉生活のゆたかさの程度。例生活水準が上がる。生活水準が高い。

せいかつひ【生活費】〈名〉毎日の生活にかかるお金。

せいかつほご【生活保護】〈名〉生活にこまっている人に、国が最低限の生活を保障する制度。

1 **せいかん【正看】**〈名〉「正看護師」の略。対准看《じゅんかん》。

2 **せいかん【生還】**〈名・する〉❶生命に危険のあるところから、ぶじに生きてかえること。例宇宙からの生還。❷野球で、ランナーが本塁《ほんるい》にかえって得点すること。例二者生還。類ホームイン。

3 **せいかん【静観】**〈名・する〉積極的行動に出ず、周囲の状況《じょうきょう》を見ていること。例事態を静観する。

4 **せいかん【清閑】**〈形動〉世の中のわずらわしさがなく、しずかである。

5 **せいかん【精▼悍】**〈形動〉たくましくて、エネルギッシュな感じ。おもに男性についていう。例精悍な顔つき。

1 **せいがん【正眼・青眼】**〈名〉刀のきっ先を相手の目にむけたかまえかた。

2 **せいがん【制がん】**〖制▼癌〗〈名〉がん細胞《さいぼう》がふえないようにおさえること。例制がん剤《ざい》。類抗がん。

3 **せいがん【請願】**〈名・する〉役所や議会に、「こうしてほしい」といって、要望書を出すこと。例請願権。請願書。類陳情《ちんじょう》。

ぜいかん【税関】〈名〉港や空港、または、国境で、船や航空機、貨物などをとりしまったり、また、輸出品や輸入品をしらべたり、旅行者の持ちものをチェックして、税金を徴収《ちょうしゅう》する役所。財務省に属する。

せいかんごし【正看護師】〈名〉「看護師」の俗称《ぞくしょう》。「准《じゅん》看護師」に対していう。

せいかんせんしょう【性感染症】〈名〉「性病」の改称《かいしょう》。

1 **せいき【正規】**〈名〉正式であること。規則に合っていること。例正規の手続き。類正則。

2 **せいき【世紀】**〈名〉百年をひとくぎりとする年代の単位。たとえば二一世紀は、西暦《せいれき》二〇〇一年から二一〇〇年まで。例今《こん》世紀。前《ぜん》世紀。
表現「世紀の祭典」や「世紀の美女」といった言いかたをし、式典の盛大さや、たぐいまれな美しさを強調して表現するときにも使う。

3 **せいき【生気】**〈名〉いきいきとした元気な感じ。例生気がない。生気をとりもどす。類活気。元気。精気。生彩《せいさい》。

4 **せいき【生起】**〈名・する〉問題が生じたり、事件が起こったりすること。

5 **せいき【西紀】**〈名〉西洋紀元。西暦《せいれき》。

6 **せいき【性器】**〈名〉動物、とくに人間の生殖《せいしょく》器。

尚真(しょうしん)(1465~1526) 琉球王国の王。国を整え仏教をすすめ貿易を盛んにし，最盛期を築いた。

男性器と女性器。

7 **せいき【精気】**〈名〉❶あらゆるものを生みだすもとになる、いきいきした力。例 万物《ばんぶつ》の精気。❷活動の原動力となるはたらき。例 精気があふれる。類 精力。元気。活力。活気。生気。

1 **せいぎ【正義】**〈名〉悪をゆるさない正しさ。例 正義をつらぬく。正義のためにたたかう。正義の味方。

2 **せいぎ【盛儀】**〈名〉盛大におこなわれる儀式。

せいぎかん【正義感】〈名〉正義を守ろうとする気持ち。例 正義感が強い。

せいきまつ【世紀末】〈名〉一九世紀の末、フランスを中心にヨーロッパの文化や社会が、絶望的、退廃《たいはい》的で病的なようすをみせた時期。

表現 以後、世の中が悪くはなってもよくはならないという暗い感じを「世紀末的」という。

1 **せいきゅう【請求】**〈名・する〉当然うけとる権利のあるものや、してもらう権利のあることを、相手にもとめること。例 代金を請求する。請求書。類 要求。→ようきゅう〔要求〕表現

2 **せいきゅう【性急】**〈形動〉わけもなく先をいそぐ態度。例 性急に事をはこぶな。類 せっかち。

せいきゅうしょ【請求書】〈名〉代金のしはらいを求める書類や伝票。

せいきょ【逝去】〈名・する〉人の死を丁重《ていちょう》にいうことば。例 ご尊父様のご逝去をおくやみ申しあげます。類 永眠《えいみん》。死去。逝《い》く。

表現 あらたまった場面や、電報などで使うことば。

1 **せいぎょ【成魚】**〈名〉成長したさかな。対 稚魚《ちぎょ》。幼魚。

2 **せいぎょ【制御】**〈名・する〉❶ものごとを自分の思いどおりにうごかしたり、おさえたりすること。例 感情を制御する。類 抑制《よくせい》。❷機械などを、目的に向かって動くようにすること。例 自動制御装置《そうち》。▽類 コントロール。

1 **せいきょう【生協】**〈名〉「生活協同組合」の略。地域別または職域別に組織され、質のいい生活物資をできるだけ安く供給することが事業の中心。コープ。

2 **せいきょう【盛況】**〈名〉もよおしものや行事におおぜいの人が集まって、にぎわうこと。例 満員の盛況。類 活況。

1 **せいぎょう【正業】**〈名〉社会的にみとめられている、まともな職業。例 正業につく。

2 **せいぎょう【生業】**〈名〉生活をささえるための仕事。例 医者を生業にする。類 なりわい。

せいきょういく【性教育】〈名〉青少年の男女に、性についての正しい知識をあたえる教育。

せいきょうと【清教徒】〈名〉〔宗教〕イギリスのカルバン派の新教徒。禁欲主義が特徴《とくちょう》。ピューリタン。

せいきょく【政局】〈名〉政治のなりゆき。政界のうごき。例 政局が緊迫《きんぱく》する。政局の安定。類 政情。

参考 政界ではとくに、首相や内閣《ないかく》の責任が大きく問われ、政権をめぐる争いがおこりそうな局面、という意味で使われる。

せいきん【精勤】〈名・する〉休んだり、なまけたりしないで、まじめに仕事や勉強にはげむこと。類 精励《せいれい》。

ぜいきん【税金】〈名〉国や市町村に、その運営のための経費として、国民や住民がおさめるお金。類 税。

せいく【成句】〈名〉❶⇩かんようく ❷むかしから言いならわされていることわざとか詩や文章の中の文句。「早起きは三文の徳」など。類 成語。故事成語。

せいくうけん【制空権】〈名〉ある範囲《はんい》の上空の交通や活動を、軍事力を使って支配する力。例 制空権をにぎる。

せいくらべ【背比べ】〈名・する〉背の高さをくらべあうこと。例 弟と背比べする。類 たけくらべ。

1 **せいけい【生計】**〈名〉個人の収入や支出などの面からみた、生活していく方法。例 生計を立てる。生計を保つ。類 家計。暮らし。

2 **せいけい【西経】**〈名〉イギリスの旧グリニッジ天文台をとおる経線を〇度として、それから西へはかった経度。一八〇度まである。対 東経。→けいど〔経度〕

3 **せいけい【成形】**〈名・する〉ある形に作ること。

4 **せいけい【成型】**〈名・する〉型《かた》を使って、素材を一定の形に加工すること。例 金型《かながた》で成型する。

5 **せいけい【整形】**〈名・する〉❶ものの形をととのえること。❷「整形手術②」の略。

せいけいげか【整形外科】〈名〉骨・関節・腱《けん》・筋肉などの障害や異常を予防したり、治療《ちりょう》したりする、医学の一分野。→せいけいしゅじゅつ 参考（次項）

せいけいしゅじゅつ【整形手術】〈名〉❶骨や筋肉、皮膚の異常や、運動障害を治すための手術。❷美しくなるために、顔や体の一部の形を変える手術。美容整形。参考 もっぱら①を担当するのが整形外科で、おもに②を担当するのが形成外科。

せいけつ【清潔】〈形動〉❶よごれていない。きれいである。例 清潔にする。清潔な手。類 清浄《せいじょう》。❷心が清らかである。やりかたがまがっていない。例 清潔な人がら。清潔な政治。▽対 不潔。

1 **せいけん【政見】**〈名〉政治についての政治家自身の意見。例 政見発表。政見放送。

2 **せいけん【政権】**〈名〉政治をおこなう権利や権力。例 政権をにぎる。政権あらそい。

3 **せいけん【聖賢】**〈名〉聖人と賢人《けんじん》。すぐれた徳と知恵をもっている人。例 聖賢の教え。

せいげん【制限】〈名・する〉一定の範囲《はんい》をきめて、それをこえることを許さないこと。例 制限を加える。制限をゆるめる。きびしい制限。制限速度。類 規制。制約。限定。

1 **せいご【生後】**〈名〉生まれて以後。例 生後三週間。ア セーゴ

表現 「年《とし》」でかぞえるようになると、あまり使わない。

2 **せいご【正誤】**〈名〉❶まちがいをなおすこと。例 正誤表。❷答えなどが、正しいか、まちがっているかの判断。▽ア セーゴ

3 **せいご【成語】**〈名〉古くからきまったかたちをとって言いつたえられ、現在でもよく使われる言いまわし。例 故事成語。類 成句。ア セーゴ ↓せいく②

1 **せいこう【生硬】**〈形動〉表現や動作が、ねれていないで、かたい感じである。例 生硬な文章。

2 **せいこう【成功】**〈名・する〉❶目的が達成されること。しようと思ったことをみごとにやりとげること。例 成功をおさめる。ロケット打ち上げが(に)成功する。登頂に成功する。対 失敗。類 成就《じょうじゅ》。❷世の中で、りっぱな地位や財産をえること。例 成功の甘き香り。成功者。類 出世。

3 **せいこう【性交】**〈名・する〉男女がおたがいの性器を交わらせること。セックス。類 性行為《せいこうい》。

4 **せいこう【性向】**〈名〉性格上の傾向《けいこう》。例 かれは

 定朝(じょうちょう)（?～1057）　平安後期の仏像彫刻家。平等院鳳凰堂の「阿弥陀如来像」は寄木造りで有名。

新しい流行にすぐとびつく性向がある。類気質。

[5]**せいこう【精巧】**〈名・形動〉こまかいところまで、正確にできているようす。例精巧をきわめる。精巧な機械。類精緻《せいち》。精密。

[6]**せいこう【製鋼】**〈名・する〉鋼鉄を製造すること。

[1]**せいごう【正号】**〈名〉〔数学〕正の数を表わす符号。「＋」で表わす。対負号。類プラス。

[2]**せいごう【整合】**〈名・する〉きちんと合うこと。矛盾《むじゅん》がないこと。例整合性。不整合。

せいこううどく【晴耕雨読】〈名・する〉晴れた日は田畑をたがやし、雨の日は家にこもって読書すること。職業にしばられないで、自由な生活をおくること。類悠悠《ゆうゆう》自適。

せいごうせい【整合性】〈名〉矛盾《むじゅん》がなく、首尾一貫《しゅびいっかん》しているかどうか。例整合性を欠く説明。

せいこうとうてい【西高東低】〈名〉〔気象〕日本付近の冬の気圧配置。西側のシベリア方面に高気圧が発達し、東側の太平洋に低気圧がある。日本海側は天気がわるく雪が降り、太平洋側は晴れることが多い。

表現 天気予報では、「西高東低の冬型の気圧配置が強まり(弱まり)、…」などという。

せいこうほう【正攻法】〈名〉❶問題を解決するのに当然の手順をふむやりかた。❷こざいくをしないで、正々堂々と正面からせめるやりかた。例正攻法でいく。

せいこうほうしゅう【成功報酬】〈名〉うけおった任務を成功させた場合にだけあたえられるお金。

せいこく【正▼鵠】〈名〉ものごとの要点。

正鵠を射《い》る 的の中心を射ぬくことから、ものごとの要点をぴたりと言いあてる。例正鵠を射た意見。類的を射る。

せいこつ【整骨】〈名〉折れた骨やはずれた関節を治すこと。例整骨院。類接骨。骨つぎ。

せいごひょう【正誤表】〈名〉印刷物などの誤りを正し、表にまとめたもの。

ぜいこみ【税込み】〈名〉❶所得税や法人税などをひく前の、給料や利益の額。対税びき。❷消費税をふくめた、代金や料金。対税ぬき。税別。

[1]**せいこん【成婚】**〈名・する〉結婚が成立すること。あらたまった言いかた。例ご成婚おめでとうございます。アセーコン

[2]**せいこん【精根】**〈名〉ものごとをするための気力。例完走に精根を使いはたす。アセーコン

精根(が)尽《つ》きる 力を出しつくして余力がなくなる。強めて、「精も根も尽き(はて)る」ともいう。

[3]**せいこん【精魂】**〈名〉「たましい」のこと。例精魂こめた作品。精魂(を)かたむけて作った作品。アセーコン

[1]**せいさ【性差】**〈名〉男性と女性との、また、雄《おす》と雌《めす》とのちがい。類男女差。

[2]**せいさ【精査】**〈名・する〉細かいことまで、くわしく調べること。例資料を精査する。

[1]**せいざ【正座】**〈名・する〉姿勢をくずさず、背すじをのばしてかしこまってすわること。類端座《たんざ》。

[2]**せいざ【星座】**〈名〉〔天文〕夜空の星をいくつかずつひとまとめにして、人や動物や道具などの形に見たてて名をつけたもの。白鳥座・オリオン座など。

参考 (1)星座になる星は、たがいの位置関係の かわらないものばかりだから、みな恒星《こうせい》である。金星や土星のような惑星《わくせい》は位置がかわるので、星座にはならない。(2)わたしたちの 親しんでいる星座名は、オリオン・カシオペア・アンドロメダなど、ギリシャ神話をもとにした西洋系のものが多いが、中国をはじめ、東洋の国々でも星座はつくられている。北斗七星《ほくとしちせい》は中国の星座の一つで、「斗」は「ひしゃく」を意味する。(3)西洋占星術《せんせいじゅつ》では、3月21日～4月19日生まれの人は「牡羊《おひつじ》座」というふうに、誕生《たんじょう》日と、その時期に太陽の方向にある十二の星座とが結びつけられる。

[1]**せいさい【正妻】**〈名〉法律でみとめられている妻。対内妻。類本妻。

[2]**せいさい【生彩・精彩】**〈名〉❶［生彩・精彩］はつらつとして、元気なようす。例生彩を欠く。類生気。❷［精彩］目だってすぐれていること。例精彩を放つ。

[3]**せいさい【制裁】**〈名・する〉わるいことをしたり、約束をやぶったりした者をこらしめること。こらしめ。例制裁を加える。鉄拳《てっけん》制裁。経済制裁。類罰《ばつ》。

[1]**せいざい【製材】**〈名・する〉きりだしてきた木から、建物や家具などの材料とするために、板や角材などをつくること。例製材所。

[2]**せいざい【製剤】**〈名〉薬剤を製造すること。製品としての薬剤。例製剤会社。血液製剤。類製薬。

[1]**せいさく【制作・製作】**〈名・する〉❶［制作］絵画や彫刻《ちょうこく》などの作品をつくること。例卒業制作。❷［製作］工場などで、品物や器具などをつくること。類製造。作製。

せいざいかい【政財界】〈名〉政界と財界。

[2]**せいさく【政策】**〈名〉政治を行なうための方針と、それを実行するための手段。例政策をねる。政策を決定する。外交政策。類施策《しさく》。

せいさつ【省察】〈名・する〉自分のことをふりかえりながら、よく考えること。

せいさつよだつ【生殺与奪】〈名〉相手を生かしておくのも殺すのも自由にできること。相手を自分の思うようにあつかうこと。例生殺与奪の権。

[1]**せいさん【生産】**〈名・する〉人間が自然物に手をくわえて、生活に必要なものを作りだしたり、取りだしたりすること。例生産を上げる。石油を生産する。生産力。生産手段。大量生産。対消費。

[2]**せいさん【正▼餐】**〈名〉正式の献立《こんだて》による洋食。ディナー。類晩餐。

[3]**せいさん【成算】**〈名〉成功するという見とおし。例成算がある。類勝算。

[4]**せいさん【清算】**〈名・する〉❶たがいの貸し借りをきれいに整理すること。例借金を清算する。❷これまでのよくない関係を 終わりにすること。例過去を清算する。

[5]**せいさん【精算】**〈名・する〉運賃などをあとで計算しなおし、不足分などをはらったり、はらいすぎを もどしてもらったりすること。例精算所。

[6]**せいさん【凄惨】**〈形動〉血なまぐさく、なんともむごたらしい。例凄惨な事件。類陰惨《いんさん》。

せいさんかっけい【正三角形】〈名〉〔数学〕三辺の長さがすべて等しい三角形。

せいさんカリ【青酸カリ】〈名〉〔化学〕猛毒《もうどく》をもつ、シアン化カリウムの白い針のような結晶《けっしょう》。化学工業などで使う。

せいさんざい【生産財】〈名〉生産するために使われる機械や原料など。対消費財。

せいさんしき【聖▼餐式】〈名〉〔宗教〕キリスト教の儀式《ぎしき》。キリストの受難を記念し、キリストの血と肉にた

せいさんせい【生産性】〈名〉生産に使った労力や材料が、どの程度効率よく製品を生み出しているか。例生産性が高い。生産性を上げる。

せいさんだか【生産高】〈名〉❶生産される量。❷生産量をお金になおしたときの額。

せいさんてき【生産的】〈形動〉役に立つものを生み出すのにつながるような。例生産的な意見。対非生産的。類建設的。

1 せいし【正史】〈名〉❶国家が正式なものとして編集した歴史書。対外史。野史。❷事実にもとづいた、正確な歴史。対稗史《はいし》。▽アセーシ

2 せいし【生死】〈名〉生きることと死ぬこと。例生死にかかわる。生死をともにする。類死活。アセーシ

3 せいし【正視】〈名・する〉まともに正面から見ること。例正視するにしのびない。類直視。アセーシ セーシ

4 せいし【制止】〈名・する〉相手がこれからしようとすることを、とめること。例行動を制止する。アセーシ

5 せいし【青史】〈名〉歴史。古い言いかた。例青史に名を残す。アセーシ 参考むかし、紙のない時代に青竹のふだに書いたことから。

6 せいし【精子】〈名〉雄《おす》の精液にふくまれている生殖《せいしょく》細胞《さいぼう》。長いしっぽのような鞭毛《べんもう》を使って膣《ちつ》・子宮の中を泳ぎ、卵子《らんし》と結合して子ができる。対卵子。卵《らん》。アセーシ 参考動物の「精子」に対し、種子植物の、花粉からできる生殖細胞を「精細胞《せいさいぼう》」という。ただし、裸子《らし》植物のうちイチョウやソテツの花粉からは、運動機能を持つ「精子」ができる。

7 せいし【静止】〈名・する〉じっとしていて、動かないこと。例静止衛星。対運動。アセーシ

8 せいし【誓詞】〈名〉ちかいのことば。例誓詞を交わす。類誓言《せいごん》。誓文《せいもん》。アセーシ

9 せいし【製糸】〈名〉糸をつくること。とくに、繭《まゆ》から生糸《いと》をつくること。例製糸工場。アセーシ

10 せいし【製紙】〈名〉パルプなどから紙をつくること。例製紙業。アセーシ

1 せいじ【正字】〈名〉❶まちがえずに正しく書かれた字。対誤字。❷正式な形の字。対俗字《ぞくじ》。類本字。参考②は、漢字についていうのがふつうで、俗字、略字、通用字などに対していう。

2 せいじ【青磁】〈名〉鉄分をふくんだあおみどり色のうわぐすりをかけて焼いた磁器。対白磁。

3 せいじ【政治】〈名〉社会の組織をつくって運営していくこと。例政治をつかさどる。政治にたずさわる。政治力。政治家。民主政治。類まつりごと。参考(1)ふつう、国家組織の運営(=国政)をいうが、都道府県や市町村など、国の内部組織を運営する地方政治もあり、国と国との関係を運営する国際政治もある。(2)政治は、法律をさだめる立法組織、法律がまもられるように社会を規制する司法組織、法律にしたがって社会を運営する行政組織と、三つの組織のくみあわせによって行なわれる。(3)行政を担当する専門組織を政府という。政府は国民の生活を安全にたもつ責任をもつ。

せいじか【政治家】〈名〉政治にたずさわる人。議員や大臣など。

せいしき【正式】〈形動〉やりかたが、さだめられているとおりである。社会的にみとめられている。例正式に許可する。正式の夫婦《ふうふ》。対略式。類本式。正規。

せいじけっしゃ【政治結社】〈名〉政治について同じ目的や考えをもつ人たちが集まってつくる団体。類政治団体。

1 せいしつ【正室】〈名〉正式に認められた、身分の高い人の妻。むかしのことば。対側室。類正妻。

2 せいしつ【性質】〈名〉❶人が、生まれながらにしてもっている傾向《けいこう》。例性質がいい。ねばりづよい性質。類性格。性分《しょうぶん》。気。❷そのものがもともともっている、はたらきや傾向《けいこう》。例砂糖には水にとける性質がある。類特性。特質。特色。

せいじつ【誠実】〈名・形動〉まじめで、うそをついたりしない性格。まごころをもって相手のことを考えながら行動する態度。例誠実を欠く。誠実な人がら。対不実。不誠実。

せいじてき【政治的】〈形動〉❶政治にかかわりのある。例政治的な問題。❷組織や個人のあいだのかけひきによって、取り決めや取り計らいが行なわれるようす。例政治的な解決。

せいじはん【政治犯】〈名〉時の権力者によって、国の政治的なきまりやしくみを乱すと判断された犯罪。政治的危険人物として拘束《こうそく》されている人。

1 せいじゃ【正邪】〈名〉正しいことと悪いこと。例正邪を明らかにする。類理非。

2 せいじゃ【聖者】〈名〉❶キリスト教で、その教えを守るために死んだ人や、とくにりっぱな信者を、尊敬してよぶことば。❷りっぱで徳のある人。▽類聖人。

せいじゃく【静寂】〈名・形動〉しいんと静かであること。例静寂をやぶる。対喧騒《けんそう》。にぎやか。類静けさ。閑静《かんせい》。閑寂。

ぜいじゃく【▼脆弱】〈形動〉こわれやすく、まったくたよりない。例脆弱な体質。脆弱な地層。類もろい。

せいしゅ【清酒】〈名〉米からつくる、にごりのない日本酒。対どぶろく。にごり酒。

ぜいしゅう【税収】〈名〉税金として国や地方自治体に入る収入。

せいしゅく【静粛】〈形動〉人々が、しずかにして、じっとしているようす。例ご静粛にねがいます。

せいじゅく【成熟】〈名・する〉❶くだものや農作物が十分にみのること。対未熟。❷人間の心やからだが、成長して一人前になること。対未熟。❸ものごとを行なうのに適当な時期になること。例情勢の成熟を待つ。

せいしゅん【青春】〈名〉十代後半から二十代前半の、明るく希望にもえる時期。若い年ごろ。若い時代。例青春を謳歌《おうか》する。青春時代。

せいじゅん【清純】〈形動〉きよらかで純粋《じゅんすい》であること。例清純な乙女《おとめ》。清純派。対不純。類清楚《せいそ》。

1 せいしょ【清書】〈名・する〉下書きしたものをていねいに書きなおすこと。対下書き。類浄書《じょうしょ》。アセーショ

2 せいしょ【聖書】〈名〉キリスト教でもっとも神聖な書物。「旧約聖書」と「新約聖書」がある。バイブル。アセーショ →しんやくせいしょ 参考

せいじょ【整除】〈名・する〉〔数学〕ある整数をほかの整数で割ったとき、答えが整数となって割りきれること。例15は3で整除される。

1 せいしょう【正賞】〈名〉「副賞」に対して、受賞の本来のしるしである、賞状や賞杯《しょうはい》など。

2 せいしょう【斉唱】〈名・する〉〔音楽〕一つの旋律

尚巴志(しょうはし) (1372～1439) 琉球王国の初代の王。中山王となり琉球を統一。王府は首里。

《せんりつ》を、二人以上の人がいっしょに歌うこと。対重唱。合唱。

3 **せいしょう**【政商】〈名〉政治家と特別な関係をもって事業を広げ、利益を得る事業家。

4 **せいしょう**【清祥】〈名〉相手に対して「健康で幸せに生活していますね」という気持ちを表わすことば。例ご一家のみなさまには、ますますご清祥のことと拝察いたします。類清栄。健勝。
表現 かしこまった手紙・メールのはじめに書くあいさつのことばで、「ご清祥」のかたちで使う。

1 **せいじょう**【正常】〈名・形動〉ふだんと変わらず、他のものと同じであること。例正常にもどる。正常に動く。正常な状態。対異常。類ノーマル。

2 **せいじょう**【性情・性状】〈名〉❶[性情] 生まれつきの心のもちよう。例やさしい性情の子。類気質。気性《きしょう》。❷[性状] 人の性質やふだんの行ない。ものの性質や状態。例性状を調べる。

3 **せいじょう**【政情】〈名〉世の中の政治のようすやなりゆき。例政情不安。類政局。

4 **せいじょう**【清浄】〈形動〉よごれがなく、きれいである。例清浄な空気。清浄野菜。空気清浄機。対不浄。類清潔。参考「しょうじょう」と読むのは別の語。

せいじょうき【星条旗】〈名〉アメリカ合衆国の国旗。独立したときの州の数をしめす十三本の紅白の横線(=条)と、現在の州の数を表わす星を配してある。

せいしょうねん【青少年】〈名〉青年と少年。若い人たち。類若者。
参考 法律では、十二歳《さい》から十九歳までをさす。

1 **せいしょく**【生色】〈名〉元気で、いきいきとした色つや。例生色を失う。生色をとりもどす。

2 **せいしょく**【生食】〈名・する〉⇩なましょく

3 **せいしょく**【生殖】〈名・する〉生物が自分の子をつくり、種族の保存をはかること。例生殖本能。

4 **せいしょく**【聖職】〈名〉神聖な職業。宗教、とくにキリスト教で神に仕える、神父や牧師など。また、学校の教師や、慈善《じぜん》活動家など。例聖職者。

せいしょくき【生殖器】〈名〉生物が自分の子をつくり、種族を保存するためのからだの器官。「せいしょっき」ともいう。類性器。

せいしょくさいぼう【生殖細胞】〈名〉〔生物〕生殖のためにある細胞。有性生殖を行なう生物の二種類の配偶子《はいぐうし》(=動物の卵《らん》と精子や、種子植物の卵細胞と精細胞)と、無性生殖を行なう生物の胞子《ほうし》のこと。対体《たい》細胞。

せいしょほう【正書法】〈名〉言語を文字に書くときの正しい書きかた。正字法。

せいじりょく【政治力】〈名〉❶政治を進めていく能力。❷かけひきや策略を使ってものごとを進める力。

1 **せいしん**【制震】〈名〉地震のゆれを吸収することにより、建物の振動を少なくする技術。建物内部に組みこむ。例制震構造。アセーシン

2 **せいしん**【星▾辰】〈名〉星。星座。アセーシン

3 **せいしん**【精神】〈名〉❶人間の心。魂《たましい》。対肉体。物質。例精神の躍動《やくどう》。精神の疲労《ひろう》。精神衛生。❷やりとげようとする気持ち。例精神を集中する。類気力。魂。スピリット。❸根本的な考え方や感じ方。例精神がよくない。精神活動。精神史。類思想。❹ものごとの根本。とらえ方として最もたいせつなところ。例立法の精神。建学の精神。▽アセーシン

精神一到《いっとう》何事《なにごと》か成《な》らざらん その気になって集中してやれば、何だってできないことはない。

4 **せいしん**【清新】〈形動〉気持ちやふんいきなどが、すがすがしく、いきいきしている。例清新な気風。対陳腐《ちんぷ》。類新鮮《しんせん》。フレッシュ。アセーシン

1 **せいじん**【成人】〈名・する〉成長し、社会的に一人前になった人。また、その年齢《ねんれい》になること。日本の法律では、満《まん》二十歳《さい》以上。例りっぱに成人する。成人式。対未成年。類おとな。成年。参考 二〇二二(令和四)年四月より、民法上の「成年」は満十八歳となる。

2 **せいじん**【聖人】〈名〉ふつうの人のとうていおよばない高い境地に達した人。類聖《ひじり》。君子。

せいしんえいせい【精神衛生】〈名〉精神を健全にたもつ方法。例いらいらするのは精神衛生によくない。類メンタルヘルス。

せいしんかんてい【精神鑑定】〈名〉精神科の医師が、裁判所の依頼を受けて被告の心の状態を調べ、責任能力があるかどうか見きわめること。

せいじんしき【成人式】〈名〉人の成人を祝う式。成人の日(一月の第二月曜日)に行なわれることが多い。

せいしんせいい【誠心誠意】〈副〉「誠意をもって」ということを強めた言いかた。例加害者として誠心誠意対応したい。

せいしんてき【精神的】〈形動〉人間の精神のはたらきや状態にかかわる。例精神的な苦痛。精神的においつめられる。対肉体的。物質的。

せいしんねんれい【精神年齢】〈名〉❶精神の発達の度合いを、年齢に換算《かんさん》して表わした数値。❷ある人の実際の年齢とは別に、その人の気のもちかたやものの考えかたが若いか老《ふ》けているかという、心の面からみた年齢。例精神年齢が若い。

せいじんのひ【成人の日】〈名〉国民の祝日の一つ。一月の第二月曜日。「おとなになったことを自覚し、みずから生き抜《ぬ》こうとする青年を祝いはげます」ための日。多くの自治体で成人式が行なわれる。

せいしんびょう【精神病】〈名〉精神のはたらきがふつうではなくなる病気。統合失調症《しょう》やそううつ病など。

せいじんびょう【成人病】〈名〉⇩せいかつしゅうかんびょう

せいしんぶんせき【精神分析】〈名〉夢《ゆめ》や連想などを分析することにより、表面には現れてこない心のおくふかくにあるものを明らかにしようとする精神医学の技術。
参考 フロイトが神経症《しょう》の治療《ちりょう》法として始めた。

せいしんぶんれつびょう【精神分裂病】〈名〉⇩とうごうしっちょうしょう

せいしんりょく【精神力】〈名〉勉強や仕事など、目的をやりとげようとする、意志の力。対体力。類気力。

せい・す【制す】〈動五〉⇩せいする〔制する〕

1 **せいず**【星図】〈名〉〔天文〕恒星《こうせい》や星雲などの位置や明るさなどを平面上にあらわした図。

2 **せいず**【製図】〈名・する〉定規やコンパスなどを使って、設計・工事に必要な図面を書くこと。

1 **せいすい**【盛衰】〈名〉さかんになったり、おとろえたりすること。例国家の盛衰。盛衰をくりかえす。栄枯《えいこ》盛衰。類興亡。消長。栄枯。

2 **せいすい**【静水】〈名〉ながれず、静止した水。対流水。

せいずい【精髄】〈名〉いちばんたいせつな部分。最もす

ぐれた部分。類神髄。精華《せいか》。

せいすいき【整水器】〈名〉水道水に含まれる塩素や汚れなどを取りのぞいた後、電気分解によって、酸性の水とアルカリ性の水に分ける装置《そうち》。

[1]**せいすう【正数】**〈名〉〔数学〕０より大きい数。正の数《すう》。対負数。

[2]**せいすう【整数】**〈名〉〔数学〕小数や分数でない数。自然数と、０と、自然数に負の記号をつけたものとからなる。

[1]**せい・する【制する】**〈動サ変〉❶相手の動きや、自分の衝動《しょうどう》などをおさえる。例さわぎを制する。いかりを制する。類抑制《よくせい》する。❷相手をおさえて、したがわせる。例機先を制する。▽「制す」ともいう。

[2]**せい・する【製する】**〈動サ変〉品物を作る。製作する。例工具を製する。

[1]**せいせい【生成】**〈名・する〉ものが形になってあらわれること。ものを形にしてあらわすこと。例物質が生成したり消滅《しょうめつ》したりする。化合物を生成する。

[2]**せいせい【聖性】**〈名〉けがしてはならない、清らかでうやまうべき性質。

[3]**せいせい【精製】**〈名・する〉❶念をいれてていねいにつくること。対粗製《そせい》。❷製品に手をくわえて、より品質のよいものにすること。例精製塩。

せいぜい【精精】〈副〉❶できるだけ。やや古風な言いかた。例本校の代表として、せいぜいがんばってきなさい。類精一杯。❷すきなだけ。相手を見くびって、皮肉としていう言いかた。例どうせだめだろうけど、せいぜいがんばってね。❸多くみつもっても。例出席者はせいぜい百人程度だろう。類たかだか。

注意 ①のつもりで「せいぜいがんばってください」のように言うと、②とまぎれて、「どうせだめだろうから期待していないけど」と皮肉を言ったように誤解《ごかい》されるおそれがあるので、いまは、「精一杯がんばってください」とか「ベストをつくしてください」のように言うほうがよい。

ぜいせい【税制】〈名〉税金をなににどのくらいかけて、どのようにしてとりたてるかなどをきめる制度。

ぜいぜい〈副・する〉呼吸が苦しくて、あえぐようす。例のどがぜいぜいする(いう・鳴る)。

せいせい・する〖清清する〗〈動サ変〉不快なことや、気がかりなことがなくなって、心がさっぱりする。すがすがしい気分になる。例借りを返してやっとせいせいした。

せいせいどうどう【正正堂堂】〈副・連体〉だまさず、正攻法で全力で。例正々堂々と戦う。正々堂々たる戦いぶり。

せいせいるてん【生生流転】〈名・する〉すべてのものが生死をくりかえし、たえず変わり続けていくこと。「しょうじょうるてん」ともいう。

せいせき【成績】〈名〉勉強や仕事のできぐあい。例成績がよい。成績を上げる。成績表。類成果。

せいぜつ【凄絶】〈名・形動〉このうえなくすさまじいこと。例凄絶をきわめた戦い。類壮絶《そうぜつ》。

せいせっかい【生石灰】〈名〉石灰岩からできる白い物質。水とまざると熱をだす。単に「せっかい」とも、また、「いしばい」ともよばれる。化学用語では、酸化カルシウム。

[1]**せいせん【聖戦】**〈名〉❶宗教的に神聖だと称《しょう》して行なわれる戦争。❷正義のために行なう戦争。

[2]**せいせん【精選】**〈名・する〉よくよく念をいれて、よいものをえらぶこと。例精選した品。類厳選。えりすぐる。

[3]**せいせん【生鮮】**〈形動〉食品が新しくて、生きがいい。例生鮮な野菜。生鮮食品。類新鮮。フレッシュ。

[1]**せいぜん【生前】**〈名〉なくなった人の生きていたとき。例父は生前、この万年筆を愛用していた。対死後。没後《ぼつご》。

[2]**せいぜん【整然】**〈副・連体〉少しも乱れず、きちんとした順序で。例整然とならぶ。対雑然。

せいせんしょくひん【生鮮食品】〈名〉野菜・くだもの・肉・魚など、新しく生きがいいうちに食べる食品。ほうっておくとくさるもの。生鮮食料品。

せいぜんせつ【性善説】〈名〉人の生まれつきの性質は善であり、悪は後天的に生じるとする考え。対性悪説。参考中国の戦国時代の人、孟子《もうし》がとなえた。

[1]**せいそ【精粗】**〈名〉こまかいことと、あらいこと。くわしいことと、おおざっぱなこと。こまかいか、あらいかの度合い。

[2]**せいそ【清▼楚】**〈形動〉きよらかで、かざりけがない。例清楚な身なり。類清純。

表現 女性のようすについていう。

[1]**せいそう【正装】**〈名・する〉儀式《ぎしき》、訪問などのための正式の服装。その服装をすること。対略装。類盛装《せいそう》。礼装。↓せいそう〔盛装〕表現

[2]**せいそう【盛装】**〈名・する〉はなやかに美しく着かざること。美しくりっぱな服装。例盛装で出かける。対軽装。類正装。ドレスアップ。

表現「盛装」は個人の趣味《しゅみ》によって着るもので、はなやかになる。「正装」は社会の慣習にしたがって着るもので、きちんとととのったもの。

[3]**せいそう【政争】**〈名〉政治的な争い。政権をめぐる争い。例政争の具。政争の渦《うず》にまきこまれる。

[4]**せいそう【星霜】**〈名〉長い年月。例星霜をへる。幾星霜。類春秋。歳月《さいげつ》。

表現 星は一年で天をひとまわりし、霜《しも》は年ごとにおりることからいう、詩的なことば。

[5]**せいそう【清掃】**〈名・する〉きれいにそうじをすること。例駅前を清掃する。清掃車。

[6]**せいそう【精巣】**〈名〉動物のおすの生殖《せいしょく》器の中の、精子をつくる部分。多くの哺乳《ほにゅう》類では陰嚢《いんのう》の中にあり、睾丸《こうがん》ともいう。対卵巣。

せいぞう【製造】〈名・する〉形のあるものをこしらえること。原料に手をくわえて、商品をつくること。例食器を製造する。製造年月日。製造販売《はんばい》。類製作。作製。

せいそうけん【成層圏】〈名〉〔地学〕地球をとりまく大気のうち、地上約一〇～五〇《キロメートル》の部分。対流圏の上にある。例成層圏飛行。

参考 大気が安定していて、ジェット機の飛行に適する。

せいぞうぶつせきにん【製造物責任】〈名〉製造物の安全性について、使う消費者ではなく、つくった製造者が負う責任。例製造物責任法(＝ＰＬ法)。

せいそく【生息】〖▼棲息〗〈名・する〉生物が繁殖《はんしょく》し、生活していること。例野生のサルの生息地。

せいぞろい【勢ぞろい】〖勢▼揃い〗〈名・する〉ある目的のために、すべてのメンバーが集まること。

せいぞん【生存】〈名・する〉生物が生きていること。生きのこっていること。例山で遭難《そうなん》した人の生存が確認《かくにん》された。生存競争。適者生存。類存命。生きる。

せいぞんきょうそう【生存競争】〈名〉生物が他の生物ときそいあって、自分や自分の種《しゅ》の生命を保存していこうとすること。例生存競争がはげしい。

参考 食うか食われるかの闘争《とうそう》によって直接きそうことも

ショーロホフ（1905～84） ソ連の小説家。長編「静かなドン」「開かれた処女地」を残した。

あり、環境《かんきょう》への適応のしかたのじょうず・へたで栄えたりおとろえたりすることによって間接的にきそうこともある。人間社会におけるさまざまな競争についてもいう。

せいぞんけん【生存権】〈名〉〔法律〕国民が人間らしく生きるために、諸条件をととのえるよう国に要求することが保障された権利。参考 日本国憲法は、「すべて国民は、健康で文化的な最低限度の生活を営《いとな》む権利を有する」と定めている。

1 **せいたい【生体】**〈名〉生命のあるからだ。例 生体実験。対 死体。

2 **せいたい【生態】**〈名〉❶動物や植物が、自然の中で生きる実際のすがた。例 象の生態をさぐる。生態系。❷生活しているありのままのすがた。例 若い世代の生態をルポする。

3 **せいたい【正対】**〈名・する〉❶ものに対して真正面に位置すること。例 カメラに正対して立つ。❷にげたりせずに、むずかしい問題に正面からとりくむこと。

4 **せいたい【声帯】**〈名〉のどの中間、のどぼとけのところにある、声をだす器官。筋肉の膜《まく》二枚でできていて、息がここを通るときに膜を振動《しんどう》させると声が出る。参考 ことばを表わす音のうち、声帯をふるわせて出す音を有声音といい、母音《ぼいん》や有声子音《しいん》がふくまれる。声帯をふるわせないで発音する音を無声音という。

5 **せいたい【静態】**〈名〉ものごとの、動いていないときのすがた。対 動態。

6 **せいたい【成体】**〈名〉〔生物〕成長して、生殖《せいしょく》が可能になった生物。

7 **せいたい【整体】**〈名〉手や器具を使って、人の骨格のゆがみをなおす術。例 整体院。整体マッサージ。

せいだい【盛大】〈形動〉集会や儀式などがスケールが大きく、りっぱだ。例 盛大な見送り。盛大に行なう。

せいたいがく【生態学】〈名〉生物と環境《かんきょう》の関係や、同じ環境の中の生物どうしの関係などを研究する学問。エコロジー。

せいたいけい【生態系】〈名〉自然界の中で生物どうしがたがいに関係しあうようすと、それをとりまく全環境《かんきょう》とのかかわりあうすがた。エコシステム。

せいたいにんしょう【生体認証】〈名〉変化しにくい人体の特徴《とくちょう》にもとづいて、本人であることを確認する認証方式。指紋《しもん》、眼球の虹彩《こうさい》、声紋、静脈などを利用する。

せいたいもしゃ【声帯模写】〈名〉演芸の一つ。人や動物の声をまねる芸。類 声色《こわいろ》。ものまね。

せいたかあわだちそう【背高泡立草】〈名〉キク科の多年草。秋に黄色い花の咲く、背の高い雑草。北アメリカ原産で、昭和の中ごろから日本で大繁殖した。花粉症の原因にもなる。

せいたかっけい【正多角形】〈名〉〔数学〕辺の長さと角の大きさが、すべて等しい多角形。

せいたく【請託】〈名・する〉政治家など権力のある人に、物事がうまくすすむように特別にたのむこと。例 大臣は、どんな業者からも便宜《べんぎ》を計らうよう請託された事実はない、と述べた。

せいだく【清濁】〈名〉❶すんでいることとにごっていること。❷清音と濁音。

清濁併《あわ》せ呑《の》む よいものもわるいものも、ともに受けいれるということで、度量が大きいことを表わす。

ぜいたく【▼贅沢】〈名・形動〉❶〈する〉暮らしぶりが、ふつうよりもずっとはでなこと。例 ぜいたくな暮らしにあこがれる。たまには外でぜいたくしよう。ぜいたく品(=機能以上に高価なもの)。対 質素。類 豪奢《ごうしゃ》。❷お金や手間をかけること。例 高級食材をぜいたくに使った料理。❸たかのぞみをすること。例 ぜいたくを言うな。ぜいたくな悩《なや》み。

せいだす【精出す】〈動五〉勉強や仕事に打ちこむ。精を出す。例 精出して働く。類 いそしむ。はげむ。

せいたん【生誕】〈名・する〉生まれること。すぐれた人物についていう。例 キリストの生誕。モーツァルト生誕の地。生誕百年祭。類 誕生《たんじょう》。

1 **せいだん【星団】**〈名〉〔天文〕たくさんの恒星《こうせい》が、せまい範囲《はんい》に集まっているもの。不規則でまばらな集まりの散開星団と、球形でぎっしりつまっている球状星団とがある。類 星雲。

2 **せいだん【政談】**〈名〉❶政治についての話や議論。❷政治や裁判などを題材にした講談。例 大岡《おおおか》政談。

3 **せいだん【清談】**〈名〉世俗《せぞく》をはなれた、芸術や学問などの話。

1 **せいち【生地】**〈名〉生まれたところ。出生地。ア セーチ 参考 「きじ」と読むのは別のことば。

2 **せいち【聖地】**〈名〉宗教上の、神聖な場所。例 聖地巡礼《じゅんれい》。ア セーチ 表現 「高校野球の聖地、甲子園《こうしえん》(球場)」のように、あこがれの場所という意味でも使う。

3 **せいち【精緻】**〈名・形動〉こまかいところまで、きわめてきっちりしていること。例 精緻をきわめる。精緻な計画。類 精巧《せいこう》。精密。巧緻《こうち》。ア セーチ

4 **せいち【整地】**〈名・する〉建物をたてたり、農作物をつくったりするために、土地を平らにすること。類 地ならし。

ぜいちく【▼筮竹】〈名〉易者が占《うらな》いに使う、五〇本の細い竹の棒。ア セーチ

せいちゃ【製茶】〈名〉つんだ茶の葉に手をくわえ、飲みもの用のお茶をつくること。例 製茶業。

1 **せいちゅう【成虫】**〈名〉成長して、おとなになった昆虫《こんちゅう》。対 幼虫。

2 **せいちゅう【▼掣▽肘】**〈名・する〉字を書く人のひじを引っぱってじゃまをするように、そばからじゃまをして、自由な行動をさまたげること。例 掣肘をくわえる。掣肘をうける。

1 **せいちょう【成長・生長】**〈名・する〉❶〔成長〕人や動物が育って大きくなること。例 成長がはやい。成長がとまる。人間として成長する。❷〔生長・成長〕植物が育つこと。例 生長をうながす。▽類 生育。成育。発育。

表現 ①は、「経済成長」「成長産業」のように、人や動物以外にも、発展していくものについて使う。

表記 理科の教科書などでは、②も「成長」と書かれる。

2 **せいちょう【成鳥】**〈名〉繁殖《はんしょく》できるまでに成長した鳥。対 幼鳥。ひな。

3 **せいちょう【声調】**〈名〉❶詩や歌などを声に出したときの調子。類 ふしまわし。❷日本語や中国語などにある、音の高低のちがいによるアクセント。

4 **せいちょう【性徴】**〈名〉男と女それぞれの、体の特徴。また、その特徴が、成長する過程《かてい》でいちじるしく現れる時期。例 二次性徴(=思春《ししゅん》期の、第二発育急進期)。

5 **せいちょう【政庁】**〈名〉政治を行なう中央の役所。

諸葛亮(しょかつりょう)(孔明)(181〜234) 中国，三国時代の蜀の軍師。劉備を助けて魏と呉に対抗。

[6]**せいちょう【清聴】**〈名・する〉講演会などで、自分の話を聞いてくれたことを、感謝の気持ちで言うことば。例ご清聴ありがとうございました。

[7]**せいちょう【静聴】**〈名・する〉人の話をしずかによく聞くこと。例ご静聴ねがいます。

[8]**せいちょう【整腸】**〈名〉腸の消化や吸収の働きが、じゅうぶんに行なわれるようにすること。例整腸剤《ざい》。

[9]**せいちょう【清澄】**〈形動〉すっきりとすみきっている。例清澄なふえの音《ね》。類澄明。

せいちょうかぶ【成長株】〈名〉❶これからの発展が期待される会社の株。❷将来性のある人。類ホープ。

せいちょうてん【成長点】〈名〉〔植物〕茎《くき》や根の先で、活発に細胞分裂《さいぼうぶんれつ》をおこしながら新しい組織を作っていく部分。

[1]**せいつう【精通】**〈名・する〉そのことについてはすみずみまでくわしく知っていること。例その学者は、各国の経済事情に精通している。類通暁《つうぎょう》。→次項

[2]**せいつう【精通】**〈名〉男子の、はじめての射精《しゃせい》。対初潮《しょちょう》。→前項

せいてい【制定】〈名・する〉法律や規則などの案をつくって、決定すること。例憲法を制定する。

[1]**せいてき【政敵】**〈名〉政治上対立している相手。

[2]**せいてき【性的】**〈形動〉❶性欲にかかわる。例性的な魅力《みりょく》。❷性別にかかわる。例性的特徴《とくちょう》。性的役割分業。

[3]**せいてき【静的】**〈形動〉しずかで動かない。例静的な美しさ。対動的。類スタティック。

せいてつ【製鉄】〈名〉鉄鉱石をとかして、銑鉄《せんてつ》をつくること。例製鉄所。

せ(▽急)いては こと(事)を しそん(仕損)じる ⇩「せく〔急く〕」の子項目

[1]**せいてん【晴天】**〈名〉天気のよいこと。晴れあがった空。例晴天にめぐまれる。対雨天。曇天《どんてん》。類晴れ。好天。青空。上天気。

[2]**せいてん【聖典】**〈名〉宗教上の教えを説いた神聖な書物。キリスト教の聖書、イスラム教のコーラン(クルアーン)など。例仏教聖典。

せいてんかん【性転換】〈名・する〉❶手術によって生殖器《せいしょくき》を、男から女へ、または女から男へかえること。例性転換手術。❷ある種の生物の、雌雄《しゆう》の別が、何らかの原因で逆になること。

せいでんき【静電気】〈名〉〔物理〕ものをこすりあわせたときに発生し、そのものの表面にとどまっている電気。参考化学繊維《せんい》のセーターをぬぐときなどに、ぱちぱちと音がするのは静電気が発生するため。

せいてん(青天)のへきれき(▼霹▼靂) 晴れわたった青空なのに、急にかみなりが鳴りだすということから、とつぜんに起こった思いがけないできごと。

せいてんはくじつ【青天白日】〈名〉❶晴れわたった天気。❷心にやましいところがなく、潔白なこと。❸疑いがはれ、無罪が明らかになること。例青天白日の身となる。

せいと【生徒】〈名〉学校に籍《せき》をおいて勉強している人。教育関係の法律では、中学生・高校生や専修《せんしゅう》学校生にいう。例生徒手帳。生徒会。

[1]**せいど【制度】**〈名〉習慣や法令などできめられた社会のしくみや規則。例制度をもうける。制度をあらためる。社会制度。教育制度。類システム。

[2]**せいど【精度】**〈名〉機械などの正確さの度合い。例精度が高い。精度を上げる。

[1]**せいとう【正答】**〈名〉正しい答え。対誤答。類解答。正解。

[2]**せいとう【正当】**〈形動〉だれもが、「そのとおり」「当然のことだ」とみとめることができる。例正当な理由。正当性。正当防衛。(自己《じこ》)正当化。対不当。

[3]**せいとう【正統】**〈名・形動〉もとが同じで、そこから分かれでたもののうち、正しい系統とみとめられるもの。例正統派。正統的。対異端《いたん》。類本流。

[4]**せいとう【政党】**〈名〉政治的に同じ考えや目的をもつ人が集まって作る団体。例政党政治。革新政党。保守政党。類党。

[5]**せいとう【製糖】**〈名〉サトウキビやサトウダイコンなどから、砂糖をつくること。例製糖会社。製糖業。

[1]**せいどう【正道】**〈名〉道理にかなった正しい道すじ。正しい手順による方法。例正道に導く。正道を踏《ふ》む。正道に立ちもどる。対邪道《じゃどう》。

[2]**せいどう【制動】**〈名・する〉車輪などの動きを押さえ込むこと。ブレーキをかけること。例制動機(=ブレーキ)。

[3]**せいどう【青銅】**〈名〉銅に錫《すず》を加えた合金。仏像や鐘《かね》、美術品などのほか、機械の部品などにも使う。ブロンズ。例青銅器。

[4]**せいどう【聖堂】**〈名〉❶孔子《こうし》をまつった建物。類聖廟《せいびょう》。❷キリスト教の礼拝堂。

せいどういつせいしょうがい【性同一性障害】〈名〉「性別違和《いわ》」の旧称《きゅうしょう》。性別不合《ふごう》。GID。

せいとうか【正当化】〈名・する〉理屈《りくつ》をつけて、正当であるように考えたり、とりつくろったりすること。例自己《じこ》正当化。類合理化。

せいどうき【青銅器】〈名〉青銅で作られた武器や道具類。おもに青銅器時代のものをさす。

せいどうきじだい【青銅器時代】〈名〉石器時代と鉄器時代のあいだの時代。青銅器が使われ、生産力が向上し、国家がおこった。→せっきじだい参考

せいとうせい【正当性】〈名〉正当であること。例正当性を主張する。正当性をうたがわれる。

せいとうせいじ【政党政治】〈名〉議会でもっとも多くの議席をもつ政党が中心となり、政治を行なうこと。

せいとうてき【正統的】〈形動〉やり方や考え方が、社会で正しいとされているものにしたがっている。オーソドックス。類伝統的。

せいとうは【正統派】〈名〉おおもとの教え・思想・学説などを忠実に受けついだ一派。対異端派。

せいとうぼうえい【正当防衛】〈名〉〔法律〕人から危害を加えられたとき、または加えられそうになったとき、身を守るためにしかたなく行なう反撃《はんげき》で、やりすぎでないもの。罪にならない。参考やりすぎの場合は「過剰《かじょう》防衛」という。

せいとかい【生徒会】〈名〉学校で、先生にたよらずに生徒どうしで決めるべきことを決めるための自治組織。学校生活の改善についての話し合いや、クラブ活動・学級活動の連絡などを行なう。

せいとく【生得】〈名〉生まれたときからもっていること。例生得の能力。生得の権利。生得的。類生来。生まれつき。生まれながら。

せいどく【精読】〈名・する〉文章を、読み落としなく、正しく理解して読むこと。対乱読。類熟読。

 ショスタコービッチ（1906～75）　ソ連の作曲家。15の交響曲とオラトリオ「森の歌」を創作。

せいとん【整頓】〈名・する〉きちんとかたづけること。例へやを整頓する。整理整頓。類整理。

せいなる【聖なる】〈連体〉神聖な。おかしがたい。例聖なる教え。聖なる神。聖なる泉《いずみ》。

せいにく【精肉】〈名〉食用としての上等の肉。例精肉店。

ぜいにく【ぜい肉】【▼贅肉】〈名〉食べすぎや運動不足などのために、からだについた余分な肉や脂肪《しぼう》。

ぜいぬき【税抜き】〈名〉消費税を加える前の、代金や料金。例税抜き価格。対税こみ。類税別。

せいねん[1]【生年】〈名〉生まれた年。対没年《ぼつねん》。

せいねん[2]【成年】〈名〉大人になったと社会的にみとめられる年齢《ねんれい》。日本の法律では、満《まん》二十歳《さい》。例成年に達する。対未成年。類成人。おとな。参考民法の改正により、二〇二二(令和四)年四月より満十八歳となる。

せいねん[3]【青年】〈名〉十代後半から二十代前半ぐらいまでの若者。例青年団。文学青年。

せいねんかいがいきょうりょくたい【青年海外協力隊】〈名〉ＪＩＣＡ《ジャイカ》(国際協力機構)が発展途上《とじょう》国に派遣《はけん》する、二十歳から三十九歳までのボランティア。期間は二年間。

せいねんがっぴ【生年月日】〈名〉ある人が何年の何月何日に生まれたか。参考誕生《たんじょう》日は、ある人が何月何日に生まれたかを問題にする。

せいねんこうけんせいど【成年後見制度】〈名〉〔法律〕認知症《しょう》や精神障害などによって判断能力が不十分な人を、財産管理や契約《けいやく》などの面で法的に保護する制度。参考後見人を自分で選べるなど、かつての禁治産制度を改善したもの。

せいのう【性能】〈名〉機械などの発揮する能力。例性能がいい。性能がすぐれる。高性能。類スペック。

せいは【制覇】〈名・する〉❶政治上の権力をにぎろうとして他と争い、勝つこと。類征服《せいふく》。❷競技などで、優勝すること。例全国制覇。

せいばい【成敗】〈名・する〉さばいたうえで、罰《ばっ》すること。死罪を執行《しっこう》すること。古い言いかた。例けんか両成敗。類処罰《しょばつ》。

せいはく【精白】〈名・する〉玄米《げんまい》をついて、白米にすること。例精白米。類精米。

せいはつ【整髪】〈名・する〉髪《かみ》の形をととのえること。「調髪」の最後のしあげをいう。例整髪料。類理髪。

せいばつ【征伐】〈名・する〉わるものやしたがわない者をせめてやっつけること。類退治。

せいはん[1]【正犯】〈名〉〔法律〕自分が手を下《くだ》して犯罪を行なうこと。対従犯。

せいはん[2]【製版】〈名・する〉印刷用の原版を作ること。例製版所。写真製版。

せいはんたい【正反対】〈名・形動〉まったく逆であること。例正反対の方向。正反対の意見。類真逆《まぎゃく》。

せいひ【成否】〈名〉成功するか、しないか。例事の成否は考えないで、とにかくやってみよう。

せいび【整備】〈名・する〉必要なとき、いつでも使えるように、手入れをしておくこと。例自動車整備工場。

ぜいびき【税引き】〈名〉所得税や法人税などをひいたあとの、給料や利益の額。対税こみ。類手どり。

せいひつ【静▼謐】〈形動〉世の中やまわりのふんいきが、おだやかで静かである。類静穏《せいおん》。平穏。

せいひょう【製氷】〈名・する〉水を冷やして、氷をつくること。例製氷皿。

せいびょう【性病】〈名〉おもに性行為《こうい》によって感染する病気。梅毒・淋病《りんびょう》など。花柳《かりゅう》病。参考新しいものを含めて、「性(行為)感染症」という。

せいひれい[1]【正比例】〈名・する〉⇩ひれい〔比例〕

せいひん[1]【清貧】〈名〉お金などを求めようとすれば手に入れることができるのに、心がきよらかで欲がないため、貧乏《びんぼう》していること。例清貧にあまんじる。

せいひん[2]【製品】〈名〉製造した品物。

せいふ[1]【声符】〈名〉漢字の形声文字で、音を表わす部分。音符。→ぎふ〔義符〕・けいせい〔形声〕

せいふ[2]【政府】〈名〉政治を行なう最高の機関。日本では、内閣《ないかく》および内閣の下にある財務省や外務省などの中央官庁全体をいう。例政府を樹立する。日本政府。連邦《れんぼう》政府。類国。参考公共事業や規制を増やすことによって、政府の経済的な役割(国家予算・財政支出の規模《きぼ》)を大きくしようとする考えかたを「大きな政府」といい、その逆に、経済活動はできるだけ民間の自由にまかせておこうとする考えかたを「小さな政府」という。

せいぶ【西部】〈名〉❶ある地域のうちの、西の方の地域。❷アメリカ合衆国で、ミシシッピー川から西の地方。例西部劇。▽対東部。

せいふう【西風】〈名〉⇩にしかぜ

せいふく[1]【制服】〈名〉学校や工場などで着るように定められた服装。対私服。類ユニフォーム。

せいふく[2]【征服】〈名・する〉❶力で、相手をたおして、自分の支配下におくこと。例征服王朝。❷困難にうちかってやりとげること。例山を征服する。類克服《こくふく》。

せいぶげき【西部劇】〈名〉アメリカ合衆国の西部の開拓《かいたく》時代を舞台《ぶたい》にした、劇や映画。ウエスタン。

せいぶつ[1]【生物】〈名〉❶「いきもの」の学問的な言いかた。細胞《さいぼう》からなるからだをもち、代謝《たいしゃ》を行ないながら成長し、繁殖《はんしょく》するもの。一般《いっぱん》に、動物と植物の二種類に大きく分けられる。例生物多様性《たようせい》条約。対無生物。非生物。類生命体。❷「生物学」の略。高等学校の、理科の一科目。参考ワカメ・コンブ・アオミドロなどの藻類《そうるい》は、かつては植物にふくめられていたが、いまは「原生生物」にふくまれる。また、キノコ・カビなどの菌類《きんるい》や、細菌(バクテリア)も、動植物とは別の生物として分類されている。

せいぶつ[2]【静物】〈名〉絵の題材で、花やくだもの、道具のような動かないもの。例静物画。

せいぶつが【静物画】〈名〉静物をえがいた絵画。

せいぶつがく【生物学】〈名〉自然界に生きて活動している動物や植物の、構造や成長、進化や分布などを研究する学問。

せいぶつへいき【生物兵器】〈名〉病原菌《きん》を敵地にまきちらすことによる兵器。細菌兵器。参考核《かく》兵器・化学兵器とともに「大量破壊兵器」「大量殺戮《さつりく》兵器」または「ＡＢＣ兵器」といわれる。また、化学兵器とともに「貧者《ひんじゃ》の核兵器」とも呼ばれる。

せいぶん【成分】〈名〉あるものをつくり上げている一つ一つの物質や部分。例水の成分。類要素。

せいぶんか【成文化】〈名・する〉きまりや約束などを、文章として書きあらわしておくこと。類明文化。文書化。

せいぶんほう【成文法】〈名〉きちんと文書の形にな

ショパン (1810〜49) ポーランドの作曲家。ピアノ曲を多く残し,「ピアノの詩人」と呼ばれる。

っている法律。対不文法。

[1]**せいへい【政柄】**〈名〉政治の権力。古い言いかた。例政柄を握《にぎ》る。政柄を執《と》る。

[2]**せいへい【精兵】**〈名〉選びぬかれた、強い兵。類精鋭。

せいへき【性癖】〈名〉❶人の性質上のくせ。例ものごとをなんでも大げさに言う性癖。類癖《へき》。❷性欲の傾向《けいこう》。例異常性癖。注意①が本来の意味。

[1]**せいべつ【生別】**〈名・する〉たがいに生きたまま はなればなれになること。例幼少時に両親と生別した。対死別。類生き別れ。

[2]**せいべつ【性別】**〈名〉男か女か、雄《おす》か雌《めす》かの別。例応募者の性別を問わない。

ぜいべつ【税別】〈名〉その代金や料金のほかに、消費税がかかること。対税こみ。類税ぬき。

せいべついわ【性別違和】〈名〉〔医学〕からだの性と、本人が自分について意識している性とがことなるために、生きていくうえでさまざまな困難《こんなん》を感じている状態。「性同一性障害《せいどういつせいしょうがい》（GID）」の改称《かいしょう》。性別不合。類トランスジェンダー。

[1]**せいへん【正編】**〈名〉書物や文学作品、映画などで、つづきものになっているときに、最初に作られた、もとになる作品。本編《ほんぺん》。対続編。番外編。

[2]**せいへん【政変】**〈名〉❶政権の担当者が、正常ではないやりかたでかわること。クーデター。❷内閣がかわること。

せいほ【生保】〈名〉「生命保険（会社）」の略。

[1]**せいぼ【生母】**〈名〉その人を生んだ母親。実母。対継母《けいぼ》。義母。類生みの母。アセーボ

[2]**せいぼ【聖母】**〈名〉キリストの母、マリア。マドンナ。アセーボ

[3]**せいぼ【歳暮】**〈名〉❶年の暮れ。類年末。歳末《さいまつ》。❷⇩おせいぼ ▽アセーボ

[1]**せいほう【西方】**〈名〉西の方角。「さいほう」ともいう。対東方。

表現 西洋を意味することもあれば、仏のいるといわれる西方浄土《さいほうじょうど》を意味することもある。

[2]**せいほう【製法】**〈名〉製造するための方法。作り方。例食塩の製法。

[1]**せいぼう【声望】**〈名〉「りっぱな人だ」という評判。例声望が高い。類声価。人望。信望。

[2]**せいぼう【制帽】**〈名〉学生や警官などがかぶるように定められた帽子。類学帽。

ぜいほう【税法】〈名〉税金に関する法律。

せいほうけい【正方形】〈名〉〔数学〕四つの角《かく》がすべて等しく（すべて直角で）、かつ、四つの辺の長さもすべて等しい四角形。長方形とひし形の両方の性質をもつ四角形。類真四角《ましかく》。

せいぼつねん【生没年】〈名〉生まれた年と死んだ年。

[1]**せいほん【正本】**〈名〉❶謄本《とうほん》の一種。権限のある者が原本をそのままうつした文書。原本と同じ効力をもつ。❷うつした文書の原本となった文書。オリジナル。対副本。

[2]**せいほん【製本】**〈名・する〉印刷物などをとじて表紙をつけ、本の形にすること。例製本工場。

せいまい【精米】〈名・する〉玄米《げんまい》をついて、白くすること。白くした米。対玄米。類白米。精白。

せいみつ【精密】〈形動〉こまかいところまで、ていねいで正確である。例精密な機械。精密検査。類精巧《せいこう》。精緻《せいち》。緻密《ちみつ》。

せいむ【政務】〈名〉行政上の事務やつとめ。例政務にたずさわる。

せいむかん【政務官】〈名〉内閣府と各省の中で、特定の政策にかかわって副大臣とともに大臣をたすける人。若手の国会議員から選ばれる。

ぜいむしょ【税務署】〈名〉国税庁に属し、国の税金をわりあてたり、とりたてたりする各地の役所。

[1]**せいめい【生命】**〈名〉「いのち」のかたい言いかた。例生命をたもつ。生命体。生命力。時計の生命は正確さにある。アセーメー

表現「大けがで選手生命の危機に立たされる」「作家生命をかけて書いた長編小説」のように、仕事を続けていけることの意味でも使う。類寿命《じゅみょう》。

[2]**せいめい【声明】**〈名・する〉意見を世間の人々に発表すること。宣言。例声明をだす。声明文。共同声明。公式声明。抗議声明。類ステートメント。コミュニケ。アセーメー 参考「しょうみょう」と読むのは別のことば。

[3]**せいめい【姓名】**〈名〉姓と、個人の名《な》。例外国人の姓名。姓名判断。類氏名。フルネーム。アセーメー

[4]**せいめい【清明】**■〈名〉二十四節気の一つ。今の四月五日ごろ。■〈形動〉清く明らかだ。▽アセーメー

[5]**せいめい【盛名】**〈名〉りっぱな人として天下に知られた名前。例盛名をはせる。類名声。アセーメー

せいめいせん【生命線】〈名〉❶生死を分ける条件となる最重要事項《じこう》。例石油はわが国の生命線だ。❷手相で、その人の寿命《じゅみょう》や健康を示すという、手のひらのすじ。親指と人さし指のあいだから手首にむかってカーブしているもの。

せいめいはんだん【姓名判断】〈名〉姓名の文字の音や字画などから、人の運勢をうらなうこと。

せいめいほけん【生命保険】〈名〉保険会社との契約《けいやく》によってかけ金をつみたて、指定した人の死亡やけが、契約満期の時に、きまった額のしはらいを受ける保険組織。

せいめいりょく【生命力】〈名〉からだにそなわった、生きようとする力。

せいめん【製麺】〈名〉うどん・そば・ラーメンなどにする、麺をつくること。例製麺業。製麺所。

[1]**せいもん【正門】**〈名〉建物の正面の門。対裏門。類表門。

[2]**せいもん【声門】**〈名〉左右の声帯のあいだの、息がとおるせまいすきま。

[3]**せいもん【声紋】**〈名〉人の声を周波数分析《ぶんせき》装置にかけて、その結果を図に表わしたもの。しま模様の図で、指紋と同じように、個人個人の特徴《とくちょう》があらわれる。

せいや【聖夜】〈名〉〔宗教〕キリストの生まれたその夜。参考 キリストの生まれた日は十二月二十五日なので、クリスマスは二十五日だが、生まれた時刻が二十四日から二十五日にかけての夜の間であるため、二十四日の夜を聖夜として祝う習慣がある。それがクリスマスイブ。

[1]**せいやく【制約】**〈名・する〉条件をつけて、自由にさせないこと。拘束《こうそく》条件。例自由を制約する。制約を受ける。制約をつける。時間の制約。類制限。

[2]**せいやく【誓約】**〈名・する〉ちかいをたてて、かたく約束をすること。ちかったこと。例誓約書。類確約。

 ジョン王 (1167～1216) イギリス国王。貴族の要求に負けて「マグナ=カルタ」に署名した。

せいやく[3]【製薬】〈名〉薬《くすり》の製造。例製薬会社。

せいゆ[1]【精油】〈名・する〉❶植物からとれる、油状《ゆじょう》の香料《こうりょう》。それをとりだすこと。❷石油を精製《せいせい》すること。精製された良質の石油。対原油。

せいゆ[2]【製油】〈名・する〉原油や、植物・動物から、各種の燃料用・食用などの油をつくること。

せいゆう[1]【声優】〈名〉アニメ、外国映画の吹きかえ、ゲームなどで、声だけの出演をする人。

せいゆう[2]【清遊】〈名・する〉世俗《せぞく》をはなれた風流な遊びや旅行。

表現 旅館や観光地などで、「ご清遊」の形で、旅行客が遊びにくることをうやまって使われることが多い。

せいよう[1]【西洋】〈名〉ヨーロッパやアメリカの国々。例西洋料理。西洋風。対東洋。類西欧《せいおう》。欧米。アセーヨー

せいよう[2]【静養】〈名・する〉心やからだをしずかに休めて、病気やつかれをいやすこと。例温泉につかってゆっくり静養したい。類休養。療養《りょうよう》。保養。養生《ようじょう》。アセーヨー

せいようじん【西洋人】〈名〉西洋の人。対東洋人。

せいよく【性欲】〈名〉性的な欲求。例性欲がわく。類肉欲。

せいらい【生来】〈名・副〉うまれつき。うまれて以来ずっと。例生来の臆病《おくびょう》者。わたしは生来ヘビがきらいだ。類天性。生得《せいとく》。生まれながら。

せいり[1]【生理】〈名〉❶生物のからだの はたらき。例生理現象。生理的。❷「月経」のこと。

せいり[2]【整理】〈名・する〉❶乱れているものをまとめて、きちんとととのえること。例机の上を整理する。問題点の整理。整理整頓《せいとん》。整理券。交通整理。類整頓。❷必要でないものをすてること。例古いものを整理する。人員整理。類処分。始末。

せいりがく【生理学】〈名〉生物体の生命を維持《いじ》するはたらきを、その機能の面から研究する学問。

ぜいりし【税理士】〈名〉税務の申請《しんせい》書類を作成し、申告・申請・請求などを代行できる資格をもつ人。

せいりしょくえんすい【生理食塩水】〈名〉血液などの体液と同じ浸透《しんとう》圧にした食塩水。点滴や注射液をうすめるときや、傷口を洗うときなどに用いる。

せいりつ【成立】〈名・する〉❶ものごとができあがって、働きが始まること。例日本国家の成立。予算が成立する。❷話がまとまること。例商談が成立する。

ぜいりつ【税率】〈名〉税金をかける割合。課税率。

せいりてき【生理的】〈形動〉❶からだのはたらきにかかわっている。例生理的な現象。❷りくつではなく、感覚や本能にかかわっている。例生理的にきらう。

せいりゃく【政略】〈名〉政治の世界での、また、おとなの社会の政治的な、策略やかけひき。

せいりゃくけっこん【政略結婚】〈名〉政治的な目的や利益のために、当人の意思を無視して成立させる結婚。

せいりゅう[1]【清流】〈名〉きれいな水のながれ。例清流でアユをつる。対濁流《だくりゅう》。

参考 高知県の四万十《しまんと》川、岐阜県の長良《ながら》川、静岡県の柿田《かきた》川が、日本の三大清流とよばれる。

せいりゅう[2]【整流】〈名〉〔物理〕電気の流れを、交流から直流へと変えること。例整流器。

せいりゅうとう【青竜刀】〈名〉刀身のはばが広く、柄《え》に青い竜のかざりがついた中国の刀。

せいりょう[1]【声量】〈名〉人が発する声の大きさやゆたかさ。例声量がある。

せいりょう[2]【清涼】〈形動〉さわやかですずしい。例高原の清涼な空気。

せいりょういんりょう【清涼飲料】〈名〉飲むとさわやかな気分になる、炭酸などをふくむ冷たい飲みもの。サイダーやコーラなどの類。

せいりょうざい【清涼剤】〈名〉人々の心をさわやかにするようなもの。例一服の清涼剤。

せいりょく[1]【勢力】〈名〉他のものを自分に従わせる力。影響《えいきょう》力のある存在。例勢力をのばす。一方の勢力。勢力範囲《はんい》。類勢威《せいい》。いきおい。

せいりょく[2]【精力】〈名〉からだをはたらかせるもとになる力。例精力絶倫《ぜつりん》。精力的。類活力。精気。バイタリティー。エネルギー。

せいりょくけん【勢力圏】〈名〉勢力のおよぶ範囲《はんい》。例敵の勢力圏。台風の勢力圏。

せいりょくてき【精力的】〈形動〉力がみなぎり、つかれを知らないありさま。例精力的にうごきまわる。類エネルギッシュ。

せいるい(声涙)**ともにくだ**(下)**る** 語るうちに感きわまって、涙《なみだ》がおさえられず、涙とともに語る。

せいれい[1]【政令】〈名〉法律できまったことを実行にうつすために、内閣が出す命令。

せいれい[2]【聖霊】〈名〉〔宗教〕キリスト教でいう、神から人間にくだされる神の意志。

せいれい[3]【精霊】〈名〉❶死んだ人のたましい。仏教では「しょうりょう」ともいう。類霊。❷「森の精」「水の精」などというように、万物にやどる命が自由に神や人のすがたをとって出てくるもの。

せいれい[4]【精励】〈名・する〉勉強や仕事に はげむこと。例勉学に精励する。類勉励。精勤。

せいれいしていとし【政令指定都市】〈名〉政令で指定された人口五十万人以上の市。都道府県に準じる行政単位としてあつかわれ、行政区をもつことができる。指定都市。

せいれき【西暦】〈名〉キリスト誕生《たんじょう》の年と推定された年を紀元元年とする、年数のかぞえかた。たとえば、令和三年は、西暦二〇二一年。西紀。対和暦。邦暦《ほうれき》。

せいれつ[1]【整列】〈名・する〉列をつくって、まっすぐにならぶこと。例「整列!」。整列乗車。

せいれつ[2]【清▼冽】〈形動〉水がきれいで、つめたい。例清冽な流れ。

せいれん[1]【精錬】〈名・する〉鉱石から取り出された金属の不純物をのぞき、良質なものにすること。例精錬所。

せいれん[2]【製錬】〈名・する〉⇩やきん〔冶金〕

せいれんけっぱく【清廉潔白】〈名・形動〉損をしても正義をつらぬき、得になっても、よくないことには同調しない心。例清廉潔白な人。

せいろ〈名〉⇩せいろう〔蒸籠〕(次項)

せいろう[1]【▽蒸籠】〈名〉❶もち米やまんじゅうなどを蒸《む》す道具。木製のわくの底の部分に、すのこをおいて、かまの上にのせて使う。絵(次ページ) 類蒸し器。❷もりそばを盛《も》る、すだれを敷いた四角い容器。▽ふつう「せいろ」と言う。アセーロー

せいろう[2]【晴朗】〈形動〉空が気持ちよく晴れている。アセーロー

せいろん【正論】〈名〉りくつとしては、だれからみても正しい意見。例正論を説く。正論にはちがいないが…。正論を吐《は》く。

表現 現実の社会では必ずしも通用するとは限らない、という気持ちをこめて使われることも多い。

［せいろう］

ゼウス〈名〉ギリシャ神話の最高神。◇ギリシャ語から。

セーター〈名〉毛糸であんだうわぎ。頭からかぶって着る。例セーターをあむ。◇sweater

セーフ〈名〉❶野球で、ランナーが生きのこること。例セーフになる。❷テニスや卓球《たっきゅう》などで、ボールが相手のコートに入ること。類イン。▽対アウト。◇safe

セーブ〈名〉❶〈する〉余分やむだにならないように、おさえたりたくわえたりすること。例力をセーブする。出費をセーブする。❷〈する〉コンピューターでの、ファイルの保存。❸野球で、リリーフ投手がリードしていた得点を守りきること。その記録を数えることば。◇save

セーフガード〈名〉〔経済〕WTO（世界貿易機関）協定にもとづく、緊急輸入制限。特定の品目の輸入量が多くなった場合に、国内の産業を守るために、その品目の輸入を、一時的に減らす措置《そち》。◇safeguard

セーフティーネット〈名〉失業や、金融《きんゆう》機関の倒産《とうさん》、被災《ひさい》など、個人の力ではさけられない損害や損失があったとき、国家や社会が最低限の保障をする制度。社会保障制度や、雇用《こよう》保険、預金保険機構などがこれにあたる。安全網《もう》。◇safety net

参考 経済・福祉《ふくし》・雇用など、幅広い分野で使われることば。もと、サーカスの綱渡《つなわた》りで、安全のために下に張った網《あみ》のこと。

セーラーふく【セーラー服】〈名〉海員服スタイルの服装で、多く、女子生徒の上半身の制服に採用されるもの。えりの折り返しが大きく、背中に四角く垂れるのが特徴《とくちょう》。参考セーラー（sailor）は、海員、水夫、水兵。それで、むかしは「水兵服」といった。

セーリング〈名・する〉❶帆走《はんそう》。❷ヨットレース。オリンピック種目の一つ。◇sailing

セール〈名〉特売《とくばい》。類バーゲン。◇sale

セールス〈名・する〉❶商品の販売《はんばい》。とくに商品を売りこむために、ほうぼうを訪問すること。例保険のセールスをする。類営業。❷商品の売りあげ。例五〇万枚のセールスを記録する。◇sales

セールスポイント〈名〉商品を売りこむためのうたい文句。その商品の特長を強調する。類売り物。

参考 日本での複合語。英語では selling point という。

セールスマン〈名〉個人の家や会社などをまわって、商品を売りあるく人。類外交員。◇salesman

せおいなげ【背負い投げ】〈名〉柔道《じゅうどう》のわざの一つ。相手のうでを肩越《かたご》しにかかえこみ、そのからだを自分の背にのせてから前方に投げおとす。

せお・う【背負う】〈動五〉❶荷物や人をせなかにのせる。例老母を背負う。類おぶう。❷苦しい仕事や負担になることをひきうける。例責任を背負う。一家を背負う。▽類負う。しょう。になう。かつぐ。

せおってた・つ【背負って立つ】〈動五〉中心となって、重い責任を担《にな》う。くだけた言いかたでは「しょって立つ」ともいう。例新時代を背負って立つ若者たち。

せおと【瀬音】〈名〉川の瀬を水が流れるときの音。

せおよぎ【背泳ぎ】〈名〉⇩はいえい

セオリー〈名〉❶学問などの理論。❷きまったやりかた。例野球のセオリー。セオリーどおりの采配《さいはい》。類常道《じょうどう》。定石《じょうせき》。◇theory

せかい【世界】〈名〉❶地球上のすべての国をふくむ大きなひろがり。例世界をまたにかけて歩く。世界一。世界平和。全世界。❷ある角度から見たときに見える、かぎられた範囲《はんい》の中のすべて。例役者の世界。勝負の世界。どこの世界に、自分の子どもがかわいくない者があろう。❸どこまでということなく、ひろがって、自分をつつんでいるもの。例新しい世界がひらける。

せかいいさん【世界遺産】〈名〉特別に保護すべきものとして、条約にもとづいてユネスコが登録する、世界中の貴重な地域（＝自然遺産）と文化財（＝文化遺産）。その二つの価値をあわせもつものを「複合遺産」という。↓世界記憶《きおく》遺産・世界農業遺産・世界無形文化遺産

せかいかん【世界観】〈名〉この世界、この人生をどういうものと見るか、その考えかた。類人生観。

表現 俗《ぞく》に、SFやファンタジー映画などで、作者が作品世界にこめた考え、という意味でも使われる。

せかいきおくいさん【世界記憶遺産】〈名〉特別に保護すべきものとしてユネスコが登録する、世界中の楽譜《がくふ》や書物などの記録物。「世界の記憶」の通称《つうしょう》。

せかいじゅう【世界中】〈名〉地球上のすべてのところ。周囲の何もかも。例世界中を旅する。世界中が敵に見える。

せかいせん【世界線】〈名〉⇩タイムライン③

せかいたいせん【世界大戦】〈名〉世界的な規模で行なわれる大きな戦争。ふつう、第一次世界大戦、第二次世界大戦をいう。

せかいてき【世界的】〈形動〉その国だけではなく、きわめて多くの国々に関係していたり、知られていたりする。例世界的問題。世界的な音楽家。類国際的。

せかいのうぎょういさん【世界農業遺産】〈名〉特別に保全すべきものとして国連食糧農業機関（FAO）が認定《にんてい》する、世界中の農業地域。「世界重要農業資産システム」の通称《つうしょう》。

せかいむけいぶんかいさん【世界無形文化遺産】〈名〉ユネスコが一覧表として発表している、世界中の無形文化財。「人類の口承及び無形遺産の傑作《けっさく》」の通称《つうしょう》。世界無形遺産。

せがき【施餓鬼】〈名〉〔仏教〕地獄《じごく》に落ちて飢《う》え苦しむ人や、あとをとむらってくれる人のいない死者に対する供養《くよう》。

せか・す【▽急かす】〈動五〉早く早くと、いそがせる。例原稿《げんこう》をせかす。まだ間にあうからそうせかすな。

せかせか〈副・する〉話し方や歩き方があせっているようで落ち着きがない。例せかせか(と)歩く。対のんびり。

せかっこう【背格好】〈名〉身長、肩幅《かたはば》、肉づき、姿勢のとり方など全体を総合したからだつき。例顔よりも背格好が父に似《に》ている。

ぜがひでも【是が非でも】〈副〉「ぜひ」を強めた言いかた。どんな手段をとってでも。類是非とも。

せが・む〈動五〉あまえる気持ちで、むりになんどもたのむ。

せ

シラー（1759〜1805）　ドイツの詩人・劇作家。ゲーテとドイツ文学の最も充実した時代を築いた。

例子どもにせがまれる。類ねだる。せびる。

せからしか(方言) うるさい。わずらわしい。福岡などで言う。例せからしか、静かにせんね(=しないか)。

せがれ【▼伜】〈名〉「むすこ」のやや古風な、言いかた。表現 謙遜《けんそん》した感じのことばで、自分のむすこを「わたしのせがれです」のようにいう。「お宅のむすこさん」は言えても「お宅のせがれさん」は言いにくい。

セカンド ㊀〈造語〉第二。二番目。例セカンドハウス。㊁〈名〉野球で、二塁《るい》。二塁手。例セカンドフライ。◇second

セカンドオピニオン〈名〉よりよい判断をするために別の人に聞く、第二の意見。とくに、誤診《ごしん》の可能性などに備えるための、主治医とは別の医師の意見。◇second opinion

常用漢字 **せき**

【夕】夕部0 全3画 夕夕夕
セキ ゆう 教小1 音[セキ] □一朝一夕《いっちょういっせき》。訓[ゆう] 夕方。夕日。夕刻。夕べ。注意「七夕」は、「たなばた」と読む。

【斥】斤部1 全5画 斥斥斥斥斥
セキ 音[セキ] □斥候《せっこう》。□排斥《はいせき》。

【石】石部0 全5画 石石石石石
セキ・シャク・コク いし 教小1 音❶[セキ] □石材《せきざい》。石器《せっき》。石炭《せきたん》。石油《せきゆ》。□岩石《がんせき》。宝石《ほうせき》。一石二鳥《いっせきにちょう》。玉石混交《ぎょくせきこんこう》。❷[シャク] □磁石《じしゃく》。盤石《ばんじゃく》。❸[コク] □石高《こくだか》。□千石船《せんごくぶね》。百万石《ひゃくまんごく》。訓[いし] 石。

【赤】赤部0 全7画 赤赤赤赤赤赤赤
セキ・シャク あか・あかい・あからむ・あからめる 教小1 音❶[セキ] □赤飯《せきはん》。赤外線《せきがいせん》。赤血球《せっけっきゅう》。赤道《せきどう》。赤貧《せきひん》。赤裸々《せきらら》。❷[シャク] □赤銅《しゃくどう》。訓❶[あか] 赤。赤鉛筆。赤字。赤潮。赤信号。赤とんぼ。赤身。赤ん坊。❷[あかい] 赤い。❸[あからむ] 赤らむ。赤ら顔。❹[あからめる] 赤らめる。

注意「真っ赤」は、「まっか」と読む。

【昔】日部4 全8画 昔昔昔昔昔昔昔昔
セキ・シャク むかし 教小3 音❶[セキ] □昔日《せきじつ》。昔年《せきねん》。昔時《せきじ》。❷[シャク] □今昔《こんじゃく》。訓[むかし] 昔。昔話。一昔。

【析】木部4 全8画 析析析析析析析析
セキ 音[セキ] □析出《せきしゅつ》。□分析《ぶんせき》。解析《かいせき》。透析《とうせき》。

【席】巾部7 全10画 席席席席席席
セキ 教小4 音[セキ] □席上《せきじょう》。席料《せきりょう》。席次《せきじ》。席亭《せきてい》。□座席《ざせき》。出席《しゅっせき》。指定席《していせき》。首席《しゅせき》。注意「寄席」は、「よせ」と読む。

【脊】月部6 全10画 ※脊脊脊脊脊
セキ 音[セキ] □脊髄《せきずい》。脊柱《せきちゅう》。脊椎《せきつい》。

【隻】隹部2 全10画 ※隻隻隻隻隻
セキ 音[セキ] □隻手《せきしゅ》。隻眼《せきがん》。片言隻語《へんげんせきご》。□数隻《すうせき》。

【惜】忄部8 全11画 惜惜惜惜惜惜
セキ おしい・おしむ 音[セキ] □惜敗《せきはい》。惜別《せきべつ》。□愛惜《あいせき》。痛惜《つうせき》。訓❶[おしい] 惜しい。口惜しい。❷[おしむ] 惜しむ。負け惜しみ。

【戚】戈部7 全11画 ※戚戚戚戚戚
セキ 音[セキ] □親戚《しんせき》。遠戚《えんせき》。縁戚《えんせき》。

【責】貝部4 全11画 ※責責責責責
セキ せめる 教小5 音[セキ] □責任《せきにん》。責務《せきむ》。□職責《しょくせき》。重責《じゅうせき》。叱責《しっせき》。訓[せめる] 責める。

【跡】足部6 全13画 跡跡跡跡跡
セキ あと 音[セキ] □形跡《けいせき》。足跡《そくせき》。筆跡《ひっせき》。追跡《ついせき》。遺跡《いせき》。旧跡《きゅうせき》。訓[あと] 跡。足跡《あしあと》。城跡。屋敷跡。

【積】禾部11 全16画 ※積積積積積
セキ つむ・つもる 教小4 音[セキ] □積雪《せきせつ》。積年《せきねん》。積極的《せっきょくてき》。□蓄積《ちくせき》。堆積《たいせき》。体積《たいせき》。面積《めんせき》。容積《ようせき》。訓❶[つむ] 積む。積み木。下積み。山積み。❷[つもる] 積もる。見積もる。見積書。

【績】糸部11 全17画 ※績績績績績
セキ 教小5 音[セキ] □紡績《ぼうせき》。成績《せいせき》。業績《ぎょうせき》。功績《こうせき》。

【籍】竹部14 全20画 籍籍籍籍籍
セキ 音[セキ] □書籍《しょせき》。戸籍《こせき》。国籍《こくせき》。本籍《ほんせき》。

[1]せき【▼咳】〈名〉のどが刺激《しげき》されて、急にはげしくでる強い息。例せきが出る。せきをする。アセキ」

[2]せき【▼堰】〈名〉水流をとめるために、川や湖などにもうけるしきり。アセキ

堰を切《き》ったように それまでおさえられていたものが、はげしいいきおいで動きだすようす。例それからというもの、せきを切ったように作品が作られた。

[3]せき【関】〈名〉「関所」のこと。例箱根の関。アセキ

[4]せき【席】〈名〉❶人がすわるためにもうけてある場所。特定の人のためにとってある座席。例席につく。席をとる。席のあたたまるいとまがない。類座。❷組織の中の重要な地位。例課長の席。類ポスト。いす。❸特定目的による、人のより合い。例おおやけの席。酒の席。席をかえて話そう。類場《ば》。座。▽アセキ

席の暖《あたた》まるいとまがない そのいそがしさ、いつも諸方をとび回り、とうてい一か所にはとどまらない。

席を改《あらた》める ふんいきをかえるために、別のところに会場をうつす。

席を蹴《け》る 怒《おこ》って、乱暴に椅子《いす》から立ち上がる。椅子を蹴る。例席を蹴って出ていく。

席を外《はず》す 仕事中や会議中などに、なにかの用や議事のつごうなどのため、一時自分の席をはなれる。

[5]せき【責】〈名〉立場上の、責任・義務。かたい言いかた。例責を負《お》う。責を果《は》たす。

[6]せき【積】〈名〉〔数学〕二つ以上の数をかけあわせてえ

られる数。例二つの数の積を求めよ。対商。アセキ

[7]**せき【籍】** 一〈名〉❶団体や組織に属すことを示す登録。例野球部に籍をおく。❷戸籍。▽アセキ
二〈接尾〉国籍。例外国籍。中国籍。アメリカ籍。

籍を入《い》れる ⇩にゅうせき②

[8]**せき【石】**〈接尾〉❶石《いし》のこと。例石灰石。人工石。天然石。誕生《たんじょう》石。❷アクセサリーや腕時計にうめこまれている宝石の数をかぞえることば。

せきあく【積悪】〈名〉長いあいだつみかさねてきた悪いおこない。例積悪のむくい。対積善。

せきうん【積雲】〈名〉〔気象〕夏の晴れた日に現れる白くこんもりとふくらんだ綿《わた》のような感じの雲。綿雲。

[1]**せきえい【石英】**〈名〉岩石をつくっているおもな成分の一つ。二酸化珪素《けいそ》からなる、ガラスのような鉱物。六角柱のかたちに結晶《けっしょう》したものは、水晶とよばれる。ガラスや陶器《とうき》などの原料となる。▽アセキエイ 表記 理科の教科書などでは「セキエイ」と書かれることもある。

[2]**せきえい【隻影】**〈名〉ほんの一つの、物のかげ・すがた。アセキエイ

せきがいせん【赤外線】〈名〉〔物理〕目に見えない光の一種。ものをあたためる作用がある。医療《いりょう》や特殊《とくしゅ》な写真撮影《さつえい》などに使われる。熱線。対紫外線《しがいせん》。参考 スペクトルで、赤色光より外がわにある。

せきがく【▼碩学】〈名〉深い学問を身につけた人。類大学者。

せきがはらのたたかい【関ヶ原の戦い】〈名〉〔歴史〕豊臣秀吉《とよとみひでよし》に仕えた石田三成《いしだみつなり》が、一六〇〇年、毛利輝元《もうりてるもと》ら西国《さいごく》の豊臣方《がた》の大名（＝西軍《せいぐん》）を集めて、徳川家康《とくがわいえやす》の東軍《とうぐん》と美濃《みの》（＝いまの岐阜県）の関ヶ原でたたかったいくさ。東軍が勝ち、徳川氏の全国支配が確立した。
表現 この戦いが「天下分け目の戦い」といわれ、一般《いっぱん》に勝敗や運命のきまる決定的場面のことを、「天下分け目の関ヶ原」という。

せきご【隻語】〈名〉わずかのことば。例片言隻語。

[1]**せきこ・む【せき込む】**〘▽急き込む〙〈動五〉気があせる。例せき込んで話す。

[2]**せきこ・む【せき込む】**〘▼咳き込む〙〈動五〉病気などで、せきをはげしく続けてする。

せきさい【積載】〈名・する〉船やトラックなどに、荷物を積みこむこと。例積載量。類搭載《とうさい》。

せきざい【石材】〈名〉建造物や彫刻の材料とする石。

せきさん【積算】〈名・する〉❶順々にくわえて計算すること。その合計。類累計《るいけい》。❷工事などの予算の見つもりをだすこと。

せきじ【席次】〈名〉❶あらたまった会合での座席の順序。例席次をきめる。類席順。❷成績などの順位。例卒業の席次。

せきしつ【石室】〈名〉❶石でつくったへや。❷古墳《こふん》の、柩《ひつぎ》をおさめた石のへや。

せきじつ【昔日】〈名〉すぎさった日び。例昔日のおもかげがない。類往時。往年。

せきじゅうじ【赤十字】〈名〉❶白地に赤の十字形を表わしたしるし。赤十字社や衛生隊のマークとして使う。❷「赤十字社」の略。博愛の精神にのっとり、人々の病気やけがの治療《ちりょう》、予防衛生思想の普及《ふきゅう》などを行なう国際的な団体。戦争中には、敵味方の区別なく負傷した人をすくう。また、国交のない国どうしの仲裁《ちゅうさい》をしたりする。一八六二年、スイスのアンリ＝デュナンによって提唱された社会事業。例日本赤十字社。参考 ①は、②をはじめてつくったスイスの国旗からデザインしたもの。

せきしゅつ【析出】〈名・する〉〔化学〕溶液《ようえき》の中から、ある固体物質だけをとりだすこと。類抽出《ちゅうしゅつ》。

せきしゅん【惜春】〈名〉すぎさっていく春をおしむこと。

[1]**せきじゅん【石▼筍】**〈名〉鍾乳洞《しょうにゅうどう》の床《ゆか》から上にむかってのびている石灰《せっかい》岩。天井《てんじょう》から石灰分をふくんだ水がしたたり落ちてつみかさなり、長い年月のうちに、たけのこ状にかたまったもの。↓しょうにゅうせき

[2]**せきじゅん【席順】**〈名〉座席にだれがどうすわるかの順序。類席次。

せきしょ【関所】〈名〉〔歴史〕むかし、国ざかいや交通上の要所に設置して、通行人をしらべたり、通行税をとったりした施設。関。例関所やぶり。

せきじょう【席上】〈名〉会合や集会などが開かれて進行中の現場。例席上であいさつする。

せきしん【赤心】〈名〉うそやかざりのない純粋《じゅんすい》な心。類まごころ。赤誠。

せきずい【脊髄】〈名〉背ぼねの中にあって延髄からつらなる円柱状の神経器官。両がわから脊髄神経がでていて、知覚や反射運動をつかさどる。

せきせい【赤誠】〈名〉自分の損得などを少しも考えない純粋《じゅんすい》な心。類まごころ。赤心。

せきせつ【積雪】〈名〉雪のつもりかた。例三〇センチの積雪を記録する。積雪量。類降雪。

[1]**せきぜん【積善】**〈名〉長いあいだつみかさねてきたよいおこない。対積悪。

積善の家《いえ》には必《かなら》ず余慶《よけい》あり よいことをしておけば、やがて思いがけない幸せがおとずれるものだ。

[2]**せきぜん【寂然】**〈副・連体〉しんとした静けさ。「じゃくねん」ともいう。例寂然と静まり返る。寂然とした一室。類寂漠《せきばく》。

せきそう【積層】〈名・する〉層をつみかさねること。例積層材。積層構造。

せきぞう【石像】〈名〉石をほりきざんで仕上げた像。

せきた・てる【せき立てる】〘▽急き立てる〙〈動下一〉早く早くといそがせる。例せき立てて、学校へおくりだす。類催促《さいそく》する。うながす。

せきたん【石炭】〈名〉黒い、石のような燃料。大むかしの植物が地中にうもれ、熱と圧力で変化してできた、化石燃料の一つ。おもな成分は炭素で、質のよい順に、無煙《むえん》炭・瀝青《れきせい》炭・褐炭《かったん》・泥炭《でいたん》にわける。参考 産業革命以後の重要なエネルギー源として「黒ダイヤ」と呼ばれたこともあったが、その後、石油に地位をゆずった。

[1]**せきちゅう【石柱】**〈名〉❶石でできている柱。❷鍾乳洞《しょうにゅうどう》で、鍾乳石と石筍《せきじゅん》とがつながってできた石灰の柱。

[2]**せきちゅう【脊柱】**〈名〉「背骨《せぼね》」の専門的な言いかた。

せきちん【赤沈】〈名〉⇩けっちん

せきつい【脊椎】〈名〉背骨《せぼね》をかたちづくっているたくさんのほね。例脊椎動物。脊椎カリエス。

せきついどうぶつ【脊椎動物】〈名〉脊柱（＝背ぼね）をもつ動物。脳がよく発達しており、動物の進化のうえでもっとも高等なもの。哺乳《ほにゅう》類・鳥類・爬虫《はちゅう》類・両生類・魚類など。対無脊椎動物。表記 理科の教科

 白瀬矗（しらせのぶ）（1861〜1946） 日本の探検家。陸軍中尉。南極を探検し，南緯80度に達した。

書などでは「セキツイ動物」と書かれることもある。

せきてい【石庭】〈名〉石をたくみに芸術的に配置し、砂をしいた庭。禅《ぜん》寺《でら》の庭に多い。参考 石の配置には、仏教の哲学《てつがく》的意味が込められている。京都の竜安寺《りょうあんじ》の石庭は有名。

せきとう【石塔】〈名〉石でつくった塔や墓《はか》。

せきどう【赤道】〈名〉地球の中心をとおり、地軸《ちじく》に垂直な平面で地球をきったとき、きり口の外がわをかこんでいる線。緯度《いど》の基準となる。長さは約四万キロメートル。参考 同じ平面で天球をきったときの線を、「天の赤道」とよぶ。

せきとして【寂として】〈副〉「ひっそりとして」という意味の古典的表現。例 満場寂として声なし。

せきと・める【せき止める】『▽塞き止める・▼堰き止める』〈動下一〉水の流れや、ものごとのいきおいなどをさえぎって止める。例 川をせき止める。

せきとり【関取】〈名〉すもうで、十両以上の力士。

せきにん【責任】〈名〉❶仕事や役目として、当然しなければならない つとめ。例 責任がある。責任が重い。責任をはたす。類 責務。責《せき》。❷自分の行為《こうい》や、自分にかかわりのあることがらの結果に対して負う、義務やつぐない。例 責任をとる。責任の所在を明確にする。責任者。責任転嫁《てんか》。類 責《せ》め。

せきにんかん【責任感】〈名〉自分の仕事や役目についての責任を意識する気持ち。例 責任感の強い人。

せきにんしゃ【責任者】〈名〉最終的に責任をとるべき人。例 現場責任者。

せきねん【積年】〈名〉一年一年とかさなってきた長い年月。例 積年の課題。

せきのやま【関の山】〈名〉いちばんよく見積もってここまでという限界点。例 今場所の体調では、八勝が関の山だろう。類 せいぜい。やっと。

せきはい【惜敗】〈名・する〉いいたたかいぶりであったが、おしくも負けになった、という負けかた。対 惨敗《ざんぱい》。

せきばく【寂漠】〈副・連体〉❶ものおと ひとつせず、ひっそりとしてものさびしい。例 寂漠たる荒野《こうや》。❷心をみたしてくれるものがなくて、ものさびしい。例 寂漠として一人思いにふける。▽類 索漠《さくばく》。寂寥《せきりょう》。→さくばく

表現

せきばらい【せき払い】『▼咳払い』〈名・する〉のどのつかえをはらいのけたり、人の注意をひいたりするために、「えへん」「おほん」などとせきのような音声を出すこと。類 空《から》せき。

せきはん【赤飯】〈名〉もち米を、煮たアズキといっしょにむして、アズキのしるで赤くそめためし。祝いごとがあるときにつくることが多い。類 おこわ。表現 折り箱に入れたものは一折《ひとお》り二折《ふたお》りと数える。

せきばん【石版】〈名〉石でできた、印刷や版画の原版。

せきひ【石碑】〈名〉⇩ひ〔碑〕

せきひん【赤貧】〈名〉なにひとつ持っていないほどの、ひどい貧乏《びんぼう》。

赤貧洗《あら》うがごとし とても貧しくて、洗いながしてしまったように、なに一つ持ちものがない。

せきふ【石▼斧】〈名〉石器時代に使われた、おののかたちをした石器。土をほったり、ものを切るのに使った。

せきぶつ【石仏】〈名〉石でつくったり、岩にきざんだりした仏像。いしぼとけ。

せきぶん【積分】〈名・する〉〔数学〕関数を使った、高等数学の一つ。面積や体積を求めるときなどに使う。

せきへい【積弊】〈名〉長い間に、動かしがたいほど積みかさなってしまった、悪いことがら。

せきべつ【惜別】〈名〉別れたくないが別れなければならないこと。例 惜別の情。

せきぼく【石墨】〈名〉黒くてやわらかい鉱物。炭素でできている。えんぴつのしんや電極に使う。黒鉛《こくえん》。

せきむ【責務】〈名〉しなければならない つとめ。例 責務をはたす。類 任務。責任。

せきめん【赤面】〈名・する〉はずかしさで、顔を赤くすること。例 赤面のいたり。類 汗顔《かんがん》。

赤面の至《いた》り はずかしくて人前にも出られない感じ。類 汗顔《かんがん》の至り。

せきもり【関守】〈名〉むかし、関所の番をした役人。

せきゆ【石油】〈名〉地中にたまった、燃料となる液体。おもな成分は炭化水素。ほりだしたままのものを原油といい、これから、重油・軽油・灯油・ガソリンなどをとりだす。化学工業の原料としてもひろく使われる。参考 かつての石炭にかわって、天然ガスとともに もっとも重要なエネルギー源となった。

せきゆきき【石油危機】〈名〉一九七三(昭和四八)年と一九七九(昭和五四)年におきた、原油価格の高騰《こうとう》。輸入国に深刻《しんこく》なインフレと物不足をもたらしたが、これをきっかけに、省エネルギーの技術が発達した。オイルショック。

セキュリティー〈名〉安全を守ること。防犯。例 セキュリティーシステム。ホームセキュリティー。◇security

せぎょう【施行】〈名・する〉〔仏教〕僧《そう》やまずしい人々にほどこしをして、善行《ぜんこう》をつむこと。

せきらら【赤裸裸】〈形動〉なにごともかくさず、ありのままである。例 赤裸々な告白。

せきらんうん【積乱雲】〈名〉〔気象〕夏によくできる、山のようにもり上がった、巨大な雲。底は地上二キロメートルぐらい、いただきは地上一〇キロメートル以上にもなる。にわか雨やかみなりをおこす。類 入道雲。雲の峰《みね》。

せきり【赤痢】〈名〉赤痢菌《きん》に汚染《おせん》された食べ物や水によって感染する病気。腹痛・下痢《げり》・血便がある。

せきりょう[1]【席料】〈名〉座敷や会場を借りる料金。類 席代。ア セキリョー

せきりょう[2]【寂▼寥】〈名・副・連体〉❶何のけはいもない、しんとした静けさ。例 寂寥とした枯れ野が原。❷何とはなしの、物さびしい思い。例 一人暮らしの寂寥にひたる。▽類 寂漠《せきばく》。ア セキリョー

せきりょく【斥力】〈名〉〔物理〕物体と物体とが、たがいに他を遠くへおしやろうとする力。反発力。対 引力。

せきれい『▼鶺▼鴒』〈名〉小鳥の一種。からだつきはほっそりしていて、背は灰色、腹は白または黄色で美しい。キセキレイやセグロセキレイなどの種類がある。いしたたき。

せきわけ【関▽脇】〈名〉すもうの番付《ばんづけ》で、大関の下、小結《こむすび》の上の位。三役の一つ。

せ・く[1]『▽急く』〈動五〉早くしようとして気持ちが落ちつかなくなる。例 気がせく。類 あせる。はやる。

せいては事《こと》を仕損《しそん》じる ものごとをあわててやると、不注意のために失敗することが多いから、落ちついてゆっくりやれ。類 急がば回れ(→「いそぐ」の子項目)。

せ・く[2]『▽塞く・▼堰く』〈動五〉さえぎって、流れないようにする。例 川をせく。せき止める。

セクシー〈形動〉性的な魅力《みりょく》がある。例 セクシーな

声。類 エロティック。◇sexy

セクシュアルハラスメント〈名〉 職場などでの、異性に対する性的ないやがらせや発言。略して「セクハラ」ともいう。◇sexual harassment

セクショナリズム〈名〉 自分のもち場だけを守り、その範《はん》囲《い》内の利益だけをはかって、ほかのことには関心をもたないこと。類 なわばり根性。◇sectionalism

セクション〈名〉 ❶企《き》業《ぎょう》などの組織の一つの部門。❷分野。例 ノンセクション。❸論文などの節。◇section

セクハラ〈名〉 「セクシュアルハラスメント」の日本での省略語。性的ないやがらせを表わす日常的なことば。

せけん【世間】〈名〉 ❶世の中。例 世間をわたる。世間しらず。俗《ぞく》世間。類 世《よ》。世上。社会。ちまた。うき世。❷世の中の人々。例 世間でもてはやされる。世間をあっと言わせる。❸実社会での活動の範《はん》囲《い》や交際の範囲。例 世間がひろい。自分で世間をせまくするようなことをするな。

せけんしらず【世間知らず】〈名〉 世の中の実際のことをよく知らないこと。例 世間知らずの人。

せけんずれ【世間擦れ】〈名・する〉 世の中でいろいろと苦労して、ぬけ目がなくなること。

注意 ものの考え方などが一般《いっぱん》からずれている、という意味で使う人が増えているが、本来は あやまり。

せけんてい【世間体】〈名〉 まわりの人がみてどう考えるかということ。例 世間体がわるい。世間体を気にする。類 外聞。体裁《ていさい》。体面。

せけんなみ【世間並み】〈名〉 世の中の人たちと同じ程度であること。例 世間並みのくらし。類 人なみ。

せけんばなし【世間話】〈名〉 世の中でよくあるできごとやうわさなどを話題にした、気らくな話。類 よもやま話。茶飲み話。雑談。

せこ【世故】〈名〉 世間での、さまざまなことがらや 習慣。世間の人とのつきあいかた。類 世知。

世故に長《た》ける 世わたりのしかたがうまい。例 世故に長けた人。類 世慣れる。

せこ・い〈形〉 ❶けちくさい。例 せこいやつ。❷ずるい。例 せこい手を使う。▽俗《ぞく》な言いかた。

方言 徳島では、「食べすぎてせこい」「風邪《かぜ》ひいてせこい」のように、「苦しい」「つらい」の意味でも使う。

[1]**せこう【施工】**〈名・する〉 工事を行なうこと。

参考 本来は「しこう」と読むが、「施行《しこう》」と区別するために、ふつう「せこう」という。

[2]**せこう【施行】**〈名・する〉 ⇩しこう〔施行〕

セコハン〈名〉 中古品。俗《ぞく》な言いかた。◇second-hand の日本での省略語。

セコンド〈名〉 ボクシングなどの試合で、選手につきそって、選手のせわをしたり、作戦をあたえたりする人。例 セコンドをつとめる。セコンドにつく。◇second

せさく【施策】〈名〉 ⇩しさく〔施策〕

セし【セ氏】〈名〉 温度の表わしかたの一方式。水がこおる温度を〇度、沸《ふっ》騰《とう》する温度を一〇〇度として、そのあいだを百等分する。摂氏《せっし》。記号「℃」。対 カ氏。

表現 「セ氏二〇度」のように使う。

参考 Cはこの方式の創始者、スウェーデンの Celsius の頭文字。かれの名を中国で「摂爾思(セルシー)」と書いたので、「摂氏《せっし》」ともいう。話すときは「せっし」がふつう。

[1]**せじ【世事】**〈名〉 世間で行なわれたり おきたりしていること。例 世事にうとい。ア セジ

[2]**せじ【世辞】**〈名〉 ⇩おせじ ア セジ

セシウム〈名〉 光電管の製造などに使われる、非常にやわらかく銀白色をした金属。元素の一つ。記号「Cs」。◇cesium 参考 放射性同位体であるセシウム137は、核兵器の爆発や原子炉の廃《はい》棄《き》物から放出され、体内に取りこむと健康を害する。

せし・める〈動下一〉 うまくたちまわって、自分のねらっていたものを手に入れる。例 まんまと せしめる。

せしゅ【施主】〈名〉 ❶葬《そう》式《しき》や法事で、その家の代表となる人。類 喪主《もしゅ》。❷寺や僧《そう》にお金やものをほどこす人。❸家をたてるときの建て主。建築主。

せしゅう【世襲】〈名・する〉 家の職業や財産などを親から子へ、子から孫へと代々うけついでいくこと。

[1]**せじょう【世上】**〈名〉 世の中。世間。例 世上のうわさ。世上にとりざたされる。

[2]**せじょう【世情】**〈名〉 世間のようす。例 世情にうとい。世情に通じる。類 世相。

[3]**せじょう【施錠】**〈名・する〉 かぎをかけること。対 解錠。開錠。類 ロック。

せじん【世人】〈名〉 世の中の一般《いっぱん》社会人。ややかたい言いかた。例 世人のうわさにのぼる。

せすじ【背筋】〈名〉 ❶背ぼねの外がわを、たてに長くとおっているくぼんだ部分。例 背筋をのばす。❷衣服の、背ぼねにあたる部分の たてのぬい目。

背筋が寒《さむ》くなる おそろしくて、ぞっとする。

参考 「はいきん」と読むのは別のことば。

ゼスチャー〈名〉 ⇩ジェスチャー

ぜせい【是正】〈名・する〉 悪い点や不公平な点をあらためること。例 不均衡《ふきんこう》を是正する。格差是正。類 改正。

せせこまし・い〈形〉 ❶せまくて、きゅうくつである。例 せせこましい家。❷気持ちがせまくて、小さなことにこだわるようす。例 そんなせせこましいことはやるな。

ぜぜひひ【是是非非】〈名〉 よいことはよい、悪いことは悪いと、きちんと判断すること。例 是々非々主義。

せせらぎ〈名〉 小川の流れ。また、その流れの音。

せせらわら・う【せせら笑う】〈動五〉 ⇩あざわらう

せせ・る〈動五〉 ❶つつきまわす。また、つついてほじる。例 箸《はし》で料理をせせるとは行儀が悪い。❷虫などが刺す。例 大黒柱をアリがせせる(=とうてい実力のおよばないことや実力に不相応なことを言ったりしたりすることのたとえ)。

せそう【世相】〈名〉 事件などを通してわかる、世の中のありさま。例 世相を反映する。暗い世相。類 世情。

せぞく【世俗】〈名〉 ふつうの世の中。世間の一般人《いっぱんじん》。世間なみのやり方。例 世俗におもねる。対 宗教。類 俗世間。俗界《ぞっかい》。

せぞくてき【世俗的】〈形動〉 世の中にありふれている。俗っぽい。例 世俗的な音楽。対 宗教的。類 俗。通俗的。

せたい【世帯】〈名〉 ⇩しょたい〔所帯〕

せだい【世代】〈名〉 ❶同じくらいの年ごろの人々。ジェネレーション。例 この作品は若い世代には うける。同世代。❷親の仕事をうけついで、それを自分の子にゆずるまで、という区切り方で、約三十年のひとくぎり。代。例 世代がかわる。三世代家族。

せだいこうたい【世代交代】〈名〉 ❶〔生物〕 ある

ひとつの生物で、有性生殖《せいしょく》の世代と、無性生殖の世代が、交互《こうご》にくりかえされること。シダ植物・コケ・クラゲなどにみられる。世代交番。❷社会において中心になる世代がかわること。例世代交代がすすむ。

せたいぬし【世帯主】〈名〉「所帯主《しょたいぬし》」のややあらたまった言いかた。書類などで使う。類戸主《こしゅ》。

せたけ【背丈】〈名〉❶背の高さ。類身長。身の丈。うわぜい。❷着物の丈の長さ。

セダン〈名〉もっともふつうの乗用車の型。車体中央が箱形で、座席が前後に二列あるもの。◇sedan

せち【世知】〈名〉世の中でうまく暮らしていくための知恵《ちえ》。例世知にたける。類世故。

せちがら・い【世知辛い】〈形〉あたたかさや人情が欠けていて、暮らしにくい。例世知辛い世の中。

常用漢字 せつ

【切】 刀部2 全4画 切切切切
セツ・サイ きる・きれる 教小2 音❶[セツ] ▨□切《せつ》なる。切《せっ》に。切断《せつだん》。切実《せつじつ》。切望《せつぼう》。切迫《せっぱく》。切磋琢磨《せっさたくま》。□▨親切《しんせつ》。適切《てきせつ》。痛切《つうせつ》。❷[サイ] □▨一切《いっさい》。一切合切《いっさいがっさい》。訓❶[きる] 切る。値切る。みじん切り。❷[きれる] 切れる。途切れる。

【折】 扌部4 全7画 折折折折折折
セツ おる・おり・おれる 教小4 音[セツ] ▨□折衷《せっちゅう》。折半《せっぱん》。折衝《せっしょう》。□▨骨折《こっせつ》。屈折《くっせつ》。曲折《きょくせつ》。挫折《ざせつ》。夭折《ようせつ》。訓❶[おる] 折る。折り畳む。折り紙。折り箱。折り詰め。折り鶴。谷折り。❷[おり] (…する)折。折々。❸[おれる] 折れる。名折れ。

【拙】 扌部5 全8画 拙拙拙拙拙拙
セツ つたない 音[セツ] ▨□拙速《せっそく》。拙劣《せつれつ》。拙攻《せっこう》。拙者《せっしゃ》。拙宅《せったく》。拙論《せつろん》。□▨巧拙《こうせつ》。稚拙《ちせつ》。訓[つたない] 拙い。

【窃(竊)】 穴部4 全9画 窃窃窃窃窃
セツ 音[セツ] ▨□窃盗《せっとう》。窃取《せっしゅ》。□▨剽窃《ひょうせつ》。

【接】 扌部8 全11画 接接接接接接
セツ つぐ 教小5 音[セツ] ▨□接触《せっしょく》。接近《せっきん》。接骨《せっこつ》。接続《せつぞく》。接待《せったい》。□▨直接《ちょくせつ》。密接《みっせつ》。応接間《おうせつま》。面接《めんせつ》。訓[つぐ] 接ぐ。接ぎ木。骨接ぎ。

【設】 言部4 全11画 設設設設設設
セツ もうける 教小5 音[セツ] ▨□設計《せっけい》。設置《せっち》。設立《せつりつ》。設備《せつび》。□▨建設《けんせつ》。増設《ぞうせつ》。施設《しせつ》。敷設《ふせつ》。訓[もうける] 設ける。

【雪】 雨部3 全11画 雪雪雪雪雪雪
セツ ゆき 教小2 音[セツ] ▨□雪上車《せつじょうしゃ》。雪辱《せつじょく》。□▨新雪《しんせつ》。積雪《せきせつ》。降雪量《こうせつりょう》。除雪車《じょせつしゃ》。訓[ゆき] 雪。雪合戦。雪景色。雪国。雪だるま。雪解け。淡雪。初雪。
注意「雪崩」は「なだれ」、「吹雪」は「ふぶき」と読む。

【摂(攝)】 扌部10 全13画 ※摂摂摂摂摂摂
セツ 音[セツ] ▨□摂取《せっしゅ》。摂生《せっせい》。□▨包摂《ほうせつ》。

【節(節)】 竹部7 全13画 節節節節節
セツ・セチ ふし 教小4 音❶[セツ] ▨□節句《せっく》。節分《せつぶん》。節度《せつど》。節約《せつやく》。節水《せっすい》。節電《せつでん》。□▨季節《きせつ》。関節《かんせつ》。調節《ちょうせつ》。章節《しょうせつ》。❷[セチ] □▨お節《せち》料理。訓[ふし] 節。節穴。節目。節々。かつお節。浪花《なにわ》節。

【説】 言部7 全14画 説説説説説
セツ・ゼイ とく 教小4 音❶[セツ] ▨□説明《せつめい》。説得《せっとく》。□▨演説《えんぜつ》。仮説《かせつ》。解説《かいせつ》。諸説《しょせつ》。小説《しょうせつ》。社説《しゃせつ》。❷[ゼイ] □▨遊説《ゆうぜい》。訓[とく] 説く。

【刹】 ⇩常用漢字 さつ〔刹〕

せつ[1]【節】 一〈名〉❶「とき・ころ・おり」の意味を表わす形式名詞。ふつう、あいさつや手紙で使う。例その節はおせわになりました。当地へおいでの節はお立ちよりください。❷自分が正しいと信じて、それを守りとおすこと。例節を守る。節をまげる。類操《みさお》。節操。❸論文や文学作品をいくつかの部分に分けたそれぞれのくぎり。「章」の中の区分。例第二章第三節。
二〈接尾〉プロ野球やサッカーの、試合日程のくぎり。
節を曲《ま》げる それまで守ってきた基本的な考えかたを、心がくじけて変えてしまう。類変節する。

せつ[2]【説】〈名〉❶ある問題や事件についての論理的な説明や意見。例説がわかれる。説をたてる。ダーウィンの自然選択説。類論説。❷「臆説《おくせつ》」のこと。例死亡説が流れる。解散説がうわさされる。▽例一説によると…。

常用漢字 ぜつ

【舌】 舌部0 全6画 舌舌舌舌舌
ゼツ した 教小6 音[ゼツ] ▨□舌禍《ぜっか》。舌戦《ぜっせん》。□▨弁舌《べんぜつ》。筆舌《ひつぜつ》。毒舌家《どくぜつか》。訓[した] 舌。舌打ち。舌足らず。舌先三寸。猫舌。二枚舌。

【絶】 糸部6 全12画 絶絶絶絶絶絶
ゼツ たえる・たやす・たつ 教小5 音[ゼツ] ▨□絶食《ぜっしょく》。絶句《ぜっく》。絶望《ぜつぼう》。絶滅《ぜつめつ》。絶妙《ぜつみょう》。□▨気絶《きぜつ》。核廃絶《かくはいぜつ》。断絶《だんぜつ》。面会謝絶《めんかいしゃぜつ》。訓❶[たえる] 絶える。息絶える。❷[たやす] 絶やす。根絶やし。❸[たつ] 絶つ。

せつえい【設営】〈名・する〉することにきまった行事について、そのための施設《しせつ》、会場などをきめ、すぐ実行できるように準備を整えること。例式場を設営する。

せつえん【節煙】〈名・する〉喫煙《きつえん》量をへらすこと。

ぜつえん【絶縁】〈名・する〉❶縁をきること。関係をなくすこと。例絶縁状。類絶交。縁切り。離縁《りえん》。❷〔物理〕電流や熱がつたわらないようにすること。

ぜつえんたい【絶縁体】〈名〉〔物理〕電気や熱を、ほとんどつたえない物質。ゴムやエボナイトなど。不導体。対導体。類不良導体。

ぜっか[1]【舌禍】〈名〉自分の発言がもとになって、わが身に受けるわざわい。例舌禍事件。類筆禍。

ぜっか[2]【絶佳】〈形動〉このうえなくすばらしい。例風景絶佳の地。絶佳の眺望《ちょうぼう》。

推古(すいこ)天皇 (554~628) 敏達(びたつ)天皇の皇后。日本で最初の女性の天皇。聖徳太子を摂政とした。

せっかい[1]【石灰】〈名〉生《せい》石灰や消石灰のこと。「いしばい」ともいう。

せっかい[2]【切開】〈名・する〉治療《ちりょう》のために、からだの一部を切りひらくこと。例切開手術。

せつがい【雪害】〈名〉大雪やなだれによる被害《ひがい》。

ぜっかい【絶海】〈名〉陸地から遠くはなれた海。例絶海の孤島《ことう》。

せっかいがん【石灰岩】〈名〉〔地学〕堆積《たいせき》岩の一つ。大むかしの動物のからや骨が、海底につもってできた岩石。セメントなどの原料。「石灰石」ともいう。

せっかいすい【石灰水】〈名〉〔化学〕水酸化カルシウム(=消石灰)をとかした水。人の息など、二酸化炭素をふくんだ気体をふきこむと、白くにごる。

せっかく【折角】〈副〉❶わざわざ。骨をおって。例せっかく近くまできたのに寄ってくれないなんて、ひどいじゃないか。❷たまに。ほかにあまりないようす。例せっかくの休日なんだから仕事の話はやめてくれよ。

表現 ふつうは「せっかく(の)…なのに」「せっかく…だから」などの言いかたで、わざわざしてやったり、してもらったりしたことがむだにならないようにしたいという気持ちを表わす。また、やや古くは、「せっかく勉強したまえ」のように、「せいぜい」「いっしょうけんめい」の意味にも使った。

せっかち〈名・形動〉何でも、急いでしないと気がすまないこと。早く早くと言って落ちつかない人。例せっかちな人。対のんき。類気みじか。性急。気が早い。

せっかん[1]【石棺】〈名〉石でつくった柩《ひつぎ》。日本では、古墳《こふん》時代に発達した。せきかん。アセッカン

せっかん[2]【折▼檻】〈名・する〉こらしめるために、からだに苦痛をあたえること。類おしおき。体罰《たいばつ》。アセッカン

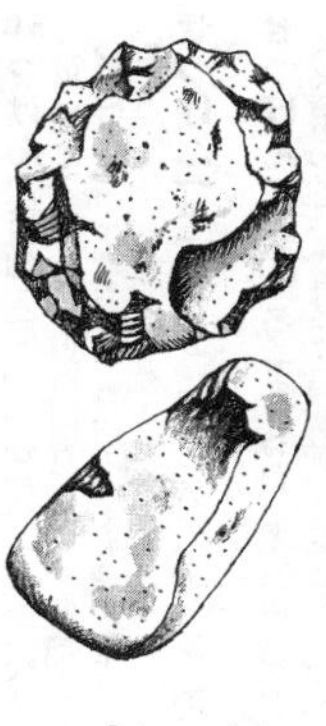

打製石器

磨製(ませい)石器

[せっき]

表現 親のしかり方が度をこして虐待《ぎゃくたい》になるのをいうことが多い。

せつがん【接岸】〈名・する〉❶船が岸に横づけになること。❷漂流《ひょうりゅう》物や流氷などが、岸辺に近づくこと。▽対離岸《りがん》。

せっかんせいじ【摂関政治】〈名〉〔歴史〕摂政《せっしょう》や関白《かんぱく》の官職についた者が天皇にかわって行なった政治。平安時代に藤原《ふじわら》氏が行なったのが代表例。

せつがんレンズ【接眼レンズ】〈名〉顕微鏡《けんびきょう》や望遠鏡で、目をあてる部分のレンズ。対対物レンズ。

せっき[1]【石器】〈名〉大むかし、人類が金属で道具を作る技術をもたなかったころ、石で作った道具。例打製石器。磨製《ませい》石器。絵

せっき[2]【節気】〈名〉⇩にじゅうしせっき

せっき[3]【節季】〈名〉❶盆《ぼん》や暮れなどの、商店の決算期。❷年末。

せっきじだい【石器時代】〈名〉おもに石器を使っていた時代。旧石器時代と新石器時代とに分けられる。

参考 人類の誕生《たんじょう》から数十万年にわたってつづいた。人類の歴史は、道具の作り方の進歩で、(新・旧)石器時代・青銅器時代・鉄器時代と分ける。

せっきゃく【接客】〈名・する〉商売として客をもてなすこと。例接客態度。接客業。類客あしらい。

せっきょう【説教】〈名・する〉❶宗教上の伝道を目的とした話。そのような話をして聞かせること。類法話《ほうわ》。説法。❷ただ教え導こうとして話す話。そのような態度で話をすること。例説教ならごめんだよ。お説教。類説諭《せつゆ》。意見。忠告。

ぜっきょう【絶叫】〈名・する〉のどがはりさけんばかりの大声をだして、さけぶこと。例絶叫調のスポーツ中継《ちゅうけい》。遊園地の絶叫マシーン。

せっきょくせい【積極性】〈名〉自分からすすんでものごとを行なおうとする傾向《けいこう》。例積極性がたりない。類能動性。

せっきょくてき【積極的】〈形動〉「よし、やるぞ」と自分からすすんでなにかをするようす。例積極的に発言する。対消極的。類意欲的。能動的。

せっきん【接近】〈名・する〉❶すぐそばに近づくこと。近よること。例台風の接近。力が接近している。類せまる。❷人と人、国と国などが親しくなること。例米中接近。

せっく[1]【隻句】〈名〉短い、ちょっとした文句。アセック 参考「片言《へんげん》隻句」と使うのがふつう。

せっく[2]【節句・節供】〈名〉一年の生活の節目《ふしめ》節目になる日を定め、祝いの日としたもの。アセック

参考 一月七日(七草)、三月三日(桃《もも》の節句)、五月五日(端午《たんご》の節句)、七月七日(七夕《たなばた》)、九月九日(菊《きく》の節句)の五回あり、これを五節句という。今では、このうち、とくに桃の節句と端午の節句とをさす。

ぜっく【絶句】一〈名〉〔文学〕漢詩のスタイルの一つ。起・承・転・結の四句からなるもの。字数によって、五言《ごごん》絶句と七言絶句とがある。→きしょうてんけつ①
二〈名・する〉話している途中で、ことばにつまること。

セックス〈名・する〉性交《せいこう》。

セックスアピール〈名〉異性の心をひきつける性的な魅力《みりょく》。◇sex appeal

参考 英語の sex には、「性別」の意味もある。

せっけい[1]【雪渓】〈名〉高い山の谷間で、夏でも雪がとけずに残っているところ。

せっけい[2]【設計】〈名・する〉❶建造物・機械の類を作るとき、できあがりの形や部分の構造を、正確に図面に表わすこと。例設計図。❷人生や生活の計画をたてること。例生活設計。類プラン。

ぜっけい【絶景】〈名〉ことばもでないほど、すばらしい景色。例天下の絶景。

せつげっか【雪月花】〈名〉日本の季節ごとの美しさを代表する自然の美。冬の雪、秋の月、春のサクラ。「つきゆきはな」ともいう。類花鳥風月。

せっけっきゅう【赤血球】〈名〉血液中にある二種類の血球の片方で、血液のおもな成分。赤色の色素をもつヘモグロビンをふくむ細胞《さいぼう》で、からだ中に酸素をはこび、老廃《ろうはい》物を取りのぞく。血が赤いのは赤血球のため。対白血球。

せっけん[1]【石▼鹸】〈名〉あかやよごれをおとすために使う洗剤《せんざい》。また、その泡《あわ》。類ソープ。シャボン。

せっけん[2]【席▽巻】【席▼捲】〈名・する〉次から次へとせめて、たちまちのうちに広大な領土を自分のものにしていくこと。例諸国を席巻する。国内市場を席巻する。

 スウィフト(1667~1745) イギリスの小説家。「ガリバー旅行記」を著し，人間社会を風刺した。

3 **せっけん【接見】**〈名・する〉❶身分の高い人が、公式の場で客に会うこと。例訪問者に接見する。類会見。❷拘留《こうりゅう》中の被告《ひこく》が、身内の人や弁護士などに会うこと。

1 **せつげん【雪原】**〈名〉一面に広がる雪の原。類氷原。

2 **せつげん【節減】**〈名・する〉お金やものの使う量をなるべくきりつめて、へらすこと。例節減につとめる。電力節減。類節約。倹約《けんやく》。

ゼッケン〈名〉スポーツ選手や競走馬が胸や背中につける、番号を書いた布。類背番号。◇ドイツ Decke

参考 陸上競技規則では、「ナンバーカード」という。

1 **せっこう【斥候】**〈名〉敵のようすやあたりの状況《じょうきょう》を調べる軍事上の任務。類偵察《ていさつ》。

2 **せっこう【石工】**〈名〉⇩いしく

3 **せっこう【石こう・石▼膏】**〈名〉白または無色のやわらかい鉱物で、成分は硫酸《りゅうさん》カルシウム。セメントやチョークの材料、石膏細工などに使う。

せつごう【接合】〈名・する〉あるものと別のものをつなぎ合わせること。例接合剤《ざい》。類接着。

1 **ぜっこう【絶交】**〈名・する〉今までつきあっていたのをまったくやめること。類絶縁《ぜつえん》。断交。たもとを分かつ。

2 **ぜっこう【絶好】**〈形動〉最高にぐあいがよい。例絶好のチャンス。絶好の場面。類格好。最良。

ぜっこうちょう【絶好調】〈名・形動〉からだや気持ちのぐあいが、最高によいこと。例絶好調の売れ行き。選手たちのコンディションは絶好調だ。対絶不調。

せっこつ【接骨】〈名〉折れたほねやはずれた関節などをもとのようになおすこと。例接骨医。類骨つぎ。整骨。

1 **せっさく【切削】**〈名・する〉金属などを、切ったりけずったりすること。

2 **せっさく【拙作】**〈名〉❶へたなつまらない作品。❷「わたくしの作品」の丁重《ていちょう》語。類愚作《ぐさく》。

ぜっさく【絶作】〈名〉❶画家や作家などが、死ぬ前に最後に残した作品。類遺作《いさく》。絶筆。❷くらべるものがないほどすぐれた作品。例江戸時代最高の絶作といわれる浮世絵《うきよえ》。類絶品。

せっさたくま【切▼磋▼琢磨】〈名・する〉同じことを志す者どうしが、たがいにはげまし、きそいあって向上しようとすること。

ぜっさん【絶賛】【絶▼讃】〈名・する〉最大級のほめかたをすること。例絶賛を博する。絶賛販売《はんばい》中。大絶賛。類激賞《げきしょう》。べたぼめ。

せっし【摂氏】〈名〉⇩せし

せつじ【接辞】〈名〉〔文法〕独立の単語にはならず、他の単語につけ加わり合体して一つの単語となることば。日本語には、単語の前につく接頭語(「お花」の「お」など)と、あとにつく接《せっ》尾《び》語(「春めく」の「めく」など)とがある。

参考 独立しないことばという点では助詞・助動詞も同じだが、助詞・助動詞は、それがつくと、単語が文の中で役目をもつ文節となるのに対し、接辞は、それがついても依然《いぜん》としてただの単語であるという点で、性質が大いにちがう。

せつじつ【切実】〈形動〉❶さけられないこととして、まともに自分にせまってくる。例切実な問題。❷身にしみて感じられる。例切実に感じる。類痛切。

1 **せっしゃ【接写】**〈名・する〉カメラをちかづけて細部まで明瞭《めいりょう》な写真をとること。対望遠。

2 **せっしゃ【拙者】**〈代名〉自分を謙遜《けんそん》していった昔のことば。

せっしやくわん【切歯▼扼腕】〈名・する〉歯ぎしりをし、うでをにぎりしめるという感じで、自分が今そこに立ち会えず、何ともできないことをくやしがること。

参考 中国の歴史書『史記』の中のことば。

1 **せっしゅ【窃取】**〈名・する〉〔法律〕こっそりとぬすむこと。例機密情報を窃取する。類窃盗《せっとう》。くすねる。

2 **せっしゅ【接種】**〈名・する〉〔医学〕病気の予防や診断《しんだん》などのために、病原菌《きん》をごく少量からだの中に入れること。例予防接種。

3 **せっしゅ【摂取】**〈名・する〉外からとり入れてすっかり自分のものにすること。例栄養を摂取する。先進文化の摂取につとめる。

せっしゅう【接収】〈名・する〉権力で、個人のものなどを強制的にとりあげること。例民有地を接収する。類徴発《ちょうはつ》。没収《ぼっしゅう》。

せつじょ【切除】〈名・する〉切ってとりさること。例胃の一部を切除する。

1 **せっしょう【折衝】**〈名・する〉利害のくいちがう相手と、折り合いをつけて問題を解決するために話しあうこと。例折衝にあたる。折衝をかさねる。外交折衝。類交渉《こうしょう》。談判。かけあう。アセッショー

2 **せっしょう【摂政】**〈名〉君主や天皇が年少であるとか病気であるとかの場合に、かわって政治を行なう役目。例摂政関白。アセッショー

3 **せっしょう【殺生】**━〈名・する〉生き物をころすこと。━〈形動〉とてもひどくて、がまんできないほどだ。例殺生な話。▽アセッショー

ぜっしょう【絶唱】〈名〉❶とびぬけてすぐれた、詩や歌。❷〈する〉心のこもった、すばらしい歌いぶり。類熱唱。参考 ①が元来の意味。

せつじょうしゃ【雪上車】〈名〉雪や氷の上でも走れるように、特別な装置《そうち》をつけた車。

1 **せっしょく【接触】**〈名・する〉❶物や人にふれること。物や人がふれあうこと。例電気の接触がわるい。接触事故。接触感染《かんせん》。❷人と人、国と国などがそれとなく話をすること。例接触をたもつ。類コンタクト。関係。交渉《こうしょう》。

2 **せっしょく【節食】**〈名・する〉食事の量を少なめにすること。

せつじょく【雪辱】〈名・する〉前に負けた勝負のお返しをすること。例雪辱をはたす。雪辱戦。類リベンジ。

参考 「雪」は、「雪《そそ》ぐ」意味。

ぜっしょく【絶食】〈名・する〉食物をまったくとらないこと。類断食《だんじき》。

せっしょくしょうがい【摂食障害】〈名〉食べる量や回数に異常をおこす、精神性の病気。

参考 おもに、拒食症《きょしょくしょう》と過食症をあわせていう。

セッション〈名〉❶会議などが行なわれる期間や、時間のくぎり。❷軽音楽で、集まって演奏すること。◇session 参考 会合や集団活動と、そのための時間が、もとの意味。

せっすい【節水】〈名・する〉水をたいせつにしてむだに使わないこと。例節水につとめる。

せっ・する【接する】〈動サ変〉❶あいだがはなれていない。となりあう。例海に接する。となりと接する。❷人とまじわる。人と応対する。例客に接する業務。❸ものごとにであう。例悲報に接する。❹二つのものが間をおかないでとなりあう。例円の外がわに接する四角形。❺くっつ

スカルノ (1901~70) インドネシア独立運動の指導者。1945年オランダから独立。初代大統領。

きそうになるほど、近づける。例きびすを接する。ひたいを接する。

ぜっ・する【絶する】〈動サ変〉ふつうの範囲《はんい》をはるかにこえている。例言語に絶する(=ことばでは、言い表わすことができない)。想像を絶する。古今《ここん》に絶する。

せっせい[1]【摂生】〈名・する〉食べたいもの、したいことを調整して、健康をたもつこと。例摂生をこころがける。不摂生。類養生《ようじょう》。

せっせい[2]【節制】〈名・する〉なにごともひかえめにして、からだをこわさないようにすること。

せつぜい【節税】〈名・する〉税金がなるべく少なくなるようにくふうすること。

ぜっせいの【絶世の】〈連体〉この世で、ほかにならぶものがないほどすぐれている。例絶世の美女。

せつせつ【切切】〈副・連体〉心に強くせまるようす。例切々とうったえる。切々たるうったえ。

せっせと〈副〉やすまず熱心に。例せっせと働く。

せっせん[1]【接線・切線】〈名〉〔数学〕曲線または曲面上の一点とまじわっている直線。アセッセン

せっせん[2]【接戦】〈名〉力が同じくらいで、どちらが勝つかなかなかわからないたたかい。類クロスゲーム。シーソーゲーム。アセッセン

せつぜん【▼截然】〈副・連体〉区別やちがいがはっきりしている。例截然と分かつ。截然たる差異。截然とした区別がある。

ぜっせん【舌戦】〈名〉相手を言い負かそうとしてあらそうこと。例舌戦の火花をちらす。類論戦。論争。

せっそう【節操】〈名〉自分が「これだ」と思う信念を曲げず、どこまでも守っていくこと。例節操がかたい。節操を守る。節操がない。類操《みさお》。節《せつ》。

せっそく【拙速】〈名・形動〉❶やり方は粗雑《そざつ》でも、すみやかに行なうこと。例巧遅《こうち》は拙速に如《し》かず(=へたでも早くやるほうがいい)。対巧遅。❷じゅうぶんに準備しないで、実行をむやみに急ぐこと。例安全確認が不十分なうちに運転を再開するのは拙速にすぎる。類尚早《しょうそう》。

注意 中国の兵法書『孫子《そんし》』から出た①がもとの意味だが、いまはふつう②の意味で使う。

せつぞく【接続】〈名・する〉❶二つのものをつなげて続くようにすること。また、前のものにつながること。例コードを接続する。助詞が名詞に接続する。類連結。❷電車が、目的地へ行く別の電車に、そこで乗りかえられるようになっていること。例次の駅で急行に接続する。乗りかえの接続がわるい。類連絡《れんらく》。❸コンピューターを通信回線につないでオンラインの状態にすること。例インターネットに接続する。対切断。

せつぞくご【接続語】〈名〉〔文法〕文の成分の一つ。文の中で、つなぎの役を果たす文節。たとえば、「学校は遠い。でも、歩いて行く」という例では、接続詞「でも」が接続語として働いている。

せつぞくし【接続詞】〔文法〕品詞の分類の一つ。自立語で活用しない。語句と語句、文と文とのつなぎの役目をする。「そして」「しかし」「だから」「または」「なぜなら」など。

せつぞくじょし【接続助詞】〔文法〕助詞の分類の一つ。用言などにつけて、文がまだ終わらず、次の語句に続いていくことを示し、かつ、どんな意味で続くかを表わすはたらきをもつもの。「が」「けれども」「ので」「ば」など。

せっそくどうぶつ【節足動物】〈名〉からだ全体の表面がかたく、節《ふし》(=体節)がある、無脊椎《むせきつい》動物の一種。左右相称《そうしょう》で各節から関節のある足が出ている。昆虫《こんちゅう》類やクモ・エビ・カニ・ムカデなど。

せつぞくぶ【接続部】〈名〉〔文法〕二つ以上の文節がまとまって接続語と同じ働きをする、一つづきの部分。たとえば、「用事があるので、先に帰ります」の、「用事があるので」の部分。

せった【雪▽駄】〈名〉竹の皮の草履《ぞうり》のうらに革《かわ》をはり、かかとの部分をうすい鉄で補強したはきもの。例せった履《ば》き。

せったい【接待】〈名・する〉客をもてなすこと。例接待につとめる。接待を受ける。接待費。

ぜったい【絶対】㊀〈名〉ほかのなにものともくらべられず、それだけがすべてであること。例神は絶対である。ボスの命令は絶対だ。(…界の)絶対女王。絶対的。対相対。㊁〈副〉❶どんなことがあってもまったく例外なく。例絶対(に)勝つ。絶対服従。絶対安静。類必ず。文句なしに。無条件に。百パーセント。まちがいなく。❷(あとに打ち消しのことばをともなって)けっして…ない。例絶対(に)そんなことはするな。類断じて。金輪際《こんりんざい》。

ぜつだい[1]【舌代】〈名〉⇩しただい

ぜつだい[2]【絶大】〈形動〉とてつもなく大きい。例絶大なご支援《しえん》をたまわりたく…。

ぜったいあんせい【絶対安静】〈名〉重い病気やけがを治すために、じっと寝ていなければならないこと。

ぜったいおんかん【絶対音感】〈名〉ある音の高さを他の音と比較しないで、直接それと判別できる能力。

ぜったいおんど【絶対温度】〈名〉〔物理〕物質をひやすことのできる最低の温度(セ氏マイナス二七三・一五度)を〇度とした温度のめもり。ケルビン温度。記号K

ぜったいし【絶対視】〈名・する〉それだけがすべてで、ほかのものは考えられないと思うこと。

ぜったいしゃ【絶対者】〈名〉絶対的な存在としての神や、絶対的な権威《けんい》をもつ人。

ぜったいしゅぎ【絶対主義】〈名〉〔歴史〕一六世紀から一八世紀にかけて、ヨーロッパの国々でとられた政治形態。国王が権力をにぎり、国民を専制支配した政治のやりかた。中世の封建《ほうけん》社会から近代の市民社会にうつる過渡《かと》期にあらわれた。

ぜったいすう【絶対数】〈名〉もともとの個数や人数。例絶対数が足りないので、みんなに行き渡らない。類絶対量。

ぜったいぜつめい【絶体絶命】〈名〉追いつめられて、もうとても助かる見こみがないこと。

ぜったいたすう【絶対多数】〈名〉他のすべてをあわせても、それに対抗《たいこう》できないほど、圧倒《あっとう》的に多数であること。

ぜったいち【絶対値】〈名〉〔数学〕正の数や負の数から、プラスやマイナスの記号をとりさった数字だけの数。

ぜったいてき【絶対的】〈形動〉他との比較《ひかく》の対象とならない。なにものからも左右されたり制限されたりしない。例神の力は絶対的だ。対相対的。

ぜったいひょうか【絶対評価】〈名〉教育目標の達成度の評価で、カリキュラムの目標基準に対して個々の生徒の達成度を測定して行なう評価。対相対評価。

ぜったいれいど【絶対零度】〈名〉〔物理〕絶対温度での〇度。

せったく【拙宅】〈名〉「わが家《や》」の丁重《ていちょう》語。

せつだん【切断】〈名・する〉つながっているものをきりはなすこと。例右足を切断する。

せっち[1]【接地】〈名〉❶〈する〉地面につくこと。❷⇩アース

せっち[2]【設置】〈名・する〉❶機器や設備などをあらたにそなえつけること。❷委員会などをあらたにつくって仕事をさせること。例審議《しんぎ》会を設置する。

せっちゃく【接着】〈名・する〉ものをはなれないように、ぴったりとくっつけること。例接着剤《ざい》。類接合。

せっちゃくざい【接着剤】〈名〉ものとものとがはなれないように、ぴったりとくっつけるために使うもの。のりやにかわなどのほか、次々と強力なものが作られている。

せっちゅう【折衷】〈名・する〉二つのちがったもののよいところをとって、別のものをつくること。例折衷案。和洋折衷。

せっちょ【拙著】〈名〉「わたくしの著書」の意味の丁重《ていちょう》語。

ぜっちょう【絶頂】〈名〉❶高い山などの、登りつめたもっとも高いところ。例絶頂をきわめる。類頂上。❷いきおいや調子が、もっともさかんなとき。例絶頂に達する。得意の絶頂。絶頂期。人気絶頂。類最盛期。▽類頂点。ピーク。

せっちん【雪▽隠】〈名〉「便所」の古い言いかた。

せっつ【摂津】〈名〉旧国名の一つ。現在の大阪府・兵庫県の一部。古くは津国《つのくに》ともよばれた。豊臣秀吉《とよとみひでよし》が大坂城を築いた。摂津市にその名が残る。摂州《せっしゅう》。

せっつ・く〈動五〉しつこく催促《さいそく》する。くだけた言いかた。例そんなにせっつくなよ。

せってい【設定】〈名・する〉❶ものごとをあらたにつくってきめること。例問題を設定する。目標を設定する。❷場面や状況《じょうきょう》をかりにそうだときめること。例江戸時代という設定で映画をとる。類想定。❸使いかたを一定のものにきめること。例システムの設定を変更する。初期設定。類モード。

セッティング〈名・する〉❶設定や準備。例会談のセッティング。❷装置や道具の配置。例テーブルセッティング。◇setting

せってん【接点】〈名〉❶二つのものがふれあっている点。例接点をみいだす。❷〔数学〕接線が曲線に接する点。平面が曲面に接する点。

せつでん【節電】〈名・する〉むだに電気を使わないようにすること。例節電につとめる。

セット 一〈名〉❶ひとそろい。競技のひとくぎり。また、それを数えることば。例第三セットで敗れた。文房《ぶんぼう》具セット。筋《きん》トレを三セットずつやる。❷舞台《ぶたい》や映画などで、背景の装置。
二〈名・する〉❶髪型《かみがた》をととのえること。❷設備を目的に合わせてととのえること。例大道具をセットする。目覚まし時計を七時にセットする。❸⇩トス① ◇set

せつど【節度】〈名〉ことばや行ないが、やりすぎでもひかえすぎでもない、けじめ。例節度を守る。類折り目。

セットアップ〈名〉❶〈する〉パソコンを買ってから、周辺機器をつなぐなどして使用できる状態にすること。❷野球で、抑《おさ》え(ストッパー)の前に登板する中つぎ投手。セットアッパー。◇setup

せっとう【窃盗】〈名〉〔法律〕人のものをぬすむこと。例窃盗犯。窃盗罪。類窃取。どろぼう。強盗《ごうとう》。

せっとうご【接頭語】〈名〉〔文法〕接辞の一種。いつもある語の前に付いて使われることば。「お水」の「お」、「ご飯」の「ご」、「まっさお」の「まっ」など。接頭辞。対接尾語《せつびご》。

せっとうじ【接頭辞】〈名〉〔文法〕接頭語。対接尾辞。参考英語などの言語については、「接頭語」「接尾語」でなく、「接頭辞」「接尾辞」というのがふつう。

せっとく【説得】〈名・する〉考えを改めるように話し聞かせて、相手に納得《なっとく》させること。例自首するように説得する。類説きふせる。言いきかす。

せっとくりょく【説得力】〈名〉なるほどそのとおりだ、と納得《なっとく》させることができるような中身。例AよりBの仮説《かせつ》のほうが説得力がある。説得力に欠ける説明。類合理性。

セットポイント〈名〉球技で、そのセットの勝敗が決まる最後の一点。◇set point

セットリスト〈名〉コンサートの曲目。◇set list

せつな【刹那】〈名〉「瞬間《しゅんかん》」「一瞬」の意味の、書きことば的な、やや古風な言いかた。例顔をあわせた刹那、彼女の心中のすべてがわかった。刹那的。◇もとサンスクリット語から。

せつな・い【切ない】〈形〉悲しみや恋しさで胸がぎゅっとしめつけられるようだ。例切ない思いをうちあける。類つらい。やるせない。
方言東北・新潟などでは、「走ったさげ せづね」のように、「体調がすぐれず つらい」「息苦しい」という意味でも使う。

せつなしゅぎ【刹那主義】〈名〉過去や将来を考えず、目の前のこと、とくに楽しみだけを追い求める考え方や生き方。

せつなてき【刹那的】〈形動〉将来どうなるかは考えず、今が楽しければそれでよいとするようす。例刹那的な生きかた。

せつなる【切なる】〈連体〉思いつめた気持ちが純粋《じゅんすい》でつよい。例切なる思い。

せつに【切に】〈副〉「どうしても」とつよく思うようす。心から。例きみの上京を切に願っている。類ひたすら。

せっぱく【切迫】〈名・する〉❶その時がすぐ近くにきていること。例時間が切迫する。類さしせまる。❷重大な事態が近づき、はりつめたふんいきになること。例事態が切迫する。類緊迫《きんぱく》。

せっぱつま・る【せっぱ詰まる】〖切羽詰まる〗〈動五〉追いつめられて、にげ場がなくなる。
由来「切羽」とは、刀の鍔《つば》の両面にそえる、二枚のうすい金具のことで、それが鞘《さや》に詰まること。

せっぱん【折半】〈名・する〉お金やものなどを半分ずつにわけること。例もうけは折半にしよう。類山分け。

ぜっぱん【絶版】〈名〉出版した本や雑誌の刊行をつづけるのをやめること。例絶版にする。類廃刊《はいかん》。

せつび【設備】〈名・する〉目的のことをするのに必要な建物をつくったり、機械をそなえつけたり、道具をととのえたりすること。また、そうしてそなえつけられたもの。例サウナを設備したホテル。設備をととのえる。近代的な設備。設備投資。

せつびご【接尾語】〈名〉〔文法〕接辞の一種。いつもある語のあとについて使われることば。「お父さん」の「さん」、「春めく」の「めく」、「長さ」の「さ」など。接尾辞。対接頭語。

せつびじ【接尾辞】〈名〉〔文法〕接尾語。対接頭辞。→せっとうじ参考

ぜっぴつ【絶筆】〈名〉一生の最後に書いた文章や絵。例絶筆の絵。類絶作。

せつびとうし【設備投資】〈名〉工場などの設備を新しいものにしたり、新しい機械などを入れたりするためにお金をつかうこと。

ぜっぴん【絶品】〈名〉ほかにくらべるものがないほどすぐれている品物や作品。類逸品《いっぴん》。天下一品。
表現「あの店のチーズケーキは絶品」のように、食べ物についていうことも多い。

せっぷく【切腹】〈名・する〉自分で腹を切って死ぬこと。おもに武士が、重い責任をとるとか、無実《むじつ》をうったえるとかのために、一定の作法《さほう》で行なった。類割腹《かっぷく》。

[1]**せつぶん【拙文】**〈名〉❶へたな文章。類悪文。❷「わたくしの文章」の丁重《ていちょう》語。類駄文《だぶん》。

[2]**せつぶん【節分】**〈名〉立春の前の日。二月の三日、または二日で、まめまきをする習わしがある。→ついな
由来もとは、季節の移りかわる日(=立春・立夏・立秋・立冬)の前の日をさした。

せっぷん【接▼吻】〈名・する〉「キス」の古い言いかた。

ぜっぺき【絶壁】〈名〉かべのようにきりたって、とても登れそうにない、けわしいがけ。類断崖《だんがい》。

[1]**せっぺん【切片】**〈名〉❶もののきれはし。類断片。❷〔数学〕一次関数$y=ax+b$の、定数bのこと。グラフが、y軸(=たて軸)と交わる点の値《あたい》。

[2]**せっぺん【雪片】**〈名〉雪の小さなひとかけら。

せつぼう【切望】〈名・する〉ものごとが実現するように、つよく願うこと。類熱望。渇望《かつぼう》。

せっぽう【説法】〈名・する〉仏の教えをときさかせること。例釈迦《しゃか》に説法(→「しゃか」の子項目)。類説教。法話。

ぜつぼう【絶望】〈名・する〉希望や期待がまったくもてなくなること。例人生に絶望する。絶望的。

ぜっぽう【舌▼鋒】〈名〉議論のときなどに、相手をどんどん追いつめていくような迫力《はくりょく》のある弁舌。例舌鋒するどく追及する。

ぜつぼうてき【絶望的】〈形動〉のぞみがまったくない。もうだめだ。例優勝が絶望的になる。

ぜつみょう【絶妙】〈形動〉何と言いようもなくすばらしい。例絶妙なコントロール。類精妙。

ぜつむ【絶無】〈名・形動〉まったくないこと。例絶無に近い。類皆無《かいむ》。

せつめい【説明】〈名・する〉❶何が問題なのか、なぜそうなるのか、くわしく言えばどういうことか、簡単に言ったらどうなるか、たとえばどんなことか、などがよくわかるように述《の》べていくこと。類解説。❷中学の国語教科書で、「説明文」の略。類論説。

ぜつめい【絶命】〈名・する〉命がたえること。死ぬこと。

ぜつめつ【絶滅】〈名・する〉動物や植物の、一つの「種《しゅ》」とか「類《るい》」とかが子孫《しそん》を残すことができなくなって、ある時期に絶《た》えてしまうこと。類死滅。
参考「絶滅した言語」などの使いかたもある。

ぜつめつきぐしゅ【絶滅危惧種】〈名〉世界で、またはある国や地域で、絶滅するおそれがある野生動植物の種《しゅ》。→レッドリスト

せつもん【設問】〈名・する〉問題や質問をつくって、出すこと。問い。問いのことば。類出題。

せつやく【節約】〈名・する〉費用や時間、労力やエネルギーなどのむだをはぶいて、たいせつに使うこと。例経費の節約。節約につとめる。類倹約《けんやく》。

せつゆ【説諭】〈名・する〉悪いことを反省しあらためるように、言ってきかせること。類説教。

[1]**せつり【摂理】**〈名〉存在するもの一切のなりゆきを造物主《ぞうぶつしゅ》である神とか大自然とかが支配するしかた。

[2]**せつり【節理】**〈名〉〔地学〕岩石にできた割れ目。柱をならべたような柱状節理、板をかさねたような板状節理などがある。

せつりつ【設立】〈名・する〉会社や団体などの組織や基金などを、新しくつくること。例設立の趣意《しゅい》書。類創立。創設。

ぜつりん【絶倫】〈名・形動〉ずばぬけてすぐれているようす。例精力絶倫。類抜群《ばつぐん》。

せつれつ【拙劣】〈形動〉技術やできあがったものが、おそまつでおとっている。類稚拙《ちせつ》。劣悪。

せつろん【拙論】〈名〉へたな、くだらない議論や論文。
表現自分の議論や論文をへりくだっていうこともある。

せつわ【説話】〈名〉だれが作った話というのでもなく、いつから語られているのかもわからず、ただ語りつがれてきた話。神話・伝説・昔話など。

せつわぶんがく【説話文学】〈名〉〔文学〕神話・伝説・昔話などで構成される文学。多くは説話集の形をとる。「今昔《こんじゃく》物語集」など。

せと【瀬戸】〈名〉❶陸と陸とにはさまれて、海のせばまった部分。類海峡《かいきょう》。❷「瀬戸内《うち》」「瀬戸内海」の略。例瀬戸の夕凪《ゆうなぎ》。❸「瀬戸物」の略。
参考「狭門《せと》(=せまい海峡)」の意味から。

せど【背戸】〈名〉家のうらがわにある出入り口。

せどうか【▽旋頭歌】〈名〉〔文学〕古い和歌の形式の一つ。五・七・七の上《かみ》三句と、五・七・七の下《しも》三句の六句からなる。『万葉集』などにみられる。

せとうち【瀬戸内】〈名〉瀬戸内海《せとないかい》をはさむ、中国地方の南側と、四国の北側の地域。

せとぎわ【瀬戸際】〈名〉重大なことが、どちらかにきまる、そのわかれめ。例勝つか負けるかの瀬戸際だ。

せとないかい【瀬戸内海】〈名〉中国地方と四国の間の内海。兵庫県の淡路島《あわじしま》や香川県の小豆島《しょうどしま》をはじめ、たくさんの島々がある。国立公園の一つ。

せともの【瀬戸物】〈名〉土を焼いてつくった容器。陶磁器《とうじき》。
参考愛知県の瀬戸地方で作る焼き物のことだったのが、しだいに陶磁器全般《ぜんぱん》をさす名になった。

せなか【背中】〈名〉❶胸や腹の反対がわ。からだのうしろがわで、肩《かた》から腰《こし》までのあいだ。背。❷うしろ。背後。例背中にまわる。例子は親の背中を見て育つ。

背中を押《お》す❶ためらっている人をはげまして、やってみるように勧《すす》める。❷人のうしろにかくれて、自分ではやりたくないことを人にやらせる。背中をつつく。

せなかあわせ【背中合わせ】〈名〉二人の人や二つのものが、背中や裏がわをくっつけるようにして、それぞれ反対の方を向いていること。例背中合わせにすわる。対向かい合わせ。

ぜに【銭】〈名〉❶「お金」のやや古い言いかた。例銭勘定《ぜにかんじょう》。❷金属製の硬貨《こうか》。例小銭《こぜに》。
参考漢字音の「セン」からできたことば。

ぜにん【是認】〈名・する〉よいとしてみとめること。賛成すること。そうだとみとめること。対否認。類承認。容認。

ゼネコン〈名〉土木建築工事をひとまとめにうけおおう、大きな総合建設業者。◇general contractor から。

せのび【背伸び】〈名・する〉❶つま先で立って首をのば

 杉田玄白(げんぱく)(1733～1817) 江戸後期の医者。オランダ医学を研究。前野良沢らと「解体新書」を翻訳。

し、背を高くすること。❷無理して自分を実際の自分以上に見せようとすること。

せばま・る【狭まる】〈動五〉面積や範《はん》囲《い》、規模などが小さくなる。例範《はん》囲《い》が狭まる。対広がる。

せば・める【狭める】〈動下一〉面積や範《はん》囲《い》、規模などを小さくする。例権限を狭める。対広げる。

セパレート〈名〉別々にわかれていること。例(陸上競技の)セパレートコース。セパレートスーツ。◇separate

せばんごう【背番号】〈名〉野球の選手などが、ユニフォームの背中につける番号。類ゼッケン。

せひ【施肥】〈名・する〉作物に肥料をあたえること。

ぜひ【是非】一〈名〉いいことと悪いこと。例是非もない。是非を論じる。類是々非々《ぜぜひひ》。理非。善悪。曲直。可否。当否。

二〈副〉「何としてでも」と、強い要望をもって相手にせまるためのことば。文末が「…してください」「…してほしい」のような、はたらきかけの表現になるのがふつう。ぜひとも。ぜがひでも。例ぜひ力をかしてくれ。類どうか。どうぞ。

是非もない いいとか悪いとか言っていられないことから、しかたがない。例さしせまったようすだったので、是非もなく引き受けた。

セピア〈名〉黒っぽい茶色。◇sepia

ぜひとも【是非とも】〈副〉どんなことがあっても。どうか。例ぜひともお願いいたします。類是が非でも。なんとか。

せひょう【世評】〈名〉世間の評判やうわさ。例世評にのぼる。世評によれば。類声価。呼び声。下馬評。

せびらき【背開き】〈名〉魚に、背びれのついたほうから包丁を入れ、腹《はら》の皮を残して開くこと。背割り。例背開きにする。

せび・る〈動五〉ちょっとしたお金やものをくれと、しつこくたのむ。例金をせびる。類ねだる。せがむ。

せびれ【背びれ】〖背▾鰭〗〈名〉魚の背中についているひれ。参考進む方向を定めるためのもの。

せびろ【背広】〈名〉男性用のスーツの、やや古い言いかた。例三《み》つぞろいの背広。

せぶみ【瀬踏み】〈名・する〉ものごとを始める前に、ちょっとためしにやってみること。参考川をわたる前に瀬の深さを足ではかってみることから。

ゼブラ〈名〉⇩しまうま ◇zebra

せぼね【背骨】〈名〉脊椎《せきつい》動物の胴体《どうたい》をささえている、背中のまんなかの骨。たくさんの短い骨が一本につながっている。つなぎめが節《ふし》になっていて、まげることができる。脊柱《せきちゅう》。

せま・い【狭い】〈形〉❶面積や空間などが、必要な広さに比べて小さい。例狭い家。はばが狭い。道が狭い。❷ものの見かたや考えかたに大きなところがない。例心が狭い。視野が狭い。交際範《はん》囲《い》が狭い。▽対広い。

狭い意味《いみ》 ⇩きょうぎ〔狭義〕

せま(狭)きもん(門) 競争のはげしい難関《なんかん》。参考「滅《ほろ》びにいたる門は大きいが、生命《いのち》にいたる門は狭い。安易に広い道を選ばず、はげんで狭き門より入れ」というキリストの教え(マタイ伝七章)から出たことば。

せまくるし・い【狭苦しい】〈形〉せまくて窮屈《きゅうくつ》だ。例狭苦しい部屋。

せま・る【迫る】〈動五〉❶時刻が近づく。例しめ切りが刻々と迫る。夕やみが迫る。❷距離《きょり》が近くなる。例山が迫る。真《しん》に迫る。❸力のあるものが、近づいてくる。例敵が迫る。類おし寄せる。接近する。❹息がつまるような感じになる。例胸が迫ってものが言えない。❺相手につよく要求する。例改善を迫る。交際を迫る。類強要する。

せみ[1]〖▾蟬〗〈名〉昆虫《こんちゅう》の一種。アブラゼミ・ヒグラシ・ミンミンゼミなど種類が多い。鳴くのはおすで、夏、木の幹などにとまって鳴く。幼虫は土の中で数年間をすごすが、地上に出た成虫は一、二週間から数週間で死ぬ。

セミ[2]〈接頭〉「半分」「中間」「準」などの意味を表わす。例セミプロ。◇semi

ゼミ〈名〉「ゼミナール」の日本での省略語。

セミコロン〈名〉欧文《おうぶん》の句読点の一つ。「;」。ピリオドよりかるく、コンマよりおもい。◇semicolon ↓コロン[1]

せみしぐれ【せみ時雨】〖▾蟬時雨〗〈名〉木のしげったところで、セミの声が、ふりそそぐような感じでひびいていること。それを、時雨のふる音にたとえたことば。

セミナー〈名〉❶⇩ゼミナール ❷講習会。例市民セミナー。経営セミナー。◇seminar

ゼミナール〈名〉大学で、少人数の学生が先生の教えをうけながら、専門的な問題を研究する授業。演習。セミナー。略して「ゼミ」ともいう。◇《ドイツ》Seminar

セミプロ〈名〉アマチュアだが、プロなみの高い技術や能力をもっている人。例セミプロのうで前。◇semipro

せめ[1]【攻め】〈名〉せめること。攻撃《こうげき》。例攻めに転じる。攻めの態勢。対守り。

せめ[2]【責め】〈名〉あることをしてしまったことに対する責任。例責めを負う。責めをふさぐ(=責任をどうにか果たす)。責めは自分にある。類責《せき》。

せめあぐ・む【攻めあぐむ】〖攻め▾倦む〗〈動五〉いろいろな方法でせめても効果がないので、どうしたらいいか、わからなくなる。

せめい・る【攻め入る】〈動五〉敵の陣地《じんち》や領土をせめて、その中にはいりこむ。類攻めこむ。

せめおと・す【攻め落とす】〈動五〉敵の城や陣地《じんち》をせめて降参させ、自分のものにする。類攻略する。

せめぎあ・う【せめぎ合う】〈動五〉おたがいに、うらんだり、あらそったりしあう。

せめく【責め苦】〈名〉責められてうける、ひどい苦しみ。例地獄《じごく》の責め苦にあう。

せめこ・む【攻め込む】〈動五〉攻撃《こうげき》をくわえて、敵の領土や陣地《じんち》に入っていく。類攻め入る。

せめさいな・む【責めさいなむ】〖責め▿苛む〗〈動五〉ひどくいじめて、苦しめる。例罪の意識が心を責めさいなむ。

せめた・てる[1]【攻め立てる】〈動下一〉休む間もなくはげしく攻める。例ここが勝機と攻め立てる。

せめた・てる[2]【責め立てる】〈動下一〉続けてはげしく責める。例相手のミスを責め立てる。

せめて〈副〉最低これぐらいは。十分ではないが少なくとも。例せめて五位以内に入りたい。

表現 全体として非常によくない状況《じょうきょう》の中にたった一つ、救いになるようなことがあれば、それが「せめてものなぐさめ」になる。

せめのぼ・る【攻め上る】〈動五〉戦《いくさ》で、都《みやこ》へ向けて攻めていく。

せ・める[1]【攻める】〈動下一〉❶敵や相手をうち負かそうとする。例敵を攻める。城を攻める。攻め落とす。攻めたてる。攻めよせる。対守る。防ぐ。類攻撃《こうげき》する。❷目

的を達するために、積極的にはたらきかける。例泣き落としの手で攻める。

せ・める[2]【責める】〈動下一〉❶あやまちや怠慢《たいまん》などを指摘《してき》して、改めたり、つぐなったりするようにつよく求める。例失敗を責める。類なじる。非難《ひなん》する。❷きびしく、催促《さいそく》する。例借金を返せと責める。❸苦痛をあたえて、苦しめる。例さんざん責めてどろをはかせた。

セメント〈名〉石灰《せっかい》岩と粘土《ねんど》をまぜて、焼いてつくった粉。水でねって使い、時間がたつとかたまる。建築、歯科、工業など、いろいろなところに使われる。◇cement

せもじ【背文字】〈名〉本の背に印刷されている、書名や著者名を表わす文字。例背文字を入れる。

せもたれ【背もたれ】〖背▼凭れ〗〈名〉いすの、背中をもたせかける部分。

ゼラチン〈名〉にかわを精製した透明《とうめい》なたんぱく質。ゼリーなど食用にしたり、止血剤《しけつざい》など医療《いりょう》に使う。◇gelatin

ゼラニウム〈名〉鉢植《はちう》えなどにする多年草。葉は、円形で厚い。夏、長い茎《くき》に赤・白・しぼりなどの五弁の花がさく。◇geranium

セラピー〈名〉治療《ちりょう》。治療法。◇therapy

セラピーけん【セラピー犬】〈名〉患者《かんじゃ》や障害者、高齢者などの心身のリハビリに犬を役立てる「ドッグセラピー」のために、特別に訓練された犬。

セラピスト〈名〉病人や障害者などの社会復帰のための治療《ちりょう》を専門的に行なう人。療法士。治療士。◇therapist

セラミックス〈名〉無機物を原料とし、熱処理をしてつくられる製品。熱や薬品に強く電気を通さないので、通信や精密機械などに使われる。◇ceramics 参考もとの意味は陶磁器《とうじき》やガラス製品のこと。それらと区別して、ファインセラミックスまたはニューセラミックスともいう。

せり[1]〖▼芹〗〈名〉「春の七草《ななくさ》」の一つ。しめりけの多いところに生える。葉はこまかく羽状《うじょう》に割れている。葉や茎《くき》にかおりがあり、おひたしなどにする。アセリ

せり[2]【競り】〈名〉何人もの買い手に次つぎにねだんをつけさせ、いちばん高い値の人に売るやりかた。例せりにかける。せり売り。類競売。オークション。「アセリ」

せりあ・う【競り合う】〈動五〉負けまいとしてきそいあう。例トップを競り合う。類せる。はりあう。競争する。

せりあが・る【せり上がる】〖▽迫り上がる〗〈動五〉下から上のほうへ押しあがる。周辺からもり上がる。例舞台《ぶたい》がせり上がる。

せりあ・げる【競り上げる】〈動下一〉競売で、買い手がたがいにきそってねだんをつり上げていく。

ゼリー〈名〉とかしたゼラチンに味をつけて、かためた菓子《かし》。◇jelly

せりいち【競り市】〈名〉競売をする市。

せりおと・す【競り落とす】〈動五〉競売で、最高のねだんをつけ、その品物を買い取る。類落札する。

せりか・つ【競り勝つ】〈動五〉相手と競り合って勝つ。対競り負ける。

せりだし【せり出し】〖▽迫り出し〗〈名〉舞台《ぶたい》で、しかけのある穴から役者や大道具をおし上げて、舞台に出すこと。そのしかけ。せり。せりあげ。せりあがり。

せりだ・す【せり出す】〖▽迫り出す〗〈動五〉❶前の方に出る。例おなかがせり出す。❷「せり出し」を使って、役者や大道具を舞台《ぶたい》におし上げる。

せりふ〖▽台▽詞・▽科▽白〗〈名〉❶台本に書かれた、それぞれの役の人が話すことば。例せりふ回し(=せりふの言い方)。名《めい》ぜりふ。対ト書《とが》き。❷小説・漫画《まんが》などの登場人物が話すことば。例「走れメロス」のせりふ。❸人に特別の感じをあたえることばや言いかた。例よくも、そんなせりふが吐《は》けるな。類言いぐさ。表記俗《ぞく》に、「セリフ」とかたかなで書くことが多い。

せりま・ける【競り負ける】〈動下一〉相手と競り合って負ける。対競り勝つ。

せりょう【施療】〈名・する〉貧しい人たちのために、ただで病気やけがの治療をすること。例施療病院。

せ・る[1]【競る】〈動五〉❶品物を手に入れようと競争して、高いねだんをつける。❷たがいに相手に勝とうとしてあらそう。例競り勝つ。競り合う。類きそう。競争する。表現②で、「試合が競る」といえば、力の拮抗《きっこう》したいい勝負をすること。

せる[2]〈助動〉❶他のものにあることをするように要求して、実行を強《し》いる。例ばらの花を学校に持っていかせる。トラックを四周走らせた。❷他のものがあることをするのを許したり、するのにまかせたりする。例あの店ではコーヒーを飲みたいだけ飲ませる。ポスターをすきなように書かせた。❸ある状態をひきおこす。例わたしたちのおくりものは老人たちをよろこばせた。接続五段活用およびサ行変格活用の動詞の未然形につく。その他の活用の動詞につくのは「させる」。→させる〈助動〉

セルが【セル画】〈名〉透明《とうめい》なセルロイドのシートにえがいた、アニメの原画。

セルフ〈名〉「セルフサービス」の略。例セルフレジ。

セルフコントロール〈名〉❶自分自身の感情やからだの動きを、自分の思うようにコントロールすること。類自制。❷機械の自動制御《せいぎょ》。◇self-control

セルフサービス〈名〉飲食店、スーパーやコンビニの会計、ガソリンスタンドなどで、店員の仕事を客が自分でする方式。略して「セルフ」ともいう。◇self-service

セルフタイマー〈名〉カメラで、一定の時間がたつと自動的にシャッターが切れる装置。タイマー。◇self-timer

セルリアンブルー〈名〉やや緑がかった明るい青色。◇cerulean blue

セルロイド〈名〉おもちゃやめがねのわくなどの材料として使われた、プラスチックの一種。ニトロセルロースに樟脳《しょうのう》やアルコールをまぜたもの。燃えやすい。◇celluloid

セルロース〈名〉〔生物〕植物の細胞壁《さいぼうへき》や繊維《せんい》のおもな成分。繊維素。◇cellulose

セレクト〈名・する〉選別。選択《せんたく》。例セレクト版。◇select

セレナーデ〈名〉〔音楽〕甘美《かんび》な歌曲。甘美なメロディーによる、弦楽器《げんがっき》や管楽器のアンサンブルのための曲。セレナード。夜《や》曲。小夜《さよ》曲。◇ドイツSerenade 参考もとはヨーロッパで、夕がたや夜、恋人《こいびと》の家の窓の下で歌ったり、演奏したりする音楽であった。

セレブ〈名・形動〉高級品を所有してぜいたくなくらしをする、上流階級の人や有名人。また、そういうくらしぶり。俗《ぞく》っぽいことば。例セレブな雰囲気《ふんいき》。セレブなメニュー。類名士。◇celebrityの日本での略。

セレモニー〈名〉儀式《ぎしき》。式典。◇ceremony

セロ〈名〉⇩チェロ

 鈴木梅太郎(うめたろう) (1874〜1943) 明治〜昭和の化学者。米ぬかからオリザニン(ビタミンB1)を抽出。

ゼロ〈名〉❶数字の「0《れい》」。↓れい〔0〕〔表記〕❷何もないこと。ねうちがないこと。例この本は内容がゼロだ。類無。◇フランス zéro

ゼロから 何もない、最初の段階から。「一から」を強めた言いかた。例ゼロから再出発する。

ゼロさいじ【ゼロ歳児・0歳児】〈名〉満一歳にならない乳児。

セロテープ〈名〉透明《とうめい》なセロハンでできた接着用のテープ。商標名。

セロハン〈名〉品物の包装などに使う、うすくて透明《とうめい》な紙状のもの。「セロファン」ともいう。◇フランス cellophane

ゼロベース〈名〉いきさつや前例にとらわれない、白紙の状態。例計画をゼロベースで見直す。↓はくし〔白紙〕③ ◇zero-base

ゼロメートルちたい【ゼロメートル地帯】〈名〉〔地理〕海抜《かいばつ》がゼロメートルまたはそれ以下の地域。

セロリ〈名〉野菜の一つ。一年草または二年草。断面が半月形の葉柄《ようへい》は、太くやわらかで独特のかおりがあり、西洋料理で使う。オランダみつば。◇celery

せろん【世論】〈名〉⇩よろん

せわ【世話】■一〈名・する〉❶なにかとめんどうをみること。例身のまわりの世話をする。人の世話になる。世話がやける。世話役。世話ずき。❷よくなるように仲にたって、人のためにとりはからうこと。例友人を会社に世話する。世話人《にん》。類紹介《しょうかい》。仲介《ちゅうかい》。■二〈名〉庶民《しょみん》的なこと。例世話にくだけた話。下《げ》世話《せわ》。

表現 「お世話」は必ずしもいい意味でなく、「大きなお世話」は、人がめんどうをみてくれるのを迷惑《めいわく》がり、拒否《きょひ》している表現。「よけいなお世話」「いらぬお世話」は、それをさらにはっきりさせたもの。しかし、「お世話さま」は、世話になったことへの感謝を表わすことばである。

参考 このことばを「世話」と書く意味がはっきりわかるのは□二の場合だけだが、習慣上□一も「世話」と書く。

世話が焼《や》ける なにかとめんどうを見なければならず、やっかいだ。例世話の焼ける人。

世話を焼《や》く 細かく気を配ってめんどうをみる。

せわし・い【▽忙しい】〈形〉❶「いそがしい」「あわただしい」の意味の、やや古風な言いかた。例せわしい毎日がすぎる。苦しくて息がせわしくなる。❷いそがしそうで、そばで見ているこちらがおちつかない。▽類せわしない。

せわしな・い【▽忙しない】〈形〉「せわしい」をやや強めた言いかた。

せわずき【世話好き】〈名・形動〉人の世話をやくのが好きなこと。

せわにょうぼう【世話女房】〈名〉夫の身のまわりの世話や家事をこまめによくする妻。

せわにん【世話人】〈名〉団体やもよおし、運動などの中心となって事務や運営をする人。類世話役。

せわもの【世話物】〈名〉歌舞伎《かぶき》や浄瑠璃《じょうるり》などで、その時代のできごとや人情をテーマとした劇。おもに江戸《えど》期の町人を主人公とする。たとえば、近松門左衛門《ちかまつもんざえもん》の「曽根崎心中《そねざきしんじゅう》」「冥途《めいど》の飛脚《ひきゃく》」など。対時代物。

せわやき【世話焼き】〈名・形動〉必要以上に人のめんどうをみたがること。類おせっかい。

せわやく【世話役】〈名〉中心となって世話をする役目。その役の人。例町内の世話役。類世話人。

せわり【背割り】〈名〉魚や鳥、けものなどを調理するとき、まず背中から切りひらくこと。

常用漢字 **せん**

【千】 十部1 全3画 千千千

セン・ち 教小1 音[セン] ▨千円《せんえん》。千人力《せんにんりき》。□一騎当千《いっきとうせん》。千里眼《せんりがん》。千差万別《せんさばんべつ》。千客万来《せんきゃくばんらい》。海千山千《うみせんやません》。訓[ち] 千草。千々に。

【川】 川部0 全3画 川川川

セン・かわ 教小1 音[セン] ▨川柳《せんりゅう》。□河川《かせん》。訓[かわ] 川。川岸。川上。川下り。小川。

注意 「川原」は、「かわはら」と読めば人名や地名、「かわら」と読めば川のほとりを表わす。

【仙】 イ部3 全5画 仙仙仙仙仙

セン 音[セン] ▨仙人《せんにん》。仙女《せんにょ》。仙術《せんじゅつ》。仙骨《せんこつ》。□酒仙《しゅせん》。歌仙《かせん》。

【占】 ト部3 全5画 ※占占占占

セン・しめる・うらなう 音[セン] ▨占拠《せんきょ》。占領《せんりょう》。占有《せんゆう》。占星術《せんせいじゅつ》。□独占《どくせん》。訓❶[しめる] 占める。買い占め。独り占め。❷[うらなう] 占う。占い。占い師。星占い。

【先】 儿部4 全6画 先先先先先

セン・さき 教小1 音[セン] ▨先月《せんげつ》。先着《せんちゃく》。先方《せんぽう》。先生《せんせい》。先入観《せんにゅうかん》。先祖《せんぞ》。先駆者《せんくしゃ》。□率先《そっせん》。訓[さき] 先。先んじる。先立つ。先送り。先払い。先細り。先回り。先ほど。

【宣】 宀部6 全9画 宣宣宣宣

セン 教小6 音[セン] ▨宣言《せんげん》。宣誓《せんせい》。宣伝《せんでん》。

【専(專)】 寸部6 全9画 ※専専専専

セン・もっぱら 教小6 音[セン] ▨専門《せんもん》。専属《せんぞく》。専任《せんにん》。専用《せんよう》。□高専《こうせん》。訓[もっぱら] 専ら。

【泉】 水部5 全9画 泉泉泉泉泉

セン・いずみ 教小6 音[セン] ▨泉水《せんすい》。□温泉《おんせん》。源泉《げんせん》。鉱泉《こうせん》。訓[いずみ] 泉。

【浅(淺)】 氵部6 全9画 ※浅浅浅浅

セン・あさい 教小4 音[セン] ▨浅薄《せんぱく》。浅学《せんがく》。□深浅《しんせん》。訓[あさい] 浅い。浅瀬。浅はか。遠浅。

【洗】 氵部6 全9画 洗洗洗洗洗

セン・あらう 教小6 音[セン] ▨洗剤《せんざい》。洗車《せんしゃ》。洗濯《せんたく》。洗面《せんめん》。洗練《せんれん》。□水洗《すいせん》。筆洗《ひっせん》。訓[あらう] 洗う。洗い物。洗いざらし。手洗い。丸洗い。

【染】 木部5 全9画 染染染染染

セン・そめる・そまる・しみる・しみ 教小6 音[セン] ▨染色《せんしょく》。染色体《せんしょくたい》。染料《せんりょう》。□汚染《おせん》。感染《かんせん》。伝染《でんせん》。訓❶[そめる] 染める。染め物。❷[そまる] 染まる。❸[しみる] 染みる。❹[しみ] 染み。

【扇】戸部6 全10画
扇扇扇扇扇扇
セン おうぎ 音[セン] ⬒扇子《せんす》。扇状地《せんじょうち》。扇風機《せんぷうき》。扇情《せんじょう》。扇動《せんどう》。訓[おうぎ]扇。舞扇。

【栓】木部6 全10画
※栓栓栓栓栓栓
セン 音[セン] ⬒栓《せん》。栓抜《せんぬ》き。⬓耳栓《みみせん》。給水栓《きゅうすいせん》。消火栓《しょうかせん》。

【旋】方部7 全11画
旋旋旋旋旋旋
セン 音[セン] ⬒旋回《せんかい》。旋律《せんりつ》。⬓斡旋《あっせん》。周旋《しゅうせん》。凱旋門《がいせんもん》。螺旋状《らせんじょう》。

【船】舟部5 全11画
船船船船船船
セン ふね・ふな 教小2 音[セン] ⬒船長《せんちょう》。船頭《せんどう》。船舶《せんぱく》。⬓汽船《きせん》。漁船《ぎょせん》。豪華客船《ごうかきゃくせん》。乗船《じょうせん》。訓❶[ふね]船。大船。❷[ふな]船旅。船賃。船底。船出。船着き場。船主。船乗り。船便。

【戦(戰)】戈部9 全13画
※戦戦戦戦戦戦
セン いくさ・たたかう 教小4 音[セン] ⬒戦争《せんそう》。戦死《せんし》。戦乱《せんらん》。戦慄《せんりつ》。戦々恐々《せんせんきょうきょう》。⬓苦戦《くせん》。論戦《ろんせん》。決勝戦《けっしょうせん》。訓❶[いくさ]戦。勝ち戦。❷[たたかう]戦う。戦い。

【煎】灬部9 全13画
煎煎煎煎煎
セン いる 音[セン] ⬒煎茶《せんちゃ》。煎餅《せんべい》。訓[いる]煎る。煎り豆。煎りごま。表記「前」のように、「月」の部分を「月」の形にして「煎」とも書く。

【羨】羊部7 全13画
※羨羨羨羨羨
セン うらやむ・うらやましい 音[セン] ⬒羨望《せんぼう》。訓❶[うらやむ]羨む。❷[うらやましい]羨ましい。

【腺】月部9 全13画
腺腺腺腺腺
セン 音[セン] ⬓汗腺《かんせん》。甲状腺《こうじょうせん》。前立腺《ぜんりつせん》。涙腺《るいせん》。

【詮】言部6 全13画
※詮詮詮詮詮詮
セン 音[セン] ⬒詮索《せんさく》。詮議《せんぎ》。⬓所詮《しょせん》。表記「全」のように、旁《つくり》の二画目を左にはみ出さないようにして「詮」とも書く。

【践(踐)】⻊部6 全13画
※践践践践践
セン 音[セン] ⬓実践《じっせん》。

【箋】竹部8 全14画
※箋箋箋箋箋箋
セン 音[セン] ⬓処方箋《しょほうせん》。便箋《びんせん》。付箋《ふせん》。一筆箋《いっぴつせん》。表記 たけかんむりの下を「浅」の旁《つくり》のような形にして、「笺」(=12画)とも書く。

【銭(錢)】金部6 全14画
※銭銭銭銭銭
セン ぜに 教小6 音[セン] ⬒銭湯《せんとう》。⬓金銭《きんせん》。賽銭《さいせん》。訓[ぜに]銭。銭入れ。小銭。あぶく銭。

【潜(潛)】氵部12 全15画
潜潜潜潜潜
セン ひそむ・もぐる 音[セン] ⬒潜水《せんすい》。潜航《せんこう》。潜入《せんにゅう》。潜伏《せんぷく》。潜在的《せんざいてき》。⬓沈潜《ちんせん》。訓❶[ひそむ]潜む。❷[もぐる]潜る。潜り込む。

【線】糸部9 全15画
線線線線線線
セン 教小2 音[セン] ⬒線路《せんろ》。⬓点線《てんせん》。光線《こうせん》。直線《ちょくせん》。白線《はくせん》。放物線《ほうぶつせん》。海岸線《かいがんせん》。

【遷】⻌部12 全15画
遷遷遷遷遷遷
セン 音[セン] ⬒遷都《せんと》。⬓左遷《させん》。変遷《へんせん》。

【選】⻌部12 全15画
選選選選選選
セン えらぶ 教小4 音[セン] ⬒選択《せんたく》。選抜《せんばつ》。選挙《せんきょ》。選手《せんしゅ》。選出《せんしゅつ》。⬓当選《とうせん》。精選《せいせん》。自選《じせん》。訓[えらぶ]選ぶ。会社選び。

【薦】艹部13 全16画
※薦薦薦薦薦
セン すすめる 音[セン] ⬓推薦《すいせん》。他薦《たせん》。訓[すすめる]薦める。

【繊(纖)】糸部11 全17画
※繊繊繊繊繊
セン 音[セン] ⬒繊維《せんい》。繊細《せんさい》。⬓化繊《かせん》。

【鮮】魚部6 全17画
鮮鮮鮮鮮鮮鮮
セン あざやか 音[セン] ⬒鮮魚《せんぎょ》。鮮度《せんど》。鮮血《せんけつ》。鮮明《せんめい》。⬓新鮮《しんせん》。生鮮食品《せいせんしょくひん》。訓[あざやか]鮮やかだ。色鮮やか。

1 **せん【千】**〈名〉十の三乗の数。四けたの単位を表わし、三けたの「百」のつぎ、五けたの「万」の前。

2 **せん【先】**〈名〉❶その時より前であること。古風な言いかた。例その人なら、先に会った。類以前。❷碁《ご》・将棋《しょうぎ》で、対戦する二人のうちの 先に打ったりさしたりするがわ。先手《せんて》。先番。対後《ご》。▽類先《さき》。

先を越《こ》す あることを、相手よりも先にやる。→さきをこされる(「さき〔先〕」の子項目)

3 **せん【栓】**〈名〉❶びんやたるなどの容器の せまい口につけたり、さしこんだりして、その口をとじるもの。例栓をぬく。コルクで栓をする。❷液体や気体を通すくだのはしにつけて、そこからでる量を調節したり、とめたりする装置《そうち》。例水道の栓をひねる。類コック。

4 **せん【腺】**〈名〉生物体の、あせや消化液、ホルモンなどを分泌《ぶんぴつ》する組織。汗腺《かんせん》・消化腺・甲状腺など。

5 **せん【線】**〈名〉❶ものにえがかれた、細くつづくすじ。例線を引く。線で結ぶ。線で区切る。切りとり線。❷交通機関の通っているみちすじ。例新設の線。新線。東海道線。環状《かんじょう》線。類路線。❸やり方、その趣旨《しゅし》、程度、方向、範囲《はんい》。例いい線をいく。よし、この線でいこう。失業率は三%の線におさえたい。類方針。路線。❹心にえがかれる人の印象。例線が細い。

参考 数学であつかう「線」は、幅《はば》を持たない(太さがない)ものと考える。

線が細《ほそ》い 印象がよわよわしい。

表現 人物や作品を評するときのことばとして使う。

6 **せん【選】**㊀〈名〉多数の候補の中から、条件に合ったものをえらび出すこと。例選に入る。選にもれる。㊁〈接尾〉選挙で、何回目の当選であるかを表わす。例再選を果たす。三選する。

7 **せん【船】**〈接尾〉船《ふね》のこと。例捕鯨《ほげい》船。

8 **せん【戦】**〈接尾〉たたかいや競技のこと。また、それを数えることば。例決勝戦。三戦目で負ける。デビューから二十

 鈴木春信(はるのぶ) (1725~70) 江戸中期の浮世絵師。錦絵(にしきえ)の創始者。情緒に富む美人画をかいた。

九戦無敗。

常用漢字 ぜん

【全】𠆢部4 全6画 ※全全全全全
ゼン まったく・すべて 教小3 音[ゼン] 全部《ぜんぶ》。全身《ぜんしん》。全国《ぜんこく》。全体《ぜんたい》。安全《あんぜん》。完全《かんぜん》。十全《じゅうぜん》。保全《ほぜん》。訓❶[まったく] 全く。全《まっと》うする。❷[すべて] 全て。

【前】刂部7 全9画 前前前前前
ゼン まえ 教小2 音[ゼン] 前後《ぜんご》。前半《ぜんはん》。前世紀《ぜんせいき》。前頭葉《ぜんとうよう》。前途《ぜんと》。以前《いぜん》。食前《しょくぜん》。眼前《がんぜん》。空前《くうぜん》。訓[まえ] 前。前借り。前向き。前倒し。後ろ前。駅前。名前。自前。江戸前。

【善】口部9 全12画 善善善善善
ゼン よい 教小6 音[ゼン] 善悪《ぜんあく》。善戦《ぜんせん》。善処《ぜんしょ》。善人《ぜんにん》。改善《かいぜん》。慈善《じぜん》。訓[よい] 善い。

【然】灬部8 全12画 然然然然然然
ゼン・ネン 教小4 音❶[ゼン] 自然《しぜん》。偶然《ぐうぜん》。必然《ひつぜん》。当然《とうぜん》。陶然《とうぜん》。❷[ネン] 天然《てんねん》。

【禅(禪)】ネ部9 全13画 禅禅禅禅禅
ゼン 音[ゼン] 禅宗《ぜんしゅう》。禅寺《ぜんでら》。禅問答《ぜんもんどう》。座禅《ざぜん》。参禅《さんぜん》。

【漸】氵部11 全14画 漸漸漸漸漸漸
ゼン 音[ゼン] 漸次《ぜんじ》。漸進的《ぜんしんてき》。漸増《ぜんぞう》。

【膳】月部12 全16画 膳膳膳膳膳膳
ゼン 音[ゼン] 膳《ぜん》。膳立《ぜんだ》て。配膳《はいぜん》。

【繕】糸部12 全18画 繕繕繕繕繕繕
ゼン つくろう 音[ゼン] 修繕《しゅうぜん》。営繕《えいぜん》。訓[つくろう] 繕う。取り繕う。繕い。

ぜん[1]【善】〈名〉❶道徳や法にかなっていて、いいと考えられていること。よい行ない。例善をなす。対悪。❷人に利益をもたらすもの。

善は急《いそ》げ よいことをしようと思いたったら、なるべくはやく実行するのがよい。▽アゼン

ぜん[2]【禅】〈名〉〔仏教〕真理をさとるために、心をしずめ、精神を集中して無我《むが》の境地に入ること。類座禅。◇もとサンスクリット語。アゼン ゼン →ぜんしゅう〔禅宗〕

ぜん[3]【膳】一〈名〉❶台の上に一人前の食事をのせ、各人の前にすえるようととのえてあるワンセット。そのための台。例膳がととのう。お膳をだす。膳をさげる。❷食事のときに使うテーブル。例膳を囲む。▽アゼン
二〈接尾〉❶めしをもった茶わんを数えることば。例ご飯を三膳も食べた。❷二本ひと組みの箸《はし》を数えることば。例お箸を二膳ならべて置く。

ぜん[4]【全】〈接頭〉「その範囲《はんい》や種類に属するものは残らず」という意味を表わす。例全日本チャンピオン。全生徒。全十巻。類オール。

ぜん[5]【前】〈接頭〉直前にその役職などについていたことを表わす。例前社長。前監督《かんとく》。対現。

ぜん[6]【然】〈接尾〉名詞のあとについて、どう見てもそのような感じがする、という意味を表わす。例学者然とした容貌《ようぼう》。

ぜんあく【善悪】〈名〉いいこととわるいこと。善か悪か。例善悪をわきまえる。善悪の区別。類是非《ぜひ》。理非。曲直。

せんい[1]【戦意】〈名〉たたかおうとする意気ごみ。例戦意を失う。戦意喪失《そうしつ》。

せんい[2]【遷移】〈名・する〉❶ある状態からある状態へうつりかわること。例野原がやがて森林へと遷移する。❷ウェブページが、別のページに切りかわること。

せんい[3]【繊維】〈名〉❶動物や植物のからだをかたちづくる、細いすじ。例神経繊維。筋《きん》繊維。❷布や紙の原料となる、細い糸状のもの。例天然繊維。合成繊維。
表記 ①は、医学では「線維」と書く。

ぜんい【善意】〈名〉❶他人のためによかれと思う気持ち。例君の善意を信じよう。❷人をわるく見ない考えかた。よい意味。例病名を知らせてもらえなかったことを善意に解釈《かいしゃく》する。❸〔法律〕悪意がまったくないこと。もめごとの事情を何も知らないこと。例善意の第三者。▽対悪意。

ぜんいき【全域】〈名〉ある地域・分野の全体。例関東全域。自然科学全域。

せんいつ【専一】〈名・形動〉ひたすらひとつのことに心を集中すること。例ご自愛専一に。

せんいん【船員】〈名〉船の乗組員。類船乗り。海員。水夫。

ぜんいん【全員】〈名〉すべての人。みんな。例「全員集合!」。類総員。

せんえい【先鋭】〖▼尖鋭〗〈形動〉❶さきがするどくとがっている。❷思想やそれにもとづく行動が、急進的ではげしい。例先鋭的。先鋭化。類過激。ラジカル。

ぜんえい【前衛】〈名〉❶テニス・バドミントンのダブルスやバレーボールなどで、ネットに近いところに立って、守備や攻撃《こうげき》をする役。対後衛。❷軍隊で、本隊の前の方を守る部隊。対後衛。❸芸術活動や社会活動で、大胆《だいたん》に新しいこころみを実践《じっせん》していくやり方。例前衛派。前衛画家。

せんえつ【▼僭越】〈名・形動〉自分の立場をこえて、出すぎていること。例僭越のいたり。類越権。
表現 (1)「越権」は明記されている権限の範囲《はんい》をこえる事実をいうことば。「僭越」は事実をいうより非難の気持ちを表わすことば。
(2)スピーチの初めに、よく「僭越ながら」とか「僭越ではありますが」とか、謙遜《けんそん》していうのは日本的なあいさつ表現である。

せんおう【専横】〖▼擅横〗〈名・形動〉権力をもつ者が、度をこえて権力をふり回し、他を圧迫《あっぱく》して被治者《ひちしゃ》を苦しめる行ないをすること。例専横なふるまい。類横暴。

ぜんおん【全音】〈名〉〔音楽〕音と音のはばを表わす単位。半音の二倍の音程。対半音。

せんか[1]【戦火】〈名〉戦争の火の手。戦争による大災害。例戦火がひろがる。戦火にみまわれる。町を戦火から守る。類兵火。

せんか[2]【戦果】〈名〉戦争や競技などによって手に入れた成果。例戦果をあげる。

せんか[3]【戦渦】〈名〉戦争による混乱。例戦渦に巻き

せ

こまれる。

4 **せんか【戦禍】**〈名〉戦争による被害《ひがい》。例戦禍をまぬがれる。戦禍をこうむる。類戦災。

せんが【線画】〈名〉線だけでかいた絵。

ぜんか【前科】〈名〉前に罪をおかして刑罰《けいばつ》をうけたこと。例前科がある。前科者《もの》。

表現「前科三犯」のように一犯《いっぱん》二犯《にはん》と数える。

1 **せんかい【仙界】**〈名〉俗《ぞく》世間からかけはなれ、清く澄《す》んだ世界。対俗界。類仙境《せんきょう》。

参考「仙」は中国古代の老荘《ろうそう》思想(→その項)による理想世界で、不老不死の仙人が住むのにふさわしい所。

2 **せんかい【旋回】**〈名・する〉円をえがいてまわること。例飛行機が上空を旋回する。

せんがい【選外】〈名〉入選できなかったこと。例選外におちる。選外佳作《かさく》。類落選。

1 **ぜんかい【全会】**〈名〉会の出席者全員。例全会一致《いっち》。類満場。アゼンカイ

2 **ぜんかい【全快】**〈名・する〉病気やけががすっかりなおること。例全快祝い。アゼンカイ ↓ぜんち表現

3 **ぜんかい【全開】**〈名・する〉機械の出力を最高にすること。フル稼動《かどう》。例エンジン全開。対半開。アゼンカイ

4 **ぜんかい【全壊】**〘全潰〙〈名・する〉家などが、まるまるつぶれること。例台風で三七戸が全壊、一三〇戸が半壊した。対半壊。アゼンカイ

5 **ぜんかい【前回】**〈名・副〉この前の回。例前回だした手紙。前回の結論。対今回。次回。アゼンカイ

せんかく【先覚】〈名〉世の中の人が気づかないうちに、だいじなことを見通して、実行する人。例先覚者。

1 **せんがく【先学】**〈名〉ある学問の分野で、自分よりも先に研究を始め、業績をあげている人。例先学諸氏の論考に学ぶ。対後学《こうがく》。類先達。

2 **せんがく【浅学】**〈名〉自分の学問がまだ十分でないことを、謙遜《けんそん》していうことば。対博学。類寡聞《かぶん》。

浅学非才《ひさい》 学問も十分でなく、才能もあまりない。

ぜんかく【全角】〈名〉組版やパソコンやワープロで、正方形のます目一字分の文字の大きさ。対半角。

1 **ぜんがく【全学】**〈名〉学校・学園全体。学内すべての人々。例全学スト。アゼンガク

2 **ぜんがく【全額】**〈名〉経費の金額のすべて。例全額をいちどにはらいこむ。全額一時ばらい。類総額。アゼンガク

せんかたな・い【詮方無い】〈形〉「しかたがない」のやや古い言いかた。

1 **せんかん【戦艦】**〈名〉大砲《たいほう》その他で最大級の装備《そうび》をしている大型の軍艦。主力艦。

2 **せんかん【選管】**〈名〉「選挙管理委員会」の略。公職の選挙に関する事務を管理する行政委員会。

1 **せんがん【洗眼】**〈名・する〉目を洗うこと。

2 **せんがん【洗顔】**〈名・する〉顔を洗うこと。例洗顔クリーム。類洗面。

表現「洗面」に対して、美容のためという意味をふくむ。

3 **せんがん【専願】**〈名・する〉⇩たんがん〔単願〕

ぜんかん【全巻】〈名〉❶シリーズで何冊か出ている本の、すべての巻。❷一冊にまとめられた巻の全体。例全巻をとおして流れるペーソス。

せんカンブリアじだい【先カンブリア時代】〈名〉〔地学〕地球の歴史で、地質時代のはじまりから、約五億四千万年前までのあいだ。古生代《こせいだい》の前。単純な生物が発生した。↓ちしつじだい

参考古生代のはじまりの時代である「カンブリア紀《き》」以前、ということから。「カンブリア」とは、化石がたくさん発見されたイギリスの山地の名。

1 **せんき【戦記】**〈名〉戦争に関する記録。例戦記物語。類軍記。

2 **せんき【戦機】**〈名〉❶戦争のおこりそうな気配。類戦雲。❷戦いを始めるのにちょうどよい時期。例戦機が熟す。

せんぎ【詮議】〈名・する〉❶真実を追い求めて、きびしく討議すること。❷罪人をさがし、取り調べること。例詮議立て。

1 **ぜんき【前期】**〈名〉❶全期間を二つ(前期・後期)または三つ(前期・中期・後期)にわけたときの第一期間。❷ある期のすぐ前の期。対次期。来期。

2 **ぜんき【前記】**〈名〉文章で、そこよりも前の方に書いてあること。対後記。類前述。

1 **せんきゃく【先客】**〈名〉先にきていた客。例先客があったので、出なおすことにした。

2 **せんきゃく【船客】**〈名〉船の乗客。

せんきゃくばんらい【千客万来】〈名〉店などに、多くの客が次から次へとつめかけて、繁盛《はんじょう》すること。

せんきゅう【選球】〈名・する〉野球で、バッターがボールとストライクをみわけること。例選球眼。

1 **せんきょ【占拠】**〈名・する〉ある場所を自分のものにしてたてこもり、他人を入れないこと。例反乱軍は放送局を占拠した。不法占拠。類占領。

2 **せんきょ【選挙】**〈名・する〉重要な地位や任務につく人を、候補者の中から投票によってえらぶこと。例選挙にでる。選挙権。総選挙。↓せんきょけん

せんぎょ【鮮魚】〈名〉とれたての新鮮なさかな。類活魚。

1 **せんきょう【仙境】**〈名〉俗界《ぞっかい》を遠くはなれた、静かですがすがしい場所。類仙界。

2 **せんきょう【戦況】**〈名〉たたかいのすすみぐあい。例戦況を報告する。類戦局。

表現「戦況」は一戦場内での状態、「戦局」は戦争全体の展開ぐあい。

せんぎょう【専業】〈名〉❶一つの職業や仕事に従事すること。例専業農家。専業主婦。対兼業《けんぎょう》。❷国が、ある人や団体だけに許可した独占事業。

せんきょうし【宣教師】〈名〉キリスト教伝道者の歴史的な呼び名。例宣教師ザビエル。

1 **せんきょく【戦局】**〈名〉❶戦争のなりゆき。類戦況。↓せんきょう〔戦況〕表現 ❷囲碁《いご》など、勝負ごとのなりゆき。例戦局をみまもる。

2 **せんきょく【選曲】**〈名・する〉多くの曲の中から選ぶこと。アセンキョク

3 **せんきょく【選局】**〈名・する〉視聴《しちょう》したいテレビやラジオの放送局を、受信機のボタンを使ってえらぶこと。▽アセンキョク

4 **せんきょく【選挙区】**〈名〉選挙のとき、議員を選出する単位として区分された区域。アセンキョク

せんきょけん【選挙権】〈名〉国会議員や地方議員、知事、市長などの選挙で、投票することができる権利。日本では十八歳《さい》以上の人がもつ。参政《さんせい》権の一つ。対被《ひ》選挙権。

せんきょにん【選挙人】〈名〉選挙で、投票する権

 スターリン(1879～1953) ソ連の政治家。レーニンの死後，実権をにぎり独裁者となる。

利をもつ人。対被《ひ》選挙人。類有権者。

せんぎり【千切り】〈名〉野菜をマッチ棒より少し太いぐらいの細さに切る切り方。例大根の千切り。

ぜんきんだいてき【前近代的】〈形動〉古めかしくて、現代のものとは思えない。例前近代的な制度。

1 **せんく**【先駆】〈名・する〉だれも手をつけていないことを始めること。そのようなことを始めた、いちばん早い事例。例IT革命の先駆をなす。先駆者。先駆的。類さきがけ。草分け。一番手。パイオニア。アセンク

2 **せんく**【選句】〈名・する〉句会などで、いくつかの俳句の中からよい作品をえらぶこと。アセンク

せんくしゃ【先駆者】〈名〉まっ先にそのことを始めた人。例SFの先駆者ジュール=ベルヌ。類草分け。

せんくち【先口】〈名〉順番が先であること。先に申し込むこと。対後口《あとくち》。

ぜんくつ【前屈】〈名・する〉❶体操などで、からだを腰《こし》から前に折りまげること。例長座体《ちょうざたい》前屈(=体力テストの一項目)。❷からだが前にまがっていること。▽対後屈。

せんぐんばんば【千軍万馬】〈名〉❶多くの兵士と多くの軍馬という意味で、戦場での経験がゆたかなこと。❷社会経験がゆたかで、ものごとのかけひきのじょうずなこと。類海千山千。

せんげ【遷化】〈名・する〉〔仏教〕高僧《こうそう》が死ぬこと。類入滅《にゅうめつ》。入寂《にゅうじゃく》。

1 **ぜんけい**【全景】〈名〉全体のながめやけしき。例おかの上から町の全景を見わたす。

2 **ぜんけい**【前掲】〈名・する〉文章の中で、その部分に関係のある例や文献《ぶんけん》などが前に示してあること。例前掲書。

3 **ぜんけい**【前傾】〈名・する〉からだを前にかたむけること。からだが前にかたむくこと。例前傾姿勢(をとる)。

1 **せんけつ**【先決】〈名・する〉ほかより先にきめること。先にきめるべきことがら。例こっちの方が先決だ。お金が先決問題だ。

2 **せんけつ**【鮮血】〈名〉傷口からでたばかりの、まっかな血。例鮮血がほとばしる。鮮血淋漓《りんり》。類血潮《ちしお》。

せんげつ【先月】〈名〉前の月。対来月。類前月。

表現「先月」といえば、今月の前の月をふくむが、それより以前の月もさす。いずれにしても基準となるのは「今月」である。「前月」の方は、現在の月とは無関係に、いま話題にしている月の一つ前の月をさす。したがって、「その前月に」とはいえるが、「その先月に」とはいえない。

ぜんげつ【前月】〈名〉ある月のすぐ前の月。対翌月。類先月。→せんげつ表現

せんけつもんだい【先決問題】〈名〉なにをおいても、まず最初に片づけておく必要のある問題。

1 **せんけん**【先見】〈名〉先のことを前もって正しく見通すこと。

先見の明《めい》 これから先がどうなるか、はっきり見通すことのできる能力。例先見の明がある。

2 **せんけん**【先賢】〈名〉すぐれた考えを残したむかしの人。例先賢にまなぶ。類先哲《せんてつ》。

せんげん【宣言】〈名・する〉意見や決意を、世の中に対して公式に発表すること。例開会を宣言する。独立宣言。引退宣言。類言明。

参考 団体や機関がすることが多い。発言者は個人でも公的立場でする。また、「世界人権宣言」のように、宣言者がだれであるかよりも、宣言自体がその価値により独立した力をもつこともめずらしくない。

ぜんけん【全権】〈名〉そのことがらに関するすべてを決定し、処理する権限。その権限をもつ代表者。例全権を委任する。全権大使。

1 **ぜんげん**【前言】〈名〉その人がまえに言ったことば。例前言をひるがえす。前言を撤回《てっかい》する。

2 **ぜんげん**【漸減】〈名・する〉少しずつ減りつづけること。例輸入額が漸減する。対漸増。類逓減《ていげん》。

せんけんたい【先遣隊】〈名〉部隊やグループをどこかに派遣するばあい、本隊がでかける前に、視察や調査、本隊の受け入れ態勢をつくるために、あらかじめ先に派遣される小人数の部隊やグループ。参考 本来は、軍隊用語。

せんけんてき【先験的】〈形動〉哲学《てつがく》で、ものごとを経験するまえに理解するようす。経験によらない。アプリオリ。例先験的な判断。

せんこ【千古】〈名〉❶とても古い時期。例千古のむかし。類太古。万古《ばんこ》。❷ずっと長いあいだ。無限の過去からの時間。例千古の雪をいただく。

1 **せんご**【先後】〈名〉ものごとのあとさき。ものの前後。例先後を乱す(=順序を乱す)。先後関係。アセンゴ

2 **せんご**【戦後】〈名〉戦争が終わったあとの、戦争による影響《えいきょう》がまだ続いている時期。とくに、第二次世界大戦のあと。例戦後生まれ。対戦前。アセンゴ

ぜんご【前後】一〈名〉❶あるものの、前とうしろ。例車の前後左右をたしかめる。❷あるできごとの、まえとあと。できごとの順序。例話の前後が逆になる。前後も知らずねむり続ける。前後の考えもなくさそいにのる。前後不覚。▽類あとさき。

二〈名・する〉❶ものごとの順序が逆になること。例話が前後する。類あとさき。❷二つのことがらが、ほとんどあいだをおかずにおこること。例はがきと小包が前後してとどいた。

三〈接尾〉時間や年齢《ねんれい》、数量などを表わすことばにつけて、「そのあたり」「そのぐらい」という意味を表わす。例十二時前後。二十歳《はたち》前後。類内外。程度。

1 **せんこう**【先行】〈名・する〉❶先に行くこと。先だってすすむこと。例先行する集団に追いつく。時代に先行する。対後続。❷ほかのものより、優先して行なわれること。例Aの問題より、Bの問題が先行する。❸先にあること。なされていること。例先行文献《ぶんけん》。先行研究。先行詞。▽アセンコー

2 **せんこう**【先攻】〈名〉野球などで、はじめにせめて、あとから守りにつくこと。対後攻。類さきぜめ。アセンコー

3 **せんこう**【専攻】〈名・する〉ある分野を専門に研究すること。例専攻分野。アセンコー

4 **せんこう**【▼穿孔】〈名・する〉えぐるようにしてあなをあけること。アセンコー

5 **せんこう**【▼閃光】〈名〉瞬間《しゅんかん》的にひかって消える、強いひかり。例閃光がはしる。アセンコー

6 **せんこう**【線香】〈名〉かおりのよい草や木の葉の粉を、線状にほそくかためたもの。先に火をつけてくゆらせ、仏前にそなえたりする。例線香をたく。蚊取《かと》り線香。類抹香《まっこう》。アセンコー

7 **せんこう**【選考】『▼銓衡』〈名・する〉よくしらべて、適当な人やすぐれた作品をえらぶこと。例選考委員。アセンコー

8 **せんこう**【潜行】〈名・する〉❶水中にもぐったまま進むこと。❷人目につかないように、かくれて行動すること。

類潜伏《せんぷく》。▽ア センコー

せんこう[9]【潜航】〈名・する〉 潜水艦《かん》・潜水艇《てい》が、水中にもぐってすすむこと。ア **センコー**

ぜんこう[1]【全校】〈名〉 ❶その学校の全体。例全校あげての応援《おうえん》。全校生徒。❷すべての学校。例市内の全校が参加して行なわれた。▽ア ゼンコー

ぜんこう[2]【前項】〈名〉 ❶箇条《かじょう》書きにした文章などで、一つ前の項目。対次項。類前条。❷〔数学〕 数式の中で、前におかれている項。対後項。▽ア **ゼンコー**

ぜんこう[3]【善行】〈名〉 道徳にかなった、よい行ない。例善行をつむ。対悪行《あくぎょう》。類徳行《とっこう》。ア **ゼンコー**

せんこうはなび【線香花火】〈名〉 火薬をこよりの先の部分に包みこんで作った、小さな花火。西日本では、稲《いね》わらの芯《しん》の先に火薬を塗って作る。

表現 はじめはいきおいがよくても、すぐだめになることや、また、そういう人についてもいう。

せんこく[1]【先刻】 一〈名・副〉 「さっき」のあらたまった言いかた。例先刻申し上げたとおりです。対後刻。類先ほど。 二〈副〉 「とっくに」のあらたまった言いかた。例先刻ご承知のとおりです。

せんこく[2]【宣告】〈名・する〉 裁判官や医者などが、重大な結論をうごかぬものとして、おごそかに告げること。例宣告をくだす。死刑《しけい》を宣告する。癌《がん》を宣告する。類言いわたす。申しわたす。

ぜんこく【全国】〈名〉 その国全体。国じゅう。例全国放送。全国的。類全土。

ぜんこくし【全国紙】〈名〉 全国の読者を対象として発行される新聞。例全国紙の一面をかざる。対地方紙。ブロック紙。参考 読売《よみうり》新聞・朝日新聞・毎日新聞が、発行部数上の三大全国紙。

せんごくじだい【戦国時代】〈名〉 〔歴史〕 ❶中国で、春秋時代につづく時代。紀元前四〇三年から紀元前二二一年までをいう。諸侯《しょこう》がたがいにあらそいをくりかえしたが、秦《しん》が統一して終わった。❷日本で、一五世紀半ばの応仁《おうにん》の乱(一四六七 一四七七)ののち、約百年間の戦乱の時代。室町《むろまち》幕府の力がおとろえ、諸国の大名が独立して戦いをくりかえしたが、織田信長《おだのぶなが》・豊臣秀吉《とよとみひでよし》によって統一された。

ぜんこくてき【全国的】〈形動〉 ひとつの国ぜんたいにわたっている。例今日は全国的に晴れ間が広がった。

せんごくぶね【千石船】〈名〉 江戸《えど》時代、米千石に相当する量をつむことができた船。

ぜんごさく【善後策】〈名〉 おこってしまった事件を、うまくおさめるための方法。例善後策を講じる。

ぜんごさゆう【前後左右】〈名〉 そこに自分を置いてみて、その、前とうしろ、みぎとひだり。例前後左右を確認《かくにん》する。

せんこふえき【千古不易】〈名〉 どんなに時が過ぎようと、永久に変わらないこと。例千古不易の真理。

ぜんごふかく【前後不覚】〈名〉 酒によったり、ねむけのために、そのときの前後のことがまったくわからなくなること。例前後不覚にねむりこける。類人事不省《ふせい》。

ぜんざ【前座】〈名〉 ❶寄席《よせ》で、真打ちが登場する前に演じられる演芸。❷ベテラン芸能人の本格的な興行の前に配置される若手の演目。

表現 主演目の前にある軽い演目という意味と、まだ修業《しゅぎょう》中の人が担当するので未熟さをふくむという意味とがある。それで、「前座をつとめます」というのが話す人の謙遜《けんそん》のことばになる。

センサー〈名〉 音・光・温度・圧力などの有無《うむ》を調べたり、その量を計ったりする装置。検知器。感知器。◇sensor

せんさい[1]【先妻】〈名〉 今の妻に対して、前の妻。対後妻《ごさい》。先夫《せんぷ》。

せんさい[2]【戦災】〈名〉 戦争によってうけた被害《ひがい》。例戦災孤児《こじ》。類戦禍《せんか》。

せんさい[3]【繊細】〈形動〉 ❶ほっそりとしていて、上品だ。例繊細な指。❷感受性がするどい。例繊細な神経。類敏感《びんかん》。鋭敏《えいびん》。デリケート。

せんざい[1]【▽前栽】〈名〉 庭先の植え込み。植え込みのある庭。

せんざい[2]【洗剤】〈名〉 衣類や食器、野菜などのよごれを洗いおとすための薬剤。例中性洗剤。

せんざい[3]【潜在】〈名・する〉 表面には現れていないが、奥底《おくそこ》にひそかにかくれて存在すること。例潜在意識。潜在能力。潜在的。潜在化。対顕在《けんざい》。類底流。

ぜんさい[1]【前妻】〈名〉 先妻。対後妻。前夫《ぜんぷ》。

ぜんさい[2]【前菜】〈名〉 西洋料理で、主となる料理の前に出す、かるい食べ物。オードブル。

ぜんざい〖善▼哉〗〈名〉 関西でよく食べる、つぶあんでつくった汁粉《しるこ》。参考 関東では、もちの上に汁けのないあんをかけた食べ物のことをいう。

せんざいいしき【潜在意識】〈名〉 心のおく深くにあるので、表面には出てこず、本人も気づいていないが、実は大きな働きをしている心の傾向《けいこう》。

せんざいいちぐう【千載一遇】〈名〉 千年のあいだに一回めぐりあうかどうかといった、めったにないこと。例千載一遇のチャンス。

せんさく【詮索】〖▼穿▼鑿〗〈名・する〉 くわしくたずねたり調べたりして、さぐり出そうとすること。例人の過去を詮索しないで。詮索好き。類ほじくる。

センサス〈名〉 ❶国勢調査。人口調査。❷特定の社会集団を対象として行なう、統計的な実態調査。◇census

せんさばんべつ【千差万別】〈名〉 たくさんのものが、それぞれちがっていて多種多様であること。例好みは千差万別だ。

せんし[1]【先史】〈名〉 人類が文字を使用して残す前。有史以前。対有史。ア **センシ**

せんし[2]【戦士】〈名〉 ❶戦争に参加して、たたかう兵士。❷事業や社会運動などで、先頭にたって活躍する人。例自由の戦士。▽類闘士《とうし》。ア **センシ**

表現 「無名戦士の墓《はか》」というように、自分のためでなくみんなのためにだまって戦った、死をいとわない人という崇高《すうこう》なイメージでいうことば。

せんし[3]【戦死】〈名・する〉 戦争に参加して、敵とたたかって死ぬこと。例戦死者。類戦没《せんぼつ》。ア **センシ**

せんじ[1]【宣旨】〈名〉 天皇が臣下に公式にのべ伝えることば。

せんじ[2]【戦時】〈名〉 国が戦争をしているとき。例戦時体制。対平時。

ぜんし[1]【全紙】〈名〉 ❶すべての新聞。❷新聞の紙面全体。❸工場でできあがったままの紙の大きさ。A判とB判がある。全判。

ぜんし[2]【前肢】〈名〉 動物の前足。専門的な言いかた。対後肢《こうし》。

ぜんし[3]【前▼翅】〈名〉 昆虫《こんちゅう》の羽のうち、前のほうの

 スタンダール（1783〜1842） フランスの小説家。心理描写にすぐれた小説「赤と黒」を残した。

一対《いっつい》。カブトムシのような昆虫では、外がわのかたい羽。上翅《じょうし》。前羽《まえばね》。上羽《うわばね》。対後翅《こうし》。

[1]**ぜんじ【禅師】**〈名〉❶禅僧《ぜんそう》の敬称《けいしょう》。❷日本・中国で、徳の高い禅僧に対して朝廷《ちょうてい》からおくった称号。

[2]**ぜんじ【漸次】**〈副〉「少しずつ」のあらたまった言いかた。例漸次増加する。

せんじぐすり【煎じ薬】〈名〉薬草を湯でせんじて、その成分をとりだしてつくった飲みぐすり。

せんしじだい【先史時代】〈名〉書かれた記録がのこっていない、人類の古い時代。ふつう、石器時代をさす。対歴史時代。

ぜんじだい【前時代】〈名〉現代の、一つ前の時代。例前時代の文化を継承《けいしょう》する。

表現しばしば、「古くて価値がない」という意味をふくんで、「前時代的」とか「前時代の遺物」とか使う。

せんしつ【船室】〈名〉船客の使う部屋。キャビン。

せんじつ【先日】〈名〉少し前にさかのぼった、ある日。例先日はどうもありがとう。先日のお礼です。類このあいだ。この前。せんだって。先ごろ。過日。先般《せんぱん》。

ぜんじつ【前日】〈名〉ある日の、すぐ前の日。対翌日。

ぜんじつたん【前日▼譚】〈名〉いったん結着した事件や物語の、その前はどうであったかという話。前日談。対後日譚。類前編。

せんじつ・める【煎じ詰める】〈動下一〉❶考えを徹底《てってい》的にすすめる。ぎりぎりのところまで、よくよく考える。例この問題は、煎じ詰めれば結局きみ自身がわるいんだよ。類つき詰める。❷薬草を、成分がでつくすまで煮《に》つめる。

せんじもん【千字文】〈名〉中国の古代の詩。四字の句を二五〇句おさめ、千の漢字でつくられている。習字の手本とされる。

[1]**せんしゃ【洗車】**〈名・する〉自動車などのよごれを洗い落とすこと。アセンシャ

[2]**せんしゃ【戦車】**〈名〉❶車体を鉄でおおい、大砲《たいほう》などをそなえ、キャタピラで走る戦闘《せんとう》用の車。タンク。❷矢を射る兵士をのせた車を数頭の馬が引いて戦場を走る、古代の中国やヨーロッパの兵器。▽アセンシャ

[1]**せんじゃ【▼撰者】**〈名〉❶むかし、書物や詩歌《しいか》などをえらんでまとめあげた人。❷歌集などをつくるために、すぐれた作品をえらび編集する人。類選者。編者。

[2]**せんじゃ【選者】**〈名〉詩・短歌・小説や、絵画・写真などについて、多くの作品の中から、すぐれた作品をえらぶ役目の人。類撰者《せんじゃ》。審査《しんさ》員。

[1]**ぜんしゃ【前車】**〈名〉前を行くくるま。

前車の覆《くつがえ》るは後車《こうしゃ》の戒《いまし》め 前の人の失敗は、あとにつづく人の戒めとなる。

前車の轍《てつ》を踏《ふ》む 前の人がした失敗をあとにつづく人が同じようにくりかえすこと。「前轍を踏む」ともいう。

[2]**ぜんしゃ【前者】**〈名〉ならべて述《の》べた二つのことがらのうちの、前のほうのもの。例A案とB案のうち、前者のA案が採用された。対後者《こうしゃ》。

せんじゃく【繊弱】〈形動〉細くて、よわよわしい。

せんじゃふだ【千社札】〈名〉数多くの神社をめぐって参拝する人が、記念に神社の柱などにはる紙のおふだ。自分の名前や住所を、書いたり印刷したりしたもの。

[1]**せんしゅ【先取】**〈名・する〉競技やゲームなどで、得点を相手より先にとること。例二点を先取する。先取点。

[2]**せんしゅ【船首】**〈名〉船体の、いちばん前の部分。対船尾《せんび》。類へさき。

[3]**せんしゅ【選手】**〈名〉競技に出場するためにえらばれた人。例オリンピック選手。

[1]**せんしゅう【千秋】**〈名〉⇩いちじつせんしゅう

[2]**せんしゅう【先週】**〈名〉今週の前の週。例先週の話題。対来週。今週。

[3]**せんしゅう【選集】**〈名〉❶ある人の作品や論文の中から、代表的なものを選んで編集した書物。❷多くの人のたくさんの作品の中から、編集目的に合った作品を選び出して編集するシリーズ。

[1]**せんじゅう【先住】**〈名〉現在の人々より先にそこに住んでいたこと。例先住民族。

[2]**せんじゅう【専従】**〈名・する〉もっぱらその仕事だけをすること。例農業に専従する。専従者。類専任。

[1]**ぜんしゅう【全集】**〈名〉❶ある作家や画家などの作品をすべて集めてつくった本。❷いろいろな作家や画家などの代表的な作品を集めシリーズとして刊行する本。例日本文学全集。

[2]**ぜんしゅう【禅宗】**〈名〉仏教の宗派の一つ。以心伝心をおもんじ、座禅によってさとりをひらくことを目的とする。参考鎌倉《かまくら》時代に栄西《えいさい》と道元《どうげん》が宋《そう》にわたり、栄西がつたえた臨済《りんざい》宗、道元がつたえた曹洞《そうとう》宗、それに、江戸《えど》時代に明《ミン》の人隠元《いんげん》がつたえた黄檗《おうばく》宗の三派がある。

せんしゅうがっこう【専修学校】〈名〉職業や生活の中で必要とされる能力・技術を育成することを、主な目的とする学校。簿記《ぼき》・英会話・デザインなど多様にある。類専門学校。

せんじゅうみん【先住民】〈名〉征服《せいふく》者や移住者に対して、もとからその土地に住んでいた民族。先住民族。「原住民」を改めた言いかた。

せんしゅうらく【千秋楽】〈名〉何日かつづけて行なわれる、すもうや演劇などの興行の最後の日。うちあげの日。略して「楽《らく》」ともいう。対初日。↓うちだし

せんじゅかんのん【千手観音】〈名〉〔仏教〕千の手と、それぞれの手のひらに一つずつ目をもつとされる観音。その慈悲《じひ》で人々を広く救う。ふつう二十七の面と四十二本の手をもつ像であらわされる。

せんしゅけん【選手権】〈名〉競技でいちばんすぐれた選手あるいはチームにあたえられる、最高の資格や地位。チャンピオンシップ。例選手権大会。類タイトル。

せんしゅつ【選出】〈名・する〉多くの中からえらびだすこと。例議長を選出する。

せんじゅつ【戦術】〈名〉たたかいに勝つための計画。また、ある目的をとげるためのはかりごと。類戦略。戦法。作戦。↓せんりゃく表現

ぜんじゅつ【前述】〈名・する〉文章などで、すでに前のところで述べたこと。例前述のごとく。対後述《こうじゅつ》。類前記。上述。

せんしゅぼうえい【専守防衛】〈名〉外国をせめることはせず、外国からせめられたときにだけ、軍隊をつかって自分の国をまもること。

せんしゅむら【選手村】〈名〉オリンピック・パラリンピックの期間中、外国人選手が滞在《たいざい》する、宿泊《しゅくはく》施設《しせつ》や食堂などのある区画。

せんしょ【選書】━〈名〉一般《いっぱん》向けの手ごろな内容の教養書を、同じ大きさの本にして出すシリーズ。

㊁〈名・する〉本を選ぶこと。例図書館の選書係。

[1]**ぜんしょ**【全書】〈名〉❶特定方面の記事をもれなく集めてつくる本。例六法全書。❷教科書的な内容の本を手ごろな同じ大きさの本にしたてて出すシリーズ。類双書《そうしょ》。

[2]**ぜんしょ**【善処】〈名・する〉事件を、なるべく他に迷惑《めいわく》がおよばないようにうまく処置すること。例その件は責任をもって善処します。

[1]**せんしょう**【先勝】㊀〈名・する〉試合で、最初に勝つこと。また、さきに勝つこと。㊁〈名〉急用や訴訟《そしょう》などにえんぎがよいとされる日。さきがち。参考㊀で、たとえば全部で五戦あるうち、さきに三勝したほうを勝者とするやりかたを、「三戦先勝方式」のようにいう。

[2]**せんしょう**【▼僭称】〈名・する〉勝手に高い地位の称号をとなえること。例王を僭称する。

[1]**せんじょう**【洗浄】〈名・する〉水や薬品などで洗ってきれいにすること。参考もとは「洗滌《せんでき》」ということばだった。

[2]**せんじょう**【扇情】〈名・する〉欲望、とくに性欲をあおること。例扇情的(な広告)。

[3]**せんじょう**【戦場】〈名〉たたかいが行なわれている場所。例戦場と化す。あたりは戦場のようなさわぎとなった。古戦場。類戦地。

表現「戦場」は実際に戦闘が行なわれる場所。「戦地」はもっとひろい地域。

[4]**せんじょう**【線条】〈名〉すじ。長い線。

[1]**ぜんしょう**【全勝】〈名・する〉競技で、すべての試合に勝つこと。例全勝優勝。対全敗。

[2]**ぜんしょう**【全焼】〈名・する〉火事ですっかりやけてしまうこと。対半焼。類まるやけ。

ぜんじょう【禅譲】〈名・する〉❶むかし中国で、天子がその位を世襲《せしゅう》としないで、徳のある者にゆずったこと。→ほうばつ ❷支配者がその地位を後継《こうけい》者に円満にゆずること。

ぜんしょうせん【前▼哨戦】〈名〉❶戦争で、本隊の前方にいる小部隊どうしの戦闘《せんとう》。❷本格的な活動をはじめる前の手はじめの活動。スポーツなどでいう。

せんじょうち【扇状地】〈名〉〔地学〕川が山から平野へと流れでるところに、土砂《どしゃ》がつもってできた、扇形《おうぎがた》の土地。

ぜんしょうとう【前照灯】〈名〉ヘッドライト。対尾灯《びとう》。

[1]**せんしょく**【染色】〈名・する〉布や糸などを色でそめること。例染色業。

[2]**せんしょく**【染織】〈名・する〉布や織物《おりもの》を、そめることと織ること。例染織業。

せんしょくたい【染色体】〈名〉〔生物〕細胞が分裂するときにみられる、棒状の物質。遺伝子をふくみ、生物の種《しゅ》ごとに、数と形がきまっている。色素によくそまる。

せん・じる【煎じる】〈動上一〉茶や薬草などをにつめて、成分をにじみださせる。例薬草を煎じてのむ。

[1]**せんしん**【先進】〈名〉❶経済や生産技術がほかよりも進歩していること。例先進の技術。先進国。❷自分より先にその道に入り、経験・知識・技能において学ぶべきものをもつ人。例先進に学ぶ。対後進。類先達。先輩。

[2]**せんしん**【専心】〈名・する〉一つのことに集中して、とくに念入りに行なうこと。例新しいエンジンの開発に専心する。一意専心。類専念。没入。没頭。傾注《けいちゅう》。

[3]**せんしん**【線審】〈名〉球技で、ボールが線の外に出たかどうかを判定する審判員。ラインジャッジ。

[4]**せんしん**【▼撰進】〈名・する〉歌集や文集を編集して、君主に献上《けんじょう》すること。

[1]**せんじん**【千尋】〖千▼仞〗〈名〉谷がきわめて深い、または、山がきわめて高いこと。例千尋の谷。

[2]**せんじん**【先人】〈名〉❶むかしの人。例先人の知恵。対後人。❷祖先。亡父。例先人の遺訓を守る。

[3]**せんじん**【先陣】〈名〉❶本陣の前にいる部隊。対後陣。類先鋒《せんぽう》。❷戦いで、いちばん先に敵地にのりこむこと。例先陣あらそい。

[4]**せんじん**【戦陣】〈名〉敵と戦うために部隊が配置されているところ。例戦陣をはる。類陣地。

[5]**せんじん**【戦▼塵】〈名〉❶たたかいによっておこる砂やほこり。例戦塵にまみれる。❷戦争のごたごた。例戦塵をのがれる。類戦火。

[1]**ぜんしん**【全身】〈名〉からだ全体。例全身にみなぎる力。全身運動。対半身。類満身。

[2]**ぜんしん**【前身】〈名〉❶団体や組織が今のすがたになる前のかたち。例この大学の前身は、師範《しはん》学校であった。❷〔仏教〕前世での身の上。▽対後身。

[3]**ぜんしん**【前進】〈名・する〉❶今の場所から前の方へうごくこと。❷今までよりもよくなること。例技術が一歩前進した。類進歩。▽対後退。

[4]**ぜんしん**【前震】〈名〉本震の前に、震源のあたりに起こる地震。予震。対本震。余震。

[5]**ぜんしん**【漸進】〈名・する〉ゆっくりした速度ですすんでいくこと。対急進。

せんしんこく【先進国】〈名〉国土開発や産業、経済などがすすんでいる国。先進工業国。対発展途上《とじょう》国。新興国。

ぜんしんぜんれい【全身全霊】〈名〉からだと心のすべて。例全身全霊をかたむける。

ぜんじんみとう【前人未到】〈名〉そこまでは、まだだれも行きついていないこと。例前人未到の記録。

[1]**せんす**【扇子】〈名〉手であおって風をおくり、涼をとるための、おりたたみ式の道具。竹などのほねに紙をはったもの。舞《まい》や儀式、落語などの小道具としても使う。おうぎ。アセンス

表現閉じたものは一本二本と数える。広げたものは「扇面《せんめん》」ともいうことから一面二面と数える。

[2]**センス**〈名〉微妙《びみょう》なところや、そのちがいを感じとる力。繊細《せんさい》な感覚。例センスがある。センスがいい。◇sense アセンス

せんすい【潜水】〈名・する〉水の中にもぐること。例潜水泳法。潜水艦《かん》。潜水夫《ふ》。類ダイビング。

せんすいかん【潜水艦】〈名〉海中にもぐったままで航行でき、水中から魚雷《ぎょらい》やミサイルで敵を攻撃《こうげき》できる軍艦。例原子力潜水艦。

ぜんすう【全数】〈名〉対象となるもの全部の数量。例全数調査。

せん・する【宣する】〈動サ変〉みんなにはっきりと知らせる。例開会を宣する。類宣言する。

せん(詮)ずるところ(所)いろいろと検討してみた結果。要するに。例詮ずるところ、やはりだめだ。

ぜんせ【前世】〈名〉〔仏教〕この世に生まれてくる前の世。例前世のおこない。対来世。現世。

[1]**せんせい**【先生】〈名〉人を教えたり指導したりする立

スチーブンソン（1781～1848） イギリスの発明家。蒸気機関車を改良，人と貨物の輸送に成功。

場にある人。アセンセー

表現 その人をうやまってよぶ言いかたで、ふつう、教師や医者などをさすが、芸術家や政治家などにも使われる。

せんせい[2]【先制】〈名・する〉相手より先に手をうつこと。例いきなり先制パンチをくらう。先制攻撃《こうげき》。先制点。アセンセー

表現 同じ意味の表現に、「機先を制する」「先手をとる」などがある。

せんせい[3]【宣誓】〈名・する〉みんなの前で、ちかいのことばを公式に述べること。例証人として宣誓する。選手宣誓。アセンセー

せんせい[4]【専制】〈名〉他の人々の意見を聞かないで、自分だけの考えでかってにものごとを行なうこと。例専制君主。専制政治。類独裁。アセンセー

表現 皇帝《こうてい》や大統領など、一国の支配者が、政治のうえで行なう場合についていうのが、ほとんど。

せんせい[5]【潜性】〈名〉〔生物〕遺伝《いでん》で、両親のもつ異《こと》なる形質《けいしつ》のうち、子どもの代には現れないで、それ以後の代にでるもの。「劣性《れっせい》」の改称《かいしょう》。例潜性(の)形質(=子に現れない特徴)。対顕性《けんせい》。アセンセー

ぜんせい[1]【全盛】〈名〉もっともさかんな状態や時期であること。例全盛をきわめる。全盛をほこる。全盛期。類さかり。最盛。

ぜんせい[2]【善政】〈名〉みんなのためになるよい政治。例善政をしく。対悪政。類徳政。

ぜんせいき【前世紀】〈名〉今よりもひとつ前の世紀。例前世紀の遺物。

せんせいこうげき【先制攻撃】〈名〉相手より先にしかける攻撃。

せんせいじゅつ【占星術】〈名〉⇩ほしうらない

せんせいせいじ【専制政治】〈名〉一部の指導者が、国民の意思を無視して、自分たちのつごうのいいように行なう政治。対民主政治。類独裁政治。

センセーショナル〈形動〉人々をおどろかせ、世の注目を集めずにはおかない。例センセーショナルな話題をふりまく。◇sensational

センセーション〈名〉人々の心に起こる大きな興奮や感動。また、それによる大さわぎ。例一大センセーションをまきおこす。類旋風《せんぷう》。◇sensation

せんせき【戦績】〈名〉戦争、実社会での競争、試合、ゲームなどであげた成績。類戦果。

せんせん[1]【宣戦】〈名・する〉相手の国に対し、戦争状態にはいることを公式に知らせること。例宣戦布告。

せんせん[2]【戦線】〈名〉❶戦争で、敵と味方がにらみあっているところ。大局的にみた敵と味方の配置。例戦線に復帰する。戦線を拡大する。類前線。戦場。❷事業や政治運動などの活動や争いごとの最先端《さいせんたん》。例優勝戦線から脱落《だつらく》する。就職《しゅうしょく》戦線。

ぜんせん[1]【全線】〈名〉❶鉄道・バスなどの、あらゆる路線。❷一本の路線の全体。例全線不通。▽アゼンセン

ぜんせん[2]【前線】〈名〉❶戦場で、敵と直接むかいあっている、いちばん前のあたり。類戦線。❷〔気象〕寒気団と暖気団が接するさかいめ。この付近では大気が不安定となり、天気が悪くなる。不連続線。例前線が通過する。梅雨《ばいう》前線。▽アゼンセン

参考 ②には、寒冷前線・温暖前線・閉塞《へいそく》前線・停滞《ていたい》前線などがある。「桜前線」は、気象学的にそういう前線があるのではなく、サクラのさき始めた地点を地図の上にたどると、前線のように線がえがけるので、そう言い表わし、花の季節になると、桜前線の北上が知らされる。

ぜんせん[3]【善戦】〈名・する〉りっぱな戦いぶりを示すこと。例善戦むなしく。類健闘《けんとう》。アゼンセン

表現 僅差《きんさ》で負けた試合の内容をほめることばに使うのがふつう。

ぜんぜん【全然】〈副〉(打ち消しの表現や否定的な意味をふくんだことばをともなって)少しも…ない。まったく…ない。例やってみたけれど、全然だめだった。類ちっとも。さっぱり。まるで。

表現 話しことばでは、必ずあとに否定表現をともなうわけではなく、程度差が明らかなときに「全然いい」と言ったり、「だいじょうぶ?」と聞かれてまったく問題がないときに「全然平気だよ」と言ったりする。

せんせんきょうきょう【戦戦恐恐】【戦戦▾兢▾兢】〈副・連体〉わるいことがおこりはしないかとおそれ、おびえながら。例戦々恐々と日を送る。戦々恐々の日々。戦々恐々たる毎日。

せんぜんは【戦前派】〈名〉第二次世界大戦より前の暮らしや思想、価値観などをもち続けている人たち。アバンゲール。対戦後派。

せんぞ【先祖】〈名〉❶その家系の最初の人。類初代。❷その一家の、今いる人たちより前の人々。例先祖の墓。先祖伝来の土地。▽対子孫。類祖先。

表現 「先祖」と「祖先」は、ほぼ同じ意味だが、「先祖」の方がイメージが固定しやすいので、個人の家には「先祖」の方がふつうで、「ご先祖さま」と言える。「祖先」は、「人類の祖先」のように広い範囲《はんい》に言えるかわり、「ご祖先さま」は言いにくい。

せんそう[1]【戦争】〈名・する〉❶国と国とが兵器によってたたかうこと。例戦争をおこす。核《かく》戦争。対平和。類武力衝突《ぶりょくしょうとつ》。❷混乱や競争が多くの人をまきこんでこまらせている状態。例交通戦争。受験戦争。

せんそう[2]【船倉】【船▾艙】〈名〉船の胴体の中にある、積み荷や荷物を入れる倉庫。ふなぐら。

ぜんそう[1]【前奏】〈名〉❶儀式の始まりを告げる奏楽。❷曲の歌いはじめや独奏がはじまる前におかれた伴奏《ばんそう》の部分。対間奏。

ぜんそう[2]【禅僧】〈名〉〔仏教〕禅宗の僧。

ぜんぞう【漸増】〈名・する〉少しずつふえつづけること。例この半年間、毎月の利益が漸増している。対漸減。類逓増《ていぞう》。

ぜんそうきょく【前奏曲】〈名〉〔音楽〕❶オペラの幕があく前に、器楽だけで演奏される曲。❷組曲などの最初におかれた曲。❸ピアノの小曲。▽プレリュード。

せんぞがえり【先祖返り】〈名〉生まれた子が親に似ず、何代も前の祖先に似ていること。類隔世遺伝《かくせいいでん》。参考 遺伝子の伝わり方の関係で、どういう動植物にも、こういうことが起こり得る。

せんぞく【専属】〈名・する〉芸能人やスポーツ選手、商店などが、あるきまった会社やプロダクションとだけ契約《けいやく》をむすんで仕事をしていること。例A社の専属になる。専属歌手。専属契約。

ぜんそく【▾喘息】〈名〉なにかのきっかけがあると、急にはげしいせきがでて、呼吸がくるしくなる病気。例喘息の発作《ほっさ》。小児《しょうに》喘息。

ぜんそくりょく【全速力】〈名〉出せるかぎりの速度。フルスピード。全速。例全速力で走る。

表現 「全速力で」は「全速で」ともいえる。

せんぞだいだい【先祖代代】〈名・副〉先祖から何代にもわたって、とぎれることなく続いていること。

センター〈名〉❶中央。中心。まん中。❷ものや人が集まって、活動の中心となるところ。例医療《りょう》センター。ゲームセンター。❸野球で、二塁《るい》の後方のポジション。中堅《ちゅうけん》。例センターフライ。❹バスケットボールなどの球技で、中央を守るポジション。◇center

センターライン〈名〉❶球技で、コートの中央に引かれた線。❷道路の中央に、すれちがう車を左右に分けるために引かれた線。中央線。◇centerline

[1]**せんたい【船体】**〈名〉外がわから見た、船のすがたかたち。例船体がかたむく。白い船体。

[2]**せんたい【船隊】**〈名〉おなじ目的をもって航行する二隻《せき》以上の船の集まり。類船団。

せんだい【先代】〈名〉現在の人の前に、その地位にあった人。例先代の社長。対当主。当代。次代。

ぜんたい【全体】一〈名〉こまかくわけないで、大きく一つのものとしてみたときのすがた。そのものごとのすべてをふくむもの。例全体を把握《はあく》する。全体にわたる。市全体。全体会議。対部分。類総体。二〈副〉❶もともとのところを考えてみれば。例全体、出発点からまちがっているよ。類元来。そもそも。どだい。❷(疑問を表わすことばをともなって)いったい…だろうか。例計画をかえるなんて、全体、何ごとだ。類一体。▽ア一ゼンタイ 二ゼンタイ

表現 二は「一体全体」というのと同じ。

ぜんたいしゅぎ【全体主義】〈名〉国家や民族などの全体の利益を、個人の権利や自由などよりも優先させる考えかた。たとえば、第二次世界大戦中のイタリアのファシズム、ドイツのナチズム、日本の軍国主義など。

せんたいしょう【線対称】〈名・形動〉⇨たいしょう〔対称〕参考

ぜんたいぞう【全体像】〈名〉ものごとの全体のかたちやようす。例全体像をつかむ。

ぜんだいみもん【前代未聞】〈名〉これまでいちども耳にしたことがないような、めずらしい、かわったこと。例前代未聞の話。類未曽有《みぞう》。破天荒《てんこう》。

表現 おどろきやあきれた気持ちをこめて使う。

[1]**せんたく【洗濯】**〈名・する〉衣類などを水と洗剤《せんざい》であらって、きれいにすること。例洗濯物《もの》(=これから洗う物。洗ってほした物)。

[2]**せんたく【選択】**〈名・する〉いくつかある中から、いいと思われるものをえらぶこと。例取捨《しゅしゃ》選択。

せんたくし【選択肢】〈名〉その中から選択させるための、いくつかの候補。類オプション。→たくいつ

せんだつ【先達】〈名〉❶その方面のことをよく知っていて、あとからくる人の模範《もはん》になる人。類木鐸《ぼくたく》。❷先にたって、案内をする人。▽「せんだち」ともいう。

せんだって【先だって】〈副〉今日《きょう》からみて、あまり遠ざかっていない、ある日。すこしあらたまった言いかた。例先だっては、どうもごちそうさまでした。類このあいだ。先日。過日。先般《せんぱん》。先ごろ。

ぜんだて【膳立て】〈名・する〉❶いつでも食べられるように食事の膳をととのえること。❷⇨おぜんだて

ぜんだま【善玉】〈名〉芝居《しばい》や物語の中での善人の役がら。対悪玉。

表現 人間を善と悪とにはっきり分ける、芝居から出たことばで、今は「善玉コレステロール」のような使い方もある。

[1]**せんたん【先端】**〖▼尖端〗〈名〉❶とがったものの、いちばんさきの部分。例塔《とう》の先端。対後端《こうたん》。類突端《とったん》。はな。❷時代や世相をリードする位置。例時代の先端をいく。

[2]**せんたん【戦端】**〈名〉たたかいのはじまり。例戦端を開く。戦端が開かれる。

[1]**せんだん**〖▼栴▼檀〗〈名〉❶あたたかい地方にはえる落葉高木。実をくすりに使う。おうち。❷⇨びゃくだん ◇もとサンスクリット語。

栴檀は双葉《ふたば》より芳《かんば》し 白檀《びゃくだん》は幼木からすでにかおりを放つ。素質のある人は、おさない時からすでになみでないものを感じさせる。

[2]**せんだん【専断】**〖▼擅断〗〈形動・名・する〉制度を無視し、かってな判断で処理すること。類独断。

[3]**せんだん【船団】**〈名〉同じ目的で航行する船の集まり。例船団を組む。かつお船団。類船隊。

ぜんだん【前段】〈名〉❶ある段落の、前のほうの段落。❷ある文章の、前半部分。▽対後段《こうだん》。

せんたんてき【先端的】〈形動〉流行や時代の先端をいくようである。例先端的な研究。

[1]**せんち【戦地】**〈名〉❶戦争がおこなわれている場所。類戦場。❷戦争のために軍隊が出動している場所。▽→せんじょう〔戦場〕表現

[2]**センチ**〈名・接尾〉「センチメートル」の日本での省略語。

[3]**センチ**〈形動〉「センチメンタル」の日本での省略語。例センチな気分。センチになる。おセンチ。

ぜんち【全治】〈名・する〉けががすっかりなおること。例全治三か月の重傷を負う。類完治。

表現 病気については「全快」、けがについては「全治」ということが多い。

ぜんちし【前置詞】〔文法〕英語の in や on のように名詞の前に立って、その名詞を文のつながりに入れていく働きをすることば。

ぜんちぜんのう【全知全能】〈名〉すべてを知り、何でもできる、絶対の力をもつこと。例全知全能の神。

センチメートル〈名・接尾〉メートル法の長さの単位。一《センチ》は、一《メートル》の百分の一。略して「センチ」ともいう。記号「cm」。◇フランス centimètre

センチメンタル〈形動〉理知よりも感情の働きがつよく、感じたことにいつまでもひたる傾向《けいこう》がある。略して「センチ」、すこしからかって「おセンチ」などともいう。◇sentimental

せんちゃ【煎茶】〈名〉❶茶の木の新芽をむして乾燥《かんそう》させた茶葉《ちゃば》。❷「①」の茶葉に湯をとおした飲みもの。

せんちゃく【先着】〈名・する〉ほかの人より先にその場所につくこと。例先着のお客様。先着五名様。

せんちゃくじゅん【先着順】〈名〉ある場所に先についた順番。例先着順にならぶ。

[1]**せんちょう【船長】**〈名〉船の乗組員の長。キャプテン。類艦長《かんちょう》。アセンチョー →次項

[2]**せんちょう【船長】**〈名〉船の長さ。対船幅《せんぷく》。アセンチョー →前項

[1]**ぜんちょう【全長】**〈名〉一方の端から他方の端までの長さ。

[2]**ぜんちょう【前兆】**〈名〉大きなことがおこる前に現れる、そのことを知らせるような小さなできごと。例大地震《おおじしん》の前兆。類きざし。前ぶれ。先ぶれ。徴候《ちょうこう》。

崇徳(すとく)上皇（1119～64） 後白河天皇と対立し，保元の乱を起こしたが敗れ，讃岐に流罪となった。

せんて【先手】〈名〉❶こちらから先にしかけて、相手のでかたをおさえてしまうこと。例先手を打つ。先手をとる。❷碁《ご》や将棋《しょうぎ》で、相手よりさきに打つか さすかすること。▽対後手《ごて》。

参考②で、先手に回る人を「先番《せんばん》」という。

先手を打《う》つ 他より先にしかけて、有利な立場にたつ。類機先を制する。

1**せんてい【選定】**〈名・する〉多くの中からえらびだして、それにきめること。例選定図書。

2**せんてい【▼剪定】**〈名・する〉花や実がよくつくように、また、庭木の形をととのえるために、枝《えだ》をはさみで切り落とすこと。例剪定ばさみ。

ぜんてい【前提】〈名〉❶ものごとがなりたつために必要な、土台となる条件。例…を前提とする。前提がちがう。前提条件。❷論理学の三段論法で、結論をみちびき出すための命題。対結論。→けつろん参考

1**せんてつ【先哲】**〈名〉むかしのすぐれた哲学者や思想家。例先哲のことば。類先賢《せんけん》。

2**せんてつ【▼銑鉄】**〈名〉鉄鉱石をとかしてつくった鉄。不純物をふくんでいる。精製して鋼《はがね》をつくるとか、そのまま鋳物《いもの》に使うとかする。

ぜんてつ(前▼轍)をふ(踏)む ⇩前車の轍を踏む(「ぜんしゃ(前車)」の子項目)

ぜんでら【禅寺】〈名〉禅宗の寺。禅林。

せんでん【宣伝】〈名・する〉知らせたいことを、世の中の多くの人に知らせようとすること。例宣伝映画。前《まえ》宣伝。類広告。PR《ピーアール》。コマーシャル。

1**ぜんてん【全天】**〈名〉頭上に広がる空全体。

2**ぜんてん【前転】**〈名・する〉体操で、前に両手をついて回転すること。対後転《こうてん》。

センテンス〈名〉句点を打って示す一つの文。例センテンスが長い。ワンセンテンス。◇sentence

せんてんせい【先天性】〈名〉〔医学〕生まれつきのものであること。例先天性の病気。対後天性。

せんてんてき【先天的】〈形動〉生まれながらに、身にそなわっている。例先天的な才能。対後天的。類生得的。

1**せんと【遷都】**〈名・する〉国の首都を、それまでの場所から他の場所へうつすこと。例平安遷都。

2**セント**〈名・接尾〉❶アメリカ合衆国やカナダなどの補助通貨の単位。一ドルの百分の一。❷⇩ユーロセント ◇cent

1**せんど【先途】**〈名〉運命や勝敗のきまる だいじなとき。例ここを先途とたたかう。

2**せんど【鮮度】**〈名〉肉や魚、野菜など、食品の新鮮さの度合い。例鮮度がおちる。類生き。

ぜんと【前途】〈名〉これから先の道のり。この先どうなっていくか。例前途が思いやられる。前途を悲観する。前途遼遠《りょうえん》。前途洋々。前途多難。類行くて。将来。

ぜんど【全土】〈名〉全体の地域。例高気圧が日本の全土をおおっている。類全域。

1**せんとう【先頭】**〈名〉列や一団の人たちのいちばん先。例先頭にたつ。先頭をきる。類トップ。まっさき。アセントー

2**せんとう【戦闘】**〈名・する〉軍隊どうしが戦場でたたかうこと。バトル。例はげしい戦闘をくりひろげる。アセントー

3**せんとう【銭湯】**〈名〉料金をとって、客を入浴させる浴場。類ふろ屋。公衆浴場。アセントー

1**せんどう【先導】**〈名・する〉先にたって道をしめしながらすすむこと。例パトカーに先導される。先導車。アセンドー

2**せんどう【扇動】**〖▼煽動〗〈名・する〉ことばや宣伝によって多くの人の心をうごかして、一定の行動をおこさせること。例扇動者。類あおる。アジる。アセンドー

3**せんどう【船頭】**〈名〉職業として船をこぐ人。アセンドー

船頭多《おお》くして船《ふね》山《やま》へ登《のぼ》る こうしろああしろと口を出す人ばかり多くて、仕事がさっぱり進まない。

1**ぜんどう【善導】**〈名・する〉よい方へみちびくこと。

2**ぜんどう【▼蠕動】**〈名・する〉❶虫などがうごめくこと。❷〔生物〕輪状になった筋肉の一か所にできたくびれが、ミミズの動きかたのように、移動しておこる運動。胃や腸では、この運動によって食物がつぎの部分におくられる。

ぜんとうよう【前頭葉】〈名〉大脳の前方の部分。人間によく発達し、高等な精神作用が行なわれる。

せんどぶり(方言) 久しぶり。兵庫で言う。

セントポーリア〈名〉観賞用に室内でも栽培《さいばい》される草花。多年草で、スミレに似《に》た花をつける。◇saintpaulia

ぜんとゆうぼう【前途有望】〈形動〉将来に大きな期待がもてる。例前途有望な新人。

ぜんとようよう【前途洋洋】〈形動〉将来の見とおしがあかるく、成功の可能性が十分にある。

せんな・い【詮ない】〈形〉どうやってみてもしかたがない。例今さら悔《く》やんでみても詮ないことだ。

ぜんなんぜんにょ【善男善女】〈名〉仏の救いをあつく信じている男や女をさしていうことば。

ぜんにちせい【全日制】〈名〉学校教育で、昼間に授業が行なわれること。「ぜんじつせい」ともいう。対定時制。

せんにちて【千日手】〈名〉将棋《しょうぎ》で、双方《そうほう》が同じさし手をくり返して勝負が先に進まないこと。

せんにゅう【潜入】〈名・する〉敵地やあやしげな所に、こっそり入りこむこと。例潜入レポート。類もぐりこむ。

1**ぜんにゅう【全入】**〈名・する〉全員が入学すること。例高校全入時代。

2**ぜんにゅう【全乳】**〈名〉脱脂《だっし》乳に対して、脂肪《しぼう》分をぬきとっていない牛乳。例全乳ヨーグルト。

参考全乳からぬきとった脂肪分の多い部分が「生クリーム」で、残りが「脱脂乳」。

せんにゅうかん【先入観】〈名〉実際に接する前に頭の中にできあがっていて、正しい観察や判断をさまたげる、相手についてのイメージ。例先入観にとらわれる。類偏見《へんけん》。色めがね。先入主。

せんにょ【仙女】〈名〉けがれのない所に住む、浮《う》き世ばなれした女性。せんじょ。

1**せんにん【仙人】**〈名〉❶山の中で修行《しゅぎょう》して、不老不死の術や神通力《じんつうりき》を身につけた人で、かすみを食べて生きている、といわれる人。❷無欲で、世間ばなれしている人。▽アセンニン

2**せんにん【先任】**〈名〉先にその地位や職務についていること。対新任。アセンニン

3**せんにん【専任】**〈名〉本務として、責任をもってその仕事を受けもつこと。例専任講師。対兼任《けんにん》。類専務。専従。アセンニン

4**せんにん【選任】**〈名・する〉選んで、ある地位や役目に

せ

ストラビンスキー(1882~1971) ロシア生まれの作曲家。バレエ音楽「火の鳥」などを作曲。

つかせること。例委員長に選任する。アセンニン

ぜんにん【全任】〈名・する〉すべてまかせて、口出しや手出しをいっさいしないこと。例子会社設立を部下に全任する。類一任。アゼンニン

ぜんにん【前任】〈名〉❶前にその地位や職務についていたこと。例前任者。対後任。❷その人が前についていた任務。例前任校。▽アゼンニン

ぜんにん【善人】〈名〉❶考えかたが正しくて人がらがいい人。善良な人。対悪人。❷お人よし。好人物。▽アゼンニン

せんにんりき【千人力】〈名〉千人分の力を合わせたぐらいたのもしく感じること。例きみがいれば千人力だ。類百人力。

せんぬき【栓抜き】〈名〉びんの栓をぬき取る道具。

せんねん【先年】〈名〉何年か前のある年。例先年、当地へ越《こ》してきました。対後年。

表現「先年」は、「今年」を基準にしてとらえた言いかたであるのに対して、「前年」は、現在の年とは関係なく、今話題にしている年の一つ前の年をさす。したがって、「その前年に」とは言えるが、「その先年に」とは言えない。

せんねん【専念】〈名・する〉ほかのことを考えないで、ある一つのことだけに心や力をそそぐこと。例学業に専念する。類専心。没頭《ぼっとう》。没入。傾注《けいちゅう》。

ぜんねん【前年】〈名〉すぐ前の年。対翌年。→せんねん〔先年〕表現

せんのう【洗脳】〈名・する〉強力に指導したり教育したりして、その人の思想や考えかたを改造すること。類マインドコントロール。

ぜんのう【全能】〈名〉なんでもできて不可能がないこと。例全知全能の神。全能感。

ぜんのう【全納】〈名・する〉おさめるべきものを一回で全部おさめること。対分納。類完納。

ぜんのう【前納】〈名・する〉料金などを前もっておさめること。例前納金。対後納《こうのう》。

せんばい【専売】〈名・する〉❶特定の個人や会社だけが、そのものを売ること。例一手専売。❷とくに、政府が、ある品物を独占《どくせん》して売ること。

表現「芸能界のことなら、彼の専売だ」は、それがだれにも負けない得意な分野であることを表わす。「専売特許」も同じ意味で使う。

せんぱい【先輩】〈名〉❶同じ学校や勤務先などに、自分より先に入った人。例先輩をたてる。二年先輩の人だ。❷ある分野で、自分よりも前にそのことをはじめた人。▽対後輩。

ぜんぱい【全敗】〈名・する〉競技などで、すべての試合に負けること。対全勝。

ぜんぱい【全廃】〈名・する〉これまで行なわれていたことをすっかりやめにすること。類撤廃《てっぱい》。

せんばいとっきょ【専売特許】〈名〉❶「特許」の古い言いかた。❷ほかの人にはできない得意わざ。類十八番。→せんばい〔専売〕表現

せんぱく【船舶】〈名〉船。大きな船。アセンパク

せんぱく【浅薄】〈形動〉考えかたがうすっぺらだ。例浅薄な知識。類あさはか。アセンパク

せんばつ【選抜】〈名・する〉多くの中からすぐれたものをえらびだすこと。例選抜チーム。

せんぱつ【先発】〈名・する〉❶先に出発すること。例先発の列車。先発隊。対後発。❷最初に登場すること。例先発投手。

せんぱつ【洗髪】〈名・する〉かみを洗うこと。

せんばづる【千羽鶴】〈名〉❶折り鶴を、たくさんひもでつらねたもの。❷たくさんのツルをえがいたもよう。

せんばん【旋盤】〈名〉材料を回転させながら、刃物《はもの》でけずったり、切ったりする工作機械。

せんばん【千万】〈接尾〉非難することばのあとにつけて、それが「実にはなはだしい」ということを強い語気で言うことば。例失礼《しつれい》千万。笑止《しょうし》千万。遺憾《いかん》千万。

せんぱん【先般】〈副〉このあいだ。例先般お申しこしの件につき、調査いたしました。対今般。類過日。先日。先ごろ。せんだって。

表現形式ばった手紙・メールの文章で使うことば。アセンパン

せんぱん【戦犯】〈名〉「戦争犯罪人」の略。戦争に負けた国で、戦争をひきおこしたり、捕虜《ほりょ》を虐待《ぎゃくたい》したりしたことにより、罪をとわれる者。アセンパン

表現集団で行なったものごとの失敗の責任を問われるべき人のたとえとしても使う。

ぜんはん【前半】〈名〉大きく二つにわけたときの、前の半分。「ぜんぱん」ともいう。例前半戦。対後半。

ぜんぱん【全般】〈名〉大きく見わたしての全体。例全般にわたっての注意。

ぜんはんせい【前半生】〈名〉人生の、前の半分。対後《こう》半生。

せんび【船尾】〈名〉船体のいちばんうしろの部分。対船首。類とも。

ぜんぴ【前非】〈名〉過去にしてしまった、あやまち。例前非を悔《く》いる。

せんびき【線引き】〈名・する〉ある基準によって、ものごとをはっきりと区切ること。例面接試験は合否の線引きがむずかしい。

せんぴょう【選評】〈名・する〉よい作品として選んだ理由を説明し批評を加えること。

せんびょうが【線描画】〈名〉絵の具などで色をつけないで、線だけでえがいた絵画。線画。

せんびょうしつ【腺病質】〈名〉からだがよわよわしくて、病気にかかりやすい体質。

ぜんびん【前便】〈名〉この手紙・メールのすぐ前に出した手紙・メール。例前便お受け取りくださいましたでしょうか。対後便《こうびん》。

せんぶ【先負】〈名〉急用や訴訟《そしょう》などにえんぎが悪いとされる日。さきまけ。

せんぷ【先夫】〈名〉今の夫に対して、前の夫。前夫《ぜんぷ》。対先妻。

ぜんぶ【全部】〈名・副〉あるものごとのすべて。例これで全部です。全部終わりました。対一部。

全部が全部 なにからなにまですべて。多く、あとに打ち消しのことばがくる。例全部が全部うそというわけではない。

ぜんぶ【前部】〈名〉全体の中の、前の部分。

参考二分《にぶん》して前部・後部の場合、三分《さんぶん》して前部・中部・後部の場合、大きな本体に対して前部と後部だけが区別される場合、などがある。

ぜんぷ【前夫】〈名〉先夫《せんぷ》。対前妻。

せんぷう【旋風】〈名〉❶気圧の低いところに、まわりからうずをまいてふきこむはげしい風。この大きいものが竜巻《たつまき》。つむじ風。❷急なできごとに社会的なおどろきが走ること。例旋風をまきおこす。類センセーション。

せんぷうき【扇風機】〈名〉プロペラのかたちをした小さなはねを、モーターを使って回転させて風をおくる機械。

せ

暑さをやわらげるために使う。

1 **せんぷく【船腹】**〈名〉 ❶船の胴体《どうたい》。❷船の、荷物をつむ場所。

2 **せんぷく【潜伏】**〈名・する〉 ❶人に知られないように、かくれて生活すること。例 犯人は市内に潜伏している。類 潜行。❷〔医学〕病原体がからだに入っているのに、まだ発病しないでいること。例 潜伏期。

ぜんぷく【全幅】〈名〉 ❶そのもののいちばん広いところではかったはば。❷程度が最大であること。あらんかぎり。例 全幅の信頼をおく(=全面的に信じてたよる)。

せんぶり【千振り】〈名〉 野草の一つ。葉や茎《くき》は赤むらさき色で、秋、白い花をつける。草全体をせんじて胃腸のくすりにするが、とてもにがい。

せんぶん【線分】〈名〉〔数学〕二点を結ぶまっすぐな線。その二点がA・Bである場合、「線分 AB」と表わす。参考 線分の長さを「距離《きょり》」という。

1 **ぜんぶん【全文】**〈名〉 ある文章の全体。

2 **ぜんぶん【前文】**〈名〉 ❶法律や条約などの本文の前に書く文章。対 主文。❷手紙で、書きだしの時候のあいさつなどの部分。❸前回に書いた文章。

表現 ②で、「前文」を省略していきなり用件などに入るときには、「前略」「冠省《かんしょう》」と書く。

ぜんぶんけんさく【全文検索】〈名〉 データベースの検索方法で、データの要素を指定せずに行なう検索のこと。たとえば、図書館の蔵書目録をパソコンで検索するとき、著者名を指定してある作家を検索するとその人の書いた本だけをさがすことになるが、全文検索だと、その人について書かれた本も同時にさがすことになる。

せんぶんりつ【千分率】〈名〉 ⇩パーミル

せんべい【煎餅】〈名〉 うすくてかたい焼き菓子《がし》。関東では米の粉でつくり、しょうゆで味つけする。関西などでは小麦粉でつくり、砂糖や塩などで味つけする。

せんべいぶとん【煎餅布団】〈名〉 綿《わた》が少なく、うすくて粗末《まつ》《そ》なふとん。

1 **せんべつ【▼餞別】**〈名〉 去る人にお別れの気持ちでおくるお金や品物。類 はなむけ。

2 **せんべつ【選別】**〈名・する〉 雑多なものを、何かの基準でよりわけること。例 大中小の選別。

1 **ぜんぺん【全編】**〈名〉 詩や小説、映画などの一つの作品のはじめからおわりまで。例 全編にみなぎる精神。ア ゼンペン ゼンペン

2 **ぜんぺん【前編】**〈名〉 二つまたは三つに分かれている作品で、はじめのもの。対 後編。中編。ア ゼンペン

せんぺんいちりつ【千編一律】〈名・形動〉 みな同じ調子で、かわりばえせず、おもしろみのないこと。例 千編一律の趣向《しゅこう》。類 一本調子。

せんぺんばんか【千変万化】〈名・する〉 変化の多いこと。場面が変化に富み、事件が次々におこること。例 千変万化する夏の雲。

せんべん(先▼鞭)をつける 他の人より先に手がける。

せんぼう【羨望】〈名・する〉 たまらないほどうらやましく思うこと。例 羨望のまと。類 しっと。

1 **せんぽう【先方】**〈名〉 こちらとあちらと両方あって事が成り立つ場合の「あちら」。例 先方のつごうを聞く。対 当方。類 むこう。さきさま。

2 **せんぽう【先▼鋒】**〈名〉 まっ先に行動する役目の人や団体。例 急先鋒。類 先陣《せんじん》。

3 **せんぽう【戦法】**〈名〉 たたかいの方法。例 戦法を変える。

ぜんぼう【全貌】〈名〉 ものごとの全体のようす。例 全貌を明らかにする。事件の全貌。類 全容。

ぜんぽう【前方】〈名〉 前の方。例 前方の山なみ。前方注意。対 後方。類 さき。

せんぼうきょう【潜望鏡】〈名〉 水面下にもぐった潜水艦《かん》が水面上のものを見るための、ほそ長い望遠鏡。

ぜんぽうこうえんふん【前方後円墳】〈名〉〔歴史〕日本の古墳《こふん》を代表する形の一つ。土をもり上げ、一方を長方形、他方を円形につくってある。大阪府の大仙《だいせん》古墳がもっとも大きい。→こふん 絵

せんぼつ【戦没】『戦▼歿』〈名・する〉 「戦死」のあらたまった言いかた。例 戦没者。類 戦死。

1 **ぜんまい**『▼薇』〈名〉 山野に生えるシダ植物の一つ。春、わた毛につつまれた、うずまき形の若芽がでて、それをおひたしなどにして食べる。

2 **ぜんまい**〈名〉 うすい鋼《はがね》をうずまきにしたばね。弾力《だんりょく》が時計やオルゴールの動力になる。発条《はつじょう》。例 ぜんまいをまく。ぜんまいじかけ。

せんまいづけ【千枚漬け】〈名〉 大きなカブのうす切りとコンブを重ね、塩・みりん・こうじでつけた漬物《つけもの》。京都の名産。

せんまいどおし【千枚通し】〈名〉 かさねた紙に穴をあけるための、先が長くてとがったきり。

ぜんみ【禅味】〈名〉 禅の世界にあるような、俗《ぞく》っぽくない、あっさりしたおもむき。

せんみんしそう【選民思想】〈名〉 自分たちは神にえらばれた民だと考える思想。

せんむ【専務】〈名〉 ❶おもに、その任務だけをうけもつこと。例 専務理事。❷「専務取締役《とりしまりやく》」の略。会社役員のうち、社長をたすけて会社の仕事を全体的に管理する役目。常務より上の地位。

せんめい【鮮明】〈形動〉 あざやかで、はっきりしている。例 鮮明にうつる。鮮明な画像。鮮明な記憶《きおく》。

せんめつ【▼殲滅】〈名・する〉 攻撃《こうげき》して全滅させること。例 敵軍をせんめつする。類 掃討《そうとう》。掃滅。

ぜんめつ【全滅】〈名・する〉 全員が死に絶えること。全部だめになること。例 部隊が全滅する。冷害で作物が全滅した。類 壊滅《かいめつ》。

せんめん【洗面】〈名〉 ❶顔をあらうこと。例 洗面所。洗面器。類 洗顔。❷朝起きて顔をあらい、歯をみがき、口をすすぐこと。例 洗面をすませる。

1 **ぜんめん【全面】**〈名〉 ❶すべての面。例 全面にわたる援助《えんじょ》。全面禁止。全面的。❷一つの面の全体。例 全面広告。

2 **ぜんめん【前面】**〈名〉 前に出す所。正面。表面。例 前面におし出す。対 背面。

せんめんき【洗面器】〈名〉 顔や手を洗うときに使う、水やお湯をいれておくいれもの。

せんめんじょ【洗面所】〈名〉 ❶洗面の設備をとりつけたところ。❷洗面の設備をそなえたトイレ。

ぜんめんてき【全面的】〈形動〉 全体にわたる。例 その意見には全面的に賛成だ。

1 **せんもう【腺毛】**〈名〉 植物の表面にある毛。粘液《ねんえき》などを分泌《ぶんぴつ》する。

2 **せんもう【繊毛】**〈名〉 ❶〔生物〕細胞《さいぼう》の表面に生えている、こまかい毛のような運動器官。ゾウリムシなどの下等動物は、これをうごかして移動する。動物の気管の表面

スピリ (1827～1901) スイスの児童文学者。代表作「アルプスの少女(ハイジ)」は有名。

にもあり、異物を体外にはこび出す。❷ほそくみじかい毛。

ぜんもう【全盲】〈名〉目がまったく見えない障害。

表記 医学では「線毛」と書く。

せんもん【専門】〈名〉それを職業にして責任がもてるようになること。例英語を専門に教える。専門家。専門店。類専攻《せんこう》。

せんもんか【専門家】〈名〉ある方面の知識や技術をしっかり身につけている人。対門外漢。類スペシャリスト。プロ。くろうと。

せんもんがっこう【専門学校】〈名〉高校卒業者を対象とする専修《せんしゅう》学校。

せんもんてき【専門的】〈形動〉その方面では責任がもてるだけの知識や技能がある。例専門的な知識。

せんもんてん【専門店】〈名〉特定の商品だけをあつかう店。例カメラ専門店。類ショップ。

ぜんもんどう【禅問答】〈名〉❶〔仏教〕禅宗の僧《そう》が、さとりをひらくためにする問答。❷話している人はわかっていても、まわりの人にはさっぱりわからない会話。

ぜんもん(前門)のとら(虎)こうもん(後門)のおおかみ(▼狼) 一つのわざわいをのがれたと思うと、また、新しいわざわいにあうこと。前からもあとからも災難がおそいかかってくること。類一難去ってまた一難。

せんもんようご【専門用語】〈名〉学問や仕事のそれぞれの分野で、はっきりした意味内容で使うことば。経済用語、医学用語、コンピューター用語など、各方面にある。専門語。類術語。

ぜんや【前夜】〈名〉❶きのうのよる。昨夜。❷特別の日の、前の日のよる。例前夜祭。

表現「第二次世界大戦前夜」のように、「歴史上の大きなできごとの直前の時期」の意味でも使う。

せんやく【先約】〈名〉今より前にした、別の約束。例あすは先約があるので行けません。類前約。

ぜんやく【全訳】〈名・する〉原文の文章の全体を訳すこと。また、その訳。対抄訳《しょうやく》。類完訳。

ぜんやさい【前夜祭】〈名〉特別の行事にちなんで、その前の日の夜に行なう、気分をもりあげるための もよおし。

[1]**せんゆう【占有】**〈名・する〉あるものを自分だけのものとしてもつこと。例占有権。類所有。

[2]**せんゆう【専有】**〈名・する〉ひとりでもっていること。例マンションの専有部分。対共有。類独占。ひとりじめ。

[3]**せんゆう【戦友】**〈名〉戦場でいっしょに敵とたたかったなかま。

せんゆうこうらく【先憂後楽】〈名〉政治を行なう者は、人民にさきだってうれえ苦しみ、人民の楽しんだあとに楽しむべきだ、ということ。儒教《じゅきょう》の考えかた。

せんよう【専用】〈名・する〉❶限られた人だけが使えること。例社員専用。対共用。❷それだけに使うこと。例自動車専用道路。対兼用《けんよう》。汎用《はんよう》。

[1]**ぜんよう【全容】**〈名〉ものごとの全体のようす。例事件の全容を解明する。類全貌《ぜんぼう》。

[2]**ぜんよう【善用】**〈名・する〉よいことにうまく生かして使うこと。対悪用。

ぜんら【全裸】〈名〉まったくなにも身につけていないこと。類まるはだか。すっぱだか。

せんらん【戦乱】〈名〉戦争。戦争で国の中がみだれること。例戦乱のちまた。類争乱。

ぜんらん【全卵】〈名〉からを割った生たまごの中身全体。対卵黄。卵白。

せんりがん【千里眼】〈名〉遠くのできごとや、かくされていることを見とおす力。

[1]**せんりつ【旋律】**〈名〉〔音楽〕音の高低とリズムとのくみあわせによってうまれる、音のながれ。メロディー。ふし。

[2]**せんりつ【戦慄】**〈名・する〉おそろしさのために、身ぶるいすること。例戦慄すべき光景。戦慄がはしる。類おののく。おそれおののく。わななく。

ぜんりつせん【前立腺】〈名〉男性の生殖《せいしょく》器にある分泌《ぶんぴつ》腺。精子の運動を活発にする液をだす。

せんり(千里)のみち(道)もいっぽ(一歩)よりはじ(始)まる どんな大事業も、最初の小さなとっかかりから始まる。中国の古典に由来することわざ。

せんりひん【戦利品】〈名〉戦いに勝って得た品物。

せんりゃく【戦略】〈名〉戦いに勝ったり、目的を達成したりするための、総合的な計画や方法。例戦略をねる。類作戦。戦術。

表現「戦略」よりも規模が小さく、個々の場面での作戦計画を「戦術」という。

ぜんりゃく【前略】■一■手紙で、時候のあいさつなど、はじめに書く儀礼《ぎれい》的な文句を省略して、ただちに用件に入る際の、あいさつのことば。類冠省《かんしょう》。■二■〈名・する〉引用文などで、そこより前の部分を省略すること。対中略。後略。

表現手紙では、「前略」で始めれば、「草々《そうそう》」で終えることが多い。

せんりゅう【川柳】〈名〉〔文学〕江戸《えど》時代に生まれ、庶民《しょみん》のあいだでさかんに行なわれた、五・七・五の句からなる短詩。俳句のように季題や切れ字の制約がなく、人情・風俗《ふうぞく》をよみ、世相を風刺《ふうし》したりして、おもしろみを加えた。類狂句《きょうく》。

表現俳句と同じく、一句《いっく》二句《にく》と数える。

由来この形式の句の選者であった柄井川柳《からいせんりゅう》の名前から。

ぜんりゅうふん【全粒粉】〈名〉表皮や胚芽《はいが》などをつけたまま、小麦をまるごとひいた小麦粉。ふつうの小麦粉より栄養価が高い。

せんりょ【浅慮】〈名〉考えがたりず、おっちょこちょいなこと。例浅慮をいましめる。対深慮。

[1]**せんりょう【占領】**〈名・する〉❶ある国や地域を武力で自分のものにして、支配すること。例占領軍。類攻略《こうりゃく》。❷ある場所をひとりじめにすること。例机を二つも占領する。類占拠《せんきょ》。

[2]**せんりょう【染料】**〈名〉糸や布、革《かわ》などにしみこませて色をつける材料。例合成染料。▽アセンリョー

[3]**せんりょう【選良】**〈名〉多数の中からえらばれた、すぐれた人。エリート。アセンリョー

[4]**せんりょう【線量】**〈名〉放射線の量。例線量計。照射線量。吸収線量。アセンリョー

ぜんりょう【善良】〈形動〉性質がよく、まじめだ。例善良な市民。対不良。

せんりょうやくしゃ【千両役者】〈名〉芸にすぐれているばかりでなく、人気もあり、その登場で観客をむちゅうにさせてしまうような、すばらしい俳優。おもに、歌舞伎《かぶき》の役者についていう。

表現役者でなくとも、一般《いっぱん》にその魅力《みりょく》で人々をとりこにしてしまうような人物についてもいう。

せんりょく【戦力】〈名〉❶戦争ができるように備えて

角倉了以(すみのくらりょうい)(1554～1614) 京都の豪商。朱印船貿易で活躍。河川水運の開発にも努力。

いる力。例戦力を失う。類武力。兵力。❷たいせつな働き手。例戦力になる。即《そく》戦力。

ぜんりょく【全力】〈名〉ある個人や集団がもっている、すべての力。例全力を尽くす。全力を出しきる。全力を傾《かたむ》ける。全力を注ぐ。全力を挙げて取り組む。全力疾走《しっそう》。全力投球。類総力。死力。最善《さいぜん》。

ぜんりょくとうきゅう【全力投球】〈名・する〉⇩とうきゅう表現

せんりょ(千慮)のいっしつ(一失) ぬかりなく考えたはずの計画に、思わぬぬけがあって、それがひびいた、ということ。

[1]ぜんりん【前輪】〈名〉まえがわの車輪。対後輪《こうりん》。

[2]ぜんりん【善隣】〈名〉となりの国と仲よくすること。例善隣友好。類修好。

[1]せんれい【先例】〈名〉むかしからのならわし。のちの手本になるような例。例先例がない。先例をつくる。先例にならう。類前例。

[2]せんれい【洗礼】〈名〉キリスト教で、信者となるための儀式《ぎしき》。例洗礼を受ける。

表現「デビュー戦でプロの洗礼を受ける」のように、初めてのきびしい試練を経《へ》ることのたとえとしても使う。

ぜんれい【前例】〈名〉❶先例。❷前に挙げた例。

せんれき【戦歴】〈名〉戦争や試合でたたかった経歴。例かがやかしい戦歴を残す。

[1]ぜんれき【前歴】〈名〉これまでの経歴。類履歴《りれき》。

せんれつ【戦列】〈名〉戦場にのぞむ軍の隊列。例戦列をしりぞく。

[2]せんれつ【鮮烈】〈形動〉目にもあざやかで、強烈である。例鮮烈な印象を残す。鮮烈なデビューをかざる。

せんれん【洗練】〈名・する〉趣味《しゅみ》や人がら、作品などを、上品で高尚《こうしょう》なものにすること。例洗練された文章。洗練されたふるまい。類ソフィスティケート。

せんろ【線路】〈名〉電車や列車などの通るレール。レールをしいた道。類軌条《きじょう》。軌道。

ぜんわん【前腕】〈名〉うでのうち、ひじから手首までの部分。対上腕。

そ…ソ

常用漢字 そ

【狙】 犭部5 全8画 狙狙狙狙狙狙

ソ ねらう 音[ソ] 狙撃《そげき》。訓[ねらう] 狙う。狙い。狙い撃ち。

【阻】 阝部5 全8画 阻阻阻阻阻阻

ソ はばむ 音[ソ] 阻止《そし》。阻害《そがい》。険阻《けんそ》。訓[はばむ] 阻む。

【祖(祖)】 礻部5 全9画 祖祖祖祖祖祖

ソ 教小5 音[ソ] 祖先《そせん》。祖父《そふ》。祖述《そじゅつ》。元祖《がんそ》。先祖《せんぞ》。

【租】 禾部5 全10画 租租租租租租

ソ 音[ソ] 租税《そぜい》。租界《そかい》。租借地《そしゃくち》。公租公課《こうそこうか》。

【素】 糸部4 全10画 ※ 素素素素素素

ソ・ス 教小5 音❶[ソ] 素材《そざい》。素質《そしつ》。素地《そじ》。素朴《そぼく》。素行《そこう》。元素《げんそ》。栄養素《えいようそ》。要素《ようそ》。平素《へいそ》。❷[ス] 素性《すじょう》。素顔《すがお》。素手《すで》。素足《すあし》。素揚《すあ》げ。素潜《すもぐ》り。

注意「素人」は、「しろうと」と読む。

【措】 扌部8 全11画 措措措措措措

ソ 音[ソ] 措置《そち》。措辞《そじ》。挙措《きょそ》。

【粗】 米部5 全11画 粗粗粗粗粗粗

ソ あらい 音[ソ] 粗密《そみつ》。粗放《そほう》。粗雑《そざつ》。粗略《そりゃく》。粗野《そや》。粗品《そしな》。粗食《そしょく》。粗茶《そちゃ》。精粗《せいそ》。訓[あらい] 粗い。

【組】 糸部5 全11画 組組組組組組

ソ くむ・くみ 教小2 音[ソ] 組織《そしき》。組閣《そかく》。組成《そせい》。改組《かいそ》。労組《ろうそ》。訓❶[くむ] 組む。組み合わせる。組み替える。組み込む。骨組み。枠組み。❷[くみ] 組。組長。赤組。

【疎】 疋部7 全12画 疎疎疎疎疎疎

ソ うとい・うとむ 音[ソ] 疎開《そかい》。疎密《そみつ》。疎遠《そえん》。疎外《そがい》。疎水《そすい》。疎通《そつう》。親疎《しんそ》。訓❶[うとい] 疎い。❷[うとむ] 疎む。疎ましい。疎んじる。

【訴】 言部5 全12画 訴訴訴訴訴訴

ソ うったえる 音[ソ] 訴訟《そしょう》。訴状《そじょう》。哀訴《あいそ》。直訴《じきそ》。告訴《こくそ》。提訴《ていそ》。訓[うったえる] 訴える。訴え。

【塑】 土部10 全13画 塑塑塑塑塑塑

ソ 音[ソ] 塑像《そぞう》。彫塑《ちょうそ》。可塑性《かそせい》。

【遡[遡]】 辶部10 全14画 遡遡遡遡遡遡

ソ さかのぼる 音[ソ] 遡及《そきゅう》。遡上《そじょう》。訓[さかのぼる] 遡る。表記 手書きでは、筆順に示すようにしんにょうの点を一つ(=13画)にして書く。

【礎】 石部13 全18画 礎礎礎礎礎礎

ソ いしずえ 音[ソ] 礎石《そせき》。基礎《きそ》。定礎《ていそ》。訓[いしずえ] 礎。

そ【祖】〈名〉❶その家系のいちばんはじめの人。類先祖。❷ものごとを最初にはじめた人。例天台宗の祖。

参考 ②は、「『竹取《たけとり》物語』は物語の祖《おや》とよばれる」のように、「おや」と読むこともある。

ぞ〈終助〉文の終わりにつけて、話し手の決意、感動などの気持ちをつよい調子で表わす。おもに男性が話しことばで使う。例がんばるぞ。いいものを見つけたぞ。類ぜ。

そあく【粗悪】〈形動〉品物が、いいかげんなつくりかたで、質がわるい。例粗悪品。対優良。類劣悪。

そあん【素案】〈名〉ある方針や計画のおおもととなるよ

スメタナ(1824~84) ボヘミアの音楽家。民族色ゆたかな「わが祖国」などの作品を残した。

うな案。類原案。草案。たたき台。

ぞい【沿い】〈接尾〉それに沿ったあたり、という意味を表わす。例山沿い。川沿い。海沿い。線路沿い。

そいそしょく【粗衣粗食】〈名〉そまつな衣服と食べものという意味で、つつましい生活をすることをいう。例粗衣粗食にあまんじる。

そいつ〈代名〉「それ」「その人」のぞんざいな言いかた。→あいつ表現

そいと・げる【添い遂げる】〈動下一〉❶困難をのりこえて、夫婦《ふうふ》として結ばれる。❷死ぬまで夫婦として暮らす。

そいね【添い寝】〈名・する〉小さな子どもなどのそばに寄りそって、いっしょに寝てやること。

そいん[1]【素因】〈名〉❶事件などをひきおこしたもともとの原因。❷ある病気にかかりやすい素地。

そいん[2]【訴因】〈名〉〔法律〕検察官が起訴状に書いた犯罪事実。公判で、審判《しんぱん》の対象となる。

常用漢字　そう

【双(雙)】 又部2 全4画 双双双双

ソウ ふた 音[ソウ] ▨双方《そうほう》。双肩《そうけん》。双眼鏡《そうがんきょう》。双頭《そうとう》。▨無双《むそう》。訓[ふた] 双子。双葉。

【壮(壯)】 士部3 全6画 壮壮壮壮壮

ソウ 音[ソウ] ▨壮大《そうだい》。壮観《そうかん》。壮絶《そうぜつ》。壮快《そうかい》。壮健《そうけん》。壮年《そうねん》。▨強壮剤《きょうそうざい》。

【早】 日部2 全6画 早早早早早

ソウ・サッ はやい・はやまる・はやめる 教小1 音❶[ソウ] ▨早期《そうき》。早朝《そうちょう》。早熟《そうじゅく》。早計《そうけい》。早産《そうざん》。早退《そうたい》。早晩《そうばん》。早々《そうそう》に。▨時期尚早《じきしょうそう》。❷[サッ] ▨早速《さっそく》。早急《さっきゅう》。訓❶[はやい] 早い。早足。早起き。早口。早とちり。早弁。素早い。手っ取り早い。❷[はやまる] 早まる。❸[はやめる] 早める。

注意「早乙女」は「さおとめ」、「早苗」は「さなえ」と読む。

【争(爭)】 亅部5 全6画 争争争争争

ソウ あらそう 教小4 音[ソウ] ▨争議《そうぎ》。争乱《そうらん》。▨競争《きょうそう》。論争《ろんそう》。紛争《ふんそう》。訓[あらそう] 争う。言い争う。争い。権力争い。

【走】 走部0 全7画 走走走走走

ソウ はしる 教小2 音[ソウ] ▨走行《そうこう》。走者《そうしゃ》。▨競走《きょうそう》。滑走《かっそう》。長距離走《ちょうきょりそう》。独走《どくそう》。力走《りきそう》。脱走《だっそう》。逃走《とうそう》。訓[はしる] 走る。口走る。先走る。血走る。走り抜ける。走り書き。

注意「師走」は、「しわす」と読む。

【奏】 大部6 全9画 奏奏奏奏奏

ソウ かなでる 教小6 音[ソウ] ▨奏楽《そうがく》。奏功《そうこう》。奏上《そうじょう》。▨演奏《えんそう》。合奏《がっそう》。四重奏《しじゅうそう》。吹奏楽《すいそうがく》。訓[かなでる] 奏でる。

【相】 目部4 全9画 相相相相相

ソウ・ショウ あい 教小3 音❶[ソウ] ▨相互《そうご》。相当《そうとう》。相談《そうだん》。相思相愛《そうしそうあい》。▨真相《しんそう》。血相《けっそう》。人相《にんそう》。形相《ぎょうそう》。様相《ようそう》。▨首相《しゅしょう》。外相《がいしょう》。宰相《さいしょう》。❷[ショウ] ▨相伴《しょうばん》。訓[あい] 相手。相方。相棒。相席。相部屋。

注意「相撲」は、「すもう」と読む。

【荘(莊)】 艹部6 全9画 荘荘荘荘荘

ソウ 音[ソウ] ▨荘厳《そうごん》。荘重《そうちょう》。▨別荘《べっそう》。山荘《さんそう》。

【草】 艹部6 全9画 草草草草草

ソウ くさ 教小1 音[ソウ] ▨草原《そうげん》。草食《そうしょく》。草案《そうあん》。草稿《そうこう》。草書《そうしょ》。▨雑草《ざっそう》。野草《やそう》。起草《きそう》。訓[くさ] 草。草花。草むしり。草餅。草野球。語り草。干し草。道草。

注意「草履」は、「ぞうり」と読む。

【送】 辶部6 全9画 送送送送送

ソウ おくる 教小3 音[ソウ] ▨送別会《そうべつかい》。送辞《そうじ》。送料《そうりょう》。送金《そうきん》。▨葬送《そうそう》。放送《ほうそう》。運送《うんそう》。郵送《ゆうそう》。産地直送《さんちちょくそう》。訓[おくる] 送る。見送る。送り出す。送り火。送り迎え。先送り。見送り。

【倉】 𠆢部8 全10画 倉倉倉倉倉

ソウ くら 教小4 音[ソウ] ▨倉庫《そうこ》。倉皇《そうこう》。倉卒《そうそつ》。▨穀倉《こくそう》。船倉《せんそう》。訓[くら] 倉。

【捜(搜)】 扌部7 全10画 捜捜捜捜捜

ソウ さがす 音[ソウ] ▨捜査《そうさ》。捜索《そうさく》。訓[さがす] 捜す。

【挿(插)】 扌部7 全10画 挿挿挿挿挿

ソウ さす 音[ソウ] ▨挿入《そうにゅう》。挿話《そうわ》。訓[さす] 挿す。挿し絵。挿し木。

【桑】 木部6 全10画 桑桑桑桑桑

ソウ くわ 音[ソウ] ▨桑園《そうえん》。訓[くわ] 桑。桑畑。

【巣(巢)】 木部7 全11画 巣巣巣巣巣

ソウ す 教小4 音[ソウ] ▨巣窟《そうくつ》。▨営巣《えいそう》。帰巣《きそう》。病巣《びょうそう》。卵巣《らんそう》。訓[す] 巣。巣立つ。巣ごもり。巣作り。巣箱。

【掃】 扌部8 全11画 掃掃掃掃掃

ソウ はく 音[ソウ] ▨掃除《そうじ》。掃射《そうしゃ》。▨清掃《せいそう》。一掃《いっそう》。訓[はく] 掃く。

【曹】 日部7 全11画 ※ 曹曹曹曹曹

ソウ 音[ソウ] ▨法曹《ほうそう》。法曹界《ほうそうかい》。陸曹《りくそう》。軍曹《ぐんそう》。重曹《じゅうそう》。

【曽(曾)】 日部7 全11画 曽曽曽曽曽

ソウ・ゾ 音❶[ソウ] ▨曽祖父《そうそふ》。曽孫《そうそん》。❷[ゾ] ▨未曽有《みぞう》。

【爽】 爻部7 全11画 ※ 爽爽爽爽爽

ソウ さわやか 音[ソウ] ▨爽快《そうかい》。訓[さわやか] 爽やかだ。

【窓】 穴部6 全11画 窓窓窓窓窓

ソウ まど 教小6 音[ソウ] ▨窓外《そうがい》。▨車窓

世阿弥(ぜあみ)(1363〜1443)　室町初期の能役者・謡曲作者。能を幽玄美まで高めた。「風姿花伝」は有名。

《そうしゃ》。同窓会《どうそうかい》。深窓《しんそう》。訓[まど] 窓。窓辺。窓際。窓口。出窓。

【創】刂部10 全12画 創創創創創創
ソウ つくる 教小6 音[ソウ] ▨創造《そうぞう》。創作《そうさく》。創立《そうりつ》。創業《そうぎょう》。▨独創《どくそう》。草創《そうそう》。訓[つくる] 創る。

【喪】口部9 全12画 喪喪喪喪喪喪
ソウ も 音[ソウ] ▨喪失《そうしつ》。▨意気阻喪《いきそそう》。訓[も] 喪。喪服。喪主。喪中。

【痩(瘦)】疒部7 全12画 痩痩痩痩痩痩
ソウ やせる 音[ソウ] ▨痩身《そうしん》。訓[やせる] 痩せる。痩せぎす。痩せこける。着痩せ。

【葬】艹部9 全12画 葬葬葬葬葬葬
ソウ ほうむる 音[ソウ] ▨葬儀《そうぎ》。葬式《そうしき》。▨埋葬《まいそう》。火葬《かそう》。土葬《どそう》。会葬《かいそう》。国葬《こくそう》。社葬《しゃそう》。訓[ほうむる] 葬る。

【装(裝)】衣部6 全12画 装装装装装装
ソウ・ショウ よそおう 教小6 音❶[ソウ] ▨装飾《そうしょく》。装身具《そうしんぐ》。装置《そうち》。装備《そうび》。▨服装《ふくそう》。仮装《かそう》。塗装《とそう》。内装《ないそう》。改装《かいそう》。新装開店《しんそうかいてん》。理論武装《りろんぶそう》。❷[ショウ] ▨装束《しょうぞく》。▨衣装《いしょう》。訓[よそおう] 装う。装い。

【僧(僧)】亻部11 全13画 僧僧僧僧僧僧
ソウ 音[ソウ] ▨僧院《そういん》。僧侶《そうりょ》。▨高僧《こうそう》。尼僧《にそう》。

【想】心部9 全13画 想想想想想想
ソウ・ソ 教小3 音❶[ソウ] ▨想像《そうぞう》。想起《そうき》。想定《そうてい》。▨感想《かんそう》。予想《よそう》。発想《はっそう》。回想《かいそう》。追想《ついそう》。❷[ソ] ▨愛想《あいそ》。

【層(層)】尸部11 全14画 層層層層層層
ソウ 教小6 音[ソウ] ▨層雲《そううん》。▨地層《ちそう》。高層《こうそう》。断層《だんそう》。階層《かいそう》。

【総(總)】糸部8 全14画 総総総総総総
ソウ 教小5 音[ソウ] ▨総合《そうごう》。総意《そうい》。総括《そうかつ》。総会《そうかい》。総理《そうり》。総裁《そうさい》。総身《そうみ》。総攻撃《そうこうげき》。

【遭】辶部11 全14画 ※遭遭遭遭遭遭
ソウ あう 音[ソウ] ▨遭遇《そうぐう》。遭難《そうなん》。訓[あう] 遭う。

【槽】木部11 全15画 ※槽槽槽槽槽槽
ソウ 音[ソウ] ▨水槽《すいそう》。浴槽《よくそう》。浄化槽《じょうかそう》。

【踪】⻊部8 全15画 踪踪踪踪踪踪
ソウ 音[ソウ] ▨失踪《しっそう》。

【操】扌部13 全16画 操操操操操操
ソウ みさお・あやつる 教小6 音[ソウ] ▨操作《そうさ》。操車場《そうしゃじょう》。操縦《そうじゅう》。▨体操《たいそう》。節操《せっそう》。情操教育《じょうそうきょういく》。訓❶[みさお] 操。❷[あやつる] 操る。操り人形。

【燥】火部13 全17画 燥燥燥燥燥燥
ソウ 音[ソウ] ▨乾燥《かんそう》。焦燥《しょうそう》。高燥《こうそう》。

【霜】雨部9 全17画 霜霜霜霜霜霜
ソウ しも 音[ソウ] ▨霜害《そうがい》。▨星霜《せいそう》。晩霜《ばんそう》。訓[しも] 霜。霜柱。初霜。

【騒(騷)】馬部8 全18画 ※騒騒騒騒騒騒
ソウ さわぐ 音[ソウ] ▨騒音《そうおん》。騒動《そうどう》。騒然《そうぜん》。騒乱《そうらん》。▨喧騒《けんそう》。物騒《ぶっそう》。訓[さわぐ] 騒ぐ。騒ぎ。騒ぎ立てる。騒がしい。

【藻】艹部16 全19画 藻藻藻藻藻藻
ソウ も 音[ソウ] ▨藻類《そうるい》。▨海藻《かいそう》。訓[も] 藻。藻草。

【宗】⇩常用漢字 しゅう〔宗〕

1 **そ・う【沿う・添う】**〈動五〉 一[沿う] ❶長く続いているものに、はなれないで進む。長く続いているものに はなれないで、ある状態が続く。例海岸線に沿った道路。川に沿って歩いていく。類並行《へいこう》する。❷ある方針《ほうしん》や基準にはなれないようにして行動する。例最初にきめた計画の線に沿って作業を進める。対そむく。類のっとる。したがう。 二[添う] ❶そばをはなれずにいる。人といっしょになる。例人に添う。影《かげ》の形に添うように、いつもはなれない。付き添う。寄り添う。連れ添う。❷目的にあう。期待にこたえる。例目的に添う。期待に添う。対そむく。▽アソウ ソウ
表記 一②は「方針からはなれない」という意味で「沿う」と書くが、「方針に合う」という意味にとって「添う」と書くこともできる。同様に、二②は「目的に合う」という意味で「添う」と書くが、「目的からはなれない」という意味で「沿う」と書くこともできる。

2 **そう**〈副〉 相手のことばや態度などについて、それをみとめる気持ちを表わす。そのように。例わたしもそう思う。そうは問屋がおろさない(→「とんや」の子項目)。アソー

3 **そう**〈助動〉 「そうだ〈助動〉」の「だ」をはぶいた言いかた。例午後から晴れるそうね。おいしそう!

4 **そう【▼宋】**〈名〉〔歴史〕 ❶中国で、五代の混乱をおさめて、九六〇年に趙匡胤《ちょうきょういん》がたてた統一王朝。君主専制政治が行なわれた。一一二七年に金《きん》の攻撃でいったんほろんだ(これを北宋という)が、南にのがれて、一二七九年、元にほろぼされるまで続いた(これを南宋という)。❷中国で、南北朝の南朝の一つ。▽アソー

5 **そう【相】**〈名〉 顔つきやからだつきに表れた、その人の特質。例相を見る。火難の相がある。憤怒《ふんぬ》の相をあらわす。アソー

6 **そう【草】**〈名〉 書道で、草書。対真。行《ぎょう》。アソー

7 **そう【僧】**〈名〉 仏を信仰《しんこう》して修行《しゅぎょう》し、その教えをとく、男の人。対尼《あま》。類出家《しゅっけ》。坊主《ぼうず》。坊さん。僧侶《そうりょ》。◇もとサンスクリット語。アソー

8 **そう【想】**〈名〉 考えや、アイデア。とくに、芸術作品や事業などについての計画。例想をねる。アソー

9 **そう【層】**〈名〉 ❶いくつもかさなっているものの、それぞれ。例選手の層が厚い。層をなす。大気の層。❷人を職業や

世代などによって区分したときのひとかたまり。例中高年層。高学歴層。読者層。▽アソー

10 **そう【▼躁】**〈名〉気分が異様に高揚《こうよう》した状態。例躁の気《け》がある。躁病。対鬱《うつ》。アソー

11 **そう【荘】**〈接尾〉古風なアパートや民宿などの名のあとにつけられていることば。

12 **そう〖▼艘〗**〈接尾〉小さい舟をかぞえることば。例一そうの渡し舟《ぶね》。類隻《せき》。

常用漢字 **ぞう**

【造】 辶部7 全10画 造造造造造

ゾウ つくる 教小5 音[ゾウ] ▨造船《ぞうせん》。造花《ぞうか》。造語《ぞうご》。▨構造《こうぞう》。建造《けんぞう》。製造《せいぞう》。捏造《ねつぞう》。模造品《もぞうひん》。訓[つくる] 造る。造り酒屋。合掌造り。

【像】 イ部12 全14画 像像像像像

ゾウ 教小5 音[ゾウ] ▨映像《えいぞう》。肖像《しょうぞう》。全体像《ぜんたいぞう》。想像《そうぞう》。銅像《どうぞう》。仏像《ぶつぞう》。自画像《じがぞう》。

【増(增)】 土部11 全14画 増増増増増

ゾウ ます・ふえる・ふやす 教小5 音[ゾウ] ▨増加《ぞうか》。増減《ぞうげん》。増大《ぞうだい》。増量《ぞうりょう》。増長《ぞうちょう》。▨急増《きゅうぞう》。激増《げきぞう》。倍増《ばいぞう》。訓❶[ます] 増す。水増し。日増しに。❷[ふえる] 増える。❸[ふやす] 増やす。

【憎(憎)】 忄部11 全14画 憎憎憎憎憎

ゾウ にくむ・にくい・にくらしい・にくしみ 音[ゾウ] ▨憎悪《ぞうお》。▨愛憎《あいぞう》。訓❶[にくむ] 憎む。❷[にくい] 憎い。心憎い。憎さ。❸[にくらしい] 憎らしい。小憎らしい。❹[にくしみ] 憎しみ。

【蔵(藏)】 艹部12 全15画 ※蔵蔵蔵蔵

ゾウ くら 教小6 音[ゾウ] ▨蔵書《ぞうしょ》。▨貯蔵《ちょぞう》。冷蔵庫《れいぞうこ》。埋蔵金《まいぞうきん》。土蔵《どぞう》。無尽蔵《むじんぞう》。訓[くら] 蔵。酒蔵。

【贈(贈)】 貝部11 全18画 贈贈贈贈贈

ゾウ・ソウ おくる 音❶[ゾウ] ▨贈答《ぞうとう》。贈呈《ぞうてい》。贈与《ぞうよ》。❷[ソウ] ▨寄贈《きぞう》。訓[おくる] 贈り物。

【臓(臟)】 月部15 全19画 ※臓臓臓臓

ゾウ 教小6 音[ゾウ] ▨臓器《ぞうき》。臓物《ぞうもつ》。▨肝臓《かんぞう》。心臓《しんぞう》。内臓《ないぞう》。

【象】⇩常用漢字しょう〔象〕

1 **ぞう【象】**〈名〉アフリカやインド、東南アジアにすむ草食の哺乳《ほにゅう》動物。陸上動物としてはもっとも大きい。からだは全体に灰色。耳が大きく、長い鼻でものをつかんだりする。上あごに一対《いっつい》の長いきばをもつ。アゾー

2 **ぞう【像】**〈名〉❶人やけものなどをかたどってつくったもの。例少女の像。❷〔物理〕レンズや鏡を使ったときに見える物体のすがた。実像と虚像《きょぞう》がある。例像がうつる。像をむすぶ。❸イメージ。印象《いんしょう》。すがた。例主人公の人物像。教師の理想像。理想のリーダー像。年間学習の全体像。▽アゾー

3 **ぞう【増】**〈名・接尾〉増えることを表わす。例入学者は昨年より五〇人増の二五〇人となった。大幅増。対減。アゾー

そうあい【相愛】〈名・する〉おたがいに愛し合うこと。例相愛の仲。相思相愛。

そうあたり【総当たり】〈名〉競技会で、参加した個人やチームが、ほかの参加者全部と試合をして優勝をきめる方式。例総当たり戦。対勝ちぬき。類リーグ戦。

1 **そうあん【草案】**〈名〉みんなで検討するために書かれた文案。例草案をねる。対成案。類原案。たたき台。素案。

2 **そうあん【草▼庵】**〈名〉わらやかやで屋根をふいたような質素な小さい家。類庵。いおり。

3 **そうあん【創案】**〈名・する〉それまでになかった新しいものを考えだすこと。例この機械はわが社の創案です。創案者。類創意。考案。

1 **そうい【相違】**〈名・する〉それぞれたがいにちがっていること。例案に相違して。意見に相違が生じる。相違点。類くいちがい。ちがい。差異。異同。アソーイ

2 **そうい【創意】**〈名〉自分の発案で新しく考えだしていく力。例創意にとむ。創意工夫《くふう》。類創案。工夫。アソーイ

3 **そうい【僧衣】**〈名〉僧の着る衣服。そうえ。アソーイ

4 **そうい【総意】**〈名〉全員の一致《いっち》した意見。例国民の総意。類コンセンサス。アソーイ

そういう〈連体〉そのような。そんな。例そういう明るい話が聞きたかったのだ。「そういった」「そうした」ともいう。

そういくふう【創意工夫】〈名・する〉新しいアイデアを出したり、やり方をくふうしたりすること。

そういな・い【相違ない】〈形〉きっと、…にちがいない。

表現 これは「まちがいなく…だと思う」と高い確信度で推測する言いかたで、まちがいないと断言するのとはちがう。断言するときは「右の通り相違ありません(ございません)」と、ていねいに言い切る形をとる。

1 **そういん【僧院】**〈名〉❶僧の住む建物。寺。❷キリスト教で、修道院のこと。

2 **そういん【総員】**〈名〉ある集団に属するすべての人。例総員三十名。類総勢。

ぞういん【増員】〈名・する〉団体や組織などで、人員をふやすこと。対減員。

そううつびょう【▼躁▼鬱病】〈名〉興奮してうかれた気分のときと、ゆううつでしずんだ気分のときとが、かわるがわるおとずれる精神障害。双極性《そうきょくせい》障害。

そううん【層雲】〈名〉〔気象〕低くたれこめた、霧のような雲。霧雲《きりぐも》。

参考 霧とちがって、地面にまでとどくことはない。

ぞうえい【造営】〈名・する〉神社や寺、宮殿《きゅうでん》などをたてること。例大神殿《しんでん》を造営する。類建造。

そうえん【操演】〈名・する〉❶人形劇の人形を動かしたり、着ぐるみを着て演じたりすること。❷映画やテレビドラマの特撮《とくさつ》シーンで、さまざまなしかけ・からくりをしこむこと。

ぞうえん【造園】〈名・する〉庭園や公園などをつくったり、整備したりすること。例造園業。

ぞうお【憎悪】〈名・する〉ひどくにくみ、きらうこと。どすぐろい憎しみ。例憎悪の念。類怨念《おんねん》。

そうおう【相応】〈形動・する〉地位や力などに、ちょうどあっている。例それ相応の価値をみとめる。お値段相応の品質。地位に相応した給料。分《ぶん》相応。対不相応。類相当。ふさわしい。

 世宗(せいそう)(1397~1450) 朝鮮, 李朝4代の王。農業の発展に努め, ハングルを作った。

1 **そうおん**【▼宋音】〈名〉平安時代の末から室町《むろまち》時代にかけて、日本に伝えられた漢字音のこと。「蒲団」を「ふとん」、「提灯」を「ちょうちん」と読むなど。ア ソーオン

2 **そうおん**【騒音】【▼噪音】〈名〉耳に不快にひびく、やかましい音。例 騒音公害。類 雑音。ア **ソーオン**

1 **そうが**【挿画】〈名〉「挿絵《さしえ》」のかたい言いかた。

1 **ぞうか**【造化】〈名〉造物主の天地万物をつくるはたらき。天地万物。例 造化の妙《みょう》。ア ゾーカ

2 **ぞうか**【造花】〈名〉紙や布などでつくった人工の花。対 生花《せいか》。ア **ゾーカ**

3 **ぞうか**【増加】〈名・する〉数量がふえること。対 減少。類 増大。ア **ゾーカ**

4 **ぞうか**【雑歌】〈名〉〔文学〕和歌の分類の一つ。四季・恋などの分類のどれにもはいらない歌。ア **ゾ**ーカ

1 **そうかい**【総会】〈名〉会員全部が集まることをたてまえとする会合。例 株主総会。類 大会。

2 **そうかい**【壮快】〈形動〉元気さかんだ。例 壮快な一生を送る。

3 **そうかい**【爽快】〈形動〉さわやかで、気持ちがいい。例 気分爽快。類 すがすがしい。

そうがい【霜害】〈名〉季節はずれの霜《しも》によって、農作物や樹木がうける被害《ひがい》。

そうかいてい【掃海艇】〈名〉海にしかけられた機雷などの危険物の除去を任務とする艦艇《かんてい》。

そうかいや【総会屋】〈名〉会社の株を少し持ち、株主総会に出席して、ゆすりを目あてに議事を妨害《ぼうがい》したりする者。

そうがかり【総掛かり】〈名〉全員で力をあわせて、なしとげようとすること。類 総出《そうで》。

そうかく【総画】〈名〉一つの漢字を構成する、全部の画数。例 総画数。総画索引《さくいん》。

1 **そうがく**【総額】〈名〉全部あわせた金額。例 総額で十万円になる。類 全額。

2 **そうがく**【奏楽】〈名・する〉音楽を演奏すること。演奏する音楽。例 奏楽堂。

ぞうがく【増額】〈名・する〉金額をふやすこと。例 こづかいを増額する。対 減額。

そうかくさくいん【総画索引】〈名〉漢和辞典の索引の一つ。漢字を総画数の少ない方から順にならべて一覧表にしたもの。参考 引きたい字の音や訓の読みがわからず、部首も不明な場合に利用する。

1 **そうかつ**【総括】〈名・する〉❶全体をひとつにまとめること。例 総括責任者。類 一括。統括。総合。❷個々の点についてではなく、全般《ぜんぱん》にわたること。例 総括質問。❸行事がおわったあとで、よかった点、わるかった点などを、みんなで反省しあうこと。例 文化祭の総括をする。

2 **そうかつ**【双括】〈名〉論文や弁論で、もっとも言いたいことを最初と最後に提示すること。→頭括《とうかつ》・尾括《びかつ》

そうかといって 前にのべたことがらからすぐ思いつく関係にあることがらを打ち消すときの、つなぎのことば。「かといって」ともいう。例 早く着くと先方に迷惑《めいわく》だが、そうかといって、遅《おく》れるわけにもいかない。

そうがな【草仮名】〈名〉かなの書体の一つ。漢字の草書体を略したもの。ひらがななど。類 変体仮名。

そうが(▽爪牙)**にか**(掛)**かる** 残酷きわまりない者の手にかかって、殺されたりして犠牲《ぎせい》となる。

ぞうがめ『象亀』〈名〉陸ガメの中で、最大の種。

1 **そうかん**【壮観】〈名〉スケールの大きい、すばらしいながめ。類 大景《たいけい》。絶景。

2 **そうかん**【相関】〈名・する〉たがいに影響《えいきょう》をあたえながら、密接《みっせつ》に関係しあっていること。例 年齢《ねんれい》と発病率が相関する。相関関係にある。相関性。逆相関(=反比例《はんぴれい》)する。(登場人物の)相関図。

3 **そうかん**【送還】〈名・する〉人をおくりかえすこと。例 捕虜《ほりょ》を送還する。強制送還。

4 **そうかん**【創刊】〈名・する〉雑誌や新聞などをあたらしく刊行すること。例 創刊号。対 廃刊《はいかん》。類 発刊。

5 **そうかん**【総監】〈名〉警察など、大きな組織の最高責任者。例 警視総監。類 総裁。

ぞうかん【増刊】〈名・する〉雑誌などで、定期のもの以外に臨時に刊行すること。例 臨時増刊。

ぞうがん【象眼】『象▼嵌』〈名・する〉〔美術〕金属のうつわや焼き物に、もようをつける方法の一つ。きざみつけたもようのなかに、金や銀をうめこんでつくる。

そうがんきょう【双眼鏡】〈名〉両目にあてて見るようにつくられた望遠鏡。

1 **そうき**【早期】〈名〉はやい時期。例 早期に発見すればがんも治せる。対 晩期。類 初期。

2 **そうき**【想起】〈名・する〉なにかきっかけがあって、ものごとを思いうかべること。例 子供時代を想起させる唱歌。

3 **そうき**【総記】〈名〉❶その書物の全体の内容をまとめて述べた部分。❷図書の十進分類項目《こうもく》の一つ。百科事典や新聞など、多くの分野にまたがる内容をもつものが属する。

1 **そうぎ**【争議】〈名〉「労働争議」の略。労働条件などをめぐって、労働者がわと使用者がわとのあいだにおきるあらそい。労使間の紛争《ふんそう》。

2 **そうぎ**【葬儀】〈名〉「葬式」のあらたまった言いかた。例 葬儀をとり行なう。類 葬礼。とむらい。

ぞうき【臓器】〈名〉内臓や眼球などのからだの器官。例 臓器移植。

ぞうきばやし【雑木林】〈名〉いろいろな種類の雑木がいっしょに生えている林。

1 **そうきゅう**【送球】一〈名・する〉球技で、ボールを味方の選手におくること。二〈名〉「ハンドボール」のこと。

2 **そうきゅう**【早急】〈形動〉⇩さっきゅう

そうきょ【壮挙】〈名〉規模が大きくて、やりとげるにはたいへんな力がいる仕事にとりかかること。壮大なくわだて。例 壮挙にでる。類 壮図《そうと》。

1 **そうぎょう**【早暁】〈名〉夜が明けはじめるころ。例 早暁に旅だつ。類 あかつき。払暁《ふつぎょう》。

2 **そうぎょう**【創業】〈名・する〉あたらしく事業や店などをはじめること。例 創業百年。

3 **そうぎょう**【僧形】〈名〉坊さんの姿をしていること。

4 **そうぎょう**【操業】〈名・する〉工場などで、機械を動かして仕事をすること。例 操業短縮。

表現 漁業にたずさわる船の活動にもいう。

ぞうきょう【増強】〈名・する〉人数や設備をふやして、全体を強力にすること。例 輸送力を増強する。対 減退。類 増進。

そうきょく【▼箏曲】〈名〉琴《こと》で演奏する曲。

そうきょくせん【双曲線】〈名〉〔数学〕きめられた二つの点からの長さの差が、いつも同じであるような点をとり、それをつなげてできる曲線。絵(次ページ)

そうきん【送金】〈名・する〉銀行や郵便局などを利用

西太后(せいたいごう)(1835～1908) 中国，清の咸豊帝の皇后。同治帝・光緒帝の2代にわたり実権をにぎった。

して、お金をおくること。

ぞうきん【雑巾】〈名〉ふきそうじをするための、布きれ。やや厚くかさねて糸であらくぬう。例ぞうきんがけ。

そうきんるい【走▼禽類】〈名〉足が強くてよく走るが、羽は退化して飛ぶのには使えなくなった、ダチョウ、エミューなどの鳥。走鳥類。

1 **そうく【走▼狗】**〈名〉❶⇩こうとしてそうくにらる ❷人の手先となってうごきまわる人のたとえ。見くだしていう。例国家権力の走狗となる。

2 **そうく【痩▼軀】**〈名〉やせてほそいからだ。類痩身。

そうぐ【装具】〈名〉特別な目的で身につける用具。例登山の装具。義肢《ぎし》装具士（＝国家資格の一つ）。

そうぐう【遭遇】〈名・する〉災難や事件、めずらしいものごとなどに、思いがけなくであうこと。例敵と遭遇する。類出くわす。

そうくずれ【総崩れ】〈名〉戦いの態勢がすっかりくずれてしまうこと。例総崩れとなって敗走した。

そうくつ【巣窟】〈名〉盗賊《とうぞく》や悪人たちがすみついているところ。例悪の巣窟。類根城《ねじろ》。巣《す》。

そうけ【宗家】〈名〉❶本筋の家系。例徳川宗家。❷生け花や茶道、おどりなどの流派で、その中心になる家。類本家。家元。

ぞうげ【象牙】〈名〉ゾウのきば。印鑑《いんかん》やかざりものに使われた。参考乱獲《らんかく》によりアフリカゾウが激減したため、国際条約で取り引きが禁止されている。

象牙の塔《とう》❶俗《ぞく》世間をはなれて、静かに芸術などをたのしむ境地。❷現実の社会とはかけはなれた、学者だけのとざされた世界。

表現「象牙の塔にこもる」は、研究室にとじこもって現実の社会を見ようとしない学者の研究態度を批判するときの言いかた。

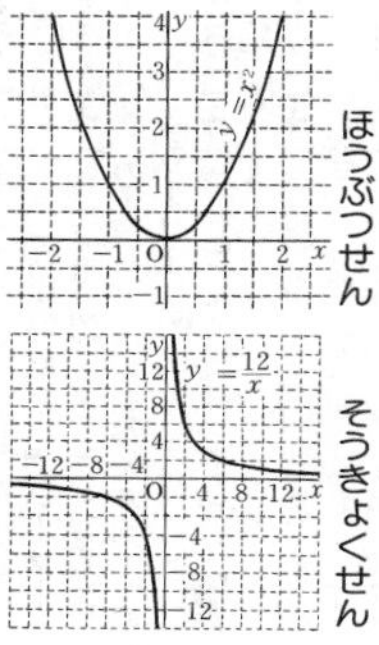

［そうきょくせん］

1 **そうけい【早計】**〈名〉あさはかなはやまった考えや行動。例早計にすぎる。

2 **そうけい【総計】**〈名・する〉全部をあわせて計算すること。その結果えられた数。例総計額。対小計。類合計。総合計。トータル。総和。

そうげい【送迎】〈名・する〉乗り物で人をおくったりむかえたりすること。例送迎バス。類送りむかえ。

1 **ぞうけい【造詣】**〈名〉学問や芸術などに関する、ある方面の知識や経験のたくわえ。例造詣が深い。類うんちく。

2 **ぞうけい【造形・造型】**〈名・する〉彫刻《ちょうこく》や絵画などの芸術作品をつくりだすこと。

ぞうけいびじゅつ【造形美術】〈名〉空間にものをつくりだし、そのかたちや色によって美を表現する芸術。絵画・彫刻《ちょうこく》・建築・工芸品など。造形芸術。参考造形美術でない芸術の代表的なものは、音楽と文学である。演劇や映画、オペラなどは、文学と音楽と造形美術とが総合されるので、総合芸術といわれる。

そうけだ・つ【総毛立つ】〈動五〉おそろしさのために、全身の毛がたち、とりはだができる。類ぞっとする。身の毛がよだつ。

1 **ぞうけつ【造血】**〈名・する〉体内で血液をつくりだすこと。例造血剤《ざい》。造血細胞《さいぼう》。

2 **ぞうけつ【増血】**〈名・する〉貧血している人の血を濃くするために、血の密度をあげること。

そうけっさん【総決算】〈名・する〉❶そのときまでのすべての収入と支出を計算すること。❷今までつづけてきたことの最後のしめくくり。総しあげ。例この本は、かれの長年の研究の総決算だ。

1 **そうけん【双肩】**〈名〉重い責任をしっかり受けとめるたのもしいそなえとしての、左右両方のかた。

表現「国の将来を双肩になう」「次の時代が君らの双肩にかかっている」のような言い方で用いるのがふつう。

2 **そうけん【送検】**〈名・する〉警察が、犯罪容疑者や調書などを、検察庁へ送ること。例書類送検。

3 **そうけん【創見】**〈名〉今までなかった新しい考えや意見。例創見にみちた論文。

4 **そうけん【創建】**〈名・する〉会社・事業所、建物などを新たにつくりだすこと。例法隆寺《ほうりゅうじ》は聖徳太子《しょうとくたいし》（厩戸皇子《うまやとのおうじ》）が創建した。

5 **そうけん【総見】**〈名・する〉芝居《しばい》やすもうを、関係者が全員で見ること。

6 **そうけん【壮健】**〈形動〉健康で元気である。類達者。強壮。

表現手紙で「ますますご壮健にて大慶《たいけい》に存じます」など、よく言う。その人が高齢《こうれい》で第三者なら「かくしゃくたる」、気やすくからかえる人なら「元気じるし」などと言いたい感じが「壮健」の中身。

そうげん【草原】〈名〉一面に草の生えている広大な野原。類草はら。

ぞうげん【増減】〈名・する〉ふえたりへったりすること。また、ふやしたりへらしたりすること。例人員が(を)増減する。売り上げは月によって増減がある。

そうこ【倉庫】〈名〉会社や商店などで、品物を保管するための建物。類倉《くら》。

1 **そうご【相互】**〈名〉それぞれが相手との関係をもつこと。例相互扶助《ふじょ》。相互作用。類たがい。交互。

表現「相互に」の形で使われると、「たがいに」という意味のほかに、「かわるがわる」の意味にもなる。

2 **そうご【壮語】**〈名・する〉景気のいい、実現性もないようなおおげさなことを言うこと。例大言《たいげん》壮語。

ぞうご【造語】〈名・する〉今までに使われていることばを材料にして、新しい単語をつくること。そのようにしてつくられた単語。たとえば、「山」と「さくら」をむすびつけて「山ざくら」ということばをつくったり、「サボ」に「る」をつけて「サボる」をつくったりすること。

そうごいぞん【相互依存】〈名〉おたがいに依存しあうこと。例相互依存の関係にある。

1 **そうこう**『▽然う▼斯う』〈副〉あれこれ。何やかや。例そうこうするうちに、出発となった。アソーコー

2 **そうこう【壮行】**〈名〉遠い任地におもむく人や、遠征《えんせい》試合にでかける人などを激励《げきれい》して、盛大《せいだい》に送りだすこと。例壮行会。類歓送。アソーコー

3 **そうこう【走行】**〈名・する〉自動車などが、走ること。例走行距離《きょり》。アソーコー

そ

 セオドア=ローズベルト (1858～1919) アメリカ大統領。日露戦争のポーツマス講和会議を仲介。

そうこう[4]【草稿】〈名〉発表する前の文章の下書き。例草稿をつくる。類原稿。草案。アソーコー

そうこう[5]【奏功・奏効】〈名・する〉功を奏すること(↓「こう〔功〕」の子項目)。例合理化が奏功して収益が上がった。アソーコー

そうこう[6]【操行】〈名〉ふだんのおこない。類素行。品行。アソーコー

そうこう[7]【霜降】〈名〉二十四節気の一つ。今の十月二十四日ごろ。霜《しも》がおりる時季。アソーコー

そうこう[8]【倉皇】〖蒼▼惶〗〈副〉あわてふためくようす。例倉皇として現場へかけつける。アソーコー

そうごう【総合】〖▼綜合〗〈名・する〉個々別々のものを、全体として大きくまとめること。例いろいろな考えを総合して、新しいアイデアを生みだす。総合商社。総合優勝。対分析《ぶんせき》。類総括《そうかつ》。

そうこうげき【総攻撃】〈名・する〉全軍がいっせいに敵にせめかかること。例総攻撃をかける。

そうごうざっし【総合雑誌】〈名〉政治・経済・文芸・思想・科学など、広い範囲《はんい》の評論や創作を総合的にのせた雑誌。総合誌。

そうこうしゃ【装甲車】〈名〉弾丸《だんがん》を防ぐための、鋼鉄を張り、武装もした車。主として軍用に使う。

そうごうだいがく【総合大学】〈名〉法学部・工学部・文学部など、複数の学部のある大学。対単科大学。参考総合大学がユニバーシティー(university)にあたり、単科大学がカレッジ(college)にあたる。

そうごうてき【総合的】〈形動〉個々別々のものを、全体としてまとめるような。例総合的研究。

そうこうのつま【▼糟▼糠(の)妻】若いころから、苦労を共にしてきた妻。参考「糟」は酒かす、「糠」は米ぬか。そんなみじめなものを食べて過ごしたほどまずしかったころに、家計をやりくりして夫をささえてきた妻ということで、夫が成功して一家をなした夫婦《ふうふ》についていうのがふつう。

そうごうをくずす【相好(を)崩す】かたかった表情がやわらいで、にこにこする。

そうごかんけい【相互関係】〈名〉たがいの関係。

そうこく【相克】〖相▼剋〗〈名・する〉相対立する二つのものが、たがいに相手をたおそうとしてはげしくあらそうこと。例義理と人情の相克になやむ。

そうごさよう【相互作用】〈名〉ものごとが、たがいに作用しあうこと。

ぞうごせいぶん【造語成分】〈名〉❶複合語を構成するもとになる単語。❷単語を構成する要素としてはたらく、意味をもつ小さなまとまり。日本語の漢語をつくっている一字一字の漢字は、ほとんどみなこれ。造語要素。

そうごのりいれ【相互乗り入れ】〈名・する〉経営する会社のことなる鉄道やバス、飛行機が提携《ていけい》して、たがいに相手の路線に乗り入れること。
表現 交通だけでなく、業務の提携《ていけい》や交流の意味でも使われる。

そうごひはん【相互批判】〈名・する〉たがいに批判しあうこと。対自己批判。

そうごふじょ【相互扶助】〈名〉たがいに助け合うこと。類互助。

そうこん【早婚】〈名〉ふつうより若い年齢で結婚すること。対晩婚。

そうごん【荘厳】〈形動〉ふんいきやようすがりっぱで威厳《いげん》があり、人を圧倒《あっとう》するようだ。例荘厳な儀式《ぎしき》。類厳粛《げんしゅく》。荘重《そうちょう》。おごそか。

ぞうごん【雑言】〈名〉口ぎたないののしりのことば。例雑言をあびせる。悪口《あっこう》雑言。罵詈《ばり》雑言。

そうさ[1]【走査】〈名・する〉画像を送信するとき、点に分解して電気信号に変え、受信の際にこの信号から画像を再構成すること。テレビやファックスなどに用いられる技術。スキャン。例走査線。

そうさ[2]【捜査】〈名・する〉警察官や検察官が、犯人をさがしだしたり、犯罪の事実をしらべたりすること。例捜査の手がのびる。捜査線。

そうさ[3]【操作】〈名・する〉❶機械などをうごかすこと。例ハンドルを操作する。操作ミス。遠隔《えんかく》操作。❷たくみに手を加えて、つごうのいいようにうまく処理すること。例株価を操作する。遺伝子を操作する。市場操作。

ぞうさ【造作・雑作】〈名〉なにかとてまがかかること。例造作をかける。造作もない(=かんたんだ)。造作ない。無造作。類めんどう。参考「造作《ぞうさく》」は別のことば。

そうさい[1]【相殺】〈名・する〉貸しと借りの関係、損と得の関係をさしひきしてゼロに近づけていくこと。例入金と支出とを相殺する。類帳消し。

そうさい[2]【葬祭】〈名〉「葬」は葬式、「祭」は祖先をまつること。例冠婚《かんこん》葬祭。

そうさい[3]【総裁】〈名〉大きな機関や団体の最高責任者。例日銀《にちぎん》総裁。類総監。

そうざい【総菜・▼惣菜】〈名〉家庭で日常食べる、ごくふつうのおかず。類副食。

そうさく[1]【捜索】〈名・する〉❶居場所、あり場所などがわからない人やものをさがし求めること。例捜索隊。❷裁判所の令状によって行なう、強制的なとりしらべ。例家宅捜索。

そうさく[2]【創作】〈名・する〉❶それまでになかったものをあたらしくつくりだすこと。例創作舞踊《ぶよう》。創作料理。類創造。クリエイト。❷小説を書くこと。例創作業。創作家。類フィクション。虚構《きょこう》。❸かってなつくりごとをいうこと。例あいつの話には創作が多いから、気をつけろ。類でっちあげ。作り話。うそ。

ぞうさく【造作】〈名〉❶建物の内部のつくり。例家の造作をいじる。類インテリア。❷顔の各部分のできぐあい。例顔の造作がりっぱだ。類顔だち。目鼻だち。参考「ぞうさ」と読むのは別のことば。

そうさくいん【総索引】〈名〉❶複数の巻からなる全集などの、全巻にわたる索引。❷ある文献に出てくる語句を一括《いっかつ》して並べた索引。▽「総合索引」ともいう。

そうさせん[1]【走査線】〈名〉テレビなどの画像を構成する多数の横線。→そうさ〔走査〕

そうさせん[2]【捜査線】〈名〉捜査をすすめていく過程。例Aという容疑《ようぎ》者が捜査線上に浮上《ふじょう》する。

ぞうさつ【増刷】〈名・する〉本や雑誌などを、追加で印刷すること。増しずり。類重版《じゅうはん》。

ぞうさない【造作ない】〈形〉めんどうなことはなにもなくて、かんたんだ。例造作ない仕事。類たやすい。

そうざらい【総ざらい】〖総▼浚い〗〈名・する〉❶それまで習ったことを、まとめて復習すること。類総復習。❷演劇・舞踊《ぶよう》などの、仕上げのけいこ。類総げいこ。

そうざん【早産】〈名・する〉赤んぼうがふつうよりはやく生まれること。参考母親が妊娠《にんしん》して、二十四週以降、三十七週未満での出産をいう。

ぞうさん【増産】〈名・する〉生産をふやすこと。例食

糧を増産する。増産にはげむ。対減産。

ぞうざんうんどう【造山運動】〈名〉〔地学〕地球内部の物質の動きによって、地殻《ちかく》に変動がおこり、地面に、連続したもりあがりを生じて山脈ができること。参考きわめて長期間に変化がおこる運動なので、その動きを人間が見ることはできないが、まれに、北海道の昭和新山のように、一つの山が短期間にできることがある。

そうし[1]【草紙・草子・双紙】〘▽冊子〙〈名〉❶むかしの、物語・日記・随筆《ずいひつ》など、かな書きの文学作品。❷江戸《えど》時代の、絵をたくさん入れた大衆むきのよみもの。例草双紙《くさぞうし》。

そうし[2]【創始】〈名・する〉事業を新しく始めること。ものごとの始まり。例創始者。類草創。

そうじ[1]【送辞】〈名〉卒業式で、在校生の代表が、卒業生に対しておくる、はなむけのことば。対答辞。

そうじ[2]【相似】一〈名・する〉形や性質がたがいによくにていること。類酷似《こくじ》。類似《るいじ》。二〈名・形動〉〔数学〕図形どうしが、大きさはちがっても、形が同じであること。例相似形《けい》。

そうじ[3]【掃除】〈名・する〉ごみやほこり、汚れを取りのぞいて、きれいにすること。例へやを掃除する。掃除機。大《おお》掃除。ふき掃除。類清掃。クリーニング。

ぞうし【増資】〈名・する〉会社が資本金を増やすこと。対減資。

そうしあげ【総仕上げ】〈名〉最後に全体にわたって行なう仕上げの作業。

そうしかいめい【創氏改名】〈名〉〔歴史〕日本が朝鮮《ちょうせん》半島を統治していたときに実施《じっし》した政策で、現地の朝鮮人に対し、新しい姓をつくり、日本式の名前に変えることを強制したこと。

そうしき【葬式】〈名〉死者をほうむるための儀式《ぎしき》。例葬式を出す。類葬儀。葬礼。

そうじけい【相似形】〈名〉〔数学〕大きさを変えれば重なってしまう関係にある図形。

そうじしょく【総辞職】〈名・する〉指導的な地位にある職員が、全員同時に職をやめること。例内閣総辞職。

そうしそうあい【相思相愛】〈名〉二人が、おたがいに相手のことを好きで、愛しあっていること。例相思相愛の仲。

そうしつ【喪失】〈名・する〉大切に保持しているものを失うこと。例権利を喪失する。記憶喪失。自信喪失。喪失感。対獲得《かくとく》。

そうして〈接〉⇩そして

そうじて【総じて】〈副〉こまかいちがいはともかく、全体的な見地からすると。一般《いっぱん》的に。例総じて日本人は働き者だ。類概《がい》して。いったいに。

そうしゃ[1]【壮者】〈名〉働きざかりの人。女性にはあまり言わない。例壮者をしのぐ老人パワー。

そうしゃ[2]【走者】〈名〉❶陸上競技で、競走に出る人。例最終走者。❷野球で、塁《るい》にでた攻撃《こうげき》がわの選手。例走者一掃《いっそう》。▽類ランナー。

そうしゃ[3]【奏者】〈名〉楽器を演奏する人。例トランペット奏者。

そうしゃ[4]【掃射】〈名・する〉機関銃《じゅう》などで、ほうきではくように方向を変えながらつづけざまにうつこと。例機銃掃射をあびる。

そうしゃじょう【操車場】〈名〉鉄道の車両を整備したり、列車を編成したりする場所。例貨車操車場。

そうじゅう【操縦】〈名・する〉❶飛行機などをうごかすこと。例操縦席。操縦士。❷自分の思うように、人をうごかすこと。例部下を操縦するのがうまい。

ぞうしゅう【増収】〈名・する〉収入や収穫《しゅうかく》高が前より多くなること。例増収が見こまれる。対減収。

そうしゅうへん【総集編】〈名〉出版物や連載《れんさい》記事、テレビドラマなどの続き物の全体を見わたせるように、要所要所をぬき出して、またはすべてをあつめて編集したもの。

ぞうしゅうわい【贈収賄】〈名〉贈賄と収賄。

そうじゅく【早熟】〈形動〉❶くだものや穀物が、ふつうのものより早く熟すこと。対晩熟。類わせ。❷年齢のわりに、からだや考えかたが発達している。例早熟な少年。類ませている。▽対おくて。

そうじゅしん【送受信】〈名・する〉送信と受信。例メールを送受信する。

そうしゅつ【創出】〈名・する〉新しくつくりだすこと。例新しい市場を創出する。雇用《こよう》の創出。類創造。

そうしゅん【早春】〈名〉春のはじめのころ。春のまだあさいころ。例早春賦《ふ》。対晩春。類初春《しょしゅん》。

そうしょ[1]【▼叢書・双書】〈名〉同じような種類や分野の書物を集めて、一定の形式にしたがって刊行した一連のもの。シリーズ。

そうしょ[2]【草書】〈名〉漢字の書体の一つ。点や画をつづけたり、くずしたりして、はやくなめらかに書く書体。↓しょたい〔書体〕絵

ぞうしょ【蔵書】〈名〉個人や図書館などが所有している書物。例蔵書印。蔵書目録。

そうしょう[1]【宗匠】〈名〉俳句や和歌、茶道《さどう》などの先生。ふつう、やや年輩《ねんぱい》の男性の場合に使う。アソーショー

そうしょう[2]【創傷】〈名〉刃物《はもの》などによってうけた、切りきずや刺《さ》しきず。アソーショー

そうしょう[3]【総称】〈名・する〉同種のもの全体をまとめてさすことば。そのことばで全体をさすこと。例音楽、美術、文学などを総称して芸術という。アソーショー

そうじょう[1]【奏上】〈名・する〉天皇や国王に申しあげること。類上奏。言上《ごんじょう》。アソージョー

そうじょう[2]【僧正】〈名〉〔仏教〕僧侶の役職の最高位。アソージョー

ぞうしょう【増床】〈名・する〉❶売り場などの床《ゆか》面積をふやすこと。❷病院などのベッドの数をふやすこと。▽対減床《げんしょう》。

そうじょうこうか【相乗効果】〈名〉いくつかのことが重なりあって発揮される、いっそうの効果。参考たとえば、風呂《ふろ》で温まってから湿布《しっぷ》をするたぐい。

そうじょうさよう【相乗作用】〈名〉いくつかのことが重なり影響《えいきょう》しあって、一つだけではえられない力がはたらくこと。参考たとえば、風化は、雨や風の相乗作用でより速く進む。

そうしようるい【双子葉類】〈名〉被子《ひし》植物で、子葉が二枚あるもの。対単子葉類。

そうしょく[1]【草食】〈名〉動物が、草をおもに食べること。例草食動物。対肉食。雑食。参考木《こ》の葉や木の実などを食べるのを含めて、「植物食」という。

そうしょく[2]【装飾】〈名・する〉きれいにかざること。かざるためにとりつけるもの。例装飾をほどこす。装飾品。装飾音。

 セザンヌ(1839~1906) フランスの画家。後期印象派。自己の感情や考えを加えてえがいた。

ぞうしょく【増殖】〈名・する〉どんどんふえて、多くなること。例ガン細胞が増殖する。

そうしょくどうぶつ【草食動物】〈名〉植物をおもな食べものとする動物。ウシなど。対肉食動物。

ぞうしょくろ【増殖炉】〈名〉原子炉の一種。消費される核《かく》燃料にくらべて、新たに生産される核燃料のほうが多くなるように設計されている。例高速増殖炉。

[1]**そうしん【送信】**〈名・する〉電線や電波を使って、情報をおくること。例送信機。対受信。着信。類発信。

[2]**そうしん【喪心・喪神】**〈名・する〉❶たましいがぬけてしまったような、ぼうっとした状態になること。❷気をうしなうこと。

[3]**そうしん【痩身】**〈名〉❶やせているからだ。類痩軀《そうく》。❷努力してやせること。例痩身術。

ぞうしん【増進】〈名・する〉いきおいや力などが前よりも増加すること。それらを増加させること。例食欲が増進する。国民の福祉《ふくし》を増進する。対減退。類増強。

そうしんぐ【装身具】〈名〉⇩アクセサリー①

そうすい【総帥】〈名〉全軍をひきいる人。類総司令。

表現「旧○○財閥《ざいばつ》の総帥」のように、軍以外にも用いる。

[1]**ぞうすい【雑炊】**〈名〉こまかく切った野菜や魚などをいっしょに煮《に》こんだおかゆ。類おじや。

[2]**ぞうすい【増水】**〈名・する〉川や湖の水量がふえること。例川が増水して氾濫《はんらん》寸前だ。対減水。

そうすう【総数】〈名〉全部を合わせたかず。

そうすかん【総すかん】〈名〉まわりのみんなからきらわれること。「総スカン」と書くことの多い、俗《ぞく》っぽい言いかた。例総スカンをくう。

参考「すかん」は、「好かない」こと。

[1]**そう・する【奏する】**〈動サ変〉❶演奏する。例琴《こと》を奏する。類奏《かな》でる。❷はればれと宣言する。例凱歌《がいか》を奏する。功を奏する。

[2]**そう・する【草する】**〈動サ変〉文章の下書きを作る。原稿《げんこう》を書く。

ぞう・する【蔵する】〈動サ変〉中にしまって持っている。奥深《おくぶか》くにかかえている。例貴重本を蔵する。危険を蔵する。

そうせい【早世】〖早逝〗〈名・する〉まだ若いうちに死ぬこと。対長生。類若死に。早死に。夭折《ようせつ》。夭逝《ようせい》。

そうぜい【総勢】〈名〉軍隊やある団体などの、全体の人数。例総勢三百人。類総員。

ぞうせい【造成】〈名・する〉土地環境《かんきょう》に手を加えて、利用できるようにすること。例宅地を造成する。

ぞうぜい【増税】〈名・する〉税金を高くすること。対減税。

そうせいき【創世記】〈名〉「旧約聖書」の第一巻。天地創造、アダムとイブの話、ノアの箱船《はこぶね》の物語などがおさめられている。

そうせいじ【双生児】〈名〉ふたご。一卵性《いちらんせい》と二卵性とがある。→一卵性双生児・二卵性双生児

そうせき【僧籍】〈名〉僧としての籍や身分。例僧籍をはなれる。

そうせきうん【層積雲】〈名〉〔気象〕暗い灰色の大きなかたまりがならんでできている雲。低い空にできる。

そうせつ【創設】〈名・する〉組織や機関などをあたらしくつくること。類創立。設立。開設。

そうぜつ【壮絶】〈形動〉このうえなく勇ましい。息もつけないほどすさまじい。例壮絶な戦い。類壮烈《そうれつ》。凄絶《せいぜつ》。

注意「壮絶ないじめ」「壮絶な虐待《ぎゃくたい》」のように、「むごい」という意味で使われることも増えたが、本来は誤《あやま》り。

ぞうせつ【増設】〈名・する〉すでにある施設《しせつ》や装置などに加えて、さらにあたらしくふやすこと。

[1]**そうぜん【▼蒼然】**暗さと静けさの感じを表わし、おもに「古色《こしょく》蒼然」「暮色《ぼしょく》蒼然」の形で使うことば。

[2]**そうぜん【騒然】**〈副・連体〉がやがやとさわがしく、秩序《ちつじょ》も統制もなくなっている。例騒然たる世相。物情騒然。満場騒然。世の中が騒然としている。

ぞうせん【造船】〈名・する〉船を設計して、つくること。例造船所。

そうせんきょ【総選挙】〈名〉衆議院議員の全員をえらびだす選挙。

[1]**そうそう** ㊀〈副〉（あとに打ち消しのことばをともなって）そんなに…ない。それほどは…ない。例長い休みだからといって、そうそうのんびりとはしていられない。

㊁〈感〉相手が言ったりしたりすることに、賛成する気持ちを表わす。自分でなにかを思いだしたようなときにも使う。例そうそう、きみの言うとおりだ。そうそう、そうだそうだ。電話するんだった。▽㋐㊀ソーソー ㊁ソーソー

[2]**そうそう【草草】**〖▼匆▼匆〗手紙の末尾《まつび》に書くあいさつのことば。「いそいで走りがきをしたため、文も字も乱れておりますが、これで失礼いたします」という意味。類不一《ふいつ》。㋐ソーソー

表現多く、「前略」などで始める手紙の結びとして使う。

[3]**そうそう【草創】**〈名〉事業や仕事をはじめたばかりのとき。例草創期。類創始。草わけ。㋐ソーソー

[4]**そうそう【葬送】**〈名〉葬式のとき、死者を見おくること。例葬送曲。㋐ソーソー

[5]**そうそう【早早】**〈副〉❶とりあえず急いで。はやばや。例雨が降ってきたので早々にひきあげた。類そこそこ。❷ある状態になって間もなく。…してすぐ。例着任早々出会った事件。帰る早々おやじにしかられた。新年早々。▽㋐ソーソー

[1]**そうぞう【創造】**〈名・する〉今までになかった新しいものをつくりだすこと。例天地創造。創造力。対模倣《もほう》。類創作。クリエイト。

[2]**そうぞう【想像】**〈名・する〉実際には経験していないことを心にえがいてみること。例想像がつく。想像をたくましくする。想像力。対実際。現実。類空想。

想像に任《まか》せる 事実がどうであるかを知らせず、相手が自由に想像すればいいこととしてすませる。例ご想像にお任せします。

想像を絶《ぜっ》する 想像できる範囲《はんい》をこえている。例想像を絶する被害《ひがい》。

そうぞうし・い【騒騒しい】〈形〉❶いろいろうるさい音がして、落ちつかない。例騒々しい家。❷事件などがあって、平和でない。例世間が騒々しい。類ぶっそう。▽類さわがしい。

そうそうたる〖▼錚▼錚たる〗〈連体〉第一級の人として世に知られている。例そうそうたる顔ぶれ。

そうぞうりょく【想像力】〈名〉頭の中に状況《じょうきょう》をえがきだしてみる能力。例想像力をはたらかす。

そうそく【総則】〈名〉全体に適用する規則。対細則。

そうぞく【相続】〈名・する〉人が死んだとき、その人が

セシル=ローズ（1853～1902）　イギリスの政治家。ケープ植民地首相。イギリス帝国主義を推進。

もっていた財産や権利、また、借金を、だれかがうけつぐこと。例相続人。遺産相続。

そうぞくぜい【相続税】〈名〉家屋や土地などの財産を相続したとき相続人にかかる税金。

そうそつ【倉卒】〈名〉あわただしさ。例倉卒の間《かん》。

そうそふ【曽祖父】〈名〉祖父母の父。ひいおじいさん。対曽祖母。

そうそぼ【曽祖母】〈名〉祖父母の母。ひいおばあさん。対曽祖父。

そうそん【曽孫】〈名〉孫の子。ひまご。

[1]**そうだ【操▼舵】**〈名・する〉かじをあやつって、船の運行をすること。例操舵手。

[2]**そうだ**〈助動〉㊀様態《ようたい》の「そうだ」。ほんとうのことはわからないので断言はできないが、いかにもそのように見えるとか、そうらしく感じられるとか、懸念《けねん》や期待、推量、様態などの意味をそえる助動詞。

❶あるものごとを外から見て、その内容や性質、状態などについて考えたことを表わす。例子ざるたちが楽しそうに遊んでいる。色が黒くて健康そうな人だ。

❷あるものごとがいまにもおこるようすであることを表わす。例雪が降りそうで降らないなあ。石につまずいて転びそうになった。

❸あることを手がかりにして考えるとなにかが実現する可能性が十分ある、という意味を表わす。例準備はきょうじゅうに終わりそうだ。こんどの試合には勝てそうだ。

❹なにかのようすや過去の経験などから考えて推量する意味を表わす。例これは食べない方がよさそうだ。暗くなったから、もうそろそろ帰ってきそうなものだ。

㊁伝聞の「そうだ」。そこで言っていることがほかから聞いて知ったものであることを表わす。例天気予報によると、台風が近づいているそうだ。定期代が来月から上がるそうだ。類って。とのことだ。▽↓そう〈助動〉

敬語 丁寧《ていねい》語は、「そうです」「そうでございます」。

接続 ㊀は、動詞や助動詞の「せる」「させる」「れる」「られる」の連用形につく。形容詞と形容動詞と助動詞の「ない」「たい」のときは、語幹に接続する。ただし、形容詞の「ない」「よい」では、「なさそうだ」「よさそうだ」となる。㊁は、活用することばの終止形につく。

[1]**そうたい【早退】**〈名・する〉きめられた終わりの時間になる前に、学校や勤め先から出ること。類早びけ。早びき。

[2]**そうたい【相対】**〈名〉ほかのものとのつりあいで、はじめてなりたつこと。例相対的。相対評《ひょう》価《か》。対絶対。

参考「相対《あいたい》する」は別のことば。

[3]**そうたい【総体】**㊀〈名〉ものごとの全体。例総体として。総体的。対部分。㊁〈副〉一目《ひとめ》全体を見た感じで。例総体、話がおかしい。

[1]**そうだい【総代】**〈名〉式典のときなどに、関係者の代表となる人。例卒業生総代。

[2]**そうだい【壮大】**〈形動〉見とれるほど大きくて、りっぱ。例壮大なスケール。

ぞうだい【増大】〈名・する〉数量がふえて大きくなること。また、大きくすること。例利益が(を)増大する。需要《じゅよう》の増大。対減少。類増加。

そうたいか【相対化】〈名・する〉ほかがあってこそこれが成り立つということ、または別の視点が必ずあるということを前提として、ものごとをとらえること。例いろいろな人と出会うことで自分の価値観を相対化する。

参考「これは絶対にこうだ」という一面的なものの見かた(=絶対化)に相《あい》対する。

そうたいせいりろん【相対性理論】〈名〉アインシュタインがとなえた物理学の理論。一九〇五年に発表された特殊《とくしゅ》相対性理論と、一九一五年に発表された一般《いっぱん》相対性理論とからなる。それまで絶対的なものだと考えられていた時間や空間が、光の速さや大きな重力のもとでは、ちぢんだりゆがんだりすることを明らかにした。エネルギー(E)と質量(m)と光速度(c)の関係を表わした「$E=mc^2$」の公式は有名。

そうたいてき【相対的】〈形動〉他との比較においてものごとが存在するようす。対絶対的。

そうたいひょうか【相対評価】〈名〉他との比較における評価。学校での学力評価に用いることが多い。対絶対評価。

そうだち【総立ち】〈名〉みんなが立ちあがって、全体が興奮したふんいきになること。例観客が総立ちになる。

そうだつ【争奪】〈名・する〉たがいにあらそって、なにかをとりあうこと。例市長杯《はい》争奪戦。

そうたん【操短】〈名・する〉「操業短縮」の略。工場などで、製品の量をへらしたり、エネルギーの消費量をへらしたりするため、作業時間を短くしたり、機械を一部とめたりすること。例操短を実施《じっし》する。

そうだん【相談】〈名・する〉❶ある問題について、たがいに考えを出しあったり、考えを述べてもらったりして、話しあうこと。例将来について両親と相談する。相談相手。❷アドバイスをもらうこと。例後輩《こうはい》の相談にのる。弁護士に相談する。法律相談。

[1]**そうち【送致】**〈名・する〉〔法律〕被告《ひこく》人や事件の書類などをほかの法機関に送ること。

[2]**そうち【装置】**〈名・する〉あるきまった働きをするように作ってある機械のしかけ。そのようなしかけを設置すること。例警報装置。舞台装置。パソコンの記憶装置。

表現 なんらかの働きをするように設《もう》けられているものごとのたとえとしても使う。

ぞうちく【増築】〈名・する〉いまある家やビルにつけ加えて建てること。類建て増し。

そうちゃく【装着】〈名・する〉身につけること。器具を取りつけること。例タイヤにチェーンを装着する。

[1]**そうちょう【早朝】**〈名〉朝はやく。夜明けのころ。例早朝ランニング。アソーチョー

[2]**そうちょう【総長】**〈名〉その組織や部門の全体を管理する長。アソーチョー

参考 学長のことをこうよぶ大学もある。

[3]**そうちょう【荘重】**〈形動〉威厳《いげん》があっておもおもしく、力づよい感じがする。例荘重な儀式《ぎしき》。類荘厳《そうごん》。おごそか。厳粛《げんしゅく》。アソーチョー

ぞうちょう【増長】〈名・する〉❶よくない傾向《けいこう》について、それが、大きくなること。例不安を増長させる。❷わがままになり、つけあがること。例ほめればすぐに増長する。

そうで【総出】〈名〉全員が出ていること。例一家総出でとりいれ作業をする。類総がかり。

[1]**そうてい【装丁】**【装▼幀】〈名・する〉本に表紙をつけてしあげること。本の外装。類装本。

[2]**そうてい【想定】**〈名・する〉あるできごとがおきた、あるいは、ある条件がみたされたと、仮に考えてみること。例火事を想定した避難《ひなん》訓練。万一の場合を想定して。想定外。類仮定。

ぞうてい【贈呈】〈名・する〉人にものをあげること。例

 雪舟(せっしゅう)(1420~1506) 室町時代の画僧。中国に渡り水墨画を学び帰国。独自の画風を開いた。

記念品を贈呈する。類進呈。プレゼント。

[1]**そうです**〈助動〉助動詞「そうだ」の丁寧《ていねい》語。

[1]**そうてん【争点】**〈名〉あらそいで問題になっているところ。例争点を明らかにする。アソーテン

[2]**そうてん【装塡】**〈名・する〉フィルムや弾丸《だんがん》などを、本体の中につめこむこと。アソーテン

[1]**そうでん【相伝】**〈名・する〉親から子へ、子から孫へとひきつぐこと。例父子相伝。一子相伝。

[2]**そうでん【送電】**〈名・する〉発電所でおこした電気を工場や家いえにおくること。例送電所。

そうでんせん【送電線】〈名〉発電所でおこした電気を、変電所までおくるための電線。

[1]**そうと【壮図】**〈名〉スケールの大きい計画。類壮挙。雄図《ゆうと》。

[2]**そうと【壮途】**〈名〉壮大な旅行や、それにたとえられる大きな事業を、その出発点から展望していうことば。例壮途にのぼる。壮途を祝う。

[1]**そうとう【双頭】**〈名〉❶頭が二つあること。例双頭の鷲《わし》。双頭の蛇《へび》。❷ふたりの支配者や代表者。例双頭政治。双頭体制。▽類両頭。

[2]**そうとう【相当】**一〈形動・する〉❶あてはまる。例アメリカの国務省は日本の外務省に相当する。類該当《がいとう》。対応。当たる。❷匹敵《ひってき》する。ふさわしい。例それ相当の待遇《たいぐう》。高校卒業に相当する学力が必要だ。類相応。見合う。
二〈副・形動〉かんたんにははかりきれないほど程度が高いようす。例今夜は相当冷えるね。あの人の心臓も相当なものだ。被害は相当にひどい。類かなり。だいぶ。ずいぶん。
三〈接尾〉それぐらいの量や金額にあたる。例一キロ相当のおもり。一千万円相当のダイヤ。

[3]**そうとう【総統】**〈名〉国家などで、独裁的な権力をもつことのできる地位。また、その権力をもった人。例ヒトラー総統。類総帥《そうすい》。

[1]**そうどう【僧堂】**〈名〉〔仏教〕禅宗《ぜんしゅう》寺院の中心的建物で、僧が座禅や食事をする場所。ア**ソードー**

[2]**そうどう【騒動】**〈名〉ある問題や事件をめぐっての大さわぎ。もめごと。ごたごた。例米騒動。お家騒動。類騒乱《そうらん》。アソードー

ぞうとう【贈答】〈名・する〉品物をおくることや、そのお返しをすること。例贈答品。

そうどういん【総動員】〈名・する〉関係人員を全部集めて配置すること。例総動員で仕事にかかる。

表現「もてる知識を総動員して難問《なんもん》を解く」のように、人以外のことにも使う。

そうどうきかん【相同器官】〈名〉〔生物〕異《こと》なる生物で、現在の形やはたらきはちがうが、発生のもとをたどれば同じであると考えられる器官。鳥のつばさとヒトのうでなど。

そうとうしゅう【曹▽洞宗】〈名〉〔仏教〕鎌倉《かまくら》時代に道元《どうげん》が中国から伝えた禅宗《ぜんしゅう》の一派。座禅を重視する。地方の武士や農民にひろまった。

そうとく【総督】〈名〉植民地などで、政治や軍事に関することをまとめて指揮する役職。また、その役の人。

そうなめ【総なめ】〈名〉❶競技で、対戦する相手を、全部たおすこと。例県下のチームを総なめにする。❷ある期間の賞やタイトルを全部ひとりでとること。例昨シーズンの投手部門のタイトルを総なめにした。❸火事や津波《つなみ》で、あたり一帯が被害《ひがい》にあうこと。

そうなん【遭難】〈名・する〉山や海などで、いのちにかかわる危険にさらされること。例冬山で遭難する。

表現 航空機による事故についてもいう。

そうに【僧尼】〈名〉男の僧と女の僧。

ぞうに【雑煮】〈名〉正月料理の一つ。たくさん具《ぐ》のはいった吸い物にもちを入れたもの。例雑煮を祝う。

そうにゅう【挿入】〈名・する〉もののあいだや中にさしいれること。例図表を挿入する。挿入句。

そうにょう【走▾繞】〈名〉漢字の繞の一つ。「起」「越《えつ》」などの「走」の部分。

[1]**そうねん【壮年】**〈名〉社会の働き手の中心となる、三十代から五十代前半の世代。その世代の人。類中年。アソーネン

[2]**そうねん【想念】**〈名〉心の中の思い。ア**ソーネン**

[1]**そうは【走破】**〈名・する〉さだめられた長い距離《きょり》を全部はしりとおすこと。

[2]**そうは【争覇】**〈名・する〉最終勝利者を目ざして争うこと。例争覇戦。類覇をきそう。

そうば【相場】〈名〉❶品物の、そのときのねだん。例相場が上がる。相場が下がる。為替《かわせ》相場。通り相場（世間一般《いっぱん》に通用しているねだんやねうち）。類時価。❷〔経済〕実際の売り買いなどはしないで、もののねだんのうごきによる差額で金《かね》をもうける取り引き。例相場に手をだす。相場師。❸世間の一般的な考え。例親は子にあまいものと相場がきまっている。

ぞうはい【増配】〈名・する〉配当や配給の量を増やすこと。対減配。

そうはく【▾蒼白】〈形動〉おそろしさや寒さなどのために、顔に血のけがなく、青白く見える。例顔が蒼白になる。顔面蒼白。

[1]**そうはつ【双発】**〈名〉飛行機で、発動機が二つあるもの。例双発機。対単発。

[2]**そうはつ【総髪】**〈名〉むかしの男性のかみ型の一つ。かみの毛全体をのばし、うしろでたばねるもの。

ぞうはつ【増発】〈名・する〉電車・バスなどの運行をふやすこと。例増発便。類増便。

そうはとんや(問屋)がおろさない ⇩「とんや」の子項目

そうばなしき【総花式】〈名〉利益を関係するもの全体にあたえるようにすること。例総花式の予算。

参考 花柳《かりゅう》界や料理屋などで、客が店の使用人などの全員にだす祝儀《しゅうぎ》のことを「総花」といったことから。

そうばなてき【総花的】〈形動〉関係する全体をひろくとりあげているようす。例総花的な報告。総花的な入門書。→そうばなしき参考

表現 もれおちはないが、分散していて重点がはっきりしない、というややもの足りない感じを表わすことが多い。

そうはん【相反】〈名・する〉たがいに反対の関係にあること。相《あい》反すること。例両者は利益相反の関係にある。

そうばん【早晩】〈副〉はやいかおそいかは別として、いずれそのうちに。例早晩結論がでるだろう。類おそかれ早かれ。

ぞうはん【造反】〈名・する〉権力体制への批判や反抗《はんこう》。反乱をおこすこと。

そうび【装備】〈名・する〉❶登山などのために、身じたくすること。用意すること。また、準備したもの。例完全装備。❷戦闘《せんとう》に必要な武器を準備して態勢を整えること。類武装。

そうひょう【総評】〈名・する〉全体にわたって批評すること。類概評。

そうびょう【▼躁病】〈名〉精神疾患《しっかん》のひとつ。なんでもないのにやたらに興奮《こうふん》してさわぎたてる症状《しょうじょう》。対鬱《うっ》病。参考ふつう、躁鬱病のふさぎこまないときにあらわれる症状で、鬱の状態になると心が沈み込み、ゆううつな気分にみたされる。現在では、良い薬があり、完治する。

ぞうひょう【雑兵】〈名〉名もない、身分の低い兵士。

ぞうびん【増便】〈名・する〉バスや船、飛行機などの運行回数をふやすこと。対減便。類増発。

そうふ【送付】〈名・する〉書類などを相手におくること。

ぞうふ【臓▼腑】〈名〉「内臓」のこと。

そうふう【送風】〈名・する〉風をおこして送ること。例送風機。

ぞうふく【増幅】〈名・する〉電圧や電流などの振幅《しんぷく》を大きくし働きを強めること。例増幅器(=アンプ)。

ぞうぶつしゅ【造物主】〈名〉天地万物《ばんぶつ》をつくり出している大きな意志。対被《ひ》造物。類創造主。神。

そうへい【僧兵】〈名〉〔歴史〕むかし、仏の教えを守るためといって、武器をもち、相手がたにこのんで戦いをいどんだ、大きな寺の僧の集団。

ぞうへいきょく【造幣局】〈名〉財務省の一部局。硬貨《こうか》をつくるところ。

そうへき【双璧】〈名〉ならんでかがやきを発している一対《いっつい》の宝玉のように、いずれ劣《おと》らず相《あい》対している二大有力者。注意まちがえて、「璧」が「壁」と書かれることがあるが、部首は「土」ではなく「玉」である。

そうべつ【送別】〈名・する〉遠くへ去る人に別れをつげておくりだすこと。例送別会。

ぞうほ【増補】〈名・する〉前に出した本に情報を加えていっそうよいものにすること。例増補版。

[1]そうほう【双方】〈名〉かかわり合う当事者である両方。例双方の言い分を聞く。アソーホー

[2]そうほう【奏法】〈名〉〔音楽〕楽器の使いかたと演奏のしかた。例ギターの奏法。アソーホー

[1]そうぼう【双▼眸】〈名〉両目のひとみ。

[2]そうぼう【相貌】〈名〉❶顔つき。例おだやかな相貌。❷事のようす。例危険な相貌を呈《てい》する。

[3]そうぼう【僧坊】〈名〉お寺の中にある、僧が住む家。

そうほうこう【双方向】〈名〉情報の伝達が一方的でなく、受け手も送り手になることができる方式。インタラクティブ。例双方向メディア。

そうほん【草本】〈名〉〔植物〕「くさ」の専門的な言いかた。茎《くき》がやわらかく、地上の部分は一年または数年でかれてしまう植物をさす。対木本《もくほん》。

ぞうほん【造本】〈名〉本のつくり。用紙の選択《せんたく》・レイアウト・印刷・製本・装丁《そうてい》などの作業全体。

そうほんけ【総本家】〈名〉一門のおおもととなる家。

そうほんざん【総本山】〈名〉〔仏教〕一つの宗派の中で、いちばん中心となる寺。対末寺《まつじ》。類本山。
表現一般《いっぱん》にも、「系列会社の総本山」のような言いかたをする。

そうまくり【総まくり】『総▼捲り』〈名・する〉取り上げた問題のすべてにわたって、片端から批評や解説をすること。例新大臣総まくり。

そうまとう【走馬灯】〈名〉火をともすと、上昇気流が羽根を回し、中の影絵《かげえ》がまわって映《うつ》るとうろう。回りどうろう。
表現夏のすずしげな風物詩であり、また、「いろいろな思いが走馬灯のようにうかんでは消える」などの言いかたにもなる。

そうみ【総身】〈名〉からだ全体。例総身に水をあびせられた思い。

そうむ【総務】〈名〉組織全体の運営についての仕事をするところ。例総務部。

ぞうむし【象虫】〈名〉ゾウのはなのような長い口をもつ、はねのかたい小さな虫。コクゾウムシやイネゾウムシなど種類が多い。多くは穀物を食いあらす害虫。

そうむしょう【総務省】〈名〉中央官庁の一つ。行政の基本的な制度の管理・運営、電気通信・放送行政などを行なう。

そうめい【▼聡明】〈形動〉頭がよくて、理解がはやい。例聡明な人。類利発。怜悧《れいり》。

そうめつ【掃滅】〈名・する〉すっかりほろぼしてしまうこと。例敵を掃滅する。類殲滅《せんめつ》。退治。

そうめん『▽素麺』〈名〉うどんに似《に》ていて、もっと細くつくってあるもの。「ひやむぎ」とよく似ているが、そうめんの方がさらに細い。夏の食べ物としてこのまれる。
表現麺は一本二本、それを束ねたものは一束《ひとたば》二束《ふたたば》、一把《いちわ》二把《にわ》と数える。
参考手延《てのべ》そうめんは、兵庫県と長崎県での生産量がとくに多い。奈良県の三輪《みわ》そうめんや兵庫県の揖保《いぼ》の糸は、地域ブランド品としてとくに有名。

そうもく【草木】〈名〉木や草。例草木灰《ばい》。山川《さんせん》草木。

ぞうもつ【臓物】〈名〉動物の内臓。
表現食品としていうことが多く、鳥やけもののものは「もつ」、魚のものは「わた」ともいう。

[1]そうもん【相聞】〈名〉「万葉集」の部立ての一つ。ことばで心を伝え合うことを意味し、恋愛《れんあい》の歌が多い。

[2]そうもん【桑門】〈名〉「僧侶《そうりょ》」のこと。沙門《しゃもん》。

ぞうよ【贈与】〈名・する〉品物やお金を人におくること。例贈与を受ける。贈与税。生前贈与。対受贈。

そうよう【▼搔▼痒】〈名〉かゆいところをかくこと。↓かっかそうよう

ぞうよぜい【贈与税】〈名〉人から多額の財産をもらったときに課せられる税金。

[1]そうらん【総覧】〈名〉❶〈する〉全体に目を通すこと。❷関係することがらを、目を通しやすいように、一つにまとめた本。例国勢総覧。

[2]そうらん【騒乱】〈名〉おおぜいの人をまきこむようなさわぎがおこり、世の中が乱れること。例各地に騒乱が起きる。類騒動。表記「争乱」と書くと、あらそいやたたかいによる世の中の乱れの意味になる。

そうり【総理】〈名〉「内閣総理大臣」のこと。

ぞうり【草履】〈名〉底がたいらで、はなおのついたはきもの。わら・ビニール・革《かわ》・ゴムなどでつくる。

そうりだいじん【総理大臣】〈名〉「内閣総理大臣」のこと。「総理」「首相《しゅしょう》」ともいう。

そうりつ【創立】〈名・する〉組織や機関などをあたらしくつくること。例創立一〇周年。創立者。類設立。開設。創設。

ぞうりむし『草履虫』〈名〉原生動物の一つ。ぞうりのような形をしている。

そうりょ【僧侶】〈名〉仏道を修行《しゅぎょう》する男の人。対尼僧《にそう》。類僧。

1**そうりょう**【送料】〈名〉 品物や書類を郵便や宅配便でおくるのにかかる料金。送り賃。ア ソーリョー

2**そうりょう**【総量】〈名〉 全体の数量・分量。例総量規制。ア ソーリョー

3**そうりょう**【総領】〈名〉 家の跡《あと》をつぐ、いちばん上の子ども。長子。類 跡取り。長男。ア ソーリョー

総領の甚六《じんろく》 いちばんはじめに生まれた子は、とかくあまやかされて育つために、弟や妹に比べて、のんびりおっとりした性格になりやすい、ということ。

ぞうりょう【増量】〈名・する〉 分量を増やすこと。分量が増えること。例 薬を増量する。二〇％の増量。分泌《ぶんぴつ》物が増量する。対 減量。

そうりょうじ【総領事】〈名〉 領事の中で、いちばん位が高く、ほかの領事たちを監督《かんとく》する立場の人。

1**そうりょく**【走力】〈名〉 速く走る能力。例 走力にすぐれる。走力テスト。

2**そうりょく**【総力】〈名〉 ある集団のメンバーがもつ力を合わせた全体。例 総力を結集する。クラスの総力をあげて取り組む。総力戦。類 全力。

そうりん【▼叢林】〈名〉 ❶木がむらがって生えている林。❷禅僧《ぜんそう》が集まって修行《しゅぎょう》する大きな寺。僧林。

ぞうりん【造林】〈名・する〉 苗木《なえぎ》をうえて、森や林をつくること。例 造林業。類 植林。

ソウル〈名〉 「ソウルミュージック」の略。強烈《きょうれつ》なリズムを特徴《とくちょう》とする、アメリカ黒人のポピュラー音楽。ロックミュージックのもととなったリズムアンドブルースや、ゴスペルなどが融合してできたもの。◇soul（＝たましい）

そうるい【藻類】〈名〉 「藻《も》」の学問的な言いかた。ワカメ・コンブやアオミドロ・クロレラなど、植物のように光合成《こうごうせい》を行ないながら水中で育つ生物をまとめていうよび名。根はもたず、水分・養分はからだの表面全体から吸収《きゅうしゅう》し、胞子《ほうし》や分裂《ぶんれつ》によってふえる。海に生育するものを海藻という。参考 かつては植物にふくめられていたが、いまは「原生生物」にふくまれる。

そうルビ【総ルビ】〈名〉 印刷で、すべての漢字にふりがなをつけること。

1**そうれい**【葬礼】〈名〉 「葬式」のあらたまった言いかた。
表現 「葬儀」よりもさらにあらたまった言いかた。

2**そうれい**【壮麗】〈形動〉 規模が大きく威厳《いげん》があって、美しい。例 壮麗な宮殿《きゅうでん》。

1**そうれつ**【葬列】〈名〉 死者を墓地までおくる人々の列。

2**そうれつ**【壮烈】〈形動〉 勇ましくて、はなばなしい。例 壮烈な最期《さいご》。類 壮絶。

そうろ【走路】〈名〉 陸上競技で、ランナーが走るコース。

そうろ・う【候】■一〈動五〉「ある」「いる」の古語の敬語。■二〈補動〉「ございます」の古めかしい言いかた。例 元気に暮らしおり候。

そうろうぶん【候文】〈名〉 文語による手紙文の文体で、文末などに「候《そうろう》」を使うもの。

そうろん【総論】〈名〉 論説の中で、これから論じる問題の全体をみわたして論じる部分。対 各論。類 概論《がいろん》。概説。

1**そうわ**【挿話】〈名〉 文章や話の中におりこんだ、本すじとは関係のない、ちょっとした話。類 エピソード。

2**そうわ**【総和】〈名・する〉 全体の数量をすべて合わせること。全部たした数。類 総計。トータル。

ぞうわい【贈賄】〈名・する〉 自分が有利になるように、関係者に不正にお金や品物をおくること。わいろをおくること。例 贈賄罪。対 収賄。類 買収。

そえうま【そえ馬】【▽副え馬】〈名〉 馬車などで、中心となってひく馬のわきに、ひかえとしてつける馬。

そえがき【添え書き】〈名・する〉 ❶文章や書画などに書きそえたことば。❷いったん書きおえた手紙に、書きくわえることば。追伸《ついしん》。

そえぎ【添え木】【▽副え木】〈名・する〉 ❶草や木などがたおれないように、ささえにする棒。❷骨折した部分などにあてる、治療《ちりょう》用の道具。副木《ふくぼく》。

そえじょう【添え状】〈名〉 品物を送ったり、使いの人を行かせたりするときに、いっしょに先方にとどける手紙。類 添書《てんしょ》。添え文《ぶみ》。

そえもの【添え物】〈名〉 決して中心ではなく、付け足しとしてあつかわれるもの。
表現 あってもなくてもよいというニュアンスがある。

そ・える【添える】〈動下一〉 主となるもののそばに、ちょっとつけくわえる。例 手紙を添える。口を添える。花を添える。書き添える。類 プラスする。

そえん【疎遠】〈形動〉 会うことも文通も少なくなり、親しさがうすくなっている。例 疎遠になる。対 親密。

ソーシャルメディア〈名〉 「SNS」のこと。→（巻末「欧文《おうぶん》略語集」）SNS ◇social media

1**ソース**〈名〉 西洋料理で使う、液体の調味料。とくに、こげ茶色のウスターソースをさす。◇sauce

2**ソース**〈名〉 情報の出どころ。例 ニュースソース。データソース。◇source

ソーセージ〈名〉 ブタやヒツジの腸に、味つけした肉をつめて、水煮《みずに》や薫製《くんせい》にしたもの。ハムとともに、西洋のもっとも代表的な保存食品。腸づめ。◇sausage

ソーダ〈名〉 ❶〔化学〕「ナトリウム」のこと。❷〔化学〕ナトリウムの化合物。とくに、炭酸ナトリウムをさす。❸炭酸の入った、冷たい飲みもの。例 ソーダ水。クリームソーダ。◇オランダ soda

ソート〈名・する〉 コンピューターで、データを一定の順序にならべること。ソーティング。配列。例 ソートをかける。◇sort（＝「分類」の意）

ソーラー〈名〉 太陽の熱や光をエネルギーとして利用すること。例 ソーラーカー。ソーラーハウス。ソーラーシステム。ソーラー電池。◇solar

ゾーン〈名〉 区域。地帯。領域。例 ゾーンディフェンス。スクールゾーン。ストライクゾーン。◇zone

そかい【疎開】〈名・する〉 戦災からのがれるために、都市の住民が安全な地方にひっこすこと。また、物資や工場などを安全な地に移すこと。例 学童疎開。

1**そがい**【阻害】〈名・する〉 さまたげになることをすること。例 発展を阻害する。対 促進《そくしん》。類 妨害《ぼうがい》。
表現 結果的にさまたげになることをするときにいい、意図してさまたげるときにはいわない。「はばむ」は両方にいえる。

2**そがい**【疎外】〈名・する〉 少しも親しみを示さず、つめたくあつかうこと。ふれ合わない態度をはっきりさせること。例 他国人を疎外する。疎外感。

そがいかん【疎外感】〈名〉 自分が疎外されていると いう感じ。例 疎外感をあじわう。

そかく【組閣】〈名・する〉 総理大臣が各省庁の大臣・長官を人選し、内閣を組織すること。例 組閣人事。

そぎおと・す【そぎ落とす】【▽削ぎ落とす】〈動五〉 けずって落とす。例 木の皮をそぎ落とす。むだな肉を

そぎ落とす。過去のしがらみをそぎ落とす。

そぎと・る【そぎ取る】〖▽削ぎ取る〗〈動五〉木の皮など、物の表面にあるものを、うすくけずって取る。

1 **そきゅう【訴求】**〈名・する〉宣伝・公告によって人々にうったえかけ、購買《こうばい》意欲をわかせること。例 訴求力。類 アピール。

2 **そきゅう【遡及】**〈名・する〉過去のあるときまでさかのぼって効力をもつこと。例 遡及力。遡及性。

常用漢字 そく

【即(卽)】 卩部5 全7画
ソク 音[ソク] ▨即応《そくおう》。即興《そっきょう》。即決《そっけつ》。即席《そくせき》。即答《そくとう》。即売会《そくばいかい》。即位《そくい》。▨当意即妙《とういそくみょう》。

【束】 木部3 全7画
ソク たば 教小4 音[ソク] ▨束縛《そくばく》。▨約束《やくそく》。結束《けっそく》。拘束《こうそく》。二束三文《にそくさんもん》。訓[たば]束。束ねる。花束。札束。

【足】 足部0 全7画
ソク あし・たりる・たる・たす 教小1 音[ソク] ▨足跡《そくせき》。▨(ご)足労《そくろう》。義足《ぎそく》。俊足《しゅんそく》。土足《どそく》。遠足《えんそく》。補足《ほそく》。満足《まんぞく》。自給自足《じきゅうじそく》。訓❶[あし]足。足音。足首。素足。襟足。揚げ足。出足。❷[たりる]足りる。事足りる。❸[たる]舌足らず。❹[たす]足す。付け足す。足し算。注意「足袋」は、「たび」と読む。

【促】 イ部7 全9画
ソク うながす 音[ソク] ▨促進《そくしん》。促成《そくせい》。▨催促《さいそく》。督促状《とくそくじょう》。販促《はんそく》。訓[うながす]促す。

【則】 刂部7 全9画
ソク 教小5 音[ソク] ▨規則《きそく》。鉄則《てっそく》。反則《はんそく》。変則《へんそく》。法則《ほうそく》。

【息】 心部6 全10画
ソク いき 教小3 音[ソク] ▨休息《きゅうそく》。消息《しょうそく》。子息《しそく》。令息《れいそく》。嘆息《たんそく》。窒息《ちっそく》。訓[いき]息。息詰まる。息切れ。息継ぎ。息巻く。息苦しい。吐息。ため息。注意「息吹」は「いぶき」、「息子」は「むすこ」と読む。

【捉】 扌部7 全10画
ソク とらえる 音[ソク] ▨捕捉《ほそく》。訓[とらえる]捉える。捉え所(がない)。

【速】 辶部7 全10画
ソク はやい・はやめる・はやまる・すみやか 教小3 音[ソク] ▨速度《そくど》。速達《そくたつ》。速記《そっき》。速報《そくほう》。▨急速《きゅうそく》。迅速《じんそく》。時速《じそく》。高速《こうそく》。訓❶[はやい]速い。速さ。❷[はやめる]速める。❸[はやまる]速まる。❹[すみやか]速やか。

【側】 イ部9 全11画
ソク がわ 教小4 音[ソク] ▨側面《そくめん》。側近《そっきん》。側壁《そくへき》。側室《そくしつ》。訓[がわ]側。裏側。片側。注意 訓の「がわ」は、「かわ」とも。

【測】 氵部9 全12画
ソク はかる 教小5 音[ソク] ▨測定《そくてい》。測量《そくりょう》。予測《よそく》。測候所《そっこうじょ》。▨観測《かんそく》。目測《もくそく》。計測《けいそく》。推測《すいそく》。訓[はかる]測る。

【塞】 ⇨常用漢字 さい〔塞〕

1 **そく【即】** 一〈接〉前に言ったものごとが、あとで言うものごとと同じであることを示す。すなわち。例 色即是空。二〈副〉ただちに。すぐに。例 用意ができたら即出発だ。
表現 一は、文章語的な感じをもつ。二は、話しことばで使われる。

2 **そく【足】**〈接尾〉くつやくつ下などの、両足分ひと組みをかぞえることば。

そ・ぐ〖▽削ぐ・▽殺ぐ〗〈動五〉❶けずりとられた部分が薄片《はくへん》になり、残った面がわずかに斜面となるように刃物《はもの》でけずる。例 竹をうすくそぐ。❷いきおいが、なくなるようにする。例 興味をそぐ。気勢をそがれる。

常用漢字 ぞく

【俗】 イ部7 全9画
ゾク 音[ゾク] ▨俗事《ぞくじ》。俗語《ぞくご》。俗説《ぞくせつ》。俗物《ぞくぶつ》。俗世《ぞくせ》。▨習俗《しゅうぞく》。風俗《ふうぞく》。民俗学《みんぞくがく》。

【族】 方部7 全11画
ゾク 教小3 音[ゾク] ▨一族《いちぞく》。家族《かぞく》。貴族《きぞく》。民族《みんぞく》。水族館《すいぞくかん》。

【属(屬)】 尸部9 全12画
ゾク 教小5 音[ゾク] ▨属性《ぞくせい》。属国《ぞっこく》。属名《ぞくめい》。▨所属《しょぞく》。従属《じゅうぞく》。専属《せんぞく》。配属《はいぞく》。付属品《ふぞくひん》。金属《きんぞく》。

【賊】 貝部6 全13画 ※
ゾク 音[ゾク] ▨賊軍《ぞくぐん》。▨海賊《かいぞく》。盗賊《とうぞく》。

【続(續)】 糸部7 全13画
ゾク つづく・つづける 教小4 音[ゾク] ▨続行《ぞっこう》。続出《ぞくしゅつ》。続編《ぞくへん》。▨勤続《きんぞく》。継続《けいぞく》。持続《じぞく》。連続《れんぞく》。永続《えいぞく》。訓❶[つづく]続く。続き。引き続き。❷[つづける]続ける。続けざま。

1 **ぞく【俗】** 一〈形動〉❶世間一般《いっぱん》でのこと。例 俗に言う。俗な言いかたをする。類 世俗的。通俗的。❷品がなくいやしい。例 俗な趣味《しゅみ》。対 雅《が》。類 低俗。俗悪。二〈名〉〔仏教〕出家《しゅっけ》していないこと。例 俗にかえる。▽ア ゾク

2 **ぞく【属】**〈名・接尾〉生物の分類階級を表わす、「界・門・綱《こう》・目《もく》・科・属・種」の一つ。例 サル目(または霊長《れいちょう》目)ヒト科オランウータン属。ア ゾク

3 **ぞく【続】**〈名〉書物や文学作品、映画などで、第一の部分につづく部分。続編。例 この小説は正と続との二部からなる。対 正。ア ゾク

4 **ぞく【賊】**〈名〉❶どろぼう。例 賊が入る。❷支配者に反抗《はんこう》する人。反逆者集団。例 賊を討《う》つ。類 謀反《むほん》人。▽ア ゾク

5 **ぞく【族】**〈接尾〉ことばや文化、習慣などが同じ仲間という意味を表わす。例 ウイグル族。朝鮮族。

千利休(せんのりきゅう)(1522～91) 安土桃山時代の茶人。茶道を完成。秀吉の怒りにふれ，自殺を命じられた。

ぞくあく【俗悪】〈形動〉下品でいやしい。例俗悪な読み物。類低俗。

そくい【即位】〈名・する〉皇帝《こうてい》や天皇などの位につくこと。例即位式。対退位。

そくいん【▼惻隠】〈名〉気の毒だと思いやって、同情すること。例惻隠の情。

そぐ・う〈動五〉あるものごととよく調和したり、適合したりする。多く、打ち消しの「そぐわない」の形で使う。例そぐうよう努力します。葬式《そうしき》にそぐわない服装。

ぞくうけ【俗受け】〈名・する〉一般《いっぱん》の人々から人気や評判をえること。例俗受けをねらう。類通俗。

そくおう【即応】〈名・する〉まわりの状態や、ものごとの変化にうまく合わせること。例時代に即応する。

そくおん【促音】〈名〉「まっか」「トップ」のそれぞれのまんなかの音《おん》のように、「っ」「ッ」で表わされる、つまるような音のこと。カ・サ・タ・パの行の音の前にくるのがふつう。参考多く外来語では、「バッグ」「ベッド」のように、濁音《だくおん》の行の音の前にくることもある。

そくおんびん【促音便】〈名〉音便の一種。タ行・ラ行・ア行五段活用動詞の連用形語尾の「ち」「り」「い」が、助詞「て」・助動詞「た」などにつづくときに「っ」(促音)に変化して、「打って」「取った」「買って」のようになること。→おんびん〔音便〕参考動詞以外でも、「やはり」が「やっぱり」になるような例をふくめていうこともある。

ぞくか【俗化】〈名・する〉大衆的になり、高級感がなくなること。「ぞっか」ともいう。例観光地が俗化する。

ぞくかい【俗界】〈名〉⇩ぞっかい

ぞくがら【続柄】〈名〉⇩つづきがら注意

ぞくかん【続刊】〈名・する〉⇩ぞっかん

ぞくぎいん【族議員】〈名〉ある特定の分野の政策立案に強い影響《えいきょう》力をもつ政治家どうしがつくる、建設族・厚生族・税制族などと呼ばれるグループに属し、その分野に関連する省庁や業界に利得をもたらすことによって支持をえている国会議員。

ぞくぐん【賊軍】〈名〉国家や政府に反逆するがわの軍隊を、国家・政府のがわからいうことば。例勝てば官軍、負ければ賊軍。対官軍。

ぞくげん【俗▼諺】〈名〉⇩りげん〔俚諺〕

ぞくご【俗語】〈名〉くだけた感じや乱暴な感じがあって、家族・友人などの間でしか使われないことば。「とうちゃん」「だべる」など。対雅語《がご》。類スラング。卑語《ひご》。

そくさい【息災】〈名〉なにごともなく元気でいること。例無病息災。類達者。

そくざに【即座に】〈副〉すぐに。例即座に決定する。即座に返答する。類即刻《そっこく》。即時。

そくし【即死】〈名・する〉事故・事件・急病などにあい、そのときすぐに死ぬこと。

そくじ【即時】〈名・副〉時間をおかず、すぐに。例即時手をうつ。即時撤退《てったい》。類即刻。即座に。

[1]**ぞくじ【俗字】**〈名〉「働」に対する「仂」、「卒」に対する「卆」のように、漢字の正式な字体ではないが、一般《いっぱん》に使われている字体。対正字。本字。アゾクジ

[2]**ぞくじ【俗事】**〈名〉社会生活をいとなむうえで、かかすことのできない、つきあいやこまごました用事。例俗事にかかずらう。アゾクジ

そくしつ【側室】〈名〉昔の貴人のそばにいた、本妻《ほんさい》以外の妻《つま》。対正室。嫡室《ちゃくしつ》。

そくじつ【即日】〈名・副〉すぐその日のうちに。例即日開票。類当日。

そくして【即して】〈副〉ある事態にあわせて。例実態に即して考える。

ぞくじ(俗耳)にい(入)りやすい わかりやすい、珍奇《ちんき》だ、興味本位の話題だ、などの理由で、世間一般《いっぱん》の人々が聞いて受け入れやすい。

そくしゅう【速習】〈名・する〉語学や技能などを、短期間でおぼえる学習方法。例速習ガイド。速習講座。

ぞくしゅう【俗臭】〈名〉ひどく俗っぽいこと。例俗臭ふんぷん。

ぞくしゅつ【続出】〈名・する〉次から次へとでてくること。次から次へと起こること。例被害《ひがい》が続出した。

そくじょ【息女】〈名〉「他人のむすめ」の意味のかたい言いかた。例ご息女。対子息《しそく》。

[1]**ぞくしょう【俗称】**〈名・する〉正式なよび名でない、世間での俗っぽいよび名。対正称。類通称。あだな。

[2]**ぞくしょう【賊将】**〈名〉賊軍の大将。

そくしん【促進】〈名・する〉効果がはやく現れるように、力を入れること。例販売を促進する。対抑制《よくせい》。疎外《そがい》。妨害《ぼうがい》。類うながす。

表現「雇用《こよう》を促進する」のように、わきからはたらきかけて、あることを進めるときにもいう。

ぞくしん【俗信】〈名〉世間で行なわれている迷信《めいしん》的な信仰《しんこう》。

[1]**ぞくじん【俗人】**〈名〉❶金銭や名誉《めいよ》にとらわれたり、くだらないことにばかり関心をもつ人。風流心のない人。類俗物。❷出家《しゅっけ》していない人。

[2]**ぞくじん【俗▼塵】**〈名〉大切なこととは思えないが、世の中を生きていくために、しないわけにもいかない、こまごましたことがら。例俗塵にうもれて暮らす。俗塵をさける。

そくしんじょうぶつ【即身成仏】〈名〉真言《しんごん》宗で、今のこのからだで仏の心を得ること。類即身菩提《ぼだい》。

[1]**そく・する【即する】**〈動サ変〉状況《じょうきょう》にうまくあう。密着する。例現状に即して判断する。

[2]**そく・する【則する】**〈動サ変〉基準として、それに従う。例法に則する。類のっとる。

ぞく・する【属する】〈動サ変〉集団・組織・範囲《はんい》の中に入っている。例地球は太陽系に属する惑星《わくせい》の一つだ。トマトはナス科に属する。

ぞくせ【俗世】〈名〉この世の中。例俗世をはなれる。類浮き世。娑婆《しゃば》。

表現義理にとらわれ人情に流され、利害損得に一喜一憂《いっきいちゆう》して心の静まる時がないこの世の中をいう。

[1]**そくせい【促成】**〈名・する〉野菜や花などの生長を人工的に早めること。例促成栽培《さいばい》。

[2]**そくせい【速成】**〈名・する〉わずかの期間でしあげること。例実力養成速成コース。

ぞくせい【属性】〈名〉同じ種類に分類されるものの中で、それぞれのものにそなわっている性質。たとえば、ある人物の、性別・職業・出身地・血液型など。

そくせいさいばい【促成栽培】〈名・する〉温室などを使って、野菜や花やくだものをはやく収穫できるように育てること。

[1]**そくせき【即席】**〈名〉準備せず、すぐその場で行なうこと。例即席のスピーチ。即席ラーメン。類即興。アドリブ。インスタント。

[2]**そくせき【足跡】**〈名〉❶歩いたあとにのこった足のかたち。類あしあと。❷なしとげた仕事や成果。例ダーウィ

全瑋準(ぜんほうじゅん) ⇨チョンポンジュン(全瑋準)

ンは生物学界に偉大な足跡を残した。

ぞくせけん【俗世間】〈名〉同じようにこの世に生まれた人間どうしが、その日その日をすごしているところ。類世俗。俗界。俗間。

ぞくせつ【俗説】〈名〉たしかな根拠《こんきょ》は何もないが、世間でひろく信じられている説。

そくせん【側線】〈名〉❶〔動物〕魚類や両生類のからだのわきに線状にならんだ感覚器官で、水流や水圧を感じるところ。❷鉄道で、列車の運行につかう線以外の、荷物のつみかえや、待避《たいひ》のためにつかう線路。

そくせんそっけつ【速戦即決】〈名・する〉戦争で、いっきに勝敗をきめてしまうこと。すばやくものをきめること。

そくせんりょく【即戦力】〈名〉訓練をしなくてもすぐに役にたつ人材。例わが社は即戦力を求めている。

[1]ぞくぞく〈副・する〉❶寒さ、おそろしさなど、愉快《ゆかい》でない感じに強くおそわれて、体のふるえがおさえられない。例背すじがぞくぞくする。❷うれしさや期待に心がはずみ、興奮をおさえられない。例初舞《ぶ》台《たい》のことを考えると、ぞくぞくしてくる。▽類ぞくっと。アゾクゾク

[2]ぞくぞく【続続】〈副〉次から次へとものごとがつづくようす。例続々と人が集まる。類陸続。アゾクゾク

そくたい【束帯】〈名〉むかし、天皇をはじめすべての役人が、おおやけの儀式《ぎしき》のときに着た正式の服装。

そくたつ【速達】〈名〉別料金をとって、ふつうの郵便よりはやくとどけるサービス。

そくだん【即断・速断】〈名・する〉❶〔即断〕その場ですぐに結論を出すこと。例即断即決。即断を許さぬ情勢。類即決。❷〔速断〕すばやく判断をくだすこと。よく考えないで、はやまった判断をすること。例速断をさける。

ぞくっと〈副・する〉恐怖や悪寒に急におそわれるようす。例ぞくっとくる。類ぞくぞく。

ぞくっぽ・い【俗っぽい】〈形〉ありきたりで、あまり品《ひん》がない。例俗っぽい趣味《しゅみ》。

そくてい【測定】〈名・する〉器械を使って、ものの長さ・重さ・広さ・深さ・速さなどをはかること。例身体測定。類計測。測量。

そくど【速度】〈名〉一定の時間にどれほどの距離《きょり》をすすむかによって表わす、速さの度合い。例速度を落とす。速度計。高速度。類速力。スピード。

参考すすんだ距離を、かかった時間でわって求める。時速・分速・秒速などで表わす。

そくとう【即答】〈名・する〉その場ですぐに答えること。例即答を求める。即答をさける。類直答。

ぞくとう【続投】〈名・する〉野球で、投手が交替《こうたい》しないで投げ続けること。対継投《けいとう》。

表現「外務大臣はA氏が続投」のように、ひきつづき役職をつとめることにもいう。

そくとうよう【側頭葉】〈名〉大脳の両側面にある部分。長期的な記憶《きおく》や言語をつかさどる。

そくどく【速読】〈名・する〉文章の内容をおおづかみにしながらはやく読むこと。対熟読。遅読《ちどく》。

ぞくに【俗に】〈副〉世間一般《いっぱん》でふつうに。正式であったり、あらたまっていたりする言いかたやり方ではないが。例俗に言う。積乱雲は、俗に入道雲と呼ばれる。

そくばい【即売】〈名・する〉品物を、展示したその場で売ること。例展示即売会。

そくばく【束縛】〈名・する〉制限して、自由に行動させないこと。例束縛をうける。行動を束縛する。時間に束縛される。対解放。類拘束《こうそく》。桎梏《しっこく》。

そくはつ【束髪】〈名〉髪《かみ》をたばねてむすぶこと。とくに、明治半ばから流行した、女性の西洋ふうの髪型。

ぞくはつ【続発】〈名・する〉同じような事件や事故がつづいて起こること。類頻発《ひんぱつ》。多発。継起《けいき》。

そくひつ【速筆】〈名〉❶文章の書き方がはやいこと。例速筆で有名な作家。対遅筆《ちひつ》。❷文字の書き方がはやいこと。

ぞくぶつ【俗物】〈名〉金銭や名誉《めいよ》、地位などにとらわれて、そのことばかり気にする人。類俗人。

そくぶつてき【即物的】〈形動〉抽象《ちゅうしょう》的に考えるのではなく、見聞きできる具体的なものをとりあげて、考えたり表現したりする。例即物的な言いかた。

そくぶん【側聞】【▼仄聞】〈名・する〉うわさなどで、かすかに耳にはいること。例側聞するところによれば。

そくへき【側壁】〈名〉建物の横がわにあるかべ。

ぞくへん【続編】〈名〉書物や文学作品、映画などで、前の作品をうけてそれにつづく作品。対正編。

そくほう【速報】〈名・する〉進行中のことについて、そのつどはやい知らせを送ること。その知らせ。例選挙の開票速報。類急報。

ぞくほう【続報】〈名〉すでに届いている情報に続いて送られてくる情報。例被害の続報を待つ。

そくみょう【即妙】〈名・形動〉その場の状況《じょうきょう》や変化に応じて、すばやく知恵をはたらかせること。例即妙の返答。当意即妙。

ぞくみょう【俗名】〈名〉❶出家して法名《ほうみょう》をもった人が、僧《そう》になる前にもっていた名前。❷死んで戒名《かいみょう》をもらった人が、生前にもっていた名前。▽対法名。

そくめん【側面】〈名〉❶立体の、上下の面をのぞいた横の面。左右両わきの面。例側面図。❷見えやすい面とは別の面。例意外な側面をのぞかせる。側面観（＝一つの見方）。

ぞくよう【俗謡】〈名〉世間でよくうたわれる歌。民謡や流行歌などの、わかりやすくて気がるにうたえる歌。

そくりょう【測量】〈名・する〉土地の位置や面積、高さなどをはかること。例測量図。類測定。計測。

ぞくりょう【属領】〈名〉ある国に付属させられている国や地域。例大国の属領になる。類植民地。

そくりょく【速力】〈名〉はやく移動する力。例音速をこえる速力の飛行機。類速度。

そくろう【足労】〈名〉わざわざ行ったり、来たりすること。例好きなことには足労をいとわない。→ごそくろう

そけいぶ【▼鼠▼蹊部】〈名〉人間の下腹部とももの付け根にあたる部分。恥骨《ちこつ》の両側にある。

そげき【狙撃】〈名・する〉ねらった相手を一発でうちとめようとして、銃《じゅう》でうつこと。例狙撃犯。

ソケット〈名〉電球などのくちがねをねじこんで、電灯線を接続させるところ。◇socket

[1]そこ【底】〈名〉❶くぼんだもののいちばん下の部分。例底をさらう。海の底。谷底。川底。なべ底。船底《ふなぞこ》。❷ものごとのきわまるところ。例底がしれない。❸いちばんおく深いところ。例地の底。心の底からおわびします。おくそこ。しんそこ。

表現「底が浅い」「底が深い」といえば、ものごとのおく深さをもさして、知識や内容が浅い、または深い、ということ。「底がしれない」のは、一種のぶきみさをたたえており、その

 宗祇(そうぎ)（1421～1502）室町時代，連歌の芸術的大成者。旅をして連歌を各地に広めた。

程度の はなはだしさをいう。「底」はまた、ものごとのおく深くにある本質をもさし、「底をきわめる」といえば、ものごとの本質をつかんだことになる。「底が割れる」は、そのものの本性があらわれる、本性を相手にみやぶられるということ。「底をつく」「底をはたく」といえば、いちばんおくにあるものまでだしきることで、「食糧《しょくりょう》が底をつく」「財布《さいふ》の底をはたく」というように使う。

[2]**そこ**〈代名〉❶相手が今いる場所や、相手に近い場所をさすことば。例そこで待っていてくれ。ここよりもそこの方がしずかでいい。❷今とりあげたり、さししめしたりして、相手も知っていることがらや状態。例そこをもういちど読みなさい。▽↓あそこ・ここ・どこ

[1]**そご【祖語】**〈名〉同じ系統のいくつかの言語の祖先に当たる言語。たとえば、フランス語・イタリア語・スペイン語にとってのラテン語。

[2]**そご【▼齟▼齬】**〈名・する〉ものごとがくいちがって、うまくあわないこと。例齟齬をきたす。

そこあげ【底上げ】〈名・する〉一番低い部分を引き上げることによって全体の水準を向上させること。例賃金の底上げをはかる。

そこいじ【底意地】〈名〉表情やことばなどにはでないが、心の底にひそめている気持ち。例底意地がわるい。

表現「悪意」の意味でしか使わない。

そこいら〈代名〉「そこら」のさらにくだけた言いかた。

そこいれ【底入れ】〈名・する〉〔経済〕相場や景気が落ちこむところまで落ちこんで、それ以上悪化する見こみがなくなること。例底入れ感。類底打ち。

[1]**そこう【素行】**〈名〉ふだんの行ない。ふつう、道徳的な面を問題にするときに使う。例素行がわるい。類品行。

[2]**そこう【粗▼肴】**〈名〉そまつな酒のさかな。

表現「粗酒《そしゅ》粗肴ですが」などの言いかたで、客に出す料理を謙遜《けんそん》していうことばとして使う。

[3]**そこう【遡行】**〈名・する〉さかのぼること。例川を遡行する。過去へ遡行する。

[4]**そこう【遡航】**〈名・する〉船で川をさかのぼっていくこと。

そこかしこ〈代名〉「あちらこちら」のやや古めかしい言いかた。例そこかしこから不満の声が聞こえてくる。

そこく【祖国】〈名〉自分が生まれた国。先祖の代から住んでいる国。例わが祖国。類母国。本国。故国。

そこここ〈代名〉「ほら、そこ。ほら、ここ」と言えるようなところ。例庭のそこここから虫の音《ね》が聞こえてくる。

そこしれぬ【底知れぬ】〈連体〉非常に深い内容があって、その全体が、とうていつかみきれない。例底知れぬ無気味さ。底知れぬ実力。

そこそこ ━〈副〉❶ものごとを簡単にすませて、すぐ次のことをするようす。例夕飯もそこそこに出かける。❷じゅうぶんではないが、ある程度はできているようす。例そこそこなおればいいさ。

━〈接尾〉「やっとその数量に達したか 達しないかぐらいの程度である」という意味を表わす。例二十歳《はたち》そこそこ。一五トンそこそこの漁船。

そこぢから【底力】〈名〉いざというときに発揮される実力。例おそるべき底力をみせつける。類地力《じりき》。

そこつ【粗▼忽】〈形動〉おちつきがなく、することにぬかりが多い。そそっかしい。例粗忽な男。粗忽者《もの》。類軽率《けいそつ》。

そこで〈接〉その前のことをふまえて、そのあとのことを言いだすときのことば。例大臣は憲法を守ると言われる。そこでひとつうかがいたい。

そこな・う【損なう】 ━〈動五〉からだや気分をわるくする。例健康を損なう。きげんを損なう。類こわす。害する。━〈接尾〉動詞の連用形に付いて、しくじったり、機会をのがしたりすることを表わす。例聞き損なう。見損なう。▽「そこねる」ともいう。類損じる。

表現「あやうく死に損なった」といえば、もう少しで死ぬあぶない状態をかろうじてのがれた、ということ。

そこなし【底無し】〈名〉❶どこが底かわからないほど深いこと。例底無し(の)沼。❷酒などを飲む量にきりがないこと。例底無しの大酒飲み。

そこぬけ【底抜け】〈形動〉限度をはるかにこえて、きりがない。例底抜けのばか。底抜けに明るい人。

そこね【底値】〈名〉〔経済〕相場《そうば》で、いちばん安くなったときの ねだん。

そこ・ねる【損ねる】〈動下一・接尾〉⇩そこなう

そこのけ〈接尾〉「…にも負けないほど」という意味を表わす。例本職の大工そこのけ のうでまえ。類顔負け。そっちのけ。お株をうばう。

そこはかとなく〈副〉あるともないとも言えない程度に。例そこはかとなく悲しみのただよう詩。

参考「そこはか」は「いくばく」と同じで「いくらか」の意味。漢語の「若干《じゃっかん》」に当たる。

そこひ【底▼翳】〈名〉眼球の一部に異常があり、視力が低下する病気。例白そこひ。

そこびえ【底冷え】〈名・する〉からだのしんまで冷えきるように寒いこと。例底冷えがする。

そこびきあみ【底引き網】〈名〉船で、海底をひきずるようにしながら魚をとる、ふくろ状の大きな網。

そこら〈代名〉❶話し手からみて、聞き手に近いその付近。例そこらをよくさがしてごらん。❷その程度。例かれにやらせるならそこらが適当なところだ。

表現「そのあたり」「その辺」のくだけた言いかた。

そさい【▼蔬菜】〈名〉「野菜」の専門的な言いかた。

そざい【素材】〈名〉何も手を加えてない大もとの材料。例新素材。類材料。

そざつ【粗雑】〈形動〉仕事などのやりかたがあらっぽくて、いいかげんだ。例粗雑にあつかう。粗雑な仕事。考えかたが粗雑だ。類雑。ずさん。

そさん【粗▼餐】〈名〉そまつな食事。類粗酒粗肴《そこう》。

表現 客にだす食事を主人側が謙遜《けんそん》していう。

[1]**そし【阻止】**〈名・する〉あることが行なわれないように、力でおさえとどめること。類はばむ。

[2]**そし【素子】**〈名〉一つのまとまった電気回路などで、その回路をつくりあげている一つ一つの部品。

[3]**そし【素志】**〈名〉ふだんからもっている希望。例素志をつらぬく。類宿志。

[4]**そし【祖師】**〈名〉❶仏教で、一つの宗派を開いた人。❷日蓮《にちれん》宗を開いた、日蓮のこと。例お祖師様。

[1]**そじ【素地】**〈名〉共通の土台となるもの。例話しあいの素地ができあがっていない。類下地《したじ》。

[2]**そじ【措辞】**〈名〉詩歌《しいか》や文章を書くときの、ことばの使いかたや配置のしかた。

そしき【組織】〈名〉❶〈する〉全体が一つのものにまとまるように、部分と部分を関係づけること。関係づけられた全体のしくみ。例組織をつくる。会を組織する。組織化。組織図。類構成。システム。体系。

曾国藩(そうこくはん) (1811～72) 清末の漢人官僚。太平天国のとき，地方義勇軍を組織して太平軍を破った。

❷しっかりしたしくみとはたらきをもって活動する団体。例組織を動員する。組織票。下部組織。❸〔生物〕多細胞《たさいぼう》生物で、形やはたらきが同じような細胞の集まり。いくつかの組織が集まって一つの器官をつくる。上皮組織・筋肉組織・神経組織など。

そしきてき【組織的】〈形動〉ものごとがばらばらではなくて秩序《ちつじょ》や統一がある感じだ。例組織的犯行。

そしたら〈接〉「そうしたら」のさらにくだけた言いかた。

そしつ【素質】〈名〉生まれつきそなわっていて、将来が期待できそうな、特別の性質。例素質がある。素質にめぐまれる。音楽家の素質。類資質。天分。天性。下地。

そして〈接〉❶その前のことの結果として、順当にあとのことがでてくることを表わす。例雨がやんだ。そして青空がひろがった。対しかし。❷二つのことの時間的なつながりをしめす。例彼は玄関《げんかん》の前に立った。そしてベルをおした。類それから。❸ものごとをならべあげて、つけくわえることをしめす。例冷害と大火、そして疫病《えきびょう》が村をおそった。類また。▽「そうして」ともいう。

参考 ①と②は、文または句のはじめに使われる。③は、文または句のほかに、単語と単語のあいだでも使われる。

そしな【粗品】〈名〉そまつな品物。そひん。

表現 「粗品ではございますが、お受けとりください」のように、人に品物を贈るときに、謙遜《けんそん》していう。また、贈り物ののし紙の上に「粗品」と書く。

[1] **そしゃく【▼咀▼嚼】**〈名・する〉❶口に入れた食べ物を、十分に消化できるように、よくかむこと。❷人のことばや文章などを、よくあじわって理解すること。

[2] **そしゃく【租借】**〈名・する〉ある国が、とりきめによって、ほかの国の領土の一部を一定の期間かりうけること。例租借権。租借地。

そじゅつ【祖述】〈名・する〉だいたいのところは自分の先生の学説をうけつぎ、それに少し手をいれるかたちで研究をすすめること。

そしょう【訴訟】〈名〉〔法律〕あらそいを裁判によって解決するために、裁判所にうったえ出て、きまった手続きを経《へ》ること。例訴訟をおこす。

参考 民事訴訟・刑事《けいじ》訴訟などの区別がある。

[1] **そじょう【▼俎上】**〈名〉まないたの上。

俎上に載《の》せる 問題としてとりあげて、自由に論じたり批判したりする。類まないたにのせる。

俎上の魚《うお》 ⇩まないたのこい(「まないた」の子項目)

[2] **そじょう【訴状】**〈名〉裁判所に提出して、訴訟《そしょう》をおこす文書。

[3] **そじょう【▼遡上】【▼溯上】**〈名・する〉流れをさかのぼること。例サケが川を遡上する。

そしょく【粗食】〈名〉そまつな食事。例粗食にたえる。粗衣粗食。対美食。

そしらぬ【素知らぬ】〈連体〉知っているのに、なにも知らないようによそおってすましている。例素知らぬ顔。素知らぬふり。

そしり【▼謗り・▼譏り】〈名〉人を悪く言うこと。例世のそしりをうける。…のそしりをまぬかれない。

そし・る【▼謗る・▼譏る】〈動五〉人を悪く言う。例人をそしる。対ほめる。類けなす。誹謗《ひぼう》する。

そすい【疎水】【▼疏水】〈名〉灌漑《かんがい》や発電などの目的でほった水路。

そすう【素数】〈名〉〔数学〕一より大きい数で、その数自身と一以外に、割りきれる数がない自然数。二、三、五、七、十一など。

[1] **そせい【粗製】**〈名〉手をぬいて、いいかげんにつくること。例粗製濫造《らんぞう》。対精製。

[2] **そせい【塑性】**〈名〉〔物理〕粘土《ねんど》などのように、外から力をくわえると形が変わり、その力がなくなってもそのままの形がのこる性質。可塑性。対弾性《だんせい》。

[3] **そせい【組成】**〈名・する〉成分や要素があつまって、全体をくみたてること。くみたて。くみたてられたものの成分や要素。例マグマの組成。ガソリンの化学組成。

[4] **そせい【▼蘇生・▼甦生】**〈名・する〉死んだものが息をふきかえすこと。例蘇生術。類生き返る。よみがえる。復活。

そぜい【租税】〈名〉国や地方公共団体が、その経費にあてるために、法律にしたがって国民から強制的に集めるお金。税金。

そせいらんぞう【粗製濫造】〈名・する〉質のわるい品物を、むやみにたくさんつくりだすこと。

そせき【礎石】〈名〉❶建物の土台となる石。類基礎。❷大きな事業の基礎《きそ》になる仕事。例礎石となる。▽類いしずえ。もとい。

そせん【祖先】〈名〉❶一つの家系の最初の人。家系の中で現在生きている人より前の人々。類先祖。❷生物が進化してきた、そのおおもと。例人類の祖先。▽対子孫。→せんぞ表現

そせんでんらい【祖先伝来】〈名〉先祖から代々伝わってきたこと。先祖伝来。

そそ【▼楚▼楚】〈副・連体〉清らかで美しいさま。多く、若い女性についていう。例そそとした姿。

[1] **そそう【阻喪】【▼沮喪】**〈名・する〉がっくりして、元気がすっかりなくなること。例意気阻喪。アソソー

[2] **そそう【粗相】**〈名・する〉❶不注意からおこる、ちょっとした失敗や不作法なふるまい。例お客様に粗相のないように。❷大小便をもらすこと。遠まわしな言いかた。類失禁。▽アソソー

そぞう【塑像】〈名〉粘土《ねんど》や石膏《せっこう》でつくった像。

[1] **そそ・ぐ【注ぐ】**〈動五〉❶水が流れこむ。例川が海に注ぐ。❷雨などがふりかかる。例降り注ぐ。❸液体を流しこむ。例熱湯を注ぐ。類つぐ。さす。❹液体をかける。例火に油を注ぐ。❺一つのことに気持ちを集中する。例心血を注ぐ。力を注ぐ。

[2] **そそ・ぐ【▽雪ぐ】**〈動五〉不名誉《ふめいよ》を消す。「すすぐ」ともいう。例汚名《おめい》をそそぐ。類雪辱《せつじょく》する。

そそくさと〈副〉いかにもいそがしいというようすで。例彼女はそそくさと部屋を出ていった。

そそけだ・つ〈動五〉木材などが、古びて大きくけばだつ。例そそけだった板壁。

表現 転じて、髪《かみ》の毛などが乱れることにも、また、恐怖のあまり、身の毛がよだつことにもいう。

そそっかし・い〈形〉あわてもので、思いちがいや早がてんをすることが多い。例そそっかしい性格。類そこつ。

そそのか・す【唆す】〈動五〉わるいことをするようにしむける。類けしかける。たきつける。教唆《きょうさ》する。使嗾《しそう》する。

そそりた・つ【そそり立つ】【▼聳り立つ】〈動五〉山や絶壁《ぜっぺき》などが、上へむかって高くのびている。類そびえる。そびえ立つ。

表記 ビルや塔《とう》の場合は「そそり建つ」とも書く。

そそ・る〈動五〉見る人や聞く人の気持ちをひきつけて、ある感情をおこさせる。例興味をそそる。なみだをそそる。

荘子(そうし)(前4世紀ごろ) 中国，戦国時代の思想家。道家。自然の道に従って自由に生きることを説いた。

食欲をそそる。類 さそう。

そぞろ【▽漫ろ】〈副・形動〉❶ある気持ちがなんとなくわきおこってくるようす。例 そぞろ(に)なつかしい。❷なんとなく心がうきたって、おちつかない。例 気もそぞろ。

そぞろあるき【そぞろ歩き】【▽漫ろ歩き】〈名・する〉目的をもたないで気のむくままに歩くこと。例 そぞろ歩きをたのしむ。類 散歩。漫歩《まんぽ》。

そだ【粗▼朶】〈名〉たきぎなどにする、切りとった木の枝《えだ》。類 柴《しば》。

そだい【粗大】〈形動〉大きいだけで ねうちがない。例 粗大ごみ。

そだいごみ【粗大ごみ】〈名〉ふつうのごみとしてすてては いけない、一定以上の大きさのごみ。大きさやすてることのできる品目は自治体ごとに定められている。

そだち【育ち】**一**〈名〉❶育つこと。成長のぐあい。例 雨で 苗《なえ》の育ちがいい。育ちざかり。❷育つときの環境《かんきょう》や育てられかた。例 育ちがいい。氏《うじ》より育ち(→「うじ〔氏〕」の子項目)。
二〈接尾〉そういう環境や場所で育ったこと。例 都会育ち。温室育ち。

そだちざかり【育ち盛り】〈名〉子どもがぐんぐん成長していく時期。類 成長期。のびざかり。発育期。

そだ・つ【育つ】〈動五〉❶生命のあるものがだんだん大きくなる。例 イネが育つ。子が育つ。❷実力や知識をつけて、一人前になる。例 研究者が育つ。▽類 生長する。成長する。

そだてあ・げる【育て上げる】〈動下一〉育てて一人前にする。りっぱに成長させる。例 女手ひとつで三人の子を育て上げた。

そだ・てる【育てる】〈動下一〉❶子どもや動物、植物のせわをして成長させる。例 子を育てる。苗《なえ》を育てる。類 養育する。❷一人前になるように教える。例 コーチとして多くの選手を育てた。類 したてる。育成する。

そち【措置】〈名・する〉困ったことを解決するために、手をうつこと。例 財源を措置する。措置をとる。措置を講じる。類 処置。処理。

そちゃ【粗茶】〈名〉上等でないお茶。
表現「粗茶ですが」のように、お茶をいれてすすめるときに謙遜《けんそん》して言うことば。

そちら〈代名〉❶聞き手に近いところにあるものをさすことば。例 今、そちらへまいります。そちらをもらいましょう。❷聞き手や聞き手がわの人をさすことば。例 そちらのご意見は? そちらさん、どうぞ。▽「そっち」よりていねいな言いかた。→あちら・こちら・どちら

常用漢字 **そつ**

【卒】十部6 全8画 卒卒卒卒卒
ソツ 教小4 音［ソツ］▨卒業《そつぎょう》。卒倒《そっとう》。▨脳卒中《のうそっちゅう》。高卒《こうそつ》。新卒《しんそつ》。兵卒《へいそつ》。

【率】玄部6 全11画 率率率率率
ソツ・リツ ひきいる 教小5 音❶［ソツ］▨率先《そっせん》。率直《そっちょく》。▨引率《いんそつ》。統率《とうそつ》。軽率《けいそつ》。❷［リツ］▨確率《かくりつ》。倍率《ばいりつ》。比率《ひりつ》。百分率《ひゃくぶんりつ》。能率《のうりつ》。
訓［ひきいる］率いる。

そつ[1]〈名〉不注意によるミスや むだ。
表現「そつがない」「そつなく」という打ち消しの形で、ものごとを手がたく行なえることをほめる意味で使う。

そつ[2]【卒】〈接尾〉「卒業」の略。例 令和三年卒。京大(=京都大学)卒。

そつい【訴追】〈名・する〉〔法律〕❶検察官が、ある事件について起訴すること。❷ある裁判官を不適任だとしてやめさせるために、裁判を開くよう もとめること。

そつう【疎通】〈名・する〉考えや意見が相手によく通じて理解されること。例 意思の疎通を欠く。

そっか【足下】**一**〈名〉❶その人の足のしたの方。例 足下にひろがる風景。❷手紙のあて名の左下に書いて、あなたの足もとにさしあげるという意味で、相手を尊敬する気持ちを表わすことば。古めかしい書きかた。類 机下《きか》。
二〈代名〉古い言いかたで、男が自分より若い男に言う、「あなた」に当たる、かなりていねいなことば。現代では使われない。

ぞっか【俗化】〈名・する〉⇩ぞくか

ぞっかい【俗界】〈名〉わずらわしくて、くだらないことの多い、この世の中。「ぞくかい」ともいう。対 仙界《せんかい》。類 俗世《ぞくせ》。俗世間。世俗。

ぞっかん【続刊】〈名・する〉続き物の刊行物で、既刊《きかん》のもののあとに続けて刊行されるもの。それを刊行すること。「ぞくかん」ともいう。例 続刊予定。表記 同じ題名で複数の巻からなる刊行物の場合は、「続巻」とも書く。

そっかんせい【速乾性】〈名〉水分がすぐにかわく性質。例 速乾性のインク。速乾性にすぐれたタオル。

そっき【速記】〈名・する〉特殊《とくしゅ》な記号を使い、人の話をすばやく記録すること。その技術。例 速記者。

そっきゅう【速球】〈名〉野球で、ピッチャーが投げる速いボール。例 豪《ごう》速球。

そっきょう【即興】〈名〉その場で感じたおもしろさをすぐ表わしたい気持ち。例 即興で演奏する。即興詩。

そつぎょう【卒業】〈名・する〉❶必要な課程をすべて勉強しおえて、学校をでること。例 卒業式。卒業生。対 入学。在校。❷十分にやって、もうやる気持ちも必要もなくなること。例 子どもっぽい遊びは、もう卒業した。
参考 芸能界で、アイドルが所属するグループやアナウンサーが出演する番組を、自分を成長させてくれた学校になぞらえて、そこから円満にぬけることにも言われる。

そっきょうきょく【即興曲】〈名〉〔音楽〕その場ですぐ作曲されたかのように、自由な形式でかかれた短い曲。シューベルトやショパンの作品が有名。

そっきょうし【即興詩】〈名〉その場で感じたおもしろさを、ただちに詩として表わしたもの。

ぞっきょく【俗曲】〈名〉〔音楽〕三味線《しゃみせん》に合わせてうたう短い歌。都都逸《どどいつ》や端唄《はうた》など。

そっきろく【速記録】〈名〉速記したものをふつうの文字に書きなおした記録。

そっきん[1]【即金】〈名〉高い買い物でも、その場で全部現金ではらうこと。対 月賦《げっぷ》。割賦《かっぷ》。

そっきん[2]【側近】〈名〉地位の高い人につきしたがっていて、仕事を助けたり せわをしたりする人。

ソックス〈名〉短い 靴下。対 ストッキング。◇socks

そっくり **一**〈副〉そのまま全部。例 荷物は部屋にそっくり残っている。**二**〈形動〉とてもよく似《に》ている。例 横顔は父にそっくりだ。類 うり二つ。生きうつし。
参考 他人の空似《そらに》で有名人によく似ている人を、「そっくりさん」などという。

そっくりかえ・る【反っくり返る】〈動五〉「そりかえる②」をさらに強調したことば。

そっけつ【即決・速決】〈名・する〉❶[即決] その場でただちにきめること。例即決裁判。即断即決。類即断。❷[速決] すばやく決定をくだすこと。

そっけな・い〖素っ気ない〗〈形〉興味も関心もしめさない。例そっけない返事。類すげない。つれない。

そっこう[1]【即効・速効】〈名〉❶[即効] ききめがすぐに現れること。例即効薬。即効性(がある)。❷[速効] 使うとすぐに効果が現れること。

そっこう[2]【速攻】〈名・する〉試合や戦争で、すばやい攻撃《こうげき》をくわえること。

表現 俗《ぞく》に、「速攻でかたづけます」などと、「で」をつけて「今すぐに」の意味で使うことがある。

そっこう[3]【側溝】〈名〉道路や鉄道の水はけをよくするために、わきにそってほられたみぞ。

ぞっこう【続行】〈名・する〉ひきつづき行なうこと。類継続《けいぞく》。

そっこうじょ【測候所】〈名〉うけもち地域の天候を観測して、その予報や警報をだす機関。気象庁に属し、全国各地にある。地震《じしん》についても観測する。

そっこく【即刻】〈副〉すぐさま。ただちに。例即刻退去せよ。類即時。即座。

ぞっこく【属国】〈名〉ほかの国の支配をうけている国。対独立国。

ぞっこん〈副〉ある人や作品などをしんそこから好きになり、むちゅうになっているようす。くだけた言いかた。例ぞっこんほれこむ。類べたぼれ。

そつじ(卒▼爾)ながら 突然で失礼ですが。

表現 突然、手紙を出したり人にものを尋ねたりするとき、「卒爾ながら一筆申し上げます」「卒爾ながらちょっとお尋ねいたします」のように使う、かたい言いかた。

そつじゅ【卒寿】〈名〉九十歳《さい》のこと。九十歳になったお祝い。→囲み記事15(282ページ)

参考 「卒」の略字「卆」が、「九十」に見えることから。

そっせん【率先】〈名・する〉人の先にたってものごとをすること。例率先して事にあたる。

そっせんすいはん【率先垂範】〈名・する〉人の先に立ってものごとを行ない、模範《もはん》を示すこと。例上司は率先垂範することで部下がついてくる。

そつぜんと【卒然と】〖率然と〗〈副〉予期しないうちに急に。あっというまに。例父は卒然と逝《い》ってしまった。卒然として合点《がてん》がいった。

そっち〈代名〉「そちら」のくだけた言いかた。例今、そっちへ行く。→あっち・こっち・どっち

そっちのけ〈名〉❶少しも気にしないで、ほったらかしておくこと。例勉強をそっちのけにして遊びあるく。類ほったらかし。❷だれにも負けないほどすぐれていること。例本職そっちのけのうでまえ。類はだし。顔負け。

そっちゅう【卒中】〈名〉⇩のうそっちゅう

そっちょく【率直】〈形動〉かざったりせずに、ありのままである。例率直に話す。類単刀直入。

そっと〈副・する〉❶音をたてないようにして。例気づかれないようにそっと近づく。❷ほかの人に意図《いと》を知られないように。ひそかに。例そっと事をはこぶ。❸きずつきやすいものなどに影響《えいきょう》をあたえないように、静かにするようす。例そっとしておく。

ぞっと〈副・する〉身のけがよだつ感じでおそろしい。例考えただけでもぞっとする。→ぞっとしない

そっとう【卒倒】〈名・する〉急に意識をうしなって、たおれること。類失神。昏倒《こんとう》。

ぞっとしない 感心しない。古風な言いかた。例あまりぞっとしない話だ。

そつなく〈副〉てぬかりなく。例何でもそつなくこなす器用な人。

そっぱ【反っ歯】〈名〉上の前歯が前の方へ出すぎていること。類出っ歯。

そっぽ〈名〉相手の方でない、別の方。よその方。

表現 「そっぽをむく」は、相手の視線をさける、相手を無視する、相手の要請《ようせい》に応じない、という意味をもつ。

そで【袖】〈名〉❶衣服で、着る人のうでまたはその一部をおおう部分。和服では、袂《たもと》もふくむ。例袖を通す。袖をまくる。半袖。ふり袖。❷本体のわきに付属しているもの。机のあしの部分のひきだしや、舞台《ぶたい》の両はしのすみなど。

袖にすがる 同情をひくようにして、助けを求める。

袖にする 今まで親しかった人を、冷たくあしらったり、じゃま者あつかいにしたりする。

袖振《ふ》り合《あ》うも多生《たしょう》の縁《えん》 道ですれちがって、そでがふれあうぐらいのちょっとした関係でさえ、前世《ぜんせ》からのふかい因縁《いんねん》があるからだ、ということ。「振り合う」は「触れ合う」とも「すり合う」ともいうし、「多生」は「他生」とも書く。

袖を絞《しぼ》る 涙《なみだ》でぬれたそでをしぼることから、ひどく泣く。古めかしい言いかた。

袖を通《とお》す あたらしい服を着る。

そてい【措定】〈名・する〉哲学《てつがく》や論理学で、ある判断を論理的にみちびきだすための前提となる命題(テーゼ)をたてること。定立。

ソテー〈名〉西洋料理で、材料をバターなどでいためた料理。例チキンソテー。◇フランス sauté

そでぐち【袖口】〈名〉衣服のそでの先。手首のでるところ。

そでたけ【袖丈】〈名〉そでの長さ。

そてつ〖▼蘇鉄〗〈名〉九州南部や沖縄《おきなわ》に多い常緑低木。鳥のはねのかたちをした大きな葉が幹の先端《せんたん》につく。幹には、葉の落ちたあとがうろこ状に残る。種子は食用にする。

そでのした【袖の下】〈名〉わいろ。そでの下にかくして相手にそっとわたすことからの言いかた。

そと【外】〈名〉❶ある範囲《はんい》にふくまれていない部分。例外にはみだす。わくの外。対なか。うち。❷表面に現れて、直接見える部分。例感情を外に表わす。外がわ。対内《うち》。類外面。おもて。❸建物や車などを出たところ。例外へでて遊ぶ。外は雨だ。対うち。なか。類戸外。屋外。おもて。❹自分の家以外のところ。例外で食事をすませる。対うち。❺関係のない、よその世界。例外からの雑音にまどわされるな。▽→うち〔内〕表現

そといた【外板】〈名〉外がわに用いられている板。

そとうみ【外海】〈名〉陸地にかこまれないで、その外にひろがっている海。対うちうみ。類外洋。外海《がいかい》。

そとがわ【外側】〈名〉物の外の方。例建物の外側。外側から見る。対内がわ。類外部。

そどく【素読】〈名・する〉内容の解釈《かいしゃく》はぬきにして、文章を読み上げること。例漢文の素読。

そとぜい【外税】〈名〉商品を買うとき、価格のほかに消費税がかかること。対内税《うちぜい》。

蘇我石川麻呂(いしかわまろ)(?～649) 蘇我馬子の孫。蘇我本家打倒の計画に参加。大化改新後，右大臣になる。

そとづら【外面】〈名〉家族や仲間ではない、よその人に見せる顔つきや態度。例外面がいい。対うちづら。参考「がいめん」と読むのは別のことば。

そとのり【外のり】『外▽法』〈名〉箱や部屋などを、その外がわではかった寸法。対内のり。

そとば【▽卒▽塔婆】〈名〉〔仏教〕供養《くよう》のために、墓のうしろにたてる塔《とう》の形をしたほそ長い板。梵字《ぼんじ》や経文《きょうもん》などをしるす。絵 ◇もとサンスクリット語。

そとびらき【外開き】〈名〉ドアなどが外がわにひらくこと。対内開き。

そとぼり【外堀】〈名〉城の周囲にめぐらした堀。二重に堀のある場合の外がわの堀。対内堀。
表現「外堀をうめる」と言えば、目的をとげるために、周囲のじゃまなものを取りのぞくことをいう。

そとまご【外孫】〈名〉嫁《よめ》にいったむすめがうんだ孫。外孫《がいそん》。対内孫《うちまご》。

そとまた【外股】〈名〉足のつま先を外がわにむけて歩く歩きかた。対内股。

そとまわり【外回り】〈名〉❶建物の外がわのあたり。例家の外回りをきれいにする。❷会社などで、取引先などをまわること。社内での事務の仕事に対していう。❸環状《かんじょう》になっている道や電車の路線で、外がわをまわる方のこと。例外回りの電車。対内回り。

そとみ【外見】〈名〉外がわから見えるさま。例外見を気にする。外見でものを判断するな。類外見《がいけん》。

そとゆ【外湯】〈名〉旅館などの外に設けられた浴場。対内湯。

ソナー〈名〉水中音波探知機。水中に発信した音波を利用して、水中の物体や魚群などの探知や、位置の特定をする装置。◇sonar(=sound navigation ranging の略)

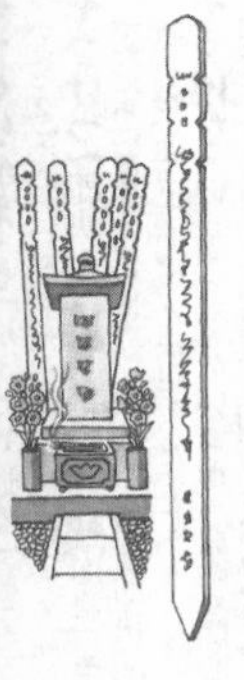
［そとば］

そなえ【備え】〈名〉万一、危険になったり、つごうが悪くなったりする場合を考えて、必要なものをそろえたり、心がまえをしたりすること。類用意。準備。

備えあれば憂《うれ》いなし ふだんから心がけて十分な準備をしておけば、いざというときにも、心配がないこと。

そなえつけ【備え付け】〈名〉もとからそなえつけてあること。例備え付けの家具。

そなえつ・ける【備え付ける】〈動下一〉いつでも使えるように用意しておく。例消火器を備え付ける。

そなえもの【供え物】〈名〉神や仏の前にそなえるもの。類供物《くもつ》。おそなえ。

1 **そな・える**【供える】〈動下一〉神や仏にさしあげる。例霊前《れいぜん》に花を供える。類たむける。

2 **そな・える**【備える】〈動下一〉❶使うために前もって、ととのえておく。例図書館にビデオを備える。備えつける。類装備《そうび》する。❷これからおこることに対応できるように用意をしておく。例地震《じしん》に備える。試合に備える。万一に備える。類準備する。❸ある才能や性質を生まれながらにもっている。例才能を備える。徳を備える。類具備《ぐび》する。

1 **そなた**〈代名〉❶そっち。❷きみ。おまえ。▽①②とも古い言いかた。

2 **ソナタ**〈名〉〔音楽〕器楽曲の形式の一つ。ふつう、あるさだまった形式の三、四楽章からなり、そのうちの一つあるいは二つの楽章が、ソナタ形式(=主題を示す部分、主題を展開させる部分、ふたたび主題を示す部分の三つからなる形式)で書かれるもの。奏鳴曲。◇《イタリア》sonata

ソナチネ〈名〉〔音楽〕形式、内容ともに小規模のソナタ。◇《イタリア》sonatine

そなれまつ【そなれ松】『▼磯▼馴れ松』〈名〉海べの強風のために、地をはうように低くのびたマツ。

そなわ・る【備わる】〈動五〉❶必要なものがととのっている。例教室にスライド映写機が備わっている。❷ある才能や性質を身につけている。例品のよさが備わる。

ソネット〈名〉〔文学〕西洋の叙情《じょじょう》詩の形式で、十四行からなるもの。◇sonnet

そね・む『▽嫉む』〈動五〉ほかの人のしあわせやすぐれているところをみて、うらやんだり、にくらしいと思う。類ねたむ。

1 **その**【園】〈名〉❶花などをうえるための、くぎられた広いところ。詩的な言いかた。❷特別の目的をもってくぎられた場所。例学びの園。

2 **その**『▼其の』〈連体〉❶話し手から見て、聞き手に近いところにあるものごとをさすことば。例その本をとってください。❷すぐ前に述べたものごとをさし示すことば。例スキーに行って、そのときにけがをした。▽アソノ ↓あの・この・どの

3 **その**〈感〉ことばにつまったときに出る、つなぎのことば。例つまり、その、何ていうか…。アソノ

そのうえ【その上】〈接〉一つのことがらだけでもなかなかなのに、そこにさらにほかのことがらが加わることを表わす。それに加えて。例ごちそうになり、その上おみやげまでもらった。類しかも。

そのうち【その内】〈副〉近いうち。少し時間がたてば。例空が明るくなってきたから、その内 雨はやむだろう。

そのかわり【その代わり】〈接〉前に述べたこととあとに述べたことで、よしあしや、プラス・マイナスなどがちょうどゼロになることを表わす。そのひきかえに。例品物はいいが、その代わりねだんが高い。

そのくせ『その癖』〈接〉前のことから予想されることと逆のことを、あとに示そうとするときに使うことば。それでいて。例父はいつもいそがしがっている。そのくせ よくゴルフに行く。類そのわりに。それなのに。

そのご【その後】〈名・副〉何かが行なわれたそのあと。それ以後。例その後クラスの友だちとは会っていない。

そのじつ【その実】〈副〉前に述べたことからは想像しにくいことを、実際のこととして 次に言おうとするときに使うことば。実際には。例立候補はしないと言いながら、その実、選挙運動をすすめている。類ほんとうは。

そのすじ【その筋】〈名〉❶その方面。❷あることをとりしまる役所。とくに警察。例その筋からのお達し。❸やくざ。暴力《ぼうりょく》団。▽遠まわしな言いかた。

そのせつ【その節】〈名〉❶これから先、実際にそういうことになったとき。例その節は よろしくお願いします。❷具体的にいわなくても 相手がわかっているはずの、あのとき。例その節は たいへんおせわになりました。

そのた【その他】〈名・副〉それ以外のもの。それ以外のこと。そのほか。例その他おおぜい。

そのつど【その都度】〈副〉そのたびごとに。例その

都度問い合わせる。

そのて【その手】〈名〉❶そういう手段・方法・計略。例その手があったか。その手は食わないぞ。❷そのような種類。例その手の物はどうも苦手です。

そのば【その場】〈名〉❶なにかが行なわれた場所。例その場にいあわせる。❷(「その場で」の形で)そこですぐに。例代金はその場で支払ってください。

そのばかぎり【その場限り】〈名〉そのときだけで終わりになり、あとには なにも残らないこと。例その場限りの出会い。

そのばしのぎ【その場しのぎ】〈名〉とりあえず今の必要にだけ応じること。例苦しいその場しのぎの答え。

表現 似《に》ているが、「一時しのぎ」は、しのげる時間の短さだけをいう。「その場しのぎ」は、今の状況《じょうきょう》だけに対処する質的な応急性をいう。

そのばのがれ【その場逃れ】〈名〉その場だけをなんとかごまかして、逃れようとすること。例その場逃れの言い訳。類その場しのぎ。一時逃れ。

そのひぐらし【その日暮らし】〈名〉その日の収入全部を使って、どうにかその日の生活ができるような、ゆとりのない暮らし。例その日暮らしの毎日。

そのへん【その辺】〈名〉❶近くの一帯。例その辺までさがしに行こう。❷その程度。例その辺で手を打つことにしましょう。❸そのようなことに関することがら。例その辺の事情をはっきりさせてください。

表現「そのあたり」よりもくだけた感じの言いかた。

そのまま 一〈副〉❶それまでの状態をまったくかえないで。例言われたことをそのまま実行する。そっくりそのまま。❷ある行動のあと、ただちにつぎの行動をするようす。例カバンを投げだすと、そのまま遊びにいった。類そのとおり。

二〈名〉まったく変わりがないこと。例そのままにしておく。

そのもの【その物】〈接尾〉他のなにものでもない、まさしくそれ自体。まさしくそうである。例やりかたが悪かったというより、計画そのものに無理があった。まじめそのもの。

そば[1]【▽側・▽傍】〈名〉❶ごく近いところ。わき。例そばをとおる。そばに寄る。そばから口出しする。駅のそば。類近く。❷なにかをした、すぐあと。例掃除《そうじ》するそばからよごされた。

そば[2]【▼蕎▽麦】 一〈名〉❶〔植物〕畑に栽培《さいばい》する一年草。茎《くき》は赤みをおびている。秋に白い花がさき、三角形の黒い実がなる。実をうすや機械でひいてそば粉にする。日本一の産地は北海道。❷そば粉をこねて、ほそ長く切った食べ物。ゆでて、つゆにつけたりして食べる。中華《ちゅうか》そば(ラーメン)と区別して「日本そば」ともいう。

二〈造語〉「中華そば」のこと。ラーメン。例五目《ごもく》そば。

表現 料理は一丁《いっちょう》二丁《にちょう》、丼《どんぶり》に入れたものは一杯二杯、ざるやすのこに盛《も》ったものは一枚二枚と数える。

参考 そば屋の のれんに見られる二文字の変体仮名は、「楚者」をくずしたもの。

そば[3]【▼岨】〈名〉断崖《だんがい》・絶壁《ぜっぺき》。古い言いかた。例そば伝い。そば道。

そばがき【▼蕎▽麦▼掻き】〈名〉そば粉に熱湯をかけてかたくねった食べ物。

そばかす【▼雀▽斑・▼蕎▽麦▼滓】〈名〉❶〔雀斑〕顔などにできる、茶色の小さい はん点。❷〔蕎麦滓〕⇩そばがら

そばがら【そば殻】【▼蕎▽麦殻】〈名〉ソバの実《み》を包んでいるから。そばかす。まくらにつめる。

そばこ【そば粉】【▼蕎▽麦粉】〈名〉ソバの実《み》をひいて粉にしたもの。そばや、そばがきにして食べる。

そばだ・つ【▼峙つ・▼聳つ】〈動五〉山や岩が、ぐんと高くけわしくそびえる。類そびえたつ。そそり立つ。

そばだ・てる〈動下一〉注意力を集中する。例耳をそばだてる。

そばちょこ【▼蕎▽麦▼猪▽口】〈名〉もりそばやざるそばを食べるときのつゆを入れる、口が底よりもやや広いうつわ。

そばづえ(▽側▼杖)をく(食)う 自分には直接かかわりがないのに、思いがけない災難にあう。類まきぞえをくう。

そばゆ【そば湯】【▼蕎▽麦湯】〈名〉そばをゆでたあとの湯。そばつゆに入れて飲む。

そびえた・つ【そびえ立つ・そびえ建つ】【▼聳え立つ】〈動五〉山や建物が、地面から空にむかって高く高く立つ。

そび・える【▼聳える】〈動下一〉山や建物が、空にむかって高くのびている。例天にそびえる高層ビル。類そびえ立つ。そそり立つ。

そびやか・す【▼聳やかす】〈動五〉わざと高くする。

表現「肩《かた》をそびやかす」は、いばった態度。

そびょう【素描】〈名・する〉だいたいの形を絵や文章にざっとえがき出すこと。また、その絵や文章。下絵。類デッサン。スケッチ。クロッキー。点描。

そび・れる〈接尾〉動詞の連用形につけて、「自分の意志に反してなんとはなしにその機会をのがす」という意味を表わす。例言いそびれる。寝《ね》そびれる。

そふ【祖父】〈名〉父の父、および、母の父。おじいさん。対祖母。

ソファー〈名〉背もたれのある、クッションのきいたいす。◇sofa

ソフィスティケート〈名・する〉人格や趣味を洗練しスマートにすること。◇sophisticate

ソフィスト〈名〉まちがっていることを正しいと言いくるめる人。詭弁《きべん》家。◇sophist

参考 古代ギリシャで雄弁《ゆうべん》術を教えた人々のことを言ったが、かれらが結果としてへりくつをこねたところから。

ソフト 一〈形動〉やわらかい。例ソフトな味。ソフトなはだざわり。対ハード。◇soft

二〈名〉❶「ソフトウェア」の略。例パソコンソフト。DVDソフト。対ハード。❷「ソフトクリーム」の略。例チョコソフト。❸「ソフトボール」の略。❹「ソフト帽《ぼう》」の略。フエルトでつくった男性用の帽子。

表現 二の①で、CDプレーヤーに対するCD、情報メディアに対する情報そのもの、劇場に対する上演作品などの関係において、「ハード」は前者の、機械や建物などの「うつわ」を広くさし、それに対して「ソフト」は後者の、そこで実際に利用・鑑賞《かんしょう》される「中身」を広くさす。

ソフトウェア〈名〉コンピューターをうごかすプログラム。略して「ソフト」ともいう。対ハードウェア。◇software →ソフト 表現

ソフトクリーム〈名〉やわらかくつくったアイスクリーム。◇soft ice cream から。

ソフトドリンク〈名〉酒類に対して、アルコールを含まない飲み物。ジュース・お茶・牛乳など。◇soft drink

ソフトボール〈名〉野球に似《に》た球技。試合は、一チーム九人で行なう。また、その球技に使う、大きめのやわらか

 蘇我入鹿(いるか)(?～645) 蝦夷(えみし)の子。政治の実権をにぎったが，大化の改新で殺された。

いボール。略して「ソフト」ともいう。◇softball

ソフトランディング〈名・する〉 軟《なん》着陸。[対]ハードランディング。◇soft landing

そふぼ【祖父母】〈名〉 祖父と祖母。

ソプラノ〈名〉〔音楽〕 ❶女性の声のうちでもっとも高い音域。❷同じ種類の楽器のうち、いちばん高い音を出す楽器。[例]ソプラノサックス。◇《イタリア》soprano ▽→アルト・メゾソプラノ

そぶり【素振り】〈名〉 心の中を表情や動作に表わした動き。[例]つれないそぶりを見せる。
[参考]「すぶり」と読むのは別のことば。

そぼ【祖母】〈名〉 父の母、および、母の母。おばあさん。[対]祖父。

そぼう【粗暴】〈形動〉 性質や行ないがあらあらしくて乱暴である。[例]粗暴なふるまい。[類]粗野。

そほうか【素封家】〈名〉 その土地に代々つづいた家がらで、多くの財産のある家。[類]長者。富豪《ふごう》。

そほうのうぎょう【粗放農業】〈名〉 あまり人手やお金をかけないで作物をそだてる農業の方法。焼畑《やきはた》農業や、広い農地で機械力を使う農業など。[対]集約農業。

そぼく【素朴】〈形動〉 ❶かざりけがなく、自然のままのよさをもっている。[例]素朴な心。[類]純朴。ナイーブ。❷ものの考えかたが単純で、あまり発達していない。[例]素朴な発想。[類]幼稚《ようち》。

そぼふ・る【そぼ降る】〈動五〉 雨がしとしとと降る。[例]そぼ降る小雨《こさめ》。

そぼろ〈名〉 調理したとり肉や魚の肉、いり卵などをこまかくほぐした、和風の食べ物。[例]そぼろ弁当。

そまつ【粗末】〈形動〉 ❶品質やできばえがよくない。[例]粗末な品。粗末な食事。❷大事にしないで、あつかいがいいかげんだ。[例]食べ物を粗末にする。[類]粗略。粗雑。▽→おそまつ

そま・る【染まる】〈動五〉 ❶布や紙などに色がしみこむ。❷ある色にかわる。[例]夕日に染まる。朱《あけ》に染まる。❸このましくない傾向《けいこう》に感化される。[例]悪に染まる。[類]しみる。感染《かんせん》する。
[表現]「意にそまない」といえば、気に入らない、ということ。

そみつ【粗密・疎密】〈名〉 まばらにあることと、ぎっちりつまっていること。[例]内容に粗密がある。

そむ・く【背く】〈動五〉 ❶きまっていることを守らない。[例]約束に背く。法規に背く。[対]そう。したがう。守る。❷反抗《はんこう》したり、反対したりして、したがわない。[例]命令に背く。親に背く。[類]さからう。❸予想される方向とは反対の方をむく。[例]期待に背く。[対]添《そ》う。[類]うらぎる。
[表現]③は、「…の名に背かず」などの打ち消しの形で、期待していたとおりになることや、名とその内容とが一致《いっち》することを表わすことが多い。

そむ・ける【背ける】〈動下一〉 顔を、別のほうへ向ける。[例]残酷《ざんこく》なシーンに目を背ける。悪臭《あくしゅう》に鼻を背ける。[類]そらす。

ソムリエ〈名〉 高級レストランの、ワイン専門のウェイター。ワインに関する知識をもち、客の相談にのってワインを選ぶ。◇《フランス》sommelier

そめ【染め】〈名〉 そめること。そめかた。[例]染めの工程。染めがみごとだ。

ぞめ【初め】〈接尾〉 はじめて行なう意味を表わす。[例](橋の)渡《わた》り初め。(新年の)書き初め。

そめあ・げる【染め上げる】〈動下一〉 ❶布などを染め終える。❷染めてうまくその色に仕上げる。

そめいよしの【染井▽吉野】〈名〉 日本でいちばんよく見られる桜。四月ごろ、葉が出る前に花がひらく。よしのざくら。
[参考]「染井」は現在の東京都豊島《としま》区にあった地名。

そめぬ・く【染め抜く】〈動五〉 模様になる形のほうを染めずに残し、あとを全部染める。[例]紋《もん》をくっきりと染め抜く。

そめもの【染め物】〈名〉 布などを染めること。また、染めたもの。[例]染め物屋。

[1]**そ・める【染める】**〈動下一〉 ❶ものに色をしみこませたり、ぬったりして、色をつける。[例]布を染める。かみの毛を染める。筆を染める(＝書きはじめる)。[類]染色《せんしょく》する。❷ある色にする。[例]ほおを染める。血に染める。夕日が家の白壁《しらかべ》を赤く染めた。
[表現]①が実際に着色することをいうのに対して、②の用法はことばの言いまわしにかかわるもの。たとえば、「ほおを染める」は、ほおべにをつけることではなく、はじらいで顔がぽっと赤くなることをいう。「…に手を染める」は、そのことをしはじめること。

[2]**そ・める【初める】**〈接尾〉 動詞の連用形につけて、「…しはじめる」という意味を表わす。[例]明け初める。咲《さ》き初める。見初める。
[表現]「そめる」はやや古い言いかた。「書き初め」などの「ぞ(そ)め」にはこういうニュアンスは少ない。

そもそも【▽抑も・▽抑▽抑】 ━〈名〉 まずはじめにあげるべきこと。[例]けんかの、そもそものはじまりはなんだ。━〈接〉 あらためてものを言いだすときに使うことば。[例]そもそもこの事件は人種問題に端《たん》を発する。━〈副〉 ものごとのはじまりとか原因などを、とくにとりあげて述べようとする気持ちを表わす。だいたい。[例]これはそもそもきみがいけない。

そや【粗野】〈名・形動〉 人の性質やことばづかいがあらあらしく、下品なこと。[例]粗野な人。[対]優雅《ゆうが》。[類]粗暴。がさつ。

そよ〈副〉 風がかすかに吹《ふ》くようす。[例]風がそよとも吹かない。

そよう【素養】〈名〉 ふだんの訓練や努力によって身につけた、教養。[例]音楽の素養がある。素養に欠ける。

そよかぜ【そよ風】〖▽微風〗〈名〉 しずかにそよそよとふく、気持ちのいい風。[類]微風《びふう》。

そよ・ぐ〖▽戦ぐ〗〈動五〉 風がそよそよとふいて、草や木の葉などがわずかにゆれる。[例]風にそよぐあし。

そよそよ〈副〉 風がしずかに気持ちよくふくようす。[例]春風がそよそよ(と)ほおをなでる。

そよふ・く【そよ吹く】〈動五〉 風がそよそよとふく。多く、春の風についていう。

[1]**そら【空】**〖▽虚〗 ━〈名〉 なにもないこと。空虚《くうきょ》。「空虚」から「天空」の意味になり、「うそ」の意味にもなる。
❶天。天空。空中。[例]空を飛ぶ。空にまいあがる。空の星。空の旅。青い空。[類]宙。虚空《こくう》。→てん〔天〕[表現]
❷天候。[例]空があやしくなってきた。空もよう。
❸自分が生活しているところから遠くはなれた地。[例]異郷の空。旅の空で感傷にひたる。
❹安心していられる気持ち。[例]おそろしくて、生きた空もなかった。[類]ここち。
❺なにも見ないで、記憶《おく》で言ったり書いたりすること。[例]百人一首の歌をそらで言う。[類]宙。

㊁〈接頭〉❶とらえどころがない。例そらおそろしい。❷うその。いつわりの。例そら寝《ね》。そらなみだ。❸あてにならない。例そらだのみ。

[2]**そら**〈感〉相手に注意をうながすときのよびかけに使う。ほら。例豆がほしいか、そら、やるぞ。

そらいろ【空色】〈名〉うすい青色。類水色。コバルト。

そらおそろし・い【空恐ろしい】〈形〉とらえどころのないおそろしさで、心配だ。例ゆくすえが空恐ろしい。

そらごと【空言】〈名〉いつわりのことば。類うそ。

[1]**そら・す【反らす】**〈動五〉からだを弓の形にうしろの方へまげる。例胸を反らす。

[2]**そら・す【▽逸らす】**〈動五〉目的とするところから、ずらす。例的をそらす。話をそらす。目をそらす。注意をそらす。わきにそらす。客をそらさない。

そらぞらし・い【空空しい】〈形〉わざとらしくて、ほんとうではないことがすぐわかるようす。例空々しいうそ。

そらだのみ【空頼み】〈名・する〉あてにならないことを期待すること。

そらで【空で】〈副〉⇩そら〔空〕㊀⑤

そらとぼ・ける【空▾惚ける】〈動下一〉知らないふりをする。類すっとぼける。

そらなみだ【空涙】〈名〉泣くまねをして流してみせる、いつわりの涙。例空涙を流す。

そらに【空似】〈名〉血がつながってもいないのに、顔つきなどが似ていること。例他人の空似。

そらね【空寝】〈名〉わざとねむっているふりをすること。類たぬき寝入り。

そらねんぶつ【空念仏】〈名〉信仰の気持ちをもたずに、形のうえだけで念仏をとなえること。類空《から》念仏。

そらまめ【空豆】〈名〉畑でつくるマメの一種。一年草または二年草。さやが空をむいてつく。マメは親指の先ぐらいの大きさで ややひらたい。塩ゆでにしたり、いり豆やあんなどにする。

そらみみ【空耳】〈名〉ほんとうは音がしていないのに、なにか聞こえたような気がすること。類幻聴《げんちょう》。

参考 洋楽の曲のフレーズが日本語のように聞こえるのをおもしろがるテレビ番組から、あることばを別のことばに聞きちがえることにもいう。

そらもよう【空模様】〈名〉天気の状態。例空模様があやしくなってきた。類雲行き。天候。

そらゆめ【そら夢】〈名〉❶現実には見た夢のようにはならなかった夢。❷見てもいないのに、まるで見たように空想して語られた夢。

そらん・じる【▾諳んじる】〈動上一〉何も見なくても、文章や数字などをすらすら言えるように覚えこむ。「そらんずる」ともいう。類暗記する。暗唱する。

そらん・ずる【▾諳んずる】〈動サ変〉⇩そらんじる

[1]**そり【反り】**〈名〉❶弓なりにまがること。まがった状態。例反りが大きい。❷刀の反りぐあい。▽アソリ」

反りが合《あ》わない 考えかたや気質がちがうために、仲がよくない。類うまが合わない。参考 刀とさやの反りが合わないと、刀が入らないことから。

[2]**そり【▾橇】**〈名〉ウマやイヌなどに引かせて雪の上を走り、人や荷物をはこぶ乗り物。アソリ

そりかえ・る【反り返る】〈動五〉❶たいらなものが、弓なりに大きくまがる。❷いばったようすで、からだをうしろの方へ反らせる。例いすに反り返ってすわる。類ふんぞり返る。そっくり返る。

ソリスト〈名〉❶独奏《どくそう》者。また、独唱者。❷バレエで、ソロをおどるダンサー。◇フランス《フラ ンス》 soliste

そりみ【反り身】〈名〉得意な気持ちからからだがうしろへ反りぎみになる姿勢。例反り身になる。

そりゃく【粗略・疎略】〈形動〉ものごとや人のあつかいかたに心がこもらず、いいかげんである。例粗略にあつかう。類粗漏《そろう》。ぞんざい。

そりゅうし【素粒子】〈名〉〔物理〕原子よりもさらに小さい粒子。陽子・中性子・電子・中間子など。

そりん【疎林】〈名〉木がまばらに生えた林。

[1]**そ・る【反る】**〈動五〉❶もともとまっすぐなもの、たいらなものが、弓なりにまがる。例板が反る。❷からだまたはその一部がうしろの方へまがる。例指が反る。反りかえる。のけぞる。

[2]**そ・る【▾剃る】**〈動五〉かみの毛やひげを、かみそりなどできれいに切りとる。例顔をそる。ひげをそる。

表現 「そる」をなまって「する」ともいい、この「する」が俗《ぞく》に、すっかりなくすことを意味するので、縁起《えんぎ》をかついで、ひげをそることを「顔をあたる」のようにいうことがある。

[1]**それ【▾其れ】**〈代名〉❶話し手からみて、聞き手に近い場所やものをさし示すことば。例これじゃなくてそれにしよう。❷現在、話題にしていることや問題になっているものごとをさし示すことば。例かれは急に病気になったが、それにはなにか原因があるらしい。▽アソレ ↓あれ・これ・どれ

↓囲み記事6（78ページ）

[2]**それ**〈感〉人に注意をうながしたり、注目させようとしたり、気合をいれたりするときに出す声。例それ行け。それ見たことか。類そら。ほれ。アソレ

それがし【▽某】〈代名〉❶名前がわからなかったり、わざと名前を出さないようにしたりするときに、その人をしていうことば。❷「わたくし」に当たる武士ことば。

それから〈接〉❶二つのことの時間的なつながりを示す。例手をあらって、それからおやつを食べた。❷前のものごとにほかのものごとをつけ加えることを示す。例ミカン、それからリンゴをください。

表現 相手に、「早く、その先を言え」という意味で、「それから?」と催促《さいそく》することがある。「それで?」となると、もっときつい ひびきの言いかたにもなる。↓それで表現

それこそ〈副〉❶まさしくそれのほうが。例火事にでもなったら、それこそ大変だ。❷それがまさに。例それこそぼくの言わんとするところだ。

それそうおう【それ相応】〈名〉それにつりあっていてふさわしいこと。それ相当。例収入が増えて、それ相応の生活ができるようになった。

それぞれ〈名・副〉めいめい。おのおの。ひとりひとり。例みなそれぞれの感想を述べた。それぞれ一つずつ持つ。

それだけ〈副〉それに相当する分だけ。例体が大きくなれば、それだけ食べる量も増える。

それだけに〈接〉そうであるだけによけい。例あのころはつらいことが多かった。それだけに忘れられない。

それっきり〈副〉そのときまでで終わりになって、あとにはなにもつづかないこと。例それっきり音さたがない。それっきりになる。

それで〈接〉あることがらを前提《ぜんてい》として、次のことを述べるときの つなぎのことば。例母が看護師として働く姿を見て、それで私も看護師になろうと思った。類だから。

表現 人が何か言ったのを受けて、「それで?」と言うと、「何が言いたいのかわからない。早く本心を言え」とせまる

蘇我蝦夷(えみし) (?～645)　馬子の子。政治の実権をにぎったが，大化の改新で自殺した。

ことになる。↓それから 表現

それでいて〈接〉そうでありながら。例事情は納得《なっとく》できる。それでいてまだ許せない。

それでは〈接〉❶そういうことなら。例それでは、それでいいことにしましょう。❷前に述べたことをしめくくって、話題を変えるときに使うことば。では。例それでは、ここから本題に入ります。それでは、お元気で。
参考 くだけた言いかたは「それじゃ」。

それでも〈接〉そうであるにもかかわらず。例相手はきちんと謝《あやま》った。それでも彼は意地をはっている。

それどころか〈接〉前に言ったそのことよりもさらに。例かれは礼を言わなかった。それどころか、迷惑《めいわく》そうなようすをした。

それとなく〈副〉自分の考えや気持ちなどを、はっきりと示さず、さりげない遠まわしのことばや態度で相手に伝えようとするようす。例それとなく注意する。類暗に。

それとも〈接〉二つのものごとのどちらであるか、あらためて問題にする意味を表わす。例きみが行くか、それともぼくが行こうか。類あるいは。でなければ。

それなのに〈接〉それにもかかわらず。例必死に看病をした。それなのに一向によくならない。

それなら〈接〉そういうわけであるならば。例細かい事情はよくわかった。それなら、君の言うとおりにしよう。
参考 くだけた言いかたは「そんなら」。

それなり 一〈名〉十分とはいえないが、それにふさわしい程度や、それに見あうだけのことはあること。例それなりの価値があるよ。それなりに必要だ。二〈副〉それきり。例このひとことで、それなり座はしんとなった。

それに〈接〉前に言ったことからそうはなれないことを付け加えることば。例この車はねだんも高く、それに性能もわるい。かき、なし、それにみかん。類そのうえ。おまけに。
参考 古くは、「それなのに」という逆接の意味でも使った。

それにしても〈接〉❶たとえそうであるとしても。例いそがしいとは言っていたが、それにしても電話くらい寄こせばいいのに。❷話題を変えるときに使うことば。例それにしてもおそいね。

それにつけても あることに関連して何かをしみじみと思い出すときに使うことば。例それにつけても、母さんの漬物《つけもの》はおいしかった。

それにもかかわらず そうであるのに。

それは 一〈副〉ことばでは言い表わせないほど実に。例それはやさしい人でした。二〈感〉相手のことばや行動をとりたてて、そのことに強く感じ入ったことを表わす。例それはありがとう。それはたいへんでしたね。
表現 「それはそれは」と重ねて言うことも多い。

そればかりか〈接〉それだけではなくさらに。例遠いところを訪ねてくれて、そればかりか、たくさんのおみやげまでもらった。

それはさておき もっと重要なことや本題に、話題を変えるときに使うことば。類ところで。

それはそうと 話題を変えるときなどに使うことば。それはそれとして。例それはそうとお子さんは元気かね。類ところで。

それほど〖それ程〗〈副〉(あとに打ち消しのことばをともなって)あまり…ない。例それほど期待していない。類さほど。そんなに。

それゆえ〖それ故〗〈接〉そういうわけで。古風でかたい言いかた。類ゆえに。

そ・れる〖▽逸れる〗〈動下一〉目的としたところからはずれて、ほかへ行く。例話がそれる。わき道にそれる。

ソロ〈名〉❶〔音楽〕独奏。独唱。独演。対デュエット。❷一人しかいないこと。単独。例(野球で)ソロホーマー。◇イタリア solo

そろい〖▼揃い〗一〈名〉❶なにかをするために人が集まること。みんながそろうこと。例おそろいでどちらへ? ❷衣服や持ちものの色、がらなどが同じであること。例そろいのゆかた。❸いくつかでひと組みになるものが、全部そなわっていること。例全集をそろいで買う。二〈接尾〉いくつかでひと組みになるものの数をかぞえることば。例ひとそろい。三つぞろい。類セット。↓ぞろい
表現 一①は「おそろい」の形で使う。②も「おそろい」の形で使うことが多い。

ぞろい〖▼揃い〗〈接尾〉全体のどこを見てもそればかりであることを表わす。例傑作《けっさく》ぞろい。↓そろい二

そろいぶみ【そろい踏み】〖▼揃い踏み〗〈名〉相撲《すもう》の興行で、中入り後、大関《おおぜき》以下の幕内全力士が、土俵にならんで四股《しこ》をふむこと。
表現 スポーツの試合や芸能界で、有力者がともに出場・対戦や出演をすることにもいう。

そろ・う[1]〖▼揃う〗〈動五〉❶人の行動やものごとの状態が同じになる。例つぶがそろう。足なみがそろう。調子がそろう。秋の果物がそろって店先にならんだ。類一致《いっち》する。合う。❷一か所に集まる。例みんなそろったね、じゃ出発しよう。❸あるべきものが全部そなわる。例三拍子《さんびょうし》そろう。条件がそろう。▽アソロウ

そろう[2]【粗漏・疎漏】〈名・形動〉やりかたがぞんざいで、ぬけおちがあること。類粗略。アソロー

そろ・える〖▼揃える〗〈動下一〉❶ものごとの状態や行動を同じにする。例大きさをそろえる。声をそろえる。類合わせる。❷状態をととのえる。例はき物をそろえる。❸一か所に集める。例顔をそろえる。❹あるべきものをきちんととのえる。例商品をそろえる。

そろそろ〈副〉❶動作や進行がきわめてゆっくり、しずかに行なわれるようす。例そろそろ歩く。❷まもなく。もうじき。例そろそろ帰ってくるころ。類ぼつぼつ。
表現 ②の意味から、「そろそろでかけましょうか」のように、人をある行動にさそうときにも使う。

ぞろぞろ〈副〉❶人やものがたくさんつづいて移動するようす。例ぞろぞろ(と)出てくる。❷衣服をだらしなく引きずっているようす。

そろばん〖▽算盤〗〈名〉❶日本や中国で、計算に使う道具。例そろばんをおく。❷損得の計算。例そろばんが合わない(=もうからない)。そろばんずく。
表現 ふつう一台二台と数える。表面を使うことから一面二面、手に持って使うことから一挺《いっちょう》二挺《にちょう》と数えることもある。

そろばんをはじく 自分の利益になることかどうかをよく考えて行動する。類電卓《でんたく》をたたく。

そろばんずく〖▽算盤ずく〗〈名〉お金の計算や損得ばかり問題にすること。例そろばんずくで考える。

そろばんだか・い【そろばん高い】〖▽算盤高い〗〈形〉打算的で、損得の計算が細かい。

ぞろめ【ぞろ目】〈名〉❶二つのさいころをふったとき、同じ目が出ること。❷競馬で、同じ枠《わく》の馬が一、二着にはいること。

そわそわ〈副・する〉大事なことやいいことを目の前にひかえて、気持ちや態度がおちつかないようす。例待ちどお

則天武后(そくてんぶこう)(624?～705) 中国，唐の高宗の皇后。690年国号を周と改め，みずから皇帝となった。

しくて、そわそわする。そわそわとおちつかない。

常用漢字　そん

【存】 子部3 全6画 存存存存存存
ソン・ゾン 教小6 音❶[ソン] 存在《そんざい》。存続《そんぞく》。依存《いそん》。既存《きそん》。現存《げんそん》。共存《きょうそん》。❷[ゾン] 存分《ぞんぶん》。存外《ぞんがい》。保存《ほぞん》。残存《ざんぞん》。異存《いぞん》。

【村】 木部3 全7画 村村村村村村村
ソン むら 教小1 音[ソン] 村長《そんちょう》。村民《そんみん》。村落《そんらく》。農村《のうそん》。漁村《ぎょそん》。山村《さんそん》。寒村《かんそん》。訓[むら] 村。村おこし。村里。

【孫】 子部7 全10画 孫孫孫孫孫孫
ソン まご 教小4 音[ソン] 子孫《しそん》。訓[まご] 孫。孫の手。初孫。

【尊】 寸部9 全12画 尊尊尊尊尊尊
ソン たっとい・とうとい・たっとぶ・とうとぶ 教小6 音[ソン] 尊敬《そんけい》。尊重《そんちょう》。尊称《そんしょう》。尊顔《そんがん》。自尊心《じそんしん》。本尊《ほんぞん》。訓❶[たっとい] 尊い。❷[とうとい] 尊い。❸[たっとぶ] 尊ぶ。❹[とうとぶ] 尊ぶ。

【損】 扌部10 全13画 損損損損損損
ソン そこなう・そこねる 教小5 音[ソン] 損害《そんがい》。損失《そんしつ》。損傷《そんしょう》。損得《そんとく》。欠損《けっそん》。破損《はそん》。訓❶[そこなう] 損なう。見損なう。❷[そこねる] 損ねる。言い損ねる。食べ損ねる。

【遜[遜]】 ⻌部10 全14画 遜遜遜遜
ソン 音[ソン] 遜色《そんしょく》(がない)。謙遜《けんそん》。不遜《ふそん》。
表記「近・辺」などと同様、手書きでは、筆順に示すようにしんにょうの点を一つ(=13画)にして書く。

そん【損】〈名・形動〉金銭のうえで、不利益をこうむること。はらった努力やついやした金品に比べて、十分な利益や効果がないこと。例損な性分《しょうぶん》。骨折り損。対益。得。→そんじる・そんする[損する]

そんえき【損益】〈名〉損失と利益。類損得。

そんかい【損壊】〈名・する〉家や道路、橋などがこわれること。例損壊家屋。類倒壊《とうかい》。

そんがい【損害】〈名〉事件や事故などによって、被害をうけたり、金銭をうしなったりすること。例損害をうける。損害をこうむる。損害賠償《ばいしょう》。損害保険。対利益。類損失。ダメージ。

ぞんがい【存外】〈副・形動〉思いのほか。例存外(に)うまくいった。存外な謝礼《しゃれい》。類案外。意外。

そんがん【尊顔】〈名〉相手への敬語として言う「お顔」。例尊顔を拝する。

そんきょ【▼蹲▼踞】〈名・する〉すもうや剣道《けんどう》で、背すじをのばして、ひざを開いてこしを低くおろし、つまさきだつこと。

そんきん【損金】〈名〉❶会計上の、損失となったお金。対益金。❷経理で、支出としてみとめられるお金。

そんけい【尊敬】〈名・する〉相手の人をえらいと思い、うやまうこと。例尊敬の念。尊敬する人。対軽蔑《けいべつ》。類うやまう。たっとぶ。とうとぶ。

そんけいご【尊敬語】〈名〉敬語の一種。話題にのぼっている人の行為《こうい》・状態・ものごとを高めて言うことによって、その人に対する敬意を表わすことば。たとえば、動詞の「いらっしゃる」「おっしゃる」「めし上がる」「お使いになる」「御利用になる」「読まれる」、形容詞の「お忙《いそが》しい」、形容動詞の「御多忙《たぼう》(だ)」、名詞の「お名前」「御住所」など。→けいご〔敬語〕参考尊敬語は、心からうやまっている場合ばかりでなく、その人を一人前の人間として尊重していることを示したり、その人と一定の距離《きょり》をおいたりする場合など、さまざまな動機で使われる。

そんげん【尊厳】〈名・形動〉とうとくおごそかで、おかすことのできない威厳《いげん》があること。例人間の尊厳。尊厳死(=安楽死)。

そんげんし【尊厳死】〈名〉人間としての尊厳をたもったまま死をむかえること。助かる見こみのない病人が、本人の意志で、いたずらな延命《えんめい》処置をとることなく安らかに死をむかえること。類安楽死。

そんざい【存在】〈名〉❶〈する〉あること。いること。例存在をみとめる。神の存在。存在価値。存在意義。存在感。❷そこにいる人や、そこにあるもの。例気になる存在。貴重な存在。目だたない存在。社会の中での個人や団体のありかたを批評していうときによく使われる。
表現②は、社会の中での個人や団体のありかたを批評していうときによく使われる。

ぞんざい〈形動〉ものごとのあつかいかたや口のききかたなどが、いいかげんで、あらっぽい。例ぞんざいなことば。ぞんざいにあつかう。対ていねい。類粗略《そりゃく》。

そんざいかん【存在感】〈名〉「たしかにそこにある」と感じさせて人にせまる力。例存在感がある。

そんざいりゆう【存在理由】〈名〉なんのためにそこにあるのか、という理由。存在意義。例時代が変わって、この法律の存在理由もうすれてきた。

ぞんじあ・げる【存じ上げる】〈動下一〉「知る」の謙譲《けんじょう》語。「存じる」のさらに謙遜《けんそん》した言いかた。例お名前はよく存じ上げております。

そんしつ【損失】〈名〉利益や財産、また、たいせつなものをうしなって、損をすること。例損失をあたえる。大きな損失。対利益。類損害。欠損。穴。ロス。

そんしょう[1]【尊称】〈名〉尊敬の気持ちを表わすために使うよび名。たとえば、父親を「おとうさま」「父上《ちちうえ》」「ご尊父《そんぷ》」というようなもの。

そんしょう[2]【損傷】〈名・する〉こわれたり、きずがついたりすること。また、こわしたり、きずをつけたりすること。例事故で車が(を)損傷する。遺体の損傷がはげしい。

そんしょく【遜色】〈名〉ほかのものと比べて、おとっていること。打ち消しの言いかたで使う。例どの作品と比べても遜色がないできばえだ。類見おとり。

そんじょそこら〈名〉「そこら」を強めた、くだけた言いかた。例あれだけの名品は、そんじょそこらにない。

そん・じる【損じる】㊀〈動上一〉こわしたり、へらしたりしてしまう。例きげんを損じる。価値を損じる。㊁〈接尾〉動詞の連用形につけて、「…しそこなう」という意味を表わす。例し損じる。書き損じる。▽「そんずる」ともいう。類そこなう。

ぞん・じる【存じる】〈動上一〉❶「知る」の丁重《ていちょう》語。例よく存じております。よくは存じませんが…。→ごぞんじ ❷「思う」の丁重《ていちょう》語。例すぐにでもお会いしたいと存じます。一度お目にかかりたく存じます。▽あらたまった言いかた。言いきるときは「ます」をつけていうのがふつう。
表現「たいへん光栄に存ずる次第でございます」などと

 ソクラテス（前470～前399）古代ギリシャの哲学者。人々に無知を気づかせ，真理への道を示した。

━重々しくいうときは、「存じる」ではなく「存ずる」を使う。

[1]**そん・する【存する】**〈動サ変〉❶そこにある。のこっている。例今も疑問が存する。❷失わないで残している。例古都のおもかげを存している。▽アソンスル

[2]**そん・する【損する】**〈動サ変〉金銭のうえで不利益をこうむる。はらった努力やついやした金品に比べて、十分な利益や効果がない。アソンスル

損して得《とく》取《と》れ 目先のことだけを考えて得をしようと思わないで、いっときは損をしても あとで大きな利益をえるようにした方がよい。

[1]**そん・ずる【損ずる】**〈動サ変・接尾〉⇩そんじる

[1]**そんぞく【存続】**〈名・する〉制度や組織などが、かわらないでつづくこと。例制度を存続させる。グループ存続の危機。類持続。継続《けいぞく》。アソンゾク

[2]**そんぞく【尊属】**〈名〉父母や祖父母、おじやおばなどのように、血のつながりのある人のうち、自分よりも上の世代の人。例尊属殺人。対卑属《ひぞく》。アソンゾク

そんだい【尊大】〈形動〉「おれはすごくえらいのだ」といった態度をはっきりと見せるようす。例尊大にかまえる。

そんたく【▼忖度】〈名・する〉他人の気持ちや考えをおしはかること。おしはかって、配慮《はいりょ》すること。例友人の心中《しんちゅう》を忖度する。お客の意向を忖度する。

[1]**そんちょう【村長】**〈名〉村の政治のいちばんの責任者。アソンチョー

[2]**そんちょう【尊重】**〈名・する〉十分その価値をみとめてたいせつにあつかうこと。例人命を尊重する。少数意見を尊重する。対軽視。類とうとぶ。重んじる。アソンチョー

そんとく【損得】〈名〉損と得。損するか得するか。例損得を計算する。損得をはなれて行動する。損得勘定《かんじょう》。損得ぬき。損得ずく。類損益。利害。

そんとくずく【損得ずく】〈名〉損得を考えたうえで、自分に有利な言動をすること。

そんな〈連体〉「そのような」のくだけた言いかた。例そんなことは初めて聞いた。→あんな参考

表現「いいえ、そんな」や、「そんな、こまります」のように、感動詞のような使い方もする。

そんなこんな あれやこれやいろいろのこと。例そんなこんなで、中止になりました。

そんなに〈副〉「それほど」のくだけた言いかた。例そんなに気にやむことはないよ。

ぞんねん【存念】〈名〉いだいている考え。例ご存念をうかがいたい。類所存。

そんのうじょうい【尊王▼攘▼夷】〈名〉〔歴史〕天皇をとうとび、外国の勢力をうちはらおうとする考え。江戸《えど》時代末期、倒幕《とうばく》運動の中心思想となった。

そんぱい【存廃】〈名〉存続すべきか廃止すべきか、ということ。例死刑存廃論議。

[1]**そんぴ【存否】**〈名〉存在しているのかどうか、また、健在かどうか、ということ。例存否を問う。類安否。

[2]**そんぴ【尊卑】**〈名〉身分が高いか低いか、ということ。類貴賤《きせん》。

ゾンビ〈名〉怪奇《かいき》映画などに登場する、地中からよみがえって動き回る死体。◇zombie

参考アメリカ映画の題名から。もと、ブードゥー教(=原始宗教の一種)でヘビの形の神。

そんぷ【尊父】〈名〉他人の父親をいう尊敬語。対母堂。類父上。

そんぷうし【村夫子】〈名〉それほどの学問もないのに、いかにも学者然としている、いなかのもの知り。

表現「ご尊父様」の形で、手紙などで使うことが多い。

ソンブレロ〈名〉メキシコやスペインの人たちがよくかぶっている帽子《ぼうし》。まんなかが高く、はばのひろいつばがついたもの。◇スペイン sombrero

ぞんぶん【存分】〈副〉思いどおり十分に。心おきなく。例休みを存分に楽しむ。思う存分。

表現「存分に」の形で使うことが多い。

そんぽ【損保】〈名〉「損害保険(会社)」の略。

そんぼう【存亡】〈名〉このまま残れるか、ここでほろんでしまうか。例危急存亡のとき。類死命。命運。

ぞんめい【存命】〈名・する〉生きながらえること。生きていること。例おかげさまで両親とも存命です。父の存命中はたいへんお世話になりました。

そんもう【損耗】〈名・する〉使っているうちに、いたんだりへったりすること。参考もとは、「そんこう」と読んだ。

そんらく【村落】〈名〉いなかで、人家が集まっているところ。例村落が点在する。類集落。

そんりつ【存立】〈名・する〉制度や組織が、存在をつづけていくこと。例存立があやぶまれる。国家の存立にかかわる。

そんりょう【損料】〈名〉借りた物の、使用料。「借り賃」や「レンタル料」の、法律や会計での言いかた。

ソシュール（1857～1913） スイスの言語学者。講義録「一般言語学講義」は，後世の言語学に影響を与えた。

た…タ

常用漢字 た

【他】亻部3 全5画
他他他他他
タ ほか 教小3 音[タ] ▨他人《たにん》。他者《たしゃ》。他国《たこく》。他意《たい》。他日《たじつ》。他界《たかい》。▨自他《じた》。排他的《はいたてき》。訓[ほか] 他。

【多】夕部3 全6画
多多多多多多
タ おおい 教小2 音[タ] ▨多少《たしょう》。多数《たすう》。多忙《たぼう》。多目的《たもくてき》。多様《たよう》。▨過多《かた》。雑多《ざった》。最多《さいた》。訓[おおい] 多い。

【汰】氵部4 全7画
汰汰汰汰汰汰
タ 音[タ] ▨沙汰《さた》。淘汰《とうた》。

1 た【田】〈名〉イネを植えるために、水をはるようにつくった耕作地。対畑。類水田。たんぼ。表現ふつう一枚二枚と数える。

2 た【他】〈名〉❶それとは別のあるもの。それ以外のすべて。類ほか。❷自分以外の人。例他をかえりみる。類よそ。他人。例他に目を転ずる。他は言うまでもない。

3 た【多】㊀〈名〉多いこと。複数のもの。例一対多。㊁〈接頭〉多いことを表わす。例多方面。多趣味《たしゅみ》。

多とする ❶りっぱだとみとめて、ほめる。例努力を多とする。❷ありがたいと思う。例厚意《こうい》を多とする。

4 た〈助動〉過去・完了《かんりょう》、その他、たしかにあるものごとが実現したということを みとめる気持ちを表わす助動詞。
❶ものごとを過ぎ去ったこととして言い表わす。例父は十年前になくなりました。あのときはうれしかった。試合に負けても、彼の態度はりっぱだった。
❷たしかにあることが終わったとか、現にあることが実現しているとか みとめる気持ちを表わす。例あっ、バスがきた。ここにあった。大根はもう煮《に》えたかな。
❸実現していないことを、かりに実現したと考えていう。例その計画はやめた方がいい。あんなこと言わなければよかった。もしそのとき、ダムが決壊《けっかい》したとすれば、水は下の村ものみこんだはずだ。
❹現在の状態を表わす。例まがったくぎ。とがったえんぴつ。それは絵にかいたもちにすぎない。
❺すでに決まっていることを、思い出したり確認《かくにん》したりする意味を表わす。例あっ、今夜は予定があるんだった。きょうは何曜日でしたっけ？ お名前は たしか鈴木さんでしたでしょうか？
表現 (1)終止形は、「さあ、どいた、どいた」のように、ぞんざいな調子の命令に使われることもある。
(2)③の使いかたは、「もし」「もしも」「かりに」などの副詞をそえると、その気持ちがいっそう強く表わされる。
(3)④の使いかたは、「まがったくぎ」のように名詞を修飾《しゅうしょく》するときだけ。
接続 動詞、形容詞、形容動詞、およびいくつかの助動詞の連用形(音便形)につく。ただし、ガ行、ナ行、バ行、マ行の五段活用の動詞には「だ」がついて、「泳いだ」「死んだ」「呼んだ」「飲んだ」のようになる。

常用漢字 だ

【打】扌部2 全5画
打打打打打
ダ うつ 教小3 音[ダ] ▨打撃《だげき》。打撲《だぼく》。打楽器《だがっき》。打者《だしゃ》。打破《だは》。▨殴打《おうだ》。安打《あんだ》。代打《だいだ》。乱打《だらん》。訓[うつ] 打つ。波打つ。打ち出す。打ち破る。打ち身。

【妥】女部4 全7画
妥妥妥妥妥妥
ダ 音[ダ] ▨妥協《だきょう》。妥結《だけつ》。妥当《だとう》。

【唾】口部8 全11画 ※
唾唾唾唾唾唾
ダ つば 音[ダ] ▨唾液《だえき》。唾棄《だき》。訓[つば] 唾。眉唾。注意「唾《つば》」は、「つばき」とも読む。また、「固唾」は、「かたず」と読む。

【堕(墮)】土部9 全12画
堕堕堕堕堕
ダ 音[ダ] ▨堕落《だらく》。自堕落《じだらく》。堕胎《だたい》。

【惰】忄部9 全12画
惰惰惰惰惰
ダ 音[ダ] ▨惰性《だせい》。惰眠《だみん》。惰弱《だじゃく》。▨怠惰《たいだ》。

【駄】馬部4 全14画 ※
駄駄駄駄駄
ダ 音[ダ] ▨駄賃《だちん》。駄菓子《だがし》。駄作《ださく》。駄目《だめ》。駄馬《だば》。▨無駄《むだ》。

だ〈助動〉㊀「…は…である」という判断(断定)を表わす助動詞。㊁⇩た〈助動〉
❶あるものごとが、なにかとひとしい、または、なにかに属するという意味を表わす。例森君は、ぼくらのチームのキャプテンだ。じゃがいもは なす科の植物だ。類である。です。
❷あるものごとを、とりたてて示す。例さあ、出発だ、用意はいいかい。類です。
❸ものごとの状態、性質、程度などを表わす。例ぼくはいま、トップから三番目だ。外はマイナス一〇度だ。このパンは塩味だ。類です。
❹文の中のあることばを強めて示す。おもに話しことばで使われ、「だな」「だね」という形になることが多い。例それはだな、まずきみが相手に会ってだ。類です。
❺ある句のあとにつけて、相手に対する軽蔑《けいべつ》や非難の気持ちを表わす。例そんなこと、知りませんよーだ。
❻「お…だ」の形で、かるい尊敬の気持ちを表わす。古い感じの言いかた。例先生がお着きだ。
❼ほかの動詞の表わす意味を、その動詞のかわりに表わす。例ぼくはカレーライスだ(=カレーライスを食べる)。彼女はいまバレエのレッスンだ(=レッスンをうけている)。類です。
表現 ㊁は「です」とはたらきがよく似ているが、「です」のようにていねいではない。また「である」と同じ意味を表わす用法(①)があるが、「である」ほどあらたまった感じはない。
接続 ㊁は名詞または助詞「の」につくのが原則である。ただし、④や⑤の用法では、いろいろなことばのあとにつく。

たあいな・い【他愛ない】〈形〉⇩たわいない
表記「他愛」は当て字。

ターキー〈名〉❶七面鳥。例ローストターキー。❷ボウリングで、三連続ストライクのこと。◇turkey

ダーク〈造語〉「色調が暗い」という意味を表わす。例

た

ダークスーツ。ダークグレー。対ライト。◇dark

ダークホース〈名〉❶競馬で、それほど注目されていないが、かなり強そうで、もしかすると優勝するかもしれないウマ。穴馬。❷それほど注目はされていないが、実力のありそうな競争相手。◇dark horse

ターゲット〈名〉ねらうべき目標。例ターゲットをしぼる。類的《まと》。標的。◇target

ダース〈名・接尾〉品物をかぞえるときの単位。一ダースは十二個。十二ダースは一グロス。◇dozen から。
表記 当て字で「打」と書くこともあった。

タータンチェック〈名〉いろいろな色を使った格子縞《こうしじま》の模様。その模様の織物。参考 もと、スコットランドで、氏族によって決まった色や柄を、紋章などに使っていた。日本での複合語で、英語ではたんに tartan という。

ダーツ[1]〈名〉円形の的めがけて羽根のついた小さな矢を投げ、得点をきそうゲーム。例ダーツ競技。◇darts

ダーツ[2]〈名〉洋服を体形にあわせて立体的に仕立てるため、布地を、一部をつまんでぬうこと。◇dart

ダーティー〈形動〉❶よごれている。❷行ないが道徳に反している。例ダーティーなイメージ。◇dirty

タートルネック〈名〉セーターなどで、頭を出す部分を首をおおうように筒状に長くしたもの。折り返して着る。とっくり。◇turtleneck（=「カメの首」の意）

ターニングポイント〈名〉変わり目。転換《てんかん》期。転機。例人生のターニングポイントにさしかかる。◇turning point

ターバン〈名〉❶イスラム教徒の男性などが頭にまく布。❷帽子《ぼうし》のように頭をおおう、幅《はば》の広い布やヘッドバンド。◇turban

ダービー〈名〉イギリスで毎年行なわれる、サラブレッドの三歳《さい》馬の競馬。日本でもこれにならって「日本ダービー」が開かれている。◇Derby（=人名から）
表現 「ホームランダービー」「ハーラー(=投手)ダービー」のように、一位あらそいの意味で使われることもある。

タービン〈名〉蒸気やガス、水の力などで羽根車を回転させて、動力をえる機械。例ガスタービン。◇turbine

ターボ〈名〉排気《はいき》ガスの圧力でタービンを回し、コンプレッサーで圧縮《あっしゅく》した空気をシリンダーにおくりこんで、エンジンの出力を高める装置。ターボチャージャー。例ターボジェット。ターボプロップ。◇turbo

ターミナル〈名〉❶鉄道やバスなどの路線が集まっているところ。終着駅。終着駅のあるビル。❷空港の航空管制塔《とう》や、税関などの施設《しせつ》がある建物。❸端末《たんまつ》。対ホスト(コンピューター)。◇terminal

ターミナルケア〈名〉治る可能性のない、死を目前にした患者《かんじゃ》にほどこす医療《いりょう》。心身の苦痛をやわらげ、心を安定させ、残された人生の充実《じゅうじつ》をはかる。末期医療。終末医療。◇terminal care

ターム〈名〉❶ある分野での用語。術語。例テクニカルターム(=専門用語)。メディカルターム(=医学用語)。❷期間。例ロングターム。ショートターム。◇term

ターメリック〈名〉ウコンの根茎を乾燥《かんそう》させて粉にした、黄色い香辛料。カレー粉などにもちいられる。◇turmeric

タール〈名〉木や石炭などを、空気にふれさせないでむし焼きにしたときにできる、黒い液体。防腐剤《ぼうふざい》や薬品などに利用する。例コールタール。◇tar

ターン〈名・する〉❶回転。例ターンテーブル。❷すすむ方向をかえること。とくに水泳競技での「折り返し」によくいわれる。例Uターン。クイックターン。◇turn

常用漢字 **たい**

【太】 大部1 全4画
タイ・タ ふとい・ふとる 教小2 音❶[タイ] ⬒太陽《たいよう》。太鼓《たいこ》。太古《たいこ》。太平《たいへい》。⬓皇太子《こうたいし》。❷[タ] ⬓丸太《まるた》。訓❶[ふとい] 太い。太字。太もも。図太い。野太い。❷[ふとる] 太る。小太り。

【対(對)】 寸部4 全7画
タイ・ツイ 教小3 音❶[タイ] ⬒対立《たいりつ》。対抗《たいこう》。対策《たいさく》。対岸《たいがん》。対角線《たいかくせん》。対人関係《たいじんかんけい》。⬓絶対《ぜったい》。反対《はんたい》。❷[ツイ] ⬒対句《ついく》。⬓一対《いっつい》。

【体(體)】 イ部5 全7画
タイ・テイ からだ 教小2 音❶[タイ] ⬒体重《たいじゅう》。体脂肪《たいしぼう》。体格《たいかく》。体系《たいけい》。⬓人体《じんたい》。健康体《けんこうたい》。主体《しゅたい》。自治体《じちたい》。❷[テイ] ⬒体裁《ていさい》。⬓風体《ふうてい》。訓[からだ] 体。体つき。

【耐】 而部3 全9画
タイ たえる 音[タイ] ⬒耐久《たいきゅう》。耐火《たいか》。耐性《たいせい》。耐乏《たいぼう》。⬓忍耐《にんたい》。訓[たえる] 耐える。

【待】 彳部6 全9画
タイ まつ 教小3 音[タイ] ⬒待機《たいき》。待望《たいぼう》。待遇《たいぐう》。⬓期待《きたい》。招待《しょうたい》。接待《せったい》。優待券《ゆうたいけん》。訓[まつ] 待つ。待ち遠しい。待ちわびる。待ち人。五人待ち。

【怠】 心部5 全9画
タイ おこたる・なまける 音[タイ] ⬒怠惰《たいだ》。怠慢《たいまん》。⬓倦怠感《けんたいかん》。訓❶[おこたる] 怠る。❷[なまける] 怠ける。怠け者。

【胎】 月部5 全9画
タイ 音[タイ] ⬒胎児《たいじ》。胎教《たいきょう》。胎動《たいどう》。⬓受胎《じゅたい》。母胎《ぼたい》。

【退】 辶部6 全9画
タイ しりぞく・しりぞける 教小6 音[タイ] ⬒退却《たいきゃく》。退散《たいさん》。退屈《たいくつ》。退学《たいがく》。退化《たいか》。⬓進退《しんたい》。中退《ちゅうたい》。減退《げんたい》。訓❶[しりぞく] 退く。❷[しりぞける] 退ける。注意「立ち退く」は、「たちのく」と読む。

【帯(帶)】 巾部7 全10画
タイ おびる・おび 教小4 音[タイ] ⬒帯出《たいしゅつ》。帯同《たいどう》。⬓眼帯《がんたい》。包帯《ほうたい》。火山帯《かざんたい》。農村地帯《のうそんちたい》。携帯《けいたい》。所帯《しょたい》。連帯責任《れんたいせきにん》。訓❶[おびる] 帯びる。❷[おび] 帯。帯グラフ。帯封。帯じめ。黒帯。

【泰】 氺部5 全10画
タイ 音[タイ] ⬒泰然《たいぜん》。泰平《たいへい》。泰西《たいせい》。泰斗《たいと》。⬓安泰《あんたい》。

【堆】 土部8 全11画 ※
タイ 音[タイ] ⬒堆積《たいせき》。

【袋】衣部5 全11画

タイ ふくろ 音[タイ] ▨風袋《ふうたい》。訓[ふくろ] 袋。袋だたき。紙袋。手提げ袋。ビニール袋。
注意「足袋」は、「たび」と読む。

【逮】辶部8 全11画

タイ 音[タイ] ▨逮捕《たいほ》。

【替】日部8 全12画
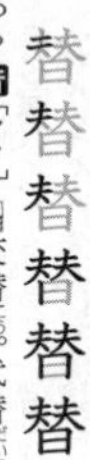
タイ かえる・かわる 音[タイ] ▨交替《こうたい》。代替《だいたい》。訓❶[かえる] 替える。替え玉。取り替える。着替え。両替。❷[かわる] 替わる。入れ替わる。
注意「為替」は、「かわせ」と読む。

【貸】貝部5 全12画

タイ かす 教小5 音[タイ] ▨貸借《たいしゃく》。貸与《たいよ》。▨賃貸《ちんたい》。訓[かす] 貸す。貸し。貸し切り。貸し出し。

【隊】阝部9 全12画
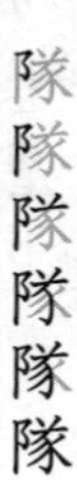
タイ 教小4 音[タイ] ▨隊列《たいれつ》。隊長《たいちょう》。隊商《たいしょう》。▨軍隊《ぐんたい》。音楽隊《おんがくたい》。親衛隊《しんえいたい》。部隊《ぶたい》。

【滞(滯)】氵部10 全13画

タイ とどこおる 音[タイ] ▨滞在《たいざい》。滞貨《たいか》。滞納《たいのう》。▨渋滞《じゅうたい》。延滞《えんたい》。停滞《ていたい》。遅滞《ちたい》。訓[とどこおる] 滞る。滞りなく。

【態】心部10 全14画
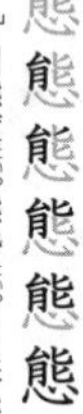
タイ 教小5 音[タイ] ▨態度《たいど》。態勢《たいせい》。▨形態《けいたい》。状態《じょうたい》。重態《じゅうたい》。実態《じったい》。生態系《せいたいけい》。容態《ようだい》。悪態《あくたい》。

【戴】戈部13 全17画 ※

タイ 音[タイ] ▨戴冠《たいかん》。戴帽式《たいぼうしき》。▨頂戴《ちょうだい》。

【大】⇩常用漢字 だい〔大〕

1 **たい**【▼鯛】〈名〉日本近海にすむ魚。形も味もいいので、尾頭《おかしら》つきの塩焼きは、祝いの席の日本料理になくてはならないものとされる。マダイ・キダイ・クロダイなど。

鯛は腐《くさ》っても鯛 ⇩腐っても鯛(「くさる」の子項目)

えびで鯛を釣《つ》る ⇩「えび」の子項目

2 **たい**【他意】〈名〉いま話していることとは別の、かくしている考え。ふつうあとに打ち消しのことばをともなう。例公平に決めるべきだと思って言っただけで、他意はありません。類二心《ふたごころ》。

3 **たい**【体】一〈名〉❶人のからだ。運動しているときのからだの構え。例体をかわす。体が入れかわる。❷見てわかる、さわってわかる、物のすがたかたち。具体的な内容。例名は体を表わす。▽→たいする〔体する〕
二〈接尾〉遺体や仏像、人形などをかぞえることば。

体を成《な》す それらしい、まとまった形になる。例これでは論文の体を成さない。

4 **たい**【対】一〈名〉❶対等であること。例対で勝負する。❷試合の組み合わせや、たがいにとった点数など、対立する二つのものをつなぐことば。記号の「×」を代用して書かれることも多い。例日本対中国。三対一。類バーサス。▽→たいする〔対する〕
二〈接頭〉…に対する、という意味を表わす。例対アメリカ政策。

5 **たい**【隊】〈名〉たとえば軍隊のように、集まって行動する人の集団。例隊を組む。

6 **たい**〈助動〉あることの実現を希望する気持ちを表わす助動詞。
❶話し手が自分自身になにかが実現することをのぞむ気持ちを表わす。例水が飲みたい。外国へ行ってみたい。
❷話し手が、自分以外の人にこうしてほしい、こうあってほしいと希望する気持ちを表わす。例人間はたがいに寛大《かんだい》でありたい。全員会議室に集合されたい。
❸相手や第三者の希望を表わす。例なにを飲みたいの? きみが行きたかったところはどこだい? 彼はさぞかしもとの仕事にもどりたいだろうなあ。▽→たがる

表現 (1)③の意味のときは、「たい」でその文を言いきることはできない。つまり、「この子はジュースが飲みたい」とか「きみは外国へ行きたい」とは言えない。疑問の形(「行きたいの?」)や推量の形(「もどりたいだろう」)ならば可能である。また、「みんなが行きたいところ」のように、連体修飾語《しゅうしょくご》の中にも使うことができる。
(2)「水が飲みたい」「本が読みたい」は、「水を飲みたい」「本を読みたい」ともいう。

接続 動詞の連用形につく。

7 **タイ**〈名〉❶「ネクタイ」のこと。例タイピン。❷試合や競技で、得点や記録、また順位が同じであること。例タイ記録。タイゲーム。三位タイ。❸〔音楽〕となりあった同じ高さの二つの音を、一つの音として演奏すること。また、そのことを表わす弧《こ》の形の記号。◇tie

常用漢字 だい

【大】大部0 全3画
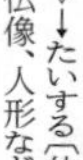
ダイ・タイ おお・おおきい・おおいに 教小1 音❶[ダイ] ▨大小《だいしょう》。大自然《だいしぜん》。大臣《だいじん》。大体《だいたい》。▨偉大《いだい》。拡大《かくだい》。等身大《とうしんだい》。❷[タイ] ▨大衆《たいしゅう》。大会《たいかい》。大金《たいきん》。大敗《たいはい》。大変《たいへん》。大半《たいはん》。大意《たいい》。大《たい》した。大《たい》して。訓❶[おお] 大騒ぎ。大喜び。大あくび。大型。大勢。大通り。大水。❷[おおきい] 大きい。大きさ。大きな。❸[おおいに] 大いに。
注意「大和」は「やまと」、「大人」は「おとな」とも読む。

【代】亻部3 全5画
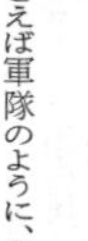
ダイ・タイ かわる・かえる・よ・しろ 教小3 音❶[ダイ] ▨代表《だいひょう》。代理《だいり》。代弁《だいべん》。代価《だいか》。代金《だいきん》。▨世代《せだい》。現代《げんだい》。食事代《しょくじだい》。❷[タイ] ▨代謝《たいしゃ》。▨交代《こうたい》。訓❶[かわる] 代わる。代わり。身代わり。❷[かえる] 代える。❸[よ] 代。神代。千代紙。❹[しろ] 代物。苗代。

【台(臺)】口部2 全5画
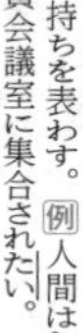
ダイ・タイ 教小2 音❶[ダイ] ▨台地《だいち》。台所《だいどころ》。台座《だいざ》。台紙《だいし》。▨灯台《とうだい》。時計台《とけいだい》。鏡台《きょうだい》。土台《どだい》。一台《いちだい》。❷[タイ] ▨台風《たいふう》。台頭《たいとう》。▨舞台《ぶたい》。屋台《やたい》。

【第】竹部5 全11画
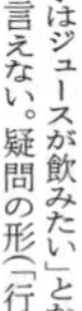
ダイ 教小3 音[ダイ] ▨第一《だいいち》。第三者《だいさんしゃ》。第

二次産業《だいにじさんぎょう》。◪次第《しだい》。及第《きゅうだい》。落第《らくだい》。

【題】 頁部9 全18画 題題題題題題

ダイ 教 小3 音［ダイ］ ◪題名《だいめい》。題目《だいもく》。◪課題《かだい》。議題《ぎだい》。主題《しゅだい》。出題者《しゅつだいしゃ》。問題《もんだい》。話題《わだい》。

1 **だい【大】** ■一〈名〉大きいこと。大きいもの。例 声を大にする。大なり小なり。対 小。→だいの

■二〈接頭〉「おおいに」「とても」という意味をつけくわえる。例 大混乱。大失敗。大賛成。大声援《だいせいえん》。大ブレイク。

■三〈接尾〉「それくらいの大きさ」という意味をつけくわえる。例 はがき大。ゴルフボール大。原寸大。等身大。無限大。野菜をひと口大に切る。類 サイズ。

■四〈造語〉❶「大学」の省略した形。例 大卒。国立大。ハーバード大。❷(「二」以上の数の下につけて)「代表的な」「もっともすぐれた」いくつかのもの、という意味を表わす。例 今年の十大ニュース。類 ベスト。

表現 「大便」と直接言いにくい場面で、かわりに「大」とか「大のほう」とか言うことがある。

大なり小《しょう》なり ⇩独立項目

大の月《つき》 ⇩独立項目

大の虫《むし》を生《い》かして小《しょう》の虫《むし》を殺《ころ》す やむを得ない場合は、だいじな部分を生かすために、小さな部分を犠牲《ぎせい》にする。類 小の虫を殺して大の虫を助ける。

大は小《しょう》を兼《か》ねる 大きいものは、小さいものの代用として利用することができる。

大を成《な》す 成功して世の中で重んじられる。

2 **だい【代】** ■一〈名・接尾〉❶ある人がその地位を前の人からひきついでから、つぎの人にゆずるまでの期間。また、時とともにそれがくりかえされる回数をかぞえることば。例 代がかわる。孫子《まご》の代までも語りつぐ。自分の代では終わらせない。親子二代。創業から十六代目の当主。類 世《よ》。❷組織《そしき》の電話の、「代表番号」の略。

■二〈接尾〉❶ものごとにかかる費用を表わすことば。例 くすり代。食事代。ガス代。類 費。料。❷十年単位で年齢《ねんれい》の範囲《はんい》を表わすことば。例 二十代の前半。

3 **だい【台】** ■一〈名〉ものをのせるため、または、人がその上にのるために、必要な平面をそなえた道具。例 箱を台にして、棚《たな》のものをとる。踏み台。

■二〈接尾〉❶機械や車両をかぞえることば。❷数字の位《くらい》に合わせて数量の範囲《はんい》を表わすことば。例 費用を五千円台(=五〇〇〇円から五九九九円まで)におさえる。夜八時台の番組。百メートルを十三秒台で走りたい。

4 **だい【題】**〈名〉❶ある作品や文章・話を、みじかく代表させるためのことば。例 作文に題をつける。…の題で講演する。類 題名。題目。表題。タイトル。→だいする ❷和歌や俳句などで、それについて作るようにあたえられることがら。例 題をだす。

5 **だい【第】**〈接頭〉うしろに数字をつけて、順序を表わす。例 第一項目。第二次産業。第十回全国大会。

たいあたり【体当たり】〈名・する〉❶からだごといきおいよく相手にぶつかること。例 ドアに体当たりをする。❷自分のことをかえりみずに全力でとりくむこと。例 体当たりの演技。大きな事業に体当たりでいどむ。

タイアップ〈名・する〉たがいに協力して仕事をすること。例 二社がタイアップする。類 提携《ていけい》。◇tie-up

ダイアモンド〈名〉⇩ダイヤモンド

ダイアリー〈名〉日記。◇diary

1 **たいあん【大安】**〈名〉旅行や結婚、ひっこしなどをするのに、よいといわれる日。例 大安吉日。対 仏滅。

2 **たいあん【対案】**〈名〉提案された案に対抗《たいこう》して出す、別の案。例 対案を出す。

だいあん【代案】〈名〉ある考えや計画でうまくいかないとき、また、それに反対なとき、かわりに出される考えや計画。例 代案を出す。

1 **たいい【大意】**〈名〉長い文章や話の、だいたいの意味や内容。例 大意をつかむ。類 大要《たいよう》。要旨《ようし》。

2 **たいい【体位】**〈名〉❶からだのつよさ。体格や健康、運動能力などをいう。例 体位が向上する。❷仕事や運動などをするときのからだの位置や姿勢。

3 **たいい【退位】**〈名・する〉皇帝《こうてい》や天皇などが位をおりること。対 即位《そくい》。

たいいく【体育】〈名〉じょうぶなからだをつくり、運動能力を高めることを目的とする教育。対 知育。徳育。

たいいくかん【体育館】〈名〉スポーツなどをするための建物。

たいいくさい【体育祭】〈名〉「運動会」の、中学校や高校などでの言いかた。

だいいち【第一】 ■一〈名〉❶順序の、いちばんはじめ・上。例 第一問。第一の課題。類 一番。最初。❷いちばんだいじなこと。例 健康が第一だ。生徒たちの安全を第一に考える。類 本位。

■二〈副〉なによりもまず。例「幽霊《ゆうれい》を見たなんて、うそだろう。第一、科学的にありえない」。類 そもそも。

だいいちいんしょう【第一印象】〈名〉人やものに最初に接したときに受ける感じ。ファーストインプレッション。例 第一印象で決めた。第一印象はよくなかったが、やさしい人だとわかった。

だいいちぎ【第一義】〈名〉もっともたいせつなことがら。例 第一義的(な問題)。

だいいちじさんぎょう【第一次産業】〈名〉農業・牧畜《ぼくちく》業・林業・漁業など、自然にはたらきかけて、食料や原料を生産する産業。

だいいちじせかいたいせん【第一次世界大戦】〈名〉〔歴史〕一九一四年から一九一八年まで、ドイツ・オーストリアなどの同盟国とイギリス・フランス・ロシア・アメリカ・日本などの連合国とのあいだで行なわれた戦争。ドイツがわが やぶれておわった。

だいいちにんしゃ【第一人者】〈名〉ある分野や組織の中で、もっとも力のすぐれている人。ナンバーワン。例 建築界の第一人者。類 権威《けんい》。オーソリティー。

だいいっせん【第一線】〈名〉❶ある方面で、もっとも重要なはたらきのできる位置。一線。例 第一線で活躍《かつやく》する。❷敵にもっとも近い戦場。類 最前線。

だいいっぽ【第一歩】〈名〉最初の段階。例 社会人としての第一歩を踏み出す。

1 **たいいん【退院】**〈名・する〉入院していた人が、病気やけががよくなって、病院を出て家に帰ること。対 入院。

2 **たいいん【隊員】**〈名〉隊を構成している一人。例 隊員をつのる。隊員となる。

たいいんれき【太陰暦】〈名〉月のみちかけを基準として、新月から新月までを一か月、十二か月を一年とするこよみ。一年の長さが約三五四日となる。現在、イスラム教を信じる国で使っている。陰暦。対 太陽暦。→こよみ

参考 日本の陰暦は、元日がつねに立春のころとなるようにくふうした、太陰太陽暦であった。

たいえいてき【退▼嬰的】〈形動〉新しいものごとを

孫文(そんぶん) (1866～1925) 三民主義を唱えて革命運動を指導。中華民国の成立後，臨時大総統。スンウェン。

すすんで取り入れようとする意気ごみがない。類消極的。保守的。対進取的。

1たいえき【体液】〈名〉〔生物〕動物の体内をみたしている液体をまとめていうことば。からだ全体に養分や酸素などをはこぶ。脊椎《せきつい》動物などでは、血液・リンパ液・組織液などにわかれる。アタイエキ

2たいえき【退役】〈名・する〉軍人としての仕事からしりぞくこと。類除隊。アタイエキ

ダイエット〈名・する〉健康のため、また、スマートになるため、食事の量を制限すること。また、それによって減量すること。◇diet

だいえん【大円】〈名〉〔数学〕球《きゅう》を、中心をとおる平面で切ったときにできる円。

たいおう【対応】〈名・する〉❶相手のでかたや状況《じょうきょう》の変化などに応じて、うごくこと。例対応がおくれる。時局に対応する。対応策。❷二つのことがらが、同じような位置づけやはたらきをもっていること。例日本の正月に対応する欧米《おうべい》の休みは、クリスマス休暇《きゅうか》である。類相当。❸〔数学〕たがいに向かい合うこと。例対応する二つの角。

表現「二十四時間対応」のようにサービスを提供していることを表わしたり、「ハイビジョン対応」のようにあることに適合していることを表わしたりする。

だいおう【大王】〈名〉王を賛美した言いかた。例アレクサンダー大王。

だいおうじょう【大往生】〈名・する〉天寿《てんじゅ》をまっとうして、やすらかに死ぬこと。例大往生をとげる。

ダイオード〈名〉半導体でできた電子部品のうち、電極が二つであるもの。整流や検波などに使う。◇diode

ダイオキシン〈名〉〔化学〕有機塩素化合物の一種。発癌《はつがん》性があるなど毒性が強く、分解されにくい。環境汚染《かんきょうおせん》物質(環境ホルモン)の一つ。◇dioxine

たいおん【体温】〈名〉人や動物のからだの温度。例体温計。

だいおん【大恩】〈名〉人生にかかわるような大きな恩。例大恩を受ける。

たいおんけい【体温計】〈名〉体温をはかる器具。

だいおんじょう【大音声】〈名〉大きく力強い声。

1たいか【大火】〈名〉ある地域の大部分を焼くような、大きな火事。アタイカ

2たいか【大家】〈名〉❶学問や芸術などの分野でりっぱな仕事をして、尊敬されている人。例書道の大家。類巨匠《きょしょう》。権威《けんい》。泰斗《たいと》。❷財産があって、格式も高い家。「たいけ」ともいう。類名家。▽アタイカ

参考「おおや」と読むのは別のことば。

3たいか【大過】〈名〉目につくような大きなあやまちや失敗。例大過なくすごす。アタイカ

表現退任のあいさつによく使われることば。「三十年の勤めを大過なく終えることができましたのは、ひとえに皆様《みなさま》のおかげと感謝しております」のようにいう。

4たいか【対価】〈名〉商品・サービスと交換に支払《しはら》われる代金や、労働に対して支払われる賃金《ちんぎん》などのこと。例正当な対価を要求する。アタイカ

5たいか【耐火】〈名〉火事にあっても燃えにくいこと。例耐火建築。アタイカ

6たいか【退化】〈名・する〉❶生物の体の一部が、進化の過程で、長いあいだ使われなくなったために、小さくなったりなくなったりすること。例退化現象。❷進歩がとまって、低い状態にもどること。類退歩。対進化。アタイカ

7たいか【滞貨】〈名・する〉売れゆきが悪いとか、輸送がとどこおったとかで、品物が店や駅にたまってしまうこと。流通せず、たまった品物。例滞貨の山。アタイカ

1たいが【大河】〈名〉はばが広く、水量も多い、大きな川。

表現「大河小説」「大河ドラマ」のように、スケールが大きく、川のように流れ、長く続くものについてもいう。

2タイガ〈名〉シベリア、北ヨーロッパ、北アメリカ北部にある針葉樹林帯。とくに、シベリアのものをさすことがある。◇ロシア語から。

だいか【代価】〈名〉❶品物を手に入れるためにはらう金。類代金。❷あることをなしとげるための、やむをえない犠牲《ぎせい》。類代償《だいしょう》。

1たいかい【大会】〈名〉❶共通の目的で、多くの人や団体が集まるさかんな会。例野球大会。❷ある組織や団体で、もっとも規模の大きな会合。例大会を開く。組合大会。類総会。

2たいかい【大海】〈名〉広びろとした海。例井の中の蛙《かわず》大海を知らず(→「い〔井〕」の子項目)。類大洋。海洋。

表現「未知の大海にのりだす」といえば、知らない世界にとびこんで、大きな事業をはじめる、という意味になる。

1たいがい【大概】一〈名〉全体の中の大部分。例大概の人は知っている。類ほとんど。たいてい。おおかた。だいたい。二〈副〉❶全部ではないが、だいたいのところ。例そのことなら大概知っている。類ほとんど。たいてい。おおむね。おおかた。❷ほどほど。例ばかをいうのも大概にしろ。類いいかげん。たいてい。▽タイガイ

2たいがい【体外】〈名〉からだの外。例体外に排出《はいしゅつ》する。対体内。アタイガイ

3たいがい【対外】〈造語〉組織や集団が、外部や外国に対すること。例対外政策。対外試合。対外的。対対内。

たいがいてき【対外的】〈形動〉その組織や国家の外部に対して関係するようす。例対外的な政策。対対内的。

だいかいてんきょうぎ【大回転競技】〈名〉スキーのアルペン競技の一つ。決まった数の旗が、回転競技より長い間隔《かんかく》で立てられており、旗と旗の間は滑降《かっこう》し、旗のところは左右交互《こうご》にまわって、その速さをきそう。ジャイアントスラローム。

1たいかく【体格】〈名〉人のからだのかっこう。例体格がいい。がっちりした体格。貧弱《ひんじゃく》な体格。類からだつき。体型。アタイカク

2たいかく【対角】〈名〉〔数学〕❶四角形で、たがいに向かい合った角。❷三角形で、一辺に対して向かい合った角。▽アタイカク

たいがく【退学】〈名・する〉学校を中途《ちゅうと》でやめること。例退学処分。類中退。退校。

だいがく【大学】〈名〉高等学校の上にあり、専門の学問の教育・研究を行なう機関。

だいがくいも【大学芋】〈名〉不規則に切ったサツマイモを油であげてから、溶けて飴《あめ》になった砂糖をつけ、黒ゴマをまぶした食品。参考大正から昭和初期、大学生に好まれてこの名ができた。

だいがくいん【大学院】〈名〉大学を卒業して学士の資格をもつ人に、さらに高度の研究をさせて、修士・博

ダーウィン(1809〜82) イギリスの生物学者。生物の進化につき自然選択説を主張。主著「種の起源」。

士の学位をあたえる教育機関。

たいかくせん【対角線】〈名〉〔数学〕三角形以外の多角形で、となりあわない二つの頂点をむすんだ線分。絵 参考 n個の角をもつ多角形の対角線の本数は、「$n \times (n-3) \div 2$」で求める。

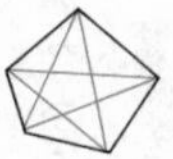

［たいかくせん］

たいかつ【大喝】〈名・する〉大声で短くしかりつけること。「だいかつ」ともいう。例大喝一声《いっせい》。

だいがっこう【大学校】〈名〉省庁などの付属機関として設置されている教育施設《しせつ》。気象大学校・防衛大学校・自治大学校など。参考 教育施設《しせつ》である点で、教育と研究を行なう機関である「大学」とは区別される。

たいかのかいしん【大化の改新】〈名〉〔歴史〕六四五年、中大兄皇子《なかのおおえのおうじ》(=のちの天智《てんじ》天皇)が中臣鎌足《なかとみのかまたり》(=のちの藤原鎌足)らとともに蘇我蝦夷《そがのえみし》・入鹿《いるか》の親子をたおして始めた、天皇を中心とする中央集権国家の建設をめざす一連の政治改革のこと。参考 蘇我親子がたおされた政変《せいへん》を、「乙巳《いっし》の変」という。

だいがわり【代替わり】〈名・する〉一国の元首、一家のあるじ、会社の社長などが、つぎの代にかわること。

1 **たいかん【体幹】**〈名〉「胴体《どうたい》」のこと。おもにスポーツでいう。例体幹がぶれない。

2 **たいかん【体感】**〈名・する〉外からの刺激《しげき》をからだで感じること。例体感温度。

3 **たいかん【耐寒】**〈名〉寒さにたえること。例耐寒服。耐寒訓練。対耐暑。

4 **たいかん【退官】**〈名・する〉官職からしりぞくこと。対任官。

5 **たいかん【戴冠】**〈名・する〉❶王冠を頭にいただくこと。例戴冠式。❷競技で優勝すること、タイトル保持《ほじ》者となることのたとえ。

1 **たいがん【大願】**〈名〉大きな願いごと。例大願成就《じょうじゅ》。類大望《たいもう》。

2 **たいがん【対岸】**〈名〉川や湖、入り江などの向こう岸。類川向こう。

対岸の火事《かじ》 自分に被害《ひがい》がおよばないものと安心して見ていること。類高みの見物。

1 **だいかん【大寒】**〈名〉二十四節気の一つ。今の一月二十一日ごろ。一年中で寒さのもっともきびしいころとされる。ア ダイカン ↓しょうかん〔小寒〕

2 **だいかん【代官】**〈名〉〔歴史〕江戸《えど》時代、幕府が直接治めている土地で、年貢《ねんぐ》のとりたてや民政にあたった役人。ア ダイカン

たいかんおんど【体感温度】〈名〉人が感じる暑さ・寒さの程度を数量的に表わしたもの。たとえば風がなかったり湿度《しつど》が高かったりすると、実際の気温より高く感じられる。

たいかんしき【戴冠式】〈名〉新しい王や女王が王冠をつけて、王位についたことを内外にしめす儀式《ぎしき》。

1 **たいき【大気】**〈名〉地球をとりまいているあつい空気の層。例大気圏《けん》。大気汚染《おせん》。

2 **たいき【大器】**〈名〉人物や才能のスケールが大きく、すぐれている人。例大器晩成。類大物。

3 **たいき【待機】**〈名・する〉❶準備をととのえて、いつ命令や指示が出てもいいようにして待つこと。例消防車を空港に待機させる。自宅待機。❷テレビやパソコン、携帯電話《けいたいでんわ》などの、主電源を入れて、いつでも操作できるようにした状態。例待機電力。待機画面。

1 **たいぎ【大義】**〈名〉正しくりっぱな理念。例大義に殉《じゅん》じる。大義名分。類たてまえ。

2 **たいぎ【大儀】**〈形動〉つかれを感じる。気が重くて、やりたくない。例すわっているのさえ大儀だ。人ごみへ出かけて行くのは大儀だ。類おっくう。わずらわしい。面倒《めんどう》。

だいぎいん【代議員】〈名〉政党や労働組合などの大会に、地域や職場の代表として参加する人。

たいきおせん【大気汚染】〈名〉自動車の排気《はいき》ガスや、工場の煤煙《ばいえん》などで、大気がよごれること。

たいきけん【大気圏】〈名〉地球をとりまいている大気が存在する範囲《はんい》。

たいぎご【対義語】〈名〉❶あることばに対して、反対の意味を表わすことば。たとえば、「長い」に対する「短い」、「ある」に対する「ない」など。対同義語。❷「男」と「女」、「天」と「地」、「東洋」と「西洋」のように、意味が対《つい》の関係にあることば。対語《ついご》。▽類反対語。反意語。反義語。

だいぎし【代議士】〈名〉選挙でえらばれ、国民を代表して国政を論じ、政策を決定する人。とくに、衆議院議員。

だいきち【大吉】〈名〉うらないなどで、運勢がきわめてよいこと。対大凶《だいきょう》。

たいきばんせい【大器晩成】〈名〉スケールの大きい人物は、あわてずゆっくり成長するものである、ということ。由来 大きなうつわを作るのには時間がかかる、という意味の、中国古代の思想家 老子《ろうし》のことば。

だいきぼ【大規模】〈形動〉建築物・工事・事業などが大じかけである。例大規模な計画。大規模に移動する。対小規模。類おおがかり。

たいぎめいぶん【大義名分】〈名〉❶人として守らなければならない、根本的な道。❷堂々とだれにでも説明できる理由。例大義名分がたつ。

たいきゃく【退却】〈名・する〉戦況《せんきょう》不利でしりぞくこと。にげること。対進撃《しんげき》。類ひく。撤退《てったい》。

たいきゅう【耐久】〈名〉長いあいだの使用にたえること。例耐久消費財。耐久性。耐久力。類持久。

だいきゅう【代休】〈名〉休日に出勤や登校をしたかわりに、平日にとる休み。

たいきゅうしょうひざい【耐久消費財】〈名〉消費財で、かなり長期間使えるもの。テレビ、自動車など。

たいきゅうせい【耐久性】〈名〉長期間の使用にどれだけたえるかという性質。例耐久性にとむ。

1 **たいきょ【大挙】**〈名・する〉おおぜいがいっしょに行動すること。例大挙しておしかける。

2 **たいきょ【退去】**〈名・する〉ある場所からたちのくこと。例退去命令。国外退去。表記「入居」に対しては、俗《ぞく》に「退居」とも書かれる。

たいきょう【胎教】〈名〉胎児がすこやかにそだつように、妊娠《にんしん》中の女性が精神的な安定を心がけること。

たいぎょう【怠業】〈名・する〉⇩サボタージュ

だいきょう【大凶】〈名〉占《うらな》いで、運勢がきわめて悪いこと。対大吉。

1 **たいきょく【大局】**〈名〉こまかな点にとらわれないでみたときの、全体のうごき。例大局からみる。大局を見失う。大局的。類大勢《たいせい》。

ターナー (1775～1851) イギリスの風景画家。水彩画にすぐれる。印象派の先駆者の一人。

たいきょく[2]【対局】〈名・する〉 ふたりがむかいあって、碁《ご》や将棋《しょうぎ》の勝負をすること。

たいきょく[3]【対極】〈名〉 正反対のところ。例 思想的にかれはぼくの対極にいる。対極的。

たいきょくけん【太極拳】〈名〉 中国古来の拳法。ゆるやかな動作が主で、健康体操として行なわれている。

たいきょくてき【大局的】〈形動〉 ものごとの一部だけを見るのではなくて、全体を視野に入れている。例 大局的な見方。大局的見地。

だいきらい【大嫌い】〈形動〉 たいへん嫌いである。例 数学は大嫌いだ。あなたなんか大嫌い！ 対 大好き。

たいきん[1]【大金】〈名〉 額の大きなお金。たくさんのお金。例 大金をかせぐ。大金をはたいて買う。

たいきん[2]【退勤】〈名・する〉 一日の仕事をおえて、勤め先から帰ること。対 出勤。

だいきん【代金】〈名〉 品物の買い手が、売り手に対してはらうお金。例 代金を請求《せいきゅう》する。類 代価。

たいく【体▼軀】〈名〉 「体格」の意味の、あらたまった言いかた。例 堂々たる体軀。

だいく【大工】〈名〉 家屋などをつくったり、なおしたりすることを職業にしている人。例 大工仕事。大工道具。日曜大工。船《ふな》大工。

たいくう【対空】〈名〉 空からの攻撃に対抗するもの。例 対空ミサイル。対 対地。

たいぐう[1]【対偶】〈名〉 ❶「東西」「男女」などのように、二つでひと組みをなすもの。類 ペア。❷〔数学〕「Aであるならば、Bである」という判断に対して、「BでないならAではない」という判断。参考 ②において、はじめの判断が真ならば、対偶も真である。これに対して、はじめの判断の条件と帰結をひっくりかえしただけの判断「BであるならばAである」(これを「逆」という)は、真ではない。これを「逆は真ならず」「逆はかならずしも真ならず」という。

たいぐう[2]【待遇】〈名・する〉 ❶人や客をもてなして、サービスすること。例 待遇がよい。国賓《こくひん》待遇。❷会社などが、社員などにあたえる地位や給料。例 待遇を改善する。類 処遇。❸⇩たいぐうひょうげん(次項)

たいぐうひょうげん【待遇表現】〈名〉 人を高く扱《あつか》ったり低く扱ったり、ていねいに扱ったりいいかげんに扱ったりする、それぞれの言いかた。たとえば、「あの人」というふつうの言いかたに対して、「あのかた」はその人を高く扱った言いかたで、「あいつ」は低く扱った言いかたである。これらのうち、話題にのぼっている人を高く扱って敬意を表わしたり、話の相手にていねいな態度やあらたまった態度で表現したりするために使うのが、「敬語」である。

たいくつ【退屈】〈形動・名・する〉 ❶なにもすることがなくて、つまらないこと。例 退屈をまぎらす。退屈しのぎ。類 所在ない。❷興味をひくようなところがなくて、つまらないこと。例 退屈な人。退屈な仕事。

たいくつしのぎ【退屈しのぎ】〖退屈▼凌ぎ〗〈名〉 退屈をまぎらわすこと。また、その方法。

たいぐん[1]【大軍】〈名〉 多くの兵士からなる軍隊。例 大軍をひきいる。

たいぐん[2]【大群】〈名〉 動物などの、大きなむれ。例 いなごの大群。

たいけ【大家】〈名〉 ⇩たいか〔大家〕②

たいけい[1]【大慶】〈名〉 「この上なくめでたくよろこばしいこと」という意味でおもに男性が、手紙で使うことば。例 大慶に存じます。

たいけい[2]【体系】〈名〉 ある分野に属する個別のものをひろく集めて、一つの考えかたで順序づけ、まとめた全体。例 体系をたてる。体系づける。体系だてる。体系的。類 組織。システム。

たいけい[3]【大系】〈名〉 ある領域の全体をとらえるためのだいじな項目《こうもく》の、意味あるつながり。

表現 「世界文化史大系」など、書名やシリーズ名に使われることが多い。

たいけい[4]【体型・体形】〈名〉 ❶〔体型〕 やせている、太っている、長身、中肉中背など、類型としてとらえた、人の「②」の特徴《とくちょう》。スタイル。例 体型が変わる。❷〔体形〕 人や動物の、それぞれのからだのかたち。

たいけい[5]【大兄】〈代名〉 相手をさすことば。類 貴兄。賢兄《けんけい》。

表現 男性どうしで、自分と同等か少し後輩《こうはい》の相手を尊重していうことば。多く、手紙で使う。

だいけい【台形】〈名〉 〔数学〕 向かい合う辺(=対辺《たいへん》)のうちの一組《ひとくみ》が平行な四角形。

参考 面積は、「(上底＋下底)×高さ÷2」で求める。

たいけいてき【体系的】〈形動〉 個別のものが体系としてまとめられているようす。

たいけつ【対決】〈名・する〉 対立する両者がむかいあって、どちらが正しいか、どちらがすぐれているか、などの決着をつけること。例 両雄《りょうゆう》の対決はさけられまい。

たいけん【体験】〈名・する〉 いろいろなことを、実際に自分がからだで経験すること。例 体験にねざす。体験のはばを広げる。体験談。実体験。戦争体験。→けいけん〔経験〕表現

たいげん[1]【大言】〈名・する〉 いばって大げさに言うこと。例 大言をはく。大言壮語《そうご》。ア タイゲン

たいげん[2]【体言】〈名〉 〔文法〕 単語のうち、活用のない自立語で主語になることができる、名詞のこと。対 用言。ア タイゲン

たいげん[3]【体現】〈名・する〉 頭の中で考えていることがらを、具体的なかたちにあらわすこと。例 美の理想を体現する。類 具現。ア タイゲン

だいげん【代言】〈名〉 ❶〈する〉本人にかわって意見をいうこと。❷「代言人」の略。「弁護士」の古い言いかた。

たいげんそうご【大言壮語】〈名・する〉 できもしない、大きなことや勇ましいことを、人前でえらそうに言うこと。類 大口をたたく。高言。豪語《ごうご》。

たいげんどめ【体言止め】〈名〉 体言または体言相当の語句で文を終える言いかた。和歌でよく使う。

たいこ[1]【太古】〈名〉 はるかに遠いむかし。とくに、記録によってわかる時代よりも前の時代。類 千古。ア タイコ

たいこ[2]【太鼓】〈名〉 ❶木や金属でできた胴《どう》に、皮やプラスチックなどをはり、手やばちでたたいて音をだす打楽器。大《おお》太鼓・小《こ》太鼓・ティンパニーなど。例 太鼓をたたく。太鼓をうつ。❷「太鼓結び」の略。例 帯を太鼓に結ぶ。▽ア タイコ

表現 ①は一面二面と数える。和太鼓は一張《ひとはり》二張《ふたはり》と数えることもある。

たいご【隊▼伍】〈名〉 隊をつくって、きちんとならんだ列。例 隊伍をくむ。隊伍をととのえる。

たいこう[1]【大綱】〈名〉 ❶あるものごとのたいせつなところ。例 大綱を定める。❷あるものごとのおおすじ。例 事件の大綱は聞いている。対 細目《さいもく》。▽ア タイコー

 大黒屋光太夫(こうだゆう)(1751～1828) 伊勢の船頭。カムチャツカに漂着。ロシアの首都に至り，翌年帰国。

2 **たいこう**【太▼閤】〈名〉〔歴史〕❶摂政《せっしょう》や太政《だじょう》大臣。❷関白の位を子にゆずった人。とくに、豊臣秀吉《とよとみひでよし》のこと。▽ア タイコー
参考 ①②とも、敬語としていう。

3 **たいこう**【対抗】〈名・する〉相手をきめ、それに負けまいとして立ち向かうこと。例 対抗意識。対抗馬《ば》。ア タイコー

4 **たいこう**【体高】〈名〉動物が立ったときの、からだの高さ。ア タイコー

5 **たいこう**【退行】〈名・する〉❶発達がとまって、もとの未発達の状態にもどること。例 退行現象。幼児退行。類 逆行。❷〔天文〕惑星《わくせい》が天球上を西にむかってうごくこと。▽ア タイコー

6 **たいこう**【退校】〈名・する〉❶生徒が、課程を修了《しゅうりょう》しないで、学校をやめること。例 退校処分。類 退学。類 中退。❷一日の勉強をおえて、学校から帰ること。類 下校。▽ア タイコー

だいこう【代行】〈名・する〉本来その役目にある人にかわって、仕事などをすること。また、そうする人。類 代理。

だいごう【大豪】〈名〉❶大富豪。❷大豪傑《ごうけつ》。

だいこうかいじだい【大航海時代】〈名〉〔歴史〕十五世紀後半から十七世紀にかけて、ヨーロッパ諸国がアジア大陸・インド・アメリカ大陸などへ航海し、その地域を植民地にするべく進出した時代。

たいこうば【対抗馬】〈名〉❶競馬で、優勝候補のウマとせりあうウマ。❷選挙や競技などで、相手と十分にはりあって戦える人。類 ライバル。▽対 本命。

たいこうぼう【太公望】〈名〉ゆうゆうと魚つりをしている人。魚つりのすきな人。
由来 古代中国、周の名将呂尚《りょしょう》の別名。周の文王にみいだされる前は、毎日つりをしていた。

たいこく【大国】〈名〉国土が広く、大きな経済力や軍事力をもつ国。例 大国主義。対 小国。類 強国。
表現 国土は広くなくとも、ある面で世界に強い影響力《えいきょうりょく》をもつ場合には、「経済大国」「軍事大国」「観光大国」などと言うことがある。また、「地震大国」「老《ろう》大国」のような不名誉《ふめいよ》な言いかたもある。類 王国。

だいこくてん【大黒天】〈名〉七福神のひとり。大きなふくろをせおって、打ち出の小槌《こづち》を手に持ち、米だわらの上にのったかたちでえがかれる。略して「大黒」ともいう。→しちふくじん 絵

だいこくばしら【大黒柱】〈名〉❶家の中心に立てる、ふとい柱。❷家庭や団体の中心になり全体を支えている人。例 一家の大黒柱。

たいこばし【太鼓橋】〈名〉中が高く丸くそった橋。

たいこばら【太鼓腹】〈名〉太鼓のように、まるくつき出た腹。

たいこばん(太鼓判)**をお**(押)**す** 絶対にまちがいないという保証をする。参考「太鼓判」は、大きなはんこ。

だいごみ【▼醍▼醐味】〈名〉他のなにものにもかえがたい、ほんとうのおもしろさやふかいあじわい。例 醍醐味をあじわう。つりの醍醐味。類 妙味《みょうみ》。参考「醍醐」とは、仏教で、この世で最高の味の乳製品のこと。

たいこむすび【太鼓結び】〈名〉女性の帯の代表的な結びかた。背中のあたりに、太鼓の胴のような形を作る。お太鼓。

たいこもち【太鼓持ち】〈名〉太鼓《たいこ》、三味線《しゃみせん》、歌、おどりと何でも芸ができ、話がうまくてその座の人を笑わせ、飽《あ》きさせない男の芸人で宴会《えんかい》の席をにぎやかにする人。男芸者。幇間《ほうかん》。
表現「太鼓持ちをする」は、有力者の近くにいてごきげんをとり、その人の宣伝になることを言うこと。

だいこん【大根】〈名〉野菜の一つ。一年草または二年草。白く長い根や葉を食用にする。細くなっている部分のほうがからい。春、白またはうすむらさき色の十字の形をした花がさく。「すずしろ」ともいい、春の七草の一つ。
参考 (1)鹿児島県の桜島《さくらじま》大根は、地域ブランド品としてとくに有名。(2)もとは「おおね」と言い、それを漢字で書いた「大根」を音読みしてできたことば。

だいこんやくしゃ【大根役者】〈名〉演技のへたな役者。

たいさ【大差】〈名〉程度や数量の大きなちがい。例 大差がない。大差がつく。大差で勝つ。対 小差。

1 **たいざ**【対座】〈名・する〉たがいにむかいあって、すわること。類 さし。さしむかい。

2 **たいざ**【退座】〈名・する〉❶途中《とちゅう》で、集まりの場から出ていくこと。類 中座。退席。❷劇団をやめること。類 退団。

だいざ【台座】〈名〉ものをのせる台。とくに、仏像を置く台。

たいさい【大祭】〈名〉❶神社で行なう、大きなまつり。例 七年に一度の大祭。❷天皇がする、皇室のまつり。

1 **たいざい**【大罪】〈名〉大きな罪。「だいざい」ともいう。例 大罪をおかす。対 微罪。類 重罪。

2 **たいざい**【滞在】〈名・する〉よその土地に行って、ある期間とどまっていること。類 逗留《とうりゅう》。滞留。

だいざい【題材】〈名〉芸術作品などのテーマをもりこむ材料。例 花を題材にして絵をかく。

たいさいぼう【体細胞】〈名〉〔生物〕「生殖《せいしょく》細胞」以外のすべての細胞のこと。

1 **たいさく**【大作】〈名〉見たり読んだりする人を圧倒《あっとう》するような、スケールが大きくて力のこもった作品。例 超大作。対 小品。→けっさく 表現

2 **たいさく**【対策】〈名〉問題や事件に応じてとる方法や手段。例 対策をねる。対策をたてる。対策を講じる。インフレ対策。受験対策。類 方策。

だいさく【代作】〈名・する〉作品を、本人にかわってつくること。

たいさん【退散】〈名・する〉「わあっ、にげろ」といった調子で、てんでんばらばらに、にげさること。例 しっぽを巻いて退散する。
表現 自分たちがその場から帰ることを、「もうそろそろ退散しようか」などと言うことがある。

たいざん【泰山】〈名〉中国の山東省にある有名な山。例 泰山北斗《ほくと》(→たいと〔泰斗〕表現)。

だいさんごく【第三国】〈名〉いま、さしあたり問題になっていることがらに関係していない国。

だいさんじさんぎょう【第三次産業】〈名〉商業や金融《きんゆう》業、運輸通信業など、ものを売ったり、客に対するサービスを主とする産業。サービス産業。

だいさんしゃ【第三者】〈名〉いま、さしあたり問題になっていることがらに関係がない人。対 当事者。
表現 公平な立場で判断できるはずなので、問題がこじれたときなど、「第三者に聞いてみよう」ということになる。

だいさんセクター【第三セクター】〈名〉国や地方公共団体と民間企業《きぎょう》とが協力してつくった、地

醍醐(だいご)天皇 (885~930) 藤原時平・菅原道真を用いて, 延喜の治と称される政治を行なった。

域開発などに取り組む事業体。

だいさんていこく【第三帝国】〈名〉〔歴史〕ナチスが、自分の統治するドイツを呼んだ言いかた。参考 ナチスは、神聖ローマ帝国を第一帝国、ビスマルクのドイツ帝国を第二帝国、そして、ナチスが統治する国家を、それらにつづく第三帝国と呼んだ。

たいざんぼく【泰山木】〈名〉庭木などにする常緑高木。初夏、かおりのつよい白くて大きな花がさく。

たいざん(大山)**めいどう**(鳴動)**して ねずみ**(▼鼠)**いっぴき**(一匹) さわぎばかり大きくて、これというほどのことがおこらないこと。

[1] **たいし**【大志】〈名〉高い目標を実現しようとする意志。類 大望《たいもう》。参考「少年よ、大志をいだけ」(Boys be ambitious!)は、明治十年、アメリカの教育者クラークが札幌《さっぽろ》農学校を去る際のことば。

[2] **たいし**【大使】〈名〉「特命全権大使」の略。国の代表として、国交のある国に派遣《はけん》される外交官の長。→こうし〔公使〕

[1] **たいじ**【対▼峙】〈名・する〉❶対立するふたりの人や二つの勢力が、たがいにゆずらないで、むかいあっていること。例 両軍が川をはさんで対峙する。❷山などがむかいあって、高だかとそびえたっていること。

[2] **たいじ**【胎児】〈名〉母親の体内にいて、まだ生まれ出ない子。

[3] **たいじ**【退治】〈名・する〉有害なものを、やっつけること。例 害虫を退治する。鬼《おに》退治。類 征伐《せいばつ》。

[1] **だいし**【大姉】〈名〉〔仏教〕❶尼《あま》にならないで、俗人《ぞくじん》のままで仏門に入った女性。❷女性の法名《ほうみょう》につけることば。▽対 居士《こじ》。類 信女《しんにょ》。ア ダイシ

[2] **だいし**【台紙】〈名〉写真や図をはりつけるための、厚めの紙。例 台紙にはる。ア ダイシ

[3] **だいし**【台詞】〈名〉「せりふ」のこと。ア ダイシ

[1] **だいじ**【大事】㊀〈名〉❶たいへんなこと。たいへんな結果になりそうなこと。例 大事にいたる。国家の大事。大事ない(=たいしたことではない)。一大事。類 おおごと。❷非常に重要なことがら。例 大事を成す。対 小事。㊁〈形動〉❶なによりも意味があって、重要だ。例 大事なところ。大事な問題。今がいちばん大事なときだ。類 たいせつ。❷かけがえのないものとして、気をくばってあつかっている。類 たいせつ。例 からだを大事にする。大事なむすめ。お大事に。▽ア ㊀ダイジ ㊁ダイジ」

大事の前《まえ》の小事《しょうじ》 方言 茨城・栃木では、「だいじょうぶ」の意味でも使う。❶大きなことをなしとげようとする者は、小さなことも、かるくみてはいけない、ということ。❷大きなことをなしとげようとするときは、小さなことにかかわってはいられない、ということ。

大事を取《と》る ものごとを行なうときに、最悪のときのことを考えて、じゅうぶん用心してことにあたる。

[2] **だいじ**【題字】〈名〉本や書画、石碑《せきひ》などに、その題としてしめすことば。ア ダイジ

ダイジェスト〈名・する〉本などの内容の大すじを短くまとめること。まとめたもの。例 ダイジェスト版。類 要約。◇digest

たいしかん【大使館】〈名〉大使が、派遣《はけん》された国で仕事をする建物。国際法で、本国の領土と見なされる。

だいしぜん【大自然】〈名〉人間の力では、とうていうかがいしれない大きな力をもったものとしての、自然。例 大自然に身をゆだねる。大自然の猛威《もうい》。

たいした【大した】〈連体〉❶ものごとの程度が常識の線をこえていることに、感心したりおどろいたりした気持ちを表わすことば。例 さすがに大したものだ。❷(あとに打ち消しのことばをともなって)とくにおおさわぎするほど…でない。例 大したけがではない。類 さほどの。

たいしつ【体質】〈名〉生まれつきそなわっている、からだの性質。例 体質を改善する。アレルギー体質。表現「党の体質」のように、組織などに深くしみこんでいる一性格や特徴《とくちょう》などについていうこともある。

たいして【大して】〈副〉(あとに打ち消しのことばをともなって)とりたてていうほど…でない。例 大して勉強もしないで、合格した。類 それほど。そんなに。さほど。

たいしぼう【体脂肪】〈名〉筋肉や内臓にふくまれる脂肪。例 体脂肪率(=体重に対する体脂肪量の割合)。

[1] **たいしゃ**【大赦】〈名〉恩赦の一つ。政令でさだめる犯罪について、有罪の判決の効力をなくすこと。まだ判決のでていないときは、公訴の権利をなくすこと。ア タイシャ

[2] **たいしゃ**【代謝】〈名〉❶生物が活動のもとになる栄養分を体内にとり入れて、不要になったものをだすこと。同化と異化《いか》。❷古いものと新しいものとが、入れかわること。例 新陳《しんちん》代謝。▽ア タイシャ

[3] **たいしゃ**【退社】〈名・する〉❶一日の仕事をおえて、会社から帰ること。対 出社。類 退勤。❷会社をやめること。対 入社。類 退職。▽ア タイシャ

だいしゃ【台車】〈名〉❶荷物を運ぶための、車や取っ手のついた台。比較的短い距離を、人が押して動かす。❷鉄道の車両などで、車体をささえる部分。車輪、台わく、車軸《しゃじく》などがついている。

だいじゃ【大蛇】〈名〉大きなヘビ。類 うわばみ。おろち。

たいしゃく【貸借】〈名・する〉❶貸すことと借りること。「貸し借り」を音読みしてできたことば。例 金銭を貸借する。A氏と貸借関係がある。❷簿記《ぼき》で、借方《かりかた》(=資金の使い道)と貸方《かしかた》(=調達した資金)。例 貸借対照表。

たいしゃくてん【▽帝釈天】〈名〉仏法を守る神。

たいしゃづくり【大社造り】〈名〉〔建築〕神社建築の様式の一つで、屋根が切り妻造りで、入り口が正面右にあるもの。出雲《いずも》大社の本殿が有名。

だいしゃりん【大車輪】〈名〉❶鉄棒を使う器械体操の演技の一種。鉄棒をにぎった手を軸《じく》に、からだをまっすぐにのばして回転する。❷あることをしとげようと、いっしょうけんめいになること。例 大車輪で仕事をする。

たいしゅ【太守】〈名〉〔歴史〕江戸《えど》時代、一国以上の国を領有した大名。

たいじゅ【大樹】〈名〉大きくて堂々とした木。例 寄らば大樹の陰《かげ》(→「よる〔寄る〕」の子項目)。類 大木。巨木《きょぼく》。

[1] **たいしゅう**【大衆】〈名〉世間の大部分をしめる、ごくふつうの人々。例 大衆食堂。大衆文学。大衆的。一般《いっぱん》大衆。類 民衆。庶民《しょみん》。

[2] **たいしゅう**【体臭】〈名〉からだから発散されるにおい。

たいじゅう【体重】〈名〉からだの重さ。

たいしゅうてき【大衆的】〈形動〉ふつうの人々が気軽に受け入れられる。例 大衆的な娯楽《ごらく》。類 庶民《しょみん》的。

たいしゅうぶんがく【大衆文学】〈名〉一般《いっぱん》大衆むけの、娯楽《ごらく》を主とした文学。対 純文学。類 通俗《つうぞく》文学。

た

 太宗(たいそう)(598~649) 中国，唐の2代皇帝。姓名は李世民。中国を統一，唐帝国の基礎を築く。

1 **たいしゅつ【退出】**〈名・する〉君主の御前《ごぜん》や役所から、しりぞき、外に出ること。

2 **たいしゅつ【帯出】**〈名・する〉そなえつけの品物や図書などを持ち出すこと。例禁帯出。

1 **たいしょ【大書】**〈名・する〉❶文字などを、でかでかと目立つように大きく書くこと。例スローガンを大書したたれ幕。❷文章などを、おおげさな表現で強調して書くこと。例特筆大書する。

2 **たいしょ【大暑】**〈名〉二十四節気の一つ。今の七月二十三日ごろ。一年中でもっとも暑い時期とされる。↓しょうしょ〔小暑〕

3 **たいしょ【太初】**〈名〉世界のはじまり。天地のはじめ。

4 **たいしょ【対処】**〈名・する〉問題や事件に応じて、適切な行動や態度をとること。例前向きに対処したい。類対応。

だいしょ【代書】〈名・する〉本人にかわって、書類などを書くこと。対自書。類代筆。

表現 とくに、「代筆」は、内容まで本人のかわりに考えてやりながら書くことにいい、「代書」は、書く内容はきまっていて、それを清書したり定められた書式で作成することにいう。行政書士・司法書士のことを、かつては「代書人」といった。

1 **たいしょう【大正】**〈名〉〔歴史〕一九一二年から一九二六年までの、大正天皇が位にあった時代の元号。「明治」の後、「昭和《しょうわ》」の前。「大正デモクラシー」というように民主主義思想の高まりもあったが第一次世界大戦後の経済変動につれて社会変動もはげしく、思想のゆれ動きの大きい時代であった。アタイショー

2 **たいしょう【大将】**〈名〉❶軍を統率《とうそつ》する者。類将軍。主将。❷ある集団の中で、いちばん上に立つ者。例お山の大将。▽古い言いかた。❸親しみをこめたり、からかったりして人(男性)をよぶことば。例よう、大将、元気かい。▽アタイショー

3 **たいしょう【大勝】**〈名・する〉大きな差で、勝つこと。対大敗。類圧勝。快勝。アタイショー

4 **たいしょう【大賞】**〈名〉最もすぐれた人や作品にあたえられる賞。アタイショー

5 **たいしょう【対称】** 一〈名〉〔文法〕⇩にんしょう 二〈名・形動〉〔数学〕二つの図形が、直線や一点を軸《じく》にして向き合っていること。シンメトリー。対非対称。▽アタイショー

参考 二で、「線対称」は、その直線で折り返せば図形が重なり、「点対称」は、その点を軸にして回転すれば重なる。

6 **たいしょう【対象】**〈名〉❶人間が見たり考えたり、認めたり求めたりする活動の、むけられる相手。例認識《にんしき》の対象。研究の対象。❷目標や目的とするもの。例中学生を対象とした雑誌。調査の対象は二年生だ。▽アタイショー

7 **たいしょう【対照】**〈名・する〉❶共通性の高いいくつかのものを、比べあわせること。例原文と対照する。類対比。比較《ひかく》。❷ちがいの目立ついくつかのものを、ならべてみること。例対照の妙《みょう》。明暗の対照。対照的。類コントラスト。▽アタイショー

8 **たいしょう【隊商】**〈名〉⇩キャラバン アタイショー

たいじょう【退場】〈名・する〉会場や競技場、舞台《ぶたい》などから出ていくこと。対入場。登場。

1 **だいしょう【大小】**〈名〉❶大きいことと小さいこと。大きいものと小さいもの。❷大刀と小刀。▽アダイショー

2 **だいしょう【代償】**〈名〉❶損害をあたえた相手に、つぐないとしてさしだす金品や労力。類賠償《ばいしょう》。補償。❷あることをするために、それとひきかえにはらう犠牲《ぎせい》や損害。類代価。▽アダイショー

だいじょうかん【▽太政官】〈名〉⇩だじょうかん①

だいじょうだいじん【▽太政大臣】〈名〉⇩だじょうだいじん①

だいじょうだん【大上段】〈名〉❶剣道《けんどう》のかまえで、刀を頭の上に高くふり上げること。❷相手を上からおさえつけるような態度。例大上段にかまえる。

たいしょうてき【対照的】〈形動〉二つのものの、正反対の感じが目だつようす。例対照的な性格。類対蹠《たいせき》的。

たいしょうデモクラシー【大正デモクラシー】〈名〉〔歴史〕大正時代の、政治や社会を民主主義・自由主義に変えようとする思想や運動。普通選挙の実現を求める運動や労働運動などがさかんに行なわれた。

だいじょうぶ【大丈夫】〈形動〉❶心配がない。例毎日そんなに無理をして、体は大丈夫ですか。彼にまかせておけば大丈夫だ。❷不都合でない。例「開始を一時間早めてもかまいませんか」「大丈夫です」。

表現「手伝ってあげようか」「大丈夫です」のように、相手が聞いてくれたことをことわるときにも、すげない感じのする「けっこうです」や「かまいません」に代わるやわらかい言い方として使うようになった。

だいじょうぶっきょう【大乗仏教】〈名〉仏教を大きく二種類に分けたときの一つで、自己の救済《きゅうさい》のみではなく、ひろく人間全体の救済をとくもの。中国・朝鮮《ちょうせん》をへて、日本につたわった。対小乗仏教。

だいじょうみゃく【大静脈】〈名〉全身にまわった血液を集めて、心臓へおくる太い血管。対大動脈。

たいしょうりょうほう【対症療法】〈名〉❶〔医学〕病気の症状にあわせて処置をする治療の方法。対原因療法。❷ある問題に対して、根本的な対策をとるのではなく、目先のことがらだけを解決しようとすること。

1 **たいしょく【大食】**〈名・する〉たくさん食べること。例大食漢。無芸大食。対少食。

2 **たいしょく【体色】**〈名〉動物のからだの表面の色。

3 **たいしょく【退色】**【▼褪色】〈名・する〉色があせること。色がさめること。類さめる。

4 **たいしょく【退職】**〈名・する〉今までつとめていた職をやめること。例退職金。定年退職。対就職。

たいしょこうしょ【大所高所】〈名〉小さなことにこだわらない、ひろい視野。大きな見地。例大所高所に立った判断。大所高所からものをみる。

たいしょてき【対▼蹠的】〈形動〉⇩たいせきてき

1 **たいしん【大身】**〈名〉身分の高い人。古い言いかた。例大身の旗本。対小身。

2 **たいしん【耐震】**〈名〉地震に対してつよく、くずれないでもちこたえること。例耐震構造。耐震性。

1 **たいじん【大人】**〈名〉徳の高いりっぱな人。こまかなものごとにこだわらない人。例大人の風格。なかなかの大人。対小人。類大人物。君子。

表現 (1)古い言いかたで、師、学者などをうやまっていうことば。名前のあとにつけても使う。(2)「ガリバー旅行記」の「大人国」のように、巨人《きょじん》の意味で使うこともある。

2 **たいじん【対人】**〈名〉他人に対すること。例対人関係。対人恐怖症《きょうふしょう》。対人的。
参考 ふつう、例のように、複合語の前部分になる。

3 **たいじん【対陣】**〈名・する〉敵と味方が、むかいあって陣をしくこと。例川をはさんで対陣する。

4 **たいじん【退陣】**〈名・する〉❶軍隊が、今まで陣をかまえていた場所からうしろへ下がること。類退却《たいきゃく》。❷おおやけの役目や地位からおりること。例社長に退陣をせまる。類辞任。

だいしん【代診】〈名・する〉担当の医師にかわって、患者《かんじゃ》を診察すること。

1 **だいじん【大尽】**〈名〉使いきれないほどの大金をもっている人。古めかしい言いかた。例お大尽。類大金持ち。長者。富豪《ふごう》。

2 **だいじん【大臣】**〈名〉「国務大臣」のこと。例総理大臣。外務大臣。

たいじんきょうふしょう【対人恐怖症】〈名〉人と会うことをこわがり、会えば緊張《きんちょう》して落ちつきがなくなる神経症の症状。

ダイス〈名〉さいころ。◇dice

だいず【大豆】〈名〉畑につくるマメの一種。一年草。種はたんぱく質や脂肪《しぼう》をたくさんふくんでいて、みそ、しょうゆ、豆腐《とうふ》、納豆《なっとう》などの原料としたり、油をとったりする。「えだまめ」は、その わかいもの。日本一の産地は北海道。

たいすい【耐水】〈名〉水にぬれてもしみとおったりせず、水につかっても変質しないこと。例耐水性(がある)。耐水仕様。

たいすう【対数】〈名〉〔数学〕$a^n=b$(aは1ではない正数)という関係があるとき、nを、aを底《てい》とするbの対数という。

だいすう【代数】〈名〉〔数学〕数のかわりに文字を使って、数の性質や関係を研究する学問。代数学。

だいすき【大好き】〈形動〉たいへん好きであること。対大きらい。

1 **たい・する【体する】**〈動サ変〉上位の人の考えや意向を心にとめて、それに沿うように行動する。例意を体する。

2 **たい・する【対する】**〈動サ変〉❶向かい合う感じで、一対《いっつい》になる。例白に対する赤。❷相手に接して、対応する。例弟子《でし》に対しては、きびしい先生だ。類応対する。❸相手にしてたたかう。例われわれのチームは去年の優勝校に対してよくたたかった。類対抗《たいこう》する。❹相手としてうけとめて、そちらに応じる。例質問に対してていねいに答えた。類こたえる。

だい・する【題する】〈動サ変〉作品に、題をつける。例マルコポーロの旅行記、題して『東方見聞録』。

1 **たいせい【大成】**〈名・する〉❶その方面で、一流の人物となること。例学者として大成する。❷ひとつの仕事を大きく、りっぱなものにまとめあげること。例事業を大成する。茶の湯の大成者。集大成。

2 **たいせい【大勢】**〈名〉全体からみた、世の中やものごとのおおよそのなりゆき。例大勢にしたがう。大勢を決する。類趨勢《すうせい》。大局《たいきょく》。
参考「おおぜい」「たいぜい」と読むのは それぞれ別のことば。

3 **たいせい【対生】**〈名・する〉〔植物〕茎《くき》の一つの節から二枚の葉が向かい合って出ること。対互生《ごせい》。輪生。

4 **たいせい【体制】**〈名〉❶国や団体をうごかしている組織のしくみ。例社会体制。経済体制。❷国の権力をにぎっている勢力を、そうではない 勢力のがわから言うことば。例体制がわ。反体制。

5 **たいせい【体勢】**〈名〉なにかしようとするときの、からだのかまえ。例体勢をたて直す。類姿勢。態勢。

6 **たいせい【態勢】**〈名〉あるものごとに対応する身がまえや態度。例態勢をととのえる。類体勢。

7 **たいせい【胎生】**〈名〉〔生物〕子が母親の体内で栄養をもらって、ある程度そだってから生まれること。哺乳《ほにゅう》類にみられる。↓らんせい〔卵生〕・らんたいせい

8 **たいせい【耐性】**〈名〉抗生《こうせい》物質などの薬を続けて使うことで、細菌《さいきん》にできてくる抵抗《ていこう》力。例耐性菌。

9 **たいせい【泰西】**〈名〉「西洋」のこと。古い言いかた。例泰西の名画。

たいぜい【大勢】〈名〉結集したすごい数の人。例大勢を従えて行進する。敵の大勢をむかえうつ。
参考「おおぜい」「たいせい」と読むのは それぞれ別のことば。

たいせいほうかん【大政奉還】〈名〉〔歴史〕一八六七(慶応三)年、江戸《えど》幕府の第十五代将軍徳川慶喜《とくがわよしのぶ》が 朝廷《ちょうてい》に政治の実権をかえしたこと。

たいせいよう【大西洋】〈名〉ヨーロッパ、アフリカ大陸と南北アメリカ大陸のあいだにある海。

1 **たいせき【体積】**〈名〉〔数学〕広さと厚みのあるものの大きさ。立方メートル、立方センチメートルなどの単位で表わす。類容積。かさ。アタイセキ

2 **たいせき【堆積】**〈名・する〉ものがいくえにもつもること。土砂《どしゃ》が、風雨などではこばれて、ある場所につもること。例堆積岩。堆積物。アタイセキ

3 **たいせき【退席】**〈名・する〉集まりの 席からでていくこと。類退座。中座。アタイセキ

たいせきがん【堆積岩】〈名〉〔地学〕海の底や地面の上に、石や砂、動物のからなどがつもってできた岩石。砂岩・礫岩《れきがん》・石灰《せっかい》岩・凝灰《ぎょうかい》岩など。

たいせきてき【対蹠的】〈形動〉正反対のようす。読みあやまって「たいしょてき」ともいう。例対蹠的な考え方。対蹠的な立場。類対照的。
参考「蹠」は、足のうらの意味。

1 **たいせつ【大雪】**〈名〉❶二十四節気の一つ。今の十二月七日ごろ。❷おおゆき。

2 **たいせつ【大切】**〈形動〉❶きわめて重要である。大切な本。大切な役目。人にたよらないことが大切だ。類肝心。肝要。❷じゅうぶんに気をつけて、ていねいである。例大切にあつかう。からだを大切にする。▽類大事。

1 **たいせん【大戦】**〈名〉❶大きな戦争。❷二十世紀中にあった二度の世界大戦。

2 **たいせん【対戦】**〈名・する〉たがいに相対してたたかうこと。例対戦相手。対戦成績。

たいぜん【泰然】〈副・連体〉なにごとにもおどろかず、ゆったりとおちついている。例泰然とかまえる。泰然たる態度。泰然自若《じじゃく》。類悠然《ゆうぜん》。

だいせんきょく【大選挙区】〈名〉議員定数が二名以上の、広い地域の選挙区。対小選挙区。

たいぜんじじゃく【泰然自若】〈副・連体〉何があってもあわてず、どっしりかまえている。例泰然自若動かない。泰然自若たる態度。

だいぜんてい【大前提】〈名〉❶三段論法で、最初の前提。❷議論や考えの根本となる条件。
参考 ①は、たとえば「犬は動物である」「動物は生物であ

平敦盛(たいらのあつもり) (1169~84) 平安末期の武将。笛の名手。一ノ谷の戦いで熊谷直実に討たれた。

る」「したがって、犬は生物である」という三段論法の、「犬は動物である」の部分。

[1]**たいそう【体操】**〈名・する〉❶からだの筋肉をほぐしたり、きたえたりするために、手足や胴《どう》を、まげたりのばしたりする運動。[例]準備体操。❷「体操競技」のこと。▽[ア]タイソー

[2]**たいそう**〖大層〗[一]〈副・形動〉ふつうよりはだいぶ。非常に。たいへん。やや古風な言いかた。[例]たいそう混雑している。その美しさはたいそう評判でした。[類]おおいに。すこぶる。とても。[二]〈形動〉おおがかりである。[例]たいそうなつくりの家。たいそうに言う。たいそうなものをちょうだいしまして…。[類]おおぎょう。→ごたいそう ▽[ア]タイソー

たいそうきょうぎ【体操競技】〈名〉体操の演技をきそう競技。鞍馬《あんば》・跳馬《ちょうば》・鉄棒・平行棒・平均台・床《ゆか》運動などがある。オリンピック種目の一つ。

だいそうじょう【大僧正】〈名〉僧の最高位。

たいそく【体側】〈名〉からだを前から見たときの、左右両がわの部分。[例]体側をのばす。

だいそつ【大卒】〈名〉大学を卒業していること。

だいそれた【大それた】〈連体〉その人の身分や立場などから考えて、あまりに非常識だ。とんでもない。[例]大それた望みをいだく。

たいだ【怠惰】〈名・形動〉やるべきことをやらないで、なまけていること。[例]怠惰な生活。[対]勤勉。[類]怠慢。

だいだ【代打】〈名〉野球で、ピンチヒッター。[例]代打を起用する。

[1]**だいたい【大体】**[一]〈名〉小さなところは別にして、おおよそのところ。[例]事件の大体を報告する。[類]あらまし。大略。[二]〈副〉❶数量などについて、おおまかにいって。[例]ねだんは大体いくらぐらいですか。[類]おおよそ。ほぼ。❷大部分。[例]大体終わった。[類]おおかた。ほぼ。❸もとはといえば。[例]大体、楽をしてお金をかせごうなんていう考え方がまちがっている。[類]そもそも。

[2]**だいたい【代替】**〈名・する〉そのものの代わりにすること。代わり。俗《ぞく》に「代替《が》え」ともいう。[例]石油を代替するエネルギー。代替案。代替バス。代替地。[類]代用。

[1]**だいだい【代代】**〈名・副〉家や職業が何代もつづいていること。また、そのそれぞれの代。[例]山田家に代々伝わる家宝。先祖代々。[類]歴代。累代《るいだい》。[ア]ダイダイ

[2]**だいだい**〖▼橙〗〈名〉❶〔植物〕あたたかい地方で栽培《さいばい》される常緑小高木。実《み》はミカンより大きく、正月のかざりにする。❷「だいだい色」の略。▽[ア]ダイダイ

だいだいいろ【だいだい色】〖▼橙色〗〈名〉赤みがかった黄色。オレンジ色。だいだい。

だいたいこつ【大▼腿骨】〈名〉ふとももにある、ほね。

だいだいてき【大大的】〈形動〉おおがかりである。[例]大々的にとりあげる。大々的に宣伝する。

だいたいぶ【大▼腿部】〈名〉足の、ひざから上の部分。[類]ふともも。

だいだいり【大内裏】〈名〉〔歴史〕都《みやこ》の北部中央にあって、天皇のすまいである皇居(=内裏)や、政府の役所がおかれていた区域。

だいたすう【大多数】〈名〉ほとんど全部にちかい数。[例]大多数の賛成をえた。[類]大半。大部分。

たいだん【対談】〈名・する〉しかるべき知識や経験を持った人が二人で、用意された改まった席で話しあうこと。[例]対談番組。[類]対論。対話。[参考]三人の場合は「鼎談《ていだん》」という。

だいたん【大胆】〈形動〉どんなことをもおそれないで、ふつうの人にはできないようなこともできる勇気がある。[例]大胆な発言。大胆不敵。[対]小胆。小心。[類]豪胆《ごうたん》。

だいだんえん【大団円】〈名〉小説や演劇などで、めでたく終わる最後の場面。[例]大団円をむかえる。

だいたんふてき【大胆不敵】〈名・形動〉非常に度胸があり、なにものもおそれないこと。[例]大胆不敵なふるまい。大胆不敵なやつ。

たいち【対置】〈名・する〉二つのものを、ちょうど向かい合ったり対《つい》になったりするように置くこと。[例]善と悪を対置する。

[1]**だいち【大地】**〈名〉人間や動物が生活をしている、広大な陸地。[例]母なる大地。[類]土。地。

[2]**だいち【台地】**〈名〉まわりより高くて、表面がたいらな、台のようになっている土地。

[1]**たいちょう【体長】**〈名〉動物の、からだの長さ。

[2]**たいちょう【体調】**〈名〉からだの調子。[例]体調をくずす。体調をととのえる。体調不良。

[3]**たいちょう【退潮】**〈名〉❶潮がひくこと。[類]引き潮。干潮。❷いきおいがおとろえること。[例]景気に退潮のきざしがみられる。[類]退勢。

[4]**たいちょう【隊長】**〈名〉隊の中心となって、指揮《しき》をとる人。

[1]**だいちょう【大腸】**〈名〉消化器官の一つ。小腸につづき、肛門《こうもん》にいたる器官。盲腸《もうちょう》・結腸・直腸からなり、おもに水分を吸収する。[ア]ダイチョー

[2]**だいちょう【台帳】**〈名〉❶商店などで、毎日の売り上げなどを書きとめておく帳簿《ちょうぼ》。[類]元帳《もとちょう》。❷あることがらについて、いちばんもとになる帳簿。[例]土地台帳。[類]原簿。▽[ア]ダイチョー

たいちょうかく【対頂角】〈名〉〔数学〕二本の直線が交わったところにできる四つの角《かく》のうち、たがいに向かい合う二つの角。大きさはつねに等しい。→さっかく〔錯角〕[絵]

だいちょうきん【大腸菌】〈名〉人や動物の腸にたくさんいる細菌。虫垂炎《ちゅうすいえん》や膀胱《ぼうこう》炎などの病気をおこすことがある。

タイツ〈名〉からだにぴったりつくように、のびちぢみ自由な布地でつくられた、おもに腰《こし》から足までをつつむ服。バレエや体操などで使う。◇tights

[1]**たいてい【大抵】**〈名・副〉❶ほとんどすべて。たいがい。[例]山へ行った日はたいてい晴れていた。[類]おおかた。ほぼ。だいたい。❷(あとに打ち消しのことばをともなって)ふつうの程度では…ない。[例]たいていのことでは許してもらえそうにない。[類]なみ。❸ほどほど。[例]言いわけもたいていにしろ。[類]たいがい。いいかげん。❹そうなる可能性が高いことを示す。まず…だろう。[例]たいてい気がつきそうなものだがなあ。[類]おそらく。たぶん。

[2]**たいてい【退廷】**〈名・する〉法廷から出ること。[対]出廷。入廷。

たいてき【大敵】〈名〉ちょっとやそっとのことでは勝てそうにない、強い敵。[例]油断大敵。[対]小敵。[類]強敵。

たいでん【帯電】〈名・する〉〔物理〕物体が、静電気をおびること。[例]帯電体。

[1]**たいと【泰斗】**〈名〉多くの人々の尊敬をあつめている、ある分野の権威《けんい》者。[類]大家《たいか》。巨匠《きょしょう》。[表現]高くあおがれる権威の代表としての「泰山北斗

た

平清盛(きよもり)(1118～81) 平安末期の武将。平氏の全盛期を築いた。反平氏の勢力の台頭する中で病死。

《たいざんほくと》」を略したことば。多く、「考古学の泰斗」のように、学術の分野についていう。

タイト[2]〈形動〉❶からだにぴったりと密着している。例タイトスカート。❷きつい。例タイトなスケジュール。◇tight

たいど【態度】〈名〉❶心の中の思いや感じ方があらわれた、ことばつきや表情、動作。例態度が大きい。態度でしめす。態度にだす。なまいきな態度。❷あることに対する、心のもちかた。例態度をきめる。態度を明らかにする。態度を硬化させる。あいまいな態度。類姿勢。

たいとう[1]【台頭】【▼擡頭】〈名・する〉新しい勢力があらわれてくること。類勃興《ぼっこう》。興《おこ》る。

たいとう[2]【対等】〈名・形動〉二つのもののあいだに、地位や力の差が少しもないこと。例対等な立場。対等にあつかう。対等につきあう。類同等。同列。

参考 やや古い言いかたの「かしらをもたげる」に当たる。

たいとう[3]【▼駘▼蕩】のんびりとしたようすを表わし、多く「春風駘蕩」の形で使うことば。→しゅんぷうたいとう

たいどう[1]【胎動】〈名・する〉❶母親のおなかの中で胎児がうごくこと。❷新しい事態がやがておこることを示すようなうごきがあること。例民族自立の胎動。

たいどう[2]【帯同】〈名・する〉いっしょに連れていくこと。例通訳を帯同して取材する。盲導犬《もうどうけん》帯同者。

だいどう【大道】〈名〉❶おおぜいの人の通る、ひろい道路。例天下の大道。❷人として守るべき道。

だいどうげい【大道芸】〈名〉道ばたや公園などで人に見せる芸。例大道芸人。

だいどうしょうい【大同小異】〈名〉小さなちがいはあるが、おおよそのところ同じであること。類似《に》たりよったり。五十歩百歩。

だいどうだんけつ【大同団結】〈名・する〉多くの党派や団体が、立場や考えかたのちがいをこえて、大きく一つにまとまること。

だいどうみゃく【大動脈】〈名〉心臓の左心室からでて、全身に血液をおくる太い血管。対大静脈。

表現「新幹線は日本の大動脈だ」のように、鉄道の幹線や道路で、主要なものについてもいう。

だいとうりょう【大統領】〈名〉共和制の国で、外国に対して国を代表する人。類元首。

表現 芝居《しばい》や芸能で、「待ってました、大統領」のように、主役に対して大声でさけぶかけ声としても使う。

たいとく【体得】〈名・する〉実際に自分でやってみて、知識やわざを身につけること。類会得《えとく》。

たいどく【胎毒】〈名〉赤ん坊の皮膚《ひふ》にできる湿疹《しっしん》。

参考 胎内でうけた毒によると考えられていた。

だいどく【代読】〈名・する〉本人にかわって読みあげること。例祝辞を代読する。

だいどころ【台所】〈名〉食事のしたくをしたり、あとかたづけをする部屋。また、そこでする仕事。例台所をする(=炊事《すいじ》する)。台所を手伝う。類キッチン。炊事場《ば》。勝手《かって》。

表現 (1)「台所が苦しい」「台所をあずかる」のように、会社の財務《ざいむ》や、家計のやりくり、という意味でも使う。
(2)「庶民《しょみん》の台所」のように、各地の主要な市場《いちば》や生鮮《せいせん》食品店街の意味でも使う。

タイトル〈名〉❶題名。例曲のタイトル。❷ある題名の、本やCD・DVDなど。例人気タイトル。❸競技で、最高の勝者にあたえられる地位と名誉《めいよ》。例タイトルに挑戦《ちょうせん》する。タイトルをとる。タイトルをうばわれる。タイトル戦。類選手権。◇title

タイトルマッチ〈名〉スポーツで、選手権をあらそう試合。◇title match

たいない[1]【体内】〈名〉からだの中。例酸素を体内に取りこむ。対体外。

たいない[2]【胎内】〈名〉❶妊娠《にんしん》した母親のおなかの中。❷仏像などのおなかの中。例胎内くぐり。

たいないどけい【体内時計】〈名〉生物がからだの中にそなえているといわれる、時間を感じ取るしくみ。これがあるために、一日のくらしのリズムを自然に調節できるとされる。生物時計。

だいなごん【大納言】〈名〉〔歴史〕太政《だじょう》官の次官で、右大臣のつぎの地位。

だいなし【台無し】〈名〉すっかりだめになって、使いものにならなくなること。例晴れ着が雨で台なしになった。

ダイナマイト〈名〉爆薬《ばくやく》の一種。珪藻《けいそう》土・綿火薬などにニトログリセリンを吸収させてつくる。スウェーデンの化学者ノーベルが発明した。◇dynamite

ダイナミック〈形動〉うごきがあって、力づよい。例ダイナミックな文章。対スタティック。類動的。◇dynamic

だいなりしょうなり【大なり小なり】〈副〉大きい小さいという程度のちがいはあっても、どちらにせよ。例だれにでも、大なり小なり欠点はあるものだ。類多かれ少なかれ。

だいにじさんぎょう【第二次産業】〈名〉工業や鉱業、建設業など、ものを加工したり製造したりする産業。

だいにじせかいたいせん【第二次世界大戦】〈名〉〔歴史〕一九三九年にドイツがおこし、四一年に日本も加わって全世界にひろがった戦争。ドイツ・イタリア・日本を中心とする枢軸《すうじく》国が、イギリス・アメリカ・フランス・ソ連・中国などの連合国とたたかった。四三年にイタリアが、四五年にドイツ・日本が降伏《こうふく》して終わった。

だいにっぽんていこく【大日本帝国】〈名〉第二次世界大戦前の旧憲法《けんぽう》のもとでの、日本の国号。

だいにゅう【代入】〈名・する〉〔数学〕数式中の文字に、ある特定の数または文字や数式をあてはめること。

たいにん[1]【大任】〈名〉責任のおもい、重大な役目。例大任をはたす。類大役。重責。

たいにん[2]【退任】〈名・する〉これまでつとめていた任務をやめること。対就任。着任。類離任《りにん》。

ダイニングキッチン〈名〉食堂をかねた台所。◇dining と kitchen による日本での複合語。

表現 略してDKと書く。「2DK」といえば、ダイニングキッチンのほかに部屋が二つあること。

たいねつ【耐熱】〈名〉高い熱をくわえても、変形したりわれたりしないこと。例耐熱ガラス。

だいの【大の】〈連体〉❶一人前の。例大のおとなが泣いている。❷たいへんな。例大の苦手。大の仲よし。大の映画ファン。

たいのう【滞納】〈名・する〉おさめなければならないお金やものを、期日がすぎても、おさめないこと。類延滞。未納。

だいのう【大脳】〈名〉頭蓋骨《ずがいこつ》の中にある器官で、考えたり、記憶《きおく》したりする精神活動を行なうほか、からだの運動や感覚を支配する。

だいのうひしつ【大脳皮質】〈名〉大脳の表層の部分。神経が集まり、知能・感覚・運動などの活動をコン

た

 平国香(くにか)(?～935) 平安中期の武将。常陸に土着。領地問題で甥の平将門と争い，殺された。

トロールする。

だいのじ【大の字】〈名〉「大」の字に似《に》ることから、人が両手両足を広げて、あおむけに寝《ね》たすがた。例大の字になって寝る。

だいのつき【大の月】〈名〉一か月の日数が三十一日の月。一月、三月、五月、七月、八月、十月、十二月のこと。対小の月。

たいは【大破】〈名・する〉もとの形がわからないほどめちゃくちゃにこわれること。例事故で車が大破した。

ダイバー〈名〉❶潜水《せんすい》夫《ふ》。❷水泳の飛びこみ種目の選手。❸スカイダイビングやスキューバダイビングをする人。◇diver

[1]**たいはい【大敗】**〈名・する〉大差で負けること。例大敗を喫《きっ》する。対大勝。類完敗。惨敗《ざんぱい》。→せきはい

[2]**たいはい【退廃】**【▼頽廃】〈名・する〉健全な気風がくずれ、乱れてだらしがなくなること。例退廃した生活。

たいはいてき【退廃的】〈形動〉気風が不健全で、だらしがないようす。デカダン。例退廃的なムード。類不健全。デカダン。

だいはちぐるま【大八車】〈名〉大きな車輪が両わきに一つずつついた荷車。→じんりきしゃ絵 参考八人の力に代わるという意味での、「代八車」がもと。

たいばつ【体罰】〈名〉こらしめのために、なぐるなどして、からだに直接苦痛をあたえる罰。例体罰をくわえる。類体刑《たいけい》。

たいはん【大半】〈名〉全体の半分よりもはるかに多いこと。例大半の人が賛成した。類大多数。大部分。

たいばん【胎盤】〈名〉妊娠《にんしん》した女性の子宮内にできる、胎児と母体をつなぐ器官。これを通じて栄養供給や呼吸が行なわれる。

だいばんじゃく【大盤石】 一〈名〉びくともしないほど大きな岩。 二〈名・形動〉「盤石二」を強めた言いかた。例大盤石の備え。チームに君がいてくれれば大盤石だ。

[1]**たいひ【対比】**〈名・する〉たがいの似《に》たところやちがうところが見えてくるように、二つあるいはそれ以上のものを比べてみること。また、そのようにしてうきぼりになったちがい。例西洋と東洋(と)を対比する(させる)。静と動の対比。類比較《ひかく》。対照。コントラスト。アタイヒ

[2]**たいひ【待避】**〈名・する〉危険性のあるものが過ぎ去るのを、さけて待つこと。例待避所。待避線。アタイヒ

[3]**たいひ【退避】**〈名・する〉危険をさけるために、その場所から安全なところへにげること。例退避命令。類避難。アタイヒ

[4]**たいひ【堆肥】**〈名〉わらや草、葉などをつみかさねて、くさらせた肥料。アタイヒ

だいびき【代引き】〈名〉「代金引き替え」の略。通信販売《はんばい》などで、届けられた品物と引き替えに、その配達人を通して代金をしはらうこと。

だいひつ【代筆】〈名・する〉本人にかわって、手紙や書類などを書くこと。対自筆。直筆《じきひつ》。類代書。→だいしょ表現

たいひてき【対比的】〈形動〉比べあわせたとき、それぞれの特徴《とくちょう》や性質、概念《がいねん》のちがいが明確になるようす。例赤と青を対比的に使ったデザイン。

たいひょう【体表】〈名〉からだの表面。

たいびょう【大病】〈名・する〉ひどくおもい病気にかかること。例大病をわずらう。五十の秋に大病してから…。類重病。大患《たいかん》。

だいひょう【代表】〈名・する〉❶あるグループ全体にかわって行動したり、意見を述べたりすること。その役目をする人や物。例代表をえらぶ。クラス代表。代表者。(組織《そしき》の電話の)代表番号。❷一つを示すだけで、全体の特徴《とくちょう》や性質を表わすこと。また、表わしているもの。例印象派を代表する画家。代表作。代表的。

だいひょうさく【代表作】〈名〉作者や時代、ジャンルの特色がもっともよく表われている、すぐれた作品。例シェークスピアの代表作『ハムレット』。

だいひょうてき【代表的】〈形動〉全体を代表するような特徴《とくちょう》や性質をもっている。例多くの類似したご意見の中から代表的なものをご紹介《しょうかい》します。

だいひょうとりしまりやく【代表取締役】〈名〉会社を代表する権限をもつ取締役。会長、社長、副社長、専務、常務など。

タイピン〈名〉ネクタイをワイシャツにとめておくためのピン。ネクタイピン。◇tiepin

ダイビング〈名・する〉❶水泳の飛びこみ競技。❷潜水《せんすい》。例スキューバダイビング。スキンダイビング。❸飛行機の急降下。◇diving

表現「スカイダイビング」や「ダイビングキャッチ」などのことばでは、飛びこむように宙にまう動作をさす。

[1]**たいぶ【大部】**〈名・形動〉❶ひとまとまりの書物で、その冊数が多いこと。例三十巻という大部の全集。❷一冊の本で、ページ数が多いこと。例大部な本。▽類浩瀚《こうかん》。アタイブ

[2]**たいぶ【退部】**〈名・する〉途《と》中《ちゅう》で部員をやめること。アタイブ

タイプ 一〈名〉人やものごとを、性質・特徴《とくちょう》でいくつかのまとまりに分けたときの、それぞれ。型。例新しいタイプの服。タイプ分け。政治家タイプ。類パターン。類型。 二〈名・する〉タイプライター。また、タイプライターなどで文字をうつこと。例タイプミス。英文タイプ。類タイピング。◇type

[1]**だいぶ【大分】**〈副〉どれぐらいとははっきり言えないが、大きい程度であるようす。「だいぶん」ともいう。例大分お寒くなりましたね。類かなり。ずいぶん。アダイブ

[2]**ダイブ**〈名・する〉頭から飛びこむように、宙にまうこと。例車ががけから海にダイブした。◇dive アダイブ →ダイビング

たいふう【台風】【▼颱風】〈名〉日本のはるか南の海で発生する熱帯低気圧のうち、最大風速が一七・二メートル以上のもの。夏から秋にかけて日本に接近・上陸し、風や雨による被害《ひがい》をもたらす。→ねったいていきあつ

表現ふつう一個二個と数える。また、その年の発生順に一号二号と名づける。

参考昭和時代以降では、室《むろ》戸《と》台風(一九三四年)・枕崎《まくらざき》台風(四五年)・伊勢《いせ》湾《わん》台風(五九年)がとくに被害が大きく、三大台風とよばれる。

台風一過《いっか》 台風がすぎ去ったあと。例台風一過の青空。

たいふうのめ【台風の目】〈名〉〔気象〕台風の中心にできる、風がよわく、雲も少ない部分。

表現話やさわぎの中心となる人やことがらなどを、こうたとえていうことがある。

タイフーン〈名〉北太平洋で発生する熱帯低気圧のうち、最大風速が三三メートル以上のもの。◇typhoon

だいふく【大福】〈名〉「大福餅《もち》」の略。もちの中にあ

た

んを入れた和菓子《わがし》。

だいふくちょう【大福帳】〈名〉「台帳①」の古い言いかた。

だいぶつ【大仏】〈名〉大きな仏像。多くは釈迦如来《しゃかにょらい》や大日《だいにち》如来の像。参考 奈良と鎌倉《かまくら》(神奈川県)の大仏がとくに有名で、高さ世界一は茨城県の牛久《うしく》大仏。

たいぶつレンズ【対物レンズ】〈名〉顕微《けんび》鏡や望遠鏡のレンズのうち、観察するものに近いほうのレンズ。対接眼レンズ。

だいぶぶん【大部分】〈名〉ほとんど全部。例大部分の人。大部分できる。対一部分。類大半。大多数。

タイプライター〈名〉キーをたたいて、紙に文字を印刷する器械。文字の種類によって欧文《おうぶん》用・和文用などがある。略して「タイプ」ともいう。◇typewriter

たいぶんすう【帯分数】〈名〉〔数学〕$2\frac{7}{8}$や$1\frac{1}{2}$のように、0以外の整数と真分数を合わせた形で書かれた分数。「二と八分の七、一と二分の一」のようにいう。

たいへい【太平・泰平】〈名・形動〉世の中がしずかで、よくおさまっていること。例太平の世。太平に治まる。天下太平。類平和。

たいへいよう【太平洋】〈名〉アジア、オーストラリア大陸と南北アメリカ大陸とのあいだ、南極海までひろがる、世界でもっとも広い海。

たいへいようせんそう【太平洋戦争】〈名〉〔歴史〕一九四一年から四五年まで、日本と、アメリカ・イギリス・中国などの連合国とのあいだで行なわれた戦争。第二次世界大戦の一部をなす、アジアにおける戦争。日本の無条件降伏《こうふく》によって終わった。

たいへいらく【太平楽】〈名〉なんの心配もなく、好きかってなことや、のんきなことを言ったりしたりすること。例太平楽をならべる。参考 元来、宮中で演奏される雅楽《ががく》の曲名で、めでたさを祝う曲。

たいべつ【大別】〈名・する〉大きくわけること。例物質は、動物・植物・鉱物の三つに大別される。対細別。細分。

たいへん【大変】一〈形動〉おどろくほどひどい。苦労や労力がなみひととおりでない。例大変などしゃ降り。働きづめでは大変ですね。二〈副〉非常に。とても。ややあらたまった言いかた。例たいへん失礼しました。類たいそう。相当。かなり。参考「大変な人だ」は、アクセントが「タイヘンナヒトダ」ならば特定の人物のことをいうが、「**タイヘンナヒトダ**」の場合は人出が多いことを表わす。

[1]**だいへん**【代返】〈名・する〉授業で出欠をとるとき、生徒が、欠席者や遅刻《ちこく》者の代わりに返事をすること。

[1]**だいべん**【大便】〈名〉肛門《こうもん》からだされる、食べたものが消化されたかす。対小便。類くそ。うんこ。便。糞《ふん》。

[2]**だいべん**【代弁】〈名・する〉本人にかわって、その人の意見や希望などをのべること。例代弁者。アダイベン アダイベン

[1]**たいほ**【退歩】〈名・する〉考えや文化、技能などが、今までよりおくれた状態にもどること。対進歩。

[2]**たいほ**【逮捕】〈名・する〉警察が、犯人や容疑者をつかまえること。例逮捕状。対釈放《しゃくほう》。類勾引《こういん》。検挙。捕縛《ほばく》。

たいほう【大砲】〈名〉❶大きな弾丸《だんがん》を遠くにうちだす兵器。❷野球で、ホームランバッターのたとえ。類主砲。

[1]**たいぼう**【大望】〈名〉⇩たいもう〔大望〕 表現 ①は一門《いちもん》二門《にもん》と数える。

[2]**たいぼう**【待望】〈名・する〉あることの実現を楽しみにして、待ちこがれること。例待望の新人。待望久しい。待望論。

[3]**たいぼう**【耐乏】〈名〉生活に必要なものがたりない状態にたえること。例耐乏生活。

だいほうてい【大法廷】〈名〉〔法律〕最高裁判所で、裁判官十五人の全員で構成され、審理や裁判をおこなう法廷。重要事件をとりあつかう。例大法廷判決。対小法廷。参考 実際には、九人以上の裁判官が出席すれば成立する。

たいぼく【大木】〈名〉大きな木。類巨木《きょぼく》。大樹。

だいほん【台本】〈名〉脚本を、上演者や出演者がけいこに用いるための本として刷った冊子。番組の進行内容を刷った冊子。→きゃくほん 表現

だいほんえい【大本営】〈名〉戦時中に、天皇のもとに設置された、最高の指令本部。表現 たとえとして言う「大本営発表」は、政府による、都合のいい一方的な声明のこと。

だいほんざん【大本山】〈名〉〔仏教〕❶一つの宗派のいちばん中心となる寺。類総本山。❷総本山の下にあって所属する寺をまとめる寺。類本山。

たいま【大麻】〈名〉❶麻《あさ》からつくる、麻薬《まやく》のようなもの。マリファナ。ハシシ。ハシッシュ。例大麻を吸う(=喫煙《きつえん》する)。大麻取締《とりしまり》法。❷伊勢神宮《いせじんぐう》や、その他の神社からさずけられるおふだ。

タイマー〈名〉❶設定した時間に自動的にスイッチを入れたり切ったりする、電気製品の機能。タイムスイッチ。❷競技で、時間を計る係。❸⇩セルフタイマー ◇timer

たいまい【大枚】〈名〉「大金《たいきん》」のくだけた言いかた。例大枚を投じる。大枚をはたく。

たいまつ【▽松▽明】〈名〉マツやタケなどをたばねて、火をつけて明かりとしたもの。

[1]**たいまん**【怠慢】〈名・形動〉やるべき仕事や自分に責任のあることを、なまけてきちんとやらないこと。例職務に怠慢な人。対勤勉。類怠惰《たいだ》。

[2]**タイマン**〈名〉一対一のけんかや勝負。決闘《けっとう》。もと、不良の隠語《いんご》。例タイマンを張る。

だいみょう【大名】〈名〉〔歴史〕❶平安時代の終わりから戦国時代にかけて、広い土地を領有していた名主《みょうしゅ》や守護。❷江戸《えど》時代、一万石以上の領地をもち、将軍に直接会う資格のあった武士。その経歴により、親藩《しんぱん》・譜代《ふだい》・外様《とざま》の区別があった。例大名行列。表現 ぜいたくほうだいの旅行を、「大名旅行」という。

だいみょうじん【大明神】〈名〉「明神」の、さらに尊《とうと》んだ言いかた。

タイミング〈名〉あることをするのにちょうどよい時機をみはからうこと。その時機。例タイミングをはかる。グッドタイミング。類間合い。ころあい。時宜《じぎ》。◇timing

タイム一〈造語〉時間。例タイムスイッチ。タイムマシン。二〈名〉❶「タイムアウト①」の略。例タイムをかける。❷競走・競泳などで、かかった時間。例タイムをはかる。◇time

タイムアウト〈名〉❶スポーツの試合で、選手の交替《こうたい》や休憩《きゅうけい》などのために、試合を一時中断すること。時

 平貞盛(さだもり) 生没年不明。平安中期の武将。平国香の子。藤原秀郷の協力を得て平将門を滅ぼす。

間制限のあるスポーツでは、試合時間に含まれない。タイム。例テクニカルタイムアウト。❷コンピューターで、ネットワーク上での処理などが、一定の時間を超えても終わらない場合に、強制的に終了されること。◇time out

タイムアップ〈名・する〉❶決められていた時間が終わること。時間切れ。例タイムアップになる。❷かかる時間が、よりみじかく改善されること。参考 日本での複合語。①は英語の文 Time is up. から。

タイムカプセル〈名〉後世の人に見せるために、今の時代の文化を代表するようなものを入れて、地下にうめる容器。◇time capsule

タイムキーパー〈名〉❶スポーツ競技で、時間をはかり、記録する人。❷放送番組などで、時間配分を指示する人。◇timekeeper

タイムスケール〈名〉時間・年月の長さ。時間尺《じゃく》。例地質学的な(=何万年何億年という単位の)タイムスケール。類(タイム)スパン。◇timescale

タイムスリップ〈名・する〉SFで、現在の時間や空間から、過去や未来に瞬間的に移動すること。参考 日本での複合語。英語では time travel という。

タイムテーブル〈名〉行事や行動の時間表、予定表。◇timetable

タイムトライアル〈名〉自転車や自動車などの競技で、一定の距離を単独で走り、かかった時間によって順位を決めるもの。◇time trial

タイムトラベル〈名〉SFで、過去や未来へ旅すること。時間旅行。◇time travel →タイムパラドックス

タイムトンネル〈名〉SFで、入口と出口が、それぞれ異なる時間や空間につながっているというトンネル。◇time tunnel

タイムパラドックス〈名〉SFのタイムトラベルにおける、時間の逆説・矛盾《むじゅん》。もしタイムマシンに乗って過去に行けるとすると、たとえば以前の自分を殺すことが理屈の上では可能になるが、そうするとタイムマシンに乗った本人が存在するはずはなく、物語がなりたたない、ということ。◇time paradox

タイムマシン〈名〉SFで、過去や未来を自由に行き来できる機械。◇time machine

タイムライン〈名〉❶スケジュールなどを書きならべた時間表。❷SNSやメッセージアプリの、投稿を順に表示する画面。❸SFやゲームで、登場人物がどんな行動をとるかによって変わっていたかも知れない、ちがった世界。時間軸《じく》。世界線。類パラレルワールド(=並行《へいこう》世界)。◇timeline

タイムラグ〈名〉時間や時刻のずれ。時間差。例最新のデータが反映されるまでに数分のタイムラグがある。◇time lag

タイムリー━〈形動〉時機がちょうど合っている。例タイムリーな発言。━〈名〉「タイムリーヒット」の略。野球で、走者がいるときに打って得点をえるヒット。適時打。例二点タイムリー。◇timely

タイムリミット〈名〉ものごとの期限。例タイムリミットがせまる。◇time limit

タイムレコーダー〈名〉出社・退社の時刻をカードに記録する機械。◇time recorder

だいめい【題名】〈名〉作品などの題とする名前。類タイトル。

だいめいし【代名詞】〈名〉〔文法〕名詞の分類の一つ。「わたし」「あなた」「あれ」「これ」のように、人やものごとの名前をいうかわりに使われ、それらをさし示すはたらきをすることば。人称《にんしょう》代名詞と指示代名詞の二種類がある。

表現「クレオパトラは、美人の代名詞だ」のように、そのものを言い表すよび名としてよく使われる言いかた、という意味で使われることもある。

参考 代名詞を、名詞とは別の品詞として分類する考えかたもある。

[1]**たいめん**【体面】〈名〉自分が、地位や立場にふさわしいものとして人の目にうつっているかどうか、という意識。例体面をたもつ。体面をけがす。類体裁《ていさい》。世間体《せけんてい》。面目《めんぼく》。沽券《こけん》。

[2]**たいめん**【対面】〈名・する〉❶相手と直接顔をあわせること。例涙《なみだ》の対面。初対面。→めんかい 表現 ❷たがいに正面からむきあうこと。例対面交通。

たいめんこうつう【対面交通】〈名〉歩道と車道の区別がない道で、人は右、車は左を通る、人と車が向かい合って通行する交通の方式。

[1]**たいもう**【大望】〈名〉大きなのぞみ。「たいぼう」ともいう。例大望をいだく。類大志。野心。大願《たいがん》。

[2]**たいもう**【体毛】〈名〉からだに生えている毛。

だいもく【題目】〈名〉❶本や演説などの内容を、かんたんなことばで示しているもの。類表題。❷討議や研究などでとりあげる問題。例論文の題目。類テーマ。主題。❸〔仏教〕日蓮《にちれん》宗でとなえる、「南無妙法蓮華経《なむみょうほうれんげきょう》」の七文字。例題目をとなえる。

表現「お題目をとなえる」の形で、できもしないことを言う、という意味でも使う。

タイヤ〈名〉自転車や自動車などの車輪の外がわにはめる、ゴム製の輪。例タイヤがパンクする。◇tire

表現 一本二本と数える。

[1]**ダイヤ**〈名〉列車や電車などの運行表。例ダイヤが乱れる。臨時ダイヤ。◇「ダイヤグラム(diagram)」の日本での省略語。

[2]**ダイヤ**〈名〉❶トランプの四種のふだの一つ。赤い◆のしるしのあるもの。対スペード。クラブ。ハート。❷「ダイヤモンド①」の略。◇diamond の日本での省略語。

たいやき【たい焼き】【▼鯛焼き】〈名〉小麦粉を水でといたものを、鯛の形をした型に流しこみ、中に粒あんを入れて焼いた菓子。

[1]**たいやく**【大厄】〈名〉「厄年《やくどし》」のうち、いちばんよくないとされる年。数え年で、男子四二歳、女子三三歳。

[2]**たいやく**【大役】〈名〉身にあまるような、だいじな役目。例大役をおおせつかる。類大任。

[3]**たいやく**【対訳】〈名・する〉原文とその訳文とをならべて書くこと。例英和対訳。

だいやく【代役】〈名〉劇や映画で、ある役の人にさしつかえができたときに、かわってその役をすること。かわりの役者。例代役をたてる。代役をつとめる。

ダイヤグラム〈名〉❶⇩[1]ダイヤ ❷〔音楽〕楽器のコード(和音)を図で示したもの。◇diagram

ダイヤモンド〈名〉❶炭素が高温高圧で結晶《けっしょう》してできた、もっともかたい鉱物。多くは無色透明《とうめい》。きらきらとかがやいてうつくしく、価値の高い宝石とされる。人工的につくられたものは、工業用に使われる。四月の誕生石《たんじょうせき》。金剛《こんごう》石。略して「ダイヤ」ともいう。❷野球で、本塁《るい》・一塁・二塁・三塁をむすんだ正方形。▽「ダイアモンド」ともいう。◇diamond

ダイヤル〈名〉❶〈する〉旧来《きゅうらい》型の電話機の、円

形の数字盤《ばん》。また、電話をかけること。例ダイヤルをまわす。❷ラジオや金庫などの、回転式のつまみ。例ダイヤルをあわせる。▽「ダイアル」ともいう。◇dial

ダイヤルイン〈名〉交換を通してではなく、外部から会社などの各部門へ直接電話をかけられるしくみ。直通電話。参考日本での複合語。英語では direct dial-ing という。

たいよ【貸与】〈名・する〉貸しあたえること。例金品の貸与。

[1]**たいよう【大洋】**〈名〉広大な海。太平洋・大西洋・インド洋の三大洋と、北極海・南極海。対大陸。類大海。海洋。アタイヨー

[2]**たいよう【大要】**〈名〉こまかいところははぶいた、重要な点。文章の要点をまとめたもの。例大要をしるす。類要旨《ようし》。概要《がいよう》。大意《たいい》。アタイヨー

[3]**たいよう【太陽】**〈名〉〔天文〕朝、東から出て、夕がた、西にしずむ、光りかがやく天体。恒星《こうせい》の一つで、太陽系の中心。地球からの距離《きょり》は約一億五千万《キロメートル》、直径は地球の約一〇九倍、質量は約三三万倍。表面の温度は六千度ちかくもあり、ばくだいな量のエネルギーをだす。類日輪《にちりん》。お日さま。お天道《てんとう》さま。アタイヨー

表現「下町の太陽」のように、明るくかがやくものや、グループの中心になるものを、たとえていうことがある。

だいよう【代用】〈名・する〉あるもののかわりに、他のものを使ってまにあわせること。例机のかわりにミカン箱を(で)代用する。代用品。類代替《だいたい》。

だいようかんじ【代用漢字】〈名〉⇩だいようじ

たいようけい【太陽系】〈名〉〔天文〕太陽を中心とした天体の集まり。太陽が恒星《こうせい》で、そのまわりの八つの惑星《わくせい》とその衛星、小惑星、彗星《すいせい》などからなる。

たいようし（方言）模造紙。新潟で言う。参考「大用紙」の意味。

だいようじ【代用字】〈名〉「車輛《しゃりょう》」を「車両」、「浸蝕《しんしょく》」を「浸食」と書くように、当用漢字(＝いまの常用漢字)でなかった漢字を同音の当用漢字に置きかえてことばを書き表わすようになったもの。「瀆職《とくしょく》」が「汚職《おしょく》」となったように、意味の近い漢字にかえたものもある。代用漢字。

たいようしゅう【大洋州】〈名〉⇩オセアニア

たいようでんち【太陽電池】〈名〉太陽の光エネルギーを電気エネルギーにかえる装置。ソーラーバッテリー。

たいようねんすう【耐用年数】〈名〉製品の機能が持続する期間。類寿命《じゅみょう》。

たいようれき【太陽暦】〈名〉地球が太陽のまわりを一周する時間を一年とした、季節とのずれがないこよみ。一年が三六五日の年(＝平年)のほかに、三六六日の年(＝うるう年)をつくって調整する。陽暦。新暦。対太陰《たいいん》暦。→こよみ

たいよく（大欲）は むよく（無欲）に に（似）たり 大きな利益をのぞむ者は、小さな利益を問題にしないから、実は無欲に近いのだ。

たいら【平ら】〈形動〉❶でこぼこがない。例平らな道。❷傾いていない。例板を平らにおく。類水平。

たいらか【平らか】〈形動〉❶高低やでこぼこがないようす。例平らかな土地。❷おだやかで静かなようす。例平らかな世。

たいら・げる【平らげる】〈動下一〉❶敵をやっつける。❷全部、食べてしまう。例丼飯《どんぶりめし》を平らげる。

たいらん【大乱】〈名〉革命や反乱など、国内での大きなあらそいや社会の混乱状態。例天下の大乱。

[1]**だいり【内裏】**〈名〉天皇のすまいをいう、古い言いかた。例お内裏様(＝天皇)。類御所《ごしょ》。禁裏《きんり》。禁中。アダイリ

[2]**だいり【代理】**〈名・する〉本人にかわって、その人の役目をはたすこと。本人にかわって業務の技術的部分を専門家がはたすこと。例代理をつとめる。代理で出席する。代理業務。首相代理。類代行。代わり。名代《みょうだい》。アダイリ

参考代理は、本人の代わりにすぎないことも、重要な役割をはたすこともある。海外旅行の手続きは、旅行代理店にたのまないとすすみにくい。法廷《ほうてい》では当事者の代理をする弁護士が必要である。

だいリーグ【大リーグ】〈名〉アメリカのプロ野球で、最上位のリーグ。ナショナルリーグとアメリカンリーグからなる。メジャーリーグ。参考大リーグに登録されている選手を「大リーガー」とよぶ。

だいりき【大力】〈名〉人なみはずれたものすごい力。また、その力のもちぬし。類怪力《かいりき》。剛力《ごうりき》。

たいりく【大陸】〈名〉❶広大な陸地。対大洋。海洋。❷日本から中国を、イギリスからヨーロッパをさしていうことば。例日本には大陸の文化が強い影響《えいきょう》をあたえた。参考①には、ユーラシア大陸・南アメリカ大陸・北アメリカ大陸・アフリカ大陸・オーストラリア大陸・南極大陸の六つがある。→しゅう〔州〕一①

たいりくせいきこう【大陸性気候】〈名〉〔気象〕大陸の内部に特有の気候。一日や一年における気温の変化が大きい。降水量が少なく湿度《しつど》が低い。

たいりくだな【大陸棚】〈名〉大陸のまわりにひろがる、深さ二百《メートル》程度までのゆるやかに傾斜《けいしゃ》した海底。漁場として、また、油田など鉱物資源開発の場として、注目されている。陸棚。

だいりせき【大理石】〈名〉石灰《せっかい》岩が地下で変化して、結晶《けっしょう》してできた岩石。建築や彫刻《ちょうこく》などに使う。参考中国の雲南省大理府でとれたことからいう。

だいりせんそう【代理戦争】〈名〉AとBという国による戦争で、Aを大国Cが、Bを大国Dが強く援助しているために、まるでCとDの代理でAとBが戦っているように見えるもの。

表現大国の援助する内紛や革命、また、大企業《きぎょう》の介入した企業間の対立などのたとえとしても用いる。さらに、もとの当事者をそっちのけにして、それぞれの援助者どうしの争いに発展した状態をもいう。

たいりつ【対立】〈名・する〉たがいに反対の立場にたって、ゆずらないではりあうこと。例意見が対立する。類反目《はんもく》。

だいりてん【代理店】〈名〉会社の委託《いたく》を受けて、業務や取り引きの代理・仲介《ちゅうかい》をする店。エージェンシー。例広告代理店。

だいりびな【内裏びな】〖内裏▼雛〗〈名〉ひな人形の最上段に飾《かざ》る、男女ひと組みの人形。男雛《おびな》と女雛《めびな》。類夫婦《めおと》びな。親王《しんのう》飾り。→ひなにんぎょう

たいりゃく【大略】一〈名〉おおよその内容。類概略《がいりゃく》。二〈副〉おおよそ。大体。例大略、以下のとおりです。▽かたい言いかた。

[1]**たいりゅう【対流】**〈名〉〔物理〕液体や気体を熱したとき、温度の高くなった部分が上にのぼり、温度の低い部分が下にくだるためにできる流れ。これによって熱が伝わる。

[2]**たいりゅう【滞留】**〈名・する〉❶ものごとの進行や貨物のうごきが とどこおること。❷旅先などで、長くとどまっていること。類滞在。逗留《とうりゅう》。

たいりゅうけん【対流圏】〈名〉〔地学〕地球の大気のうち、地表から約一〇《キロメートル》あたりまでの部分。雲や雨、風などがおこる。この上は成層圏。

[1]**たいりょう【大量】**〈名〉量がとても多いこと。例大量につくる。大量生産。対小量。類多量。
注意「災害で大量の犠牲《ぎせい》者が出た」のように、人に対して使うのは不適切で、「おおぜいの」「多数の」などを使う。

[2]**たいりょう【大漁】**〈名〉魚や貝などが、たくさんとれること。例大漁旗。対不漁。類豊漁。

たいりょうせいさん【大量生産】〈名〉同じ製品をいちどきに多量に生産すること。

たいりょく【体力】〈名〉仕事や運動をするときに、どの程度のことが できるか、どれだけ たえられるかという からだの力。また、病気に対する抵抗《ていこう》力。例体力をつける。体力がおちる。体力の限界。対気力。精神力。

たいりん【大輪】〈名〉花がふつうのものより大きくてりっぱなこと。「だいりん」ともいう。対小輪。
表現「大輪の花がさく」は、ある分野で期待されていた人━がその真価を十分に発揮する、という意味も表わす。

タイル〈名〉粘土《ねんど》や長石《ちょうせき》などを材料として、焼いてつくった板状の建築材料。ふろ場やトイレのかべ、ゆかにはりつけるなど、用途《ようと》がひろい。◇tile

ダイレクト〈形動〉直接である。例情報をダイレクトに届ける。ダイレクトパス。◇direct

ダイレクトメール〈名〉⇩(巻末「欧文《おうぶん》略語集」)DM①

たいれつ【隊列】〈名〉おおぜいの人がきちんとならんでつくった列。例隊列をくむ。隊列をみだす。

たいろ【退路】〈名〉退却《たいきゃく》する道。例退路をたつ。対進路。類にげ道。

たいろう【大老】〈名〉〔歴史〕江戸《えど》幕府の最高の職。非常時におかれ、将軍をたすけて政治を行なった。

だいろっかん【第六感】〈名〉見る、聞くなどの五つの感じ以外の、りくつでは言えないがなにかをするどく感じる心のはたらき。例第六感がはたらく。類直感。勘《かん》。

たいわ【対話】〈名・する〉人と向きあって話しあうこと。例子どもとの対話の時間を作る。住民と対話する政治。類会話。対談。
表現「自然との対話」のような言い方もできる。

[1]**たう【多雨】**〈名〉雨が多いこと。例多雨多湿《たしつ》。

[2]**たう(方言)**とどく。広島・山口で言う。「手がたわんのじゃー」のように、打ち消しの形で言うことが多い。

たうえ【田植え】〈名・する〉苗代《なわしろ》でそだてたイネの苗《なえ》を水田に移植すること。例田植え歌。

[1]**ダウン**〈名・する〉❶下がること。下げること。例成績がダウンする。対アップ。❷ボクシングで、パンチをあびてたおれること。例ダウンをうばう。ノックダウン。❸つかれや病気で、動けなくなること。例かぜでダウンした。❹コンピューターなどの機械が、使用中に突然《とつぜん》故障すること。◇down

[2]**ダウン**〈名〉羽毛。例ダウンジャケット。◇down

タウンし【タウン誌】〈名〉一定地域の生活文化情報を中心に取りあつかう雑誌。

ダウンしょう【ダウン症】〈名〉染色体の異常によって精神の発達がおくれる、生まれつきの病気。独特の顔つきを示す。心臓病などをともなうことがある。ダウン症候群。参考この病気を初めて報告した医師の名から。

ダウンスイング〈名〉❶野球で、バットをなめ下へたたきつけるような振りかた。対アッパースイング。❷ゴルフで、振り上げたクラブを振りおろす動作。◇down-swing

ダウンタウン〈名〉俗《ぞく》に、「下町《したまち》」のこと。◇downtown(=住宅地からくだっていく商業地)

タウンミーティング〈名〉政治家や役人が一般《いっぱん》市民と意見交換をする集会。◇town meeting

ダウンロード〈名・する〉コンピューターのネットワークから、プログラムやデータのファイルを自分のパソコンにとりこむこと。対アップロード。◇download

たえい・る【絶え入る】〈動五〉息が絶える。死ぬ。例絶え入るような声。類絶え果てる。

たえがた・い【耐え難い・堪え難い】〈形〉つらくて、これ以上がまんできない。例耐えがたい暑さ。

だえき【唾液】〈名〉消化液の一つ。唾液腺《せん》から口の中に分泌《ぶんぴつ》される。でんぷんを分解して麦芽《ばくが》糖にかえる酵素《こうそ》をふくんでいる。類つば。つばき。

た(絶)えざる 絶えることのない。例絶えざる努力。

たえしの・ぶ【耐え忍ぶ・堪え忍ぶ】〈動五〉つらいことや悲しいことを、じっとがまんする。例苦しみを耐え忍ぶ。

たえず【絶えず】〈副〉とぎれることなく。ずっと続いて。例絶えず学べ。類いつも。しょっちゅう。始終《しじゅう》。

たえだえ【絶え絶え】〈形動〉どうやら続いてはいるが、今にもだめになりそうだ。例息も絶え絶え。

たえて【絶えて】〈副〉(あとに打ち消しのことばをともなって)ある時点以後、…ない。例ピカソが亡《な》くなったあと、あのような天才は絶えて出ない。

たえなる【▽妙なる】〈連体〉ふしぎなほど美しい。書きことば的な言いかた。例妙なる調べ。

たえま【絶え間】〈名〉続いているものが途中《とちゅう》で少しきれているところ。例雲の絶え間。絶え間のない仕事。類合間《あいま》。切れ目。間断《かんだん》。

たえまな・い【絶え間ない】〈形〉とだえたり、途中で休んだりすることがない。例絶え間ない努力。雪が絶え間なく降る。

[1]**た・える【耐える・堪える】**〈動下一〉❶つらいことや苦しいことなどを がまんする。例猛《もう》練習に耐える。重圧《じゅうあつ》に耐える。感に堪えない。憤慨《ふんがい》に堪えない(=大いに憤慨する)。類こらえる。しんぼうする。がまんする。❷外からの強い力に対して、十分にもちこたえる。例高温に耐える。地震《じしん》に耐える。風雪《ふうせつ》に耐える。❸そうするだけの能力やねうちがある。例任に堪える。読むに堪えない。観賞に堪えない。
表記一般《いっぱん》に、苦しいことや外からの圧力をこらえるときは「耐える」と書く。③のように「そのような能力や価値がある」という場合や、①の一部の用例のように「そのような感情をおさえる」という場合は「堪える」と書く傾向《けいこう》がある。

[2]**た・える【絶える】**〈動下一〉続いていたものが、そこで続かなくなる。例家が絶える。息が絶える(=死ぬ)。消息が絶える。仲が絶える(=つきあいがなくなる)。なまきずが絶えない。類とぎれる。やむ。なくなる。とだえる。→たえて

だえん【▼楕円】〈名〉〔数学〕横や縦に長い円。

たお・す【倒す】━〈動五〉❶力をくわえて、立っていたものをよこに寝《ね》たような状態にする。例大木を倒す。おし倒す。切り倒す。❷相手を完全にやっつけて、たちなお

れなくする。例敵を倒す。横綱《よこづな》を倒す(=負かす)。一発でとらを倒す。❸借金を返さないで、相手に損をさせる。「借り倒す」「ふみ倒す」のやや古い言いかた。
▤〈接尾〉動詞の連用形につけて、「とことん…する」という意味を表わす。くだけた言いかた。例あそび倒す。

たおやか〈形動〉女性の、上品でものやわらかなようす。古めかしい言いかた。例たおやかな物腰《ものごし》。

たおやめ〖手▽弱女〗〈名〉上品でものやわらかな女性。古い言いかた。例たおやめぶり。対ますらお。

たお・る[1]【手折る】〈動五〉手で折りとる。やや詩的な言いかた。例花を手折る。アタオル

タオル[2]〈名〉❶布の両面または片面に輪状のけばをだした織物。例タオル地。タオルケット。❷「①」でつくった手ぬぐい。例バスタオル。◇towel ▽アタオル
参考 ボクシングなどの試合では、防戦一方で勝てる見こみがないとき、その選手のセコンドがタオルをリング内に投げこんで降参の合図とし、TKO負けとなる。

タオルケット〈名〉厚手《あつで》のタオル地で作ったうわがけ。◇towel と blanket による日本での省略複合語。

だおれ【倒れ】〈接尾〉❶あることをした結果、ひどい損害をこうむり、暮らしや商売などがうまくいかなくなること。例貸し倒れ。食い倒れ。❷中身がともなわなくて、それだけの価値がないこと。例看板倒れ。計画倒れ。

たお・れる【倒れる】〈動下一〉❶立っていたものが、よこに寝《ね》たような状態になる。例あおむけに倒れる。対立つ。起きる。❷完全にだめになって、たちなおれない状態になる。例過労で倒れる。内閣が倒れる(=つぶれる)。❸死ぬ。例凶弾《きょうだん》に倒れる。

たか[1]【高】〈名〉収入や生産などの数量。その数量を金額にしていうことが多い。例売り上げの高。生産高《だか》。収穫《しゅうかく》高《だか》。アタカ」

高が知《し》れる たいしたことはないとわかる。

高をくくる どうせたいしたことはないと、みくびる。

たか[2]【多寡】〈名〉多いことと少ないこと。多いか少ないか。例量の多寡を調べる。類多少。アタカ

たか[3]【▼鷹】〈名〉猛禽《もうきん》の一種。背は茶色に黒のまだらがあり、くちばしとつめがするどい。鳥や小さいけものをとらえて食べる。オオタカ・クマタカなど。アタカ
参考 動物の分類上、ワシも、タカ科の鳥。

とんびが鷹を生《う》む ⇩「とんび」の子項目

たが【▼箍】〈名〉おけやたるがこわれないように、外がわにまいてしめておく輪。タケをうすくわったものや、鉄・銅などの金属を使う。→おけ絵
表現 人の気持ちや団体行動をひきしめる、緊張《きんちょう》感や規律のたとえとして、物の「たが」と同様に、「たがをはめる」「たががはずれる」、また「たがをしめる」「たががゆるむ」とよく使う。

だが〈接〉前に言ったことをうけて、つぎにそれと逆のことを言うときに使うことば。しかし。例これは、とてもむずかしい。だが、失敗をおそれてはいけない。対だから。類が〈接〉。

ダカーポ〈名〉〔音楽〕「はじめから演奏せよ」。記号「D.C.」。◇イタリア da capo

たか・い[1]【高い】〈形〉❶地面や底面など、基準になる面よりも、上の方にある。また、基準となる面とのへだたりが大きい。例高い山。高く飛ぶ。背が高い。頭《ず》が高い(=おうへいだ)。鼻が高い(自慢《じまん》している意味にも使う)。小高い。うず高い。対低い。
❷ほかのものごとよりも、等級や程度、価値などが上である。例地位が高い。評判が高い。目が高い(=ものごとの本質や価値を見ぬく力がある)。熱が高い。理想が高い。格調高い。悪名高い。対低い。
❸声や音の振動《しんどう》数が多い。また、耳によく聞こえる。例高くほそい声。しっ、声が高い。対低い。
❹お金がたくさんかかる。また、そのものの値うちにくらべて、お金のかかりかたが大きい。例税金が高い。高くて手がでない。対安い。▽アタカイ →おたかい
表現 「高くとまる」は、高いところにいておりてこないという意味で、えらぶったり上品ぶったりしている態度をいう。

高くつく 結果的に、より高いお金がかかる。例安かろう悪かろうの激安品がすぐに故障して、結局高くついた。対安くあがる。

たかい[2]【他界】〈名・する〉死後の世界に行くこと。「死ぬこと」を間接的にいう言いかた。アタカイ

たがい【互い】〈名〉関係がある人やものごとの両方。例互いの利益のために、もっと話しあおう。類相互《そうご》。
→たがいに・おたがい

だかい【打開】〈名・する〉いきづまった状態を、なんとかしてうちやぶること。例局面を打開する。打開策。

たがいちがい【互い違い】〈名〉性質のちがうものが、入れかわりにならんでいること。例男女が互い違いにすわる。類交互《こうご》。かわるがわる。

たがいに【互いに】〈副〉関係しあっている人やものごとどうしが、ともに。例互いにあらそう。互いにたすけあう。

たかいびき【高いびき】〖高▼鼾〗〈名〉大きないびき。
表現 「高いびきをかく」といえば、何の心配ごともなくぐっすりねむっているという意味。

たが・う〖▽違う〗〈動五〉❶くいちがう。一致しない。例予想にたがわず立派な成績だ。❷規範《きはん》からはずれる。例法にたがう。類そむく。

たが・える〖▽違える〗〈動下一〉ちがうようにする。例約束《やくそく》をたがえる。

たかが〖高が〗〈副〉考えられる最高の限度でも。例たかが負けたぐらいで、くよくよするな。類たかだか。
表現 「たかが千円、されど千円」「たかが学歴、されど学歴」のように、接続詞の「されど」と組み合わせた形で、軽くあつかってしまうこともできるが、やはりよく考えてもっと大事にするべきだ、ということを表わす。

たかがり【▼鷹狩り】〈名〉飼いならしたタカなどの猛禽《もうきん》を放して、野鳥などをつかまえる狩猟《しゅりょう》。古代から貴族や武家の間で行われ、明治維新後は皇室に受け継がれた。

たかく[1]【多角】〈名〉❶いろいろの分野にまたがっていること。例多角経営。多角化。多角的。❷かどがいくつもあること。例多角形。

たかく[2]【多穫】〈名〉収穫が多いこと。

たがく【多額】〈名・形動〉金額が大きいこと。例多額の資金。対少額。類巨額《きょがく》。高額。

たかくけいえい【多角経営】〈名〉いろいろな種類の事業を同時に行なうこと。

たかくてき【多角的】〈形動〉いろいろな角度や分野などにわたっている。例多角的なものの見かた。

たかげた【高げた】〖高下▽駄〗〈名〉歯の部分の高いげた。

たかさご【高▽砂】〈名〉婚礼《こんれい》の席でよくうたわれる謡曲《ようきょく》。

だがし【駄菓子】〈名〉安い材料でつくった、大衆的な

平忠度(ただのり)(1144～84) 平安末期の武将。平清盛の弟。歌人としても優れていた。一ノ谷で戦死。

菓子。例 駄菓子屋。対 上菓子《じょうがし》。

たかしお【高潮】〈名〉暴風などの影響《えいきょう》で、海水の水位が高くなること。そのために波が陸地におしよせること。↓つなみ

たかしまだ【高島田】〈名〉日本髪《がみ》の型の一つで、根を高くゆいあげた島田髷《まげ》。結婚《けっこん》式のとき、花嫁《はなよめ》がゆう。例 文金《ぶんきん》高島田。↓まげ 絵

たかじょう【▼鷹匠】〈名〉タカを飼育・訓練する技能をもつ人。

たかせぶね【高瀬舟】〈名〉浅瀬でも通行できるように底を浅く平らにした川舟。

たかだい【高台】〈名〉小高い台地。

たかだか【高高】〈副〉❶めだって高く。たいへん高く。例 高々とそびえる。旗がメインマストに高々とかかげられた。❷せいぜい。例 歩いてもたかだか十分ぐらいのところだ。類 たかが。

だかつ【蛇▼蝎】〈名〉人にひどくいやがられるもののたとえ。例 蛇蝎のごとくきらわれる。参考「蛇」はヘビ、「蝎」はサソリのこと。

たかつき【高▼坏】〈名〉むかし、食べ物を盛るのに使った、脚《あし》つきの器《うつわ》。

だがっき【打楽器】〈名〉〔音楽〕打ったり、打ちあわせたり、ふったりして音をだす楽器。リズムの効果をうむために使うことが多い。木琴《もっきん》やカスタネット、太鼓《たいこ》やドラム、かねなど。↓がっき〔楽器〕

たかっけい【多角形】〈名〉〔数学〕三角形・四角形・五角形など、三本以上の線分でかこまれた図形。

たかどの【高殿】〈名〉高く造った御殿《ごてん》。類 楼《ろう》。

[1]**たかとび【高飛び】**〈名・する〉犯人が、外国など遠くはなれたところへにげること。

[2]**たかとび【高跳び】**〈名〉高く上にとんで、その高さをきそう競技。例 走り高跳び。棒高跳び。

たかとびこみ【高飛び込み】〈名〉水泳の飛び込み種目の一つ。五メートル、または一〇メートルの高さの飛び込み台から、水中に飛びこむまでの、空中での姿勢の美しさや正確さをきそう。

たかな【高菜】〈名〉野菜の一つ。二年草。長い葉に辛《から》みがある。つけものにして食べる。

たかなみ【高波】〈名〉高い波。類 大波。

たかな・る【高鳴る】〈動五〉❶音が高くひびく。❷よろこびなどで、心臓がどきどきする。例 胸が高鳴る。

[1]**たかね【高値】**〈名〉高いねだん。例 高値がつく。高値をよぶ。対 安値。ア タカネ

[2]**たかね【高▼嶺】**〖高根〗〈名〉高いみね。高い山のいただき。例 富士の高嶺。ア タカネ

高嶺の花《はな》 高いみねにさいている花のように、遠くからながめるだけで、実際に手にとって、自分のものとすることのできないもの。

たがね〈名〉金属の板などをけずったり、切ったりするときに使う、鋼鉄でつくったのみ。

たかのぞみ【高望み】〈名・する〉自分のもっている力でできる以上のことを望むこと。そういう望み。

たかのつめ〖▼鷹の爪〗〈名〉トウガラシの品種の一つ。また、その実《み》からとれるからみの強い香辛《こうしん》料。

たかは【タカ派】〖▼鷹派〗〈名〉妥協《だきょう》しないで、自分の主張をおしとおす考えかたの人たち。武力や権力などで解決しようとする人たち。対 ハト派。

たかびしゃ【高飛車】〈形動〉相手にものも言わせないで、上からむりにも自分の考えをおしつけようとする態度。例 高飛車なもの言い。高飛車にでる。類 高圧的。居丈高《いたけだか》。頭ごなし。高姿勢。参考 飛車を前にだして戦う、将棋《しょうぎ》の指し方から。

たかぶ・る【高ぶる】〈動五〉❶緊張《きんちょう》していらいらした状態になる。例 神経が高ぶる。感情が高ぶる。類 興奮する。エキサイトする。❷えらそうなようすをする。例 おごり高ぶる。

たかまくら【高枕】〈名〉安心してぐっすりねむること。例 高枕で寝《ね》る。

たかま・る【高まる】〈動五〉度が強くなる。例 関心が高まる。士気が高まる。非難が高まる。

[1]**たかみ【高み】**〈名〉下のほうからの影響《えいきょう》を受けにくい、高い場所。例 高みから見下ろす。

高みの見物《けんぶつ》 安全な場所で、おもしろ半分になりゆきを見ること。例 いつまでも高みの見物というわけにもいかない。類 対岸の火事。注意「高見の見物」とも書かれるが、本来は「高み」。↓次項

[2]**たかみ【高見】**〈名・する〉えらそうな態度で人を見ること。また、「高みの見物」をすること。↓前項

たか・める【高める】〈動下一〉それまでより高くする。例 圧力を高める。学力を高める。対 低める。

たがや・す【耕す】〈動五〉農作のために、田畑をほりかえして、手入れをする。例 田を耕す。類 耕作する。

たかゆか【高床】〈名〉水害や湿気《しっけ》をさけるために、地面からかなり高い位置につくった床。例 高床倉庫。

たから【宝】〈名〉❶価値やねだんがきわめて高いもの。例 国の宝。宝さがし。お宝グッズ。類 たからもの。財宝。宝物《ほうもつ》。❷なにものにもかえがたい、たいせつなもの。例 子宝。類 たからもの。参考「お宝」といって金銭を表わす、少し古い言いかたがある。

宝の持《も》ち腐《ぐさ》れ 才能や技術があるのに、それを利用しないでいる。

だから〈接〉今言ったことを受け、その当然の結果に当たることを言い始めるときの、ややくだけた感じのことば。例 よく運動をなさる。だから、じょうぶなんですね。対 だが。でも。だのに。類 なので。それで。それゆえ。ゆえに。

表現 人の言うことをしっかり聞いていない相手をたしなめるときや、当然予測して用心しておくべきであったことを念押しするときの前置きのことばとして、「だから、さっきから何度も言ってるように…」「だから、あれほど注意したのに…」のようにも使われる。

敬語 丁寧《ていねい》語は、「ですから」。

方言 東北や鹿児島などでは、多く「だからよ」の形で、同意のあいづちにも使う。

だからと言《い》って（あとに打ち消しの表現をともなって）一応認めはするが、すべて認めるというわけではない、という意味を表わす。例 深く反省しているようだが、だからといって許すわけにはいかない。

たからか【高らか】〈形動〉声や音の調子が、高く大きい。例 勝利の歌を高らかにうたう。

たからくじ【宝くじ】〖宝▼籤〗〈名〉地方公共団体が、資金を集めるために売りだすくじ。

たからぶね【宝船】〈名〉宝物や米だわらを積んで、七福神をのせた船。参考 宝船の絵を正月二日または一日の夜、まくらのしたに入れて寝《ね》るといい夢を見るという縁起物《えんぎもの》。

たからもの【宝物】〈名〉❶金銀や宝石などの貴重な品物。類 宝物《ほうもつ》。財宝。❷なにものにもかえられないたい

せつなもの。▽[類]宝。

たかり〈名〉むりにねだるとか、おどすとかして、金品を出させる行為《こうい》。[類]ゆすり。[方言]北海道・東北などでは、「なまけ者」の意味でも使う。

たか・る〈動五〉❶まわりにおおぜいの人が集まる。[例]寄ってたかって。[類]むらがる。❷食べ物やえさに虫などが集まる。[例]ありがたかる。はえがたかる。[類]むらがる。❸むりにねだるとか、おどすとかして、金品を出させる。[例]きのうは、だいぶ後輩《こうはい》にたかられた。[方言]北《きた》関東では、「ごみたかっちったよ」のように、「付く」の意味でも使う。

たがる〈助動〉そうしたい、そうなりたいと思っているようすを見せる。[例]オートバイに乗りたがる。ひとりになりたがる。→たい〈助動〉[接続]動詞の連用形につく。

たかわらい【高笑い】〈名・する〉大きな高い声で笑うこと。とくに得意げに笑うようすをいう。

たかん【多感】〈形動〉ものに感じやすい。[例]多感な青年期。

だかん【▼兌換】〈名・する〉〔歴史〕紙幣《しへい》を、そこに表示された金額にひとしい正貨《せいか》(=金貨や銀貨)とひきかえること。[例]兌換銀行券。[対]不換。→きんほんいせい

1**たき**【滝】〈名〉川のとちゅうで、高いところからいきおいよく流れ落ちる水の流れ。[例]滝にうたれる。滝のようなあせ。滝つぼ。[類]瀑布《ばくふ》。[ア]タキ
[参考]栃木の華厳《けごん》の滝、和歌山の那智《なち》の滝、茨城の袋田《ふくろだ》の滝は、日本三大瀑布(三名瀑)として有名。

【滝(瀧)】氵部10 全13画 滝滝滝滝滝
たき

2**たき**【多岐】〈名〉ものごとがいろいろな方面に分かれていて複雑なこと。[例]問題が多岐にわたる。[ア]タキ

たぎ【多義】〈名〉いくつもの意味。二つ以上の意味。[例]多義語。多義性。多義的。[対]単義。

だき【唾棄】〈名・する〉つばをはきかけたくなるような気持ちで、軽蔑《けいべつ》し、きらうこと。[例]唾棄すべき人物。

だきあ・げる【抱き上げる】〈動下一〉持ち上げて抱く。[例]子どもを抱き上げる。

だきあわせ【抱き合わせ】〈名〉評判のよいものとよくないものをくみあわせること。[例]抱き合わせ販売。

だきおこ・す【抱き起こす】〈動五〉横になっているものを、うでをまわして、かかえるようにして起こす。[例]病人を抱き起こす。

だきかか・える【抱き抱える】〈動下一〉うででだくようにして、落ちないようにささえ持つ。

たきぎ『薪・▼焚き木』〈名〉燃料にする、木の枝《えだ》やまき。

たきぎのう【薪能】〈名〉夜、たきぎをたいて照明とし、野外で行なう能。
[参考]元来は、奈良の興福寺で行なわれる能をさす。

たきぐち【滝口】〈名〉滝が流れ落ちるもとのところ。

たぎご【多義語】〈名〉使われる場合によって、いくつかのちがう意味を表わすことがある単語。たとえば、「月」は、「月がでる」では地球にいちばん近い天体を表わすが、「月のはじめ」では一年を十二等分した期間を意味する。[対]単義語。

たきこみごはん【炊き込み御飯】〈名〉米といっしょに、肉・魚・貝・野菜などを入れて、味をつけて炊《た》いたご飯。[類]まぜご飯。かやくご飯。

たきこ・む【炊き込む】〈動五〉豆・きのこなどを米にいれて、いっしょにたく。

だきこ・む【抱き込む】〈動五〉味方にひき入れる。[類]手なずける。懐柔《かいじゅう》する。

タキシード〈名〉男性の礼服。パーティーや観劇などのときに着る。[類]燕尾《えんび》服。モーニング。◇tuxedo

だきし・める【抱き締める】〈動下一〉うでで、しっかりと抱く。[例]わが子を抱きしめる。[類]ハグする。
[表現]「思い出を抱きしめて」のように、気持ちなどを非常に大切にしていることを表わす場合がある。

だきすく・める【抱きすくめる】『抱き▼竦める』〈動下一〉抱きしめて、相手が動けないようにする。

たきだし【炊き出し】〈名〉災害の被災《ひさい》者や、生活にこまっている人々などのために、ご飯をたいて無料で配ってあげること。

だきつ・く【抱き付く】〈動五〉両うでで、相手にしがみつく。[例]両手を広げて抱き付く。

たきつけ『▼焚き付け』〈名〉たき火などをするときに、火をつけるために燃やす紙やほそい木。

たきつ・ける『▼焚き付ける』〈動下一〉❶火をつけて燃やす。❷相手に強くはたらきかけて、その気にさせる。[例]たきつけてやらせる。[類]けしかける。扇動《せんどう》する。そそのかす。

たきつぼ【滝つぼ】『滝▼壺』〈名〉滝の水が落ちこむ、深くえぐれたところ。[例]あわだつ滝つぼ。

たきび【たき火】『▼焚き火』〈名〉落ち葉、かれ枝《えだ》などをかき集めて燃やすこと。

たきぼうよう【多岐亡羊】〈名〉アイデアやり方があまりにも多くて、まよってしまうこと。亡羊の嘆《たん》。
[由来]にげたヒツジを追って行ったが、道が枝分かれしていたので見失ったという、中国の古典『列子《れっし》』にある話から。探究すべき前途《ぜんと》があまりにも広いのをなげくときに使う。

たきもの『▼焚き物』〈名〉燃料として燃やすもの。たきぎやまきなど。[参考]「たきものをする」というのは、ねり物にした香《こう》をたくこと。このときは「▽薫物」とも書く。

だきゅう【打球】〈名〉バッターやゴルファーの打ったたま。

たきょう【他郷】〈名〉自分が生まれてそだったのではない、よその土地や国。[類]異郷。他国。

だきょう【妥協】〈名・する〉自分の主張のおさえられるところはおさえて、相手側に合わせ歩み寄っていくこと。[例]妥協をはかる。妥協が成立する。妥協案。[類]譲歩《じょうほ》。折り合う。歩《あゆ》み寄る。折れる。

たきょくか【多極化】〈名・する〉大きな中心勢力がなく、いくつもの対立しあう勢力に分かれること。[例]多極化した国際情勢。

たぎ・る〈動五〉❶ぐらぐら沸騰《ふっとう》する。[例]湯がたぎる。にえたぎる。[類]わきかえる。わきたつ。❷ある感情がとてもおさえられないほど強くなる。[例]感情がたぎる。血がたぎる。❸急流が波だって、しぶきをあげる。[類]さかまく。

常用漢字 たく

【宅】宀部3 全6画 宅宅宅宅宅宅
タク [教]小6 [音]［タク］▨宅地《たくち》。宅診《たくしん》。▨帰宅《きたく》。自宅《じたく》。在宅《ざいたく》。別宅《べったく》。家宅捜索《かたくそうさく》。

【択(擇)】扌部4 全7画 択択択択択
タク [音]［タク］▨二者択一《にしゃたくいつ》。▨選択《せんたく》。採択

 平忠盛(ただもり)(1096~1153) 平安末期の武将。平清盛の父。公家になり，平氏繁栄の基礎を築いた。

《さいたく》。

【沢(澤)】氵部4 全7画 沢沢沢沢沢
タク さわ 音[タク] ▨沼沢《しょうたく》。光沢《こうたく》。潤沢《じゅんたく》。贅沢《ぜいたく》。訓[さわ] 沢。

【卓】十部6 全8画 ※卓卓卓卓卓
タク 音[タク] ▨卓上《たくじょう》。卓越《たくえつ》。卓説《たくせつ》。卓球《たっきゅう》。▨食卓《しょくたく》。教卓《きょうたく》。

【拓】扌部5 全8画 拓拓拓拓拓
タク 音[タク] ▨拓殖《たくしょく》。拓本《たくほん》。▨開拓《かいたく》。干拓《かんたく》。魚拓《ぎょたく》。

【託】言部3 全10画 託託託託託
タク 音[タク] ▨託宣《たくせん》。託送《たくそう》。託児所《たくじしょ》。▨委託《いたく》。結託《けったく》。信託《しんたく》。

【濯】氵部14 全17画 ※濯濯濯濯濯
タク 音[タク] ▨洗濯《せんたく》。

1 た・く【炊く】〘▼焚く〙〈動五〉一[炊く] かまに米と水を入れ、加熱して、飯をつくる。例ご飯を炊く。↓囲み記事57(1287ページ)
二[焚く] ❶まきや炭などに火をつけて、燃やす。例火をたく。ふろをたく。ストーブをたく。香《こう》をたく。たきつける。❷写真をとるときに、フラッシュを発光させる。
表記 二の①で、「香をたく」のときは、「▽薫く」「▼炷く」と書かれることがある。
方言 一は、関西では「大根をたく」のように、「煮《に》る」の意味でも使う。

2 たく【宅】〈名〉❶自分の家。❷妻が夫のことを人に対して言うときに、使うことば。▽↓おたく

3 たく【卓】〈名〉テーブル。例卓をかこむ。

常用漢字 だく

【諾】言部8 全15画 諾諾諾諾諾
ダク 音[ダク] ▨諾否《だくひ》。▨快諾《かいだく》。承諾《しょうだく》。

【濁】氵部13 全16画 濁濁濁濁濁
ダク にごる・にごす 音[ダク] ▨濁音《だくおん》。濁点《だくてん》。濁流《だくりゅう》。▨汚濁《おだく》。清濁《せいだく》。白濁《はくだく》。訓❶[にごる] 濁る。濁り。濁り水。❷[にごす] 濁す。

だ・く【抱く】〈動五〉胸におしあてながら、手でささえもつ。例子どもを抱く。胸に抱く。抱きかかえる。抱きしめる。類いだく。かかえる。

だくあし【だく足】〘▼跑足〙〈名〉❶馬の、左右それぞれのまえ足とあと足を同時に前に出す歩の進めかた。そのように調教して速く走れるようにする。❷競馬で、馬のウォーミングアップのためにさせる速歩き。ふつう「ダクを踏《ふ》む(踏ませる)」の形で使われる。

たくあん〘沢▼庵〙〈名〉干したダイコンを塩とぬかでつけたつけもの。たくあんづけ。由来 江戸《えど》時代の僧《そう》、沢庵の名にちなむという説がある。

たぐい【類い】〈名〉❶同じ程度のもの。例類いのない名作。❷同じ種類。例カエルの類い。この類いの絵は、むかし見たことがある。▽類類《るい》。

たくいつ【択一】〈名・する〉選択肢《せんたくし》の中から、一つだけえらぶこと。例二者《にしゃ》択一。三者択一。

たぐいまれ【類いまれ】〈形動〉同類が見つけにくいほど、程度がはなはだしい。例類いまれな才能。

たくえつ【卓越】〈名・する〉ほかよりはるかにすぐれていること。例卓越した才能。類卓絶。卓出。卓抜《たくばつ》。

だくおん【濁音】〈名〉五十音図で、濁点「゛」をつけて書き表わされる音《おん》。ガ・ザ・ダ・バの行に属するかなで表わされる。対清音。半濁音。

たくさん〘沢山〙一〈副〉数や量が多いようす。例まだたくさん残っている。対すこし。
二〈形動〉じゅうぶんで、もうこれ以上いらない。例「もういっぱいいかがですか」「いえ、もうたくさんです」。類こりごり。▽ア一タクサン 二タクサン

たくしあ・げる【たくし上げる】〈動下一〉衣服のそでやすそを、手でまくり上げる。類からげる。はしょる。

タクシー〈名〉客を乗せて目的地まで送りとどけ、距離《きょり》や時間に応じて料金をとる自動車。例タクシーをひろう。流しのタクシー。類ハイヤー。◇taxi

たくしこ・む【たくし込む】〈動五〉シャツなどの服のすそを、ズボンなどの中におし入れる。

たくじしょ【託児所】〈名〉親が仕事にでているあいだ、子どもをあずかり、育児やせわをする施設《しせつ》。

たくじょう【卓上】〈名〉机やテーブルなどの上。例卓上カレンダー。類机上《きじょう》。

たくしょく【拓殖】〈名・する〉荒《あ》れ地をきりひらいて、人が生活できるようにすること。類開拓。

たくしん【宅診】〈名〉医師が自分の家で患者《かんじゃ》の診察や治療《ちりょう》をすること。対往診。

たく・す【託す】〘▼托す〙〈動五〉❶仕事を人にたのんでまかせる。例任務を託す。手紙を託す。類委託する。❷つたえたいことをストレートには口にしないで、別のかたちで表現する。例かなしみを歌に託す。▽「たくする」ともいう。

だくすい【濁水】〈名〉にごった水。類どろみず。

たく・する【託する】〘▼托する〙〈動サ変〉⇩たくす

たくせつ【卓説】〈名〉ほかよりはるかにすぐれた、考えや意見。例名論卓説。類卓論。高説。

たくぜつ【卓絶】〈名・する〉比べるものがないほど、すぐれていること。類卓越《たくえつ》。卓抜《たくばつ》。卓出。卓立。

たくせん【託宣】〈名〉神が、人間にその意思を知らせることば。例託宣がくだる。類お告げ。神託。↓ごたくせん

たくそう【託送】〈名・する〉運送店などにたのんで、荷物をおくること。

だくだく【諾諾】なんでも人の言いなりになること。おもに「唯唯《いい》諾諾」の形で使う。⇩いいだくだく

たくち【宅地】〈名〉家をたてるための土地。家がたっている土地。例宅地造成。

だくてん【濁点】〈名〉ひらがなやかたかなの右肩《みぎかた》につける、「゛」という二つの点。濁音であることを示す。↓はんだくてん

タクト〈名〉オーケストラなどで、指揮者が使う細長い棒。指揮棒。例タクトをふる。◇ドイツ《ドイツ》Taktstock から。

ダクト〈名〉冷暖房や換気《かんき》などのために、建物内部にめぐらした管。送風管。◇duct

たくはい【宅配】〈名・する〉「自宅配達」の略。商品や荷物を、直接、客の家にとどけること。例宅配便。

たくはいびん【宅配便】〈名〉小荷物を短時日《たんじじつ》のうちにトラックで運送する事業。

たくはつ【▼托鉢】〈名・する〉〔仏教〕修行《しゅぎょう》する僧《そう》が鉢《はち》を持って家いえをまわり、経《きょう》をとなえて、お金や食べものなどの喜捨をうけること。例托鉢僧。

たくばつ【卓抜】〈形動・する〉すばらしく、すぐれている。例卓抜なアイデア。類卓越《たくえつ》。卓絶。卓出。卓立。

だくひ【諾否】〈名〉承諾するかしないか。例諾否を問う。

タグボート〈名〉港の中で、タンカーや客船などの大型船を引いて、その安全な離岸や着岸を助ける小型船。ひき船。◇tugboat 参考 座礁《ざしょう》や故障で航行できなくなった船や、大きなクレーンなどを引くこともある。

たくほん【拓本】〈名〉石や木にきざまれた文字やもようを、墨《すみ》を使って紙にうつしとったもの。

たくまし・い【▼逞しい】〈形〉❶からだががっしりしていて、いかにも強そうだ。❷なにものにもひるまない力づよさがある。例たくましく成長する。→たくましくする

たくましくする【▼逞しくする】〈動サ変〉なにものにもさまたげられずに、自由にそれをする。古い言いかたでは、「たくましゅうする」ともいう。例想像をたくましくする（＝思いきり自由に想像してみる）。

[1]**たくみ【巧み】**━〈名〉工作物や芸術作品などを作るうえでのくふうにとんだ技巧《ぎこう》。例巧みをこらす。
━〈形動〉実に手ぎわがよい。例巧みな手綱《たづな》さばき。巧みにあやつる。細工に巧みな人。類みごと。巧妙《こうみょう》。

[2]**たくみ【▽匠】【▽工】**〈名〉木の加工にすぐれた技術をもつ職人。古い言いかた。例飛騨《ひだ》の匠。

たく・む【▽巧む】〈動五〉くふうをこらす。
表現「巧まざる自然のうつくしさ」「巧まざるユーモア」のように、打ち消しの形で使うことが多い。

たくらみ【▽企み】〈名〉ひそかに悪いことを計画すること。類くわだて。もくろみ。

たくら・む【▽企む】〈動五〉ひそかに悪いことを計画する。例謀反《むほん》をたくらむ。類もくろむ。くわだてる。しくむ。策する。

たくらん【▼托卵】〈名〉〔動物〕カッコウやホトトギスなどの鳥が、ほかの種類の鳥の巣にたまごをうみつけ、せわを託《たく》してしまう習性。ある種の魚にもみられる。

たくりつ【卓立】〈名・する〉ほかよりきわだって、すぐれていること。類卓越《たくえつ》。卓抜《たくばつ》。卓絶。卓出。傑出《けっしゅつ》。

だくりゅう【濁流】〈名〉土砂《どしゃ》などがまじってにごった、はげしい水のながれ。例濁流にのまれる。対清流。

たぐりよ・せる【手繰り寄せる】〈動下一〉糸・ひも・なわの類を両手でたぐって、引きよせる。
表現 少しずつ順を追って思い出すことを、「記憶《きおく》の糸を手繰り寄せる」のように言うことができる。

たぐ・る【手繰る】〈動五〉糸・ひもなどを両手をかわるがわる使って、だんだんと手もとに引きよせる。例手繰り寄せる。

たくろん【卓論】〈名〉ほかと比べて、はるかにすぐれた考えや意見。類卓見《たっけん》。卓説。達見《たっけん》。

たくわえ【蓄え】【▽貯え】〈名〉あとで役だたせるためにためておく、金銭や品物。例蓄えがある。蓄えが底をついた。類貯蓄《ちょちく》。蓄積。

たくわ・える【蓄える】【▽貯える】〈動下一〉金銭や品物を、あとで役だたせるためにためておく。力や知識をふやしていく。例食料を蓄える。実力を蓄える。知識を蓄える。ひげを蓄える（＝生やす）。類貯蔵する。蓄積《ちくせき》する。備蓄する。

[1]**たけ【丈】**〈名〉❶背の高さ。例丈が高い。丈がのびる。身の丈。背丈。草丈。❷着物や洋服の長さ。例丈があまる。丈をつめる。そで丈。❸全部。あるだけ。例思いのたけをしるす。ありったけ。▽アタケ」

[2]**たけ【竹】**〈名〉常緑の多年生植物。かたい茎《くき》は中が筒《つつ》になっていて、まっすぐ上にのびる。節があってくぎれており、繊維《せんい》がたてにだけとおっているために、よこには折れにくい。地下茎《けい》でふえる。茎は、さまざまな竹細工に使われ、また、モウソウチクやマダケなどの若い芽は、「たけのこ」として食用にする。アタケ

竹を割《わ》ったよう さっぱりしていて、まがったことのきらいな性質である。

[3]**たけ【他家】**〈名〉よその家。例他家にとつぐ。アタケ

たげ〈接尾〉何かをしたそうなようす。例何か話したげな顔をしている。言いたげ。ねむたげ。
参考 願望を表わす助動詞「たい」の「た」に、接尾語「げ」がついたもの。動詞の連用形につく。

だけ〈副助〉ものごとのいろいろな面について、あるきまった限度を示す助詞。
❶人やものごとそのもの、その種類、性質、分量、程度などをある限度にかぎる意味を表わす。例あなたにだけ話してあげる。自然食品だけを食べる。色の赤いのだけえらびだしてください。十五分だけ休むことにしよう。類きり。
❷「…にふさわしい」という意味を表わす。「…だけに」「…だけあって」「…だけのことはある」の形になることが多い。例彼はベテランだけにおちついている。じゅうぶん練習をつんだだけあってうまいものだ。
❸「…に比例して…だ」という意味を表わす。この意味のときは「…ば…だけ」の形になる。例雨が降れば降るだけ苗《なえ》がよくそだつ。類ほど。
❹「あれ」「これ」「それ」「どれ」につけて、程度を強調する。例これだけ言ってもまだわからないのか。みんながどれだけ心配したかしれないぜ。類ほど。
表現「だけ」は、ある限度を示すという点で「しか」と似《に》ているしかし「しか」はかならず打ち消しのことばといっしょに使われるのに対して、「牛乳だけ飲める」「牛乳だけは飲めない」のように、「だけ」にはそのような制限はない。

だけあって ⇩だけ②

たげい【多芸】〈名・形動〉いろいろなことができること。例多芸な人。多芸多才。対無芸。

多芸は無芸《むげい》 多芸の人は、一芸にふかく通じることができないで、けっきょく、なにもできない、ということ。

たけうま【竹馬】〈名〉タケなどで作った二本のさおの途中《とちゅう》に足をのせる台をつけて、そこにのって、さおの上部をつかんで歩く、子どもの遊び道具。絵
表現 二本をひと組みにして一対《いっつい》二対《につい》と数える。

たけかんむり【竹冠】〈名〉漢字の冠の一つ。「笛」「符《ふ》」などの「⺮」の部分。

だげき【打撃】〈名〉❶つよく打つこと。❷すぐにはたちなおれないような、大きな損害やショック。例打撃をあたえ

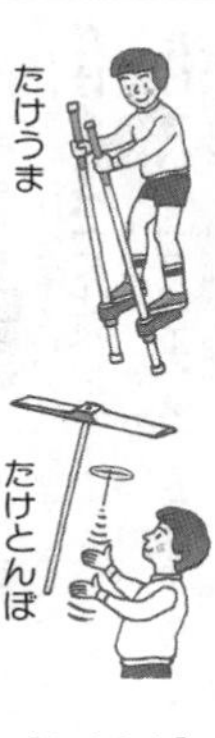

［たけうま］

た

る。打撃をうける。類衝撃《しょうげき》。痛手。❸野球で、打者が投手の投げるたまを打つこと。バッティング。

たけくらべ【丈比べ】〈名・する〉「せいくらべ」の古い言《い》いかた。

たけざいく【竹細工】〈名〉竹で作る人形、かご、道具類など。

たけざお【竹ざお】『竹▾竿』〈名〉長いままの竹の茎でつくったさお。つりざおやものほしざおにする。さおだけ。

たけだけし・い『▿猛々しい』〈形〉❶あらあらしく、勇ましい。例ねぶたの武者絵《むしゃえ》のようにたけだけしい顔だ。❷ずうずうしい。例ぬすっとたけだけしい。

だけつ【妥結】〈名・する〉対立する両者がゆずりあうことによって、話がまとまり、約束をむすぶにいたること。また、そのようにして話をまとめ、約束をむすぶこと。例妥結にいたる。交渉《こうしょう》が(を)妥結する。

たけつしつ【多血質】〈名〉刺激《しげき》に対する反応がはやく、活発だが、関心がすぐほかにうつりやすい気質。→きしつ〔気質〕参考

だけど〈接〉「けれども」「しかし」のくだけた言いかた。「だけども」「だけれども」ともいう。

たけとんぼ【竹とんぼ】『竹▾蜻▾蛉』〈名〉おもちゃの一種。タケをプロペラのかたちにうすくけずり、中央に軸《じく》をさしこんだもの。その軸を垂直にして両手でこするようにまわして飛ばす。→たけうま絵

たけなわ『▾酣』〈名・形動〉まっさかり。最高潮。例秋たけなわの行楽シーズン。選挙戦もたけなわ。

表現 季節については春と秋についていい、夏や冬にはあまりいわない。

だけに ⇩だけ②

たけのこ『竹の子・▾筍』〈名〉春、タケの地下茎《けい》からのびてくる、こまかい毛のはえた皮にいくえにもつつまれた新芽。やわらかいうちは食べられる。

たけぼうき【竹ぼうき】『竹▾箒』〈名〉竹の柄《え》に、たばねた竹の小枝をつけて作ったほうき。地面をはくもの。

たけみつ『竹▿光』〈名〉刀身をタケで作ってある刀。

たけやぶ【竹やぶ】『竹▾藪』〈名〉タケがいっぱい生えているところ。参考「竹やぶ焼けた」は回文《かいぶん》の代表。

たけやらい【竹矢来】〈名〉タケをあらく組んでつくったかきね。絵(右下)

[1]**たけりくる・う【たけり狂う】**『▿猛り狂う』〈動五〉興奮して、さけびながらあばれまわる。

[1]**たけりた・つ**『▿猛り立つ』〈動五〉ひどく興奮してあらあらしくふるまう。類気負い立つ。

[2]**たけりた・つ**『▾哮り立つ』〈動五〉けものがあらあらしくほえたてる。

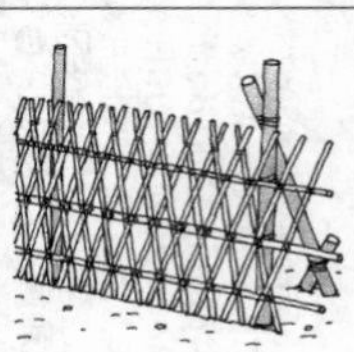
[たけやらい]

た・ける『▿長ける・▾闌ける』〈動下一〉❶[長ける]あることにすぐれている。例世故《せこ》にたける。数学にたける。類長じる。❷[闌ける]❶ものごとのさかりになる。例春がたける。類ふける。❷さかりを少しすぎる。例日がたける。

[1]**たげん【多元】**〈名〉ものごとをなりたたせている要素がいくつもあること。例多元放送。対一元。

[2]**たげん【多言】**〈名・する〉たくさんしゃべること。例多言を要しない。対寡言《かげん》。類多弁。

たげんてき【多元的】〈形動〉考えや物事のもととなるものがたくさんあるようす。例多元的な考え方をもつ。

たげんろん【多元論】〈名〉ものごとは、複数の原理や原則にもとづくとする考えかた。対一元論。二元論。

[1]**たこ**『▾凧』〈名〉ほそく割ったタケでつくったほねぐみに、紙などをはり、糸をつけて、風の力を利用して空中にあげるおもちゃ。例たこをあげる。

方言 北陸・近畿《きんき》などでは、「いか」「いかのぼり」ともいう。

[2]**たこ**『▾蛸』〈名〉軟体《なんたい》動物の一種。海底の岩の間などにすむ。吸盤《きゅうばん》のついた八本の足があり、足のつけねの中央部に口がある。敵にあうと墨《すみ》をはく。イイダコやマダコなど、種類が多い。

表現 ふつう一匹《いっぴき》二匹《にひき》と数える。食用としては一杯《いっぱい》二杯《にはい》と数えることもある。

[3]**たこ**『▾胼▾胝』〈名〉手足のひふで、はきものとかいつも使う道具などですれる部分が、厚くかたくなったもの。例耳にたこができる(→「みみ」の子項目)。ペンだこ。すわりだこ。類まめ。魚《うお》の目。

たこあし【たこ足】『▾蛸足』〈名〉タコの足のように、一か所からいくつもに分かれて、のびていること。例たこ足配線。

たこう【多幸】〈名・形動〉しあわせいっぱいであること。おもに「ご多幸」の形で、手紙などで使う。

だこう【蛇行】〈名・する〉ヘビがはうように、くねくねと曲がっていること。例蛇行して流れる川。類うねる。

たこうしき【多項式】〈名〉〔数学〕二つ以上の項を、＋や－で結びつけた式。$ab+bc+cd$ など。対単項式。

たこく【他国】〈名〉自分が生まれてそだった国でない、よその国。生まれ故郷でない、よその土地。類異国。

たこくせき【多国籍】〈名〉❶一つの機関がいくつもの国にわたって、単なる出張所ではない本格活動拠点《きょてん》をもっている状態。例多国籍企業。❷いくつもの国の機関が集まって一つの統一ある機関となっている状態。例多国籍軍。

タコス〈名〉メキシコの食べ物で、これたトウモロコシ粉《こ》の薄焼きに、ひき肉いためや生野菜などを包んだもの。◇スペイン tacos

たこつぼ『▾蛸▾壺』〈名〉海中にしずめて、タコをとらえるためのつぼ。

たこべや【たこ部屋】『▾蛸部屋』〈名〉むかし、炭坑《たんこう》や鉱山などにあった労働者の宿泊所。ここに入った労働者はひどい労働条件で働かされた。参考たこつぼに入ったタコが二度と出られないことにたとえていったことば。

タコメーター〈名〉エンジンなどの回転速度をはかる計器。トラックやタクシーなどにとりつける。回転速度計。◇tachometer

たこやき【たこ焼き】〈名〉半球形のくぼみを並べた形の鉄板に、小麦粉を水やだし汁でうすくといたものを流しこみ、ゆでたタコや青ネギを細かく切ったものを入れて、くぼみの中で転がしながら丸く焼いたもの。ソース・かつお節・青のりをかけて食べる。大阪の名物。

たごん【他言】〈名・する〉かんたんに外部の人に言うべきでないことを外部に言うこと。例他言をはばかる。他言は無用。類口外。

[1]**たさい【多才】**〈名〉いろいろな方面の才能にめぐまれていること。例多芸多才。

た

高島秋帆(しゅうはん)(1798～1866)　幕末の砲術家。幕府の命で江戸郊外で砲術演習を実施。

2**たさい**【多彩】〈形動〉❶いろいろな種類の色彩《しきさい》があって、うつくしい。類カラフル。はなやか。❷いろいろな種類や変化があって、はなやかである。例多彩な行事。多彩な顔ぶれ。類多種多様。

ださ・い〈形〉あかぬけていなくて、やぼったい。かっこわるい。例この靴《くつ》、ださくない？
表現 おもに若者が使う、くだけたことば。人の外見だけでなく、ことばや行動についてもいう。

だざいふ【▽大宰府】〈名〉〔歴史〕律令《りつりょう》制度で九州におかれた役所。いまの福岡《ふくおか》県太宰府市にあった。九州地方の政治と外交、国防などの中心組織。

たさいぼうせいぶつ【多細胞生物】〈名〉多数の細胞が集まって一つの個体をつくっている生物。対単細胞生物。

たさく【多作】〈名・形動〉画家や作家などが、作品をどんどんつくること。例多作な作家。対寡作《かさく》。

ださく【駄作】〈名〉くだらない作品。対秀作《しゅうさく》。

たさつ【他殺】〈名〉人に殺されること。対自殺。

ださん【打算】〈名・する〉ものごとをはじめる前に、それが自分にとって損か得かを第一に考えること。例打算がはたらく。打算的。類おもわく。計算。

ださんてき【打算的】〈形動〉まず損得を考える傾向《けいこう》がある。例打算的な性格。類功利的。

たざん（他山）**のいし**（石）他人のあやまった行ないやことばが、自分の反省の材料になる、ということ。例もって他山の石とするにたりる。類反面教師。人のふり見てわがふり直せ。由来 よその山から出た粗悪《そあく》な石も、自分の宝石をみがく役に立つ、という意味の、中国の古典『詩経《しきょう》』のことばから。

たし【足し】〈名〉多少ともおぎないになるもの。例家計の足しにする。腹の足しになる。

1**たじ**【他事】〈名〉その人に関係のないことがら。類ひとごと。よそごと。
表現 「他事ながらご安心ください」の形で、手紙などで自分に関することを、へりくだっていうのに使う。

2**たじ**【多事】〈名〉❶かたづけなければいけない仕事が山のようにあること。例多事多端《たたん》。類多用。多忙《たぼう》。多端。繁忙《はんぼう》。❷世の中をさわがすような事件が多いこと。例多事多難。

1**だし**【山車】〈名〉祭りのときに、にぎやかにかざって引きあるく車。類山鉾《やまぼこ》。

2**だし**『出し』〈名〉❶食材を煮《に》ると湯に溶け出るうまみ。また、そのうまみを出すために使う、昆布《こんぶ》・かつおぶしなど。例魚からいいだしが出る。煮干《にぼ》しでだしをとる。粉末《ふんまつ》だし。おだし。❷⇩だしじる ❸自分の利益やつごうのために、うまく利用するもの。例人をだしに使う。子どもをだしにして言いわけする。
方言 山形には、きゅうり・なす・みょうがなどと昆布を細かくきざんでまぜて味つけをした、「だし」というねばりけのある郷土《きょうど》料理がある。

だしいれ【出し入れ】〈名・する〉出すことと入れること。例お金の出し入れ。

だしおし・む【出し惜しむ】〈動五〉もったいなくて、出すのをいやがる。出し惜しみする。例寄付金を出し惜しむ。能力を出し惜しむ。類出ししぶる。

たしか【確か】㊀〈形動〉❶まちがいやいいかげんなところがなくて、じゅうぶん信用できる。例確かな証拠《しょうこ》。確かな人。あす、確かにとどけます。❷しっかりしていて、安心ができる。例確かな学力を身につける。▽類確実。
㊁〈副〉ひょっとしたらちがっているかもしれないが、たぶん。例たしか田中という名前でした。
表現 「たしかに…だ」というと、まちがいがないという意味になるのに対し、「たしか…だ」は、すこし不安をもちながらも、いちおうまちがいないと思っていることを示す。

たしか・める【確かめる】〈動下一〉まちがいはないか、だいじょうぶかどうかをしらべて、はっきりさせる。例答えを確かめる。足もとを確かめる。事実を確かめる。

だしがら【出し殻】〈名〉❶だし汁《じる》をとったあとに残ったかす。❷お茶などをいれたあとのかす。

たしざん【足し算】〈名・する〉ある数や式に、別の数や式をくわえる計算。加法。対引き算。類加算。
参考 たし算の答えを、「和」という。

だししぶ・る【出し渋る】〈動五〉出さなければならないものを、いやがってなかなか出さない。類出しおしむ。

だしじる【だし汁】『出し汁』〈名〉昆布《こんぶ》・かつおぶし・煮干《にぼ》しなどのうまみを煮出した湯。汁物の料理などに使う。だし。類スープ。

たしせいせい【多士▽済▽済】〈名〉すぐれた人がたくさんいること。読みあやまって「たしさいさい」ともいう。例顔ぶれは多士済々だ。

たじたじ〈副〉相手に圧倒《あっとう》されて、一歩二歩と引き下がる感じ。例たじたじとなる。

たじたたん【多事多端】〈名・形動〉やるべき仕事が多くて忙しいこと。

たじたなん【多事多難】〈名・形動〉多くの事件があり、それにともなう困難や苦しみも多いこと。

たしつ【多湿】〈名・形動〉湿度が高いこと。例日本の夏は、高温よりも多湿なのが過ごしにくい。

たじつ【他日】〈名〉これからあとの、いつか別の日。例他日を期す。他日にゆずる。類後日。

だしなげ【出し投げ】〈名〉すもうで、相手のまわしを取り、足を大きく引いてからだを開きながら相手を投げたおすわざ。上手《うわて》出し投げと下手《したて》出し投げがある。

たしなみ『▼嗜み』〈名〉❶芸事《げいごと》などの、ある程度の心得。例茶道《さどう》のたしなみがある。❷礼儀《れいぎ》にはずれたり、度をすごしたりしないように注意する、ふだんの心がけ。例たしなみがない。身だしなみ。類つつしみ。

たしな・む『▼嗜む』〈動五〉❶芸事《げいごと》などが好きで、少しはできる。例俳句をたしなむ。❷酒などを、ある程度このんでしたしむ。例お酒はたしなむ程度に飲みます。❸言動や外見に気をつける。例身をたしなむ。類つつしむ。

たしな・める〈動下一〉言いきかせながら、しかる。例無作法をたしなめる。類いましめる。注意する。

だしぬ・く【出し抜く】〈動五〉だましたり、すきをねらったりして、人よりも先に自分の得になるようなことをする。例人を出し抜く。類裏をかく。

だしぬけ【出し抜け】〈形動〉予想もしないときに急にものごとが起こるようす。例出し抜けにどなられて、めんくらった。類不意。とうとつ。

たじま【▽但馬】〈名〉旧国名の一つ。現在の兵庫県北部。但州《たんしゅう》。例但馬牛。

だしもの【出し物】〈名〉上演する作品。

1**たしゃ**【他者】〈名〉ほかの人。自分以外の人。「他人」のかたい言いかた。例この点が他者のおよばないところだ。対自分。自己。

2**たしゃ**【多謝】〈名・する〉❶相手の厚意や親切にふかく感謝すること。❷自分のしたことをふかくあやまること。

た

高杉晋作(しんさく)（1839～67） 幕末の長州藩士。吉田松陰に学び，奇兵隊を組織し幕府軍と戦った。

例妄言《もうげん》多謝。▽類深謝。

だしゃ【打者】〈名〉野球で、投手の投げるたまを打つ人。バッター。例この回、打者一巡《いちじゅん》の猛攻《もうこう》。

だじゃく【惰弱】〈形動〉意気地《いくじ》がなく、弱々しい。対剛健《ごうけん》。

だじゃぐ(方言) 乱暴《らんぼう》する。秋田で言う。

だじゃれ【駄▼洒▽落】〈名〉だれも感心しないような、つまらないしゃれ。例だじゃれをとばす。

たじゅうほうそう【多重放送】〈名〉テレビで、電波のすきまをつかって副音声を放送したり、走査線のすきまをつかって文字放送を行なうこと。

たしゅたよう【多種多様】〈名・形動〉種類や形式がさまざまであること。例多種多様な品物。多種多様にとりそろえる。類いろいろ。多様。

たしゅつ【他出】〈名・する〉❶外へでかけること。例ただ今、他出しております。類外出。❷その本の中のほかの箇所《かしょ》に示されていること。

たしゅみ【多趣味】〈名・形動〉趣味をたくさんもっていること。例多趣味な人。

たしょう[1]【他生】〈名〉〔仏教〕いま生きている世(=今生《こんじょう》)とはちがう、生まれる前の世(=前世)と死んでからの世(=来世)。対今生《こんじょう》。

たしょう[2]【他称】〈名〉〔文法〕三人称。

たしょう[3]【多少】一〈名〉数量が多いか少ないかということ。例多少にかかわらず。類多寡《たか》。

二〈副〉いくらか。少少。例わたしが買った品物は見本品と多少ちがっている。類いくぶん。

たじょう【多情】〈名・形動〉❶ふつうの人よりもものに感じやすいこと。例多情多感。❷つぎつぎに人に恋をしてしまう性分《しょうぶん》。例多情な人。類うつりぎ。浮気性《うわきしょう》。

だじょうかん【▽太政官】〈名〉〔歴史〕❶律令《りつりょう》制度で、国の政治を行なった最高の役所。太政大臣・左大臣・右大臣・大納言《だいなごん》で構成され、その下に八省があった。「だいじょうかん」ともいう。❷明治時代の初めにおかれた、明治政府の最高の役所。いまの内閣にあたる。

だじょうだいじん【▽太政大臣】〈名〉〔歴史〕❶律令《りつりょう》制度で、太政官の長官。最高の官位。「だいじょうだいじん」ともいう。❷明治政府の初期の役職で、太政官の長官。最高の官位。いまの総理大臣にあたる。

たじょうたこん【多情多恨】〈形動〉感じやすい性質で、うらんだりくやんだりすることが多いようす。

参考 尾崎紅葉《おざきこうよう》が書いたこの題の小説は、言文一致《いっち》体の代表作の一つ。

たしょうとも【多少とも】〈副〉⇩おおかれすくなかれ

たじょうぶっしん【多情仏心】〈名〉移り気だが誠実で、薄情《はくじょう》なことができない性質。

たじろ・ぐ〈動五〉相手のいきおいにおされて、前へすすめなくなる。例あの人はどんなことにもたじろがない人だ。類ひるむ。おじける。けおされる。

だしん【打診】〈名・する〉❶医者が患者《かんじゃ》の胸やせなかを指などでたたいて、その音で内臓のぐあいをみること。類聴診《ちょうしん》。❷相手に少しはたらきかけてみて、その反応からようすをさぐること。例意向を打診する。

たしんきょう【多神教】〈名〉〔宗教〕多くの神々を信じる宗教。古代ギリシャやローマの宗教、仏教や神道《しんとう》など。対一神教。

た・す【足す】〈動五〉❶つけくわえる。例言い足す。つけ足す。❷ある数にある数をくわえる。記号「＋」。対引く。類プラスする。❸すませる。例用を足す(→「ようし〔用〕」の子項目)。

足して二《に》で割《わ》る 同じ種類の二つのものを平均化する。例父と母の顔を足して二で割ったような顔だとよく言われます。

だ・す【出す】一〈動五〉❶中から外の方へ移動させる。例箱から出す。かごから出す。ベランダへ出す。とり出す。対入れる。

❷ある場所から、ほかのところへ行かせる。例使いを出す。船を出す。奉公《ほうこう》に出す。

❸特定の目的のために、ある場所にだれかを送りこむ。例委員会に代表を出した。かれを国会に出そう。

❹中にあったり、かくれていたりしたものを、おもてにあらわす。例声を出す。舌《した》を出す。しっぽを出す。ぼろを出す。芽を出す。ふだんの実力を出せば合格する。いかりを顔に出す。かもし出す。さらけ出す。

❺人に知られるようにする。人に知られるようになにかを送る。例本を出す。CDを出す。手紙を出す。

❻おこす。生じさせる。例元気を出す。火事を出す。熱を出す。スピードを出す。いい味を出す。

❼産出する。例良質の鉄鉱を出す地方。

❽考えたりくふうしたりしたうえで、ある結果をしめす。例結論を出す。答えを出す。

❾あたえる。例許可を出す。宿題を出す。食事を出す。命令を出す。

二〈接尾〉❶「…しはじめる」という意味を表わす。例歩き出す。泣き出す。降り出す。

❷動きを表わす動詞の連用形について、中から外のほうへ向かって動くという意味を加える。例飛び出す。流れ出す。抜け出す。

表現 二②は、「…出る」と同じような意味を表わす。たとえば、「道に子供が飛び出した」という文は、「道に子供が飛び出た」とも言える。ここでは、子供が自分自身を「出す」ととらえて、「出る」と同じような意味になっている。

方言 富山では、「だして」のイ音便「だいて」の形で、「お金を出して」つまり「おごって」の意味で使う。

たすう【多数】〈名〉人数やものの数が多いこと。例多数をしめる。多数の意見。多数決。対少数。

参考 構成員の限られた集団の中では、「比較《ひかく》多数」と「絶対多数」とで大きなちがいがある。構成員の半数以上を占めれば、絶対多数で、議決ができる。ほかよりは多いが半数をこえなければ、比較多数で、議決にもっていくことはできない。

だすう【打数】〈名〉野球で、打者として打席に立った回数から、犠打《ぎだ》と四死球をひいた回数。

たすうけつ【多数決】〈名〉議案の採決で、人数の多いほうの意見にきめること。例多数決できめる。

たすうは【多数派】〈名〉全体の中で、メンバーの多いほうのグループ。例多数派を占《し》める。対少数派。

たすか・る【助かる】〈動五〉❶危険な状態からのがれる。例あぶないところで助かった。❷お金や労力などが少なくてすむ。例費用が助かる。なるべく早めに返事をもらえると助かります(=幸いです)。

たすき【▼襷】〈名〉❶うごきやすくするためにかける、和服のそでをからげる ほそ長い布。例たすきがけ。絵(次ページ)❷一方の肩《かた》から反対がわのこしにかけて、ななめにか

た

けるほそ長い布。例たすきすがたの立候補者。絵 ❸ひもや線などが、ななめに十文字になっているもの。

たすきがけ【たすき掛け】〖▼襷掛け〗〈名〉❶「たすき①」をかけたかっこう。❷ひもなどを、ななめに十文字にまじわらせること。例包帯をたすきがけにする。

表現 ①は、精力的に働くかいがいしい感じを表わすことがある。

たすけ【助け】〈名〉助けること。例助けを求める。助けをかりる。助けになる。類すくい。

たすけあ・う【助け合う】〈動五〉たがいに手伝ったり力になったりすること。

たすけぶね【助け船】〈名〉❶しずみそうな船やおぼれそうな人を助ける船。❷困っているときに力をかすこと。例助け船をだす。

たす・ける【助ける】〈動下一〉❶危険な状態からのがれさせる。例命を助ける。負傷者を助ける。助けて！ 類すくう。救助する。❷力をかす。例仕事を助ける。消化を助ける。類てつだう。援助《えんじょ》する。

たずさ・える【携える】〈動下一〉❶手にさげたり身につけたりして持つ。例大金を携える。類携行《けいこう》する。❷手をとりあうようにして、いっしょに行動する。例手を携える。

たずさわ・る【携わる】〈動五〉仕事などに従事する。例農業に携わる。

ダスター〈名〉❶布巾《ふきん》。雑巾《ぞうきん》。❷集合住宅などの、落下式のごみ収集装置《そうち》。ダストシュート。❸「ダスターコート」の略。ほこりよけの薄手のコート。◇duster

たずねびと【尋ね人】〈名〉ゆくえがわからなくて、さがされている人。例尋ね人のポスター。

たず・ねる【尋ねる・訪ねる】〈動下一〉一[尋ねる]❶わからないことを教えてもらうために、人に質問する。例道を尋ねる。安否を尋ねる。類聞く。問う。❷わからないことをさがしもとめる。尋ねあてる。尋ね人《びと》。例由来を尋ねる。家出人を尋ねる。類探求する。

二[訪ねる] なにか目的があって、わざわざある場所や人の家に行く。例人を訪ねる。会社を訪ねる。各地の風物を訪ねる。類おとずれる。訪問する。

敬語 一①と二の謙譲《けんじょう》語としては、「お尋ねする」「お訪ねする」のほか、「伺《うかが》う」を使う。また、二の謙譲語としては、「おじゃまする」も使う。

[たすき]

だ・する【堕する】〈動サ変〉よくない状態や結果になる。例低俗《ていぞく》に堕する。

たぜい【多勢】〈名〉多くの人。例多勢をたのむ。

多勢に無勢《ぶぜい》 おおぜいに対して、少人数ではとても勝てそうにないということ。類衆寡《しゅうか》敵せず。

だせい【惰性】〈名〉❶〔物理〕今までのうごきや状態を、そのままつづけようとする性質。類慣性。❷今までのよくない状態を、そのままだらだらとつづけるようす。

だせいせっき【打製石器】〈名〉自然の石をくだいてつくった、石斧《せきふ》などの、簡素《かんそ》な石器。→ませいせっき(石器)絵

たせん【他薦】〈名・する〉「自薦《じせん》」に対して、本人以外の人からの推薦。→じせん

たそがれ〖▽黄▼昏〗〈名〉日が沈み、うす暗くなったころ。例たそがれどき。対かわたれどき。類夕ぐれ。夕がた。

表現 「人生のたそがれ」は、さかりをすぎて、おとろえが見えはじめた時期をいう。

由来 暗くなってきて人がよく見えず、「誰《た》そ彼《かれ》(=だれだあれは)」と聞きたくなる、ということから。夜明けのころの「かわたれ」も同じ意味から。もとは夕ぐれのほうも「かわたれ」と言った。

たそが・れる〖▽黄▼昏れる〗〈動下一〉❶たそがれどきに、じょじょに暗くなる。❷物思いにしずむ。俗《ぞく》な言いかた。

だそく【蛇足】〈名〉あとからつけ加えられたよけいなもの。由来 むかし中国で、ヘビの絵をかく競争をしていたところ、早くかきあげた者がとくいになって足をつけくわえ、そのために負けになったという故事からできたことば。

表現 演説の終わりに、「蛇足ではありますが…」と言って、さらにつけくわえたりする。

たた【多多】〈副〉一つや二つではなくて、たくさん。例気づかないで失敗する例も多々あります。

多多ますます弁《べん》**ず** ❶処理すべき問題が多ければ多いほど、うまくつぎつぎとかたづけてしまう。❷多ければ多いほど便利だ。

ただ〖▼只・▽唯〗一〈名〉❶代金や報酬《ほうしゅう》がないこと。例ただでもらう。ただではたらく。ただ食《ぐ》い。ただ乗り。ただばたらき。類無料。無償。ろは。❷特別でなく、ごくふつうであること。例ただではすまない。ただのかぜではない、悪性のかぜにやられた。ただ者。類平凡《へいぼん》。通常。

二〈副〉❶ほかのことは何もなく、そのことだけ。例ただ猛《もう》練習あるのみ。ただ寄ってみただけで、べつに用事はない。試験にただ受かりさえすればいいという勉強のしかたは、どこかむなしい。類ひたすら。もっぱら。単に。❷数量が少ないことを強めることば。例ただ一つ。ただ一人。類たった。

三〈接〉前に述べたことに対し、否定的なことをつけくわえるときに使う。例かれはよくできる。ただ、からだが弱いのが心配だ。類しかし。だが。ただし。

ただのねずみではない 見た目にはぱっとしないが、なにかをしでかしそうな感じがして、油断のできない人だ。類一癖《ひとくせ》ある。

だだ【駄駄】〈名〉あまえて、人の言うことをきかず、自分のわがままをとおそうとすること。例駄々をこねる。

ただい【多大】〈形動〉とても大きいようす。例多大な成果。多大の恩恵《おんけい》。

だたい【堕胎】〈名・する〉妊娠《にんしん》を中絶すること。

ただいま〖▽唯今・▼只今〗一〈名・副〉現在、または、現在にごく近い未来や過去をさすことば。類いましがた。

二〈感〉外から家に帰ったときに言う、あいさつのことば。

表現 一は、少しあらたまった感じのあることば。「飛行機はただいま八丈《はちじょう》島の上空を通過中でございます」といえば現在を、「ご注文の品はただいま持ってまいります」は現在に近い未来を、「ただいまのお話にもあったように…」は現在に近い過去を表わす。

たた・える[1]〖▽称える・▽賛える〗〈動下一〉りっぱな行ないや美徳を、公式の場で尊敬の念をこめてほめる。例業績をたたえる。類称賛《しょうさん》する。

たた・える[2]〖▼湛える〗〈動下一〉こぼれそうなほどいっぱいにみたす。例えみをたたえる。満々と水をたたえる。

 高野長英(ちょうえい) (1804～50) 江戸末期の洋学者・蘭医。開国論を主張。蛮社の獄で投獄され，のち自殺。

たたかい【戦い・闘い】〈名〉たたかうこと。例戦いをくりひろげる。隣国《りんごく》との戦い。病苦との闘い。類勝負。闘争《とうそう》。

たたか・う【戦う・闘う】〈動五〉❶[戦う・闘う] 相手をうちたおそうとして、力をつくす。例敵と戦う。正々堂々と戦う。戦って敗れる。類刃《やいば》をまじえる。しのぎをけずる。あらそう。→たたかわせる
❷[闘う] こまったこと、苦しいことにうちかとうとする。例病苦と闘う。睡魔《すいま》と闘う。不況《ふきょう》と闘う。

たたかわ・せる【戦わせる・闘わせる】〈動下一〉❶たがいに戦いをさせること。❷たがいの意見をぶつけ合うこと。▽「たたかわす」ともいう。

たたき[1]【▽三▽和▽土】〈名〉セメントなどでかためた、玄関《げんかん》や台所などの土間《どま》。

たたき[2]【▼叩き】〈名〉魚肉や鳥肉を包丁でこまかくたたいた料理。例あじのたたき。

たたきあげ【たたき上げ】【▼叩き上げ】〈名〉長く下積みの地位にあり、努力を重ねて高い技術を身につけ、それにふさわしい地位をえた人。例たたき上げの苦労人。

たたきうり【たたき売り】【▼叩き売り】〈名〉❶道ばたで台をたたいて、大きな声でよびかけて商品を売ること。❷投げ売り。類ダンピング。乱売。

たたきおこ・す【たたき起こす】【▼叩き起こす】〈動五〉寝《ね》ている人をむりやり起こす。

たたきこ・む【たたき込む】【▼叩き込む】〈動五〉❶はげしくたたくような感じで中に入れる。例牢《ろう》にたたき込む。❷身につくよう、しっかりと教え込む。例頭にたたき込む。

たたきだい【たたき台】【▼叩き台】〈名〉あることをみんなで決めていくときに、議論などを効率よく進めるために、最初に出される案。類草案。原案。

たたきだ・す【たたき出す】【▼叩き出す】〈動五〉❶たたいて追い出す。例外にたたき出す。❷めざましい成果をあげる。俗《ぞく》な言いかた。例記録的な販売《はんばい》数をたたき出す。

たたきつ・ける【▼叩き付ける】〈動下一〉❶強くたたく。はげしくぶつける。例たたきつけるような雨。怒《いか》りをたたきつける。❷はげしい勢いで、乱暴にわたす。例辞表をたたきつける。

たたきなお・す【たたき直す】【▼叩き直す】〈動五〉心をいれかえさせるために、きたえなおす。例その根性をたたき直してやる。

たたきのめ・す【▼叩きのめす】〈動五〉❶激しくたたいて、起き上がれないようにする。例今度来たらたたきのめしてやる。❷二度と立ち直れないほどの打撃《だげき》をあたえる。例完膚《かんぷ》なきまでにたたきのめす。▽類うちのめす。

たた・く【▼叩く】〈動五〉❶手や、手に持ったもので、打つ。とくに、つづけて打つ。例太鼓《たいこ》をたたく。手をたたく。肩《かた》をたたく。❷相手をなぐる。やっつけようとしてはげしくせめる。例敵をたたく。新聞でたたかれる。たたきのめす。たたきだす。❸ねだんをまけさせる。例たたいて買う。買いたたく。類ねぎる。❹魚や鳥などの肉を、包丁でこまかく打つようにしてやわらかくする。❺(「…口《ぐち》をたたく」の形で)いろいろと言う。例大口をたたく。へらず口をたたく。むだ口をたたく。類吐っく。
表現 ⑤は、そういう口のききかたを「なまいきな!」と感じている人の目でとらえた言いかた。

たたけばほこりが出《で》る どんな人でも、こまかく調べてみれば何かしら悪いところがあるものだ。

ただごと【ただ事】【▼只事】〈名〉特別にとりあげて問題にすることもないような、ありふれたものごと。
表現「ただ事ではない」「ただ事ではすまない」のように、あとに打ち消しのことばをともなうのがふつう。

ただし【但し】〈接〉前に述べたことに、ある条件をつけくわえたり、例外のあったりすることを示すことば。ややあらたまった言いかた。例外出は十時まで、ただし特別の場合をのぞく。類ただ。そのかわり。

【但】イ部5 全7画 但但但但但
ただし 訓[ただし] 但し。但し書き。

ただし・い【正しい】〈形〉❶道理や真理、事実や規則などに合っている。例正しい行ない。正しい答え。❷ものかたちや理想のかたちなどに合っている。例正しい姿勢。礼儀《れいぎ》正しい。

ただしがき【但し書き】〈名〉❶大事なことを言ったあとに、その例外や条件をつけ加える注意書き。❷誤解《ごかい》が生まれないようにするための注意書き。ことわり書き。
参考 ①は、「ただし」ということばで始まるところからいう。

ただ・す[1]【正す】〈動五〉❶まちがいをなおす。例あやまりを正す。類是正《ぜせい》する。訂正《ていせい》する。❷乱れたところ、ゆがんだところなどを、きちんとととのったものにする。例いずまいを正す。えりを正す。姿勢を正す。ひざを正す。❸いいかわるいか、道理に合っているかどうかを明らかにする。例是非を正す。類究明する。❹わるいところをつきとめる。例罪を正す。類糾弾《きゅうだん》する。
表記 ④は、「▼糺す」「▽糾す」と書かれることもある。

ただ・す[2]【▽質す】〈動五〉ほんとうにそうなのかをたずねて、たしかめる。例真偽《しんぎ》をただす。問いただす。類質問する。

たたずまい〈名〉さりげなくそこから感じられるふんいき。例落ち着いたたたずまい。春の山里のたたずまい。
表現「豪華《ごうか》なたたずまい」や「にぎやかなたたずまい」のようには言いにくい。

たたず・む【▼佇む】〈動五〉その場を去りがたい感じで、しばらくじっとたちどまる。例門の前にたたずむ。
表現「森の中にひっそりとたたずむ神社」のように、建物などを人になぞらえた言いかたもある。

ただただ【▽唯▽唯】〈副〉副詞の「ただ」を強めた言いかた。もっぱらひたすらに。例ありがたいおことばに ただただおそれ入るだけです。

ただちに【直ちに】〈副〉時間をおかずに。例ただちに出発する。類すぐ。すぐさま。

だだっこ【駄駄っ子】〈名〉わがままで人の言うことをきかない子ども。

だだっぴろ・い〈形〉意味もなくひろい。

ただでさえ【▽唯でさえ】〈副〉そうでなくても。例ただでさえいそがしいのに、よけいな口出しをしないでほしい。

ただなか【ただ中】【▼只中】〈名〉❶まさに、まんなか。例大海のただ中。❷いちばん盛んなとき。例戦いのただ中。類さなか。最中。

ただならぬ〈連体〉とてもふつうではない。例ただならぬけはい。
表現 さらに強めると「まっただなか」。

ただのり【ただ乗り】【▼只乗り】〈名・する〉料金をはらわないで、バスや電車に乗ること。無賃乗車。

ただばたらき【ただ働き】〖▾只働き〗〈名・する〉お金ももらわないで働くこと。

たたみ【畳】〈名〉和室にしくしきもの。わらをしんにして畳表で表面をおおったもの。例 畳がえ。

畳の上《うえ》で死《し》ぬ 事故や病院などで死ぬのではなく、自分の家で安らかに死ぬ。

畳の上《うえ》の水練《すいれん》 畳の上でする水泳の練習のように、りくつや方法はわかっても、実際には役にたたない練習や勉強のこと。

たたみおもて【畳表】〈名〉イグサをよこ糸、麻糸《あさいと》をたて糸にしてあんだ、畳のおもてにはるござ。対 床《とこ》。

たたみがえ【畳替え】〈名・する〉古くなっていたんだ畳表を、新しいものととりかえること。

たたみか・ける【畳み掛ける】〈動下一〉相手に口をはさむひまもあたえず、つづけざまに言う。たたみこむ。例 畳み掛けて質問する。類 ぽんぽん言う。

たたみこ・む【畳み込む】〈動五〉❶たたんで、中へ入れる。❷しっかりと心の中にしまって、忘れない。例 胸に畳み込む。❸⇩たたみかける

たた・む【畳む】〈動五〉❶ひろがっているものを折っていって、小さくまとめる。例 着物をたたむ。ふとんをたたむ。❷(「胸にたたむ」の形で)自分の心にしまって、外にださない。❸ひらいているものを閉じる。例 かさをたたむ。❹今までしていた営《いとな》みをやめてしまう。例 店をたたむ。

ただもの【ただ者】〖▾只者〗〈名〉どこにでもいる、ごくふつうの人。例 あの人はただ者ではない。

表現「ただ者ではない」「ただ者とは思えない」のように、あとに打ち消しのことばをともない、能力をみとめる意味で使う。

ただよ・う【漂う】〈動五〉❶空中や水にういて、どこへともなく、流れて行く。例 波間《なみま》を漂う。❷香《かお》りやあるふんいきなどが、そのあたりにたちこめる。例 なごやかなふんいきがただよう。

たたら(▾蹈▾鞴)をふ(踏)む 急に止まれず、勢いあまって、二、三歩片足で進む。参考「たたら」とは、足で踏んで使う大型の ふいごのこと。

たたり〖▾祟り〗〈名〉❶悪霊《あくりょう》によるわざわい。❷悪いことをしたむくい。例 あとのたたりがおそろしい。

たた・る〖▾祟る〗〈動五〉❶悪霊《あくりょう》がわざわいをあたえる。❷よくないことをしたために、わるい結果が生じる。例 過労がたたる。むりがたたる。

ただれ〖▾爛れ〗〈名〉ひふがただれた状態。

ただれめ【ただれ目】〖▾爛れ目〗〈名〉まぶたの ふちが、充血《じゅうけつ》してただれる病気。

ただ・れる〖▾爛れる〗〈動下一〉ひふや肉の組織がくずれて、ぐちゃぐちゃした状態になる。

表現「酒にただれた生活」のように、どうにもならないほど、なにかにおぼれることにも使う。

たたん【多端】〈名・形動〉しなければならないことが、あれこれたくさんあっていそがしい。例 多事多端。類 多事。多忙《たぼう》。多用。

[1]**たち**〖▿質〗〈名〉❶人のうまれつきもっている性質や体質。例 忘れっぽいたち。類 性《しょう》。性分《しょうぶん》。性格。❷そのものの性質。例 こんどのかぜはたちがわるい。

[2]**たち【太刀】**〈名〉むかし、合戦や儀式《ぎしき》のときに使った、長いかたな。例 太刀をはく(＝身につける)。

参考「断《た》ち」の意味から。

[3]**たち【立ち】**〈接頭〉❶「立ったまま…する」という意味を表わす。例 立ち泳ぎ。立ち食い。❷[たち] あとにくることばを強めることば。例 たちいたる。たち働く。

[4]**たち**〖▿達〗〈接尾〉人や生き物を表わすことばのあとにつけて、複数であることを表わす。例 子どもたち。きみたち。男たち。生き物たち。類 ども。ら。

表現 昔ばなしで「桃太郎たちは鬼ヶ島《おにがしま》に向かいました」というとき、「桃太郎たち」が表わしているのは「代表の桃太郎ほかイヌ・サル・キジの一団」であって、桃太郎が複数いるわけではない。

たちあいえんぜつ【立会演説】〈名〉何人もの人が、同じ場所でかわるがわる演説して、それぞれの意見を聴衆《ちょうしゅう》にうったえること。

たちあいにん【立会人】〈名〉ものごとが行なわれたり、とりきめられたりするときに、証人として、その場にいる人。

たちあ・う【立ち会う・立ち合う】〈動五〉❶[立ち会う] なにかが行なわれる、その場にいる。❷[立ち合う] すもうや武道などで、勝ち負けをきめるために あらそう。

たちあが・る【立ち上がる】〈動五〉❶寝《ね》たりすわったりしている姿勢から、身をおこして立つ。例 いすから立ち上がる。類 起立する。起き上がる。❷がっくりした状態にあった者が、いきおいをとりもどす。例 しっかりと立ち上がる。類 立ちなおる。❸決心して行動をはじめる。例 市民たちは公害追放に立ち上がった。類 決起《けっき》する。❹コンピューターやソフトウェアが、立ち上げた状態になる。

たちあ・げる【立ち上げる】〈動下一〉❶事業や会社を新しくおこす。❷コンピューターやソフトウェアを、いつでも操作できる状態にする。起動する。▽類 スタートアップする。

たちい【立ち居】〈名〉立ったりすわったりする、日常の動作。例 立ち居もままならない。

たちいた・る【立ち至る】〈動五〉よもやと思われる重大な局面になる。例 危機的状態に立ち至る。

たちいふるまい【立ち居振る舞い】〈名〉立ったりすわったりするなどの、日常のいろいろな動作。

たちい・る【立ち入る】〈動五〉❶他人の管理している場所に入る。例 無断で立ち入る。類 ふみこむ。❷他人の問題について、必要以上にふかく知りたがったり、口をだしたりする。例 立ち入ったことを聞く。

たちうお〖太刀魚〗〈名〉温帯の海にすむ魚。細長く、銀色のすがたが太刀に似《に》る。刺身《さしみ》や焼き魚にする。

たちうち【太刀打ち】〈名・する〉勝負をあらそうこと。例 太刀打ちできない(＝かなわない)。

参考 かたなをぬいて斬《き》りあうことからいう。

たちおうじょう【立ち往生】〈名・する〉途中《とちゅう》でいきづまって、どうにもうごけなくなること。例 大雪のため、特急が立ち往生している。

由来 弁慶《べんけい》が主君義経《よしつね》を守り、仁王立ちして死んだことをいう「弁慶の立ち往生」からできたことば。

たちおくれ【立ち遅れ・立ち後れ】〈名〉始めるのがおそすぎたこと。例 立ち遅れがめだつ。進歩発展がほかよりおくれていること。開発事業の立ち後れを認める。

たちおく・れる【立ち遅れる・立ち後れる】〈動下一〉始めるのが、おそくなる。出発のおくれが尾を引いて、その後の発展が思わしくない。例 対策が立ち後れる。類 後手にまわる。出遅れる。後れを取る。

たちおよぎ【立ち泳ぎ】〈名・する〉水面に垂直になるようにする泳ぎ方。参考 日本の古式泳法やアーティスティックスイミングなどで用いる。手と足を回転させるように

 高橋是清(これきよ) (1854～1936) 昭和の政治家・財政家。大蔵大臣などを歴任。二・二六事件で暗殺された。

た

して立ちすがたになる。原則として、前には進まない。

たちかえ・る【立ち返る】〈動五〉もとのところや、もとの状態に、もういちど戻る。立ち戻る。例初心に立ち返って、今いちど考えなおしてみたい。

たちがれ【立ち枯れ】〈名・する〉草木が立ったままで枯れること。例立ち枯れの野。類枯死《こし》。

だちかん（方言）だめだ。いけない。新潟・石川・岐阜・愛知などで言う。だちゃかん。らちかん。例そんなに騒いじゃだちかん。参考「埒《らち》が明かん」が変化した形。

たちき【立ち木】〈名〉地面に生えている木。

たちぎえ【立ち消え】〈名〉計画が具体化しないうちに、その話がなくなること。例立ち消えになる。

たちぎき【立ち聞き】〈名・する〉他人どうしが話をしているところを、こっそり聞くこと。類ぬすみ聞き。

たちき・る【裁ち切る・断ち切る】〈動五〉❶［裁ち切る］紙や布などを、切ってはなす。類裁断する。❷［断ち切る］それまでのつながりをきりすてて、関係のない状態にする。例未練を断ち切る。

たちぐい【立ち食い】〈名・する〉座らないで、立ったまま物を食べること。例立ち食いそば屋。

たちぐされ【立ち腐れ】〈名・する〉❶立ち木や家の柱が立ったまま、腐ってしまうこと。❷建物が、手入れをされないで、あれはてて だめになってしまうこと。

たちくらみ【立ちくらみ】〖立ち▼眩み〗〈名・する〉急に立ち上がったときにおこる、軽いめまい。立ちぐらみ。例立ちくらみがする。

たちげいこ【立ち稽古】〈名〉演劇で、本読み(＝台本を読む稽古)を終えてから、舞台に立ったときの動きにそって、せりふと動作を合わせる稽古。

たちこ・める【立ち込める】〈動下一〉けむり・きり・もや・においなどが、あたりいっぱいにあって消えない。

たちさ・る【立ち去る】〈動五〉その場所からほかの場所へ行ってしまう。例いずこともなく立ち去る。

たちすく・む【立ちすくむ】〖立ち▼竦む〗〈動五〉おどろきやおそろしさで、からだがかたくなり立ったままになる。例室内の光景は、入った二人を立ちすくませた。

たちつく・す【立ち尽くす】〈動五〉動こうとしないで、その場にじっと立つ。例ぼうぜんと立ち尽くす。

たちどころに〈副〉その場ですぐに。例たちどころに解決する。類即座《ざ》に。

たちどま・る【立ち止まる】〈動五〉歩いていた足をとめる。例立ち止まって、ウインドーをのぞきこむ。

たちなお・る【立ち直る】〈動五〉一度くずれそうになったがふみとどまり、態勢をたてなおす。よわっていた状態から、元気をとりもどして、もとの状態になる。例ショックから立ち直る。類回復する。もちなおす。立ちあがる。

たちの・く【立ち退く】〈動五〉住んでいた家や場所をひきはらって、よそへ行く。類退去する。

たちのぼ・る【立ち上る】〈動五〉けむりなどが、空へ上がる。例谷あいからきりが立ち上る。

たちば【立場】〈名〉❶その人がおかれている地位や境遇《きょうぐう》。例…の立場がない。苦しい立場。使うがわの立場に立つ。❷その人の考えや行動をきめる際のよりどころ。例立場を明らかにする。政治的な立場。

たちばさみ【裁ちばさみ】〖裁ち▼鋏〗〈名〉裁縫《さいほう》用のはさみの一種。布地を裁つのに使う。

たちはだか・る【立ちはだかる】〈動五〉すすんでくる相手の前に、手足をひろげて立って、じゃまをする。例難問が立ちはだかる。類立ちふさがる。

たちばな〖▼橘〗〈名〉あたたかい地方に生える常緑小高木。初夏、白い花がさき、きいろい実がなる。

たちばなし【立ち話】〈名〉立ったまま、その場でちょっと話すこと。例立ち話が長くなってしまった。

たちはばとび【立ち幅跳び】〈名〉陸上競技の一つ。助走をつけないで、立ったままの地点から前方に思い切って跳ぶもの。参考かつては、オリンピックの競技に入っていた。現在は、体力測定の際に行なう。

たちふさが・る【立ち塞がる】〈動五〉相手のすすむ道に立って、通れないようにする。例行くてに立ち塞がる。類立ちはだかる。

たちまち〖▼忽ち〗〈副〉ごく短いあいだに。あっというまに。すぐに。例記念切手は、たちまち売りきれた。

方言広島では、「たちまちビールください」のように、「とりあえず、まずは」の意味でも使う。

たちまちのつき【立ち待ちの月】〈名〉陰暦《いんれき》十七日の月。とくに陰暦八月十七日の月をいう。立ち待ち月。参考立ちながら待っているうちに出てくる、という意味から。

たちまわり【立ち回り】〈名〉❶行きめぐること。例犯人の立ち回り先。❷舞台《ぶたい》の上での闘争《とうそう》の演技。例立ち回りを演じる。類殺陣《たて》。❸けんか。例大立ち回り。

たちまわ・る【立ち回る】〈動五〉❶あちらこちらと歩く。❷自分の利益になるように、人々のあいだを動きまわる。例うまく立ち回る。❸演劇で、立ち回りをする。

たちみ【立ち見】〈名・する〉❶立ったままで見ること。❷歌舞伎《かぶき》で、一幕ごとの料金をはらって、立見席で見ること。一幕見。幕見。

たちむか・う【立ち向かう】〈動五〉❶強い敵に正面からむかっていってたたかう。例きみの力じゃ あいつにはとても立ち向かえないよ。類対抗《たいこう》する。❷困難なことやむずかしい問題をさけないで 解決しようと努力する。例難局に立ち向かう。

たちもち【太刀持ち】〈名〉❶すもうで、横綱《よこづな》の土俵入りのときに、太刀を持って土俵にのぼる力士。❷武家で、主君の太刀を持ってすぐそばに仕えていた少年。

たちもど・る【立ち戻る】〈動五〉⇩たちかえる

たちゆ・く【立ち行く】〈動五〉暮らしや商売が、どうにかやっていける。例商売が立ち行かなくなる。

だちょう〖▼駝鳥〗〈名〉アフリカの草原にすむ、鳥類の中でもっとも大きな鳥。首と足が長く、高さ二・五メートルにも達する。飛べないが、走るのは速い。

たちよみ【立ち読み】〈名・する〉立ったまま本や雑誌などを読むこと。とくに書店で、買わないで読むこと。

たちよ・る【立ち寄る】〈動五〉どこかへ行く途中《とちゅう》で、ちょっとほかのところを おとずれる。例本屋に立ち寄る。

たちわざ【立ち技】〈名〉柔道《じゅうどう》やレスリングなどで、立って取りくんでいる姿勢からかける わざ。対寝技《ねわざ》。

だちん【駄賃】〈名〉仕事に対するちょっとした礼金。例お駄賃。

行《い》き掛《が》けの駄賃 ⇩「いきがけ」の子項目

常用漢字
たつ

【達】辶部9 全12画

タツ 教小4 音［タツ］ 達 達 達 達 達

■達人《たつじん》。達筆《たっぴつ》。達見《たっけん》。

高橋由一(ゆいち)（1828～94） 明治初期の洋画家。日本で初めて本格的な洋画を描いた。代表作「鮭」。

達成《たっせい》。▨速達《そくたつ》。調達《ちょうたつ》。到達《とうたつ》。配達《はいたつ》。上達《じょうたつ》。注意「友達」は、「ともだち」と読む。

[1]**たつ【竜】**〈名〉「竜《りゅう》」のこと。アタツ →たつ〔辰〕

[2]**たつ【▼辰】**〈名〉❶「十二支」の第五番目で、竜《りゅう》。❷むかしの方角の名で、東南東。❸むかしの時の名で、午前八時、およびその前後一時間、計二時間の間。▽アタツ

[3]**た・つ【立つ】** [一]〈動五〉❶ものが、その場をはなれないで、たての状態になる。例茶ばしらが立つ。ポプラの木が立っている。立ちつくす。そそり立つ。❷ある位置や地位に身をおく。例先に立つ。先頭に立つ。教壇《きょうだん》に立つ（＝教師として働く）。優位に立つ。❸とがったものが つきささる。例とげが立つ。矢が立つ。歯が立たない（＝かなわない）。❹身をおこす。おき上がる。また、身をおこしてある場所からはなれる。例席を立つ。座を立つ。対すわる。たおれる。❺下の方から上の方に あがる。例けむりが立つ。❻出発する。でかける。例旅に立つ。あすは十時の特急で立つ予定です。❼あるものが見えたり、感じられたりするようになる。出現する。例あわが立つ。鳥肌《とりはだ》が立つ。うわさが立つ（＝ひろまる）。にじが立つ。目に立つ（＝注目される）。類出る。❽おだやかさをうしなって、はげしい状態になる。例風が立つ。波が立つ。かどが立つ。腹が立つ。❾りっぱなはたらきをする。例うでが立つ。筆が立つ。弁が立つ。役に立つ。❿くずれないで、しっかりたもたれる。例顔が立つ。暮らしが立つ。見通しが立つ。めどが立つ。たち行く。⓫[たつ] 時がすぎる。例時間がたつ。▽アタツ [二]〈接尾〉はげしい状態にあることを表わす。例いきりたつ。たけりたつ。にえたつ。わきたつ。→だつ〔立つ〕

表記 [一]⑥は「▽発つ」、⑪は「▽経つ」と書くことがある。

立つ鳥《とり》跡《あと》を濁《にご》さず 水鳥が飛びたったあとは水がきれいであるように、人もその場を去るときは、見苦しくないように後始末をすることがだいじだ。

立てば芍薬《しゃくやく》座《すわ》れば牡丹《ぼたん》歩《ある》く姿《すがた》は百合《ゆり》の花《はな》 美しい女性は何をしていても美しいことを花にたとえた言いまわし。

[4]**た・つ【建つ】**〈動五〉建物などが つくられる。例家が建つ。記念碑《きねんひ》が建つ。アタツ

[5]**た・つ【断つ・絶つ・裁つ】**〈動五〉[一][断つ] ❶切りはなす。やや古い感じの言いかた。例糸を断つ。類切る。❷さえぎる。例退路を断つ。❸今までつづけていたものをやめる。例酒を断つ。たばこを断つ。[二][絶つ] ❶つながりを なくす。例外交関係を絶つ。消息を絶つ。類断絶する。❷おわらせる。例命を絶つ。あとを絶たない。[三][裁つ] 布や紙をある型に合うように切る。例生地《きじ》を裁つ。類裁断する。▽アタツ

表記 [二]①の「外交関係を絶つ」は、「断つ」と書くこともある。

常用漢字 **だつ**

【脱】 月部7 全11画

脱脱脱脱脱脱

ダツ ぬぐ・ぬげる 音[ダツ] ▨脱衣《だつい》。脱出《だっしゅつ》。脱皮《だっぴ》。脱税《だつぜい》。脱退《だったい》。脱脂乳《だっしにゅう》。▨虚脱《きょだつ》。逸脱《いつだつ》。訓❶[ぬぐ] 脱ぐ。❷[ぬげる] 脱げる。

【奪】 大部11 全14画 ※

奪奪奪奪奪奪

ダツ うばう 音[ダツ] ▨奪回《だっかい》。奪取《だっしゅ》。奪還《だっかん》。▨争奪《そうだつ》。強奪《ごうだつ》。略奪《りゃくだつ》。訓[うばう] 奪う。

[1]**だ・つ【立つ】**〈接尾〉「そのようなようすになる」という意味を表わす。例殺気立つ。とりはだ立つ。

[2]**だつ【脱】**〈接頭〉それをやめて新たな方向に進む、という意味を表わす。例脱サラ。脱官僚《だつかんりょう》。脱原発。

だつあにゅうおう【脱亜入欧】〈名〉明治時代、近代化を進めていた日本で、アジアの国々と連帯するよりも、欧米《おうべい》列強への仲間入りをめざすべきだという考え。

たつい【達意】〈名〉言いたいことを、十分につたえる力があること。例達意の文章。

だつい【脱衣】〈名・する〉衣服をぬぐこと。例脱衣所。脱衣場《だついじょう》。対着衣。

[1]**だっかい【脱会】**〈名・する〉属していた会や集団からぬけること。類退会。

[2]**だっかい【奪回】**〈名・する〉敵がわにとられたものをうばいかえすこと。例選手権を奪回する。類奪還《だっかん》。

たっかん【達観】〈名・する〉❶目の前の小さなことがらにとらわれないで、ほんとうにたいせつなことはなんであるかを知って、おちついた気持ちでいること。例人生を達観する。類諦観《ていかん》。さとり。❷ものごとの全体を広く見わたすこと。例将来を達観する。

だっかん【奪還】〈名・する〉とられて敵がわのものになっていたものを、うばいかえすこと。例人質《ひとじち》を奪還する。類奪回。

だっきゃく【脱却】〈名・する〉わるい状態や、とらわれていた考え方からぬけだすこと。例悪習を脱却する。

たっきゅう【卓球】〈名〉長方形の台の中央にネットをはり、ラケットでたまを打ちあって得点をきそう室内球技。ピンポン。

だっきゅう【脱臼】〈名・する〉〔医学〕骨と骨のあいだにある関節が はずれること。

ダッグアウト〈名〉野球場で、監督《かんとく》や選手たちのベンチがあるところ。グラウンドのわきにある。◇dugout

タックスフリー〈名〉免税《めんぜい》。◇tax-free

ダックスフント〈名〉イヌの一品種。ドイツ原産。小型犬で胴体が長く、足は短い。◇ドイツ Dachshund 参考 元来は、ヨーロッパでキツネ狩りにつかった犬。「穴熊《あなぐま》の猟犬」が元の意味。

たづくり【田作り】〈名〉⇩ごまめ

タックル〈名・する〉❶ラグビーで、ボールを持っている選手のからだにとびついて、パスなどができないように、じゃまをすること。❷組みつくこと。◇tackle

[1]**たっけい【▼磔刑】**〈名〉はりつけの刑。

[2]**たっけん【卓見】**〈名〉他人が考えもおよばない、すぐれた考え。例卓見にとむ。類達見。卓説。卓論。

たっけん【達見】〈名〉深いところまでよく見通した、すぐれた考え方。類卓見。卓論。卓説。

だっこ【抱っこ】〈名・する〉子どもを抱きかかえること。

だっこう【脱稿】〈名・する〉原稿を書きあげること。対起稿。

だっこく【脱穀】〈名・する〉穀物のつぶを、穂《ほ》からはなすこと。穀物のもみがらを とりさること。例脱穀機。類いねこき。

だつごく【脱獄】〈名・する〉囚人《しゅうじん》が刑務所《けいむしょ》か

 高浜虚子(きょし)(1874～1959) 明治～昭和の俳人。正岡子規に師事。「ホトトギス」を主宰。客観写生を主張。

らにげだすこと。例脱獄囚。類脱走。牢破《ろうやぶ》り。

だつサラ【脱サラ】〈名・する〉サラリーマンをやめて、自分で仕事を始めること。俗《ぞく》なことば。

たっし【達し】〈名〉⇩おたっし

だつじ【脱字】〈名〉書いたり印刷したりしたときに、ぬけおちた文字。例誤字《ごじ》・脱字に注意する。対衍字《えんじ》(=よけいな文字)。

だっしふんにゅう【脱脂粉乳】〈名〉脱脂乳(=脂肪分をとりのぞいた牛乳)を乾燥《かんそう》させて粉末《ふんまつ》にしたもの。お湯でとかして飲んだり、ヨーグルトや菓子の原料にする。たんぱく質やカルシウムに富み、かつカロリーは低い。スキムミルク。

だっしめん【脱脂綿】〈名〉脂肪《しぼう》分やまざりものをとりのぞいて消毒したわた。

たっしゃ【達者】〈形動〉❶からだがじょうぶで元気である。例達者な老人。達者で暮らす。年をとっても足は達者だ。❷たいへんじょうずである。例達者な英語。❸ずるくてぬけめのない。例達者なやつ。

だっしゅ[1]【奪取】〈名・する〉うばいとること。例政権を奪取する。

ダッシュ[2] ━〈名・する〉スポーツで、全力をだして走ったり、泳いだりすること。類スパート。
━〈名〉❶文章の中で、語句と語句のあいだに入れて接続や言いかえをしめす、短い線。「―」。→ハイフン 参考 ❷〔数学〕ローマ字の右肩《みぎかた》などにつける記号。X′，X″のように使う。「プライム」ともいう。◇dash

だっしゅう【脱臭】〈名・する〉いやなにおいを取ること。例脱臭剤《ざい》。類消臭。

だっしゅつ【脱出】〈名・する〉危険な場所や、このましくない状態からぬけだすこと。例苦況《くきょう》を脱出する。国外へ脱出する。類脱する。ぬけ出る。

だっしょく【脱色】〈名・する〉ついている色をとりさること。例漂白剤《ひょうはくざい》で脱色する。対着色。

たつじん【達人】〈名〉武術や芸能などで、長年の訓練の結果、きわめて高い水準に達した人。「名人」よりもっと上までいった人。例剣道の達人。

たっすい(方言) どうしようもない。ものたりない。徳島・高知などで言う。例この映画たっすいなあ。

だっすい【脱水】〈名・する〉❶水分をとりさること。例脱水機。❷〔医学〕体の水分が異常に少なくなること。頭痛やけいれんがおこる。例脱水症状《しょうじょう》。

たっ・する【達する】〈動サ変〉❶ものごとがすすんで、ついにいきつくところまでいく。例山頂に達する。さとりの境地に達する。被害《ひがい》額は五億円に達した。類いたる。およぶ。到達《とうたつ》する。❷思っていたことをなしとげる。例希望を達する。類とげる。達成する。

だっ・する【脱する】〈動サ変〉❶危険な場所やこのましくない状態からのがれでる。例危機を脱する。難を脱する。類脱出する。切りぬける。❷ある程度をこえる。例この作品は、しろうとの域を脱していない。

たっせ【立つ瀬】〈名〉自分の安全を保てる場所。

立つ瀬がない 自分を正当化できる理由がなくなる。

たっせい【達成】〈名・する〉やろうときめたことをなしとげること。例目標を達成する。類成就《じょうじゅ》。

だつぜい【脱税】〈名・する〉おさめなければならない税金を、ごまかしておさめないこと。

だっせん【脱線】〈名・する〉❶電車・列車の車輪が、線路からはずれること。例脱線事故。❷話が本すじからはずれたり、行ないが正しいありかたからはずれたりすること。例話が脱線する。

だっそう【脱走】〈名・する〉とらわれている場所や属している団体から、にげだすこと。例脱走兵。

だつぞく【脱俗】〈名・する〉世俗的な名声や利益を求める気持ちからぬけ出ること。類超俗《ちょうぞく》。

たった〈副〉数量が、思ったよりずっと少なく。例たったの百円。こづかいはたったこれだけ？ 類わずか。
参考「ただ」が強まって変形したことば。

だったい【脱退】〈名・する〉入っていた団体や会などをやめること。例グループを脱退する。対加入。加盟。

たったいま【たった今】〈副〉ほんのちょっと前。ほんのいましがた。例たった今帰りました。

だったら〈接〉そうだとしたら。くだけた言いかた。例だったら代わりにわたしがします。

だつたんそ【脱炭素】〈名〉火力発電、自動車や飛行機、工業などにおけるエネルギー利用のしくみを変えていくことによって、地球温暖化の原因となる、二酸化炭素などの温室効果ガスの排出《はいしゅつ》をなくしていくこと。

タッチ〈名〉❶〈する〉ふれること。手でさわること。例タッチの差で先を越される。❷〈する〉人と、手のひらをたたきあわせること。また、そうして交替《こうたい》すること。例タッチ交替。バトンタッチ。❸〈する〉野球で、ボールを持った手で、走者の体にふれること。例タッチアウト。❹〈する〉ものごとに関《かか》わる。関わり。関与《かんよ》。例計画にタッチする。ノータッチ。❺絵画などにあらわれる、筆のいきおいや筆づかい。類筆勢《ひっせい》。筆致《ひっち》。筆触《ひっしょく》。❻手ざわり。はだざわり。例ソフトタッチ。類感触《かんしょく》。◇touch

タッチパネル〈名〉指先やペンで画面に触れて操作する、コンピューターのディスプレイ。◇touch panel

たっちゅう【▽塔▽頭】〈名〉〔仏教〕❶禅宗《ぜんしゅう》で、その宗派をひらいた僧《そう》を供養《くよう》する塔《とう》があるところ。また、そこに建てられた僧の住まいや、そこに住む僧。❷大きな寺の敷地《しきち》の中に建てられた小さな寺。ふつう、「院」や「庵《あん》」をつけていう。

だっちょう【脱腸】〈名〉腸など、内臓の一部が、腹壁《ふくへき》の外へ出てしまう病気。ヘルニア。

ダッチロール〈名〉航空機が、横ゆれ、横すべりをしながら、正面から見て「8」の形をえがく蛇行《だこう》をくり返す、異常な飛行状態。◇Dutch roll

たって[1]〈副〉たとえむりでも。ぜひとも。例たっての願い。

たって[2]〈接助〉かりに考えた条件を示したうえで、それには合わないものごとがおこることを述べる。話しことばで使われる。例いくら言ったってわかりゃしない。類ても。
接続 活用語の連用形につく。ただし、ガ行、ナ行、バ行、マ行の五段活用動詞につくときは「泳いだって」「死んだって」「呼んだって」「飲んだって」のように、「だって」という形が使われる。

だって[1]〈接〉前に述べたことに理由などをつけくわえるときに使うことば。なぜなら。例あやまる必要はないよ。だって、きみは悪くないんだから。

だって[2] ━〈副助〉❶極端《きょくたん》な例を一つとりあげ、「他は言うまでもないがこれも見落とすな」と、そこに目を向けさせる気持ちを表わす。例わたしだってそのくらい知っています。類でも。❷数字や程度を表わすことばにつけて、「例外なく…だ」ということを強調する。例一日だって休んだことはない。類も。
━〈接助〉⇩たって〈接助〉
表現 ━は、「でも」「も」に比べて、話しことばふうの、くだけ

た言いかた。

だっと〖脱▼兎〗〈名〉 非常に速いうごきのこと。例 だっとのいきおい。だっとのごとく。
参考 すばやくにげるウサギということからいう言いかた。

たっと・い【尊い・貴い】〈形〉 とうとい。尊厳だ。貴重だ。

たっと・ぶ【尊ぶ・貴ぶ】〈動五〉 とうとぶ。尊敬すべきもの、貴重なものとしてあつかう。

た(立)つとり(鳥)あと(跡)をにご(濁)さず ⇩「たつ〔立つ〕」の子項目

たづな【手綱】〈名〉 ❶くつわにつけて、馬を思うようにうごかすのに使うつな。→くら〔鞍〕絵 ❷道をはずれて勝手な行動をさせないようにするための、監視《かんし》や指導。▽例 手綱を(引き)しめる。手綱をゆるめる。手綱さばき。

たつのおとしご〖竜の落とし子〗〈名〉 海にすむ魚。体長八《センチメートル》ほどで、頭はウマに似《に》る。立って泳ぐ。海馬《かいば》。

たっぱ〖▽立端・▽建端〗〈名〉 ❶建築で、建物の高さ。❷演劇で、大道具や天井《てんじょう》の高さ。❸物の高さや人の身長。俗《ぞく》な言いかた。例 たっぱがある(=物や人の背が高い)。

タッパー〈名〉 食品を保存するための、ぴったりとふたのできる、ポリエチレン製容器。◇商標名から。

だっぱん【脱藩】〈名・する〉 江戸《えど》時代、武士が藩籍《せきはん》をぬけること。例 土佐(藩)を脱藩した龍馬《りょうま》。

だっぴ【脱皮】〈名・する〉 ❶〔動物〕 ヘビやセミなどが、成長の途中《とちゅう》で古い皮をぬぎすてること。❷古い考えかたや習慣などをすてさること。例 マンネリからの脱皮をはかる。類 一皮むける。

たっぴつ【達筆】〈名・形動〉 書いた文字が筆の勢いを感じさせること。例 達筆な人。対 悪筆。類 能筆。
表現 うまいかへたかにかかわらず、人の書いた字が判読できないとき、「達筆すぎて読めない」とお世辞でいうことがある。

タップ ━〈名〉 ❶コンセントに差しこんで、複数の電気製品を使えるように電流を分配する器具。例 テーブルタップ(=コード付きのタップ)。❷雌《め》ねじを切る工具。❸「タップダンス」の略。例 タップを踏む。━〈名・する〉 タッチパネル上のアイコンを、指で軽くたたくこと。◇tap

タップダンス〈名〉 ダンスの一形態。靴のつま先とかかとの底に金具をつけて、それをリズミカルに踏み鳴らしながら軽妙におどる。◇tap dance

たっぷり〈副・する〉 かなり多めである。例 皮肉たっぷり。たっぷりした服。たっぷり(と)栄養をとる。出発まで一時間たっぷりある。

だっぷん【脱▼糞】〈名・する〉 大便をすること。

だっぺ(方言) …だろう。茨城で言う。

だつぼう【脱帽】〈名・する〉 ❶帽子をぬぐこと。対 着帽。❷相手が自分よりすぐれていることを みとめること。類 シャッポをぬぐ。
表現 ②は、「文句なし。脱帽です」のように、相手の力に感服し、敬意を表するのに使う。

だっぽく【脱北】〈名・する〉 朝鮮《ちょうせん》民主主義人民共和国(北朝鮮)の人が、正規の手続きをせずに国を脱出すること。例 脱北者。

たつまき【竜巻】〈名〉 〔気象〕 上がラッパ状にひらき、直径数十《メートル》から数百《メートル》にもわたって、巨大な雲の柱のように立ちのぼる空気のうずまき。風速一〇〇《メートル》にもなり、家や人などを空にまきあげる。トルネード。

だつもう【脱毛】〈名・する〉 ❶毛がぬけること。例 脱毛症《だつもうしょう》。❷美容で、毛をぬくこと。例 永久脱毛。類 除毛。

だつらく【脱落】〈名・する〉 ❶仲間についていけなくなること。例 脱落者。類 落伍《らくご》。❷本のページや文章の文字などが、ぬけおちていること。類 欠落。

だつり【脱履】(方言) 学校で、靴《くつ》をはきかえる昇降口《しょうこうぐち》。脱履場《ば》。愛知などで言う。

だつりゅう【脱硫】〈名・する〉 物質の中から、硫黄《いおう》分や硫黄化合物を取りのぞくこと。例 脱硫装置。

だつりょく【脱力】〈名・する〉 からだじゅうから力がぬけること。例 脱力感。

だつりん【脱輪】〈名・する〉 ❶車輪がはずれること。❷自動車の車輪が、路肩《ろかた》から外に出てしまうこと。落輪。

[1]**たて**【盾】〖▼楯〗〈名〉 ❶敵の矢ややり、弾丸《だんがん》や石などをふせぐために使う、木製や金属製の板。また、その代わりとなるもの。例 身を盾にしてわが子を守る。❷自分をまもるための手段や口実。例 守秘義務を盾にして、どうしても教えてくれなかった。▽ア タテ

盾に取《と》る あることを、弁解したり文句をつけたりすることの口実にする。例 規則を盾にとって許可しない。

[2]**たて**〖▽殺▽陣〗〈名〉 芝居《しばい》や映画で、刀による切りあいや乱闘《らんとう》の演技。また、その場面。殺陣《さつじん》。例 殺陣師。類 立ち回り。ア タテ

[3]**たて**【縦】〖▼竪〗〈名〉 ❶上下の方向。また、その長さ。例 縦に裂《さ》ける。首を縦にふる(=承知する)。縦書き。縦軸《たてじく》。縦割り。❷前後の方向。例 縦にならぶ。❸(「縦のつながり」「縦の関係」などの形で)先輩《せんぱい》と後輩、上司《じょうし》と部下のような人間関係のこと。▽対 よこ。ア タテ

縦から見《み》ても横《よこ》から見ても どこから見ても。どう見ても。

縦の物《もの》を横《よこ》にもしない ⇩横の物を縦にもしない(「よこ」の子項目)

[4]**たて**【立て】━〈接頭〉 その職種の中で、「もっとも格が上である」という意味を表わす。例 立て役者。立て女形《おやま》。立て行司《じぎょう》。類 筆頭。━〈接尾〉 ❶「そのことをしたばかりである」という意味を表わす。例 焼きたて。生まれたて。❷試合などで、同じ相手にたてつづけに負けること。例 三立てをくう。↓だて〔立て〕

たで〖▼蓼〗〈名〉 道ばたなどで見かける雑草。夏から秋にかけて、ほそ長い穂《ほ》につぶ状のもも色の花がならんでつく。イヌタデやサクラタデなど、種類が多い。

たで食《く》う虫《むし》も好《す》き好《ず》き ふつうなら食べそうもない、からいタデの葉を好んで食う虫もあるように、好みは、人それぞれでちがうものである。

[1]**だて**〖▼伊▽達〗〈名・形動〉 ❶いきおいのいいところをこれみよがしに見せること。例 男だて。類 いなせ。❷みえをはって、かっこうのいいところを見せつけること。例 だてのうす着。だてに着こなす。だてや酔狂《すいきょう》でこんなことはできない。だてめがね。

だての薄着《うすぎ》 かっこうをつけて、寒いときでもむりして薄着をすること。

[2]**だて**【立て】〈接尾〉 ❶動詞について、わざとすることを表わす。例 かくしだて。❷車につける馬や牛の数を表わす。例 四頭立て(の馬車)。❸映画館で、上映する映画が何本であるかを表わす。例 二本立て(の上映)。

た

 高村光雲(こううん) (1852~1934) 明治~昭和の彫刻家。木彫りの復興に努力。写実的な置物彫刻を制作。

[3]**だて**【建て】〈接尾〉家などのたてかたを表わす。例八階建て。一戸《いっこ》建て。

たてあなじゅうきょ【たて穴住居】〖▼竪穴住居〗〈名〉地面を広く掘《ほ》ってたいらにして、草や木の枝《えだ》などでつくった屋根を柱の上にかぶせたかんたんなすまい。日本では、縄文《じょうもん》時代からみられる。

た(立)ていた(板)にみず(水) 立てかけた板に水が流れるように、ぺらぺらとしゃべるようす。口の達者なようす。

たていと【縦糸】〖▽経糸〗〈名〉織物《おりもの》で、上下の方向(長い方)にとおっている糸。対横糸。

表現 物語のくみたてを織物になぞらえて、時間にそって進行する本筋《ほんすじ》を「縦糸」、そのときどきに起こるできごとを「横糸」とたとえることがある。

たてうり【建て売り】〈名〉建設会社が既製品として設計してつくった家を売り出すこと。また、その家。例建て売り住宅。対注文建築。注文住宅。

[1]**たてか・える**【立て替える】〈動下一〉あとで返してもらう約束で、いちじ、他人にかわってお金をはらう。

[2]**たてか・える**【建て替える】〈動下一〉家などを、新しくたてなおす。類改築する。

たてがき【縦書き】〈名〉上から下への方向で文章を書くこと。例縦書きにする。対横書き。

たてか・ける【立て掛ける】〈動下一〉ほかのものに、もたれさせて立てる。例つりざおをかべに立てかける。

たてがみ〖▼鬣〗〈名〉ウマの首のうしろや、おすライオンの首の周囲から胸にかけてのあたりに生える長い毛。

たてかんばん【立て看板】〈名〉かべや電柱などに立てかけておく看板。俗《ぞく》に、略して「立て看」ともいう。

たてぐ【建具】〈名〉しょうじやふすまなど、あけたてして、部屋のしきりにするもの。例建具屋。

たてぐみ【縦組み】〈名〉文字をたての方向に並べた印刷のしかた。対横組み。

たてごと【たて琴】〖▼竪琴〗〈名〉ハープのように、弦《げん》をたてにはってそれをはじいて音をだす弦楽器。

たてこ・む【たて込む】〈動五〉❶せまい土地にたくさんの家がぎっしりならぶ。例家がたて込む。❷せまいところへ多くの人が入る。例店がたて込む。類こみあう。❸仕事がいちどきにたくさんかさなる。類輻輳《ふくそう》する。

たてこも・る【立てこもる】〖立て▼籠る〗〈動五〉中にはいったまま出入り口をしめて出ようとしない。

たてじく【縦軸】〈名〉〔数学〕グラフの座標軸で、たてのほうにとった軸。y軸。対横軸。

たてじま【縦じま】〖縦▼縞〗〈名〉織物などで、たてのしまもよう。対横じま。

だてすがた【だて姿】〖▼伊▽達姿〗〈名〉いきに、はなやかに着かざった姿。

たてつ・く〖盾突く〗〈動五〉親や目上の人、力のある人に対してさからう。例親にたてつく。類反抗《はんこう》する。はむかう。

たてつけ【建て付け】〈名〉戸やしょうじのあけたてのぐあい。例建て付けがわるい。

たてつづけ【たて続け】〈名〉短い間隔《かんかく》でなんどもくり返すこと。例たて続けに電話がくる。類つづけざま。

たてつぼ【建坪】〈名〉敷地《しきち》の中で、建物のしめる土地の面積。

たてなお・す【建て直す・立て直す】〈動五〉❶だめになりそうなものを、もとの良い状態にもどす。例会社を建て直す。類再建する。❷もういちどはじめからやりなおす。例計画を立て直す。

たてなが【縦長】〈名〉たての方向に長いこと。対横長。

たてなみ【縦波】〈名〉❶〔物理〕波がすすむ方向と、それをつたえる物質の振動《しんどう》の方向とが、同じである波。音波など。❷船のすすむ方向にたつ波。▽対よこ波。

たてひざ【立て膝】〈名〉片方のひざを立ててすわること。

たてぶえ【縦笛】〈名〉たてにかまえてふく笛をまとめていうことば。クラリネットや尺八など。対横笛。

たてふだ【立て札】〈名〉人々に対する注意や知らせなどを書いて、外に立てた板。

[1]**たてまえ**【建て前・立て前】〈名〉おもてむきの方針や原則。例建て前をくずす。建て前ではなく、本音《ほんね》が聞きたい。対本音。アタテマエ

[2]**たてまえ**【建て前】〈名〉⇩むねあげ アタテマエ

[3]**たてまえ**【▽点前】〈名〉⇩てまえ〔点前〕 アタテマエ

だてまき【だて巻き】〖▼伊▽達巻き〗〈名〉魚のすり身をまぜて焼き、断面がうずまきになるようにまいたたまご焼き。

たてまし【建て増し】〈名・する〉今ある建物につけくわえて、建てること。類増築。

たてまつ・る【奉る】〈動五〉❶目上の人にものをさしあげる。類献上《けんじょう》する。献じる。奉《ほう》じる。❷人を、かたちだけある地位につけてよろこばせておく。例会長に奉っておけば文句は言わないさ。類まつり上げる。

たてむすび【縦結び】〈名〉結んだ先が平らにならず、上に立つような形になる、不格好な結びかた。

だてめがね【だて眼鏡】〖▼伊▽達眼鏡〗〈名〉かける必要がないのに、かざりとしてかけるめがね。

たてもの【建物】〈名〉人が住んだり仕事をしたりするために、つくったもの。例洋風の建物。類建築物。

たてやくしゃ【立(て)役者】〈名〉❶一座の中心となる俳優。❷あるものごとや分野で、中心となる人物。例彼はこの事業の立て役者だ。影の立て役者。

たてゆれ【縦揺れ】〈名・する〉❶航空機や船で、上下方向にゆれること。ピッチング。❷地震《じしん》で、上下にゆれるゆれかた。多く、震源地に近いところで起こる。対横揺れ。

だてら〈接尾〉…のくせに。その人にふさわしくないという気持ちで使う。俗《ぞく》っぽい言いかた。例女だてらに。

[1]**た・てる**【立てる】■〈動下一〉❶はしを上にむけて位置をさだめる。棒のように長いものや、板のようにひらたいものの、はしやへりを上にむけて、すえつける。例柱を立てる。のぼりを立てる。看板を立てる。えりを立てる。ひざを立てる。立てかける。立て看板。対よこたえる。よこにする。寝《ね》かす。❷前面にだす。例使者を立てる。見はりを立てる。先輩《せんぱい》を立てる。おし立てる。ひき立てる。❸出現させる。つくりだす。目だたせる。例音を立てる。波を立てる。ほこりを立てる。青すじを立てる。目くじらを立てる。てがらを立てる。ふろを立てる。計画を立てる。あらだてる。見たてる。→たてる〔点てる〕❹はたらかせる。例聞き耳を立てる。神経を立てる。役に立てる。役だてる。用だてる。❺役目または地位につかせる。例代理を立てる。代表に立てる。❻しっかり保ってくずさない。例義理を立てる。顔を立て

る。あちらを立てればこちらが立たず。❼とがったものをつきさす。例つめを立てる。きりを立てる。のどに小骨を立てる。つき立てる。❽しめる。とじる。例戸をたてる。
□二〈接尾〉動詞の連用形につけて、「はげしく…する」という意味を表わす。例まくしたてる。さわぎたてる。追いたてる。かぞえたてる。書きたてる。言いたてる。

[2]た・てる【建てる】〈動下一〉建物や国などをつくる。例家を建てる。記念碑《ひ》を建てる。国を建てる。
表記 □一の⑧は、「▽閉てる」とも書かれる。

[3]た・てる〖▽点てる〗〈動下一〉抹茶《まっちゃ》をあわだてていれる。例茶をたてる。類点じる。

たてわり【縦割り】〈名〉❶たてに割ること。❷組織が上下の関係だけで動き、横のつながりがないこと。例縦割り行政。

だてん【打点】〈名〉❶野球で、打者が味方にもたらした点数。例勝利打点。打点王。❷ボールを打つ瞬間《しゅんかん》の、地面からの高さなどの位置。例(テニスやバレーボールなどで)打点が高い。

だでん【打電】〈名・する〉電報をうつこと。

だてんし【堕天使】〈名〉キリスト教で、神と地位をきそったために天上を追われ、悪魔《あくま》となった、もと天使のこと。

たとい〈副〉⇩たとえ〈副〉

たどう【多動】〈名〉子どもが落ちつきなく動きまわる症状《しょうじょう》。例注意欠如《けつじょ》・多動症。

[1]だとう【打倒】〈名・する〉つよい相手を完全にやっつけること。例内閣打倒。打倒ジャイアンツ。

[2]だとう【妥当】〈形動・名・する〉判断や処置が、実態によくあてはまり、むりがなくて正しいこと。例普遍《ふへん》的に妥当する理論。妥当な結論。妥当性。

タトゥー〈名〉入れずみ。とくにファッションとして、うでなどのせまい範囲《はんい》に入れるもの。◇tatoo

たどうし【他動詞】〈名〉〔文法〕動詞のうち、他のものや人に動作やその結果がおよぶ意味をもつ動詞。「押《お》す」「話す」「読む」など。対自動詞。

だとうせい【妥当性】〈名〉実態によくあてはまり、適切であるかどうか。例妥当性のある結論が出る。

[1]たとえ〖▼譬え・▽喩え〗〈名〉説明をわかりやすくするために、具体的な例や身近な話をひきあいにだすこと。例たとえをひく。たとえ話。類比喩《ひゆ》。

[2]たとえ〈副〉ある場合を仮定して、その場合でも結論はかわらないことを表わす。あとに「ても」「とも」「…しようが」などのことばをともなうことが多い。かりに。「たとい」ともいう。例たとえ反対されても押しとおすさ。

たとえば【例えば】〈接〉例を挙げると。例夏の花と言えば、たとえば、ひまわり、あじさい、すずらんなどがある。類具体的には。

たとえばなし【たとえ話】〖▼譬え話〗〈名〉わかりやすくするために、たとえとしてする話。類寓話《ぐうわ》。

たとえようもない ほかのものにたとえて言おうとしてもとてもできない。例そのみごとさは、たとえようもない。

たと・える〖▼譬える・▽喩える〗〈動下一〉❶具体的なことや身近なことを例にひいて言う。例ウサギとカメの話にたとえて説明する。❷あるものごとと比べて言う。例人生を旅にたとえる。たとえようもなく美しい。類なぞらえる。見立てる。

たどく【多読】〈名・する〉多くの本を読むこと。

たどたどし・い〈形〉しゃべりかたや動作などがまだ十分になれていないで、ぎこちない。例たどたどしいしゃべりかた。類おぼつかない。

たどりつ・く【たどり着く】〖▼辿り着く〗〈動五〉ようやくのことで、いきつく。例頂上にたどり着く。

たど・る〖▼辿る〗〈動五〉❶道にそって目的とする方向へすすむ。例家路をたどる。山道をたどる。❷はっきりしないことを、残ったものやすじみちをおってさがしもとめていく。例あとをたどる。記憶《きおく》をたどる。❸しだいにある方向へすすむ。例不運な人生をたどる。

[1]たな【▽店】〈名〉❶店《みせ》。例お店。大店《おおだな》。❷貸し家。例店子。▽古い言いかた。

[2]たな【棚】〈名〉❶二つのもののあいだに板をわたして、ものをのせられるようにした台。例棚をつる。本棚。❷つる性の植物をはわせるために、タケなどを編んで、支柱にたいらにとりつけたもの。例ふじ棚《だな》。❸陸地のゆるい傾斜《けいしゃ》が海中につづいてのびているところ。例大陸棚。

棚からぼたもち 思いがけない幸運がころがりこむこと。ちぢめて「たなぼた」ともいう。

棚に上《あ》げる 知らない顔をしてほうっておく。例自分のことは棚に上げて、人のことばかりせめるな。
参考「棚上げする」は別の意味のことば。→次項

【棚】木部8 全12画
棚棚棚棚棚
たな

たなあげ【棚上げ】〈名・する〉❶問題としてとりあげるのを一時やめて、処理を先へのばすこと。例処分を棚上げにする。類保留。留保。❷しまつにこまる人を、かたちだけは上だが、あまりなにもできないような地位にまつりあげること。例会長に棚上げする。
参考①で、「棚に上げる」は別の意味のことば。→前項

たなおろし【棚卸し】〈名・する〉❶決算などのために、在庫品の数量と、その価格とをしらべること。❷他人の欠点を一つずつとりあげて批判すること。

たなぐも【棚雲】〈名〉空一面に広がる、いくすじもの細く長い雲。

たなこ【▽店子】〈名〉家や部屋の借り主。古風な言いかた。対大家《おおや》。家主《やぬし》。類テナント。

たなご〖▼鱮〗〈名〉川にすむ魚。フナに似《に》ているが、ずっと小さい。冬につって、食用にする。

たなごころ〖▽掌〗〈名〉「手のひら」の古い言いかた。
参考「手の心(=中心)」の意味から。

たなごころを指《さ》す 手のひらにあるものをさし示すように、すみずみまでよくわかる。

たなざらえ【棚ざらえ】〖棚▼浚え〗〈名・する〉整理のために、在庫品をすべて安く売り出すこと。

たなざらし〖▽店▼晒し〗〈名〉商品が長いこと売れないで、店先にいつまでも置いてあること。
表現 ある問題が、解決されないまま、いつまでもほうっておかれることをもいう。

たなばた【七夕】〈名〉五節句の一つ、七夕《しちせき》。年にいちど、七月七日の夜に、牽牛《けんぎゅう》と織女《しょくじょ》が天《あま》の川で会うという伝説にちなむ祭り。願いごとを書いた短冊《たんざく》を、ささ竹につけてかざる。星祭り。参考「棚機《たなばた》」から。

たなび・く【棚引く】〈動五〉雲やかすみ、けむりなどが、横に長くただよう。例かすみが棚引く。

たなぼた【棚ぼた】〈名〉「棚からぼたもち」(→「たな〔棚〕」の子項目)をちぢめたことば。例棚ぼた式。

たなん【多難】〈名・形動〉むずかしいことや、こまったこ

 高柳(たかやなぎ)健次郎 (1899～1990) 電気工学者。日本でテレビジョンを最初に作り，その商品化に尽力。

とが多いこと。例多難な年。前途《ぜんと》多難。

たに【谷】〈名〉❶山と山とのあいだの、低くくぼんだところ。例千尋《せんじん》の谷(=とても深い谷)。谷底。谷あい。谷川。類峡谷《きょうこく》。渓谷《けいこく》。❷高いものにはさまれた、低い部分。例気圧の谷。

[1]**だに**〈名〉節足動物の一種。一ミリメートル以下の大きさで、四対《つい》の足をもつ虫。多くは動物に寄生して血をすう。伝染《でんせん》病をはこぶものもある。種類が多い。

表現「街のダニ」のように、しつこくつきまとって、金《かね》などをたかる者をいやがっていうことばとしても使う。

[2]**だに**〈副助〉文語。極端な例をあげて、だからましてほかの場合はいうまでもない、という意味を表わす。例一顧《いっこ》だにしない。微動だにしない。考えるだにおそろしい。↓さえ〈副助〉

たにあい【谷合い】〖谷▽間〗〈名〉山と山とのあいだにはさまれた、せまくて低い地帯。類谷間《たにま》。山合い。

たにおり【谷折り】〈名〉紙の折りかたで、折り目が内側になるように折ること。対山折り。

たにがわ【谷川】〈名〉谷間を流れる川。類渓流《けいりゅう》。

たにし〖田▼螺〗〈名〉水田などにすむ、巻き貝の一種。三センチメートルぐらいの大きさで、黒茶色。食べられる。

たにま【谷間】〈名〉山と山とのあいだにある、低い地帯。類谷あい。渓谷《けいこく》。

表現「まわりよりも低いところ」という意味から、「ビルの谷間」「気圧の谷間」「谷間の世代」などと言える。

たにまち【タニマチ】〈名〉力士のひいき筋《すじ》・後援《こうえん》者。参考大阪の地名「谷町」から。

たにん【他人】〈名〉❶自分以外の人。ひと。例他人まかせ。対自分。類他者。❷血のつながりのない人。例赤の他人。対身うち。❸その問題に関係していない人。例他人は口出しするな。類第三者。

他人の空似《そらに》 血がつながっていないのに、顔つきがよく似ていること。

他人の飯《めし》を食《く》う 親もとからはなれ、きびしい社会の現実の中で苦労すること。

たにんぎょうぎ【他人行儀】〈名・形動〉親しいのに、他人に対するようにあらたまったふるまいをすること。例他人行儀なあいさつ。類みずくさい。よそよそしい。

たにんごと【他人事】〈名〉⇩ひとごと 対自分事。

たにんずう【多人数】〈名〉多い人数。例多人数で遊べるゲーム。対少人数。類大《おお》人数。

たぬき〖▼狸〗〈名〉❶けものの一種。目のまわりが黒く、尾《お》が太い。野山の穴の中にすみ、夜、出あるく。雑食性。毛皮をとり、また、毛で毛筆をつくる。❷あげ玉をのせた、うどん・そば。

表現①はむかし、キツネとともに人をばかすといわれ、今でも「あいつはたぬきだから、用心しろ」「たぬきおやじ」のような言いかたにその意味が残っている。

方言②は、大阪では甘辛く煮《に》た油あげをのせたそばを指し、京都ではきざんだ油あげをのせてあんかけにしたうどんを指す。一方、あげ玉(天かす)をのせたものは「ハイカラうどん(そば)」とよばれる。

たぬきねいり【たぬき寝入り】〖▼狸寝入り〗〈名・する〉つごうのわるいときなどに、ねむったふりをすること。類空寝《そらね》。

たね【種】〈名〉❶草や木の実の中にあって、芽のでるもとになるもの。例種をまく。柿《かき》の種。まかぬ種は生えぬ。種まき。類種子《しゅし》。❷血すじや血統をつたえるもの。例種をやどす。種つけ。種馬。子だね。❸あることをおこすもとになること。原因。例なやみの種。心配の種。けんかの種。❹文章や話の材料。例種がつきる。話の種。もの笑いの種。新聞だね。類ねた。❺料理の材料。例おでんの種。すしの種。類ねた。❻手品などの、しかけの秘密。例種をあかす。種もしかけもありません。種あかし。

種をまく ❶将来、成長・発展していくもととなるようなものを準備する。種まきをする。❷原因をつくる。例けんかの種をまいたのはだれだ。

たねあかし【種明かし】〈名・する〉❶手品などのしかけを教えること。❷判断や推定の根拠《こんきょ》を明らかにすること。類なぞ解き。

たねあぶら【種油】〈名〉ナタネの種からとったあぶら。食用に使う。なたねあぶら。

たねいも【種芋】〈名〉サツマイモやジャガイモなどを育てるための、種にするいも。

たねうま【種馬】〈名〉いいウマをふやすために種付けをするおすのウマ。

たねがしま【▽種▽子島】〈名〉〔歴史〕火縄銃《ひなわじゅう》。

由来一五四三年に、日本に来た最初のヨーロッパ人であるポルトガル人が、鹿児島県の種子島に漂着《ひょうちゃく》して伝えたという説《せつ》から。

たねぎれ【種切れ】〈名〉材料や考え、口実などが使いつくされて、なくなること。例アイデアが種切れだ。

たねつけ【種付け】〈名・する〉家畜《かちく》などのよい品種を繁殖《はんしょく》させるために、おすとめすを交尾させること。

たねび【種火】〈名〉ガス器具などにいつでも着火できるように、消さないでおく、ごく小さな火。口火《くちび》。

たねほん【種本】〈名〉あることについて話したり書いたりするときの、もとになる本。

たねまき【種まき】〖種▼蒔き〗〈名・する〉草花や野菜などの種をまくこと。↓種をまく(「たね」の子項目)

たねん【多年】〈名〉長い年月。例多年にわたる。類長年。

たねんそう【多年草】〈名〉樹木以外で、二年以上生きる植物。葉や茎《くき》がかれても、地下の根や茎が生きつづけて新しい芽をだす。タンポポやセリなど。宿根草。多年生植物。↓いちねんそう・にねんそう

だの〈副助〉あまり重要ではないという気持ちをこめて、いろいろなものごとを例としてならべてあげる。例くもだのごきぶりだのがうようよいる。暑いだのせまいだの、文句ばかり言う。類やら。参考並立助詞とする考えかたもある。

たのし・い【楽しい】〖▽愉しい〗〈形〉とてもうれしくて、心がうきうきしている。例楽しいクリスマス。楽しいひととき。楽しく遊ぶ。類愉快《ゆかい》。心地《ここち》よい。

たのしみ【楽しみ】〖▽愉しみ〗 一〈名〉楽しいと思うこと。心を楽しませることがら。例楽しみがない。楽しみを持つ。 二〈名・形動〉将来のよいことを想像し、うきうきした気持ちで心待ちにすること。例楽しみにする。将来が楽しみな選手だ。

たのし・む【楽しむ】〖▽愉しむ〗〈動五〉❶うれしくて、いい気持ちになる。例おおいに楽しむ。人生を楽しむ。休日を楽しむ。目を楽しませる。類享楽《きょうらく》する。エンジョイする。❷自分の気にいっていることをしてよろこんで、いい気持ちになる。例音楽を楽しむ。

滝川幸辰(ゆきとき)(1891～1962) 京大教授。自由主義的な刑法学を主張。滝川事件で大学を追放された。

だのに〈接〉そうであるのに。話しことば的な言いかた。対だから。類なのに。でも。

たのみ【頼み】〈名〉❶相手にあることをしてほしいと希望すること。また、その内容。例頼みをきく。じつは頼みがあるんです。類願い。依頼。❷あてにできる人やもの。例頼みにする。頼みのつな。類頼《たよ》り。

頼みの綱《つな》 最終的にもっともたよりにするもの。

たのみこ・む【頼み込む】〈動五〉一生懸命《けんめい》にたのむ。例頼み込んでやっと引き受けてもらった。

たの・む【頼む】〈動五〉❶相手にあることをしてほしいと希望する。例用を頼む。頼みこむ。類依頼《いらい》する。❷あてにする。例多勢を頼む。類たよりにする。❸お金をだして、やとう。例車を頼む。

表記 ②は、「▼恃む」と書かれることもある。

たのもし・い【頼もしい】〈形〉❶必要なときに自分を助けてくれる力がありそうだ。たよりになりそうにみえる。例頼もしい味方。類心づよい。力づよい。❷将来りっぱな人になりそうだ。例末頼もしい。

たば【束】〈名・接尾〉ほそ長いものや平らでうすいものをそろえて、ひとまとめにくくったもの。また、それをかぞえることば。例古雑誌を束にする。ネギ一束。

束になってかかる おおぜいがまとまって一人におそいかかる。

だは【打破】〈名・する〉❶せめて、負かすこと。例敵を打破する。類撃破《げきは》。❷発展のさまたげとなる習慣や考え方をとりのぞくこと。例悪習を打破する。弊害《へいがい》を打破する。現状打破。

だば【駄馬】〈名〉❶荷物をせおわせて運ぶのに使うウマ。❷たいしたことのないウマ。

たばか・る『▽謀る』〈動五〉人をだます。

たばこ『▽煙▽草・▼莨』〈名〉❶畑に栽培《さいばい》される一年草。夏にうすべに色の花をつける。楕《だ》円《えん》形の大きな葉はニコチンをふくむ。❷「①」の植物の葉をかわかして、巻きたばこや刻みたばこに加工し、火をつけて吸《す》うもの。日本では二十歳《さい》になるまで禁じられている。◇ポルトガル tabaco

たばさ・む【手挟む】〈動五〉ものをわきにはさんで持つ。刀をこしに差す。例両刀を手挟む。

タバスコ〈名〉赤とうがらしでつくったどろっとした香辛料。ピザやスパゲッティなどにかけて食べる。商標名。◇Tabasco

たはた【田畑】〈名〉田やはたけ。「でんぱた」という場合もある。類農地。

たはつ【多発】〈名・する〉同じような事件や事故が多くおこること。例事故が多発する。類頻発《ひんぱつ》。続発。

たば・ねる【束ねる】〈動下一〉❶ほそ長いものや平たいものをひとまとめにする。たばにしてくくる。例かみの毛を束ねる。札《さつ》を束ねる。類つかねる。❷ある団体の中心となって、全体をとりまとめる。例クラスを束ねる。

1**たび【足袋】**〈名〉和服を着るときに足にはく、つま先が二つにわかれたふくろ形の衣料品。布などでつくる。アタビ

表現 左右をひと組みにして一足二足と数える。

2**たび【度】**一〈名〉❶くり返されるものごとの、一回一回。例このたびはおめでとう。たびかさなる。❷(「…するたびに」「…のたびに」の形で)「そうするときごとに」という意味を表わす形式名詞。例子どもは会うたびに大きくなる。二〈接尾〉数を表わすことばにつけて、それがなんどめかをかぞえることば。例一度《ひとたび》。幾度《いくたび》。▽アタビ

表現 一①は、少し古い感じのことばで、あらたまった場面での話などに使われる。一②はふつうに使う。

3**たび【旅】**〈名〉自分の家をはなれて、各地をめぐりあるくこと。例旅にでる。旅だつ。類旅行。アタビ

旅の恥《はじ》は掻《か》き捨《す》て 旅先では知らない人ばかりだから、ふつうならはずかしくてできないことでも、平気でやってしまう、ということ。

旅は道連《みちづ》れ世《よ》は情《なさ》け 旅をするときは、つれがあると、楽しくたのもしい。世間で生活するには、思いやりをもって、つきあっていくことがたいせつだ、ということ。

だび【▼茶▼毘】『▼茶▼毗』〈名〉〔仏教〕火葬《かそう》。例茶毘に付す。◇もとサンスクリット語。

たびかさな・る【度重なる】〈動五〉起こってほしくないことが、くりかえし起こる。例度重なる不幸。度重なる不祥事《ふしょうじ》。

たびがらす【旅がらす】『旅▼烏』〈名〉❶定まった住まいもなく、旅をしながら生活している人。例わたしゃしがない旅がらす。❷ほかの土地からやってきた人をいやしめていうことば。▽古めかしい言いかた。

たびげいにん【旅芸人】〈名〉旅をしながら各地で興行してまわる芸人。

たびさき【旅先】〈名〉旅行中にたちよった土地。旅の途中《とちゅう》。例旅先からの手紙。

たびじ【旅路】〈名〉旅の道すじ。旅。例旅路につく。死出《しで》の旅路につく。

たびじたく【旅支度・旅仕度】〈名〉❶旅行にでるための準備。❷旅行中の服装。類旅装。

たび・する【旅する】〈動サ変〉旅をする。

たびだち【旅立ち】〈名〉旅に出発すること。例旅立ちの朝。類門出《かどで》。

たびだ・つ【旅立つ】〈動五〉旅に出発する。

表現 「あの世へ旅立つ」「天国へ旅立つ」は、死ぬこと。

たびたび【度度】〈副〉あまり長いあいだをおかないで、同じことをくりかえすようす。例たびたびお手数をかけてすみません。類再三。再再。しばしば。ちょくちょく。

たびにん【旅人】〈名〉あちこちを旅して回る人。とくにやくざやばくちうちをいった、古いことば。

たびはだし【足袋はだし】『足袋▼跣』〈名〉足袋をはいただけで外を歩くこと。例足袋はだしで飛び出す。

たびびと【旅人】〈名〉旅をしている人。詩的な言いかた。

たびまわり【旅回り】〈名〉芸人や商人が、旅をしながら、ほうぼうの土地をめぐること。例旅回りの一座。

ダビング〈名・する〉録音・録画したものを、別のテープやDVDなどにさらにうつすこと。◇dubbing

タフ〈形動〉❶体力や精神力があって、少しのことではへこたれない。例タフな男。❷うち負かしたり、征服《せいふく》したりするのがむずかしい。例タフな相手。タフなマラソンコース。◇tough

タブー〈名〉❶宗教的に、また社会習慣として禁じられているものごと。類禁忌《きんき》。❷ある社会やなかまのあいだで、言ったりしたりしてはいけないこと。例欧米《おうべい》では、人種や宗教の話はタブーと考えておくほうがよい。類禁句。禁物《きんもつ》。忌《い》みことば。→囲み記事6(78ページ) ◇taboo

タフガイ〈名〉たくましくて、精力にみちあふれている男性。◇tough guy

だぶだぶ〈形動・副・する〉❶衣服などがからだに合わ

た

滝沢馬琴(たきざわばきん)(1767~1848) 江戸後期の戯作者。「南総里見八犬伝」などの長編読本を残した。

ず、大きすぎるようす。例だぶだぶのズボン。類ぶかぶか。❷肉がゆれ動くほど、ふとっているようす。例だいぶ腹の肉がだぶだぶしてきた。参考アクセントは、ふつう「ダブダブ」であるが、「だぶだぶに」「だぶだぶの」「だぶだぶだ」の場合は、「ダブダブ」となる。

だぶつ・く〈動五〉❶お金やものがたくさんあって、あまった状態になる。❷服が大きすぎてからだに合わず、ぶかぶかしている。❸液体がいっぱい入っていて、中でゆれうごく。❹ふとって、肉が波をうったようになる。

だふや【ダフ屋】〈名〉コンサートやスポーツなどの前売り券を事前に買い込み、券を持っていない客に高く売りつける者。参考「だふ」は「札《ふだ》」をさかさまに読んだ隠語。

たぶらか・す【▼誑かす】〈動五〉相手をうまくごまかす。例人をたぶらかす。

ダブリ〈名〉二つのものが重なってしまうこと。類重複。

ダブル[1]〈名〉❶二人用。例ダブルベッド。❷二重の。二倍の。例ダブルスチール。ダブルパンチ。❸洋服の上着で、前の合わせめがふかく、ボタンが二列についているもの。黒いものは、男性の略式の礼服。❹ズボンのすそやワイシャツのそでを、折り返してつくること。❺バーでウイスキーをついでする量の、多いほう。◇double ▽アダブル
参考「シングル」と対《つい》になることば。
表記 読みの似ている「W」で表わされることも多い。

ダブ・る[2]〈動五〉二つのものが重なってしまう。例予定がダブる。映像がダブる。類重複する。アダブル
参考「ダブル(double)」を動詞にしたことば。

ダブルス〈名〉テニスや卓球《たっきゅう》、バドミントンで、二人対二人でする試合。対シングルス。◇doubles

ダブルスコア〈名〉スポーツの試合などで、一方の得点が他方の二倍であること。◇double score

ダブルパンチ〈名〉❶ボクシングで、片方のこぶしで二発つづけて打つパンチ。❷二回つづけて受ける痛手。例失恋と受験失敗のダブルパンチをくらう。参考日本での複合語。英語では one-two punch という。

ダブルブッキング〈名〉❶二つの約束の予定を同じ時間に入れてしまうこと。❷ホテルの部屋や列車の指定席などで、キャンセルを見こして二重に予約を受けること。◇double-booking

ダブルプレー〈名〉野球で、アウトを二つつづけざまにとること。併殺《へいさつ》。◇double play

ダブルベース〈名〉⇨コントラバス ◇double bass

タブレット〈名〉❶錠剤《じょうざい》。❷キーボードがなく、画面にタッチして操作する、携帯《けいたい》型のパソコン。❸単線の鉄道で、駅長が運転士にわたす通行許可票。通票。◇tablet

タブロイド〈名〉新聞や雑誌の大きさで、ふつうの新聞の二分の一のもの。例タブロイド判。◇tabloid

たぶん[1]**【他聞】**〈名〉秘密の話をほかの人に聞かれること。例他聞をはばかる話。アタブン

たぶん[2]**【多分】**一〈副〉可能性がかなり大きいようす。例あすはたぶん雨でしょう。類おそらく。
二〈名〉たっぷりと多いこと。例多分のご寄付をいただき一同感謝しています。優勝の可能性は多分にある。類過分。→ごたぶんにもれず ▽ア一タブン 二タブン
表現 二①には、ちょっとあらたまった感じがある。

だぶん【駄文】〈名〉へたくそで つまらない文章。
表現「駄文をつらね、失礼いたしました」のように、自分の文章をへりくだっていうときにも使う。

たべあるき【食べ歩き】〈名〉❶あちこちの名物料理やおいしい食べ物を食べてまわること。食い歩き。❷歩きながらものを食べること。歩き食い。例食べ歩き禁止条例。

たべあわせ【食べ合わせ】〈名〉⇨くいあわせ

たべごろ【食べ頃】〈名〉食べるのにちょうど適したころあい。例今が食べ頃のくだもの。

たべざかり【食べ盛り】〈名〉食べ物をたくさん食べる年ごろ。

たべずぎらい【食べず嫌い】〈名・形動〉⇨くわずぎらい

タペストリー〈名〉風景や人物像などを織り出したはなやかなつづれ織り。また、そのかべかけ。「タピストリー」ともいう。◇tapestry

た・べる【食べる】〈動下一〉❶食べものを口にいれて、かんで、のみこむ。類食う。食《しょく》す。食事する。摂食《せっしょく》する。❷生活の糧《かて》を得て、生きていく。例なんとか食べていくだけの収入はある。類食う。暮らす。
表現「食べる」はふつうの言いかたで、「食う」は現代ではぞんざいな言いかた。もと、「食べる」は「いただく」の意味の謙譲《けんじょう》語だった。
敬語 ①の意味での尊敬語としては、ふつう「召《め》し上がる」、謙譲《けんじょう》語としては「いただく」「頂戴《ちょうだい》する」を使う。「飲む」の敬語も同じ。

だべ・る【駄▼弁る】〈動五〉たわいないおしゃべりをする。俗《ぞく》な言いかた。

たへん【田偏】〈名〉漢字の偏の一つ。「町」「畔《あぜ》」などの「田」の部分。

たべん【多弁】〈名・形動〉やたらに多くしゃべること。例酒に酔《よ》って多弁になる。類饒舌《じょうぜつ》。多言《たげん》。

だべん【駄弁】〈名〉つまらない おしゃべり。例駄弁を弄《ろう》する。類むだ口。むだ話。

だほ【▼拿捕】〈名・する〉領海に不法に入ってきた船をつかまえること。類捕獲《ほかく》。

たほう【他方】〈名〉あるものに対して、別の方向や別の方面。例慎重《しんちょう》すぎるということは、他方からみると決断力の不足といえなくもない。対一方。類他面。
表現「気がつよい男だが、他方やさしいところもある」のように、副詞的に使って、「その一方では」という意味を表わすこともある。

たぼう【多忙】〈名・形動〉仕事が多くて、とてもいそがしいこと。例多忙をきわめる。多忙な日々。類多用。多事。多端《たたん》。繁忙《はんぼう》。

たほうめん【多方面】〈名・形動〉いろいろな分野。いろいろな方面に関係していること。例多方面にわたる業績。多方面での活躍。

だぼく【打撲】〈名・する〉からだを強く打たれたり、どこかに打ちつけたりすること。例打撲傷。全身打撲。類打ち身。

たま【玉・球・弾】【▽珠】一〈名〉❶[玉]どこから見ても、まるい形をしたもの。例玉をころがす。玉ころがし。あめ玉。目の玉。
❷[玉]そろばんで、計算するとき、上下にうごかすもの。
❸[球]運動競技などで使うボール。ボールのとびかたの種類。例球をえらぶ。はやい球。いい球。球さばき。球あし。
❹[玉・球・弾]電球や弾丸《だんがん》など、球形、またはそれに似《に》た形のもの。例大砲《たいほう》に弾を込《こ》める。電気の球がきれる。鉄砲の弾。うどんの玉。百円玉《だま》。
❺[玉・珠]宝石や真珠《しんじゅ》などの、きわめてうつくしく価

た

値の高いもの。例玉にきず(→子項目)。玉をころがすような声。掌中《しょうちゅう》の玉。類宝玉。

二〈接頭〉[玉]「うつくしい」「りっぱな」という意味を表わす。例玉垣《たまがき》。玉砂利《じゃり》。玉すだれ。▽→たまの

参考 漢字の「玉《ぎょく》」は宝石の種類をいい、まるいこととは関係がないが、玉を細工するとき、しばしばまるい形にしたため、日本では「玉」の訓が まるさを意味する「たま」になった。

玉にきず それさえなければ完全なのにと、残念に思われるわずかな欠点。例あの人はとてもいい人だが、少し気が短いのが玉にきずだ。

玉を転《ころ》がすような とても美しい歌声のたとえ。→おてん 表現

だま〈名〉小麦粉などを水でといたとき、とけきらないでかたまりになったもの。「ダマ」とも書く。まま粉《こ》。例ダマになる。

たまあし【球足】〈名〉ボールがとんだり、ころがったりするときの速さ。例球足が速い。

たまえ〖▽給え〗〈補動〉命令の意味を表わす、やや古い、えらそうな言いかた。…しなさい。…するほうがよい。ふつう女性は使わない。例君たち、静かにしたまえ。ちょっと本をとってくれたまえ。

たまぐし【玉串】〈名〉神道《しんとう》で、神前にささげるサカキの小枝。例玉串料(=祈禱《きとう》をしてもらうためのお金)。

だまくらか・す〈動五〉「だます」を強めた、くだけた言いかた。類だまかす。

たま・げる〈動下一〉「おどろく」の意味の、俗《ぞく》っぽい言いかた。例こりゃ、たまげた。

たまご【卵】〈名〉❶鳥や魚、虫などのめすがうむもの。❷「①」で、とくに、ニワトリがうむもの。鶏卵《けいらん》。❸ある職業につくために修業《しゅぎょう》中の人。例医者の卵。→ひよこ

表現 表記 ②は、食材としては「玉子」とも書く。

卵に目鼻《めはな》 色白の丸い顔。とくに愛らしい子供の顔にいう。

たまござけ【卵酒・玉子酒】〈名〉日本酒にとき卵と砂糖を加えてかきまぜ、あたためた飲み物。

たまごとじ【卵とじ・玉子とじ】〖卵▼綴じ〗〈名〉とき卵を料理やうどんのだし汁などが煮立《にた》ったところにそそいで、表面をとじるようにしたもの。

たまごやき【卵焼き・玉子焼き】〈名〉ニワトリのたまごをかきまぜ、味をつけて焼いた日本風の料理。

方言 兵庫では、たこ焼きをだし汁《じる》につけて食べる「明石《あかし》焼き」にも言う。

たまさか〈副〉❶偶然《ぐうぜん》思いがけずに。例たまさか出くわす。❷まれに。

表現 古い言いかた。「たまさかに」ともいう。

たましい【魂】〈名〉❶人の胸のおくふかくにあって、生きる力のみなもとになっていると考えられているもの。例魂が抜けたようになる。仏つくって魂入れず(→「ほとけ」の子項目)。❷なにかをなしとげようとする非常に強い気持ち。例魂がこもる。魂をこめる。負けじ魂。❸なくなった人の霊《れい》。例死者の魂。祖先の魂。類霊魂《れいこん》。▽類精神。心。

魂を売《う》る 邪悪《じゃあく》な考えをもつ人間たちの一員になる。例悪魔に魂を売る。

だましうち【だまし討ち】〖▼騙し討ち〗〈名〉うその情報で相手をゆだんさせておき、急におそうこと。例だまし討ちにあう。だまし討ちをかける。

だましだまし〖▼騙し▼騙し〗〈副〉調子のよくない機械や道具を、ようすをうかがいながら、なるべくていねいに使うようす。例だましだまし使う。

たまじゃり【玉砂利】〈名〉大きいまるみのある砂利。

だま・す〖▼騙す・▽欺す〗〈動五〉❶うそをついて、相手にほんとうだと思いこませる。例まんまとだまされる。類一杯《いっぱい》食わす。❷その場しのぎのでまかせを言ってごまかす。例だましたりすかしたり。

表現 「だまされたと思って…」は、「食べてみて」など、しぶる相手にものごとを強くすすめるときの言いまわし。

方言 南《みなみ》東北・千葉などでは、「子どもをあやす」の意味でも使う。

だましだまし ⇩独立項目

たまたま〈副〉❶偶然《ぐうぜん》に。例銀座でたまたまかれに会った。❷いつもではないが、ときには。たまに。例こういうこともたまたまある。

たまつき【玉突き・球突き】〈名〉ビリヤード。

表現 自動車がつぎつぎと追突《ついとつ》することを「玉突き事故」「玉突き衝突《しょうとつ》」といい、会社などの人事異動で、ある人が動いたあとのあなうめをするために別の人もつぎつぎに異動することを「玉突き人事」という。

たまてばこ【玉手箱】〈名〉中にたいせつなものが入っていて、めったにあけてはいけないとされる箱。例あけてびっくり玉手箱。

由来 伝説で、浦島太郎《うらしまたろう》が竜宮《りゅうぐう》の乙姫《おとひめ》からもらってきたという箱の名にちなむ。

たまに〈副〉❶しばらくのあいだしていなかったことを、思いだしたようにするようす。例たまに来たんだから、ゆっくりしていきなさい。類ひさしぶり。ときどき。❷まれである。めったに…ない。例たまには外食がしたい。この道は、車はたまにしか通らない。

表現 「たまの休み」というように、「たまに」の「に」が「の」になって連体詞となることもある。

たまねぎ【玉ねぎ】〖玉▼葱〗〈名〉野菜の一つ。二年草。地下のまるい鱗茎《りんけい》を食べる。刺激《しげき》性のつよい特有のにおいがあって、切るとなみだがでる。日本一の産地は北海道。

表現 一個二個と数える。一玉《ひとたま》二玉《ふたたま》も使う。

たまの【玉の】〈連体〉❶宝玉で作った。例玉の杯《さかずき》。❷玉のように大粒《おおつぶ》の。例玉の汗《あせ》。❸玉のようにみがかれてきれいな。例玉の肌《はだ》。❹りっぱな。例玉の輿《こし》。

玉の輿《こし》に乗《の》る ふつうの女性が、幸運にも地位や財産のある男性と結婚《けっこん》して、自分も富と名誉《めいよ》をえる。

たまへん【玉偏】〈名〉漢字の偏の一つ。「球」「現」などの「王」の部分。ぎょくへん。

参考 「玉」でなく「王」の形になるので「おうへん」ともいうが、俗《ぞく》な言いかた。→囲み記事47(1059ページ)

たままつり【霊祭り】〈名〉盂蘭盆《うらぼん》に、祖先の霊《れい》をむかえてまつること。

表現 盂蘭盆の最初の日に、霊をあの世からむかえることを「たまむかえ」といい、最後の日に、その霊をおくり返すことを「たまおくり」という。

たまむし【玉虫】〈名〉四《センチメートル》ほどの甲虫《こうちゅう》。金緑色の羽に、むらさき色のすじがあって、色つやがうつくしい。

たまむしいろ【玉虫色】〈名〉光線のあたりぐあいによって、タマムシのように、みどりに見えたりむらさきに見えたりする染め色や織り色。

表現 「玉虫色の決着」のように、見る人の立場や考えかたによって、その人につごうのよい見かたや解釈《かいしゃく》ができる

 滝廉太郎(れんたろう)(1879～1903) 明治の作曲家。西洋音楽の開拓者の一人。「荒城の月」「箱根八里」を作曲。

―もの、という意味でも使う。

たまめ【玉芽】〈名〉❶球状の芽。❷「若芽」の美称《びしょう》。

たまもの〖▽賜物・▽賜〗〈名〉(「…のたまもの」の形で)…のおかげで手に入れることができたもの。例努力のたまもの。優勝は猛《もう》練習のたまものだ。

たまゆら〈名〉ほんのしばらくのあいだ。古雅《こが》なことば。例たまゆらのいのち。参考元来は副詞だったが「たよりない」という意味で「たまゆらの」と使うことが多かった。

たまらな・い〖▽堪らない〗〈形〉どうにも我慢《がまん》ができない。平静《へいせい》でいられない。例くやしくてたまらない。おかしくてたまらない。たまらないおいしさ。類しかたがない。

たまり〖▼溜まり〗〈名〉「たまりじょうゆ」の略。ムギを使わず、ダイズだけでつくった濃厚《のうこう》なしょうゆ。方言愛知・岐阜・三重・長野では、しょうゆ一般《いっぱん》を言う。

たまりか・ねる〖▽堪り兼ねる〗〈動下一〉感情が高ぶって、もうこれ以上はおさえきれない。例あまりのことに、たまりかねてどなりつけた。

だまりこく・る【黙りこくる】〈動五〉口をつぐんだまま、ずっとしゃべらないでいる。

だまりこ・む【黙り込む】〈動五〉ひとことも口をきかなくなる。例急に黙り込む。

たまりば【たまり場】〖▼溜まり場〗〈名〉仲間たちがなにかにつけ集まっている場所。

たま・る[1]〖▽堪る〗〈動五〉❶なんとかもちこたえる。例この強風では船もたまったものじゃない。❷なんとか我慢できる。例失敗してたまる(もの)か。表現多く、下に打ち消しや反語の表現がくる。

たま・る[2]〖▼溜まる・▽貯まる〗〈動五〉ものが少しずつ加わっていって、しだいに大きな量になる。例金《かね》がたまる。雨水がたまる。はらいがたまる。宿題がたまる。

だま・る【黙る】〈動五〉❶口をとじて、話をしない。例黙りこくる。おし黙る。類沈黙《ちんもく》する。❷言いたいことを言わない。例悪事を見ては黙っていられない。

たまわ・る【賜る】〈動五〉❶いただく。例おほめのことばを賜り、ありがたく存じます。殿《との》から賜ったさかずき。類さずかる。❷くださる。例殿の賜ったさかずき。類さずける。▽やや古風な、かなりかしこまった言いかた。

たみ【民】〈名〉国を下からささえている一般《いっぱん》の人々。例民の声。類人民。庶民《しょみん》。表現国家とは関係なしに、人々のむれをさして、「遊牧の民」「さすらいの民」のようにいうことがある。むれをなさなくても「わたしは自由の民だ」などということができる。

ダミー〈名〉❶本物ではないもの。❷実験や映画撮影《さつえい》などに使う人形。❸マネキン人形。❹商取り引きで、替《か》え玉として使う会社。◇dummy

だみごえ【だみ声】〖▽濁声〗〈名〉低くて、がらがらした感じの声。例だみ声をはりあげる。類どら声。

だみん【惰眠】〈名〉なまけてねむっていること。

惰眠を貪《むさぼ》る しなければいけないことをしないで、むだにすごす。

ダム〈名〉発電や水道、治水などのために、川をせきとめて水をたくわえたところ。◇dam

表現一基《いっき》二基《にき》と数える。

たむけ【手向け】〈名〉❶神仏や死んだ人へのおそなえ。例手向けの花。類ささげもの。❷旅立つ人におくることばや、おくり物。例手向けのことば。類はなむけ。

たむ・ける【手向ける】〈動下一〉神仏や死者にものをささげる。例墓に花を手向ける。類供《そな》える。

たむし【田虫】〈名〉皮膚《ひふ》病の一つ。白癬菌《はくせんきん》の寄生によって内またなどに起こる。赤色のはん点ができて、たいへんかゆい。

たむろ・する〖▽屯する〗〈動サ変〉何人かの人が、集まっている。例あやしい男たちが公園でたむろしている。表現集まりかたによくないふんいきを感じさせることば。

ため[1]〖▽為〗〈名〉❶役にたつこと。例ためになる本。人のためにつくす。きみのためを思って言うのだ。❷行動の目的を表わす形式名詞。例物理学の研究のためにアメリカへわたる。❸事件の原因を表わす形式名詞。例台風のため、船は欠航します。類せい。で〈格助〉。❹その人の立場、という意味を表わす形式名詞。古い言いかた。例君《きみ》がためには(=君にとっては)、関係あるまい。▽ア「タメ」

ためにする その本来の意義からはずれたもくろみがあって、わざとする。例かれの批判は、ためにするものだから、すなおに聞けない。

ため[2]〈名〉❶対等であること。例ための関係。ため口《ぐち》。❷同い年であること。ため年。▽アタメ

参考おもに若者が使うことばで、「タメ」とも書く。もと、さいころのぞろ目の意味。

だめ〖駄目〗〈形動〉❶やってもむだだ。例今さら行ってもだめだろう。❷とてもできない。不可能である。例すぐ行けったってだめだよ。❸してはいけない。例そっちへ行っちゃだめだ。❹まるで、役にたたない。例まるでだめなやつ。くつがだめになった。参考もと、囲碁《いご》用語。

だめで元元《もともと》 何もしないでいるよりは、だめでもしかたがないという気持ちで試してみればいい、ということ。俗《ぞく》に、略して「だめもと」ともいう。

だめを押《お》す いっそう確実なものにするために、もういちど念のためにやる。だめ押しする。

だめを出《だ》す 演劇などで、役者に演技上の注意をあたえる。だめ出しをする。

ためいき【ため息】〖▼溜め息〗〈名〉かなしんだり、がっかりしたときに、おもわずでる息。例ため息をつく。

ためいけ【ため池】〖▼溜め池〗〈名〉水田などに使う水をためておく池。参考降水《こうすい》量の少ない瀬戸内《せとうち》地方にとくに多くつくられ、香川県には、灌漑《かんがい》用の日本最大のため池(満濃池《まんのういけ》)がある。

ダメージ〈名〉❶影響《えいきょう》が長引くような、大きな損害や傷《きず》。痛手《いたで》。例社会的信用にダメージを受ける。(ボクシングで)ダメージを与える。❷傷《いた》み。例(美容で)髪《かみ》や肌のダメージ。▽「ダメッジ」ともいう。

だめおし【だめ押し】〖駄目押し〗〈名・する〉❶念には念をいれて、たしかなものにすること。❷野球など、得点の多さをきそうスポーツで、勝負の決着がほぼついたあとに、さらに得点して勝利を確実なものとすること。

ためぐち【ため口】〈名〉本来敬語を使うべき相手に対する、対等なことばづかい。おもに若者の言いかたで「タメ口」とも書く。例ため口を利《き》く。ため口をたたく。

ためこ・む【ため込む】〖▼溜め込む・▽貯め込む〗〈動五〉やたらにたくさんたくわえておく。例金をため込む。

ためし〖▽例し・▽様〗〈名〉これまでにあったことや、やったこと。例あの人は時間どおりに来たためしがない。類前例。

ためしに【試しに】〈副〉どんな結果になるか、というかるい気持ちで。例試しにやってみよう。類こころみに。

竹内栖鳳(せいほう)(1864～1942) 日本画家。円山応挙以来の写生画に洋画の技法をとりいれた。

ため・す【試す】〈動五〉実際にやってみて、たしかめる。例能力を試す。類試みる。→こころみる表現

だめだし【だめ出し】〖駄目出し〗〈名・する〉❶演劇などで、だめを出すこと(→「だめ」の子項目)。❷批判や否定、やりなおしの命令。俗《ぞく》な言いかた。例提出した企画《きかく》書をだめ出しされる。

ためつすがめつ〖矯めつ▼眇めつ〗〈副・する〉いろいろな角度から、よくよく見るようす。例ためつすがめつながめる。

ため(▽為)に ⇩ため(為)②③

だめもと〈名〉「だめでもともと」を略した、俗《ぞく》なことば。例だめもとでやってみよう。

ためらい〈名〉どうしたらよいか、心を決めかねて、まようこと。まよう気持ち。例何のためらいもなく。

ためらいきず【ためらい傷】〈名〉自殺をしようとして刃物で首や手首を切ったものの死にきれず、あとに残ってしまった傷。

ためら・う〈動五〉どうしたらよいか迷って、すぐに行動しない。例返事をためらう。ためらいがち(にたずねる)。類ちゅうちょする。逡巡《しゅんじゅん》する。

方言 北陸・東海などでは、「夜道は危ないからためらって行け」のように、「健康や安全に気をつける」という意味でも使う。別れのあいさつの表現として使うことが多い。

1 た・める〖▼溜める・▽貯める〗〈動下一〉少しずつふやして、しだいにまとまった量にする。例金《かね》をためる。雨水をためる。宿題をためる。類たくわえる。アタメル

2 た・める【矯める】〈動下一〉自然のままのものに力を加えて、まげたり、または、まがっているものをまっすぐにしたりする。例角《つの》を矯めて牛を殺す(→「つの」の子項目)。アタメル

表現「こうしろ」「ああしろ」などといって圧力をかけ、自由な成長のじゃまをすることにもいう。

1 ためん【他面】〈名〉ある面に対する別の面。例他面から考える。対一面。類他方。

表現「あの先生はきびしい人だが、他面、やさしいところもある」のように、副詞的に使って、「別の面では」という意味を表わすこともある。

2 ためん【多面】〈名〉多くの方面。例多面にわたる活躍《かつやく》。多面的。多面作戦。

ためんたい【多面体】〈名〉〔数学〕四つ以上の平面からできている立体。

ためんてき【多面的】〈形動〉多くの側面をそなえ、各方面に適応できる。例多面的な才能。

たもうさく【多毛作】〈名〉同じ田畑で、年三回以上作物をそだてて、収穫すること。対一毛作。二毛作。

たもくてき【多目的】〈形動〉たくさんの目的や用途《ようと》がある。例多目的ホール。多目的ダム。類多用途。

たも・つ【保つ】〈動五〉❶そのままの状態をつづける。例温度を一定に保つ。❷くずれたり乱れたりしないように、まもりつづける。例体面を保つ。秩序《ちつじょ》を保つ。類維持《いじ》する。保持する。

表現 ①でも②でも、「室温二〇度に保たれた部屋」とか「古い文化の保たれた町」のように受け身の形でもよく使われる。

たもと〖▼袂〗〈名〉❶和服のそでの ふくろのようになっている部分。→きもの絵 ❷すぐ近く。例橋のたもと。

参考「手《た》本《もと》」の意味から。

たもとを分《わ》かつ 考えかたのちがいなどから、交際をやめる。類絶交する。縁《えん》を切る。

だやい(方言) だるい。めんどうくさい。富山・石川などで言う。

参考 方言だと気づいていない人が多い。

たや・す【絶やす】〈動五〉これまでずっと続いていたものをとぎれさす。例跡《あと》を絶やす。類たつ。

表現「えがおを絶やさない」のように、ずっと…をしている、いつもその状態をたもっているの意味で、「…を絶やさない」の形でもよく使う。

たやす・い〖▽容▽易い〗〈形〉むずかしくない。わけなくできる。例たやすいご用だ。いともたやすく難問をといた。対むずかしい。類やさしい。容易《ようい》。簡単。

たゆう【▽大▽夫・太▽夫】〈名〉❶日本の古くからの芸能で、その一座をひきいる立場の人。❷むかし、遊女で、もっとも位の高かった人。

たゆた・う〈動五〉❶水などにういているものが、あちこちゆれ動く。類ただよう。❷きめかねて、心がゆれ動く。

参考 発音は「たゆとう」となる。古い言いかた。

たゆと・う〈動五〉⇩たゆたう(前項)

たゆみな・い〖▼弛みない〗〈形〉気をゆるめることがない。例たゆみない努力。

たゆ・む〖▼弛む〗〈動五〉気をゆるめる。多く、「たゆまず」「たゆまぬ」「たゆむことなく」のように、打ち消しの形で使う。例うまずたゆまず。たゆまぬ努力をつづける。類なまける。

1 たよう【多用】 一〈名〉用事が多いこと。類多忙《たぼう》。多事。多端《たたん》。 二〈名・する〉たくさん使うこと。例漢字を多用する。

表現 一は、「ご多用中のところおそれいりますが…」のような形で、人にたのみごとをするときに使うことが多い。

2 たよう【多様】〈形動〉種類がいろいろである。例多様な問題。多様性。類種々《しゅじゅ》。さまざま。

たようか【多様化】〈名・する〉多様になること。例価値観の多様化。

1 たより【便り】〈名〉❶手紙などで、今の暮らしのようすなどを伝えること。また、その手紙。例便りをする。便りがとだえる。小学校の友だちからの便り。お便り。類音信。消息。❷知らせ。例風の便り。花便《はなだより》り。

便りがないのは無事《ぶじ》の便り 手紙や電話をよこさないのは、むしろ元気でやっているというしるしであり、心配することはない。

2 たより【頼り】〈名〉❶自分だけでは心ぼそいときに、助けになる人やもの。例頼りにする。地図を頼りにさがしあてる。頼りがい(がある)。類たのみ。❷手がかり。例しらべる頼りがなにもない。

たよりな・い【頼りない】〈形〉❶たよるべき人やものがない。例頼りない身のうえ。類心ぼそい。心もとない。❷あてになりそうもなくて、不安だ。例かれでは頼りなくて、この仕事はまかせられない。類頼りにならない。

方言 関西では、料理の味つけがしっかりしていないという意味でも使う。たよんない。たいない。類水くさい。

たよ・る【頼る】〈動五〉力になってもらおうとあてにする。例人を頼る。武力に頼る。兄を頼って上京する。

1 たら〖▼鱈〗〈名〉北方の海にすむさかな。全長七〇《センチメートル》ほどで、腹がふくれたかたちをしている。なべものにしたりして食べる。マダラやスケトウダラなどの種類がある。

2 たら〈副助〉⇩ったら一

3 たら〈助動〉過去・完了《かんりょう》の助動詞「た」の仮定形。「ば」なしで、仮定の条件を表わす。

だら(方言) ばか。おろかな人。富山・石川・鳥取《とっとり》・島

た

根などで言う。例そんなだらな話があるか。

たらい【▼盥】〈名〉行水やせんたくをするときに使う、ひらたい容器。ブリキやプラスチック、木などでつくる。

たらいまわし【たらい回し】〈名〉AからB、BからCへと次々に回すこと。例病院から病院へたらい回しにされた。参考 足でたらいを回転させる曲芸のことから。

だらく【堕落】〈名・する〉向上心をうしない、生活や考えかたがわるくなること。例堕落した日々を送る。堕落した政治(家)。

だらけ〈接尾〉「いやになるほどいっぱいある」という意味を表わす。例まちがいだらけ。きずだらけ。どろだらけ。

だら・ける〈動下一〉心や動きにしまりがなくなる。例気分がだらける。類だれる。たるむ。

たらこ【▼鱈子】〈名〉タラ、とくにスケトウダラのたまごを塩づけにした食べもの。
表現 一腹《ひとはら》二腹《ふたはら》と数える。

たらしこ・む【たらし込む】【▼誑し込む】〈動五〉あまいことばでだます。下品な言いかた。例若い娘をたらし込む。類たぶらかす。

だらしな・い〈形〉❶ものごとをきちんとやらないで、しまりがない。例なんでもやりっぱなしで、だらしない。対きちょうめん。類自堕落《じだらく》。ルーズ。❷弱くていくじがない。例なにも言いかえせないなんて、だらしないぞ。類ふがいない。▽「だらしがない」ともいう。→ふしだら 参考
参考 順序・秩序を表わす「しだら」が古いことばで、「しだらがなし」が「だらしがない」になった。「あらた」から「あたらしい」ができたのに似《に》ている。

たら・す【垂らす】〈動五〉❶液体をしずくにして、また何かに伝わせたりして、少し落とす。例しずくを垂らす。よだれを垂らす。❷下の方にだらりとさげる。例ひもを垂らす。はなを垂らす。

たらず【足らず】〈接尾〉数を表わすことばのあとにつけて、「その数よりもちょっと少ない」という意味を表わす。例十人足らず。ひと月足らず。対あまり。類弱《じゃく》。

たらたら〈副〉❶液体がつぎからつぎへと、したたり落ちるようす。例血がたらたら(と)流れる。類だらだら。❷不満やおせじ、自慢や弁解など、聞いてあまり感じのよくない話を、うんざりするほど、ながながと言うようす。例おせじをたらたら(と)並べる。不平たらたら。

だらだら〈副〉❶「たらたら①」を強めた言いかた。例あせがだらだら(と)流れる。❷〈する〉しまりがないようす。例だらだら(と)した文章。だらだら(と)長いだけで内容のない話だ。❸ゆるい傾斜《けいしゃ》が長く続くようす。例坂がだらだら(と)続いている。

たらちねの 「母」または「親」にかかる枕詞《まくらことば》。

タラップ〈名〉船や飛行機などに乗り降りするために使うはしご段。例タラップをおりる。◇オランダ trap

たらのき【▼楤の木】〈名〉山野に生える落葉小高木。幹や葉の柄《え》にとげがある。若い芽はかおりがよく、あえものやおひたし、てんぷらなどにする。たら。

たらばがに【▼鱈場▼蟹】〈名〉カニに似《に》た、ヤドカリの一種。大形で肉がたっぷり入っており、「カニの王様」とされる。参考 北洋のタラのよくとれる海域でとれることからの名。

たらふく〈副〉「おなかいっぱい」の俗《ぞく》っぽい言いかた。

だらりと〈副〉❶ものが力なくたれ下がっているようす。例旗がだらりとたれている。帯をだらりとしめる。❷しまりがなく自堕落《じだらく》なようす。例のんべんだらりと。類だらっと。

たられば〈名〉もしもこうだったら、もしもこうしていればというような、仮定の話。俗《ぞく》っぽいことば。例たらればはやめて、現実と向かい合おう。

たり[1]〈接助〉❶動作や状態を例としてならべてあげる。例泣いたりあばれたり、手におえない子どもだ。このごろは暑かったり寒かったりして気候が不順です。❷一つの動作または状態を例としてあげる。例ひまなときは自分でケーキを焼いたりして楽しむんです。
表現 ①の意味のときは「…たり…たり」というくりかえしの形が多い。②の意味のときは一回だけでもよい。
接続 動詞、形容詞、形容動詞の連用形につく。ただし、ガ行、ナ行、バ行、マ行の五段活用動詞につくときは、「泳いだり」「死んだり」「呼んだり」「飲んだり」のように、「だり」という形が使われる。
参考 これを並立《へいりつ》助詞とする考えかたもある。

たり[2]〈助動〉文語の助動詞。❶完了《かんりょう》、存続を表わす。…た。例幽霊《ゆうれい》の正体見たり、枯尾花《かれおばな》。打ちも打ったり、取りも取ったり。→たる〈助動〉① ❷断定を表わす。…である。
参考 ②は、終止形のまま口語体の文章の中で使われることはない。→たる〈助動〉②

だり〈接助〉⇩たり〈接助〉

ダリア〈名〉庭などにうえる多年草。球根によってふえる。夏から秋にかけて、赤・白・黄などの大きな花がさく。てんじくぼたん。◇dahlia

たりきほんがん【他力本願】〈名〉自分で努力せず、他人の力や助けをあてにすること。類人頼《ひとだの》み。あなた任せ。人任せ。
注意 本来は仏教で、すべての人を救おうとする阿弥陀《あみだ》仏の力にすがって、救われて成仏《じょうぶつ》することをいう。

たりつ【他律】〈名〉自分で自分の行動や考えをきめるのではなく、ほかからの力でうごかされること。対自律。

だりつ【打率】〈名〉野球で、打数に対して、ヒットをどのくらい打ったかをしめす割合。例打率を上げる。

たりゅうじあい【他流試合】〈名〉自分をみがくために、よそへでかけていって、才能やわざをためしてみること。

たりょう【多量】〈名・形動〉量が多いこと。例多量の水。塩分を多量にとる。対少量。類大量。

だりょく【惰力】〈名〉今までのうごきや状態が終わったあとも、その力でそのまま続くうごきや状態。惰性のちから。

た・りる【足りる】〈動上一〉❶必要なだけのものがある。じゅうぶんだ。例交通費は、二千円あれば足りる。❷なんとかまにあう。「足る」ともいう。例用が足りる。❸(「…するに足りる」の形で)…するだけの価値がある。「足る」ともいう。例仕事を任せるに足りる人物。おそれるに足りない(=おそれる必要はない)。

た・る[1]【足る】〈動五〉たりる。
表現「足るを知る」「とるに足らぬ」「信ずるに足る」などの慣用的な言いかたで使う。

たる[2]【▼樽】〈名〉酒・みそ・しょうゆなどを入れておく、ふたのついたつつ形のいれもの。木の板をくみ合わせて、たがでしめてつくる。→おけ 絵
表現 ふつう一本二本と数える。天秤棒《てんびんぼう》の前後に一本ずつさげて運んだことから、たる二本を単位として一荷《いっか》二荷《にか》と数えることがある。

たる[3]〈助動〉文語の助動詞「たり」の連体形。❶完了

《かんりょう》、存続を表わす。…た。…ている。例過ぎたるはなお及《およ》ばざるがごとし。勝手知ったる他人の家。ここに取りいだしましたる品。→たり〈助動〉①
❷断定を表わす。…である。…という。例中学生たるにふさわしい行動。何たることか。

だる・い『▽怠い』〈形〉病気やつかれなどのために、からだが重い感じで、うごくのもおっくうだ。例からだがだるい。参考 俗《ぞく》に、からだは元気でも、めんどうでおっくうだ、という意味でも使われる。

たるき『▽垂木・▼椽』〈名〉〔建築〕屋根板をささえるために、むねから軒《のき》にわたす木材。

タルタルソース〈名〉マヨネーズに、きざんだピクルスやゆで卵、パセリなどをまぜたソース。◇tartar sauce

タルト〈名〉パイまたはビスケットの生地《きじ》を型に入れて焼き、くだものやジャムなどをのせた洋菓子。◇《フランス》tarte

だるま『▽達磨』〈名〉❶達磨大師の座禅《ざぜん》のすがたをかたどった人形。赤いころもを着て、手足がなく、顔が大きい。目をまるくあけ、ひげが黒い。❷まるい、ずんぐりした形のもの。例だるまストーブ。だるま船。◇もとサンスクリット語。由来 達磨大師はインドの僧《そう》で、禅宗をひらいた人。六世紀のはじめごろ中国にわたり、嵩山《すうざん》の少林寺で九年間かべにむかって座禅し、さとりを得たという。

たるみ【▽垂▽水】〈名〉たれおちる水。滝《たき》。

たる・む『▼弛む』〈動五〉❶ぴんとはってあったものがゆるんで、だらりとさがる。例ひもがたるむ。❷緊張《きんちょう》がとけて、だらしなくなる。例気持ちがたるむ。類だれる。だらける。弛緩《しかん》する。▽対しまる。はる。類ゆるむ。

たれ【垂れ】〈名〉❶たれさがっているもの。❷[たれ]かば焼きや焼き肉などに使う、味のついたこってりしたしる。しょうゆ・みりん・だしなどをまぜてつくる。❸漢字の部首の一つのまとまり。「厂(がんだれ)」「广(まだれ)」「疒(やまいだれ)」など、上から左にたれているもの。

だれ【誰】〈代名〉不定称《ふていしょう》の人称《にんしょう》代名詞。特定できない人をさす。例どこの誰だか知らない人が来た。誰に相談すればいいのだろう。教室に誰もいない。

敬語「だれ」の尊敬語は「どなた」。第三者についてなら、「あれはだれだろう」が「あのかたはどなたでしょう」となる。目の前の相手にだと、「だれ」と言える場合はほとんどなく、「どなたですか」「どなたさまで?」「どちらさまでしょう」

—のようになる。

誰も彼《かれ》も「だれも」を強めた言いかた。例誰も彼も(が)信じて疑わなかった。類どいつもこいつも。

【誰】言部8 全15画 ※誰誰誰誰誰誰

だれかれ(誰彼)**のべつ**(別)**なく** おおぜいの人の中から特定の人をえらぶのではなく、だれでも手当たり次第に。だれかれなしに。例だれかれの別なく尋ねてまわる。

たれこみ【垂れ込み】〈名〉警察などに、犯罪などの情報を密告《みっこく》すること。警察関係の人や記者が使う言いかたで、多く「タレコミ」と書かれる。

たれこ・める【垂れ込める】〈動下一〉雲が一面に地表近くまでおりてきている。例暗く垂れ込めた雨雲。

たれさが・る【垂れ下がる】〈動五〉下の方にぶらんと下がる。例垂れ下がった藤《ふじ》の花。

だれ(誰)**しも** だれだって。どんな人だって。例だれしも命は一つだけだ。

だれそれ【誰それ】〈代名〉名前のわからないときや、名前を言いたくないときにその人をさして言うことば。

たれながし【垂れ流し】〈名・する〉❶大小便を自分で始末できないこと。❷工場などからでた汚水《おすい》を、そのまま川や海へ流すこと。例垂れ流しの状態。

だれ(誰)**ひとり**(一人)(打ち消しの語をともなって)だれもひとりとして。例そんなことはだれひとり知らない。

たれまく【垂れ幕】〈名〉❶仕切りとしてたれさげた幕。❷宣伝文句を書いて、高い建物の上からたらした布。例バーゲンの垂れ幕。

たれめ【垂れ目】〈名〉めじりの下がった目。やや俗《ぞく》な言いかた。対つり目。上がり目。類下がり目。

た・れる【垂れる】〈動下一〉❶液体がしずくになったり、何かをつたったりして、少し落ちる。例しずくが垂れる。類したたる。❷下の方へだらりとさげる。だらりとさがる。例旗《はた》が垂れる。糸を垂れる。頭を垂れる。うなだれる。❸目上の人が目下の人にしめす。例範《はん》を垂れる。教訓を垂れる。❹大小便やおならをする。例くそを垂れる。屁《へ》を垂れる。

だ・れる〈動下一〉緊張《きんちょう》を欠いて、しまりがなくなる。例生活がだれる。だれぎみ。類たるむ。だらける。

タレント〈名〉❶テレビやラジオなどによく出演する人。❷サッカーやバレーボールで、得点力や高い能力のある人。◇talent(=「才能」の意)

方言 九州南部では、「疲《つか》れる」の意味でも使う。ふつう、芸能人をいう。

タロいも【タロ芋】〈名〉オセアニアの島々や熱帯アフリカなどで栽培《さいばい》され、主食にされているイモの一種。日本のサトイモに似《に》ている。

だろう 断定の助動詞「だ」の未然形(=だろ)に、意志・推量の助動詞「う」がついたもの。

❶推量、または断定はできないが近いと思う気持ちを表わす。例あしたはたぶん晴れるだろう。これから行ってももうおそいだろう。まあ、そんなところだろう。
❷相手に念をおしたり、なにかを思いおこさせたりする。例きみもいっしょに行くんだろう。学校に行ったら、だれもいないだろう、びっくりしちゃったよ。

接続 名詞のほか、いろいろな活用語のあとにもつく。

たろうかじゃ【太郎▽冠者】〈名〉狂言《きょうげん》の役がらの一つ。大名の従者で、こっけいな役を演じる。

タワー〈名〉塔《とう》。例東京タワー。タワー型(のマンション)。◇tower

たわいな・い〈形〉❶ふかい意味がなくて、とるにたりない。例たわいないほら話。❷あくどくない。むじゃきだ。例たわいない おもちゃ。たわいなく ねむる。❸手ごたえがない。例たわいない相手。

参考「たわいがない」「たわいもない」「たわいのない」の形でも使い、また、「たあい(他愛)ない」ともいうようになった。

たわけ『▽戯け・▽白▽痴』〈名〉❶ふまじめなふざけた言動。例たわけをする。❷ばかもの。例このたわけめが。▽やや古めかしいことば。

たわ・ける『▽戯ける』〈動下一〉くだらなくてばかばかしい行動をとる。やや古い言いかた。例たわけたことを言うな。

たわごと【たわ言】『▽戯言』〈名〉無責任で、いいかげんなことば。無意識のうちに言うことば。例たわごとを言う。

たわし『▽束子』〈名〉なべやかま、食器などをこすって洗うのに使う道具。わらやシュロの毛、ナイロンなどでつくる。

たわ・む『▼撓む』〈動五〉棒や枝《えだ》におもみがくわわって、弓なりにまがる。例雪で枝がたわむ。類しなう。

た

たわむれ【戯れ】〈名〉❶たわむれること。❷本気でなく、冗談《じょうだん》であること。ふざけること。例 戯れのことば。戯れに言ったまでです。類 いたずら。

たわむ・れる【戯れる】〈動下一〉じゃれるようにして遊ぶ。例 遊び戯れる。

たわら【俵】〈名〉米や炭などを入れるのに使う、わらやアシであんだ円筒《えんとう》状のいれもの。絵

たわわ〈形動〉木の枝《えだ》が、実のおもみでしなっている。例 柿《かき》が枝もたわわにみのる。類 すずなり。

常用漢字 **たん**

【丹】 丶部3 全4画 丹丹丹丹

タン 音［タン］ ▨丹念《たんねん》。丹精《たんせい》。丹頂鶴《たんちょうづる》。

【旦】 日部1 全5画 旦旦旦旦旦

タン・ダン 音❶［タン］ ▨一旦《いったん》。元旦《がんたん》。❷［ダン］ ▨旦那《だんな》。

【担(擔)】 扌部5 全8画 担担担担担

タン かつぐ・になう 教小6 音［タン］ ▨担架《たんか》。担保《たんぽ》。担任《たんにん》。担当者《たんとうしゃ》。▨負担《ふたん》。分担《ぶんたん》。訓❶［かつぐ］担ぐ。❷［になう］担う。担い手。

【単(單)】 十部7 全9画 単単単単単

タン 教小4 音［タン］ ▨単《たん》なる。単《たん》に。単位《たんい》。単独《たんどく》。単行本《たんこうぼん》。単数《たんすう》。単線《たんせん》。単価《たんか》。単身赴任《たんしんふにん》。▨簡単《かんたん》。

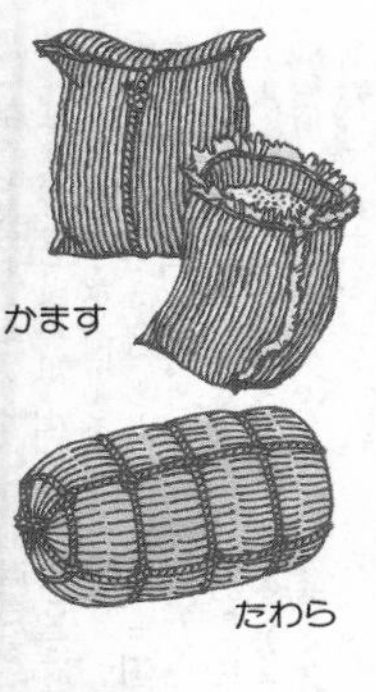

［た　わ　ら］

【炭】 火部5 全9画 炭炭炭炭炭

タン すみ 教小3 音［タン］ ▨炭素《たんそ》。炭鉱《たんこう》。炭酸水《たんさんすい》。炭水化物《たんすいかぶつ》。炭田《たんでん》。▨石炭《せきたん》。木炭《もくたん》。活性炭《かっせいたん》。訓［すみ］炭。炭火。消し炭。

【胆(膽)】 月部5 全9画 胆胆胆胆胆

タン 音［タン］ ▨胆汁《たんじゅう》。胆石《たんせき》。胆嚢《たんのう》。胆力《たんりょく》。▨大胆《だいたん》。落胆《らくたん》。

【探】 扌部8 全11画 探探探探探

タン さぐる・さがす 教小6 音［タン］ ▨探求《たんきゅう》。探偵《たんてい》。探訪《たんぼう》。探検《たんけん》。探査《たんさ》。探索《たんさく》。探知機《たんちき》。訓❶［さぐる］探る。探り。手探り。❷［さがす］探す。探し物。人探し。

【淡】 氵部8 全11画 淡淡淡淡淡

タン あわい 音［タン］ ▨淡水《たんすい》。淡色《たんしょく》。淡彩《たんさい》。淡泊《たんぱく》。▨濃淡《のうたん》。平淡《へいたん》。冷淡《れいたん》。訓［あわい］淡い。淡雪。

【短】 矢部7 全12画 短短短短短

タン みじかい 教小3 音［タン］ ▨短歌《たんか》。短期《たんき》。短所《たんしょ》。短縮《たんしゅく》。短距離《たんきょり》。短命《たんめい》。▨一長一短《いっちょういったん》。最短《さいたん》。訓［みじかい］短い。

【嘆(嘆)】 口部10 全13画 嘆嘆嘆嘆嘆

タン なげく・なげかわしい 音［タン］ ▨嘆息《たんそく》。嘆願書《たんがんしょ》。嘆声《たんせい》。▨感嘆《かんたん》。慨嘆《がいたん》。驚嘆《きょうたん》。悲嘆《ひたん》。詠嘆《えいたん》。訓❶［なげく］嘆く。嘆き。❷［なげかわしい］嘆かわしい。

【端】 立部9 全14画 端端端端端

タン はし・は・はた 音［タン］ ▨端正《たんせい》。端麗《たんれい》。端子《たんし》。端緒《たんしょ》。端末《たんまつ》。▨極端《きょくたん》。最先端《さいせんたん》。末端《まったん》。訓❶［はし］端。片端。両端。❷［は］端数。下っ端。半端。軒端。❸［はた］端。川端。道端。

【綻】 糸部8 全14画 綻綻綻綻綻綻

タン ほころびる 音［タン］ ▨破綻《はたん》。訓［ほころびる］綻びる。綻び。

【誕】 言部8 全15画 誕誕誕誕誕誕

タン 教小6 音［タン］ ▨誕生《たんじょう》。▨生誕《せいたん》。降誕《こうたん》。

【鍛】 金部9 全17画 鍛鍛鍛鍛鍛鍛

タン きたえる 音［タン］ ▨鍛錬《たんれん》。鍛造《たんぞう》。訓［きたえる］鍛える。注意「鍛冶」は、「かじ」と読む。

1 **たん【反】**〈名・接尾〉❶尺貫《しゃっかん》法の面積の単位。約九九二平方メートル。ほぼ現在の一〇アール。❷布の長さの単位。約一〇メートル。▽アタン 参考①は、「▽段」とも書き、古代から田畑《たはた》の面積の単位として使われてきた。コメの収穫《しゅうかく》を「一〇アールあたり何キログラム」と今でも言うが、これは「反あたり何俵《なんびょう》」と言ったことのなごり。

2 **たん【単】**〈名〉「シングルス」のこと。対 複。アタン

3 **たん【▼痰】**〈名〉のどからでる、ねばねばした分泌《ぶんぴつ》物。例 たんがからむ。たんをはく。アタン

4 **たん【端】**〈名〉なにかが始まる最初のきっかけ。アタン

端を発《はっ》する（「…に端を発する」の形で）…が、その後に起こるものごとの始まりになる。…が発端《ほったん》となる。例 ある人物の一言に端を発した事件。

5 **たん【短】**〈接頭〉「みじかい」という意味をつけくわえる。例 短時間。短距離《たんきょり》。対 長。

6 **タン**〈名〉食材としての、牛や豚の舌。◇tongue アタン

常用漢字 **だん**

【団(團)】 囗部3 全6画 団団団団団団

ダン・トン 教小5 音❶［ダン］ ▨団結《だんけつ》。団体《だんたい》。団地《だんち》。▨集団《しゅうだん》。楽団《がくだん》。大団円《だいだんえん》。応援団《おうえんだん》。寒気団《かんきだん》。❷［トン］ ▨布団《ふとん》。水団《すいとん》。

【男】 田部2 全7画 男男男男男

ダン・ナン おとこ 教小1 音❶［ダン］ ▨男子《だんし》。男性《だんせい》。男女《だんじょ》。❷［ナン］ ▨長男《ちょうなん》。美男《びなん》。善男

善女《ぜんなんぜんにょ》。訓[おとこ]男。男前。男らしい。年男。

【段】殳部5 全9画 段段段段段段
ダン 教小6 音[ダン] ▨段落《だんらく》。段差《だんさ》。▨階段《かいだん》。格段《かくだん》。手段《しゅだん》。値段《ねだん》。上段《じょうだん》。普段《ふだん》。

【断(斷)】斤部7 全11画 断断断断断
ダン たつ・ことわる 教小5 音[ダン] ▨断水《だんすい》。断絶《だんぜつ》。断定《だんてい》。断固《だんこ》。▨中断《ちゅうだん》。診断《しんだん》。判断《はんだん》。無断《むだん》。訓❶[たつ]断つ。❷[ことわる]断る。断り。

【弾(彈)】弓部9 全12画 弾弾弾弾弾
ダン ひく・はずむ・たま 音[ダン] ▨弾力《だんりょく》。弾圧《だんあつ》。弾劾《だんがい》。弾丸《だんがん》。弾薬《だんやく》。▨爆弾《ばくだん》。糾弾《きゅうだん》。連弾《れんだん》。訓❶[ひく]弾く。弾き語り。弾き手。❷[はずむ]弾む。弾み。❸[たま]弾。流れ弾。

【暖】日部9 全13画 暖暖暖暖暖
ダン あたたか・あたたかい・あたたまる・あたためる 教小6 音[ダン] ▨暖房《だんぼう》。暖流《だんりゅう》。暖冬《だんとう》。暖色《だんしょく》。▨温暖《おんだん》。寒暖《かんだん》。訓❶[あたたか]暖かだ。❷[あたたかい]暖かい。❸[あたたまる]暖まる。❹[あたためる]暖める。

【談】言部8 全15画 談談談談談
ダン 教小3 音[ダン] ▨談話《だんわ》。談義《だんぎ》。談判《だんぱん》。▨会談《かいだん》。相談《そうだん》。座談会《ざだんかい》。商談《しょうだん》。美談《びだん》。

【壇】土部13 全16画 壇壇壇壇壇
ダン・タン 音❶[ダン] ▨壇上《だんじょう》。▨演壇《えんだん》。花壇《かだん》。教壇《きょうだん》。祭壇《さいだん》。文壇《ぶんだん》。論壇《ろんだん》。❷[タン] ▨土壇場《どたんば》。

【旦】⇩常用漢字 たん〔旦〕

[1]**だん【団】**〈名〉ある目的をもった人々の集まり。例団の規約。団を結成する。類組。組織。グループ。

[2]**だん【段】**〈名〉❶台をずらしてかさねた形になっていて、その上をのぼりおりするもの。例段を上がる。❷上下いくつかにくぎってあるものの、ひとつひとつ。例上の段に花びんをおく。❸五十音図の横のならび。対行《ぎょう》。類列。❹文章のひとくぎり。段落。例次の文章を四つの段に分けよ。❺柔道や剣道、碁《ご》や将棋《しょうぎ》などで、技術や力量の程度をしめす等級。段位。例段をとる。❻「局面」「場合」「こと」などの意味を表わす形式名詞。例自分が話す段になるとうまくいかない。

[3]**だん【断】**〈名〉「こうだ」とはっきりきめること。例断をくだす。→だんじる〔断じる〕

[4]**だん【暖】**〈名〉あたたかいこと。例暖をとる。
暖を取《と》る 寒さから身をまもるために、あたたかくなるようにする。例たき火で暖をとる。

[5]**だん【談】**〈名〉はなすこと。また、その内容。例山田氏談。同日の談ではない(=とても比べものにならない)。冒険談。経験談。→だんじる〔談じる〕

[6]**だん【壇】**〈名〉まわりより、少し高いところ。例壇に上がる。壇にのぼる。壇をもうける。

だんあつ【弾圧】〈名・する〉話しあいなどによらないで、力ずくで反対する者をおさえつけること。例言論(の自由)を弾圧する。類抑圧《よくあつ》。

たんい【単位】〈名〉❶長さや重さ、量をはかるときの基準。長さをはかるメートル、重さをはかるグラムなど。例長さの単位。CGS単位。❷ある組織をつくりあげている基本的なまとまり。ユニット。例生物のからだを構成する単位は細胞《さいぼう》である。❸高等学校や大学での学習の量をはかる基準。例単位をとる。

だんい【段位】〈名〉碁《ご》・将棋《しょうぎ》、剣道《けんどう》・柔道《じゅうどう》・空手などで、技能の高さの程度を表わす位《くらい》。例段位が上がる。

たんいせいしょく【単為生殖】〈名〉〔生物〕受精などをしないで、その生物のあたらしい個体ができること。動物では、ミツバチやアリマキなど。植物では、ドクダミやハンノキなど。対両性生殖。

たんいつ【単一】〈名・形動〉❶ただひとつであること。例単位を単一にそろえる。❷それだけで、ほかのものがまじっていないこと。例単一の民族からなる国家。

だんいほうしょく【暖衣飽食】〈名〉⇩ほうしょく だんい

[2]**たんおん【短音】**〈名〉❶長音に対して、のばさない音。たとえば、「うる(売る)」と「ウール(=羊毛)」とをくらべた場合、「ウール」の「ウー」は長音、「うる」の「う」は短音である。❷⇩たんおんかい ▽対長音。

たんおんかい【短音階】〈名〉〔音楽〕音階の一つ。第二音と第三音、第五音と第六音との間が半音で、ほかは全音である音階。暗くさびしい感じがする。マイナー。対長音階。

[1]**たんか【担架】**〈名〉病人やけが人を、寝《ね》かせたままのせてはこぶ道具。二本の棒にじょうぶな布をはったもので、二人で前後を持ってはこぶ。例負傷者を担架で運ぶ。アタンカ

[2]**たんか【単価】**〈名〉商品一つあたり、または、一キロ、一リットルなど、一単位あたりのねだん。アタンカ

[3]**たんか【炭化】**〈名・する〉炭素をふくむ物質が熱によって分解し、炭素だけの黒いかたまりになること。アタンカ

[4]**たんか【▼啖▼呵】**〈名〉相手にぶつけるような、きびきびしていせいのいいことば。例たんかをきる。アタンカ

[5]**たんか【短歌】**〈名〉〔文学〕和歌の形式の一つ。五・七・五・七・七の三十一音からなる。和歌といえばふつう短歌をさす。みそひともじ。対長歌。類和歌。アタンカ
表現 一首《いっしゅ》二首《にしゅ》と数える。

だんか【▼檀家】〈名〉〔仏教〕その寺(=菩提寺《ぼだいじ》)に墓があり、お布施《ふせ》などによって寺の経費《けいひ》をたすける家のことを、寺のがわや第三者がいうことば。例お檀家さん。類檀那《だんな》。

タンカー〈名〉石油や液化ガスなどをはこぶ船。油槽《ゆそう》船。例石油タンカー。◇tanker

[1]**だんかい【団塊】**〈名〉大きなかたまり。
団塊の世代《せだい》 第二次世界大戦直後のベビーブームのとき(一九四七~四九年)に生まれた、人口の多い世代。

[2]**だんかい【段階】**〈名〉❶ものごとが移り変わっていくうちの、ひとくぎり。例事件は、あらたな段階をむかえた。❷ある基準によってくぎられた、仕事や能力開発などの順序。例段階をふむ。段階を追って。初級段階。

[1]**だんがい【断崖】**〈名〉けわしくきりたったがけ。例断崖絶壁《ぜっぺき》。類絶壁。

[2]**だんがい【弾劾】**〈名・する〉責任ある立場の人の罪をあばいて、責任を追及《ついきゅう》すること。例弾劾裁判。類糾弾《きゅうだん》。

 武満徹(たけみつとおる)(1930~96) 作曲家。伝統音楽をふまえた独創的で繊細な作風が世界的評価を受けた。

だんがいさいばんしょ【弾劾裁判所】〈名〉〔法律〕国会におかれる、裁判官をさばく裁判所。

たんかカルシウム【炭化カルシウム】〈名〉〔化学〕生石灰《せいせっかい》(=酸化カルシウム)とコークスを熱してできる、白い結晶《けっしょう》。水と反応してアセチレンを生じる。アセチレンガスや肥料の原料となる。カーバイド。

たんかすいそ【炭化水素】〈名〉〔化学〕炭素と水素からできている化合物をまとめていうことば。燃料に使うほか、化学工業の原料としてひろく使われる。

たんかだいがく【単科大学】〈名〉学部が一つだけの大学。医科大学・工業大学・商科大学など。対総合大学。類カレッジ。

たんかっしょく【淡褐色】〈名〉黒みをおびた、うすい茶色。

[1]**たんがん【単眼】**〈名〉〔動物〕昆虫《こんちゅう》類やクモ類などにある、光の明暗がわかる程度の、かんたんな構造の目。対複眼。参考 複眼を形作っている小さな目とは別。

[2]**たんがん【単願】**〈名・する〉受験をするとき、一つの学校や大学だけに願書を出すこと。合格したら必ずその学校や大学に入ることを前提《ぜんてい》として受験する場合には、とくに「専願《せんがん》」ともいう。対併願《へいがん》。参考 大学受験で、一つの学部だけに出願することにもいう。

[3]**たんがん【嘆願】**〖▼歎願〗〈名・する〉自分より地位が高く、また、力もある相手に、なんとかしてくれるようにたのむこと。例 助命を嘆願する。嘆願書。類 懇願《こんがん》。

だんがん【弾丸】〈名〉銃《じゅう》や大砲《たいほう》にこめて発射するためのたま。類 砲弾。銃弾。

表現 (1)一発二発と数える。(2)猛スピードで動くもののたとえとして、日程のきつい「弾丸ツアー」や、野球の「弾丸ライナー」のような言いかたもある。

[1]**たんき【短期】**〈名〉みじかい期間。例 短期決戦。短期大学。対長期。

[2]**たんき【短気】**〈名・形動〉人の性格で、ねばりづよさがなく、すぐにおこったりすること。例 短気をおこす。短気な人。類 気短か。短慮《たんりょ》。

短気は損気《そんき》 短気をおこすと、人との和をそこねて、結局は自分の損になる、という教え。

だんき【暖気】〈名〉あたたかい空気。対寒気。

だんぎ【談義】〈名・する〉❶思うところを形式ばらずに自由に語りあうこと。例 年寄りの長談義。つり談義に花を咲かせる。❷教えるように話して聞かせること。類 説教。

たんきだいがく【短期大学】〈名〉二年、または三年間で修了《しゅうりょう》する大学。略して「短大」ともいう。

[1]**たんきゅう【探求】**〈名・する〉ほしいものを、どこまでもさがしもとめて、手に入れようとすること。例 幸福の探求。類 追求。

[2]**たんきゅう【探究】**〈名・する〉ものごとのふかい意味や本質などをさぐり、明らかにしようとすること。例 真理の探究。探究心。類 追究。考究。

だんきゅう【段丘】〈名〉〔地学〕川や海の岸にそった階段状の地形。海岸段丘と河岸《かがん》段丘とがあり、土地の過去のようすやうごきをしらべるのに重要。

たんきょり【短距離】〈名〉❶二つの地点のへだたりが小さいこと。類 近距離。❷陸上競技で、四百メートルまでの競走。例 短距離ランナー。▽対長距離。

タンク〈名〉❶水やガス、石油などをたくわえておく、大きな入れもの。例 ガスタンク。❷戦車。◇tank

ダンクシュート〈名〉バスケットボールで、ボールをゴールの真上からたたきこむようにして入れるシュート。ダンクショット。参考 英語では dunk shot という。

タングステン〈名〉〔化学〕灰色の、延《の》ばしにくい金属。高温でもとけない。電球のフィラメントや合金の材料に使う。元素の一つ。記号「W」。◇tungsten

タンクトップ〈名〉えりぐりの深い そでなしのシャツ。◇tank top 参考 室内プールランニングシャツ。(tank)で着た男性用水着の上部(top)の意味から。

タンクローリー〈名〉大型の貨物自動車のひとつ。ガソリンや液体にしたガスなどを運ぶためのもの。荷台にそれを入れるためのタンクが固定されている。◇tank lorry 参考「ローリー」は、トラックのこと。

たんげ(方言) すごく。青森で言う。例 このお菓子《かし》、たんげあめ(=あまい)。

たんけい【短径】〈名〉〔数学〕楕円《だえん》形のもっともみじかい直径。対長径。

たんげい【端▼倪】〈名・する〉おしはかること。例 端倪すべからざる(=その全容がとらえがたい)人物。彼《かれ》の才能には端倪すべからざるものがある(=才能は はかりしれない)。

だんけつ【団結】〈名・する〉同じ目的のために多くの人が、一つにまとまること。例 団結を固める。団結力。一致《いっち》団結。類 結集。連帯。結束。

[1]**たんけん【短剣】**〈名〉短い刀。対長剣。類 短刀。

[2]**たんけん【探検・探険】**〈名・する〉危険を覚悟《かくご》して、まだ知られていない土地へ行って、いろいろなことをしらべること。例 探検隊。類 冒険。探査。

たんげん【単元】〈名〉学習内容のひとまとまり。例 単元学習。

だんげん【断言】〈名・する〉まちがいないという自信をもって、きっぱりと言いきること。例 断言をさける。類 明言。確言。

[1]**たんご【単語】**〈名〉〔文法〕あるきまった意味やはたらきをもち、文や句をくみたてている小さいことばの単位。たとえば、「山が高い」という文は、「山」「が」「高い」という三つの単語からなっている。ア タンゴ

[2]**たんご【端午】**〈名〉五節句の一つ。五月五日に行なわれる男の子の成長をいのる まつり。よろいやかぶとなどをかざり、こいのぼりを立て、しょうぶ湯につかり、ちまきやかしわもちを食べて祝う。いまの「こどもの日」にあたる。端午の節句。ア タンゴ

[3]**たんご【丹後】**〈名〉旧国名の一つ。現在の京都府北部。丹波とあわせて丹州《たんしゅう》という。例 丹後半島。ア タンゴ

[4]**タンゴ**〈名〉アルゼンチンでうまれた、四分の二拍子《びょうし》ではぎれのよいリズムの、ダンス音楽。および、そのおどり。◇スペイン tango ア タンゴ

だんこ【断固】〖断▼乎〗〈副・連体〉どんなことがあっても絶対。例 断固反対する。断固たる決意。

だんご【団子】〈名〉❶米などの粉をこねて小さくまるめ、むしたりゆでたりした食品。例 花より団子(→「はな〔花〕」の子項目)。きび団子。❷小さくて、まるいもの。例 団子にまるめる。団子鼻。肉団子。

[1]**たんこう【炭坑】**〈名〉石炭をほりだすために、地中にほったおくふかい穴。

[2]**たんこう【炭鉱】**〈名〉石炭をほる鉱山。

[1]**だんこう【団交】**〈名・する〉「団体交渉《こうしょう》」の略。

[2]**だんこう【断交】**〈名・する〉これまでのつき合いをやめる

こと。とくに、国家間のつき合いをやめること。類絶交。

[3]**だんこう【断行】**〈名・する〉困難や反対などをおしきって、思いきって行なうこと。例改革《かいかく》を断行する。類敢行《かんこう》。決行。強行。

だんごう【談合】〈名・する〉❶集まって話しあいをすること。❷公共事業などの競争入札のとき、関係会社どうしで話しあって、あらかじめ入札価格や落札者を密約しておくこと。

たんこうしき【単項式】〈名〉〔数学〕$3a$, $2a^2b$ のように、数と文字をかけあわせる形でしめされる式。単に a や 3 などもいう。対多項式。

[1]**たんこうしょく【淡紅色】**〈名〉うすいべに色。

[2]**たんこうしょく【淡黄色】**〈名〉うすい黄色。

たんこうぼん【単行本】〈名〉シリーズや文庫の中でなく、単独で独立の本として出版される本。

たんこぶ〈名〉「こぶ(瘤)」のくだけた言いかた。

だんごむし【団子虫】〈名〉体長一センチ前後で楕《だ》円《えん》形の、黒い甲殻《こうかく》類。ふれると体を団子状に丸める。

だんこん【弾痕】〈名〉弾丸が当たったあと。

たんさ【探査】〈名・する〉まだ知られていない場所や土地のようすを、くわしく調べること。例火星探査機。類探検。踏査《とうさ》。

たんざ【端座】〖端▼坐〗〈名・する〉姿勢ただしく、きちんとすわること。類正座。

だんさ【段差】〈名〉高い所と低い所とがなだらかに続かず、さかい目が段になっていること。

ダンサー〈名〉ダンスの踊《おど》り手。◇dancer

たんさい【淡彩】〈名〉あっさりしたいろどり。例淡彩の日本画。淡彩画。

だんさい【断裁】〈名・する〉紙などをたちきること。例書類を断裁する。類裁断。

だんざい【断罪】〈名・する〉罪があるときめること。例背信行為《こうい》を強く断罪する。

たんさいぼう【単細胞】〈名〉❶〔生物〕細胞一個。例単細胞生物。対多細胞。❷単純な考え方しかできない人。

たんさいぼうせいぶつ【単細胞生物】〈名〉一つの細胞だけでできている生物。細菌《さいきん》や原生動物など。対多細胞生物。

[1]**たんさく【単作】**〈名〉⇩いちもうさく

[2]**たんさく【探索】**〈名・する〉❶人の居場所や物のありかなどを、さがすこと。例逃亡《とうぼう》者(のゆくえ)を探索する。類捜索《そうさく》。❷調査しながらさぐること。例古代遺跡を探索する。文献《ぶんけん》探索。

たんざく【短冊】〖短▽尺〗〈名〉たて長で、はばのせまい紙。和歌や俳句などを書いたり、七夕《たなばた》のかざりなどにしたりする。たて三六《センチメートル》、よこ六《センチメートル》で、地も厚い。また、そのような形のもの。例短冊に切る。

たんさん【炭酸】〈名〉〔化学〕二酸化炭素が水にとけてできる、弱い酸。清涼《せいりょう》飲料水などにふくまれている。

たんさんガス【炭酸ガス】〈名〉「二酸化炭素《にさんかたんそ》」のこと。

たんさんすい【炭酸水】〈名〉二酸化炭素を水にとかしたもの。類ソーダ水。

たんさんソーダ【炭酸ソーダ】〈名〉⇩次項

たんさんナトリウム【炭酸ナトリウム】〈名〉〔化学〕水にとけるとつよいアルカリ性をしめす、白いこな。せっけんやガラスなどの原料にする。炭酸ソーダ。

たんし【端子】〈名〉電源コードやアース、イヤホンなどをつなぐために電気器具についている金具。

だんし【男子】〈名〉❶男の子。例中一の男子。❷男の人。例男子の本懐《ほんかい》。成年男子。美男子。類おとこ。男性。▽対女子。

だんじ【男児】〈名〉❶おさない男の子。対女児。❷成人の男の人。また、りっぱな男性。例日本男児。

だんじき【断食】〈名・する〉修行《しゅぎょう》のために、ある期間、食べものを口にしないこと。類絶食。

たんじじつ【短時日】〈名〉わずかの日数。みじかい期間。例短時日でしあげる。

たんじつげつ【短日月】〈名〉みじかい期間。わずかな月日《つきひ》。ややかたい言いかた。

だんじて【断じて】〈副〉❶どんなことがあってもかならず。断固として。例断じて拒否《きょひ》する。❷(あとに打ち消しのことばをともなって)絶対に…ない。例断じてゆるされない行為《こうい》だ。類決して。金輪際《こんりんざい》。

たんしゃ【単車】〈名〉「オートバイ」のこと。類バイク。

だんしゃく【男爵】〈名〉❶貴族の階級の一つで、その第五番目。→しゃくい ❷「男爵いも」の略。

だんしゃくいも【男爵芋】〈名〉日本各地で栽培されている丸い形のジャガイモ。ほくほくしていてうまいが、煮《に》るとくずれやすい。参考明治時代末に川田男爵がアメリカから輸入したことからこの名がある。メークインとともに、ジャガイモの二大品種。

だんしゅ【断酒】〈名・する〉酒を飲むのをやめること。類禁酒。

[1]**たんじゅう【胆汁】**〈名〉消化液の一つ。肝臓《かんぞう》でつくられる。いったん胆嚢《たんのう》にたくわえられてから十二指腸にでて、脂肪《しぼう》の消化をたすける。

[2]**たんじゅう【短銃】**〈名〉かた手であつかえるような、小型の銃。類ピストル。拳銃《けんじゅう》。

たんじゅうしつ【胆汁質】〈名〉刺激《しげき》に対する反応がはやくてはげしく、感情がおもてにでやすい気質。→きしつ〔気質〕参考

たんしゅく【短縮】〈名・する〉時間や距離《きょり》をみじかくちぢめること。また、みじかくちぢむこと。例授業を短縮する。所要時間が短縮する。対延長。

たんじゅん【単純】〈名・形動〉❶ものごとがいりくんでいないこと。例単純な計算。単純に考える。対複雑。類簡単。❷考えなどがおさなくて、ふかい思慮《しりょ》がない。例単純な男。▽類シンプル。

たんじゅんけいさん【単純計算】〈名・する〉実際のさまざまな不確定要因を考えに入れずに行なう、数字のうえでの計算。例半年で百万円もうかったので、単純計算すると一年で二百万円もうかるだろう。

たんじゅんご【単純語】〈名〉二つ以上の要素からなっている「複合語」に対して、ただ一つの要素からなる単語。たとえば「山」「川」「空」「ゆっくり」「ただ」など。

たんじゅんめいかい【単純明快】〈形動〉いりくんだところがなくて、わかりやすい。例単純明快な論理。

[1]**たんしょ【短所】**〈名〉人の性質やものの性能などの、おとっている点。例短所を補う。人はだれでも短所をもっている。対長所。類欠点。弱点。

[2]**たんしょ【端緒】**〖端初〗〈名〉ものごとを解決するいとぐち。何かがはじまるきっかけ。例端緒をつかむ。端緒をひらく。端緒につく。事件解決の端緒がえられた。類手がかり。注意「たんちょ」ともいうようになった。

だんじょ【男女】〈名〉男と女。例男女混合リレー。

 タゴール(1861~1941) インドの詩人・思想家。人間の尊さと世界平和を訴え，独立運動にも貢献。

1 **たんしょう【探勝】**〈名・する〉景色のいい土地をたずね、見てあるくこと。例探勝の旅。

2 **たんしょう【嘆賞】**『▼歎賞』〈名・する〉心からすばらしいと思い、ほめたたえること。類賛嘆。

たんじょう【誕生】〈名・する〉❶生まれること。例誕生日。類出生。生誕。❷あたらしい制度や組織、施設《しせつ》、商品などができること。

1 **だんしょう【断章】**〈名〉詩や文章の一部分。断片的な文章。

2 **だんしょう【談笑】**〈名・する〉気らくな気分で、たのしく話し合うこと。類歓談《かんだん》。

だんじょう【壇上】〈名〉演壇や教壇などの上。

たんじょうせき【誕生石】〈名〉十二か月のそれぞれにあてて定められ、その月に生まれた人が身につけていると幸福をまねくといわれる宝石。

たんしょうとう【探照灯】〈名〉⇩サーチライト

たんしようるい【単子葉類】〈名〉被子《ひし》植物で、子葉が一枚しかないもの。対双子葉《そうしよう》類。

1 **たんしょく【単色】**〈名〉❶一色だけであること。❷太陽の光をプリズムに通したときに現れるひとつひとつの色。

2 **たんしょく【淡色】**〈名〉うすい水色やピンクのような、明るくてあわい色。

1 **だんしょく【男色】**〈名〉男どうしの同性愛。「なんしょく」ともいう。類ホモ。ゲイ。

2 **だんしょく【暖色】**〈名〉見る人にあたたかな感じをあたえる色。赤・だいだい・黄など。対寒色。

たん・じる【嘆じる】『▼歎じる』〈動上一〉❶「なげく」のややあらたまった言いかた。❷すばらしさに感心して、ほめたたえる。類感嘆する。▽「たんずる」ともいう。

1 **だん・じる【断じる】**〈動上一〉❶きっぱりと判断を下す。例死因は溺死《できし》と断じる。類断定する。❷裁《さば》く。例是非《ぜひ》を断じる。▽「だんずる」ともいう。→だんじて

2 **だん・じる【談じる】**〈動上一〉❶話す。話し合う。例芸術を談じてあきない。❷かけ合う。抗議《こうぎ》する。例談じこむ。▽「だんずる」ともいう。

1 **たんしん【単身】**〈名〉つれになる者がなくて、自分ひとりであること。例単身赴任《ふにん》。

2 **たんしん【短信】**〈名〉短い通信文や報告。

3 **たんしん【短針】**〈名〉時計のみじかい方の針。「時分《じぶん》」の「時」の方。対長針。類時針。

たんす『▼簞▼笥』〈名〉衣服や道具類を、しまっておくための、引きだしや戸のある、箱形の木製の家具。

表現 一本二本と数えるが、本来の数えかたは一棹《ひとさお》二棹《ふたさお》。

たんすの肥《こ》やし たんすにしまいっぱなしになっている、着ることのほとんどない衣服。

ダンス〈名〉西洋風の舞踊《ぶよう》。◇dance

たんすい【淡水】〈名〉湖や川などで、塩分がまじっていない水。例淡水魚。対鹹水《かんすい》。類真水《まみず》。

だんすい【断水】〈名・する〉工事や災害や水不足などのために、水道がとまること。

たんすいかぶつ【炭水化物】〈名〉でんぷんや砂糖など、炭素・水素・酸素からできている化合物。生物のからだの中でつくられ、たくわえられる。糖質《とうしつ》と食物繊維《しょくもつせんい》に分けられる。たんぱく質・脂質《ししつ》とともに三大栄養素の一つ。参考 かつては「含水炭素《がんすいたんそ》」と言った。

1 **たんすいぎょ【淡水魚】**〈名〉湖や川などの、淡水にすむ魚。コイやフナなど。対鹹水《かんすい》魚。

たんすいろ【短水路】〈名〉水泳で、コースの長さが五〇メートル未満、二五メートル以上のプール。対長水路。

たんすう【単数】〈名〉一人の人や一つのものを表わすための、ことばの形。例英語の man は単数、men は複数だ。対複数。

たん・ずる【嘆ずる】『▼歎ずる』〈動サ変〉⇩たんじる

1 **だん・ずる【断ずる】**〈動サ変〉⇩だんじる〔断じる〕

2 **だん・ずる【談ずる】**〈動サ変〉⇩だんじる〔談じる〕

1 **たんせい【丹精・丹誠】**〈名〉❶〔丹精〕〈する〉心をこめて、なにかをすること。例丹精をこらす。丹精してそだてる。❷〔丹誠〕うそいつわりのない心。例丹誠をこめる。▽アタンセー

2 **たんせい【嘆声】**『▼歎声』〈名〉ひどくなげいたり、感心したりしたときに、おもわずでる声。例嘆声がもれる。嘆声をあげる。アタンセー

3 **たんせい【端正】**〈形動〉動作や形などにみだれたところがなくて、きちんとととのっていること。例端正な容姿。端正な顔だち。類端麗《たんれい》。アタンセー

たんぜい【担税】〈名・する〉税を負担《ふたん》すること。対課税。

1 **だんせい【男声】**〈名〉〔音楽〕男の人の声。例男声合唱。対女声。

2 **だんせい【男性】**〈名〉人の性別のうち、子どもをうむ能力をもたないほう。ふつう、成年に達した人をさす。対女性。類おとこ。男子。男児。男の人。

3 **だんせい【弾性】**〈名〉〔物理〕外からの力をうけて形の変化した物体が、その力がなくなったときに、もとの形にもどろうとする性質。ゴムやばねなどは、弾性が大きい。対塑性《そせい》。

だんせいき【男性器】〈名〉男性の性器。対女性器。

だんせいてき【男性的】〈形動〉男性のもつ特質がよくでている。対女性的。類男らしい。雄々《おお》しい。

参考 一般《いっぱん》に、たくましさ、あらあらしさ、力づよさ、決断のはやさなどが男性の特質として考えられている。

1 **たんせき【旦夕】**〈名〉❶朝と晩。朝夕。❷いつも。

旦夕に迫《せま》る けさかこんばんか、というように危機がすぐそこまでせまっている。例命《めい》、旦夕にせまる。

2 **たんせき【胆石】**〈名〉〔医学〕胆汁の成分が、胆嚢《たんのう》や胆管の中で固まってできる結石。例胆石症。

だんぜつ【断絶】〈名・する〉❶続いてきたことがとだえてしまうこと。たやすこと。例家が断絶する。❷むすびつきがきれること。むすびつきをきること。例国交が(を)断絶する。❸考えかたや気持ちがつながりをうしなって、通じあわなくなること。例世代の断絶。類断層。

たんせん【単線】〈名〉鉄道で、上りと下りの列車が同じ線路を使うもの。対複線。

1 **たんぜん【丹前】**〈名〉広そでで大きめに仕立てて綿を入れた、防寒用のきもの。室内着として使う。どてら。アタンゼン

2 **たんぜん【端然】**〈副・連体〉すがたなどが、きちんとととのっているようす。例端然とすわる。アタンゼン

だんせん【断線】〈名・する〉電話線や電線がきれて、通じないこと。

だんぜん【断然】〈副・連体〉はっきりと、そう言い切れるようす。例断然ことわる。断然たる強み。白組が断然リ

太宰治(だざいおさむ)(1909～48) 昭和の小説家。人間の偽善を告発。「走れメロス」「富嶽百景」「斜陽」など。

ードしている。類断固。

たんそ【炭素】〈名〉❶〔化学〕石炭やダイヤモンドなどをつくっている固体。また、化合物として、動物や植物にも多くふくまれている。燃えて、二酸化炭素となる。元素の一つ。カーボン。記号「C」。❷温室効果ガスである「二酸化炭素」のこと。→だつたんそ

たんぞう【鍛造】〈名・する〉金属を熱し、かなづちでくりかえしたたいて頑丈《がんじょう》に成形すること。対鋳造《ちゅうぞう》。

[1]**だんそう【男装】**〈名・する〉女性が、男性の服装をしたりして男をよそおうこと。例男装の麗人《れいじん》。対女装。

[2]**だんそう【断想】**〈名〉折にふれてうかんだ断片《だんぺん》的な思い・考え。

[3]**だんそう【断層】**〈名〉❶〔地学〕地盤《じばん》が、ある面をさかいにして、上下または水平方向にずれていること。地盤にはたらく圧力によって生じ、これがうごくときに地震《じしん》がおこる。❷考えかたなどのくいちがい。例世代間の断層。類断絶。

[4]**だんそう【弾奏】**〈名・する〉ギターや三味線《しゃみせん》などの弦楽器《げんがっき》を演奏すること。

[5]**だんそう【弾倉】**〈名〉銃砲《じゅうほう》の、たまをこめる部分。

たんそく【嘆息】【▼歎息】〈名・する〉どうにもならなくて、おもわずため息をつくこと。また、ため息。

だんぞく【断続】〈名・する〉とぎれたと思うと、また続くこと。例断続的。対連続。

だんぞくてき【断続的】〈形動〉とぎれながら、続くようす。例断続的に降る雨。対連続的。

だんそんじょひ【男尊女卑】〈名〉男性をとうとび、女性をかろんじる、古い時代の考えかた。

[1]**たんだ【単打】**〈名〉野球で、シングルヒット。短打。

[2]**たんだ【短打】**〈名〉❶野球で、バットを短く持って小さくシャープに打つこと。例短打戦法。❷単打。

たんたい【単体】〈名〉❶セットになっていたり、組み合わせて使ったりするものの、ひとつひとつ。例リモコンを単体で買う。❷〔化学〕一種類の元素だけからできている物質。酸素・鉄・ダイヤモンドなど。対化合物。

[1]**たんだい【探題】**〈名〉〔歴史〕鎌倉《かまくら》・室町《むろまち》時代に、重要な地方におかれ、その地方の政治や軍事などを担当した職名。六波羅《ろくはら》探題など。

[2]**たんだい【短大】**〈名〉「短期大学」の略。参考「短大」に対して、四年制大学を俗《ぞく》に「四大《よんだい》」と略す。

だんたい【団体】〈名〉同じ目的をもった人たちの集まり。例団体を結成する。団体旅行。類集団。

だんたいこうどう【団体行動】〈名〉団体としてまとまって行動すること。対自由行動。単独行動。

だんだら〈名〉ふとい横じまのもようで全体が構成されていること。例だんだらもよう。だんだらぞめ。

たんたん【▼眈▼眈】〈副〉⇩こしたんたん

[1]**だんだん【段段】**[一]〈名〉階段。階段状のもの。例段々になる。段々畑《だんだんばたけ》。[二]〈副〉少しずつ動作が行なわれたり、少しずつ状態がかわったりするようす。例だんだん(と)近づく。類しだいに。徐々《じょじょ》に。▽[ア][一]ダンダン [二]ダンダン

[2]**だんだん(方言)**ありがとう。島根・鳥取《とっとり》・愛媛《えひめ》などで言う。

[1]**たんたんと【淡淡と】**〈副〉❶あっさりしているようす。例淡々とした味。❷さっぱりしてこだわらないようす。例淡々と語る。表現「淡々たる態度」のように、連体詞として「…たる」の形でも使う。

[2]**たんたんと【▼坦▼坦と】**〈副・する〉❶道や土地がどこまでもたいらなようす。例たんたんとした道。❷ものごとにとくに変わったことがなくて、平凡《へいぼん》にすすむようす。例たんたんとした生活。たんたんと仕事をこなす。表現「たんたんたる生活」のように、連体詞として「…たる」の形でも使う。

だんだんばたけ【段段畑】〈名〉山の斜面《しゃめん》などに、大きな階段のようなかたちにつくられた畑。類棚田《たなだ》。千枚田。

たんち【探知】〈名・する〉かくれている、または、かくされているものごとをさぐりあてること。例探知機。逆探知。

だんち【団地】〈名〉住宅や工場など、同じ種類の建物が一地区に計画的にまとめてたてられたもの。また、そういう地区。例住宅団地。工業団地。

だんちがい【段違い】[一]〈名〉高さがちがうこと。例段違い平行棒。[二]〈形動〉力や技術がくらべものにならないくらいちがっている。例うまさは段違いだ。類けた違い。参考[二]は、俗《ぞく》に「だんち」と略していうことがある。

だんちがいへいこうぼう【段違い平行棒】〈名〉二本のよこ木を高さをちがえて平行にならべて固定した、器械体操の器具。また、その器具を使ってする女子の体操競技。

[1]**たんちょ【端緒】**〈名〉⇩たんしょ〔端緒〕

[1]**たんちょう【短調】**〈名〉〔音楽〕短音階でつくられている曲の調子。暗くさびしい感じがする。音階の第一番めの音名をもとにして、イ短調、ニ短調などとよばれる。マイナー。対長調。[ア]タンチョー

[2]**たんちょう【単調】**〈名・形動〉いつも同じで、かわりばえがしないこと。例単調なリズム。単調な生活。類平板《へいばん》。一本調子。[ア]タンチョー

たんちょうづる【丹頂鶴】〈名〉ツルの一種。つばさの先が黒、頭のてっぺんが赤、そのほかは白い。北海道の釧路《くしろ》や根室《ねむろ》にすむ。特別天然記念物。

だんちょう(断腸)のおも(思)い はらわたがちぎれるかと思うほどの強い悲しみ。中国の故事にもとづくことば。例断腸の思いで家族を残していった。注意「全部欲しかったが、断腸の思いであきらめた」のように、誤《あやま》って、きわめて惜しいがしかたなく、という意味で使う人がいる。

たんてい【探偵】〈名・する〉人からたのまれて、ひそかに他人のことや犯罪などをしらべる職業。例探偵業。探偵事務所。名《めい》探偵。

だんてい【断定】〈名・する〉「こうだ」と、はっきりした判断をくだすこと。例「彼が犯人だ」と断定する。

ダンディー〈名・形動〉男性が、おしゃれでスマートで、身のこなしもかろやかなこと。◇dandy

たんていしょうせつ【探偵小説】〈名〉主人公の私立探偵が、犯罪の謎解《なぞと》きをする小説。「推理小説」のもとの言いかた。

たんてき【端的】〈形動〉❶はっきりしている。例端的に示す。❷手みじかである。例端的にいえば。

たんでき【▼耽溺】〈名・する〉ほかのことを忘れて、よくないことにむちゅうになること。例酒色に耽溺する。類惑溺《わくでき》。おぼれる。

たんてつ【鍛鉄】〈名〉たたいて、きたえた鉄。

[1]**たんでん【丹田】**〈名〉へその下三～五センチぐらいのところをさす名。ここに力を入れると健康になり、勇気がでるという。例臍下《かせい》丹田。

た

 橘成季(たちばなのなりすえ) 生没年不明。鎌倉前期の文学者。和歌・漢詩をよくし，「古今著聞集」を編んだ。

2 **たんでん**【炭田】〈名〉石炭の層が地下に多くある地域。

たんと〈副〉うんといっぱい。くだけた、古風な言いかた。例さあ、たんとお食べ。

1 **たんとう**【短刀】〈名〉みじかいかたな。類短剣《たんけん》。小刀《しょうとう》。

2 **たんとう**【担当】〈名・する〉責任をもって、ある仕事や役目をうけもつこと。また、うけもつ人や、うけもつ仕事。例政権を担当する。担当をはずれる。担当者。類係。受け持ち。

だんとう【暖冬】〈名〉ふつうの年の冬よりもあたたかい冬。例暖冬異変。

だんどう【弾道】〈名〉発射された弾丸が、空中を飛ぶときの曲線。例弾道弾。

だんとうだい【断頭台】〈名〉⇩ギロチン

たんとうちょくにゅう【単刀直入】〈名・形動〉前置きなど言わないで、いきなり言いたいことをしゃべりだすこと。例単刀直入に用件をきりだす。類率直《そっちょく》。

1 **たんどく**【単独】〈名〉ただひとり、また、ただ一つだけであること。例単独でことにあたる。単独行動。対共同。

2 **たんどく**【▼耽読】〈名・する〉むちゅうになって読みふけること。

だんトツ【断トツ】〈名〉「断然トップ」を略した、くだけた言いかた。二位以下に大差をつけてトップであること。例断トツで優勝する。
注意 大差がつくことに意味が移って、「断トツの最下位」のような言い方をする人がいる。
「ダントツ」とも書く。

だんどり【段取り】〈名〉仕事などを進める手順や順序。例段取りがつく。段取りをきめる。類手はず。

だんな【旦那】【▼檀那】〈名〉❶一家の主人。おもに商家の主人をいう。例商店街の旦那衆《しゅう》。❷店の人が、得意客である男性や名前を知らない男性客をよぶことば。例旦那、おみやげにいかがですか。旦那さん。❸夫。例おたくの旦那さん。うちの旦那(=くだけた言いかた)。↓おっと〔夫〕敬語
参考 もとサンスクリット語で、仏教の「檀家《だんか》」の意味。

だんない(方言) かまわない。どうということない。北陸・近畿などで言う。だんね。例そんなん、だんないわ(=気にしなくていいよ)。

だんなでら【檀那寺】〈名〉先祖代々のお墓《はか》がある寺。類菩提寺《ぼだいじ》。

たんなる【単なる】〈連体〉特別のことではない、ただの。あとに打ち消しのことばをともなうことが多い。例単なる過失とは思えない。

たんに【単に】〈副〉ただ。例単にそれだけのことだ。

1 **たんにん**【担任】〈名・する〉先生が一つのクラスをうけもつこと。また、その先生。類受け持ち。アタンニン

2 **タンニン**〈名〉〔化学〕お茶やカキの実などにふくまれているしぶみの成分。染料《せんりょう》やインクなどの原料にする。◇《オランダ》tannin アタンニン

だんねつ【断熱】〈名・する〉熱が伝わらないようにすること。例断熱材。

たんねん【丹念】〈形動〉じゅうぶんに心が配られていて、ていねいである。例丹念にしらべる。類入念。念入り。

だんねん【断念】〈名・する〉したいと思っていたことを、やむをえずあきらめること。例登頂を断念する。

1 **たんのう**【胆のう】【胆▼囊】〈名〉肝臓《かんぞう》の下にあるふくろ状の器官。胆汁《たんじゅう》をいちじためておく。

2 **たんのう**【堪能】 一〈形動〉学芸や技術などがすぐれている。例かれは語学に堪能だ。類達者。 二〈名・する〉「もういい」というほど、じゅうぶんに味わって満足すること。例料理を堪能する。観光を堪能する。
参考 一は、本来は「かんのう」と読むことばだった。二は、「足《た》んぬ(=足りた)」が変化したことばにこの表記をあてたもの。

たんば【丹波】〈名〉旧国名の一つ。現在の京都府の大部分と兵庫県の一部。名産品の黒豆《くろまめ》は有名。丹後とあわせて丹州《たんしゅう》という。

たんぱ【短波】〈名〉〔物理〕波長が一〇〜一〇〇《メートル》(=周波数三〜三〇《メガヘルツ》)の電波。国際放送などに使われている。→でんぱ〔電波〕

ダンパー〈名〉ゴムやばねなどを用いて、衝撃《しょうげき》や振動を弱める装置《そうち》。緩衝《かんしょう》器。◇damper

1 **たんぱく**【▼蛋白】〈名〉「たんぱく質」の略。例尿《にょう》からたんぱくが出る。

2 **たんぱく**【淡泊・淡白】〈形動〉❶味や色などがしつこくない。例淡泊な味。対濃厚《のうこう》。類さっぱりした。❷ものにこだわらない。例淡泊な性質。類無頓着《むとんちゃく》。▽類あっさりした。

たんぱくしつ【たんぱく質】【▼蛋白質】〈名〉生物のからだをつくっている重要な物質。細胞《さいぼう》の原形質のおもな成分。植物は自分でつくりだすが、動物はほかの植物や動物から栄養としてとりいれる。炭水化物・脂質《ししつ》とともに三大栄養素の一つ。類プロテイン。
表記 理科の教科書などでは「タンパク質」と書く。「蛋」は、中国語で卵のこと。

1 **たんぱつ**【単発】〈名〉❶飛行機の発動機が一つであること。例単発機。対双発《そうはつ》。❷銃弾《じゅうだん》が一発しかこめられないこと。例単発銃。対連発。
表現 「単発ドラマ」のように、一回だけであとに続かないものについても使い、一回だけ成功したのを「単発に終わる」などという。

2 **たんぱつ**【短髪】〈名〉短くかってあるかみの毛。ショートヘア。ショートカット。対長髪。

だんぱつ【断髪】〈名・する〉❶ゆっていた長いかみを切りおろすこと。例(力士《りきし》の)断髪式。❷女性の短く切ったかみ形。昭和初期に流行した。

タンバリン〈名〉木の板でつくった輪のあいだに、二枚のまるい金属片をはめこみ、輪全体の片面に皮をはった打楽器。手でたたくと皮と金属片の両方がなり、ふると金属片だけがなる。タンブリン。◇tambourine

だんぱん【談判】〈名・する〉要求をとおすために、強い態度で相手と話しあうこと。例ひざづめ談判。類交渉《こうしょう》。折衝《せっしょう》。かけあい。

たんび【▼耽美】〈名〉美をもっとも価値あるものとして重んじて、美の世界にひたること。例耽美主義。

たんびしゅぎ【▼耽美主義】〈名〉人間にとってもっとも価値あるものは「美」であるとして、美の追求を人生や芸術の目的にする態度。類唯美《ゆいび》主義。

たんぴょう【短評】〈名〉短い、かんたんな批評《ひひょう》。

たんぴん【単品】〈名〉セットで売られるのがふつうである商品のうちの、一品《ひとしな》だけ。とくに飲食店でいう。例ギョーザだけ単品で注文する。

ダンピング〈名・する〉❶〔経済〕貿易などで、相手の国の市場を手に入れるために、採算を無視して不当に安いねだんで商品を売ること。❷利益を無視して、投げ売りをすること。類たたき売り。乱売。◇dumping

ダンプカー〈名〉荷台をかたむける装置をもった大型のトラック。略して「ダンプ」ともいう。参考 日本での複合語。英語では dump truck または dumper という。

タンブラー〈名〉たて長の大形のコップ。◇tumbler

[1]**たんぶん【単文】**〈名〉〔文法〕「時は金なり」「この本はとてもおもしろい」のように、主語と述語の関係が一つだけの文。→ふくぶん〔複文〕・じゅうぶん〔重文〕①

[2]**たんぶん【短文】**〈名〉みじかい文。みじかい文章。例この語を用いて短文を作れ。対長文。

たんぺいきゅう【短兵急】〈形動〉ひどく急いでいるようす。例短兵急に話す。

ダンベル〈名〉短い棒の両はしに重りをつけた運動用具。片手に持ってからだをきたえる。二つで一組み。例ダンベル体操。類亜鈴《あれい》。◇dumbbell

たんぺん【短編】『短▼篇』〈名〉小説や映画などで、みじかい作品。例短編小説。短編集。短編映画。対長編。中編。類掌編《しょうへん》。

だんぺん【断片】〈名〉もとはひとまとまりになっていたものの、切りはなされた一部分。例記憶《きおく》の断片。断片的。類きれはし。

だんぺんてき【断片的】〈形動〉きれぎれである。例断片的な記憶《きおく》。

たんぼ【田んぼ】『田▼圃』〈名〉「田《た》」のくだけた言いかた。

たんぽ【担保】〈名〉❶〔法律〕お金を借りる人が、お金をかえせないときのために、あらかじめわたして、貸す人が損害をうけないように保証するもの。例自宅を担保に入れる。担保をとる。類抵当《ていとう》。形《かた》。❷〈する〉たしかなものとして保証すること。例証拠《しょうこ》を用意して信頼《しんらい》性を担保する。

たんぼう【探訪】〈名・する〉ほんとうのようすを調べるために、その場所にでかけること。例社会探訪。

だんぼう【暖房】〈名・する〉火や温風などによって、部屋の中をあたためること。また、その設備。対冷房。

だんボール【段ボール】〈名〉二枚のボール紙のあいだに波形をした紙をはったもの。箱などにして、荷物をはこんだり保管したりするのに使う。「ダンボール」とも書かれる。

たんぽぽ『▼蒲▽公▽英』〈名〉野草の一つ。葉が根もとから生える。春、きいろい花がさく。種には白い毛がついていて、落下傘《らっかさん》のように風ではこばれる。

タンポン〈名〉❶円筒形の生理用品。膣《ちつ》に挿入《そうにゅう》する。❷〔医学〕傷口や鼻の穴につめる、脱脂綿《だっしめん》やガーゼ。◇《フランス》tampon

たんまつ【端末】〈名〉中心となる大型のコンピューターとつながっていて、情報の出し入れをする装置。端末機。ターミナル。

だんまつま【断末魔】〈名〉息をひきとるときの苦しみ。また、それに似《に》た苦痛。死にぎわ。例断末魔のさけび。断末魔の苦しみ。

由来 もと仏教のことばで、「末魔」とは急所のこと。

表現 多く、物語で、登場人物が追いつめられて死ぬようなときに使われる。

たんまり〈副〉たっぷり。俗《ぞく》な言いかた。例たんまりもうかる。類しこたま。

だんまり〈名〉だまっていることの、くだけた言いかた。例だんまりをきめこむ。だんまり戦術。類無言。黙然《もくねん》。参考 歌舞伎《かぶき》の用語から。

たんめい【短命】〈名・形動〉❶若くして死ぬこと。対長寿《ちょうじゅ》。長生き。類薄命《はくめい》。❷長つづきしないこと。例短命に終わる。短命内閣。▽対長命。

タンメン〈名〉中華麺をゆでてどんぶりに入れ、いためた野菜や豚肉を具にした塩味のスープをかけた料理。◇中国語「湯麺」から。

だんめん【断面】〈名〉❶ものを切ったときにできる面。例断面図。❷ある一面からものごとを見たときの、そこに現れたようす。例社会の断面。

だんめんず【断面図】〈名〉物体の内部の状態やしくみを示すために、物体を一つの平面で切断したと仮定して、そのようすをえがいた図。

だんめんせき【断面積】〈名〉切り口の表面の面積。例円錐《えんすい》形の断面積。

たんもの【反物】〈名〉❶一反ずつまいてある和服用の織物。❷和服用の織物全般《ぜんぱん》。類呉服《ごふく》。

だんやく【弾薬】〈名〉銃砲《じゅうほう》の、弾丸と火薬。

だんゆう【男優】〈名〉男性の俳優。対女優。

たんよう【単葉】〈名〉❶〔植物〕葉で、一枚の葉からなっているもの。ツバキ・カエデ・ポプラなど。❷飛行機で、主翼《しゅよく》が一枚のもの。▽対複葉。

たんらく【短絡】〈名・する〉❶すじみちをたどって考えることをせず、あることからいきなり結論にむすびつけること。例短絡した考え。❷⇩ショート③

だんらく【段落】〈名〉長い文章で、意味がひとまとまりに達したところ。書くときは、段落の最初を一字分さげてはじめるのがふつう。パラグラフ。段。参考 最初を一字分さげて書かれた文章のまとまりを「形式段落（または小段落）」という。また、内容構成のうえで区切ることができるいくつかの形式段落のまとまりを「意味段落（または大段落と中段落）」という。

だんらん『団▼欒』〈名〉親しい者どうしが集まって、たのしく話をすること。例一家だんらん。

たんり【単利】〈名〉預金《よきん》などで、一定の期間ごとに付く利子《りし》を元金《がんきん》にくり入れないで、次の期間の利子を計算すること。対複利。→ふくり〔複利〕参考

だんりゅう【暖流】〈名〉赤道付近から、南北にむかって流れる、水温の高い海流。メキシコ湾流や日本海流など。寒流に比べて透明度が高く、塩分も多い。対寒流。

たんりょ【短慮】〈名・形動〉❶考えがたりないこと。類浅慮。❷気がみじかいこと。類短気。

たんりょく【胆力】〈名〉たやすくおどろいたり、おそれたりしない、つよい精神力。類度胸。肝《きも》。肝っ玉。

だんりょく【弾力】〈名〉ボールやばねなどが、外からの力によって形がかわったとき、もとの形にもどろうとする力。

表現 「方針を弾力的に運用する」「弾力性にとんだ考え」などの言いかたで、ものごとの変化や状況《じょうきょう》に応じて、うまく対応していくようすを表わすことがある。

[1]**たんれい【淡麗】**〈形動〉酒で、酸味やかおりがきつくなく、すっきりした味わい。例淡麗辛口の日本酒。

[2]**たんれい【端麗】**〈形動〉すがたやかたちがととのっていて、うつくしい。例端麗な容姿。類端正。うるわしい。

たんれん【鍛練・鍛錬】〈名・する〉心やからだを、きびしい訓練できたえること。類錬磨《れんま》。修練。

だんろ【暖炉】〈名〉石炭やまきなどをたいて、部屋をあたためる、西洋風の暖房《だんぼう》設備。かべにつくることが多い。

だんろんふうはつ【談論風発】〈名・する〉議論が活発に行なわれること。

だんわ【談話】〈名〉❶〈する〉くつろいで、話をすること。例談話室。談話会。❷責任ある立場にある人が、ある問題について述べる話。例外務大臣の談話。❸言

 立原道造(みちぞう)（1914〜39） 昭和の詩人。ソネット形式の詩と清純な叙情が特徴。詩集「萱草に寄す」。

語学で、ひとつづきの話、または文章。文よりも長い単位。

ち

チ

常用漢字 ち

【地】土部3 全6画 地地地地地地
チ・ジ 教小2 音❶[チ] ▨地球《ちきゅう》。地下《ちか》。地平線《ちへいせん》。地区《ちく》。地裁《ちさい》。▨天地《てんち》。借地権《しゃくちけん》。遊園地《ゆうえんち》。❷[ジ] ▨地震《じしん》。地面《じめん》。地代《じだい》。地声《じごえ》。地酒《じざけ》。地元《じもと》。▨下地《したじ》。素地《そじ》。

【池】氵部3 全6画 池池池池池池
チ いけ 教小2 音[チ] ▨池沼《ちしょう》。▨貯水池《ちょすいち》。電池《でんち》。訓[いけ]池。古池。

【知】矢部3 全8画 知知知知知知
チ しる 教小2 音[チ] ▨知識《ちしき》。知見《ちけん》。知性《ちせい》。知人《ちじん》。知事《ちじ》。▨承知《しょうち》。通知《つうち》。英知《えいち》。旧知《きゅうち》。訓[しる]知る。見知る。知り合い。物知り。

【値】亻部8 全10画 値値値値値値
チ ね・あたい 教小6 音[チ] ▨価値《かち》。数値《すうち》。血糖値《けっとうち》。絶対値《ぜったいち》。測定値《そくていち》。訓❶[ね]値。値上がり。値打ち。値段。値引き。値札。言い値。卸値。❷[あたい]値。値する。

【恥】心部6 全10画 ※ 恥恥恥恥恥
チ はじる・はじ・はじらう・はずかしい 音[チ] ▨恥辱《ちじょく》。▨無恥《むち》。羞恥心《しゅうちしん》。破廉恥《はれんち》。訓❶[はじる]恥じる。恥じ入る。❷[はじ]恥。赤恥。生き恥。❸[はじらう]恥じらう。❹[はずかしい]恥ずかしい。

【致】至部4 全10画 ※ 致致致致致
チ いたす 音[チ] ▨致死《ちし》。致命傷《ちめいしょう》。▨招致《しょうち》。誘致《ゆうち》。一致《いっち》。合致《がっち》。筆致《ひっち》。風致《ふうち》。訓[いたす]致す。

【遅(遲)】⻌部9 全12画 遅遅遅遅遅
チ おくれる・おくらす・おそい 音[チ] ▨遅延《ちえん》。遅刻《ちこく》。遅速《ちそく》。遅配《ちはい》。遅筆《ちひつ》。遅遅《ちち》。訓❶[おくれる]遅れる。出遅れる。❷[おくらす]遅らす。❸[おそい]遅い。遅生まれ。遅咲き。遅かれ早かれ。遅くとも。

【痴(癡)】疒部8 全13画 痴痴痴痴痴
チ 音[チ] ▨痴情《ちじょう》。痴人《ちじん》。痴漢《ちかん》。痴呆《ちほう》。▨音痴《おんち》。愚痴《ぐち》。白痴《はくち》。

【稚】禾部8 全13画 ※ 稚稚稚稚稚
チ 音[チ] ▨稚魚《ちぎょ》。稚拙《ちせつ》。▨幼稚《ようち》。

【置】罒部8 全13画 置置置置置置
チ おく 教小4 音[チ] ▨置換《ちかん》。▨安置《あんち》。位置《いち》。処置《しょち》。設置《せっち》。措置《そち》。配置《はいち》。放置《ほうち》。訓[おく]置く。据え置く。置き傘。置き去り。置物。

【緻】糸部10 全16画 緻緻緻緻緻
チ 音[チ] ▨緻密《ちみつ》。▨精緻《せいち》。

【治】⇩常用漢字じ〔治〕

ち[1]【血】〈名〉❶生きている動物のからだの中の血管をながれている赤い液体。栄養分や酸素をはこぶ。血液。類血潮《ちしお》。❷ちすじ。血統。例血のつながり。血をひく。
▽アチ →囲み記事29(左)
血が通《かよ》う 事務的・機械的であったり、冷酷《れいこく》・無慈悲《むじひ》であったりせず、人間的な温かみがある。
血が騒《さわ》ぐ からだがあつくなるほど、わくわくする。
血で血を洗《あら》う ❶肉親や親戚《しんせき》どうしが、むごたらしいあらそいをする。❷たがいに傷つけ殺しあうような、むごたらしいあらそいをする。

囲み記事 29

「血」のいろいろな表現

(1) 血は人間を情熱的にする
「血がたぎる」や「血をわかす」「血わき肉おどる」は、おさえがたい意欲がわき、興奮《こうふん》をおぼえること。「血の気が多い」は情熱的で行動しやすい性質、「血が冷たい(=冷血《れいけつ》)」はその反対で、なにごとにも興奮せず、ひややかな性質をいう。「血と汗《あせ》の結晶《けっしょう》」や「血のにじむような努力」は、情熱をもやして力のかぎりやることをいう。

(2) 血はからだのなかをかけめぐる
「頭に血がのぼる」は、人まえであがったり、急に興奮したりして正常な判断ができなくなることで、「かっかする」「かっとなる」とだいたい同じ意味を表わす。「血の気《け》がひく」は「青くなる」と似《に》ていて、からだが活動力を失ってぼうぜんとなったり、たおれそうになる感じをいう。「血のめぐりがわるい」は判断力がにぶく、ものに気づくのがおそいことをいう。

(3) 血は命にかかわる
「血を流す」や「血が流れる」は、「ここで多くの人の血が流れた」のようにいうと、人が死ぬことを表わす。「血で血を洗う」は、凄惨《せいさん》な殺し合いが行なわれること、「血の雨が降《ふ》る」は、大規模なけんかで少なからぬ死傷者がでそうなようす。「血を見る」は、流血ざたになること、「血に飢《う》えたおおかみ」は、人に害をくわえようとする危険きわまりない存在をいう。「血まよう」「血のにおい」「血なまぐさい」「血けむり」などは、死を思わせる不吉《ふきつ》な語感をもつ言いかたである。

(4) 血は人間のつながり
「血は水よりもこい」「血を分けた兄弟」は、肉親の情愛や関係が格別であることをいう。「血はあらそえないものだ」というのは、遺伝《いでん》によってなにかの特性をうけついでいるのをみとめて感心したりなげいたりしている言いかた。「血統《けっとう》」「血すじ」などの言いかたも、このとらえかた。「わるい血」は、わるい遺伝をうけついでいることをいう。

らしいあらそいをする。
血と汗《あせ》の結晶《けっしょう》 たいへんな苦労のすえにつくりあげたり、手に入れたりした成果。
血に飢《う》える 人を殺したいような、あらあらしい気分になる。
血の海《うみ》 あたり一面に流れた多量の血。
血の出《で》るような 非常につらい努力や苦しい思いをするようす。[類]血のにじむような。
血の涙《なみだ》を流《なが》す 非常に苦しく、つらい悲しい思いをして涙を流す。
血のにじむような なみなみでないつらい苦労をするようす。[類]血の出るような。
血は水《みず》よりも濃《こ》い 他人にくらべ、親子、兄弟などの血のつながりは、何よりもたよりになる。
血も涙《なみだ》も無《な》い まったく人間味が感じられないほど、ひどくつめたい。[類]冷酷《れいこく》。冷血。情け知らず。無慈悲《むじひ》。非情。
血沸《わ》き肉《にく》躍《おど》る 非常に興奮して心が高揚《こうよう》し、わくわくした活力がみなぎる。
血を引《ひ》く 親や祖先の血筋を受けついでいる。
血を見《み》る はげしい争いごとで死人やけが人が出る。
血を分《わ》ける 実の親子や兄弟など、血族の間がらである。[例]血を分けた兄弟。

ち[2]【地】〈名〉❶空の下にひろがり、土や岩石でできていて、生きものがその上で暮らしているところ。[例]地の底。天と地。足が地につかない。[類]大地。❷土地。また、場所。[例]地の利。さいはての地。❸書物や荷物など、上下のきまっているものの下の部分。[例]天地無用(=ひっくり返すな)。▽[対]天。[ア]チ」

[表現]「天にも地にもかけがえのない人」のように、「地」を「天」とあわせて、「全世界」「全宇宙」「この世全体」の意味に使う。一方、「天」と対比して、ものすごく大きなへだたりを「天と地のちがい」という。

地に足《あし》が着《つ》く 考え方や行動がしっかりしていて落ち着きがある。[例]地に足の着いた生活。

[表現]「地に足を着けてまじめにがんばる」のような言い方もできる。

地に落《お》ちる 権威《けんい》や名声、信望などがいっきになくなってしまう。[例]かれの人気も地に落ちた。
地を払《はら》う すっかりなくなる。

ち[3]【治】〈名〉❶政治。❷世の中の秩序《ちつじょ》がよく守られていて、平和であること。また、そのようなとき。▽[ア]チ」
治に居《い》て乱《らん》を忘《わす》れず 世の中が平和なときでも、いつまた戦乱がおこるかわからないので、その用意を忘れてはならない。

ち[4]【知】【▼智】〈名〉ものごとを理解したり判断したりする頭のはたらき。[例]知をみがく。[対]意。情。[ア]チ」↓囲み記事19(416ページ)

ち[5]【値】〈接尾〉計算したりはかったりして出した値《あたい》のこと。[例]基準値。測定値。偏差値。平均値。

ちあい【血合い】〈名〉カツオやマグロなどの魚の、背とはらのさかいめにある、赤ぐろい肉の部分。

チアノーゼ〈名〉〔医学〕呼吸困難や心臓病などのために、血液中の酸素が不足し、くちびるや皮膚《ひふ》などがむらさき色になること。◇ドイツ Zyanose

チアリーダー〈名〉はなやかなそろいの服で、ポンポンを振ったりして応援《おうえん》する女子応援団員。チアガール。◇cheerleader

ちあん【治安】〈名〉国家や社会の秩序《ちつじょ》がたもたれていること。[例]治安が乱れる。治安維持《いじ》。

ちい【地位】〈名〉社会や組織などの中で、その人がしめている位置。[例]地位が上がる。地位につく。地位をあらそう。高い地位。[類]身分。立場。

ちいき【地域】〈名〉❶なにかの基準でくぎられた、まとまった範囲《はんい》の土地。[例]地域区分。地域性。[類]地方。地帯。エリア。❷コミュニティー。[例]地域住民。地域社会。地域ぐるみ。[類]地区。

ちいきさ【地域差】〈名〉地域による、ものごとのちがい。

ちいきしゃかい【地域社会】〈名〉町村や団地など、かぎられた地域に住む人々によってつくられている社会。

ちいきブランド【地域ブランド】〈名〉その地域の資源を活用した特産品や、名所・偉人《いじん》にちなんだ商品など。「地域団体商標《しょうひょう》」の通称。地域の名称《めいしょう》や魅力《みりょく》を広く伝え、商品だけでなく地域そのものの評価も上げて、地域の活性化をねらう。長崎カステラ、三重県の松阪《まつさか》牛、北海道の夕張《ゆうばり》メロン、宮崎産マンゴーの太陽の卵など。

ちいく[1]【知育】〈名〉知能をたかめ、知識をゆたかにするための教育。[対]体育。徳育。[ア]チイク

チーク[2]〈名〉東南アジアに多い落葉高木。木材はかたくて軽く、船や家具に使う。◇teak [ア]チーク

ちいさ・い【小さい】〈形〉❶ものの面積や体積、あるいはものごとの規模や範囲《はんい》が、他のものと比べて、下まわっている。[例]小さい人。小さい声。小さい電車。気が小さい。人物が小さい。望みが小さい。❷数値が、他より下である。[例]五は七より小さい。[類]少ない。❸子どもどうしを比べて、年齢《ねんれい》が下である。また、子どもである。[例]小さい子のめんどうをみる。❹程度がわずかである。また、とるにたりない。[例]被害《ひがい》が小さくてすむ。小さいことにこだわる。▽[対]大きい。

[表現]「小さくなる」は、「小さくなってあやまる」のように、おそれや遠慮《えんりょ》、恐縮《きょうしゅく》などの気持ちでちぢこまる意味になることがある。

[参考]くだけた言いかたは「ちっちゃい」。

ちいさな【小さな】〈連体〉小さい。[例]そんな小さなことにこだわるな。[対]大きな。↓ちいさい

[参考]くだけた言いかたは「ちっちゃな」。

小さな政府《せいふ》 ⇩せいふ〔政府〕[参考]

チーズ〈名〉牛乳など動物の乳を酵素《こうそ》などでかたまらせて発酵させた食品。◇cheese

チーター〈名〉ヒョウの一種。アフリカやインドにすむ。黄色の毛に黒いはん点がある。もっとも速く走ることができる動物。「チータ」ともいう。◇cheetah

ちいちいぱっぱ〈副〉スズメの鳴き声。

[参考]童謡《どうよう》「すずめの学校」から。俗《ぞく》に、「レベルが幼稚園児なみ」という意味で使われることもある。

チート〈名・する〉コンピューターゲームのデータやプログラムを、自分が得をするように改竄《かいざん》する不正行為《こうい》。著作権《ちょさくけん》の侵害《しんがい》にあたる。◇cheat

チーフ〈名〉主任。かしら。◇chief

チーム〈名〉❶競技や試合のためにつくられた、何人かの人のグループ。[例]チームプレー。❷同じ仕事や活動をする人々の集まり。[例]研究チーム。◇team

チームティーチング〈名〉何人かの教師が、ひとつ

田中角栄(かくえい)（1918～93） 昭和の政治家。首相として日中国交正常化を実現したが，汚職事件で失脚。

の学級で協力して授業をおこなうこと。協力授業。T.T。◇team teaching

チームワーク〈名〉共同で一つのことをする集団の中での、気持ちの通じあい。連係のとれた行動。例チームワークがいい。チームワークをみだす。◇teamwork

ちいるい【地衣類】〈名〉ある種の菌類《きんるい》が、緑藻《りょくそう》類やシアノバクテリア(=光合成を行なう細菌の一種)と、水分・栄養分をおぎないあいながら共生しているもの。木にはりつくウメノキゴケ、岩にはりつくイワタケ、枝からたれさがるサルオガセなど。

ちえ【知恵】〔▼智▼慧〕〈名〉ものごとの道理がよくわかって、きちんとした判断ができ、いろいろなことをうまく処理できる頭のはたらき。例知恵がある。知恵がまわる(=知恵がよくはたらく)。知恵をしぼる。知恵をだす。知恵をつける。知恵者《しゃ》。浅知恵《あさぢえ》。入れ知恵。猿知恵。悪《わる》知恵。
類知能。

知恵を貸《か》す いい考えを教えて、たすける。

知恵を絞《しぼ》る さまざまに頭をはたらかせてよい考えを出そうとする。例ない知恵を絞って考える。

知恵をつける 当人は考えつかないことをそばから教える。類入れ知恵する。そそのかす。

チェーン〈名〉❶「くさり」のこと。例タイヤチェーン。
表現 教える内容がよくない場合にいうことが多い。
→かっしゃ 絵 ❷系列化されていること。系列化された店や劇場、ホテル。例チェーンストア。◇chain

チェーンソー〈名〉歯のついたチェーンを小型エンジンで回転させて使うのこぎり。◇chain saw

チェス〈名〉西洋将棋《しょうぎ》。◇chess

チェスト〈名〉❶たんす。❷ふた付きのじょうぶな箱。❸男性の胸囲。チェストサイズ。対バスト。◇chest

ちぇっ〈感〉残念なときや、くやしいときに出す声。
参考 舌打《したう》ちの音から。

チェック 一〈名・する〉❶照合や点検をして確かめること。また、その結果を示す「✓」などの印をつけること。例忘れ物がないかどうかチェックする。チェックをつける。チェックを入れる。チェックマーク。チェックリスト。❷選択肢《せんたくし》の中からある項目を選んだ印として、「✓」などの記号をつけること。❸要《よう》注意人物として見られること。例最近、先生にチェックされている。
二〈名〉❶小切手。例トラベラーズチェック。❷格子《こうし》じま。例チェックのスカート。◇check

チェックアウト〈名・する〉ホテルなどの宿泊施設《しせつ》で、料金などをしはらって、部屋をひきはらう手続きをすること。また、その時限。対チェックイン。◇checkout

チェックイン〈名・する〉❶ホテルなどの宿泊施設《しせつ》で、部屋に入る手続きをすること。また、その時限。対チェックアウト。❷空港で飛行機に乗る手続きをすること。◇checkin

チェックポイント〈名〉❶注意しなければならない項目。❷通行を確認する地点。点検所。検問所。◇checkpoint

ちえねつ【知恵熱】〈名〉生後六、七か月の乳児にみられる原因不明の発熱。

ちえのわ【知恵の輪】〈名〉くさりのようにつながった金属の輪をうまくくふうしてはずしたり、再びつないだりして遊ぶおもちゃ。

ちえぶくろ【知恵袋】〈名〉❶いろんな知恵のたくわえ。例おばあちゃんの知恵袋。❷知恵や助言《じょげん》をくれる、たよりになる人。例社長の知恵袋。類ブレーン。

チェリー〈名〉「さくらんぼ」のこと。◇cherry

チェロ〈名〉弦楽器《げんがっき》の一つ。四本の弦があり、コントラバスについで大きく、弓で弾《ひ》く。音域がひろく、表情のゆたかな音色をもつ。セロ。◇cello
表現 弓でこする弦楽器として一挺《いっちょう》二挺《にちょう》と数える。床《ゆか》に置いて演奏することから一台二台と数えることもある。

ちえん[1]【地縁】〈名〉同じ地域に住んでいることによってできた人間関係。

ちえん[2]【遅延】〈名・する〉途中《とちゅう》で長びいて、予定の期日や時刻よりおくれること。例支払いが遅延する。電車の遅延。遅延行為《こうい》。類延引。

チェンジ〈名・する〉❶とりかえること。変えること。例イメージチェンジ。メンバーチェンジ。類交替《こうたい》。交換《こうかん》。❷野球で、攻撃《こうげき》と守備とが入れかわること。❸テニス・バレーボール・卓球などで、コートを入れかわること。チェンジコート。◇change

チェンバロ〈名〉⇩ハープシコード ◇《イタリア》cembalo

ちか[1]【地下】〈名〉地面の下の、地上からは見えない部分。例地下にねむる(=お墓にほうむられている)。地下二階。地下資源。対地上。類地中。
表現「地下にもぐる」「地下組織」「地下工作」のように、人の目にふれない秘密のところという意味でも使う。

ちか[2]【地価】〈名〉土地のねだん。類地代《じだい》。

ちかい[1]【誓い】〈名〉誓うこと。また、誓うことば。例誓いをたてる。神への誓い。アチカイ

ちか・い[2]【近い】〈形〉❶そこまでの距離《きょり》が短い。そこにいたるまでの時間が短い。例海に近い。五時に近い。近い将来。おしっこが近い。対遠い。❷内容や数量などが、あるものと比べて、それにちょっとおよばないが、ほぼ同じくらいである。例五十人ちかい参加者があった。それは不可能に近い話だ。❸関係がふかい。また、親しい。例近い親類。近い関係。対遠い。▽アチカイ

ちかい[3]【地階】〈名〉建物で、地面より下の階。アチカイ →ちかしつ 参考

ちがい[1]【違い】〈名〉同じでないこと。例違いがある。考えかたの違い。類差。差異。相違《そうい》。アチガイ

ちがい[2]【稚貝】〈名〉貝類で、生まれてからようやく貝の形をとりはじめた時期のもの。アチガイ

ちがいだな【違い棚】〈名〉二枚の棚板を左右からさしだして、上下にくいちがうように取りつけた棚。床《とこ》の間《ま》のわきにつくることが多い。

ちが(違)いない たしかである。あきらかだ。例あすは雨にちがいない。

ちがいほうけん【治外法権】〈名〉〔法律〕外交官などがもつ特権の一つ。滞在している国の捜査《そうさ》や裁判を受けたりしなくてもよい権利。

ちか・う【誓う】〈動五〉神仏や、他の人、または自分自身に対して、あることをかならず守ると、かたく約束する。例神に誓う。心に誓う。将来を誓う。

ちが・う【違う】〈動五〉❶比べてみて同じでない状態だ。例意見が違う。習慣が違う。人が違ったようにまじめになった。くい違う。対似る。類異なる。相違《そうい》する。❷正しいものととりちがえている。例答えが違う。道が違う。聞き違う。
表現 人の能力や作品のできばえなどをほめるときに、「さすが、名人は違う」「努力しただけあって、違うな」などと言うのは、ふつうとの違いがはっきりわかり、感心させられる、

━ということ。

方言 関西の話しことばでは「ちゃう」とも言う。

ちが・える【違える】〈動下一〉❶同じでないようにする。例学年によって名札の色を違える。❷筋肉などをひねって痛める。例首の筋を違える。❸まちがえる。例順序を違える。聞き違える。書き違える。

ちかがい【地下街】〈名〉地下にある商店街。

ちかく[1]【近く】■〈名〉近いところ。例近くに住む。対遠く。類近所。■〈副〉もうすぐくる将来。近いうちに。例近く開催《かいさい》予定の会議。類近々《ちかぢか・きんきん》。近日《きんじつ》。▽アチカク

ちかく[2]【地核】〈名〉〈地学〉地球の中心にある、高温で高圧の部分。アチカク

ちかく[3]【地殻】〈名〉〈地学〉地球をたまごにたとえたとき、からにあたる部分。厚さは、大陸で三〇～七〇キロメートル、海洋で五～一〇キロメートル。地殻の下は、マントルとよばれる。アチカク

ちかく[4]【知覚】〈名・する〉目や耳などの感覚を通じて対象をみわけ、とらえること。そのようなはたらき。視覚や聴覚《ちょうかく》、嗅覚《きゅうかく》など。例知覚が麻痺《まひ》する。歯の知覚過敏《かびん》。アチカク

ちがく【地学】〈名〉地質学や鉱物学、地震《じしん》学などをふくみながら、地球と地球をつくる物質とを、宇宙の中に位置づけて研究する学問。高等学校の、理科の一科目。

ちかくへんどう【地殻変動】〈名〉地表から一定の深さまでの層が隆起《りゅうき》したり陥没《かんぼつ》したりする現象。山ができるのも断層ができるのもこの現象による。

ちかけい【地下茎】〈名〉〈植物〉地中にある茎《くき》。養分をたくわえて、茎や根をだす。塊茎《かいけい》（＝ジャガイモなど）、鱗茎《りんけい》（＝ユリなど）、根茎《こんけい》（＝ハスなど）に区別される。

ちかごう【地下▼壕】〈名〉地面に大きなあなをほり、地下室のようにしたもの。

ちかごろ【近頃】■〈名〉少し以前から現在までのあいだ。このごろ。例近頃の映画はおもしろくない。類最近。近来。■〈副〉このごろのこととしては。例それは近頃耳よりな話だ。

ちかし・い【近しい】〈形〉親しい関係にある。例近しいあいだがら。近しい人。

ちかしげん【地下資源】〈名〉地下にうまっていて、人間の生活に役立つもの。鉄鉱・石炭・石油など。

ちかしつ【地下室】〈名〉建物の、地下の部分につくられたへや。参考 位置関係は「地階」と同じでも、用途《ようと》が居住でなく、物置《ものおき》や機械室である場合に「地下室」ということが多い。

ちかすい【地下水】〈名〉地中にたまっている水。地中の石や岩のすきまを流れる水。

ちかちか〈副・する〉❶星のような小さな光が、こきざみに光るようす。例遠くに町のあかりが、ちかちかしている。❷するどい光が、目を射るように強く何度も光るようす。そのために目がかるく痛むようす。

ちかぢか【近近】〈副〉あまり日がたたないうちに。例いなかの父がちかぢか上京する予定です。類近近《きんきん》。

ちかづき【近づき】【近付き】〈名〉知りあいになること。例思わぬ人と近づきになる。→おちかづき

ちかづ・く【近づく】【近付く】〈動五〉❶場所や時期、時間などに、だんだん近くなる。すぐそばにせまる。例頂上に近づく。休みが近づく。終わりに近づく。船が港に近づく。類近よる。❷知りあいになろうとする。例あの人にはあまり近づかない方がいいよ。→おちかづき ▽対遠のく。遠ざかる。類接近する。

ちかって【誓って】〈副〉絶対にうそではなく。例誓ってそれは私ではありません。

ちかてつ【地下鉄】〈名〉「地下鉄道」の略。地下につくったトンネルを走る鉄道。

ちかどう【地下道】〈名〉地下を通っている通路。

ちかば【近場】〈名〉近い場所。例近場でもいい行楽地がある。類近間《ちかま》。

ちかま【近間】〈名〉近所。例ちょっとした買い物は近間ですませる。類近場《ちかば》。

ちかみち【近道】〈名・する〉目的のところへ早く行ける道。また、そういう道を通って行くこと。例近道がある。近道をする。対まわり道。類ぬけ道。

━表現「合格への近道」「出世の近道」のように、あることを早く実現するための方法、という意味でも使う。

ちかめ【近め・近目】■【近め】〈名・形動〉ふつうであると思われるところより、いくぶん近いこと。対遠め。■【近目】〈名〉「近視《きんし》」のくだけた言いかた。対遠目。

ちかよ・る【近寄る】〈動五〉そばによっていく。例あぶないから近寄るな。類近づく。

ちから【力】〈名〉なにかをしようとするとき、また、なにかを動かそうとするとき、そのことを可能にするもとになるもの。
❶仕事をする力。「投げる力」「見る力」「読む力」「考える力」などのように、各種、各方面のことを可能にさせるもの。例力がある。力をたくわえる。力をだす。力をつける。筆の力。くすりの力。力をだしきって負けたのなら、悔《く》いはのこらない。類能力。力量。
❷ささえてくれる力。受ける者にとって恩恵《おんけい》となるはたらき。例力になる。力を貸す。力を借りる。わたくしでよければ、お力になりましょう。類ささえ。たすけ。
❸おさえつける力。他をしたがわせる力。例力が強い。力をこめる。力でのぞむ。力がつきる。力の政治。力関係。力ずく。類腕力《わんりょく》。圧力。勢力。権力。支配力。
❹元気やいきおい。例力をつける。力がぬける。力のある文章。
❺〔ちから〕旁《つくり》の一つ。「助」「動」などの「力」の部分。

力及《およ》ばず できるだけのことはしたが、力が足らなくて。例一丸となって戦ったが、力及ばず敗退した。

力に余《あま》る あたえられた問題や仕事が自分の能力の範囲《はんい》をうわまわっていて、どうにも対処できない。類手に負えない。

力の限《かぎ》り ありったけの力をだして。例力の限り、戦い続ける。

力を入《い》れる ほかのことより、そのことをとくに優先して努力する。類力を注ぐ。注力《ちゅうりょく》する。

力を得《え》る だれかの助けを得たり、何かにはげまされて、ものごとをやる気力がでる。例家族の声援《せいえん》に力を得てがんばった。

力を落《お》とす がっかりしたりショックをうけたりして、積極的に活動したり努力したりする気がしなくなる。

力を貸《か》す 力をだしてやって、たすける。

ちからうどん【力うどん】〈名〉もち入りうどん。

ちからおとし【力落とし】〈名〉がっかりして、やる気持ちをなくしてしまうこと。類落胆《らくたん》。気落ち。

━表現 身内《みうち》を亡《な》くした人への弔問《ちょうもん》のあいさつとして、「さぞお力落としのことと存じますが、どうか御身《おんみ》お大事になさってくださいませ」のように言う。

ちからかんけい【力関係】〈名〉腕力・能力・権

ち

 谷崎潤一郎（たにざきじゅんいちろう）（1886～1965） 大正～昭和の小説家。耽美主義の作風。「春琴抄」「細雪」など。

力・武力・財力などの差にもとづく、おたがいの関係。

ちからこぶ【力こぶ】〖力▼瘤〗〈名〉うでに力を入れてまげたとき、上腕《じょうわん》にできる筋肉のもりあがり。

力こぶを入《い》れる 思いきり努力をしてがんばる。

ちからしごと【力仕事】〈名〉からだの力が必要な仕事。類肉体労働。

ちからずく【力ずく】〖力▽尽く〗〈名〉暴力や権力などを使って、むりやり目的をはたそうとすること。例力ずくでうばう。類うでずく。

ちからずもう【力相撲】〈名〉技《わざ》ではなく、力でとるような相撲。

ちからぞえ【力添え】〈名・する〉ほかの人を助けてあげること。類援助《えんじょ》。加勢。

表現「お力添えをいただき感謝します」のように、自分が助けられるときに使うことが多い。

ちからだめし【力試し】〈名〉自分の体力や能力の程度を知るために、なにかをやってみること。類うでだめし。

ちからづ・ける【力付ける】〈動下一〉元気をだすように、はげましたりなぐさめたりする。類元気づける。激励《げきれい》する。

ちからづよ・い【力強い】〈形〉❶力がこもっている。例力強い声。❷安心してたよることができる。例力強い味方。類たのもしい。心づよい。

ちからまかせ【力任せ】〈形動〉あるだけの力で、あらっぽく強引《ごういん》にするようす。例力任せにひっぱる。

ちからまけ【力負け】〈名・する〉❶力の点でおとっていて負けること。❷力を入れすぎ、相手に利用されて負けること。

ちからみず【力水】〈名〉相撲《すもう》で、土俵の下に置いてある水。力士が相撲をとる前に口にふくんだり口をすすいだりするのに使う。例力水をつける。

参考マラソン中に飲む水などにもいうようになった。

ちからもち【力持ち】〈名〉強い力をもっている人。

ちからわざ【力業】〈名〉力を必要とする仕事やスポーツ。力を見せる芸。類力仕事。

表現俗《ぞく》に、頭を使わず労力だけで強引に作業をする意味で、「力業でしめきりまでになんとか仕上げた」のように言うことがある。

ちかん[1]【置換】〈名・する〉❶あるものを別のものと置きかえること。とくに、コンピューターで、文字を別の文字に変換すること。❷〔化学〕化合物中の元素が他の元素に置きかえられ、ちがう物質になる反応。

ちかん[2]【痴漢】〈名〉夜道や電車内などで、女性にさわったり、いたずらをしたりする男。

ちき[1]【知己】〈名〉❶自分のことをよく理解してくれる、親しい人。類親友。知友。❷前から知っている人。例知己のあいだがら。十年来の知己。類知人。知り合い。

知己を得《え》る ❶(「…に知己を得る」の形で)その方面に知り合いができる。❷(「…の知己を得る」の形で)その人と知り合いになる。

ちき[2]【稚気】〈名〉おとながときおり見せる子どもっぽさ。例稚気満々。稚気愛すべきものがある。

ちぎ[1]【千木】〈名〉〔建築〕神社や宮殿《きゅうでん》の屋根で、棟《むね》の両はしに、交差するようになめ上方につきだした木材。

ちぎ[2]【稚戯】〈名〉⇩じぎ〔児戯〕

ちきゅう【地球】〈名〉わたしたちが住んでいる天体。太陽から三番めの惑星《わくせい》。約四六億年前に誕生《たんじょう》した。一日に一回自転し、約三六五・二五日(=一年)で太陽のまわりを公転する。直径は約一万二七〇〇キロメートル。表面のおよそ七割を海洋が占《し》めるため「水の惑星」とも、また、森林の豊かさから「緑の惑星」とも呼ばれる。

ちきゅうおんだんか【地球温暖化】〈名〉温室効果によって、地球の平均気温があがること。渇水《かっすい》、海面の上昇、熱波《ねっぱ》などの環境《かんきょう》悪化がおこる。

ちきゅうぎ【地球儀】〈名〉地球の模型で、球の表面に、地球全体の地図をえがいたもの。回転する。

ちぎょ【稚魚】〈名〉たまごからかえってまもない魚。対成魚。類幼魚。

ちきょう【地峡】〈名〉二つの陸地をつないでいるかたちの、ほそい陸地。例(中央アメリカの)パナマ地峡。

ちぎょ(池魚)のわざわ(災)い 事件のまきぞえになって、思いがけない災難にあうこと。類とんだ災難。そばづえをくう。あおりをくう。

由来城門の火事を池の水で消したため、水がからになって、魚が死んだという、中国の故事による。

ちぎり【契り】〈名〉とり交わすたがいの約束。夫婦《ふうふ》となる約束。例契りをむすぶ。夫婦《めおと》の契り。

ちぎ・る[1]〖千切る〗〈動五〉❶指を使って、こまかい切れにする。例パンをちぎる。❷指を使って、切断する。例ひもをちぎる。ひきちぎる。❸力をくわえて、ぐいともぎとる。例実《み》をちぎる。

表現「ちぎっては投げ ちぎっては投げ」は、おそってくる敵を次々にたおして追いはらうようすを痛快《つうかい》な感じでいう言いまわし。

ちぎ・る[2]【契る】〈動五〉たがいに将来のことをかたく約束する。

ちぎれぐも【ちぎれ雲】〖千切れ雲〗〈名〉大きな雲からちぎれるようにしてはなれた雲。

ちぎ・れる〖千切れる〗〈動下一〉❶力がくわわって切れる。例くつひもがちぎれる。❷ばらばらになる。例その手紙は細かくちぎれていて読めなかった。

チキン〈名〉❶ニワトリの肉。例チキンライス。フライドチキン。❷臆病者《おくびょうもの》、いくじなしのたとえ。◇chicken

常用漢字 ちく

【竹】 竹部0 全6画
チク たけ 教小1 音[チク] ▨竹林《ちくりん》。竹馬《ちくば》の友。▨爆竹《ばくちく》。松竹梅《しょうちくばい》。訓[たけ] 竹。竹馬《たけうま》。竹やぶ。竹とんぼ。注意「竹刀」は、「しない」と読む。

【畜】 田部5 全10画
チク 音[チク] ▨畜産《ちくさん》。▨家畜《かちく》。牧畜《ぼくちく》。鬼畜《きちく》。

【逐】 辶部7 全10画
チク 音[チク] ▨逐次《ちくじ》。逐一《ちくいち》。逐語訳《ちくごやく》。逐電《ちくでん》。▨駆逐《くちく》。放逐《ほうちく》。角逐《かくちく》。

【蓄】 艹部10 全13画
チク たくわえる 音[チク] ▨蓄財《ちくざい》。蓄積《ちくせき》。蓄電《ちくでん》。▨含蓄《がんちく》。貯蓄《ちょちく》。訓[たくわえる] 蓄える。

【築】 竹部10 全16画
チク きずく 教小5 音[チク] ▨築造《ちくぞう》。築港《ちっこう》。

田沼意次(たぬまおきつぐ) (1719～88) 江戸中期の老中。印旛沼の干拓など積極的な経済政策を行なった。

築城《ちくじょう》。□建築《けんちく》。改築《かいちく》。構築《こうちく》。新築《しんちく》。増築《ぞうちく》。訓「きずく」築く。築き上げる。

注意「築山」は、「つきやま」と読む。

ちく[1]**【地区】**〈名〉ある目的によってくぎられた、ひとまとまりの土地。例住宅地区。類地域。地帯。

ちく[2]**【築】**〈接頭〉建築してから何年たつかを表わす。例築三十年の家。

ちくいち【逐一】〈副〉もれがないように、ひとつひとつ順をおって。例逐一報告する。類いちいち。

ちぐう【知遇】〈名〉人格や才能などを、力のある人にみとめられて、だいじにされること。例知遇をえる。

ちくおんき【蓄音機】〈名〉回転する音盤《おんばん》のみぞを針がたどり、みぞの深さの変化による針の振動《しんどう》を音に復元して出す装置。エディソンの発明。

ちくかん【竹簡】〈名〉古代、中国で紙が使われる以前に、文字を書きしるすために用いた竹のふだ。ちっかん。

ちくぎゅう【畜牛】〈名〉畜産用のウシ。乳牛や肉牛。

ちくご【▼筑後】〈名〉旧国名の一つ。現在の福岡県の一部。筑前とあわせて筑州《ちくしゅう》という。例筑後川。

ちくこう【竹工】〈名〉竹を使う工芸。「ちっこう」ともいう。

ちくごやく【逐語訳】〈名・する〉原文の一語一語を忠実にたどった翻訳《ほんやく》。対意訳。類直訳。

ちぐさ『千▽種』〈名〉種類が多いこと。いろいろ。

ちくざい【蓄財】〈名・する〉財産をためこむこと。例蓄財にはげむ。類殖財《しょくざい》。

ちくさん【畜産】〈名〉家畜を飼《か》って、人間の生活に必要な食料や、衣料の原材料などを生産する産業。

ちくじ【逐次】〈副〉順をおって。次々に。例問題を逐次解決していく。類順次。

ちくじてき【逐字的】〈形動〉文章を一字一字、あるいは一語一語追って読んでいくようす。類逐語的。

ちくしょう【畜生】■一〈名〉❶人間以外の動物。類けだもの。けもの。❷人間ではないという意味で、人をののしっていうことば。■二〈感〉いきどおりの気持ちやくやしい気持ちを直接表現することば。こんちくしょう。ちきしょう。

ちくじょう[1]**【逐条】**〈名〉箇条《かじょう》書きの形になった文章を、順をおって読んだり、検討したりすること。例逐条審議《しんぎ》。

ちくじょう[2]**【築城】**〈名・する〉城をきずくこと。

ちくしょうどう【畜生道】〈名〉仏教で、悪いことをしたために、死後人間以外の生き物に生まれかわって苦しむ世界。

ちくせき【蓄積】〈名・する〉ものごとがだんだんふえて、たまること。また、だんだんふやして、ためること。例疲労《ひろう》が蓄積する。データを蓄積する。知識の蓄積。

ちくぜん【▼筑前】〈名〉旧国名の一つ。現在の福岡県の一部。大宰府《だざいふ》がおかれた。筑後とあわせて筑州《ちくしゅう》という。例筑前煮《に》。

ちくぞう【築造】〈名・する〉城や堤防《ていぼう》、ダムなどをつくりあげること。類建造。築く。

ちくちく〈副〉❶先がするどくとがったもので、くり返し刺《さ》したり突いたりするようす。例ぞうきんをちくちくぬう。❷〈する〉針《はり》のようなもので、何度も刺されるような感じ。例セーターがちくちくする。目がちくちくと痛い。

表現 ②は、「ちくちくととげのある言いかた」「思い出すたびにちくちくと胸が痛む」のように、心を刺す痛みの形容にも使う。

ちくでん[1]**【逐電】**〈名・する〉ゆくえをくらまして、どこかに行ってしまうこと。古い言いかた。「ちくてん」とも言った。類出奔《しゅっぽん》。失踪《しっそう》。蒸発。

参考 いなずまを追うような速さで、という意味。

ちくでん[2]**【蓄電】**〈名・する〉電気をたくわえること。例蓄電器（＝コンデンサー）。蓄電池（＝バッテリー）。

ちくねん【逐年】〈副〉年をおって。類年年。

ちくのうしょう【ちくのう症】『蓄▼膿症』〈名〉鼻のおくの左右にある副鼻腔《ふくびこう》の粘膜《ねんまく》が炎症《えんしょう》をおこして、うみがでる病気。鼻づまりや頭痛、記憶《きおく》力がおとろえるなどの症状がある。副鼻腔炎。

ちぐはぐ〈形動〉うまくそろわないでくいちがったり、調和がとれない。例ちぐはぐな服装。

ちくば（竹馬）**のとも**（友）ともに竹うまに乗って遊んだような、親しい子どものときからの友だち。類幼なじみ。

ちくび【乳首】〈名〉❶乳房《ちぶさ》の先の、少しつき出た部分。類乳頭《にゅうとう》。❷ゴムなどで、「①」の形につくった、赤ちゃん用のおしゃぶり。

ちくりと〈副〉❶〈する〉先のとがった物でつつかれる感じ。❷忠告や批判のことばが胸に刺《さ》さる感じ。例ちくりと釘《くぎ》を刺す。

ちくりん【竹林】〈名〉タケの林。

竹林の七賢《しちけん》中国で、魏《ぎ》・晋《しん》の時代に、老子や荘子《そうし》の思想をたっとび、竹林の中にこもって世俗《せぞく》をはなれた議論をこのんだ七人。

表現 ここから、識見に富む、時代のリーダー七人をあげて、「七賢」といったりする。

ちく・る〈動五〉告げ口をする意味の若者ことば。

ちくわ『竹輪』〈名〉すりつぶした魚の肉を串《くし》のまわりにぬりつけて、むしたり焼いたりして、あとから串をぬいてつくった食品。

ちけい【地形】〈名〉土地の高低などの状態。山や川、平野など、土地全体のありさま。例地形図。

表現「地勢」より、いっそうくわしい土地の状態をいう。

チケット〈名〉❶切符《きっぷ》。❷入場券や食券などの、券。◇ticket

ちけん[1]**【治験】**〈名〉開発中の医薬品のききめをテストすること。「治療《ちりょう》試験」の略。例治験薬。治験結果。

ちけん[2]**【知見】**〈名〉実際に見て知ること。例知見をひろめる。

ちけん[3]**【地検】**〈名〉「地方検察庁」の略。各都道府県の地方裁判所・家庭裁判所に対応して置かれる検察庁。

ちご【稚児】〈名〉神社や寺の祭りの行列などで、着かざってねりあるく男女の子ども。お稚児さん。参考 もともとは「乳子《ちご》」の意味。幼い「子ども」をさした。

ちこう【地溝】〈名〉〔地学〕ほぼ平行した二つの断層のあいだにできた、ほそ長いくぼ地。バイカル地溝など。

ちこく【遅刻】〈名・する〉きめてある時刻におくれること。例学校に遅刻する。類遅参。

ちこつ【恥骨】〈名〉骨盤《こつばん》をつくる骨の一つ。陰部《いんぶ》のすぐ上にある。

ちさい【地裁】〈名〉「地方裁判所」の略。

ちさん【治山】〈名〉森林を造成したりして、山をととのえること。

ちさんちしょう【地産地消】〈名〉地元でとれた農

ち

種田山頭火（1882～1940）　俳人。出家して托鉢(たくはつ)生活をしながら，自由律の俳句を数多く残した。

作物や水産物を、地元で消費するようにすすめるとりくみ。「地域生産地域消費」の略。

1 **ちし**【地誌】〈名〉ある地方の地理などを書いた書物。類風土記《ふどき》。

2 **ちし**【致死】〈名〉くすりや事故などで人を死なせてしまうこと。例致死量。過失致死。

ちじ【知事】〈名〉都道府県行政の最高責任者。住民の選挙でえらび、任期は四年。

ちしお【血潮】〈名〉からだから流れでる血。からだの中をめぐる血。例血潮に染まる。熱い血潮。

ちしき【知識】〈名〉あるものごとについて知っていることのかずかず。例知識をえる。生きた知識。知識人《じん》。知識欲。予備知識。

ちじき【地磁気】〈名〉〔地学〕地球がもっている磁気。

ちしきかいきゅう【知識階級】〈名〉主に頭を使う仕事についている人々、学者・教師・技術者・医者などに学生をふくめた階層。類知識層。インテリ階級。

ちしきじん【知識人】〈名〉知識階級の人々。

ちしきよく【知識欲】〈名〉知識を得ようと内からわきあがってくる気持ち。例旺盛《おうせい》な知識欲。

ちじく【地軸】〈名〉〔地学〕地球の北極と南極をむすぶ線。地球は、これを軸として、一日に一回、自転している。

1 **ちしつ**【地質】〈名〉土地や地層、岩石などの、性質や状態。例地質調査。

2 **ちしつ**【知▼悉】〈名・する〉知りつくしていること。

ちしつがく【地質学】〈名〉地学の一部門。土地や地層、岩石などの性質・状態・歴史などを研究する。

ちしつじだい【地質時代】〈名〉地質学の研究対象としていう、約四十六億年前の地球の誕生《たんじょう》から現在までのあいだ。生物の進化を基準に、古いほうから、先《せん》カンブリア時代・古生代・中生代・新生代の四つに大きく区分される。

参考 区分されたそれぞれの年代を「地質年代」という。

ちしまかいりゅう【千島海流】〈名〉⇩おやしお

ちしょう【致傷】〈名〉〔法律〕人にけがをさせてしまうこと。例自動車運転過失致傷罪。

表現「致死」と合わせて、「致死傷」という。

ちじょう【地上】〈名〉❶土地の表面。また、地面の上のほう。例地上にでる。地上におりる。地上六階建てのビル。対地下。地中。空中。類地表。❷現実の、この世。例地上の楽園。対天上。

ちじょうい【知情意】〈名〉知性と感情と意志。人間の精神活動のすべてをさす。→囲み記事19（415ページ）

ちじょうえ【地上絵】〈名〉太古の昔に地面をけずって描《えが》かれた、上空から見なければわからないほど巨大な絵。ペルーの都市ナスカのものが、世界遺産《いさん》としてとくに有名。

ちじょうけん【地上権】〈名〉〔法律〕家をたてたり木をうえたりするために、土地を使うことができる権利。

ちじょうは【地上波】〈名〉衛星を使わず、地上のアンテナから送信される放送用の電波。例地上波放送。

ちじょく【恥辱】〈名〉心がひどくきずつくほど、体面や名誉《めいよ》をけがされること。例恥辱をうける。恥辱をそそぐ。類はじ。屈辱《くつじょく》。汚辱《おじょく》。はずかしめ。

ちしりょう【致死量】〈名〉〔医学〕くすりで、これだけ飲んだら命がなくなるという量。

ちじん【知人】〈名〉たがいに知りあっている人。類知りあい。知己《ちき》。

ちず【地図】〈名〉❶地球の表面の一部、または全部のありさまを、文字や線、記号を使って、平面上に、一定の割合でちぢめて表わしたもの。例地図を広げる。❷建物の場所や道案内のために書いた図。

ちすい【治水】〈名〉防災や運輸、灌漑《かんがい》などのために、河川《かせん》や水路をととのえたり改良したりすること。例治水事業。

ちすじ【血筋】〈名〉先祖からの血のつながり。例血筋がいい。血筋をひく。類家系。血縁《けつえん》。血統。

1 **ちせい**【地勢】〈名〉地形をおおまかに見たときの、その土地の高低や、陸と海、河川《かせん》などの状態。例地勢図。アチセー ↓ちけい 表現

2 **ちせい**【治世】〈名〉❶よくおさまった世の中。対乱世。類太平の世。❷ひとりの君主が世の中をおさめた期間。例エリザベス一世の治世。▽アチセー

3 **ちせい**【知性】〈名〉感情に左右されずに、ものごとを論理的に考え判断する頭のはたらき。例知性が高い。知性ゆたかな人。類理性。知力。アチセー

ちせつ【稚拙】〈形動〉できあがった結果や技術が、洗練されていなくて、へたくそなこと。例稚拙な文章。対老巧《ろうこう》。類拙劣《せつれつ》。

ちそ【地租】〈名〉〔歴史〕土地に対して課せられた税金。参考 一八七三年に明治政府は地租改正を行ない、収穫《しゅうかく》量から地価へと課税の基準を改めた。

ちそう【地層】〈名〉〔地学〕土や砂、石などが、長い年月のあいだにつみかさなってできたもの。

ちぞめ【血染め】〈名〉血で真っ赤に染まっていること。例血染めの包帯。

1 **ちたい**【地帯】〈名〉ある特徴《とくちょう》をもち、ある程度のひろがりのある、土地の範囲《はんい》。例田園地帯。安全地帯。無法地帯。類地域。地区。アチタイ

表現 ふつう、例のように、複合語の後部分となる。

2 **ちたい**【遅滞】〈名・する〉スムーズにすすまないこと。例遅滞なく業務を進める。アチタイ

3 **ちたい**【▼痴態】〈名〉あられもない はずかしいすがたや態度。例人前で痴態を演じる。アチタイ

ちだい【地代】〈名〉⇩じだい〔地代〕

ちだまり【血だまり】〖血▼溜まり〗〈名〉血が大量に流れて、地面やゆかにたまったもの。

ちだるま【血だるま】〈名〉からだじゅうに血をあびて、だるまのように全身赤くなること。例血だるまになる。類血まみれ。血みどろ。血だらけ。

チタン〈名〉〔化学〕岩石や地中に化合物として存在する金属。かるくて強いのでジェット機やロケットの機体、なべやうで時計などの材料にするほか、顔料の原料にもする。チタニウム。元素の一つ。記号「Ti」。◇ドイツ Titan

1 **ちち**【父】〈名〉男親《おとこおや》。父親。対母。子。アチチ」

→囲み記事30（次ページ）

表現 自分の父親だけでなく配偶《はいぐう》者の父親をも「ちち」というが、とくに区別していうときは「義理の父」とも「義父《ぎふ》」ともいう。その関係で、また、自分の父を「実《じつ》の父」「血のつながった父」「実父《じっぷ》」などということがある。

2 **ちち**【乳】〈名〉❶母親の乳房《ちぶさ》からでる白い液体。例乳がよくでる。乳をのむ。❷乳房。類バスト。▽類おっぱい。アチチ」

3 **ちち**【遅遅】〈副・連体〉進みかたが、いやになるほどゆっくりであるようす。例遅々として進まない。遅々たる歩み。

ダビデ（?～前960ごろ） 古代ヘブライ王国2代の王。イェルサレムを都とし，全盛期を築いた。

ちちうえ【父上】〈名〉父親をうやまっていうことば。対母上。類尊父《そんぷ》。→囲み記事30(左下) 対着々《ちゃくちゃく》。ア チチ

ちちおや【父親】〈名〉父。対母親。類男親。

ちちかた【父方】〈名〉父親の血すじに属しているほう。例父方の親戚《しんせき》。対母方。類父系《ふけい》。

ちちくさ・い【乳臭い】〈形〉❶乳のにおいがする。❷おとなになりきっていない。例乳臭い考えをふり回す。類幼稚《ようち》。

ちぢこま・る【縮こまる】〈動五〉「ちぢまる」を強めた言いかた。例寒さでからだが縮こまる。

ちぢに【千千に】〈副〉さまざまであるようす。例心が千々にみだれる。

ちちのひ【父の日】〈名〉父親に感謝の気持ちをあらわす日。六月の第三日曜日。

ちちばなれ【乳離れ】〈名・する〉⇩ちばなれ

ちぢま・る【縮まる】〈動五〉ちぢんだ状態、ちぢめた状態になる。例差が縮まる。命が縮まる。身の縮まる思い。

ちぢみ[1]**【縮み】**〈名〉❶ちぢむこと。❷全体に細かいしわ(=しぼ)があるように織った布。夏の衣料にする。新潟県の小千谷縮《おぢやちぢみ》など。例縮みの浴衣《ゆかた》。

チヂミ[2]〈名〉韓国《かんこく》料理のお好み焼き。チジミ。

ちぢみあが・る【縮み上がる】〈動五〉からだや心がすっかりちぢむ。例おどされて縮み上がる。寒さで身も心も縮み上がる。類萎縮《いしゅく》する。すくむ。

ちぢ・む【縮む】〈動五〉❶長さがみじかくなる。ものが小さくなる。例セーターが縮む。寿命《じゅみょう》が縮む。対のびる。❷緊張《きんちょう》やこわさのために、小さくなる。例身の縮む思い。▽類ちぢまる。

ちぢ・める【縮める】〈動下一〉❶長さをみじかくする。面積や体積を小さくする。例からだを縮める。命を縮める。対のばす。類つづめる。❷時間や距離《きょり》などをみじかくする。例差を縮める。授業時間を縮める。

ちちもみ【乳もみ】『乳▼揉み』〈名〉母乳が出るように乳をもむこと。それを仕事とした人。

ちちゅう【地中】〈名〉地面の中の方の部分。対地上。類地下。

ちちゅうかい【地中海】〈名〉ヨーロッパとアジア、アフリカのあいだにある、東西にほそ長い海。

ちぢら・す【縮らす】〈動五〉ちぢれるようにする。ちぢれさせる。ちぢらせる。

ちぢれげ【縮れ毛】〈名〉ちぢれている毛。ちぢれっ毛。

ちぢ・れる【縮れる】〈動下一〉かみの毛や布などが、こまかに波うったようになったり、しわになったり、巻いたりしたような状態になる。例縮れた髪《かみ》。生地《きじ》が縮れる。

ちちんぷいぷい〈感〉小さな子にかけてあげるおまじないのことば。

常用漢字 **ちつ**

【秩】 禾部5 全10画 秩 秩 秩 秩 秩
チツ 音[チツ] ■秩序《ちつじょ》。

【窒】 穴部6 全11画 ※ 窒 窒 窒 窒 窒
チツ 音[チツ] ■窒素《ちっそ》。窒息《ちっそく》。

ちつ【▼膣】〈名〉哺乳《ほにゅう》類のめすの生殖《せいしょく》器の一部。子宮からからだの外へ通じる部分。

ちっかん【竹簡】〈名〉⇩ちくかん

ちっきょ【▼蟄居】〈名・する〉❶自分の家にとじこもって外にでないこと。❷江戸《えど》時代、武士に下された刑罰《けいばつ》の一つ。自宅に謹慎《きんしん》させた。例閉門蟄居。

チック〈名〉顔面などが慢性《まんせい》的にひくひくと動くけいれん。脳や神経の病変によるものと、精神的な原因によるものとがある。チック症《しょう》。◇tic

ちっこう【築港】〈名・する〉船の出入りや貨物のあげおろしに便利なように、港をつくること。ちくこう。

ちつじょ【秩序】〈名〉全体の順序やきまりが守られている、きちんとした状態。例秩序をみだす。社会の秩序。

ちっそ【窒素】〈名〉〔化学〕空気中の約七八《パーセント》をしめている、色もにおいもない気体。肥料や火薬の原料にする。元素の一つ。記号「N」。

ちっそく【窒息】〈名・する〉気管がつまるとか、酸素が不足するとかで、呼吸ができないこと。例窒息死。

囲み記事 30

「父」と「母」

(1)謙遜《けんそん》したことばとしての「父」「母」

自分の父親・母親を「父」「母」というときは、比較《ひかく》的あらたまった場面での謙遜したことばづかいになる。たとえば「きょうの父母会《ふぼかい》には父がまいります」「あす、母は家におりません」のように言う。「父」「母」は子どもが親によびかけるときには使えない。よびかけには「とうさん」「おとうさん」「かあさん」「おかあさん」がよく使われる。男の子は青年になるとよく「おやじ」「おやじさん」「おふくろ」「おふくろさん」などという。話している相手の親のことについては、相手が友だちであれば「おとうさん」「おかあさん」という。ていねいにいう場合は「おとうさま」「(お)父上《ちちうえ》」「おかあさま」「(お)母上《ははうえ》」「ご母堂《ぼどう》(様)」などが使われる。話しことばで、自分の父母のことを他人にいうとき「おとうさん」「おかあさん」というのは子どもの言いかたで、「父」「母」を使うのが正式である。

(2)説明することばとしての「父」「母」

第三者について「父」「母」というときは、尊敬の気持ちもへりくだった気持ちもなく、子どもの父親・母親という関係だけをあらわす。たとえば「詩人高村光太郎は、父光雲《こううん》から彫刻家《ちょうこくか》の資質をうけついだ」「坂本竜馬《りょうま》は子どものときに母を亡《な》くした」のようにいう。「父」「母」のかわりに「父親」「母親」といってもよい。

(3)「父」「母」を用いた表現

何かを最初に作りだした人物を「父」で表わす場合がある。たとえば、「民主主義の父、ジョージ=ワシントン」などで、「生みの親」として表現している。

「母」も、何かを生み出す存在ととらえていう「必要は発明の母」「母なる大地」のような表現がある。

ダ=ビンチ ⇨レオナルド=ダ=ヴィンチ

ちっと〈副〉❶「ちょっと」のくだけた言いかた。ちと。ちょいと。❷舌打ちをする音のようす。

ちっとも〈副〉(あとに打ち消しのことばをともなって)まったく…ない。くだけた言いかた。例ちっともおもしろくない。類すこしも。さっぱり。

ちっとやそっと〈副〉⇩ちょっとやそっと

チップ[1]〈名〉❶木材を細かく切ったもの。パルプの原料にする。❷ジャガイモなどを輪切りにして油で揚げたもの。❸ルーレットなどのかけごとで、お金の代わりに使うふだ。❹集積回路。集積回路を入れるケース。◇chip

チップ[2] ━〈名〉❶心づけのお金。例引っ越し業者にチップをはずむ。❷投げ銭《せん》。 ━〈名・する〉野球・ソフトボールで、ボールがバットをかすって、後方に飛んでファウルになること。◇tip

ちっぽけ〈形動〉とるにたらないほどとても小さい。俗《ぞく》な言いかた。例ちっぽけな家。

ちてい【地底】〈名〉地下のとても深いところ。例地底からのうめき声。

ちてき【知的】〈形動〉❶知識や論理的な判断といった頭脳のはたらきに関係がある。例知的な発達。知的労働。❷知識や知性がゆたかである。例知的な人。類理知的。理性的。

ちてきざいさんけん【知的財産権】〈名〉〔法律〕発明や著作など知的活動によって生み出された創造物について、独占することができる権利。著作権や特許権などがふくまれる。知的所有権。

ちてきしょうがい【知的障害】〈名〉知能の発達が遅れる障害。参考正式には、「知的能力障害」または「知的発達症《しょう》」という。

ちてん【地点】〈名〉土地・場所を、広さとは関係なく一点としてとらえることば。

ちと〈副〉⇩ちっと❶

ちどうせつ【地動説】〈名〉〔天文〕地球は、それ自身回りながら、太陽のまわりを回っているとする考えかた。一六世紀にコペルニクスがとなえ、ガリレオやケプラー、ニュートンなどによって明らかにされた。対天動説。参考ヨーロッパでは、それまで「天動説」といって、太陽や星が地球のまわりを回るのであって地球は動かない、という考えかたが宗教とむすびついてずっとつづいていたので、それまでの定説を一八〇度変更する正しい新見解のことを「コペルニクス的転回」という言いまわしができた。ガリレオが科学的な地動説を主張して、宗教上のさまざまな圧迫《あっぱく》にもかかわらず、「それでも地球は動く」と言ったとされる話は有名。

ちとせあめ【千▽歳あめ】〖千▽歳▼飴〗〈名〉七五三の祝いに食べる、紅白のしま模様のある棒の形をした飴。

ちどり【千鳥】〈名〉鳥の一種。背は褐色《かっしょく》で腹は白い。尾《お》がみじかく、足が長い。水べにむれをなしてすむ。種類が多い。

ちどりあし【千鳥足】〈名〉酒によった人が、左右によろめきながら歩く歩きかたを、チドリの歩きかたにたとえていったことば。

ちなまぐさ・い【血生臭い】〖血▼腥い〗〈形〉❶血のにおいがする。❷何人も人が殺され、おだやかでない。例血なまぐさい事件。

ちなみに〖▽因みに〗〈接〉話の本すじからははなれるが、関係がなくはないことを言うときに使うことば。類ついでながら。

ちな・む〖▽因む〗〈動五〉あることをもとにして関係をつける。例出身地にちなんだ芸名をつける。

ちにく【血肉】〈名〉⇩けつにく

ちにち【知日】〈名〉外国の人が、日本についてよく知っていること。例知日派。類親日。

ちぬ・る【血塗る】〖▼衂る〗〈動五〉人を切って、刀などが血でよごれる。

表現「血塗られた歴史」「血塗られた宝石(=うばい合う人が血を流した不吉な宝石)」のように、多くの血が流された凄惨《せいさん》なものごとについて、「血塗られた」の形で使うことが多い。

ちねつ【地熱】〈名〉地球の内部の熱。「じねつ」ともいう。例地熱発電。

ちのう【知能】〖▼智能〗〈名〉ものごとを見分けたり処理したりする頭のはたらき。知恵《ちえ》の程度。例知能が発達する。知能が高い。知能検査。類知恵。

ちのうしすう【知能指数】〈名〉知能の発達の程度をしめす目じるしとなる数。知能検査で測定した精神年齢《ねんれい》を、実際の生活年齢でわり、それを百倍したもの。標準は一〇〇。IQ《アイキュー》。

ちのうはん【知能犯】〈名〉詐欺《さぎ》や横領《おうりょう》など、頭をずるがしこく使った犯罪。そういう犯罪をおかした者。対強力《ごうりき》犯。

ちのけ【血の気】〈名〉❶心身が正常な状態にあるしるしとして、手足や顔などに、血のかよっているようす。例血の気がひく。血の気がうせる。血の気がもどる。❷心に受けた刺激《しげき》に、すぐ強く反応し、だまっていられなくなる傾向《けいこう》。例血の気が多い。類血気《けっき》。

チノパンツ〈名〉チノという、厚手でじょうぶな綾《あや》織りの綿《めん》の生地《きじ》を用いたズボン。多く「チノパン」と略す。参考日本での複合語。英語では chinos という。

ちのみご【乳飲み子】〈名〉まだ乳《ちち》しか飲まないような、おさない子ども。類乳児《にゅうじ》。赤子《あかご》。

ちのめぐり【血のめぐり】〖血の巡り〗〈名〉❶血液がからだの中をぐるぐるまわること。血液の循環《じゅんかん》。❷ものごとを理解したり判断したりする頭のはたらき。例血のめぐりがわるい。類頭の回転。

ちのり[1]【血のり】〖血▼糊〗〈名〉のりのように、べっとりした血。例血のりのついた刀。アチノリ

ちのり[2]【地の利】〈名〉その土地の位置や地勢がなにかをするのに有利な条件をそなえていること。例地の利をえる。地の利を生かす。アチノリ

ちはい【遅配】〈名・する〉お金や品物の支給、郵便物などの配達が、予定された日よりおそくなること。

ちばし・る【血走る】〈動五〉興奮したりむちゅうになったりして、目が赤くなる。例目を血走らせる。

ちばける(方言)ふざける。岡山で言う。

ちばなれ【乳離れ】〈名・する〉乳児が成長して乳《ちち》を飲まなくなり、ふつうの食べ物を食べるようになること。類離乳《りにゅう》。

表現親元から離れて自立することにもいう。注意「ちちばなれ」ということが多くなった。

ちばん【地番】〈名〉土地の一区画ごとにつけた番号。「〇丁目〇番地」など。不動産の登記などでいう。

ちび〈名〉❶からだが小さいこと。対のっぽ。❷年齢《ねんれい》の点でおさないこと。

表現一語で使うとよくない意味のことばになるが、「ちびっ子たちの夏休み」「おちびちゃん」のようにほかのことばと結びつくと、おさない者の愛称《あいしょう》として生きる。

ちびちび〈副〉それをおしむように少しずつ。例ちびちび

飲む。類ちびりちびり。

ちひつ【遅筆】〈名〉文章を書くのに時間がかかること。例遅筆の人。対速筆。

ちびっこ【ちびっ子】〈名〉おさない子ども。表現親しみをこめた言いかたとして使われることが多い。

ちひょう【地表】〈名〉大地の表面。類地面。地上。

ちびりちびり〈副〉一度にたくさんではなく、ほんの少しずつ。おもに酒の飲みかたについていう。

[1]**ちび・る**〈動五〉❶少しもらす。例おしっこをちびる。❷出し惜しみする。例寄付をちびる。類けちる。

[2]**ちびる（方言）** すり減る。おもに中国地方で言う。例鉛筆の芯《しん》がちびてるー。靴《くつ》の底がだいぶちびてきた。参考古語の残存。「▼禿びる」と漢字を当てて書かれることもある。

ちぶ【恥部】〈名〉❶男女の陰部《いんぶ》。類局部。❷人に見られたり知られたりするのがはずかしい、みにくい部分やはずべき点。例社会の恥部。

ちぶさ【乳房】〈名〉女性の胸の左右にある、乳《ちち》をだす器官。もり上がっていて、その先端《せんたん》に乳首《ちくび》がある。類おっぱい。バスト。乳。

チフス〈名〉感染症《かんせんしょう》の腸チフスとパラチフス、発疹《はっしん》チフスをまとめていう言いかた。ふつうには腸チフスをさす。「チブス」ともいう。◇オランダ typhus

ちへい【地平】〈名〉❶広大《こうだい》な大地。また、地平線。例地平のかなた。❷ものごとがいとなまれる状況《じょうきょう》を広く見わたしていうたとえ。例この分野の研究に新しい地平を切り開いた。

ちへいせん【地平線】〈名〉ながめの広びろとしたところで、一本の線のように大地と空とが接しているあたり。類水平線。

ちへど【血へど】〖血▽反吐〗〈名〉口からはいた血。胃からの出血による。例血へどをはいて苦しむ。表現「血へどの出るような猛《もう》訓練」のように、とてつもなく苦しい思いをすることにもいう。

ちほ【地歩】〈名〉他の人からみとめられるような、しっかりした地位や基盤。例地歩をきずく。類地盤《じばん》。

[1]**ちほう【地方】**〈名〉❶ある広い地域を漠然《ばくぜん》とさす言いかた。例海沿いの地方。雪の多い地方。❷〔地理〕日本で、いくつかの都道府県をまとめた地域区分。大きくは、北海道、東北、関東、中部、近畿、中国・四国、九州の七つ（または、中国と四国を分けて八つ）に分ける。例関東地方。近畿地方。❸都会からはなれた地域。例地方出身。地方色。類いなか。ローカル。❹「地方公共団体」のこと。例地方自治。地方分権。対中央。▽アチホー 参考「じかた」と読むのは別の語。

[2]**ちほう【痴▼呆】**〈名〉⇩にんちしょう アチホー

ちぼう【知謀】〖▼智謀〗〈名〉政治・経済・軍事などの各方面で作戦計画を立てる知恵。類知略。

ちほうこうきょうだんたい【地方公共団体】〈名〉国をいくつかの地域に分けた、自治行政を行なう単位。日本では、都道府県や市区町村のこと。

ちほうこうむいん【地方公務員】〈名〉地方公共団体につとめる公務員。→こっかこうむいん

ちほうさいばんしょ【地方裁判所】〈名〉〔法律〕高等裁判所の下位にある下級裁判所。都道府県にあり、ふつう、第一審《だいいっしん》の裁判を行なう。略して「地裁」ともいう。→さいばんしょ

ちほうし【地方紙】〈名〉ある地方の中だけで売られ読まれている新聞。対全国紙。参考対象地域がやや広いものを、とくに「ブロック紙」という。

ちほうじち【地方自治】〈名〉地方公共団体の行政を、その地域の住民の意思にもとづいて、自主的に行なうこと。

ちほうじちたい【地方自治体】〈名〉⇩ちほうこうきょうだんたい

ちほうしょく【地方色】〈名〉その地方の自然や風俗《ふうぞく》などから感じられる、独特のあじわい。例地方色ゆたかな祭り。類郷土色。ローカルカラー。

ちほうぜい【地方税】〈名〉地方公共団体が住民のために仕事をする資金として、その地域の住民から集める税金。対国税。

ちほうばん【地方版】〈名〉全国紙の紙面の中で、ある地方の読者のために、その地方の話題を特集してあるページ。ローカル版。

ちほうぶんけん【地方分権】〈名〉国の行政権をできるだけ多く、地方に分散すること。対中央集権。

チマ〈名〉朝鮮《ちょうせん》の女性が着る、胸からくるぶしまでの長さの、スカートのような民族服。上着のチョゴリとくみあわせて着る。◇朝鮮語から。

ちま・う〈補動五〉「…てしまう」の、やや乱暴な言いかた。例食べちまう。→じまう

ちまき〖▼粽・▼茅巻〗〈名〉米または米粉などをササの葉でほそくまいて、むしたもの。端午《たんご》の節句に食べる。

ちまた〖▼巷〗〈名〉ふつうの人々が生活している世の中。例ちまたの声。ちまたのうわさ。類巷間《こうかん》。世間《せけん》。表現「生死のちまたをさまよう」という言いかたでは、「ものごとの分かれめ」を意味し、「戦乱のちまたと化す」という言いかたでは、「あたり一帯の場所」を意味する。

ちまちま〈副・する〉こまかく小さくまとまっているようす。例ちまちました目鼻立ち。ちまちました文字。

ちまつり【血祭り】〈名〉本格的な戦いの前に、敵がたの者をたおして気勢をあげること。例血祭りにあげる。

ちまなこ【血眼】〈名〉興奮のために充血《じゅうけつ》した目。例血眼になって（＝むちゅうになって）さがしまわる。

ちまみれ【血まみれ】〖血▽塗れ〗〈名・形動〉全身血だらけになるようす。例血まみれになる。類血みどろ。血だるま。

ちまめ【血豆】〈名〉皮膚《ひふ》をはさんだりしたときに内出血によってできる、赤黒い豆のようなもの。

ちまよ・う【血迷う】〈動五〉のぼせてしまって、気がおかしくなる。類逆上する。

ちみ【地味】〈名〉土地がもっている、作物をそだてるちから。例地味が肥えている。類地力《ちりょく》。参考「じみ」と読むのは別のことば。

ちみち（血道）をあ（上）げる 道楽《どうらく》などに異様なほど夢中《むちゅう》になる。

ちみつ【緻密】〈形動〉❶こまかい部分にまで十分に注意がいきとどいて、全体としてすぐれている。例緻密な研究。類精密。綿密。❷こまかいものがすきまなくつまっている。例緻密な木目《もくめ》。

ちみどろ【血みどろ】〈形動〉全身血だらけ。例血みどろになる。血みどろの戦い。類血まみれ。血だるま。

ちみもうりょう〖▼魑魅▼魍▼魎〗〈名〉何ともわけのわからない妖怪変化《ようかいへんげ》たち。

[1]**ちめい【地名】**〈名〉土地につけられた名前。

[2]**ちめい【知名】**〈名〉ひろく名前が知られていること。例知名度。知名人《じん》。類有名。

 為永春水(ためながしゅんすい)（1790～1843） 江戸後期の人情本・読本作家。「春色梅児誉美(うめごよみ)」など。

[3]**ちめい【知命】**〈名〉五十歳《さい》のこと。参考『論語』の「五十にして天命を知る」から。孔子《こうし》が自己の使命をさとった年齢。↓囲み記事15(282ページ)

ちめいしょう【致命傷】〈名〉命とりのきず。決定的な打撃《だげき》。例致命傷をおう。致命傷をうける。
表現 ふたたび立ちあがることができないような大きな損害や失敗、という意味を表わすこともある。

ちめいてき【致命的】〈形動〉その欠点一つがすべての利点を打ち消して、全体をだめにしてしまう。例致命的な失敗。

ちめいど【知名度】〈名〉世の中に名前を知られている度合《あ》い。例知名度の高い候補者。類ネームバリュー。

ちもう【恥毛】〈名〉「陰毛」の俗《ぞく》っぽい言いかた。

常用漢字 ちゃ

【茶】艹部6 全9画 茶茶茶茶茶茶
チャ・サ 教小2 音❶[チャ] 茶色《ちゃいろ》。茶会《ちゃかい》。茶筒《ちゃづつ》。茶番劇《ちゃばんげき》。紅茶《こうちゃ》。抹茶《まっちゃ》。緑茶《りょくちゃ》。❷[サ] 茶菓《さか》。茶道《さどう》。茶話会《さわかい》。喫茶店《きっさてん》。

ちゃ【茶】一〈名〉❶ツバキ科の常緑低木。アジアで広く栽培《さいばい》され、葉を緑茶や紅茶にして飲む。秋に白い花をつける。↓ちゃどころ 参考 ❷⇩おちゃ ❸茶色。例茶のくつ。えび茶。こげ茶。二〈接尾〉お茶の名につけることば。例ほうじ茶。玄米茶。こぶ茶。(埼玉県の)狭山《さやま》茶。

チャージ 一〈名・する〉❶ラグビーで、ボールにむかってからだを投げかけるプレー。❷サッカーなどで、からだごとぶつかっていくようなはげしいプレー。❸ゴルフなどで、一気に攻勢に転じること。例猛《もう》チャージ(をかける)。❹充電《じゅうでん》。❺ICカードへの入金。二〈名〉ホテルやレストランでの料金。例ルームチャージ(=室料)。テーブルチャージ(=席料)。◇charge

チャーシュー〈名〉焼きぶた。例チャーシュー麺《めん》。◇中国語「叉焼」から。

チャーター〈名・する〉船やバス、飛行機などを特別にやとうこと。例チャーター便。類借りきり。◇charter

チャート〈名〉❶海図。地図。❷図表。例チャート式の参考書。❸「ヒットチャート」の略。ヒット曲などの人気番付《ばんづけ》表。例チャートインする。❹株価などの相場の値動きを図で示したもの。◇chart

チャーハン〈名〉中華《ちゅうか》料理の一つ。小さくきざんだ肉やたまご、野菜などをご飯といっしょにあぶらでいためて、味をつけたもの。焼きめし。◇中国語「炒飯」から。

チャーミング〈形動〉かわいらしくて魅力《みりょく》的な。例チャーミングな人。◇charming

チャームポイント〈名〉人の目をひきつける魅力的なところ。◇charm と point による日本での複合語。

チャイム〈名〉❶長さがちがう一組みのくだで構成された打楽器。❷すんだ打楽器的な音を出す装置。例チャイムを鳴らす。ドアチャイム。◇chime

ちゃいろ【茶色】〈名・形動〉かれ葉の色のような、黒みをおびた赤黄色。例葉が茶色にかわる。

ちゃ・う〈補動五〉「…てしまう」のくだけた言いかた。例食べちゃう。やめちゃう。↓じゃう

ちゃうけ【茶請け】〈名〉⇩おちゃうけ

ちゃかい【茶会】〈名〉客を招いて、抹茶《まっちゃ》や煎茶《せんちゃ》でもてなすもよおし。茶の湯の会。「さかい」ともいう。例茶会をもよおす。

ちゃがし【茶菓子】〈名〉お茶といっしょに食べる菓子。類茶うけ。

ちゃか・す〖茶化す〗〈動五〉まじめな話題をじょうだんのようにあつかって、からかったり、ごまかしたりする。

ちゃかっしょく【茶褐色】〈名〉やや黒みをおびた茶色。類とび色。

ちゃがま【茶釜】〈名〉茶道《さどう》で、茶をたてる湯をわかす釜。

ちゃがまる(方言) こわれる。四国で言う。

ちゃがら【茶殻】〈名〉お茶を入れたあとの出しがら。

ちゃき【茶器】〈名〉抹茶《まっちゃ》をたてたり、煎茶《せんちゃ》をいれたりするのに使う道具。

ちゃきちゃき〈名〉まじりけがないこと。例ちゃきちゃきの江戸《えど》っ子。類生粋《きっすい》。

ちゃきん【茶巾】〈名〉❶茶道《さどう》で、茶わんをふくのに使う布。❷「茶巾ずし」の略。

ちゃきんずし【茶巾ずし】〖茶巾▽寿司〗〈名〉五目ずしをうすい卵焼きで包んだもの。

常用漢字 ちゃく

【着】目部7 全12画 ※着着着着着着
チャク・ジャク きる・きせる・つく・つける 教小3 音❶[チャク] 着衣《ちゃくい》。着脱《ちゃくだつ》。着用《ちゃくよう》。着手《ちゃくしゅ》。着色料《ちゃくしょくりょう》。愛着《あいちゃく》。執着《しゅうちゃく》。土着《どちゃく》。到着《とうちゃく》。先着《せんちゃく》。❷[ジャク] 愛着《あいじゃく》。執着《しゅうじゃく》。訓❶[きる] 着る。着物。着付け。作業着。晴れ着。普段着。❷[きせる] 着せる。着せかえ。お仕着せ。❸[つく] 着く。たどり着く。船着き場。❹[つける] 着ける。

【嫡】女部11 全14画 嫡嫡嫡嫡嫡
チャク 音[チャク] 嫡子《ちゃくし》。嫡出《ちゃくしゅつ》。嫡流《ちゃくりゅう》。

ちゃく【着】一〈名〉その場所につくこと。到着。例午後三時東京着の新幹線で帰る。対発。二〈接尾〉❶洋服をかぞえることば。例スーツ三着。❷ゴールについた順番を表わすことば。例一着。三着まで日本新記録。類位。

ちゃくい【着衣】〈名〉❶着ている衣服。❷〈する〉衣服を着ること。対脱衣《だつい》。

[1]**ちゃくがん【着岸】**〈名・する〉船が岸につくこと。

[2]**ちゃくがん【着眼】**〈名・する〉自分の見方をきめて、ものを見ること。たいせつな目のつけどころ。例するどい着眼。着眼点(がいい)。類着目。着想。

[1]**ちゃくし【嫡子】**〈名〉❶その家の跡《あと》をつぐ子。類嫡男《ちゃくなん》。❷〔法律〕正式に結婚《けっこん》している夫婦《ふうふ》のあいだに生まれた子。嫡出子。対庶子《しょし》。

[2]**ちゃくし【嫡嗣】**〈名〉家をつぐべき、本妻の子。

ちゃくじつ【着実】〈形動〉おちついて一歩一歩確実にものごとをすすめている。例着実な仕事ぶり。着実に進歩する。類堅実《けんじつ》。地道《じみち》。手堅《てがた》い。

ちゃくしゅ【着手】〈名・する〉仕事や事業などにとりかかること。例研究に着手する。類手を染める。

ちゃくしゅつ【嫡出】〈名〉法的に正式な夫婦《ふうふ》のあいだに生まれること。例嫡出子。対庶出《しょしゅつ》。

ちゃくじゅん【着順】〈名〉到着した順番。到着順。

ちゃくしょく【着色】〈名・する〉ものに色をつけること。色のつきかた。例着色剤。対脱色《だっしょく》。

ちゃくしん【着信】〈名・する〉❶通信がとどいたこと。❷電話を受けること。▽対発信。類受信。

ちゃくすい【着水】〈名・する〉水上飛行機や鳥などが空中から水面におりること。例湖面に着水する。対離水《りすい》。

ちゃくせき【着席】〈名・する〉座席に腰《こし》をおろすこと。席につくこと。対起立。類着座。

ちゃくそう【着想】〈名・する〉ものごとを始める前に、まず、こんなことを、こんなふうにしようと思いつくこと。考えが発展する前の、その思いつき。類着眼。ひらめき。アイデア。

ちゃくだつ【着脱】〈名・する〉付属の装備などを、とりつけたりはずしたりすること。例タイヤチェーンの着脱。

ちゃくち【着地】〈名・する〉❶飛んでいるものが地面におりること。例パラシュートで着地する。類着陸。❷体操競技やスキーのジャンプなどで、とび上がった競技者が、床《ゆか》や雪面におりたつこと。例着地に成功する。

ちゃくちゃく【着着】〈副〉順をおってとどこおりなく。例仕事が着々とすすむ。対遅遅《ちち》。

ちゃくなん【嫡男】〈名〉正式に結婚《けっこん》している夫婦《ふうふ》のあいだに生まれた、その家をつぐべき長男。類嫡子。

ちゃくにん【着任】〈名・する〉新しい任地、または、新しい任務につくこと。対離任《りにん》。退任。類赴任《ふにん》。

ちゃくばらい【着払い】〈名〉❶配達される商品の代金を、商品が到着したときにしはらうこと。❷送料を、荷物を受け取るがわがしはらうこと。対発払い。類先払い。

ちゃくひょう【着氷】〈名・する〉❶水蒸気や水しぶきなどが、機体や船体にこおりつくこと。アイシング。❷スケートで、ジャンプをしたあとに氷の上におり立つこと。

ちゃくふく【着服】〈名・する〉❶他人に気づかれないようにして、お金や品物を自分のものにしてしまうこと。類横領。ねこばば。❷「着衣《ちゃくい》」の古い言いかた。

ちゃくぼう【着帽】〈名・する〉帽子をかぶること。かぶった状態。例着帽正面上半身の写真。対脱帽。

ちゃくもく【着目】〈名・する〉注意して見たい点をきめて、それをよく見ること。例この分野の成長性に着目していきたい。類着眼《ちゃくがん》。注目。

ちゃくよう【着用】〈名・する〉衣服や帽子《ぼうし》、装身具などを身につけること。例制服を着用のこと。

ちゃくりく【着陸】〈名・する〉飛行機が空から地上におりること。例着陸地。対離陸《りりく》。類着地。

ちゃくりゅう【嫡流】〈名〉一族の中で、中心となる系統。例源氏《げんじ》の嫡流。類直系。

チャコール〈名〉❶木炭。活性炭。例チャコールフィルター。❷木炭のような色。炭色。例チャコールグレー。◇charcoal

ちゃこし【茶こし】〖茶▼漉し〗〈名〉目のこまかいかなあみなどでつくった、お茶をこす器具。

ちゃさじ【茶さじ】〖茶▼匙〗〈名〉❶紅茶やコーヒーを飲むときに使う、小型のさじ。ティースプーン。❷抹茶《まっちゃ》をすくう、タケ製の細いさじ。茶杓《ちゃしゃく》。

ちゃしつ【茶室】〈名〉茶道《さどう》で、お茶をたてるために特別につくった部屋。

ちゃしぶ【茶渋】〈名〉お茶の成分が、茶わんやきゅうすにしみついたもの。例茶渋がつく。

ちゃじん【茶人】〈名〉❶茶道《さどう》にくわしい人。❷風流をこのむ人。▽「さじん」ともいう。

ちゃせき【茶席】〈名〉茶会をするための席。茶会。例茶席をもうける。

ちゃせん【茶せん】〖茶▼筅〗〈名〉抹茶《まっちゃ》をたてるとき、泡《あわ》をたてたり練ったりするのに用いる竹製の道具。

ちゃだい【茶代】〈名〉❶茶店《ちゃみせ》での代金。❷旅館で、客が料金のほかに、係の人にお礼としてあげるお金。例茶代をおく。類心づけ。チップ。

ちゃたく【茶▼托】〈名〉お茶を客にだすときなどに使う、茶わんをのせるさら。木や紙などでつくられている。

ちゃだんす【茶だんす】〖茶▼簞▼笥〗〈名〉お茶や茶道具、こまごまとした食器をしまっておく家具。

ちゃち〈形動〉いかにもやすっぽくて、いいかげんな感じだ。例ちゃちなつくり。ちゃちな考え。参考くだけた言いかたで、「ちゃ(っ)ちい」と形容詞にしていう。

ちゃちゃ【茶茶】〈名〉話の最中に、わきから言う、ひやかしや冗談《じょうだん》。例茶々を入れる。

ちゃっか【着火】〈名・する〉火をつけること。火がつくこと。例コンロに着火する。衣服に着火する。対消火。類点火。

ちゃっかり〈副・する〉ぬけめのないようす。

チャック〈名〉「ファスナー」の、日本の商標名。
表現洋服やかばんの口のとめ具を意味するほかに、「口にチャックをする」のような言いかたがある。

ちゃづけ【茶漬け】〈名〉ご飯にお茶をかけたもの。お茶漬け。例茶漬けをかきこむ。お茶漬けさらさら。

ちゃっこう【着工】〈名・する〉工事にとりかかること。対竣工《しゅんこう》。落成。類起工。

ちゃづつ【茶筒】〈名〉お茶の葉を入れておく筒型のいれもの。

チャット〈名〉インターネットを通じて、相手とその場でメッセージをやりとりし、文字で会話をすること。◇chat

ちゃつぼ【茶つぼ】〖茶▼壺〗〈名〉お茶の葉を保存するためのつぼ。

ちゃつみ【茶摘み】〈名〉お茶をつくるために、茶の木の芽や葉をつみとること。また、それをする人。

ちゃどう【茶道】〈名〉⇩さどう〔茶道〕

ちゃどころ【茶所】〈名〉茶葉の名産地。
参考京都の宇治茶、静岡茶、埼玉の狭山《さやま》茶、福岡の八女《やめ》茶などが、地域ブランド品としてとくに有名。

チャネル〈名〉⇩チャンネル②③

ちゃのま【茶の間】〈名〉家族がそろって食事をしたり、くつろいだりする部屋。類居間。
表現ふつうは和室についていう。「居間」は洋間にもいう。

ちゃのみともだち【茶飲み友達】〈名〉お茶を飲みながら世間話をするような、気楽な親しい友人。
参考老年男女の親しいつきあいに、よくいう。

ちゃのみばなし【茶飲み話】〈名〉お茶でも飲みながらかわされるような、親しい者どうしでする気楽な会話。例これは茶飲み話の話題にすぎない。類世間話。

ちゃのゆ【茶の湯】〈名〉お客をまねいて、作法にしたがってお茶をたててあじわうこと。類茶道《さどう》。

ちゃば【茶葉】〈名〉茶の葉。

ちゃばしら【茶柱】〈名〉番茶や煎茶《せんちゃ》を茶わんにつ いだとき、お茶の茎《くき》がたてにうかぶもの。
参考茶柱が立つと、だれかがたずねて来るとか、ちょっとうれしいことがあるなどという迷信《めいしん》がある。

ちゃぱつ【茶髪】〈名〉茶色にそめたかみの毛。俗《ぞく》っ

ち

 ダリ（1904～89）　スペインの画家。夢や幻覚を写実的に描く超現実主義的な独自の作風を完成。

ぽい言いかた。

ちゃばん【茶番】〈名〉その場をとりつくろうだけのためにもっともらしくやっている行動を、見くだしていうことば。茶番劇《げき》。[由来] 芝居の楽屋《がくや》で、お茶をくむ係だった役者の見習いが見せた、未熟な即興芸《そっきょうげい》のことから。

ちゃぶだい【ちゃぶ台】『▽卓▼袱台』〈名〉和室で食事に使う台。折りたためのできる短いあしがついている。[類] 食卓《しょくたく》。膳《ぜん》。

[表現] せっかく決まりかけていたものごとを急に覆《くつがえ》すことを、くだけた言いかたで、「ちゃぶ台をひっくり返す」「ちゃぶ台返《がえ》し」という。

チャペル〈名〉礼拝堂。◇chapel

ちゃぼ『▼矮▽鶏』〈名〉ニワトリを日本で改良した品種。小形で足がみじかい。飼い鳥とする。

ちゃぼうず【茶坊主】〈名〉室町《むろまち》・江戸《えど》時代、坊主《ぼうず》すがたで武家につかえ、茶の湯や接待を受けもった人。[参考] 職階にかかわりなく殿様のそば近くに寄れるので、「権力者にとり入る者」というイメージがつくられた。

ちやほや〈副・する〉さかんにおだてて、いい気にさせるようす。[例] ちやほや あまやかす。[類] もてはやす。

ちゃみせ【茶店】〈名〉客がこしをかけて、お茶を飲んだり菓子《かし》を食べたりして ひと休みする店。

ちゃめ【茶目】〈形動〉⇩おちゃめ

ちゃめし【茶飯】〈名〉❶茶を煮《に》だし、その汁《しる》でたき上げたご飯。❷しょうゆと酒とをまぜてたいたご飯。[類] さくらめし。

ちゃめっけ【茶目っ気】〈名〉むじゃきないたずらが好きそうな感じ。[例] 茶目っ気たっぷり。→おちゃめ

ちゃや【茶屋】〈名〉❶茶店。❷お茶の葉などを売る店。お茶屋さん。❸客に酒や食べものをだす店。❹すもうや芝居《しばい》で、客のために食べものをだしたり、いろいろのサービスをする店。[例] すもう茶屋。

ちゃら〈名〉❶貸し借りで、差し引きゼロ。[例] これでちゃらだね。❷いっさいなかったことにすること。とりけし。[例] あの話はちゃらにしよう。▽俗《ぞく》なことば。

ちゃらちゃら〈副・する〉❶小さい金属などが、ふれ合って音をたてるようす。❷たくさんの装身具をつけ、はでな服装でうわついたふるまいをするようす。

ちゃらんぽらん〈名・形動〉言ったりしたりすることがいつもいいかげんだ。[例] ちゃらんぽらんな男。

チャリティー〈名〉慈善《じぜん》。◇charity

チャルメラ〈名〉ラッパに似《に》た木管楽器。◇《ポルトガル》charamela [参考] ちんどん屋や、屋台のラーメン屋が客をよぶときに使うことが多い。

チャレンジ〈名・する〉❶挑戦《ちょうせん》。[例] チャレンジ精神。❷スポーツ、とくに球技で、ルールにもとづいて審判《しんぱん》の判定に抗議《こうぎ》し、ビデオ判定を待つこと。◇challenge

ちゃわかい【茶話会】〈名〉⇩さわかい

ちゃわん【茶わん】『茶▼碗』〈名〉お茶をついだり、ご飯を盛《も》ったりするうつわ。

[表現] ふだん使うものは一個二個と数える。特別な来客用は一客《いっきゃく》二客《にきゃく》、骨董《こっとう》品や美術品は一口《いっこう》二口《にこう》と数えることがある。

ちゃわんむし【茶わん蒸し】『茶▼碗蒸し』〈名〉茶わんの中に、とり肉やぎんなんなどの具と、味をつけただしじるでのばした卵じるをいれて、茶わんごとむした料理。

ちゃん〈接尾〉「さん」の親しみをこめた呼びかた。[例] おとうちゃん。花ちゃん。[参考] 江戸《えど》時代、庶民《しょみん》の男の子が父親を呼んだ「ちゃん」は、「おとっちゃん」から来たという。

ちゃんこなべ【ちゃんこ鍋】〈名〉力士がよく食べる料理。大なべにぶつ切りの魚や肉、野菜などを入れて水たきのようにしたもの。

チャンス〈名〉なにかをするのにちょうどいい機会。[例] チャンスをつかむ。チャンスをのがす。絶好のチャンス。[類] 好機。時機。ころあい。◇chance

ちゃんちゃらおかし・い〈形〉ばかばかしくて笑わずにいられない気持ちだ。相手をばかにしてせせら笑うようなときに使う。

ちゃんちゃんこ〈名〉綿入れの、そでなし羽織《はおり》。

ちゃんと〈副・する〉どこにも足りないところやまちがいがなく、しっかりとしているようす。おもに話しことばでつかう。[例] ちゃんとした会社。[類] きちんと。

チャンネル〈名〉❶テレビ局やラジオ局ごとに割りふられている、選局のための番号。[例] チャンネルを変える。❷経路のこと。多く「チャネル」という。[例] 非同盟《ひどうめい》国との交渉《こうしょう》チャネル。販売《はんばい》チャネルをインターネット上に広げる。❸〔地学〕水流や溶岩《ようがん》によってえぐられた、大規模《だいきぼ》な溝《みぞ》状の地形。多く「チャネル」という。◇channel

ちゃんばら〈名〉時代劇などで、刀で斬《き》り合う演技。「ちゃんちゃんばらばら」から。「チャンバラ」とも書く。[類] 剣劇《けんげき》。

チャンピオン〈名〉優勝者。選手権(=タイトル)保持者。[例] 世界チャンピオン。[類] 王者。女王。◇champion

[表現] タイトル数は一冠《いっかん》二冠《にかん》と数える。

ちゃんぽん〈名〉❶長崎名物のめん料理。白いスープで、魚介《ぎょかい》類・ぶた肉・野菜などがたっぷり入ったもの。❷いろいろまぜること。[例] ビールと日本酒をちゃんぽんにして飲む。[参考] 中国語から。かたかなでも書く。

ちゆ【治癒】〈名・する〉病気やけががよくなること。なおること。[類] いえる。回復。平癒《へいゆ》。

ちゆう【知友】〈名〉気ごころのよくわかった友人。[類] 知己《ちき》。親友。

常用漢字 **ちゅう**

【中】 ｜部3 全4画 中中中中

チュウ・ジュウ なか [教] 小1 [音] ❶[チュウ] 中央《ちゅうおう》。中心《ちゅうしん》。中級《ちゅうきゅう》。中毒《ちゅうどく》。胸中《きょうちゅう》。眼中《がんちゅう》。命中《めいちゅう》。上映中《じょうえいちゅう》。暗中模索《あんちゅうもさく》。❷[ジュウ] 世界中《せかいじゅう》。今日中《きょうじゅう》。家中《いえじゅう》。[訓] [なか] 中。中だるみ。中庭。中休み。中指。真ん中。

【仲】 亻部4 全6画 仲仲仲仲仲仲

チュウ なか [教] 小4 [音] [チュウ] 仲介《ちゅうかい》。仲裁《ちゅうさい》。伯仲《はくちゅう》。[訓] [なか] 仲。仲間。

[注意] 「仲人」は、「なこうど」と読む。

【虫(蟲)】 虫部0 全6画 虫虫虫虫虫虫

チュウ むし [教] 小1 [音] [チュウ] 虫害《ちゅうがい》。虫垂炎《ちゅうすいえん》。昆虫《こんちゅう》。害虫《がいちゅう》。幼虫《ようちゅう》。益虫《えきちゅう》。殺虫剤《さっちゅうざい》。[訓] [むし] 虫。虫食い。虫けら。虫の息。青虫。毛虫。泣き虫。弱虫。

達磨(だるま) 5〜6世紀ごろのインドの僧。6世紀初めごろ，海路，中国にやってきて禅宗を伝えた。

【沖】 氵部4 全7画 沖沖沖沖沖沖
チュウ おき 教小4 音［チュウ］ 沖天《ちゅうてん》。沖積《ちゅうせき》層《そう》。訓［おき］沖。沖合。

【宙】 宀部5 全8画 ※ 宙宙宙宙宙宙
チュウ 教小6 音［チュウ］ 宙返り。宇宙《うちゅう》。

【忠】 心部4 全8画 忠忠忠忠忠忠
チュウ 教小6 音［チュウ］ 忠告《ちゅうこく》。忠実《ちゅうじつ》。忠臣《ちゅうしん》。忠義《ちゅうぎ》。忠誠《ちゅうせい》。

【抽】 扌部5 全8画 ※ 抽抽抽抽抽抽
チュウ 音［チュウ］ 抽象《ちゅうしょう》。抽出《ちゅうしゅつ》。抽選《ちゅうせん》。

【注】 氵部5 全8画 ※ 注注注注注注
チュウ そそぐ 教小3 音［チュウ］ 注射《ちゅうしゃ》。注入《ちゅうにゅう》。注水《ちゅうすい》。注意《ちゅうい》。注視《ちゅうし》。注目《ちゅうもく》。注釈《ちゅうしゃく》。発注《はっちゅう》。脚注《きゃくちゅう》。訓［そそぐ］注ぐ。降り注ぐ。注ぎ口。

【昼(晝)】 日部5 全9画 昼昼昼昼昼
チュウ ひる 教小2 音［チュウ］ 昼夜《ちゅうや》。昼食《ちゅうしょく》。白昼《はくちゅう》。訓［ひる］昼。昼寝。昼時。真昼。

【柱】 木部5 全9画 ※ 柱柱柱柱柱
チュウ はしら 教小3 音［チュウ］ 支柱《しちゅう》。電柱《でんちゅう》。円柱《えんちゅう》。訓［はしら］柱。霜柱。茶柱。帆柱。大黒柱。

【衷】 衣部3 全9画 衷衷衷衷衷
チュウ 音［チュウ］ 衷心《ちゅうしん》。折衷《せっちゅう》。苦衷《くちゅう》。微衷《びちゅう》。

【酎】 酉部3 全10画 酎酎酎酎酎
チュウ 音［チュウ］ 酎《ちゅう》ハイ。焼酎《しょうちゅう》。

【鋳(鑄)】 金部7 全15画 鋳鋳鋳鋳鋳
チュウ いる 音［チュウ］ 鋳造《ちゅうぞう》。鋳鉄《ちゅうてつ》。改鋳《かいちゅう》。訓［いる］鋳る。鋳物。鋳型。

【駐】 馬部5 全15画 ※ 駐駐駐駐駐
チュウ 音［チュウ］ 駐車《ちゅうしゃ》。駐日大使《ちゅうにちたいし》。駐在所《ちゅうざいしょ》。常駐《じょうちゅう》。進駐《しんちゅう》。

ちゅう[1]【中】 一〈名〉中間のこと。例中の上《じょう》ぐらいの成績。ア チュー 二〈接頭〉中ぐらいという意味をつけくわえる。例中距離《きょり》列車。中規模。中レベル。三〈接尾〉その最中であることを表わす。例勉強中。ダイエット中。四〈造語〉❶「中学校」の略。例区立中。❷「中国」や「中国語」の略。例日中関係。中日辞典。

ちゅう[2]【忠】〈名〉主君をささえ、けっしてうらぎらない心。例忠をつくす。類忠義。忠誠。ア チュー

ちゅう[3]【宙】〈名〉❶地面からはなれたところ。例宙にまう。視線を宙に泳がせる。宙返り。類空中。虚空《こくう》。❷何も見ないで言えるようにおぼえていること。例宙で言う。▽類そら。ア チュー

宙に浮《う》く うまく解決することができず、ほうったままになっている。例開発計画が宙に浮いている。類宙ぶらりんになる。

ちゅう[4]【注】【▼註】〈名〉本文の語句などにつけて、意味や出典などを別に説明したもの。例注をつける。脚注《きゃくちゅう》。頭注。類注釈《ちゅうしゃく》。注解。注記。ア チュー

ぢゅう【中】〈接尾〉⇩じゅう〔中〕

ちゅうい【注意】〈名・する〉❶だいじなこと、かわったことを見のがさないように、心を集中すること。例細心の注意をはらう。注意力。注意散漫《さんまん》。取扱《とりあつかい》注意。不注意。類留意。❷危険な目にあったり、災難をうけないよう、気をつけること。例注意を喚起《かんき》する。落石注意。頭上注意。注意報。類用心。警戒《けいかい》。❸よくない点を見つけ、「それはよくない」「やめなさい」と言うこと。例生徒を注意する。注意をあたえる。注意をうける。厳重注意。類忠告。意見。たしなめる。

ちゅういほう【注意報】〈名〉〔気象〕大雨・強風・津波《つなみ》・洪水《こうずい》などによる災害の危険性があるとき、気象庁から発表される知らせ。「警報」よりは警戒《けいかい》度が低い。

ちゅういりょく【注意力】〈名〉一つのことに心を集中させる力。例注意力散漫《さんまん》。

チューインガム〈名〉飲みこまないで、かみつづけて味をたのしむ菓子《かし》。ゴムのような樹液やビニール樹脂《じゅし》にあまみやかおりをつけてつくる。「チューイングガム」とも、また、たんに「ガム」ともいう。◇chewing gum

ちゅうおう【中央】〈名〉❶ある広さをもつものの、まん中のあたり。例広場の中央。対周辺。類中心。❷国の政治や経済、文化などの主要な機関の集まっている地域。例中央政府。対地方。❸中心的なはたらきをするもの。例中央銀行。

ちゅうおうアジア【中央アジア】〈名〉ユーラシア大陸の中央部にある乾燥《かんそう》地帯。古くはシルクロードが通じ、ヨーロッパとアジアをつないだ。

ちゅうおうアメリカ【中央アメリカ】〈名〉南北両アメリカ大陸の中間の、カリブ海と太平洋にはさまれたせまい地域。メキシコの南の、グアテマラからパナマまでの七つの国がある。中米《ちゅうべい》。

ちゅうおうかんちょう【中央官庁】〈名〉国家行政の中心で、権限が全国におよぶ官庁。各省庁とその補助機関など。中央省庁。

ちゅうおうぎんこう【中央銀行】〈名〉国の金融の中心となる、政府の銀行。銀行券(=紙幣)の発行、一般《いっぱん》の銀行への融資《ゆうし》、通貨の安定のための金融政策などをおこなう。日本では、日本銀行のこと。

ちゅうおうこうち【中央高地】〈名〉〔地理〕中部地方のうち、内陸の山間地域。山梨・長野の二県と、岐阜県の北部。参考 (1)気象《きしょう》情報では、山梨・長野の二県を「甲信《こうしん》地方」という。(2)フランスなどにも、中央高地と呼ばれる地域がある。

ちゅうおうしゅうけん【中央集権】〈名〉政治上の権力を地方に分けないで、中央の政府に集中すること。対地方分権。

ちゅうおうろうどういいんかい【中央労働委員会】〈名〉厚生労働省の外局の一つ。複数の都道府県にまたがる労働争議の調整などを行なう。中労委。

ちゅうか【中華】〈名〉❶自分の国が世界の中心であり、もっとも文化のすすんだ国だとする考え。漢民族が自分の国(=中国)をさしていったことば。例中華思想。❷「中華料理」の略。

ダレイオス1世（前558ごろ～前486） アケメネス朝ペルシャの王。西アジアに大帝国をつくった。

[1]**ちゅうかい**【仲介】〈名・する〉人と人とのあいだに入って、話をとりついだり、まとめたりすること。[例]仲介業。[類]媒介《ばいかい》。とりつぎ。仲立ち。橋わたし。

[2]**ちゅうかい**【注解】【▼註解】〈名・する〉注を加え、解説すること。その注。[類]注釈《ちゅうしゃく》。

ちゅうがい【虫害】〈名〉害虫によって、農作物や山林のうける被害《ひがい》。

ちゅうがえり【宙返り】〈名・する〉❶ゆかや地面に手をつかずに、空中でからだを回転させること。[類]とんぼ返り。❷飛行機が、空中で垂直《すいちょく》方向に円をえがいてとぶこと。垂直旋回《せんかい》。

ちゅうかがい【中華街】〈名〉たくさんの中華料理店が集まっている地区。横浜・神戸《こうべ》南京町《なんきんまち》・長崎新地のものが大きい。[参考]よその国に移住した中国人がたくさん集まって住む「チャイナタウン」の訳語。

ちゅうかく【中核】〈名〉ものごとの中心になる、もっとも重要な部分。[例]グループの中核になる人。

ちゅうがく【中学】〈名〉⇩ちゅうがっこう

ちゅうかそば【中華そば】〈名〉「ラーメン」の古風な言いかた。

ちゅうがた【中型・中形】〈名〉❶[中型]同類のものの中で、形が中ぐらいであること。中ぐらいであるもの。[例]中型の台風。中型車。❷[中形]形が中ぐらいであること。中ぐらいのもの。

ちゅうがっこう【中学校】〈名〉小学校を卒業してからすすむ学校。三年間の義務教育を行なう。中学。

ちゅうかりょうり【中華料理】〈名〉中国で発達した料理。本格的なものとしては、四川《しせん》料理・広東《カントン》料理・北京《ペキン》料理、宮廷《きゅうてい》料理・海鮮《かいせん》料理など、地方別、種類別にさまざまなものがあり、大皿にもって各人が取り分けながら食べるのが特徴《とくちょう》。中国料理。

[1]**ちゅうかん**【中間】〈名〉❶二つのもののどちらにもかたよらないで、なかほどであること。[例]中間地点。❷ものごとの途中《とちゅう》であること。[例]中間試験。❸程度や性質などが、中ぐらいで、どちらにもかたよっていないこと。[例]両方の意見の中間をとる。中間色。

[2]**ちゅうかん**【昼間】〈名〉朝から夕がたまでのあいだ。太陽がでているあいだ。昼。[例]昼間人口。[対]夜間。[類]日中。昼間《ひるま》。

ちゅうかんかんりしょく【中間管理職】〈名〉管理職のうち、役員ではない、直接現場を管理する役職。部長・課長・係長など。

ちゅうかんし【中間子】〈名〉❶〔物理〕素粒子《そりゅうし》の一つ。電子などのかるい粒子と、陽子や中性子などのおもい粒子との、中間の質量をもつ。❷兄弟姉妹《きょうだいしまい》のうち、長子《ちょうし》と末子《まっし》のあいだに生まれた子。

ちゅうかんしょく【中間色】〈名〉❶彩度《さいど》の高い色(=純色)に、白または黒をまぜてつくった色。やわらかい感じの色。❷三原色以外、および白と黒以外の色。間色。[対]原色。

[1]**ちゅうき**【中気】〈名〉⇩ちゅうぶう [ア]チューキ

[2]**ちゅうき**【中期】〈名〉❶全期間を三つ(前期・中期・後期)に分けたときの、まんなかの期間。[例]平安中期。[類]中葉。❷長期と短期のあいだぐらいの期間。[例]中期計画。中期的(な見通し)。▽[ア]チューキ

[3]**ちゅうき**【注記】【▼註記】〈名・する〉「注」を書きしるすこと。注の説明の語句や文章。[ア]チューキ

ちゅうぎ【忠義】〈名〉国家や主君に、ひたすら忠実であろうとする態度。[対]不忠。[類]忠誠。忠節。

ちゅうぎだて【忠義立て】〈名・する〉忠義をつらぬくこと。忠義らしいふるまいをすること。[例]主人に忠義立てする。

ちゅうきゅう【中級】〈名〉人や物をクラス分けしたときの中くらいのクラス。[対]上級。下級。初級。

ちゅうきょう【中京】〈名〉名古屋。名古屋を中心とする地域。東の東京、西の京都に対していう。

ちゅうきょり【中距離】〈名〉❶二つの地点のへだたりが、あまり大きくも小さくもないこと。[例]中距離ミサイル。❷陸上競技で、八百メートルと千五百メートルの競走。

ちゅうきんとう【中近東】〈名〉「中東」と「近東」をまとめていう言いかた。

ちゅうくう【中空】〈名〉❶空中の高くも低くもないなかほど。なかぞら。[対]低空。高空。❷ものの内部がからっぽになっていること。[例]中空の容器。

ちゅうぐう【中宮】〈名〉平安時代、皇后《こうごう》の別称《べっしょう》。または、皇后につぐ后《きさき》。

ちゅうぐらい【中ぐらい】『中位』〈名・形動〉平均的であること。「ちゅうくらい」とも。[例]中ぐらいの高さ。

ちゅうけい【中継】〈名・する〉❶途中《とちゅう》でうけつぐこと。[例]中継点。[類]なかつぎ。リレー。❷「中継放送」の略。催《もよお》し物やスポーツ、事故などの現場のようすを放送局がなかつぎして放送すること。また、ある放送局の放送を、別の局がなかつぎして放送すること。[例]生《なま》中継。

[1]**ちゅうけん**【中堅】〈名〉❶団体や会社などの組織の中心となる働き手。[例]中堅幹部。中堅社員。[対]若手。❷野球で、「中堅手」の略。センター。

[2]**ちゅうけん**【忠犬】〈名〉飼《か》い主に忠実な犬。

[1]**ちゅうげん**【中元】〈名〉❶陰暦《いんれき》七月十五日。盂蘭盆《うらぼん》の日。❷⇩おちゅうげん

[2]**ちゅうげん**【中間】〈名〉むかし、武家につかえて雑用をした身分の低い男。

ちゅうげん(中原)にしか(鹿)をお(▽逐)う ❶帝王《ていおう》の位をえようとして、あらそいたたかう。中国の故事からでたことば。❷多くの人が、ある地位をえようとして、きそったりあらそったりする。

ちゅうげん(忠言)はみみ(耳)にさか(逆)らう 忠告のことばは、なかなかすなおに聞きいれられないものだ。[類]良薬は口に苦し。

[1]**ちゅうこ**【中古】〈名〉品物が、新品ではなくて、人が使ったものであること。ちゅうぶる。[例]中古品。中古車。[ア]チューコ →次項

[2]**ちゅうこ**【中古】〈名〉日本文学史・日本語史の時代区分で、上代(=奈良時代)のあとの時代。平安時代のこと。[ア]チューコ チューコ →前項

[1]**ちゅうこう**【中高】〈名〉中学校と高等学校。[例]中高生。中高一貫《いっかん》教育。[ア]チューコー

[2]**ちゅうこう**【中興】〈名〉だんだんにおとろえていったものを、ふたたびさかんにすること。[例]中興の英主。[ア]チューコー

ちゅうこうしょく【昼光色】〈名〉電球や蛍光灯の光の色の種類で、昼間の太陽光線に近い感じのもの。

ちゅうこうねん【中高年】〈名〉中年から、老年に入るまで。[類]熟年。

ちゅうこく【忠告】〈名・する〉ためになるようにと考え、その人のよくない点を言って聞かせること。[例]忠告をききいれる。[類]忠言。注意。意見。苦言。

ちゅうごく【中国】〈名〉❶アジア大陸東半分の主

要部を国土とする国。中華《ちゅうか》人民共和国。古くから東アジアの文明の中心地として栄え、日本に大きな影響《えいきょう》をあたえた。❷日本の地方名。本州の西南部。岡山・広島・山口・鳥取・島根の五県がふくまれる。東西にはしる中国山地の南を山陽地方、北を山陰《さんいん》地方という。中国地方。

ちゅうごくぶんめい【中国文明】〈名〉〔歴史〕中国の黄河《こうが》の中流域に発生した古代農耕文明。紀元前一五〇〇年ごろには殷《いん》がおこり、青銅器文化を発達させ、甲骨《こうこつ》文字が使用された。四大文明の一つ。黄河《こうが》文明。

ちゅうごし【中腰】〈名〉腰をのばしきらない、立ちかけた姿勢。例中腰になる。類および腰。

表現 類義の「および腰」がおもに比喩《ひゆ》的に使うのに対して、「中腰」は、実際の姿勢をいう。

ちゅうこしゃ【中古車】〈名〉ある程度使われ、すこし古くなった自動車。対新車。

ちゅうざ【中座】〈名・する〉会合の途中《とちゅう》で、席をたって、そこからぬけること。例会議を中座する。類退座。退席。

ちゅうさい【仲裁】〈名・する〉あらそっている両者のあいだに立って、言いぶんを聞くなどして、うまくあらそいをおさめること。例けんかの仲裁に入る。仲裁を買って出る。

参考 「調停《ちょうてい》」と意味が似《に》ているが、法律上、仲裁は拘束《こうそく》力をもち(=決定にしたがわなければならない)、調停はもたない(=決定を拒否《きょひ》できる)。

ちゅうざい【駐在】〈名〉❶〈する〉外交官や商社員が、ある土地に派遣《はけん》され、そこに長期間いること。多く、外国に行く場合にいう。例パリ駐在。駐在員。❷「駐在所」につとめる巡査《じゅんさ》。❸「駐在所」の略。

ちゅうざいしょ【駐在所】〈名〉本署から派遣《はけん》された巡査《じゅんさ》が、住みこみで、そのうけもちの地区の警備や事務処理にあたるところ。類派出所。交番。

ちゅうさん【昼▼餐】〈名〉「昼食」のあらたまった言いかた。午餐《ごさん》。

ちゅうさんかいきゅう【中産階級】〈名〉資本家階級と労働者階級の中間にあるさまざまな層。商売をしている人、小さな工場を経営している人、知識人など。類中間層。プチブル。小市民。中流。

1 **ちゅうし【中止】**〈名・する〉途中《とちゅう》まですすんでいたものごとを、終わりまでいかないうちにやめにすること。予定していたことを、する前にとりやめにすること。例運転を中止する。中止になる。中止にする。雨天中止。類中断。アチューシ →ちゅうだん表現

2 **ちゅうし【注視】**〈名・する〉気持ちを集中してじっと見つめること。類凝視《ぎょうし》。注目。アチューシ

ちゅうじ【中耳】〈名〉耳の一部で、「外耳」と「内耳」の間の部分。鼓膜《こまく》や耳小骨《じしょうこつ》があり、音を内耳につたえる。例中耳炎《ちゅうじえん》。

ちゅうじえん【中耳炎】〈名〉〔医学〕中耳におこる炎症《えんしょう》。病原菌《きん》の感染《かんせん》などによる。熱がでたり痛みや耳鳴りなどの症状がでる。

ちゅうじく【中軸】〈名〉❶ものの中心をつらぬく軸。❷ものごとの中心となるものや人。例中軸打者。類主軸。中枢《ちゅうすう》。

ちゅうじつ【忠実】〈形動〉❶上の立場の人に言われたとおりに、まじめにつとめをはたすようす。例忠実に働く。忠実な部下。類誠実。❷もとになるものと少しもちがわないようす。例忠実に写す。この映画は、原作に忠実に作ってある。

ちゅうしほう【中止法】〈名〉〔文法〕用言の連用形の用法の一つ。「よく学び、よく遊べ」のように、用言の連用形によって、文をいったん止めて後に続ける用法。連用中止法。

1 **ちゅうしゃ【注射】**〈名・する〉針《はり》をさして、くすりの液を人や動物の体内に注入すること。例注射をうつ。注射器。予防注射。

2 **ちゅうしゃ【駐車】**〈名・する〉自動車をとめて、その位置に置いておくこと。例駐車場。駐車禁止。

表現 法律的には、運転手が車をはなれたりして長時間そこに車を置いておくのが「駐車」で、信号を待つときや人が乗りおりしたり荷物をおろしたりするときに、短い時間車をとめておくのが「停車」。

ちゅうしゃく【注釈】【▼註釈】〈名・する〉本文をわかりやすくしたり、ふかく味わえるようにしたりするために、本文中の注意すべき語句や文章をとりあげて、その意味や用法、出典などを説明すること。例注釈をくわえる。注釈書。類注解。注。

ちゅうしゅう【中秋】〈名〉❶陰暦《いんれき》八月十五日のこと。❷陰暦で、秋のなかば。八月のこと。

参考 ①の夜の月は、「中秋の名月」「芋《いも》名月」などとよばれ、ススキやサトイモなどを供えて月をながめる。

表記 ②は、「仲秋」とも書く。

ちゅうしゅつ【抽出】〈名・する〉多くのものの中から、ある特定のものをぬきだすこと。例無作為《むさくい》に抽出する。エキスを抽出する。類析出《せきしゅつ》。

ちゅうしゅん【仲春】〈名〉陰暦《いんれき》で、春のなかば。二月のこと。

ちゅうじゅん【中旬】〈名〉ひと月を十日ずつ三つに分けたうちの中間の十日間。十一日から二十日までのあいだ。対上旬。下旬。

1 **ちゅうしょう【中称】**〈名〉〔文法〕指示語(こそあど)の分類の一つ。話し手からはややはなれていて、相手からは近い感じのものなどをさし示すことば。「それ」「そこ」「そちら」「その」「そんな」「そういう」など、「そ」で始まるのが特徴《とくちょう》。対近称。遠称。→こそあど

2 **ちゅうしょう【中傷】**〈名・する〉かってにでたらめな悪口を言って、人の名誉《めいよ》をきずつけること。例誹謗《ひぼう》中傷。類誹謗。讒言《ざんげん》。

3 **ちゅうしょう【抽象】**〈名〉❶〈する〉見たり聞いたりしてとらえた、いろいろなものの中から、共通する性質をぬきだすという頭のはたらき。たとえば、電車・自動車・飛行機・船などから「乗りもの」という共通性をぬきだすこと。対捨象《しゃしょう》。❷ものごとからその要素や性質をぬきだして、頭の中であらためてとらえなおしたもの。例抽象画。抽象論。抽象芸術。対具体。具象。

ちゅうじょう【衷情】〈名〉苦しい立場にある人の、真実の気持ち。例衷情をうったえる。類胸の内。

ちゅうしょうか【抽象化】〈名・する〉抽象的にすること。例人物像を抽象化する。対具体化。具象化。

ちゅうしょうきぎょう【中小企業】〈名〉資本金も従業員も多くなく、規模の小さい企業。対大企業。

ちゅうしょうきぎょうちょう【中小企業庁】〈名〉経済産業省の外局の一つ。中小企業の振興《しんこう》にかかわる仕事などをする。

ちゅうしょうてき【抽象的】〈形動〉❶いくつかのものごとについて、その共通点をぬきだして、ひとまとめにとら

 俵屋宗達(たわらやそうたつ) 17世紀前半，江戸初期の画家。大和絵の画風を受けつぎ，新しい装飾画を創始。

えている。例抽象的な考え。抽象的にとらえる。❷実際のことがらからはなれて、頭の中だけで考えたようだ。例話が抽象的でわからない。類観念的。概念《がいねん》的。▽対具体的。

ちゅうしょうめいし【抽象名詞】〔文法〕「心」「考え」のように、具体的なものでない、抽象的なことがらを表わす名詞。

ちゅうしょく【昼食】〈名〉ひるの食事。例昼食をとる。対朝食。夕食。類ひるめし。ひる。

1ちゅうしん【中心】〈名〉❶まんなかの部分。例中心を射ぬく。中心からそれる。町は駅を中心に東西にのびている。中心線。類中央。❷全体のまとめとなる、もっとも重要な部分。例中心になる。話の中心。街《まち》の中心。中心地。中心人物。類中軸《ちゅうじく》。中枢《ちゅうすう》。❸〔数学〕円周や球面のすべての点から等しい距離《きょり》にある点。

2ちゅうしん【注進】〈名・する〉事件がおこったときなどに、そのことをいそいで上の人に知らせること。例注進におよぶ。ご注進がある。

3ちゅうしん【衷心】〈名〉心のおくそこ。ほんとうの気持ち。例衷心より哀悼《あいとう》の意を表します。類衷情。

4ちゅうしん【忠臣】〈名〉主君のために身をささげてつかえるけらい。忠義な家臣。類義臣。

ちゅうしんじんぶつ【中心人物】〈名〉中心になって、ものごとをまとめたりすすめたりする人。

ちゅうしんち【中心地】〈名〉ある地域やものごとの中心になる場所。例町の中心地。文化の中心地。

1ちゅうすい【虫垂】〈名〉盲腸《もうちょう》の下についているほそい腸管。

2ちゅうすい【注水】〈名・する〉水をそそぎかけること。水をそそぎいれること。

ちゅうすいえん【虫垂炎】〈名〉虫垂の炎症《えんしょう》。右の下腹部にはげしい痛みがある。盲腸《もうちょう》炎。

ちゅうすう【中枢】〈名〉ものごとをうごかす中心となるだいじなもの。例社会の中枢。中枢神経。対末端《まったん》。類中心。中軸《ちゅうじく》。枢軸《すうじく》。

ちゅうすうしんけい【中枢神経】〈名〉からだじゅうにくまなくはしっている神経のもとになっている部分。脳髄《のうずい》と脊髄《せきずい》。対末梢《まっしょう》神経。

ちゅうすうぶ【中枢部】〈名〉中心となって、ものごとを動かしていく部分。例国家の中枢部。脳の中枢部。

1ちゅうせい【中世】〈名〉〔歴史〕時代区分の一つ。古代と近世のあいだの時代。日本では、鎌倉《かまくら》時代から戦国時代まで。西洋では、五世紀から一五世紀の中ごろまで。アチューセー

2ちゅうせい【中性】〈名〉❶〔化学〕酸性にもアルカリ性にもかたよらないこと。例中性洗剤《せんざい》。❷男なのに男らしくなく、女なのに女らしくないこと。例中性的。▽アチューセー

3ちゅうせい【中正】〈名・形動〉考えかたなどが極端《きょくたん》でなく、まともなこと。例中正な判断。穏健《おんけん》中正。類中庸《ちゅうよう》。中道。アチューセー

4ちゅうせい【忠誠】〈名・形動〉決してうらぎったりせず、上の人にまごころからつくすこと。例忠誠をちかう。忠誠をつくす。類忠義。忠節。アチューセー

ちゅうぜい【中背】〈名〉高くもなく低くもない背たけ。例中肉中背。

ちゅうせいし【中性子】〈名〉〔物理〕陽子《ようし》とともに原子核《かく》をつくっている粒子《りゅうし》。質量は陽子とほぼ同じであるが、電気をもっていない。

ちゅうせいせんざい【中性洗剤】〈名〉石油などをもちいて人工的に合成された洗剤。アルカリ性が弱く、肌荒《はだあ》れなどを起こさない。合成洗剤。

ちゅうせいだい【中生代】〈名〉〔地学〕地球の歴史で、今から約二億五千万年前から約六千六百万年前までのあいだ。恐竜《きょうりゅう》のような巨大《きょだい》な爬虫《はちゅう》類やアンモナイト、裸子《らし》植物がさかえ、鳥類の祖先も現れた。→ちしつじだい

ちゅうせきそう【沖積層】〈名〉〔地学〕❶地質年代のいちばん新しい時代に地上に積み重なって、地層のいちばん上にある、約一万年前から現代にいたる地層。完新《かんしん》層。❷河川の川下にたまった泥や砂、砂利《じゃり》など。

ちゅうせきへいや【沖積平野】〈名〉〔地学〕川や海の堆積《たいせき》作用でつくられ、現在でもその作用がつづいている、新しい平野。関東平野や大阪平野など。

ちゅうせつ【忠節】〈名〉どんな事態になっても、かわらず上の人にまごころからつかえる心をもちつづけること。例忠節をつくす。類忠誠。忠義。

ちゅうぜつ【中絶】〈名・する〉❶つづいてきたものごとが中途《ちゅうと》でとぎれること。とぎれさせること。例全集の刊行が(を)中絶する。類中断。❷妊娠《にんしん》中に、人工的に流産や早産をさせること。人工妊娠中絶。例子どもを中絶する。類堕胎《だたい》。

ちゅうせん【抽選・抽せん】〖抽▼籤〗〈名・する〉くじを引くこと。偶然《ぐうぜん》によってものごとをきめる方法。例抽選に当たる。トーナメント組み合わせ抽選会。類くじ引き。

表現「抽選で(もらえる)」の反対は、「もれなく」または「先着順に」。

ちゅうぞう【鋳造】〈名・する〉とかした金属を鋳型《いがた》に流しこんで、ものをつくること。対鍛造《たんぞう》。類鋳金《ちゅうきん》。鋳《い》る。

ちゅうそつ【中卒】〈名〉最終学歴として、中学校を卒業したこと。

チューター〈名〉❶個人指導の教師。❷研究会などの講師。◇tutor

1ちゅうたい【中退】〈名・する〉「中途《ちゅうと》退学」の略。学校を卒業せず、途中でやめること。類退学。退校。

2ちゅうたい【▼紐帯】〈名〉二つのものごとを結びつけるたいせつなもの。「じゅうたい」ともいう。

ちゅうだん【中断】〈名・する〉つづいているものごとが、中途《ちゅうと》でとだえること。中途でたちきること。例仕事が(を)中断する。類中止。中絶。

表現「中断」が実際に進行しているものごとについていうことばであるのに対して、「中止」は予定していたことをとりやめにするという意味でも使う。したがって、「予定を中止する」とは言えるが、「予定を中断する」とは言わない。

ちゅうちょ【▼躊▼躇】〈名・する〉心をきめかねて、ためらうこと。例一瞬《いっしゅん》返事を躊躇した。躊躇なく答える。類逡巡《しゅんじゅん》。

ちゅうちょうき【中長期】〈名〉中期から長期にわたる期間。

ちゅうづり【宙づり】〖宙▼吊り〗〈名〉空中につるされた状態。例宙づりになる。

ちゅうてつ【鋳鉄】〈名〉炭素を多く(＝一・七パーセント以上)ふくんだ鉄の合金。かたくて、はがねよりもろい。いものに使う。→こう〔鋼〕

1 **ちゅうてん【中天】**〈名〉空のまんなかあたり。例月が中天にかかる。類天心。アチューテン

2 **ちゅうてん【中点】**〈名〉〔数学〕線分や円弧《えんこ》の両はしから、ちょうどまんなかにある点。アチューテン

ちゅうと【中途】〈名〉❶どこかへむかってすすんでいる、中間のところ。例中途まで行ってひき返してきた。類途次。❷はじめたが、まだ終わっていない状態。例中途でやめる。中途退学。▽類途中。

1 **ちゅうとう【中東】**〈名〉アラビア半島からアフガニスタンにかけての地域。ヨーロッパを基準にして東がわにあるのでそうよんだもの。対近東。極東。

2 **ちゅうとう【中等】**〈名〉ものの品質やものごとの程度を上・中・下に分けたときの、まんなかの段階。例中等教育。類中級。参考一部の私立学校にある「中等部」「中等科」は、中学校のこと。

3 **ちゅうとう【柱頭】**〈名〉❶柱の上端。❷〔植物〕めしべの先端《せんたん》の、花粉がつきやすい形になっている部分。

ちゅうどう【中道】〈名〉❶かたよりがなく、ふつうであること。例中道をあゆむ。類中庸《ちゅうよう》。中正。❷とりかかった仕事の中途《ちゅうと》。例中道にしてたおれる。

ちゅうとうきょういく【中等教育】〈名〉中学校と高等学校での教育。

ちゅうどく【中毒】〈名・する〉からだにわるいものを飲んだり食べたり吸ったりしたために障害をおこすこと。例フグに中毒する。中毒をおこす。食中毒。一酸化炭素中毒。

参考「中」は、「あたる」こと。

表現「仕事中毒」「活字中毒」などというが、これは「麻薬《まやく》中毒」のような、そのものへの依存《いぞん》が強くなって、それがないと落ちつかない、それなしではいられない状態にたとえたもの。

ちゅうとはんぱ【中途半端】〈名・形動〉❶最後までやりとげていないこと。例中途半端な仕事。❷どっちつかずで、はっきりしないこと。例中途半端な態度。

ちゅうとろ【中トロ】〈名〉マグロの肉の、脂肪《しぼう》分がやや多めの部分。赤身と大とろのあいだ。

ちゅうとん【駐屯】〈名・する〉軍隊がある土地にしばらくとどまっていること。例駐屯地。類駐留。進駐。

チューナー〈名〉テレビやFM受信機の、電波の同調装置《そうち》。◇tuner

ちゅうなごん【中納言】〈名〉〔歴史〕太政官《だじょうかん》の次官。大納言につぐ位。→こうもん〔黄門〕

ちゅうなんべい【中南米】〈名〉中央アメリカと南アメリカ。類ラテンアメリカ。

ちゅうにかい【中二階】〈名〉一階と二階の中間の高さに、部分的な広さでつくったフロア。階下が見おろせるようにかべにそってつくったものや、各フロアより奥まったところにつくったものがある。

ちゅうにく【中肉】〈名〉❶人のからだつきが、太ってもやせてもいないようす。肉づきがほどよいこと。例中肉中背。❷品質が中ぐらいの食肉。類なみ肉。

ちゅうにくちゅうぜい【中肉中背】〈名〉身長も体重もおとなとして標準的な体型。

1 **ちゅうにち【中日】**〈名〉❶七日間つづく彼岸《ひがん》のまんなかの日。春分の日と秋分の日にあたる。例彼岸の中日。❷中国語と日本語。例中日辞典。▽ア①チューニチ ②チューニチ

参考「なかび」と読むのは別のことば。

2 **ちゅうにち【駐日】**〈名〉外国の外交官や商社員などが、仕事のために日本にとどまっていること。例駐日大使。アチューニチ

ちゅうにゅう【注入】〈名・する〉液体などをそそぎいれること。例試薬を注入する。

チューニング〈名・する〉❶ラジオ・テレビで、周波数を見聞きしたい放送局に合わせること。❷音楽で、楽器の音を同じ音程に正しく合わせること。類調律。調弦《ちょうげん》。◇tuning

ちゅうねん【中年】〈名〉四十歳《さい》前後の働きざかりのころ。類壮年《そうねん》。熟年《じゅくねん》。ミドル(エイジ)。

ちゅうは【中波】〈名〉〔物理〕周波数三〇〇〜三〇〇〇《キロヘルツ》の電波。ラジオ放送や海上通信に使われる。→でんぱ〔電波〕

ちゅうばいか【虫媒花】〈名〉花粉が昆虫《こんちゅう》によってめしべにはこばれて受粉する花をまとめていう呼び名。きれいな花弁や強いかおりをもって、虫をひきよせるものが多い。→ふうばいか・ちょうばいか・すいばいか

ちゅうばん【中盤】〈名〉❶碁《ご》や将棋《しょうぎ》の勝負、スポーツの試合、選挙戦などが、なかほどまですすんで、たたかいが本格的にくりひろげられる時期。例中盤戦。対序盤。終盤。❷サッカーなどで、試合場の中央部。

1 **ちゅうび【中火】**〈名〉料理で、中くらいの強さの火。

2 **ちゅうぶ【中部】**〈名〉❶ある地域の中央あたりのところ。❷〔地理〕本州中央部の地方名。静岡・愛知・岐阜・長野・山梨・新潟・富山・石川・福井の九県がふくまれる。北陸・中央高地・東海の三つの地域にさらに分かれる。参考気象《きしょう》情報では、三重県もふくまれる。

チューブ〈名〉❶管《かん》。くだ。❷歯みがきや絵の具、くすりなどをいれるための、ビニールや鉛《なまり》などでつくったつつがたの入れもの。❸空気がもれないように、タイヤの内がわにいれたゴム管。◇tube

ちゅうぶう【中風】〈名〉脳出血などによっておこるからだの麻痺《まひ》。中気《ちゅうき》。「ちゅうふう」ともいう。類卒中。

ちゅうふく【中腹】〈名〉山や丘《おか》で、ふもとから頂上までのあいだの、なかほど。例山の中腹。類山腹。

ちゅうぶらりん【宙ぶらりん・中ぶらりん】〈名・形動〉❶空中にぶらさがっていること。❷どちらともいえず、はっきりさせられない状態。例宙ぶらりんな立場。

ちゅうぶる【中古】〈名〉ある程度使用したが、まだ使えるもの。例中古の自転車。類中古《ちゅうこ》。

ちゅうべい【中米】〈名〉中央アメリカ。

ちゅうへん【中編】『中▼篇』〈名〉❶詩や小説、映画などで、作品の長さが中ぐらいのもの。例中編小説。対短編。長編。❷三つにわかれている作品の中で、二番めのもの。対前編。後編。

ちゅうぼう【▼厨房】〈名〉台所。調理場。

ちゅうみつ【▼稠密】〈形動〉ある広さのところに、こみあうほど多く集まっている。例人口稠密地帯。類密集。

ちゅうもく【注目】〈名・する〉そこに目を向けて、じっと見まもること。例今後の動向を(に)注目する。注目をあびる。注目にあたいする。注目のまと。類凝視《ぎょうし》。注視。

ちゅうもん【注文】『▼註文』〈名・する〉❶相手に対して、種類や数量、形や大きさ、ねだんなどを言って、品物をつくらせたりとどけさせたりすること。例注文をとる。注文をうける。注文が通っていなかった。コーヒーを注文する。類オーダー。特注。❷人になにかをしてもらったりさせたりするときに、条件や希望をつけること。例注文をつける。む

り な注文。

ちゅうもんずもう【注文相撲】〈名〉 相手に正面からぶつかっていかず、体を変化させる(=横に回りこむ)すもうの取り方。とくに横綱《よこづな》には似《に》つかわしくないことと見なされる。

ちゅうや【昼夜】 ■一〈名〉 ひるとよる。例昼夜をわかたず。昼夜の別なくはたらく。

■二〈副〉 ひるも よるも。いつも。例昼夜 はたらきどおしでは、からだをこわすのはむりもない。▽類日夜。

ちゅうやけんこう【昼夜兼行】〈名〉 ひるもよるも休まずに活動すること。例昼夜兼行でしあげる。昼夜兼行の工事。由来「兼行」のもとの意味は、二日分の行程を一日で行くこと。

ちゅうゆ【注油】〈名・する〉 道具や機械などに、油をさすこと。例ギアに注油する。

[1]ちゅうよう【中葉】〈名〉 ある時代のなかごろ。例五世紀中葉。対初葉。末葉。類中期。

[2]ちゅうよう【中庸】〈名・形動〉 対立するどちらにもかたよらないで、おだやかであること。例中庸をえる。中庸の人。類中道。中正。

ちゅうりつ【中立】〈名〉 ある特定の立場や国の、どちらにも味方したり反対したりしないこと。例中立の立場。中立を守る。

ちゅうりつこく【中立国】〈名〉 中立の立場をとっている国。例永世中立国。

チューリップ〈名〉 庭にうえる草花。多年草で、球根がある。春、葉のあいだからまっすぐのびた茎《くき》に、赤や黄などのつりがね形の花が上むきにさく。◇tulip

ちゅうりゃく【中略】〈名・する〉 引用文などで、途中《とちゅう》の部分を省略すること。対前略。後略。

[1]ちゅうりゅう【中流】〈名〉 ❶川の中間の部分。川の上流部分と下流部分とのあいだ。例中流域。❷川の両岸からのまんなか。例中流にこぎ出す。❸社会で、中ぐらいの生活をしている階層。例中流の家庭。対上流。下層。

[2]ちゅうりゅう【駐留】〈名・する〉 軍隊が外国の土地に一定の期間とどまること。例駐留軍。類駐屯《ちゅうとん》。進駐。

ちゅうりょく【注力】〈名・する〉 特別に力をそそぐこと。例人材の育成に注力する。注力分野。

ちゅうりん【駐輪】〈名・する〉 自転車やオートバイをとめておくこと。例駐輪場。駐輪禁止。

ちゅうわ【中和】〈名・する〉 ❶ことなる性質をもつものがとけあって、それぞれの特性をうしなうこと。❷〔化学〕酸性の物質とアルカリ性の物質とが反応して、どちらの性質をも しめさなくなること。

ちゅらさん(方言) 美しい。清らかな。沖縄《おきなわ》で言う。

ちよ【千代】〈名〉 千年。長い年月。例「君が代は千代に八千代《やちよ》に…」。類千歳《ちとせ》。

常用漢字 **ちょ**

【著(著)】 艹部8 全11画 著著著著

チョ あらわす・いちじるしい 教小6 音[チョ] ▨□著者《ちょしゃ》。著書《ちょしょ》。著作《ちょさく》。著述《ちょじゅつ》。著名《ちょめい》。□▨共著《きょうちょ》。名著《めいちょ》。顕著《けんちょ》。訓❶[あらわす] 著す。❷[いちじるしい] 著しい。著しさ。

【貯】 貝部5 全12画 貯貯貯貯貯

チョ 教小5 音[チョ] ▨□貯金《ちょきん》。貯蓄《ちょちく》。貯蔵《ちょぞう》。貯水池《ちょすいち》。

【緒】 ⇩常用漢字しょ〔緒〕

[1]ちょ【著】〈名〉 本を書いて世に出すこと。また、書かれた本。例西鶴《さいかく》の著。

[2]ちょ【緒】〈名〉 ⇩しょ〔緒〕

[3]ちょ(方言) …な。動詞の連用形につけて禁止の意味を表わす。山梨で言う。例スピード出しちょ(=出すな)。

チョイス〈名・する〉 選ぶこと。選択《せんたく》。◇choice

ちょいちょい〈副〉 ときどき。たびたび。ややくだけた言いかた。例コマーシャルにちょいちょい出てくる女の子だ。類ちょくちょく。ちょこちょこ。

ちょいと〈副〉 ❶⇩ちっと① ❷小さな物をつまみ上げたりするようす。

ちょいやく【ちょい役】〈名〉 「端役《はやく》」のくだけた言いかた。

常用漢字 **ちょう**

【丁】 一部1 全2画 丁丁

チョウ・テイ 教小3 音❶[チョウ] ▨□丁数《ちょうすう》。丁半《ちょうはん》。□▨落丁《らくちょう》。乱丁《らんちょう》。二丁目《にちょうめ》。❷[テイ] ▨□丁字路《ていじろ》。□▨甲乙丙丁《こうおつへいてい》。

【弔】 弓部1 全4画 弔弔弔弔

チョウ とむらう 音[チョウ] ▨□弔辞《ちょうじ》。弔電《ちょうでん》。弔問《ちょうもん》。□▨慶弔《けいちょう》。訓[とむらう] 弔う。弔い合戦。

【庁(廳)】 广部2 全5画 庁庁庁庁庁

チョウ 教小6 音[チョウ] ▨□庁舎《ちょうしゃ》。□▨官庁《かんちょう》。省庁《しょうちょう》。県庁《けんちょう》。気象庁《きしょうちょう》。

【兆】 儿部4 全6画 ※兆兆兆兆兆兆

チョウ きざす・きざし 教小4 音[チョウ] ▨□兆候《ちょうこう》。□▨前兆《ぜんちょう》。吉兆《きっちょう》。一兆円《いっちょうえん》。億兆《おくちょう》。訓❶[きざす] 兆す。❷[きざし] 兆し。

【町】 田部2 全7画 町町町町町町町

チョウ まち 教小1 音[チョウ] ▨□町会《ちょうかい》。町議会《ちょうぎかい》。町民《ちょうみん》。□▨市町村《しちょうそん》。訓[まち] 町。町外れ。町医者。町工場。

【長】 長部0 全8画 ※長長長長長

チョウ ながい 教小2 音[チョウ] ▨□長短《ちょうたん》。長髪《ちょうはつ》。長寿《ちょうじゅ》。長女《ちょうじょ》。長所《ちょうしょ》。長官《ちょうかん》。□▨延長《えんちょう》。身長《しんちょう》。成長《せいちょう》。社長《しゃちょう》。訓[ながい] 長い。長話。長患い。細長い。長さ。

【挑】 扌部6 全9画 ※挑挑挑挑挑

チョウ いどむ 音[チョウ] ▨□挑戦《ちょうせん》。挑発《ちょうはつ》。訓[いどむ] 挑む。

【帳】 巾部8 全11画 ※帳帳帳帳帳

チョウ 教小3 音[チョウ] ▨□帳簿《ちょうぼ》。帳面《ちょうめん》。□▨記帳《きちょう》。通帳《つうちょう》。手帳《てちょう》。几帳面《きちょうめん》。開帳《かいちょう》。注意「蚊帳」は、「かや」と読む。

チェンバレン (1869～1940) イギリスの政治家。首相。ミュンヘン会談でヒトラーの要求をのむ。

【張】 弓部8 全11画 ※張張張張張張
チョウ はる 教小5 音［チョウ］ ⬒張力《ちょうりょく》。⬓拡張《かくちょう》。伸張《しんちょう》。膨張《ぼうちょう》。緊張《きんちょう》。誇張《こちょう》。主張《しゅちょう》。 訓［はる］張る。突っ張る。欲張る。引っ張る。

【彫】 彡部8 全11画 彫彫彫彫彫彫
チョウ ほる 音［チョウ］ ⬒彫刻《ちょうこく》。彫金《ちょうきん》。彫塑《ちょうそ》。彫像《ちょうぞう》。⬓木彫《もくちょう》。 訓［ほる］彫る。木彫り。

【眺】 目部6 全11画 ※眺眺眺眺眺眺
チョウ ながめる 音［チョウ］ ⬒眺望《ちょうぼう》。 訓［ながめる］眺める。眺め。

【釣】 金部3 全11画 釣釣釣釣釣釣
チョウ つる 音［チョウ］ ⬒釣魚《ちょうぎょ》。釣果《ちょうか》。 訓［つる］釣る。釣り。釣り合い。釣り糸。釣り堀。海釣り。

【頂】 頁部2 全11画 頂頂頂頂頂頂
チョウ いただく・いただき 教小6 音［チョウ］ ⬒頂上《ちょうじょう》。頂点《ちょうてん》。頂戴《ちょうだい》。⬓絶頂《ぜっちょう》。山頂《さんちょう》。登頂《とうちょう》。仏頂面《ぶっちょうづら》。 訓❶［いただく］頂く。頂き物。押し頂く。❷［いただき］(山の)頂。

【鳥】 鳥部0 全11画 鳥鳥鳥鳥鳥鳥
チョウ とり 教小2 音［チョウ］ ⬒鳥類《ちょうるい》。鳥獣《ちょうじゅう》。鳥瞰図《ちょうかんず》。⬓白鳥《はくちょう》。野鳥《やちょう》。一石二鳥《いっせきにちょう》。 訓［とり］鳥。鳥目。小鳥。渡り鳥。閑古鳥《かんこどり》(が鳴く)。 注意 県名の「鳥取《とっとり》県」にも用いる。

【朝】 月部8 全12画 朝朝朝朝朝朝
チョウ あさ 教小2 音［チョウ］ ⬒朝刊《ちょうかん》。朝食《ちょうしょく》。朝礼《ちょうれい》。朝廷《ちょうてい》。⬓早朝《そうちょう》。明朝《みょうちょう》。平安朝《へいあんちょう》。 訓［あさ］朝。朝顔。朝日。朝寝坊。朝晩。朝飯前。毎朝。翌朝。 注意「今朝」は、「けさ」とも読む。

【貼】 貝部5 全12画 ※貼貼貼貼貼貼
チョウ はる 音［チョウ］ ⬒貼付《ちょうふ》。 訓［はる］貼る。

【超】 走部5 全12画 超超超超超超
チョウ こえる・こす 音［チョウ］ ⬒超越《ちょうえつ》。超過《ちょうか》。超音波《ちょうおんぱ》。超人《ちょうじん》。超満員《ちょうまんいん》。⬓入超《にゅうちょう》。 訓❶［こえる］超える。❷［こす］超す。

【腸】 月部9 全13画 腸腸腸腸腸腸
チョウ 教小6 音［チョウ］ ⬒腸炎《ちょうえん》。腸詰《ちょうづ》め。⬓大腸《だいちょう》。胃腸《いちょう》。盲腸《もうちょう》。

【跳】 足部6 全13画 ※跳跳跳跳跳跳
チョウ はねる・とぶ 音［チョウ］ ⬒跳躍《ちょうやく》。跳梁《ちょうりょう》。跳馬《ちょうば》。 訓❶［はねる］跳ねる。跳ね返す。飛び跳ねる。❷［とぶ］跳ぶ。跳び箱。縄跳び。走り高跳び。

【徴(徵)】 彳部11 全14画 ※徴徴徴徴徴徴
チョウ 音［チョウ］ ⬒徴収《ちょうしゅう》。徴兵《ちょうへい》。徴税《ちょうぜい》。徴候《ちょうこう》。⬓追徴金《ついちょうきん》。象徴《しょうちょう》。特徴《とくちょう》。

【嘲】 口部12 全15画 嘲嘲嘲嘲嘲嘲
チョウ あざける 音［チョウ］ ⬒嘲笑《ちょうしょう》。⬓自嘲《じちょう》。 訓［あざける］嘲る。嘲り。 表記「朝」のように、旁《つくり》の「月」の部分を「月」の形にして「嘲」とも書く。

【潮】 氵部12 全15画 潮潮潮潮潮潮
チョウ しお 教小6 音［チョウ］ ⬒潮流《ちょうりゅう》。⬓満潮《まんちょう》。干潮《かんちょう》。風潮《ふうちょう》。思潮《しちょう》。最高潮《さいこうちょう》。 訓［しお］潮。潮風。潮時。潮干狩り。上げ潮。引き潮。

【澄】 氵部12 全15画 ※澄澄澄澄澄澄
チョウ すむ・すます 音［チョウ］ ⬒澄明《ちょうめい》。⬓清澄《せいちょう》。 訓❶［すむ］澄む。上澄み。❷［すます］澄ます。澄まし顔。澄まし汁。

【調】 言部8 全15画 調調調調調調
チョウ しらべる・ととのう・ととのえる 教小3 音［チョウ］ ⬒調子《ちょうし》。調査《ちょうさ》。調和《ちょうわ》。調達《ちょうたつ》。下調べ。⬓協調《きょうちょう》。好調《こうちょう》。 訓❶［しらべる］調べる。下調べ。❷［ととのう］調う。❸［ととのえる］調える。

【聴(聽)】 耳部11 全17画 ※聴聴聴聴聴聴
チョウ きく 音［チョウ］ ⬒聴覚《ちょうかく》。聴診器《ちょうしんき》。聴衆《ちょうしゅう》。聴取《ちょうしゅ》。⬓補聴器《ほちょうき》。視聴者《しちょうしゃ》。傍聴席《ぼうちょうせき》。傾聴《けいちょう》。 訓［きく］聴く。

【懲(懲)】 心部14 全18画 ※懲懲懲懲懲懲
チョウ こりる・こらす・こらしめる 音［チョウ］ ⬒懲戒《ちょうかい》。懲罰《ちょうばつ》。懲役《ちょうえき》。勧善懲悪《かんぜんちょうあく》。 訓❶［こりる］懲りる。性懲《しょうこ》りもなく。❷［こらす］懲らす。❸［こらしめる］懲らしめる。

1 **ちょう【丁】** 一〈名〉さいころの偶数《ぐうすう》の目(二、四、六)。または、さいころの二つの目をたしたものが偶数になること。例 丁か半か。対 半。 二〈接尾〉豆腐《とうふ》・包丁・銃《じゅう》などをかぞえることば。 表記 二は ふつう「丁」と書くが、昔からのものは「▼挺」と書くこともある。

2 **ちょう【庁】**〈名・接尾〉役所のこと。例 気象庁。大阪市庁。

3 **ちょう【兆】**〈名〉数の単位。億《おく》の一万倍。 参考「兆」を一万倍すると「京《けい》」になる。

4 **ちょう【町】** 一〈名〉⇩まち(町)③ 二〈名・接尾〉❶尺貫《しゃっかん》法の長さの単位。一町は三六〇尺で、約一〇九メートル《メートル》。❷尺貫法の面積の単位。一町は一〇反《たん》で、三千歩《ぶ》。現在の約九九・二アール《アール》で、ほぼ一ヘクタール《ヘクタール》。 →ちょうぶ

5 **ちょう【長】** 一〈名〉❶集団や仲間のなかで中心となって、リードする人。例 一家の長。「長」のつく人(=管理職)。委員長。裁判長。編集長。看護師長《かんごしちょう》。❷すぐれていること。例 一日《いちじつ》の長。対 短。類 長所。 二〈接頭〉「ながい」という意味をつけくわえる。例 長時間。長期間。長距離《きょり》。対 短。

6 **ちょう【腸】**〈名〉消化器の一つ。胃につづく部分から肛門《こうもん》にいたるまでの部分。小腸と大腸にわかれ、栄養分や水分を消化したり吸収したりする。

7 **ちょう【▼蝶】**〈名〉鱗粉《りんぷん》でおおわれた四枚のうつくしい羽をもつ昆虫《こんちゅう》。春から秋にかけて ひらひらと飛び、花のみつをすう。とまるとき、羽をたてにあわせる。世界に一万

近松門左衛門(もんざえもん)(1653～1724) 江戸の浄瑠璃・歌舞伎作者。義理人情のからむ世話物に傑作が多い。

をこえる種類がいる。ちょうちょ。ちょうちょう。

蝶よ花《はな》よと 女の子をかわいいかわいいと大事に育てるようす。

8 **ちょう【朝】**〈造語〉「朝鮮」の略。例日朝貿易。

9 **ちょう【超】** ━〈接頭〉なみはずれたという意味をつけくわえる。例超満員の電車。超大作映画。━〈接尾〉超えることを表わす。例二メートル超の大男。

10 **ちょう【▼挺】**〈接尾〉手に持って使う、細長い物を数えることば。農業にもちいるくわ・すきや、鉄砲《てっぽう》、楽器の三味線《しゃみせん》のほか、古くは書道の墨にも使った。

ちょうあい【▼寵愛】〈名・する〉身分の高い人がかわいがること。例皇帝《こうてい》の寵愛を一身《いっしん》にうける。

ちょうあく【懲悪】〈名〉悪人をこらしめること。例勧善《かんぜん》懲悪。

1 **ちょうい【弔意】**〈名〉人の死を悲しみ、おしむ気持ち。例弔意を表わす。対祝意。

2 **ちょうい【弔慰】**〈名〉なくなった人をとむらい、遺族をなぐさめること。例弔慰金。類弔問。

3 **ちょうい【潮位】**〈名〉基準となるところからはかった海面の高さ。例満潮時の潮位。

ちょういん【調印】〈名・する〉条約や契約《けいやく》が成立したとき、その内容を書いた正式の文書に、その内容を認めたしるしとして、両方の代表者が署名して印をおすこと。

ちょうえき【懲役】〈名〉〔法律〕罪をおかした人を、刑務所《けいむしょ》に入れて労働させる刑罰《けいばつ》。対禁錮《きんこ》。

ちょうえつ【超越】〈名・する〉そこからぬけ出て、もっと高い立場にたつこと。例時代を超越する。世俗《せぞく》を超越する。利害を超越する。

1 **ちょうえん【長円】**〈名〉⇩だえん ア**チョーエン**

2 **ちょうえん【腸炎】**〈名〉細菌《さいきん》の感染《かんせん》や食べすぎなどでおこる腸の炎症《えんしょう》。腹痛・下痢《げり》・嘔吐《おうと》・発熱などがおこる。アチョーエン

ちょうえんビブリオ【腸炎ビブリオ】〈名〉食中毒をおこす細菌《さいきん》。魚や貝を食べて感染《かんせん》する。

1 **ちょうおん【長音】**〈名〉❶長くのばして発音する音《おん》。たとえば、「うる(売る)」と「ウール(＝羊毛)」とをくらべた場合、「ウール」の「ウー」の部分が長音である。❷⇩ちょうおんかい ▽対短音。ア**チョーオン**

2 **ちょうおん【調音】**〈名・する〉〔音楽〕❶⇩ちょうりつ〔調律〕❷楽器の音が壁《かべ》に当たって反響《はんきょう》する音を、聞きとりやすいようにととのえること。例調音パネル。類吸音《きゅうおん》。▽アチョーオン

ちょうおんかい【長音階】〈名〉〔音楽〕音階の一つ。第三音と第四音、第七音と第八音とのあいだが半音で、ほかは全音である音階。明るい感じがする。メジャー。対短音階。

ちょうおんそく【超音速】〈名〉飛行機などの速さが、音速(＝秒速約三四〇メートル)以上であること。参考音速を「マッハ一」という。「マッハ二」は音速の二倍の速さ。

ちょうおんぱ【超音波】〈名〉〔物理〕人間の耳には聞こえないほど速い振動《しんどう》数(＝二万ヘルツ以上)の音波。魚群探知や金属の検査、医療《いりょう》などに使われる。

ちょうおんふごう【長音符号】〈名〉長音を示す「ー」の符号。音引き。参考辞書・事典、教科書や図鑑《ずかん》の索引《さくいん》などで、外来語(カナカナ語)を五十音順にならべるとき、(1)「セーター→セエタア」のように長音符号を発音どおりの仮名《かな》と見なしてならべる方法と、(2)「セーター→セタ」のように長音符号をはぶいてならべる方法とがある。国語辞典や和英辞典の見出し語は、ふつう(1)の方法でならべてある。

1 **ちょうか【長歌】**〈名〉〔文学〕和歌の形式の一つ。五・七調の句を三つ以上ならべ、最後に七音の句をつけ加えてしめくくる。『万葉集』によくみられ、反歌があとにそえられることが多い。対短歌。ア**チョーカ**

2 **ちょうか【釣果】**〈名〉つりに行ってとれた魚。つりの成果。ア**チョーカ**

3 **ちょうか【超過】**〈名・する〉数量や時間が、きめられた限度をこえること。例時間を超過する。超過勤務。超過料金。ア**チョーカ**

1 **ちょうかい【町会】**〈名〉❶「町議会」の古い言いかた。現在でも、その通称《つうしょう》として使う。例町会議員。❷町内の親睦《しんぼく》をはかるために、いろいろなせわをする会。町内会。

2 **ちょうかい【朝会】**〈名〉朝の集まり。類朝礼。

3 **ちょうかい【懲戒】**〈名・する〉悪い行ないをとがめて、きびしくしかったり、罰《ばっ》をくわえたりすること。とくに、公務員がまじめに仕事をしなかったときの処分にいう。類懲罰《ちょうばつ》。参考公務員に関する法律では、懲戒処分は重い順に、「免職《めんしょく》・停職・減給・戒告」の四種類がさだめられており、これらのほかにも軽い処分として、「訓告」や「厳重《げんじゅう》注意」がある。

ちょうかく【聴覚】〈名〉五感の一つ。音を聞きわける感覚。例聴覚がするどい。聴覚をうしなう。

1 **ちょうかん【長官】**〈名〉官庁の役人で、最高の地位。その地位にある人。参考外務省・文部科学省など、「省」のつく官庁の場合は「大臣」といって「長官」とはいわない。「長官」は気象庁・文化庁など、「庁」のつく官庁にいう。

2 **ちょうかん【鳥▼瞰】**〈名・する〉鳥が見るように、高いところから地上や広い範囲《はんい》を見おろすこと。例鳥瞰図。類俯瞰《ふかん》。展望。

表現「人類誕生から現代までを鳥瞰する」のように、全体を広く見わたしてとらえることにもいう。

3 **ちょうかん【朝刊】**〈名〉毎日だされる新聞で、朝、発行されるもの。対夕刊。

ちょうかんず【鳥▼瞰図】〈名〉高いところから地上を見おろしたようにえがいた図。俯瞰《ふかん》図。

1 **ちょうき【弔旗】**〈名〉人の死をとむらう気持ちを表わすためにかかげる旗。黒い布をつけたり、旗を少し下げてかかげたりする。類半旗。

2 **ちょうき【長期】**〈名〉長い期間。例長期におよぶ。長期にわたる。長期戦。対短期。

ちょうきょう【調教】〈名・する〉ウマやイヌ、猛獣《もうじゅう》などを、目的に応じて訓練すること。例調教師。

ちょうきょり【長距離】〈名〉❶二つの地点のへだたりが大きいこと。例長距離電話。長距離トラック。類遠距離。❷陸上競技で、三千メートル以上の競走。例長距離ランナー。▽対短距離。

ちょうきん【彫金】〈名・する〉たがねで、金属に文字やものの形をほること。また、その技術。例彫金師。

ちょうく【長駆】〈名・する〉❶長い距離《きょり》を一気に走ること。例一塁《るい》から長駆ホームイン。❷馬で遠乗りすること。

1 **ちょうけい【長兄】**〈名〉年がいちばん上の兄。

2 **ちょうけい【長径】**〈名〉〔数学〕楕円《だえん》形で、いちばん長い部分の直径。対短径。

ちょうけし【帳消し】〈名〉ものごとを比べてみて、た

がいに差し引いて、なかったことにすること。例帳消しにする。類相殺《そうさい》。棒引き。由来もと、貸し借りの計算がすんだあとで、帳簿《ちょうぼ》からその部分の記入を消すこと。

ちょうけん【長剣】〈名〉長いつるぎ。対短剣。

ちょうげん【調弦】〈名・する〉〔音楽〕弦楽器の弦を、きめられた音の高さにあわせること。チューニング。類調律。

1 **ちょうこう**【兆候・徴候】〈名〉「なにかがおこりそうだ」「もうおこりつつある」ということを考えさせ、感じさせるうごき。例回復の兆候。類きざし。前兆。

2 **ちょうこう**【長考】〈名・する〉長い時間、考えること。例長考一番。

3 **ちょうこう**【朝貢】〈名・する〉〔歴史〕外国の使節がきて、朝廷《ちょうてい》にみつぎものをさし出すこと。

4 **ちょうこう**【聴講】〈名・する〉講義をきくこと。例聴講生。

ちょうごう【調合】〈名・する〉二種類以上の薬品をきまった割合でまぜあわせること。類調剤《ちょうざい》。配合。

ちょうこうぜつ【長広舌】〈名〉長長としゃべりたてること。例長広舌をふるう。

ちょうこうそう【超高層】〈名〉従来の高層建築よりもきわだって高いこと。例超高層ビル。

ちょうこうれいしゃかい【超高齢社会】〈名〉⇩こうれいかしゃかい参考

1 **ちょうこく**【彫刻】〈名・する〉木や石、金属などに文字や絵をほりこんだり、木や石などで立体的な像をつくったりすること。そうしてできた作品。

2 **ちょうこく**【超克】〈名・する〉困難をのりこえて、それにうちかつこと。類克服。

ちょうさ【調査】〈名・する〉ものごとの実情や実態、事実関係などを明らかにするために、広くいろいろなことを調べること。例調査団。世論調査。アンケート調査。類リサーチ。

ちょうざ【長座】〈名・する〉❶床《ゆか》に尻《しり》をつけ、両脚を前にのばした状態。例長座体前屈《たいぜんくつ》(=体力テストの一項目)。❷人の家などに長居《ながい》すること。

ちょうざい【調剤】〈名・する〉医師の指示によって薬をととのえること。例調剤薬局。類調合。

ちょうざめ【▼蝶▼鮫】〈名〉海水または淡水《たんすい》産の大形の魚。サメの仲間ではない。カスピ海のものが有名。卵を塩漬《づ》けしたキャビアは世界三大珍味の一つとされる。

ちょうさんぼし【朝三暮四】〈名〉❶目先のちがいにとらわれて、結局は同じであることがわからないこと。❷うそを言って、人をだましたり、ばかにしたりすること。由来サルに、木の実を、朝三つ、夕がた四つやると言ったら、朝にもらう分が少ないとおこったので、それでは朝四つ、夕がた三つやろうと言ったらよろこんだ、という中国の話からでたことば。

1 **ちょうし**【長子】〈名〉❶最初に生まれた子。長男または長女。対次子《じし》。末子《まっし・ばっし》。類第一子。❷長男。

2 **ちょうし**【長姉】〈名〉年がいちばん上の姉。対長兄《ちょうけい》。末妹《まつまい》。アチョーシ

▽類総領。アチョーシ

3 **ちょうし**【▼銚子】〈名〉❶酒をさかずきにつぐときに使う、長い柄《え》のついた道具。結婚《けっこん》式の三三九度のときなどに使う。❷酒を入れたとっくり。「お銚子」の形で、飲み屋などでいう。▽アチョーシ

4 **ちょうし**【調子】〈名〉❶〔音楽〕声や楽器の音の高低のぐあい。また、そのリズムやテンポ。例調子がくるう。調子を合わせる。調子がいい。調子はずれ。類音程。❷話しかたや文章から感じられる印象。話しぶりや書きぶり。例強い調子でものを言う。強い調子の文章。類口調《くちょう》。❸体や機械など、うごくもののぐあい。例調子がわるい。体の調子。機械の調子。調子をとりもどす。だいたい調子がわかってきた。どうもおなかの調子がよくない。❹ものごとがすすんでいくときの、いきおい。例調子がでる。調子にのる。調子づく。お調子者。▽アチョーシ

調子に乗《の》る することに勢《いきお》いがついてくる。勢いづいて軽率《けいそつ》にやりすぎる。

調子を合《あ》わせる 相手に合わせて、さからわないようにする。

1 **ちょうじ**【弔辞】〈名〉人の死をおしみ、かなしみの気持ちを表わした文章。対祝辞。類弔詞。弔文。悼辞《とうじ》。

2 **ちょうじ**【弔事】〈名〉人の死去、葬式などの不幸なできごと。対慶事《けいじ》。アチョージ

3 **ちょうじ**【▼寵児】〈名〉❶親やまわりの人から、とくにかわいがられて、たいせつにされている子。類愛児。秘蔵《ひぞ》っ子。❷多くの人の関心を集めて、おおいにもてはやされている人。例時代の寵児。類花形。▽アチョージ

ちょうしじゃ【聴視者】〈名〉テレビを聞いたり見たりする人。類視聴者。

ちょうしぜん【超自然】〈名〉りくつでは説明できないような、ふしぎなものごと。例超自然現象。類超常。

ちょうしづ・く【調子づく】〈動五〉❶調子が出てきて、勢いがよくなる。例仕事もだいぶ調子づいてきた。❷得意になってうわつく。例調子づいて、はめをはずす。

ちょうしはずれ【調子外れ】〈名・形動〉❶正しい音階からはずれること。類音痴《おんち》。❷集団で行動するときに、ひとりだけ他と調和しないこと。▽「ちょうしっぱずれ」ともいう。

ちょうしゃ【庁舎】〈名〉役所の建物。

ちょうじゃ【長者】〈名〉大金持ち。例長者番付。億万長者。類素封家《そほうか》。富豪《ふごう》。金満家。

ちょうしゅ【聴取】〈名・する〉❶なにかをしらべるために、意見や事情などをよく聞くこと。例事情聴取。❷ラジオを聞くこと。例聴取者。聴取率。

表現例のような形で用い、単独ではあまり使わない。

ちょうじゅ【長寿】〈名〉寿命《じゅみょう》が長いこと。例長寿をたもつ。長寿番組。不老長寿。対夭折《ようせつ》。短命。類長生き。長命。

1 **ちょうしゅう**【長州】〈名〉旧国名「長門《ながと》」(=いまの山口県西部)」の漢語ふうの名。アチョーシュー

2 **ちょうしゅう**【徴収】〈名・する〉税金や会費などを集めること。類取りたてる。アチョーシュー

3 **ちょうしゅう**【徴集】〈名・する〉必要な人や品物を、もれなく集めること。アチョーシュー

4 **ちょうしゅう**【聴衆】〈名〉音楽や講演、演説などをきくために集まった人々。アチョーシュー

ちょうじゅう【鳥獣】〈名〉鳥やけもの。例鳥獣保護法。鳥獣店。類禽獣《きんじゅう》。

1 **ちょうしょ**【長所】〈名〉人やものの、すぐれているところ。例長所がある。長所をのばす。長所をみなおす。対短所。欠点。類とりえ。美点。利点。強み。

2 **ちょうしょ**【調書】〈名〉とりしらべをした内容を書きしるした書類。例容疑者の調書をとる。

ちょうじょ【長女】〈名〉最初に生まれた女児《じょじ》。対

長男。

1 **ちょうしょう【嘲笑】**〈名・する〉人をばかにして笑うこと。類あざけり。あざ笑い。せせら笑い。冷笑。

1 **ちょうじょう【重畳】**一〈名・形動〉上へ上へといくつもかさなること。二〈形動〉よいことがかさなって、とてもうれしい。例重畳に存じます。▽アチョージョー

2 **ちょうじょう【頂上】**〈名〉❶山などのいちばん高いところ。例頂上をきわめる。類いただき。てっぺん。❷ものごとが発展したり、ひろがったりした結果、もうそれ以上にはすすみようがないという状態。▽類頂点。絶頂《ぜっちょう》。ピーク。アチョージョー

3 **ちょうじょう【超常】**〈造語〉心霊《しんれい》現象や超能力など、科学では説明がつかないこと。例超常現象。超常能力。超常的。類超自然。オカルト。

ちょうしょく【朝食】〈名〉朝の食事。例朝食をとる。対昼食。夕食。類朝飯《あさめし・あさはん》。

ちょうじり【帳尻】〈名〉あることについての収支の最後の計算。例帳尻が合う。

表現 途中《とちゅう》経過の中でいろいろあったが、最後は落ちつくべきところへ落ちついた、ということを「帳尻が合った」ということもある。むりして結果だけつくろうことを「帳尻を合わせる」ともいう。

ちょう・じる【長じる】〈動上一〉❶おとなになる。成長する。例長じるにおよんで、その才能はますます発揮された。類音楽の道に長じている。❷年上である。❸ものごとにすぐれる。例音楽の道に長じている。▽「ちょうずる」ともいう。

1 **ちょうしん【長身】**〈名〉❶背《せ》が高いこと。類長躯《ちょうく》。❷銃《じゅう》が長いこと。例長身の銃。▽対短身。

2 **ちょうしん【長針】**〈名〉時計の、ながい方の針。「何時何分」の「分」の方をしめす。対短針。類分針《ふんしん》。

3 **ちょうしん【聴診】**〈名・する〉医者が聴診器などを使って、患者《かんじゃ》の体内の呼吸の音や心臓の音をきいて、診察すること。類打診。

1 **ちょうじん【超人】**〈名〉ふつうの人間をはるかにこえた能力をもっている人。例超人的。類スーパーマン。

2 **ちょうじん【鳥人】**〈名〉飛行士や、スキーのジャンプ競技の選手など、空中を飛ぶ人を、鳥にたとえていう語。

ちょうしんき【聴診器】〈名〉診療《しんりょう》器具の一つ。医者が患者《かんじゃ》の胸や背中や腹部にあてて体内の音をききとり、体調を診断するために用いる。

ちょうしんせい【超新星】〈名〉❶〔天文〕星の進化の最終段階でおこる爆発《ばくはつ》によって、星が新星よりもはるかに明るくかがやく現象。❷俗《ぞく》に、芸能界などの大型新人のこと。▽→しんせい〔新星〕

ちょうじんてき【超人的】〈形動〉とうてい人間の力とは思えない力をもっている。例超人的な働き。

ちょうず【▽手▽水】〈名〉❶手を洗うのに使う水。てみず。例手水鉢《ばち》。❷「便所」の遠まわしな言いかた。例手水に立つ。▽古いことば。参考 神社で参拝《さんぱい》する前に手を清める場所は、「手水舎《てみずや・てみずしゃ》」と読む。

ちょう・する【徴する】〈動サ変〉❶確実なものとするために、照らしあわせる。例史実に徴して明らかである。❷もとめる。例意見を徴する。

ちょう・ずる【長ずる】〈動サ変〉⇩ちょうじる

1 **ちょうせい【調整】**〈名・する〉なおしたりととのえたりして、ものごとがよい状態になるようにすること。例調整をはかる。意見を調整する。微《び》調整。類調節。

表現 公共の場所の時計などが故障していることを示すために、「調整中」というはり紙をすることがある。

2 **ちょうせい【調製】**〈名・する〉注文やこのみに応じて、品物をこしらえること。例スカートを調製する。

ちょうぜい【徴税】〈名・する〉税金をとりたてること。対納税。

1 **ちょうせき【長石】**〈名〉岩石をつくっているおもな鉱物。色は白が多い。正長石や斜《しゃ》長石などの種類がある。陶磁器《とうじき》やガラスの原料となる。表記 理科の教科書などでは「チョウ石」と書かれることもある。

2 **ちょうせき【潮▼汐】**〈名〉海面の高さが、規則的に高くなったり、低くなったりすること。潮《しお》のみちひ。例潮汐運動。類干満。

ちょうせつ【調節】〈名・する〉ちょうどよいぐあいになるように、程度や位置、条件などをかえて、ととのえること。例温度を調節する。つまみを調節する。類コントロール。調整。加減。

ちょうぜつ【超絶】〈名・する〉人間わざとは思えないほど、高度であること。例超絶技巧《ぎこう》のピアノ演奏。

1 **ちょうせん【挑戦】**〈名・する〉強い相手や困難なものごとに、勇気をだして たちむかうこと。例記録に 挑戦する。挑戦者。挑戦的。類いどむ。チャレンジ。アタック。トライ。アチョーセン

2 **ちょうせん【朝鮮】**〈名〉❶「朝鮮半島」の略。❷朝鮮民主主義人民共和国と大韓民国《だいかんみんこく》をまとめていうことば。▽アチョーセン

ちょうぜん【超然】〈副・連体〉ふつうの人が気にするようなことをまったく気にしない。例超然と世を見くだす。ひとり超然としている。超然たる態度。

ちょうせんせんそう【朝鮮戦争】〈名〉一九五〇年、北緯《ほくい》三八度線を境に、建国したばかりの北朝鮮と韓国《かんこく》の間で、朝鮮半島の主権をめぐっておこった戦争。北朝鮮が三八度線をこえて侵攻《しんこう》したのをきっかけに、アメリカを中心とした国連軍が韓国がわに、中国軍が北朝鮮がわに加わり、旧ソ連が北朝鮮に武器などを援助して、アメリカとソ連の代理戦争のようになった。一九五三年に休戦したが、いまだに平和条約は結ばれていない。

ちょうせんてき【挑戦的】〈形動〉戦いをいどもうとするようす。例挑戦的な目つき。類挑発的。

ちょうせんにんじん【朝鮮人▽参】〈名〉多年草の一つ。中国・朝鮮の原産で、日本でも栽培《さいばい》する。根をせんじて強壮剤《きょうそうざい》にする。高麗《こうらい》人参。

ちょうそ【彫塑】〈名〉❶彫像と塑像。❷彫刻の原型となる塑像。

ちょうぞう【彫像】〈名〉木や石、金属などにほった人や動物などの像。

ちょうそく(長足)のしんぽ(進歩) 短期間にものすごく上達すること。例長足の進歩をとげる。

1 **ちょうだ【長蛇】**〈名〉大きなヘビのように長くつながっているもの。例えんえん長蛇の列。

長蛇を逸《いっ》する 大きなえものやチャンスをのがす。

2 **ちょうだ【長打】**〈名・する〉野球で、二塁打《るいだ》以上のヒットを打つこと。また、二塁打、三塁打、本塁打。例一発長打がある。長打力。対短打。類ロングヒット。

1 **ちょうだい【頂戴】**一〈名・する〉目上の人からあたえられるものを、ありがたくいただくこと。また、「もらう」や「食べる」をていねいにいうときにも使う。例けっこうなものを頂戴しました。もうじゅうぶん頂戴しました。二〈動・補動〉「ください」という意味のくだけた言いかた。「くれ」よりていねい。例おやつ、ちょうだい。ちょっと来てち

2ちょうだい【長大】〈形動〉長くて大きい。背が高く大きい。例長大な物語。図ちょうだい。

ちょうたく【彫▼琢】〈名・する〉文章や詩などを作るとき、何度もねりなおすこと。

ちょうたつ【調達】〈名・する〉必要なものをなんとかしてとりそろえること。例資金を調達する。類工面《くめん》。

ちょうたん【長短】〈名〉❶ながいことと、みじかいこと。例長短を測る。❷長所と短所。

ちょうたんぱ【超短波】〈名〉〔物理〕波長が一〜一〇《メートル》(=周波数三〇〜三〇〇《メガヘルツ》)の電波。テレビやFM放送、トランシーバーなどで使う。→でんぱ〔電波〕

ちょうチフス【腸チフス】〈名〉チフス菌《きん》が腸へ感染しておこる病気。高熱や頭痛、下痢《げり》や発疹《はっしん》などの症状《しょうじょう》がでる。

ちょうちゃく【▽打▼擲】〈名・する〉人をぶったり、たたいたりすること。古いことば。類殴打《おうだ》。

ちょうちょ【▼蝶▼蝶】〈名〉ちょう。ちょうちょう。

ちょうちょう【長調】〈名〉〔音楽〕長音階でつくられている曲の調子。明るい感じがする。音階の第一番めの音名をもとにして、ハ長調、ヘ長調などとよばれる。メジャー。対短調。

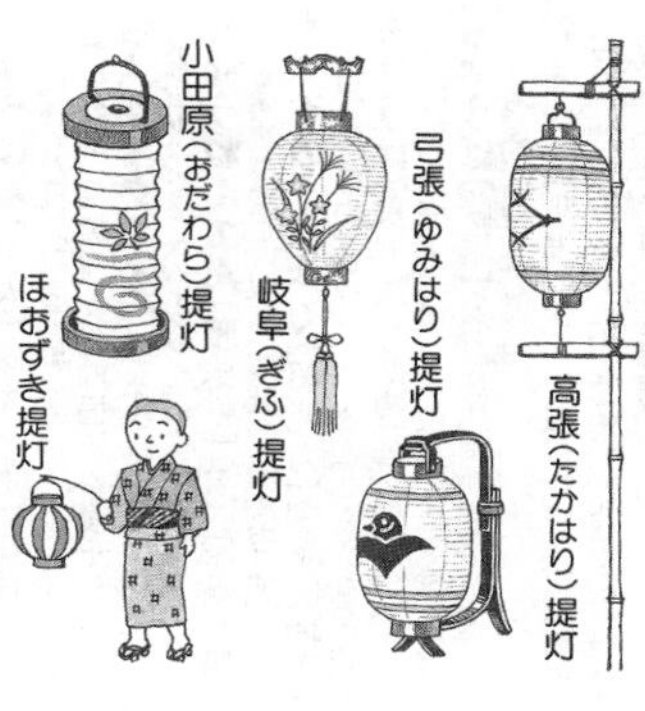

[ちょうちん]

ちょうちょうはっし【丁丁発止】〈副〉❶刀と刀ではげしく戦う音やようす。❷激しい議論をかわすようす。例丁々発止の論戦。

ちょうちん【『▽提▽灯』】〈名〉むかしの照明具の一つ。折りたたみができる。ほそく割ったタケでかたちをつくり、まわりに紙をはって、中にろうそくをともす。絵 表現一張《ひとはり》二張《ふたはり》と数える。

提灯に釣《つ》り鐘《がね》 形は似《に》ていても、大きさや重さがまるでちがうことから、二つのもののあいだに大きなちがいがあって、まったくつりあわないこと。類月とすっぽん。雲泥《うんでい》の差。

提灯を持《も》つ たのまれもしないのに、他人のごきげんをとって、その人の宣伝をする。類お先棒をかつぐ。

ちょうちんもち【ちょうちん持ち】【『▽提▽灯持ち』】〈名〉人の手先になって宣伝してまわること。あざけった言いかた。

ちょうつがい【『▼蝶▽番い』】〈名〉開き戸やふたなどを、あけしめできるようにするための金具。一本の軸《じく》を中心にして二枚の板が回転するようになっている。絵 表現かたち・はたらきが似ているので、体の関節《かんせつ》や、二枚貝の殻《から》のつなぎ目にもいう。

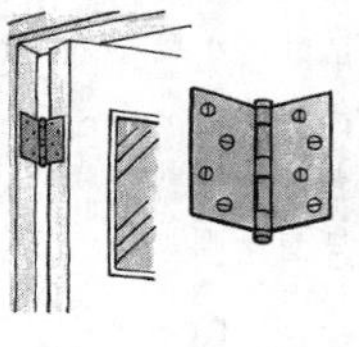
[ちょうつがい]

ちょうづめ【腸詰め】〈名〉「ソーセージ」のこと。

ちょうづら【帳面】〈名〉帳面《ちょうめん》に書かれていることがらや数字。例帳づらをあわせる。

1ちょうてい【朝廷】〈名〉〔歴史〕天皇が政治を行なうところ。天皇を中心とする政府や政権。

2ちょうてい【調停】〈名・する〉〔法律〕対立する両者のあいだに入って、おたがいが納得《なっとく》できるような和解案を示すこと。例紛争《ふんそう》を調停する。調停に付す。類仲裁《ちゅうさい》。→ちゅうさい 参考

ちょうていきょくほ【長▼汀曲▽浦】〈名〉はるかにつづく、景色のよい浜辺。「長く続くなぎさと、曲がりくねった浜辺」という意味。

ちょうてき【朝敵】〈名〉朝廷《ちょうてい》に敵対する者。

ちょうてん【頂点】〈名〉❶〔数学〕角《かく》をつくる二つの直線の交わる点や、多面体の三つ以上の面の交点。❷山のいちばん高いところ。絶頂《ぜっちょう》。ピーク。❸ものごとのいきおいが、いちばんさかんなとき。例頂点をきわめる。国民のいかりが頂点に達する。類絶頂《ぜっちょう》。ピーク。

ちょうでん【弔電】〈名〉人の死をかなしむ気持ちをつたえる電報。対祝電。

ちょうでんどう【超伝導・超電導】〈名〉〔物理〕ある種の金属・合金を、きわめて低い温度にすると、電気が抵抗《ていこう》を受けずに流れるようになる現象。

ちょうと【長途】〈名〉長い道のり。例長途の旅につく。類遠路。

1ちょうど【調度】〈名〉ふだん、家の中での生活につかう道具や設備。類家具。什器《じゅうき》。アチョード

2ちょうど【『丁度』】〈副〉数量や大きさ、時刻などが、ある目的や基準にぴったり合っているようす。例この服はきみにちょうど合っている。いま、ちょうど三時だ。類ぴったり。きっかり。ちょっきり。ジャスト。アチョード

ちょうどうけん【聴導犬】〈名〉聴覚障害をもつ人につきそい、助けるよう訓練されたイヌ。類盲導犬《もうどうけん》。

ちょうとうは【超党派】〈名〉各政党がそれぞれの主張や主義を一時たな上げして協力しあうこと。例超党派で困難にあたる。

ちょうどきゅう【超▼弩級】〈名〉並はずれて規模が大きいこと。「超ド級」とも書く。例超弩級の戦艦《せんかん》。参考「弩」は、イギリス製の大型戦艦ドレッドノートの「ド」の当て字で、それをこえるほどの大きさという意味。

ちょうとっきゅう【超特急】〈名〉特急よりもさらに速い列車。類新幹線。→とっきゅう〔特急〕表現

ちょうな【『▽手▼斧』】〈名〉丸い木材をあらく削《けず》るときに使う道具。→ておの②。表現ふつう一挺《いっちょう》二挺《にちょう》と数えるが、一本二本も使う。参考「ちょうな」という語形は、「ておの」の変化。

ちょうない【町内】〈名〉町の中。例町内会。

ちょうなん【長男】〈名〉最初に生まれた男児《だんじ》。対長女。類長子《ちょうし》。総領《そうりょう》。

 チャイコフスキー(1840〜93) ロシアの作曲家。交響曲「悲愴」，バレエ音楽「白鳥の湖」など。

ちょうにん【町人】〈名〉〔歴史〕江戸《えど》時代、都市に住んだ商工業者(=職人や商人)。農民の下の身分におかれたが、経済的、文化的には力をもっていた。

ちょうネクタイ『▼蝶ネクタイ』〈名〉むすんだ形がチョウのようになるネクタイ。ボウタイ。

ちょうねんてん【腸捻転】〈名〉〔医学〕腸がねじれる病気。はげしい腹痛、嘔吐《おうと》などをおこす。

ちょうのうりょく【超能力】〈名〉人間をこえた不思議な能力。透視《とうし》・未来予知・念力などの能力。

1 **ちょうは【長波】**〈名〉〔物理〕周波数三〜三〇〇キロヘルツの電波。海上通信などに使う。→でんぱ〔電波〕

1 **ちょうば【帳場】**〈名〉商店や旅館などで、会計をするところ。類 勘定《かんじょう》場。

2 **ちょうば【跳馬】**〈名〉器械体操の競技種目の一つ。ウマの背のかたちをした台を手をついてとびこし、フォームの美しさや とんだ距離《きょり》をきそう。

ちょうばいか【鳥媒花】〈名〉花粉が鳥によってめしべにはこばれて受粉する花。ツバキ・ビワ・サザンカなど。↓ちゅうばいか・ふうばいか・すいばいか

1 **ちょうはつ【長髪】**〈名〉切らずに長くのばしたかみの毛。ロングヘア。対 短髪。

2 **ちょうはつ【挑発】**『挑▼撥』〈名・する〉たくみに刺激《げき》して、相手の方から事件や紛争《ふんそう》、また、欲情などをおこしてくるようにしむけること。例 挑発にのる。挑発的。挑発行為《こうい》。

3 **ちょうはつ【徴発】**〈名・する〉戦争のときなどに、軍隊で使うために、強制的に人やものを集めること。例 食糧《しょくりょう》を徴発する。類 徴用。接収。

4 **ちょうはつ【調髪】**〈名・する〉かみの毛を切ったりそろえたりして、形をととのえること。類 理髪。散髪。整髪。

ちょうばつ【懲罰】〈名・する〉こらしめのために、罰すること。例 懲罰をうける。類 懲戒《ちょうかい》。

ちょうはつてき【挑発的】〈形動〉相手を挑発するようす。例 挑発的な言動。

ちょうび【▼掉尾】〈名〉儀式《ぎしき》やゲームなどの最後。読みあやまって「とうび」ともいうようになった。例 掉尾をかざる。

ちょうふ【貼付】〈名・する〉切手や写真などを、書類などにはりつけること。読みあやまって「てんぷ」ともいう。

ちょうぶ【町歩】〈接尾〉「町《ちょう》二②」のこと。田畑や山林のひろさを表わすのに使う。

ちょうふく【重複】〈名・する〉同じものごとが、二重あるいはそれ以上にかさなること。「じゅうふく」とも読む。例 内容が重複する。重複をさける。類 ダブる。

ちょうぶく【調伏】〈名・する〉〔仏教〕祈りによって魔物《まもの》や怨敵《おんてき》などをしずめること。

ちょうぶつ【長物】〈名〉あっても、場所ばかりとって少しも役にたたず、じゃまになるもの。例 無用の長物。

1 **ちょうぶん【弔文】**〈名〉人の死をなげき、悲しむ文章。おくやみの文章。類 弔辞。弔詞。悼辞《とうじ》。

2 **ちょうぶん【長文】**〈名〉長い文。長い文章。例 長文の手紙。対 短文。

ちょうへい【徴兵】〈名・する〉国家が国民を一定期間、強制的に兵役《へいえき》につかせること。例 徴兵制。

ちょうへいそく【腸閉塞】〈名〉腸の一部がつまって、中のものが通らなくなる病気。腹痛・嘔吐《おうと》をおこしたり、便が出なくなったりする。

ちょうへん【長編】『長▼篇』〈名〉詩や小説、映画などで、長い作品。例 長編小説。長編漫画《まんが》。対 短編。中編。類 大作。

ちょうぼ【帳簿】〈名〉会計を記入する帳面。とくに会社や商店などで、お金や品物の出し入れを書きこむ帳面。

1 **ちょうほう【弔砲】**〈名〉軍隊で、死者をとむらうためにうつ空砲。対 祝砲。

2 **ちょうほう【重宝】** 一〈形動・する〉ア チョーホー 便利で大いに役にたつようす。「調法」とも書く。例 重宝な品物。いただいたポットはたいへん重宝しております。二〈名〉⇩じゅうほう〔重宝〕▽ア 一 チョーホー 二 チョーホー

3 **ちょうほう【▼諜報】**〈名〉敵や競争相手の、ようすや秘密をさぐって味方に知らせること。例 諜報機関。ア チョーホー

ちょうぼう【眺望】〈名・する〉遠くまでひろく景色を見わたすこと。また、そうした雄大《ゆうだい》ながめ。例 眺望がきく。眺望がよい。眺望がひらける。類 見はらし。展望。

ちょうほうきてき【超法規的】〈形動〉法律上のきまりにとらわれない。

表現 「超法規的判断」といえば、政治的判断とか、国民感情による判断とかいうものを指すのがふつう。

ちょうほうけい【長方形】〈名〉〔数学〕四つの角《かく》がすべて等しい(すべて直角である)四角形。二本の対角線の長さも等しい。

参考 この数学上の定義では、正方形も長方形にふくまれることになるが、一般《いっぱん》には長四角《ながしかく》をいう。

ちょうほんにん【張本人】〈名〉悪事などをたくらんだり、事件をおこしたりする、いちばん中心になる人。

参考 「張本」とは、ものごとの原因のこと。

ちょうまんいん【超満員】〈名〉人が満員の状態をこえてあふれかえること。

ちょうみりょう【調味料】〈名〉食べものに味をつけるために使われる、塩・砂糖・しょうゆ・酢《す》など。香辛《こうしん》料をふくめていうこともある。例 化学調味料。

ちょうむすび『▼蝶結び』〈名〉チョウの羽の形に似《に》せた、ひもの結びかた。はしを引っぱるととける。花結び。→こまむすび 絵

ちょうめ【丁目】〈名・接尾〉町などの地番の単位。番地より大きい分類をあらわす。ちょうもく。

1 **ちょうめい【長命】**〈名・形動〉長生きすること。例 長命の相。対 短命。類 長寿《ちょうじゅ》。

2 **ちょうめい【澄明】**〈形動〉水や空気などがどこまでもすみきっていて、明るい。例 澄明な秋の空。類 清澄。

ちょうめん【帳面】〈名〉必要なことを書きつけるため、何枚もの紙をとじたもの。例 帳面をつける。類 ノート。

1 **ちょうもん【弔問】**〈名・する〉人がなくなったあと、遺族をたずねて、悲しみとおくやみの気持ちを述べること。例 弔問客。類 弔慰《ちょうい》。

2 **ちょうもん【聴聞】**〈名・する〉❶行政機関が、行政上の決定を行なう前に、利害関係者などの意見をきくこと。例 聴聞会。❷法話や演説をきくこと。

ちょうもん(頂門)のいっしん(一針) 頭のてっぺんに針をさすように、相手の急所をつく、きびしいいましめ。

ちょうや【朝野】〈名〉❶政府と民間。例 朝野をあげて歓迎《かんげい》する。❷すべての国民。

1 **ちょうやく【超訳】**〈名・する〉正確さよりも、わかりやすさや おもしろさに主眼《しゅがん》をおいた翻訳《ほんやく》や解釈《かいしゃく》。俗《ぞく》っぽいことば。

2 **ちょうやく【跳躍】**〈名・する〉❶地面をけって、とびは

ねること。❷「跳躍競技」の略。陸上競技の高跳《たか と》び、幅跳《はば と》びなど。▽類ジャンプ。

[1]**ちょうよう**【長幼】〈名〉年長者と年少者。例長幼を問わず。長幼の序。

長幼の序《じょ》 年齢《ねんれい》の上下によるけじめ。

[2]**ちょうよう**【重用】〈名・する〉人を重要な地位にとりたてて、責任のある仕事をさせること。じゅうよう。

[3]**ちょうよう**【徴用】〈名・する〉国家が国民を強制的に呼びよせて、働かせること。例徴用工。

ちょうらく【▼凋落】〈名・する〉今までのいきおいをうしなって、みじめな状態になること。例凋落の一途《いっと》をたどる。類零落《れいらく》。没落《ぼつらく》。衰微《すいび》。衰退。

ちょうり【調理】〈名・する〉料理人が材料に手をくわえて食べものをつくること。例調理師。類料理。参考もと、草木がしおれる意味。

ちょうりし【調理師】〈名〉料理をつくることを専門にしている人。例調理師免許《めんきょ》。

[1]**ちょうりつ**【町立】〈名〉「町《まち》③」がつくって運営していること。例町立図書館。町立病院。

[2]**ちょうりつ**【調律】〈名・する〉楽器を正しい音の高さにあわせること。調音。チューニング。例調律師。類調弦《ちょうげん》。

ちょうりゅう【潮流】〈名〉❶潮の満ち干《ひ》によっておこる海水の流れ。❷世の中の動きやものごとの進む方向。例潮流にのる。時代の潮流。類時流。トレンド。

ちょうりょう【跳▼梁】〈名・する〉わがもの顔にのさばって、自由に動きまわること。例跳梁跋扈《ばっこ》。類横行。跋扈。

[1]**ちょうりょく**【張力】〈名〉〔物理〕物体を両がわから引っぱったとき、物体の任意な面に垂直に引きはなすようにはたらく力。例表面張力。

[2]**ちょうりょく**【聴力】〈名〉音をききとる力。例聴力がおとろえる。

ちょうるい【鳥類】〈名〉脊椎《せきつい》動物の分類で、鳥のなかま。恐竜から分化した。

ちょうれい【朝礼】〈名〉学校や会社などで、朝、授業や仕事をはじめる前にする集まり。類朝会。

ちょうれいぼかい【朝令暮改】〈名〉法律や命令が、出たと思うとすぐに改められて、たよりにならないこと。

[1]**ちょうろう**【長老】〈名〉長年つみかさねたゆたかな経験をもち、人々に尊敬されて、指導者的立場にある人。例財界の長老。村の長老。

[2]**ちょうろう**【嘲弄】〈名・する〉相手をばかにしてからかうこと。類愚弄《ぐろう》。

ちょうわ【調和】〈名・する〉二つ以上のものごとが、対立したり、ばらばらになったりしないで、たがいによくつり合いがとれて落ち着いていること。例調和を欠く。調和がとれる。背景に調和している。不調和。類ハーモニー。

チョーク〈名〉白墨《はくぼく》。◇chalk

ちよがみ【千代紙】〈名〉色刷りでうつくしいもようのある紙。人形や折り紙などに使う。類色紙《いろがみ》。

ちょき〈名〉じゃんけんで、ぐう(=石)に負け、ぱあ(=紙)に勝つ、はさみの形。

ちょきちょき〈副〉はさみでものをかろやかに切りすすめる音のようす。

ちょきん【貯金】〈名・する〉お金をためること。ためたお金。銀行や郵便局(ゆうちょ銀行)などにあずけることにもいう。例お年玉を貯金する。貯金箱。貯金通帳。類預金《よきん》。貯蓄《ちょちく》。参考銀行や信用金庫では「預金」といい、郵便局や農協では「貯金」という。

ちょきんと〈副〉はさみでものを一度にたち切る音のようす。

常用漢字 ちょく

【直】 目部3 全8画

直直直直直

チョク・ジキ ただちに・なおす・なおる 教小2 音❶[チョク] ▨垂直《すいちょく》。硬直《こうちょく》。実直《じっちょく》。率直《そっちょく》。当直《とうちょく》。▨直線《ちょくせん》。直撃《ちょくげき》。直接《ちょくせつ》。直訳《ちょくやく》。❷[ジキ] ▨直訴《じきそ》。直筆《じきひつ》。▨正直《しょうじき》。訓❶[ただちに] 直ちに。❷[なおす] 直す。言い直す。手直し。❸[なおる] 直る。仲直り。

【勅(敕)】 力部7 全9画

勅勅勅勅勅

チョク 音[チョク] ▨勅語《ちょくご》。勅使《ちょくし》。勅命《ちょくめい》。勅撰《ちょくせん》。▨詔勅《しょうちょく》。

【捗】 扌部7 全10画

捗捗捗捗捗捗

チョク 音[チョク] ▨進捗《しんちょく》。表記「渉」のように、旁《つくり》を「歩」の形にして、「捗」(=11画)とも書く。

ちょく【直】〈名・形動〉あいだに人をたてず、じかであること。俗《ぞく》っぽい言いかた。例直でやりとりする。

ちょくえい【直営】〈名・する〉団体や会社が、外部の業者にまかせないで、直接に店や工場を経営すること。例直営工場。直営農場。

ちょくおん【直音】〈名〉日本語で、母音《ぼいん》一つか、または子音《しいん》一つと母音一つでできている音節。たとえば、「あ(a)」「き(ki)」「の(no)」など。対拗音《ようおん》。

ちょくげき【直撃】〈名・する〉爆弾《ばくだん》や台風など、破壊《はかい》力のあるものが、まともに当たること。例顔面を直撃する。直撃をうける。台風が九州を直撃した。直撃弾。

表現 マスメディアでいう「直撃インタビュー」などの「直撃」は、取材相手のもとにいきなりかけつけて単刀直入に話を聞くこと。「突撃」も同じ。

ちょくげん【直言】〈名・する〉思っていることを遠慮《えんりょ》しないで、はっきり言うこと。

[1]**ちょくご**【直後】〈名〉❶あることのおこった、すぐあと。例事件の直後。❷あるものの、すぐうしろ。例車の直後をわたるのは危険です。▽対直前。アチョクゴ

[2]**ちょくご**【勅語】〈名〉むかし、天皇が自分の考えを国民にのべたことば。例教育勅語。ア**チョクゴ**

[1]**ちょくし**【直視】〈名・する〉目をそむけないで、まっすぐに見ること。実際のすがたをありのままによく見ること。例直視にたえない。現実を直視する。類正視。

[2]**ちょくし**【勅使】〈名〉天皇が派遣《はけん》する使者。

ちょくしゃ【直射】〈名・する〉光線が、直接あたること。例直射日光。

ちょくじょう【直情】〈名〉いつわりのない、ありのままの感情。例直情径行。類真情。

ちょくじょうけいこう【直情径行】〈名・形動〉相手のことか周囲の事情などを考えないで、自分の思ったままに、はっきりと意見を述べたり行動したりすること。例直情径行の人。

ちょくしん【直進】〈名・する〉まっすぐ前に進むこと。

[1]**ちょくせつ**【直接】〈名・副〉あいだになにもおかないで、じかに接すること。例だれかがなかに入るよりも、直接

 張学良(1901~2001) 中国の軍人・政治家。内戦の停止と抗日を主張。蒋介石と対立，西安事件を起こす。

話した方がいい。米の値上がりは直接家計にひびく。直接話法。対間接。類じか。

[2]**ちょくせつ【直▼截】**〈形動〉❶判断のしかたに迷いがない。例直截な処理。❷言い表わしかたが急所をつき、わかりやすい。例直截な表現。簡明直截。

ちょくせつこうどう【直接行動】〈名〉話しあいなどはせず、目的をとげるための行動をとること。実力行使。例直接行動に出る。

ちょくせつぜい【直接税】〈名〉税金を負担する人に直接はらわせる税。所得税・相続税など。対間接税。

ちょくせつせんきょ【直接選挙】〈名〉選挙権をもっている人が、候補者を直接に選挙して当選者をえらびだす制度。対間接選挙。

ちょくせつてき【直接的】〈形動〉あいだに何もなく、じかにふれるようす。対間接的。

ちょくせつわほう【直接話法】〈名〉〔文法〕人の話したことばをそのまま引用する方法。書きことばでは引用符《ふ》(「」)などの記号)を使う。対間接話法。

[1]**ちょくせん【直線】**〈名〉❶まっすぐな線。対曲線。❷〔数学〕両方向へ無限にのびているものと考える、まっすぐな線。→せんぶん 参考②で、片方にだけ無限にのびている線を、「半直線」という。

[2]**ちょくせん【勅▼撰】**〈名・する〉天皇みずから、または、天皇の命令で、詩文を選び、書物を編集すること。例勅撰和歌集。対私撰。

ちょくぜん【直前】〈名〉❶あることの起こる、ほんの少し前。例出発直前に連絡《れんらく》がはいった。類まぎわ。❷あるものの、ほんの一歩前。類目の前。▽対直後。

ちょくせんわかしゅう【勅▼撰和歌集】〈名〉昔、天皇や上皇の命令で編集された和歌集。『古今《こきん》和歌集』から『新続《しんしょく》古今和歌集』まで二十一ある。

ちょくそう【直送】〈名・する〉製品や産物を、市場などを通さないで相手に直接おくること。例産地直送。

ちょくぞく【直属】〈名・する〉直接に指揮《しき》や監督《かんとく》をうける関係にあること。例直属の機関《きかん》。直属の上司《じょうし》。

ちょくだい【勅題】〈名〉天皇のだす詩歌《しいか》の題。とくに、新年の「歌会始め」の題。

ちょくちょう【直腸】〈名〉大腸の最後の部分。下端《かたん》は肛門《こうもん》につづいている。

ちょくちょく〈副〉たびたび。くだけた言いかた。例かれはちょくちょく顔を出す。類ちょいちょい。

ちょくつう【直通】〈名・する〉乗りものや電話が、乗りかえや中継《ちゅうけい》などなしに、目的地や相手まで直接に通じること。例直通運転。直通バス。直通電話。

ちょくとう【直答】〈名・する〉❶その場でただちに答えること。例直答をさける。類即答《そくとう》。❷人をとおさないで、直接相手に答えること。「じきとう」ともいう。

ちょくはい【直配】〈名・する〉生産者から消費者へ、じかに品物を送ること。例工場直配。

ちょくばい【直売】〈名・する〉生産者が、問屋や小売店をとおさないで、直接消費者に売ること。例リンゴの直売。直売品。産地直売店。類直販《ちょくはん》。

ちょくはん【直販】〈名・する〉企業《きぎょう》や製造者が、商品を直接消費者に販売すること。例直販システム。直販パソコンメーカー。製造直販。類直売。

ちょくほうたい【直方体】〈名〉〔数学〕れんがやマッチ箱のような、六つの面がすべて長方形である六面体。

ちょくめい【勅命】〈名〉天皇の命令。古いことば。

ちょくめん【直面】〈名・する〉ある事態や問題が、目の前にあって、さけることができないこと。例危機に直面する。死に直面する。類当面。

ちょくもう【直毛】〈名〉かみの毛がまっすぐであること。対くせ毛。天然パーマ。

ちょくやく【直訳】〈名・する〉原文にそって、一語一語をそのまま忠実に翻訳《ほんやく》すること。対意訳。類逐語《ちくご》訳。

ちょくゆ【直喩】〈名〉たとえるものとたとえられるものとの関係が、「まるで」「ようだ」「ごとく」などのことばで表わされる比喩。「まるで砂漠だ」「山のようなごちそう」「砂をかむごとくあじけない」など。明喩。対隠喩《いんゆ》。→囲み記事46(1030ページ)

ちょくゆにゅう【直輸入】〈名・する〉仲介《ちゅうかい》の業者を通さないで、海外から直接輸入すること。

ちょくりつ【直立】〈名・する〉人やものがまっすぐ立つこと。例直立不動。直立二足歩行。

ちょくりゅう【直流】〈名〉❶〈する〉まっすぐに流れること。対曲流。❷〔物理〕流れる向きが変わらない電流。乾電池《かんでんち》やバッテリーは、直流の電源。略語はDC。対交流。

ちょくれい【勅令】〈名〉戦前の旧憲法時代、議会の同意を経《へ》ないで天皇が制定した命令。

ちょくれつ【直列】〈名〉❶〈する〉まっすぐ一列にならぶこと。例直列縦隊《じゅうたい》。❷複数の電池の、+《プラス》極(正極)と−《マイナス》極(負極)をつなぐつなぎかた。電流が強くなる。対並列《へいれつ》。❸〔物理〕回路を、電流が流れる道すじが一本道になるようにつなぐつなぎかた。例直列回路。対並列。

ちょこ【▼猪▽口】〈名〉陶器《とうき》製の小さな容器。「ちょく」ともいう。例そばちょこ。表現酒を飲むものは「おちょこ」ということが多い。

ちょこざい【▼猪▽口才】〈名・形動〉たいした能力もないのにでしゃばって、なまいきなこと。やや古い言いかた。例ちょこざいなやつ。類こざかしい。

ちょこちょこ ━〈副〉短い時間をおいて、くり返されるようす。例ちょこちょこ行く店。類ちょいちょい。ちょくちょく。━〈副・する〉小さい歩はばですばやく歩くようす。

ちょこなんと〈副〉小さいものがかしこまってすわっているようす。類ちょこんと。

ちょこまか〈副・する〉子どもなどが、落ち着きがなく、あちこち動き回るようす。例ちょこまか(と)うるさいなあ。

チョゴリ〈名〉朝鮮《ちょうせん》の民族服。たけが短く、筒袖《つつそで》で、胸ひもを結んで着る男女同形の上着。◇朝鮮語から。→チマ

チョコレート〈名〉❶カカオの実をいって粉にしたものに砂糖や牛乳、香料《こうりょう》をくわえ、型に入れてかためた菓子《かし》。❷チョコレート色。こげ茶色。◇chocolate

ちょさく【著作】〈名・する〉本を書きあらわすこと。書きあらわした本。例著作集。類著述。述作。著書。参考「著作権」や「著作物」の「著作」には、美術・音楽・演劇などの作品もふくまれる。

ちょさくけん【著作権】〈名〉〔法律〕文学や音楽、美術などの作品を、その作者などが、出版・録音・上演・放送・展示などを自由に独占《どくせん》することができる権利。知的財産権にふくまれる。保護期間は、著作者の死後、または作品の公表後七十年間と定められている。類

版権。

ちょしゃ【著者】〈名〉ある本などを書いた人。例著者名で検索《けんさく》する。類著作者。

表現 (1)一冊の本を書いた人なら「著者」、小説などの文芸作品を書いた人という意味では「作者」、論説や評論のような文章の場合には「筆者《ひっしゃ》」と使い分けることが多い。
(2)「著者」と「筆者」は、ある文章の中で、「…と筆者は考える。」のように、その文章を書いている「私」という意味で使われることもある。

ちょじゅつ【著述】〈名・する〉本にするために文章を書くこと。その結果できた本。例著述業。類著作。

ちょしょ【著書】〈名〉その人が書いた本。類著作。

ちょす（方言） 触《さわ》る。いじる。東北で言う。

ちょすい【貯水】〈名・する〉大きな池やダムなどに水をためておくこと。例貯水池。

ちょすいち【貯水池】〈名〉水道や発電、灌漑《かんがい》などのために、水をためておく池。

ちょぞう【貯蔵】〈名・する〉あとで使うために、ものをたくわえて、しまっておくこと。例貯蔵庫。

ちょちく【貯蓄】〈名・する〉お金など、財産をたくわえること。たくわえた財産。例財形貯蓄。類蓄財。貯金。

ちょちょいのちょい あっという間に、たやすくやってのけること。くだけた言いかた。例ちょちょいのちょいで片づける。類へのかっぱ。

ちょっか【直下】〈名〉❶ある場所の真下。例赤道直下。❷まっすぐに落ちること。例急転直下。

ちょっかい〈名〉よせばいいのに、わきから手をだすこと。例ちょっかいをだす。類横やり。差し出口。

ちょっかがたじしん【直下型地震】〈名〉内陸部の、人が住む地域でおこる、震源の浅い地震。

[1]**ちょっかく【直角】**〈名〉〔数学〕二つの直線が垂直にまじわってできる角度。九〇度。

[2]**ちょっかく【直覚】**〈名・する〉ちょっと見ただけで、「ああ、あれだ」とぴんとくること。例直覚的に知る。類直観。

ちょっかくさんかっけい【直角三角形】〈名〉〔数学〕三角形で、内角の一つが直角になっているもの。

ちょっかつ【直轄】〈名・する〉あいだにほかの組織や人を入れないで、直接おさめたり管理したりすること。

ちょっかっこう【直滑降】〈名〉スキーのすべりかたで、斜面《しゃめん》をまっすぐにすべりおりること。対斜滑降。

[1]**ちょっかん【直感】**〈名・する〉説明や経験をぬきにして、直接に感じでわかること。例直感による。類勘《かん》。第六感。ぴんとくる。

[2]**ちょっかん【直観】**〈名・する〉推論をかさねて結論に達するという道すじをたどらないで、全体を見ていちどに本質をみとること。類直覚。

ちょっかんてき【直観的】〈形動〉直観によってものごとの本質をつかむようす。例直観的に理解する。

ちょっかんひりつ【直間比率】〈名〉❶国税における直接税と間接税の比率。❷企業《きぎょう》における、収益に直接かかわる部門(=製造・営業など)の費用や人数と、間接的にかかわる部門(=総務・経理・人事など)の費用や人数との比率。

チョッキ〈名〉衣服の「ベスト」の、やや古い言いかた。◇《ポルトガル》jaque から。

ちょっきゅう【直球】〈名〉野球で、投手の打者に対する投球の種類の一つ。途中《とちゅう》で変化しない、まっすぐなボール。ストレート。対変化球。

ちょっきん【直近】〈名〉今現在のすぐ前。いちばん近い過去。例直近三か年の売上高《うりあげだか》。

[1]**ちょっけい【直系】**〈名〉血すじや師弟《してい》関係などが、直接につながっている系統。例直系の子孫。直系の弟子《でし》。対傍系《ぼうけい》。類嫡流《ちゃくりゅう》。

[2]**ちょっけい【直径】**〈名〉〔数学〕円や球の中心をとおり、円周や球面上に両はしがある線分。さしわたし。

ちょっけつ【直結】〈名・する〉あいだにものや人を入れないで、直接につながること。また、直接につなげること。例国民生活に直結する問題。北海道と本州を直結するトンネル。

[1]**ちょっこう【直交】**〈名・する〉〔数学〕直角に交わること。

[2]**ちょっこう【直行】**〈名・する〉まっすぐに目的地へ急いでいくこと。例現場へ直行する。類急行。

ちょっと〖▽一▽寸〗㊀〈副〉❶数量や程度、時間などがわずか。ほんの少し。ほんのしばらく。例もうちょっとください。→ちょっとした(次項) ❷(あとに打ち消しのことばをともなって)かんたんには…できない。容易には…できない。例わたしにはちょっとできません。
㊁〈感〉人をよびとめたり、人に注意をうながしたりするときに使う。例あの、ちょっとすみません。

表現 ㊀①は、しばしば、つぎの例のように、「わずか」ではなく、無視できない程度であることを言い表わす。「あいつの言うことちょっとおかしいよ」「それはちょっと問題ですねえ」「食べてみてごらん、ちょっとおいしいよ」。㊁は、「ちょっとちょっと」とかさねて言うことも多い。

ちょっとした〖▽一▽寸した〗〈連体〉❶ごくあたりまえの。ありふれた。例ちょっとしたかぜ。❷かなりな程度の。そうとうな。例ちょっとしたでまえ。▽ア①チョットシタ ②チョットシタ

ちょっとみ【ちょっと見】〖▽一▽寸見〗〈名〉少しだけ見ること。少しだけ見た感じ。例ちょっと見ではわからない。ちょっと見はこわそうだけど、やさしい人。

ちょっとやそっと〈副〉(打ち消しの表現をともなって)少しばかりやってみたその程度。ちっとやそっと。例ちょっとやそっとではお目にかかれない貴重品だ。

ちょっぴり〈副〉ほんの少し。くだけた言いかた。例ほめられてちょっぴり はずかしい。

ちょとつもうしん【▼猪突猛進】〈名・する〉イノシシがまっしぐらに突進するように、まわりやあと先のことをまったく考えないで、ただひたすら目の前の目的に向けて、つき進むこと。類がむしゃら。

ちょびちょびする（方言） 調子にのる。いい気になる。ちょっかいを出す。山梨・静岡などで言う。

ちょびひげ〖ちょび▼髭〗〈名〉鼻の下に少したくわえたひげ。→ひげ〔髭〕絵

ちょめい【著名】〈名・形動〉名前がひろく知られていること。例著名の士。著名な人。類有名。高名。

ちょる（方言） …ている。山口で言う。例花が咲いちょる。

ちょろ・い〈形〉問題にもならない。俗《ぞく》な言いかた。例ちょろいやつ。

ちょろちょろ ㊀〈副〉❶わずかな水が流れるようす。❷小さいものや炎《ほのお》が、ゆれ動くようす。例はじめちょろちょろ、中ぱっぱ(=米をたくときの火かげん)。
㊁〈副・する〉小さいものが落ち着きなく動き回るようす。

ち

 張騫(ちょうけん) (?～前114) 中国, 前漢の人。匈奴(きょうど)をはさみうちするため大月氏のもとに派遣された。

例子どもがちょろちょろしてうるさい。

ちょろまか・す〈動五〉こっそりごまかして自分のものにしてしまう。

ちょんぎ・る【ちょん切る】〈動五〉簡単に、ぱっと切って落とす。例はさみでちょん切る。

ちょんぼ〈名〉不注意によるミス。俗《ぞく》な言いかた。

ちょんまげ〖▽丁▼髷〗〈名〉力士が結《ゆ》う髪《かみ》のかたち。参考 明治以前には、成人男性のふつうの髪型。

ちらか・す【散らかす】〈動五〉あちらこちらへ、めちゃくちゃに放置する。例へやじゅう散らかす。食い散らかす。

ちらか・る【散らかる】〈動五〉ものがあちこちに乱雑におかれている。例散らかった部屋。類散乱する。

ちらし【散らし】〈名〉❶散らすこと。散らしたもの。例散らし模様。散らし書き。❷宣伝のためなどに、広告を印刷してくばる紙。類びら。フライヤー。❸「ちらしずし」の略。表記 ②は「チラシ」とかたかなで、③は「ちらし」とひらがなで書くことが多い。

ちらしずし〖散らし▼鮨〗〈名〉酢飯《すめし》の上に金糸卵やのり、かんぴょう、刺身、シイタケの煮物《にもの》などをのせたもの。具をこまかくきざんで酢飯に混ぜこんだものもある。方言 関西では「ばらずし」ともいう。

ちら・す【散らす】■一〈動五〉❶こまかくばらばらになって、四方八方へいくようにする。ばらばらに散るようにする。例紙くずを散らす。火花を散らす。まき散らす。❷心をあちこちにむける。例気を散らす。❸できものなどの、はれをなくす。例くすりで盲腸《もうちょう》を散らした。

■二〈接尾〉動詞の連用形につけて、「あらあらしく…する」「むやみやたらに…する」などの意味を表わす。例食い散らす。書き散らす。読み散らす。わめき散らす。

ちらちら〈副・する〉❶かすかに見えたり、また、見えなくなったりするようす。例ちらちら(と)光る。❷目だたない程度にかすかであるようす。例雪がちらちら(と)降る。

ちらつ・く〈動五〉❶目だたない程度にかすかに降る。ちらちら降る。例雪がちらつく。❷かすかに見えたり、また、見えなくなったりする。例おもかげがちらつく。

ちらっと〈副〉⇩ちらりと

ちらば・る【散らばる】〈動五〉まとまっていたものが、あちこちにばらばらになる。類散乱する。散らかる。散る。

ちらほら〈副・する〉あちこちに少しずつあるようす。例髪《かみ》に白いものがちらほらしてきた。類ちらりほらり。

ちらりと〈副〉ほんのわずか、見たり聞いたりするようす。ちらっと。例ちらりと見る。ちらりと耳にする。

ちらりほらり〈副〉あちこちにごくわずかずつあるようす。例参会者がちらりほらり集まってきた。表現「ちらほら」よりいっそうわずかであるようすを表わす。

ちり[1]〖▼塵〗〈名〉❶こまかい土や砂。また、目に見えないほどの小さなごみ。例ちりがたまる。類ほこり。❷俗世間《ぞくせけん》のきたないことや、いやなこと。例浮《う》き世のちり。▽ アチリ

表現「ちりほどのねうちもない」のように、ごくわずかなことのたとえに使うこともある。

方言 南九州・沖縄などでは、広く「ごみ」の意味でも使う。

ちりも積っもれば山《やま》となる 一つ一つは小さくても、つもりつもれば、山にもなる。ばかにしてはならない。

ちり[2]【地理】〈名〉❶土地のようす。例地理にあかるい。このあたりの地理には不案内だ。❷地形や気候などの自然や、人口・都市・産業・交通・文化などの、国や地域のありさま。❸「地理学」の略。「②」を研究する学問。▽ アチリ

ちりあくた〖▼塵▼芥〗〈名〉❶ちりやごみ。❷何のねうちもないもの。例人をちりあくたのようにあつかう。

ちりがみ【ちり紙】〖▼塵紙〗〈名〉はな紙やトイレの紙として使う、やわらかい紙。ちりし。類ティッシュペーパー。

ちりし・く【散り敷く】〈動五〉花びらや葉が散って、一面に敷きつめたようになる。

ちりぢり【散り散り】〈形動〉集まっていたものが、あちこちにはなれてしまう。例卒業後に散りぢりになる。類離ればなれ。別れ別れ。ばらばら。

ちりとり【ちり取り】〖▼塵取り〗〈名〉はき集められたごみをとる、掃除《そうじ》用具。類ごみとり。

ちりば・める〖散り▼嵌める・▼鏤める〗〈動下一〉ものの表面に、かざりとして、金や銀、宝石などを一面にはめこむ。

ちりめん〖▽縮▼緬〗〈名〉表面にこまかいしわをつけた、やわらかな絹織物。京都府の丹後《たんご》ちりめんはとくに有名。例ちりめんの着物。

ちりめんじゃこ〖▽縮▼緬▽雑▽魚〗〈名〉⇩しらすぼし

ちりやく【知略】〖▼智略〗〈名〉こまかいところまで十分に検討をくわえた、はかりごと。類知謀《ちぼう》。

ちりょう【治療】〈名・する〉くすりや手術などによって病気やけがをなおすこと。例虫歯を治療する。治療をほどこす。治療をうける。治療室。治療費。治療法。類療治《りょうじ》。手当て。ケア。

ちりょく【知力】〖▼智力〗〈名〉知恵《ちえ》のはたらき。例知力をたくわえる。知力・体力ともにすぐれた青年。類知性。

ち・る【散る】〈動五〉❶こまかくばらばらになって、四方八方へいく。例花が散る。火花が散る。群衆は思い思いに散っていった。飛び散る。くだけ散る。類散らばる。散乱する。四散する。❷集中しなくなる。例気が散る。❸できものなどの、はれがひく。

表現 ①の「花が散る」は、ただの自然現象を言っているが、おしむ気持ちをこめたり、うつくしさをほめたりして言うことがある。以前、若者の戦死を「南海に散った若い命」のように表現することが多かった。また、「火花が散る」は、かたいものがふれ合ってスパークするようすをいい、互角《ごかく》のいきおいではげしく戦うことの形容にもなる。

チルド〈名〉○度《れいど》前後の温度で冷蔵されていること。例チルド食品。(冷蔵庫の)チルド室。◇chilled

ちわげんか【痴話げんか】〖痴話▼喧▼嘩〗〈名〉他人にとってはとるにたりない、恋人どうしや夫婦のけんか。

常用漢字 **ちん**

【沈】 氵部4 全7画 沈沈沈沈沈

チン しずむ・しずめる 音[チン] ▨□沈殿《ちんでん》。沈没《ちんぼつ》。沈滞《ちんたい》。沈黙《ちんもく》。沈痛《ちんつう》。□▨撃沈《げきちん》。浮沈《ふちん》。意気消沈《いきしょうちん》。訓❶[しずむ] 沈む。浮き沈み。❷[しずめる] 沈める。

【珍】 王部5 全9画 ※ 珍珍珍珍珍

チン めずらしい 音[チン] ▨□珍客《ちんきゃく》。珍重《ちんちょう》。珍味《ちんみ》。珍妙《ちんみょう》。訓[めずらしい] 珍しい。

【朕】 月部6 全10画 朕朕朕朕朕朕

チン 参考 昔の中国の皇帝や、かつての天皇が用いた自称《じしょう》。

【陳】 阝部8 全11画 陳陳陳陳陳陳

チン 音[チン] ▨陳列《ちんれつ》。陳述《ちんじゅつ》。陳情《ちんじょう》。陳謝《ちんしゃ》。陳腐《ちんぷ》。▨開陳《かいちん》。新陳代謝《しんちんたいしゃ》。

【賃】 貝部6 全13画 賃賃賃賃賃賃

チン 教小6 音[チン] ▨賃金《ちんぎん》。賃上《ちんあ》げ。賃貸《ちんたい》。▨運賃《うんちん》。工賃《こうちん》。電車賃《でんしゃちん》。家賃《やちん》。

【鎮(鎭)】 金部10 全18画 鎮鎮鎮鎮鎮

チン しずめる・しずまる 音[チン] ▨鎮圧《ちんあつ》。鎮火《ちんか》。鎮座《ちんざ》。鎮痛剤《ちんつうざい》。▨重鎮《じゅうちん》。文鎮《ぶんちん》。訓 ❶[しずめる] 鎮める。❷[しずまる] 鎮まる。

[1]**ちん**〖▼狆〗〈名〉イヌの一品種。からだが小さくて毛が長く、ひたいが出ており、目がまるく大きい。

[2]**ちん【珍】**〈接頭〉ふうがわりな。めったにない。例 珍解答。珍問答。珍プレー。

ちんあげ【賃上げ】〈名・する〉賃金を上げること。とくに、ベースアップ(ベア)をすること。例 賃上げを要求する。

ちんあつ【鎮圧】〈名・する〉反乱や暴動を、警察や軍隊が力でおさえて、しずめること。類 鎮定。平定。制圧。

ちんうつ【沈鬱】〈形動〉気持ちがしずみこんで、ひとりでくよくよ考え、どうにもはればれしない状態。例 沈鬱な気分。類 暗鬱。憂鬱《ゆううつ》。陰鬱《いんうつ》。暗澹《あんたん》。

[1]**ちんか【沈下】**〈名・する〉地面がさがっていくこと。例 地盤《じばん》沈下。対 隆起《りゅうき》。類 沈降。

[2]**ちんか【鎮火】**〈名・する〉火事が消えること。対 出火。

ちんがし【賃貸し】〈名・する〉料金をとって、部屋や品物などを貸すこと。対 賃借り。類 賃貸《ちんたい》。レンタル。

ちんがり【賃借り】〈名・する〉料金をはらって、部屋や品物などを借りること。対 賃貸し。類 賃借《ちんしゃく》。

ちんき【珍奇】〈形動〉めったにないほど風がわり。例 珍奇な品。類 珍妙《ちんみょう》。奇妙。

ちんきゃく【珍客】〈名〉ひさしぶりの、めずらしい客。

ちんぎん【賃金】〖賃銀〗〈名〉労働に対して、報酬《ほうしゅう》としてしはらわれる金銭。類 労賃。給料。

チンゲンサイ〈名〉アブラナ科の、代表的な中国野菜。◇中国語「青梗菜」から。

ちんこん【鎮魂】〈名・する〉死んだ人のたましいをなぐさめ、やすらぎに導くこと。例 鎮魂歌。鎮魂曲。

ちんこんきょく【鎮魂曲】〈名〉⇩レクイエム

ちんざ【鎮座】〈名・する〉❶神霊《しんれい》が、そのあるべき場所にしずかにとどまっていること。例 鎮座まします。❷人や物が、どっかりとそこに位置を占《し》めること。からかいをこめた言いかた。例 四畳《じょう》半にグランドピアノが鎮座する。類 陣《じん》取る。

ちんし【沈思】〈名・する〉心をおちつけて、じっと考えこむこと。例 沈思黙考《もっこう》。類 黙思。

ちんじ【珍事】〖▼椿事〗〈名〉思いがけないできごと。

ちんしごと【賃仕事】〈名〉ひとつ仕事をすればいくらもらえる、というかたちでする仕事。類 内職。

ちんしもっこう【沈思黙考】〈名・する〉心をおちつけ、だまってじっと考えこむこと。

ちんしゃ【陳謝】〈名・する〉公式にあやまること。例 失言を陳謝する。類 謝罪。深謝。

ちんしゃく【賃借】〈名・する〉料金をはらって、部屋や品物などを借りること。対 賃貸《ちんたい》。類 賃借り。

ちんしゅ【珍種】〈名〉めったに見かけず、人も知らない動植物の種類。

ちんじゅ【鎮守】〈名〉その土地を守る神。土地の神をまつった神社。例 鎮守の杜《もり》。類 氏神《うじがみ》。

ちんじゅう【珍獣】〈名〉独特の姿や生態をもった、めずらしいけもの。

ちんじゅつ【陳述】〈名・する〉意見や考えを口頭で正式に述べること。例 陳述書。類 弁論。

陳述の副詞《ふくし》 あとにつづく述部が、否定・推量・仮定など、つねにきまった言いかたとなる副詞。たとえば、「まったく当たらない。(否定)」「おそらく当たらないだろう。(推量)」「もし当たれば(仮定)、…。」の傍線《ぼうせん》部分の副詞。「呼応《こおう》の副詞」ともいう。

ちんじょう【陳情】〈名・する〉実情を役所や政治家などにうったえて、なんとかしてくれとたのむこと。例 陳情団。類 請願《せいがん》。

[1]**ちんせい【沈静】**〈名・する〉さわがしい、たかぶった状態が、おちついて静かになること。例 事態が沈静(化)する。類 終息《しゅうそく》。

[2]**ちんせい【鎮静】**〈名・する〉たかぶった感情や神経などをしずめて落ち着かせること。例 興奮《こうふん》を鎮静する。鎮静剤《ざい》。

ちんぜい【鎮西】〈名〉九州の別称《べっしょう》。古いことば。

ちんせいざい【鎮静剤】〈名〉たかぶった神経を落ち着かせるための薬。

ちんせつ【珍説】〈名〉一風かわった、めずらしい説や意見。例 珍説を展開する。

ちんせん【沈潜】〈名・する〉あるものごとにすっぽりつかったような状態になること。例 深く思索《しさく》に沈潜する。類 没頭《ぼっとう》。

[1]**ちんたい【沈滞】**〈名・する〉底の方にたまっていて動かないような、活気がない状態であること。例 沈滞した空気がただよう。類 停滞。

[2]**ちんたい【賃貸】**〈名・する〉料金をとって、部屋や品物などを貸すこと。例 賃貸住宅。対 賃借。類 賃貸し。レンタル。

ちんだい【鎮台】〈名〉❶むかし、各地方を守るためにおかれていた軍隊。❷明治時代、東京・大阪・広島など、主要地におかれた軍隊。のち、師団と改称《かいしょう》した。

ちんたいしゃく【賃貸借】〈名〉貸し手が土地、家などを貸し、借り手が使用料をはらうこと。例 賃貸借契約《けいやく》。

ちんたら〈副・する〉やる気が少しも感じられないようす。「だらだら」の品のない言いかた。例 ちんたら歩く。ちんたらやってては いつまでたっても終わらない。

ちんだん【珍談】〈名〉めずらしくて、おもしろい話。

ちんちくりん〈名・形動〉❶小さい人をばかにしていうことば。❷服がからだにくらべて短いこと。類 つんつるてん。▽俗《ぞく》な言いかた。

ちんちゃく【沈着】〈形動〉あわてないで、おちついている。例 沈着な行動。沈着冷静。類 冷静。泰然《たいぜん》自若。あわてずさわがず。

ちんちょう【珍重】〈名・する〉めずらしがってたいせつにしたり、もてはやしたりすること。例 マニアに珍重される熱帯魚。

ちんちょうげ〖沈丁▽花〗〈名〉⇩じんちょうげ

ちんちんでんしゃ【チンチン電車】〈名〉「路面電車」の俗《ぞく》な言いかた。参考 出発などの合図に、ひもを引いて鈴《すず》を鳴らしたことから。

1**ちんつう【鎮痛】**〈名〉いたみをとめたり、やわらげたりすること。例 鎮痛剤《ざい》。

2**ちんつう【沈痛】**〈形動〉深い悲しみや心配で、心がずきずきと痛んでいる。例 沈痛な面持《おもも》ち。

ちんつうざい【鎮痛剤】〈名〉痛みをおさえる薬。

ちんでん【沈殿】〖沈▼澱〗〈名・する〉液体にまざっているものが、底にしずんでたまること。例 沈殿物。

ちんとう【▽枕頭】〈名〉「まくらもと」のあらたまった言いかた。例 枕頭にたたずむ。枕頭の書。

ちんどんや【ちんどん屋】〈名〉きぼつな服装をして、楽器を鳴らして人目をひき、店などの宣伝をする人。

ちんにゅう【▼闖入】〈名・する〉ことわりもなく不意に入りこむこと。例 闖入者。類 乱入。侵入《しんにゅう》。

チンパンジー〈名〉類人猿《るいじんえん》の一種。アフリカにすむ。黒い毛でおおわれ、耳が大きい。サルのなかでもっとも知能が高く、人になれやすい。◇chimpanzee →ボノボ

ちんぴら〈名〉❶やくざで下っぱの者。❷不良の少年少女。表記「チンピラ」とかたかなで書くことが多い。表現 ふつう一頭二頭と数えるが、一匹《いっぴき》二匹《にひき》も使う。

ちんぴん【珍品】〈名〉めったに見られない、めずらしい品物。例 これは珍品だ。

ちんぷ【陳腐】〈形動〉なんの新しさもなく、ありふれていてつまらない。例 陳腐な表現。対 新鮮《しんせん》。清新。

ちんぷりかえる(方言)すねる。ふてくされる。静岡で言う。「ちんぷりかく」とも言う。

ちんぷんかんぷん〈名・形動〉なにがなんだか、まるでわからないこと。例 ちんぷんかんぷんな話。

ちんぼつ【沈没】〈名・する〉船が水中にしずんでしまうこと。例 沈没船。表現 俗《ぞく》に「ゆうべは二次会で沈没した」のように、酔《よ》いつぶれる意味で使われることもある。

ちんまり〈副・する〉小さくそれなりにまとまっているようす。例 ちんまり(と)したかわいい家。類 こぢんまり。

ちんみ【珍味】〈名〉めったに口にすることができない、めずらしい食べもの。例 山海の珍味。参考 キャビア・トリュフ・フォアグラが、世界三大珍味とされる。日本の伝統的な珍味は、からすみ・このわたなど。

ちんみょう【珍妙】〈形動〉思わずふきださずにはいられないほど、ふつうとかわっている。類 奇妙《きみょう》。

ちんむるい【珍無類】〈形動〉実にユニークでおかしい。例 珍無類のいでたち。

ちんもく【沈黙】〈名・する〉だまって、なにも言わないでいること。例 沈黙をまもる。沈黙をやぶる。類 無言。

沈黙は金《きん》 雄弁《ゆうべん》は銀《ぎん》 沈黙のほうが雄弁よりも価値がある。

ちんりょう【賃料】〈名〉借りて使う物の使用料。家賃、地代、車のレンタル料、機械のリース料など。類 損料。

ちんれつ【陳列】〈名・する〉品物や作品を、人々に見せるためにならべておくこと。例 商品を陳列する。陳列棚《だな》。類 展示。

つ … ツ

1**つ**〈接尾〉一から九までの和語の数のあとにつけて、数をかぞえることば。例 一《ひと》つ。二《ふた》つ。表現 日常的にひろく使われるが、幼児に「としはいくつ?」とたずねて「いっつ」と答えるように、年齢《ねんれい》を表わすのにも用いる。

2**つ(方言)**かさぶた。九州で言う。つー。例 つのできとー(=できている)。

ツアー〈名〉❶団体旅行。小旅行。例 ツアーを組む。りんご狩《が》りツアー。ツアーコンダクター(=添乗《てんじょう》員)。❷歌手が公演をしながら各地を回ること。例 全国ツアー。❸ゴルフ・テニス・卓球・バドミントンなどのプロ選手が、世界各地を転戦して回ること。例 ツアー初勝利。◇tour

常用漢字 **つい**

【追】 辶部6 全9画 追追追追追追
ツイ おう 教 小3 音[ツイ] 追跡《ついせき》。追随《ついずい》。追憶《ついおく》。追加《ついか》。追体験《ついたいけん》。追放《ついほう》。追及《ついきゅう》。訴追《ついそ》。訓[おう] 追う。深追い。

【椎】 木部8 全12画 ※椎椎椎椎椎
ツイ 音[ツイ] 椎間板《ついかんばん》。脊椎《せきつい》。

【墜】 土部12 全15画 墜墜墜墜墜
ツイ 音[ツイ] 墜落《ついらく》。墜死《ついし》。撃墜《げきつい》。失墜《しっつい》。

1**つい**〈副〉❶時間や距離《きょり》が、いくらもはなれていない。例 つい目と鼻の先。ついさっき来たばかりだ。❷そんな気持ちはなかったのに、思わずそうなって。例 つい もらい泣きをしてしまった。❸しようと思っていたのに、なぜか、そうならなくて。例 寄ろうと思いながら、つい行きそびれてしまった。▽アツイ

2**つい【対】**一〈名〉❶二つで一組みになっているもの。また、着物などが同じ生地《きじ》やがらでつくってあるもの。例 対の屏風《びょうぶ》。対の着物。類 そろい。組み。ペア。❷対句。例 対になる。対をなす。▽アツイ 二〈接尾〉二つで一組みのものをかぞえることば。例 たけうま三対。

ツイート〈名・する〉ツイッターに一四〇字以内の短いメッセージを投稿すること。また、ツイッターに投稿されたメッセージ。つぶやき。◇tweet(=「鳥のさえずり」の意)

ツイード〈名〉冬のスーツやコートなどを作る、ざっくりした織り目の羊毛の服地。◇tweed

つい・える〖▽潰える〗〈動下一〉計画などがだめになってしまう。例 願いはあえなくついえた。類 ついえ去る。

ついおく【追憶】〈名・する〉むかしのことや、なくなった人のことを思いだして、なつかしむこと。例 追憶にふける。類 回想。回顧《かいこ》。追想。

ついか【追加】〈名・する〉今までのものに、あとからつけくわえること。例 注文を追加する。追加予算。表現 同質のものを加えるのが「追加」で、異質なものを加えるのが「付加」。

ついかんばん【椎間板】〈名〉脊椎《せきつい》の骨のあいだにある、板状の軟骨《なんこつ》。弾力に富み、クッションの役割を果たす。これがあるため背骨を曲げることができる。

ついき【追記】〈名・する〉文章で、いちど書きおえてか

ら、そのあとに書きくわえること。類付記。

1**ついきゅう【追及】**〈名・する〉責任をきびしくといつめること。例責任を追及する。追及の手をゆるめる。

2**ついきゅう【追求】**〈名・する〉ほしいものをどこまでもおいもとめて、手に入れようとすること。例幸福を追求する。利益を追求する。理想のデザインを追求する。類探求《たんきゅう》。

3**ついきゅう【追究】**〈名・する〉ものごとをふかくつきつめて明らかにしようとすること。例原因を追究する。真理を追究する。教育の本質を追究する。類探究。考究。

ついく【対句】〈名〉修辞法の一つ。語形や意味が似《に》ている句をならべて、音調をととのえたり、意味の対比のおもしろさを表現したりするもの。たとえば、宮沢賢治《けんじ》の「雨ニモマケズ、風ニモマケズ」など。対。

ついげき【追撃】〈名・する〉❶にげる敵をおいかけて、攻撃《こうげき》をくわえること。類追い打ち。❷試合や競技で、劣勢《れっせい》な側が優勢な側を追い上げること。例相手チームの追撃をかわす。

ついご【対語】〈名〉⇩たいご②

1**ついし【追試】**■一〈名〉「追試験」の略。■二〈名・する〉実験の結果について、別の人がためすこと。

2**ついし【墜死】**〈名・する〉高い所から落ちて死ぬこと。

ついじ【▽築地】〈名〉木のほねぐみをつくって土をぬりかため、かわら屋根をつけた塀《へい》。築地塀。

ついしけん【追試験】〈名〉正規の試験を受けられなかった者や、合格しなかった者に対して、あとから行なう試験。追試。

ついじゅう【追従】〈名・する〉❶人のことばにそのまましたがったり、それまであったものをそのまままねたりすること。例多数の意見に追従する。❷前を行く人にぴったりとついていくこと。例先行車に追従して走る。▽「追随《ついずい》」ともいう。類つき従う。

参考「ついしょう」と読むのは別のことば。↓次項

ついしょう【追従】〈名・する〉おせじを言って人のごきげんをとること。例お追従(を言う)。類阿諛《あゆ》。おべっか。おもねる。おべんちゃら。↓前項

ついしん【追伸】〈名〉手紙を書きおえたあとに思いついたことを書きくわえること。その文の頭に「追伸」「二伸」「PS」(=postscript の略)などと書く。追って書き。

ついずい【追随】〈名・する〉人に追従《ついじゅう》すること。例他の追随を許さない(=他人がまねできないほどすばらしい)。

ツイスト〈名・する〉ひねること。体操でからだをひねって向きを変えること、球技でボールにひねりを加えること、ロックンロールで腰《こし》をひねるようにしておどること、食べ物でねじって焼いたパン、などにいう。◇twist

ついせき【追跡】〈名・する〉❶にげる者のあとをおいかけること。例どろぼうを追跡する。❷あるものがその後どうなったかをしらべること。例追跡調査。宅配便を番号で追跡する。

ついぜん【追善】〈名・する〉なくなった人の冥福《めいふく》をいのって、仏事やその人をしのぶもよおしを行なうこと。例追善供養《くよう》。類追福。弔《とむら》う。

ついぞ〈副〉(あとに打ち消しのことばをともなって)今までにいちども…ない。例こんなにうまいものはついぞ食べたことがない。

ついそう【追想】〈名・する〉むかしのことを、しみじみとした気持ちで思いだすこと。類追憶《ついおく》。回想。回顧《かいこ》。

ついそうけん【追送検】〈名・する〉警察がある事件で被疑《ひぎ》者を検察庁に送ったあとに、その被疑者がかかわる別の事件についても送検すること。

ついたいけん【追体験】〈名・する〉ほかの人が体験したことを理解するために、そのあとを追いかけるようにして、自分で同じことをしてみること。

ついたち【一日】〈名〉月の初日。対みそか。つごもり。由来「ついたち」「つごもり」は「月立ち」「月ごもり」の変化で、陰暦《いんれき》でできたことば。

ついたて【つい立て】〖▽衝立て〗〈名〉室内にたてて、しきりや目かくしにする家具。絵

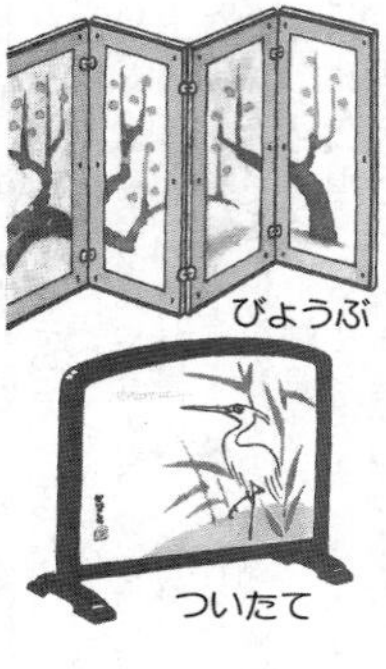

[ついたて]

ついちょう【追徴】〈名・する〉たりない金額をあとになってとりたてること。例追徴金。追徴課税。

ツイッター〈名〉個人が発したツイートを不特定多数の人と共有できる、インターネット上のサービス。

参考アメリカの Twitter 社の商標名。すばやく情報を広げられることから、災害時の情報提供や企業のマーケティングなどにも活用されている。

ついて〖付いて・就いて〗(「…について」の形で)❶そのものごとに関係して。例新しい計画について意見をきく。類関して。❷「…ごとに」という意味を表わす。例ひとりについて六個ずつわける。▽類つき。↓ついては

1**ついで**〖▽序で〗〈名〉なにかをするときに、別のことをあわせてする、よい機会。例おついでの節。ついでがあったら、およりください。

2**ついで【次いで】**〈接〉前のことの次につづけて。例提案理由の説明を行ない、次いで、質疑応答に入る。類つづいて。

ついている 運がいい。幸運だ。例今日は朝からついて(い)る。類ラッキー。

ついでに〖▽序でに〗〈副〉なにかの機会を利用していっしょに。例買いものに出たついでに郵便局へよる。

ついては〖就いては〗〈接〉そういうわけだから。ややかたい言いかた。例台風の被害《ひがい》は甚大《じんだい》です。ついては、義援《ぎえん》金をお寄せくださいますように。

敬語丁寧《ていねい》語は、「つきましては」。

ついてまわ・る【付いて回る】〈動五〉❶随行《ずいこう》する。例先生に付いて回る。❷そばからはなれてくれない。例下の子が付いて回るから家事ができない。❸いつまでも影響《えいきょう》する。例学歴が一生付いて回る。

ついと〈副〉動作が不意に行なわれるさま。

1**ついとう【追討】**〈名・する〉悪者であるとして、やっつけること。例追討軍。平家追討。

2**ついとう【追悼】**〈名・する〉人の死をかなしんで、その生前をしのぶこと。例追悼の辞。

ついとつ【追突】〈名・する〉電車や自動車が、前を行く車体のうしろからぶつかること。例追突事故。

ついな【追▼儺】〈名〉むかし、宮中で大晦日《おおみそか》に行な

 知里幸恵(ちりゆきえ) (1903～22) 大正時代のアイヌ文化伝承者。アイヌ神謡を筆録し，日本語に訳した。

われた鬼《おに》はらいの儀式《ぎしき》。現在では、節分の夜に行なわれる「まめまき」の行事としてのこる。鬼やらい。

ついに【▽遂に・▽終に】〈副〉❶長い時間ののち、あるいは、長いあいだの努力やいきさつののち、ある事態に達するようす。しまいに。例長い討論の末、ついに和解が成立した。類ようやく。やっと。とうとう。❷(あとに打ち消しのことばをともなって)それにもかかわらず…ない。例二時間待ったが、ついに来なかった。類結局。

ついにん【追認】〈名・する〉それまでに認《みと》めてこなかった過去のできごとを、過去にさかのぼって事実として認めること。類事後承諾《しょうだく》。

表現「現状を追認する」というのは、正式には認められていないのに現実には続いてきた状態を、それでよいとしてあとから追うようにして認めること。

ついの【▽終の】〈連体〉これが最後である、という意味を表わす。かたい言いかた。例ついのすみか。

ついばむ【▼啄む】〈動五〉鳥がくちばしでつついて食う。例餌《え》をついばむ。

ついひ【追肥】〈名〉作物がそだっている途中《とちゅう》であたえる肥料。対基肥《もとごえ》。類追い肥《ごえ》。

ついび【追尾】〈名・する〉人をつけて行くこと。類追跡《ついせき》。尾行。

ついほ【追補】〈名・する〉出版物で、追加すべき内容を、あとからおぎなうこと。

ついぼ【追慕】〈名・する〉亡《な》くなった人や別れた人を恋《こい》しく思うこと。例亡き母を追慕する。

ついほう【追放】〈名・する〉❶害をなすものや、害をなすおそれのあるものを、社会からおいはらうこと。例公害を追放する。国外追放。類追い出す。追いやる。追う。放逐《ほうちく》。❷適格でないものを公職からしりぞけること。パージ。例公職追放。

ついやす【費やす】〈動五〉❶使ってしまう。例ことばを費やす。歳月《さいげつ》を費やす。力を費やす。千万言を費やす。類消費する。❷むだに使ってなくしてしまう。例よけいな時間を費やす。類浪費《ろうひ》する。

ついらく【墜落】〈名・する〉事故などで、高いところから落ちること。例飛行機が墜落する。類転落。

ツイン〈名〉❶対《つい》になっているもの。❷ホテルで、ベッドを二つ用意してある部屋。対シングル。◇twin

常用漢字 **つう**

【通】 辶部7 全10画 通通通通通通

ツウ・ツ とおる・とおす・かよう 教小2 音❶[ツウ] 通行《つうこう》。通路《つうろ》。通読《つうどく》。通学《つうがく》。通知《つうち》。開通《かいつう》。普通《ふつう》。食通《しょくつう》。❷[ツ] 通夜《つや》。訓❶[とおる] 通る。通り道。大通り。素通り。❷[とおす] 通す。押し通す。通し番号。❸[かよう] 通う。病院通い。

【痛】 疒部7 全12画 痛痛痛痛痛痛

ツウ いたい・いたむ・いためる 教小6 音[ツウ] 頭痛《ずつう》。苦痛《くつう》。痛風《つうふう》。痛恨《つうこん》。痛快《つうかい》。痛切《つうせつ》。心痛《しんつう》。鈍痛《どんつう》。悲痛《ひつう》。訓❶[いたい] 痛い。手痛い。痛さ。❷[いたむ] 痛む。痛み。痛み止め。痛ましい。❸[いためる] 痛める。

つう【通】㊀〈名〉ある分野について、実によく知っていること。趣味《しゅみ》や道楽のことにくわしい人。例歌舞伎《かぶき》の通。通ぶる。消息通。アメリカ通。㊁〈形動〉人情をこころえていて、さばけた心づかいができる。例通なはからい。通人《つうじん》。類粋《いき》。㊂〈接尾〉手紙・電子メールや書類をかぞえることば。

つういん[1]【通院】〈名・する〉治療《ちりょう》を受けに、病院にかようこと。例週一回通院する。

つういん[2]【痛飲】〈名・する〉もう飲めないというほどに酒を飲むこと。類深酒《ふかざけ》。

つううん【通運】〈名〉貨物をはこぶこと。

つうか[1]【通貨】〈名〉現在、その国で使われている貨幣《かへい》。硬貨《こうか》や紙幣。アツーカ

つうか[2]【通過】〈名・する〉❶ある場所を、止まらないで通りすぎること。例急行が通過する。途中《とちゅう》の通過駅。❷ぶじに「それでよし」とみとめられること。例関門を通過する。予算案が国会を通過した。類パス。通る。▽アツーカ

つうかあ〈名〉気心が通じていて、おたがいに相手の言いたいことがすぐにわかること。「つうと言えばかあ」をちぢめたことば。「ツーカー」とも書く。例つうかあの仲。あいつとはツーカーだ。

つうかい【痛快】〈形動〉胸がすっとするほどいい気持ちだ。例痛快なできごと。

つうかぎれい【通過儀礼】〈名〉民俗《みんぞく》学で、誕生・成人・結婚《けっこん》・葬儀《そうぎ》など、人が成長していく過程で経験する、試練や儀式のこと。イニシエーション。

つうかく【痛覚】〈名〉皮膚《ひふ》や関節、内臓などの、痛《いた》いと感じる感覚。

つうがく【通学】〈名・する〉生徒や学生として学校にかようこと。例自転車通学。通学路。

つうかん[1]【通関】〈名〉出入国する人や、輸出入される品物が税関のチェックを通過すること。

つうかん[2]【痛感】〈名・する〉本当にそうだと思うこと。例改善の必要を痛感している。

表現「痛いほど感じる」「痛切に思う」「切実な思いがする」などの言いかたにあたる。

つうき【通気】〈名〉ものの内と外を空気が行き来すること。例通気性。類通風。

つうきせい【通気性】〈名〉空気を通す度合い。例通気性の高い生地《きじ》。

つうぎょう【通暁】〈名・する〉すみずみまでよく知っていること。類精通。

つうきん【通勤】〈名・する〉つとめ先にかようこと。例通勤ラッシュ。通勤定期。

つうげき【痛撃】〈名・する〉はげしく攻撃《こうげき》すること。ひどい打撃。例痛撃を加える。痛撃をこうむる。

つうこう【通行】〈名・する〉❶人や車が、道をとおること。例通行のさまたげ。通行禁止。一方通行。類交通。❷世間でひろく用いられていること。例通行の表記。

つうこく【通告】〈名・する〉公的にきまったことを、文書で正式に知らせること。例処分を通告する。類告知。通達。通知。

つうこん【痛恨】〈名〉心からひどく残念に思う気持ち。例痛恨にたえない。痛恨のきわみ。痛恨事。

つうさん【通算】〈名・する〉ある期間の全体を一つにしてかぞえること。例通算成績。

つうし【通史】〈名〉古代から現代にいたるまでを、時のながれにそって書き記した歴史。

つうじ[1]【通じ】〈名〉❶大便がでること。お通じ。例通

じがある。通じをよくする。類便通。❷相手の気持ちや考えが伝わること。例通じがはやい。▽ア①ツージ ②ツージ

[2]**つうじ【通詞・通事・通辞】**〈名〉「通訳」の古い言いかた。アツージ

つうしゃく【通釈】〈名・する〉古典作品などのむずかしい文章の全体の意味を明らかにすること。類解釈。
表現『源氏物語通釈』のように、多く書名に使う。

[1]**つうしょう【通称】**〈名〉正式の名ではなく、一般《いっぱん》によびならわされている名。例本名は寅《とら》次郎《じろう》、通称、寅さん。類愛称。俗称《ぞくしょう》。

[2]**つうしょう【通商】**〈名・する〉外国と貿易をすること。例通商条約。

つうじょう【通常】〈名・副〉とくに変わったできごとや条件がないこと。例通常の状態。営業時間は通常五時まで。通常どおり。類ふつう。平常。ふだん。

つうじょうこっかい【通常国会】〈名〉毎年一回、定期的に召集《しょうしゅう》される国会。一月に召集され、会期は一五〇日間。→とくべつこっかい・りんじこっかい

ツーショット〈名〉おもに男女が、二人でいる状況。例ツーショット写真。◇two-shot
参考映画や写真での男女二人の大うつしから。

つう・じる【通じる】〈動上一〉❶あるところまでとどいている。また、あるところまでとどかせる。例道が通じる。電流が通じる。電話が通じる。地下鉄が通じる。❷連絡《れんらく》がつく。また、連絡をする。例訪問する前に、あらかじめ話を通じておく。類通す。❸相手にわかる。例心が通じる。ことばが通じる。❹よく知っている。例事情に通じる。碁《ご》に通じる。❺(「…を通じて」の形で)「…のあいだずっと」「…の範囲《はんい》にわたって」という意味を表わす。例彼の主義は一生を通じてかわらなかった。その運動は全国を通じて行なわれた。類通して。❻(「…を通じて」の形で)「…を経由して」「…を手段として」という意味を表わす。例人を通じて面会を申し入れた。類通して。介して。▽「つうずる」ともいう。

つうしん【通信】〈名・する〉❶文書などでようすを知らせること。知らせ。例通信欄《らん》。学級通信。類音信。❷郵便・電話・ファックス・インターネットなどを使って、できごとや考えを知らせること。例通信がとだえる。通信衛星。通信教育。通信販売《はんばい》。通信網《もう》。❸「通話」に対して、インターネット上でウェブページを見たり、文書や画像・音楽などを送受信したりすること。データ通信。例通信速度。通信量。

つうじん【通人】〈名〉❶人情をよく心得ていて、さばけた人。❷ある分野について、非常によく知っている人。

つうしんきょういく【通信教育】〈名〉郵送された教材で勉強して、レポートを提出して指導をうけ、一定の課程の修了《しゅうりょう》がみとめられる教育のやり方。

つうしんしゃ【通信社】〈名〉新聞社や雑誌社、放送局にニュースを提供する会社。

つうしんはんばい【通信販売】〈名〉通信により注文をとって商品をおくる販売方法。メールオーダーとオンラインショッピング。略して「通販」ともいう。

つうしんぶん【通信文】〈名〉通信・連絡のための、用件をわかりやすく書いた文章。

つうしんぼ【通信簿】〈名〉⇩つうちひょう

つうしんもう【通信網】〈名〉❶あみの目のようにはりめぐらされた通信回線。❷通信社や新聞社、放送局などが、ひろくニュースを集めるために各地にはりめぐらした通信のための組織。▽類ネットワーク。

つう・ずる【通ずる】〈動サ変〉⇩つうじる

つうせき【痛惜】〈名・する〉人の死など、とりかえしのつかないことについて、非常に残念に思うこと。例痛惜の念にたえない。類痛恨《つうこん》。

[1]**つうせつ【通説】**〈名〉世間で一般《いっぱん》にみとめられている説。例通説をくつがえす。対異説。類定説。

[2]**つうせつ【痛切】**〈形動〉いたみをともなうほど、心につよく感じられる。例痛切な思い。類切実。

つうそうていおん【通奏低音】〈名〉バロック音楽で、旋律《せんりつ》(メロディー)に対し、基礎となる伴奏部分のこと。
表現文芸評論などで、ある作品やいくつかの作品に通底―《つうてい》している、作者の考えのたとえにも使われる。

つうそく【通則】〈名〉❶ひろく一般に通用する規則。❷こまかく分かれているきまりの 全体に通じる規則。

つうぞく【通俗】〈名・形動〉おもしろくて わかりやすく、大衆にうけ入れられやすいこと。例通俗な映画。通俗小説。通俗的。類俗《ぞく》うけ。大衆的。

つうぞくしょうせつ【通俗小説】〈名〉文学的価値よりも読者の興味にあわせた、娯楽《ごらく》本位の小説。類大衆文学。

つうぞくてき【通俗的】〈形動〉大衆の知識や好みのレベルに合わせている。

つうだ【痛打】〈名・する〉❶手ひどい打撃《だげき》をあたえること。例顔面を痛打する。❷野球で、するどい打球をはなつこと。例痛打をあびる。きめ球を痛打される。

つうたつ【通達】〈名・する〉役所が、そこで決定したことを、下級の役所や民間につたえること。例その筋からの通達。通達がでる。類お達し。通告。通知。

つうち【通知】〈名・する〉❶必要事項《じこう》を必要な相手に知らせること。例通知がある。通知をうける。あらかじめ通知する。通知表。合格通知。類通告。通達。❷電話機などの、なにかを使用者に知らせる機能。例電話番号を非通知にしてかける。着信通知。

つうちひょう【通知表】〈名〉学校から、生徒の成績、身体検査の結果、学校生活のようすなどを、生徒の家庭に知らせる書類。通信簿《ぼ》。

[1]**つうちょう【通帳】**〈名〉金銭の出し入れや、品物の売り買いなどを記録しておく帳面。例預金通帳。

[2]**つうちょう【通▾牒】**〈名〉❶〈する〉文書で通知すること。❷国際法で、国家の一方的な意思を表示する文書。例最後通牒。

つーつらつー(方言) さっそうと。すいすいと。佐賀で言う。例自転車をつーつらつーてこぐ。

つうてい【通底】〈名・する〉二つ以上のことがらや考え方のあいだに、深いところで共通の性質があること。例どの著作にも同じ問題意識が通底している。

つうてん【痛点】〈名〉〔医学〕皮膚《ひふ》の表面にたくさんちらばっている、痛みを感じる点。

つうどく【通読】〈名・する〉はじめから終わりまで、ひととおり読みおえること。類一読。

ツートンカラー〈名〉二つの色のくみあわせ。例ツートンカラーの乗用車。◇two-tone color

[1]**つうねん【通年】**〈名〉一年間を通じてのこと。例通年営業。アツーネン

[2]**つうねん【通念】**〈名〉そのことで、人々が共通にもって

つ

いる考え。例社会通念。類常識。アツーネン

つうば【痛罵】〈名・する〉ひどくののしること。例痛罵を浴びせる。類悪口雑言《あっこうぞうごん》。罵倒《ばとう》。

[1]**つうはん**【通販】〈名〉「通信販売」の略。

[1]**つうふう**【痛風】〈名〉関節やその周囲に炎症《えんしょう》がおこって、はげしくいたむ病気。

[2]**つうふう**【通風】〈名〉風をとおして空気を入れかえること。風とおし。例通風をよくする。通風装置《そうち》。類換気《かんき》。通気。

つうふん【痛憤】〈名〉おさえがたい怒《いか》りの爆発《ばくはつ》。

つうぶん【通分】〈名・する〉〔数学〕二つ以上の分数の分母を、それぞれの分数の値《あたい》をかえないで同じ数にそろえること。たとえば、$\frac{1}{2}$と$\frac{2}{3}$を通分すると、$\frac{3}{6}$と$\frac{4}{6}$になる。

つうへい【通弊】〈名〉全体に通じるわるい傾向《けいこう》。例通弊を打破する。インテリの通弊は…。

つうほう【通報】〈名・する〉情報をとどけること。例警察に通報する。気象通報。一一〇《ひゃくとお》番通報。類通知。連絡《れんらく》。

つうやく【通訳】〈名・する〉ことばの通じない二人の間に立って、それぞれのことばを訳してつたえること。その職業。例通訳をつける。同時通訳。手話通訳士。

つうゆう【通有】〈名・形動〉特徴《とくちょう》などが共通してみられること。例通有性。対特有。

[1]**つうよう**【痛▼痒】〈名〉いたみとかゆみ。

痛痒を感《かん》じない なんの影響《えいきょう》もなく、まったく平気だ。類いたくもかゆくもない。

[2]**つうよう**【通用】〈名・する〉❶世間で一般《いっぱん》にみとめられていて、ひろく用いられること。例そんな考えは社会では通用しないよ。類通る。❷一定の期間、または一定の場所で、有効であること。例このチケットは開催《かいさい》期間中いつでも通用する。❸いつも出入りすること。例通用門。❹あるものごとが別のものごとにもあてはまること。例これは、別のケースにも通用する。

つうようもん【通用門】〈名〉関係者だけが、ふだんの出入りに利用する門。

つうらん【通覧】〈名・する〉全体にひととおり目をとおすこと。例日本史が通覧できる本。類一覧。

ツーリスト〈名〉旅行者。観光客。◇tourist

ツール〈名〉❶道具。工具。❷手段。◇tool

つうれい【通例】一〈副〉一般《いっぱん》に。例このあたりの商店は、通例、一月三日まで休みになる。二〈名〉いつものやりかた。例通例にしたがう。▽類ふつう。

つうれつ【痛烈】〈形動〉とてもいきおいがはげしく、てきびしい。例痛烈なことば。痛烈に批判する。三遊間をぬく痛烈な当たり。類猛烈《もうれつ》。辛辣《しんらつ》。

つうろ【通路】〈名〉行き来するための とおり道。

つうろん【通論】〈名〉ある分野の全体にわたって論じた書物や講義。

つうわ【通話】〈名・する〉電話機や、その機能をもつ機器・ソフトウェアで、話をすること。例通話料金。通話アプリ。

つえ【▼杖】〈名〉手に持ってからだをささえ、歩くときの助けとして使う棒。木やタケ、あるいは軽金属でつくる。例つえをつく。つえにすがる。類ステッキ。

表現「つえとも柱ともたのむ」は真にたよりにしていること。

[1]**つか**【▽束】〈名〉❶〔建築〕「つかばしら」の略。はりと棟《むね》のあいだや、床《ゆか》の下に立てる短い柱。❷本の厚さ。例つかがある。つかをだす。

参考むかしは、ものをつかんだときの にぎりこぶしのはばを「ひとつか」といった。『古事記』にある「とつかのつるぎ」は「十つか」で、こぶし十《とお》ぶんの長さの剣《けん》をいう。

[2]**つか**【▽柄】〈名〉刀や弓などの、手でつかむ部分。

[3]**つか**【塚】〈名〉❶土をこだかくもり上げたもの。❷土をこだかくもり上げてつくった墓。例塚をきずく。一里塚。貝塚。例「塚も動けわが泣く声は秋の風」〔芭蕉《ばしょう》〕。

【塚(塚)】土部9 全12画

塚 塚 塚 塚 塚

つか

つが【▼栂】〈名〉中部地方より南の山野に生える常緑高木。小さくてかたい葉がならんでつく。木材は建築や家具に使う。とが。つがのき。

つかい【使い・遣い】〈名〉言いつけられた用事ででかけること。主人の用向きをする人。メッセンジャー。例使いの者。使いをだす。神の使い。類使者。

参考「お使い」はちょっとした用事にかぎられる。

つがい【▽番い】〈名〉二つで一つとなるもの。おすとめすの一対《いっつい》。例つがいのインコ。ひとつがい。類ペア。

つかいがって【使い勝手】〈名〉道具や設備の使いやすさ。例このキッチンは使い勝手が悪い。

つかいこな・す【使いこなす】〈動五〉思いのままに役だたせる。例英語を使いこなす。機械を使いこなす。

つかいこ・む【使い込む】〈動五〉❶自分のものでないお金を無断で使う。例公金を使い込む。類着服する。❷すっかりそれに慣れてしまうほど、長いあいだ使う。例使い込んだ道具は手放せない。

つかいすて【使い捨て】〈名〉❶いちど使ったら、捨ててしまうこと。例使い捨てカイロ。❷人を、必要なときだけやとって、かんたんにやめさせること。類切り捨て。

つかいだて【使い立て】〈名・する〉自分がすべき用事を、人にさせること。例使い立てをして申しわけないが。

つかいて【使い手・遣い手】〈名〉❶［使い手］その物を使う人。例お金は生かすも殺すも使い手次第だ。❷［遣い手］刀ややりなどをたくみにつかう人。類達人。

つかいで【使いで】〈名〉❶使ってみて、たくさん使ったなと感じるだけの量。例使いでがある。❷使いみち。例この道具は意外に使いでがない。

つかいはしり【使い走り】〈名・する〉言いつけられた用事のためにあちこちを回ること。そう言いつけられた人。「つかいばしり」「つかいっぱしり」「はしりづかい」ともいう。

つかいはた・す【使い果たす】〈動五〉全部残らず使う。例貯金を使い果たす。気力を使い果たす。

つかいふる・す【使い古す】〈動五〉古くなるまで使いつくす。例使い古したタオル。

つかいみち【使い道】〈名〉いま目の前にあるお金やもの、人の能力などを生かすための使いかた。例使い道がない。使い道にこまる。使い道を考える。類用途。使途。

つかいもの【使い物・遣い物】〈名〉❶［使い物］役にたつように使えるもの。例これはとても使い物にならない。❷［遣い物］（多く、「おつかいもの」の形で）おくりもの。例お遣い物にする。類進物《しんもつ》。

つかいわ・ける【使い分ける】〈動下一〉たくみに使いかたを変える。例相手によって敬語を使い分ける。

つか・う【使う・遣う】〈動五〉❶［使う］ある目的のために役だたせる。例おうぎを使う。いるすを使う。電卓《でんたく》を使って計算する。類用いる。使用する。例助手を使う。❷［使う］人を働かせる。人ばかり使わ

ないで自分でしなさい。こき使う。❸[使う・遣う] 消費する。ついやす。例金《かね》を使う。例気を遣う。神経を遣う。❹[遣う] よく注意して、心をはたらかせる。❺[使う・遣う] ことばを話す。例フランス語を使う。おせじを遣う。❻[使う・遣う] 特別の技術をあやつる。思うようにする。例手品を使う。人形を遣う。魔法《まほう》を使う。

表記 一般《いっぱん》的には「使う」と書くが、③④⑤⑥のように「じゅうぶんにはたらかせる」という意味のときは「遣う」と書くこともある。一方、「心遣い」「言葉遣い」「仮名《かな》遣い」「金《かね》遣い」「無駄《むだ》遣い」のように「…づかい」という名詞の形では、「遣い」と書くことが多い。

つが・う『▽番う』〈動五〉❶二つのものが一つの組みになる。❷動物が交尾する。

つかえ『▽支え』〈名〉つかえること。また、心の中のわだかまり。例仕事につかえが出る。胸のつかえがおりる。

つか・える[1]『▽支える』〈動下一〉じゃまなものがあって、それにぶつかったりして、ものごとが思うようにすすまない。つっかえる。例ものがつかえる。ことばがつかえる。のどにつかえる。類つまる。とどこおる。↓囲み記事31(下)

方言 富山では、「つかえん」の形で、「かまわない・さしつかえない」の意味でも使う。「このパソコンつかえんよ」と言えば、「使ってかまわないよ」という意味。

つか・える[2]【仕える】〈動下一〉❶えらい人のそばにいて、忠実にさまざまな用をたす。例神に仕える。❷役所などにつとめる。例宮中に仕える。

つが・える『▽番える』〈動下一〉弓のつるに矢をかけて、射る用意をする。例弓に矢をつがえる。

参考 元来の意味は、男女を組み合わせて夫婦にするように、「一対《いっつい》の組み合わせを作る」こと。

つかさ【▽司】〈名〉❶「役所」「官職」「役人」などの古い言いかた。❷伝統ある店。例菓子《かし》司。

つかさど・る『▽司る・▽掌る』〈動五〉全体についての責任をもって仕事をする。例事務をつかさどる。

つ(付)かずはな(離)れず くっつきもせず、はなれすぎてもいない状態にある。類不即不離《ふそくふり》。

つかつか〈副〉ためらうことなく、まっすぐ歩みよるようす。

つ(付)かぬこと(事) 今までの話とあまり関係のないこと。

表現 「つかぬことをおたずねしますが…」のように、相手にとって唐突《とうとつ》なことを切りだすときにも使う。

つか・ねる『▽束ねる』〈動下一〉❶集めて、ひとつのたばにする。類たばねる。❷くみあわせる。例手をつかねる(=何もできずに、ただ見ている)。

つかのま『▽束の間』〈名〉ほんのわずかのあいだ。例つかのまのできごと。類一瞬《いっしゅん》。

つかま・える【捕まえる】『▼摑まえる』〈動下一〉❶[捕まえる] にげないようにとりおさえる。例犯人を捕まえる。虫を捕まえる。類とらえる。❷[摑まえる] 手でにぎるなどして、はなさない。例いたずらをした子の首根っこをつかまえる。

表現 「親をつかまえていきなりバカはないだろう」のような言いかたがある。これは目標としてとらえるという、心の動きを言っている。

つかま・せる『▼摑ませる』〈動下一〉❶自分に有利にとりはからってもらうために、お金などをわたす。例五万円つかませる。類にぎらせる。❷いつわって、わるいものを買わせる。例しろうとににせものをつかませる。▽「つかます」ともいう。

つかま・る【捕まる】『▼摑まる』〈動五〉❶[捕まる] とりおさえられて、にげることができなくなる。例犯人が捕まる。警察に捕まる。彼につかまると話が長くなるから、早く帰ろう。❷[摑まる] 自分のからだをささえるために、手でほかのものをにぎる。例手すりやつり革《かわ》におつかまりください。

つかみ『▼摑み』〈名〉演芸で、序盤《じょばん》のうちに笑いをとって、客の心をつかんでおくこと。

つかみあい【つかみ合い】『▼摑み合い』〈名〉たがいに相手のからだや衣服をつかんであらそうこと。例つかみ合いのけんか。つかみ合いになる。類とっくみ合い。格闘《かくとう》。

つかみかか・る『▼摑み掛かる』〈動五〉相手のからだや衣服を乱暴につかんで、おそいかかる。

つか(▼摑)みどころ(所)がな(無)い 漠然《ばくぜん》としていて、どんなものなのかよくわからない。「とらえどころがない」ともいう。類雲をつかむようだ。

つか・む『▼摑む』〈動五〉❶手でしっかりにぎって持つ。例電車のつり革《かわ》をつかむ。おぼれる者は、わらをもつかむ。つかみかかる。対はなす。❷すっかり自分のものにする。例心をつかむ。こつをつかむ。証拠《しょうこ》をつかむ。要領をつかむ。大金をつかむ。チャンスをつかむ。類にぎる。

つか・る【漬かる】〈動五〉❶液体の中にはいる。例ふろにつかる。水につかる。類ひたる。❷漬物《つけもの》によく味がしみて、食べごろになる。つく。

表記 ①は、「▽浸かる」と書くこともある。

つかれ【疲れ】〈名〉つかれること。つかれた状態。例疲れがでる。疲れをとる。旅の疲れ。類疲労《ひろう》。

つかれめ【疲れ目】〈名〉目が疲れて、見えにくかったり、痛んだりする状態。

つか・れる[1]【疲れる】〈動下一〉❶からだや心を使った結果、その力がおとろえる。例からだが疲れる。神経が疲れる。生活に疲れる。類疲労《ひろう》する。❷長く使った結果、ものの力がおとろえる。例てんぷら油がつかれる。▽類くたびれる。

囲み記事 31

「つかえる」の用法

「つかえる」というとき、(1)さまたげをするもの、(2)さまたげのおこる場所、(3)さまたげられている全体、の三つが問題になり、実際の表現ではその一つか二つが表わされることが多い。

(1)(ナニ)がつかえる——車がつかえる。食べものがつかえる。さかなの骨がつかえる。

(2)(ドコ)がつかえる——あとがつかえる。入り口がつかえる。先がつかえる。のどがつかえる。

(3)(ナニ=全体)がつかえる——議事がつかえる。仕事がつかえる。道路がつかえる。

(4)(ナニ)が(ドコ)につかえる——食べものがのどにつかえる。

(5)(ナニ)が(ドコ)でつかえる——乗客が改札口でつかえる。

(6)(ナニ)で(ナニ)がつかえる——たくさんの車で道路がつかえる。

[2]**つか・れる**〘▼憑かれる〙〈動下一〉霊《れい》など、なにかふしぎなものにのり移られる。例きつねにつかれる。急につかれたように、ピアノをひきだした。

つかわ・す【遣わす】㊀〈動五〉❶命令して行かせる。例使者を遣わす。類遣《や》る。❷物をあたえる。例褒美《ほうび》を遣わす。▽古い、いばった言いかた。
㊁〈補動五〉[つかわす]（「…(て)つかわす」の形で）身分の高い人が低い者に、なにかをしてやる、という意味を表わす。古い言いかた。例許してつかわす。

[1]**つき**【月】〈名〉❶〔天文〕地球の衛星。地球にもっとも近い天体。直径は地球の約四分の一で、大気も水もない。約一か月で地球を一周する。一九六九年、人類がはじめており立った。例月がでる。月がかくれる。月の光。月あかり。月見。三日月。おぼろ月。❷〔天文〕「衛星」のこと。例土星の月。❸暦《こよみ》の一か月。十二か月で一年。もとは「①」の満ち欠けを基準にしたので「月」というようになった。「大の月」と「小の月」がある。例明日から月が変わる。月はじめ。月なかば。月ずえ。年月《としつき》。▽アツキ」→げつめい

月とすっぽん 二つのものがひどくちがっていて、つりあわないこと。類ちょうちんにつり鐘《がね》。雲泥《うんでい》の差。

月に叢雲《むらくも》花《はな》に風《かぜ》 明月には雲がかかり、サクラの花には風がふいて散らすように、とかくいいことには、じゃまが入りやすいものだ。類好事、魔《ま》多し。

[2]**つき**【付き】㊀〈名〉❶つくこと。つきぐあい。例つきのわるいシール。❷[つき] ものごとをすすめるときの運。いいめぐりあわせ。例つきが落ちる。つきがかわる。つきがまわってくる。類幸運。▽アツキ」
㊁〈接尾〉❶「…のようす」という意味を表わす。例顔つき。手つき。目つき。❷「…がついている」「…についている」という意味を表わす。例保証付き。三食付き。

[3]**つき**【突き】〈名〉❶なにかを突くこと。例ひと突き。❷すもうで、足をふみ出しながら、相手の肩《かた》や胸などを、平手で何回も強くおすこと。例突きがきく。突きずもう。❸剣道《けんどう》で、相手の のどを突くわざ。▽アツキ

[4]**つき**〘付き・就き〙（「…につき」の形で）❶…に関して。例この点につき、ご説明します。類ついて。❷…の理由で。例雨天につき、試合を中止します。類ため。❸…ごとに。例一人につき五個。類ついて。あたり。

[1]**つぎ**【次】〈名〉順序が一つあと。すぐあとにつづくもの。例次から次へ。次の人。アツギ」

[2]**つぎ**【継ぎ】〈名〉衣服の破れたりよわっていたんだりしたところに、別の布をぬいつけて補強すること。例継ぎをあてる。アツギ

つきあい【付き合い】〈名〉❶人と親しく交際すること。例付き合いがない。仕事のうえの付き合い。近所付き合い。類交際。❷自分からするのではなく、人にあわせていっしょにすること。例付き合いで飲む。
表現 ①②とも、「お付き合い」の形で使うこともある。

つきあ・う【付き合う】〈動五〉❶友人・恋人・親戚《しんせき》などと、会って親しくする。類交際する。❷人がしようとしていることを、自分もいっしょにする。例食事を付き合う。買い物に付き合う。

つきあかり【月明かり】〈名〉月の光。月光による明るさ。類月明《げつめい》。

つきあ・げる【突き上げる】〈動下一〉❶下から突くようにしておし上げる。例地面を突き上げるような はげしいゆれ。❷下の地位の者が、上の人のやりかたを批判して、なにかをするように要求する。

つきあたり【突き当たり】〈名〉すすんでいく道の正面が、さえぎられているところ。例突き当たりの部屋。

つきあた・る【突き当たる】〈動五〉❶動いていってつよく当たる。ぶつかる。例人に突き当たっておいて、あやまりもしない。❷道の正面をさえぎられていて、それ以上まっすぐに進めなくなる。例道が大きなビルに突き当たって、左へまがっている。

つぎあわ・す【継ぎ合わす】〈動五〉つなぐとか縫《ぬ》うとかして、くっつける。「つぎあわせる」ともいう。

つきあわ・せる【突き合わせる】〈動下一〉❶ぶつかりそうになるほど、近づける。例ひざを突き合わせる。❷二つのものをくわしく比べて、同じかちがうかをしらべる。例名簿《めいぼ》と出席者を突き合わせた。類照合する。照らし合わせる。引き合わせる。

つきおくれ【月遅れ・月後れ】〈名〉❶一か月おくらせること。おくれること。例月遅れのお盆《ぼん》。❷月刊の雑誌などで、その月に発行されたものに対して、その前の月に発行されたもの。例月遅れの雑誌を読む。

つきおと・す【突き落とす】〈動五〉突き飛ばして高いところから落とす。例がけから突き落とす。
表現「絶望の底に突き落とされる」のように、心理的にきわめて悪い状態に落ちこませるようなときにも使う。

つきかえ・す【突き返す】〈動五〉受け取ることを拒絶《きょぜつ》して返す。例書類を突き返す。
表現 話しことばでは、「つっかえす」ということが多い。

つきかげ【月影】〈名〉❶月の光。例月影さやか。❷月の光をうけてうつる、ものの影。類かげ。

つぎき【接ぎ木】〈名・する〉木の枝《えだ》や芽の部分を切りとって、別の木の幹につぐこと。

つきぎめ【月決め】〘月▽極〙〈名〉料金のしはらいなどを、ひと月単位ですること。また、その契約《けいやく》。

つききり【付き切り】〈名〉⇩つきっきり

つきくず・す【突き崩す】〈動五〉❶力を強く加えてくずす。例砂山を突き崩す。❷はげしく攻撃《こうげき》して打ち負かす。例敵を突き崩す。論拠《ろんきょ》を突き崩す。

つぎこ・む【つぎ込む】〘▽注ぎ込む〙〈動五〉❶液体を容器にながし入れる。❷事業をやりとげるために、お金や人、時間などをたくさん使う。例全財産をつぎ込む。類投入する。

つきささ・る【突き刺さる】〈動五〉先のとがったものが中までささる。例針が突き刺さる。言葉が心に突き刺さる。

つきさ・す【突き刺す】〈動五〉先のとがったものを、ほかのものに刺しこむ。例突き刺すような痛み。

つきしたが・う【付き従う】〈動五〉❶人のあとについて行く。お供をする。❷配下となる。

つきずえ【月末】〈名〉月の終わりのころ。類月末《げつまつ》。対月初め。

つきすす・む【突き進む】〈動五〉じゃまなものがあってもかまわず、いきおいよくまっすぐに進む。類突進《とっしん》する。

つきせぬ【尽きせぬ】〈連体〉尽きることのない。書きことば的な言いかた。例尽きせぬ思い。尽きせぬ涙。

つきそい【付き添い】〈名〉つきそうこと。つきそう人。例病人の付き添い。類介添《かいぞ》え。

つきそ・う【付き添う】〈動五〉世話をするために、そばにつく。例病人に付き添う。

つきたお・す【突き倒す】〈動五〉強く突いて相手を倒す。例人を突き倒す。

つ

つきだし【突き出し】〈名〉❶すもうで、相手の肩《かた》や胸を平手で突いて、土俵の外に出すわざ。❷料理の前に出す、かんたんな酒のさかな。類お通し。参考②はおもに西日本で使うが、料理屋を中心に全国に広がった。

つきだ・す【突き出す】〈動五〉❶ぐいっといきおいよく前へ出す。例くちびるを突き出す。❷犯人などをつかまえて、警察官にひきわたす。例交番に突き出す。❸すもうで、相手のからだを突いて土俵の外へ出す。類おし出す。❹ものの表面から、ほそ長いものやとがったもの、かたいものなどが外がわに出る。例壁《かべ》からくぎが突き出している。❺ほかの部分よりずっと前の方へ出る。類突き出る。出っぱる。例海中にほそく突き出した岬《みさき》。類突き出る。張り出す。

1**つぎた・す【つぎ足す】**『▽注ぎ足す』〈動五〉飲み物がはいっている容器に、さらに飲み物をつぐ。例ビールをつぎ足す。

2**つぎた・す【継ぎ足す】**〈動五〉長さをおぎなうために、ほかのものをつなぐ。例はしごを継ぎ足す。ことばを継ぎ足す。

つきた・てる【突き立てる】〈動下一〉先のとがったものを突きさして立てる。例畳に包丁を突き立てる。

つきづき【月月】〈名〉一か月ごと。毎月。例月々一万円のしはらい。月々の仕送り。

つぎつぎ【次次】〈副〉とぎれることなく。いくつもいくつもつづいて。次から次へと。例事件が次々とおこる。次々に料理がはこばれてきた。

つきっきり【付きっ切り】〈名〉そばにいてはなれないこと。つききり。例付きっ切りで看病する。

つきつ・ける【突き付ける】〈動下一〉相手の目の前に、「さあどうだ」と言うように、さしだす。例ピストルを突き付ける。証拠《しょうこ》を突き付ける。

表現「問題を突き付ける」「要求を突き付ける」のように、相手からの返事をつよくもとめるような場合にも使う。

つきつ・める【突き詰める】〈動下一〉とことんまで考えぬく。例突き詰めて考える。類せんじつめる。

つぎて【継ぎ手】〈名〉❶家業をつぐ人。類あとつぎ。後継者《こうけいしゃ》。❷物と物をつなぎあわせるもの。つなぎ合わせた部分。類ジョイント。

つき・でる【突き出る】〈動下一〉一部分が出っぱる。

つきとお・す【突き通す】〈動五〉さして、うら側までとおす。例錐《きり》を板に突き通す。

つきとば・す【突き飛ばす】〈動五〉人を乱暴に突いてはねとばす。

つきと・める【つき止める】〈動下一〉よくしらべて明らかにする。例原因をつきとめる。居場所をつきとめる。

つきなみ【月並み】一〈名〉毎月きまってあること。例月並みの会。二〈形動〉ありふれていて、つまらない。古い言いかた。例月並みな考え。類ありきたり。

つぎに【次に】〈接〉別の話題にうつるときに使うことば。例次に今度の試合の作戦の話にうつろう。

つきぬ・ける【突き抜ける】〈動下一〉ものの中をいきおいよく通ってむこうがわへいく。例弾丸《だんがん》がかべを突き抜けた。からだを突き抜けるような衝撃《しょうげき》だ。

つぎのま【次の間】〈名〉主となる部屋に付属している小さな部屋。控《ひか》えの間。

つきのもの【月の物】〈名〉「月経《げっけい》」を遠まわしに言うことば。

つきのわぐま『月の輪熊』〈名〉クマの一種。日本では本州以南にすむ。体毛が黒く、ヒグマより小さい。胸に白い毛が三日月の形に生えている。

つぎはぎ【継ぎはぎ】『継ぎ▽接ぎ』〈名〉❶衣服に継ぎがたくさんあたっていること。❷ほかのものをあれこれ集めて、つなぎ合わせて一つのものをつくりあげること。パッチワーク。

つきはじめ【月初め】〈名〉月のはじめのころ。対月末《つきずえ》。

つきは・てる【尽き果てる】〈動下一〉完全になくなる。「尽きる」を強調した言いかた。例精も根も尽き果てる。あいそが尽き果てる。

つきはな・す【突き放す】〈動五〉❶突いてはなれさせる。❷競争相手にはっきりと差をつける。例二位以下を大きく突き放してゴールした。❸自分とはかかわりのうすいものとして、つめたい態度をとる。「つっぱなす」ともいう。例突き放した見かたをする。

つきばらい【月払い】〈名〉代金などを、数か月に分けて、または、一か月分をまとめてはらうこと。類月賦《げっぷ》。

つきひ【月日】〈名〉時間のながれ。例月日がたつ。月日が流れる。月日を送る。類歳月《さいげつ》。年月。

つきびと【付き人】〈名〉芸能人や力士などにつきそって、身の回りの世話をする人。つけびと。

つきふ・せる【突き伏せる】〈動下一〉相手を槍《やり》などで突きたおす。

つきへん『月偏』〈名〉漢字の偏の一つ。「服」「朧《ろう》」などの「月」の部分。参考もともとは、三・四画目の横棒の右はしがはなれた「月」で、くっついている「月(にくづき)」とは別であったが、常用漢字では同形にしている。

つぎほ【接ぎ穂】〈名〉❶つぎ木で、台木につぐ小枝《こえだ》や芽。対つぎ台。❷会話をつづけていくためのきっかけ。例あまりぶあいそうなので話の接ぎ穂がない。

つきまと・う【付きまとう】『付き▼纏う』〈動五〉❶相手がいやがっているのに、そばからはなれない。例のら犬につきまとわれる。❷わるい印象や感じがいつもともなう。例暗いイメージが付きまとう。不安が付きまとう。

つきみ【月見】〈名〉❶月を見てたのしむこと。類観月。❷とろろやうどん、そばなどの汁《しる》になまたまごを割ってうかべたもの。例月見そば。

参考①は、とくに陰暦《いんれき》八月十五日・九月十三日にあたる日に行なわれた月を見る風習をいう。

つきみそう【月見草】〈名〉山野に生える二年草。夏の夕がた、黄色い四弁の花をひらき、翌朝《よくあさ》にはしぼむ。つきみぐさ。よいまちぐさ。オオマツヨイグサ。

つぎめ【継ぎ目】〈名〉二つのものをつなぎ合わせたさかいめの部分。類合わせ目。

つきめいにち【月命日】〈名〉なくなった人の命日にあたる毎月の日。たとえば、一月十日が命日(=祥月《しょうつき》命日)であれば、二月から十二月までの各十日。月忌《がっき》。月忌命日。

1**つきもの【つき物】**『▼憑き物』〈名〉人にのりうつって、異常な行動をとらせたり、ことばを言わせたりするふしぎなもの。例つき物がおちる。アツキモノ

2**つきもの【付き物】**〈名〉ふつうならば、そのものにかならず付いているもの。例祝い膳《ぜん》に鯛《たい》は付き物だ。アツキモノ

つきやぶ・る【突き破る】〈動五〉❶いきおいよくつっこんで破る。例障子を突き破る。❷はげしく攻撃《こうげき》して負かす。例敵の包囲を突き破る。

 ツタンカーメン　前14世紀ごろの，古代エジプトの王。都をテーベにもどし，アモン信仰に復した。

つきやま【築山】〈名〉日本庭園で、土をもり上げて、山をかたどったもの。

つきゆび【突き指】〈名・する〉指先からつけねの方向につよい力がくわわったために、指の関節をいためること。

つきよ【月夜】〈名〉月が照っている夜。対やみ夜。

月夜に提灯《ちょうちん》 道も明るい月夜なのに提灯をともすように、役にたたないばかりか、じゃまになるもの。

つ・きる【尽きる】〈動上一〉❶だんだん少なくなっていって、すっかりなくなる。例命が尽きる。たくわえが尽きる。道が尽きる。あいそが尽きる。話は尽きない。尽きはてる。❷(「…に尽きる」の形で)…があれば、ほかに何もいらない。例この町の魅力《みりょく》は夜景に尽きる。いやはや、「みごと」のひと言に尽きる。

つきわり【月割り】〈名〉❶月ごとに均等にわりふること。例月賦《げっぷ》。例月割りにすると、入場者はひと月に千人ほどだ。❷月割りで購入《こうにゅう》する。

1**つ・く【付く】**〈動五〉❶あるものが、ほかのものにぴったりふれて、はなれない状態になる。例どろが付く。身に付く。手に付かない。からみ付く。はり付く。飛び付く。類くっつく。付着する。

❷なにかに、あるものがくわわる。例味が付く。利子が付く。おまけが付く。おひれが付く。もの言いが付く。

❸人のそばをはなれないでいる。例付かずはなれず。護衛が付く。おじさんに付いて工場の見学に行った。うしろを付いてくる。

❹あたらしいものや状態が生まれる。例元気がつく。ちえがつく。力がつく。運がつく(→ついている)。

❺目に見えるあとが残る。例傷がつく。しみがつく。

❻今まできまらなかったことが、はっきりする。例かたがつく。高くつく。見当がつく。勝負がつく。目鼻がつく。

❼あることが心にうかぶ。例気がつく。察しがつく。想像がつく。思いつく。

❽火が燃えはじめる。例ライターがつかない。対消える。

❾電気製品のスイッチが入る。例明かりがつく。対消える。

表記 ⑧と⑨は、「▽点く」と書かれることもある。▽ア ツク

方言 福岡では、「つかん」の形で、「ボールペンなどのインクが出ない」という意味でも使う。

付いて回《まわ》る ⇩独立項目

2**つ・く【着く】**〈動五〉❶移動して、ある場所まで行く。例飛行機が着く。手紙が着く。五時に着く。類到着《とうちゃく》する。❷人がある場所をしめる。例位置につく。食卓《しょくたく》につく。配置につく。❸からだの一部がある場所までとどく。例天井《てんじょう》に頭がつく。深くて足がつかない。▽ア ツク

3**つ・く【就く】**〈動五〉❶あることをはじめる。例床《とこ》に就く(=寝る)。帰途《きと》に就く。❷ある仕事をはたす役目になる。例公職に就く。部長の職に就く。対辞する。類就職する。就任する。❸王や皇帝になる。例帝位につく。類即位する。❹そのものにしたがう。とくに、ある人を先生として教えをうける。例やすきに就く(=かんたんなやりかたを選ぶ)。山田先生に就いて研究をする。▽ア ツク

4**つ・く【▽吐く】**〈動五〉❶口から息などをだす。例ため息をつく。❷よくないことを遠慮《えんりょ》なく口にだして言う。例悪態をつく。うそをつく。毒づく。類たたく。▽ア ツク

表記 ③は、「▽即く」と書くこともある。

5**つ・く【▼憑く】**〈動五〉「とりつく③」のやや古い言いかた。例狐《きつね》がつく。ア ツク

6**つ・く【突く】【▼撞く・▽衝く】**〈動五〉❶ほそ長いものの先を使って、一点に対していきおいよく力をくわえる。例針で突く。意気天をつく。突き飛ばす。❷つえなどをささえにする。例つえを突く。手を突く。❸まりやはねつきの羽根などを、つよく打つ。例羽根をつく。❹打って音をだす。例鐘《かね》をつく。❺ある一部分を、または、ある時機をえらんで、攻撃《こうげき》する。おそう。例急所を突く。背後を突く。不意を突く。❻やりにくいことがあっても、かまわずにやる。例暴風をついて出港した。❼鼻や耳をつよく刺激《しげき》する。例悪臭《あくしゅう》が鼻をつく。▽ア ツク ツク

方言 和歌山では、「自転車つく」のように、「押《お》す」の意味でも使う。

7**つ・く【▼搗く】**〈動五〉穀物をうすに入れて、きねでうつ。例米をつく。もちをつく。ア ツク

8**つ・く**〈接尾〉擬声《ぎせい》語・擬態語について、そうしたようすや状態になる意味を表わす。例ばらつく。だぶつく。

1**つ・ぐ【次ぐ】**〈動五〉❶すぐあとにつづく。例成功に次ぐ成功。❷順位などが、そのすぐあとである。例東京に次ぐ大都会。

2**つ・ぐ【継ぐ・接ぐ】**〈動五〉❶[継ぐ] つづいてきたもののあとをうけてつづける。うけつぐ。例家業を継ぐ。ことばを継ぐ。遺志を継ぐ。語り継ぐ。ひき継ぐ。❷[継ぐ] あとからまたくわえる。例炭をつぐ。継ぎ足す。類足す。❸[継ぐ] 衣類などをつくろう。例ほころびをつぐ。❹[接ぐ] つなぎあわせる。例骨を接ぐ。木に竹を接ぐ(→「き〔木〕」の子項目)。類接《は》ぐ。

3**つ・ぐ【▽注ぐ】**〈動五〉飲みものを容器にそそぎ入れる。例酒をつぐ。コップにつぐ。類そそぐ。さす。

方言 九州や瀬戸内《せとうち》地域では、「ご飯をつぐ(=よそう)」と言う。

づ・く【付く】〈接尾〉名詞について五段活用の動詞をつくる。❶そのような状態になることを表わす。例調子づく。活気づく。❷そのような状態がたびたび起こることを表わす。例お客づく(=しきりにお客がたずねてくる)。芝居《しばい》づく(=たびたび芝居に出演する。たびたび芝居を見に行く)。

つくえ【机】〈名〉読書や勉強をするときに使う台。例机をならべる(=同じ教室で勉強する)。机にむかう。

つくし【▽土▽筆】〈名〉春先、スギナの地下茎《ちかけい》からでて、胞子《ほうし》をつける茎《くき》。先端《せんたん》は筆の先に似《に》ている。食べられる。「つくしんぼ」ともいう。

づくし【尽くし】〈接尾〉同類のものをいくつとなくならべることを表わす。例花尽くし。たけのこ尽くし。

つく・す【尽くす】㊀〈動五〉❶あるだけのものを全部使ったり、やってみたりする。例力を尽くす。手を尽くす。悪事のかぎりを尽くす。論議を尽くす。❷ほかのもののために、力のかぎり努力する。例人に尽くす。

㊁〈接尾〉動詞の連用形につけて、「すっかり…てしまう」という意味を表わす。例言いつくす。知りつくす。

つくだに【つくだ煮】【▼佃煮】〈名〉小ざかなやコンブなどを、しょうゆや砂糖などで、味をこく煮《に》しめた食品。長期間保存ができる。東京佃島が始まりの地。

つくづく【▽熟々・尽々】〈副〉❶念を入れて注意ぶかく見たり、あれこれ考えたりするようす。例つくづく(と)ながめる。失敗の原因をつくづく(と)考えてみた。類よくよ

つ

く。じっくり。❷身にしみて感じるようす。例つくづく(と)いやになる。つくづく(と)思う。類しみじみ。ほとほと。

つくつくぼうし〖つくつく法師〗〈名〉セミの一種。体長三《センチメートル》ほどで、羽はすきとおっている。夏の終わりに鳴き、鳴き声は「ツクツクボーシ」とも「オーシーツクツク」とも聞こえる。

つぐない【償い】〈名〉つぐなうこと。例罪の償い。

つぐな・う【償う】〈動五〉相手にあたえた損害を、お金や品物、労働などでうめあわせる。例罪を償う。類あがなう。

つくね〖▼捏ね〗〈名〉鳥のひき肉や魚のすり身などをつくねて、焼くとか揚げるとかした食べ物。

つく・ねる〖▼捏ねる〗〈動下一〉手でこねて丸い形にする。例粘土をつくねる。

つくねんと〈副〉たったひとりでぼんやりとしているようす。例公園のベンチに、つくねんとすわっている。

つくばい〖▼蹲〗〈名〉茶室の入り口にある、手を洗うところ。

つぐみ〖▼鶇〗〈名〉冬、日本にくるわたり鳥の一種。つばさの長さは一五《センチメートル》ほどで、背は茶色。

つぐ・む〖▼噤む〗〈動五〉口をかたくとじる。例口をつぐむ。

[1]**つくり**〖▼旁〗〈名〉漢字の構成《こうせい》部分の一つ。左右の二つの部分に分けられる漢字の、右がわの部分。「位」の「立」、「辞」の「辛」など。対偏《へん》。

[2]**つくり**【造り・作り】〈名〉❶[造り・作り] つくられたものの、構造やしくみ、見ためのようす。例がんじょうな作り。むかし風の造りの家。庭の造りがみごとだ。れんが造り。合掌《がっしょう》造り。❷[作り] 身なりや化粧《けしょう》のようす。例若づくり。❸[造り・作り]「さしみ」のこと。例生け作《づく》り。→おつくり 参考 ❹[作り] わざと見せかけたもの。例作り笑い。

つくりごと【作り事】〈名〉事実でないのに、いかにも事実であるようにこしらえた事件。類うそ。フィクション。

つくりこ・む【作り込む】〈動五〉❶こまかい部分まで、丹念《たんねん》に作る。例細部まで忠実に作り込んだ模型。❷なにかの中に、はめこんだり、組みこんだりして、作る。例かべに作り込んだ棚《たな》。

つくりざかや【造り酒屋】〈名〉日本酒をつくって売る店。

つくりだ・す【作り出す】〈動五〉❶まったく新しいものをつくる。例時代が作り出した新型犯罪。類生み出す。創出する。創造する。❷つくりはじめる。
表記 ①は、「創り出す」とも書く。

つくりつけ【作り付け】〈名〉家具などが部屋にあらかじめ固定されているもの。例作り付けの本だな。

つくりばなし【作り話】〈名〉事実のようにみせかけてつくった話。対実話。

つくりもの【作り物】〈名〉❶人が作ったもの。なにかに似《に》せて作ったもの。類にせもの。❷農作物。❸能楽の舞台装置《ぶたいそうち》。

つくりわらい【作り笑い】〈名〉本心からではない、ぎこちない笑い。例作り笑いを浮かべる。

つく・る【作る・造る・創る】〈動五〉❶[作る・創る] あらたにこしらえる。例会社を作る。友を作る。法律を作る。詩を作る。新しい社会を創っていく。神が天地を創った。類創作する。創造する。作成する。❷[作る・造る] 材料を加工して、ものをこしらえる。例料理を作る。大豆《だいず》で豆腐《とうふ》を作る。酒を造る。類製造する。製作する。作製する。❸[造る] いろいろなものをくみあわせて、大きなものをこしらえる。例家を造る。船を造る。庭園を造る。類建造する。❹[作る] そだてあげる。成熟させていく。野菜やくだものを生産する。例バラを作る。人を作る。類栽培《さいばい》する。育成する。❺[作る] 苦心して用意する。例金《かね》を作る。❻[作る] ある形にする。形を整える。例列を作る。しなを作る。❼[作る] 化粧《けしょう》をする。例若くつくった顔。❽[作る] ほんとうはそうでないのに、わざとこしらえる。例笑顔《えがお》を作る。話を作る。
表記 一般《いっぱん》に「こしらえる」という意味では「作る」と書く。①の「創る」は、「それまで存在しなかったまったく新しいもの」について用いる。②の「造る」は「醸造《じょうぞう》する」という意味のときに用いる。

つくろ・う【繕う】〈動五〉❶衣服などのやぶれをなおす。例かぎ裂《ざ》きを繕う。❷よくない状態にならないようにととのえる。例その場を繕う(=つじつまを合わせる)。身なりを繕う。とり繕う。

つけ【付け】■一〈名〉買いものや飲食の代金をあとではらうことにして、その場では帳面などにつけさせておくこと。その請求《せいきゅう》書や金額。例付けにする。付けで買う。■二〈接尾〉動詞の連用形につけて、「いつも…している」という意味を表わす。例行きつけ(の店)。かかりつけ(の医者)。→づけ〔付け〕
表現「付けがまわってくる」は、むりなやりくりをしたために、そのわるい影響《えいきょう》がどこかにでてくることをいう。

つげ〖▽黄▼楊・▼柘▽植〗〈名〉山野に生え、また、庭木にもする常緑低木。春、黄色の小さな花がさく。木材はきめがこまかく、はんこやくし、将棋《しょうぎ》の駒《こま》などをつくる。

[1]**づけ**【付け】〈接尾〉❶それをつける意味を表わす。例さん付け(で呼ぶ)。❷それでくっつける意味を表わす。例のり付け。❸日付を表わす語の下について、その日である意味を表わす。例四月一日付け(で入社する)。

[2]**づけ**【漬け】■一〈接尾〉❶漬けたものの意味を表わす。例お茶漬け。豚肉のみそ漬け。❷漬物《つけもの》の意味を表わす。例一夜《いちや》漬け。浅漬《あさづ》け。❸それにひたりきっている意味を表わす。例テスト漬けの毎日。薬漬け。■二〈名〉刺身《さしみ》、とくにマグロの赤身を、しょうゆベースのたれに漬けたもの。例づけ丼《どん》。

つけあが・る【付け上がる】〈動五〉相手が自分に対してきびしくしないので、いい気になる。例あまい顔を見せればすぐ付け上がるからこまる。類思い上がる。

つけあわせ【付け合わせ】〈名〉料理で、肉などの主要なおかずにそえる野菜など。

つけい・る【付け入る】〈動五〉自分の利益のために相手のゆだんや弱点をうまく利用する。例付け入るすきがない。類付け込む。乗じる。

つけく【付け句】〈名〉⇩まえくづけ

つげぐち【告げ口】〈名・する〉人がかくしていることを、その人が知られてはこまる相手に知らせること。類言いつける。

つけくわ・える【付け加える】〈動下一〉すでにあるものに、さらにあらたな部分をくわえる。つけたす。例もうなにも付け加えることはない。類付加する。追加する。

つ

 壺井栄(つぼいさかえ)(1900～67) 小説家・童話作家。戦争に反対し人間愛の尊さをうったえた。「二十四の瞳」。

つけこ・む【付け込む】〈動五〉自分の利益のために、相手のゆだんや弱点をうまく利用する。例弱みに付け込む。類付け入る。乗じる。

つけじる【付け汁】〈名〉ざるそばやそうめん、天ぷらなどを食べるとき、ちょっとひたす汁。たれ。つゆ。

つけたし【付け足し】〈名〉❶〈する〉つけ加えること。つけ加えた部分。❷⇩つけたり

つけた・す【付け足す】〈動五〉⇩つけくわえる

つけたり【付けたり】〈名〉おもな部分にそえられた、重要でない部分。付けたし。例ほんの付けたり。

つけとどけ【付け届け】〈名〉世話になるお礼としてのおくりもの。

つけね[1]【付け値】〈名〉商品に買い手の方がつけたねだん。対言い値。アツケネ

つけね[2]【付け根】〈名〉ほかのものにくっついている根もとの部分。例うでの付け根。アツケネ

つけねら・う【付け狙う】〈動五〉いつもあとをつけるなどして、おそいかかる機会を待つ。

つけぶみ【付け文】〈名〉そっとわたす、恋心《こいごころ》をつたえる手紙。例付け文をする。類恋文《こいぶみ》。

つけまわ・す【付け回す】〈動五〉どこまでもしつこく人のあとをつける。

つけめ【付け目】〈名〉❶つけこむのに好つごうな相手の弱点。例相手の若いのがこっちの付け目だ。類ねらい目。❷目的とするもの。類ねらい。めあて。

つけもの【漬物】〈名〉野菜を塩やみそ、ぬかなどといっしょにして重しをし、時間をかけて、味をしみこませたもの。

つけやきば【付け焼き刃】〈名〉その場しのぎの必要にせまられて急いで知識や技能をおぼえようとすること。また、そのようなにわかじこみの知識や技能。類一夜づけ。急ごしらえ。参考「焼き刃」とは、「やいば」のこと。

つ・ける[1]【付ける】■一〈動下一〉❶ものをほかのものにふれさせる。例身に付ける。顔を水面に付ける。馬鹿《ばか》に付ける薬はない(!!ことわざ)。
❷あるものを加える。例味を付ける。利子を付ける。文句を付ける。おまけを付ける。条件を付ける。名前を付ける。付けたす。
❸人をそばにおく。例護衛を付ける。
❹あたらしいものをそえる。例元気をつける。知恵《ちえ》をつける。力をつける。
❺目に見えるようなあとを残す。例傷をつける。しみをつける。足跡《あしあと》をつける。
❻今まできまっていなかったことを、はっきりさせる。例勝負をつける。ねだんをつける。話をつける。めぼしをつける。
❼あることをしはじめる。例口をつける。手をつける。
❽火を燃えさせる。例コンロに火をつける。対消す。類点火する。着火する。
❾電気製品のスイッチを入れる。例明かりをつける。対消す。
❿書きこむ。例家計簿《ぼ》をつける。日記をつける。類記入する。
⓫あとを追う。例刑事《けいじ》たちはすりのあとをつけた。類尾行《びこう》する。▽アツケル
■二〈接尾〉動詞の連用形につける。❶相手を目ざして発射するような動作であることを表わす。例言いつける。売りつける。送りつける。
❷他のものにそえるための動作であることを表わす。例ぬいつける。はりつける。とりつける。
❸相手にむけた動作のいきおいが強いことを表わす。例しかりつける。どなりつける。投げつける。
❹[つける]それをするのが習慣になっていることを表わす。いつも…する。例食べつけないもの。いつも歩きつけているので、つかれなかった。類なれる。▽→づける
表記■一の⑧は「▽点ける」「着ける」、⑨は「▽点ける」、⑪は「▽尾ける」と書かれることもある。

つ・ける[2]【就ける】〖▽即ける〗〈動下一〉ある役わりを負わせる。任命する。例役に就ける。アツケル

つ・ける[3]【着ける】〈動下一〉❶衣服をきる。装身《そうしん》具などを身におびる。例衣装を着ける。ネックレスを着ける。類まとう。❷乗りものをある場所にとめる。例船を岸に着ける。玄関《げんかん》に車を着ける。❸他人をある場所にいさせる。例兵を戦闘《せんとう》配置に着ける。▽アツケル

つ・ける[4]【漬ける】〈動下一〉❶液体に入れる。例水につける。類ひたす。❷つけものをつくる。例たくあんを漬ける。大根を漬ける。▽アツケル
表記①は、「▽浸ける」と書くこともある。

【漬】氵部11 全14画 ※
漬漬漬漬漬漬
つける・つかる 訓❶[つける]漬ける。漬物。塩漬け。ぬか漬け。一夜漬け。❷[つかる]漬かる。

つ・げる【告げる】〈動下一〉知らせる。つたえる。例時刻を告げる。いとまを告げる。→おつげ
表現やや文語的な感じのことばで、あらたまった感じの文章で使われる。このことばは、もともと「知らせる」「つたえる」という行為《こうい》を意味するが、つたえられることがらそのものを表わすこともある。たとえば「繁栄《はんえい》は終わりを告げた」は、繁栄は終わった、ということである。

づ・ける〖付ける〗〈接尾〉そのものごとを他にあたえる。例力づける。位置づける。義務づける。元気づける。
参考名詞について下一段動詞をつくる。

つごう【都合】■一〈名〉なにかをするときの、ぐあいがいいか悪いかという事情。例都合がいい。都合がある。家の都合で欠席した。好都合。不都合。
■二〈名・する〉なんとかして、お金や時間などをつくること。例都合をつける。百万円都合する。類工面。
■三〈副〉全部あわせて。まとめて。例参加者は都合三百人になった。

っこな・い〈接尾〉動詞の連用形について、「できない」「ありえない」という意味を表わす。くだけた言いかた。例そんな芸当はできっこない。超能力なんてありっこない。

つごもり〖▼晦〗〈名〉月の最後の日。対ついたち。類みそか。参考古いことば。十二月三十一日のことは「おおつごもり」という。→ついたち由来

つじ【▼辻】〈名〉❶道が平面交差しているところ。十字路。例四つ辻。❷道ばた。例辻説法。

つじぎり【▼辻斬り】〈名〉むかし、武士が刀の切れ味やうでの前をためしたりするために、夜、道ばたで通行人を刀で切ったこと。

つじせっぽう【▼辻説法】〈名〉僧《そう》が道ばたで、通行人に仏の教えを説いたこと。

つじつま〖▼辻▼褄〗〈名〉ものごとの前後関係や話のつながりかた。例つじつまが合わない。つじつまを合わせる。

つしま【▽対馬】〈名〉旧国名の一つ。現在の長崎県対馬。壱岐《いき》とともに大陸交通の要地。対州《たいしゅう》。例対馬海峡《かいきょう》。対馬海流。

つた〖▼蔦〗〈名〉つる性落葉樹の一つ。吸盤《きゅうばん》のある巻きひげで、石垣《いしがき》やほかの樹木などにまといつく。葉は手

坪内逍遥(しょうよう)(1859～1935) 日本近代文学の始まりとされる「小説神髄」を発表し，写実主義を主張。

のひらの形で、秋の紅葉がうつくしい。
づたい【伝い】〈接尾〉…に沿って行くこと、…を伝って行くことの意味を表わす。例海岸伝い。線路伝い。
つた・う【伝う】〈動五〉はなれないようにそのものにそって動く。例ロープを伝って下へおりた。
つたえあ・う【伝え合う】〈動五〉気持ちや考えをことばにして、おたがいに伝える。類コミュニケートする。
つたえき・く【伝え聞く】〈動五〉ほかの人から聞いて知る。類伝聞する。
つた・える【伝える】〈動下一〉❶あるものをとおしたり、それにそって動くようにしたりして、一方から他方へうつす。例熱を伝える。類伝導する。❷知らせる。例ニュースを伝える。類報じる。伝達する。❸別の人をとおして知らせる。例そのうち訪ねていくと伝えてください。類ことづける。伝言する。❹むかしからの話や知識、技術などを教える。教えられたことをあとにのこす。例伝統を伝える。子孫に伝える。おもかげをいまに伝える。❺宗教や新しい技術、考えかたなどを、まだ知らない人たちのところへ行ってひろめる。例仏法を伝える。類伝道する。
つたかずら【▼蔦▼蔓】〈名〉つる性の植物をまとめていうことば。
敬語 ②の丁重《ていちょう》語は「申し伝える」。
つたな・い【拙い】〈形〉へたである。まだじょうずにできない。例拙い手つき。類拙劣《せつれつ》。稚拙《ちせつ》。
ったら ━〈副助〉話題とする人をとりたてて示す。…という人は。「あきれた」という気持ちをこめて使うことが多い。「たら」の形で使うこともある。例おとうさんったら、またはだかで昼寝《ひるね》してるのよ。
━〈終助〉文の終わりにつけて、話し手の断定や要求をつよく表わす。例もうたくさんだったら。はやく行けったら。
類ってば。
▽くだけた調子の話しことばで使う。
つたわ・る【伝わる】〈動五〉❶あるものをとおったり、それにそって動いたりして、一方から他方へうつる。例熱が伝わる。気持ちが伝わる。❷話などが、人をとおしてひろがる。言いひろめられる。例うわさが伝わる。❸長い時代にわたってうけつがれて、今にのこる。例村に伝わる伝説。❹ずっとはなれたところから、そこまでやってくる。例鉄砲《てっぽう》はポルトガルから伝わった。
[1]**つち**【土】〈名〉❶陸地の表面をおおっている部分。例十年ぶりに日本の土をふむ。類大地。❷岩や石がくだけて粉になったもの。例植木ばちに土を入れる。赤土。黒土。類土壌《どじょう》。どろ。
土が付《つ》**く** すもうで、相手に負けること。
土に返《かえ》**る** 生きものが死んで大地にほうむられる。
[2]**つち**【▼槌】〈名〉ものを打ちつけたりたたいたりする道具。ものをたたく頭の部分に長い柄《え》がついている。例つち音。かなづち。
つちいじり【土いじり】【土▽弄り】〈名・する〉❶子どもが土をこねたりして遊ぶこと。❷趣味で、花を育てたり、野菜作りをしたりすること。
つちいろ【土色】〈名〉土のような青みがかった黒色。類土気《つちけ》色。
表現「顔が土色になる」のように、ひどく青ざめた顔色についていうことが多い。
つちか・う【培う】〈動五〉❶根に土をかけて草木をそだてる。❷じっくりと身につける。例知性と教養を培う。
表現もともとは、「…につちかう」と使っていたが、いまは「…をつちかう」と使うのがふつう。
つちくさ・い【土臭い】〈形〉❶土のにおいがする。❷いなかじみていて、洗練されていない。類どろくさい。
つちくれ【土くれ】【土▽塊】〈名〉ほりかえされた土のかたまり。
つちけいろ【土気色】〈名〉血のけのない顔色。類土色。
つちけむり【土煙】〈名〉こまかくてかわいた土や砂がまいあがって、けむりのように見えるもの。類砂煙。
つちつかず【土付かず】〈名〉すもうで、その場所でまだいちども負けていないこと。類勝ちっぱなし。連戦連勝。負け知らず。
つちのえ【▼戊】〈名〉十干《じっかん》の第五番目。
参考「土の兄《え》」の意味。↓じっかん〔十干〕
つちのと【▽己】〈名〉十干《じっかん》の第六番目。
参考「土の弟《と》」の意味。↓じっかん〔十干〕
つちはだ【土肌】〈名〉❶草や石のない、土だけの地面。❷うわぐすりをかけていない陶器《とうき》の表面。
つちふまず【土踏まず】〈名〉足のうらの内がわの、くぼんだところ。
つちへん【土偏】〈名〉漢字の偏の一つ。「坂」「城」などの「土」の部分。
つちぼこり【土ぼこり】【土▼埃】〈名〉強風であおられてまいあがる、土がまじったほこり。類砂ぼこり。
[1]**つつ**【筒】〈名〉ほそ長くてまるく、中がからであるもの。例茶筒《ちゃづつ》。
[2]**つつ**〈接助〉❶ある動作をすると同時に、ほかのこともしているという意味を表わす。例二隻《せき》の帆船《はんせん》は一定の間隔《かんかく》をたもちつつ航海をつづけた。類ながら。❷「…つつある」の形で、あることを継続しているという意味を表わす。例世界には食料や薬品の不足になやみつつある地域も少なくないのである。
表現かたい言い方で、多く、書きことばに用いる。
つっ【突っ】〈接頭〉動詞について、意味を強めたり、語調を整えたりする。例突っ走る。突っつく。突っ張る。
接続動詞の連用形につく。
つつうらうら【津津浦浦】〈名〉すべての港や海岸ということから、全国いたるところ。「つづうらうら」ともいう。例津々浦々にひろまる。
つっかいぼう【つっかい棒】【突っ▽支い棒】〈名〉ものがたおれないように、ささえとしてあてがう棒。「つっかえ棒」ともいう。例つっかい棒をする。
つっかえ・す【突っ返す】〈動五〉⇩つきかえす
つっかえぼう【突っかえ棒】〈名〉⇩つっかいぼう
つっかか・える〈動下一〉⇩つかえる〔支える〕
つっかか・る【突っ掛かる】〈動五〉❶ひっかかって先に進まなくなる。例のどにものが突っかかる感じ。❷突きさすような調子で相手を攻撃《こうげき》する。例突っかかるようなものの言いかた。類食ってかかる。
つっかけ【つっ掛け】〈名〉足のつま先にひっかけるようにしてはくはきもの。類サンダル。
つっか・ける【つっ掛ける】〈動下一〉はきものを、足にひっかけるようにしてはく。例サンダルをつっ掛ける。
つつがな・い【▼恙無い】〈形〉変わったことがなくてぶじだ。例つつがなく暮らす。
つづき【続き】〈名〉つづいていること。つづきぐあいや、つづいている状態。例続きを読む。話の続き。文の続きがよくない。雨続き。陸続き。失敗続き。
つづきがら【続き柄】〈名〉父親と長女とか、おじとおいとかいうような、肉親や家族のあいだでの つながり。

 坪田譲治(じょうじ)(1890～1982) 大正～昭和の小説家・児童文学者。代表作「風の中の子供」「子供の四季」。

[注意] 送りがなをはぶいた「続柄」という書き方が、「ぞくがら」という誤《あや》まった言い方を生んだ。

つづきもの【続き物】〈名〉 雑誌の小説やまんが、放送番組などで、複数の回にわたって続くもの。[対]読み切り。[類]連続物。連載《れんさい》。

つっき・る【突っ切る】〈動五〉 いきおいよくまっすぐ横切る。[例]校庭を突っ切る。

つつ・く【▽突つく】〈動五〉 ❶指先や棒で、かるくつく。はしでちょいとつまんで食べる。[例]背中をつつく。えさをつつく。料理をつつく。❷欠点などを わざととりあげる。[例]欠点をつつかれる。❸その気になるように、けしかける。[例]山田くんをつついて計画をたてさせた。▽「つっつく」とも言う。

つづ・く【続く】〈動五〉 ❶長くつながっていて、途中《とちゅう》できれない。[例]道が続く。体力が続く。雨の日が続く。気まずい沈黙《ちんもく》が続いた。❷次々に起こる。[例]飛行機事故が続く。[類]続発する。❸すぐあとにしたがう。[例]前の人に続く。

つづけざま【続けざま】〈名〉 つづけて同じことをすること。つづけて同じことが起きること。

つづけじ【続け字】〈名〉 かなや漢字を書くとき、字の間をはなさずに、何文字もつづけて書いた字。

つづ・ける【続ける】〈動下一〉 ❶ある期間、同じ動作をする。ずっと同じ状態でいる。[例]努力を続ける。練習を続ける。立ち続ける。[対]やめる。❷すぐあとになにかをする。[例]続けて山田くんも話してください。

つっけんどん〖突っ▼慳貪〗〈形動〉 ことばや態度がとげとげしくて、思いやりがないようす。[例]つっけんどんな態度。

つっこみ【突っ込み】〈名〉 ❶十分に深く入りこむこと。[例]この論文は突っ込みが足りない。❷漫才《まんざい》で、相方《あいかた》の「ぼけ」を受けて、「いいかげんにしろ」などとことばを返したり、相方をたたいたりすること。その役。[例]つっこみを入れる。

つっこ・む【突っ込む】〈動五〉 ❶むぞうさに中へ入れる。[例]首を突っ込む(=関係する)。ポケットに手を突っ込む。教科書をかばんに突っ込む。❷はげしいいきおいで進んで入る。[例]敵陣《てきじん》に 突っ込む。[類]突入《とつにゅう》する。❸表面だけではなく、さらに深いところまで問題にする。[例]もっと突っ込んだ話しあいが必要だ。そこを突っ込まれると弱る。[類]掘り下げる。❹漫才《まんざい》で、「つっこみ」を入れる。

つつじ〖▼躑▼躅〗〈名〉 山野に生え、また、庭などにうえる常緑または落葉低木。多くの小枝《こえだ》に分かれていて、初夏、赤や白などの花がさく。

つつしみ【慎み】〈名〉 つつしむこと。つつしんでいる態度。[例]慎みがない。慎みをわすれる。慎み深い。[類]遠慮《えんりょ》。

つつしみぶか・い【慎み深い】〈形〉 えんりょぶかく、ひかえめで礼儀《れいぎ》ただしいようす。[例]慎み深い女性。

つつし・む【慎む】〈動五〉 ❶社会でまもるべきこととされていることから はずれた行為をしないように気をつける。[例]ことばを慎む。車内ではエチケットに反するようなことは慎みましょう。❷度をすごさないようにする。[例]酒を慎む。▽↓つつしんで(次項)

つつしんで【謹んで】〈副〉 かしこまって、うやうやしく。手紙やあいさつで使うことば。[例]謹んでお受けいたします。謹んでおわび申し上げます。

つつそで【筒袖】〈名〉 たもとのない、筒形をした着物の袖。そういう袖の着物。

つった・つ【突っ立つ】〈動五〉 ❶まっすぐに立つ。[例]煙突《えんとつ》が突っ立っている。❷ぼおっとしたようすで立ったままでいる。[例]そんなところに突っ立ってないで、ここにすわりなさい。

つっつ・く〈動五〉「つつく」を強めた言いかた。

つつぬけ【筒抜け】〈名〉 秘密にしていることが、そのまま外に伝わってしまうこと。[例]筒抜けになる。

つっぱし・る【突っ走る】〈動五〉 ❶まっすぐに全力で走る。[例]ゴールまで突っ走れ。❷一人で勝手にものごとを進める。[類]独走する。暴走する。

つっぱな・す【突っ放す】〈動五〉 ⇩つきはなす③

つっぱ・ねる〈動下一〉 相手の要求や提案、さそいなどをうけ入れようとしないで、はっきりことわる。[例]申し入れをつっぱねる。[類]はねつける。ける。

つっぱり【突っ張り】〈名〉 ❶ものがたおれたり、動いたりしないように、おしあててささえる棒。❷すもうのわざの一つ。↓つっぱる② ❸虚勢《きょせい》をはること。

つっぱ・る【突っ張る】〈動五〉 ❶自分の意志や主張を あくまでも とおそうとして抵抗《ていこう》する。[例]ひとり突っ張ってゆずらない。❷すもうで、力をこめてうでをのばし、相手を突く。❸ぴんと張ってかたくなり、ゆるみがない状態になる。[例]顔が突っ張る。欲の皮が突っ張る。

つっぷ・す【突っ伏す】〈動五〉 上半身を投げ出し、顔を伏せる。[例]机に突っ伏す。

つつまし・い〖▽慎ましい〗〈形〉 えんりょぶかくて、ひかえめなようすだ。[例]つつましい女性。つつましく暮らす。

つつましやか〖▽慎ましやか〗〈形動〉 ひかえめで、しとやかなようす。[例]つつましやかな女性。

つづま・る〖▽約まる〗〈動五〉 短くなる。簡略になる。

[1]**つつみ**【包み】〈名〉 つつんだもの。[例]包みを開ける。包みをかかえる。紙の包み。紙包み。ふろしき包み。

[2]**つつみ**【堤】〈名〉 川や池などの水があふれないように、岸に高く土や石をつんだもの。[例]堤がきれる。[類]土手。堤防《ていぼう》。

つづみ【鼓】〈名〉 日本の打楽器の一つ。胴《どう》の両がわに皮がはってあり、手で打って音をだす。

つつみかく・す【包み隠す】〈動五〉 自分の考えやしたことを、知られないようにする。[類]秘する。秘《ひ》める。

[表現] 「包み隠さずうちあける」のように、打ち消しの形で使うことが多い。

つつ・む【包む】〈動五〉 ❶ものをそとからおおう。[例]金《かね》を包む。ふろしきに包む。新聞紙で包む。[類]くるむ。❷まわりをかこむ。[例]緑に包まれた町。[類]包囲する。❸心の中に、かくす。[例]包みきれないよろこびが顔にあらわれている。

つづ・める〖▽約める〗〈動下一〉 ❶みじかくする。簡略にする。[例]つづめて言えば…。[類]縮める。❷むだづかいせず、費用を少なくする。[類]倹約《けんやく》する。節約する。

つつもたせ〖▽美▽人▽局〗〈名〉 女が夫や愛人と共謀《きょうぼう》して、他の男を誘惑《ゆうわく》し、お金をおどしとること。

つづら〖▽葛▽籠〗〈名〉 衣服などを入れるかご。ツヅラフジという植物の つるを編んでつくるが、タケなどで編み、紙をはったのもある。

つづらおり【つづら折り】〖▽九▽十▽九折り〗〈名〉 ツヅラフジという植物の つるのように、まがりくねった山道。

つづり〖▼綴り〗〈名〉 ❶とじ合わせること。とじ合わせたもの。[例]つづりをまちがえる。❷「スペル」のこと。

つづりかた【つづり方】〖▾綴り方〗〈名〉❶「作文」の古い言いかた。[例]つづり方教室。つづり方読本。❷アルファベットなどで、ことばを書きつづる方法。[例]ローマ字のつづり方。[類]スペリング。スペル。

つづ・る〖▾綴る〗〈動五〉❶とじ合わせて一つにまとめる。[例]書類をつづる。[類]とじる。❷ことばをつづけて、文章をつくる。[例]随筆《ずいひつ》をつづる。書きつづる。❸アルファベットをならべて、単語を書く。

つづれおり【つづれ織り】〖▾綴れ織り〗〈名〉色糸を使って模様を出した織物。女帯・ふくさ・壁《かべ》かけなどにする。京都の西陣《にしじん》のものが有名。略して「つづれ」ともいう。つづれ錦《にしき》。

つて〖▿伝手〗〈名〉自分の目的を達するのに役にたつ人。役にたつような人間関係。[例]つてをたよる。つてをもとめて上京する。[類]手づる。コネ。

って [一]〈格助〉❶動作や作用の内容を表わす。と。[例]よくできたってとてもほめられた。❷次にくる語の中身をさす。という。[例]めったに見られるってものじゃない。

[二]〈副助〉❶ものごとを話題として提供する意味を表わす。というのは。[例]いい話ってどんなことだろう。❷相手の発言を話題としてとり上げる意味を表わす。といっても。[例]百点をとれって、そんなことできないよ。

[三]〈接助〉活用語の終止形、接続助詞「から」などについて、あとのことがらから予想されることに反する結果になる逆接の条件を表わす。といっても。[例]電車が発車するからって満員で乗れたものじゃない。賛成したってだれもついてこないさ。

[四]〈終助〉❶ある話題を提供する意味を表わす。ということだ。[例]天気予報ではあしたは晴れるってさ。❷相手に反問する意味を表わす。[例]本当に合格したんだって？❸ある話題を引用してなげやりな気持ちやさげすんだ感情を表わす。[例]先生は下校時間には必ず帰りなさいだってさ。あんなことでうれしいだってさ。

[表現]「とて」の変化した形で、くだけた言いかた。[四]②はイントネーションが上に上がり、書きことばにするときは「?」の印をつけることが多い。

つと[1]〖▾苞〗〈名〉わらを編んで、中に納豆《なっとう》などの食品を入れるもの。わらづと。[ア]ット

つと[2]〈副〉とつぜんなにかをするようす。やや古い言いかた。[例]つと走りだす。[ア]ツト

つど【都度】〈名〉あることをする、そのたびごと。[例]その都度、よく注意しましょう。

つどい【集い】〈名〉なにかをする目的で人々がよりあつまること。[例]歌の集い。[類]集まり。

つど・う【集う】〈動五〉なにかをする目的で人々がよりあつまる。[類]会する。参集する。

つとに〖▾夙に〗〈副〉ずっと以前から。早くから。[例]つとにその才は注目されていた。

つとま・る【務まる・勤まる】〈動五〉❶[務まる]ある役目をひきうけて、じゅうぶんにできる。[例]議長の役が務まる。❷[勤まる]勤め先での仕事がじゅうぶんにできる。[例]初めてのアルバイトで勤まるかどうか不安だ。

つとめ【勤め・務め】〈名〉❶[勤め]職場へ働きに行くこと。その職場や、そこでする仕事。[例]勤めがきつい。勤めをやめる。勤めにでる。勤め人。勤め先。[類]仕事。❷[務め]しなければならないこと。とくに、立場上や職務上の責任。[例]務めをはたす。親としての務め。

つとめあ・げる【勤め上げる】〈動下一〉きまった長い期間を、そこで働いて終える。[例]定年まで勤め上げる。

つとめぐち【勤め口】〈名〉仕事をするために通うところ。[例]勤め口が見つかる。[類]就職口。働き口。

つとめさき【勤め先】〈名〉仕事をするために通っているところ。[類]勤務先。職場。

[表現]身をおちつけるところをさがしている場合にいう。

つとめて【努めて】〖▿勉めて〗〈副〉努力して。[例]努めて元気をよそおい、心配をかけないようにした。

つとめにん【勤め人】〈名〉役所や会社でやとわれて働いている身分の人。

つと・める【勤める・務める・努める】〈動下一〉❶[勤める]職場で仕事をする。[例]会社に勤める。❷[務める]ある役目や任務をひきうけて、必要なことをする。[例]議長を務める。❸[努める]力をつくす。がんばって…する。[例]解決に努める。[類]努力する。尽力《じんりょく》する。

つな[1]【綱】〈名〉❶アサやわらなどの繊維《せんい》を長くよりあわせた太いなわ。合成繊維や針金でつくったものをもいう。[例]綱をはる。綱をかける。綱ひき。綱わたり。[類]ロープ。❷たよりとするもの。[例]命の綱。たのみの綱。希望の綱。望みの綱。❸相撲《すもう》で、横綱の位。[例]綱をはる(=横綱になる)。▽[ア]ツナ

ツナ[2]〈名〉マグロの肉を加熱して缶詰《かんづめ》にしたもの。[例]ツナ缶。ツナサンド。ツナサラダ。◇tuna [ア]ツナ

つながり〖▾繋がり〗〈名〉関係や結びつきがあること。[例]意味のつながり。人とのつながりを絶つ。

つなが・る〖▾繋がる〗〈動五〉❶はなれていた二つのものが、くっついてひとつづきになる。[例]電話がつながる。❷きれないで、ある関係がつづく。結びつく。[例]血がつながる。縁《えん》がつながる。解決につながる。

つなぎ〖▾繋ぎ〗〈名〉❶つなぐこと。つなぐもの。❷一つのことが終わって、次のことがはじまるまでのあいだをうめるためにすること。[例]つなぎに手品を見せる。❸料理で、材料がばらばらにならないように、ねばり気をあたえるために入れるもの。❹作業服で、上下がひと続きになっているもの。❺情報の連絡《れんらく》。[例]つなぎをとる。

つな・ぐ〖▾繋ぐ〗〈動五〉❶ひもやロープなど長いもので結んで、ものがはなれないようにとめる。[例]くさりにつなぐ。ひもでつなぐ。犬をつなぐ。❷もともとはなれているものを結びつける。[例]手をつなぐ。電話をつなぐ。コードをつなぐ。❸きれないで、つづくようにする。[例]命をつなぐ。望みをつなぐ。食いつなぐ。▽→つなげる

つな・げる〖▾繋げる〗〈動下一〉❶はなれたものをひとつづきにする。[類]つなぐ。❷「つなぐ」の可能動詞。つなぐことができる。

[表現]①は、「輪をつなげてくさりにする」「ことばをいくつもつなげる」のような言いかたをするが、「つなぐ」の方が標準的な言いかたで、「手をつなげる」「命をつなげる」のような言いかたはしない。

つなひき【綱引き】〈名〉おおぜいの人が、二組みにわかれて、一本の綱をひきあうゲーム。

[表現]「政策をめぐる与野党の綱引き」のように、たがいに自分のほうに引きずりこもうとするかけひきにもいう。

つなみ【津波】〈名〉海面に生じる波浪《はろう》とちがって、地震《じしん》によって海底から海面までの海水全体がゆらされ、猛烈《もうれつ》ないきおいで陸地におしよせるもの。

つなわたり【綱渡り】〈名〉空中にはった一本の綱のうえを、バランスをとってわたる曲芸。

[表現]「毎日がつなわたり」のように、今にもだめになりそうな

 鶴屋(つるや)南北(4世)(1755~1829) 江戸後期の歌舞伎作者。怪談物が得意で，「東海道四谷怪談」は有名。

━ 危険な状態を、なんとかつづけている場合にもいう。

つね【常】〈名〉❶いつものこと。例常のごとく。早起きを常とする。❷いつでも変わることなく同じであること。例うき世の常。類習い。❸ごくあたりまえのこと。ふつう。例常の人とは思えない。類平凡《へいぼん》。

つねづね【常常】〈副〉ふだん。いつも。例いざというときのために、常々準備をしておく。

つねに【常に】〈副〉いつも。いつでも。例常に人の和を考える。類たえず。始終《しじゅう》。常時。

つねひごろ【常日頃】〈名・副〉ふだん。いつも。例常日頃話していること。類つねづね。日ごろ。

つね・る【▼抓る】〈動五〉つめや指先でひふを強くつまんでねじる。例ほおをつねる。

つの【角】〈名〉❶動物の頭の上、サイなどでは鼻の上につきでた、かたい骨のようなもの。例角をはやす。❷つきでたもの。突起《とっき》。

角を折《お》る いままでの強い態度をひっこめる。

角を出《だ》す 女性がやきもちをやく(=怒って鬼のようになるという意味)。

角を矯《た》めて牛《うし》を殺《ころ》す 小さな欠点をむりになおそうとしたために、全体をだめにしてしまう。

角を突《つ》っき合《あ》わせる 仲が悪くてけんかばかりしている。角突き合いをする。

つのかくし【角隠し】〈名〉結婚《けっこん》式のとき、和装《わそう》の花嫁《はなよめ》が頭にかぶる白い布。

つのつきあい【角突き合い】〈名〉仲が悪くていさかいをすること。

つのぶえ【角笛】〈名〉動物の角をくりぬいてつくった笛。ひつじかいや狩人《かりゅうど》などが使う。

つの・る【募る】〈動五〉❶ますます強く、大きくなる。例思いが募る。欲求《よっきゅう》が募る。不満が募る。不安が募る。言い募る(=言いかたの調子がいよいよはげしくなる)。❷人々に呼びかけて、集めようとする。例寄付を募る。有志《ゆうし》を募る。類募集《ぼしゅう》する。

つば[1]【唾】〈名・する〉唾液《だえき》。つばき。例つばがでる。つばをとばす。つばをはく。つばをつける。手につばする(=つばをつける)。なまつば。

方言 九州では、「くちびる」の意味でも使う。

唾をつける あとで自分のものだと言えるように、あらかじめ手をつけておく。

つば[2]【▼鍔・▼鐔】〈名〉❶刀の、持つ部分と刀身の境に入れる、平たい金具。❷帽子《ぼうし》のまわりや前の部分に、ひさしのようにつきでているところ。

つばき[1]【唾】〈名〉唾液《だえき》。つば。ア ツバキ」

つばき[2]【▼椿】〈名〉あたたかい地方に生える常緑高木。葉はあつくてつやがあり、早春、赤や白などの花がさく。種から油をとる。ア ツバキ

つばくらめ【▼燕】〈名〉ツバメ。詩歌むきのことば。

つばさ【翼】〈名〉❶鳥の羽。空をとぶために、前足が変形して発達したもの。❷飛行機の主翼《しゅよく》。類羽。

表現 「翼をひろげる」は、鳥が羽をひろげることをいうほか、自由にとびまわることをもいう。「想像の翼をひろげる」は、自由に空想してたのしむこと。

つばぜりあい【▼鍔▽迫り合い】〈名〉たがいに相手の刀をつばの部分でうけとめたまま、おしあうこと。

表現 どちらが優勢かわからないような、はげしいあらそい、という意味で使われることもある。

つばめ【▼燕】〈名〉春にやってきて秋に去る、わたり鳥の一種。羽や背は黒く、腹は白い。尾《お》はふたまたにわかれている。人家の軒《のき》さきなどに巣をつくる。害虫を食べる益鳥。つばくらめ。つばくろ。

つぶ[1]【粒】 ━〈名〉まるくて、比較《ひかく》的小さなかたまり。例粒が小さい。粒ぞろい。大粒。米粒。まめ粒。

━〈接尾〉まるくて小さなものをかぞえることば。例一《ひと》粒。二《ふた》粒。十五《じゅうご》粒。

粒がそろう 集まった人たちが、いずれもすぐれている。

つぶ[2]【▼螺】〈名〉アカニシ・タニシなどの巻き貝をまとめていうことば。

つぶあん【粒あん】【粒▼餡】〈名〉豆の粒の形を残すために、つぶさないように作ったあん。対こしあん。ねりあん。

つぶさに【▽具(さ)に】〈副〉こまかいところまでくわしく。もれなく。例つぶさに検討する。つぶさに体験する。

つぶし【潰し】〈名〉❶力を加えて、ものの形をくずすこと。例つぶしあん。❷力を加えて、こわしたり、役に立たなくすること。例つぶしにかかる。目つぶし。❸あいているところをうめること。例暇《ひま》つぶし。時間つぶし。

つぶしがきく それまでの仕事をやめて、別の仕事にかわっても、うまくやっていける能力がある。

参考 元来は、品物が役目を果たしたあと、そのまま、または変形して、別な用途《ようと》に使えることをいった。

つぶ・す【潰す】〈動五〉❶力をくわえて、ものの形をくずす。例しらみをつぶす。ふみつぶす。すりつぶす。❷役にたたなくする。例肝《きも》をつぶす(=びっくりする)。声をつぶす。顔をつぶす。❸すっかりだめにしてしまう。例家をつぶす。会社をつぶす。食いつぶす。❹別なものにするために、もとの形をかえる。例畑をつぶして宅地にする。❺あいているところを、うめる。例ひまをつぶす。時間をつぶす。ぬりつぶす。

つぶぞろい【粒ぞろい】【粒▼揃い】〈名〉集まっているものの、どれをとってもすぐれていること。例粒ぞろいのメンバー。

つぶて【▼礫】〈名〉投げつける小石。

表現 「なしのつぶて」は、こちらから言ってやってもなんの返事もないこと。

つぶやき【▼呟き】〈名〉❶小声でひとりごとを言うこと。また、その声。❷⇩ツイート

つぶや・く【▼呟く】〈動五〉小声でひとりごとを言う。

つぶより【粒より】【粒▽選り】〈名〉すぐれたものをえらびだすこと。えらびだしたもの。例粒よりの選手。類よりぬき。えりすぐり。

つぶら【▽円ら】〈形動〉まるくてかわいらしい。例つぶらなひとみ。つぶらな目。

つぶ・る【▼瞑る】〈動五〉目をとじる。「つむる」ともいう。

つぶ・れる【潰れる】〈動下一〉❶力がくわえられて、ものの形がくずれる。例たまごが潰れる。類ひしゃげる。❷もともとのはたらきがなくなる。だめになる。例のどが潰れる。会社が潰れる。酔《よ》い潰れる。❸使える時間やチャンスがなくなる。例客の相手で半日潰れた。

表現 「胸がつぶれる」「肝《きも》がつぶれる」は、心にひどいショックを受けることをいう。

方言 近畿などでは、おもちゃや電気製品などが「こわれる、故障する」意味でも使う。

つべこべ〈副〉あれこれ不平や文句、りくつをならべたてるようす。例つべこべ言うな。類四の五の。

ツベルクリン〈名〉〔医学〕結核《けっかく》にかかっているかどうかを検査するときに使う液。◇ドイツ Tuberkulin

つぼ[1]【坪】〈名・接尾〉尺貫《しゃっかん》法の面積の単位。一坪

は、一辺が一間《けん》(=約一・八《メートル》)の正方形の面積で、約三・三平方《メートル》。例坪数《つぼすう》。坪単価《つぼたんか》。建坪《たてつぼ》。 ↓ぶ〔分・歩〕(二)⑤

【坪】 土部5 全8画 坪坪坪坪坪

つぼ

[2]**つぼ**〖▼壺〗〈名〉❶口がせまくて、胴《どう》がふくらんだ形の入れもの。例茶つぼ。類かめ。❷日本料理で使う、ふかくて小さい容器。つぼ皿《ざら》。❸くぼんでふかくなったところ。例滝《たき》つぼ。❹灸《きゅう》や指圧の急所。ものごとのいちばんたいせつなところ。例つぼをおさえる。つぼをこころえる。思うつぼ。類急所。かんどころ。

表記 ④は、「ツボ」とかたかなで書くことも多い。

つぼにはまる ❶的確に要点をおさえている。例つぼにはまった回答。❷まんまとねらいどおりになる。類図に当たる。❸とくにそれをおもしろがったり、それに強い関心を示したりする。最近の若者ことば。例笑いのつぼに はまる。

っぽ・い〈接尾〉⇩ぽい

つぼにわ【坪庭】〈名〉 和風建築の建物に囲まれた小さな中庭。

つぼま・る〖▼窄まる〗〈動五〉 つぼんだような形になる。類すぼまる。

つぼみ〖▼蕾・▼莟〗〈名〉❶花が、まださかないでとじている状態のもの。例つぼみがふくらむ。つぼみをつける。❷まだ若くて、一人前でないこと。

つぼ・む〖▼窄む〗〈動五〉❶さいていた花がとじる。類しぼむ。❷口などが、ほかの部分よりもせまく小さくなる。例口のつぼんだびん。▽類すぼむ。

つぼ・める〖▼窄める〗〈動下一〉 つぼむようにする。例かさをつぼめる。口をつぼめる。類すぼめる。

[1]**つま**【妻】〈名〉❶結婚《けっこん》している男女のうちの女性。対夫。❷さし身などにそえて、それをひきたたせるための野菜や海藻《かいそう》。❸〔建築〕 入り母屋《もや》造りの屋根の両がわにある、三角の形をしたかべ。切り妻。 ▽ア①ツマ ②③ツマ」

敬語 ①の尊敬語としては、ふつう「奥さん」か「奥さま」を使う。

表記 ②はひらがなや かたかなで書くことが多い。

[2]**つま**〖▼褄〗〈名〉 和服のすその、左右のはしの部分。アツマ」

つまおと【爪音】〈名〉❶琴爪《ことづめ》で琴をひく音。❷馬のひづめの音。

つまこ【妻子】〈名〉 ⇩さいし〔妻子〕

つまさき【爪先】〈名〉 足の指のさき。足さき。例爪先だつ。

つまさきあがり【爪先上がり】〈名〉 立っているところから向かって、前方が のぼり傾斜《けいしゃ》になっていること。

つまさきだ・つ【爪先立つ】〈動五〉 足指の先で立ってからだを高くのばす。例爪先立ってのぞきこむ。

つまさ・れる〈動下一〉 心がうごかされる。

表現 「身につまされる」は、人の悲しみなどが、自分のことのように思われて、ひどく同情すること。

つまし・い〖▽倹しい〗〈形〉 ぜいたくでない。例親子四人のつましい暮らし。類質素。

つまず・く〖▼躓く・爪づく〗〈動五〉❶歩いていて、足の先をなにかにぶつけて、よろける。例石につまずく。類けつまずく。❷うまく進んでいたものごとが、途中《とちゅう》で思わぬ障害にあい、失敗する。例事業につまずく。勝ち進んできた横綱《よこづな》が十日目につまずいた。

つまはじき【爪はじき】〖爪▽弾き〗〈名・する〉 きらって仲間に入れないこと。類仲間はずれ。排斥《はいせき》。排撃。

つまび・く【爪弾く】〈動五〉 弦楽器《げんがっき》を、指の先ではじいて鳴らす。例ギターを爪弾く。

つまびらか〖▽詳らか〗〈形動〉 こまかいところまで、よくわかっている。例つまびらかにする。つまびらかでない。事件のなりゆきをつまびらかに話す。類詳細《しょうさい》。

つままれる〖▽摘ままれる〗 ⇩つまむ④

つまみ〖▽摘まみ〗〈名〉❶つまむこと。つまんだ量。例ひとつまみ。❷器具や道具を動かすとき、そこをつまんで持つための出っぱり。例ふたのつまみ。❸酒のさかなにする、ちょっとした食べもの。おつまみ。

つまみぐい【つまみ食い】〖▽摘まみ食い〗〈名・する〉❶指先でつまんで食べること。❷こっそりとぬすみ食いすること。❸公金を少しずつこっそりとぬすみだして使うこと。類使いこむ。

つまみだ・す【つまみ出す】〖▽摘まみ出す〗〈動五〉❶つまんで外に出す。❷乱暴に外に追い出す。例おい、そいつをつまみ出せ。

つまみな【つまみ菜】〖▽摘まみ菜〗〈名〉 間引いた野菜の若い菜。おひたしやみそ汁《しる》の具になる。

つま・む〖▽摘まむ〗〈動五〉❶指先にはさんで持つ。例ごみをつまむ。鼻をつまむ。つまみ出す。❷指先やはしでとって食べる。例おかずをつまむ。❸だいじなところをぬき出す。例かいつまむ。❹(「つままれる」の形で)ばかされる。例きつねにつままれたような話。

つまようじ【爪▼楊枝】〈名〉 小形の楊枝。

つまらな・い〈形〉❶興味がもてなくて退屈《たいくつ》だ。例平凡《へいぼん》でつまらない毎日。対おもしろい。❷ねうちがない。くだらない。例つまらないこと。つまらないもの。

表現 ②では、人におくりものをしたり、客に食べものをだしたりするときに、「つまらないものですが」と、謙遜《けんそん》して言う用法がある。

[1]**つまり**【詰まり】〈名〉 詰まること。例便器の詰まり。アツマリ

[2]**つまり**〖詰まり〗〈接〉 これまでのことを、要約して言えば。例つまり、答えは「ノー」だね? 類すなわち。要するに。結局。アツマリ

つま・る【詰まる】〈動五〉❶それ以上入らないほどいっぱいになる。例荷物のつまったかばん。❷途中《とちゅう》にものがつかえて通じなくなる。例鼻が詰まる。管が詰まる。パイプにごみが詰まる。対とおる。類ふさがる。❸余裕《よゆう》がなくなる。例ことばに詰まる。金に詰まる。せっぱ詰まる。いき詰まる。❹みじかくちぢまる。例着物のたけが詰まる。差が詰まる。

方言 福井では、ノートを最後のページまで使い切ってもう書けなくなったとき、「ノートがつまった」と言う。

つまるところ〖詰まる所〗〈副〉 要するに。例つまるところ、言いたいのはどういうことなのか。類結局。

[1]**つみ**【罪】(一)〈名〉❶法にそむいたわるい行ない。例罪がおもい。罪をおかす。罪をかさねる。罪人《つみびと》。❷道徳や宗教の教えにそむく行ない。例罪がふかい。罪をつくる。罪のむくい。❸刑罰《けいばつ》。処罰。例罪に服する。❹わるい行ないや あやまちの責任。例罪を問う。罪をかぶせる。こうなったのは、だれの罪でもない。

(二)〈形動〉 相手に対して思いやりがない。例罪な話。罪なことをする。 ▽アツミ

罪がない むじゃきだ。例罪のない やすらかな寝顔。

罪を着《き》せる 自分の責任や罪を、関係のない他人にかぶせる。

罪を憎《にく》んで人《ひと》を憎まず 人の犯《おか》した罪は憎むべきだが、その人まで憎むべきではない。

[2]**つみ【詰み】**〈名〉 将棋《しょうぎ》で、つむこと。負けとなること。「アツミ」

つみあ・げる【積み上げる】〈動下一〉 ❶つみかさねて高くする。例れんがを積み上げる。❷ものごとを一つ一つかさねていく。例実績を積み上げる。

つみおろし【積み下ろし・積み降ろし・積み卸し】〈名・する〉 荷物を積んだりおろしたりすること。

つみかさな・る【積み重なる】〈動五〉 ❶上へ上へと重なって高くなる。❷同じものごとがなんどもつづいてたまる。例苦労が積み重なる。

つみかさ・ねる【積み重ねる】〈動下一〉 ❶ものをいくつもつんで、高くする。例本を積み重ねる。❷同じようなことを長くつづける。例努力を積み重ねる。積み重ねた練習の成果。

つみき【積み木】〈名〉 いろいろな形の小さな木ぎれをつみかさねて遊ぶおもちゃ。

つみくさ【摘み草】〈名〉 野原で、食用の若菜や草花などをつむこと。例摘み草をする。

つみこ・む【積み込む】〈動五〉 よそへはこぶために、荷物を乗り物の中に入れる。例トラックに積み込む。

つみだ・す【積み出す】〈動五〉 荷物を乗り物にのせて送りだす。

つみたてきん【積立金】〈名〉 つみたてたお金。

つみた・てる【積み立てる】〈動下一〉 ある目的のために、少しずつ何回かにわけて貯金する。

つみつくり【罪作り】〈名・形動〉 弱い立場の人や純粋《じゅんすい》な人を、かならずしもそう意図してでなくても、結果として、苦しめたりこまらせたりすること。例若い学生をあんなに悩ませるなんて、彼もずいぶん罪作りだ。

つみに【積み荷】〈名〉 車や船などにのせてはこぶ荷物。

つみのこし【積み残し】〈名〉 積みきれずにその一部分を残してしまうこと。例積み残しの荷物。

表現 「積み残しの案件」のように、なにかをし残してしまうことにも使う。

つみびと【罪人】〈名〉 罪をおかしてしまった人。やや古めかしい言いかた。類罪人《ざいにん》。

つみぶか・い【罪深い】〈形〉 罪がおもい。例罪深い人間。罪深いことをする。

つみほろぼし【罪滅ぼし】〈名〉 以前におかしたあやまりや罪、また、人にあたえた損害をつぐなうために、よい行ないをすること。例罪滅ぼしをする。類贖罪《しょくざい》。

つみれ『摘みれ』〈名〉 魚や肉をすりつぶして、つまんでまるめ、ゆでたもの。参考「つみいれ」の変化した形。

[1]**つむ【▼錘】**〈名〉 綿《わた》やまゆから繊維《せんい》をひきだし、より合わせて糸にしてまきとる道具。アツム

[2]**つ・む【詰む】**〈動五〉 ❶すきまがなくなる。例目の詰んだ布地。❷将棋《しょうぎ》で、王将や玉将がうごけなくなって、負けになる。❸(「②」から)打つ手がなくなる。策《さく》が尽《つ》きる。「詰んだ」の形で言うことが多い。▽アツム

方言 三重・和歌山では、「あの道つむわぁ」のように、「混《こ》む」の意味でも使う。

[3]**つ・む【摘む】**〈動五〉 指先でつまんで、きりはなす。例花を摘む。茶を摘む。アツム

方言 中国・四国・九州などでは、「髪を切る」の意味でも使う。

[4]**つ・む【積む】**〈動五〉 ❶ものの上にものをかさねて置く。例金《かね》を積む。富を積む。山と積む。上に積む。❷車や船、飛行機などに、ものをのせる。例荷物を積む。重油を積んだタンカー。対おろす。❸かさねてする。例経験を積む。▽アツム

つむぎ『▼紬』〈名〉 くずのまゆや真綿からとった糸で織った、ややあらい手ざわりの和服地。鹿児島県奄美大島《あまみおおしま》の「大島つむぎ」は とくに有名。

つむ・ぐ【紡ぐ】〈動五〉 ❶綿《わた》や毛から繊維《せんい》をひきだして、よりあわせて糸にする。例糸を紡ぐ。❷材料を少しずつつなげて新しいものをつくりだすことを、「①」になぞらえた言いかた。例言葉を紡ぐ。物語を紡ぐ。

つむじ〈名〉 かみの毛が、うずまき状にはえているところ。

つむじを曲《ま》げる わざと逆らったり、いじわるなことをしたりして、相手を困らせる。類へそを曲げる。

つむじかぜ【つむじ風】『▽旋風』〈名〉 小さくうずをまいて 強くふく風。小さなたつまき。類旋風《せんぷう》。

つむじまがり【つむじ曲がり】〈名〉 ⇩へそまがり

[1]**つむ・る『▼瞑る』**〈動五〉 ⇩つぶる

つめ【爪】〈名〉 ❶指先の背にはえている、かたいもの。例爪をきる。爪をたてる。❷琴《こと》をひくときに使う、「①」の形をしたもの。琴づめ。❸ものをひっかけたり、とめたりするために、道具類についているでっぱり。▽アツメ

参考 「つまさき」「つまはじき」「つまびく」「つまだつ」のように、あとにほかのことばがついて複合語となるとき、「つめ」が「つま」となることがある。

爪に火《ひ》をともす とてもけちだ。

爪の垢《あか》ほど ほんのわずか。

爪の垢《あか》を煎《せん》じて飲《の》む すこしのことでもりっぱな人の行動をまねて、その人にあやかれるようにする。

【爪】 爪部0 全4画

爪爪爪爪

つめ・つま 訓❶[つめ] 爪。爪痕《あと》。爪切り。生爪。❷[つま] 爪先。爪弾《び》く。

[2]**つめ【詰め】**〈名〉 ❶将棋《しょうぎ》の勝負がきまる最後の局面。❷ものごとの最後の段階。例詰めがあまい。大詰め。▽アツメ」

づめ【詰め】〈接尾〉 ❶「なにかに入れる」「なにかに入れてある」という意味を表わす。例箱詰め。びん詰め。十個詰め。❷「同じ状態がつづく」という意味を表わす。例立ちづめ。笑いづめ。❸「ある場所にいつもいっている」という意味を表わす。例国会詰め(の記者)。

つめあと【爪痕】〈名〉 ❶つめでひっかいたあと。❷災害などが残した被害《ひがい》。例台風の爪痕。

つめあわせ【詰め合わせ】〈名〉 一つの入れ物に、二つ以上のちがった商品を入れたもの。

つめえり【詰め襟】〈名〉 洋服の襟の型の一つ。直立して同じ高さで首のまわりをとりまき、前でぴったり合う形のもの。また、その襟の洋服。例詰め襟の学生服。

つめか・ける【詰め掛ける】〈動下一〉 その場所がいっぱいになるほど、おおぜいの人が集まる。類おしかける。

つめきり【爪切り】〈名〉 のびた爪の先を切りそろえる道具。刃が半月形にへこんだものが多い。また、その道具で爪を切ること。

つめこ・む【詰め込む】〈動五〉 ものを、むりにおしこむようにして、できるだけたくさん入れる。例乗客を詰め込む。知識を詰め込む。

表現 たくさんの知識をおぼえさせることに重点をおく教育のやり方を、「詰め込み教育」「詰め込み主義」「詰め込み式」などという。

つめしょ【詰め所】〈名〉警備係などの特別の役目の人が集まって、待機しているところ。

つめしょうぎ【詰め将棋】〈名〉あたえられた一定のこまだけを使って、王将を詰める手を考える将棋。

つめた・い【冷たい】〈形〉❶さわったときにひどく温度が低いと感じられる。例冷たい水。冷たくなる(=冷える。また、死ぬ)。氷のように冷たい手。類低温。❷相手に対する思いやりがない。例冷たい人。冷たくする。冷たくなる(=愛情がなくなる)。類ひややか。▽対熱い。暖かい。

参考 ①で、冷やして飲む飲み物など、そもそも冷たいことを望んでいるものについての対義語は「ぬるい」。

つめばら【詰め腹】〈名〉自分自身のあやまちではなく、人の責任をとって、身を引くこと。例詰め腹を切る。

参考 むかしの、立場上の責任をとってする切腹。

つめよ・る【詰め寄る】〈動五〉❶相手を圧倒《あっとう》するような力をこめて、そばに近よる。❷決着をもとめ、つよい態度で相手にせまる。

つ・める【詰める】〈動下一〉❶すきまもなく、ぎっしり入れる。例席を詰める。弁当を詰める。かばんに詰める。詰めこむ。しき詰める。❷途中《とちゅう》でつまるようにして、通じなくする。例息を詰める。かべの穴にぼろきれを詰める。❸余裕《よゆう》や逃《に》げ道がない状態にする。例暮らしを詰める(=節約する)。きり詰める。追い詰める。❹短くする。例そでを詰める。長さを詰める。❺仕事などをするために、ずっとそこにいる。例会社に詰める。役所に詰める。❻そのことばかりを、ずっとつづける。例詰めて仕事をする。根《こん》を詰める。かよい詰める。思い詰める。❼もうこれ以上はないという状態にする。例案を詰める。考えを詰める。煮詰《につ》める。つき詰める。

方言 近畿《きんき》・中国・四国などでは、「戸で指をつめる」のように、「はさむ」の意味でも使う。方言だと気づいていない人が多く、一時は大阪《おおさか》の私鉄の扉《とびら》に「指詰め注意」という注意書きが貼《は》られていた。

つもい(方言)きつい。窮屈《きゅうくつ》だ。長野・岐阜などで言う。例この靴《くつ》つもい。

つもり〖積もり〗〈名〉❶自分がそうしようと思っている考え。例わるく言うつもりはなかった。心づもり。類意図。意志。❷ほんとうはそうではないが、そうなっている気持ち。例子どもにかえったつもりであそぶ。つもり貯金。❸前もって予定しておく心がまえ。例あす行くから、そのつもりでいてくれ。▽類気。

つも・る【積もる】〈動五〉❶こまかいものがつぎつぎにかさなって高くなる。例雪が積もる。ちりも積もれば山となる。❷ものごとが少しずつたまって、たくさんになる。例積もる話。むりが積もって病気になる。

表現 強調して、「不満が積もり積もって爆発する」のようにいう。

積もる話《はなし》 長いあいだにたまってしまった、その人と話したい話。

1 **つや**【艶】〈名〉❶ものの表面からでる、しっとりとした感じの、美しい光。例艶がでる。艶をだす。顔に艶がない。類光沢《こうたく》。❷話などにそえられた、おもしろみ。▽アツヤ

2 **つや**【通夜】〈名〉人が死んだとき、遺族や知人が、遺骸《いがい》を守って一夜をすごすこと。アツヤ →こくべつしき

つやけし【艶消し】■〈名・する〉表面のつやを消すこと。■〈形動〉せっかくのおもしろみやあじわいをだいなしにするようす。例艶消しな話。類興ざめ。

つやっぽ・い【艶っぽい】〈形〉❶色気があり、いかにもなまめかしい。例艶っぽいしぐさ。❷男女の関係が色っぽい。例艶っぽい話。

つやつや【艶艶】〈形動・副・する〉美しい光沢《こうたく》のあるようす。例艶々(と)した黒髪《くろかみ》。髪が艶々になる。

参考 アクセントは、ふつう「ツヤツヤ」であるが、「つやつやに」「つやつやの」「つやつやだ」の場合は、「ツヤツヤ」となる。

つややか【艶やか】〈形動〉人のはだや、ものの表面につやがあってうつくしい。例艶やかなはだ。

1 **つゆ**〖▽汁〗〈名〉❶植物やくだものなどからでる水分。しる。水け。例レモンのつゆをしぼる。❷ご飯にそえる吸いもの。多く「お」をつけて使う。例つゆもの。❸めん類やてんぷらなどの料理で、かけたりつけたりして食べるしる。例天つゆ(=天ぷらのつゆ)。▽アツユ

2 **つゆ**【梅雨】〈名〉〔気象〕六月から七月にかけてふりつづく長雨。長雨の季節。「ばいう」ともいう。例つゆに入る。つゆがあける。類五月雨《さみだれ》。アツユ

梅雨の入《い》**り** 梅雨の季節にはいること。つゆいり。

3 **つゆ**【露】■〈名〉❶〔気象〕気温がさがる夜半や早朝、空気にふくまれていた水蒸気が水滴《すいてき》となってものの表面についたもの。例露がおく。露をむすぶ。夜露。❷わずかであること。例そんな気持ちはつゆほどもない。■〈副〉［つゆ］（あとに打ち消しのことばをともなって）少しも…ない。まったく…ない。例そんなことはつゆ知らず出かけていった。▽アツユ

表現 「露と消える」「露の命」のように、「つゆ」は日がのぼるとすぐに消えることから、はかないもののたとえになる。

つゆあけ【梅雨明け】〈名・する〉梅雨の期間が終わること。例梅雨明け宣言。対梅雨入り。

つゆいり【梅雨入り】〈名・する〉梅雨の期間が始まること。入梅《にゅうばい》。対梅雨明け。

つゆくさ【露草】〈名〉道ばたに生える雑草。夏、青く小さな花がさく。ほたるぐさ。

つゆざむ【梅雨寒】〈名〉梅雨のころにある、季節が逆もどりしたような寒さ。類梅雨冷え。

つゆぞら【梅雨空】〈名〉梅雨の時期の雲がたれこめている空模様。

つゆはらい【露払い】〈名〉あとから来る身分の高い人のために、先頭に立って道を清め、みちびきの役目をすること。その役目の人。とくに、横綱《よこづな》の土俵入りの先導をつとめる力士。例露払いをつとめる。参考 演芸会などで格の高い演者に先立って演じることをもいう。

つゆばれ【梅雨晴れ】〈名〉❶梅雨の途中《とちゅう》で、一時的に晴れまがでること。❷梅雨があけて青空がひろがること。

つゆびえ【梅雨冷え】〈名〉梅雨のあいだに、急に気温が下がること。類梅雨寒《ざむ》。

つゆほども〖露程も〗〈副〉（あとに打ち消しのことばをともなって）少しも…ない。例つゆほども疑わずに信じこんでいた。類みじんも。

表現 「つゆほどの疑いも持たずに」のような言い方もする。

つよ・い【強い】〈形〉❶他と比べて、力や能力がすぐれている。例強いチーム。数学は弱い(=苦手だ)が、国語は強い。❷他へはたらきかける力やいきおいが大きい。例強いくすり。おしが強い。においが強い。強い風。❸なにかにたえる力が大きい。例強いからだ。気が強い。夏に強い。▽対弱い。

方言 青森・秋田では、満腹になって苦しいときに、「腹つえー。」と言う。

つよがり【強がり】〈名〉強いようにみせかけること。強いと思わせようとして言うことば。例強がりを言う。

つよが・る【強がる】〈動五〉むりして強そうに見せかける。例そんなに強がってもむだだ。

つよき【強気】〈名・形動〉必ずうまくいくと思って、積極的にやろうとすること。例強気にでる。対弱気。

つよごし【強腰】〈名〉強い態度にでて、相手にゆずらないこと。例強腰で談判する。対弱腰。

つよび【強火】〈名〉料理で、火力のつよい火。対弱火。

つよま・る【強まる】〈動五〉勢いがだんだんはげしさを増す。例風雨が強まる。対弱まる。

つよみ【強み】〈名〉人に負けない、その人の強いところ。例英語のできるのが彼の強みだ。対弱み。類長所。

つよめ【強め】〈名・形動〉ふつうより、いくぶん強い程度。例魚は強めの遠火で焼く。対弱め。類きつめ。

つよ・める【強める】〈動下一〉いきおいや程度を強くする。例警戒《けいかい》を強める。対弱める。類強化する。

つら【面】〈名〉❶「顔」のぞんざいな言いかた。例まずい面。面の皮。❷ものの表面。例うわっ面。▽→づら〔面〕・おもて〔面〕表現

1 **づら**〈名〉「かつら(鬘)」の俗《ぞく》な言いかた。
表記 多く「ヅラ」、または「ズラ」とかたかなで書く。

2 **づら【面】**〈接尾〉❶…のような顔。顔つき。俗《ぞく》な言いかた。例紳士面。仏頂面。❷表面にあらわれているもの。例帳面づら。

つらあて【面当て】〈名〉しゃくにさわることがあるとき、相手にまともに抗議《こうぎ》したり、し返ししたりするのでなく、相手がいやな気持ちになることを、目立つようにやって腹いせをすること。

つら・い【▽辛い】〈形〉❶がまんすることができないくらい苦しい。例つらい話。つらい世の中。仕事がつらい。腹痛で歩くのがつらい。❷ひどいしうちをするようす。例つらいしうち。つらくあたる。つらくする。

づら・い【▽辛い】〈接尾〉動詞の連用形について、そうするのに苦労する、という意味を表わす。例見づらい。聞きづらい。居づらくなって帰る。対やすい。いい。類にくい。

つらがまえ【面構え】〈名〉強い意志や自信のあらわれている顔つき。例不敵な面構え。類面魂《つらだましい》。

つらだましい【面魂】〈名〉しっかりした気持ちや、強い性質のあらわれている顔の表情。例たくましい面魂。類面構《つらがまえ》え。

つらつき【面つき】〈名〉顔つき。俗《ぞく》な言いかた。類面構《つらがまえ》え。

つらつら〈副〉念を入れて考えるようす。つくづく。
表現 古い感じがする言いかたで、「思う」「考える」など、心理活動を表わす動詞といっしょに使われる。

つらな・る【連なる】〖▽列なる〗〈動五〉❶たくさんのものが列になってならぶ。例山が連なる。❷会合や組織などにくわわる。例委員会の末席に連なる。

つらぬ・く【貫く】〈動五〉❶もののはしからはしまでつきとおす。例板を貫いた矢。類貫通する。❷一つのことをやりとおす。例こころざしを貫く。類おし通す。

つら・ねる【連ねる】〖▽列ねる〗〈動下一〉❶たくさんのものを列にしてならべる。例軒《のき》を連ねる。❷会合や組織などに、その一員として加わるようにする。例名を連ねる。袖《そで》を連ねる(=いっしょにいる)。

つらのかわ【面の皮】〈名〉顔の表皮。
表現「いい面の皮だ」は、相手の失敗をあざけるときや、自分にはじをかかせた相手を非難するときに言うことば。

面の皮が厚《あつ》い ひどくあつかましい。

面の皮を剝《は》ぐ あつかましい人に、はずかしさを思いしらせる。面皮《めんぴ》を剝ぐ。

つらま・える〈動下一〉「つかまえる」と「とらえる」が合わさった俗《ぞく》っぽいことば。

つらよごし【面汚し】〈名〉はじをかいて、名誉《めいよ》をきずつけること。例この家の面汚し。

つらら〖▽氷▽柱〗〈名〉冬、屋根などからたれる水のしずくが凍《こお》って、おおきな針のようにたれさがったもの。

つら・れる【釣られる】〈動下一〉❶さそいにのせられる。例宣伝につられて、つい買ってしまった。❷まわりの動きにひきずられる。例人につられてあくびをする。

つり【釣り】〈名〉❶魚を釣ること。例釣りに行く。❷「つり銭」の略。「おつり」の形で使うことが多い。

つりあい【釣り合い】〈名〉つりあうこと。バランス。例釣り合いがとれる。類均衡《きんこう》。平衡。

つりあ・う【釣り合う】〈動五〉❶二つのものを比べたときに、重さ・大きさ・質などがほぼ同じ程度で、全体として安定する。例重さが釣り合う。❷二つのものがたがいを引き立ててうまく合う。例洋服とアクセサリーとがよく釣り合っている。

1 **つりあ・げる【つり上げる】**〖▼吊り上げる〗〈動下一〉❶つって上の方に持ちあげる。例クレーンでつり上げる。❷ひきつるようにあがった状態にする。例目をつり上げておこる。❸ねだんを、わざと上げる。例価格をつり上げる。

2 **つりあ・げる【釣り上げる】**〈動下一〉魚を釣ってとる。

ツリー〈名〉❶枝分かれした形。例ツリー状。ツリー構造。❷⇩クリスマスツリー ◇tree

つりいと【釣り糸】〈名〉釣りをするための糸。例釣り糸を垂れる(=魚釣りをする)。

つりがき【釣書・▼吊書】〈名〉系図。家族書き。身上書。参考 親の下に子の名がつりさがるように書くことから。おもに関西で言い、「つりしょ」ともいう。

つりがね【釣り鐘】〖▼吊り鐘〗〈名〉寺などにつるしてある大きな鐘。類梵鐘《ぼんしょう》。→かね〔鐘〕絵

つりかわ【つり革】〖▼吊り革〗〈名〉電車やバスで、立っている乗客がつかまる、革ひもなどでつりさげた輪。

つりぐ【釣り具】〈名〉釣りのための道具。

つりざお【釣りざお】〖釣り▼竿〗〈名〉魚を釣るためのさお。竹やグラスファイバーなどでつくる。

つりせん【釣り銭】〈名〉代金よりも大きな額のお金をはらったときに返される差額分のお金。つり。おつり。

つりばし【つり橋】〖▼吊り橋〗〈名〉下から支える橋でなく、両岸にわたしたつなに橋板をつりさげた橋。

つりばり【釣り針】〈名〉魚を釣るのに使う、先のまがった針。

つりびと【釣り人】〈名〉魚釣りをしている人。

つりぶね【釣り船】〈名〉❶魚釣りのための小船。❷つるして使う、竹などでできた船の形の花瓶《かびん》。

つりぼり【釣り堀】〈名〉人工的につくった池や堀などに魚を放し、料金をとって客に釣りをさせるところ。

つりめ【つり目】〖▼吊り目〗〈名〉目じりがつり上がった目。対たれ目。類上がり目。

つりわ【つり輪】『▼吊り輪』〈名〉つなの先に輪をつけたものを二本つるした体操用具。それを使ってする男子の体操競技の種目。

1**つる【弦】**〈名〉弓にはる糸。ゆみづる。「ア**ツル**」

2**つる**『▼蔓』〈名〉❶地をはったり、ものにからみついたりしてのびる、ほそ長い植物の茎《くき》。例つる性の植物。いもづる。❷「①」のようなもの。例めがねのつる。▽ア**ツル**」

3**つる【鶴】**〈名〉鳥の一種。足とくびが長くてすらりとしていて、全体が白い。タンチョウヅルをのぞいてわたり鳥で、マナヅル・ナベヅルなどの種類がある。ア**ツル**

鶴の一声《ひとこえ》 おおぜいで議論してもきまらなかったことを、一言できめてしまう、えらい人の発言。由来 群れの仲間に危険を知らせるときの、ツルのするどい鳴き声のことから。

鶴は千年《せんねん》亀《かめ》は万年《まんねん》 寿命が長くて、めでたいことを言い表わすことば。

参考 ツルやカメは長命とされることからいう。

【鶴】 鳥部10 全21画 ※ 鶴鶴鶴鶴鶴

つる 訓[つる] 鶴。鶴亀。千羽鶴。

4**つ・る**『▼吊る』〈動五〉❶ものの一部を固定して、ぶらさげたり、空中にかけわたしたりする。例蚊帳《かや》をつる。首をつる。ハンモックをつる。❷すもうで、相手のまわしに手をかけて、高く持ちあげる。例つり出す。▽ア**ツル**

方言 東海地方では、「二人で持って運ぶ」という意味でも使う。「掃除《そうじ》するからこの机つって」のように。

5**つ・る【釣る】**〈動五〉釣り針を使って魚をとる。ア**ツル**

表現 俗《ぞく》に、利益で人をうごかすことにもいう。

6**つ・る**『▼攣る』〈動五〉❶ものの一方がひっぱられたようになって、かたよる。例目がつる。❷筋肉がかたくなって、うごかなくなる。例足がつる。類けいれんする。▽ア**ツル**

つるかめ【鶴亀】〈名〉ツルとカメ。両方とも長寿とされ、祝いの席のかざりに使う。

つるぎ【剣】〈名〉両がわに刃《は》のついている刀。例もろ刃の剣。類剣《けん》。

つるぎのまい【剣の舞】〈名〉詩吟《しぎん》にあわせて剣をふりながらまう舞。剣舞《けんぶ》。

つるくさ【つる草】『▼蔓草』〈名〉アサガオやツタのように、茎《くき》がほそくのびて、ほかのものにからまる草。

つるしあ・げる【つるし上げる】『▼吊るし上げる』〈動下一〉おおぜいで人をつかまえて、責めたてる。

つるしがき【つるし柿】『▼吊るし柿』〈名〉ほし柿にするために、軒先《のきさき》などにつるした柿。

つる・す『▼吊るす』〈動五〉ひもなどをつけて空中にぶらさげる。例木につるす。天井《てんじょう》からつるす。

つるつる ━〈副〉そばやうどんなどを、すすって食べる音のようす。

━〈形動・副・する〉❶表面がなめらかなようす。例つるつる(と)した紙。類すべすべ。❷よくすべるようす。例道が凍《こお》ってつるつるする。凍ってつるつるの道路。

参考 アクセントは、ふつう「ツルツル」であるが、━で形容動詞として使う場合は、「**ツルツル**」となる。

つるつるいっぱい(方言) 液体が容器のふちまでいっぱいに入っているようす。石川・福井などで言う。

つるはし『鶴▼嘴』〈名〉かたい土や岩などをくだいたり、ほりおこすのに使う道具。柄《え》の先にツルのくちばしに似《に》た鉄器をつけたもの。

つるべ『釣▽瓶』〈名〉井戸《いど》の水をくみあげるために、なわやさおの先につけたおけ。

つるべうち【つるべ撃ち】〈名〉❶何人もならんで鉄砲《てっぽう》をつづけざまに撃つこと。❷野球で、打者がつぎつぎとヒットを打つこと。

参考「つるべ」は、連ねる意味の古語の動詞「つるぶ」から。

つるべおとし【つるべ落とし】『釣▽瓶落とし』〈名〉まっすぐに急速に落ちること。例秋の日はつるべ落とし。

つる・む〈動五〉❶動物のおすとめすが交尾する。類つがう。❷連れだって行動する。俗《ぞく》な言いかた。

つれ【連れ】〈名〉❶いっしょになにかをするなかま。例連れになる。連れの客。❷[ツレ] 能楽や狂言で、シテやワキの演技をたすける役の人。

づれ【連れ】〈接尾〉❶いっしょに行動していること。例子ども連れ。三人連れ。道連れ。❷その人をさげすんだり、軽んじる気持ちをそえる。古い言いかた。例町人連れ。類風情《ふぜい》。

つれあい【連れ合い】〈名〉❶夫婦としてつれそう相手。類配偶《はいぐう》者。❷つれになった者。▽類伴侶《はんりょ》。

つれこ【連れ子】〈名〉再婚するときにつれていく子ども。

つれこ・む【連れ込む】〈動五〉いっしょに中に入る。ひっぱりこむ。例客を連れ込む。飲み屋に連れ込む。

つれさ・る【連れ去る】〈動五〉人などを連れて、どこかへ行ってしまう。例幼児を連れ去る。

つれそ・う【連れ添う】〈動五〉夫婦《ふうふ》となって、ともに暮らす。例ながく連れ添う。

つれだ・す【連れ出す】〈動五〉人などを連れて、外へ出る。

つれだ・つ【連れ立つ】〈動五〉いっしょに行く。例友人と連れ立って旅にでる。

つれづれ『▽徒▽然』〈名・形動〉必要な仕事もなく、退屈《たいくつ》でもあるが、自由ですがすがしくもある気持ち。

つ(連)れて (「…につれて」の形で)あるものごとが動いたり変わったりするのにともなって、ほかのものごとも変化することを表わす。例船の進行につれて、景色が変わる。

つれな・い〈形〉思いやりがなくて、少しも相手のことを考えない。例つれない態度。そんなつれないことを言わないでくださいよ。類すげない。そっけない。薄情《はくじょう》。

つれもど・す【連れ戻す】〈動五〉よそへ行っている者をむかえにいって、もとのところに帰らせる。例家出した子を家に連れ戻す。

つ・れる【連れる】〈動下一〉ともなっていっしょに行く。例子どもを連れる。連れて行く。

つわぶき『▽石▼蕗』〈名〉庭などにうえる多年草。フキに似《に》ているが、葉がそれよりあつく、みどりがこい。晩秋に黄色の花がさく。

つわもの『▽兵』〈名〉❶強くてしっかりした武士。❷ある方面で、とくにすぐれた人。▽類猛者《もさ》。精鋭《せいえい》。

表記 ②は、多く「▽強者」と書く。「強者《きょうしゃ》」は別語。

つわり『▽悪▽阻』〈名〉妊娠《にんしん》した初期におこる症状《しょうじょう》。はき気がしたり、食べ物の好みが変わったりする。類悪阻《おそ》。

つんけん〈副・する〉無愛想で、とげとげしい。例つんけんした態度。

つんざ・く〈動五〉いきおいよくつきやぶる。例耳をつんざく雷鳴《らいめい》。

つんつるてん〈名・形動〉服が短すぎるようす。例つんつるてんのゆかた。類ちんちくりん。

 デフォー(1660ごろ~1731) イギリスの小説家。冒険小説「ロビンソン・クルーソー」で有名。

つんつん〈副・する〉❶とりすましたり、きげんが悪くて、愛想のないようす。例つんつん(と)して口もきかない。類つんけん。❷鼻をさすようなにおいがしている。例鼻につんつん(と)くる。▽類つんと。

つんと〈副・する〉❶とりすまして、愛想がない。例つんとすます。❷においがつよく鼻をつくようす。例わさびが鼻につんときた。❸高くとがっているようす。例つんと鼻すじのとおった人。

つんどく【積ん読】〈名〉本を買っても、積んでおくだけで読まないこと。俗《ぞく》な言いかた。

ツンドラ〈名〉一年の大部分は氷にとざされて、樹木がそだたない荒野《こうや》。みじかい夏に、凍《こお》っている土がとけて、コケ類などがそだつ。凍土《とうど》帯。◇ロシア語から。

つんのめ・る〈動五〉いきおい余って、前へたおれかかる。

つんぼ〈名〉耳が聞こえない障害。

注意 差別感が出るので、現在は用いない。

つんぼさじき【つんぼ桟敷】〈名〉必要なことを知らされない状態や立場。例つんぼ桟敷におかれる。

参考 芝居《しばい》で、舞台《ぶたい》からもっとも遠くてせりふのよく聞こえない席をいった。

て…テ

¹て【手】□一〈名〉人間の胴体《どうたい》からでているものに首と手と足とがある。首(=頭部)は認知《にんち》・思考・生命維持《いじ》にもっとも大切なはたらきをし、足はからだをはこぶ役目をする。手はあげたりさげたり、のばしたりまげたり、前とよこに自由に動かすことができ、ものをつかんだり、おしやったり、投げたりひいたりして、いろいろな仕事をする。①～③がもとになる意味、④～⑪は発展した意味である。

❶肩《かた》から指先までの全体。うでやひじ、てのひらや指などがふくまれる。例手を出す。手をさし出す。手をのばす。手をふる。手をあげる。手をとおす(=着る)。対足。

❷手首から先の部分。例手をたたく。手をにぎる。手を合わせる。手にする(=持つ)。素手《すで》。

❸器物《うつわもの》や道具の一部分。持ちやすいように、つきでているところ。例ひしゃくの手。類とって。にぎり。柄《え》。

❹はたらく人員。例手があく。手がたりない。手不足。はたらき手。人手(がたりない)。

❺手段。方法。やりかた。例手をつくす。おくの手。今度はこの手でいこう。きめ手。四十八手。

❻処置。しわざ。例手が早い。手を入れる。手をくだす。手はじめ。手入れ。

❼うでまえ。実力。例手が出ない。手に余る。けいこに励《はげ》んで、手が上がった。

❽てま。めんどう。例手がかかる。手をかける。手をぬく。手をわずらわす。手ぬき。

❾文字。筆跡《ひっせき》。例手があがる。女手。

❿人間どうしのあいだのつながり。関係。例手をきる。手をむすぶ。手ぎれ金。

⓫トランプや花札《はなふだ》で、自分のもっている札。これらのゲームでは、札が手の札と場《ば》の札(=みんなの前においてある札)とに分かれる。

□二〈接頭〉❶ことばの調子をつよめることば。例手きびしい。手ひどい。手ごわい。

❷「手で持てるくらいの」「身のまわりの」という意味を表わす。例手荷物。手みやげ。

❸「手でなにかをする」という意味を表わす。「自分自身で」ということが強調されるときと、「機械による大量生産でない」ということが強調されるときとがある。例手製。手づくり。手料理。手打ちそば。手仕事。手作業。

□三〈造語〉❶その動作をするがわ・立場の人。例聞き手。買い手。→ぬし〔主〕参考(2)

❷位置。方向。例右手。山手。行く手。三番手。

❸種類。性質。例おくて。厚手《あつで》。

❹けが。きず。例手おい。深手《ふかで》。浅手《あさで》。

手が空《あ》く ❶手に何も持っていない状態になる。❷仕事が一段落してひまができる。類手がすく。▽対手がふさがる。

手が後《うし》ろに回《まわ》る 罪をおかして警察につかまる。

手がかかる 時間や労力が必要で、やっかいだ。

手が切《き》れる これまでのつながりがきれて、関係がなくなる。とくに恋愛《れんあい》関係に使う。→手の切れるような

手が込《こ》む 細工などが精巧《せいこう》で念入りにできている。例手の込んだレースあみ。

手がすく いそがしくなくなる。例手がすいていたら手つだってくれ。類手があく。

手が付《つ》けられない どうにも手段・方法がなく、あつかいかねる。例手がつけられないあばれん坊。

手が出《で》ない 自分の能力や財力では足りなくて、どうにもできない。類手が出せない。手も足も出ない。

手が届《とど》く ❶こまかいところにまで注意がいきわたっている。例かゆいところに手が届く。❷もうちょっとでそうなる。例八十歳《さい》に手が届く老人。❸自分のものにできる範囲《はんい》内にある。例手の届かないあこがれの人。

手がない ❶働き手がいない。❷方法がない。例あきらめる以外に手がない。

手が入《はい》る ❶つくりあげた作品などに、別の人の修正がなされる。類手が加わる。❷捜査《そうさ》のため、警察が現場にふみこむ。

手が離《はな》せない 中断できないことをしていて、ほかのことはできない。類手がふさがる。

手が離《はな》れる ❶仕事などが終わる。❷子どもが大きくなって、世話をしないですむようになる。

手が早《はや》い ❶手仕事をするのがはやい。類手早い。❷ほしいものをさっと取る。とくに、女性とみればすぐにちょっかいを出す。

手が塞《ふさ》がる ❶手に何か持っていて、手が使えない。❷今していることがあって、ほかのことにまで手がまわらない。類手がはなせない。▽対手があく。

手が回《まわ》る ❶必要な処置や世話が十分になされる。打ち消しの形で使うことが多い。例いそがしくて、そこまで手が回らない。❷犯罪の捜査《そうさ》や犯人の探索《たんさく》が、その近くにまでおよぶ。

手取《と》り足《あし》取《と》り ⇩独立項目

手に汗《あせ》を握《にぎ》る 危険な場面や緊迫《きんぱく》したゲームなどを見て、緊張《きんちょう》したり興奮したりする。「手に汗にぎる」ともいう。類かたずをのむ。

手に余《あま》る 自分の力ではどうすることもできない。例手に余る仕事。類手におえない。

手に入《い》れる 自分のものにする。類入手《にゅうしゅ》する。ゲットする。

手に負《お》えない 自分の力では、処理することができな

デモクリトス（前460?～前370?）　古代ギリシャの哲学者。物質の根源をアトム(原子)とした。

い。例手に負えない子どもたち。類手にあまる。

手に落《お》ちる 人のものになる。例敵の手に落ちる。類手にわたる。落手する。

手にかかる ❶直接その人がかかわる。例かれの手にかかればすぐに解決する。❷人の手で殺される。

手にかける ❶仕事などを、自分でする。類手掛ける。❷自分でよく世話をする。類手塩にかける。❸自分の手で人を殺す。例わが子を手にかける。

手に職《しょく》をつける 食いはぐれないように、専門性の高い技能や資格を身につける。

手にする ❶手にとる。持つ。❷自分のものにする。例巨万《きょまん》の富を手にする。

手に付《つ》かない ほかのものごとに心がうばわれて、そのことに身が入らない。例仕事が手に付かない。

手に手に みんながそれぞれ手に同じ種類のものを持っているようす。例手に手に国旗を持って応援する。

手に手を取《と》って たがいに手を取り合って。仲むつまじくいっしょに行動するようすをいう。

手に取《と》るように 目の前にあるように、はっきりと。例手にとるように まざまざと思いだされる。

手に乗《の》る 相手の策略にまんまとひっかかる。例その手には乗るもんか。

手に入《はい》る 自分のものになる。

手に渡《わた》る 他人のものになる。

手の切《き》れるような ❶紙幣《しへい》が新しくてピンとしているようす。例手の切れるような一万円札。❷水がとても冷たいようす。

手も足《あし》も出《で》ない どうすることもできない。

手もなく なにもしないうちに かんたんに。例手もなく負かされた。

手を上《あ》げる ❶負けて降参《こうさん》する。❷人にむかって暴力をふるう。例女に手を上げるろくでなし。類手を出す。

手を合《あ》わせる ❶左右の手のひらを合わせて、おがむ。おがむようなしぐさをして、人にたのむ。❷勝負事で、試合をする。手合わせをする。

手を入《い》れる 文章などをなおしたり、おぎなったりする。例原稿《げんこう》に手を入れる。類手を加える。

手を打《う》つ ❶両手のてのひらを打ちあわせる。例手を打って感心する。❷話し合いや交渉《こうしょう》などで、同意する。類妥協《だきょう》する。折りあう。❸必要な処置をする。前もって必要な処置をしておく。例考えられるかぎりの手を打っておいた。

手を替《か》え品《しな》を替え 次々と新しい方法でこころみながら。類あの手この手で。

手をかける ❶手でつかむ。例いすの背に手をかける。❷労力や時間をつかう。例あまり手をかけさせないでよ。❸手出しをしたり暴力をふるったりする。例人様に手をかける。❹ぬすむ。

手を貸《か》す 手助けをする。対手を借りる。

手を借《か》りる 手助けをしてもらう。対手を貸す。

手を切《き》る 今までつづいていた、ある人とのあまり好ましくないつきあいをやめる。類縁《えん》を切る。

手を下《くだ》す ❶自分で直接そのことをする。❷自分の手で殺す。例手を下した犯人《はんにん》。

手を組《く》む ❶たがいに協力しあう。❷うで組みをする。

手を加《くわ》える 人の書いた文章や作ったものをなおす。類手を入れる。

手をこまぬく なにもしないでいる。手出しができずにただ見ている。類拱手傍観《きょうしゅぼうかん》する。注意「こまぬく」は、俗《ぞく》に「こまねく」と言われることが多い。その「こまねく」が「招《まね》く」とまぎれて、「えものが いないかと手をこまねく」のように、「待ちかまえる」の意味で使うのは あやまり。

手を染《そ》める あることをしはじめる。そのことをした経験をもつ。類着手する。とりかかる。

手を出《だ》す ❶自分もくわわりたくて、はたらきかける。例よこから手を出す。❷けんかをしかける。例先に手を出したのはどっちだ。類手を上げる。❸ちょっとやってみる。例株に手を出して、失敗した。

手を携《たずさ》える 手をつなぐ。たがいに協力しあう。

手を尽《つ》くす あらゆる手段をこうじる。

手をつける ❶とりかかる。着手する。❷手をふれずにおきたいものや、手をふれてはならないものに手をふれ、使い始める。例貯金に手をつける。公金に手をつける。

手を通《とお》す 新しい衣服を初めて着る。

手を握《にぎ》る ❶握手《あくしゅ》をする。❷協力関係をあらたにむすぶ。❸仲直りをする。

手を抜《ぬ》く しなければならないことを十分にしないで、不完全なままにする。

手を伸《の》ばす ❶手に入れようとする。❷かかわる範囲《はんい》を広げる。例別の事業にも手を伸ばす。類手を広げる。▽「手を延ばす」とも書く。

手を離《はな》れる ❶かかわりがなくなる。❷保護が必要でなくなる。例親の手を離れる。

手を省《はぶ》く 仕事などのやり方をところどころ省いて、かんたんにする。

手を引《ひ》く ❶人の手をとって、みちびいていく。❷それまでしていたことをやめる。類引き下がる。

手を広《ひろ》げる ❶両うでをよこに大きくのばす。指をのばして、てのひらを開く。例手を広げてたちふさがる。❷あることをしながら、さらに新しいことをやりはじめる。例あの会社は手を広げすぎてつぶれてしまった。

手を回《まわ》す 必要な処置や準備をする。とくに、こっそりと処置をしておくことについていう。

手を結《むす》ぶ 同じ目的のために、仲のいい関係になる。

手を焼《や》く ある人物やことがらに対して、どうすることもできなくて、とりあつかいにこまる。類てこずる。

手を休《やす》める 手仕事をいっときやめて、休む。

手を緩《ゆる》める それまでのきびしい態度ややり方をゆるやかにする。例捜査《そうさ》の手を緩める。

手を汚《よご》す ❶自分自身で あれこれ 苦労して行なう。❷自分で悪いことをする。

手を煩《わずら》わす 人に面倒《めんどう》をかける。

て[2]〈接助〉 いくつかの動作や状態などをならべてあげて、それらのあいだのいろいろな関係を示す助詞。
❶動作や状態などをならべて示す。例うたっておどって一晩中さわぐ。あそこは景色がよくて食べものもうまい。
❷つづいておこる動作や状態を示す。例電灯を消してベッドにはいった。なべが煮《に》えたって湯気がたちはじめた。
❸同時になにかをするようすを示す。例手をふって走る。頭をかいてあやまる。類ながら。
❹なにかをする、手段や方法を示す。例手紙を書いて知らせる。アルバイトをしてかせぐ。
❺なにかがおこる原因や理由を示す。例木村さんはかぜをひいて休んでいます。うれしくて思わずとび上がった。類ので。
❻ある動詞のあとに「ある」「いる」「おく」「いく」「くる」「あげ

 デュナン (1828～1910) スイス人。イタリア統一戦争のとき，負傷者を救助し，赤十字を創設。

る」「くれる」「しまう」などの補助動詞が使われる場合、前の動詞につけて補助動詞につなぐ役目をする。例書いてある。書いている。書いておく。走っていく。走ってくる。取ってあげる。取ってくれる。取ってしまう。❼文の終わりにつけて、やわらかい調子の命令を表わす。話しことばで使われる。「…てね」「…てよ」という形になることもよくあるが、「…てね」の方がやさしい感じの言いかた。例新聞を取ってきて。お天気があやしいから、かさは忘れないようにしてね。言いつけたことはちゃんとやっといてよ。

接続 活用語の連用形につく。ただし、ガ行、ナ行、バ行、マ行の五段活用動詞につくときは「で」という形が使われて、「泳いで」「死んで」「飛んで」「飲んで」のようになる。

[1]で【出】〈名〉❶でること。例出を待つ。月の出。出入り。対入《い》り。❷でるぐあい。例水の出がわるい。❸その人の出た学校や生まれ育ったところ。ものの出どころ。例東北出。類出身。❹多く感じられる分量。例読み出(がある)。使い出(がない)。

[2]で ━〈格助〉ある動作をしたり、なにかがおこったりするときの背景となる、まわりのいろいろなものごとを示す助詞。❶場所を表わす。例運動場で遊ぶ。工場で作る。富士山では初雪がふりました。❷時期を表わす。「では」「でも」という形になることもある。例あとでやる。最近では赤とんぼをあまり見かけません。その当時でもテニスはさかんでした。❸期限《げん》を表わす。例三日間で仕上げる。あすでしめ切る。❹なにかをする、手段や方法を表わす。…を使って。例ナイフで切る。ライターで火をつける。アンケートでしらべる。❺原因や理由を表わす。…によって。例山本さんはかぜで休んでいます。待遇についての不満で争議がおこる。❻なにかをするようすややりかたなどを表わす。例むこうの飛行機はすごいスピードで接近してきた。ウォーミングアップなしでいきなり試合に出た。

━〈接助〉⇩て〈接助〉

表現 (1)「その商品は当社であつかっております」「どのような作品を展覧会に出すかは、あなたがたできめてもらいたい」のように、━①の用法は、それをする主体をやわらかく表わす場合がある。

(2)「それで」の意味で、接続詞として用いることもある。

[3]で〈助動〉断定の助動詞「だ」の連用形。例わが輩《はい》は猫《ねこ》である。

てあい【手合い】〈名〉❶たちの悪い連中、という意味の形式名詞。例この手合いがいちばんうるさい。類やから。❷囲碁《いご》や将棋《しょうぎ》で、勝負《しょう》をすること。類手合わせ。

であい【出会い・出合い】〈名〉❶人やあるものごとに偶然《ぐうぜん》あうこと。例出会いと別れ。❷川などが合流する地点。

表記 ①は、「出▼逢い」と書かれることもある。

であいがしら【出会い頭・出合い頭】〈名〉出会った瞬間《しゅんかん》。例出会い頭に衝突《しょうとつ》する。

であ・う【出会う・出合う】〈動五〉その人に偶然《ぐうぜん》あう。そのできごとを偶然経験する。例友人に出会う。災難に出合う。類遭遇《そうぐう》する。出くわす。

表記 人の場合は「出▼逢う」、できごとの場合は「出遭う」と書かれることもある。

てあか【手あか】『手▼垢』〈名〉人の手がふれたためについたよごれ。例手あかがつく。手あかにまみれる。

表現 「手あかのついたセリフ」のように、使い古されて、新しさがないことの意味で使うことがある。

てあし【手足】〈名〉❶手と足。例手足をのばす。類四肢《しし》。❷上の人の思いどおりによく働く人。例手足となって働く。

であし【出足】〈名〉❶前へ進みはじめるときの速さやいきおい。例出足がよい。するどい出足。❷ものごとがはじまるとき。また、そのときの ものごとの状態。例出足でつまずく。出足がそろわない。❸そこに来る人々の集まりのぐあい。例雨のせいか客の出足がわるい。

てあたりしだい【手当たり次第】〈副〉手ぢかにあるものを、なんでもかんでも かたっぱしから。例手当たり次第(に)投げつける。

てあつ・い【手厚い】〈形〉心がこもっていて、ていねいだ。例手厚い看護。手厚くもてなす。類ねんごろ。

てあて【手当て・手当】〈名〉❶[手当て] 病気やけがの治療《ちりょう》。問題の処置。例手当てをほどこす。応急手当て。❷[手当] 基本給のほかに、必要に応じてしはらわれる金銭。例手当がつく。家族手当。

てあみ【手編み】〈名〉手で編むこと。手で編まれたもの。例手編みのセーター。対機械編み。

てあら【手荒】〈形動〉動作やあつかいが乱暴である。例手荒なまねはよせ。類手荒い。

[1]てあらい【手洗い】〈名〉❶手を洗うこと。手を洗う場所。❷「トイレ」の遠まわしな言いかた。お手洗い。例手洗いを借りる。▽アテアライ →次項

[2]てあらい【手洗い】〈名・する〉手で洗うこと。例セーターを手洗い(に)する。アテアライ →前項

[3]てあら・い【手荒い】〈形〉ものを乱暴にあつかうようす。例手荒いあつかいをうける。類手荒。アテアライ

である・く【出歩く】〈動五〉あちこち外を歩きまわる。例山田くんはしょっちゅう出歩いてばかりいる。

てあわせ【手合わせ】〈名・する〉わざをきそって、たたかいや試合をすること。例手合わせをする。類手合い。

常用漢字 **てい**

【低】 イ部5 全7画 低低低低低低低

テイ ひくい・ひくめる・ひくまる 教小4 音[テイ] ■低地《ていち》。低級《ていきゅう》。低俗《ていぞく》。低気圧《ていきあつ》。低空飛行《ていくうひこう》。平身低頭《へいしんていとう》。■高低差《こうていさ》。最低《さいてい》。西高東低《せいこうとうてい》。訓❶[ひくい] 低い。❷[ひくめる] 低める。❸[ひくまる] 低まる。

【呈】 口部4 全7画 ※呈呈呈呈呈呈

テイ 音[テイ] ■呈示《ていじ》。■進呈《しんてい》。贈呈《ぞうてい》。謹呈《きんてい》。露呈《ろてい》。

【廷】 廴部4 全7画 廷廷廷廷廷廷

テイ 音[テイ] ■宮廷《きゅうてい》。朝廷《ちょうてい》。法廷《ほうてい》。

【弟】 弓部4 全7画 弟弟弟弟弟弟弟

テイ・ダイ・デ おとうと 教小2 音❶[テイ] ■弟妹《ていまい》。■義弟《ぎてい》。実弟《じってい》。末弟《まってい》。師弟《してい》。門弟《もんてい》。徒弟《とてい》。❷[ダイ] ■兄弟《きょうだい》。❸[デ] ■弟子《でし》。訓[おとうと] 弟。弟分。

【定】 宀部5 全8画 定定定定定定定定

テイ・ジョウ さだめる・さだまる・さだか 教小3 音

デュマ (1802~70) フランスの小説家・劇作家。大デュマ。小説「三銃士」「モンテ=クリスト伯」など。

❶[テイ] 定員《ていいん》。定価《ていか》。定職《ていしょく》。定義《ていぎ》。安定《あんてい》。決定《けってい》。予定《よてい》。一定《いってい》。❷[ジョウ] 定石《じょうせき》。必定《ひつじょう》。訓❶[さだめる] 定める。見定める。❷[さだまる] 定まる。❸[さだか] 定か。

【底】广部5 全8画
テイ そこ 教小4 音[テイ] 底辺《ていへん》。底面《ていめん》。底流《ていりゅう》。底本《ていほん》。海底《かいてい》。徹底《てってい》。到底《とうてい》。根底《こんてい》。訓[そこ] 底。底力。底無し。底抜け。奥底。

【抵】扌部5 全8画
テイ 音[テイ] 抵抗《ていこう》。抵触《ていしょく》。抵当《ていとう》。大抵《たいてい》。

【邸】阝部5 全8画
テイ 音[テイ] 邸宅《ていたく》。邸内《ていない》。官邸《かんてい》。豪邸《ごうてい》。私邸《してい》。

【亭】亠部7 全9画
テイ 音[テイ] 亭主《ていしゅ》。料亭《りょうてい》。

【貞】貝部2 全9画 ※
テイ 音[テイ] 貞淑《ていしゅく》。貞操《ていそう》。貞節《ていせつ》。不貞《ふてい》。

【帝】巾部6 全9画
テイ 音[テイ] 帝王《ていおう》。帝国《ていこく》。皇帝《こうてい》。女帝《じょてい》。

【訂】言部2 全9画
テイ 音[テイ] 訂正《ていせい》。改訂《かいてい》。校訂《こうてい》。

【庭】广部7 全10画
テイ にわ 教小3 音[テイ] 庭園《ていえん》。家庭《かてい》。校庭《こうてい》。石庭《せきてい》。訓[にわ] 庭。庭先。庭師。中庭。箱庭。

【逓(遞)】辶部7 全10画
テイ 音[テイ] 逓信《ていしん》。逓送《ていそう》。逓減《ていげん》。

【停】亻部9 全11画
テイ 教小5 音[テイ] 停止《ていし》。停車《ていしゃ》。停滞《ていたい》。停留所《ていりゅうじょ》。停戦《ていせん》。停電《ていでん》。調停《ちょうてい》。

【偵】亻部9 全11画 ※
テイ 音[テイ] 偵察《ていさつ》。探偵《たんてい》。内偵《ないてい》。密偵《みってい》。

【堤】土部9 全12画
テイ つつみ 音[テイ] 堤防《ていぼう》。防波堤《ぼうはてい》。訓[つつみ] 堤。

【提】扌部9 全12画
テイ さげる 教小5 音[テイ] 提案《ていあん》。提供《ていきょう》。提言《ていげん》。提出《ていしゅつ》。提携《ていけい》。前提《ぜんてい》。訓[さげる] 提げる。手提げ。

【程】禾部7 全12画 ※
テイ ほど 教小5 音[テイ] 程度《ていど》。規程《きてい》。音程《おんてい》。過程《かてい》。課程《かてい》。工程《こうてい》。道程《どうてい》。日程《にってい》。訓[ほど] 程。程合い。程遠い。程なく。程程。程よい。身の程。この程。

【艇】舟部7 全13画
テイ 音[テイ] 艇身《ていしん》。艦艇《かんてい》。舟艇《しゅうてい》。競艇《きょうてい》。

【締】糸部9 全15画
テイ しまる・しめる 音[テイ] 締結《ていけつ》。訓❶[しまる] 締まる。締まり。戸締まり。❷[しめる] 締める。締め上げる。締めくくる。締め出す。締め切る。引き締め。

【諦】言部9 全16画
テイ あきらめる 音[テイ] 諦観《ていかん》。諦念《ていねん》。訓[あきらめる] 諦める。諦め。

【丁】⇩常用漢字 ちょう〔丁〕

【体】⇩常用漢字 たい〔体〕

てい[1]【丁】〈名〉 十干《じっかん》の四番目。ひのと。

てい[2]【体】〈名〉 ❶外から見たときのようす。❷見せかけだけのようす。例ほうほうの体。なにげない体で話しかける。

例社員というが、体のいいお手つだいさ。

てい[3]【低】〈接頭〉 ふつう・まんなかのレベルより下であることを表わす。例低エネルギー。低カロリー。低体温。低燃費。低学年。対高。

てい[4]【亭】〈接尾〉 料理店や寄席《よせ》、落語家などの名前のあとにつけることば。

常用漢字 **でい**

【泥】氵部5 全8画
デイ どろ 音[デイ] 泥土《でいど》。泥酔《でいすい》。雲泥《うんでい》。汚泥《おでい》。拘泥《こうでい》。訓[どろ] 泥。泥仕合。泥縄式。泥沼。泥棒。泥水。泥んこ。泥臭い。

ティアラ〈名〉 ❶冠《かんむり》の形をした女性用の髪《かみ》かざり。正装に用いる。❷ローマ教皇《きょうこう》の地位を象徴《しょうちょう》する、冠を三段重ねた形の冠。教皇冠。三重冠。◇tiara

ていあん【提案】〈名・する〉 こうしたらどうかなどと、考えや意見などを相手にむかって出すこと。例提案がある。提案理由。類発案。提議。発議。

ティー〈造語〉 お茶。とくに、紅茶。例ティーカップ。レモンティー。◇tea

ティーシャツ【Tシャツ】〈名〉 T字形の、まる首、半そでのシャツ。◇T-shirt

ティーじょうぎ【T定規】〈名〉 T字形をした製図用具。直線や平行線をひくときなどに使う。T字定規。丁定規。→さしがね 絵

ディーゼルエンジン〈名〉 圧縮して高い温度になった空気に、重油などの燃料をふきつけて爆発《ばくはつ》させ、ピストンをうごかす装置《そうち》。大型自動車・船・鉄道車両に使われる。ディーゼル機関。◇diesel engine

ティーバッグ〈名〉 紅茶や緑茶を入れた小さなふくろ。容器に入れて 湯をそそぐだけで 飲めるようにしてある。◇tea bag

ディープ〈形動〉 奥が深い。くだけた言いかた。例ディープなマニア。ディープな情報。◇deep

ディーラー〈名〉商品を取りあつかい、販売《はんばい》する業者。例自動車ディーラー。◇dealer

ていいん【定員】〈名〉規則できまっている、組織のメンバーや収容人員などの数。例定員をわる(=たりない)。定員削減《さくげん》。定員オーバー。

ティーンエイジャー〈名〉十代、とくに十三歳《さい》から十九歳までの、少年・少女。◇teenager

ていえん【庭園】〈名〉見て、歩いて楽しむために設計してつくった、味わいのある庭。参考 日本三名園として、兼六《けんろく》園(石川県金沢市)・後楽《こうらく》園(岡山市)・偕楽《かいらく》園(茨城県水戸《みと》市)はとくに有名。

ていおう【帝王】〈名〉皇帝《こうてい》や国王。例帝王学(を施《ほどこ》す)。

表現「暗黒街の帝王」のように、ある集団の中で、絶対的な支配力をもつ人のこともいう。

ていおうせっかい【帝王切開】〈名〉難産のとき、母親の腹を切り開いて子どもを取りだす方法。

1 **ていおん【低音】**〈名〉❶ひくい声や音。❷〔音楽〕バス(Bass)。▽対高音。

2 **ていおん【低温】**〈名・形動〉ひくい温度。対高温。

1 **ていか【低下】**〈名・する〉❶ものごとの度合いが、それまでよりひくくなること。例気温が低下する。対上昇《じょうしょう》。類下降。❷質や力の程度が、それまでよりわるくなること。例品質が低下する。学力が低下する。対向上。類劣化《れっか》。

2 **ていか【定価】**〈名〉製造者が定めた、商品のねだん。参考 本やCDなどでは、消費税をふくめたねだんをいう。

1 **ていがく【低額】**〈名・形動〉金額が、ふつうだと思われる額よりもひくいこと。例低額所得者。対高額。類少額。

2 **ていがく【定額】**〈名〉あるきまった金額。例定額貯金。定額料金。定額支給。

3 **ていがく【停学】**〈名〉規則をやぶった生徒や学生への罰《ばっ》として、一定期間 登校させないこと。対復学。

ていがくねん【低学年】〈名〉小学校での下のほうの学年。ふつうは、一、二年をいう。対高学年。

1 **ていかん【定款】**〈名〉会社や団体の目的・組織・活動など、基本的なことをさだめた規則。

2 **ていかん【諦観】**〈名・する〉人生や世の中はこういうものと見きわめて、こだわりの気持ちをすてること。類達観。諦念。さとり。

ていかんし【定冠詞】〔文法〕英語などで、冠詞の種類の一つ。名詞の前について、そのものの限定や指示などを表わす。英語の the など。対不定冠詞。

1 **ていき【定期】**〈名〉❶期間や期限が前もってきめられていること。例定期刊行物。定期便。❷「定期券」の略。❸「定期預金」の略。

2 **ていき【提起】**〈名・する〉人々の目をひくように、問題や訴訟《そしょう》などを、もちだすこと。例今回は問題提起にとどめる。

1 **ていぎ【定義】**〈名・する〉ことばの意味内容と、それが指し示す範囲《はんい》を、あいまいさがのこらないように、はっきりときめること。例定義づける。

2 **ていぎ【提議】**〈名・する〉会議で、議案や意見を出すこと。類提案。発議。

ていきあつ【低気圧】〈名〉〔気象〕大気の中で、まわりに比べて気圧のひくい部分。中心にむかって風がふきこみ、上昇《じょうしょう》気流がおこる。この付近では天気がわるい。温帯低気圧と熱帯低気圧がある。対高気圧。↓きあつ

表現「かれはきょう低気圧だから、用心しろ」のように言って、人のきげんが わるいのを表わすことがある。「荒れもよう」に近い。

ていきけん【定期券】〈名〉交通機関で、一定の期間、ある区間内で自由に乗りおりできるカード。「定期乗車券」の略で、さらに略して「定期」ということも多い。パス。

ていきびん【定期便】〈名〉きまった区間やきまった時間に行なわれる、客や荷物の輸送。

1 **ていきゅう【定休】**〈名〉会社・商店・百貨店などが休みときめている日。例定休日。

2 **ていきゅう【庭球】**〈名〉テニス。

3 **ていきゅう【低級】**〈形動〉程度が ひくい。例低級な趣味。対高級。類低次元。下品。俗悪《ぞくあく》。

ていきょう【提供】〈名・する〉❶利用してもらうために、資金や品物をわたしたり、技術や知識を教えたりすること。例資料を提供する。情報を提供する。(飲食店で)料理を提供する。類さしだす。❷放送番組などのスポンサーとなること。

ていきよきん【定期預金】〈名〉銀行預金の一種。ある期間をかぎってあずけ、その期間がすぎたとき、はじめてはらいもどしがされるもの。普通《ふつう》預金より利率が高い。

テイクアウト〈名・する〉店内で食べるか持ち帰るかを選べるファーストフード店などで、商品を持ち帰ること。「テークアウト」とも書く。対イートイン。◇takeout

ていくう【低空】〈名〉空の、地表にちかいところ。例低空飛行。対高空。中空。

ていくうひこう【低空飛行】〈名・する〉飛行機などが、ふつうの高度より低いところを飛ぶこと。

表現 成績や業績が低迷しつづけることにもいう。

1 **ていけい【定形・定型】**〈名〉❶〔定形〕一つのきまったかたち。例定形郵便物。❷〔定型〕一つのきまったかたち。例定型詩。定型俳句。有季定型句。

2 **ていけい【提携】**〈名・する〉二つ以上の企業《きぎょう》や団体などが協力しあうこと。類タイアップ。パートナーシップ。

ていけいし【定型詩】〈名〉〔文学〕全体の行数や一行の音または音節の数などについて、伝統的にさだまっているリズムの型にしたがってつくられた詩。日本の短歌や俳句、中国の絶句や律詩、ヨーロッパのソネットなど。

1 **ていけつ【締結】**〈名・する〉条約や協定などをむすぶこと。例条約を締結する。類締約。

2 **ていけつ【貞潔】**〈名・形動〉貞操を守り、人に後ろ指をさされるようなことが何もない、婦人の生活態度。

ていけつあつ【低血圧】〈名〉血圧がふつうよりもひくいこと。対高血圧。

ていけん【定見】〈名〉自分なりのしっかりとさだまった考え。例定見がないから、人に言われてすぐぐらつく。

1 **ていげん【低減】**〈名・する〉ものの量が少なくなること。少なくすること。ものごとの程度がひくくなること。ひくくすること。例生産力が低減する。価格を低減する。

2 **ていげん【逓減】**〈名・する〉だんだんとへること。例逓減税率。対逓増。

3 **ていげん【提言】**〈名・する〉多くの人に考えてもらうために、自分の意見や考えをだすこと。その意見や考え。例専門家の提言に耳をかたむける。

ていこう【抵抗】〈名〉❶〈する〉外からくわわる力や権力などをはねのけようとすること。例抵抗力。類反抗。❷うけいれたくない気持ち。例抵抗を感じる。このことばは、抵抗があって使えない。抵抗感。❸〔物理〕空気中

や水中をうごく物体をおしとどめようとする力。例空気抵抗。❹〔物理〕「電気抵抗」の略。例抵抗器。

ていこうき【抵抗器】〈名〉電流や電圧を調節するために、回路に入れる部品。

ていこうりょく【抵抗力】〈名〉病気などに対抗し、負けまいとする力。例抵抗力をつける。

[1]**ていこく【定刻】**〈名〉前もってさだめられた時刻。例定刻にはじまる。類定時。

[2]**ていこく【帝国】**〈名〉〔歴史〕❶皇帝《こうてい》がおさめる国家。例大日本帝国。類王国。❷他の国をとりこみながら強大になった国家。例大英帝国(=かつてのイギリス)。

ていこくしゅぎ【帝国主義】〈名〉一九世紀の終わりから二〇世紀にかけて、資本主義の発達した国々でとられた政策。国の政治力や経済力をさらに大きくするために、武力などを使ってよその国を侵略《しんりゃく》して植民地とし、領土や市場をひろげようとするもの。

ていさい【体裁】〈名〉❶外から見た人にあたえる、ものごとの感じ。例体裁をととのえる。体裁よくもりつけをした料理だ。類見かけ。見てくれ。❷人が「どう見るか」「どう思うか」という点から考えた自分のようす。例体裁がわるい。体裁をとりつくろう。類体面。世間体《てい》。外聞《がいぶん》。
↓おていさいをいう

体裁を作《つく》る ❶書式や形式を設計する。❷みっともなく見えないようにする。類取りつくろう。

ていさつ【偵察】〈名・する〉相手がたのようすをさぐること。例偵察隊。偵察飛行。

ディサビリティースポーツ〈名〉からだに障害のある人ができるスポーツ。類パラスポーツ。◇disability sports

ていし【停止】〈名・する〉❶うごきを途中《とちゅう》でとめること。例一時停止。❷活動などを一時やめさせること。また、一時とまること。例営業を停止する。ガスの供給を(が)停止する。▽類ストップ。

[1]**ていじ【定時】**〈名〉前もってさだめてある時刻。例定時発車。類定刻。アテージ

[2]**ていじ【呈示・提示】**〈名・する〉❶〔呈示〕見せなければいけないものを、さしだして見せること。例身分証明書を呈示する。❷〔提示〕問題となるものごとを、とくにとりあげてしめすこと。例条件を提示する。▽アテージ
参考 法令では、「提示」と書くことに統一されている。

でいじ(方言) ⇩でーじ

ていじげん【低次元】〈名・形動〉話やものごとの内容の程度がひくいこと。例低次元の話。類低級。

ていしせい【低姿勢】〈名・形動〉したにでて、ひかえめな態度をとること。例低姿勢にでる。対高姿勢。

ていじせい【定時制】〈名〉学校教育で、夜間または特定の時期に行なわれる学習課程。対全日制。

ていしつ【低湿】〈形動〉土地が低くて湿気が多い。対高燥《こうそう》。

ていしゃ【停車】〈名・する〉走っていた自動車や電車がとまること。例各駅停車。急停車。対発車。↓ちゅうしゃ〔駐車〕表現

ていしゃじょう【停車場】〈名〉「駅」の古い言いかた。「ていしゃば」ともいう。

ていしゅ【亭主】〈名〉❶一家の主人。対女房《にょうぼう》。❷「夫」のややくだけた言いかた。例亭主関白。

ていじゅう【定住】〈名・する〉場所をさだめて、住みつくこと。例定住生活。定住外国人。

ていしゅうは【低周波】〈名〉〔物理〕電波や交流電流などで、周波数のひくい波。波の種類によって、その高さはことなる。対高周波。↓しゅうはすう

ていしゅかんぱく【亭主関白】〈名〉夫が妻にたいして絶対的にいばっていること。対かかあ天下。

ていしゅく【貞淑】〈名・形動〉女性が夫のためにつくして、ほかの人に心をうごかされないこと。類貞節。貞操。

ていしゅつ【提出】〈名・する〉必要な書類や物件を出すべき場所に出し、相手にわたすこと。例宿題を提出する。提出物。

[1]**ていしょう【低床】**〈名〉バスなどの乗り物で、からだの不自由な人も楽に乗り降りできるようにした、低いゆか。

[2]**ていしょう【提唱】**〈名・する〉ある考えや主張を公表して、ひろく人々によびかけること。例新説を提唱する。類主唱。

[1]**ていしょく【定食】**〈名〉飲食店のメニューで、あらかじめおかずとご飯・みそ汁などを組み合わせたもの。

[2]**ていしょく【定職】**〈名〉一定の収入があり、世間的にもみとめられる、きちんとした職業。例定職につく。

[3]**ていしょく【抵触】**〖▼牴触〗〈名・する〉してはいけないときめられていることに反すること。例規則に抵触する。法に抵触する。

[4]**ていしょく【停職】**〈名〉公務員などへの懲戒《ちょうかい》処分の一つ。一定期間、その職につくことをさしとめて、給料をはらわないこと。↓ちょうかい〔懲戒〕参考

ていじろ【丁字路】〈名〉「丁」の字の形にまじわっている道路。「T《ティ》字路」ともいうようになった。

[1]**ていしん【廷臣】**〈名〉宮廷で働く臣下《しんか》。

[2]**ていしん【▼挺身】**〈名・する〉身を投げ出して、困難な仕事を行なうこと。例難民救済事業に挺身する。

[3]**ていしん【逓信】**〈名〉郵便・電信などを、順々につたえてとどけること。古いことば。参考 郵便のシンボルである「〒」の記号は、「テイシン」の「テ」を図案化したもの。

[4]**ていしん【艇身】**〈接尾〉ボートレースなどで、各ボートのあいだの距離《きょり》を、ボートの長さを基準にしてはかることば。例二艇身の差でゴールインした。

[1]**でいすい【泥水】**〈名〉どろみず。

[2]**でいすい【泥酔】**〈名・する〉わけがわからなくなるほど、ひどくよっぱらうこと。類へべれけ。酩酊《めいてい》。

ていすう【定数】〈名〉❶規則などできめられた、一定の数。例定数にみたない。❷〔数学〕数式で、きまった一つの値《あたい》をとる文字または数。対変数。類常数。恒数《こうすう》。

ディスカウント〈名・する〉ねびき。安売り。例ディスカウントセール。◇discount

ディスカッション〈名・する〉討論《とうろん》。例グループディスカッション。類ディベート。◇discussion

ディスク〈名〉円盤《えんばん》。円盤形のもの。◇disk

ディスクロージャー〈名〉❶役所などの公的機関が、市民や利用者の求めに応じて内部の文書をいつでも見られるようにすること。情報公開。情報開示。❷〔経済〕経営・財務内容の公開。企業《きぎょう》が取引相手や投資家に行なう。◇disclosure

テイスティング〈名〉味やかおりのよしあしを調べたり、銘柄《めいがら》をたしかめたりするための試飲や試食。飲み物、とくに酒類にいうことが多い。◇tasting

テイスト〈名〉❶あじ。風味。例ビールテイストのノンアルコール飲料。❷趣味《しゅみ》。好み。風情《ふぜい》。例デザイナー

て

寺田寅彦(とらひこ)(1878~1935) 物理学者・随筆家。物理学・気象学などの研究をしながら，随筆を書いた。

のテイストが感じられる家具。ハワイアンテイストに編曲した音楽。◇taste

ディスプレイ〈名〉❶コンピューターや携帯《けいたい》電話などの、文字や画像を表示する装置《そうち》。❷〈する〉商品などの陳列《ちんれつ》・展示。❸〔動物〕鳥などにみられる、求愛や威嚇《いかく》のための独特の動作。◇display

[1]**てい・する【呈する】**〈動サ変〉ある状態をしめす。例活況《かっきょう》を呈する。どろぬまの様相を呈する。

[2]**てい・する【▼挺する】**〈動サ変〉すすんで身をなげだす。例身を挺して危険をふせいだ。

ディス・る〈動五〉(かげで)けなす。軽蔑《けいべつ》する意味の英語 disrespect の dis を動詞にした若者ことば。

ディスレクシア〈名〉文字の読み書きだけが困難《こんなん》な学習症《しょう》。◇dyslexia

[1]**ていせい【帝政】**〈名〉皇帝がおさめる政治形態。例帝政ロシア。

[2]**ていせい【訂正】**〈名・する〉ことばづかいや文字、表現内容などのあやまりをなおすこと。例前言を訂正する。訂正箇所《かしょ》。類修正。

[1]**ていせつ【定説】**〈名〉その専門の人々のあいだで、正しいとみとめられた説。例定説になる。定説をくつがえす。対異説。類通説。

[2]**ていせつ【貞節】**〈名・形動〉女性としての行ないが正しいこと。例貞節を守る。類貞淑《ていしゅく》。貞操。

[1]**ていせん【停船】**〈名・する〉船がとまること。船をとめること。例停船命令。

[2]**ていせん【停戦】**〈名・する〉戦争中に一時たたかいをやめること。例停戦協定。類休戦。

[1]**ていそ【定礎】**〈名〉建物をたてるときに、まず土台となる石を置くこと。例定礎の日を石に刻む。

[2]**ていそ【提訴】**〈名・する〉訴訟《そしょう》をおこすこと。類告訴。起訴。

[1]**ていそう【貞操】**〈名〉現在なりたっている男女の関係を、心においても、からだにおいても、くずさないようにすること。類みさお。節操。

[2]**ていそう【逓送】**〈名・する〉荷物や郵便を人から人へ、ある場所から別の場所へと順々に送りとどけること。

ていそく【低速】〈名〉速度がおそいこと。対高速。

ていぞく【低俗】〈形動〉レベルがひくくて、下品である。例低俗な番組。対高尚《こうしょう》。類俗悪。卑俗《ひぞく》。

ていそくすう【定足数】〈名〉正式に会議をひらくのに必要な、最小限の出席者数。例定足数に達する。

[1]**ていた・い【手痛い】**〈形〉再びたちなおれないくらいひどい。例手痛い打撃《だげき》。手痛い失敗。アテイタイ

[2]**ていたい【停滞】**〈名・する〉ものごとがうまくすすまないで、一つのところにとどまること。例議事が停滞する。景気が停滞する。類沈滞《ちんたい》。とどこおる。アテータイ

ていたいぜんせん【停滞前線】〈名〉〔気象〕つめたい空気とあたたかい空気が、同じくらいの勢力で接しているところにできる前線。この付近では、くもりや雨の天気がつづく。梅雨《ばいう》前線・秋雨《あきさめ》前線など。

ていたく【邸宅】〈名〉大きくて、りっぱな家。例大邸宅。類豪邸《ごうてい》。やしき。

ていたらく【体たらく】〖▽為▽体〗〈名〉みっともないすがたやありさま。例さんざんの体たらく。類ざま。

ていだん【▼鼎談】〈名・する〉しかるべき知識や経験を持った人が三人で、用意された改まった席で話しあうこと。類座談。

でいたん【泥炭】〈名〉石炭の一種。湿地《しっち》に、草や木が長いあいだにつもってできたもの。質がわるい。

ていち【低地】〈名〉❶海抜《かいばつ》のひくい土地。❷まわりにくらべてひくい土地。▽対高地。

ていちあみ【定置網】〈名〉沿岸漁業で一定の場所に長期間しかけておく網。例定置網漁業。

ていちゃく【定着】〈名・する〉❶ある場所や地位になじんで、いつくこと。例一軍に定着する。❷ある考えやことがらが人々のあいだにひろまって、すっかりなじむこと。例民主主義が定着する。❸写真で、現像した像が変化しないように、薬品などで処理すること。また、そうして像が変化しなくなること。例定着液。

[1]**ていちょう【低調】**〈形動〉❶レベルがひくい。例低調な作品。❷もりあがりがなくて、だらだらしている。例低調な議論。低調な試合。

[2]**ていちょう【丁重】**〖▼鄭重〗〈形動〉心がこもっていて、礼儀《れいぎ》ただしい。例丁重なあいさつ。丁重にことわる。類丁寧《ていねい》。

ていちょうご【丁重語】〈名〉敬語の五分類の一種。自分や自分のがわの行為《こうい》やものごとを低めたり、ひかえめに言ったりすることによって、聞き手や読み手に対して、話し手や書き手のあらたまった態度を表わすことば。たとえば、動詞の「参る」「申す」「致《いた》す」「おる」、名詞の「小社」「拙著《せっちょ》」など。謙譲《けんじょう》語Ⅱ。

表現 「参ります」「申します」「致します」「おります」のように、丁寧《ていねい》語の「ます」をつけて使うのがふつう。

注意 (1)「先生のところに参ります」と言うと、先生を高くあつかっているようにみえるが、「息子《むすこ》のところに参ります」と言っておかしくないことから、行為の向けられている人を高くあつかっているわけではなく、聞き手に対してあらたまった言いかたをしているだけであることがわかる。(2)「電車が来ました」を「電車が参りました」とも言うことがあるが、これは話し手が聞き手にあらたまった態度で伝えているのである。

参考 敬語を、大きく尊敬語・謙譲語・丁寧語の三つに分類するときは、丁重語は謙譲語のなかにふくまれる。

ティッシュ〈名〉「ティッシュペーパー」の略。うすく、やわらかいちり紙。「ティシュー」ともいう。例ポケットティッシュ。◇tissue

ていっぱい【手一杯】〈形動〉仕事におわれて、これ以上のことはとてもやれない。例電話やファックスへの対応で手一杯だ。

ていてい【亭亭】〈副・連体〉高くまっすぐのびている。例亭々とそそり立つ。亭々たる大樹。

ディテール〈名〉全体の中の細かい部分。「デテール」ともいう。類細部。◇detail

ていてつ【▼蹄鉄】〈名〉ウマのひづめの下に打ちつけて、ひづめがへるのをふせぐ、U字形の鉄。

ていてん【定点】〈名〉決まった位置。例定点観察。

ていでん【停電】〈名・する〉送電がとまり、そのため電灯が消え、電気製品の働きが みな とまること。

ていてんかんそく【定点観測】〈名・する〉❶ある決まった場所から行なう、気象や天体の観測。❷俗《ぞく》に、ある特定のものを観察しつづけて、その変化のようすを調べること。定点観察。定点調査。

ていど【程度】一〈名〉❶ほかと比べた場合の、ものの量や段階がどれくらいであるか、ということ。例程度が高い。発達の程度。ある程度想像がつくよ。程度問題。生活程度。類度合い。❷ちょうど適当な度合い。例程度を

寺山修司(しゅうじ)(1935～83)　昭和の詩人・劇作家。劇団「天井桟敷」を結成して前衛演劇にも取り組んだ。

こえる。程度をこころえる。類ほど。
二〈接尾〉おおまかな時間や年齢《ねんれい》、数量などを表わすことばにつけて、「およそのぐらい」という意味を表わす。例三十人程度。三十分程度。類ほど。ぐらい。ばかり。前後。

でいど【泥土】〈名〉水気の多い、やわらかい土。類どろ。どろつち。

ていとう【抵当】〈名〉借金が期日までにかえせなかったら、取りあげられてもよいという約束でさしだす品物や権利。例抵当に入れる。類担保。かた。

ていとうけん【抵当権】〈名〉〔法律〕借金の返済がないとき、担保として提供された財産から、ほかの人に優先して弁済をうける権利。

ていとく【提督】〈名〉海軍で、艦隊《かんたい》の司令官。

ていどもんだい【程度問題】〈名〉ものごとの程度が適当かどうかが問題になること。例まじめなのもよいが、程度問題だ。

ていとん【停頓】〈名・する〉ものごとがいきづまって、うまくすすまないこと。例作業が停頓する。

ディナー〈名〉一日でもっとも主要な食事。ふつうは夕食だが、昼のところもある。正餐《せいさん》。◇dinner

ていねい【丁寧】〈形動〉❶動作やことばづかいがきちんとしていて礼儀《れいぎ》ただしい。例丁寧なことば。丁寧にあいさつする。類丁重《ていちょう》。❷心がこもっていて注意ぶかい。例字を丁寧に書く。懇切《こんせつ》丁寧。類丹念《たんねん》。入念。▽対ぞんざい。乱暴。

でいねい【泥▼濘】〈名〉ぬかるみ。例ひざを没《ぼっ》する泥濘。

ていねいご【丁寧語】〈名〉敬語の五分類の一種。聞き手や読み手に対して、話し手や書き手のていねいな態度を表わすことば。「です」「ます」「ございます」など。

表現 「お茶です」「幸いです」に対して、「お茶でございます」「幸いでございます」と言えば、さらにていねいな言いかたになる。

参考 敬語を、大きく尊敬語・謙譲《けんじょう》語・丁寧語の三つに分類するときは、丁寧語のなかに美化語もふくまれる。

[1]**ていねん【定年】**『停年』〈名〉会社や官庁などで、ある年齢《ねんれい》になったら職をやめるようにきめられている、その年齢。例定年になる。定年退職。

[2]**ていねん【諦念】**〈名〉人生はこういうものと知って、安定した心の中。類諦観。

ディバイダー〈名〉先に針のついた二本の足を上の方でとめて、開きを自由に調節できるようにした、コンパス形の製図用具。線を等分するなどに使う。◇dividers

ていはく【停泊】『▼碇泊』〈名・する〉船が港にとまること。例白い汽船《きせん》が停泊している。

ていはつ【▼剃髪】〈名・する〉〔仏教〕仏門に入って、かみの毛をそりおとすこと。

ていばん【定番】〈名〉つねに一定の需要《じゅよう》があるもの。例定番商品。

ていひょう【定評】〈名〉多くの人がみとめて、すっかりさだまった評価や評判。例定評がある。

ディフェンス〈名〉守備。防御。例かたいディフェンス。対オフェンス。◇defense

ディフェンダー〈名〉サッカーで、守備をおもにになう役。バックス。DF。◇defender

ディベート〈名〉あるテーマについて、肯定《こうてい》側と否定側の二組に分かれて行なう討論。◇debate

ディベカッション〈名〉「ディベート」と「ディスカッション」から日本で合成されたことば。最後に優劣《ゆうれつ》の判定を行なわないディベート。相互交流型討論。

ていへん【底辺】〈名〉❶〔数学〕三角形の頂点に対する辺。❷社会の下層部。例社会の底辺。底辺の声。

ていぼう【堤防】〈名〉洪水《こうずい》や高潮《たかしお》の害をふせぐために、川岸や海岸にそって土や石やコンクリートできずいたもの。例堤防が決壊《けっかい》する。類堤《つつみ》。土手。

ていぼく【低木】〈名〉〔植物〕あまり高くならない樹木。幹は地面近くで枝分《えだわ》かれするものが多い。ツツジ・アジサイなど。対高木。参考もと、「灌木《かんぼく》」といった。

[1]**ていほん【定本】**〈名〉古典は写本で伝わり、同じ作品の写本にいくつもの系統があるので、それらを比較《ひかく》検討して作った、標準的な本。

[2]**ていほん【底本】**〈名〉昔からある文学作品などを校訂《こうてい》して改めて出版するときや、外国の書物を翻訳《ほんやく》するときに、もととする本。

ていまい【弟妹】〈名〉おとうとやいもうと。対兄姉《けいし》。

ていめい【低迷】〈名・する〉わるい状態からぬけだせないでいること。例景気が低迷している。下位に低迷する。

ていめん【底面】〈名〉❶もののそこになる面。❷〔数学〕円錐《えんすい》や円柱などの立体の、そこの面。

ていやく【締約】〈名・する〉条約や契約を結ぶこと。例締約国。類締結。

ていよう【提要】〈名〉ある分野の要点や概略《がいりゃく》を示すこと。多く書名に用いられる。例文法提要。

ていよく【体よく】〈副〉さしさわりがないように、うまく理由や口実をつけて。例体よくことわる。体よく追いはらう。類体裁よく。

ていらく【低落】〈名・する〉さがること。とくに、物価や人気などがさがること。対高騰《こうとう》。類下落《げらく》。

[1]**ていり【低利】**〈名〉安い利子。対高利。

[2]**ていり【定理】**〈名〉〔数学〕公理と定義によって、正しいと証明できることがら。例ピタゴラスの定理。

でいり【出入り】〈名・する〉❶出ることと入ること。例人の出入りが多い。出入り口。類出はいり。❷商人などが得意先として、よくおとずれること。例出入りの業者。❸数量がある基準より多かったり少なかったりすること。例参加人数に多少の出入りがあった。出入りの多いゴルフ(のスコア)。類出はいり。❹やくざどうしのあらそい。

[1]**ていりつ【低率】**〈名・形動〉比率が低いこと。低い比率。対高率。

[2]**ていりつ【▼鼎立】**〈名・する〉三つの勢力がたがいに対立すること。例三国鼎立。

ていりゅう【底流】〈名〉❶川や海の、底の方を流れている流れ。❷社会の表面下の無視できない傾向《けいこう》。

ていりゅうじょ【停留所】〈名〉路面電車やバスなどが、客の乗り降りのためにとまる、さだめられた場所。「ていりゅうしょ」ともいう。

ていりょう【定量】〈名〉きめられた一定の量。

ていれ【手入れ】〈名・する〉❶ものをよい状態にたもつために、必要な手あてをすること。例庭木の手入れ。洋服の手入れ。❷犯罪の事実をしらべ、また、犯罪者をとらえるために、警察官が現場や犯人の住まいにふみこむこと。

ていれい【定例】〈名〉前からきまっていること。例定例会議。

ディレクター〈名〉映画やテレビで、監督《かんとく》や演出をする人。◇director

ていれつ【低劣】〈形動〉レベルがひくくて、品がない。

 デリダ（1930〜2004）　フランスの哲学者。西欧哲学のロゴス中心主義を批判し，「脱構築」の理論をとなえた。

ディレッタント〈名〉趣味《しゅみ》として、芸術を愛好する人。◇dilettante
ていれん【低廉】〈名・形動〉ねだんがやすいこと。例低廉な料金設定。類廉価。安価。
ティンパニー〈名〉球を半分にしたかたちの胴《どう》に、皮やプラスチックをはった太鼓《たいこ》。音の高さがかえられ、ふつう二個を一組みにして使う。◇《イタリア》timpani
てうす【手薄】〈形動〉人手がたりないなど、そなえが不十分だ。例警備の手薄な所から侵入《しんにゅう》された。
デウス〈名〉神。キリシタンが使ったことば。◇《ポルトガル》Deus
てうち【手打ち】〈名〉❶そばやうどんなどを、機械ではなく、手でつくること。例手打ちうどん。❷話し合いに同意したしるしに、そろって手拍子《てびょうし》を打つこと。例手打ちをする。類手じめ。❸江戸《えど》時代、殿様《とのさま》が権力をもって下位の者を切ること。例手打ちにする。
表記 ❸は、「手討ち」とも書く。
デー 一〈造語〉昼間。例デーゲーム。データイム。
二〈接尾〉なにか特別のことが行なわれる日。例特売デー。防火デー。▽「デイ」とも書く。◇day
テークアウト〈名・する〉⇩テイクアウト
デーゲーム〈名〉野球などで、昼間にする試合。「デイゲーム」とも書く。対ナイター。ナイトゲーム。◇day game
でーじ(方言)とても。非常に。沖縄で言う。
テーゼ〈名〉哲学《てつがく》や論理学で、最初にたてられた命題。対アンチテーゼ。◇《ドイツ》These
データ〈名〉❶判断の基礎《きそ》となる、数値《すうち》などの資料。例データを集める。❷コンピューターであつかう文字や画像。◇data
表現 一件二件と数える。
データベース〈名〉コンピューターで、あることに関連するデータをたくさん集め、検索《けんさく》や分類など多目的に使えるように整えたもの。◇database
デート〈名・する〉交際の相手と、日時や場所をきめて会うこと。例デートスポット。初デート。◇date
テープ〈名〉❶うすくて はばがせまいひも。紙や布、ビニールなどでつくる。例テープを投げる。テープをまく。テープをきる。❷録音や録画などに使う、表面に磁気をおびさせたひも。例テープにふきこむ。テープをまわす。◇tape
テープカット〈名〉開通式や落成式、開場式などで、完成を祝って、横向きに張った紅白《こうはく》のテープを切る儀式《ぎしき》。参考 日本での複合語。英語では ribbon-cutting (ceremony) という。
テーブル〈名〉洋風の机。とくに、会議や食事のときなどに使う。例テーブルにつく。類デスク。◇table
表現 一卓《いったく》二卓《にたく》と数えるが、一台二台も使う。
テーブルクロス〈名〉テーブルにかける布。例まっしろなテーブルクロス。◇table cloth
テーブルスピーチ〈名〉パーティーの席などで、食卓《しょくたく》の前でする、短い演説。◇table と speech による日本での複合語。
テーブルマナー〈名〉西洋料理をたべるときの作法。◇table manners
テープレコーダー〈名〉音声をテープに録音して、再生する装置《そうち》。◇tape recorder
テーマ〈名〉主題。題目。例テーマソング。研究テーマ。類トピック。◇《ドイツ》Thema
テーマパーク〈名〉あるテーマを定めて造られた大型の娯楽施設《ごらくしせつ》。東京ディズニーランドや長崎のハウステンボスなど。◇theme park
テールランプ〈名〉自動車や電車のうしろの部分につけてあるあかり。尾灯《びとう》。テールライト。◇tail lamp
でーれー(方言)とても。ものすごい。岐阜・岡山などで言う。
ておい【手負い】〈名〉きずをうけた人や動物。例手負いの熊《くま》。
ておくれ【手遅れ・手後れ】〈名〉病気やけがの手あて、また、ものごとのとるべき処置などがおくれて、もはや回復や成功のみこみがないこと。例手遅れになる。
でおく・れる【出遅れる】〈動下一〉動作や行動を始めるのがおそくなってしまう。例スタートで出遅れる。
ておけ【手おけ】〘手▼桶〙〈名〉取っ手のついた小さなおけ。例手おけをさげて墓参りをする。
ておしぐるま【手押し車】〈名〉手で押して物をはこぶ、車輪やキャスター付きの台やかご。ワゴンやカート。
ておち【手落ち】〈名〉必要な処置や手段のどこかに不十分なところがあること。また、その不十分な点。例検査に手落ちがあった。類手ぬかり。
ておの【手おの】〘手▼斧〙〈名〉❶片手であつかう、小形のおの。❷柄《え》の先が下向きにまがって、半月形の刃《は》がついた大工道具。ちょうな。
表現 ふつう一挺《いっちょう》二挺《にちょう》と数えるが、一本二本も使う。
ており【手織り】〈名〉布を、手動の器械で織ること。
デカ〈接頭〉メートル法で、単位名の上につけて、十倍であることを表わす。記号「da」。例デカリットル。対デシ。◇《フランス》déca-
でか・い〈形〉「大きい」のくだけた言いかた。「でっかい」とも言う。類どでかい。由来 関東・中部・北陸などの方言「いかい」に、強調の「ど」がついた「どいかい」から変化したことば。
てかがみ【手鏡】〈名〉手に持って使う、柄《え》のついた小さな鏡。ハンドミラー。
てがかり【手掛かり・手懸かり】〈名〉❶よじのぼろうとするとき、手をかけて からだをささえるところ。類ホールド。❷問題の解決のための、はじめのきっかけ。例手掛かりをつかむ。類いとぐち。端緒《たんしょ》。▽類足掛かり。
てがき【手書き】〈名〉自分の手で字や絵を書くこと。例年賀状は心をこめて手書きにする。類肉筆。
表記 絵の場合は、「手描き」とも書く。
でがけ【出がけ】〘出掛け〙〈名〉ちょうど出かけようとするとき。出しな。例出がけにわすれ物を思い出す。
てが・ける【手掛ける・手懸ける】〈動下一〉自分でその仕事をする。例工事を手掛ける。
でか・ける【出掛ける】〈動下一〉❶ある場所へ行こうとして、今いるところからはなれる。類外出する。出発する。❷そこを出ようとする。出かかる。
てかげん【手加減】〈名・する〉❶ものごとのあつかいかたのこつ。例手加減がむずかしい。❷ようすに応じて、あつかいのきびしさをやわらげること。例手加減をする。手加減を加える。類手心。さじ加減。
でか(出▽来)した ⇩でかす
てかず【手数】〈名〉❶⇩てすう ❷ボクシングで、パンチを出す回数。例手数が少ない。
でか・す〘出▽来す〙〈動五〉(「でかした」の形で)たいしたものだ。みごとになしとげてあっぱれだ。例でかしたやつ。よ

て

くぞやった、でかしたぞ。

方言 秋田では、「宿題でかした」のように、「完成させる・仕上げる」の意味で使う。古語の残存。

てかせ【手かせ】〖手▼枷〗〈名〉むかし、罪人の手首にはめて自由をうばった刑具《けいぐ》。類 首かせ。足かせ。

表現 現在は、多く「手かせ足かせ」の形で、自由をさまたげるもの、という意味で使う。

でかせぎ【出稼ぎ】〈名・する〉ある期間、家族と別れてよその土地や国にいって働くこと。例 出稼ぎに行く。

てがた【手形】〈名〉❶手のひらに墨《すみ》をぬって紙におしあてたかたち。例 横綱《よこづな》の手形。❷〔経済〕あとで、その金額をしはらうことを約束した証書。例 空《から》手形。約束手形。

でかた【出方】〈名〉ものごとに対するやりかたや態度。例 相手の出方をみて次の手をきめる。類 出よう。

てがた・い【手堅い】〈形〉ものごとのすすめかたがたしかで、不安なところがない。例 手堅い仕事ぶり。類 堅実《けんじつ》。着実。

てがたな【手刀】〈名〉指をのばした手で、物をたたいたり割ったりすること。

手刀を切《き》る すもうで、勝った力士が懸賞《けんしょう》金をもらうときの、手のひらで空《くう》をきるような動作。

デカダン〈名・形動〉デカダンスの傾向《けいこう》をもつようす。そのような芸術家や人々。◇《フランス》décadent

デカダンス〈名〉一九世紀末期、フランスでおこった耽美《たんび》的で、退廃《たいはい》的な傾向《けいこう》をもった芸術。ボードレールやベルレーヌなどに代表される。◇《フランス》décadence

てかてか〈形動・副・する〉油をぬったような感じで光っている。例 てかてかの髪《かみ》。てかてか(と)した顔。頭のてっぺんがてかてか(と)光る。

参考 アクセントは、ふつう「**テ**カテカ」であるが、「てかてかに」「てかてかの」「てかてかだ」の場合は「テ**カテカ**」となる。

でかでかと〈副〉並外れて大きく、目だつようす。くだけた言いかた。例 駅前にでかでかと広告を出す。

てがみ【手紙】〈名〉便箋《びんせん》などに、用事や近況《きんきょう》報告、あいさつなどを書いて、人に読んでもらうもの。例 手紙をしたためる。手紙を送る。手紙を出す。手紙が届く。添《そ》え手紙。置き手紙。類 書状。書簡。便り。→囲み記事32(下)

表現 ふつう一通《いっつう》二通《につう》と数える。「手紙一本よこさない」のように一本二本も使うことがある。

てがら【手柄】〈名〉人の注目をあびるような、役にたつりっぱなはたらき。お手柄。例 手柄をたてる。手柄話。大手柄。類 功《こう》。功績。殊勲《しゅくん》。

てがらがお【手柄顔】〈名〉「どうだ、すごいだろう」と顔に書いてあるような表情。類 鼻高々《はなたかだか》。意気揚々《ようよう》。

でがらし【出がらし】〖出▼涸らし〗〈名〉なんども入れて、味やかおりがうすくなったお茶。

てがる【手軽】〈形動〉たやすく、かんたんである。例 手軽な料理。手軽にできる。類 簡便。→おてがる

常用漢字 **てき**

【的】 白部3 全8画 的的的的的

テキ まと 教 小4 音 [テキ] ■目的《もくてき》。知的《ちてき》。科学的《かがくてき》。個人的《こじんてき》。■的確《てきかく》。的中《てきちゅう》。訓 [まと] 的。的外れ。

【笛】 竹部5 全11画 ※笛笛笛笛笛

テキ ふえ 教 小3 音 [テキ] ■汽笛《きてき》。警笛《けいてき》。訓 [ふえ] 笛。口笛。角笛。横笛。

【摘】 扌部11 全14画 摘摘摘摘摘

テキ つむ 音 [テキ] ■摘出《てきしゅつ》。摘発《てきはつ》。摘要《てきよう》。■指摘《してき》。訓 [つむ] 摘む。摘み草。茶摘み。

【滴】 氵部11 全14画 滴滴滴滴滴

テキ しずく・したたる 音 [テキ] ■水滴《すいてき》。点滴《てんてき》。一滴《いってき》。訓 ❶[しずく] 滴。❷[したたる] 滴る。

【適】 辶部11 全14画 適適適適適

テキ 教 小5 音 [テキ] ■適切《てきせつ》。適格《てきかく》。適材適所《てきざいてきしょ》。適役《てきやく》。■快適《かいてき》。最適《さいてき》。好適《こうてき》。不適《ふてき》。

囲み記事 32

手紙の形式

手紙の書きかたには、長いあいだの経験からできてきただいたいの形式がある。親しい人どうしのやりとりでも、ある程度は、形式を守ったほうがよい。手紙は、書いた人からはなれて、相手の人のところに残ってしまうものだから、じっくり考えて、ていねいに書くのがよい。

手紙文の構成 手紙の文章は、「前書き」と「本文」と「あと書き」とになる。

前書きは、ふつう頭語で始める。「拝啓《はいけい》」が一般《いっぱん》的で、丁重《ていちょう》にする場合は「謹啓《きんけい》」を使う。次が、相手にあいさつのことばをおくる部分で、相手との関係しだいで、長くも短くもなる。礼儀《れいぎ》をつくさなくてはいけない相手の場合は、時候のあいさつから始めて、「お元気でお過ごしでしょうか」というようなうかがいのことばを述べる。長いといっても、二、三行でいい。必要以上に長いと、読む方でいらいらしてくる。とくにていねいに書く必要がない場合は、簡単に「前略」のひとことですます。

本文は、その手紙の目的にしたがって、必要なことを、なるべく簡潔《かんけつ》に整理して書く。回りくどく書いたり、用件がよくわからないような要領のわるい書きかたは禁物である。

用件が終わったところでぷっつり切ってしまわないで、なにかひとこと、「お忙しいところを申し訳ありませんがよろしくお願いいたします」とか「寒さに向かいますので、おからだにお気をつけください」とか、終わりぎわのあいさつを書くのが、あと書きである。このあとに結語がくる。「敬具」がふつうで、前略の場合は「草々《そうそう》」と結ぶ。

最後にあとづけ 文章のあとに、上に日づけ、下に自分の氏名を書き、最後の行の上から二字ぐらいあけたところに相手の氏名を、敬称《けいしょう》をつけて書く。横書きのときは、最初に相手の、次に自分の氏名を書いてから文章を書き始める。

 天武(てんむ)天皇 (631～86) 天智天皇の弟。壬申の乱に勝って即位。天皇中心の政治をめざした。

【敵】 攵部11 全15画 敵敵敵敵敵敵

テキ かたき 教小6 音[テキ] ▨敵《てき》。敵意《てきい》。敵地《てきち》。敵陣《てきじん》。敵対《てきたい》。▨匹敵《ひってき》。好敵手《こうてきしゅ》。宿敵《しゅくてき》。無敵《むてき》。 訓[かたき] 敵。敵討ち。敵役。商売敵。

[1]**てき【敵】**〈名〉❶自分に対して、また、あるものごとに対して害となる人やものごと。例敵が多い。敵をつくる。敵になる。敵に後ろを見せる(=にげる)。人類の敵。❷競争やスポーツで、自分や自分の属するチームとあらそう人やチーム。▽対味方。

方言 和歌山では、「てきゃ」とも言い、「おまえ、あいつ」の意味でも使う。複数の場合は「てきら」「てきゃら」と言う。

敵に塩《しお》を送《おく》る 敵なのに、助けになることをしてやる。由来 戦国時代の武将《ぶしょう》、上杉謙信《うえすぎけんしん》が、武田信玄《たけだしんげん》に、宿敵《しゅくてき》であるにもかかわらず塩を送って助けてやったという逸話《いつわ》から。

敵は本能寺《ほんのうじ》に在《あ》り ほんとうの目的は、うわべとはちがって別のところにある。由来 明智光秀《あけちみつひで》の、織田信長《おだのぶなが》に対するクーデターからできた言い回し。

敵もさる者《もの》 敵もなかなかたいしたものだ。例敵もさる者で、なかなか弱点をみせない。

[2]**てき【的】**〈接尾〉「～のような」「～に関する」という意味を表わす。例科学的根拠《こんきょ》がない。自己中心的な考え方。健康的にやせる。

常用漢字 **でき**

【溺】 氵部10 全13画 溺溺溺溺溺溺

デキ おぼれる 音[デキ] ▨溺死《できし》。溺愛《できあい》。▨耽溺《たんでき》。惑溺《わくでき》。 訓[おぼれる] 溺れる。

表記 旁《つくり》を「弱」と同じ形にして、「溺」とも書く。

でき【出来】〈名〉❶つくられたものの品質のよしあし。うまくできたかどうか。例出来がいい。作品の出来。出来不出来がはげしい。上出来。❷農作物の収穫《しゅうかく》量やその品質。例出来高。❸頭脳《ずのう》の程度。成績のよしあし。例出来の悪い子ほどかわいい。

[1]**できあい【出来合い】**〈名〉注文して作るのでなく、はじめからつくってある商品。例出来合いの品。対あつらえ。類既製《きせい》。レディーメード。

[2]**できあい【溺愛】**〈名・する〉むやみやたらにかわいがること。例孫を溺愛する。類ねこかわいがり。

できあがり【出来上がり】〈名〉❶できあがること。例出来上がりは一週間後です。❷できあがったときの状態。できぐあい。しあがり。例美しい出来上がり。

できあが・る【出来上がる】〈動五〉すっかり作業がおわって、完成する。類仕上がる。

できあき【出来秋】〈名〉イネがみのる、収穫《しゅうかく》の秋。

てきい【敵意】〈名〉相手を敵として、にくむ気持ち。例敵意をいだく。敵意をむきだしにする。

てきおう【適応】〈名・する〉❶ある状況《じょうきょう》や条件にうまくあてはまること。あてはまるように変化すること。例外国生活にようやく適応できるようになった。適応能力。適応性(がある)。不適応(をおこす)。類同化。順応《じゅんのう》。❷〔生物〕生物の形態や習性などが、すむ環境《かんきょう》に応じてかわること。

てきおん【適温】〈名〉ちょうどいい温度。

てきがいしん【敵▼愾心】〈名〉敵に、はげしく対抗《たいこう》しようとする気持ち。例敵愾心をもやす。

[1]**てきか【摘花】**〈名・する〉よい実《み》をとるために、適当な数の花を残し、他の花をつみとること。「てっか」ともいう。

[2]**てきか【摘果】**〈名・する〉果物《くだもの》などがよく育つように、余分な実をつみとること。「てっか」ともいう。

てきが【摘芽】〈名・する〉園芸や農業で、余分な芽を早いうちにつみとっておくこと。芽かき。

[1]**てきかく【的確・適確】**〈形動〉❶[的確]まとをはずさないで、たしかでまちがいがない。例的確な判断。的確な用語。対不的確。類確実。❷[適確]よくあてはまっていて、たしかである。例適確に予想する。対不適確。

参考「てっかく」ともいうが、現在は減りつつある。

[2]**てきかく【適格】**〈名・形動〉法律や規則にさだめた資格に合っていること。例社員として適格な人。適格者。適格性。対失格。欠格。不適格。非適格。

参考「てっかく」ともいうが、現在は減りつつある。

てきぎ【適宜】〈副〉あらかじめきめたりせず、その時々の状況《じょうきょう》に応じて。例適宜おぎなう。類随時《ずいじ》。

てきぐん【敵軍】〈名〉敵の軍隊。対友軍。

てきごう【適合】〈名・する〉ある条件などに、ぴったりとうまくあてはまること。例条件に適合する。

できごころ【出来心】〈名〉その場で急におこったわるい心。例ふとした出来心。ほんの出来心。

できごと【出来事】〈名〉社会でおこる事件や事故。例ちょっとした出来事。身のまわりの出来事。

てきざい【適材】〈名〉あることをするのに適した能力をもつ人。適任者。例適材適所。

てきざいてきしょ【適材適所】〈名〉人を、その人の才能や能力にふさわしい仕事につけること。

てきし【敵視】〈名・する〉相手を敵と考えて、警戒《けいかい》して、にくむこと。類敵対視。目の敵《かたき》にする。

できし【溺死】〈名・する〉おぼれて死ぬこと。類水死。

てきしゃせいぞん【適者生存】〈名〉⇩しぜんせんたく

てきしゅう【敵襲】〈名〉敵がせめてくること。

てきしゅつ【摘出】〈名・する〉❶手術をして、病気でだめになったからだの一部を切りとること。例腫瘍《しゅよう》を摘出する。摘出手術。❷中に入りこんだものをとりだすこと。じゃまなもの、有害なものについていうのがふつう。

てきじょう【敵情・敵状】〈名〉敵のようす。例敵情をさぐる。

てきじん【敵陣】〈名〉敵の陣地。

てきず【手傷】〈名〉たたかいなどによって受けたけが。

できす・ぎる【出来過ぎる】〈動上一〉❶事実ではなく作り話なのではないかと思われるほど、あまりにもよくできている。例出来過ぎた話。話が出来過ぎていて信用できない。❷ものごとが、必要以上、または予想以上にできる。例作物が出来過ぎてこまる。あまり勉強していない割にはこの成績は出来過ぎている。

表現「出来過ぎだ」の形でも用いる。

テキスト〈名〉❶もとの文章。原文。原典。「テクスト」ともいう。❷「テキストブック」の略。教科書。❸コンピューターなどであつかわれる、文字情報。◇text

テキストファイル〈名〉どのパソコンでもあつかえる、文字だけが入力されているファイル。◇text file

てき・する【適する】〈動サ変〉❶あることにとって、ふさわしいことである。例気候風土に適した作物。❷あることにふさわしい能力や資格がある。例議長には彼がもっ

とも適している。▽[類]向く。合う。

てきせい[1]**【適性】**〈名〉あることをするのにふさわしい性質や能力。[例]適性がある。適性にかける。適性をみる。適性検査。

てきせい[2]**【適正】**〈名・形動〉そのことにふさわしくて、正しいと判断されること。[例]適正な処置。

てきせい[3]**【敵性】**〈名〉敵だとみなされる性質。[例]敵性国家。

てきぜい【敵勢】〈名〉せめてくるおおぜいの敵兵。

てきせいけんさ【適性検査】〈名〉性格や能力がどんな仕事に向いているかをしらべる検査。

てきせつ【適切】〈形動〉その場合にもっともよくあてはまっている。[例]適切な例。適切な助言。[対]不適切。[類]適当。ふさわしい。

できそこない【出来損ない】〈名〉つくったけれど、できがわるくて、使いものにならないもの。[類]不出来。

でき(出来)た 人格もりっぱで性格も円満な。[例]あの人はよくできた人だ。

てきたい【敵対】〈名・する〉相手を敵としてたちむかうこと。[例]敵対関係。敵対行動。敵対視。[対]友好。[類]対立。

できだか【出来高】〈名〉❶農作物の収穫《しゅうかく》の量。❷仕事でつくりだした数量。[例]出来高ばらい。

できだかばらい【出来高払い】〈名〉仕上げた数量によって、賃金をはらうこと。出来高による賃金。

[表現] プロスポーツでは、「年俸《ねんぽう》三億円プラス出来高払い五千万円」のように、選手の成績しだいで付加される金銭をいう。

できたて〖出来立て〗〈名〉できたばかりであること。[例]できたてのパン。

てきだん【敵弾】〈名〉敵がうってきた弾丸。

てきち【敵地】〈名〉敵の勢力下にある地域。対戦相手の本拠《ほんきょ》地。

てきちゅう【的中・適中】〈名・する〉予想や推測などが、ぴたりとあたること。[例]予報が的中する。

てきど【適度】〈形動〉ちょうどいい程度。[対]過度。

てきとう【適当】〈形動〉❶ちょうどいい。[例]植物がそだつには適当な温度と湿度《しつど》が必要だ。[対]不適当。[類]適切。❷ぴったりでもないが、ゆるせる範囲《はんい》内だ。[例]適当につきあう。[類]ほどほど。まあまあ。❸いいかげんだ。[例]適当なことを言うな。[類]ちゃらんぽらん。無責任。

てきない(方言) 体がつらい。中部・北陸などで言う。てきねー。

てきにん【適任】〈名・形動〉その仕事をするのに、ぴったりあてはまっていること。[例]適任者。[類]適役。

できばえ【出来栄え】〈名〉できあがったもののようす。[例]みごとな出来栄え。

てきぱき〈副・する〉仕事をスピーディーにこなしていくようす。[例]てきぱき(と)した仕事ぶり。てきぱき(と)した受け答え。[対]ぐずぐず。

てきはつ【摘発】〈名・する〉かくされていたことをあばいて、人々の前に公表すること。[例]不正を摘発する。

てきひ【適否】〈名〉ふさわしいか、ふさわしくないかということ。[例]適否を問う。[類]当否。適不適。よしあし。

てきびし・い【手厳しい】〈形〉えんりょしたり、気をつかったりすることがなくて、とてもきびしい。[対]手ぬるい。

てきひょう【適評】〈名〉適切な批評。

できぶつ【出来物】〈名〉才能も人がらも申し分のないりっぱな人物。[参考]「できもの」と読むのは別のことば。

てきふてき【適不適】〈名〉ふさわしいか、ふさわしくないか。[類]適否。向き不向き。

できふでき【出来不出来】〈名〉❶出来ぐあいのよしあし。❷出来ぐあいにむらがあること。[例]製品のできふできがはなはだしい。

てきほう【適法】〈形動〉法律にかなっている。[対]違法《いほう》。[類]合法。

てきめん〖▼覿面〗〈形動〉効果やむくいがたちまちはっきりするようす。[例]効果てきめん。天罰《てんばつ》てきめん。練習を休むと、てきめんにからだの動きがにぶくなる。

できもの【出来物】〈名〉皮膚《ひふ》にうみがたまって、ふくれあがったもの。おでき。はれもの。[例]できものができる。

[参考]「できぶつ」と読むのは別のことば。

てきや【テキ屋】〖的屋〗〈名〉祭りや縁日《えんにち》のとき露店《ろてん》を出して、ものを売る人。[類]香具師《やし》。

てきやく[1]**【適役】**〈名〉ある役をつとめたり演じたりするのに、ぴったりあてはまっていること。ぴったりの役。[類]はまり役。適任。

てきやく[2]**【適訳】**〈名〉原文の意味をきちんと伝える訳。

てきよう[1]**【適用】**〈名・する〉法律や規則などを、実際に、ある事例にあてはめてはたらかせること。[例]適用を受ける。

てきよう[2]**【摘要】**〈名〉だいじなところをぬきだして、書いたもの。

てきりょう【適量】〈名〉ちょうどよい分量。

で・きる〖出来る〗〈動上一〉❶あらたに生じる。[例]子どもができる。しもやけができる。用事ができる。❷あたらしくつくられる。[例]家ができる。組織ができる。❸しあがる。しとげる。[例]できた！ ❹なにかをする能力や可能性がある。[例]できない相談。さか上がりができる。フランス語ができる。そんなむずかしいこと、私にできるでしょうか？ ❺人がら、能力などがすぐれている。[例]できる生徒。→できた ❻(「できて(い)る」の形で)その二人が、恋人どうしの関係になっている。くだけた言いかた。

[表現] ④には、サ変動詞の語幹のあとにつけて、「…しえる」の意味を表わす使いかたがある。「利用」「勉強」「行き来」「ゆっくり」「コントロール」など。

[注意] 敬語の「お…できる」「ご…できる」という言いかたは、相手のために自分がそうしうる意味を表わす謙譲《けんじょう》語であるから、たとえば店のがわが客に対して「どなたでもご利用できます」のようにいうのはあやまりで、「ご利用になれます」または「ご利用いただけます」のようにいうのが正しい。

てきれい[1]**【適例】**〈名〉ぴったりあてはまる例。[例]適例をさがす。[類]好例。

てきれい[2]**【適齢】**〈名〉あることにふさわしい年齢。[例]適齢期。

てぎれきん【手切れ金】〈名〉それまでの関係を断つために、相手に渡すお金。手切れ。

てぎわ【手際】〈名〉仕事などを処理するやりかた。[例]手際がいい。あざやかな手際。

でぎわ【出際】〈名〉出かけようとする、そのとき。[例]出際に雨が降り出した。[類]出がけ。出しな。

てぐし【手ぐし】〖手▼櫛〗〈名〉髪《かみ》をとかしたり整えたりするのに、くしの代わりに手の指を使うこと。

てぐす〖▽天▽蚕▽糸〗〈名〉テグスサンの幼虫からとって

つくった、すきとおった強い糸。つり糸などに使う。

テクスト〈名〉⇩テキスト①

てぐすねひ・く【手ぐすね引く】〈動五〉あらかじめ十分に準備して、機会のくるのを待ちかまえる。例手ぐすね引いて待つ。参考「くすね(薬煉・薬練)」とは、弓の弦《つる》に塗《ぬ》る補強剤《ざい》のことで、それを、弓をにぎる左手にすべりどめとして塗ることから。

てくせ【手癖】〈名〉いつのまにかある動きをしてしまう、手のくせ。

手癖が悪《わる》い ついついぬすみをしてしまうくせがある。

てくだ【手管】〈名〉人をだまして、うまくあやつる技巧《ぎこう》や手段。例手練《てれん》手管。

てぐち【手口】〈名〉犯罪のやりかたの特徴《とくちょう》。例巧妙《こうみょう》な手口。同じ手口。類やり口。

でぐち【出口】〈名〉敷地《しき》《ち》や建物から外へ出るために設けられたところ。例トンネルの出口。対入り口。

出口が見《み》えない どう解決がつくか、見当がつかない。例出口の見えない不況《ふきょう》。

てくてく〈副〉長い距離《きょり》を一定の速度で歩くようす。例てくてく(と)歩く。

テクニカルターム〈名〉専門用語。術語。◇technical term

テクニカルノックアウト〈名〉ボクシングなどの試合で、一方の選手の負傷がひどいときや防戦一方のとき、レフェリーかその選手のセコンドの判断で試合を中止し、負けとすること。セコンドが判断したらタオルをリング内に投げこむ。TKO。◇technical knockout

テクニシャン〈名〉技巧《ぎこう》にすぐれた人。技巧派。◇technician

テクニック〈名〉手法。技術。技巧《ぎこう》。◇technic

でくのぼう【でくの坊】〖▿木▿偶の坊〗〈名〉自分ではなにもできない、役にたたない人をばかにしていうことば。参考「でく」は、木彫りの人形や操り人形のこと。

テクノロジー〈名〉科学技術。◇technology

てくび【手首】〈名〉うでと、手のひらとをつないでいる部分。例手首が強い。

てぐるま【手車】〈名〉❶人がおしたり引いたりして動かす一輪車。❷向かいあった二人が両手を差しちがいに組み、その上に子どもをのせて楽しむ遊び。

デクレッシェンド〈名〉〔音楽〕「だんだん弱く演奏せよ」。また、その意味を表わす記号。decresc. と略して示したり、>の記号を使う。対クレッシェンド。◇イタリア decrescendo

でくわ・す【出くわす】〖出▿会(わ)す〗〈動五〉思いがけない人やものごとに、ばったり会う。類出会う。遭遇《そうぐう》する。

てげ(方言) とても。宮崎で言う。例てげぬきー(=とても暑い)。参考「大概《たいがい》」が変化した形。

でげいこ【出稽古】〈名〉❶相撲《すもう》で、よその部屋へ出かけて行って、けいこをつけてもらうこと。❷芸事などで、習う人のところへ出かけて行って教えること。

てげてげ(方言) いいかげん。ほどほど。宮崎・鹿児島などで言う。例てげてげでよかよー(=適当でいいよ)。

てこ〖▾梃・▾梃子〗〈名〉❶〔理科〕棒をささえ(支点)にのせ、その棒の一端(力点)に加えられた力を、反対のはし(作用点)につたえるしかけ。小さい力で大きな力が得られる。絵 ❷重いものの下にさし入れて、それを動かすのに使う棒や板。

[て　こ]

てこでも動《うご》かない どんなことをしても動かない。どんなことを言ってもゆずらない。

でこ〈名〉「おでこ」の、もとの形。

てこいれ【てこ入れ】〈名・する〉活動をさかんにするために、強力な援助《えんじょ》をすること。例てこ入れをする。

てごころ【手心】〈名〉ようすに応じて、あつかいをゆるやかにすること。例手心を加える。類手加減。さじ加減。

てこず・る〈動五〉ものごとが思うようにならないで、あつかいに苦労する。例さんざんてこずる。類手を焼く。

てごたえ【手応え】〈名〉❶手や道具でふれたときに、相手につたわる感触《かんしょく》。❷自分のしたことに対する、相手やまわりからの反応。▽例手ごたえがある。たしかな手ごたえを感じる。

でこぼこ【凸凹】〈名・形動・する〉❶表面が高くなったり低くなったりしていること。例でこぼこをならす。でこぼこな道。でこぼこした道。対平ら。類凹凸《おうとつ》。❷質にむらがあること。例勉強のできにでこぼこがある。

てごめにする【手込めにする】女性を力ずくで犯《おか》すこと。古い言いかた。

デコラ〈名〉家具などの表面にはる、合成樹脂《じゅし》製のうすい板。商標名。

デコレーション〈名〉かざり。装飾《そうしょく》。例デコレーションケーキ。◇decoration

てごろ【手頃】〈形動〉❶大きさや太さ、重さなどがちょうどよい。例手頃な大きさに切る。❷自分の条件や力に適している。例手頃なねだん。

てごわ・い【手ごわい】〖手▿強い〗〈形〉強くて、なかなか勝てない。ゆだんができない。例手ごわい相手。類したたか。

テコンドー〈名〉韓国《かんこく》で始まった、空手に似た格闘技。はげしい蹴《け》り技が特徴《とくちょう》。オリンピック種目。◇朝鮮語から。

デザート〈名〉食事のあとにだされる、くだものや菓子《かし》。◇dessert

デザイナー〈名〉建物や道具などの、おもに形についての設計や、洋服のデザインなどをする人。例服飾《ふくしょく》デザイナー。◇designer

デザイン〈名・する〉設計。図案。意匠《いしょう》。例工業(製品の)デザイン。ユニバーサルデザイン。◇design

てさき【手先】〈名〉❶指や指さき。そのはたらき。例手先が器用だ。類小手先。❷人に使われて、その命令のままにはたらく者。例悪の手先。類手下。

でさき【出先】〈名〉でかけていった場所。例出先で雨にふられてこまった。

でさききかん【出先機関】〈名〉中央官庁や会社などが外国や地方に設けている支部や出張所。

てさぐり【手探り】〈名・する〉❶手でさぐって、知ろうとすること。❷見とおしがたたないなかで、何かやってみては、やりなおししながら方向をもとめること。例手探りですすむ。類模索《もさく》。

てさげ【手提げ】〈名〉片手にさげて持ちはこべる、小さ

いかばんや、ふくろ、かごなど。

てさばき【手さばき】〘手▼捌き〙〈名〉物をあつかうときの、手の動かしかた。例あざやかな手さばき。

てざわり【手触り】〈名〉手でさわったときの感じ。例手触りがいい。なめらかな手触り。類はだざわり。感触《かんしょく》。

[1]でし【弟子】〈名〉先生について、専門的な教えをうける人。例弟子をとる。弟子入り。対師匠《ししょう》。類門下。門人。門弟《もんてい》。

[2]デシ〈接頭〉メートル法で、単位名の上につけて、十分の一であることを表わす。記号「d」。例デシリットル。対デカ。◇《フランス》déci-

でしいり【弟子入り】〈名・する〉弟子になること。入門すること。

てしお【手塩】〈名〉❶もと食膳《しょくぜん》に出した塩をもった小さな皿《さら》の意味から、食膳で使う小さな皿。「おてしょ」ともいう。❷つけものがよくつかるように、自分の手でたんねんに塩をふりまくこと。

手塩にかける たいせつに養い、ものごとをていねいに教えてそだてる。例手塩にかけた弟子《でし》。

デジカメ〈名〉「デジタルカメラ」の略。

てしごと【手仕事】〈名〉手先を使ってする、器用さを要求される仕事。

てした【手下】〈名〉人の支配下にあって、その命令ではたらく者。例手下を集める。類配下。手先。子分。

デジタル〈名〉データを数字で表わすこと。ディジタル。例デジタル(式)時計(＝数字で時刻を示す時計)。対アナログ。◇digital 参考 文字・音声・画像などのあらゆるデータが「0」と「1」の二つの数字の組み合わせでできているデジタル信号は、さかい目なく連続しているアナログ信号とちがって劣化《れっか》せず、加工しやすく、大量の情報をあつかえるので、コンピューター・AV機器・カメラ・通信・放送などのさまざまな工業分野で応用されている。

デジタルカメラ〈名〉画像をデジタル信号に変換して記録する、フィルムのいらないカメラ。「デジカメ」と略す。対フィルムカメラ。◇digital camera

てじな【手品】〈名〉たくみに見ている人の目をあざむきながら、いろいろな道具を使って、手先を器用にうごかし、ふしぎなことをしてみせる芸。例手品をつかう。手品師。トランプ手品。類奇術《きじゅつ》。マジック。

デシベル〈名・接尾〉音の強さの単位。記号「dB」。→ホン ◇decibel

てじめ【手締め】〈名〉ものごとがうまくいったことを祝って、全員そろって拍手《はくしゅ》をくり返すこと。ふつう拍手を三回くり返し、最後に一つ打って結ぶ。類手打ち。

てじゃく【手酌】〈名〉自分で酒をつぎ、飲むこと。

でしゃば・る〘出しゃばる〙〈動五〉自分のするべきことではないものにまで、口をさしはさんだり、ちょっかいをだしたりする。例でしゃばったまね。類出すぎる。

てじゅん【手順】〈名〉ものごとをする順序。例手順がくるう。手順よく。類段どり。手はず。ステップ。

てじょう【手錠】〈名〉犯人や罪人がにげるのをふせぐために、その手くびにはめる道具。例手錠をかける。

でじろ【出城】〈名〉根城《ねじろ》とする本城以外に、要地にきずいた城。

です〈助動〉助動詞「だ」の丁寧《ていねい》語。「…は…である」という判断(断定)をていねいに表現する。

❶あるものごとがなにかとひとしい、またはなにかに属する、という意味を表わす。例大山先生はぼくらのクラブの顧問《こもん》です。さつまいもはヒルガオ科の植物です。

❷あるものごとをとりたてて示す。例七時のニュースです。

❸ものごとの状態、性質、程度などを表わす。例かれは約一か月寝《ね》たきりでした。外はマイナス一〇度です。このラーメンはしょうゆ味です。

❹文の中のあることばをつよめて示す。おもに話しことばで使われ、「ですな」「ですね」という形になることもある。例これはですな、わが社であたらしく開発したロボットでですな、今までのものよりずっと優秀で…。

❺「お…です」の形で、動作をする人に対する敬意をていねいに表わす。例先生がおよびですよ。おくさまはどちらへお出かけでしたか?

❻ほかの動詞の表わす意味を、その動詞のかわりに表わす。例おじさんはお昼はいつもざるそばです(＝ざるそばを食べます)。わたしたちはあしたはマラソンです(＝マラソンをします)。

❼形容詞につけて、ていねいな気持ちをそえる。例練習はとてもきびしいです。もういいです。

敬語「です」よりもっとていねいに言うときは、「でございます」を使う。

接続 名詞、または助詞「の」につくのが原則である。ただし、❹❺の用法では、いろいろなことばのあとにつく。

てすう【手数】〈名〉ものごとをするのに必要な労力や時間。「てかず」ともいう。例手数がかかる。手数料。類手間。面倒《めんどう》。

表現 人になにかをたのむときに、「お手数をおかけします」、また、たのんだものができあがったときに、「お手数をおかけしました」のようにいう使いかたがある。

てすうりょう【手数料】〈名〉手続きや仲介《ちゅうかい》などをしてもらったときにかかるお金。例振込《ふりこみ》手数料。

てずから【手ずから】〈副〉他人にたのまず、自分自身の手でするようす。みずから。類じきじき。

表現 ふつうは、おつきの人や部下などにやらせるような事がらを、身分の高い人がみずから行なう場合に使う。

ですから〈接〉「だから」のていねいな言いかた。

てすき【手隙】〘手透き・手▽空き〙〈名〉仕事がとぎれて、ひまなとき。手がすいているとき。例お手すきのときにでもお読みください。

です・ぎる【出過ぎる】〈動上一〉❶あまりに多くでる。例インクが出過ぎる。❷必要以上に目立つ行動をする。例出過ぎたまね。類出しゃばる。

デスク〈名〉❶事務をとったりするときに使う机。類テーブル。❷新聞社などで、ふだんは社内にいて取材や編集の中心になる人。また、その地位。◇desk

デスクトップ〈名〉❶パソコンなどで、机の上に置いて持ちはこびせずに使うもの。卓上型。❷パソコンをたちあげたときの、アイコンが並んだ基本画面。◇desktop

デスクワーク〈名〉机にむかってする仕事。◇desk work

テスター〈名〉❶検査をする係の人。❷電気器具の電圧・電流・抵抗《ていこう》などに異常がないかどうかを試験する、小型の計器。❸化粧《けしょう》品・香水《こうすい》などを、ためしに使ってみるために店に置いてあるもの。類サンプル。◇tester

でずっぱり【出ずっぱり】〘出突っ張り〙〈名〉❶演劇で、同じ俳優が、どの出しものや場面にも出ていること。❷出続けること。出っぱなし。例ここ十日ばかり、出ずっぱりで働いている。表記「出づっぱり」とも書く。

テスト〈名・する〉試験。考査《こうさ》。例テストをうける。テ

東洲斎写楽(とうしゅうさいしゃらく) 18世紀末，江戸後期の浮世絵師。大胆な線でえがいた役者絵・力士絵は有名。

ストに合格する。機械をテストする。◇test

テストケース〈名〉❶試みとしての事例。❷のちの類似《るいじ》した事件の判例として残るような訴訟《そしょう》事件。◇test case

デスマスク〈名〉死んだ人の顔を型取りして作った仮面。◇death mask

てすり【手すり】〖手▾摺り〗〈名〉落ちるのをふせぐためや、手でつかまるために、階段や窓、ベランダや橋などのはしにとりつけたよこ棒。

てせい【手製】〈名〉❶自分でつくったもの。例手製のセーター。❷機械ではなく、人の手でつくったもの。例手製のケーキ。類手づくり。

てぜい【手勢】〈名〉手下の軍勢。

てぜま【手狭】〈形動〉なにかをするには、その場所がせまいようす。例手狭になる。手狭な部屋。

てそう【手相】〈名〉人の運命がわかるといわれる、手のひらのすじなど。例手相を見る。

でぞめしき【出初め式】〈名〉消防隊が、新年にそろって、訓練や出動のありさまを一般《いっぱん》に公開するもよおし。略して「出初め」ともいう。

でそろ・う【出そろう】〖出▾揃う〗〈動五〉でるはずのものがすべてでる。例意見が出そろう。各課の報告が出そろいました。

てだい【手代】〈名〉むかしの商家で、番頭と丁稚《でっち》の中間の地位にあった使用人。

てだし【手出し】〈名・する〉❶他人のあらそいなどに、わざわざ加わること。例よけいな手出しをするな。❷自分からなにかをしかけたり、かかわりをもったりすること。例先に手出しをしたのはそっちだ。方言 九州では、費用の「持ち出し」という意味でも使う。

でだし【出だし】〖出出し〗〈名〉ものごとのはじめの部分。例出だしでつまずく。歌の出だし。類すべりだし。端《はな》。のっけ。冒頭《ぼうとう》。

てだすけ【手助け】〈名・する〉人の仕事をたすけること。例家事の手助けをする。類手伝い。援助。

てだて【手立て】〈名〉方法。手段。やり方の順序。

で(出)たとこしょうぶ(勝負) 前もっての計画もなく、その場のなりゆきで、ことをきめること。

てだま(手玉)にと(取)る 相手を、自分の思ったとおりに動かす。例大の男を手玉に取る。

でたらめ〖出▾鱈目〗〈名・形動〉でまかせを言ったり、無責任なことをしたりすること。例でたらめな話。でたらめを言う。類うそ。いつわり。ほら。

てだれ【手だれ】〖手▿足れ・手▿練れ〗〈名〉武芸などのわざにすぐれていること。すぐれたわざをもつ人。古い言いかた。

てぢか【手近】〈名・形動〉❶すぐそば。例手近にある。手近なものでまにあわせる。❷毎日の暮らしにかかわりの深い身のまわりのこと。例手近な問題。▽類身近。

てちがい【手違い】〈名〉予定とくいちがって、ものごとが考えたとおりにいかないこと。例手違いがおこる。手違いが生じる。類行き違い。

てちょう【手帳】〖手▾帖〗〈名〉予定や、ものごとを忘れないためにかんたんなメモを書いておく、小さめの帳面。例手帳につける。類メモ帳。

常用漢字 てつ

【迭】 ⻌部5 全8画

迭迭迭迭迭

テツ 音[テツ] 更迭《こうてつ》。

【哲】 口部7 全10画

哲哲哲哲哲

テツ 音[テツ] 哲学《てつがく》。哲人《てつじん》。先哲《せんてつ》。

【鉄(鐵)】 金部5 全13画

鉄鉄鉄鉄鉄

テツ 教小3 音[テツ] 鉄道《てつどう》。鉄筋《てっきん》。鉄鉱石《てっこうせき》。鉄人《てつじん》。鉄則《てっそく》。鋼鉄《こうてつ》。地下鉄《ちかてつ》。

【徹】 彳部12 全15画

徹徹徹徹徹

テツ 音[テツ] 徹底《てってい》。徹夜《てつや》。徹頭徹尾《てっとうてつび》。一徹《いってつ》。貫徹《かんてつ》。

【撤】 扌部12 全15画

撤撤撤撤撤

テツ 音[テツ] 撤去《てっきょ》。撤回《てっかい》。撤収《てっしゅう》。

[1]てつ【鉄】 一〈名〉❶〔化学〕地球上にひろく存在し、もっとも役にたつ金属。かたくて、じょうぶで、加工しやすい。炭素を少しくわえて、鋼《こう》として使うことが多い。元素の一つ。記号「Fe」。類くろがね。❷かたくて、がっしりしたもののたとえ。例鉄の規律。▽アテツ 二〈接尾〉「鉄道」のこと。例私鉄。地下鉄。

鉄は熱《あつ》いうちに打《う》て ❶人は若くて精神が柔軟《じゅうなん》なうちにきたえるべきである。❷ものごとを行なうにはふさわしい時機があり、その時をのがしてはならない。

[2]てつ【▾轍】〈名〉車が通ったあとにできる、すじ状のくぼみ。例前車の轍をふむ(＝前の人と同じ失敗をする)。類わだち。アテツ

てつあれい【鉄亜鈴】〈名〉鉄製の、手のにぎりの両《りょう》端《たん》が砲丸《ほうがん》のような形になった運動用具。二つで一組み。類ダンベル。表記 ふつう「鉄アレイ」と書く。

[1]てっか【鉄火】 一〈名〉❶刀と鉄砲《てっぽう》。例鉄火をくぐる。❷すしで、マグロの刺身《さしみ》を使ったもの。例鉄火丼《どん》。鉄火巻き。二〈形動〉女性の気性《きしょう》がはげしいようす。例鉄火肌(の姉御《あねご》)。

[2]てっか【摘花】〈名・する〉⇩てきか〔摘花〕

[3]てっか【摘果】〈名・する〉⇩てきか〔摘果〕

てっかい【撤回】〈名・する〉いちど出した意見や書類などを、とり消しにしてひっこめること。例処分を撤回する。前言を撤回する。白紙撤回。

てつがく【哲学】〈名〉❶人生や世界、ものごとの根本となることを追究し、研究する学問。❷つみかさねた経験からえた考え。例かれなりの哲学。人生哲学。

てつかず【手つかず】〈形動〉使ったり、とりかかったりしていない。例手つかずのボーナス。その仕事はまだ手つかずのままです。

てづかみ【手づかみ】〖手▾摑み〗〈名〉手でじかにつかむこと。例手づかみで食べる。魚を手づかみにする。

てつき【手付き】〈名〉手を動かすときの、かっこうや動かしかた。例あぶなっかしい手付き。

てっき【鉄器】〈名〉鉄でつくられた武器や器具。参考 岩手県盛岡《もりおか》の「南部鉄器」は、伝統工芸品としてとくに有名。

デッキ〈名〉❶船の甲板《かんぱん》。❷列車の出入り口のゆか。❸「テープデッキ」の略。録音・録画テープを再生するための装置《そうち》。◇deck

てっきじだい【鉄器時代】〈名〉石器時代、青銅器時代の次の、鉄でつくられた武器や道具が使われるよう

になった時代。日本では、弥生《やよい》時代にはじまる。

てっきょ【撤去】〈名・する〉建物や設備などを とりはらうこと。[例]障害物を撤去する。

てっきょう【鉄橋】〈名〉鉄でつくった橋。とくに、鉄道の橋。[例]鉄橋をかける。列車が鉄橋を渡る。

てっきり〈副〉うたがいもなく思いこんでいたことが、じつはまちがいであったことを表わす。[例]てっきり今日は休みだと思っていた。

1 **てっきん【鉄琴】**〈名〉打楽器の一つ。長さのちがう鉄の板を、ピアノの鍵盤《けんばん》のようにならべて、先にまるい玉のついたばちでうち鳴らす。すんだ音色がする。

2 **てっきん【鉄筋】**〈名〉〔建築〕コンクリートを補強するために、中に入れる鉄の棒。

てっきんコンクリート【鉄筋コンクリート】〈名〉鉄筋を入れて補強したコンクリート。RC。

でつく・す【出尽くす】〈動五〉残らず出てしまって、何もなくなる。[例]意見が出尽くす。

てづくり【手作り】〈名〉機械ではなく、人が手でつくったもの。[例]手作りのケーキ。[類]手製。

てつけ【手付け】〈名〉契約《けいやく》したしるしとして、代金の一部を事前にはらうもの。手付け金。[例]手付けをうつ。[類]手金《てきん》。内金《うちきん》。

てっけん【鉄拳】〈名〉かたくにぎったこぶし。げんこつ。[例]鉄拳がとぶ。鉄拳制裁。

1 **てっこう【鉄鉱】**〈名〉鉄の原料となる鉱石。磁鉄鉱・赤鉄鉱などがある。[ア]テッコー

2 **てっこう【鉄鋼】**〈名〉銑鉄《せんてつ》や鋼鉄など、鉄材をまとめていうことば。[ア]テッコー

3 **てっこう【▽手甲】**〈名〉けがをしないように、手の甲から手くびの部分をおおうように 皮や布でつくったもの。[例]手甲脚絆《きゃはん》。[ア]テッコー

てつごうし【鉄格子】〈名〉鉄でできた格子。

[表現]「鉄格子の中」と言えば、刑務所《けいむしょ》や牢獄《ろうごく》の中を表わすことになる。

てっこつ【鉄骨】〈名〉建造物の骨組みとする鉄材。

てっさ【鉄鎖】〈名〉鉄でできたくさり。

てつざい【鉄材】〈名〉建築や工事などに使う、鉄でできた材料。

デッサン〈名・する〉下絵をかくこと。下絵。[類]素描《そびょう》。スケッチ。点描。クロッキー。◇《フランス》dessin

てっしゅう【撤収】〈名・する〉❶とりはらって、しまいこむこと。[例]テントを撤収する。❷軍隊をひきあげること。[例]前線基地を撤収する。[類]撤退。

てっしょう【徹宵】一〈名・する〉夜のあいだずっと起きていること。[類]徹夜。二〈副〉「夜どおし」のかたい言いかた。[例]徹宵、友と語り合う。

てつじょうもう【鉄条網】〈名〉とげをつけた針金をかけわたして、通りぬけられないようにしたさく。

1 **てつじん【哲人】**〈名〉❶哲学者。❷知性と徳をかねそなえ、すぐれた思想をもっている人。

2 **てつじん【鉄人】**〈名〉強靭《きょうじん》な肉体をもつ人。高齢《こうれい》にもかかわらず最前線で活躍《かつやく》するスポーツ選手や、人なみはずれた持久力をもつ人にいう。[例]鉄人レース(=トライアスロン)。

てっ・する【徹する】〈動サ変〉❶とちゅうで変えたりしないで、最後まで一つのことをやりとおす。[例]わき役に徹する。金もうけに徹する。夜を徹して看病する。[類]徹底する。❷深くしみとおる。[例]骨身に徹する。

てっせん【鉄扇】〈名〉骨の部分が鉄でつくってある扇子《せんす》。むかし、武士が用いた。

てっそく【鉄則】〈名〉絶対に まもらなければいけないきまり。[類]原則。

[表現]「原則」は、「原則として…する」のように、例外もみとめられるが、「鉄則」は例外がみとめられない。

てったい【撤退】〈名・する〉軍隊などがそれまでいた場所をひきはらって、しりぞくこと。[例]パソコン市場から撤退する。[類]撤収。退却《たいきゃく》。

てつだい【手伝い】〈名〉てつだうこと。てつだってくれる人。[例]手伝いをする。お手伝いさん。

てつだ・う【手伝う】〈動五〉❶人の仕事などを、力やお金をだしてたすける。[例]家事を手伝う。仕事を手伝う。[類]助ける。援助《えんじょ》する。応援する。❷あるものをおぎなう力としてくわわる。[例]おりからの強風も手伝って被害《ひがい》を大きくした。

でっち【▽丁稚】〈名〉むかし 商店などで、何年間か住みこみで働いた少年。[例]でっち奉公《ほうこう》。[類]小僧《こぞう》。

でっちあ・げる【▼捏ち上げる】〈動下一〉ありもしないことを、むりに ほんとうらしくこしらえて、あったように見せかける。[例]犯罪をでっちあげる。[類]捏造《ねつぞう》する。

てっつい【鉄▼槌】〈名〉大きな かなづち。

鉄槌を下《くだ》す きびしく いましめる。

てつづき【手続き】〈名・する〉なにかをするときにしなければならない、順序をふんだことがら。[例]手続きをとる。手続きをふむ。

でづっぱり【出づっぱり】〈名〉⇩でずっぱり

てってい【徹底】〈名・する〉❶考えかたや行動などが、一定の方針にどこまでもつらぬかれていること。[例]徹底した仕事ぶり。[類]徹する。❷ものごとが、すみずみまでいきわたること。[例]命令を徹底させる。

てっていてき【徹底的】〈形動〉中途《ちゅうと》はんぱでなく、どこまでもやりぬくようす。[例]徹底的にしらべる。

てっとう【鉄塔】〈名〉鉄材で組みあげた塔。

てつどう【鉄道】〈名〉レールをしいて、その上に車両を走らせ、人や荷物をはこぶ交通機関。[例]鉄道をしく。

てっとうてつび【徹頭徹尾】〈副〉はじめからおわりまで、考えややりかたが変わらないようす。あくまでも。[例]徹頭徹尾がんばりつづける。[類]終始一貫《いっかん》。

てつどうもう【鉄道網】〈名〉あみの目のようにはりめぐらされた鉄道。

デッドスペース〈名〉建物などで、有効に使えない、または有効に使っていない空間。[例]階段下のデッドスペースに棚《たな》をつくる。◇dead space

デッドヒート〈名〉スポーツの、はげしいせりあい。[例]デッドヒートを演じる。

[参考]英語の dead heat は、「一位同着」の意味。

デッドボール〈名〉野球で、投手の投げた球が、打者のからだやユニフォームに直接あたること。死球。打者は一塁《るい》に進む。[参考]日本での複合語。英語では hit by a pitch という。

デッドライン〈名〉❶こえてはならない限界の線。死線。❷しめきりの時間。◇deadline

てっとりばや・い【手っ取り早い】〈形〉てまがからず早道だ。[例]メールより電話の方が手っ取り早い。

デッドロック〈名〉❶ものごとのいきづまり。❷暗礁《あんしょう》。[例]デッドロックにのりあげる。◇deadlock

[参考]②は日本語独自の意味。lock が rock (=岩)とかんちがいされて、「暗礁」の意味があてはめられたもの。

鄧小平(とうしょうへい) (1904～97) 中国共産党の指導者。総書記。文化大革命で失脚。復活後，最高実力者。

でっぱ【出っ歯】〈名〉上の前歯がふつうよりも前に出ていること。

てっぱい【撤廃】〈名・する〉それまでの制度や規則などをすっかりやめて、行なわないようにすること。例年齢《ねんれい》制限を撤廃する。類廃止。廃する。

でっぱ・る【出っ張る】〈動五〉ものの一部がつき出る。例くぎが出っ張る。出っ張った腹。

てっぱん【鉄板】〈名〉鉄のいた。例鉄板焼き。

てっぴつ【鉄筆】〈名〉先のとがった鉄をつけたペン。謄写《とうしゃ》版の原紙に字を書くのに使う。

てつびん【鉄瓶】〈名〉鉄の鋳物《いもの》でできている湯わかし。形は、やかんと似《に》ている。

でっぷり〈副・する〉とても太っているようす。

てつぶん【鉄分】〈名〉あるものにまじっている、成分としての鉄。例ここの水は鉄分がつよい。

てっぺい【撤兵】〈名・する〉派遣《はけん》した軍隊をひきあげること。例占領地から撤兵する。対出兵。派兵。

てっぺき【鉄壁】〈名〉決してやぶられない、かたい守備。例鉄壁の守り。金城鉄壁。

てっぺん〈名〉もののいちばん上。くだけた言いかた。例頭のてっぺん。山のてっぺん。類頂上。いただき。

てつぼう【鉄棒】〈名〉❶鉄でできている棒。❷器械体操の器具の一つ。一本の丸い鉄の棒の両はしを二本の柱でささえて、固定したもの。それを使ってする男子の体操競技の種目の一つ。

てっぽう【鉄砲】〈名〉「銃《じゅう》」の、古風な言いかた。

方言 大阪で、当たれば死ぬことからフグのことを言った。そのため、フグの刺身を「てっさ」、ちり鍋を「てっちり」と言う。

てっぽうみず【鉄砲水】〈名〉集中豪雨《ごうう》によって、山間部の川が増水してあふれ、激流《げきりゅう》となってながれる水。例鉄砲水が出る。

てづまり【手詰まり】〈名〉次になすべきよい手段や方法が見つからないで、こまること。例手詰まりの状態。

てつめんぴ【鉄面皮】〈名・形動〉あつかましくて、はじをはじとも思わない人。類厚顔無恥《こうがんむち》。

てつや【徹夜】〈名・する〉ひと晩中すこしも寝《ね》ないで、すごすこと。例徹夜で試験勉強をする。類夜明かし。

てつり【哲理】〈名〉哲学上の道理。とくに、人生や人間をとりまく世界についてのふかい道理。

てづる【手づる】『手▼蔓』〈名〉ものごとをうまくはこぶのに役だつような、人の関係。例手づるをもとめる。類縁故《えんこ》。つて。コネ。

でどころ【出所】〈名〉❶そのものごとが出てきたもとのところ。例うわさの出どころ。❷出ていくべき場面。例出どころをまちがえる。▽「でどこ」ともいう。

デトックス〈名〉体内にたまった毒素や老廃《ろうはい》物を体外に出すこと。そのための健康法や美容法。例デトックス効果の高い食べ物。◇detox（＝解毒《げどく》）

テトラポッド〈名〉波の力を弱めるために、海岸や防波堤、河口などに置く、四つの突起《とっき》の形をしたコンクリートのかたまり。「消波ブロック」の商標名。◇tetrapod

てどり【手取り】〈名〉税金などを差し引いた、実際に手に入る給料などの金額。類実収。税びき。可処分所得《かしょぶんしょとく》。

て(手)と(取)りあし(足)と(取)り　こまかいところまで、ていねいに一つ一つめんどうをみるようす。例手取り足取り教える。

テナー〈名〉〔音楽〕❶「テノール」のこと。❷同じ種類の楽器のうち、アルトの下の音域をうけもつもの。例テナーサックス。◇tenor

てなおし【手直し】〈名・する〉じゅうぶんでない点をなおして、さらによくすること。

でなお・す【出直す】〈動五〉❶いちど帰って、もういちど来る。例留守のようだから出直してこよう。❷はじめから全部やりなおす。例初心にかえって出直そう。

てなぐさみ【手慰み】〈名〉❶ひまつぶしに手先に物をもって、ちょっと遊ぶこと。類手遊び。❷ばくち。

てなず・ける【手なずける】〈動下一〉ほしがるものをあたえたりして、自分の思うままに動かす。例サルを手なずける。類懐柔《かいじゅう》する。だきこむ。

てなべ(手鍋)さ(提)げても　すきな相手といっしょになれるのなら、どんな貧しい暮らしでもがまんする。

てなみ【手並み】〈名〉ものごとをこなす腕前《うでまえ》。例お手並み拝見。類手前。技量。手腕《しゅわん》。

てならい【手習い】〈名・する〉❶字を書く練習をすること。類習字。❷芸ごとや学問などを、習ったり学んだりすること。例六十の手習い。類けいこ。

てならし【手ならし】『手▼馴らし』〈名・する〉本格的に何かをする前に、ためしに何回か練習してみること。

てな・れる【手慣れる】『手▼馴れる』〈動下一〉❶なれて、手がるにできるようになる。例手慣れた手つき。類熟練する。❷長く使っていたのでうまく使える。例手慣れたラケット。類使い慣れる。

テナント〈名〉店子《たなこ》。とくに、店舗《てんぽ》や事務所を借りる人。例テナント募集。テナント料。テナント契約《けいやく》。◇tenant

テニス〈名〉コートの中央にネットをはって、ラケットでボールを打ちあい、得点をきそう球技。シングルスとダブルスがある。庭球《ていきゅう》。パラリンピック種目の車いすテニスもある。◇tennis

デニム〈名〉綾織《あやおり》にした厚手のもめんの生地《きじ》。作業着や遊び着、とくにジーンズに使われる。◇denim

てにもつ【手荷物】〈名〉自分の手でもちはこべる程度の荷物。

てにをは〈名〉❶助詞のこと。むかしは、助動詞、用言の活用語尾、接尾語などもふくめていった。❷ことばの使いかた。例この文章はてにをはがなっていない。

てぬい【手縫い】〈名・する〉手でぬうこと。手でぬったもの。例手縫いのワンピース。対機械縫い。

てぬかり【手抜かり】〈名〉必要な処置や手段のどこかに、不注意による欠陥《けっかん》やふじゅうぶんな点があること。例計画に思わぬ手抜かりがあった。類手おち。

てぬき【手抜き】〈名・する〉作業で、当然しなければならない手順のいくつかを省くこと。例手抜き工事。

てぬぐい【手拭い】〈名〉❶顔や手、からだなどをふくのに使う、うすいもめんの布。「②」と区別して「日本手拭い」ともいう。❷「タオル」の古風な言いかた。

表現 ふつう一本二本と数えるが、一筋《ひとすじ》二筋《ふたすじ》も使うことがある。

てぬる・い【手ぬるい】〈形〉人のあつかいかたが、きびしくない。例手ぬるい処罰《しょばつ》。対手きびしい。類あまい。

てのうち【手の内】〈名〉❶心にひめている計画やはかりごと。例手の内を見せない。❷うでまえ。類手なみ。❸その人が自分のものとして、思いどおりにできる範囲《はんい》のうち。例成功はもはや手の内にある。

テノール〈名〉〔音楽〕男性の声のうちで、もっとも高

い音域。また、その声や、その声の歌手。「テナー」ともいう。◇ドイツ Tenor ↓バリトン・バス

てのこう【手の甲】〈名〉手のひらの反対がわの、手首から指のつけねまでの部分。対手のひら。

てのひら【手のひら】〖手の平・▽掌〗〈名〉手首から先の部分で、物をにぎりしめるがわの面。対手の甲《こう》。類たなごころ。

表現「手のひらをかえすように」で、それまでの態度をがらっと変えるようすをいう。

てのべ【手延べ】〈名・する〉そうめんやうどんなどの麺《めん》の作り方で、生地《きじ》を細かく切るのではなく、手で引きのばして作ること。

デノミ〈名〉〔経済〕「デノミネーション」の略。通貨の呼称《こしょう》単位を切り下げること。現行の千円を十円と呼ぶことにするなど。ひどいインフレのときに行なわれる。◇denomination の日本での省略語。

てのもの【手の者】〈名〉手下《てした》。配下《はいか》。

ては〈接助〉❶あとでよくないこと、のぞましくないことがおこる条件を表わす。例こんなに雪がふっては、バスがおくれるだろう。風が弱くてはたこあげもできない。類と。❷同じような動作や状態がくりかえされることを表わす。例取っては投げ、取っては投げ。

接続 動詞、形容詞、一部の助動詞の連用形につく。ただし、ガ行、ナ行、バ行、マ行の五段活用動詞につくときは「では」という形が使われて、「泳いでは」「死んでは」「飛んでは」「飲んでは」のようになる。

参考 くだけた調子の話の中では「ちゃ」という形になる。

てば【手羽】〈名〉ニワトリの肉で、羽のつけ根から先の部分の肉。手羽肉。

では〈接〉❶新しい話題に転じるきっかけをしめすときに使うことば。それでは。例では本題に入ります。❷前のことがらをうけて、あらたに問題となることがらをまとめてのべるときに使うことば。それでは。例では、どうするのがいちばんいいのですか。類ならば。すると。

参考 くだけた言いかたでは、「じゃ」という。

でば【出刃】〈名〉「でばぼうちょう」の略。

デパート〈名〉百貨店。◇department store の日本での省略語。

てはい【手配】〈名・する〉❶仕事や行事などの手順をきめて、人員のわりあてなどの準備をととのえること。例タクシーを手配する。航空券の手配をたのむ。手配師。類手はず。手回し。段どり。❷犯人や容疑者を逮捕《たいほ》するように、各地に指令すること。例指名手配。

デバイス〈名〉装置《そうち》。◇device

ではいり【出入り】〈名・する〉❶出たり入ったりすること。❷数量に過不足があること。▽類でいり。

でばかめ【出歯亀】〈名〉銭湯の女湯や女性の部屋などを常習的にのぞき見する男。

参考 実際にあった殺人事件の犯人のあだ名から。

てばこ【手箱】〈名〉身のまわりのこまごまとしたものを入れておく箱。

てばさき【手羽先】〈名〉ニワトリの羽の、先の部分の肉。対手羽元。

てはじめ【手始め】〈名〉ものごとにとりかかる、いちばんはじめ。例まず手始めにアルファベットを練習する。類皮切り。

てはず【手はず】〖手▼筈〗〈名〉ものごとをするにあたって、前もって考えておく、方法や順序。例手はずをうちあわせる。手はずをととのえる。類手順。手配。段どり。

てばた【手機】〈名〉人力で動かして布を織りあげる機械。手織り機《ばた》。

てばたしんごう【手旗信号】〈名〉手に紅白の手旗を持ち、一定の形をつくって、遠くの人と通信する信号。

てはっちょう【手八丁】〈名〉することがたくみで、仕事をどんどんかたづけること。例口八丁手八丁。

1**でばな**【出ばな】〖出▽端・出鼻〗〈名〉ものごとをはじめようとした、そのとき。「ではな」ともいう。

出ばなをくじく 相手がなにかをしようとしたやさきに、じゃまをして気力をうしなわせる。出ばなを折る。出ばなをたたく。

2**でばな**【出花】〈名〉いれたばかりの、かおりのよいお茶。例鬼《おに》も十八、番茶も出花(=どんなむすめでも、十八ぐらいの年ごろになると美しく見える)。

てばなし【手放し】〈名〉❶手をはなすこと。例手放しで自転車にのる。❷気がねや遠慮《えんりょ》をしないこと。例手放しにほめる。手放しでよろこぶ。

てばな・す【手放す】〈動五〉❶だいじに持っていたものを、人手にわたす。例家やしきを手放す。❷保護や支配をやめる。例領土を手放す。❸途中《とちゅう》でやめる。例手放せない仕事。

表現 天気予報では、雨のふる一日になることを、「傘《かさ》が手放せない一日になりそうです」などという。

でばぼうちょう【出刃包丁】〖出刃▼庖丁〗〈名〉刃のみねがなたのように厚く、重みのある、先のとがった包丁。大きな魚や、肉などを料理するときに使う。略して「でば」ともいう。

てばや・い【手早い・手速い】〈形〉ものごとを行なう動作がすばやい。例手早い処置。手早くかたづける。

ではら・う【出払う】〈動五〉人やものが、全部外へ出ていて残っていない。例うちの会社の車は、あいにくみな出払っています。

でばん【出番】〈名〉❶舞台《ぶたい》へ出て演技する順番。❷活躍《かつやく》する機会。例出番がない。

てびかえ【手控え】一〈名〉❶忘れないために書きとめておくこと。心おぼえを書いておくメモ。類覚え書き。❷予備のもの。二〈名・する〉物事をひかえめにすること。

てびか・える【手控える】〈動下一〉❶物事をひかえめにする。例仕入れを手控える。❷一部を予備にとっておく。❸忘れないようにメモをとる。

てびき【手引き】〈名・する〉❶人の手をとって、みちびくこと。案内すること。❷ものごとがやりやすいように、みちびくこと。みちびくもの。例学習の手引き。類ガイド。案内。しおり。❸有利にはからうこと。類手づる。

表記 ❷は、「手引書」のように、送りがなをつけないこともある。

デビットカード〈名〉買い物をするときに現金のかわりに使える、銀行や郵便局などのキャッシュカード。対応している店の端末《たんまつ》に通すと、その場で代金が口座から引き落とされる。◇debit card

てひど・い【手ひどい】〖手▽酷い〗〈形〉容赦《ようしゃ》がなくきびしい。例手ひどくしかられた。こんどの台風で手ひどい打撃《だげき》を受けた。類手痛い。

デビュー〈名・する〉❶文学・演劇・芸能・スポーツなどの世界に、新人としてはじめて登場すること。例デビューをかざる。デビュー作。類初舞台《はつぶたい》。❷新製品がはじめて発売されること。▽類お目見え。◇フランス début

てびょうし【手拍子】〈名〉手をうってとる拍子。

 ドガ（1834～1917） フランスの画家。踊り子などの人間の動作の一瞬をとらえるのにすぐれた。

例手拍子をとる。手拍子をうつ。

てびろ・い【手広い】〈形〉❶あつかったり関係したりしている範囲《はんい》がひろい。例手広く商売をしている。❷場所や規模がひろい。

でぶ〈名〉太っている人をからかって言うことば。対やせ。

デファクトスタンダード〈名〉「事実上の標準」。公的な標準化機関がさだめた標準ではなく、市場での普及《ふきゅう》の度合いや評価によって、そうみなされるようになった規格や製品。パソコン用OSにおけるWindowsや、かつての家庭用ビデオ規格におけるVHSなど。◇de facto standard

デフォルト〈名〉❶パソコンなどで、利用者がとくに変えたりしていない、あらかじめ組みこまれたままの設定。初期設定。既定《きてい》値。❷〔経済〕債務《さい む》者が、約束の期日までに借金を返せなくなった状態。また、企業《きぎょう》の破産や会社更生《こうせい》法が申請《しんせい》された状態。債務不履行《ふりこう》。◇default

デフォルメ〈名・する〉絵画や彫刻《ちょうこく》などで、対象を意識的に実際の形と変えて表現すること。誇張《こちょう》。変形。◇フランス déformer

てふき【手拭き】〈名〉手などをふく、おしぼりやタオル。

てぶくろ【手袋】〈名〉保温や保護、または、かざりのために、手にはめるふくろ。革《かわ》や毛糸、布などでつくる。

表現 左右二枚で一組《ひとくみ》二組《ふたくみ》、一双《いっそう》二双《にそう》と数える。一足二足と数えることもある。

でぶしょう【出不精・出無精】〈名・形動〉めんどうくさがって外出をいやがること。

てぶそく【手不足】〈名・形動〉ものごとをするのに、人手がたりないこと。例手不足な状態がつづく。

てふだ【手札】〈名〉カードを使うゲームで、いま手にもっているふだ。→て〔手〕㊀⑪

でふね【出船】〈名〉船が港から出て行くこと。出港して行く船。「でぶね」ともいう。古い感じの言いかた。対入り船。類出帆《しゅっぱん》。出航。

てぶら【手ぶら】〈名〉外出中に、かばんなどを手に持っていないこと。例荷物をあずけて手ぶらで観光する。

表現 「手ぶらで訪問するわけにはいかない」「手ぶらで帰ってもらうわけにはいかない」などと言うときの「手ぶら」は、みやげものを持っていないことを表わす。

てぶり【手振り】〈名〉相手に自分の思っていることをつたえるために、手をいろいろと動かすこと。また、その手の動き。例手振りをまじえて話す。類身振り。

てぶれ【手振れ】〈名・する〉撮影《さつえい》するとき、カメラを持つ手が動いて画像がぼけてしまうこと。「手ブレ」とも書く。

デフレ〈名〉〔経済〕商品の供給量に比べ、通貨の量がへり、物価が下がって、貨幣《かへい》の価値がひどくあがること。対インフレ。◇deflation の日本での省略語。

テフロン〈名〉熱や薬品に強いプラスチックの一種。フライパンやなべの内面に張りつけて、こげつかないようにするのに使われ、また電気の絶縁材にも利用される。商標名。例テフロン加工。◇Teflon

てへん【手偏】〈名〉漢字の偏の一つ。「打」「折」などの「扌」の部分。参考 ふつう、漢和辞典では「手」(四画)の部にふくまれる。

てべんとう【手弁当】〈名〉弁当持参で働くこと。例ファンが手弁当でコンサートの準備をした。

表現 ふつう、お礼や報酬《ほうしゅう》ぬきで働くことをいう。

てほどき【手ほどき】〘手▽解き〙〈名・する〉初歩的なことや基本的なやりかたなどを教えること。例手ほどきを受ける。

てほん【手本】〈名〉❶初心者が文字や絵の勉強をするときに、見習ってまねをすべきもの。例習字の手本。❷考えや行ないをたかめていくための理想となる、りっぱなもの。例手本をしめす。手本となる。▽類規範《きはん》。模範。

てま【手間】〈名〉ものごとを完成するのに必要な、時間や労力。例手間がかかる。手間をはぶく。手間いらず。二度手間《でま》。手間賃。類手数《てすう》。

手間をかける ❶労力をついやす。例手間をかけて作った手料理。❷人に労力をついやさせる。手間をかけさせる。例余計な手間をかけてすまない。類手間をとらせる。

デマ〈名〉❶でたらめなうわさ。例デマをとばす。類流言。❷人々をそそのかすためにわざと出す、うその知らせ。例デマを流す。類虚報《きょほう》。◇ドイツ Demagogie から。

てまいらず【手間いらず】〈名〉手間をかけずにできること。例手間いらずの料理。類手軽。

てまえ[1]**【手前】**㊀〈名〉❶自分の前。また、自分に近い方。例手前に引く。終点の一つ手前でおりる。❷世間や他人に対して、はずかしくない態度をとらなければならないこと。例世間の手前。人さまの手前。断言した手前やってみせる。❸なにかの腕前《うでまえ》。古い言いかた。例いざ、お手前拝見。類手並《てな》み。㊁〈代名〉⇩てまえども

てまえ[2]**【▽点前】**〈名〉茶道《さどう》で、茶をたてるときの作法《さほう》。たてまえ。例みごとなおてまえ。

でまえ【出前】〈名〉❶飲食店が、料理や飲み物の配達もすること。例中華の出前をとる。出前持ち(=出前係の人)。類店屋物《てんやもの》。❷依頼《いらい》に応じて、出張《しゅっちょう》して行なうこと。例出前授業。出前寄席《よせ》。

てまえがって【手前勝手】〈名・形動〉自分にばかりつごうのいいようにふるまうこと。類自分勝手。身勝手。わがまま。

てまえども【手前ども】〈代名〉商売の客を相手に、自分のことをへりくだって言う、「わたくしども」の古い感じの言いかた。例手前どもではあいにくあつかっておりません。

てまえみそ【手前みそ】〘手前味▾噌〙〈名〉自分で自分のしたことなどをほめること。類自画自賛。参考 むかし、各家でみそをつくっていたころ、だれもが、自分の家のみそがいちばんうまいと自慢《じまん》したことから。

でまかせ【出任せ】〈名・形動〉よく考えないで、いいかげんなでたらめを言うこと。例出任せを言う。

てましごと【手間仕事】〈名〉❶時間や労力のかかるたいへんな仕事。❷手間賃をもらってする仕事。

てまちん【手間賃】〈名〉仕事にかかった日数や仕事のでき高に応じてしはらうお金。例安い手間賃。

でまど【出窓】〈名〉建物のかべよりも外がわにつきでている窓。

てまど・る【手間取る】〈動五〉時間が予想以上にかかる。例したくに手間取る。類ひまどる。ぐずぐずする。

てまね【手まね】〘手真▽似〙〈名〉手を使って、もののかたちをえがいたり、また、ある動作をまねたりすること。

てまねき【手招き】〈名・する〉手のひらを下にむけて手首から先を上下に動かし、そばにくるように合図すること。

てまひま【手間暇】〈名〉ものを作りあげるのに必要な

労力や時間。例手間暇かける。

てまめ【手まめ】〈形動〉❶めんどうがらずに、仕事をてきぱきとするようす。例手まめに働く。❷手先の仕事が上手なようす。例手まめな人。

てまり【手まり】〖手▼鞠・手▼毬〗〈名〉手でついて遊ぶまり。中にしんになる綿《わた》を入れて、そのまわりをもめんやアサなどの色糸でまいたものや、ゴムでつくったものがある。

てまわし【手回し】〈名〉❶機械や器具を、手でまわすこと。例手回しがいい。早手回し。❷事前に準備しておくこと。類手配。用意。

てまわり【手回り】〈名〉いつでも使えるように、自分のすぐそばにおいておくこと。例手回り品。

でまわ・る【出回る】〈動五〉その商品が、多くの店で売られるようになる。例春野菜が出回りはじめた。

てみじか【手短】〈形動〉話などがみじかくてすむようす。例手短に話す。

てみず【手水】〈名〉⇩ちょうず

でみせ【出店】〈名〉❶本店とは別に出した店。類支店。❷一時的に、路上などで営業する店。類露店《ろてん》。参考「しゅってん」と読むのは別のことば。

デミタス〈名〉小形のコーヒーカップ。そのカップで飲む食後のコーヒー。◇《フランス》demi-tasse

てみやげ【手土産】〈名〉人の家を訪問するときに持っていく、ちょっとしたみやげ物の菓子など。

てむか・う【手向かう】〈動五〉目下の者やよわい者が、目上の人や強い者に反抗《はんこう》する。類歯向かう。抵抗《ていこう》する。

でむかえ【出迎え】〈名〉到着《とうちゃく》する人を、途中《とちゅう》まで行って迎えること。例出迎えにいく。出迎えをうける。お出迎え。対見送り。

でむか・える【出迎える】〈動下一〉出迎えをする。例空港で出迎える。対見送る。

でむ・く【出向く】〈動五〉あるところへ出かけていく。

デメリット〈名〉あるものごとにともなって生じる不利益。対メリット。◇demerit

ても〈接助〉❶かりに考えた条件を示して、それには合わないものごとが起こることをあとで述べる。例大きな声を出しても、むこう岸にはとどかないだろう。類たって。❷実際に起こったものごとを示して、それには合わない別のものごとが起こったことをあとで述べる。例押しても引いてもドアはあかなかった。類けれども。

接続 活用語の連用形につく。ただし、ガ行、ナ行、バ行、マ行の五段活用動詞につくときは、「泳いでも」「死んでも」「呼んでも」「飲んでも」のように「でも」という形が使われる。

でも[1]〈接〉前に言ったことからは予想しにくいことをあとで言うときに使うことば。くだけた言いかた。例水はきれいになった。でも、魚はもうもどってこない。対だから。類だが。しかし。けれども。だのに。

でも[2] ━〈副助〉❶なにかを例としてあげて、それがそうなんだから、ましてほかのものはそうだ、という気持ちを表わす。…でさえも。例小さな子どもでも登れる山だ。類だって。❷「だれ」「どこ」「どれ」「いつ」などにつけて、すべてそうだ(そうでない)という意味を表わす。例だれでもできる。どこででも売っている。いつでも定刻に来たためしがない。❸かるい気持ちで、なにかを例としてあげる。意志・命令・依頼《いらい》・推量などの意味をもった述語といっしょに使われることが多い。例ジュースでもあげようか。休みの時間にでも相談しておきなさい。

━〈接助〉⇩ても〈接助〉

デモ[3]〈名・する〉❶政治的・社会的な要求をとおすために、集団で行なう抗議《こうぎ》運動。示威《じい》運動。例デモ隊。デモ行進。❷売りこむための実演・試作。例商品のデモを始める。デモテープ。◇demonstration から。

デモクラシー〈名〉民主主義。民主政治。◇democracy

参考「庶民《しょみん》の力」という意味のギリシャ語がもと。

てもち【手持ち】〈名〉いま、手もとにもっている分《ぶん》。例手持ちがある。手持ちの現金。

表現 おもに現金についていう。「手持ちの」と使うことが多く、相手については「お手持ち」という。

てもちぶさた【手持ち無沙汰】〈名・形動〉なにもすることがなくて、退屈《たいくつ》で、ひまをもてあますこと。類所在ない。

てもと【手元】〖手▽許〗〈名〉❶手のとどくくらい、すぐ近いところ。例手元が暗い。手元におく。❷なにかをするときの、手をうごかす調子。例手元がくるう。❸すぐに使えるお金。例手元が苦しい。手元不如意《ふにょい》。

でもどり【出戻り】〈名〉❶離婚《りこん》して実家に帰っている女性。❷以前の職場に戻ってきて働いている人。▽俗《ぞく》っぽい言いかた。

でもの【出物】〈名〉❶できもの。はれもの。❷不動産や古物などで、そのものの価値にくらべて安く売りにだされた品物。例出物がある。格安の出物。❸「おなら」の別の言いかた。例でものはれもの所きらわず。

デモンストレーション〈名〉❶⇩デモ ❷スポーツ競技で、正式の競技以外に行なわれる競技。◇demonstration

デュース〈名〉テニス・バレーボールなどで、あと一ポイントでそのゲームに勝つというところで、同点になること。そのあと二点つづけてとらなければ、勝ちにならない。「ジュース」ともいう。◇deuce

デューティーフリー〈名〉⇩めんぜい② ◇duty-free

デュエット〈名〉❶〔音楽〕二重唱。二重奏。❷バレエやアーティスティックスイミングなどで、二人一組での演技。▽対ソロ。◇duet

てゆび【手指】〈名〉❶手のひら・手の甲《こう》と、指。例手指の消毒。❷手の指。対足指。▽類手指《しゅし》。

てら[1]【寺】〈名〉仏像をおさめ、僧《そう》が修行《しゅぎょう》の生活をおくり、また、法事を行なうところ。おてら。例寺まいり。禅寺《ぜんでら》。尼寺《あまでら》。類寺院。仏寺。アテラ」

表現 ふつう一寺《いちじ》、二寺《にじ》と数える。お寺のお堂は一宇《いちう》、二宇《にう》、山深いお寺は一山《いっさん》、二山《にさん》と数えることがある。

テラ[2] ━〈接頭〉単位の名の上につけて、「一兆倍」の意味を表わす。「ギガ」の一千倍。記号「T」。◇tera →キロ 参考 ━〈名・接尾〉コンピューターの情報量の単位で、「テラバイト」の略。アテラ

でら(方言) とても。非常に。愛知で言う。参考「どえらい」が変化した形。どえりゃー。比較《ひかく》的新しい方言。

てらい〖▼衒い〗〈名〉いかにも自分をひけらかす感じ。例何のてらいもない文章。

てら・う〖▼衒う〗〈動五〉自分のことをいかにもめだつようにみせかける。例奇《き》をてらう。

てらこや【寺子屋】〈名〉江戸《えど》時代に庶民《しょみん》の子どもたちを集めて、読み・書き・そろばんを教えたところ。

徳川家斉(いえなり)(1773～1841) 江戸幕府11代将軍。寛政の改革を実行。後半には化政文化が開花した。

てらしあわ・せる【照らし合わせる】〈動下一〉二つ以上のものをつき合わせて、ちがいがあるかどうかをしらべる。類照合する。引き合わせる。

てらしだ・す【照らし出す】〈動五〉光を当てて、もののすがたかたちをはっきり見えるようにする。

表現「制度の問題を照らし出す」のように、指摘《してき》して明らかにする意味でも使い、その場合は「照射《しょうしゃ》する」ともいう。

1**てら・す【照らす】**〈動五〉❶光をあてて あかるくする。例足もとを照らす。くらやみを照らす。❷比べてたしかめる。例規則に照らす。▽アテラス

2**テラス**〈名〉洋風建築で、庭の方へはりだした、ゆかを石やタイル、コンクリートなどでつくった部分。類バルコニー。ベランダ。露台《ろだい》。◇terrace アテラス

てらせん【寺銭】〈名〉ばくちをするときの、場所の借り賃。

デラックス〈形動〉豪華《ごうか》。高級。商品名では「DX」とも書かれる。例デラックス版《ばん》。類プレミアム。◇deluxe

てらてら〈副・する〉ぬれたように光っているようす。

てり【照り】〈名〉❶太陽が照ること。晴天。対降り。❷つやがあること。❸日本料理で、しょうゆとみりんなどを煮《に》つめた汁《しる》。焼き魚などに使う。例照りをつける。照りを出す。照り焼き。

てりかえし【照り返し】〈名〉太陽などの光を反射すること。例照り返しがつよい。

デリカシー〈名〉こまやかな心づかい。デリケートさ。例デリカシーがない。デリカシーに欠ける。◇delicacy

デリケート〈形動〉❶繊細《せんさい》だ。敏感《びんかん》だ。例デリケートな神経。❷とりあつかうのに十分な注意がいるようす。例デリケートな問題。類微妙。◇delicate

てりつ・ける【照り付ける】〈動下一〉太陽がきびしく照る。

テリトリー〈名〉❶なわばり。❷領土。◇territory

てりは・える【照り映える】〈動下一〉太陽の光を反射して、きれいにかがやく。例朝日に照り映える。

デリバリー〈名〉配達。宅配。例ピザのデリバリー。デリバリーサービス。◇delivery

てりやき【照り焼き】〈名〉肉や魚の切り身を、みりんとしょうゆなどを混ぜた汁《しる》につけて、つやがでるように焼く焼きかた。

てりょうり【手料理】〈名〉その人が自分でつくった料理。例手料理でもてなす。

デリンジャーげんしょう【デリンジャー現象】〈名〉〔物理〕太陽の表面で爆発《ばくはつ》がおこり、地球の電離《でんり》層がみだれて、無線通信が混乱すること。参考アメリカの研究者デリンジャーの名にちなむ。

て・る【照る】〈動五〉❶太陽や月がかがやく。例日が照る。かんかん照る。こうこうと照る。照りつける。❷天気が晴れる。例降っても照っても休まない。

でる【出る】〈動下一〉❶中から外の方へ移動する。例庭へ出る。ふろから出る。部屋から出る。玄関《げんかん》を出る。対はいる。
❷ある基準や限界などをこえる。例あまりが出る。夫人は四十を一つ二つ出ている。
❸ほかのところに行くために、そこをはなれる。例家を出る。汽車が出る。旅に出る。類出発する。対はいる。
❹卒業する。例大学を出る。
❺いきつく。例右へまがると駅前に出る。
❻ある場所へ行ったり、あることにかかわったりする。例授業に出る。会社に出る。会議に出る。試合に出る。人前に出る。電話に出る。とどけ出る。申し出る。
❼中にあったり、かくれていたりしたものが、おもてにあらわれる。例声が出る。月が出る。なみだが出る。ぼろが出る(=かくしていた欠点や悪事などがあらわれる)。芽が出る。不満が顔に出る。うかび出る。萌《も》え出る。
❽人の目に広くふれるような状態になる。例掲示《けいじ》が出る。本が出る。新聞に出る。出まわる。
❾おきる。生じる。例元気が出る。風が出る。熱が出る。スピードが出る。
❿産出される。例温泉が出る。ダイヤが出る。
⓫考えたり、くふうしたりしたうえで、ある結果がえられる。例結論が出る。答えが出る。いい色が出た。
⓬あたえられる。例許可が出る。宿題が出る。
⓭売れる。例この品はよく出る。
⓮ある態度をとる。例したてに出る。強い態度に出る。

出る杭《くい》は打《う》たれる 目立つことをしたり、才能を発揮《はっき》しすぎたりすると、まわりからねたまれてじゃまをされる。

出る所《とこ》へ出る 裁判所や警察などにうったえる。

出る幕《まく》がない その人が力を発揮できる機会がない。例生徒どうしで解決し、先生の出る幕がなかった。

出る幕《まく》ではない その人が介入《かいにゅう》するべき場面ではない。例まだ親の出る幕ではない。そもそもきみの出る幕ではない。

デルタ〈名〉三角州《す》。例デルタ地帯。◇delta 参考ギリシャ語の字母デルタ(δ)の大文字がΔなので、デルタは三角のこと。

てるてるぼうず【照る照る坊主】〈名〉晴れることを祈って軒《のき》につるす、紙でつくったかんたんな人形。

てれかくし【照れ隠し】〈名〉きまりわるさやはずかしさを人に見せないようにするために、別のことを言ったりしてごまかすこと。例照れ隠しをする。

てれくさ・い【照れ臭い】〈形〉きまりがわるい。照れるような気持ちだ。例人前でほめられて照れ臭い。類恥ずかしい。ばつが悪い。

てれしょう【照れ性】〈名〉てれやすい性分。類はずかしがり。

でれでれ〈副・する・形動〉❶きちんとしていなくて、だらしがないようす。例でれでれした歩きかた。❷てれくさくて、だらしない態度をとるようす。例でれでれになる。
参考アクセントは、ふつう「**デ**レデレ」であるが、「でれでれに」「でれでれの」「でれでれだ」の場合は、「デ**レデレ**」となる。

テレパシー〈名〉はなれたところにいる人の考えなどが、身ぶりやことばをとおさないでわかること。◇telepathy

テレビ〈名〉「テレビジョン」の略。電波による映像の送受信機。ふつうは、家庭などの受像装置をいう。例テレビを消す。テレビ番組。テレビゲーム。参考televisionの日本での省略語。「TV」という略字をあてることもある。

テレビジョン〈名〉⇒テレビ ◇television

てれや【照れ屋】〈名〉すぐに照れる性分の人。類はにかみ屋。

て・れる【照れる】〈動下一〉きまりがわるくて、はずかしがる。例そんなこと言われたら照れちゃう。

てれわらい【照れ笑い】〈名・する〉失敗したときや恥ずかしいときに照れて笑うこと。

てれんてくだ【手練手管】〈名〉あれこれうまいこと

を言って、人をだましたり、あやつったりする手段。

テロ〈名〉テロリストの行なう暴力。テロル。例 無差別テロ。自爆《じばく》テロ。サイバーテロ。◇ドイツ Terror

テロップ〈名〉テレビ放送で、文字や写真などを、テレビカメラを使わないで画面にうつしだす装置《そうち》。写し出された文字や写真。例 テロップをながす。◇telop

テロリスト〈名〉政治的な目的をとげるために、暗殺や無差別殺人を行なう者。◇terrorist

テロリズム〈名〉テロを手段として政治的な目的をとげようとする考えかた。◇terrorism

でわ【出羽】〈名〉旧国名の一つ。現在の秋田県・山形県。明治になって羽後(秋田県の大部分と山形県の一部)と羽前(山形県の大部分)に分けられた。羽州《うしゅう》。

てわけ【手分け】〈名・する〉一つの仕事を、何人かが分けてうけもつこと。例 手分けしてさがす。作業の手分け。類 分担。

てわざ【手業】〈名〉手でする技術的な仕事。

てわたし【手渡し】〈名・する〉手渡すこと。例 給料を手渡しでもらう。

てわた・す【手渡す】〈動五〉相手に会って、手から手へじかにわたす。例 書類を手渡す。

常用漢字 てん

【天】 大部1 全4画 天天天天

テン あめ・あま 教 小1 音[テン] 天気《てんき》。天地《てんち》。天然《てんねん》。天井《てんじょう》。天国《てんごく》。天才《てんさい》。昇天《しょうてん》。雨天《うてん》。先天的《せんてんてき》。訓 ❶[あめ] 天。❷[あま] 天の川。天下り。

【典】 八部6 全8画 ※典典典典典

テン 教 小4 音[テン] 典拠《てんきょ》。典型《てんけい》。典礼《てんれい》。辞典《じてん》。事典《じてん》。古典《こてん》。法典《ほうてん》。式典《しきてん》。祝典《しゅくてん》。出典《しゅってん》。

【店】 广部5 全8画 ※店店店店店

テン みせ 教 小2 音[テン] 店舗《てんぽ》。店員《てんいん》。店頭《てんとう》。書店《しょてん》。商店《しょうてん》。支店《してん》。本店《ほんてん》。開店《かいてん》休業《きゅうぎょう》。訓[みせ] 店。夜店。

【点(點)】 灬部5 全9画 ※点点点点点

テン 教 小2 音[テン] 点字《てんじ》。点線《てんせん》。点数《てんすう》。点火《てんか》。点眼《てんがん》。斑点《はんてん》。小数点《しょうすうてん》。採点《さいてん》。句点《くてん》。共通点《きょうつうてん》。

【展】 尸部7 全10画 展展展展展

テン 教 小6 音[テン] 展示《てんじ》。展覧会《てんらんかい》。展開《てんかい》。展望《てんぼう》。進展《しんてん》。親展《しんてん》。発展《はってん》。

【添】 氵部8 全11画 添添添添添

テン そえる・そう 音[テン] 添加物《てんかぶつ》。添付《てんぷ》。添乗員《てんじょういん》。添削《てんさく》。訓 ❶[そえる] 添える。添え手紙。添え物。❷[そう] 添う。付き添う。寄り添う。添い遂げる。添い寝。

【転(轉)】 車部4 全11画 転転転転転

テン ころがる・ころげる・ころがす・ころぶ 教 小3 音[テン] 転出《てんしゅつ》。転倒《てんとう》。転身《てんしん》。転居《てんきょ》。回転《かいてん》。運転《うんてん》。自転車《じてんしゃ》。一転《いってん》。移転《いてん》。七転八倒《しちてんばっとう》。訓 ❶[ころがる] 転がる。❷[ころげる] 転げる。笑い転げる。❸[ころがす] 転がす。❹[ころぶ] 転ぶ。七転び八起き。

【塡】 土部10 全13画 塡塡塡塡塡

テン 音[テン] 装塡《そうてん》。補塡《ほてん》。充塡《じゅうてん》。

表記「慎」のように、旁《つくり》を「真」の形にして「填」とも書く(画数は同じ)。

1**てん**【天】〈名〉❶地に対して、無限に高く遠いところにひろがる空間。天文学でいう天球。例 天をあおぐ。天にのぼる。天と地。対 地。類 空。❷人の力のおよばない、絶大な力をもつ神のような存在。例 天の声。天の助け。運を天にまかせる。❸神などがいるとされる理想の世界。天国。❹書物や荷物など、上下のきまっているものの、上の部分。対 地。▽ア テン

表現「空」は、雲がでたり太陽がかがやいたりする、地上から見えるところをさすのに対して、「天」は抽象《ちゅうしょう》的な場所や存在である場合が多い。→ち〔地〕表現

天高《たか》く馬《うま》肥《こ》ゆる秋《あき》 大気もすみわたって天が高く感じられ、収穫《しゅうかく》の時期で、ウマは肥えてたくましくなる、ということ。秋の季節のすばらしさをいう。

天に唾《つば》する ❶人をひどいめにあわせようとして、かえって自分がひどいめにあうことのたとえ。❷神聖《しんせい》なものを冒瀆《ぼうとく》すること、神をもおそれないことのたとえ。注意 真上に唾をはくと自分にかかってしまうということで、①が本来の意味だが、②の意味に誤解《ごかい》している人も多い。

天にも昇《のぼ》る心地《ここち》 まるで空にまいあがるような、ともうれしい気持ち。

天の配剤《はいざい》 たんなる偶然《ぐうぜん》ではなく、神のような存在がうまくとりはからったとしか思えないこと。

天は二物《にぶつ》を与《あた》えず 天は、人に二つも三つも長所をあたえることはないということから、長所ばかりの人間というのはいないものだ。

天は人《ひと》の上《うえ》に人を造《つく》らず人の下《した》に人を造らず 人間はみな平等である、ということ。

由来 福沢諭吉《ゆきち》のことばと誤解されやすいが、出典の『学問のすゝめ』には、「…を造らずと言えり(=言われている)」とある。福沢は、このことばをアメリカの独立宣言の一文をもとにしたといわれている。

天は自《みずか》ら助《たす》くるものを助く 天は、人にたよらないで、自分で苦労し努力する人を助けるものだ。

天を衝《つ》く ❶天にとどくほど高い。❷ものすごい勢いである。例 意気天を衝く。

2**てん**【点】〈名〉❶ものの表面についた、ほとんど問題にならないほどの小さいもの。例 遠くの島が点のように見える。点点。❷〔数学〕図形の中心や、線のまじわりをしめす、位置だけがあって面積がないとされるところ。❸⇩とうてん〔読点〕❹漢文の訓読をしめすために、漢字につける符号。例 訓点。↓かえりてん ❺漢字の字画で、「犬」などにある「、」。❻成績などの評価。例 点があまい。点がからい。点をかせぐ。点をとる。類 点数。得点。❼試合などで、相手からあげたポイント。例 点がはいる。点をいれる。点をとる。類 点数。得点。❽とくに問題としてとりあげるところを表わす形式名詞。

て

例二つの点で反対する。▽アテン →てんじる〔点じる〕

[3]**てん【▼貂】**〈名〉ネコくらいの大きさで、尾《お》が大きいけもの。小動物をとらえて食べる。毛皮は、高級な防寒具などに使われる。アテン

[4]**てん【店】**〈接尾〉店《みせ》のこと。例飲食店。小売店。

[5]**てん【展】**〈接尾〉「展覧会」の略。例常設展。印象派展。

常用漢字 でん

【田】 田部0 全5画 田田田田田

デン た 教小1 音[デン] 田地《でんち》。田畑《でんばた》。田園《でんえん》。田野《でんや》。水田《すいでん》。油田《ゆでん》。炭田《たんでん》。票田《ひょうでん》。訓[た] 田。田植え。注意「田舎」は、「いなか」と読む。

【伝(傳)】 イ部4 全6画 伝伝伝伝伝

デン つたわる・つたえる・つたう 教小4 音[デン] 伝言《でんごん》。伝記《でんき》。伝説《でんせつ》。伝統《でんとう》。宣伝《せんでん》。遺伝《いでん》。秘伝《ひでん》。駅伝《えきでん》。自伝《じでん》。訓❶[つたわる] 伝わる。❷[つたえる] 伝える。言い伝え。❸[つたう] 伝う。注意「伝馬船」は「てんません」、「手伝う」は「てつだう」と読む。

【殿】 殳部9 全13画 殿殿殿殿殿

デン・テン との・どの 音❶[デン] 殿堂《でんどう》。殿下《でんか》。宮殿《きゅうでん》。拝殿《はいでん》。神殿《しんでん》。貴殿《きでん》。❷[テン] 殿上人《てんじょうびと》。御殿《ごてん》。訓❶[との] 殿様。殿方。❷[どの] ○○殿。

【電】 雨部5 全13画 電電電電電

デン 教小2 音[デン] 電気《でんき》。電池《でんち》。電車《でんしゃ》。電報《でんぽう》。電動式《でんどうしき》。発電《はつでん》。充電《じゅうでん》。停電《ていでん》。雷電《らいでん》。

[1]**でん【伝】**❶〈名〉ものごとのやりかた。とくに、よくないやりかた。例その伝でいくと、はじめからやりなおしだ。❷〈接頭〉言い伝えによれば、という意味を表わす。例伝空海《くうかい》筆。❸〈接尾〉伝記。例ファーブル伝。

[2]**でん【電】**〈接尾〉「電車」の略。例市電。終電。

でんあつ【電圧】〈名〉〔物理〕回路に電流を流そうとするはたらきの大きさ。二点の間の電位の差。単位は、ボルト(V)。参考一Ω《オーム》の電気抵抗《ていこう》をもつ導線《どうせん》に一A《アンペア》の電流を流すには、一V《ボルト》の電圧が必要である。ふつうの家庭用電源の電圧は一〇〇V。

てんい【転移】〈名・する〉❶場所がうつること。場所をうつすこと。類移転。移動。❷がんなどが、からだのほかの場所にうつること。例がんが転移する。

でんい【電位】〈名〉〔物理〕回路中などの、ある場所での、電気エネルギーの大きさ。参考電流を川の流れにたとえたとき、電位は、水面の高さにあたり、電位の高い方から低い方へと電流が流れる。

てんいむほう【天衣無縫】〈名・形動〉❶詩や歌などに、技巧《ぎこう》をこらしたところがなく、自然なおもむきがあること。❷言動にかざりけがなく、常識にしばられないこと。類自由奔放《ほんぽう》。注意天女《てんにょ》の衣《ころも》には縫《ぬ》い目がないということで、①が本来の意味。

てんいん【店員】〈名〉やとわれて商店で働いている人。類売り子。

でんえん【田園】〈名〉❶田と畑。❷田畑や野原、林などが広がっているところ。例田園都市。田園風景。

でんえんとし【田園都市】〈名〉田畑や緑地を多く残しながら開発された、郊外《こうがい》の都市。

[1]**てんか【天下】**〈名〉❶世界。世の中。世間。例天下をとる。天下に知れわたる。天下晴れて。天下わけめの。❷ある者が、支配権をにぎって自由にふるまう世界。例夏の海べはかっぱたちの天下だ。かかあ天下。❸(「天下の」の形で)世間にならぶものがないほどすぐれている。例天下の王者。▽アテンカ

天下晴《は》れて 世間に対してかくすことなく。例天下晴れて夫婦《ふうふ》になる。

天下分《わ》け目《め》 国の支配権を、二大勢力のどちらが取るかが決まる大事な時。関ヶ原《せきがはら》。例天下分け目の決戦。→せきがはらのたたかい

天下を取《と》る 国の支配権を自分のものにする。

[2]**てんか【点火】**〈名・する〉火をつけること。例ストーブに点火する。口火を点火する。対消火。類着火。アテンカ

[3]**てんか【添加】**〈名・する〉ほかのものをつけくわえること。例防腐剤《ぼうふざい》を添加する。食品添加物。アテンカ

[4]**てんか【転化】**〈名・する〉一つの状態からほかの状態にかわること。例愛が憎しみに転化する。アテンカ

[5]**てんか【転嫁】**〈名・する〉自分の罪や責任などを、ほかのものになすりつけること。例責任を転嫁する。類ぬりつける。アテンカ

[6]**てんか【転▼訛】**〈名・する〉ことばの発音が、もとの発音からなまって変化すること。アテンカ

てんが【典雅】〈形動〉ゆったりしていて、上品だ。例典雅な調べ。典雅なもよおし。類高雅。

[1]**でんか【殿下】**〈名〉天皇・皇后・皇太后以外の皇族をよぶときの、うやまった言いかた。類陛下《へいか》。アデンカ

[2]**でんか【電荷】**〈名〉〔物理〕物質がもっている電気。正の電荷と負の電荷の二種類がある。アデンカ

[3]**でんか【電化】**〈名・する〉エネルギー源として電気を使うようにすること。鉄道に電力を使用したり、家庭生活で電気製品を使うようにすること。例電化製品。オール電化(=ガスを使わないこと)。アデンカ

[1]**てんかい【展開】**〈名・する〉❶目の前に一面にひろがること。例眼下に一面の銀世界が展開する。❷議論や試合、物語の場面などが、次々にうごいていくこと。また、次々にうごかしていくこと。例議論が(を)展開する。事件が急《きゅう》展開する(=捜査《そうさ》に大きな動きがある)。類進展。繰《く》り広げる。❸〔数学〕立体を切りひらいて平面図形にすること。例展開図。❹〔数学〕多項《たこう》式の積を和の形にすること。たとえば、$(a+b)^2$ を $a^2+2ab+b^2$ にするなど。❺〔情報〕⇩しんちょう〔伸張〕②

[2]**てんかい【転回】**〈名・する〉大きくまわって方向がかわること。くるりと方向をかえること。例機首を転回する。一八〇度の転回。

てんがい【天蓋】〈名〉❶仏像や住職の席などの上方にもうけた、笠《かさ》の形をした装飾《そうしょく》。❷虚無僧《こむそう》がかぶる、顔がかくれるほどの深い編み笠。❸祭壇《さいだん》やベッドなどの上方にもうける、装飾用の布製のおおい。例天蓋付きのベッド。

でんかい【電界】〈名〉〔物理〕電気をもった物体のまわりで、その電気の影響《えいきょう》がおよぶ空間。電場。

てんがいこどく【天涯孤独】〈名・形動〉広い世の中にだれも身よりがいなくて、ひとりぼっちの身の上。

でんかいしつ【電解質】〈名〉〔化学〕水にとかしたときに、溶液《ようえき》が電気をとおすようになる物質。参考 たとえば、食塩を水にとかすと、正の電気をもつナトリウムイオンと、負の電気をもつ塩素イオンに分かれて、これらが電気をはこぶ。

てんかいず【展開図】〈名〉〔数学〕立体図形を切りひらいて、平面上にひろげた図。絵 参考 円錐《えんすい》を展開すると、円とおうぎ形の展開図ができる。

てんかいっぴん【天下一品】〈名〉並ぶものもなくすぐれていること。類 絶品。↓いっぴん〔逸品〕表記

てんかく【点画】〈名〉漢字を形作っている点と線。例 点画を正しく書く。↓囲み記事44(1018ジペ)

でんがく【田楽】〈名〉❶平安時代、田植えのときなどに行なわれた芸能。笛や太鼓《たいこ》のにぎやかな音楽に合わせて歌いおどる。のちに、田楽能に発展した。❷「田楽豆腐《どうふ》」の略。長方形に切った豆腐をくしにさして、片面にみそをぬって焼いた料理。❸「田楽焼き」の略。魚やいもなどをくしにさして、みそをぬって焼いた料理。

てんかす【天かす】(方言) 天ぷらを揚げるときにできる余分なかす。関西で言う。

でんか(伝家)のほうとう(宝刀) ❶その家に宝物として伝わる刀。❷いざというときに使う、だいじな手段。

てんかむそう【天下無双】〈名〉この世にならぶものがないほどすぐれていること。

てんから〘天から〙〈副〉❶はじめから。あたまから。例 てんから信じていない。❷まったく。てんで。例 数学はてんから苦手だ。表現 俗《ぞく》な言いかた。多く、あとに打ち消しの語をともなって使う。

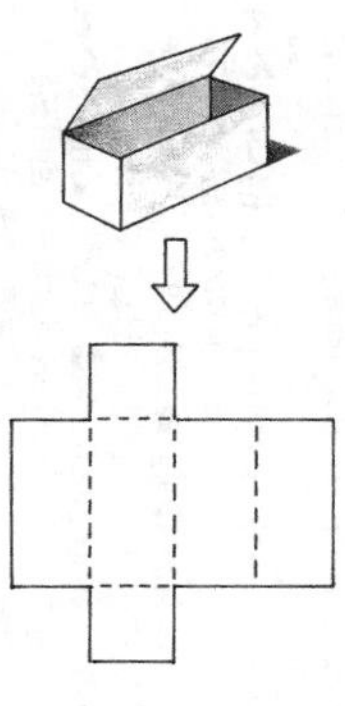

[てんかいず]

[1]**てんかん【転換】**〈名・する〉方針や傾向《けいこう》がかわること。やり方をがらりと変えること。例 方針が(を)転換する。発想を転換する。転換期。気分転換。類 きりかわる。きりかえる。ア テンカン

[2]**てんかん【▼癲▼癇】**〈名〉急にけいれんをおこして、意識をうしなう病気。ア テンカン

てんがん【点眼】〈名・する〉目ぐすりを目にさすこと。ア テンカン テンカン

てんがんきょう【天眼鏡】〈名〉大形の凸《とつ》レンズに柄《え》をつけたもの。よく、易者などが使う。

[1]**てんき【天気】**〈名〉❶ある時点での、晴雨《せいう》や気温、風向きなどの気象《きしょう》状態。例 天気がいい。天気がくずれる。天気図。天気予報。類 天候。雲行き。空模様。❷空が晴れていること。例 天気がつづく。天気になる。❸天気のかわりやすいことから、人のきげん。例 お天気屋。▽ア テンキ

[2]**てんき【転記】**〈名・する〉ほかの紙へ書きうつすこと。例 転記のミス。ア テンキ

[3]**てんき【転機】**〈名〉それまでとはちがった状態にかわるきっかけ。例 転機がおとずれる。…を転機として。一転機。ア テンキ

てんぎ【転義】〈名〉もとの意味からかわった、べつの意味。対 本義。原義。

[1]**でんき【伝奇】**〈名〉めずらしくてふしぎな物語。例 伝奇小説。ア デンキ

[2]**でんき【伝記】**〈名〉人の一生について、その人がしたことやその人に関するできごとなどを年代順にならべて、物語のかたちに書いたもの。類 一代記。ア デンキ

[3]**でんき【電気】**〈名〉❶電球をともしたり、モーターをまわしたりする はたらきのもとになるもの。例 電気が通じる。電気を切る。静電気。❷「電灯」のこと。例 電気をつける。電気を消す。▽ア デンキ

[4]**でんき【電器・電機】**〈名〉❶[電器] 電力で動かす、おもに一般《いっぱん》家庭用の器具類。❷[電機] 電力で動かす機械。▽ア デンキ 参考 企業《きぎょう》や商店の社名に使うか、「電機メーカー」のように複合語で使うことが多い。「電器」も同様。

てんきあめ【天気雨】〈名〉日が照っているのに降る雨。類 きつねの嫁《よめ》入り。

テンキー〈名〉電卓やパソコンなどで、0から9までの数字を入力するキー。◇ten-key 参考 携帯《けいたい》電話のテンキーでは、かな・アルファベット・記号なども入力できる。

でんきじどうしゃ【電気自動車】〈名〉バッテリーをおもなエネルギー源として走る自動車。排気《はいき》ガスを出さない。EV。

てんきず【天気図】〈名〉〔気象〕ある時刻の、各地の天気や風のようすを、記号で書き入れた地図。高気圧や低気圧の位置、等圧線や前線なども記入する。

でんきていこう【電気抵抗】〈名〉〔物理〕電流のとおりにくさを表わす度合い。単位はオーム(Ω)。抵抗。

でんきぶんかい【電気分解】〈名・する〉〔化学〕電流をとおして物質を分解すること。塩素などの製造や電気メッキに使われる。

てんきゅう【天球】〈名〉〔天文〕地上の観測する人を中心に、天空を球面としてとらえたもの。

でんきゅう【電球】〈名〉照明用のガラスのたま。電流をながすと、中に入っている物体があつくなって光をだす。ふつう、家庭で使うのは、白熱電球。参考 イラストや漫画《まんが》で、「ヒント」や「ひらめいた!」のような意味で描《えが》かれることがある。

[1]**てんきょ【典拠】**〈名〉もとになったと考えられる文献《ぶんけん》。例 典拠を明らかにする。類 出典。

[2]**てんきょ【転居】**〈名・する〉住まいをほかにうつすこと。例 転居先。類 移転。転宅。ひっこし。

てんぎょう【転業】〈名・する〉別の職業につくこと。とくに、商売をかえることについていう。類 転職。商売がえ。

でんきょく【電極】〈名〉〔物理〕溶液《ようえき》中や真空中に電流をながすときなどに、電流の出入り口となる金属の棒や板。また、電池の両極。+《プラス》極(正極・陽極)と−《マイナス》極(負極・陰極《いんきょく》)。

てんきよほう【天気予報】〈名〉現在の気象《きしょう》の状況《じょうきょう》を科学的に分析《ぶんせき》して、これからの天気を予想して、多くの人に知らせること。気象庁や気象予報士が行なう。類 気象情報。

でんきろ【電気炉】〈名〉電気のエネルギーで高温をだす炉。金属をとかすときなどに使われる。

てんきん【転勤】〈名・する〉同じ会社や官庁の中で、勤務地がかわること。例 転勤になる。類 転任。

てんく【転句】〈名〉文章のひとくぎりで、起句・承句

て

 徳川綱吉(つなよし) (1646～1709) 江戸幕府5代将軍。朱子学を幕府の学問とし，また生類憐みの令を出した。

を受けて、それを転換《てんかん》する部分。とくに、漢詩で絶句《ぜっく》の第三句。→きしょうてんけつ①

てんぐ【天▼狗】〈名〉❶深山にすみ、とても高い鼻をもつ、空想上の妖怪《ようかい》。羽うちわを持って、空を自由に飛びまわるとされる。→かっぱ〔河童〕絵 ❷うぬぼれること。うぬぼれ屋。例てんぐになる。つりてんぐ。

てんくう【天空】〈名〉はてしない大空。例天空の月。

表現 「天空の湖」「天空の城」「天空に栄えた文明」などというときの天空は、標高のかなり高い所という意味。

てんぐさ【天草】〈名〉寒天の原料になる海藻《かいそう》。赤むらさき色で、枝《えだ》がこまかく分かれている。

でんぐりがえし【でんぐり返し】〈名〉「前転」または「後転」の、子供っぽい言いかた。でんぐりがえり。

でんぐりがえ・る【でんぐり返る】〈動五〉でんぐり返しをする。ひっくりかえる。例世の中がでんぐり返るような大さわぎ。

表現 衝撃《しょうげき》的なことに出くわして、「目の玉がでんぐり返る」「心臓がでんぐり返る」のようにも言う。

1 **てんけい**【天啓】〈名〉神からの教え。

2 **てんけい**【典型】〈名〉ある種類の中で、その種類のもつ特徴《とくちょう》をいちばんよく表わしているもの。例日本人の典型。典型例。典型的。

3 **てんけい**【点景・添景】〈名〉風景画などで、中心としてでなく、全体の効果のためにそえられる人や動植物など。

てんけいてき【典型的】〈形動〉典型としてあげるのにふさわしい。例典型的なタイプ。類代表的。

でんげき【電撃】〈名〉❶からだに電流が流れたときにうけるショック。❷いなびかりのように、とつぜんであること。例電撃的。電撃戦。電撃結婚《けっこん》。

でんげきてき【電撃的】〈形動〉あっというまもないほど突然《とつぜん》である。例電撃的な結婚《けっこん》。

てんけん【点検】〈名・する〉異状やあやまりがないかどうか、ひとつひとつしらべること。例ガス器具を点検する。類検査。

でんげん【電源】〈名〉❶電力を生産し供給するみなもと。発電所など。例電源開発。❷工場や家庭などで、そこから電気をとるみなもと。コードなどをさしこんで、電気をとる口。例電源を切る。

てんこ【点呼】〈名・する〉ひとりひとりの名をよんで、全員がそろっているかどうかしらべること。例点呼をとる。

1 **てんこう**【天候】〈名〉ある期間の天気の状態。例天候が回復する。天候にめぐまれる。不順な天候。悪天候。類天気。気候。雲行き。空模様。

2 **てんこう**【転向】〈名・する〉これまでの職業、生きかたや考えかた、好みなどを変えること。例アマチュアからプロに転向する。菜食《さいしょく》主義(者)に転向する。類転身。

3 **てんこう**【転校】〈名・する〉児童や生徒が、学校をかわること。例転校生。転校先。類転入。転学。

でんこう【電光】〈名〉❶かみなりによって生じるひかり。いなびかり。いなずま。❷電灯のひかり。例電光掲示《けいじ》板。電光ニュース。

でんこうせっか【電光石火】〈名〉❶きわめてみじかい時間。❷とてもすばやい行動。例電光石火の早わざ。類疾風迅雷《しっぷうじんらい》。

てんこく【▼篆刻】〈名・する〉木や石などのはんこの材料に文字をほること。多く、篆書の書体を使う。印刻。

てんごく【天国】〈名〉❶この世とはちがう、天上の神の世界。対地獄《じごく》。類極楽《ごくらく》。❷心配などがなくて、満ちたりたたのしい場所や環境《かんきょう》。例子どもの天国。動物の天国。

てんこもり【てんこ盛り】〈名〉ご飯を茶碗《ちゃわん》に山盛りに盛ること。例ご飯をてんこ盛りにする。

でんごん【伝言】〈名・する〉たのまれて、用件を人に伝えること。人などを介《かい》して、間接的に伝えることば。例伝言をたのむ。伝言を残す。私あての伝言はありませんか。伝言ゲーム。類ことづけ。ことづて。メッセージ。

でんごんばん【伝言板】〈名〉駅などにある、待ち合わせの相手に伝えたいことを書く黒板。

参考 自治体の広報《こうほう》紙などで、人に伝えたいことを投稿するコーナーにもいう。

1 **てんさい**【天才】〈名〉生まれつきずばぬけた才能をもった人。また、その才能。

参考 「頭がいい」とか「よくできる」とかいう程度の言いかたでは とうてい表わせないすばらしい資質をもち、どうしてそれだけの資質をもつにいたったか、だれにも説明できない場合、人は、「あれは天才だ」と言う。「秀才」は、「頭がいい」「よくできる」の範囲《はんい》内にある。

2 **てんさい**【天災】〈名〉地震《じしん》や津波《つなみ》、台風など、自然界の現象によっておこる災害。対人災《じんさい》。

3 **てんさい**【▼甜菜】〈名〉根から砂糖をとるためにつくられる二年草。日本では、北海道でとれる。砂糖大根。ビート。

4 **てんさい**【転載】〈名・する〉いちど本や雑誌にのった文章や写真、絵などを、そのまま別の印刷物にのせること。例無断転載を禁じる。

てんざい【点在】〈名・する〉ばらばらにちらばって、あちこちにあること。例山すそに点在する農家。類散在。

てんさいてき【天才的】〈形動〉天才のようである。例天才的なピアニスト。

てんさく【添削】〈名・する〉できている詩歌《しいか》や文章、試験の答案などの、わるいところをなおすこと。例赤ペンで作文を添削する。

でんさん【電算】〈名〉「電子計算機(＝コンピューター)」の略。例電算処理。

1 **てんし**【天子】〈名〉君主や皇帝《こうてい》、天皇などをさす古いことば。

2 **てんし**【天使】〈名〉❶〔宗教〕神の意思を伝えるために地上につかわされるもの。エンゼル。❷清純で心やさしく、いたわりの心のあつい人。多く女性についていう。例白衣《はくい》の天使(＝女性看護師)。

3 **てんし**【展▼翅】〈名・する〉標本にするため、昆虫《こんちゅう》などの羽をひろげて、ピンでとめること。

1 **てんじ**【点字】〈名〉指先でふれて読む、視覚障害者のための文字の符号《ふごう》。六つの小さい突起《とっき》(＝凸点《とってん》)の数と位置とによってそれぞれの音節を表わす。参考 フランスの盲《もう》学校の教師であったルイ・ブライユが考案した。

2 **てんじ**【展示】〈名・する〉作品や資料、商品見本などをならべて、多くの人に見せること。例展示品。展示即売《そくばい》会。類展覧。陳列《ちんれつ》。

でんし【電子】一〈名〉〔物理〕原子をつくっている粒子《りゅうし》の一つ。質量は陽子よりずっと小さく、負の電気をもっている。エレクトロン。→でんりゅう 二〈造語〉電子工学・コンピューターを応用したものであること。エレクトロニック。例電子楽器。電子メール。電子商取引《しょうとりひき》。

でんしか【電子化】〈名・する〉❶手作業でしていた仕事に、コンピューターを導入《どうにゅう》して効率的に処理できるようにすること。❷紙の資料や、映像・音声などを、コン

ピューターであつかえるデータに変えること。データ化。デジタル化。

でんじき【電磁気】〈名〉❶電気と磁気。❷電流によって生じる磁気。

てんじく【天▼竺】〈名〉❶「インド」の古い言いかた。❷「天竺木綿《もめん》」の略。はばがひろい厚手のもめん。シーツやテーブルかけなどに使う。

でんしけんびきょう【電子顕微鏡】〈名〉光線のかわりに、電子線を使った顕微鏡。約三〇万倍ぐらいまでの拡大が可能で、細菌《さいきん》やウイルスの観察などに使う。

でんしこうがく【電子工学】〈名〉半導体などを通る電子に関する基礎的な研究を行なう、産業に密接した学問。コンピューターなどに応用される。エレクトロニクス。

でんしじしょ【電子辞書】〈名〉何冊もの辞書や事典のデータを内蔵して自在に検索できるようにした、手のひらにのるぐらいの大きさの専用コンピューター。

でんじしゃく【電磁石】〈名〉鉄のしんにコイルをまいたもの。電流をながしたときにだけ、磁石になる。モーターやスピーカーなどで使われている。

でんししゅっぱん【電子出版】〈名〉紙に印刷して行なうふつうの出版に対して、パソコンなどであつかうデータをCD-ROMや電子書籍として製作したり、インターネットで配信したりすること。

でんししょうとりひき【電子商取引】〈名〉インターネット上で行なう、商品やサービスの注文から代金決済《けっさい》までの取り引き。参考 英語のelectronic commerceを略して、「EC」「eコマース」ともいう。

でんししょせき【電子書籍】〈名〉従来《じゅうらい》は紙に印刷された書籍や雑誌として出版されてきた内容を、データとして携帯《けいたい》型の専用機器(=リーダー)やパソコン、スマートフォンなどにダウンロードして読めるように作ったもの。

てん(転)じて 話の方向や話題をかえて。例 転じて今日《こんにち》の政界の状況《じょうきょう》を見るに…。類 いっぽう。表現 接続詞的に用いる。あらたまった言いかた。

でんじは【電磁波】〈名〉〔物理〕光や電波をまとめていうことば。電気と磁気からなる波で、光速でつたわる。

てんじばん【点字盤】〈名〉手で点字を打つための、小さな枠《わく》がならんであいている金属製の定規。紙の上に置き、一つ一つの点字に対して左右が逆になるように枠の中を針金で押してくぼみをつくり、うら返して読む。

てんじブロック【点字ブロック】〈名〉視覚障害者が安全に歩行できるように、歩道や駅などにならべてしかれている、突起《とっき》のある黄色いブロック。足のうらで突起を感じながら歩く。線状の突起で進む方向を示す誘導《ゆうどう》ブロックと、点状の突起で停止や方向転換を示す警告《けいこく》ブロックとがある。

でんしマネー【電子マネー】〈名〉現金と同じ価値をもつ電子データ。ICカードや携帯《けいたい》電話、ウェブサイト上にたくわえて、店頭やインターネットでの買い物に使う。

でんしメール【電子メール】〈名〉通信ネットワークのうえで、コンピューターや携帯《けいたい》電話を通して文字や画像などの情報を、手紙をやりとりするようにおたがいに送ったり受け取ったりできるシステム。Eメール。メール。表現 ふつう一通《いっつう》二通と数えるが、一件二件も使う。

てんしゃ【転写】〈名・する〉文章や絵などを、ほかのものからうつしとること。

でんしゃ【電車】〈名〉一両ごとに電気モーターをそなえた鉄道車両。例 電車賃。始発電車。路面電車。類 電動機関車。

てんしゅ【天守】〈名〉〔歴史〕日本の城で、その城の中心となる、三層または五層からなる大きな建物。天守閣《かく》。例 天守台(=天守を築く石垣《いしがき》の土台)。

てんじゅ【天寿】〈名〉天からあたえられた命のながさ。類 天命。

天寿を全《まっと》うする じゅうぶんに長生きして死ぬ。

でんじゅ【伝授】〈名・する〉学問や武芸、技芸のわざや方法などを、師が弟子《でし》に教えること。例 芸の奥義《おうぎ》を伝授する。

てんしゅかく【天守閣】〈名〉⇩てんしゅ〔天守〕

てんしゅきょう【天主教】〈名〉カトリックの中国での呼びかた。日本でも、昔はそういった。

てんしゅつ【転出】〈名・する〉❶今まで住んでいた地域からほかの区域へ住所をうつすこと。例 転出届。対 転入。❷ほかの勤務場所や職場にうつること。

[1]**てんしょ【添書】**〈名〉おくり物につける説明の手紙。初対面の人にもたせてやる紹介《しょうかい》の手紙。類 添《そ》え状。

[2]**てんしょ【▼篆書】**〈名〉漢字の古い書体の一つ。大篆《だいてん》と小篆とがあり、のちの隷書《れいしょ》や楷書《かいしょ》のもとになった。現在では、印章の字などに使われる。

[1]**てんしょう【転生】**〈名・する〉⇩てんせい〔転生〕

てんじょう【天上】〈名〉❶高い空のうえ。❷〔仏教〕この世でうけるような苦しみがひとつもない、理想的な世界。例 天上界。対 地上。

天上天下《てんげ》唯我《ゆいが》独尊《どくそん》 天地のあいだに、自分よりとうといものはないということで、ひとりの人間としてのねうちのとうとさを表わしたことば。参考 シャカ(釈迦)が生まれたときに言ったことばといわれる。

[2]**てんじょう【天井】**〈名〉屋根うらをかくすとか、保温などのために、部屋の上部にはった板。例 天井板。青天井。対 床《ゆか》。表現「天井知らずの高値」などの言いかたで、相場や物価━がとどまることなく高くなっていくことをいう。

[3]**てんじょう【添乗】**〈名・する〉団体旅行などで、旅行社の人が、せわや案内のためにつきそっていくこと。例 添乗員。

でんしょう【伝承】〈名・する〉古くからの風習や言いつたえをうけついで、次の時代へさらに伝えること。言い伝え。類 言い習わし。口承。

てんじょうがわ【天井川】〈名〉流れてきた土砂《どしゃ》がつもり、川の底がまわりの土地よりも高くなった川。

てんじょうさじき【天井桟敷】〈名〉劇場で、いちばん高い階の、うしろのほうのねだんの安い席。

てんじょうびと【殿上人】〈名〉むかし、宮中の清涼殿《せいりょうでん》・紫宸殿《ししんでん》にのぼることをゆるされた、くらいの高い人。

[1]**てんしょく【天職】**〈名〉その仕事をするために生まれてきたと思えるほど、その人にふさわしい職業。ア テンショク

[2]**てんしょく【転職】**〈名・する〉今までの仕事をやめて、別の仕事にかわること。とくに、つとめ先をかえることをいう。類 転業。ア テンショク

でんしょばと【伝書ばと】『伝書▼鳩』〈名〉通信文をはこぶように訓練したハト。参考 かならず巣にかえるハトの性質を利用したもの。

テンション〈名〉❶精神的な緊張《きんちょう》。不安。❷張力。❸気分のもりあがりかた。例 テンションが高まる。

例テンションを上げる。テンションが下がる。ハイテンション。◇tension 参考 ③は日本語独自の意味。

1 **てん・じる【点じる】**〈動上一〉❶あかりや火をつける。例火を点じる。類点灯する。❷お茶をたてる。例お茶を点じる。▽「点ずる」ともいう。

2 **てん・じる【転じる】**〈動上一〉方向や状態などがかわる。また、かえる。「転ずる」ともいう。例進路を転じる。目を転じる。話題を転じる。→てんじて

でんしレンジ【電子レンジ】〈名〉料理に使う、高周波によって加熱し調理する箱型の電気製品。

1 **てんしん【天心】**〈名〉空のまんなか。例月が天心にかがやく。類中天。

2 **てんしん【点心】**〈名〉中華《ちゅうか》料理で、かるい食べものや菓子《かし》。ギョーザ・肉まんなど。

3 **てんしん【転身】**〈名・する〉それまでの職業などをかえること。例役人から作家に転身する。類転向。

4 **てんしん【転進】**〈名・する〉それまでとは方向をかえて進むこと。参考 むかし軍隊で、実際には「退却《たいきゃく》」であるところを、しばしば遠まわしに「転進」と言った。

てんじん【天神】〈名〉「天満宮《てんまんぐう》」の通称《つうしょう》。

でんしん【電信】〈名〉電線や電波をとおして行なう、有線・無線の通信。電気通信。

てんしんらんまん【天真▼爛漫】〈名・形動〉行ないやことばにかざりけがなくて、むじゃきで、にくめないこと。例天真爛漫な人。類天衣無縫《てんいむほう》。

テンス〈名〉「時制《じせい》」のこと。◇tense

てんすい【天水】〈名〉天から降ってきた水。雨水《あまみず》。

てんすう【点数】〈名〉❶試験や試合などの成績を表わした数。例点数を上げる。類点。得点。❷商品や作品などの数。例文房具《ぶんぼうぐ》の点数が多い。

1 **てん・ずる【点ずる】**〈動サ変〉⇩てんじる〔点じる〕

2 **てん・ずる【転ずる】**〈動サ変〉⇩てんじる〔転じる〕

1 **てんせい【天成】**〈名〉❶人間の力によらず、自然にできあがっていること。❷ある性質などが、生まれつきそなわっていること。例天成の芸術家。▽アテンセー

2 **てんせい【天性】**〈名〉天からさずかった生まれつきの性質。類資質。生来《せいらい》。天分。素質。アテンセー

3 **てんせい【展性】**〈名〉金属の性質の一つ。たたいてのばしたときに、うすくひろがる性質。金・銀・すずなどが、この性質にとんでいる。アテンセー ↓えんせい〔延性〕

4 **てんせい【転生】**〈名・する〉生まれかわること。てんしょう。例(仏教で)輪廻《りんね》転生。(漫画《まんが》やゲームで)異《い》世界に転生する。

5 **てんせい【転成】**〈名・する〉❶性質のちがう別のものに変化すること。❷〔文法〕あることばが、別の品詞に変わること。たとえば、名詞の「光」は動詞の「光る」の連用形から転成したもの。このような名詞を「転成名詞」という。▽アテンセー

1 **てんせき【典籍】**〈名〉古い書物の専門的な言いかた。

2 **てんせき【転籍】**〈名・する〉本籍や学籍などをほかのところへうつすこと。類移籍。

でんせつ【伝説】〈名〉特定の場所や人物などについて、むかしから人々に語りつがれてきた話。例羽衣《はごろも》伝説。伝説の名選手。類説話。言い伝え。

1 **てんせん【点線】**〈名〉点をまっすぐにならべてつくった線。「……」。

2 **てんせん【転戦】**〈名・する〉戦争や試合などで、あちこち場所をかえてたたかうこと。例世界各地を転戦する。

1 **でんせん【伝染】**〈名・する〉❶病気にかかった人の病原体がほかの人々の体内に入り、つぎからつぎへと同じ病気になること。例ウイルスが伝染する。伝染病。❷同じような状態や傾向《けいこう》、また考えかたが、ほかへもつぎつぎとうつること。例あくびが伝染する。▽類感染。

2 **でんせん【伝線】**〈名・する〉ナイロン製のストッキングに、線状の裂《さ》け目のようなほころびができること。

3 **でんせん【電線】**〈名〉電気をとおすための金属の線。銅やアルミニウムでつくる。

でんせんびょう【伝染病】〈名〉ウイルスや細菌《さいきん》によっておこり、ほかの人にうつりやすい病気。類疫病《えきびょう》。参考 いまの法律では「感染症《しょう》」という。

てんそう【転送】〈名・する〉郵便などで送られてきたものを、そのまま別のところへ送ること。例小包をひっこし先へ転送する。メールを転送する。類回送。

でんそう【電送】〈名・する〉文字や写真を、電波や電流を利用して遠くに送ること。例電送写真。

1 **てんそく【天測】**〈名・する〉その場所の経度や緯度《いど》を知るために、天体の位置をしらべること。

2 **てんそく【▼纏足】**〈名〉昔の中国で、小さい足が美人の条件とされたことから、幼女の足指をかたくしばって大きくならないようにした風習。二十世紀になってすたれた。

てんたい【天体】〈名〉宇宙空間にある物体。惑星《わくせい》・恒星《こうせい》・星雲など。例天体観測。参考 たくさんの人が注目して見る、日食《にっしょく》・月食《げっしょく》・流星群《りゅうせいぐん》などの光景を、俗《ぞく》に「天体ショー」という。

てんだいしゅう【天台宗】〈名〉〔仏教〕宗派の一つ。平安時代のはじめに、唐《とう》から最澄《さいちょう》がつたえ、比叡《ひえい》山に延暦《えんりゃく》寺をひらいて、教えをひろめた。

てんたいしょう【点対称】〈名・形動〉⇩たいしょう〔対称〕参考

でんたく【電卓】〈名〉「電子式卓上計算機」の略。電子計算機を日常の足し算やかけ算などの計算むきに小型化したもの。

電卓をたたく「そろばんをはじく」の新しい言いかた。

でんたつ【伝達】〈名・する〉命令や連絡《れんらく》事項《じこう》などを相手に伝えること。例意思を伝達する。伝達手段。情報伝達。類通達。

デンタルフロス〈名〉歯間の食べかすや歯垢《しこう》をとりのぞくための、ナイロンなどでできた糸。◇dental floss

てんたん【▼恬淡】〈形動〉ものごとにこだわらないで、あっさりしている。例恬淡な性質。無欲恬淡。表現「恬淡たる」「恬淡とした(している)」の形でも使う。

1 **てんち【天地】**〈名〉❶天と地。例天地開闢《かいびゃく》。❷人間のすむ世界。例新天地。別天地。❸本や荷物などの上下。例天地無用。▽アテンチ

2 **てんち【転地】**〈名・する〉病気をなおすために、ほかの土地にうつること。例転地療養《りょうよう》。アテンチ

1 **でんち【田地】**〈名〉田として使っている土地。でんじ。

2 **でんち【電池】**〈名〉化学変化を利用して電流をとりだす装置《そうち》。乾《かん》電池や蓄《ちく》電池、太陽エネルギーを利用した太陽電池などもある。

てんちかいびゃく【天地開▼闢】〈名〉世界のできはじめ。例こんなことは天地開闢以来のできごとだ。

てんちしんめい【天地神明】〈名〉天地のすべての神がみ。例天地神明にちかって潔白だ。

てんちそうぞう【天地創造】〈名〉万物のつくりぬしが、天と地をはじめてつくること。

てんちむよう【天地無用】〈名〉荷物をあつかうと

て

き、上下を逆にするな、という注意を表わすことば。

注意 上下を区別する必要はない、という意味ではない。

1 **てんちゅう【天▼誅】**〈名〉天が下《くだ》す罰《ばつ》。天にかわって下す罰。例天誅を加える。天誅を下す。類天罰。

2 **てんちゅう【転注】**〈名〉漢字の六書《りくしょ》の一つ。漢字を元来の意味とは別の意味に用いること。「音楽」の「楽《がく》」を、「たのしい」という意味で使い、それにつれて、音が「ラク」になったのは、その一例。

1 **でんちゅう【電柱】**〈名〉電線をかけわたして、ささえるためにたてる柱。電信柱。ア**デンチュー**

2 **でんちゅう【殿中】**〈名〉昔の大名の屋敷、とくに将軍家の屋敷の中。アデンチュー

1 **てんちょう【天頂】**〈名〉❶山のいただき。❷〔天文〕空の中で、観測者のまうえにあたる点。

2 **てんちょう【転調】**〈名・する〉〔音楽〕曲の途中《とちゅう》で、他の調子にかえること。曲に変化をあたえ、また、曲を発展させる役目をもつ。類移調。

てんで〈副〉（あとに打ち消しのことばをともなって）まったく…ないと非難する言いかた。例てんで問題にならない。

1 **てんてき【天敵】**〈名〉❶ある動物をこのんで食べる、ほかの動物。アブラムシにとってのテントウムシなど。❷どうしてもあいいれない、見るのもいやな人や、いつもかなわない相手。

2 **てんてき【点滴】** 一〈名〉雨水のしずく。二〈名・する〉静脈《じょうみゃく》注射の一種。薬液などを容器に入れて高いところにつるして、病人のからだの中に少しずつ送りこむこと。例点滴を打つ。

点滴石《いし》をうがつ ⇩雨垂《あまだ》れ石《いし》をうがつ

てんてこまい【てんてこ舞い】〈名・する〉何をどうすればいいかわからなくなるほど いそがしいようす。類きりきり舞い。由来 小太鼓の音（=てんてこ）に合わせておどるおどりの意味から。

てんてつき【転▼轍機】〈名〉⇩ポイント⑤

てんでに〈副〉ひとりひとりが自分の思うとおりにするようす。思い思いに。例てんでに勝手なことをしてはこまる。

参考 「手に手に」の変化した形。

でんでんだいこ【でんでん太鼓】〈名〉柄《え》のついた小さなたいこの左右に鈴や玉をたらしたおもちゃ。でんでんたいこ。

1 **てんてんと【点点と】**〈副〉あちこち、または線上に点をうったように。例点々とつながる。

2 **てんてんと【転転と】**〈副〉❶ボールなど、まるいものがころがるようす。❷〈する〉住居や仕事をつぎつぎにかえるようす。例各地を転々とする。

てんでんばらばら〈形動〉ひとりひとりがちがうことをして、まとまりのないようす。

てんてんはんそく【▼輾転反側】〈名・する〉寝《ね》つかれないで、なんどとなく寝がえりをうつこと。

でんでんむし〈名〉⇩かたつむり

テント〈名〉日よけ・雨よけ用に丈夫な素材の布やシートでつくった、臨時の屋根や家。もとはそれをつくるためのズックの布地のことをいった。登山やキャンプに持って行くほか、会場の入り口の受付などに使う。天幕。例テントを張る。テント張《ば》り。テント生活。◇tent

表現 一張《ひとは》り二張《ふたは》りと数える。

でんと〈副〉人がどっしりと腰をすえて動こうとしないようす。俗《ぞく》な言いかた。例でんとかまえる。

1 **てんとう【店頭】**〈名〉店の入り口のあたり。例店頭にならべる。店頭販売《はんばい》。類店さき。

2 **てんとう【点灯】**〈名・する〉明かりをつけること。明かりがつくこと。例夜間照明を（が）点灯する。対消灯。類点じる。

表現 プロ野球で「マジックナンバーが点灯する」のように使うが、これはあと何勝で優勝が決まるかの数字が、明かりがついたように明白になることから。

3 **てんとう【転倒】**〖▼顛倒〗〈名・する〉❶上下や順序が逆になること。例本末転倒。主客《しゅかく》転倒。❷ひっくりかえること。例着地で転倒した。❸あわてて、わけがわからなくなること。例気が転倒する。類動転。

てんどう【天道】〈名〉❶自然の道理。❷天体が、地球の動きのために、動いているように見える 道すじ。

1 **でんとう【伝統】**〈名〉ある社会で古くからうけつがれてきた、風習や様式、傾向《けいこう》など。例伝統をつぐ。百年の伝統。伝統芸能。伝統的。

2 **でんとう【電灯】**〈名〉電球や蛍光《けいこう》灯に電気を通じてともすあかり。例電灯をつける。懐中《かいちゅう》電灯。類電気。

1 **でんどう【伝道】**〈名・する〉宗教の教えをひろめること。例伝道師。類布教。

2 **でんどう【伝導】**〈名〉〔物理〕熱や電気が、物質の中をつたわっていくこと。

3 **でんどう【殿堂】**〈名〉❶大きくてりっぱな建物。古い言いかた。とくに、公共の建物や神仏をまつった建物。例美（芸術）の殿堂（=美術館のこと）。学問の殿堂（=おもに大学のこと）。❷ある分野で大きな功績のあった人を、顕彰《けんしょう》・記念するための施設《しせつ》。例野球殿堂。サッカー殿堂。参考 ②は、英語のHall of Fameを訳した「栄誉《えいよ》の殿堂」から。

4 **でんどう【電動】**〈名〉機械などが、電気の力で動くこと。例電動式。電動タイプライター。

でんどういり【殿堂入り】〈名・する〉ある分野で大きな功績のあった人が、「殿堂②」に名前を記録されて、たたえられること。

てんどうせつ【天動説】〈名〉〔天文〕地球が宇宙の中心にあり、太陽や月など、ほかの星は、地球のまわりをまわっているとする考えかた。ヨーロッパで中世まで信じられたが、地動説によってくつがえされた。→ちどうせつ 参考

でんとうてき【伝統的】〈形動〉古くからの伝統が受けつがれ伝えられてきているようす。例伝統的な年中行事。

てんとうむし〖天道虫〗〈名〉昆虫《こんちゅう》の一種。体長八《ミリメートル》ほどの半球形の甲虫《こうちゅう》。赤や黒などのまるいもようがある。種類が多く、なかにはアブラムシを食べる益虫もいる。

てんとして〖▼恬として〗〈副〉ふつうならはずかしいと思うはずなのに、平気な顔をしているようす。例てんとして恥《は》じない。

てんどん【天丼】〈名〉どんぶりにもったご飯の上にてんぷらをのせ、つゆをかけた和風の料理。

てんにゅう【転入】〈名・する〉❶ほかの地方から、その土地に住所をうつすこと。例転入届。対転出。❷児童や生徒が、ほかの学校からその学校にうつってくること。例転入生。類転校。

てんにょ【天女】〈名〉民話や伝説などで、天の世界にすむ女性。類天人《てんにん》。

1 **てんにん【天人】**〈名〉天上の世界にすむ人。ふつうは女性。羽衣《はごろも》を着て自由に空をとび、音楽や舞《まい》にすぐ

 徳川吉宗(よしむね) (1684～1751) 江戸幕府8代将軍。享保の改革を行ない，幕府を立て直そうとした。

れるという。類天女《てんにょ》。アテンニン テンニン

[2]**てんにん【転任】**〈名・する〉同じ会社や官庁で、ほかの任務や任地にかわること。類転勤。アテンニン

でんねつ【電熱】〈名〉電流が抵抗《ていこう》の大きい物体を流れるときに生じる熱。例電熱器。電熱線。

でんねつき【電熱器】〈名〉電気抵抗《ていこう》の大きいニクロム線などに電流を通して生じる熱を利用する器具。電気こんろなど。類ヒーター。

でんねつせん【電熱線】〈名〉電気抵抗《ていこう》が大きいために電流を流すと発熱する、ニクロム線などのこと。

てんねん【天然】〈名〉❶人の手がくわえられていない、自然のままの状態。例天然の美。天然自然。天然もの。対人工。人造。養殖《ようしょく》。類自然。❷俗《ぞく》に、本人にそのつもりはないのに、言うことやすることがずれていておかしいこと。例天然キャラ。

てんねんガス【天然ガス】〈名〉地下から出るガス。ふつう、燃料として使えるガスをさす。おもな成分はメタンで、ほかにプロパンやブタンをふくむ。

てんねんきねんぶつ【天然記念物】〈名〉学術上、貴重なものとして、法律で指定され、保存するようにさだめられている動物や植物、鉱物。参考天然記念物の中でも、ライチョウ・オオサンショウウオなど、数が少なく、世界的にも大切なものは「特別天然記念物」に指定されている。

てんねんとう【天然痘】〈名〉ウイルスに感染しておこり、高い熱がでて、ひふにできものができる病気。なおってもあばたがのこる。種痘によって予防することができる。一九八〇年に世界保健機関(WHO)によって絶滅《ぜつめつ》宣言がされている。痘瘡《とうそう》。疱瘡《ほうそう》。

てんねんパーマ【天然パーマ】〈名〉かみの毛が、生まれつきパーマをあてたように巻き毛になっていること。

てんのう【天皇】〈名〉大王《おおきみ》(=ヤマト政権の首長)に始まる、日本の天子。日本国と日本国民統合の象徴《しょうちょう》。皇位《こうい》は世襲《せしゅう》される。

でんのう【電脳】〈名〉「コンピューター」の中国での訳語。ほかの語につけて、「コンピューターを使った」「インターネット上の」などの意味で用いる。例電脳住宅。電脳書店。

てんのうざん【天王山】〈名〉大きな勝負のきまる重要なわかれ道。参考京都と大阪のさかいにある山のことで、昔、明智光秀《あけちみつひで》とたたかった豊臣秀吉《とよとみひでよし》がここを占領《せんりょう》して、勝敗を決したことからいう。

[1]**てんのうせい【天王星】**〈名〉〔天文〕太陽系の七番目の惑星《わくせい》。約八四年で公転する。直径は地球の約四倍。五つの衛星がある。土星のように、輪をもつことが知られている。アテンノーセー テンノーセー

[2]**てんのうせい【天皇制】**〈名〉天皇が君主として、国をおさめる政治の体制。アテンノーセー

てんのうたんじょうび【天皇誕生日】〈名〉国民の祝日の一つ。二月二十三日。天皇の誕生を祝う日。

てんば【天馬】〈名〉❶背につばさがあって、天をかけるとされる馬。❷非常にすぐれた馬。類駿馬《しゅんめ》。▽「てんま」ともいう。

天馬空《くう》を行《い》く 天馬が空をかけるように、自由に非常な勢いで進んでいくようす。

[1]**でんぱ【伝▼播】**〈名・する〉つたわってひろまること。つたえてひろめること。例文化が(を)伝播する。ウイルスが(を)伝播する。類流布《るふ》。波及。

[2]**でんぱ【電波】**〈名〉導線に特別な電流をながしたとき、空中に放出される、電気と磁気の波。波長によって、長波・中波・短波・超《ちょう》短波などにわけられる。テレビ・ラジオ・無線通信などにひろく使われる。例電波を出す。電波にのせる。電波障害。

てんばい【転売】〈名・する〉買ったものを、使わないで、ほかの人に売ること。例チケット不正転売禁止法。

でんぱた【田畑】〈名〉たはた。例田地《でんち》田畑。

てんばつ【天罰】〈名〉悪事をゆるさず、天がくだす罰。例天罰がくだる。天罰てきめん。類ばち。

でんぱどけい【電波時計】〈名〉内蔵されたアンテナが電波を受信して、時刻のずれを自動的に修正する時計。

でんぱぼうえんきょう【電波望遠鏡】〈名〉大型のアンテナで天体からの電波を受信し、それを増幅《ぞうふく》して観測する装置。

テンパ・る〈動五〉❶マージャンで、テンパイ(=いつでもあがれる状態)になる。❷あまりの緊張《きんちょう》やあせりで、パニック寸前の状態になる。俗《ぞく》な言いかた。例テンパって、何をしゃべっているのか自分でもわからない。

[1]**てんぴ【天日】**〈名〉太陽の光や熱。例天日にほす。天日でかわかす。

[2]**てんぴ【天火】**〈名〉「オーブン」のこと。

てんびき【天引き】〈名・する〉はらうお金の中から、ある金額を、前もってひくこと。例給料から天引きする。

てんびょう【点描】〈名・する〉❶〔美術〕印象派の画家がはじめた手法で、絵の具を一面にぬらないで、こまかな点でうめていくもの。❷ものごとの一部分をかんたんな文章でえがくこと。また、その文章。類スケッチ。素描。

でんぴょう【伝票】〈名〉会社や銀行、商店などで、お金やものの出し入れなどをしるして、事務処理に使う小さい紙。例伝票をきる。出金伝票。

てんびん〖天▼秤〗〈名〉はかりの一種。棒の中央をささえ、一方のはしにおもりを、ほかのはしにものをのせてつり合いをとって、重さをはかる器具。→はかり絵

てんびんにかける 二つのうち一方をえらぼうと、優劣《ゆうれつ》や損得をくらべる。類はかりにかける。参考「両てんびんにかける」といえば、別の意味になる(→その項)。

てんぴん【天▼稟】〈名〉天からさずかった、生まれつきのすぐれた才能。例天稟をそなえる。天稟を示す。類天性。天分。

てんびんぼう〖天▼秤棒〗〈名〉両はしに荷物をつるして、中央を肩《かた》にかつぐ棒。

[1]**てんぷ【天賦】**〈名〉天があたえたもの。生まれつき。例天賦の才能。類天与《てんよ》。

[2]**てんぷ【添付】**〈名・する〉書類などに別なものをつけて、いっしょにすること。例メールの添付ファイル。

[1]**でんぶ**〖田▼麩〗〈名〉魚肉を細かくほぐしたものを、砂糖・しょうゆであまからく煮《に》しめた食べ物。

[2]**でんぶ【▼臀部・殿部】**〈名〉哺乳《ほにゅう》類の尻《しり》の部分。

てんぷく【転覆】〖▼顚覆〗〈名・する〉❶車両や船などがひっくり返ること。例脱線転覆。❷国家や政府などをたおすこと。例政権の転覆をはかる。

てんぶくろ【天袋】〈名〉おし入れの上や、違《ちが》い棚《だな》の上につくった小さな戸棚。対地袋《じぶくろ》。

てんぷら【天ぷら】〖天▼麩羅・天婦羅〗〈名〉魚やエビ、野菜に、水でといた小麦粉のころもをつけて、油であげた和風の料理。例天ぷら油。◇《ポルトガル》tempero

方言 西日本では、さつまあげのこともこう呼ぶ。

テンプレート〈名〉❶製図用具で、いろいろな大きさの円や多角形の型が打ち抜かれているもの。❷ワープロソフトなどにあらかじめ組みこまれ、えらんで使えるようになっているパターン。定型文書などに使う。類ひながた。◇template

てんぶん【天分】〈名〉生まれつきそなわっている、すぐれた才能。例天分にめぐまれる。類天性。天稟《てんぴん》。

[1]**でんぶん【伝聞】**〈名・する〉ほかの人からつたえきくこと。類またぎき。

[2]**でんぶん【電文】**〈名〉電報の文章。

でんぷん【▼澱粉】〈名〉穀類やいも類に多くふくまれている、白い炭水化物。

表記 理科の教科書などでは「デンプン」と書く。

テンペラ〈名〉〔美術〕顔料を、にかわやのりでねった絵の具。また、それでかいた絵の作品。◇tempera

てんぺんちい【天変地異】〈名〉天地におこる、日食や月食、台風や地震《じしん》などの異変。

てんぼ【展墓】〈名・する〉「はかまいり」の古い言いかた。

[1]**てんぽ【店舗】**〈名〉店をひらいて、商売をするための建物。例店舗をかまえる。類みせ。商店。

[2]**テンポ**〈名〉❶〔音楽〕曲が演奏される速さ。❷ものごとの進んでいく速さ。例仕事のテンポが速い。急テンポ。類ペース。ピッチ。◇イタリア tempo

てんぼう【展望】〈名・する〉❶はるか遠くまで見わたすこと。見わたしたながめ。例展望がひらける。展望がきく。展望台。類眺望《ちょうぼう》。見はらし。❷今後の社会のうごきなどを、広く見わたすこと。例ことしの政界を展望する。対回顧《かいこ》。類見とおし。

でんぽう【電報】〈名〉電信を利用して行なう通信。例電報をうつ。慶弔《けいちょう》電報。

てんぼうだい【展望台】〈名〉山の頂上など、高いところにあって、遠くまで景色が見わたせるところ。

てんまく【天幕】〈名〉⇩テント

てんません【伝馬船】〈名〉日本でむかしから使われてきた木製の小型の船。ろや、かいをこいだりして動かす。

てんまつ【▼顛末】〈名〉事件がはじまってから終わるまでのくわしい事情。例事件の顛末。類一部始終。経緯《けいい》。いきさつ。

てんまど【天窓】〈名〉屋根や天井《てんじょう》につけた、明かりとりや換気《かんき》のための窓。

てんまんぐう【天満宮】〈名〉学問の神様とされる菅原道真《すがわらのみちざね》を祭ってある神社。「天神《てんじん》様」として親しまれる。福岡県の太宰府《だざいふ》天満宮、京都市の北野天満宮など。

てんめい【天命】〈名〉❶天からあたえられた使命。例天命と受けとる。人事をつくして天命をまつ(→「じんじ〔人事〕」の子項目)。類天運。宿命。❷その人にあたえられた命のながさ。例天命がつきる。類天寿《てんじゅ》。

てんめつ【点滅】〈名・する〉明かりがついたり消えたりすること。類明滅。

てんもう(天網)かいかい(▼恢▼恢)そ(疎)にしても(漏)らさず 天の網《あみ》は目があらいようでも、決して悪を見のがすことがない。

てんもくざん【天目山】〈名〉勝敗の決まる最後の場所。参考 武田勝頼《たけだかつより》が織田《おだ》の軍勢に攻められて自刃《じじん》した山の名から。

てんもん【天文】〈名〉❶星や月、太陽などの運行、月のみちかけ、日食や月食、また、彗星《すいせい》や新星の出現など、天体に関係したさまざまな現象。❷「天文学」の略。

てんもんがく【天文学】〈名〉天体のすがたや内部のようす、位置や運動などをしらべたり、宇宙のありさまを研究したりする学問。略して「天文」ともいう。

表現 天文学で使われる数字は、ふだん使っている数字と比べてけたちがいの大きさであることから、「天文学的数字」といえば、とほうもなく大きい数であることをいう。

てんもんだい【天文台】〈名〉天体の観測や研究を行なうところ。

てんやく【点訳】〈名・する〉ふつうの文字で書かれたものを、点字になおすこと。

てんやもの【店屋物】〈名〉出前《でまえ》の料理。例店屋物ですませる。

てんやわんや〈名・する〉それぞれが勝手にさわぎまわって、ひどく混乱すること。例てんやわんやの大さわぎ。てんやわんやになる。

てんゆう【天▼佑】〈名〉天のたすけ。神のたすけ。例天佑神助。

てんよ【天与】〈名〉天からあたえられたもの。例天与の才。類天賦《てんぷ》。

てんよう【転用】〈名・する〉本来の用途《ようと》をかえて、ほかのことに使うこと。例農地を宅地に転用する。類流用。

でんらい【伝来】〈名・する〉❶外国からつたわってくること。類渡来《とらい》。外来。舶来《はくらい》。❷先祖から代々うけつがれて、つたわっていること。例先祖伝来(の宝もの)。類家伝。重代《じゅうだい》。

てんらく【転落】〈名・する〉❶高いところからころがりおちること。例転落事故。❷わるい状態におちこんでしまうこと。例転落の道をたどる。類没落《ぼつらく》。

てんらん【天覧】〈名〉スポーツの試合などを、天皇が会場でご覧になること。例天覧ずもう。天覧試合。

てんらんかい【展覧会】〈名〉人に見てもらうために、作品や資料などをならべてしめすもよおし。

でんり【電離】〈名・する〉〔化学〕❶原子や分子が、電子を出したりとりいれたりすること。❷食塩などの化合物が水にとけたときに、正の電気をもった部分と、負の電気をもった部分にわかれること。

でんりそう【電離層】〈名〉〔地学〕地球をとりまいている大気の層のうち、地上からの電波を反射する層。地表から約七〇から五〇〇〇キロメートル《キロメートル》の高さに、いくつかの層がある。

でんりゅう【電流】〈名〉〔物理〕電気の流れ。電子の移動。大きさの単位は、アンペア(A)。たとえば、電球に流れる電流が多くなるほど、電球は明るくなる。

参考 電流(A《アンペア》)は、「電圧(V《ボルト》)÷抵抗《ていこう》(Ω《オーム》)」で求められる。

注意 電流は、回路の+《プラス》極から−《マイナス》極へと流れるということに決められているが、その正体である電子は、実際には−極から+極へと移動する。

てんりょう【天領】〈名〉❶天皇や朝廷《ちょうてい》の領地。❷江戸《えど》時代、幕府が直接支配していた土地。

でんりょく【電力】〈名〉〔物理〕電流が、一定の時間にする仕事。単位は、ワット(W)。例電子レンジの消費電力。参考 電力(W《ワット》)は、「電流(A《アンペア》)×電圧(V《ボルト》)」で求められる。

[1]**でんれい【伝令】**〈名〉おもに軍隊で、命令を伝えること。また、その役目。

 徳富蘆花(とくとみろか) (1868~1927) 明治～大正の小説家。「不如帰(ほととぎす)」で名声を得た。

[2]でんれい【電鈴】〈名〉電気でならすベル。

でんわ【電話】〈名〉❶電話機。話し声を電気信号にかえて遠くに送り、ふたたび音波にかえて話ができるようにする機械。例電話をひく。電話口《ぐち》(によびだす)。携帯《けいたい》電話。❷〈する〉「①」を、相手と話をするために操作すること。また、その結果相手が出て、通話《つうわ》すること。例電話をかける。電話に出る。電話が通じない。電話が遠い(=声がよく聞こえない)。電話したけど留守《るす》だった。

表現 ①は一台二台、②は一本二本または一通話二通話と数える。

と

ト

常用漢字　と

【斗】斗部0　全4画
斗斗斗斗
ト 音[ト] ▨斗酒《としゅ》。▨北斗七星《ほくとしちせい》。

【吐】口部3　全6画
吐吐吐吐吐吐
トはく 音[ト] ▨吐息《といき》。吐血《とけつ》。吐露《とろ》。▨嘔吐《おうと》。音吐朗々《おんとろうろう》。訓[はく] 吐く。吐き気。

【妬】女部5　全8画
妬妬妬妬妬妬
トねたむ 音[ト] ▨嫉妬《しっと》。訓[ねたむ] 妬む。妬み。

【徒】彳部7　全10画
徒徒徒徒徒徒
ト 教小4 音[ト] ▨徒歩《とほ》。徒労《とろう》。徒弟《とてい》。徒党《ととう》。無為徒食《むいとしょく》。▨信徒《しんと》。生徒《せいと》。暴徒《ぼうと》。

【途】辶部7　全10画
途途途途途
ト 音[ト] ▨途上《とじょう》。途中《とちゅう》。途方《とほう》。▨帰途《きと》。前途《ぜんと》。中途《ちゅうと》。

【都(都)】阝部8　全11画
都都都都都
ト・ツ みやこ 教小3 音❶[ト] ▨都会《とかい》。都心《としん》。都庁《とちょう》。▨古都《こと》。遷都《せんと》。首都《しゅと》。❷[ツ] ▨都合《つごう》。都度《つど》。訓[みやこ] 都。都落ち。

【渡】氵部9　全12画
渡渡渡渡渡
トわたる・わたす 音[ト] ▨渡航《とこう》。渡米《とべい》。渡来《とらい》。渡世《とせい》。▨過渡期《かとき》。譲渡《じょうと》。訓❶[わたる] 渡る。綱渡り。❷[わたす] 渡す。渡し舟。手渡し。

【塗】土部10　全13画
塗塗塗塗塗
トぬる 音[ト] ▨塗装《とそう》。塗布《とふ》。塗料《とりょう》。訓[ぬる] 塗る。塗り。塗りつぶす。塗り絵。漆塗り。朱塗り。

【賭】貝部9　全16画
賭賭賭賭賭
トかける 音[ト] ▨賭博《とばく》。訓[かける] 賭ける。賭け。賭け事。表記「緒」や「諸」のように、旁《つくり》の点を省略して「賭」(=15画)とも書く。

【土】⇩常用漢字ど〔土〕

【図】⇩常用漢字ず〔図〕

[1]と【戸】〈名〉家や建物、部屋の出入り口や窓にとりつけて、あけしめできるようにした板状のもの。例戸をたてる。戸口。開き戸。類扉《とびら》。ドア。アト

[2]と【斗】〈名・接尾〉尺貫法の容積の単位。一升《しょう》の十倍で、約十八リットル。例一斗缶。アト

[3]と【徒】〈名〉特定の傾向《けいこう》や目的をもった人。例無頼《ぶらい》の徒。類輩《やから》。連中。ア「ト」

[4]と【途】〈名〉ある場所へ行くための道。そこへ行くための旅行。例遠征《えんせい》の途にある。帰国の途につく。ア「ト」

[5]と【都】〈名〉日本の首都である「東京都」のこと。ア「ト」

[6]と 一〈格助〉❶相手を必要とする動作を表わすことばといっしょに使って、相手がたの人やものを示す。例弟とけんかをした。あしたはとなり町のチームと試合をします。❷なにかをいっしょにする相手がたを表わす。例駅ビルのレストランでおじさんと食事をした。❸くらべる相手を表わす。例あなたはおにいさんとよく似《に》ていますね。これじゃなにもしないのと同じだ。ぼくたちの練習は、よその学校とはだいぶちがうんだ。❹動詞の「する」「なる」の前に使って、結果を示す。例課題のしめきりは来週の水曜日とします。かれは三年後、優秀《ゆうしゅう》な選手となった。類に。❺ことばの使用や、心のうごきに関係のある語といっしょに使って、言ったり書いたりした内容や、考えたり感じたりしたことを表わす。例お母さんは「じゃ、もう作ってあげないから」と言いました。掲示《けいじ》には「午前九時開始」と書いてある。そろそろ準備しなければと考えているところだ。❻動作が行なわれるようすを表わす。例きれいなユニフォームの子どもたちがつぎからつぎへと行進していった。❼関係のあるものごとをすべて並べてあげる。例かきとみかん。輸入と輸出。池田さんとわたしとで調べた。

二〈接助〉❶あるものごとと同時に、または、すぐ続いて別のものごとが起こることを表わす。例栓《せん》をひねると、水がどっと流れだした。ベルが鳴り終わると、電車はゆっくりと動きはじめた。類やいなや。❷あることをして、同時に、または、それに続いて別のことを知るという意味を表わす。例窓をあけてながめると、町のネオンがまたたきはじめていた。家に帰ると、友だちからの手紙がきていた。類たら。❸あることが条件になって、かならず別のあることが起こることを表わす。例このボタンをおすと、ふたがあきます。もののねだんが上がると、売れゆきが落ちる。類ば。❹仮に考えた条件を表わす。…とすれば。例これからも低温の状態がつづくと、農作物のできはよくないだろう。❺助動詞「う・よう」「まい」のあとにつけて、仮に考えた条件を示したうえで、それにもかかわらずなにかをする、なにかが起こる、という意味のことを述べる。例どんなに非難されようと、自分の計画は実行するつもりだ。雪が降ろうと降るまいと、とにかく出発する。類ても。

表現 (1)一④の用法で、「…しようとする」という形になると、あることが行なわれる直前、ある結果になりかけている直前、といった意味になる。また、「露《つゆ》と消える」「炎《ほのお》と燃える」のように、「…となって」の「なって」をはぶいた簡潔《かんけつ》で力強い言いかたもある。
(2)一⑦は、「AとBと」のように「と」を重ねるのがもとの使い方だが、あとのほうの「と」を略して「AとB」のように言うことも多く、これを並立助詞とする考え方もある。
(3)「すると」の意味で、接続詞として用いることもある。

徳永直(とくながすなお)(1899～1958)　プロレタリア作家。印刷工の経験をふまえた「太陽のない街」は有名。

参考 一⑤は、「引用のと」とよばれる。

常用漢字 ど

【土】 土部0 全3画
ド・ト つち 教小1 音❶[ド] 土木《どぼく》。土器《どき》。土足《どそく》。土曜日《どようび》。粘土《ねんど》。国土《こくど》。風土《ふうど》。領土《りょうど》。❷[ト] 土地《とち》。訓[つち] 土。赤土。盛り土。注意「土産」は、「みやげ」と読む。

【奴】 女部2 全5画
ド 音[ド] 奴隷《どれい》。農奴《のうど》。守銭奴《しゅせんど》。売国奴《ばいこくど》。

【努】 力部5 全7画
ド つとめる 教小4 音[ド] 努力《どりょく》。訓[つとめる] 努める。努めて〈副〉。

【度】 广部6 全9画
ド・ト・タク たび 教小3 音❶[ド] 度胸《どきょう》。度量《どりょう》。度外視《どがいし》。度数《どすう》。制度《せいど》。速度《そくど》。限度《げんど》。毎度《まいど》。❷[ト] 法度《はっと》。❸[タク] 支度《したく》。訓[たび] 度。

【怒】 心部5 全9画
ド いかる・おこる 音[ド] 怒号《どごう》。怒気《どき》。怒濤《どとう》。怒髪《どはつ》。激怒《げきど》。訓❶[いかる] 怒る。怒り。怒り狂う。❷[おこる] 怒る。

1 **ど【土】**〈名〉「土曜日」の略。

2 **ど【度】** 一〈名〉程度。度合い。例 度をこす。度がすぎる。親密の度をます。混迷《こんめい》の度を深める。度はずれ。二〈名・接尾〉❶回数。また、回数をかぞえることば。例 警報も度がかさなると効果がない。仏《ほとけ》の顔も三度。❷めがねの屈折《くっせつ》率。度数《どすう》。例 度が合う。度が強い。度が進む(=視力が落ちる)。❸温度、角度、経度《けいど》・緯度《いど》などの単位。例 絶対零度《れいど》。三六〇度のパノラマ。

度を失《うしな》う 思いもかけないできごとのために、すっかりあわててしまう。うろたえる。

3 **ど**〈接頭〉名詞・形容詞について、意味を強め、程度のはげしさを表わす。例 ど真ん中。どぎつい。どけち。

ドア〈名〉西洋風の戸。類 扉《とびら》。戸。◇door

どあい【度合い】〈名〉程度。度。例 強弱の度合い。対立の度合いをふかめてきた。

とあみ【投網】〈名〉漁網《ぎょもう》の一つで、上につな、下におもりのついた円錐《えんすい》形の網。水中にひろがるように投げいれて、つなで引きよせて魚をとらえる。例 投網をうつ。

とある〈連体〉予測も注意もしていなかった出会いだが、それがこれからの話を引き出すことになる、ある。例 とある街角《まちかど》。

1 **とい【問い】**〈名〉❶疑問《ぎもん》。また、知りたいことについてたずねること。例 問いを立てる。問いを発する。❷試験などに出す問題。例 以下の問いに答えよ。▽対 答え。類 質問。アトイ

2 **とい【▼樋】**〈名〉❶雨水を、建物の屋根から地上に流すためのしかけ。例 雨どい。❷水や湯を流すための、つつまたはつつを半分にわった形のしかけ。▽アトイ

といあわ・せる【問い合わせる】〈動下一〉知りたいことやたしかめたいことを、手紙・メールや電話で、また直接出向いていったりしてたずねる。例 先方へ問い合わせる。電話で問い合わせる。類 照会する。

表現「電話での問い合わせ」「問い合わせ先」のように、名詞の形でも使う。

といい（「…といい…といい」の形で）…の点でも…の点でも。例 この着物は色といい柄《がら》といい申し分がない。

という ❶そういう名前の。例 日本という国。❷それだけの数量におよぶ。例 何十万という群衆。❸まさにそのような。例 いざという時。

表現「本という本はすべて読んだ」のように同じ二つの語にはさんで、「残らず全部」の意味を強調することもある。

というのは〈接〉前に述べたことについて、その理由や説明をつけくわえるときに使うことば。

といかえ・す【問い返す】〈動五〉❶もう一度たずねる。例 聞きちがえたかと思って、問い返した。類 聞き返す。聞き直す。❷相手の問いに答えずに、逆に質問する。類 反問する。

といか・ける【問い掛ける】〈動下一〉質問をする。類 たずねる。

といき【吐息】〈名〉ふかい ためいき。例 吐息をもらす。深い吐息。→あおいきといき

といし【▼砥石】〈名〉刃物《はもの》をとぐための石。

といた【戸板】〈名〉はずした雨戸のいた。

表現 病人やものをのせて運ぶ場合に言うことが多い。

といただ・す【問いただす】【問い▽質す】〈動五〉疑問や不明な点をはっきりさせるために、とくに質問する。例 真意を問いただす。類 ききただす。

どいつ〈代名〉「どれ」「どの人」のくだけた言いかた。例 どいつもこいつも役に立たない。→あいつ 表現

といつ・める【問い詰める】〈動下一〉相手がほんとうのことを言うまで、きびしくたずねる。類 追及《ついきゅう》する。

トイレ〈名〉大小便をするための場所。◇toilet から。

表現「トイレが近い」は、一度すませてもまたすぐにトイレに行きたくなること。

参考 遠回しに、「(お)手洗い」「化粧室」ともいう。「WC(=water closet の略)」とも表示される。「便所《べんじょ》」は少し古い言いかたで、さらに古い言いかたに「厠《かわや》」「御不浄《ごふじょう》」「雪隠《せっちん》」「手水《ちょうず》(場《ば》)」「はばかり」などがある。

常用漢字 とう

【刀】 刀部0 全2画
トウ かたな 教小2 音[トウ] 刀剣《とうけん》。刀工《とうこう》。短刀《たんとう》。名刀《めいとう》。木刀《ぼくとう》。訓[かたな] 刀。注意「太刀」は「たち」、「竹刀」は「しない」と読む。

【冬】 夂部2 全5画
トウ ふゆ 教小2 音[トウ] 冬季《とうき》。冬至《とうじ》。冬眠《とうみん》。初冬《しょとう》。暖冬《だんとう》。越冬《えっとう》。訓[ふゆ] 冬。冬枯れ。冬景色。冬支度。冬空。真冬。

【灯(燈)】 火部2 全6画
トウ ひ 教小4 音[トウ] 灯火《とうか》。灯台《とうだい》。灯油《とうゆ》。街灯《がいとう》。電灯《でんとう》。消灯《しょうとう》。走馬灯《そうまとう》。点灯式《てんとうしき》。訓[ひ] 灯。

【当(當)】 ⺌部3 全6画
トウ あたる・あてる 教小2 音[トウ] 当選《とうせん》。当

ド=ゴール (1890～1970) フランスの軍人・政治家。戦争中はレジスタンス運動を指導。のち大統領。

番《とうばん》。当日《とうじつ》。当事者《とうじしゃ》。当然《とうぜん》。当惑《とうわく》。妥当《だとう》。適当《てきとう》。弁当《べんとう》。訓❶［あたる］当たる。当たり。当たり前。当たり外れ。大当たり。❷［あてる］当てる。言い当てる。当て。当て込む。当て逃げ。手当て。

【投】扌部4 全7画 投投投投投投
トウ なげる 教小3 音［トウ］投下《とうか》。投石《とうせき》。投票《とうひょう》。投資《とうし》。投薬《とうやく》。暴投《ぼうとう》。完投《かんとう》。好投《こうとう》。訓［なげる］投げる。投げやり。身投げ。輪投げ。
注意「投網」は、「とあみ」と読む。

【豆】豆部0 全7画 豆豆豆豆豆豆
トウ・ズ まめ 教小3 音❶［トウ］豆腐《とうふ》。豆乳《とうにゅう》。納豆《なっとう》。❷［ズ］大豆《だいず》。訓［まめ］豆。豆粒。豆まき。豆電球。豆知識。豆本。黒豆。煮豆。
注意「小豆」は、「あずき」と読む。

【東】木部4 全8画 東東東東東東
トウ ひがし 教小2 音［トウ］東西《とうざい》。東欧《とうおう》。東国《とうごく》。東洋人《とうようじん》。関東《かんとう》。極東《きょくとう》。中近東《ちゅうきんとう》。以東《いとう》。訓［ひがし］東。東日本。東半球。

【到】刂部6 全8画 ※到到到到到到
トウ 音［トウ］到達《とうたつ》。到着《とうちゃく》。到来《とうらい》。到底《とうてい》。周到《しゅうとう》。殺到《さっとう》。前人未到《ぜんじんみとう》。

【逃】辶部6 全9画 ※逃逃逃逃逃逃
トウ にげる・にがす・のがす・のがれる 音［トウ］逃走《とうそう》。逃亡《とうぼう》。逃避《とうひ》。訓❶［にげる］逃げる。逃げ惑う。逃げ腰。逃げ道。当て逃げ。夜逃げ。❷［にがす］逃がす。取り逃がす。❸［のがす］逃す。見逃す。❹［のがれる］逃れる。一時逃れ。

【倒】亻部8 全10画 ※倒倒倒倒倒倒
トウ たおれる・たおす 音［トウ］倒産《とうさん》。倒壊《とうかい》。倒置《とうち》。倒立《とうりつ》。転倒《てんとう》。傾倒《けいとう》。七転八倒《しちてんばっとう》。圧倒《あっとう》。罵倒《ばとう》。訓❶［たおれる］倒れる。行き倒れ。共倒れ。❷［たおす］倒す。突き倒す。

【凍】冫部8 全10画 凍凍凍凍凍凍
トウ こおる・こごえる 音［トウ］凍結《とうけつ》。凍土《とうど》。凍死《とうし》。冷凍《れいとう》。解凍《かいとう》。訓❶［こおる］凍る。凍り付く。❷［こごえる］凍える。凍え死に。

【唐】口部7 全10画 ※唐唐唐唐唐唐
トウ から 音［トウ］唐人《とうじん》。唐詩《とうし》。唐突《とうとつ》。遣唐使《けんとうし》。荒唐無稽《こうとうむけい》。訓［から］唐織物。唐傘。唐紙。唐草模様。

【島】山部7 全10画 島島島島島島
トウ しま 教小3 音［トウ］島民《とうみん》。半島《はんとう》。列島《れっとう》。孤島《ことう》。無人島《むじんとう》。離島《りとう》。訓［しま］島。島国。離れ島。

【桃】木部6 全10画 ※桃桃桃桃桃桃
トウ もも 音［トウ］桃源郷《とうげんきょう》。桃李《とうり》。黄桃《おうとう》。桜桃《おうとう》。白桃《はくとう》。訓［もも］桃。桃色。

【討】言部3 全10画 討討討討討討
トウ うつ 教小6 音［トウ］討伐《とうばつ》。討幕《とうばく》。討論《とうろん》。討議《とうぎ》。掃討《そうとう》。追討《ついとう》。検討《けんとう》。訓［うつ］討つ。敵討ち。

【透】辶部7 全10画 透透透透透透
トウ すく・すかす・すける 音［トウ］透過《とうか》。透視《とうし》。透写《とうしゃ》。透析《とうせき》。透徹《とうてつ》。透明《とうめい》。浸透《しんとう》。訓❶［すく］透く。透き通る。❷［すかす］透かす。❸［すける］透ける。

【党（黨）】儿部8 全10画 党党党党党党
トウ 教小6 音［トウ］党首《とうしゅ》。党派《とうは》。政党《せいとう》。野党《やとう》。与党《よとう》。悪党《あくとう》。徒党《ととう》。甘党《あまとう》。

【悼】忄部8 全11画 ※悼悼悼悼悼悼
トウ いたむ 音［トウ］悼辞《とうじ》。哀悼《あいとう》。追悼《ついとう》。訓［いたむ］悼む。

【盗（盜）】皿部6 全11画 盗盗盗盗盗盗
トウ ぬすむ 音［トウ］盗難《とうなん》。盗作《とうさく》。盗品《とうひん》。盗用《とうよう》。盗賊《とうぞく》。強盗《ごうとう》。窃盗《せっとう》。訓［ぬすむ］盗む。盗み。盗み聞き。

【陶】阝部8 全11画 陶陶陶陶陶陶
トウ 音［トウ］陶器《とうき》。陶土《とうど》。陶冶《とうや》。陶酔《とうすい》。陶然《とうぜん》。薫陶《くんとう》。

【塔】土部9 全12画 塔塔塔塔塔塔
トウ 音［トウ］石塔《せきとう》。仏塔《ぶっとう》。金字塔《きんじとう》。

【搭】扌部9 全12画 搭搭搭搭搭搭
トウ 音［トウ］搭載《とうさい》。搭乗券《とうじょうけん》。

【棟】木部8 全12画 棟棟棟棟棟棟
トウ むね・むな 音［トウ］棟梁《とうりょう》。上棟《じょうとう》。病棟《びょうとう》。三棟《さんとう》。訓❶［むね］棟。棟上げ。❷［むな］棟木。

【湯】氵部9 全12画 湯湯湯湯湯湯
トウ ゆ 教小3 音［トウ］湯治《とうじ》。熱湯《ねっとう》。薬湯《やくとう》。銭湯《せんとう》。微温湯《びおんとう》。訓［ゆ］湯。湯豆腐。湯水。上がり湯。長湯。煮え湯。ぬるま湯。

【痘】疒部7 全12画 痘痘痘痘痘痘
トウ 音［トウ］種痘《しゅとう》。水痘《すいとう》。天然痘《てんねんとう》。

【登】癶部7 全12画 ※登登登登登登
トウ・ト のぼる 教小3 音❶［トウ］登壇《とうだん》。登頂《とうちょう》。登校《とうこう》。登記《とうき》。登録《とうろく》。登用《とうよう》。❷［ト］登山《とざん》。登城《とじょう》。訓［のぼる］登る。木登り。山登り。

【答】竹部6 全12画 答答答答答答
トウ こたえる・こたえ 教小2 音［トウ］答案《とうあん》。答弁《とうべん》。答辞《とうじ》。応答《おうとう》。回答《かいとう》。即答《そくとう》。問答《もんどう》。返答《へんとう》。訓❶［こたえる］答える。受け答え。❷［こたえ］答え。答え合わせ。

【等】竹部6 全12画
トウ ひとしい 教小3 音[トウ] ▨等分《とうぶん》。等号《とうごう》。等質《とうしつ》。等身大《とうしんだい》。等級《とうきゅう》。▨均等《きんとう》。平等《びょうどう》。上等《じょうとう》。二等賞《にとうしょう》。訓[ひとしい] 等しい。

【筒】竹部6 全12画
トウ つつ 音[トウ] ▨封筒《ふうとう》。水筒《すいとう》。発煙筒《はつえんとう》。円筒形《えんとうけい》。訓[つつ] 筒。筒抜け。竹筒。

【統】糸部6 全12画
トウ すべる 教小5 音[トウ] ▨統一《とういつ》。統計《とうけい》。統合《とうごう》。統治《とうち》。▨系統《けいとう》。伝統《でんとう》。血統《けっとう》。総統《そうとう》。訓[すべる] 統べる。

【稲(稻)】禾部9 全14画
トウ いね・いな 音[トウ] ▨水稲《すいとう》。陸稲《りくとう》。訓❶[いね] 稲。稲刈り。❷[いな] 稲作。稲穂。

【踏】足部8 全15画
トウ ふむ・ふまえる 音[トウ] ▨踏破《とうは》。踏襲《とうしゅう》。▨雑踏《ざっとう》。舞踏会《ぶとうかい》。訓❶[ふむ] 踏む。踏みつける。踏み切る。足踏み。❷[ふまえる] 踏まえる。

【糖】米部10 全16画 ※
トウ 教小6 音[トウ] ▨糖分《とうぶん》。糖蜜《とうみつ》。糖尿病《とうにょうびょう》。▨黒糖《こくとう》。砂糖《さとう》。製糖《せいとう》。血糖値《けっとうち》。

【頭】頁部7 全16画
トウ・ズ・ト あたま・かしら 教小2 音❶[トウ] ▨頭部《とうぶ》。頭髪《とうはつ》。頭取《とうどり》。▨念頭《ねんとう》。没頭《ぼっとう》。巻頭《かんとう》。街頭《がいとう》。教頭《きょうとう》。番頭《ばんとう》。❷[ズ] ▨頭脳《ずのう》。頭上《ずじょう》。頭痛《ずつう》。頭突《ずつ》き。❸[ト] ▨音頭《おんど》。訓❶[あたま] 頭。頭金。頭打ち。頭ごなし。頭でっかち。石頭。坊主頭。❷[かしら] 頭。頭文字。旗頭。

【謄】言部10 全17画
トウ 音[トウ] ▨謄本《とうほん》。謄写版《とうしゃばん》。

【藤】艹部15 全18画
トウ ふじ 音[トウ] ▨葛藤《かっとう》。訓[ふじ] 藤。藤色。藤棚。

【闘(鬭)】門部10 全18画
トウ たたかう 音[トウ] ▨闘争《とうそう》。闘牛《とうぎゅう》。闘志《とうし》。闘魂《とうこん》。▨格闘技《かくとうぎ》。健闘《けんとう》。戦闘《せんとう》。決闘《けっとう》。訓[たたかう] 闘う。

【騰】馬部10 全20画 ※
トウ 音[トウ] ▨騰貴《とうき》。▨沸騰《ふっとう》。急騰《きゅうとう》。

1 **と・う【問う】**〈動五〉❶わからないことを、たずねる。例真意を問う。安否を問う。対答える。類聞く。❷わるいことがおこった原因や責任をきびしくしらべる。追及《ついきゅう》する。例責任を問う。❸(「…に問われる」の形で)法律上の罪があるとされる。例傷害罪に問われる。❹(多くあとに打ち消しのことばをともなって)問題にしない。例年齢《ねんれい》を問わない。▽アトウ

問うに落《お》ちず語《かた》るに落ちる こちらから質問しても警戒《けいかい》心を働かせて真実を述べず、自分から話すときには、みずから思わず本当のことを白状してしまう。

2 **とう【当】**㊀〈名〉⇩とうの・とうをえる アトー ㊁〈接頭〉いま話にでている、その。例当人。当校。

3 **とう【唐】**〈名〉〔歴史〕隋《ずい》にかわって中国を統一して、三百年近くつづいた漢民族による王朝(六一八～九〇七)。国力が充実《じゅうじつ》して文化がさかえた。都《みやこ》は長安(=今の西安)にあり、政治上の制度をはじめ、多くの点で日本に大きな影響《えいきょう》をあたえた。アトー

4 **とう【党】**〈名〉ある目的のために結成される集団。とくに、政治のための集団。政党。類党派。アトー

5 **とう【塔】**〈名〉❶〔仏教〕シャカ(釈迦)の骨をおさめたり、そこが聖地であることを表わしたりするためにたてる、高い建物。例五重の塔。❷高くそびえる建築物。例塔をたてる。テレビ塔。▽アトー

表現 ふつう一基《いっき》二基《にき》と数えるが、②のうち細長いものには一本二本も使う。

6 **とう【棟】**〈名・接尾〉大きな建物。また、それを数えることば。例研究棟。マンション四棟。→むね〔棟〕㊁ アトー

7 **とう【糖】**〈名〉水にとける、あまみのある炭水化物。糖分。例尿《にょう》に糖が出る。アトー

8 **とう【▼薹】**〈名〉〔植物〕草花の、花をつける軸《じく》。例ふきのとう。アトー 参考「薹」はタイ、ダイと読む字で、中国では別の植物をさす。日本で「ふきのとう」と言いならわし、「蕗の薹」と書いてきた。

とうが立《た》つ ❶野菜などがとりいれの時期をすぎて、かたくなる。❷人がさかりのときをすぎる。

9 **とう【▼籐】**〈名〉熱帯アジアに多いつる性植物。茎《くき》を編んで、いすやかごなどをつくる。アトー

10 **とう【島】**〈接尾〉島《しま》のこと。例ハワイ島。

11 **とう【等】**〈接尾〉❶似《に》たものの中から、いくつかをとりあげて、そのほかのものもふくまれていることを表わすことば。など。例電車やバス等の交通機関。❷順位や等級を数えることば。例一等賞。二等船室。

表現 ①は、「等々」といえば、そのほかのものがもっとたくさんあることを表わす。「など」よりかたい言いかた。

12 **とう【頭】**〈接尾〉大型の動物を数えることば。例ウシ一頭。クジラ九頭。

表現 大きさにかかわらず専門的な話題では、小型の動物でも「実験に使用した二〇頭のラット」のようにいうことがある。→ひき〔匹〕

参考 昆虫のチョウなどを数えるのに使う方面もある。

常用漢字 どう

【同】口部3 全6画
ドウ おなじ 教小2 音[ドウ] ▨同意《どうい》。同情《どうじょう》。同感《どうかん》。同等《どうとう》。同級生《どうきゅうせい》。▨異同《いどう》。混同《こんどう》。合同《ごうどう》。社員一同《しゃいんいちどう》。訓[おなじ] 同じ。同い年。

【洞】氵部6 全9画
ドウ ほら 音[ドウ] ▨洞穴《どうけつ》。洞窟《どうくつ》。洞察力《どうさつりょく》。▨空洞《くうどう》。鍾乳洞《しょうにゅうどう》。訓[ほら] 洞穴《ほらあな》。

【胴】月部6 全10画
ドウ 音[ドウ] ▨胴体《どうたい》。▨双胴船《そうどうせん》。寸胴《ずんどう》。

 トスカネリ(1397～1482) イタリアの天文学者・地理学者。世界地図で地球が球形であることを示す。

【動】力部9 全11画 ※
ドウ うごく・うごかす 教小3 音［ドウ］動作《どうさ》。動物《どうぶつ》。動力《どうりょく》。動機《どうき》。活動《かつどう》。騒動《そうどう》。自動車《じどうしゃ》。挙動《きょどう》。訓❶［うごく］動く。揺れ動く。動き。身動き。❷［うごかす］動かす。

【堂】土部8 全11画
ドウ 教小5 音［ドウ］堂々《どうどう》と。殿堂《でんどう》。講堂《こうどう》。公会堂《こうかいどう》。母堂《ぼどう》。

【童】立部7 全12画 ※
ドウ わらべ 教小3 音［ドウ］童話《どうわ》。童顔《どうがん》。童心《どうしん》。学童《がくどう》。児童《じどう》。訓［わらべ］童。童歌。

【道】辶部9 全12画
ドウ・トウ みち 教小2 音❶［ドウ］道路《どうろ》。道徳《どうとく》。道理《どうり》。道士《どうし》。車道《しゃどう》。人道的《じんどうてき》。柔道《じゅうどう》。報道《ほうどう》。（北海道）道庁《どうちょう》。❷［トウ］神道《しんとう》。訓［みち］道。道端。近道。寄り道。回り道。

【働】亻部11 全13画 ※
ドウ はたらく 教小4 音［ドウ］実働《じつどう》。労働《ろうどう》。稼働《かどう》。訓［はたらく］働く。働き。働き口。働き手。ただ働き。参考 日本でつくられた漢字。

【銅】金部6 全14画
ドウ 教小5 音［ドウ］銅器《どうき》。銅版《どうばん》。銅像《どうぞう》。銅山《どうざん》。銅《どう》メダル。青銅《せいどう》。白銅《はくどう》。

【導】寸部12 全15画
ドウ みちびく 教小5 音［ドウ］導入《どうにゅう》。導火線《どうかせん》。指導《しどう》。先導《せんどう》。補導《ほどう》。半導体《はんどうたい》。超伝導《ちょうでんどう》。訓［みちびく］導く。導き。

【瞳】目部12 全17画 ※
ドウ ひとみ 音［ドウ］瞳孔《どうこう》。訓［ひとみ］瞳。

[1]**どう**〈副〉❶ものの様子についての疑問の気持ちを表わす。どのよう。どのように。例 おからだのぐあいはどうですか。❷相手の考えをさそいだすために呼びかけることば。例 どう、おもしろいでしょ。▽→いかが 表現

どう致《いた》しまして ⇩独立項目

どう転《ころ》んでも ⇩ころぶ 表現

どうしようもない ⇩独立項目

[2]**どう【胴】**〈名〉❶からだから、頭や手足をのぞいた中央の部分。胴体。例 胴まわり。類 ボディー。❷ものの本体の部分。胴体。例 飛行機の胴。❸たいこなどで、皮をはる台の部分。❹剣道《けんどう》で、胸から腹部のまわりにつける防具。また、そこを打つこと。

[3]**どう【動】**〈名〉じっとしていないで、うごくこと。例 静中に動あり。動的。対 静。

[4]**どう【堂】**㈠〈名〉❶寺院の建物。例 堂をたてる。❷神仏をまつった小さな建物。類 祠《ほこら》。小祠《しょうし》。㈡〈接尾〉店や建築物の名につけることば。例 三省堂。

堂に入《い》る ものごとやその役割にすっかりなれて、身についている。

[5]**どう【銅】**〈名〉❶〔化学〕うつくしく赤みがかってつやがある、延《の》ばしやすい金属。熱や電気をよくつたえるので、なべや電線などに使われる。また、「青銅」「白銅」などの合金材として利用される。元素の一つ。記号「Cu」。類 あかがね。❷「銅メダル」の略。

[6]**どう【同】**㈠〈接頭〉❶おなじ。例 同意見。同系統。同年代。同時代的。❷直前にのべたのとおなじ、その。例 同人《にん》。同大学。㈡〈接尾〉おなじであること。例 …、以下同。

どうあく【▼獰悪】〈形動〉凶悪《きょうあく》で、とてもあらっぽい。類 獰猛《どうもう》。

どうあげ【胴上げ】〈名・する〉優勝祝いなどに、おおぜいで、一人の人のからだを横にしてもち上げ、空中に何回もほうり上げること。

とうあつせん【等圧線】〈名〉〔気象〕天気図で、気圧のひとしい点をむすんだ線。

とうあん【答案】〈名〉試験問題の答えを、きめられた用紙に書いたもの。例 白紙の答案。答案用紙。

どうい【同意】㈠〈名・する〉相手の意見や提案に対して、「自分もそう思う」「そうしてもよい」などと賛成すること。例 同意をえる。同意をもとめる。類 賛同。㈡〈名〉⇩どうぎ〔同義〕

どういう〈連体〉どのような。どんな。「どういった」ともいう。例 それはどういうことですか。類 いかなる。

どういう風《かぜ》の吹《ふ》き回《まわ》しか ⇩「かぜ〔風〕」の子項目

どういかく【同位角】〈名〉〔数学〕二本の直線A・Bにまじわるように、一本の直線Cをひいてできる八つの角のうち、同じがわにできる二つの角。全部で四組みある。

どういげんそ【同位元素】〈名〉⇩どういたい

どういご【同意語】〈名〉⇩どうぎご

とういじょう【糖衣錠】〈名〉飲みやすいように、表面をあまみのある膜《まく》でおおった錠剤《じょうざい》。

とういそくみょう【当意即妙】〈名・形動〉その場にあわせて、すばやく頭をはたらかせて、気のきいた応答をすること。例 当意即妙に答える。類 機知。

どういたい【同位体】〈名〉〔物理〕原子核《かく》をつくっている陽子の数は同じであるが、中性子の数がちがうために質量がことなる元素どうし。たとえば、重水素は水素の同位体である。アイソトープ。同位元素。

どういた(致)しまして 相手のお礼やほめことばに対して、「それほどでもありません」という気持ちで言う、あいさつ用の謙譲《けんじょう》表現。

とういつ【統一】〈名・する〉多くのものを、ある基準や方針によって、ひとつにまとめること。例 統一がとれる。色を統一する。天下統一。対 分裂《ぶんれつ》。類 統合。

どういつ【同一】〈名・形動〉まったく同じであること。例 同一にあつかう。同一にみる。同一人物。

どういつし【同一視】〈名・する〉小さなちがいは気にとめないで、同じであるとみること。

とういつてき【統一的】〈形動〉ひとつにまとまっている。例 統一的な行動。対 不統一。

[1]**とういん【頭韻】**〈名〉詩や文で、いくつかの語や句のあたまの部分に同じような音《おん》をそろえて、ひびきを美しくする表現のしかた。対 脚韻《きゃくいん》。

[2]**とういん【党員】**〈名〉政党のメンバーとなっている人。

どういん【動員】〈名・する〉おおがかりなことをするために、たくさんの人を集めること。例 四万人の観客を動員する。総動員。

ドストエフスキー（1821～81） ロシアの作家。人間の苦悩を描く心理小説を書いた。「罪と罰」など。

どうう【堂宇】〈名〉堂の建物。堂。例東寺《とうじ》の金堂は国宝に指定された堂宇である。参考「堂の軒《のき》」の意味。

とうえい【投影】〈名・する〉❶物に光をあてて、その形やかげを平面にうつし出すこと。「投映」とも書く。例スライド投影機。❷もののありさまを、ほかのものの中にうつしだすこと。例作家の悲しみを投影した作品。類反映。❸〔数学・製図〕立体物を正面や真上《まうえ》や真横からみた形を、平面に書きあらわすこと。例(正《せい》)投影図。

とうおう【東欧】〈名〉ヨーロッパの東部。民族と国家の関係が複雑で、変動が多い。東ヨーロッパ。対西欧。

とうおん【唐音】〈名〉漢字の音読みの一つで、平安時代末期以後、日本につたえられた音のこと。中国の宋《そう》・元《げん》・明《ミン》・清《シン》の時代の音を反映したもの。→かんおん・ごおん 参考「京」を「きん」、「行」を「あん」などと読むのが唐音である。ふつう使う漢字の音は、漢音・呉音《ごおん》が多く、唐音は一部に使うだけである。

どうおん【同音】〈名〉❶発音が同じであること。例異口《いく》同音。❷同じ高さの音。また、同じ種類の声。

どうおんいぎご【同音異義語】〈名〉発音は同じだが、意味がちがう別のことば。「橋」と「箸《はし》」、「雨」と「飴《あめ》」、「公園」と「講演《こうえん》」など、いろいろのものがある。

どうおんご【同音語】〈名〉発音が同じである語。

とうおんせん【等温線】〈名〉〔気象〕天気図や気候図などで、気温のひとしい点をむすんだ線。

1 **とうか【灯下】**〈名〉電灯などの明かりの下。アトーカ

2 **とうか【灯火】**〈名〉あかり。例灯火管制。類ともしび。灯《ひ》。アトーカ

灯火親《した》しむの候《こう》 あかりの下で、本を読むのに適したよい季節。秋のこと。表現手紙で、季節のあいさつのことばとして使う。

3 **とうか【投下】**〈名・する〉❶高いところから落とすこと。例爆弾《ばくだん》を投下する。❷事業にたくさんのお金をだすこと。例資本を投下する。類投入。▽アトーカ

4 **とうか【桃花】**〈名〉モモの花。アトーカ

5 **とうか【等価】**〈名〉価値が同じであること。例等価交換《こうかん》。アトーカ

6 **とうか【透過】**〈名・する〉❶光や放射線が物質の中をとおりぬけること。❷すきとおること。▽アトーカ

7 **とうか【糖化】**〈名・する〉炭水化物が酵素《こうそ》のはたらきで、糖分にかわること。アトーカ

1 **どうか**〈副〉❶心から強く願う気持ちを表わす。例どうかよろしくお願いします。類なにぶん。ぜひ。どうぞ。なにとぞ。❷はっきりしないことがらをさす。どうにか。なんとか。例どうかしたひょうしにこわれたらしい。❸ものごとを苦労してするようす。どうにか。なんとか。例どうかこうか生きてます。❹(「どうかする」や「どうかなる」の形で)なにか変であるようす。例きみはどうかしてるぞ。❺(「どうかと思う」の形で)疑問、または不賛成の気持ちを表わす。例その考えはどうかと思う。▽アドーカ 表現⑤のあらたまった言い方は、「いかがか」「いかがなものか」。

どうかすると ❶場合によっては。例どうかするとたいへんなことになるかもしれない。類もしかすると。❷案外ばかにできない可能性をもって。例どうかすると雨でも降りそうな空模様だ。類ともすると。ややもすれば。

2 **どうか【同化】**〈名・する〉❶まわりの人々と同じようになること。とくに、あたらしい風土や社会になじむこと。また、そのようにさせること。例異民族が(を)同化する。類適応。順応《じゅんのう》。とけこむ。❷〔生物〕体外からとりいれた物質を、体内で自分のからだにあった成分にかえること。植物や藻類《そうるい》が行なう光合成《こうごうせい》など。対異化。❸じゅうぶんに理解して、完全に自分のものにすること。例知識を同化する。▽アドーカ

3 **どうか【銅貨】**〈名〉銅でつくった貨幣《かへい》。アドーカ

どうが【動画】〈名〉❶⇩アニメーション ❷コンピューターであつかう、動きのある映像。例動画ファイル。対静止画。

1 **とうかい【東海】**〈名〉❶東のほうにある海。❷中部地方のうち、太平洋がわの地域。静岡・愛知の二県と、岐阜県の南部。参考気象《きしょう》情報では、静岡・愛知・岐阜・三重の四県にいう。

2 **とうかい【倒壊】**『倒潰』〈名・する〉建造物がたおれて、こわれること。例家屋の倒壊。類損壊。

3 **とうかい【▼韜▼晦】**〈名・する〉自分の能力や地位、本心を、わざと隠して、人の目をくらますこと。例韜晦趣味《しゅみ》。自己韜晦。

1 **とうがい【等外】**〈名〉一等、二等などの順位や等級に入らないこと。例等外品。類選外。アトーガイ

2 **とうがい【当該】**〈連体〉いま、問題や話題になっている。例当該事項《じこう》。アトーガイ 表現「当該の」の形でも用いる。

とうかいどう【東海道】〈名〉〔歴史〕江戸《えど》時代の五街道《かいどう》の一つ。江戸の日本橋から京都の三条大橋まで。この間に五十三の宿場(=五十三次《つぎ》)があった。

とうかかんせい【灯火管制】〈名〉敵の空襲《くうしゅう》に備えて、家のあかりなどが空から見えないようにすること。

1 **とうかく【当確】**〈名〉「当選確実」の略。選挙の開票途中《とちゅう》で当選が確実となること。

2 **とうかく【倒閣】**〈名・する〉内閣をたおすこと。

どうかく【同格】〈名〉同じ資格をもっていること。同等に位置づけられていること。類同等。同列。

とうかく(頭角)をあらわ(現)す それまではふつうであると思われていた人が、急にすぐれた才能をしめして目だつようになる。参考「頭角」は、あたまの先のこと。

どうかせん【導火線】〈名〉爆薬《ばくやく》に点火するために使う、火薬をふくんだひもの形をしたもの。表現事件がおこるきっかけとなるもの、の意味でも使う。

1 **とうかつ【統括】**〈名・する〉いくつかに分かれているものを、まとめ合わせること。類一括。総括。

2 **とうかつ【統轄】**〈名・する〉たくさんの人や組織などを、ひとつにまとめること。

3 **とうかつ【頭括】**〈名〉論文や弁論で、もっとも言いたいことを最初に提示すること。→尾括《びかつ》・双括《そうかつ》

どうかつ【▼恫喝】〈名・する〉おどして、おそれさせること。

とうから『▽疾うから』〈副〉ずっと前から。とうに。例そんなこと、言われなくてもとうから知っているよ。

とうがらし『唐辛子』〈名〉野菜の一つ。一年草。実《み》ははじめ みどり色で、熟すと赤くなる。食べものに、はあとあせをかくような から味をつける香辛《こうしん》料。

1 **とうかん【投▼函】**〈名・する〉郵便物をポストに入れて発送すること。例手紙を投函する。

2 **とうかん【等閑】**〈名〉かるく見て、いいかげんにあつかうこと。例等閑に付する。

等閑に付《ふ》する どうでもいいこととしてあつかう。類なおざり。おろそか。

とうがん『冬▼瓜』〈名〉野菜の一つ。つる性一年草。

と

 舎人親王(とねりしんのう) (676?~735) 天武天皇の皇子。日本最古の史書「日本書紀」を編集，完成させた。

汁《しる》の実《み》や、つけものにする。

1 **どうかん【同感】**〈名・する〉「そのとおりだ」と感じること。例あなたとまったく同感です。あなたの意見に同感します。類共感。共鳴。賛同。同意。

2 **どうかん【道管】**〖導管〗〈名〉〔植物〕根からすいあげた水分を茎《くき》や葉におくる管。対師管。

どうがん【童顔】〈名〉見た感じが、子どものような顔だち。例どこかに童顔ののこっている横顔だ。

とうかんかく【等間隔】〈名〉それぞれの間隔が同じであること。例等間隔にならぶ電柱。

1 **とうき【冬季・冬期】**〈名〉冬の季節・時期。例冬季オリンピック。冬期講習《こうしゅう》。

2 **とうき【陶器】**〈名〉粘土《ねんど》や石の粉末などをこねて形をつくり、うわぐすりをかけて、かまで焼いた容器や器具。

参考 磁器にくらべて、低い温度で焼いたもの。材料が粘土質で粒子《りゅうし》があらい。磁器より厚ぼったくなるが、日用品として親しまれる。

3 **とうき【投棄】**〈名・する〉すてること。例(粗大《そだい》ごみの)不法投棄。

4 **とうき【投機】**〈名〉❶うまくいけば大きな利益がえられるようなかけ。❷相場の変動から生じる差益を得ようとして行なう取り引き。類マネーゲーム。

5 **とうき【登記】**〈名・する〉〔法律〕権利や事実をおおやけに知らせるために、一定のことがらを役所の帳簿《ちょうぼ》に書いておくこと。例登記所。登記簿《ぼ》。

6 **とうき【騰貴】**〈名・する〉商品のねだんがひどく高くなること。対暴落。類高騰。

1 **とうぎ【討議】**〈名・する〉あることがらについて、それぞれの考えを主張しあうこと。例討議にはいる。討議をかさねる。討議事項《じこう》。類審議《しんぎ》。討論。議論。論議。

2 **とうぎ【闘技】**〈名〉たがいに身につけたわざや力を出して、たたかうこと。例闘技場。闘技者。

1 **どうき【同期】**一〈名〉❶同じ時期。❷同じ学校や勤め先に同じ年に入ったこと。例同期の仲間。同期生。二〈名・する〉複数の機器の動作を連動させること。また、複数のコンピューターなどのあいだで、保存データを同じ最新のものにそろえること。シンクロ(ナイズ)。▽アドーキ

2 **どうき【動▼悸】**〈名〉心臓がどきどきと、はげしく動くこと。例動悸がする。類心悸《しんき》。アドーキ

3 **どうき【動機】**〈名〉❶その行動をおこす気にさせた、直接の原因。例不純な動機。犯行の動機。動機づけ。動機づける。類きっかけ。❷〔音楽〕モチーフ。▽アドーキ

4 **どうき【銅器】**〈名〉銅や青銅製の器具。アドーキ

1 **どうぎ【同義】**〈名〉同じ意味。同意。例同義語。対異義。アドーギ

2 **どうぎ【動議】**〈名〉会議中に出席者からだされた、予定外の議題。例緊急《きんきゅう》動議。アドーギ

3 **どうぎ【道義】**〈名〉人間として守らなければならないあたりまえのこと。例道義をおもんじる。道義に反する。道義心。道義的(責任)。類道徳。人道。人倫《じんりん》。倫理。モラル。アドーギ

どうぎご【同義語】〈名〉形はちがうが、表わす意味がほとんど同じであることば。「来年」と「明年」、「投手」と「ピッチャー」など。「同意語」ともいう。対対義語。↓るいぎご

どうぎはんぷく【同義反復】〈名〉⇩どうごはんぷく

とうきび【唐▼黍】〈名〉⇩とうもろこし・もろこし

1 **とうきゅう【投球】**〈名・する〉野球・ソフトボールで、ボールを投げること。ボウリングで、球をほうって転がすこと。例全力投球。

表現 「全力投球」は、もっている力のすべてを出してものごとにあたる、という意味でも使う。

2 **とうきゅう【等級】**〈名〉品質のよしあし、順位の上下などを表わす区分。例等級をつける。類ランク。クラス。格。位《くらい》。階級。

とうぎゅう【闘牛】〈名〉❶牛と牛をたたかわせる競技。❷人と牛がたたかう競技。赤い布で牛を興奮させて、最後に剣《けん》でつき殺す。スペインの国技。例闘牛士。

どうきゅう【同級】〈名〉❶等級が同じであること。❷学級または学年が同じであること。例同級生。

とうぎょ【統御】〈名・する〉人の集団や社会組織をまとめて、思うとおりにうごかしていくこと。

どうきょ【同居】〈名・する〉同じ家にいっしょに住むこと。例三世代が同居する。同居人。対別居。

1 **どうきょう【同郷】**〈名〉出身地が同じであること。例同郷のよしみで親しくしている。アドーキョー

2 **どうきょう【道教】**〈名〉中国の民間信仰《しんこう》。古くからの神仙《しんせん》思想に仏教・儒教《じゅきょう》など、さまざまな思想や宗教をとりいれたもので、老子をその祖とする。五～六世紀の南北朝時代に成立した。アドーキョー

3 **どうきょう【銅鏡】**〈名〉古代中国や朝鮮《ちょうせん》、日本で作られた青銅製のかがみ。実用のほか、祭祀《さいし》などにも使われた。アドーキョー

どうぎょう【同業】〈名〉同じ業種に従事していること。例同業者。同業他社。

とうきょうぶ【頭胸部】〈名〉甲殻《こうかく》類や蜘蛛《くも》の仲間にみられる、頭部と胸部がいっしょになった部分。

とうきょく【当局】〈名〉そのことがらを処理する責任や権限をもっている公的な機関。例検察当局。

どうきん【同▼衾】〈名・する〉同じふとんで、いっしょに寝《ね》ること。とくに、男女の場合についていうことが多い。

とうく【投句】〈名・する〉俳句の投稿。句会への出品。

どうぐ【道具】〈名〉❶ものをつくったり動かしたりするために、人間が手に持って使う器具。絵(次ページ) 例大工道具。所帯道具。類用具。❷目的をはたすための手段。▽類ツール。

例ことばは心を伝えるための道具である。

とうぐう【東宮】〖▽春宮〗〈名〉皇太子の住む宮殿。皇太子。

どうぐだて【道具立て】〈名〉道具を用意しておくこと。仕事をしやすくするための準備。例道具立てがととのう。

とうくつ【盗掘】〈名・する〉地下資源や遺跡《いせき》などを許可なく掘り出して持ち去ること。

どうくつ【洞窟】〈名〉がけや大きな岩にできた、おくゆきのふかい大きな穴。類ほら穴。洞穴《どうけつ》。

どうくんいじ【同訓異字】〈名〉⇩いじどうくん

とうけ【当家】〈名〉自分の、この家。例当家の主《あるじ》。

敬語 「ご当家」は、訪問している相手の家に対する尊敬語。

とうげ【峠】〈名〉❶山道を登りきって、そこから下りになるところ。例峠を下る。❷ものごとのいちばんさかんなとき。ものごとのいちばんむずかしいとき。例峠にさしかかる。峠を越える。峠を越す。この仕事もいまが峠だ。類山。

【峠】 山部6 全9画 ※

と

とうげ 参考 日本でつくられた漢字。

どうけ【道化】〈名〉人を笑わせるような、おかしいしぐさやことば。笑わせ役。例 道化を演じる。道化師。道化者《もの》。道化役。類 ピエロ。

とうけい[1]【東経】〈名〉イギリスの旧グリニッジ天文台を通る経線を〇度として、それから東へはかった経度。一八〇度まである。対 西経。→けいど〔経度〕

とうけい[2]【統計】〈名〉たくさんの人やもののうちで、特定の性質をもつものの数や割合をしらべたりして、数字やグラフで表わすこと。例 統計をとる。

とうけい[3]【闘鶏】〈名〉ニワトリをたたかわせる遊び。闘技用のニワトリ。多くシャモが使われる。

とうげい【陶芸】〈名〉美術や工芸という立場からみた、陶磁器。また、陶磁器をつくる技術。例 陶芸家。

どうけい[1]【同系】〈名〉同じ系統。同じすじ。例 同系会社。同系色。

どうけい[2]【同形】〈名〉かたちが同じこと。

どうけい[3]【同型】〈名〉型や種類が同じこと。例 同型の車。

どうけい[4]【同慶】〈名〉自分も、その人と同じようによろこばしい、という気持ちを表わすことば。表現「ご同慶のいたり」の形で、あらたまった場面で使う。

とうげじ【峠路】〈名〉峠にいたる道。峠道。

どうけし【道化師】〈名〉「ピエロ」のこと。

とうけつ【凍結】〈名・する〉❶すっかりこおってしまうこと。例 川が凍結する。類 氷結。❷現状を変えないようにすること。例 資産を凍結する。賃金凍結。

どうけつ【洞穴】〈名〉がけや大きな岩などにある、大きなあな。類 洞窟《どうくつ》。ほらあな。

とうけん[1]【刀剣】〈名〉かたなやつるぎ。例 刀剣商。類 剣。

とうけん[2]【闘犬】〈名〉イヌをたたかわせる遊び。闘技用のイヌ。参考 高知県の土佐《とさ》闘犬が有名。

どうけん[1]【同権】〈名〉同じ権利をもつこと。例 男女同権。

どうけん[2]【銅剣】〈名〉古代の中国や朝鮮《ちょうせん》、日本で作られた青銅製の剣。武器に使われていたが、しだいに祭器として用いられるようになった。

どうげん【同源・同原】〈名〉❶原因や発端《ほったん》が同じであること。❷いくつかのことばの語源が同じであること。

とうげんきょう【桃源郷】〈名〉俗世間《ぞくせけん》をはなれた、平和な理想の地。理想郷。類 ユートピア。由来 中国の詩人、陶淵明《とうえんめい》の作品『桃花源記』によることば。山中で道を見うしなって桃《もも》の林に迷いこんだ人が、そこに戦乱をさけて平和に暮らしている人々の別天地を見いだした、という内容。

［どうぐ］

とうご【頭語】〈名〉手紙の書きだしに使うことば。「拝啓《はいけい》」「謹啓《きんけい》」「拝復」「前略」など。対 結語。

とうこう[1]【刀工】〈名〉刀剣を作る人。かたなかじ。類 刀匠《とうしょう》。

とうこう[2]【投降】〈名・する〉降参《こうさん》した兵士が、敵の前に出ていき、捕虜《ほりょ》となること。

とうこう[3]【投稿】〈名・する〉❶依頼《いらい》されたのではなく、自分からのぞんで、新聞社や雑誌社などに原稿を送ること。その原稿。→きこう〔寄稿〕 ❷インターネット上の種々の情報サービスに、書きこみをすること。

とうこう[4]【陶工】〈名〉陶磁器をつくることを職業とする人。類 陶芸家。焼き物師。

とうこう[5]【登校】〈名・する〉児童や生徒が授業や行事などのために、学校へ行くこと。対 下校。

とうごう[1]【等号】〈名〉〔数学〕二つの数や式が等《ひと》しいことを表わす、「＝」の記号。「…は」または「イコール」と読む。対 不等号。参考 等しくないことを表わす「≠」の記号を、「否定等号」または「等号否定」という。また、「≒」の記号は、ほぼ等しいことを表わす。

とうごう[2]【統合】〈名・する〉二つ以上のものをいっしょにして、ひとつに合わせること。例 意見を統合する。市町村を整理・統合する。類 統一。

どうこう[1]【同行】〈名・する〉どこかに行くときに、だれかをつれていくこと。人といっしょにいくこと。例 妻子を同行する。友人に(と)同行する。取材に同行する。同行者。同行記者団。類 同伴《どうはん》。同道。道連れ。ア ドーコー

どうこう[2]【同好】〈名〉同じ趣味《しゅみ》をもっていること。例 同好の士。同好会。ア ドーコー

どうこう[3]【動向】〈名〉社会や人々のこれからのうごき。例 動向をうかがう。社会の動向。類 趨勢《すうせい》。動静。情勢。なりゆき。ア ドーコー

どうこう[4]【瞳孔】〈名〉目の中心にある、虹彩《こうさい》にかこまれた小さな穴。光の入り口で、その量を虹彩が調節する。例 瞳孔がひらく。類 ひとみ。ア ドーコー

どうこう[5]〈副〉あれこれいろいろと。とやかく。例 今さらどうこう言う気はない。類 どうのこうの。何やかや。ア ドーコー

どうこういきょく【同工異曲】〈名〉ちょっと見るとちがっているようだが、実際の内容はたいしてちがっていな

鳥羽僧正（とばそうじょう）(1053～1140) 平安後期の僧。名は覚猷。「鳥獣戯画」の作者といわれる。

いこと。それぞれが似《に》たりよったりであること。
由来 曲や詩をつくる技巧《ぎこう》は同じでも、味わい・おもむきが異《こと》なるという、古代中国の文人のことばから。

とうこうき【投光器】〈名〉反射鏡とレンズを用い光を集め、一定の方向を照らす照明具。舞台《ぶたい》・競技場・工事現場などで使う。

とうごうしっちょうしょう【統合失調症】〈名〉妄想《もうそう》や幻覚《げんかく》にとらわれたり、考えや行動に統一がとれなくなる精神の病気。「精神分裂《ぶんれつ》病」の改称《かいしょう》。

とうこうせん【等高線】〈名〉地図で、陸地の同じ高さの地点をむすんだ線。参考 等高線の間隔《かんかく》がせまいところは傾斜《けいしゃ》が急である。

1 **とうごく**【投獄】〈名・する〉監獄《かんごく》に入れること。類 収監。

2 **とうごく**【東国】〈名〉むかし、京都からみて、東の方にある国。とくに関東地方をさした。対 西国《さいごく》。類 あずま。

どうこく【▼慟▼哭】〈名・する〉悲しみのあまり、大声で泣くこと。類 号泣《ごうきゅう》。

どうごはんぷく【同語反復】〈名〉あることばについてのべるのに、その同じことばを使って説明すること。「日本人は日本人だ」など。また、単に似《に》た意味のことばでおきかえただけの説明のこと。トートロジー。同義反復。
表現 「わたしはわたしだ」というと、他の人とはちがう自分だけの考え方がある、などの意味合いが加わる。

1 **とうこん**【当今】〈名〉「このごろ」「近ごろ」の意味の、古風な言いかた。類 現今。最近。今日《こんにち》。昨今。当節。ア トーコン

2 **とうこん**【闘魂】〈名〉敵をなんとしてでもたおそうとする気迫《きはく》。例 闘魂をもやす。類 闘志。ファイト。ア トーコン

1 **どうこん**【同根】〈名〉一つの植物の根が同じであること。また、ものごとのおおもとのところが同じであること。例 愛と憎《にく》しみは同根であるともいう。
参考 昔は、同じ親から出たことから兄弟・姉妹をいった。

2 **どうこん**【同▼梱】〈名・する〉ひとつの箱に、別の物をいっしょに梱包すること。

とうさ【踏査】〈名・する〉その場所へ行って、実際にしらべること。例 実地踏査。類 探査。

とうざ【当座】〈名〉❶その場。その席上。例 うそをついて当座はごまかした。当座のがれ。❷さしあたって、しばらくのあいだ。例 当座の住まい。当座のまにあわせ。上京した当座は、右も左もわからなかった。当座しのぎ。類 一時。当面。当分。→とうぶん〔当分〕表現 ❸「当座預金」の略。対 普通《ふつう》。定期。

どうさ【動作】〈名〉❶なにかをするときの、からだの動き。例 動作がすばやい。動作をかえる。きびきびした動作。類 モーション。所作《しょさ》。❷からだを動かして、なにかをすること。例 動作主《しゅ》。

とうさい【搭載】〈名・する〉船や飛行機、貨車などに荷物を積みこんだり、機械類があらたな部品を装備《そうび》したりすること。例 新型エンジンを搭載した車。この貨車の搭載重量は二〇トンだ。類 積載。
表現 コンピューターが、ディスクドライブなどの装置を内蔵していることにもいう。

とうざい【東西】〈名〉❶ひがしとにし。それぞれの方向。例 東西南北。国の東西を走る山脈。対 南北。❷ひがしの部分とにしの部分。たとえば、東洋と西洋、大陸の東部と西部、東日本と西日本など。例 古今東西。❸〔歴史〕旧ソ連時代の共産主義の国々と、アメリカなど資本主義の国々。例 東西の対立。東西の冷戦。

どうざい【同罪】〈名〉同じように罪があり、わるいと考えられること。例 とめなかった私も同罪です。

とうざいなんぼく【東西南北】〈名〉東と西、南と北。四つの方角のすべて。例 東西南北に通じる道。

1 **とうさく**【倒錯】〈名・する〉正常な順序やありようをうしなってしまって、ふつうとは逆の状態になること。例 倒錯した心理。倒錯的。

2 **とうさく**【盗作】〈名・する〉他人の創作した作品を、ことわりなしに自分のつくったものとして発表すること。また、その発表したもの。類 剽窃《ひょうせつ》。

とうざしのぎ【当座しのぎ】〔当座▼凌ぎ〕〈名〉ここしばらくのあいだをきりぬけるためのまにあわせ。例 わずかだが、当座しのぎに使ってくれ。

とうさすうれつ【等差数列】〈名〉〔数学〕となりあう二つの項《こう》の差が、どこをとってもひとしい数列。

どうさつ【洞察】〈名・する〉ふつうではわからないようなことを見ぬいたり、将来のありようを見とおしたりすること。例 洞察力。

とうざよきん【当座預金】〈名〉利用者が小切手によっていつでもひきだせる預金。利子がつかない。

1 **とうさん**【父さん】〈名〉父親をよぶ呼びかたの一つ。庶民《しょみん》的で親しみのある言いかた。対 母さん。ア トーサン

2 **とうさん**【倒産】〈名・する〉資金や財産がなくなって、会社などがつぶれること。類 破産。ア トーサン

どうさん【動産】〈名〉現金や商品など、そのままのかたちでもちはこべる財産。対 不動産。

どうざん【銅山】〈名〉銅の鉱石をほりだす鉱山。

とうさんさい【唐三彩】〈名〉中国の唐代に作られた、三色で色をつけた陶器《とうき》。

1 **とうし**【投資】〈名・する〉事業などに資金をだすこと。例 投資家。設備投資。類 出資。投入。ア トーシ

2 **とうし**【凍死】〈名・する〉きびしい寒さのために、こごえて死ぬこと。こごえじに。ア トーシ

3 **とうし**【透視】〈名・する〉ものの中やむこうがわをすかして見ること。ア トーシ

4 **とうし**【唐詩】〈名〉❶中国で、唐の時代につくられた詩。例 唐詩選。❷漢詩。▽ア トーシ

5 **とうし**【闘士】〈名〉❶たたかう人。❷自分の信じる主義や思想のためにさかんに活動する人。例 民族運動の闘士。▽類 戦士。ア トーシ

6 **とうし**【闘志】〈名〉なんとしてでもたたかおう、やりぬこうとするはげしい気迫《きはく》。例 闘志をかきたてる。闘志をもやす。闘志がわく。闘志満満。類 闘魂《とうこん》。ファイト。ア トーシ

1 **とうじ**【冬至】〈名〉二十四節気の一つ。北半球では、今の十二月二十二日ごろ。一年中で昼のながさがもっとも短くなる。対 夏至《げし》。ア トージ
参考 この日、カボチャを食べたり、ゆず湯に入ったりする。

2 **とうじ**【当時】〈名〉なにかがあった遠い過去のある時。そのころ。あのころ。例 当時を思いおこす。その当時。戦争当時の模様《もよう》。

3 **とうじ**【▼杜氏】〈名〉酒づくりの職人。ア トージ

4 **とうじ**【答辞】〈名〉卒業式で、祝辞・訓辞・送辞にこたえてのべるあいさつ。ア トージ

5 **とうじ**【悼辞】〈名〉人の死をいたみ、かなしみの気持ち

ドビュッシー（1862～1918）　フランスの作曲家。「牧神の午後への前奏曲」「こどもの領分」を作曲。

を表わすことばや文章。類弔辞《ちょうじ》。弔文。弔詞。アトージ

とうじ[6]【湯治】〈名〉温泉に入って、病気やけがをなおし、つかれをとること。例湯治客。湯治場《ば》。アトージ

どうし[1]【同志】〈名〉同じ思想や考えをもっている人。例同志を集める。同志をつのる。類なかま。朋友。アドーシ

どうし[2]【同士】〈造語〉同じ種類の人やもの。例すきな者どうしで遊びにいく。同士討《う》ち。
表記「同士討ち」以外はかな書きにすることも多い。

どうし[3]【動詞】〈名〉〔文法〕品詞の分類の一つ。人やものごとの存在や動作、状態を表わすことば。活用する自立語で、終止形が五十音図の「ウ段」でおわる。五段活用など、五種類の活用がある。数が多く、名詞とならんで重要なはたらきをすることば。アドーシ →巻末の「動詞の活用」・囲み記事33(左下)

どうし[4]【道士】〈名〉❶仏道をおさめた人。僧《そう》。❷道教をおさめた人。❸仙人《せんにん》。▽アドーシ

どうし[5]【導師】〈名〉法会《ほうえ》や葬儀《そうぎ》を、中心となってとり行なう僧《そう》。アドーシ

どうじ[1]【同時】〈名〉❶二つのことが同じときにおこること。例席を立つのとベルが鳴るのと同時だった。同時通訳。同時進行。❷(多く「…と同時に」の形で)二つの性質をかねそなえていること。例学者であると同時に教育者でもある。→どうじに ▽アドージ

どうじ[2]【童子】〈名〉幼い子ども。古い言いかた。類わらべ。アドージ

どうしうち【同士討ち】〈名〉同じなかまが、たがいにあらそうこと。

とうしき【等式】〈名〉〔数学〕二つの数や式がひとしいことを、等号を使って表わした数式。対不等式。

とうじき【陶磁器】〈名〉陶器と磁器をまとめていう言いかた。類焼き物。瀬戸《せと》物。

どうじくケーブル【同軸ケーブル】〈名〉電話の多重回線や、テレビ・FM放送でアンテナとつなぐのに用いられるケーブル。

とうじしゃ【当事者】〈名〉いま問題になっていることがらに、直接関係のある人。例当事者どうしの話しあいが必要だ。対第三者。

とうししんたく【投資信託】〈名〉証券会社や銀行が、一般《いっぱん》の投資者から集めたお金を信託銀行などに委託《いたく》して株式や債券《さいけん》に投資し、その利益を投資者に分ける金融《きんゆう》商品。投信。ファンド。
表現売買《ばいばい》する単位を、一口《ひとくち》二口《ふたくち》と数える。

とうしつ【等質】〈名〉二つ以上のものの、性質や材質が同じであること。対異質。類均質。同質。

とうじつ【当日】〈名〉なにかが行なわれる、その日。例式の当日。当日になってやっとできあがった。当日売り。当日券。

どうしつ[1]【同室】〈名・する〉同じへやにいること。また、同居すること。例Aさんと同室する(になる)。同室者。類相《あい》部屋。

どうしつ[2]【同質】〈名〉内容や性質が同じであること。対異質。類等質。

どうじつ【同日】〈名〉❶その日。例同日は講演も行なわれます。❷同じ日。❸ものごとの程度が同じであること。例同日の談ではない(=比較にならない)。▽ア①ドージッ ②③ドージツ

どうじつうやく【同時通訳】〈名〉話し手の話すことばを聞きながら、その場で聞き手の言語に訳していくこと。

どうして一〈副〉❶どんな方法で。どうやって。例この問題をどうして解決したらいいだろう。❷どんな理由で。なぜ。例どうしてきみは来なかったのか。
二〈感〉❶前のことばを強く打ち消して、反対のことを言うときに使う。それどころか。例どうして、そんな程度じゃなかったよ。❷予想以上であったりして、非常におどろいたときに使う。いやはや。例どうして、あいつはたいしたもんだ。
表現二①は、「どうしてどうして」とかさねて使うことも多い。また、次の例のように、相手のことばに反論するときにも使うことがある。「ぼくこの仕事やめたいんです」「どうして!」(=やめてほしくないという気持ちでいう)

どうしても〈副〉❶たとえ、どんな困難があっても。例どうしても行かなければならない。類かならず。絶対に。ぜひとも。❷どんな方法・手段でやってみても。例どうしてもできない。類どうやっても。とても。とうてい。

どうじに【同時に】〈接〉それとともに。例私はアルバイトをしている。同時に家の仕事も手伝っている。

とうしゃ[1]【投射】〈名・する〉光などを投げかけること。類投影《とうえい》。

とうしゃ[2]【透写】〈名・する〉⇩トレース

囲み記事	33

屋根が漏《も》る? 顔をそる?
——動詞の特別な使いかたのいろいろ——

「①屋根から雨が漏る」のかわりに「屋根が漏る」と言い、「②顔のひげをそる」のかわりに「顔をそる」と言う場合がある。どちらも、「屋根が漏る」「顔をそる」という表現のほうがよく使われる。

①の文は、「屋根」のすきまから「雨が漏る」ことを表わす。これは、家の屋根という、比較《ひかく》的大きなものと雨のつぶという小さなものとの関係を表わしている。ここで、雨つぶがどうなるかということに注目すれば、「屋根から雨が漏る」という表現になり、逆に、雨つぶよりも、より大きい家の屋根のほうに注目して、屋根がどうなるかということを表現すると、「屋根が漏る」という言いかたになる。②の文でも、「ひげ」に注目するのではなく、「顔」がどうなるかを意識して、「顔をそる」と表現するのである。

同じような例をもう少し見て、自分でも見つけてみよう。

(例)
「からだを拭《ふ》く」←「からだの汗《あせ》を拭く」
「井戸が干上《ひあ》がる」←「井戸の水が干上がる」
「部屋が片づく」←「部屋のがらくたが片づく」
「部屋が散らかる」←「部屋にがらくたが散らかる」
「部屋を探す」←「部屋でなくなった物を探す」
「黒板を消す」←「黒板の字を消す」
「腕《うで》をまくる」←「腕をおおっている袖《そで》をまくる」

 杜甫(とほ)(712〜70) 唐代の詩人。七言律詩にすぐれ，自然や社会をうたった作品は有名。「春望」など。

とうしゃばん【謄写版】〈名〉ろうをぬった原紙に、鉄筆で文字や絵を書いて、それを版として印刷する、てがるな印刷方法。また、それに使う器具。がり版。孔版《こうはん》。

1 **とうしゅ【当主】**〈名〉その家の、現在の主人。対先代。類当代。

2 **とうしゅ【投手】**〈名〉野球のピッチャー。対捕手《ほしゅ》。

3 **とうしゅ【党首】**〈名〉政党の代表者。

どうしゅ【同種】〈名〉同じ種類・種《しゅ》。例同種の問題。同種の生物。対異種。類同類。

とうしゅう【踏襲】〈名・する〉今までのやりかたや方針などを、そのままうけつぐこと。例前例を踏襲する。

とうしゅく【投宿】〈名・する〉宿《やど》に泊まること。

どうしゅく【同宿】〈名・する〉ホテルや宿屋で同じへやに、または同じホテルや宿屋に、同時に宿泊すること。

1 **とうしょ【当初】**〈名〉そのことのはじめのころ。例計画の当初から問題があった。類最初。アトーショ

2 **とうしょ【投書】**〈名・する〉役所や新聞社などに、自分の意見や苦情を書いておくること。例投書欄《らん》。アトーショ

3 **とうしょ【島▼嶼】**〈名〉ある範囲に存在する島々をひとまとめにしてよぶ語。例東京都の島嶼部。アトーショ

4 **とうしょ【頭書】**〈名〉書類のはじめのほうに書いたことがら。例(賞状で)頭書の成績をおさめましたのでこれを賞します。アトーショ

どうじょ【童女】〈名〉おさない女の子。類幼女。

1 **とうしょう【凍傷】**〈名〉きびしい寒さのために、からだ全体に、または、からだの一部におこる傷害。やけどに似《に》ている。かるいものを「しもやけ」という。

2 **とうしょう【闘将】**〈名〉❶闘志にあふれている戦闘集団のリーダー。類ファイター。❷政治運動などで、先頭にたつ活動家。

［どうしんえん］

1 **とうじょう【搭乗】**〈名・する〉乗り物、とくに飛行機にのること。例搭乗員。搭乗券。

2 **とうじょう【登場】**〈名・する〉❶舞台《ぶたい》や映画、文学作品のある場面に、出てくること。例ステージに登場する。さっそうと登場する。登場人物。対退場。❷世の中に現れること。例新製品が登場する。

1 **どうじょう【同上】**〈名〉前にのべたことと同じであること。アドージョー

表現 横書きの書類などで、前に書いたことをくりかえさないで省略するときに使う。

2 **どうじょう【同乗】**〈名・する〉ある人と同じ乗りものにのること。類相乗り。アドージョー

3 **どうじょう【同情】**〈名・する〉つらいめや苦しいめにあっている人の気持ちになって、かわいそうだと思うこと。例同情を買う。同情をよせる。同情の余地がある。類あわれみ。アドージョー

4 **どうじょう【道場】**〈名〉仏道や武道などを修行《しゅぎょう》したり、教えたりするところ。アドージョー

どうしょういむ【同床異夢】〈名〉同じことをしていながら、考えていることはそれぞれちがうこと。

とうじょうじんぶつ【登場人物】〈名〉舞台《ぶたい》や映画、文学作品などに現れる人物。類作中人物。キャラクター。

どうしようもない どんなにくふうをしても、どんなにがんばっても、その状態を変えることができない。例どうしようもなく悲しい。どうしようもないものぐさ。いくらほしくても、お金がないのだからどうしようもない。

どうしょくぶつ【動植物】〈名〉動物と植物。

とう・じる【投じる】〈動上一〉なげこむ。すっかり、その中に入れてしまう。「投ずる」ともいう。

表現 文語調のことばで、現在は次のようなかぎられた言いかたに使われる。「一石を投じる(=静かだったところに波紋《はもん》をおこし、あたりに問題をなげかける)」「仕事に身を投じる(=仕事に没入する。「一身を投じる」ともいう)」「時流に投じる(=世の中のうごきにぴったりあわせる)」。

どう・じる【動じる】〈動上一〉おどろいて、おちつきをうしなう。「動ずる」ともいう。あとに打ち消しのことばをともなうことが多い。例ものに動じない。

1 **とうしん【刀身】**〈名〉刀の、さやにおさまる本体部分。

2 **とうしん【灯心・灯芯】**〈名〉ランプや灯明《とうみょう》などのしん。

3 **とうしん【投身】**〈名・する〉自殺しようとして、高いところからとびおりたり、水中や電車などにとびこんだりすること。例投身自殺。類身投げ。

4 **とうしん【答申】**〈名・する〉大臣や上役などの質問に対して、じゅうぶんに検討して、考えや意見を書いて出すこと。例審議《しんぎ》会の答申案。対諮問《しもん》。

1 **とうじん【唐人】**〈名〉中国人。外国人。江戸《えど》時代の言いかた。

2 **とうじん【▼蕩尽】**〈名・する〉財産などをすっかり使いつくすこと。

1 **どうしん【同心】**〈名〉❶考えや気持ちが同じであること。❷江戸《えど》時代に、警察《けいさつ》の仕事をした下級の役人。❸〔数学〕二つ以上の円や球《きゅう》の、中心の位置が同じであること。例同心円。

2 **どうしん【童心】**〈名〉子どもの心。子どものようにむじゃきで、純真な心。例童心にかえる。

3 **どうしん【道心】**〈名〉❶仏道を信仰《しんこう》する気持ち。仏門に入ろうとする気持ち。例道心を起こす。❷出家者。とくに、一三歳《さい》または一五歳以上で出家した人。例青《あお》道心(=出家したばかりの未熟な僧《そう》。今《いま》道心とも)。

どうじん【同人】〈名〉同じ考えやこのみをもっている人々。例同人雑誌。参考「どうにん」と読むのは、「直前にのべたその人」という意味の別のことば。

どうしんえん【同心円】〈名〉〔数学〕中心が同じで、半径がちがう円。絵

参考 池に小石をなげこむと、同心円の波が見られる。

どうじんし【同人誌】〈名〉同じ考えや好みをもつ人々が集まって出版する雑誌。同人雑誌。

とうしんせん【等深線】〈名〉地図で、海や湖の同じ深さの地点をむすんだ線。深度や水底の地形を表わす。

とうしんだい【等身大】〈名〉❶身長と同じぐらいの大きさ。ライフサイズ。例等身大の像をつくる。❷かざったり誇張《こちょう》したりせず、ありのままであること。また、平凡であること。例等身大の自分でいられる親友。

ドボルザーク（1841～1904） チェコの作曲家。「新世界から」にスラブ舞曲や黒人音楽を取り入れた。

1 **とうすい【陶酔】**〈名・する〉酒によったようないい気持ちになり、われを忘れること。うっとりすること。例すばらしい演奏に陶酔する。自己陶酔。
2 **とうすい【統帥】**〈名・する〉軍隊の全体を指揮する権限や責任をもつこと。例統帥権。
2 **とうすう【頭数】**〈名〉ウマなど、大きい動物の数。
参考「あたまかず」と読むと人の数の意味になる。
とう・ずる【投ずる】〈動サ変〉⇩とうじる
どう・ずる【動ずる】〈動サ変〉⇩どうじる
どうせ〈副〉ことがらがすでに決まっていてどうにもならないことを表わす。どうにもせよ。いずれにせよ。例どうせだめでも、やるだけやってみよう。どうせわたしはだめですよ。
表現 すてばちな気持ちや、自分または相手をあざける気持ちをこめて使われることが多い。
1 **とうせい【当世】**〈名〉いまの世の中。例当世まれな人。当世風。類現代。当代。アトーセー
2 **とうせい【統制】**〈名・する〉❶ばらばらなうごきを、一つにとりまとめること。例統制がとれる。❷ある一定の方針にしたがって、制限を加えたり、とりしまったりすること。例言論を統制する。統制経済。▽アトーセー
1 **どうせい【同姓】**〈名〉姓が同じであること。例同姓同名。
2 **どうせい【同性】**〈名〉❶同じ種類の生物で、雌雄《しゆう》の性が同じであること。❷男性からみての男性。女性からみての女性。▽対異性。
3 **どうせい【同▼棲】**〈名・する〉恋人どうしが、二人で暮らすこと。
表現 不道徳な語感があるので、とくに報道では、「同居《どうきょ》」も使われる。
4 **どうせい【動静】**〈名〉人や組織、ものごとなどのうごき。例敵の動静をさぐる。類ようす。動向。
どうせいあい【同性愛】〈名〉男どうし、または女どうしでの恋愛。→ゲイ・レズビアン
とうせいふう【当世風】〈名・形動〉今の時勢によく合っているようす。例当世風の考え。当世風のスタイル。類現代風。今ふう。
1 **とうせき【投石】**〈名・する〉石を投げつけること。例警官隊に投石する。
2 **とうせき【透析】**〈名・する〉〔医学〕腎臓《じんぞう》病の人の血液を、機械に通すことによって、なかの尿《にょう》の成分をとりのぞくこと。人工透析。
3 **とうせき【党籍】**〈名〉党員としての籍。例党籍をはなれる。
どうせき【同席】〈名・する〉❶ある人と同じ会に出席すること。例あのかたとは、座談会で同席したことがあります。❷同じテーブルをかこんで席にすわること。
とうせつ【当節】〈名〉このごろ。ちかごろ。類当今。当世。当代。今時。
とうせん【当選】〈名・する〉❶選挙や選考でえらばれること。例市長に当選する。❷抽選《ちゅうせん》に当たること。例当選者。▽対落選。
表記 ❷は、「当せん」または「当▼籤」と書かれることもある。
1 **とうぜん【当然】**〈名・形動・副〉だれが考えても、そうでなければならないこと。例当然の結果。当然なこと。当然そうするべきだ。類もちろん。むろん。あたりまえ。
2 **とうぜん【陶然】**〈副〉気持ちよく酔《よ》うようす。うっとりとするようす。例陶然となる。
1 **どうせん【同船】**〈名・する〉おなじ船にいっしょに乗ること。
2 **どうせん【動線】**〈名〉建物の中や都市空間で、人や物が移動する経路を示した線。設計のときに必ず考慮《こうりょ》される。例家事動線。客動線（=買い物客が店内を見て回る動線）。
3 **どうせん【銅線】**〈名〉銅製の針金。おもに電線に使う。
4 **どうせん【導線】**〈名〉電流をながすための針金。
どうぜん【同然】〈名〉同じようなもの、または、同じようすであること。例もう終わったも同然だ。類同様。
どうぞ〈副〉❶相手にていねいにたのむ気持ちを表わす。例どうぞよろしく。類どうか。なにとぞ。なにぶん。❷人にものごとをすすめることば。例どうぞお当てください（=客に座ぶとんをすすめることば）。❸相手の申し出をみとめることば。例「おじゃましていいですか」「はい、どうぞ」。
1 **とうそう【逃走】**〈名・する〉にげだすこと。にげていくこと。例逃走をはかる。
2 **とうそう【闘争】**〈名・する〉❶相手に勝とうとしてあらそうこと。例闘争心。闘争本能。❷使用者と労働者など、ことなる階級のあいだでそれぞれの利益のためにあらそうこと。例賃上げ闘争。
どうそう【同窓】〈名〉卒業した学校が同じであること。例同窓会。同窓生。類校友。学友。
参考「窓」は、「蛍《ほたる》の光、窓《まど》の雪」という歌詞による。
どうぞう【銅像】〈名〉青銅をおもな材料としてつくった像。ブロンズ。例銅像をたてる。
とうそく【等速】〈名〉〔物理〕同じ速度を保ちながら移動すること。例等速直線運動。類定速。
とうぞく【盗賊】〈名〉ぬすみをする者。その集団。
どうぞく【同族】〈名〉❶同じ種族・種類に属すること。❷血のつながる人たち。例同族会社。類一族。
どうそじん【道祖神】〈名〉悪霊《あくりょう》などから村を守るために、村はずれの道ばたに小さな石像をきざんでまつった神。道行く人を守る神。さえのかみ。さいのかみ。
とうそつ【統率】〈名・する〉集団をまとめて、指揮すること。例全軍を統率する。統率者。統率力。
とうた【▼淘汰】〈名・する〉❶いろいろとまざっているものの中から、悪いものや不要なものをのぞくこと。例信用を失った会社は淘汰される。❷⇩しぜんせんたく
1 **とうだい【当代】**〈名〉❶今の時代。例当代きっての人気者。類現代。当世。❷その家の現在のあるじ。対先代。類当主。▽アトーダイ
2 **とうだい【灯台】**〈名〉❶航路標識の一つ。夜、光をだして船の航路をしめし、安全をたもつ設備。❷むかしの照明器具の一つ。火をともす皿をのせた台。▽アトーダイ
灯台下《もと》暗《くら》し 身ぢかなことはかえってわからない。
参考 この「灯台」は、むかしの照明器具のこと。
1 **どうたい【胴体】**〈名〉❶動物の手足や頭をのぞいた部分。胴。❷付属物をのぞいた、本体の部分。例胴体着陸。▽類ボディー。アドータイ
2 **どうたい【動態】**〈名〉ものが、活動し変化しているすがた。例人口動態。対静態。アドータイ
3 **どうたい【導体】**〈名〉〔物理〕電気をよくとおす物質。銀・銅・アルミニウムなど。対絶縁《ぜつえん》体。不良導体。不導体。類良導体。アドータイ →はんどうたい 参考
参考 熱をつたえやすい物質も、「導体」ということがある。
とうだいもり【灯台守】〈名〉灯台が自動化され無人となる以前に、その管理にたずさわっていた職員。
どうたく【銅▼鐸】〈名〉〔歴史〕弥生《やよい》時代につくら

 トマス=モア（1478～1535） イギリスの政治家。理想社会「ユートピア」を書き，現実社会を批判。

れた青銅器の一種。つりがね状で、祭器または楽器として使われたといわれる。おもに、近畿《きんき》地方で出土する。絵

とうたつ【到達】〈名・する〉ものごとがすすんで、あるところまで達すること。例かれも同じ結論に到達した。到達点。到達目標。類届く。至る。

1 とうだん【登壇】〈名・する〉演説などをするために、壇の上にあがること。対降壇。

どうだん【同断】〈名・形動〉前に述べたことと同じであること。例以下同断。

2 どうだん【道断】⇩ごんごどうだん

1 とうち【当地】〈名〉自分が今いるこの土地。類当所。こちら。アトーチ →ごとうち

表現「当地では初雪をみましたが、そちらではいかがでしょうか」のように、手紙などでよく使うことば。

2 とうち【倒置】〈名・する〉❶さかさまにおくこと。位置や順序を逆にすること。❷ことばの順序を、表現上の効果をねらって、逆にすること。→とうちほう ▽アトーチ

3 とうち【統治】〈名・する〉元首《げんしゅ》や政治家などが、国土や国民を治めること。アトーチ

とうちほう【倒置法】〈名〉文の意味をつよめ、つよく印象づけるために文の中のことばの順序をふつうと変える表現のしかた。たとえば、「降るぞ、雨が」「美しい、きみは」「この花を、あの人はくれたんです」のように強調したい部分を文のはじめにおくことが多い。

とうちゃく【到着】〈名・する〉目的地や終点につくこと。例到着時刻。対出発。

1 どうちゃく【同着】〈名〉競走で、同時にゴールにつくこと。例二人は同着で優勝を分けあった。

2 どうちゃく【▼撞着】〈名・する〉二つのことがくいちがって、つじつまが合わないこと。例自家《じか》撞着(=自分の言ったことが、前とあとでくいちがうこと)。類矛盾《むじゅん》。

［どうたく］

どうちゅう【道中】〈名〉「旅の途中《とちゅう》」、また「旅」の古い言いかた。例道中記。珍《ちん》道中。

どうちゅうき【道中記】〈名〉❶旅行中の日記。類旅行記。紀行。❷昔の旅行案内。

1 とうちょう【盗聴】〈名・する〉特別なしかけをして、他人の話や電話をぬすみ聞きすること。例盗聴器。盗聴マイク。

2 とうちょう【登頂】〈名・する〉高山の頂上にのぼりつくこと。「とちょう」ともいう。例初登頂。

どうちょう【同調】〈名・する〉❶ほかの人の考えに賛成して、同じように言ったりしたりすること。また、賛成しているわけではなくても、まわりの人に調子を合わせておくこと。例同調者。類賛同。❷カメラのシャッターとストロボのように、二つの装置が作動するタイミングが自動的に一致《いっち》すること。❸〔物理〕ある周波数をえらぶテレビやラジオの受信機で、ある局の周波数にダイヤルを合わせる。

どうちょうあつりょく【同調圧力】〈名〉まわりの人の考えにいやでも合わせておかないと、のけ者にされそうなふんいき。例同調圧力がかかる。

とうちょうぶ【頭頂部】〈名〉頭のてっぺんの部分。

とうちょく【当直】〈名・する〉当番で、つとめ先の学校や会社などにとまったりすること。類宿直。

とうつう【▼疼痛】〈名〉ずきずきする痛み。例疼痛をおぼえる。対鈍痛《どんつう》。

とうてい【到底】〈副〉(あとに打ち消しのことばをともなって)どうしても…ない。例こんなむずかしい問題は、とうていできない。類とても。

1 どうてい【同定】〈名・する〉あるものが、何であるか、だれであるかを、特徴《とくちょう》を一致《いっち》させて確認すること。例指紋《しもん》の同定。生物の種の同定。類特定。

2 どうてい【童貞】〈名〉男性がまだ、性的経験をしていないこと。対処女。

3 どうてい【道程】〈名〉ある場所までの道のり。類行程。

とうてき【投▼擲】〈名〉❶〈する〉ものを遠くへ投げること。❷陸上競技で、砲丸《ほうがん》投げ・円盤《えんばん》投げ・やり投げ・ハンマー投げなどをまとめていうことば。投擲競技。

どうてき【動的】〈形動〉動きがある。動きがいきいきしている。対静的。類ダイナミック。

とうてつ【透徹】〈名・する〉すじみちがはっきりしていて、あいまいなところがないこと。例透徹した論理。

とうてん【読点】〈名〉文の中の切れめに打って読みやすくする、「、」の記号。「点」の専門的な言いかた。英語などで使うコンマ「,」にもいう。→くてん

1 どうてん【同点】〈名〉点数が同じであること。例同点打。同点決勝。

2 どうてん【動転】〈名・する〉びっくりして、なにがなんだかわけがわからなくなること。例気が動転する。

1 とうど【凍土】〈名〉きびしい寒さで、土中の水分がこっている土地。例凍土地帯。永久凍土。→ツンドラ

2 とうど【陶土】〈名〉陶磁器の原料となる、質のよい白色の粘土《ねんど》。

3 とうど【唐土】〈名〉「中国」の古い呼び名。

とうと・い【貴い・尊い】〈形〉㊀〔貴い〕❶価値が高い。とても価値がある。例貴い宝。貴い教え。類高価。貴重。❷身分や地位などが高い。例貴いおかた。対いやしい。類高貴。

㊁〔尊い〕尊敬する気持ちをおこさせるようす。例尊い仏さま。対いやしい。▽類たっとい。

1 とうとう【到頭】〈副〉いろいろなことがおこったあとで、ものごとが実現したり、おしまいになったりすることを表わす。例長時間の会議のすえ、結論がとうとう出た。類結局。ついに。アトートー

2 とうとう【▼滔▼滔】〈副・連体〉❶たくさんの水がいきおいよく流れるようす。例とうとうと流れる。とうとうたる大河。❷すらすらとよどみなく話すようす。例意見をとうとうとのべる。▽アトートー

3 とうとう【等等】〈接尾〉次に同じものがいくつもあるときに、以下は省略する、という意味で使うことば。例A・B・C・D等々、数えあげたらきりがない。類などなど。しかじか。うんぬん。エトセトラ。→とう〔等〕表現

1 どうとう【同等】〈名・形動〉レベルが同じであること。例同等の資格。類同格。同列。対等。

2 どうとう【堂塔】〈名〉寺の堂と塔。例堂塔伽藍《がらん》(=寺の建物をまとめていう言いかた)。

1 どうどう【同道】〈名・する〉いっしょに行くこと。つれて

いくこと。例同道を求める。友を同道する。類同行。同伴《どうはん》。

[2]**どうどう【堂堂】**〈副・連体〉力づよく、りっぱである。例堂々と意見をのべる。堂々たる体格。堂々の行進。

どうどうめぐり【堂堂巡り】〈名・する〉話しあいなどで、おたがいがゆずらず、同じことをA→B→C→A→B→C…というように、くりかえし言いつづけ、先へ進まないこと。類いたちごっこ。由来もとは、祈願《きがん》のために寺のお堂のまわりを、なんどもまわることをいった。

どうとく【道徳】〈名〉❶人が社会の中で守るべき、行ないのきまり。その社会に属する人間相互《そうご》の約束ごととして生まれたもので、社会や時代によって変化する。例公衆道徳。類道義。モラル。倫理《りんり》。人道。人倫。❷小・中学校で、「①」について考える、特別の教科。

どうとくてき【道徳的】〈形動〉❶道徳という観点からみた場合。例法的にはともかく、道徳的に許せない行為《こうい》だ。類道義的。❷道徳にかなっている。例道徳的な行ない。

とうとつ【唐突】〈形動〉言いかたやしかたが、びっくりするほど急だ。例唐突な話。類だしぬけ。不意。

とうと・ぶ【尊ぶ・貴ぶ】〈動五〉尊敬すべきもの、価値のあるものとして、たいせつにする。例神仏を尊ぶ。名を尊ぶ。時間を貴ぶ。名誉《めいよ》を貴ぶ。類たっとぶ。うやまう。あがめる。

とうどり【頭取】〈名〉人の上にたって、さしずをする人。参考多く、銀行の最高責任者をさす。

どうなか【胴中】〈名〉胴体や物の、中ほどのあたり。

どうなが【胴長】一〈名・形動〉足の部分とくらべて胴の長さがふつうより長いこと。二〈名〉むねあてやズボン、くつがひとつにつながった、ゴムの衣服。

とうなす『唐▼茄子』〈名〉「カボチャ」のこと。

とうなん【盗難】〈名〉ものやお金をぬすまれること。例盗難にあう。

とうなんアジア【東南アジア】〈名〉アジアの東南の地方。インドシナ半島の国々や、フィリピン・マレーシア・インドネシアなどの国々をいう。

とうに『▽疾うに』〈副〉ずっと前に。「とっくに」ともいう。例しめきりの日はとうにすぎていた。

どうにか〈副〉❶とても苦労して、ものごとをやりとげる気持ちを表わす。例どうにか頂上まできた。これでどうにか暮らしはたつ。類やっと。なんとか。❷〈する〉むずかしいかもしれないが、なんらかの方法で処理してほしい、処理したいという気持ちを表わす。例五万円必要なんですが、どうにかなりませんか。類どうか。なんとか。表現「どうにかこうにか」は、①を強めた言いかた。

どうにも〈副〉❶（あとに打ち消しのことばをともなって）どのようにしても…ない。例もはやどうにもならない。どうにも動きがとれない。❷まったく。例どうにも具合の悪いことになった。表現「どうにもこうにも」は強調した言いかた。

[1]**とうにゅう【豆乳】**〈名〉くだいたダイズを煮《に》て、布でこしてつくる白いしる。そのまま飲んだり、かためて豆腐《とうふ》をつくったりする。

[2]**とうにゅう【投入】**〈名・する〉❶なげいれること。例コイン投入口。❷資金や労力をどんどんつぎこむこと。例資本の投入。人員の投入。類投資。投下。

どうにゅう【導入】〈名・する〉❶外部からお金や技術、力などをとり入れること。例資本を導入する。技術導入。❷音楽や文学作品のはじめの部分。本題にひきこむところ。例導入部。類イントロダクション。

とうにょう【糖尿】〈名〉病気などのために、糖分がたくさんまじった尿。例糖尿病。糖尿検査。

とうにょうびょう【糖尿病】〈名〉血液中の糖分がふえて、尿《にょう》の中にもふくまれるようになる病気。

とうにん【当人】〈名〉問題になっている、その人。例周囲の心配をよそに、当人は平気な顔でいる。類本人。

とうねん【当年】〈名〉「ことし」のあらたまった言いかた。例当年とって六十歳《さい》になります。

どうねん【同年】〈名〉❶年齢《ねんれい》が同じであること。類おないどし。❷前にのべた年と同じ年。表現②は、履歴《りれき》書で、「令和六年三月、京都中学卒業。同年四月、京都高校入学」のように使う。

とうの【当の】〈連体〉いま話題にしている、その。例当の問題。当の本人はけろりとしている。

どうのこうの　不平や不満の気持ちをあれやこれやと主張するようす。例今ごろどうのこうの言ってもおそい。類何やかや。何のかの。

と(▽疾)うのむかし(昔)　すでに過ぎ去ったことを、強調していうことば。ずっと以前。「とっくのむかし」ともいう。例祭りはとうの昔に終わった。

[1]**とうは【党派】**〈名〉考えかたが同じで、行動をともにする人々の集まり。とくに、政治上のグループをいうことが多い。例超《ちょう》党派。類派閥《はばつ》。

[2]**とうは【踏破】**〈名・する〉長い山道や苦しいみちのりを歩きとおすこと。例ジャングルを踏破する。

どうはい【同輩】〈名〉同じなかま。同期のなかま。対先輩。後輩。類朋輩《ほうばい》。

とうはいごう【統廃合】〈名・する〉統合したり廃止したりすること。例省庁の統廃合。

[1]**とうばく【倒幕】**〈名・する〉幕府をたおすこと。例倒幕運動。

[2]**とうばく【討幕】**〈名・する〉幕府を攻撃《こうげき》すること。例討幕軍。

とうはつ【頭髪】〈名〉かみの毛。類毛髪。

とうばつ【討伐】〈名・する〉兵をおくって、せめほろぼすこと。類征伐《せいばつ》。

[1]**とうはん【登坂】**〈名・する〉車が坂道をのぼること。「とはん」ともいう。例登坂車線。

[2]**とうはん【登▼攀】**〈名・する〉高い山や岩壁《がんぺき》などをのぼること。

[1]**とうばん【当番】**〈名〉交替《こうたい》で順番に受けもつことになっている仕事の番にあたる人。例給食当番。当番制。対非番。アトーバン

[2]**とうばん【登板】**〈名・する〉野球で、ピッチャーとして試合にでて、マウンドにたつこと。対降板。アトーバン

どうはん【同伴】〈名・する〉だれかをいっしょにつれていくこと。だれかに、つれそっていくこと。例夫人を同伴する。子供の通院に同伴する。類同行。

どうばんが【銅版画】〈名〉銅の板に絵をほり、それを刷った版画。

[1]**とうひ【当否】**〈名〉❶そのことが正しいかそうでないか。例当否はさておき。類可否。よしあし。是非《ぜひ》。❷ぴったりあたっているかどうか。類適否。▽アトーヒ

[2]**とうひ【逃避】**〈名・する〉ほんとうはのがれることのできない問題をさけてとおろうとすること。例現実から逃避する。対直面。類回避。アトーヒ

とうび【▼掉尾】〈名〉⇩ちょうび

 朝永(ともなが)振一郎（1906～79）物理学者。量子電磁力学でくりこみ理論を完成。ノーベル賞受賞。

とうひこう【逃避行】〈名〉世間の目からのがれるために、よその土地を転々としたり、かくれ住んだりすること。

とうひすうれつ【等比数列】〈名〉〔数学〕となりあう二つの項《こう》の比が、どこをとってもひとしい数列。1、2、4、8など。

とうひょう【投票】〈名・する〉選挙や採決のときに、自分ののぞむ候補者や案をえらんで、書いてだすこと。

とうびょう【闘病】〈名〉病人の、病気とのたたかい。例闘病生活。

どうひょう【道標】〈名〉道ばたにたてて、その道の行き先や距離《きょり》を示すもの。類道しるべ。

どうびょう【同病】〈名〉おなじ病気。

同病相《あい》憐《あわ》れむ 同じ苦しみやなやみをもつ者は、たがいに同情しあうものである。類同類相憐れむ。

表記「憐れむ」は「哀れむ」とも書く。

とうひん【盗品】〈名〉ぬすんだ品物。類贓品《ぞうひん》。

とうふ【豆腐】〈名〉ひいたダイズを煮《に》て、布でこし、その汁《しる》をかたまらせた、白くてやわらかい食品。木綿《もめん》どうふ、絹《きぬ》ごしどうふなど。

表現 一丁《いっちょう》二丁《にちょう》と数える。今は一パック二パックも使う。

豆腐に鎹《かすがい》 豆腐にかすがいを打っても、手ごたえがなくなんの役にも立たないことから、どんな意見や忠告をしても、ちっとも手ごたえやききめがないことをいう。類ぬかに釘《くぎ》。のれんに腕押《うでお》し。→やなぎにかぜ 表現

1 **とうぶ**【東部】〈名〉その地域の、東の方。例東部地方。対西部。

2 **とうぶ**【頭部】〈名〉「あたま」のかたい言いかた。例頭部に裂傷《れっしょう》を負う。

とうふう【東風】〈名〉⇩ひがしかぜ

どうふう【同封】〈名・する〉封筒《ふうとう》の中に、手紙以外のものをいっしょに入れること。例同封の書類。

どうぶつ【動物】〈名〉生物を大きく二種類に分けたときの、植物でないほう。ふつう、ほかの生物を食べて栄養をとり、自分で動くことができ、感覚器官や神経をもっている。脊椎《せきつい》動物と無脊椎動物の二種類に大きく分けられる。対植物。

表現 人間も動物の一種にはちがいないが、せまい意味では、動物を人間と区別して言い、とくに「けもの」をさす。

どうぶつえん【動物園】〈名〉いろいろな生き物を飼って、人々に見せるところ。

どうぶつせい【動物性】〈名〉❶動物特有の性質。❷植物でなく、動物であること。例動物性たんぱく質。動物からとれるものであること。例動物性油脂《ゆし》。▽対植物性。

どうぶつてき【動物的】〈形動〉人間なのに、動物のような本能をもっているようす。例動物的な勘。動物的な欲望。

どうぶるい【胴震い】〈名・する〉寒さやおそろしさ、緊張《きんちょう》などのために、からだがふるえること。類身震い。

1 **とうぶん**【糖分】〈名〉食べものなどにふくまれている、あまみを感じさせる成分。例糖分をひかえる。アトーブン

2 **とうぶん**【等分】〈名・する〉同じ数や量にわけること。例等分にわける。三等分。アトーブン

3 **とうぶん**【当分】〈副〉これからさき、しばらくのあいだ。例ここ当分はまにあうだろう。類当座。当面。さしあたり。アトーブン

表現「当分」は比較《ひかく》的長い時間について使い、これにくらべて「当座」や「当面」はやや短い時間をいう。

どうぶん【同文】〈名〉❶前と同じ文章であること。例以下同文。❷使う文字が同じ文字であること。例日本と中国は同文だ。

とうへき【盗癖】〈名〉思わずどろぼうをしてしまう、くせ。

とうへん【等辺】〈名〉〔数学〕多角形で、辺の長さがひとしいもの。例二等辺三角形。

とうべん【答弁】〈名・する〉議会などで、質問にこたえて、説明すること。例答弁に立つ。

とうへんぼく【唐変木】〈名〉「気のきかないやつだ」「ものわかりのわるいやつだ」という気持ちで、相手をののしることば。例このとうへんぼく！

1 **とうほう**【当方】〈名〉「自分」「自分の方」のかしこまった言いかた。例当方の手おちにより、ご迷惑《めいわく》をおかけしました。対先方。類こちら。アトーホー

2 **とうほう**【東方】〈名〉東の方角。東の方面。対西方。アトーホー

とうぼう【逃亡】〈名・する〉犯人や容疑者がにげて、姿をかくすこと。例国外へ逃亡する。逃亡生活。

どうほう【同胞】〈名〉❶同じ母から生まれた、兄弟や姉妹《しまい》。❷祖国が同じである人たち。▽「どうぼう」ともいう。

とうほく【東北】〈名〉〔地理〕本州の東北部、青森・岩手・宮城・秋田・山形・福島の六県がふくまれる地方。類奥羽《おうう》。みちのく。

とうぼく【倒木】〈名〉根こそぎ、または折れてたおれた木。

どうほこ【銅矛】『銅▼鉾』〈名〉〔歴史〕弥生《やよい》時代につくられた青銅のほこ。儀礼《ぎれい》や祭器に使われたと考えられる。多く九州地方で出土する。→どうたく 絵

とうほん【謄本】〈名〉文書などの内容をそのまま全部写したもの。例戸籍《こせき》謄本。対抄本《しょうほん》。

とうほんせいそう【東奔西走】〈名・する〉目的をなしとげようとして、あちらこちらといそがしくかけまわること。類奔走。

どうまごえ【胴間声】〈名〉品のない、太くてにごった声。古めかしい言いかた。

どうまわり【胴回り】〈名〉胴のまわりの長さ。ふつう、へそのまわりをはかる。ウエスト。腹囲。

どうみゃく【動脈】〈名〉❶心臓からからだ中に血液を送る血管。対静脈《じょうみゃく》。❷鉄道や道路で、その主要な路線。例大動脈。類幹線。

どうみゃくこうか【動脈硬化】〈名〉〔医学〕動脈がかたくなること。高血圧や心臓病の原因になる。

表現 人の考えかたや行動が、やわらかさをうしなって融通《ゆうずう》がきかなくなることについてもいう。

どうみゃくりゅう【動脈▼瘤】〈名〉動脈硬化《こうか》のために、動脈の一部がこぶのようにふくれたもの。

とうみょう【灯明】〈名〉神仏にそなえるともしび。御《み》あかし。

1 **とうみん**【冬眠】〈名・する〉〔動物〕クマやカエル、ヘビなどが、冬のあいだ、土や穴の中などに入ってすごすこと。ほとんど食物をとらず、また活動もしない。例冬眠中。

表現「このクラブは今、冬眠状態だ」のように、ある組織の活動が非常に不活発だ、という意味でも使う。

2 **とうみん**【島民】〈名〉ある島の住民。

とうめい【透明】〈形動〉❶すきとおっている。例透明なガラス。無色透明。❷実態がかくされていなくて、よ

くわかる。例お金の管理を透明にする。透明性(がある)。▽対不透明。

[1]どうめい【同名】〈名〉名前が同じであること。例同姓《せい》同《どう》名。

[2]どうめい【同盟】〈名・する〉同じ目的のためにいっしょに行動する約束をすること。その約束。例同盟をむすぶ。同盟国。不買同盟。

とうめいかん【透明感】〈名〉明るく、軽く、すきとおるような感じ。例透明感のある肌《はだ》。

どうめいひぎょう【同盟罷業】〈名〉ストライキ。

とうめん【当面】 一〈名・する〉急いで解決しなければならないことがらを、目前にひかえていること。例当面する問題。類直面。二〈副〉今のところ。さしあたり。例当面、もとの古い機械でまにあわせることにした。類当座。当分。→とうぶん〔当分〕表現

どうも 一〈副〉❶(あとに打ち消しのことばをともなって)いろいろと努力しても…ない。どうやっても…ない。例どうもじょうずに話せない。どうもうまくいかなかった。❷なぜそうなのかがはっきりわからないときに使う。例どうも頭がおもい。どうもちがうようだ。❸いろいろ考えたあげくに、こまったり、おどろいたりする気持ちを表わす。例どうも あきれたやつだ。類なんとも。いやはや。❹「ありがとう」「すみません」などのあいさつのことばの上につけて、その気持ちを強めることば。例どうもこのたびはおめでとう。類ほんとうに。まったく。
二〈感〉❶一④の下についたあいさつのことばを略して使う言いかた。あいまいに、あるいは手がるに、あいさつしようとするときのことば。例先日はどうも。やあ、どうも。❷相手のことばに対して、拒否《きょひ》や不満、ためらいなどの気持ちをあいまいに表わす。例ちょっと、どうもねえ。

どうもう【▼獰猛】〈形動〉性質があらっぽくて、すぐおそいかかりそうだ。例獰猛な野獣《やじゅう》。類獰悪《どうあく》。

とうもく【頭目】〈名〉悪者の一味の親分。類ボス。

どうもく【▼瞠目】〈名・する〉おどろいて目をみはること。例瞠目すべき発見。

とうもろこし【▽玉▼蜀▼黍】〈名〉イネ科の大形の一年草。夏、円柱形の軸《じく》のまわりに多数のきいろい実《み》をつける。ゆでたり焼いたりして食べる。飼料《しりょう》としても使う。日本一の産地は北海道。とうきび。コーン。

どうもん【同門】〈名〉同じ先生についている関係。例同門のよしみ。類一門。相弟子《あいでし》。

とうや【陶冶】〈名・する〉才能や人格などをきたえて、りっぱにしたてあげること。例人格を陶冶する。

とうやく【投薬】〈名・する〉医者が患者《かんじゃ》に、その病気にきく薬をあたえること。例一か月間投薬をつづける。類投与《とうよ》。

どうやら〈副〉❶やっとのことで。例どうやら先が見えてきたようだ。❷はっきりとはしないが、どうも そのようだ。例どうやら雨になりそうだ。類たぶん。おそらく。
表現「どうやらこうやら」は、①を強めた言いかた。

とうゆ【灯油】〈名〉石油ストーブなどに使う、原油を蒸留してつくったあぶら。

とうゆうし【投融資】〈名〉〔経済〕投資と融資。例財政投融資。

とうよ【投与】〈名・する〉医者が患者《かんじゃ》に薬剤《やくざい》をあたえること。例ワクチンを投与する。大量投与。類投薬。

[1]とうよう【当用】〈名〉ふだんの生活の中で、いつも使うこと。例当用日記。アトーヨー

[2]とうよう【東洋】〈名〉アジアの東部および南部の地方。例東洋人。対西洋。アトーヨー

[3]とうよう【盗用】〈名・する〉人のものをかってにぬすんで、使うこと。例アイデアを盗用する。アトーヨー

[4]とうよう【登用】〖登庸〗〈名・する〉能力のある人を高い地位につけて仕事をさせること。例人材を登用する。類起用。抜擢《ばってき》。アトーヨー

[1]どうよう【童謡】〈名〉子どもがうたってたのしむ歌。

[2]どうよう【動揺】〈名・する〉❶ぐらぐらゆれること。例車体の動揺がはげしい。❷精神的にショックをうけ、不安でおちつかなくなること。例動揺をかくせないようす。

[3]どうよう【同様】〈形動〉そのもののようすが、ほかのものと同じようで、ちがいがそれほどない。例同様な考え。同様にあつかう。類同然。
参考「昨年と同様のやりかた」のように、助詞「の」がついて連体修飾《しゅうしょく》語となる。また、「かれと同様、わたしも心配していた」のように副詞的な用法もある。

どうよく【胴欲】〈形動〉利己的で、ひどく欲ぶかい。
由来「貪欲《どんよく》」の変化した形で、「胴欲」はあて字。

とうらい【到来】〈名・する〉❶よい機会がやってくること。例時節到来。類おとずれる。❷おくりものがとどくこと。例到来物。

とうらいもの【到来物】〈名〉よそからいただいた品物。かたい言いかた。例到来物のお菓子《かし》。類もらい物。いただき物。

とうらく【当落】〈名〉当選と落選。例当落線上。

どうらく【道楽】〈名〉❶たのしみや気ばらしのために、このんですること。例食い道楽。類趣味《しゅみ》。❷〈する〉ばくちや酒色《しゅしょく》など、よくない遊びやたのしみにふけること。例道楽者《もの》。

[1]どうらん【胴乱】〈名〉植物採集のときに使う、ブリキやトタンでつくった入れもの。ひらべったい つつ形をしており、肩《かた》からさげる。

[2]どうらん【動乱】〈名〉暴動や戦争などのために、世の中が乱れること。

とうり【党利】〈名〉国民の利益など眼中になく、自分の政党の利益しか考えないこと。例党利党略。

どうり【道理】〈名〉論理的に考えていけば、当然こうなるというすじみち。例道理にかなう。物の道理。類すじ。理屈。→どうりで

とうりつ【倒立】〈名・する〉さかだちすること。さかだち。

どうりつ【同率】〈名〉同じわりあい。例同率首位。

どうりで【〖道理で〗】〈副〉「おかしいな」「変だな」と思っていたことの理由が、わかったときにいうことば。例こんなところにあったのか、どうりでわからないはずだ。

とうり(桃▼李)ものい(言)わざれどした(下)おのずか(▽自)らみち(▼蹊)をな(成)す 徳のある人のところには、その徳をしたって自然に人が集まってくる。
由来 古代中国の史書『史記』のことば。モモやスモモは何も話さないが、美しい花や実にひかれて人が集まり、下に自然に道ができる、という意味。

とうりゃく【党略】〈名〉国民のことなど眼中になく、自分の政党のためばかりを考える戦略や謀略《ぼうりゃく》。例党利党略。

とうりゅう【▼逗留】〈名・する〉旅先の宿屋などに、何日もとどまること。例長《なが》逗留。類滞在《たいざい》。

とうりゅうもん【登竜門】〈名〉そこを通りぬけることができれば出世できるような、むずかしい関門。

豊臣秀次(とよとみひでつぐ)(1568～95) 豊臣秀吉の姉の子。秀吉の養子。関白。秀頼誕生で自害を命じられた。

由来「竜門」は中国の黄河《こう》上流にある急流のことで、コイがここをのぼれば竜になれる、という故事からできたことば。「登竜の門」のようにいうのは あやまり。

1 **とうりょう【投了】**〈名・する〉碁《ご》や将棋《しょうぎ》で、一方が負けを認めて勝負が終わること。ア トーリョー

2 **とうりょう【棟▼梁】**〈名〉職人、とくに大工の親方。ア トーリョー

どうりょう【同僚】〈名〉同じ職場で働いている、地位が同じくらいの人。

どうりょく【動力】〈名〉水力や電力、原子力など、機械をうごかすもとになる力。例動力源。

どうりん【動輪】〈名〉原動機からの動力をうけて、回転し、機関車をはしらせる車輪。

とうるい【盗塁】〈名・する〉野球で、ランナーが相手がわのすきをついて、次の塁へすすむこと。スチール。

どうるい【同類】〈名〉同じたぐい。似《に》かよっていて、同じグループに分けられるもの。類同種。

表現「あの人たちと同類に見ないで」のように、「同類」は「同種」に対して、よくない意味でいう使い方がある。

同類相《あい》憐《あわ》れむ 同じたぐいのあわれな人どうしが、たがいになぐさめ合っているさま。類同病相憐れむ。

表記「憐れむ」は「哀れむ」とも書く。

どうるいこう【同類項】〈名〉❶〔数学〕多項式で、+と−の記号と係数以外が同じである項。❷なかま。例あいつはおれと同類項だ。

とうれい【答礼】〈名・する〉あいさつをしてくれた相手に対して、自分からもあいさつを返すこと。

どうれつ【同列】〈名〉❶同じ列。❷地位などが同じくらいであること。例これと同列には論じられない(=同じ基準で判断することはできない)。類同格。同等。対等。

どうろ【道路】〈名〉人や車がとおるために整備してある道。例道路標識。高速道路。類往来。

1 **とうろう【灯籠】**〈名〉ともしびをともすのに使う器具。石や金属でつくり、庭などに置くものと、竹や木のわくに紙をはって、家の中や縁側《えんがわ》に置くものとがある。

表現 据《す》えつけたものは一基《いっき》二基《にき》、持ち運べるものは一挺《いっちょう》二挺《にちょう》と数える。

2 **とうろう【登楼】**〈名・する〉高い建物にのぼること。

3 **とうろう【▼蟷▼螂】**〈名〉カマキリのこと。

蟷螂の斧《おの》 カマキリが斧のような前足をふりあげて自分より大きなものにいどみかかろうとすることから、自分のほんとうの力を知らずにはむかうことや、むだな抵抗《ていこう》をすることにいう。

とうろうながし【灯籠流し】〈名〉お盆《ぼん》の終わりの夜、小さな灯籠に火をともし、川や海にながす行事。

とうろく【登録】〈名・する〉役所や機関にとどけでて、公式な記録に記載《きさい》してもらうこと。例住民登録。選挙登録。登録商標。

とうろくしょうひょう【登録商標】〈名〉他の人が使えないように、特許庁に申請《しんせい》して認められた商標。記号Ⓡ。

とうろん【討論】〈名・する〉集まった人たちが、あることについて、それぞれ自分の考えを主張して、意見をたたかわせること。例討論会。類討議。議論。ディベート。

1 **どうわ【同和】**〈名〉被差別部落の人々に対する差別をなくすこと。例同和問題。同和教育。

2 **どうわ【童話】**〈名〉子どもが聞いたり読んだりしてたのしむための物語。おとぎ話のように古くから伝わるものと、新しく作られるものとがある。類メルヘン。

とうわく【当惑】〈名・する〉わけや事情がよくわからないで、どうしたらいいか困ってしまうこと。例当惑の色をかくせない。当惑顔。類困惑。

とう(当)をえ(得)る その場の状況《じょうきょう》や条件にふさわしい。適切だ。例当を得た処置。

とえはたえ【十重二十重】〈名〉いくえにもかさなりあっていること。例十重二十重にとりかこむ。

どえら・い【ど偉い】〈形〉「えらい」を強めた、俗《ぞく》な言いかた。例ど偉いやつ。どえらい事件。

とお【十】〈名〉❶九の次の数。じゅう。❷十歳《さい》。また、十個。例成功する確率は十に一つもない。

とおあさ【遠浅】〈名〉海が、海岸から沖《おき》の方まで浅くなっていること。

とお・い【遠い】〈形〉❶そこまでの距離《きょり》がながい。そこまでにいたる時間がながい。例学校が遠い。遠い将来。遠いむかし。遠いところ。完成にはまだ遠い。対近い。❷関係がうとい。あまり親しくない。例遠い親戚《しんせき》。卒業してから、学校時代の友だちとの関係がだんだん遠くなった。対近い。❸あまりよく聞こえない。例電話が遠い。耳が遠い。

遠い目《め》 どこか遠くを見ながら昔のことに思いを向けているかのような目つき。例遠い目になる。

遠くて近《ちか》いは男女《だんじょ》の仲《なか》 男と女の関係は、簡単には近づかないようにみえるが、意外に結ばれやすいものだ。

遠くの親類《しんるい》より近《ちか》くの他人《たにん》 いざというときには、遠くはなれた親類よりも、近くに住む他人の方がたよりになる。「親類」は「親戚《しんせき》」ともいう。

とおえん【遠縁】〈名〉親戚《しんせき》だが、血のつながりがごくうすいこと。例遠縁にあたる人。

とおか(十日)のきく(菊) ⇒むいかのあやめとおかのきく

とおからず【遠からず】〈副〉近いうちに。ほどなく。例遠からず事件も解決するだろう。類まもなく。

トーキー〈名〉サイレント(=無声映画)に対して、画面とともに、音や声が聞こえる映画。◇talkie

1 **とおく【遠く】**一〈名〉距離《きょり》がかなりはなれたところ。例遠くの山やま。遠くに出かける。対近く。二〈副〉❶程度がひどくちがうようす。例かれの才能はかのじょに遠くおよばない。❷距離がへだたっているようす。例山田くんは遠くモスクワへ旅立った。▽ア一トーク 二トーク

2 **トーク**〈名〉放送番組や舞台《ぶたい》などでのおしゃべり。例辛口のトーク。トーク番組。◇talk アトーク

とおざか・る【遠ざかる】【遠▽去かる】〈動五〉❶あるところから遠くはなれる。例船が陸から遠ざかる。❷交際が少なくなる。例仲間から遠ざかる。▽対近づく。類遠のく。

とおざ・ける【遠ざける】【遠▽去ける・遠避ける】〈動下一〉❶遠くはなれたところにやる。例人を遠ざけておいてから、曲芸を始めた。対近づける。類遠のける。❷つきあわないようにする。例敬して遠ざける。類うとんじる。うとむ。

とおし【通し】〈名〉はじめから終わりまで続けること。続いていること。例札幌《さっぽろ》から神戸《こうべ》までの通しの切符《きっぷ》を買った。通し番号。→おとおし

どおし【通し】〈接尾〉動詞につけて、そのことをずっとしている、という意味を表わす。例泣き通し。笑い通し。

とおしばんごう【通し番号】〈名〉はじめから終わりまで、続けてうった番号。シリアルナンバー。

トーシューズ〈名〉バレエで、おどるときにはく靴。かかとが平らで、つま先がかたく作られている。◇toe shoes

とお・す【通す】〈動五〉❶一方から他方へとどくようにする。例地下鉄を通す。すじを通す。話を通す。❷あるところを通過する。通過させる。例放射線を通さない。雨がコートを通して からだにしみてくる。❸なにかの 中をぬけて、むこうがわに出す。例針の穴に糸を通す。そでに手を通す。❹会議で議案を通過させる。試験に合格させる。例法案を通す。❺中に入れる。例客を部屋に通す。❻みとめる。みとめさせる。思いどおりにする。例意地を通す。我《が》を通す。つらぬき通す。おし通す。❼(「…を通して」の形で)なにかを仲だちとして。例テレビやラジオを通して宣伝する。人を通して知った。類通じて。介《かい》して。❽はじめから終わりまで続ける。例通して読む。独身で通す。雑誌に目を通す。読み通す。

トースター〈名〉パンを焼く電熱器。◇toaster

トースト〈名・する〉うすく切った食パンをトースターなどで焼いたもの。また、食パンを焼くこと。◇toast

トータル ━〈名・する〉合計すること。例得点をトータルする。類総計。━〈形動〉全体的な。全体の。例トータルな意見。トータルルック。◇total

トーチ〈名〉西洋ふうの たいまつ。◇torch

とおで【遠出】〈名・する〉遠くに出かけて行くこと。例遠出の旅。

トーテムポール〈名〉未開の種族のあいだで、神聖なものとされている動植物や自然物をえがいたり ほったりして、種族の守り神として立てた柱。絵 ◇totem pole

［トーテムポール］

とおとうみ【▽遠▽江】〈名〉旧国名の一つ。現在の静岡《しずおか》県西部。遠州《えんしゅう》。「とおつおうみ」から。→おうみ 参考

トートバッグ〈名〉筒型で口が大きくあいた、持ち手が両面についたかばん。◇tote bag 参考 tote は、話しことばで「運ぶ」意。

トートロジー〈名〉⇩どうごはんぷく ◇tautology

ドーナツ〈名〉小麦粉に砂糖・牛乳・卵などをまぜて、油であげた菓子《かし》。リング状のものが多い。◇doughnut

ドーナツかげんしょう【ドーナツ化現象】〈名〉都市の中心部にすむ人が少なくなり、周辺の郊外の人口がふえる現象。

トーナメント〈名〉勝ちぬき式に優勝をあらそう、試合のすすめかた。対リーグ戦。絵 ◇tournament

とおなり【遠鳴り】〈名〉遠くのほうから鳴りひびいてくる音。

とおの・く【遠のく】〖遠▽退く〗〈動五〉❶だんだん遠くなる。例足音が遠のく。危険が遠のく。❷今までのつきあいや、ものごとへの興味がうすくなる。例興味が遠のく。足が遠のく。▽対近づく。類遠ざかる。

とおの・ける【遠のける】〖遠▽退ける〗〈動下一〉遠くの方へしりぞかせる。類遠ざける。

とおのり【遠乗り】〈名・する〉ウマや自転車などにのって、遠くまでかけること。

ドーパミン〈名〉中枢《ちゅうすう》神経系にある神経伝達物質の一つ。運動の調節、快楽の感情、意欲、学習などにかかわる。不足するとパーキンソン病を発症《はっしょう》することがある。◇dopamine

トーナメント

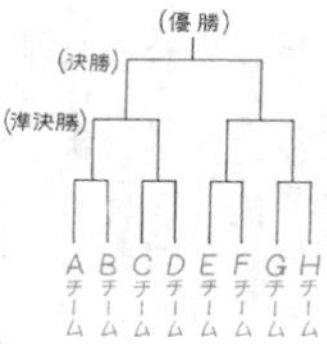

リーグ戦

相手＼結果	Aチーム	Bチーム	Cチーム	Dチーム	Eチーム	Fチーム
Aチーム	＼	○	×	×	△	×
Bチーム	×	＼	○	○	×	△
Cチーム	○	×	＼	×	○	○
Dチーム	○	×	○	＼	×	×
Eチーム	△	○	×	○	＼	○
Fチーム	○	△	×	○	×	＼

［トーナメント］

ドーピング〈名〉スポーツ選手が、運動能力を高めるために、禁止された薬物を使用すること。例ドーピング検査。◇doping

ドーベルマン〈名〉イヌの一種。筋肉質で走るのが速く頭のよいことから、軍用犬、警察犬、麻薬探知犬などに使われる。参考 Dobermann という、この犬種をつくったドイツ人の名から。

とおぼえ【遠ぼえ】〖遠▾吠え〗〈名・する〉イヌやオオカミなどが、夜、遠くで、長く声をひいて鳴くなき方。例犬の遠ぼえ(→「いぬ〔犬〕」の子項目)。

とおまき【遠巻き】〈名〉遠くからとりまくこと。例遠巻きに見物する。

とおまわし【遠回し】〈形動〉あることを直接示すのではなく、それとなく わかるように示すこと。例遠回しに言う。類婉曲《えんきょく》。もって回った。

とおまわり【遠回り】〈名・する〉いくつかある道のうち、道のりの長い方を行くこと。まわり道をすること。例遠回りの道。類迂回《うかい》。

ドーム〈名〉丸天井《てんじょう》や丸屋根。また、その建物。例東京ドーム。◇dome

とおめ【遠め・遠目】━〔遠め〕〈名・形動〉ふつうと思われるところより、いくぶん遠い程度。例遠めに投げる。対近め。━〔遠目〕〈名〉❶遠くから見ること。例遠目にもはっきりとわかる。❷「遠視《えんし》」のくだけた言いかた。対近目。

遠目が利《き》く ❶視力がよくて、遠くのものが見える。❷将来を見通す力がある。

とおめがね【遠眼鏡】〈名〉望遠鏡や双眼鏡《そうがんきょう》など、遠くを見るための道具。古い言いかた。

ドーラン〈名〉俳優が化粧《けしょう》に使う、油性の顔料。◇《ドイツ》Dohran (=会社名) 例ドーラン化粧。

とおり【通り】━〈名〉❶比較《ひかく》的大きな道路。例通りにでる。通りに面する。大通り。裏通り。類ストリート。❷通ること。例風の通りがわるい。通りのいい声。通り道。人どおり。❸ひろく一般《いっぱん》に知られていること。通用すること。例本名よりあだ名の方が通りがいい。通り相場。❹「それと同じやりかたや状態である」ということを表わす形式名詞。例言われたとおりにしろ。思ったとおり、こ

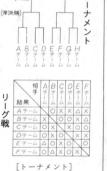

こにあった。当日の持ち物は、下記のとおり。もとどおり(にする)。▽ア①②③トーリ」④トーリ
㊁〈接尾〉手段や方法を数えることば。例三通りの経路。
表現 ㊁は、「一通り《ひととおり》、二通り《ふたとおり・にとおり》、三通り《さんとおり・みとおり》、四通り《よんとおり》、五通り《ごとおり》、…」のように、「二通り、三通り」で二種類の読みかたが通用している。
方言 大阪や岡山では、東西に走るのが「通り」、南北に走るのが「筋」と使い分けている地域もある。

どおり【通り】〈接尾〉❶大きくてにぎやかな道路の名前につけることば。例銀座通り。❷「…ていど」という意味を表わす。例九分《くぶ》通り(できた)。❸「そっくりそのまま」という意味を表わす。例要求通り。

とおりあめ【通り雨】〈名〉急に降ってきて、すぐにやむ雨。類にわか雨。驟雨《しゅうう》。

とおりいっぺん【通り一遍】〈形動〉形は一応ととのっているが、うわべだけで心がこもっていない。例通り一遍のあいさつ。

とおりがかり【通り掛かり】〈名〉よそへ行く途中《とちゅう》、たまたまそこを通ること。類通りすがり。

とおりかか・る【通り掛かる】〈動五〉ちょうどその場所を通る。例事故現場を通りかかる。類通りすがる。差しかかる。

とおりがけ【通り掛け】〈名〉たまたまそこを通るついで。例通りがけに寄る。類通りすがり。

とおりこ・す【通り越す】〈動五〉❶ある場所にとどまらずに、その先へ行く。類通り過ぎる。❷その程度にとどまらない。例香水のつけすぎは、いいかおりを通り越してくさい。

とおりすがり【通りすがり】〈名〉❶たまたまそこを通ること。例通りすがりの人。類通りがかり。❷そこを通るついで。例通りすがりに立ち寄る。類通りがけ。

とおりす・ぎる【通り過ぎる】〈動上一〉ある場所を通って、その先へ行く。例駅を通り過ぎる。類通過する。通りこす。

とおりそうば【通り相場】〈名〉世間のだれもが、そんなものだろうと考えているようなこと。例会食をするならひとり五千円は通り相場ですよ。

とおりぬ・ける【通り抜ける】〈動下一〉なかを通って向こうがわに出る。例トンネルを通り抜ける。危機を通り抜ける。

とおりま【通り魔】〈名〉通りすがりの人にとつぜんおそいかかって害をあたえる悪人。

とお・る【通る】〈動五〉❶一方から他方にいける状態になる。例鉄道が通る。声が通る。すじが通る。つまっていた鼻が通る。対つまる。❷ある場所を一方から他方へ動いていく。通過する。例店の前をたくさんの人たちが通る。人っ子ひとり通らない。通りすぎる。類かよう。❸なにかの中をつきぬけて、反対がわに出る。例糸が太くて針穴を通らない。通りぬける。しみ通る。❹合格とみとめられる。例予選を通る。検査を通る。試験に通る。対落ちる。類通過する。受かる。パスする。❺客として部屋の中に入る。例どうぞお通りください。❻みとめられる。ゆるされる。例意見が通る。議会を通る。名が通る。むりが通れば道理がひっこむ。それでは世の中は通らない。まかり通る。類通用する。❼わかる。理解できる。意味がなりたつ。例この文章には意味の通らないところがある。類通じる。

トーン〈名〉❶音色や色調のぐあい。❷やり方のいきおい。例トーンがさがる。トーンをあげる。◇tone

とか[1]【都下】〈名〉❶みやこの中。❷東京都全体のうち、二十三区以外の市町村。対都内。

とか[2]【渡河】〈名・する〉大きな川をわたること。とくに、軍隊が川をわたること。例渡河作戦。

とか[3] ㊀〈副助〉❶いくつかのものごとを、例としてならべて示す。例バナナとかオレンジとかのくだもの。人に聞くとか、本で調べるとか、いくらでも方法はある。❷事実がはっきりわかっていないときや、あいまいな表現をしたいときにそえることば。例会社へ行くとか言って出ましたが。
㊁〈終助〉不確かであることを表わす。例うわさによると、あちらのお宅は家を建てかえるとか。
参考 ㊀①を並立《へいりつ》助詞とする考えかたもある。

とが【▼咎・▽科】〈名〉❶してしまったあやまち。❷罪。例だれのとがでもない。

とかい【都会】〈名〉人口が集中し、行政や経済、文化の中心である土地。都市。対いなか。

どかい【土塊】〈名〉土のかたまり。類つちくれ。

どがいし【度外視】〈名・する〉計算や計画のなかに、まったく入れないこと。例採算を度外視する。

とがき【ト書き】〈名〉芝居《しばい》の脚本《きゃくほん》で、役者のしぐさや舞台《ぶたい》の演出などを書いた部分。対せりふ。

とかく〈副〉❶〈する〉あれこれ。なにやかや。例とかくするうちに目的地についた。❷(「とかくの」の形で)よくないあれこれの。例かれにはとかくのうわさがある。❸その傾向《けいこう》がつよい。ややもすると。ともすれば。例成績がよいととかくうぬぼれがちだ。

とかげ【▼蜥▼蜴】〈名〉爬虫《はちゅう》類の一種。ヘビのようなほそ長いからだに、みじかい足が四本ある。尾《お》は切れてもふたたび生えてくる。

とかげの尻尾切《しっぽき》り 事件の責任を部下にかぶせて、上の者が追及《ついきゅう》からのがれるずるいやりかた。

とか・す[1]【溶かす・解かす】〈動五〉❶かたまっているものを、やわらかくして液状にする。例氷を溶かす。バターを溶かす。小麦粉を水で溶かす。類溶く。溶解《ようかい》する。❷大金をむだにする。俗《ぞく》っぽい言いかた。例投資《とうし》の失敗で資金を溶かす。
表記 ①は、「溶かす」と書くのがふつうだが、雪や氷については「解かす」とも書く。

とか・す[2]【▼梳かす】〈動五〉くしなどを使って、かみの乱れをなおす。例頭をとかす。かみをとかす。類くしけずる。すく。とく。

どか・す【▽退かす】〈動五〉そこにあるものを、ほかにうつさせる。例車をどかす。類どける。のける。

どかた【土方】〈名〉土木作業員。古い言いかた。類土工。

どかっと〈副〉❶重くて大きいものが、いきおいよく下に落ちるようす。例どかっと荷物をおろす。❷一度にたくさんのものが出てくるようす。例どかっと宿題が出た。▽「どかりと」ともいう。類どさっと。どっかと。

どかべん【どか弁】〈名〉「土方《どかた》弁当」の略。特別に大きな弁当。俗《ぞく》な言いかた。

とがめ【▼咎め】〈名〉とがめること。例良心のとがめ。おとがめ(を受ける)。

とがめだて【とがめ立て】【▼咎め立て】〈名・する〉人のおかしたあやまちや罪を、ゆるさず、責めること。

とが・める【▼咎める】〈動下一〉❶相手のあやまちや

ドラクロア（1798～1863） フランスのロマン主義の画家。文学や歴史を題材に強烈な色彩でえがいた。

まちがいをとりあげて、非難する。例罪をとがめる。不注意をとがめる。❷あやしく思って、問いただす。例警官にとがめられる。❸自分のしたことをわるいと思って、心がいたむ。例気がとがめる。良心がとがめる。

どかゆき【どか雪】〈名〉いちどにたくさん降りつもる雪。やや くだけた言いかた。

とがら・す〖▼尖らす〗〈動五〉❶ものの先の方をほそくしたり、するどくしたりする。例鉛筆《えんぴつ》をとがらす。口をとがらす（＝不平を言う）。❷必要以上に敏感《びんかん》になる。例神経をとがらす。❸とげとげしくする。例声をとがらす。▽「とがらせる」ともいう。

とが・る〖▼尖る〗〈動五〉❶先がするどく、ほそくなる。❷敏感《びんかん》に感じやすくなる。例神経がとがる。❸おこったりふきげんになったりする。例とがった声。▽類とんがる。

どかん【土管】〈名〉排水《はいすい》管や下水管とするために、地中にうめるくだ。粘土《ねんど》やコンクリートでつくる。

とかんむり〖戸冠〗〈名〉漢字の冠の一つ。「房《ぼう》」「扉《とびら》」などの「戸」の部分。とだれ。参考常用漢字では「戸」、常用漢字以外の印刷用には「戶」の形を使う。

とき[1]【時】〈名〉過去・現在・未来にわたって、永遠にすぎゆくもの。永遠の「時」もあり、ある長さにわたる「時」もあり、一瞬間《しゅんかん》の「時」もある。
❶時間。例時がたつ。時をかせぐ。類光陰《こういん》。
❷時代。例時のうつりかわり。
❸時期。時節。例若い時。人生には、いい時もあれば、わるい時もある。
❹時刻。例時を知らせる。時をつげる。
❺好機。例時をえる。時を待つ。時にあう。
❻（「時の」の形で）「その時の」「いま、世間で注目をあびている、その」という意味を表わす。例時の政府。時の人。時の話題。
❼「ねむいとき」「つかれたとき」のように、ほかのことばのあとに付いて、「場合」という意味を表わす形式名詞。例胃の調子がよくないときは、この薬を飲みなさい。▽アトキ」→どき〔時〕

表現 「時をみて、やりましょう」は、今すぐでなく適当な時機をみはからってしよう、ということ。「おりもおり、時も時」といえば、まるで計画してやったように、ちょうどいいとき、また、いちばんつごうの悪いときに、なにかがおこること。「時うつり星かわり」は、「幾星霜《いくせいそう》をへて」というのと同じで、何十年、何百年と、大きく時代がうつって、世代もかわったようすをいう。「ときに」は、話題をかえて言いだしたり、しばらくまがあったあとに なにかを言いだしたりするときのことば。「ときには」は、いつもではなく「たまには」ということ。

表記 「天下分け目の秋《とき》」のように、重大な転機という意味で、「▽秋」の字を使うことがある。

時の氏神《うじがみ》 ⇩「うじがみ」の子項目

時の運《うん》 その時その時のめぐりあわせ。例勝負は時の運。

時の人《ひと》 いま、社会で話題になっている人物。

時は金《かね》**なり** 時間はお金のようにとても貴重なものだから、むだにすごしてはならない。参考西洋のことわざ Time is money. を訳したことば。

時を移《うつ》**さず** あることのあと続いてすぐに。例決断したら時を移さず実行する。

時を得《え》**る** チャンスにめぐりあって成功する。例時を得て昇進《しょうしん》する。

時を稼《かせ》**ぐ** ⇩「時間を稼ぐ（「じかん〔時間〕」の子項目）

時を作《つく》**る** おんどりが鳴いて夜明けを知らせる。

時を分《わ》**かたず** いつも。つねに。

とき[2]〖▼鬨〗〈名〉合戦などで、士気をさかんにするためにおおぜいがいっせいにあげるさけび声。ときの声。例勝ちどき。アトキ」

とき[3]〖▼鴇・▽朱▼鷺〗〈名〉鳥の一種。体長七〇《センチメートル》ほどで、うすもも色をおびた白。くちばしは長く、下にまがっている。国際保護鳥に指定され、特別天然記念物であったが、日本産の野生種は二〇〇三年に絶滅《ぜつめつ》した。新潟県の佐渡島《さどがしま》で、中国産を人工孵化《ふか》させたものが放鳥されている。学名はニッポニアニッポン。アトキ

どき[1]【土器】〈名〉❶粘土《ねんど》でかたちをつくって、うわぐすりをかけないで焼いた容器。すやきの焼きもの。❷新石器時代に、世界各地でつくられた土製の容器。かめやはち、わんなど。日本では縄文《じょうもん》土器、弥生《やよい》土器、須恵器《すえき》などがつくられた。

どき[2]【怒気】〈名〉いかりの気持ち。例怒気をふくんだ声。

どき[3]【時】〈接尾〉❶…の時期・季節。例木の芽時。花見時。❷…の時刻。例昼時。おやつ時。❸…の時機。例しお時。引き時。かせぎ時。買い時。

ときあか・す[1]【解き明かす】〈動五〉解明する。

ときあか・す[2]【説き明かす】〈動五〉説明する。

ときいろ【とき色】〖▼鴇色〗〈名〉うすいピンク。

ときおこ・す【説き起こす】〈動五〉ことを順序だてて説明し始める。例事の原因から説き起こす。

ときおよ・ぶ【説き及ぶ】〈動五〉そのことにまでふれて説明する。例太古の地球から宇宙の未来にまで説き及ぶ。

ときおり【時折】〈副〉ときどき。ときたま。例春には、このあたりにもうぐいすが時折やってくる。

とぎじる【とぎ汁】〖▽磨ぎ汁〗〈名〉米などをといだときに出る、白くにごったしる。「とぎしる」ともいう。

とぎすま・す【研ぎ澄ます】〈動五〉ちょっとさわっただけでも切れるくらい、刃物《はもの》をじゅうぶんに とぐ。

表現 「神経を研ぎ澄ます」「研ぎ澄まされた文章」のような言いかたで、神経や文章が、まるで といしでといだ刃物のように、するどくなっていることをいう。

ときたま【時たま】〈副〉ときどき。類たまに。

どぎつ・い〈形〉色やものごとのようすが、目をそむけたくなるほど きつい。例どぎつい色。類毒毒しい。あくどい。

ときどき【時時】㊀〈名〉そのとき、そのとき。そのときごと。例時々の草花。類刻々《こくこく》。㊁〈副〉あいだをおいて。例時々見かける。むかしの友人が時々訪ねてくる。類たまに。ときたま。▽ア㊀トキドキ ㊁トキドキ

どきどき〈副・する・形動〉運動や、恐怖《きょうふ》・期待・緊張《きんちょう》などのために、鼓動《こどう》がはげしくなるようす。例胸がどきどきする。

参考 アクセントは、ふつう「ドキドキ」であるが、「どきどきの」「どきどきだ」の形で使う場合は、「ドキドキ」となる。

ときとして【時として】〈副〉あまりないことだが、時と場合によって。例人間は時としてたいへん狂暴《きょうぼう》になることがある。

ときならぬ【時ならぬ】〈連体〉それがおこるとは予想もできない。時季はずれの。例時ならぬ大雪。

ときに【時に】㊀〈副〉❶どうかすると。たまに。例時に人の名前を忘れてしまうことがある。❷ある特定のとき

と

鳥居清長(とりいきよなが)（1752～1815）　江戸後期の浮世絵師。自然な人物描写による独特の美人画で有名。

を強めていうことば。そのとき。例時に、元禄《げんろく》十五年、師走《しわす》もなかばのことであった。

二〈接〉 話の途中《とちゅう》で、話題をかえるときに使う。ところで。例時に、弟さん、元気かね。類それはそうと。

ときには【時には】〈副〉「たまには」のややあらたまった言いかた。例時には思い出すこともある。

ときのこえ【ときの声】〖▼鬨の声〗〈名〉⇩とき〔鬨〕

ときはな・つ【解き放つ】〈動五〉おさえつけているものから自由にする。例かごの中の鳥を解き放つ。自分の心をプレッシャーから解き放つ。類解放する。

ときふ・せる【説き伏せる】〈動下一〉相手にあれこれと説明して、どうにかしたがわせる。類説得する。

ときほぐ・す【解きほぐす】〈動五〉かたくなったものやもつれたもの、からまったものをほどいて、もとの状態にもどす。例筋肉を解きほぐす。緊張《きんちょう》を解きほぐす。

どぎまぎ〈副・する〉とつぜんのことに、心がさわぎうろたえるようす。類へどもど。

ときめか・す〈動五〉期待やよろこびで、胸をどきどきさせる。例胸をときめかす。類とどろかす。

ときめ・く[1]〈動五〉期待やよろこびで、どきどきする。例胸がときめく。心がときめく。

表現「胸のときめき」「ときめきをおぼえる」など、名詞の形でもよく使う。

ときめ・く[2]【時めく】〈動五〉うまい時節にぶつかり、勢力をえて、栄える。例今を時めく。

どぎも(度肝)をぬ(抜)く 思いがけないことを言ったりしたりして、人をおどろかせ、あきれさせる。

ドキュメンタリー〈名〉実際にあったことを記録した、小説や映画、放送番組。類実録。ノンフィクション。◇documentary

ドキュメント〈名〉❶ドキュメンタリー作品の題名に使うことば。❷コンピューターの文書ファイル。例ドキュメントフォルダー。◇document

どきょう[1]【度胸】〈名〉どんなときにも、おどろいたりあわてたりしないで、おちついて判断したり行動したりする精神の力。例度胸がある。度胸だめし。類胆力《たんりょく》。肝《きも》。肝っ玉。アドキョー

どきょう[2]【読経】〈名・する〉声をだしてお経を読むこと。アドキョー

ときょうそう【徒競走】〈名〉運動競技の一つ。一定距離を走って、その速さをきそう。類かけっこ。

どきりと〈副・する〉驚き、恐怖、また喜びなどを突然《とつぜん》強く感じて、心臓が一瞬はげしく鼓動《こどう》するようす。どきっと。どきんと。例暗がりでいきなり肩をたたかれ、どきりとする。片思いの相手と目が合ってどきりとした。

とぎれとぎれ〖途切れ途切れ〗〈形動・副〉途中《とちゅう》でなんどとなく中断しながらつづくようす。例とぎれとぎれな情報。とぎれとぎれ(に)話す。

とぎ・れる〖途切れる〗〈動下一〉つづいていたものが、途中で中断する。例通信がとぎれる。話がとぎれる。家なみがとぎれる。類とだえる。絶える。

ときわぎ【ときわ木】〖▽常▼磐木〗〈名〉木の葉がすこしずつ入れかわり、いっせいに落ちるということがないので一年中、葉をつけている木。常緑樹。

ときわず【▽常▼磐津】〈名〉浄瑠璃《じょうるり》の一流派。江戸《えど》時代に常磐津文字太夫《もじたゆう》が始めた。歌舞伎《かぶき》の舞踊《ぶよう》で伴奏《ばんそう》されることが多い。常磐津節《ぶし》。

ときん[1]【と金】〈名〉将棋《しょうぎ》で、歩《ふ》が敵陣に入り、うらがえって金将と同じうごきができるようになったもの。類成り金。

ときん[2]【▼鍍金】〈名・する〉めっき。

参考「鍍」は金属をうすくして他の金属にかぶせること。

ときんときん(方言) 先をするどくとがらせた状態。愛知で言う。とっきんとっきん。ときとき。例鉛筆《えんぴつ》ときんときんにけずる。

常用漢字 **とく**

【匿】 匸部8 全10画
匿 匿 匿 匿 匿 匿
トク 音[トク] 匿名《とくめい》。隠匿《いんとく》。秘匿《ひとく》。

【特】 牛部6 全10画
特 特 特 特 特 特
トク 教小4 音[トク] 特技《とくぎ》。特殊《とくしゅ》。特別《とくべつ》。特産《とくさん》。特等席《とくとうせき》。特質《とくしつ》。独特《どくとく》。奇特《きとく》。

【得】 彳部8 全11画
得 得 得 得 得 得
トク える・うる 教小5 音[トク] 得意《とくい》。得点《とくてん》。得票《とくひょう》。所得《しょとく》。会得《えとく》。納得《なっとく》。獲得《かくとく》。損得《そんとく》。拾得《しゅうとく》。訓❶[える] 得る。❷[うる] 得るところ。有り得る。

【督】 目部8 全13画 ※
督 督 督 督 督 督
トク 音[トク] 督促《とくそく》。督励《とくれい》。監督《かんとく》。総督《そうとく》。提督《ていとく》。

【徳(德)】 彳部11 全14画
徳 徳 徳 徳 徳 徳
トク 教小4 音[トク] 徳義《とくぎ》。徳用《とくよう》。徳育《とくいく》。道徳《どうとく》。人徳《じんとく》。美徳《びとく》。不徳《ふとく》。功徳《くどく》。

【篤】 竹部10 全16画 ※
篤 篤 篤 篤 篤 篤
トク 音[トク] 篤学《とくがく》。篤実《とくじつ》。篤志《とくし》。危篤《きとく》。懇篤《こんとく》。

と・く[1]【解く・溶く】〈動五〉かたまっているものをほぐして、やわらかくしたり、長くひきのばしたりする。

一［解く］❶しばってあるものやむすんであるものをほどく。例荷物を解く。なわを解く。ひもを解く。むすび目を解く。❷自由をうばっているものをなくす。例かこみを解く。戒厳令《げんかいれい》を解く。警戒《けいかい》を解く。類解除する。❸人の気持ちがかたくなっているのをやわらかくする。例怒《いか》りを解く。誤解を解く。類やわらげる。ほぐす。❹答えをだす。例問題を解く。類解決する。解明する。❺役職からはなれさせる。例職を解く。類解任する。

二［溶く］ものと液体を合わせ、かきまぜて、どろどろの状態にする。例小麦粉を水でとく。絵の具を油でとく。類とかす。▽アトク

と・く[2]〖▼梳く〗〈動五〉くしなどを使って、髪《かみ》の乱れをなおす。類くしけずる。すく。とかす。アトク

と・く[3]【説く】〈動五〉よく説明して相手にわからせる。例ものの道理を説く。ことばの意味を説く。アトク

とく[4]【得】〈名・形動〉利益になること。有利であること。例得をする。得になる。得な立場。対損。アトク →とくする

とく[5]【徳】〈名〉❶多くの人からうやまわれ、したわれるような人格。例徳が高い。徳をしたう。徳をやしなう。❷ありがたい恩恵《おんけい》。例徳をほどこす。▽アトク

6 **とく【都区】**〈名〉東京都の中心部の、二十三ある区。二十三区。例都区部。都区内。対都下。アトク

と・ぐ【研ぐ】『▽磨ぐ』〈動五〉❶刃物《はもの》をみがいて、よく切れるようにする。例包丁を研ぐ。❷米などをたくため、水を入れ、こするようにして洗う。例米をとぐ。

常用漢字 **どく**

【毒】 毋部4 全8画 ※ 毒毒毒毒毒

ドク 教小5 音[ドク] ▨毒薬《どくやく》。毒物《どくぶつ》。毒舌《どくぜつ》。毒気《どくけ》。▨消毒《しょうどく》。中毒《ちゅうどく》。害毒《がいどく》。解毒剤《げどくざい》。

【独(獨)】 犭部6 全9画 独独独独独

ドク ひとり 教小5 音[ドク] ▨独学《どくがく》。独唱《どくしょう》。独立《どくりつ》。独居老人《どっきょろうじん》。独占《どくせん》。独断《どくだん》。独和辞典《どくわじてん》。▨孤独《こどく》。単独《たんどく》。訓[ひとり] 独り。独り占め。独り立ち。独りぼっち。独り者。

【読(讀)】 言部7 全14画 読読読読読

ドク・トク・トウ よむ 教小2 音❶[ドク] ▨読書《どくしょ》。読破《どくは》。読者《どくしゃ》。読心術《どくしんじゅつ》。▨音読《おんどく》。購読《こうどく》。精読《せいどく》。解読《かいどく》。❷[トク] ▨読本《とくほん》。❸[トウ] ▨読点《とうてん》。句読点《くとうてん》。訓[よむ] 読む。深読み。読み聞かせ。立ち読み。注意「読経」は、「どきょう」と読む。

1 **ど・く**『▽退く』〈動五〉今までいた場所をあける。例じゃまになるからどいてくれ。類のく。アドク

2 **どく【毒】**〈名〉❶口に入れたり、さわったりすると、からだにとって害になるもの。例毒がまわる。毒をあおぐ(=飲む)。毒をもる。毒きのこ。対薬《くすり》。❷人のからだや心にわるい影響《えいきょう》をあたえるものごと。例目の毒。毒をふくんだことば。▽アドク」→どくする

[どぐう]

毒にも薬《くすり》にもならない 害もないが、ききめもない。類可もなく不可もない。

毒を食《く》らわば皿《さら》まで ひとたび悪の道に入ったからには、徹底《てってい》的に罪をかさねてやろう、ということ。

毒を以《も》って毒を制《せい》す 悪をおさえるのに、別の悪を使う。

3 **どく【独】**〈造語〉「ドイツ(独逸)」や「ドイツ語」の略。例日独関係。独和辞典。

1 **とくい【得意】** 一〈名・形動〉❶満足のいくかたちでものごとを進めることができて、ほこらしいような気持ちである。例得意になる。得意の絶頂。得意顔。得意満面。対失意。❷じょうずにできて、自信をもっていることがら。例得意な種目。彼のお得意。対にがて。不得意。類得手《えて》。お手の物。▽アトクイ

二〈名〉いつも自分の店や会社をひいきにしてくれる客。例得意先。得意回り。お得意。アトクイ

2 **とくい【特異】**〈形動〉ふつうのものと比べて、ちがっている。例特異な存在。特異体質。特異性。アトクイ

とくいがお【得意顔】〈名〉ものごとが思いどおりになっていかにも満足そうな顔つき。類したりがお。自慢《じまん》顔。

とくいく【徳育】〈名〉人としての心がまえや生きかたなどをそだてる教育。対知育。体育。

とくいさき【得意先】〈名〉商店などで、ひいきにしてくれる客。例得意先をまわる。

とくいたいしつ【特異体質】〈名〉特定の薬や食物をとると異常に反応をしめすアレルギー性の体質。

とくいまんめん【得意満面】〈名・形動〉得意でたまらないという気持ちが顔全体にあらわれているようす。

どぐう【土偶】〈名〉❶土でつくった人形。❷縄文《じょうもん》時代の遺跡《いせき》から出土する土の人形で、女性をかたどったものが多く、ゆたかな収穫《しゅうかく》などを願ったものといわれる。絵

どくえん【独演】〈名・する〉ひとりだけで、演芸を演じること。例独演会。

どくが【毒牙】〈名〉❶かみついて、毒液を出すきば。❷人をだましたり、おとしいれたりする悪だくみ。例毒牙にかかる(=悪だくみのぎせいになる)。

とくがく【篤学】〈名・形動〉学問に熱心なこと。例篤学の士。

どくがく【独学】〈名・する〉先生につかないで、書物などによって、ひとりで学ぶこと。例独学で数学をマスターする。類自学。独習。

どくガス【毒ガス】〈名〉人間や動植物に害をおよぼすガス。かつて兵器として用いられた。

とくがわじだい【徳川時代】〈名〉⇩えどじだい

1 **とくぎ【特技】**〈名〉❶ふつうはできないような、特別な技芸や技術。❷「特殊《とくしゅ》技術」の略。例特技兵。(特撮《とくさつ》映画の)特技監督《かんとく》。

2 **とくぎ【徳義】**〈名〉人として守らなければならないけじめ。例徳義を守る。

どくけ【毒気】〈名〉❶有毒な気体。❷相手の気分をこわしたりするような感じ。例毒気にあてられる。▽「どっけ」ともいう。

1 **どくご【独語】**〈名〉❶ひとりごと。❷ドイツ語。

2 **どくご【読後】**〈名〉読んだあと。例読後感。

とくさ『▽木▽賊・▼砥草』〈名〉野草の一つ。小さな葉がふしにつくが、こいみどり色の茎《くき》だけのように見えるシダ植物。ものをみがくのに使った。

どくさい【独裁】〈名〉❶集団の中で、ひとりでものごとをきめること。❷個人または特定の集団が決定権をにぎって、国民を支配すること。例独裁者。▽類専制。

とくさく【得策】〈名〉うまい方法。有利と思われるやりかた。例だまっている方が得策だ。類良策。上策。

とくさつ【特撮】〈名〉「特殊撮影《とくしゅさつえい》」の略。むずかしい技術やトリックなどをつかって、現実にはありえないような場面を撮影すること。

どくさつ【毒殺】〈名・する〉毒をのませて、殺すこと。類薬殺。

とくさん【特産】〈名〉その土地でできる、とくにすぐれた産物。その土地でしかできない産物。例特産物。類名産。名物。

1 **とくし【特使】**〈名〉特別の任務をあたえられて外国などに送られる使者。例特使を派遣《はけん》する。アトクシ

2 **とくし【篤志】**〈名〉損得ぬきで、世のため、人のため働こうとする気持ち。例篤志家。アトクシ

 トルストイ(1828～1910) ロシアの作家。人道主義的な作品を書いた。「戦争と平和」「復活」など。

どくじ【独自】〈形動〉ほかとくらべたときに、きわだった特徴《とくちょう》がある。考えかたややりかたがほかから独立している。例独自の判断。独自な立場。独自性。類独特。特有。ユニーク。

とくしか【篤志家】〈名〉慈善《じぜん》事業などにすすんで協力や援助《えんじょ》をする人。

どくじせい【独自性】〈名〉そのものだけにそなわった、ほかとはちがうきわだった特徴《とくちょう》。例独自性がある。独自性を出す。

[1]**とくしつ**【得失】〈名〉あることをした結果生じる、利益と損失。例得失を見きわめる。利害得失。類功罪。損得。

[2]**とくしつ**【特質】〈名〉そのものだけがもつ、特別な性質。類特性。特色。特長。特徴《とくちょう》。→とくしょく〔特色〕表現

とくじつ【篤実】〈形動〉人に対する思いやりがふかくて、まじめである。例温厚《おんこう》篤実。

とくしってん【得失点】〈名〉得点と失点。例得失点差。

とくしゃ【特赦】〈名・する〉〔法律〕恩赦の一つ。有罪となって刑《けい》をうけている人のうちの特定の人について、その刑を免除《めんじょ》すること。

どくしゃ【読者】〈名〉新聞や雑誌、書物などを読むがわの人。例読者層。対筆者。類読み手。

どくじゃ【毒蛇】〈名〉毒をもっているヘビ。毒ヘビ。
参考 多くは上あごに毒腺《どくせん》があり、かみついたときに牙《きば》から毒液をだす。日本では、マムシとハブが代表的。

どくしゃく【独酌】〈名・する〉自分ひとりでつぎながら酒をのむこと。

どくしゃそう【読者層】〈名〉その出版物を読む人々が、どの年代や性別、職業に属しているか。

とくしゅ【特殊】〈名・形動〉ふつうのもの、同類のものと、とくにちがっていること。例特殊撮影《さつえい》。特殊性。対一般。普遍《ふへん》。

とくしゅう【特集】『特▼輯』〈名・する〉雑誌や新聞、放送番組などで、ある一つのことがらについて、いろいろな面からとりあげてまとめること。例特集を組む。特集記事。

どくしゅう【独習】〈名・する〉人に指導してもらわず、自分で練習して、技能を習得すること。例ギターを独習する。類独学。

とくしゅこう【特殊鋼】〈名〉炭素のほかにニッケルやクロムなどの金属元素をくわえてつくったはがね。

とくしゅさぎ【特殊詐欺】〈名〉電話・郵便・電子メールなどを使って、うその話で人を不安におとしいれ、現金を振り込ませるなどしてだまし取る犯罪。

とくしゅせい【特殊性】〈名〉ふつうのもの、同類のものと、はっきりことなる性質や傾向《けいこう》。対一般《いっぱん》性。普遍《ふへん》性。類個別性。

とくしゅほうじん【特殊法人】〈名〉公共の利益のために、特別法によってもうけられた法人。各種公団や公庫、事業団など。

どくしょ【読書】〈名・する〉本を読むこと。

読書百遍《ひゃっぺん》意《い》おのずから通《つう》ず どんなにむずかしい本や文章でも、なんどもくりかえし読めば、意味は自然にわかってくるものだ。

とくしょう【特賞】〈名〉特別にあたえられる、最高の賞や賞金・賞品。

どくしょう【独唱】〈名・する〉〔音楽〕ひとりでうたうこと。伴奏《ばんそう》がつくことが多い。ソロ。対合唱。

とくしょく【特色】〈名〉そのものだけがもっている性質。とくにすぐれているところ。例特色をだす。特色をいかす。類特質。カラー。特性。特徴《とくちょう》。特長。

表現 「特徴」は「目につく性質」で、よい点もわるい点もふくむ。「特質」「特性」は、そのものだけがもつ特別な性質。「特色」は、ほかとちがっているところやすぐれた点をさし、「特長」は、実用的な利点をさすことが多い。

とくしん【得心】〈名・する〉人の言うことや事情などが、十分によくわかること。例得心がいく。類納得《なっとく》。

どくしん【独身】〈名〉現に結婚《けっこん》していないこと。類未婚。独《ひと》り身《み》。独り者。シングル。

[1]**どくしんじゅつ**【読心術】〈名〉顔の表情や動作を見て、相手の心中を読みとる術。

[2]**どくしんじゅつ**【読唇術】〈名〉声を聞かなくとも、人のくちびるの動きで言っていることを読みとる方法。
参考 耳の聞こえない人が手話とともに用いることが多い。

とく・する【得する】〈動サ変〉うまくもうかる。自分に有利になる。対損する。

どく・する【毒する】〈動サ変〉わるい影響《えいきょう》をあたえる。例青少年を毒する映画。対益する。

[1]**とくせい**【特性】〈名〉そのものだけがもっている、特別な性質や性能。類特質。特色。特長。特徴《とくちょう》。→とくしょく〔特色〕表現

[2]**とくせい**【特製】〈名〉特別に念を入れてつくったもの。例特製のケーキ。対並《なみ》製。類スペシャル。

[3]**とくせい**【徳政】〈名〉❶人々にめぐみをもたらす政治。対暴政。類仁政《じんせい》。❷〔歴史〕鎌倉《かまくら》、室町《むろまち》時代に、幕府が武士の窮乏《きゅうぼう》をすくうためにだした、借金を帳消しにするための法令。

どくせい【毒性】〈名〉生物に害をあたえる性質。毒としての程度。例毒性がつよい。毒性検査。

とくせつ【特設】〈名・する〉そのときだけ特別にもうけること。例特設会場。新商品の特設サイト。

どくぜつ【毒舌】〈名〉人やものごとについて、わざと傷つけるような調子で批判することば。例毒舌をふるう。毒舌家。類悪口。

とくせん【特選】〈名〉❶〈する〉多くの中からとくによい品物をえらびだすこと。例特選品。❷コンクールなどで、とくにすぐれているとみとめられること。例特選になる。特選作品。

どくせん【独占】〈名・する〉❶自分だけのものにして、人にあたえも使わせもしないこと。例話題を独占する。上位を独占する。独占放送。類ひとりじめ。専有。❷〔経済〕一つの企業《きぎょう》がある商品の市場の大部分を支配すること。例独占企業。類寡占《かせん》。

どくぜん【独善】〈名〉自分だけが正しいと思いこむこと。例独善的。類ひとりよがり。

どくせんじょう【独▼擅場】〈名〉⇩どくだんじょう

どくぜんてき【独善的】〈形動〉自分だけが正しいと思いこんでいる。例独善的な男。類ひとりよがり。

どくそ【毒素】〈名〉細菌《さいきん》などのはたらきによってできる、毒のある物質。

とくそう【特捜】〈名〉❶「特別捜査」の略。ふつうとはちがう体制で行なう捜査。例特捜班。❷「特捜部」の略。おもに独自捜査(＝政治家の汚職《おしょく》事件や経済事件などを検察庁みずから検挙・摘発して行なう捜査)を行なう。東京・大阪・名古屋の地方検察庁に置かれる。

と

どくそう[1]【独走】〈名・する〉❶ほかを大きくひきはなして、先頭を走ること。❷自分かってに行動すること。類暴走。

表現 ②は、ある人がひとりできめてやった結果、失敗に終わったときなどに使う。

どくそう[2]【独奏】〈名・する〉〔音楽〕ひとりで楽器を演奏すること。伴奏《ばんそう》がつくときにもいう。ソロ。対合奏。

どくそう[3]【独創】〈名・する〉他人のまねではなく、自分自身の力で新しいものをつくりだすこと。例独創力。独創性。独創的。対模倣《もほう》。

どくそうてき【独創的】〈形動〉他人のまねではなく、自分の力でつくりだしたようす。例独創的な作品。類オリジナル。

とくそく【督促】〈名・する〉はらうべきお金や税金を早くはらうように、また、すませるべき仕事を早くすませるようにいそがせること。例借金の返済を督促する。督促状。類催促《さいそく》。

ドクター〈名〉❶医師。おもに医療《いりょう》関係者のあいだでの言いかた。❷博士《はくし》。博士号。例ドクターをとる。◇doctor

ドクターストップ〈名〉❶ボクシングの試合で、選手がけがをして試合の続行がむずかしいとき、医師のすすめで、レフェリーが試合中止の判断をして相手選手の勝ちとすること。❷医師が、患者《かんじゃ》の行動を制限すること。例ドクターストップがかかる。◇doctor と stop による日本での複合語。

とくだい【特大】〈名〉ふつうの「大」よりさらに大きいこと。超《ちょう》大型。例特大のズボン。

とくたいせい【特待生】〈名〉学校で、成績がとくにすぐれているため、授業料が免除《めんじょ》されるなど、特別の待遇《たいぐう》を受けている学生・生徒。

とくだね【特種・特ダネ】〈名〉ほかの新聞や雑誌などにはまだのっていない、特別の新しいニュース。例特種記事。類スクープ。

どくだみ〖▼蕺▽草〗〈名〉薬草にする多年草。低地や道ばたに生える。葉はスペード形で、全体にいやなにおいがある。利尿《りにょう》や胃腸薬とする。例どくだみ茶。

とくだわら【徳俵】〈名〉すもうの土俵で、東西南北の中央に、外がわにちょっとずらしてうめてある俵。

とくだん【特段】〈形動・副〉特別。格別。例特段の配慮《はいりょ》をたまわり、ありがとうございます。

どくだん【独断】〈名・する〉だれに相談もしない、自分だけの判断。例独断と偏見《へんけん》にみちている。独断専行。類一存。

どくだんじょう【独壇場】〈名〉その人だけが活躍《かつやく》できて、ほかの人にはとてもまねられないところ。例民謡《みんよう》はかれの独壇場だ。類ひとり舞台《ぶたい》。

参考 元来は、二字目の「壇」がてへんの「擅《せん》」で、「どくせんじょう」であった。擅は「ほしいままにする」こと。

どくだんせんこう【独断専行】〈名・する〉自分ひとりの判断で、かってにものごとを行なうこと。

とぐち【戸口】〈名〉建物の出入り口。

とくちゅう【特注】〈名・する〉特別に注文してつくってもらうこと。例特注品。類オーダー。カスタムメード。

とくちょう[1]【特長】〈名〉そのものの、とくにすぐれているところ。類特性。特質。特色。↓とくしょく〔特色〕

とくちょう[2]【特徴】〈名〉それがもっている、とくに目だつ性質。ほかのものと見分ける手がかりになる性質。例特徴のある顔。特徴ある町並み。特徴づける。特徴的。類特性。特質。特長。↓とくしょく〔特色〕表現

とくちょうてき【特徴的】〈形動〉特徴がとくに目立っている。例特徴的な顔だち。

どくづ・く【毒突く】〈動五〉口ぎたなくののしる。

とくてい[1]【特定】〈名〉❶範囲《はんい》が特別にかぎられていること。例特定の人としか交際しない。対不特定。❷〈する〉どれであるか、はっきりきめること。例犯人を特定することができない(＝だれだかわからない)。類同定。

とくてん[1]【特典】〈名〉特定の人だけにあたえられる、特別のあつかい。例会員の特典。

とくてん[2]【得点】〈名・する〉試験や競技などで、点をとること。えた点数。例得点をかさねる。高得点。対失点。類スコア。

とくと〖篤と〗〈副〉細かいところまでよくよく。例とくと考える。とくとご覧ください。類じっくり。

とくど【得度】〈名・する〉〔仏教〕髪《かみ》をおろし、仏門に入って僧《そう》や尼《あま》になること。

とくとう[1]【▼禿頭】〈名〉はげあたま。つるつるに はげた頭をいうことが多い。例禿頭の老人。類つるっぱげ。

とくとう[2]【特等】〈名〉一等よりさらに上。最上級。例特等席。

とくとく【得得】〈副〉得意になっているようす。例得得と語る。

どくとく【独特・独得】〈形動〉他のものにはまねのできないような特徴《とくちょう》となっている。例独特の笑い。独特なやりかた。類独自。特有。ユニーク。

どくどく〈副〉液体がいきおいよく、脈打つような感じで流れ出るようす。

どくどくし・い【毒毒しい】〈形〉❶色がけばけばしくて、いやらしい。例毒々しい色。類どぎつい。❷いかにも悪意が感じられて、いやらしい。例毒々しいことば。

ドクトリン〈名〉❶政治や外交における基本原則。❷守らなくてはならないきまり。信じて守っていること。類教義。信条。◇doctrine

とくに【特に】〈副〉❶多くのものごとの中でそれだけがとびぬけているようす。例特に目立つ。きょうは特に寒い。類とりわけ。ことさら。❷多くの中からそれだけをとりあげて強調するようす。例席を特に設ける。特に注目する。

とくにん【特任】〈名〉特別に任命すること。また、特定の任務にあたること。例特任教授。

どくは【読破】〈名・する〉長い物語や、巻数がたくさんある本、また、むずかしい本を、全部 読みきること。例全集を読破する。

とくばい【特売】〈名・する〉特別に安くうること。例特売場。特売品。特売日。類セール。ディスカウント。

とくはいん【特派員】〈名〉取材のために特別に外国へ派遣《はけん》された記者。

どくはく【独白】〈名・する〉劇で、相手なしにひとりで話すこと。登場人物の心境を観客にのべることが多い。モノローグ。

とくひつ【特筆】〈名・する〉とくにとりあげ、強調して書くこと。例特筆にあたいする。特筆すべき事件。特筆大書する。

とくひょう【得票】〈名・する〉投票で、その候補者や議案などがある数の票をえること。また、えた票。例都市部で得票をのばす。得票数。得票率。

どくぶつ【毒物】〈名〉毒をふくんだ、ものや薬物。

曇徴(どんちょう) 生没年不明。高句麗の僧。610年に来日。紙や墨の製法や彩色の技術を伝えたとされる。

とくべつ【特別】〈形動・副〉ふつうのものとはちがっている。これまでのものと比べて、かわっている。例特別な才能。特別だいじな品物。特別あつかい。対ふつう。類スペシャル。

とくべつけいほう【特別警報】〈名〉めったに起きないほど甚大《じんだい》な自然災害が予想されるとき、ただちに命を守る行動をとるようにと気象庁が出す警報。

とくべつこっかい【特別国会】〈名〉衆議院の解散による総選挙のあと、三〇日以内に開かれなければならない国会。内閣は総辞職し、新しい内閣総理大臣が指名される。特別会。→つうじょうこっかい・りんじこっかい

とくべつし【特別視】〈名・する〉ほかとはちがう特別なものとして、見たり考えたりすること。

とくべつてんねんきねんぶつ【特別天然記念物】〈名〉天然記念物のうち、とくにたいせつなものとして指定されたもの。ニホンカモシカやイヌワシなど。

どくへび【毒蛇】〈名〉⇩どくじゃ

とくほう【特報】〈名・する〉特別な知らせ。注目させるための言いかた。

とくぼう【徳望】〈名〉人間としての徳がたかくて、人々から信頼《しんらい》され、したわれること。例徳望がある。

どくぼう【独房】〈名〉刑務《けいむ》所で、罪人をひとりだけにして入れておく部屋。

とくほん【読本】〈名〉「絵本」に対して、むかしの子ども向けの読み物のこと。とくに、明治時代から使われていた、小学校の国定国語教科書のこと。

表現「副読本《どくほん》」や、「人生読本」「文章読本」のような書名に残っていて、いまは「どくほん」と読むのがふつう。

参考「よみほん」と読むのは別のことば。

ドグマ〈名〉「教条」のこと。◇dogma

どくみ【毒味・毒見】〈名・する〉身分の高い人に食事をだすとき、毒が入っていないかどうか、ちょっと食べて調べてみること。例お毒見をする。

参考昔はそういう用心が必要であった。現在では、たわむれに料理の味見にいうことがある。

どくむし【毒虫】〈名〉毒をもち、人や動物をさして害をあたえる虫。サソリやハチなど。

[1]とくめい【匿名】〈名〉名前をかくしておくこと。かくして、仮名《かめい》やイニシャルを使うこと。例匿名で投書する。匿名記事。匿名報道。匿名希望。対実名。本名。

[2]とくめい【特命】〈名〉特別の命令や任命。例特命がくだる。特命を受ける。

とくめいぜんけんたいし【特命全権大使】〈名〉⇩たいし〔大使〕

とくもく【徳目】〈名〉正直・孝行・博愛など、人間としてたいせつにすべき一つ一つの徳の名。

とくやく【特約】〈名・する〉特別の利益や条件をともなう契約《けいやく》。特別契約をすること。例特約店。

どくやく【毒薬】〈名〉人や動物を殺したり、からだをまひさせたりする薬品。青酸カリなど。

とくやくてん【特約店】〈名〉特定のメーカーや販売《はんばい》元と契約《けいやく》し、その商品を主にあつかう店。

とくゆう【特有】〈形動〉他のものにはない、目立った特徴《とくちょう》となっている。例この地方に特有な習慣。対通有。類独自。独特。固有。

とくよう【徳用・得用】〈形動〉ねだんのわりに量が多くて得《とく》になる。例徳用品。お徳用セット。

とくり『徳利』〈名〉⇩とっくり〔徳利〕①

どくりつ【独立】〈名・する〉❶ほかのものからはなれて一つだけ存在すること。例独立家屋。❷ほかの助けをかりず、ほかから支配もうけずに生きること。例独立の歩み。親から独立する。独立国。独立独歩。類自立。

どくりつぎょうせいほうじん【独立行政法人】〈名〉もと、国がすべて運営していた公益性の高い機関で、行政の効率化のために国から独立させ、法人化した組織。研究所・病院・博物館など。独法《どっぽう》。

どくりつご【独立語】〈名〉〔文法〕文の中で、とくに他の文節との関係（＝主語と述語の関係など）をもたないで、独立している文節や語句。感動やよびかけを表わしたり、その文で問題になることを とりあげて示したりする。たとえば、「あっ、家が火事だ」の「あっ」や、「山下くん、こんどはきみの番だよ」の「山下くん」など。

どくりつこく【独立国】〈名〉国際法上、一つの国としてみとめられる、主権をもった国。対属国。

どくりつさいさんせい【独立採算制】〈名〉企業の中の各部門が、自己の収支計算だけで独立してやっていけるようにした経営法。

どくりつじそん【独立自尊】〈名〉他人にたよることなく、自分の力で自分の品格を高くたもとうとすること。

どくりつしん【独立心】〈名〉親や他人にたよらず、自分の力だけで判断し行動しようとする気がまえ。例独立心を養う。独立心の強い青年。

どくりつどっぽ【独立独歩】〈名〉人にたよらないで、自分の力で信じる道をいくこと。

どくりつぶ【独立部】〈名〉〔文法〕文の中で、二つ以上の文節がまとまって独立語と同じ働きをする、一つづきの部分。たとえば、「宿題を忘れた人、手をあげなさい」の、「宿題を忘れた人」の部分。

どくりょう【読了】〈名・する〉本などを読み終えること。類読破。

どくりょく【独力】〈名〉ほかの力をかりない、自分ひとりだけの力。例独力でなしとげる。類自力《じりき》。

とぐるま【戸車】〈名〉引き戸の上、または下につけて、戸がスムーズにうごくようにするための小さな車輪。

[1]とくれい【特例】〈名〉特別にみとめられた例外。例特例を設ける。

[2]とくれい【督励】〈名・する〉仕事がすすむように、監督《かんとく》しながら、はげますこと。

とぐろ〈名〉ヘビなどが、からだをうずまき状にしていること。

とぐろを巻《ま》く 何人かの人が集まって、とくにこれといったこともしないで長い時間すごしている。

どくろ『▼髑▼髏』〈名〉骨だけになった、人の頭の骨。類しゃれこうべ。

どくわ【独話】〈名・する〉❶ひとりごとを言うこと。類独言。❷おおぜいの前で、一人で話をすること。

とげ『▽刺・▼棘』〈名〉❶植物の茎《くき》や葉、魚のひれなどにある、短くとがった針のようなもの。例バラのとげ。❷人や動物のからだにささった、はり状の木片《もくへん》など。例とげがささる。とげをぬく。

表現「とげのあることば」のように、相手の心につきささって傷つけるもの、という意味でも使う。

方言新潟では、「魚の小骨」の意味でも使う。

とけあ・う【解け合う】〈動五〉おたがいにへだたりがなくなって、うちとける。

とけい【時計】〈名〉時刻をはかって知らせる器械。例うで時計。置き時計。

と

表現「時計回り」といえば、時計のはりのすすむ方向、つまり右に回ること。「反時計回り」はその逆の左回り。

とけいだい【時計台】〈名〉上部に大きな時計がついている、高い建物や塔《とう》。

とけこ・む【溶け込む】〈動五〉❶すっかりとけて、ひとつになる。❷環境《かんきょう》になじんで、調和するようになる。例チームに溶け込む。類同化する。適応する。順応《じゅんのう》する。

どげざ【土下座】〈名・する〉相手への敬意やおそれを表わすために、地面や床《ゆか》にひざをつけてすわり、ふかぶかと頭をさげること。例遺族《いぞく》に土下座してあやまる。プライドをすてて土下座でたのみこむ。

どけち〈名・形動〉「けち」をつよめた、俗《ぞく》な言いかた。

とけつ【吐血】〈名・する〉胃や食道などからでた血を口からはきだすこと。参考呼吸器からでるのは「喀血《かっけつ》」。

とげとげし・い【▽刺▽刺しい】〈形〉ことばや態度が、まるで接する人の心につきささるように、きびしく冷たい。例とげとげしい話しかた。

と・ける【解ける・溶ける】〈動下一〉❶むすんであったものが、ゆるんでほどける。例ひもが解ける。❷自由をうばっていたものがなくなる。例禁止令が解ける。❸かたくなっていた人の気持ちがやわらかくなる。例いかりが解ける。誤解が解ける。類ほぐれる。❹あることについての答えがでる。例問題が解ける。類解決する。❺かたくなっているものが、やわらかくなって、液状になる。例氷が解ける。雪解け。なまりが溶ける。チョコレートが溶ける。❻大金がむだになる。俗《ぞく》っぽい言いかた。例投資《とうし》の失敗で資金が溶ける。

表記 ⑤は「溶ける」と書くのがふつうだが、雪や氷については「解ける」とも書く。金属の場合は、「▼熔ける」「▼鎔ける」と書かれることもある。

と・げる【遂げる】〈動下一〉❶しようと思っていた計画や考えなどを やりあげる。例思いを遂げる。目的を遂げる。類はたす。❷最後には ある結果となる。例最期《さいご》を遂げる(=死ぬ)。進歩を遂げる。

ど・ける【▽退ける】〈動下一〉じゃまなもの、いらないものをほかの場所にうつす。類どかす。のける。

どけん【土建】〈名〉「土木建築」の略。土木を中心とし、建築もふくむ工事。例土建業。

とこ【床】[1]〈名〉❶ねどこ。例床をしく。床につく。床をとる。やまいの床。床ずれ。床ばなれ。類ふしど。❷「とこのま」の略。❸畳《たたみ》のしん。畳の表面にあるござのようなものをとりさった、厚い部分。対畳表《たたみおもて》。❹かわぞこ。❺苗《なえ》をそだてるために、特別に用意した場所。例苗床。▽アトコ

床に伏《ふ》す 病気でねこむ。「床に伏せる」ともいう。

とこ【▽所】[2]〈名〉❶「ところ」のくだけた言いかた。例ここんとこがわかんない。❷(「…がとこ」の形で)ほど。ぐらい。古めかしい言いかた。例焼きいもを千円がとこくれ。▽アトコ

どこ【▽何▽処】〈代名〉自分にわかっていない場所をさしていうことば。「どの場所」とか「どういうところ」とかいう意味。例きょうはどこからですか。→あそこ・ここ・そこ

表現「どこ」ということばがさす場所やところは、実際の場所であるとはかぎらない。「あなたは、あの人のどこが気にいっているのですか」とか、「この絵は上品なようで、どこか下品な感じがする」のような「どこ」は、考えかたや感じかたのなかの、ある一点やある部分をさしている。「どこの学校を受験しますか」という「どこの」も、「どの場所にある」ではなくて「どの」ということである。

どこの馬《うま》の骨《ほね》か分《わ》からない ⇩うまのほね

どこ吹《ふ》く風《かぜ》 自分には関係ないというようす。例親の心配もどこふく風で、かってに遊びまわっている。

どこもかしこも どこを見てもみな。例連休中の観光地はどこもかしこも人だらけだ。

とこあげ【床上げ】〈名・する〉長いあいだの病気がなおったり、出産後回復して、ねどこをかたづけること。床ばらい。例床上げの祝い。類快気祝い。

とこう【渡航】〈名・する〉船や飛行機で海をこえて、外国へ行くこと。例渡航手続き。渡航歴。

どこう【土工】〈名〉❶土木工事。❷土木工事にたずさわる労働者。古い言いかた。類土方《どかた》。

どごう【怒号】〈名・する〉おこってどなること。いかってどなる声。例怒号がとびかう。類怒声。罵声《ばせい》。

どこか〈副〉はっきり言えないが、なんとなく。例この話、どこかおかしい。参考くだけた言いかたは「どっか」。

どこかしら〈副〉どことはっきりしないが、なんとなく。例いとこだから、どこかしら似《に》ているところがある。

とこしえ〈名〉いつまでも変わらないこと。文学的な古めかしい言いかた。類とわ。永遠。永久。

とこずれ【床擦れ】〈名・する〉病気で、長いあいだ寝《ね》ているときに背中や腰《こし》などにできる傷。

どこそこ〈代名〉場所をはっきり指さないで言うときのことば。

どこぞの〈連体〉名前ははっきりしないが、どこかそのあたりの。例どこぞの店で買ってきた代物《しろもの》。

表現「どこぞの国の首相は しぶといね」のように、話し手にも聞き手にもあの人とすぐにわかるようなときに、しばしばわざと使う。

どことなく〈副〉どこがとは はっきり示せないが、なんとなく。

とことん〈副〉最後まで徹底《てってい》的に。俗《ぞく》っぽい言いかた。例とことんやりぬく。とことんまでやりぬく。

とこなつ【常夏】〈名〉一年中、夏のような暑い気候であること。例常夏の国。

とこのま【床の間】〈名〉和風の住宅で、ざしきの上座《かみざ》を高くして、掛け軸《じく》や 置きものを かざるところ。

とこばしら【床柱】〈名〉床の間のはしに立てる、丸太や自然木を使った かざりの柱。

とこはる【常春】〈名〉気候が一年中、春のように温暖なこと。例常春の国。

とこや【床屋】〈名〉おもに男性客の、かみの毛を切ってととのえる店。類散髪《さんぱつ》屋。理髪店。理髪師。

とこやま【床山】〈名〉力士や役者の髪《かみ》を結《ゆ》う人。

どこやら〈副〉❶どの部分とはっきりしないがなんとなく。例どこやら飼い主に似《に》てきた犬。❷場所がどこなのかわからない。例どこやらあやしげな場所につれて行かれた。▽類どこか。

とこよ【常世】〈名〉❶永遠の時。❷「常世の国」の略。どこか遠くにある国で、不老不死の国や死後に行く黄泉《よみ》の国が考えられた。

とごる(方言) 沈殿《ちんでん》する。三重・和歌山・奈良などで言う。例この紅茶、砂糖とごっとる。

ところ【所】〈名〉❶場所。地点。地域。例いたる所。便利な所。高い所。お所(=住所)とお名前を書いてください。所によっては、にわか雨が降るでしょう。所番地。❷部分。例はじめのところ。次のところ。こわれたところを

修理する。❸位置。立場。例ところをえない。攻守《こうしゅ》ところを変える。❹指摘《してき》できる、ある点。例あの人の素朴《そぼく》なところがすきだ。見たところ、よさそうな人だよ。❺とき。おり。例困っていたところにきみが来てくれた。❻ちょうどその時点。大きな目じるしの直前か直後をさすときに使う。例会がいま始まるところだ。❼一点を中心にしたある期間。例いまのところ、天気はくずれそうもない。このところ成績不振《ふしん》だ。❽ことがら。例それは関知するところではない。❾「た」のあとにつけて、「…たところ」となり、「と」や「たら」に似《に》て、次に何がおこるかを期待させる言いかたになる。「…たところが」となることもある。例実験してみたところ、うまくできた。▽↓どころ〔所〕

表現 ⑥の「直前」を意味する「ところ」は、「もう少しで成功するところだった」「あやうく大惨事《だいさんじ》になるところを助かった」「すんでのことに命をおとすところだった」のように、「もう少しで」「あやうく」「すんでのことに」などによって意味が強められることがある。

参考 ④～⑨は、なんらかの場所の意味でなく、かならず修飾《しゅうしょく》語をつけて使うので、形式名詞の用法である。

表記 「所」と漢字で書くのは①の場合が多く、ほかはかなで書きがふつう。

所変《か》われば品《しな》変わる 土地によって、風俗《ふうぞく》や習慣、ことばなど、いろいろなものが変わる。

所を得《え》る その人にふさわしい仕事や地位につく。

[1]**どころ**〈副助〉⇩どころではない・さわぎ②

[2]**どころ【所】**〈接尾〉❶…する場所。例居所。寝《ね》所。❷…する、…すべき部分や場所。例つかみどころ。よりどころ。泣きどころ。見どころ。(がまんの)しどころ。(手の)打ちどころ。❸…の生産で有名な場所。例米所。茶所。酒所。❹…である人たち。例きれいどころ。

表記 「▽処」という漢字をあてて、そば処・すし処・食事処のように、「…を提供する店」の意味でも用いる。

ところえがお【所得顔】〈名〉人よりもいい地位や立場などを得て、満足そうなようす。類得意顔。

[1]**ところが**〖所が〗〈接〉その前のことからは予想しにくいことを、あとに述べるときに使う。例事件は解決したかにみえた。ところが、二か月たって新事実が現れたのである。類しかし。けれども。

[2]**ところが**〈接助〉その前に述べたことからは、予想しにくいことや、期待に反したことをあとにつづけるときにいうことば。例かれの家を訪ねたところが、一家は山に行って留守だった。類が。けれど。

ところがどっこい 聞き手の予想をこえるようなことを次に言うときの、気をもたせるような言いかた。

どころか〈接助〉❶予想とはまったく反対のことがらが起こることを述《の》べる。例天気がよくなるどころか、ひどい風雨になった。❷予想の範囲《はんい》をはるかにこえていることを述べる。例「決勝に残れたら」と言っていたのが、残るどころか断トツで優勝してしまった。

ところきらわず【所嫌わず】〈副〉どこでもかまわずに。例所嫌わずポスターをはりつける。類所かまわず。

ところせましと【所狭しと】〈副〉せまいと感じられるほど、たくさんのものがあるようす。例所狭しと荷物が置いてある。

[1]**ところで**〈接〉あらためて別な話題を言いだすときに使う。例ところで、きみはなんの仕事をしているの。

[2]**ところで**〈接助〉その前に述べたことのねらいとは反対のことがらをあとに述べるときにいうことば。例今さら走ったところでまにあうまい。類ても。

どころではない 「ほかの大問題のため、そんなことはまったく問題にならない」と言って、強く打ち消す言いかた。例自分のことでいっぱいで、人の世話どころではない。↓さわぎ②

ところてん〖▽心▽太〗〈名〉テングサを煮《に》て、長方形の型にながしこみ、冷やしてかたまらせた食べもの。細長くしたものを、地方により酢《す》じょうゆ、黒蜜《くろみつ》、だし汁などで味をつけて食べる。

ところてんしき【ところてん式】〈名〉何の苦労もなく、次の段階にすすむこと。例ところてん式に大学を卒業する。参考ところてんが型からおし出されるように、意志や努力とは無関係に出てきてしまうという意味。

ところどころ〖所所〗〈名〉あちらこちら。

ところばんち【所番地】〈名〉住所・所在地を表わす、地名と番地。例手紙で連絡しようにも所番地がわからない。

どこんじょう【ど根性】〈名〉何ものにも負けない根性。俗《ぞく》な言いかた。

とさ【土佐】〈名〉旧国名の一つ。現在の高知県。江戸《えど》末期、坂本竜馬《さかもとりょうま》など尊王攘夷《そんのうじょうい》の志士を多く生んだ。土佐犬や土佐和紙も有名。土佐市にその名が残る。土州《どしゅう》。

とざいとうざい【▽東西東西】〈感〉芝居《しばい》などで、口上《こうじょう》を述《の》べるときに言うことば。

とさいぬ【土佐犬】〈名〉高知県原産の、四国犬と西洋犬との雑種。耳がたれ、からだが大きく、毛は短く茶褐色《かっしょく》か褐色。闘犬《とうけん》で有名。

どざえもん〖土左▽衛門〗〈名〉おぼれて、水にうくかし、岸に打ち上げられるかした、ふくれた死体。水死体。

とさか〖▽鶏▽冠〗〈名〉ニワトリなどの頭にある、毛の生えていない赤いかんむりのようなもの。鶏冠《けいかん》。

どさくさ〈名〉急におこった事件や用事などで、ごたごたしていること。例どさくさにまぎれて姿をかくした。

どさくさまぎれ【どさくさ紛れ】〈名〉事件や事故による混乱をうまく利用すること。

とざ・す【閉ざす】〈動五〉❶出入り口や道をふさいでしまって通れないようにする。あらたまった言いかた。例門を閉ざす。道を閉ざす。口を閉ざす(=なにも言わない)。対あける。ひらく。類閉鎖《へいさ》する。❷ほかとのつきあいをなくす。例閉ざされた社会。心を閉ざす。対あける。ひらく。❸全体をおおってしまう。例暗雲《あんうん》に閉ざされた北国の空。

とさつ【▼屠殺】〈名・する〉「屠畜《とちく》」のかつての言いかた。

とざま【▽外様】〈名〉❶「外様大名」の略。❷組織の中で、主流からはずれた立場にあること。

とざまだいみょう【▽外様大名】〈名〉〔歴史〕関ヶ原《せきがはら》の戦いのあとで徳川氏にしたがうようになった大名。石高《こくだか》は多いが、辺地におかれて、幕府の要職にはつけなかった。対譜代《ふだい》大名。

どさまわり【どさ回り】〈名〉劇団などが、もっぱら地方をまわって公演すること。

とざん【登山】〈名・する〉高い山にのぼること。スポーツとして山にのぼること。山登り。例登山隊。冬山登山。

どさんこ〖▽道産子〗〈名〉北海道で生まれ育ったウ

マ。人についてもいう。

とし[1]【年】『▽歳』〈名〉❶一年。時間の長さを表わす単位の一つで、地球が太陽を一周するだけの期間をいう。月でいえば十二か月、日でいえばふつう三六五日となる。例年をへだてる。年をへる。年月《としつき》。❷年齢《ねんれい》。生まれてから何年たったかをかぞえた数。例年がいく。年をとる。年をかさねる。年をかぞえる。年をくう。年の功。あの人は、年より若く見える。年かさ。年より。類齢《よわい》。❸年度。一定の時期からの一年間。ふつう、暦《こよみ》では、一月一日からかぞえ、日本の学校・官庁・会社などでは、ふつう四月一日からかぞえる。例年があける。年があらたまる。年がかわる。年をこす。年の始め。年の瀬《せ》。ゆく年。くる年。年男《としおとこ》。辰《たつ》年《どし》。うるう年。▽アトシ」

表現 年齢の意味でいう「年」には、とかく「かさなってきた年齢」の意味がこめられる。「このくらいでつかれるとは、年だなあ」というときは「年より」の意味。「いい年をしてなんだ」と人をしかるときの「年」は、分別のある大人になっているはずの年齢をさしている。

年には勝《か》てない 年をとるとその気があっても、体力が追いついていかない。あきらめのことば。

年を取《と》る ❶年齢がくわわる。例またひとつ年をとった。❷老齢になる。類年がいく。

敬語 尊敬語は「お年を召《め》す(召される)」。

とし[2]【都市】〈名〉人が多く集まり、経済や文化などの活動がさかんな地域。対村落。類都会。アトシ

とじ[1]【『▼綴じ』】〈名〉紙などをとじること。とじ方。例とじがゆるむ。和とじ。とじ目。アトジ」

とじ[2]【途次】〈名〉あるところへ行く途中。例帰国の途次。類途上。アトジ

どじ〈名・形動〉人に笑われるような、まぬけな失敗。まぬけな人。例どじをやる。どじなやつ。この、どじ！類へま。とんま。失策。ミス。

どじを踏《ふ》む まぬけな失敗をする。類へまをする。

としうえ【年上】〈名〉年齢《ねんれい》が上であること。例年上の女の子。対年《とし》下《した》。類年長。年かさ。

としお・いる【年老いる】〈動上一〉年をとって老人になる。例年老いた両親。

としおとこ【年男】〈名〉生まれた年の干支《えと》が、その年の干支にあたる男の人。

としがい【年がい】『年▽甲▼斐』〈名〉年齢《ねんれい》にふさわしい考えや行ない。

表現「いい大人が年がいもなく…」のように、打ち消しの形で、非難の意味をこめて使う。

としかさ【年かさ】『年▼嵩』〈名〉❶「年うえ」のやや古めかしい言いかた。例三つ年かさの姉。❷かなり年をとっていること。

としガス【都市ガス】〈名〉都市で、地下にめぐらしたガス管から供給される燃料用のガス。

どしがた・い【度し難い】〈形〉わからずやで、どうしようもない。例なんとも度し難い人物だ。

としかっこう【年格好】〈名〉外見から判断して予想する、だいたいの年齢《ねんれい》。

としぎんこう【都市銀行】〈名〉大都市に本店があり、全国に多数の支店をもつ銀行。略して「都銀」ともいう。対地方銀行。

としけいかく【都市計画】〈名〉都市の交通・水道・道路・住宅・公園などをととのえるための総合的な計画。

としご【年子】〈名〉一年ちがいで、同じ母から生まれた子ども。

としこうざん【都市鉱山】〈名〉リサイクルされる大量の電子機器などを、部品からレアメタルが回収できることから、鉱山になぞらえる言いかた。

としこし【年越し】〈名・する〉その年をおくって、新年をむかえること。例年越しそば。類越年《えつねん》。

としこしそば【年越しそば】『年越し▼蕎▽麦』〈名〉大みそかの夜に食べるそば。参考そばのように細く長く生きられるようにと、縁起をかついだもの。

としこっか【都市国家】〈名〉〔歴史〕都市とその周辺部から成り立っている小さな国家。古代ギリシャのポリスが有名。

とじこ・む【とじ込む】『▼綴じ込む』〈動五〉❶書類や雑誌などをとじてまとめる。❷雑誌や書類のたばの中に、別の紙などをくわえてまとめる。

とじこ・める【閉じ込める】〈動下一〉中に入れて、外に出られないようにする。類封《ふう》じ込める。

とじこも・る【閉じ籠もる】〈動五〉戸をしめて、外へ出ようとしない。例家に閉じこもる。殻《から》に閉じこもる。

としごろ【年頃】〈名〉❶見た感じからおしはかった、だいたいの年齢《ねんれい》。としのころ。❷あることにふさわしい年齢。一般《いっぱん》的にある傾向《けいこう》をもつ年齢。例遊びざかりの年頃。❸女性の、結婚にふさわしい年齢。例年頃になる。年頃のむすめ。類適齢期。

としした【年下】〈名〉年齢《ねんれい》が下であること。例年下の男の子。対年上《としうえ》。類年少。

とじしろ【とじ代】『▼綴じ代』〈名〉とじるために余分にあけておく、紙のはしの部分。

としつき【年月】〈名〉何年何か月もの長い時間。例年月をかさねる。類歳月《さいげつ》。月日。年月《ねんげつ》。

としでんせつ【都市伝説】〈名〉現在あるものごとについてまことしやかにうわさされる、「あれはじつは…らしいよ」といった、根拠《こんきょ》のない話。

どしどし〈副〉❶ものごとを次から次へとするようす。例よいと思うことはどしどし実行しなさい。類どんどん。❷地面を力づよくふみ歩く音のようす。類どしんどしん。

としなみ【年波】〈名〉大海の波のように休むことなく寄せてきて、一年一年、年をとらせる時の流れ。「寄る年波」の形でいう。→「よる〔寄る〕」の子項目

としのいち【年の市】〈名〉年の暮れに開かれる、正月用の品物などを売る市。

としのくれ【年の暮れ】〈名〉暦《こよみ》の一年の終わりのころ。類年末。年の瀬。

としのこう【年の功】〈名〉年とともに人生経験をつみ、いろいろな場合にどうしたらいいかがわかってくること。例亀《かめ》の甲より年の功(→「かめ〔亀〕」の子項目)。

としのころ【年の頃】〈名〉およその年齢《ねんれい》。例年の頃は十七、八。

としのせ【年の瀬】〈名〉年の暮れ。一年の終わりのころ。歳末《さいまつ》。例年の瀬がおしつまる。参考あわただしい年末を、川の流れの速さになぞらえた言いかた。

としは【年端】〈名〉年齢《ねんれい》。年の程度。

表現「年端もいかない」の形で、小さい子どもの形容に使うのがふつう。

としま【年▽増】〈名〉むすめらしい時期をすぎて、やや年をとり女ざかりとなった女性。少し古い言いかた。

とじまり【戸締まり】〈名・する〉用心のために、戸や門などにかぎをかけて、あかないようにすること。

 永井荷風(かふう) (1879～1959) 小説家。自然主義から出発。のち江戸趣味にかたむき反俗的立場をとった。

としまわり【年回り】〈名〉 年齢《ねんれい》による運勢。[例]今年は年回りが悪い。

どしゃ【土砂】〈名〉 つちやすな。[例]土砂くずれ。

どしゃくずれ【土砂崩れ】〈名〉 山やがけの土砂がくずれ落ちること。

どしゃぶり【どしゃ降り】『土砂降り』〈名〉 雨がひどくはげしく降ること。[例]どしゃ降りになる。[類]大降り。

としゅ[1]【斗酒】〈名〉 一斗(=約十八リットル)の酒。多量の酒。[例]斗酒なお辞せず(=大量の酒でもすすめられれば飲む)。

としゅ[2]【徒手】〈名〉 手に何も持っていないこと。[例]徒手で身を守る。[類]素手《すで》。空手《からて》。

としゅくうけん【徒手空拳】〈名〉 「徒手」をつよめた言いかた。[例]徒手空拳で暴漢に立ち向かう。

としゅたいそう【徒手体操】〈名〉 器機や器具などを使わずにおこなう体操。[対]器械体操。

としょ【図書】〈名〉 本。書物。出版物。[例]図書館。参考図書。[類]書籍《しょせき》。書。

とじょう【途上】〈名〉 ものごとが発展し、進行している途中にあること。[例]発展の途上にある。[類]途次。

どじょう[1]『▽泥▼鰌』〈名〉 淡水《たんすい》にすむさかなの一種。一五センチメートルぐらいでほそ長く、口のまわりに短いひげがある。柳川鍋《やながわなべ》などにして食べる。

どじょう[2]【土壌】〈名〉 土。農作物をそだてる母体としての土。[例]土壌がこえる。肥沃《ひよく》な土壌。酸性土壌。

どじょうひげ『▽泥▼鰌▼髭』〈名〉 くちびるの上の両わきに、うすく生えたひげ。→ひげ〔髭〕[絵]

どしょうぼね【土性骨】〈名〉 生まれつきの性質やこころね。[例]土性骨をたたきなおす。[類]根性《こんじょう》。

としょかん【図書館】〈名〉 書籍《しょせき》や文書資料を集めて保存し、多くの人が利用できるようにした施設《しせつ》。ライブラリー。

としょく【徒食】〈名・する〉 はたらきもせず、ただぶらぶらと暮らすこと。[例]無為《むい》徒食。

としょ(▼屠所)にひ(引)かれるひつじ(羊) 死にに行くとわかっている道をしかたなくあゆむ者。先に希望のない歩みをする者。

としより【年寄り】〈名〉 ❶人生をながく生きてきて、経験をつんだ人。年をとった人。お年寄り。[類]老人。❷〔年寄〕力士を引退して、日本相撲《すもう》協会の役員になった人。

年寄りの冷《ひ》や水《みず》 年寄りが、自分の体力のおとろえたのもわきまえないで、むりな行動をすること。

と・じる[1]【閉じる】〈動上一〉 ❶今までひらいていたものが、ふさがる。ふさぐ。[例]幕が閉じる。口を閉じる。目を閉じる。❷終わりになる。終わりにする。[例]店を閉じる。会を閉じる。→おひらき ❸パソコンで、ひらいていたファイルを終了させる。▽[対]ひらく。

閉じた質問《しつもん》 ⇩しつもん[参考]

と・じる[2]『▼綴じる』〈動上一〉 ❶紙などをかさねあわせて、糸や針がねなどで固定する。[類]つづる。❷料理の仕上げに、火をとめる直前にときたまご、くず粉、またはかたくり粉などをそそぎかける。

としわすれ【年忘れ】〈名〉 年末に、その年の苦労を忘れるために開く、忘年《ぼうねん》会などのもよおし。

としん【都心】〈名〉 都会の中心にあたる地域。とくに、東京の中心部。[例]都心部。副都心。

トス〈名・する〉 ❶バレーボールで、アタックにつなげるための、かるくはじき上げるようなパス。セット。❷野球などで、近くにいる味方に球を下からかるく投げること。❸ものごとを決めるとき、硬貨《こうか》を投げ上げ、落ちたときの面の表か裏かで判断すること。コイントス。◇toss

どす〈名〉 ❶短刀。[例]どすをのむ(=どすをふところに入れている)。❷相手をこわがらせるようなすごみ。[例]どすのきいた声。

どすう【度数】〈名〉 ❶〔数学〕 統計《とうけい》をとるための調査によって得られた、同じ分布にふくまれる資料(データ)の数。[例]度数分布表。❷温度や角度などを示す数。

どすぐろ・い【どす黒い】〈形〉 黒くてきたない感じがする。[例]どす黒い顔。どす黒い考え。

とすると …と仮定すると。…という条件のもとでは。[例]もう家を出たとすると、まもなく着くだろう。

とせ『▽年・▽歳』〈接尾〉 年数をかぞえることば。古風な言いかた。[例]三年《みとせ》。幾年《いくとせ》。

とせい【渡世】〈名〉 ❶世の中を生きていくこと。[例]渡世を送る。❷生きていくためにする仕事。

どせい[1]【土星】〈名〉 〔天文〕 太陽系の六番目の惑星《わくせい》。約二九年で公転する。直径は地球の約一〇倍で、木星のつぎに大きい。赤道のまわりに、うすくてはばのひろい輪があり、一〇個以上の衛星をもつ。

どせい[2]【怒声】〈名〉 おこってだす、どなり声。[例]怒声をあびせる。[類]怒号。

とせいにん【渡世人】〈名〉 やくざ。ばくち打ち。

どせきりゅう【土石流】〈名〉 雨水といっしょになって、土や石がはげしい勢いで山の斜面《しゃめん》をなだれ落ちること。[例]土石流が発生する。[類]山津波。

とぜつ【途絶】『▼杜絶』〈名・する〉 交通や通信が、途中できれること。[例]連絡が途絶する。[類]とだえる。

とそ『▼屠▼蘇』〈名〉 ❶「とそ散」の略。七種の薬草をまぜた、邪気《じゃき》をはらい、長寿《ちょうじゅ》を保つという薬。❷「①」をひたした酒やみりん。正月に新年を祝ってのむ。おとそ。

とそう【塗装】〈名・する〉 ものの表面を保護したり、色をつけたりするために、塗料をぬること。また、ぬった塗料。[例]ペンキで壁《かべ》を塗装する。塗装がはげる。

どそう【土葬】〈名・する〉 遺体をそのまま土にうめてほうむること。[対]水葬。火葬。風葬。

どぞう【土蔵】〈名〉 防火のために、かべをしっくいや土でぬりかためた倉。

どそく【土足】〈名〉 はきものをはいたままの足。[例]土足であがる。土足でふみにじる。

土足で踏《ふ》み込《こ》む ふれられたくないものごとに、ずかずかと無神経に干渉《かんしょう》するような言動をする。[例]人の心に土足で踏み込む。

どぞく【土俗】〈名〉 その土地に特有の風習。

どだい【土台】 ━〈名〉 ❶建物や橋などのもっとも下にあって、上部をささえているもの。木造建築で、石やコンクリートの基礎《きそ》の上において、柱をささえる横木。[例]土台をすえる。土台石。❷ものごとの基礎。[例]土台を築く。土台をつくる。土台がしっかりする。

━〈副〉〔どだい〕 どう考えても。はじめから。[例]あのチームに勝とうなんて、どだいむりな話だ。[類]もともと。

とだ・える『途絶える』〈動下一〉 今まで続いていたものが、とぎれて なくなる。[例]便りがとだえる。通信がとだえる。道がとだえる。[類]絶える。途絶《とぜつ》する。

どたキャン〈名・する〉 いったんした約束を直前になってからことわること。「土壇場《どたんば》でキャンセルする」をちぢめ

た俗《ぞく》な言いかた。

どたぐつ【どた靴】〈名〉歩くとどたどたと音をたてるぶかっこうな靴。俗《ぞく》っぽい言いかた。

とだな【戸棚】〈名〉食器などをしまうための家具。中にたながあり、戸がついている。[例]食器戸棚。

どたばた [一]〈副・する〉走りまわったり、大声をあげてさわぐようす。[例]どたばたしてうるさい。[二]〈名〉「どたばた喜劇」の略。[例]どたばたを演じる。▽[ア][一]ドタバタ [二]ドタバタ

[1]**とたん【途端】**〈名〉❶(「…したとたん」の形で)ちょうどそのとき。[例]外出したとたん、雨になった。❷(「とたんに」の形で)急に。[例]金《かね》をわたされると、男はとたんに態度をかえた。

[2]**トタン**〈名〉うすい鉄板に亜鉛《あえん》をめっきしたもの。たいらなものと波のかたちのものがあり、屋根やといなどに使う。[例]トタン板。◇《ポルトガル》tutanaga から。

とたん(塗炭)のくる(苦)しみ どろにまみれて、火に焼かれるような、ひどい苦しみ。

どたんば【土壇場】〈名〉今にもものごとの決着がつきそうな、最後のぎりぎりの場面。[例]土壇場に追いこまれる。九回二死の土壇場で逆転した。[由来]もと、江戸時代の、土をもりあげた処刑場《しょけいじょう》のこと。

[1]**とち【栃】**〈名〉トチノキのこと。[例]とちの実。

【栃】 木部5 全9画

栃栃栃栃栃栃

とち [教]小4 [参考]県名の「栃木《とちぎ》県」をとくに表記するための常用漢字。日本でつくられた漢字。

[2]**とち【土地】**〈名〉❶つち。大地。[例]土地をきりひらく。土地をたがやす。荒《あ》れた土地。❷農地・宅地・山林など、財産としての、土のひろがり。地面。地所。[例]土地を買う。土地を手ばなす。❸その地方・地域。[例]土地のことば。土地の人。初めての土地。人は生まれ育った土地に愛着をもつ。

とちがら【土地柄】〈名〉その地方に独特のようす。[類]所がら。

とちかん【土地勘・土地鑑】〈名〉その土地の事情や地理についての、感覚や知識。[例]土地勘がある。[参考]もとは警察の用語で、「土地鑑」が本来の表記。

とちく【▼屠畜】〈名・する〉食肉をえるために、家畜をころすこと。[例]屠畜場。[類]屠殺。

とちのき【栃の木・▼橡の木】〈名〉山野に生える落葉高木。街路樹に使われ、初夏、白い花がかたまってさく。実《み》を食用とし、木材で器具をつくる。

どちゃく【土着】〈名・する〉古くからずっとその土地に住んでいること。また、ずっとその土地にあること。[例]土着の音楽。土着民。土着宗教。

とちゅう【途中】〈名〉❶目的の場所につくまでのあいだ。[例]途中からひきかえす。途中で、雨にふられた。[類]中途。❷ものごとが進行中であること。[例]途中でやめる。[類]話の途中。[類]途次。途上。

とちゅうげしゃ【途中下車】〈名・する〉乗客が、切符《きっぷ》の目的地より手前の駅でおりること。

どちら〈代名〉❶はっきりしない方向や場所をさし示すことば。[例]どちらへお出かけですか。どちらにお住まいですか。❷二つ以上のものの中で、一つをえらんだり、えらばせたりするときに使うことば。[例]コーヒーと紅茶とどちらになさいますか。❸どのかた。どなた。[例]失礼ですが、どちらさまですか。▽→あちら・こちら・そちら [表現]「どこ」「どっち」「だれ」などのていねいな言いかた。

とち・る〈動五〉❶俳優が、せりふをまちがえる。❷やりそこなう。[例]計算をとちる。[類]しくじる。

常用漢字 **とつ**

【凸】 凵部3 全5画

凸※ 凸凸凸凸

トツ [音][トツ] ■凸版《とっぱん》。凸面鏡《とつめんきょう》。凸《とつ》レンズ。■凹凸《おうとつ》。[注意]「凸凹」は、「でこぼこ」と読む。

【突(突)】 穴部3 全8画

突突突突突

トツ つく [音][トツ] ■突然《とつぜん》。突風《とっぷう》。突進《とっしん》。突入《とつにゅう》。突出《とっしゅつ》。■唐突《とうとつ》。衝突《しょうとつ》。激突《げきとつ》。煙突《えんとつ》。[訓][つく] 突く。突き刺す。一突き。頭突き。

とつおいつ〈副・する〉どうしようかと、あれこれ思いまようようす。[例]とつおいつ考える。

[1]**とっか【特化】**〈名・する〉特定のなにかを、重点的にあつかうこと。また、そのようなあつかい方が、あるものごとの特徴《とくちょう》となっていること。[例]中高年に特化したツアー。学力向上だけに特化した教育論議。

[2]**とっか【特価】**〈名〉特別に安いねだん。[例]特価品。

どっかい【読解】〈名・する〉文章などをよんで、内容を理解すること。[例]読解力。[類]読みとく。読みとる。

とっかかり【取っ掛かり】〈名〉ものごとを始めるきっかけ。[類]とっつき。[参考]「とりかかり」の変化した形。

どっかと〈副〉❶重く大きい物を置くようす。❷大がらな人が、ゆっくりとすわるようす。[例]どっかと腰《こし》をおろす。▽「どっかり(と)」ともいう。

どっかり〈副〉⇩どっかと

とっかん【突貫】〈名〉休まないで仕事をして、早く完成させること。[例]突貫工事。突貫作業。

[1]**とっき【突起・凸起】**〈名・する〉表面から小さな部分がつきでていること。つきでた部分。[例]突起物。[ア]トッキ

[2]**とっき【特記】**〈名・する〉特別にとりあげて、書きしるすこと。[例]特記事項《じこう》。[ア]トッキ

とつぎさき【嫁ぎ先】〈名〉嫁《よめ》として入った夫の家。

[1]**とっきゅう【特急】**〈名〉「特別急行」の略。急行より速い列車。高速バスにもある。[例]特急券。[表現]「(超)特急で仕上げる」のように、「おおいそぎ」や「大至急《だいしきゅう》」のくだけた言いかたとしても使う。

[2]**とっきゅう【特級】**〈名〉特別の等級。一級の上の級。[例]特級品。

とっきょ【特許】〈名〉発明者や考案者に対して、その発明や考案を独占《どくせん》的につくったり売ったりする権利をみとめること。[例]特許をえる。新案特許。→とっきょけん

どっきょ【独居】〈名・する〉ひとりで暮らすこと。[例]独居を楽しむ。独居老人。

とっきょけん【特許権】〈名〉特許を独占して利用する権利。パテント。[参考]保護期間は二十年で、放棄《ほうき》しないかぎり、毎年維持《いじ》費用を支払う。

とっきょちょう【特許庁】〈名〉経済産業省の外局の一つ。発明・実用新案・意匠《いしょう》・商標に関する事務を行なう。

どっきり [一]〈副・する〉「どきりと」を強めた、話しことば的な言いかた。[例]大きな音にどっきりする。[二]〈名〉テレビ番組で、人をだますこと。[例]どっきりをしかける。

 中江藤樹(なかえとうじゅ)(1608〜48) 江戸初期の儒者。日本陽明学の祖。知識と行動の一致と実践を重視。

方言 福岡・佐賀・長崎などでは、「食べすぎてどっきりした」のように、「胃もたれ」の意味でも使う。

ドッキング〈名・する〉結合。とくに二つの宇宙船や人工衛星が、宇宙空間で結合すること。◇docking

とっく【特区】〈名〉特別な規制緩和《きせいかんわ》によって、先進的・実験的なとりくみを国が支援《しえん》する地域。例教育特区。

とつ・ぐ【嫁ぐ】〈動五〉女の人が結婚《けっこん》して、生まれ育った家を出る。例嫁ぐ日が近づく。

表現 むかしは、女の人が結婚して夫の家に入ることをいったが、今では、女性のがわから単に結婚することをいう上品なことばとして使う傾向《けいこう》がある。

どつく（方言） なぐる。たたく。関西で言う。例このあほ、どついたろか。

ドック〈名〉船をつくったり、修理や検査をしたりするための施設《しせつ》。◇dock

とっくに〈副〉⇩とうに

とっくのむかし（昔） ⇩とうのむかし

とっくみあい【取っ組み合い】〈名〉組みあい、つかみあって相手をたおそうとするけんかのしかた。類つかみあい。格闘《かくとう》。

とっくり[1]『▽徳利』〈名〉❶日本酒やそばつゆを入れる、ほそ長くて口のせまい容器。とくり。類銚子《ちょうし》。❷「タートルネック」のやや古い言いかた。▽アトックリ

とっくり[2]〈副〉時間をかけてじゅうぶんに。例とっくりと見せてもらおうじゃないか。類じっくり。アトックリ

とっくん【特訓】〈名・する〉「特別訓練」の略。特別にきびしく、また、回数多く、人を訓練すること。例英会話の特訓を受ける。類しごく。しごき。

注意 特訓を受ける(特訓される)ことを「特訓する」と言ったり、たんに猛《もう》練習をすることを言うことも多い。

どっけ【毒気】〈名〉⇩どくけ

とつげき【突撃】〈名・する〉敵陣《てきじん》へむかって進みながら、はげしく攻撃《こうげき》すること。類つっこむ。突進。→ちょくげき表現

とっけん【特権】〈名〉ふつうの人にはみとめられていない、特別の権利。例特権階級。

どっこい〈感〉❶力を入れるときのかけ声。どっこいしょ。❷相手の行動や予想をさえぎることば。例どっこい、そうは行くものか。ところがどっこい。

参考「どこへ」が変化した形。

どっこいどっこい〈形動〉たがいのいきおいや力に差がなくて、優劣《ゆうれつ》がつけられない。例どっこいどっこいの勝負。類とんとん。五分五分。互角《ごかく》。

とっこう【特効】〈名〉薬などの、特別のききめや、いちじるしい効果。

とっこうたい【特攻隊】〈名〉「特別攻撃《こうげき》隊」の略。第二次世界大戦で、爆弾《ばくだん》をつんだ飛行機などで体当たり攻撃を行なった旧日本軍の部隊。

とっこうやく【特効薬】〈名〉その病気にとくによくきくくすり。

とっさ『▼咄▼嗟』〈名〉すぐ前におこったことに対して、間《ま》をおかず、反射的に対応すること。例とっさの機転。とっさに身をかわす。とっさのことで、わからなかった。

どっさり〈副〉じゅうぶんすぎるぐらいたくさん。ややくだけた言いかた。例おみやげをどっさりもらった。

ドッジボール〈名〉球技の一つ。長方形のコートを二つにわけて、敵味方にわかれて一個のボールをぶつけあう。ドッチボール。◇dodge ball

とっしゅつ【突出】〈名・する〉❶ある部分だけが目立ってつきでていること。例交際費が突出して多い。❷あるものだけがとくにすぐれていること。例かれの成績は突出している。類傑出《けっしゅつ》。卓立《たくりつ》。ぬきんでる。❸突然出てくること。例ガスが突出する。

とつじょ【突如】〈副〉急になにかをしたり、なにかがおこったりするようす。例突如として。突如、雷鳴《らいめい》がとどろいた。類突然。いきなり。

どっしり〈副・する〉❶手に持ったときに、いかにも重いと感じる。例どっしり(と)重たい本。類ずしり。ずっしり。❷いかにもたよりがいがあり、おもおもしくおちついた感じで。例監督《かんとく》はベンチにどっしり(と)すわった。

とっしん【突進】〈名・する〉目標にむかって、はげしいいきおいで進むこと。類つっこむ。驀進《ばくしん》。

とつぜん【突然】〈副〉予想していなかったのに、急におこるようす。例突然のできごと。足もとから突然うさぎがとびだした。類いきなり。突如《とつじょ》。

とつぜんへんい【突然変異】〈名〉〔生物〕⇩へんい②

とったん【突端】〈名〉つきだしたものの先の方。例岬《みさき》の突端。類先端。はな。

どっち〈代名〉「どちら」のくだけた言いかた。例どっちが勝つか。どっちへ行こうか。→あっち・こっち・そっち

どっちつかず 二つのものがあって、どちらともきめられないようす。例どっちつかずのあいまいな態度。類中途半端《ちゅうとはんぱ》。

どっちもどっち 両方それぞれによくない点があり、片方だけが悪いとはいえない。

どっちみち〈副〉「どのみち」のくだけた言いかた。

とっち・める〈動下一〉二度としないように、強くしかる。ひどくいじめる。くだけた言いかた。類こらしめる。おきゅうをすえる。

とっちゃんぼうや【とっちゃん坊や】『▽父(っ)ちゃん坊や』〈名〉大人のくせに、どこか子どもっぽいところがなくならない男の人。俗《ぞく》っぽい言いかた。

とっつかま・える【取っ捕まえる】『取っ▼掴まえる』〈動下一〉とりおさえることを強めていう、くだけた言いかた。

とっつかま・る【取っ捕まる】〈動五〉とりおさえられることを強めていう、くだけた言いかた。

とっつき【取っつき】〈名〉❶ものごとの最初。❷いちばんてまえ。例二階の、取っつきの部屋にいるはずだ。❸つきあいやすい人かどうかという、最初にうける感じ。例取っつきのわるい人。

表現 俗《ぞく》な言いかた。「取っつく」という動詞は、「取っつきにくい(=つきあいにくい)」の形で使うことが多い。

とって【取っ手】『▽把手』〈名〉❶機械や道具などを使うとき、手でつかむ部分。類柄《え》。持ち手。ハンドル。❷ドアなどをあけたりするときに、手でつかむところ。ノブ。

とってい【突堤】〈名〉岸から海や川の中へ長くつきだしている堤防。

とっておき【とって置き】〈名〉とくに必要となるときまで、だいじにしまっておいたもの。例とって置きの品。

とってかえ・す【とって返す】〈動五〉目的地まで、または、途中《とちゅう》まで行って、急いでひきかえす。

とってかわ・る【取って代わる】〈動五〉(「AがBに取って代わる」の形で)Bが果たしていた役割・はたらきを、Aが受けもつようになる。例電卓《でんたく》がそろばんに取

中岡慎太郎(なかおかしんたろう) (1838～67) 土佐出身。倒幕運動に活躍したが，坂本竜馬とともに暗殺された。

って代わった。

と(取)ってつ(付)けたよう そう考えているのではないことが、ありありとわかるような、不自然なようす。例とってつけたようなお世辞。

とっても〈副〉「とても」を強めた言いかた。

とってん【凸点】〈名〉点字を形作る、一つ一つの突起《とっき》。

[1]どっと〈副〉❶おおぜいの人が一度に大声を出すようす。例どっと笑う。どっとはやしたてる。❷多量のものが一度に出現するようす。例どっと汗が出た。❸急にぐあいが悪くなるようす。例どっと疲れがでる。どっと床《とこ》につく。

[2]ドット〈名〉❶パソコンのディスプレーや、プリンターで打ち出した紙の上の、文字や図形を形作っている、小さな点。例ドットが粗《あら》い。❷ホームページや電子メールのアドレスに用いる、ピリオド。◇dot

とつとつ【▼訥▼訥】〈副〉ことばがすらすら出ないで、つまりながら話すようす。例とつとつと語る。

とっとと〈副〉「さっさと」のぞんざいな言いかた。例めんどうなことはとっとと片づけよう。とっとと出て行け。

ドットプロット〈名〉グラフの一種で、分布《ぶんぷ》のようすを点々によって示すもの。◇dot plot

とつにゅう【突入】〈名・する〉ある場所や状態にいきおいよくとびこむこと。例敵陣《てきじん》に突入する。暗黒時代に突入した。

とっぱ【突破】〈名・する〉❶通りにくいところを、一気に通りぬけること。例難関を突破する。突破口。❷予定した数や量をこえること。例目標を突破する。

とっぱこう【突破口】〈名〉❶敵陣《てきじん》を攻撃《こうげき》するために、困難をしのいで切り開いたせめ口。❷むずかしい状況《じょうきょう》を切り開くための手がかり。例突破口を開く。

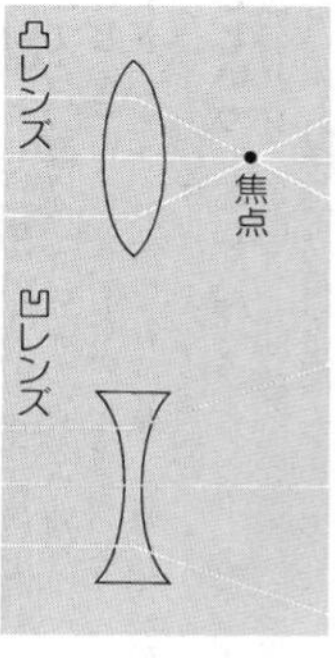

[とつレンズ]

とっぱつ【突発】〈名・する〉予想していなかったことが、急におこること。例突発事故。類勃発《ぼっぱつ》。

参考 医学のことばで、ある症状《しょうじょう》が突然おこる意味の「突発性」のほかに、原因不明でおこる「特発性」ということばもあり、こちらは「とくはっせい」と読む。

とっぱな【突▽端】〈名〉❶「突端《とったん》」のややくだけた言いかた。例島のとっぱな。❷ものごとの最初。例話のとっぱなから小言《こごと》ではいやになる。類しょっぱな。

とっぱら・う【取っ払う】〈動五〉「取りはらう」のくだけた言いかた。例障害を取っ払う。

とっぴ【突飛】〈形動〉みんなが「あっ」とおどろくほど、かわっている。例とっぴな服装。類奇抜《きばつ》。

とっぴょうし(突拍子)もない 調子はずれである。風がわりだ。例突拍子もない声をだす。類とほうもない。

トッピング〈名・する〉料理や菓子《かし》の上に好みに応じてのせる、具やかざり、味つけのためのもの。それらをのせること。◇topping

トップ〈名〉❶首位。先頭。例トップにでる。トップをきる。トップクラス。トップバッター。❷いちばん上の位置にいる人。例トップの判断。❸新聞で、第一面にのせる重要な記事。例トップニュース。❹高速度で走るときの、自動車のギアの位置。対ロー。◇top

とっぷう【突風】〈名〉急にびゅっとふいて、すぐにやんでしまう強い風。類はやて。疾風《しっぷう》。

トップス〈名〉上半身に着る衣服。シャツやジャケットなど。対ボトムス。◇tops

トップダウン〈名〉❶総合的・一般《いっぱん》的なことがらから始め、段階をおって、具体的・個別的なことがらへ進むやり方。❷組織の上層部が意思決定をして、その実行を上部から下部へ指示すること。例トップダウン方式。類上意下達《かたつ》。▽対ボトムアップ。◇top-down

ドップラーこうか【ドップラー効果】〈名〉近づいてくるものの音はじょじょに高く聞こえ、遠ざかっていくものの音は低く聞こえる現象。

参考 オーストリアの物理学者ドップラーが発見した。

とっぷり〈副〉❶日がすっかりくれるようす。例とっぷり(と)くれる。❷液体の中に、すっかりつかっているようす。例ふろにとっぷり(と)つかる。類どっぷり。

どっぷり〈副〉❶すっかりひたりきっているようす。例ふろにどっぷり(と)つかる。筆に墨《すみ》をどっぷり(と)つける。❷あまりよくない環境にすっかりひたりきっているようす。例ぬるま湯のような環境《かんきょう》に安んじて、どっぷりとつかる。

ドッペルゲンガー〈名〉自分自身のすがたを自分で見る、幻覚《げんかく》の一種。◇《ドイツ》Doppelgänger

とつべん【▼訥弁】〈名・形動〉なめらかでない話しかた。対能弁。雄弁《ゆうべん》。類口下手《くちべた》。

どっぽ【独歩】〈名・する〉❶自分だけの力でものごとを行なうこと。例独立独歩。❷くらべるものがないほど、すぐれていること。例古今《ここん》独歩。

とっぽ・い〈形〉❶まぬけていて、すっとぼけている。❷ぬけめがなく、不良じみていて小生意気だ。▽くだけた言いかた。

とつめんきょう【凸面鏡】〈名〉中央が、高くもりあがっている鏡。凹《おう》レンズのように、光をちらす性質がある。自動車のバックミラーなどに使われる。対凹面鏡。

とつレンズ【凸レンズ】〈名〉中心があつく、まわりがうすいレンズ。通過する光を集める性質がある。虫めがね・老眼鏡・顕微《けんび》鏡などに使われる。絵 対凹《おう》レンズ。

とて 一〈副助〉…でも。…だって。例彼とて、悪気《わるぎ》あってやったわけではあるまい。二〈接助〉❶もし…としても。例後悔《こうかい》したとてもう遅い。❷…からと言って。例子供だとて許されないぞ。▽古風な言いかた。

どて【土手】〈名〉洪水《こうずい》をふせぐために、川岸にそって土をもり上げたもの。線路をしいたり、道路を築いたりするための盛り土。類堤《つつみ》。堤防《ていぼう》。

とてい【徒弟】〈名〉親方の家に住みこんで、家事や仕事の手つだいをしながら、職人としての技術をおぼえる人。

どでか・い〈形〉「でかい」を強めた言いかた。

どてっぱら【土手っ腹】〈名〉「腹」の乱暴な言いかた。例どてっぱらに風穴をあけてやるぞ。

とてつ(途▼轍)もない 常識はずれでとんでもない。例とてつもない事件。類とほうもない。

参考「途轍」とは、すじ道・道理のこと。

とても〈副〉❶(あとにくる打ち消しのことばの意味をつよめて)どうしても…ない。とうてい…ない。例そんなことはとても言えない。❷非常に。たいへん。ややくだけた言いかた。例とても景色のよい海岸。類たいそう。▽「とっても」ともいう。

 長岡半太郎(ながおかはんたろう)(1865～1950) 物理学者。原子模型を発表。日本の物理学の水準を高めた。

どてら 表現 「とてもじゃないが」は、①を強めた言いかた。

とど[1]〈名〉ボラの成長したもの。⇩たんぜん〔丹前〕 →とどのつまり

トド[2]〈名〉北方の海にすむ哺乳《ほにゅう》動物。からだが大きく、三～四《メートル》にもなる。◇アイヌ語から。

どどいつ【▽都▽都逸】〈名〉歌詞が七・七・七・五の四句からなる俗曲《ぞっきょく》。三味線《しゃみせん》の伴奏《ばんそう》で宴席《えんせき》などで歌われる。男女の情愛に関したものが多い。

ととう【徒党】〈名〉わるいことをするために集まった仲間。例 徒党を組む。類 一味。

どとう【怒▼濤】〈名〉すさまじくあれくるう大波。
表現 「怒濤のようにおしよせる」は、大きな攻撃《こうげき》力がおそろしい勢いでせまるようす。

とどうふけん【都道府県】〈名〉市区町村をふくんだ最も大きい行政単位。一都・一道・二府・四三県がある。

とど・く【届く】〈動五〉❶のばしたものが達する。例 手が届く。❷送ったものが、相手のところにつく。例 手紙が届く。類 到着《とうちゃく》する。❸こまかいところまで注意がいきわたる。例 注意が届く。目が届く。いき届く。❹願いなどがかなう。例 思いが届く。

とどけ【届け】〈名〉役所や会社、学校などに知らせること。また、その書類。例 届けをだす。欠席届け。
表記 送りがなは、「欠席届」のように、はぶくこともある。

とどけで【届け出】〈名〉届を出すこと。とどけいで。

とど・ける【届ける】〈動下一〉❶ものを相手のところへもっていく。例 送り届ける。❷役所や会社、学校などに知らせる。例 警察へ届ける。届け出る。

【届(屆)】 尸部5 全8画 ※届届届届届
とどける・とどく 教小6

とどこおりなく【滞りなく】〈副〉おくれたりつかえたりせず、順調に。例 体育祭は滞りなく終わった。

とどこお・る【滞る】〈動五〉❶ものごとがうまくすすまないで、つかえる。例 交通が滞る。対 はかどる。進行する。❷お金のしはらいがたまる。例 家賃が滞る。

ととの・う【整う・調う】〈動五〉 一 [整う] きちんとした状態になる。例 体制が整う。整った文章。対 乱れる。 二 [調う] ❶必要なものがみんなそろう。例 準備が調う。❷相談などがまとまる。例 縁組《えんぐみ》が調う。

ととの・える【整える・調える】〈動下一〉 一 [整える] きちんとした状態にする。例 服装を整える。対 乱す。類 整理する。そろえる。 二 [調える] ❶うまくいくように準備をする。例 材料を調える。類 そろえる。❷相談などをまとめる。例 縁談《えんだん》を調える。
表記 「みだれがない状態にする」という意味のときは「整える」、「のぞましい状態にする」という意味のときは「調える」と書く傾向《けいこう》がある。

とどのつまり〈副〉いろいろやってみたが、結局のところ。最終的には。あまりよくない結果となった場合に使う。例 さんざん努力してみたけれど、とどのつまりはつかれただけだった。
参考 「とど」とは、出世魚《しゅっせうお》のボラのこと。

とどまつ【▼椴松】〈名〉北海道以北の山地に生える常緑高木。パルプの原料となる。アカトドマツ・アオトドマツがある。

とどま・る【▽止まる・▽留まる】〈動五〉❶あるところにいて、動かないでいる。例 家にとどまる。東京にとどまる。現職にとどまる。❷ある一定のわくからはずれないでいる。例 参加者は十人にとどまった。とどまるところを知らない開発競争。

どどめ【土留め】〈名〉土砂《どしゃ》くずれを防ぐために、土手やがけを石やコンクリートなどでおさえること。

とど・める【▽止める・▽留める】〈動下一〉❶動かさないで、もとのところにいさせる。例 家にとどめる。東京にとどめる。現職にとどめる。兵をとどめる。❷もとからあったものを、そのままの形でのこす。例 おもかげをとどめる。原形をとどめない。その名をとどめる。❸ある程度やある範囲《はんい》内におさえる。例 被害《ひがい》を最小限にとどめた。きょうは、この辺でとどめます。

とど(▽止)めをさ(刺)す ❶人を殺すとき、完全に死ぬように、あらためて急所を刺す。❷相手がたちなおれなくなるまで、おいうちをかける。例 悪事をあばいて、とどめを刺した。❸それ以上のものはない。例 花は吉野《よしの》にとどめを刺す。
表現 ①と②は、「とどめの一撃を加える」のようにも言う。

とどろか・す【▼轟かす】〈動五〉❶大きな音をあたりにひびかせる。例 爆音《ばくおん》をとどろかす。❷ひろく世間に知らせる。例 勇名をとどろかす。❸心臓をどきどきさせる。例 胸をとどろかす。類 ときめかす。

とどろ・く【▼轟く】〈動五〉❶大きな音があたりにひびく。例 爆音《ばくおん》がとどろく。雷鳴《らいめい》がとどろく。類 鳴りひびく。❷ひろく世間に知られる。例 名声がとどろく。❸心臓がどきどきする。例 胸がとどろく。

トナー〈名〉コピー機やプリンターの、写すべき像を紙の上に転写するための粉。◇toner

ドナー〈名〉移植用に、臓器《ぞうき》や骨髄《こつずい》を提供《ていきょう》する人。輸血用に、血液を提供する人。対 レシピエント。◇donor

ドナーカード〈名〉死後、自分の臓器・骨髄《こつずい》を移植のために提供する意思があることを表示したカード。◇donor card

とない【都内】〈名〉❶東京都内。❷東京都内のうち、二十三区内。都区内。対 都下。❸みやこの中。

とな・える【唱える】〈動下一〉❶きまった文句を、ふしをつけて読んだり、大きな声でさけんだりする。例 念仏を唱える。❷人よりも先に主張する。例 異議を唱える。新説を唱える。類 提唱する。

トナカイ【▼馴▽鹿】〈名〉アラスカやシベリアなど、寒い地方にすむシカの一種。シカよりやや大きく、褐色《かっしょく》のからだに、えだわかれした大きな角がある。家畜《かちく》として、橇《そり》を引かせる。◇アイヌ語から。

どなた〈代名〉「だれ」のていねいな言いかた。例 どなたをおさがしですか。あなた、どなた。

どなべ【土鍋】〈名〉土でつくった、素焼《すや》きの厚手のなべ。保温性が高く、煮炊《にた》きしたものがよくむれておいしくなる。

となり【隣】〈名〉右または左にならぶ位置。ならぶ位置にあるもの。例 隣の家。隣近所。両隣。
表現 「近くて親しいもの」という感じがこもる場合と、「自分でないもの」すなわち「他人」という感じがこもる場合とがある。「お隣さん」「隣近所」などには親しい感じがあるが、「隣を意識する」といえば、他人の感じが強い。

隣の貧乏《びんぼう》は鴨《かも》の味《あじ》 隣の家が貧乏になるところをみるのは、カモの肉を味わうように気持ちがいい。

となりあ・う【隣り合う】〈動五〉たがいがとなりに位置する。例 隣り合う二辺の長さが等しい三角形。

となりあわせ【隣り合わせ】〈名〉たがいにとなりに

中勘助(かんすけ)(1885～1965) 大正～昭和の小説家・詩人。「銀の匙」で清潔で細やかな子供の世界を描いた。

なること。例 隣り合わせにする。隣り合わせに座る。

表現 「冬山は死と隣り合わせだ」のように、すぐ身近にあることにもいう。

となりぐみ【隣組】〈名〉第二次世界大戦中に、国民を統制するために政府がつくった地域組織。五から十軒《けん》ほどで一単位とされ、配給などを行なった。

どなりこ・む【どなり込む】〘怒鳴り込む〙〈動五〉相手のところに乗り込んで、はげしく文句をいう。

どなりつ・ける〘怒鳴り付ける〙〈動下一〉大きな声ではげしくしかる。例 生徒をどなりつける。

どな・る〘怒鳴る〙〈動五〉❶大声をだす。例 そんなにどならなくても聞こえるよ。❷大声でしかりつける。

とにかく〈副〉いろいろな事情はあるけれど、とりあえず。「ともかく」ともいう。例 留守《るす》かもしれないが、とにかく行ってみよう。類 とにもかくにも。いずれにしても。

とにもかくにも〈副〉「とにかく」をつよめた言いかた。例 とにもかくにも試験は切り抜けた。

とねり【▽舎▽人】〈名〉❶奈良《なら》・平安時代に、天皇や貴族につかえた下級官吏《かんり》。❷むかし、貴族につかえ、ウシやウマの世話をした人。

どの[1]〈連体〉いくつかあるものごとの中の、どれか一つに限定できない意味を表わす。例 どの本を買おうか。→あの・この・その

どの面《つら》下《さ》げて どんな顔をして。ずうずうしくて恥《はじ》知らずな人をののしるときに使う。「下げて」は「提げて」とも書く。例 どの面下げて人前に出るつもりなのか。

どの[2]【殿】〈接尾〉相手の姓名《せいめい》のあとにつけて、敬意を表わす。

表現 役所からの手紙や、表彰《ひょうしょう》状など、公式な文書に使うことば。個人的な手紙では、「様」がふつう。

どのう【土▼嚢】〈名〉ふくろの中に土をつめたもの。堤防《ていぼう》などにつみかさねて水をふせいだり、また、陣地《じんち》で敵弾《てきだん》をふせいだりするのに使う。

とのがた【殿方】〈名〉男性をさしていう古めかしい言いかた。

とのこ【との粉】〘▼砥の粉〙〈名〉砥石《といし》の粉末。また、粘土《ねんど》を焼いた粉。刀をみがいたり、木材の色づけ、漆器《しっき》の下ぬりなどに使う。

とのさま【殿様】〈名〉❶むかし、主君や身分の高い人をうやまってよんだことば。❷金持ちでそだちがよく、世間知らずの人。例 殿様芸。殿様商法。

とのさまがえる〘殿様▼蛙〙〈名〉カエルの一種。体長八《センチメートル》ほど。背は、めすには黒い斑点《はんてん》があり、おすは黄褐色《おうかっしょく》をしている。

とのさましょうばい【殿様商売】〈名〉おうように構えて、ただ客を待つだけという商売のやりかた。殿様商法。武家の商法。

表現 やり方でいえば、商品を売るためのくふうや努力をせず、消極的であり、心でいえば、「買っていただく」のでなく「売ってやる」という態度。

どのみち〈副〉いろいろ考えても。どっちにしても。例 こんどの計画はどのみちだめだろう。類 どっちみち。

とは〈副助〉❶あるものごとをとりたてて示す。例 青春とは何だろうか。→とはいえ ❷おどろきや意外だと思う気持ちを示す。例 まさか宝くじが当たるとは。

とば【賭場】〈名〉ばくちが行なわれている所。ばくち場。

どば【▼駑馬】〈名〉足のおそいウマ。例 騏驎《きりん》も老いては駑馬におとる(→「きりん」の子項目)。対 駿馬《しゅんめ》。

トパーズ〈名〉黄色または無色の宝石。十一月の誕生石《たんじょうせき》。黄玉《おうぎょく》。◇《フランス》topaze

とはいえ …とはいいながらその反面。とはいうものの。例 発作《ほっさ》はおさまったとはいえ、ゆだんはできない。

表現 「そうはいっても」の意味で、接続詞としても用いる。

とばく【賭博】〈名〉お金や品物をかけて、勝負をあらそうこと。例 賭博師。賭博罪《ざい》。公営賭博(=競馬《けいば》・競輪《けいりん》・競艇《きょうてい》・オートレースや宝くじ)。類 ばくち。ギャンブル。

とばくち【とば口】〈名〉❶入り口。戸口。❷ものごとの、はじまったばかりのところ。例 とば口でつまずいた。

とば・す【飛ばす】〈動五〉❶とぶようにする。例 風船を飛ばす。つばをとばす。じょうだんをとばす。❷途中《とちゅう》をぬかす。例 飛ばして読む。❸中心からはずれたところに転勤させる。俗《ぞく》っぽい言いかた。例 支店に飛ばされた。類 左遷《させん》する。

表現 (1)速い動きをすることについて「車を飛ばす」「俊足《しゅんそく》を飛ばす」のような言いかたがある。(2)「しかり飛ばす」「売り飛ばす」「笑い飛ばす」のように、動詞の連用形について、その動作をいきおいよくすることを表わす場合がある。

どはずれ【度外れ】〈名〉ふつうの程度からひどくはずれていること。類 けたはずれ。

とばっちり〈名〉自分には直接かかわりがないのに、たまたまそばにいたために、災難をうけること。例 とばっちりをくう。類 まきぞえ。そばづえ。

どはつ(怒髪)てん(天)をつ(▽衝)く かみの毛が逆立つほど、はげしくおこること。

とばり〘▽帳・▼帷〙〈名〉室内をくぎるためにたらす布。

表現 「夜のとばりがおりる」は、夜がきて、とばりをおろしたように暗くなること。

とび〘▼鳶〙〈名〉❶〔動物〕鳥の一種。こげ茶色で輪をえがいて飛び、かんだかい声で鳴く。小動物をとらえて食べる。「とんび」ともいう。❷「とびしょく」のこと。

とびあが・る【飛び上がる・跳び上がる】〈動五〉❶[飛び上がる]飛んで上の方へあがる。類 まい上がる。❷[飛び上がる・跳び上がる]地面をけって空中にあがる。また、そのようにして、あるものの上にのる。例 飛びあがってよろこぶ。壇上《だんじょう》に飛びあがる。類 はね上がる。

とびある・く【飛び歩く】〈動五〉あちこちいそがしく歩きまわる。例 父は仕事で全国を飛び歩いている。類 飛び回る。

とびいし【飛び石】〈名〉川の中や庭などに、つたって歩けるように少しずつあいだをあけてならべてある石。例 飛び石づたい。類 踏《ふ》み石。

とびいしれんきゅう【飛び石連休】〈名〉あいだに一日か二日ぐらいの平日をはさんでつづく休みの日。

とびいた【飛び板】〈名〉水泳の飛びこみ競技などに使う、弾力《だんりょく》のある板。スプリングボード。

とびいり【飛び入り】〈名・する〉ある集まりに、予定に入っていなかった人が、急に参加すること。類 番外。

とびいろ【とび色】〘▼鳶色〙〈名〉トビの羽のような色。こげ茶色。類 茶褐色《ちゃかっしょく》。

とびうお【飛び魚】〈名〉大きなむなびれを羽のかわりにして海上を飛ぶようにはねる魚。干物《ひもの》や塩焼きなどにして食べ、だしにも使う。その一種をアゴともいう。

とびうつ・る【飛び移る・跳び移る】〈動五〉❶[飛び移る]鳥などが空中をとんで移動する。例 枝から枝へと飛び移る。❷[跳び移る]跳躍《ちょうやく》して移動する。

長塚節(ながつかたかし)(1879～1915)　歌人・小説家。万葉調の写生を重んじた短歌を作り，小説「土」を書いた。

例ボートから岸へ跳び移る。

とびお・きる【飛び起きる】〈動上一〉勢いよく起きあがる。例電話の音で飛び起きた。類はね起きる。

とびお・りる【飛び下りる・飛び降りる・跳び下りる】〈動上一〉❶［飛び下りる・飛び降りる・跳び下りる］高いところからとんで低いところへ移動する。例橋から飛び下りる。階段を跳び下りる。対飛び上がる。❷［飛び降りる］走っている乗り物からとんでおりる。例電車から飛び降りる。対飛び乗る。

とびか・う【飛び交う】〈動五〉たくさんのものが、入りみだれて飛ぶ。例ほたるが飛び交う。類飛びちがう。

とびかか・る【飛びかかる】〈動五〉目標めがけていきおいよくおそう。

とびきり〖飛び切り〗〈副〉ほかからとびぬけて。ずばぬけて。例とびきり上等の品。

とびぐち【とび口】〖▼鳶口〗〈名〉柄《え》の先にトビのくちばしのような鉄のかぎをつけた、ものをひっかける道具。消防や材木の運搬《うんぱん》の際に使う。

とびこ・える【飛び越える】〈動下一〉❶飛んでその上を越える。例ハードルを飛び越える。❷順番をとばして先へ進む。例先輩《せんぱい》を飛び越えて昇進する。時代を飛び越える。▽「とびこす」ともいう。

とびこ・す【飛び越す】〈動五〉⇩とびこえる

とびこみ【飛び込み】〈名〉❶高い台から水中にとびこむこと。その技術やうつくしさをきそう、水泳競技の種目の一つ。ダイビング。❷約束なしに訪問すること。例飛び込みセールス。類アポなし。❸急にまいこむこと。例飛び込みの仕事。

とびこ・む【飛び込む】〈動五〉❶空中に身をおどらせて、中に入る。例海に飛び込む。❷いきおいよく入る。例ドアがあいて 弟が飛び込んできた。❸思いきって、ある世界や事件の中に、自分から参加する。例一八歳《さい》で歌手の道に飛び込んだ。❹思いがけないものごとがくる。例事件の続報が飛び込む。急な仕事が飛び込んできた。

とびしょく【とび職】〖▼鳶職〗〈名〉建築や土木工事で、高いところで作業をする人。とび。とびの者。

とびだ・す【飛び出す】〈動五〉❶急に出る。例道路に飛び出す。宿を飛び出す。❷いきおいよくその場所を去る。例会社を飛び出す。▽類飛び出る。

とびた・つ【飛び立つ】〈動五〉どこかへむかって飛び去る。例飛行機が飛び立つ。

とびち【飛び地】〈名〉同じ行政区域に属するが、別な区域の中に、ぽつんとはなれている土地。

とびち・る【飛び散る】〈動五〉飛んで四方にちらばる。例水しぶきがあたりに飛び散る。

とびつ・く【跳びつく・飛びつく】〈動五〉❶勢いよくはねるようにしてとりつく。例犬が飼い主にとびつく。❷強く興味をひかれるものについて、あまりよく考えず、すぐさま手に入れたり加わったりしようとする。例うまい話にとびつく。

トピック〈名〉話題。論題。類テーマ。◇topic

とび・でる【飛び出る】〈動下一〉❶飛んでそこから出る。例帽子からはとが飛び出る。❷いきおいよく前に進む。例最初から先頭に飛び出る。類おどり出る。❸前や外に突き出る。例柱からくぎが飛び出ていてあぶない。目の玉が飛び出るほど高い。▽類飛び出す。

とびどうぐ【飛び道具】〈名〉弓矢やピストルなどの武器をいう、古い言いかた。例飛び道具を使う。

とびとび【飛び飛び】〈副〉ひとつにつづかないで、あいだをおいているようす。例話がとびとびになる。

とびぬ・ける【飛び抜ける】〈動下一〉群を抜く。かけはなれる。例飛び抜けた成績。飛び抜けて高いねだん。類ずばぬける。

とびの・る【跳び乗る・飛び乗る】〈動五〉ジャンプするようにして、いきおいよく乗る。例発車まぎわの列車にとび乗る。馬にとび乗る。

とびばこ【跳び箱・飛び箱】〈名〉器械体操の用具の一つ。四角い木製のわくをかさねた上に、マットをはりつけたもの。しだいに段を多くして、とびこせるかどうかをきそう。

とびは・ねる【飛び跳ねる・跳びはねる】〈動下一〉とび上がるように、足で地をけってはねる。例馬がとびはねる。とびはねるようにして喜ぶ。

とびひ【飛び火】━〈名・する〉❶火事のとき、火の粉《こ》がはなれた場所にとんで、燃えだすこと。❷予想もしなかったところにまで 影響《えいきょう》がおよぶこと。例汚職《おしょく》事件が、国会議員にまで飛び火した。

━〈名〉〔医学〕夏、子どもにできやすい伝染《でんせん》性のひふ病。顔などに水ぶくれができて、つぶれてかさぶたになる。

とびまわ・る【飛び回る】〈動五〉❶休みなくあちこちへとぶ。❷おおいそぎであちこちかけまわる。例親類中を飛び回って金をつくった。類飛び歩く。奔走《ほんそう》する。

どひょう【土俵】〈名〉❶中に土をつめたたわら。類土嚢《どのう》。❷すもうをとる場所。正方形に土をもり上げてかため、そのなかに直径一五尺《しゃく》(＝約四・五メートル)の円をつくる。細長くつくった「①」で円のまわりをかこう。例土俵入り。

表現「同じ土俵ですもうをとる」といえば、同じ条件や環境《かんきょう》のもとで、たがいにきそいあう、という意味になる。

どひょういり【土俵入り】〈名・する〉すもうで、力士が化粧《けしょう》まわしをつけて土俵へあがる儀式《ぎしき》。例横綱《よこづな》の土俵入り。

どひょうぎわ【土俵際】〈名〉❶土俵の、たわらの内がわぎりぎりのところ。例土俵際でふんばる。❷ものごとがどちらかに決まる最終的な場面。例土俵際の逆転劇。類瀬戸際《せとぎわ》。土壇場《どたんば》。剣が峰《けんがみね》。

とびら【扉】〖戸びら〗〈名〉❶ひらき戸の戸。例扉をたたく。扉をひらく。類ドア。❷書物や雑誌で、本文の前や本文の大きな きれ目に入るページ。書名や著者名などをしるしたり、章名などをしるしたりする。

どびん【土瓶】〈名〉番茶やほうじ茶をいれるときに使う、やかんの形をした陶器《とうき》製の入れもの。→きゅうす 絵

とふ【塗布】〈名・する〉からだやものの表面に、くすりなどをぬりつけること。例塗布剤《ざい》。塗布薬《やく》。

と・ぶ【飛ぶ・跳ぶ】〈動五〉❶［飛ぶ］空中にうかんで、すすむ。例鳥が飛ぶ。しぶきが飛ぶ。飛行機が飛ぶ。空を飛ぶ。風で飛ぶ。飛ぶように売れる。飛び散る。類翔《かけ》る。

❷［飛ぶ］速く走る。いっきにそこまで行く。例飛んで帰る。伝令が飛ぶ。心は故郷へ飛ぶ。

❸［跳ぶ］地面をけって空中にあがる。とびあがる。また、そのようにして、あるものの上をこえる。とびこえる。例跳んだりはねたりする。二メートルのバーを跳ぶ。

❹［跳ぶ］はずみをつけて、ある場所からおりる。例屋根から跳んでけがをした。

❺［飛ぶ］情報がひろまる。速くつたわる。例デマが飛ぶ。やじが飛ぶ。

❻［飛ぶ］あいだにあるものをぬかして、先にうつる。例話

が飛ぶ。番号が飛ぶ。❼[飛ぶ] はなれてなくなる。例操作をミスしてデータが飛んでしまった。ふき飛ぶ。けし飛ぶ。類切れる。❽[飛ぶ] 途中《とちゅう》の部分がなくなる。例落丁《らくちょう》でページが飛んでいる。眠気《ねむけ》で記憶《きおく》が飛ぶ。
方言 中部・東北などでは、「走る」の意味でも使う。

飛ぶ鳥《とり》を落《お》とす勢《いきお》い 人の権力や、威勢《いせい》がさかんなこと。

飛んで火《ひ》に入《い》る夏《なつ》の虫《むし》 なにも知らないで、自分から危険や災難にとびこんでくること。

どぶ【▽溝・▽泥▽溝】〈名〉 汚水《おすい》や雨水をながすためにつくった水路。例どぶをさらう。類みぞ。

どぶに捨《す》てる むだにするたとえ。例お金をどぶに捨てるようなものだ。

どぶいた【どぶ板】【▽溝板】〈名〉 ❶どぶにかぶせてその上を歩けるようにした板。❷俗《ぞく》に政治家や芸能人が、支持集めや営業のために、プライドをすてて地方を歩きまわること。例どぶ板選挙。

どぶがわ【どぶ川】【▽溝川】〈名〉「川」というより「どぶ」と言いたいような、小さめのきたない川。

とぶくろ【戸袋】〈名〉 あけた雨戸を入れてしまっておくところ。電車のドアを引きこむ部分。

どぶねずみ【▽溝▼鼠】〈名〉 ネズミの一種。からだは茶色で、下水などにすむ。繁殖《はんしょく》力がつよく、ペスト菌《きん》をはこんだりする。

どぶろく【▽濁▽酒】〈名〉 米からつくったままで、こしてない日本酒。白くにごっている。にごり酒。対清酒。

どべい【土塀】〈名〉 土をぬりかためてつくったへい。

とほ【徒歩】〈名〉 乗りものにのらないで、歩いて移動すること。例徒歩でいく。徒歩五分。

とほう(途方)にく(暮)れる たよりにしていたものを急に失ったり、いろいろやってもすべてだめだったりして、よく困ってしまう。類困りはてる。

とほう(途方)もない ふつうの尺度や常識では考えられない。例途方もないおおうそつき。類とんでもない。とっぴょうしもない。とてつもない。

どぼく【土木】〈名〉 道路や港、ダムや橋、水路などをつくること。ふつう、建築をふくまない。例土木工事。土木作業員。

とぼ・ける〈動下一〉 ❶知らないふりをする。例そらとぼける。類しらをきる。しらばくれる。❷どことなくまのぬけた、おかしな表情やしぐさをする。例とぼけた演技で、客を笑わせた。

とぼし・い【乏しい】〈形〉 ❶あることはあるが、ちょっとしかない。例金が乏しい。知識に乏しい。対富む。類わずか。❷生活などがまずしい。例乏しい生活。▽対豊か。

とぼとぼ〈副〉 がっかりしたり、元気をなくしたりして、うなだれて歩く足どりのようす。例とぼとぼ(と)歩く。

とま【▼苫】〈名〉 スゲやカヤを編んだもの。小屋の屋根などにする。例とまや。

どま【土間】〈名〉 家の中で、床《ゆか》を張らず、土のままであるか、たたきにしてあるところ。土足で出入りする。

とます【▽斗】〈名〉 漢字の旁《つくり》の一つ。「料」「斜《しゃ》」などの「斗」の部分。

トマト〈名〉 野菜の一つ。一年草。初夏、黄色の花をつけ、赤い実《み》をむすぶ。実はビタミンA・ビタミンCを多くふくみ、なまのままで食べたり、ジュースやケチャップをつくる。日本一の産地は熊本県。あかなす。◇tomato

とまどい【戸惑い・途惑い】〈名〉 とまどうこと。例とまどいをおぼえる。顔にとまどいの表情をうかべる。

とまど・う【戸惑う・途惑う】〈動五〉 急に予想外のことがおこったり、知らないところへ出たりしたために、まごまごする。例出口がわからず、とまどった。類まごつく。

とまや【▼苫屋】〈名〉 スゲやカヤを編んで屋根にした、そまつな小屋。

とまり【泊まり】〈名〉 ❶自分の家以外のどこかにとまること。例泊まり客。泊まりがけ。類宿泊《しゅくはく》。外泊。❷宿直。❸船がとまるところ。

どまり【止まり】〈接尾〉 そこが最高で、それ以上には決してのびないこと。例この電車は次の駅止まりだ。高く見積もってもせいぜい一万円止まりだ。

とまりがけ【泊まり掛け】〈名〉 その日はよそでとまる予定で、でかけること。例泊まり掛けでかける。

とまりぎ【止まり木】〈名〉 ❶鳥かごや鳥ごやの中に、鳥がとまれるようにつくった横木。❷飲み屋などで、カウンターの前に置いたかんたんないす。

とまりこ・む【泊まり込む】〈動五〉 帰宅せず、そこにそのまま泊まる。例友人の家に泊まり込む。

[1]**とま・る**【止まる・留まる】【▽停まる】〈動五〉
❶[止まる] 動かなくなる。活動を停止する。例時計が止まる。交通機関が止まる。対動く。類ストップする。
❷[止まる] 出ていたものが出なくなる。続いていたものがやむ。例しゃっくりが止まる。笑いが止まらない。
❸[止まる・留まる] 鳥や飛ぶ虫がなにかにつかまって休む。例トンボが肩《かた》に止まった。お高くとまる。
❹[留まる] ものが固定される。対はずれる。
❺[留まる] 印象が消えないで、のこる。例目に留まる。耳に留まる。心に留まる。
表記 ③は、「動きがなくなる」意味で「止まる」と書いたり、「ある場所に固定される」意味で「留まる」と書いたりする。

[2]**とま・る**【泊まる】〈動五〉 ❶自宅以外のどこかに宿をとる。例ホテルに泊まる。類宿泊《しゅくはく》する。❷船がいかりをおろして、その場所にとどまる。類停泊《ていはく》する。

どまんなか【ど真ん中】〈名〉「まんなか」を強めていう、俗《ぞく》っぽいことば。例ど真ん中のストライク。

とみ【富】〈名〉 ❶財産。例富をきずく。富をなす。富をほこる。巨万《きょまん》の富。類財。❷人間の生活に役だち、豊かにするもの。例海底にねむる富。類資源。

とみこうみ・する【と見こう見する】【▽左見▽右見する】〈動サ変〉 あちらを見たりこちらを見たりする。例はじめて訪れた外国をと見こう見して歩く。

とみに【▽頓に】〈副〉 急に目立ってきたようす。例最近とみに目がわるくなった。類にわかに。

ドミノ〈名〉 西洋カルタの一種。さいころの目のようなしるしをつけた、厚みのある札《ふだ》。◇domino
表現 少し間隔をあけながら並べて立てたものが順々に倒れていく遊びから、ものごとが連鎖《れんさ》的に起こる現象《げんしょう》のたとえに使われる。

と・む【富む】〈動五〉 ❶財産をたくさんもっている。対貧しい。❷(「…に富む」の形で)…が多い。例経験に富む。変化に富む。対とぼしい。類ゆたか。豊富。

とむらい【弔い】〈名〉 ❶死んだ人の霊《れい》をなぐさめること。❷「①」のための葬式《そうしき》や法事。例弔いを出す。類追善《ついぜん》。

とむらいがっせん【弔い合戦】〈名〉 敵に殺された人の霊《れい》をなぐさめるためのたたかい。

と

とむら・う【弔う】〈動五〉❶人の死をかなしむ。❷なくなった人の霊《れい》をなぐさめるために、冥福《めいふく》をいのって、儀式《ぎしき》を行なう。例あとを弔う。菩提《ぼだい》を弔う。類追善《ついぜん》する。

とめお・く【留め置く】〈動五〉❶帰さないでその場に居残らせる。例警察署に留め置く。類留置する。❷そのまま置いておく。例郵便物を局に留め置く。❸まだ結果が出ていないことを、そのままにしておく。例この件はしばらく留め置くことにする。

とめがね【留め金】〈名〉ハンドバッグやさいふなどの、あけしめするところにつけてある金具。類口金《くちがね》。

とめそで【留め袖】〈名〉既婚《きこん》の女性が人の結婚式など、お祝いのときにきる着物。黒地で、そでが短く、すそにもようがある紋《もん》つき。

とめど〖止め▽処〗〈名〉止めるべきところ。止まりそうで止まらないところ。例とめど(の)ないおしゃべり。涙がとめど(も)なくあふれる。類切り。

[1]**と・める**【止める・留める】〖▽停める〗〈動下一〉
❶[止める]動いていたものを動かないようにする。活動を停止させる。例息を止める。エンジンを止める。車を止める。呼び止める。類ストップする。
❷[止める]出ていたものを出ないようにする。つづいていたものをやめさせる。例せきを止める。血を止める。
❸[留める]ものがその場所から動かないようにする。固定する。例名札《なふだ》を胸にピンで留める。
❹[留める]ボタンなどで、はずれないようにする。例ホックを留める(=かける)。ボタンを留める。類かける。はめる。
❺[留める]気持ちを、とくにあるものごとにむける。例目に留める。気に留める。
❻[止める・留める]させないようにする。例けんかを止める。止めても聞かない。さし止める。類とどめる。禁止する。制止する。

ふたつどもえ

みつどもえ

[と　も　え]

[2]**と・める**【泊める】〈動下一〉自分の家や宿などで一夜をすごさせる。例客を泊める。

[1]**とも**【友】〈名〉❶友人や仲間。例友にめぐまれる。友をえらぶ。竹馬《ちくば》の友。類は友をよぶ。類友だち。❷(「…を友とする」の形で)人間以外のものを、まるで仲のよい友だちのように思って、したしむ。例自然を友とする。

[2]**とも**【共】━〈名〉同じ布地からとったもの。例共ぎれ。
━〈接頭〉名詞につけて、「いっしょに…する」という意味を表わす。例共ばたらき。共食い。
━〈接尾〉❶「…はすべて」という意味を表わす。例三つとも食べた。住所・氏名とも不明。❷名詞につけて、「…をふくめて」という意味を表わす。例送料とも千五百円。
▽→ども〔共〕

[3]**とも**【供】〈名〉主人に従って、行動をともにし、下働きをする人。例供にくわえる。供をつれる。→おとも

[4]**とも**〖▼艫〗〈名〉船体《せんたい》のうしろの方。対へさき。類船尾《びせん》。

[5]**とも**━〈終助〉文の終わりにつけて、相手のいうことをそのとおりだとみとめる気持ちをつよく表わす。例そうですとも。はじめていいとも。
━〈副助〉分量や程度のだいたいの限界を表わす。例おそくとも十二月はじめには完成させたい。多少ともよゆうはあるはずだ。
表現 ━は、話しことば的。━は、ちょっと文語的。

[1]**ども**〈接助〉前に述べたことがらが、あとで確定することを表わす。…けれども。例おとなといえども油断はできない。行けども行けどもただ砂原。
接続 活用語の仮定形につく。

[2]**ども**〖共〗〈接尾〉人を表わすことばにつけて、複数であることを表わす。例者ども。わたくしども。類たち。ら。
表現 他人につける場合は、相手を見くだしている気持ちを、自分につける場合は、謙遜《けんそん》の気持ちを表わす。

ともあれ〈副〉不十分なところはあるが、それはそれとして。「とまれ」ともいう。例ともあれ、やっと終わった。手ぜまなのはともあれ、住みごこちはいい家だ。

ともえ〖▼巴〗〈名〉弧《こ》をえがいたおたまじゃくしのような形を、いくつか点対称において円形をつくった図案。例三つどもえ。絵

ともえせん【ともえ戦】〖▼巴戦〗〈名〉三人の中の一人が他の二人に続けて勝てば、勝者になるという戦い。

ともがき【友垣】〈名〉「友達」の詩的な言いかた。

ともかく〈副〉❶とにかく。いずれにしても。例ともかく行ってみよう。❷そのことを問題外として。または、問題がないとしても。例色はともかく、がらがわるい。

ともかせぎ【共稼ぎ】〈名・する〉⇩ともばたらき

ともがら〖▽輩〗〈名〉「なかま」「連中」の意味の古めかしい言いかた。

ともぎれ【共切れ】〈名〉ある洋服をつくったのと同じ布地。類共布。共生地《きじ》。共地。

ともぐい【共食い】〈名・する〉❶同じ種類の動物が、一方を食べてしまうこと。❷商売や仕事のうえで、たがいに足をひっぱりあって両方とも損をすること。

ともしび【ともし火】〖▽灯し火・▽灯〗〈名〉ランプや電灯などのあかり。例山小屋のともし火。風前のともし火。類灯火。灯《ひ》。

ともしらが【共白髪】〈名〉夫婦《ふうふ》そろって白髪になるまで長生きすること。
表現「あかり」より生活のぬくもりを感じさせることば。

とも・す〖▽点す・▽灯す〗〈動五〉あかりをつける。例灯《ひ》をともす。あかりをともす。類点じる。点灯する。

ともすると〈副〉そうなることが多いようす。ともすれば。例その部屋の住人は、ともすると、不在がちであった。
表現「ふつうなら、あまりそうはならないが、誘因《ゆういん》があれば、そうなりやすい」という見方から出ることば。このような「起こりやすさ」の感じの表現を、よく起こる順に並べてみると、次のようになる。(1)いつも。きまって。(2)たいてい。かなりの程度。(3)とかく。ややもすると。(4)ともすると。(5)ときには・ときとして…ことがある。(6)まれに。まれには。

ともすれば〈副〉⇩ともすると

ともだおれ【共倒れ】〈名〉たがいにきそいあったり、助けあったりした結果、両方ともだめになること。

ともだち【友達】〈名〉対等の立場で、したしくつきあっている人。例友達ができる。友達になる。わるい友達。おさな友達。遊び友達。類仲間。友人。友。

ともづな〖▼纜〗〈名〉船尾についている、船を岸につなぐ綱。例ともづなを解く(=船出する)。類もやいづな。

ともづり【友釣り】〈名〉おとりのアユを糸につけて川

中浜万次郎（1827～98）土佐の漁師。遭難して米船に救われ，米国で生活。帰国後，幕府の通訳などを務めた。

に入れ、なわばりを守ろうとして向かってくるほかのアユを、おとりの後方につけた掛けばりで引っかけてつる釣り方。

ともども【共共】〈副〉いっしょに。例運動会では、親子どももたのしんだ。

ともな・う【伴う】〈動五〉❶いっしょにつれていく。例妻子を伴って出張する。❷いっしょにおこる。なにかにつきまとう。例苦痛が伴う。危険を伴う。インフレに伴って、生活が苦しくなる。

ともに【共に】〈副〉❶(「…と共に」の形で)…といっしょに。例友人と共に恩師を訪ねた。❷(「…を共にする」の形で)いっしょに…をする。例寝起《ねお》きを共にする(=いっしょに生活する)。行《こう》を共にする(=いっしょに行く)。❸(「…と共に」の形で)…でもあるし、また同時に…だ。例うれしく感じるとともに、すまなくも思う。

とも(▼倶)にてん(天)をいただ(▽戴)かず ⇩ふぐたいてん

ともばたらき【共働き】〈名・する〉夫婦《ふうふ》が両方とも職業をもって、働いていること。対片《かた》働き。参考かつての「共かせぎ」より広く使われるようになったことば。

ともびき【友引】〈名〉ものごとの勝負がつかないとされる日。また、友を引きこむ日とされることから、この日に葬式《そうしき》を行なうことをさける。

とも・る【▽点る・▽灯る】〈動五〉電灯やランプなどがつく。例灯《ひ》がともる。

どもり【▼吃り】〈名〉どもること。吃音《きつおん》。

ども・る【▼吃る】〈動五〉話すときに、ことばがつかえる。

とや【▽鳥屋・▼塒】〈名〉鳥を飼っておく小屋。鳥小屋。

どや【ドヤ】〈名〉おもに日雇《ひやとい》い労働者向けの、安い料金でとまれる簡易宿泊所。→どやがい

参考「やど(宿)」を逆にしたことば。

どやがい【ドヤ街】〈名〉ドヤがたくさん集まっている地区。東京の山谷《さんや》、横浜の寿町《ことぶきちょう》、大阪の釜ケ崎《かまがさき》あいりん地区など。

とやかく〈副〉相手のやりかたなどについて、いちいち文句をいうようす。例とやかく言う。人にとやかく言われるおぼえはない。類あれこれと。なんのかのと。

どやしつ・ける〈動下一〉❶大声でどなりつける。例部下をどやしつける。❷おどかすように、大げさにたたく。例背中をどやしつける。

どやどや〈副〉おおぜいの人がさわがしく出入りするようす。例事故現場に警察や消防の人たちがどやどや(と)やってきた。

どよう[1]【土用】〈名〉立春・立夏・立秋・立冬の前の一八日間。とくに、立秋の前の土用(=夏の土用)をいうことが多い。アドヨー 参考夏の土用の、最初にくる「丑《うし》」の日(=昔のこよみで、日付に十二支を順にあてはめた二番目)に、夏ばてしやすい時期として、精のつくもの、とくにウナギを食べる習慣がある。

どよう[2]【土曜】〈名〉日曜からかぞえて、週の第七番目の曜日。土曜日。アドヨー

どようなみ【土用波】〈名〉夏の土用のころにおきる、大きな波。例土用波が立つ。

どよめき〈名〉どよめくこと。どよめく声やもの音のひびき。例どよめきが起こる。群衆のどよめき。

どよめ・く〈動五〉たくさんの人の声やもの音が、いっせいにひびきわたる。例群衆《ぐんしゅう》がどよめく。

とら[1]【虎】〈名〉アジア地方の代表的な猛獣《もうじゅう》。体長二《に》メートルほどで、黄色の地に黒いしまがある。ほかの動物をとらえて食べる。→とら〔寅〕(次項)

表現酒に酔《よ》ってあばれる人のことをたとえてもいう。

虎の威《い》を借《か》る狐《きつね》 自分の力はないのに、有力者の権力をたのみにして、いばる人。

虎の尾《お》を踏《ふ》む 命にかかわるような、あぶないまねをする。

虎は死《し》して皮《かわ》をとどめ人《ひと》は死して名《な》を残《のこ》す トラがりっぱな毛皮を残すように、人はりっぱな行ないによって、死後も名声を残すことができる。

虎を野《の》に放《はな》つ 危険な人物を自由にふるまえるようにする。いつか起こるわざわいの原因をつくる。

とら[2]【▼寅】〈名〉❶「十二支」の第三番目。トラ。❷むかしの方角の名で、東北東。❸むかしの時の名で、午前四時、およびその前後二時間、計二時間の間。

どら【▽銅▼鑼】〈名〉銅などの金属でつくった盆のような形の打楽器。つるして、ばちで打ちならす。→かね〔鐘〕絵

とらい[1]【渡来】〈名・する〉外国から海をこえて、やってくること。例文化の渡来。渡来人《じん》。類伝来。外来。舶来《はくらい》。

トライ[2]〈名・する〉❶ためしてみること。類挑戦《ちょうせん》。試行。❷ラグビーで、相手チームのゴールライン内の地面に、ボールをつけること。得点となる。◇try ▽アトライ

ドライ 一〈名〉❶かわいていること。例ドライフラワー。❷エアコンの除湿《じょしつ》機能。❸「ドライクリーニング」の略。❹洋酒で、からくちのこと。例ドライジン。

二〈形動〉人情にとらわれないで、わりきっているようす。例ドライな性格。対ウエット。◇dry

ドライアイス〈名〉二酸化炭素を冷やして、圧縮して固形にしたもの。冷却剤《れいきゃくざい》に使われる。◇dry ice

トライアウト〈名〉スポーツで、チームの選手を選ぶための適性試験。とくに、プロスポーツの入団テスト。合格後、さらに合宿や練習などをへて、そこでみとめられれば選手として正式に採用される。◇try out

トライアスロン〈名〉各選手が、水泳・自転車・マラソンを順に連続して行なって、総計の速さを競うスポーツ。◇triathlon 参考ふつう、水泳は三・九《キロメートル》、自転車は一八〇・二《キロメートル》、マラソンは四二・一九五《キロメートル》。体力の限界にいどむことから「鉄人レース」ともいう。

トライアル〈名〉❶ためしてみること。例化粧《けしょう》品のトライアルセット。❷競技で、試技、または予選。❸オートバイ・自転車のレース競技の一種目。岩場などの難コースを走りぬく。◇trial

トライアングル〈名〉❶三角形。❷打楽器の一つ。鉄の棒を三角形におりまげたもの。ほそい鉄の棒で打ってならす。高く、すんだ音がする。◇triangle

ドライクリーニング〈名〉水を使わず、薬剤《やくざい》でよごれを落とす洗濯《せんたく》のしかた。あらう物のちぢみや変形が少ない。◇dry cleaning

とらいじん【渡来人】〈名〉〔歴史〕四世紀の終わりから八世紀にかけて、日本にわたってきて住みついた中国や朝鮮《ちょうせん》の人々。大陸のすすんだ文化を日本に伝えた。

ドライバー〈名〉❶ねじまわし。❷自動車を運転する人。❸ゴルフで、もっとも遠くへ打つためのクラブ。◇driver 参考①は screwdriver の日本での省略語。

ドライブ〈名・する〉❶車の運転。とくに、レジャーとして遠乗りをすること。例ドライブイン。ドライブマップ。❷テニスや卓球《たっきゅう》などで、球に回転をあたえるように打つこと。❸コンピューターで、データを読み書きする各種の装置。◇drive

と

中原中也(ちゅうや)(1907～37) 昭和の詩人。フランス象徴派の影響を受け独特の叙情の世界を表現した。

ドライフラワー〈名〉草花を乾燥《かんそう》させたもの。◇dry flower

ドライヤー〈名〉ぬれたものをかわかすための道具。乾《かん》燥《そう》器。例ヘアドライヤー。◇dryer

トラウマ〈名〉〔医学〕心に深い衝撃《しょうげき》をあたえ、いつまでも影響《えいきょう》を残すような体験。また、その体験による心のきず。心的外傷。◇ドイツ Trauma 参考 PTSD(心的外傷後ストレス障害)の原因となる場合がある。

とら(捉)えどころ(所)がな(無)い ⇩つかみどころがない

とら・える【捕らえる・捉える】〈動下一〉❶[捕らえる]とりおさえる。例犯人を捕らえる。獲物《えもの》を捕らえる。類つかまえる。❷[捉える]しっかりとつかむ。例要点を捉える。心を捉える。▽類捕捉《ほそく》する。把握《はあく》する。

とらがしら〖虎頭〗〈名〉漢字の冠《かんむり》の一つ。「虎《こ》」「虚《きょ》」などの「虍」の部分。とらかんむり。

とらがり【虎刈り】〈名〉刈り方がへたなために、刈ったかみの毛の長さがそろわないで、トラのからだの模様のようになること。

とらかんむり〖虎冠〗〈名〉⇩とらがしら

トラクター〈名〉工業や農林業などで使われる自動車。トレーラーや農耕機などを ひっぱったり、おしたりする。◇tractor

どらごえ【どら声】〈名〉太くて、にごった声。類だみ声。

トラコーマ〈名〉ウイルスによる目の伝染病。結膜《けつまく》にぶつぶつができる。トラホーム。◇trachoma

トラスト〈名〉〔経済〕同じ種類の事業を行なっているいくつかの会社が、市場をひとりじめしてより多くの利益をあげるために、合同したもの。「カルテル」より結びつきが強い。企業《きぎょう》合同。◇trust →カルテル

[1]**トラック**〈名〉❶陸上競技の、直線や楕円《だえん》形の競走路。例トラック競技。対フィールド。❷CDや磁気ディスクなどの、おび状にくぎられていて、信号が記録される部分。例(映画フィルムの)サウンドトラック。(CDの)ボーナストラック。◇track

[2]**トラック**〈名〉貨物をのせるための荷台をもった自動車。◇truck

[1]**ドラッグ**〈名・する〉パソコンの操作で、選択《せんたく》したアイコンを、マウスのボタンを押したまま引きずるように動かすこと。◇drag

[2]**ドラッグ** 一〈名〉不法に使用されるものとしていう、麻薬《まやく》や覚醒剤《かくせいざい》。二〈造語〉くすり。例ドラッグストア。◇drug

ドラッグストア〈名〉薬を中心に、化粧《けしょう》品や洗剤《せんざい》など、他の日用品もあつかう店。◇drugstore

トラップ〈名〉❶わな。例トラップに引っかかる。❷〈する〉サッカーやホッケーで、ボールを胸や足、スティックで受けて止めること。トラッピング。❸クレー射撃《しゃげき》で、標的になる皿を空中に飛び出させる装置。◇trap

トラディショナル〈形動〉古くから伝統として伝わっている。例トラディショナルな家具。◇traditional

と(捕)らぬたぬき(▼狸)のかわざんよう(皮算用) ⇩「とる〔取る〕」の子項目

どらねこ【どら猫】〈名〉がらの悪いのら猫。

とらのこ【虎の子】〈名〉とてもたいせつにしているもの。例虎の子の十万円。

とらのまき【虎の巻】〈名〉これさえあれば、どんなむずかしい問題でもたちどころに解決できるという、便利な本。類あんちょこ。由来もともとは、戦術や武術の秘伝をしるした本のこと。

トラフ〈名〉海底に長くのびるくぼみで、海溝《かいこう》より浅くて幅の広いもの。例南海トラフ。◇trough

とらふぐ〖虎▽河▽豚〗〈名〉フグの一種。からだには丸みがある。刺身《さしみ》やちりなべなどにして食べるが、卵巣《らんそう》と肝臓《かんぞう》には猛毒がある。

ドラフト〈名〉「ドラフト制度」の略。プロ野球で、新人を採用するとき、その選択《せんたく》や交渉《こうしょう》権を、全球団の代表からなる会議できめる制度。◇draft

トラブル〈名〉❶いざこざ。例トラブルをおこす。金銭トラブル。類もめごと。ごたごた。悶着《もんちゃく》。❷故障《こしょう》。不具合。例エンジントラブル。◇trouble

表現 問題が発生することを、俗《ぞく》に「トラブる(トラブった・トラブってる)」と動詞にしていうことがある。

トラベラーズチェック〈名〉海外の旅行先で、現金の代わりに使用できる小切手。旅行小切手。T.C.。◇traveler's check

トラホーム〈名〉⇩トラコーマ ◇ドイツ Trachom

ドラマ〈名〉芝居《しばい》。劇。とくに、テレビドラマ。ラジオドラマ。◇drama 例さながら、一編のドラマのような話だ。

とらま・える【捕らまえる・捉まえる】〈動下一〉「とらえる」と「つかまえる」がまじってできた、くだけた言いかた。類つらまえる。

ドラマチック〈形動〉そのありさまがまるでドラマのようだ。例ドラマチックな展開。類劇的。◇dramatic

ドラム〈名〉洋楽で使うたいこ。◇drum

ドラムかん【ドラム缶】〈名〉ガソリンなどを入れる、大きな円筒《えんとう》形の金属製の容器。

ドラムス〈名〉ドラマー(=ドラム奏者)を囲むように配置した、ドラムのセット。◇drums

どらむすこ【どら息子】〈名〉遊びずきで金づかいがあらく、親をなげかせるようなむすこ。類放蕩《ほうとう》息子。道楽《どうらく》息子。

どらやき【どら焼き】〖▽銅▼鑼焼き〗〈名〉小麦粉・砂糖・卵をまぜて丸い形に焼き、中に、餡《あん》をはさんだ和菓子《わがし》。

と(捕)らわれのみ(身) 敵につかまって自由をうばわれている身の上。類とりこ。

とらわ・れる【捕らわれる】〖▽囚われる〗〈動下一〉❶つかまって、自由をうばわれる。例敵に捕らわれる。❷影響《えいきょう》をうけて、心がすっかり支配される。例先入観にとらわれる。外見にとらわれる。

トランク〈名〉❶旅行用の大型のかばん。❷自動車の後部にある荷物入れ。トランクルーム。◇trunk

トランクス〈名〉また下が数センチある、箱形のゆったりしたパンツ。水泳やボクシングなどのスポーツで、また、男性が下着としてはくもの。◇trunks

トランクルーム〈名〉❶⇩トランク② ❷ふだん使わないものをしまっておく倉庫。参考日本での複合語。②は、英語では(rental) storage room という。

トランシーバー〈名〉近距離《きょり》用の小型の無線通信機。◇transceiver

トランジスター〈名〉ゲルマニウムやシリコーンなどの半導体でつくった、電流の振幅《しんぷく》を大きくする増幅《ぞうふく》器。例トランジスターラジオ。◇transistor

[1]**トランス**〈名〉変圧器。◇transformer から。

[2]**トランス**〈名〉 自意識が消えた、ふだんと異なる意識の状態。催眠《さいみん》状態、ヒステリー、宗教儀式での恍惚《こうこつ》、霊媒《れいばい》の神がかりなど。例トランスミュージック(=トランスをさそうような様式の音楽)。◇trance

トランスジェンダー〈名〉「性別違和《いわ》」の人で、性転換《てんかん》手術まではのぞまない人。◇transgender

トランプ〈名〉 ハート・ダイヤ・クラブ・スペードの四組みそれぞれ一三枚と、ジョーカーの、合計五三枚のカードからなる遊び道具。それを使うゲーム。◇trump
参考 英語では(playing) cards といい、trump は「切り札」の意味。

トランペット〈名〉 金管楽器の一つ。するどく力強い高音をだし、オーケストラやジャズで、はなやかなひびきをつくる。
表現 一本二本と数える。◇trumpet

トランポリン〈名〉 金属性のわくに、弾力《だんりょく》のある布をばねの力でぴんとはり、はずむ力を利用して、その上でとびあがることのできる器具。また、その上で、はね上がったり回転したりする競技。◇Trampoline (もと商標名)

[1]**とり【取り】** ㊀〈名〉 寄席《よせ》や歌謡《かよう》ショーなどで、いちばん最後に出演すること。例とりをつとめる。類真打ち。アトリ」
㊁〈接頭〉 動詞の上につけて、語調をととのえたり、意味をつよめたりするはたらきをする。例取りまとめる。取りつくろう。取り急いで。

[2]**とり【鳥】**〈名〉 ❶つばさがあり、ふつう、空を飛ぶ動物。からだは軽い羽毛《うもう》におおわれ、かたくとがったくちばしをもち、えさをついばんで食べる。たまごを産み、ひなをかえすことでふえる。例鳥の巣。鳥かご。小鳥。水鳥。わたり鳥。類鳥類。❷ニワトリ。例鳥肉。おんどり。めんどり。若鳥。→とり〔酉〕(次項) ❸漢字の部首の一つ。「鳴」「鶏《けい》」などの「鳥」の部分。とりへん。▽アトリ
表記 ②は、「▽鶏」と書かれることもある。
表現 ふつう一羽《いちわ》二羽《にわ》と数える。雌雄《しゆう》二羽をひと組みにして一番《ひとつがい》二番《ふたつがい》とも数える。

鳥無《な》き里《さと》のこうもり 本物がいないところでいばっているにせ物。

[3]**とり【▽酉】**〈名〉 ❶「十二支」の第十番目。ニワトリ。❷むかしの方角の名で、西。❸むかしの時の名で、午後六時、およびその前後一時間、計二時間の間。❹⇩ひよみのとり ▽アトリ

トリアージ〈名〉 災害や事故で一度におおぜいの負傷者が出たとき、それぞれに救命措置《そち》の優先順位をつけること。負傷者の手首にトリアージタッグ(=優先度を示す識別標)をつける。◇フランス《フランス》 triage

とりあ・う【取り合う】〈動五〉 ❶たがいにとる。例手を取り合う。❷自分のものにしようとして、人とあらそう。例席を取り合う。類うばいあう。❸(多く、あとに打ち消しのことばをともなって)相手にしない。例そう言っても、取り合ってくれないだろう。

とりあえず【取り▽敢えず】〈副〉 まずさしあたって。例とりあえず腰《こし》をおろしたい。類ひとまず。
表現 「とりあえず御礼まで」は、急いで書いた礼状のむすびに書くことば。「取り急ぎ御礼まで」とも書く。

とりあ・げる【取り上げる】〈動下一〉 ❶手にとる。❷申し出や意見などを、無視しないで、うけつける。例議題として取り上げる。❸相手のもっているものを、むりにうばい取る。例財産を取り上げる。❹出産をたすけて、子を産ませる。
表記 ②は、「採り上げる」とも書く。

とりあつか・う【取り扱う】〈動五〉 ❶仕事として処理する。例その件は戸籍《こせき》係で取り扱っている。❷道具や機械などを、使用したり操作したりする。例らんぼうに取り扱う。❸人の立場を見さだめて、それにあった対応をする。例管理職ではなく一人の社員として取り扱う。類遇《ぐう》する。待遇する。❹とりあげてなんらかの処理をする。例この事件は、刑事《けいじ》事件として取り扱われることになった。❺商品として売る。例その品は、当店では取り扱っておりません。

とりあわ・せる【取り合わせる】〈動下一〉 いくつかのものを集めて、つりあいをとりながら一組みにまとめる。例いろいろな花を取り合わせて生ける。

とりい【鳥居】〈名〉 神社の参道の入り口にある、⛩の形をした門。

とりいそぎ【取り急ぎ】〈副〉 とりあえずそのことを急いで。例(手紙・メールで)取り急ぎ御礼《おんれい》まで。以上、取り急ぎご報告まで。類まずは。

トリートメント〈名〉 かみの毛の手入れ。それに使う栄養剤《ざい》。類リンス。◇treatment

ドリーム〈造語〉 夢。例ドリームランド。◇dream

とりい・る【取り入る】〈動五〉 ひきたててもらおうとして、相手の気に入ろうとつとめる。例取り入るのがうまい。上役に取り入る。類へつらう。

とりいれ【取り入れ】〈名〉 農作物を取り入れること。収穫《しゅうかく》。例秋の取り入れ。

とりい・れる【取り入れる】〈動下一〉 ❶方法や意見などを採用する。例新しい思想を取り入れて改革をはかる。類導入する。❷農作物を収穫《しゅうかく》する。
表記 ①は、「採り入れる」とも書く。

とりインフルエンザ【鳥インフルエンザ】〈名〉 鳥類に感染《かんせん》するインフルエンザの総称《そうしょう》。

とりうちぼう【鳥打ち帽】〈名〉 ⇩ハンチング

とりえ【取り柄・取り得】〈名〉 人やものがもつ、すぐれた点。例取り柄がない。正直が取り柄だ。類長所。

トリオ〈名〉 ❶〔音楽〕三重唱。三重奏。❷三人で組みになっている人たち。例仲よしトリオ。◇イタリア《イタリア》 trio

とりおき【取り置き】〈名・する〉 商品を、客にたのまれて、売り切れてしまわないように保管しておくこと。

とりおこな・う【執り行(な)う】〈動五〉「行なう」のあらたまった言いかた。例卒業式を執り行なう。類執行《しっこう》する。挙行する。

とりおさ・える【取り押さえる】〈動下一〉 悪いことをした者をおさえこんで、動けないようにする。例どろぼうを取り押さえる。類つかまえる。とらえる。

と(取)りかえ(返)しがつかない 失敗して、もうもとにもどらない。どうしようもない。例事故があってからでは取り返しがつかない。

とりかえ・す【取り返す】〈動五〉 取られたものを、ふたたび自分の手にもどす。例点を取り返す。

とりか・える【取り替える】〈動下一〉 ❶今まで使っていたものを、あたらしいものや別のものにする。例水槽《すいそう》の水を取り替える。❷自分のものと相手のものをかえる。例兄弟で取り替えて使う。取り替えっこ。類チェンジする。▽類交換《こうかん》する。

とりかか・る【取り掛かる】〈動五〉 やりはじめる。例仕事に取り掛かる。類着手する。

とりかご【鳥籠】〈名〉 鳥を飼《か》うかご。

とりかこ・む【取り囲む】〈動五〉 まわりをぐるりと

 中谷宇吉郎(なかやうきちろう) (1900～62) 物理学者。雪の結晶を研究し，人工雪を作ることに成功した。

囲む。例城を取り囲む。敵に取り囲まれる。類取り巻く。包囲する。

とりかじ【取り▼舵】〈名〉船の針路《しんろ》を左の方向に変えるときの、かじのとりかた。対面舵《おもかじ》。

とりかぶと〖鳥▼兜〗〈名〉多年草の一つ。根には毒があり、昔、毒矢などに用いられた。また、漢方薬ともする。

とりかわ・す【取り交わす】〈動五〉たがいにやりとりする。例約束を取り交わす。結納《ゆいのう》を取り交わす。

とりきめ【取り決め】〈名〉相手と相談してものごとをまとめること。まとめた内容。例取り決めをかわす。

とりき・める【取り決める】〈動下一〉相手と相談して、ものごとをまとめる。例条約を取り決める。

とりくず・す【取り崩す】〈動五〉❶ためていたお金を、本来とは別の用途《ようと》に少しずつ使う。例貯金を取り崩しながらなんとか生活する。❷崩して取り去る。例古いビルを取り崩す。類取りこわす。

とりくち【取り口】〈名〉すもうの、とりかた。
注意 ①を、誤《あやま》って「切り崩す」という人が増えている。

とりくみ【取り組み】〈名〉❶とりくむこと。❷〔取組〕すもうで、すもうをとる力士のその日の組み合わせ。

とりく・む【取り組む】〈動五〉❶ある問題や仕事に、熱心にとりかかる。例課題に取り組む。❷たがいに相手にくみついてあらそう。とくに、すもうをとる。

とりけ・す【取り消す】〈動五〉前に述べたことを、あとでなかったことにする。例前言を取り消す。予約を取り消す。類キャンセルする。

とりこ〖▽虜〗〈名〉❶敵にとらえられた人。古めかしい言いかた。類捕虜《ほりょ》。虜囚《りょしゅう》。❷なにかに熱中すること。例恋《こい》のとりこになる。

とりこしぐろう【取り越し苦労】〈名・する〉どうなるかもわからないうちから、先のことをあれこれ考えて心配すること。類杞憂《きゆう》。思いすごし。

とりこぼし【取りこぼし】〖取り▽零し〗〈名〉すもうなどの試合で、当然勝てる相手に負けてしまうこと。

とりこ・む【取り込む】〈動五〉❶とって、中へ入れる。例せんたくものを取り込む。❷うまく動いて自分のものにする。例敵の領地を取り込む。先生を取り込んで(=まるめこんで)、味方にする。❸急なできごとで、ごたごたして、おちつかない状態になる。例ただいま、取り込んでおりますので、あとにしていただきたいのですが。

とりこわ・す【取り壊す】〖取り▽毀す〗〈動五〉建物など、大規模なものを、こわしてくずす。類解体する。

とりさ・げる【取り下げる】〈動下一〉いちど提出したうったえや要求を取り消す。例辞表を取り下げる。訴訟《そしょう》を取り下げる。類撤回《てっかい》する。

とりざた【取り沙汰】〈名・する〉世間で、あれこれうわさして、話題にすること。例取り沙汰される。
表現 あまりよくない評判がたっているときに使う。

とりざら【取り皿】〈名〉料理を取り分ける小皿。

とりさ・る【取り去る】〈動五〉なにかをそこからすっかりなくす。類除去する。とりのける。とりのぞく。どける。

とりしき・る【取り仕切る】〈動五〉いろいろな問題をすべてひきうけて処理する。例事務を取り仕切る。

とりしまり【取り締まり】〈名〉❶とりしまること。例交通の取り締まり。❷〔取締〕「取締役」の略。

とりしまりやく【取締役】〈名〉会社の重役で、経営に参加して、会社の運営の責任をおう役職。例代表取締役。

とりしま・る【取り締まる】〈動五〉まちがいや事件がないように注意したり、監督《かんとく》したりする。

とりしらべ【取り調べ】〈名〉とりしらべること。例取り調べをうける。

とりしら・べる【取り調べる】〈動下一〉容疑者と直接会い、くわしく質問して調べる。例逮捕《たいほ》した男を取り調べる。

とりすま・す【取り澄ます】〈動五〉見るからにきどったようすをする。例取り澄ました態度。

とりそろ・える【取りそろえる】〖取り▼揃える〗〈動下一〉いろいろなものを、すぐに使えるようにそろえる。例ギフト用品を各種取りそろえております。

とりだ・す【取り出す】〈動五〉❶中から取って出す。例バッグから書類を取り出す。❷多くのものの中から選び出す。例リストから該当《がいとう》者を取り出す。

とりたて【取り立て】〈名〉❶取り立てること。例借金の取り立てがきびしい。❷取ってからあまり時間がたっていないこと。例取りたての野菜。免許《めんきょ》取りたて。

とりた・てる【取り立てる】〈動下一〉❶強制的に金をとる。例借金を取り立てる。類徴収《ちょうしゅう》する。❷ひきあげて、よい地位につける。例課長に取り立てる。❸とくに問題にする。とくに話題にする。例取り立てて言うほどのこともない。

とりちが・える【取り違える】〈動下一〉❶まちがえて、別のものを手にとる。例赤んぼうを取り違える。❷まちがった理解をする。例意味を取り違える。ことばを取り違える。類誤解する。

とりつぎ【取り次ぎ】〈名〉❶人と人の間にたって、用件や注文などを伝えること。例取り次ぎをたのむ。電話の取り次ぎ。❷〔取次〕「取次店」「取次会社」などの略。

とりつぎてん【取次店】〈名〉❶商品を製造元から小売店にわたす仲立ちをする店。類問屋《とんや》。❷客の注文を受けて、商品の売買の仲立ちをする店。▽「取次」ともいう。

とりつ・く【取り付く】〈動五〉❶たよりにする。すがる。例子どもが母の手に取りつく。❷取りかかる。例仕事に取りつく。❸霊魂《れいこん》や化け物が、体を乗っとる。例悪霊《あくりょう》に取りつかれる。(何ものかに)取りつかれたように勉強しはじめた。類つく。乗りうつる。憑依《ひょうい》する。
表記 ③は、「取り▼憑く」とも書かれる。

取り付く島《しま》もない なんとか注意をむけてもらおうとしても、相手は少しも気にかけてくれないで、知らん顔をしている。類けんもほろろ。

トリック〈名〉❶人をひっかけたり、だましたりするための考えやしかけ。例トリックにかかる。トリックプレー。❷映画で、現実にはおこりえないことを、さまざまなしかけを使って、くふうをこらし、画面に表わすこと。◇trick

とりつ・ぐ【取り次ぐ】〈動五〉❶あいだに立って、ある人の話を、別な人に伝える。例伝言を取り次ぐ。❷客が来たことや、電話がかかってきたことを伝える。❸売りたい人と買いたい人のあいだにたって、そのなかだちをする。類仲介《ちゅうかい》する。斡旋《あっせん》する。周旋する。

とりつくろ・う【取り繕う】〈動五〉あやまちや失敗などをうまくかくして、その場をごまかす。例ていさいを取り繕う。その場を取り繕う。

とりつ・ける【取り付ける】〈動下一〉❶器械や器具、部品などを設置する。例エアコンを取り付ける。類備え付ける。装着する。❷相

長屋王(ながやおう) (684～729) 奈良時代の政治家。天武天皇の孫。藤原氏の陰謀により自殺。

手にまちがいなく約束をしてもらう。例約束を取り付ける。契約《けいやく》を取り付ける。

とりて【取り手】〈名〉❶かるたなどを取るほうの人。類獲得《かくとく》する。対読み手。❷すもうなどで、すぐれたわざをもっている人。

とりで【▼砦】〈名〉本城とは別に、要所要所につくった小さな城。例とりでを築く。

とりとめのない まとまりがない。つかみどころがない。例とりとめのない話。

とりと・める【取り留める】〈動下一〉かろうじて、なんとかする。例一命を取り留める。

とりどり【取り取り】〈名・形動〉それぞれちがっていること。例とりどりの品《しな》。色とりどり。類いろいろ。さまざま。

とりなお・す【取り直す】〈動五〉❶手に持っているものの、持ちかたをかえる。また、いちど手からはなしてしまったものを、あらためて手にする。例筆を取り直す。❷だめになりそうな気持ちをふるいたたせる。例気をとり直す。❸すもうで、勝敗がつかなかったり、勝敗がはっきりしなかったりした勝負を、あらためてもういちどやりなおす。

とりなし【取り成し・執り成し】〈名〉気まずいふんいきや、対立関係などをなくすために、間にはいって取りはからうこと。例とりなしがうまい。とりなしをたのむ。

とりな・す【取り成す・執り成す】〈動五〉❶対立する人の間にたって、仲直りさせる。とりなしをする。❷その場の気まずい空気をうまくまとめる。例座をとりなす。

とりにが・す【取り逃がす】〈動五〉もう少しのところで、逃がしてしまう。例犯人を取り逃がす。

とりにく【鳥肉】【▽鶏肉】〈名〉⇩けいにく

とりのいち【▼酉の市】〈名〉十一月の酉の日に行なわれる鷲《おおとり》神社の祭礼。また、そのときにたつ市。くまでやおたふくの面など、縁起《えんぎ》物が売られる。おとりさま。

とりのこがみ【鳥の子紙】〈名〉ガンピにミツマタをまぜてすいた、うす黄色の上質の和紙。ふすまやびょうぶ用。

とりのこ・す【取り残す】〈動五〉❶置き去《ざ》りにする。例一人だけ取り残される。❷一部分だけ、取るのを忘れてしまう。

とりのこようし（方言） 模造紙。香川・愛媛で言う。参考和紙の「鳥の子紙《がみ》」に対する「鳥の子洋紙」の意味。

とりのぞ・く【取り除く】〈動五〉なにかをそこからなくしてしまう。例障害《しょうがい》を取り除く。類除去する。とりさる。とりのける。どける。

とりはから・う【取り計らう】〈動五〉ものごとがうまくすすむようにする。例しかるべく取り計らう。よろしくお取り計らいください。

とりばし【取り箸】〈名〉料理を皿に取り分けるのに使うはし。菜《さい》ばし。

とりはず・す【取り外す】〈動五〉取りつけてあるものをはずす。例換気扇《かんきせん》を取り外す。

とりはだ【鳥肌】【鳥▽膚】〈名〉寒さや恐怖《きょうふ》のために、ひふが羽をむしったあとの鳥の肌のようになること。例鳥肌がたつ。

表現「奇跡の逆転ゴールに鳥肌が立った」のように、感動して、という いい意味でも使う。

とりはら・う【取り払う】〈動五〉きれいに取ってなくす。例垣根を取り払う（↓かきね表現）。類取り去る。取り除く。

トリビア〈名〉なにかの役に立ちそうにはないが、知っているとちょっとおもしろいような雑学的な知識。◇trivia

とりひき【取り引き】〈名・する〉商売として、商品を売り買いすること。例取り引きがある。

表現「政府と野党が取り引きをした」のように、両方が得《とく》をするような妥協《だきょう》や約束をすることにも使う。

表記送りがなを付けずに「取引」と書かれることも多く、とくに「取引所」のような複合語では付けない。

とりひきじょ【取引所】〈名〉〔経済〕先物《さきもの》としての特定の商品や有価証券を大量に売買する市場。商品取引所と証券取引所がある。

とりふだ【取り札】〈名〉かるたで、ゆかにならべて取るほうの札。対読み札。

ドリブル〈名・する〉❶サッカーやラグビーで、ボールをこきざみに足でけりながらはこぶこと。❷バスケットボールで、手のひらでボールをつきながらすすむこと。❸バレーボールの反則の一つ。同じ選手が、二回つづけて、ボールにふれること。◇dribble

とりぶん【取り分】〈名〉何人かで金品などを分けるとき、ひとりひとりの、もらう分量。類分け前。

[1]**とりへん【鳥偏】**〈名〉⇩とり〔鳥〕③

[2]**とりへん【▼酉偏】**〈名〉⇩ひよみのとり

とりまき【取り巻き】〈名〉権力や財産のある人に近づいて、きげんをとって、利益をえようとする人。

とりまぎ・れる【取り紛れる】〈動下一〉すぐにしなければいけないことが多くて、ほかのことにまで目がいきとどかない。例いそがしさに取り紛れる。

とりま・く【取り巻く】〈動五〉❶まわりをぐるっとかこむ。❷権力や財産のある人に近づいて、きげんをとって、利益をえようとする。

とりまと・める【取りまとめる】【取り▼纏める】〈動下一〉❶多くのものを集めて整理する。例陳情《ちんじょう》を取りまとめて提出する。❷いろいろと調整をして、うまく解決する。例縁談を取りまとめる。

とりみだ・す【取り乱す】〈動五〉❶ものをちらかす。❷急なできごとなどで、気持ちが動揺《どうよう》して、見苦しいふるまいをする。例つい取り乱して失礼しました。

トリミング〈名・する〉❶写真で、引きのばしなどをする際、いらない部分を消して適切にととのえること。❷洋服で、ふちかざりをつけること。❸ペットの犬などの毛を摘んで、形をととのえること。◇trimming

とりめ【鳥目】〈名〉まわりが暗くなると、目が見えなくなる病気。ビタミンAの不足が原因。夜盲症《やもうしょう》。

とりもち【鳥もち】【鳥▼黐】〈名〉小鳥や昆虫《こんちゅう》をつかまえるために使う ねばねばしたもの。モチノキなどの樹皮などからつくって、長いさおの先につけて使う。

とりも・つ【取り持つ】〈動五〉❶あいだに入って、うまくいくようにせわをする。例仲を取り持つ。類仲介《ちゅうかい》する。❷会合や宴会《えんかい》などで、その場がしらけないように、うまくもり上げる。例座を取り持つ。

とりもど・す【取り戻す】〈動五〉うしなわれていたものを、もとの状態やもとのところに復元する。例落としものを取り戻す。落ち着きを取り戻す。

とりもなおさず【とりも直さず】〈副〉前に述べたことが、すぐあとのことにつながることを表わす。すなわち。つまり。例インフレをおさえること、それはとりも直さず国民の生活を安定させることだ。

とりもの【捕り物】〈名〉犯人をつかまえること。古い言いかた。例大捕り物。捕り物帳。

とりものちょう【捕り物帳】【捕り物▼帖】〈名〉

 中山晋平(しんぺい)（1887～1952） 作曲家。多くの流行歌・童謡・民謡などを作った。「カチューシャ」「砂山」。

江戸《えど》時代の目明かしなどを主人公として、その活躍《かつやく》ぶりをえがいた小説やドラマ。

とりやめ【取りやめ】〖取り▽止め〗〈名〉予定していたことをやめること。例取りやめになる。類中止。

トリュフ〈名〉❶食用キノコの一種。ころんとした丸い形で、独特のかおりがあり、フランス料理で珍重される。「森の宝石」「黒いダイヤ」とも呼ばれ、キャビア・フォアグラとともに世界三大珍味とされる。西洋松露《しょうろ》。❷「①」のような丸い形のチョコレート菓子。◇フランス truffe

とりょう【塗料】〈名〉さび止めや保護、また、うつくしく見せるために、ものの表面にぬる液状のもの。ペンキ・うるし・エナメルなど。

どりょう【度量】〈名〉他人の言うことやすることをうけ入れる、心のひろさ。例度量が大きい。度量がせまい。

どりょうこう【度量衡】〈名〉ものの、長さと容積《ようせき》と重さ。それらの はかりかたの基準。例度量衡の単位。

どりょく【努力】〈名・する〉ある目的のために、いっしょうけんめいつとめること。例努力がみのる。努力のたまもの。努力をかさねる。血のにじむような努力。努力家。努力目標。奮励《ふんれい》努力。

とりよ・せる【取り寄せる】〈動下一〉注文して、送らせる。例本を取り寄せる。見本を取り寄せる。

ドリル〈名〉❶回転させて穴をあける工具。金属や岩に穴をあけるものなどもある。例電気ドリル。類きり。❷くりかえし学習すること。そのための教材。類ワーク(ブック)。◇drill

とりわけ〈副〉多くのものの中で、とくに。例飲み物の中でも、とりわけコーヒーがすきだ。類わけても。ことに。

とりわ・ける【取り分ける】〈動下一〉❶めいめいの分を分けて取る。例料理を小皿に取り分ける。❷それだけを取って別にする。例不良品を取り分ける。

ドリンク〈名〉飲み物。例ソフトドリンク。栄養ドリンク。ドリンク剤《ざい》。対フード。◇drink

[1]**と・る**【取る・捕る・採る・執る】〈動五〉

❶[取る] 自分のものではないものを、うばう。例強盗《ごうとう》に五万円取られた。類ぬすむ。

❷[捕る・取る] 動物や動くものをつかまえる。例くじらを捕る。ねずみを捕る。外野フライを捕る。類捕獲《ほかく》する。キャッチする。

❸[取る] 必要なものとして自分のものにして、それをたもつ。例席を取る。時間を取る。てまを取らせる。

❹[採る・取る] 集める。例標本にするハチを採る。きのこを採る。類採取する。採集する。

❺[採る・取る] 人をやとう。例新人を採る。今年はあの会社は三人しか採らないそうだ。類採用する。

❻[採る・取る] えらんで どちらかを使う。例取るにたりない。南の航路を採る。決を採る。A案よりもB案を採る。類採決する。採択《さいたく》する。

❼[取る・執る] 手に持って なにかをする。役目をひきうけて実行する。例ハンドルを取る。筆を執る(=文章を書く)。事務を執る。指揮《しき》を執る。教鞭《きょうべん》を執る。

❽[取る] 要点をとらえて、うまいぐあいにすすめる。例拍子《ひょうし》をとる。バランスをとる。きげんをとる。

❾[取る] 余分なものをのぞく。例ごみを取る。草を取る。よごれを取る。つかれを取る。痛みを取る。

❿[取る] 身につけていたものをはずしたり、ぬいだりする。例ぼうしを取る。ネクタイを取る。対つける。

⓫[取る] こちらのものにする。例休暇《きゅうか》を取る。食事を取る。ノートを取る。年を取る。

⓬[取る] 相手がたにださせて、こちらに収める。例税金を取る。

⓭[取る] ひきうける。例責任を取る。

⓮[取る] 注文して持ってこさせる。例すしをとる。新聞をとる。雑誌をとる。

⓯(「…にとって」の形で)…の立場からみると。…の身として。例設計する者にとって、こんなにこまる注文はない。

▽→囲み記事34(下)

表記 どの意味にも「取る」をあてることができるが、②の「つかまえる」という意味のときは「捕る」、④⑤⑥の「採取する」「採用する」「採決する」という意味のときは「採る」、⑦の「役目を実行する」という意味のときは「執る」を使う傾向《けいこう》がある。また、⑪で、食事や栄養については「▽摂る」と書かれることもある。わかりにくいときは かな書きにするのがよい。

方言 宮城では、布団《ふとん》を「敷《し》く」の意味でも使う。

取って付《つ》けたよう ⇩独立項目

捕らぬ狸《たぬき》の皮算用《かわざんよう》 まだタヌキをとらえないうちから、その皮を売ってもうける計算をする、ということから、

囲み記事 34

「取る」を使う慣用表現

手を取って 懇切《こんせつ》に教えることを「手を取って教える」という。

揚《あ》げ足を取る 人の不注意による小さな失敗につけこんで、やりこめること。

おくれを取る・ひけを取る 競争相手にまけること。「ひけ」の方は「だれにもひけを取らない」のように打ち消しの形で使うことが多い。

幅《はば》を取る・場所を取る 思いのほかに広い場所をしめてしまうことで、迷惑《めいわく》の感じをこめていうことが多い。

間《ま》を取る・間隔《かんかく》を取る あいだをあけること。時間についても、空間についてもいう。

舵《かじ》を取る・音頭《おんど》を取る 集団を思うように動かしていくことをいう点で、共通性がある。「主導権《しゅどうけん》を取る」「リーダーシップを取る」「イニシアチブを取る」という言いかたもある。

元を取る 商売をして、利益は上がらないまでも、かけた元手のお金は回収できること。

言質《げんち》を取る 言った人に不利、聞いた人に有利になるようなだいじなことばを「たしかに聞いた」と言って、言った人にそれをみとめさせること。「言質を取られる」と、受け身で使うことが多い。

先手を取る・逆手《ぎゃくて》を取る 先手は碁《ご》・将棋《しょうぎ》のことば、逆手は柔道のことば。先手は攻撃《こうげき》をしかけること、逆手は受け身を攻撃に転じることで、ちがいはあるが、有利な立場にたつように機敏《きびん》に立ち回る点では同じである。

人を手玉に取る 他人を思うようにあれこれ動かすこと。

…を盾《たて》に取る 「居住権《きょじゅうけん》を盾に取って立ちのきを拒否《きょひ》する」というように、自分に有利な条件をかかげて身を守ること。

たしかでないことに期待をかけて計画をたてること。

取るに足《た》らない わざわざ問題にする価値がない。「取るに足りない」ともいう。類ささい。

取るものも取りあえず 緊急《きんきゅう》なことで、なんの準備もできず、大あわてで。

[2]**と・る【撮る】**〈動五〉写真や映画をうつす。撮影《さつえい》する。例風景をとる。写真をとる。

ドル〈名・接尾〉アメリカ合衆国やカナダなどの通貨の単位。一ドルは百セント。記号は「$」または「$」。◇dollar から。

どるい【土塁】〈名〉敵の攻撃《こうげき》をふせぐための、土や石できずいたもの。

トルコいし【トルコ石】〈名〉青色や青緑色をした宝石。十二月の誕生石《たんじょうせき》。ターコイズ。

トルソー〈名〉人の、あたまや手足のない、胴体《どうたい》だけの彫像《ちょうぞう》。また、その形の、衣料品店などでマネキンとして使うもの。◇イタリア torso

ドルばこ【ドル箱】〈名〉よく売れる商品や、お金をたくさんかせぐことのできる人。例ドル箱スター。

どれ 一〈代名〉たくさんあって、「これだ」とはっきりきめられないものをさすことば。例どれがいいかわからない。→あれ・これ・それ 二〈感〉なにかをするときに、「さあ」という気持ちでいうことば。例どれ、ひと休みするか。

どれい【奴隷】〈名〉むかし、人間としての権利がみとめられないで、売り買いされて、労働に使われた人。例奴隷制度。奴隷解放。

トレー〈名〉浅い盆《ぼん》。「トレイ」とも書く。◇tray

トレーサビリティー〈名〉商品の安全性や品質の管理のため、いつどこでつくられ、どういう経路で消費者に届けられたかをたどれるように記録しておくしくみ。履歴《りれき》管理。とくに食品についてきびしく求められ、あたえられた肥料や飼料、処理・加工の段階なども記録される。◇traceability

トレース〈名・する〉うす紙に、絵や図面をなぞって書き写すこと。透写《とうしゃ》。敷《し》き写し。◇trace

トレード〈名・する〉❶プロ野球球団の間で、選手の交換《こうかん》や所属チームのうつしかえをすること。❷とりひき。貿易《ぼうえき》。◇trade

トレードマーク〈名〉❶商標。❷人やものを特徴《とくちょう》づけている、目だったしるし。◇trademark

トレーナー〈名〉❶スポーツで、選手のコンディションをととのえたりする人。❷上半身に着るスウェット。◇trainer

トレーニング〈名・する〉スポーツで、体力をつけたり、わざをみがいたりするために、練習・訓練すること。例トレーニングにはげむ。ハードトレーニング。◇training

表現 スポーツ以外でも、「頭のトレーニング」のように、ひろく、訓練する、という意味で使う。

トレーニングパンツ〈名〉❶運動するときにはく、動きやすく作られた長ズボン。❷おむつがとれるころの幼児用の、防水処理をしたパンツ。パンツの中に便をもらすことが不快であるという感覚をおぼえさせ、自分からトイレに行きたいと言うようにしつけるためのもの。▽略して「トレパン」ともいう。◇training pants 参考 ①は日本語独自の意味であり、英語では sweat pants という。

トレーラー〈名〉❶エンジンつきの車にひっぱってもらって動く車。大きな荷物を運んだりするのに使う。❷映画などの予告編。◇trailer

ドレス〈名〉女性の、礼装用の豪華《ごうか》な服。例イブニングドレス。◇dress

ドレスアップ〈名・する〉着かざること。盛装《せいそう》。◇dress up

ドレスコード〈名〉ホテルや高級レストランなどが定めている、客の身だしなみについての約束ごと。たとえば、男性はネクタイをしめる、など。◇dress code

とれだか【取れ高】〈名〉農水産物のとれた量。

とれたて【取れ立て】〈名〉魚・野菜・くだものなどが、取れたばかりで新鮮《しんせん》なこと。

トレッキング〈名〉健康やレクリエーションを目的とした山歩きや、歩くスキー。◇trekking

ドレッサー〈名〉鏡のついた化粧《けしょう》台。◇dresser

参考 「ベストドレッサー」は、洋服をもっともじょうずに着こなす人を表わす、日本での言いかた。

ドレッシー〈形動〉女性の服装が上品で優雅《ゆうが》である。例ドレッシーなよそおい。◇dressy

ドレッシング〈名〉調味料の一種。野菜サラダなどにかけるソース。例フレンチドレッシング。◇dressing

どれほど『どれ程』〈副〉❶値段や数量がはっきりしない。例あれからどれほどの年月がたっただろうか。❷程度が想像できないほどはなはだしい。例どれほど心配したことか。類どんなに。▽「どれくらい」ともいう。❸(「どれほども」の形で、あとに打ち消しのことばをともなって)たいして…ない。例時間はあとどれほどもかからない。

トレモロ〈名〉〔音楽〕一つの短い音を非常に速くくり返す、装飾《そうしょく》的な演奏法。◇イタリア tremolo

と・れる【取れる・捕れる・採れる】〈動下一〉
❶〔取れる〕ついていたものが、はなれて落ちる。例ボタンが取れる。よごれが取れる。
❷〔取れる〕よくない状態がなくなる。例つかれが取れる。痛みが取れる。かどが取れる。
❸〔取れる・捕れる・採れる〕役にたつものがえられる。例魚が捕れる。米が採れる。
❹〔取れる〕(「…に取れる」の形で)…に解釈《かいしゃく》できる。例皮肉に取れる。悪意に取れる。
❺〔取れる〕ある状態がたもたれる。例調和がとれる。バランスがとれる。▽→とる〔取る〕表記

トレンチコート〈名〉打ち合わせがダブルで、大きな肩布や、ベルトのついたコート。◇trench (=塹壕《ざんごう》) coat

トレンド〈名〉❶動向。多く、経済変動やファッションの流行についていう。❷インターネットで、注目を集めている話題。例トレンドランキング。◇trend

[1]**とろ**〈名〉❶マグロのあぶらみの部分。刺身《さしみ》にしたり、すしにしたりする。例中《ちゅう》とろ。大《おお》とろ。❷「とろろ」のこと。例麦とろ。そばとろ。

表記 ①は、「トロ」とかたかなで書くことも多い。

[2]**とろ【吐露】**〈名・する〉心の中をかくさないで話すこと。例真情を吐露する。

どろ【泥】〈名〉水をふくんでやわらかくなった、きたならしい土。例泥にまみれる。類泥土《でいど・どろつち》。

泥をかぶる 他人のやったことの責任をとって、損な役割をひきうける。

泥を塗《ぬ》る ⇩顔《かお》に泥を塗る(「かお」の子項目)

泥を吐《は》く かくしていた悪事をうちあける。

とろ・い〈形〉❶動作や頭のはたらきがにぶい。例とろいやつ。❷火のいきおいが弱い。

トロイカ〈名〉三頭だての馬に引かせる、ロシアのそり。

と

 ナセル(1918~70) 反英独立運動を指導。エジプト共和国大統領。アラブ諸国の指導者として活躍。

◇ロシア語から。

とろう【徒労】〈名〉努力したことが、結局はむだになること。例徒労に終わる。類むだぼね。骨折り損。

ドロー〈名〉引き分け。ドロン。例ドローゲーム。類タイ。◇draw

トローリング〈名〉船を走らせながらつり糸を流して、カツオやマグロなどの大きな魚をねらう釣《つ》り。引き釣り。◇trolling

トロール〈名〉❶三角形のふくろ状になった、魚をとるための底引き網《あみ》。例トロール船。❷「トロール漁業」の略。「①」を使ってする漁業。◇trawl

ドローン〈名〉地上から無線操縦《そうじゅう》して空中撮影《さつえい》などを行なう、超《ちょう》小型の無人ヘリコプター。◇drone

とろか・す【▼蕩かす】〈動五〉❶とけた飴《あめ》のように、どろどろにする。❷心のしまりをなくさせる。うっとりとしたいい気持ちにさせる。例心をとろかすようなピアノの音色《ねいろ》。

どろくさ・い【泥臭い】〈形〉❶都会風ではなく、いかにもいなかじみている。例泥臭い服装。類土臭い。❷なりふりかまわない。例(試合で)泥臭い点の取り方。

とろ・ける【▼蕩ける】〈動下一〉❶かたまっていたものがぐにゃぐにゃにとける。❷こころよいものにうっとりとなりすぎて、しまりがなくなる。例心がとろけるようなピアノの音色《ねいろ》。

方言 青森では、「片づける」の意味でも使う。

どろじあい【泥仕合】〈名〉相手の悪口を言い合うだけの、きたないあらそい。例泥仕合を演じる。

トロッコ〈名〉土や石などをつんで、レールの上をおして動かす工事用の車。◇truck から。

ドロップ〈名〉砂糖にくだもののしるなどを加えて、かたまらせた西洋風のあめ。◇drop

ドロップアウト〈名・する〉実社会から脱落《だつらく》すること。中途《ちゅうと》退学すること。◇dropout

とろとろ 一〈形動・副・する〉液体にものがとけこんで、少しねばり気があるようす。例とろとろに煮《に》こんだシチュー。あぶら身が口の中でとろとろ(と)とける。二〈副・する〉❶あさくねむるようす。類うとうと。うつらうつら。❷火などの勢いがごく弱いようす。例豆をとろとろ(と)煮《に》る。

参考 アクセントは、ふつう「トロトロ」であるが、一で形容動詞として使う場合は、「**トロトロ**」となる。

どろどろ〈形動・副・する〉❶つよいねばり気がある。例どろどろの溶岩《ようがん》。❷どろや油などのよごれがついて、きたないようす。例どろどろの手。類どろんこ。❸複雑な利害や、にくしみやうらみなどの感情がもつれからみあっているようす。例どろどろした人間関係。

参考 アクセントは、ふつう「**ド**ロドロ」であるが、「どろどろに」「どろどろの」「どろどろだ」の場合は、「**ドロドロ**」となる。

どろなわ【泥縄】〈名〉「泥棒を見て縄をなう」がちぢまってできたことば。対策がおそすぎること。例泥縄式。

どろぬま【泥沼】〈名〉底にどろが厚くたまった沼。

表現 「泥沼にはまる」はどうにも ぬけ出せない わるい状況《じょうきょう》におちいること。

とろび【とろ火】〈名〉料理で、ごく弱いいきおいで燃えつづける火。例とろ火で煮《に》つめる。

トロピカル 一〈形動〉熱帯の。熱帯ふうの。例トロピカルフルーツ。二〈名〉薄地でさらさらした手ざわりの毛織物。夏服用。◇tropical

トロフィー〈名〉優勝者や入賞者に あたえられる賞杯《しょうはい》。類カップ。◇trophy

どろぶね【泥舟】〈名〉泥でつくった舟。昔話の「かちかち山」でタヌキが乗っておぼれ死ぬもの。

表現 やがて没落していくもののたとえとしてもいう。

とろぺつ(方言)いつも。東北・新潟などで言う。「とろっぺつ」「とろっぺず」とも言う。

どろぼう【泥棒】〈名・する〉人のお金や物をぬすむこと。ぬすむ悪い人。例泥棒をはたらく。泥棒に入る。大《おお》泥棒。類強盗《ごうとう》。窃盗《せっとう》。

泥棒に追《お》い銭《せん》 損をしたうえに、さらに損をすること。「盗人《ぬすっと》に追い銭」ともいう。

泥棒を見《み》て縄《なわ》をなう ⇩どろなわ

どろまみれ【泥まみれ】〖泥▽塗れ〗〈名・形動〉どろだらけになること。例どろまみれになって働く。

とろみ〈名〉料理で、多少のねばりけのある状態。例かたくり粉でとろみをつける。

どろみず【泥水】〈名〉どろのまじった水。

表現 「泥水につかる」「泥水を飲む」で、俗世間《ぞくせけん》のあまりよくない経験をいろいろすることを表わす。

トロリーバス〈名〉架線《かせん》から電気をとり入れて路面を走るバスふうの車。レールはない。無軌条《むきじょう》電車。◇trolley bus

とろりと〈副・する〉❶液体に、少し糸を引く程度にねばり気があるようす。例とろりとしたスープ。❷少しのあいだ、あさくねむるようす。例酒のせいで思わずとろりとした。類とろとろ。うとうと。

とろろ〖▼薯▼蕷〗〈名〉とろろいもをすりおろして、調味した食べもの。すましじるや生たまごでのばしたりして、そばやご飯などにかけて食べる。とろろじる。

とろろいも【とろろ芋】〖▼薯▼蕷芋〗〈名〉ツクネイモ・ヤマトイモ・ヤマノイモなど、とろろにするのに使ういも。

1 **どろん**〈名・する〉急に姿をくらますこと。俗《ぞく》な言いかた。例どろんをきめる。類雲がくれ。

2 **ドロン**〈名〉⇩ドロー ◇drawn

どろんこ【泥んこ】〈名〉どろがたくさんついて、よごれていること。どろだらけ。例泥んこになって遊ぶ。

とろんと〈副・する〉目つきがぼやっとして、焦点《しょうてん》がさだまらない感じだ。例目がとろんとしている。

どろんと〈副・する〉にごって生気がない。例どろんとした目つき。

トロンボーン〈名〉金管楽器の一つ。二本のU字形のくだをたがいにさしこみ、くだを動かして、その長さによって音の高さをかえる。トランペットより一オクターブ低く、おもおもしい音がする。◇trombone

とわ〖▽永▽久〗〈名〉いつまでも変わりなくつづくこと。例とわのちかい。類永遠。永久。とこしえ。

表現 「永遠」や「永久」に比べて詩的なひびきがあり、「とわのねむり」や「とわの別れ」のように、死を遠まわしにさす使いかたもある。

と(問)わず (「…を問わず」の形で)…を制限しないで。例年齢《ねんれい》・性別を問わず受け付ける。

とわずがたり【問わず語り】〈名・する〉こちらから聞きもしないのに、自分でぽつぽつ話し出すこと。例問わず語りに自分の不遇《ふぐう》な生い立ちを話す。

どわすれ【度忘れ】〈名・する〉よく知っているのに、今、この時、どうにも思いだせないこと。例相手の名前を度忘れした。類失念。

常用漢字 **とん**

【屯】中部1 全4画 屯屯屯屯
トン 音[トン] 屯田《とんでん》兵《へい》。駐屯《ちゅうとん》。

【豚】豕部4 全11画 豚豚豚豚豚
トン ぶた 音[トン] 豚《とん》足《そく》。養豚《ようとん》。訓[ぶた] 豚。子豚。黒豚。

【頓】頁部4 全13画 頓頓頓頓頓
トン 音[トン] 頓着《とんちゃく》。頓挫《とんざ》。頓死《とんし》。頓知《とんち》。頓服《とんぷく》。整頓《せいとん》。

トン〈名・接尾〉重さの単位。一トンは、千《キログラム》。記号「t」。◇ton

常用漢字 **どん**

【貪】貝部4 全11画 貪貪貪貪貪
ドン むさぼる 音[ドン] 貪欲《どんよく》。訓[むさぼる] 貪る。貪り食う。

【鈍】金部4 全12画 鈍鈍鈍鈍鈍
ドン にぶい・にぶる 音[ドン] 鈍器《どんき》。鈍感《どんかん》。鈍痛《どんつう》。鈍重《どんじゅう》。鈍角《どんかく》。愚鈍《ぐどん》。訓❶[にぶい] 鈍い。鈍さ。❷[にぶる] 鈍る。

【曇】日部12 全16画 曇曇曇曇曇
ドン くもる 音[ドン] 曇天《どんてん》。訓[くもる] 曇る。曇り。曇りガラス。曇り空。薄曇り。花曇り。

[1]**どん【鈍】**〈形動〉頭も動作もにぶい。例鈍なやつ。対敏《びん》。鋭《えい》。類鈍感。

[2]**どん【丼】**〈造語〉「どんぶり②」の略。例カツ丼。天丼。うな丼。丼もの。

[3]**ドン**〈名〉❶スペイン・イタリアなどで、男性の名につけられる敬称《けいしょう》。❷実力者。親分。例政界のドン。◇《スペイン》don

どんか【鈍化】〈名・する〉にぶくなること。にぶること。例感受性の鈍化。経済成長が鈍化する。

どんかく【鈍角】〈名〉〔数学〕直角(＝九〇度)より大きく、平角(＝一八〇度)より小さい角。対鋭角《えいかく》。

とんかち〈名〉大工道具のかなづちの俗《ぞく》な言いかた。参考かなづちをたたくときの音から。

とんカツ【豚カツ】〈名〉ぶた肉にパン粉のころもをつけて、油であげた食べ物。ポークカツレツ。とんかつ。

とんが・る【▼尖る】〈動五〉「とがる」のくだけた言いかた。例とんがった岩。とんがり帽子。

どんかん【鈍感】〈形動〉感じかたがにぶい。例鈍感な人。対敏感《びんかん》。

どんき【鈍器】〈名〉❶凶器《きょうき》としての、重い工具や置物《おきもの》など。❷よく切れない刃物《はもの》。対利器。

ドンキホーテがた【ドンキホーテ型】〈名〉夢《ゆめ》と現実を混同して、むこうみずな行動に突進するタイプの人。参考スペインの小説家セルバンテスの作品『ドン・キホーテ』から。→ハムレットがた

とんきょう【頓狂】〈形動〉間《ま》がぬけていて、調子のくるっているようす。強めて「すっとんきょう」ともいう。例頓狂な態度。

トング〈名〉食べ物をはさんでとるV字形の道具。◇tongs

どんくさい（方言）間がぬけている。のろまだ。関西で言う。参考「鈍臭い」の意味。

どんぐり『▽団▼栗』〈名〉カシやクヌギ、ナラなどの実。褐色《かっしょく》でつやがある、おわんの形をしたからに入っている。

どんぐりの背比《せいくら》べ どれもみな同じようで、とくにすぐれたものがないこと。

どんぐりまなこ【どんぐり眼】『▽団▼栗眼』〈名〉まるく大きくて、くりくりした感じの目。

どんこう【鈍行】〈名〉各駅に停車する列車をくだけた感じでいうことば。すでに古い言いかた。対急行。

とんこつ【豚骨】〈名〉❶煮込《にこ》んでスープをとるためのブタのほね。❷ブタのほね付き肉の料理。

とんざ【頓挫】〈名・する〉うまく進んでいたことが、急に途中《とちゅう》でいきづまること。「一頓挫」のかたちでも使う。例計画が頓挫する。頓挫をきたす。

どんさい【鈍才】〈名〉頭のはたらきがにぶいこと。また、にぶい人。対秀才《しゅうさい》。英才。俊才《しゅんさい》。類凡才。

とんし【頓死】〈名・する〉とつぜん死ぬこと。類急死。

とんじ【豚児】〈名〉できのわるい子どもということから、自分の子どもを謙遜《けんそん》していうことば。類愚息《ぐそく》。

とんしゅ【頓首】 手紙の末尾《まつび》に書きそえて、相手に敬意を示すあいさつのことば。「頭を地面につけておじぎをする」という意味。類敬具。再拝。

どんじゅう【鈍重】〈形動〉にぶくて、のろのろしている。例鈍重なうごき。対鋭敏《えいびん》。類愚鈍《ぐどん》。

どんじり〈名〉いちばんあと。例どんじりにひかえる。類びり。しんがり。

とんじる【豚汁】〈名〉ぶた肉を入れたみそ汁。

どんす【▼緞子】〈名〉もようがうきでるように織った、つやのある厚い絹織物。女性のはなやかな帯などに使われる。例金襴《きんらん》緞子。

とんせい【▼遁世】〈名・する〉❶僧《そう》になること。例出家遁世。❷世の中のわずらわしさからはなれて、ひっそりとしずかな生活をおくること。類隠棲《いんせい》。隠遁。

とんそう【▼遁走】〈名・する〉さっさとにげ去ること。

どんそく【鈍足】〈名〉おそい走り。対俊足《しゅんそく》。

どんぞこ【どん底】〈名〉これよりひどいところはないという、最低の状態。例貧乏《びんぼう》のどん底。

とんだ〈連体〉思いもよらない。とりかえしのつかない。例とんだ災難にあった。とんだ失敗をしてしまった。

とんち【頓知】『頓▼智』〈名〉まともにとりくんではとうていとけそうにない問いに対して、ユーモアや気のきいたりくつをまじえて答えて、なるほどと思わせる知恵《ちえ》。例とんちをはたらかせる。

とんちゃく【頓着】〈名・する〉気にすること。気にかけること。「とんじゃく」ともいい、多く打ち消しの形で使う。例他人の気持ちに頓着しない人。

どんちゃんさわぎ【どんちゃん騒ぎ】〈名〉酒を飲み歌をうたって、さわぐこと。類ばか騒ぎ。乱ちき騒ぎ。

どんちょう【▼緞帳】〈名〉劇場などで使う、ししゅうや織りもようの入ったぶあつい幕。

とんちんかん『頓珍漢』〈名・形動〉見当ちがいで、わけのわからないこと。例とんちんかんな答え。由来鍛冶《かじ》屋《や》の、二人で交互《こうご》に鉄を打つ、相槌《あいづち》の音から。

どんつう【鈍痛】〈名〉はげしくはないが、おもくるしく

 ナポレオン1世（1769～1821） フランスの皇帝。革命後の混乱を収め，国の近代化に努めた。

て、にぶい痛み。例鈍痛がする。対激痛。疼痛《とうつう》。

どんつき（方言） つき当たり。行き止まり。関西で言う。

どんづまり【どん詰まり】〈名〉❶ものごとの最後のところ。例事件のどん詰まり。❷道の行き止まり。

と(飛)んでひ(火)にい(入)る なつ(夏)のむし(虫) ⇩「とぶ」の子項目

とんでもな・い〈形〉❶常識では考えられないほどはなはだしい。とほうもない。例とんでもないねだん。❷あってはならない。例人のものをぬすむなど、とんでもない。❸相手のことばを、強く打ち消すときに使うことば。感動詞的に使う。例「これもあなたのおかげです」「とんでもない、わたしは何もしてません」。類めっそうもない。

敬語 ②と③をていねいに言うときは、「とんでもないことです」「とんでもないことでございます」、または「とんでものうございます」が文法上は標準的であるが、「とんでもありません」「とんでもございません」という言いかたもすっかり定着している。

とんでん【屯田】〈名〉辺境の地に兵士をあつめて、平時には農業をさせ、有事の際には軍隊に動員する制度。

どんてん【曇天】〈名〉雲におおわれた空。

どんでんがえし【どんでん返し】〈名〉なりゆきが急に変わって、正反対になること。例どんでん返しを食う。どんでん返しの結末。由来 芝居《しばい》で、背景で大道具をひっくり返して場面転換《てんかん》をすることから。

とんでんへい【屯田兵】〈名〉〔歴史〕平時は農業をし、戦時には軍隊を組織して戦った兵。明治時代、北海道の開拓《かいたく》と守りにあたった。

とんと〈副〉（あとに打ち消しのことばをともなって）ある程度の時間がたっても…ない、ということを表わす。例あれっきり、とんとおかまいなしだ。

どんどやき【どんど焼き】〈名〉正月に使ったしめかざりや門松《かどまつ》を燃やす、一月十五日の行事。この火で焼いたもちを食べると、一年中病気をしないという。

とんとん ■一〈副〉❶ものが連続的に軽くうち当たるときの音のようす。例とんとんとドアをノックする。❷ものごとが思ったよりも早く進むようす。例とんとん(と)話がまとまって、結婚《けっこん》ということになった。とんとん拍子《びょうし》。■二〈名〉ほぼ同じぐらいの状態であること。例収入と支出がとんとんというところだ。二人の実力はとんとんだ。

どんどん〈副〉❶とびらなどを強くたたくときの音のようす。また、つづけざまになる太鼓《たいこ》や鉄砲《てっぽう》などの音のようす。❷ものごとが次から次へと、いきおいよく進行するようす。例質問がどんどん(と)出た。類どしどし。

とんとんびょうし【とんとん拍子】〈名〉ものごとが次から次へと、つごうよくはかどること。例とんとん拍子に出世する。

どんな〈連体〉「どのような」のくだけた言いかた。例どんなことがおころうと覚悟《かくご》はできている。→あんな 参考

どんなに〈副〉「どれほど」のくだけた言いかた。例どんなに心配したかわかってるの？

トンネル〈名〉❶山や地下、海の底などをほりぬいてつくった、鉄道や道路を通す通路。隧道《ずいどう》。❷〈する〉野球で、野手が捕球《ほきゅう》しようとしたボールをとりそこなって自分の股間《こかん》をぬけさせてしまうこと。◇tunnel

表現 (1)書類上にだけ作って経理をごまかす、実在しない会社を「トンネル会社」という。
(2)①は一本二本と数える。

とんび【▼鳶】〈名〉鳥の「とび」のくだけた言いかた。

とんびが鷹《たか》を生《う》む 平凡《へいぼん》な両親から、すぐれた子どもが生まれること。対瓜《うり》のつるになすびはならぬ。かえるの子はかえる。

とんびに油《あぶら》揚《あ》げをさらわれる たいせつなものを、急によこあいからうばわれる。思ってもみなかった損失にがっかりして、ぼうぜんとしているようすをいう。

どんびき【どん引き】〈名・する〉ひどく興《きょう》ざめして、その場にいたくないような気持ちになること。俗《ぞく》な言いかた。例しゃれにならない冗談《じょうだん》にどん引きする。類凍《こお》りつく。

どんぴしゃり〈副〉完全に的中したようす。予想通り。どんぴしゃ。例どんぴしゃりの解答。類大当たり。

ドンファン〈名〉女たらし。
参考 スペインの伝説的人物 Don Juan の名から。

とんぷく【頓服】〈名〉とくにぐあいの悪いときに薬をのむこと。その薬。注意 鎮痛剤《ちんつうざい》や解熱《げねつ》剤をさすという誤解《ごかい》や、包装紙にくるんだ薬をさすという誤解がある。

どんぶり【丼】〈名〉❶茶わんを大きめにしたような形で、ぶあつい せとものの食器。❷「①」にご飯をもって、その上に料理した肉や野菜などをのせた食べ物。例親子丼。→どん〔丼〕

【丼】 丶、部4 全5画 丼丼丼丼丼
どんぶり・どん 訓❶［どんぶり］丼。丼飯。❷［どん］牛丼。天丼。

どんぶりかんじょう【丼勘定】〈名〉予算をたてたりこまかい計算をしたりせず、おおざっぱにお金を出し入れすること。参考 この「どんぶり」は昔の職人が使った作業衣の「腹がけ」のことで、その場で使う物を何でも入れた。金の出し入れもそこでしたので、こういう。

とんぼ【▼蜻▼蛉・▼蜻▼蜓】〈名〉❶昆虫《こんちゅう》の一種。からだはほそ長く、すきとおった四枚の羽をもち、目は複眼で大きい。幼虫を「やご」といい、水中にいる。シオカラトンボ・オニヤンマ・アカトンボなど、種類が多い。❷⇩レーキ

とんぼを切《き》る 芝居《しばい》などの立ち回りの場面で、きられたり投げられたりした役者がとんぼ返りをする。

とんぼがえり【とんぼ返り】【▼蜻▼蛉返り】〈名・する〉❶「宙返り」の子供っぽい言いかた。❷わざわざ行った先から、ゆっくりしたりしないですぐにひき返すこと。注意 ②を「とんぼ帰り」と書くのは、本来はあやまり。

とんま〈名・形動〉まのぬけたふるまい。まぬけな人。

ドンマイ〈感〉ミスをした人への、「気にするな」という意味のかけ声。スポーツなどで使う。参考 don't と mind から。英語では Don't worry (about it). という。

とんや【問屋】〈名〉生産者や商社から仕入れた商品を小売商におろす商店。対小売商。類卸《おろし》商。

そうは問屋がおろさない きみが考えているようなわけにはいかない。
表現 相手のかってやいきすぎをたしなめることば。

どんよく【貪欲】〈形動〉自分の目の前にあるものはなんでも食べてしまおう、とりこんでしまおう、とするさま。例貪欲な人。対無欲。類欲張り。欲深。強欲《ごうよく》。
表現 悪い意味のことばだが、「貪欲な研究心」のように、よい意味でも使える。

どんより〈副・する〉動きがなく、暗く、おもくるしいようす。例どんより(と)したつゆ空。どんよりした目。

どんらん【貪▼婪】〈形動〉欲深で、どこまでいっても満足を知らない。例貪婪な好奇心。類貪欲。

な…ナ

常用漢字 な

【那】阝部4 全7画
ナ 音[ナ] 刹那《せつな》。旦那《だんな》。
那那那那那那

【奈】大部5 全8画
ナ 教小4 音[ナ] 奈落《ならく》。
奈奈奈奈奈

[1]な【名】〈名〉❶「名前」の、やや古風な、または簡潔《かんけつ》な言いかた。例名も知らぬ花。名を名乗れ。❷人の名前のうち、名字《みょうじ》に対して、いわゆる下の名前。個人名。例子の名。姓《せい》は源《みなもと》、名は義経《よしつね》。対姓。氏《うじ》。❸世間での評判や知名度。例名が高い。名をあげる。名をけがす。名に はじない。名のある会社。類名声。❹おもてむきの言いかた。例…に名を借りる。会長とは名ばかりで、実際の仕事をするのは 副会長だ。類名目。▽アナ

名が通《とお》る 評判になって、広く世間に知られる。

名にし負《お》う 有名である。評判高い。参考「名に負う」の強めた言いかたで、「し」は強調を表わす副助詞。

名は体《たい》を表《あら》わす 名前というものは、そのものの性質や内容をよく表わしているものだ。

名もない 特別の注目をあびていない。ごくありふれている。例名もない人々。名もない花。

名を上《あ》げる よい評判を得て有名になる。

名を売《う》る 名前が世間に広く知られるようにする。

名を惜《お》しむ せっかく得た世間の評判が、きずつくのを残念に思う。

名を借《か》りる ❶他人の名義をかりる。❷表向きの口実にする。例現地調査に名を借りた旅行。

名を汚《けが》す 名誉《めいよ》を傷つけ評判を落とす。例母校の名を汚す。類名をはずかしめる。

名を捨《す》てて実《じつ》をとる うわべの体裁《ていさい》より、実際に利益のあるほうをえらぶ。類花より団子。

名を成《な》す ある分野で、すぐれた人として有名になる。

名を残《のこ》す りっぱな行ないやすぐれた業績によって、死んだあとも長く人々に知られる。

[2]な【菜】〈名〉❶葉や茎《くき》を食べる野菜。例小松菜。油菜。類なっぱ。❷副菜《ふくさい》。古い言いかた。アナ」

[3]な [一]〈終助〉❶動詞の終止形につけて、してはいけないという意味(禁止)を表わす。例自転車の二人乗りはするな。最後まであきらめるなよ。❷動詞の連用形につけて、したしい人や年下の人に対する気軽な感じの命令を表わす。例そんなことはやめな。❸「いらっしゃい」「ください」などのことばにつけて、命令の表現をやわらげる。例ちょっとこっちへ いらっしゃいな。ぜひきてくださいな。❹文の終わりにつけて、いろいろな感動や、願望の気持ちを表わす。例こんどの旅行はおもしろかったな。もっとじょうずになりたいな。類なあ。ね。ねえ。❺文の終わりにつけて、自分の判断をはっきりと表わすほか、相手に対して同意を求めたり、念をおしたりする。例それはまちがってると思うな。この石はぼくたちが見つけたんだよな。あしたは忘れずにきてくれよな。類なあ。ね。❻文の中のいろいろなことばのあとにつけて、とくにそのことばの表わすものごとを強調する。例きみが貸してくれたあの本な、あれはなかなかいいよ。類なあ。ね。ねえ。
[二]〈感〉親しい相手や目下の者に対して、呼びかけたり念をおしたりするときのことば。多く、男性が使い、女性は「ね」を使う。例な、おい、おまえ。来いよ、な、待ってるから。類なあ。アナ」
[三]形容動詞の連体形の語尾。例きれいな花。

なあ [一]〈終助〉❶感動や願望の気持ちを表わす。例合格できてよかったなあ。もういちど子どものころにもどりたいなあ。❷自分はそう思うという判断や、相手の同意を求める気持ちを表わす。例きみの言うことは まちがっていると思うなあ。寒くなったなあ。類な。ね。ねえ。❸文の中のいろいろなことばのあとにつけて、とくにそのことばの表わすものごとを強調する。例きみが乗っていた、あの自転車なあ、あれはまだ乗れるかい? 類な。
[二]〈感〉「な〈感〉」をのばして言う形。例なあ、こっちを向いてくれよ。

ナース〈名〉看護師。例ナースコール。◇nurse

なあて【名宛て】〈名〉手紙などを送るときや、領収書・請求《せいきゅう》書などをきるときの、相手の名。類あて名。

なあなあ〈名〉問題を真剣につきつめず、「この辺でいいよ、なあ」と、いいかげんに妥協《だきょう》してすますやりかた。俗《ぞく》なことば。例なあなあで行く。

ナーバス〈形動〉神経質である。神経が過敏《かびん》である。例本番をひかえナーバスになっていた。◇nervous

常用漢字 ない

【内】冂部2 全4画
ナイ・ダイ うち 教小2 音❶[ナイ] 内外《ないがい》。内容《ないよう》。内出血《ないしゅっけつ》。内野《ないや》。内定《ないてい》。内服薬《ないふくやく》。国内《こくない》。家内《かない》。室内《しつない》。❷[ダイ] 内裏《だいり》。参内《さんだい》。境内《けいだい》。訓[うち] 内。内側。内気。内祝い。内風呂。内弁慶。仲間内。身内。
内内内内

[1]な・い【無い】[一]〈形〉❶存在しない。持っていない。例意味がない。金《かね》がない。余念がない。ない知恵《ちえ》をしぼる。ないものねだり。対ある。❷⇩ありえない
[二]〈補形〉形容詞・形容動詞につけて、打ち消しを表わす。例かれは、男らしくない。それはおだやかでないね。
[三]〈接尾〉名詞につけて形容詞をつくる。打ち消しの意味を表わす。例味けない。なさけない。はてしない。
表記 [二]と[三]は、ふつう かな書きにする。[一]も、かなで書くのが一般《いっぱん》的。
接続 推量・様態《ようたい》の助動詞の「そうだ」と、接尾語の「すぎる」があとにつくときは、他の形容詞では「さむそうだ」「さむすぎる」のように語幹に接続するのに対して、「ない」の場合は「なさそうだ」「なさすぎる」と、「さ」をはさんだ形になる。「よさそうだ」の「よい」も同様。

無い袖《そで》は振《ふ》れない お金にしてもものにしても、持ちあわせがないから、どうにもできない。

無い知恵《ちえ》を絞《しぼ》る いい考えを見つけるために、せいいっぱい考えぬく。

無きにしも非《あら》ず ⇩独立項目

無きに等《ひと》しい ⇩独立項目

無くて七癖《ななくせ》 人はだれでも、多かれ少なかれ くせをもっ

な

 ナンセン (1861~1930) ノルウェーの探検家・政治家。グリーンランドを横断。北極海を探検。

ている。くせのないように思われる人でも、よく観察してみると、七つぐらいのくせはあるものだ、ということ。

無くてはならない なければこまる。例 わが社になくてはならない人物。

無くもがな ⇩独立項目

[2]**な・い**【亡い】〈形〉亡くなって、もういない。「いまは亡き父をしのぶ」のように、文語の形で使うことが多い。

[3]**ない**〈助動〉❶打ち消しを表わす。例 もう十日も雨が降らない。かさをささないとぬれますよ。類 ぬ。❷さそいを表わす。例 今のうちにトイレに行かない? いっしょにゲームをしないか。❸依頼《いらい》・命令・禁止などを表わす。例 二日ほど貸してくれない? おい、やめないか。❹願望を表わす。例 はやく晴れないかなあ。

接続 動詞および一部の助動詞の未然形につく。→ぬ

一・巻末の「助動詞の活用」

注意 推量・様《よう》態《たい》の助動詞の「そうだ」と、接尾語の「すぎる」がつくときは、「あしたは雨は降らなそうだ」「彼はものごとを知らなすぎる」のようにいうのが正しく、形容詞の「ない」と混同して、「降らなさそうだ」「知らなさすぎる」のようにいうのは本来は あやまり。

[4]**ない**【内】〈接尾〉ある範囲《はんい》のなか。例 教室内でのけが。出費を予算内におさめる。対 外。

ないい【内意】〈名〉公式には発表しない、内々《ないない》の意見。例 内意を伝える。

ナイーブ〈形動〉神経が繊細《せんさい》で、感じやすく、傷つきやすい。例 ナイーブな少女。◇naive

参考 英語では、naive は「子どものようにすなおで純真だ」が元の意味で、そこから多く「世間知らずで、だまされやすい」という侮蔑《ぶべつ》的な意味で使われる。

ないえん【内縁】〈名〉❶法律上の届け出をしていない夫婦《ふうふ》。例 内縁の妻。類 事実婚《こん》。❷物の、内がわのふち。対 外縁。

ないおう【内応】〈名・する〉内部の者がひそかに敵と通じること。類 裏切り。内通。

ないか【内科】〈名〉医学の一部門。胃や腸、肺など、内臓の病気の治療《ちりょう》を担当する。対 外科《げか》。

ないかい【内海】〈名〉瀬戸《せと》内海のように、まわりをほぼ陸地にかこまれている海。対 外海。類 内海《うちうみ》。

ないがい【内外】一〈名〉❶うちとそと。例 家の内外をきよめる。❷国内と国外。例 内外の注目を浴びる。二〈接尾〉数量を表わすことばのあとにつけて、「およそそのぐらい」という意味を表わす。例 千円内外の品物。類 前後。

[1]**ないかく**【内角】〈名〉❶〔数学〕多角形の各頂点の、内がわにできる角。❷野球で、ホームベースの、バッターから見て近い方。類 インコーナー。▽対 外角。ア ナイカク

[2]**ないかく**【内閣】〈名〉国の行政をすすめる最高機関。内閣総理大臣とその他の国務大臣によってつくられる。ア ナイカク

表現 「内閣」の意味を表わす主要な要素は「閣」なので、「組閣」「入閣」「閣内にとどまる」「閣外で協力する」などの言いかたができる。

ないかくかんぼうちょうかん【内閣官房長官】〈名〉内閣の重要な事務をあつかう、内閣官房の長官。内閣総理大臣を補佐《ほさ》する役目をもつ。

ないかくそうりだいじん【内閣総理大臣】〈名〉内閣の最高責任者。国会において国会議員の中から指名され、天皇が任命する。首相《しゅしょう》。総理。

ないかくふ【内閣府】〈名〉中央行政機関の一つ。内閣のもとに置かれ、財政・科学技術・防災など、政府全体にかかわる重要政策の事務をとりしきる。

ないがしろ〖▽蔑ろ〗〈形動〉だいじにあつかわなければならないもののあつかいが、いいかげんだ。例 人をないがしろにする。

ないき【内規】〈名〉ある組織や団体の中だけで通用するきまり。内部規定。

ないきん【内勤】〈名・する〉外まわりではなく、勤め先の建物の中で勤務すること。対 外勤。

ないけい【内径】〈名〉円筒《えんとう》や管《くだ》などの内がわの直径。内のりの直径。対 外径。

ないけん【内見】〈名・する〉⇩ないらん〔内覧〕

ないこう【内攻】〈名・する〉❶病気が、からだの内部にひろがること。例 病勢が内攻する。❷不満や心の痛手を外にぶちまけることができないで、不愉快《ふゆかい》な気持ちがたまること。

ないこうてき【内向的】〈形動〉人とつきあったり、すすんで発言したりしないで、自分の中にとじこもる性格である。例 内向的な人。対 外向的。類 内気《うちき》。

ないざい【内在】〈名・する〉問題や性質が、外にはなく、内部にもともと存在していること。例 組織に内在する問題。対 外在。

ないし〖▼乃至〗〈接〉❶…から…のあいだ。例 二日ないし三日かかりそうだ。❷あるいは。または。例 校長ないし主任が出席する。▽「ないしは」ともいう。

[1]**ないじ**【内耳】〈名〉耳のいちばんおくの部分。からだのバランスをとる三半規管や、音や声を感じる器官がある。対 外耳。中耳。ア ナイジ

[2]**ないじ**【内示】〈名・する〉公式に発表する前に、非公式に示すこと。例 転勤の内示をうける。ア ナイジ

ないしきょう【内視鏡】〈名〉胃や腸、気管支など、内臓の中を観察する装置。胃鏡・気管支鏡など。

ないじつ【内実】〈名〉おもてからは見えない、内部のほんとうのようす。例 会社の内実をさぐる。類 内情。

ないじゅ【内需】〈名〉生産された商品が国内でほしがられ買われること。例 内需の拡大。対 外需。

ないしゅう【内周】〈名〉ある場所の、内がわの長さ。内まわり。例 土俵の内周。対 外周。

ないじゅうがいごう【内柔外剛】〈名〉気がよわいくせに、人にはつよそうな態度をみせること。外剛内柔。対 外柔内剛。

ないしゅっけつ【内出血】〈名・する〉からだの中で、血管がやぶれて血がでること。

ないしょ【内緒】〈名〉みんなには知らせないで秘密にしておくこと。例 内緒にする。内緒で出かける。親に内緒。内緒話。内緒ごと。類 内内。内密。内分。参考 心中《しんちゅう》の悟《さと》りを意味する仏教のことば「内証《ないしょう》」から。

ないじょう【内情】〈名〉外からはわかりにくい、内部の事情。例 内情にくわしい。類 内実。内幕。楽屋裏。

ないしょく【内職】〈名・する〉❶家計《かけい》の足しにするために、家でする賃仕事。❷授業中、先生に見つからないように、ほかの勉強をすることのたとえ。

ないじょ(内助)**のこう**(功) 夫が外で十分にはたらけるように、妻が家にいてなにくれとなく協力すること。

ないしょばなし【内緒話】〈名〉人に知られないように、こっそりする話。

ないしん【内心】〈名〉❶心の中。例 内心どう思って

南部陽一郎（1921～2015） 理論物理学者。素粒子の構造の解明に尽力。2008年ノーベル物理学賞受賞。

いるかわからない。対外面。類心中《しんちゅう》。内面。❷〔数学〕多角形に内接する円の中心。三角形の場合、三つの角の二等分線の交点。対外心。

ないしんしょ【内申書】〈名〉進学や就職のとき、その学校や会社に出す、本人の成績や人物評を書いた書類。

ないしんのう【内親王】〈名〉天皇のむすめや孫にあたる女子。対親王。類皇女。

ナイス〈形動〉じょうず。みごと。◇nice

表現「ナイスプレー」「ナイスキャッチ」のように、他の外来語の上につけて使うことが多く、また、単独で感動詞としても使う。

ないせい[1]【内政】〈名〉国内の政治。例内政干渉《かんしょう》。対外交。

ないせい[2]【内省】〈名・する〉自分の考えや行ないについて、なるべく客観《きゃっかん》的に、深く考えてみること。例内省的。類反省。自省。

ないせいかんしょう【内政干渉】〈名〉ある国が、ほかの国の政治に口出しをし、主権を侵害《しんがい》すること。

ないせつ【内接】〈名・する〉〔数学〕ある図形が、他の図形の内がわに接すること。どちらかが円形であるときにいう。例内接円。対外接。→がいせつ〔外接〕絵

ないせん[1]【内戦】〈名〉国の中で、同じ国民が敵と味方とにわかれて行なう戦争。類内乱。

ないせん[2]【内線】〈名〉学校や会社などで、内部どうしで通じる電話回線。例内線につなぐ。内線番号。対外線。

ないそう【内装】〈名〉建物や車などの中の設備やかざり。例内装をかえる。対外装。類インテリア。

ないぞう[1]【内蔵】〈名・する〉内部にもっていたり、とりつけてあったりすること。例複雑な問題を内蔵している。内蔵マイク。

ないぞう[2]【内臓】〈名〉胸や腹の中にある、胃や腸、肺などの器官をまとめていうことば。類はらわた。臓器。臓物《ぞうもつ》。臓腑《ぞうふ》。

ナイター〈名〉❶夜行なわれるスポーツの試合。とくに野球についていうことが多い。ナイトゲーム。対デーゲーム。❷スキー場やゴルフ場などの夜間の営業。◇night と -er による日本での複合語。

ないだく【内諾】〈名・する〉正式に承諾する前に、「さしつかえない」という意思を示すこと。例内諾をえる。

ないち【内地】〈名〉❶北海道や沖縄などの人が、本州のほうをさす言いかた。❷昔の、植民地などに対する本国のこと。対外地。

ナイチンゲール〈名〉小鳥の一種。夏、西ヨーロッパにすみ、冬、アフリカに去るわたり鳥。夜、うつくしい声で鳴く。さよなきどり。よなきうぐいす。◇nightingale

ないつう【内通】〈名・する〉敵対している相手に、味方の情報をひそかに提供すること。例敵に内通する。類内応。

ないてい[1]【内定】〈名・する〉正式な決定の前に、内内にきまっていること。例就職が内定する。対本決まり。

ないてい[2]【内偵】〈名・する〉相手にさとられないよう、こっそり調べること。例脱税の疑いで内偵を進める。

ないてき【内的】〈形動〉❶あるものごとの内部に関係している。❷精神や心に関係している。▽対外的。

な(泣)いてばしょく(馬▼謖)をき(斬)る ⇩「なく」の子項目

な(泣)いてもわら(笑)っても ⇩「なく」の子項目

ナイト〈名〉❶ヨーロッパ中世の騎士《きし》。❷イギリスで、王室や国家に対する功労によってあたえられる、一代かぎりの爵位《しゃくい》。サーの称号《しょうごう》がゆるされる。◇knight

ナイトゲーム〈名〉⇩ナイター① ◇night game

ないない【内内】〈名・副〉おもてだたないようにすること。例内々の話。内々で事を処理する。類うちうち。内緒《ないしょ》。内分。内密。

ないないづくし【無い無い尽くし】〈名〉必要なものがことごとくないこと。ないものだらけ。

ないねんきかん【内燃機関】〈名〉シリンダーの中に、燃料を送りこんで点火し、その爆発《ばくはつ》力でピストンを動かす機関。ガソリン機関・ディーゼルエンジンなどがある。

参考 蒸気機関のようにボイラーで蒸気をつくり、シリンダーに送りこむのではなく、シリンダーの中で燃料をもやすから、内燃機関という。シリンダーでピストンを動かすもののほかに、飛行機のジェットエンジンやターボプロップエンジンのように、タービンを動かして、直接回転運動をおこす内燃機関もある。

ないはつてき【内発的】〈形動〉外からの影響《えいきょう》によるのではなく、自分の内がわからおのずとわきおこるようす。例内発的な要求。対外発的。

ナイフ〈名〉❶西洋風の小刀。例ペーパーナイフ。❷西洋料理で、フォークを持たない方の手に持って料理を切るのに使う食器。例バターナイフ。◇knife

ないぶ【内部】〈名〉❶ものの内がわの部分。例内部構造。類内面。❷組織の内がわ。例内部の事情。内部の者。類うちわ。▽対外部。

ないふく【内服】〈名・する〉〔医学〕薬を飲むこと。例内服薬。内服液。対外用。類内用。服用。

ないふくやく【内服薬】〈名〉口から飲むくすり。飲みぐすり。内用薬。対外用薬。類経口薬。

ないぶこくはつ【内部告発】〈名〉組織の中の人が、そこで行なわれた不正や違法行為《こうい》を、監督《かんとく》機関やマスメディアに知らせること。

ないぶせい【内部生】〈名〉その学校や大学に、付属や系列の学校から進学した生徒。対外部生。

ないふん【内紛】〈名〉国や会社、チームなどの、内部の者どうしのもめごと。例内紛状態。類うちわもめ。

ないぶん[1]【内分】〈名〉〔数学〕線分の両端《りょうたん》からの距離《きょり》が、あたえられた比になるように、その線分上に点をもとめること。対外分。

ないぶん[2]【内分・内聞】〈名・する〉話のなかみなどを、ほかの人には知らせないこと。例このことはご内分に願います。類内緒《ないしょ》。内々《ないない》。内密。

ないぶんぴつ【内分泌】〈名〉動物の体内でつくられたホルモンが、じかに血液やリンパ液の中におくりだされること。「ないぶんぴ」ともいう。対外分泌。

ないへき【内壁】〈名〉建物のうちがわにあるかべ。対外壁。

表現「腸の内壁」のようにもいう。

ないほう[1]【内包】〈名〉❶〈する〉中にふくんでもっていること。例この制度はさまざまな問題を内包している。❷〔言語学で〕ことばや概念《がいねん》がもっている意味内容。たとえば、「文房具《ぶんぼうぐ》」の内包は、「ことばや文章を書くための道具や材料」ということ。コノテーション。対外延。

参考 ②は、「外延」と組みになることば。「文房具」の外延には、ペン・ノート・紙・インクなど、たくさんのものがあたる。一つのことばをかかげて、「…とはなにか?」と考えるときは

 新島襄(にいじまじょう)(1843～90) 明治の宗教家・教育者。アメリカに渡り神学を学ぶ。帰国後，同志社を創立。

内包を考えており、「たとえば、どんなものがそれにあたるか」と考えるときには外延を考えていることになる。

[2]**ないほう【内報】**〈名・する〉非公式に知らせること。

ないまぜ【『▼綯い交ぜ』】〈名〉なんでもかまわずとりまぜること。例ないまぜにする。夢と現実とをないまぜにした物語。

ないみつ【内密】〈形動〉ほかの人に知られないように、こっそりとなにかをするようす。例内密に調査する。どうかご内密に。内密裏《り》。類内緒《ないしょ》。内内《ないない》。内分。

ないめん【内面】〈名〉❶外からは見えない、ものごとや人の心のようす。例内面の苦しみ。内面的。類内心。❷ものの内がわの面。類内部。▽対外面。

ないものねだり【無い物ねだり】〈名〉もともとないものを、ほしがったり要求したりすること。参考「うちづら」と読むのは別のことば。

ないや【内野】〈名〉野球で、本塁《ほんるい》からみて、一塁・二塁・三塁をむすんだ線より内がわ。また、そこを守る人。例内野を守る。内野ごろ。内野手。対外野。

ないやしゅ【内野手】〈名〉野球で、内野を守る人。対外野手。

ないゆう【内憂】〈名〉国家や団体などの内部の心配ごとや あらそい。例内憂外患《がいかん》。対外患。

ないゆうがいかん【内憂外患】〈名〉組織や国家などの、内部のもめごとと外部とのあらそい。例内憂外患こもごも至る。

ないよう【内容】〈名〉❶入れものの中に入っているもの。例内容物。❷ことばや絵などで表現されていること。また、その意味。例内容がある。話の内容。形式と内容。対形式。→けいしき〔形式〕表現 ▽類中身。

ないようしょうめい【内容証明】〈名〉送る文書の写しを、たしかにその内容で送ったという証明として、郵便局に残しておく郵便。裁判などの証拠《しょうこ》として利用される。

ないようやく【内用薬】〈名〉⇩ないふくやく

[1]**ないらん【内乱】**〈名〉政府をたおすことを目的として、国内で起こす、武力を使ったたたかい。類内戦。

[2]**ないらん【内覧】**〈名・する〉❶不動産物件の部屋の中を見ること。❷発売前の新商品や、一般《いっぱん》公開前の公共施設《しせつ》などを、関係者や特別客だけで見ること。▽「内見《ないけん》」ともいう。例内覧会。

ないりく【内陸】〈名〉陸地の、海岸から遠くはなれた地方。例内陸部。内陸性気候。内陸国。

ないりんさ【内輪差】〈名〉自動車が角《かど》を曲がるときの、前輪と後輪が通る道すじのちがい。角に近いほうを後輪が通るため、とくに左折するときに後輪が歩道に乗り上げたり、歩行者をまきこんだりすることに注意する必要がある。

ないれ【名入れ】〈名〉商品に、会社や個人の名前を印刷して入れること。例名入れサービス。

ナイロン〈名〉合成繊維《せんい》の一つ。石炭などからつくられる。軽くてじょうぶで、水につよいが熱にはよわい。衣料やロープ、つり糸などに使われる。◇nylon

ナイン〈名〉❶数の、九。❷野球チームの九人のメンバー。◇nine

な・う【『▼綯う』】〈動五〉わらなどをより合わせて、なわをつくる。例なわをなう。類縒《よ》る。

なうて【名うて】〈名〉ある分野で、うでまえや名前がよく知られていること。例あいつは名うての詐欺《さぎ》師だ。

ナウマンぞう【ナウマン象】〈名〉地質時代の更新世《こうしんせい》(＝約二六〇万年前から一万年前まで)の後半、中国・日本などのアジア地域にいたゾウ。巨大なきばをもつ。化石で発見されている。参考ドイツの地質学者 Naumann の名から。

なえ【苗】〈名〉芽を出して、植えかえができる程度にそだった、わかい植物。例トマトの苗。苗を植える。

なえぎ【苗木】〈名〉ほかの場所に植えつけるためにそだてた、樹木の苗。例杉《すぎ》の苗木。

なえどこ【苗床】〈名〉苗をそだてるために特別に用意した場所。参考イネの苗床は、「苗代《なわしろ》」という。

な・える【萎える】〈動下一〉活力がぬけて、ぴんとしていたものが、ぐったりする。例足が萎える。気持ちが萎える。晴天つづきで庭の草花が萎えてしまった。類しおれる。しなびる。

方言中国・四国・九州などでは、「仕事でなえた」のように、「疲《つか》れる」の意味でも使う。

なお【『▽尚・▽猶』】一〈副〉❶今までよりも 程度がすすむようす。例なおのこと。なおいっそうの努力を期待します。類いっそう。もっと。さらに。❷それに つけ加えるものがあることを示す。さらに。例なお二、三日余裕《よゆう》がある。類もう。❸前からの状態が今でも続いていることを示す。まだ。例むかしながらの 行事が 今もなお行なわれている。類相変わらず。いまだ(に)。❹前のことからは予想しにくいことを、あとから述べるときに使う。でも。例昼なお暗い森のおく。

二〈接〉話のあとにまたつけ加えることを示す。例これできょうの会議は終わります。なお、次回は来月の十五日です。

表現少しあらたまった感じのことば。二で、「なお」以下につけ加えられた文章を「なお書き」「なおなお書き」ということがある。

なおかつ【『▽尚且つ』】〈副〉❶そのうえ。さらに。例やさしくて、なおかつ頭もよい。類しかも。❷それでもまだ。例みんなに見放されても、なおかつがんばっている。

なおきしょう【直木賞】〈名〉芥川《あくたがわ》賞とともに、もっとも権威《けんい》のある文学賞の名。直木三十五《さんじゅうご》を記念して一九三五年創設。中堅《ちゅうけん》作家を対象に年二回えらばれる。

なおさら【『▽尚更』】〈副〉一つ例をだして「それはそうだが、それよりもっと…だ」という意味を表わす。例富士は美しい、雪の富士はなおさら美しい。類よりいっそう。

なおざり【『▽等▽閑』】〈形動〉ものごとをきちんとやらないで、ほうっておくようす。例仕事をなおざりにする。勉強がなおざりになる。類等閑《とうかん》。注意「なおざり」は、必要なことをまったく、あるいはほとんどやらないという点で、語形と意味の似《に》ている「おざなり」と区別できる。

なおし【直し】〈名〉なおすこと。例直しがきく。直しに出す。類修理。修繕《しゅうぜん》。

なお・す【直す・治す】一〈動五〉❶［直す］こわれたりしたものに手を加えて、もとのようなのぞましい状態にする。例時計を直す。屋根を直す。きげんを直す。故障《こしょう》を直す。対こわす。類修理する。修繕《しゅうぜん》する。

❷［直す］わるいくせや習慣をあらためる。例悪習を直す。短所を直す。

❸［直す］あやまりや、よくない部分に手を入れて、正しくよいものにする。例文章を直す。服装を直す。次のひらがなを漢字に直しなさい。類正す。修正する。

❹［治す］手あてをして、もとの健康なからだにもどす。例

けがを治す。病気を治す。類いやす。治療《ちりょう》する。
■二［直す］〈接尾〉動詞の連用形につけて、「もういちど…する」という意味を表わす。例書き直す。読み直す。
方言 西日本では、「ひきだしに直す」のように、「もとの場所にしまう」という意味でも使う。方言だと気づいていない人が多い。

なおまた【▽尚又】〈接〉さらにそのほかに加えて。例なおまた付言《ふげん》すれば、次の諸点があります。

なおも【▽尚も】〈副〉さらにまだ引き続いて。例なおも紛争がつづく地方。

なお・る【直る・治る】〈動五〉❶［直る］こわれていたものが、もとののぞましい状態になる。例時計が直る。故障が直る。きげんが直る。❷［直る］わるいくせや習慣があらたまる。例欠点が直る。❸［治る］病気やけがなどが回復して、もとの健康なからだにもどる。例きずが治る。類いえる。治癒《ちゆ》する。❹［直る］地位や身分、席などが上にうつって安定する。やや古い言いかた。例本採用に直る。上座に直る。
表現「居直る」「開き直る」「立ち直る」「向き直る」のように、「直る」が下につくと、姿勢を直して、さあ来いと身構えるような積極的・能動的な意味になる。

なおれ【名折れ】〈名〉ばかげたふるまいのせいで、その人の属している家や団体の名誉《めいよ》にきずがつくこと。例一家の名折れ。類はじ。不名誉。

[1]**なか**【中】〈名〉❶まわりを囲まれたもののうちがわ。例中がまる見え。中と外。部屋の中。対そと。類うち。❷外からは見えないおくの方。例山の中。心の中。❸なにかがおこっている最中。例吹雪《ふぶき》の中をやっとの思いで生還《せいかん》した。さなか。まっただなか。❹ある範囲《はんい》のうち。例男の中の男。国宝の中でも、これはとくにすぐれたものだ。❺三つのもののうちの、二番目。例中の兄(＝兄が三人いるとき、「上の兄」「下の兄」に対していう)。❻二つのもののあいだ。中間点。例両者の中に入る。中をとる。中にたつ。中ごろ。中ほど。

[2]**なか**【仲】〈名〉人と人のあいだの、親しさや好ききらいの程度からみた関係。例仲がいい。仲をさく。仲をとりもつ。犬猿《けんえん》の仲。恋仲《こいなか》。類あいだがら。

ながあめ【長雨】〈名〉何日もやまずに降りつづく雨。

なかい【仲居】〈名〉旅館・料理屋などで、客に酒や料理をはこぶ仕事をする女性。例仲居さん。

[1]**ながい**【長居】〈名・する〉おとずれた場所に、長時間いること。例長居は無用。類長座《ちょうざ》。アナガイ」

[2]**なが・い**【長い・永い】〈形〉❶［長い］はしからはしまでの、はなれている程度が大きい。例長いひも。長い道のり。長い物語。たけが長い。気が長い。ほそ長い。❷［長い・永い］ある時から、ある時までに時間がかなりたっている。例長いあいだ。長い時間。話が長い。息が長い。日が長い。末《すえ》永く。▽対短い。アナガイ
表記 ②は、客観的な時間の長さをいう場合は「長い」、永久・永遠と感じられるくらいだという主観的な思いをこめていう場合は「永い」と書く。
方言 石川・富山、福岡・佐賀などでは、「ながくなる」の形で、「横になる」「寝そべる」の意味でも使う。「なごーなる」とも言う。

永い眠《ねむ》**りにつく** 死ぬことの、遠まわしな言いかた。永眠《えいみん》する。

長い目《め》**で見**《み》**る** 遠い将来のことまでを考えのうちにいれて、ものごとをみる。例長い目で見ればとくだ。

長い物《もの》**には巻**《ま》**かれろ** 力が強く、手むかいしても勝ちめのない相手には、反抗《はんこう》してもむだだから、相手の言うままにしたがっているのがよい。

ながいき【長生き】〈名・する〉長い年月生きつづけること。対若死に。早死に。短命。類長寿《ちょうじゅ》。長命。

ながいす【長椅子】〈名〉何人もの人がすわれるような、長い椅子。ベンチやソファーなど。

ながいも【長芋】【長▼薯】〈名〉つる性多年草の一つ。畑につくられ、一メートルほどにもなる根茎《こんけい》をとろろにして食べる。

なかいり【中入り】〈名〉すもうや芝居《しばい》などの一日の興行のあいだにある、短い休憩《きゅうけい》。

ながうた【長唄】〈名〉三味線《しゃみせん》音楽の一種。歌舞伎《かぶき》の舞踊《ぶよう》曲として江戸《えど》時代に発達、のちに独立して演奏されるようになったもの。にぎやかで、はでな曲が多い。「越後獅子《えちごじし》」など。

なかおち【中落ち】〈名〉魚を三枚におろしたときの、頭とつながった骨の部分。その骨についている肉。

なかがい【仲買】〈名〉問屋や生産者から品物を買い、それを小売商に売って、手数料をかせぐこと。その職業。ブローカー。例仲買人《にん》。

ながぐつ【長靴】〈名〉❶雨や雪の日、また、作業用に履《は》く、深さのある履き物。対短靴《たんぐつ》。類ゴム長。❷「ブーツ」の古い言いかた。

なかぐろ【中黒】〈名〉くぎり符号《ふごう》の一つ。ことばをならべて示すときや、たて書きの文章で小数点を表わすのに使う。たとえば、「山・川・海」と書くときの「・」。中点《なかてん》。

なかごろ【中頃】〈名〉❶ある期間の、ちょうど半分ぐらいのところ。例九月の中頃。類半ば。❷長いもののまんなかあたり。例行列の中頃。▽類中ほど。

ながさ・れる【流される】〈動下一〉❶水流などの勢いにまかせて流れる。❷主体性を失って、まわりのふんいきに合わせるように行動する。❸流刑《るけい》に処せられる。

ながし【流し】〈名〉❶水などにながすこと。例流しびな。灯籠《とうろう》流し。❷台所の、食器などを洗うところ。シンク。また、ふろ場で、からだを洗うところ。❸客をもとめてあちこちまわること。例流しのタクシー。流しの演歌歌手。
参考 ①は、多く複合語の形で用いる。②のアクセントは「ナガシ」、③は「ナガシ」。

ながしかく【長四角】〈名〉「長方形」の、ややくだけた言いかた。

ながしこ・む【流し込む】〈動五〉液状のものを流して中へ入れる。例コンクリートを型に流し込む。
表現 お茶づけなどを、ろくにかみもしないで急いで食べることにもいうことがある。

ながしだい【流し台】〈名〉台所にすえて、食器や食品を洗う台。

ながしめ【流し目】〈名〉相手を誘惑《ゆうわく》しようとして、顔を動かさないで目だけをちらりとその方にむけること。例流し目をつかう。類色目。秋波《しゅうは》。

ながじゅばん【長じゅばん】【長▼襦▼袢】〈名〉和服の下に着る、それと同じ長さの下着。長じばん。

なかす【中州】【中▼洲】〈名〉川の中に土砂《どしゃ》がたまって、水面上に島のようにあらわれたところ。

なが・す【流す】〈動五〉❶液体が、動いてうつっていくようにする。例水を流す。なみだを流す。血を流す。❷液体が動いて、ほかのものをいっしょに動かす。例いかだを流す。水に流す。ふろであせを流す。

 新美南吉(にいみなんきち) (1913～43) 童話作家。雑誌「赤い鳥」に「ごんぎつね」などを発表。

❸液体が動くような感じで、ものが動いていくようにする。例うわさを流す。音楽を流す。デマを流す。❹客をもとめて、あちこちをまわる。例タクシーを流す。❺なりたたないうちに、ものごとを途中《とちゅう》でだめにしてしまう。例会を流す。計画を流す。▽↓ながされる

な(鳴)かず と(飛)ばず ⇩「なく」の子項目

なかせ【泣かせ】〈接尾〉人を表わす名詞に付いて、その人をさんざんこまらせることを表わす。例親泣かせ(の子ども)。受験者泣かせ(の設問)。

なか・せる【泣かせる・鳴かせる】〈動下一〉❶[泣かせる] いじめたりして泣くようにさせる。例弟を泣かせてばかりいる。❷[鳴かせる] 鳥や虫などを鳴くようにさせる。❸[泣かせる] 大いになげかせる。例親を泣かせる。❹[泣かせる] 涙が出るほど感動させる。例何度聞いても泣かせる話だ。▽「なかす」ともいう。

なかせんどう【中▽山道・中仙道】〈名〉〔歴史〕江戸《えど》時代の五街道《ごかいどう》の一つ。江戸から木曽《きそ》地方を通って京都にいたる。→ごかいどう

ながそで【長袖】〈名〉❶洋服で、そでが手首まであるもの。❷和服で、たもとの長いもの。

なかたがい【仲たがい】『仲▽違い』〈名・する〉人と人との仲がわるくなること。対仲直り。

なかだち【仲立ち】〈名・する〉両方のあいだにたって、意見や考えなどを伝えたりとりもったりすること。また、その人。類橋わたし。とりつぎ。仲介《ちゅうかい》。

ながたちょう【永田町】〈名〉東京都千代田区にある、国会議事堂、首相官邸《かんてい》、政党の本部などの集まる町。

表現「永田町の常識は、世間の非常識」のように、政界の俗称《ぞくしょう》として用いられる。

ながたらし・い【長たらしい】〈形〉だらだらと、いやになるほど長い。「ながったらしい」ともいう。例長たらしい説教。

なかだるみ【中だるみ】『中▾弛み』〈名・する〉途中《とちゅう》で緊張《きんちょう》がゆるんで、だれること。

ながだんぎ【長談義】〈名・する〉長い時間、とりとめもなく話をすること。例へたの長談義。

ながちょうば【長丁場】〈名〉同じようなことが長くつづいていること。長い道のりや、仕事の苦しいときなどについていう。例長丁場をのりきる。

なかつぎ【中継ぎ】〈名・する〉仕事などをうけつぎ、短期間のうちに、ほかへ受けわたすこと。例中継ぎ投手。類中継《ちゅうけい》。

ながつき【長月】〈名〉陰暦《いんれき》で、九月のこと。

ながっちり【長っちり】『長っ▽尻』〈名〉人の家に上がりこんで、なかなか帰らないこと。類長居。

ながつづき【長続き】〈名・する〉とぎれることなく長く続くこと。例何をやらせても長続きしない。

表現 続くことを好ましいこととして言うことば。例のように、それを否定して使うことが多い。

なかづり【中づり】『中▾吊り』〈名〉電車やバスで、天井《てんじょう》からつり下げた広告。例中づり広告。

なかでも【中でも】〈副〉同じ特徴《とくちょう》をもつもののうち、とくに。例どの料理もおいしいが、中でもお刺身《さしみ》が最高だ。類とりわけ。ことに。なかんずく。

なかてん【中点】〈名〉⇩なかぐろ

ながと【長▽門】〈名〉旧国名の一つ。現在の山口県西部。明治維新《いしん》に多くの志士を生んだ。長門市にその名が残る。長州《ちょうしゅう》。例長門山地。

なかなおり【仲直り】〈名・する〉もとどおりに仲よくなること。対仲たがい。類和解。

なかなか【中中】〈副〉❶標準をこえて、ずいぶん程度がいいようす。例なかなかのでき。❷(あとに打ち消しのことばをともなって)予想していたようにはものごとが進まないようす。例バスがなかなかこない。

方言 奈良では、感謝やねぎらいのことばをかけられたときの応答として、「どういたしまして」の意味でも使う。

ながなが【長長】〈副〉❶ものごとが長い時間にわたるようす。例つまらない話を長々と聞かされた。長々お世話になりました。類延々《えんえん》。❷からだをいっぱいにのばしているようす。例ベッドに長々と寝《ね》そべる。

ながなき【長泣き・長鳴き】〈名・する〉❶[長泣き] いつまでも泣いていること。例この子の長泣きにはこまった。❷[長鳴き] 長く声を引いて鳴くこと。例にわとりの長鳴き。

なかには【中には】〈副〉多くのものの中で、あるものは。例ほとんど若い人だが、中には年よりもいる。

なかにわ【中庭】〈名〉建物に囲まれた場所につくられている庭。類内庭《うちにわ》。

ながねん【長年・永年】〈名・副〉長い年月。例長年の苦労。長年手がけた仕事。類多年。永年《えいねん》。

なかのく【中の句】〈名〉❶短歌で、五・七・五・七・七の、まん中の五文字。❷俳句で、五・七・五の、まん中の七文字。

なかば【半ば】『中ば』━〈名〉❶全体のほぼ半分。例会員の半ばは女性だった。→あいなかばする ❷そのものの、ちょうどまんなかあたり。例六月半ば。類中ごろ。中ほど。❸まだ終わっていないとき。途中《とちゅう》。例演説の半ばで席をたった。業《ぎょう》半ばにしてたおれる。

━〈副〉ある状態にかなり近づいているようす。例半ばあきらめていた。半ば忘れていた。類半分。

ながばなし【長話】〈名・する〉必要以上に長い時間話をすること。長い話。

なかび【中日】〈名〉すもうや演劇などの長い興行期間の、ちょうどまんなかの日。「初日《しょにち》」「千秋楽《せんしゅうらく》」に対する言いかた。

参考「ちゅうにち」と読むのは別のことば。

ながび・く【長引く】〈動五〉ふつう以上に、または、予想以上に、長い時間がかかる。例会議が長引く。

ながびつ【長びつ】『長▾櫃』〈名〉衣類や身のまわりの道具を入れておくための、木でつくった長方形の箱。

ながひばち【長火鉢】〈名〉長方形の箱形の火鉢。木製で、ひきだしなどがついている。

ながぼそ・い【長細い】〈形〉長くて細い。「ながっぽそい」ともいう。例長細い顔。類細長い。

なかほど【中程】〈名〉全体の中で、だいたいまん中あたり。例月の中程。中程の暮らし。類中ごろ。半ば。

なかま【仲間】〈名〉❶気が合って、なにかをいっしょにする人。例仲間に入る。働く仲間。類同志。友だち。❷同じ種類のもの。例ライオンはネコの仲間だ。仲間分け。

なかまいり【仲間入り】〈名・する〉仲間に加わること。例きみも今日から大人の仲間入りだ。

なかまうち【仲間内】〈名〉仲間の人たちのあいだ。例仲間内の呼び名。

なかまはずれ【仲間外れ】〈名〉仲間に入れてもらえないこと。また、入れてもらえない人。類のけ者。

ながまる(方言) くつろいで横になる。秋田・山形・新潟などで言う。例つかれたべ、ちっとながまれ。

なかまわれ【仲間割れ】〈名・する〉仲間のあいだの関係が悪くなり、ばらばらになってしまうこと。

なかみ【中身・中味】〈名〉容器などの中に入っているもの。中にふくまれているもの。例中身がこい。話の中身。類内容。

なかみせ【仲見世】〈名〉神社や寺の境内《けいだい》で、参道にそってならんでいる商店。例浅草の仲見世。

ながめ[1]**【長め】**〈名・形動〉ふつうより、いくぶん長い程度。例髪《かみ》を長めに切る(=残す髪を長めにする)。期間を長めに区切る。対短め。アナガメ

ながめ[2]**【眺め】**〈名〉そこから見える景色。例眺めがいい。山頂からの眺め。類眺望《ちょうぼう》。見晴らし。アナガメ」

なが・める[1]**【眺める】**〈動下一〉❶そのものに気持ちをすいよせられたように、じっと見る。例写真を眺める。❷遠くのものを、ゆったりと見る。例星を眺める。ぼんやりと眺める。類見やる。見渡す。

ながめる[2]**(方言)**(足を)伸ばす。くつろぐ。北《きた》関東で言う。参考長くする意味の古語「ながむ」に由来する。

ながもち[1]**【長持ち】**〈名・する〉すぐだめにならないで、ずっと使えること。例じょうぶで長持ち。長持ちする乾電池《かんでんち》。アナガモチ

ながもち[2]**【長持】**〈名〉ふたつきの長方形の大きな箱。衣類や身のまわりの道具などを入れて、はこんだり保存したりするもの。絵 例「長持に春かくれゆく衣更《ころもがえ》」(=春から夏への季節の移り変わりをよんだ井原西鶴《いはらさいかく》の俳句)アナガモチ

ながや【長屋】〈名〉一つ屋根の ほそ長い家をいくつにもしきって、何世帯も住めるようにした、庶民《しょみん》的な建物。例三《さん》軒《げん》長屋。

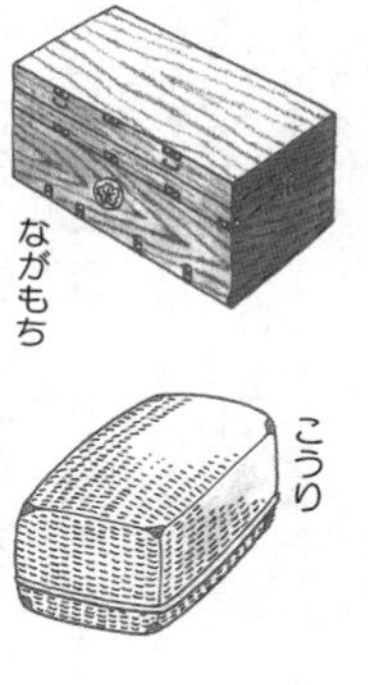

[ながもち]

なかやすみ【中休み】〈名・する〉仕事の途中《とちゅう》でひと休みすること。類休憩《きゅうけい》。

ながゆ【長湯】〈名・する〉長い時間、湯につかっていること。例長湯してのぼせた。類長ぶろ。

なかゆび【中指】〈名〉親指からかぞえて、三本目の指。まんなかの指。

なかよし【仲良し】〈名〉仲がいいこと。例大《だい》の仲良し。

なから(方言)ほとんど。群馬・埼玉・長野などで言う。

ながら〈接助〉❶ある動作をすると同時に、ほかのこともしている、という意味を表わす。例笑いながら話す。手をふりながら走る。若い母親がそばで子どもをあそばせながら編み物をしていた。類つつ。❷いま述《の》べたこととくいちがうことを言うためのつなぎのことば。「ながらも」の形でも用いる。例愛していながらけんかする。からだは小さいながら力はつよい。類が。けれど。けれども。のに。

接続 ①は、動詞および一部の助動詞の連用形につく。②は、動詞および一部の助動詞の連用形につくほか、形容詞、助動詞「ない」の連体形、形容動詞の語幹、名詞にもつく。

ながら・える【長らえる・永らえる】〈動下一〉この世にながく生きつづける。例生き長らえる。

ながらく【長らく】〈副〉長いあいだ。あらたまった言いかた。例長らくごぶさたしておりました。類久しく。

なかれ【▼莫れ・▼勿れ】強い禁止の意味を表わす述語となることば。…してはならない。古い書きことば的な言いかた。例君死にたもうことなかれ。足をおくことなかれ。

ながれ【流れ】〈名〉❶動いている液体。液体が動くような感じで、ものが動いていく状態。例流れをさかのぼる。流れに乗る。清い流れ。車の流れ。時の流れ。❷学問や芸術などで、人から人へと学び受けついでいかれるつながり。例藤原定家《ふじわらのていか》の流れ。類系統。流派。❸血すじなどのつながり。類血統。系統。▽→おながれ

流れに棹《さお》差《さ》す ❶さおをたくみに使って、流れに乗って舟を進める。❷時流に乗ってものごとを順調に進める。❸時流やものごとの進行にさからう。例議論の流れにさおさす。

注意 誤《あやま》って、もとの①の意味からでた②とは正反対の、③の意味で使う人が増えている。②と③は、「時流にさおさす」や「時勢にさおさす」のようにも用いられる。

流れを汲《く》む ❶血すじや血統をひきつぐ。❷芸術や学問などの世界で、ある流派や流儀《りゅうぎ》を学んで、うけつぐ。例この作品は印象派の流れを汲んでいる。

ながれこ・む【流れ込む】〈動五〉❶流れて中にはいる。例海に流れ込む。涼気《りょうき》が流れ込む。❷おしよせるようにはいる。例大都市に人々が流れ込む。

ながれさぎょう【流れ作業】〈名〉大量生産で、作りはじめから作業の段階に応じて、各部分を作る人のところへ動かしていって、最後にできあがるようにする作業のしかた。自動車や電気製品などの生産にむいている。

ながれず【流れ図】〈名〉仕事の流れや作業工程を図式化したもの。フローチャート。

ながれだ・す【流れ出す】〈動五〉❶流れて外に出る。流れ出る。流出する。例水がタンクから流れ出す。❷流れはじめる。例谷川の氷がとけて流れ出した。渋滞《じゅうたい》していた車が流れ出した。

ながれだま【流れ弾】〈名〉目標をはずれた銃弾《じゅうだん》。類それだま。

ながれぼし【流れ星】〈名〉流星《りゅうせい》。例流れ星に願いごとをする。

ながれもの【流れ者】〈名〉家をもたず、あちこちわたり歩く人。類渡り者。放浪《ほうろう》者。

なが・れる【流れる】〈動下一〉❶液体が動いてうつる。例川が流れる。血が流れる。なみだがほおをつたって流れた。❷液体の動きによって、ほかのものが動いていく。例台風のあとの川には、たくさんのごみが流れていた。❸液体が動くような感じで、ものが動いていく。例雲が流れる。電気が流れる。うわさが流れる。星が流れる。❹気体などが、ただよう。例かおりが流れる。町には白いきりが流れていた。❺時がすぎる。例十年の歳月《さいげつ》が流れた。❻一方にかたむく。ある傾向《けいこう》になる。例怠惰《たいだ》に流れる。ともすれば非現実的な議論に流れた。❼ものごとが成立しないで、だめになってしまう。例試合が流れる(=中止になる)。計画が流れる。→おながれ

❸一つのところにとどまらないで、あてもなくあちこち移動する。例流れ流れてたどりついた町。流れ歩く。

ながわずらい【長患い】〈名・する〉長いこと病気をしていること。

なかんずく〖▽就▽中〗〈副〉「なかでも」「とりわけ」の意味の、かたい言いかた。例江戸《えど》文化、なかんずく元禄《げんろく》文化に造詣《ぞうけい》が深い。類わけても。

[1]**なき【亡き】**〈連体〉すでに死んでこの世にいない。例亡き両親。今は亡き恩師《おんし》。アナキ

[2]**なき【泣き】**〈名〉泣くこと。泣くようなつらい経験。例もらい泣き。男泣き。→囲み記事35(左下) アナキ

泣きが入《はい》る なんとか助けてほしいと哀願される。

泣きの涙《なみだ》 ひどくつらく悲しくて、涙を流すこと。例泣きの涙で別れる。

泣きを入《い》れる 相手に泣きついてなにかをたのみこむ。類哀願《あいがん》する。

泣きを見《み》る ひどい目にあって、思い知る。例たかをくくっていると、今に泣きを見るぞ。

なぎ〖▼凪(ぎ)〗〈名〉風がおさまって、海面がしずかになること。例朝なぎ。夕なぎ。対しけ。

なきあか・す【泣き明かす】〈動五〉泣き続けて夜をすごす。

なきおとし【泣き落とし】〈名〉いかにも人が同情しそうなことを言って、たのみを聞いてもらおうとすること。例泣き落としは通用しない。

なきがお【泣き顔】〈名〉❶泣いている顔。❷いまにも泣き出しそうな顔つき。例泣き顔になる。

なきがら〖亡きがら・亡▽骸〗〈名〉亡くなった人や動物の体。古風な言いかた。類遺体。遺骸《がい》。しかばね。

なきくず・れる【泣き崩れる】〈動下一〉悲しみのあまり、からだをくずすようにして泣く。

なきごえ【泣き声・鳴き声】〈名〉❶[泣き声] 人の泣く声。例赤ん坊の泣き声。❷[泣き声] 泣きそうな声。なみだ声。❸[鳴き声] 虫・鳥・けものの鳴く声。

なきごと【泣き言】〈名〉すっかり気がよわくなって、自分がつらいと思っていることや苦しんでいるわけなどをくどくど相手に話すこと。また、そのことば。例泣き言をいう。泣き言をならべる。類よわね。

なぎさ〖▼渚・▼汀〗〈名〉海や川の、波がうち寄せるところ。例なぎさにたたずむ。類波うちぎわ。

なきさけ・ぶ【泣き叫ぶ】〈動五〉大声で泣きながらさけぶ。類泣きわめく。

なきじゃく・る【泣きじゃくる】〈動五〉肩をふるわせて、おさえようもなく泣きつづける。

なきじょうご【泣き上戸】〈名〉酒に酔《よ》うと泣くせのある人。対笑い上戸。

なぎたお・す【なぎ倒す】〖▼薙ぎ倒す〗〈動五〉❶横にはらうようにしてたおす。❷たくさんの敵を次々にたおす。例並《な》みいる敵をなぎ倒す。

なきた・てる【泣き立てる】〈動下一〉大声で泣く。

なきつ・く【泣きつく】〖泣き付く〗〈動五〉相手の同情をひくようにしながら、たのみこむ。類哀願《あいがん》する。

なきっつら【泣きっ面】〈名〉「泣き顔」のくだけた言いかた。「なきつら」ともいう。類ほえづら。

泣きっ面に蜂《はち》 不幸なことのうえに、さらに不幸がかさなっておこること。類弱り目にたたり目。ふんだりけったり。

なきどころ【泣き所】〈名〉そこを攻められるととてもこまるところ。類弱点。アキレス腱《けん》。弱み。痛いところ。

弁慶《べんけい》の泣き所 ❶「向こうずね」のこと。弁慶のような強い者でも、そこをたたかれれば泣きだすということから。❷強い者の、ただ一つの弱点。類アキレス腱《けん》。

なぎなた〖▼薙▽刀〗〈名〉はばがひろくて先がそり返った長い刃《は》に、長い柄《え》をつけた武器。
表現 一本二本と数えるが、刀剣《とうけん》の一種なので、一《ひと》振《ふ》り二《ふた》振《ふ》りも使う。

な(無)きにしもあら(▽非)ず ないわけではない。少しはある。

な(無)きにひと(等)しい あまりに少なくて、無いのと同じことだ。例そんな成果では無きに等しい。

なきぬ・れる【泣きぬれる】〖泣き▼濡れる〗〈動下一〉悲しみのあまり、涙でほおがぐっしょりぬれるほど泣く。

なきねいり【泣き寝入り】〈名・する〉❶他人からひどいことをされたのに、その相手をおそれてそのままあきらめ

囲み記事 35

「泣き」「笑い」の日本語

泣きと笑いは人生を代表する

「人生泣き笑いだ」「一銭《いっせん》を笑う者は一銭に泣く」など、「泣く」と「笑う」は人生の明るい面と暗い面、成功と失敗を表わす。「泣きをみる」「ほえづらをかく」などは失敗に苦しむようす、「泣きを入れる」は同情をひいて助けてもらうために苦しい状態をうったえることを表わす。

一方、「最後に笑う者」「笑いがとまらない」といえば、成功した人や成功したようすを表わす。

泣きかた・笑いかたを表わす表現

「わあわあ」「おいおい」「えーんえーん」などは声をあげて泣くようす、「しくしく」「さめざめ」などは大きな声を出さずに静かに泣くようすを表わす。「泣く」「泣き」という語とほかの語が結びついた「泣きじゃくる」「むせび泣く」「もらい泣き」などの表現もよく使われる。漢語では「嗚咽《おえつ》する」「号泣《ごうきゅう》する」などの表現がある。

笑いかたの表現としては、「げらげら」「からから」「けらけら」などは声をたてて笑うようす。「くすくす」などは声をたてないようにして笑うようすを表わす。笑う声を表わすのによくハ行音が用いられる。「はは」「あはは」「わはは」というと、明るい声、「ひひひ」は卑屈《ひくつ》な笑いである。「ふふふ」や「うふふ」は一人でおもしろがっているようす、「ほほほ」は女性の上品な笑いとされる。「にっこり」「にやにや」「にんまり」「にたっ」などは笑った表情を表わす。「笑う」の前にことばをつけて「あざ笑う」「せせら笑う」、あとにことばをつけて「笑いころげる」「笑いさざめく」「笑いさんざめく」「笑いとばす」などの表現もある。また、「笑い」とほかのことばを結びつけた、「大笑い」「高笑い」「ばか笑い」「うす笑い」「ふくみ笑い」「にが笑い」といった表現もある。

な

てしまうこと。❷子どもなどが泣きながらねむってしまうこと。

なぎはら・う【なぎ払う】〘▼薙ぎ払う〙〈動五〉手に持った刀や棒など、長いものを いきおいよくふりまわす。また、そのようにしてものをたおす。例草をなぎはらう。

なきはら・す【泣き腫らす】〈動五〉ひどく泣いて、まぶたをはれさせる。

なきふ・す【泣き伏す】〈動五〉はげしい悲しみで、うつぶせになって泣く。例ゆかに泣き伏す。

なきべそ【泣きべそ】〈名〉今にも泣きだしそうな顔。例泣きべそをかく。

なきぼくろ【泣きぼくろ】〘泣き▽黒▽子〙〈名〉目じりのあたりや、目の下にあるほくろ。

なきむし【泣き虫】〈名〉すぐに泣く、いくじのない人をばかにしていうことば。類弱虫。

なぎょうへんかくかつよう【ナ行変格活用】〈名〉〔文法〕文語の動詞の活用の種類の一つ。活用語尾が「な・に・ぬ・ぬる・ぬれ・ね」と変化する。「死ぬ」と「往《い》ぬ」の二語しかない。略して「ナ変」ともいう。

なきわか・れる【泣き別れる】〈動下一〉❶泣きながら人が別れる。❷そこにいっしょにあるべきものが、べつべつの場所に切りはなされる。

なきわらい【泣き笑い】〈名・する〉❶泣いているときになにかの拍子《ひょうし》に、つい笑ってしまうこと。❷悲しみと喜びとが、まじり合っていること。例泣き笑いの人生。類悲喜こもごも。

な・く【泣く・鳴く】〈動五〉■一〔泣く〕❶悲しみや苦しみ、くやしさや喜び、痛みなどのために、こらえきれなくて、悲痛な声をあげたり、なみだを流したりする。例大声で泣く。さめざめと泣く。しゃくり上げて泣く。泣いても笑ってもあと三日だ。泣きわめく。泣きさけぶ。すすり泣く。❷なげき悲しむ。とくになみだを流したり、声をあげたりする動作をともなうわけではない。例悲運に泣く。出場不可能という不運に泣いた。❸がまんして 承知する。例むりなことは わかっているが、ひとつ、泣いてくれないか。❹名高《なだか》いはずのものに値《あたい》しない。例看板が泣く。老舗《しにせ》ののれんが泣く。■二〔鳴く〕けものや鳥、虫などが 声や音を発する。

表現「笑う」と「泣く」とで成功と失敗を表わすことがある。「今遊んでいると、将来泣くことになるぞ」「最後に泣く(笑う)者はだれか」など。→囲み記事35(前ページ)

参考■二は、けものや鳥が声帯によって声を出す場合のほか、昆虫《こんちゅう》のいろいろな発音器官、魚のうきぶくろなどによる発音をもふくむ。また、「▼啼く」と書くこともある。

方言新潟では、飴《あめ》がとけている状態のことを「飴がないている」と言う。

泣いて馬謖《ばしょく》を斬《き》る 全体の規律のためには、目をかけた部下であっても処分する。

参考『三国志』の名将諸葛孔明《しょかつこうめい》が、信頼《しんらい》する部下の馬謖に規律違反の事実があったとき、見せしめとして、断固処刑したという故事から。

泣いても笑《わら》っても 何をどうしても。どんなにあらがっても。例泣いても笑っても、あと一日しかない。

鳴かず飛《と》ばず 長いあいだ、いっこうに活躍《かつやく》もしないで、人から忘れられたようになっている。由来もともとは中国の故事成語で、将来の飛躍《ひやく》にそなえてじっとチャンスを待つ意味で、「三年 蜚《と》ばず鳴かず」と言った。

泣く子《こ》と地頭《じとう》には勝《か》てぬ 泣く子は弱い者とはいえ手のつけようがないし、地頭のような権力者にはかなわない。道理の通用しない相手には従うほかない。

泣く子も黙《だま》る そのおそろしさや威勢《いせい》が天下に知れわたっている。類飛ぶ鳥も落とす。

1 **な・ぐ**〘▼凪ぐ〙〈動五〉風がおさまって、海面がしずかになる。例風がなぐ。海がなぐ。対しける。

2 **な・ぐ**〘▼薙ぐ〙〈動五〉刃物《はもの》を横に はらうようにして、切る。例なぎたおす。なぎはらう。

なぐさみ【慰み】〈名〉何かをすることによって、いやなことを忘れ、気持ちがはれるようにすること。例いちじの慰み。慰みごと。手慰み。類気ばらし。→おなぐさみ

なぐさめ【慰め】〈名〉人をなぐさめること。心をなぐさめるもの。例慰めのことば。慰めになる。一時の慰め。

なぐさ・める【慰める】〈動下一〉悲しんだり、苦しんだり、さびしがったりしている人をやさしくいたわって、元気をだすようにする。例心を慰める。みずから慰める。不幸を慰める。類元気づける。

なく・す【無くす・亡くす】〘▽失くす〙〈動五〉❶［無くす・失くす］いままで持っていたものをうしなう。例本をなくす。❷［無くす］それをないようにする。なくする。例ケアレスミスをなくす。❸［亡くす］肉親や親友など親しい人、たよりにしていた人などが死ぬ。死に別れる。例父を亡くす。類うしなう。

方言①は、四国・中国・九州・沖縄などでは、「捨てる」の意味でも使う。

な(無)くてなくせ(七癖) ⇩「ない〔無い〕」の子項目

な(無)くてはならない ⇩「ない〔無い〕」の子項目

なくなく【泣く泣く】〈副〉泣きたいほど無念なようす。

なくな・る【無くなる・亡くなる】〈動五〉❶［無くなる］いままであったものが、見あたらなくなる。類うせる。❷［無くなる］使ってしまったり、消えてしまったりする。例財産がなくなる。金《かね》がなくなる。夢《ゆめ》がなくなる。…の気持ちがなくなる。類うせる。❸［亡くなる］「死ぬ」を、遠まわしにいう 言いかた。例父は三年前に亡くなりました。

な(無)くもがな ないほうがいい。古風な言いかた。類あらずもがな。

参考「もがな」は、願望を表わす古語の終助詞。

なぐりがき【殴り書き】〈名・する〉文字や絵をらんぼうに書くこと。また、そのように書いたもの。類書きなぐる。

なぐりこみ【殴り込み】〈名〉❶うらみのある所などに押し入って、乱暴すること。なぐりこむこと。❷競争のはげしい分野で、意外な企業《きぎょう》が、異業種に参入したり新商品を市場に投入したりすることのたとえ。例殴り込みをかける。

なぐ・る【殴る】〈動五〉相手をつよく打つ。例顔を殴る。げんこつで殴る。殴る蹴《け》るの暴行。殴りたおす。殴りつける。類ぶつ。たたく。張る。

なげ【無げ】〈形動〉そんなものは無いかのようである。例人も無げな態度。事も無げに笑う。

なげう・つ〘投げ打つ・▼擲つ・▼抛つ〙〈動五〉思いをのこさず、いさぎよくすてる。例命をなげうつ。職をなげうつ。この事業のために全財産をなげうった。類放擲《ほうてき》する。

な

 西山宗因(そういん) (1605～82) 江戸初期，上方の俳人。自由・平易な句を作る。西鶴・芭蕉はその門下。

なげうり【投げ売り】〈名・する〉ともかくお金がいるので、利益を無視してめちゃめちゃに安く売ること。類たたき売り。ダンピング。乱売。

なげか・ける【投げ掛ける】〈動下一〉相手の所まで届くようにする。例光を投げかける。疑問を投げかける。

なげか・つ【投げ勝つ】〈動五〉❶野球で、投手が打者をおさえる。❷野球で、一方のチームの投手が、相手の投手よりよいできで勝つ。▽対打ち勝つ。

なげかわし・い【嘆かわしい】〈形〉ため息をつきたくなるほど、なさけない。例嘆かわしい世相。

なげき【嘆き】〖▼歎き〗〈名〉なげくこと。例嘆きにしずむ。嘆きのあまり。類悲しみ。悲嘆。

なげきかなし・む【嘆き悲しむ】〈動五〉つらくて悲しい気持ちを声に出したりことばにしたりしながら、泣いたりふさぎこんだりする。

なげ・く【嘆く】〖▼歎く〗〈動五〉悲しみや不満の気持ちを、ことばや声にだす。例不運を嘆く。友の死を嘆く。世の乱れを嘆く。嘆き悲しむ。類悲しむ。

なげこ・む【投げ込む】〈動五〉ものを勢いよくほうりこむ。例海にごみを投げ込むな。

なげし〖▽長▽押〗〈名〉和風建築で、仕上げをきれいにしたりするために、柱から柱へわたしてとりつけた横木。→かもい 絵

なげす・てる【投げ捨てる】〈動下一〉❶物をほうって捨てる。例あき缶《かん》を投げ捨てる。❷思いきって手ばなす。例仕事を投げ捨てて夢《ゆめ》を追う。

なげせん【投げ銭】〈名・する〉大道《だいどう》芸人やストリートミュージシャンなどにあげるお金。チップ。

なげだ・す【投げ出す】〈動五〉❶投げるようにして置く。例かばんを投げ出す。足を投げ出す。❷だいじなことをあきらめて、やめてしまう。例事業を投げ出す。試合を投げ出す。類放棄《ほうき》する。▽類ほうり出す。

なげつ・ける【投げ付ける】〈動下一〉❶物をぶつけるように投げる。例ボールを投げつける。❷はげしいことばをぶつけるように言う。例悪口雑言《あっこうぞうごん》を投げつける。

なげとば・す【投げ飛ばす】〈動五〉いきおいよく投げる。例大の男を投げ飛ばす。

なけなしの〖無けなしの〗〈連体〉ほんの少ししか持っていない。例無けなしのお金をはたいて、プレゼントを買う。

なげなわ【投げ縄】〈名〉先を輪の形に結んだ長い縄。大きな動物などをつかまえるのに使う。

[1]**なげやり【投げやり】**〖投げ▼槍〗〈名〉投げつけて敵をたおすための短いやり。

[2]**なげやり【投げやり】**〖投げ▽遣り〗〈形動〉「どうでもいいや」という気持ちである。例なげやりな態度。

な・ける【泣ける】〈動下一〉感動して自然に涙がこぼれる。ややくだけた言いかた。例それは泣ける話だ。

な・げる【投げる】〈動下一〉❶うでを動かして、持っていたものを飛ばす。例ボールを投げる。投げつける。ほうり投げる。類ほうる。❷ずっと遠くまで、とどくようにする。例話題を投げる。投げかける。❸すもうや柔道《じゅうどう》などで、相手をたおす。例うわて投げでみごとに投げられた。❹もうだめなものとしてすてたり、力を入れることをやめたりする。例試合をなげる。さじを投げる(→「さじ〔匙〕」の子項目)。類放棄《ほうき》する。ギブアップする。❺仕事を丸投げする。くだけた言いかた。例下請《したう》けに投げる。方言北海道・東北などでは、「捨てる」の意味でも使う。

なげわざ【投げ技】〈名〉柔道《じゅうどう》やすもう、レスリングなどで、相手を投げるわざ。

なこうど【仲人】〈名〉結婚の仲だちをして、話をまとめる人。例仲人をする。類媒酌《ばいしゃく》人。月下氷人《ひょうじん》。

なこうどぐち【仲人口】〈名〉結婚《けっこん》相手を、実際の人がらよりも理想的な人物のように説明する、仲人の話しかた。例仲人口は半分に聞け。

なご・む【和む】〈動五〉気持ちや顔つきなどがおだやかになる。例心が和む。ふんいきが和む。類やわらぐ。

なごやか【和やか】〈形動〉気持ちがうちとけて、いいムードだ。例和やかなふんいき。類和気あいあい。

なごり【名残】〈名〉❶あとまでのこっている影響《えいきょう》やおもかげ。例名残をとどめる。往時の名残。類余韻《よいん》。例名残がつきない。❷別れていくものや、過ぎさるものをおしむ気持ち。例名残をおしむ。名残おしい。

なごりおし・い【名残惜しい】〈形〉心がひかれて、別れがたい。例名残惜しい旅だち。類残り惜しい。

[1]**なさ【無さ】**〈名〉ないこと。ないようす。例部員のやる気の無さが目立つ。相手の責任感の無さに腹を立てる。

[2]**ナサ【NASA】**〈名〉⇩〈巻末「欧文《おうぶん》略語集」〉NASA

なさい「なさる」の命令形。例早くしなさい。

なさけ【情け】〈名〉他人に対する、思いやりの心。例情けをかける。情けを知る。情けにすがる。類人情。情《じょう》。→おなさけ

情けは人《ひと》の為《ため》ならず ❶情けを人にかけておくと、いつの日かそれがめぐりめぐって、自分にとってよいこととなって返ってくる。❷人に情けをかけて親切にすることは、自分のためにも相手のためにもならないから、しないほうがよい。注意「人のためならず」は、「人のためでない、自分のためである」ということで、①が本来の意味だが、「ためならず」が「ためにならない」とまぎれて、②の意味で使う人が増えている。

情け容赦《ようしゃ》もなく 少しも同情したり手かげんしたりしないで、つめたく。例情け容赦もなく切りすてる。

なさけしらず【情け知らず】〈名・形動〉他人に対する思いやりの心をもたないこと。例情け知らずな人。類非情。冷酷《れいこく》。血も涙もない。情け容赦《ようしゃ》ない。

なさけな・い【情けない】〈形〉❶期待がはずれて残念だ。「もう少し…してくれたらなあ」という気持ちになる。例情けない成績。親の苦労もわからないとは、まったく情けない。類残念。なげかわしい。❷みじめで、たよりない感じだ。例情けない身なり。類はずかしい。

なさけぶか・い【情け深い】〈形〉人に対して親切で、思いやりがあるようす。例情け深い人。類慈悲《じひ》深い。哀《あわ》れみ深い。

なざし【名指し】〈名・する〉その人と、はっきりと指定すること。例名指しで非難する。類指名。表現「…を名指して批判する」のように、動詞の形でも使う。

な(▽生)さぬなか(仲) 親子が、実際には血のつながりがないこと。参考「子をなす」が子を生むことなので、こういう言いかたができた。

なさ・る 一〈動五〉「する」ということを、尊敬する人の動作としていうときのことば。例先生のなさることにまちがいはない。ここではなにをなさってもご自由です。二〈補動五〉「運転なさる」のように、漢語サ変動詞の語幹につけて、尊敬の意味を表わす。

表現 (1)五段活用で「ら・り・る・る・れ・れ」と活用するが、連用形に「ます」がつくときは、「なさいます」となり、また、「お帰りなさい」のように、命令形は「なさい」となるのがふつう。(2)二には、「お帰りなさる」「ご覧なさる」のような言いかたもあるが、現代の敬語表現としては、「お帰りになる」「ご覧になる」のほうが多く使われる。

参考 「なさった・なさって」を「なすった・なすって」というのは、古風な言いかた。

なし[1]【梨】〈名〉果樹の一つ。落葉高木。春、白い花がさき、秋、黄色またはうす茶色の実《み》をつける。実は水分が多くて、あまい。ア ナシ

梨のつぶて 便りをだしても返事がこないこと。参考 投げたつぶて(=小石)は、投げた方にはもどらないことから、「梨」を「無し」にかけて、ごろを合わせたことば。

【梨】 木部7 全11画 梨 梨 梨 梨 梨 梨

なし 教小4 訓[なし] 梨。洋梨。

なし[2]【無し】〈名〉❶〈接尾〉ないこと。なかったこと。例 今までのことはなしにしよう。一文なし。おかまいなし。❷ルールの範囲《はんい》外であること。また、許容できないこと。俗《ぞく》っぽい言いかた。例 それはなし。▽対 あり。ア ナシ

無しとしない ないとは言えない。

なじ(方言) いかが。新潟で言う。例 トマトの出来《でき》はなじらね。

なしくずし【なし崩し】〖▽済し崩し〗〈名〉❶一度みとめた例外がどんどん広がって、いつのまにかあたりまえになってしまうこと。例 もとの方針をなし崩しに変える。❷つごうよくうやむやにしてしまうこと。例 公約をなし崩しにする。注意 本来の意味は、「借金をなし崩しに返す」のように、ものごとを少しずつかたづけていくことだった。②は、「なし」が「無し」に引きずられたもの。

なしと・げる【成し遂げる】〖▽為し遂げる〗〈動下一〉ものごとを最後のところまでやる。例 偉業《いぎょう》を成し遂げる。大事を成し遂げる。類 達成する。はたす。

なじみ〖▼馴染み〗〈名〉よくなれて、親しい感じになること。例 なじみが深い。なじみがうすい。なじみを重ねる。なじみの店。顔なじみ。幼なじみ。→おなじみ

なじ・む〖▼馴染む〗〈動五〉なれて、しっくりした親しい感じになる。例 手になじむ。周囲になじむ。類 親しむ。

ナショナリズム〈名〉他国からの干渉《かんしょう》をきらい、みずからの国家や民族の統一、独立をすすめようとする思想。国家主義。民族主義。◇nationalism

なじ・る〖▽詰る〗〈動五〉相手のわるい点をとりあげ、問いつめて、強く非難する。例 弱気をなじる。面とむかってなじる。類 責める。

なす[1]〖▼茄子〗〈名〉野菜の一つ。一年草。夏から秋にかけて、むらさき色の花がさき、こいむらさき色の実《み》をつぎつぎにつける。実を、つけものにしたり、あぶらでいためたり、焼いたりして食べる。なすび。

な・す[2]【成す】〈動五〉❶やりとげる。つくりあげる。例 大事を成す。産を成す。名を成す。❷ある形をつくる。例 体《たい》をなす。群れをなす。形をなす。表裏《ひょうり》をなす。意味をなさない。ごみが山をなす。

な・す[3]〖▽為す〗〈動五〉「する」「行なう」の古い言いかた。例 善をなす。害をなす。なすところもなく放置する。ぼうぜんとして、なすすべを知らない。

なすこん【なす紺】〖▼茄子紺〗〈名〉ナスの実《み》の色に似《に》た、むらさきがかった紺色。

なずな〖▼薺〗〈名〉「春の七草《ななくさ》」の一つ。道ばたなどに生える雑草。春、小さな白い花がさき、小さな三角形の実《み》をつける。若葉を食用にする。ぺんぺんぐさ。

なすび〖▼茄▽子〗〈名〉野菜のナス。例 一富士《いちふじ》、二鷹《たか》、三なすび(→その項)。瓜《うり》のつるになすびはならぬ(→「うり〔瓜〕」の子項目)。

なず・む〖▽泥む〗〈動五〉❶すんなりと進まず、ぐずぐずする。例 暮れなずむ。❷こだわる。

なずら・える〖▽準える〗〈動下一〉⇩なぞらえる

なすりあい【なすり合い】〖▽擦り合い〗〈名〉責任や罪を、たがいに押しつけ合うこと。

なすりつ・ける〖▽擦り付ける〗〈動下一〉❶こするようにしてぬりつける。例 せっけんをなすりつける。❷責任や罪を他人に負わせる。なする。例 責任を人になすりつける。類 転嫁《てんか》する。

なす・る〖▽擦る〗〈動五〉❶指先や手のひらなどで、なでるようにしてこすりつける。例 手の汗をズボンでなする。❷⇩なすりつける②

なぜ〖▽何▽故〗〈副〉理由や原因をたずねる気持ちを表わすことば。どうして。例 なぜ来ないの? 類 なにゆえ。

表現 「使ったら、なぜ自分でかたづけないの」と言うのは理由を聞いているのではなく、「自分でかたづけなさい」と命令している言いかた。

なぜか〖▽何▽故か〗〈副〉どういうわけかわからないが。例 なぜか気分が悪い。

なぜなら〖▽何▽故なら〗〈接〉つぎに理由をのべるときに使うことば。なぜならば。例 地面がぬれている。なぜなら雨がふったから。

な・ぜる〖▼撫ぜる〗〈動下一〉⇩なでる

なぞ【謎】〈名〉❶真相や実体がよくわからない、ふしぎなものごと。例 謎をとく。謎の人物。宇宙の謎。事件は謎につつまれている。❷ものごとを直接言わないで、それとなくほのめかすような、遠まわしの言いかたをすること。例 なぞをかける。類 暗示。❸なぞなぞ。例 なぞを出す。

参考 「何《なん》ぞ」が変化した形。

【謎[謎]】 言部10 全17画 謎 謎 謎 謎

なぞ 訓[なぞ] 謎。謎めく。謎かけ。

表記 「近・辺」などと同様、手書きでは、筆順に示すようにしんにょうの点を一つ(=16画)にして書く。

なぞかけ【謎掛け】〈名〉ことば遊びの一種。示されたお題(A)に対し、「AとかけましてBととく、その心は…」という形式で、一見無関係に思われるAとBを、しゃれや意外な共通点で結びつけるもの。

なぞなぞ〖謎謎〗〈名〉とんちで答える問題を出してたのしむ、ことばのあそび。類 なぞかけ。

参考 「使うときにいらないで、使わないときにいるもの、なあに?」(答え、ふろのふた)のような形をとるのがふつう。

なぞめ・く【謎めく】〈動五〉なぞがあるようでわかりにくい。例 事件はいよいよなぞめいてきた。

なぞら・える〖▽準える〗〈動下一〉ほかのなにかに、ひき比べてみる。「なずらえる」ともいう。例 人生を旅になぞらえる。類 たとえる。見たてる。擬《ぎ》する。

なぞ・る〈動五〉すでに書いてある文字や絵、図形などの上をたどったり、まねたりして書く。例 手本をなぞる。

なた〖▼鉈〗〈名〉柄《え》の先に、あつくて短い包丁に似《に》た刃《は》がついた道具。木をわったりするのに使う。

表現 (1)「大なたをふるう」は、いらないと思うものを思いきっ

てけずりおとすことをいう。 (2)ふつう一本二本と数えるが、一挺(丁)《いっちょう》二挺(丁)《にちょう》も使う。

なだ【▼灘】〈名〉 波があらくて、船で行くのが困難な海。 例 玄界《げんかい》灘(＝九州北西部の海域)。 表現 例 のように、多く地名の下につけて使う。

なだい【名代】〈名〉 昔から多くの人に、名がよく知られていること。古風な言いかた。 例 名代の料亭《りょうてい》。

なだか・い【名高い】〈形〉 ひろく知られている。 例 世界に名高い。 類 有名。著名。高名。 参考 「みょうだい」と読むのは別のことば。

なだたる【名だたる】〈連体〉 すぐれていることで名のよく知られた。 例 世界に名だたる景観。

なたね【菜種】〈名〉 アブラナのたね。植物油(＝なたね油)がとれる。

なたねづゆ【菜種梅雨】〈名〉〔気象〕 菜の花のさくころ(＝三月の末から四月のはじめ)に降りつづく春の雨。

なだめすか・す【▼宥め▼賺す】〈動五〉 子どもなどをなぐさめたり、きげんをとったりして、言うことをきかせる。

なだ・める【▼宥める】〈動下一〉 泣いたりおこったりしている人を、おだやかにさせる。 類 すかす。

なだらか〈形動〉 ❶傾斜《けいしゃ》がゆるやかである。 例 なだらかな斜面。 ❷おちついていて、なめらかなようす。 例 なだらかな調子の話しかた。

なだれ【雪崩】〈名〉 つもっていた大量の雪が、山の斜面《しゃめん》にそってどっとくずれおちること。 例 雪崩がおこる。雪崩にあう。表層なだれ。

雪崩をうつ 固まっていたものが、いっせいにくずれおちる。 例 敵の大軍は雪崩をうって敗走した。そのようにして同じ方向にはげしく変化する。

なだれこ・む【なだれ込む】〖▽雪▽崩れ込む〗〈動五〉 おおぜいの人がどっと入りこむ。 例 ファンが会場になだれ込む。

ナチ〈名〉 ⇩ナチス ◇《ドイツ》Nazi

ナチス〈名〉〔歴史〕 ヒトラーを中心としていたドイツの独裁主義政党。民主主義にもっともとおい政治をし、第二次世界大戦をひきおこして敗れた。ナチ。 ◇《ドイツ》Nazis

ナチュラリスト〈名〉 ❶自然を愛する人。自然愛好家。 ❷自然主義者。 ◇naturalist

ナチュラル ━〈形動〉 自然のままで手をくわえていない。 例 ナチュラルチーズ。 ━〈名〉〔音楽〕 ♯(シャープ)や♭(フラット)で変化した音をもとの高さにもどすための、「♮」の記号。本位記号。 ◇natural

なつ【夏】〈名〉 四季の一つ。一年中でもっとも暑い季節。一般《いっぱん》に六月から八月までをさし、「暦《こよみ》の上では夏」というときには立夏から立秋の前日までをいう。 例 夏のさかり。夏こそ体をきたえよう。夏祭り。夏山。夏木立《なつこだち》。常夏《とこなつ》。真夏。

表現 夏のはじめを「初夏《しょか》」、中ごろを「盛夏《せいか》」、終わりごろを「晩夏《ばんか》」という。また、暦《こよみ》のうえで「立秋」をすぎてもつづく暑さを、「残暑」という。

なついん【▼捺印】〈名・する〉 判をおすこと。 例 契約《けいやく》書に捺印する。 類 押印《おういん》。押捺《おうなつ》。

なつがけ【夏掛け】〈名〉 夏用の、うすいかけぶとん。

なつかし・い【懐かしい】〈形〉 前に会ったり、見たりした人や物、場所、あるいは以前に過ごした時期などを、「よかったなあ」と思い出して、ほのぼのとする感じだ。 例 懐かしい顔。故郷が懐かしい。

なつかしの【懐かしの】〈連体〉 なつかしい。番組名などに使われる古風な言いかた。 例 懐かしのメロディー。

なつかし・む【懐かしむ】〈動五〉 なつかしいと思う。

なつがれ【夏枯れ】〈名〉 商店などで、夏のころ、客がへって、商品の売れ行きがわるくなること。とくに、八月をいう。 対 冬枯れ。

なつ・く【懐く】〈動五〉 動物が人間にじゃれるようになる。子どもが人見知りをせずに、大人に近づくようになる。 例 人に懐く。この子はおじさんにすっかり懐いている。 類 なれる。

なつくさ【夏草】〈名〉 夏におい しげる草。

なづけ【名付け】〈名〉 なづけること。 例 名付けの親。 類 命名。

なづけおや【名付け親】〈名〉 ❶親以外で、生まれた子どもの名前をつけてくれた人。 ❷ものごとによび名をつけた人。

なづ・ける【名付ける】〈動下一〉 あたらしく生まれたものに名前をつける。 類 命名する。呼ぶ。

なつこだち【夏木立】〈名〉 夏の、あおあおとした木立。 例 「鎌倉《かまくら》や みほとけなれど釈迦牟尼《しゃかむに》は美男におわす 夏木立かな」〔与謝野晶子《よさのあきこ》〕。

ナッツ〈名〉 ピーナッツ・アーモンド・クルミなど、かたい殻《から》をもち、食用になる豆や果物の総称。 ◇nut

なってない まるでだめだ。 例 礼儀《れいぎ》がなってない。

1**ナット**〈名〉 ボルトとくみあわせて、ものをしめつけたり、固定したりするのに使うもの。内がわに ねじがきざんである。 ◇nut →「ボルト」絵

2**なっと(方言)** どう。三重で言う。 例 なっとしょー(＝どうしよう)。

なっとう【納豆】〈名〉 ダイズを発酵《はっこう》させた食品。独特の風味があり、ねばって糸をひく。

なっとく【納得】〈名・する〉 ものごとの事情や意味がわかって、もっともなこととして みとめること。 例 値上げを納得する。相手の説明に納得する。納得がいく。納得ずく。

なっとくずく【納得ずく】〈名〉 じゅうぶんに納得したうえであること。 例 納得ずくで契約《けいやく》を結ぶ。 類 得心。合点《がてん》。

なつどり【夏鳥】〈名〉 わたり鳥のうち、春から夏にかけて日本にきて繁殖《はんしょく》し、秋にあたたかい南方へさる鳥をまとめていうよび名。ツバメ・ホトトギスなど。 対 冬鳥。

なつば【夏場】〈名〉 夏のあいだ。 対 冬場。

表現 「…場」という季節の言いかたは、「夏場」「冬場」だけで、「春場」「秋場」とはあまりいわない。

なっぱ【菜っ葉】〈名〉 ホウレンソウなど、葉の部分を食べる野菜。ややくだけた言いかた。

なつばて【夏ばて】〈名・する〉 夏の暑さで ばてること。「夏バテ」と書くことが多い。 類 夏まけ。暑気あたり。

なつび【夏日】〈名〉 ❶暑い夏の日ざし。 ❷〔気象〕最高気温がセ氏二五度以上ある日。 ▽ 対 冬日《ふゆび》。

ナップサック〈名〉 リュックサックの、小型で簡便なもの。「ナップザック」ともいう。 ◇knapsack

なつまけ【夏負け】〈名・する〉 夏の暑さで からだが弱ること。 類 夏ばて。暑気あたり。

なつみかん【夏みかん】〖夏▽蜜▼柑〗〈名〉 ミカン類の一つ。あたたかい地方で栽培《さいばい》する常緑低木。初夏、白くて小さい花がさき、大きな黄色の実《み》をつける。実は水分が多くて、すっぱい。

なつめ【▼棗】〈名〉 庭に植える落葉低木。夏、うす黄色の小さい花がさき、楕円《だえん》形の小さい実《み》がなる。実は食べ

な

られ、福井県でとくに多くとれる。

なつメロ【懐メロ】〈名〉「なつかしのメロディー」の略。なつかしい思い出のある、昔はやった歌。

なつもの【夏物】〈名〉夏のあいだだけ使うもの。とくに、夏に着る衣服をいうことが多い。対冬物。類夏着。

なつやすみ【夏休み】〈名〉学校などで、夏の暑いころ、授業を一定期間休むこと。その休みの期間。類夏期休暇《きゅうか》。暑中休暇。

なつやせ【夏痩せ】〈名・する〉夏の暑さで、食欲がおちたり、つかれたりして、からだがやせること。

なでおろ・す【なで下ろす】〖▼撫で下ろす〗〈動五〉上から下の方へなでる。

表現 多く、「胸をなで下ろす」の形で使って、心配していたことがぶじにすんでほっとすることをいう。

なでがた【なで肩】〖▼撫で肩〗〈名〉首すじからうでにかけて なだらかになっている肩《かた》。対いかり肩。↓いかりがた絵

なでぎり【なで斬り】〖▼撫で斬り〗〈名〉片っぱしから切りすてること。例大勢の敵をなで斬りにする。

なでしこ〖▼撫子〗〈名〉❶「秋の七草《ななくさ》」の一つ。山野や河原に生える。夏から秋に、花びらの先がこまかくさけたもも色の花がさく。かわらなでしこ。やまとなでしこ。❷⇩やまとなでしこ②

なでつ・ける【▼撫で付ける】〈動下一〉乱れたかみの毛を、くしや手でおさえて整える。例髪をなでつける。

な・でる〖▼撫でる〗〈動下一〉手のひらなどで、そっとふれるようにして、そのまま動かす。なぜる。例頭をなでる。髪《かみ》をなでる(=とかす)。なでつける。類さする。

など〈副助〉同じようなものごとをとり上げていう助詞。
❶同じようなものごとを ならべ上げて示す。例秋は運動会や文化祭などでいそがしい。類なんか。等《とう》。
❷同じようなものごとの中から、一つを例としてとり上げて、それだけとは限らないが、という気持ちをこめて示す。例ラーメンなどインスタント食品ばかり食べてすごす。
❸それとはっきり断定しないで、表現をやわらげる。例お茶などいかがですか。おみまいには、お花などがいいかもしれない。類なんか。
❹あまりたいしたものではないという、謙遜《けんそん》や軽蔑《けいべつ》の気持ちを表わす。例そんな高価なものは、わたしなどには もったいない。おまえなどに言われなくてもわかってるよ。類なんか。なんて。なんぞ。
❺打ち消す気持ちを強めて表現する。例雨など全然降っていませんよ。あの人に人殺しなどできるはずがありません。類なんか。なんて。

なとり【名取り】〈名〉日本のおどりや音曲《おんぎょく》などで、弟子《でし》をとってもよいほど芸が上達して、師匠《ししょう》や流派に関係のある芸名を使うことが許されること。また、それを許された人。

ナトリウム〈名〉〔化学〕銀白色で かるく、ナイフできれるほどやわらかい金属。水とはげしく反応して、水素を発生させる。元素の一つ。記号「Na」。◇ドイツ Natrium

なな【七】〈名〉なつ。しち。

ななえ(七重)のひざ(膝)をやえ(八重)にお(折)る たのみごとをしたり あやまったりするときに、ていねいなうえにも ていねいな態度をとる。類三拝九拝《さんぱいきゅうはい》。

ななかまど〖七▼竈〗〈名〉山地に生える落葉高木。秋に赤い実がなり、真っ赤に紅葉する。

ななくさ【七草】〖七▽種〗〈名〉❶「春の七草」「秋の七草」のこと。❷七草の節句。一月七日に春の七草を入れてつくった「七草がゆ」を食べて健康を祝う。

ななくさがゆ【七草がゆ】〖七草▼粥・七▽種▼粥〗〈名〉春の七草を入れてつくったかゆ。一月七日に、その年の健康を祈って食べるならわしがある。↓はるのななくさ

ななころびやおき【七転び八起き】〈名〉なんど失敗してもへこたれず、そのたびに立ち上がって努力すること。

なな(名無)しのごんべえ(権▽兵▽衛) 名前のわからない人をふざけていう呼び名。

ななつ【七つ】〈名〉❶六のつぎの数。なな。しち。❷七歳《さい》。七個。

ななつどうぐ【七つ道具】〈名〉必要なときにすぐ使えるように、いつもまとめて身のまわりに置いたり持ったりする ひと組みの道具。

ななひかり【七光り】〈名〉親や主人のえらさのおかげを、たっぷりうけること。例親の光は七光り。

ななふしぎ【七不思議】〈名〉人間の知恵や常識では考えられない、世の中に存在する七つの不思議なものごと。例世界の七不思議。参考「七つ」というのは一種のたとえで、かならずしも七つと固定されるものではない。

ななめ【斜め】〈名・形動〉❶かたむいていること。例斜めにたてかける。日が斜めにかたむいてきた。❷正面ではなく、少し横にずれていること。例道を斜めに横切る。斜めむかい。斜めむき。▽類はす。はすかい。すじかい。

表現 まっすぐでないことから、「ごきげん斜め(=きげんがわるい)」「世間を斜めに見る(=ひねくれた見かたをする)」のように、人の気持ちなどが ふつうとはちがっていることをさすこともある。

ななめよみ【斜め読み】〈名・する〉一字一句、ていねいに読むのではなく、全体をさっと大ざっぱに読むこと。

なに【何】 ━〈代名〉❶名前や性質、対象などが わからないものごとを さすことば。例何を食べようか。↓なん(何)━ ❷名前を忘れたときや、はっきり言いにくいときに使うことば。例時に、何はどうなった?
━〈副〉(打ち消しのことばをともなって)ほんの少しも…ない。まったく…ない。例何不自由なく生活している。何ひとつできていない。
━〈感〉おどろいて問いかえしたり、あることを打ち消して自分に 言いきかせたりするときに使うことば。例何、もういちど言ってみろ。宿題を忘れたが、何、かまうものか。

何が何《なん》でも どんなことがあってもぜひ。例何が何でも手に入れたい。

何から何まで あらゆることについて。例このたびは何から何までおせわになりました。

何くれとなく あれやこれやとどんなことでも。例何くれとなくめんどうをみる。類何かと。何やかやと。

何食《く》わぬ顔《かお》 自分のしたことや思っていることが、人に知られてはこまるときにする、すました顔つき。類知らん顔。そしらぬ顔。知らぬ顔の半兵衛《はんべえ》。

何はさておき ほかのことはさしおいて。まず第一に。例何はさておき、食事にするとしよう。

何はともあれ ほかのことはどうあろうと、ともかく。例何はともあれ、うれしい話だ。

何は無《な》くとも ほかのものはなにもなくても。

何一《ひと》つ (下に打ち消しのことばをともなって)なんにも…ない。ひとつも…ない。例泥酔《でいすい》して何一つおぼえていない。

 二宮尊徳(にのみやそんとく)(1787〜1856) 江戸後期の農政家。幕府・諸藩に招かれ農村の復興につくした。

何不《ふ》自由《じゆう》なく すべての面にわたって思いどおりにならないことはなく。例何不自由なく暮らす。

何もかも どんなこともすべて。例何もかもいやになった。何もかも申し上げます。

何やかや いちいち言わないが、いろいろ。例年末は何やかやといそがしい。類あれこれ。なんのかの。なんだかんだ。

何より ❶ほかのどんなものよりも。例それが何よりの証《しょう》拠《こ》だ。そのことが何よりうれしい。❷もっとも価値があること。例お元気で何よりです。それが何よりの親孝行です。

何を隠《かく》そう 隠さずに言うが。類じつは。おどろくなかれ。

なにか【何か】〈代名〉内容がわからず、どれと特定できないことがらやものごと。例何かいいことないかなあ。何か食べたい。

何かにつけ いろいろな場合に。例何かにつけ世話を焼きたがる。

なにがし〖▽某・何▽某〗〈代名〉❶人の名前がはっきりわからないときや、わざとはっきりさせたくないときに使うことば。あまり重くみていないことを示すためにも使う。例鈴木なにがしという男。類それがし。某《ぼう》。❷数量をおおまかにいうときに使うことば。「いくら」のやや古風な言いかた。例一万なにがしのお金。

なにがしか【何がしか】〈副〉❶なにか。なんらか。例なにがしか言ってこないと心配する。❷いくらか。例なにがしかのお礼はするべきだ。

なにかしら【何かしら】〈副〉❶なにとはっきりわからないが。例何かしら言いたいことがあるのだろう。❷なんとなく。例何かしらもの悲しい気分になる。

なにかと【何かと】〈副〉これとはっきり限定しないが、いろいろと。例何かといそがしい。何かと気をつかう。類あれこれ。なにやかや。

なにくそ〖何▼糞〗〈感〉気持ちをふるい起こすときに発することば。例なにくそ、負けるもんか。

なにげな・い【何気ない】〈形〉とくにどうということもない感じだ。例何気ないしぐさ。何気なくふりむく。類さりげない。参考俗《ぞく》に、「なにげなく」を、「なんとなく」の意味で、「なにげに」と言う人もいる。

なにごころなく【何心なく】〈副〉なにか特別なことを考えることもなしに。古風な言いかた。

なにごと【何事】〈名〉❶なんだかわからないことや、説明できないようなこと。例何事がおこったのだろう。❷とくに問題とするような変わったこと。例何事もなく、きょうも終わった。❸(「何事も」の形で)どんなことでも。例何事も努力がたいせつだ。類万事《ばんじ》。

表現「…とは何事か」というと、とくにそれをとりあげて非難する言いかたになる。

なにさま【何様】〈名〉どんなえらい人。例自分を何様だと思っているんだ!

なにしろ【何しろ】〈副〉「ともかくこうなのだ」と、自分の考えや気持ちを相手にみとめさせたいときに使うことば。例何しろ道がこんでいて、すっかりおそくなってしまった。類なにせ。参考「なににしろ」がもとで、「なんにしろ」→「なにしろ」とつまってできたことば。同じようにして、「なににせよ」から「なにせ」ができた。

なにせ【何せ】〈副〉「なにしろ」のやや古い言いかた。類なんせ。→なにしろ参考(前項)

なにとぞ【何とぞ】〖何▽卒〗〈副〉相手につよくたのむ気持ちを表わす。例今後とも何とぞよろしくお願いします。類どうか。どうぞ。なにぶん。

なにぶん【何分】〖何分〗〈副〉❶相手の適当な判断やとりあつかいを期待する気持ちを表わす。例先に帰るから、あとはなにぶんよろしくたのむ。類どうか。どうぞ。なにとぞ。❷なんといっても。例なにぶんまだ子どもですので。

表現手紙・メールやあらたまった場面で使われ、ていねい度も類義語の中ではいちばん高い。

なにも【何も】〈副〉(あとに打ち消しのことばをともなって)❶わざわざ特別に。例何も泣かなくてもいいだろう。❷まったくなにひとつ。例何も悪いところなどない。▽ア

①ナニモ ②ナニモ

[1]**なにもの【何物】**〈名〉ほかのどんなもの。例それ以外の何物でもない。友情は何物にも代えがたい。

[2]**なにもの【何者】**〈名〉どんな人。だれ。例何者かにぬすまれた。何者のしわざだろう。

なにやら【何やら】〈副〉何がどうなっているのか、わからないが、どうも。例何やらいわくありげ。

なにゆえ〖何故〗〈副〉「なぜ」のかたい言いかた。「なにゆえに」ともいう。例なにゆえこうなったか説明しなさい。類なぜ。どうして。

なにわ〖▽難▽波・▽浪▽花〗〈名〉「大阪《おおさか》(市)」の古い呼び名。参考大阪市浪速《なにわ》区にその名が残る。「なんば(難波)」は大阪市にある繁華街《はんかがい》と駅の名。

なにわぶし【▽浪▽花節】〈名〉「浪曲《ろうきょく》」のこと。

表現義理人情にかたよりすぎた、非近代的な考えや行動を、「なにわ節的」ということがある。

なぬし【名主】〈名〉江戸《えど》時代に、町や村の有力者の中で、その地域のとりしまりや年貢《ねんぐ》のとりたてなどをまかされた人。参考「みょうしゅ」と読むのは別のことば。

方言関西では「庄屋《しょうや》」、東北・北陸では「肝煎《きもいり》」と呼んだ。「なぬし」は、もとは関東の呼びかた。

なので〈接〉「だから」の意味の、やわらかい感じの言いかた。対なのに。

敬語丁寧《ていねい》語は、「ですので」。

ナノテクノロジー〈名〉ナノメートル(=一〇億分の一メートル)単位の、きわめて小さな分子や原子の操作・加工の技術。また、その技術を応用した新しい機能や素材の開発などの総称《そうしょう》。略して「ナノテク」ともいう。◇nanotechnology 参考「ナノ」は、単位の上について、一〇億分の一を表わすことば。

なのに〈接〉そうであるのに。それなのに。ややくだけた言いかた。例もう約束の時間だ。なのに、現れない。類だのに。

なのはな【菜の花】〈名〉アブラナの花。また、アブラナ。

なのり【名乗り】〈名〉自分の名前を、相手にはっきりわかるように伝えること。

名乗りを上《あ》げる 立候補する。例開催《かいさい》地として名乗りを上げる。参考昔、合戦《かっせん》のときに武士が自分の名前を大声で名乗ることをいった。

なのり・でる【名乗り出る】〈動下一〉問題にされている当の本人であることを、自分から申し出る。

なの・る【名乗る】〈動五〉❶自分の姓名や職業を相手に伝える。例名を名乗る。新聞記者と名乗る男。類称《しょう》する。❷自分の姓または名とする。例妻の姓を名乗る。

表現①の「新聞記者と名乗る」などの言いかたは、「ほんとうはそうではないのに」、あるいは「ほんとうかどうか疑わしい」という意味合いで使うことが多い。

な(名)ばかり 名目だけで、実質が少しもともなっていな

いこと。例「立秋」とは名ばかりの猛暑《もうしょ》が続く。名ばかり店長。名ばかり管理職。

ナビ〈名・する〉「ナビゲーション」「ナビゲート」の日本での省略語。例カーナビ。類ガイド。

なび・く【▼靡く】〈動五〉❶風や水の動きにしたがって横にたおれるように動く。例旗がなびく。風になびく。❷他の強い力にひきよせられて従う。例草木もなびく。

ナビゲーション〈名〉ナビゲートすること。類ガイド。◇navigation

ナビゲーター〈名〉ナビゲート役。◇navigator

ナビゲート〈名・する〉❶車の助手席で、運転者に方向や速度を指示すること。❷案内すること。俗《ぞく》っぽい言いかた。類ガイド。◇navigate

ナプキン〈名〉❶洋式の食事のときに、衣服をよごさないように、胸やひざにかける布や紙。❷生理用品の一種。陰部にあてがって血を吸いとるもの。◇napkin

なふだ【名札】〈名〉名前が書いてあるふだ。

ナフタリン〈名〉コールタールから得られる白色の結晶《けっしょう》。防臭剤《ぼうしゅうざい》や防虫剤などに使われる。◇《ドイツ》Naphthalin

なぶ・る【▼嬲る】〈動五〉よわい立場のものを、おもしろがっていじめて苦しめる。

方言 中部・近畿などでは、「なぶったら壊《こわ》れるで」のように、「いじる」の意味でも使う。

なべ【鍋】〈名〉❶食べものを煮《に》たり、揚《あ》げたりするときなどに使う、炊事《すいじ》道具。例鍋ぶた。土《ど》鍋。❷「なべ料理」の略。「①」で煮ながら食べる料理。なべもの。例かき鍋。寄せ鍋。

【鍋】金部9 全17画 ※ 鍋鍋鍋鍋鍋鍋

なべ

なべぶた【鍋蓋】〈名〉❶なべのふた。❷[なべぶた]漢字の冠《かんむり》の一つ。「交」「京」などの「亠」の部分。形が卦算《けいさん》(=細長い文鎮《ぶんちん》)にも似《に》ていることから、「けいさんかんむり」ともいう。

なべもの【鍋物】〈名〉食卓《しょくたく》に鍋を置いて、煮《に》ながら食べる料理。鍋料理。

[1]**なへん**【ナ変】〈名〉〔文法〕「ナ行変格活用」の略。アナヘン

[2]**なへん**【那辺・奈辺】〈名〉「どのあたり」「どの辺」の意味のかたい言いかた。例彼《かれ》の意図は、那辺にあるか疑問だ。アナヘン

なま【生】━〈名〉❶肉や魚、野菜などの食べものを、煮《に》たり焼いたりしていないこと。例生で食べる。生肉。生野菜。なまもの。❷食品の店頭表示で、刺身《さしみ》などが、いったん冷凍《れいとう》してから解凍したものでないこと。対解凍。❸ありのままのこと。直接であること。例生の声。生演奏。生放送。❹「生意気」の略。「ナマ」と書かれることが多い。例ナマ言いやがって。

━〈接頭〉❶十分であるべきものが十分でない、という意味を表わす。例生返事。生煮え。生はんか。❷少しそう感じられる、という意味を表わす。例生暖かい。生ぬるい。

なまあくび【生あくび】〖生▽欠▽伸〗〈名〉十分に出きらない、小さなあくび。

なまあげ【生揚げ】〈名〉豆腐《とうふ》を厚く切って、油で揚げた食べ物。厚揚げ。

なまあたたか・い【生暖かい】〈形〉なんとなくいやな感じのあたたかさだ。「なまあったかい」ともいう。

なまいき【生意気】〈名・形動〉立場や知識、年齢《ねんれい》などからして適当と思われる以上に、えらそうなことを言ったりしたりすること。例生意気な子ども。生意気な口をきく。類ちょこざい。こざかしい。

なまえ【名前】〈名〉❶ほかのものごとと区別して示すために、人や物、場所、団体そのほかあらゆるものごとの、それぞれにつけられているよびかた。例名前をつける。名前をたずねる。名前を言う。類名《な》。❷⇩な〔名〕②

敬語 尊敬語としては、「お名前」のほか、「(ご)芳名《ほうめい》」「(ご)尊名」を使う。また、名の通った人に対しては、「(ご)高名」という言いかたもある。

なまえまけ【名前負け】〈名・する〉名前だけがりっぱで、実質がともなわないこと。

注意「格負け」「位《くらい》負け」「貫禄《かんろく》負け」などとまぎれて、誤《あやま》って、相手の名高さにのまれて気負けしてしまう、という意味で使われることもある。

なまがし【生菓子】〈名〉水分の多い、長もちのしない菓子。あんこや寒天などを使った和菓子や、くだもの、クリームを使った洋菓子など。対干《ひ》菓子。

なまかじり【生かじり】〖生▼噛り〗〈名〉ものごとを表面的に知っているだけで、十分にはわかっていないこと。例生かじりの知識。類一知半解《いっちはんかい》。

なまがわき【生乾き】〈名〉まだ少ししめっていて、十分にかわいていないこと。

なまき【生木】〈名〉❶地面に生えている木。❷切ったばかりで、まだ十分かわいていない木。

生木を裂《さ》く 愛しあっている男女や夫婦《ふうふ》、親密な親子を、むりやりにひきはなして、別れさせること。

なまきず【生傷】〈名〉できたばかりの、あたらしいきず。例生傷がたえない。対古傷。

なまぐさ・い【生臭い】〖▼腥い〗〈形〉❶生のさかなや生の肉のようなにおいがする。❷血のにおいがする。例生臭い風。血生臭い。❸いかにもぶっそうだ。俗《ぞく》っぽくてなまなましい。利害関係が露骨《ろこつ》だ。例生臭い話。

なまぐさぼうず【生臭坊主】〈名〉僧《そう》としての守るべきおきてを平気でやぶる、行ないの悪い僧。

なまくび【生首】〈名〉切り落としたばかりの人の首。例生首をさらす。

なまくら〖▽鈍ら〗〈名・形動〉❶刃物《はもの》がよく切れないこと。よく切れない刃物。例なまくらな刀。❷だらしがなくて、いいかげんなこと。例なまくらなやつ。

なまクリーム【生クリーム】〈名〉しぼった牛乳からとりだした脂肪《しぼう》分。洋菓子《ようがし》に使ったりする。

[1]**なまけもの**〈名〉〔動物〕南アメリカの森にすむ哺乳《ほにゅう》動物。体長六〇《センチメートル》ほどで、形や大きさ、毛の生えかたはサルに似《に》ているが、サルとちがって立って歩くことができない。一日中木にぶらさがっていて、あまり動かない。

[2]**なまけもの**【怠け者】〈名〉しなければいけないことがあるのに、サボってばかりいる人。対働き者。

怠け者の節句働《せっくばたら》き いつもなまけている者にかぎって、節句のようにみんなが休むときに働くものだ。

なま・ける【怠ける】〈動下一〉しなければいけないことをやろうとしないで、いいかげんに過ごす。例仕事を怠ける。怠けぐせ。怠け者。類おこたる。サボる。ずるける。油を売る。

なまこ〖▽海▼鼠〗〈名〉海底にすむ、ヒトデやウニのなかま。筒形《つつがた》で、やわらかい。酢のものなどにして食べる。とくに中国料理で使う干《ほ》しナマコは高価で、海の「黒いダイヤ」とも呼ばれる。

 ニュートン（1642～1727）イギリスの数学者・物理学者。万有引力の法則を発見。反射望遠鏡を発明。

なまごみ【生ごみ】〈名〉野菜くずや食べ残しなど、台所から出る水分をふくんだごみ。

なまごろし【生殺し】〈名〉❶殺すのを途中《とちゅう》でやめてほうっておき、苦しませること。例 蛇《へび》の生殺し(↓「へび」の子項目)。類 半殺し。❷ものごとのけじめをつけないままにしておき、相手をこまらせること。

なまじ〈副〉中途《ちゅうと》はんぱに。「なまじっか」「なまじいに」ともいう。例 彼のことをなまじ知っているから教えにくい。

なまじいに〈副〉⇩なまじ

なまじっか〈副〉⇩なまじ

なまじっかの〈連体〉中途《ちゅうと》はんぱな結果になるような。例 なまじっかの料理などやらないほうがよい。

なましょく【生食】〈名・する〉生鮮《せいせん》食品を、加熱せずに、なまのままで食べること。例 生食用のカキ。参考 店での「生食用」という表示は、加熱調理しないでそのまま食べられるという意味で、ゆでた貝類やタコなどにも使われる。

なまじろ・い【生白い】〈形〉顔色がとても白く、よわよわしい。「なまっちろい」ともいう。

なます【▼膾・生酢】〈名〉生のさかなや貝をほそく切って、酢《す》にひたした食べもの。また、ダイコンとニンジンをほそく切って、酢にひたしたもの。

なまず【▼鯰】〈名〉川や池などにすむさかな。ひらたくてあたまが大きく、口のあたりに四本のひげがある。うろこがない。例 なまずひげ。参考 なまずがあばれると地震《じしん》がおこるという俗信《ぞくしん》があった。

なまたまご【生卵】〈名〉加熱していない、なまの卵。対 ゆで卵。

なまつば【生唾】〈名〉食べたいものやすっぱいもの、また、ほしくてたまらないものを見たり想像したりしたときに、口の中に自然に出てくるつば。例 生つばを飲みこむ。

なまづめ【生爪】〈名〉手足の指にはえている、つめ。例 生爪をはがす。

なまなか〈形動〉中途はんぱである。例 なまなかなことでは、あそこまではできない。類 生はんか。なみたいてい。表現 ふつう、あとに否定の表現をともなう。

なまなまし・い【生生しい】〈形〉❶少し前に起こったばかりのように、あたらしい。例 生々しい記憶。❷目の前で起きているかのように感じさせる。例 事故のようすを生々しく語る。

なまにえ【生煮え】〈名〉じゅうぶんに煮えていないこと。

なまぬる・い【生ぬるい】〈形〉❶適当な熱さになっていない。冷えているべきものがつめたくない。例 生ぬるいお湯。生ぬるいジュース。❷きびしくなくて、いいかげんだ。例 生ぬるい処置。類 手ぬるい。あまい。

なまはんか【生はんか】【生半可】〈名・形動〉ものごとが、じゅうぶんではなくて中途《ちゅうと》はんぱなこと。例 生はんかな知識。生はんかな気持ち。類 なまなか。参考 「はんか」は、「半可通《はんかつう》」から。

なまビール【生ビール】〈名〉加熱殺菌などの処理をしていない、生きた酵母《こうぼ》のたくさんはいっているビール。

なまびょうほう(生兵法)はおおけが(大▽怪我)のもと いくさのしかたをいいかげんにしか知らないで戦うことは、大損害をこうむる原因になる。生半可な知識・技術で無謀《むぼう》な計画をたてて実行すると、大失敗をこうむることになる。

なまへんじ【生返事】〈名〉本気で答えていない、いいかげんな返事。例 生返事をする。

なまほうそう【生放送】〈名〉ラジオやテレビで、スタジオや現場からの中継《ちゅうけい》をそのまま放送すること。また、その放送。

なまみ【生身】〈名〉生きている体。例 生身の人間。

なまみず【生水】〈名〉わかしていない飲み水。

なまめかし・い【▽艶めかしい】〈形〉美しさのなかに、色っぽさが感じられる。類 艶《えん》。

なまめ・く【▽艶めく】〈動五〉女性があでやかで色っぽく見える。例 なまめいた容姿。表現 女性のしぐさやすがたについていう。

なまもの【生物】〈名〉煮《に》たり焼いたりしていない食品。とくに、なまのさかなや、餡《あん》、クリームを使った菓子《かし》などをいう。

なまやさし・い【生易しい】〈形〉やさしくできる状態だ。かんたんにできる。多く、あとに打ち消しのことばをともなう。例 スターになるのは、生易しいことではない。類 なみたいてい。

なまら(方言) とても。非常に。北海道で言う。例 あの子なまら頭いいな。参考 若者がおもに使う。

[1]なまり【鉛】〈名〉〔化学〕やわらかくて重い、青白い色の金属。熱するととけやすく、はんだや活字、蓄電池《ちくでんち》などに使う。有毒。元素の一つ。記号「Pb」。ア ナマリ

[2]なまり【▼訛り】〈名〉標準語とはちがった、ある地方独特の発音。ア ナマリ」

[1]なま・る【▼訛る】〈動五〉標準語とはちがった、ある地方独特の発音をする。

[2]なま・る【▽鈍る】〈動五〉❶刃物《はもの》の切れあじがわるくなる。❷うでまえがさがる。いきおいがわるくなる。例 からだがなまる。うでがなまる。▽類 にぶる。

[1]なみ【並・並み】〓〈名〉❶ごくふつうの程度。例 並の成績。並の人間。❷食堂などで、同じ料理をその材料の質によって上・下にわけたとき、下にあたるものをいうことば。例 並定食。▽ア ナミ
〓〈接尾〉❶「…と同じ程度」という意味を表わす。例 世間並み。人並み。❷同じ種類のものが、たくさんならんでいるようす。例 町並み。

[2]なみ【波】〈名〉❶海や川、湖などの水面が、風などによって動いて、高くなったり低くなったりするもの。例 波がよせる。波がくだける。波が高い。さか巻く波。波風。波音。波頭《なみがしら》。波うちぎわ。荒波《あらなみ》。白波《しらなみ》。高波。津波《つなみ》。さざ波。❷高低や起伏《きふく》、上がり下がりなどがあること。例 波にのる。感情の波。成績に波がある。波形。波線。❸流れるようにうごいていくもの。例 人の波。時代の波。❹〔物理〕振動が次々に伝わっていく現象。電波や音波などの波。▽ア ナミ」
表現 「波を枕《まくら》に(して)寝《ね》る」と言えば、船の上で寝ることや、波の音が寝ているところにまで聞こえてくることを表わす。

なみ・いる【並み居る】〈動上一〉その場にならんでいる。例 並みいる強豪《きょうごう》をなぎたおす。

なみうちぎわ【波打ち際】〈名〉海や湖、川などで、波がうちよせるところ。類 なぎさ。

なみう・つ【波打つ】〈動五〉❶波がよせてくる。❷波のように、ゆれうごく。例 よろこびに波打つ胸。

なみがしら【波頭】〈名〉波のもり上がった、高い部分。波頭《はとう》。

なみかぜ【波風】〈名〉水面をふくつよい風と、それによっておこる あらい波。類 風波《ふうは》。

表現「波風がたつ」「波風をたてる」「世間の波風にもまれる」のように、もめごとやつらくて苦しい経験などの意味で使われることも多い。

なみき【並木】〈名〉道路にそって、一定の間隔《かんかく》で植えてある木。例並木道。いちょう並木。類街路樹。

なみせい【並製】〈名〉特別につくったのではない、ふつうの製品。対上製。特製。参考多く、書物の製本のしかたで、綴《と》じた中身に紙の表紙をつけていっしょに裁断した、雑誌・教科書・文庫本のようなものをいう。

なみせん【波線】〈名〉「〰〰」のような、波がたの線。「はせん」とも読む。

なみだ【涙】〈名〉❶泣いたときや、目にごみが入ったりしたときに、目からでる水分。例涙をながす。涙にむせぶ。うれし涙。❷人に対する、思いやりの気持ち。例血も涙もない。

お涙頂戴《ちょうだい》 ⇩独立項目

涙に暮《く》れる ❶流れる涙で何も見えなくなる。❷泣いて日をすごす。例涙に暮れる日々。

涙をのむ ❶泣きたい気持ちをこらえる。❷くやしさをじっとがまんする。例一点差で、涙をのんだ。

なみたいてい【並大抵】〈形動〉(多く、あとに打ち消しのことばをともなって)少しばかりの…ではない。このうれしさは、並大抵ではない。例並大抵の努力ではない。類ひととおり。なまなか。なまやさしい。

なみだきん【涙金】〈名〉今までの関係をたちきるときに、なさけとしてあたえる わずかなお金。

なみだぐまし・い【涙ぐましい】〈形〉相手の気持ちや行動に心をうたれて、涙がでるほどだ。例涙ぐましい努力。

なみだぐ・む【涙ぐむ】〈動五〉目に涙をうかべる。

なみだごえ【涙声】〈名〉泣きながら、また、泣きそうになりながら話すときの、うるんだ感じの声。例涙声になる。

なみだ・つ【波立つ】〈動五〉❶波が大きくなって、水面があれてくる。例海が波立つ。❷興奮して、心臓がどきどきする。例胸が波立つ。❸争いやもめごとがおこりそうな、さわがしい状態になる。例政局が波立つ。

なみだながら【涙ながら】〈副〉涙を流し続けながら何かをするようす。例涙ながらにうったえる。

なみだもろ・い【涙もろい】〖涙▼脆い〗〈形〉わずかなことにも、涙をながしやすい。例涙もろい性質。

なみなみと〈副〉あふれそうに。例なみなみとつぐ。

なみなみならぬ【並並ならぬ】〈連体〉ひととおりのことではない。たいへんな。例成功のかげには並々ならぬ努力があった。

なみのはな【波の花】〈名〉❶もり上がった波がくだけて白くなったところを、花に見たてていうことば。❷「塩」のこと。とくに、すもうで土俵上にまく塩。

なみのり【波乗り】〈名〉サーフィン。

なみはず・れる【並外れる】〈動下一〉ふつうとひどくかけはなれている。例並外れた大男。並外れた才能。

表現「並外れて大きい人」のように、「並外れて」の形で副詞のように使う。

なみひととおり【並一通り】〈名・形動〉とりたてて特別の状態ではなく、通りいっぺんのふつうの状態であること。例並一通りの仕事ぶり。並一通りでない苦労を重ねる。

なみま【波間】〈名〉波と波とのあいだ。例波間にうかぶ。波間にただよう。波間に見えかくれする。

なみまくら【波枕】〈名〉波を枕にして寝《ね》ること。→なみ〔波〕表現

なむあみだぶつ〖南無▼阿▽弥▼陀仏〗〈名〉〔仏教〕浄土宗《じょうどしゅう》、浄土真宗などで、念仏のとき唱えることば。

なむさん〖南無三〗〈感〉おどろいたり失敗したりしたときに発することば。「南無三宝《なむさんぼう》」ともいう。

ナムル〈名〉韓国《かんこく》料理の一つ。豆モヤシ・ホウレンソウ・ゼンマイ・大根とニンジンの千切りの、それぞれの和《あ》え物。参考朝鮮語で和え物の意味。

なめくじ〈名〉うす茶色でぬるぬるした五《センチメートル》ほどの軟体《なんたい》動物。しめったところをはってすすみ、野菜などを食べる。塩をかけると小さくなる。

なめこ〖滑子〗〈名〉食用にするキノコの一種。かさの色があかるい茶色で、ぬるぬるしている。くさったエノキやブナに栽培《さいばい》する。大根おろしやみそ汁《しる》に入れる。

なめしがわ【なめし革】〖▼鞣し革〗〈名〉動物の毛皮から、毛や脂肪《しぼう》分をとりさって、やわらかくしたかわ。

なめ・す〖▼鞣す〗〈動五〉動物の毛皮から、毛や脂肪《しぼう》分をとりさってやわらかくする。例皮をなめす。

なめらか【滑らか】〈形動〉❶ものの表面がつるつるしている。例滑らかなはだ。❷すらすらと流れるようだ。例なめらかな口調。会談がなめらかに進んだ。

な・める〖▼嘗める・▼舐める〗〈動下一〉❶舌で、なでるようにふれる。歯でかまずに口の中でころがすようにして味わう。例犬が手をなめる。あめ玉をなめる。❷つらい体験をする。例苦しみをなめる。辛酸《しんさん》をなめる。❸たいしたことがないと思って、相手をばかにする。例なめてかかると、ひどい目にあうぞ。類みくびる。あなどる。

表現「燃えあがる炎《ほのお》は、はやくも天井《てんじょう》をなめはじめた」のように、炎を舌にたとえて、燃えている状態を「なめる」ということがある。

なや【納屋】〈名〉農家などの、物置小屋。

なやまし・い【悩ましい】〈形〉❶人を悩ませるほど、解決がむずかしい。例悩ましい問題。どちらを選ぶべきか悩ましい。❷性的感覚を刺激《しげき》して、気持ちをおちつかせない。例悩ましいすがた。

なやま・す【悩ます】〈動五〉苦しめる。こまらせる。例頭を悩ます。悪臭《あくしゅう》に悩まされる。

なやみ【悩み】〈名〉悩むこと。例悩みのたね。悩みをうちあける。心の悩み。悩みごと。類苦悩《くのう》。

なや・む【悩む】〈動五〉❶いろいろ考えてもどうもうまくいかないで、心に苦しみを感じる。例恋《こい》に悩む。思い悩む。❷苦痛やつらいことがあって、苦しむ。例頭痛に悩む。物価高に悩む。▽類苦悩《くのう》する。

なよたけ【なよ竹】〈名〉やわらかく風になびく竹の姿。参考しなやかだがしゃんとした姿から、かぐや姫《ひめ》を「なよ竹のかぐや姫」という。

なよなよ〈副・する〉いかにもたよりなげなようす。例なよなよとしたすがた。

なよやか〈形動〉からだのかっこうや線がほっそりしていて、よわよわしいほどやわらかな感じだ。多く、女性についていう。「なよよか」ともいう。例なよやかなすがた。

1 **なら**〖▼楢〗〈名〉低い山や平地に生える落葉高木。クヌギとともに雑木林にふつうに見られる。どんぐりがなる。木材は家具や炭などに使われる。こなら。

2 **なら**〈接〉そうであるなら。それなら。例ならいいけど。

3 **なら**〈助動〉■一■断定の助動詞「だ」の仮定形。❶仮定

な

 ネルー (1889〜1964) インド独立運動に参加。アジア・アフリカの新興独立国の指導者として活躍。

の条件を表わす。あとには、それと矛盾《むじゅん》しない意味のことばがつづく。例クラス全員で賛成するならその案にしよう。ほしいならあげるよ。❷その文で問題とするものごとをとりたてて示す。例文房《ぶんぼう》具なら明和堂がそろっている。旅行なら夏がいい。類は。だったら。三文語の助動詞「なり」の未然形。現代語では、「ならぬ」「ならず」のかたちで、…でない、…ではなく、という意味を表わす。例神ならぬ身。なみなみならぬ努力。一度ならず二度までも。→なり〈助動〉

参考 一①は、「ならば」の形になることもある。

接続 一②の用法のときは おもに名詞につくが、①の場合は名詞ばかりでなく、いろいろな活用語にもつく。

ならい【習い】〈名〉特別なことではなくて、多くの人たちがあたりまえのこととしているような、ふつうのこと。例世の習い。類常《つね》。

習い性《せい》となる 習慣が、しまいにはその人の生まれつきの性質のようになってしまう。注意「習い」と「性」とで一語とかんちがいし、身にしみこんだ習慣・習性の意味で「習い性《しょう》」という言い方が増えた。

ならいごと【習い事】〈名〉子どもが学校の授業以外に、また、おとなが仕事が終わるなどしてから、先生について習うもの。類けいこごと。

ならいしょう【習い性】〈名〉⇩習い性《せい》となる（「ならい」の子項目）

なら・う【習う・倣う】〈動五〉❶［習う］ものの実際のやりかたを人から教えてもらう。例ピアノを習う。先生に習う。親から習う。類教わる。❷［倣う］まねをする。例先輩《せんぱい》に倣う。前例に倣う。類模倣《もほう》する。

習うより慣《な》れろ 人から教わるよりも、なんどもやって、身につけてしまうことがたいせつだ。

ならく【奈落】〈名〉❶〔仏教〕「地獄《じごく》」のこと。例奈落に落ちる。❷絶望的などん底の世界。例あのときは、奈落へつき落とされるような思いがした。❸劇場で、舞台《ぶたい》のゆかした。◇もとサンスクリット語。

奈落の底《そこ》 ❶地獄《じごく》の底。❷どんなにもがいても、とてもそこからぬけ出すことができないような、絶望的な状態。例奈落の底におちる。

ならじだい【奈良時代】〈名〉〔歴史〕奈良に都《みやこ》がおかれた時代。ふつう、七一〇年に元明《げんめい》天皇が奈良に都をうつしてから、七九四年に桓武《かんむ》天皇が京都に都をうつすまでをいう。律令《りつりょう》制度がととのえられ、仏教文化がさかえた。→じょうだい〔上代〕

[1]**なら・す**〖▽均す〗〈動五〉❶でこぼこがないよう、平らにする。例土地をならす。❷数や量を平均する。例ならすと、毎月ほぼ五千円かかる。▽アナラス

[2]**なら・す【慣らす】**〖▼馴らす〗〈動五〉❶［慣らす］何回もしたり、長いこと接したりして、そのことが特別のことではなく、あたりまえのことであるようにする。例足を慣らす。水に慣らす。手に慣らす。❷［馴らす］動物を人間になれさせる。例飼《か》いならす。▽アナラス

[3]**なら・す【鳴らす】**〈動五〉❶音を出すようにする。例ブザーを鳴らす。のどを鳴らす。❷そのことで有名になる。例若いころは力持ちで鳴らしたものだ。❸強く言いたてて、相手を非難する。例非を鳴らす（＝まちがっているとして、非難する）。不平を鳴らす（＝さかんに不満な気持ちをいう）。▽アナラス

ならずもの【ならず者】〈名〉きまった仕事をもたずに、いつもぶらぶらしたり悪いことをしたりしている人。類やくざ。無頼漢《ぶらいかん》。ごろつき。無法者。

ならづけ【奈良漬け】〈名〉ウリなどを酒かすにつけた、つけもの。

ならでは それにしかできないこと、成り立たないこと。例老舗《しにせ》ならではの味。

ならない ❶…を禁じる。だめだ。例けっして見てはならない。どうしても見なくてはならない。類いけない。❷どうしようもない。例心配でならない。寒くてならない。類いけない。❸…ができない。例油断のならないやつ。もう我慢《がまん》ならない。

な（成）らぬかんにん（堪忍）するがかんにん （堪忍）⇩「なる〔成る〕」の子項目

ならび【並び】〈名〉❶ならんでいること。ならんでいるもの。例歯並び。❷道路の、同じがわであること。例並びの家。その店なら、この並びにありますよ。

ならびしょう・する【並び称する】〈動サ変〉いっしょにとりあげて、ほめたたえる。類並称《へいしょう》する。

表現 「西の京都大学は、東の東京大学と並び称される」のように、受け身の形でいうほうが多い。

ならびた・つ【並び立つ】〈動五〉同じような力量のある人が対抗《たいこう》するように存在する。

表現 「両雄《りょうゆう》並び立たず」のように、かなりの力量のある人についていう。「並び立つビル群」のように、並んで立つという、もとの意味で使うこともある。

ならびに〖並びに〗〈接〉似《に》たもの、同じ種類のものをならべてあげるときに使う、あらたまった感じのことば。…と…。…および…。例教科書ならびに参考書は、試験場に持ちこまないこと。

なら・ぶ【並ぶ】〈動五〉❶あるものとほかのものが、横にとなりあう位置をしめる。例並んですわる。二本の松が並んでたっている。→いならぶ ❷列をつくる。例並んで待つ。窓口に並ぶ。二列に並ぶ。きちんと並ぶ。❸能力や仕事のできばえなどが、同じ程度である。例並ぶ者がない。並び称《しょう》される。類匹敵《ひってき》する。

ならべた・てる【並べ立てる】〈動下一〉いくつも並べあげて言う。例不満を並べ立てる。

なら・べる【並べる】〈動下一〉❶あるものをほかのものの横に、となりあうように置く。例まくらを並べる（＝いっしょに勉強する）。❷いくつかのものを、見やすいようにひろげておく。例横に並べる。品物を並べる。❸同じような内容のことを、次々と言いたてる。例文句を並べる。並べたてる。❹同列におく。例肩《かた》を並べる。

ならわし【習わし】〖▽慣わし〗〈名〉むかしから行なわれてきた、きまったやりかた。例習わしにしたがう。世の習わし。類しきたり。習慣。慣習。慣例。

[1]**なり**〖▽形〗〈名〉からだつきや服装。例なりが大きい。しゃれたなり。身なり。類かっこう。アナリ」

[2]**なり【鳴り】**〈名〉そのものの存在を他に示すような音や動き。例鳴りをひそめる。鳴りを静める。アナリ

鳴りを潜《ひそ》める 今まで人目をひいて活動していたものが、表面からすがたを消して、しずかになる。

[3]**なり** 一〈接助〉❶あることをしたすぐそのあとで、次の動作や作用がおこることを表わす。…するとすぐ。例家にかばんを置くなり、遊びにでかけた。類やいなや。次第。❷ある状態がそのままで、別の動作や作用がおこることを表わす。例帽子《ぼうし》をかぶったなりで あいさつをするのは失礼です。類まま。

ネロ（37～68） ローマ帝国の皇帝。キリスト教徒に迫害を加えた。「暴君ネロ」といわれる。

〔二〕〈副助〉❶同じようなものをいくつか示して、そのどれからでも自由にえらべることを表わす。例味つけは、みそなりしょうゆなり、すきなものですればよい。❷一つの例をかかげて「…なりなんなり」といい、ほかの同じようなものからでも自由にえらべる意味を表わす。例結果がわかったら、電話なりなんなりで知らせてください。参考〔二〕を並立《へいりつ》助詞とする考えかたもある。

[4]なり〈助動〉文語の助動詞。断定を表わす。…だ。…である。例時は金なり。しめて一万円也《なり》(＝金額を示すときの特別な表記)。→[3]なら〔二〕・[4]なる・[2]なれ

[5]なり〈接尾〉❶「…に似た形やようす」という意味を表わす。例弓なり。❷「…にしたがう」という意味を表わす。例言いなり。❸「十分ではないがそれ相応の」という意味を表わす。例わたしにはわたしなりの考えがある。

なりあがり【成り上がり】〈名〉成り上がった人。

なりあが・る【成り上がる】〈動五〉地位の低い者が高い地位に上がったり、貧乏《びんぼう》な者が金持ちになったりする。対成り下がる。

なりかわ・る【成り代わる】〈動五〉ある人のかわりとなる。代理の役をつとめる。例入院中の社長に成り代わって、ごあいさつを申し上げます。

なりき・る【成り切る】〈動五〉❶すっかりそれになる。例まだ大人になりきっていない。❷まねのしかたが真《しん》に迫る。例(芝居《しばい》で)役になりきる。

なりきん【成金】〈名〉❶将棋《しょうぎ》で、敵陣《てきじん》に入って、金《きん》になったこま。❷急に金持ちになって、まだ金持ちとしての態度や生活が身についていない人。例成金趣味《しゅみ》(＝やたらにけばけばしいものをこのむ趣味)。

なりさが・る【成り下がる】〈動五〉おちぶれてひどい状態になってしまう。対成り上がる。

なりすま・す【成り済ます】〈動五〉すっかりその人であるように見せかける。例医者に成り済ます。
表現「なりすまし」の形で、電話やインターネット上の詐欺《さぎ》の手口をいうことがある。

なりたち【成り立ち】〈名〉❶組織や制度などができるまでの事情や経過。例近代日本の成り立ち。❷ものや組織などの内部のしくみ。例文の成り立ち。

なりた・つ【成り立つ】〈動五〉❶そのものができる。また、存在することが可能となる。例経営が成り立つ。推測が成り立つ。類成立する。❷いくつかの部分が集まって、一つのものがつくられる。例国会は、衆議院と参議院から成り立っている。類成る。

なりて【成り手】〈名〉その役目や職業につこうとする人。例仕事はしても、責任者には成り手がない。

なりと〈副助〉たとえば、せめて…ぐらいは、という気持ちを表わす。「なりとも」ともいう。例声なりと電話で聞きたい。本一冊なりと読みやしない。

なりは・てる【成り果てる】〈動下一〉おちぶれて、最後にはなさけない状態になってしまう。例一文《もん》無しになりはてる。類成り下がる。

なりひび・く【鳴り響く】〈動五〉大きな音が鳴って、遠くまで聞こえる。例サイレンがあたりに鳴り響く。
表現「その名は天下に鳴り響いている」のように、評判がひろく知られるという意味でも使う。

なりふり【なり振り】〈名〉身なりやふるまい。例なり振りかまわず(＝無我夢中なようす)。

なりものいり【鳴り物入り】〈名〉にぎやかに宣伝すること。また、世間の注目が集まること。例鳴り物入りで売りだす。鳴り物入りのデビュー。参考「鳴り物」とは、芝居《しばい》の舞台で鳴らす笛や太鼓《たいこ》のこと。

なりゆき【成り行き】〈名〉人間の意思とはかかわりなく、ものごとが自然に変化していく方向。また、その結果。例ことの成り行きをみまもる。成り行きにまかせる。

なりわい【▽生▽業】〈名〉生活していくための仕事。「職業」の意味の古い言いかた。例なりわいがたたない。

[1]な・る【▽生る】〈動五〉植物に実《み》ができる。例実がなる。みかんがなる。類みのる。結実する。アナル

[2]な・る【成る】〔一〕〈動五〉❶ようすが変わって、あるすがたにいきつく。例校長になる。飛行士になる。病気になる。灰になる(＝焼けてなくなってしまう。または、お骨《こつ》になる)。好きになる。赤くなる。こうなってはしかたがない。なるようになるさ。❷時が流れて、ある時間に達する。例春になる。今となっては手おくれだ。❸ある結果を生じる。結局…である。例この道をまっすぐ行けば銀行の前に出ることになる。❹役目をする。効果がある。例ためになる。薬になる。毒になる。金《かね》になる。使いものになる。❺(「…からなる」の形で)…でできている。例日本国憲法は一〇三条からなる。❻…によってつくられる。例名工の手になる建築。❼できあがる。完成する。例事がなる。新装《しんそう》なった店舗《てんぽ》があす開店する。❽将棋《しょうぎ》で、王と金《きん》以下のこまが、相手の陣地《じんち》に入って、金の資格をえる。
〔二〕〈補動五〉(「お…になる」「ご…になる」の形で)尊敬の意味を表わす。例お帰りになりました。→[1]する〔二〕 ▽アナル
表現〔一〕②の用法で、「うちの子は五歳《さい》になります」は、現在もう五歳になっている場合もある。これからなるということをはっきり言いたい場合には、「こんどの誕生《たんじょう》日で」とか、「もうじき」のようなことばをそえていう。
表記〔一〕の⑤⑥⑦は「成る」と書くことが多いが、あとは、かな書きがふつう。

なってない ⇩独立項目

成らぬ堪忍《かんにん》するが堪忍 とても堪忍できないと思うところをあえて堪忍してやるのが、ことばどおりの堪忍だ。

[3]な・る【鳴る】〈動五〉❶音がする。音がでる。例かねが鳴る。かみなりが鳴る。電話が鳴る。耳が鳴る。うでが鳴る(→「うで」の子項目)。❷よく知られている。例豪《ごう》速球をもってなる投手。▽アナル
表現音がでるものならなんでも「鳴る」が使えるわけではない。ダイナマイトの爆発《ばくはつ》音や、ジェット機の音などは、「音がする」などといい、「鳴る」とはいわない。

[4]なる〈助動〉文語の助動詞「なり」の連体形。❶…である。…な。…という。例母なる大地。偉大なる業績。山本なる人物。→なり〈助動〉❷…にある。例内《うち》なる(＝心の中の)声に耳をかたむける。

なるこ【鳴子】〈名〉なわにつるした板に短い竹のつつをならべてさげ、なわをひいてゆらすと音がでるようにしたもの。田畑で鳥をおいはらうために使う。→かかし 絵

ナルシシズム〈名〉自分で自分のことを、「すてきだな」と思いこむこと。自己愛。自己陶酔《とうすい》。「ナルシズム」ともいう。◇narcissism 由来ギリシャ神話に登場する美少年ナルシス(ナルキッソス)が、水面にうつった自分のすがたに恋《こい》をしておぼれ死んだという話からできたことば。こういう人を「ナルシスト」または「ナルシシスト」という。

 ノーベル (1833~96) スウェーデンの化学者・発明家。ダイナマイトの発明で巨額の財産を得た。

なるたけ【成る丈】〈副〉「なるべく」のくだけた言いかた。

なるべく【成る▽可く】〈副〉できるかぎり。できるだけ。例なるべく早く帰ります。類なるたけ。極力。

なるほど【成る程】〈副〉ものごとを確認したり納得《なっとく》したりしたときの気持ちを表わす。ほんとうに。例なるほど本に書いてあったとおりだ。なるほどよくできている。

表現 目上の人が目下の者の話に同意して相づちをうつときにも使う。目下から目上へ同じ言いかたをすると、なれなれしくて失礼な感じになる。

[1]**なれ**【慣れ】【▼馴れ】〈名〉なんどもくり返したり経験したりして、慣れること。例慣れだけで、難しい技術はいらない。類習熟。

[2]**なれ**〈助動〉文語の助動詞「なり」の命令形。…であれ。例星条旗よ永遠なれ。→なり〈助動〉

なれあ・う【なれ合う】【▼馴れ合う】〈動五〉親しくなって、おたがいがなれすぎたために、緊張《きんちょう》した気持ちがなくなる。例業者と役人がなれ合う。

表現「なれ合いの政治」「なれ合いでことをはこぶ」のように、「なれ合い」という名詞の形でもよく使う。

ナレーション〈名〉映画やラジオ、テレビ番組などの「語り」の部分。◇narration

ナレーター〈名〉ナレーションを入れる人。語り手。◇narrator

なれしたし・む【慣れ親しむ】〈動五〉つねに接して、身近なもの、または生活の一部となり、それが特別なものと感じなくなる。例慣れ親しんだ土地をはなれる。

なれそめ【▼馴れ初め】〈名〉恋愛《れんあい》関係になったきっかけ。例そもそものなれそめ。

なれっこ【慣れっこ】〈名〉慣れて、平気でいられること。例慣れっこになる。

なれなれし・い【▼馴れ▼馴れしい】〈形〉とても親しそうにして、えんりょがなさすぎる。例なれなれしい調子。なれなれしく話しかける。対よそよそしい。→なれる表現

な(成)れのは(果)て おちぶれて、みじめなようす。例貴族のなれの果て。

な・れる【慣れる】【▼馴れる・▽熟れる・▼狎れる】〈動下一〉❶[慣れる] なんども経験した結果、特別なことは感じなくなる。例環境《かんきょう》に慣れる。仕事に慣れる。水に慣れる。慣れ親しむ。聞き慣れる。類親しむ。なじむ。❷[慣れる] あることをなんどもくり返して、それが身につく。例慣れた手つき。使い慣れる。❸[馴れる] 人に気がねしなくなる。また、動物が人になつく。例よくなれたねこ。❹[熟れる] 味がおいしく感じられるようになる。例このすしは、味がよくなれている。❺[狎れる] 人と親しくなりすぎる。

表現 ③の程度がすぎてけじめがなくなってしまったのが⑤であり、ほんとうは親しくもないのに、形だけ⑤のようになるのが「なれなれしい」である。

なわ【縄】〈名〉わらやアサなどの植物繊維《せんい》や化学繊維をよりあわせたもの。例縄をなう。縄をはる。縄をかける。縄をとく。縄でしばる。縄のれん。しめ縄。類ロープ。綱《つな》。

参考 糸→ひも→なわ→つなの順に太くなる。

なわしろ【苗代】〈名〉イネの苗《なえ》をそだてるたんぼ。例苗代田《だ》。

なわとび【縄跳び】〈名〉縄の両はしを持って大きくまわしてとびはねたり、縄をはってそこをとびこえたりする遊び。

なわばしご【縄ばしご】【縄▼梯子】〈名〉縄をむすんでつくった、持ちはこびのできるはしご。

なわばり【縄張り】〈名〉自分の勢力範囲《はんい》としてはっきりきめて、そこでは自分以外の者にかってなことはさせないとがんばっているところ。例縄張りをあらす。縄張りあらそい。類領分。参考 鳥やけものにも、食物をえる場所などの「縄張り」があり、テリトリー(=領土)ともいう。

なわばりあらそい【縄張り争い】〈名〉おたがいに勢力範囲《はんい》を広げようとしてする争い。

なわめ【縄目】〈名〉❶縄の結び目。❷罪をおかしてつかまり、縄でしばられること。例縄目のはじをうける。

常用漢字 **なん**

【南】十部7 全9画 南南南南南

ナン・ナ みなみ 教小2 音❶[ナン] ▨南北《なんぼく》。南国《なんごく》。南下《なんか》。南端《なんたん》。南部《なんぶ》。▨以南《いなん》。東南《とうなん》。指南《しなん》。❷[ナ] ▨南無《なむ》。訓[みなみ] 南。南向き。

【軟】車部4 全11画 軟軟軟軟軟

ナン やわらか・やわらかい 音[ナン] ▨軟化《なんか》。軟骨《なんこつ》。軟弱《なんじゃく》。軟水《なんすい》。❷[やわらかい] ▨硬軟《こうなん》。柔軟《じゅうなん》。訓❶[やわらか] 軟らか。❷[やわらかい] 軟らかい。

【難(難)】隹部10 全18画 ※難難難難難

ナン かたい・むずかしい 教小6 音[ナン] ▨難易《なんい》。難解《なんかい》。難民《なんみん》。難破船《なんぱせん》。難詰《なんきつ》。▨困難《こんなん》。災難《さいなん》。非難《ひなん》。海難事故《かいなんじこ》。訓❶[かたい] 許し難い。有り難い。言い難い。❷[むずかしい] 難しい。

注意 訓の「むずかしい」は、「むつかしい」ともいう。

[1]**なん**【何】━〈代名〉「なに」の、あとに助詞や助動詞をともなうとき、多く話しことばで用いられる形。「なんか」「なんと」「なんの」など。━〈接頭〉数量がはっきりしないことを表わす。例何時。何百。何枚。何種類。何キロ。

[2]**なん**【難】〈名〉❶わざわい。災難。例難をさける。難をのがれる。ご難。❷欠点。例電子辞書は、一覧性の点で難がある。難をいえば、ねだんがちょっと高い。❸むずかしいこと。困難。例就職難。住宅難。食糧《しょくりょう》難。運用難。

[3]**ナン**〈名〉インドの、平たく焼いたパン。カレーをつけて食べるのが好まれる。◇ヒンディー naan

[1]**なんい**【南緯】〈名〉赤道を〇度《れいど》として、南へはかった緯度。〇度から九〇度までで、南緯九〇度は南極点を示す。対北緯。→いど〔緯度〕

[2]**なんい**【難易】〈名〉むずかしいかやさしいか、ということ。例難易は問題ではない。難易度。難易差。

なんおう【南欧】〈名〉ヨーロッパの南部。スペイン・ポルトガル・イタリア・フランス南部などの、地中海に近い地域。南ヨーロッパ。対北欧。

[1]**なんか**【南下】〈名・する〉南へ進むこと。例船はフィリピンへむけて、一路南下した。対北上。

[2]**なんか**【軟化】〈名・する〉❶やわらかくなってしまうこと。例脳軟化症《しょう》。❷それまでのかたくなだった考えや態度などが、やわらいでおだやかになること。例態度を軟化させる。▽対硬化《こうか》。

[3]**なんか**【難化】〈名・する〉むずかしくなること。例入試問題が難化する。対易化《いか》。平易化。

[4]**なんか**〈副助〉❶同じようなものごとをいくつかならべ上げて示す。例その歌はテレビとかラジオなんかでよくやって

るよ。類など。❷それとはっきり断定しないで、表現をやわらげる。例CDなんかあげたら、よろこばれるんじゃないでしょうか。類など。なんて。❸あまりたいしたものではないという、謙遜《けんそん》や軽蔑《けいべつ》の気持ちを表わす。例わたしのかいた絵なんか、はずかしくて見せられません。類など。なんぞ。なんて。❹打ち消す気持ちを強めて表現する。例そんなことなんか言ってませんよ。類など。なんて。▽くだけた言いかた。

なんが【南画】〈名〉中国でおこった絵の一派。水墨《すいぼく》や淡彩《たんさい》で、おもに山水をえがくもの。文人画。対北画。参考日本には室町《むろまち》時代につたわった。江戸《えど》時代の池大雅《いけのたいが》や与謝蕪村《よさぶそん》らが有名。

なんかい【難解】〈形動〉むずかしくてわかりにくい。例難解な文章。対平易《へいい》。類晦渋《かいじゅう》。

なんかかる（方言）寄りかかる。もたれかかる。九州で言う。例椅子《いす》になんかかる。

なんかん【難関】〈名〉かんたんには のりこえられないことがら。例難関を突破《とっぱ》する。類難所。せまき門。

なんぎ【難儀】〈形動・名・する〉むずかしくてめんどうなこと。例難儀な仕事。難儀をかける。この道はでこぼこで、歩くのに難儀する。類難渋。苦労。困難。しんどい。

なんきつ【難詰】〈名・する〉悪い点をあげて、きつく責めること。類糾弾《きゅうだん》。

なんきゅう【軟球】〈名〉軟式の野球やテニスに使う、比較《ひかく》的やわらかいボール。対硬球《こうきゅう》。

なんぎょうくぎょう【難行苦行】〈名・する〉多くの苦しみや痛みにたえて行なうつらい修行《しゅぎょう》。

[1]**なんきょく**【南極】〈名〉❶地軸《ちじく》の南のはしにあたるところ。南極点。対北極。❷磁石の、南をさしている方の磁極。S極。対北極。❸⇩なんきょくたいりく

[2]**なんきょく**【難局】〈名〉対処するのがむずかしい情勢。例難局を打開する。難局に当たる。

なんきょくかい【南極海】〈名〉南極大陸をとりかこんで、南緯《なんい》五五度付近までひろがる海。

なんきょくけん【南極圏】〈名〉南緯六六度三三分以南の地域。北極圏とともに極寒《ごっかん》の地帯。南極大陸がその中心にある。

なんきょくたいりく【南極大陸】〈名〉南極点を中心にひろがる大陸。一年中、厚い氷におおわれている。

なんきん【軟禁】〈名・する〉家や部屋にとじこめて、外出や外部との連絡《れんらく》などができないようにすること。「監禁《かんきん》」より束縛《そくばく》の程度がよわい。類幽閉《ゆうへい》。

なんきんじょう【南▽京錠】〈名〉戸にとりつけた金具に、横棒をとおしてとじる金属製の錠。

なんきんまめ【なんきん豆】『南▽京豆』〈名〉「らっかせい」のこと。

なんきんむし『南▽京虫』〈名〉ごまつぶより少し大きい、小さな赤茶色の昆虫《こんちゅう》。人の血をすう。さされるとやたらにかゆい。

なんくせ(難癖)**をつける** なにかと欠点をほじくり出して、悪くいう。類けちをつける。

表現 似《に》た意味の表現に「文句をつける」があるが、それよりもわざとらしくて いじわるな言いかたをすること。

なんくん【難訓】〈名〉漢字で、訓読みがむずかしいもの。

なんげん【南限】〈名〉地域的な南の限界。例スズランが自生する南限。対北限。

なんご【難語】〈名〉意味のわかりにくい むずかしいことば。

[1]**なんこう**【軟▼膏】〈名〉薬品を あぶらなどとまぜてつくった、ぬりぐすり。

[2]**なんこう**【難航】〈名・する〉ものごとが思うようにすすまないこと。例交渉《こうしょう》が難航する。類難渋《なんじゅう》。参考船や飛行機が、悪天候のために進むのが困難である、ということがもともとの意味。

なんこうがい【軟口蓋】〈名〉口の中の上あごの奥の方にある、粘膜《ねんまく》状のやわらかい部分。対硬《こう》口蓋。

なんこうふらく【難攻不落】〈名〉攻《せ》めにくく、落ちないこと。なかなか攻め落とせないこと。例難攻不落の城。彼《かれ》は難攻不落だ、説得してもむだだろう。

なんごく【南国】〈名〉南の方のあたたかい国や地方。例南国情緒《じょうちょ》。南国的。対北国《ほっこく》。

なんこつ【軟骨】〈名〉〔動物〕やわらかく弾力《だんりょく》性のある骨。対硬骨《こうこつ》。参考大部分の脊椎《せきつい》動物では、関節や耳、鼻などにみられるが、サメやエイなどでは すべての骨が軟骨である。

なんざん【難産】〈名・する〉赤んぼうがなかなか産まれない苦しいお産をすること。対安産。

表現 ものごとがいろいろの障害のためにスムーズにいかないで、やっとのことでまとまることにもいう。

なんじ【▼汝】〈代名〉「おまえ」にあたる古い言いかた。例艱難《かんなん》汝を玉にす（→「かんなん」の子項目）。

なんしき【軟式】〈名〉野球やテニスで、軟球で競技するやりかた。例軟式テニス。軟式野球。対硬式《こうしき》。

なんじゃく【軟弱】〈形動〉❶しっかりしておらず、よわよわしくて、たよりない。例軟弱な地盤《じばん》。❷しっかりした自分の考えがなく、相手の言いなりになりやすい。例軟弱な態度。対強硬《きょうこう》。類よわごし。

なんじゅう【難渋】〈名・する〉ものごとがうまくすすまないで、苦労すること。例話し合いが難渋する。大雨で難渋する。仕事に難渋する。類難航。難儀《なんぎ》。

なんしょ【難所】〈名〉けわしくて、通りぬけるのがむずかしいところ。例難所にさしかかる。類難関。

なんしょく【難色】〈名〉「賛成できない」という態度をとること。例難色を示す。

なん・じる【難じる】〈動上一〉「非難する」のややかたい言いかた。「なんずる」ともいう。

なんすい【軟水】〈名〉〔化学〕カルシウムやマグネシウムの化合物が、少ししかとけていない水。飲み水やせんたくに適している。対硬水《こうすい》。

なんせ『何せ』〈副〉「なにせ」のくだけた言いかた。

なんせいしょとう【南西諸島】〈名〉九州の南端《なんたん》から台湾《たいわん》のほうへと南西の方向に連なる、鹿児島県と沖縄県に属する島々。東シナ海と太平洋をくぎっている。

なんせん【難船】〈名・する〉船が暴風のために、しずんだり、こわれたりすること。また、その船。類難破。

ナンセンス〈名・形動〉なんの意味もない、くだらないこと。例ナンセンスな話。◇nonsense

なんせんほくば【南船北馬】〈名〉あちこちを旅行すること。由来中国の南部は川が多いので船で行き、北部は平原が多いので馬で行く、というのが元の意味。

なん(何)**ぞや**（「…とは何ぞや」の形で）「…とはどういう意味のことばか、どういうものか」「…の本質はなにか」ということを強めていう、古風な言いかた。例世界遺産《いさん》とは何ぞや。教育とは何ぞや。

なんだい【難題】〈名〉❶解決に苦労する、むずかしい

乃木希典(のぎまれすけ)（1849～1912）明治の軍人。日露戦争で旅順を攻略した司令官。のち学習院院長。

問題。例難題にとりくむ。類難問。❷うけ入れられるはずがないと知っていてする、むりな注文。例難題をふっかける。難題をもちこむ。無理難題。

なんたいどうぶつ【軟体動物】〈名〉骨格がなくて、からだのやわらかい無脊椎《むせきつい》動物をまとめていうよび名。貝がらやかたい甲《こう》をもつものもある。タコ・二枚貝・巻き貝など。

なんだか『何だか』〈副〉はっきりしないが、なんとなく。話しことばで、やわらげるときに使う。例彼はなんだかつかれているようだ。

なんだかんだ『何だかんだ』〈副〉あれこれ。例なんだかんだ(と)うるさく注意する。類なにやかや。

なんたる【何たる】━〈連体〉あきれた気持ちや非難の気持ちをあらわすことば。なんという。例何たる出来の悪さか。何たる寝相《ねぞう》だ。→なんたるか(次項)

なん(何)たるか どういうものであるか。例人生の何たるかを教わる。

なんちゃくりく【軟着陸】〈名・する〉❶宇宙船などが、逆噴射《ふんしゃ》などを使って、天体にゆっくりと着陸すること。❷解決のむずかしい問題が、強引《ごういん》な方法によらず、混乱もおこさずに、無難《ぶなん》に解決されること。▽「ソフトランディング」ともいう。

なんちゅう【南中】〈名・する〉〔天文〕太陽や星などの天体が、子午線の上にくること。

なんちょう[1]**【南朝】**〈名〉〔歴史〕日本の南北朝時代に、奈良《なら》の吉野《よしの》におかれた朝廷《ちょうてい》。後醍醐《ごだいご》天皇がひらき、足利尊氏《あしかがたかうじ》のたてた北朝と対立した。「吉野朝」ともいう。対北朝。→なんぼくちょうじだい②

なんちょう[2]**【難聴】**〈名〉❶耳がよく聞こえないで、音や声を聞きとりにくいこと。❷ラジオなどの音声が聞きとりにくいこと。

なんて〈副助〉❶今までに言ったことをやわらげた調子で示す。…などと。例旅行に行こうかなんて友だちと話しているのです。❷それとはっきり断定しないで、表現をやわらげる。例屋根の色はみどりなんてどうだろう。類など。なんか。❸あまりたいしたものではないという、謙遜《けんそん》や軽蔑《けいべつ》の気持ちを表わす。例きみたちの練習なんて、遊びみたいなものだ。類など。なんか。なんぞ。❹話の内容を示して、それに対する話し手の評価の気持ちを表わす。…とは、まあ。例子どもをだますなんて悪いやつだ。❺打ち消す気持ちを強めて表現する。例雨なんて降っていませんよ。類など。なんか。

なんてき【難敵】〈名〉勝てるかどうかわからない、戦うのがむずかしい相手。

なんでも『何でも』〈副〉❶どんなことでも。どんなものも。例なんでも話してください。❷ほかから聞いたことで、あまりたしかではないということを表わす。例なんでも、二、三日旅行してくるそうですよ。類どうやら。

なんでもない とくにとりたてて言うほどのことではない。例このくらいのけがは、なんでもないよ。

なんてん[1]『南天』〈名〉六月ごろ、小さな白い花がさき、冬、赤い実《み》がなる常緑低木。実はせき止めの薬となる。例「空の青、なんてんの赤、雪の白」。アナンテン ナンテン

なんてん[2]**【難点】**〈名〉問題になる、わるいところ。例難点がある。類欠点。きず。アナンテン

なんと『何と』〈副〉❶想像の範囲《はんい》をこえるようなものに出あったとき、思わず発することば。なんという。例なんときれいな人だろう。❷どのように。例なんとしたものか。なんと言えばいいのか。▽「なんて」ともいう。

なんと言《い》っても いろいろ言ってみても、やはり。まず第一に。例なんと言っても、これが最高だ。

表現 くだけた言いかたでは、「なんたって」「なんてったって」となる。

なんとしても どんな手段を使ってでも。例なんとしても手に入れたい。

なんど[1]**【何度】**〈名〉❶はっきりしない回数についていうことば。例あそこへは、何度か行ったことがある。❷回数が多いことを表わすことば。例何度やってもうまくいかない。▽類いくど。いくたび。アナンド

なんど[2]**【納戸】**〈名〉ふだん使わない衣服や道具などをしまっておくための部屋。アナンド

なんど[3]**【難度】**〈名〉むずかしさの程度。例(体操競技で)難度の高い技《わざ》。類難易度。アナンド

なんどく【難読】〈名〉文字の読みがむずかしいこと。例難読文字。難読地名。

なんとなく『何と無く』〈副〉❶はっきりした理由のないことを示す。なんというわけもなく。なんとはなしに。例なんとなくおもしろそうだ。なんとなく行ってみたい。類なんだか。どことなく。❷とくに、なんという気持ちもないように。なにげなく。例知らないふりをしてなんとなくごまかした。

なんとなれば『何となれば』〈接〉「なぜなら(ば)」のかたい言いかた。例人間は、たんなる動物ではない。なんとなれば知性も意志も感情もあるから。

なん(何)とはなしに ⇩なんとなく①

なんとも『何とも』〈副〉❶(下に打ち消しのことばをともなって)どのようにも…ない。例そんなこと、なんとも思わないよ。❷どうにも言いあらわせないほど。例なんとも不思議な話だ。

なんともない なにも問題はない。だいじょうぶだ。

なんともはや『何ともはや』〈副〉「なんとも」を強めたことば。まったく。例なんともはやあきれた話だ。

なんなく【難なく】〈副〉なんの困難もなく。例心配していたが難なく合格した。類たやすく。わけ(も)なく。

なん(何)なら ❶望むなら。相手に気を利《き》かせて言う。例なんなら代わってあげようか。❷都合《つごう》が悪ければ。例あしたがなんならあさってでもいいよ。▽「なんだったら」ともいう。丁寧《ていねい》語は「なんでしたら」。

なんなりと『何なりと』〈副〉どんなことでも。例なんなりとお申しつけください。

なんなんと・する〈動サ変〉もう少しで…になろうとする。例五万人になんなんとする入場者があった。

参考「なりなむとす」という文語表現からきたことば。

なんの【何の】❶(多く、あとに打ち消しのことばをともなって)とくにとりたてて言うほどの…もない。例なんの気なしに。なんの苦もなく。❷(「…のなんの」の形で)「その他いろいろ」という意味をそえたり、上のことばを強めたりするはたらきをする。例むずかしいのなんのと言わずに早くやれ。ちょっとなめてみたら、からいのなんの、口の中に火がついたようだった。❸「心配することはない」「たいしたことではない」という気持ちを表わす。例なんの。なんの、これしき。

参考①は連体詞的、②は副詞または副助詞的、③は副詞または感動詞的にそれぞれ使われる。

何の気《き》なしに とくにそうしようという、はっきりした意

図もなく。類 なにげなく。

何のその ものともしないこと。例 暑さもなんのその。

何の変哲《へんてつ》もない ありふれていて、どこといってふつうと変わったところがない。

1**なんぱ【軟派】**〈名〉❶消極的で、自分の意見を強くおしとおさない人。❷女性との交際をこのむ不良少年。▽対 硬派《こうは》。参考 俗《ぞく》にいう「ナンパする」は、男から女の人に「遊ばないか」とか「お茶でものまないか」とか声をかけること。

2**なんぱ【難破】**〈名・する〉暴風のために、船がひどくこわれること。例 難破船。類 難船。

ナンバー〈名〉❶番号。順番。例 ナンバーを振る。(自動車の)ナンバープレート。❷雑誌の号数。例 ナンバーをそろえる。バックナンバー。❸ジャズやロックなどの曲目。例 スタンダードナンバー。◇number 表記 あとに数字をつけて使うときは、No. と略して書かれることが多い。

ナンバーカード〈名〉⇩ゼッケン ◇number card

ナンバーディスプレイ〈名〉かけてきた相手の電話番号が電話機に表示されるサービス。参考 日本での複合語。英語では caller ID display という。

ナンバーワン〈名〉一番。一位。例 売り上げナンバーワン。◇number one 表記「No.1」と書かれることが多い。

なんぱせん【難破船】〈名〉海があれて、転覆《てんぷく》したりこわれたりした船。

ナンバリング〈名〉番号を順にふること。例 ナンバリングマシン。◇numbering

なんばん【南蛮】〈名〉❶室町《むろまち》時代末期から江戸《えど》時代にかけて、東南アジアをへてやってきた、スペイン人やポルトガル人の国々。例 南蛮人。南蛮渡来。❷「南蛮煮《に》」の略。ネギと鳥などの肉を煮た料理。とくに、そば・うどん。例 カレー南蛮。鴨《かも》南蛮。

なんばんじん【南蛮人】〈名〉室町《むろまち》時代末期から江戸《えど》時代にかけて、東南アジアをへてやってきた、スペイン人やポルトガル人。類 紅毛人。

なんびょう【難病】〈名〉なおすためのよい手だてがない病気。

なんぴょうよう【南氷洋】〈名〉「南極海」の旧称《きゅうしょう》。

なんぶ【南部】〈名〉❶その地域の、南の方。対 北部。❷岩手県盛岡《もりおか》方面のこと。鉄器で有名。

なんぷう【南風】〈名〉⇩みなみかぜ

なんぶつ【難物】〈名〉あつかいかたがむずかしいもの。なにかとうるさくて、あつかいにくい人。

なんべい【南米】〈名〉南アメリカ。対 北米。

なんぼ(方言) いくつ。いくら。どれほど。東北・西日本で言う。

表現 とりわけ関西では、きれいごとや言いわけが通用しないという意味で「プロの選手は勝ってなんぼ」とか、また、対抗《たいこう》心をもつものに対して、反語として「東京がなんぼのもんじゃ」のような言い方をよくする。

なんぼく【南北】〈名〉❶みなみときた。それぞれの方向や部分。例 東西南北。市の南北に伸びる大通り。対 東西。❷多くは南半球にある発展途上《とじょう》国と、北半球に多い先進国のこと。例 南北の経済格差。南北問題。❸韓国《かんこく》と北朝鮮《きたちょうせん》のこと。例 南北首脳《しゅのう》会談。

なんぼくせんそう【南北戦争】〈名〉〔歴史〕一八六一年から一八六五年にかけて、アメリカ合衆国でおこった内戦。政治・経済に関する利害のちがいから、奴隷《どれい》制度をめぐる対立を原因として、南部と北部のあいだでたたかわれた。北部が勝ち、奴隷制度は廃止《はいし》された。

なんぼくちょうじだい【南北朝時代】〈名〉〔歴史〕❶中国で、五世紀から六世紀にかけて、北方民族が北に、漢民族が南に国をたてて対立した時代。隋《ずい》が南北を統一して終わった。❷日本で、一三三六年から一三九二年まで、朝廷《ちょうてい》が二つに分かれてあらそった時代。後醍醐《ごだいご》天皇が吉野《よしの》にひらいた南朝と、足利尊氏《あしかがたかうじ》が京都にたてた北朝が対立し、諸国の武士も二つに分かれてたたかったが、足利義満《よしみつ》のときに統一して終わった。→なんちょう〔南朝〕・ほくちょう

なんぼくもんだい【南北問題】〈名〉主として北半球にある先進国と、南半球にある発展途上《とじょう》国とのあいだにある、貧富《ひん》の格差から生じる諸問題。

なんみん【難民】〈名〉戦争や災害などで、家や食糧《しょくりょう》を失って、よその土地へにげてきた人々。類 流民《るみん》。

なんもん【難問】〈名〉むずかしい問題。例 難問をかかえる。山積した難問。類 難題。

なんよう【南洋】〈名〉南方の海。とくに、南太平洋の熱帯地域。例 南洋漁業。対 北洋。

なんら【何ら】〈副〉(あとに打ち消しのことばをともなって)どんな点についても…ない。少しも…ない。ややかたい言いかた。例 きみは何ら心配する必要はない。

なんらかの【何らかの】〈連体〉どんなものかはっきりしないが、少なくとも、なにもないということはない。例 何らかの関係がある。何らかの手をうつ。

なんろ【難路】〈名〉危険で、かんたんには通りぬけられない道。

に … 二

常用漢字 に

【二】 二部0 全2画 二二

ニ ふた・ふたつ 教 小1 音〔ニ〕 ▨二番目《にばんめ》。二分《にぶん》。二塁《にるい》。二足《にそく》。二枚舌《にまいじた》。二級《にきゅう》。□▨十二月《じゅうにがつ》。唯一無二《ゆいいつむに》。訓 ❶［ふた］二親。二手。二重まぶた。二股。❷［ふたつ］二つ。二つ返事。瓜二つ。注意「十重二十重」は、「とえはたえ」と読む。「二十」「二十歳」は「はたち」、「二十日」は「はつか」、「二人」は「ふたり」、「二日」は「ふつか」とも読む。

【尼】 尸部2 全5画 尼尼尼尼尼

ニ あま 音〔ニ〕 ▨尼僧《にそう》。□▨修道尼《しゅうどうに》。訓［あま］尼。尼寺。

【弐(貳)】 弋部3 全6画 弐弐弐弐弐

ニ 音〔ニ〕 ▨弐千円《にせんえん》。→常用漢字「壱《いち》」参考

1**に【荷】**〈名〉❶持ったりどこかに送ったりするために、品物をまとめたもの。また、商品としての品物。例 荷をつむ。荷を送る。荷物。❷自分の負担になるもの。例 荷がおも

 野口英世(ひでよ) (1876~1928) 細菌学者。梅毒スピロヘータの純粋培養に成功。黄熱病の研究中に病死。

い。肩《かた》の荷をおろす(↓「かた〔肩〕」の子項目)。重荷。

荷が勝《か》つ 仕事の責任や負担などが、その人の力量に比べておもすぎる。類荷が重い。

2**に【二】**〈名〉❶一の次の数。ふたつ。❷順序が二番目であること。二つ目。例二の矢。二の句。二の次。▽↓常用漢字「壱《いち》」参考

3**に【似】**〈接尾〉それに似ていること。例父親似。

4**に【煮】**〈接尾〉煮たもの。例みそ煮。つくだ煮。

5**に**〈格助〉ある動作をしたり、ある作用や状態がおこったりする場所や場合、時、よりどころ、また、ある動作の目的、相手などを示す助詞。

❶場所や場合を表わす。例空き地に駐車《ちゅうしゃ》する。かべに絵をかける。開会式に聖火ランナーとして出た。類へ。

❷時を表わす。例月曜日にまた会いましょう。十二月二十五日に生まれた。雪は翌日の朝には消えていた。

❸行きつく先や目標を表わす。例沖縄《おきなわ》に行く。つぎの電車は三番ホームに到着《とうちゃく》します。将来は国際線のパイロットになるつもりだ。佐藤くんを代表にする。類へ。

❹動作の目的を表わす。例銀行に金をあずけに行く。忘れものを取りに帰った。類ため。ために。

❺なにかをする相手を表わす。例このすみれの花たばをあなたにあげる。駅前でとなりのおばさんに会った。

❻ある動作や状態がおこるもとを表わす。例先生にほめられる。くやしさに泣く。うれしい知らせにとびあがって喜ぶ。類から。

❼可能の意味をふくむ動詞や、尊敬の意味をもった動詞といっしょに使われて、動作の主体を表わす。例このクイズはきみにできるかね。ぼくにはわからないな。女王陛下には予定どおり宮殿をご出発になりました。

❽動作や状態がおこるようすや状況を表わす。例直角にまじわる二つの直線。小山くんのかわりに中山くんがでた。暗くならないうちにおうちに帰りなさい。

❾いくつかのものを比べる基準を表わす。例XはYにひとしい。一流選手にもおとらぬ好記録。

❿割合を表わす。…につき。例三日に一回。

⓫動詞の連用形に付き、同じ動詞をつなげて、程度がはなはだしいことを表わす。例走りに走ってまにあう。待ちに待った夏休み。

⓬同じようなものごとをかさねるようにして言い表わす。例ぶどうにりんご。えんぴつにボールペン。

にあ・う【似合う】〈動五〉いくつかのものが、いかにもふさわしい感じでぴったり合う。類うつる。映《は》える。

参考⓬を並立《へいりつ》助詞とする考えかたもある。

にあげ【荷揚げ】〈名・する〉船荷を陸に移すこと。

にあげず …の日にちの間も置かないで。例三日にあげず(＝三日とたたないうちに)。

ニアミス〈名〉航空機が、空中でぶつかりそうになるほど異常に接近すること。◇near miss

表現 俗《ぞく》に、会いたくない人と、あるいは、会わないほうがいい人どうしが、同じ場所に居合わせてあやうく顔を合わせそうになることを「ニアミスする」と言うことがある。

にいさん【兄さん】〈名〉❶兄に対するしたしみをこめた言いかた。❷よその若い男の人を、したしみをもってよぶことば。例近所のにいさん。▽対ねえさん。

ニーズ〈名〉要求。要望。例消費者のニーズにこたえる。◇needs

にいづま【新妻】〈名〉結婚《けっこん》してまだ間《ま》がない、ういういしい妻。類若妻。

ニート〈名〉仕事もせず、学校にもかよわず、仕事につくための職業訓練も受けない若者。◇NEET(＝not in employment, education or training の略)

にいぼん【新盆】〈名〉ある人が死んだあと、はじめてむかえるお盆。「あらぼん」ともいう。類初盆《はつぼん》。

にいんせい【二院制】〈名〉衆議院と参議院のように、二つの議院によって国会がつくられている制度。両院制。↓いちいんせい

にえかえ・る【煮え返る】〈動五〉沸騰《ふっとう》した状態で煮え続ける。類煮えたぎる。

表現「はらわたが煮え返る」は、どうにもおさまらないほど腹が立つこと。

にえきらな・い【煮え切らない】〈形〉考えや態度があいまいで、はっきりしない。例煮え切らない返事。

にえくりかえ・る【煮えくり返る】〈動五〉「煮え返る」を強めた言いかた。例はらわたが煮えくり返る。

にえたぎ・る【煮えたぎる】〈動五〉よく煮たって沸騰《ふっとう》した状態になる。類煮えかえる。

にえゆ【煮え湯】〈名〉ぐらぐらわきたった湯。

煮え湯を飲《の》まされる 信用して気をゆるしていた人にうらぎられて、ひどい目にあわされる。類飼い犬に手をかまれる。

に・える【煮える】〈動下一〉水分といっしょになべなどに入れて、火にかけた食べものに、よく熱がとおって、食べられるようになる。例まめが煮える。

におい【臭い・匂い】〈名〉❶鼻の感覚がとらえる刺激《しげき》。例いい匂いがする。ガスの臭い。においがただよう。においをかぐ。❷それを感じさせるふんいき。例ここには城下町の匂いが残っている。この事件には、どこか犯罪のにおいがする。▽類かおり。

表記 いいにおいは「匂い」、不快なにおいは「臭い」と書くが、どちらとも決められない場合もある。動詞の「におう」も同様。

においた・つ【匂い立つ】〈動五〉❶においが広がって、周囲に立ちこめる。例こうばしいコーヒーのかおりが匂い立つ。❷周囲を明るく照らすようなかがやきを感じさせる。例匂い立つような色気《いろけ》。

においぶくろ【匂い袋】〈名〉かおりのよい花びらや香料《こうりょう》などを入れた小さな袋。

1**にお・う【臭う・匂う】**〈動五〉❶鼻ににおいが感じられる。例梅《うめ》の香《か》が匂う。生ごみが臭う。類かおる。❷色がかがやくようにうつくしく見える。例匂うばかりの美少年。❸あやしいと感じる。例不正がにおう。▽アニオウ ↓におい表記

方言 西日本では、「においだらくさかった」のように、「嗅《か》ぐ」の意味でも使い、それを京都・大阪では「におぐ」とも言う。

【匂】 勹部2 全4画

におう 訓[におう] 匂う。匂い。匂い袋。

匂匂匂匂

参考 日本でつくられた漢字。

2**におう【仁王】**〈名〉〔仏教〕力にみちた仏法の守護神。寺の門の両わきに置かれる。絵(次ページ) ↓こんごう〔金剛〕参考 アニオー

におうだち【仁王立ち】〈名〉仁王の像のように、がっしりと立って動かないこと。例仁王立ちになる。

におうもん【仁王門】〈名〉両わきに仁王の像を置いた寺の門。

におやか【匂やか】〈形動〉❶いい薫《かお》りが感じられる。❷つやがあって美しい。

におわ・せる【匂わせる】〈動下一〉それとなくわかるようにする。「におわす」ともいう。例会長が引退をにおわせるような発言をした。類ほのめかす。

にかい【二階】〈名〉平屋の上にもう一階部屋がある建物の、上の方の階。高い建物の地上から二番目の階。例二階建て。二階家。

二階から目薬《めぐすり》 まわりどおくて ききめがないこと。

にが・い【苦い】〈形〉❶漢方薬《かんぽうやく》や、焼き魚の内臓《ないぞう》のような味だ。例苦い薬。苦い顔。ほろ苦い。対あまい。❷思い出したくないほど、いやなことだ。例苦い体験。類つらい。▽→囲み記事3(**16**ジペー)

苦い顔《かお》 「まずいなあ」「具合が悪いなあ」という表情。

にがうり【苦▼瓜】〈名〉⇩ゴーヤ

にがおえ【似顔絵】〈名〉人の顔をいかにもその人らしくかいた絵。

にが・す【逃がす】〈動五〉❶とじこめたり、しばりつけたりしていたものを、自由にしてやる。例飼《か》っていた小鳥を逃がす。類放す。❷つかまえようとして、つかまえそこなう。例おしいところで犯人を逃がした。とり逃がす。類のがす。

逃がした魚《さかな》は大《おお》きい つりおとした魚は、実際よりも大きく思える。手に入れかけて失ったものは、いちだんとおしい。

にがて【苦手】〈名・形動〉❶面とむかうと、どうも気おくれがして、どうあつかっていいのかわからなくてこまるもの。どうもあつかいにくくていやだ。どうにも好ましくない。例苦手なタイプの人。人前で話すのは苦手だ。体育を苦手とする。苦手科目。対得意。類不得意。不得手《ふえて》。❷「きらい」のおだやかな言いかた。例トマトだけ苦手です。

［に　お　う］

にがにがし・い【苦苦しい】〈形〉不愉快《ふゆかい》だが、どうすることもできない。例苦々しい表情。ライバルの成功を内心苦々しく思う。

にがみ【苦み・苦味】〈名〉にがい味。

にがみばしった【苦みばしった】〈連体〉顔つきが男らしくてひきしまっている。例苦みばしったいい男。

にがむし(苦虫)をか(▼嚙)みつぶ(潰)したようなかお(顔) にこりともしないで、いかにもふきげんな表情。

にかよ・う【似通う】〈動五〉おたがいに似たところをもつ。例きみとかれとは、性格が似通っている。

にがり【苦▽汁】〈名〉〔化学〕海水から食塩をとり出したあとにのこる、にがい液。マグネシウムの化合物で、豆腐《とうふ》をつくるときに使う。「にがしお」ともいう。

にがりき・る【苦り切る】〈動五〉このうえなく不愉快《ふゆかい》である。例赤字つづきで苦りきる。

にかわ【▼膠】〈名〉動物の骨や皮などを水に入れて煮《に》た液を、さまして固めたもの。ゼラチンが主成分で、接着剤《ざい》などに使う。

にがわらい【苦笑い】〈名・する〉失敗したとき、心の中ではとても笑える気分ではないのに、表面では笑ってみせること。類苦笑《くしょう》。

にきさく【二期作】〈名〉同じ田畑で、同じ作物、とくに米を、一年に二回つくること。→にもうさく

にぎてき【二義的】〈形動〉それほど重要でない。例二義的な問題。対一義的。類二次的。副次的。

にぎにぎし・い【▼賑▼賑しい】〈形〉非常ににぎやかである。例パーティーはにぎにぎしく始まった。

にきび【▽面▼皰】〈名〉顔などの毛あなに脂肪《しぼう》分などがたまってできる、小さなおでき。思春期や青年期の人に多い。アクネ。例にきび面《づら》。

にぎやか【▼賑やか】〈形動〉❶人出が多くて、活気がある。例にぎやかな通り。対さびしい。❷よくしゃべったり、笑ったりして、うるさいほど陽気だ。例にぎやかな人。▽対しずか。

にきょくか【二極化】〈名・する〉二つの勢力に分かれ、その対立がはっきりすること。例政界の二極化。

にぎら・せる【握らせる】〈動下一〉便宜《べんぎ》をはかってもらおうとして、そっと金銭をわたす。類つかませる。

にぎり【握り】〈名〉❶手でにぎること。にぎって持つ部分。例ステッキの握り。類グリップ。❷手でいちどに にぎった分の長さや太さ、量。例バットをひと握りあまして持つ。❸「握りずし」の略。

にぎりこぶし【握り拳】〈名〉かたくにぎった手。類げんこつ。こぶし。

にぎりし・める【握り締める】〈動下一〉ぎゅっと強くにぎる。例ハンカチを握りしめる。

にぎりずし【握りずし】【握り▼鮨】〈名〉なまの魚や貝の切り身を、小さくにぎったすし飯の上にかさねたすし。略して「にぎり」ともいう。

にぎりつぶ・す【握り潰す】〈動五〉❶ぎゅっとにぎってつぶす。例はずれた宝くじをにぎりつぶす。❷自分のところへまわってきた提案や要求、報告などを、わざと取り上げず、実現したりおもてに出たりしないようにする。例課長がわれわれの要望を にぎりつぶしてしまった。類踏みつぶす。

にぎりめし【握り飯】〈名〉たいた飯を、三角形や円形ににぎってかためたもの。類おにぎり。おむすび。

にぎ・る【握る】〈動五〉❶手の指を全部内がわにまげてものをつかむ。また、そのような手つきをする。例ハンドルを握る。手にあせを握る(→「て〔手〕」の子項目)。握りしめる。❷自分のものにして、だれにもわたさないようにしっかりおさえる。例金《かね》を握る。政権を握る。秘密を握る。❸握りずしや握り飯などをつくる。例すしを握る。▽→にぎらせる

にぎわ・う【▼賑わう】〈動五〉❶人がおおぜい出たりして、にぎやかになる。例年の暮れで町もにぎわっている。❷客が多くはいって、商売がうまくいっている。対さびれる。例店がにぎわう。類繁盛《はんじょう》する。

にぎわ・す【▼賑わす】〈動五〉にぎやかな状態にする。本来の「にぎわわす」から「わ」が一つぬけた言いかた。「にぎわせる」ともいう。例座をにぎわす。食卓をにぎわす。

常用漢字 **にく**

【肉】 肉部0 全6画

肉 肉 肉 肉 肉 肉

 ハーグリーブス（?～1778）　ジェニー紡績機を発明したイギリス人。綿糸の大量生産を可能にした。

ニク 教小2 音[ニク] ▨肉食《にくしょく》。肉類《にくるい》。肉眼《にくがん》。肉体《にくたい》。▨筋肉《きんにく》。牛肉《ぎゅうにく》。果肉《かにく》。中肉中背《ちゅうにくちゅうぜい》。弱肉強食《じゃくにくきょうしょく》。

にく【肉】〈名〉❶人間やけものなどのからだにあって、骨をつつんでいるもの。例肉がつく。肉がおちる。皮を切らせて肉を切り、肉を切らせて骨を切る。肉づき(がいい)。❷人間の食べものの一種。ウシ・ブタ・ニワトリなどの肉。例肉料理。❸「印肉」のこと。

表現 肉には「豊かさ」「厚み」などの意味がこもる。「肉のふとい字」は、線がふとくて力強い感じの字であり、「肉の厚い肩《かた》」は、厚くて筋骨たくましい肩をいう。「肉のうすい肩」は、その反対。

参考 魚はふつう「肉」のなかにふくまれないが、魚の肉のことを「魚肉《ぎょにく》」という言いかたがある。また、くだものの皮と種との間のやわらかい部分を、「果肉」という。

肉を切《き》らせて骨《ほね》を切る 自分も痛手を受けるかわりに、相手にはそれ以上の決定的な打撃《だげき》をあたえる。「骨を切る」は「骨を断《た》つ」とも言う。

[1]**にく・い【憎い】**〈形〉❶自分にいたでをあたえた相手が、ひどくうらめしくて、復讐《ふくしゅう》してやりたいほどだ。↓にくからずおもう ❷相手のようすや言ったことが、しゃくにさわるくらいみごとで、思わず感心してしまうほどだ。例なかなか憎いことを言う。心憎い。▽類憎らしい。

[2]**にく・い**〈接尾〉❶「…することがなかなかうまくいかない」という意味を表わす。例書きにくい。見にくい。やりにくい。わかりにくい。対やすい。いい。類づらい。❷「…にはちょっとためらいを感じる」という意味を表わす。例言いにくい。類づらい。❸「なかなか…しない」という意味を表わす。例こげつきにくいフライパン。▽対やすい。

参考 もとは前項の「憎い」と同じことば。「▽難い」と書かれることもあるが、「がたい」と区別がつかないので望ましくない。たとえば、「言いにくい」と「言いがたい」とは意味がちがい、「言いがたい」は、「言えない」という意味になる。

にく(憎)からずおも(思)う かわいい、好きだ、という気持ちがある。例前から憎からず思っていた。

にくがん【肉眼】〈名〉レンズなどをとおさないで、ものを見る目。例肉眼では見えない。類裸眼《らがん》。

にくかんてき【肉感的】〈形動〉肉体のなまなましい感じがあって、性欲をそそるようす。「にっかんてき」ともいう。

にくきゅう【肉球】〈名〉イヌやネコの足のうらにある、ふくらんだやわらかい部分。

にくぎゅう【肉牛】〈名〉肉を食べるために飼うウシ。対乳牛。役牛《えきぎゅう》。

にくしつ【肉質】〈名〉❶動物のからだが、肉の部分をもってできていること。たとえば、哺乳《ほにゅう》類のからだは肉質だが、昆虫《こんちゅう》のからだは肉質ではない。❷植物の葉に、厚みがあって、おもてとうらのあいだに肉があること。とくに厚いものを「多肉質」という。例肉質の葉。

にくしみ【憎しみ】〈名〉人を憎いと思う気持ち。例憎しみをおぼえる。類憎悪《ぞうお》。

にくしゅ【肉腫】〈名〉〔医学〕骨や筋肉、血管などにできる、悪性の腫瘍《しゅよう》。例骨肉腫。

にくじゅう【肉汁】〈名〉食肉を、煮《に》たり焼いたり、しぼったりしたときに出るしる。

にくしょく【肉食】〈名・する〉❶人間が、食物として動物の肉をたべること。例肉食を好む。対菜食。❷動物が、ほかの動物を食物としてたべること。例肉食動物。肉食獣《にくしょくじゅう》。対雑食。草食。

にくしょくどうぶつ【肉食動物】〈名〉動物の肉をおもな食べものとする動物。ライオンなど。対草食動物。

にくしん【肉親】〈名〉親と子、兄弟どうしのように、血のつながりのこい人。また、そういう関係。例肉親の情。類血縁《けつえん》。骨肉。親類。親族。

[1]**にくずれ【荷崩れ】**〈名・する〉トラックなどに積んだ荷物がくずれること。例荷崩れを起こす。アニクズレ

[2]**にくずれ【煮崩れ】**〈名・する〉煮すぎて野菜や魚の形がくずれること。アニクズレ

参考 野菜は「面取り」をすると煮崩れしにくい。

にくせい【肉声】〈名〉❶本人の声であることを強調して、または貴重なものとしていう言いかた。例「メリーさんの羊」を歌うエディソンの肉声が残された蓄音《ちくおん》機。❷マイクや電話などをとおさない、人のなまの声。例肉声では聞こえにくい広い会場。

にくたい【肉体】〈名〉生きて動くものとしての、人間のからだ。例肉体美。肉体労働。対精神。類身体。

にくたいてき【肉体的】〈形動〉からだに関しての。例肉体的な疲労《ひろう》は、精神的な疲労より回復しやすい。対精神的。

にくたいろうどう【肉体労働】〈名〉からだをはげしく使ってする労働。筋肉労働。対頭脳労働。精神労働。類力仕事。

にくたらし・い【憎たらしい】〈形〉いかにも憎らしい。例憎たらしい人。憎たらしい顔。

にくだん【肉弾】〈名〉自分が弾丸になったかのように、からだごと敵にぶつかっていくこと。例肉弾相うつ。

にくだんご【肉団子】〈名〉ひき肉を一口大に丸めたもの。油であげて甘酢《あまず》がけにしたり、スープで煮《に》たりする。

[1]**にくづき【肉月】**〈名〉漢字の偏《へん》の一つ。「胸」「肝」などの「月」の部分。アニクズキ ↓つきへん 参考

[2]**にくづき【肉付き】**〈名〉人や動物のからだの、肉のつきぐあい。例肉付きがいい。アニクズキ

にくづけ【肉付け】〈名・する〉文章や絵画などの骨組みに、ことばや絵の具を加えて、よりゆたかな、ととのったものにすること。例文章に肉付けする。

にくにくし・い【憎憎しい】〈形〉いかにも憎らしげなようすだ。例憎々しい態度。

表現 ふてぶてしい感じの人のようすに対する心のうごきをいう。「にくたらしい」に比べて、感情の程度がつよい。

にくはく【肉薄】〔肉迫〕〈名・する〉危険をおかして敵のすぐ近くまでせめ寄ること。例敵陣に肉薄する。

表現 試合や競技などで、強い相手をもうひといきでたおすというところまで、はげしくせまることや、議論などで、相手をするどく問いつめることにも使う。

にくばなれ【肉離れ】〈名〉はげしい運動をしたときに、筋肉が急に収縮して、きれること。例肉離れをおこす。

にくひつ【肉筆】〈名〉書かれたものが、印刷や複製でないことを強めていう言いかた。例文豪《ぶんごう》の肉筆原稿。類手書き。直筆《じきひつ》。

にくぶと【肉太】〈名・形動〉書かれた文字の点や線がふといこと。対肉細《にくぼそ》。類筆太《ふでぶと》。

にくぼそ【肉細】〈名・形動〉書かれた文字の点や線がほそいこと。対肉太《にくぶと》。

にくまれぐち【憎まれ口】〈名〉人にきらわれるような、ことばや口のききかた。例憎まれ口をたたく。

にく(憎)まれっこ(子)よ(世)にはばか(▼憚)

る　みんなにきらわれるような人が、かえって世の中では幅《はば》をきかせる。参考 この「世にはばかる」は、「世をはばかる」(「よ〔世〕」の子項目)とは正反対だがこう言う。

にくまれやく【憎まれ役】〈名〉人にきらわれ、憎まれるような役目や立場。例憎まれ役を買って出る。参考 元来は「悪役」と同じで、芝居の役回りをさしたが、今は世の中での人の立場をいうのがふつうになった。

にくまん【肉まん】〘肉▾饅〙〈名〉小麦粉でつくった生地《きじ》の中に、味つけしたひき肉やタマネギを入れたまんじゅう。豚《ぶた》まん。

にく・む【憎む】〈動五〉憎いと思う。例憎んでもあまりある犯人。罪を憎んで人を憎まず。対愛する。

にく(憎)めない　悪いところはいろいろあるが、おかしさやかわいさがあるため、まじめに憎む気にならない。例あいつ、みょうに憎めないやつだ。

にくよく【肉欲】〈名〉ろこつな肉体的な性欲。

にくらし・い【憎らしい】〈形〉「ちくしょう、あいつめ」と思いたくなるほどだ。例憎らしい人。憎らしいほどのうでまえ。対かわいい。類憎い。憎たらしい。

表現 ほんとうに「憎い」と思って使うときと、くやしいけれど、相手をみとめざるをえないと思って使うときとがある。

にぐるま【荷車】〈名〉ウシやウマ、また、人間がひっぱる、荷物を運ぶためのくるま。

ニクロムせん【ニクロム線】〈名〉ニッケルやクロム、鉄などでつくった合金の線。電気を流すと熱をだすので、電熱器に利用する。

にぐん【二軍】〈名〉プロ野球やプロサッカーなどで、公式戦には出場しない選手たちで作るチーム。例二軍から上がってくる。二軍落ち。対一軍。類ファーム。

にげ【逃げ】〈名〉ある場所や立場、責任などから逃げること。例体調不良を逃げに使う。

逃げを打《う》つ　そこからのがれる用意をする。

にげあし【逃げ足】〈名〉❶にげるときのようすや足どり。例逃げ足がはやい。❷にげだそうとすること。例逃げ足になる。類逃げ腰《ごし》。

にげおく・れる【逃げ後れる】〈動下一〉天災や事故があったときに、逃げるのがおくれ、逃げ場をうしなう。

にげかくれ【逃げ隠れ】〈名・する〉見つからない安全なところにかくれること。例もう逃げ隠れいたしません。

表現「今さら逃げ隠れはしない」のように打ち消しに使うことが多い。それを強めていえば「逃げも隠れもしない」となる。打ち消さないときは、「逃げ隠れは、みっともない」のように、それを打ち消したい気持ちで言うのがふつう。

にげこうじょう【逃げ口上】〈名〉返答をせまられたり、責任を追及《ついきゅう》されたりしたときに、言いのがれようとして、あれこれ言うことば。例苦しまぎれの逃げ口上。

にげごし【逃げ腰】〈名〉なにかをおそれたりして、今にも逃げだしそうなようすをしていること。例逃げ腰になる。類および腰。よわ腰。うき足だつ。

にげの・びる【逃げ延びる】〈動上一〉遠くまで逃げて、つかまえられずにすむ。例追っ手から逃げのびる。

にげば【逃げ場】〈名〉逃げて行ける場所。例逃げ場がない。

にげまど・う【逃げ惑う】〈動五〉どっちに逃げていいのかわからないで、あっちへ行ったりこっちへ行ったりする。

にげみず【逃げ水】〈名〉草原やアスファルトの道路などに見られる蜃気楼《しんきろう》の一種。遠くに水があるように見えるが、近づくとそれがどんどん遠のくように見える現象。

にげみち【逃げ道】〈名〉❶そこを通って、逃げだすことのできる道。例逃げ道を断つ。類退路。❷責任をおわずにすむ方法や手段。類ぬけ道。

に・げる【逃げる】〈動下一〉❶つかまえられないように遠くはなれようとする。また、つかまっているところからぬけだす。例逃げていく。いそいで逃げる。逃げまわる。類のがれる。逃亡《とうぼう》する。❷近づかないようにする。さける。例問題から逃げる。類回避《かいひ》する。

にげん【二元】〈名〉❶対立しあう二つの根本原理。例二元論。❷放送で、同時に二つの場所を使って放送すること。例二元中継《ちゅうけい》。❸〔数学〕未知数が二つあること。例二元方程式。

にげんろん【二元論】〈名〉善と悪、精神と物質など、対立しあう二つの根本原理によって、すべてのことを説明しようとする考えかた。対一元論。多元論。

にごう【二号】〈名〉❶二番目のもの。第二号。❷「めかけ」の俗《ぞく》な言いかた。例二号さん。

にこげ【にこ毛】〘▿和毛〙〈名〉やわらかな毛。古い感じの言いかた。類うぶ毛。

にこごり【煮こごり】〘煮▿凝り〙〈名〉魚や肉を煮たしるを冷やしてかたまらせた食べもの。

にご・す【濁す】〈動五〉❶にごるようにする。にごらす。対澄《す》ます。例立つ鳥あとを濁さず(→「たつ〔立つ〕」の子項目)。❷あいまいにして、はっきりさせない。例ことばを濁す(→「ことば」の子項目)。お茶を濁す(→「おちゃ」の子項目)。類ぼかす。

ニコチン〈名〉たばこにふくまれる、どろどろした有毒物質。例ニコチン中毒。◇ドイツ Nikotin

にこにこ〈副・する〉愛想よくほほえみをたたえているようす。うれしそうな明るい笑顔《えがお》のようす。

にこみ【煮込み】〈名〉煮込んだ料理。

にこ・む【煮込む】〈動五〉❶じゅうぶんに味がしみるまで、ゆっくり煮る。例おでんを煮込む。❷いろいろな材料をいっしょに煮る。例野菜といっしょに煮込む。

にこやか〈形動〉にこにこして、やさしそうだ。例にこやかな笑顔。にこやかに話しかける。

にこり〈副〉ちょっとほほえむようす。例何が気にいらないのか、にこりともしない。

にごり【濁り】〈名〉❶にごること。にごったもの。例水の濁り。濁り水。❷かなの右上にうつ濁点《だくてん》。「ざ」などの「゛」のこと。

にごりざけ【濁り酒】〈名〉どぶろく。対清酒。

にご・る【濁る】〈動五〉❶すきとおった状態でなくなる。例川が濁る。❷色や音が美しい状態でなくなる。例色が濁る。濁った声。❸純粋でなくなる。例心が濁る。❹濁点《だくてん》をつけた発音をする。例「は」が濁ると「ば」になる。▽対澄《す》む。

にごん【二言】〈名〉前に言ったこととは矛盾《むじゅん》した別のことを言うこと。例武士に二言はない。

にざかな【煮魚】〈名〉しょうゆやみりんで味つけして煮た魚料理。

にさん【二三】〈名〉少しばかり。「二、三」と読点《とうてん》をつけて書くことが多い。例二、三の例をあげる。

にさんかいおう【二酸化硫黄】〈名〉〔化学〕硫黄を燃やすとできる、無色で有毒な気体。硫酸《りゅうさん》や漂白剤《ひょうはくざい》の原料にする。大気を汚染《おせん》している物質の一つ。亜《あ》硫酸ガス。

にさんかたんそ【二酸化炭素】〈名〉〔化学〕炭素が完全に燃えてできる、色もにおいもない気体。人の息の

に

バーソロミュー=ディアス(1450〜1500)　アフリカ西海岸から喜望峰に着いたポルトガルの航海者。

中にもふくまれる。炭素と酸素の化合物で、清涼《せいりょう》飲料水・ドライアイスなどに利用される。また、温室効果ガスの一つとして、地球温暖化の原因ともなる。参考「CO_2《シーオーツー》排出規制」のように、化学式でいうこともある。

にし【西】〈名〉❶方角の一つ。太陽のしずむ方角。例日が西にかたむく。❷西日本。❸西風。▽対東。

西向《む》く侍《さむらい》⇩しょうのつき

西《にし》も東《ひがし》も分《わ》からない ❶そのあたりの地理をまったく知らない。❷あるものごとについて初心者であるために、なにも知らない。例西も東もわからない新人。

1**にじ【虹】**〈名〉雨があがって日がさしてきたときに、大きな太鼓橋《たいこばし》のような形で空にかかる、美しい光の帯。例虹がでる。虹がかかる。虹の橋。七色《なないろ》の虹。アニジ

参考 (1)雨のあとで、空気中にうかぶ無数の水滴《すいてき》のひとつひとつがプリズムになり、太陽の光を、赤から橙《だいだい》・黄・緑・青・藍《あい》・紫《むらさき》へと移っていくカラフルな光線に分けることからおこる。

(2)「虹」という漢字に虫偏《むしへん》がついているのは、大昔の中国の人が、虹を空にまたがる竜《りゅう》と見たからである。「虫」は元来、蛇《へび》を表わし、蛇はまた竜でもあった。

表現 物語などで、先行きの希望の象徴《しょうちょう》として使われることも多い。

【虹】 虫部3 全9画

にじ

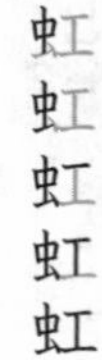

2**にじ【二次】**〈名〉❶何回かつづけて行なわれるものごとの、二番め。二回め。例二次試験。二次会。❷中心となる問題に関連しているが、本質にはかかわっていないこと。例二次的。類二義。副次。▽アニジ

にじいろ【虹色】〈名〉虹に表われているような、段階的に変わっていくさまざまな色。ふつう、赤・橙《だい》・黄・緑・青・藍《あい》・紫の七色をいう。レインボーカラー。

にじかい【二次会】〈名〉みんなが集まった宴会《えんかい》のあとで、場所をかえてする宴会。

にしかぜ【西風】〈名〉西からふいてくる風。西風《せいふう》。西。対東風。

にしき【錦】〈名〉さまざまな色糸や金糸、銀糸を使って、美しいもようを織りだした厚手の絹織物。帯地や舞《まい》の衣裳《いしょう》などに使う。また、そのように美しいものや、りっぱなもの。例錦の御旗《みはた》。故郷へ錦をかざる(→「こきょう」の子項目)。綾錦《あやにしき》。

錦の御旗《みはた》 自分の主張や行動を正当化するような、口実や大義名分。例錦の御旗をふりかざす。

にしきえ【錦絵】〈名〉木版で刷った多色刷りの浮世絵《うきよえ》。

にしきごい【錦ごい】〖錦▼鯉〗〈名〉コイの一品種。色・文様が多彩で、「コイの王者」とも、「泳ぐ宝石」とも言われる。大型種。観賞用。

にしきへび〖錦蛇〗〈名〉熱帯地方にすむ巨大なヘビ。黄色いからだに、茶色や黒の錦のような模様がある。毒はない。

にじげん【二次元】〈名〉❶たてと横の二つのひろがりをもつ空間、すなわち平面。対三次元。四次元。❷まんが・アニメ・CGゲームの世界のこと。例二次元キャラ。

にしじんおり【西陣織】〈名〉京都の西陣でつくられる、綾《あや》・錦《にしき》・縮緬《ちりめん》・金襴《きんらん》・緞子《どんす》などの高級な絹《きぬ》織物。

にじてき【二次的】〈形動〉それほど重要でない。例二次的な問題は、後回しだ。類副次的。

にしては …であることを考えてみるとそんなはずはないのに。例十二歳にしてはおとなびている。あの人にしては不出来な演奏だった。

にしてみると …の立場に立って考えてみると。「にしてみれば」「にしてみたら」ともいう。例かれにしてみると、それは無理もなかったことだろう。

にしにほん【西▽日本】〈名〉日本列島の西半分。にしにっぽん。対東日本。参考気象《きしょう》情報では、近畿《きんき》・中国・四国・九州をさす。地理や地学では、フォッサマグナの西縁《せいえん》(＝糸魚川《いといがわ》・静岡構造線)を境《さかい》として「西南《せいなん》日本」という。古くは、九州をさしていった。

にしはんきゅう【西半球】〈名〉地球をたてに半分に分けたときの、西経〇度から一八〇度までの部分。南北アメリカ大陸やグリーンランドのあるがわ。対東半球。

にしび【西日】〈名〉西にかたむいた太陽の、つよく照りつける光。とくに、夏のものをいう。例西日がさす。西日があたる。西日をさける。

にじます〖虹▼鱒〗〈名〉淡水《たんすい》で養殖《ようしょく》するさかな。全長三〇《センチメートル》ほどで、からだにそってばら色の帯がある。塩焼きなどにして食べる。

にじま・せる〖▼滲ませる〗〈動下一〉表情やことばに、その人の体調や気持ちをあらわしてしまう。例疲労《ひろう》の色をにじませる。「もっとできたはず」と悔《くや》しさをにじませた。

にじみ・でる【にじみ出る】〖▼滲み出る〗〈動下一〉❶水分や色などが、表面にひろがるようにして出てくる。例インクがにじみ出る。❷しぜんとおもてに現れる。例ちょっとした話しぶりに人がらがにじみ出ている。

にじ・む〖▼滲む〗〈動五〉液体や色などが、少しずつしみてひろがる。例あせがにじむ。色がにじむ。血のにじむような苦労をかさねる。→にじませる

にしめ〖煮▽染め〗〈名〉野菜や肉を、中に味がよくしみこむまで、しょうゆと砂糖でじっくり煮こんだ料理。

にし・める【煮しめる】〖煮▽染める〗〈動下一〉煮じるがじゅうぶんにしみこむまで、よく煮る。例野菜を煮しめる。煮しめたようなシャツ。

にしゃたくいつ【二者択一】〈名〉二つのうちから、どちらか一つを選びとること。例二者択一をせまる。

にじゅう【二重】〈名〉❶二つのものがかさなること。例ものが二重に見える。二重唱。類ふたえ。❷同じようなことが二度行なわれること。例二重の手間。作業が二重になる。類重複。

にじゅうけいご【二重敬語】〈名〉敬語を二重、あるいはそれ以上にかさねたもの。たとえば、手紙のあて名として「先生」を「先生様」としたり、「お(ご)…になる」に尊敬の助動詞「れる」をつけて「先生はお帰りになられた」のように言ったり、助動詞の「ます」のあとに「です」をつけて「すぐにできますです」のように言うなど。

参考 敬意やていねいさが過剰《かじょう》になる場合もあるが、自然なものもあり、必ずしも誤《あやま》りとはいえない。

にじゅうしせっき【二十四節気】〈名〉一年を、季節にしたがって十五日ずつの期間に分けて、二十四種の時期としたもの。二十四気。節気。→巻末の「季節のことば」参考古く中国からつたわったもので、春分・秋分・冬至《とうじ》・夏至《げし》などは、今もよく使う。

にじゅうしょう【二重唱】〈名〉〔音楽〕二人の歌い手による重唱。デュエット。

にじゅうじんかく【二重人格】〈名〉一人の人間

バード (1888～1957) アメリカの探検家。北極点と南極点の飛行に成功した。南極を数回調査。

が、まったく別の二つの性格をもっていること。

にじゅうそう【二重奏】〈名〉〔音楽〕二つの楽器で行なう合奏。

にじゅうちょうぼ【二重帳簿】〈名〉税金のがれや、不正な収入をかくすために、表には出さない出納《すいとう》の実態を記入する帳簿と、うその記入をする表向きの帳簿の二種類をつくること。

にじゅうひてい【二重否定】〈名〉一つの文の中で打ち消しのことばを二つ重ねて、肯定《こうてい》に近い意味や、強く肯定する気持ちを表わす言いかた。たとえば、「ないとは限らない(=ありうる)」「そう思わないでもない(=いくらかそう思う)」「笑わずにいられなかった(=たまらず笑った)」など。

にじゅうぼいん【二重母音】〈名〉同じ音節の中に母音が二つ並《なら》んでいること。重母音。参考 たとえば、「方々《ほうぼう》」は houbou のように o と u が並んで出る。

にじょう【二乗】〈名・する〉〔数学〕ある数や式に、それと同じ数や式をかけあわせること。自乗。平方。

にじりぐち【にじり口】〖▾躙り口〗〈名〉茶道で、茶室に入るためのせまい出入り口。

にじりよ・る【にじり寄る】〖▾躙り寄る〗〈動五〉すわったままの姿勢で、ひざをすって少しずつ近づく。

にじる【煮汁】〈名〉食材を煮こんだしる。にしる。

にしん〖▾鰊・▾鯡〗〈名〉海にすむ魚。全長三〇《センチメートル》ほど。春先、たまごをうむために沿岸に近づく。たまごを「かずのこ」という。「春告魚《はるつげうお》」の異名をもつ。北海道でほとんどがとれる。

にしんとう【二親等】〈名〉親族関係の二番めの近さ。本人の祖父母、兄弟・姉妹《しまい》・孫とそれぞれの配偶《はいぐう》者、本人の配偶者の祖父母・兄弟・姉妹。→しんとう〔親等〕

にしんほう【二進法】〈名〉〔数学〕0と1の二つの数字だけを使った数の表わしかた。コンピューターに利用されている。→じっしんほう

ニス〈名〉「ワニス」の略。

にすい〖二水〗〈名〉漢字の偏《へん》の一つ。「冷」「凍《とう》」などの「冫」の部分。

にせ【偽】〖▾贋〗〈名〉人の目をあざむくために、ほんものによく似《に》せてつくったもの。「ニセ」と書かれることも多い。例 にせの証明書。にせ金《がね》。にせもの。類 見せかけ。偽造《ぎぞう》。フェイク。

にせい【二世】〈名〉❶同じ名前の国王や皇帝《こうてい》、由緒《ゆいしょ》ある家がらなどを二番目についだ人。二代目。例 エリザベス二世。❷移民してきた人の子どもで、その国の市民権をもつ人。例 日系二世。❸親からみて、子ども。例 二世誕生《たんじょう》。

にせがね【偽金】〖▾贋金〗〈名〉本物に似《に》せてつくったお金。

にせさつ【偽札】〖▾贋札〗〈名〉本物に似《に》せてつくった紙幣《しへい》。

にせもの【偽者・偽物】〈名〉❶［偽者］いかにもその人のように見せかけた人物。例 偽者にまんまとだまされた。❷［偽物］本物とそっくりにつくったもの。例 偽物をつかまされる。対 本物。類 まがいもの。贋物《がんぶつ》。偽造《ぎぞう》品。

に・せる【似せる】〈動下一〉似るようにする。似るようにつくる。例 本物に似せる。かには甲羅《こうら》に似せて穴をほる(→「かに」の子項目)。類 まねる。

にせ(二世)**をちぎ**(契)**る** 夫婦となる約束をする。古めかしい言いかた。

にそう【尼僧】〈名〉仏教やキリスト教で、尼《あま》となった女性。

にそく【二足】〈名〉❶ふた組みの、足に履《は》くもの。❷動物の四本足での立ち方に対して、二本の足で歩くこと。例 二足で歩けるロボット。直立二足歩行。対 四足。

二足のわらじを履《は》く まったく別の職業や仕事を、ひとりの人が同時にやる。

にそくさんもん【二束三文】〈名〉ただのようなねだん。例 二束三文で手に入れた。由来 昔の、金剛草履《こんごうぞうり》という草履のねだんから。

にだい【荷台】〈名〉トラック・オートバイなどの、荷物をのせるところ。

にたき【煮炊き】〈名・する〉煮たりたいたりして、食べものを調理すること。類 炊事《すいじ》。

にたく【二択】〈名〉「二者択一《にしゃたくいつ》」のくだけた略しかた。

にた・つ【煮立つ】〈動五〉水などがぐらぐらとわきたつ。例 鍋《なべ》が煮たってきたら弱火にする。類 煮え立つ。

にたものふうふ【似た者夫婦】〈名〉いっしょに暮らすうちに、なんとなく感じが似てきた夫婦。表現 夫婦は多少ともそういうものだ、という気持ちでいうことば。似ていなくても、よく調子が合っている夫婦は「似合いの夫婦」という。

にたり〈副〉うす気味悪い笑《え》みをちょっと浮かべるようす。類 にたにた。

に(似)**たりよ**(寄)**ったり** どちらがすぐれているとかいいとかいえない、同じような程度であること。類 大同小異。五十歩百歩。

常用漢字 **にち**

【日】 日部0 全4画

ニチ・ジツ ひ・か 教 小1 音 ❶［ニチ］▨日時《にちじ》。日光《にっこう》。日中《にっちゅう》。日記《にっき》。日系人《にっけいじん》。日進月歩《にっしんげっぽ》。▨毎日《まいにち》。訪日《ほうにち》。❷［ジツ］▨閑日月《かんじつげつ》。▨連日《れんじつ》。平日《へいじつ》。休日《きゅうじつ》。元日《がんじつ》。本日《ほんじつ》。終日《しゅうじつ》。落日《らくじつ》。日々。月曜日。定休日。訓 ❶［ひ］日。日帰り。日替わり。日にち。❷［か］三日。十日。注意「昨日」は「きのう」、「今日」は「きょう」、「明日」は「あす」「あした」、「一日」は「ついたち」とも読む。

にち【日】㊀〈名〉「日曜日」の略。㊁〈造語〉「日本」や「日本語」の略。例 日米関係。在日許可。中日辞典。

にちぎん【日銀】〈名〉「日本《にっぽん》銀行」の略。

にちげん【日限】〈名〉しめきりの日。しめきりまでの期間。例 日限がせまる。日限をきる。類 期限。期日。

にちじ【日時】〈名〉会合や行事、出発予定などの日と時刻。類 日どり。

にちじょう【日常】〈名〉いつものようにくりかえす毎日。例 日常生活。類 平生《へいぜい》。ふだん。日ごろ。

にちじょうさはんじ【日常茶飯事】〈名〉ごくありふれていて、めずらしくないこと。

にちぶ【日舞】〈名〉「日本舞踊《ぶよう》」の略。日本の伝統的な舞踊。邦舞《ほうぶ》。対 洋舞。

にちぼつ【日没】〈名〉太陽がしずむこと。類 日の入り。

にちや【日夜】㊀〈名〉昼と夜。㊁〈副〉昼も夜も。

バーナード=ショー（1856〜1950）劇作家。イギリスの近代演劇を確立。作品は風刺と機知に富む。

いつも。例日夜、努力をつづける。類昼夜。朝夕《あさゆう》。

にちよう【日曜】〈名〉週の第一番目の曜日。日曜日。サンデー。例日曜大工。日曜画家。

にちようだいく【日曜大工】〈名〉休日を利用してする、自分の家の大工仕事。類DIY。

にちようひん【日用品】〈名〉ふだん使う品物。

にちりん【日輪】〈名〉「太陽」のこと。

にちれんしゅう【日▼蓮宗】〈名〉仏教の宗派の一つ。鎌倉《かまくら》時代に日蓮がはじめた。法華経《ほけきょう》を教えの中心とする。法華《ほっけ》宗。

にちろせんそう【日露戦争】〈名〉〔歴史〕一九〇四年から一九〇五年にかけて、中国に関する権利や利益をめぐって日本とロシアとのあいだで行なわれた戦争。日本、ロシアとも戦争がつづけられなくなって、アメリカのローズベルト大統領の仲だちで、ポーツマス条約がむすばれた。

にっか【日課】〈名〉毎日することに きめてある予定。

ニッカーボッカー〈名〉ゴルフや乗馬、登山などに用いるズボン。ひざの下でしぼってあり、その下は長い靴下《くつした》をはく。全体にゆったりとつくられている。ニッカーズ。◇knickerbockers

につかわし・い【似つかわしい】〈形〉その人にちょうどよいとりあわせだ。類ふさわしい。似あわしい。

にっかん【日刊】〈名〉毎日刊行されること。デイリー。例日刊紙。

[1]にっき【日記】〈名〉その日にあったことを書く、個人的な記録。例日記をつける。日記帳。絵日記。類日誌。ダイアリー。アニッキ 参考文学史の上では、文学的価値の高い作品を、とくに「日記文学」という。随筆《ずいひつ》とともに、自照《じしょう》文学の一つ。

[2]ニッキ〈名〉⇩にっけい〔肉桂〕アニッキ

にっきゅう【日給】〈名〉一日あたりいくらときめた額で支払われる給料。類日当。参考日給計算で月ごとに支払われる給料を「日給月給」ということがある。

ニックネーム〈名〉あだ名。愛称《あいしょう》。◇nickname

にづくり【荷造り】〈名・する〉運んだり送ったりしやすいように、荷物を箱に入れたり、包んでしぼったりしてまとめること。類梱包《こんぽう》。

につけ【煮付け】〈名〉味がよくしみるように煮ること。そうして作った料理。例さばの煮付け。表現「煮付ける」と動詞の形でも用いる。

ニッケ〈名〉⇩にっけい〔肉桂〕

[1]にっけい【日系】〈名〉移住などによって海外で暮らしていた日本人の祖先から生まれ、その血すじをひいていること。例日系人。日系アメリカ人。アニッケー

[2]にっけい【肉▼桂】〈名〉日本のあたたかい地方で栽培《さいばい》される常緑高木。幹や根の皮（＝桂皮《けいひ》）を生薬や香辛料《こうしんりょう》とする。シナモン。ニッキ。ニッケ。アニッケー

ニッケル〈名〉〔化学〕銀白色の金属。さびにくく、合金の材料やめっきなどに使う。元素の一つ。記号「Ni」。◇nickel

にっこう【日光】〈名〉日の光。太陽の光線。例日光にさらす。日光浴。類陽光。日差し。

にっこうよく【日光浴】〈名・する〉健康のために、日光をからだにあびること。

にっこり〈副・する〉あいそのいい笑顔《えがお》をつくるようす。類にこにこ。にこり。

にっころがし【煮っ転がし】〈名〉イモなどをこげないようになべの中で転がしながら、汁がなくなるまで煮た料理。

にっさん【日参】〈名・する〉❶毎日同じ神社や寺にお参りをすること。❷たのみごとなどがあって、毎日相手のところへたずねていくこと。▽類お百度をふむ。

にっし【日誌】〈名〉公的な資料として、毎日のできごとや行動などをしるした記録。類日記。

にっしょう【日照】〈名〉太陽の光が、地上をてらすこと。例日照権。日照時間。類日射。

にっしょうき【日章旗】〈名〉日の丸のはた。

にっしょうけん【日照権】〈名〉住んでいる家の日当たりを確保する権利。

にっしょく【日食】〖日▼蝕〗〈名〉〔天文〕太陽の一部または全部が月のうしろにかくれて、見えなくなること。皆既《かいき》日食・金環《きんかん》食・部分日食がある。→げっしょく

にっしんげっぽ【日進月歩】〈名・する〉日に日に、おどろくほどの速さで進歩すること。

にっしんせんそう【日▽清戦争】〈名〉〔歴史〕一八九四年から一八九五年にかけて、朝鮮《ちょうせん》の支配権をめぐって、日本と清《シン》とのあいだで行なわれた戦争。日本が勝って、下関《しものせき》条約がむすばれた。

にっすう【日数】〈名〉一日、二日とかぞえた、日の数。とくに、あることをするのに 必要な日にち。ひかず。例日数がかかる。日数をくる。出席日数。

にっせき【日赤】〈名〉「日本赤十字社」の略。病気やけが、災害などの予防や救助にあたる組織。国際赤十字社の傘下《さんか》にある。献血《けんけつ》事業なども行なう。

ニッチ〈名〉❶〔建築〕壁にもうけた、かざり棚とするくぼみ。例玄関のニッチに花びんを置く。❷市場《しじょう》のすきま。例ニッチ産業（＝他社が手がけていない分野に進出する産業）。❸〔生物〕ある生物の、ほかの生物との関係のなかで獲得《かくとく》した生息地や、生態系における地位。生態学的地位。◇niche

にっち（二▽進）もさっち（▽三▽進）もい（行）かない いきづまって、どうすることもできない。類往生《おうじょう》する。由来数が割り切れないことを意味する、そろばんの用語から。

[1]にっちゅう【日中】〈名〉太陽がでているあいだ。昼。昼間。対夜間。アニッチュー

[2]にっちゅう【日中】〈名〉❶日本と中国。例日中関係。❷日本語と中国語。例日中辞典。▽アニッチュー

にっちゅうせんそう【日中戦争】〈名〉〔歴史〕一九三七年七月七日の盧溝橋《ろこうきょう》事件をきっかけにはじまった、日本の中国への侵略《しんりゃく》と、それに対する中国の抵抗《ていこう》によるたたかい。一九四五年八月一五日、日本が降伏《こうふく》するまでつづいた。

にっちょく【日直】〈名〉学校などで、交替《こうたい》で受けもつ、日ごとの当番。または、昼間の当番。対夜直。宿直。

にってい【日程】〈名〉仕事や旅行などの、日ごとの予定。例日程がつまる。日程をおえる。日程にのぼる（＝予定に入る）。日程表。議事日程。類スケジュール。

ニット〈名〉糸を編んでつくった、のびちぢみする布地。例ニットのワンピース。◇knit

にっとう【日当】〈名〉一日の働きに対して しはらわれるお金。一日分の手あて。類日給。

にっぽう【日報】〈名〉❶毎日出される報告書。例売上《うりあげ》日報。❷日刊の地方紙や業界紙の名に使われ

ることば。

にっぽん【日本】〈名〉わが国の名。にほん。類ジャパン。参考「日本」が頭につくことばは、次項の「日本銀行」以外は、「にほん…」のならびを参照。

にっぽんぎんこう【日本銀行】〈名〉日本の中央銀行。東京にある。紙幣《しへい》を発行し、一般《いっぱん》の銀行に融資《ゆうし》を行ない、通貨量を調整する金融の中心。「にほんぎんこう」とも、略して「日銀《にちぎん》」ともいう。

につま・る【煮詰まる】〈動五〉❶長時間煮て、水分がなくなる。例汁《しる》が煮詰まるまで火にかける。❷意見などが出つくして、問題が解決する段階になる。例話が煮詰まる。❸意見などが出つくして、議論がそれ以上さきにすすまなくなる。類行き詰まる。

につ・める【煮詰める】〈動下一〉❶煮物を、水分がほとんどなくなるまで煮る。❷十分に話し合って、結論を出せる段階までもっていく。例議論を煮詰める。

にて〈格助〉格助詞「で」のややかたい言いかた。例集会は体育館にて行なう。これにて今日はおしまい。

に(似)てひ(非)なる ⇩「にる〔似る〕」の子項目

に(似)てもに(似)つかない ⇩「にる〔似る〕」の子項目

にてんさんてん【二転三転】〈名・する〉ものごとの形勢や話のおもむきがなんども変わること。例議論が二転三転してなかなか終わらない。

にど(二度)あることはさんど(三度)ある 二度おこったできごとは、つづいてもういちどおこる。ものごとはよくくりかえすものだ、ということ。

にとうへんさんかっけい【二等辺三角形】〈名〉〔数学〕二つの辺の長さが、同じである三角形。

にとうりゅう【二刀流】〈名〉大刀と小刀を左右の手に持って対戦する、剣術《けんじゅつ》の流儀《りゅうぎ》。表現酒も甘《あま》いものも好き、という「二刀流」もある。

にどでま【二度手間】〈名〉一度ですむはずのことに、もう一度手間をかけなければならないこと。例米を切らしたのを忘れていて、買い物が二度手間になった。

にどと【二度と】〈副〉（多く、あとに打ち消しのことばをともなって）ふたたび…ない。くりかえしては…ない。例二度ともどらない。二度としない。表現強調して、「二度と再び」という。

ニトログリセリン〈名〉ダイナマイトや火薬などの原料になる、無色透明《とうめい》の液体。硝酸《しょうさん》と硫酸《りゅうさん》の混合液にグリセリンをくわえたもの。心臓発作《ほっさ》の応急薬としても使われる。◇nitroglycerin

にと(二▼兎)をお(追)うもの(者)はいっと(一▼兎)をもえ(得)ず 二つのことを同時にしようとすれば、どちらもうまくいかない、ということ。類あぶはちとらず。

にないて【担い手】〈名〉そのつとめを責任をもってひきうける人。例次代の担い手。

にな・う【担う】〈動五〉❶ものを肩《かた》でささえてもち運ぶ。例荷を担う。類かつぐ。❷責任をもつ。例国政を担う。次代を担う。栄誉《えいよ》を担う。▽類せおう。

ににんさんきゃく【二人三脚】〈名〉二人がよこにならんで、となりあった足を、ひもでむすんで走る競技。表現二人が共同で一つのことをすることにもいう。

ににんしょう【二人称】〈名〉〔文法〕「あなた」「きみ」など、話し手が聞き手をさしていうことば。対称。対一人称。三人称。↓にんしょうだいめいし

にぬき『煮抜き』(方言) ゆでたまご。関西で言う。

にぬり【▽丹塗り】〈名〉朱《しゅ》や赤でぬること。例丹塗りの鳥居。

にねんそう【二年草】〈名〉秋に芽をだして、翌年、花がさき、実《み》をむすんでかれる植物。エンドウなど。二年生植物。越年《えつねん》草。↓いちねんそう・たねんそう

に(二)のあし(足)をふ(踏)む 行動をためらい、ぐずぐずしてなかなか決断しないでいる。

にのうで【二の腕】〈名〉腕の、肩からひじまでの部分。

に(二)のく(句)がつ(継)げない たいへんおどろいたりあきれたりして、次に言うべきことばが出ない。

にのつぎ【二の次】〈名〉だいじなことと考えずに、あとまわしにすること。例安全性を二の次にする。表現「二の次三の次」は、強めた言いかた。

にのとり【二の▼酉】〈名〉十一月の二番目の酉の日。その日にたつ酉の市。↓とりのいち

にのまい【二の舞】〈名〉ほかの人が失敗したあとで、また同じような失敗をくりかえすこと。例二の舞を演じる。類前車の轍《てつ》を踏《ふ》む。

にのまる【二の丸】〈名〉日本の城で、本丸の外がわの建物。

に(二)のや(矢)がつ(継)げない 最初の行動をしただけで、それにつづけてとるべき行動ができなくて、こまる。

にばんせんじ【二番煎じ】〈名〉❶いちど煎じたりいれたりしたものを、もういちど煎じたりいれたりしてだす、お茶やくすり。❷前のものと同じで新しさがなく、興味をひかないもの。例二番煎じの出しもの。類焼き直し。

にびいろ【にび色】『▽鈍色』〈名〉こい灰色。にぶいろ。

にひきめ(二匹目)のどじょう(▽泥▼鰌) いちど成功して、同じやりかたでもういちど成功をねらうこと。由来ことわざの「柳の下にいつもどじょうはいない」をひねったもの。

にひゃくとおか【二百十日】〈名〉立春からかぞえて二一〇日目の日。九月一日ごろにあたり、台風のくることが多い。↓にひゃくはつか

にひゃくはつか【二百二十日】〈名〉立春からかぞえて二二〇日目の日。九月十日ごろにあたり、台風のくることが多い。↓にひゃくとおか

ニヒリスト〈名〉虚無《きょむ》主義の人。◇nihilist

ニヒリズム〈名〉虚無《きょむ》主義。◇nihilism

ニヒル〈形動〉どことなくむなしい感じをただよわせている。例ニヒルな魅力《みりょく》。ニヒルな笑いをうかべる。◇ラテン語から。

にぶ・い【鈍い】〈形〉❶刃物《はもの》などが、よく切れない。例切れあじが鈍い。対するどい。❷頭脳や感覚のはたらきがよわい。理解や反応がおそい。例頭が鈍い。対するどい。❸動作がのろい。例年をとると、からだの動きが鈍くなる。❹光や音がぼんやりとしていて、はっきりしない。例外灯が雨にぬれて鈍くひかっている。

にふぇーでーびる(方言) ありがとうございます。沖縄で言う。

にふだ【荷札】〈名〉荷物を送るとき、受けとり人やさし出し人の住所と氏名を書いて、荷物につけるふだ。

にぶ・る【鈍る】〈動五〉❶するどさがなくなる。例切れあじが鈍る。❷うでまえがさがる。いきおいやはたらきがわるくなる。例うでが鈍る。決心が鈍る。勘《かん》が鈍る。▽対さえる。類なまる。

にぶん【二分】〈名・する〉二つに分けること。例世界

 パール=バック（1892～1973） アメリカの小説家。中国民衆の生活をえがいた「大地」は有名。

を二分する戦争。国論を二分する問題。

にべもない まったくあいそがなくて、とりつくようがない。例にべもなくことわる。類すげない。そっけない。取りつく島もない。

にぼし【煮干し】〈名〉イワシの稚魚《ちぎょ》を煮てほしたもの。おもに、だしをとるのに使う。

にほんアルプス【▽日本アルプス】〈名〉日本列島の中央部(＝中部山岳《さんがく》地帯)にある、飛騨《ひだ》(＝北アルプス)・木曽《きそ》(＝中央アルプス)・赤石《あかいし》(＝南アルプス)の三つの大山脈のこと。ヨーロッパのアルプス山脈にちなむ名。「日本の屋根」とも呼ばれる。

にほんが【▽日本画】〈名〉〔美術〕日本で発達した絵。彩色《さいしき》画と墨絵《すみえ》とがあり、岩絵の具や墨を使って、紙や絹に毛筆でえがいたもの。邦画《ほうが》。例日本画家。対洋画。

にほんかい【▽日本海】〈名〉日本列島とアジア大陸とのあいだの海。

にほんかいりゅう【▽日本海流】〈名〉⇩くろしお

にほんがみ【▽日本髪】〈名〉日本独特の女性のかみの形。丸まげ・島田・桃割《ももわ》れなど。対洋髪《ようはつ》。

にほんぎんこう【▽日本銀行】〈名〉⇩にっぽんぎんこう

にほんご【▽日本語】〈名〉日本人がむかしから使ってきて、今も日本国の公用語として使われている言語。標準語のほか、各地に方言がある。「にっぽんご」ともいう。

にほんこくけんぽう【▽日本国憲法】〈名〉日本の国のしくみのおおもとになる最高のきまり。一九四六年十一月三日に公布され、翌年五月三日に施行《しこう》された。主権が国民にあること、平和をまもり戦争をしないこと、基本的人権を尊重することなどが きめられている。

にほんさんぎょうきかく【▽日本産業規格】〈名〉⇩ジス(JIS)

にほんさんけい【▽日本三景】〈名〉景色のよさで日本の代表とされる、三つの場所。京都府の天《あま》の橋立《はしだて》、宮城《みやぎ》県の松島、広島県の厳島《いつくしま》(＝安芸《あき》の宮島)。

にほんじっしんぶんるいほう【▽日本十進分類法】〈名〉日本の多くの図書館で用いられている、本の分類方法。↓じっしんぶんるいほう 参考英語訳の Nippon Decimal Classification を略して、「NDC」ともいう。

にほんしゅ【▽日本酒】〈名〉日本独特の方法でつくられる酒。清酒・しょうちゅうなどがあるが、とくに、米からつくる清酒をさすことが多い。対洋酒。

にほんちゃ【▽日本茶】〈名〉緑茶。

にほんとう【▽日本刀】〈名〉日本伝来の製造法によってきたえたかたな。「にっぽんとう」ともいう。

表現 紅茶などと区別していうときに用いる。

にほんのうえん【▽日本脳炎】〈名〉蚊《か》がはこぶウイルスで感染する病気。高熱がでて、意識がなくなる。夏に多い。

にほんのうりんきかく【▽日本農林規格】〈名〉⇩ジャス(JAS)

にほんばれ【▽日本晴れ】〈名〉雲ひとつなく晴れわたったよい天気。「にっぽんばれ」ともいう。類快晴。

にほんま【▽日本間】〈名〉たたみをしいた日本風の部屋。対洋間。類和室。座敷《ざしき》。

にまいがい【二枚貝】〈名〉ハマグリ・アサリなどのように、二枚の貝がらをもつ貝。

にまいかんばん【二枚看板】〈名〉❶芝居《しばい》で、中心となる二人の出演者。❷代表となる二人の人物。❸人の注意を引いたり人気を集めたりするのに有効な、二つのものごと。例チームの二枚看板。

にまいじた【二枚舌】〈名〉舌が二枚あるかのように、平気でつじつまの合わないことや、うそを言うこと。例二枚舌をつかう。

にまいめ【二枚目】〈名〉❶映画や演劇で、美男子の役。美男子の俳優。例二枚目を演じる。❷美男子。類色男。▽対三枚目。

由来 歌舞伎《かぶき》の劇場《げきじょう》の看板で、美男《びなん》役の役者の名が右から二番めに書かれたことから。

にまめ【煮豆】〈名〉ダイズやクロマメなどを やわらかく煮て、砂糖・しょうゆなどで味つけした料理。

にもうさく【二毛作】〈名〉同じ田畑で、一年に二回、ちがう種類の作物をつくること。対一毛作。多毛作。

参考 同一の耕地に一年に一回つくることを一毛作、三回以上を多毛作という。また、あたたかな地方で、年に二回米をつくるときは、二期作という。

にもかかわらず …であるのに。例台風にもかかわらず出かけた。

表現「それにもかかわらず」の意味で、接続詞的にも使う。

にもつ【荷物】〈名〉❶もち運んだり、どこかに送ったりするようにまとめてある品物。例荷物をまとめる。類荷。❷自由な行動をさまたげて、負担となるもの。例荷物になるから置いて行こう。かれは力になるどころか、とんだお荷物だ。類あしかせ。

表現 (1)ふつう一個二個と数える。配送業では複数の荷物を同じあて先に運ぶとき、その数を一個口《いっこぐち》二個口《にこぐち》のようにいう。昔は、肩にかついだり車に積んだりしたものを一荷《いっか》二荷《にか》、馬に積んだものを一駄《いちだ》二駄《にだ》と数えた。

(2)②は、人については皮肉をこめて「お荷物」の形でいう。

に(似)もつかない ⇩似ても似つかない(「似る」の子項目)

にもの【煮物】〈名〉味つけして煮た料理。

にやく【荷役】〈名・する〉貨物のあげおろし作業。その作業者。

にや・ける〈動下一〉❶にやにやする。にやつく。❷男の人がみょうにしゃれていたり、なよなよとしていたりして、男らしくないようすをする。

注意 もともとは、男色《だんしょく》の意味の「若気《にやけ》」を動詞化したことばで、②が本来の意味。

にやにや〈副・する〉おもしろいことや変なことを思い出したり想像したりして、あまり感じのよくない笑いをうかべるようす。例にやにやするな。類にたにた。にやつく。

方言 北海道・青森などでは、「おなかが にやにやする」の形で、腹の違和感を表わす。

にやり〈副〉ちょっと意地の悪い感じの笑顔をつくるようす。「にやっ」ともいう。例にやりと笑う。

ニュアンス〈名〉意味・音色・色調などの微妙《びみょう》な感じ。例ニュアンスがちがう。微妙なニュアンス。ことばのニュアンス。類陰影《いんえい》。◇フランス《フランス》 nuance

常用漢字 **にゅう**

【入】 入部0 全2画 入 入

ニュウ いる・いれる・はいる 教小1 音[ニュウ]

入学《にゅうがく》。入選《にゅうせん》。入手《にゅうしゅ》。入札《にゅうさつ》。入試《にゅうし》。入道雲《にゅうどうぐも》。▨介入《かいにゅう》。侵入《しんにゅう》。導入《どうにゅう》。収入《しゅうにゅう》。訓❶[いる] 寝入る。押し入る。気に入る。入り口。大入り。出入り。❷[いれる] 入れる。入れ物。出し入れ。小物入れ。札入れ。❸[はいる] 入る。入り込む。出入り。

【乳】 乚部7 全8画 乳乳乳乳乳乳

ニュウ ちち・ち 教小6 音[ニュウ] ▨乳児《にゅうじ》。乳歯《にゅうし》。乳液《にゅうえき》。乳牛《にゅうぎゅう》。▨牛乳《ぎゅうにゅう》。豆乳《とうにゅう》。授乳《じゅにゅう》。鍾乳洞《しょうにゅうどう》。訓❶[ちち] 乳。乳搾り。❷[ち] 乳首。乳飲み子。注意「乳母」は、「うば」と読む。

【柔】 ⇩常用漢字 じゅう〔柔〕

ニュー ━〈接頭〉新しい。例ニューフェース。ニュータウン。━〈名〉(「おニュー」の形で)新しいこと。おろしたてのものであること。例おニューのくつ。◇new

にゅういん【入院】〈名・する〉病気やけがをなおすために、病院に寝《ね》とまりして治療《ちりょう》をうけること。対退院。

にゅうえき【乳液】〈名〉❶植物にふくまれている乳状の液体。❷化粧《けしょう》品の一つ。乳状の栄養クリーム。

にゅうえん【入園】〈名・する〉❶動物園や植物園などに客として入ること。例入園料。対退園。❷幼稚園や保育園に園児として入ること。例入園式。対卒園。

にゅうか【入荷】〈名・する〉市場や商店に、仕入れた商品がとどくこと。例初荷《はつに》が入荷する。対出荷。

にゅうかい【入会】〈名・する〉会員になること。例入会金。対退会。脱会《だっかい》。

にゅうかく【入閣】〈名・する〉大臣として任命されて、内閣にくわわること。例初入閣(をはたす)。

にゅうがく【入学】〈名・する〉学校に、児童や生徒、学生として入ること。例入学式。対卒業。

[1]**にゅうかん【入管】**〈名〉❶「入国管理局」の略。出国と入国の管理や外国人の在留《ざいりゅう》などに関する事務を行なう、法務省の部局。❷「出入国管理」の略。例入管手続き。

[2]**にゅうかん【入館】**〈名・する〉図書館・美術館など、「館」のつく施設《しせつ》に、利用者として入ること。例入館証。対退館。

にゅうがん【乳がん】〖乳▾癌〗〈名〉乳腺《にゅうせん》に発生するがん。

にゅうぎゅう【乳牛】〈名〉乳《ちち》をしぼるために飼《か》うウシ。ちちうし。対役牛《えきぎゅう》。肉牛。

にゅうきょ【入居】〈名・する〉あらたに住宅に入って、住みはじめること。また、住んでいること。例入居者。対退去。

にゅうきん【入金】〈名・する〉❶お金を受け取ること。入ったお金。対出金。❷お金をはらいこむこと。例銀行に入金する。

にゅうこ【入庫】〈名・する〉倉庫に品物が、車庫に車が、入ること。また、入れること。対出庫。

[1]**にゅうこう【入貢】**〈名・する〉外国から朝廷《ちょうてい》に貢《みつ》ぎ物を持ってくること。類来貢。

[2]**にゅうこう【入港】**〈名・する〉船がみなとに入ること。対出港。

にゅうこく【入国】〈名・する〉外国人がある国へ入ること。例入国手続き。密入国。不法入国。対出国。

にゅうごく【入獄】〈名・する〉服役《ふくえき》するため、牢屋《ろうや》や刑務《けいむ》所に入ること。対出獄。類下獄《げごく》。

にゅうこん【入魂】〈名〉自分のもつすべての力をそこにそそぎこむこと。例入魂の作。入魂の一球。

にゅうさつ【入札】〈名〉❶工事の請負《うけおい》や美術品などの競売で、いちばんいい条件の人と契約《けいやく》や取引《とりひき》をするという約束で、競争者それぞれに落札したい価格を書いてださせるやりかた。競争入札。❷〈する〉「①」に参加して、落札したい価格を書いてだすこと。応札。ビッド。例入札価格。

にゅうさん【乳酸】〈名〉牛乳が発酵《はっこう》してできる酸で、ねばりけのある無色の液体。ヨーグルトなどの酸味の主成分。運動したときに筋肉中のグリコーゲンの分解によっても発生し、筋肉の疲労回復のエネルギー源となる。

にゅうざん【入山】〈名・する〉❶登山のために山に入ること。❷僧《そう》が、修行《しゅぎょう》や住職となるために寺に入ること。

にゅうさんきん【乳酸菌】〈名〉糖を分解して、乳酸をつくる細菌。ヨーグルトやチーズなどをつくるのに使われる。

[1]**にゅうし【入試】**〈名〉「入学試験」の略。入学志願者の中から、入学させる生徒や学生をえらぶために、学校がわが行なう試験。ア ニューシ

[2]**にゅうし【乳歯】**〈名〉生まれて六か月目ぐらいから生えはじめて、十一、二歳《さい》ぐらいまでに永久歯とぬけかわる歯。全部で二十本ある。ア ニューシ

にゅうじ【乳児】〈名〉生後一年ぐらいまでの、まだ乳《ちち》を飲んでいるごくおさない子ども。離乳《りにゅう》して幼児となる前。類乳飲《ちの》み子。赤ん坊《ぼう》。赤ちゃん。赤子《あかご》。

にゅうしぼう【乳脂肪】〈名〉乳《ちち》、牛乳にふくまれる脂肪。

[1]**にゅうしゃ【入社】**〈名・する〉ある会社に就職して、その会社の従業員となること。対退社。

[2]**にゅうしゃ【入射】**〈名・する〉〔物理〕光や音、電波、粒子《りゅうし》などが、ある物体や物質に向かって進んでいくこと。あるいはその中に入りこむこと。例入射角。

にゅうじゃく【柔弱】〈形動〉気持ちにもからだにもたくましさがなくて、よわよわしい。例柔弱な若者。類軟弱。惰弱《だじゃく》。

にゅうしゅ【入手】〈名・する〉ほしいものを手に入れること。例情報を入手する。入手経路。

にゅうしゅっきん【入出金】〈名〉入金と出金。

にゅうしゅつりょく【入出力】〈名・する〉入力と出力。

にゅうしょう【入賞】〈名・する〉競技会や展覧会などで、賞がもらえるよい成績をおさめること。例五位に入賞する。入賞者。

[1]**にゅうじょう【入城】**〈名・する〉軍隊が、せめ落とした城に入ること。参考元来、日本にあるような城についていうことばではなく、一つの町が城壁に囲まれていた中国やヨーロッパで、軍隊がせめ落とした町に入ることをさした。

[2]**にゅうじょう【入場】**〈名・する〉会場や競技場、特別の建物などに入ること。例入場券。対退場。

にゅうしょく【入植】〈名・する〉植民地や開拓《かいたく》地に入って、その土地を開墾《かいこん》し、そこで生活すること。

[1]**にゅうしん【入神】**〈名〉技能がきわめてすぐれていて、神わざにちかいこと。例入神の演技。類神がかり。

[2]**にゅうしん【入信】**〈名・する〉信仰《しんこう》の道に入ること。

ニュース〈名〉❶できごとやことがらなどの、はじめて耳に

 ハイデッガー（1889～1976） 実存哲学をはじめたドイツの哲学者。著書「存在と時間」。

する知らせ。例ニュースが入る。大ニュース。トップニュース。類情報。❷ラジオやテレビの報道番組。◇news

にゅうすい【入水】〈名・する〉❶水の中に入ること。❷⇩じゅすい

ニュースソース〈名〉ニュースのでどころ。ニュースを提供した人。情報源。◇news source

ニュースバリュー〈名〉事件の重要性、新しさなどから考えられる、ニュースとしての価値。◇news value

ニュースレター〈名〉団体や店などが定期的に発行するレポートや、配信するメールマガジン。「ニューズレター」ともいう。◇newsletter

にゅうせいひん【乳製品】〈名〉バターやチーズなど、牛乳からつくった加工食品。

にゅうせき【入籍】〈名・する〉❶〔法律〕新生児や養子となる人などが、父母や養父母などの戸籍《こせき》に入ること。対除籍。❷俗《ぞく》に、夫婦となる人が、婚姻《こんいん》届を役所にだすこと。「籍を入れる」ともいう。注意①が本来の意味。②では、新しい戸籍がつくられる。

1 **にゅうせん【入選】**〈名・する〉応募《おうぼ》した作品が、審査《しんさ》に合格すること。例展覧会に入選する。入選作。対落選。選外。

2 **にゅうせん【乳腺】**〈名〉〔生物〕哺乳《ほにゅう》類のめすの乳房《ちぶさ》の中にあって、子をうんだあと乳《ちち》を出す器官。おすにもあるが退化している。

にゅうたい【入隊】〈名・する〉軍人として軍隊に入ること。対除隊。

ニュータウン〈名〉大都市の近郊《きんこう》に計画的に建設された大規模な住宅地。東京の多摩《たま》、大阪の千里《せんり》など。◇new town

にゅうちょう【入超】〈名〉「輸入超過」の略。輸入額が輸出額をこえること。対出超。

にゅうてい【入廷】〈名・する〉裁判の関係者が法廷に入ること。対退廷。

にゅうどう【入道】〈名〉❶仏道に入った男の人。出家《しゅっけ》した人。例入道相国《しょうこく》（＝平清盛《たいらのきよもり》）。❷坊主頭の人。例大入道。❸坊主頭のばけもの。

にゅうどうぐも【入道雲】〈名〉夏の晴れた空の一方に、もくもくと、大入道のようにそそり立つ白い雲。「積乱雲《せきらんうん》」の昔からの呼び名。

にゅうとうぜい【入湯税】〈名〉温泉客に対して課される地方税。

ニュートラル 一〈名・形動〉中立であること。例ニュートラルな立場。二〈名〉エンジンの動きが車輪に伝わらない、ギアの位置。◇neutral

ニュートラルコーナー〈名〉ボクシングなどの格闘《かくとう》技で、リングの四つのコーナーのうち、赤コーナーと青コーナー以外の二つのコーナー。試合中の選手が中断時にそこで待機をする。◇neutral corner 参考ラウンド間には、ランキング上位の選手が赤コーナーで休む。

ニュートリノ〈名〉〔物理〕素粒子《そりゅうし》の一つ。電気的に中性で、質量はほとんどゼロ。中性微子《びし》。記号「ν」。◇neutrino

ニュートン〈名・接尾〉力の大きさの単位。一ニュートン《ニュートン》は、一キログラム《キログラム》の質量の物体に毎秒一メートル《メートル》の加速度を生じさせる力の大きさ。記号「N」。◇newton 参考イギリスの数学者・物理学者の名にちなむ。

にゅうねん【入念】〈形動〉じゅうぶんに心がこもり、すみずみにまで注意がいきわたっている。例入念な準備。入念に点検する。類念入り。丹念《たんねん》。

にゅうばい【入梅】〈名〉梅雨《つゆ》の季節に入ること。梅雨入り。

にゅうはくしょく【乳白色】〈名〉乳《ちち》のような色をおびた白色。ミルク色。

にゅうばち【乳鉢】〈名〉くすりなどをすりつぶしてこまかな粉にするための、陶器《とうき》やガラス製のはち。

にゅうぶ【入部】〈名・する〉クラブ活動やサークル活動の部に新しく入ること。対退部。

ニューフェース〈名〉新人。新製品。◇new face

にゅうまく【入幕】〈名・する〉すもうで、十両の力士が幕内《まくうち》にあがること。例新入幕。

にゅうめつ【入滅】〈名・する〉〔仏教〕高僧《こうそう》が死ぬこと。類入寂《にゅうじゃく》。遷化《せんげ》。

にゅうもん【入門】〈名〉❶〈する〉師としたい先生の弟子《でし》になること。類弟子入り。❷はじめて学ぶ人のために、わかりやすく書かれた手びき。例入門書。

にゅうよう【入用】〈名・形動〉⇩いりよう

にゅうようじ【乳幼児】〈名〉乳児や幼児。

にゅうよく【入浴】〈名・する〉ふろに入ること。

にゅうらく【乳酪】〈名〉牛乳からつくったバターやチーズなどの食べもの。

にゅうりょく【入力】〈名・する〉❶コンピューターなどにデータを入れること。インプット。対出力。❷機械に対して、動力をあたえること。また、その動力。

にゅうりん【乳輪】〈名〉乳首《ちくび》のまわりの、色のこい部分。乳暈《にゅううん》。

ニューロン〈名〉神経細胞《さいぼう》。情報処理、情報伝達に特化している。◇neuron

にゅうわ【柔和】〈形動〉性質や態度などがものやわらかで、やさしい感じだ。例柔和な顔。類温和。

にょいぼう【如意棒】〈名〉伸縮《しんしゅく》自在の鉄棒で、思いどおりにあやつって敵をたおせる、威力《いりょく》絶大な武器。由来中国の小説『西遊記《さいゆうき》』で活躍《かつやく》する孫悟空《そんごくう》が耳の中に入れて持っている武器。

常用漢字 **にょう**

【尿】 尸部4 全7画 尿 尿 尿 尿 尿

ニョウ 音〔ニョウ〕■尿意《にょうい》。尿素《にょうそ》。尿毒症《にょうどくしょう》。頻尿《ひんにょう》。夜尿症《やにょうしょう》。■糞尿《ふんにょう》。糖尿病《とうにょうびょう》。泌尿器《ひにょうき》。

1 **にょう【尿】**〈名〉腎臓《じんぞう》をとおって、からだの外に出される液。類小便。小水。おしっこ。

2 **にょう【▼繞】**〈名〉漢字の部首の一つのまとまり。「辶（しんにょう）」「廴（えんにょう）」「走（そうにょう）」など、左から下にめぐるもの。

にょうい【尿意】〈名〉小便をしたいという感じ。例尿意をもよおす。

にょうそ【尿素】〈名〉〔化学〕動物の尿の中にふくまれている無色の化合物。からだの中で、タンパク質が分解してできる。尿素樹脂《じゅし》や肥料に使われる。

にょうどう【尿道】〈名〉膀胱《ぼうこう》からつづいているくだで、尿が体外に出るまでの通路。

にょうどくしょう【尿毒症】〈名〉腎臓《じんぞう》のはたらきがわるくなり、外に出されるはずの尿《にょう》成分が血液中に残っておこる中毒症状。

ハイドン（1732～1809） オーストリアの古典派の作曲家。交響曲やソナタの形式を確立。

にょうぼう【女房】〈名〉「妻」の、ちょっとくだけた言いかた。例女房をもつ。女房のしりにしかれる。うちの女房。世話女房。対亭主《ていしゅ》。類家内。ワイフ。
参考 男が自分の妻を指してよく言う。古くは、宮中の女官《にょかん》をよんだことば。

にょうぼうことば【女房ことば】【女房▽詞】〈名〉むかし、宮中の女官《にょかん》たちが使った独特のことば。「髪《かみ》」を「かもじ」、「餅《もち》」を「かちん」というなど。

にょうぼうやく【女房役】〈名〉中心となる人のそばについて、目立たぬかたちで支える役目。類補佐《ほさ》役。

にょかん【女官】〈名〉⇩じょかん

にょきにょき〈副〉細長いものなどが次から次へと現れてくるようす。例鬼の頭に角がにょきにょき(と)生えてきました。

にょじつ【如実】〈形動〉事実のとおり。例事件の真相を如実に物語る証拠《しょうこ》。類ありのまま。

にょぜがもん【如是我聞】〈名〉〔仏教〕経文《きょうもん》の言い出しのことばで、「このように私は聞いた」という意味。

にょにんきんせい【女人禁制】〈名〉寺の修行《しゅぎょう》場《ば》に、女性が入ることを禁止したこと。

にょらい【如来】〈名〉〔仏教〕仏をうやまったよび名。例釈迦《しゃか》如来。阿弥陀《あみだ》如来。

にら【▼韮】〈名〉野菜の一つ。山野にも生える。多年草。細長くてひらたい葉が根もとから生える。においの強い葉を、いためものなどにして食べる。例にらいため。

ニライカナイ（方言）沖縄地方の伝説で、南の海のかなたにある、神々が住む永遠の楽園のこと。

にらみ【▼睨み】〈名〉❶にらむこと。❷権威《けんい》を誇示《こじ》して相手に圧力をかけること。人をしたがわせる権威。例にらみがきく。にらみをきかす。

にらみあい【にらみ合い】【▼睨み合い】〈名〉こわい目つきでおたがいをじっと見ること。例土俵上のにらみ合い。大国どうしのにらみ合い。

にらみあわ・せる【にらみ合わせる】【▼睨み合わせる】〈動下一〉二つ以上のものごとを比べてみる。類考え合わせる。

にらみつ・ける【▼睨み付ける】〈動下一〉けわしい目つきで相手をじっと見る。例敵の顔をにらみつける。類ねめつける。

にら・む【▼睨む】〈動五〉❶こわい目つきでじっと見る。例相手をじっとにらむ。にらみあう。にらみつける。❷あることがおこった原因やものごとの深い意味、今後のうごきなどをよく考えて、見当をつける。例情勢をにらむ。故障の原因は、わたしがにらんだとおりだ。❸悪意をもって目をつける。例にらまれたら百年目。
表現 ❸は、「にらまれる」と受け身の形で使うことが多い。

にらめっこ【▼睨めっこ】〈名・する〉たがいに相手の顔をにらんだり、こっけいな顔をしたりして、相手を先に笑わせようとする、子どもの遊び。
表現「操作法をおぼえるため、説明書とにらめっこの毎日です」のように、人とむかい合ったり、ものを見つめたりして、じっと長いあいだだまっていることをいうこともある。

にらんせいそうせいじ【二卵性双生児】〈名〉同時に排卵《はいらん》された二つの卵子がそれぞれ受精して生まれたふたご。→いちらんせいそうせいじ

にりつはいはん【二律背反】〈名〉どちらにも根拠《こんきょ》があって、同じように主張できる二つのことがらが、たがいに矛盾《むじゅん》していること。

にりゅう【二流】〈名〉❶一流のものよりややおとるもの。例二流の人物。二流品。類三流。❷二つの流派。

[1]**にる【似る】**〈動上一〉形や性質が同じようである。そっくりだ。例顔も性格も親に似ている。似たような話を聞いたことがある。対ちがう。異なる。
▽ア①ニリュー ②ニリュー
表現 (1)「似る」という終止形・連体形で使うことは少なく、「似ている」「似た」などの形で使うことが多い。
(2)「親に似て、そそっかしい」「おそろしげな顔に似ず、やさしい人だった」のように、「…に似て…だ」「…に似ず…だ」の言いかたで、ほかのものをひきあいに出して、そのもののようすを言い表わすことがある。

似たり寄《よ》ったり 一見似ているが、実体はまるでちがう。⇩独立項目

似て非《ひ》なる

似ても似つかない 似たところがまったくない。「似もつかない」ということもある。

[2]**にる【煮る】**〈動上一〉食べ物を、水やしょうゆ、砂糖などといっしょになべに入れて、火にかけて熱をとおし、食べられるようにする。例ぐつぐつ煮る。あまからく煮る。煮たてる。煮しめる。煮こむ。→囲み記事57(1287ページ)

煮ても焼《や》いても食《く》えない 融通《ゆうずう》がまったくきかず、もてあましてしまうようなやつだ。

煮るなり焼《や》くなり どういうふうにあつかおうと、気のすむように。観念してひらき直るときのきまり文句。例煮るなり焼くなり好きにしろ。

にれ【▼楡】〈名〉アキニレ・ハルニレなどの落葉高木をまとめていうことば。山地に生える。樹皮がなめらかで、早春、葉より先に、きみどり色の小さい花が枝先《えださき》に集まってさく。とくに、ハルニレをいう。エルム。

にろくじちゅう【二六時中】〈副〉「四六《しろく》時中」のやや古い言いかた。

にわ【庭】〈名〉❶家などの敷地《しきち》の中で、建物がたっていない部分。木や草花を植えたりすることが多い。例庭の手入れ。ねこの額ほどの庭。庭師。中庭。裏庭。類庭園。園《その》。❷農家などで、作業をするための場所。❸あることをする場所をいう、古い言いかた。例学びの庭(=学校)。裁きの庭(=法廷《ほうてい》)。類園。

にわか【▼俄か】〈形動〉ある状態がおこったり変化したりするのが、思っていなかったほどとつぜんだ。例空がにわかにかきくもった。急に言われても、にわかには(=すぐには)きめられない。にわか勉強。にわかじこみ。

にわかあめ【にわか雨】【▼俄か雨】〈名〉急に降りだして、すぐにやむ雨。類驟雨《しゅうう》。とおり雨。

にわかじこみ【にわか仕込み】【▼俄か仕込み】〈名〉必要にせまられてから、急いで覚えこむこと。

にわき【庭木】〈名〉庭に植えてある木。庭に植えるのに適した木。

にわさき【庭先】〈名〉庭の、家屋に近いほう。庭のあたり。例のらネコが庭先をゆうゆうと歩いている。

にわし【庭師】〈名〉草木を植え、岩や石を配置して庭をつくったり、庭の手いれをしたりする職業の人。

にわとこ【▽接▽骨木】〈名〉山野に生える落葉低木。庭木ともする。高さは約五メートル。早春に、白い小花がたくさんさき、赤い実がつく。花・葉を利尿剤《りにょうざい》や打ち身、切り傷の薬とする。

にわとり【鶏】〈名〉たまごや肉をとるために飼う鳥。頭の上に赤いとさかがある。

鶏を割《さ》くに牛刀《ぎゅうとう》を用《もち》いる 小さいことをす

るのに、大げさな方法を用いる。「牛刀をもって鶏を割く」ともいう。参考『論語』から出たことば。

鶏が先《さき》か卵《たまご》が先《さき》か ある生き物のそもそもの始まりは、成体《せいたい》と卵のどちらが先にあって、そこから命がつながってきたと考えるべきなのか。ものごとの原因と結果の順序関係が、どちらとも考えられることのたとえ。

常用漢字 にん

【任】 イ部4 全6画 任任任任任任
ニン まかせる・まかす 教小5 音[ニン] ▨任務《にんむ》。任命《にんめい》。任期《にんき》。任意《にんい》。▨常任《じょうにん》。専任《せんにん》。責任《せきにん》。辞任《じにん》。一任《いちにん》。訓❶[まかせる] 任せる。人任せ。お任せ。❷[まかす] 任す。

【妊】 女部4 全7画 妊妊妊妊妊妊妊
ニン 音[ニン] ▨妊娠《にんしん》。妊婦《にんぷ》。▨懐妊《かいにん》。不妊《ふにん》。

【忍】 心部3 全7画 忍忍忍忍忍忍忍
ニン しのぶ・しのばせる 音[ニン] ▨忍耐《にんたい》。忍苦《にんく》。忍従《にんじゅう》。忍者《にんじゃ》。忍術《にんじゅつ》。▨残忍《ざんにん》。訓❶[しのぶ] 忍ぶ。忍び込む。忍び寄る。忍び足。忍び泣き。忍びない。❷[しのばせる] 忍ばせる。

【認】 言部7 全14画 認認認認認認認
ニン みとめる 教小6 音[ニン] ▨認識《にんしき》。認定《にんてい》。認知《にんち》。認可《にんか》。▨確認《かくにん》。承認《しょうにん》。公認《こうにん》。否認《ひにん》。容認《ようにん》。訓[みとめる] 認める。認め印。

【人】 ⇩常用漢字 じん〔人〕

1**にん【任】**〈名〉仕事のうえでの役割。例任にたえない。その任、はなはだ重い。

2**にん【忍】**〈名〉がまん。例忍の一字あるのみだ。類忍耐《にんたい》。

3**にん【人】**〈接尾〉❶人《ひと》を数えることば。類名《めい》。❷それをする・した人や、その役割をになう人。例通行人。同居人。苦労人。推薦《すいせん》人。弁護人。
表現 一は、「一人、二人」までは「ひとり、ふたり」と数えるのがふつうだが、「一人前、二人前」は「いちにんまえ、ににんまえ」、「二人三脚」は「ににんさんきゃく」のように、「いちにん、ににん」を使うこともある。

にんい【任意】〈形動〉その人自身の自由な考えで、なにかをきめるようす。例任意に選ぶ。類随意《ずいい》。

にんか【認可】〈名・する〉役所などが、申し出をみとめて、許可すること。例認可がおりる。類許可。承認。

にんかん【任官】〈名・する〉官職につくこと。対退官。

1**にんき【人気】**〈名〉世間の人々から好かれたり関心をもたれたりして、もてはやされること。例若者に人気がある。人気をさらう。人気が出る。人気者。人気商売(=芸能人など人気が決め手となる職業)。類人望。評判。アニンキ
参考「じんき」「ひとけ」と読むのはそれぞれ別の語。

2**にんき【任期】**〈名〉その職務についていられる、一定の期間。あらかじめきまっていることが多い。例任期をつとめる。任期をはたす。任期満了《まんりょう》。アニンキ
表現「知事《ちじ》として在任三期十二年」のように、一期二期と数える。

にんきとり【人気取り】〈名〉世間の評判や人気を取ろうとすること。そのための手段や方法。

にんきもの【人気者】〈名〉評判がよく、多くの人から好かれている人。類アイドル。

にんぎょ【人魚】〈名〉上半身は女性、下半身はさかなの、想像上の動物。マーメイド。例人魚姫《ひめ》。

にんきょう【任▼侠・▽仁▼侠】〈名〉つらさや苦しさをかくしてでも義理人情をたいせつにすること。また、そのような人。例任侠の徒。

にんぎょう【人形】〈名〉❶土・木・紙・布・プラスチックなどで、人や動物などの形に似《に》せてつくったもの。例人形劇。あやつり人形。フランス人形。指人形。類フィギュア。❷自分自身の考えがなく、ほかの人の言うままに行動する人のたとえ。類傀儡《かいらい》。
表現 ふつう一体《いったい》二体《にたい》と数えるが、指人形など小型のものは一個二個と数える。

にんぎょうげき【人形劇】〈名〉人形をあやつってする芝居《しばい》。参考 上から糸で人形をあやつるもの(ヨーロッパではマリオネットという)、人形を手にはめて指で動作を表現するもの(ヨーロッパではギニョールという)、さらに、日本の古典芸能の人形浄瑠璃《じょうるり》などがある。

にんぎょうじょうるり【人形浄瑠璃】〈名〉おもに浄瑠璃の義太夫節《ぎだゆうぶし》に合わせて人形をあやつる、日本独特の人形劇。→ぶんらく

にんく【忍苦】〈名・する〉苦しみをじっとがまんすること。例忍苦の生涯《しょうがい》。類忍従。

にんげん【人間】〈名〉❶人。人類。この世の中の人。❷人物。人がら。例人間ができている。正直な人間。

人間到《いた》る処《ところ》青山《せいざん》あり ⇩じんかんいたるところせいざんあり

人間万事《ばんじ》塞翁《さいおう》が馬《うま》 ⇩さいおうがうま

にんげんあい【人間愛】〈名〉それぞれの利害や、思想・宗教のちがいなどをこえた、他の人間に対する愛。例人間愛は戦争をふせぐことができるだろうか。

にんげんかんけい【人間関係】〈名〉組織や集団の中での、人と人とのつながりぐあい。

にんげんけいせい【人間形成】〈名〉周囲からの刺激《しげき》や影響《えいきょう》、さまざまな体験をつうじて、個々人の個性や人格ができあがっていくこと。例スポーツは人間形成に役立つ。

にんげんこうがく【人間工学】〈名〉使いやすい器具や活動しやすい環境《かんきょう》の設計に応用することを目的として、人間の体と心の特性を研究する学問。エルゴノミクス。アーゴノミクス。

にんげんこくほう【人間国宝】〈名〉重要無形文化財保持者の通称《つうしょう》。→むけいぶんかざい

にんげんせい【人間性】〈名〉人が生まれつきもっているはずの、あたたかい気持ち。例人間性に欠ける。人間性をうたがう。類人間味。ヒューマニティー。

にんげんぞう【人間像】〈名〉❶ある人の、顔つきや性格、考えや行為《こうい》などのすべてをふくめた、全体的なすがた。類人物像。人となり。❷人間のあるべきすがたを、おもに内面的にえがき出したすがた。例本校の生徒に期待される人間像。

にんげんそんざい【人間存在】〈名〉〔哲学《てつがく》〕人間としてのありかた。

にんげんてき【人間的】〈形動〉❶人間らしい、あたたかみのあるようす。例人間的なあつかいをうける。❷人

に

バイロン (1788～1824) イギリスのロマン派の詩人。自由奔放で情熱的な詩を書いた。

間にふさわしいようす。例彼はたえず仕事に追われていて、人間的な生活をしていない。▽対非人間的。

にんげんドック【人間ドック】〈名〉生活習慣病の早期発見や内臓の検査を目的として、短期間入院して行なう精密な健康診断。

にんげんばなれ【人間離れ】〈名・する〉なみの人間とかけはなれていること。例人間離れした力の持ち主。

にんげんみ【人間味】〈名〉人に対する、あたたかい思いやりの気持ち。例人間味がある。類人間性。

にんげんわざ【人間業】〈名〉ふつうの人間であれば、できると思われること。対神わざ。
表現「とても人間業とは思われない」のように、することのすばらしさに おどろく気持ちを表わすときに多く使う。

にんしき【認識】〈名・する〉❶そこにあるものを「たしかにある」とみとめる、頭の働き。例赤信号を認識する。類認知。❷ものごとをはっきりと知って、その意義を正しく理解すること。その結果えられた知識。例認識を深める。認識を欠く。火災の危険性を認識する。いじめという認識がなかった。認識不足。現状認識。

にんしきぶそく【認識不足】〈名〉正しい判断をくだす知識に欠けていること。例認識不足もはなはだしい。

にんじゃ【忍者】〈名〉むかし、忍術を使った人。多く、スパイのような仕事をした。類忍《しの》び。忍びの者。

にんじゅう【忍従】〈名・する〉つらいことや苦しいことを、じっとがまんし続けること。例忍従の一生。類忍苦。

にんじゅつ【忍術】〈名〉人にわからないようにひそかに行動して、敵陣《てきじん》や敵の家などに入りこむ術。忍法。例忍術使い。

1 **にんしょう【人称】**〈名〉〔文法〕話す人や書く人(＝一人称)、聞く人や読む人(＝二人称)、それ以外の人や物(＝三人称)の区別。

2 **にんしょう【認証】**〈名・する〉❶役所などがみとめて、証明すること。❷〔法律〕国務大臣の任命や罷免《ひめん》などが正式な手続きで行なわれたことを、天皇が公的に証明すること。例認証式。❸本人にまちがいないとみとめること。例認証コード。指紋《しもん》認証システム。

にんじょう【人情】〈名〉人間がしぜんにもっている、さまざまな人間らしい感情。例人情がある。人情にひかれる。あたたかい人情。一円でも安く買いたいのが人情だ。人情味。義理人情。類情《じょう》。なさけ。
表現とくに、「思いやり」や「いつくしみ」のような、いいものをさすことが多い。

にんじょうざた【▽刃傷沙汰】〈名〉刃物まで持ち出して争うほどの、ただごとでおさまらない事件。

にんしょうだいめいし【人称代名詞】〔文法〕代名詞のうち、人をさしめすことば。「わたし」「ぼく」など、話し手である自分自身をさすものを「一人称(自称)」、「あなた」「きみ」など、聞き手である相手をさすものを「二人称(対称)」、「彼」「彼女」など、それ以外の人をさすものを「三人称(他称)」という。また、「だれ」「どなた」など、話し手にわからないものや、はっきりきめなくてもよいものを不定称ということがある。

にんじょうぼん【人情本】〈名〉〔文学〕江戸《えど》時代の終わりごろに流行した小説の一種。町人の恋愛《れんあい》や人情をテーマとしたもの。為永春水《ためながしゅんすい》によって代表される。

にんじょうみ【人情味】〈名〉心の温かさが感じられる、ふんいきや味わい。例人情味あふれる話。

にん・じる【任じる】〈動上一〉❶自分で自分の役としてひきうける。自分がその役目や呼び名にふさわしいと思いこむ。例学者をもって任じる。類自任する。❷ある役や任務につける。例生徒会長に任じる。類任命する。命じる。▽「にんずる」ともいう。

にんしん【妊娠】〈名・する〉おなかの中に、子どもができること。例双子《ふたご》を妊娠する。類みごもる。懐妊《かいにん》。懐胎《かいたい》。受胎。

にんじん【人▽参】〈名〉野菜の一つ。二年草。カロチンにとむ、赤黄色の根を食べる。

にんずう【人数】〈名〉❶ある集団にふくまれる人の数。例人数をかぞえる。人数をそろえる。収容人数。類員数。頭数《あたまかず》。❷多くの人。例人数をくりだす。

にん・ずる【任ずる】〈動サ変〉⇩にんじる

にんそう【人相】〈名〉性質や運命があらわれているとされる、顔かたち。例人相がわるい。人相をみる。

にんそうがき【人相書き】〈名〉犯罪者や家出人を探しだすため、顔の特徴《とくちょう》を絵にかいて配布するもの。

にんそく【人足】〈名〉荷物の積み下ろし、工事現場での土砂《どしゃ》の運搬《うんぱん》など、肉体労働を仕事にしている人。古い言いかた。類人夫《にんぷ》。

にんたい【忍耐】〈名・する〉苦しみやつらさ、いかりなどをじっとがまんすること。例忍耐がつきる。忍耐力。忍耐づよい。類辛抱《しんぼう》。

1 **にんち【任地】**〈名〉仕事や任務をはたすために とどまる土地。例任地におもむく。任地をはなれる。

2 **にんち【認知】**〈名・する〉❶ある事実に、はっきりと気づくこと。例いじめの存在を認知する。類認識。❷人や動物の、脳の機能。例認知症《にんちしょう》。認知科学。❸〔法律〕法律上 結婚《けっこん》していない男女のあいだに生まれた子を、その親(父または母)が自分の子であるとみとめること。

にんちしょう【認知症】〈名〉脳の障害により、知的能力が低下する病気。記憶をなくしたり、今いる場所がわからなくなったりする。「痴呆《ちほう》」を改めたよび名。

にんてい【認定】〈名・する〉資格や事実の有無《うむ》、ことがらのよしあしなどを審査《しんさ》し、よしとして決定すること。

にんにく【▽大▽蒜】〈名〉野菜の一つ。多年草。においも成分もつよい。地下にできるふくらんだ茎《くき》は、料理に欠かせない調味料。くすりにも用いる。日本一の産地は青森県。ガーリック。

にんにょう【人▼繞】〈名〉漢字の繞の一つ。「元」「兄」などの「儿」の部分。ひとあし。

にんぴ【認否】〈名〉問われたこと、とくに犯罪の容疑《ようぎ》を、みとめるか みとめないか、ということ。例(刑事裁判での)罪状《ざいじょう》認否。

にんぴにん【人非人】〈名〉人間としてのあたたかみや良心のない人を、非難するときに使うことば。類人でなし。

ニンフ〈名〉ギリシャ神話で、うつくしい少女のすがたをした、水や森などの精。◇nymph

1 **にんぷ【人夫】**〈名〉荷物の積み降ろし、工事現場での掘削《くっさく》やものの運搬《うんぱん》など、単純な労働を仕事にしている人。古い言いかた。類人足《にんそく》。

2 **にんぷ【妊婦】**〈名〉妊娠《にんしん》している女性。

にんべん【人偏】〈名〉漢字の偏の一つ。「仕」「休」などの「亻」の部分。

にんぽう【忍法】〈名〉⇩にんじゅつ〔忍術〕

にんまり〈副・する〉ひとりひそかに満足してほほえむようす。類にやにや。ほくそえむ。

にんむ【任務】〈名〉その人に義務として まかせられた仕

事。[例]任務をおびる。任務を遂行《すいこう》する。任務につく。重大な任務。[類]責務。役割。役目。

にんめい【任命】〈名・する〉ある職や地位につくように命じること。[例]大臣に任命する。任命権。[対]解任。[類]任用。

にんめん【任免】〈名〉人を仕事や地位につけること、はずすこと。[例]任免権。

にんよう【任用】〈名・する〉役目につけて使うこと。[例]職員に任用する。[類]任命。

ぬ … ヌ

ぬ〈助動〉[一]打ち消しを表わす。文語的な感じをもったことばで、あらたまった表現や、慣用句で用いられるほか、時代小説などで、むかしの人の会話に使われることが多い。[例]知らぬがほとけ。言わぬが花。おうかがいもせず失礼いたしました。行かねばならぬところがある。[類]ない。
[二]文語の助動詞。完了《かんりょう》を表わす。[例]風とともに去りぬ。夏は来《き》ぬ。夢去りぬ。

[表現][一]の助動詞には終止形と連体形に「ん」という形があり、よく使う二つの使いかたがある。一つは動詞「ございます」、助動詞「ます」につづくもので、「ございません」「いきません」などとなる。もう一つは一般《いっぱん》の動詞などにつづく場合で、「そんなことおれは知らんぞ」のように、くだけた感じやいばった感じの言いかたとなる。

[接続][一]は、活用語の未然形につく。→ない〈助動〉・巻末の「助動詞の活用」

ぬいあわ・せる【縫い合わせる】〈動下一〉糸でぬってつなげる。[例]きれ地を縫い合わせる。傷口を縫い合わせる。[類]縫合《ほうごう》する。

ぬいいと【縫い糸】〈名〉ぬい物に使う糸。

ぬいぐるみ【縫いぐるみ】〈名〉❶きれのふくろの中に、綿などをつめてぬい合わせた、動物などの形をしたおもちゃ。❷芝居《しばい》などで動物の役をする人が着る、その動物の形をした衣裳《いしょう》。

ぬいしろ【縫い代】〈名〉布をぬい合わせるために、寸法よりも多めにとっておく部分。[例]縫い代をとる。

ぬいとり【縫い取り】〈名〉布地に色糸でもようをぬい表わしたもの。和服の場合が多い。[例]金糸の縫い取り。[類]刺繍《ししゅう》。

ぬいばり【縫い針】〈名〉布をぬうときに使う、一方のはしに糸をとおす穴のあるはり。

ぬいめ【縫い目】〈名〉❶ぬい合わせたところ。[例]縫い目がほころびる。❷ぬった糸がえがく線。[類]針目《はりめ》。

[表現]②は一針《ひとはり》二針《ふたはり》と数える。

ぬいもの【縫い物】〈名〉衣服などをぬうこと。ぬってしたてたもの。[例]縫い物をする。[類]裁縫《さいほう》。

ぬ・う【縫う】〈動五〉❶糸をとおした針を布などにさしてはぬくことをくり返して、布と布をつないだり、ししゅうをしたり、衣服をつくったりする。[例]着物を縫う。ミシンで縫う。❷傷口を針と糸でとじる。[例]傷を縫う。六針縫う。[類]縫合《ほうごう》する。❸すきまをさがして、ジグザグに進む。[例]間隙《かんげき》を縫う。人ごみを縫って歩く。

ヌード〈名〉はだか。裸体《らたい》。[例]ヌード写真。セミヌード。◇nude

ヌードル〈名〉西洋風のめん類。スープに入れたりして食べる。◇noodle

ぬえ【▼鵺】〈名〉❶鳥のようなけもののような、正体不明の怪物。❷トラツグミ(＝ツグミの一種)の古い言いかた。

[表現]①は、源三位頼政《げんざんみよりまさ》に退治されたという「ぬえ」で、頭はサル、からだはタヌキ、手足はトラ、尾《お》はヘビに似《に》るという怪物。このことから、多く「ぬえ的」の形で、えたいのしれない人物のようすをいう。

ぬか【▼糠】〈名〉米・麦など穀物を精白するときにでる、皮や胚《はい》のこまかいこな。飼料《しりょう》・肥料・製油・つけ物などに使う。[例]米ぬか。ぬかみそ。

ぬかに釘《くぎ》 ぬかにくぎを打っても、手ごたえがなくてなんの役にもたたないことから、人に意見しても相手が聞こうとしないで、なんのききめもないことをいう。[類]豆腐《とうふ》にかすがい。のれんに腕《うで》おし。→やなぎにかぜ[表現]

ぬかあめ【ぬか雨】【▼糠雨】〈名〉しずかにふりそそぐ、こまかい雨。こぬか雨。[類]霧雨《きりさめ》。煙雨《えんう》。

[1]**ぬか・す【▽吐す】**〈動五〉「言う」のぞんざいな言いかた。他人の発言を口ぎたなく ののしることば。[例]かってなことをぬかすな。[類]ほざく。

[2]**ぬか・す【抜かす】**〈動五〉❶ひとつづきのものやグループをなしているものの中から、それだけをはずす。[例]順番を抜かす。腰を抜かす(→「こし〔腰〕」の子項目)。打順を抜かされた。[類]おとす。もらす。❷追い抜く。

ぬかず・く【▽額づく】〈動五〉ひたいを地面にすりつけるようにして、ていねいに拝む。[例]神の前にぬかずく。

[参考]「ぬか」は古語で「ひたい」のこと。

ぬかづけ【ぬか漬け】【▼糠漬け】〈名〉ぬかみそでつけた漬物。

ぬかみそ【▼糠味▼噌】〈名〉ぬかに塩と水をくわえてねったもの。中に野菜を入れてつけものにする。

ぬかみそが腐《くさ》る 聞きにくい歌声への悪口。

ぬかみそくさ・い【ぬかみそ臭い】【▼糠味▼噌臭い】〈形〉生活臭《しゅう》ばかりで、しゃれっけがまったくない。[類]所帯じみている。

ぬかよろこび【ぬか喜び】【▼糠喜び】〈名〉いったんは喜んだが、じつは喜べないとわかって、むなしい気持ちになること。[例]ぬか喜びに終わる。とんだぬか喜びだった。

ぬかり【抜かり】〈名〉注意がいきとどかないためのミス。[例]抜かりはない。抜かりなく用意する。手抜かり。[類]手落ち。

[1]**ぬか・る**〈動五〉雨や雪などのために、土がどろどろになる。「ぬかるむ」ともいう。[例]道がぬかる。

[2]**ぬか・る【抜かる】**〈動五〉ゆだんして思わぬ失敗をする。[例]抜かるなよ。

ぬかるみ〈名〉雨や雪などのために、どろどろになって、歩くのに苦労するところ。[類]泥濘《でいねい》。

ぬかる・む〈動五〉ぬかる。[例]ぬかるんだ道。

ぬき【▽貫・▽緯】〈名〉❶[貫]〔建築〕柱と柱をつなぐ横木。かべの骨ぐみになる。❷[貫] うすくてはばのせまい、荷づくりなどに使う材木。❸[緯] 織物の横糸。

ぬきあしさしあし【抜き足差し足】〈名〉足音をたてないで、そっと歩く歩きかた。[類]しのび足。

ぬきうち【抜き打ち】〈名〉予告をしないで、いきなり行なうこと。[例]抜き打ち試験。

[参考]もとの意味は、刀をぬいたいきおいで、そのまま切りつけること。相手に身がまえる余裕《よゆう》をあたえないやりかた。

ぬきがき【抜き書き】〈名・する〉もとの文章から必要な部分だけを書きぬくこと。書きぬきメモ。[類]抜粋《ばっすい》。抄

ぬ

出《しゅつ》しょう。

ぬきがた・い【抜き難い】〈形〉 取りのぞくことがむずかしい。例抜きがたい不信感。

ぬきさし【抜き差し】〈名・する〉 ❶抜き出すことと差しこむこと。❷足をおそるおそる上げ下げして歩くこと。

抜き差しならない 進むこともしりぞくこともできない。例抜き差しならない事態に追いこまれた。類のっぴきならない。

ぬぎす・てる【脱ぎ捨てる】〈動下一〉 ❶ぬいで、かたづけずにそのままにしておく。❷いきおいよくぬぐ。

表現 「古い殻《から》を脱ぎ捨てる」は、それまでとらわれていた古い考えや習慣から自由になることで、「旧套《きゅうとう》を脱《だっ》する」ともいう。

ぬきずり【抜き刷り】〈名〉 本や雑誌の一部分だけを取り出して印刷したもの。

ぬきだ・す【抜き出す】〈動五〉 たくさんのものの中からとり出す。例カードを抜き出す。類ぬきとる。

ぬきて【抜き手】〈名〉 日本で、古くから伝わる泳法の一つ。顔を水面に出したまま、両手をかわるがわる水面に出して水をかいて泳ぐ。例抜き手をきる。

ぬきと・る【抜き取る】〈動五〉 ❶ほかのものの中にさしこまれているものや、中に入っているものを、とりだす。例くぎを抜き取る。現金を抜き取る。たましいを 抜き取られたような顔だ。❷たくさんの中から一つをぱっと取り出す。例サンプルを抜き取る。類ぬき出す。

参考 サンプルを無作為《むさくい》に抜き取って品質を検査することを「抜き取り検査」という。

ぬきみ【抜き身】〈名〉 さやから抜いた刀。

ぬきん・でる【抜きん出る】〈動下一〉 多くのものの中で、ひときわ目だってすぐれている。例衆に抜きんでる。抜きんでた才能。類ぬけ出る。ずばぬける。傑出《けっしゅつ》する。

ぬ・く【抜く】 一〈動五〉 ❶生えているものや、はまりこんでいるほそ長いものを、引っぱってとりだす。例草を抜く。くぎを抜く。鼻毛を抜く。刀を抜く。
❷はいっていたもの、ついていたものをとりさる。例空気を抜く。ふろの水を抜く。しみを抜く。栓《せん》を抜く。
❸なければならないものを、なしですませる。例食事を抜く。手を抜く(→「て〔手〕」の子項目)。
❹なにかをつき通して、むこうがわまでいくようにする。例かべを抜く。城を抜く(=せめ落とす)。型に抜く。三塁右を抜く打球。射抜く。ふみ抜く。
❺前のものを追いこして先へでる。例最後の一周で前の走者を抜いて優勝した。追い抜く。
二〈接尾〉 動詞の連用形につけて、「…しとおす」「ひどく…する」という意味を表わす。例考え抜く。走り抜く。がんばり抜く。よわり抜く。なやみ抜く。

ぬ・ぐ【脱ぐ】〈動五〉 衣服やはきものなど、自分の身につけているものをからだからとりさる。対着る。はく。

表現 (1)「ひと肌《はだ》脱ぐ」「片肌脱ぐ」は人のために力をつくすこと。「シャッポを脱ぐ」「かぶとを脱ぐ」は、相手に降参すること。「ベールを脱ぐ」は、今までかくされていたものが見えるようになること。
(2)身につけるものでも、めがね、腕《うで》時計、手ぶくろなどは「はずす」、えりまきやマフラーは「とる」という。

ぬく・い【▽温い】〈形〉 温度があたたかい。方言的なことば。例ぬくい水。

ぬぐ・う【拭う】〈動五〉 なにかでふいて、そこについた水分やよごれなどをとりさる。例あせをぬぐう。口をぬぐう(→「くち」の子項目)。尻をぬぐう(→「しり〔尻〕」の子項目)。恥《はじ》をぬぐう(=そそぐ)。類ふきとる。

表現 「ふく」を一般《いっぱん》に使って、「ぬぐう」はやや古いことばになったが、「ぬぐい取る」「ぬぐい去る」「手ぬぐい」「しりぬぐい」などの複合語は今もよく使うし、「ぬぐいがたい汚点《おてん》」とか「口をぬぐって知らん顔をする」などの言いかたもある。

ぬくぬく〈副〉 ❶ここちよいあたたかさがあって気持ちよいようす。例こたつでぬくぬくとあたたまる。❷苦労も不自由もなくのんびりと。例ぬくぬくと暮らす。

ぬくみ【▽温み】〈名〉 多少のあたたかみ。ぬくもり。方言的なことば。例ふとんにぬくみが残っている。

ぬくもり【▽温もり】〈名〉 わずかに感じられる心地よいあたたかさ。例ぬくもりがつたわる。はだのぬくもり。

ぬけあな【抜け穴】〈名〉 ❶通りぬけてむこうに出られる穴。例抜け穴からにげる。けむりの抜け穴。❷法律や規則の不備につけこんで、自分につごうのいいことをする方法。例法の抜け穴を利用する。類ぬけ道。

ぬけお・ちる【抜け落ちる】〈動上一〉 ❶ついていたものがとれて落ちる。例機械のボルトが抜け落ちる。❷本来あるべきものが脱落《だつらく》する。例印刷のミスで、本文が一行抜け落ちている。

ぬけがけ【抜け駆け】〈名・する〉 ほかの人々をだしぬいて、うまく利益をえること。例抜け駆けはゆるさんぞ。

由来 もとは、戦場で、味方どうしのうち合わせを守らないで、人よりも先に敵陣《てきじん》にせめかかることをいった。

抜け駆けの功名《こうみょう》 競争の相手をだしぬくことによって、てがらをたて、名をあげること。

ぬけがら【抜け殻】〖▽脱け殻〗〈名〉 ❶セミやヘビなどが脱皮《だっぴ》したあとの皮。類もぬけの殻。❷たましいが抜けたようになった人。類形骸《けいがい》。虚脱《きょだつ》状態。

ぬけげ【抜け毛】〖▽脱け毛〗〈名〉 かみの毛がぬけ落ちること。ぬけ落ちたかみの毛。類脱毛《だつもう》。

ぬけさく【抜け作】〈名〉 まぬけな人。

参考 「与作《よさく》」「吾作《ごさく》」「田子作《たごさく》」のような、昔の軽い身分の男子名からのパロディー。

ぬけだ・す【抜け出す】〖▽脱け出す〗〈動五〉 ❶ある場所や集まりから、人に気づかれないように出る。例教室を抜け出す。会合から抜け出す。❷苦しいみじめな状態から、いい状態にかわる。例スランプを抜け出す。▽類ぬけ出る。脱出《だっしゅつ》する。

ぬけ・でる【抜け出る】〈動下一〉 ❶ある場所や状態からのがれる。例敵のかこみを抜け出る。類抜け出す。❷同じ種類のものの中で、ひときわすぐれている。または、目だつ。例抜け出た存在。一歩抜け出る。類ぬきん出る。ずばぬける。傑出《けっしゅつ》する。

表記 ①は「▽脱け出る」と書かれることもある。

ぬけに【抜け荷】〈名〉〔歴史〕 江戸《えど》時代、幕府の禁令をやぶって行なわれた密貿易。その品。

ぬけぬけと〈副〉 ふつうなら、はずかしくてできないことを、はじらうどころか、平気な顔でするようすをいう。例ぬけぬけとうそをつく。類しゃあしゃあと。臆面《おくめん》もなく。

ぬけみち【抜け道】〈名〉 ❶うら手やわきから意外なところへ出られるようになっている小道。❷規則や法律をうまくくぐって、それにふれないですませる方法。例税制の抜け道。類ぬけ穴。

ぬ(抜)け め(目)がない 自分の利益になることについては十分すぎるほど気がついて、見落とすことがない。類ちゃっかりしている。

 白居易(楽天)(772～846) 唐の詩人。政治や社会批判の詩，玄宗と楊貴妃をうたった「長恨歌」が有名。

ぬ・ける【抜ける】〈動下一〉❶生えていたり、はめこまれたりしていたものがとれる。例毛が抜ける。歯が抜ける。❷属していた組織や団体などをやめて、そこからはなれる。例チームを抜ける。遊びから抜ける。ぬけ出す。❸はいっていたもの、ついていたものが、なくなる。例空気が抜ける。しみが抜ける。あくが抜ける。かおりが抜ける。力が抜ける。気が抜ける。つかれが抜ける。かぜが抜ける。❹あるべきもの、あったはずのものがなくなってしまう。例ページが抜ける。腰《こし》が抜ける。ゆかが抜ける。トンネルが抜ける(=貫通《かんつう》する)。ぬけおちる。❺中を通ってむこうがわへ行く。例森を抜ける。トンネルを抜ける。つきぬける。くぐりぬける。❻(「ぬけた」「ぬけている」の形で)注意が足りず、つまらないミスをする。例抜けた男。あの人にはちょっと抜けたところがある。

表現 「抜けるような青空」「抜けるように色が白い」などの言いかたは、すみとおった美しさを表わす。

表記 ①②は「▽脱ける」と書かれることもある。

ぬ・げる【脱げる】〈動下一〉着ているものや身につけているものが、ひとりでにはなれる。例くつが脱げる。

ぬさ【▽幣】〈名〉神道《しんとう》で、神にささげる供え物。祓《はら》いに使うもの。布や紙でつくる。類幣帛《へいはく》。御幣《ごへい》。

1**ぬし【主】**〈名〉❶ある物の所有者。例この車の主はだれだ。地主。家主。持ち主。類オーナー。主人。あるじ。❷あることをした人。例手紙の主(=手紙を書いた人)。落とし主。飼《か》い主。依頼《いらい》主。❸森や山、川、沼《ぬま》などにすんでいて、ふしぎな力をもち、そこを支配していると考えられている動物。例池の主。❹古くから住んでいたりつとめていたりして、そこのことならなんでもよく知っている人。例学校の主。

参考 (1)古いことばで、「ぬし」は今の「おたく」にあたる二人称のことばでもあった。「おぬし」は時代劇でもよく聞く。(2)②と似《に》たことばの、売り手と買い手、貸し手と借り手などの「手」は、どちらのがわかという立場をいうので「だれ」と特定されないが、売り主と買い主、貸し主と借り主などの「主」は特定される。

2**ぬし【▽塗師】**〈名〉塗り師。古い言いかた。

ぬすっと【▽盗▽人】〈名〉「どろぼう」の古い言いかた。

盗人猛猛《たけだけ》しい 悪いことをしているくせに、それをはじるどころか、逆にえらそうにふるまっているとはなにごとか、という腹だたしい気持ちをこめて非難することば。例ぬすっとたけだけしいとはおまえのことだ。

盗人に追《お》い銭《せん》 ⇩泥棒に追い銭(「どろぼう」の子項目)

盗人にも三分《ぶさん》の理《り》 悪いことを行なった者にも、なにがしかの道理や言い分がある、ということ。理屈をつけようとすればなににでもつくことのたとえ。

ぬすびと【▽盗人】〈名〉「どろぼう」の古めかしい言いかた。例花盗人。

ぬすみ【盗み】〈名〉見つからないようにして、人のお金やものをとること。例盗みに入る。盗みをはたらく。

ぬすみぎき【盗み聞き】〈名・する〉他人どうしの話を、こっそりと気づかれないように聞くこと。類立ち聞き。盗聴《とうちょう》。

ぬすみぐい【盗み食い】〈名・する〉❶人に見つからないようにこっそりと食べること。❷ものを盗んで食べること。

ぬすみ・みる【盗み見る】〈動上一〉ほかの人にわからないようにこっそり見る。例相手の表情を盗み見る。

ぬす・む【盗む】〈動五〉❶見つからないように他人のものをとって、自分のものにする。例金を盗む。よその製品のデザインを盗む。盗みだす。とる。❷他人に知られないように、なにかをする。例人の目を盗んで、脱出《だっしゅつ》した。盗み見る。❸なんとか時間をみつける。例受験勉強のひまを盗んではスポーツに熱中した。

表現 (1)持ち主が知っているのにむりにとるのは、「うばう」。(2)②③の意味で使うときは、「…を盗んで…する」という。「脱出しようと、人の目を盗んだ」とは言わない。(3)①の意味では、「銀行から金が盗まれた」と受け身の表現ができるが、②③の意味では受け身の表現がなりたちにくい。また、盗むことを「盗みをはたらく」というが、このときはかならず①の意味である。

ぬた〈名〉魚やネギなどをすみそであえた料理。

ぬっと〈副〉うっとうしい感じのものが、前ぶれもなく、音もなく、目の前に現れる感じ。例見知らぬ男がぬっと入ってきた。入り口にぬっとつっ立っていないでよ。窓《まど》から首をぬっとつき出す。

ぬの【布】〈名〉糸を織ってつくったもの。例布を織る。類きれ。

ぬのぎれ【布切れ】〈名〉布の小さな切れはし。

ぬのじ【布地】〈名〉衣服やカーテンなどの、布でつくる製品の生地《きじ》。

ぬのづつみ【布包み】〈名〉なにかを布で包んだもの。

ぬのめ【布目】〈名〉布の織り目。また、そのもよう。

ぬま【沼】〈名〉自然にできた、底にどろがたまった大きな水たまり。例沼地。どろ沼。類湖沼《こしょう》。池。

参考 人工のものは沼といわない。

ぬまち【沼地】〈名〉沼や水たまりの多い、低くてじめじめしたところ。

ぬめっと〈副・する〉ぬれてねばねばした不快な感じ。

ぬめり【▽滑り】〈名〉ものの表面についている、ぬるぬるしたもの。例魚のぬめりをとる。

ぬら・す【▼濡らす】〈動五〉ぬれるようにする。例タオルをぬらす。手をぬらす。対かわかす。類湿《しめ》す。

ぬらりくらり〈副〉態度や話しかたをあいまいにごまかして、相手にとらえどころをあたえないようす。例ぬらりくらりと相手の攻撃《こうげき》をかわす。類のらりくらり。

ぬり【塗り】 一〈名〉❶ぬること。ぬったもの。例塗りがはげる。塗りがかわく。二度塗り。下塗り。❷うるしをぬったもの。例塗りのお椀《わん》。

二〈接尾〉塗り物。漆器《しっき》。例輪島塗《わじまぬり》。

ぬりえ【塗り絵】〈名〉色をぬって遊ぶための、輪郭《りんかく》だけ印刷されている絵。

ぬりか・える【塗り替える】〈動下一〉❶古びたペンキや土壁などをきれいにするために、その上から、あらたにペンキや土などをぬる。❷記録を更新《こうしん》する。例世界記録を塗り替える。

ぬりぐすり【塗り薬】〈名〉からだにぬって使うくすり。

ぬりごめ【塗▽籠】〈名〉むかし、御殿《ごてん》の寝室《しんしつ》や納戸《なんど》に用いられた部屋。

ぬりし【塗り師】〈名〉うるしをぬる仕事をする人。うるし細工《さいく》や漆器《しっき》の職人。塗師《ぬし》。

ぬりたく・る【塗りたくる】〈動五〉べたべたと塗りつける。例化粧《けしょう》品を塗りたくる。

ぬりたて【塗り立て】〈名〉ペンキなどの塗料《とりょう》をぬってから、時間があまりたっていないこと。例「青がえるお

橋本雅邦(がほう) (1835~1908) 明治の日本画家。岡倉天心らと日本画の復興・革新につくした。

のれもペンキ塗りたてか」(芥川龍之介《あくたがわりゅうのすけ》の俳句)

ぬりつぶ・す【塗り潰す】〈動五〉❶下地が見えないように、すきまなく塗る。例看板を真っ赤に塗りつぶす。❷物事をおおいかくす。例過去を塗りつぶす。

ぬりばし【塗り箸】〈名〉うるし塗りの箸。

ぬりもの【塗り物】〈名〉「漆器《しっき》」のこと。

ぬ・る【塗る】〈動五〉液状や のり状のものを、表面にひろがるようにつける。例絵の具を塗る。うるしを塗る。かべにペンキを塗る。くすりを塗る。人の顔にどろを塗る(→「かお」の子項目)。塗りたくる。

表現「モルタルで壁《かべ》を塗る」と言えば、壁を作ること。

ぬる・い【▽温い】〈形〉❶ふろや、温かい飲み物などが、ちょうどいい温度よりも少し低い。また、冷やして飲む飲み物が、十分に冷えていない。例ぬるいふろ。お茶がぬるい。対温かい。冷たい。熱い。❷ものごとのやりかたに、きびしさがない。やりかたが徹底的でない。例手ぬるい。なまぬるい。類あまい。

ぬるで〈名〉山野に生える落葉小高木。秋、紅葉する。葉にできる虫こぶを「五倍子《ふし》」といい、染料《せんりょう》やくすりにする。例ぬるでもみじ。

ぬるぬる ■一〈副・する・形動〉少し水けとねばりけがあって、すべりやすいようす。例水ごけが生えてぬるぬる(と)した沼地《ぬまち》。類ぬるっと。■二〈名〉ものをすべりやすくする、ねばりけのある水分。例ぬるぬるが手につく。

参考アクセントは、ふつう「**ヌ**ルヌル」であるが、「ぬるぬるに」「ぬるぬるの」「ぬるぬるだ」の形で使う場合は「ヌ**ルヌル**」となる。

ぬるまゆ【ぬるま湯】〈名〉熱いとは まったく感じない湯。

表現刺激《しげき》のない環境《かんきょう》にいて緊張《きんちょう》感を失うことを、「ぬるま湯につかる」という。

ぬる・む【▽温む】〈動五〉気温があがったために、水などの温度が少し上がること。例水ぬるむ(=俳句で春の季語)。春になって池の水もぬるんできたようだ。

ぬれえん【ぬれ縁】【▼濡れ縁】〈名〉和風の建物で、雨戸より外がわにつけた、はばのせまい縁がわ。

参考昔のりっぱな宮殿《きゅうでん》では、この部分がもっと広く、人が長く居られる場所だったので「出居《いで・でい》」と呼ばれ、一つのだいじな空間であった。

ぬれぎぬ【▼濡れ▽衣】〈名〉身におぼえのない罪をきせられること。無実の罪。類冤罪《えんざい》。

ぬれそぼ・つ【▼濡れそぼつ】〈動五〉しずくがたれるほど、びしょびしょにぬれる。詩的な言いかた。

ぬ(▼濡)れて(手)であわ(▼粟) ぬれた手で穀物のアワをつかむとたくさんくっついてくるように、骨を折らないでおもうけをすること。

ぬれねずみ【▼濡れ▼鼠】〈名〉衣服を身につけたまま、全身びしょびしょにぬれること。例ぬれねずみになる。

ぬればい【ぬれ場】【▼濡れ場】〈名〉演劇や映画などで、恋愛や情事の場面。参考歌舞伎《かぶき》から出たことば。

ぬればいろ【ぬれ羽色】【▼濡れ羽色】〈名〉ぬれた羽のように、しっとりとした黒色。例髪《かみ》はからすのぬれ羽色。

ぬ・れる【▼濡れる】〈動下一〉❶水がかかって、しめった状態になる。例雨にぬれる。なみだにぬれる。❷しめったもののようにつやがある。例ぬれた瞳《ひとみ》。

ね…ネ

1 **ね【▽子】**〈名〉❶「十二支」の第一番目。ネズミ。❷むかしの方角の名で、北。❸むかしの時の名で、午前〇時《れいじ》およびその前後一時間、計二時間のあいだ。▽アネ

2 **ね【音】**〈名〉耳にこころよくひびく おと。例笛《ふえ》の音。虫の音。アネ

音を上《あ》げる「もうだめだ」と、なさけない声をだして降参してしまう。類弱音をはく。

3 **ね【値】**〈名〉商品につけられている金額。例値が上がる。値がはる(=高い)。値をつける。ずいぶんいい値だ(=高い)。言い値。類値段。価格。アネ

4 **ね【根】**〈名〉❶植物の、地中にある部分。水分や養分をとり入れ、地中にひろがって地上の幹や茎《くき》をささえる。例根がつく。根をはる。根をおろす。❷ものをささえている部分。例歯の根。❸ものごとのもとになること。例根をたつ。悪の根。問題の根を断ちきる。両国間の対立は、根がふかい。❹生まれつきの性質。例根がいやしい。かれは根は正直だ。▽アネ」

表現人の動作を植物の根にたとえて、がんこに一つところに居座ることを「根が生えたように動かない」といったり、移動ののちある場所に定住することを「根を生やす」といったりすることがある。

根に持《も》つ いつまでもうらみに思っている。類うらむ。

根も葉《は》もない 理由や根拠《こんきょ》がまったくない。例根も葉もないデマにおどらされる。

根を下《お》ろす 植物が土地になじんで根を生やすことから、よそからきたものごとが、その土地に定着する。例外来の文化が根をおろす。

根を張《は》る そこを活動の拠点《きょてん》とする。そこで勢力をえる。例地域に根を張って活動する。

5 **ね【寝】**〈名〉ねむること。ねむり。例寝が浅い。寝が足りない。独り寝。ざこ寝。早寝。アネ

6 **ね**〈感〉相手に対する親しみをこめたよびかけや強調のほか、念をおしたり、同意をもとめたりする気持ちを表わす。例ね、いいでしょう。類な。ねえ。アネ」

7 **ね**〈終助〉❶文の終わりにつけて、いろいろな感動の気持ちを表わす。例これはうまいね。実にみごとな走りぶりだね。類な〈終助〉。❷文の終わりにつけて、自分の判断をはっきりと表わすほか、相手に同意をもとめたり、念をおしたりする気持ちを表わす。例このやりかたはまちがっていると思うね。きみ、賛成してくれるね。類な〈終助〉。❸文の終わりにつけて、問いかけを表わす。例広場ではなにが始まるのかね。あした行くのよね。❹文の中のいろいろなことばのあとにつけて、相手に対してそのことばの表わすものごとを強調する。例これはだね、わが社がね、最近開発した新製品でね…。類な〈終助〉。

ねあがり【値上がり】〈名・する〉もののねだんや料金がそれまでよりも高くなること。例運賃の値上がり。対値下がり。

ねあげ【値上げ】〈名・する〉ねだんや料金をそれまでよりも高くすること。例運賃値上げ。対値下げ。類引き上げ。

ねあせ【寝汗】〈名〉ねむっているときにかく汗。

常用漢字 **ねい**

ね

橋本左内(さない)(1834~59) 幕末の越前藩士。将軍の後継問題では徳川慶喜を擁立。安政の大獄で刑死。

【寧】 宀部11 全14画 寧寧寧寧寧寧

ネイ 音[ネイ] ▨寧日《ねいじつ》。▨安寧《あんねい》。丁寧《ていねい》。

ねいき【寝息】〈名〉ねむっているときの呼吸。例寝息をたてる。やすらかな寝息。

ねいじつ【寧日】〈名〉気ぜわしいことのない平穏《へいおん》無事な日々。例寧日のない最近の社会情勢。

ネイティブ〈名〉❶「ネイティブスピーカー」の略。その言語を母語とする人。例ネイティブのように英語を話せる。ネイティブチェック(=英作文などの点検)。❷その土地で生まれ育った人。また、その土地の先住民。例ネイティブアメリカン。◇native

ネイティブアメリカン〈名〉南北アメリカ大陸の先住民。「アメリカインディアン」にかわって使われるようになったことば。◇Native American

ネイビー〈名〉❶こい青色。濃紺《のうこん》。ネイビーブルー。❷海軍。◇navy

ねいりばな【寝入りばな】〈名〉ねむりにおちたばかりのとき。例寝入りばなを起こされた。

ねい・る【寝入る】〈動五〉❶ねむりはじめる。類寝つく。❷ぐっすりとふかいねむりにおちこむ。類寝こむ。

ねいろ【音色】〈名〉音の高さや強さは同じでも、その音を出す楽器や声などのちがいによって、ほかの音とは区別される独特の音の感じ。例やわらかい音色。ハープの音色。類音色《おんしょく》。

ねうごき【値動き】〈名〉商品や株式の、相場の上げ下げ。例値動きがはげしい。

ねうち【値打ち】〈名〉その人やものにそなわっているりっぱさや有用さの程度。例値打ちがある。値打ちが上がる。人の値打ち。なんの値打ちもない。類価値。意義。

[1]**ねえ**〈感〉相手に対する親しみをこめたよびかけ、強調のほか、念をおしたり、同意をもとめたりする気持ちを表わす。例ねえ、このおさら使っていいでしょう。類ね。

[2]**ねえ**〈終助〉❶文の終わりにつけて、いろいろな感動の気持ちを表わす。例うまいものだねえ、かれの作品は。❷文の終わりにつけて、自分の考えを相手にもちかける。例ぼくは、こちらの方がいいと思うけれどねえ。ほんとうに五百人も集まるのかねえ。❸文の中のいろいろなことばのあとにつけて、そのことばの表わすものごとを強調する。例きみが作った飛行機の模型ねえ、あれ貸してくれないか。▽類なあ。

ねえさん【姉さん】〈名〉❶姉に対する親しみをこめた言いかた。❷よその若い女の人を、親しみをもってよぶことば。例近所のねえさん。▽対にいさん。

表現 「ね」をつよめた形。話しことばで使われる。

ネーブル〈名〉実《み》の一方のはしに へそのようなところがあるオレンジ。あたたかい地方で栽培《さいばい》される常緑高木。実はかおりがよくて あまい。◇navel orange から。

ネーミング〈名〉命名。名づけ。◇naming

表現 新しくつくられた商品や組織、開発された地域などの命名についていうことが多い。

ネームバリュー〈名〉その名をきけば世間の人がすぐわかって信用してくれるような、有名さ。類知名《ちめい》度。◇name と value による日本での複合語。

ネームプレート〈名〉名札。表札。◇name-plate

ネオ〈接頭〉新しい。例ネオレアリスム。◇neo

ねおき【寝起き】■〈名〉目がさめたとき。また、そのときのきげん。例寝起きがわるい(=起きたときにきげんがわるい)人。■〈名・する〉寝ることと起きること。ふだんの生活。例寝起きをともにする(=いっしょに暮らす)。▽ア■

ネオキ ■ネオキ

ねおし【寝押し】〈名・する〉しわをのばしたり、折り目をきちんとさせたりするために、寝るときに、ズボンなどをふとんの下にしくこと。例スカートを寝押しする。

ネオン〈名〉❶〔化学〕空気中にわずかにふくまれている、無色でにおいのない気体。ネオンサインに使う。元素の一つ。記号「Ne」。❷「ネオンサイン」の略。◇neon

ネオンサイン〈名〉ガラス管にネオンガスなどを入れて放電し、発光させるもの。広告などに使う。◇neon sign

ねがい【願い】〈名〉❶「こうあってほしい」「こうなってほしい」とつよく思っていること。例願いがかなう。願いをこめる。願いごと。類いのり。望み。❷「こうしてほしい」と人にたのむこと。例願いをきき入れる。一生の願い。きょうはお願いがあって、うかがいました。❸希望を書いて、担当する機関や人に出す、事務上の書類。例入学願い。退職願い。類願書。

表現 直接の相手に希望を言うときは「お願い」というのがふつうで、「願いがあります」とは言わない。

ねがいごと【願い事】〈名〉心で願うことがら。とくに、神仏に祈願《きがん》することがら。例願い事がかなう。

表記 送りがなは、「退職願」のように、はぶくこともある。

ねがいさげ【願い下げ】〈名〉出していた願いごとやうったえなどを、自分からとり下げること。

表現 「そんなことは願い下げにしてもらいたい」のように、たのまれても絶対にことわる、の意味で使うことも多い。

ねがい・でる【願い出る】〈動下一〉役所や上役《うわやく》などに、願いを申しでる。例退職を願い出る。類申請《しんせい》する。出願する。

ねが・う【願う】〈動五〉❶「こうあってほしい」「こうなってほしい」とつよく思う。例しあわせを願う。合格を願う。類いのる。念じる。望む。❷「こうしてほしい」と人にたのむ。例手助けを願う。類依頼《いらい》する。❸神仏にたのんだり、すがったりする。例神に願う。類いのる。祈願《きがん》する。

願ったりかなったり こちらののぞんでいることと、相手の条件がうまく合って、ものごとが希望どおりに実現するようす。例そうしていただければ、こちらとしては願ったりかなったりです。

願ってもない 希望してもできそうもないと思っていたことが、思いもよらず望みどおりになったことをよろこぶことば。例願ってもない話。

願ってやまない 心から願っている。

ねがえり【寝返り】〈名〉横になったり、ねむったりしているときに、からだの向きを変えること。例寝返りをうつ。寝返りをする。↓ねがえる(次項)

ねがえ・る【寝返る】〈動五〉味方をうらぎって、敵がたにつく。例敵に寝返る。↓ねがえり(前項)

ねがお【寝顔】〈名〉寝ているときの顔。例安らかな寝顔。

ねか・す【寝かす】〈動五〉❶床《とこ》についてねむるようにさせる。例子どもを寝かす。寝かしつける。対起こす。❷立っているのがふつうであるものを、横にたおす。例瓶《びん》をねかす。対起こす。立てる。類横たえる。❸こうじや酒などを、発酵《はっこう》させたり熟成させたりするために、適当な温度

のところにしまっておく。例お金をねかしておく。❹ものを使わないで、しまっておく。▽「ねかせる」ともいう。

ねが(願)ったりかなったり ⇩「ねがう」の子項目

ねが(願)ってもない ⇩「ねがう」の子項目

ネガティブ〈形動〉消極的で否定的。対ポジティブ。◇negative

ねがわくは【願わくは】〈副〉ねがうことは。どうか。古風な言いかた。類のぞむらくは。

[1]**ねぎ〖▾葱〗**〈名〉野菜の一つ。多年草。初夏、白い小さな花を球状につける。薬味ともする。煮《に》たりいためたりしていろいろな料理に使う。「根深《ねぶか》」ともいう。

表現 (1)「玉ねぎ」と区別して、「長ねぎ」ともいう。(2)一本二本と数えるが、何本かまとめたものは一束《ひとたば》二束《ふたたば》を使う。

参考 京都の九条《くじょう》ネギ、群馬の下仁田《しもにた》ネギ、埼玉の深谷《ふかや》ネギなどが、地域ブランド品としてとくに有名。

[2]**ねぎ【▾禰宜】**〈名〉神社で、宮司《ぐうじ》の下で働く神職。

ねぎぼうず【ねぎ坊主】〖▾葱坊主〗〈名〉ネギの球状をした花。春に咲く。人形の頭のようでかわいく見えることからいう。

ねぎら・う〖▿労う〗〈動五〉上の立場にいる人が、苦労して仕事などをやりとげた人に対して、感謝やいたわりの気持ちをことばや行動に表わす。例労をねぎらう。類慰労《いろう》する。いたわる。

ねぎ・る【値切る】〈動五〉買おうとする品物のねだんを、もっと安くさせる。類たたく。

ねくずれ【値崩れ】〈名・する〉商品が市場に出回りすぎて、値がひどく下がること。例値崩れをおこす。

ねぐせ【寝癖】〈名〉❶寝ているあいだにかみの毛についた、おかしな形。例寝癖がつく。❷寝姿《ねすがた》のくせ。例寝癖が悪い。類寝相《ねぞう》。

ネクタイ〈名〉ワイシャツを着たとき、首の部分につけてかざりにする細長い布。略して「タイ」ともいう。例ネクタイを結ぶ。ネクタイをする。◇necktie

表現 一本二本と数えるが、首にかけることから一掛《ひとか》け二掛《ふたか》けを使うこともある。

ねくび(寝首)をか(▾掻)く ❶寝ているところをおそって、首を切り落とす。❷卑劣《ひれつ》な策略を弄《ろう》して他人をおとしいれる。

ねぐら〖寝ぐら・▾塒〗〈名〉鳥が寝《ね》る場所。巣。

表現 人が寝る自宅のことをたとえてもいう。

ねぐるし・い【寝苦しい】〈形〉気持ちよくねむることができない。例寝苦しい夜。暑くて寝苦しい。

ネグレクト〈名・する〉育児放棄《ほうき》や、介護《かいご》放棄。◇neglect (=「無視する」意味)

ねこ【猫】〈名〉むかしから人に飼われて、かわいがられてきた動物。大きさはウサギくらいで、つめがするどい。ひとみが、明るいところではほそく、暗いところではひろくなる。絵 (929ページ)

借《か》りてきた猫のよう ⇩「かりる」の子項目

猫にかつお節《ぶし》 好きなものをそばにおくと、すぐにとびついてしまうので、ゆだんがならない、ということ。

猫に小判《こばん》 ネコに小判をあたえても、なんにもならないように、どんなに貴重なものでも、そのことがわからない人にはなんのねうちもない、ということ。類豚《ぶた》に真珠《しんじゅ》。

猫の首《くび》に鈴《すず》をつける 怒《おこ》るとこわそうな人に言うことを聞かせるような、だれもやりたがらない役目を引きうけることのたとえ。由来「ねずみの相談」という題のある、西洋の寓話《ぐうわ》から。

猫の手《て》も借《か》りたい ネコにさえ助けてもらいたいくらいにいそがしい。

猫の額《ひたい》 ひどくせまいこと。例猫の額ほどの庭。

猫の目《め》のよう ものごとの変わりようが、とてもはげしいようす。例猫の目のようにかわる。

猫も杓子《しゃくし》も えらい人もふつうの人もとりまぜて。だれもかれもみんな。例猫も杓子も彼女のまねをする。

猫をかぶる 自分のほんとうのすがたをかくして、おとなしいように見せかける。例先生の前では猫をかぶっている。

参考 この「ねこ」は、「ねこだ(=大きな筵《むしろ》)」のこと。

ねこかぶり【猫かぶり】〖猫▿被り〗〈名・する〉ねこをかぶること。ねこをかぶっている人。「ねこっかぶり」ともいう。→猫をかぶる(「ねこ」の子項目)

ねこかわいがり【猫かわいがり】〖猫可▿愛がり〗〈名・する〉まるでネコをかわいがるように、やたらにあまやかしてかわいがること。「ねこっかわいがり」ともいう。

ねこぎ【根こぎ】〖根▿扱ぎ〗〈名〉「根こそぎ」の古い言いかた。

ねごこち【寝心地】〈名〉寝ているときの感じ。例寝心地のいいまくら。

ねこじた【猫舌】〈名〉ネコのように、あつい食べものがにがてなこと。例猫舌の人。

ねこぜ【猫背】〈名〉ネコのように、背中がまがって首が前の方へ出ている姿勢。例猫背になる。

ねこそぎ【根こそぎ】 一〈名〉草木の根をみんな引きぬいてしまうこと。例根こそぎにする。二〈副〉なに一つ残さず。あるものすべて。例財産を根こそぎとられた。

ねごと【寝言】〈名〉寝ているあいだに無意識でしゃべることば。例寝言を言う。

ねこなでごえ【猫なで声】〖猫▾撫で声〗〈名〉うわべだけやさしいおだやかな声。例猫なで声を出す。

ねこばば【猫ばば】〈名・する〉ひろったものを、自分のものにすること。例猫ばばをきめこむ。類着服。横領。

ねこまんま【猫まんま】〈名〉ご飯にかつおぶしとしょうゆをかけたもの。猫めし。みそ汁をかけたものにもいう。

ねこみ【寝込み】〈名〉ぐっすりねむっている最中。例寝込みを襲《おそ》う。

ねこ・む【寝込む】〈動五〉❶ぐっすりねむる。類寝入る。❷病気で床につく。例かぜで寝込む。類寝つく。

ねこやなぎ【猫柳】〈名〉川べりなどに生える落葉低木。春、葉が出る前に、やわらかな銀色の毛につつまれた花をつける。かわやなぎ。

ねころ・ぶ【寝転ぶ】〈動五〉ごろりと横になる。例寝転んで本を読んではいけない。類寝ころがる。寝そべる。

ねさがり【値下がり】〈名・する〉もののねだんや料金がそれまでよりも安くなること。対値上がり。

ねさげ【値下げ】〈名・する〉ねだんや料金をそれまでよりも安くすること。例料金の値下げ。対値上げ。

ねざ・す【根差す】〈動五〉❶草花の根がつく。類根づく。❷ものごとの根もとがそこから出ている。例風土に根差す。

ねざめ【寝覚め】〈名〉目がさめること。

寝覚めが悪《わる》い ❶なかなか起きられない。❷わるいことをしたのが気になって、いやな気持ちだ。

ねじ〖▿捻▿子・▾螺▿子〗〈名〉❶うずまき状のみぞがつけてあるくぎ。ねじくぎ。例ねじがあまい。ねじがゆるむ。ねじをまわす。❷時計などのぜんまいを巻くつまみ。

ねじを巻《ま》く ❶ぜんまいをまく。❷にぶくなった動きに

活を入れる。例ここでみんなのねじを巻いておこう。

ねじあ・げる【ねじ上げる】『▼捩じ上げる』〈動下一〉強くひねりながら上へ上げる。ねじりあげる。例犯人のうでをねじ上げる。

ねじくぎ『▽捻▽子▼釘』〈名〉先のほうがねじになっているくぎ。

ねじ・ける『▼拗ける』〈動下一〉人の性格がすなおでなくなる。例心がねじける。類ひねくれる。まがる。

ねじこ・む【ねじ込む】『▼捩じ込む』〈動五〉❶せまいすきまなどに、ものをねじるようにして、むりに入れる。❷相手を乱暴なやりかたで強く非難して、つぐないを求める。例新聞社にねじ込む。

ねしずま・る【寝静まる】〈動五〉人々が活動をやめて、寝てしまう。また、そうしてあたりがしずかになる。

ねしな【寝しな】〈名〉寝る直前。寝ようとするとき。例寝しなにものを食べるのはよくない。

ねじふ・せる【ねじ伏せる】『▼捩じ伏せる』〈動下一〉❶相手のうでをねじってたおし、おさえつけること。例どろぼうをねじ伏せる。❷強引なやり方でしたがわせる。例反対意見をねじ伏せる。

ねじま・げる【ねじ曲げる】『▼捩じ曲げる』〈動下一〉❶力を加えてまげる。❷正常な状態を、正常でない方向に向ける。わざとまげてつたえる。例人のことばをねじ曲げて みんなに言うなんて ひどいじゃないか。類歪曲《わいきょく》する。

ねじまわし【ねじ回し】〈名〉ねじの頭のみぞにさしこんで回し、ねじをしめたりゆるめたりする工具。ドライバー。

ねしょうがつ【寝正月】〈名〉正月にどこへも行かず、家でのんびりと過ごすこと。

ねしょうべん【寝小便】〈名〉寝ているあいだに無意識にする小便。類おねしょ。夜尿《やにょう》。

ねじりはちまき【ねじり鉢巻き】『▼捩じり鉢巻き』〈名〉ねじった手ぬぐいで鉢巻きをしたすがた。また、そういう鉢巻きのしかた。→はちまき絵

ねじ・る『▼捩じる・▽捻じる』〈動五〉力を加え、ひねってまわす。例からだをねじる。手をねじる。ねじまげる。類ひねる。よじる。

ねじ・れる『▼捩じれる・▽捻じれる』〈動下一〉❶直線状のものや、固定してあったものが、ひねられたようにまがる。例ネクタイがねじれる。❷すなおでなくなる。例ねじれた根性《こんじょう》。類ひねくれる。ねじける。ゆがむ。

ねじろ【根城】〈名〉仕事や活動のために、いちばん中心となる場所。例山田さんはこの事務所を根城にしている。類根拠《こんきょ》地。本拠。

ねすがた【寝姿】〈名〉寝ているときのすがた。

ねすご・す【寝過ごす】〈動五〉起きるべき時間より、おそくまで寝てしまう。

ねずの【寝ずの】〈連体〉ひと晩じゅう寝ないままでの。例寝ずの番。寝ずの看病。

ねずみ『▼鼠』〈名〉リスのように小さな動物。人家にすむイエネズミと、野山にすむノネズミとがいる。家では食料を食いあらし、田畑では農作物を食いあらす。→ね〔子〕

表現 こそこそと行動する、スパイや侵入《しんにゅう》者のたとえとしても使われる。

ただのねずみではない ⇩「ただ」の子項目

ねずみいろ【ねずみ色】『▼鼠色』〈名〉黒と白の中間の色で、白より黒に近い色。グレー。類灰色。

ねずみこう【ねずみ講】『▼鼠講』〈名〉会員をねずみ算式にふやすことで、お金がもうかるしくみにした金融《きんゆう》組織。法律で禁じられている。

ねずみざん【ねずみ算】『▼鼠算』〈名〉ネズミがまたたくまにふえることから、数や量が、次々と急激《きゅうげき》にふえること。例ねずみ算式(にふえる)。

ねずみとり【ねずみ捕り】『▼鼠取り』〈名〉❶ネズミをつかまえること。そのための道具や薬。❷警察の、スピード違反《いはん》などの交通反則の とりしまり。俗《ぞく》な言いかた。

ねぞう【寝相】〈名〉ねむっているあいだの からだのかっこう。例寝相がわるい。

ねそべ・る【寝そべる】〈動五〉気らくなかっこうで、横になる。例たたみに寝そべる。類寝転ぶ。寝ころがる。

ねた〈名〉❶話や料理の材料。例ねたを集める。すしのねた。❷証拠《しょうこ》。例ねたはあがっている。参考「たね(種)」を逆にした、俗《ぞく》なことば。多く「ネタ」と書く。

ねだ【根太】〈名〉〔建築〕床板《ゆかいた》をささえる横木。例根太がぬける。

ねたきり【寝たきり】〈名〉病気などで起きる力がなく、寝たままの状態であること。例寝たきりになる。

ね(寝)たこ(子)をお(起)こす ⇩「ねる〔寝る〕」の子項目

ねたばれ〈名〉映画や小説などの内容や結末《けつまつ》が、せっかく楽しみにしているのにだれかに明かされてしまうこと。くだけた言いかたで、多く「ネタバレ」と書かれる。

ねたまし・い【妬ましい】〈形〉うらやましくて、にくらしい。例かれはねたましいほどに運がいい。

ねた・む【妬む】〈動五〉他人のしあわせや長所などをうらやんで、にくらしいと思う。例人の成功をねたむ。類やく。そねむ。嫉妬《しっと》する。

ねだめ【寝だめ】『寝▼溜め』〈名・する〉いそがしくなってからずっと起きていられるように、長時間寝ておくこと。

ねだやし【根絶やし】〈名〉❶草木を根もとから引きぬいてしまうこと。例雑草を根絶やしにする。類根こそぎ。❷かけらものこらないほど、徹底《てってい》的にとりのぞいてしまうこと。例貧困を根絶やしにする。類根絶。

ねだ・る〈動五〉どうしてもそれがほしいと、むりやりたのむ。例おもちゃをねだる。母にねだる。類せがむ。せびる。

ねだん【値段】〈名〉商品やサービスを売り買いする金額。例値段が上がる。値段をつける。類価格。値《ね》。

ねちが・える【寝違える】〈動下一〉不自然な姿勢でねむって、首やうでの筋をいためる。

ネチケット〈名〉インターネットや電子メールの利用者が、自主的に守るべきエチケットやマナー。◇netiquette(=net と etiquette の合成語)

ねちねち〈副・する〉❶不快なねばりけがある。類ねちゃねちゃ。ねとねと。❷性質や態度などがくどくて、あっさりしていない。例ねちねち(と)した話しかた。

常用漢字 **ねつ**

【熱】灬部11 全15画 熱熱熱熱熱熱

ネツ あつい 教小4 音［ネツ］■熱帯《ねったい》。熱気《ねっき》。熱湯《ねっとう》。熱病《ねつびょう》。熱中症《ねっちゅうしょう》。熱心《ねっしん》。■耐熱性《たいねつせい》。灼熱《しゃくねつ》。平熱《へいねつ》。情熱《じょうねつ》。訓［あつい］熱い。

ねつ【熱】〈名〉❶高い温度。ものの温度を高くすることのできる力。例熱をくわえる。熱で処理する。熱エネルギー。❷病気などのために、高くなった体温。例熱がある。

ねこ（猫）

ネコ科

「脊椎動物、
哺乳類、
ネコ科」
というんだぞ。

人間はけしからん。どうしてトラ科といわないのか！
何をばかな。シシ科でなくてどうするんだ！
だから、やっぱりネコ科でなければだめですよ、ね。

ねこの特徴

◉鳴きかた

にゃあ
ねー
ミュー

子どもはわたしたちを「にゃんこ」などというよ。だから「ねこ」というんだと　いう人もいる。
と鳴く国もあるそうだ。

◉特　技

落ちた！
落ちるときはさかさまでも、いつの間にか向きかわり、着地は安全、心配ご無用。

◉気持ちの表わしかた

ⓐうれしいとき、のどからゴロゴロという音が出る。
↓
「のどを鳴らす」
「のどをゴロゴロさせる」

ⓑおそろしいとき、おこったとき全身の毛をさか立てる。とくに背中が目立つ。

◉ねこの目

明るいとき　針のように細い
うすぐらいとき　すこしふとくなる
暗いとき　まん丸に開く

カメラのしぼりと同じことさ

だから暗い所でも、よく見える。

「ねこの目のようによく変わる」

◉動きかた

ⓐよくとびあがる。

ⓑ木のぼりは得意中の得意。

ⓒせまいすき間でも、頭さえ入れれば、抜けられるさ。

ⓓ音もたてずにそっと近づき、えものをねらう。でも、鳥は速いからな。

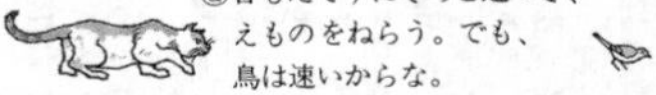

◉武　器

それは、なんといっても鋭いつめ。
だから、ひまな時は→「つめをとぐ」→［たたみ／ふすま／はしら］で「つめをとぐ」
ふだんは、しまってある。
必要になったら→「つめを立てる」
ときどき、ふざけてちょっとつめを出して手をのばす。これが→「ちょっかい」→「ちょっかいを出す」／「ちょっかいをかける」

◉ふだんの姿

ⓐちんまりとすわる
「香箱(こうばこ)をつくる」

「借りてきたねこのようにおとなしい」とは、こんなときのようすからいうのかな。

ⓑ顔を洗うのもこの手

（水なんかいらないよ。消毒液は口の中にある）

なんにしても、手がよくはたらく。だから、
人間は「ねこの手も借りたい」なんて言うんだろう。この手を貸してたまるか。

「ねこをかぶる」も関係あり。なにかやさしく言えば「ねこなで声」なんていう。

◉ほかの動物との関係

犬がねこを追う。ねこは木の上ににげる。

ねこはねずみを追う。ねずみは小さな穴からにげる。

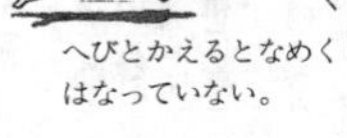

へびとかえるとなめくじの三すくみのようにはなっていない。

ねこの表現力

「ねこのように」

［このあとをつづけてごらん］
→すばやい
→体をすりよせる
→音も立てずに歩く
→？
→？

- 「ねこ」も杓子(しゃくし)も＝だれもかれも。
- 「ねこ」に小判、ぶたに真珠＝ねうちがわからない。
- だれが「ねこ」の首に鈴をつけるか＝名案があっても、実行不可能では、どうにもならぬ。

ね

熱が出る。熱がさがる。熱を出す。❸むちゅうになって、のぼせること。たいてい、一時的な現象の場合に使う。例熱がさめる。熱を上げる。❹力を集中してよい結果をえようとする意欲。類フィーバー。例熱が入る。熱のこもった試合。▽↓ねっする

熱に浮《う》かされる 熱をだして、意識がぼんやりとなる。注意「熱にうなされる」というのは誤《あやま》り。表現「熱に浮かされたように研究に没頭《ぼっとう》する」のように、━我《われ》を忘れて熱中することのたとえとしても使う。

熱を上《あ》げる のぼせ上がるほど熱中する。例人気歌手に熱を上げる。

ねつあい【熱愛】〈名・する〉熱烈《ねつれつ》に愛すること。例熱愛発覚。表現こうなった状態を、俗《ぞく》に「お熱だ」という。

ねつい【熱意】〈名〉ものごとをするときの、真剣《しんけん》で、はげしい意気ごみ。例熱意にうたれる。かれの熱意にはほとほと頭が下がるよ。

ねつエネルギー【熱エネルギー】〈名〕〔物理〕エネルギーとしてとらえた場合の熱。たとえば、自動車や船などで燃料を燃やしてえるエネルギーなど。↓エネルギー①

ねつえん【熱演】〈名・する〉気合いを入れて演技や演奏をすること。例かたき役を熱演する。類力演。

ネッカチーフ〈名〉かざりのために、首にまいたり、頭にかぶったりする布。◇neckerchief

ねっから【根っから】〈副〉もともとのところから。もともと。例かれは根っからの新聞記者だ。

ねつき【寝付き】〈名〉床《とこ》に入って、ねむりにつくこと。例寝付きがわるい。寝付きのいい子。

ねっき【熱気】〈名〉❶温度が高くなった空気。例熱気がたちこめる。❷むちゅうになって意気ごむ気持ち。例熱気がこもる。熱気をおびる。

ねつききゅう【熱気球】〈名〉ガスバーナーでふくろの中の空気をあたためて空にうかす気球。

ねっきょう【熱狂】〈名・する〉なにかにひどくむちゅうになって、気がくるったように興奮すること。例試合に熱狂する。熱狂的(なファン)。

ねつ・く【寝付く】〈動五〉❶床《とこ》に入って、ねむりにつく。類寝いる。❷病気になって、床につく。類寝こむ。

ネック〈名〉❶首。❷ものごとをすすめたり、問題を解決したりするうえでの障害。ボトルネック。例ネックになる。◇①neck ②bottleneck の日本での省略語。

ねづ・く【根付く】〈動五〉❶植えた草や木が、根をのばしてそだつようになる。例苗《なえ》が根付く。❷それまではなかったある考えや制度などが広まり定着する。例デモクラシーが根付く。▽類根ざす。

ネックレス〈名〉首かざり。◇necklace

ねっけつ【熱血】〈名〉血がわきたつような、はげしい情熱。例熱血漢。熱血児。

ねっけつかん【熱血漢】〈名〉意気さかんな男。

ねつげん【熱源】〈名〉熱をだしているもと。

ねっこ【根っこ】〈名〉「根《ね》」のくだけた言いかた。

ネッシー〈名〉イギリスのスコットランドにあるネス湖にいるとさわがれた、首の長い怪獣《かいじゅう》。◇Nessie

ねつじょう【熱情】〈名〉熱にうかされたようにあるものごとを求める、はげしい気持ち。例熱情にかられる。熱情的。類情熱。パッション。

ねつじょうてき【熱情的】〈形動〉燃えるようなはげしい感情がこもっている。例熱情的な演奏。

ねつしょり【熱処理】〈名〉金属を高い温度に熱し、性質を変えて、使いやすいものにすること。焼き入れ・焼きもどし・焼きなまし など。

ねっしん【熱心】〈形動〉あることに情熱をそそいで、いっしょうけんめいになっている。例熱心な人。熱心に説く。仕事熱心。

ねっ・する【熱する】〈動サ変〉熱を加えたために、温度が上がる。熱を加えて、温度を上げる。例なべを熱する。類加熱する。

表現「熱しやすく、さめやすい」は、一時熱中するが、すぐ興味がなくなる 持続性のない気質をいう。

ねっせん[1]【熱戦】〈名〉力のこもった試合。例熱戦をくりひろげる。息づまる熱戦。

ねっせん[2]【熱線】〈名〉❶赤外線のこと。❷熱した金属線。

ねつぞう【▼捏造】〈名・する〉事実をねじまげて、好きなように話をつくってしまうこと。例記事を捏造する。類でっちあげ。参考もとは「でつぞう」と読み、土をこねてなにかの形をつくるという意味で、悪い意味ではなかった。

ねったい【熱帯】〈名〉地球の気候区分の一つ。赤道を中心とした地帯で、一年中暑く、四季の変化にとぼしい。↓かんたい〔寒帯〕・おんたい〔温帯〕

ねったいうりん【熱帯雨林】〈名〉熱帯の雨の多い地域にできる森林。たくさんの種類と数の生物が生息し、また、酸素の重要な供給源となっている。

ねったいぎょ【熱帯魚】〈名〉熱帯地方にすむ魚をまとめていうよび名。小形でうつくしいものを観賞用に飼う。グッピー、エンゼルフィッシュなど。

ねったいていきあつ【熱帯低気圧】〈名〉〔気象〕熱帯地方で発生した低気圧。略して「熱低」ともいう。参考日本のはるか南の海上で発生して、最大風速一七・二メートル以上のものを、台風という。アメリカのハリケーン、インドのサイクロンなども、熱帯低気圧。

ねったいや【熱帯夜】〈名〉〔気象〕最低気温がセ氏二五度以下にさがらない夜。暑くて寝《ね》ぐるしい。

ねっちゅう【熱中】〈名・する〉あるひとつのことに夢中《むちゅう》になって、うちこむこと。例仕事に熱中する。類没頭《ぼっとう》。没入。熱くなる。凝《こ》る。ふける。

ねっちゅうしょう【熱中症】〈名〉炎天下《えんてんか》など高温の中での活動や、多湿《たしつ》で風通しのわるい室内での生活によっておこる、体の異常の総称《そうしょう》。めまい、頭痛や発熱・発汗《はっかん》、けいれんなどの症状が出る。

ねつっぽ・い【熱っぽい】〈形〉❶病気などで、熱がある感じだ。例からだが熱っぽい。❷むちゅうになっていて、情熱的だ。例熱っぽく話す。熱っぽい口調。

ねってい【熱低】〈名〉「熱帯低気圧」の略。対温低。

ネット〈名〉❶あみ。あみ状のもの。例バックネット。ヘアネット。❷テニス・バドミントン・バレーボールなどのコートや卓球台の、中央にはるあみ。❸「②」の球技で、ボールが「②」にかかること。❹「ネットワーク」の略。例全国ネットの放送。❺正味《しょうみ》。例ネット三百グラムの肉。❻「インターネット」の略。◇net

ネットイン〈名・する〉卓球・テニス・バドミントン・バレーボールなどで、ボールがネットにふれて相手コートに入ること。◇net と in による日本での複合語。

ねっとう【熱湯】〈名〉煮《に》えたった湯。例熱湯消毒。類煮え湯。

ネットリテラシー〈名〉インターネットから得た情

報の価値を見きわめる能力。◇net literacy

ネットワーク〈名〉電話会社などが敷設《ふせつ》した通信網《もう》や、テレビ・ラジオの放送網。略して「ネット」ともいう。◇network

ねっぱ【熱波】〈名〉高温の気団がおしよせて、気温がひどく上がる現象。渇水《かっすい》や干ばつをもたらす。

ねつびょう【熱病】〈名〉マラリアやチフスなど、異常に高い熱のでる病気。

ねっぷう【熱風】〈名〉❶ふれるとやけどしそうなほど熱い風。❷真夏の、暑く熱された風。

ねつべん【熱弁】〈名〉力のこもった、情熱的な話しかた。例熱弁をふるう。

ねつぼう【熱望】〈名・する〉ぜひそうあってほしいと、強く願うこと。その願い。例平和を熱望する。類切望。

ねづよ・い【根強い】〈形〉しっかり根をはっていて、かんたんに変わったり、くずれたりしない。例根強い人気。

ねつりょう【熱量】〈名〉❶〔物理〕物体の温度が変化するときに、その物体が外部からとり入れたり、外部に放出したりするエネルギーの大きさ。単位は、カロリー(cal)、または、ジュール(J)。❷食べたものが、からだの中で出すエネルギーの大きさ。カロリー。単位は、キロカロリー(kcal または Cal)。

表現 新しい言いかたとして、人の、ものごとへの熱心さの度合いの意味でも使われる。

ねつれつ【熱烈】〈形動〉一つのことに心からうちこんで、むちゅうになっている。例熱烈なファン。

参考 中国語の「熱烈歓迎」は、日本語の「よくいらっしゃいました」に当たるあいさつことば。これを「熱烈に歓迎します」とどるのは適切でない。

ね(寝)てもさ(覚)めても ⇩「ねる〔寝る〕」の子項目

ねどこ【寝床】〈名〉寝るためにしいたふとんや、ベッド。例寝床をしく。寝床をつくる。寝床に入る。類床《とこ》。

ねとねと〈副・する・形動〉ねばりけがあるようす。例ねとねとした水あめ。類ねっとり。ねとっと。ねちねち。

参考 アクセントは、ふつう「**ネ**トネト」であるが、「ねとねとに」「ねとねとの」「ねとねとだ」の場合は、「ネト**ネト**」となる。

ねとまり【寝泊まり】〈名・する〉その場所にしばらくのあいだ泊まって、生活すること。

ねなしぐさ【根無し草】〈名〉おちつくところがなくて、ただよっているもの。

表現 水面にうくうき草のことであるが、多くは、「おちつくところがない」と感じられる人間の生活や心のようすを表現するのに使われる。

ねばつ・く【粘つく】〈動五〉強いねばりけがある。類べとつく。

ねばっこ・い【粘っこい】〈形〉❶ねばる感じがある。例粘っこい液体。❷さっぱりとせず、しつこい。

表現 人について「ねばっこい人」というと、「しつこい」というよりも、むしろ、簡単には引きさがらない、ねばり強い人を意味するほうが多い。

ねばならない 動詞について、それを当然すべき責務がある意味を表わす。…なければならない。例断固要求を貫徹《かんてつ》せねばならない。

ねばねば〖粘粘〗■〈名〉よくねばるもの。例納豆《なっとう》のねばねばがきらいだ。■〈副・する〉よくねばってものにくっつくようす。例ねばねばしたやに。▽ア■ネバネバ ■ネバネバ

ねはば【値幅】〈名〉❶取り引きで、売り手と買い手がつけた値段の差。❷相場で、高値と安値の差。

ねばり【粘り】〈名〉ねばること。ねばる状態。例こののりは粘りが少ない。粘りのあるチームだ。

ねばりけ【粘り気】〈名〉ねばる力。ねばる性質。例粘りけが強い。類粘性《ねんせい》。

ねばりづよ・い【粘り強い】〈形〉途中《とちゅう》であきらめたりしないで、根気よくがんばりとおそうとするようす。例粘り強く説得する。類がまん強い。辛抱《しんぼう》強い。

ねば・る【粘る】〈動五〉❶やわらかくて、のばしてもかんたんにはちぎれなかったり、ものによくくっついたりする。例このもちは、よく粘る。❷かんたんにあきらめないで、根気よくつづける。例最後まで粘って、ついに逆転した。閉館《へいかん》時間まで図書館で粘った。

ねはん【▼涅▼槃】〈名〉〔仏教〕❶なやみをこえて、さとりの境地に入ること。❷シャカ(釈迦)の死のこと。類入寂《にゅうじゃく》。入滅《にゅうめつ》。◇もとサンスクリット語。

ねはんえ【▼涅▼槃会】〈名〉〔仏教〕シャカ(釈迦)のなくなった陰暦《いんれき》二月十五日に、寺で行なう供養《くよう》。

ねびえ【寝冷え】〈名・する〉ねむっているあいだに冷えて、腹をこわしたり、かぜをひいたりすること。夏に多い。

ねびき【値引き】〈名・する〉売るときに、値段を安くすること。値引くこと。例値引き交渉《こうしょう》。類おまけ。まける。プライスオフ。割引《わりびき》。

ねぶか【根深】〈名〉⇩ねぎ〔葱〕

ねぶか・い【根深い】〈形〉問題の原因がふかいところにあって、かんたんにはとりのぞけない。例根深い対立。根深い確執《かくしつ》。

ねぶくろ【寝袋】〈名〉登山やキャンプの用具の一つ。野外で寝るときにからだをすっぽり入れるふくろ。シュラフ。

ねぶそく【寝不足】〈名・形動〉ねむりがたりないこと。睡眠《すいみん》不足。例寝不足がたたる。

ねふだ【値札】〈名〉商品の値段を表示したふだ。

ねぶみ【値踏み】〈名・する〉❶品物を見て、値段の見当をつけること。❷ものや人のねうちをおしはかること。▽類評価。

ねぶ・る(方言) 舌《した》でなめる。西日本で言う。

ねぼう【寝坊】〈形動・名・する〉朝おそくまで寝ていること。そういうくせのある人。例寝坊な人。うっかり寝坊した。朝寝坊。

ねぼけまなこ【寝ぼけ眼】〖寝▼惚け眼〗〈名〉ねむりからさめたばかりの、ぼんやりした目つき。

ねぼ・ける【寝ぼける】〖寝▼惚ける〗〈動下一〉❶ねむりからさめたばかりで、頭がよくはたらかず、ぼんやりしている。例寝ぼけた顔。寝ぼけたことを言うな。寝ぼけまなこ。❷ねむっているあいだに起きあがって、意識のないまま、わけのわからないことをする。

ねぼすけ〖寝▽坊助〗〈名〉「いつもよくねむる人」「いつも朝ねぼうな人」をからかっていうことば。

ねほりはほり【根掘り葉掘り】〈副〉こまかいことを一つひとつ問いただすようす。例根掘り葉掘り聞く。

ねまき【寝巻き・寝間着】〈名〉寝るときに着る服。

参考 もとは、和服の形式のものをさした。

ねまちのつき【寝待ちの月】〈名〉陰暦《いんれき》十九日の夜の月。とくに、陰暦八月十九日の夜の月をいう。

参考 月が、出るのが遅くなったので寝て待つ、という意味。

ねま・る(方言) すわる。北海道・東北・北陸で言う。例まんず(=まず)、ねまれ。

参考 くつろいだ状態で腰《こし》を下ろすことを表わす。

支倉常長(はせくらつねなが)(1571～1622) 伊達政宗の命でメキシコを経てスペインに行き，ローマ法王に謁見。

ねまわし【根回し】〈名・する〉❶移植したり、実《み》をよくならせたりするために、木のまわりをほって、根の一部を切りとること。❷交渉《こうしょう》や会議などをうまくまとめるために、前もってあちこち関係のあるところに話をつけておくこと。例あらかじめ根回ししておく。

ねみみ(寝耳)**にみず**(水)　聞いておどろくような思いがけない話を突然《とつぜん》聞かされること。

ねむ〖▽合▽歓〗〈名〉⇩ねむのき

ねむ・い【眠い】〈形〉いまにも眠ってしまいそうな気分だ。または、もっと眠りたい気持ちだ。類ねむたい。

ねむけ【眠気】〈名〉眠りたくなる気持ち。例眠気がさす。眠気をもよおす。眠気をさます。眠気ざまし。

ねむけざまし【眠気覚まし】〈名〉眠気をさますためのものごと。例眠気覚ましに顔を洗う。

ねむた・い【眠たい】〈形〉「眠い」のくだけた言いかた。

ねむのき【ねむの木】〖▽合▽歓の木〗〈名〉山野に生える落葉高木。夜になると葉がとじる。夏、うす赤い花がさく。ねむ。

ねむり【眠り】〈名〉眠ること。例眠りがふかい。眠りに落ちる。眠りをさます。永遠の眠りにつく(=死ぬ)。類睡眠《すいみん》。

ねむりこ・ける【眠りこける】〈動下一〉ぐっすりと深く眠る。類熟睡《じゅくすい》する。→囲み記事36(下)

ねむ・る【眠る】〈動五〉目を閉じ、心と体が休んで、無意識の状態になる。睡眠《すいみん》の状態に入る。対覚める。類寝《ね》る。睡眠をとる。→囲み記事36(下)

表現 (1)「永遠に安らかにしている」という意味で、死んでいることを「眠る」ということがある。
(2)「海底に眠る資源」のように、ものが使われないで、ただ死蔵されていることをいうこともある。

ねむれる【眠れる】〈連体〉ねむっている。

表現「眠れる森の美女」はただ「眠っている」のだが、「眠れる獅子《しし》」というときは、力をもつ者が「今は眠っている」ということで、やがて起きたら、すごい力を発揮《はっき》するかもしれないという意味がこめられている。

ねめまわ・す【ねめ回す】〖▼睨め回す〗〈動五〉にらみながら見まわす。古い感じの言いかた。例一同の顔をねめ回す。

ねもと【根元・根本】〈名〉❶木や草の根の部分、また、そのあたり。例根元から切りたおす。❷つけ根の部分。ものごとの基本の部分。例耳の根元。

参考「根元《げんこん》」「根本《こんぽん》」は、それぞれ別のことば。

ねものがたり【寝物語】〈名〉ともに寝ながら話をすること。例寝物語に聞く。

ねゆき【根雪】〈名〉春になるまで消えることなく、地面をおおっている雪。対新雪。

ねらい【狙い】〈名〉❶ものごとを行なう目標。目的。例ねらいを明確にする。類趣意《しゅい》。❷銃《じゅう》や弓などでねらうこと。例狙いがはずれる。狙いをつける。類照準。

ねらいうち【狙い撃ち】〈名〉ある特定のものを、よくねらいをつけて撃つこと。類狙撃《そげき》。

表現 おおぜいの相手の中から特定の人物だけをえらんで、そこに批判や攻撃《こうげき》を集中する意味にも使う。

ねら・う【狙う】〈動五〉❶弾《たま》や矢などを目標に命中させようとする。例外角低めをねらって投げる。❷ある目標をきめて、それを手に入れようとする。例優勝をねらう。効果をねらう。❸なにかをするチャンスをうかがう。例すきをねらう。機会をねらう。

ねりある・く【練り歩く】〈動五〉人に見せるように、列をつくり、ゆっくりとあちこち歩く。例町を練り歩く。

ねりあん【練りあん】〖練り▼餡〗〈名〉豆をつぶして、よく練って作ったあん。対粒あん。

ねりいと【練り糸】〈名〉アルカリ性の溶液《ようえき》で煮《に》て、やわらかくした絹糸。対生糸《きいと》。

ねりえ【練り餌】〈名〉❶ふすまやぬか、こまかくきざんだ青菜などを水でねり合わせてつくった、小鳥のえさ。❷ぬかや小麦粉、すりつぶした魚肉などをねり合わせた、魚つりのえさ。

ねりぎぬ【練り絹】〈名〉薬品などを使ってしなやかにした絹。対すずし。

ねりぐすり【練り薬】〈名〉いくつかの薬品をまぜて、ねり合わせたくすり。

ねりせいひん【練り製品】〈名〉魚肉をすり身《み》にしてつくった食品。かまぼこなど。練り物。

ねりなお・す【練り直す】〈動五〉もういちどよく考えたり、くふうしたりして、よりよいものにする。例計画を練り直す。

ねりぬき【練りぬき】〖練▽緯・練▽貫〗〈名〉生糸《きいと》をたて糸、練り糸をよこ糸としておった絹織物。

ねりもの【練り物】〈名〉❶材料をねりかためてつくったもの。とくに、かまぼこなどの食品や人工宝石の装飾《そうしょく》品。❷祭りのときに、あちこちをねり歩く山車《だし》や屋台。

ねりようかん【練りようかん】〖練り羊▼羹〗〈名〉煮《に》てとかした寒天にあんを入れ、よくねりながら煮つめて、型に入れてかためたようかん。日もちがする。

[1]**ねる**【寝る】〈動下一〉❶人間や動物がからだを横たえる。横になる。例あおむけに寝る。寝ころぶ。対起きる。類伏《ふ》す。横たわる。❷本来立っているものが、横にたおれた状態になる。例毛がねる。稲がねる。❸睡眠《すいみん》をとる。例ぐっすり寝る。寝つく。寝そびれる。寝しな。対起きる。覚める。類ねむる。❹ねどこに入る。また、病気で寝こむ。例早く寝る。ゆうべは九時に寝た。インフルエンザで一週間寝ていた。対起き

囲み記事 36

眠《ねむ》りかたのいろいろ

深く眠ることを「熟睡《じゅくすい》する」という。「よく寝ている」は熟睡していて目をさましそうもないようす。眠っていてなかなか目をさまさないのをやや非難《ひなん》する感じで「眠りこける」「眠りほうける」という。横にならず、ふつうの姿勢《しせい》でちょっと眠るのは「いねむり」、横になってもならなくても、ちょっとのつもりで眠るのが「うたたね」である。眠っているようないないような浅い眠りを「うとうとする」という。「うとうとっとする」のは、すうっと眠りに入りかけたときのようすを眠る人の方からいった言いかた。「とろとろっとする」も同じ。全然眠らないことを「一睡《いっすい》もしない」「まんじりともしない」などといい、「ゆうべは、まんじりともしなかった」のように使う。眠くなってくることを「眠気がさす」、眠ってはいけないのに眠くなることを「睡魔《すいま》におそわれる」などという。

ハチャトゥリアン(1903〜78)　ソ連の作曲家。民俗音楽を素材に作曲。「剣の舞」は有名。

る。❺お金やものが活用されないで、しまいこまれている。例倉庫にねているテレビ。類ねむる。▽アネル
敬語 ③と④の尊敬語としては、「お休みになる」「休まれる」を使う。

寝た子《こ》を起《お》こす なんとかおさまっている問題に、よけいなことをして、めんどうをおこす。

寝ても覚《さ》めても ねむっているときも、起きているときも、ということから、いつどんなときも。例寝てもさめてもそればかり考えている。類常に。始終。絶えず。

寝る子《こ》は育《そだ》つ よくねむる子どもは、じょうぶに成長する。

[2]**ね・る【練る】**〈動五〉❶火をとおしたり、かきまぜたりして、むらがない、やわらかい、しなやかだ、ねばりがある、などという状態にする。例あんを練る。類こねる。❷さらにくふうしたり、手を加えたりして、よいものにする。例計画を練る。文章を練る。❸人に見せるため、列をつくってゆっくり歩く。例行列が町を練る。練り歩く。▽アネル

[3]**ネル**〈名〉「フランネル」の日本での省略語。アネル

ね・れる【練れる】〈動下一〉いろいろの苦労を経験して、人がらがおだやかになる。例かれは練れた人だ。

ねわけ【根分け】〈名・する〉植物の根を分けて、ほかに移植すること。

ねわざ【寝技】〈名〉柔道《じゅうどう》やレスリングなどで、寝た姿勢でかけるわざ。対立ち技。
表現 ものごとのうらで ひそかに行なわれる かけひきという意味でも使い、その場合は「寝業」とも書く。「寝業師」は、裏面《りめん》工作の得意な人。

常用漢字 **ねん**

【年】 干部3 全6画 年年年年年年
ネン とし 教小1 音[ネン] ■年内《ねんない》。年度《ねんど》。年代《ねんだい》。年配《ねんぱい》。■新年《しんねん》。学年《がくねん》。近年《きんねん》。少年《しょうねん》。豊年《ほうねん》。五十年《ごじゅうねん》。訓[とし] 年。年上。年子。年越し。年回り。年寄り。子年《ねどし》。

【念】 心部4 全8画 念念念念念念念念
ネン 教小4 音[ネン] ■念願《ねんがん》。念頭《ねんとう》。念仏《ねんぶつ》。■記念品《きねんひん》。信念《しんねん》。専念《せんねん》。断念《だんねん》。執念《しゅうねん》。

【捻】 扌部8 全11画 捻捻捻捻捻捻
ネン 音[ネン] ■捻挫《ねんざ》。捻出《ねんしゅつ》。

【粘】 米部5 全11画 ※粘粘粘粘粘
ネン ねばる 音[ネン] ■粘土《ねんど》。粘液《ねんえき》。粘着力《ねんちゃくりょく》。粘膜《ねんまく》。訓[ねばる] 粘る。粘り。粘り強い。

【燃】 火部12 全16画 燃燃燃燃燃燃
ネン もえる・もやす・もす 教小5 音[ネン] ■燃焼《ねんしょう》。燃料《ねんりょう》。燃費《ねんぴ》。■再燃《さいねん》。可燃性《かねんせい》。訓❶[もえる] 燃える。燃え立つ。燃え尽きる。燃え広がる。燃えさし。❷[もやす] 燃やす。❸[もす] 燃す。

[1]**ねん【年】**〈名〉とし。一年間。例きょうは年に一度の祭りだ。学校の創立年。アネン

[2]**ねん【念】**〈名〉❶心につよく感じられて、忘れられない思い。例望郷の念。尊敬の念。❷じゅうぶんに気をくばること。例念をいれる。念いり。▽ア①ネン ②ネン →ねんじる

念には念を入《い》れる よく注意したうえにも、さらになお注意する。

念のため まちがいないと思うが、なお注意したり、確実なものにするため。例念のため調べなおす。類一応。

念を押《お》す 念のために、もういちどたしかめる。念押し(を)する。例相手に念を押す。

ねんいり【念入り】〈形動〉ものごとの細部にまで注意がはらわれているようす。よく点検されているようす。例念入りなしあげ。念入りに整備する。類入念。丹念《たんねん》。

ねんえき【粘液】〈名〉ねばねばした液。

ねんえきしつ【粘液質】〈名〉刺激《しげき》に対する反応はにぶいが、意志が強くて根気のある気質。→きしつ〔気質〕参考

ねんが【年賀】〈名〉新年のお祝い。新年のあいさつ。例年賀に行く。年賀状。類年始。

ねんがく【年額】〈名〉一年間の収入や支出などを合計した金額。

ねんがじょう【年賀状】〈名〉新年のあいさつを書いてだす、はがきや手紙。類賀状。

ねんがっぴ【年月日】〈名〉年と月と日。類日付。

ねんがらねんじゅう【年がら年中】〈副〉「年中」を強めた、くだけた言いかた。例年がら年中忙しい。

[1]**ねんかん【年刊】**〈名〉年に一回刊行されること。アニュアル。

[2]**ねんかん【年間】**〈名〉❶全体をとおしてみた一年間。例年間計画。❷あるはばのある年代。「元禄《げんろく》年間」「大正年間」のように、元号のあとにつけて使うことが多い。

[3]**ねんかん【年鑑】**〈名〉一年間のいろいろなできごとや統計などをまとめて、一年に一回発行する刊行物。例出版年鑑。参考 社会一般《いっぱん》についてのもののほかに、文芸・スポーツなど、特定の分野のものもある。

ねんがん【念願】〈名・する〉あることが実現するように、長いあいだ強く望んでいること。その望み。例念願がかなう。念願をはたす。念願の金メダル獲得《かくとく》。年来の念願。類宿願。悲願。

[1]**ねんき【年忌】**〈名・接尾〉なくなった人の、毎年めぐってくる命日。類周忌。回忌。

[2]**ねんき【年季・年期】**〈名〉❶むかし、使用人をやとうときに決めた年限。例年季があける。❷技術をみがくための きびしく長い修業《しゅぎょう》。

年季が入《はい》る 長年、その仕事の経験をつんで、うでまえがみがかれている。例年季が入った仕事ぶり。

年季を入《い》れる 長年、同じ仕事を続けて修練を積む。例年季を入れた職人のわざ。

[3]**ねんき【年期】**〈名〉一年を単位としてかぞえる期間。

ねんきゅう【年休】〈名〉「年次有給休暇《きゅうか》」の略。休日や祝祭日以外に、その年度内に休むことが 公式にみとめられている休暇。この休暇には給料がしはらわれる。例年休をとる。類公休。

ねんきん【年金】〈名〉うけとる人が生きているあいだ、またはきめられた期間、毎年支給される 一定額のお金。厚生《こうせい》年金・国民年金など。例年金生活。

ねんぐ【年貢】〈名〉〔歴史〕古代から近世にかけて、支配者が農民からとりたてた税。米などを納めた。明治以後は、土地を借りている人が地主にはらう小作料をさした。

年貢の納《おさ》め時《どき》 これまで続けてきた悪事がばれて、

バッハ(1685~1750) ドイツの作曲家。対位法を用いたカンタータやミサ曲などの宗教曲を残した。

とらえられ、刑《けい》に服さなければならなくなったとき。

ねんげつ【年月】〈名〉何年という長い時間。例年月をかける。年月をすごす。年月を経《へ》る。類年月《としつき》。歳月《さいげつ》。星霜《せいそう》。

ねんげん【年限】〈名〉何年間ときめた期限。

ねんこう【年功】〈名〉❶ある職場にながくつとめた功績。例年功序列。❷長年つとめることによって身についた高度の技術。例年功をつむ。

ねんごう【年号】〈名〉❶西暦《せいれき》または和暦の、何年であるかを表わす数字。例歴史上のできごとの年号を覚える。❷⇩げんごう〔元号〕

ねんこうじょれつ【年功序列】〈名〉会社などで、勤続年数や年齢《ねんれい》によって、地位や賃金が決まること。

ねんごろ〖懇ろ〗〈形動〉❶応対に心がこもっていて、ていねいである。例ねんごろにもてなす。類手厚い。❷親しくうちとけている。とくに、男女の仲がいい。例ねんごろなつきあい。ねんごろになる。類懇意《こんい》。

ねんざ【捻挫】〈名・する〉むりな力がくわわって、関節を痛めること。例足首を捻挫する。類くじく。

ねんし【年始】〈名〉❶年のはじめ。例年末年始の連休。対年末。類年初。年頭。❷新年のあいさつやおくりもの。お年始。例年始まわり。類年賀。

ねんじ【年次】〈名〉❶毎年。一年ごと。例年次計画。❷一年一年の順序。例卒業年次。

ねんしき【年式】〈名〉自動車や機械などの、その年の型。例年式が古い。

ねんしゅう【年収】〈名〉一年間の収入の合計。

ねんじゅう【年中】[一]〈名〉一年のあいだ全部。例年中無休(↓ねんない表現)。[二]〈副〉いつも。例父は年中いそがしがっている。年がら年中。類始終。日夜。四六時中。

ねんじゅうぎょうじ【年中行事】〈名〉⇩ねんちゅうぎょうじ

ねんしゅつ【捻出】〈名・する〉❶いろいろやりくりして、お金をつくること。例資金を捻出する。類工面《くめん》。❷苦労して考えだすこと。例案を捻出する。▽類ひねりだす。

ねんしょ【念書】〈名〉相手との約束を守ることをしるした文書。例念書をとる。念書を入れる。

[1]**ねんしょう**【年少】〈名〉年齢《ねんれい》が下であること。例年少者。対年長。類年下《とした》。

[2]**ねんしょう**【年商】〈名〉一年間の総売上高《うりあげだか》。

[3]**ねんしょう**【燃焼】〈名・する〉❶ものがもえること。もやすこと。例脂肪《しぼう》が(を)燃焼する。不完全燃焼。❷自分のもっているすべての力を出しきって、なにかをすること。例充実し、燃焼しつづけた人生。

ねん・じる【念じる】〈動上一〉❶「こうあってほしい」「こうなってほしい」などと、心の中でいのる。例ぶじを念じる。類願う。❷心の中で、また、口にだしてとなえる。例経文《きょうもん》を念じる。▽「ねんずる」ともいう。

ねんすう【年数】〈名〉あることがなされたり、終わったりするまでのとしの数。例年数がかかる。年数がたつ。年数をへる。耐用《たいよう》年数。類年月。

ねん・ずる【念ずる】〈動サ変〉⇩ねんじる

ねんせい【粘性】〈名〉〔物理〕液体や気体のねばりけ。液体や気体の中に速く動く部分とおそく動く部分があるとき、速さの差をなくして一様な運動をしようとする性質。

ねんだい【年代】〈名〉❶時の流れをあるところでくぎった、はばのある期間。例明治年代。二〇一〇年代。❷同じぐらいの年齢《ねんれい》。同じ世代。類年齢層《そう》。

表現 時がたって古びて見えることを「年代がつく」という。一見して古いものとわかるものを「年代物《もの》」という。

ねんだいき【年代記】〈名〉年月をおって、ものごとの経過を記録したもの。クロニクル。例年代記を編む。

ねんちゃく【粘着】〈名・する〉ねばりつくこと。例粘着質。粘着性。

ねんちゃくしつ【粘着質】〈名〉しつこい性格。

ねんちゃくテープ【粘着テープ】〈名〉テープに接着剤《ざい》をぬったもの。

ねんちゅうぎょうじ【年中行事】〈名〉毎年きまった時期に行なわれる行事。「ねんじゅうぎょうじ」ともいう。

ねんちょう【年長】〈名〉年齢《ねんれい》が上であること。例年長者。年長組。対年少。類年上《としうえ》。

[1]**ねんど**【年度】〈名〉役所や会社、学校などで、仕事や授業のつごうによって区分した一年の期間。例年度がかわる。年度末。会計年度。↓れきねん

参考 日本の官公庁や多くの企業《きぎょう》の「会計年度」と、学校の「学事年度」は、四月から翌年の三月まで。

[2]**ねんど**【粘土】〈名〉岩石が風化したり分解したりしてできた、つぶのこまかい、ねばりけのある土。日光にあてたり焼いたりするとかたくなるので、焼きものやれんがの材料にする。例粘土細工《さいく》。

[1]**ねんとう**【年頭】〈名〉年のはじめ。例年頭にあたって。年頭のあいさつ。対年末。類年始。

[2]**ねんとう**【念頭】〈名〉頭のなか。考え。例万一のことを念頭に置いて行動しなさい。ほかのことは念頭にない。類心中《しんちゅう》。胸中。

ねんない【年内】〈名〉その年が終わるまでのあいだ。例年内無休(=今から年末までは休まないということ)。

表現「年内無休」は、「年中無休」とともに商店などでいうことば。「年中無休」は、一年中休まないことで店先などにいつもかかげておくことば。「年内無休」は、年末が近くなってからかかげることば。

ねんね〈名〉❶〈する〉「寝ること」の幼児語。例おねんね。❷年のわりに幼稚《ようち》で、世間知らずな人。

ねんねこ〈名〉赤んぼうをおんぶしたときに、上からおおって着る、綿入れのはんてん。ねんねこばんてん。

ねんねん【年年】〈副〉❶いつの年も。例年年めぐってくる季節。類毎年。❷年がたつにつれていっそう。例都会の緑が年々少なくなる。

ねんねんさいさい【年年歳歳】〈副〉くる年もくる年も。例年々歳々花《はな》相《あい》似《に》たり。

ねんぱい【年配・年輩】〈名〉❶その人のようすからみた、おおよその年齢《ねんれい》。例四十年配の人。❷いろいろなことを経験して、人生とはどういうものかをだいたい知るようになる年ごろ。例年配になる。年配の人。類中年。❸年上であること。例かれのほうが五つ年配だ。

ねんばらい【年払い】〈名〉❶借金などを毎年定額にして返すしはらいのしかた。❷一年分の代金などを一度にまとめて払うこと。

ねんばんがん【粘板岩】〈名〉〔地学〕堆積《たいせき》岩の一つ。粘土などがかたまってできた、黒い岩石。うすい板のようにわれる。砥石《といし》や硯《すずり》などに使われる。

ねんぴ【燃費】〈名〉ある一定量の仕事に必要な燃料の量。とくに、自動車が燃料一《リットル》で走れる距離《きょり》。燃料消費率。例燃費のいい車。

ねんぴょう【年表】〈名〉 歴史上の主要なできごとを、年月の順にならべて、表に書いたもの。例歴史年表。

ねんぷ【年譜】〈名〉 ある人の一生のできごとや、仕事などを、年月順にならべて書いたもの。例年譜をまとめる。略年譜。

ねんぶつ【念仏】〈名・する〉 仏の名をとなえること。とくに、阿弥陀《あみだ》仏の名をとなえること。類念誦《ねんじゅ》。

1 **ねんぽう【年俸】**〈名〉 一年分の額できめた給料。

2 **ねんぽう【年報】**〈名〉 一年ごとに出される、報告のための文書や刊行物。

ねんまく【粘膜】〈名〉 粘液などでおおわれた膜。脊椎《せきつい》動物の消化器や呼吸器などの内がわをおおっている。

ねんまつ【年末】〈名〉 一年の終わりのころ。例年末大売り出し。年末年始の連休。対年始。年頭。類歳末《さいまつ》。暮れ。

ねんらい【年来】〈名・副〉 ずっと前から。例年来の友。年来の望み。年来考えてきたこと。類としごろ。

ねんり【年利】〈名〉 銀行の預金などで、一年ごとの利率。例年利二%。

ねんりき【念力】〈名〉 心を一点に集中することによって生じる精神的な力。または、心を一点に集中することによって外の世界のものごとに影響《えいきょう》をおよぼすことができると信じられている力。

ねんりつ【年率】〈名〉 一年ごとの割合。生産の成長率、借金の利率などでいう。

ねんりょう【燃料】〈名〉 熱や火、動力などをえるためにもやす材料。まき・炭・石炭・石油・ガス・ウランなど。

ねんりょうでんち【燃料電池】〈名〉 酸素や水素などの電気化学反応によって発電する装置《そうち》。燃料をもやすことなく、電気エネルギーを直接とりだせるので、効率がよく、公害もない。

ねんりん【年輪】〈名〉 ❶木を横に切ったときに、その切り口に見られる、いくつもの同心円状のもよう。絵 ❷年をへるにしたがって、つみかさなっていくものごとや経験。例年輪をきざむ。年輪をつむ。

[ねんりん]

参考 ①は、ふつう、一年に一つ年輪ができるので、木の年齢《ねんれい》を知ることができる。

ねんれい【年齢】『年令』〈名〉 生まれてからの年数。例精神年齢。平均年齢。年齢層。類年《とし》。齢《よわい》。↓まんねんれい

表現 ふつう一歳《いっさい》二歳《にさい》と数える。十歳《じっさい》までの年齢は、「一つ二つ」から「九つ十《とお》」まで「歳」をつけずにいうことも多い。年齢差は「上《うえ》」「下《した》」をつけて「三歳上、三歳下」「三つ上、三つ下」のようにいう。最近では「三個上、三個下」のような言いかたも増えている。

の…ノ

1 **の【野】** 一〈名〉 草や木の生えた、広くてたいらな土地。野原。例野の花。野に遊ぶ。虎を野に放つ(→「とら〔虎〕」の子項目)。野山。荒れ野。

二〈接頭〉 動植物名につけて、「野生の」「飼育《しいく》されていない」という意味を表わす。例野イチゴ。野ネズミ。

2 **の** 一〈格助〉 おもに体言につけて、あとにくることばとの意味上のいろいろな関係を代表して示す助詞。

❶所有主や所属するところを表わす。例わたしのシャツ。大山さんの自転車。県立病院の野崎先生。

❷いろいろな内容、対象、性質、分量、場所、時などを表わす。例チョコレートの箱。栄養の調査。プロ用の道具。三リットルの水。となりの家。八月二十日の登校日。

❸同格の関係を表わす。AであるB。例院長の田中先生。次女のゆう子ちゃん。

❹連体修飾《しゅうしょく》語のなかで使われて、主語を表わす。例イノシシやカモシカのすんでいる地帯。顔色のわるい子ども。

❺活用語につけて、名詞のかわりをする。「…するもの」「…すること」という意味を表わす。例わたしが編んだのはこのカーディガンです。ぼくはなるべくあまくないのがいいな。行くのはいいけれど、帰りがたいへんだぞ。

❻体言につけて、「…のもの」という意味を表わす。例あなたのはどれ？ ぼくたちの班のはここにまとめておこう。

❼「のだ」「のです」「のか」の形で、文の終わりに使われて、そこで述べている事情、理由や根拠《こんきょ》などを強めて言いきったり、たずねたりする。例きみたちに分けてやる食料はもうないのだ。わたしたちはなにも知らなかったのです。

二〈副助〉 しかたのないことばかりいくつもならべて言うようすを表わす。例これを買えの、あれを買えのと、うるさいことばかり言う。行くの行かないのと、ちっともはっきり言わないんだ。類だの。とか。

三〈終助〉 ❶やわらかい調子で言いきる。例もう、いいの。これからはじめようと思っていたところなの。

❷質問のしりあがりの音調で、やわらかい調子でたずねる。例さち子ちゃん、どうしたの？ あなた、あしたの会にはいらっしゃるの？

❸強い調子で、相手を問いつめたり、相手に要求したりする。例いったいどうしたの、このちらかりようは？ もういいかげんにかたづけるの。

表現 (1)一の格助詞の「の」のうち、⑦は、くだけた言いかたでは「ん」になることがある。

(2)三の終助詞の「の」は、女性や子どもの話、または年長者から子どもに対する話の中で使うことが多い。

参考 一の⑤～⑦を準体助詞、二を並立《へいりつ》助詞とする考えかたもある。

ノアのはこぶね(箱船) 「旧約聖書」にでてくる、大洪水《こうずい》をのがれるためにノアがつくった箱形の船。神は、人間の悪行をいかり、洪水をおこして全滅《ぜんめつ》させようとしたが、行ないの正しいノアとその家族を、各種動物の代表とともにのがれさせるためにつくらせた。

ノイズ〈名〉 ❶⇩ざつおん② ❷テレビなどの映像の乱れ。◇noise

のいちご【野いちご】『野▼苺』〈名〉 山野に自然に生えたイチゴ。

ノイローゼ〈名〉 心理的なことが原因で起こる精神の不安定な状態。神経症《しょう》。◇ドイツ Neurose

常用漢字 **のう**

【悩(惱)】 忄部7 全10画

悩 悩 悩 悩 悩

ノウ なやむ・なやます 音[ノウ] ■悩殺《のうさつ》。□苦悩《くのう》。煩悩《ぼんのう》。訓❶[なやむ] 悩む。思い悩む。悩み。悩み事。悩ましい。❷[なやます] 悩ます。

 塙保己一(はなわほきいち) (1746～1821) 江戸後期の国学者。史料編纂にすぐれ，「群書類従」を編集。

【納】糸部4 全10画 納納納納納納

ノウ・ナッ・ナ・ナン・トウ おさめる・おさまる 教小6 音❶[ノウ] 納入《のうにゅう》。納税《のうぜい》。納品《のうひん》。納骨《のうこつ》。納涼《のうりょう》。未納《みのう》。奉納《ほうのう》。収納《しゅうのう》。格納庫《かくのうこ》。❷[ナッ] 納得《なっとく》。納豆《なっとう》。❸[ナ] 納屋《なや》。❹[ナン] 納戸《なんど》。❺[トウ] 出納《すいとう》。訓❶[おさめる] 納める。❷[おさまる] 納まる。納まり。

【能】月部6 全10画 能能能能能能

ノウ 教小5 音[ノウ] 能力《のうりょく》。能率《のうりつ》。能弁《のうべん》。能動的《のうどうてき》。能面《のうめん》。才能《さいのう》。万能《ばんのう》。効能《こうのう》。芸能《げいのう》。

【脳(腦)】月部7 全11画 脳脳脳脳脳

ノウ 教小6 音[ノウ] 脳髄《のうずい》。脳卒中《のうそっちゅう》。脳天気《のうてんき》。脳裏《のうり》。大脳《だいのう》。頭脳《ずのう》。首脳《しゅのう》。

【農】辰部6 全13画 ※農農農農農

ノウ 教小3 音[ノウ] 農業《のうぎょう》。農具《のうぐ》。農閑期《のうかんき》。農家《のうか》。農村《のうそん》。酪農《らくのう》。小作農《こさくのう》。

【濃】氵部13 全16画 ※濃濃濃濃濃

ノウ こい 音[ノウ] 濃淡《のうたん》。濃厚《のうこう》。濃密《のうみつ》。濃縮《のうしゅく》。濃度《のうど》。濃霧《のうむ》。濃紺《のうこん》。訓[こい] 濃い。

1 **のう【脳】**〈名〉❶頭蓋骨《ずがいこつ》の中にあり、神経を支配して、精神活動を行なう部分。大脳・小脳・間脳・延髄《えんずい》などにわかれる。脳髄。❷考えたり、おぼえたりする頭のはたらき。例脳が弱い。▽アノー

2 **のう【能】**〈名〉なにかをなしとげる力。力量。例言われたことをやるだけでは能がない。勉強するだけが能ではない。参考「能《のう》がない」などの「能」は別のことば。↓次項

能ある鷹《たか》は爪《つめ》を隠《かく》す すぐれた才能のある人は、むやみにそれをあらわさないものだ。

アノー↓次項

3 **のう【能】**〈名〉「能楽《のうがく》」のこと。アノー↓前項

のういっけつ【脳▾溢血】〈名〉⇩のうしゅっけつ

のうえん【農園】〈名〉野菜やくだものなどを大規模につくるところ。例観光農園。類農場。

のうか【農家】〈名〉農業を職業としている家。

のうかい【納会】〈名〉一年の最後、または一つの行事の最後に、慰労《いろう》や反省のために行なう集まり。

のうがき【能書き】〈名〉❶「効能書き」の略。薬のききめを書きつけた、説明のことば。❷おおげさな宣伝や、えらそうな説明のことば。とくに、自分を売りこむときの宣伝文句の意味で使うことが多い。例能書きをならべる。

1 **のうがく【能楽】**〈名〉日本の古典芸能の一つ。猿楽《さるがく》から発展し、室町《むろまち》時代に、観阿弥《かんあみ》と世阿弥《ぜあみ》によって大成された。仮面(=能面)をつけ、笛やつづみを伴奏《ばんそう》として、謡《うたい》に合わせてシテ(=主役)やツレ(=助演者)などが、能舞台《のうぶたい》で演じる。能。例能楽師。能楽堂。

2 **のうがく【農学】**〈名〉農業に関する学問。

のうかすいたい【脳下垂体】〈名〉⇩かすいたい

1 **のうかん【納棺】**〈名・する〉遺体をお棺に入れること。

2 **のうかん【脳幹】**〈名〉脳のうち、大脳半球と小脳をのぞいた部分。生命維持《いじ》のためにたいせつなところ。

のうかんき【農閑期】〈名〉一年のうちで、農作業のひまな時期。対農繁《のうはん》期。

のうき【納期】〈名〉お金や製品などをおさめる期限。

のうきぐ【農機具】〈名〉農作業に使う道具や機械。

のうきょう【農協】〈名〉「農業協同組合」の略。農民が協力して農業経営を改善し、生活の向上をめざす団体。JA《ジェーエー》。

のうぎょう【農業】〈名〉田畑などで、米・麦などの穀物や野菜、くだものなどをつくったり、家畜《かちく》を飼《か》ったりして、人間生活に必要なものを生産する産業。第一次産業に属する。

のうきょうげん【能狂言】〈名〉❶能楽と狂言。❷能楽と能楽のあいだに演じられる、こっけいな劇。参考②は、ふつう「狂言」というが、「歌舞伎《かぶき》狂言」と区別していうときに使う。

のうぐ【農具】〈名〉農作業に使う、くわやかまなど、手で使う道具。類耕具。農機具。

のうげい【農芸】〈名〉農作物をつくる技術。

のうげか【脳外科】〈名〉脳の手術を受けもつ外科。

のうけっせん【脳血栓】〈名〉脳の動脈硬化《こうか》などにより、脳の血管がつまる病気。

1 **のうこう【農耕】**〈名〉田畑をたがやして米や麦、野菜などをつくること。例農耕民族。類農作。

2 **のうこう【濃厚】**〈形動〉❶色や味などがこい。例濃厚な味。対淡泊《たんぱく》。類濃密。❷気体や液体がこい。例濃厚なジュース。対希薄《きはく》。❸そうなることがほぼはっきりしている。例敗色《はいしょく》が濃厚になる。

のうこうそく【脳梗塞】〈名〉脳血栓《けっせん》などにより、脳の細胞に血がとどかず、細胞が死んでしまう病気。からだのまひなどの症状《しょうじょう》があらわれる。脳軟化《なんか》症。

のうこつ【納骨】〈名・する〉火葬《かそう》にした骨を墓におさめること。例納骨堂。

のうこん【濃紺】〈名〉こい紺色。例濃紺の校旗。類ネイビー(ブルー)。

のうさくぶつ【農作物】〈名〉米や野菜、くだものなど、田畑でとれるもの。類農産物。注意「作物《さくもつ》」とまぎれて、「のうさくもつ」ともいうようになった。

のうさつ【悩殺】〈名・する〉女性が性的魅力《みりょく》で男性をなやますこと。

のうさんぶつ【農産物】〈名〉農業によって生産されるもの。米・麦・野菜・くだもの など。類農作物。

のうし【脳死】〈名〉脳の働きが完全に止まること。参考かつては、肺《はい》・心臓《しんぞう》・脳のすべての働きが止まったときにのみ「人の死」と判定されたが、人工呼吸器がある現在では、臓器移植を行なう場合にかぎり、脳死を人の死とすることになっている。

のうしゃ【納車】〈名・する〉自動車を買い主にひきわたすこと。

のうじ(能事)お(終)われりとする なすべきことはすべて終わったと判断する。やや古い言いかた。

のうしゅく【濃縮】〈名・する〉煮《に》つめたりして、液体などの濃度をこくすること。例天然の成分を濃縮する。濃縮ジュース。

のうしゅっけつ【脳出血】〈名〉脳内の血管がやぶれて出血すること。動脈硬化《こうか》によるもの(=脳溢血《のういっけつ》)や、頭をはげしく打ったりしておこるものがある。意識をうしなったり、ひどいときは死亡したりする。回復しても からだがまひすることが多い。

のうしゅよう【脳腫瘍】〈名〉脳の中に腫瘍ができる病気。

のうしょ【能書】〈名〉字がじょうずなこと。字のじょうずな人。例能書家。類達筆。能筆。

のうじょう【農場】〈名〉大きな規模で、農業や酪農《らくのう》をしているところ。類農園。

のうしんとう【脳しんとう】〘脳振▼盪・脳震▼盪〙〈名〉頭をはげしく打ったとき、一時的に気をうしなうこと。

のうずい【脳髄】〈名〉脳のこと。

のうすいしょう【農水省】〈名〉農林水産省。

のうぜい【納税】〈名・する〉税金をおさめること。

のうせいまひ【脳性まひ】〘脳性麻▼痺〙〈名〉胎児《たいじ》のとき、また、出産時や新生児のとき、なんらかの原因で脳の運動中枢《ちゅうすう》に異常が起こり、動作がじゅうぶんにできなくなる病気。

のうそっちゅう【脳卒中】〈名〉脳出血などによってひきおこされる病的な状態。意識をうしなったり、からだがまひしたりする。卒中。類中気。中風。

のうそん【農村】〈名〉住民の多くが、農業によって生計をたてている村。例農村地帯。対漁村。

のうたん【濃淡】〈名〉色や味などの、こさとうすさ。例濃淡をつける。類深浅《しんせん》。

のうち【農地】〈名〉農業用の土地。類耕地。田畑。

のうちかいかく【農地改革】〈名〉一九四五年と四六年に行なわれた農地の所有制度の改革。不在地主と広い農地をもって農村に住んでいる地主とから国が安く農地を買い取り、小作人《こさくにん》に優先的に売りわたして自作農を増やした。

のうちゅう(▼嚢中)のきり(▼錐) かくしても現れてしまう才能。

のうてん【脳天】〈名〉頭のてっぺん。例脳天からどやしつける。

のうてんき【脳天気・能天気】〈名・形動〉人がらがおめでたく、のんきなこと。例あんな脳天気なやつは見たことがない。

[のうめん]

1 **のうど【農奴】**〈名〉〔歴史〕土地にしばられて、働かされるばかりで自由のない農民。おもに、ヨーロッパ中世の封建《ほうけん》社会での農民についていわれることば。

2 **のうど【濃度】**〈名〉液体や大気の中にまじっている物質の、こさの度合い。例濃度が高い。

のうどう【農道】〈名〉田畑のあいだを通っている道。

のうどうたい【能動態】〈名〉〔文法〕ある動作・作用の主体を主語にたてたときの述語の形。対受動態。

のうどうてき【能動的】〈形動〉自分からすすんでほかにはたらきかける積極性をもっている。対受動的。

のうどうぶん【能動文】〈名〉〔文法〕「受動文」に対して、能動態の述語をふくむふつうの文。たとえば、「A君が先生にほめられた。」に対する、「先生がA君をほめた。」という文。

のうなし【能無し】〈名〉能力がないこと。役にたたないこと。また、そういう人。

のうにゅう【納入】〈名・する〉お金やものをおさめること。例会費を納入する。

のうのうと〈副・する〉なんの心配もなくのんびりしているようす。例のうのうと暮らす。

表現 本来そんなことをしていられる立場ではないのに、という非難の気持ちをこめて使う。

のうは【脳波】〈名〉脳からでている弱い電流。また、それを記録した波。脳の診断や心理の研究に重要。

ノウハウ〈名〉実際的な知識や情報、やりかた。例仕事のノウハウを教わる。◇know-how

のうはんき【農繁期】〈名〉一年のうちで、農作業のいそがしい時期。対農閑《のうかん》期。

のうひつ【能筆】〈名〉字がじょうずなこと。例能筆の聞こえが高い。対悪筆。類能書。達筆。

のうひん【納品】〈名・する〉注文先などへ品物をおさめること。例納品書。

のうひんけつ【脳貧血】〈名〉脳の血液量が少なくなることによっておこる症状《しょうじょう》。頭痛やめまいがして、意識をうしなうこともある。例脳貧血をおこす。

1 **のうふ【農夫】**〈名〉農業を仕事にしている男の人。対農婦。類農民。アノーフ

2 **のうふ【農婦】**〈名〉農業を仕事にしている女の人。対農夫。類農民。アノーフ

3 **のうふ【納付】**〈名・する〉役所などに、お金をおさめること。例納付金。アノーフ

のうべん【能弁】〈名・形動〉よく口がまわって、話がうまいこと。例能弁家。対訥弁《とつべん》。類雄弁《ゆうべん》。

のうみそ【脳みそ】〘脳味▼噌〙〈名〉「脳」の俗《ぞく》な言いかた。

のうみつ【濃密】〈形動〉人の感覚に強い刺激《しげき》をあたえるほどこい。例濃密な味。類濃厚《のうこう》。

のうみん【農民】〈名〉農業をして生活している人々。類農夫。農婦。

のうむ【濃霧】〈名〉ふかいきり。例濃霧注意報。

のうめん【能面】〈名〉能楽の演者《えんじゃ》がつける面。絵 例能面打ち(=能面をつくる人)。類おもて。

表現「能面のような顔」は、表情のない顔のたとえ。

のうやく【農薬】〈名〉農作物の病気や害虫をふせいだり、雑草をからしたりするくすり。

のうやくか【農薬禍】〈名〉農薬をつかうことによって、かえってそれにふくまれている有毒物質が人間にわるい影響《えいきょう》をあたえること。

1 **のうり【能吏】**〈名〉有能な役人。

2 **のうり【脳裏】**〈名〉頭の中。例脳裏をかすめる。脳裏をよぎる。脳裏に焼きつく。

のうりつ【能率】〈名〉一定の時間に対する仕事の進みぐあい。例能率がいい。能率が上がる。能率を上げる。能率的。類効率。

のうりつきゅう【能率給】〈名〉仕事の成果や量に応じてしはらわれる給料。

のうりつてき【能率的】〈形動〉一定の時間に対する仕事の進行がはやい。例能率的に仕事をすすめる。

のうりょう【納涼】〈名〉夏の夜、風とおしのよいところで、すずしさをあじわうこと。例納涼船。類夕すずみ。

のうりょく【能力】〈名〉❶ものごとをなしとげることのできる力。例能力がある。能力を発揮《はっき》する。能力に応じて。能力者。運動能力。身体《しんたい》能力。超能力。類力量。力。❷〔法律〕その資格をそなえていること。例責任能力。証拠《しょうこ》能力。

のうりんすいさんしょう【農林水産省】〈名〉

浜口雄幸(おさち)（1870～1931） 政治家。首相。1930年ロンドン軍縮条約に調印。右翼に暗殺された。

中央官庁の一つ。農業・林業・畜産《ちくさん》業・水産業などに関する仕事をする。略して「農水省」ともいう。

ノー〈感〉相手の言うことを否定したり、反対したりする気持ちを表わすことば。いいえ。対イエス。◇no

ノーカウント〈名〉競技で、得点や失点にならないこと。俗《ぞく》に、「ノーカン」ともいう。◇日本での複合語。

ノーカット〈名〉映画の途中《とちゅう》の部分がカットされていないこと。参考日本での複合語。英語では uncut という。

のーがわりー（方言）具合が悪い。高知で言う。対のーがえー。参考「のー」は「性能、機能」の「能」。

ノーコメント〈名〉意見を言ったり説明したりしないこと。また、そうする意思のないこと。例その件についてはノーコメントだ。◇no comment

ノーサイド〈名〉ラグビーで、試合終了《しゅうりょう》。◇no side 参考「敵《てき》味方なし」の意味から。

ノースリーブ〈名〉婦人服で、そでのないもの。参考日本での複合語。英語では sleeveless という。

ノータッチ〈名〉❶野球で、タッチしていないこと。❷関係しないこと。例その仕事にわたしはノータッチです。◇no と touch による日本での複合語。

ノート〈名〉❶書くための帳面。❷〈する〉忘れないために書きとめること。書きとめたもの。例ノートをとる。◇①notebook の日本での省略語。②note

ノーベルしょう【ノーベル賞】〈名〉スウェーデンの化学者ノーベルの遺志によって設立された賞。物理学・化学・医学および生理学・経済学・文学・平和の部門ですぐれた仕事をした人に、毎年、おくられる。

ノーマーク〈名〉❶球技で、守備がわの防御《ぼうぎょ》がなく、攻撃《こうげき》がわの選手が自由に動ける状態。❷特定の人物やものごとに対して、警戒や注意をしないこと。◇no と mark による日本での複合語。

ノーマライゼーション〈名〉障害者について、施設《しせつ》などに収容するのではなく、健常者といっしょに社会の中で生活するのが当然だとする考えかた。ノーマリゼーション。◇normalization

ノーマル〈形動〉正常だ。ふつうだ。例ノーマルなものの考えかた。対アブノーマル。◇normal

ノーメーク〈名〉化粧《けしょう》をしていないこと。「ノーメイク」とも書く。類素顔。すっぴん。参考日本での複合語。英語では face without make-up という。

ノーモア「…はもうたくさんだ、くり返したくない」という意味の標語をつくることば。例ノーモアヒロシマ。◇no more

のが・す【逃す】━〈動五〉とらえそこなう。例機会を逃す。犯人を逃す。類にがす。

━〈接尾〉「すればできたのに…しないでしまう」という意味を表わす。例聞き逃す。見逃す。類もらす。

のが・れる【逃れる】〈動下一〉危険な、あるいは、そこにいてはまずい場所や状態からぬけだす。遠ざかる。例難を逃れる。責任を逃れる。類まぬかれる。

のき【軒】〈名〉屋根のはしの、かべより外がわにつきでた部分。例軒をつらねる。軒をならべる。軒下。

軒を連《つら》ねる　軒と軒が重なるくらい、家がたちならんでいる。

のぎく【野菊】〈名〉秋、山野で、うすむらさき色の花をさかせる各種のキクを大ざっぱにまとめていうことば。ヨメナ・ユウガギク・ノコンギクなどの種類がある。

のきさき【軒先】〈名〉❶軒の先端《せんたん》。類軒端《のきば》。❷軒の下のあたり。

のきした【軒下】〈名〉軒の下。例軒下で雨宿りする。類軒先。

ノギス〈名〉製品の厚みや長さをはかる測定器。とくに、まるい形のものの内径や外径をはかるのに便利。◇《ドイツ》Nonius

のきなみ【軒並み】━〈名〉ならんでたっている家々の軒のならびかた。例軒並みの美しい町。類家並み。

━〈副〉❶ならんだ家々の全部。例このあたりの家は軒並み空き巣《す》にやられた。❷同じようなものがどれもみな。例来月から公共料金が軒並み値上げされる。

のきば【軒端】〈名〉軒のはし。軒に近いところ。例軒端に風鈴《ふうりん》をつるす。類軒先。

のぎへん【ノ木偏・▼禾偏】〈名〉漢字の偏《へん》の一つ。「私」「秋」などの「禾」の部分。

の・く【▽退く】〈動五〉❶今までいたところから立ち去る。例「そこをのけ！」。立ちのく。類どく。❷今までいた地位や立場からはなれる。例社長の職をのく。類しりぞく。

ノクターン〈名〉静かな夜の情景や、夢《ゆめ》見るような気分を表わした、ゆるやかな曲。夜想曲。◇nocturne

のけぞ・る【のけ反る】〈動五〉上半身がうしろへそる。

のけもの【のけ者】【▽除け者】〈名〉仲間に入れてもらえない人。例のけ者にする。類仲間はずれ。まま子。

の・ける【▽退ける】━〈動下一〉そこにあったものをほかへ移す。例じゃまなものをのける。類どける。どかす。

━〈補動下一〉（「…てのける」の形で）ふつうはやりにくいことを、思いきりよく、みごとにしてしまう。例堂々と言ってのける。はなれわざを見事にやってのける。

のこ【▼鋸】〈名〉「のこぎり」の略。例糸のこ。

のこぎり【▼鋸】〈名〉大工道具の一つ。うすい鋼板のふちに こまかなぎざぎざの歯をつけた、木や金属などをきる道具。略して「のこ」ともいう。例のこぎりをひく。のこぎり状（＝こまかいぎざぎざのあるようす）。電気のこぎり。

表現一挺《いっちょう》二挺《にちょう》、一本二本と数える。

のこ・す【残す】〈動五〉❶全体の中のある部分をもとのままの状態にしておく。例食事を残す。仕事を残す。目的地まであと二キロを残すのみとなった。やり残す。類余す。❷なくさないで、あとに とどめる。例財産を残す。足跡《そくせき》を残す。悔《く》いを残す。名を残す。おもかげを残す。書き残す。❸すもうで、相手のかけたわざを、こらえて もちこたえる。

表現「今年も、残すところ、あと三日」というのは、「残るところ」と言っても同じことだが、「残すところ」の方が、残りの少なさを惜しむ気持ちが強くでる。

表記遺産などを残す意味では、「▽遺す」と書かれることもある。

このこ〈副〉つごうの悪い場所や時間に、なんの考えもなく現れるようす。例あいつは仕事が終わったころになってのこのこ(と)現れた。

のごめ【ノ米・▼釆】〈名〉漢字の偏《へん》の一つ。「釈」などの「釆」の部分。

のこらず【残らず】〈副〉少しもあますところがなく。すっかり。例残らず食べる。ひとり残らず。類全部。

のこり【残り】〈名〉残ること。残ったもの。例残りの金《かね》。夕飯の残り。類余り。

のこりおお・い【残り多い】〈形〉思いどおりの結

果にならず、残念である。くやしい。

のこりおし・い【残り惜しい】〈形〉もう少しこのままでいたいのにそれができないで、残念である。例このまま別れてしまうのはいかにも残り惜しい。類なごりおしい。

のこりが【残り香】〈名〉そこにいた人がいなくなったあとも残っている、その人のほのかな香り。

のこりかす【残りかす】『残り▼滓』〈名〉あとに残ったいらないもの。類残滓《ざんし》。

のこりすくな・い【残り少ない】〈形〉あとに残っている分が少ない。例残り少ない学生生活。

のこりもの【残り物】〈名〉あとに残ったもの。例夕飯の残り物。バーゲンの残り物。類余り物。

残り物には福《ふく》がある 人が残したものの中には、かえってよいものがある。

のこ・る【残る】〈動五〉❶全体の中のある一部分が、もとのままの状態を続ける。例食事が残る。仕事が残る。家に残る。売れ残る。類余る。❷なくならないで、あとにとどまる。例お金が残る。傷あとが残る。悔《く》いが残る。名が残る。耳に残る。おもかげが残る。❸すもうで、相手のしかけたわざがきまらないで、もちこたえる。

のさば・る〈動五〉わがもの顔にふるまう。すきかってなことをする。例世の中に悪がのさばる。類はびこる。

方言 秋田では、「あまえる」の意味でも使う。

のざらし【野ざらし】『野▼晒し』〈名〉野に置きっぱなしにされて、風雨にさらされていること。類雨ざらし。

参考 古くは、「どくろ」を野ざらしといった。

のさん（方言）つらい。めんどうくさい。九州で言う。

[1]**のし**『▽伸し』〈名〉日本に古くからつたわる泳ぎかたの一つ。からだをよこにして、足で水をけって進む。

[2]**のし**『▼熨▽斗』〈名〉祝いのおくり物に、そのしるしとしてそえるもの。絵 例のし紙。

表現「のしをつけて返上する」「のしをつけて進呈《しんてい》する」と

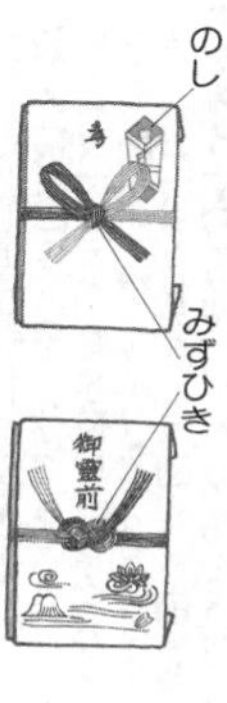

［の　し］

いえば、本来は、つつしんでお返しする、つつしんでさし上げる、という意味だが、使いかたによっては、よろこんでやっかいばらいをするとか、「そんなら返すよ」とかいう、いまいましい気持ちをふくむことになる。

由来 もと、高価なアワビをうすく割《さ》いて何本にも伸ばし、そなえ物やおくり物とした「伸《の》しあわび」のこと。当て字の「熨《うっ》斗《と》」とは、いまのアイロンにあたる中国の「火のし」のこと。

[3]**のし**（方言）…ねえ。三重・和歌山などで言う。例きょうは暑いのし。

のしあが・る【のし上がる】『▽伸し上がる』〈動五〉ほかの者をおさえて、低い地位からどんどん出世する。

のしある・く【のし歩く】『▽伸し歩く』〈動五〉わがもの顔にいばって歩く。

のしいか『▽伸し▼烏▽賊』〈名〉するめに味つけをして、うすくのばした食べ物。おもに酒のつまみにする。

のしかか・る【のし掛かる】『▽伸し掛かる』〈動五〉上から重いものが、身動きさせないようにおおいかぶさる。例責任がのし掛かる。重圧がのし掛かる。

のしがみ【のし紙】『▼熨▽斗紙』〈名〉のしや水引《みずひき》が印刷してある紙。例おくり物にのし紙をかける。

のしぶくろ【のし袋】『▼熨▽斗袋』〈名〉のしと水引《みずひき》をつけた紙袋。また、その形を印刷した紙袋。祝いのお金を入れておくるのに使う。類祝儀《しゅうぎ》袋。

のじゅく【野宿】〈名・する〉野原や山の中など、家のないところに寝《ね》て、夜を明かすこと。類野営。

の・す『▽伸す』〈動五〉❶ほかのものをおさえて、進出する。例実力でのしてきた企業《きぎょう》。❷なぐってたおす。類のばす。❸のばす。のばして広げる。例腰をのす。餅《もち》をのばす。

のずえ【野末】〈名〉野のはて。

ノスタルジア〈名〉郷愁《きょうしゅう》。「ノスタルジー」ともいう。◇nostalgia

ノズル〈名〉先にあけた小さな穴から気体や液体をいきおいよく噴出《ふんしゅつ》させる筒状《つつじょう》の装置。◇nozzle

の・せる【乗せる・載せる】〈動下一〉❶[乗せる・載せる] 乗りものに、人やものをつむ。例船に乗せる。客を乗せる。荷物を載せる。対おろす。
❷[載せる] ものをほかのものの上におく。例たなに載せる。手のひらにのせる。❸[載せる] 文章や写真を新聞や雑誌、本などにだす。例広告を載せる。新聞に載せる。名簿《めいぼ》に名前を載せる。類掲載《けいさい》する。❹[乗せる] あるものといっしょにして、動くようにする。例リズムに乗せる。電波に乗せる。❺[乗せる] うまくおだてて、計略にかける。例口車に乗せる。うまい話に乗せられた。類だます。

表記 一般《いっぱん》に、人や、人に近い動物を対象とするときは「乗せる」と書くが、ものを積んだり、ものを上に置いたりするときは「載せる」と書く。

のぞか・せる『▼覗かせる』〈動下一〉少しだけ見えるようにする。例不満の色を顔にのぞかせる。才能の一端《いったん》をのぞかせる。

のぞき『▼覗き・▼覘き』〈名〉見つからないようにこっそりと見ること。それをする人。

のぞきみ【のぞき見】『▼覗き見』〈名・する〉もののすきまなどから気づかれないように見ること。

のぞきめがね【のぞき眼鏡】『▼覗き眼鏡』〈名〉❶箱の一方にレンズを取りつけ、他方に絵をはめこんで、拡大《かくだい》して見せる装置《そうち》。❷水中のようすを見られるように、底にガラスをはめた箱。

[1]**のぞ・く**【除く】〈動五〉よけいなもの、あってはこまるもの、例外的なものをとりのける。例障害を除く。不安を除く。この点を除けば、賛成です。

[2]**のぞ・く**『▼覗く』〈動五〉❶小さい穴などからむこうのようすを見る。例中をのぞく。望遠鏡をのぞく。❷高い場所からからだをのりだして下を見る。例谷底をのぞく。❸ちょっと立ち寄る。例本屋をのぞいてから帰る。❹容易に見られないものをちらっと見る。例秘密をのぞく。❺ちらっと見える。例白い歯がのぞく。雲間から太陽がのぞく。

のそだち【野育ち】〈名〉❶山野で遊びまわるようにして、たくましく成長すること。❷野生《やせい》。

のそのそ〈副・する〉動きがにぶく、もたもたしているようす。例布団《ふとん》からのそのそ(と)はいでる。

のぞまし・い【望ましい】〈形〉そうあってほしい。

のぞま・れる【望まれる】〈動下一〉相手にあることをしてほしいと思う。直接的にではなく、すこしやわらげてい

の

 林芙美子(はやしふみこ)（1903〜51） 昭和の小説家。貧苦の生活体験にもとづく小説「放浪記」で文壇に出る。

う言いかた。例早急な景気対策が望まれる。

のぞみ【望み】〈名〉❶「こうなってほしい」「こうありたい」とねがっていること。例望みがかなう。望みをたくす。望みの品。類願い。❷今よりも好ましくなるだろうという期待。例望みがある。望みをつなぐ。類光。▽類希望。

のぞみうす【望み薄】〈形動〉望みのかなう可能性が低い。例早期の完成は望み薄だ。

1**のぞ・む【望む】**〈動五〉❶「こうなってほしい」「こうありたい」と思う。例出世を望む。平和を望む。きみに望む。待ち望む。類希望する。ねがう。↓のぞまれる ❷遠くから見る。例はるかに雪をいただいた山々を望む。↓のぞむ〔臨む〕表現（次項）

2**のぞ・む【臨む】**〈動五〉❶面している。例海に臨む。❷集まりなどに出席する。例試合に臨む。式に臨む。❸ある場面に出あう。面とむかう。例死に臨む。難局《なんきょく》に臨む。

表現「海を望む家」は、海を眺望《ちょうぼう》できる家。「海に臨む家」は、臨海《りんかい》している家。

のぞむらくは【望むらくは】〈副〉そうあってほしいと思うことには。古風な言いかた。類ねがわくは。

のたうちまわ・る【のたうち回る】〈動五〉「のたうつ」を強めた言いかた。

のたう・つ〈動五〉苦しさのあまり、あちこちころげまわる。例のたうちまわる。

のだて【野▽点】〈名〉野外での茶の湯。

のたま・う【▽宣う】〈動五〉「おっしゃる」の古い言いかた。現代語では、皮肉をこめて使われる。

のたれじに【のたれ死に】【野垂れ死に】〈名・する〉飢《う》えや病気などのために、道などにたおれて死ぬこと。

のち【後】〈名〉❶あることが終わってしまったあと。例首相は市長を訪問したのち、工場を視察した。❷将来のこと。例後のことを考えて行動する。類先《さき》。

表記「後」は、「あと」とも読めるので、まぎらわしいときはかな書きがよい。

類行き倒れ。

のちぞい【後添い】〈名〉⇩ごさい

のちのち【後後】〈名・副〉ずっとあと。将来。例後々のことを心配する。後々苦労する。類あとあと。

表現「あとあと」にくらべて、やや文章語的。

のちのよ【後の世】〈名〉❶将来。後世《こうせい》。❷死んだあとにいくという世界。類あの世。来世。

のちほど【後程】〈副〉少し時間がたってから。例後程、またお目にかかります。対先程。類後刻《ごこく》。

のっか・る【乗っかる】〈動五〉「乗る」のくだけた言いかた。例電車に乗っかる。もうけ話に乗っかる。

表現少しあらたまった言いかた。

ノッキング〈名〉自動車などのエンジンが異常爆発《ばくはつ》をして、金属をたたくような音がすること。◇knocking

ノック〈名・する〉❶人のいる部屋などへ入ろうとするとき、ドアをこつこつとたたいて、合図すること。❷野球で、守備練習のために、野手にボールを打ってやること。◇knock

ノックアウト〈名・する〉❶ボクシングで、相手をなぐりたおして、一〇秒以内に試合を再開できないようにすること。❷相手に強いショックをあたえて、完全にやっつけてしまうこと。❸野球で、相手投手を打ちこんで交替《こうたい》させること。◇knockout

参考英語を略した「KO《ケーオー》」を使うことが多い。

ノックダウン一〈名・する〉ボクシングで、相手になぐられてたおれること。二〈名〉工業製品を部品のまま外国へはこび、そこで組みたてること。例ノックダウン方式。◇knockdown

のっけ〈名〉いちばんはじめ。例のっけからしかられた。類はな。しょっぱな。

表現「のっけから」「のっけに」の形で、副詞的に使う。

のっしのっし〈副〉からだの重い大きいものがゆったりと一歩一歩歩くようす。

ノット〈名・接尾〉船の速さの単位。一ノットは、一時間に一海里《かいり》（＝一八五二《メートル》）進むことのできる速さ。記号「kt」。◇knot

1**のっと・る【▽則る】**〈動五〉手本として守り、したがう。例規則にのっとる。古式にのっとる。類沿う。

2**のっと・る【乗っ取る】**〈動五〉うばって、自分のものにしたり、支配下においたりする。例飛行機を乗っ取る。類ハイジャックする。ジャックする。

の(▽退)っぴ(引)きならない どうしても、そのことをしなければならない。例のっぴきならない用事ができた。類ぬきさしならない。

のっぺらぼう一〈形動〉高低差がなく、平らだ。どこにも変化がなくおもしろみがない。例のっぺらぼうな顔。二〈名〉顔に目・鼻・口のないばけもの。

のっぺり〈副・する〉平板でしまりがないようす。例のっぺりした顔。

のっぽ〈名〉背が高いこと。背の高い人。くだけた言いかた。対ちび。

のづら【野面】〈名〉野原や、建物のない広い平地。

ので〈接助〉理由や根拠《こんきょ》を表わす。例インフルエンザの患者《かんじゃ》が多くなったので、学級閉鎖《へいさ》となった。線路工事をしておりますので、電車は徐行《じょこう》運転をいたします。対のに。類から。ため。

表現「ので」は接続助詞の「から」と似《に》ているが、理由としてあげる事実をそのままつたえようとする点が「から」とことなる。「から」には理由を主張しようとする性格がある。また、「ので」は「から」よりもあらたまった感じがある。

接続活用語の連体形につく。

のてん【野天】〈名〉屋根やおおいがなく、見上げれば空が見わたせるところ。例野天ぶろ。類露天《ろてん》。

のと【▽能登】〈名〉旧国名の一つ。現在の石川県北部。能州《のうしゅう》。例能登半島。

のど【喉】〖▽咽〗〈名〉❶口のおくの、食道や気管につながるところ。声帯があって声をだし、また、空気や食べものをとおす。例喉がかわく。喉をうるおす。食事が喉をとおらない。喉笛。喉仏。類咽喉《いんこう》。❷首の前の部分。❸歌う声。例のどを聞かせる。のど自慢《じまん》。❹本で、とじめの部分。対小口《こぐち》。

喉から手《て》が出《で》る ほしくてたまらない。

喉(のところ)まで ❶もう少しで思い出せるというところまで。例名前が、喉まで出かかってるのに思い出せない。❷もう少しで言ってしまいそうな手前まで。例答えが喉まで出かかったけどがまんした。

のどか〖▽長▽閑〗〈形動〉❶しずかで、のんびりしている。例のどかな気分。❷空が晴れて、暑くも寒くもなく、おだやかだ。例のどかな春の日。類うららか。ほがらか。

表現②は、多く春の天候についていう。

のどくび【喉首】〖喉▼頸〗〈名〉❶首の前面。❷だいじなところ。例相手に喉首をおさえられる。類急所。

のどごし【喉越し】〈名〉食べ物・飲み物がのどを通っ

林羅山(はやしらさん)（1583～1657） 江戸初期の儒学者。家康から家綱までの将軍に仕え，朱子学を説いた。

ていくときの感じ。例喉越しがいい。

のどじまん【喉自慢】〈名〉歌をうたうのがうまいと思って自慢すること。そのうまさをきそうコンクール。

のどちんこ【喉ちんこ】〈名〉口の奥の、中央にたれさがっている細長い突起《とっき》。口蓋垂《こうがいすい》の俗《ぞく》な言いかた。のどひこ。

のどぶえ【喉笛】〈名〉のどの部分の息のとおるところ。

のどぼとけ【喉仏】〈名〉のどの前の部分につきでて見えるところ。成年男子のものがよくわかる。

のどもと【喉元】〈名〉のどの、いちばんおくのところ。のどが食道と気管にわかれるところ。

喉元過《す》ぎれば熱《あつ》さを忘《わす》れる　いちど身にしみて感じたことでも、少し時がたつと忘れてしまう。熱いものを飲んでも、のどを過ぎると熱さも感じなくなることにたとえた言い回し。

のに〈接助〉あとに述《の》べることがらが、前に述べた内容から期待されることがらとくいちがう関係にあることを表わす。例お金を持っていたのに買わなかった。好きなのにそしらぬ顔をしている。対ので。類にもかかわらず。けれど(も)。くせに。ものを。

表現 前に述べた内容から期待されるものとはくいちがうことがらがおこって、残念だ、不満だ、といった感情をこめて使われることが多い。それで、「そんなに出たくないなら、やめておけばいいのに」のように、「のに」を終助詞のように使うこともある。

接続 活用語の連体形につく。

参考「使い古したタオルは、ぞうきんとして使うのによい」などというときの「のに」は、格助詞の「の」と「に」。

ののし・る【罵る】〈動五〉口ぎたなく悪口を言って、相手を非難する。類罵倒《ばとう》する。面罵《めんば》する。

のば・す【伸ばす・延ばす】〈動五〉

一［伸ばす］❶長くする。例髪《かみ》を伸ばす。❷まがっていたり、くちゃくちゃになったりしているものを、まっすぐにしたりひろげたりする。例うでを伸ばす。手足を伸ばす。しわを伸ばす。対かがむ。かがめる。曲げる。❸かたまっているものや、どろりとしたものをといて、うすくする。「延ばす」とも書く。例のりを水で伸ばして障子《しょうじ》のはりかえに使う。❹ひろげる。発展させる。例勢力を伸ばす。❺さらに上まわるようにする。例記録を伸ばす。才能を伸ばす。力を伸ばす。❻なぐって起きあがれなくする。くだけた言いかた。類のす。

二［延ばす］❶時間や距離《きょり》を長くする。例距離を延ばす。寿命《じゅみょう》を延ばす。対ちぢめる。類延長する。❷時期をおくらせる。例出発を延ばす。類延期する。❸ものの厚みをうすくする。例金属をたたいて延ばす。

表現「手を伸ばす」は、事業を拡張することなどにもいう。「足を伸ばす」は、ついでにもう少し遠いところまで行ってくることをもいう。

のばなし【野放し】〈名〉❶動物を放しがいにすること。❷指導や保護、規制の必要なものを、そのままほうりっぱなしにすること。類放任。

のはら【野原】〈名〉草などのはえた、広くて平らな場所。

のばら【野ばら】【野▼薔▼薇】〈名〉山野に生える落葉低木。枝《えだ》や葉にとげがあり、初夏、かおりのよい白い花がさく。のいばら。

のび[1]【伸び・延び】〈名〉❶［伸び・延び］のびること。のびる程度。例伸びがとまる。成績の伸び。絵の具の延び。❷［伸び］手足やこしをまっすぐにして、できるだけのばすこと。例伸びをする。▽アノビ

のび[2]【野火】〈名〉春のはじめに、灰を肥料とするため、野山のかれ草を焼くこと。また、その火。類野焼き。アノビ

のびあが・る【伸び上がる】〈動五〉❶つま先で立って背伸びをする。❷上のほうへ伸びる。

のびざかり【伸び盛り】〈名〉❶子どもの身長がもっとも伸びていくころ。類育ち盛り。❷能力や才能がもっとも進展していく時期。

のびしろ【伸び代】〈名〉❶金属板が膨張《ぼうちょう》したり折りまげられたりしたときに伸びる長さ。例伸び代を考えて、線路のつなぎ目にすきまをあける。❷これから成長する余地。くだけた言いかた。例伸び代のある選手。まだまだ伸び代のある産業。

のびちぢみ【伸び縮み】〈名・する〉伸びたり縮んだりすること。類伸縮《しんしゅく》。

のびなや・む【伸び悩む】〈動五〉成績などが、思うようにのびない。例記録が伸び悩む。

のびのび[1]【延び延び】〈名〉いろいろじゃまが入って、次つぎにおくれること。例延び延びになる。アノビノビ

のびのび[2]【伸び伸び】〈副・する〉さまたげられることがなく、自由に。例のびのびとそだつ。アノビノビ

のびやか【伸びやか】〈形動〉のびのびしているようす。例のびやかな筆づかい。

のびりつ【伸び率】〈名〉ものごとが伸びていく割合。例売り上げの伸び率。類成長率。

の・びる[1]【伸びる・延びる】〈動上一〉

一［伸びる］❶ものの長さがながくなる。また、高くなる。例ひげが伸びる。草が伸びる。身長が伸びる。伸び上がる。対縮む。❷まがっていたり、くちゃくちゃになっていたりするものが、まっすぐになったり、ひろがったりする。例姿勢《しせい》が伸びる。しわが伸びる。対かがむ。❸うすくなって、たいらにひろがる。「延びる」とも書く。例よく伸びる塗料《とりょう》。❹ひろがる。発展する。例勢力が伸びる。売り上げが伸びる。捜査《そうさ》の手が伸びる。❺さらに上まわる。例記録が伸びる。力が伸びる。❻ひどくつかれたり、また、なぐられたりして動けなくなる。くだけた言いかた。類くたばる。へばる。ばてる。

二［延びる］❶時間や距離《きょり》が長くなる。例時間が延びる。寿命《じゅみょう》が延びる。距離が延びる。❷時期があとになる。延期される。例出発が延びる。類おくれる。❸長くなったり、やわらかくなったりして弾力《だんりょく》をうしなう。「伸びる」とも書く。例そばが延びる。ゴムが延びる。▽アノビル

表現 一で、「発展《はってん》の可能性のある会社」のことを「伸びる会社」、「学力や成績が向上する可能性を秘めた生徒」のことを「伸びる生徒」ということがある。

のびる[2]【野▼蒜】〈名〉山野や田のあぜなどに生える、ネギに似《に》た多年草。葉や茎《くき》を食べる。アノビル

ノブ〈名〉ドアなどのとって。◇knob

のぶし【野武士】【野伏し】〈名〉中世、野山にひそみ、物資の略奪《りゃくだつ》や落ち武者狩《が》りなどをし、ときには合戦にも参加した、特定の主人を持たない武装した農民や武士の集団。類野ぶせり。

のぶと・い【野太い】〈形〉❶ずぶとくて、ふてぶてしい。❷声が低くて太い。例野太い声。

速水御舟(はやみぎょしゅう)(1894～1935)　日本画家。装飾性に近代的な写実を加えた細密描写を得意とした。

1 **のべ【延べ】**〈名〉一つのことに関係したものの数を表わすときに、同じものが重なってもそれぞれを「一」とかぞえ、一列にずっとならべるようにして表わしたもの。例 延べ日数。
参考 たとえば、一つの仕事を二人で三日かけてしたとき、この仕事に要した労力を、一人の延べ日数にして表わせば六日となり、一日の延べ人員で表わせば六人となる。

2 **のべ【野辺】**〈名〉野のあたり。野原。

野辺の送《おく》り 死者の遺骸《がい》につきそって、墓地または火《か》葬《そう》場まで見送ること。また、その行列。

のべつ〈副〉少しの切れ目もなしに。例 のべつ人の出入りがある。のべつ幕なし。類 ひっきりなしに。

のべつまくなし【のべつ幕なし】〈副〉こちらが見たり聞いたりしていてうんざりしてしまうほど、休みなくつづけること。例 のべつ幕なしにしゃべりまくる。

のべにっすう【延べ日数】〈名〉延べでかぞえた日数。→のべ〔延べ〕参考

のべぼう【延べ棒】〈名〉金属を棒のような状態に、長くのばしたもの。例 金《きん》の延べ棒。

のべめんせき【延べ面積】〈名〉建物各階の床《ゆか》面積を合計した面積。対 建て面積。敷《しき》地《ち》面積。

1 **の・べる【伸べる・延べる】**〈動下一〉❶[伸べる] のばす。例 救いの手を伸べる。さしのべる。❷[延べる] ひろげる。例 床《とこ》を延べる。❸[延べる] あとへまわす。例 会議の日程を延べる。日延べする。▽ア ノベル

2 **の・べる【述べる】**〈動下一〉「口で話す」「文章に書く」という意味の、ややあらたまったことば。例 意見を述べる。考えを述べる。事実を述べる。ア ノベル
敬語 丁《てい》重《ちょう》語は「申し述べる」。

3 **ノベル**〈名〉小説。例 ライトノベル。類 ロマン。◇novel ア ノベル

のほうず【野放図】〈形動〉やりたいほうだいかってにふるまうようす。例 野放図な性格。

のぼ・す【上す】〈動五〉⇩のぼせる〔上せる〕

のぼせあが・る【のぼせ上がる】〈動五〉すっかりいい気になって夢中になる。例 彼女にのぼせ上がる。

1 **のぼ・せる【上せる】**〈動下一〉取り上げて表面に出す。のぼす。例 意識に上せる。議題に上せる。

2 **のぼ・せる**『▽逆▽上せる』〈動下一〉❶頭に血があつまって、顔がほてる。例 ふろでのぼせる。類 上気する。❷ほかのことがわからなくなるほど、あることに心をうばわれる。例 歌手にのぼせる。❸自分だけがえらいと思っていい気になる。例 少しのぼせてるんじゃないか。類 思いあがる。

のほほんと〈副・する〉すべきことをしないでのんきにしているようす。どんなことにもこだわらないようす。例 のほほんとした性格。

1 **のぼり【上り・登り】**〈名〉❶のぼること。のぼっていく道。例 登りにかかる。急な登り。登り道。山登り。対 おり。類 上がり。❷[上り] 地方から中央へむかうこと。とくに、東京へむかうこと。例 上り列車。上りくだり。▽対 くだり。

2 **のぼり**『▼幟』〈名〉❶たてながの布の、片がわと上をさおに固定させた、長方形の旗。のぼり旗。例 のぼりを立てる。類 旗幟《きし》。❷「こいのぼり」の略。
表現 ❶は一本二本と数える。本来は一旒《いちりゅう》二旒《にりゅう》、一流《ひとながれ》二流《ふたながれ》と数えた。

のぼりおり【上り下り】〈名・する〉上ったり下りたり。例 階段を上り下りする。類 昇降《しょうこう》。

のぼりざか【上り坂】〈名〉❶高いほうにのぼっていく道。❷だんだん調子がよい方にむいていくこと。例 成績は上り坂になっている。類 上り調子。▽対 下り坂。

のぼりちょうし【上り調子】〈名〉調子がうわ向きで、勢いがあること。例 上り調子の選手。相場が上り調子だ。

のぼりつ・める【上り詰める・登り詰める】〈動下一〉ものごとのいちばん高いところに行きつく。例 富士山を登り詰める。政界を上り詰めて総理大臣となる。

のぼ・る【上る・昇る・登る】〈動五〉❶[上る・昇る]（天体や飛ぶものなどが）上の方へいく。高いところに達する。例 日が昇る。気球は一五〇〇メートルまで昇った。対 おりる。沈む。類 上がる。❷[上る・登る] 自分の手やあしを使って、上の方へいく。例 山に登る。木に登る。演壇《えんだん》に登る。坂を上る。よじ登る。対 おりる。くだる。❸[上る] 川上の方へ行く。対 くだる。類 さかのぼる。❹[上る] 地方から中央へ行く。とくに、東京へ行く。例 都《みやこ》に上る。対 くだる。類 上京する。❺[上る・昇る] 高い地位につく。例 大臣の位に上る。対 おりる。類 上がる。❻[上る] 数量が一定の程度に達する。例 先月の売り上げは三千万円に上った。❼[上る] あるところで、とりあげられる。例 話題に上る。人の口に上る。食膳《しょくぜん》に上る。
表記 「上る」は「上の方向に移動《いどう》する」という意味で広く用いる。「登る」は「ものにそって少しずつ確実にあがっていく」ときに、「昇る」は「一気にあがっていく」ときに用いる。
方言 福島では、「うっかり足のぼっちゃってごめん」のように、「踏む」の意味でも使う。

のま・れる【飲まれる】『▼呑まれる』〈動下一〉❶ひきこまれて、見えなくなる。例 波にのまれる。❷すっかり圧《あっ》倒《とう》される。例 勢いにのまれる。ふんいきにのまれる。

1 **のみ**『▼蚤』〈名〉昆《こん》虫《ちゅう》の一種。からだは赤茶色で、点のように小さくて、よくはねる。病原菌《きん》をもち運び、人や動物の血をすうときに感染《かんせん》させる。ア「ノミ」

蚤の夫婦《ふうふ》 夫より妻のほうが背の高い夫婦。

2 **のみ**『▼鑿』〈名〉大工道具の一つ。厚くてせまい刃《は》を柄《え》につけたもので、木材や石材をえぐったり、きざんだりするのに使う。ア ノミ

3 **のみ**〈副助〉ものごとを「…だけ」とかぎる意味を表わす。文語的なことば。例 住民の大部分は避難《ひなん》して、現地に残ったのは五人のみとなった。

のみくい【飲み食い】〈名・する〉飲んだり食べたりすること。例 飲み食いの費用。類 飲食《いんしょく》。

のみこみ【飲み込み】〈名〉ものごとを理解すること。例 飲み込みがはやい。飲み込みがわるい。

のみこ・む【飲み込む】〈動五〉❶のんで、腹の中へ入れる。❷ものごとを理解する。例 事情をのみ込む。こつをのみ込む。❸口から出そうになるものをぐっとおさえる。例 あやうく言いかけたことばをぐっとのみ込んだ。
表現 「津波が町をのみ込む」のように、擬人《ぎじん》化した使い方もする。

のみしろ【飲み代】〈名〉酒を飲むためのお金。酒代《さかだい》。例 飲み代にこまる。

のみち【野道】〈名〉野原や田畑の中の道。

のみならず …だけでなく。かたい言いかた。例 国内のみならず海外でも活躍《かつやく》する。
表現 「しかも」の意味で、接続詞としても用いる。

ノミネート〈名・する〉候補として指名すること。例

の

新人賞にノミネートされる。◇nominate

のみのいち【のみの市】〖▾蚤の市〗〈名〉広場などに不用品をもちよって、だれでも売り買いできる市。古物《ふるもの》市。フリーマーケット。類バザー。参考 元来は、パリ郊外《こうがい》の露店《ろてん》市をさす。

のみほ・す【飲み干す】〈動五〉中に入っているものを、すっかり飲んでしまう。例ひと息に飲み干す。

のみみず【飲み水】〈名〉飲むのに適したきれいな水。飲用水。例地震《じしん》の被害で、飲み水にもことかく。

のみもの【飲み物】〈名〉お茶やジュース、酒など、のどのかわきをとめたり、味わったりするために飲むもの。類飲料。

の・む【飲む】〖▾呑む〗〈動五〉❶口に入れたものを、そのままからだの中に入れる。例水を飲む。お茶を飲む。くすりを飲む。飲まず食わずで働く。❷外に出ようとするものを出さないようにおさえて、がまんする。例声をのむ。なみだをのむ。うらみをのむ。❸がまんしてうけいれる。例条件をのむ。要求をのむ。❹大きいものが小さいものをとりこむ。例敵をのむ。のんでかかる。→のまれる ❺ふところにしのばせる。例どすをのむ。

表現「波にのまれる」のように、擬人《ぎじん》化した使い方もする。→のまれる

敬語 ①で、尊敬語としては「飲まれる」「お飲みになる」のほかに「召《め》し上がる」、謙譲《けんじょう》語としては「いただく」「頂戴《ちょうだい》する」を使い、いずれも「食べる」の敬語と同じになる。

のめりこ・む【のめり込む】〈動五〉なにかに心身ともにすっかりはまり込んで、抜けられないほどになる。例コンピューターゲームにのめり込む。

のめ・る〈動五〉からだが前へたおれかかる。例前へのめる。のめりこむ。つんのめる。

のやき【野焼き】〈名〉早春のころ、灰を肥料とするために、野のかれ草を焼きはらうこと。類山焼き。野火。

のやま【野山】〈名〉野原や山。自然にめぐまれたところ。例野山をかけめぐって育つ。

のら【野良】〈名〉田畑のあるところ。例野良仕事。

のらいぬ【野良犬】〈名〉飼い主のいないイヌ。対飼い犬。類野犬《やけん》。

のらしごと【野良仕事】〈名〉田畑でする農作業。

のらねこ【野良猫】〈名〉飼《か》い主のいないネコ。

のらりくらり〈副・する〉❶なまけて、ぶらぶらしているようす。類のらくら。❷あいまいで、とらえどころのないようす。例のらりくらりと言い逃《のが》れをする。

のり[1]〖▿法・▿則〗〈名〉❶人として守らなければならないきまり。例のりをこえる。類規範《きはん》。❷仏の教え。❸直径の大きさ。例内のり。外のり。▽アノリ」

のり[2]【乗り】一〈名〉❶何かに乗ること。例馬乗り。❷その場のふんいきに調子を合わせること。例乗りのいい人。軽い乗り。わる乗り。❸絵の具や塗料《とりょう》、化粧《けしょう》品などのなじみ具合。例この絵の具はどうも乗りがよくない。▽アノリ

二〈接尾〉乗り物に何人まで乗れるかを表わす。例五人乗り(のタクシー)。十人乗り(のエレベーター)。

表現 俗《ぞく》に、一②は「ノリ」とかたかなで書くこともあり、若者のことばで「あの人とはノリがちがう」というような使いかたがある。

のり[3]〖▿海▾苔〗〈名〉❶海の岩の表面につくコケのような海藻《かいそう》。アサクサノリやアオノリなど。「海の大豆《だいず》」とも呼ばれるほど、たんぱく質を豊富にふくむ。❷アサクサノリを和紙のようにすいて干した食品。例のり巻き。焼きのり。▽アノリ」

表現 ②は一枚二枚と数える。十枚で一帖《いちじょう》という。

のり[4]〖▾糊〗〈名〉紙などをはりあわせたり、衣服の形をととのえるために使う、ねばりけのあるもの。例のりをつける。のりのきいたワイシャツ。のりしろ。アノリ」

のりあい【乗り合い】〈名〉たくさんの人が船や車など、同じ乗り物にのること。また、その船や車。対仕立て。

のりあ・げる【乗り上げる】〈動下一〉進んできた船や車などが、何かの上にあがって、動けなくなる。例暗礁《あんしょう》に乗り上げる。

のりい・れる【乗り入れる】〈動下一〉❶乗り物で区域内に入る。例構内に乗り入れる。❷鉄道で、別の会社の路線まで直通で運転する。例相互《そうご》に乗り入れる。

のりうつ・る【乗り移る】〈動五〉❶それまで乗っていた乗り物から、じかに別の乗り物に移る。例船からはしけに乗り移る。❷霊魂《れいこん》など、なにものかが体に入ってきて、正体《しょうたい》をうばってしまう。例悪魔が乗り移る。お父さんが乗り移ったようによく似ている。類とりつく。憑依《ひょうい》する。

のりおり【乗り降り】〈名・する〉乗り物に乗ることと、降りること。例ふだん乗り降りしている駅。類乗降《じょうこう》。

のりかえ【乗り換え】〈名〉のりかえること。類連絡《れんらく》。表記「乗換駅」のような複合語の場合は、送りがなは付けない。

のりか・える【乗り換える】〈動下一〉❶一つの乗り物からおりて、ほかの乗り物に乗る。例電車を乗り換える。電車からバスに乗り換える。❷それまでの考えや方針をやめて、ほかの考えや方針に賛成するようになる。例理想主義から現実主義に乗り換える。

の(乗)りかかったふね(船) ものごとをすでにやり始めてしまって、途中《とちゅう》でやめるわけにいかないこと。

のりき【乗り気】〈名・形動〉あることがらについて、積極的に加わり、進めていこうという気分であること。例乗り気になる。類やる気。前むきの姿勢。

のりき・る【乗り切る】〈動五〉困難な状況《じょうきょう》をなんとかがんばって、きりぬける。例あら波を乗り切る。難局を乗り切る。類乗りこえる。

のりくみいん【乗組員】〈名〉船などに乗りくんで仕事をする人。クルー。

のりく・む【乗り組む】〈動五〉運転や客へのサービスをする仕事のために、乗り物にのる。例船に乗り組む。類乗務する。

のりこ・える【乗り越える】〈動下一〉❶高いものによじ登って、むこうがわにおりる。例へいを乗り越える。❷困難やむずかしい問題を解決する。例障害を乗り越える。危機を乗り越える。類乗りきる。きりぬける。❸前の人がなしとげた仕事をもとにして、それをしのいでさらに先へ進む。例先人の偉業《いぎょう》を乗り越える。

のりごこち【乗り心地】〈名〉乗り物に乗ったときの感じ。例乗り心地がいい。

のりこ・す【乗り越す】〈動五〉おりることになっている駅をとおりこして、先まで行く。例電車を乗り越す。

のりこ・む【乗り込む】〈動五〉❶どこかに行くために、乗り物の中に入る。例車に乗り込む。❷そこにいる

人と対決したり、なにかを要求したりするために、いきおいこんである場所へ行く。例敵地に乗り込む。

のりしろ【のり代】『▼糊代』〈名〉紙を使う工作などで、のりをつけてはり合わせるための部分。

のりすご・す【乗り過ごす】〈動五〉電車やバスに乗っていて、降りるはずの所を通り過ぎてしまう。

のりす・てる【乗り捨てる】〈動下一〉❶どこかへ行く途中《とちゅう》で、乗り物をおりる。例渋滞《じゅうたい》のため、タクシーを乗り捨てて駅まで歩いた。❷元の場所にもどさないとりきめで、レンタカーやレンタサイクルを使う。例乗り捨てにする。

のり・する【▼糊する】〈動サ変〉⇩口《くち》に糊する（「くち」の子項目）

のりだ・す【乗り出す】〈動五〉❶船などに乗って、出かける。例大洋に乗り出す。❷あることをすすんではじめる。例新事業に乗り出す。捜査《そうさ》に乗り出す。調査に乗り出す。❸上半身を前の方につき出すようにする。例体を乗り出す。ひざを乗り出す。身を乗り出して話す。

のりつ・ぐ【乗り継ぐ】〈動五〉別の乗り物に乗りかえて、さらに移動を続ける。例バスと電車を乗り継ぐ。

のりづけ【のり付け】『▼糊付け』〈名・する〉のりを使って、紙などをはり合わせること。

のりつ・ける【乗り付ける】〈動下一〉❶自動車などに乗って、目的地の目の前まで行く。例タクシーで会場に乗り付ける。❷その乗り物に乗ったり、運転したりするのに慣れている。表記①は、「乗り着ける」とも書く。

のりと【祝詞】〈名〉〔宗教〕神道《しんとう》で、神主《かんぬし》が神前でとなえる文章。古代のことばで書かれている。

のりのり『乗り乗り』〈形動〉音楽や、その場のふんいきに、楽しそうに調子を合わせているようす。多く「ノリノリ」と書く、くだけた言いかた。例ノリノリで歌う。

［の れ ん］

のりば【乗り場】〈名〉乗り物に乗るために設けられた、特定の場所。例バスの乗り場。

のりまき【のり巻き】『▽海▼苔巻き』〈名〉のりで巻いたすし。まきずし。

のりまわ・す【乗り回す】〈動五〉乗り物やウマなどに乗って、自分の思いどおりにあちこちへ行かせる。

のりもの【乗り物】〈名〉自動車や電車など、ほかの場所へ行くために乗るもの。

の・る【乗る・載る】〈動五〉❶［乗る］なにかの上にあがる。例いすに乗る。ひざに乗る。対降りる。❷［乗る］乗り物や遊具《ゆうぐ》の上にからだをおく。乗り物の中に入る。例自転車に乗る。ブランコに乗る。対降りる。❸［載る］ものがほかのものの上に位置する。例本ばこの上に時計が載っている。❹［乗る］あるものといっしょになって動く。例リズムに乗る。電波に乗る。風に乗る。❺［載る］文章や写真が、新聞や雑誌、本などに出る。例名前が載る。新聞に載る。名簿《めいぼ》に載る。類掲載《けいさい》される。❻［乗る］相手になる。例話に乗る。相談に乗る。類応じる。❼［乗る］相手の思うとおりに動かされる。例口車に乗る。計略に乗る。さそいに乗る。おだてに乗る。その手には乗らない。類かつがれる。だまされる。❽［乗る］調子がぴったり合う。例図に乗る。調子に乗る。波に乗る。乗りに乗る。気分が乗らない。❾［乗る］ひろがって、よくつく。例あぶらが乗る。化粧《けしょう》が乗る。このキャンバスは絵の具がよく乗る。
表記一般《いっぱん》に、人や、人に近い動物は「乗る」と書くが、ものが主体のときは「載る」と書く。

乗るか反《そ》るか ⇩伸《の》るか反るか（次項）

の(▽伸)**るかそ**(反)**るか** 成功するか失敗するか、結果はともかく。例のるか反るかやってみよう。類一か八《ばち》か。注意誤《あやま》って、「乗るか反るか」とも書かれる。

ノルディックきょうぎ【ノルディック競技】〈名〉スキー競技の中で、ジャンプと距離《きょり》、複合をまとめたよび名。オリンピック種目の一つ。→アルペンきょうぎ

ノルマ〈名〉割りあてられた仕事の量。例ノルマをはたす。一日のノルマ。◇ロシア語から。

のれん『▽暖▼簾』〈名〉❶部屋をかんたんにしきったり、かざりにしたりするために、入り口にたらす布やすだれ。❷商店などで、営業中に出入り口にたらす、屋号などをそめぬいた布。例のれんをくぐる。古いのれんの(＝長くつづいている)店。のれん分け。縄《なわ》のれん。▽絵
表現②は、店の営業の権利や名誉《めいよ》を象徴《しょうちょう》するもので、「のれんを守る」「のれんに傷がつく」「のれんを下ろす（＝店をたたむ）」などの使いかたをし、企業《きぎょう》のブランド力にもいう。

のれんに腕押《うでお》し こちらからなにを言ってもなんの手ごたえもなく、はりあいのないこと。類ぬかに釘《くぎ》。豆腐《とうふ》にかすがい。→柳《やなぎ》に風表現（「やなぎ」の子項目）

のれんを分《わ》ける 長年まじめに働いた店員に、独立した店をもたせ、同じ屋号を使わせる。のれん分けをする。

のろ・い[1]『▽鈍い』〈形〉❶速度が、いらいらするぐらいおそい。例足がのろい。仕事がのろい。類緩慢《かんまん》。❷頭のはたらきや動作が、きわめておそく、するどさがない。例話しかたがのろい。類にぶい。▽アノロイ

のろい[2]【呪い】『▼詛い』〈名〉のろうこと。例呪いをかける。悪魔《あくま》の呪い。類呪詛《じゅそ》。アノロイ

のろ・う【呪う】『▼詛う』〈動五〉❶にくらしい人などにわざわいがふりかかるように祈る。例人を呪う。→のろわれた ❷ひどくうらむ。例世を呪う。

ノロウイルス〈名〉急性胃腸炎《えん》を引き起こすウイルスの一種。感染《かんせん》力が強く、腹痛・下痢《げり》・嘔吐《おうと》などのはげしい症状《しょうじょう》をおこす。◇ドイツ Norovirus

のろけ〈名〉のろけること。また、その話。例のろけを聞かされる。のろけ話。おのろけ。

のろ・ける〈動下一〉恋人《こいびと》どうし、夫婦《ふうふ》どうしのどちらか片方が、相手を愛している気持ちを、えんりょもなく、ほかの人に話して聞かせる。

のろし『▼狼▽煙・▼烽▽火』〈名〉むかし、戦争や緊急《きんきゅう》事態などを遠くの人に知らせるためにものを燃やしてあげたけむり。例のろしをあげる。
表現「革命ののろしをあげる」などのように、現在は、大事件のきっかけになる行動という意味で使う。

のろのろ『▽鈍々』〈副・する・形動〉うごきがいらいらす

バリニャーノ（1539〜1606） イエズス会宣教師。活字印刷によるキリシタン版の出版を始めた。

るほどおそいようす。例のろのろ(と)歩く。スピードがのろのろになる。のろのろ運転。参考副詞・サ変動詞の場合のアクセントは「**ノ**ロノロ」、形容動詞の場合は、「ノロ**ノ**ロ」。

のろま【▽鈍間】〈名・形動〉動作や頭のはたらきがにぶいこと。にぶい人。類ぐず。うすのろ。

のろ(呪)われた だれかにのろいをかけられたかのように、不幸や不吉《ふきつ》なできごとが多い。例呪われた洋館。呪われた人生。

のわき【野▽分】〈名〉秋にふくつよい風。とくに、台風のことをさす。古い、詩的な言いかた。「のわけ」ともいう。

ノン〈接頭〉外来語の前に付いて、「…がない」「…でない」の意味を表わす。例ノンシュガー。ノンプロ。◇non

のんき【▼呑気・▼暢気】〈形動〉❶さしあたって気にかけるべきこともなく、のんびりしている。例のんきな生活。❷ものごとにこだわらないで、たいていのことは平気でゆうゆうとしている。例のんきにかまえる。のんき者。対せっかち。

ノンキャリア〈名〉「キャリア」に対して、高い学歴や資格をもたない人たちを、官庁や会社の中での立場としてとらえるときのことば。◇日本での言いかた。

ノンストップ〈名〉乗り物が目的地まで、途中《とちゅう》でとまらないで行くこと。◇nonstop

のんだくれ【飲んだくれ】〈名〉しょっちゅう酒ばかり飲んでいる人をののしっていうことば。類よいどれ。

ノンバンク〈名〉預金は受け入れず、お金の貸し出しだけを行なう金融《きんゆう》業者。クレジット会社やサラ金など。◇nonbank

のんびり〈副・する〉❶心やからだがゆったりして、あわてたり心配したりしないようす。例のんびり暮らす。のんびりした人。一日のんびりとすごす。のんびり屋。対せかせか。❷風景などが、ゆったりしていておだやかなようす。例のんびりした田園風景。

ノンフィクション〈名〉事実にもとづいて書かれた作品。伝記・回想録・ルポルタージュなど。対フィクション。類ドキュメンタリー。◇nonfiction

ノンブル〈名〉本や書類のページ番号。◇《フランス》nombre

ノンプロ〈名〉「ノンプロフェッショナル」の略。「プロ」に対して、そのことを職業にしていないこと。例ノンプロ野球。対プロ。類アマチュア。◇nonpro

のんべえ【飲んべえ】【飲ん▽兵▽衛】〈名〉大酒飲みを人名めかしていうことば。類のみすけ。

のんべんだらりと〈副〉何もせずにぐずぐずとなまけていて、しまりのないようす。俗《ぞく》な言いかた。例のんべんだらりと一日を過ごす。

は…ハ

常用漢字 は

【把】 扌部4 全7画 把把把把把

ハ 音[ハ] 把握《はあく》。把持《はじ》。一把《いちわ》。三把《さんば》。十把《じっぱ》。

【波】 氵部5 全8画 波波波波波

ハ なみ 教小3 音[ハ] 波動《はどう》。波浪《はろう》。波及《はきゅう》。波長《はちょう》。波紋《はもん》。防波堤《ぼうはてい》。音波《おんぱ》。電波《でんぱ》。寒波《かんぱ》。訓[なみ] 波。波打ち際。波風。波立つ。荒波。大波。さざ波。津波。

【派】 氵部6 全9画 派派派派派

ハ 教小6 音[ハ] 派生《はせい》。派閥《はばつ》。派遣《はけん》。派兵《はへい》。学派《がくは》。流派《りゅうは》。少数派《しょうすうは》。立派《りっぱ》。

【破】 石部5 全10画 破破破破破

ハ やぶる・やぶれる 教小5 音[ハ] 破壊《はかい》。破棄《はき》。破産《はさん》。破滅《はめつ》。破天荒《はてんこう》。撃破《げきは》。突破《とっぱ》。難破船《なんぱせん》。踏破《とうは》。訓❶[やぶる] 破る。型破り。❷[やぶれる] 破れる。破れ。

【覇(霸)】 襾部13 全19画 覇覇覇覇

ハ 音[ハ] 覇気《はき》。覇者《はしゃ》。覇権《はけん》。制覇《せいは》。連覇《れんぱ》。

は[1]【刃】〈名〉刃物で、ものを切る部分。うすくするどくなっている。例刃がこぼれる。刃がするどい。かみそりの刃。刃さき。両刃。もろ刃。かえ刃。類やいば。ア ハ

は[2]【葉】〈名〉木や草が生きていくために、空気にふれて呼吸し、また、光をうけて栄養分をつくりだすはたらきをするもの。木の葉は枝《えだ》からでて、草の葉は茎《くき》からでるのがふ

 バルザック (1799〜1850) フランスの小説家。19世紀フランスの社会をリアルにえがく作品を書いた。

つう。例葉がしげる。葉が落ちる。葉をひろげる。葉をつける。根も葉もない(→「ね〔根〕」の子項目)。若葉。かれ葉。落ち葉。類葉っぱ。アハ

[3]は【歯】〈名〉❶動物の口の中、前方上下にあって、食物をかみくだく、かたい骨のようなもの。例歯がはえる。歯がぬける。歯がわるい。歯をみがく。白い歯。歯ならび。糸切り歯。虫歯。❷機械や道具などのふちにあるぎざぎざ。例歯車の歯。のこぎりの歯。くしの歯。❸げたのうらにある二枚、または、一枚の木片。→げた絵 ▽アハ」

歯が浮《う》く ❶歯ぐきがゆるむ。❷いやな音を聞いて、歯ぐきがゆるむような感じがする。❸(「歯が浮くような」の形で)うわついた話を聞いたり、きざな行ないを見たりして、不愉快《ゆかい》な気持ちになる。例歯が浮くようなおせじ。

歯が欠《か》ける 歯が折れたり、欠け損じたりする。

歯が立《た》たない ❶歯でかもうとしても、かたくてどうにもならない。❷自分の力ではとてもおよばない。

歯に衣《きぬ》を着《き》せない 遠まわしに言ったりしないで、思ったとおりずけずけ言う。例歯に衣(を)着せぬ発言で人気のタレント。

歯の抜《ぬ》けたよう 前はそこにあったのに、今はなくなって、なにかものたりないさびしい気持ちがするようす。

歯の根《ね》が合《あ》わない 寒さやおそろしさのために、上下の歯ががちがちいうほど ふるえるようす。

歯を食《く》いしばる 上下の歯をつよくかみ合わせてうごかさないようにする。

表現「歯をくいしばってがまんする」のように、こらえがたい痛みやくやしさ、悲しみなどを、じっとたえるようすをいうときに使う。

歯をむく 歯をむきだして、いかりの表情をしめす。

[4]は【端】〈名〉「はし」「ふち」の意味の古風な言いかた。例山の端。口の端にのぼる(=話題になる)。アハ」

[5]は【派】〈名〉考えかたや利害の共通するグループ。例党内は三つの派にわかれている。賛成派。反対派。改革推進派。アウトドア派。類党派。派閥。アハ」

[6]は【覇】〈名〉❶武力で天下をとること。例天下に覇をとなえる。❷競技などで優勝すること。例五十校が覇をきそう。▽アハ」

[7]は〈副助〉文の中で述べられ、あることがらをとりたてて示したり強めて表現したりする助詞。「ワ」と発音する。❶文の話題の中心となることがらを とりたてて示す。例選手団は午後の特急で出発した。この絵は松本くんがかいたものです。会場は案内図を見てください。❷二つ以上の ものごとを比べて示す。例からだは小さいが、力は強い。出かけるのはA組で、残るのはB組です。❸文の中のある部分を強めていう。この場合、あとに打ち消しのことばが使われたり、前に言ったこととは反対の意味のことが述べられたりすることが多い。例お父さんとはいっしょに行きたくないな。教室であてられはしないかと ひやひやしていた。そのことはよくは知りません。いっしょうけんめい練習してはいるが、記録は平凡《へいぼん》だ。▽→わ〈終助〉

参考 (1)「は」がついたことばは、文の中で主語になることが多いので、「は」は格助詞「が」と同じように主語を示す助詞と考えられることがある。しかし、それはまちがいである。「は」は主語だけに使われるとはかぎらない。たとえば「水は飲まない」「よくは知りません」の「水は」「よくは」は主語ではなく、連用修飾語である。

(2)「は」は話し手も聞き手も両方ともすでに知っていることを話題としてもちだすときに使われる。それに対して「が」は話し手は知っているが、聞き手はまだ知らないことについて使う。「むかしむかし、あるところにおじいさんとおばあさんがいました。おじいさんは山へしば刈《か》りに、おばあさんは川へせんたくに…」という桃太郎《ももたろう》の話の最初の部分は、「は」と「が」とのあいだのそうしたちがいを示すいい例である。

常用漢字 **ば**

【馬】 馬部0 全10画 ※馬馬馬馬馬

バ うま・ま 教小2 音[バ] ▨馬車《ばしゃ》。馬力《ばりき》。馬術《ばじゅつ》。馬鹿力《ばかぢから》。▨競馬《けいば》。乗馬《じょうば》。駄馬《だば》。出馬《しゅつば》。訓❶[うま] 馬。❷[ま] 馬子。絵馬。

【婆】 女部8 全11画 婆婆婆婆婆

バ 音[バ] ▨産婆《さんば》。老婆《ろうば》。

【罵】 罒部10 全15画 ※罵罵罵罵罵

バ ののしる 音[バ] ▨罵声《ばせい》。罵倒《ばとう》。▨痛罵《つうば》。面罵《めんば》。訓[ののしる] 罵る。

[1]ば【場】〈名〉❶みんなが集まって、なにかをするところ。例場をもうける。共通の場。場ちがい。類座。席。❷(多く、「その場」の形で)今なにかしている、ちょうどそのところ。例場をもたせる。その場に居あわせる。その場で答える。❸演劇の中での、一場面。例第三幕第二場。

[2]ば〈接助〉ある条件をあげて、そのあとにそれとは矛盾《むじゅん》しないことがらが続くことを示す助詞。

❶仮定の条件を表わす。例あした雨がふれば、運動会は中止だ。きょう来ればよかったのに。類なら。たら。

❷あることがおこった場合、いつもそうなる、という意味を表わす。例このボタンをおせば、ふたがあきます。人の顔さえ見れば、自慢《じまん》ばかりしている。類と。

❸同じようなものごとをならべあげる。例英語も できれば中国語もできる。景色もよければ食べ物もうまい。類し。

はあ〈感〉❶相手の話にあいづちをうったり、もう一度聞きかえしたりするときに使うことば。例はあ、そうですか。はあ、どういう意味ですか。❷おどろいたり感心したりしていることを表わすことば。例はあ、みごとなものですねえ。

参考 ①で、あいづちをうつときや②の場合は、しり下がりに、①の聞き返すときは しり上がりに発音する。また、①は「はい」、②は「ほう」よりあらたまった感じになる。

バー〈名〉❶よこ木。よこ向きで用いられる棒状のもの。❷カウンターで洋酒を飲ませる酒場。◇bar

ぱあ〈名〉❶ばか。❷すべてがなくなったり、だめになったりすること。例計画がぱあになる。事故の弁償《べんしょう》をして貯金がぱあだ。類おじゃん。水のあわ。❸じゃんけんで、ぐう(=石)に勝ち、ちょき(=はさみ)に負ける、五本の指をひらいた形。紙を意味する。

参考 ①と②は、くだけた言いかた。

ばあい【場合】〈名〉❶とくになにかをしたり考えたりしなければならないようなとき。例場合が場合なだけに。万一の場合。当日雨の場合には、体育館で行ないます。類おり。ケース。❷とくべつの事情。例場合によっては。ときと場合。類状況《じょうきょう》。

パーカー〈名〉フード付きの上着。「パーカ」ともいう。例パーカーをはおる。スウェットパーカー。ダウンパーカー。◇parka

パーキング〈名〉駐車《ちゅうしゃ》。駐車場。例パーキングエリア。◇parking 参考 駐車場は、アメリカでは park-

ing lot といい、イギリスでは car park という。

パーキンソンびょう【パーキンソン病】〈名〉大脳の障害による病気。筋肉がこわばって、手足がふるえつづける。参考 イギリスの医師の名にちなむ。

はあく【把握】〈名・する〉事情や内容を、正しくしっかりと理解すること。例 状況《じょうきょう》を把握する。類 つかむ。

パーク〈造語〉公園。例 サファリパーク。◇park

バーゲン〈名〉百貨店などでの特売《とくばい》。類 セール。参考 英語の bargain は、「格安品・特価品」の意味。

バーコード〈名〉製造した国、製造者、商品の内容などの情報を、縦じまの線であらわしたもの。個々の商品につけ、スキャナーで読み取って、商品の管理をする。◇bar code

パーサー〈名〉旅客機・客船などの客室乗務員の長。◇purser

バーサス〈名〉対抗《たいこう》しあう二者を並べてつなぐことば。…対…。◇versus 参考「Aチーム vs Bチーム」のように、「vs」または「VS」と略記する。

ばあさん【▽婆さん・▽祖▽母さん】〈名〉年をとった女性をよぶ呼びかたの一つ。ややぞんざいな言いかた。対 じいさん。

バージョン〈名〉改訂や改良、デザインの変更などが行なわれる商品の、種類の別。「…版《ばん》」にあたることば。例 バージョンアップ。(ワープロソフトの)ニューバージョン。(ヒット曲の)カラオケバージョン。◇version 参考 とくに、コンピューターのプログラムや楽曲についていう。

バージン〈名〉処女。◇virgin 参考 英語では、童貞《どうてい》をも指す。

バージンロード〈名〉キリスト教会での結婚《けっこん》式で、入口から祭壇《さいだん》までつづく通路。ふつう、式の始まりに花嫁《はなよめ》が父親と歩いて、花婿《むこ》の待つ祭壇の前まで進む。◇virgin と road による日本での複合語。

パーセンテージ〈名〉パーセントで表わした割合。百分率《ひゃくぶんりつ》。百分比《ひゃくぶんひ》。◇percentage

パーセント〈名・接尾〉全体を百としたとき、もとめる部分がそのどのくらいの割合にあたるかを示す数。百分率《ひゃくぶんりつ》。記号「%」。◇per cent →パーミル

パーソナリティー〈名〉❶性格。個性。❷ラジオ番組などの、DJや進行役の人。◇personality

パーソナル〈形動〉❶個人的。私的。例 パーソナルな問題。❷個人用の。小さくて手軽な。例 パーソナルテレビ。パーソナルコンピューター。◇personal

表現「プライベート」も「パーソナル」も、「公《おおやけ》のことではない」という点では共通しているが、「プライベート」が「他人が入りこむべきではない領域」というふくみをもつのに対して、「パーソナル」のほうは単に「一人ひとり個々別々の領域」というふくみをもつ。

ばあたりてき【場当たり的】〈形動〉その場の思いつきで、ものごとを行なうようす。類 いきあたりばったり。

バーチャル 一〈形動〉仮想の。例 バーチャルな体験。対 リアル。二〈名〉「バーチャルリアリティー」の略。◇virtual

バーチャルリアリティー〈名〉⇩(巻末「欧文《おうぶん》略語集」)VR

パーツ〈名〉部品。◇parts

パーティー〈名〉❶祝いや楽しみのためにする集まり。例 クリスマスパーティー。❷登山などで、ともに行動するなかま。例 パーティーを組む。類 隊。◇party

パーティション〈名〉❶間仕切り。例 パーティションで部屋を仕切る。❷コンピューターで、一台のハードディスクの記録構造を分割して複数の領域をつくること。その分割された各領域。◇partition

ハート〈名〉❶心や、気持ち。例 ハートをつかむ。❷心臓。精神力。例 強いハートの持ち主。❸トランプの四種のふだの一つ。赤い♥のマークのあるもの。対 クラブ。スペード。ダイヤ。◇heart 参考 ③のマークは、愛情や好意のしるしとしても使われる。

ハード 一〈形動〉❶きびしい。はげしい。例 ハードなスケジュールをくむ。ハードトレーニング。ハードスケジュール。❷かたい。例 ハードカバー。対 ソフト。
二〈名〉「ハードウェア」の略。対 ソフト。→ソフト 表現
◇一hard 二日本での省略語。

パート〈名〉❶演劇や音楽などで、その人がうけもつ役割。❷「パートタイム」の略。例 パートに出る。◇①part ②日本での省略語。

バードウイーク〈名〉「愛鳥週間」のこと。五月十日から一週間。◇bird week

ハードウェア〈名〉コンピューターで、機械や装置《そうち》のこと。略して「ハード」ともいう。対 ソフトウェア。◇hardware →ソフト 表現

バードウォッチング〈名〉山や林などの自然の中で、鳥を観察したり、なき声を聞いたりして楽しむこと。◇bird watching

ハードカバー〈名〉表紙にかたい板紙《いたがみ》を使い、製本装丁《そうてい》がしっかりできている本。◇hardcover

ハードスケジュール〈名〉びっしりと予定がつまっていて、きつい日程。◇hard schedule

パートタイム〈名〉一日に数時間だけ、時間給で働くアルバイト。パート。対 フルタイム。◇part-time 参考 この働きかたをする人を、「パートタイマー」という。

ハードディスク〈名〉コンピューターの外部記憶《きおく》装置の一つ。磁性体をぬった金属製の円盤《えんばん》を何枚かケースに固定しておさめたもの。記憶容量が大きく、ビデオレコーダーなどにも利用される。HD。◇hard disk

パートナー〈名〉❶仕事などをいっしょにする相手。❷二人で組んでダンスや球技などをするときの、その相手。▽類 相棒《あいぼう》。相方《あいかた》。❸助けあいながら、ともに暮らしていく相手。妻・夫や恋人などの、遠まわしな言いかた。例 人生のパートナー。類 伴侶《はんりょ》。◇partner

パートナーシップ〈名〉協力関係。提携《ていけい》。◇partnership

ハードボイルド〈名〉小説や映画などで、冷酷《れいこく》な現実を非情に簡潔にえがこうとする手法。その手法でつくられた作品。例 ハードボイルドタッチ。◇hard-boiled 参考 もと、かたくゆでたゆで卵のこと。

ハードル〈名〉❶陸上競技の障害競走に使う用具。台の上によこ木をわたしたもの。また、その用具をいくつもとびこえながら走り、その速さをきそう競技。ハードルレース。絵 ❷障害。例 高いハードルをこえる。◇hurdle

［ハードル］

バーナー〈名〉ガスや油などの燃料をもやして、火をふきだす装置《そうち》。また、その火口《ひぐち》。例 バーナーに点火する。

は

 ハレー（1656～1742） イギリスの天文学者。ハレー彗星を発見。彗星の軌道を算定した。

◇burner

ハーフ〈名〉❶きめられたものの半分。中間や途中《とちゅう》であること。例ハーフコート。ハーフタイム。❷混血。混血の人。「ダブル」「ミックス」ともいう。◇①half ②half blood の日本での省略語。

ハーブ〈名〉薬草。香草《こうそう》。薬用や香料として使われる植物。◇herb

ハープ〈名〉弦楽器《げんがっき》の一つ。三角形の木のわくに、たてに四十七本の弦をはり、両手の指先ではじいて音をだす。やわらかな音色と余韻《よいん》をもつ。例ハープをかなでる。◇harp

パーフェクト〈名〉❶〈形動〉完全であること。例パーフェクトにしあげる。❷野球で、「パーフェクトゲーム」の略。完全試合。◇perfect

ハープシコード〈名〉鍵盤《けんばん》楽器の一つ。鍵盤をたたくと、鍵盤の後方のつめが弦《げん》をはじいて音をだす。繊細《せんさい》な音色をもつ。クラブサン。チェンバロ。◇harpsichord

ハーフタイム〈名〉サッカーやラグビーなどで、ゲームの前半と後半のあいだにある休憩《きゅうけい》時間。◇halftime

バーベキュー〈名〉野外料理の一種。ウシやブタ、ヒツジなどの肉や野菜をくしにさしたり、あみにのせたりして、焼いて食べる。俗《ぞく》に「BBQ」と書かれる。◇barbecue

バーベル〈名〉重量あげやボディービル、ウエイトトレーニングに使う用具。鉄棒の両はしにとりはずしのできる重い鉄製の円板をつけたもの。◇barbell

パーマ〈名〉薬品などを使って、かみの毛にウエーブをつけること。ウエーブをつけたかみの毛。例パーマをかける。◇permanent wave の日本での省略語。

パーマネント〈名〉⇩パーマ ◇permanent

パーミル〈名・接尾〉全体を千としたとき、もとめる部分が、そのどのくらいの割合にあたるかを示す数。千分率《せんぶんりつ》。記号「‰」。◇per mill

バームクーヘン〈名〉⇩バウムクーヘン

ハーモニー〈名〉❶調和すること。調和。例ハーモニーがとれる。❷〔音楽〕「和声」のこと。◇harmony

ハーモニカ〈名〉ほそ長い箱形の小さな楽器。口にあてて、息をすったりはいたりして金属の小片をふるわせ、音をだす。「ハモニカ」ともいう。例ハーモニカをふく。◇harmonica 参考「口風琴《くちふうきん》」という訳語《やくご》があり、当て字にも使われた。

ばあや【▽婆や】〈名〉年輩《ねんぱい》の女の使用人を親しんで呼んだことば。対じいや。

パーラー〈名〉ジュースやコーヒー、かるい食べ物などをだす店。例フルーツパーラー。◇parlor

ハーラーダービー〈名〉プロ野球の投手の勝ち数争い。◇hurler derby

はあり【羽あり】〘羽▼蟻〙〈名〉羽のあるアリ。交尾《こうび》期にみられる。

バール〈名〉くぎ抜きやてことして使う金属製の工具。◇crowbar から。

パール〈名〉「真珠《しんじゅ》」のこと。◇pearl

ハーレム〈名〉❶イスラム教の国で、王室や上流階級の家庭にもうけられた、女の人のいる部屋。❷一人の男性が、愛欲の対象として複数の女性をはべらせること。❸〔生物〕ライオンやゾウアザラシなどのうちの強い雄《おす》が、たくさんの雌《めす》を獲得《かくとく》している状態。▽「ハレム」ともいう。◇harem

パーレン〈名〉印刷で、まるまった形の（ ）のかっこ。丸かっこ。◇《ドイツ》Parenthese から。

バーンアウト〈名・する〉医師などが、激務《げきむ》のあまり、無気力におちいったり、無力感にさいなまれたりすること。燃《も》えつき症候群《しょうこうぐん》。◇burn out

常用漢字 **はい**

【拝(拜)】扌部5 全8画 拝拝拝拝
ハイ **おがむ** 教小6 音[ハイ] ⬒拝殿《はいでん》。拝観料《はいかんりょう》。拝礼《はいれい》。拝命《はいめい》。拝見《はいけん》。拝啓《はいけい》。拝借《はいしゃく》。⬓参拝《さんぱい》。崇拝《すうはい》。訓[おがむ]拝む。拝み倒す。

【杯】木部4 全8画 杯杯杯杯
ハイ **さかずき** 音[ハイ] ⬓祝杯《しゅくはい》。金杯《きんぱい》。賞杯《しょうはい》。訓[さかずき]杯。

【背】月部5 全9画 背背背背背
ハイ **せ・せい・そむく・そむける** 教小6 音[ハイ] ⬒背後《はいご》。背筋《はいきん》。背景《はいけい》。背水《はいすい》(の陣《じん》)。背信《はいしん》。背任《はいにん》。⬓腹背《ふくはい》。紙背《しはい》。訓❶[せ]背。背丈。背中。背筋《せすじ》。背泳ぎ。背広。❷[せい]背。上背。❸[そむく]背く。❹[そむける]背ける。

【肺】月部5 全9画 肺肺肺肺
ハイ 教小6 音[ハイ] ⬒肺臓《はいぞう》。肺炎《はいえん》。肺活量《はいかつりょう》。肺胞《はいほう》。⬓人工心肺《じんこうしんぱい》。

【俳】イ部8 全10画 ※俳俳俳俳俳
ハイ 教小6 音[ハイ] ⬒俳優《はいゆう》。俳諧《はいかい》。俳人《はいじん》。俳文《はいぶん》。俳号《はいごう》。

【配】酉部3 全10画 配配配配配
ハイ **くばる** 教小3 音[ハイ] ⬒配分《はいぶん》。配達《はいたつ》。配慮《はいりょ》。配色《はいしょく》。配管工事《はいかんこうじ》。⬓交配《こうはい》。分配《ぶんぱい》。支配《しはい》。心配《しんぱい》。訓[くばる]配る。心配り。

【排】扌部8 全11画 ※排排排排排
ハイ 音[ハイ] ⬒排気《はいき》。排除《はいじょ》。排斥《はいせき》。排列《はいれつ》。

【敗】攵部7 全11画 敗敗敗敗敗
ハイ **やぶれる** 教小4 音[ハイ] ⬒敗北《はいぼく》。敗者復活《はいしゃふっかつ》。敗訴《はいそ》。敗走《はいそう》。⬓失敗《しっぱい》。惜敗《せきはい》。大敗《たいはい》。腐敗《ふはい》。訓[やぶれる]敗れる。

【廃(廢)】广部9 全12画 ※廃廃廃廃
ハイ **すたれる・すたる** 音[ハイ] ⬒廃止《はいし》。廃棄《はいき》。廃校《はいこう》。廃墟《はいきょ》。⬓荒廃《こうはい》。退廃《たいはい》。撤廃《てっぱい》。訓❶[すたれる]廃れる。❷[すたる]廃る。はやり廃り。

【輩】車部8 全15画 ※輩輩輩輩
ハイ 音[ハイ] ⬒輩出《はいしゅつ》。⬓後輩《こうはい》。先輩《せんぱい》。同輩《どうはい》。我《わ》が輩《はい》。

はい[1]【灰】〈名〉❶ものが燃えたあとにのこる、こなのようなもの。例灰になる。わら灰。❷灰色。▽アハイ
灰になる ❶努力して築きあげたものが、すべてむだになってしまう。類灰燼《かいじん》に帰する。❷死んで、火葬《かそう》される。

ハンムラビ王　前18世紀ごろ，バビロニア王国の王。全メソポタミアを支配，ハンムラビ法典を制定。

はい[2]**【拝】**〈名〉手紙で、最後に自分の名前の下につけて、「つつしんで申し上げました」の意味を表わす。例山田一郎拝。アハイ

はい[3]**【杯】**〔▼盃〕一〈名〉さかずき。例杯をかさねる。二〈接尾〉❶茶わんやコップなどに入れる、食べ物や飲み物をかぞえることば。❷「賞杯」のこと。カップ。例優勝杯。天皇杯。参考 二①の発音は、前にくる音によって「はい」「ぱい」「ばい」になる。

はい[4]**【肺】**〈名〉胸の中にある左右一対《いっつい》の呼吸器。ここで血液が、酸素をとりいれて二酸化炭素をだすガス交換《こうかん》を行なう。肺臓。アハイ

はい[5]**【▼胚】**〈名〉〔生物〕多細胞《たさいぼう》生物の発生初期の段階のもの。動物では、個体が独立して生活をする前まで。胎生《たいせい》のものでは「胎児」ともいう。種子植物ではたねの中にあるものをさす。アハイ

はい[6]〈感〉❶相手の呼びかけや問いかけに答えるときに使うことば。❷相手の言ったことを受け入れる気持ちを表わすときに使うことば。対いいえ。いや。ううん。類ええ。うん。❸相手の注意をうながすときに使うことば。例はい、読みなさい。類さあ。▽アハイ

はい[7]**【敗】**〈接尾〉負けた数をかぞえることば。例二勝三敗の負け越し。対勝。

ハイ[8] 一〈名〉電力が強い状態。対ロー。アハイ 二〈接頭〉❶「高い」という意味を表わす。例ハイネック。ハイヒール。対ロー。❷「高級」という意味を表わす。例ハイクラス。ハイセンス。❸「速い」という意味を表わす。例ハイスピード。ハイテンポ。◇high

表現 俗《ぞく》に、「酒を飲んでハイになっている」のように、気分が高揚《こうよう》している状態の意味で、形容動詞としても使われる。

常用漢字
ばい

【売(賣)】 儿部5 全7画

バイ うる・うれる 教小2 音[バイ] ■売買《ばいばい》。売却《ばいきゃく》。売店《ばいてん》。売名行為《ばいめいこうい》。■商売《しょうばい》。発売《はつばい》。販売《はんばい》。別売《べつばい》。専売特許《せんばいとっきょ》。訓❶[うる] 売る。売り出す。売り渡す。売り切れ。売り物。量り売り。安売り。小売店。❷[うれる] 売れる。売れ行き。売れっ子。売れ筋。

【倍】 イ部8 全10画

バイ 教小3 音[バイ] ■倍数《ばいすう》。倍率《ばいりつ》。倍加《ばいか》。倍額《ばいがく》。倍増《ばいぞう》。■二倍《にばい》。

【梅(梅)】 木部6 全10画

バイ うめ 教小4 音[バイ] ■梅園《ばいえん》。梅雨《ばいう》。■紅梅《こうばい》。寒梅《かんばい》。訓[うめ] 梅。梅見。梅干し。注意「梅雨」は、「ばいう」とも「つゆ」とも読む。

【培】 土部8 全11画

バイ つちかう 音[バイ] ■培養《ばいよう》。■栽培《さいばい》。訓[つちかう] 培う。

【陪】 阝部8 全11画

バイ 音[バイ] ■陪審《ばいしん》。陪席《ばいせき》。陪食《ばいしょく》。

【媒】 女部9 全12画

バイ 音[バイ] ■媒介《ばいかい》。媒体《ばいたい》。媒酌人《ばいしゃくにん》。■触媒《しょくばい》。溶媒《ようばい》。

【買】 貝部5 全12画

バイ かう 教小2 音[バイ] ■買収《ばいしゅう》。買価《ばいか》。■購買《こうばい》。売買《ばいばい》。訓[かう] 買う。買い取る。買い付ける。買い置き。買い手。買い物。お買い得。

【賠】 貝部8 全15画

バイ 音[バイ] ■賠償《ばいしょう》。

ばい【倍】〈名〉二倍、または、それ以上にふえること。ふえた結果の数や量。例倍になる。→ばいする

パイ[1]〈名〉〔数学〕円周率を表わす記号。記号π 参考 パイは、ギリシャ文字のアルファベットの十六番目の文字。大文字はΠ、小文字はπ。

パイ[2]〈名〉くだものの砂糖煮《さとうに》や、味つけした肉などを、練った小麦粉でつつんで焼いた食べ物。例アップルパイ。ミートパイ。◇pie

はいあが・る【はい上がる】〔▼這い上がる〕〈動五〉❶はってあがる。❷悪い状態からぬけ出す。例かれは、必死に苦境からはい上がってきた人物だ。▽「はいのぼる」ともいう。

バイアス〈名〉❶かたより。かたむき。偏向《へんこう》。例バイアスがかかる。正常性バイアス(=天災などが起きても、たいしたことはないはずだと思いたがって逃げおくれる心理)。類偏見《へんけん》。先入観《せんにゅうかん》。❷〔家庭〕布地を、たてよこの織り目に対して、斜《なな》めに使うこと。伸びやすくなる。例生地《きじ》をバイアスに使う。正《せい》バイアス(=四五度かたむけて裁断《さいだん》すること)。◇bias

バイアスロン〈名〉冬季オリンピックの種目の一つ。スキーの距離《きょり》競技とライフルの射撃《しゃげき》競技を組み合わせたスポーツ。◇biathlon

はいあん【廃案】〈名〉議決や採用をされなかった議案や法案。

はいいろ【灰色】〈名〉❶くもった空のような色。黒と白とをまぜてできる。グレー。類ねずみ色。❷はなやかさも希望もなくて、陰気《いんき》でゆううつであること。例灰色の青春。対ばら色。

表現 あいまいさや はっきりしないこと などの意味に使われ、また、「灰色高官」のように、暗さや疑いがあることの たとえとしても使う。

はいいん【敗因】〈名〉敗北した原因。対勝因。

ばいう【梅雨】〈名〉⇩つゆ〔梅雨〕

ハイウェイ〈名〉高速道路。「ハイウェー」とも書く。例ハイウェイバス。参考 英語の highway は幹線道路や公道の意味。高速道路は、アメリカでは expressway や thruway といい、イギリスでは motorway という。

ばいうぜんせん【梅雨前線】〈名〉〔気象〕つゆのころ、日本の南岸付近にとどまって長雨を降らせる前線。

はいえい【背泳】〈名〉水泳の泳ぎかたの一つ。からだをあおむけにして、うでで水をかき、ばた足で進む。せおよぎ。バックストローク。

はいえき【廃液】〈名〉工場からすてられる、不要となった液体。有害物質をふくむことが多い。類廃水。

はいえつ【拝謁】〈名・する〉天皇や君主など、高い身分の人に お目にかかる意味の謙譲《けんじょう》語。例王に拝謁する。対引見《いんけん》。類謁見《えっけん》。お目通り。

ハイエナ〈名〉アフリカやインドにすむ、イヌに似《に》たけもの。背にたてがみがある。◇hyena

 ピアリー(1856~1920) アメリカの探検家。1909年に世界で初めて北極点に到達。

表現 ほかの動物の食べのこした死肉を嗅《か》ぎつけてむさぼることから、なりふりかまわず利益にありつこうとする姿の象徴《しょうちょう》にされている。

はいえん【肺炎】〈名〉細菌《さいきん》やウイルスによっておこる肺の炎症《えんしょう》。高い熱やせきがでる。

ばいえん【▼煤煙】〈名〉石炭などを燃やしたときにでる、すすとけむり。

はいおく【廃屋】〈名〉住む人もなく、長い間あれたままになっている家。廃家。例廃屋と化す。類あばらや。

バイオテクノロジー〈名〉遺伝子組み替え・細胞融合《ゆうごう》などの技術を、品種改良や食糧《しょくりょう》の生産などに応用する技術。生物工学。略して「バイオ」ともいう。◇biotechnology

パイオニア〈名〉先駆《せんく》者。開拓《かいたく》者。例かれはこの分野のパイオニアだ。パイオニア精神。類草分け。◇pioneer

バイオねんりょう【バイオ燃料】〈名〉生物のもつエネルギーを利用してつくる燃料。トウモロコシからつくるアルコール燃料、材木の廃材からつくるバイオエタノールなど。石油の代替《だいたい》燃料として注目されている。

バイオリズム〈名〉周期的に高くなったり低くなったりする、人間の活動のリズム。身体・感情・知性の三つのリズムがある。◇biorhythm

バイオリニスト〈名〉バイオリンの演奏家。ヴァイオリニスト。◇violinist

バイオリン〈名〉代表的な弦楽器《げんがっき》。胴《どう》に四本の弦をはり、弓でこすって音をだす。はなやかな音色をもち、オーケストラや独奏でひろく使われる。「ヴァイオリン」とも書く。◇violin

表現 一挺《いっちょう》二挺《にちょう》と数える。

参考 とくに、イタリアのストラディバリが十七～十八世紀に作った「ストラディバリウス」は、名器としてあまりにも有名。「提琴《ていきん》」という訳語《やくご》があり、当て字にも使われた。

バイオレット〈名〉❶〔植物〕すみれ。すみれの花。❷すみれ色。◇violet

はいか【配下・▼輩下】〈名〉人の手足となって働く人。例配下の者。配下となる。山田部長の配下に入る。類部下。手下《てした》。麾下《きか》。

はいが【▼胚芽】〈名〉〔植物〕種の中にあって、芽となって生長する部分。例胚芽米。

1**ばいか【売価】**〈名〉ものを売るときのねだん。対買価。類売値《うりね》。アバイカ

2**ばいか【買価】**〈名〉ものを買うときのねだん。対売価。類買値《かいね》。アバイカ

3**ばいか【倍加】**〈名・する〉二倍に、または、それ以上にふえること。また、ふやすこと。例楽しみが倍加する。速度が(を)倍加する。類倍増。ア**バイカ**

ハイカー〈名〉ハイキングをする人。◇hiker

1**はいかい【俳諧】**『▼誹諧』〈名〉〔文学〕❶こっけいみを主とした和歌や連歌《れんが》。❷連句や俳句、川柳《せんりゅう》などをまとめていうことば。例俳諧師。❸「俳句」のこと。

2**はいかい【▼徘▼徊】**〈名・する〉あてもなく歩きまわること。類うろうろ。うろつく。ぶらつく。ぶらぶら。

ばいかい【媒介】〈名・する〉両方のあいだにたって、関係をとりもつこと。関係をとりもつもの。例二人のあいだを媒介する。この病気は蚊《か》を媒介として伝染《でんせん》する。類仲介《ちゅうかい》。仲立ち。

ばいがく【倍額】〈名〉二倍の金額。

はいかぐら【灰神楽】〈名〉まだ火のけのある熱い灰に湯や水をこぼしたときに、いっぺんに灰がまいあがること。

1**はいガス【排ガス】**〈名〉ガソリンが燃えたあと、エンジンから出るガス。排気ガス。例排ガス規制。

2**はいガス【廃ガス】**〈名〉原油の精製や金属の精錬《せいれん》によってでる、不要な気体。

はいかつりょう【肺活量】〈名〉ふかく息をすいこみ、おもいきりはきだしたときの空気の量。

ハイカラ〈形動〉西洋風で感覚が新しい。おしゃれな。ひらけた。例ハイカラな服。◇high collar から。

由来 明治時代に、新しがりやの紳士《しんし》たちが欧米《おうべい》の風俗にならって、このんで高いえり(＝ハイカラー)の洋服を着たことからできたことば。昭和初期まで使われた。

1**はいかん【拝観】**〈名・する〉神社や寺、また、そこの宝物などを見せてもらうこと。例拝観料。

2**はいかん【配管】**〈名・する〉水道やガスなどをとおすために、管をとりつけること。とりつけた管。例配管に水を通す。配管工事。

3**はいかん【廃刊】**〈名・する〉それまで出していた新聞や雑誌の発行をやめること。対創刊。発刊。

はいがん【拝顔】〈名・する〉身分の高い人に会う意味の謙譲《けんじょう》語。例拝顔の栄に浴する。類拝眉《はいび》。お目もじ。

1**はいき【排気】**〈名〉❶中の空気やガスを外へ出すこと。例排気口。❷エンジンからはきだされる、蒸気やガス。排気量。排気ガス。対吸気。▽ア**ハイキ**

2**はいき【廃棄】**〈名・する〉いらなくなったものを、すてること。例廃棄処分。アハイキ

はいきガス【排気ガス】〈名〉⇩はいガス〔排ガス〕

はいきぶつ【廃棄物】〈名〉いらなくなってすてられたもの。例産業廃棄物。放射性廃棄物。

ばいきゃく【売却】〈名・する〉売りはらってしまうこと。例土地を売却する。売却価格。

はいきゅう【配給】〈名・する〉数量がかぎられているものを、めいめいに一定の割合でくばること。くばられたもの。例映画を配給する。食糧《しょくりょう》の配給が底をつく。

ばいきゅう【倍旧】〈名〉今までよりも多いこと。

表現「倍旧のご愛顧《あいこ》をお願いいたします」のように、商売で、客へのあいさつのことばとして使うことが多い。

はいきょ【廃▼墟】〈名〉以前は、人々が住み、生活がいとなまれていたのに、今では住む人もなく、わずかに過去をしのばせるほどにあれはてたところ。例廃墟と化す。

はいぎょう【廃業】〈名・する〉それまでつづけていた商売や仕事をやめてしまうこと。例銭湯を廃業する。

はいきりょう【排気量】〈名〉エンジンの一回のピストン運動で押し出されるガスの量。この数値で車やオートバイのエンジンの大きさを表わす。

はいきん【背筋】〈名〉せなかの筋肉。例背筋力。

参考「せすじ」と読むのは別のことば。

ばいきん【ばい菌】『▼黴菌』〈名〉「細菌」のくだけた言いかた。とくに、不潔《ふけつ》で有害であることを強めていう場合が多い。例ばい菌がつく。

ハイキング〈名〉山や野原などを、まわりの風景を楽しみながら歩くこと。ハイク。類遠足。ピクニック。◇hiking

バイキング〈名〉❶一定の料金をはらえば、ならべられたいろいろな料理から、好きなものをとっていくらでも自由に食べてよい形式の食事。❷遊園地のアトラクションで、海賊《かいぞく》船の形の巨大なぶらんこ。由来 むかし、北ヨーロッパ

をあらしまわった、ノルウェーなどにいた海賊 Viking にちなむ。①は、英語では buffet（ビュッフェ）にあたる。

はいきんしゅぎ【拝金主義】〈名〉お金を、ほかの何よりも大切なものとして極《きょく》端《たん》に尊重する考えかた。類金《かね》の亡者《もうじゃ》。

はいく【俳句】〈名〉〔文学〕「古池や蛙とびこむ水の音（ふるいけや・かわずとびこむ・みずのおと）」のように、五・七・五の十七音でつくるみじかい詩。季節を表わすことばを季語としてよみこむ習慣があるが、季語のないものや、十七音をこえる句もある。例俳句をたしなむ。俳句をつくる。

表現「絶景を前にして一句《いっく》ひねった（＝工夫《くふう》してつくった）」のように、一句二句と数える。

由来 三十一音の和歌をふたりでわけてつくる連歌《れんが》から、上《かみ》の句が独立性をもつようになり、やがて発句《ほっく》として独立した。江戸《えど》時代の松尾芭蕉《まつおばしょう》や与謝蕪村《よさぶそん》によって文芸として確立した。

バイク〈名〉❶オートバイ。多く、小型のものをいう。❷スポーツタイプの自転車。例マウンテンバイク。◇bike

参考 英語では、ふつうは②の自転車（bicycle）をさす。

はいぐうしゃ【配偶者】〈名〉結婚《けっこん》している相手。妻・夫。法律関係や役所の書類などで使うことば。類連れ合い。

はいぐん（敗軍）のしょう（将）へい（兵）をかた（語）らず 失敗をした人は、そのことについて、言いわけをしたり、意見をのべたりする資格がない、ということ。

[1]**はいけい【拝啓】** 手紙の最初に書くあいさつのことば。「つつしんで申しあげます」という意味。類謹啓《きんけい》。アハイケー

表現 手紙の書きだしにいちばんよく使われることばの一つ。「謹啓《きんけい》」は、「拝啓」よりもあらたまった手紙で使う。最後は、「敬具」か「敬白」で結ぶ。

[2]**はいけい【背景】**〈名〉❶絵や写真などで、中心となるもののうしろの景色やようす。例湖を背景にして写真をとる。❷芝居《しばい》で、舞台《ぶたい》のうしろの方にかいた景色など。❸ものごとの表面に現れていない事情。例背景をさぐる。事件の背景。▽類バック。アハイケー

はいげき【排撃】〈名・する〉じゃまな人を排除しようとして、非難し攻撃《こうげき》すること。類排斥《はいせき》。つまはじき。

はいけっかく【肺結核】〈名〉結核菌《きん》に感染しておこる肺の病気。類肺病。

はいけん【拝見】〈名・する〉人のものを見せてもらうときに使う謙譲《けんじょう》語。例ちょっと拝見します。

表現「お手並み拝見とまいりましょう」などと言うときは、謙遜《けんそん》した言いかたでなく、親しみをこめたりからかったりした言いかたになる。

はいご【背後】〈名〉もののうしろ。かげにかくれた部分。例背後をつく。背後関係。

[1]**はいこう【廃校】**〈名〉学校を廃止にすること。廃止にされた学校。対開校。類閉校。

[2]**はいこう【廃坑】**〈名〉鉱山や炭坑で、坑道を閉鎖《へいさ》すること。閉鎖された坑道や炭坑。

[3]**はいこう【廃鉱】**〈名〉採掘《さいくつ》をやめた鉱山や炭鉱。

[1]**はいごう【俳号】**〈名〉「松尾芭蕉《まつおばしょう》」の「芭蕉」のように、俳人が、本名とは別に自分でつけた、俳人としての名前。俳名。

[2]**はいごう【配合】**〈名・する〉いくつかのものを組み合わせたり、まぜあわせたりすること。例ミネラルを配合する。色の配合。配合飼料。類調合。

ばいこくど【売国奴】〈名〉自国にとって不利益になることをする人をののしっていうことば。

バイコロジー〈名〉自動車による公害をさけて自転車に乗ることによって、人間性を取りもどし自然環境《かんきょう》をまもろうとする運動。◇bicology

[1]**はいざい【配剤】**〈名・する〉薬をまぜ合わせること。類調合。調剤。→天の配剤（「てん〔天〕」の子項目）

[2]**はいざい【廃材】**〈名〉不用になった材木。

はいさつ【拝察】〈名・する〉「察する」ことの謙譲《けんじょう》語。類お察しする。

表現「みなさまにはお元気のことと拝察いたします」のように、手紙・メールでよく使われることば。

はいざら【灰皿】〈名〉たばこの灰やすいがらを入れるためのいれもの。

はいざん【敗残】〈名〉たたかいに負けて、なお生きのこること。例敗残の身。敗残兵。

はいし【廃止】〈名・する〉今までつづけてきたことをやめること。例制度を廃止する。虚礼《きょれい》廃止。対存置。存続。類撤廃《てっぱい》。廃する。

はいしつ【廃疾】〈名〉病気やけがによって、からだにおもい障害が残ること。

ばいしつ【媒質】〈名〉〔物理〕音波や電波などを、ほかの場所へつたえるなかだちをする物質。

参考 たとえば、音波でいえば、空気中の場合は空気、水中の場合は水が、その媒質。

はいじつせい【背日性】〈名〉〔植物〕根などが、光のこない方へむかってのびていく性質。対向日性。

[1]**はいしゃ【配車】**〈名・する〉車を必要な場所にさしむけるように手配すること。例配車係。アハイシャ

[2]**はいしゃ【敗者】**〈名〉たたかいや試合などに負けた人。負けたがわ。例敗者復活戦。対勝者。アハイシャ

[3]**はいしゃ【歯医者】**〈名〉歯の診察《しんさつ》や治療《ちりょう》をする医者。歯科医。アハイシャ

はいしゃく【拝借】〈名・する〉「借りる」ことの謙譲《けんじょう》語。お借りする。例この本を拝借します。

ばいしゃく【媒酌】〈名・する〉結婚《けっこん》のなかだちをすること。例媒酌人。類仲人《なこうど》。月下氷人。

ハイジャック〈名・する〉乗客のふりをして旅客機にのりこみ、乗員や乗客をおどしてその飛行機を自分の支配下におくこと。乗っ取り。◇hijack

はいしゅ【▼胚珠】〈名〉〔植物〕花のめしべにあって、のちに種となる部分。

はいじゅ【拝受】〈名・する〉「受け取る」ことの謙譲《けんじょう》語。例お手紙拝受いたしました。

ばいしゅう【買収】〈名・する〉❶土地や家などの大きなものを買いとること。例用地を買収する。❷関係者に金品をおくり、自分に有利になるように とりはからってもらうこと。例役人を買収する。類贈賄《ぞうわい》。

[1]**はいしゅつ【排出】**〈名・する〉中にたまった不要なものを、外へ出すこと。類排泄《はいせつ》。

[2]**はいしゅつ【輩出】**〈名・する〉すぐれた人が次つぎと世にでること。次々と世に送りだすこと。例すぐれた人材が（を）輩出した町。

ばいしゅん【売春】〈名・する〉女性がお金をもらう目的で、不特定の男性にからだを売ること。例売春婦。対買春《ばいしゅん・かいしゅん》。類売淫《ばいいん》。

はいじょ【排除】〈名・する〉じゃまなものをとり除くこと。

ばいしょう【賠償】〈名・する〉相手にかけた迷惑《めいわく》や

は

東山魁夷（かいい）（1908～99） 日本画家。写実に幻想味と装飾性とを加えた画風で風景画の新境地を開いた。

あたえた損害を、お金などでつぐなうこと。例賠償金。国家賠償。類弁償。補償。

表現 規模の小さな迷惑のつぐないについては「弁償」を使い、無視できない重大な損害の場合には「賠償」を使うのがふつう。

1 **はいしょく**【配色】〈名〉色のとりあわせ。例服装の配色がいい。

2 **はいしょく**【敗色】〈名〉戦争や試合などで、負けそうなようす。例敗色がこい。

1 **はいしん**【背信】〈名〉相手の信頼《しんらい》にそむくこと。例背信行為《こうい》。類裏切り。

2 **はいしん**【配信】〈名・する〉❶通信・新聞・放送などの各社が、入手した新しいニュースを関係方面に流すこと。❷インターネットを通じて、映像・音楽など各種のコンテンツを利用者に提供すること。例ネット配信サービス。

1 **はいじん**【俳人】〈名〉専門に俳句をつくる人。例俳人芭蕉《ばしょう》。参考松尾芭蕉・与謝蕪村《よさぶそん》・小林一茶《いっさ》が、江戸の三大俳人とよばれる。

2 **はいじん**【廃人】【▼癈人】〈名〉ひどい病気やけがのために、生きてはいるが、社会的な生活はまったくできなくなってしまった人。類廃疾者《はいしつしゃ》。

1 **ばいしん**【陪臣】〈名〉ある人の家来のそのまた家来。参考江戸《えど》時代に、幕府以外の各大名につかえていた武士は、将軍に対して陪臣にあたる。対直参《じきさん》。

2 **ばいしん**【陪審】〈名〉〔法律〕一般《いっぱん》人から選ばれて、裁判に参加して、有罪か無罪かの判断をすること。例陪審員。→ばいしんせい(次項)

ばいしんせい【陪審制】〈名〉〔法律〕法律の専門家でない一般《いっぱん》の人を、裁判に直接参加させて、有罪・無罪の判断をさせる制度。アメリカなどで行なわれている。

1 **はいすい**【配水】〈名・する〉水道などによって、水をあちこちにくばること。例配水管。類給水。

2 **はいすい**【排水】〈名・する〉いらない水を外へ出すこと。その水。例排水溝《こう》。生活排水。類水はけ。

3 **はいすい**【廃水】〈名〉工場などで使ったあとすてられた、よごれた水。類廃液。汚水《おすい》。

はいすい(背水)のじん(陣) 川や海など、水を背にして陣をかまえ、味方に決死のかくごでたたかわせる陣だて。例背水の陣をしく。参考『史記』のことば。

表現 やりなおしができない、追いつめられた立場でことにあたること、という意味にも使う。

はいすいりょう【排水量】〈名〉船を水にうかべたとき、船がおしのける水の量。その量は、船の重さにひとしい。単位はトンで表わす。

ばいすう【倍数】〈名〉〔数学〕0以外のある整数に、ほかの整数をかけてできる数。対約数。

ハイスクール〈名〉高等学校。◇high school 参考英語では、日本の中学や高校にあたる学校をさすが、日本では高校だけをさす。

1 **はいする**【拝する】〈動サ変〉❶頭を深く下げておがむ。例ご神体を拝する。❷目上の人から命令などのことばをいただく。例大命《たいめい》を拝する。❸拝見させていただく。例ご尊顔《そんがん》を拝する。

2 **はいする**【配する】〈動サ変〉❶人やものを必要と思われる場所におく。例人を配する。類配置する。❷ものとものとをうまくとりあわせる。例池に松《まつ》を配する。類あしらう。

3 **はいする**【排する】〈動サ変〉じゃまなものをしりぞける。例万難《ばんなん》を排する。類排除する。

4 **はいする**【廃する】〈動サ変〉❶今まで行なわれてきた制度、習慣などをやめる。例王制を廃する。類廃止する。撤廃《てっぱい》する。❷その地位をしりぞかせる。例将軍を廃する。

ばいする【倍する】〈動サ変〉二倍、または、それ以上になる。例前回に倍するご支持をお願いします。

はいせき【排斥】〈名・する〉きらって、しりぞけること。例排斥運動。類排撃《はいげき》。つまはじき。しめだす。

ばいせき【陪席】〈名・する〉えらい人と同席すること。

はいせつ【排▼泄】〈名・する〉動物が食物から栄養をとって、残りのいらなくなったものを大小便としてからだの外に出すこと。例排泄物。類排便。用便。

はいぜつ【廃絶】〈名・する〉すっかり絶《た》やしてなくすこと。例核兵器を廃絶する。核廃絶運動。

1 **はいせん**【配線】〈名・する〉❶電気機械や器具の各部分を電線でつなぐこと。つないだ電線。例配線がショートする。配線図。❷電力を利用するために電線をとりつけること。例配線工事。

2 **はいせん**【敗戦】〈名〉たたかいや試合に負けること。例敗戦国。敗戦投手。対戦勝。

3 **はいせん**【廃線】〈名〉鉄道・バス・路面電車の営業をやめ、路線を廃止すること。廃止された路線。

はいぜん【配膳】〈名・する〉料理をならべた膳を客の前にくばること。例配膳台。配膳室。

ばいせん【▼焙煎】〈名・する〉茶の葉やコーヒー豆、漢方薬などの原料を、煎《い》ること。

はいそ【敗訴】〈名・する〉〔法律〕裁判で負けること。対勝訴。

1 **はいそう**【配送】〈名・する〉荷物や郵便物を、おくったり、とどけたりすること。

2 **はいそう**【敗走】〈名・する〉たたかいに負けてにげること。例なだれをうって敗走する。

はいぞう【肺臓】〈名〉⇩はい〔肺〕

ばいぞう【倍増】〈名・する〉二倍にふえること。二倍にふやすこと。例兵力が(を)倍増する。類倍加。

はいぞく【配属】〈名・する〉人をふりわけて、それぞれの役目につかせること。例営業部に配属される。配属をきめる。配属先。類配置。

はいた【歯痛】〈名〉歯の痛み。歯痛《しつう》。

1 **はいたい**【▼胚胎】〈名・する〉ものごとの起こる原因をふくんでいること。例禍根《かこん》はそこに胚胎した。類根ざす。きざす。

2 **はいたい**【敗退】〈名・する〉たたかいや試合に負けること。例一回戦で敗退する。類敗れ去る。

ばいたい【媒体】〈名〉❶〔物理〕あるはたらきをおこさせるために、なかだちに使う物質。❷情報を広く伝えるためのなかだちとなるもの。新聞・雑誌や放送、インターネットなど。メディア。例さまざまな媒体を利用して宣伝する。❸コンピューターで、DVDやメモリーカードなど、データを記録して再利用やうけわたしをするためのなかだちとなるもの。メディア。例記録媒体。記憶《きおく》媒体。

はいだす【はい出す】【▼這い出す】〈動五〉はって外に出る。例がれきの下からはい出す。どん底の生活からはい出す。類はい出る。

はいたつ【配達】〈名・する〉ものをくばってとどけること。例郵便を配達する。郵便配達。新聞配達。

ハイタッチ ━〈名・形動〉人間的な、ふれあいや感性。それらをおもんじるようす。◇high touch

は

たがいの手を頭上で打ち合わせること。■二〈名・する〉スポーツで、喜びの表現としてチームメイトとたがいの手を頭上で打ち合わせること。
参考 ■一は「ハイテク」に対していう。■二は英語では high five または たんに touch という。

はいたてき【排他的】〈形動〉自分の仲間以外の人や、ちがう考えかたを受け入れようとしない。例排他的な風土。

はいたてきけいざいすいいき【排他的経済水域】〈名〉領海の外がわの、その国の沿岸から二〇〇海里(=約三七〇〇キロメートル)までの海域。漁業や資源開発の権利がおよぶ一方で、よその国の船が通ってもかまわない。海をはさんで向かいあう国どうしで重なるところがあるため、島の領有権や漁業権の問題が発生することがある。
参考 英語の exclusive economic zone の頭《かしら》文字をとって、EEZと略記される。

バイタリティー〈名〉活力や元気。◇vitality

はいだん【俳壇】〈名〉俳句をつくる人たちの社会。

はいち【配置】〈名・する〉ある目的のために、人やものを適当な地位や場所におくこと。その地位や場所。例机を二つ配置する。配置につく。配置がえ。配置転《てん》換《かん》。類配属。配備。

はいちがえ【配置換え】〈名・する〉❶⇩はいちてんかん(次項) ❷道具や物の置き場所をかえること。
表記「換」の字は、「替」「変」とも書く。

はいちてんかん【配置転換】〈名・する〉会社などで、仕事の分担や勤務地をかえること。配置がえ。略して「配転」ともいう。類人事異動。

はいちぶんごう【廃置分合】〈名〉法律のさだめる手続きによって、市町村を、分割(=A町をB町とC町に分ける)、分立(=A町をA町とB町に分ける)、合体(=A町とB町を合わせてC町にする)、または編入(=A町とB町を合わせてA町にする)すること。
参考 合体と編入のことを、一般《いっぱん》に「市町村合併《がっぺい》」という。

はいちょう【拝聴】〈名・する〉「聴く」の謙譲《けんじょう》語。例先生の講演を拝聴する。類謹聴《きんちょう》。

ハイツ〈名〉高台にある集合住宅。◇heights
表現「緑が丘ハイツ」のように、集合住宅の名に用いる。

はいつくば・る【▼這い▼蹲る】〈動五〉❶両手と両足をついて、はうようなかっこうをする。「はいつくばう」ともいう。類ふせる。❷ひれふす。平伏《へいふく》する。例はいつくばって謝る。

ハイティーン〈名〉十代後半の少年少女。対ローティーン。◇high と teen による日本での複合語。

ハイテク〈名〉「ハイテクノロジー」の略。最先端の高度な科学技術。例ハイテクを駆使《くし》した新製品。ハイテク自動車。◇high-tech

はい・でる【はい出る】〖▼這い出る〗〈動下一〉はって、出てくる。例ありのはい出るすきまもない(=警備が厳重である)。類はい出す。

はいてん[1]**【配点】**〈名〉一問ごとに、または課目ごとに割りふられた点数。

はいてん[2]**【配転】**〈名・する〉「配置転《てん》換《かん》」の略。例配転先。

はいでん[1]**【拝殿】**〈名〉神社で、拝礼するために建てられた、本殿の前の建物。

はいでん[2]**【配電】**〈名・する〉電力を、必要な各方面にくばること。例配電所。配電盤《ばん》。

ばいてん【売店】〈名〉駅や劇場などで、新聞・雑誌・たばこ・ジュースなどを売る小さな店。類スタンド。

はいでんばん【配電盤】〈名〉電力を各方面に供給するための、発電所や各家屋にある設備の総称《そうしょう》。スイッチ、遮断《しゃだん》器、計器などからなっている。

ハイテンポ〈形動〉進むのが速い。急速である。例ハイテンポで進む。ハイテンポな曲。対スローテンポ。
参考 日本での複合語。英語では fast tempo という。

バイト[1]〈名・する〉「アルバイト」の略。アバイト

バイト[2]〈名・接尾〉コンピューターで、情報量の単位。一バイトは八ビット。→ビット ◇byte アバイト

はいとう【配当】〈名・する〉❶わりあてでくばること。類割り前。分け前。❷会社などが株主に利益の一部をわけること。また、そのお金。例配当がつく。配当金。

はいとく【背徳】〈名〉道徳に反した行ないをすること。例背徳者。背徳行為《こうい》。

はいどく【拝読】〈名・する〉「読む」ことの謙譲《けんじょう》語。例お手紙拝読し、安心いたしました。

パイナップル〈名〉熱帯地方に多い多年草。大きな松かさの形をした実《み》をつける。かたい皮の中の、あまくて水分にとむ黄色い部分を食べる。パイン。日本では沖縄で生産されている。◇pineapple
表現 植物としては一株《ひとかぶ》二株《ふたかぶ》と数える。実は一個二個、スライスされたものは一切《ひときれ》れ二切《ふたきれ》れと数える。
参考「鳳梨《ほうり》」という漢語があり、当て字に使われる。

ばいにく【梅肉】〈名〉❶ウメの果肉。例梅肉エキス。❷梅干しの果肉。それをすりつぶした食品。例ナガイモの梅肉和《あ》え。

はいにゅう【▼胚乳】〈名〉〔植物〕種の中にあり、胚芽が生長するときの養分となるもの。

はいにん【背任】〈名・する〉地位や権力を悪用して、自分の利益をはかり、所属する役所や会社に損害をあたえること。例背任行為《こうい》。背任罪。

ばいにん【売人】〈名〉麻薬《まやく》などの違法《いほう》なものをひそかに売りさばく者。

はいねつ【廃熱】〈名〉エンジン・ボイラー・エアコンなどから出る、不用になった熱。例廃熱を利用して発電する。

はいのぼ・る【はい上る】〖▼這い上る〗〈動五〉⇩はいあがる

はいはい〖▼這い▼這い〗〈名・する〉赤ん坊がはうこと。

ばいばい[1]**【売買】**〈名・する〉品物を売ることと買うこと。例製品を売買する。類売り買い。

バイバイ[2]〈感・名・する〉「さようなら」のくだけた言いかた。◇bye-bye

ばいばいゲーム【倍倍ゲーム】〈名〉事業や投資、ギャンブルなどの成果が、倍のペースでどんどん増えていくこと。俗《ぞく》な言いかた。

バイパス〈名〉主要道路の混雑を少なくするためにつくる、あたらしい道路。都市の中心部をさけて郊外《こうがい》につくられることが多い。例バイパスを通す。◇bypass

はいはん【背反】〖▼悖反〗〈名・する〉❶きまりなどに従わないこと。例命令に背反する。類違反《いはん》。❷論理的に相反していて両立しがたいこと。例二律背反。

はいはんちけん【廃藩置県】〈名〉〔歴史〕一八七一年に明治政府が行なった改革。中央集権を確立するために、それまでの藩をなくして府と県をおき、中央から長官を派遣《はけん》した。

はいび[1]**【拝眉】**〈名・する〉お目にかかること。あらたまった

手紙などで使う謙譲《けんじょう》語。例拝眉の上申し上げます。類拝顔。お目もじ。

2 **はいび【配備】**〈名・する〉前もってあちこちの必要な場所に準備しておくこと。例警官を要所に配備する。核兵器を配備する。

ハイヒール〈名〉かかとの高いくつ。対ローヒール。◇high-heeled shoes の日本での省略語。

ハイビジョン〈名〉質の高い画像や音声を提供する、テレビの放送技術。例ハイビジョン放送。◇Hi-Vision

ハイビスカス〈名〉ハワイや沖縄《おきなわ》などに多い常緑低木。赤・白・黄の大きな花をつける。仏桑花《ぶっそうげ》。◇hibiscus

ハイピッチ〈形動〉進みかたが速い。例レースがハイピッチで進む。類ハイペース。参考 high と pitch による日本での複合語。英語では fast pace という。

はいびょう【肺病】〈名〉「肺結核《けっかく》」のこと。

はいひん【廃品】〈名〉こわれたり、使いきったりして、役にたたなくなったもの。例廃品回収。類廃物。

1 **はいふ【肺▼腑】**〈名〉❶「肺」のこと。❷心のおくそこ。例肺腑をえぐる。

肺腑をえぐる 心のおくまで、するどくかきまわすようにして、苦しめる。

肺腑をつく 心にひびくような深い感動をあたえる。

2 **はいふ【配布・配付】**〈名・する〉❶[配布] 多くの人にいきわたるようにくばること。例広報を配布する。❷[配付] 関係している ひとりひとりにくばること。

パイプ〈名〉❶液体や気体などをとおすためのくだ。例パイプライン。鉄パイプ。❷たばこをすうとき使う筒状《つつじょう》の道具。きざみたばこ用と紙巻きたばこ用とがある。例パイプをくわえる。パイプをふかす。◇pipe

表現「パイプをつなぐ」「パイプ役」などの言いかたで、いくつかの団体や何人かの人のあいだにあって、むすびつける役目をする、という意味でも使うことがある。「政界に太いパイプがある」と言えば、政界にしっかりとした人脈《じんみゃく》があるということ。

ハイファイ〈名〉低音部から高音部までひろい範囲《はんい》の音を、忠実に再生する装置《そうち》。◇hi-fi(=high fidelity から)

はいふう【俳風】〈名〉俳諧《はいかい》・俳句の作風。

パイプオルガン〈名〉鍵盤《けんばん》楽器の一つ。木製・金属製の管(=パイプ)に空気を送りこんで音をだす、大型の楽器。本来は教会で使われた。◇pipe organ

はいふく【拝復】 相手からの手紙・メールに対する返事の、はじめに書くあいさつのことば。「つつしんでご返事申しあげます」という意味。

はいぶつ【廃物】〈名〉使わなくなったもの。役にたたなくなったもの。例廃物利用。類廃品。

はいぶつきしゃく【廃仏毀釈】〈名〉〔歴史〕明治のはじめ、政府のとった神仏分離《ぶんり》政策によって起こった、仏教を排斥《はいせき》しようとした運動。仏堂、仏像、経典《きょうてん》などがこわされたり焼かれたりした。

パイプライン〈名〉石油や天然ガスを遠くへ送るための長いくだ。また、そのための設備。◇pipeline

ハイブリッド〈名〉異質なものを混ぜ合わせること。例ハイブリッド米。ハイブリッドカー。◇hybrid

ハイブリッドカー〈名〉電気とガソリンエンジンのように、複数の動力源を使って走らせる自動車。ガソリンエンジンのみの従来の車に比べ、排気《はいき》ガスが少ない。ハイブリッド車。◇hybrid car

バイブル〈名〉キリスト教の「聖書」のこと。◇Bible

表現「この本は数学のバイブルだ」のように、ある方面で、かならず読まなければならないとされている本のことをいう。また、人の生きかたを導くような本のこともいう。

参考もとは、単に「書物」をさしたことば。Holy Bible で「聖書」のことをいったが、しだいにバイブルだけで「聖書」をいうようになった。

バイプレーヤー〈名〉わき役。◇byplay からつくった日本での言いかた。

ハイフン〈名〉英語などのヨーロッパの言語で、一つの単語がつぎの行までつづくときや、単語どうしのむすびつきを示すときに使われる短い横線の符号《ふごう》。たとえば rent-a-car の「-」。◇hyphen 参考ダッシュとハイフンは似《に》ているが、性格がちがう。ダッシュは文の中で句と句の自由なつながりを示し、ハイフンは単語と単語をつないで一つの単語にする。ハイフンの方が線が短く、つながりが強い。

1 **はいぶん【配分】**〈名・する〉わけてくばること。わけられたもの。例仕事を配分する。人数に応じて利益を配分する。スタミナの配分。時間配分。比例配分。類分配。

2 **はいぶん【俳文】**〈名〉俳人が書いた、俳句のような味わいとするどい含蓄《がんちく》にとむ文章。

ハイペース〈名〉はやい速度・調子。類ハイピッチ。参考日本での複合語。英語では fast pace という。

はいべん【排便】〈名・する〉大便の排泄《はいせつ》。

はいほう【肺胞】〈名〉気管支の末端《まったん》にあるぶどうの房《ふさ》のようになっている小さいふくろ。ここで、口からすいこまれた酸素と、血液中の二酸化炭素が交換《こうかん》される。

はいぼく【敗北】〈名・する〉たたかいや試合に負けること。例敗北を喫《きっ》する。対勝利。

参考「北」は、敵に背を向けること。

はいほん【配本】〈名・する〉発行した書籍《しょせき》や雑誌を、取次店や書店に送りとどけること。例配本部数。

はいまつ【はい松】〖▼這松〗〈名〉高山に生えるマツの一種。常緑低木。幹が地をはうように低くのびる。

はいめい【拝命】〈名・する〉任命を受けることの謙譲《けんじょう》語。例部長を拝命する。

ばいめい【売名】〈名〉チャンスがあればいつでも、自分の名前を世間に広めようとすること。例売名行為。

はいめん【背面】〈名〉うしろがわ。うしろの方。例背面からせめる。背面をつく。対正面。前面。

はいもん【肺門】〈名〉肺の内がわの中央部分。肺動脈・肺静脈《じょうみゃく》・気管支が出入りするところ。

ハイヤー〈名〉営業所などに待機して、客によばれると出かけていって、客を乗せる自動車。類タクシー。◇hire

バイヤー〈名〉商品の仕入れ・買い付けの担当《たんとう》者。◇buyer

はいやく【配役】〈名〉❶〈する〉映画・演劇やアニメなどで、登場人物の役をどの俳優・声優に演じてもらうかを決めること。キャスティング。❷①によってわりあてられた役。キャスト。

1 **ばいやく【売約】**〈名・する〉売る約束をすること。例売約済み。

2 **ばいやく【売薬】**〈名〉薬屋で売っているくすり。

はいゆう【俳優】〈名〉演劇や映画で演技をするのを職業にしている人。例映画俳優。類役者。タレント。

ばいよう【培養】〈名・する〉❶草や木をそだてること。

例培養土。❷研究のために、微《び》生物や細胞《さいぼう》などをそだててふやすこと。例純粋《じゅんすい》培養。

ハイライト〈名〉❶写真などで、光線をもっとも強くうけたあかるい部分。対シャドー。❷ニュースや行事などで、もっとも興味をそそる部分。例今週のハイライト。◇highlight

はいらん【排卵】〈名・する〉哺乳《ほにゅう》動物のめすが、きまった周期ごとに卵巣《らんそう》から卵子を出すこと。

はいり【背理】〈名〉道理や論理に合わないこと。

はいりこ・む【入り込む】〈動五〉中へふかく入る。

ばいりつ【倍率】〈名〉❶望遠鏡や顕《けん》微《び》鏡などのレンズをとおして見た大きさと、実物の大きさとのわりあい。例倍率をあげる。倍率を調整する。❷募集《ぼしゅう》人員と応募者数とのわりあい。例倍率が高い。

はいりょ【配慮】〈名・する〉いろいろのことにあれこれと気をくばること。例他人の気持ちを配慮する。弱者に配慮する。配慮がいきとどく。配慮に欠ける。類心づかい。心くばり。気くばり。気づかい。考慮。

はいりょう【拝領】〈名・する〉身分の高い人から、ほうびの品や領土などをいただく意味の謙譲《けんじょう》語。

ばいりん【梅林】〈名〉ウメの木をたくさん植えてある林。

バイリンガル〈名〉母語《ぼご》と外国語の、二つの言語を自在に使えること。◇bilingual 参考三言語なら、「トライリンガル」または「トリリンガル」。

はい・る【入る】〈動五〉❶外から中にうつる。例ふろに入る。部屋に入る。すきま風が入る。対出る。

❷組織や団体などに新しくくわわる。例会社に入る。高校に入る。なかまに入る。入りそこなう。対出る。

❸ある時期や、ある状態にうつる。例梅雨《つゆ》に入る。後半に入る。交渉《こうしょう》に入る。新しい局面に入る。

❹中に収められる。例一リットル入るびん。かばんに入る大きさ。入りきらない。

❺手がとどく範囲《はんい》のものになる。例手に入る。耳に入る(=聞こえる)。目に入る(=見える)。連絡《れんらく》が入る。

❻あるべきものが中にこもる。例熱が入る。気合が入る。たましいが入る。

❼生じる。「いる」ともいう。例グラスにひびが入る。腕《うで》時計にきずが入る。

参考「這《は》い入《い》る」からできたことば。

方言北海道・北《きた》東北などでは、「今日おもしろい番組はいる?」のように、「放映される」の意味でも使う。

パイル〈名〉❶タオルなどのように、織物の表面にこまかな輪やけばなどを織りだしたもの。例パイルのマット。❷〔建築〕建物の基礎《きそ》とするために、地面に打ちこむくい。◇pile

はいれつ【配列・排列】〈名・する〉なにかの順序にならべること。ならべかた。例五十音順に配列する。配列をかえる。類ソート。オーダー。

ハイレベル〈形動〉水準が高い。例ハイレベルな作品。◇high level

はいろ【廃炉】〈名〉原子力発電所の原子炉や製鉄所の高炉など、不用になった炉を解体して撤去すること。

パイロット〈名〉❶飛行機などを操縦する人。操縦士。❷大きな船が港に入るときに、ぶじに進めるよう案内する人。水先案内人。◇pilot

パイロットばん【パイロット版】〈名〉一般《いっぱん》公開や放送開始の前の試写用につくる、映画やテレビドラマなどの映像作品。参考視聴した関係者の意見や要望をもとにして、本編や続きがつくられる。

パイロットランプ〈名〉機械や装置についている、作動状況《じょうきょう》を示すランプ。◇pilot lamp

バインダー〈名〉❶書類・新聞・雑誌などをはさんでとじる文房《ぶんぼう》具。❷米や麦などをかり取って束にする機械。◇binder

は・う【▼這う】〈動五〉❶はらばいになって、すすむ。例はってでも(=どんなに体調が悪くても)行かなければならない。はいまわる。❷足のない、または、足があってもみじかい動物が地面にからだをこすりつけるようにして、うごく。例ヘビがはう。虫がはう。❸地面やかべの表面にそってのびる。例つたがはう。

ハウス〈名〉❶家。住宅。例タウンハウス。❷「ビニールハウス」の略。例ハウス栽培《さいばい》。◇house

パウダー〈名〉こな。粉末。例ベビーパウダー。ベーキングパウダー(=ふくらし粉)。◇powder

ハウツー〈名〉やり方。実用的な技術。例ハウツー物。ハウツー本。類ノウハウ。◇how to

ハウツーもの【ハウツー物】〈名〉趣味《しゅみ》や実用的な技術などの上達法をわかりやすくまとめた、手引き書・入門書。類ハウツー本。

バウムクーヘン〈名〉切り口が木の年輪《ねんりん》のように見える、輪切りのケーキ。ふつう「バームクーヘン」と言う。◇《ドイツ》Baumkuchen

バウンド〈名・する〉ボールなどがはずむこと。◇bound

はえ【▼蠅】〈名〉昆虫《こんちゅう》の一種。食べ物などにたかり、伝染《でんせん》病をひろめる。イエバエやウシバエなど種類が多い。「はい」ともいう。

ばえ【映え・栄え】〈接尾〉❶[映え]調和してよく見えるようすを表わす。例化粧《けしょう》映え(のする顔)。夕映え。❷[栄え]りっぱかどうかという見方からみた、そのものから受ける印象。例見栄え(が悪い)。出来栄え(をたしかめる)。

はえある【栄えある】〈連体〉名誉《めいよ》ある。りっぱな。例栄えある勝利。

はえかわ・る【生え替わる】〈動五〉前のもののあとに、新しいものが生える。例歯が生え替わる。

はえぎわ【生え際】〈名〉かみの毛が生えているところと、生えていないところのさかいめ。例ひたいの生え際。

はえなわ【はえ縄】【▽延縄】〈名〉漁具の一つ。一本のつなに、つり針をつけたつり糸をたくさんつけて、それを水中に入れて、魚をつるもの。例はえ縄漁船。

はえぬき【生え抜き】〈名〉❶その土地で生まれて、ずっとそこで育ったこと。例生え抜きの江戸《えど》っ子。類きっすい。❷会社などで、最初からそこにつとめていて、ほかで働いたことのない人。例生え抜きの社員。

[1]は・える【生える】〈動下一〉❶植物などの芽や根がでる。例草が生える。根が生える。かびが生える。芽生える。❷植物が根づいて、生きている。例あの山にはいろいろめずらしい木が生えている。❸動物の毛・角・歯などがでる。例歯が生える。ひげが生える。

[2]は・える【映える・栄える】〈動下一〉❶光を反射してかがやく。例夕日に映える山なみ。❷まわりと調和して、いちだんとはなやかで美しく見える。例和服が映える人。白い船体が青い海に映えて美しい。せっかくの絵も、ここにかけたのでは映えない。類ひきたつ。

表記②は、「りっぱに感じられる」という意味のときは、「栄

 菱川師宣(ひしかわもろのぶ)(1618～94)　江戸前期の浮世絵師。吉原の風俗を描いた。代表作「見返り美人図」。

える」と書くこともできる。

1**はおと【羽音】**〈名〉❶鳥や虫などが飛ぶときにだす羽の音。例羽音をたてる。❷矢が風をきって飛ぶ音。

2**はおと【葉音】**〈名〉葉と葉がこすれてたてる音。

はおり【羽織】〈名〉着物の上にはおって着るもの。前はかさねないでひもでとめる。腰《こし》ぐらいの長さで、折りかえしのえりがすそまでついている。→かみしも絵

表現 ふつう一枚二枚と数えるが、えりを手に持って数える伝統的な和装《わそう》であることから一領《いちりょう》二領《にりょう》も使う。「領《りょう》」は、えりをさす古い言いかた。

はおりはかま【羽織はかま】〖羽織▼袴〗〈名〉男性の和服の正装。羽織を着てはかまをはいた姿。→かみしも絵

はお・る【羽織る】〈動五〉肩《かた》のうしろからおおうように、むぞうさに着る。例コートを羽織る。

参考「羽織《はおり》」を動詞にしたことば。

はか【墓】〈名〉死者をとむらうために、遺骨や死体をうめ、上に木や石で碑《ひ》をたててあるところ。例墓にねむる。墓にほうむる。墓をほる。墓をたてる。先祖代々の墓。墓石。墓場。墓参り。類墳墓《ふんぼ》。墓地《ぼち》。

表現 一基《いっき》二基《にき》と数える。美化語の「お墓」を使うことも多い。

ばか〖馬鹿〗〈名・形動〉❶ふつうの人より頭のはたらきがにぶいこと。また、そういう人。例ばか者。対利口。類うすのろ。まぬけ。あほう。❷なにかにうちこんでいる度合いがはなはだしくて、ほかのことができないこと。また、そうした人。例専門ばか。❸ふつうではちょっと考えられないようなこと。例そんなばかな！ ばかも休み休み言え。❹つまらないこと。くだらないこと。例ばかを言う。ばかをみる。出費がばかにならない。ばか話。❺(「ばかになる」の形で)本来のはたらきがうしなわれる。例かぜで、鼻がばかになった。類だめになる。❻程度がなみはずれていること。例上に「ばか」がつく正直さ。ばかていねい。ばか正直。ばかぢから。→ばかに

ばかと鋏《はさみ》は使《つか》いよう 切れないはさみでも、うまく使えば切れるように、役だちそうもない人でも使いかたによっては役にたつものだ。

ばかにする 軽くみる。かろんじる。例人をばかにするな。類あなどる。小《こ》ばかにする。

ばかにならない 軽く考えることができない。例これにかかる時間と費用はばかにならない。

ばかの一《ひと》つ覚《おぼ》え どんなときにもなにか一つのことをもちだして得意になっている人を、あざけっていうことば。

ばかを見《み》る 自分が損になるような、つまらない目にあう。

ばかあたり【ばか当たり】〖馬鹿当たり〗〈名・する〉❶興行や商売がたいへんうけること。類大当たり。❷野球で、ふだんでは考えられないほど打撃《だげき》の成績がいいこと。

1**はかい【破戒】**〈名〉〔仏教〕僧《そう》が守るべききまりをやぶること。例破戒僧。対持戒《じかい》。

2**はかい【破壊】**〈名・する〉むりな力をくわえて、こわすこと。例破壊のかぎりをつくす。建物を破壊する。組織を破壊する。破壊力。対建設。

はかいし【墓石】〈名〉お墓にたてる石。うめられている人の名前や没年《ぼつねん》などをほってある。「ぼせき」ともいう。類墓標《ぼひょう》。墓碑《ぼひ》。

はがいじめ【羽交い締め】〈名〉相手のわきの下に、背後から両手をさしいれ、首のうしろで手をくんで、強くしめつけること。例羽交い締めにする。

はかいてき【破壊的】〈形動〉ものごとをうちこわしてしまうようなようす。例破壊的な意見。対建設的。

ばかがい〖馬鹿貝〗〈名〉海に住む二枚貝。身はアオヤギといい、すしのねたなどにする。

参考 殻《から》から赤い足を出したさまが、口から舌《した》を出しているように見えるところからついた名。

はかがい(行)く 仕事などが、能率よく進む。参考「はか」は仕事の進み具合の意味で、「はかどる」の「はか」。

はがき〖葉書〗〈名〉通信に使う、文庫本ほどの大きさの用紙。郵便はがき。例通常はがき。往復はがき。年賀はがき。絵はがき。

表現 一枚二枚と数えるが、あらたまった言いかたとして一葉《いちよう》二葉《によう》も使う。便りを書いたものは一通《いっつう》二通《につう》という。

由来 メモ用紙の意味の「端書《はがき》」から。

はかく【破格】〈名・形動〉❶ふつうの程度をはるかにこえていること。例破格の値段。破格の扱い。❷きまりからはずれること。とくに、詩や文についていう。類変則。

はかげ【葉陰】〈名〉葉にかくれたところ。

ばか・げる〖馬鹿げる〗〈動下一〉ばからしく見える。例ばかげたまねをするな。

ばかさわぎ【ばか騒ぎ】〖馬鹿騒ぎ〗〈名・する〉やたらと騒ぐこと。類どんちゃん騒ぎ。お祭り騒ぎ。

ばかしょうじき【ばか正直】〖馬鹿正直〗〈名・形動〉正直すぎて気がきかないこと。類愚直《ぐちょく》。

はが・す【剝がす】〈動五〉はりついているものや、かぶっているものを、ひっぱってはなす。例ポスターをはがす。対はる。類はぐ。むく。

ばか・す【化かす】〈動五〉心をまよわせて、ちゃんとした行動や判断ができないようにする。例きつねに化かされる。類たぶらかす。

ばかず【場数】〈名〉そのことをした経験の回数。例場数をふむ(=かず多く経験する)。

はかせ【博士】〈名〉❶ある学問や分野についてたいへんくわしい人。例もの知り博士。❷⇩はくし〔博士〕

はがた【歯形・歯型】〈名〉❶〔歯形〕歯でかんだときに残るあと。例歯形がつく。❷〔歯型〕歯ならびの型。例歯型をとる。

ばかぢから【ばか力】〖馬鹿力〗〈名〉なみはずれた大きな力。例火事場のばか力。類くそ力。

ばかていねい【ばか丁寧】〖馬鹿丁寧〗〈形動〉度をこして丁寧である。

表現「ばか」と言うのをさけて、「丁寧の上に何かがつくくらい丁寧だ」などと遠回しな言い方をすることもある。

ばかでか・い〖馬鹿でかい〗〈形〉おどろくほど大きい。くだけた言いかた。

はかど・る〖▽捗る〗〈動五〉仕事などがどんどんすすんでいく。例勉強がはかどる。対とどこおる。おくれる。類進捗《しんちょく》する。はかが行く。

はかな・い〖▽果▽敢無い・▼儚い〗〈形〉❶たしかでない。期待どおりでなく、たよりにならない。例はかない望み。❷長くつづくことがなく、むなしい。例はかない命。類もろい。参考「はかなくなる」は、古語で、死ぬこと。

はかな・む〖▼儚む〗〈動五〉たのみにならない、はかないものと思う。例世をはかなむ。

ばかに〖馬鹿に〗〈副〉少しおかしいぐらい、ふつうとちが

菱田春草(ひしだしゅんそう) (1874～1911) 明治の日本画家。洋画の技法を取り入れ，日本画の革新に努めた。

って。くだけた言いかた。例今年は ばかに暑いね。類いやに。やけに。みょうに。

はがね【鋼】〈名〉「鋼鉄《こうてつ》」のこと。スチール。参考「刃金《はがね》」の意味から。

はかば【墓場】〈名〉墓のあるところ。類墓地。墓所。

ぱかぱか 一〈副〉馬が歩いたり走ったりするときの、ひづめの音のようす。二〈副・する・形動〉物と物の間にすきまがあってたてる音のようす。例蓋《ふた》が ぱかぱかだ。方言愛知・岐阜、宮崎などでは、「光が点滅《てんめつ》しているようす」も表わす。例信号パカパカしとるで、ちゃっと渡らんと。

はかばかし・い〖▽捗▽捗しい〗〈形〉ものごとが はかどるようす。あとに打ち消しのことばをともなうことが多い。例勉強の進みぐあいが はかばかしくない。

ばかばかし・い〖馬鹿馬鹿しい〗〈形〉まったく意味や価値がなく、ふざけた感じだ。例ばかばかしい話。類くだらない。ばからしい。

表現「ばかばかしい」と「ばからしい」とは意味も用法も近く、どちらでも通用することが多い。しかし、「ばかばかしい」が「この計画には ばかばかしく巨額な費用がかかる」のように、単にけたはずれな程度をいうのにも使えるのに対して、「ばからしい」はそのようには使えない。

はかま〖▼袴〗〈名〉❶着物の上からはいて、腰《こし》から下をおおう、ひだのある衣類。例はおりはかま。→かみしも絵 ❷とっくりが たおれないように、とっくりの底の部分を入れる容器。❸〔植物〕茎《くき》のふしからでて、茎を おおっている皮。例つくしのはかま。

表現ふつう一枚二枚と数えるが、伝統的な和装《わそう》としては一具《いちぐ》二具《にぐ》も使う。

はかまいり【墓参り】〈名・する〉墓に行って、死者の霊《れい》をとむらうこと。「墓参《ぼさん》」ともいう。類展墓。

はがみ【歯がみ】〖歯▼噛み〗〈名・する〉歯をかみしめて、くやしがること。類歯ぎしり。

［はかり］

はかもり【墓守】〈名〉そうじなど、お墓の管理をする人。

はがやしー(方言) くやしい。富山・石川などで言う。例試合に負けてはがやしーのー。由来「歯がゆい」に由来することば。

はがゆ・い【歯がゆい】〖歯▼痒い〗〈形〉よこから見ていて、「もうちょっとなんとかならないか」という気がして、いらいらするようす。類もどかしい。じれったい。

はから・う【計らう】〈動五〉❶ものごとをよく考えて、よいように処理する。例よきにはからえ。❷目的や願いなどにあわせて、いろいろやりくりする。例特別に計らってもらう。類取り計らう。

表現「このたびのことでは特別なお計らいをいただき、ありがとうございました」のように、名詞の形でもよく使う。

ばからし・い〖馬鹿らしい〗〈形〉意味や価値がまったくなくて、むだだ。例ばからしい話。類くだらない。ばかばかしい。

はからずも【図らずも】〈副〉まったく予想もしていなかったのに。例図らずも生徒会長にえらばれた。

はかり〖▼秤〗〈名〉ものの重さをはかる道具。台ばかり・さおばかり・ばねばかり・上皿《うわざら》てんびん などがある。絵

はかりにかける どちらが得になるか、それぞれ比べてみる。類てんびんにかける。

ばかり〈副助〉❶だいたいの数量を表わす。例千円ばかり貸してくれませんか。かぜで三日ばかり休みました。類くらい。ほど。程度。❷ある特定のことだけをしきりにすることを表わす。例あまいものばかり食べていると虫歯になるぞ。泣いてばかりいないでわけを言ってごらん。❸あることから時間がたっていないことを表わす。例起きたばかりでまだ顔も洗っていない。❹今にもそうなりそうだ、という状態を表わす。例頭をたたみにつけんばかりにおじぎをした。❺あとは そのことを しさえすればいい状態であることを 表わす。例料理を出すばかりにしておく。類だけ。❻それだけが原因や理由であることを表わす。例やせたいばかりに食事をせず、病気になってしまった。

表現つよめていうときは「ばっかり」になる。

はかりうり【計り売り・量り売り】〈名・する〉パックづめや ふくろづめではなく、買い手の希望する分量を、はかって売ること。

はかりか・ねる【測り兼ねる・計り兼ねる】〈動下一〉どのようなものか、おしはかることができない。例なぜあんなことを言ったのか、かれの真意をはかりかねる。

はかりごと〖▽謀・計り事〗〈名〉❶計画。例国家百年のはかりごと。類計。策。❷相手をうまくだますように、前もってしくんだ計画。例はかりごとを めぐらす。類たくらみ。計略。策謀《さくぼう》。策略。策。

参考組織全体を運用するためのはかりごとが①で、相手に勝つためのはかりごとが②。

はかりしれな・い【計り知れない】〈形〉どれくらいか、見当もつかない。想像もできない。例計り知れない苦労。計り知れない底力。

1 **はか・る【計る・量る・測る】**〈動五〉❶［計る・量る・測る］かかった時間や、ものの重さ、長さなどをしらべる。例時間を計る。重さを量る。容積を量る。距離《きょり》を測る。目で測る。タイミングを計る。類計量する。計測する。❷［量る・測る］心で想像する。例相手の心を量る。真意を測りかねる。おし量る。類推測《すいそく》する。推量する。

表記時間や時期は「計る」、重さ・容積は「量る」、長さ・高さ・深さ・広さ・程度は「測る」を使うことが多い。

2 **はか・る【図る・謀る・計る】**〈動五〉❶［図る］ものごとがうまくいくように、計画や手順をととのえる。例解決を図る。便宜《べんぎ》を図る。事業の拡大《かくだい》を図る。類くわだてる。企図《きと》する。❷［謀る・計る］よくないことをひそかに計画する。人をだまして、わなに はめる。例暗殺を謀る。「しまった! 計られたか」。

3 **はか・る【諮る】**〈動五〉なにかの問題について検討して意見を出してもらう。例委員会に諮る。類諮問《しもん》する。相談する。

はが・れる【剝がれる】〈動下一〉はりつけておいたものが、とれてしまう。例うすくはがれる。類はげる。

ばかわらい【ばか笑い】〖馬鹿笑い〗〈名・する〉やたらに大きな声で笑うこと。類大笑い。

はがんいっしょう【破顔一笑】〈名・する〉表情を急にやわらげて、にっこり笑うこと。

 ビスマルク(1815〜98) プロシアの首相。軍備拡張に努め，ドイツを統一。ドイツ帝国初代首相。

は

バカンス〈名〉保養地に行ったりして楽しく過ごす、長い休暇《きゅうか》。◇フランス vacances

はき[1]【破棄】〖破毀〗〈名・する〉❶書類などを、やぶってすてること。❷きめてあったことを一方的にとりけすこと。例婚約《こんやく》を破棄する。❸〔法律〕上級裁判所が、前の裁判の判決をとりけすこと。例一審《いっしん》判決を破棄する。

はき[2]【覇気】〈名〉積極的にものごとにとりくもうとする気持ち。例覇気がある。類意気ごみ。意欲。

はぎ[1]〖▼萩〗〈名〉「秋の七草《ななくさ》」の一つ。山野に生える落葉低木。三枚に分かれた小さな葉をつけ、秋、赤むらさきや白の花がふさになってさく。アハギ

はぎ[2]〖▼脛〗〈名〉ひざから下、足首から上の部分。例ふくらはぎ。類すね。ア**ハギ**」

はぎあわ・せる【はぎ合わせる】〖▽接ぎ合わせる〗〈動下一〉布や板などをつなぎ合わせる。

バギー[1]〈名〉脚《あし》の部分が極端に太く、だぶだぶなデザインのパンツ。◇baggy pants から。

バギー[2]〈名〉❶ベビーカー。❷砂地や荒れ地を走るためにつくられた、レジャー用の自動車。「サンドバギー」ともいう。◇buggy

はききよ・める【掃き清める】〈動下一〉掃き掃除《そうじ》をしてきれいにする。

はきけ【吐き気】〈名〉食べたものをもどしそうな感じ。例吐き気をもよおす。吐き気がする。類嘔吐《おうと》感。
表現 強い嫌悪《けんお》感の意味でも使う。

はぎしり【歯ぎしり】〖歯▼軋り〗〈名・する〉❶ねむっているときに、歯をこすり合わせて、音をたてること。❷歯をくいしばって、くやしがること。類歯がみ。

はきす・てる【吐き捨てる】〈動下一〉口に入れたものを、吐き出してすてる。

はきそうじ【掃き掃除】〈名・する〉ほうきでごみやほこりを掃いてきれいにすること。

はきだ・す【吐き出す】〈動五〉❶食べたものや口に入れたものを、口から外へ出す。❷中に入れていたものや、あったものを外へ出す。例けむりを吐き出す。不満を吐き出す。対すいこむ。

はきだめ【掃きだめ】〖掃き▼溜め〗〈名〉ごみすて場。例掃きだめをあさる。

掃きだめに鶴《つる》 まわりのようすにふさわしくないほど、ずばぬけてすぐれていること。あまりぱっとしないものばかりのところへ、めだってすぐれたものが現れること。

はきちが・える【履き違える】〈動下一〉ものごとの意味を、誤《あやま》ってうけとる。考えちがいをする。例自由をわがままとはき違える。

はきはき〈副・する〉話しかたや態度がはっきりしているようす。例はきはき(と)答える。はきはきした生徒。

はきもの【履(き)物】〈名〉靴《くつ》やサンダルなど、足にはいて歩くためのもの。例履物をはく。履物をぬぐ。

ばきゃく(馬脚)をあらわ(現)す 今までかくしていた悪事などがばれて、正体がわかる。類しっぽを出す。ばけの皮がはがれる。由来芝居《しばい》で、馬の脚《あし》に扮《ふん》していた役者がすがたをさらしてしまう意味から。

はきゅう【波及】〈名・する〉波紋《はもん》がひろがっていくように、あることの影響《えいきょう》が、次から次へと伝わって、ひろがっていくこと。例被害《ひがい》が全国に波及する。波及効果。類伝播《でんぱ》。

はきょく【破局】〈名・する〉❶ものごとがいきづまって、どうにもならなくなり、悲惨《ひさん》な結果になること。例破局をむかえる。環境破壊は人類の破局をまねきかねない。類カタストロフィー。❷俗《ぞく》に、とくに有名人どうしの、恋愛や結婚の関係が破綻《はたん》すること。

はぎれ[1]【歯切れ】〈名〉❶食べ物を歯でかんだときの感じ。❷話しかたや話の内容の、はっきりしている度合い。例歯切れがいい。▽ア**ハギレ ハギレ**」
表現「歯切れがいい」は、人の発音や話しかたがはっきりしている、という意味だが、「歯切れがわるい」は、論理や意見などがわかりにくい、という意味でも使う。

はぎれ[2]【端切れ】〈名〉それだけではなにもつくれないような、はんぱな布きれ。ア**ハギレ**

常用漢字　はく

【白】白部0 全5画 白白白白白
ハク・ビャク しろ・しら・しろい 教小1 音❶[ハク] ▨白髪《はくはつ》。白墨《はくぼく》。白昼《はくちゅう》。白紙《はくし》。白状《はくじょう》。▨紅白《こうはく》。明白《めいはく》。空白《くうはく》。自白《じはく》。顔面蒼白《がんめんそうはく》。❷[ビャク] ▨白夜《びゃくや》。▨黒白《こくびゃく》。訓❶[しろ] 白。白黒。白酒。白バイ。白無垢《むく》。色白。真っ白。❷[しら] 白壁。白玉。白焼き。白雪。白ける。白む。白々しい。白羽(の矢が立つ)。❸[しろい] 白い。青白い。

【伯】亻部5 全7画 伯伯伯伯伯
ハク 音[ハク] ▨伯仲《はくちゅう》。▨画伯《がはく》。注意「伯父」は「おじ」、「伯母」は「おば」と読む。

【拍】扌部5 全8画 拍拍拍拍拍
ハク・ヒョウ 音❶[ハク] ▨拍手《はくしゅ》。拍車《はくしゃ》。▨一拍《いっぱく》。❷[ヒョウ] ▨拍子《ひょうし》。

【泊】氵部5 全8画 泊泊泊泊泊
ハク とまる・とめる 音[ハク] ▨宿泊《しゅくはく》。外泊《がいはく》。漂泊《ひょうはく》。停泊《ていはく》。二泊三日《にはくみっか》。訓❶[とまる] 泊まる。泊まり。素泊まり。❷[とめる] 泊める。

【迫】辶部5 全8画 迫迫迫迫迫
ハク せまる 音[ハク] ▨迫真《はくしん》。迫力《はくりょく》。迫害《はくがい》。▨気迫《きはく》。切迫《せっぱく》。緊迫《きんぱく》。圧迫《あっぱく》。脅迫《きょうはく》。訓[せまる] 迫る。差し迫る。

【剥】刂部8 全10画 剥剥剥剥剥
ハク はがす・はぐ・はがれる・はげる 音[ハク] ▨剥製《はくせい》。剥奪《はくだつ》。訓❶[はがす] 剥がす。❷[はぐ] 剥ぐ。剥ぎ取る。❸[はがれる] 剥がれる。❹[はげる] 剥げる。剥げ落ちる。表記「剝」とも書く(画数は同じ)。

【舶】舟部5 全11画 舶舶舶舶舶
ハク 音[ハク] ▨舶来《はくらい》。▨船舶《せんぱく》。

【博】十部10 全12画 ※博博博博博
ハク・バク 教小4 音❶[ハク] ▨博学《はくがく》。博識《はくしき》。博士号《はくしごう》。博物館《はくぶつかん》。博覧会《はくらんかい》。博愛《はくあい》。▨該博《がいはく》。万博《ばんぱく》。❷[バク] ▨博徒《ばくと》。▨賭博《とばく》。注意「博士《はくし》」は、「はかせ」とも読む。

【薄】艹部13 全16画 ※薄薄薄薄薄
ハク うすい・うすめる・うすまる・うすらぐ・うすれる 音[ハク] ▨薄弱《はくじゃく》。薄氷《はくひょう》。薄力粉《はくりきこ》。薄情

ビゼー (1838~75) フランスの作曲家。劇音楽に才能を発揮。作品「カルメン」「アルルの女」。

《はくじょう》。薄命《はくめい》。薄謝《はくしゃ》。▨軽薄《けいはく》。希薄《きはく》。肉薄《にくはく》。訓❶[うすい] 薄い。薄化粧。薄着。薄塩。薄暗い。薄っぺら。品薄。手薄。❷[うすめる] 薄める。❸[うすまる] 薄まる。❹[うすらぐ] 薄らぐ。❺[うすれる] 薄れる。

は・く[1]【吐く】〈動五〉❶口や胃などの中にあるものを、口から外へ出す。例つばを吐く。血を吐く。貝が砂を吐く。対吸う。❷中にある気体や液体を外に出す。例火山がけむりを吐く。❸心の中にたまっているものを外に出す。うちあける。例本音を吐く。どろを吐く(=白状する)。よわねを吐く。類ぶちまける。▽アハク

は・く[2]【掃く】〈動五〉❶きれいにするために、ほうきでごみやほこりをはらいのぞく。例掃いてすてる。ゆかを掃く。❷かるくぬる。例まゆを掃く。はけで掃いたような雲がうかんでいる。▽アハク

表現「掃いてすてる」は、①の意味のほかに、「金《かね》なら掃いてすてるほどある」のように、ものがありあまるほどたくさんあることにもいう。

は・く[3]【履く】〘▼穿く〙〈動五〉❶[履く] くつなどを足につける。❷[穿く] 衣服などを下半身につける。例ズボンをはく。▽対ぬぐ。アハク

方言(1)北海道・青森や、香川・徳島では、「(手袋などを)着ける」の意味でも使う。(2)沖縄では、「Tシャツをはく」のように、「着る」の意味でも使う。新しい方言。

は・く[4]〘▼佩く〙〈動五〉武器としてこしにつける。古い言いかた。例太刀《たち》をはく。類おびる。アハク

はく[5]【▼箔】〈名〉❶金属をうすくして のばしたもの。例金箔《きんぱく》。銀箔。アルミ箔。❷世間がみとめるような貫禄《かんろく》や値うち。例受賞で箔がつく。海外留学で箔をつける。▽ア①ハク」②ハク

はく[6]【泊】〈接尾〉泊《と》まって一夜をすごす回数をかぞえることば。例三泊四日の旅行。

はく[7]【博】〈接尾〉「博覧会」の略。例万国博。

表現レンタル品をかりる期間にもいう。

は・ぐ[1]【剝ぐ】〈動五〉❶表面にあるうすいものや、身につけているものをとりさる。例皮を剝ぐ。ふとんを剝ぐ。ばけの皮を剝ぐ。剝ぎとる。類はがす。むく。❷とりあげてしまう。例官位を剝ぐ。類剝奪《はくだつ》する。▽アハグ

は・ぐ[2]〘▽接ぐ〙〈動五〉布や板などをつなぎ合わせる。例はぎ合わせる。アハグ

ハグ[3]〈名・する〉抱きしめること。抱き合うこと。欧米《おうべい》式の、親しみのこもったあいさつのしかた。例再会した親友とハグする。類抱擁《ほうよう》。◇hug アハグ

常用漢字 ばく

【麦(麥)】 麦部0 全7画 ※ 麦麦麦麦

バク むぎ 教小2 音[バク] ▨麦芽《ばくが》。麦秋《ばくしゅう》。▨燕麦《えんばく》。精麦《せいばく》。訓[むぎ] 麦。麦茶。小麦。

【漠】 氵部10 全13画 漠漠漠漠漠

バク 音[バク] ▨漠《ばく》たる。漠《ばく》として。漠然《ばくぜん》。▨砂漠《さばく》。広漠《こうばく》。茫漠《ぼうばく》。

【縛】 糸部10 全16画 ※ 縛縛縛縛縛

バク しばる 音[バク] ▨束縛《そくばく》。捕縛《ほばく》。自縄自縛《じじょうじばく》。訓[しばる] 縛る。縛りつける。金縛り。

【爆】 火部15 全19画 爆爆爆爆爆

バク 音[バク] ▨爆発《ばくはつ》。爆心地《ばくしんち》。爆弾《ばくだん》。爆風《ばくふう》。爆笑《ばくしょう》。▨原爆《げんばく》。水爆《すいばく》。自爆《じばく》。

ばく[1]〘▼貘〙〈名〉❶けものの一種。ブタに似《に》た形で、鼻とうわくちびるが長くつきでていて、木の芽などを食べる。❷悪い夢《ゆめ》を食べるという、想像上のけものの名。

ばく[2]【漠】〈副・連体〉ぼんやりして、つかみどころがない。例記憶《きおく》が漠としている。漠たる不安。

ばぐ[1]【馬具】〈名〉ウマに乗るためにつける用具。くら・くつわ・あぶみ・たづななど。アバグ

バグ[2]〈名〉❶コンピューターのプログラム上の記述ミス。例バグが見つかる。❷欠陥《けっかん》。くだけた言いかた。◇bug(=小さな「虫」の意味) ▽アバグ

はくあ【白亜】〘白▼堊〙〈名〉❶白い色のかべ。例白亜の殿堂《でんどう》。❷石灰岩《せっかいがん》の一種。白墨《はくぼく》の原料。

はくあい【博愛】〈名〉わけへだてなく、すべての人を愛すること。例博愛主義。博愛精神。

はくい【白衣】〈名〉医師や看護師、化学者などが着る、白いうわっぱり。例白衣の天使(=女性看護師)。

参考白い装束《しょうぞく》の場合は、「びゃくえ」と読む。

はくいんぼうしょう【博引▼旁証】〈名・する〉ものごとを説明するとき、たくさんの例を引いたり、証拠《しょうこ》をあげたりすること。

はくえん【白煙】〈名〉白いけむり。対黒煙。

ばくおん【爆音】〈名〉❶火薬などが 爆発するときにでる、大きな音。❷飛行機や自動車、オートバイなどのエンジンのたてる、大きな音。例爆音をとどろかす。

ばくが【麦芽】〈名〉オオムギやコムギなどの種を発芽させて干したもの。ビールや水あめなどの原料にする。

はくがい【迫害】〈名・する〉権力をもつ者や力のつよい者が、自分に反対する者や考え方のことなる者に 害をくわえて 苦しめること。例迫害にあう。迫害を受ける。

はくがく【博学】〈名・形動〉さまざまな学問に通じていること。例博学な人。博学多才。類博識。物知り。該博《がいはく》。

ばくがとう【麦芽糖】〈名〉麦芽にふくまれる酵素《こうそ》によって、でんぷんが分解してできる あまい物質。あめをつくるのに使う。

はくがんし【白眼視】〈名・する〉つめたい目つきで人を見ること。つめたくあつかうこと。類白い目で見る。

はぐき【歯茎】〈名〉歯の根もとをつつんでいる筋肉。

ばくぎゃく(▼莫逆)**のとも**(友) 非常に仲のよい友。

はくぎん【白銀】〈名〉「銀」のこと。

表現「白銀の世界」といえば、一面に雪が降りつもった景色をいう。

はぐく・む【育む】〈動五〉❶親鳥が、ひなを羽につつみこむようにして そだてる。❷たいせつにそだてる。例思いやりの心を育む。両親の愛に育まれる。

ばくげき【爆撃】〈名・する〉飛行機から爆弾《ばくだん》をおとして、攻撃《こうげき》すること。

はくさい【白菜】〈名〉野菜の一つ。一年草または二年草。葉は四〇《センチメートル》ぐらいで、かさなって生える。つけものなどにして食べる。茨城県と長野県が二大産地。

表現ふつう一株《ひとかぶ》二株《ふたかぶ》と数える。一玉《ひとたま》二玉《ふたたま》と数えることもある。

はくし[1]【白紙】〈名〉❶なにも書いていない白い紙。例白紙の答案。❷前もって考えたり検討したりしないこと。例

ピタゴラス 紀元前6世紀に活躍したギリシャの数学者・哲学者。「ピタゴラスの定理」を証明。

例白紙の態度でのぞむ。❸なにもなかったもとの状態。例白紙にかえす。白紙撤回《てっかい》。類ご破算《はさん》。ゼロベース。▽アハクシ

白紙に戻《もど》す ある程度まですすんでいた計画などを、なにもないもとの状態にもどす。「白紙に返す」ともいう。

[2]**はくし【博士】**〈名〉学術論文の審査《しんさ》と試験に合格した人にあたえられる学位。その学位をあたえられた人。「はかせ」ともいう。ドクター。アハクシ

はくじ【白磁】〈名〉真っ白な生地《きじ》でつくられた磁器。日本では、佐賀県の有田焼《ありたやき》が有名。

ばくし【爆死】〈名・する〉ガスや爆弾《ばくだん》の爆発によって死ぬこと。参考俗《ぞく》に、テレビの視聴率や興行《こうぎょう》などが不成功に終わることにもいう。

はくしいにん【白紙委任】〈名・する〉委任を受ける人に、何もかもすべてまかせること。参考「白紙委任状」は、委任する人の名前だけ記入して他を空欄《くうらん》にしておき、すべての決定は委任を受ける人にまかせるとする委任状。空欄には委任を受ける人が自由に書きこめる。

はくしき【博識】〈名・形動〉たくさんのことを知っていること。例博識な人。類博学。物知り。該博《がいはく》。

はくしじゃっこう【薄志弱行】〈名〉意志が弱くて、ものごとを決断してやりとげる精神力がないこと。

はくじつ【白日】〈名〉❶日がさんさんと照って、明るいこと。例青天白日。❷昼の明るい間。例白日夢。類白昼。日中。

白日の下《もと》にさらされる 隠していたことが、あきらかになる。例事件の実態が白日のもとにさらされた。

[1]**はくじつむ【白日夢】**〈名〉⇩はくちゅうむ

[2]**はくしゃ【拍車】**〈名〉ウマに乗るとき、くつのかかとにつける金具。先についている歯車を、ウマの腹につよくおしつけて、速く走らせる。アハクシャ →くら〔鞍〕絵

拍車をかける 仕事などの進みぐあいを速くする。

はくしゃ【薄謝】〈名〉わずかばかりのお礼。類薄志。寸志。アハクシャ

表現 人に、お礼のお金を紙につつんだりふくろに入れてわたしたりするとき、「わずかばかりで恐縮《きょうしゅく》しています」という気持ちを表わすために、そのおもてに書くことば。「薄志」「寸志」も似《に》た意味。

はくしゃく【伯爵】〈名〉貴族の階級の一つで、その第三番目。→しゃくい

はくじゃく【薄弱】〈形動〉❶からだや意志などがよわい。例意志薄弱。❷しっかりしていない。例薄弱な論《ろん》拠《きょ》。

はくしゃせいしょう【白砂青松】〈名〉白い砂浜に、青あおとした松が植わっている、美しい海岸の景色。

はくしゅ【拍手】〈名・する〉❶両手をなんども打ち合わせること。ほめたり賛成したりする気持ちを表わす。例拍手をおくる。拍手でむかえる。拍手喝采《かっさい》。❷「かしわ手《で》」のこと。例拍手を打つ。

はくじゅ【白寿】〈名〉九十九歳。その長寿の祝い。参考「百」の字から「一」をとると「白」になることから。

ばくしゅう【麦秋】〈名〉ムギのかりいれの時期。六月のころ。「むぎあき」「麦の秋」などともいう。参考このことばの「秋」は、作物が成熟して収穫《しゅうかく》できる時期という意味で、「麦秋」は夏の季語。

はくしゅかっさい【拍手喝采】〈名・する〉おおぜいの人が、手をたたいたり、喚声《かんせい》を上げたりしてほめたたえること。

はくしゅく【伯叔】〈名〉❶兄と弟。古くて かたくるしい言いかた。❷父母の兄弟。古い言いかた。

はくしょ【白書】〈名〉政府が各方面のことについて、実際のようすを世間に発表する報告書。例経済白書。由来もともと、イギリス政府の報告書が白い表紙をつけていることから出たことば。

[1]**はくじょう【白状】**〈名・する〉かくしていたことを、ありのままに うちあけること。例罪を白状する。すべてを白状する。類自白。告白。アハクジョー

[2]**はくじょう【白▼杖】**〈名〉視覚障害者が外を歩くときに用いる白いつえ。アハクジョー

[3]**はくじょう【薄情】**〈形動〉思いやりの気持ちがなく、冷たいようす。例薄情な人。類つれない。すげない。無情。無慈悲《むじひ》。非情。非人情。アハクジョー

ばくしょう【爆笑】〈名・する〉大声で笑うこと。例会場が爆笑に包まれる。大爆笑。類大笑い。哄笑《こうしょう》。

はくしょく【白色】〈名〉色が白いこと。

はくしょくじんしゅ【白色人種】〈名〉人種をひふの色でわけた区分の一つ。白い ひふをもつ人たち。ヨーロッパやアメリカに住む人が多い。→おうしょくじんしゅ・こくしょくじんしゅ

はくしん【迫真】〈名〉真にせまっているようす。実物そのもののようであること。例迫真の演技。

[1]**はくじん【白人】**〈名〉白色人種に属する人。

[2]**はくじん【白刃】**〈名〉さやからぬいた刀。しらは。

[1]**ばくしん【爆心】**〈名〉爆発の中心。例爆心地。

[2]**ばくしん【▼驀進】**〈名・する〉ものすごいいきおいで、まっしぐらにすすむこと。類突進《とっしん》。猛進《もうしん》。

はく・する【博する】〈動サ変〉名誉《めいよ》や利益をおおいに得る。例名声を博する。好評を博する。巨利《きょり》(=大きな利益)を博する。

はくせい【剝製】〈名〉動物のからだから内臓や肉をとりさり、かわりに綿などをつめてぬい合わせて、生きていたときのようなすがたにしたもの。例オオカミの剝製。

ばくぜん【漠然】〈副・連体〉考えや気持ち、話などがはっきりしないようす。例進路については まだ漠然としか考えていない。漠然たる不安。類漠。ぼんやり。

ばくだい【▼莫大】〈形動〉とてつもなく大きいようす。とてつもなく多いようす。例莫大な費用。類膨大《ぼうだい》。

はくだく【白濁】〈名・する〉白くにごること。

はくだつ【剝奪】〈名・する〉地位や権利をむりやりとりあげてしまうこと。例地位を剝奪する。特権を剝奪する。類はぐ。

ばくたる【漠たる】〈連体〉⇩ばく〔漠〕

ばくだん【爆弾】〈名〉飛行機などから落として、爆発させる兵器。例爆弾を落とす。原子爆弾。

表現「爆弾」を比喩《ひゆ》に使うときは、爆発したときの大ショックを表わすときと、いつ爆発するかわからないおそろしさを表わすときとがある。「爆弾発言」などでは「多くの人に大きなショックをあたえた」という意味であるが、「心臓に爆弾をかかえている」というと、命にかかわる危険な病気を心臓にもっている、という意味になる。

はくち【白痴】〈名〉重い知的障害があること。注意差別語であり、現在は使わない。

ばくち【博▽打・博▼奕】〈名〉お金や品物をかけて、さいころや花ふだなどで勝負をあらそうこと。例ばくちうち。類賭博《とばく》。

表現「ばくちをうつ」というと、危険なことを思いきってやるという意味もある。

ばくちく【爆竹】〈名〉花火の一種。ほそい竹や紙づつに火薬を入れて ならべたもの。例爆竹をならす。

はくちず【白地図】〈名〉陸地の形や、湖や川などの輪郭《りんかく》だけをえがいた地図。学習するとき、いろいろなことを書きいれていくために使う。

[1]**はくちゅう【白昼】**〈名〉昼《ひる》ひなか。類白日《はくじつ》。

表現「白昼堂々と強盗《ごうとう》をはたらく」は、本来なら人目をさけるようなことを、昼ひなかに おおっぴらに行なうことをいう。

[2]**はくちゅう【伯仲】**〈名・する〉両方ともすぐれていて、どちらがまさるともいえないこと。例勢力が伯仲する。実力伯仲。類互角《ごかく》。

参考もともと、「伯」は長男、「仲」は次男のこと。

はくちゅうむ【白昼夢】〈名〉真昼《まひる》にみる夢《ゆめ》。実際には ありえないことを空想すること。白日夢《はくじつむ》。

はくちょう【白鳥】〈名〉冬、日本にわたってくる白い大きな水鳥。くびが長く、すらりとして美しい。

バクテリア〈名〉「細菌《さいきん》」のこと。◇bacteria

はくとう【白桃】〈名〉モモの一種。果肉が白く、汁《しる》けが多くてあまい。対黄桃。

はくどう【拍動】【▼搏動】〈名・する〉血管に血液を送りだすために、心臓が一定のリズムで波打つように動くこと。類鼓動《こどう》。

はくどうか【白銅貨】〈名〉銅とニッケルの合金を材料にしてつくった貨幣《かへい》。

ばく(漠)とした ⇩ばく〔漠〕

はくないしょう【白内障】〈名〉目の水晶体が白くにごって、視力がおとろえる病気。しろそこひ。

はくねつ【白熱】〈名・する〉❶金属がとても高い温度に熱せられて、白色に近い光をだすこと。❷対立する者のあいだのやりとりが、はげしくなること。例議論が白熱する。白熱した試合。

はくねつでんきゅう【白熱電球】〈名〉照明用に使う電球。電流をながすと、中にあるフィラメントが高温になって、光を発する。

ばくは【爆破】〈名・する〉火薬を爆発させて、建物などをこわすこと。

はくばい【白梅】〈名〉白い色の花をさかせるウメ。

バグパイプ〈名〉かわでつくったふくろに笛《ふえ》をつけた管楽器。スコットランドのものが有名。◇bagpipe

ばくばく 一〈副〉「ぱくぱく」よりも いきおいよく食べるようす。二〈副・する〉ひどく どきどきするようす。例心臓がばくばくする。

はくはつ【白髪】〈名〉白くなった髪《かみ》の毛。「しらが」に対して、髪全体にいうことが多い。類銀髪《ぎんぱつ》。

白髪三千《さんぜん》丈《じょう》 「愁《うれ》いのためにしらがが長くのびて三千丈(=数キロメートル)にもなった」という意味で、極端におおげさな表現をすることのたとえにいう。李白《りはく》の漢詩の中のことば。

ばくはつ【爆発】〈名・する〉❶大きな音や光をだして、はげしい勢いで破裂《はれつ》すること。例核《かく》爆発。❷おさえていた感情がはげしく外にでること。例不満が爆発する。▽類炸裂《さくれつ》。

表現人口の急激《きゅうげき》な増加を意味する「人口爆発」のような使いかたもある。

ばくはつてき【爆発的】〈形動〉まわりのものを吹きとばすほどの ものすごい勢いである。例爆発的なパワー。

はくび【白眉】〈名〉多くのものの中で、もっともすぐれたもの。類第一。随一《ずいいち》。出色《しゅっしょく》。

由来秀才《しゅうさい》五人兄弟の中のもっともすぐれた者のまゆに白い毛があったという、中国の古い話からでたことば。

はくびしん『白鼻心』〈名〉けものの一種。鼻から額にかけて白いすじがあり、タヌキに似《に》た形をしている。果実を食いあらし、農業被害《ひがい》をあたえることがある。

はくひょう【白票】〈名〉なにも書かないで投票された、投票用紙。

はくひょう(薄氷)をふ(踏)むおも(思)い 今にもだめになりそうで、ひやひやする気持ち。

[1]**ばくふ【幕府】**〈名〉〔歴史〕武家時代、将軍が政治を行なったところ。鎌倉《かまくら》幕府・室町《むろまち》幕府・江戸《えど》幕府のこと。

[2]**ばくふ【▼瀑布】**〈名〉「滝《たき》」のこと。とくに、大きなものにいう。例ナイヤガラ瀑布。→たき〔滝〕参考

ばくふう【爆風】〈名〉爆発によっておこる強い風。

はくぶつがく【博物学】〈名〉自然物を対象とした総括《そうかつ》的な学問。学問が動物学・植物学・鉱物学など専門別に分かれていく前の古い言いかた。

はくぶつかん【博物館】〈名〉自然や文化、歴史などに関するさまざまなものを集めてならべ、人々に見せる公共の施設《しせつ》。例科学博物館。国立民族学博物館。類ミュージアム。

表現建物は一軒《いっけん》二軒《にけん》と数えるが、「館」のつく施設としては一館《いっかん》二館《にかん》と数える。

はくぶつし【博物誌】〈名〉博物学の本。

はくぶん【白文】〈名〉句読点《くとうてん》や、かえり点、送りがなのついていない漢文。

はくへいせん【白兵戦】〈名〉両軍の兵隊が、刀や剣《けん》をまじえてたたかうこと。

はくぼ【薄暮】〈名〉日がしずんで、かすかに暗くなるころ。類夕ぐれ。たそがれ。参考「薄」は、近づくという意味。

はくぼく【白墨】〈名〉黒板に字や絵をかくための用具。白のほかにも、さまざまな色のものがある。チョーク。

はくまい【白米】〈名〉玄米《げんまい》をついて、ぬかや胚芽《はいが》をとりさって白くした米。精米。対玄米。

ばくまつ【幕末】〈名〉江戸《えど》時代の終わりのころ。

[1]**はくめい【薄命】**〈名〉命がみじかいこと。例佳人《かじん》薄命(=美人はからだが弱かったりして、とかく命のみじかいことが多い)。類短命。夭折《ようせつ》。

[2]**はくめい【薄明】**〈名〉日の出前や日没《にちぼつ》後の、空のうっすらと明るいようす。類うすあかり。

ばくやく【爆薬】〈名〉急激な化学変化をおこして爆発し、破壊《はかい》作用をもつ薬品。ダイナマイトなど。例爆薬をしかける。類火薬。

はくらい【舶来】〈名〉外国でつくったものを船などで運んでくること。昔の言いかた。例舶来品。対国産。類伝来。渡来《とらい》。外来。

はぐらか・す〈動五〉相手の質問にまともには答えないで、ほかのことを話したりして、話題をそらす。例質問をはぐらかす。相手をはぐらかす。類ごまかす。

[1]**はくらく【伯楽】**〈名〉人物を見きわめることにたくみな人。例名伯楽。アハ**ク**ラク

由来もともとは、良馬かどうか見分ける人のことをいった。

[2]**はくらく【剥落】**〈名・する〉塗料《とりょう》などがはがれ落ちること。アハ**クラク**

はくらんかい【博覧会】〈名〉いろいろな製品や商品などを展示して、多くの人たちに見せる会。例万国《ばんこく》

は

ビバルディ（1678ごろ～1741） イタリア，バロック音楽の代表的な作曲家。「四季」が有名。

博覧会。

はくらんきょうき【博覧強記】〈名〉はばひろく、ぼうだいな量の本を読み、その内容をよくおぼえていること。

はくり[1]【剥離】〈名・する〉はがれること。はがすこと。例網膜《もうまく》が剥離する。ペンキを剥離する。

はくり[2]【薄利】〈名〉わずかの利益。例薄利多売。

ぱくり〈名〉盗用《とうよう》・盗作の意味の、俗《ぞく》なことば。
表記 多く、「パクリ」とかたかなで書く。→ぱくる

はくりきこ【薄力粉】〈名〉たんぱく質の少ない小麦粉。ねばりけが弱く、ケーキや天ぷらのころもなどに使う。→きょうりきこ

はくりたばい【薄利多売】〈名〉商品ひとつひとつの利益は少ないが、たくさん売って全体としてもうけること。

ぱくりと〈副〉❶大きく口を開いて、いきおいよくかぶりついたり、食べたりするようす。❷割れ目などが、大きく開いた状態である。ぱっくり。例傷口がぱくりと開いている。

ばくりょう【幕僚】〈名〉軍隊で、長官のすぐ下に位置して、重要な作戦の計画に参加する将校。

はくりょく【迫力】〈名〉相手やまわりにいる人たちを圧倒《あっとう》してしまう力。例迫力がある。迫力満点。

ぱく・る〈動五〉❶ぬすむ。盗用《とうよう》する。盗作する。❷逮捕《たいほ》する。▽「ぱくりと食べる」の「ぱくり」を動詞化した俗《ぞく》なことばで、「パクる」とも書く。

はぐるま【歯車】〈名〉ふちに一定のでこぼこのある歯をつけた車。二個以上かみあわせて回し、動力を伝える道具。ギア。例歯車がかみあう。→かっしゃ 絵
表現 「歯車がかみあわない」などの言いかたで、たがいに関連してうごいていくはずのものごとが、ぎくしゃくしてうまくすすまないことを表わす。

はぐ・れる〈動下一〉いっしょにいる人を見うしなって、はなればなれになる。例群れからはぐれる。
表現 「食いはぐれる」の「はぐれる」は、「…しそこなう」という意味を表わす。

はくろ【白露】〈名〉❶草木に付いた、白く光る露《つゆ》。しらつゆ。❷二十四節気の一つ。今の九月八日ごろ。ようやく秋らしくなる時季。

ばくろ【暴露】【▼曝露】〈名・する〉人に知られてはこまる悪事や秘密を、あかるみに出すこと。例正体を暴露する。対隠蔽《いんぺい》。類あばく。すっぱぬく。さらけ出す。

ばくろん【▼駁論】〈名・する〉他人の意見や議論などを非難・攻撃《こうげき》すること。例駁論を加える。類反論。

はくわ【白話】〈名〉中国語の口語体。対文言《ぶんげん》。
参考 「白」は口で言うこと。明《ミン》代以後に作られ、よく読まれた『水滸伝《すいこでん》』『西遊記《さいゆうき》』などの口語体小説を、「白話小説」という。

はけ[1]【▽刷毛】〈名〉塗料《とりょう》やのりなどの液体をぬるときに使う道具。動物の毛やナイロンでつくった毛をたばねて柄《え》につけ、先を切りそろえたもの。

はけ[2]【▼捌け】〈名〉❶水がたまらないで、流れさること。例水はけ。❷商品の売れゆき。例この品《しな》は、とてもはけがいい。類売れぐあい。

はげ【▼禿げ】〈名〉髪《かみ》の毛がぬけてなくなったところ。また、そうした頭。例はげ頭。

はげあが・る【はげ上がる】【▼禿げ上がる】〈動五〉髪《かみ》の毛が、ひたいの上のほうまではげる。

ばけがく【化学】〈名〉「化学《かがく》」のこと。「科学」とまぎれないための言いかた。

はけぐち【はけ口】【▼捌け口】〈名〉❶水の流れでる口。❷商品の売れていく先。❸心の中にある鬱憤《うっぷん》などを発散させるところや手段。俗《ぞく》に「吐け口」と書かれることもある。例不満のはけ口がない。

はげし・い【激しい】【▽烈しい】〈形〉❶いきおいがたいへんつよい。例激しい雨。激しい気性《きしょう》。激しくせめる。❷程度がふつうではないほどひどい。例激しい痛み。競争が激しい。すききらいが激しい。類はなはだしい。

はげたか【▼禿げ▼鷹】〈名〉タカの一種であるハゲワシのこと。アジア・ヨーロッパなどにすむ。頭の部分に毛がなく、羽は黒い。動物の死肉を食べる。

バケツ〈名〉水をくみおきしたり、はこんだりするための、半円形の持ち手のついた容器。◇bucket

パケットつうしん【パケット通信】〈名〉データをいくつかのパケット(＝小さいサイズのまとまり)に分割して送受信する通信方式。参考 「パケット」は小包の意味。携帯電話の音声通話以外のサービス(メール、インターネット、アプリのダウンロードなど)で広く使われている。

バケツリレー〈名〉火事の消火などのために、何人かが一列に並び、水を入れたバケツをいちばん遠くにいる人から順に前の人に手渡して、火の近くまで運ぶこと。
参考 日本での複合語。英語ではbucket brigade(＝バケツ隊の意味)という。

ばけのかわ【化けの皮】〈名〉ほんとうの姿をかくすために、表面をかざった見せかけ。例化けの皮がはがれる。

はげま・す【励ます】〈動五〉「もっと元気を出せ」「がんばれ」などと、声をかけたりして力づける。例なかまを励ます。声を励ます(＝いっそう大きくする)。類激励《げきれい》する。

はげみ【励み】〈名〉❶いっしょうけんめいがんばること。❷がんばる気力をおこさせるもととなるもの。例励みになる。よい励み。

はげ・む【励む】〈動五〉やる気をだして、いっしょうけんめいとりくむ。例勉強にはげむ。類いそしむ。精をだす。

はけめ【はけ目】【▽刷毛目】〈名〉はけでぬったり、はいたりしたあとに残るすじの形。その模様。例はけ目が残る。はけ目の茶碗《ちゃわん》。

ばけもの【化け物】〈名〉あやしくおそろしいすがたに化けたもの。類お化け。妖怪《ようかい》。怪物。
表現 「三日も徹夜《てつや》をして平気でいるなんて、あいつは化け物だ」のように、ふつうの人間では考えられないような力をもっていることへのおどろきを表わす場合がある。

はげやま【はげ山】【▼禿げ山】〈名〉植物の生えていない、地はだや岩石がむきだしになっている山。

は・ける[1]【▼捌ける】〈動下一〉❶水などがたまらないで、よく流れる。❷商品が残らないで、よく売れていく。例この品は よくはける。類さばける。

は・げる[1]【▼禿げる】〈動下一〉かみの毛がぬけてなくなる。例頭がはげる。はげ上がる。

は・げる[2]【剝げる】〈動下一〉表面にはりついていたものがとれる。例ペンキがはげる。めっきがはげる(→めっき表現)。類はがれる。

ば・ける【化ける】〈動下一〉❶常識的、合理的な考えでは説明できないやり方で、すがたを変えて、別のものになる。例化けて(＝幽霊《ゆうれい》になって)出る。きつねが化ける。❷変装《へんそう》して、別人になりすます。例警官に化ける。❸急によいものに変わる。くだけた言いかた。例鳴かず飛ばずだった選手が化けた。類大化けする。

はけん[1]【派遣】〈名・する〉人に役目をあたえて、ある場所へ行かせること。例記者を派遣する。対召還《しょうかん》。類差し向ける。

[2]**はけん【覇権】**〈名〉ほかとのあらそいにうちかって手に入れた、第一人者としての権力や栄誉《えいよ》。例覇権をあらそう。覇権をにぎる。類ヘゲモニー。

ばけん【馬券】〈名〉競馬で、順位の予想をして買う券。予想が当たると配当金が出る。「勝ち馬投票券」の通称《つうしょう》。

はけんしゃいん【派遣社員】〈名〉正規の社員ではなく、人材派遣会社に登録していて、企業《きぎょう》の求めに応じて派遣される社員。

はこ【箱】【▼函】〈名〉❶木や紙、金属などでつくった四角い入れもの。例箱をあける。箱にしまう。道具箱。外箱。類ボックス。ケース。❷俗《ぞく》に、劇場のこと。また、文化会館のように、税金を投入してつくられた集客施設《しせつ》のこと。「ハコ」と書くことが多い。

【箱】 竹部9 全15画 箱 箱 箱 箱 箱 箱
はこ 教小3

はごいた【羽子板】〈名〉羽根つきをする板。かた面に絵や、おし絵がある。

はこいり【箱入り】〈名〉❶箱にはいっていること。❷「箱入り娘」の略。

はこいりむすめ【箱入り娘】〈名〉外の風にもあてないくらいに、たいせつにそだてられた娘。

はこう【▼跛行】〈名・する〉❶片足を引いて歩くこと。例跛行状態(が続く)。❷二つのもののつり合いがとれないまま進むこと。

はこがまえ【▼匚構え】〈名〉漢字の構えの一つ。「匠《しょう》」「匡《きょう》」などの「匚」の部分。→かくしがまえ

はごたえ【歯応え】〈名〉❶食べ物をかんだときにうける、ここちよいかたさの感じ。❷こちらからの働きかけに対する、相手の反応のたとえ。いどみがい。例なかなか歯応えのあるやつだな。歯応えがなくて拍子《ひょうし》ぬけした。

はこにわ【箱庭】〈名〉あさい箱などに、庭や山、川のようすをかたどってつくったもの。

はこび【運び】〈名〉❶ものごとのすすめかたや、そのすすめるはやさ。例筆の運び。足の運びがおぼつかない。❷計画や仕事などが、ある段階まで進むこと。例計画中の美術館が着工の運びとなった。

はこ・ぶ【運ぶ】〈動五〉❶ものをほかの場所にもっていく。例荷物を運ぶ。風がにおいを運ぶ。船で運ぶ。運びこむ。運びだす。持ち運ぶ。類運搬《うんぱん》する。❷ものを動かして、前へ進めていく。例足を運ぶ(=行く)。針を運ぶ(=ぬう)。ことを運ぶ(=ものごとを進める)。❸ものごとが前へ進んでいく。例話が運ぶ。会議がなめらかに運ぶ。類はかどる。進行する。進展する。

表現「お運びになる」「お運びくださる」は、①の尊敬語であるほか、②の用例「足を運ぶ」の「足を」を省略した、「行く」「来る」の尊敬語としても使う。

はこぶね【箱船】【▽方舟】〈名〉箱のかたちをした船。→ノアのはこぶね

はこべ〈名〉「春の七草《ななくさ》」の一つ。ごくふつうに見られる雑草。春、白い小さな花をつける。はこべら。

はこぼれ【刃こぼれ】〈名・する〉かたいものを切ったために、刃物の刃がかけること。

はごろも【羽衣】〈名〉伝説にある、鳥の羽でつくられたという、うすくてかるい天人の着物。これを着ると空を飛ぶことができるといわれる。

バザー〈名〉資金を集めるために、自分たちの持っているものやつくったものを持ちよって売るもよおし。◇bazaar

ハザードマップ〈名〉天災に対して予測される災害の状況《じょうきょう》や、避難《ひなん》場所、避難経路などを、わかりやすくまとめた地図。防災マップ。◇hazard map

バザール〈名〉❶イスラム文化圏《けん》の露天《ろてん》市場。❷特売。特売場。◇《フランス》bazar

はざかいき【端境期】〈名〉去年とれた米がもう少なくなっていて、ことしとれた米もまだ出まわっていない時期。九月、十月ごろ。参考野菜や、商品などについてもいう。

はざくら【葉桜】〈名〉花が散って、若葉がのびはじめたころの桜。

ばさし【馬刺し】〈名〉ウマの肉のさしみ。熊本や長野の名物。

はざま【▽狭間・▽迫間】〈名〉❶ものとものとのあいだの、せまいすきま。❷谷間。

はさま・る【挟まる】〈動五〉❶ほそいすきまに入って、両がわから おさえつけられ、うごけなくなる。例食べたものが歯に挟まる。❷二つのものごとのあいだに、別のものが割りこむようにして入っている。例歌詞のあいだにせりふが挟まっている。

はさみ【▼鋏・▼螯】〈名〉■一【鋏】❶二枚の刃《は》をくみあわせて、ものをはさんで切る道具。例テープにはさみを入れる。花ばさみ。たちばさみ。❷切符《きっぷ》やカードなどにあなをあける道具。パンチ。例切符に はさみを入れる。❸じゃんけんで、紙に勝ち、石に負けるかたち。ちょき。

■二【螯】カニやエビなどの、ものをはさむ大きなつめ。

表現一の①②は一挺《いっちょう》二挺《にちょう》と数える。

はさみうち【挟み撃ち】〈名・する〉目標の敵やえものを、ある一方とその反対がわから同時に攻撃《こうげき》すること。例挟み撃ちにあう。挟み撃ちにする。類挟撃《きょうげき》。

はさみしょうぎ【挟み将棋】〈名〉将棋盤《ばん》上で、相手のこまを前後または左右からはさんで、たがいに取りあう遊び。

はさ・む【挟む】〈動五〉❶ほそいすきまに入れて、両がわから おさえつける。例こわきに挟む。しおりを挟む。はしで挟む。挟みこむ。❷あいだに置く。例道を挟む。テーブルを挟む。川を挟む。❸一つのことをしている途中《とちゅう》に別のことを入れる。例口を挟む。類さしはさむ。

ばさら(方言) 非常に。とても。福岡で言う。

ばさらがみ【ばさら髪】〈名〉結《ゆ》っておらず、きちんととかしてもいない、ばさばさにみだれた髪。

はざわり【歯触り】〈名〉食べ物をかんだときの感じ。例歯触りのいいたくあん。

はさん【破産】〈名・する〉財産を全部なくしてしまうこと。類倒産《とうさん》。

はざん(方言) だめだ。いけない。三重で言う。例はよ寝やんとはざん。参考「筈《はず》合わん」が変化した形。

[1]**はし【端】**〈名〉❶ものの中央からもっとも遠い部分。例紙の端をそろえる。端にすわる。道の端。類へり。ふち。すえ。末端《まったん》。❷ほんの一部分。例木の端。ことばのはし。端くれ。きれ端。❸(「…する端から」「…した端から」の形で)…したかと思うとすぐに。例(お金を)かせぐ端から使ってしまう。注意された端からまちがえる。▽おもに東日本では「はじ」ともいう。アハシ

[2]**はし【箸】**〈名〉食べ物などをはさみとる、対《つい》になった二本のほそい棒。例箸をつける。箸をおく(=食べ終わる)。アハシ

表現二本ひと組みで一膳《いちぜん》二膳《にぜん》と数える。

箸が進《すす》む おいしくて、どんどん食べられる。

箸にも棒《ぼう》にもかからない まったくだめで、どうしようもない。

箸の上《あ》げ下《お》ろし 食事をするときの箸の使い方のことから、日常のほんのちょっとした動作のこと。[例]箸の上げ下ろしにもうるさい。

箸をつける 料理を箸でつまんで、食べようとする。

【箸】 竹部9 全15画 箸箸箸箸箸箸

はし [表記]「者」や「煮」のように、十一画目の点を省略して「箸」(=14画)とも書く。

[3]はし【橋】〈名〉川の岸から岸、道路のはしからはしへとかけわたして、人や車などが通れるようにしたもの。[例]橋をかける。橋をわたす。橋をわたる。橋のたもと。橋わたし。石橋。うき橋。かけ橋。[ア]ハシ」

[表現] (1)ふつう一本二本と数えるが、建造物として一基《いっき》二基《にき》を使うこともある。
(2)「橋をかける」「橋わたしをする」は、人と人とのあいだをつなぐ、とりもつ、という意味にも使われる。

[参考] 橋には、橋げたでささえる「けた橋」、アーチでささえる「アーチ橋」、支柱からのロープでつる「つり橋」の三種類がある。橋をつくる材料は、木・石・鉄がおもなもの。

[1]はじ【恥】〈名〉❶ほかの人に対して、自分の立場がないと思うほど、面目《めんぼく》や名誉《めいよ》をうしなうこと。[例]恥をかく。恥をさらす。恥をしのぶ。恥をすすぐ。恥さらし。赤恥。❷人としてはずかしいということをすなおにみとめる気持ち。[例]恥を知る。恥も外聞もない。[類]恥辱《ちじょく》。不名誉。名折れ。▽[ア]ハジ」

恥の上塗《うわぬ》り 恥をかいたうえ、さらに恥をかくこと。

恥も外聞《がいぶん》もない 至急解決しなければならない大問題があって、それをするのにはずかしいとか、人にどう見られるとかにかまっていられない。[類]見えも外聞もない。

恥をさらす 失敗したり、見苦しいことをしてしまった結果、多くの人に知られて、はずかしい思いをする。

恥を知《し》る 人としてはずかしいのはどういうことであるかを、わきまえる。

恥をすすぐ うしなってしまった名誉《めいよ》をとりもどす。[類]雪辱《せつじょく》する。

[2]はじ〖▽端〗〈名〉「端《はし》」のややくだけた、おもに東日本での言いかた。[ア]ハジ

[3]はじ【把持】〈名・する〉しっかりとにぎって持つこと。[ア]ハジ

はしい【端居】〈名・する〉縁側《えんがわ》などにすわっていること。とくに夏、夕すずみをするために縁先に出ていること。

はじい・る【恥じ入る】〈動五〉はずかしさで、身をちぢめる。[例]恥じ入ったようす。ふかく恥じ入る。

はしおき【箸置き】〈名〉食卓《しょくたく》で、はしの先をのせておくための小さなもの。[類]はしまくら。

はしか〖▽麻▼疹〗〈名〉子どもに多い急性の感染症。熱がでて、ひふに赤いぼつぼつができる。ふつう、いちどかかれば免疫《めんえき》ができて、二度とかからない。麻疹《ましん》。

はしがき【端書き】〈名〉❶本のいちばんはじめに、その内容に関することや、著者のあいさつなどを書いた文。[類]序。序文。前書き。❷手紙で、終わりにつけたして書く文。[類]追って書き。追伸《ついしん》。

はじき〖▽弾き〗〈名〉「ピストル」の俗語《ぞくご》。

はじきだ・す【はじき出す】〖▽弾き出す〗〈動五〉❶瞬間《しゅんかん》的につよい力をくわえて、ものを外へ飛ばす。❷なかまだった人を、そこから追いだす。❸数量や費用などの数値を計算してだす。[例]経費をはじき出す。

はじ・く〖▽弾く〗〈動五〉❶瞬間《しゅんかん》的に力をくわえて、はねさせる。[例]弦《げん》をはじく。つまさきではじく。❷はねのけて、よせつけない。[例]油は水をはじく。❸そろばんで計算する。[例]そろばん玉をはじく。

[参考] ③は、そろばんの玉をはじいて計算することからいう。

はしくれ【端くれ】〈名〉あるものに属してはいるが、とるにたりない、つまらない者。[例]役人の端くれ。

はしけ〖▼艀〗〈名〉岸と沖《おき》の大きな船とのあいだを、人や荷物を乗せてはこぶ小船。

はしげた【橋桁】〈名〉橋をささえる柱の上にわたして、橋板をささえる長い角材。↓けた[絵] [注意]「けた(桁)」の連濁《れんだく》である「げた」が「下駄《げた》」とまぎれて、「橋脚《きょうきゃく》(の土台)」の意味に誤解《ごかい》している人がいる。

はじ・ける〖▽弾ける〗〈動下一〉❶中のものがふくらんで、いきおいよくさける。[例]風船がはじける。さやがはじける。[類]はちきれる。❷いきおいよくはねる。[例]ばねがはじける。はじけるように立ちあがる。

[表現]「若さがはじける」「はじけるような笑顔」のような言いかたもある。

はしご〖▼梯子〗〈名〉❶立てかけて、高いところへのぼりおりするための道具。二本の長い材木などに、足がかりの横木をいくつもつけたもの。[例]はしごをかける。はしごをのぼる。はしご車。なわばしご。↓きゃたつ[絵] ❷「はしご酒」の略。[例]はしごをする。

はしごを外《はず》される いっしょに仕事をし、あてにもしていた仲間にうらぎられ、むずかしい立場に立たされる。

はしこ・い〈形〉動作や頭の回転が速く、ぬけ目がない。「はしっこい」ともいう。[例]はしこい生徒。

はしござけ【はしご酒】〖▼梯子酒〗〈名〉次々と店をかえて酒を飲み歩くこと。

はしごしゃ【はしご車】〖▼梯子車〗〈名〉高所の火災用の、折りたたみ式のはしごをとりつけた消防車。

はしごだん【はしご段】〖▼梯子段〗〈名〉けこみ(=階段の段と段のあいだの垂直な板)のない、はしごのような階段。

[参考] ふつうの階段のことにもいう。

はじさらし【恥さらし】〖恥▼曝し〗〈名・形動〉世間の人に対して、はずかしい思いをするような行ないをすること。また、その人。[例]そんな恥さらしなまねができるか。

はじしらず【恥知らず】〈名・形動〉ふつうの人ならはずかしくてできないことを、平気ですること。また、そのような人。[例]恥知らずな人。「この恥知らず!」。[類]厚顔無恥《こうがんむち》。鉄面皮《てつめんぴ》。破廉恥《はれんち》。

はした〖端た〗〈名〉ちょうどの数量より多くて、あまる分。あまり。[類]端数《はすう》。

はしたがね【はした金】〖端た金〗〈名〉まとまった額に達しない、わずかなお金。

はしたな・い〈形〉行ないや態度につつしみがない。または、礼儀《れいぎ》にかなっていない。[類]下品。

はしたむしゃ【▽端武者】〈名〉下っぱの侍《さむらい》。

はしぢか【端近】〈名〉家や部屋などの、出入り口やすみに近いところ。[例]端近にすわる。

はしっこ【端っこ】〈名〉「端《はし》」のくだけた言いかた。おもに東日本では「はじっこ」ともいう。[類]すみっこ。

ばじとうふう【馬耳東風】〈名〉人の意見や忠告をまったく気にかけないこと。[類]馬の耳に念仏。どこふく風。

[参考] 李白《りはく》の詩の中のことば。「東風」は春風のこと。

はしなくも〖端無くも〗〈副〉思いがけず。はからず

も。古風な言いかた。例はしなくも名誉《めいよ》ある賞をうけることとなった。

はしばし〘端端〙〈名〉なにかのちょっとした部分。例動作のはしばしに育ちがでる。

はしばみ〘▼榛〙〈名〉山地に生える落葉低木。春、葉の出る前に黄茶色のひものようなおばなと、紅色の小さなめばながさき、秋、どんぐりに似《に》た実《み》がなる。実は菓子《かし》の原料にされる。

はじまり【始まり】〈名〉❶ものごとが始まること。例始まりを告げるベル。❷ものごとが新しく生まれること。また、そのきっかけや起源。例文明の始まり。うそは泥棒《どろぼう》の始まり。

はじま・る【始まる】〈動五〉あらたにものごとが行なわれる。新しい状態に入る。例映画が始まる。会議が始まる。新学期が始まる。対終わる。

表現「今さらくやんでも始まらない」のように、「…しても始まらない」というのは、「…してもむだだ、なんにもならない」という意味。

はじめ【初め・始め】〈名〉❶ある期間や時間の最初に近いとき。最初のころ。例初めのうち。初めから終わりまで。昭和の初め。仕事始め。月初め。対終わり。すえ。類初期。はな。のっけ。❷(「…をはじめ」の形で)多くのものの代表としてあげられるものをまず例としてあげることを表わす。例美術館をはじめ、各種の文化施設がつくられた。

表記①はふつう「初め」と書くが、「始まり」ということばと同じく「はじまったばかりの段階」という意味のときは、「人類の始め」「国の始め」のように「始め」と書く。②は「始め」と書くこともできる。

始めは処女《しょじょ》の如《ごと》く終《お》わりは脱兎《だっと》の如し はじめのうちはやさしく静かにふるまい、あとですばやく行動して力を発揮することのたとえ。

はじめて【初めて】〈副〉❶それが最初であるようす。例初めての経験。生まれて初めて。初めてお目にかかります。❷そのときになってようやく。例じっくり話し合って初めて誤解がとけた。

はじめまして〘初めまして〙〈感〉初対面の人に対して言うあいさつのことば。例はじめまして、私、鈴木と申します。

はじ・める【始める】㊀〈動下一〉あらたに行動をおこす。例商売を始める。店を始める。㊁〈接尾〉動詞のあとにつけて、それをやりだすことを表わす。例歩き始める。書き始める。読み始める。類だす。▽対終える。

はしゃ【覇者】〈名〉ほかとあらそって勝利をえた、もっともすぐれた者。例戦国の覇者。甲子園の覇者。

ばしゃ【馬車】〈名〉人や物をのせ、ウマに引かせる車。

ばしゃうま【馬車馬】〈名〉馬車を引くウマ。

表現「馬車馬のように」で、わき目もふらずにいっしょうけんめい働くことの形容としても使う。

はしゃ・ぐ〈動五〉調子にのって大さわぎをする。

方言東北・中部などでは、「乾《かわ》く」の意味でも使う。

はしやすめ【箸休め】〈名〉食事で、中心となるおかずの間に食べる、ちょっとしたつまみ。

パジャマ〈名〉上着とズボンに分かれている、ゆったりとした洋風のねまき。◇pajamas

はしゅつ【派出】〈名・する〉仕事のために、人をあちこちへ行かせること。例派出所。派出看護。

ばじゅつ【馬術】〈名〉ウマをじょうずに乗りこなす技術。

はしゅつじょ【派出所】〈名〉「巡査《じゅんさ》派出所」の略。「交番《こうばん》」のかつての言いかた。「はしゅつしょ」ともいう。

ばしょ【場所】〈名〉❶ものを置いたり、なにかをしたりするところ。例場所をえらぶ。場所をかえる。花見の場所をとる(＝確保する)。場所が場所だけに。寝《ね》る場所。居場所。❷あるひろさのある空間。例場所をとる(＝ふさぐ)荷物。類スペース。❸大相撲《おおずもう》のひらかれているあいだ。例場所中《ちゅう》。春場所。

はじょう【波状】〈名〉❶波に似《に》たかたち。例波状紋《もん》。❷波のように、一定のあいだをおいて次々にくりかえすようす。例波状攻撃《こうげき》。

ばしょう〘▼芭▼蕉〙〈名〉庭にうえる多年草。二m《メートル》もある大きな葉は、多くの平行脈が横にはしっていて、雨風にやぶれやすい。

はしょうふう【破傷風】〈名〉きず口から破傷風菌《きん》がはいっておこる急性の感染症《かんせんしょう》。高い熱がでて、筋肉がけいれんする。

ばしょがら【場所柄】〈名〉その場所がどういう場所であるか、ということ。例場所柄をわきまえる。京都という場所柄、外国人客も多い。

はしょ・る〘端▽折る〙〈動五〉❶着物のすそを持ち上げて帯にはさむ。例すそをはしょる。類からげる。たくしあげる。❷前後の部分をはぶいたりして、かんたんにする。くだけた言いかた。例話をはしょる。類略す。省略する。

はしら【柱】㊀〈名〉❶家やビルなどで、まっすぐに立てて、屋根などの上部の重みをささえるもの。❷中心となって、ささえとなるもの。例つえとも柱ともたのむ(＝ささえとしてたよりにする)。一家の柱。大黒柱。❸ほそ長く、たてにのびているもの。例茶柱。電信柱。㊁〈接尾〉神や神像《しんぞう》、また、位牌《いはい》や英霊《えいれい》を数えることば。

はじらい【恥じらい】〈名〉はじらう態度や気持ち。例恥じらいを見せる。恥じらいがない。

はじら・う【恥じらう】〈動五〉はずかしそうなようすをする。例花も恥じらう年ごろ。

はしり【走り】〈名〉❶走ること。走ったときのぐあい。例この車は、とても走りがいい。❷ものごとが本格的にはじまる前に、そのことを予想させるようなもの。例走りのまつたけ。梅雨《つゆ》の走り。類さきがけ。

はしりがき【走り書き】〈名・する〉急いでいるために、手ぢかの紙などにさっと書きつけること。また、その書いたもの。例走り書きのメモ。

はしりたかとび【走り高跳び】〈名〉陸上競技の種目の一つ。助走してバーをとびこえ、そのとんだ高さをきそう。ハイジャンプ。

はしりづかい【走り使い】〈名・する〉⇩つかいはしり

はしりはばとび【走り幅跳び】〈名〉陸上競技の種目の一つ。助走して、かた足でふみきり、そのとんだ距離《きょり》をきそう。

はしりよみ【走り読み】〈名・する〉急いでざっと目をとおすこと。

はし・る【走る】〈動五〉❶人や動物が、はねるように足を動かして速く進む。例グラウンドを走る。駅まで走る。走りぬける。走りまわる。類かける。❷人や動物以外のものが、速いスピードで移動する。例電車が走る。いなずまが走る。ペンを走らせる。❸目的をはたすために、いそいで行く。例使いに走る。❹道や川などほそ長いものが、ある方向に通じている。例

平賀源内(ひらがげんない)(1728～79) 江戸中期の科学者。エレキテル・寒暖計などを発明。浄瑠璃作品も書いた。

線路に沿って川が走っている。❺なにかの感じや感情が、急に現れる。例肩《かた》に痛みが走る。❻考えや行動がある方向にかたむく。例極端《きょくたん》に走る。感情に走る。

方言 中国地方では、「歯がはしる」「傷口《きずぐち》がはしる」のように、「するどく痛む」「ひりひり痛む」の意味でも使う。

は・じる【恥じる】〈動上一〉❶自分の失敗や見苦しい行ないをはずかしく思う。例不明を恥じる。良心に恥じる。❷(「…に恥じない」の形で)期待をうらぎらない。…にそむかない。例エースの名に恥じない投球。

バジル〈名〉シソ科の一年草。香味料や芳香剤《ほうこうざい》とする。とくにイタリア料理で多く用い、「バジリコ」という。◇basil

はしわたし【橋渡し】〈名・する〉ふたりの人や、二つの団体などのあいだにたって、うまくいくようにとりもつこと。例橋渡しをかってでる。類仲立ち。仲介《ちゅうかい》。

はす[1]【▽斜】〈名〉ななめ。例はすに立てかける。はすに構える(=斜《しゃ》に構える)。はすむかい。

はす[2]【▼蓮】〈名〉池や沼《ぬま》などで栽培《さいばい》される水草。多年草。水面にうかぶ葉はまるくて大きい。夏、大きな白またはもも色の花がさく。地下茎《ちかけい》を「れんこん」といい、食用にする。はちす。ふよう。

参考 仏教では、極楽《ごくらく》の植物としてとくに尊ばれる。

はず【▼筈】〈名〉❶弓で、上下のはしの、弦《つる》をかけるところ。弓《ゆ》はず。❷矢のいちばんうしろの部分で、弓につがえるときに弦にかけるところ。矢はず。❸「理屈《りくつ》から言って当然そうなる」という気持ちを表わす形式名詞。例すぐに着くはずだ。かれならできるはずだ。

バス[1]〈名〉〔音楽〕❶男性の声のうちで、もっとも低い音域。また、その声や、その声の人。❷「コントラバス」の略。❸同じ種類の楽器のうち、もっとも低い音域をうけもつ楽器。◇《ドイツ》Bass ▽→テノール・バリトン

バス[2]〈名〉洋風のふろ。例バスタオル。◇bath

バス[3]〈名〉大型の乗り合い自動車。例バス停留所《ていりゅうじょ》。バスツアー。観光バス。路線バス。◇bus

パス[1] 一〈名・する〉❶合格すること。類及第《きゅうだい》。通過。❷球技で、味方の選手へ、ボールをわたすこと。❸トランプなどのゲームで、自分の順番がきても、休んで次へまわすこと。❹陸上競技の高とびなどで、バーをとべるものとみなして試技しないこと。

二〈名〉通行証。乗車券・定期券や入場券。例パスカード。顔パス。フリーパス。◇pass

パス[2]〈名〉棒の形をした絵の具。クレパスなど。

はすう【端数】〈名〉ちょうどの数にあまる数。はんぱな数。例端数をきりすてる。

バスーン〈名〉⇩ファゴット ◇bassoon

はずえ【葉末】〈名〉❶葉の先。❷子孫。

ばすえ【場末】〈名〉町のはずれの、人通りも少なく、うらぶれたところ。例場末の映画館。

はすかい【▽斜交い】〈名〉「ななめ」のやや古い言いかた。類すじかい。

バスガイド〈名〉観光バスで、観光案内をしたり、乗客の世話をしたりする乗務員。

参考 英語ではたんに guide または bus conductor といい、bus guide は「バスの路線案内」の意味。

はずかし・い【恥ずかしい】〈形〉❶自分が人にくらべて、おとっていると感じて、ひけめや ためらいをおぼえるようす。例恥ずかしい身なり。類情けない。❷うれしいような、こまったような感じがして、どういう顔をしていいか わからない。例ほめられて恥ずかしい。類きまりがわるい。てれくさい。ばつが悪い。❸よくない。みっともない。例そんな恥ずかしいことは やめてくれ。

表現 「はずかしい」は、当事者本人が恥《はじ》に思う気持ちを表わすのが本来で、①②はそれ。③は、本人はそう思っていなくても、見る者や周囲の者のほうで「はずかしい」と感じるような、そのものの状態をいう。

はずかし・める【辱める】〈動下一〉❶相手にはずかしい思いをさせる。類侮辱《ぶじょく》する。❷名誉《めいよ》にきずをつける。例家名を辱める。類けがす。

パスカル〈名・接尾〉圧力の単位。一《パスカル》は、一平方《メートル》に一《ニュートン》の力がはたらく圧力。記号「Pa」。◇pascal →ヘクトパスカル

参考 フランスの思想家・科学者の名にちなむ。

ハスキー〈形動〉声がかすれている。例ハスキーな声。ハスキーボイス。◇husky

バスケット〈名〉❶トウやタケなどで編んだ、手さげかご。❷「バスケットボール」の略。◇basket

バスケットボール〈名〉❶コートの両はしの高いところに底のないあみ(=バスケット)をつけ、相手がたのバスケットにボールを投げ入れて得点をきそう球技。試合は一チーム五名で行なう。オリンピック種目の一つ。❷「①」で使うボール。◇basketball

はず・す【外す】〈動五〉❶かけてあるものや、はまっているものをとって、はなす。例かぎを外す。ボタンを外す。めがねを外す。❷仲間にしない。いっしょにしない。例メンバーから外す。予定から外す。❸相手からのはたらきかけを、横にそらす。例わざとタイミングを外して投球する。❹ねらっていたものからそれる。例的を外す。ねらいを外す。❺今までいた場所からはなれる。例席を外す。

バズセッション〈名〉討論形式の一つ。多人数の参加者を四～六人くらいの少人数のグループに分け、個人の意見を出しやすくする方法。◇buzz session

パスタ〈名〉イタリアのめん類。乾燥《かんそう》させたものをゆでて食べる。スパゲッティやマカロニなど。◇《イタリア》pasta

バスタオル〈名〉入浴後に使う大きなタオル。◇bath towel

バスタブ〈名〉浴槽《よくそう》。◇bathtub

はすっぱ【▼蓮っ葉】〈名・形動〉女性のことばやふるまいが、かるはずみで品のないようす。また、そういう人。俗《ぞく》っぽい言いかた。例はすっぱな態度。

バスてい【バス停】〈名〉バスの停留所。

パステル〈名〉各種の色の粉末を棒状にかためたやわらかく、もろい絵の具。例パステル画。◇pastel

バスト〈名〉❶女性の胸囲。バストサイズ。対チェスト。❷「乳房《ちぶさ》」の遠まわしな言いかた。◇bust

はずべき【恥ずべき】〈連体〉当然はずかしいと思わなくてはならないはずの。例人間として恥ずべき行ない。

パスポート〈名〉❶政府が外国へ旅行する人に発給する公文書。その人の国籍《こくせき》や身分を証明し、相手国の保護をもとめるもの。旅券。→ビザ ❷俗《ぞく》にテーマパークなどで、すべての施設《しせつ》を利用できる入場券のこと。パス。例年間パスポート。◇passport

表現 「合格へのパスポート」のように、目標を達成するための手引きとなるもののたとえとしても使われる。

はずま・せる【弾ませる】〈動下一〉❶ものをはずむようにする。例ボールを弾ませる。❷息などを荒々しくす

平田篤胤(あつたね) (1776～1843) 江戸後期の国学者。尊王復古思想から国粋神道を提唱，尊王運動に影響。

る。例息を弾ませる。❸気持ちがうきうきする。例期待に胸を弾ませる。

はずみ【弾み】〈名〉❶はねかえる力。例弾みをつける。❷動いているうちについた力。例おしゃべりに弾みがついて、とまりそうもない。類いきおい。❸ちょっとしたきっかけでついたいきおい。例もののはずみで。どうしたはずみか。ふとしたはずみで。類拍子《ひょうし》。

はず・む【弾む】〈動五〉❶やわらかくて弾力《だんりょく》のあるものが、かたいものにぶつかって、はねかえる。類バウンドする。❷気持ちがよく、うきうきする。例声が弾む。心が弾む。話が弾む。類調子づく。躍《おど》る。❸呼吸があらくなる。例息が弾む。❹思いきって、たくさんのお金を出す。例お賽銭《さいせん》をはずむ。類気張る。張り込む。

はすむかい【はす向かい】〘▽斜向かい〙〈名〉正面から少し横にずれたところ。はすむこう。なため向かい。なため前。

パズル〈名〉あたえられた手がかりから出発して、問題をとく遊び。例クロスワードパズル。◇puzzle

1**はずれ【外れ】**〈名〉❶くじや答えがあたらないこと。対あたり。❷よい結果がえられないこと。例きのう買った果物は、はずれだった。質がよくないこと。思っていたほどには期待外れ。❸中心地からはなれたところで、別の地域とのさかいになるあたり。例町の外れ。村外れ。

2**はずれ【葉擦れ】**〈名〉草や木の葉が、風にゆれてこすれあうこと。例葉擦れの音。

はず・れる【外れる】〈動下一〉❶かけたものや、はめたものが、はなれる。例フックが外れる。ボタンが外れる。対とまる。❷ある範囲《はんい》の外へ出る。それて出る。例町を外れたあたりに小さな牧場がある。❸ある基準からそれる。基準に合わない。例調子が外れる。コースを外れる。常識から外れる。なみ外れる。❹ねらったことが、そのとおりにいかない。例くじが外れる。あてが外れる。予想が外れる。対当たる。

パスワード〈名〉暗証用の文字列。◇password

はぜ〘▽沙▽魚・▼鯊〙〈名〉岸ちかくの海や河口にいる小さなさかな。マハゼ・ムツゴロウなど種類が多い。

はせい【派生】〈名・する〉もとになるものから、それとは少しちがったものが わかれ出ること。例問題が派生する。

ばせい【罵声】〈名〉悪口を言う大きな声。例罵声をあびせる。罵声をとばす。

はせいご【派生語】〈名〉ある単語の形の一部をかえたり、接頭語や接尾語をつけたりすることによって、あたらしくできた単語。「春」から「春めく」、「かがやく」から「かがやかしい」ができるのなどは その例。

はせさん・じる【はせ参じる】〘▼馳せ参じる〙〈動上一〉目上の人のところへ急いでかけつける。やや古めかしい言いかた。「はせ参ずる」ともいう。例お家の大事とはせ参じる。類参上する。

パセリ〈名〉野菜の一つ。多年草。こいみどり色の葉がこまかく分かれてちぢれ、特有のかおりがある。洋食のつけあわせに使うことが多い。◇parsley

は・せる〘▼馳せる〙〈動下一〉❶ウマや車などを走らせる。例馳せ参じる。❷遠くまでとどかせる。例思いをはせる。名をはせる。▽すこし古い感じのことば。

は・ぜる〘▽爆ぜる〙〈動下一〉熱されてはじける。

1**はせん【波線】**〈名〉⇩なみせん

2**はせん【破線】**〈名〉一定の間隔《かんかく》で切れ目の入った「－－－－」の線。

パソコン〈名〉個人の利用向きに作られたコンピューター。ワープロ・インターネット・電子メール・ゲームなどに使う。PC。◇「パーソナルコンピューター(personal computer)」の日本での略。

ばそり【馬そり】〘馬▼橇〙〈名〉ウマに引かせるそり。

はそん【破損】〈名・する〉ものの一部がこわれること。こわすこと。例自動車が破損する。器物を破損する。

方言 東北・関東・中部・近畿などでは、「こわれたテレビをはそんする」のように、「修理する」の意味でも使う。

1**はた【畑】**〘▼畠〙〈名〉はたけ。アハタ」ハタ

表現 単独ではあまり使われず、「畑作」「田畑」「焼畑《やきはた》」のように複合語を作る。

【畑】 田部4 全9画

はた・はたけ 教小3 参考 日本でつくられた漢字。

畑 畑 畑 畑 畑 畑

2**はた【旗】**〈名〉布や紙でつくり、さおやポールにつけて、空中にひるがえす、国や団体などのしるし。かざりとしても使う。例旗をあげる。旗をかかげる。旗をおろす。旗じるし。白旗。ア ハタ」

表現 ふつう一本二本と数えるが、一竿《ひとさお》二竿《ふたさお》、一流《ひとながれ》二流《ふたながれ》と数えることもある。

旗を揚《あ》げる ❶兵を集めて、たたかいをおこす。❷新しい事業をおこす。▽「旗揚げする」ともいう。

旗を振《ふ》る 人々の先頭に立ってリードする。旗振りをする。

旗を巻《ま》く ❶たたかいに負けて降伏《こうふく》する。❷つづけていたものごとを途中《とちゅう》であきらめて、中止する。

3**はた【端】**〘▽傍・▽側〙〈名〉❶[端] ほとり。へり。池の端。❷[傍・側] その人のすぐ近く。すぐ近くの人。例はたの見る目。はたでやきもきしても、どうにもならない。はた迷惑《めいわく》。類まわり。周囲。▽ア ハタ

4**はた【機】**〈名〉布地を織るのに使う器械。例機を織る。ア ハタ」

はだ【肌】〘▽膚〙〈名〉❶からだの表面。ひふ。例肌があれる。肌に心地《ここち》よい。肌をぬぐ。白い肌。素肌《すはだ》。❷ものの表面。例山の肌。木の肌。山肌。岩肌。❸人のもっている特質やふんいき。例かれとは、肌が合わない。学者肌(の人)。天才肌。職人肌。勇み肌。

表現 「肌で感じる」は、物理的に肌にふれて熱さなどを感じるということのほかに、直接に自分が見たり体験したりして感じる、ということを表わす。

肌が合《あ》わない どうしてもなじむことができない。例あいつとは、肌が合わない。

【肌】 月部2 全6画

はだ

肌 肌 肌 肌 肌

バター〈名〉牛乳からとった脂肪《しぼう》をかためた食品。パンにぬったり、洋風料理やケーキなどに使う。◇butter

はだあい【肌合い】〈名〉人からうける、その人特有の感じ。例肌合いがあう。肌合いがちがう。

はたあげ【旗揚げ】〈名・する〉❶たたかいをおこすこと。類挙兵。❷新しい事業をはじめること。例旗揚げ公演。▽「旗を揚げる」ともいう。

ばたあし【ばた足】〈名〉水泳で、両足をのばしたまま、交互《こうご》に水を打つこと。

はだあれ【肌荒れ】〈名〉皮膚《ひふ》に脂肪《しぼう》がなく、かさかさになること。

パターン〈名〉❶ものごとの、くり返しあらわれる型や様

平塚らいてう(らいちょう)(1886～1971) 婦人解放運動家。婦人参政権運動など女性の地位の向上に貢献。

式。例行動のパターン。ワンパターン。類タイプ。❷もよう。❸型紙。例パターンをきめる。▽「パタン」ともいう。

はたいろ【旗色】〈名〉戦争や試合などの、勝ち負けのなりゆき。例旗色がわるい。旗色をうかがう。類形勢。

旗色が悪《わる》い 戦争や試合での形勢が不利である。ものごとのなりゆきがあやしい。

◇pattern

はたおり【機織り】〈名〉はたで布地を織ること。はたで布地を織る人。

はだか【裸】〈名〉❶衣服をからだにつけていないこと。例裸になる。赤裸《あかはだか》。類裸体《らたい》。❷まわりにおおいがない状態。例裸電球。❸とりつくろったり、かざったりしないで、ありのままであること。例裸になって話しあう。裸のつきあい。❹財産がないこと。例裸一貫。類無一文。無一物。

はだかいっかん【裸一貫】〈名〉自分のからだ以外には、なにも持っていないこと。例裸一貫から身をおこす。

はだかうま【裸馬】〈名〉鞍《くら》が置かれていないウマ。

はたがしら【旗頭】〈名〉ある主張をもったグループの代表者。例新勢力の旗頭。類リーダー。

はだかでんきゅう【裸電球】〈名〉笠《かさ》などのおおいがなく、むき出しで取り付けられている電球。

はだかむぎ【裸麦】〈名〉オオムギの一種。もみがらがとれやすいことからいう。食用にする。

はたき〖▼叩き〗〈名〉ちりやほこりをはたいて落とす掃除《そうじ》の道具。柄《え》の先に、布をほそくさいたものを何本もつけたり、羽をつけたりしてある。例はたきをかける。

はだぎ【肌着】〈名〉シャツやパンツなど、直接肌につけて着るもの。類下着。

はた・く〖▼叩く〗〈動五〉❶たたいて、ほこりなどをはらう。例ほこりをはたく。❷平手でたたく。例頭をはたかれる。❸粉《こな》状のものを、表面にまんべんなくうすくつける。例おしろいをはたく。鳥肉に小麦粉をはたく。❹もっているお金を全部使ってしまう。例財布《さいふ》をはたく。あり金をはたく。

バタくさ・い【バタ臭い】〈形〉西洋ふうである。はなもちならないほどの、西洋かぶれである。やや古い言いかた。
参考「バタ」はバターのこと。

はたけ【畑】〖▼畠〗〈名〉❶野菜や果樹、穀物などをつくる土地。たんぼとちがい、水は入れない。例畑をたがやす。畑をつくる。畑をうつ。麦畑。段段畑。対田。❷専門とする範囲《はんい》。例畑ちがい。外交畑。音楽畑。類領域。分野。

はたけちがい【畑違い】〈名〉その人の専門とする分野ではないこと。専門外。例畑違いのことを言われてもこまる。

はだ・ける〈動下一〉衣服の一部をひろげる。衣服の前がみだれてひらく。例胸をはだける。前をはだける。

はたご〖▽旅▽籠〗〈名〉江戸《えど》時代の宿屋。はたご屋。

はたさく【畑作】〈名〉はたけで農作物をつくること。

はださむ・い【肌寒い】〈形〉肌に少し冷たさを感じるようす。「はだざむい」ともいう。例肌寒い季節。

はだざわり【肌触り】〈名〉❶衣服などが肌にふれるときの感じ。例肌触りがいい。類手ざわり。❷相手にあたえる感じ。例肌触りのやわらかい人。類あたり。

はだし〖▽裸▽足〗〈名〉❶足になにもはいていないこと。例はだしになる。類素足《すあし》。→すあし 表現 ❷(「…はだし」の形で)…にも負けないくらいの実力があること。例くろうとはだし。専門家はだし。類顔負け。
参考 ②は、「…も、はだしでにげだすくらい」という意味。

はたしあい【果たし合い】〈名〉「決闘《けっとう》」の古い言いかた。

はたしじょう【果たし状】〈名〉決闘《けっとう》を申しこむ手紙。例果たし状をつきつける。

はたして【果たして】〈副〉❶予想どおりに。例台風は、はたして東海地方を直撃《ちょくげき》した。類果たせるかな。❷疑問を表わすことば。ほんとうに。例そんなことが、はたしておこりうるのだろうか。

はたじるし【旗印】〈名〉❶昔、合戦で、目じるしとして旗につけた紋所《もんどころ》。❷社会運動で、目標や合いことばとしてかかげるもの。例旗印をかかげる。

はた・す【果たす】〈動五〉ものごとをなしとげる。例目的を果たす。約束を果たす。責任を果たす。

は(果)たせるかな(▼哉) 案の定《じょう》。思ったとおり。例果たせるかな、彼は名をあげた。類果たして。

はたち[1]【二十歳・二十】〈名〉二〇歳《さい》。アハタチ

はたち[2]【畑地】〈名〉畑作に使う土地。アハタチ

はたと〈副〉❶ものがいきおいよくうちあたる音のようす。例はたと手をたたく。❷急に、心に思いあたることがあったときのようす。例はたと思いあたる。はたとひざを打つ(=思いつく)。❸長いあいだつづいていた音やうごきが、急にやむようす。例虫の声がはたとやんだ。類ぱたっと。

はたはた〈名〉❶シシャモを太くしたような形の、うすい赤茶色の海魚。やわらかい白身で、焼くとおいしい。❷昆虫《こんちゅう》のバッタ。

ばたばた〈副〉❶ものがつぎつぎたおれるようす。例地震《じしん》で本棚《ほんだな》の本がばたばたとたおれた。❷〈する〉はげしく羽や手足を動かすときの音のようす。また、うすいものがはためいたり、ものをつづけてたたいたときの音のようす。例はとがばたばたと飛びたつ。旗が強い風にばたばたひるがえっている。❸〈する〉あわただしいようす。例あいさつもそこそこに、ばたばたと帰っていった。

ぱたぱた〈副〉❶〈する〉うすいものがはためいたり、軽く続けざまにものに当たったりしたときの音のようす。例旗がぱたぱたと風にひるがえっている。スリッパでぱたぱたと歩く。❷軽いものがつぎつぎとたおれるようす。例立てかけてあった傘《かさ》がぱたぱたとたおれた。❸ものごとが次々に行なわれるようす。例仕事がぱたぱたとかたづいたので、早く帰ることができた。

はたび【旗日】〈名〉「祝日」の古い言いかた。
参考 家々《いえいえ》に国旗をかかげて祝ったことから。

バタフライ〈名〉❶「ちょう〔蝶〕」のこと。❷水泳の泳法の一つ。両手を大きくまわしながら水をかき、両足をそろえて水をうってすすむ。◇butterfly

バタフライこうか【バタフライ効果】〈名〉ごく小さなことが引き金となって、予測のできない大きなできごとへとしだいに波及《はきゅう》していく現象。
参考 アメリカの気象学者ローレンツの講演会のタイトル『予測可能性―ブラジルでの蝶《ちょう》の羽ばたきはテキサスでトルネードを引き起こすか』からといわれる。

バタフライナイフ〈名〉折りたたみ式のナイフの一種。閉じた二本のさやを左右に開ききってナイフの形にする。◇butterfly knife

はたふり【旗振り】〈名〉人々の先頭に立ってリードすること。例新チーム結成の旗振りをする。旗振り役。

はたまた〈接〉あるいは。または。例勝者は白組か、はたまた赤組か。敵か、はたまた味方か。

表現「いったいどうなることやら」「いったい何ものか」と、気をもたせるような言いかた。

はだみ【肌身】〈名〉からだ。
表現「肌身はなさず」は、なによりも貴重なものをいつも身につけていて、どこへ行くにも持っていくことをいう。

はため【はた目】〚▽傍目〛〈名〉当人ではない人が、わきから見た感じ。例はた目にもうらやましいほど仲がいい。類よそ目。わき目。

はためいわく【はた迷惑】〚▽傍迷惑〛〈名・形動〉その人のしたことで、そばにいる人たちが迷惑をうけること。その迷惑。例はた迷惑な話。

はため・く〈動五〉旗などが、風をうけてゆれうごいて、音をたてる。類ひるがえる。

はたもと【旗本】〈名〉〔歴史〕江戸《えど》時代の将軍直属の家臣で、将軍に会う資格のあった武士。御家人《ごけにん》とともに直参《じきさん》とよばれた。

はたや【機屋】〈名〉はた織りを職業とする人。はた織りを職業とする家。

はたらか・せる【働かせる】〈動下一〉はたらくようにする。活動させる。「はたらかす」ともいう。例頭をはたらかせる。想像力をはたらかせる。

はたらき【働き】〈名〉❶仕事をして生活をたてること。仕事をしてえる収入や、仕事の結果としての業績。例働きがない。働きにでる。働きざかり。❷あるものが活動したり、作用したりして、生じる結果。また、その活動や作用。例あたまのはたらき。類機能。

はたらきか・ける【働きかける】〈動下一〉相手に対して提案したり、よびかけたりする。

はたらきぐち【働き口】〈名〉収入を得るために働くところ。例働き口をさがす。類つとめ口。

はたらきざかり【働き盛り】〈名〉人の一生のうちで、最も仕事のできる年ごろ。壮年《そうねん》期。

はたらきづめ【働き詰め】〈名〉休む間もなく、働きつづけていること。類仕事ずくめ。

はたらきて【働き手】〈名〉❶仕事をする人。類人手《ひとで》。❷はたらいて、家族の生活をささえる人。

はたらきばち【働き蜂】〈名〉ミツバチの中で蜜《みつ》を集めたり 巣を作ったりして働くハチ。雌《めす》ではあるが、特別の場合以外は産卵《さんらん》しない。↓じょおうばち

表現 働きすぎの人のことをたとえていうことがある。

はたらきもの【働き者】〈名〉よくはたらく人。例働き者だった母。対なまけ者。

はたら・く【働く】〈動五〉❶仕事をする。労働する。例汗水《あせみず》たらして働く。せっせと働く。一心に働く。❷心や頭脳が活動する。例頭が働く。勘《かん》が働く。知恵《ちえ》が働く。❸作用する。機能する。例引力が働く。サーモスタットが働く。❹(「…を働く」の形で)悪いことをする。例ぬすみを働く。詐欺《さぎ》を働く。

ぱたりと〈副〉❶軽いものがたおれたり、ものにうち当たったりするときの音のようす。例本をぱたりととじる。❷戸が閉まる音のようす。例玄関《げんかん》の方でぱたりと音がした。❸突然《とつぜん》とだえるようす。「ぱったりと」ともいう。例ぱたりと風がやんだ。消息がぱたりととだえた。

はたん【破綻】〈名・する〉ものごとがうまくいかず、だめになること。例経営が破綻する。計画に破綻を生じる。破綻をきたす。

はだん【破談】〈名〉いちどきまった約束や縁談《えんだん》が、だめになること。例破談になる。

常用漢字 **はち**

【八】 八部0 全2画 八 八

ハチ や・やつ・やっつ・よう 教小1 音[ハチ] ▨八月《はちがつ》。八時《はちじ》。八方《はっぽう》。訓❶[や] 八重桜。七転び八起き。❷[やつ] 八つ当たり。八つ切り。八つ裂き。八つ目うなぎ。❸[やっつ] 八つ。❹[よう] 八日。

【鉢】 金部5 全13画 鉢 鉢 鉢 鉢 鉢 鉢

ハチ・ハツ 音❶[ハチ] ▨鉢植《はちう》え。▨植木鉢《うえきばち》。すり鉢《ばち》。乳鉢《にゅうばち》。❷[ハツ] ▨衣鉢《いはつ》。托鉢《たくはつ》。

はち[1]【八】〈名〉数の名。やっつ。やつ。アハチ」
表現「八」という数は、「八百万《やおよろず》の神」「八百屋」「江戸《えど》八百八町《はっぴゃくやちょう》」のように、日本語では、数が多いことを表わすのによく使われる。また、この漢字がすえ広がりの形をしているので、縁起《えんぎ》がよいものとされる。

はち[2]【蜂】〈名〉昆虫《こんちゅう》の一種。二対《つい》の透明《とうめい》な羽をもち、多くは、しりの先に針がある。ミツバチ・スズメバチ・クマバチなど種類が多い。アハチ ↓はちのす

はち[3]【鉢】〈名〉❶どんぶりのような底のふかい容器。食器や植木をうえたりするのに使う。例すり鉢。↓おはち ❷人の頭のまわり。例鉢巻き。▽アハチ」

ばち[1]〈名〉太鼓《たいこ》やどらなどをたたくための棒。

ばち[2]【罰】〈名〉神仏が、人の悪事をこらしめること。悪事のむくい。例罰があたる。類罰《ばつ》。天罰《てんばつ》。

ばち[3]〚▼撥〛〈名〉三味線《しゃみせん》や琵琶《びわ》などの弦《げん》をはじいて鳴らすための、三角形をした道具。

ばちあたり【罰当たり】〈名・形動〉わるいことをして、ばちがあたって当然なこと。そのような人。例そんな罰当たりなことを言うものではない。この罰当たりめ。

はちあわせ【鉢合わせ】〈名・する〉❶頭と頭とがぶつかること。❷思いがけないところでばったり出会うこと。

はちうえ【鉢植え】〈名〉草花や小さな木を鉢にうえること。鉢にうえてある草花や木。

ばちがい【場違い】〈名・形動〉その場にふさわしくないこと。例場違いな意見。

はちき・れる〈動下一〉中のものがふえすぎて、とうとう皮をやぶって外に出てしまう。例はちきれそうな若さ。食べすぎて、おなかがはちきれそうだ。類はじける。

はちく【破竹】〈名〉軍勢《ぐんぜい》などがつきすすむ勢《いきお》いが、とめようのないほどであることのたとえ。例破竹の勢いで勝ち進む。破竹の快進撃《かいしんげき》。参考タケは最初のひとふしにたてに刃物《はもの》を打ちこむと、一気に割れることから。

ぱちくり〈副・する〉目を大きく開いたり閉じたりするようす。例おどろいて目をぱちくりさせる。

はちじゅうはちや【八十八夜】〈名〉立春からかぞえて八十八日目の日。五月の一日か二日にあたり、農家では、種まきに最適の時期とされる。

はちす〚▼蓮〛〈名〉⇩はす〔蓮〕

はちのす【蜂の巣】〈名〉ハチが花の蜜《みつ》をたくわえ、幼虫を育てるためにつくる巣。六角柱の形の穴を円形にたくさん重ねあわせたような形をしたものが多く見られる。
表現 穴がたくさんあいている物のたとえに使うことがあり、「蜂の巣にする」は無数の銃弾《じゅうだん》をあびせること、「蜂の巣になる」はあびせられることを表わす。

蜂の巣をつついたよう 上を下へのおおさわぎになって、手がつけられないようす。

 広田弘毅(こうき) (1878～1948) 外交官・政治家。二・二六事件後，首相。戦後，A級戦犯として死刑。

はちまき【鉢巻き】〈名〉頭のまわりに巻いてしばる、ほそ長いおび状の布。気持ちをひきしめたり、威勢《せい》のよさを示したりするときにつける。[例]鉢巻きをする。鉢巻きをしめる。ねじり鉢巻き。[絵]

はちみつ【蜂蜜】〈名〉ミツバチが花から吸い取って、巣の中に集めた蜜。また、それを精製した食品。みつ。ハニー。

はちめんろっぴ【八面六▼臂】〈名〉ひとりで何人分もの働きができること。[例]八面六臂の大活躍《かつやく》。[由来]三つの顔と六本の腕を持つ仏像の意味の、「三面六臂」が変化したことば。

はちゃめちゃ〈形動〉まとまりがまったく失われたひどい状態。[例]生徒たちのはちゃめちゃな行動に、先生は頭をかかえている。

はちゅうるい【▼爬虫類】〈名〉脊椎《せきつい》動物のうち、カメ・ワニ・トカゲ・ヘビなどを、その共通の特徴《とくちょう》から、まとめていうことば。ふつう陸上にすみ、卵からかえり、からだはうろこや甲羅《こうら》におおわれ、体温はまわりの温度によって変わる。[参考]「爬」は、這《は》う意味。[表記]理科の教科書などでは、「ハチュウ類」または「は虫類」と書かれる。

はちょう【波長】〈名〉〔物理〕音波などの、山から次の山、または、谷から次の谷への長さ。[表現]「かれとはどうも波長が合わない」のように、「波長が合う」「波長が合わない」の形で、たがいの気持ちの通じあいかたをいうときにも使う。

ぱちんこ【パチンコ】〈名〉❶Y字形の木や金具のわくにゴムひもをつけて、小石などを遠くにはじきとばすおもちゃ。❷鋼鉄製の玉をハンドルではじいて、垂直の盤《ばん》のくぎの間の穴に入れる遊び。

[はちまき]

常用漢字 **はつ**

【発(發)】 癶部4 全9画 ※発発発発発

ハッ・ホッ [教]小3 [音]❶[ハッ] 発射《はっしゃ》。発明《はつめい》。発表《はっぴょう》。発達《はったつ》。不発《ふはつ》。東京発《とうきょうはつ》。突発《とっぱつ》。啓発《けいはつ》。挑発的《ちょうはつてき》。百発百中《ひゃっぱつひゃくちゅう》。❷[ホッ] 発作《ほっさ》。発端《ほったん》。発起人《ほっきにん》。

【髪(髮)】 髟部4 全14画 ※髪髪髪髪髪

ハツ かみ [音][ハツ] 頭髪《とうはつ》。散髪《さんぱつ》。整髪料《せいはつりょう》。洗髪《せんぱつ》。金髪《きんぱつ》。短髪《たんぱつ》。白髪《はくはつ》。危機一髪《ききいっぱつ》。[訓][かみ] 髪。髪型。髪の毛。髪結い。黒髪。日本髪。[注意]「白髪」は、「しらが」とも読む。

[1]**はつ【初】**[一]〈名〉はじめてであること。最初であること。[例]初の全国大会出場。[二]〈接頭〉「はじめての」「最初の」という意味を表わす。[例]初雪。初優勝。

[2]**はつ【発】**〈接尾〉❶交通機関の始発点を表わす。[例]東京発ホノルル行きの飛行機。上野発の新幹線。❷出発時刻を表わす。[例]一二時三〇分発の終電。❸発射された弾丸《だんがん》や花火、スポーツの決定打などを数えることば。[例]四発の弾痕《だんこん》。一発逆転ホームラン。

常用漢字 **ばつ**

【伐】 イ部4 全6画 ※伐伐伐伐伐伐

バツ [音][バツ] 伐採《ばっさい》。征伐《せいばつ》。乱伐《らんばつ》。殺伐《さつばつ》。討伐《とうばつ》。

【抜(拔)】 扌部4 全7画 抜抜抜抜抜

バツ ぬく・ぬける・ぬかす・ぬかる [音][バツ] 抜群《ばつぐん》。選抜《せんばつ》。卓抜《たくばつ》。抜歯《ばっし》。抜粋《ばっすい》。抜本的《ばっぽんてき》。奇抜《きばつ》。海抜《かいばつ》。[訓]❶[ぬく] 抜く。やり抜く。抜き打ち。抜き足差し足。切り抜き。くぎ抜き。栓抜き。ごぼう抜き。❷[ぬける] 抜ける。抜け出す。抜け駆け。抜け殻。抜け毛。抜け目(がない)。抜け道。気抜け。❸[ぬかす] 抜かす。❹[ぬかる] 抜かる。抜かり。手抜かり。

【罰】 罒部9 全14画 ※罰罰罰罰罰罰

バツ・バチ [音]❶[バツ] 罰金《ばっきん》。罰則《ばっそく》。処罰《しょばつ》。天罰《てんばつ》。賞罰《しょうばつ》。❷[バチ] 罰当《ばちあ》たり。

【閥】 門部6 全14画 ※閥閥閥閥閥

バツ [音][バツ] 閥族《ばつぞく》。財閥《ざいばつ》。派閥《はばつ》。学閥《がくばつ》。門閥《もんばつ》。

[1]**ばつ**〈名〉「だめ」「まちがい」という意味でよく使われる「×」のしるし。[例]ばつをつける。[対]まる。[類]ぺけ。[参考]「ばってん(罰点)」からできたことば。コンピューターでは、画面を閉じる意味を表わす。

[2]**ばつ【罰】**〈名〉罪をおかした者、わるいことをした者に対するこらしめ。[例]罰を与える。重い罰をうける。神の罰が下る。罰ゲーム。[対]賞。[類]制裁。→ばっする

[3]**ばつ【閥】**〈名〉出た学校が同じである人たちや、利害を同じくする人たちなどがつくったグループ。

はつあん【発案】〈名・する〉❶あたらしい考えや案を出すこと。[例]新しいシステムを発案する。発案者。[類]発意。案出。提案。❷会議に、みんなで検討してもらう案を出すこと。[類]発議。提議。

はつい【発意】〈名・する〉自分からすすんで、考えや意見などを出すこと。「ほつい」ともいう。[例]住民の発意による町づくり。[類]発案。

はついく【発育】〈名・する〉そだって、だんだん大きくなること。[例]発育がいい。発育がおそい。発育急進期(=性徴《せいちょう》)。[類]成育。成長。

ばついち〈名〉俗《ぞく》に、離婚《りこん》経験が一度あること。

はつうま【初うま】〖初▽午〗〈名〉二月に入って初めての午の日。この日、稲荷《いなり》神社の祭りが行なわれる。

はつえんとう【発煙筒】〈名〉けむりを出す薬剤《やくざい》をつめたつつ。非常時の合図に使う。[例]発煙筒をたく。

[1]**はつおん【発音】**〈名・する〉❶ことばの音を口で出すこと。その出し方。[例]方言によって発音が異《こと》なる。英語を正確に発音できる。英和辞典の発音記号。❷音を出すこと。[例]発音装置《そうち》。▽[ア]ハツオン

[2]**はつおん【▼撥音】**〈名〉「げんき」「ヒント」のそれぞれのまんなかの音《おん》のように、「ん」「ン」で表わされる音。はねる

音。ア ハッツォン

はつおんきごう【発音記号】〈名〉 言語音を書きしるすためにさだめられた記号。ローマ字をもとにつくられたものが多く使われる。音声記号。類 音標文字。

はつおんびん【▼撥音便】〈名〉 音便の一種。バ行・マ行・ナ行五段活用動詞の連用形接尾の「び」「み」「に」が、助詞「で」・助動詞「だ」につづくときに「ん」(撥音)に変化して、「飛んで」「摘んで」「死んで」のようになること。↓おんびん〔音便〕 参考 動詞以外でも、「あまり」が「あんまり」になるような例をふくめていうこともある。

[1]**はっか【発火】**〈名・する〉 空気中でものが熱せられて、燃えだすこと。例 自然発火。

[2]**はっか〘薄荷〙**〈名〉 ❶〔植物〕 湿地《しっち》に生える多年草。葉にぎざぎざがあり、夏から秋にかけてうすむらさき色の小さい花をつける。❷「①」の茎《くき》や葉からとった、さわやかなかおりの香料《こうりょう》。薬用や食用に使う。ミント。

はつが【発芽】〈名・する〉 植物の種が芽をだすこと。類 出芽。芽ばえ。

ハッカー〈名〉 ハッキングを行なう者。クラッカー。◇hacker 参考 もと、コンピューターのマニアの意味。

はっかい【発会】〈名・する〉 会が活動をはじめること。

はつかおあわせ【初顔合わせ】〈名〉 ❶関係者全員が初めてそろうこと。❷すもうで、初めて対戦すること。❸映画・演劇などで、初めて共演すること。

はっかく【発覚】〈名・する〉 かくしていたことやわるいことが、人に見つかること。例 謀反《むほん》が発覚する。類 露見《ろけん》。ばれる。

はつがしら〘発頭〙〈名〉 漢字の頭《かしら》の一つ。「発」「登」などの「癶」の部分。

バッカス〈名〉 ローマ神話の酒の神。◇Bacchus

はつかだいこん【二十日大根】〈名〉 野菜の一つ。ダイコンの一種で、種をまいてから二十日ぐらいで食べられる。根は、円形で小さい。

はつがつお【初がつお】〘初▼鰹〙〈名〉 その年になってはじめての、あぶらがのって食べごろになったカツオ。初夏にとれる。例「目には青葉 山ほととぎす 初鰹」〔山口素堂《そどう》〕。

はっかてん【発火点】〈名〉〔物理〕 空気中でものを熱したとき、燃えだす最低の温度。

はつかねずみ〘二十日▼鼠〙〈名〉 ネズミの一種。体長八センチメートルほどで背は灰色、腹は白い。医学の実験用などにされる。

ばつがわる(悪)い 心の中に、「はずかしい、こまった」という気持ちがあって、体裁《ていさい》がわるい。類 てれくさい。きまりが悪い。

[1]**はっかん【発刊】**〈名・する〉 新聞や本、雑誌などをあたらしく出すこと。対 廃刊《はいかん》。類 発行。創刊。

[2]**はっかん【発汗】**〈名・する〉 汗《あせ》がでること。

はつがん【発がん】〘発▼癌〙〈名・する〉 癌が発生すること。例 発がん性(物質)。

はっき【発揮】〈名・する〉 もっている力をじゅうぶんに外に現すこと。例 才能を発揮する。実力を発揮する。

はつぎ【発議】〈名・する〉 会議などで、議案や意見などを提出すること。「ほつぎ」ともいう。類 発案。提議。提案。

はづき【葉月】〈名〉 陰暦《いんれき》で、八月のこと。

[1]**はっきゅう【発給】**〈名・する〉 役所などが発行すること。例 パスポートの発給。類 交付。

[2]**はっきゅう【薄給】**〈名〉 安い給料。例 薄給にあまんじる。対 高給。

はっきょう【発狂】〈名・する〉 気がくるいだすこと。

はっきり〈副・する〉 ❶ほかのものと、よく区別できるほどあきらかに。例 はっきり(と)見える。はっきり(と)しない。対 ぼんやり。類 あざやかに。❷すっきり。例 頭がはっきりしない。対 ぼんやり。❸えんりょなくものを言うようす。例 はっきり言って、この計画は実行不可能です。

[1]**はっきん【白金】**〈名〉〔化学〕 金《きん》よりも重く、薬品におかされにくい、銀白色の金属。自動車の排ガスを浄化《じょうか》する触媒《しょくばい》や、装身具《そうしんぐ》などに使われる。元素の一つ。プラチナ。記号「Pt」。

[2]**はっきん【発禁】**〈名〉「発売禁止」の略。出版物などの発売を禁止すること。例 発禁本。

ばっきん【罰金】〈名〉 ❶罰として出させるお金。❷法律をおかした人から、罰として とりたてるお金。例 罰金を科する。

パッキン〈名〉 ❶輸送のときに品物をいためないように、すき間につめるもの。例 エアパッキン。❷管《くだ》のつぎ目や容器のふたなどにあてて、液体や気体のもれを防ぐもの。例 ゴムパッキン。▽「パッキング」ともいう。◇packing

ハッキング〈名・する〉 ネットワークを通じて他人のコンピューターに侵入《しんにゅう》し、データをぬすみ見たりプログラムをこわしたりすること。類 サイバー攻撃。◇hacking

パッキング 一〈名・する〉 荷造り。梱包《こんぽう》。二〈名〉 ⇩パッキン ◇packing

バック〈名〉 ❶背中《せなか》。背面《はいめん》。❷背後にあるもの。背景。❸〈する〉 うしろへ下がること。例 車がバックする。類 後退。❹ものごとを進めるうえで、後ろだてとなるもの。❺「バックストローク」の略。背泳。❻サッカーやラグビーなどで、うしろの方をまもる人。バックス。対 フォワード。◇back

パック〈名〉 ❶〈する〉 一つにまとめてつつんだもの。例 パックづめ。❷〈する〉 ひふを生き生きとさせるための美容法。どろっとした美容剤《ざい》をひふにぬり、膜《まく》をつくって、あとから取り去る。❸旅行で、乗りものの予約や宿泊、見物などをひとまとめにしたもの。例 パック旅行。◇pack

バッグ〈名〉 かばん。例 ハンドバッグ。◇bag

バックアップ 一〈名・する〉 ❶野球などで、ボールをとろうとする人のうしろにまわって、守備をカバーすること。❷かげにいて助けること。類 援助《えんじょ》。後援。二〈名〉 コンピューターで、データが使えなくなったときのために、その複製を作っておくこと。例 バックアップをとる。バックアップファイル。◇backup

バックグラウンド〈名〉 ある人間や事件の背景になるようなことがら。おいたちや経歴、周囲の状況《じょうきょう》など。◇background

バックスキン〈名〉 ❶シカの革《かわ》をもんでやわらかくした革。これに似《に》せてつくった、子羊などの革。❷「①」の革に似せてつくった毛織物。◇buckskin 注意 buckは雄《おす》のシカのこと。backではないので、「裏革《うらがわ》(=スエード)」という意味で使うのはあやまり。

バックステージ〈名〉 舞台裏《ぶたいうら》。楽屋《がくや》。例 バックステージツアー。◇backstage

はっくつ【発掘】〈名・する〉 ❶土の中にうまっている遺跡《いせき》などを、ほりだすこと。例 埋蔵《まいぞう》金を発掘する。❷世間に知られていない、すぐれたものをさがしだすこと。例 人材を発掘する。

バックナンバー〈名〉 すでに発行された雑誌の各

号。例バックナンバーをそろえる。◇back number

バックネット〈名〉野球場で、ホームベースのうしろの方に高くはってあるあみ。参考日本での複合語。英語では backstop という。

バックパッカー〈名〉大型のリュックサックで自炊《じすい》道具や寝袋《ねぶくろ》を背負って、できるだけお金をかけずに、比較《ひかく》的長い期間旅をする人。◇backpacker

バックパック〈名〉❶背負うタイプのかばん。❷大型のリュックサック。◇backpack

バックハンド〈名〉卓球・テニス・バドミントンなどで、ラケットを持ったうでの反対がわにきた球を打つこと。対フォアハンド。◇backhand

バックホーム〈名・する〉野球で、本塁《ほんるい》に向かう走者をアウトにするために、守備がわの選手が本塁にボールを投げること。◇back と home による日本での複合語。

バックボーン〈名〉ものごとを行なうとき、そのささえとなる ゆるぐことのない信念。◇backbone

バックミラー〈名〉自動車のフロントガラスの上部にとりつけてある、うしろを見るためのかがみ。参考日本での複合語。英語では rearview mirror という。

バックル〈名〉尾錠《びじょう》。◇buckle

ばっく・れる〈動下一〉❶しらをきる。とぼける。❷授業や仕事をサボる。▽「しらばくれる」からできた俗語《ぞくご》。

はづくろい【羽繕い】〈名〉鳥が、くちばしなどを使って、羽並《はな》みをきれいにすること。

ばつぐん【抜群】〈形動〉たくさんあるものの中で、ずばぬけてすぐれている。例抜群のでき。抜群の成績。抜群にうまい。類秀抜《しゅうばつ》。卓抜《たくばつ》。傑出《けっしゅつ》。卓絶。

はっけ【八▼卦】〈名〉「易《えき》」のうらないのもとになる八つの形。例あたるも八卦あたらぬも八卦。八卦見《み》(＝易者《えきしゃ》)。

パッケージ〈名〉❶〈する〉包装。包装用の箱。例きれいにパッケージされた商品。❷あらかじめセットされたもの。例パッケージツアー。類パック。◇package

はっけっきゅう【白血球】〈名〉血液中にある血球の一つ。無色の核《かく》のある細胞《さいぼう》で、アメーバのようにうごく。細菌《さいきん》や異物を細胞内にとりこんで殺すはたらきがある。対赤血球《せっけっきゅう》。

はっけつびょう【白血病】〈名〉骨髄《こつずい》やリンパ腺《せん》などに悪性の腫瘍《しゅよう》ができて、血液中の白血球が異常にふえる病気。

はっけよい〈感〉すもうで、行司が組み合って動かない力士にかける声。

はっけん【発見】〈名・する〉知られていなかったものごとを、はじめて見つけだすこと。例新種の発見。類見いだす。見つける。

1 **はつげん**【発言】〈名・する〉会議や会合などで、意見を述べること。その意見。例発言権。

2 **はつげん**【発現】〈名・する〉はっきりとあらわれること。はっきりとあらわすこと。例才能が作品に発現する。遺伝子がその機能を発現する。

はつげんりょく【発言力】〈名〉❶人をうなずかせたりみちびいたりするような、価値ある意見をのべる能力。例発言力のある人。❷人に耳をかたむけさせる権力。例財界に大きな発言力をもつ。

はつご【発語】〈名〉「さて、出かけよう」の「さて」、「さあ、どうしよう」の「さあ」のように、文の言い始めにおくことば。

ばっこ【▼跋▼扈】〈名・する〉悪者などがはびこったり、わがもの顔をしていること。例盗賊《とうぞく》が跋扈する。類横行する。のさばる。跳梁《ちょうりょう》する。

1 **はつこい**【初恋】〈名〉はじめての恋。例初恋の人。

1 **はっこう**【発光】〈名・する〉光をだすこと。例発光体。発光塗料《とりょう》。

2 **はっこう**【発行】〈名・する〉❶本や新聞などを印刷して、世の中におくりだすこと。類刊行。出版。上梓《じょうし》。❷証明書や入場券、定期券などをとりあつかう機関が、それを作成して必要な人にわたすこと。参考①で、「発行者」は書籍《しょせき》の、「発行人《にん》」は雑誌の、発行元の責任者をさすことが多い。

3 **はっこう**【発効】〈名・する〉法律や規則などが実際に効力をもちはじめること。例条約が発効する。対失効。

4 **はっこう**【発酵】【▼醱酵】〈名・する〉酵母菌《きん》などの微生物《びせいぶつ》のはたらきによって、有機物が分解され、アルコールや乳酸などに変化すること。パン・酒・チーズ・みそなどをつくるのに利用される。

5 **はっこう**【薄幸】【薄▼倖】〈名・形動〉人生に、苦しみが多くて、幸せが少ないこと。例若くして薄幸の生涯《しょうがい》をとじた。類不幸。幸《さち》(が)薄《うす》い。

はっこつ【白骨】〈名〉風雨にさらされて白くなった、人のほね。例白骨と化す。類骸骨《がいこつ》。

ばっさい【伐採】〈名・する〉樹木を切りたおすこと。

はっさく【八▼朔】〈名〉ミカンの一種。夏ミカンより少し小さく、ややあまみがある。春に出回る。日本一の産地は和歌山県。

ばっさり〈副〉❶思い切りよく、一気に切るようす。例髪《かみ》をばっさり(と)切る。❷思い切って捨てたり除いたりするさま。例予算をばっさり(と)けずる。

はっさん【発散】〈名・する〉❶中にたまっていた熱やにおいなどを外へだすこと。また、外にでること。例有毒ガスを(が)発散する。❷自分の中にたまっていたもやもやしていたものを外へだして、すっきりすること。例ストレスを(が)発散する。

1 **ばっし**【末子】〈名〉⇩まっし〔末子〕

2 **ばっし**【抜糸】〈名・する〉手術で傷口や切り口をぬいあわせるときに使った糸を、あとからぬきとること。

3 **ばっし**【抜歯】〈名・する〉歯をぬくこと。

バッジ〈名〉金属やプラスチックでできた記章。例缶バッジ。◇badge

はっしと〈副〉❶かたいものが勢いよくあたるようす。例ふりおろされた竹刀《しない》をはっしと受けとめる。❷いきおいよく投げつけるようす。

はつしも【初霜】〈名〉冬になって、はじめておりた霜。

1 **はっしゃ**【発車】〈名・する〉電車や自動車などが動きだすこと。例「発車オーライ」。対停車。類発進。

2 **はっしゃ**【発射】〈名・する〉弾丸《だんがん》やロケットなどをうちだすこと。例ピストルを発射する。

1 **はっしょう**【発祥】〈名・する〉ある場所で、ものごとが新しくはじまること。例文明発祥の地。

2 **はっしょう**【発症】〈名・する〉病気の症状があらわれること。症状をあらわすこと。例花粉症が(を)発症する。類発病。

はつじょう【発情】〈名・する〉欲情が起こること。とくに、動物にさかりがつくこと。例発情期。

はっしょく【発色】〈名・する〉カラー写真や染め物などで、色をつけること。その色の仕上がりぐあい。例発色がいい。

パッション〈名〉❶情熱。激情。❷キリストの受難。

◇passion

[1]**はっしん【発▼疹】**〈名〉からだに赤いぼつぼつやふきでもの、はん点などができること。「ほっしん」ともいう。例発疹がでる。

[2]**はっしん【発信】**〈名・する〉❶郵便や電信をおくりだすこと。対受信。着信。類送信。❷ひろく伝えたいことがらを、なんらかの手段で人々に伝えること。例情報発信。❸学校教育で、聞くこと・読むことに対して、話すこと・書くこと。気持ちや考えの表出。

[3]**はっしん【発進】**〈名・する〉自動車や船、飛行機などが動きだすこと。例緊急《きんきゅう》発進。類スタート。

バッシング〈名・する〉とくにマスメディアを使って、はげしく非難・抗議《こうぎ》すること。◇bashing

はっしんチフス【発▼疹チフス】〈名〉シラミからうつる感染症《かんせんしょう》。高い熱がでて、赤いぼつぼつが全身にできる。「ほっしんチフス」ともいう。

はっすい【▼撥水】〈名・する〉布や紙が、かかった水をはじくこと。「はっ水」とも書かれる。例はっ水加工。

ばっすい【抜粋】〈名・する〉書物や文章などの中から、たいせつな部分をぬきだすこと。ぬきだしてまとめたもの。例要点を抜粋する。論文の抜粋。類抄録《しょうろく》。ぬき書き。

はつすがた【初姿】〈名〉新年の着かざった姿。

[1]**はっ・する【発する】**〈動サ変〉❶あらたに生じる。おこる。例…に端《たん》を発する。天竜《てんりゅう》川は、諏訪《すわ》湖にみなもとを発する。❷外にむけてだす。例声を発する。光を発する。▽アハッスル

[2]**ハッスル**〈名・する〉はりきること。精力的にうごきまわること。例大ハッスル。◇hustle アハッスル

ばっ・する【罰する】〈動サ変〉❶わるいことをした者をこらしめる。❷違反《いはん》した者に対し、法律によって刑《けい》をあたえる。例法で罰せられる。類処罰する。

[1]**はっせい【発生】**〈名・する〉❶生まれでること。現れでること。また、生みだすこと。例台風が発生する。コレラが発生する。有毒ガスを発生する。大量発生。❷起こること。例事故が発生する。❸〔生物〕受精卵《じゅせいらん》が、細胞分裂《さいぼうぶんれつ》をくりかえしながら胚《はい》となり、成体となるまでの、組織を徐々《じょじょ》に複雑にしていく過程。

[2]**はっせい【発声】**〈名・する〉❶声をだすこと。例発声法。発声練習。❷おおぜいでなにかを言うとき、最初に代表して言うこと。例社長の発声で乾杯した。類音頭。

はつぜっく【初節句】〈名〉生まれた子が最初にむかえる節句。

はつせり【初競り】〈名〉❶その市場で行なわれるその年はじめての、一月初旬の競り。例築地《つきじ》市場の初競り。❷その農産物や水産物について行なわれる、その年はじめての競り。例夕張《ゆうばり》メロンの初競り。

[1]**はっそう【発送】**〈名・する〉郵便物や荷物をおくりだすこと。

[2]**はっそう【発想】**〈名〉❶考えのもとになる思いつき。アイデア。例発想の転換《てんかん》。ユニークな発想。発想法。類着想。❷考えを特徴《とくちょう》づけている傾向《けいこう》。例日本人の発想。❸〔音楽〕曲のもっている感じや性格を表現すること。例発想記号。

はっそく【発足】〈名・する〉⇩ほっそく

ばっそく【罰則】〈名〉法律や規則を破った者に対して、どういう罰をあたえるかをきめた規則。例罰則を設ける。

ばった〈名〉昆虫《こんちゅう》の一種。からだはほそ長い。あと足が長くて、よくはねる。ショウリョウバッタやイナゴなど種類が多い。

バッター〈名〉野球で、打者のこと。◇batter

はつたいけん【初体験】〈名〉最初の経験。「しょたいけん」ともいうようになった。参考もとからあることばだが、とくに性の初体験をさす言いかたが流行語のようになったあと、ふつうのことについても使うようになっている。

はったつ【発達】〈名・する〉❶からだや心が成長していくこと。例心身の発達。類発育。❷ものごとが大きくなったり、先へ先へとすすんだりすること。例発達した低気圧。文明が発達する。未発達。類発展。

はったつしょう【発達症】〈名〉幼児期・小児《しょうに》期にあらわれる、脳機能の発達に関係する症状。自閉症・アスペルガー症候群《しょうこうぐん》・LD(学習症)・ADHD(注意欠如《けつじょ》・多動症)など。「発達障害《しょうがい》」の改称《かいしょう》。

はったつしょうがい【発達障害】〈名〉⇩はったつしょう

はったり〈名〉相手をおどろかしたり、気勢をそいだりするために、おおげさにものを言ったり、したりすること。例はったりをかます。はったりをきかす。

ハッチ〈名〉船の甲板《かんぱん》に、人ののぼりおりや貨物のあげおろしができるようにあけた穴。◇hatch

はっちゃく【発着】〈名・する〉電車・バス・飛行機などが、出発したり着いたりすること。例発着時刻。羽田発着便。類離着陸《りちゃくりく》。

表現 (1)「発着」は運行のタイムテーブル(=時刻表)についていうのがふつうだが、「離着陸」は飛行機の動作そのものについていう。
(2)「離発着《りはっちゃく》」ということばもあるが、これは「離着陸」と「発着」がまぎれてできたことばで、意味があいまいになる。

はっちゅう【発注】〈名・する〉希望する品物を注文すること。例部品を発注する。対受注。

ばっちり〈副〉ぬかりなく、みごとにやりとげるようす。俗《ぞく》な言いかた。例ばっちりかせぐ。ばっちり合格した。

ぱっちり〈副・する〉目が大きく、目もとがはっきりしているようす。また、目を大きく見開くようす。例ぱっちり(と)した目。

パッチワーク〈名〉❶いろいろな色・形の布きれをぬい合わせて、一枚の模様のある布をつくる手芸。❷⇩つぎはぎ② ◇patchwork

[1]**バッティング**〈名〉野球で、打者がバットでボールを打つこと。また、その打ちかた。打撃《だげき》。例バッティングがいい。バッティングフォーム。◇batting

[2]**バッティング**〈名〉❶ボクシングで、たがいの頭がぶつかること。また、頭を相手にわざとぶつける反則。❷〈する〉予定などがかちあうこと。競合すること。◇butting

参考 ②は日本語独自の意味。

ばってき【抜▼擢】〈名・する〉多くの人の中から、とくにえらびだして、重要な地位につかせること。類起用。登用。

バッテラ〈名〉サバの押しずし。◇ポルトガル bateira

参考 元来は、船にのせるボートのこと。舟の形をした木のわくに入れてつくったことから。

バッテリー〈名〉❶充電《じゅうでん》しなおすと、何回でも使える電池。蓄《ちく》電池。例バッテリーがあがる。車のバッテリー。❷野球で、投手と捕手《ほしゅ》。例バッテリーをくむ。◇battery ▽ア①バッテリー ②バッテリー

はってん【発展】〈名・する〉いきおいがよくなり、どんどんすすんで、ひろがっていくこと。例発展をとげる。話題が

フーリエ (1772~1837) フランスの空想的社会主義者。現実社会を悪とし，理想社会を追求した。

は

発展する。意外な方向に発展する。類発達。展開。

はつでん【発電】〈名・する〉 水力や火力、原子力などを利用して電気をおこすこと。その装置《そうち》が発電機。

ばってん[1]【罰点】〈名〉 ❶「×」のばつじるし。ばつ。ぺけ。❷スポーツやゲームで、反則などに対する減点《げんてん》。

ばってん[2]（方言） けれども。九州の北部・中部で言う。例見た目は悪かばってん、味はよか。

はつでんしょ【発電所】〈名〉 発電機をうごかして、電力をおこし、各地にその電流をおくりだすところ。水力発電所・火力発電所・原子力発電所などがある。

はってんとじょうこく【発展途上国】〈名〉 経済や近代産業が成長段階にある諸国。開発途上国。対先進(工業)国。類新興《しんこう》国。

はっと[1]【法度】〈名〉 武家時代の法律。ア ハット ↓ ごはっと

はっと[2]〈副・する〉 ❶突然《とつぜん》何かに気づくようす。例はっとして我《われ》にかえる。彼女《かのじょ》の美しさにはっとなった。❷突然のことにおどろくようす。例急に声をかけられてはっとなった。▽ア ハット

バット[1]〈名〉 野球などで、ボールを打つのに使う、木や金属でできた棒。例バットをふる。バットをかまえる。◇bat

バット[2]〈名〉 料理や、写真の現像などに使う、角形の容器。◇vat

ぱっと〈副〉 ❶あっというまに動いたり、変化したりするようす。例ぱっと席を立つ。ろうそくがぱっと消えた。よからぬうわさがぱっと広がった。❷ひどく派手なようす。例ぱっといこう。ぱっと景気よく飲もう。

ぱっとしない ❶どうにもさえない。例ぱっとしない顔つき。❷出来がよくない。例ぱっとしない成績。

パッド〈名〉 洋服の肩《かた》などにつめて、着たときの形を整えるもの。「パット」ともいう。◇pad

はつどう【発動】〈名・する〉 ❶うごきだすこと。例新しい生産システムが発動する。❷法律によって、特別の権力を行使すること。例強権を発動する。

はつどうき【発動機】〈名〉 燃料を燃やして動力をおこす機械。エンジン。

はっとうしん【八頭身】〈名〉 身長が、頭部のたての長さの八倍であること。均整のとれたスタイルとされる。

ハットトリック〈名〉 サッカーやアイスホッケーで、一試合中に一人の選手が三得点をあげること。◇hat trick

ぱっとみ【ぱっと見】〈名〉 ほんの一瞬だけ見ること。また、それによって受けた印象。例ぱっと見で判断する。ぱっと見は良さそうに見えたが、よくみるとあらだらけだ。

はつなり【初なり】〖初▽生り〗〈名〉 その年に、またはその木に、初めてできた果物《くだもの》や野菜。

はつに【初荷】〈名〉 その年になってはじめて問屋や市場から出荷《しゅっか》される商品。参考 一般《いっぱん》に、うつくしくかざりつけた初荷を正月二日に出荷する習慣がある。

はつね【初音】〈名〉 年年めぐってくるその時季に、はじめて聞く鳥の鳴き声。ウグイスやホトトギスなどについていう。

はつねつ【発熱】〈名・する〉 ❶ものが熱をだすこと。❷体温が平常よりも高くなること。熱がでること。

はつのり【初乗り】〈名〉 ❶初めて乗ること。例新車の初乗り。❷タクシー・電車などで、最低料金の区間。例初乗り運賃。

はっぱ[1]【発破】〈名〉 鉱山での作業やおおがかりな工事で、ダイナマイトなどの火薬をしかけて、岩などをくずすこと。また、その火薬。

発破を掛《か》ける 強い調子で注意したり忠告したりして、発奮《はっぷん》させる。類激励《げきれい》する。

はっぱ[2]【葉っぱ】〈名〉 「葉」のくだけた言いかた。

はつばい【発売】〈名・する〉 商品を売りはじめること。例新発売。

はつはる【初春】〈名〉 ❶新しい年のはじめ。類新春。❷春のはじめ。「しょしゅん」ともいう。

表現 ①は、「初春のおよろこびを申し上げます」のように、年賀状などで、年頭のあいさつのことばとして使う。

はつひ【初日】〈名〉 一月一日《ついたち》の朝の太陽。例初日の出。初日をおがむ。

はっぴ【法被】〈名〉 職人などが着る、せなかに屋号などを染めだしたじょうぶなうわっぱり。半纏《はんてん》。類しるしばんてん。

ハッピーエンド〈名〉 物語が、最後には幸せな形で終わること。例ハッピーエンドで終わる。ハッピーエンドを迎える。類めでたしめでたし。◇happy ending から。

はつひので【初日の出】〈名〉 一月一日《ついたち》の日の出。例初日の出をおがむ。

はっぴゃくやちょう【八百八町】〈名〉 江戸《えど》の中に町数がきわめて多いことをいうことば。江戸の町全体。

はつびょう【発病】〈名・する〉 病気の症状《しょうじょう》があらわれること。類発症《はっしょう》。

はっぴょう【発表】〈名・する〉 ある事実や自分の考え、作品や技能などを、ひろく世間に知らせること。例小説を発表する。新聞に発表する。合格発表。

はっぷ【発布】〈名・する〉 あたらしい法律などを出してひろく知らせること。例憲法を発布する。類公布。

バッファ〈名〉 ❶衝撃《しょうげき》をやわらげるために間にはさむ、緩衝《かんしょう》装置。❷そなえとしての、ゆとりの部分。例スケジュールにバッファを設《もう》ける。▽「バッファー」ともいう。◇buffer

はつぶたい【初舞台】〈名〉 俳優や芸人、音楽家などが、はじめて公衆の前に出て演じること。例初舞台をふむ。類デビュー。

はっぷん【発奮・発憤】〈名・する〉 あることに刺激《しげき》されて、「よし、がんばるぞ」と元気をだすこと。

ばつぶん【▼跋文】〈名〉 書物で、本文のあとに本のなりたちなどについて書きそえる文章。対序文。類あとがき。

はつほ【初穂】〈名〉 ❶その年最初にみのったイネの穂。その年最初にできた果実や野菜などの農産物。❷神仏にそなえる農作物や、それらのかわりにそなえる金銭。

はっぽう[1]【八方】〈名〉 ❶八つの方角。すなわち東・西・南・北・北東・北西・南東・南西。❷すべての方面。例八方手をつくしてさがしまわる。八方美人。八方ふさがり。八方やぶれ。四方八方。▽ア ハッポー

はっぽう[2]【発泡】〈名・する〉 泡《あわ》が発生すること。ア ハッポー

はっぽう[3]【発砲】〈名・する〉 大砲や銃《じゅう》を発射すること。ア ハッポー

はっぽうスチロール【発泡スチロール】〈名〉 合成樹脂《じゅし》の一つ。こまかなあわが無数に集まってできているように見える。白くて軽い。こわれやすい品物を輸送するときのつめものや、断熱材などに使う。

はっぽうびじん【八方美人】〈名〉 だれからもわるく思われないように、うまくいろいろな人とつきあう人。

表現 そのような人をけなしていうことが多い。同じように、すべての国と仲よくする「全方位外交」は、国の八方美人的な外交政策をややからかっていうことば。

はっぽうふさがり【八方塞がり】〈名〉 なにをやるにもさしさわりがあって、どうにもならず、困りはててしまうこと。

はっぽうやぶれ【八方破れ】〈名・形動〉 態勢《たいせい》がまるでできていないこと。それで、かえって開き直って「さあ、どうとでもなれ」と言っている感じ。対 そなえ万全。

ばっぽんてき【抜本的】〈形動〉 根本からの。おおもとからの。例 抜本的改革。抜本的な対策。

はつまご【初孫】〈名〉 ⇩ういまご

はつみみ【初耳】〈名〉 はじめて聞くこと。はじめて聞く話。例 へえ、それは初耳だ。

はつめい【発明】〈名・する〉 新しい考えにもとづいて、今までになかったものをはじめてつくりだすこと。例 必要は発明の母。発明家。発明王エジソン。類 考案。

参考 (1)江戸・明治のことばで「発明な」といえば、「利発な」「利口な」という意味。(2)世界の三大発明といえば、ルネサンス期の火薬・羅針盤《らしんばん》・活版《かっぱん》印刷術をさす。

はつもうで【初詣】〈名〉 新年になってはじめて、神社や寺におまいりすること。

はつもの【初物】〈名〉 年ごとにめぐってくるその季節に、はじめてとれた野菜やくだものなど。

はつもん【発問】〈名・する〉 問いを発すること。

はつゆき【初雪】〈名〉 ❶冬になって、はじめて降った雪。❷年が明けてからはじめて降った雪。

はつゆめ【初夢】〈名〉 新年になって、はじめてみる夢。

はつよう【発揚】〈名・する〉 ❶おおぜいの人を元気づけること。例 士気を発揚する。類 鼓舞《こぶ》。❷高くかかげて、あきらかに示すこと。例 国威《こくい》を発揚する。

はつらい【発雷】〈名・する〉 かみなりが発生すること。例 発雷確率。

はつらつ【▼潑▼剌】〈副・連体〉 明るく元気いっぱいであるようす。例 はつらつととび回るすがた。はつらつたる青年。はつらつとした動き。元気はつらつ。

はつれい【発令】〈名・する〉 法律や辞令、命令や警報などをだすこと。

はつろ【発露】〈名・する〉 気持ちや感情が、その人の行ないに自然にあらわれること。例 心情の発露。

はつわ【発話】〈名・する〉 ことばにして口に出すこと。発言。一回の発言。例 発話行為《こうい》。

はて[1]【果て】〈名〉 ❶いきつく最後のところ。例 果てもなく。宇宙の果て。旅路の果て。なれの果て(=おちぶれきったすがた)。❷ものごとのおわり。例 果てがない。あげくの果て。類 終局。▽ア ハテ」ハテ

はて[2]〈感〉 ちょっとあやしんだり、まよったりしたときの気持ちを表わす。例 はて、どうしたものだろう。ア ハテ

はで【派手】〈形動〉 身なりや行動が、ふつうの人と比べて、きらびやかだったり おおげさだったりして、人目をよくひくようすだ。例 はでな服装。はでにけんかをする。はでごのみ。はでずき。対 じみ。類 華美《かび》。

パテ[1]〈名〉 すりつぶしたレバーや肉を、パイの皮で包んだ料理。◇フランス pâté

パテ[2]〈名〉 木材や窓ガラスをとりつけるときなどに使う接合剤《ざい》。水もれなどをふせぐ。◇putty

ばてい【馬▼蹄】〈名〉 ウマのひづめ。

参考 馬蹄形は◯の形。

パティシエ〈名〉 ケーキなどの洋菓子やデザートを専門につくる職人。◇フランス pâtissier

パティスリー〈名〉 ケーキ・クッキーなど、小麦粉を使った洋菓子。また、洋菓子店。◇フランス pâtisserie

はてさて〈感〉 とまどったり、おどろいたりしたときに発することば。例 はてさて、どうしたものか。

はてしな・い【果てしない】〈形〉 同じものが、どこまでもかぎりなくつづいていて、終わりがない。はてしがない。例 果てしない議論。果てしない砂漠《さばく》。類 切りがない。

参考 「し」は強調を表わす副助詞。

はてな 一〈感〉 とまどいや、ふしぎだという気持ちをあらわすことば。しり上がりに言う。例 はてな、どっちだろうか。二〈名〉 「はてなマーク」の略。「疑問符《ぎもんふ》」のくだけた言いかた。例 はてなが付く(→疑問符が付く)。

はては【果ては】〈副〉 あることをし続けた、その最後には。しまいには。例 果てはののしり合いとなった。

は・てる【果てる】 一〈動下一〉 ❶終わりになる。例 宴《えん》が果てる。❷死ぬ。二〈接尾〉 「すっかり…する」という意味を表わす。例 あきれ果てる。こまり果てる。

表現 あまりよくないことがらについて言うことが多い。

ば・てる〈動下一〉 つかれや暑さで、ぐったりとなる。ややくだけた言いかた。「バテる」と書くことが多い。類 へばる。くたばる。

バテレン〈名〉 一六、一七世紀ごろ、日本にキリスト教をつたえて布教した宣教師。またそのころ、キリスト教やその教徒をさしていったことば。◇ポルトガル padre から。

はてんこう【破天荒】〈形動〉 ❶今までだれもしたことのないような、とんでもないことをするようす。例 破天荒な冒険《ぼうけん》をなしとげる。類 前代未聞《みもん》。未曽有《みぞう》。❷生き方がきわめて型破りである。例 破天荒な生きざま。

注意 中国の故事にもとづくことばで、①が本来の意味だが、②の意味で使う人が増えている。

パテント〈名〉 特許。特許権。◇patent

はと【▼鳩】〈名〉 鳥の一種。中形の鳥で、くちばしと足がみじかく、胸がつきでている。平和の象徴《しょうちょう》とされ、公園や神社などで飼《か》われているものも多い。

鳩が豆鉄砲《まめでっぽう》を食《く》ったよう 突然《とつぜん》のことにびっくりし、あっけにとられて目を丸くするようす。

はとう[1]【波頭】〈名〉 波のいちばん高くもりあがったところ。なみがしら。

はとう[2]【波▼濤】〈名〉 大海原《おおうなばら》でうねる大波。例 波濤をこえる。

はどう[1]【波動】〈名〉 〔物理〕 あるところでおこった動きが、次から次へと、くり返しながら伝わっていくこと。水の波、地震《じしん》波や音波、電磁波などがある。ア ハドー

参考 波動には、上下波と疎密波《そみつは》がある。水面を伝わる波は上下波、空気中を伝わる音波は疎密波である。

はどう[2]【覇道】〈名〉 武力や権力で天下をおさめる政治の方法。対 王道。ア ハドー

ばとう【罵倒】〈名・する〉 相手をひどくののしること。類 面罵。罵詈雑言《ばりぞうごん》。

パトカー〈名〉 警官が、パトロールや犯罪捜査《そうさ》のために乗る自動車。◇patrol car から。

はとこ【▽再▽従▽兄▽弟・▽再▽従▽姉▽妹】〈名〉 ⇩またいとこ

はとは【ハト派】【▼鳩派】〈名〉 ものごとをおだやかに考えて処理していこうとする人たち。武力や権力によらないで、話し合いなどで解決していこうとする人たち。対 タカ派。類 穏健《おんけん》派。

 フェリペ2世 (1527~98) スペイン絶対王政の最盛期の王。新大陸を領有し，ポルトガルを併合。

はとば【波止場】〈名〉 港で、船をつなぎ、乗客の乗り降りや荷物の積みおろしなどをするための、海につきだしたところ。埠頭《ふとう》。

バドミントン〈名〉 長方形のコートの中央にネットをはり、羽根のついた球を打ちあって、得点をきそう競技。「バトミントン」ともいう。◇badminton

はとむぎ【▼鳩麦】〈名〉 イネ科の一年草。実《み》を薬用や食用とし、葉は茶の代用とする。

はとむね【はと胸】【▼鳩胸】〈名〉 ハトの胸のように、前方につきでている胸。

はどめ【歯止め】〈名〉 ❶車輪につけて、その回転をとめる装置《そうち》。ブレーキ。制動機。❷坂で、とめておいた自動車がうごきださないように、タイヤにあてておくもの。

表現 「歯止めをかける」で、ものごとがいきすぎてひどい状態になるのを、前もってくいとめることをいう。

バトル〈名〉 戦い。対決。◇battle

パトロール〈名・する〉 警官や警備員が、事故や犯罪をふせぐために見まわりをすること。類 巡邏《じゅんら》。警邏。◇patrol

パトロン〈名〉 お金などを出して、援助《えんじょ》をしてくれる人。類 後援《こうえん》者。スポンサー。うしろだて。◇patron

ハトロンし【ハトロン紙】〈名〉 包装《ほうそう》紙、荷づくり用紙などに使う、じょうぶな茶色の西洋紙。

バトン〈名〉 ❶リレー競走で、走る人が持ち、つぎの走者に手わたす、短いつつ状の棒。例 バトンタッチ。❷パレードや応援《おうえん》などのときに、ふったり回したりする棒。金属製で、両はしにかざりなどがついている。例 バトンガール。◇baton

バトンを渡《わた》す 仕事などをあたらしい人にひきつぐ。類 バトンタッチする。

バトンタッチ〈名・する〉 ❶リレー競走で、バトンをつぎの走者に手わたすこと。❷仕事や責任などを、あたらしい人にひきつぐこと。▽類 バトンをわたす。

参考 日本での複合語。英語ではbaton passという。

バトントワリング〈名〉 「バトン②」を、ふったり回したり投げ上げたりしてあやつる演技や競技。◇baton twirling

参考 その演技者・競技者を「バトントワラー」という。

1 **はな【花・華】**〈名〉 ❶木や草に、ふつうは一年にいちどさき、美しく人目をひくもの。花芽《はなめ》からつぼみとなり、ひらいて花となり、やがてしぼみ、散る。花には、花びらとおしべ、めしべなどがあり、めだつ色やあまいみつ、よいかおりなどによって、チョウやハチなどの虫をひきつける。植物は、ふつう花をさかせることにより、受粉して実《み》をむすび、次代の種をつくる。例 花がさく。花がひらく。花をつける。桜《さくら》の花。切り花。→囲み記事38（978ページ）
❷（「…の花」の形で）めだつことによって代表となるもの。例 職場の花。彼女《かのじょ》はクラスの花だった。花形。
❸美しくたのしく、充実した時期。すぐにすぎてしまう、さかりの時期。例 あのころが、ぼくの人生の花だった。
❹はれがましさ。いい思い。例 両手に花（→「りょうて」の子項目）。花をそえる。
❺「生け花」のこと。
❻サクラの花。例 花見。花ぐもり。花だより。花ふぶき。
▽ア ハナ」

表記 ②③④⑤は、「華」とも書く。とくに②は、「武士道の華」「国風文化の華」のように書いて、「…の精髄《せいずい》（＝もっとも重要な部分）」という意味を表わす。

表現 ①は、「梅が一輪咲いた」のように個々の花を一輪《いちりん》二輪《にりん》と数える。切り花の場合、数が少ないときは一輪二輪と数えるが、多くなると五本十本のように「本」で数える。

花が咲《さ》く ❶しばし、活発に行なわれる。例 思い出話に花が咲く。❷のぞみがかなう。

花が開《ひら》く ⇩はなひらく

花と散《ち》る サクラの花がいっせいに散るように、美しく散りおちる。人が未練なく命をすてることをたとえていう。

花も恥《は》じらう 美しい花でさえ、その前にでるのをためらうほど、若くて、美しい。女性の若さと美しさのさかりを表現する言いまわし。例 花も恥じらう乙女《おとめ》。注意 「何を見ても恥ずかしがる」というような意味ではない。

花も実《み》もある 外から見て美しいだけでなく、内容も充実《じゅうじつ》している。例 花も実もある人物。

花より団子《だんご》 美しくさいている花よりも、おいしい団子の方がいいということで、外観のよさよりも、実際に役だつ方がいい、ということ。類 名を捨てて実《じつ》をとる。

花を咲《さ》かせる ❶しばらくの間、活発に行なう。例 うわさ話に花を咲かせる。❷のぞみをかなえる。

花を添《そ》える いっそうはなやかさをつけ加える。例 式典に振りそで姿の女性が花を添えた。

花を持《も》たせる 自分であげた功績などを、人にゆずる。その人をたてて、いい気持ちにさせる。

2 **はな【鼻】**〈名〉 ❶顔の中央にある、もりあがったところ。中には、からだの中に空気を入れたり出したりするための二本の穴が、くだになってとおっている。呼吸をしたり、においをかいだり、声を出したりするときの助けをする。例 鼻がつまる。鼻がきく。鼻を鳴らす。鼻をつまむ。鼻をつきあわせる。木で鼻をくくる（→「き（木）」の子項目）。鼻にかかった声。小鼻。目鼻。❷「①」から出る液体。例 鼻がでる。鼻をかむ。鼻水。鼻じる。水っぱな。▽ア ハナ →囲み記事37（次ページ）

表記 ②は、「▼洟」と書かれることもある。

鼻が利《き》く ❶においをかぎわける能力がすぐれている。❷秘密をさぐり当てる能力にすぐれている。

鼻が高《たか》い いかにも得意そうなようす。類 鼻高だか。鼻を高くする。

鼻であしらう 相手の言うことに、まじめに返事もしないで、冷たくあつかう。「鼻の先であしらう」ともいう。

鼻で笑《わら》う 「ふんっ」と、こばかにして笑う。

鼻にかける 人よりもすぐれていることを見せつけ、いかにも得意そうにふるまう。類 うぬぼれる。

鼻につく ❶いやなにおいがいつまでも感じられる。❷相手の不愉快《ふゆかい》な態度がなんどもくり返されて、いやになる。

鼻の差《さ》 ほんのわずかな差。

参考 競馬で、ゴールに着いたときの差がほんのウマの鼻先ぐらいのわずかなものであるということから。

鼻の先《さき》であしらう ⇩鼻であしらう

鼻の下《した》が長《なが》い 女性にあまい。

鼻も引《ひ》っかけない 相手をばかにして、無視する。

参考 この「鼻」は、「鼻水」のこと。

鼻を明《あ》かす 相手の知らないあいだに出しぬいて、あっといわせる。

鼻を折《お》る 得意がっている人をやりこめる。

鼻を高《たか》くする 人に対して、自慢《じまん》できることがあって、得意になる。類 鼻が高い。鼻高だか。

鼻を突《つ》き合《あ》わせる とても近くで向かい合う。例 鼻を突き合わせて相談する。

フェルミ（1901～54） イタリアの原子物理学者。中性子を利用し放射性同位元素を作る。

鼻を突《つ》く ひどいにおいが鼻を刺《し》激《げき》する。

鼻を鳴《な》らす 鼻にかかった、あまえごえを出す。例子猫が鼻を鳴らして近よってくる。

はな[3]【▽端】〈名〉❶ものごとの初め。例はなから強気に出る。しょっぱな。類のっけ。↓ばな ❷もののつきでた部分。例半島のはな。類先端《せんたん》。突端《とったん》。▽アハナ

ばな【▽端】〈接尾〉「そうしようとしているとき」「そうし始めたとき」などの意味を表わす。例出ばな。寝入《ねい》りばな。上がりばな。

バナー〈名〉インターネット上のページに表示する、よそのホームページを紹介《しょうかい》する横長の画像。クリックするとそのホームページにリンクする。例バナー広告。◇banner（=「旗、横断幕」の意）

はないき【鼻息】〈名〉❶鼻でする呼吸。❷人のきげんのよしあし。例鼻息をうかがう。

鼻息が荒《あら》い 仕事や商売などで、やる気まんまんだ。

はなうた【鼻歌・鼻唄】〈名〉気分がいいときなどに鼻にかかった声で口ずさむ歌。例鼻歌まじり。

はなうたまじり【鼻歌交じり】〈名〉鼻歌を歌いながら軽い気持ちでものごとをすること。

はなお【鼻緒】〈名〉げたやぞうりの、足指にかけるひもの部分。例鼻緒が切れる。鼻緒をすげる。↓げた絵

はながさ【花▼笠】〈名〉花や造花をつけてかざったかさ。おどりのときや祭りのときに使う。

はなかぜ【鼻風邪】〈名〉熱はあまりでないで、鼻がつまったり鼻水が出る程度の軽いかぜ。例鼻風邪をひく。

はながた【花形】〈名〉❶花をかたどった形やもよう。❷とても人気があり、注目を集めるはなやかな存在。例社交界の花形。花形選手。類スター。

はながみ【鼻紙】〈名〉鼻をかんだりするための、やわらかい紙。はなかみ。類ちり紙。ティッシュペーパー。

はなぐすり【鼻薬】〈名〉❶鼻の病気をなおす薬。❷自分につごうよくうごいてもらうために、相手にあたえるちょっとしたお金や品物。例鼻薬をかがせる。鼻薬をきかす。類そでの下。

はなくそ【鼻くそ】【鼻▼糞】〈名〉鼻の中で、鼻じるとほこりがまざってかたまったもの。例鼻くそをほじくる。

はなぐもり【花曇り】〈名〉サクラのさくころ、空全体がうすぼんやりとくもっていること。例花曇りの空。

はなげ【鼻毛】〈名〉鼻の穴の中に生える毛。

はなごえ【鼻声】〈名〉❶あまえるときに出す、鼻にかかった声。❷鼻がつまったときに出る、はっきりしない声。例鼻声になる。

はなことば【花言葉】〈名〉よく知られた花に、それぞれにふさわしいと思われることばをむすびつけたもの。↓囲み記事38(次ページ)

はなごよみ【花暦】〈名〉季節にしたがってさく花を十二か月にならべ、その花の名所などを書きくわえたこよみ。

はなざかり【花盛り】〈名〉❶花が今をさかりとさいているようす。花の最盛期《さいせいき》。❷ものごとのいちばんさかりのころ。

はなさき【鼻先】〈名〉❶鼻のすぐ前といってもいいほどに近いところ。目の前。例鼻先につきつける。類目前。眼前。❷鼻のさき。例鼻先であしらう。

はなし【話】〈名〉❶声に出し、ことばにして、あるなかみを人に伝えること。また、その話題や内容。例話をする。話を聞く。話をかえる。話をもちだす。話が合う。話がうまい。話のたね。世間話。立ち話。❷聞くねうちのあること。例話にならない。話にのる。耳よりな話。金もうけの話。❸相談。例話がある。話がわかる。話をつける。話がまとまる。話をきめる。❹ストーリーのある物語。例話の宝庫。それには、ちょっとした話がある。むかし話。因縁《いんねん》話。❺落語など、人に聞かせて楽しませるもの。例話の名人。はなし家。人情ばなし。

表記 ⑤は、「▼咄」や「▼噺」の漢字をあてることがある。

話が合《あ》う おたがいの考えかたや趣味《しゅみ》などが似《に》ていて、楽しく会話ができる。

話がつく 相談をした結果、なにかがきまったり解決したりする。例あの件はもう、話がついたよ。

話が弾《はず》む 会話が楽しそうに生き生きと進む。

話変《か》わって 話題が変わるときや、場面の変わるときに言うことば。

話にならない あまりにつまらない、または、ばかげたことで、それについて話しあったり問題にしたりするねうちさえもない。類問題にならない。

話に花《はな》が咲《さ》く ある話題について、たがいにいろいろなことを語りあい、楽しい会話が行なわれる。

話の腰《こし》を折《お》る 話の途中《とちゅう》で、そばから口を出して話の流れをとぎれさせる。

囲み記事 37

「鼻」のいろいろな表現

(1)鼻の形をいうことば

鼻は、顔のまんなかにでっぱっていてめだち、顔を代表する感じがあるため、その形に着目したいろいろなことばがある。「かぎばな(鉤鼻)」「わしばな(鷲鼻)」「ししっぱな(獅子っ鼻)」「だんごっぱな(団子っ鼻)」など。また、「鼻が高い」「鼻が低い」は、最もふつうに人の人相を言い表わす。「鼻すじがとおっている」は、りっぱな顔だちのひとつの条件になる。一方、「鼻があぐらをかいている」は、鼻が低くて横にひろがっているようすを表わしている。

(2)鼻が材料になる慣用的な言いかた

鼻は、顔が上向きかげんになったとき最もめだつためであろう、高慢《こうまん》な態度を言い表わすときに、よく材料にされる。「鼻が高い」や「鼻を高くする」は、ほこらしい気持ちやその気持ちを態度にだすことをいう。「子どもが表彰《ひょうしょう》されれば、親も鼻が高いでしょう」は、第三者についていい、非難《ひなん》する感じはこもっていない。「子どもがいいことをしてくれたので、わたしも鼻が高いんですよ」は、自分についていっているが、聞いていても感じがわるくない。「鼻を高くする」を「天狗《てんぐ》になる」というと、非難した言いかたになる。「鼻をうごめかす」「鼻にかける」も同じ。「かれはたしかに日本一の大投手だが、日本一が鼻の先にぶらさがっているのが気にくわない」のような言いかたもある。非難の気持ちを表わす「鼻もちならない」ということばもある。なにかの特徴《とくちょう》が強すぎるのを非難する「鼻につく」は、きついにおいがつきまとってはなれないことからいったもの。

は

 フォード（1863～1947） アメリカの実業家。自動車の大量生産に成功し普及させた。自動車王。

話をつける 相談ごとや交渉《こうしょう》ごとをまとめる。

ぱなし〈接尾〉❶なにかをしたあと、そのままほうっておく意味を表わす。例開けっぱなし。散らかしっぱなし。❷ものごとが続くようすを表わす。例勝ちっぱなし。降りっぱなし。泣きっぱなし。

はなしあい【話し合い】〈名〉話し合うこと。例話し合いにはいる。話し合いがつく(=話し合いの結果、ものごとが解決する)。

はなしあ・う【話し合う】〈動五〉❶たがいに話をする。類語り合う。語らう。❷たがいの意見を出す。例話し合えばきっとわかってくれるさ。類相談する。

はなしか【はなし家】『▼咄家・▼噺家』〈名〉「落語家」のややくだけた言いかた。

はなしがい【放し飼い】〈名〉家畜《かちく》やペットを、つないだりさくの中に入れたりせず、広いところで飼うこと。

はなしか・ける【話しかける】〈動下一〉❶[話し掛ける]話をしようとしてことばをかける。例気安く話しかける。❷話し始めようとする。例話しかけて、やめる。類言いかける。

はなしかた【話し方】〈名〉❶話の技術。例話し方がうまい。類話術。❷話しぶり。例話し方が幼稚《ようち》だ。

はなしことば【話し言葉】〈名〉「書き言葉」に対して、口で話されることば。やわらかい表現やくだけた表現が使われやすい。方言も含まれる。類音声言語。口頭語。口語。

はなしこ・む【話し込む】〈動五〉長いあいだ、むちゅうになって相手と話をする。

はなして【話し手】〈名〉話をするがわの人。対聞き手。類話者。語り手。

はなしはんぶん【話半分】〈名〉おおげさな話で、半分ぐらいはうそであること。例話半分に聞く。

はなしぶり【話し振り】〈名〉話のしかたの調子。例威勢《いせい》のよい話し振り。類話し方。口調。

はなしょうぶ『花▼菖▼蒲』〈名〉アヤメに似た多年草。初夏、むらさき色などの花がさく。「しょうぶ」ともいう。

はなじろ・む【鼻白む】〈動五〉❶気分を害される。興《きょう》ざめする。❷相手のいきおいにおされて、ひるんだ表情になる。古い言いかた。

はな・す[1]【放す・離す】〈動五〉━[放す]❶手に持っていたり、にぎっていたりすることをやめる。例手を放す。ハンドルを放す。対つかむ。❷つかまえていたものを自由の身にする。例犬を放す。小鳥を放す。類放つ。解放する。にがす。
━[離す]❶くっついているものを、別々にする。例さかなの骨から身を離す。切り離す。❷関心をほかへうつす。例目を離す。❸あいだをおく。距離《きょり》をあける。例二位の走者を五メートル離して、ゴールインした。
表現「はなす」の可能動詞「はなせる」は、「いま仕事で手が放せない」「子どもから少しも目が離せない」のように、打ち消した形で使うことが多い。

はな・す[2]【話す】〈動五〉❶音声のことばを使って、中身のあることを人に伝える。例人に話す。友と話す。電話で話す。くわしく話す。事件を話す。類言う。語る。しゃべる。口にする。❷手ごたえのあるやりとりをする。例話せばわかる。▽→囲み記事39(次ページ)
表現 外国語を「話せる」といえば、「使える」こと。

はなすじ【鼻筋】〈名〉ひたいの下から鼻の先までの線。例鼻筋がとおる。

はな・せる【話せる】〈動下一〉こちらの気持ちをよくわかってくれる。こちらの望むようにしてくれる。例かれはほんとに話せる男だ。

はなぞの【花園】〈名〉たくさん花がある庭や公園。

はなだいろ【はなだ色】『▼縹色』〈名〉うすいあい色。はなだ。

はなたかだか【鼻高高】〈形動〉とても得意なようす。類鼻が高い。鼻を高くする。

はなたば【花束】〈名〉草花を切りそろえて、たばねたもの。例花束をおくる。すみれの花束。類ブーケ。

はなだより【花便り】〈名〉花がさいたという知らせ。多く、サクラについていう。花の便り。類花信。

はなぢ【鼻血】〈名〉鼻の穴からの出血。

はな・つ【放つ】〈動五〉❶光や音、においを出す。発する。例光を放つ。異彩《いさい》を放つ。❷矢や弾丸《だんがん》などをとばす。発射する。例矢を放つ。❸とらえられたり、つながれたりしていた動物などを自由にしてやる。例虎を野に放つ(→「とら〔虎〕」の子項目)。類放す。
表現 やや古い感じのことば。

はなっぱし【鼻っ端】〈名〉⇩はなっぱしら②

囲み記事 38

花ことば

花の美しさにはだれでも心ひかれる。儀式や、にぎやかなもよおしをするときは、会場を花でかざりたくなるし、愛の手紙には花をそえたくなるのが人情だ。花には、さまざまな色、形、かおりがあり、さきかたのちがいがあるから、花にそれぞれの個性を感じることになって、花にいろいろな意味を語らせる習慣ができてきた。
いま、一般《いっぱん》に花ことばというものには、ギリシャ・ローマに端《たん》を発し、ヨーロッパの国ぐにでいわれてきたものが多いが、とりまぜていえば、次のようなものがある。

オリーブ=平和　月桂樹《げっけいじゅ》=名誉《めいよ》
水仙《すいせん》=自尊　ひなぎく=無邪気《むじゃき》　泰
山木《たいざんぼく》=荘厳《そうごん》　百合《ゆり》=純潔《じゅんけつ》　レ
モン=純愛《じゅんあい》　ばら=愛情　梅《うめ》=高
潔　くちなし=清浄　えにしだ=清楚《せいそ》

花ことばが表わすものは、決して、いいことばかりではない。悪い意味をせおわされた花もすくなくない。

夾竹桃《きょうちくとう》=危険　金魚草=傲慢《ごうまん》　シ
クラメン=不和　秋海棠《しゅうかいどう》=不調和
ジギタリス=不誠実　ダリア=移り気
ラベンダー=疑惑《ぎわく》

こういうものをみると、人間が、美しいものからうける誘惑《ゆうわく》の危険性などをおおいに感じていることがわかる。また、東洋と西洋とでたいへんちがうものもある。たとえば、桜《さくら》は、日本人がもっとも愛し、「清廉《せいれん》潔白」の代表とするが、西洋では「華美《かび》」とされる。中国で「多産」のシンボルともされたざくろが、西洋で「愚鈍《ぐどん》」にされたりする。

フォーレ（1845〜1924） フランスの作曲家。叙情的な作風で，数多くの歌曲・宗教曲・室内楽曲などを作曲した。

はなっぱしら【鼻っ柱】〈名〉❶得意になっているようす。例鼻っ柱をへし折る。❷気性《きしょう》のつよさ。鼻っ端《ぱし》。例鼻っ柱が強い。類むこう意気。

鼻っ柱が強《つよ》い 人にゆずらない、負けん気なようす。

鼻っ柱をへし折《お》る 相手の自信や負けん気をくじく。

はなつまみ【鼻つまみ】〖鼻▽摘まみ〗〈名〉「いやなやつだ」とまわりの人からきらわれること。

はなづまり【鼻詰まり】〈名〉鼻の粘膜《ねんまく》の炎症《えんしょう》や鼻じるで鼻がふさがり、呼吸《こきゅう》しづらい状態。

はなづら【鼻面】〈名〉「鼻先」のやや俗《ぞく》っぽい言いかた。「はなっつら」ともいう。

バナナ〈名〉熱帯地方でつくられるくだもの。弓の形をした黄色い実《み》がふさになってつく。あまくてかおりがよい。品種が多い。◇banana

表現 実は一本二本、ふさは一房《ひとふさ》二房《ふたふさ》と数える。

参考「甘蕉《かんしょう》」という漢語があり、当て字に使われる。

はなはだ【甚だ】〈副〉程度がふつうの状態をはるかにこえているようす。やや古風な言いかた。例甚だ迷惑《めいわく》だ。類すこぶる。非常に。たいそう。たいへん。おおいに。きわめて。

はなはだし・い【甚だしい】〈形〉程度がふつうよりひどい。例甚だしい損害。誤解も甚だしい。甚だしく不愉快《ふゆかい》だ。類はげしい。

はなばなし・い【華華しい】〈形〉たくさんの人をびっくりさせたり、感心させたりするほどみごとである。例華々しい活躍《かつやく》。

はなび【花火】〈名〉火薬をつつや玉につめて、それをうちあげたり、燃やしたりして色や音などを楽しむもの。例打ち上げ花火。花火大会。花火師。

表現 打ち上げ花火は一発二発、線香花火のように手で持つものは一本二本と数える。

はなびえ【花冷え】〈名〉サクラがさくころに、寒さがぶりかえしてくること。また、その冷えこみ。

はなびら【花びら】〈名〉花のおしべやめしべをつつんでいる、うすいもの。花弁。

表現 ふつうは一枚二枚と数える。詩的な表現では一片《ひとひら》二片《ふたひら》と数えることもある。

はなひら・く【花開く】〈動五〉❶つぼみがひらいて、花が咲く。❷努力や苦労がみのる。❸文化や芸術がさかんになる。▽「花がひらく」ともいう。類開花する。

はなぶさ【花房】〈名〉〔植物〕小さな花が集まってさき、ふさのようになったもの。フジなどにみられる。

はなふだ【花札】〈名〉十二種の四季の花を四枚ずつ書いた四八枚の札。同じ種類の札を集めたりして遊ぶ。花ガルタ。

はなふぶき【花吹雪】〈名〉サクラの花びらが風でとびちるのを、ふぶきにたとえたことば。例花吹雪がまう。

はなまつり【花祭り】〈名〉四月八日に、シャカ(釈迦)の生誕《せいたん》を祝って行なう仏教の行事。花でかざった堂にシャカの像をまつり、像の頭の上から甘茶《あまちゃ》をかける。灌仏会《かんぶつえ》。

はなみ【花見】〈名〉サクラの花の美しさを見て楽しむこと。例花見に行く。

はなみず【鼻水】〈名〉水っぽい鼻じる。例鼻水をたらす。

はなみずき【花水木】〈名〉北アメリカ原産の落葉高木。初夏、白や赤の花弁のように見える苞《ほう》の中に小さなつぶのような花がいっぱいさく。公害に強く、街路樹にすることが多い。アメリカハナミズキ。

はなみち【花道】〈名〉❶歌舞伎《かぶき》などの舞台《ぶたい》で、舞台にむかって左手にある、たてに客席をつらぬいているほそい通路。役者の出入りや、舞台の延長として演技が行なわれる場所。❷すもう場で、力士が土俵《どひょう》に出入りする通路。

表現「花道をかざる」などの言いかたで、今まで活躍《かつやく》していた人が、いよいよ引退することをいう。

はなむけ〖▼贐・▼餞〗〈名〉旅に出る人や遠く別れていく人に、心をこめておくるお金や品物、ことばなど。例卒業生へのはなむけのことば。はなむけによせ書きを贈《おく》る。せめてものはなむけ。類餞別《せんべつ》。

注意 旅立つ人が乗る馬の「鼻」を、目的地のほうに向けてあげたことにもとづくことばであって、「花」とまちがえて、「お祝い」の意味で使うのはあやまり。

はなむこ【花婿】〖花▼聟〗〈名〉結婚《けっこん》して、夫となったばかりの男性。対花嫁《はなよめ》。類新郎《しんろう》。

はなむすび【花結び】〈名〉❶ちょう結び。❷ひもを、いろいろな花にかたどって結ぶこと。また、その結んだもの。衣服などのかざりとする。

はなめ【花芽】〈名〉のちに花になる芽。例花芽がつく。花芽がふくらむ。参考 理科の用語としては「かが」と読む。のちに葉になる葉芽《ようが》にくらべ、丸くて太い。

はなめがね【鼻眼鏡】〈名〉つるがなく、鼻の根もとにはさんでかける眼鏡。

はなもじ【花文字】〈名〉❶ローマ字の大文字で、かざり文字のこと。❷ローマ字の大文字。

はなも(鼻持)ちならない その人の言うことやすることが、がまんができないほどきざでいやらしい。例鼻持ちならないきざなやつ。

はなやか【華やか】〈形動〉❶人の目にたつほど、あか

囲み記事 39

「話す」と「言う」のちがい

「話す」と「言う」はよく似《に》た意味を表わすが、ちがう点もいくつかある。

まず、「話す」には、聞く相手が必ずいて、その相手と話し合う感じがあるのに対し、「言う」には、相手が聞いていてもいなくても、一方的にものを言う感じがある。だから「話し合い」は相談だが、「言い合い」はけんかに近くなる。また、「人に何を言われても気にするな」のように、「言う」では受け身の表現がつくりやすいが、「話される」という受け身表現は、あまり使われない。これも「話す」がおたがいの行為《こうい》を表わすのに対し、「言う」が一方的な行為を表わすためである。

次に、「話す」はまとまった内容のあることを述べるのに対して、「言う」は単に口に出すだけでもよい。「英語で話す」といえば、ひとまとまりの内容を語ることだが、「英語で言う」は頭の中にあることを英語に置きかえて口に出すことになる。

さらに、「話す」は、音声のことばを発する動作だけに使われるが、「言う」は、「夏目漱《そう》石《せき》は『草枕《くさまくら》』で、智《ち》にはたらけば角《かど》が立つ、と言っている」というように、書きことばについても使うことができる。

は

るく美しいようす。豪華《ごうか》で美しいようす。例華やかなふんいき。類あでやか。カラフル。多彩《たさい》。❷いきおいがすばらしくさかんだ。例華やかな活躍《かつやく》。

はなや・ぐ【華やぐ】〈動五〉あたりがぱっとあかるくなる。例華やいだ声。彼女がやってきたので、座がいっぺんに華やいだ。

はなよめ【花嫁】〈名〉結婚《けっこん》して、妻となったばかりの女性。対花婿《はなむこ》。類新婦。参考西洋で、「六月の花嫁(ジューンブライド)」は幸福になれるとされる。

はならび【歯並び】〈名〉歯の並びかた。例歯並びがいい。

はなれ【離れ】〈名〉同じ敷地《しきち》の中に、母屋《おもや》とは別にたてた、座敷のある小さな建物。

ばなれ[1]**【場慣れ】**〈名・する〉なんどとなく経験して、慣れていること。

ばなれ[2]**【離れ】**〈接尾〉名詞につく。❶何かから離れていく意味を表わす。例親離れ。活字離れ。❷何かが離れていく意味を表わす。例客離れ。消費者離れ。❸そのものとは大きくちがうという意味を表わす。例しろうと離れ。日本人離れ(した体格)。

はなればなれ【離れ離れ】〈名〉たがいに遠くはなれていること。例卒業後に離ればなれになる。類別れ別れ。ちりぢり。ばらばら。

はな・れる【放れる・離れる】〈動下一〉❶［放れる］つながれたり、しばられたりしていたものが自由になる。例くさりを放れて自由になる。矢が弦《げん》を放れる。
❷［離れる］つながっていたもの、密着していたものが別々になる。例磁石が離れる。人心が離れる。対つく。くっつく。
❸［離れる］あいだがあく。距離《きょり》があく。例離れたところ。年が離れている。
❹［離れる］つながりをなくして、へだたっていく。ある場所から遠ざかる。別の場所へ行く。例故郷を離れる。戦列を離れる。職を離れる。手を離れる。脳裏《のうり》を離れない。

［はにわ］

はなれわざ【離れ業・離れ技】〈名〉ふつうの人にはできそうもない、むずかしくて危険なこと。例離れ業を演じる。類かるわざ。曲芸。芸当。

はなわ【花輪】『花▽環』〈名〉❶花をつなぎ合わせて、輪の形にしたもの。❷輪のまわりに造花や生花《せいか》をとりつけたもの。祝いや葬式《そうしき》などで使う。→くすだま 絵
表現 ②は一基《いっき》二基《にき》と数える。

はにか・む〈動五〉はずかしそうな表情をつくる。

ばにく【馬肉】〈名〉ウマの肉。「桜肉」とも呼ばれる。

パニック〈名〉❶〔経済〕恐慌《きょうこう》。❷災害や事故・事件などに直面したときにおこる狂乱《きょうらん》状態。例パニックにおちいる。◇panic
表現 俗《ぞく》に、あまりのいそがしさや予期しないできごとで②の状態になることを、「パニクる」「パニクった」などと動詞化していうことがある。

はにゅう(▼埴▽生)のやど(宿) 土で壁《かべ》をぬった、そまつな小さな家。

バニラ〈名〉❶熱帯地方で栽培《さいばい》される、つる性の多年草。実《み》から香料《こうりょう》(＝バニラエッセンス)をとる。❷バニラエッセンスでかおりをつけたアイスクリーム。◇vanilla

はにわ【▼埴輪】〈名〉〔歴史〕古墳《こふん》のまわりなどに立てた粘土《ねんど》の焼き物。五世紀から六世紀にかけてさかんにつくられた。人物や動物などをかたどってある。絵

はね[1]**【羽・羽根】**〈名〉❶［羽］鳥のからだに生えている毛。例羽ぶとん。類羽毛《うもう》。
❷［羽］鳥や昆虫《こんちゅう》が飛ぶための器官。例羽をひろげる。羽をたたむ。羽をやすめる。類つばさ。
❸［羽］飛行機の主翼《しゅよく》。類つばさ。
❹［羽根］風をおこす機械につけてある、「①」の形をしたうすい板。例扇風《せんぷう》機の羽根。羽根をまわす。
❺［羽根］小さな玉に「①」をつけて、羽子板《はごいた》で打ちあうもの。例羽根をつく。
❻［羽根］⇩シャトル② ▽アハネ
表記 (1)①で、鳥のからだからぬけた一本一本のものは、多く「羽根」と書く。「赤い羽根募金《ぼきん》」のように。(2)②で、昆虫の羽は「▼翅」とも書く。

羽を伸《の》ばす こわい人やうるさい人がいないあいだに、のびのびと自由にふるまう。類鬼《おに》の居ぬ間に洗濯《せんたく》。

はね[2]**【跳ね】**〈名〉❶とびちってものにつくしずく。たとえば、水たまりを歩くときに、はねあがって足や衣服のすそにつくどろ水のしずくなど。例はねを上げる。❷その日の興行のだしものが終わること。類打ち出し。▽アハネ」

はね[3]**【▼撥ね】**〈名〉文字を書くときに、筆の先をはね上げるようにして紙からはなすこと。また、そのようにして書かれた文字の部分。アハネ」

ばね『▽発▽条』〈名〉❶はがねを、らせん状に巻いたり、曲げたりしたもの。おさえるとちぢみ、はなすともどる。車両やいすなどのスプリング、時計の動力などに使われる。例ばねじかけ。❷足こしの、はねる力。例ばねが強い。
表現 「負けた悔《くや》しさをばねに(して)猛《もう》練習する」のように、ものごとに弾《はず》みをつけるきっかけのたとえとしても使う。

はねあがり【跳ね上がり】〈名〉❶きかん気で、男の子顔負けの女の子。類跳ねっ返り。おてんば。❷社会の常識や規則、あるいは上からの指示などを無視して、かってなことを言ったり、したりする人。

はねあが・る【跳ね上がる】〈動五〉❶いきおいよくとび上がる。例どろが跳ね上がる。物価が跳ね上がる。❷指示にしたがわないで、かってな行動をとる。

はねお・きる【跳ね起きる】〈動上一〉はねるように勢いよく起きあがる。例寝坊《ねぼう》して跳ね起きる。類飛び起きる。

はねかえ・す[1]**【跳ね返す】**〈動五〉ぶつかってきたものを、いきおいよくもとへもどす。例ボールを跳ね返す。

はねかえ・す[2]『▼撥ね返す』〈動五〉相手のはたらきかけをまったくうけつけない。類はねつける。

はねかえり【跳ね返り】〈名〉❶はねてもどってくること。❷他にあたえた影響《えいきょう》がもどってくること。❸⇩はねっかえり

はねかえ・る【跳ね返る】〈動五〉❶なにかが かたいものにぶつかって、いきおいよく もとのところへ もどってくる。例ボールが跳ね返る。❷自分のほうからはたらきかけたことが、別のかたちになって自分にもどってくる。例むりなことを言えば、結局 自分の身に跳ね返ってくる。

はねっかえり【跳ねっ返り】〈名〉つつしみなくさわぎまわり、とんでもないことをしでかすような娘《むすめ》。はねかえ

り。類おてんば。おきゃん。

はねつき【羽根突き】〈名〉正月の遊びの一つ。二人でむかい合い、羽子板ではねをつきあう。追いばね。

はねつ・ける【▼撥ね付ける】〈動下一〉はっきりとことわる。例要求をはねつける。きっぱりとはねつける。類けつる。つっぱねる。はね返す。一蹴《いっしゅう》する。

はねとば・す【はね飛ばす】【▼撥ね飛ばす】〈動五〉急に強い力をくわえて、はなれたところへ飛ばす。

はねの・ける【▼撥ね▽除ける】〈動下一〉❶急に強い力でどける。例ふとんをはねのける。❷いらないものや、じゃまになるものをとりのぞく。例困難をはねのける。

ばねばかり【▽発▽条▼秤】〈名〉ばねを使ったはかり。ばねののびちぢみを利用してものの重さをはかる。

はねばし【跳ね橋】〈名〉一方のはしを岸に固定し、他方をつり上げたりおろしたりして、開閉するしかけの橋。

はねぶとん【羽布団】〈名〉鳥の羽毛《うもう》を中に入れたふとん。かるくてあたたかい。類羽毛ぶとん。

はねぼうき【羽ぼうき】【羽▼帚】〈名〉鳥のはねをたばねて作った小さいほうき。はぼうき。

はねまわ・る【跳ね回る】〈動五〉あちこちを跳ねながらとび回る。例子どもが雪の中を跳ね回っている。

ハネムーン〈名〉「新婚《しんこん》旅行」のこと。「蜜月《みつげつ》旅行」ともいう。◇honeymoon →みつげつ①

パネラー〈名〉❶⇩パネリスト ❷クイズ番組の解答者。◇panel と -er による日本での複合語。

パネリスト〈名〉パネルディスカッションで、問題を提起したり討論をしたりする人。パネラー。◇panelist

は・ねる[1]**【跳ねる】【▼撥ねる】**〈動下一〉━【跳ねる】❶はずみをつけて、とび上がる。例魚が跳ねる。とび跳ねる。類跳躍《ちょうやく》する。❷とびちる。例水がはねる。油がはねる。❸はじける。例まめがはねる。❹その日の芝居《しばい》や映画が終わる。客席に敷《し》いたむしろをはねあげたことからいう。例芝居がはねるのは何時ですか。

━【撥ねる】❶字を書くとき、筆の先をいちどとめて、いきおいよく上にあげる。❷髪《かみ》やひげの先が上を向く。❸よくないものを、とりのぞく。例不良品をはねる。検査ではねる。❹ぶつかって、はじきとばす。例人をはねる。車にはねられる。❺人にわたすべきお金のいくらかを自分のものにする。例うわまえをはねる。

参考 撥音《はつおん》の「ん・ン」のことを、「はねる音《おん》」ともいう。

方言 (1)山形・福島・栃木などでは、「走る」の意味でも使う。福島では、「徒競走」のことを「はねくら」と言う。(2)群馬では、「破裂《はれつ》する」の意味でも使う。

は・ねる[2]**【▼刎ねる】**〈動下一〉首をきる。

パネル〈名〉❶〔建築〕壁《かべ》や床《ゆか》などにはる板。❷絵をかくときに使う、板に紙をはった画板。❸写真やポスターをはる板。例パネル写真。◇panel

パネルディスカッション〈名〉討論会の形式の一つ。意見のことなる討論者(パネリスト)が聴衆《ちょうしゅう》の前で討論し、そのあと、聴衆をまじえた討論にうつる方法。パネル討論。◇panel discussion

パノラマ〈名〉❶平面にかいた絵を、ある程度おくゆきのある立体の中にくみいれて、広い遠景の感じをだすように展示したもの。❷ひろびろとした景色。◇panorama

はは【母】〈名〉❶女親《おんなおや》。母親。例「女は弱し、されど母は強し」〔ユゴー〕。対父。子。→囲み記事30(765ジペー)❷ものを生みだすおおもと。例母なる大地。必要は発明の母。

表現 配偶《はいぐう》者の母親も「はは」というが、区別していうときは「義理の母」「義母」という。また、自分の母を「実の母」「実母」「血のつながった母」などということがある。

はば【幅】〈名〉❶ものの大きさを、たてとよことに分けてみたときの、よこのひろがり。例幅がひろい。幅をひろげる。幅ひろ(のネクタイ)。横幅。道幅。肩幅《かたはば》。❷いろいろなものを中に入れることのできるひろさ。例幅がある。幅をとる(=広い場所をしめる)。幅の広い活動。人間に幅ができる。幅広い。❸動きや変化にそなえて、見こんである余裕《よゆう》。例幅をあたえる。幅をもたせる。類ゆとり。❹数量がある程度の範囲《はんい》内で動く場合の、大きいあたいと小さいあたいのひらき。例ゆれの幅。高値と安値の幅。値幅《ねはば》。類差。

幅が利《き》く ある社会で、勢力をもち、人を動かす力がある。類顔が利く。

幅を利《き》かせる 勢力があって、好きかってにふるまう。幅を利かす。

ばば[1]**【▽婆】**〈名〉年をとった女の人。古い言いかた。対じじ。類老婆《ろうば》。

表現 トランプで「ばば抜き」というゲームがあるように、ジョーカーの札を「ばば」とよぶところから、つまらないものを手に入れてしまったときに、「ばばをつかまされた」という。

ばば[2]**【馬場】**〈名〉ウマにのる練習をしたり、競馬や馬術の競技をしたりするところ。例重《おも》馬場(=雨でしめっている馬場)。

パパ〈名〉父親をさしてよぶことば。対ママ。類おとうさん。◇papa

表現 子どもが父親をよぶときに使う。また、おとなであれば、他人に対しては、「うちの父」というのがふつうで、「うちのパパ」というのはおかしい。「ママ」にも同じことがいえる。→囲み記事30(765ジペー)

パパイヤ〈名〉熱帯地方で栽培《さいばい》される常緑高木。実は黄色で二〇《センチメートル》ぐらいの楕円《だえん》形。◇papaya

ははうえ【母上】〈名〉母親をうやまっていうことば。対父上。類母堂《ぼどう》。→囲み記事30(765ジペー)

ははおや【母親】〈名〉母。対父親。類女親。

ははかた【母方】〈名〉母親の血すじに属しているほう。例母方の親戚《しんせき》。対父方。類母系《ぼけい》。

はばかり【▼憚り】〈名〉❶他人に対しての遠慮《えんりょ》。例はばかりがある。類忌憚《きたん》。❷「トイレ」の、古い遠まわしな言いかた。

はばかりながら【▼憚りながら】〈副〉「こんなことを言うのはほんとうは遠慮《えんりょ》しなければいけないのだが」という気持ちで言いだすときのことば。おそれながら。例はばかりながら二、三意見を申し上げます。類ぶしつけながら。

表現 実際に「はばかりながら」というとき、いつも「おそれながら」という謙遜《けんそん》した気持ちでいるとはかぎらない。「はばかりながら、これでも男だ」などには、いなおりの姿勢が感じられる。

はばか・る【▼憚る】〈動五〉他人に対して遠慮《えんりょ》する。気がねする。例人目をはばかる。他聞《たぶん》をはばかる。世《よ》をはばかる。→にくまれっこよにはばかる

ははこぐさ【母子草】〈名〉雑草の一つ。葉や茎《くき》に白い毛があり、春から夏にかけてつぶのような黄色い花がさく。「ごぎょう」ともよばれ、「春の七草《ななくさ》」の一つ。

はばた・く【羽ばたく】〈動五〉鳥が羽をいきおいよく動かして、大空へ飛ぶ。例白鳥が羽ばたく。

表現 「未来へ大きく羽ばたく若者」のように、「大きく成

━「長する」という意味で使われることがある。
はばつ【派閥】〈名〉政党などの中で、考えや利害を同じくする者どうしが集まってつくったグループ。類閥。派。
はばとび【幅跳び】〈名〉陸上競技の種目の一つ。両足またはかた足で、地面を強くけってとび、とんだ距離《きょり》をきそう競技。例走り幅跳び。立ち幅跳び。
ばばぬき【ばば抜き】【▽婆抜き】〈名〉トランプのゲームの一つ。たがいに相手のカードを一枚ずつ引きあって、同じ数字が二枚になったら捨てていき、最後にジョーカー(=ばば)を持っていた人が負けになる。
表現 下品な言いかたで、夫の母親を同居・同席させないことにも言う。例ばば抜きが結婚《けっこん》の条件だ。
ははのひ【母の日】〈名〉母親に感謝の気持ちを表わす日。五月の第二日曜日。日本では、一般《いっぱん》的にカーネーションの花を贈る。
はばひろ【幅広】〈形動〉ふつうのものより幅が広いこと。「はばびろ」ともいう。例幅広のベルト。
はばひろ・い【幅広い】〈形〉ものごとの程度や範囲《はんい》、ものごとに対する見かたが広い。例幅広い支持。幅広い視野。
はばへん【▽巾偏】〈名〉漢字の偏の一つ。「帆《はん》」「帳」などの「巾」の部分。きんべん。
はば・む【阻む】〈動五〉進もうとするのを、じゃまする。例行く手を阻む。類阻止《そし》する。
はばよせ【幅寄せ】〈名・する〉❶自動車をとめるとき、できるだけ道路ぎわへ近寄せること。❷自動車を、並んで走っている他の車にわざと異常に接近させること。
ババロア〈名〉洋菓子の一つ。牛乳・たまご・砂糖・生クリームなどを煮《に》て、ゼラチンを加えて型に入れ、冷やしてかためたもの。◇《フランス》bavarois
パピーウォーカー〈名〉将来盲導犬《もうどうけん》にする子犬をあずかり、育ててしつけるボランティア。◇puppy walker
はびこ・る〈動五〉❶草や木などがしげってひろがる。例雑草がはびこる。類繁茂《はんも》する。❷わるいものが勢力をえて、はばをきかすようになる。例悪がはびこる。類跋扈《ばっこ》する。のさばる。
パビリオン〈名〉博覧会の会場にもうけられた各展示施設《しせつ》。◇pavilion
パピルス〈名〉❶エジプトのナイル川の岸に生える草。古代、この草で紙に似《に》たものをつくり、文字や絵をしるした。❷「①」に書かれた文書。◇ラテン語から。
はふ【破風】〈名〉〔建築〕切り妻や入り母屋《もや》などの屋根のはしにつけた、山形になっている部分。
はぶ[1]〈名〉毒ヘビの一種。体長一〜二メートルほど。頭は三角形で大きい。奄美《あまみ》大島や沖縄《おきなわ》にいる。
ハブ[2]〈名〉❶車輪やプロペラの中心部分で、輻《や》やはねが集まっているところ。❷交通や通信の中核。例ハブ空港。❸配線の分岐《ぶんき》装置。◇hub
パフ〈名〉❶パウダー状の化粧《けしょう》品を顔につけるのに使う道具。スポンジよりきめの細かいもの。❷ふくらませてつくった軽いスナック菓子。◇puff
パフェ〈名〉アイスクリームのまわりに、チョコレートやくだもの、生クリームなどをそえた食べもの。◇《フランス》parfait
パフォーマンス〈名〉❶人前でからだをつかって表現したり演じたりすること。❷ものが力を発揮《はっき》して働く度合。機械の性能など。◇performance
表現「単なるパフォーマンスにすぎない」のように、人目をひくためだけの行為という意味で使うことも多い。
はぶ・く【省く】〈動五〉いらないものを、とりのぞく。例てまを省く。むだを省く。類省略する。略す。
はぶたえ【羽二重】〈名〉❶目のこまかい平織りの絹織物。うすくてやわらかで、つやがある。羽織や紋服《もんぷく》などにする。❷きめがこまかく、やわらかくて白いもの。例羽二重もち。
はぶてる（方言）すねる。ふくれっ面《つら》をする。広島・山口で言う。
ハプニング〈名〉思いもかけないできごと。例ハプニングがおこる。◇happening →アクシデント表現
はブラシ【歯ブラシ】〈名〉歯みがきに使う、柄《え》のついた小さいブラシ。
はぶり【羽振り】〈名〉まわりの人々に対する威勢《いせい》。例羽振りがいい。羽振りをきかせる。
バブリー〈形動〉見るからに派手であったり、いかにもお金がかかっていそうなようす。バブル経済期を思いおこさせるという意味の俗《ぞく》な言いかた。◇bubbly
パブリシティー〈名〉マスメディアに情報を流し、記事や番組にとりあげてもらうことによって、宣伝や広告と同等の効果をねらう広報活動。◇publicity
パブリック〈形動〉公的な。公立の。例パブリックスクール。対プライベート。◇public
パブリックアート〈名〉公共の場所にかざるものとして制作される美術作品。◇public art
パブリックコメント〈名〉行政機関が政策の立案などを行なおうとするとき、参考とするために、広く国民の意見を募集する手続き。◇public comment
パブリックスピーキング〈名〉おおやけの場で、意見の主張《しゅちょう》などの話をすること。パブリックスピーチ。類弁論。◇public speaking
バブル〈名〉投機によって地価・株価などが、適正な水準とかけはなれて異常に上昇すること。参考 bubble は元来、「あわ(泡)」「あぶく」のこと。「バブル経済」といえば、はじければ何も残らない、実態のない繁栄《はんえい》をさす。
ばふん【馬▼糞】〈名〉ウマのくそ。
はへい【派兵】〈名・する〉軍隊を外国へ送りこむこと。対撤兵《てっぺい》。類出兵。
はべら・せる【▽侍らせる】〈動下一〉そばに置いて、あれこれと自分のせわをさせる。
はべ・る【▽侍る】〈動五〉目上の人のそば近くに仕える。
バベルのとう（塔）❶旧約聖書に記されている伝説の塔。天にとどく塔を築き始めた人間のおごりを神がいかり、ことばをみだして建設を中止させたという。❷夢のような実現不可能な計画。
はへん【破片】〈名〉こなごなにこわれたものの、かけら。
はま【浜】〈名〉海や湖の波うちぎわのあたりの砂地。
はまき【葉巻】〈名〉たばこの一種。タバコの葉をそのままふとく巻いたもの。シガー。
はまぐり【▼蛤】〈名〉二枚貝の一種。浅い海の砂底にすむ。からは、なめらかでまるみのある三角形をしている。すいものや焼きはまぐりなどにして食べる。
はまち【▼魬】〈名〉ブリの小さいときのよび名。→ぶり〔鰤〕参考
はまなす【浜▼茄子】〈名〉関東以北や山陰《さんいん》、北陸地方の海岸の砂地に生える、バラの仲間の落葉低木。初夏、大きな赤い花をつける。実《み》を食用とし、花を香水《こうすい》の原料とする。

はまべ【浜辺】〈名〉浜のあたり。類海辺《うみべ》。

はまや【破魔矢】〈名〉正月や棟《むね》上《あ》げのときに、魔よけとしてかざる矢。

はまやき【浜焼き】〈名〉とれたての魚を浜辺ですぐに焼いて食べる料理。

はまゆう〘浜▽木▽綿〙〈名〉あたたかい地方の海べに生える常緑多年草。夏、大きな葉のあいだからのびた一本の花茎《かけい》の先に、十数個の白くてかおりのいい花がさく。はまおもと。

はまりやく【はまり役】〘▼嵌まり役〙〈名〉演劇で、その役者にぴったりあう役。類適役。

表現 組織の中での役職や仕事がその人にうってつけのような場合にも使う。

はま・る〘▼嵌まる〙〈動五〉❶穴やわくなどにぴったりと合う。例ボタンがはまる。❷ものごとがあるべきところ、あるべきことにぴったり合う。例条件にはまる。型にはまる。❸穴などに落ちこむ。例池にはまる。❹敵のしかけた計略にかかる。例わなにはまる。類陥《おちい》る。❺のめりこむ。熱中する。くだけた言いかた。例ゲームにはまる。

方言 東北・四国などでは、「(仲間に)加わる」の意味でも使う。

はみがき【歯磨き】〈名・する〉歯ブラシで歯をみがくこと。例歯磨き粉《こ》。

はみだ・す【はみ出す】〈動五〉一定のわくにおさまりきれずに、外へ出る。はみ出る。例なかみがはみ出す。わくからはみ出す。

はみ・でる【はみ出る】〈動下一〉⇩はみだす

ハミング〈名・する〉くちびるをとじて、声を鼻にぬいて歌うこと。◇humming

は・む[1]〘▽食む〙〈動五〉❶ウシやウマなどが、えさを食べる。例草をはむ。❷給料などをうけとる。例高給をはむ。▽古風な言いかた。

ハム[2]〈名〉❶ぶた肉を塩づけにして、薫製《くんせい》にした食品。❷アマチュア無線家。◇ham

ば・む〈接尾〉いかにもそのようすを帯びるという意味を表わす。例気色《けしき》ばむ。黄ばむ。汗《あせ》ばむ。

参考 名詞について、五段活用の動詞をつくる。

ハムエッグ〈名〉うすく切ったハムとたまごをフライパンで焼いた料理。◇ham and eggs から。

はむか・う【歯向かう・刃向かう】〈動五〉強いものに対して、さからう。例権威《けんい》に歯向かう。類てむかう。たてつく。

はむし[1]**【羽虫】**〈名〉❶羽のある小さな虫。❷昆虫《こんちゅう》の一種。体長三《ミリメートル》ほどの白い虫。鳥の羽などに寄生して羽毛などを食べる。はじらみ。

はむし[2]**【葉虫】**〈名〉昆虫《こんちゅう》の一種。甲虫《こうちゅう》で、植物を食いあらす。

ハムスター〈名〉ネズミの一種。体毛は明るい茶色や白色で、大きさは十五《センチメートル》ほど。医学や生物学の実験に使われるほか、ペットにもされる。ゴールデンハムスター。◇hamster

はむら【葉むら】〈名〉生いしげっている、ひとむらの葉。

ハムレットがた【ハムレット型】〈名〉なにかと考えこんで、なかなか行動にうつれないタイプの人。参考 シエークスピアの戯曲《ぎきょく》の名から。→ドンキホーテがた

はめ【羽目・破目】〈名〉❶〔建築〕板をならべてはったかべ。❷追いこまれた苦しい立場。例ひとりであとしまつをするはめになった。

羽目を外《はず》す 調子づいて、度をこえてうかれさわぐ。

はめいた【羽目板】〈名〉〔建築〕「羽目①」に使う板。

はめこ・む【はめ込む】〘▼嵌め込む・▽塡め込む〙〈動五〉決められたかたちにぴったりと合わせて、おしこむ。

はめごろし【はめ殺し】〘▼嵌め殺し〙〈名〉はめこんであるだけの、あけしめできない障子や窓。室内に光をとりいれるためのもの。

はめつ【破滅】〈名・する〉もう二度とたちなおれなくなること。例人類の破滅をまねく。破滅に瀕《ひん》する。身の破滅。

は・める〘▼嵌める・▽塡める〙〈動下一〉❶穴やわくなどに、ぴったりになるように入れる。はずれないように、ぴったりとりつける。例ボタンをはめる。手ぶくろをはめる。❷ものごとをあるべきところ、あるべきことにぴったり合うようにする。例型にはめる。❸人をだましたり、おとしいれたりする。例わなにはめる。

方言 (1)山形など東北地方の一部と徳島では、「タイヤに空気をはめる」「仲間にはめて」のように、「入れる」の意味でも使う。(2)西日本では、「ネクタイをする」ことを「ネクタイをはめる」とも言う。

ばめん【場面】〈名〉❶あることがおこったり行なわれたりしている場のようす。例あらたまった場面。とんだ場面にでくわした。❷劇や映画などの一つ一つのシーン。例場面が変わる。

はも〘▼鱧〙〈名〉海にすむ魚。全長二《メートル》ぐらいで細長く、ウナギに似《に》ている。とくに関西で好まれ、ゆでた身を冷やして梅酢《うめず》で食べたり、吸《す》い物やかば焼きにする。

はもの【刃物】〈名〉ナイフや刀、包丁など、ものを切るための、刃のついた道具。類やいば。

ハモ・る〈動五〉合唱や合奏で、ハーモニーを生みだす。「ハーモニー」をちぢめて動詞にした、俗《ぞく》なことば。

表現 二人の人が同じことばを偶然《ぐうぜん》同時に発することにいう場合もある。

はもん[1]**【波紋】**〈名〉❶石などを水に投げたときに、水面に広がっていく波のもよう。例波紋が広がる。❷じょじょに広がっていくような影響《えいきょう》や動揺《どうよう》のたとえ。例波紋を広げる。波紋を投じる。波紋をなげかける。大臣の発言が波紋をよぶ。

はもん[2]**【破門】**〈名・する〉❶先生が、それまで弟子《でし》であったものと師弟《してい》の関係をきること。❷宗教で、信者としてのあつかいをやめること。

はや[1]〘▼鮠〙〈名〉川ざかなの一種。三〇《センチメートル》ぐらいまで大きくなる。分類上はウグイという。地方によってはこれに似《に》た別の魚をさすことがある。

はや[2]**【早】**〘▽早や〙〈副〉あっというまに。例故郷を出て早三年たつ。類もう。すでに。早くも。

はやあし【早足・速足】〈名〉❶ふつうより速く歩くこと。例早足で歩く。対並足。類急ぎ足。❷馬術で、馬の走る速度。並足と駆け足の中間の速さ。トロット。

はや・い【速い・早い】〈形〉━[速い] ものごとをするのが、ほかと比べて、時間がみじかくてすむ。スピードが速い。理解が速い。対おそい。のろい。例足が速い。

━[早い] ❶ある時間や時期の中で、前のほうである。例早いうちに。早くから。早く起きる。朝が早い。❷ある時刻や時間に、まだなっていない。例早く来すぎた。話すのは、まだ早い。▽対おそい。

 藤田嗣治(ふじたつぐはる)(1886~1968) フランスで活躍した洋画家。乳白色の画面に鋭く細い線で描く画風。

早い話《はなし》が てっとり早く言えば。

はやいとこ【早いとこ】〈副〉時間をかけずに早く。くだけた言《い》いかた。例早いとこかたづけてしまおう。

はやいものがち【早い者勝ち】〈名〉早く来た人や先に申し込んだ人が、手に入れられること。

はやうま【早馬】〈名〉むかし、いそぎの知らせを伝えるときに乗った馬。

はやうまれ【早生まれ】〈名〉一月一日から四月一日までのあいだに生まれること。また、その期間に生まれた人。対遅《おそ》生まれ。→おそうまれ参考

はやおき【早起き】〈名・する〉朝早く起きること。対朝寝《ね》坊《ぼう》。参考古風な言いかたでは「朝起き」ともいう。

早起きは三文《さんもん》の徳《とく》 朝早く起きることは、健康にもいいし、また、なにかしらいいことがあるものだ、ということ。「朝起きは三文の徳」ともいい、また、「徳」は「得」と書かれることも多くなった。

はやおくり【早送り】〈名・する〉カセットテープやＤＶＤなどを、先のほうに速いスピードで回すこと。対巻きもどし。

はやがてん【早合点】〈名・する〉人の話や説明を最後までちゃんと聞かないで、自分かってにわかったように思い、理解したつもりになること。例早合点をする。類早とちり。早のみこみ。速断。

はやがね【早鐘】〈名〉危険を知らせるために、はげしくつづけざまに鳴らす半鐘《はんしょう》。

表現「胸が早鐘を打つ」といえば、おそれや不安で、心臓がどきどきすることをいう。

はやがわり【早変わり】〈名・する〉演劇で、役者があっというまにすがたを変えて、ほかの役になること。

[1] **はやく**【破約】〈名・する〉❶約束をとりけすこと。類解約。キャンセル。❷約束をやぶって、実行しないこと。類違約《いやく》。▽アハヤク

[2] **はやく**【端役】〈名〉映画や演劇で、ほんの少ししか出番のない役。対主役。類ちょい役。アハヤク

[3] **はやく**【早く】㊀〈副〉❶はやい時期に。例かれは早く両親を失った。❷みじかく簡単に。例あの人は、早くいえばおっちょこちょいだ。㊁〈名〉はやいころ。例早くから準備にかかった。▽アハヤク

はやくち【早口】〈名〉しゃべりかたがはやいこと。例早口でまくしたてる。早口ことば。

はやくちことば【早口言葉】〈名〉同じ音や、発音しにくい音のつづくことばを、なるべくはやく言う遊び。たとえば、「竹やぶにだれ竹たてかけた」のようなもの。

はやくも【早くも】〈副〉❶予想外に早く。例早くも半年がたった。❷いくら早くても。例完成までには早くも一か月はかかる。

はやざき【早咲き】〈名〉花が、ふつうの時期よりもはやめに咲くこと。例早咲きのうめ。対おそ咲き。

[1] **はやし**【林】〈名〉❶かなりの広さにわたって、樹木がむらがって生えているところ。例松林《まつばやし》。雑木林。類森。❷ものが多く集まって立っていることをたとえていう。例煙突《えんとつ》の林。▽アハヤシ →囲み記事40(左下)

参考秋田スギ・青森ヒバ・木曽《きそ》ヒノキが高級な建築材としてとくに有名で、それらの林は日本三大美林《びりん》とよばれる。

[2] **はやし**【『▼囃子』】〈名〉能楽や歌舞伎《かぶき》、祭りなどで、拍子《ひょうし》をとったり、ふんいきをもりあげるために、笛《ふえ》・太鼓《たいこ》・鼓《つづみ》・三味線《しゃみせん》などを使って伴奏《ばんそう》する音楽。例はやし方《かた》。アハヤシ

表現祭りなどでの庶民《しょみん》的なものは「おはやし」というのがふつう。

はやしことば【『▼囃子▽詞』】〈名〉「ハァー」とか「コリャコリャ」など、歌のあいまにいれることば。民謡《みんよう》などで、歌の調子や気分をもりあげるためにいれる。

はやした・てる【はやし立てる】【『▼囃し立てる』】〈動下一〉さかんに声を出してひやかしたり、からかったりする。例新婚《しんこん》夫婦をやんやとはやし立てる。

はやじに【早死に】〈名・する〉若いうちに死んでしまうこと。対長生き。類夭折《ようせつ》。若死に。早世《そうせい》。早逝《そうせい》。夭逝《ようせい》。

はやじまい【早じまい】【『早仕舞い』】〈名・する〉店や仕事を、いつもよりも早く終えること。例今日は早じまい(に)しよう。

はやじも【早霜】〈名〉ふだん霜のおりる季節より前におりる霜。例早霜の被害《ひがい》。対遅霜《おそじも》。

ハヤシライス〈名〉こまかく切った牛肉やタマネギなどをいためて煮《に》こみ、小麦粉などを入れてどろりとさせたものをご飯のうえにかけた料理。参考考案者の名から。

[1] **はや・す**【生やす】〈動五〉のびて、ひろがるようにする。例根を生やす。ひげを生やす。

[2] **はや・す**【『▼囃す』】〈動五〉❶かけ声をかけたり、両手をうちならしたりして、歌の調子をとる。❷大きな声で、ひやかしたりほめたりする。例はやしたてる。

はやて【『▽疾▽風』】〈名〉びゅっとふきすぎていく、はげしい風。類突風《とっぷう》。疾風《しっぷう》。

はやで【早出】〈名・する〉家を朝早く出て、または、交替《こうたい》制勤務の職場で早い時間帯に、出勤すること。対遅出。類早番。

はやてまわし【早手回し】〈名〉計画や準備を、必要となるずっと前から、いろいろとやっておくこと。

はやとちり【早とちり】〈名・する〉かんたんにわかったような気になって、失敗すること。例早とちりをする。類早がてん。早のみこみ。

はやね【早寝】〈名・する〉夜、早いうちに寝ること。例早寝早起き。

はやのみこみ【早飲み込み】〈名・する〉話をよく聞かないで、自分かってにわかったつもりになること。例早飲み込みをする。類早がてん。早とちり。

囲み記事 40

「林」と「森」のちがい

樹木《じゅもく》の多さや地域の広さによって林と森とを区別することは、事実上できないが、ことばの感じでは、「森」の方が背の高い常緑樹が多く生えていて、「こんもりした」や「鬱蒼《うっそう》たる」のような形容がよく似合《にあ》う。落葉して冬に中が明るくなるものや、木がまばらなものは「林」というにふさわしい。「林のなかの小道」なら散歩する気にもなるが、「森のなかの小道」では、まよって出られなくなりそうな感じである。また、「林」には、一本一本の木の多さが感じられるが、「森」は全体でひとかたまりととらえられるので、一本一本の木の多さを強調することばにはなりにくい。「煙突《えんとつ》の林」とはいっても、「煙突の森」といわないのはこのためである。

は

はやばまい【早場米】〈名〉とりいれの早い地方でできた米。

はやばやと【早早と】〈副〉いちだんと早く。いつもより早く。例早々とすませる。類早早《そうそう》に。

はやばん【早番】〈名〉交替《こうたい》制の職場で、早い時間に出勤するほうの番。対遅番《おそばん》。類早出《はやで》。

はやびき【早引き】〈名・する〉❶⇩はやびけ ❷辞書などを、すばやく引くこと。例国語辞典早引き大会。

はやびけ【早引け】〈名・する〉きめられた終わりの時間になる前に、学校や会社などから帰ること。「はやびき」ともいう。類早退。

はやぶさ【▼隼】〈名〉猛禽《もうきん》の一種。非常に速いスピードで飛び、小さい動物や鳥をとらえて食べる。

はやべん【早弁】〈名・する〉決められた昼食時間より前に、弁当を食べること。俗《ぞく》っぽい言いかた。

はやま・る【早まる・速まる】〈動五〉❶[早まる]時期・時刻が早くなる。例予定が早まる。開始時間が早まる。順番が早まる。類くり上がる。❷[速まる]速度が速くなる。例テンポが速まる。脈拍が速まる。❸[早まる]あわてて、とりかえしのつかないことをする。例早まったことをするな。

はやみち【早道】〈名〉❶近道。❷ものごとを早く、かんたんにすませることのできる方法。

はやみみ【早耳】〈名〉うわさや情報を、聞きつけるのが早いこと。例きみは早耳だね、もう知ってるの。

はやめ【早め・速め】〈名・形動〉❶[早め]定刻よりもいくぶん早いこと。例夕食を早めにすます。❷[速め]スピードがいくぶん速いこと。

はやめし【早飯】〈名〉❶短い時間で食事をすませること。❷いつもより早い時刻に食事をすること。

はや・める【早める・速める】〈動下一〉❶[早める]予定よりも、そのときが早くくるようにする。例予定を早める。時間を早める。死を早める。対おくらせる。❷[速める]速度をはやくする。例足を速める。

はやり【▽流▽行り】〈名〉❶そのときどきに、世間の人々のあいだに人気のあるものごと。例はやりの服装。今のはやり。はやり歌。はやりすたり。対すたり。▽類流行《りゅうこう》。❷病気が次々とひろまること。例はやりかぜ。

はやりすたり【はやり廃り】【▽流▽行り廃り】〈名〉人気が出てもてはやされることと、不人気になってすたれること。例ファッションのはやり廃り。

はやりやまい【はやり病】【▽流▽行り病】〈名〉伝染《でんせん》病。流行性の病気。古い言いかた。

はや・る[1]【▽逸る】〈動五〉やりたいことを早くやろうとして気持ちがもりあがる。例血気にはやる。心がはやる。はやる心をおさえる。

はや・る[2]【▽流▽行る】〈動五〉❶世間の人々のあいだに人気があって、ひろまっている。例ことしはやっているコートの色はベージュ系です。対すたる。すたれる。類流行する。❷店が繁盛《はんじょう》する。例よくはやっている店。類にぎわう。❸病気がつぎつぎにひろまる。例いま、インフルエンザがはやっている。類流行する。

はやわかり【早分かり】〈名〉てっとり早くわかること。

はやわざ【早業・早技】〈名〉あっというまにやってしまうこと。例電光石火の早わざ。目にもとまらぬ早わざ。

はら[1]【原】〈名〉雑草のおいしげった、広い土地。例草原。笹原《ささはら》。類野。アハラ

表現 現代では、「原」というよりも「野原」とか「原っぱ」とかいうことが多い。一面にススキの生えている原を、「すすきの原」、火事で焼けてなにもなくなったところを「焼け野が原」というように、ほかのことばといっしょに使うことが多い。また、「…が原」の形で、地名によく使われる。「安達《あだち》が原」「戦場が原」「美しが原」のように。

はら[2]【腹】〈名〉❶胴体《どうたい》の前がわで、胸より下のところ。胃や腸などの入っているところ。例腹の調子。腹がくだる。腹をこわす。腹が出る。背に腹は かえられない(→「せ〔背〕」の子項目)。腹ばい。横腹。下腹。たいこ腹。対背。類おなか。腹部《ふくぶ》。❷食べたものの おちつくところ。例腹がへる。腹をみたす。腹ごしらえ。腹ごなし。腹どけい。類おなか。❸母親が子をやどすところ。例腹をいためた子。腹ちがい。❹心のおくそこにあって、いつわりのない 考えのおさまっているところ。そこにある本心。例腹をわって話す。腹をくくる。腹をよむ。腹をきめる。攻《せ》めてきたら、にげる腹だ。腹ぐろい。腹づもり。類真意。ほんね。❺人を許し、人の気持ちを理解して、相手を大きくつつみこむような 心がおさまっているところ。例腹がふとい。腹に

囲み記事 41

「腹が立つ」と「腹を立てる」

「腹が立つ」と「腹を立てる」はどちらも怒《おこ》ることを表わす。だが、不愉快《ふゆかい》な思いをしたときに「ああ、腹が立つなあ」とは言えるが、「ああ、腹を立てるなあ」とは言わない。「気にかかる」「気にかける」についても同じように、「友だちのことが気にかかるなあ」とは言うが、「友だちのことを気にかけるなあ」とは言えない。

「腹が立つ」は「立つ」という自動詞、「腹を立てる」は「立てる」という他動詞をふくむ。ここで自動詞と他動詞のちがいを考えてみよう。たとえば、「落ちる」は自動詞、「落とす」は他動詞で、「ボールが落ちる」と言うと、ボールがほかから何の力も加えられずに下にむかって落下することを表わす。つまり、ボールの動きは自然に起こっている。一方、「ボールを落とす」では、だれかがボールを高い位置から落下させている。ボールの動きはだれかによって引き起こされているのである。

これと同じように、自動詞を用いた「腹が立つ」は怒《いか》りの気持ちが自然に起こることを表わしている。そのため、「ああ、腹が立つなあ」という言いかたができる。一方、他動詞を用いた「腹を立てる」はだれかが怒りの気持ちを起こしていることを表わす。それで、自然に気持ちが生じることを表わすときは「ああ、腹を立てるなあ」と言いにくい。

同じように気持ちを表わす表現で、自動詞と他動詞の両方があるものとして次のような言いかたがある。「肩《かた》の荷がおりる」「肩の荷をおろす」、「気合いが入る」「気合いを入れる」、「気がつく」「気をつける」など。

 藤原鎌足(ふじわらのかまたり)(614～69) 大化の改新の中心人物。蘇我氏をたおし，律令国家の建設に努めた。

おさめる。腹に落ちる(＝納得《なっとく》する)。腹にすえかねる。腹をたてる。ふとっ腹。❻考えがふらふらしないように、重心をすえてあるところ。例腹がすわる。腹をすえる。❼もののまんなかのふくらんだところ。例指の腹。筆の腹。▽アハラ」↓囲み記事19(415ページ)

腹が黒《くろ》い ⇩はらぐろい

腹が立《た》つ 心の中にいかりの気持ちがわく。例自分で自分に腹が立つ。類立腹《りっぷく》する。頭にくる。↓囲み記事41(前ページ)

腹が太《ふと》い 心がひろくて、余裕《よゆう》をもっている。類度量が大きい。

腹が減《へ》っては戦《いくさ》ができぬ 空腹ではなにもできない、いいはたらきをしようと思ったら、まず腹ごしらえをしてから始めろ、ということ。

腹が緩《ゆる》む ❶消化不良になる。類腹がくだる。❷腹部に脂肪《しぼう》がつく。

腹に一物《いちもつ》 心の中に、人に知れないようなわるだくみをもっているようす。類腹ぐろい。

腹に据《す》えかねる ゆるせる範囲《はんい》をこえていて、とてもがまんできない。

腹の皮《かわ》がよじれる からだをくねらせるほど笑って、おなかのかわが痛くなる。

腹の足《た》し 空腹をしのぐための食べ物。例せめてもの腹のたし。腹のたしにもならない。

腹の虫《むし》 ⇩独立項目

腹も身《み》の内《うち》 腹も自分のからだの一部分であるから、むちゃな飲食をつつしみ、たいせつにしろということ。

腹を合《あ》わせる 仲間として考えを同じにする。表現 多く、悪いことをたくらむ場合に使う。

腹を痛《いた》めた子《こ》 自分で生んだ子ども。表現 かけがえのないものとしていう。

腹を抱《かか》える とてもおかしくて、大笑いをする。

腹を決《き》める 決心する。覚悟《かくご》する。

腹をくくる 覚悟《かくご》をきめる。「腹を据《す》える」ともいう。

腹を肥《こ》やす 地位や職権などを悪用して自分の利益をえようとする。類私腹を肥やす。ふところを肥やす。

腹を探《さぐ》る 相手の考えを、それとなく知ろうとする。

腹を立《た》てる おこる。類立腹《りっぷく》する。いきどおる。↓囲み記事41(前ページ)

腹を割《わ》る 本心を打ち明ける。例腹を割って話をしよう。

痛《いた》くもない腹を探《さぐ》られる ⇩「いたい〔痛い〕」の子項目

ばら[1]【▼薔▼薇】〈名〉山野にはえ、また、庭などにうえる落葉低木。幹や枝《えだ》にとげがある。初夏に、赤・白・黄などの、大きな花びらの八重《やえ》の花がさくものが多い。アバラ

ばら[2]〈名〉もとはひとまとまりになっているものを、ばらばらにした状態。例ばらにして売る。アバラ

ばら[3]【▼肋】〈名〉ばら肉。例豚《ぶた》ばら。アバラ

パラ〈名〉「パラリンピック」の略。また、障害者によるスポーツ。例パラスポーツ。パラ陸上。

バラード〈名〉❶自由な形式の、物語のような詩。❷〔音楽〕物語風の歌曲。また、ショパンなどが作曲した、自由な形式のピアノ曲のこと。❸ポピュラー音楽で、男女の愛などをテーマとする、情感のこもった曲。◇フランス ballade

はらい【払い】〈名〉❶代金をはらうこと。例払いをすませる。前払い。分割払い。類勘定《かんじょう》。❷筆をはらうこと。対とめ。はね。

はらいこ・む【払い込む】〈動五〉代金や料金を、銀行などを通じて、相手にしはらう。類納める。入金する。

はらいさ・げる【払い下げる】〈動下一〉官庁が所有しているものを、民間に売りわたす。対買い上げる。類下げわたす。

はらいせ【腹いせ】〈名〉むしゃくしゃした気持ちをまぎらすために、別のところでやつあたりをすること。例失敗した腹いせに机をけとばす。

はらいた【腹痛】〈名〉おなかが痛むこと。類腹痛《ふくつう》。

はらいっぱい【腹一杯】〈名・副〉たくさん食べて満腹になること。おなか一杯。

はらいの・ける【払いのける】〖払い▽除ける〗〈動下一〉じゃまなものを、ふりはらってどける。

はらいもど・す【払い戻す】〈動五〉余分にもらったお金や、あずかっていたお金を返す。参考「払い戻しを受ける」など、名詞の形でもよく使う。

ばらいろ【ばら色】〖▼薔▼薇色〗〈名〉バラの花のような、あかるいもも色。表現「ばら色の人生」「ばら色の未来」のように、前途《ぜんと》に希望や幸福などの、よろこびがあることにもいう。この反対は「灰色」。

はら・う【払う】㊀〈動五〉ついているものを勢いよくとりのぞく。例すすを払う。ほこりを払う。払い落とす。払いのける。追い払う。❷代金や料金をわたす。例税金を払う。入場料を払う。払いこむ。支払う。❸心や態度などをある方向にむける。例注意を払う。敬意を払う。❹文字を書くとき、きまった画数を書き終えるところで、筆をさっと流すようにして紙から筆先をはなす。対とめる。はねる。
㊁〈接尾〉いらなくなったものを処分する。例売り払う。
表現「厄《やく》をはらう」など、神仏にいのってわざわいやけがれをとりのぞくことにも言い、この場合は「▼祓う」と書く。
↓おはらい
方言 長野では、「急須《きゅうす》のお茶をはらう」のように、「捨てる」という意味でも使う。

ばらうり【ばら売り】〈名・する〉セットになっている商品をばらばらに分けて売ること。

バラエティー〈名〉❶変化があること。多様性。例バラエティーにとむ。❷テレビ番組のうち、特定のジャンルにふくまれない、多様な企画《きかく》もののこと。◇variety

はらがけ【腹掛け】〈名〉❶胸から腹までをおおい、背中でひもを結んで着る、職人の作業着。❷子どもが寝冷《ねび》えをしないように、胸から腹にかけておおう布。類腹当て。金太郎。

はらから〖▽同▽胞〗〈名〉❶おなじ母から生まれた兄弟姉妹《しまい》。❷おなじ国の国民どうし。類同胞《どうほう》。▽古い言いかた。

はらぐあい【腹具合】〈名〉胃や腸の調子。空腹かどうかの程度。例腹具合がわるい。

パラグライダー〈名〉進む角度を調節できる長方形やブーメラン形のパラシュートを使って、斜面《しゃめん》をかけおりて離陸《りりく》し、空を飛ぶスポーツ。◇paraglider

パラグラフ〈名〉文章の段落。◇paragraph

はらぐろ・い【腹黒い】〈形〉はっきり出さないが、どうも心の中でよからぬことをたくらんでいるようすだ。「腹が黒い」ともいう。例腹黒い人。類腹に一物《いちもつ》。

はらげい【腹芸】〈名〉❶役者が、せりふによらず、ポーズなどで人物の気持ちを表わすこと。❷ことばに出さず、

度胸と迫力《はくりょく》で、自分の意志をとおすこと。

ばら・ける〈動下一〉 一つにまとまっていたものが、ばらばらになる。例先頭集団が ばらけた。

はらこ【腹子】〈名〉 たら子やすじ子など、魚の腹の中にある卵のかたまり。また、それを塩やしょうゆに漬《つ》けた食品。鮞《はららご》。

はらごしらえ【腹ごしらえ】〖腹▼拵え〗〈名〉 仕事などにとりかかる準備として、まず食事をしておくこと。

はらごなし【腹ごなし】〈名〉 食べたものの消化のために、からだを動かすこと。例腹ごなしに散歩する。

パラサイト〈名〉 ❶寄生虫。❷〈する〉 俗《ぞく》に、親などに寄生するようにして、働かずに生活すること。◇parasite

パラシュート〈名〉 落下傘《らっかさん》。◇parachute

[1]**はら・す【晴らす】**〈動五〉 心の中にたまっていたもやもやをとりのぞいて、すっきりする。例うらみを晴らす。うさを晴らす(→うさばらし)。アハラス

[2]**はら・す【腫らす】**〈動五〉 泣いたり、できものができたりして、ひふがふくらんだ状態になる。「はらせる」ともいう。例目を腫らす。泣き腫らす。アハラス

ばら・す〈動五〉 ❶一つになっていたものをばらばらにする。例ばらして運ぶ。時計をばらす。類分解する。❷人を殺す。例あいつをばらせ。❸知られてはこまることをほかの人にもらす。例秘密をばらす。類すっぱぬく。暴露《ばくろ》する。▽くだけた言いかた。

ハラスメント〈名〉 いやがらせや、人に不快感をあたえること。とくに、強い立場にいる人が弱い立場の人に対してするものをさす。例セクシュアルハラスメント。アカデミックハラスメント。◇harassment

パラソル〈名〉 日傘《ひがさ》。例ビーチパラソル。◇《フランス》parasol

パラダイス〈名〉 天国。楽園。◇paradise

パラダイム〈名〉 自然科学史などの上での、ものの見方や考え方の、大きな枠《わく》組み。◇paradigm

はらだたし・い【腹立たしい】〈形〉 しゃくにさわって、どなりつけたい感じだ。類癇《かん》にさわる。

はらだちまぎれ【腹立ち紛れ】〈名・形動〉 腹が立ったあまりに、自制心をなくしてしまうこと。例その男は上司に注意され、腹立ち紛れに放火したらしい。

はらちがい【腹違い】〈名〉 兄弟姉妹のあいだで、父が同じで母がちがうこと。例腹違いの妹。対たね違い。類異母。異腹。

パラチフス〈名〉 パラチフス菌《きん》に感染しておこる腸の病気で、高い熱や下痢《げり》など腸チフスに似《に》ているが、かるいもの。◇《ドイツ》Paratyphus

ばらつき〈名〉 ❶質がふぞろいであること。例品質にばらつきがある。❷統計で、資料の値《あたい》や測定値がばらばらに分布すること。

ばらつ・く〈動五〉 ❶まとまっていたものが、ばらばらになる。❷大つぶの雨やあられなどが、ばらばらと降る。❸統計で、結果として出た数値が不規則にちらばる。例測定値がひどくばらついた。

バラック〈名〉 ほったて小屋。◇barracks

ぱらつ・く〈動五〉 雨が、降ったのか降らないのかわからない程度に、降ったりやんだりする。例小雨がぱらつく。

はらつづみ【腹鼓】〈名〉 満腹になったおなかを たいこにみたてていうことば。

表現 ふつう「腹鼓を打つ」の形で使い、じゅうぶんすぎるほど食べて満足したようすをいう。

はらっぱ【原っぱ】〈名〉 建物などがたっていない、雑草が生えているあき地。例子どものころ、うらの原っぱでよく遊んだものだ。

はらづもり【腹積もり】〈名〉 「こうしよう」と考えていること。例腹づもりがある。類心づもり。

はらどけい【腹時計】〈名〉 腹のすきぐあいから考えてだいたいの時刻を推定すること。

パラドックス〈名〉 「逆説《ぎゃくせつ》」のこと。◇paradox

ばらにく【ばら肉】〖▼肋肉〗〈名〉 牛・豚《ぶた》の腹がわの、肋骨《ろっこつ》のまわりの肉。

パラノイア〈名〉 精神病の一つ。その人独特の異常な一貫した思いこみで行動する。◇《ドイツ》Paranoia

はらのむし【腹の虫】〈名〉 人の内臓に寄生する虫。とくに、回虫。

表現 「腹の虫がおさまらない」といえば、しゃくにさわって、どうにもがまんがならないことをいう。

はらばい【腹ばい】〖腹▼這い〗〈名〉 うつぶせになること。例腹ばいになる。

はらはちぶ【腹八分】〈名〉 食事をするときに、満腹になる少し手まえでやめておくこと。「腹八分《ぶん》目」ともいう。

はらはら 一〈副〉 ❶木の葉や花びらなど、うすいものが宙をまうようにして落ちるようす。例はらはら(と)散る。❷なみだやしずくが、つづけて落ちるようす。例はらはらとなみだを流す。二〈副・する・形動〉 うまくいかないのではないかとしきりに心配するようす。例あのときはどうなることかと、はらはらした。失敗しないかと、内心はらはらだった。類ひやひや。どきどき。

参考 アクセントは、ふつう「ハラハラ」であるが、二で形容動詞として使う場合は、「ハラハラ」となる。

ばらばら 一〈形動〉 ❶一つにまとまっているものが、あちこちにはなれてしまうようす。例ばらばらにする。類別れ別れ。はなればなれ。ちりぢり。❷まとまりがない。例ばらばらの服装。てんでんばらばら。類まちまち。二〈副〉 ❶大つぶの雨やあられなどが、音をたてて降ってくるようす。例あられがばらばら(と)降る。❷石や弾丸《だんがん》などが、つづけざまに飛んでくるようす。例つぶてがばらばら(と)飛んでくる。▽ア一バラバラ 二バラバラ

ぱらぱら 一〈副〉 ❶つぶ状のものが少しずつ落ちてきたり、散らばったりするようす。例雨がぱらぱら降ってきた。ゴマをぱらぱらとふりかける。❷本のページなどを、手早くめくるようす。❸まばらにあるようす。例客がぱらぱらと集まり始めた。二〈形動〉 たがいにくっついていない、小さいつぶの状態。例ぱらぱらのごはん。▽ア一パラパラ 二パラパラ

ぱらぱらまんが【パラパラ漫画】〈名〉 ノートなどの各ページのはしに、少しずつ動きをずらしたかんたんな絵をかき、すばやくページをめくっていくことで、前の絵の残像により絵が動いているように見えるもの。アニメーションの原理。

パラフィン〈名〉 石油からつくる、白色の蝋《ろう》のような固体。ろうそくやクレヨンなどの原料に使う。◇paraffin

パラボラアンテナ〈名〉 マイクロウエーブの中継《ちゅうけい》や衛星放送の受信などに用いる、浅いおわんのような形のアンテナ。参考「パラボラ(parabola)」は放物線のことで、英語ではparabolic antennaという。

はらまき【腹巻き】〈名〉 おなかが冷えるのをふせぐために巻きつける、布や毛糸の編みもの。

は

 藤原定家(さだいえ) (1162～1241) 平安末期～鎌倉初期の歌人。新古今調の代表。「新古今和歌集」の撰者。

ばらま・く【ばら▾撒く】〈動五〉❶ばらばらにまき散らす。例ハトに餌《えさ》をばらまく。うわさをばらまく。❷お金や品物を、たくさんの人にかるがるしく分け与える。例経済《けいざい》対策として給付金《きゅうふきん》をばらまく。

はらみ【ハラミ】〈名〉❶焼き肉で、牛の横隔膜《おうかくまく》の背中側の部分。❷［腹身］魚の、内臓がある側の、脂肪《しぼう》分の多い肉。対背身。

はら・む【▾孕む】〈動五〉❶動物の腹の中に、子ができる。❷中にふくんでいて、いまにもはちきれそうになっている。例あらしをはらむ。風をはらむ。危機をはらむ。
表現 女性の妊娠《にんしん》について、「はらむ」を使うと、非常に失礼な言いかたになる。

はらもち【腹持ち】〈名〉食べたものが、消化されて次にまた空腹になるまでに時間がかかり、おなかに力が入るかどうか。例腹もちのいい食べ物。

バラライカ〈名〉ロシアの楽器の一つ。三角形の胴《どう》に三本の弦《げん》を張って、指ではじいて演奏する。かろやかで哀愁《あいしゅう》にみちた音が出る。◇ロシア語から。

パラリンピック〈名〉国際身体障害者スポーツ大会。四年に一度、オリンピックと同じ所で開かれる。◇paralympics

パラレル 一〈名〉❶平行していること。❷スキー板を平行にそろえてすべるテクニック。
二〈形動〉二つのものごとがたがいに対応しているようす。例パラレルな関係。◇parallel

はらわた【▿腸】〈名〉大腸や小腸などの内臓。例魚のはらわた。類臓物《ぞうもつ》。

はらわたが煮《に》えくり返《かえ》る 腹がたって腹がたって、とてもがまんができない。

はらん【波乱】【波▾瀾】〈名〉単調でなく、変化や起伏があること。また、想定できないようなできごとや、なんらかのさわぎ・もめごと。例波乱に富んだ人生を送る。波乱の幕切れ。波乱含みの展開。波乱万丈《ばんじょう》。大《だい》波乱。
表現「優勝候補が一回戦で敗退する波乱が起きた」のように、「番狂わせ」という意味で使われることも多い。

ばらん【バラン】〈名〉すしのしきものや、刺身《さしみ》・弁当などのしきりに使う葉。参考 長く大きい葉が育つ植物「はらん(葉蘭)」の連濁《れんだく》から。

バランス〈名〉つりあい。つりあうこと。例バランスがくずれる。バランスをとる。対アンバランス。類均衡《きんこう》。平衡。◇balance

はらんばんじょう【波乱万丈】【波▾瀾万丈】〈名〉多くの事件やはげしい変化にみちていること。

はり[1]【針】〈名〉細くて先のとがったかたいもの。ものによくつきささり、ひふをつかれればとても痛い。使いみちによって各種の針がつくられているほか、動植物にも針をそなえているものがある。
❶糸でぬうための道具。例針をはこぶ。針の穴。針に糸をとおす。針さし。針ばこ。絹針。まち針。
❷注射器の、直接からだにつきさす部分。例注射針。
❸めもりをさし示すための道具。例針がふれる。時計の針。計器の針。メーターの針。
❹レコードのみぞにあてて音をだすもの。例レコード針。
❺魚をつるのに使う、先のまがったもの。例つり針。
❻バラやカラタチなどの植物の葉の変形であるとがったもの。ふつうは「とげ」という。
❼ハチなどのしりにあって、敵をさす器官。▽アハリ
表現 態度やことばに陰湿《いんしつ》な敵意がこめられていることを「針をふくんだ…」ということがある。

針の穴《あな》から天《てん》をのぞく せまいものの見かたで、大きい物事を判断する。正しく判断できるはずがないことのたとえ。

針の蓆《むしろ》 つらくて安心できない境遇《きょうぐう》や立場。例針のむしろにすわるここち。

はり[2]【張り】一〈名〉❶ものをひっぱる力。また、その力の程度。例張りが強い。❷はずむような力があって、いきいきしていること。例張りのある声。張りのある文章。心の張りをうしなう。▽アハリ 二〈接尾〉弓やちょうちん、幕《まく》やテントなどの数をかぞえることば。例一張《ひとはり》。

はり[3]【▾梁】〈名〉柱の上にわたして、屋根の重みをささえる横木。とくに、棟《むね》と直角にわたすもの。アハリ」

はり[4]【▾鍼】〈名〉針に似たものをからだのつぼにさして、病気をなおすこと。また、それに使う針。アハリ

はり[5]【▾玻璃】〈名〉❶「水晶《すいしょう》」のこと。❷「ガラス」のこと。◇もとサンスクリット語。▽アハリ

ばり[1]【張り】〈接尾〉有名な人や作品などの名につけて、それに似《に》ている、それに匹敵《ひってき》する、という意味を表わす。例ピカソばりの力づよい絵をかく。

ばり[2]（方言）とても。福岡で言う。
参考「めっちゃ」のように広まってきている。

バリア〈名〉❶防御《ぼうぎょ》するための柵《さく》。例バリアをはる。❷じゃまになるもの。障害。例バリアフリー。▽「バリアー」「バリヤー」ともいう。◇barrier

はりあい【張り合い】〈名〉努力した結果がよくて、ますます元気を出してがんばろうとする気持ち。例張り合いがある。張り合いをなくす。生きる張り合い。

はりあ・う【張り合う】〈動五〉たがいに負けまいとしてあらそい、ゆずらない。類せり合う。

はりあ・げる【張り上げる】〈動下一〉話したり、歌ったりするときに、のどに力をいれて、大きな声を出す。

バリアフリー〈名〉障害者や高齢《こうれい》者が生活するうえで障害となるものを取りのぞこうという考え。道路や床《ゆか》の段差をなくすなど。◇barrier free

バリウム〈名〉〔化学〕銀白色の、延《の》ばしやすい金属。水とはげしく反応し、水素を出す。元素の一つ。記号「Ba」。◇ドイツ Barium 参考 胃のレントゲン検査をするときに使うのは、硫酸《りゅうさん》バリウム。

バリエーション〈名〉❶変化すること。変化してできたもの。変形。❷「変奏曲」のこと。◇variation

はりがね【針金】〈名〉鉄や銅などの金属をほそ長くひものようにのばしたもの。切ったりまげたりするのもかんたんで、工作そのほかにひろく使われる。

はりがみ【貼り紙・張り紙】〈名・する〉お知らせや広告などを書いて、かべなどにはっておく紙。

バリカン〈名〉頭髪《とうはつ》をかり上げるための器具。
表現 ふつう一挺《いっちょう》二挺《にちょう》と数えるが、電気バリカンは一台二台と数えることがある。
参考 製造元のフランスの会社名から。

ばりき【馬力】〈名〉❶〈接尾〉〔物理〕一定の時間にする仕事の量(=仕事率)の単位。七五《キログラム》のものを、一秒間に一《メートル》もちあげるときが一馬力で、ほぼウマ一頭分の仕事率にあたる。❷体力や精力。例馬力のある人。

はりき・る【張り切る】〈動五〉おおいにがんばろうとする。例あいつ、だいぶ張り切ってるな。類意気ごむ。

はりくよう【針供養】〈名〉二月八日(地方によっては十二月八日)、裁縫《さいほう》に使って折れた針を集めて、生き物のように供養《くよう》をする行事。

バリケード〈名〉敵をふせぐために、道路や建物の入り口などに木材などを積みあげてつくったさく。例バリケードをきずく。◇barricade

ハリケーン〈名〉〔気象〕西インド諸島付近やメキシコ湾《わん》に発生するはげしい暴風雨。◇hurricane

はりこ【張り子】〈名〉型の上に紙をはりかさね、かわいてから、中の型をとりはずしてつくったもの。類はりぼて。

張り子の虎《とら》 ❶張り子でつくったトラのおもちゃ。❷見かけだけ強そうで、実際はたいしたことがないもの。類見かけだおし。

はりこみ【張り込み】〈名〉犯人をつかまえたりするために、張り込むこと。例張り込みを続ける。張り込み中(の刑事《けいじ》)。

はりこ・む【張り込む】〈動五〉❶犯人をつかまえたりするために、来そうな場所で待ちかまえる。例刑事《けいじ》が張り込む。❷特別なことのために、思いきってたくさんのお金を使う。例お祝いだから特別に張り込もう。類気張《きば》る。

方言 兵庫・京都などでは、「おごる(ごちそうする)」の意味でも使う。

はりさ・ける【張り裂ける】〈動下一〉❶中にたくさんのものが入りすぎたためにやぶれる。❷悲しみやいかりがいっぱいになって、あふれそうになる。例胸も張り裂けんばかりの悲しみ。

ばりざんぼう【罵▼詈▼讒▼謗】〈名〉ひどい悪口を言ってののしること。また、そのきたないことば。

はりしごと【針仕事】〈名〉針を使って、衣服をこしらえたりつくろったりすること。類裁縫《さいほう》。

ばりぞうごん【罵▼詈雑言】〈名〉口ぎたなく相手をののしること。また、そのことば。類罵倒《ばとう》。悪口雑言。

はりたお・す【張り倒す】〈動五〉なぐって倒す。

はりだし【張り出し・貼り出し】〈名〉❶はりだすこと。はりだしたもの。❷[張出]すもうの番付《ばんづけ》で、欄外《らんがい》に書き出すこと。また、その地位や力士。欄内の力士の次位にあたる。

[1]**はりだ・す【張り出す】**〈動五〉ものの一部分が外がわへ広がる。また、外がわへ広げる。例軒《のき》を張り出す。シベリアの高気圧が日本海に張り出してきた。類突《つ》き出す。突き出る。出っぱる。

[2]**はりだ・す【貼り出す】**〈動五〉お知らせやニュースを書いた紙を、かべなど人目につくところにはる。例成績を貼り出す。類掲示《けいじ》する。

はりつ・く【張り付く】〈動五〉❶ぴったりとくっつく。例汗《あせ》にぬれたシャツが背中に張りつく。❷ある人のそばからはなれないでいる。例刑事《けいじ》が容疑者宅に張りついている。

はりつけ【▼磔】〈名〉柱や板にからだをしばりつけ、やりでつき殺したむかしの刑罰《けいばつ》。

はりつ・ける【貼り付ける・張り付ける】〈動下一〉❶[貼り付ける] のりやピンなどでぴったりとはる。❷[張り付ける] 人をさしむけて、そこをはなれないようにさせておく。例警察に記者を張り付ける。

表記 ①は、「貼り付く」とも書く。

はりつ・める【張り詰める】〈動下一〉❶水面いっぱいにはる。例氷が張り詰める。❷心がこれ以上ないほど緊張《きんちょう》する。例張り詰めた気持ち。対ゆるむ。

はりて【張り手】〈名〉すもうのわざで、相手の顔や首のあたりを、平手で強く打つこと。例張り手をかませる。

はりとば・す【張り飛ばす】〈動五〉相手がたおれるほど、平手で強くひっぱたく。

バリトン〈名〉〔音楽〕❶男性の声のうち、テノールとバスの中間の高さの声。❷バリトンの音域の管楽器。◇baritone →テノール・バス

はりねずみ【針ねずみ】〖針▼鼠〗〈名〉けものの一種。体長三〇《センチメートル》ほどで、背中一面に針のような毛があり、敵にあうとこれをさかだてる。ヨーロッパ・アメリカ・中国などにすむ。

はりばこ【針箱】〈名〉針仕事に使う道具一式を入れておく箱。

ばりばり 一〈副〉❶固いものを、かみくだいたり、ひきさいたり、はがしたりするときの音のようす。例せんべいをばりばりと食べる。❷元気で勢いがいいようす。例ばりばり(と)働く。二〈形動〉ものがかたくこわばっているようす。例ばりばりに凍《こお》る。三〈名・形動〉勢いがあってやる気に満ちているようす。例まだばりばりの現役だ。▽ア一バリバリ 二三バリバリ

ぱりぱり 一〈副〉❶歯切れのよいものをかむ音のようす。例せんべいをぱりぱり食べる。類ぱりっと。❷うすくて固いものにひびがはいって割れる音のようす。類ぱりんと。❸はりきっていて、てきぱきしているようす。例ぱりぱりの江戸《えど》っ子。二〈形動〉平面状のうすいものが、ぴんとはって、しっかりしているようす。例ぱりぱりののり。洗濯《せんたく》物がぱりぱりにかわく。対よれよれ。▽ア一パリパリ 二パリパリ

はりばん【張り番】〈名・する〉見張りをしたりものの番をしたりすること。また、その役目の人。見張り番。

はりぼて【張りぼて】〈名〉張り子。張り子で作った芝居《しばい》の小道具。

はりま【▼播磨】〈名〉旧国名の一つ。現在の兵庫県南西部。播州《ばんしゅう》。例播磨平野。

はりめぐら・す【張り巡らす】〈動五〉まわりをかこむようにはる。例なわを張り巡らす。あみを張り巡らす。

バリュー〈造語〉価値。価値のある。例バリュー価格。ネームバリュー。ニュースバリュー。◇value

[1]**はる【春】**〈名〉❶四季の一つ。木々が芽ぶき、花がさき、新学期がはじまるなど、いろいろな活動がさかんになる季節。一般《いっぱん》に三月から五月までをさし、「暦《こよみ》の上では春」というときには立春から立夏の前日までをいう。例春が浅い。春のいぶき。春のおとずれ。春らんまん。ゆく春。春がすみ。春雨《はるさめ》。春めく。❷いちばんさかりの時期。例春を謳歌《おうか》する。わが世の春。類最盛《さいせい》期。全盛時代。❸性の意識。例春のめざめ。❹あたらしい年。例春をむかえる。▽アハル

表現 春の初めを「早春《そうしゅん》」という。「新春《しんしゅん》」は新年のことで、早春とはちがう。「初春《はつはる》」は両方の意味をもつが、新年をいうときの方が多い。「初春《しょしゅん》」というと逆で、早春をさすのがふつう。

[2]**は・る【張る・貼る】**〈動五〉一[張る] ❶一面におおうようにひろがる。例氷が張る。❷四方八方にひろがる。例木の根が張る。❸はばの広さがめだつ。例かさが張る。あごが張る。❹緊張《きんちょう》する。こりかたまる。例気が張る。肩《かた》が張る。対ゆるむ。たるむ。❺(「値《ね》が張る」の形で)買い手からみて、ねだんが高いことをいう。例この絵は値が張る。❻ひきのばして、ぴんとひろがった状態にする。例幕を張る。あみを張る。アンテナを張る。勢力を張る。根を張る。❼大きな入れ物を液体でいっぱいにする。例水槽《すいそう》に水

を張る。❽横はばをひろげて、大きく見えるようにする。例ひじを張る。胸を張る。かたひじ張る。❾むりにも おしとおす。例意地を張る。虚勢《きょせい》を張る。強情《ごうじょう》を張る。みえを張る。❿つくって、維持《いじ》していく。例店を張る。論陣を張る。むこうを張る(=相手に対抗《たいこう》する)。類かまえる。⓫平手で打つ。例横っつらを張る。張りたおす。類ぶつ。なぐる。⓬みはる。例容疑者を張る。張りこむ。⓭賭《か》ける。例大金を張る。

㊁[貼る] ❶のりなどでくっつける。接着する。例切手を貼る。ポスターを貼る。貼り紙。貼り合わせる。対はがす。❷コンピューターで、カットまたはコピーした文字列を、ペーストする。▽アハル

表現「ひろがる・ひろげる」「大きさをたもつ」「力をぬかない」というのが、㊀の「張る」の意味の三要素で、ほかのことばと合わさって複合語になるときもそのどれかが強調される。ことばの上につく「張りわたす」「張りつける」では、「ひろがる」と「たもつ」の意味がつよく、「張りきる」「張りつめる」では、力をぬかない意味がつよい。また、ことばのあとにつく「目をみはる」「出っぱる」「頬《ほお》ばる」では、ひろがる意味がつよく、「言いはる」「がんばる」「つっぱる」「ふんばる」「しゃちほこばる」では、力をぬかない意味がつよい。①～⑤は「…が張る」と使い、⑥～⑬は「…を張る」と使うのがふつうである。

表記「タイルをはる」は、「一面にひろくしきつめる」という意味のときは「張る」、「表面にくっつける」という意味のときは「貼る」と書くことができる。

ば・る〖張る〗〈接尾〉その状態が顕著《けんちょ》である意味を表わす。例四角ばる。格式ばる。欲ばる。気ばる。参考名詞について、五段活用の動詞をつくる。

はるいちばん【春一番】〈名〉二月末から三月初めごろにかけて、その年になってはじめてふく強い南風。春のくるきざしとされる。

はるか〖▼遥か〗〈形動・副〉❶距離《きょり》や時間のへだたりがとても大きい。例はるかかなた。はるかむかし。はるかな故郷をしのぶ。❷(「はるかに」の形で)比較《ひかく》したときのちがいが、とても大きい。例太平洋は日本海よりはるかに大きい。類ずっと。

表現「はるかにそびえる山やま」というときは、「ずっとはなれたところ」の意味になる。

はるがすみ【春がすみ】〖春▼霞〗〈名〉春のころにたちこめるかすみ。

はるかぜ【春風】〈名〉春にふく、あたたかい風。

バルキーセーター〈名〉太い毛糸で織った、あつぼったい大きめのセーター。◇bulky sweater

バルコニー〈名〉洋風の家で、外がわにはりだした、手すりつきの屋根のない台。露台《ろだい》。類ベランダ。テラス。◇balcony

はるさき【春先】〈名〉春のはじめ。類早春。初春《しょしゅん》。参考「…先」という形での季節の言いかたは「春先」だけで、「夏先」「秋先」「冬先」とはいわない。

はるさめ【春雨】〈名〉❶春に降る雨。こまかなつぶで静かに降る。❷緑豆やいも類のでんぷんを糸状にして干した食品。湯でもどして、なべものや酢《す》のものなどに使う。

パルチザン〈名〉侵略《しんりゃく》軍に対してゲリラ戦を展開する、その土地の住民による部隊。◇フランス partisan

はるつげどり【春告げ鳥】〈名〉春がまぢかいことを知らせる鳥。ウグイスのこと。

はるのななくさ【春の七草】〈名〉古来、春に花をつける代表的な植物とされている草花。セリ・ナズナ・ゴギョウ・ハコベ・ホトケノザ・スズナ・スズシロの七つ。→あきのななくさ・ななくさがゆ

はるばる〖▼遥▼遥〗〈副〉遠い土地からわざわざ。例遠路はるばる。はるばる北海道から上京してきた。

バルブ〈名〉弁。栓《せん》。例バルブをしめる。◇valve

パルプ〈名〉木材からとりだした植物繊維《せんい》。紙や人絹《じんけん》などの原料として使う。◇pulp

はるまき【春巻き】〈名〉中華料理の一つ。こまかくした野菜やひき肉を油でいためて味つけし、小麦粉のうすい皮にまいて油であげたもの。

ハルマゲドン〈名〉世界の最後の日におこる、神と悪魔との最後の決戦の場所。また、世界のおわり。アルマゲドン。◇ギリシャ語から。参考聖書に出てくることば。

はるめ・く【春めく】〈動五〉気候やあたりのようすが春らしくなる。例ようやく春めいてきた。

はるやすみ【春休み】〈名〉学校で、学年と学年のさかいめにある休みの期間。三月後半から四月初めまで。

はれ[1]【晴れ】〈名〉❶空が青くすんだ天気。対雨。曇《くも》り。類晴天。❷みんなから祝福されるような、はなやかな特別の機会。例晴れの入学式。晴れの舞台《ぶたい》。対褻《け》。▽アハレ

参考①は、気象学では、雲量が2以上8以下である空の状態をいう。天気図の記号は ⦶。

表記②で、「晴れ」と「褻」は、非日常と日常を意味することばとして、「ハレ」「ケ」とかたかなで書かれることもある。

晴れの舞台《ぶたい》 多くの人々が見まもっている、はなやかで名誉《めいよ》ある舞台。また、そのようなとき。

はれ[2]【腫れ】〈名〉けがや病気で、からだの一部がふくれること。ふくれた部分。例腫れが引く。アハレ

はれあが・る[1]【晴れ上がる】〈動五〉雲や霧《きり》などが消えて、空や視界がくっきりと晴れる。類晴れわたる。

はれあが・る[2]【腫れ上がる】〈動五〉ひどく腫れる。

ばれい【馬齢】〈名〉老人が自分の年齢を謙遜《けんそん》していうことば。例むなしく馬齢をかさねております。

ばれいしょ【馬鈴▼薯】〈名〉⇩じゃがいも

バレエ[1]〈名〉ヨーロッパで発達した舞踊《ぶよう》劇。一つの物語を、音楽に合わせたおどりで表現するもの。◇フランス ballet 表記球技のバレー(ボール)と区別するために、「バレエ」と書く。

バレー[2]〈名〉「バレーボール」の日本での省略語。

ハレーション〈名〉写真で、光が強すぎるために、その部分のまわりがぼやけて見えること。◇halation

ハレーすいせい【ハレー▼彗星】〈名〉〔天文〕約七六年の周期で太陽のまわりをまわっている彗星。

パレード〈名・する〉祝いや祭りのとき、大通りをかざりたてた行列が行進すること。その行列。◇parade

バレーボール〈名〉❶コートの中央にネットをはり、ボールを地面に落とさないように手と腕で打ちあって得点をきそう球技。試合は一チーム六名で行なう。オリンピック種目の一つ。一チーム九名でするやりかたもある。略して「バレー」ともいう。排球《はいきゅう》。❷「①」で使うボール。◇volleyball 参考サーブ以外は、足など全身を使える。

はれおとこ【晴れ男】〈名〉晴れないとこまるような予定がある日は きまって晴れになる、幸運な男。対雨男。

はれおんな【晴れ女】〈名〉晴れないとこまるような

藤原種継《たねつぐ》 (737～85) 奈良末期の貴族。桓武天皇の信任を得る。長岡京への遷都を推進。

予定がある日はきまって晴れになる、幸運な女。対雨女。

はれがまし・い【晴れがましい】〈形〉りっぱな場所に出て、光栄に感じられるようす。例晴れがましい席。

はれぎ【晴れ着】〈名〉入学式や卒業式、結婚《けっこん》式などの特別なときに着る衣服。対ふだん着。

はれすがた【晴れ姿】〈名〉❶晴れ着を着たすがた。❷おもてだったはなやかな場での、堂々としたすがた。

はれつ【破裂】〈名・する〉内部の圧力がたかまって、いきおいよくやぶれること。例タイヤが破裂する。

はれつおん【破裂音】〈名〉❶発音のときに、はく息をくちびる・舌・のどなどでいったんとめたあと急に出すことによって出る音。閉鎖音《へいさおん》。k・g・p・b・t・dなど。❷ものが破裂する音。

[1]**パレット**〈名〉絵の具をまぜ合わせて、色をつくるのに使う板。◇フランス palette

[2]**パレット**〈名〉物流倉庫などで、荷をのせて積み重ね る、すのこのような台。フォークリフトでの運搬《うんぱん》に適する。例パレット輸送《ゆそう》。◇pallet

はれて【晴れて】〈副〉だれにも遠慮《えんりょ》することなく公然と。例晴れて二人は結婚《けっこん》した。

は(晴)れの ⇩はれ〔晴れ〕②

はればれ【晴れ晴れ】〈副・する〉すっかり晴れわたった天気のように、なやみや悲しみがなく、気持ちがさわやかだ。例晴れ晴れ(と)した顔。晴れ晴れ(と)した気分。

はれぼった・い【腫れぼったい】〈形〉泣いたり、ねむたかったりして、目もとがはれて、重たく感じられる。

はれま【晴れ間】〈名〉❶雲がとぎれ、青空がのぞいているところ。例晴れ間が見える。❷雨や雪などがやんでいるあいだ。例梅雨《つゆ》の晴れ間。

はれもの【腫れ物】〈名〉できもの。おでき。

表現「腫れ物にさわるよう」というのは、きげんを損じやすく、あつかいのむずかしい人に対する態度をいい、なるべく接触《せっしょく》しないようにして、やむをえず接触するときは、おそるおそる声をかけるようなようすをいう。

はれやか【晴れやか】〈形動〉❶気がかりなことがなくて、または、いいことがあって、心があかるい。例晴れやかな顔。❷あかるくはなやかだ。例晴れやかなよそおい。

バレリーナ〈名〉バレエの、女性のおどり手。◇イタリア ballerina

[1]**は・れる【晴れる】**〈動下一〉❶青空が出る。雲や霧《きり》などが消える。例空が晴れる。天気が晴れる。霧が晴れる。対くもる。❷心配ごとや、かけられていた疑いがなくなる。例気が晴れる。疑いが晴れる。▽アハレル

表現「天下晴れて」といえば、疑いも晴れ、心配もなくなり、青空の下で堂々と生きていけるようすをいう。

[2]**は・れる【腫れる】**〈動下一〉病気などのために、からだの一部がふくれる。例顔が腫れる。アハレル

[1]**ば・れる**〈動下一〉秘密やうそが人に知られる。俗《ぞく》っぽい言いかた。「バレる」とも書く。例うそがばれる。類露見《ろけん》する。発覚する。アバレル

[2]**バレル**〈名・接尾〉体積の単位。石油の場合、アメリカでは、一バレルは四二《ガロン》、約一五九《リットル》。「バーレル」ともいう。記号「bl」。◇barrel アバレル

ハレルヤ〈感〉〔宗教〕キリスト教で、神への感謝やよろこびを表わすことば。◇hallelujah

参考もともとは「神を賛美せよ」という意味のヘブライ語。

はれわた・る【晴れ渡る】〈動五〉雲ひとつなく、すっかり晴れる。例晴れわたった秋空。類晴れ上がる。

ばれん【馬▼楝】〈名〉版画で、版木にあてた紙をこする道具。

バレンタインデー〈名〉キリスト教で、聖人バレンタインを記念する日。二月十四日。◇Saint Valentine's Day から。

参考愛の告白や、おくり物をする習慣がある。日本では、女性から男性へチョコレートをおくることが広く行なわれてきた。対ホワイトデー。

はれんち【破廉恥】〈名・形動〉はずかしいことをしても、平気でいること。例破廉恥なふるまい。類はじしらず。

はろう【波浪】〈名〉波《なみ》のこと。例波浪注意報。

ハロウィーン〈名〉西洋で、子供たちが仮装《かそう》するお祭りのような行事。十月三一日。「Trick or treat!」を決まり文句に、家々をたずね歩いてお菓子《かし》をもらう。元来は、死者の霊《れい》をむかえる日とされる。◇Halloween

ハロー〈感〉呼びかけや、あいさつのことば。もしもし。こんにちは。◇hello, hallo

ハローワーク〈名〉⇩しょくぎょうあんていじょ

ハロゲン〈名〉〔化学〕弗素《ふっそ》・塩素・臭素《しゅうそ》・沃素《ようそ》・アスタチンの五つの元素。◇ドイツ Halogen

バロック〈名〉一六世紀から一八世紀にかけて、ヨーロッパで流行した芸術様式の一つ。豪壮《ごうそう》で華麗《かれい》なふんいきをもつ。建築ではパリのベルサイユ宮殿《きゅうでん》、絵画ではルーベンスやベラスケス、音楽ではバッハなどの作品が代表的。◇フランス baroque

パロディー〈名〉有名な文学作品などの語句や文章を、おもしろおかしくまねたもの。風刺《ふうし》的なものが多い。類もじり。◇parody

バロメーター〈名〉❶気圧計。❷ものごとの程度を知るための目安。例体重は健康のバロメーターだ。類指標。◇barometer

パワー〈名〉❶力。集団の力にもいう。例パワーがある。あのパワーには圧倒《あっとう》されるね。❷馬力。動力。◇power

パワーショベル〈名〉⇩ショベルカー

パワーステアリング〈名〉自動車のハンドルで、回したりもどしたりする操作に要する力をらくにする装置《そうち》。略して「パワステ」ともいう。◇power steering

パワースポット〈名〉まるで、神秘的な力でももらえるかのようなふんいきの場所。大きな宗教施設や、大自然の中の名所など。くだけた言いかた。◇日本でできた複合語。

ハワイアン〈名〉❶ハワイふう。例ハワイアンギター。❷ハワイの民俗《みんぞく》音楽をもとにしたポピュラー音楽。◇Hawaiian

はわく(方言) 掃《は》く。九州で言う。例庭ばはわく。

はわ・す〖▽這わす〗〈動五〉はうようにさせる。「はわせる」ともいう。例つたをはわした垣根《かきね》。

はわたり【刃渡り】〈名〉刃物の、刃の部分の長さ。

パワハラ〈名〉「パワーハラスメント(power harassment)」の日本での略。職場などでの、上司《じょうし》や先輩によるいやがらせ。

パワフル〈形動〉力強い。例パワフルなエンジン。パワフルな演奏。◇powerful

常用漢字 **はん**

【反】 又部2 全4画 反反反反
ハン・ホン・タン そる・そらす 教小3 音❶［ハン］

 藤原時平(ときひら)(871～909) 平安前期の貴族。菅原道真を大宰府に左遷し，藤原氏の地位を確保。

▨反抗《はんこう》。反対《はんたい》。反社会的《はんしゃかいてき》。反映《はんえい》。反動《はんどう》。反復《はんぷく》。反面教師《はんめんきょうし》。▨違反《いはん》。背反《はいはん》。❷[ホン]▨謀反《むほん》。❸[タン]▨反物《たんもの》。▨一反《いったん》。訓❶[そる]反る。反り。❷[そらす]反らす。

【半】十部3 全5画
ハン なかば 教小2 音[ハン]▨半分《はんぶん》。半数《はんすう》。半径《はんけい》。半面《はんめん》。半端《はんぱ》。半人前《はんにんまえ》。上半期《かみはんき》。▨大半《たいはん》。夜半《やはん》。訓[なかば]半ば。

【氾】氵部2 全5画
ハン 音[ハン]▨氾濫《はんらん》。

【犯】犭部2 全5画
ハン おかす 教小5 音[ハン]▨犯罪《はんざい》。犯人《はんにん》。▨共犯者《きょうはんしゃ》。主犯《しゅはん》。初犯《しょはん》。侵犯《しんぱん》。防犯《ぼうはん》。逃亡犯《とうぼうはん》。訓[おかす]犯す。

【帆】巾部3 全6画
ハン ほ 音[ハン]▨帆船《はんせん》。帆走《はんそう》。▨出帆《しゅっぱん》。順風満帆《じゅんぷうまんぱん》。訓[ほ]帆。帆柱。

【汎】氵部3 全6画
ハン 音[ハン]▨汎用《はんよう》。▨広汎《こうはん》。

【伴】イ部5 全7画
ハン・バン ともなう 音❶[ハン]▨伴侶《はんりょ》。▨随伴《ずいはん》。同伴《どうはん》。❷[バン]▨伴奏《ばんそう》。▨相伴《しょうばん》。訓[ともなう]伴う。

【判】刂部5 全7画
ハン・バン 教小5 音❶[ハン]▨判定《はんてい》。判断《はんだん》。判明《はんめい》。判決《はんけつ》。判事《はんじ》。判例《はんれい》。判然《はんぜん》。判じ物《はんじもの》。▨裁判《さいばん》。公判《こうはん》。審判《しんぱん》。批判《ひはん》。❷[バン]▨大判《おおばん》。小判《こばん》。

【坂】土部4 全7画
ハン さか 教小3 音[ハン]▨急坂《きゅうはん》。登坂車線《とうはんしゃせん》。訓[さか]坂。坂道。下り坂。

【阪】阝部4 全7画
ハン 教小4 音[ハン]▨阪神《はんしん》。▨京阪《けいはん》。
注意 府名の「大阪《おおさか》府」にも用いる。

【板】木部4 全8画
ハン・バン いた 教小3 音❶[ハン]▨甲板《かんぱん》。乾板《かんぱん》。合板《ごうはん》。鉄板《てっぱん》。❷[バン]▨板書《ばんしょ》。▨看板《かんばん》。黒板《こくばん》。掲示板《けいじばん》。訓[いた]板。板敷き。板の間。板前。板挟み。まな板。ベニヤ板。

【版】片部4 全8画
ハン 教小5 音[ハン]▨版画《はんが》。版木《はんぎ》。版権《はんけん》。版元《はんもと》。▨出版《しゅっぱん》。初版《しょはん》。写真版《しゃしんばん》。

【班】王部6 全10画 ※
ハン 教小6 音[ハン]▨班長《はんちょう》。▨首班《しゅはん》。救護班《きゅうごはん》。

【畔】田部5 全10画
ハン 音[ハン]▨河畔《かはん》。湖畔《こはん》。

【般】舟部4 全10画
ハン 音[ハン]▨一般《いっぱん》。今般《こんぱん》。先般《せんぱん》。諸般《しょはん》。

【販】貝部4 全11画
ハン 音[ハン]▨販売《はんばい》。販路《はんろ》。▨市販《しはん》。

【斑】文部8 全12画 ※
ハン 音[ハン]▨斑点《はんてん》。▨死斑《しはん》。蒙古斑《もうこはん》。

【飯】食部4 全12画
ハン めし 教小4 音[ハン]▨飯盒《はんごう》。▨御飯《ごはん》。炊飯《すいはん》。赤飯《せきはん》。訓[めし]飯。五目飯。握り飯。

【搬】扌部10 全13画
ハン 音[ハン]▨搬入《はんにゅう》。搬出《はんしゅつ》。搬送《はんそう》。▨運搬《うんぱん》。

【煩】火部9 全13画
ハン・ボン わずらう・わずらわす 音❶[ハン]▨煩雑《はんざつ》。煩瑣《はんさ》。煩忙《はんぼう》。煩悶《はんもん》。❷[ボン]▨煩悩《ぼんのう》。訓❶[わずらう]煩う。煩わしい。❷[わずらわす]煩わす。

【頒】頁部4 全13画
ハン 音[ハン]▨頒布《はんぷ》。頒価《はんか》。

【範】竹部9 全15画
ハン 音[ハン]▨範囲《はんい》。範疇《はんちゅう》。範例《はんれい》。▨師範《しはん》。模範《もはん》。規範《きはん》。

【繁(繁)】糸部10 全16画
ハン 音[ハン]▨繁殖《はんしょく》。繁雑《はんざつ》。繁茂《はんも》。繁栄《はんえい》。繁忙《はんぼう》。繁華街《はんかがい》。繁簡《はんかん》。繁閑《はんかん》。▨頻繁《ひんぱん》。農繁期《のうはんき》。

【藩】艹部15 全18画
ハン 音[ハン]▨藩主《はんしゅ》。藩士《はんし》。▨廃藩置県《はいはんちけん》。親藩《しんぱん》。

【凡】⇩常用漢字 ぼん〔凡〕

はん[1]【半】〈名〉さいころの奇数《きすう》の目(一、三、五)。また は、二つのさいころの目をたしたものが奇数になること。例 丁《ちょう》か半か。対 丁。

はん[2]【判】〈名〉❶書類などに書いた名前のあとに、本人にまちがいないということを証明するためにおしてつけるもの。姓《せい》や団体名などを小さな木などにほってつくる。例 判を押《お》す。類 はんこ。印。印鑑《いんかん》。❷印刷用紙や本の大きさ。例 A判。B5判。四六判。→はんけい〔判型〕

判で押《お》したよう いつも同じであること。何度くりかえしやってみても、同じであること。

はん[3]【版】〈名〉❶印刷するために、表面に文字や絵、図表などをしるした、板状のもの。例 版木《はんぎ》。❷本として印刷するための、ひとまとまりの内容。

表現 「版をかさねる」は同じ内容で本を増刷すること、「版を改める」は改訂《かいてい》すること。

4**はん【班】**〈名〉おおぜいの人たちを、何人かずつのまとまりにわけたもの。例班をつくる。類グループ。チーム。

5**はん【煩】**〈名〉わずらわしいこと。例煩をいとわない。煩にたえない(=わずらわしくてたまらない)。

6**はん【範】**〈名〉手本。例範を示す。範を垂《た》れる。

7**はん【藩】**〈名〉〔歴史〕江戸《えど》時代に大名が支配した領地。また、その領地を治めるための政治組織。

8**はん【反】**〈接頭〉なにかにそむくという意味をあらわす。例反社会的。反原発運動。対親《しん》。類アンチ。

常用漢字 **ばん**

【晩(晩)】 日部8 全12画 晩晩晩晩晩

バン 教小6 音[バン] ▨晩餐《ばんさん》。晩飯《ばんめし》。晩夏《ばんか》。晩年《ばんねん》。大器晩成《たいきばんせい》。▨今晩《こんばん》。毎晩《まいばん》。早晩《そうばん》。

【番】 田部7 全12画 番番番番番

バン 教小2 音[バン] ▨番組《ばんぐみ》。番地《ばんち》。番人《ばんにん》。番犬《ばんけん》。▨順番《じゅんばん》。当番《とうばん》。非番《ひばん》。留守番《るすばん》。

【蛮(蠻)】 虫部6 全12画 蛮蛮蛮蛮蛮

バン 音[バン] ▨蛮行《ばんこう》。蛮勇《ばんゆう》。▨野蛮《やばん》。南蛮渡来《なんばんとらい》。

【盤】 皿部10 全15画 盤盤盤盤盤

バン 音[バン] ▨盤石《ばんじゃく》。▨円盤《えんばん》。吸盤《きゅうばん》。基盤《きばん》。地盤沈下《じばんちんか》。鍵盤《けんばん》。配電盤《はいでんばん》。

【万】⇩常用漢字 まん〔万〕

【伴】⇩常用漢字 はん〔伴〕

【板】⇩常用漢字 はん〔板〕

1**ばん【晩】**〈名〉一日のうち、日が暮れてから人々が寝《ね》つくぐらいまでのあいだ。例晩のご飯。あすの晩。朝から晩まで。晩のしたく。対朝。類夜。宵《よい》。ア**バン**

2**ばん【番】**〈名〉❶同じことを何人かの人がかわるがわるする場合の順序。例番を待つ。番をとる。やっとわたしの番になった。❷みはること。例番をする。荷物の番。寝《ね》ずの番。留守番。▽アバン

3**ばん【盤】**〈名〉❶将棋《しょうぎ》や碁《ご》などのゲームをするための、ます目などがかいてある台。例将棋の盤。❷おさらのかたちをした容器。❸レコードやCD。例シングル盤。▽アバン

4**ばん【万】**〈副〉❶(あとに打ち消しのことばをともなって)絶対に…ない。例万遺漏《いろう》なきよう。❷どうにも。例万やむをえない。▽古風な言いかた。ア**バン**

パン〈名〉小麦粉にイーストや食塩などをくわえ、水でこねて発酵《はっこう》させて、焼いた食品。◇《ポルトガル》pão

表現 食パンのかたまりは一斤《いっきん》二斤《にきん》と数える。スライスしたものは一枚二枚、細長いフランスパンなどは一本二本と数える。小さく切ったものには一切れ二切れ、一定の形のかたまりで焼いたものには一個二個も使う。

1**はんい【範囲】**〈名〉❶中と外をへだてるために、まわりをかこったもの。制限のわく。例範囲をかぎる。範囲をひろげる。範囲をこえる。範囲に入る。範囲外。範囲内。❷「①」のようにしてかこった内がわ。ひろさにかぎりのある領域。例範囲がひろい。電波のとどく範囲。交際の範囲がせまい。広範囲。行動範囲。

2**はんい【藩医】**〈名〉江戸《えど》時代、藩につかえた医者。

1**はんえい【反映】**〈名・する〉❶反射して映《うつ》ること。また、映すこと。例夕日が湖に反映する。湖が夕日を反映する。流行歌は世相を反映する。❷考えや態度が別のもののうえに、形となってあらわれること。例みんなの意見をこの計画にできるだけ反映させたい。類投影《とうえい》。

2**はんえい【繁栄】**〈名・する〉さかえること。発展すること。例国家の繁栄。対衰退《すいたい》。

はんえいきゅうてき【半永久的】〈形動〉永久といってもよいくらい長い。例半永久的な使用にたえる。

はんえん【半円】〈名〉〔数学〕円を直径で二つに分けたもの。例半円形。

はんおん【半音】〈名〉〔音楽〕全音の半分にあたる音程。例半音あげる。対全音。

1**はんか【反歌】**〈名〉〔文学〕和歌の一形式。長歌《ちょうか》のあとにそえた短歌。長歌の内容をまとめたり、くりかえしたり、おぎなったりするもの。『万葉集』に多くみられる。かえしうた。

2**はんか【頒価】**〈名〉品物を売るときの ねだん。売りね。

表現 「定価」とはちがい、会員制で売ったり、特別にわけるときにつけるねだん、という意味で使うことば。

3**はんか【繁華】**〈形動〉人通りが多くて、にぎやかである。例繁華な市街。繁華街。

はんが【版画】〈名〉〔美術〕木版や銅版、石版などに絵や文字をほり、それに墨《すみ》や絵の具をぬって、紙や布に刷りうつした絵。例版画家。版画集。

1**ばんか【晩夏】**〈名〉夏の終わりのころ。対初夏。

2**ばんか【▼挽歌】**〈名〉〔文学〕死者をいたむ詩や歌。

ハンガー〈名〉洋服をかけておく道具。◇hanger

ハンガーストライキ〈名〉食事をとらないというやり方で行なうストライキ。ハンスト。◇hunger strike

1**はんかい【半開】**〈名・する〉半分ひらいていること。例栓《せん》を半開にする。対全開。類半びらき。

2**はんかい【半壊】**〈名・する〉建築物などが半分ちかくこわれること。例半壊家屋。対全壊。

ばんかい【▼挽回】〈名・する〉不利だった形勢をもとにもどすこと。例勢力を挽回する。名誉《めいよ》を挽回する。後半戦で挽回したい。類巻《ま》き返し。巻き返す。

ばんがい【番外】〈名〉❶きめられた予定のほか。例番外として先生がみんなに手品を見せた。番外編。❷特別なもの。別格のもの。例彼だけは番外だ。類とびいり。

ばんがいへん【番外編】〈名〉ある物語の設定をもとにしてつくられた、話のすじに直接つながりのない傍系《ぼうけい》の作品。対本編。正編。類外伝。うら話。スピンオフ。

はんがえし【半返し】〈名〉お祝い金や香典《こうでん》の半分の額に相当する品物を、お礼として返すこと。

はんかがい【繁華街】〈名〉商店《しょうてん》などがたくさんたちならび、いつも人通りが多く、にぎわっている場所。

はんかく【半角】〈名〉組版やパソコン、ワープロで、正方形のます目の半分の文字の大きさ。例半角文字。半角スペース。対全角。

はんがく【半額】〈名〉きめられた金額や料金の半分。例半額セール。類半値。

ばんがく【晩学】〈名〉老年になってから、または、ふつうの人がする年よりあとになって勉強をはじめること。

はんかくさい(方言) ばかげた。あほらしい。北海道で言う。

ばんがさ【番傘】〈名〉タケを割ってつくったほねに和紙をはり、油をひいたじょうぶな雨がさ。類からかさ。じゃのめ。

ばんがた【晩方】〈名〉夕方。古風な言いかた。

は

ハンカチ〈名〉「ハンカチーフ」の日本での省略語。

ハンカチーフ〈名〉木綿《もめん》やアサ、ガーゼなどでつくった四角い小さな布。手をふいたりするのに使う。略して「ハンカチ」「ハンケチ」ともいう。◇handkerchief

はんかつう【半可通】〈名・形動〉ほんとうはあまりよく知らないのに、知っているふりをするようす。また、そういう人。知ったかぶり。

ばんカラ【蛮カラ】〈名・形動〉わざとしたないかっこうや、粗暴《そぼう》な態度をすること。「ハイカラ」をもじった古いことば。例蛮カラな学生。

バンガロー〈名〉キャンプ用の小屋。◇bungalow

[1]**はんかん**【反感】〈名〉相手の人がらや考え、言ったことなどに対して、腹をたてたり、いやな感じをもつこと。例反感を買う。反感をいだく。対好感。

[2]**はんかん**【繁簡】〈名〉こみいっていてやっかいなことと、かんたんなこと。例繁簡よろしきをえる。

[3]**はんかん**【繁閑】〈名〉いそがしいときと ひまなとき。

[1]**はんがん**【半眼】〈名〉まぶたを半分程度あけた状態。
アハンガン

[2]**はんがん**【判官】〈名〉❶⇩ほうがん〔判官〕 ❷「裁判官」の古い言いかた。例名判官。▽アハンガン

ばんかん【万感】〈名〉心にうかぶさまざまな思い。例万感胸にせまる。

はんかんはんみん【半官半民】〈名〉国と民間とで共同でお金をだし、運営する事業のやりかた。

はんがんびいき【判官びいき】〘判官▼贔▼屓〙〈名〉⇩ほうがんびいき

[1]**はんき**【反旗】〘▼叛旗〙〈名〉つかえている人にそむくこと。例反旗をかかげる。反旗をひるがえす。

[2]**はんき**【半期】〈名〉あるきめられた期間の半分。とくに、一年の半分の期間。例上《かみ》半期。

[3]**はんき**【半旗】〈名〉えらい人が死んだとき、悲しみの気持ちを表わすために、さおの先から三分の一くらい下げてかかげる旗。類弔旗《ちょうき》。

はんぎ【版木・板木】〈名〉版画や木版印刷のために、文字や絵をほりつける木の板。

ばんきしゃ【番記者】〈名〉特定の人や団体にいつもついている記者。いち早くたしかな情報を得る役割をになう。

はんぎゃく【反逆】〘▼叛逆〙〈名・する〉国や支配者、世間のやりかたなどにそむくこと。例反逆をくわだてる。反逆児。類謀反《むほん》。反乱。造反。

はんぎゃくじ【反逆児】〈名〉権力に対して反抗《はんこう》する人。世間の常識や慣習にさからって自分の主張を通そうとする人。

はんきゅう【半球】〈名〉❶地球を東西または南北に二分した、その一つ。例北半球。東半球。❷球を、その中心をとおる平面で二分した、その一つ。

はんきょう【反響】〈名〉❶〈する〉音が壁《かべ》などにぶつかって反射し、ふたたび聞こえること。例声が壁に反響する。ホールが反響する。❷ある行動やできごとに対する、反応《はんのう》や評判。例海外で大きな反響をよぶ。なんの反響もない。

はんきょうらん【半狂乱】〈名〉ひどく取り乱した状態になること。例突然の事故で子どもを失い、母親は半狂乱になった。

[1]**ばんきん**【万金】〈名〉ものすごい額のお金。古い言いかた。まんきん。例万金に値《あたい》する。類千金。

[2]**ばんきん**【板金】〘▼鈑金〙〈名〉❶金属を板のようにうすく打ちのばしたもの。❷「①」を加工する仕事。

バンク〈造語〉❶銀行。❷たいせつなものを大量に保存しておくところ。例データバンク。アイバンク。◇bank

パンク〈名・する〉❶タイヤが破れて空気がぬけること。❷限界《げんかい》をこえてしまったために、うまく機能しなくなること。例電話がパンクする。注文が多くてパンクしそうだ。◇puncture の日本での省略語。

ハンググライダー〈名〉三角形をした翼《よく》の下に、からだをささえるための横棒をとりつけ、人がつかまって空を飛ぶ乗りもの。◇hang glider

ばんぐみ【番組】〈名〉放送や演芸などで、出しものの組み合わせ。また、一つ一つの出しもの。プログラム。例番組表。

ハングル〈名〉朝鮮《ちょうせん》の表音文字。参考「大いなる文字」という意味の朝鮮《ちょうせん》語から。一四四六年に「訓民正音」の名で公布された。

ばんくるわせ【番狂わせ】〈名〉試合などが予想もしない結果になること。明らかに強いほうが負けること。例番狂わせが起きる。大《おお》番狂わせ。

[1]**はんけい**【半径】〈名〉〔数学〕円や球の中心から、円周や球面までの長さ。直径の半分。記号r アハンケー

[2]**はんけい**【判型】〈名〉本や紙の大きさのタイプ。A判、B判などがあり、ほかに四六《しろく》判、菊《きく》判などがある。アハンケー 参考 A判、B判とも、いちばん大きいものを全紙《ぜんし》といい、半分にするごとにA2判、A3判と数字が大きくなる。多くの教科書は、B5判かA5判。この辞典の大きさは、B6判。

パンケーキ〈名〉⇩ホットケーキ ◇pancake

はんげき【反撃】〈名・する〉攻《せ》めてくる敵に対して、攻めかえすこと。例反撃に転じる。類反攻《はんこう》。逆襲《ぎゃくしゅう》。

はんけつ【判決】〈名〉〔法律〕裁判所が裁判についてだす決定。例判決をくだす。判決がくだる。判決を言いわたす。判決をくつがえす。判決文。有罪判決。

はんげつ【半月】〈名〉半円形に見える月。また、その形をしたもの。例半月形。

バンケットルーム〈名〉ホテルなどの宴会《えんかい》場。◇banquet room

はんげつばん【半月板】〈名〉ひざの関節部分にはさまれている、内側と外側で一対《いっつい》の軟骨《なんこつ》。

[1]**はんけん**【半券】〈名〉物をあずかったりお金を受け取ったりしたことの証拠《しょうこ》として、切り取ってわたす預り証や、入場券の半分。

[2]**はんけん**【版権】〈名〉本などの出版や販売《はんばい》を決定して、実行する権利。類出版権。著作権。

はんげん【半減】〈名・する〉半分にへること。例興味が半減する。事故が半減する。

ばんけん【番犬】〈名〉どろぼうよけのために飼《か》うイヌ。

はんこ〘判子〙〈名〉「判①」のくだけた言いかた。

はんご【反語】〈名〉❶「こんなことがあっていいだろうか」「かれが宿題を忘れるなんてことがあるだろうか」のように疑問のかたちで表現しながら、実際には「こんなことがあってはならない」「かれが宿題を忘れるはずがない」という、疑問を打ち消したつよい確信を表わす言いかた。❷ほんとうに言いたいことを わざと反対の表現で言うこと。「気がきいているやりかた」のことを「にくいやりかた」と言ったりすること。

パンこ【パン粉】〈名〉❶パンをかわかして、こなにしたもの。❷パンの原料にする小麦粉。

はんこう[1]**【反抗】**〈名・する〉親や目上の人などの言うことをきかないで、はむかうこと。例親に反抗する。反抗心。反抗期。反抗的。対服従。類反発。さからう。

はんこう[2]**【反攻】**〈名・する〉たたかいで、攻《せ》められていたがわが、反対に攻めかえすこと。類反撃《はんげき》。逆襲《ぎゃくしゅう》。

はんこう[3]**【犯行】**〈名〉法律にそむく行ない。例犯行に及《およ》ぶ。犯行をかさねる。犯行をみとめる。類犯罪。

はんごう【飯ごう】〖飯▼盒〗〈名〉野外でご飯をたくのに使う、アルミニウムなどでできた容器。

ばんこう【蛮行】〈名〉乱暴なふるまい。

ばんごう【番号】〈名〉順番を表わす数。ナンバー。例番号をうつ。番号をつける。番号順。背番号。

はんこうき【反抗期】〈名〉子どもが成長する段階で、親やまわりの人に反抗的な態度をとる時期。第一反抗期(二、四歳《さい》ごろ)と第二反抗期(十三、四歳ごろ)がある。

はんごうすいさん【飯ごう炊さん】〖飯▼盒炊▼爨〗〈名〉キャンプなどで、飯ごうでごはんをたいたり、料理したりすること。

ばんこく【万国】〈名〉世界中の国々。例万国共通の問題。万国旗。

ばんこくき【万国旗】〈名〉運動会などのかざりに使う、世界の国の国旗を並べたもの。「ばんこっき」ともいう。

ばんこくはくらんかい【万国博覧会】〈名〉国際的な博覧会。略して「万国博」「万博《ばんぱく》」ともいう。

はんこつ【反骨】〖▼叛骨〗〈名〉権力や世間一般《いっぱん》の傾向《けいこう》にかんたんにしたがうことなく、自分が正しいと考えることをつらぬきとおす気持ち。例反骨精神。類硬骨《こうこつ》。

ばんこふえき【万古不易】〈名〉大昔からいつまでも変わらずに存在すること。例万古不易の法則。

はんごろし【半殺し】〈名〉これ以上せめたら死ぬ、というところまで、ひどく痛めつけること。例半殺しにする。半殺しの目にあう。類生《なま》殺し。

方言 東北から中部にかけて、餅米《もちごめ》をつぶす意味から、「ぼた餅、おはぎ」の意味で使う地域もある。よくつぶしたものは「みなごろし」などとも言う。

ばんこん【晩婚】〈名〉ふつうよりも年をとってから結婚すること。例晩婚化。対早婚。

はんさ【煩瑣】〖煩▼瑣〗〈名・形動〉こまごましてわずらわしく、めんどうなこと。例煩瑣な手続き。類煩雑。

はんざい【犯罪】〈名〉罪をおかすこと。おかした罪。例犯罪をおかす。犯罪者。類犯行。

ばんざい【万歳】━〈名〉❶いつまでも生きてさかえること。例千秋万歳。❷〈する〉両手をあげて「ばんざい」ととなえること。例万歳三唱。❸〈する〉降参すること。くだけた言いかた。例こんなにいきづまったら、万歳するよりしようがない。類お手上げ。

═〈感〉たいへんうれしい気持ちや、なにかの前途《ぜんと》を祝う気持ちを表わして、となえることば。

ばんさく【万策】〈名〉考えられるすべての手段。例万策つきる。万策を講じる。

はんさつ【藩札】〈名〉江戸《えど》時代、藩が発行し、藩内だけで通用した紙幣《しへい》。

はんざつ【煩雑・繁雑】〈名・形動〉❶[煩雑]こみ入っていて、めんどうなこと。例煩雑をさける。煩雑な手続き。煩雑な家事。対簡略。類煩瑣《はんさ》。❷[繁雑]ものごとが多くて、こみ入っていること。例本を繁雑にならべた古本屋。

ハンサム〈形動〉美男である。例ハンサムな若者。類男前。二枚目。イケメン。◇handsome

参考 英語では「立派な」「美しい」の意味で男女の区別なく用いられる。ただし、女性についていうときは、男性的な魅力《みりょく》をそなえた威厳《いげん》のある人についていう。

はんさよう【反作用】〈名〉〔物理〕物体に力を加えたとき、それと同じ大きさで正反対の方向にはたらく力。

ばんさん[1]**【晩産】**〈名〉ふつうよりも年をとってから子供を産むこと。例晩産化。

ばんさん[2]**【晩餐】**〖晩▼餐〗〈名〉特別に用意された豪華《ごうか》な夕食。例晩餐会。類ディナー。

はんし【半紙】〈名〉習字などで使う和紙。

はんじ【判事】〈名〉〔法律〕裁判官の官名の一つ。高等裁判所・地方裁判所・家庭裁判所の裁判官。

参考 俗《ぞく》には、最高裁判所などの裁判官をふくめていうこともある。

ばんし【万死】〈名〉❶どうやっても助からないこと。例万死をまぬかれる。❷一万回も死ぬこと。例罪万死に値《あたい》する。

万死に一生《いっしょう》を得《え》る ⇩九死《きゅうし》に一生を得る

ばんじ【万事】〈名〉あらゆること。例万事この調子だ。一事が万事(→「いちじ〔一事〕」の子項目)。類諸事。

万事休《きゅう》す 自分に不利な結果がでてしまい、もはやどうすることもできない。類万策つきる。

パンジー〈名〉「三色《さんしき》すみれ」のこと。◇pansy

バンジージャンプ〈名〉ゴム製の命づなを足首や背中につけて、相当高い所から飛びおりる遊び・アトラクション。◇bungee(=ゴムひも)jumpingから。

はんした【版下】〈名〉❶版木にはりつけてほるために書いた文字や絵など。❷そのまま製版するためにきれいに作成した印刷用原稿。

はんしはんしょう【半死半生】〈名〉今にも死にそうな状態であること。瀕死《ひんし》。類虫の息。

ばんじまして(方言) 夕暮れのあいさつのことば。島根で言う。参考「晩になりまして」の意味から。

はんじもの【判じ物】〈名〉絵や文字に、ある意味をかくしておいて、人にあてさせるもの。

表現 言うことがあいまいでわけがわからないようなとき、「まるで判じ物のようだ」という。

はんしゃ【反射】〈名〉❶〈する〉〔物理〕光や音、熱や電波など、直進する性質のものが、物体に当たってはねかえって進むこと。また、物体が光などをはねかえすこと。例つもった雪に日光が反射してまぶしい。白壁は日光を反射する。乱反射。❷〔生物〕動物が刺激《しげき》をうけて瞬時《しゅんじ》に無意識におこす反応。たとえば、熱い物にうっかりふれて手をひっこめる動作など。

はんしゃかいてき【反社会的】〈形動〉社会の常識や規律などに対してさからうようす。例反社会的勢力(=暴力団など)。

はんしゃきょう【反射鏡】〈名〉光を集めたり、別の方向に反射させたりするのに使う、特別なかがみ。反射式天体望遠鏡の凹面《おうめん》鏡など。

ばんしゃく【晩酌】〈名・する〉家での夕食のとき、酒を飲むこと。

ばんじゃく【盤石】〖▼磐石〗━〈名〉大きな岩。類いわお。═〈名・形動〉どっしりとしていて、うごかないこと。ゆるぎない状態。例盤石のかまえ。盤石の重み。▽

 藤原秀郷(ひでさと)(10世紀ごろ) 平安中期の武将。俗称は俵藤太。平貞盛と協力して平将門の反乱を平定。

↓だいばんじゃく

はんしゃてき【反射的】〈形動〉刺激《しげき》に対して無意識に瞬時《しゅんじ》に反応するようす。例反射的に身をかわす。

はんしゅ【藩主】〈名〉江戸《えど》時代、その藩を支配していた人。大名。

はんしゅう【半周】〈名〉❶〈する〉まるい形をしたところを、半分だけまわること。❷円の周囲の半分。

[1]**ばんしゅう【晩秋】**〈名〉秋の終わりのころ。対初秋。秋口《あきぐち》。類暮秋《ぼしゅう》。↓あき〔秋〕表現 アバンシュー

[2]**ばんしゅう【▼播州】**〈名〉旧国名「播磨《はりま》」の漢語名。例播州手延《てのべ》べそうめん。播州そろばん。播州毛鉤《けばり》。アバンシュー

はんじゅうしん【半獣神】〈名〉⇩ぼくしん

はんじゅく【半熟】〈名〉❶ゆで卵が、じゅうぶんにかたまっていない状態。例半熟卵。❷くだものがじゅうぶんには熟していないこと。

ばんじゅく【晩熟】〈形動〉くだものや穀物が、ふつうよりもおそく熟するようす。対早熟。

はんしゅつ【搬出】〈名・する〉運び出すこと。対搬入。

ばんしゅん【晩春】〈名〉春の終わりのころ。対早春。初春《しょしゅん》。類暮春《ぼしゅん》。

ばんしょ【板書】〈名・する〉授業の内容などを、黒板やホワイトボードに書くこと。また、その書かれた文字など。例先生の板書をノートに写す。

[1]**はんしょう【反証】**〈名・する〉相手の言うことや証拠《しょうこ》を否定するために、反対の証拠をだすこと。反対の証拠。例仮説を反証する。反証を挙げる。類反例。

[2]**はんしょう【半焼】**〈名・する〉火事で、建物のほぼ半分がやけること。対全焼。丸焼け。

[3]**はんしょう【半鐘】**〈名〉火の見やぐらの上につけて、火事が発生したことを知らせるために、打ち鳴らすかね。参考寺院の鐘《かね》のような大きなものに対して小型なので半鐘という。

[1]**はんじょう【半畳】**〈名〉たたみ一畳の半分の広さ。

半畳を入《い》れる 他人の話や行動に対し、からかったりやじをとばしたりすること。参考むかし芝居《しばい》小屋で、役者がへただと、観客がおこって、しいている半畳だたみを舞台《ぶたい》に投げつけたことからいう。

[2]**はんじょう【繁盛】**〈名・する〉事業や店などが、発展して、さかえること。例商売繁盛。

[1]**ばんしょう【万障】**〈名〉さまざまなさしさわり。例万障おくりあわせのうえ、ご出席ください。

表現 例に示したような言いかたで、会議や集まりなどへの出席を依頼《いらい》するときによく使う。

[2]**ばんしょう【晩鐘】**〈名〉夕がたに鳴らす寺院や教会のかね。例晩鐘が聞こえる。

ばんじょう【万丈】〈名〉非常に高いこと。例万丈の山。万丈の気炎。波乱万丈。

バンジョー〈名〉ギターに似たアメリカの弦楽器《げんがっき》。まるい胴《どう》にヒツジの皮をはり、四、五本の弦をつけたもの。はじいて音をだす。◇banjo

はんしょく【繁殖】〈名・する〉動物や植物が、どんどんふえること。例繁殖期。繁殖力。

パンしょく【パン食】〈名・する〉米のご飯などでなく、パンを主食とすること。例朝食はパン食にしている。

[1]**はんしん【半身】**〈名〉からだを上下または左右に分けたときの、半分。例上半身。左半身。半身像(=上半身の像)。対全身。アハンシン

[2]**はんしん【阪神】**〈名〉大阪《おおさか》と神戸《こうべ》を中心とする地方。西日本の経済の中心。アハンシン

ばんじん【万人】〈名〉⇩ばんにん〔万人〕

はんしんはんぎ【半信半疑】〈名〉なかば信じ、なかば疑うこと。ほんとうかうそか、判断にまようこと。

はんしんふずい【半身不随】〈名〉病気やけがで、からだの右半分または左半分を自由に動かせなくなること。

[1]**はんすう【反▼芻】**〈名・する〉❶ウシやラクダなどの草食動物が、いちど飲みこんだ食物をまた口にもどして、こまかくかむこと。❷頭の中でくりかえし考えたり、味わったりすること。例先生のことばを反芻する。▽アハンスー

[2]**はんすう【半数】**〈名〉全体の半分の数。例過《か》半数。アハンスー

ハンスト〈名・する〉「ハンガーストライキ」の日本での省略語。

パンスト〈名〉「パンティーストッキング」の日本での省略語。

ハンズフリー〈名〉手に何も持っていない状態。携帯《けいたい》電話に取り付けて使うヘッドホン型の送受器のように、機器が手を使わずに利用できるようになっていること。◇hands-free

はん・する【反する】〈動サ変〉…とちがっている。反対である。例期待に反する。法規に反する。

[1]**はんせい【半生】**〈名〉一生の半分。例半生を…にささげる。アハンセー

表現 文字どおりの意味は、「一生の半分」であるが、「生涯《しょうがい》のだいじな部分」という意味がこもっている。

[2]**はんせい【反省】**〈名・する〉自分のしたことをふりかえって、よいか悪いかよく考えてみること。自分の悪かった点をよく考えて、二度としないようにすること。例過去を反省する。反省をうながす。反省会。類自省。内省。アハンセー

[1]**ばんせい【晩生】**〈名〉作物などが、ふつうよりおそくみのること。対早生《そうせい・わせ》。類おくて。晩熟。

[2]**ばんせい【晩成】**〈名・する〉年をとってから完成したり、りっぱになったりすること。例大器晩成。

はんせきほうかん【版籍奉還】〈名〉〔歴史〕一八六九年に明治政府がすすめた改革。それぞれの藩《はん》の土地(版)と領民(籍)の支配権を朝廷《ちょうてい》に返させ、もとの藩主を知藩事という地方官に任命し、そのまま藩の政治にあたらせた。

[1]**はんせん【反戦】**〈名〉戦争に反対すること。例反戦運動。対主戦。

[2]**はんせん【帆船】**〈名〉帆《ほ》に風をうけて、その力ですすむ船。類帆かけ船。帆前船《ほまえせん》。

はんぜん【判然】〈副・連体〉はっきりしている。例判然とあとが残る。判然たる証拠《しょうこ》。判然とした目印。彼《かれ》の意図は判然としない。類歴然。明瞭《めいりょう》。明白。

ばんせん【番宣】〈名〉放送予定の番組を視聴《しちょう》してもらうための宣伝。

ばんぜん【万全】〈名・形動〉少しの手おちもなく、どこからみても完全に準備ができていること。例万全を期する。万全の対策をたてる。類完全。十全。完璧《かんぺき》。

ハンセンびょう【ハンセン病】〈名〉らい菌《きん》の感染によっておこる慢性《まんせい》の病気。ひふ感覚のまひ、結節

藤原秀衡(ひでひら) (1122～87)　平安末期，奥州藤原氏の3代目で，最盛期をもたらした。源義経を保護。

や潰瘍《かいよう》などの症状《しょうじょう》がある。「ハンセン氏病」ともいう。レプラ。

[1]**はんそう【帆走】**〈名・する〉ヨットや帆船などが、帆《ほ》に風をうけて走ること。類セーリング。

[2]**はんそう【搬送】**〈名・する〉大きな荷物を車や船ではこぶこと。類輸送。
表現「救急搬送先の病院」のように、けが人や病人に対しても使う。

[1]**ばんそう【伴走】**〈名・する〉マラソンなどで、走者の近くにつきそって走ること。

[2]**ばんそう【伴奏】**〈名・する〉〔音楽〕中心になっている声楽や楽器の演奏の効果をますために、ほかの楽器で演奏すること。例伴奏者。ピアノ伴奏。

[3]**ばんそう【晩霜】**〈名〉四月から五月上旬《じょうじゅん》にかけておりる霜《しも》。類おそじも。別れ霜。

ばんそうこう【▼絆創▼膏】〈名〉傷口を保護するために上にはったり、包帯をとめたりするのに使う、ねばりけのあるくすりをつけた紙や布。例絆創膏をはる。

[1]**はんそく【反則】**〈名・する〉❶スポーツなどで、規則をやぶること。例反則をおかす。反則負け。類ルール違反。❷「ずるい」ことの、くだけた言いかた。

[2]**はんそく【犯則】**〈名〉法律をやぶること。

[3]**はんそく【販促】**〈名・する〉「販売促進」の略。商品の売り上げを上げるためのさまざまな活動。セールスプロモーション。

はんそで【半袖】〈名〉洋服で、袖が肘《ひじ》までの長さのもの。例半袖シャツ。半袖すがた。

はんだ〈名〉鉛《なまり》と錫《すず》とのやわらかい合金。一五〇度ぐらいの温度でとけるので、金属をつなぎ合わせるのに使う。例はんだごて。はんだづけ。

ばんだ【万▼朶】〈名〉たくさんの枝。例万朶の桜。

パンダ〈名〉❶ジャイアントパンダ。けものの一種で、形はクマに似て、白と黒のもようがある。一・五メートルぐらいの大きさで、タケを主食とする。中国にすむ。❷レッサーパンダ。けものの一種で、アライグマに似《に》て、からだは黄褐色《おうかっしょく》。五〇センチメートルぐらいの大きさで、木のぼりがうまい。ヒマラヤや中国の高地にすむ。◇panda 参考とくに①をいう。

ハンター〈名〉狩《か》りをする人。◇hunter

はんたい【反対】㊀〈名・形動〉たがいに対立したり、逆の関係であったりすること。例立場が反対になる。黒の反対は白だ。反対色。正反対。類あべこべ。逆。㊁〈名・する〉相手の考えなどに対して、逆の態度をとること。例上司の意見に反対する。反対をうける。反対意見。対賛成。類敵対。対立。

ばんだい【番台】〈名〉ふろ屋などの入り口にある高い台。料金を受けとったり、見はりをしたりする人がすわる。

はんたいご【反対語】〈名〉⇩たいぎご

はんたいしょく【反対色】〈名〉⇩ほしょく〔補色〕㊀

はんたいじんもん【反対尋問】〈名〉〔法律〕裁判で証人を呼んだがわの尋問のあとに、相手側が、その証言をくつがえすために行なう尋問。対主尋問。

はんたいせい【反体制】〈名〉現在の社会や政治の体制に反対し、それを改革したり否定しようとする立場。

はんだくおん【半濁音】〈名〉日本語で、パ・ピ・プ・ペ・ポのかなで表わされる音《おん》。対清音。濁音。

はんだくてん【半濁点】〈名〉パ行の音を表わすために、ハ・ヒ・フ・ヘ・ホのかなの右肩《みぎかた》につける「゜」のしるし。→だくてん

パンタグラフ〈名〉架線《かせん》から電流をとりこむために、電車の屋根にとりつける装置《そうち》。上下に動く。◇pantograph

パンだね【パン種】〈名〉パンをつくるとき、ふくらませたり、独特の香味《こうみ》をつけたりするために生地《きじ》に加える材料。イーストなど。

はんだん【判断】〈名・する〉❶考えて、はっきりした結論をだすこと。例冷静にものを判断する。真偽《しんぎ》を判断する。判断があまい。判断に苦しむ。判断にまよう。判断をあおぐ。判断をくだす。判断力。❷うらないなどによって、結論をだすこと。例姓名《せいめい》判断。

ばんたん【万端】〈名〉そのことに関係のある、すべてのことがら。例用意万端ととのう。会の諸事万端をとりしきる。注意「万全《ばんぜん》」とまぎれて、「準備万端ととのった」の意味で、「準備は万端だ」「準備万端で本番にのぞむ」のように使われることもある。

ばんち【番地】〈名〉建物などがある場所につけられている、ほかと区別するための番号。例所《ところ》番地。類地番。→ちばん

パンチ〈名〉❶こぶしで打つこと。とくに、ボクシングで相手を打つこと。例パンチをくわせる。強烈《きょうれつ》なパンチ。❷力づよくせまること。迫力《はくりょく》。例パンチのきいた歌いかた。❸切符《きっぷ》を切ること。紙に穴をあけること。また、そのための道具。例パンチを入れる。パンチ穴。◇punch
表現①は一発二発と数える。

ばんちゃ【番茶】〈名〉いいところをつみとったあとの、かたい葉でつくったお茶。

番茶も出花《でばな》⇩鬼《おに》も十八《じゅうはち》番茶も出花(「おに」の子項目)

はんちゅう【範▼疇】〈名〉ものごとをいくつかのまとまりに分類したときの、それぞれのまとまり。カテゴリー。例範疇がことなる。範疇にいれる。

ばんちょう【番長】〈名〉中学や高校の非行グループのリーダー。

ハンチング〈名〉帽子《ぼうし》の一種。ひさしのついた、平たい帽子。鳥打ち帽。◇hunting cap から。

パンツ〈名〉❶男性用の、下腹部をおおう下着。類ブリーフ。❷運動用のズボン。例スキーパンツ。❸ズボン。例(女性の)パンツスーツ。◇pants
参考イギリスでは下着、アメリカではズボンをさす。

ばんづけ【番付】〈名〉すもうで、力士の地位を順序にしたがって書いたもの。また、それをまねた順位表。例番付にのる。番付があがる。長者番付。

[1]**ハンデ**〈名〉「ハンディキャップ」の略。ハンディ。◇日本での省略語。

[2]**はんで(方言)**…から。青森で言う。例雨降るはんで行がね。参考津軽《つがる》地方で使う。南部地方では「…すけ」を使う。

はんてい【判定】〈名・する〉❶ものごとのよしあしなどを、よくみてきめること。例判定をくだす。❷柔道《じゅうどう》やボクシングなどで、時間内に勝負がつかないとき、審判《しんぱん》がその試合内容で勝敗をきめること。例判定勝ち。

ハンディ〈名〉⇩ハンデ

ハンディー〈形動〉手ごろで持ちやすい。あつかいやすい。例ハンディーなラジオ。◇handy

パンティー〈名〉女性用の下ばき。◇panties

パンティーストッキング〈名〉パンティーの上から履く、足先までつながった女性用の下着。パンスト。

 藤原広嗣(ひろつぐ) (?～740) 奈良初期の貴族。政敵の橘諸兄らを除こうと北九州で挙兵して失敗。

参考 日本での複合語。英語では panty hose という。

はんていがち【判定勝ち】〈名〉格闘《かくとう》競技で、所定の時間内に勝負がつかないとき、審判《しんぱん》が優勢とみとめた側を勝ちとすること。対判定負け。

ハンディキャップ〈名〉❶不利な条件。不利になるもの。例ハンディキャップを背負う。ハンディキャップを克服《こくふく》する。❷ゴルフやボウリングなどで、勝利の機会を均等にするために、強い者ほど大きく負わせる不利な条件。▽略して「ハンデ(ィ)」ともいう。◇handicap

ハンティング〈名・する〉狩《か》り。◇hunting

パンテオン〈名〉古代ローマの神殿。◇Pantheon

パンデミック〈名〉感染症《かんせんしょう》の世界的な大流行。対エンデミック(=地域的流行)。◇pandemic

[1]**はんてん【反転】**〈名・する〉❶ひっくりかえること。ひっくりかえすこと。❷反対の方向へむきをかえること。例飛行機は反転して飛びさった。▽アハンテン

[2]**はんてん【半天】**〈名〉❶天の半分。❷空の中ほど。類なかぞら。中天。▽アハンテン

[3]**はんてん【半▼纏】**〈名〉職人などが、仕事をするときに上にはおる短い上着。はおりに似るが、胸のひもやえりの折り返しがない。はっぴ。例しるしばんてん。アハンテン

[4]**はんてん【飯店】**〈名〉中華料理店。アハンテン
参考 店の名に使われる。中国ではホテルの意味。

[5]**はんてん【斑点】**〈名〉ものの表面に、まだらにちらばっている点。例赤い斑点。斑点が出る。アハンテン

はんでんしゅうじゅのほう【班田収授の法】〈名〉〔歴史〕律令《りつりょう》時代の土地制度。六歳《さい》以上の男女に一定の耕地をあたえ、死ねば国家に返させた。大化の改新のときから行なわれたが、一〇世紀はじめには実施《じっし》されなくなった。

はんてんじゅぎょう【反転授業】〈名〉従来《じゅうらい》の授業と宿題の役割を逆にした教育方法。さきに家でビデオ教材で勉強しておいてから、授業で応用問題などにとりくむ。

[1]**はんと【反徒】**【▼叛徒】〈名〉反逆や反乱をおこした人。類謀反《むほん》人。

[2]**はんと【版図】**〈名〉国の領土。例版図をひろげる。

バント〈名・する〉野球の打法の一つ。バットを短く持ち、かるくボールに当てて前にころがす打ちかた。例送りバント。◇bunt

バンド〈名〉❶ひも。例ヘアバンド。❷腰《こし》にしめる「ベルト」のやや古い言いかた。❸「楽団」のこと。例ブラスバンド。◇band

はんドア【半ドア】〈名〉自動車で、ドアが完全にはしまっていない状態。

ハンドアウト〈名〉教室や会議の席などで配る発表用の資料。◇handout

はんとう【半島】〈名〉陸地が海に長くつきだしたところ。岬《みさき》・崎《さき》などより規模の大きいものをいう。紀伊《きい》半島・アラビア半島など。

はんどう【反動】〈名〉❶ある方向のうごきに対して、正反対の方向にはたらく力。反作用。例反動がくる。❷世の中の進歩にさからって、むかしに逆もどりしようとすること。例反動政治。❸⇩リバウンド②
類ゆり返し。

[1]**ばんとう【晩冬】**〈名〉冬の終わりのころ。対初冬。

[2]**ばんとう【晩稲】**〈名〉ふつうのイネより みのるのがおそいイネ。おくて。対わせ。

[3]**ばんとう【番頭】**〈名〉商店や旅館などで、主人についで責任のある人。やとわれている人の中で、いちばん上の人。

ばんどう【坂東】〈名〉「関東」の昔のよび名。

はんどうたい【半導体】〈名〉❶〔物理〕電気の通じやすさが導体と不導体の中間になっている物質。❷「①」を用いて作られたダイオードやトランジスター(=半導体素子)、また、それらを組み合わせた集積回路。エレクトロニクス製品に不可欠《ふかけつ》であることから、「産業のコメ」とも呼ばれる。
参考 物質は、電気の通じやすさからみて、導体・不導体・半導体に分かれる。導体はつねに通じやすく、不導体はつねに通じにくい。半導体は、低温では通じにくいが、温度があがるにつれて通じやすくなる。この変化性が電波の増幅《ぞうふく》などに大きなはたらきをする。半導体物質にはゲルマニウムやケイ素(シリコン)などがある。

はんとうめい【半透明】〈名・形動〉完全にではなく、少しすきとおっている状態。例半透明のごみぶくろ。

[1]**はんどく【判読】**〈名・する〉読みにくい字や、意味のわかりにくい文などを、こうではないかと判定して読むこと。

[2]**はんどく【範読】**〈名・する〉教師が、読み方の手本として、国語の教科書などを読んで聞かせること。

ハンドタオル〈名〉ハンカチの形のタオル。◇日本での複合語。

ハンドバッグ〈名〉婦人用の小さな手さげかばん。◇handbag

ハンドブック〈名〉使いかたなどを、わかりやすくまとめて書いた本。手びき。便覧《びんらん》。◇handbook

ハンドボール〈名〉コートの両はしにゴールを設け、きめられた時間内に相手がたのゴールにボールを投げいれて、得点をきそう球技。試合は一チーム十一名または七名で行なう。オリンピック種目の一つ。送球。◇handball

パントマイム〈名〉ことばを使わないで、身ぶりや表情だけで行なう演技や芝居《しばい》。無言劇。◇pantomime

パンドラのはこ(箱) ギリシャ神話にある、あらゆる罪やわざわいがつまった箱。参考 神ゼウスが開けることを禁じた箱をパンドラ(=神が最初につくったという女性)が開けたら、あらゆる悪いものが出てきて世の中が悪くなったが、箱の底に「希望」だけが残っていたという話による。

ハンドル〈名〉❶自動車や機械などを運転したりうごかしたりするとき、手でにぎってあつかう部分。例ハンドルさばき。❷ドアなどのとって。ノブ。◇handle
参考 英語では、車のハンドルは(steering)wheel といい、自転車やオートバイのハンドルは handlebars という。

バンドル〈名〉ある製品に別の製品をつけて販売《はんばい》すること。パソコンにソフトウェアをインストールして売るなど、おもに、同時に使う製品にいう。◇bundle

ハンドルネーム〈名〉インターネットで掲示板《けいじばん》などを利用するとき、本名のかわりに使うニックネーム。
参考 英語では、たんに handle という。

はんドン【半ドン】〈名〉午前中だけの勤務。土曜日など。参考「ドン」とは、日曜日の意味のオランダ語 zondag からきた「ドンタク」から。

はんなま【半生】〈名〉❶十分に煮《に》えていないこと。❷知識が不十分であること。類半可通《はんかつう》。

はんなり(方言) 品がよく、はなやかだ。京都・大阪などで言う。例はんなり(と)した味わい。

ばんなん【万難】〈名〉ものごとをすすめていくうえでの、さまざまな困難や障害。例万難を排《はい》して実行する。

[1]**はんにち【反日】**〈名〉外国の人が、日本に対して反感や敵対感情をしめすこと。例反日感情。対親日。

[2]はんにち【半日】〈名〉一日の半分。午前中か午後のどちらかをさすこともある。例半日仕事。

はんにゃ【般▽若】〈名〉おそろしい顔をした鬼女《きじょ》。また、その顔をかたどった面。◇もとサンスクリット語。↓のうめん絵

はんにゃしんぎょう【般▽若心経】〈名〉大乗《だいじょう》仏教の「色即是空《しきそくぜくう》」の考えを、二七八字の漢字で簡潔《かんけつ》に表わした経典《きょうてん》。

はんにゃとう【般▽若湯】〈名〉僧《そう》の隠語《いんご》で、酒のこと。

はんにゅう【搬入】〈名・する〉運びいれること。例美術品を搬入する。対搬出。

表現 展覧会の絵や大きな荷物を、会場などの屋内に入れるときにいうことが多い。

はんにん【犯人】〈名〉犯罪をおかした人。

[1]ばんにん【万人】〈名〉すべての人。ばんじん。例万人がみとめる。万人むき。アバンニン バンニン

[2]ばんにん【番人】〈名〉見はりをする人。アバンニン

はんにんまえ【半人前】〈名〉経験や力量が足りず、一人前にまだなっていないこと。例おまえの仕事は半人前だ。

はんね【半値】〈名〉定価の半分のねだん。類半額。

ばんねん【晩年】〈名〉なくなった人の一生で、終わりのころ。例晩年の作品。

はんのう【反応】〈名・する〉❶はたらきかけに対して、手ごたえがあること。また、その手ごたえ。例反応を示す。聴衆の反応はにぶかった。❷刺激《しげき》に応じてうごきや変化をおこすこと。例ベルの音に反応する。拒否《きょひ》反応。❸〔化学〕二つ以上の物質がふれあったときに化学変化をおこすこと。例核融合《かくゆうごう》反応。

ばんのう【万能】〈名〉❶すべてのことに、ききめがあること。例万能薬。❷どんなことでも、よくできること。例スポーツ万能。万能選手。万能感。類多才。

はんのうはんぎょ【半農半漁】〈名〉農業と漁業の仕事を半半にやりながら暮らしていること。

はんのき〖▼榛の木〗〈名〉山野のしめった土地に生える落葉高木。実《み》を染料《せんりょう》とし、木材を建築や家具などに使う。「はりのき」ともいう。

はんば【飯場】〈名〉鉱山や土木工事の現場ではたらいている人たちの宿泊《しゅくはく》所。

はんぱ【半端】〈名・形動〉❶数がそろわないこと。たりないこと。例半端な数。半端物。❷どちらともつかないこと。例中途《ちゅうと》半端。類どっちつかず。

表現「半端ではない」というと、しっかりしていて非常にすぐれているという意味のほめことばになる。

バンパー〈名〉自動車や列車の車体の前後につけて、ぶつかったときのショックをやわらげる装置《そうち》。緩衝《かんしょう》器。◇bumper

ハンバーガー〈名〉ハンバーグやチーズなどをまるいパンにはさんだ食べもの。◇hamburger

ハンバーグ〈名〉ウシやブタのひき肉に、タマネギのみじん切りや卵、パン粉や塩などを入れてねり、ひらたくまるめてフライパンで焼いた料理。◇hamburg steak から。

はんばい【販売】〈名・する〉商品を売ること。例自動販売機。対購入《こうにゅう》。購買。

はんばく【反▼駁】〈名・する〉言われた意見や批判に対して、意見を言いかえすこと。例反駁の余地がない。類反論。抗論。

ばんぱく【万博】〈名〉「万国博覧会」の略。

はんばつ【藩閥】〈名〉明治維新《いしん》で手がらをたてた、薩摩《さつま》・長州などの同じ藩の出身者がつくった派閥。

はんぱつ【反発】〖反▼撥〗〈名・する〉❶ぶつかって、はねかえること。例反発力。低反発のクッション。❷相手の考えや言ったことを受けいれず、はねかえそうとすること。例反発を感じる。住民の反発を買う(まねく)。類反感。反抗《はんこう》。

はんはん【半半】〈名〉半分ずつ。例半々にわける。

ばんばんざい【万万歳】〈名〉結果がのぞみどおりで、申し分がないこと。また、一応満足できること。くだけた言いかた。類しめたもの。御《おん》の字。

はんびょうにん【半病人】〈名〉病人とはいえないが、心やからだがよわよわしく、まるで病気をしているように見える人。

はんびらき【半開き】〈名〉❶半分ほどあいたままになっていること。例ドアを半開きにする。❷花が半分ほど咲きかけていること。▽類半開《はんかい》。

はんぴれい【反比例】〈名・する〉〔数学〕xで表わされる数や量が二倍、三倍になると、yで表わされる数や量が二分の一、三分の一になること。そのようなxとyとの関係。逆比例。対比例。正比例。類逆相関。

はんぷ【頒布】〈名・する〉配りわけること。例希望者に頒布する。頒布会。

パンフ〈名〉「パンフレット」の日本での省略語。

はんぷく【反復】〈名・する〉同じ動作をなんどもくりかえすこと。例反復して覚える。反復練習。

はんぷくきごう【反復記号】〈名〉⇩リピート②

ばんぶつ【万物】〈名〉宇宙の中の、ありとあらゆるもの。類森羅万象《しんらばんしょう》。

万物の霊長《れいちょう》 すべてのものの中で、もっともすぐれたものということから、人間のこと。

万物流転《るてん》 宇宙のすべてのものはたえず変化していて、ほんのしばらくでも同じすがたを続けることはない。

参考 古代ギリシャの哲学者ヘラクレイトスのことば。「諸行無常《しょぎょうむじょう》」という仏教思想と同じ。

パンフレット〈名〉うすい冊子《さっし》。二つ折りの商品説明書などもさす。略して「パンフ」ともいう。◇pamphlet

はんぶん【半分】 一〈名〉二つに分けて両方がひとしくなるようにしたときの一つ。例半分わけ(に)する。二〈副〉ある状態にかなり近づいているようす。例半分忘れていた。類なかば。三〈造語〉なかばその気で、という意味を表わす。例おもしろ半分。じょうだん半分。▽↓囲み記事42(次ページ)

はんぶんじょくれい【繁文▼縟礼】〈名〉規則や礼儀《れいぎ》作法がこまごまとしていてめんどうなこと。

はんべい【反米】〈名〉他国の人が、アメリカに対して反感や敵対感情をしめすこと。例反米感情。反米デモ。

ばんぺい【番兵】〈名〉見はりの兵士。類歩哨《ほしょう》。

はんべつ【判別】〈名・する〉ものごとの種類や性質などのちがいを見わけること。例良否を判別する。判別がつく。類識別。鑑別《かんべつ》。弁別。

はんぽ【半歩】〈名〉一歩の半分ほどの長さ。例半歩前へ出る。

表現「半歩リードする」「半歩あゆみよる」などの「半歩」は、「一歩」と言えるほどでなく、十分ではないが、たしかに前進がみとめられることを表わす。

はんぼいん【半母音】〈名〉発音のしかたは母音によ

藤原冬嗣(ふゆつぐ)(775～826) 平安初期の貴族。最初の蔵人頭。藤原氏(北家)全盛の基礎を築いた。

く似《に》ているが、子音《しいん》に近いはたらきや性質をもつ音。日本語のヤ行・ワ行から母音をとりのぞいた「j」「w」など。

はんぼう【繁忙・煩忙】〈名・形動〉しなければならない仕事がたくさんあって、いそがしいこと。例繁忙をきわめる。類多忙。参考鉄道などでいう「繁忙期」は、一年のうち客の多い時期のことで、その反対は「閑散《かんさん》期」。

はんぽん【版本・板本】〈名〉文字などをほった版木で印刷した書物。対写本。

ハンマー〈名〉❶大きくてがっしりした金づち。❷鉄球にピアノ線とハンドルをつけた、ハンマー投げに使う用具。◇hammer

ハンマーなげ【ハンマー投げ】〈名〉陸上競技の種目の一つ。きめられた円内から「ハンマー②」を投げて、飛んだ距離《きょり》の長さをきそう。

はんみ【半身】〈名〉❶すもうなどで、相手に対して、からだをななめにしてかまえた姿勢。例半身にかまえる。❷さかなを背骨にそって切ったかたほう。類片身。

はんみょう【斑▽猫】〈名〉昆虫《こんちゅう》の一種。体長二センチメートルほどで金属のようなつやがあり、むらさき色や緑色をしていて美しい。

ばんみん【万民】〈名〉すべての人民。例平和は万民の願い。

はんめい【判明】〈名・する〉はっきりわかること。あきらかになること。例事件の全貌《ぜんぼう》が判明した。

ばんめし【晩飯】〈名〉夜に食べる食事。「晩ごはん」のややくだけた言いかた。対朝めし。昼めし。類夕めし。

[1]**はんめん【反面】**〈名〉❶反対の方の面。裏がわの面。❷ほかの面からみたところ。例新しい携帯《けいたい》電話は便利な反面、こわれやすい欠点がある。
表記②は、次項の「半面」と使い分けにくい場合もある。

[2]**はんめん【半面】**〈名〉❶顔のたての半分。❷ものごとの、かたほうの面。例半面の真理。半面だけみて、とやかく言うことはできない。↓前項表記

はんめんきょうし【反面教師】〈名〉悪い手本としていましめとなる行為《こうい》や人。意図的な場合より、結果がそうなる場合をいうほうが多い。参考毛沢東《もうたくとう》の言ったことば。類他山《たざん》の石。人のふり見てわがふり直せ。

はんも【繁茂】〈名・する〉木や草がうるさいほどに、しげること。例雑草が繁茂する。類生い茂る。はびこる。

はんもく【反目】〈名・する〉たがいに仲がわるく、対立すること。例両者が相《あい》反目する。主流派と反目をつづける。類対立。

ハンモック〈名〉立ち木のあいだなどにつる、網《あみ》または布でつくった寝床《ねどこ》。◇hammock

はんもと【版元】〈名〉その本や雑誌を出した出版社。

[1]**はんもん【反問】**〈名・する〉人からなにか質問されたときに、逆に問いかえすこと。

[2]**はんもん【煩▼悶】**〈名・する〉解決の道がなかなかみつからないで、もだえ苦しむこと。類苦悩。懊悩《おうのう》。苦悶。

[3]**はんもん【斑紋】**〈名〉まだらになっている模様。

ばんゆう【蛮勇】〈名〉正しいかどうかをよく考えず、何かにむやみに向かっていく勇気。例蛮勇をふるう。類暴虎馮河《ぼうこひょうが》。

ばんゆういんりょく【万有引力】〈名〉〔物理〕宇宙にあるすべての物体が、たがいにひきあうように働いている力。参考引力は、二つの物体のあいだの距離《きょり》の二乗に反比例し、それぞれの質量の積に比例する。「万有引力の法則」といい、ニュートンが一六八七年に発表した。

はんよう【汎用】〈名・する〉いろいろの方面に使えること。例汎用コンピューター。汎用性。対専用。類万能。多機能。

ばんらい【万雷】〈名〉たくさんのかみなりがなるような、大きくはげしい音。例万雷の拍手《はくしゅ》をあびる。

[1]**はんらん【反乱】【▼叛乱】**〈名・する〉国や政府にそむいて、戦いやさわぎをおこすこと。例反乱をくわだてる。反乱軍。類謀反《むほん》。暴動。反逆。

[2]**はんらん【氾濫】**〈名・する〉❶川などの水が、あふれて広がること。例川が氾濫する。類出水。洪水《こうずい》。越水《えっすい》。❷ものがあふれるように出回ること。例外来語の氾濫。

ばんり【万里】〈名〉たいへん遠い距離《きょり》。

ばんりのちょうじょう【万里の長城】〈名〉中国で、北方の遊牧民族の侵入《しんにゅう》を防ぐためにつくられた城壁《じょうへき》。秦《しん》の始皇帝が完成させた。現在のものは明《ミン》の時代に築かれたもので、全長約二四〇〇キロメートル。

ハンリュー【▽韓流】〈名〉韓国《かんこく》国外において流行する、韓国でつくられたドラマや音楽などの大衆文化。また、その流行現象。「かんりゅう」ともいう。例韓流映画。韓流ブーム。◇中国語から。

はんりょ【伴侶】〈名〉いつもいっしょにいる人。例人生の伴侶(=妻、夫のこと)。類連れ合い。パートナー。

ばんりょく【万緑】〈名〉あたり一面みどりであること。

万緑叢《そう》中《ちゅう》紅《こう》一点《いってん》 ⇩こういってん

囲み記事 42

「半分」のいろいろな使いかた

(1)半分に関連したことば

会計年度を前半と後半にわけ、「上《かみ》半期」「下《しも》半期」という。各半期をさらに半分にわけて四期にしたものを「四《し》半期」といい、「第一四半期」「第二四半期」のようにいう。

もうけた金や支払いなどをふたりで等分にわけることを「折半《せっぱん》する」「半半にする」「フィフティーフィフティーにわける」などという。

(2)心理的な半分

経費や物質とちがって、厳密《げんみつ》に半分にすることができないことがらについても、心理的に「半分」ととらえて表現することがある。「おもしろ半分」「じょうだん半分」などが代表的なものである。また、そのような表現では、「半分」どうしが相《あい》反する性質をもっていることが多い。「おもしろ半分」は、ふざけた気持ちとまじめな気持ちの両方があり、「長くわずらっていた親が亡《な》くなって、半分はほっとしました」といえば、悲しい気持ちと、安心した気持ちの両方をもっていることを表わす。「だましたのはもちろん悪いが、だまされた方にも半分の責任がある」という場合も、「だます人」と「だまされる人」の双方《そうほう》に責任があると言っている。「百里の道は九十九里をもって半《なか》ばとす」という場合、すでに歩んできた「九十九里」と、これから歩く最後の「一里」をひきくらべて、どちらも同じくらい大切だということを表わしている。

はんれい[1]**【凡例】**〈名〉本などの、編集方針や使い方などを説明した部分。

はんれい[2]**【反例】**〈名〉ある意見に対し、それに当てはまらない具体例。例 反例を挙げて反論する。類 反証。

はんれい[3]**【判例】**〈名〉〔法律〕具体的な事件についての、これまでの裁判所の判決。

はんれい[4]**【範例】**〈名〉手本とする例。

はんろ【販路】〈名〉商品の売れていく方面。例 販路を拡大する。

はんろん【反論】〈名・する〉相手の意見や議論に反対して、意見を言うこと。その意見。類 反駁《はんばく》。抗論。

ひ…ヒ

常用漢字 ひ

【比】 比部0 全4画

比比比比

ヒ くらべる 教小5 音[ヒ] ⬒比較《ひかく》。比重《ひじゅう》。比率《ひりつ》。比例《ひれい》。比類《ひるい》。比肩《ひけん》。⬓対比《たいひ》。無比《むひ》。訓[くらべる] 比べる。食べ比べる。見比べる。背比べ。知恵比べ。力比べ。

【皮】 皮部0 全5画

皮皮皮皮皮

ヒ かわ 教小3 音[ヒ] ⬒皮膚《ひふ》。皮革《ひかく》。皮下注射《ひかちゅうしゃ》。皮相《ひそう》。⬓樹皮《じゅひ》。鉄面皮《てつめんぴ》。表皮《ひょうひ》。訓[かわ] 皮。皮むき。皮算用。毛皮。薄皮。渋皮。

【妃】 女部3 全6画

妃妃妃妃妃妃

ヒ 音[ヒ] ⬒妃殿下《ひでんか》。⬓王妃《おうひ》。皇太子《こうたいし》妃。

【否】 口部4 全7画

否否否否否否否

ヒ いな 教小6 音[ヒ] ⬒否定《ひてい》。否決《ひけつ》。否認《ひにん》。⬓拒否《きょひ》。安否《あんぴ》。合否《ごうひ》。賛否両論《さんぴりょうろん》。適否《てきひ》。訓[いな] 否。否めない。

【批】 扌部4 全7画

批批批批批批批

ヒ 教小6 音[ヒ] ⬒批判《ひはん》。批評《ひひょう》。批准《ひじゅん》。

【彼】 彳部5 全8画

彼彼彼彼彼彼

ヒ かれ・かの 音[ヒ] ⬒彼我《ひが》。彼岸《ひがん》。訓❶[かれ] 彼。彼ら。彼氏。❷[かの] 彼女。

【披】 扌部5 全8画

披披披披披披

ヒ 音[ヒ] ⬒披見《ひけん》。披露《ひろう》。

【肥】 月部4 全8画

肥肥肥肥肥肥

ヒ こえる・こえ・こやす・こやし 教小5 音[ヒ] ⬒肥大《ひだい》。肥満《ひまん》。肥沃《ひよく》。肥料《ひりょう》。⬓施肥《せひ》。堆肥《たいひ》。追肥《ついひ》。訓❶[こえる] 肥える。❷[こえ] 肥。下肥《しもごえ》。❸[こやす] 肥やす。❹[こやし] 肥やし。

【非】 非部0 全8画 ※

非非非非非非

ヒ 教小5 音[ヒ] ⬒非行《ひこう》。非常《ひじょう》。非難《ひなん》。非凡《ひぼん》。非公式《ひこうしき》。⬓是非《ぜひ》。理非曲直《りひきょくちょく》。

【卑(卑)】 十部7 全9画

卑卑卑卑卑

ヒ いやしい・いやしむ・いやしめる 音[ヒ] ⬒卑近《ひきん》。卑屈《ひくつ》。卑下《ひげ》。卑俗《ひぞく》。卑劣《ひれつ》。⬓野卑《やひ》。訓❶[いやしい] 卑しい。卑しさ。❷[いやしむ] 卑しむ。❸[いやしめる] 卑しめる。

【飛】 飛部0 全9画

飛飛飛飛飛飛

ヒ とぶ・とばす 教小4 音[ヒ] ⬒飛行機《ひこうき》。飛躍《ひやく》。飛来《ひらい》。飛脚《ひきゃく》。⬓雄飛《ゆうひ》。訓❶[とぶ] 飛ぶ。飛び火。飛び交う。飛び出す。飛び飛び。吹き飛ぶ。❷[とばす] 飛ばす。投げ飛ばす。

【疲】 疒部5 全10画

疲疲疲疲疲疲

ヒ つかれる 音[ヒ] ⬒疲労《ひろう》。疲弊《ひへい》。訓[つかれる] 疲れる。疲れ。疲れ目。気疲れ。看病疲れ。

【秘(祕)】 禾部5 全10画 ※

秘秘秘秘秘

ヒ ひめる 教小6 音[ヒ] ⬒秘密《ひみつ》。秘伝《ひでん》。秘宝《ひほう》。秘策《ひさく》。秘蔵《ひぞう》。秘書《ひしょ》。⬓黙秘《もくひ》。便秘《べんぴ》。神秘的《しんぴてき》。訓[ひめる] 秘める。

【被】 ネ部5 全10画

被被被被被

ヒ こうむる 音[ヒ] ⬒被服《ひふく》。被膜《ひまく》。被子植物《ひししょくぶつ》。被害《ひがい》。被災地《ひさいち》。被告《ひこく》。被験者《ひけんしゃ》。被写体《ひしゃたい》。訓[こうむる] 被る。

【悲】 心部8 全12画 ※

悲悲悲悲悲

ヒ かなしい・かなしむ 教小3 音[ヒ] ⬒悲哀《ひあい》。悲恋《ひれん》。悲痛《ひつう》。悲壮《ひそう》。悲観的《ひかんてき》。悲劇《ひげき》。悲喜《ひき》。⬓慈悲《じひ》。訓❶[かなしい] 悲しい。物悲しい。悲しがる。❷[かなしむ] 悲しむ。悲しみ。

【扉】 戸部8 全12画 ※

扉扉扉扉扉

ヒ とびら 音[ヒ] ⬓開扉《かいひ》。門扉《もんぴ》。訓[とびら] 扉。

【費】 貝部5 全12画

費費費費費

ヒ ついやす・ついえる 教小5 音[ヒ] ⬒費用《ひよう》。⬓消費《しょうひ》。浪費《ろうひ》。会費《かいひ》。雑費《ざっぴ》。食費《しょくひ》。燃費《ねんぴ》。訓❶[ついやす] 費やす。❷[ついえる] 費える。

【碑(碑)】 石部9 全14画

碑碑碑碑碑

ヒ 音[ヒ] ⬒碑銘《ひめい》。⬓文学碑《ぶんがくひ》。慰霊碑《いれいひ》。記念碑《きねんひ》。石碑《せきひ》。詩碑《しひ》。墓碑《ぼひ》。

【罷】 罒部10 全15画

罷罷罷罷罷

ヒ 音[ヒ] ⬒罷業《ひぎょう》。罷免《ひめん》。

【避】 ⻌部13 全16画

避避避避避

ヒ さける 音[ヒ] ⬒避難《ひなん》。避暑地《ひしょち》。⬓回避《かいひ》。不可避《ふかひ》。逃避《とうひ》。訓[さける] 避ける。

ひ[1]**【日】** 一〈名〉❶「太陽」のこと。例 日がのぼる。日がしずむ。日の目をみる(→独立項目)。日の出。類 日輪《にちりん》。❷太陽の光線。例 日がさす。日にあたる。日に焼ける。日にさらす。日ざし。木《こ》もれ日。類 日光。❸太陽が出ているあいだの一日。例 日が暮れる。日がな

 藤原通憲(みちのり)(1106?～59) 平安末期の貴族。後白河天皇の側近。平治の乱で殺された。

がい。夜を日についで(→「よ〔夜〕」の子項目)。類昼間。日中《にっちゅう》。❹まる一日。例日をかさねる。日をかぞえる。日をおって。日帰り。日がな一日。日ましに。日ごとに。日数《ひかず》。❺一日一日のつみかさなり。例日をへて(=なんにちかたって)。日をかぎる。日ならずして(→独立項目)。引っ越してきてまだ日が浅い。類期間。日数《にっすう》。❻日づけのある、特定の一日。例次の会合の日をきめよう。文化の日。こどもの日。類期日。❼何月何日と特定しない、ある一日。例また会う日まで。いつの日にか。❽時期。時代。ころ。例若き日の姿。▽アヒ

二〈接尾〉名詞のあとにつけて、「…をする日」「…にあたる日」という意味を表わす。「び」と濁音《だくおん》になる。例出勤日。誕生《たんじょう》日。安売り日。厄日《やくび》。

表現 (1)「…した日には」という言いかたがある。多く、ひどい場合を想定して「…となったときには」という意味で使う。「あいつときた日には、約束をまもったことがないんだから、やりきれない」のような言いかたになると、「日」の意味はもちろん、「とき」の意味すらなくなって、単に、「あいつったら」と言うにひとしい。

(2)「日のあたる場所」は、おおぜいの人から注目されるようなはなやかな社会的地位を表わす。

参考 二は、「安売りデー」「ファン感謝《かんしゃ》デー」のように、「デー」ということも多い。

日が浅《あさ》い なにかをしはじめてあまり日がたっていない。経験が少ない。例習いはじめて、まだ日が浅い。

日が当《あ》たらない ❶太陽の光がささない。例日が当たらない場所。❷人々から注目されず評価されることがない。類日の目を見ない。

日が長《なが》い ひるまの時間がながい。対日が短い。

日暮《く》れて途《みち》遠《とお》し ❶きめられた時期に近いのに、ものごとがいっこうにはかどらない。❷年老いてしまったのに、するべき仕事がまだたくさん残っている。

日を改《あらた》める その日ではなくて、別の日にする。例また、日をあらためてうかがいます。

日を追《お》って 日数がたつにつれて。例生活は日を追って苦しくなった。類日に日に。日増しに。日一日と。

日を限《かぎ》る はっきりと期日をさだめる。

[2]ひ【火】〈名〉❶加熱されて燃えでるもの。例火がつく。火が出る。火をふく。火をつける。火を消す。火にあぶる。火花。かがり火。類炎《ほのお》。火炎《かえん》。❷ほのおは出ていないが、高熱の状態になっていて赤くなっているもの。例火だね。炭火。❸火事。例火を出す。火の用心。火元。もらい火。飛び火。下火。不審《ふしん》火。❹料理で、煮《に》たり焼いたりするためにくわえる熱。例なべを火にかける。火を通す。中まで火が通る。強火。とろ火。じか火。▽アヒ

表現 (1)「全員が火となって突入《とつにゅう》した」「火をはくような熱弁」のように、人間の心にあるはげしい情熱を表わすために「火」ということばがよく使われる。

(2)「火が消えたようだ」は、元気さかんだったものが急に静かになってしまったことをもいう。また、流行がすたれかかることを、火事にたとえて「下火になる」という。

参考「日」と「火」のアクセントのちがいは、「日が出る」「火が燃える」でわかる。

火がつく ❶ものが燃えだす。❷なにかが原因となって事件や騒動《そうどう》が起きる。例紛争《ふんそう》に火がつく。

火に油《あぶら》を注《そそ》ぐ いきおいの強いものに、さらにいきおいをくわえるようなことをする。

火の海《うみ》 火が一面に燃えひろがっている状態。例あたり一面火の海となった。

火の消《き》えたよう それまでの活気がなくなって、すっかりさびしくなっているようす。

火のついたよう ❶赤んぼうがはげしく泣くようす。❷非常にあわただしいようす。例火のついたように催促《さいそく》される。

火の出《で》るような ❶恥ずかしさなどのあまり、顔が真っ赤になるようす。例顔から火の出るような思い。❷ものすごく激しいようす。例火の出るような熱戦。

火のない所《ところ》に煙《けむり》は立《た》たぬ 全然事実のないところには、うわさはたたない。

火の用心《ようじん》 ⇩独立項目

火を絶《た》やす ❶火だねまでなくしてしまう。例伝統の火を絶やす。❷途中《とちゅう》でとだえさせてしまう。

火を通《とお》す 食べ物に熱をくわえる。例軽く火を通す。中まで火を通す。

火を吐《は》く ❶火をふきだす。例火を吐く火山。❷はげしい論争をするようす。例火を吐く舌戦《ぜっせん》。

火を噴《ふ》く いきおいよく一気にもえあがる。例エンジンが火を噴く。

表現 野球で「打線が火を噴く」のように、集中的にせめることのたとえとしても使われる。

火を見《み》るよりも明《あき》らか そうなることがわかりきっている。ふつう、よくないことにいう。類明明白白。

[3]ひ【灯】〈名〉夜、あたりを明るくするためのあかり。例灯をともす。類ともしび。灯火《とうか》。アヒ」

[4]ひ【▼樋】〈名〉はなれたところから水をひくために、木や竹などでつくってかけわたした長いくだ。とい。アヒ」

[5]ひ【比】 一〈名〉ある数量が、ほかの数量に対して何倍にあたるかを数値で表わしたもの。例…の比をもとめる。AとBの比。アヒ」ヒ →ひする〔比する〕

二〈造語〉「フィリピン」のこと。例比国。日比。

表現 一は「…の比ではない」の形で、それよりもずっと程度がいちじるしいことをいう。

比を見《み》ない 同じ程度や種類のものがほかにない。例他社に比を見ない品質。類比類ない。

[6]ひ【非】 一〈名〉❶道理に合わなくて、正しくないこと。例非をあばく。対是《ぜ》。❷まちがっていること。欠点。例非をみとめる。非をならす。…を非とする。❸うまくいかなくて、ぐあいがわるいこと。例形勢が非である。類不利。▽アヒ

二〈接頭〉あとに続くことばを打ち消す。例非公式。非合法。非人道的。

非の打《う》ちどころがない すべてが完全で、わるいところが全然なく、文句のつけようがない。

非を鳴《な》らす さかんに非難する。

[7]ひ【秘】〈名〉他人にもらしたり、知られたりしてはならないこと。例秘中の秘。部外秘。アヒ」

[8]ひ【碑】〈名〉事件や人の業績などを記念して、文字や絵をきざんでたてる石。石碑《せきひ》。いしぶみ。例碑を建てる。記念碑。文学碑。アヒ

[9]ひ【▼緋】〈名〉火のように明るくてこい赤。例緋鯉《ひごい》。緋色《ひいろ》。アヒ

[10]ひ【費】〈接尾〉費用のこと。例教材費。参加費。

ひ

藤原基経(もとつね)(836~91) 平安前期の貴族。叔父藤原良房の養子。摂政となり，最初の関白となった。

【尾】尸部4 全7画 尾尾尾尾尾尾
ビ お 音[ビ] 尾行《びこう》。尾翼《びよく》。首尾《しゅび》。末尾《まつび》。語尾《ごび》。徹頭徹尾《てっとうてつび》。竜頭蛇尾《りゅうとうだび》。交尾《こうび》。訓[お] 尾。尾根。注意「尻尾」は、「しっぽ」と読む。

【眉】目部4 全9画 眉眉眉眉眉
ビ・ミ まゆ 音❶[ビ] 眉目《びもく》。焦眉《しょうび》の急《きゅう》。白眉《はくび》。❷[ミ] 眉間《みけん》。訓[まゆ] 眉。眉毛。

【美】羊部3 全9画 ※美美美美美美
ビ うつくしい 教小3 音[ビ] 美観《びかん》。美人《びじん》。美醜《びしゅう》。美術《びじゅつ》。美味《びみ》。美談《びだん》。賛美《さんび》。審美眼《しんびがん》。肉体美《にくたいび》。優美《ゆうび》。訓[うつくしい] 美しい。

【備】イ部10 全12画 備備備備備
ビ そなえる・そなわる 教小5 音[ビ] 備考《びこう》。備品《びひん》。備蓄《びちく》。守備《しゅび》。準備《じゅんび》。予備《よび》。完備《かんび》。才色兼備《さいしょくけんび》。訓❶[そなえる] 備える。備え。❷[そなわる] 備わる。

【微】彳部10 全13画 微微微微微
ビ 音[ビ] 微妙《びみょう》。微細《びさい》。微生物《びせいぶつ》。微笑《びしょう》。微熱《びねつ》。微力《びりょく》。顕微鏡《けんびきょう》。衰微《すいび》。

【鼻】鼻部0 全14画 鼻鼻鼻鼻鼻
ビ はな 教小3 音[ビ] 鼻音《びおん》。鼻孔《びこう》。耳鼻科《じびか》。訓[はな] 鼻。鼻声。鼻血。鼻水。鼻づまり。鼻歌。小鼻。わし鼻。

び[1]【美】〈名〉❶見たり聞いたりした感じがよくて、うつくしいこと。また、そういうもの。例美の世界。自然の美。美的。❷すばらしくてみごとなこと。例有終の美をかざる。参考 真善美というときの美は、判断基準の一つで「正しい・正しくない」「よい・わるい」「本当か・うそか」のような基準とは関係なく、「きれいだなあ」と心ひかれるかどうかという文句なしの基準をいう。

び[2]【尾】〈接尾〉魚やエビをかぞえることば。「匹」よりもややあらたまった言いかた。

ひあい【悲哀】〈名〉心にふかく感じられるかなしさ。例悲哀をかみしめる。人生の悲哀。類あわれ。

ひあが・る【干上がる】〈動五〉池や田などの水が、からからにかわききる。例たんぼが干上がる。類枯渇《こかつ》する。かれる。

表現「あごが干上がる」「口が干上がる」といえば、お金がなくなって生活にこまることをいう。

ひあし【日脚・日足】〈名〉太陽が出てから、しずむまでの時間。例日脚がのびる。日脚が長くなる。

ピアス〈名〉耳たぶなどにあけた穴に通してつけるアクセサリー。◇pierced earrings から。

ひあそび【火遊び】〈名〉❶子どもが、火を使ってあぶない遊びをすること。❷まじめさのない、遊びのような恋愛。

ひあたり【日当たり】〈名〉日光のあたりぐあい。また、日光があたる場所。例日当たりがいい。

ピアニスト〈名〉ピアノの演奏家。◇pianist

ピアニッシモ〈名〉〔音楽〕強弱記号の一つ。「とても弱く」演奏する。「ピアニシモ」ともいう。記号「*pp*」。対フォルティッシモ。◇イタリア pianissimo

ピアノ〈名〉❶代表的な鍵盤《けんばん》楽器。ひろい音域とゆたかな表現力をもち、独奏や合奏などにひろく使われる。例ピアノをひく。❷〔音楽〕強弱記号の一つ。「弱く」演奏する。記号「*p*」。対フォルテ。◇イタリア piano 参考 ①は、「洋琴《ようきん》」という訳語《やくご》があり、当て字にも使われた。

ピアノせん【ピアノ線】〈名〉非常にじょうぶな鋼鉄製のはりがね。ピアノの弦《げん》や橋のケーブル、コンクリートの強化などに使う。

ひあぶり【火あぶり】〖火▼炙り〗〈名〉人を火で焼き殺した、昔の刑罰《けいばつ》。例火あぶりの刑。類火刑。

ヒアリング〈名〉❶「リスニング①」の、日本での言いかた。例ヒアリングテスト。❷聞き取り調査。事情聴取《ちょうしゅ》。公聴会。▽「ヒヤリング」ともいう。◇hearing

ピーアール【PR】〈名・する〉会社や政府、公共機関などが、一般《いっぱん》の人に事業の内容や目的を理解してもらうために行なう宣伝・広報《こうほう》活動。◇PR=public relations の略。

ビーカー〈名〉理科の実験に使う、口の広い、つつ形をしたガラス容器。◇beaker

ピーカン〈名〉「快晴」の意味の俗《ぞく》な言いかた。例ピーカン照り。参考 映画業界の用語から。

ひいき〖▼贔▼屓〗〈名・する〉自分の気にいっている人やチームなどを、とくに力を入れて応援《おうえん》すること。また、そうしてくれる人。例ひいきにする。身内をひいきする。ひいき筋(=ひいきしてくれるだれか)。えこひいき。判官《ほうがん》びいき。類肩入れ。

ひいきの引《ひ》き倒《たお》し ひいきしすぎて、かえってその人に迷惑《めいわく》をかけること。

ひいきめ【ひいき目】〖▼贔▼屓目〗〈名〉ある人やものに対する、好意的な見かた。例どうひいき目に見ても、スマートとは言えないね。類欲目。

ビーきゅう【B級】〈名〉一級品ではなく、手間もあまりかかっていないもの。例B級グルメ。B級映画。参考 高い評価はされないものの、支持する人々も多いようなものについていう。

ピーク〈名〉❶山の頂上。❷ある状態がいちばん高まったところ。例混雑のピーク。▽類頂点。◇peak

びーし（方言）模造紙。愛知・岐阜などで言う。由来「B判の紙」に由来する。方言だと気づいていない人が多い。

びいしき【美意識】〈名〉美を感じとる感覚。

ビーズ〈名〉洋服のかざりや手芸に使う、小さな色つきのガラス玉。糸をとおしてつないで使う。◇beads

ピース〈名〉部分。小さなかけら。一そろいのものの一つをかぞえるときに使う。例三百ピースのジグソーパズル。◇piece

ヒーター〈名〉❶暖房《だんぼう》器具。❷電気こんろ。電熱器。◇heater

ビーだま【ビー玉】〈名〉ガラスでできた、色とりどりの小さな玉。子どもの遊びに使われる。参考「ビー」は「ビードロ」から。

ビーチ〈名〉海岸。浜辺《はまべ》。例ビーチパラソル。◇beach

ぴいちくぱあちく〈副〉❶ヒバリの鳴き声を模したことば。❷耳ざわりなほど、にぎやかにむだ話をするようす。

ひいちにちと【日一日と】〈副〉日がたつにつれて。例日一日と春めいてきた。類日増しに。

 藤原基衡(もとひら) 生没年不明。平安末期，奥州藤原氏の2代目。平泉を拠点に繁栄。毛越寺を建立。

ひいては〈副〉あることがらが、それだけではなくさらにほかへもおよぶようす。さらにすすんで。例かれ自身の、ひいては学校全体の名誉《めいよ》にかかわる問題だ。

ひい・でる【秀でる】〈動下一〉ある方面のことについて、ほかよりもいちだんとすぐれる。例一芸に秀でる。

[1]**ビート**〈名〉❶水泳で、ばた足。例ビート板。❷音楽で、拍子《ひょうし》。とくに、ジャズの強烈《きょうれつ》なリズム。例ビートのきいた演奏。◇beat ▽アビート

[2]**ビート**〈名〉⇩てんさい〔甜菜〕◇beet アビート

ヒートアイランド〈名〉気温分布図上で、まわりとくらべて気温の高い区域。都市部であることが多く、等温線をひくと海にうかぶ島のように見える。◇heat island

ヒートアップ〈名・する〉熱気をおびてはげしくなること。例口論《こうろん》がヒートアップしてつかみあいになる。◇heat up

ビートばん【ビート板】〈名〉水泳で、足の練習に使う、浮力《ふりょく》のある厚手の板。

ビードロ〈名〉「ガラス」の古い言いかた。◇《ポルトガル》vidro

ビーナス〈名〉ローマ神話の、美と愛の女神《めがみ》。ヴィーナス。◇Venus

ピーナッツ〈名〉落花生のたね。「ピーナツ」ともいう。◇peanuts →らっかせい

ビーバー〈名〉ヨーロッパやアメリカ北部の川にすむけもの。尾《お》がひらたく、あと足に水かきがある。木をかじりたおして運び、川の中に水をせきとめて巣をつくる。毛皮をとる。◇beaver

ビーばん【B判】〈名〉⇩(巻末「欧文《おうぶん》略語集」)B判

ぴいひょろ〈副〉❶トンビの鳴き声。❷笛の音。

ビーフ〈名〉牛肉。例ビーフステーキ。◇beef

ビーフン〈名〉中国の麺《めん》の一種。うるち米の粉でつくる細いもの。◇中国語「米粉」から。

ひいまご【ひい孫】〚▽曽孫〛〈名〉⇩ひまご

ピーマン〈名〉野菜の一つ。トウガラシのなかま。実《み》は大きくて緑色をしていて、からみが少ない。実をいためたり煮《に》たりして食べる。◇《フランス》piment

ピーラー〈名〉野菜やくだものの皮をむくための器具。皮むき器。◇peeler

ひいらぎ〚▼柊〛〈名〉山地に生え、また、庭などにも植える常緑低木。若い木では、葉はかたくてふちが数か所針のようにとがっている。秋、小さな白い花がさき、むらさきがかった黒い実《み》がなる。

ヒーリング〈名〉心のいやし。◇healing

ヒール〈名〉❶くつのかかと。また、俗《ぞく》に「ハイヒール」のこと。類パンプス。❷プロレスなどの、悪役。◇heel

ビール〈名〉オオムギの麦芽《ばくが》にホップをくわえてつくったアルコール飲料。少しにがみがある。◇《オランダ》bier

ひいれ【火入れ】〈名〉❶溶鉱炉《ようこうろ》や原子炉の炉にはじめて火を燃やし、うごかすこと。例火入れ式。❷醸造《じょうぞう》したものがくさらないように熱を加えること。

ヒーロー〈名〉英雄《えいゆう》。とくに、スポーツの試合で勝利にいちばん貢献《こうけん》した男子選手や、物語で正義の味方として活躍《かつやく》する主人公など。例ヒーローインタビュー。スーパーヒーロー。対ヒロイン。◇hero

ひうお【氷魚】〈名〉⇩ひお

ひうちいし【火打ち石】〚▼燧石〛〈名〉石英の一種。むかし、火打ち金と打ちあわせて、火をだすのに使った。

[1]**ひうん**【非運】〈名〉運がわるいこと。対幸運。類不運。

[2]**ひうん**【悲運】〈名〉うまくいかないめぐりあわせ。かなしい運命。例悲運に泣く。悲運の名将。類不運。

表現「不運」よりもいっそう「気の毒」な感じが強い。

ひえ〚▼稗〛〈名〉イネ科の一年草。家畜《かちく》や小鳥のえさにする。

ひえき・る【冷え切る】〈動五〉❶すっかり冷える。例冷え切った体。❷愛情がすっかり冷える。例仲の冷え切った夫婦。類さめきる。

表現「冷え切った両国間」のように、国家どうしの関係が断絶に近い状態にまでなることにもいう。

ひえこみ【冷え込み】〈名〉寒さがきびしくなること。例冷え込みがきつい。冷え込みがきびしい。

ひえこ・む【冷え込む】〈動五〉ぐんと寒さがます。例あしたはいちだんと冷え込むでしょう。

表現「景気が冷え込む」は、社会の経済活動がひどく低下すること。

ひえしょう【冷え性】〈名〉血のまわりがわるくて、手足などが冷えやすい体質。

表記 症状《しょうじょう》として言うときには、「冷え症」と書く。

ひえびえ【冷え冷え】〈副・する〉❶大気がからだにつめたく感じられるようす。例冷え冷えとした室内。❷心がつめたくなってしまうほど空虚《くうきょ》でさびしいようす。例冷え冷えとした気持ち。▽類さむざむ。

ヒエラルキー〈名〉上にいくほど少なく、下になるほど人の数が多い、ピラミッド型の階層組織。軍隊などの上下関係のきびしい組織にみられる。◇《ドイツ》Hierarchie

ひ・える【冷える】〈動下一〉❶温度がさがってつめたくなる。また、そう感じる。例冷えた麦茶。からだが冷える。今夜はほんとうに冷える。対あたたまる。❷今までうまくいっていた関係が、つめたくなる。例愛情が冷える。類さめる。

ピエロ〈名〉サーカスなどの道化《どうけ》師。おかしな化粧《けしょう》をして、だぶだぶの衣装《いしょう》をつけ、おどけたしぐさやことばで人を笑わせる。◇《フランス》pierrot

表現「ピエロを演じる」といえば、みんなの前で、こっけいな役割をすること。

ヒエログリフ〈名〉古代エジプトで使われた象形文字。聖刻文字。◇hieroglyph

びえん【鼻炎】〈名〉鼻の粘膜《ねんまく》の炎症《えんしょう》。くしゃみ・鼻水・鼻づまりなどがおこる。鼻《び》カタル。

ひお〚氷▽魚〛〈名〉アユの稚魚《ちぎょ》。二、三《センチメートル》ぐらいのもの。琵琶《びわ》湖でとれるものが有名。なま干しにして食べる。ひうお。

ひおう【秘奥】〈名〉ものごとのおくふかい部分。

ビオトープ〈名〉野生の動植物が、たがいの生態系をたもちながら生息できる環境《かんきょう》をそなえた場所。たとえば、河川《かせん》整備などで、できるかぎり自然に近いかたちにつくった場所など。◇《ドイツ》Biotop

ビオラ〈名〉弦楽器《げんがっき》の一つ。バイオリンよりもやや大きめで、おちついた音色をだす。合奏に使われることが多く、バイオリンとチェロの中間の高さをうけもつ。ヴィオラ。◇《イタリア》viola

表現 一挺《いっちょう》二挺《にちょう》と数える。

[1]**びおん**【微温】〈名〉わずかにあたたかいこと。なまぬるいこと。例微温湯《とう》(=ぬるまゆ)。

表現「微温的」は、人やものごとに対する態度にきびしいところがない、なあなあのようすをいう。

[2]**びおん**【鼻音】〈名〉はく息が鼻の中に入り、そこで共鳴

して出る音のこと。たとえば、n(ナ行の子音《しいん》)・m(マ行の子音)などの音。

[1]ひか【皮下】〈名〉ひふのすぐ下。表皮の下。例皮下脂肪《しぼう》。皮下注射。

[2]ひか【悲歌】〈名〉かなしい気持ちをうたった歌や詩。類哀歌《あいか》。エレジー。

ひが【彼我】〈名〉相手と自分。例彼我の力関係。

びか【美化】〈名・する〉❶全体を、清潔でうつくしい状態にすること。例美化運動。❷実際よりもすばらしいものだと、ほめたたえること。例戦争を美化する。

ぴか【ピカ】〈名〉「ピカドン」の略。

ひがい【被害】〈名〉損害や危害をうけること。また、その害。例被害が大きい。被害をうける。被害者。

ひがいしゃ【被害者】〈名〉損害や危害をうけた方の人。対加害者。

ぴかいち【ぴか一】〈名〉たくさんの中で、とびぬけてすぐれていることが目立つもの。くだけた言いかた。

ひがいもうそう【被害妄想】〈名〉ほかの人から被害をうけるのではないかと思いつづけ、いつもびくびくした気持ちになっていること。また、そういう気持ち。

ひかえ【控え】〈名〉❶実際に必要になる場合にそなえて、前もって用意しておく、ものや人。例控えの間。控えの選手。控え室。❷わすれないように、また証拠《しょうこ》として残すために写しをとっておくこと。また、その写し。例控えをとる。納品書の控え。手びかえ。

ひかえしつ【控え室】〈名〉行事などがはじまる前に、それに出る人が待っている部屋。

ひかえめ【控えめ】〖控え目〗〈名・形動〉❶目立つことや、どぎつさをさけて、おだやかなようすでいること。例控えめな態度。類つつましやか。❷いつもより少なめにすること。例糖分《とうぶん》・塩分《えんぶん》を控えめにする。

ひがえり【日帰り】〈名・する〉どこか遠くに出かけて、その日のうちに帰ってくること。例日帰り旅行。

ひか・える【控える】〈動下一〉❶なにかの用ができたり、順番がまわってきたりすることにそなえて、その場所を動かずにいる。例登場まで、舞台袖《ぶたいそで》に控える。❷まもなく、あるいはすぐ近くになにかがある。例背後に控える。出発を間近《まぢか》に控えている。❸あとのためになにかを書きとめる。例要点をメモ帳に控える。❹気をつけていないと増えがちな、ものごとの分量や回数などを、なるべく少なくおさえる。または、差し控える。例今月は出費を控えよう。非常時の日用品の買い占《し》めは控えてください。注射のあとは運動を控えるように。

表現 ④は、やや遠まわしに自粛《じしゅく》をうながしたい場合にもよく使われる。

[1]ひかく【皮革】〈名〉動物の皮の毛をぬいて、衣服やくつ、かばんなどに使えるように加工したもの。

[2]ひかく【比較】〈名・する〉あるものごとを、それと似《に》かよった面をもつほかのものごとと比べること。例比較にならない。比較の対象。他と比較する。比較検討する。比較対照する。類対照。対比。

びがく【美学】〈名〉❶自然界や芸術作品にあらわれた美を研究する学問。❷ものごとへの美的なこだわり。例行動の美学。おのれの美学に反することはできない。

ひかくきゅう【比較級】〈名〉〔文法〕英語・ドイツ語などの形容詞・副詞に起こる語形変化。「…に比べてよりいっそうはなはだしい」という意味を表わす。たとえば、英語の good に対する better の類。対原級。最上級。

ひかくさんげんそく【非核三原則】〈名〉核兵器に関する日本国の三つの原則。つくらない、持たない、持ちこみをみとめない、という原則。

ひかくてき【比較的】〈副〉ふつうの状態と比べてみて。例比較的あたたかい。類わりあい。どちらかというと。

ひかげ【日陰】〖日▼蔭〗〈名〉日があたらない場所。例日陰になる。日陰に入る。対ひなた。

表現 「日陰の身」「日陰者」などといって、社会からみとめられない境遇《きょうぐう》にある人のことをいうことがある。

ひかげん【火加減】〈名〉料理をするときの火の強さ。

びかご【美化語】〈名〉敬語の五分類の一種。聞き手や読み手に対して、話し手や書き手のきれいなことばづかいを示すことば。「お酒」「お料理」など。

参考 (1)美化語は、適切に使うと話し手が上品に見えるため、人に向かって話したり書いたりしていることを意識する場面ほど、使われやすい。
(2)「おみそ」「おしょうゆ」など、語によっては女性のほうが多く使う傾向《けいこう》がある。
(3)「お茶」「お金《かね》」「お菓子《かし》」のように、「お」をつけた言いかたがふつうになり、もともとの美化語としての効果がうすれていることばもある。
(4)「花に水をやる」を「花に水をあげる」のように言うことがあるが、これも一種の美化語である。
(5)敬語を、大きく尊敬語・謙譲《けんじょう》語・丁寧《ていねい》語の三つに分類するときは、美化語は丁寧語のなかにふくまれる。

ひがさ【日傘】〈名〉強い日ざしをさけるためにさす傘。類パラソル。

[1]ひがし【干菓子】〈名〉水分を少なくしてつくった和菓子。長もちする。対生《なま》菓子。アヒガシ

[2]ひがし【東】〈名〉❶方角の一つ。太陽ののぼる方角。❷東日本。❸東からふく風。ひがしかぜ。▽対西。ア「ヒガシ ヒガシ」

ひがしアジア【東アジア】〈名〉アジアの東部、太平洋に面する地域。中国・朝鮮《ちょうせん》・日本など。

ひがしかぜ【東風】〈名〉東からふいてくる風。東風《とうふう》。対西風。類こち。

ひがしにほん【東▽日本】〈名〉日本列島の東半分。ひがしにっぽん。対西日本。

参考 気象《きしょう》情報では、関東甲信《こうしん》・北陸・東海をさし、北海道と東北は「北日本」という。地理や地学では、フォッサマグナの西縁《せいえん》(＝糸魚川《いといがわ》・静岡構造線)を境《さかい》として「東北《とうほく》日本」という。

ひがしはんきゅう【東半球】〈名〉地球をたてに半分に分けたときの、東経〇度から一八〇度までの部分。ユーラシア・アフリカ・オーストラリアの各大陸があるがわ。対西半球。

ひかしぼう【皮下脂肪】〈名〉皮膚《ひふ》の内がわの脂肪組織。

ひかず【日数】〈名〉一日を単位としてかぞえた、時間の量。にっすう。例日数をへる。

ひかぜい【非課税】〈名〉税金をかけないこと。

ひがた【干潟】〈名〉遠あさの海で、引き潮のときにあらわれる砂浜などになっているところ。類潟《かた》。

びかつ【尾括】〈名〉論文や弁論で、もっとも言いたいことを最後に提示すること。→頭括《とうかつ》・双括《そうかつ》

ぴかどん【ピカドン】〈名〉「原子爆弾」の俗《ぞく》な言いかた。強い閃光《せんこう》と爆発の音から。「ピカ」ともいう。

ひがないちにち【日がな一日】〈副〉朝から晩まで、ずっと。一日中。例日がな一日読書をしている。

ぴかぴか〈副・する・形動〉❶つやがあって、光りかがやいているようす。例ぴかぴか(と)光る。ぴかぴかにみがく。❷真新《まあたら》しいようす。例ぴかぴかの靴《くつ》。
参考 アクセントは、ふつう「**ピ**カピカ」であるが、「ぴかぴかに」「ぴかぴかの」「ぴかぴかだ」の場合は、「ピ**カピカ**」となる。

ひがみ【▼僻み】〈名〉ひがむこと。ひがんだ心。例友だちに対するひがみから いやがらせをした。ひがみ根性《こんじょう》。

ひが・む【▼僻む】〈動五〉他人のことばや行為《こうい》などをすなおにうけとらないで、自分だけがひどいあつかいをされているように思いこむ。類ひねくれる。

ひがめ【ひが目】〈名〉❶見まちがい。❷かたよった見かたや考えかた。例そう考えるのは、きみのひが目だ。

ひがら【日柄】〈名〉その日の縁起《えんぎ》が いいかわるいかということ。例日柄がいい。日柄をえらぶ。
表現 結婚《けっこん》式のように、縁起をかつぐことがたいせつだとされる儀式《ぎしき》や、行事などの場合に問題にされる。

ひから・す【光らす】〈動五〉光るようにする。ひからせる。例目を光らす(=わるいことをしないように見はる)。

ひから・びる【干からびる】〖干▼涸びる〗〈動上一〉かわききって、かさかさの状態になる。例干からびた花。

ひかり【光】〈名〉❶太陽や電灯などから出て、あたりをあかるく照らすもの。例光をなげる。光を発する。光と影《かげ》。月の光。類あかり。❷光を反射している かがやき。例金剛《こんごう》石は、みがけばみがくほど光をます。類つや。❸目が感じとるあかるさ。例光をうしなう(=失明する)。手術で、目に光をとりもどすことができた。❹心を照らす あかり。例光をもたらす。希望の光。世の光。前途《ぜんと》に光を見いだす。類望み。❺まわりの人に頭をさげさせる力。例親の光は七光り。類威光《いこう》。▽→囲み記事43(下)

光を失《うしな》う 目が見えなくなる。類視力を失う。

光を放《はな》つ ❶光を出してかがやく。❷すぐれた才能や能力を示す。例ひときわ光を放つ存在。

ひかりかがや・く【光り輝く】〈動五〉❶きらきらと美しくきらめく。例光り輝く宝石。❷ぬきんでてすぐれており、めだつ。例光り輝く経歴。

ひかりつうしん【光通信】〈名〉電流や電波のかわりに、光を使う通信方法。電気信号を光信号に変え、光ファイバーで送る。大量の情報を遠くまで安定して送ることができる。

ひかりディスク【光ディスク】〈名〉レーザー光線によって情報を記録・再生する円盤《えんばん》。CD・DVD・ブルーレイディスクなど。光学(式)ディスク。

ぴかりと〈副〉ほんの一瞬《いっしゅん》、するどくきらめくようす。「ぴかっと」ともいう。例かみなりがぴかりと光る。

ひかりファイバー【光ファイバー】〈名〉光を送るために特別に作られた細くて長いガラスの糸。光通信や胃カメラなどに使われる。

ひかりもの【光り物】〈名〉❶光をはなつもの。いなずまや流星など。❷すしに使う、背が青く光って見える、切り身にしたコハダ・アジ・サバなどの魚。

ひか・る【光る】〈動五〉❶光をはなつ。光をうけてかがやく。例きらきら光る。星が光る。指輪が光る。目が光る(→「め〔目〕」の子項目)。光りかがやく。❷すぐれたところが、とくにめだってみえる。例かれは仲間の中で、ひときわ光った存在だ。

ピカレスク〈名〉ならず者が主人公の小説。悪漢《あっかん》小説。◇picaresque

ひ(引)かれもの(者)のこうた(小唄) 負けおしみで強がりを言うこと。

ひか・れる【引かれる】〖▼惹かれる〗〈動下一〉このましいもの、魅力《みりょく》的なものに心がかたむく。例異性にひかれる。気持ちがひかれる。

ひがわり【日替わり】〈名〉一日ごとにかわること。例日替わり定食。

ひかん[1]【悲観】〈名・する〉ものごとが自分の思うようにいかず、希望をうしなってすっかりしずみこんでしまうこと。例将来を悲観する。悲観的。対楽観。

ひかん[2]【避寒】〈名〉寒さをさけるために、あたたかい土地へ行ってすごすこと。対避暑。

ひがん[1]【彼岸】〈名〉❶春分や秋分の日を中日《ちゅうにち》とした七日間。このあいだに法要や墓まいりをする。お彼岸。例彼岸の入り。❷〔仏教〕さとりをひらいた境地。対此岸《しがん》。▽アヒガン **ヒガン**
由来 彼岸とは向こう岸のこと。仏教で、人間の欲や悩みに満ちた世界を川のこちら岸(=此岸)とし、向こう岸を生死をこえた、悩みのない世界(=極楽浄土《ごくらくじょうど》)と考えた。寺院で、春分と秋分を中心に七日間彼岸の法要をする習慣が日本でできた。インドや中国にはこの習慣はない。

暑《あつ》さ寒《さむ》さも彼岸まで 夏の暑さも、秋の彼岸のころにはなくなり、冬の寒さも、春の彼岸のころにはきえて、ともにしのぎやすいよい季節になる、ということ。

ひがん[2]【悲願】〈名〉❶〔仏教〕生きているもののすべての苦しみを救おうとする、仏のねがい。❷〈する〉どうしても実現させなければ浮かばれないほど強いねがい。例長年の悲願を達成する。▽ア**ヒ**ガン

びかん【美観】〈名〉ながめのうつくしさ。例美観をそこなう。

びがん【美顔】〈名〉顔を美しくすること。例美顔術。

ひかんざくら【▼緋寒桜】〈名〉深いべに色の花が、下向きに房《ふさ》のようになって咲くサクラ。
参考「緋」は色の名。「彼岸《ひがん》桜」とまぎらわしいため、「寒緋桜」「緋桜」ともいう。→次項

ひがんざくら【彼岸桜】〈名〉落葉高木で、サクラの一種。ほかのサクラよりはやく、春の彼岸のころ、うすべに色の花をひらく。

ひかんてき【悲観的】〈形動〉「どうせだめだろう」というように、なんでも わるい方に 考えがちなようす。例悲観

囲み記事 43

「光」を表わすことば

強烈《きょうれつ》な光を「輝《かがや》き」「白熱光《はくねつこう》」などという。また、瞬間《しゅんかん》的な強い光は「閃光《せんこう》」「きらめき」、光がまたたくようすは「明滅《めいめつ》する」「点滅する」という。弱い光や、かすかな明るさは「微光《びこう》」「うすあかり」「薄明《はくめい》」などという。一方、光を感じとる側の表現としては「目を射《い》る」「目がくらむような」「まばゆい」「まぶしい」などがある。

光を表わす擬態《ぎたい》語として「ぴかっ」「きらっ」などがある。「ぴかっと光る」といえば、稲妻などそれ自体が光るようすだが、「きらっと光る」というと、ほかからの光を反射するようすをあらわす。

藤原頼通(よりみち) (992〜1074) 平安中期の貴族。3代の天皇の摂政・関白。別荘である平等院を建てた。

的な見かた。対楽観的。

ひがんばな【彼岸花】〈名〉 田のあぜ道や土手などにむらがって生える多年草。秋の彼岸のころ、葉に先だって、あざやかな赤い花がさく。有毒であるが、漢方薬にもなる。まんじゅしゃげ。しびとばな。

ひき[1]【引き】〈名〉 ❶つりで、針にかかった魚の、つり糸をひっぱる力。例引きが強い。❷有利になるようにしてくれること。ひいきにすること。例先輩《せんぱい》の引きで就職がきまった。

ひき[2]【匹】〈接尾〉 ❶けものや魚、虫など小動物をかぞえることば。例ねこの子一匹いない。❷布地を二反《たん》を単位としてかぞえることば。例絹布《けんぷ》十匹。

表現 ①は、ふつう人間より大きいものには「とう(頭)」、小さいものには「匹」を使う。しかし、魚は「び(尾)」、ウサギは「わ(羽)」とかぞえることがある。また、鳥は「わ(羽)」を使ってかぞえる。

参考 発音は、前にくる音によって「ひき」「ぴき」「びき」になる。

びき【引き】〈接尾〉 ねだんを安くする、という意味を表わす。例二割引き。

びぎ【美技】〈名〉 すばらしいわざ。とくに、スポーツでのファインプレーをいう。例美技を披露《ひろう》する。

ひきあい【引き合い】〈名〉 ❶一つの例や証拠《しょうこ》としてあげること。例引き合いにだす。❷商売や取り引きに関する買い手からの問い合わせ。

ひきあ・う【引き合う】〈動五〉 ❶たがいにひっぱる。❷努力をしたことに対するむくいがある。例こんなに売れ残ったのでは、引き合わない。類割に合う。

表現 ②は「引き合わない」の形で使うことが多い。

ひきあ・げる【引き上げる・引き揚げる】〈動下一〉 ❶つなどで引いて、上にあげる。対引きおろす。❷金額や基準などを、それまでより高くする。例料金を引き上げる。対引き下げる。❸人の地位を、それまでより高くする。対引きおろす。❹でかけていった先から帰る。例やっとのことで外地から引き揚げてきた。❺あずけたり貸したりしたものをとりもどしたり、派遣《はけん》してある人をよびもどしたりする。例貸した道具を引き揚げてきた。

ひきあ・てる【引き当てる】〈動下一〉 ❶くじびきで、あてる。❷あてはめる。例わが身に引き当てて考える。

ひきあみ【引き網】〈名〉 水中に入れて、ひきまわし、岸や船にひきあげて魚をとる網。地びき網やトロール網など。

ひきあわ・せる【引き合わせる】〈動下一〉 ❶ある人をほかの人に紹介《しょうかい》する。❷二つのものをくらべて、ちがっていないかどうかたしかめる。類照合する。付き合わせる。照らし合わせる。

ひき・いる【率いる】〈動上一〉 たくさんの人たちをつれていく。指図しておおぜいの人たちをうごかす。例全軍を率いる。生徒を率いる。類引き連れる。引率する。

ひきい・れる【引き入れる】〈動下一〉 ❶ひいて、中へ入れる。❷さそって仲間に入れる。例味方に引き入れる。

ひきう・ける【引き受ける】〈動下一〉 ❶仕事やたのまれたことを、うけいれる。例責任を引き受ける。類うけおう。❷「だいじょうぶだ」と保証する。保証人になる。例身元を引き受ける。

敬語 ①の謙譲《けんじょう》語としては、「お引き受けする」のほか、「うけたまわる」を使う。

表記 「引受人《ひきうけにん》」のような複合語では、送りがなは付けない。

ひきうす【ひき臼】【▼碾き臼・▼挽き臼】〈名〉 上下二枚のたいらで厚い円形の石をすり合わせて、そのあいだに入れた穀物のつぶをひき、こなにする道具。→うす〔臼〕 絵

ひきおこ・す【引き起こす】〈動五〉 ❶たおれているものをひっぱって、立たせる。❷さわぎなど、よくないことを生じさせる。例混乱をひき起こす。類招く。巻き起こす。惹起《じゃっき》する。

ひきおと・す【引き落とす】〈動五〉 銀行などが、支払人《しはらいにん》の預金口座から必要な金額をとって、受取人《うけとりにん》の口座に入れる。

ひきかえ・す【引き返す】〈動五〉 ある場所まですすんでから、同じコースをもどる。もといた場所までもどる。「ひっかえす」と発音されることが多い。例忘れものをして、家へ引き返した。類折り返す。

ひきか・える【引き換える】〈動下一〉 ❶ものとものとをとりかえる。例当選券と景品を引き換える。❷(「…にひきかえ」の形で)…に比べて。例それにひきかえ、戦争中にひきかえ、今のゆたかさはどうだろう。

表現 ②は、ただ比べるというだけでなく、比べてみるとまったくちがう、正反対といえるほどだ、という気持ちで使う。

表記 「引換券」「代金引換」のような複合語では、送りがなは付けない。

ひきがえる【▼蟇▼蛙】〈名〉 カエルのなかま。赤茶色で、背なかにいぼがある。がまがえる。いぼがえる。

ひきがたり【弾き語り】〈名〉 ギターやピアノなどをひきながら、歌ったり、話したりすること。

ひきがね【引き金】〈名〉 銃《じゅう》の、人さし指でひいてたまを発射させる装置《そうち》。例引き金をひく。

表現 「引き金になる」は、あるできごとをおこす直接のきっかけになる、という意味。

ひきぎわ【引き際】【▽退き際】〈名〉 今まで長くつづけていた職務や事業などをやめる時期。また、そのときのやめかた。「ひけぎわ」ともいう。例引き際がきれいだ。

表現 引き際をきれいにすることを「引きどきを心得ている」というふうにも言える。

ひきげき【悲喜劇】〈名〉 悲劇と喜劇の両方の要素をもった劇。

表現 「人生の悲喜劇」のように、かなしくもあるが、一面こっけいでもある複雑なできごと、という意味でも使う。

ひきこ・む【引き込む】〈動五〉 ❶ひいてきて、中まで入れる。例ガス管を引き込む。❷さそって、中に入れる。例仲間に引き込む。❸強くひきつけて、むちゅうにさせる。例話に引き込む。▽類引っぱり込む。

ひきこもごも【悲喜こもごも】【悲喜▽交▽交】〈名〉 悲しみと喜びがいれかわりに現れること。例悲喜こもごもいたる。悲喜こもごもの人生。

注意 「悲喜こもごもの合格発表風景」のように、おおぜいの人についていうことがあるが、ひとりの人間の心の動きについていうのが本来の使いかた。

ひきこもり【引き籠もり】〈名〉 ひきこもること。とくに、学校に行ったり社会人として働いたりせずに、家にずっと閉じこもっていること。

ひきこも・る【引き籠もる】〈動五〉 家や部屋やある地域などに入りこんで、外に出ないでいる。例いなかに引きこもる。

ひきさが・る【引き下がる】〈動五〉 ❶今までいた

 フス(1370?~1415) チェコの宗教改革者。ウィクリフに共鳴し教会を批判。宗教会議で異端とされた。

場所からいなくなる。例すごすごと引き下がる。❷していた仕事や主張などをやめてしまう。例おとなしく引き下がる。類手を引く。

ひきさ・く【引き裂く】〈動五〉❶つよくひっぱってやぶる。❷親しくつきあっている人どうしのじゃまをして、はなれるようにする。例仲を引き裂く。

ひきさ・げる【引き下げる】〈動下一〉❶きめられている金額や基準などを、それまでより低くする。例料金を引き下げる。対引き上げる。❷今まで主張していたことをやめにする。例要求を引き下げる。類取り下げる。

ひきざん【引き算】〈名・する〉ある数や式から、別の数や式を引く計算。減法《げんぽう》。対足し算。類減算。

参考 引き算の答えを、「差」という。

ひきしお【引き潮】〈名〉海水が沖《おき》の方へひいていき、海面が低くなっていくこと。対満ち潮。上げ潮。類下げ潮。干潮《かんちょう》。

ひきしぼ・る【引き絞る】〈動五〉弓につがえた矢を、力のかぎりうしろにひく。

ひきしま・る【引き締まる】〈動五〉❶からだがかたくはったようになって、たるんだ部分がなくなる。例引き締まったからだつき。肉が引き締まる。身が引き締まるような寒さ。❷ものごとのむだな部分がなくなり、全体に緊張《きんちょう》した感じになる。例引き締まった文章。

ひきし・める【引き締める】〈動下一〉❶つよく締める。例口もとを引き締める。❷むだや たるんだところをなくして、全体に緊張《きんちょう》した状態にする。例気を引き締める。画面を引き締める。財政を引き締める。引き締め政策。

ひぎしゃ【被疑者】〈名〉〔法律〕犯罪を行なったとうたがわれているが、まだ起訴《きそ》されていない人。容疑者。

ひきずりこ・む【引きずり込む】『引き▼摺り込む』〈動五〉❶引きずって、中に入れてしまう。❷むりに誘《さそ》いいれる。例悪の道に引きずり込む。▽類引っぱり込む。

ひきずりまわ・す【引きずり回す】『引き▼摺り回す』〈動五〉❶引きずってあちこちへと動かす。❷人を、自分の思いどおりに連れ回す。引き回す。例子どもに町じゅう引きずり回された。

ひきず・る【引きずる】『引き▼摺る』〈動五〉❶ものの下がわの面が、地面や床《ゆか》についた状態で、動かしていく。例足を引きずる。すそを引きずる。❷むりやりひっぱっていく。例引きずりだす。❸ものごとをすぐにやってしまわないで、長びかせる。例問題を引きずる。

表現「過去を引きずる」は、以前のよくないできごとの影響《えいきょう》からのがれられないでいることをいう。

ひきだし【引き出し】『▽抽き出し』〈名〉❶机やたんすなどの家具にさしこんであり、てまえに引きだして ものを出しいれする、箱形の入れもの。❷銀行などの口座から、あずけてあるお金をだすこと。類払《はら》い出し。

表現①は、俗《ぞく》に、「会話の引き出しが多い人」「引き出しを増やす」のように、臨機応変に話題を提供できるような、雑多な知識のたくわえのたとえとしても用いられる。

ひきだ・す【引き出す】〈動五〉❶中にあるものをひいて、外にだす。例飛行機を格納庫から引き出す。❷中にかくれて わからなかったものを、外へとりだす。例才能を引き出す。本音を引き出す。❸銀行などの口座から、あずけてあるお金をだす。例貯金を引き出す。類払い出す。

ひきた・つ【引き立つ】〈動五〉❶ほかのものや もとのものと比べて、とくにめだって、よいものに見える。例味が引き立つ。美しさが引き立つ。類映《は》える。❷元気になる。例気が引き立つ。

ひきたてやく【引き立て役】〈名〉相手がりっぱに見えるようにふるまう役。また、その人。

ひきた・てる【引き立てる】〈動下一〉❶あるものが、ほかのもののよさなどを めだたせるようにする。例松の緑が城壁の白さをいちだんと引き立てている。引き立て役。❷人に目をかけて、特別にあつかう。とくに、商人や芸人をひいきにする。→おひきたて ❸元気づける。例気を引き立てる。❹罪人や捕虜《ほりょ》などを、引きずるようにしてむりにつれていく。ひったてる。例犯人を引き立てる。

ひきつ・ぐ【引き継ぐ】〈動五〉ほかの人がしてきたことをうけてつづける。また、つづけるようにわたす。例仕事を引き継ぐ。後任に引き継ぐ。類受け継ぐ。

ひきつけ【引き付け】〈名〉❶近くへ引き寄せること。❷全身的なけいれん。例引き付けを起こす。

ひきつ・ける【引き付ける】〈動下一〉❶自分のそばに引き寄せる。例球を引き付けて打つ。わが身に引き付けて(=あてはめて)解釈《かいしゃく》する。❷相手の注意を自分にむけさせる。例人を引き付ける魅力のある人だ。❸全身にけいれんをおこす。例子どもが引き付ける。

ひきつづき【引き続き】〈副〉❶あることがらのすぐあとにつづいて。例では、引き続き、次の議題を審議《しんぎ》します。❷ある状態がずっとつづいて。例去年から引き続き委員長をつとめる。

ひきつづ・く【引き続く】〈動五〉❶ものごとがたえることなく続く。例引き続く戦乱。❷あることの終わった後にすぐ続いて始まる。例この後、引き続いて懇親《こんしん》会があります。

ひきつ・る【引きつる】『引き▼攣る』〈動五〉筋肉やひふなどが不自然にちぢんだようになる。例顔が引きつる。足が引きつる。類けいれんする。

[1]**ひきつ・れる**【引き連れる】〈動下一〉たくさんの人たちの先頭にたって、リードする。類引率《いんそつ》する。率《ひき》いる。

[2]**ひきつ・れる**【引きつれる】『引き▼攣れる』〈動下一〉筋肉や皮膚《ひふ》などが引きつった状態になる。例怒《いか》りで顔が引きつれる。

ひきでもの【引き出物】〈名〉祝いごとの集まりや宴会《えんかい》などのときに、主人から客にだす おくりもの。

ひきど【引き戸】〈名〉敷居《しきい》と鴨居《かもい》の みぞにはめ、左右に引いてあけしめする戸。対開き戸。

ひきと・める【引き止める】〈動下一〉あることをしようとするのを、やめさせる。とくに、帰ろうとする人をとどめる。

ひきと・る【引き取る】〈動五〉❶相手のいらないものを自分のものとしてうけとる。対ひきわたす。❷人を自分のところにひきうけて、せわをする。例親に死なれた子どもを 引き取る。❸(「息を引き取る」の形で)「死ぬ」を遠まわしにいう言いかた。❹その場からたちさる。例どうぞお引き取りください。

ビギナー〈名〉初心者。◇beginner

ビギナーズラック〈名〉はじめてする人が、運よくうまくいくこと。賭《か》け事・ゲーム・株式投資など、実力だけでなく運にも左右されるものごとについていう。◇beginner's luck

ビキニ〈名〉❶パンティーとブラジャーで一組みになった、女性用のごく

短いパンツ。◇bikini

ひきにく【ひき肉】〘▼挽き肉〙〈名〉 器械でこまかくひいた食肉。西日本では「ミンチ」ともいう。例 とりのひき肉。

ひきにげ【ひき逃げ】〘▼轢き逃げ〙〈名・する〉 自動車で人をひいたまま、逃げること。

ひきぬき【引き抜き】〈名〉 優秀な人を引き抜くこと。例 引き抜きにあう。引き抜き合戦。

ひきぬ・く【引き抜く】〈動五〉 ❶ほかのものの中にさしこまれているほそ長いものを、引いてとりだす。❷ほかの団体などに属している人を強引《ごういん》にさそって、自分の団体に入れる。例 有力選手を引き抜く。

ひきのば・す【引き伸ばす・引き延ばす】〈動五〉 ❶[引き伸ばす] ものをひっぱったりたたいたりして、長くのばす。❷[引き伸ばす] 写真を拡大して原板より大きな印画紙に焼きつける。❸[引き延ばす] 時間を延長する。延期する。例 解決を引き延ばす。

ひきはな・す【引き離す】〈動五〉 ❶いっしょのものをひっぱるようにして、むりにはなす。例 親から引き離す。❷競走などで、あとからくる者との差を大きくあける。

ひきはら・う【引き払う】〈動五〉 自分のものをすっかりかたづけて、よそへ移る。例 アパートを引き払う。

ひきまく【引き幕】〈名〉 舞台《ぶたい》の前面についている、よこに引いて開閉する幕。

ひきまわし【引き回し】〈名〉 江戸《えど》時代、重罪人をしばったまま馬に乗せて市中《しちゅう》(＝まちのなか)を引き歩き、さらし者としたこと。→おひきまわし

ひきまわ・す【引き回す】〈動五〉 ❶あちこちつれて歩く。引っぱり回す。例 町中引き回されてくたびれた。❷仕事のうえで関係する人々に紹介《しょうかい》するなどして、指導したりせわをやいたりする。→おひきまわし ❸引っぱって回る。例 祭りで山車《だし》を引き回す。❹幕をまわりにはりめぐらす。例 紅白の幕を引き回した式場。

ひぎめ【日決め】〘日▽極め〙〈名〉 一日ごとに契約《けいやく》すること。

ひきもきらず【引きも切らず】〈副〉 たえまなくつづけて。例 問い合わせの電話がひきもきらずかかってきた。類 ひっきりなしに。

ひきもど・す【引き戻す】〈動五〉 ❶もとのところにつれて帰る。例 家に引き戻す。故郷に引き戻す。❷もとに戻す。例 議論を最初に引き戻して考えてみよう。

ひきゃく【飛脚】〈名〉 ❶むかし、遠くはなれたところの人に急なできごとや用事を知らせた使いの者。❷江戸《えど》時代、手紙や品物、お金などの配達を仕事にしていた人。

びきょ【美挙】〈名〉 りっぱな価値のある行ない。

[1]**ひきょう【比況】**〈名〉〔文法〕 ものごとの動作や状態を、ほかのものとくらべてたとえること。助動詞の「ようだ」「みたいだ」などで表わされる。ア ヒキョー

[2]**ひきょう【秘境】**〈名〉 ふつうの人がほとんど踏《ふ》み入ったことのない、よく知られていない土地。ア ヒキョー

[3]**ひきょう【卑▼怯】**〈名・形動〉 臆病《おくびょう》だったりずるかったりして、正面から立ち向かうりっぱさが感じられないようす。例 卑怯なふるまい。卑怯な人。卑怯をにくむ。卑怯者もの。類 卑劣《ひれつ》。ア ヒキョー

ひぎょう【罷業】〈名〉 「同盟罷業」の略。

ひきよ・せる【引き寄せる】〈動下一〉 ❶引いて、自分のそばに近づける。例 あかりを引き寄せる。❷客などを、引きつける。

ひきょり【飛距離】〈名〉 ❶野球・ゴルフなどで、打ったボールの飛んだ距離。❷スキーのジャンプで、空中を飛んだ距離。❸陸上競技のハンマー投げ・円盤《えんばん》投げ・槍《やり》投げなどで、投擲《とうてき》距離。

ひきわけ【引き分け】〈名〉 勝負がつかないまま終わること。例 引き分けになる。類 あいこ。勝負なし。ドロー。

ひきわ・ける【引き分ける】〈動下一〉 引き分けになる。例 ライバルと引き分ける。

ひきわた・す【引き渡す】〈動五〉 ❶自分の手もとにあったものや人の管理をほかの人の手にうつす。例 犯人を警察に引き渡す。対 引き取る。❷ロープやつなを遠くまではりわたす。例 木と木のあいだにつなを引き渡す。

ひきん【卑近】〈形動〉 身近すぎてやや俗《ぞく》っぽいが、わかりやすい。例 卑近な例で恐縮ですが…。

ひきんぞく【卑金属】〈名〉〔化学〕 空気中で酸化しやすい金属。水などにもおかされやすい。鉄・アルミニウム・すずなど。対 貴金属。

ひきんぞくげんそ【非金属元素】〈名〉〔化学〕 金属としての性質をもたない元素のこと。酸素や水素など。対 金属元素。

[1]**ひ・く【引く】**〈動五〉 ❶ものを自分の方に近よせる。ものを自分についてくるように動かす。例 つなを引く。弓を引く。引き金を引く。人力車を引く。子供の手を引く。てまえに引く。引きよせる。対 押す。❷自分の方にみちびきいれる。例 かぜをひく。水道を引く。❸自分の方に関心をむけさせる。例 人目を引く。注意を引く。同情を引く。引きつける。❹おおもとからのつながりをうけつぐ。例 血すじを引く。先祖の血を引く。流れを引く。引きつぐ。❺さがしてしらべる。例 辞書を引く。類 参照する。❻よそにあるものをもってきて、話の中に使う。他人の言ったことばを使う場合が多い。例 たとえを引く。人のことばを引く。例を引く。類 引用する。❼くじなどをえらんでとる。例 おみくじを引く。❽しりぞく。退却《たいきゃく》する。後退する。例 身を引く。潮が引く。進むことも引くこともできない。対 進む。類 下がる。❾ある職や地位についていることをやめる。例 会長が身を引く。類 しりぞく。❿ねだんを安くする。例 一割引いて売る。類 まける。⓫長くのばす。長くのびたかたちをえがく。例 線を引く。図面を引く。後を引く(→「あと〔後〕」の子項目)。すそを引く。幕を引く。⓬一面にぬる。例 フライパンに油を引く。→注意 ⓭なくなる。消える。例 熱がひく。血の気《け》がひく。⓮ある数からある数をへらす。記号「－」。例 九から五を引く。対 足す。類 減じる。マイナスする。

表現 ⑧の意味から、おもに若者のあいだでは、「おやじギャグにみんな引いてしまった」のように、しらけたりいやになったりして、気持ちのうえで後ずさりする意味でも用いられる。

方言 西日本では、「食べ終わった食器をひく」のように、「下げる」の意味でも使う。

注意 ⑫で、「油を引く」を「油を敷《し》く」というのは、本来はあやまり。

表記 ③は「▼惹く」、⑧と⑨は「▽退く」と書かれることもある。

[2]**ひ・く【弾く】**〈動五〉 ピアノ、バイオリンなどの楽器を使って、演奏する。例 バイオリンを弾く。ショパンを弾く。

プチャーチン (1803〜83) ロシアの極東艦隊の司令長官。日露和親条約・日露修好通商条約を締結。

3ひ・く【▼挽く】〈動五〉❶のこぎりを前後に動かして、木などを切る。❷肉を器械でこまかくする。

4ひ・く【▼碾く】〈動五〉うすをまわして、穀物などをこまかくくだく。例まめをひく。

5ひ・く【▼轢く】〈動五〉電車や自動車などが、人や動物をその下にまきこむようにしておしつぶす。

1びく【▽比▽丘】〈名〉〔仏教〕出家《しゅっけ》した男性。僧《そう》。対比丘尼《びくに》。◇もとサンスクリット語。

2びく【▽魚▽籠】〈名〉つりあげた魚を入れておくかご。

ひく・い【低い】〈形〉❶ある基準になる面よりも、下の方である。基準となる面から上へのへだたりが小さい。例低い山。こしが低い(=いばらない)。❷ほかのものごとよりも、等級や程度、価値などが下である。例地位が低い。熱が低い。❸声や音の振動《しんどう》数が少ない。耳によく聞こえない。例低い声。▽対高い。

ピクセル〈名・接尾〉画素《がそ》。◇pixel

ひくつ【卑屈】〈形動〉自分に自信がなくて、いじけたり、相手にぺこぺこしたりするようす。例卑屈な態度。

びくつ・く〈動五〉こわがってびくびくする。

ひ(引)くて(手)あまた さそいかける人がおおぜいいること。例引く手あまたの売り手市場。

ピクトグラム〈名〉公共の場所で、ことばで説明しなくても外国人でさえぱっと見ただけでわかるように、ものの場所などを簡略な絵で表わしたもの。男子トイレと女子トイレの絵など。絵文字。ピクトグラフ。◇pictogram

びくともしない ❶外から力を加えられても少しも動かない。例おしても引いてもびくともしない。❷少しもおどろいたりあわてたりしない。例びくともしない態度。

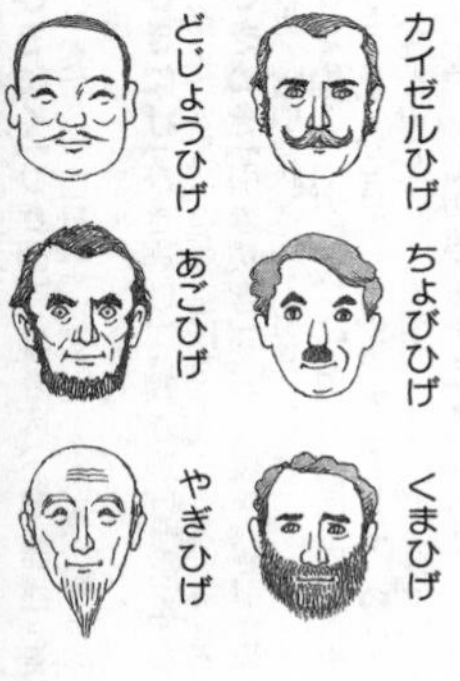

［ひ げ］

びくに【▽比▽丘尼】〈名〉〔仏教〕出家《しゅっけ》した女性。尼《あま》。対比丘。◇もとサンスクリット語。

ピクニック〈名〉弁当をもって、郊外《こうがい》や野山に遊びにいくこと。類遠足。ハイキング。◇picnic

ひくひく〈副・する〉鼻などの顔の一部が、ひきつったように小きざみにふるえるようす。類ぴくぴく。

びくびく〈副・する〉❶悪いことが起こるのではないか、うまくいかないのではないかとこわがって。例びくびくしているとかえってあやしまれる。❷ひきつるようにこまかく動かすようす。例口をびくびくさせる。

ぴくぴく〈副・する〉からだの一部が、小きざみにふるえるようす。例ほおがぴくぴく(と)ふるえる。類ひくひく。

びくびくもの〈名〉何かよくないことが起こりそうな予感がして、不安に思ったり緊張《きんちょう》したりすること。

ひぐま【▼羆】〈名〉クマのなかま。立ったときの高さは二《メートル》ぐらいで、茶色。雑食性であるが、ときに人や家畜《かちく》をおそうことがある。千島《ちしま》列島や北海道にすむ。

ひく・める【低める】〈動下一〉それまでより低くする。例声を低める。対高める。

ひぐらし【▼蜩・▼茅▼蜩】〈名〉セミのなかま。夏の夕がた、「かなかな」とすんだ声で鳴く。体長四《センチメートル》ほどで緑色に黒のまだらがあり、羽はすきとおっていて美しい。かなかな。

ピクルス〈名〉洋風のつけものの一種。キュウリやタマネギなどの野菜を、調味料やスパイスをまぜた酢《す》につけたもの。◇pickles

ひぐれ【日暮れ】〈名〉太陽がしずみ、あたりがうすぐらくなりかかるころ。対夜明け。類夕暮れ。夕方。

ひぐ・れる【日暮れる】〈動下一〉日が暮れる。

ひけ【引け】〈名〉その日の仕事が終わり、ひきあげること。例きょうは五時で引けだ。

引けを取《と》る 相手におくれをとったり、負けたりする。例だれにも引けを取らない才能。

1ひげ【▼髭・▼鬚・▼髯】〈名〉❶成人男子の、口やあご、ほおのあたりに生える毛。絵 例ひげがこい。ひげをたくわえた紳士《しんし》。不精《ぶしょう》ひげ。❷動物の口のまわりに生える毛。例どじょうのひげ。▽アヒゲ

参考「髭」は口ひげ、「鬚」はあごひげ、「髯」はほおひげ。

2ひげ【卑下】〈名・する〉自分のことをつまらないおとった人間であると思い、卑屈《ひくつ》になること。自己卑下。例そんなに(自分を)卑下することはないよ。アヒゲ

ピケ〈名〉表面にもりあがった畝《うね》を織り出した、夏用の木綿《もめん》の生地《きじ》。◇《フランス》piqué

びけい【美形】〈名〉美しい顔立ち。例美形ぞろい。

表現 女性にも男性にもいう。

ひげき【悲劇】〈名〉❶かなしい結末で終わる劇。例ギリシャ悲劇。対喜劇。❷悲惨《ひさん》なできごと。例悲劇がおこる。戦争の悲劇。類惨劇《さんげき》。

ひげきてき【悲劇的】〈形動〉かなしい結末で終わる劇のようである。例悲劇的な最期《さいご》。対喜劇的。

ひけし【火消し】〈名〉❶江戸《えど》時代の「消防士」のよび名。例町火消《まちびけし》し。❷騒動《そうどう》をしずめることのたとえ。例バッシングの火消しに追われる。火消し役。

1ひけつ【秘▼訣】〈名〉あることをうまくやるための、秘密のいい方法。例成功の秘訣。類こつ。

2ひけつ【否決】〈名・する〉正式の会議などで、提出された議案を反対多数で成立させないこと。対可決。

ひげづら【ひげ面】【▼髭面】〈名〉ひげを生やした顔。

ひけどき【引け時】【▽退け時】〈名〉❶その日の学校の授業や、会社のつとめなどが終わって、帰る時刻。❷仕事などからしりぞいたほうがよい時期。類潮時《しおどき》。

ひけめ【引け目】〈名〉相手や世間に対して自分がおとった立場にあると感じ、はずかしく思う気持ち。例引け目を感じる。引け目がある。類劣等《れっとう》感。負い目。

ひげもじゃ【▼髭もじゃ】〈名・形動〉ひげがこいっぱい生えているようす。

ひけらか・す〈動五〉得意に思っていることをやたらに自慢《じまん》する。例知識をひけらかす。類見せびらかす。

ひ・ける【引ける】〈動下一〉❶学校や会社などで、その日の授業や仕事が終わる。また、終わって、ひきあげる。例学校が引ける。❷(「気が引ける」の形で)そんなことをしてはまずいのではないか、と気おくれがする。例借金を申しこむのは、気が引けるものだ。

表記 ①は、「▽退ける」と書くこともある。

1ひけん【比肩】〈名・する〉力が同じ程度のものとして並《なら》ぶこと。例大統領に比肩する権力。類匹敵《ひってき》。肩を並べる。同列にある。

フック（1635～1703） イギリスの科学者。ばねの伸びは引く力に比例するという「フックの法則」を発見。

[2]**ひけん【卑見】**〖▼鄙見〗〈名〉「わたくしの意見・見かた」の意味の丁重《ていちょう》語。例卑見を述べる。類愚見《ぐけん》。拙見《せっけん》。

ひげんぎょう【非現業】〈名〉工場や作業所などの現場の仕事(＝現業)に対し、事務の仕事。例非現業官庁。

ひけんしゃ【被験者】〈名〉実験や試験の材料として、調査の対象となる人。

[1]**ひご**〖▼籤〗〈名〉タケをわって、ほそくけずったもの。ちょうちんの骨などの細工ものに使う。例竹ひご。アヒゴ

[2]**ひご【▼庇護】**〈名・する〉強い者が弱い者をかばい、まもってやること。例庇護をうける。幕府の庇護のもとでさかえた町。類保護。アヒゴ

[3]**ひご【卑語】**〈名〉下品なことば。アヒゴ

[4]**ひご【肥後】**〈名〉旧国名の一つ。現在の熊本県。伝統工芸の肥後象嵌《ぞうがん》は有名。肥前とあわせて肥州《ひしゅう》という。アヒゴ

ひごい〖▼緋▼鯉〗〈名〉コイの変種で、ふつうは全身だいだい色のもの。また、赤・黒・白などのまだらのものをもいう。観賞用。

[1]**ひこう【非行】**〈名〉成人に達する前の青少年の行ないで、正常な社会生活からはずれ、放置しておけない状態になったもの。例非行にはしる。非行少年。

[2]**ひこう【飛行】**〈名・する〉空中を飛んでいくこと。例低空飛行。飛行機。

ひごう【非業】〈名〉(「非業の」の形で)老衰《ろうすい》や病気で死ぬのとはちがう、ふつうでない死にかた、という意味を表わす。例非業の死。非業の最期《さいご》をとげる。由来もともとは仏教のことばで、前世の行ないの結果(＝業《ごう》)ではなく、現世の思いがけない災難によってそうなること。

[1]**びこう【尾行】**〈名・する〉人の行動をさぐるために、こっそりあとをつけること。また、こっそりとあとをつける人。例容疑者を尾行する。尾行をまく。

[2]**びこう【備考】**〈名〉参考や補足のために書きそえることがら。例備考欄《らん》。

[3]**びこう【鼻孔】**〈名〉鼻のあな。

[4]**びこう【鼻▼腔】**〈名〉鼻のあなの中の空間。においを感じたり、すった空気を温めたりするはたらきがある。参考医学では、「びくう」という。

ひこうかい【非公開】〈名〉ふつうの人には見せたり聞かせたりしないこと。対公開。

ひこうき【飛行機】〈名〉つばさをもち、プロペラまたはジェット噴射《ふんしゃ》による推進力で、空をとぶ乗りもの。類航空機。

表現 機体は一機二機、運行は一便《いちびん》二便と数える。

ひこうきぐも【飛行機雲】〈名〉飛行機が高い空を飛んだあとに、尾《お》のように、ほそ長くできる白い雲。

ひこうし【飛行士】〈名〉パイロット。

ひこうしき【非公式】〈名〉正式のものや公表したりするものではないこと。例非公式会談。対公式。

ひこうじょう【飛行場】〈名〉飛行機が発着するための設備がある、平らなひろい場所。やや古い言いかた。類空港。

ひこうせん【飛行船】〈名〉空気よりもかるい気体(＝水素・ヘリウムなど)をつめた大きなふくろで空中にうかんで、発動機でプロペラを回転させてとぶ乗りもの。

ひごうほう【非合法】〈名・形動〉法律に合っていないこと。例非合法活動。対合法(的)。類違法《いほう》。不法。

ひごうり【非合理】〈名・形動〉考えかたなどが、道理に合わず、すじ道も立っていないこと。類不合理。不条理。理不尽《りふじん》。

ひこく【被告】〈名〉〔法律〕民事訴訟《そしょう》で、裁判所へうったえられた方の人。対原告。参考報道では、刑事訴訟《けいじそしょう》の「被告人」のことをふくめていうことが多い。

ひこくにん【被告人】〈名〉〔法律〕刑事訴訟《けいじそしょう》で、検察官に起訴されて、まだ、判決のでていない人。

ひこくみん【非国民】〈名〉国民としての義務を果たさない者。参考第二次世界大戦のとき、軍や国の政策に批判的であったり非協力的であったりした者を非難して言ったことば。

びこつ【尾骨】〈名〉脊椎《せきつい》のいちばん下の骨。尾《お》をつくっていた骨が退化したもの。尾骶《びてい》骨。

ひごと【日ごと】〖日▽毎〗〈名〉❶毎日。いつも。例日ごと夜ごと。❷一日一日。例日ごとにあたたかくなる。▽類日々《ひび》。

ひこばえ〖▼蘖〗〈名〉切り株から出た新芽《しんめ》。参考「孫生《ひこばえ》え」の意味から。

ひこぼし【ひこ星】〖▼彦星〗〈名〉⇩けんぎゅう

ひごろ【日頃】〈名・副〉❶ふだん。いつも。例日頃の行ない。日頃お世話になっています。つね日頃。類平素。日常。平生《へいぜい》。❷このごろ。例日頃考えていることがいろいろある。

ひざ【膝】〈名〉❶足のもも、すねとのつなぎめになっている関節の前面で、折れまがるところ。例膝をすりむく。❷「①」からももにかけての部分。例膝まくら。

表現「膝を没《ぼっ》する」といえば、水たまりなどがずいぶん深いことを表わす。「膝が痛い」といえば、ひざの表面ではなくて、中の関節の痛さをいうのがふつうである。

膝が笑《わら》う 歩きつかれて、膝ががくがくする。

膝を打《う》つ はたと思いあたったり、感心したりしたときなどに、自分の手のひらで、ぽんと膝をたたく。

膝を抱《かか》える なにをすることもなく、ぼんやりと、ただ、じっとしている。

膝を崩《くず》す 正座の姿勢から、あぐらやよこずわりなど、もう少しくずれた姿勢にうつる。

膝を屈《くっ》する 相手に自分の負けをみとめる。

膝を進《すす》める ❶膝をついてすわったまま、相手に近づく。❷話の内容に興味を示し、乗り気になる。

膝を正《ただ》す かしこまってきちんと正座する。

膝を突《つ》き合《あ》わせて 膝がふれるほど近くに向かい合って座って。親しんで、また、対等の立場で向き合うようす。

膝を交《まじ》える 少人数で集まって、たがいに親しく話しあう。例膝を交えて語りあう。

【膝】 月部11 全15画

膝 膝 膝 膝 膝

ひざ

ビザ〈名〉外国人が、入国を願い出たとき、受け入れがわの国が旅行者のパスポートや旅行目的などを調べて発給する入国許可証。査証。例ビザがおりる。◇visa

[1]**ピザ**〈名〉ねった小麦粉の上にチーズやサラミ、トマトなどをのせて、オーブンで焼いて食べるイタリア料理。ピザパイ。ピッツア。◇《イタリア》pizza

[2]**ピザ【PISA】**〈名〉⇩(巻末「欧文《おうぶん》略語集」)PISA

[1]**ひさい【非才】**〖▼菲才〗〈名〉才能がないこと。謙遜《けんそん》して言う。例非才の身。浅学非才。

[2]**ひさい**【被災】〈名・する〉天災や火事、戦争など、大きな災難にあうこと。例地震《じしん》で被災する。被災者。被災地。類罹災《りさい》。

びさい【微細】〈形動〉とてもこまごましている。例微細にわたる。微細にしらべる。微細なちがい。

びざい【微罪】〈名〉ほんのかるい罪。対重罪。大罪。

ひざおくり【膝送り】〈名・する〉ひざを動かしてすわりなおし、少しずつ座席をつめること。

ひざがしら【膝頭】〈名〉ひざの関節のでっぱったところ。類ひざ小僧《こぞう》。

ひさかたぶり【久方振り】〈名〉「久しぶり」のややあらたまった言いかた。例久方ぶりにお便りします。

ひざかり【日盛り】〈名〉一日のうちで太陽がいちばん強く照りつけるころ。表現夏にいうのがふつう。

ひさく【秘策】〈名〉だれにも知られないように、こっそりねりあげた特別のはかりごと。例秘策をさずける。

ひさ・ぐ〖▼鬻ぐ〗〈動五〉「売る」の古めかしい言いかた。

ひざくりげ【膝▼栗毛】〈名〉徒歩で旅をすること。例東海道中膝栗毛(＝十返舎一九《じっぺんしゃいっく》作の滑稽《こっけい》本)。参考膝を栗毛の馬の代わりにして歩くことから。

ひさご〖▼瓠〗〈名〉ヒョウタンなどの実《み》。また、その実の中をくりぬいてつくった容器。酒などを入れるのに使う。

ひざこぞう【膝小僧】〈名〉「ひざがしら」の話しことば的な言いかた。ひざっこぞう。

ひさし〖▼庇・▼廂〗〈名〉❶〔建築〕窓や出入り口などの上に、雨やひざしをさえぎるためにつける小さい屋根。❷帽子《ぼうし》の、ひたいの上にはりだした部分。

ひさしを貸《か》して母屋《おもや》を取《と》られる 一部分だけを貸してやったはずなのに、それがもとで全部を取られてしまう。

ひざし【日差し】〖▽陽▽射し〗〈名〉地上のものを照らす太陽の光線。例日差しが強い。類日光。陽光。

ひさし・い【久しい】〈形〉長い時間がたっている。例いく久しく。かれとは久しく会っていない。

ひさしぶり【久しぶり】〖久し振り〗〈名〉ある人に会ったり、なにかをしてから長いときがたっていること。久しぶりに会う。久しぶりの旅行。久しぶりで映画を見た。例お久しぶりです、お元気でしたか。

ひざづめ【膝詰め】〈名〉相手のひざと自分のひざをつき合わせるようにすること。また、そのような感じで、相手がのがれられないようにしてせまること。例膝詰め談判。

ひざづめだんぱん【膝詰め談判】〈名〉要求をなんとしてもおしとおそうと、相手に詰め寄るようにして、強い態度で交渉《こうしょう》すること。

ピザパイ〈名〉⇩ピザ ◇pizza pie

ひさびさ【久久】〈名〉ひさしぶり。例久々に会う。

ひざまくら【膝枕】〈名〉人のひざをまくらにして、寝《ね》ること。

ひざまず・く〖▼跪く・膝まづく〗〈動五〉ひざを地につけてかがむ。例ひざまずいて、いのる。

ひさめ【氷雨】〈名〉❶雹《ひょう》。あられ。❷はだをさすような、つめたい雨。

ひざもと【膝元・膝下】〈名〉親や保護者の庇護《ひご》がよくおよぶ範囲《はんい》。例親の膝元をはなれる。類膝下《しっか》。→おひざもと

[1]**ひさん**【飛散】〈名・する〉とびちること。例花粉が飛散する時期。

[2]**ひさん**【悲惨】〈形動〉痛ましくて、心がしめつけられる感じである。例悲惨な光景。類あわれ。

[1]**ひし**〖▼菱〗〈名〉池や沼《ぬま》などに生える水草。夏、小さい白い花がさき、とげのある黒い実《み》がなる。種は食用。ひし形の葉が水面にうかぶ。

[2]**ひし**【秘史】〈名〉あまり知られていない秘められた歴史上の出来事。例外交秘史。アヒシ

[1]**ひじ**【肘】〖▼肱・▼臂〗〈名〉うでのなかほどの、折れまがる関節の部分で、まげたとき外がわにつきでるところ。例肘をつく。肘でつつく。肘かけ。肘でっぽう。アヒジ」

【肘】月部3 全7画

肘 肘 肘 肘 肘

ひじ

[2]**ひじ**【秘事】〈名〉人にかくしていること。例秘事をあばく。類秘めごと。アヒジ

びじ【美辞】〈名〉文章を美しくかざるためのことば。例美辞をつらねる。美辞麗句《れいく》。

ひじかけ【肘掛け】〈名〉❶いすの、ひじを置く部分。例肘掛けいす。❷すわったとき、ひじを置いて寄りかかるための道具。脇息《きょうそく》。

ひしがた【ひし形】〖▼菱形〗〈名〉❶〔数学〕四つの辺の長さがすべて等しい四角形。対角線は垂直《すいちょく》に交わる。❷記号の「◇」のよび名。参考①の数学上の定義では、正方形もひし形にふくまれることになるが、一般《いっぱん》には、どの角も直角でない形をいう。

ひじき〈名〉食用となる海藻《かいそう》の一つ。波のかかる岩の上にむらがって生える。茎《くき》や枝《えだ》は円柱状で、かわくと黒くなる。干したものを煮《に》て食べる。

ひし・ぐ〖▽拉ぐ・▽挫ぐ〗〈動五〉おしつけて、くだく。また、そのようにして、いきおいを弱める。例鬼《おに》をもひしぐいきおい。敵の気勢をひしぐ。荒肝《あらぎも》をひしぐ。打ちひしがれる。

ひししょくぶつ【被子植物】〈名〉種子植物の一種。種になる部分である胚珠《はいしゅ》が、子房《しぼう》でつつまれて保護されているもの。単子葉《たんしよう》植物と双子葉《そうしよう》植物とに分ける。対裸子《らし》植物。

ビジター〈名〉❶スポーツで、その試合場を本拠《ほんきょ》地にしない、他の本拠地からやってきたチーム。ビジティングチーム。例ビジターゲーム。対ホームチーム。❷会員制のクラブやゴルフ場などで、そのときだけ料金をしはらって施設《しせつ》を利用する人。例ビジター料金。対メンバー。◇visitor

ひしつ【皮質】〈名〉腎臓《じんぞう》や大脳など、二層の区別をもつ器官の外がわの部分。対髄質《ずいしつ》。

びしっと〈副〉❶むちや棒などでいきおいよく打ったときの音。物が割れたり折れたりするときに出る音。例ガラスにびしっとひびがはいる。❷きちんと整っているようす。スーツをびしっと着込む。❸返すことばがないほど、厳格に。例期限をびしっと守る。例びしっと教えこむ。表現②と③はくだけた言いかた。

びしてき【微視的】〈形動〉❶目では見わけられないほど小さい。例微視的な世界。❷よくよく注意しなければわからないような、こまかな部分にまで目をむけるようす。例微視的な見かた。▽対巨視《きょし》的。類ミクロ。

ひじてつ【肘鉄】〈名〉「ひじでっぽう」の略。例肘鉄をくらわす。

ひじでっぽう【肘鉄砲】〈名〉相手をひじでつくこと。略して「ひじてつ」ともいう。

プッチーニ (1858～1924) イタリアの作曲家。オペラ「ラ・ボエーム」「蝶々夫人」で知られる。

表現「肘鉄砲をくらわす」といえば、相手の要求やさそい━を、「いやだ」と強くことわることにもいう。

ひしと〈副〉❶ぴったりくっついて、放さないようす。しっかりと。「ひっしと」ともいう。例ひしとだきしめる。❷身や心に強く感じるようす。例さびしさがひしと身にせまる。類ひしひしと。

ビジネス〈名〉仕事。事業。商売。◇business

ビジネスマン〈名〉❶実業家。実務家。❷会社の事務や営業などにたずさわる社員。◇businessman

ビジネスライク〈形動〉ものごとをあまり主観や思い入れをこめずに事務的にかたづけようとするようす。◇businesslike

ひしひし〈副〉なにかの感じが、強くせまってくるようす。例身の危険をひしひしと感じる。

びしびし〈副〉遠慮《えんりょ》や手かげんなどしないで、きびしく行なうようす。例びしびし取り締《し》まる。

ひじまくら【肘枕】〈名〉横になるときに、まげたひじをまくらのかわりにすること。

ひしめ・く【▼犇めく】〈動五〉人がたくさん集まり、おし合いへし合いして動きさわぐ。例群衆がひしめく。

ひしもち【▼菱餅】〈名〉ひな祭りに供《そな》える、ひし形のもち。赤・白・緑のものを三段にかさねる。

ひしゃ【飛車】〈名〉将棋《しょうぎ》のこまの一つ。たてよこに自由に進んだりしりぞいたりできる。→たかびしゃ

ひしゃく【▽柄▼杓】〈名〉水や湯をくむための道具。木・竹・金属などでできた椀《わん》の形をしたものに、柄《え》がついている。例ひしゃくですくう。

びじゃく【微弱】〈形動〉あるかないかわからないほど、かすかでよわい。例微弱な反応。微弱な電波。

ひしゃ・げる〈動下一〉おされたりして、ぐしゃっとつぶれる。例鼻がひしゃげる。ひしゃげた箱。

ひしゃたい【被写体】〈名〉写真にうつされる人やもの。

びしゃもんてん【▼毘▽沙門天】〈名〉〔仏教〕よろいかぶとをつけ、怒《いか》りの相をあらわし、仏法を守護する神。七福神のひとり。多聞《たもん》天。→しちふくじん絵

ぴしゃりと〈副〉❶戸や障子《しょうじ》などを音をたてて乱暴にしめるようす。❷手のひらなどで強く打つようす。また、その音。❸相手に有無《うむ》を言わせず、はっきりと。例要求をぴしゃりと断る。

びしゅ【美酒】〈名〉とてもおいしい酒。例勝利の美酒によいしれる(=勝利を心からよろこぶ)。

ビジュアル━〈形動〉視覚的な。例ビジュアルな効果をねらう。━〈名〉芸能人や商品などの、外見。例ビジュアルが公開される。◇visual

ひじゅう【比重】〈名〉❶〔物理〕ある物質の質量と、それと同じ体積のセ氏四度の水の質量との比。❷ほかとくらべた場合の、そのもののもつ重要さの程度。例比重が大きい。…に比重をおく。類ウエイト。

びしゅう【美醜】〈名〉美しさとみにくさ。

ひしゅうしょくご【被修飾語】〈名〉〔文法〕文や句の中で連体修飾語または連用修飾語をうけて、それらの修飾語によって意味を限定されていることば。
参考 たとえば、「赤い花」の「赤い」は連体修飾語で、「花」はその被修飾語。「マッハ二・五で飛ぶ」では「マッハ二・五で」が連用修飾語で、「飛ぶ」がその被修飾語。

ひじゅつ【秘術】〈名〉秘密にして、人にはなかなか教えたり見せたりしない術。例秘術をつくす。類おくの手。

びじゅつ【美術】〈名〉絵画や彫刻《ちょうこく》など、色や形で美を表現する芸術。例美術館。美術品。

びじゅつかん【美術館】〈名〉美術工芸品を集めて、多くの人々に見せる施設《しせつ》。

ひじゅん【批准】〈名・する〉〔法律〕外国とむすんだ条約を国家が最終的にみとめること。その手続き。例その条約は国会で批准された。

[1]**ひしょ【秘書】**〈名〉会社や団体などの組織で、重要な地位にある人のそばにいて、仕事の連絡《れんらく》や記録などの事務をする人。例社長秘書。アヒショ

[2]**ひしょ【避暑】**〈名〉暑さをさけるために、すずしい土地へ行ってすごすこと。例避暑地。対避寒。「アヒショ」

びじょ【美女】〈名〉顔かたちのうつくしい女性。対美男。類美人。

[1]**ひしょう【卑称】**〈名〉❶自分のことをいう丁重《ていちょう》語。「わたくしめ」など。類謙称《けんしょう》。❷人をさげすんだりののしったりする、ぞんざいな言いかた。「てめえ」「…しやがる」などの類。対尊称。

[2]**ひしょう【飛▼翔】**〈名・する〉大空にはばたくこと。

[3]**ひしょう【費消】**〈名・する〉使いはたしてしまうこと。

[4]**ひしょう【卑小】**〈形動〉いやしくちっぽけで、取るに足らない。例ごますりしかできない卑小な男。

[1]**ひじょう【非常】**━〈名〉ふだんとちがう、さしせまった状態。とくに、ふつうでなく危険な状態。例非常の際。非常口。非常食。非常手段。━〈形動〉ふつうの程度をはるかにこえている。例非常な努力。あの番組は非常におもしろい。類たいへん。きわめて。とても。はなはだ。

[2]**ひじょう【非情】**〈名・形動〉❶よろこびや悲しみ、やさしさや思いやりなど、人間として当然もっていなければならない感情がほとんどないようす。例非情な人。類冷酷《れいこく》。冷血。情け知らず。無情。薄情《はくじょう》。無慈悲《むじひ》。血もなみだもない。非人情。不人情。❷人や動物に対して、木や石などのように生命のないもの。対有情《うじょう》。

[1]**びしょう【美称】**〈名〉そのものの美しさや尊さなどをたたえていう言いかた。「井戸」を「玉の井」、「山」を「み山」というなど。

[2]**びしょう【微笑】**〈名・する〉声をださずににっこりわらうこと。例微笑をうかべる。類ほほえみ。

[3]**びしょう【微小・微少】**〈形動〉❶［微小］とてもちいさい。例微小な生物。対巨大《きょだい》。❷［微少］たいへんすくない。例微少な金額。類些少《さしょう》。

びじょう【尾錠】〈名〉ベルトやバンドのはしにつけ、もう一方のはしをさしこんでしめる金具。しめ金。バックル。

ひじょうきん【非常勤】〈名〉毎日ではなく、きまった日や時間だけつとめること。また、その人。対常勤。

ひじょうぐち【非常口】〈名〉ふだんは使わずに、火事などの危険が生じたときに使う、建物や乗りものの外へにげだすための出口。

ひじょうじ【非常時】〈名〉災害や戦争などのために、ふだんの生活ができないたいへんな状態のとき。対平時。

ひじょうしき【非常識】〈名・形動〉言ったりしたりすることが、ふつうの人の考えとかけはなれていて、まともではないこと。例非常識な考え。非常識にもほどがある。

ひじょうじたい【非常事態】〈名〉大災害や戦争など、ふつうとちがって、重大な危機に直面した状態。

ひじょうしゅだん【非常手段】〈名〉さしせまった事態にやむをえずとる手段。例非常手段にうったえる。

びしょうじょ【美少女】〈名〉顔だちの美しい少女。

 武帝(ぶてい)（前156～前87） 前漢の第7代皇帝。中央集権を確立。匈奴を攻略。漢の最盛期を築いた。

対美少年。

ひじょうしょく【非常食】〈名〉非常時のために備蓄《びちく》しておく食べ物。

ひじょうせん【非常線】〈名〉大きな事件がおこったときに、警官を道路などに配置して、犯人の逮捕《たいほ》や警戒《けいかい》にあたる警備の態勢。例非常線をはる。

びしょうねん【美少年】〈名〉顔だちの美しい少年。例紅顔の美少年。対美少女。

ひしょかん【秘書官】〈名〉総理大臣や各省の大臣のもとで、秘書として働く国家公務員。

びしょく【美食】〈名・する〉おいしいもの、ぜいたくなものを食べること。例美食家。対粗食《そしょく》。類グルメ。

ひじょすう【被除数】〈名〉〔数学〕割り算で、10÷2=5の10のような、割られる方の数。対除数。

びしょぬれ〖びしょ▼濡れ〗〈名〉水につかったように、ひどくぬれること。例びしょぬれになる。類ずぶぬれ。

びしょびしょ 一〈副〉いやになるくらい雨がたえまなく降り続くようす。例びしょびしょ(と)降る中をでかけた。二〈形動〉水にひどくぬれているようす。例びしょびしょにぬれた服。▽ア一ビショビショ 二ビショビショ

ビジョン〈名〉将来についての見とおし。展望。例ビジョンがある。ビジョンをえがく。◇vision

ひじり〖▽聖〗〈名〉すぐれた、りっぱな僧《そう》。類聖人。

びじれいく【美辞麗句】〈名〉表面をかざるための、うつくしい語句や文句。例美辞麗句をつらねる。

びじん【美人】〈名〉顔かたちの美しい女性。類美女。

ビス〈名〉ねじ。とくに、小さいねじ。◇《フランス》vis

ひすい〖▼翡▼翠〗〈名〉緑色の宝石。日本では、縄文《じょうもん》時代からかざりとして使われている。五月の誕生《たんじょう》石。参考鳥のカワセミの意味の漢語。カワセミのように美しいことから。

ビスケット〈名〉小麦粉・バター・砂糖・たまごなどをこねてオーブンでやいた小さい菓子《かし》。類クッキー。◇biscuit 参考アメリカでは cracker か cookie という。

ヒスタミン〈名〉体内でタンパク質が分解してできる有毒な成分。アレルギー反応をおこす原因になるといわれる。例抗《こう》ヒスタミン剤《ざい》。◇histamine

ヒステリー〈名〉わけもなく感情がたかぶって、おこったり泣いたりするような状態。ヒス。◇《ドイツ》Hysterie

ヒステリック〈形動〉ヒステリーをおこしているようすだ。例ヒステリックな声。◇hysteric

ピストル〈名〉かた手でうてる、小型の銃《じゅう》。拳銃《けんじゅう》。類短銃。◇pistol

ピストン〈名〉❶機関やポンプのシリンダーの中にはめこまれて、往復運動をする栓《せん》。活栓。❷トランペットなどの金管楽器で、指でおして音階を吹《ふ》き分ける装置《そうち》。◇piston 表現「ピストン輸送」は、休みなく往復して輸送すること。

ヒスパニック〈名〉アメリカ合衆国に住んでいて、家族や仲間とはスペイン語で話す、ラテンアメリカ出身の人々。◇Hispanic 参考アメリカの少数民族の中で人口が最も多い。

ひずみ〖▼歪み〗〈名〉ひずむこと。ひずんでできたずれやゆがみ。例ひずみが生じる。経済のひずみ。音のひずみ。

ひず・む〖▼歪む〗〈動五〉❶外から力がくわわって、もとの正しい形が失われる。例地震《じしん》の影響《えいきょう》で地層が大きくひずんでいる。❷ボリュームを上げすぎたりして、音がなめらかでなくなる。類ゆがむ。参考①の意味では、名詞の「ひずみ」とはちがって、今はあまり使わない。

[1]**ひ・する【比する】**〈動サ変〉ほかとくらべてみる。かたい言いかた。例売り上げに比して、経費がかかりすぎる。

[2]**ひ・する【秘する】**〈動サ変〉人に知られないようにかくす。例思いを心中ふかく秘して、語らない。類秘める。包みかくす。表現「特に名を秘す」のように文語の形でいうこともある。

びせい【美声】〈名〉聞いていて、こころよく感じるようないい声。対悪声。

びせいぶつ【微生物】〈名〉顕微《けんび》鏡でないと見えない小さい生物。細菌《さいきん》・かび・原生動物など。

びせきぶん【微積分】〈名〉〔数学〕微分と積分。

ひぜに【日銭】〈名〉その日その日の現金収入。例日銭が入る。日銭をかせぐ。

ひせん【卑▼賤】〈形動〉身分が低く、いやしい。例卑賤の身。対高貴。類下賤。

ひぜん【肥前】〈名〉旧国名の一つ。現在の佐賀県・長崎県(対馬《つしま》・壱岐《いき》をのぞく)。遣唐使《けんとうし》の往来の地。肥後とあわせて肥州《ひしゅう》という。例肥前半島。

びぜん【備前】〈名〉旧国名の一つ。現在の岡山県の一部。陶器《とうき》の備前焼《やき》が有名。備前市にその名が残る。備中《びっちゅう》・備後《びんご》とあわせて備州という。

ひせんきょけん【被選挙権】〈名〉選挙されて、国会議員や知事など、公職につくことのできる権利。参政権の一つ。対選挙権。参考衆議院と地方議会の議員は二十五歳《さい》以上、参議院の議員および知事は三十歳以上の者に被選挙権がある。

ひせんろん【非戦論】〈名〉戦争に反対し否定する意見や考え。例非戦論をとなえる。対主戦論。

ひそ【▼砒素】〈名〉〔化学〕金属に似《に》た灰色の結晶《けっしょう》。強い毒のある化合物をつくる。医薬や農薬の原料として使われる。元素の一つ。記号「As」。表記理科の教科書などでは「ヒ素」と書く。

[1]**ひそう【皮相】** 一〈名〉ものごとのうわべ。例皮相的。二〈形動〉ものの見かたや考えかたがうわべをなでるだけで、ふかい内容や細部にまでいたらないこと。例皮相な観察。皮相な見解。

[2]**ひそう【悲壮】**〈形動〉かなしさのなかにも勇ましさが感じられるようす。例悲壮な決意。

[3]**ひそう【悲▼愴】**〈形動〉かなしくていたましく、見ているのがつらい。例悲愴感(がただよう)。

[1]**ひぞう【秘蔵】**〈名〉❶〈する〉人にはあまり見せないで、たいせつにしまっておくこと。例秘蔵の品。❷手もとにおいて、かわいがってだいじに育てること。→ひぞっこ

[2]**ひぞう【▼脾臓】**〈名〉腹部の左がわ、横隔膜《おうかくまく》のすぐ下にある器官。古い赤血球をこわし、白血球をつくるのを調節する などのはたらきをする。

ひぞうぶつ【被造物】〈名〉神の手によってつくられたもの。対造物主《しゅ》。

ひそか〖▽密か・▽窃か〗〈形動〉こっそりと人に知られないようにするようす。例ひそかな決意。ひそかな楽しみ。ひそかに出かける。類ひそやか。

[1]**ひぞく【卑属】**〈名〉〔法律〕親族のうちで、自分からみて目下の人。子・孫・甥《おい》・姪《めい》など。例直系卑属。対尊属。アヒゾク

[2]**ひぞく【▼匪賊】**〈名〉殺人や強盗《ごうとう》などの悪事をはたらく集団。類盗賊。アヒゾク

[3]**ひぞく【卑俗】**〈形動〉下品でいやしい。類低俗。アヒゾク

プトレマイオス　2世紀のギリシャ人の天文学者。天動説を展開。緯度・経度入り世界図を作成。

ひぞっこ【秘▽蔵っ子】〈名〉とくにたいせつにして、あまりおもてには出さずにかわいがっている子どもや弟子《でし》。

ひそひそ〈副〉ほかの人に聞こえないように、小さな声で話すようす。例ひそひそ(と)ないしょ話をする。

ひそひそばなし【ひそひそ話】〈名〉周囲の人に聞こえないように、小さい声でする話。類こそこそ話。私語。ないしょ話。

ひそ(▼顰)みにならう(倣う) うやまっている人の言動のまねをして何かをすることを、謙遜《けんそん》していう言いかた。

由来「ひそみ」は、「(眉《まゆ》を)ひそめる」の文語「ひそむ」の名詞形。むかしの中国で、美人で有名な西施《せいし》が胸の病気で眉をひそめていたすがたがいっそう美しく、みにくい女性がそれをまねて眉をしかめたという故事からでた言いかたで、よしあしも考えずに人のまねをすることが元の意味。

ひそ・む【潜む】〈動五〉外からは見えないように、なにかの中やかげにかくれる。例ものかげに潜む。心に潜む。

ひそ・める[1]【潜める】〈動下一〉外から見えないように、そっとかくしておく。例身を潜める。息を潜める。声を潜める(=小さくする)。鳴りを潜める(=おとなしくしている)。かげを潜める。

ひそ・める[2]【▼顰める】〈動下一〉(「眉《まゆ》をひそめる」の形で)不快に感じたり、心配なときに、眉のあたりにしわをよせる。類眉根を寄せる。顔をしかめる。

ひそやか【▽密やか】〈形動〉音をたてないで、ひっそりとしずかに、なにかをするようす。人に知られないように、こっそりとすすめるようす。例ひそやかなささやき声。

ひた〈接頭〉「ひたすら」「もっぱら」などの意味を表わす。例ひたあやまり。ひたかくし。ひた走る。

ひだ[1]【▼襞】〈名〉衣服などにつけたほそ長い折り目。また、そのような形をしたもの。例ひだをとる(=作る)。スカートのひだ。心のひだ。山ひだ。

ひだ[2]【飛▼驒】〈名〉旧国名の一つ。現在の岐阜《ぎふ》県北部。飛驒高山をはじめとして木工技術の進んだところで、「飛驒の匠《たくみ》」として有名。飛州《ひしゅう》。驒州《たんしゅう》。例飛驒山脈(=北アルプス)。飛驒牛。

ビター〈形動〉苦《にが》い。例ビターチョコ。対スイート(=甘い)。◇bitter

ひたあやまり【ひた謝り】【▽直謝り】〈名〉ただひたすらあやまること。例ひた謝りに謝る。類ひら謝り。

ひたい【額】〈名〉まゆと、かみの毛の生えぎわとのあいだ。例額に汗《あせ》して働く。額を接する。類おでこ。

額を集《あつ》める みんなが顔をよせあって相談する。

ひだい【肥大】〈名・する〉❶〔医学〕病気のために、ある器官が異常に大きくなること。例心臓肥大。❷ふとって、必要以上に大きくなること。例肥大した産業。下半身肥大。

びたい【▼媚態】〈名〉❶女の人が男の人にこびて、わざとつくる色っぽいしぐさ。例媚態を演じる。❷人のごきげんをとろうと、へつらう態度。例媚態を示す。

ひだいか【肥大化】〈名・する〉ものごとが尋常《じんじょう》でないほど大きくなること。例肥大化した組織。

びたいちもん【びた一文】【▼鐚一文】〈名〉ほんのわずかなお金。例びた一文ださない。

参考「びた」とは、江戸時代まで使われていたごく小額のお金「びた銭《せん》」のこと。

ひたかくし【ひた隠し】【▽直隠し】〈名〉必死になって隠すこと。例不祥事《ふしょうじ》をひた隠しにする。

びだくおん【鼻濁音】〈名〉はく息を鼻にとおして発音する濁音。とくに、ガ行鼻濁音についていうことが多い。

参考カゴ(籠)、カギ(鍵)の「ゴ」や「ギ」を鼻にかけて発音した場合がガ行鼻濁音。

ピタゴラスのていり(定理)〔数学〕直角三角形の斜辺《しゃへん》を一辺とする正方形の面積は、他の辺を一辺とする二つの正方形の面積の和にひとしい、という定理。三平方の定理。

ひた・す【浸す】〈動五〉水などの液体の中に入れておく。じゅうぶん水分をふくむようにぬらす。例タオルを浸す。すいかを冷たい水に浸そう。類つける。

ひたすら〈副〉他のことにはとらわれずに、ただ、そのことだけをするようす。例ひたすら研究にうちこむ。類一にも二にも。いちず。もっぱら。

ひたたれ【▽直垂】〈名〉むかしの男性の衣服。そでが広く、胸にひもがついており、すそをはかまの中に入れて着る。もとは平民の服だったが、のちに武士の礼服となった。

ひたち【▽常▽陸】〈名〉旧国名の一つ。現在の茨城県。常州《じょうしゅう》。

ひだち【肥立ち】〈名〉❶赤んぼうが日をおって成長すること。例肥立ちのいい子。❷お産のあと、母親の健康が回復すること。例産後の肥立ち。

ひだね【火種】〈名〉火を燃やすときの、もとにする小さな火。例火種をたやさない。

表現「紛争《ふんそう》の火種」のように、さわぎやあらそいの原因という意味でも使う。

ひたはし・る【ひた走る】【▽直走る】〈動五〉休まずにただひたすら走り続ける。

ひたひた 一〈副〉❶水が静かにたえず寄せてくるようす。例ひたひたと寄せてはかえす波。❷ものごとがしだいに近づいてくるようす。例ひたひたとしのびよる敵の影《かげ》。
二〈形動〉なべの中で食材がかくれるかかくれないかというほどの水の量。例水加減はひたひたにしてください。▽ア一ヒタヒタ 二ヒタヒタ

ひたぶる〈形動〉ただそのことだけに集中するようす。例「秋の日のビオロン(=バイオリン)のためいきの身にしみてひたぶるにうら悲し」(上田敏《びん》)。類ひたすら。いちず。

ひだまり【日だまり】【日▼溜まり】〈名〉冬、日光がよくあたって、あたたかくなっているところ。

ビタミン〈名〉動物が生きていくのに必要な栄養素の一つ。体内ではつくられず、食物からとる。A・B・C・Dなど多くの種類がある。◇ドイツ Vitamin

ひたむき〈形動〉損得を考えず、純粋《じゅんすい》な気持ちで、一つのことだけに集中して取り組むようす。例ひたむきに生きる。類いちず。

ひだり【左】〈名〉❶北を向いたとき、西にあたるがわ・方向。例向かって左。交差点を左にまがる。左がわ。左手。左利《き》き。対右。❷酒を飲むのが好きなこと。酒の好きな人。類左利き。❸革新的な考えかた。対右。類左翼《さよく》。

ひだりうちわ【左うちわ】【左▽団▽扇】〈名〉仕事をしなくても、生活の心配もなく、気らくに暮らせること。

ひだりきき【左利き】〈名〉❶右手より左手の方がよく使えること。対右利き。類サウスポー。レフティー。❷酒ずきの人。類左党《さとう》。辛党《からとう》。

ひだりて【左手】〈名〉左の方の手。また、その手の方角。例左手に海が見えた。対右手。

ぴたりと〈副〉❶つづいていたことが急に止まるようす。例ぴたりと止まる。ぴたりとやむ。❷すきまなくくっつくようす。例かべにぴたりと耳をおし当てる。❸すっかりあてはま

 フビライ=ハン（1215〜94） 元の初代皇帝。チンギス=ハンの孫。南宋を滅ぼし，日本に遠征した。

るようす。例だまって座ればぴたりと当たる。

ひだりのう【左脳】〈名〉⇩さのう〔左脳〕

ひだりまえ【左前】〈名〉❶和服を着るとき、ふつうとは反対に、まず左がわをさきに体にもってきて、次に右がわをかさねること。❷事業などがうまくいかなくなること。例財政が左前になる。

ひだりまき【左巻き】〈名〉❶左の方にまいていること。対右巻き。❷頭のはたらきが、おとっていること。

ひた・る【浸る】〈動五〉❶水や湯などの中に、全体がすっぽりおさまる。類つかる。❷ある感慨《かんがい》や気持ちに身をまかせたような状態になる。例思い出に浸る。

ひだるい（方言） 空腹でひもじい。九州で言う。

ひだるま【火だるま】〖火▽達磨〗〈名〉全身が火につつまれているようす。例火だるまになる。

表現 非難《ひなん》の集中砲火《ほうか》を受けることや、野球で投手が集中攻撃を受けることのたとえにも使われる。

ひたん【悲嘆】〖悲▼歎〗〈名〉かなしいできごとにあって、ふかく傷つきなげくこと。例悲嘆にくれる。

ひだん【被弾】〈名・する〉弾丸をうちこまれること。例主力艦《かん》が被弾する。

表現 野球で、投手が打者にヒットやホームランを打たれることにも使う。

びだん【美談】〈名〉だれもが感心するような、いい行ないの話。例美談のもちぬし。美談として伝わる。

ピチカート〈名〉〔音楽〕バイオリンやチェロなどの弦楽器《がっき》の弦《げん》を、指先ではじいてならす演奏法。◇イタリア pizzicato

びちく【備蓄】〈名・する〉万一のときや将来のことを考えて、たくわえておくこと。例備蓄物資。備蓄米。

ぴちぴち〈副・する〉❶魚が元気よくはねるようす。❷いかにも若々しくて、はずむような感じだ。例ぴちぴち(と)した若者たち。

ひちゅう(秘中)のひ(秘) 秘密なことの中でも、とくに秘密を守らなければならない、特別のことがら。極秘。

びちょうせい【微調整】〈名〉おおまかな調整の後に行なう、しあげのためのこまかな調整。例色調の微調整。

ひちりき〖▼篳▼篥〗〈名〉雅楽《ががく》で使われる管楽器。長さ一八《センチメートル》ほどの竹づつの、おもてに七つ、うらに二つの穴のあるたてぶえ。するどいが悲しい音色《ねいろ》がする。

常用漢字 **ひつ**

【匹】 匸部2 全4画 匹匹匹匹

ヒッ ひき 音[ヒツ] 匹敵《ひってき》。匹夫《ひっぷ》。訓[ひき] 数匹。

【必】 心部1 全5画 ※必必必必

ヒッ かならず 教小4 音[ヒツ] 必勝《ひっしょう》。必然《ひつぜん》。必須《ひっす》。必着《ひっちゃく》。必読書《ひつどくしょ》。必要《ひつよう》。必死《ひっし》。信賞必罰《しんしょうひつばつ》。訓[かならず] 必ず。必ずしも。

【泌】 氵部5 全8画 ※泌泌泌泌泌

ヒツ・ヒ 音❶[ヒツ] 分泌《ぶんぴつ》。❷[ヒ] 泌尿器《ひにょうき》。分泌《ぶんぴ》。

【筆】 竹部6 全12画 筆筆筆筆筆

ヒッ ふで 教小3 音[ヒツ] 筆記《ひっき》。筆順《ひつじゅん》。筆者《ひっしゃ》。筆跡《ひっせき》。筆力《ひつりょく》。毛筆《もうひつ》。執筆《しっぴつ》。随筆《ずいひつ》。訓[ふで] 筆。筆先。筆不精。筆まめ。一筆書き。

ひつ〖▼櫃〗〈名〉むかしの家具の一つ。ふたのついた木製の箱。例長びつ。よろいびつ。米びつ。めしびつ。→おひつ

ひつあつ【筆圧】〈名〉文字を書くときに、鉛筆やペンに加わる力。例筆圧が強い。

ひつう【悲痛】〈形動〉かなしいことにであって、心がいたんで苦しい。例悲痛なおももち。悲痛なさけび。

ひっか【筆禍】〈名〉自分が書いた文章がもとになって、非難をうけたり、トラブルのもとになったりすること。例筆禍事件。類舌禍《ぜっか》。

ひっかかり【引っ掛かり】〈名〉はっきりとはしないが、何か気になるところ。例気持ちのうえで引っ掛かりがある。

ひっかか・る【引っ掛かる】〈動五〉❶ほかのものにかかって動きがとめられる。例網《あみ》に引っ掛かる。検索《けんさく》に引っ掛かる。血液検査で引っ掛かる。すべりどめで受験した学校に引っ掛かる。❷だまされる。引っかけられる。例詐欺《さぎ》にまんまと引っ掛かる。ひっかけ問題に引っかかる。❸気になる。納得《なっとく》できない。例どこか引っ掛かるところがある話。

ひっかきまわ・す【引っかき回す】〖引っ▼掻き回す〗〈動五〉❶ひどくかき回してめちゃくちゃにする。例机の中を引っかき回す。❷会合などを、自分勝手にふるまって、収拾がつかなくなるほど混乱させる。▽「かきまわす」を強めた言いかた。

ひっか・く〖引っ▼掻く〗〈動五〉先のとがったものやつめなどで、ものの表面を傷つけるようにこする。例顔をひっかく。

ひっかけ【引っ掛け】〈名〉試験問題が、よく注意しないとまちがえやすいように作ってあること。例ひっかけ問題。

ひっか・ける【引っ掛ける】〈動下一〉❶ものをほかのものにかける。そこにつるしておく。例くぎに引っ掛ける。❷衣服をむぞうさに着る。とくに、そでをとおさずにはおる。例コートを肩《かた》に引っ掛ける。❸だます。例客を引っ掛けて金《かね》をだましとった。❹液体をとばしてかける。例つばを引っ掛ける。はなも引っ掛けない(=まったく相手にしない)。❺酒をちょっと飲む。例一杯《いっぱい》引っ掛ける。❻関連づける。こじつける。例祝いごとに昆布《こぶ》を使うのは、「よろこぶ」に引っ掛けたしゃれだ。

ひっかぶ・る〖引っ▽被る〗〈動五〉❶いきおいよくからだにかぶる。例ふとんをひっかぶる。水をひっかぶる。❷人の失敗や責任を自分で負う。例罪をひっかぶる。

ひっき【筆記】〈名・する〉文章を書きつけること。とくに、話されていることを書きとること。例筆記具。筆記試験。口述筆記。

ひつぎ〖▼柩〗〈名〉遺体《いたい》をおさめる木の箱。類棺桶《かんおけ》。棺。

ひっきたい【筆記体】〈名〉ローマ字などで、手書きに適した書体。筆写体。対活字体。

ひっきょう【▼畢▼竟】〈副〉いろいろあっても、結局は。かたい言いかた。例畢竟同じことだ。

表現「畢」「竟」ともに、終わる意。「畢竟の(=最後の)すみか」のような使い方もある。

ひっきりなし〈形動〉たえまなく、次から次へとつづいている。例ひっきりなしに来客がある。類のべつまくなし。ひきもきらず。

ピッキング〈名〉特殊《とくしゅ》な道具を鍵穴《かぎあな》にさしこみ、錠《じょう》をこわさずにあける行為《こうい》。◇lock picking から。

ビッグ〈造語〉「大きな」「重大な」という意味を表わす。例ビッグイベント(=大試合)。ビッグニュース。◇big

ピックアップ 一〈名・する〉❶適当なものをえらんで、ぬきだすこと。例おもなニュースをピックアップして伝える。❷人を車で迎えに行くこと。拾うこと。❸自分のものを取りに行くこと。◇pick up
二〈名〉❶レコードプレーヤーで、針の振動《しんどう》を電気振動に変える装置《そうち》。❷エレキギターなどの電気式弦《げん》楽器で、弦の振動を電気信号に変換《へんかん》する部品。◇pick-up
参考 一①は、英語では pick out という。

ひっくく・る〖引っ▽括る〗〈動五〉❶強くしばる。乱暴にしばる。例泥棒《どろぼう》をひっくくる。❷ひとまとめにする。例ひとりひとりに個性があり、一概《いちがい》にひっくくるわけにはいかない。類一括《いっかつ》する。

ビッグバン〈名〉❶宇宙ができるときに起こったとされる大爆発《ばくはつ》。❷制度の大改革。例金融《きんゆう》ビッグバン。◇big bang

びっくり〈名・する〉考えてもいなかったことや急なことで、おどろくこと。例びっくりぎょうてん。びっくりばこ。

ひっくりかえ・す【ひっくり返す】〈動五〉ひっくりかえるようにする。例かばんをひっくり返す。定説をひっくり返す。試合をひっくり返す。

ひっくりかえ・る【ひっくり返る】〈動五〉❶立っていたものが、いきおいよくたおれる。例あおむけにひっくり返る。類転がる。横転する。
❷ものの上下やうらおもて、あるいはよしあしがさかさまになる。例ボートがひっくり返る。評価がひっくり返る。
❸これまで動かない、確実だと思われていたものが、くずされたりたおされたり、不確実になったりする。例形勢がひっくり返る。試合がひっくり返る。類くつがえる。

びっくりぎょうてん【びっくり仰天】〈名・する〉ひどく、おどろくこと。

びっくりばこ【びっくり箱】〈名〉ふたをあけると、ばねじかけの作り物がとびだしてくる、箱形のおもちゃ。

びっくりマーク〈名〉「感嘆符《かんたんふ》(!)」のことをふざけてこういう。

ひっくる・める〖引っ▽括める〗〈動下一〉ばらばらだったものを、一つにまとめる。例全部ひっくるめて、費用はどのくらいでしょうか。類一括《いっかつ》する。

ひづけ【日付】〈名〉書類などに書きこむ年月日。

ひっけい【必携】〈名〉❶いつも持っていなければならないこと。また、そのもの。❷ある方面について、だいじなことをまとめた本。ハンドブック。例技術者必携。類便覧。手引き。

ひづけへんこうせん【日付変更線】〈名〉そこをこえるとき、日付を変えることになっている、東経一八〇度の経線を基準とした線。東へ行くときは、同じ日をくりかえし、西へ行くときは一日とばす。

ひつけやく【火付け役】〈名〉事件や騒動《そうどう》、改革などをひき起こすきっかけをつくる人。例論争の火付け役。

ピッケル〈名〉雪山に登るときに使う、つえとつるはしを合わせたような用具。氷雪の上に足場をつけたり、からだをささえたりするのに使う。◇ドイツ Pickel

ひっけん【必見】〈名〉かならず見たり読んだりしなければならないこと。例必見の書。類必読。

びっこ〖▼跛〗〈名〉二つでひと組みのものが、そろっていないこと。そろっていないもの。例びっこのげた。注意もと、片足が不自由であることについての差別的なことば。

ひっこう【筆耕】〈名〉文字や文章を書きうつしたり、清書したりして、収入をえること。また、その人。

ひっこし【引っ越し】〈名・する〉住まいや仕事場などを変えること。類転居。移転。住みかえ。

ひっこしそば【引っ越しそば】〖引っ越し▼蕎▽麦〗〈名〉ひっこし先で、近所の人にあいさつがわりに配るそば。参考「おそばに来ました」の「そば」にかけた習わし。

ひっこ・す【引っ越す】〈動五〉住むところをかえる。また、事務所など、仕事をする場所をうつす。例新居に引っ越す。類転居する。移転する。住みかえる。

ひっこぬ・く【引っこ抜く】〈動五〉「引き抜く」のくだけた言いかた。

ひ(引)っこ(込)みがつかない 自分からかかわったことなので、体面をたもったり義理をはたしたりしなければならず、途中《とちゅう》で身を引くわけにはいかない。例「こんな仕事、簡単ですよ」と大きなことを言ったばかりに、引っ込みがつかなくなってしまった。

ひっこみじあん【引っ込み思案】〈名・形動〉積極的に人前に出て、ものごとをするのがにがてな性質。例引っ込み思案の人。

ひっこ・む【引っ込む】〈動五〉❶しりぞいて、人の目にたたないようなところに行く。例自分の部屋に引っ込む。❷出ていたものが、もとの状態にもどる。表面よりくぼむ。例汗《あせ》が引っ込む。こぶが引っ込む。❸おもてからは見えない、おくの方にある。例おもて通りから引っ込んだ家。

ひっこ・める【引っ込める】〈動下一〉出ているものや、いちど出したものを、中に入れたり取り消したりする。例首を引っ込める。提案を引っ込める。

ピッコロ〈名〉フルートより一オクターブ高い音程の木管楽器。現在はふつう金属製。口ぶえをするどくしたような音色《ねいろ》をもち、合奏にアクセントをつける役目をはたす。◇イタリア piccolo

ひっさ・げる【引っ提げる】〈動下一〉注目すべきものをかかげる。例チャンピオンベルトを引っ提げて登場する。新企画をひっさげて会議にのぞむ。

ひっさつ【必殺】〈名〉必ず相手を殺したり、たおしたりすること。例必殺の剣《けん》。必殺技《わざ》。

ひっさん【筆算】〈名・する〉紙に、数字を位《くらい》をそろえながら書いて、計算すること。対暗算。

ひっし[1]【必至】〈名〉さけることができず、かならずそうなること。例このままでは地球が砂漠《さばく》になることは必至だ。類必定《ひつじょう》。

ひっし[2]【必死】〈形動〉死ぬ気になるほど全力をつくしている。例必死になる。必死でがんばる。

ひつじ[1]【羊】〈名〉家畜《かちく》の一種。足がみじかく、灰色の毛でおおわれ、うずまきのかたちをしたつのがある。毛を毛織物とするほか、肉を焼いたりして食べる。品種が多い。

ひつじ[2]〖▽未〗〈名〉❶「十二支」の第八番目で、ヒツジ。❷むかしの方角の名で、南南西。❸むかしの時の名で、午後二時およびその前後一時間、計二時間のあいだ。

ひつじぐも【羊雲】〈名〉ヒツジの群れのように見える雲。高積雲《こうせきうん》。

ひっし(筆紙)につ(尽)くしがた(難)い 文章にはとても表わすことができない。類筆舌に尽くし難い。

 ブラック(1882～1963) フランスの画家。ピカソとともにキュービズム(立体派)の創始者。

ひっしゃ[1]【筆者】〈名〉その文章や、書道の作品を書いた人。類書き手。執筆《しっぴつ》者。→ちょしゃ 表現 アヒッシャ

ひっしゃ[2]【筆写】〈名・する〉書きうつすこと。例手本を筆写する。アヒッシャ

ひっしゅう【必修】〈名〉学校で、ある科目を全員がかならず履修《りしゅう》しなければならないこと。必履修《ひつりしゅう》。例高校の必修科目。対選択(科目)。

ひつじゅひん【必需品】〈名〉なくてはならないもの。例生活必需品。

ひつじゅん【筆順】〈名〉文字、とくに漢字を書くときの、点や線を書く順序。書き順。→囲み記事44(下)

ひっしょう【必勝】〈名〉かならず勝つこと。かならず勝とうという決心。例必勝を期する。必勝の信念。

ひつじょう【必定】〈名〉必ずそうなると予想されること。やや古めかしい言いかた。類必至。

びっしょり〈副〉ひどくぬれているようす。例びっしょり(と)あせをかく。類ぐっしょり。

びっしり〈副〉少しのすきまもないほどいっぱいにつまっているようす。みっしり。例こまかい字でノートにびっしりと書いてある。スケジュールがびっしりつまっている。類ぎっしり。

ひっす【必須】〈名〉どうしても必要なこと。なくてはならないこと。例必須条件。

ひっせい[1]【▼畢生】〈名〉人が生まれてから死ぬまでのあいだ。例畢生の大作。類一生。終生。

ひっせい[2]【筆勢】〈名〉文字や文章、絵などにあらわれたふでのいきおい。ふでづかい。類筆力。筆致《ひっち》。タッチ。

ひっせき【筆跡】〖筆▼蹟〗〈名〉書かれた文字にみられる、書きかたのくせや特徴《とくちょう》。例筆跡鑑定《かんてい》。

ひつぜつ【筆舌】〈名〉文章に書くことと口に出して言うこと。

筆舌に尽《つ》くし難《がた》い ことばでは、とうてい言い表わせない。類筆紙に尽くし難い。

ひっせん【筆洗】〈名〉筆《ふで》の先を洗うこと。そのためのうつわ。筆洗い。

ひつぜん【必然】〈名〉どのようにしても、結果はそうなる、ということ。例必然のできごと。歴史の必然。必然性。対偶然《ぐうぜん》。

ひつぜんせい【必然性】〈名〉かならずそのような結果になること。例その結論には必然性がみとめられない。

ひつぜんてき【必然的】〈形動〉かならずそうなるときまっている。例必然的な結果。

ひっそく【▼逼塞】〈名・する〉落ちぶれて、世間のすみでひっそりと暮らすこと。例郷里に逼塞する。

ひっそり〈副・する〉❶人のいる気配がなく、なんの物音もしないようす。例ひっそり(と)した室内。❷静かに、めだたないように。例ひっそり(と)暮らす。

ひっそりかんと【ひっそり閑と】〈副・する〉物音ひとつせず、何の気配も感じられないようす。例ひっそり閑と静まり返る。

ひったくり〈名〉通りすがりの人の持ち物などをうばいとること。また、その人。例ひったくりにあう。

ひったく・る〖引っ手繰る〗〈動五〉他人が持っているものを、すばやくうばいとる。例かばんをひったくられる。

ひった・てる【引っ立てる】〈動下一〉⇩ひきたてる④

ぴったり〈副〉❶すきまなくくっついているようす。類きっちり。❷少しのずれもなく一致《いっち》するようす。例ぴったり(と)帳じりがあう。類きっちり。❸つづいていたものごとが急に完全に止まるようす。例寝坊《ねぼう》がぴったり(と)なくなる。▽類ぴたり。❹〈する〉きわめてふさわしいようす。例自分にぴったりした仕事。類適する。

ひつだん【筆談】〈名・する〉文字を書いて見せあうことによって、考えや気持ちをつたえあうこと。

ひっち【筆致】〈名〉文字や文章、絵などをかくときの筆の調子。タッチ。例軽妙《けいみょう》な筆致。類筆勢。

ピッチ〈名〉❶一定の時間内におなじ動作をくりかえす回数。仕事などのすすむ速さや調子。例ピッチをあげる。急ピッチ。類ペース。テンポ。❷音の高さ。音の調子。音高《おんこう》。例ピッチが高い。❸サッカーなどのグラウンド。◇pitch

ヒッチハイク〈名〉通りがかりの自動車にただで乗せてもらってする旅行。◇hitchhike

ピッチャー〈名〉❶野球で、マウンドに立ち、打者にむかってボールを投げる人。投手。対キャッチャー。❷取っ手つきの水さし。ビールなどを入れてつぎ分けたりするもの。◇pitcher

ひっちゃく【必着】〈名・する〉郵便物などが、特定の

囲み記事 44

筆順と筆はこびの原則

漢字の字形は、筆順とともに覚えておかないと、正しい形が覚えられないし、書いた字が不格好《ぶかっこう》になる。この辞典では、常用漢字項目に、文字の全体の形を考えながら書けるように、黒と灰色の二色に分けて筆順を示した。筆順にあわせて筆はこびの原則も示しておこう。

(1)たての線は、上から下へ書く。ななめの場合も同じ。下から上へ書くのは、はね上げる時だけ。
(2)よこの線は、左から右へ書く。
(3)右肩の曲がり(かぎの手)は一筆で書く。
(4)四角を書くときは、①左側たての線、②かぎの手、③下のよこの線、の順となる。
(5)たて・よこにまじわる線は、よこを先に書く。
(6)たての線の止めかたには、三種類ある。①すっと引く、②ぎゅっと止める、③左上へぴんとはね上げる。
(7)ななめの点は、①左下へむくのは、はらう、②右下へむくのは止める。
(8)左側にある偏《へん》から先に書く。
(9)上にある冠《かんむり》から先に書く。

おもな原則は右のようなことで、これは、書きやすい自然な順序になっている。筆のはこびかたは、毛筆の運筆法にならっているが、硬筆《こうひつ》でも、これが基本になる。ただし、どの字もすべて筆順が一つであるというわけではなく、いくつかの書き順のあるものもある。本書で、筆順の欄に※印をつけたものには、他の書き順もあることを示している。

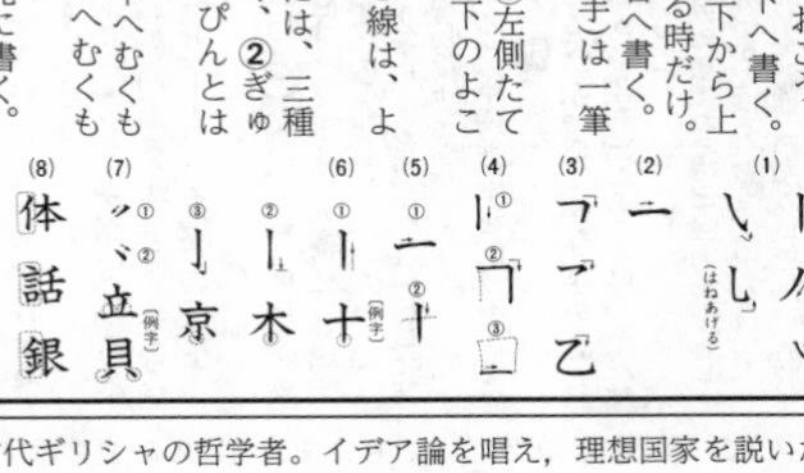

プラトン(前427~前347) 古代ギリシャの哲学者。イデア論を唱え，理想国家を説いた。

ある日までにかならず着くようにすること。例十日必着で郵送のこと。

ひっちゅう【必中】〈名〉 ねらったものに必ずあたること。例一発必中。

びっちゅう【▽備中】〈名〉 旧国名の一つ。現在の岡山県西部。備前・備後《びんご》とあわせて備州という。

ピッチング〈名〉 ❶船や飛行機がたてにゆれること。たてゆれ。対ローリング。❷野球で、投手が打者に対し、ボールを投げること。投球。◇pitching

ひっつ・める〖引っ詰める〗〈動下一〉 髪《かみ》を、うしろでぎゅっとたばねて結ぶ。その髪の形を「ひっつめ」という。

ひってき【匹敵】〈名・する〉 ほかのすぐれたものと比べて、それと同じくらいであること。例東京に匹敵する大都市。匹敵するものがない。類比肩《ひけん》。

ヒット〈名・する〉 ❶野球で、ボールを打った打者が塁《るい》に出られる当たり。安打。❷小説や音楽、劇などが、おおぜいの人によろこばれ、よく売れたり流行したりすること。例ヒットソング。ヒット商品。❸インターネットなどの検索《けんさく》で、条件にあてはまるものとして抽出《ちゅうしゅつ》されること。例五〇〇件がヒットした。◇hit

ビット〈名・接尾〉 コンピューターで、二進法による情報量の最小単位。たとえば、八ビットが一バイトで、0と1がならぶ八けたの数で表わされる。◇bit →[2]バイト

ひっとう【筆頭】〈名〉 ならんでいる名前のいちばん上の地位。その地位の人。例筆頭にあげる。戸籍《こせき》の筆頭者。筆頭人。前頭《まえがしら》筆頭。

ヒットエンドラン〈名〉 野球で、ランナーが次の塁《るい》へむけて走り、同時にバッターがピッチャーの球を打つこと。◇hit-and-run

ひつどく【必読】〈名〉 だれもがその価値をみとめ、読まなければならないとされること。例必読書。

ひっぱく【▼逼迫】〈名・する〉 お金がなくなって苦しい状態になること。例財政が逼迫する。類窮迫《きゅうはく》。

ひっぱた・く〈動五〉 平手で力いっぱいたたく。例ほっぺたをひっぱたく。

ひっぱりこ・む【引っ張り込む】〈動五〉 ❶引っぱって中に入れる。❷むりやりさそって仲間に加える。例活動に引っ張り込む。

ひっぱりだこ【引っ張りだこ】〖引っ張り▼凧・引っ張り▼蛸〗〈名〉 人気があって、あちらからもこちらからもほしがられる、ものや人。例引っ張りだこになる。

ひっぱ・る【引っ張る】〈動五〉 ❶ひもやつななどを、強くひくようにして、ぴんとはる。❷自分の方に近づくようにひきよせる。例荷車《にぐるま》を引っ張る。❸仲間にさそいこむ。例新入生をクラブに引っ張る。❹むりにつれて行く。例犯人が警察に引っ張られた。❺長く伸ばす。例歌詞を引っ張って歌う。❻あとまで延《の》ばす。例(テレビで)決定的瞬間をCM後まで引っ張る。

ヒッピー〈名〉 一九六〇年代後半に現れた、きばつな服装をし、髪《かみ》を長くのばし、自分の思うように生活している若者たちをさしていったことば。◇hippie

[1]ひっぷ【匹夫】〈名〉 なんでもない、ただの男。

匹夫の勇《ゆう》 見せかけだけのつまらない勇気。

[2]ヒップ〈名〉 ❶洋裁で、腰《こし》まわりの寸法。腰囲《ようい》。❷「お尻《しり》」のこと。◇hip

ビップ【VIP】〈名〉 ⇩(巻末「欧文《おうぶん》略語集」)VIP

ひっぽう【筆法】〈名〉 ❶文字を書くときのふでの動かしかた。類運筆。❷文章の言いまわし。類論法。❸ものごとのやりかた。例いつもの筆法でことをはこんだ。

ヒップホップ〈名〉 一九八〇年代にアメリカの黒人の若者が始めた、ラップ音楽やブレイクダンスなどのこと。◇hip-hop

ひつまぶし〖▼櫃▽塗し〗〈名〉 うなぎのかば焼きを細く切って、ご飯の上にのせたもの。まぜて食べる。名古屋などの名物。

ひづめ〖▼蹄〗〈名〉 ウシやウマなどの足の、かたいつめ。

ひつめい【筆名】〈名〉 文章、とくに、文学作品などを発表するときに使う本名以外の名前。ペンネーム。対実名。類雅号《がごう》。

ひつよう【必要】〈名・形動〉 ある目的のためには、それが絶対に欠かせないこと。例旅行に必要なお金。必要にせまられて借金をする。そこまでする必要はない。必要経費。必要不可欠。必要条件。対不要。不必要。類必須《ひっす》。

必要は発明《はつめい》の母《はは》 必要にせまられてこそ、人はくふうして新しい道具をつくりだすものだ、ということ。

ひつようあく【必要悪】〈名〉 悪いことではあるが、現実の社会生活の中でなくてはこまることがら。

ひつりょく【筆力】〈名〉 ❶書かれた文字や文章からうける、ふでのいきおいや筆者の意気ごみ。類筆勢。❷読む人を引きこんでいく、文章のもっている力。

ひつろく【筆録】〈名・する〉 ことばに書きとどめること。書き記したもの。

ビデ〈名〉 シャワー装置つきの便座で、女性の陰部《いんぶ》を洗う機能。◇フランス bidet

[1]ひてい【比定】〈名・する〉 考古学や歴史学で、あるものが何であるかを確定できない場合に、ほかのものと比較《ひかく》して、判定すること。例大仙《だいせん》古墳は文化庁によって仁徳天皇陵《にんとくてんのうりょう》に比定されている。邪馬台国《やまたいこく》の比定地。

[2]ひてい【否定】〈名・する〉 ❶事実ではないといって、みとめないこと。聞かれたことに「いいえ」「ううん」などと答えること。例うわさを否定する。類否認《ひにん》。うちけす。❷いいこととはみとめないで、積極的に反対すること。例ファシズムを否定する。自己《じこ》否定(に苦しむ)。❸〔文法〕⇩うちけし ▽対肯定《こうてい》。

びていこつ【尾▼骶骨】〈名〉 ⇩びこつ

ひていてき【否定的】〈形動〉 そのことをみとめようとせず、反対するようす。例否定的な立場をとる。対肯定《こうてい》的。

ビデオ〈名〉 ❶テレビなどで、音声に対して、映像の部分。対オーディオ。❷「ビデオテープ」の略。◇video

ビデオカメラ〈名〉 動く映像と音声を同時に記録するカメラ。◇video camera

ビデオテープ〈名〉 映像と音声を記録して再生するための磁気テープ。◇videotape

ビデオレター〈名〉 手紙に書くような内容のメッセージを語りかけるすがたをビデオカメラで撮影《さつえい》して、相手に送るもの。◇videoletter

びてき【美的】〈形動〉 うつくしさが感じられるようす。うつくしさに関係があるようす。例美的感覚。

ひてつきんぞく【非鉄金属】〈名〉 鉄以外の金属をまとめていうことば。工業の方面でいう。

ひでっぷしー(方言) まぶしい。千葉で言う。

ひでり【日照り】〈名〉 ❶太陽が照りつけること。日の照り。❷夏、水がかれるほど晴れの日がつづくこと。類干

 フランクリン (1706～90) アメリカの政治家・科学者。独立革命で活躍。避雷針を考案。

かんばつ。表記 ②は「▼旱(り)」とも書かれる。

ひでん【秘伝】〈名〉その道やわざの奥ふかくにある秘密のことがらで、とくにすぐれた人にしかつたえないもの。類 奥義《おうぎ》。

びてん【美点】〈名〉すぐれている点。対 欠点。類 長所。

びでん【美田】〈名〉土が肥え、米がたくさんとれる田。例 子孫のために美田を買わず(→「しそん」の子項目)。

ひでんか【妃殿下】〈名〉皇族の妻をうやまっていうことば。王妃。対 殿下。

ひと【人】〈名〉❶人類全体をおおまかに思いえがいていう、人。人間一般《いっぱん》。→じんるい
❷世間にいるふつうの人間。人々。例 人の世。人のうわさなど気にするな。人目。人聞き(がわるい)。人助け。
❸まず自分を考え、自分からみて関係のない第三者を思いえがいていう、人。他人。例 人を使う。人にたよる。人とつきあう。知らない人。人のことはどうでもいいから、自分のことをやりなさい。ひとごと。人さま。
❹一人前の社会人を思いえがいていう、人。例 人をつくる。人となる。人を人とも思わない。
❺ある立場にたつ人やある役にはまる人を思いえがいていう、人。しかるべき人。例 人をせわする。人がたりない。人をたてて交渉《こうしょう》する。人さがし。
❻だれときまっている人を思いえがきながら、その人の名は出さないでいう、人。例 時の人。意中の人。午後は人に会う約束がある。たずね人。まち人。
❼人間一般をさしながら、とくに、その中の自分を強く意識していう、人。相手か第三者かが自分に対して失礼であることをおこるときに使う。例 人をなんだと思っているんだ! 人の気も知らないで!
❽人間の性質や資質についていうことばのあとにつけて、どんな人物かをいうことば。例 かれはうそをつかない人だ。
表現 人数の数えかたは、ふつうは一人《ひとり》二人《ふたり》だが、あらたまった場面では一名《いちめい》二名《にめい》、うやまって言うときはお一方《ひとかた》お二方《ふたかた》も使う。
表記 生物の種類として「人類」の意味で使うときは、「ヒト」とかたかなで書く習慣がある。

人が変《か》わる 性格や行ないががらりと変わって、別人のようになる。

人の噂《うわさ》も七十五日《しちじゅうごにち》 ⇩「うわさ」の子項目

人の口《くち》に戸《と》は立《た》てられぬ 世間の口はうるさいもので、うわさや批評はふせぎようがない。

人の子《こ》 ❶人として生まれたもの。人間。例 犯人も人の子だ、心はある。❷他人の子。

人のふり見《み》てわがふり直《なお》せ 人のよくない行ないを見たら、それとくらべて自分はどうなのか反省せよ。類 反面教師。他山の石。

人のふんどしで相撲《すもう》を取《と》る なんでも他人を利用して、自分につごうのよいことをする。

人呼《よ》んで ⇩独立項目

人を介《かい》する 相手とじかではなく、あいだにおいた別の人を通す。例 人を介してたのむ。類 人を立てる。

人を担《かつ》ぐ うまいことを言って、人をだます。

人を食《く》った 人を人とも思わないような、ばかにした態度の。例 人を食った態度。人を食ったような話。

人を立《た》てる ❶あいだに立って交渉《こうしょう》してくれる人をたのむ。例 人を立てて縁談《えんだん》をすすめる。類 人を介《かい》する。❷ほかの人を自分より高いものとしてあつかう。

人を呪《のろ》わば穴《あな》二《ふた》つ 人を不幸におとしいれようとたくらめば、自分もまた不幸な目にあう、ということ。参考 結局、人と自分と墓穴が二つできるということから。

人を人とも思《おも》わない ばかにして、最低限の思いやりも礼儀《れいぎ》も示さない。

人を見《み》て法《ほう》を説《と》け 人の性格や気質はさまざまであるから、相手の人物をよく見て、相手に合うようにものを言わなければ効果がない、ということ。

[1]**ひとあし**【一足】〈名〉❶前にだした足と後ろの足とのあいだ。一歩。例 一足ごとにゴールが近づく。❷非常に近い距離《きょり》。ほんのわずかな時間のずれ。例 駅まではほんの一足です。一足ちがい。▽アヒトアシ

[2]**ひとあし**『人足』〈名〉⇩にんにょう アヒトアシ

ひとあじ【一味】〈名〉料理の、ちょっとした味かげん。例 どこか一味たりない。あと一味たしたい。参考「いちみ」と読むのは別のことば。

一味違《ちが》う ❶同じ食べ物だが、味つけなどが微妙《びみょう》にちがっていて、おいしい。❷ほかとはちがったよさがある。

ひとあしちがい【一足違い】〈名〉ほんのちょっとの時間のちがい。例 一足違いで会えなかった。

ひとあしらい【人あしらい】〈名〉人への応対のしかた。例 人あしらいがうまい。

ひとあせ(一汗)かく 運動や仕事をして汗をかく。例 一汗かいたあとの麦茶は格別だ。

ひとあたり【人当たり】〈名〉人とのつきあいの中で、相手にあたえる感じ。例 人当たりがやわらかい。

ひとあめ【一雨】〈名〉❶一回の降雨《こうう》。例 一雨ほしい。一雨ごとに春めく。❷ある時間、ひとしきり降る雨。例 一雨きそうだ。

ひとあれ【一荒れ】〈名・する〉❶天候がひとしきり荒れること。また、会議などが一時ひどく混乱すること。例 一荒れきそうだ。首相の発言で国会は一荒れした。❷人の機嫌《きげん》がひとしきり悪くなること。例 ねむくなり、一荒れしてようやくねむりについた子ども。

ひとあわ(一泡)ふ(吹)かせる 相手の予想していなかったことをやって、あわてさせる。

ひとあんしん【一安心】〈名・する〉気がかりなことがなくなり、ひとまず安心すること。例 これで一安心だ。

ひど・い『▽酷い』〈形〉❶程度がふつうではない。例 ひどい風。ひどい寒さ。類 はげしい。はなはだしい。❷程度がわるい。例 ひどい成績。類 粗末《そまつ》。❸見ていられないほど、残酷《ざんこく》である。例 ひどいしうち。類 むごい。参考「非道《ひどう》」を形容詞にしたことばで、③は当て字で「非▽道い」と書かれることもある。

ひといき【一息】〈名〉❶一回の呼吸。例 一息に飲みほす。一息いれる(=ちょっと休む)。❷いきおいよく、休まずにすること。例 一息にかけあがる。類 一気《いっき》に。❸あとちょっとの努力。例 頂上まで、あと一息だ。

一息つく ❶ちょっと休む。類 一息いれる。息をぬく。❷苦しい状態からぬけて、ほっとする。例 ようやく一息ついた。

ひといきれ【人いきれ】〈名〉せまいところに集まったおおぜいの人たちから発する熱気。

ひといちばい【人一倍】〈名・副〉ふつうの人よりずっと多いこと。例 人一倍の努力。人一倍食べる。参考 この「一倍」は、「二倍」の古い言いかた。

ひとう【秘湯】〈名〉不便な場所にあって、人にそれほど知られていない温泉。

ひどう【非道】〈名・形動〉人としての行ないからはずれ

ひ

ていること。例非道な男。極悪《ごくあく》非道。

びどう【微動】〈名〉 わずかに動くこと。例微動だにしない(=少しも動かない)。

ひとうけ【人受け】〈名・する〉 他人がその人に対して持つ感じ。とくに、いい感情を持たれること。例人受けがいい。人受けするタイプの人。

ひとえ[1]【一重】〈名〉 ❶一枚だけで、かさなっていないこと。例一重まぶた。❷花びらが一枚ずつならんでいて、かさなっていないこと。例一重ざくら。

ひとえ[2]【▽単・▽単▽衣】〈名〉 裏地をつけない服。例ひとえ仕立て。対あわせ。

ひとえに〈副〉 ❶ただひたすらに願ったりわびたりする気持ちを表わす。例よろしくお引き立てのほど、ひとえにお願い申しあげます。❷まったくほんとうに。例こうしていられるのも、ひとえにあなたのおかげです。▽類いつに。

ひとおし【一押し】〈名・する〉 あとちょっと努力すること。例目標達成まではもう一押しだ。

参考 「いちおし」と読むのは別のことば。

ひとおじ【人おじ】『人▽怖じ』〈名・する〉 知らない人の前に出ると、どうしてよいかわからないで、おどおどすること。例人おじしない子ども。類人見知り。

ひとおもいに【一思いに】〈副〉 あれこれ考えてぐずぐずしないで。思いきって。例一思いに飲みこむ。

ひとかかえ【一抱え】〈名・する〉 両腕でやっと抱えられるほどの大きさや太さ。そのような物をかかえること。

ひとがき【人垣】〈名〉 たくさん人が集まっていて、かきねのように見えること。例人垣がくずれる。人垣をつくる。

ひとかげ【人影】〈名〉 ❶人のすがた。例人影がない。❷ものにうつった人の影。例人影がさす。

ひとがしら【人頭】〈名〉 漢字の頭《かしら》の一つ。「今」「令」などの「𠆢」の部分。ひとやね。参考 ふつう、漢和辞典では「人」(二画)の部にふくまれる。

ひとかせぎ【一稼ぎ】〈名・する〉 ある程度まとまったお金をかせぐこと。類ひともうけ。

ひとかたならず【一方ならず】〈副〉 ひととおりでなく。とても。例ひとかたならずお世話になりありがとうございました。

表現 「一方ならぬご尽力をいただき、…」のように、連体詞としても用いる。

ひとかど『一▽廉』〈名〉 人から「りっぱだ」「すぐれている」と思われるものをもっていること。例ひとかどの人物。類いっぱし。

ひとがら【人柄】〈名〉 ものの言いかたやふるまいを通じて感じられる、その人を特徴《とくちょう》づけている性格。例人柄がにじみでる。人柄がいい。人柄を買う。ゆかしい人柄。

表現 ふつう、よい性格について使う。

ひとからげ【一からげ】『一▽絡げ』〈名〉 一つにたばねること。一つにまとめてしまうこと。例人を一からげにあつかう。十把《じっぱ》一からげ。

ひとかわ【一皮】〈名〉 一枚の皮。

一皮むく 本当のすがたをおおいつつんでいるうわべを取り去る。例口では改革を唱えているが、一皮むけば古い慣習にしばられた人間だ。

一皮むける 人間的に、ぐっと成長する。例大仕事をやりとげて、彼女も一皮むけた感じだ。

ひとぎき【人聞き】〈名〉 人がそれを聞いてうける感じ。例人聞きのわるいことを言うな。類外聞。

ひときれ【一切れ】〈名〉 切りわけたものの、一つ。例一切れのパン。類一片《いっぺん》。

ひときわ『一際』〈副〉 多くの中で、とくに目だって。例ひときわ美しい。類いちだんと。いっそう。

ひとく【秘匿】〈名・する〉 こっそりとかくしておくこと。例情報源を秘匿する。

びとく【美徳】〈名〉 誠実や勇敢《ゆうかん》など、人の道にかなった、見ならうべきよい心や行為《こうい》。例謙譲《けんじょう》の美徳。対悪徳。

ひとくさり【一くさり】〈名〉 少しのあいだつづけられる、話のひとまとまり。例いつもの自慢《じまん》話を、また、ひとくさり聞かされた。

ひとくせ(一癖)**ある** ふつうの人とはちがっていて、あつかいにくく、ゆだんできない感じがある。

表現 「一癖も二癖《ふたくせ》もある」は、強めた言いかた。

ひとくち【一口】〈名〉 ❶いきおいよく、いちどきに口に入れてしまうこと。例一口に食べる。❷かるく食べたり、飲んだりすること。例一口いかがですか。❸てみじかに話すこと。例とても一口では言えない。❹寄付などをするときの単位で、一つ。例一口千円です。

一口乗《の》る もうけ仕事などに加わる。類一枚かむ。

ひとくちばなし【一口話】〈名〉 みじかい笑い話。

ひとくふう【一工夫】〈名・する〉 ちょっとしたくふう。例もう一工夫する必要がある。

ひとくろう【一苦労】〈名・する〉 ちょっとした苦労。例意見をまとめるのに一苦労した。

ひとけ【人け】『人気』〈名〉 人のいる気配。例人けのないうら通り。参考 「人気」を「にんき」「じんき」と読むのはそれぞれ別のことば。

ひどけい【日時計】〈名〉 めもりをきざんだ円盤《えんばん》に、柱や棒を立て、太陽の光でできるかげで時刻を知る装置。

ヒトゲノム〈名〉〔生物〕 人間の、子孫に伝えられる遺伝情報の全体。↓ゲノム

ひとこいし・い【人恋しい】〈形〉 なんとなく人に会いたくなるような気持ちだ。例人恋しい秋の夕暮れ。

ひとこえ【一声】〈名〉 ❶一度出す声。例一声鳴く。❷一言《ひとこと》口にだして言うこと。例一声かける。❸何かを決める一言。例つるの一声(↓「つる〔鶴〕」の子項目)。社長の一声で決まった。

ひとごえ【人声】〈名〉 人の話し声。例人声がする。

ひとこきゅう【一呼吸】〈名・する〉 落ち着いたりするために、いちど呼吸をする程度の間《ま》をはさむ。例一呼吸おいて話を続ける。

ひとごこち【人心地】〈名〉 あぶない目や苦しい目にあったあとの、「助かった」「楽になった」という気持ち。例ようやく人心地がついた。

ひとこと【一言】〈名〉 一つのことば。わずかなことば。例本人からは、一言も連絡《れんらく》がない。わたしからも一言いわせてもらおう。類一言《いちごん》。

一言多《おお》い とかく、おだやかなことばだけでとどめておくことができず、人を変に刺激《しげき》することをつけ加えてしまう。

ひとごと【人ごと】『人事・▽他▽人事』〈名〉 自分には利害や関係のない他人のこと。例人ごとながら気になる。人ごとならず思える。その話、とうてい人ごととは思えない。対わが事。類よそごと。他事《たじ》。対岸の火事。参考 当て字で「他人事」と書くことから、誤《あやま》って「たにんごと」ともいうようになった。なお、「人事」を「じんじ」と読めば別のことば。

人ごとではない 自分には関係がないと思っていられることがらではなく、いつ自分の身にふりかかってくるかもわか

フランコ(1892~1975) スペインの軍人・政治家。人民戦線内閣を倒し,独裁政治を行なった。

らない。例きみも気をつけないと、人ごとではないよ。

ひとこま【一こま】〖一▼齣〗〈名〉❶映画フィルムやまんがなどの、わくで区切られた一つ。❷映画・劇・できごとなどの一つの場面。例青春の一こま。

ひとごみ【人混み・人込み】〈名〉多くの人が集まってこみあっていること。こみあっている場所。例人混みにでる。人混みにまぎれる。人混みの中。類混雑。雑踏《ざっとう》。

ひところ【一頃】〈名〉すぎさったある期間。例ひと頃は、よくつりにでかけたものだ。類一時《いちじ》。

ひとごろし【人殺し】〈名〉人を殺すこと。人を殺した人。例人殺しをする。類殺人。

ひとさしゆび【人差し指・人指し指】〈名〉手の、親指のとなりの指。食指《しょくし》。

ひとざと【人里】〈名〉いなかで、人が集まり住んでいるあたり。例人里はなれた山奥。

ひとさま【人様】〈名〉「他人」の意味の尊敬語。例人様に迷惑《めいわく》をかけてはいけない。

ひとさらい【人さらい】〖人▼攫い〗〈名〉人をさらうこと。人をさらう者。類誘拐《ゆうかい》。

ひとさわがせ【人騒がせ】〈形動〉わけもないのに、あるいは、たいしたことでもないのに、人をおどろかして、あわてさせること。例人騒がせなできごと。

ひとし・い【等しい】〈形〉❶二つ以上のものが、同じである。例長さが等しい。類同一。❷ものの状態や性質が、ほかのものと同じだと言っていいほどよく似かよっている。例ほとんどないに等しい。類同然。同等。

ひとしお〖一▽入〗〈副〉ほかの場合とくらべて、よりいっそう。例雨に洗《あら》われた若葉は、ひとしお美しかった。つらい仕事だっただけに、やりとげた喜びはひとしおだった。類ひときわ。いちだんと。さらに。由来染《そ》め物で、布を液につけて、一回ごとに色を濃《こ》くしていくことから。

ひとしきり〖一▽頻り〗〈副〉しばらくのあいだ。例ひとしきり、にぎやかな歌声がつづいた。

ひとしごと【一仕事】〈名〉❶〈する〉ちょっとした仕事。例昼食の前にもう一仕事しよう。❷かなりたいへんな仕事。例よっぱらいをつれて帰るのは一仕事だ。

ひとじち【人質】〈名〉❶要求をおしとおしたり、また、交渉《こうしょう》を有利にするために、とらえておく人間。例人質にとる。❷約束の実行や服従のしるしとして、相手がわへあずけるこちらがわの人間。例人質をさしだす。

ひとしなみ【等し並み】〈形動〉とくに区別したりせず、同じあつかいをするようす。例等し並みにあつかう。

ひとしばい(一芝居)う(打)つ 人をあざむくために、計画してうその言動をとる。

ひとしれず【人知れず】〈副〉だれにも知られないで、ただひとりで。例人知れずなやむ。表現「人知れぬなやみ」のように、連体詞としても用いる。

ひとず(人好)きがする 多くの人に好かれやすい。例人好きのする顔。

ひとすじ【一筋】〈名〉❶ほそいものが長くつづいているようす。例一筋の流れ。❷そのことだけに力をつくすようす。例研究一筋。

ひとすじなわ(一筋縄)ではい(行)かない ふつうの単純なやりかたでは、とうていうまくいかない。

ひとずれ【人擦れ】〈名・する〉他人とのつきあいでもまれて、わるがしこくなること。例人擦れしている。

ひとそろい【一そろい】〖一▼揃い〗〈名〉いくつかのもので組みになっているものの、一組み。類ワンセット。一式。

ひとだかり【人だかり】〈名〉めずらしいものごとや事件などを見ようとして、たくさんの人が集まっていること。例人だかりがする。類人だまり。

ひとだすけ【人助け】〈名〉困っている人を助けること。

ひとだのみ【人頼み】〈名〉人にたよること。例大事なことは人頼みにはできない。類人まかせ。他力本願。

ひとたび〖一度〗〈副〉「いちど」「いったん」の少し古い言いかた。例ひとたびこの世に生をうけたからには…。

ひとだま〖人▽魂〗〈名〉夜、青白い光をだして空中を飛ぶ火の玉。死者のからだからぬけだしたたましいだという。

ひとだまり【人だまり】〖人▼溜り〗〈名〉たくさんの人が集まっていること。集まっているところ。例人だまりをさける。類人だかり。

ひとたま(一▼溜)りもない 少しのあいだももちこたえられないで、あっというまにやられてしまう。例大きなヒグマにおそわれたら、人間はひとたまりもない。

ひとちがい【人違い】〈名〉別の人なのに、自分の考えた人だと思いちがいしてしまうこと。例人ちがいをする。

ひとつ【一つ】 ━〈名〉ものの数をかぞえるときの最初の数。❶最小の数としての、一つ。これ以下の数はない、という意味がこもる。いち。例たった一つ。もう、一つしか残っていない。一つや二つの失敗でくじけてはならない。❷年やものをかぞえたりするときの、一つ。一歳《さい》。一個。❸あとにも先にもそれ以外にはない、という意味での、一つ。例進むもしりぞくもきみの決心一つだ。❹二つ以上ではありえないし、二つ以上に分かれることもありえないことを強調していうときの、一つ。例心を一つにする。世界は一つ。一つ屋根の下で暮らす。❺いくつもある中から手あたりしだいに取り出したものとしての、一つ。例まあ、一つの話として聞いてください。❻(「一つとして…ない」「一つも…ない」「なに一つ…ない」のような形で)ものが存在しないことや、強く否定したりすることを表わす。例一つとして完全なものはない。

━〈副〉多少まよったすえに、とにかくなにかをしようとする気持ちを表わす。「一つのこころみとして」という意味がこもっている。例どうです、ひとつ、話にのってみませんか。

一つ間違《まちが》えば あやうくもう少しで。例一つ間違えば大惨事《さんじ》になるところだった。

ひと(一)つあな(穴)のむじな(▼狢) ⇩同じ穴の狢(「おなじ」の子項目)

ひとつおぼえ【一つ覚え】〈名〉一つだけおぼえていて、なんにでもそれをもちだすこと。例ばかの一つ覚え。

ひとづかい【人使い】〈名〉人に仕事などをさせるときのさせかた。例人使いが荒《あら》い。

ひと(一)つかま(釜)のめし(飯)をく(食)う ⇩同じ釜の飯を食う(「おなじ」の子項目)

ひとつかみ〖一▼摑み〗〈名〉❶片手でつかむこと。その程度の分量。❷種々さまざまなものをいっしょくたにあつかうこと。例一つかみにする。類十把《じっぱ》ひとからげ。

ひとづきあい【人付き合い】〈名〉人とつきあう程度。人とのつきあいかた。例人付き合いがいい。

ひとつこころ【一つ心】〈名〉❶人と通い合った、同じ気持ち。❷変わらない気持ち。

ひと(人)っこ(子)ひとり(一人) だれも(…ない)。例人っ子一人いない。人っ子一人通らない。

ひとづて【人づて】〖人▽伝〗〈名〉あいだにほかの人が入って伝わること。また、人をいれて伝えること。例人づ

てに知人の消息を聞いた。類また聞き。

ひとつぶだね【一粒種】〈名〉だいじな、ひとりっ子。

ひとづま【人妻】〈名〉❶結婚《けっこん》している女性。❷他人の妻。

ひとつも【一つも】〈副〉(「一つも…ない」の形で)たった一つもない。ほんの少しもない。例一つもいいところがなかった。

[1]**ひとで【人手】**〈名〉❶労働力としてみた人間。例人手がたりない。人手にたよる。類働き手。❷人のすること。例人手をくわえる。❸他人の手。例人手にかかる(=人に殺される)。人手にわたる。

[2]**ひとで【人出】**〈名〉ある場所への、人の集まりぐあい。例会場には二万人の人出があった。大雨で人出はまばらだった。→たいへん参考

[3]**ひとで【▽海▽星・人手】**〈名〉海底にすむ、ウニやナマコと同類の生物。平たい星のかたちをしていて、とげにおおわれている。カキ・アサリ・ハマグリなどの養殖《ようしょく》に害をあたえる。種類が多い。→きょくひどうぶつ

ひとでなし【人で無し】〈名〉人に対する思いやりや感謝など、人間らしい心をもっていない人。人情や恩義のわからない人。類人非人《にんぴにん》。

ひととおり【一通り】一〈名〉一つだけのやりかた。例読み方が一通りしかない漢字。二〈名・副〉❶ありふれたものであること。例一通りの苦しみようではない。類なみ。なみたいてい。なまやさしい。❷全体のだいたいのところ。例一通り目をとおす。一通りのことはできる。品数を一通りそろえた。類ひとわたり。

ひとどおり【人通り】〈名〉人々の行き来。例人通りがはげしい。人通りが少ない。

ひととき【一時】〈名〉あるみじかい時間。例いこいの一時。楽しい一時。

ひとところ【一所】〈名〉同じ場所。一か所。「ひとっところ」ともいう。例一所にかたまる。

ひととなり【人となり】〈名〉生まれつきの人がら。類人間像。

ひとなか【人中】〈名〉❶人がたくさんいるところ。例人中で、いい恥《はじ》をかいた。❷生きていくうえで、いろいろな苦労のある世間。例人中にでる。

ひとなつこ・い【人懐こい】〈形〉人になつきやすく、すぐに親しくなるようすだ。「人なつっこい」ともいう。例人なつこい子ども。

[1]**ひとなみ【人波】**〈名〉おおぜいの人が集まり、おし合って、波のようにゆれうごいていること。例人波にもまれる。人波をかきわける。

[2]**ひとなみ【人並み】**〈名・形動〉とくによくもわるくもなく、ふつうの人と同じぐらいであること。例人並みはずれた(=ぬきんでた)。人並みの暮らし。人並みに働く。類十人並み。世間並み。

ひとにぎり【一握り】〈名〉かた手でにぎれる程度のわずかの量。例一握りの意見。

ひとねいり【一寝入り】〈名・する〉短いがまとまった時間、ぐっすりとねむること。類ひとねむり。

ひとねむり【一眠り】〈名・する〉短いがまとまった時間、ねむること。類ひとねいり。一睡《いっすい》。

ひとは【一葉】〈名〉一枚の葉。例桐《きり》一葉。類一葉《いちよう》。

ひとばしら【人柱】〈名〉❶むかし、橋や堤防《ていぼう》などの難工事の完成をいのるときのいけにえとして、生きた人間を水や土の中にうめたこと。また、いけにえにされた人。❷ある目的のために犠牲《ぎせい》となること。また、犠牲になった人。

ひとはしり【一走り】〈名・副・する〉用事などで、ちょっと走ること。「ひとっぱしり」ともいう。例使いに一走り行ってきます。

ひとはだ【人肌】〈名〉人の肌。また、それと同じくらいのあたたかさ。例酒を人肌にあたためる。

ひとはた(一旗)あ(揚)げる 自分の力であたらしく事業をはじめる。

ひとはだ(一肌)ぬ(脱)ぐ ほかの人のために本気になって力を貸す。

ひとはな(一花)さ(咲)かせる 成功して、とくいな時期をおくる。例もう一花咲かせてみたいものだ。

ひとばらい【人払い】〈名・する〉秘密の相談などのために、関係者以外の人を、その場所から去らせること。

ひとばん【一晩】〈名〉❶日が暮れてから夜があけるまでの、くらいあいだ。例一晩中。❷ある晩。▽類一夜《いちや・ひとよ》。

ひとひねり【一ひねり】〖一▽捻り〗〈名・する〉❶ふつうと少しちがう工夫のしかた。例もう一ひねりほしい。類一工夫。❷かんたんに相手を負かすこと。例一ひねりにする。一ひねりでたおす。

ひとひら【一ひら】〖一▽片〗〈名〉うすくて小さいものの、ひとつ。詩的な言いかた。例一ひらの雪。塔の上なる一ひらの雲。類一片《いっぺん》。

ひとふで【一筆】〈名〉❶途中《とちゅう》で筆にすみをつけたりしないで、ひとつづきに書くこと。❷みじかくかんたんに書くこと。例一筆書きそえる。▽「いっぴつ」ともいう。

ひとふでがき【一筆書き】〈名〉❶墨《すみ》をつけなおさないでいっきに書く、書画の作法。「いっぴつがき」とも読む。❷ペンを紙からはなさず、いったん書いた線をなぞらずに書き上げる、絵や図形の書きかた。

ひとふろ(一風呂)あ(浴)びる さっと風呂に入って、さっぱりする。「ひとっぷろあびる」ともいう。

ひとべらし【人減らし】〈名・する〉会社などで、従業員の数をへらすこと。人員削減《さくげん》。

ひとまえ【人前】〈名〉人の見ているところ。例人前に出る。人前に出す。人前なので遠慮《えんりょ》した。

ひとまかせ【人任せ】〈名〉自分ですべきことを、人にすべてしてもらうこと。例人任せにする。類あなた任せ。人頼《ひとだの》み。他力本願《たりきほんがん》。

ひとまく【一幕】〈名〉❶演劇で、幕をあけてからつぎの幕をしめるまでのひとくぎり。❷できごとなどの一場面のたとえ。例なみだの一幕もあった。注意②は、①になぞらえた気がるな使いかたであり、「被災《ひさい》地での生存者救出の一幕」のように深刻な場面に使うのは不適切。

ひとまず〖一▽先ず〗〈副〉つぎの仕事や行動を本式にはじめる前に、ともかく。例ひとまず、家へ帰ろう。この仕事はひとまず一段落だ。類一応。とりあえず。さしあたり。

ひとまたぎ【一またぎ】〖一▼跨ぎ〗〈名・する〉一歩でまたぐこと。それくらい短いと感じられる距離《きょり》や時間。例海峡《かいきょう》を一またぎにする大きな橋。

ひとまちがお【人待ち顔】〈名・形動〉約束した人が来ないかとまちかねているような顔つき。

ひとまとまり〖一▼纏まり〗〈名〉一つにまとまっているもの。例数式の(　)は、ひとまとまりの数を表わす。

ひとまとめ〖一▼纏め〗〈名〉一つにまとめたもの。例荷物をひとまとめにして送る。

ひとまね【人まね】〖人真▽似〗〈名〉❶人のすること

 ブリューゲル(1528?〜69) フランドルの画家。民間伝承や農民生活などをえがく。「バベルの塔」など。

をまねること。❷動物が人のまねをすること。

ひとまわり【一回り】〈名〉❶〈する〉なにかが一回転すること。例時計の針が一回りする。❷〈する〉ある決まった場所の中をひとどおり動いてくること。例会場を一回りする。類一周。一巡《いちじゅん》。❸十二支がひとめぐりすることから、十二年。例年が一回りちがう。❹二つのものを比べたときの大きさの程度。例人物が一回り大きい。

ひとみ【瞳】〈名〉目のまんなかにある黒いところ。光の入りかたによって大きくなったり小さくなったりする。例つぶらな瞳。類黒目。瞳孔《どうこう》。

瞳を凝《こ》らす じっと見つめる。

ひとみごくう【人身御▽供】〈名〉❶そなえものとして人間のからだを神にささげること。❷集団や個人のために、ある人が犠牲《ぎせい》になること。

ひとみしり【人見知り】〈名・する〉幼児などが、知らない人に対してはにかんだり警戒心《けいかいしん》をもったりして、なつかないこと。類人おじ。

ひとむかし【一昔】〈名〉自分たちが生きてきた、過去の一時期。ふつう、十年ぐらい前のことをいう。例もう一昔も前の話だ。一昔前。十年一昔。

表現「一昔」「二昔《ふたむかし》」とはいうが、それ以上の「三昔」「四昔」などとはいわない。

ひとめ[1]【一目】〈名〉❶ちょっと見る程度。例一目見る。一目ぼれ。類一見。一瞥《いちべつ》。❷いちどに見える範囲《はんい》。例一目で見わたす。▽ア ヒトメ

ひとめ[2]【人目】〈名〉世間の人々が見ていること。人々の目。例人目がある。人目をひく。ア ヒトメ

人目につく めだつところがあって、人の注意をひく。

人目を忍《しの》ぶ 人に見つからないように、気をつける。

人目を盗《ぬす》む 人に気づかれないように、何かをする。

人目をはばかる 事情があって、世間に知られないように、気をくばる。

ひとめぼれ【一目ぼれ】〖一目▼惚れ〗〈名・する〉はじめてちょっと見ただけで、つよく心をひかれること。類見初《みそ》める。

ひともうけ【一もうけ】〖一▼儲け〗〈名・する〉一度にかなりの大金を手に入れること。例一もうけをたくらむ。類ひとかせぎ。

ひともじ【人文字】〈名〉おおぜいの人がならんで、文字のかたちを表わしたもの。

ひともしごろ【火ともし頃】〖火▽点し頃〗〈名〉そろそろあかりをつける、夕ぐれのころ。

ひともなげ【人も無げ】〈形動〉そばに人がいるのに、自分一人でいるようなかってな行動をするようす。例人も無げにふるまう。類傍若《ぼうじゃく》無人。

ひとやく(一役)か(買)う 仕事のうちの、ある役割を、自分からすすんでひきうける。

ひとやすみ【一休み】〈名・する〉途中《とちゅう》でちょっと休むこと。例このへんで一休みしよう。

ひとやね〖人屋根〗〈名〉⇩ひとがしら

ひとやま【人山】〈名〉たくさんの人が一か所に集まっているのを、山にたとえていったことば。例人山をきずく。

ひとやま(一山)あ(当)てる 運よく成功して、大もうけをする。例株で一山当てる。

ひとよせ【人寄せ】〈名〉人をたくさん集めること。人を集めるためにおこなう芸やアトラクション。

ひと(人)よ(呼)んで 人々が呼んでいるあだ名は。講談めかした、古風で大仰《おおぎょう》な言いかた。類またの名を。

ひとり【一人・独り】㊀〈名〉相手や仲間などがなく、その人だけであること。例一人で散歩する。こんどの仕事は自分一人の力でやりとげた。まだ、ひとり(=独身)でおります。独り者。㊁〈副〉(あとに打ち消しのことばをともなって、全体で)ただ単に…ではない。あらたまった言いかた。例ひとりわが校だけの問題ではない。

ひどり【日取り】〈名〉あることを行なう日をえらぶこと。また、そのえらんできめた日。例式の日取りをきめる。類日時。

ひとりあたま【一人頭】〈名〉かかったお金を人数でわったひとり分。一人当たり。例一人頭千円ずつ。

ひとりあるき【一人歩き・独り歩き】〈名・する〉❶一人だけで歩くこと。例夜の一人歩きは危険です。❷人の力をかりないで生きていくこと。例むすこもやっと独り歩きできるようになった。類独り立ち。独立独歩。❸ものごとが、もともとの意向や目的と関係なくあつかわれてしまうこと。例首相の言った改革ということばが一人歩きしている。

ひとりがてん【独り合点】〈名・する〉自分だけの考えで、かってにわかったつもりになること。

ひとりぎめ【独り決め】〈名・する〉❶人と相談しないで、自分だけでかってにきめてしまうこと。❷自分で「こうだ」と思いこんでしまうこと。

ひとりぐらし【一人暮らし・独り暮らし】〈名〉ひとりで住んで生活すること。類独居《どっきょ》。

ひとりごと【独り言】〈名〉聞く相手がいないのに、ひとりでなにかを言うこと。また、そのことば。類独白。

ひとりしばい【一人芝居・独り芝居】〈名〉出演者が一人だけの演劇。類一人舞台《ぶたい》。独演《どくえん》。

表現「一人芝居に終わる」などの言いかたで、相手もいないのに一人だけ興奮《こうふん》して行動することにもいう。

ひとりじめ【独り占め・一人占め】〈名・する〉人にわけてあげたりしないで、自分だけのものにすること。例独り占めにする。類独占《どくせん》。専有。

ひとりずもう【一人相撲・独り相撲】〈名〉すもうで、相手をかんたんに負かすこと。

表現「一人相撲をとる」「一人相撲に終わる」などのように、まともに受けてくれる相手がいないのに、自分一人でむやみにいきおいこむようすをいう。

ひとりだち【独り立ち】〈名・する〉だれの力もかりないで自分だけの力でやっていくこと。類独立。独り歩き。

ひとりっこ【一人っ子】〈名〉兄弟姉妹のいない人。「ひとりご」ともいう。

ひとりでに〖独りでに〗〈副〉何らかの手が加えられていないのに、そういう状態になるようす。例ひとりでになおる。ひとりでにひらく。類おのずから。おのずと。

ひとりぶたい【一人舞台・独り舞台】〈名〉❶ただ一人で舞台に立って演じること。類一人芝居《しばい》。独演《どくえん》。リサイタル。❷多くの人の中で、その人だけがめだってすぐれていること。❸自分だけが思うようにふるまうこと。類独壇場《どくだんじょう》。

ひとりぼっち【一人ぼっち・独りぼっち】〈名〉いっしょにいる人や、たよる人などがだれもなくて、ただひとりであること。例一人ぼっちになる。類孤独《こどく》。

参考「ぼっち」は、「法師《ほうし》」の変化した形。

ひとりみ【独り身】〈名〉❶まだ結婚《けっこん》していないこと。また、その人。類独り者。独身。❷家族からはなれて、一人で暮らしていること。また、その人。類単身。

ひ

ひとりもの【独り者】〈名〉まだ結婚《けっこん》していない人。類独身。

ひとりよがり【独り善がり】〈名・形動〉自分の考えはすばらしいとかってに思いこんで、人の言うことを聞きいれないこと。例独り善がりな人。類独善(的)。

ひとわたり【一わたり】〈副〉全体に関して、ざっと。例一わたり目をとおしてみた。類ひととおり。

1 **ひな【▽鄙】**〈名〉都《みやこ》から遠くはなれた土地。少し古い言いかた。例ひなにはまれな上品な顔だち。類いなか。

2 **ひな【▽雛】**一〈名〉❶たまごからかえったばかりの鳥の子。ひな鳥。例ひながかえる。類ひよこ。❷紙や土などでつくった人形に着物を着せたもの。例ひな人形。ひな祭り。ひなかざり。流しびな。二〈接頭〉「小さい」「かわいらしい」という意味を表わす。例ひな菊《ぎく》。

ひなが【日長・日永】〈名〉昼の時間がながいこと。また、その季節。例春の日長。対夜長。

ひながた【ひな型・ひな形】【▽雛型・▽雛形】〈名〉❶実物に似《に》せて、小さくつくったもの。類模型。ミニチュア。❷公式の書類などの書きかたを示した見本。類テンプレート。

ひなぎく【ひな菊】【▽雛菊】〈名〉庭などにうえる多年草。へら形の葉が根もとから生え、春から秋にかけて、赤や白などの八重《やえ》の花がさく。デージー。

ひなげし〈名〉庭などにうえる一年草。五月ごろ、赤や白などの四弁の花がさく。ぐびじんそう。

ひなた【日▽向】〈名〉日のあたる場所。対日陰《ひかげ》。

ひなたぼっこ【日▽向ぼっこ】〈名・する〉ひなたで日光にあたってのんびりとあたたまること。

ひなだん【ひな壇】【▽雛壇】〈名〉❶ひな祭りで、人形や道具などをかざる階段状の壇。❷会場や議場などで、「①」のようにつくった席。

ひなにんぎょう【ひな人形】【▽雛人形】〈名〉ひな祭りにかざる人形。大昔の公家《くげ》の社会を反映した、内裏《だいり》びな(=男《お》びなと女《め》びな)や、それと三人官女・五人囃子《ばやし》などのセット(=段飾《だんかざ》り)が一般《いっぱん》的。おひなさま。

ひな・びる【▽鄙びる】〈動上一〉いなか風の素朴《そぼく》な感じになる。例ひなびた風情《ふぜい》。

ひなまつり【ひな祭り】【▽雛祭り】〈名〉三月三日の桃《もも》の節句。女の子のしあわせをいのる祭り。ひな壇《だん》にひな人形をかざり、ひしもちや白酒などをそなえる。

ひならずして【日ならずして】〈副〉あまり日がたたないうちに。古めかしい言いかた。

ひなわじゅう【火縄銃】〈名〉縄の先につけた火で火薬に点火してたまを発射した、むかしの鉄砲《てっぽう》。→たねがしま

1 **ひなん【非難・批難】**〈名・する〉まちがいや欠点、おかした悪事などについて、相手をつよくせめること。例非難にたえる。非難のまと。非難をあびる。非難ごうごう。類弾劾《だんがい》。批判。

2 **ひなん【避難】**〈名・する〉危険のある場所をはなれてほかへうつること。例避難民。類退避。難をさける。

びなん【美男】〈名〉顔かたちのととのった男子。美男子。対美女。類好男子。男前。二枚目。ハンサム。イケメン。

び(微)にい(入)りさい(細)をうが(▽穿)つ 分析《ぶんせき》がきわめて細かなところにまでおよぶ。類微細。

ビニール〈名〉アセチレンをおもな原料としてつくった合成樹脂《じゅし》。耐水《たいすい》性・気密性にすぐれ、染色《せんしょく》しやすい。布・ガラス・革《かわ》・ゴムなどの代用としてひろく利用される。「ビニル」ともいう。◇vinyl

ビニールハウス〈名〉ビニールばりのかんたんな温室。野菜や花の促成栽培《そくせいさいばい》に使う。略して「ハウス」ともいう。◇vinyl house

ひにく【皮肉】〈名・形動〉❶相手の弱みや欠点を、逆にほめたりすることによって、意地わるく非難すること。また、そのことば。例皮肉を言う。辛辣《しんらつ》な皮肉。類あてこすり。❷ものごとが期待どおりにならないで、あいにくなこと。意地わるに感じられること。例遠足の日に降るとは、皮肉な雨だ。皮肉な結末によって社会を風刺《ふうし》した映画。▽類アイロニー。アイロニカル。

ひにく(▽髀肉)のたん(嘆) 自分の才能やうでまえを示すチャンスがないのを、残念に思うこと。
由来 長いあいだ馬に乗らなかったため、太もも(=髀肉)にむだな肉がついたことをなげいたという、中国の歴史書『三国志《さんごくし》』の故事から。

ひにく・る【皮肉る】〈動五〉相手に対して皮肉を言う。類あてこする。

ひにち【日にち】〈名〉❶ものごとを行なう日。例出発の日にちを決める。❷日数。例準備に日にちがかかる。▽話しことば的な言いかた。

ひにひに【日に日に】〈副〉日がたつにつれてどんどん。日ごとに。例日に日に大きくなる。類日ましに。

ひにょうき【泌尿器】〈名〉尿をつくって、それをからだの外に出す器官。腎臓《じんぞう》・尿管・膀胱《ぼうこう》・尿道など。
参考 病院の泌尿器科は、内科でなく外科に属《ぞく》する。

1 **ひにん【否認】**〈名・する〉事実でないとして、みとめないこと。例犯行を否認する。対是認《ぜにん》。

2 **ひにん【避妊】**〈名・する〉妊娠《にんしん》しないようにすること。例避妊手術。避妊薬。避妊具。

ひにんじょう【非人情】〈名・形動〉人に対するあたたかい気持ちがないこと。例非人情な人。類不人情。薄情《はくじょう》。

ひね〈名〉古くなったもの。とくに、収穫《しゅうかく》してから一年以上たった作物。例ひね米。ひねしょうが。

ひねくりまわ・す【ひねくり回す】【▽捻くり回す】〈動五〉❶指先であれこれいじりまわす。❷よりよくしようとあれこれくふうをする。例文章をひねくり回す。▽「ひねりまわす」ともいう。

ひねく・る【▽捻くる】〈動五〉❶特別の意味や目的もなく、手先でいろいろといじりまわす。❷いろいろと理屈《くつ》をいう。例こむずかしい理屈をひねくる。

ひねく・れる〈動下一〉性質や考えかたなどがすなおさをうしない、ゆがんだようになる。類ひがむ。ねじける。

ひねしょうが【▽陳ね生▽姜】〈名〉古いショウガの根。からみがつよく、保存がきく。薬味やべにしょうがにする。

ひねつ【比熱】〈名〉〔物理〕物質の温度をあげるのに、どのくらいの熱量が必要かをしめす度合い。くわえた熱量を、物質の重さとあがった温度で割ってもとめて、cal/g℃という単位で表わす。

びねつ【微熱】〈名〉いつもの健康なときの体温よりも、少したかい体温。例微熱がつづく。

ひねもす【▽終▽日】〈副〉「一日じゅう」「朝から晩まで」の古い言いかた。例「春の海ひねもすのたりのたりかな」〔蕪村《ぶそん》〕。対夜もすがら。

ひねり【▽捻り】〈名〉❶指先でねじるようにして力を加

 フルシチョフ(1894〜1971) ソ連の首相。スターリンを批判。対外的には平和共存外交を唱えた。

えること。例ボールにひねりを加える。❷すもうで、相手をひねるようにしてたおす技《わざ》。例上手《うわて》ひねり。下手《したて》ひねり。❸変わった趣向《しゅこう》を考えたり、くふうを加えること。例ひねりをきかせる。▽→おひねり

表現 ③は、「ひとひねりもふたひねりもして…」などの言いかたで、くふうをかさねる意味にも使う。

ひねりだ・す【ひねり出す】〘▽捻り出す〙〈動五〉あれこれ苦労をして、やっとの思いで、生みだす。類捻出《ねんしゅつ》する。

表現 むずかしいものごとを解決するための考えや費用をなんとかしてつくりだすことについていう。

[1]ひね・る〘▽捻る〙〈動五〉❶指先などで軽くまわすようにする。例スイッチをひねる。にわとりをひねる(=殺す)。類ねじる。❷ねじるようにして、むきをかえる。例足をひねる(=痛める)。首をひねる(=どうも変だなと思う)。類よじる。❸考えをめぐらす。例ひねった(=かんたんには解けないようにくふうして作った)問題。頭をひねる(=いろいろ考えてくふうする)。一句ひねる(=俳句を苦心してつくる)。

[2]ひ・ねる〘▽陳ねる〙〈動下一〉❶古くなる。例ひねたたくあん。❷子どものくせにおとなびている。例ひねた子ども。類ませる。こましゃくれる。

ひのいり【日の入り】〈名〉夕がた、太陽がしずむこと。また、その時刻。対日の出。類日没《にちぼつ》。

ひのえ〘▼丙〙〈名〉十干《じっかん》の第三番目。

参考「火の兄《え》」の意味。→じっかん〔十干〕

ひのえうま〘▼丙▽午〙〈名〉干支《えと》の一つ。第四十三番目。十干《じっかん》の第三の「丙」と十二支の第七の「午」の組み合わせ。参考 この年には火事が多く、また、この年に生まれた女性は夫を殺すという迷信《めいしん》があった。

ひのき〘▼檜〙〈名〉山地に生える、また、植林もされる常緑高木。樹皮は茶色でたてにはげる。葉はうろこがかさなったような形で、茶色いまるい実《み》ができる。木材はじょうぶで木目が美しく、最高級の建築材料となる。→はやし〔林〕

参考

ひのきぶたい【ひのき舞台】〘▼檜舞台〙〈名〉ヒノキの板ではった、歌舞伎《かぶき》などの舞台。

表現「かれは甲子園《こうしえん》のひのき舞台をふんだことがある」のように、日ごろのうでまえを示すのに絶好のすばらしい場所という意味でも使う。

ひのくるま【火の車】〈名〉お金がなくてひどく苦しい状態。例わが家の家計は火の車だ。

ひのけ【火の気】〈名〉火の燃えている気配。火のあたたかみ。例火の気がない。類火気。

ひのこ【火の粉】〈名〉燃えている火から飛びちる、こまかい火。例火の粉がまい上がる。

ひのしたかいさん【日の下開山】〈名〉武芸で、天下にならぶものがないほど強いこと。とくにすもうで、最高位の横綱《よこづな》のこと。類天下無敵。

参考「天下の開祖(=最初の人)」という意味。

ひのて【火の手】〈名〉燃えあがった火のいきおい。

表現「火の手があがる」は、「政府攻撃《こうげき》の火の手があがる」のように、非難や攻撃がはじまることにもいう。

ひので【日の出】〈名〉朝、太陽がのぼること。また、その時刻。対日の入り。

日の出の勢《いきお》い だれもとめることができないような、はげしいいきおい。新しく登場した勢力がすばらしいいきおいで発展して、拡大していくようすをいう。

ひのと〘▽丁〙〈名〉十干《じっかん》の第四番目。

参考「火の弟《と》」の意味。→じっかん〔十干〕

ひのべ【日延べ】〈名・する〉日程を先にのばすこと。類くりのべ。延期。

表現 十日間の日程を十五日間にのばすのも、五月一日に予定した行事を六月一日にするのも日延べである。

ひのまる【日の丸】〈名〉❶太陽の象徴《しょうちょう》として記した、赤や金色の丸。例日の丸模様の扇子《せんす》。日の丸弁当。❷日本の国旗。白地に、赤い太陽の象徴を記したもの。日章旗。参考 日の丸を最初に旗として用いたのは、江戸《えど》時代末期、鹿児島《かごしま》の島津藩《しまづはん》で、船の国籍を識別するためだった。一九九九年、国歌の「君が代」とともに、法律で正式に国旗と定められた。

ひのみやぐら【火の見やぐら】〘火の見▼櫓〙〈名〉火事の発生を見はるためにつくられた、高い建物。

ひ(日)のめ(目)をみ(見)る これまでうもれていたものが、世に知られるようになる。

ひのもと【火の元】〈名〉火のあるところ。

ひのようじん【火の用心】〈名〉火事を出さないように、火の始末に気をつけること。夜回りが拍子木《ひょうしぎ》を打ちながら、大声でとなえて歩くことば。

ひば〘▼檜葉〙〈名〉❶ヒノキの葉。❷アスナロの別名。→はやし〔林〕参考 ❸ヒノキ科の植物をまとめていう呼び名。

ひばいひん【非売品】〈名〉記念品など、特別につくったもので、店で売る商品ではない品物。

ビハインド〈名〉スポーツの試合などで、相手より得点が少なくて負けていること。例二点のビハインドで前半を終える。対アヘッド。◇behind

[1]ひばく【被爆】〈名・する〉爆撃《ばくげき》によって、被害をうけること。例被爆地。

[2]ひばく【被▼曝・被ばく】〈名・する〉放射線にさらされること。例被曝者。X線《エックスせん》被曝。

びはく【美白】〈名〉肌《はだ》や歯が、白くて美しいこと。例日焼けをふせいで美白をたもつ。

表現「美白化粧《けしょう》品」「美白効果」のように、ほかの語に付いて「美白にする」という意味でも使われ、その場合は「ホワイトニング」ともいう。

ひばし【火箸】〈名〉炭火《すみび》などをはさむための、金属製のはし。

ひばしら【火柱】〈名〉いきおいよく燃えあがって、柱のようにたかく見える火。例火柱が上がる。

びはだ【美肌】〈名〉うつくしい肌。うつくしい肌にすること。例美肌効果。

ひばち【火鉢】〈名〉灰を入れて、そこにすみ火などをおき、手をあたためたり湯をわかしたりする道具。例火鉢にあたる。長火鉢。

ひばな【火花】〈名〉❶かたいものどうしが、はげしくぶつかったときに発する光。❷放電するとき、電極からでる火の光。スパーク。例火花が散る。

火花を散《ち》らす たがいに闘志《とうし》をむきだしにして、はげしくあらそう。

ひばら〘▼脾腹〙〈名〉わきばら。

ひばり〘▽雲▼雀〙〈名〉スズメよりやや大きく、茶色に黒のはん点がある小鳥。春、空のたかいところでさえずる。

ひはん【批判】〈名・する〉人の行ないや考え、また、ものごとのよしあしについて冷静に考え、みとめてよい点はよしとし、みとめられない点についてはあやまりだと言うこと。例批判をうける。人を批判する。自己批判。類批評。非難。参考 本来の意味は、ものごとのなりたちや構造、はた

ブルックナー(1824~96) オーストリアの作曲家・オルガニスト。宗教曲や長大な交響曲を作曲した。

らきなどについて、あらゆる面から検討をくわえ、そのすがたを完全にあきらかにすること。哲学《てつがく》者カントの『純粋《じゅんすい》理性批判』などにおける「批判」は、このような本来の意味で使われている。

ひばん【非番】〈名〉順番でする仕事で、その番にあたっていないこと。例非番の日。対当番。

ひはんてき【批判的】〈形動〉あるものごとに対して、否定的に批判する立場である。例批判的な態度。

ひひ【▼狒▼狒】〈名〉アフリカなどにいるサルの一種。口がつきでて、顔つきがイヌに似《に》ている。集団生活をする。マントヒヒ・マンドリルなど。

1**ひび【日日】**〈名〉一日一日。毎日。例日々精進《しょうじん》する。日々の暮らし。類日ごと。アヒビ

2**ひび【▼皹・▼皸】**〈名〉寒さのために、手足の皮膚《ひふ》などがかさかさになってできるこまかいさけめ。例ひびがきれる。類あかぎれ。「アヒビ」

3**ひび【▼罅】**〈名〉ガラスやせともの、かべなどにできる、こまかいさけたようなかたちのきず。「アヒビ」

ひびが入《はい》る こまかいさけめができる。ひびがいる。

表現「ふたりの仲にひびが入った」は、今までスムーズにいっていた人との関係が、うまくいかなくなることをさす。

ひびき【響き】〈名〉❶音や振動《しんどう》がひろがってつたわること。例海鳴りの響き。サイレンの響き。地響き。❷音がぶつかり、はねかえって聞こえること。例このホールは、音の響きがいい。類反響《はんきょう》。❸なにかの影響《えいきょう》があること。❹耳に聞こえるときの微妙《びみょう》な感じ。例耳にひびきのいいことば。

ひびきあ・う【響き合う】〈動五〉たがいに共鳴・共感しあう。例心が響き合う。

ひびきわた・る【響き渡る】〈動五〉❶音が、遠くまで反響《はんきょう》する。例鳥の鳴き声が響き渡る。❷りっぱな人の名前が、世間に広く知られる。鳴り渡る。例名声《めいせい》が響き渡る。類とどろき渡る。知れ渡る。

ひび・く【響く】〈動五〉❶音や振動《しんどう》がずっとひろがってつたわる。例音が響く。下に響く。鳴り響く。❷音がなにかにぶつかり、はねかえって聞こえる。例音が天井《てんじょう》に響く。類反響《はんきょう》する。❸なにかに明らかな影響《えいきょう》をあたえる。例からだに ひびく。生活にひびく。胸にひびく。

びびたる【微微たる】〈連体〉ほんのわずかで、とるにたりない。例もうけは微々たるものだ。

ビビッド〈形動〉生き生きとしている。例ビビッドな描写《びょうしゃ》。◇vivid

ひひょう【批評】〈名・する〉ものごとのよしあしについて、意見をのべること。例批評家。類評論。評する。

びび・る〈動五〉こわがってしりごみする。俗《ぞく》なことば。対いきる。

ひびわれ【ひび割れ】〖▼罅割れ〗〈名・する〉ひびわれること。ひびの入った部分。

ひびわ・れる【ひび割れる】〖▼罅割れる〗〈動下一〉ガラスやせとものなどに、ひびが入ってわれる。

びひん【備品】〈名〉建物や施設《しせつ》などにそなえつけておくたなや机、ロッカーなど。例会社の備品。

ビビンバ〈名〉韓国料理の一つ。ご飯にナムルなどの具をのせたもの。ピビンパ。参考朝鮮語でまぜご飯の意味。

ひふ【皮膚】〈名〉動物のからだの表面をつつんで、内部を保護している皮。参考脊椎《せきつい》動物では、表皮《ひょうひ》と真皮《しんぴ》の二層がある。

ひぶ【日歩】〈名〉元金百円に対する一日あたりの利息。

ビフィズスきん【ビフィズス菌】〈名〉乳酸菌の一種。大腸の中にあり、腸内環境《かんきょう》を正常に保つ。

1**びふう【美風】**〈名〉ずっとながく伝えたい、いい風習。対悪風。

2**びふう【微風】**〈名〉かすかにふく風。例春の微風。類そよ風。

1**ひふく【被服】**〈名〉〔家庭〕「着るもの」という意味で、衣料の全体をさすことば。例被服費。アヒフク

2**ひふく【被覆】**〈名・する〉物の露出《ろしゅつ》をふせぐために、おおいをかぶせること。また、かぶせてあるおおい。例電線の被覆をむきとる。アヒフク

ひぶくれ【火膨れ】〖火▼脹れ〗〈名〉やけどをしたあとの皮膚《ひふ》が、はれること。そのはれた部分。

ひぶた(火蓋)をき(切)る はげしい戦いや試合をはじめる。例熱戦の火蓋が切られた。由来もとの意味は、火縄銃《ひなわじゅう》の火蓋(=火薬をのせる皿の蓋)をあけ、いつでも火薬に点火できるようにすること。注意意味の似《に》た表現に「幕を切って落とす」があり、それとまぎれて、あやまって「火蓋が切って落とされる」といわれることも多い。

ひぶつ【秘仏】〈名〉たいせつにしまっておいて、特別のとき以外は公開しない仏像。

ビフテキ〈名〉厚切りの牛肉を焼いた料理。ビーフステーキ。◇フランス bifteck または、英語 beefsteak から。

ひふびょう【皮膚病】〈名〉皮膚にできる病気をまとめていうことば。

ビブラート〈名〉歌声や楽器の音をふるわせて表情をつけること。例ビブラートを利《き》かせる。◇イタリア vibrato

ビブリオバトル〈名〉人にすすめたい本について発表しあい、参加者全員でディスカッションをして、最後にいちばん読みたくなった本を投票で決める、書評合戦ゲーム。◇日本での複合語。biblio- は「書物」のこと。

ひふん【悲憤】〈名〉はげしく悲しみ、いきどおること。例悲憤のなみだ。悲憤慷慨《こうがい》。

1**ひぶん【碑文】**〈名〉石碑にきざんだ文章。

1**びぶん【美文】**〈名〉読んでこころよい名調子の文章。例美文調。

2**びぶん【微分】**〈名・する〉〔数学〕関数を使った、高等数学の一種。瞬間《しゅんかん》の速さや、曲線の接線をもとめるときなどに使う。

ひふんこうがい【悲憤▼慷慨】〈名・する〉世の中のありさまについて、なげき いきどおること。

ひへい【疲弊】〈名・する〉❶くたびれること。類疲労。❷戦争や農作物の不作、不況など、悪条件がつづいたために、経済力が低下すること。例国庫が疲弊する。

ピペット〈名〉〔化学〕化学実験で、液体を正確にはかるためのガラスの器具。まんなかがふくらんだくだの形をしたものが多い。◇pipette

1**ひへん【日偏】**〈名〉漢字の偏の一つ。「明」「映」などの「日」の部分。

2**ひへん【火偏】**〈名〉漢字の偏の一つ。「灯」「煙《えん》」などの「火」の部分。

1**ひほう【秘宝】**〈名〉めったに人に見せない大切な宝物。

2**ひほう【秘法】**〈名〉秘密にして、人におしえない方法やわざ。

3**ひほう【悲報】**〈名〉かなしい知らせ。例悲報に接する。対朗報。吉報《きっぽう》。類凶報《きょうほう》。表現「死亡の知らせ(=訃報《ふほう》)」をさすことが多い。

ひ

ひぼう【▼誹▼謗】〈名・する〉人を非難し、わるくちを言うこと。そしること。例誹謗中傷。類中傷。

びぼう【美貌】〈名〉顔かたちの美しさ。美しい顔。

びぼうろく【備忘録】〈名〉わすれたときに、見てたしかめるために書きつけておくノート。メモ。類手びかえ。

[1]**ひぼし【干ぼし】**〖干▽乾し〗〈名〉食べるものがなくて、うえること。例干ぼしになる。類飢餓《きが》。

[2]**ひぼし【日干し】**〖日▽乾し〗〈名〉太陽の光にあててかわかすこと。対かげ干し。

ひぼん【非凡】〈名・形動〉ふつうよりもとくにすぐれていること。例非凡な才能。対平凡。凡庸《ぼんよう》。凡俗《ぼんぞく》。

ひま【暇】㊀〈名〉❶仕事や義務にわずらわされないで、自分の自由に使える時間。例暇がない。暇をもてあます。暇をおしんで。類いとま。❷時間。例残念だがもう暇がない。㊁〈形動〉時間が自由である。例暇な一日。

暇に飽《あ》かして たっぷりとある暇な時間を存分に使って。「暇に飽かせて」ともいう。例暇に飽かしてテレビばかり見ている。注意「暇に任《まか》せて」と言われることのほうが多くなった。

暇を潰《つぶ》す あまった時間をすごすことだけを目的にして、どうでもいいようなことをする。暇潰しをする。

暇を取《と》る 休みをとる。

表現 古くは、仕事をやめてしまうという意味でも使った。また、「暇をだす」といえば、使用人をやめさせること。「暇をもらう」は、やめるがわからの言いかた。

暇を盗《ぬす》む いそがしいときに、なんとかやりくりして時間をつくる。

[1]**ひまく【皮膜】**〈名〉生きもののからだや内臓などをおおっている、うすい膜。

[2]**ひまく【被膜】**〈名〉表面をおおっている膜。

ひまご【ひ孫】〖▽曽孫〗〈名〉孫の子ども。ひこ。

ひましに【日増しに】〈副〉日がたつにつれて、ますます。例日増しにあたたかくなる。類日に日に。

ひましゆ【ひまし油】〖▼蓖麻子油〗〈名〉ヒマの種をしぼってとった油。工業用のほか、化粧《けしょう》品や下剤《げざい》などに用いる。

参考 ヒマは大形の一年草。トウゴマともいう。

ひまじん【暇人】〖▽閑人〗〈名〉なにもすることがなくて、時間のありあまっている人。

ひまつ【飛▼沫】〈名〉とびちる液体。類しぶき。

ひまつぶし【暇潰し】〈名・する〉「暇をつぶす」こと（→「ひま」の子項目）。例暇つぶしに本を読む。

ひまわり〖▽向▽日▼葵〗〈名〉庭などにうえる一年草。茎《くき》がまっすぐにのび、夏のさかりに大きないろの花がさく。種から油をとり、食用にもする。

ひまん【肥満】〈名・する〉からだがふとりすぎること。例肥満体。肥満児。

参考 肥満の度合いを手がるに知る目安に「BMI（肥満度指数）」という数値があり、「体重（キログラム）÷身長（メートル）÷身長」で計算する。二十二が標準。

びまん【▼瀰漫】〈名・する〉あまりよくないものごとや気分がひろがること。例不穏《ふおん》な空気が街中に瀰漫している。類蔓延《まんえん》。

びみ【美味】〈名・形動〉食べ物や飲み物がおいしいこと。

ひみつ【秘密】〈名・形動〉ほかの人にわからないようにかくしておくこと。知られないようにしていることがら。例秘密がもれる。秘密をあかす。公然の秘密。秘密裏《り》に行なう。秘密めかして打ち明ける。

ひみつけっしゃ【秘密結社】〈名〉外部に対して、その存在や活動目的などを秘密にしている団体。

ひみつり【秘密裏】〖秘密▼裡〗〈名〉人に知られないように、ものごとを行なうこと。例秘密裏に製造する。

びみょう【微妙】〈形動〉こまかいところにだいじなことがあり、かんたんにわりきったり、ひとくちで言ったりできないようす。例微妙な言いかた。微妙にちがう。どちらが勝つかは微妙だ。参考「微妙な味だ」のように、少なくとも好ましいとは思わないことを、ぼかして言うのにも使われる。

ひむろ【氷室】〈名〉冬にできた氷を、夏までたくわえておくための倉や穴。

ひめ【姫】㊀〈名〉❶女の子の美称《びしょう》。例一姫二太郎（→独立項目）。❷むかし、身分の高い人の子で、未婚《みこん》の女性をさしていったことば。例お姫さま。姫君。㊁〈接頭〉小さくてかわいらしい、という意味を表わす。例姫鏡台。姫ゆり。

【姫】 女部7 全10画 ※ 姫 姫 姫 姫 姫

ひめ

ひめい【悲鳴】〈名〉❶ひどく痛かったり、おどろいたりしたときにだすさけび声。❷「もうこれ以上はがまんできない」と思うこと。例物価上昇に悲鳴をあげる。からだが悲鳴をあげている。うれしい悲鳴（→「うれしい」の子項目）。

びめい【美名】〈名〉りっぱで、体裁《ていさい》のいい名目。例美名にかくれて、悪事をはたらく。

ひめくり【日めくり】〖日▼捲り〗〈名〉毎日一枚ずつはぎとるようになっている暦《こよみ》。

ひめごと【秘め事】〈名〉人に知らせない秘密のこと。

ひめゆり【姫ゆり】〖姫▽百▽合〗〈名〉山野に生え、また、庭などにうえるユリの一種。多年草で球根がある。初夏、黒いはん点のあるだいだい色の花をつける。

ひ・める【秘める】〈動下一〉❶考えや気持ちを、心にふかくおさめて、人に知られないようにする。例胸に秘める。類秘する。包みかくす。❷外からは見えないものを、内がわにもっている。例無限の可能性を秘めた選手。

ひめん【罷免】〈名・する〉上からの命令で、職をやめさせること。例裁判官を罷免する。類首。免職。解任。

ひも〖▼紐〗〈名〉ものを結んだり たばねたりするためのもので、なわより細く、糸よりは太いもの。紙・麻《あさ》・布・ビニールなどでつくる。例ひもをかける。ひもでしばる。くつひも。

ひもく【費目】〈名〉お金を使いかたによって分けた項目。たとえば、家計簿では「食費」「光熱費」など。

びもく【眉目】〈名〉人の顔だち。→びもくしゅうれい

びもくしゅうれい【眉目秀麗】〈名・形動〉顔だちがととのっていて、美しいこと。また、そんなようす。

表現 男性の顔立ちについていう。

ひもじ・い〈形〉あわれなほどおなかがすいている。

ひもち【日もち】〖日▽保ち〗〈名・する〉食べ物などが、くさったりしないで、何日もおいておけること。例日もちがする。日もちがいい。

ひもつき【ひも付き】〖▼紐付き〗〈名〉❶ひもがついていること。❷ものごとに、あまりよくない よけいな条件がついていること。例ひも付きの金《かね》。

ひもづ・ける〖▼紐付ける〗〈動下一〉あるものとあるものを、別のものとまぎれないように関連づける。

ひもと【火元】〈名〉❶火事がでた最初のところ。火事をだした家。❷ふだんよく火を使うところ。火の元。

表現 あらそいや事件の原因、という意味でも使う。

ひもと・く〖▼紐解く・▼繙く〗〈動五〉❶書物を読

ひ

む。書物を参照して調べる。改まった古風な言いかた。むかし巻物《まきもの》を読むとき、ひもをといてひろげたことから。類 繙読《はんどく》する。❷知られざる事実を明らかにする。やや気どった言いかた。例 宇宙のなぞをひもとく。類 解き明かす。解明する。解説する。
表現 「歴史をひもとく」という言いかたには、「歴史書を読む」という①の意味で使われる場合と、「歴史がどうであったかを明らかにする」という②の意味で使われる場合とがある。
注意 ①が本来の意味だが、②の意味で使われることが増えている。

ひもの【干物】〖▽乾物〗〈名〉 魚や貝などをほして、長く保存できるようにした食べもの。

ひや【冷や】〈名〉 燗《かん》をしない日本酒。ひやざけ。例 冷やで飲む。→おひや

ひやあせ【冷や汗】〈名〉 おそれいったり、こわかったりしたときに出る、つめたく感じるあせ。冷汗《れいかん》。例 冷や汗をかく。冷や汗がでる。

ひやか・す【冷やかす】〈動五〉 ❶相手がこまるようなことを言って、からかう。例 そう 冷やかすなよ。❷店などで、はじめから買う気がないのに、品物を見たりねだんを聞いてみたりする。例 夜店を冷やかして歩く。

ひやく【飛躍】〈名・する〉 ❶大きく高くとぶこと。❷考えや話などが順序をおわず、急にちがうことがらにとんでしまうこと。例 論理の飛躍。話が飛躍する。
表現 「売り上げが飛躍する」「飛躍の年」「飛躍をとげる」などの言いかたで、大きく発展することをいう。

常用漢字 **ひゃく**

【百】 白部1 全6画 百 百 百 百 百 百

ヒャク 教小1 音[ヒャク] ▨百分率《ひゃくぶんりつ》。百貨店《ひゃっかてん》。百科事典《ひゃっかじてん》。百戦錬磨《ひゃくせんれんま》。百発百中《ひゃっぱつひゃくちゅう》。百人一首《ひゃくにんいっしゅ》。▨五百円《ごひゃくえん》。
注意 「八百屋」は「やおや」、「八百長」は「やおちょう」と読む。

ひゃく【百】〈名〉 十を十倍した数で、千の十分の一。→囲み記事45(下)

百も承知《しょうち》 十分よくわかっていること。

びやく【▼媚薬】〈名〉 恋心や性欲をおこさせるくすり。

ひゃくがい(百害)あっていちり(一利)なし 悪い結果ばかりもたらして、いい結果はなにひとつない。

ひゃくしゃく(百尺)かんとう(▼竿頭)いっぽ(一歩)をすす(進)める ふつうなら、もう終わったと思ってやめるところを、やめないで、さらに努力することにより、また、新しい世界をきり開くことをいうことば。

ひゃくしゅつ【百出】〈名・する〉 さまざまな意見が、つぎつぎとでること。例 議論が百出する。疑問百出。

ひゃくしょう【百姓】〈名〉 ❶「農民・農家」の意味の古い言いかた。いまは ふつう自称《じしょう》として使われる。例 お百姓さん。❷〔歴史〕 農業や、漁業・林業などで自給自足の生活をしていた人々。

ひゃくしょういっき【百姓一▼揆】〈名〉〔歴史〕 江戸《えど》時代に、領主や代官の悪政に対して農民がおこした反抗《はんこう》運動。

ひゃくせんれんま【百戦錬磨】〈名〉 かずかずの戦いを経験して、きたえられていること。例 百戦錬磨のつわもの。

びゃくだん〖白▼檀〗〈名〉 インドに多い常緑高木。材がかたいので、仏像や彫刻《ちょうこく》の材料に使われ、また、よいかおりがするので、香料《こうりょう》にもする。栴檀《せんだん》。→栴檀は双葉より芳《かんば》し(「せんだん〔栴檀〕」の子項目)

ひやくてき【飛躍的】〈形動〉 大きく発展するようす。例 成績が飛躍的にのびる。

ひゃくとおばん【一一〇番】〈名・する〉 警察に通報するときの電話番号。その番号で警察に電話をすること。
表現 「こども一一〇番」のように、こまったときに電話で相談にのってくれる組織の名にも使われる。
参考 緊急《きんきゅう》の用件でない相談ごとなどのときは、「#九一一〇」番を使う。

ひゃくにちぜき【百日ぜき】〖百日▼咳〗〈名〉 子どもが多くかかる急性の感染症《かんせんしょう》。せきがしきりに出る。いちどかかると免疫《めんえき》ができる。

ひゃくにちそう【百日草】〈名〉 庭などにうえる一年草。花の時期が夏から秋とながく、赤・むらさき・黄などの花びらの多い花がさく。

ひゃくにんいっしゅ【百人一首】〈名〉 ⇩おぐらひゃくにんいっしゅ

ひゃくにんりき【百人力】〈名〉 百人分の力を合わせたぐらい力強く感じること。例 きみがいれば百人力だ。類 千人力。

ひゃくねん【百年】〈名〉 ❶百の年数。❷ながい年月。例 百年の恋も冷める。

百年河清《かせい》を待《ま》つ そのことが実現するのをいくら待ってもむだである、ということ。参考 「河」は黄河のこと。黄河はいつもにごっていて澄《す》むことがないことから。

百年の計《けい》 目のまえの利害ではなく、遠い将来を見とおした計画。

ひゃくぶん(百聞)はいっけん(一見)にしか(▽如)かず 話を何回聞くよりも、たった一度でも実際に自分の目で見た方がよくわかり、また、たしかである。由来 中国の歴史書『漢書《かんじょ》』にあることばで、「百聞は一見にしかず、百見は一考にしかず、百考は一行《いっこう》にしかず」と続く。

囲み記事 45

基準となる「百」

百は、一を念頭におきながら全体をつかめる程度の数で、しかも「多い」と感じられる数なので、ものを考えるときの基準に使われる。

(1)「完全」を表わす百――「百パーセント」「百発百中」は「例外なし」を表わす。「九九パーセントだいじょうぶ」という表現も百によって意味がある。

(2)数量の多さを表わす百――「百害あって一利なし」「百の議論より一つの実行」「百聞は一見にしかず」「百年河清《かせい》を待つ」「百も承知」「百戦錬磨《れんま》」「百科事典」「百面相」「百貨店」などの言いかたがある。

(3)めでたさを表わす百――人間の寿命《じゅみょう》は百年あたりが限度と考えられるから、その意味でも、百は、のぞみのかなったためでたい数と感じられる。「おまえ百まで、わしゃ九十九まで」などの言いかたがある。

ひ

 ブレヒト (1898～1956) ドイツの劇作家。反ファシズムの立場にたつ。作品「三文オペラ」など。

ひゃくぶんひ【百分比】〈名〉⇩パーセンテージ

ひゃくぶんりつ【百分率】〈名〉⇩パーセンテージ

ひゃくまんちょうじゃ【百万長者】〈名〉すごい金持ち。類億万長者。

ひゃくめんそう【百面相】〈名〉表情を変えて、いろいろの顔つきをしてみせること。

びゃくや【白夜】〈名〉北極や南極を中心とした地方でおこる現象。夏、日没《にちぼつ》から夜明けまで、太陽の光の反映でうす明るいこと。元来は「はくや」と読んだ。

ひゃくやく(百薬)のちょう(長) たくさんの薬の中で、いちばんいい薬。

表現「酒は百薬の長」と、酒をほめていうことばがある。

ひゃくようばこ【百葉箱】〈名〉気象観測のために、屋外にすえつけた箱。よろい戸でかこまれ、白くぬられている。温度計や湿《しつ》度《ど》計を入れる。ひゃくようそう。絵

[ひゃくようばこ]

ひやけ【日焼け】〈名・する〉❶強い日光にあたってはだの色が黒くなること。❷日光に長いあいだ照らされて、変色すること。例この部屋のたたみは日焼けしている。

ヒヤシンス〈名〉庭や鉢《はち》などにうえる多年草。球根があり、春、赤や青、黄などの小さい花がかたまってさく。◇hyacinth

ひや・す【冷やす】〈動五〉❶つめたくする。例麦茶を冷やす。きもを冷やす(=ぞっとする)。❷気持ちをおちつけるようにする。例頭を冷やす。

方言 茨城・栃木・群馬などでは、「使った茶わんひやしておいて。」のように、「水につけておく」という意味でも使い、それを群馬では「ひやかす」とも言う。

ひゃっか【百科】〈名〉❶さまざまな科目や分野。❷「百科事典」の略。参考「育児百科」「園芸大百科」のように、書名に使われることが多い。

ひゃっかじてん【百科事典】〈名〉あらゆる分野にわたることがらを集めて、一定の順序にならべ、解説をほどこした事典。エンサイクロペディア。

ひゃっかそうめい【百家争鳴】〈名〉さまざまな立場の人が、自由に意見を言いあうこと。

由来 もともとは中国の文化政策の一つ。

ひゃっかてん【百貨店】〈名〉生活に必要なあらゆる商品を一か所に集めて売る、大きな店。デパート。

表現 一軒《いっけん》二軒《にけん》と数える。「A百貨店は都内に六店舗を構《かま》える」のように同じ百貨店が開いている店は、一店舗《いちてんぽ》二店舗《にてんぽ》と数える。

ひゃっかにち【百箇日】〈名〉〈仏教〉人が死んで百日目。そのとき行なう法事。例百箇日の法要。

ひゃっかりょうらん【百花▼繚乱】〈名〉いろいろな花が、そこらじゅういっぱい咲《さ》きみだれていること。例百花繚乱の光景。

ひゃっきやこう【百鬼夜行】〈名〉❶いろいろな化けものが、夜中に出てきて、活動すること。❷多くの悪人どもがのさばって、さまざまな悪事をはたらくこと。

ひやっこ・い【冷やっこい】〈形〉冷たく感じられるようす。「ひゃっこい」ともいい、俗《ぞく》っぽい言いかた。

ひやっと【冷やっと】〈副・する〉❶冷たいものに急にふれた感じ。例冷やっとした風。類ひんやり。❷危険な目にあってぞっとするようす。例車にひかれそうになって冷やっとした。類どきっと。▽「ひやりと」ともいう。

ひゃっぱつひゃくちゅう【百発百中】〈名〉❶撃《う》つとかならずたまが命中すること。❷予想や計画したことが、かならず成功すること。

ひゃっぱん【百般】〈名〉さまざまな方面。例武芸百般に通じる(=くわしい)。類万般《ばんぱん》。

ひやとい【日雇い】〈名〉一日限りの契約《けいやく》でやとわれること。例日雇い労働者。

ひやひや【冷や冷や】〈副・する〉❶つめたい感じがするようす。❷うまくいくかどうか心配でおちつかないようす。例逆転されそうになってひやひやした。ひやひやもの。類はらはら。どきどき。

ひやみず【冷や水】〈名〉つめたい水。例冷や水をあびせる(=つめたい仕打ちをする)。年寄りの冷や水(→「としより」の子項目)。類冷水《れいすい》。

ひやむぎ【冷や麦】〈名〉うどんより細くそうめんより太い麺《めん》を、冷水を入れたガラスの容器やどんぶりにもり、氷やサクランボをそえた食べもの。見た目にもすずしく、夏の風物詩の一つ。

ひやめし【冷や飯】〈名〉さめて、つめたくなった飯。

冷や飯を食《く》う つめたいあつかいをうける。

ひややか【冷ややか】〈形動〉❶からだにつめたく感じられるようす。❷思いやりの気持ちなど、ひとかけらもないようすだ。例冷ややかな態度。冷ややかな目。対あたたか。あたたかい。あつい。類つめたい。

ひややっこ【冷ややっこ】【冷や▼奴】〈名〉つめたく冷やした豆腐《とうふ》。しょうゆや、おろししょうがなどの薬味をつけて食べる。やっこどうふ。やっこ。

ひやりと【冷やりと】〈副・する〉⇩ひやっと

ヒヤリング〈名〉⇩ヒアリング

ひゆ【比喩】【▼譬喩】〈名〉「白い肌《はだ》」ということを、

囲み記事 46

比喩《ひゆ》のいろいろ

(1)直喩《ちょくゆ》 「雪のように白い肌《はだ》」といって、たとえに使ったものとその性質との関係を明示するものを直喩(または明喩《めいゆ》)といい、いちばんよく使われる。

(2)隠喩《いんゆ》 (1)の、「雪のように白い肌」の「ように白い」をはぶき、「雪の肌」といってしまうと隠喩(または暗喩《あんゆ》)になる。「山のように高くつまれた書類」は直喩、「山とつまれた書類」は隠喩である。

(3)提喩《ていゆ》 勝負ごとで、勝敗をあきらかにすることを「(…に)軍配をあげる」といったり、勝った者が勝利をよろこぶことを、「祝杯《しゅくはい》をあげる」といったりするのは、目に見える代表的な行為《こうい》をとりあげて全体を言い表わすので、これを提喩という。

(4)その他 「はらわたが煮《に》えくりかえる思い」とか、「身を切るような寒風」とか、おおげさに表現することを張喩《ちょうゆ》という。擬人《ぎじん》法もたとえの一種で、活喩《かつゆ》といわれる。

フレミング(1881～1955) イギリスの細菌学者。青カビから細菌を殺す力をもつペニシリンを発見。

ひ

「雪のように白い肌」といって表わすように、特徴《とくちょう》のはっきりしたほかのものをひいてきて、ようすをわかりやすく表現すること。「たとえを用いて言う」「ものにたとえて言う」ともいう。→囲み記事46(前ページ)

ピュア〈形動〉純粋《じゅんすい》である。[例]ピュアな心。ピュアな気持ち。◇pure

ひゅうが【▽日▽向】〈名〉旧国名の一つ。現在の宮崎県。天孫降臨《てんそんこうりん》など神話の伝承の地。日向市にその名が残る。日州《にっしゅう》。

ヒューズ〈名〉強すぎる電流がながれると、安全のためにその熱でとけて、電流が切れるようになっている線。錫《すず》と鉛《なまり》の合金でつくる。[例]ヒューズがきれる。ヒューズがとぶ。◇fuse

ピューマ〈名〉南北アメリカにすむ猛獣《もうじゅう》。ライオンに似《に》ているが、たてがみがない。背は黄褐色《おうかっしょく》。木のぼりがうまく、動物をとらえて食べる。◇puma

ヒューマニスト〈名〉人道主義者。◇humanist

ヒューマニズム〈名〉❶ルネサンス期のイタリアでおこり、ヨーロッパ各地にひろまった思想。それまでの神中心の考えかたに対して、人間中心に考え、人間性を解放し、向上させようとする。人間主義。人文主義。❷「人道主義」のこと。◇humanism

ヒューマニティー〈名〉人間らしい思いやりや人情味。◇humanity

ピューリタン〈名〉清教徒《せいきょうと》。◇Puritan

ピューレ〈名〉野菜やくだものを煮《に》て、つぶしたり裏ごししたりした食品。ピューレー。ピュレ。[例]トマトピューレ。オレンジピューレ。◇《フランス》purée

ヒュッテ〈名〉登山者やスキーヤーがとまる山小屋。山小屋ふうの建物。[類]ロッジ。◇《ドイツ》Hütte

ビュッフェ〈名〉❶列車や駅などで、かんたんな食事ができる立食式の食堂。❷立食式のパーティー。❸「バイキング(=食べ放題)」のしゃれた言いかた。▽「ブッフェ」ともいう。◇《フランス》buffet

びゅんびゅん〈副〉風が続けざまにふきぬける音や、目にもとまらないほど速く動くものが続けざまに風を切る音のようす。[例]車がびゅんびゅん通過する。

ひょいと〈副〉❶かるがると。[例]ひょいととびこえる。❷何の気なしに。[例]ひょいと出かけたきり、帰ってこない。❸急に。[例]車の前にひょいと子どもがとび出してきた。[類]ふと。

ひよう【費用】〈名〉なにかをするためにかかるお金。また、その金額。[例]費用がかかる。費用をまかなう。旅行の費用。[類]経費。

常用漢字 ひょう

【氷】 水部1 全5画 氷氷氷氷氷

ヒョウ こおり・ひ [教]小3 [音][ヒョウ] ▨氷河《ひょうが》。氷山《ひょうざん》。氷雪《ひょうせつ》。氷点《ひょうてん》。氷嚢《ひょうのう》。▨結氷《けっぴょう》。流氷《りゅうひょう》。解氷《かいひょう》。[訓]❶[こおり]氷。氷砂糖。氷水。かき氷。❷[ひ]氷雨。

【表】 衣部2 全8画 ※ 表表表表表表表表

ヒョウ おもて・あらわす・あらわれる [教]小3 [音][ヒョウ] ▨表紙《ひょうし》。表面《ひょうめん》。表現《ひょうげん》。表情《ひょうじょう》。▨地表《ちひょう》。発表《はっぴょう》。一覧表《いちらんひょう》。年表《ねんぴょう》。[訓]❶[おもて]表。表書き。表ざた。表通り。表向き。裏表。❷[あらわす]表す。言い表す。❸[あらわれる]表れる。

【俵】 イ部8 全10画 ※ 俵俵俵俵俵俵

ヒョウ たわら [教]小6 [音][ヒョウ] ▨土俵《どひょう》。一俵《いっぴょう》。[訓][たわら]俵。米俵。

【票】 示部6 全11画 票票票票票

ヒョウ [教]小4 [音][ヒョウ] ▨票決《ひょうけつ》。票数《ひょうすう》。▨投票《とうひょう》。開票《かいひょう》。伝票《でんぴょう》。調査票《ちょうさひょう》。

【評】 言部5 全12画 評評評評評

ヒョウ [教]小5 [音][ヒョウ] ▨評価《ひょうか》。評論《ひょうろん》。評判《ひょうばん》。▨好評《こうひょう》。定評《ていひょう》。品評《ひんぴょう》。書評《しょひょう》。

【漂】 氵部11 全14画 漂漂漂漂漂

ヒョウ ただよう [音][ヒョウ] ▨漂着《ひょうちゃく》。漂流《ひょうりゅう》。漂泊《ひょうはく》。[訓][ただよう]漂う。

【標】 木部11 全15画 標標標標標

ヒョウ [教]小4 [音][ヒョウ] ▨標準《ひょうじゅん》。標識《ひょうしき》。標的《ひょうてき》。標本《ひょうほん》。標語《ひょうご》。▨商標《しょうひょう》。目標《もくひょう》。指標《しひょう》。

1 **ひょう**【表】〈名〉ものごとの内容をいくつかに分類し、それぞれの区分にあてはまることばや数を、たて・よこの列をそろえて書きならべて、ひとめでわかるようにしたもの。[例]表にする。表にまとめる。表で示す。[ア]ヒョー →ひょうする〔表する〕

2 **ひょう**【俵】〈名・接尾〉コメや炭などの体積や重さを、俵《たわら》いくつ分《ぶん》かで表わす単位。[ア]ヒョー
[参考]コメの一俵《いっぴょう》は四斗《よんと》で四〇升《しょう》、重さは六〇キログラムとなる。現在でもコメの価格が六〇キログラムあたりいくらで取引《とりひき》されるのは、一俵あたりいくらのなごり。

3 **ひょう**【票】〈名〉選挙のとき、候補者の名前を書いて、その人を支持する意志を表わす ふだ。また、その ふだの数。[例]票を集める。票をいれる。票をよむ。票につながる。組織票。浮動《ふどう》票。[ア]ヒョー

4 **ひょう**【評】〈名〉事件や作品、人物などについて、そのよしあしを論じたり優劣《ゆうれつ》を判定したりすること。また、それを論じた文章。[例]人物評。[ア]ヒョー →ひょうする〔評する〕

5 **ひょう**【▼豹】〈名〉アジアやアフリカなどにすむ猛獣《もうじゅう》。トラに似《に》ているがそれより小さく、黄色の地に黒のはん点がある。すばやい動きで動物をとらえて食べる。食べのこしたものを木の上に保存するという。[ア]ヒョー
[表現]「豹のように敏捷《びんしょう》だ」などといって、身のこなしのすばやさを言い表わすことがある。

6 **ひょう**【▼雹】〈名〉〔気象〕空から降ってくる氷のかたまり。大きさが直径五《ミリメートル》から五《センチメートル》、あるいはそれ以上のもの。[ア]ヒョー [参考]天気図の記号は◭。五《ミリメートル》以下のものは、「あられ」という。

びよう【美容】〈名〉顔やすがたかたちがうつくしく見えるようにすること。[例]美容院。全身美容。

常用漢字 びょう

【苗】 艹部5 全8画 苗苗苗苗苗

ビョウ なえ・なわ [音][ビョウ] ▨種苗《しゅびょう》。痘苗《とうびょう》。[訓]❶[なえ]苗。苗木。❷[なわ]苗代。

フロイス(1532?～97) ポルトガルの宣教師。2度来日。本国に日本通信を送る。著書「日本史」。

【秒】禾部4 全9画
秒秒秒秒秒秒
ビョウ 教小3 音[ビョウ] ▨秒針《びょうしん》。秒速《びょうそく》。□寸秒《すんびょう》。毎秒《まいびょう》。

【病】疒部5 全10画
病病病病病
ビョウ・ヘイ やむ・やまい 教小3 音❶[ビョウ] ▨病院《びょういん》。病気《びょうき》。病原菌《びょうげんきん》。病根《びょうこん》。病人《びょうにん》。□看病《かんびょう》。闘病《とうびょう》。心臓病《しんぞうびょう》。❷[ヘイ] □疾病《しっぺい》。訓❶[やむ] 病む。❷[やまい] 病。

【描】扌部8 全11画
描描描描描
ビョウ えがく・かく 音[ビョウ] ▨描写《びょうしゃ》。□素描《そびょう》。点描《てんびょう》。訓❶[えがく] 描く。描き出す。❷[かく] 描く。絵描きさん。お絵描き。

【猫】犭部8 全11画
猫猫猫猫猫猫
ビョウ ねこ 音[ビョウ] □愛猫《あいびょう》。訓[ねこ] 猫。猫かわいがり。猫背。猫なで声。まねき猫。三毛猫。

[1]びょう【秒】〈名・接尾〉❶時間をはかる単位。一分の六十分の一を一秒とする。例 秒をきざむ。秒よみ。❷角度をはかる単位。一分《いっぷん》の六十分の一を一秒とする。

表現 ②は、地球上の緯度《いど》や経度《けいど》を細かく示すとき、「北緯《ほくい》〇度〇分〇秒」のように使われる。

[2]びょう【▼鋲】〈名〉❶⇩がびょう ❷⇩リベット ❸くつの底にうちつける金具。

[3]びょう【▼廟】〈名〉祖先や偉人《いじん》の霊《れい》をまつるためにたてた建物。

[4]びょう【病】〈接尾〉病気。例 心臓病。高山病。

ひょうい【▼憑依】〈名・する〉霊魂《れいこん》など、不可思議《ふかしぎ》なものが体に乗りうつること。とりつくこと。例 憑依現象。

ひょういもじ【表意文字】〈名〉漢字や数字などのように、一文字一文字がそれぞれあるきまった意味を表わしている文字。たとえば魚は fish、羊は sheep の意味を表わす。対 表音文字。音標《おんぴょう》文字。参考 特定の読み方をする一つの表意文字が、一つの単語として使われる点をとらえて、「表語文字」ともいう。

びよういん【美容院】〈名〉髪型《かみがた》をととのえたり、化粧《けしょう》をほどこしたりする店。

びょういん【病院】〈名〉病気やけがをなおすために、かよったり、しばらく入ったりするところ。→いいん〔医院〕

ひょうおんもじ【表音文字】〈名〉一文字一文字がそれぞれ特定の意味をもたず、音を表わすだけの文字。かなやローマ字など。音標文字。対 表意文字。

[1]ひょうか【氷菓】〈名〉こおらせた菓子。アイスクリームやアイスキャンディー、シャーベットなど。類 冷菓。

[2]ひょうか【評価】〈名・する〉❶もののねうちや価格を、ある基準によってはかって、きめること。例 評価がたかい。外見で人を評価する。評価額。過大評価。❷価値があるとみとめること。高《こう》評価。例 努力を評価する。評価されてうれしい。再評価。

ひょうが【氷河】〈名〉一年中とけない雪が、巨大《きょだい》な氷のかたまりとなって、それ自体のおもみで土地の低い方へうごきだすもの。その動きはゆっくりで、ふつう、目には見えない。ヒマラヤやアルプスなどの高山、緯度《いど》のたかい地方にみられる。

[1]ひょうかい【氷塊】〈名〉氷のかたまり。

[2]ひょうかい【氷解】〈名・する〉心の中に残っていた疑いやまよいが、氷がとけるように、すっかり消えてしまうこと。例 長年の疑念が氷解した。

ひょうがき【氷河期】〈名〉⇩ひょうき〔氷期〕

ひょうがじだい【氷河時代】〈名〉〔地学〕地球上の気温が下がり、緯度《いど》のたかい地方や山岳《さんがく》地帯が厚い氷河でおおわれていた時代。地質時代に三たびあったうち、ふつう更新世《こうしんせい》(=約二六〇万年前から一万年前まで)のものをいう。氷期と間氷《かんぴょう》期を交互《こうご》にくり返した。

ひょうがため【票固め】〈名〉選挙で、候補者が自分に投票してもらえるよう、手をうつこと。

ひょうかん【▼剽▼悍】〈形動〉すばしこく、あらあらしい。例 剽悍な騎馬《きば》民族。

[1]ひょうき【氷期】〈名〉〔地学〕氷河《ひょうが》時代の中でもとりわけ気温が低く、中緯度《いど》地方にも氷河が発達していた時期。「氷河期」ともいう。対 間氷《かんぴょう》期。

[2]ひょうき【表記】〈名・する〉❶ことばを文字で書きあらわすこと。その書きあらわしかた。例 ローマ字で表記する。表記法。❷おもてに書いておくこと。書いておいたもの。例 申しこみは表記のあて先へお願いします。

[3]ひょうき【標記】〈名・する〉文書のはじめに表題として書くこと。その題名。例 標記の件、了解いたしました。

ひょうぎ【評議】〈名・する〉組織や団体の中心になる人たちが集まって、なにかの問題について相談すること。例 評議会。評議員。

びょうき【病気】〈名・する〉からだや心にぐあいのわるいところがあって、痛みや苦しさを感じること。また、その状態。例 病気をなおす。病気にかかる。おもい病気。類 やまい。疾患《しっかん》。疾病《しっぺい》。

表現 「葉の病気」のように植物について使うこともある。また、「彼《かれ》のいつもの病気が始まった」のように、人の悪いくせやふるまいについていうこともある。

ひょうぎいん【評議員】〈名〉団体の中で、だいじな問題について話し合うために選ばれた人。

ひょうきほう【表記法】〈名〉ことばを、文字や記号で書くときのきまり。参考 日本語でいえば、送りがなのつけかた、かなづかい、句読点のつけかたのきまりなど。

ひょうきん〖▼剽▽軽〗〈形動〉こっけいなことや、おどけたことを、言ったりしたりして、気がるな感じだ。例 ひょうきんなしぐさ。ひょうきん者《もの》。

ひょうぐ【表具】〈名〉書や絵などを、かけ軸《じく》やびょうぶなどにつくりあげること。例 表具師。類 表装。

[1]びょうく【病苦】〈名〉病気のために苦しむこと。また、その苦しみ。例 病苦にたえる。

[2]びょうく【病▼軀】〈名〉病気にかかっているからだ。また、病気でよわっているからだ。類 病身。→びょうしん〔病身〕表現

ひょうけい【表敬】〈名〉地位のたかい人に敬意を表わすこと。例 表敬訪問。

[1]ひょうけつ【氷穴】〈名〉溶岩《ようがん》の中にできたほらあな。中には氷がはっている。

[2]ひょうけつ【氷結】〈名・する〉水面などに氷がびっしりとはること。例 湖が氷結する。類 凍結《とうけつ》。凍《こお》りつく。

[3]ひょうけつ【表決】〈名・する〉出席者が議案に対して、賛成か反対かの意思をあきらかにして、結論をだすこと。挙手や起立、投票などの方法がある。

[4]ひょうけつ【票決】〈名・する〉投票によってきめるこ

ひ

フロイト (1856~1939) オーストリアの精神病理学者。精神分析学体系を樹立。「精神分析学入門」。

と。

ひょうけつ[5]【評決】〈名・する〉集まって相談して決定すること。参考 裁判官が裁判の内容を評議して決めることをさしていうことが多い。

びょうけつ【病欠】〈名・する〉病気のために、学校や会社などを休むこと。例 病欠届。

ひょうげん[1]【氷原】〈名〉氷で表面をおおわれた、ひろい野原。類 氷野。雪原。

ひょうげん[2]【表現】〈名・する〉❶もののようすや自分の考え、気持ちなどを、ことば、絵画、彫刻《ちょうこく》、音楽、からだの動きなど、他人が感じとれるかたちにして見せること。例 よろこびを表現する。表現の自由。表現をやわらげる。たくみな表現。表現力。❷表わされたかたち。例 けばけばしい表現。表現と内容。言語表現。

びょうげんきん【病原菌】〈名〉病気のもとになる細菌。

びょうげんたい【病原体】〈名〉病気のもとになる、原生動物や細菌《さいきん》、ウイルスなど。

ひょうご[1]【評語】〈名〉❶批評のことば。❷学校で、児童や生徒、学生の勉強した成績を表わすことば。

ひょうご[2]【標語】〈名〉主張しようとする内容を、言いやすくおぼえやすいように短くまとめた語句。例 交通安全の標語。類 スローガン。

びょうご【病後】〈名〉病気がなおったあとの、からだがまだ弱っているとき。例 病後の身。類 予後《よご》。やみあがり。

ひょうこう【標高】〈名〉⇩かいばつ

ひょうごもじ【表語文字】〈名〉⇩ひょういもじ

びょうこん【病根】〈名〉病気のもと。例 病根をたつ。類 病因。

表現 「こういう事件が再び起こらないよう、病根をたつ必要がある」のように、悪いことのおこる原因という意味でも使われる。この場合「禍根《かこん》」と同じ意味である。

ひょうさつ【表札・標札】〈名〉住んでいる人の名前を書いて家の門や入り口などにかかげておくふだ。

ひょうざん【氷山】〈名〉南極や北極の氷の一部が海にながれでて、海面にうかんでいる大きな氷のかたまり。

氷山の一角《いっかく》 実際は膨大《ぼうだい》なものごとの、わずかにおもてに出ている部分。参考 氷山の海面上に見える部分は全体の七分の一ぐらいであることから。悪事の一部が発覚したときなどにいう。

ひょうし[1]【拍子】〈名〉❶音楽や舞踊《ぶよう》にあわせて、手を打ったり、かけ声をかけたりすること。例 拍子をとる。手拍子。足拍子。❷〔音楽〕リズムの単位になる、強い音と弱い音とのくみ合わせ。例 三拍子。❸(「…の拍子に」の形で)…をしたそのはずみに。例 ころんだ拍子にわすれてしまった。

ひょうし[2]【表紙】〈名〉本やノートなど、紙をとじたものの、いちばん外がわについている紙や布、皮など。

ひょうじ[1]【表示】〈名・する〉❶はっきりしたかたちで表わすこと。例 表示価格。意思表示。住居表示。❷資料を表のかたちにして示すこと。

ひょうじ[2]【標示】〈名・する〉人の目についてよくわかるように、示しておくこと。例 道路標示。禁煙《きんえん》の標示。

びようし【美容師】〈名〉美容院で、髪型《かみがた》を美しく整えたり、化粧《けしょう》をほどこしたりする仕事をする人。都道府県知事が発行する免許がいる。↓りよう〔理容〕参考

びょうし【病死】〈名・する〉病気で死ぬこと。類 病没《びょうぼつ》。

ひょうしき【標識】〈名〉なにかの目じるしとして設置されたもの。とくに、交通の安全や道案内のためのもの。例 道路標識。交通標識。

ひょうしぎ【拍子木】〈名〉長方形の一対《つい》の木。夜まわりなどのとき、手に持って打ちならす。

びょうしつ【病室】〈名〉病院などで、病人を寝《ね》かせておくための部屋。

ひょうしぬけ【拍子抜け】〈名・する〉意気ごんで待ちかまえていたのに、なにもおこらなかったり、たいしたことがなかったりして、はりあいがないこと。

ひょうしゃ【評者】〈名〉評をのべる立場の人。

びょうしゃ【描写】〈名・する〉文章や音楽、絵画などで、もののありさまや人間の感情などを表わすこと。例 風景を描写する。心理描写。

ひょうしゃく【評釈】〈名・する〉古典の文学作品などを、批評を加えながら解釈すること。また、その解釈。

びょうじゃく【病弱】〈形動〉からだがよわく、病気にかかりがちである。例 病弱な人。

ひょうしゅつ【表出】〈名・する〉心の中の考えや気持ちなどを、外にあらわすこと。例 感情を表出する。

ひょうじゅん【標準】〈名〉判断のよりどころとする、目じるし。❶ものをはかるためのものさしとなる目じるし。はかるものには、ものの量、ものごとのよしあし・美しさ・たいせつさ、などがある。例 判断の標準。比較《ひかく》の標準。標準器。類 基準。❷みんなが目ざす目標。のぞましさの高い方の目じるし。例 標準スタイル。類 規範《きはん》。模範。手本。❸「多少のずれはあっても、この程度であればよい」というめやす。のぞましさの中心にある目じるし。例 標準をきめる。標準からはずれる。❹「ここまで達していればよい」と判定するためのめど。のぞましさの低い方の目じるし。例 標準に達する。標準体位。類 合格ライン。最低基準。規格。水準。❺「このくらいがいちばんふつうだ」という程度。代表によって実態をとらえるための目じるし。スタンダード。例 標準家庭。標準サイズ。類 平均値。

参考 ①は基本で、②③④は、社会生活をする人間が「正常」「通常」「一般《いっぱん》性」を尊重し、逸脱《いつだつ》したりおちこぼれたりすることをさけるために「のぞましさ」をもとめることから必要になる標準で、②は高くおかれる努力目標、④は低くおかれるチェック事項《じこう》、③が常識の線を示す標準。⑤はのぞましさと関係なく、現実を反映している標準である。

↓囲み記事13(274ページ)

ひょうじゅんご【標準語】〈名〉ある国の国語として、発音・単語・文法などのすべての面において、このように言ったり書いたりすればよいという、使いかたの手本となることば。国民生活の標準となることばなので標準語というが、「共通語」「公用語」ともいわれる。対 方言。

ひょうじゅんじ【標準時】〈名〉国または広い地域でそれにならうようにきめられた時刻。

ひょうじゅんふく【標準服】〈名〉その学校で標準とされている制服。

ひょうしょう[1]【表象】〈名・する〉頭に思いえがかれるもの。類 イメージ。

ひょうしょう[2]【表彰】〈名・する〉すばらしいことをなしとげた人や団体を、みんなの前で公式にほめること。例 表彰状。対 受彰。類 顕彰《けんしょう》。

ひ

フローベル（1821〜80） フランスの作家。客観的な写実主義を唱えた。代表作「ボバリー夫人」。

[1]**ひょうじょう【氷上】**〈名〉❶氷《こおり》のうえ。例 氷上競技でワカサギをつる。❷スケートリンクのうえ。例 氷上競技(=スピードスケート・フィギュアスケート・アイスホッケー・カーリングなど)。▽ア ヒョージョー

[2]**ひょうじょう【表情】**〈名〉内面の感情が、顔にあらわれたようす。例 表情がくもる。表情をかえない。表情に出す。あかるい表情。かたい表情。表情たっぷりに(=感情ゆたかに)歌う。無表情。類 面持《おもも》ち。顔つき。顔いろ。ア ヒョージョー

表現 物の見た目のようすに たとえて、「現地の表情をレポートする」「インテリアに表情をつける」のような使い方もされる。

[3]**ひょうじょう【評定】**〈名・する〉たくさんの人が集まって、あれこれ 話し合って きめること。古い言いかた。ア ヒョージョー →おだわらひょうじょう

びょうしょう【病床】〈名〉病人の寝《ね》ている ねどこ。例 病床にふす。

びょうじょう【病状】〈名〉病気のぐあい。例 病状が悪化する。類 病勢。症状《しょうじょう》。容態。→びょうせい 表現

ひょうしょうじょう【表彰状】〈名〉表彰される人や団体にあたえられる証書。類 賞状。

[1]**びょうしん【秒針】**〈名〉時計の秒を示す針。

[2]**びょうしん【病身】**〈名〉病気のからだ。病気がちなよわいからだ。類 病軀《びょうく》。

表現 「病身」は長くその状態にある場合をいい、「病軀」は、おもにそのときの状態をさしていう。

[1]**ひょう・する【表する】**〈動サ変〉外にあらわす。例 敬意を表する。

[2]**ひょう・する【評する】**〈動サ変〉そのものの価値やよしあしについて論じる。例 人物を評する。

びょうせい【病勢】〈名〉病気がよくなったり、わるくなったりしていくようす。例 病勢がすすむ。類 病状。

表現 「病勢」はおもにわるくなるときに使い、「病状」はよくなるときにも、わるくなるときにもどちらにも使う。

びようせいけい【美容整形】〈名〉美しくするために、手術をして顔や体の一部の形を変えること。

[1]**ひょうせつ【氷雪】**〈名〉こおりとゆき。例 氷雪にとざされる。

[2]**ひょうせつ【▼剽窃】**〈名・する〉他人の作品、とくに文章や文句を、自分のものとして発表すること。類 盗作《とうさく》。

ひょうぜん【▼飄然】〈副〉これという目的もなく、気のおもむくままに、ひょっこりあらわれたり、たちさったりするようす。例 飄然とやって来る。飄然として去る。

[1]**ひょうそう【表層】**〈名〉層がいくつも かさなっているときの、いちばん外がわの層。例 表層なだれ。対 深層。

参考 人間の心にも層があると考えるとき、ふだん気づいているところを「表層」といい、心の奥深《おくふか》く秘められているあたりを「深層」という。

[2]**ひょうそう【表装】**〈名・する〉書画などをほかの紙や布地にはって、巻物《まきもの》やかけ軸《じく》、びょうぶなどにすること。類 表具。

[3]**ひょうそう【▼瘭▼疽】**〈名〉〔医学〕指先の傷からばい菌《きん》が入って、うむこと。壊死《えし》をおこして指をうしなうことがある。「ひょうそ」ともいう。

びょうそう【病巣】〈名〉病気におかされているからだの部分。例 病巣がひろがる。病巣を摘出《てきしゅつ》する。

ひょうそく【▽平▼仄】〈名〉漢詩をつくるときのきまりとしてたいせつな、漢字の、韻《いん》による区別。

表現 人に「調子を合わせる」ことを、「平仄を合わせる」と言う。また、ことばや表現の調子を合わせることにもいう。

びょうそく【秒速】〈名〉速度の単位で、一秒間にすすむ距離《きょり》で表わしたもの。例 秒速三〇メートル。

ひょうだい【表題・標題】〈名〉書物や文章、講演などにつけられた題。タイトル。類 題目。

ひょうたん【〖▼瓢▼箪〗】〈名〉❶つる性の一年草。夏、白い花をつけ、上下がまるくふくらんで、中央がくびれた形の実《み》をむすぶ。❷「①」の熟した実からなかみをぬきとり、かわかして、酒などを入れる容器としたもの。ひさご。ふくべ。

表現 ①の実は一個二個と数えるが、詩的な表現では一瓢《いっぴょう》二瓢《にひょう》と数えることがある。

ひょうたんから駒《こま》(が出《で》る) じょうだんで言ったことが真実になるというような、思いがけない結果が生じること。「駒」は、ウマのこと。類 うそから出たまこと。

ひょうたん(氷炭)あい(相)い(▽容)れず たがいの性質があまりにもかけはなれていて、調和するところがまるでない。

ひょうたんなまず【〖▼瓢▼箪▼鯰〗】〈名〉ヒョウタンではナマズをおさえるのがむずかしいように、なかなかつかまえられず、とらえどころがないこと。

ひょうちゃく【漂着】〈名・する〉水の上にただよっていたものが、岸に流れつくこと。例 漂着ごみ。

ひょうちゅう【氷柱】〈名〉❶つらら。❷夏、すずしい感じをだすために へやに置く、はしらの形をした氷。

ひょうちょう【漂鳥】〈名〉一地方内で、越冬《えっとう》地と繁殖《はんしょく》地とを季節によって移動する鳥。ウグイス(夏に山地で繁殖し、平地で越冬)・ウズラ(東北地方で繁殖し、関東以西の地で越冬)など。

参考 渡りをして夏冬住む地域を変える候鳥《こうちょう》と、ずっと同じところにいる留鳥《りゅうちょう》との中間にある鳥。

ひょうてい【評定】〈名・する〉もののねうちをはかって、評価をきめること。例 勤務評定。

参考 「ひょうじょう」と読むのは別のことば。

ひょうてき【標的】〈名〉攻撃《こうげき》する目標。類 的《まと》。ターゲット。

びょうてき【病的】〈形動〉からだの状態や、言うこと、することなどが ふつうでないようす。例 病的な心理。

[1]**ひょうてん【氷点】**〈名〉水がこおりはじめる温度。セ氏〇度。ア ヒョーテン

[2]**ひょうてん【評点】**〈名〉成績を評価してつけた点数。ア ヒョーテン

[1]**ひょうでん【票田】**〈名〉選挙で、多くの票を得られると期待できる地域のことを、米を刈《か》り入れる田にたとえていったことば。

[2]**ひょうでん【評伝】**〈名〉ある人物について、評論をまじえて書かれた伝記。

ひょうてんか【氷点下】〈名〉セ氏〇度よりも低い温度。例 氷点下にさがる。氷点下五度。類 零下《れいか》。マイナス。

びょうとう【病棟】〈名〉病院の中で、病室がたくさんならんでいる建物。

びょうどう【平等】〈名・形動〉差別したり差をつけたりしないで、みんな同じであること。例 平等にあつかう。平等の権利。男女平等。悪《あく》平等。不平等。対 差別。類 公平。無差別。参考 だれにでも成功のチャンスがあるかわりに、結果として優劣《ゆうれつ》の差がついても しかたがないという

プロコフィエフ (1891〜1953) ソ連の作曲家。大衆性とロマンティシズムにみちた作品を残す。

自己責任型の考えは「機会の平等」をより重んじ、福祉《ふくし》を重視して人々の格差をなるべくなくそうとする考えは「結果の平等」をより重んじる。

びょうにん【病人】〈名〉病気にかかっている人。例病人につきそう。病人をみまう。類患者《かんじゃ》。

ひょうのう【氷▼嚢】〈名〉氷や水を入れて、からだの熱のあるところをひやすふくろ。

ひょうはく[1]**【表白】**〈名・する〉気持ちや考えをおもてにだすこと。例心中を表白する。類表明する。

ひょうはく[2]**【漂白】**〈名・する〉水にさらしたり、薬品を使ったりして白くすること。例布巾《ふきん》を漂白する。漂白剤《ざい》。類さらす。

ひょうはく[3]**【漂泊】**〈名・する〉❶一か所にとどまらないで、あてもなくあちこちさまようこと。例漂泊の詩人芭蕉《ばしょう》。類さすらい。放浪《ほうろう》。流転《るてん》。流浪《るろう》。❷船がいかりを下ろさずに、エンジンをとめてただようこと。

ひょうばく【氷▼瀑】〈名〉こおりついた滝《たき》。

ひょうばん【評判】〈名〉❶そのものがよいかわるいかについての世間の人々の評価。例評判がいい。評判がたかい。評判をとる。類世評。❷世間で高く評価されていて、人々の話によくでてくること。例評判になる。類うわさ。風説。

ひょうひ【表皮】〈名〉生物の体の外側をつつんでいる皮。

ひょうひょう【▼飄▼飄】〈副・連体〉ものごとにこだわらず、ゆうゆうとしていて、とらえどころのないようす。例ひょうひょうと生きる。ひょうひょうとした人がら。

びょうふ【病父】〈名〉病気をわずらっている父親。対病母。

びょうぶ【▼屏風】〈名〉木のわくに紙や布などをはったものを二枚以上つなげた、室内用の置物。少し折りまげた状態で立てて、室内のしきりや目かくし、装飾《そうしょく》などに使う。例金屏風。→ついたて絵

表現 一枚二枚と数えるが、伝統的な数えかたは一隻《いっせき》二隻《にせき》。二隻を対《つい》にして一双《いっそう》という。

びょうぶえ【▼屏風絵】〈名〉屏風にえがいた絵。

びょうへい【病弊】〈名〉ものごとの内部にひそむ弊害。例社会の病弊。

ひょうへき【氷壁】〈名〉雪や氷におおわれた岩壁。

ひょうへん【▼豹変】〈名・する〉態度や意見が急にかわること。例会議の席上でのかれの豹変ぶりにはおどろいた。君子は豹変す(→「くんし」の子項目)。

ひょうほう【兵法】〈名〉「兵法《へいほう》」の古風な言いかた。例なま兵法は大けがのもと(→独立項目)。

ひょうぼう【標▼榜】〈名・する〉自分の主義・主張・立場などを、公然とかかげること。例「小さな政府」を標榜する政党。

びょうぼつ【病没】〈名・する〉「病死」の婉曲《えんきょく》な言いかた。おもに人の経歴をのべるときに使う。

ひょうほん【標本】〈名〉生物や鉱物の実物を、研究や教育のための見本として保存したもの。サンプル。例標本にする。標本をつくる。植物標本。

表現 「けちの標本」などの言いかたで、ある種の性質や特徴《とくちょう》をじゅうぶんにそなえていて、その見本となるもの、という意味でも使う。

びょうま【病魔】〈名〉病気を、悪魔にたとえていうことば。例病魔におかされる。

ひょうめい【表明】〈名・する〉自分の考えなどをほかの人に対してあきらかなかたちで示すこと。例引退を表明する。遺憾《いかん》の意を表明する。所信表明。

びょうめい【病名】〈名〉病気の名まえ。

ひょうめん【表面】〈名〉❶外から見える、もののいちばん外がわの面。例液体の表面。太陽の表面。類外面。❷ものの おもてがわの面。俗《ぞく》に「おもて面」ともいう。例名刺《めいし》は表面を向けて手わたす。対裏面《りめん》。❸おもてや前面にあらわれていて、ほかの人からもすぐわかるところ。例表面にでる。表面にたつ。表面は冷静な態度をくずさなかった。類外面。うわべ。うわっつら。

ひょうめんか【表面化】〈名・する〉表面にあらわれてくること。例問題が表面化する。

ひょうめんせき【表面積】〈名〉立体の表面の面積。

ひょうめんちょうりょく【表面張力】〈名〉〔物理〕液体の表面にはたらく、表面積をできるだけ小さくしようとする力。水滴《すいてき》がまるくなるのもこのため。

ひょうめんてき【表面的】〈形動〉おもてにあらわれているが、本質とはかかわりがない。例表面的な美しさにまどわされる。

ひょうや【氷野】〈名〉氷に閉ざされた平地。凍《こお》りついた湖や、流氷におおわれた海。類氷原。

ひょうよみ【票読み】〈名・する〉❶選挙の前に、得票数を予測すること。❷開票して、票を読み上げること。

びょうよみ【秒読み】〈名〉わずかになった残り時間を、秒単位でかぞえること。例秒読みの段階。

表現 きめられた時間までを秒数で示すから、「9・8・7…」のように、ふつうとは逆のかぞえかたをする。

ひょうり【表裏】〈名〉❶おもてとうら。例人生の表裏。❷人の見ているときと見ていないときとで、することにちがいのあること。類かげひなた。▽類うらおもて。

表裏一体《いったい》 二つのものが切りはなせないふかい関係にあること。類車の両輪《りょうりん》。

表裏を成《な》す ❶ことなる面が両方合わさって一つになる。❷切っても切れない関係にある。

びょうり【病理】〈名〉病気の原因や病状に関する理論。例病理学。

びょうりがく【病理学】〈名〉医学の一分野。病気の原因やその経過などについて研究する学問。

ひょうりゅう【漂流】〈名・する〉自分で進む力をなくした船などが、風や波のままに動かされていくこと。

びょうれき【病歴】〈名〉これまでにどういう病気にかかったことがあるか、ということ。かかった病気の症状《しょうじょう》の記録。

ひょうろうぜめ【兵糧攻め】〈名〉城などをせめるときに、食糧を補給させないで、敵がよわるのを待つ戦法。

ひょうろん【評論】〈名・する〉社会や芸術、学問など、さまざまな分野のものごとについて、その価値や意味などを論じること。また、論じた文章。例評論家。文芸評論。類論評。批評。

ひょうろんか【評論家】〈名〉評論することを職業としている人。類批評家。

表現 実際の事情や当事者の苦労を知らないで無責任に論じる人、という意味をこめて使われることもある。

ひよく[1]**【比翼】**〈名〉❶二羽の鳥がつばさをならべること。例比翼の鳥(→ひよくれんり)。❷和服で、留袖《とめそで》や色留《いろとめ》の下にかさねて着る白い着物。えり・袖口・すそなどから少しだけ見せて着る。例比翼仕立て(=見せる部分だけの生地をぬい合わせた、略式の和服の仕立てかた)。❸

ひ

コートなどで、ボタンをとめる部分の生地を二重にして、ボタンが外から見えないようにする仕立て。

[2]**ひよく【肥沃】**〈形動〉 土地が、農作物を育てるのに十分なほどこえている。例肥沃な平野。対不毛。類豊饒《ほうじょう》。

びよく【尾翼】〈名〉 飛行機の胴体《どうたい》のうしろの方にとりつけたつばさ。

ひよくれんり【比翼連理】〈名〉 男女、とくに夫婦《ふうふ》の愛情がこまやかで深いこと。

参考「比翼の鳥、連理の枝」を略した言いかた。羽のつながった二羽の鳥、枝のつながった二本の木ということで、二人三脚《きゃく》とか二人で一体になっている感じをいう。

ひよけ【日よけ】〘日▽除け〙〈名〉 直射日光をふせぐために、おおいをつくること。そのおおい。類シェード。

ひよこ〘▼雛〙〈名〉 たまごからかえったばかりの、ニワトリなどの子。「ひよっこ」ともいう。類ひな。

表現 人を評して「まだひよこだ」といえば、一人前でないことをからかう言いかたになる。「くちばしが黄色い」「尻《しり》が青い」などと同類。

ひょこひょこ〈副〉 ❶小きざみにはずむように動くようす。例カルガモがひょこひょこ歩いている。❷気軽に、また、考えなしに歩き回るようす。例呼ばれてひょこひょこと出ていった。

ひょっこり〈副〉 思いがけない所に現れたり、思いがけず出会ったりするようす。

ひょっと〈副〉 突然。不意に。例ひょっと顔をだす。ひょっと思いつく。→ひょっとすると

ひょっとこ〈名〉 ❶ユーモラスであいきょうのある男の顔。また、そのように作った面。絵 ❷男をからかっていう、よくないことば。▽対おかめ。

ひょっとすると〈副〉 もしかすると。ひょっとして。ひょっとしたら。例ひょっとすると来るかもしれない。

[ひょっとこ]

ひよどり〘▼鵯〙〈名〉 鳥の一種。体長三〇《センチメートル》ほどの暗い灰色の鳥で、尾《お》が長い。山林に多く、秋から冬にかけて低地にうつり、にぎやかに鳴く。

ひよみのとり〈名〉 漢字の部首の一つ。「酒」「配」などの「酉」の部分。参考「ひよみ(日読み)」とは暦《こよみ》のことで、十二支の「酉《とり》」の字を「鳥」と区別して言う。

ひより【日和】〈名〉 ❶天気。また、天気のようす。例日和がいい。❷天気のいい日。例小春日和。❸なにかをするのに、ちょうどいい天気。例行楽日和。

表現「きょうはいいお日和で」のように、「お」をつけて使うことが多い。③は、「遠足日和」「つり日和」のように、ほかのことばのあとにつけて使われるのがふつう。このときは「びより」となる。

ひよりみ【日和見】〈名〉 どこにつくのがいちばん有利か、形勢をながめて自分の態度をなかなかきめないこと。例日和見主義。類洞《ほら》が峠《とうげ》。

ひょろなが・い【ひょろ長い】〈形〉 ほそ長くて、たよりない感じだ。例ひょろ長い脚《あし》。

ひょろひょろ〈副・する・形動〉 ❶足もとがふらふらしてたおれそうなようす。❷ほそ長くよわよわしくのびているようす。例ひょろひょろ(と)した木。ひょろひょろのからだ。

参考 アクセントは、ふつう「**ヒョ**ロヒョロ」であるが、「ひょろひょろに」「ひょろひょろの」「ひょろひょろだ」の場合は、「ヒョ**ロヒョロ**」となる。

ひょろりと〈副・する〉 ❶細長く弱々しい感じでのびているようす。例背が高くてひょろりとした人。❷足もとがしっかりせず、あぶなっかしいようす。

ひよわ【ひ弱】〈形動〉 からだや心が弱くてたよりない。ひよわい。例ひ弱な子ども。類虚弱《きょじゃく》。

ひよわ・い【ひ弱い】〈形〉 ⇩ひよわ

ひょんな〈連体〉 意外な。思いがけない。例ひょんなことで知り合った。

[1]**ひら【平】**〈名〉 ❶たいらなこと。たいらなもの。例平屋根。❷会社や団体などで、役職についていないこと。また、その人。例平社員。

[2]**ひら**〘▽片〙〈接尾〉 うすくて軽いもの、平らで小さいものを数えることば。詩的な言いかた。例ひとひらの雲。ふたひらの花びら。

びら〈名〉 商品についての情報やもよおしものの知らせなどを印刷して、人に配ったりどこかにはったりする紙。多く「ビラ」と書く。例ビラをはる。ビラを配る。類ちらし。フライヤー。

ひらあやまり【平謝り】〈名〉 ただひたすら謝ること。例平謝りにあやまる。

ひらい【飛来】〈名・する〉 飛んでくること。例わたり鳥が飛来する。

ひらいしん【避雷針】〈名〉 かみなりによる被害《ひがい》をふせぐための、先のとがった金属の棒。建物の屋上などに立て、地中の金属板につないで地中に放電させる。

ひらおよぎ【平泳ぎ】〈名〉 水泳の泳法の一つ。カエルのように水をけり、両手は左右にひらいてむなもとへかく。ブレスト。かえる泳ぎ。

ひらおり【平織り】〈名〉 織物のいちばんかんたんな織りかたで、たて糸と横糸を一本ずつ交互《こうご》に交わらせて織るもの。また、そういう織物。

ひらがな【平仮名】〈名〉 かなの一つ。「あ・い・う」などのかたちのかな。平安時代の初めに、万葉仮名として使われた漢字をくずして生まれた表音文字。たとえば「安」から「あ」、「以」から「い」ができた。→かたかな・かな〔仮名〕

ひら(開)かれた 開放された。情報公開がなされている。例国民に開かれた行政。

ひらき【開き】〈名〉 ❶二つのものごとのあいだのちがい。そのちがいの大きさ。例開きが大きい。開きがある。五千円の開き。実力の開きは相当のものだ。類へだたり。差。ギャップ。はば。❷魚の腹をさいて開き、干したもの。例さんまの開き。❸開き戸。開き戸のついた戸だな。

びらき【開き】〈接尾〉 ❶「海開き」「店開き」のように、その場所での活動を開始することを表わす。例道場開き。❷「かた開き」「両開き」「観音《かんのん》開き」のように、戸のひらきかたのタイプをいうことば。

ひらきど【開き戸】〈名〉 柱にとりつけて、柱を軸《じく》として回転させてあけしめする戸。略して「開き」ともいう。対引き戸。

ひらきなお・る【開き直る】〈動五〉 今までの受け身な態度をかえて、攻撃《こうげき》的になったり、ふてくされたりする。類居直る。

ひら・く【開く】〈動五〉 ❶とじていたものがあく。例まぶたが開く。戸が開く。窓が開く。対とじる。しまる。類あ

く。→ひらかれた
❷広がっている。例先が開いた形。
❸二つのものの へだたりが、大きくなる。例差が開く。対つまる。ちぢまる。類水があく。
❹花がさく。開花する。例花が開く。つぼみが開く。
❺とじているものを、あける。ふさがっているところにあきをつくる。例門を開く。目を開く。後進に道を開く(=あとからくる者がすすめるように道をあける。人事についていう)。対とじる。しめる。とざす。
❻はじめる。もよおす。例会を開く。対とじる。類開催《かいさい》する。→おひらき
❼今までになかったことを はじめる。例口座を開く。新生面を開く。類開設する。開拓《かいたく》する。
❽パソコンで、ファイルを画面上によびだす。対とじる。
❾〔数学〕平方根・立方根というような根をもとめる。たとえば、9を平方に開けば3になる。
❿印刷・出版で、漢字をひらがなで書く。
開いた質問《しつもん》 ⇩しつもん参考

ひら・ける【開ける】〈動下一〉❶人手が加わって生活しやすい状態になる。例世の中が開ける。❷(多く「ひらけた」の形で)すすんだ考えをもち、ものわかりがいい。例かれはなかなか開けた人だ。類さばける。❸まわりに視界をさえぎるものがなく、遠くまでよく見える。例霧《きり》がはれて視界が開けた。対ふさがる。❹これから先の見とおしがあかるくなる。例運が開ける。道が開ける。

ひらた・い【平たい】〈形〉❶厚さやふかさがあまりない。でこぼこが少なくて、よこに広くなっている。例平たいさら。平たい顔。類ひらべったい。たいら。❷やさしい。わかりやすい。例平たいことば。平たく言う。

ひらづみ【平積み】〈名・する〉書店で、客に目だつように、同じ本や雑誌を表紙を上に向けて積む陳列《ちんれつ》方法。対棚差《たなざ》し。

ひらて【平手】〈名〉ひらいた手のひら。例平手打ち。対こぶし。

ひらてうち【平手打ち】〈名・する〉平手で相手のほおなどをぶつこと。

ひらに【平に】〈副〉ただひたすら願う気持ちを表わすことば。せつに。なにとぞ。やや古い言いかた。例平にご容赦《ようしゃ》ください。

ピラニア〈名〉南米のアマゾン川などにすむ魚。歯が三角形でするどく、肉食。◇piranha

ひらび【平日】〈名〉漢字の部首の一つ。「曲」「書」などの「日」の部分。いわく。参考「日(ひへん)」と区別しにくい。「日」はたて長に、「日」はよこ長に書く。

ひらひら ■〈副・する〉うすくて軽いものが、まうようにひるがえるようす。■〈名〉うすくて軽い、波うつような形をしたもの。例ひらひらのついた帽子《ぼうし》。▽アーヒラヒラ ニヒラヒラ

ピラフ〈名〉肉や魚などをいれて、スープでたいた洋風のたきこみご飯。洋風のいためご飯もさす。例えびピラフ。◇フランス pilaf

ひらべった・い【平べったい】〈形〉平らにつぶれたような感じだ。俗《ぞく》な言いかた。例平べったい顔。

ひらまく【平幕】〈名〉すもうで、横綱《よこづな》や三役以外の幕内の力士。

ピラミッド〈名〉大きな石を四角錐《すい》の形に積みあげたもの。とくに、古代エジプトの王や王族の巨大な墓。◇pyramid

表現 (1)一基《いっき》二基《にき》と数える。
(2)社会の階層や組織体で、上になるほど人数が少なく、下にいくほど人数が多くなるかたちをさしていうことがある。反対のかたちは「逆ピラミッド」。

参考「金字塔《きんじとう》」という訳語があった。

ひらめ【平目・鮃】〈名〉海にすむ高級魚。カレイに似ており、「左ヒラメの右カレイ」と言って、背びれを上にして目が左側にあるのがヒラメ、右にあるのがカレイ。また、カレイに比べて口が大きく、するどい歯があることでも区別できる。

ひらめか・す【閃かす】〈動五〉❶光らせる。例ナイフをひらめかす。❷すぐれたところをちらりと示す。

ひらめき【閃き】〈名〉❶ぴかっと光ること。❷人を思わず感心させるような、すぐれた思いつき。例ひらめきをみせる。天才のひらめき。ひらめきのある作品。

ひらめ・く【閃く】〈動五〉❶するどくぴかっと光る。例白刃《はくじん》がひらめく。❷ある考えや思いつきなどが急に頭にうかぶ。例名案がひらめく。

ひらや【平屋・平家】〈名〉一階建ての建物。例平屋建て。

ひらりと〈副〉❶軽々《かるがる》と とんだり舞《ま》ったりするようす。例ひらりと身をひるがえす。ひらりととび乗る。❷うすくやわらかいものが風でひるがえるようす。例スカーフがひらりと風になびく。▽「ひらっと」ともいう。

びり〈名〉「最下位」のくだけた言いかた。「ビリ」とも書く。例びりから二番目。類どんじり。

ピリオド〈名〉横書きの文章で、文の終わりを示す符号《ふごう》。終止符。「.」類句点。フルストップ。◇period

ピリオドを打《う》つ 長くつづけてきたことを終わりにする。終止符《ふ》をうつ。

ひりき【非力】〈名・形動〉筋肉の力がよわいこと。能力がないこと。「ひりょく」ともいう。例非力な選手。

ひりつ【比率】〈名〉ある数量の、他の数量に対する多い少ないの程度。例比率がたかい。従業員の男女の比率は三対七だ。類割合。

びりっけつ【びりっ尻】〈名〉「びり」の、さらに俗《ぞく》っぽい言いかた。

ひりひり〈副・する〉❶焼けつくように痛む感じ。例日焼けして背中がひりひりする。からいものを食べて舌がひりひりする。❷「どきどき」「はらはら」を超えるほどの、強い緊張《きんちょう》感を表わす。例ひりひりする試合展開。ひりひりするような読後感。

ぴりぴり〈副・する〉❶笛《ふえ》などの高くするどい音のようす。❷皮膚《ひふ》や舌などに細かくさすような刺激《しげき》があるようす。例とうがらしがよくきいて、舌にぴりぴりくる。❸神経が異常に高ぶっているようす。例入試直前でぴりぴりしている。

方言 兵庫では、「降《ふ》り始めの、少ない雨のようす」を、「ぴりぴりする」と言う。

ビリヤード〈名〉台の上で、たまを棒(=キュー)で突いて得点をきそう遊戯《ゆうぎ》。玉突き。撞球《どうきゅう》。◇billiard

びりゅうし【微粒子】〈名〉とてもこまかいつぶ。

ひりょう【肥料】〈名〉農作物や草花の生長をよくするために土にくわえる栄養分。例肥料をほどこす。肥料にする。化学肥料。類こやし。肥《こえ》。参考窒素《ちっそ》・燐《りん》・カリウムのどれかをふくんでいるものをさし、この三元素を「肥料の三要素」という。無機質の化学肥料や、堆肥《たいひ》・糞尿《ふんにょう》・油かすなどの有機質のものがある。

びりょう[1]**【微量】**〈名〉ほんの少しの量。

びりょう[2]**【鼻梁】**〈名〉鼻すじ。鼻柱。

ひりょうぶん【肥料分】〈名〉植物が、根から水とともに吸収《きゅうしゅう》する養分のこと。理科の教科書での言いかた。

ひりょく【非力】〈名・形動〉⇩ひりき

びりょく【微力】〈名・形動〉役にたたないようなわずかの力。自分の力を謙遜《けんそん》して言う。例微力をつくす。微力ながらご協力申し上げます。

[1]**ひる【昼】**〈名〉❶太陽がでてからしずむまでのあいだ。対夜《よる》。類昼間《ちゅうかん・ひるま》。❷一日のうちで、いちばん明るいあいだ。だいたい午前一〇時ごろから午後四時ごろまでをさす。例昼日中《ひるひなか》。類日中《にっちゅう》。❸正午。正午の前後しばらくのあいだ。例昼すぎ。昼さがり。昼休み。❹昼の食事。お昼。例そろそろ昼にしよう。昼どき。類昼食。▽アヒル

表記 ❸は「▽午」と書かれることもある。

昼はひねもす夜《よ》は夜《よ》もすがら 「一日中休む間もなく」ということを強調する言いかた。

昼を欺《あざむ》く 昼かと思わせるほど明るいようす。

[2]**ひる【▼蛭】**〈名〉人や動物の血をすう、ひらたくてほそ長い動物。ふつう川や沼《ぬま》などにいる。分類上はミミズのなかま。アヒル

[3]**ひる【干る】**〈動上一〉❶すっかりかわいてしまう。❷海で、潮がひいて、海底が現れること。対満ちる。▽アヒル

[4]**ひ・る【▽放る】**〈動五〉大便やおならを体外にだす。下品な言いかた。例へをひる。アヒル

[1]**びる**〈接尾〉…である感じを帯びる。…ぽくなる。例大人びる。古びる。ひなびる。

参考 名詞に付いて、上一段活用の動詞をつくる。

[2]**ビル**〈名〉「ビルディング」の日本での省略語。コンクリートなどでつくった高層建築。例ビル街。高層ビル。

表現 ふつう一棟《いっとう》二棟《にとう》と数える。とくに高層のものは━一本二本と数えることもある。

ひるあんどん【昼▽行▽灯】〈名〉ぼんやりしていて役立たずな人。古いあざけりのことば。参考「行灯」は昔の照明器具。それが昼ついていることから。

ひるい【比類】〈名〉くらべものになるもの。ふつう、打ち消しのことばとともに使う。例比類(の)ない才能。この時代の技術としては他に比類を見ない。類類。

ひるがえ・す【翻す】〈動五〉❶旗などの布状のものを、ひらひらなびかせる。例旗を翻して進む。❷急にそれまでと反対の面があらわれるようにする。例身を翻す。心を翻す。前言を翻す。反旗を翻す(=反乱をおこす)。

ひるがえって【翻って】〈接〉それまで話題にしていたことを、別の話題にきりかえるときに使うことば。これに対して。例翻って国内情勢をみるに…。

ひるがえ・る【翻る】〈動五〉❶旗などの布状のものが、風でひらひらなびく。例校旗が翻る。類はためく。❷急にそれまでと反対の面がでる。

ひるがお【昼顔】〈名〉つる性の雑草の一種。夏の昼、アサガオに似《に》たピンクの花がさき、夕がたしぼむ。

ビルかぜ【ビル風】〈名〉高層建築物が密集する場所で、風がさえぎられることによって不規則に吹く強風。

ひるげ【昼▼餉】〈名〉「昼食」の古い言いかた。

ひるさがり【昼下がり】〈名〉正午をすぎて、ややときがたったころ。午後二時ごろ。例けだるい昼下がり。

ビルディング〈名〉⇩ビル ◇building

ひるどき【昼時】〈名〉昼食をとるのに適当な、正午近辺の時間帯。

ひるね【昼寝】〈名・する〉昼間、よこになってちょっとねむること。類午睡《ごすい》。

ひるひなか【昼日中】〈名〉まひる。例昼日中から酒など飲んでいるとはなにごとか。類まっぴるま。白昼。

ひるま【昼間】〈名〉一日のうち、日の出から日の入りまでのあいだ。昼間《ちゅうかん》。類昼。日中《にっちゅう》。

ひる・む【▼怯む】〈動五〉強い抵抗《ていこう》にあって、気力が弱まる。例一撃《いちげき》をうけてひるんだところを、すかさずとりおさえた。類おじける。たじろぐ。

ひるめし【昼飯】〈名〉「昼食」のくだけた言いかた。

ひるやすみ【昼休み】〈名〉昼食を食べたあとの休憩《きゅうけい》。会社などで昼食を食べるための時間。

[1]**ひれ【▼鰭】**〈名〉魚がもっている運動器官。これによって、泳いだり、からだの平衡《へいこう》をたもったりする。背びれ・おびれ・むなびれなど。アヒレ

[2]**ヒレ**〈名〉ウシやブタなどの背骨のうちがわについている肉。ヒレ肉。脂肪《しぼう》が少なく、やわらかい。例ヒレカツ。◇フランス filet アヒレ

[1]**ひれい【比例】**〈名・する〉〔数学〕二つの数や量が、同じ割合でふえたりへったりすること。正比例。例収入に比例して支出がふえる。比例式。対反比例。逆比例。

[2]**ひれい【非礼】**〈名・形動〉礼儀《れいぎ》にはずれること。礼儀にはずれた行ない。例非礼をわびる。非礼な態度。類無礼。失礼。

びれい【美麗】〈形動〉人目をひくほど、ととのって美しい。例美麗な建造物。

ひれいだいひょうせい【比例代表制】〈名〉選挙の方法の一つ。得票数に応じて、各政党に議席をわりふるやりかた。

ひれいはいぶん【比例配分】〈名・する〉〔数学〕あたえられた数や量を、きめられた比率でわけること。

ひれき【披▼瀝】〈名・する〉自分の気持ちや考えを、かくさずすべてのべること。例心中を披瀝する。

ひれつ【卑劣】〈名・形動〉性質や行ないがずるくて、いやしいようす。例卑劣な手段。卑劣なやりかた。卑劣きわまる行為《こうい》。卑劣漢。類きたない。卑怯《ひきょう》。

ひれふ・す【ひれ伏す】〈動五〉心からおそれいったり、必死でたのんだりするときなどに、すわって頭を地面にすりつけるような姿勢をとる。類平伏《へいふく》する。

ひれん【悲恋】〈名〉かなしい結果に終わった恋《こい》。

ひろ【▽尋】〈名・接尾〉水深《すいしん》をはかる単位。一ひろは、約一・八メートル。

表現 「千尋《ちひろ》の谷底」のように、厳密《げんみつ》な単位というより━も漠然《ばくぜん》とした深さの表現として使うことが多い。

参考 もと、両手を左右にのばしたときの長さをいった。

ひろ・い【広い】〈形〉❶面積や空間、はばが、大きくてゆったりしている。例広い海原《うなばら》。広い道。ひたいが広い。❷いきわたる範囲《はんい》が大きい。例広い視野。広い知識。広い意味。心が広い(→「こころ」の子項目)。度量が広い。顔が広い(→「かお」の子項目)。広く知られる。▽対せまい。

広い意味《いみ》 ⇩こうぎ〔広義〕

ヒロイズム〈名〉英雄《えいゆう》をあがめる気持ち。自分でも、英雄のような行動を積極的にしようとする気持ち。◇heroism

ひろいもの【拾い物】〈名〉❶人が落としていったものをひろうこと。また、そのひろったもの。対落とし物。類拾得《しゅうとく》物。❷予想していなかった利益やもうけ。例思わぬ拾い物。類もうけもの。

ベーコン（1561～1626）　近代科学の方法を確立したイギリスの哲学者・政治家。実験と観察を重視。

ひろいよみ【拾い読み】〈名・する〉❶文章を、とおして読まないで、ところどころ読むこと。例拾い読みで大意をつかむ。❷文字を一字一字たどって読む読みかた。

ヒロイン〈名〉❶小説や映画などの、女性主人公。また、男性主人公の相手役の女性。❷スポーツの試合で、勝利にいちばん貢献《こうけん》した女子選手。▽対ヒーロー。◇heroine

[1]ひろ・う【拾う】〈動五〉❶下に落ちているものをとりあげる。例どんぐりを拾う。対すてる。❷たくさんあるものの中から 選んでとる。例活字を拾う。新聞から新しいことばを拾ってみた。❸思いがけないものを手にいれる。例勝ちを拾う。命を拾う。❹道でタクシーをとめて乗る。例車を拾う。▽アヒロウ

方言 関西では「ひらう」とも言う。

[2]ひろう【披露】〈名・する〉その場にいる人に、あることを発表したり、見せたりすること。例うでまえを披露する。披露宴《えん》。類広め。アヒロー

[3]ひろう【疲労】〈名・する〉心やからだがつかれること。例疲労がたまる。疲労の色が見える。疲労困憊《こんぱい》する。疲労回復。類つかれ。疲弊《ひへい》。アヒロー

びろう【尾籠】〈形動〉話題が大小便などに関係があって、人前では えんりょすべきことだ。例尾籠な話。

参考 古語でばかげていることを「おこ」といった。これの当て字「尾籠」を音読みしてできたことば。

ひろうえん【披露宴】〈名〉結婚《けっこん》などの おひろめのための宴会。

ひろうこんぱい【疲労困▼憊】〈名・する〉もう一歩も動けないほど、つかれはてること。

ひろうす（方言） がんもどき。関西で言う。ひりゅうず（飛竜頭）。

ビロード〈名〉織物の一種。つやがあって手ざわりがなめらかな布。絹・綿・毛などでつくる。ベルベット。◇《ポルトガル》veludo

ひろがり【広がり】〈名〉❶広がること。例うわさの広がり。❷広がって、ある範囲《はんい》におよんだり、ある世界をつくっている状態。例ことばの広がり。

ひろが・る【広がる】〈動五〉❶閉じたりたたんだりしてあったものが ひらく。また、ひらいている。例先が広がる。❷面積や範囲《はんい》、規模などが大きくなる。例うわさが広がる。眼下に広がる。対せばまる。

表記 ②は「▽拡がる」と書かれることもある。

ひろ・げる【広げる】〈動下一〉❶閉じたりたたんだりしてあるものを ひらく。例かさを広げる。本を広げる。類あける。❷面積や範囲《はんい》、規模を大きくする。例道路を広げる。間口を広げる。対せばめる。類拡張する。

表記 ②は「▽拡げる」と書かれることもある。

広げる質問《しつもん》 ⇩しつもん参考

ひろこうじ【広▽小路】〈名〉道はばの広い街路。古いことば。

ピロシキ〈名〉ひき肉や野菜を小麦粉の皮に包んで油であげた、ロシアふうの食べ物。◇ロシア語から。

ひろっぱ【広っぱ】〈名〉「あき地」「広場」のくだけた言いかた。

ひろば【広場】〈名〉道路の交差点や駅、建物の前などに、交通の便利をよくしたり、多くの人が集まったりするためにつくる ひろい場所。例駅前広場。

ひろびろ【広広】〈副・する〉いかにも広くて気持ちがよい。例広々(と)した牧場。

ひろま【広間】〈名〉おおぜいの人が集まるための広い座敷《ざしき》や部屋。例大広間。

ひろま・る【広まる】〈動五〉❶考えや話などがひろく知られる。例うわさが広まる。名声が広まる。類ひろがる。❷普及《ふきゅう》する。例オール電化住宅が徐々《じょじょ》に広まっている。

ひろめ【広め】 一〈名〉広く世間に知られるようにすること。例広めをする。襲名《しゅうめい》の広め。お広め。類披露《ひろう》。二〈名・形動〉ふつうより、いくぶん広い程度。例キッチンが広めの家。対せまめ。

表記 一は、「披露目」とあて字で書くことも多い。

ひろ・める【広める】〈動下一〉考えや話などをひろく知られるようにする。例うわさを広める。世に広める。見聞を広める(=知識を豊富にする)。

[1]ひわ【▼鶸】〈名〉秋、日本にくるわたり鳥。種類が多いが、ふつうマヒワをさす。スズメより小さく、黄緑色で頭が黒い。

[2]ひわ【秘話】〈名〉一般《いっぱん》の人々には知られていない話。公表されていない話。とっておきの話。類裏話《うらばなし》。

[3]ひわ【悲話】〈名〉かなしい物語。類哀話《あいわ》。

[1]びわ【▼枇▼杷】〈名〉果樹の一つ。常緑高木。晩秋に白い花をつけ、翌年の初夏、だいだい色で、たまごのかたちをしたあまい実《み》がなる。日本一の産地は長崎県。

[2]びわ【▼琵▼琶】〈名〉中国から日本に伝わった弦楽器《げんがっき》。ビワの実《み》を半分にしたかたちの胴体《どうたい》に、四本または五本の弦をはり、ばちでかき鳴らすようにしてひく。語りもの の伴奏《ばんそう》に使われる。例琵琶法師。平家琵琶。

表現 一面《いちめん》二面《にめん》と数える。

ひわい【卑▼猥】〈形動〉下品でまゆをひそめたくなるほどいやらしい。例卑猥な話。類猥褻《わいせつ》。

びわほうし【▼琵▼琶法師】〈名〉むかし、琵琶をひき、『平家物語』を語って歩いた盲目《もうもく》の僧《そう》。

ひわり【日割り】〈名〉❶賃金を一日にいくらと割って計算すること。❷期間の長い仕事などを、一日ごとにどのぐらいするか割りあてておくこと。例工事の日割り。

常用漢字 **ひん**

【品】 口部6 全9画 品品品品品品

ヒン しな 教小3 音[ヒン] ■品質《ひんしつ》。品位《ひんい》。品格《ひんかく》。品評会《ひんぴょうかい》。■作品《さくひん》。景品《けいひん》。新品《しんぴん》。気品《きひん》。上品《じょうひん》。訓[しな] 品。品物。品薄。品切れ。品定め。手品。粗品。

【浜(濱)】 氵部7 全10画 浜浜浜浜浜

ヒン はま 音[ヒン] ■海浜《かいひん》。訓[はま] 浜。浜辺。砂浜。

【貧】 貝部4 全11画 貧貧貧貧貧

ヒン・ビン まずしい 教小5 音❶[ヒン] ■貧富《ひんぷ》。貧血《ひんけつ》。貧窮《ひんきゅう》。貧困《ひんこん》。貧弱《ひんじゃく》。■清貧《せいひん》。赤貧《せきひん》。❷[ビン] ■貧乏《びんぼう》。訓[まずしい] 貧しい。

【賓(賓)】 貝部8 全15画 賓賓賓賓

ヒン 音[ヒン] ■賓客《ひんきゃく》。■国賓《こくひん》。主賓《しゅひん》。来賓《らいひん》。貴賓室《きひんしつ》。迎賓館《げいひんかん》。

【頻(頻)】 頁部8 全17画 ※頻頻頻頻

ヒン 音[ヒン] ■頻度《ひんど》。頻発《ひんぱつ》。頻繁《ひんぱん》。

 ベートーベン（1770～1827） ドイツの作曲家。九つの交響曲，ピアノソナタ，弦楽四重奏曲が有名。

ひん【品】 ■一〈名〉人やもののよさをうかがわせる、外にあらわれたようす。例品がない。品がいい。類品位。■二〈接尾〉「品物《しなもの》」のこと。また、それを数えることば。例一級品。贈答《ぞうとう》品。特注品。量産品。セール品。一品《いっぴん》料理。

常用漢字 **びん**

【敏(敏)】 攵部6 全10画 敏敏敏敏敏

ビン 音[ビン] ■敏感《びんかん》。敏速《びんそく》。敏腕《びんわん》。敏捷性《びんしょうせい》。■機敏《きびん》。鋭敏《えいびん》。過敏《かびん》。

【瓶(瓶)】 瓦部6 全11画 ※ 瓶瓶瓶瓶

ビン 音[ビン] ■瓶《びん》。瓶詰《びんづめ》。■花瓶《かびん》。哺乳瓶《ほにゅうびん》。鉄瓶《てつびん》。土瓶《どびん》。

【便】 ⇩常用漢字 べん〔便〕

【貧】 ⇩常用漢字 ひん〔貧〕

[1]**びん【便】**〈名〉ある場所までの交通機関の運行。また、それによって定期的に運ばれるもの。例午後の便で送る。空《そら》の便(=航空便)。始発便。定期便。臨時便。

[2]**びん【瓶】**【▼罎】〈名〉ガラスや陶器《とうき》でつくった、液体などをいれる容器。例コーラの瓶。瓶につめる。

[3]**びん【▼鬢】**〈名〉人のかみの毛の、こめかみから耳の上にかけての部分。例鬢に白いものがまじっている。

ピン〈名〉❶ものをさしたりしてとめるための針。とめ針。例安全ピン。虫ピン。ヘアピン。❷ボウリングで、ボールを当ててたおす、木でできたびんの形をしたまと。◇pin

ひんい【品位】〈名〉❶人やもののもっている品のよさ。例品位がある。品位がさがる。品位を高める。類品。品格。❷質の程度。例高品位(テレビ)。類品質。

[1]**ひんかく【品格】**〈名〉人やもののもっている品のよさやりっぱさ。例品格がある。類品位。

[2]**ひんかく【賓客】**〈名〉⇩ひんきゃく

ピンからキリまで いちばん上等のものから、いちばん下等のものまで。例ブランド品と言っても、品質にはピンからキリまである。

表現 ややくだけた言いかた。「ピンキリ」と略すこともある。

ひんかん【貧寒】〈副・連体〉いかにもまずしそうで寒ざむしい。例貧寒とさびれた町。貧寒とした部屋。

びんかん【敏感】〈形動〉なにごとでもすぐ感じとるほどにするどい。例敏感な鼻。敏感に反応する。対鈍感《どんかん》。類鋭敏《えいびん》。繊細《せんさい》。

ひんきゃく【賓客】〈名〉たいせつにもてなさなければならない客。「ひんかく」ともいう。

ひんきゅう【貧窮】〈名・する〉まずしくて、生活に追いつめられて苦しいこと。類貧苦。貧困。

ピンキリ〈形動〉上から下まであるようす。「ピンからキリまで」を略した俗《ぞく》なことば。例一口に辞書と言ってもピンキリだ。

ひんく【貧苦】〈名〉まずしさからくる生活のくるしさ。例貧苦にあえぐ。類貧困。貧窮《ひんきゅう》。

ピンク〈名〉うすい赤。もも色。◇pink

ひんけつ【貧血】〈名・する〉血液中の赤血球やヘモグロビンが少なくなること。顔が青くなり、めまいや動悸《どうき》がする。例貧血をおこす。貧血性。脳貧血。

[1]**びんご【▽備後】**〈名〉旧国名の一つ。現在の広島県東部。備後畳《びんごだたみ》が有名。備前・備中《びっちゅう》とあわせて備州という。

[2]**ビンゴ**〈名〉ゲームの一種。たてよこ五つずつ、二十五種の数字が書かれたカードを参加者が持ち、進行係が選んだ数字を各自のカードの中で消していき、たて・よこ・ななめのどれか一列がいち早く消えることを競うゲーム。◇bingo

表現 感動詞として、「ずばり的中!」という意味で使うこともある。

ひんこう【品行】〈名〉人のふだんの行ないのよしあし。例品行がよい。品行をつつしむ。品行方正。類素行《そこう》。操行《そうこう》。行状《ぎょうじょう》。行跡《ぎょうせき》。身持ち。

ひんこうほうせい【品行方正】〈名・形動〉行ないにまがったところがなく、きちんとしていること。

ひんこん【貧困】〈名・形動〉生活がらくでないこと。対裕福《ゆうふく》。類貧窮《ひんきゅう》。貧苦。貧乏《びんぼう》。

表現「政治の貧困」のように、内容や知識、考えなどが、なさけないほどとぼしい、という意味でも使う。

ぴんさつ【ピン札】〈名〉⇩しんさつ〔新札〕②

[1]**ひんし【品詞】**〈名〉〔文法〕文法上の性質によってわけた単語のグループ。日本語では、「名詞」「動詞」「形容詞」「形容動詞」「副詞」「連体詞」「接続詞」「感動詞」「助詞」「助動詞」に分けるのがふつう。アヒンシ →巻末の「品詞の分類」

[2]**ひんし【▼瀕死】**〈名〉今にも死んでしまいそうなこと。例瀕死の重傷。類半死半生。虫の息。アヒンシ ヒンシ

ひんしつ【品質】〈名〉品物のよしあし。例品質がおとる。品質をたかめる。品質管理。類品《しな》。

ひんじゃ【貧者】〈名〉まずしい人。

貧者の一灯《いっとう》 まずしいためにわずかなものしか出せないが、心のこもったおくりもの。

ひんじゃく【貧弱】〈形動〉❶みすぼらしかったりよわよわしかったりして、見おとりがする。例貧弱な体格。❷なかみが不十分である。例貧弱な知識。対豊富。類とぼしい。

ひんしゅ【品種】〈名〉〔生物〕同じ種類の作物や家畜《かちく》のうち、さらに、その特徴《とくちょう》によってこまかくわけたもの。たとえば、ナシの幸水《こうすい》や二十世紀など。

ひんしゅかいりょう【品種改良】〈名〉生物の遺伝を利用し、人工的な交配や選択《せんたく》をして、よりよい農作物や家畜《かちく》の品種をつくりだすこと。

ひんしゅく【▼顰▼蹙】〈名・する〉顔をしかめて、不快感を表わすこと。

顰蹙を買《か》う 人を不快にするようなことをして、非難の態度をしめされる。

ひんしゅつ【頻出】〈名・する〉同じようなものごとが、なんどもくりかえしてあらわれること。例頻出語句。

[1]**びんしょう【▼憫笑】**〈名・する〉あわれみの気持ちでわらうこと。

[2]**びんしょう【敏▼捷】**〈形動〉動作がすばやい。例敏捷な少年。敏捷にうごく。類すばしっこい。

びんじょう【便乗】〈名・する〉❶ほかのものを運んでいく乗りものに、いっしょに乗せてもらうこと。❷あるできごとを利用して、自分につごうのよいことをすること。例時局に便乗する。便乗値上げ。

[1]**ひん・する【貧する】**〈動サ変〉貧乏《びんぼう》になる。

貧すれば鈍《どん》する 貧乏《びんぼう》すると、生活苦のために、そうでなければしないような感心しないことまでするようになったり、知恵《ちえ》がにぶったりする。

ベーリング(1681～1741) ロシアの探検家。アジアと北アメリカの間にベーリング海峡を発見。

2
ひん・する【▼瀬する】〈動サ変〉 重大な事態にまさにおちいろうとする。例危機に瀕する。

ひんせい【品性】〈名〉 道徳的な面からみた、その人の性質。例品性がいやしい。品性下劣《げれつ》。

ピンセット〈名〉 小さいものをつまむための、V字形の道具。医療《いりょう》やこまかい細工物に使う。◇オランダ pincet

びんせん【便箋】〈名〉 手紙を書くための用紙。

ひんそう【貧相】〈形動〉 顔つきやすがたが貧乏《びんぼう》そうで、みすぼらしい。例貧相な身なり。対福相。

びんそく【敏速】〈形動〉 動作などがてきぱきして、すばやい。例敏速にうごく。類迅速《じんそく》。

びんた〈名〉 他人のほおへの「平手打ち」の、俗《ぞく》な言いかた。例びんたをくらう。往復びんた。

ピンチ〈名〉 ❶危険がさしせまった苦しい状態。例ピンチをきりぬける。絶体絶命のピンチ。類窮地《きゅうち》。危機。❷洗濯《せんたく》ばさみ。◇pinch

ピンチヒッター〈名〉 野球で、予定の打者にかわって打席に入るバッター。代打者。代打。◇pinch hitter

ピンチランナー〈名〉 野球で、出塁《しゅつるい》した選手にかわって塁に出る、足の速い選手。代走者。代走。◇pinch runner

びんづめ【瓶詰】〈名〉 食品などをびんにつめたもの。類缶詰《かんづめ》。

ヒント〈名〉 作品をつくったり、問題をといたりするときの手がかりとなることがら。例ヒントをえる。ヒントをあたえる。類暗示。かぎ。◇hint

ひんど【頻度】〈名〉 あることがくりかえしおこる度数。例頻度がたかい。頻度を調べる。

1
ぴんと〈副〉 ❶強く張るようす。例ぴんと背筋をのばす。❷勢いよくはねあがるようす。例メーターの針がぴんと高い数値を示した。❸すぐに感じ取るようす。例ぴんとくる。

ぴんとくる 直感的にぱっとわかる。例どうも、もうひとつぴんとこない。

2
ピント〈名〉 ❶カメラや顕微鏡《けんびきょう》・望遠鏡の、レンズの焦点《しょうてん》。例ピントを合わせる。類フォーカス。❷ものごとのいちばんだいじな点のたとえ。例ピントのずれた意見。◇オランダ brandpunt から。

ヒンドゥーきょう【ヒンドゥー教】〈名〉〔宗教〕 インドで、バラモン教をもとに、民間信仰《しんこう》や仏教の影響《えいきょう》をうけてできた多神教。

ひんにょう【頻尿】〈名〉 しょっちゅう小便に行きたくなること。

ひんのう【貧農】〈名〉 せまい田畑、あるいは土地のやせた田畑しかもたない、まずしい農民。対富農《ふのう》。

ひんば【▼牝馬】〈名〉 めすの馬。対牡馬《ぼば》。

ひんぱつ【頻発】〈名・する〉 同じような事件や事故が次つぎと多くおこること。例事故が頻発する。類多発。続発。

ピンはね〈名・する〉 人がかせいだ利益の一部を自分のものにすること。

ひんぱん【頻繁】〈形動〉 しばしばそのことがおきたり、行なわれたりするようす。例頻繁に事故がおきる。

ひんぴょう【品評】〈名・する〉 産物や作品などのよしあしを話しあってきめること。例品評会。類品さだめ。

ひんぴん【頻頻】〈副〉 よくないことが、しばしばあるようす。例頻々と事故がおこる。類しょっちゅう。

ぴんぴん〈副〉 ❶何度もいきおいよくはねるようす。例つり上げたばかりの魚がぴんぴんはねている。❷〈する〉 とても元気なようす。例あれだけパンチを受けたのにまだぴんぴんしている。

ひんぷ【貧富】〈名〉 貧乏《びんぼう》であることとお金があること。貧乏な人と金持ちの人。例貧富の差。

びんぼう【貧乏】〈形動・名・する〉 財産や収入が少なくて、経済的にくるしいこと。例貧乏な家。貧乏人《にん》。器用貧乏(→独立項目)。類まずしい。貧困。

表現 ②は、「弱っているはずなのに」という気持ちで使うことが多い。

貧乏暇《ひま》なし まずしくて生活におわれているため、遊んだり自由な生活を楽しんだりするひまがないこと。

びんぼうがみ【貧乏神】〈名〉 人を貧乏にするといわれる神。例貧乏神にとりつかれる。対福の神。

びんぼうくじ【貧乏くじ】『貧乏▼籤』〈名〉 いちばん損なめぐりあわせや役わり。例貧乏くじをひく。

びんぼうしょう【貧乏性】〈名〉 お金やゆとりがあっても、けちけちしてこまかく、おおらかな気分になれない性質。

びんぼうゆすり【貧乏揺すり】〈名〉 すわったときなどにおちつきなく、ひざなどをこまかく動かしていること。

ピンぼけ〈名・する〉 ❶写真で、ピントが合わないでぼやけて写っていること。❷いちばんたいせつな点からはずれていて、要領をえないこと。例彼の意見はまるでピンぼけだ。

ピンポン〈名〉 ⇩たっきゅう ◇ping-pong

ひんま・げる【ひん曲げる】〈動下一〉 いきおいよく完全にまげる。俗《ぞく》な言いかた。例口をひん曲げる。

ひんみん【貧民】〈名〉 まずしい人々。例貧民街。

ひんむ・く『ひん▽剝く』〈動五〉 いきおいよくはがす。俗《ぞく》な言いかた。例化けの皮をひんむく。

ひんもく【品目】〈名〉 商品や食品の種類。例七品目の野菜サラダ。類アイテム。

ひんやり〈副・する〉 心地よい冷たさを感じるようす。例ひんやりした外気。類ひやっと。ひやひや。ひややか。

1
びんらん【便覧】〈名〉 ある分野の全体のようすを、調べやすく、わかりやすくまとめた本。「べんらん」ともいう。例国語便覧。類ハンドブック。手びき。

2
びんらん【▼紊乱】〈名・する〉 秩序《ちつじょ》や風紀などが乱れること。また、乱すこと。例綱紀《こうき》紊乱。

びんわん【敏腕】〈名・形動〉 ものごとを処理する能力がとてもすぐれていること。そのうでまえ。例敏腕をふるう。敏腕の刑事《けいじ》。敏腕家。類やり手。うできき。辣腕《らつわん》。

ふ…フ

常用漢字 ふ

【不】 一部3 全4画 不不不不

フ・ブ 教小4 音❶[フ] 不当《ふとう》。不利《ふり》。不死身《ふじみ》。不出来《ふでき》。不眠不休《ふみんふきゅう》。❷[ブ] 不格好《ぶかっこう》。不器用《ぶきよう》。不作法《ぶさほう》。不用心《ぶようじん》。

【夫】 大部1 全4画 夫夫夫夫

フ・フウ おっと 教小4 音❶[フ] 夫妻《ふさい》。夫人《ふじん》。夫唱婦随《ふしょうふずい》。農夫《のうふ》。漁夫《ぎょふ》。❷[フウ] 夫婦《ふうふ》。夫子《ふうし》。工夫《くふう》。訓[おっと] 夫。

 ペスタロッチ(1746~1827) スイスの教育家。子どもの自発的な活動を通した教育を唱えた。

【父】父部0 全4画 父父父父
フ ちち 教 小2 音[フ] 父母《ふぼ》。父兄《ふけい》。祖父《そふ》。老父《ろうふ》。神父《しんぷ》。訓[ちち] 父。父親。父方。注意 「叔父」「伯父」は「おじ」と読む。「父さん」などでは、「とう」と読む。

【付】イ部3 全5画 付付付付付
フ つける・つく 教 小4 音[フ] 付着《ふちゃく》。付録《ふろく》。付記《ふき》。付与《ふよ》。給付《きゅうふ》。交付《こうふ》。送付《そうふ》。添付《てんぷ》。訓❶[つける] 付ける。貼り付ける。名付け。❷[つく] 付く。気付く。おまけ付き。

【布】巾部2 全5画 布布布布布
フ ぬの 教 小5 音[フ] 布巾《ふきん》。布団《ふとん》。布教《ふきょう》。布陣《ふじん》。布石《ふせき》。綿布《めんぷ》。毛布《もうふ》。配布《はいふ》。分布《ぶんぷ》。訓[ぬの] 布。布切れ。布地。布目。

【扶】扌部4 全7画 扶扶扶扶扶
フ 音[フ] 扶助《ふじょ》。扶養《ふよう》。

【府】广部5 全8画 府府府府府府
フ 教 小4 音[フ] 府県《ふけん》。府立《ふりつ》。首府《しゅふ》。政府《せいふ》。最高学府《さいこうがくふ》。大阪府《おおさかふ》。京都府《きょうとふ》。

【怖】忄部5 全8画 怖怖怖怖怖
フ こわい 音[フ] 恐怖《きょうふ》。畏怖《いふ》。訓[こわい] 怖い。怖がる。

【阜】阜部0 全8画 阜阜阜阜阜
フ 教 小4 音[フ] 岐阜《ぎふ》県。

【附】阝部5 全8画 附附附附附
フ 音[フ] 附属《ふぞく》。寄附《きふ》。参考 一般《いっぱん》には「付」を使うことが多い。法令や公用文で、「附則・附属・附帯・附置・寄附」の五語にかぎって使われる。

【訃】言部2 全9画 訃訃訃訃訃
フ 音[フ] 訃報《ふほう》。

【負】貝部2 全9画 負負負負負負
フ まける・まかす・おう 教 小3 音[フ] 負担《ふたん》。負荷《ふか》。負債《ふさい》。負傷《ふしょう》。勝負《しょうぶ》。自負《じふ》。抱負《ほうふ》。正負《せいふ》。訓❶[まける] 負ける。負け。負け惜しみ。負けず嫌い。負け越す。根負け。❷[まかす] 負かす。言い負かす。打ち負かす。❸[おう] 負う。負い目。背負う。

【赴】走部2 全9画 赴赴赴赴赴
フ おもむく 音[フ] 赴任《ふにん》。訓[おもむく] 赴く。

【浮】氵部7 全10画 浮浮浮浮浮
フ うく・うかれる・うかぶ・うかべる 音[フ] 浮沈《ふちん》。浮力《ふりょく》。浮遊《ふゆう》。浮動票《ふどうひょう》。訓❶[うく] 浮く。浮世絵。浮き。浮き草。浮き島。浮き名。浮き彫り。浮き袋。❷[うかれる] 浮かれる。❸[うかぶ] 浮かぶ。❹[うかべる] 浮かべる。思い浮かべる。注意 「浮気」は「うわき」、「浮つく」は「うわつく」と読む。

【婦】女部8 全11画 婦婦婦婦婦婦
フ 教 小5 音[フ] 婦人《ふじん》。婦女《ふじょ》。主婦《しゅふ》。夫婦《ふうふ》。寡婦《かふ》。家政婦《かせいふ》。

【符】竹部5 全11画 符符符符符符
フ 音[フ] 符号《ふごう》。符丁《ふちょう》。切符《きっぷ》。音符《おんぷ》。

【富】宀部9 全12画 富富富富富
フ・フウ とむ・とみ 教 小4 音❶[フ] 富強《ふきょう》。富豪《ふごう》。富士山《ふじさん》。貧富《ひんぷ》。豊富《ほうふ》。❷[フウ] 富貴《ふうき》。訓❶[とむ] 富む。富み栄える。❷[とみ] 富。注意 県名の「富山《とやま》県」にも用いる。

【普】日部8 全12画 普普普普普
フ 音[フ] 普通《ふつう》。普遍《ふへん》。普及《ふきゅう》。

【腐】肉部8 全14画 腐腐腐腐腐腐
フ くさる・くされる・くさらす 音[フ] 腐敗《ふはい》。腐食《ふしょく》。腐心《ふしん》。陳腐《ちんぷ》。訓❶[くさる] 腐る。❷[くされる] 腐れ縁。ふて腐れる。❸[くさらす] 腐らす。

【敷】攵部11 全15画 ※敷敷敷敷敷
フ しく 音[フ] 敷設《ふせつ》。敷衍《ふえん》。訓[しく] 敷く。敷石。屋敷。

【膚】月部11 全15画 ※膚膚膚膚膚
フ 音[フ] 皮膚《ひふ》。完膚《かんぷ》(なきまでに)。

【賦】貝部8 全15画 賦賦賦賦賦
フ 音[フ] 賦役《ふえき》。賦課《ふか》。賦与《ふよ》。月賦《げっぷ》。年賦《ねんぷ》。天賦《てんぷ》。

【譜】言部12 全19画 譜譜譜譜譜
フ 音[フ] 楽譜《がくふ》。系譜《けいふ》。年譜《ねんぷ》。新譜《しんぷ》。

【歩】⇩常用漢字 ほ〔歩〕

[1]ふ【府】〈名〉❶現在の日本の行政区分で、地方公共団体の一つ。大阪府と京都府の二つがある。また、その行政を行なう組織。❷ある活動がさかんに行なわれている中心地。例 学問の府。良識の府。▽アフ」

[2]ふ【歩】〈名〉将棋《しょうぎ》のこまの一つで、「歩兵《ふひょう》」の略。たてに一つしかすすめないが、相手の陣《じん》に入ると、「金将」と同じはたらきをする。これを「と金」という。アフ

[3]ふ【負】〈名〉❶〔数学〕数が0より小さいこと。マイナス。例 負の数。❷〔物理〕電荷《でんか》のうち、陰極《いんきょく》に生じるものの性質。マイナス。▽対 正。アフ」

負の遺産《いさん》 ❶前の世代がのこした、ありがたくないもの。例 前内閣《ぜんないかく》の負の遺産。❷過去の人間のあやまちを二度とくり返さないように未来に伝えるために、大切に保存されているもの。広島の原爆《げんばく》ドームやドイツのアウシュビッツ強制収容所など。

[4]ふ【▼腑】〈名〉「内臓」のこと。例 胃の腑。ふぬけ(=こしぬけ)。五臓六腑。類 はらわた。アフ

腑に落《お》ちない どうも納得《なっとく》できない。釈然《しゃくぜん》としない。対 腑に落ちる。類 合点《がてん》がいかない。

腑に落《お》ちる 深くなっとくする。例 自分で経験してみて、先生に言われたことがすとんと腑に落ちた。類 腹に落ちる。胸に落ちる。合点《がてん》がいく。

[5]ふ【▼麩】〈名〉小麦粉からとったたんぱく質の混合物でつ

ふ

くった食品。なまふとやきふがある。ア フ

ふ[6]【譜】〈名〉〔音楽〕音符《おんぷ》やそのほかの記号を使って、曲を書き表わしたもの。楽譜。例 譜を読む。ア フ

ふ[7]【不】〈接頭〉「…でない」「…していない」という意味の打ち消しのことばをつくる。例 不自由。不平等。不本意。不つりあい。

常用漢字 **ぶ**

【侮(侮)】 イ部6 全8画 侮侮侮侮

ブ あなどる 音[ブ] ▨侮辱《ぶじょく》。侮蔑《ぶべつ》。▨軽侮《けいぶ》。訓[あなどる] 侮る。

【武】 止部4 全8画 武武武武

ブ・ム 教小5 音❶[ブ] ▨武力《ぶりょく》。武器《ぶき》。武装《ぶそう》。武道《ぶどう》。武骨《ぶこつ》。▨文武《ぶんぶ》。❷[ム] ▨武者人形《むしゃにんぎょう》。▨荒武者《あらむしゃ》。

【部】 阝部8 全11画 部部部部

ブ 教小3 音[ブ] ▨部分《ぶぶん》。部品《ぶひん》。部署《ぶしょ》。部数《ぶすう》。▨細部《さいぶ》。腹部《ふくぶ》。全部《ぜんぶ》。陸上部《りくじょうぶ》。営業部《えいぎょうぶ》。大部《たいぶ》。注意「部屋」は、「へや」と読む。

【舞】 舛部8 全15画 ※舞舞舞舞舞

ブ まう・まい 音[ブ] ▨舞台《ぶたい》。舞踏会《ぶとうかい》。舞踊《ぶよう》。▨歌舞《かぶ》。日舞《にちぶ》。鼓舞《こぶ》。乱舞《らんぶ》。訓❶[まう] 舞う。舞い上がる。舞い込む。❷[まい] 舞。舞扇。

【不】⇩常用漢字 ふ〔不〕
【分】⇩常用漢字 ぶん〔分〕
【歩】⇩常用漢字 ほ〔歩〕
【無】⇩常用漢字 む〔無〕

ぶ[1]【分・歩】■一〈名〉❶[分・歩] 有利であること。例 分がいい。この試合は 分がない(=勝てるみこみがない)。❷[歩]「歩合《ぶあい》」のこと。例 歩がいい。■二〈名・接尾〉❶[分] 全体の十分の一。例 五分五分。サクラは七分咲きだ。❷[分] 尺貫《しゃっかん》法の長さの単位。一分《いちぶ》は一寸《いっすん》の十分の一。例 三寸五分。❸[分] 尺貫法の重さの単位。一分は一匁《いちもんめ》の十分の一。例 二匁三分。❹[分] 江戸《えど》時代の貨幣《かへい》の単位。一両《いちりょう》の四分の一で、二五〇文《もん》。❺[歩] 尺貫法の面積の単位。一歩《いちぶ》は三・三平方《メートル》で、一坪《ひとつぼ》と同じ面積。▽ア ブ

ぶ[2]【部】■一〈名〉❶全体をある基準でいくつかに分けたものの、ひとつひとつ。例 昼の部。第一部。❷ある種類。部類。例 上の部。こんな問題は、まだ単純な部だ。❸官庁や会社の組織の中の、かなり大きなまとまり。「課」の上。例 営業部。❹学校や職場などで、同じ趣味《しゅみ》をもった人たちがつくったグループ。例 テニス部。美術部。類 サークル。クラブ。▽ア ブ」 ■二〈接尾〉同一の刊行物や書類の数をかぞえることば。例 百万部を超えるベストセラー。類 冊。

ファースト ■一〈造語〉第一。例 ファーストクラス。レディーファースト(=女性優先)。■二〈名〉野球で、一塁《いちるい》のこと。また、一塁を守る人。◇first

ファーストクラス〈名〉旅客機や客船の、設備やサービスがもっともよい席。対 エコノミークラス。◇first class →エコノミークラス 参考

ファーストフード〈名〉注文をすると、すぐに食べられたり、もち帰ることができる調理ずみの食品。「ファストフード」ともいう。◇fast food →スローフード

ファーストレディー〈名〉大統領夫人や首相夫人のこと。とくに報道でいう。◇first lady

ぶあい【歩合】〈名〉❶ある数や金額を、ほかの数や金額と比べてみた場合の割合。例 公定歩合。❷仕事や取引高《とりひきだか》に応じた報酬《ほうしゅう》や手数料。例 歩合をとる。歩合制。

ぶあいせい【歩合制】〈名〉しあげた仕事の量に応じて賃金をはらう支払《しはら》いかた。類 出来高払い。

ぶあいそう【無愛想】〈名・形動〉あいそがなくて、とっつきにくいこと。「ぶあいそ」ともいう。例 無愛想な返事。無愛想な店員。

ファイト ■一〈名〉スポーツなどで敵とたたかったり、ものごとにたちむかったりする気力。例 ファイトがある。ファイトをもやす。類 闘魂《とうこん》。闘志《とうし》。■二〈感〉試合で、「がんばれ」の意味の応援のかけ声。◇fight 参考 ■二は英語では、格闘技《かくとうぎ》の試合開始の合図や、「やっつけろ」という意味になる。

ファイトマネー〈名〉プロボクシングやプロレスの選手が、試合で受け取るお金。参考 日本での複合語。英語では guarantee という。

ファイナリスト〈名〉決勝戦進出者。◇finalist

ファイナル ■一〈名〉競技の決勝戦。例 セミファイナル(=準決勝)。■二〈造語〉最後の。最終の。例 ファイナルチャンス。ファイナルセット。◇final

ファイバースコープ〈名〉細いガラスの繊維《せんい》をたばねて、先にレンズをつけたもの。細くて柔軟《じゅうなん》性がある。内臓の観察や撮影《さつえい》に利用する。◇fiberscope

ファイリング〈名・する〉ファイルを使って、書類などを整理すること。◇filing

ファイル〈名〉❶書類をはさんでおくもの。❷〈する〉書類や新聞記事などを、あとから見やすいように整理や区わけをして、とじこんでおくこと。❸コンピューターで、ディスクなどに保存されている ひとまとまりのデータ。◇file

ファインダー〈名〉被写体《ひしゃたい》の構図や焦点《しょうてん》をきめるために、カメラについている のぞき窓。◇finder

ファインプレー〈名〉スポーツの球技などで、観客が喝采《かっさい》するような、すばらしいわざ。類 美技。好プレー。◇fine play

ファウル〈名・する〉❶野球で、本塁《ほんるい》と一塁、三塁をむすぶ線より外がわに打球がとぶこと。また、その打球。ファウルボール。対 フェア。❷球技などで、反則。◇foul

ファクシミリ〈名〉⇩ファックス ◇facsimile

ファクター〈名〉要素。要因。◇factor

ファゴット〈名〉木管楽器の中で、もっとも低い音をだす楽器。長いつつをおりまげて、一本にたばねたような形をしている。バスーン。◇《イタリア》fagotto

ファシスト〈名〉ファシズムの信奉《しんぽう》者。◇fascist

ファシズム〈名〉自由や民主主義をみとめない、独裁的な全体主義。◇fascism →ぜんたいしゅぎ 参考 第一次世界大戦後、イタリアに成立したムッソリーニのファシスト党にはじまり、ドイツのヒトラーのナチス党にいたってさらに大きな勢力になった。民主主義が国民ひとりひとりの権利を尊重するのに対して、暴力的な全体主義であるファシズムは、個人は国家に奉仕《ほうし》すべきものとして、個人の権利を無視するのが特徴《とくちょう》である。

ファシリテーター〈名〉グループ活動が円滑《えんかつ》に

進むように支援《しえん》する人。◇facilitator

ファストフード〈名〉⇩ファーストフード

ファスナー〈名〉洋服やかばんの口などについていると め具。両がわに金属やプラスチック製の小さなぎざぎざをつけ、まんなかにつけた金具を上下させて、両方をかみ合わせたりはなしたりして開閉できるようにしたもの。◇fastener 参考 同じ意味の「チャック」「ジッパー」は、商標名。

ぶあつ・い【分厚い・部厚い】〈形〉本などのひらたいもので、かなりの厚みが感じられるようす。例分厚い本。

ファックス〈名・する〉書類や写真を電送する機械。その機械で書類や写真を電送すること。また、電送されてきた書類や写真。「FAX」とも書く。ファクシミリ。ファクス。◇fax

ファッショ〈名〉ファシズム。ファシズム的な考えかた。また、その考えかたをする人。◇《イタリア》fascio

ファッショナブル〈形動〉おしゃれで、流行に気をつかっている。例ファッショナブルな服。◇fashionable

ファッション〈名〉服装などの流行。例ファッションショー。ファッションモデル。◇fashion

ファブリック〈名〉布地や織物。◇fabric

ファミリー〈名〉❶家族。一家。例ファミリーレストラン。ファミリーカー。❷一族。同族。例ファミリー企業《きぎょう》。類グループ。❸固い絆《きずな》で結ばれた仲間たち。◇family

ファルセット〈名〉〔音楽〕裏声。◇《フランス》falsetto

ふあん【不安】〈名・形動〉悪い結果になるのではないかと思って、心がおちつかないこと。例不安におそわれる。不安にかられる。不安をおぼえる。対安心。類心配。

ファン〈名〉❶換気扇《かんきせん》。送風機。また、それについている羽根。例シーリング(=天井《てんじょう》)ファン。❷スポーツや映画、流行歌、また、その選手や俳優、歌手などを熱心に応援《おうえん》する人。例ファンレター。サッカーファン。◇fan

ファンシー〈形動〉いろいろ変わっていて楽しい。とくに女子向けの文具や雑貨《ざっか》にいう。例ファンシーショップ。◇fancy

ファンタジー〈名〉❶日常世界をはなれた、たのしい空想。夢のような物語。❷〔音楽〕自由な発想によって形式にとらわれずにつくった器楽曲。幻想《げんそう》曲。ファンタジア。◇fantasy

ファンタジック〈形動〉幻想《げんそう》的。空想にもとづいた。参考「ファンタジー」をもとにした日本での複合語。英語では fantastic という。

ふあんてい【不安定】〈形動〉どっしりとおちついたところがなく、たよりない。例不安定な気持ち。

ファンデーション〈名〉❶下地《したじ》用の化粧《けしょう》品。❷からだの線をととのえるための、女性用の下着。❸油絵の下地用の絵の具。◇foundation

ファンド〈名〉❶基金。資金。❷「投資信託《しんたく》」の商品名。◇fund

ふあんない【不案内】〈形動〉ものごとの内容や、あたりの地理にくわしくない。例経済問題について、わたしは不案内だ。

ファンファーレ〈名〉祝典のはじまる前などに、トランペットを主とした金管楽器で奏される、はなやかでみじかい曲。例ファンファーレがなりひびく。◇《ドイツ》Fanfare

ファンブル〈名・する〉野球やラグビーなどで、ボールをとりそこなうこと。◇fumble

ファンレター〈名〉ファンが有名人にだす手紙。◇fan letter

ふい[1]〈名〉(多く「ふいにする」「ふいになる」の形で)大事なもののごとが だめになること。例財産をふいにした。せっかくのチャンスがふいになった。

ふい[2]**【不意】**〈名・形動〉急で、思いがけないこと。急なことがおきるとき。例不意の客。不意をおそう。不意をつく。不意打ち。類だしぬけ。突如《とつじょ》。突然。とうとつ。アフィ

ぶい[1]**【部位】**〈名〉全体の中で、どの位置にあるかという点から見たときの、それぞれの部分。例身体の部位。アフィ

ブイ[2]〈名〉❶航路の目じるしなどのために、水面にうかべるうき。浮標《ふひょう》。❷救命用のうき袋《ぶくろ》。◇buoy

フィアンセ〈名〉「婚約《こんやく》者」のこと。◇《フランス》fiancé

フィーチャー〈名・する〉❶マスメディアやイベントなどで、特別にとり上げること。特別に企画《きかく》すること。例億万長者をフィーチャーした番組。雑誌のフィーチャー記事。❷音楽で、特定の奏者や楽器をきわだたせること。例話題のギタリストをフィーチャーしたアルバム。ウッドベースをフィーチャーした演奏。◇feature

フィート〈名・接尾〉ヤードポンド法の長さの単位。一《フィート》は三分の一《ヤード》で、約十二《インチ》。約三〇・四八《センチメートル》。記号「ft」。◇feet

フィードバック〈名・する〉❶オートメーション装置で、出力側のエネルギーの一部を入力側にもどして、出力を増やしたり減らしたりすること。❷結果や反応を見ながら再調整をすること。例研究成果を現場にフィードバックする。類還元《かんげん》。◇feedback

フィーバー〈名・する〉人々が熱狂《ねっきょう》・熱中した状態になること。◇fever

フィーリング〈名〉見たり聞いたりしたときにうける、感覚的なイメージ。類感じ。◇feeling

フィールド〈名〉❶陸上競技場で、トラックの内がわの部分。はばとびや砲丸《ほうがん》投げなどの競技(=フィールド競技)が行なわれる。対トラック。❷学問や研究などの分野。類領域。領分。❸実地調査を行なうところとしての、戸外。例フィールドワーク。フィールドノート。◇field

フィールドアスレチック〈名〉自然の地形や樹木などを利用して、さまざまな障害物をもうけたコースをつくり、そこをとおりぬける運動ができるようにした設備。また、その設備を使った競技。商標名。◇Field Athletics

フィールドワーク〈名〉戸外での学問的な実地調査。研究室での仕事に対していう。◇field work

ふいうち【不意打ち・不意討ち】〈名〉相手が予想もしないときに、急におそいかかること。例不意打ちをくらわせる。類やみうち。奇襲《きしゅう》。急襲。

フィギュア〈名〉❶「フィギュアスケート」の略。アイススケートで、すべりかたの技術や美しさをきそう競技。❷まんがやアニメ、映画などのキャラクターの人形。◇figure

フィクション〈名〉❶現実におこったことでなく、想像によってつくること。類虚構《きょこう》。仮構。❷記録や実録に対する、小説などの作品。対ノンフィクション。◇fiction

ふいご〈名〉かじ屋などで、火をおこしたりするのに使う送風器。長方形の箱の中にとりつけたピストンを人の力でうごかして風をだす。

ふいちょう【▽吹聴】〈名・する〉無責任に、相手かまわずあちこちで言うこと。例自慢《じまん》げに吹聴してまわる。

[類]言いふらす。

ふいつ【不一】「前略」ではじめた手紙の終わりに書くあいさつのことば。「じゅうぶんに意をつくさない」という意味。[類]草々《そうそう》。

フィッシュボーン〈名〉魚の太い骨を中心に、背のほうと腹のほうへ何本も広がる骨のような形に、ものごとを系統だてて整理したチャート図。◇fishbone

[1]**フィッシング**〈名〉釣《つ》り。◇fishing [ア]**フィッシング**

[2]**フィッシング**〈名〉電子メールやウェブサイトを使って、個人情報をぬすむ詐欺《さぎ》。実在する企業《きぎょう》や銀行などをいつわって被害者を信用させ、クレジットカード番号やパスワードなどを入力させるもの。◇phishing [ア]**フィッシング** [参考]fishing (=つり)と sophisticated (=洗練された)からできた語とする説がある。

フィット〈名・する〉ぴったり合うこと。とくに、衣類がからだにぴったり合うことをいう。[例]からだにフィットした服。若者の感覚にフィットする。◇fit

フィットネス〈名〉健康や体力の維持《いじ》・向上のために行なう運動。[例]フィットネスクラブ。◇fitness

ぷいと〈副〉急に無愛想な態度をとるようす。[例]ぷいと顔をそむける。ぷいとどこかへ行ってしまう。

フィナーレ〈名〉❶[音楽]楽曲の最後の楽章。オペラで、最後の場面。❷はなやかにつづいてきたものごとの、いよいよ最後の段階。[例]フィナーレをかざる。[類]終幕。幕ぎれ。閉幕。◇《イタリア》finale

フィニッシュ〈名・する〉❶スポーツで、終わりの部分。[例](体操で)フィニッシュをきめる。三位でフィニッシュする。ワンツーフィニッシュ(=一位と二位でのゴールイン)。❷⇩ゴール① ◇finish

フィフティーフィフティー〈名〉「五分五分《ごぶごぶ》」「半々」の意味の、俗《ぞく》っぽい言いかた。[例]成功の見こみはフィフティーフィフティーだ。分け前はフィフティーフィフティーだ。◇fifty-fifty

ブイヤベース〈名〉魚介《ぎょかい》類をシチューふうに煮《に》こんだ、南フランスの料理。◇《フランス》bouillabaisse

フィヨルド〈名〉氷河によって侵食《しんしょく》された谷に海水が入りこんでできた、おくゆきのふかい湾《わん》。ノルウェーなどに多い。◇ノルウェー語から。

ブイヨン〈名〉骨つきの牛肉やとり肉を、長時間煮出《にだ》してとった汁《しる》。スープのもとになる。◇《フランス》bouillon

フィラメント〈名〉電球や真空管の中に入っている細い線。多くタングステンでつくり、電流をとおすと光や電子線をだす。◇filament

[1]**ふいり【不入り】**〈名〉映画やコンサート、スポーツなどのイベントで、客の入りがわるいこと。[対]大入り。

[2]**ふいり【▽斑入り】**〈名〉地の色と違う色が、まだらにまじっていること。[参考]多く、植物の葉や花などに白い部分が生じていることについていう。

フィルター〈名〉❶砂《すな》をふるいにかける要領《ようりょう》で、こまかなすきまをくぐらせていらないものをせき止め、ほしいものだけをとりだす器具。[例]エアコンフィルター。コーヒーフィルター。[類]濾過《ろか》器。濾紙《ろし》。❷光のうち、特定の光だけを通過させて、ほかをとおさない色のついたガラス板。カメラなどに使う。❸コンピューターで、「フィルタリング」をするためのソフトウェア。[例]高校卒業まではスマホにフィルターをかける。迷惑《めいわく》メールフィルター。◇filter

フィルタリング〈名・する〉❶フィルターに通すこと。ふるいにかけること。[例]フィルタリングソフト(=閲覧《えつらん》できるウェブサイトを制限するソフトウェア)。❷コンピューターで見る写真の加工。[例]フィルタリングアプリ。◇filtering (=「濾過《ろか》」の意味)

フィルハーモニー〈名〉交響《こうきょう》楽団の名に用いることば。◇《ドイツ》Philharmonie (=音楽を愛好する意) [参考]「ベルリンフィル」のように、「フィル」と略してもいう。

フィルム〈名〉❶セルロイドの膜《まく》に乳剤《にゅうざい》をぬったもの。写真や映画で使う。[例]フィルムに収《おさ》める(=写真にとる)。❷映画。▽「フイルム」ともいう。◇film

フィルムコミッション〈名〉映画のロケーションに協力してさまざまな支援《しえん》を行なう、非営利の公的機関。◇film commission

フィンガー〈名〉飛行場の送迎《そうげい》デッキ。◇finger

フィンガーボール〈名〉西洋料理や中国料理で、食後に軽く指先を洗うために出す、水を入れたうつわ。「フィンガーボウル」とも書く。◇finger bowl

常用漢字 **ふう**

【封】 寸部6 全9画

封封封封封封

フウ・ホウ [音]❶[フウ] 封鎖《ふうさ》。封印《ふういん》。封入《ふうにゅう》。封書《ふうしょ》。封筒《ふうとう》。密封《みっぷう》。開封《かいふう》。帯封《おびふう》。❷[ホウ] 封建的《ほうけんてき》。素封家《そほうか》。

【風】 風部0 全9画

風風風風風風

フウ・フ かぜ・かざ [教]小2 [音]❶[フウ] 風車《ふうしゃ》。風力《ふうりょく》。風鈴《ふうりん》。風俗《ふうぞく》。風土《ふうど》。風流《ふうりゅう》。台風《たいふう》。季節風《きせつふう》。強風《きょうふう》。洋風《ようふう》。❷[フ] 風情《ふぜい》。[訓]❶[かぜ] 風。風よけ。風当たり。そよ風。❷[かざ] 風上。風車。[注意]「風邪」は、「かぜ」と読む。

[1]**ふう【封】**〈名〉容器などをふたや栓《せん》でふさぐこと。とくに、書状を入れた封筒《ふうとう》などの口をとじて開かないようにすること。[例]封をする。封を切る。→ふうじる

[2]**ふう【風】**[一]〈名〉❶ある特色をもった様式や、ずっとつづいているならわし。[例]都会の風になじまない。❷あるものごとについてのやりかたや状態、かっこうの意味を表わす形式名詞。[例]なにげないふう(=ふり)をする。仕事というのはこんなふうにやるものだ。[類]具合。[二]〈接尾〉名詞のあとに付いて、「…の感じがある」「…のように見える」という意味を表わす。[例]中華《ちゅうか》風(の料理)。西洋風(の建物)。サラリーマン風。

ふうあい【風合い】〈名〉織物などを見たり、さわったりしたときの感じ。

ふうあつ【風圧】〈名〉風が物体に加える圧力。[例]風圧をうける。風圧計。

ふうい【風位】〈名〉⇩ふうこう〔風向〕

ふういん【封印】〈名・する〉❶ものをとじて封をしたところに印をおすこと。その印。[例]封印を破る。❷二度とおもてに出さないつもりでしまっておくことのたとえ。[例]いまわしい記憶《きおく》を封印する。封印を解く。[類]封じこめる。

ブーイング〈名〉観客が不満をあらわにして出す声。[例]ブーイングが起こる。◇booing

ふうう【風雨】〈名〉❶風と雨。[例]風雨にさらす。[類]雨風《あめかぜ》。❷つよい風をともなった雨。[類]嵐《あらし》。

ふううん【風雲】〈名〉世の中が、はげしい勢いで変わっていこうとしているようす。[例]風雲を巻き起こす。風雲を

よぶ。

風雲急《きゅう》を告《つ》げる 事態が急変して、いまにも事変が起こりそうな状況《じょうきょう》になる。

ふううんじ【風雲児】〈名〉❶世の中や時代が大きく変わっていくときに現れて、大活躍《かつやく》する人。例幕末《ばくまつ》の風雲児たち。❷ある方面で新風《しんぷう》を巻き起こす人。例業界の風雲児と呼ばれた男。

ふうか【風化】〈名・する〉❶〔地学〕岩や石が長いあいだ水や風にさらされて、やがてくずれて土になること。例風化作用。❷なまなましい印象が、年月がたつにつれてうすれ、忘れさられること。例戦争の記憶《きおく》が風化する。

ふうが[1]**【風雅】**〈名・形動〉心をおちつかせ、なごませてくれるような、世俗《せぞく》をはなれた上品なおもむき。例風雅な茶室。風雅なおもむき。風雅をこのむ。類風流。

フーガ[2]〈名〉〔音楽〕一つの主題やメロディーが、一定の規則にしたがって、追いかけるようにあらわれ、からみあっていく曲の形式。遁走《とんそう》曲。◇イタリア fuga

ふうがい【風害】〈名〉強風のためにうける損害。

ふうかく【風格】〈名〉その人の人がらや態度、言動などから自然ににじみでてきて、「りっぱなものだ」と感じさせるようなあじわい。例風格がある。王者の風格。類格調。

ふうがわり【風変わり】〈名・形動〉ようすや性質、行ないなどが ふつうとちがっていること。例風変わりなファッション。風変わりを好む。類エキセントリック。

ふうかん【封▼緘】〈名・する〉封をすること。類封印。

ふうき[1]**【風紀】**〈名〉社会生活をおくっていくうえで、守らなければならない、道徳上の きまり。例風紀が乱れる。類風俗《ふうぞく》。

ふうき[2]**【富貴】**〈名・形動〉財産も多く、社会的地位も高いこと。「ふっき」ともいう。

ふうきり【封切り】〈名〉❶封をしてあるものを開くこと。開いたばかりのもの。❷新しい映画をはじめて上映すること。「ふうぎり」ということが多い。類ロードショー。

ブーケ〈名〉服のかざりとしたり、手に持ったりする花束《はなたば》。◇フランス bouquet

ふうけい【風景】〈名〉目の前に展開されるながめ。例風景をながめる。すばらしい風景。風景画。田園風景。心象《しんしょう》風景。類けしき。光景。

表現「正月風景」「歳末《さいまつ》風景」のような言いかたで、そのときの気分がよく感じられる場面をいう。

ふうげつ【風月】〈名〉すがすがしい風と、うつくしい月のような、心が洗われる感じの景色。例風月を友とする。花鳥風月。

ブーゲンビリア〈名〉観賞用のつる性の低木。南アメリカ原産。赤むらさきのあざやかな色の苞《ほう》が花のように見えるのが特徴《とくちょう》。◇bougainvillea

ふうこう[1]**【風向】**〈名〉〔気象〕風のふいてくる方向。ふつう、南・南南西・南西など、十六の方向に分ける。風位。例風向計。

ふうこう[2]**【風光】**〈名〉自然のうつくしいけしき。例風光明媚《めいび》。

ふうこうけい【風向計】〈名〉風のふいてくる方向を知るための装置《そうち》。類風見《かざみ》。

ふうこうめいび【風光明▼媚】〈名・形動〉山や川などの景色がきれいなこと。その土地の自然の美しさをほめることば。

ふうさ【封鎖】〈名・する〉❶出入りや出し入れができないように、とざすこと。例道路を封鎖する。海上封鎖。❷経済のうごきをとめること。例経済封鎖。

ふうさい[1]**【風災】**〈名〉強風による被害。

ふうさい[2]**【風采】**〈名〉身なりやかっこう、顔つきなど、見た感じからうける、人の印象。↓ふうぼう〔風貌〕表現

風采が上《あ》がらない 身なりがみすぼらしかったり、態度がよわよわしかったりして、少しも見ばえがしない。

ふうさつ【封殺】〈名・する〉野球で、つぎの塁《るい》へ進まなければならないランナーがいるとき、ランナーより速くボールをその塁に送ってアウトにすること。フォースアウト。

ふうし[1]**【夫子】**〈名〉先生などえらい人をうやまっていうことば。古い言いかた。例夫子自身(=その人自身)。村夫子《そんぷうし》。アフーシ

ふうし[2]**【風刺】**〖▼諷刺〗〈名・する〉世の中や人のわるいところを、遠まわしにそれとなくからかったり、ひにくったりすること。例風刺漫画《まんが》。社会風刺。アフーシ

ふうじこ・める【封じ込める】〈動下一〉中に入れて外へ出られないような状態にする。類閉じ込める。封印する。

ふうじて【封じ手】〈名〉❶碁《ご》や将棋《しょうぎ》で、その日のうちに勝負がつかなかったときの最後の手。つぎの番の人が、その局面を書き写して密封しておく。❷すもうなどで、使ってはいけないとされている わざ。類禁じ手。

ふうしゃ【風車】〈名〉風の力でまわる、大きな羽根車。かざぐるま。

参考 風車の回転する力を、米をついたり粉をひいたり水をくんだりする動力として、また、風力発電に利用する。

ふうしゅう【風習】〈名〉ある土地にむかしから伝わり、みんながそれにしたがっている儀式《ぎしき》や行事のならわし。例風習にしたがう。類慣習。

ふうしょ【封書】〈名〉封をした手紙・郵便物。

ふうしょく【風食】〖風▼蝕〗〈名〉〔地学〕侵食《しんしょく》作用の一つで、風が砂を表面にふきつけることによって、少しずつ岩石をけずっていくこと。

ふう・じる【封じる】〈動上一〉❶入り口をふさいで、中のものが出ないようにする。❷相手が自由にうごけないようにする。例口を封じる(=こちらにつごうのわるいことを相手が言えないようにする)。敵の動きを封じる。類おさえる。▽「封ずる」ともいう。

ふうしん【風▼疹】〈名〉ウイルスによる伝染《でんせん》病の一つ。子どもに多く、はしかに似《に》ているが、二、三日でなおる。三日《みっか》ばしか。

ふうすい【風水】〈名〉古代中国の思想で、土地の地勢による気の流れから、都市・建物・墓の位置の適不適を判断するもの。日本では、おもに家相をうらなう術として利用されている。

ふうすいがい【風水害】〈名〉強風や洪水《こうずい》などによる損害。

ふう・ずる【封ずる】〈動サ変〉⇩ふうじる

ふうせつ[1]**【風雪】**〈名〉風と雪。つよい風をともなって雪がふること。例風雪注意報。類吹雪《ふぶき》。

表現「風雪にたえる」の言いかたで、世の中にでてあじわうつらいことや悲しいことをいう。

ふうせつ[2]**【風説】**〈名〉世間に伝わっているうわさ。例風説が立つ。風説によれば。類風評。風聞。

ふうせん【風船】〈名〉紙やゴムなどでできたおもちゃの一種。空気や水素を入れてふくらませて、つき上げたり飛ばしたりして遊ぶ。例風船ガム。紙風船。

ふうぜん(風前)のともしび(▽灯) 危険がせまっていて、今にもだめになりそうな危ないようす。

ふうそう【風葬】〈名〉 葬式のしかたで、遺体を野外に置いて風化するのにまかせるもの。

ふうそく【風速】〈名〉〔気象〕 風のふく速さ。参考 ふつう十分間はかって平均をとり、一秒あたりの速さで表わし、「風速三〇メートル」のようにいう。→ふうりょく②

ふうぞく【風俗】〈名〉 ❶その土地や時代にめだってみられる流行や習慣、生活のようすなど。例 風俗習慣。類 習俗。❷みんながいっしょに生活していくための道徳上のきまり。例 みだれた風俗。類 風紀。

1 **ふうたい【風体】**〈名〉 ⇩ふうてい

2 **ふうたい【風袋】**〈名〉 ものの重さをはかるときの容器や上づつみ。また、その重さ。

ふうち【風致】〈名〉 自然の景色などの あじわいやおもむき。例 風致林。風致地区。

ふうちょう【風潮】〈名〉 その時代時代の世の中の傾向《けいこう》。例 最近の風潮。世の風潮。

ブーツ〈名〉 くるぶしの上まで、または ひざの下まで入る深さのある靴《くつ》。例 ショートブーツ。レインブーツ。スノーブーツ。類 長靴。◇boots

ふうてい【風体】〖風▽態〗〈名〉 人のようすや身なり。「ふうたい」ともいう。例 あやしい風体の男。

ふうてん〖▼瘋▼癲〗〈名〉 定職につかずにぶらぶらしている人。類 風来坊《ふうらいぼう》。

ふうど【風土】〈名〉 そこに住んでいる人々に大きな影響《えいきょう》をあたえている、自然の気候や地形。例 風土に合う。風土になじむ。日本の風土。

1 **フード**〈名〉 ❶ジャンパーやコートなどについている、頭をおおうもの。❷カメラのレンズなどにつける、余分な光を入れないためのおおい。◇hood

2 **フード**〈造語〉 食べもの。例 フードコーナー。フードメニュー。ファーストフード。対 ドリンク。◇food

3 **ふうとう【封筒】**〈名〉 手紙や書類などを入れる紙ぶくろ。類 状ぶくろ。

ふうどう【風洞】〈名〉 空気の流れをつくりだすトンネルの形をした実験用の装置《そうち》。模型の飛行機や建物などを置いて、風をうけるようすを調べる。例 風洞実験。

フードコート〈名〉 ショッピングセンターなどにある、セルフサービス式の飲食店と、たくさんのテーブル・いすを一か所に集めたところ。◇food court

フードバンク〈名〉 寄付してもらった食料品を保管しておいて、被災《ひさい》者や生活困窮《こんきゅう》者などに配るボランティア活動。◇food bank

ふうどびょう【風土病】〈名〉 気候や地質が原因となる、その土地特有の病気。マラリアなど。

フードマイレージ〈名〉 ある食料を輸出国や生産地から運んでくるときの、「輸送量 × 輸送距離《きょり》」の数値。単位は「t《トン》・km《キロメートル》」。農林水産省が考案したもので、食料の輸入が地球環境にあたえる影響《えいきょう》などについて考えるための めやすに使われる。◇food mileage

プードル〈名〉 フランス原産の小型犬。長い毛を部分的にかりこんで、愛玩《あいがん》用に飼う。◇poodle

ふうにゅう【封入】〈名・する〉 中に入れて、しっかりと閉じること。例 ガスを封入する。

ふうは【風波】〈名〉 風と波。風のためにおこる波。例 風波が高まる。類 波風《なみかぜ》。風浪《ふうろう》。

表現 「家庭に風波が絶えない」のように、もめごとの意味でも使う。

ふうばいか【風媒花】〈名〉 花粉が風によってめしべの柱頭にはこばれ、受粉する花。イネ・マツなど。→すいばいか・ちゅうばいか・ちょうばいか

ふうび【風▼靡】〈名・する〉 風が草木をなびかせるように、多くの人々をなびきしたがわせること。例 一世を風靡する（=たいへんないきおいではやる）。

ふうひょう【風評】〈名〉 世間での、評判やうわさ。例 とかくの風評。風評被害。類 風聞。風説。

表現 ふつう、よくないうわさの意味で使われる。

ふうひょうひがい【風評被害】〈名〉 根拠《こんきょ》のないうわさや臆測《おくそく》によってうける、商品が売れなくなるなどの損害。

ふうふ【夫婦】〈名〉 結婚《けっこん》している一組みの男女。夫と妻。例 夫婦になる。似合いの夫婦。夫婦者。夫婦げんか。類 夫妻。めおと。→ふさい〔夫妻〕表現

ぶうぶう（言）う 気にいらなくて、しきりに不満や文句を言う。

ふうふげんか【夫婦げんか】〖夫婦▼喧▼嘩〗〈名〉 夫と妻がするけんか。

夫婦げんかは犬《いぬ》も食《く》わない 夫婦げんかは、たいていとるに足らないばかばかしいことが多いので、仲裁《ちゅうさい》したりしないで、ほうっておいたほうがよい。

ふうぶつ【風物】〈名〉 ❶目にふれるさまざまの景色。例 山の風物をあじわう。❷季節を、いかにもその季節だとして特色づけているもの。例 すいかは夏の風物だ。

ふうぶつし【風物詩】〈名〉 季節の感じをよく表わしている 感じのよい情景。例 花火は夏の風物詩だ。

ふうふもの【夫婦者】〈名〉 夫婦である二人。例 夫婦者のアパート管理人。

ふうぶん【風聞】〈名〉 だれからということなく聞こえてくる うわさ。類 風説。風評。風の便り。

1 **ふうぼう【風防】**〈名〉 風よけ。類 防風。

2 **ふうぼう【風貌】**〈名〉 姿かたちからうける全体の感じ。例 きりっとした風貌。類 容貌。風采《ふうさい》。

表現 「風貌」は「精悍《せいかん》な風貌」などよい意味で、「風采《ふうさい》」は「風采があがらない」などよくない意味で使うことが多い。

ふうみ【風味】〈名〉 その食べものの もっている、独特のこのましいあじわい。例 風味がある。風味をそこなう。

ブーム〈名〉 大流行。例 ブームが起こる。ブームに乗る。静かなブームになる。アウトドアブーム。◇boom

ブーメラン〈名〉 オーストラリア先住民の狩《か》りの道具。「く」の字形で、投げると、もとのところにもどってくる。◇boomerang

ふうもん【風紋】〈名〉 風が砂の上につけた模様。

ふうらいぼう【風来坊】〈名〉 風にふきうごかされるようにさまよい歩いて、きまったところや 一つの仕事などにとどまっていない 気まぐれな人。

ふうりゅう【風流】〈名・形動〉 ❶上品で、心をおちつかせてくれるような ふんいき。例 風流な庭。❷和歌や俳句、書画や茶道《さどう》などの世界。また、その世界にあそぶ心。例 風流を解する。▽類 風雅《ふうが》。

ふうりょく【風力】〈名〉 ❶風の力。例 風力発電。❷〔気象〕 風の強さを、十三の段階に分けて表わしたもの。「風力４」のようにいう。

ふうりん【風鈴】〈名〉 風にふかれるとゆれて鳴る、小さなつりがね形のすず。すずしさをそえるために、夏に軒下《のきした》などにつるす。

プール ━〈名〉 ❶コンクリートでまわりをかためてつくった水泳場。例 プールサイド。❷置き場。例 モータープー

ペリー（1794～1858） アメリカの東インド艦隊司令長官。1853年浦賀に来航，翌年日本を開国。

ル。■〈名・する〉たくわえておくこと。例残金をプールする。◇pool

ふうろう【風浪】〈名〉風によっておこる波。類風波。

ふうん【不運】〈名・形動〉めぐりあわせがわるく、運がよくないこと。例不運な一生。対幸運。類非運。不幸。アンラッキー。

ぶうん【武運】〈名〉戦場での軍人としての運命。例武運つたなく敗れる。武運長久(をいのる)。

[1]ふえ【笛】〈名〉❶吹奏《すいそう》楽器の一つ。木や竹、金属のほそ長いくだに、小さい穴をいくつかあけて、一方のはしから息をふきこみ、指で穴をおさえることで音程をかえる。たて笛とよこ笛がある。例笛をふく。草笛。鳩笛《はとぶえ》。❷合図のためにふき鳴らすもの。合図の音。類ホイッスル。▽アフエ

表現 ①はふつう一本二本と数えるが、伝統的に一管《いっかん》二管《にかん》も使う。

笛吹《ふ》けど(も)踊《おど》らず すっかり準備をととのえてさそっても、それにのってうごきだすものがだれもいないこと。

[2]ふえ【不▽壊】〈名〉かたくて決してこわれないこと。例金剛《こんごう》不壊。アフエ

フェア ■〈形動〉公正な。礼儀《れいぎ》ただしい。例フェアにたたかう。フェアな態度。対アンフェア。

■〈名〉❶野球で、本塁《ほんるい》と一塁、三塁をむすぶ線より内がわに打球がとぶこと。対ファウル。❷百貨店などで、一定の企画《きかく》のもとに行なう売り出し。例ブックフェア。輸入食品フェア。◇fair

フェアトレード〈名〉発展途上《はってんとじょう》国がもっとゆたかになるように、農産物や製品の品質を上げて、先進国が公正なねだんで仕入れて売る貿易《ぼうえき》。◇fair trade

フェアプレー〈名〉競技で、ルールに従って正々堂々と戦うこと。例フェアプレーの精神。◇fair play

フェイク〈名〉❶本物・本当のように見せかけたもの。にせ。にせもの。ふり。例フェイクニュース。❷人工の模造品《もぞうひん》。例フェイクファー(=人工毛皮)。フェイクレザー(=合成皮革《ひかく》)。▽「フェーク」とも書く。◇fake

ふえいせい【不衛生】〈名・形動〉不潔で、気分が悪くなったり、病気の原因になったりするような状態。対衛生的。類非衛生的。

フェイント〈名〉サッカーやバスケットボール、バレーボールなどで、相手をだますためにする見せかけの動作。◇feint

フェーク〈名〉⇩フェイク

フェーズ〈名〉段階。局面。「フェイズ」とも書く。例新たなフェーズに入る。◇phase

フェードアウト〈名・する〉音楽や映画などで、音や映像が徐々《じょじょ》に消えていくこと。対フェードイン。◇fade-out

フェーンげんしょう【フェーン現象】〈名〉〔気象〕山をこえて乾燥《かんそう》した高温の風がふいてくる現象。日本海がわに多く、火災の原因となる。

[1]ふえき【不易】〈名〉時代が移っても、変化することなくつづくこと。例不易流行。

[2]ふえき【賦役】〈名〉むかし、支配者が、その領民に強制的に労働をさせたこと。

ふえきりゅうこう【不易流行】〈名〉松尾芭蕉《まつおばしょう》の俳諧《はいかい》の理念。流行(=たえず変わること)をえがきながら、その中に不易(=永久に変わらないこと)のすがたをとらえることを俳諧の本質とした。

フェスティバル〈名〉祭り。祭典。◇festival

フェチ〈名〉「フェティシズム②」の日本での省略語。俗《ぞく》な言いかた。例下着フェチ。

ふえて【不得手】〈名・形動〉得意ではないこと。例人前で話すのは不得手だ。人には得手不得手がある。対得手。類苦手《にがて》。

フェティシズム〈名〉❶原始的な信仰《しんこう》の一種。なにかの「物」を神聖視してあがめたてまつるもの。物神崇拝《すうはい》。呪物《じゅぶつ》崇拝。❷性的倒錯《とうさく》の一種。性欲をみたす手段として、異性が身につける物品に異常に執着するもの。俗《ぞく》に「フェチ」と略す。◇fetishism

フェニックス〈名〉❶エジプトの神話に登場する鳥。五百年に一度、火の中にとびこみ、その灰の中からよみがえるという。不死鳥。❷〔植物〕鉢植《はちう》えにする観葉植物。茎《くき》はまるくて太く、そのいただきから葉が四方にでる。◇phoenix

フェミニスト〈名〉❶フェミニズムの立場に立つ人。❷女性を尊重してたいせつにあつかう男性。◇feminist

参考 ②は日本語独自の意味。

フェミニズム〈名〉女性の社会的・政治的な権利を拡張しようとする主義。◇feminism

参考「女性解放論」「男女同権主義」などと訳される。

フェリー〈名〉連絡船。カーフェリー。◇ferryboat から。

ふ・える【増える・殖える】〈動下一〉❶［増える］数や量が多くなる。例人口が増える。類増《ま》す。増大する。❷［殖える］財産などが多くなる。例資産が殖える。❸［殖える］生殖《せいしょく》などによって、生物が多くなる。例ネズミが殖える。▽対減る。

表記 ②の「利殖《りしょく》」、③の「生殖」のときに「殖える」と書くが、「増える」と書くことも多い。

フェルト〈名〉羊毛などを圧縮してつくった、ほつれない厚手の布。帽子《ぼうし》や敷物《しきもの》、アップリケなどの手芸材料などとして使われる。「フエルト」ともいう。◇felt

フェルトペン〈名〉インクをしみこませたフェルトをしんに使ったペン。◇felt pen

フェルマータ〈名〉〔音楽〕音符《おんぷ》や休符につけて、長さをのばすことを示す記号。延長記号。記号 𝄐 ◇《イタリア》fermata

フェロー〈名〉❶大学や研究所の、特別研究員の身分。❷企業《きぎょう》などで、高い能力を評価して特別待遇《たいぐう》する人の身分。◇fellow

フェロモン〈名〉❶哺乳《ほにゅう》動物や昆虫が体外に放出し、同種の個体の行動や生理作用に影響《えいきょう》をあたえる化学物質。例性フェロモン。道標《どうひょう》フェロモン。警報フェロモン。❷俗《ぞく》に、異性をひきつける色気のこと。◇pheromone

ふえん【敷▼衍】〈名・する〉ことばの意味や内容を、よくわかるようにくわしく説明すること。例敷衍して話す。

フェンシング〈名〉ヨーロッパ流の剣術《けんじゅつ》。ふたりの競技者がほそ長い剣を持ってたたかうスポーツ。使う剣によって、フルーレ・エペ・サーブルの三種目にわかれる。オリンピック種目の一つ。◇fencing

フェンス〈名〉柵《さく》やへい。例フェンスごえ(のホームラン)。◇fence

ぶえんりょ【無遠慮】〈名・形動〉遠慮すべきところを遠慮しないようす。例無遠慮にあがりこむ。無遠慮をとがめる。類あつかましい。

ベル (1847〜1922) アメリカの電気技師。1876年磁石式電話機を発明。ベル電話会社を設立。

フォアグラ〈名〉フランス料理の食材で、わざと太らせたガチョウの肝臓《かんぞう》。キャビア・トリュフとともに世界三大珍味《ちんみ》の一つとされる。◇《フランス》foie gras

フォアハンド〈名〉卓球・テニス・バドミントンなどで、ラケットを持ったほうでのがわにきた球を打つこと。対バックハンド。◇forehand

フォアボール〈名〉野球で、投手が、ひとりの打者に対して、ストライクでない球を四回投げること。打者は一塁《いちるい》へ進める。四球。「ファーボール」ともいう。例フォアボールを選ぶ。参考 four と ball による日本での複合語。英語では base on balls という。

フォーカス〈名・する〉焦点《しょうてん》。とくに、カメラのレンズの焦点（＝ピント）を被写体《ひしゃたい》に合わせること。例オートフォーカス（＝自動焦点）。◇focus

フォーク〈名〉❶洋食で、料理を切るときにおさえたり、さして口に入れたりするのに使う食器。❷「フォークボール」の略。◇fork 参考 二つ以上の窓口やATMなどに順番待ちで並《なら》ぶとき、それぞれに列をつくらずに一列に並んで、あいたところへ順に進んでいく方式を、フォークの形に似《に》ていることから俗《ぞく》に「フォーク並び」という。

フォークソング〈名〉おもにギターで伴奏《ばんそう》するアメリカなどの民謡《みんよう》。また、それに影響《えいきょう》をうけてつくられた歌。◇folk song

フォークダンス〈名〉たくさんの人が、音楽や歌に合わせて、輪などをつくりながらおどるレクリエーション用のダンス。◇folk dance

フォークボール〈名〉野球で、ピッチャーの投げる球種の一つ。人さし指と中指とのあいだにボールをはさんで、回転が加わらないようにして投げる。◇fork ball

フォークリフト〈名〉荷物の積みおろしや運搬《うんぱん》に使う自動車の一種。車体の前の部分に、物をうごかすための上下するうで木がある。◇forklift

フォークロア〈名〉❶民話。民俗《みんぞく》行事。❷民俗学。◇folklore

フォービスム〈名〉〔美術〕二〇世紀初めにフランスでマチスらが始めた絵画運動。原色をつかった大胆《だいたん》なえがきかたが特徴《とくちょう》。野獣《やじゅう》派。◇《フランス》fauvisme

フォーマット〈名〉❶文書の形式・書式。コンテンツの仕様。例フォーマットをそろえる。❷〈する〉コンピューターで、ハードディスクなどをあらたに使い始めるとき、その機種で使えるように形式上の基本的な情報を記録すること。初期化。◇format

フォーマル〓〈形動〉正式のきちんとした。例フォーマルな席でのマナー。〓〈名〉「フォーマルスーツ」「フォーマルウェア」などの略。礼服。▽対カジュアル。インフォーマル。◇formal

1 **フォーム**〈名〉液体を泡《あわ》状にしたもの。例洗顔《せんがん》フォーム。◇foam

2 **フォーム**〈名〉スポーツをしているときの、からだの姿勢。例バッティングフォーム。類型。◇form

フォーラム〈名〉「フォーラムディスカッション」の略。公開で行なう討論会。◇forum

フォール〈名・する〉レスリングで、相手の両肩《りょうかた》を同時にマットにつけること。つけた方の勝ちになる。◇fall

フォールト〈名〉⇩フォルト

フォッサマグナ〈名〉〔地理・地学〕本州の中央部を縦断《じゅうだん》する、大きな地溝《ちこう》帯。富士火山帯が通る。日本の地質は、これの西縁《せいえん》を境《さかい》にして、東北と西南に分けられる。◇ラテン語から。

ぶおとこ【▽醜男】〈名〉顔のみにくい男。対美男《びなん》。

フォトジェニック〈名・形動〉写真うつりがいいこと。そのような人。◇photogenic

フォルダー〈名〉❶書類ばさみ。類ファイル。❷パソコンで、ファイルを分類して保存しておく、入れ物にみたてた場所。▽「ホルダー」ともいう。◇folder

フォルテ〈名〉〔音楽〕強弱記号の一つ。「強く」「大きく」演奏する。記号 *f* 対ピアノ。◇《イタリア》forte

フォルティッシモ〈名〉〔音楽〕強弱記号の一つ。「とても強く」演奏する。「フォルティシモ」ともいう。記号 *ff* 対ピアニッシモ。◇《イタリア》fortissimo

フォルト〈名〉卓球・テニス・バドミントン・バレーボールなどで、プレーの無効。とくに、サーブが相手コートに入らないこと。◇fault

フォロー〈名・する〉❶動きをずっと追い続けること。例事件を最後までフォローする。❷不十分なところをおぎない助けること。例新人をフォローする。❸球技で、味方のプレーヤーを補助すること。❹ツイッターなどで、ある利用者が投稿や更新《こうしん》を行なえばすぐわかるように、その利用者を登録して、自分のページに表示されるようにすること。◇follow

フォワード〈名〉❶サッカー・ホッケーなどで、ゴールに近いところに位置して、得点をになう役。トップ。FW。❷ラグビーで、陣地の前方に位置して、スクラムを組んでボールをうばう役。FW。◇forward

ふおん【不穏】〈形動〉人々の行動がふだんと異なっていて、事件やさわぎをひきおこしそうだ。例不穏な空気。不穏な動き。類険悪。

フォント〈名〉同じ書体で同じ大きさの活字のセット。◇font 参考「書体」と同じ意味でも用いる。

ふおんとう【不穏当】〈形動〉おだやかでなく、その場にふさわしくない。例不穏当な発言。類穏当を欠く。

1 **ふか**【▼鱶】〈名〉〔動物〕サメの大きなもの。アフカ

2 **ふか**【不可】〈名〉❶よくないこと。してはいけないこと。例可もなく不可もない。持ちこみ不可。❷成績評価の一つ。合格できない点。▽アフカ

3 **ふか**【付加】〈名・する〉つけ加えること。アフカ

4 **ふか**【負荷】〈名〉❶発電機やエンジンなどエネルギーを発生させるものに対して、電灯やポンプなど、発生した電力や動力を消費するもの。また、その仕事の量。❷外からあたえられた力や重み。うけたほうに何かしら影響《えいきょう》がある。例負荷がかかる。負荷が大きい。

5 **ふか**【▼孵化】〈名・する〉たまごからひなや子が出てくること。アフカ 表記 理科の教科書などでは「ふ化」と書かれることもある。

6 **ふか**【賦課】〈名・する〉税金をわりあてること。アフカ

ぶか【部下】〈名〉組織の中で、人の下に属して、その人の命令や指示をうけるべき立場の人。対上司。類配下。

1 **ふか・い**【深い】〈形〉❶底やおくまでの距離《きょり》が長い。例底が深い。おくゆきが深い。奥深い。根深《ぶか》い。❷奥まで入りこんでいる。例深い知識。深い（＝深長《しんちょう》な）意味。深い感動。関係が深い。なさけ深《ぶか》い。考え深《ぶか》い。❸程度や量が多い。例深い緑。深いきず。ねむりが深い。草深《ふか》い。毛深《ぶか》い。うたぐり深《ぶか》い。用心深《ぶか》い。▽対浅い。アフカイ

2 **ふかい**【付会】〈名・する〉自分のつごうのいいように、むりやりこじつけること。例牽強《けんきょう》付会。アフカイ

3 **ふかい**【不快】〈名・形動〉いやな気分になること。例

ベルツ（1849～1913）ドイツの医者。1876年東京医学校の教師として来日。「ベルツの日記」を残す。

不快を感じる。不快な思い。不快感。対快。類不愉快《ふゆかい》。アフカイ

ぶがい【部外】〈名〉自分の属している組織や団体にかかわりのないこと。例部外者。類局外。

ふかいしすう【不快指数】〈名〉温度と湿度《しつど》の高さから人が感じる不快さの程度を数字で表わしたもの。参考 七五以上では半数の人が、八〇以上ではほとんどの人が不快を感じるとされる。

ふがいな・い【不▽甲▼斐無い】〈形〉見ていていらいらするほどだらしがない。例ふがいないやつ。類はがゆい。

ふかいり【深入り】〈名・する〉適当な程度以上に深くかかわりあうこと。例事件に深入りする。

ふかおい【深追い】〈名・する〉相手をいつまでも追いかけること。どこまでも追いかけること。

ふかかい【不可解】〈形動〉どうにも理解できない。例不可解な行動。

ふかかち【付加価値】〈名〉何か付属要素をつけ加えて、利用価値を大きくすること。つけ加えた価値。

ふかぎゃく【不可逆】〈名〉ものごとが逆方向へは進まないこと。逆もどりできないこと。例不可逆反応。

[1]ふかく【不覚】〈名・形動〉❶ゆだんして思わぬ失敗をすること。例不覚をとる。不覚にもそれに気がつかなかった。❷思わず、そうなること。例不覚のなみだをながす。前後不覚にねむる。▽アフカク

[2]ふかく【▼俯角】〈名〉ものを見おろしたときの、水平線に対する角度。対仰角《ぎょうかく》。アフカク →ぎょうかく 絵

ぶがく【舞楽】〈名〉舞《まい》をともなった雅楽《ががく》。

ふかくじつ【不確実】〈形動〉確実であるかどうか、はっきりしない。例不確実な情報。対確実。類不確か。

ふかくてい【不確定】〈形動〉はっきりきまっていない。例不確定要素。不確定事項《じこう》。対確定的。

ふかけつ【不可欠】〈形動〉どうしてもなくてはならない。例不可欠な条件。必要不可欠。類欠くべからざる。

ふかこうりょく【不可抗力】〈名〉人の力ではどうすることもできないこと。

ふかざけ【深酒】〈名・する〉悪酔《わるよ》いするほど、たくさん酒を飲むこと。

ふかさんめいし【不可算名詞】〈名〉英語などの言語で、一つ、二つと数えることのできない名詞。英語では、一定の形をもたない water(=水)・air(=空気)や、抽象《ちゅうしょう》的な概念を表わす information(=情報)・love(=愛)や、個々の物でなく全体をさしていう cash(=現金)・hair(=毛)など。対可算名詞。

ふかし【不可視】〈名〉肉眼では見ることができないこと。例不可視光線。対可視。

ふかしぎ【不可思議】〈名・形動〉人間のもっている知識ではおしはかれない、ふしぎなこと。参考「思議すべからず(=深く考えてはいけない)」ということ。「不思議」はこのことばからできた。

ふかしん【不可侵】〈名〉他の国が自分の国を侵略することを許さないこと。例相互《そうご》不可侵条約。

[1]ふか・す【更かす】〈動五〉夜おそくまで起きている。例夜を更かす。

[2]ふか・す【吹かす】〈動五〉❶たばこをすって、そのけむりを口からはきだす。例たばこを吹かす。パイプを吹かす。❷エンジンの回転数をあげる。例アクセルを吹かす。❸自慢《じまん》話などを、大げさに言う。

表現「先輩風《せんぱいかぜ》を吹かす」のように、「…風を吹かす(吹かせる)」の形で、えらそうな態度をとることをいう。

[3]ふか・す【▽蒸かす】〈動五〉熱い湯気にあてることによって、食べものをやわらかくする。例いもをふかす。類蒸《む》す。→むす 表現・囲み記事57(1287ジペー)

ふかち【不可知】〈名・形動〉人間の知性によって知ることができないこと。参考 哲学《てつがく》でいう「不可知論」は、究極の真理や神などの形而上学《けいじじょうがく》的な実在を、人間は知りえないとする立場のこと。

ぶかつ【部活】〈名〉「部活動」の略。

ぶかっこう【不格好】〈名・形動〉どうにもかっこうのよくないこと。例不格好なくつ。

ぶかつどう【部活動】〈名〉野球部や新聞部など、学校のクラブ活動。部活。

ふかづめ【深爪】〈名・する〉つめを、肉のところまで深く切りすぎてしまうこと。

ふかで【深手】〈名〉❶戦いでうけたおもい傷。例深手を負う。類重傷。痛手。❷なべや食器で、底の深いもの。例深手のなべ。▽対浅手。

ふかのう【不可能】〈名・形動〉できないこと。ありえないこと。例不可能を可能にする。不可能な要求。そんなことはとうてい不可能だ。対可能。類不能。

ふかひ【不可避】〈形動〉絶対にさけられない。

ふかひれ【▼鱶▼鰭】〈名〉サメのひれを乾燥《かんそう》させた、中華料理の高級食材。日本では宮城県の生産量がとくに多い。

ふかふか〈形動・副・する〉やわらかくふくらんでいるようす。例ふかふかの布団《ふとん》。ふかふかしたまんじゅう。類ふわふわ。参考 アクセントは、ふつう「**フ**カフカ」であるが、「ふかふかに」「ふかふかの」「ふかふかだ」の場合は、「フ**カフカ**」となる。

ぶかぶか〈形動〉服やくつ、帽子《ぼうし》などが、大きすぎて、からだとのあいだにすき間があきすぎている。例ぶかぶかのくつ。ウエストがぶかぶかだ。参考 アクセントは「ブ**カブカ**」。

ぷかぷか〈副〉❶軽いものが、空中や水面をただようようす。例川にゴミがぷかぷか浮いている。❷しきりにたばこをふかすようす。参考 アクセントは「**プ**カプカ」。

ふかぶかと【深深と】〈副〉見るからに深く。例ふかぶかとソファーにこしかける。ふかぶかとおじぎをする。

ふかぶん【不可分】〈形動〉わけようにもわけることができない。例不可分の関係。不可分にむすびつく。

ふかま・る【深まる】〈動五〉さらに深い段階へとすすむ。例秋が深まる。知識が深まる。類深化する。

ふかみ【深み】〈名〉❶海や川などの深いところ。例深みにはまる。❷考えなどに深いところがあって、あじわいがあること。例深みのある人物。類奥《おく》行き。

表現「深みにはまる」は、①の意味で使うほか、たとえば「悪の深みにはまる」などの言いかたで、深く関係しすぎて、なかなかぬけられないことのたとえとしても使う。

ふかみどり【深緑】〈名〉こくてやや黒みがかった緑。深緑《しんりょく》。

ふか・める【深める】〈動下一〉さらに深くする。例教養を深める。

ふかよみ【深読み】〈名・する〉ものごとのなりゆきや、人の言ったことを深く考えすぎること。

ふかん【▼俯▼瞰】〈名・する〉高いところから見おろすこと。例市街を俯瞰する。俯瞰図。類鳥瞰。

ぶかん【武官】〈名〉軍事を仕事とする公務員。対文官。

ふかんしょう【不感症】〈名〉❶感覚がにぶくなった

り、なれてしまったりして、ふつうなら感じるはずのことを感じない状態。❷性的な感覚がにぶい症状《しょうじょう》。

ふかんず【▼俯▼瞰図】〈名〉⇩ちょうかんず

ふかんぜん【不完全】〈形動〉たりないところや、ちがうところがあって、十分ではない。例不完全な仕事。不完全燃焼。対完全。類不備。不十分。

ふかんぜんねんしょう【不完全燃焼】〈名・する〉❶燃料が十分に燃えないこと。❷もっている力が十分に発揮されないこと。

ふき[1]【▼蕗】〈名〉山野にはえ、また栽培《さいばい》もされる多年草。早春、葉の出る前に「ふきのとう」とよばれる花の穂《ほ》が出る。葉はまるく大きく、長い柄《え》がある。ふきのとうや、葉の柄は山菜としてよろこばれる。日本一の生産地は愛知県。アフキ

ふき[2]【不帰】〈名〉二度と帰ってこないこと。表現「不帰の客となる」というと、死ぬことをさす。アフキ

ふき[3]【付記】〈名・する〉本文につけたして書くこと。つけたして書いたもの。類追記。アフキ

ふぎ【不義】〈名〉道徳にそむくこと。とくに、男女間の、社会からはみとめられない関係。類不倫《ふりん》。

ぶき【武器】〈名〉銃砲《じゅうほう》や刀剣《とうけん》など、たたかいで人を殺すのに使う道具。類兵器。

ふきあ・げる【吹き上げる・噴き上げる】〈動下一〉❶[吹き上げる]風が低い方から高い方へ向かって吹く。例谷から風が吹き上げる。対吹きおろす。❷[吹き上げる]風が強く吹いて、ものを上にあげる。例風が砂を吹き上げる。❸[噴き上げる]けむりや水などを上にいきおいよくあげる。例火山が噴煙《ふんえん》を噴き上げている。

ふきあ・れる【吹き荒れる】〈動下一〉風がくるったようにはげしくふく。類吹きまくる。吹きすさぶ。

ふきおろ・す【吹き下ろす】〈動五〉風が高い方から低い方へ向かって吹く。対吹き上げる。

ふきかえ【吹き替え】〈名〉❶外国映画の中のせりふを、自分の国のことばにかえてふきこむこと。❷芝居《しばい》や映画などで、ある場面を観客にわからないようにほかの人が演じること。例スタントを吹き替えなしで演じる。

ふきかえ・す【吹き返す】〈動五〉❶風が今までとは反対の方向にふいて、ものをふきもどす。❷風がふいて、ものをうらがえす。❸一度とまった呼吸を、ふたたびはじめる。生きかえる。例息を吹き返す。

ふきげん【不機嫌】〈名・形動〉きげんがわるいこと。例不機嫌な顔つき。対上機嫌。

ふきこぼ・れる【吹きこぼれる】〖吹き▽零れる〗〈動下一〉やかんの湯やなべの汁《しる》などが、沸騰《ふっとう》して勢いよくあふれ出る。

ふきこ・む【吹き込む】〈動五〉❶風や、風にふかれた雨や雪などが入りこむ。例風が吹き込む。❷よくないことを人に教えこむ。例うわさを吹き込む。悪い知恵を吹き込む。❸CDやテープなどに録音する。

表現 (1)「映画界に新風《しんぷう》を吹き込む」のようにいうと、その世界に新人が登場して新鮮《しんせん》なふんいきをもたらすことをいう。
(2)いきいきとした作品をつくりあげることを、「作品に命を吹き込む」のようにいう。

ふきさらし【吹きさらし】〖吹き▼曝し〗〈名〉なんのさえぎるものもなく、風の強くふきあたるままになっていること。また、そのようなところ。「ふきっさらし」ともいう。

ふきすさ・ぶ【吹きすさぶ】〖吹き▽荒ぶ〗〈動五〉風がすごい勢いでふきまくる。「ふきすさむ」ともいう。例寒風が吹きすさぶ。類吹きあれる。

ふきそ【不起訴】〈名〉検察官が、十分な証拠《しょうこ》がないなどの理由で起訴しないこと。例不起訴処分。

ふきそうじ【拭き掃除】〈名・する〉ぞうきんなどで、床《ゆか》や壁《かべ》を拭いてきれいにすること。

ふきそく【不規則】〈名・形動〉きちんとしたきまりがない。例不規則な生活。対規則的。

ふきだし【吹き出し】〈名〉❶季節風などが強く吹きはじめること。❷漫画《まんが》で、話し手の口から吹き出した風船のような形の中に、話すことばが書き入れてあるもの。

ふきだ・す【噴き出す・吹き出す】〈動五〉❶[噴き出す]気体や液体状のものが、いきおいよく外へでる。噴きでる。例温泉が噴き出す。汗が噴き出す。類噴出《ふんしゅつ》する。❷[吹き出す]芽がいきおいよくでる。吹きでる。❸[噴き出す・吹き出す]がまんができなくなって笑いだす。例思わず噴き出す。❹[噴き出す・吹き出す]ほおばっていた食べ物をいきおいよくはき出す。

ふきだまり【吹きだまり】〖吹き▼溜まり〗〈名〉風にふきよせられた紙くずや雪などがたまっているところ。

表現「社会のふきだまり」「人生のふきだまり」のように、社会からおちこぼれた人々の集まる、希望のない場所のたとえにも使われる。

ふきつ【不吉】〈名・形動〉縁起《えんぎ》がわるいこと。なにかよくないことがおこりそうなようす。例不吉を感じる。不吉な予感。類忌《い》まわしい。縁起でもない。

ふきつ・ける【吹き付ける】〈動下一〉❶風や雨、雪やけむりなどが、強くふいてあたる。❷息などを強くふいてそこにあてる。類吹きかける。❸なにかを霧状《きりじょう》にふきださせてくっつける。例塗料《とりょう》を吹きつける。

ぶきっちょ〈名・形動〉「不器用」のくだけた言いかた。

ふきつの・る【吹き募る】〈動五〉はげしい風がいっそうはげしくなる。

ふきでもの【吹き出物】〈名〉皮膚《ひふ》にできる、小さなできもの。

ふきとば・す【吹き飛ばす】〈動五〉❶強くふいて、ものをいきおいよくとばす。❷いやなものをいきおいよくはらいのける。例暗いムードを吹き飛ばす。

参考 くだけた言いかたは「ふっとばす」。

ふきと・ぶ【吹き飛ぶ】〈動五〉❶強くふかれて、ものがいきおいよくとぶ。例台風で屋根が吹き飛んだ。❷一瞬《いっしゅん》のうちになくなる。例ねむけが吹き飛ぶ。疲《つか》れが吹き飛ぶ。

参考 くだけた言いかたは「ふっとぶ」。

ふきと・る【拭き取る】〈動五〉よごれを拭いてとる。

ふきながし【吹き流し】〈名〉❶数本のほそ長い布をとりつけた半月形の輪を高いさおの先に上げて、風になびかせるもの。風の方向を知るために使う。❷こいのぼりの、こいよりもさおの上段につけるもの。

ふきぬき【吹き抜き】〈名〉❶「吹き流し①」で、布を円形の輪にとりつけたもの。❷⇩ふきぬけ

ふきぬけ【吹き抜け】〈名〉〔建築〕二階だて以上の建物で、階と階のあいだに天井《てんじょう》や床《ゆか》をもうけない構造。「ふきぬき」ともいう。

ふきのとう〖▼蕗の▼薹〗〈名〉早春、フキの地下茎《けい》から出る花の穂《ほ》。花のさく前につんで、あえものなどにして食べる。ほろにがさが春の味として喜ばれる。

ふきぶり【吹き降り】〈名〉強い風といっしょに、はげしく雨がふること。例吹き降りをついて出かける。

ふきまく・る【吹きまくる】〖吹き▼捲る〗〈動五〉

ふ

ヘルムホルツ（1821～94）　ドイツの生理学者・物理学者。エネルギー保存の法則を発見した。

❶はげしい風がふきつづける。類吹きあれる。吹きすさぶ。❷次から次へと言いたいことを言いつづける。例ほらを吹きまくる。

ぶきみ【不気味・無気味】〈形動〉どことなく気味がわるい。例不気味な静けさ。

ふきや【吹き矢】〈名〉木や竹のつつに、紙の羽をつけた矢を入れて、息をふきこんでとばすもの。また、その矢。

[1]**ふきゅう【不朽】**〈名〉いつまでも価値が失われずに残ること。例不朽の名作。類不滅《ふめつ》。

[2]**ふきゅう【不急】**〈名〉いそいでする必要はないこと。例不要不急の外出をひかえる。

[3]**ふきゅう【普及】**〈名・する〉ひろくいきわたって、多くの人が使ったり知ったりするようになること。例知識が普及する。全国に普及する。類流布《るふ》。伝播《でんぱ》。

ふきゅうばん【普及版】〈名〉同じ内容の本を装丁《そうてい》をかんたんにして安く売るもの。対豪華《ごうか》版。

[1]**ふきょ【不許】**〈名〉許可しないこと。例不許複製。

[1]**ふきょう【不況】**〈名〉景気がわるいこと。対好況。類不景気。

[2]**ふきょう【不興】**〈名〉おもしろくないこと。きげんがわるいこと。例不興を買う。

不興を買《か》**う** 親や目上の人の、きげんをそこねる。「ご不興をこうむる」ともいう。

[3]**ふきょう【布教】**〈名・する〉宗教の教えをひろめること。類伝道。

[4]**ふきょう【富強】**〈形動〉富んでいて、いきおいもつよい。国家の状態をいうことが多い。

ぶきよう【不器用・無器用】〈名・形動〉❶手先を使ってすることが、へたくそなこと。例不器用な手つき。対器用。類ぶきっちょ。❷ものごとをうまくスムーズにすすめることができないこと。

ぶぎょう【奉行】〈名〉〔歴史〕武家の職名。江戸《えど》幕府では、政務を分担してつかさどり、寺社奉行・勘定《かんじょう》奉行・町奉行の三奉行などがあった。

ふぎょうせき【不行跡】〈名・形動〉ふだんの行ないに、人から非難されるところが多くあること。類不行状。ふしだら。不始末。

ふぎょう（▼俯仰）てんち（天地）には（恥）じず 自分の行動をかえりみて、少しもやましいところがない。

ふきょうわおん【不協和音】〈名〉二つ以上の音が調和しないで、耳ざわりな音であること。

表現 協調していくべき団体や人のあいだが、うまくいかないような場合にも、「不協和音がある」などという。

[1]**ぶきょく【部局】**〈名〉会社や官庁で、事務を分担する、局・部・課などをまとめていうことば。

[2]**ぶきょく【舞曲】**〈名〉おどりのための曲。おどりのリズムを使って作曲された曲。

ふきよせ【吹き寄せ】〈名〉❶笛などを吹いて、動物などをよび集めること。例小鳥の吹き寄せ。❷いろいろなものをよせ集めること。また、集めたもの。

表現 ②は、つくだにや菓子《かし》、また、寄席《よせ》で演じる音曲《おんぎょく》などについていう。

ふぎり【不義理】〈名・形動〉❶義理にそむいた行ないをすること。例不義理をかさねる。❷借金を返さないこと。

ぶきりょう【不器量・無器量】〈名・形動〉顔かたちが美しくないこと。例不器量な人。類不細工。

[1]**ふきん【布巾】**〈名〉食器をふくためのきれ。類ダスター。アフキン

[2]**ふきん【付近・附近】**〈名〉ある場所の近く。例家の付近。付近一帯。類あたり。近所。近辺。アフキン

ふきんこう【不均衡】〈名〉二つのもののあいだのつりあいがとれていないこと。アンバランス。例不均衡をただす。貿易の不均衡。

ふきんしん【不謹慎】〈形動〉言うことやすることにつつしみがなく、態度がわるい。例不謹慎なふるまい。不謹慎な態度。不謹慎きわまる。

常用漢字 ふく

【伏】 亻部4 全6画 伏伏伏伏伏伏

フク ふせる・ふす 音［フク］ ◩伏線《ふくせん》。伏兵《ふくへい》。 ◪起伏《きふく》。降伏《こうふく》。潜伏《せんぷく》。平伏《へいふく》。雌伏《しふく》。 訓❶［ふせる］伏せる。うつ伏せ。❷［ふす］伏す。ひれ伏す。

【服】 月部4 全8画 ※服服服服服

フク 教小3 音［フク］ ◩服装《ふくそう》。服従《ふくじゅう》。服役《ふくえき》。服用《ふくよう》。 ◪衣服《いふく》。洋服《ようふく》。感服《かんぷく》。着服《ちゃくふく》。

【副】 刂部9 全11画 副副副副副

フク 教小4 音［フク］ ◩副業《ふくぎょう》。副賞《ふくしょう》。副作用《ふくさよう》。副題《ふくだい》。副議長《ふくぎちょう》。 ◪正副《せいふく》。

【幅】 巾部9 全12画 幅幅幅幅幅

フク はば 音［フク］ ◩幅員《ふくいん》。 ◪紙幅《しふく》。振幅《しんぷく》。拡幅《かくふく》。 訓［はば］幅。幅跳び。横幅。

【復】 彳部9 全12画 復復復復復

フク 教小5 音［フク］ ◩復旧《ふっきゅう》。復元《ふくげん》。復職《ふくしょく》。復活《ふっかつ》。復習《ふくしゅう》。復唱《ふくしょう》。 ◪往復《おうふく》。回復《かいふく》。報復《ほうふく》。

【福（福）】 衤部9 全13画 福福福福福

フク 教小3 音［フク］ ◩福祉《ふくし》。福音《ふくいん》。福袋《ふくぶくろ》。福耳《ふくみみ》。 ◪幸福《こうふく》。祝福《しゅくふく》。裕福《ゆうふく》。至福《しふく》。

【腹】 月部9 全13画 腹腹腹腹腹

フク はら 教小6 音［フク］ ◩腹痛《ふくつう》。腹部《ふくぶ》。腹案《ふくあん》。腹心《ふくしん》。腹話術《ふくわじゅつ》。 ◪切腹《せっぷく》。満腹《まんぷく》。立腹《りっぷく》。山腹《さんぷく》。 訓［はら］腹。腹芸。腹違い。腹黒い。腹立たしい。太鼓腹。太っ腹。横腹。

【複】 衤部9 全14画 複複複複複

フク 教小5 音［フク］ ◩複数《ふくすう》。複合語《ふくごうご》。複写《ふくしゃ》。複製《ふくせい》。複線《ふくせん》。複雑《ふくざつ》。 ◪重複《ちょうふく》。

【覆】 襾部12 全18画 覆覆覆覆覆

フク おおう・くつがえす・くつがえる 音［フク］ ◩覆面《ふくめん》。覆水《ふくすい》（盆《ぼん》に返らず）。 ◪被覆《ひふく》。転覆《てんぷく》。 訓❶［おおう］覆う。覆い。覆いかぶさる。❷［くつがえす］覆す。❸［くつがえる］覆る。

[1]**ふ・く【吹く】**〈動五〉❶空気が流れ動く。例風が吹く。風に吹かれる。❷すぼめた口や、口にあてた細いものをとおして息をいきおいよくだす。例炭を吹いて赤くする。火吹き竹。❸息をだして楽器を鳴らす。例笛を吹く。❹内部にあるものを、いきおいよく外にだす。また、そのような感

ベルリオーズ（1803〜69） フランスの作曲家。作品に「幻想交響曲」「ローマの謝肉祭」など。

じでおもてにだす。例芽を吹く(=だす)。あわを吹く。こなを吹く(=表面にこながついたようになる。たとえば、干しがきなど)。❺金属やガラスなどをとかして、あるかたちのものをつくる。例鐘《かね》を吹く。▽アフク

表現「ほらを吹く」は、もともと、ほら貝を吹くことであるが、それが、おおげさな話をすることをいうようになり、さらに、「あの人がまた吹いているな」のように、「吹く」だけでもその意味を表わすようになった。

[2]**ふ・く【噴く】**〈動五〉気体や液体状のものを、いきおいよくだす。例火を噴く。潮《しお》を噴く。アフク

表現「ふきだす」といえば、がまんできないで笑いだすことをいう。「ふく」だけでもその意味で使う。

[3]**ふ・く【拭く】**〈動五〉よごれや水分などをとりさるために、布や紙などでこする。例ガラスを拭く。あせを拭く。拭きそうじ。類ぬぐう。アフク

[4]**ふ・く【▼葺く】**〈動五〉材料を重ねるようにならべて屋根をつくる。例かわらで屋根をふく。アフク

参考屋根のふき方には、かわらぶき・かやぶき・わらぶき・草ぶき・板ぶき・スレートぶき・トタンぶきなどがある。

[5]**ふく【服】**〈名〉からだをおおう衣類。とくに、下着でない、外がわに着るもの。例服を着る。服をぬぐ。夏の服。セーラー服。宇宙服。アフク」

[6]**ふく【副】**〈名〉主であるものに対して、補助または予備となるもの。例議長は正と副の計二名を選ぶ。副社長。副操縦《そうじゅう》士。対正。アフク」

[7]**ふく【福】**〈名〉しあわせ。とくに、お金やものにめぐまれていること。幸運なできごと。例笑う門《かど》には福きたる(→「わらう」の子項目)。わざわいを転じて福となす(→「わざわい」の子項目)。残りものには福がある(→「のこりもの」の子項目)。対禍《か》。アフク」

[8]**ふく【複】**〈名〉「ダブルス」のこと。対単。アフク」

[9]**ふく【幅】**〈接尾〉壁《かべ》にかけた掛《か》け軸《じく》などを数えることば。

[1]**ふぐ【▽河▽豚】**〈名〉海にすむ魚の一種。口が小さく、歯がするどい。敵にあうと水や空気をすって腹をふくらませる。内臓に毒のあるものが多い。さしみや、なべものなどにして食べる。一大集積地として、山口県の下関《しものせき》は有名。例ふぐにあたる(=中毒する)。

[2]**ふぐ【不具】**〈名〉からだの一部に外から見てわかる障害があること。差別的な言いかた。

ふぐあい【不具合】〈名・形動〉具合がよくないこと。具合の悪いところ。例不具合を直す。不具合な点が見つかる。類不調。

ふくあん【腹案】〈名〉まだ発表しないで、心の中にもっている考えや計画。例腹案をねる。

ふくい【腹位】〈名〉⇩ウエスト

ふくいく【▼馥▼郁】〈副・連体〉よいかおりがただようようす。例馥郁たるかおり。馥郁とした室内。

[1]**ふくいん【幅員】**〈名〉道路や船などの、横幅《よこはば》。例幅員がせまい。

[2]**ふくいん【復員】**〈名・する〉戦争が終わって、兵士たちが軍隊の任務をとかれて家にもどること。

[3]**ふくいん【福音】**〈名〉❶心配ごとやなやみを解決するような、うれしい知らせ。❷〔宗教〕キリスト教で、キリストによって、救いようもないふかい罪をもつ人間が救われるのだ、という知らせ。例福音書。

ふくいんしょ【福音書】〈名〉新約聖書のうち、キリストの一生を描《えが》きながらその教えをつたえる部分。マタイ伝・マルコ伝・ルカ伝・ヨハネ伝と四つあるので、合わせて四福音書という。

ふぐう【不遇】〈名・形動〉才能や能力がありながら、世間にみとめられないで、しかるべき地位や身分をえられないこと。例不遇をかこつ。不遇に終わる。

ふくえき【服役】〈名・する〉❶罪をおかした人が、刑《けい》に服すること。類服罪。❷兵隊にとられ、軍の仕事をすること。

ふくえん【復縁】〈名・する〉離縁《りえん》した者どうしが、またもとの関係にもどること。例復縁をせまる。

ふくが【伏▼臥】〈名・する〉腹を下にして、うつぶせに寝《ね》ること。対仰臥《ぎょうが》。→おうが表現

ふくがく【復学】〈名・する〉停学中や休学中の学生や生徒が、ゆるされたり、病気がなおったりして、またもとの学校にもどること。

ふくがん【複眼】〈名〉〔動物〕小さな目がハチの巣のようにたくさんより集まって、全体として一つの目のようになっているもの。昆虫《こんちゅう》類や甲殻《こうかく》類などの節足動物にふつう一対《いっつい》ある。対単眼。

表現ものごとをいろんな視点から考えることを、「複眼的な思考」という。

ふくぎょう【副業】〈名〉本業のあいまにしている、ほかの仕事。サイドワーク。サイドビジネス。対本業。

ふくげん【復元・復原】〈名・する〉もとの状態にもどすこと。もどること。例自然環境《かんきょう》を(が)復元する。復元力。復元図。類復する。

ふくごう【複合】〈名・する〉二つ以上のものがむすびついて、新しいひとつのものになること。例複合語。

ふくこうかんしんけい【副交感神経】〈名〉交感神経と対《つい》になって自律神経を構成している神経。

参考交感神経とバランスをたもちながらはたらく。たとえば、胃腸の消化は、交感神経のはたらきの方が強くなると不消化になって便がやわらかくなり、副交感神経のはたらきの方が強くなると消化しすぎて便がかたくなる。

ふくごうご【複合語】〈名〉二つ以上のことばがむすびついて、一つの単語となっているもの。「雪」と「ふかい」で「雪ぶかい」、「松」と「林」で「松林」など。対単純語。→囲み記事55(1246ページ)

ふくごうどうし【複合動詞】〔文法〕複合語のうち、二つの動詞が組み合わさって、または、形容詞や名詞のあとに動詞が続いて一つの動詞となったもの。「泣きだす」「飛びあがる」「見送る」「近づく」「長びく」「大きすぎる」「横ぎる」「手つだう」など。

ふくさ【▼袱▼紗】〈名〉絹でつくった小さなふろしき。おくりものをつつんだり、茶道《さどう》で、茶器をふくのに使う。

ふくざつ【複雑】〈名・形動〉いろいろなことがからみあっていて、ややこしいこと。例複雑な構造。すなおに喜べない複雑な気持ち。複雑怪奇《かいき》。対単純。簡単。

ふくざつこっせつ【複雑骨折】〈名〉折れた骨が皮膚《ひふ》をやぶって外から見えるもの。

ふくさよう【副作用】〈名〉薬の作用のうち、本来の目的以外にひきおこす有害な作用。例副作用がある。対主作用。

ふくさんぶつ【副産物】〈名〉ものの生産過程で生まれる、別の役にたつもの。たとえば、石炭ガスをつくるときにできるコールタールなど。対主産物。

[1]**ふくし【副詞】**〔文法〕品詞の分類の一つ。自立語で活用がなく、おもに用言《ようげん》(=動詞・形容詞・形容動詞)を修飾《しゅうしょく》するために使われる。名詞や他の副詞を修飾する

ふ

こともある。「さっさと」「ゆっくり」「やや」「いっそう」「たぶん」「まさか」など。 ア フクシ

ふくし【福祉】〈名〉❶生活上の基本的な欲求《よっきゅう》が満たされ、身の安全をおびやかされることもない状態。 例 個人の自由は、公共の福祉に反しないかぎりにおいて保障《ほしょう》されている。❷「社会福祉」のこと。 例 福祉国家。児童福祉制度。 ▽ ア フクシ

ふくじ【服地】〈名〉洋服をつくるための布。

ふくしき【複式】〈名〉二つ以上のものが組み合わされてひとつになったもの。 例 複式火山。

ふくしきかざん【複式火山】〈名〉〔地学〕火口の中に、別に新しく火山が生じた二重式の火山。三重以上のものもある。阿蘇《あそ》山など。

ふくしきこきゅう【腹式呼吸】〈名〉横隔膜《おうかくまく》を伸縮《しんしゅく》させながらする深い呼吸。

ふくじてき【副次的】〈形動〉主となるものごとにともなう。 例 副次的な問題。 対 本質的。 類 二次的。

ふくしゃ【複写】〈名・する〉❶機械などを使って書類や図面などをそのまま写しとること。コピー。 例 複写機。❷書類などを二枚以上いっしょにつくること。 例 複写紙。

ふくしゃ【▼輻射】〈名・する〉〔物理〕⇩ほうしゃ①

ふくしゅう【復習】〈名・する〉習ったことをくりかえして勉強すること。 対 予習。 類 おさらい。

ふくしゅう【復▼讐】〈名・する〉自分をひどい目にあわせた相手にしかえしをすること。 例 復讐の鬼《おに》。復讐の念。 類 仇《あだ》うち。敵《かた》うち。報復。

表現 「しかえし」には、「きのうのしかえし」といって別れぎわに相手のせなかをたたいてにげる程度のかるいしかえしもあるが、「復讐」となると深刻で、相手に決定的打撃《だげき》をあたえて破滅《はめつ》させるような場合をいう。

ふくじゅう【服従】〈名・する〉おとなしく、人の言うことにしたがうこと。 例 命令に服従する。 対 反抗《はんこう》。

ふくしゅうにゅう【副収入】〈名〉副業や、仕事以外の手段によって得る収入。

ふくじゅそう【福寿草】〈名〉北方の山地に生え、また庭や鉢《はち》にもうえる草花の一種。多年草。早春、黄色の花をつける。めでたい花とされ、正月のかざりにも使う。

ふくしょう【副賞】〈名〉正式の賞にそえておくられる賞品や賞金。 対 正賞。

ふくしょう【復唱】【復▼誦】〈名・する〉聞いたことを、その場で聞いたとおりに言ってみること。言ったことがまちがいなく伝わったかどうかをたしかめるためにさせる。

ふくしょく【服飾】〈名〉衣服やアクセサリー。 例 服飾デザイナー。

ふくしょく【副食】〈名〉食事のとき、パンやご飯などといっしょに食べる、汁《しる》もの以外の食べもの。 例 副食費。 対 主食。 類 おかず。

ふくしょく【復職】〈名・する〉いちどやめた人や、長く休んでいた人が、もとの職にもどること。

ふくじょし【副助詞】〔文法〕助詞の分類の一つ。他のことばについて、そのことばをとりたてて強調するなどのはたらきをもつ。「は」「も」「さえ」「ばかり」など。

ふくしん【腹心】〈名〉心から信頼《しんらい》できる部下。目下の人をいうのがふつう。 例 腹心の部下。 類 片腕《かたうで》。股肱《ここう》。右腕。

ふくじん【副腎】〈名〉左右の腎臓の上にある内分泌《ぶんぴつ》器官。ホルモンをだしている。

ふくじんづけ【福神漬け】 ダイコン・ナス・レンコン・ショウガなどをきざんで塩漬けにしたあと、みりんじょうゆで煮《に》つめた漬物。カレーライスによく添える。 参考 「福神」は七福神からで、七種の材料を用いたことから。

ふくすい(覆水)ぼん(盆)にかえ(返)らず やってしまったことを、やる前の状態にもどすことはできない。 類 とりかえしがつかない。後悔《こうかい》先に立たず。 由来 中国の古代の賢人《けんじん》太公望《たいこうぼう》が若いとき不遇《ふぐう》だったので、妻が去った。出世してから、妻がもどりたいと言ってきたときに、盆(=浅手《あさで》の鉢《はち》のこと)から水を地面にこぼして、これがもどせたらもどりなさい、と言ったという故事から。

ふくすう【複数】〈名〉❶二つ以上の数。❷ふたり以上の人、または二つ以上のものを表わすためのことばの形。たとえば、英語で book に対する books など。 対 単数。

ふくすけ【福助】〈名〉幸福をまねくという人形。背が低くて頭の大きい男が、ちょんまげ・かみしも姿で正座している形のもの。

ふく・する【服する】〈動サ変〉したがう。 例 刑《けい》に服する。命《めい》に服する。喪《も》に服する。

ふく・する【復する】〈動サ変〉もとの状態にもどる。もとの状態にもどす。 例 旧に復する。正常に復する。 類 復元する。復旧する。

ふくせい【複製】〈名・する〉美術品や録音、書物などで、原作とそっくりのものを別につくること。また、そのもの。コピー。 例 複製画。 類 レプリカ。ダビング。 参考 ものの複製を禁止するときは、「不許複製」と表示する。

ふくせん【伏線】〈名〉〔文学〕物語で、あとで起こるできごとに思いがけずつながるように、それとなくしかけられた描写《びょうしゃ》。 例 伏線を張る。伏線を敷《し》く。…が伏線になっていた。

ふくせん【複線】〈名〉鉄道の線路で、上り用と下り用の二つをならべてしいたもの。 対 単線。 ↓ふくふくせん

ふくそう【服装】〈名〉着ている衣服。また、そのようす。 例 服装を正す。服装を整える。 類 身なり。よそおい。 ア フクソー

ふくそう【副葬】〈名・する〉生前の愛用品や祭具などを遺体《いたい》にそえて埋葬《まいそう》すること。 例 副葬品。 ア フクソー

ふくそう【福相】〈名〉いかにも財産にめぐまれているようなゆたかな感じの顔つき。 対 貧相。 ア フクソー

ふくそう【▼輻▼輳】〈名・する〉ものごとが一時に集中してひどく混雑すること。 例 年末は事務が輻輳する。 類 ラッシュ。たてこむ。 ア フクソー

ふくぞうな・い【腹蔵ない】〈形〉心の中にかくしているものがない。 例 腹蔵なく話す。どうぞ腹蔵なくおっしゃってください。

ふくだい【副題】〈名〉書物や論文などの表題のわきにそえた題。サブタイトル。

ふくだいじん【副大臣】〈名〉内閣府と各省の中で大臣に次ぐ地位。大臣の命令をうけて仕事の内容とやりかたをきめ、大臣が不在のときに代わりをつとめる。

ふぐたいてん【不▼倶戴天】〈名〉生かしておけないと思うほどにくむ気持ち。 例 不倶戴天の敵。

表現 読みくだせば「ともに天をいただかず」で、同じ空のもとに生きてはいられない、という気持ちをいう。

由来 儒教《じゅきょう》の経典《けいてん》『礼記《らいき》』の中のことば。

ふくちょう【復調】〈名・する〉からだの調子がもとにもどること。 例 復調いちじるしい。

ふくつ【不屈】〈形動〉どんな障害があってもくじけない

ヘレン=ケラー(1880～1968) アメリカの女性。重い障害を乗り越え身体障害者の福祉事業に尽力。

で、自分の思ったことをやりとげるようす。例不屈の精神。不撓《ふとう》不屈。

ふくつう【腹痛】〈名〉おなかがいたむこと。類はらいた。

ふくどく【服毒】〈名・する〉毒をのむこと。例服毒自殺。

ふくどくほん【副読本】〈名〉学校で、教科書ではないが、教科に関係がふかく、勉強のたすけとして使う本。

ふくとしん【副都心】〈名〉大都市で、都心の機能の一部を分担する地区。都心と郊外《こうがい》をむすぶ交通のターミナルに位置することが多い。

ふくのかみ【福の神】〈名〉幸運をもってきてくれる神。例福の神がまいこむ。対貧乏《びんぼう》神。厄病《やくびょう》神。

ふくはい【腹背】〈名〉おなかとせなか。まえとうしろ。例腹背に敵をうけて苦戦する。

ふくびき【福引き】〈名〉くじを引かせて景品などをあたえること。また、そのくじ。

ふくぶ【腹部】〈名〉おなか。例腹部の切開手術。

ふくぶくし・い【福福しい】〈形〉顔のかたちがまるく、おだやかで、いかにもゆたかな感じだ。

ふくふくせん【複複線】〈名〉鉄道で、複線を二組みならべてしいた線路。

ふくぶくろ【福袋】〈名〉正月の初売りなどで、いろいろな商品を入れて割安にして売り出す袋。

ふくぶん[1]【副文】〈名〉条約や契約《けいやく》書の正文のあとにそえられる短い文章。手紙の本文のあとにそえられる追伸《ついしん》の文。

ふくぶん[2]【複文】〈名〉〔文法〕「ゆうべ雪がたくさん降ったので、けさぼくらは雪だるまを作った」のように、文を作っている部分の中に主語と述語の関係がふくまれている文。→たんぶん〔単文〕・じゅうぶん〔重文〕①

ふくべ〖▼瓠・▼匏〗〈名〉❶〔植物〕ユウガオの一変種で、一年草。果実からかんぴょうをつくり、また、なかみを出して果皮を花器などとする。❷⇩ひょうたん②

ふくへい【伏兵】〈名〉敵を待ちぶせしている軍勢。

表現 思いもかけなかった競争者や障害の意味でも使う。

ふくぼく【副木】〈名〉⇩そえぎ②

ふくほん【副本】〈名〉❶原本の写し。❷正本の予備として同一内容を記した文書。

ふくまく【腹膜】〈名〉腹のうちがわや、内臓の表面をおおっているうすい膜。例腹膜炎。

ふくまでん【伏魔殿】〈名〉悪人どもがたむろして、いろいろな悪事をたくらんでいるところ。

ふくまめ【福豆】〈名〉節分のときにまく、いり豆。

ふくみ【含み】〈名〉ことばで直接さし示してはいないが、微妙《びみょう》な言いまわしによって、発言者が伝えようとしている意図や内容。例含みのある発言。

ふくみごえ【含み声】〈名〉口の中に音がこもっているような声。

ふくみみ【福耳】〈名〉❶耳たぶの大きな耳。幸福になるしるしといわれる。❷印刷用の紙が、かどの折れた状態で裁断《さいだん》されていること。ひろげると外にとび出た形になる。本や雑誌のページ、紙幣《しへい》にまれにある。

ふくみわらい【含み笑い】〈名〉口をとじたまま、声をださずに笑うこと。

ふく・む[1]【含む】〈動五〉❶かんだり飲みくだしたりせず、口の中に入れたままにしておく。例口に水を含む。❷あるものの中に、別のものも入っている。例塩分を含んだ水。❸中の方につつみこむようにしてもつ。例水分を含む。含むところがある。▽アフクム

表現「顔に笑《え》みを含む」「うれいを含んだまなざし」などは、含んでいるものが外から見てわかる場合である。「このことばには深い意味が含まれている」という場合には、はじめは、含まれたものがわからないかもしれない。また、「この辺の事情をお含みおきください」というときの「含む」は、本人が「心得ている」ということである。

含むところがある おもてには出さないが、心の中で悪意をもっている。

ふくむ[2]【服務】〈名・する〉つとめである仕事につくこと。例服務規程。類勤務。アフクム

ふくめい【復命】〈名・する〉命令されてしたことの結果を、命令した人に報告すること。

ふく・める【含める】〈動下一〉❶中へ入れて、いっしょにする。例本代を含めて三千円かかった。❷相手がじゅうぶんに納得《なっとく》するように、そうする事情やわけをよく言い聞かせる。例言い含める。噛《か》んで含める。

ふくめん【覆面】〈名・する〉顔を布などでつつんでかくすこと。また、そのおおい。

表現 直接に顔をつつみかくすこと以外に、「覆面作家」のように、名前をかくす場合や、「覆面パトカー」のように、正体をかくすときにも使われる。

ふくも【服喪】〈名・する〉近親者がなくなったとき、ある一定の期間、祝いの行事などに加わらないで、身をつつしむこと。喪に服すること。

ふくよう[1]【服用】〈名・する〉くすりを飲むこと。類服薬。内服。

ふくよう[2]【複葉】〈名〉❶〔植物〕数枚の小葉からできている葉。バラ・フジ・ナンテンなどにみられる。❷飛行機で、主翼《しゅよく》が上下二枚のもの。▽対単葉。

ふくよか〈形動〉いかにもやわらかそうに ふっくらとしている。例ふくよかな胸。

ふくらしこ【膨らし粉】〈名〉パンやケーキをつくるときに、ふくらませるために入れる粉。ベーキングパウダー。

ふくらはぎ〖▼脹ら▼脛〗〈名〉すねのうしろがわの、肉のついている部分。類こむら。こぶら。

参考「はぎ」とは、すねのこと。

ふくらま・せる【膨らませる】〈動下一〉ふくらむようにする。ふくらます。例ほおを膨らませる。風船を膨らませる。

ふくらみ【膨らみ】〈名〉全体がふっくらともり上がっていること。例胸のふくらみ。

ふくら・む【膨らむ】〈動五〉ふくれて大きくなる。例希望が膨らむ。つぼみが膨らむ。対しぼむ。

ふくり[1]【福利】〈名〉ある集団の成員にもたらされる幸福と利益。例国民としての福利を享受《きょうじゅ》する権利。企業《きぎょう》の福利厚生《こうせい》制度。

ふくり[2]【複利】〈名〉預金《よきん》などで、一定の期間ごとに付く利子《りし》を元金《がんきん》にくり入れ、その合計額を次の期間の元金として、利子を計算すること。対単利。

参考 たとえば、一万円を年利一%の複利で預金《よきん》したとき、二年目の元金は一万一〇〇円、利子は一〇一円となり、期間が長くなるごとに預金が雪だるま式に増えていく。アインシュタインが「人類最大の発明」と言ったという。

ふくりゅうえん【副流煙】〈名〉火のついたたばこの先から出る煙《けむり》。主流煙よりも有害な物質が多くふくまれる。対主流煙(=たばこを吸う人が吸いこむ煙)。

ふくれっつら【膨れっ面】〈名〉ほおをふくらませ

 ペロー(1628~1703) フランスの詩人・童話作家。民話をもとに童話を書いた。「シンデレラ」など。

て、不満やふきげんなどの気持ちを表わした表情。

ふく・れる【膨れる】〈動下一〉❶中からおされるような感じで、外がわにもり上がって、大きくなる。例腹が膨れる。もちが膨れる。膨れ上がる。類ふくらむ。❷むっとして、ふきげんな顔になる。例そうふくれてばかりいるなよ。類むくれる。

1 **ふくろ【袋】**〈名〉❶布や紙、革《かわ》などをはり合わせてつくった入れもの。例袋につめる。袋入り。手さげぶくろ。❷「①」に似《に》たもの。例胃ぶくろ。戸ぶくろ。❸ミカンなどの果肉をつつむうすい皮。▽アフクロ」

表現 ①は、中身が入っていないものは一枚二枚と数えるが、入っているものは一袋《ひとふくろ》二袋《ふたふくろ》と数える。セメントや石灰《せっかい》などが入った大きなものは一袋《いったい》二袋《にたい》と数える。

袋のねずみ 追いつめられて、にげ場がない状態。

2 **ふくろ【復路】**〈名〉帰るときに通る道。対往路。類帰路。アフクロ

ふくろう【▼梟】〈名〉猛禽《もうきん》の一種。茶色で頭と目が大きい。木の穴などにすみ、夜行性で、ネズミやモグラなどをとらえて食べる。→みみずく

参考 「不苦労」にかけて、縁起《えんぎ》ものにかたどられる。

ふくろくじゅ【福▼禄寿】〈名〉七福神のひとり。背が低くて頭が長く、ひげも長い。福と禄(=富)と寿命の三つの徳をそなえるという。福禄人。福禄神。→しちふくじん 絵

ふくろこうじ【袋▽小路】〈名〉行きどまりになっている、家と家のあいだのせまい道。

表現 「袋小路におちいる」で、ものごとがいきづまって、どうにもならなくなることをいう。

ふくろだたき【袋だたき】〖袋▼叩き〗〈名〉ひとりをおおぜいでよってたかって、さんざんになぐること。みんなでさんざんに非難したり、攻撃《こうげき》したりすること。例袋だたきにする。袋だたきにあう。

ふくろとじ【袋とじ】〖袋▼綴じ〗〈名〉製本の方法の一つ。文字のある方を表にして二つに折り、何枚か重ねて、折り目とは反対がわを糸を使ってとじるやりかた。

ふくろもの【袋物】〈名〉手さげ袋や信玄《しんげん》袋、財布《さい》など、布でできた和風の物入れのこと。

ふくわじゅつ【腹話術】〈名〉くちびるを動かさずに声をだし、別の人や人形などが話しているように見せる術。

ふくん【夫君】〈名〉目下《めした》の女性に向かって、その夫をうやまっていうことば。

ぶくん【武勲】〈名〉戦争における功績。武功。例武勲をたてる。

ふけ〈名〉頭のひふにできるうろこ状の白いもの。ひふのかすで、自然にはがれてとれる。例ふけが出る。

ぶけ【武家】〈名〉❶武士としての家がら。対公家《くげ》。❷武士。さむらい。▽→ぶし〔武士〕参考

武家の商法《しょうほう》 お高くとまっているばかりで、商売がひどくへたなこと。類殿様《とのさま》商法。

1 **ふけい【父兄】**〈名〉学校に行っている子どもの保護者。対子女。子弟。アフケー

2 **ふけい【父系】**〈名〉❶父かたの血すじ。❷父かたの血すじを基準にして、家の相続なども父からむすこへと行なわれること。例父系家族。▽対母系。アフケー

3 **ふけい【不敬】**〈名・形動〉皇室や社寺に対して、うやまう気持ちがなくて、失礼なふるまいをすること。アフケー

ぶげい【武芸】〈名〉弓ややり、剣道《けんどう》や馬術など、武士が身につけていなくてはならないわざ。武術。類武道。

ふけいき【不景気】〈名・形動〉❶生産したものがあまり売れず、産業界に活気がないこと。対好景気。類不況《ふきょう》。❷店などが繁盛《はんじょう》しないこと。❸しずみこんで、元気がないこと。例不景気な顔。

ふけいざい【不経済】〈名・形動〉お金や労力などをむだに使うこと。対経済的。類非経済的。

ふけこ・む【老け込む】〈動五〉すっかり年をとってしまったような感じだ。例めっきり老け込む。類老い込む。

ふけつ【不潔】〈形動〉よごれていてきたない。例不潔な手。不潔な身なり。対清潔。きれい。

表現 「不潔な金《かね》」「不潔な話は聞きたくない」など道徳的にゆるせない感じを「不潔」で表わすことがある。

ふけやく【老け役】〈名〉演劇などの、老人の役。老人を演じる、まだ老人とはいえない年齢《ねんれい》の俳優。

1 **ふ・ける【老ける】**〈動下一〉年をとった感じが、顔やからだにあらわれる。例父もめっきり老けた。類老いる。

表現 同じく年をとる意味でも、「老いる」は高齢《こうれい》の人についてだけいい、「老ける」は、「三十歳《さい》なのに、年よりずいぶん老けて見える」のように若い人についてもいう。

2 **ふ・ける【更ける】**〖▽深ける〗〈動下一〉❶夜になってから、かなりの時間がたつ。夜がふかくなる。例夜も更けてまいりました。❷秋に入ってから、かなりの日数がたつ。秋がふかまる。例秋も更け、すずしさをましました。

表現 ②は、秋だけについていい、春・夏・冬について「更ける」とはいわない。

3 **ふけ・る【▼耽る】**〈動五〉ほかのことを忘れるほど、一つのことにむちゅうになる。例思い出にふける。読書にふける。読みふける。類没頭《ぼっとう》する。熱中する。

4 **ふ・ける【▽蒸ける】**〈動下一〉むされて熱が中までとおり、食べられる状態になる。例いもがふける。

5 **ふ・ける**〈動下一〉さぼってにげる。俗《ぞく》な言いかた。例授業をふける。

ふけん【父権】〈名〉❶父親が家族をまとめていくためにもつ、強い指導権。例父権の回復。父権が弱まる。❷父親としての権利。対母権。

ふげん【付言】〈名・する〉あとからつけ加えて言うこと。また、そのことば。例付言すれば…。

ふけんこう【不健康】〈形動〉❶からだが健康でないようす。また、健康にとってよくないようす。例夜ふかしは不健康だ。❷あまりほめられたことではないようす。例不健康な考え。▽対健康。健康的。類不健全。

ふけんしき【不見識】〈名・形動〉考えがたりなくて、いいかげんであること。また、そのために判断をまちがえること。

ふげんじっこう【不言実行】〈名〉りくつをこねたり、軽はずみなことを言ったりしないで、よいと思うことや、するべきことを、だまって実行すること。対有言実行。

ふけんぜん【不健全】〈形動〉❶からだが健康ではない。❷欠点やかたよりがあって、不安定である。例不健全きわまる。不健全な考え。▽対健全。類不健康。

1 **ふこう【不幸】** 一〈名・形動〉つらく悲しい状態にあること。例不幸な一生。不幸をなげく。対幸福。類不幸せ。不運。二〈名〉親や兄弟など、身近な人の死。例不幸がある。とつぜんの不幸。

不幸中《ちゅう》の幸《さいわ》い 不幸のまっただなかにあって、ただ一つなぐさめになることがら。類せめてもの救い。

2 **ふこう【不孝】**〈名・形動〉親をたいせつにしないで、心配や苦労ばかりさせること。例親不孝。対孝行。

[1]**ふごう【負号】**〈名〉〔数学〕負の数を表わす符号。「－」で表わす。マイナス。対正号。

[2]**ふごう【符号】**〈名〉文章や数式の中などで、あるきまりを示す、文字以外の記号。「＋」「－」など。

[3]**ふごう【符合】**〈名・する〉二つのものごとの内容がぴったり合うこと。例目撃者の話と符合する。

[4]**ふごう【富豪】**〈名〉たくさん財産のある人。例大富豪。類大金持ち。金満家。長者。資産家。

ふこうへい【不公平】〈名・形動〉人やものごとのあつかいかたが一方にかたよっていて、公平でないこと。例不公平な待遇《たいぐう》。対公平。類不平等。公平を欠く。

ふごうり【不合理】〈名・形動〉ちゃんとしたすじ道がたっていないこと。合理的でないこと。対合理的。類非合理。理不尽《りふじん》。不条理。矛盾《むじゅん》。

ふこく【布告】〈名・する〉国家がその方針を公式に知らせること。例宣戦布告。

ふこくきょうへい【富国強兵】〈名〉国をゆたかにし、強い軍隊をもって国力を発展させること。とくに明治政府がとなえた、近代国家を建設するための基本目標。

ぶこくざい【▼誣告罪】〈名〉わざと事実とちがうことを申したてて、人を罪におとしいれようとしたことによる罪。

ふこころえ【不心得】〈名・形動〉感心できない心がけ。例不心得をさとす。不心得者《もの》。

ぶこつ【武骨】〈形動〉人の態度やようすが、ごつごつしていて、なめらかさや、スマートさがない。例武骨な手。武骨者《もの》。類無粋《ぶすい》。

ふさ【房】『▽総』〈名〉❶たばねてある糸などの、先の部分をばらばらにしてあるところ。❷花や実《み》などがまとまってたくさんついているもの。例ぶどうの房。花房。

ブザー〈名〉よびだしや警報などの合図に使う、「ブー」と鳴る装置。◇buzzer

[1]**ふさい【夫妻】**〈名〉「夫婦《ふうふ》」の改まった言いかた。

表現「山田氏夫妻」のように人名のあとにつけて使うことが多い。ていねいにいうときは、「先生ご夫妻」のように、「ご」をつけて使う。「夫婦」の場合は、「鈴木夫婦」は一般《いっぱん》的な言いかたで、鈴木さんに直接いうのは失礼にあたり、「鈴木さんご夫婦」のようにいうのがふつう。

[2]**ふさい【負債】**〈名〉ある程度まとまった借金。例負債を負う。負債をかかえる。負債総額。

ふざい【不在】〈名〉❶ものが存在しないこと。例国民不在の(＝国民を無視した)政治。❷今そこにいないこと。例不在者投票。不在証明。類留守。

ぶさいく【不細工・無細工】〈名・形動〉❶ものをつくったりするのがへたなこと。また、そのつくったもののできがひどいこと。例不細工な作り。❷顔かたちがととのっていないこと。例不細工な顔。類不器量。

ふざいしゃとうひょう【不在者投票】〈名〉選挙で、入院患者《かんじゃ》など、自宅以外の場所にずっといる人が、その場所で、または郵送によって、あらかじめ投票をすること。→きじつまえとうひょう

ふさが・る【塞がる】〈動五〉❶あいている部分がくっつく。物がかぶさって空間がなくなる。例穴が塞がる。傷口が塞がる。目が塞がる。類しまる。❷途中《とちゅう》に何かがつまって、通れなくなる。例道が塞がる。胸が塞がる。類つまる。❸ほかの用途で占《し》められている。例席が塞がる。手が塞がる。あいにくその日は塞がっていて、お会いできません。▽対あく。

ふさぎこ・む【塞ぎ込む】〈動五〉うまくいかないことがあって、気持ちがひどくおちこむ。

ふさく【不作】〈名〉農作物のできがわるいこと。対豊作。類凶作《きょうさく》。

ふさ・ぐ【塞ぐ】〈動五〉❶あいているところになにかをつめたりかぶせたりして、とじる。例穴を塞ぐ。口を塞ぐ。耳を塞ぐ。対あける。❷物を置いて使用をさまたげる。例場所を塞ぐ。道を塞ぐ。対あける。❸どうにかかたづける。あらたまった言いかた。例責めを塞ぐ(＝責任をはたす)。❹ゆううつになる。気分がすぐれない。例気が塞ぐ。類しずむ。

表現④は「ふさいでいる」ということが多い。「ふさぎの虫にとりつかれる」という言いかたもある。

ふざ・ける〈動下一〉❶本気ではなく遊びや冗談《じょうだん》で、おもしろいことを言ったりしたりする。類おどける。❷子どもがわあわあさわいで遊ぶ。

表現「ふざけるな！」「ふざけたことを言うな！」というときの「ふざける」は、「人をからかう」「ばかにする」の意味。

ぶさた【無沙汰】〈名〉長いあいだ、会うことも手紙をだすこともなくすぎること。ふつうは「ごぶさた」と「ご」をつけて相手に対していう。例無沙汰をわびる。類無音《ぶいん》。

ふさふさ〈形動・副・する〉毛がすきまなくたくさん生えているようす。例ふさふさの髪《かみ》。ふさふさ(と)した髪。

参考アクセントは、ふつう「**フ**サフサ」であるが、「ふさふさに」「ふさふさの」「ふさふさだ」の場合は、「フ**サフサ**」となる。

ぶさほう【無作法・不作法】〈名・形動〉エチケットにはずれた行動をすること。行儀《ぎょうぎ》がわるいこと。例無作法をわびる。無作法な態度。類ぶしつけ。無礼。

ぶざま【無様・不様】〈形動〉見てはいられないほどみぐるしい。例ぶざまなかっこう。類醜態《しゅうたい》。

ふさわし・い【▽相▽応しい】〈形〉つり合いがとれていて、しっくり似合った感じだ。例その場にふさわしい服装。年齢《ねんれい》にふさわしい。類適切。相応。似つかわしい。

[1]**ふし【節】**〈名〉❶タケやアシなどの茎《くき》にあるくぎりの、ふくれた部分。例竹の節。❷木の枝《えだ》のつけねや、枝の出たあとの部分。例節の多い板。節くれだつ。❸人間や動物の関節。例節々《ふしぶし》。❹くぎり。節目。例一節《ひとふし》舞《ま》う。あの仕事は、ぼくにとって大きな節となった。❺音楽のメロディー。節まわし。例節が合う。節をつける。❻「ふし」「目につくところ」の意味を表わす形式名詞。例言動にあやしいふしがある。▽アフシ」→ぶし〔節〕

[2]**ふし【不死】**〈名〉死なないこと。例不死の妙薬《みょうやく》。不老不死。アフシ

[3]**ふし【父子】**〈名〉父と子。例父子家庭。対母子。アフシ

[1]**ふじ【藤】**〈名〉山野に生え、また庭にも植えられる、つる性の落葉低木。五月ごろ、うすむらさきの花がふさになってたれさがる。アフジ

[2]**ふじ【富士】**〈名〉❶「富士山」の略。❷富士山の形に似《に》た、美しい山につける名。例津軽《つがる》富士(＝岩木《いわき》山)。出羽《でわ》富士(＝鳥海《ちょうかい》山)。▽アフジ

由来この山の名が何にもとづくかはわからないが、一般《いっぱん》に「富士」と書くのは「富《とみ》」の豊かさを喜ぶからである。「不二」と書くのは「二つとない山」の気持ち。『竹取物語』には、かぐや姫が残した「不死」の薬をこの山の頂上で焼いたからこの名がついたとある。

参考漢語でいかめしく「富岳・富嶽《ふがく》」といい、美しいイメージで「芙蓉《ふよう》の峰《みね》」ともいう。

[3]**ふじ【不治】**〈名〉病気がけっしてなおらないこと。「ふち」

ともいう。例不治の病《やまい》。アフジ

[4]**ふじ【不時】**〈名〉予定していないとき。思いがけないとき。例不時の要にそなえる。不時の客。不時着。類不意。アフジ

[1]**ぶし【武士】**〈名〉〔歴史〕武力をもち、たたかうことを専門にして、平安時代の末から江戸《えど》時代まで、政治の権力をにぎって、日本を支配した階層。さむらい。類武人。
参考 武士・武家《ぶけ》・武者《むしゃ》と、同類のことばが三つある。今日《こんにち》、歴史を語るのによく使うのが「武士」で、「武家」は「武家政治」「武家屋敷」「お武家さま」ぐらい、「武者」は独立ではほとんど使わないが「影《かげ》武者」「騎馬《きば》武者」「よろい武者」「武者修行《しゅぎょう》」「武者人形」「武者ぶるい」など複合語ではよく使う。

武士に二言《にごん》は無《な》い 「武士は自分が言ったことに責任をもち、必ず守る」という、誇りを示すことば。

武士は食《く》わねど高楊枝《たかようじ》 お金がなくても平気なふりをして、気位を高くもつこと。

[2]**ぶし【節】**〈接尾〉❶浄瑠璃《じょうるり》の流派や民謡《みんよう》の曲名につけることば。例義太夫《ぎだゆう》節。ソーラン節。❷その人独自の話しかたや文体。例村上節がさえわたった文章だ。❸魚肉を煮《に》てほした食べ物。例かつお節。けずり節。

ぶじ【無事】〈名・形動・副〉病気や事故、不幸などの心配ごとがなにもないこと。例無事をいのる。無事に終わる。無事帰宅する。ご無事でなによりです。

ふしあな【節穴】〈名〉木の板の、節の部分がぬけ落ちてできた穴。
表現「その目は節穴か！」と言うと、「だいじなことを見落としているではないか」という意味である。

ふしあわせ【不幸せ】〈名・形動〉幸せでないこと。対幸せ。

ふじいろ【藤色】〈名〉藤の花のような薄紫《うすむらさき》色。

ふしおが・む【伏し拝む】〈動五〉地面に両手をついて、ひれふすようにして拝む。

ふしぎ【不思議】〈名・形動〉ふつうでは考えられないような、あやしいこと。わけのわからないこと。例不思議な現象。不思議な事件。不思議に思う。不思議がる。七不思議。まか不思議。類不可思議。奇怪《きかい》。奇妙《きみょう》。奇異。ミステリー。ミステリアス。→ふかしぎ参考

表現「彼には不思議とよくばったり会う」のように、「と」をつけて副詞的にも用いる。

ふしくれだ・つ【節くれ立つ】〈動五〉節が多くて、でこぼこしている。例節くれだった手。

ふしぜん【不自然】〈形動〉わざとらしくて、どこかにむりやぎこちなさがある。例不自然な態度。対自然。

ふしだら〈名・形動〉日常生活の中で守るべきことをまじめに守らず、だらしないこと。例ふしだらな生活。類自堕落《じだらく》。
参考 古語で、「ありさま」「しまつ」という意味の「しだら」ということばがあり、これを打ち消して「不しだら」ができた。「不始末」「不行跡《ふぎょうせき》」に近い。また、「しだらがない」ともいい、これが「だらしがない」にかわった。

ふじちゃく【不時着】〈名・する〉飛行機などが故障や天候の悪化のために、予定外のところにおりること。

ふしちょう【不死鳥】〈名〉⇩フェニックス①

ふじつ【不実】〈名・形動〉誠実さがないこと。例不実をせめる。不実な男。対誠実。類不誠実。

ふしづくり【節▼旁】〈名〉漢字の旁の一つ。「即《そく》」「印」などの「卩」の部分。参考「卩」は、「危」などのように文字の下がわにくると、「㔾」と書かれる。

ぶしつけ【不▼躾】〈名・形動〉礼儀《れいぎ》にはずれて、えんりょのないこと。例ぶしつけな質問。ぶしつけなお願いをお許しください。類無礼。無作法。

ふじつぼ【富士▼壺】〈名〉海にすむ甲殻《こうかく》類の動物。富士山のような形をした石灰《せっかい》質の殻《から》をもち、岩などにつく。

ぶしどう【武士道】〈名〉武士のあいだで重んじられた道徳。忠義心や名誉《めいよ》を命よりたいせつなものと考えた。
参考 ヨーロッパの中世の騎士《きし》道とよく似ているが、女性をうやまうという徳目が武士道にはない。

ふじばかま【藤▼袴】〈名〉「秋の七草《ななくさ》」の一つ。山野に生える草花。秋、うすむらさきのつぶのような花がかたまってさく。

ふじびたい【富士額】〈名〉ひたいの髪《かみ》のはえぎわが、富士山のいただきのような形をしていること。女性の日本髪にはこの形がもっともよく似合《にあ》う。

ふしぶし【節節】〈名〉❶からだの関節のあちこち。例からだの節々が痛む。❷いくつものめだつ点。例あの男にはあやしい節々がある。

ふしまつ【不始末】〈名〉❶処理のしかたがよくないこと。例火の不始末。❷人に知られたらはずかしいような、だらしない行ない。例不始末をしでかす。類不行跡《ふぎょうせき》。参考②はおもに男女関係についてのこと。

ふしまわし【節回し】〈名〉歌や語り物などの、声の調子や抑揚《よくよう》。類声調。

ふじみ【不死身】〈名・形動〉どんなにひどいめにあっても平気な、強いからだであること。例不死身の男。不死身をほこる。

ふしめ【節目】〈名〉タケや木の、節となっている部分。
表現「節目をつける」「人生の節目」などの言いかたで、ものごとのくぎりとなるところをさす。

ふしめがち【伏し目がち】〈形動〉視線が下を向きかげんであるようす。例伏し目がちに話す。

ふしゅ【浮腫】〈名〉〔医学〕むくみ。

ぶしゅ【部首】〈名〉漢和辞典などで、漢字を形の上で分類してならべる めやすとなり、漢字をさがし出すための手がかりとなるもの。いくつかの漢字に共通している漢字の一部分。てへん、さんずい、くさかんむり、しんにょうなど。→囲み記事47(次ページ)

ふしゅう【腐臭】〈名〉ものがくさったにおい。

ふじゆう【不自由】〈形動・名・する〉必要なものがそなわっていないため、思いどおりにできないこと。例不自由をかける。金《かね》に不自由する。なに不自由なく暮らす。類事欠く。

ぶしゅうぎ【不祝儀】〈名〉人の死など、めでたくないできごと。対祝儀。

ふじゅうぶん【不十分・不充分】〈形動〉たりないところや欠けている点がある。対十分。類不完全。

ぶじゅつ【武術】〈名〉⇩ぶげい

ふしゅび【不首尾】〈名・形動〉ものごとの結果が期待に反して うまくいかないこと。例不首尾に終わる。対上首尾。

[1]**ふじゅん【不順】**〈名・形動〉順調でないこと。例不順な気候。天候不順。

[2]**ふじゅん【不純】**〈形動〉まじりものがあって、純粋《じゅんすい》でない。例不純な関係。不純な動機。不純物。対純粋。純潔。清純。

[1]**ふじょ【扶助】**〈名・する〉手をさしのべて助けること。多

く、金銭面での援助《えんじょ》をいう。例扶助をうける。相互《そうご》扶助。

ふじょ【婦女】〈名〉婦人。女性。

ぶしょ【部署】〈名〉会社や役所などで、それぞれの仕事を担当するところ。例部署につく。担当部署。

ふしょう【不肖】〈名〉❶親に似《に》ないで、だめなこと。例不肖の子。❷自分を謙遜《けんそん》していうことば。例不肖の身ではありますが…。

ふしょう【不詳】〈名〉はっきりしないこと。例身元不詳。類不明。未詳。

ふしょう【負傷】〈名・する〉手あてを必要とするようなきずをうけること。例負傷者。類けが。

ふじょう【浮上】〈名・する〉❶水中から水面にうかび上がること。❷下層から上層へぐんぐん出てくる。例…の問題が浮上してきた。急浮上。類うき上がる。

ふじょう【不浄】〈名・形動〉けがれていること。例不浄の金《かね》。対清浄。→ごふじょう

ふじょう【不定】〈形動〉一定しない。不確かである。例老少不定(=人の寿命は年齢《ねんれい》に関係がなく、さだめがたく はかないものだ)。

ぶしょう【不精・無精】〈形動・名・する〉かんたんにできることでも、めんどうくさがること。例不精して手紙の返事を出さない。不精ひげ。筆不精。出不精。対まめ。類ものぐさ。アブショー

ぶしょう【武将】〈名〉武士の大将。アブショー

ふしょうか【不消化】〈名・形動〉❶食べたものが栄養分として分解されないこと。例不消化をおこす。❷理解がたりず、知識が自分のものになっていないこと。

ふしょうじ【不祥事】〈名〉関係者が思わず頭をかかえこんでしまうような、こまった事件。例不祥事をおこす。

ふしょうち【不承知】〈形動〉承諾《しょうだく》していない。
表現「承知していない」という以上に、「いやだ」という強い態度を表わす。

ぶしょうひげ【不精ひげ・無精ひげ】〈名〉そるのがめんどうなので、のばしたままにしているひげ。

ふしょうぶしょう【不承不承】〈副〉心の中ではいやだと思いながら、しかたなしに。例不承不承したがう。類しぶしぶ。いやいや。

ふしょうふずい【夫唱婦随】〈名〉夫が「こうするんだ」と言って先に立てば、妻がそれにしたがう、ということ。参考古代中国の思想書のことば。

ふじょうり【不条理】〈名・形動〉道理にまったく合わないこと。納得《なっとく》できる理由がいっさいないこと。類非合理。不合理。

ふしょく【腐植】〈名〉土の中で、動植物などがくさってできた暗黒色のもの。植物の肥料として適している。例腐植土。

ふしょく【腐食】〖腐▼蝕〗〈名・する〉金属などがさびて形がくずれること。また、さびさせること。例トタン屋根が腐食する。酸は金属を腐食する。

ぶじょく【侮辱】〈名・する〉ばかにして、はずかしい思いをさせること。例侮辱をうける。侮辱にたえる。類恥辱《ちじょく》。はずかしめ。

ふしょくふ【不織布】〈名〉合成繊維《せんい》を、織《お》らずに布のように加工したもの。マスクなどに使う。

ふじょし【婦女子】〈名〉女性。または、女性と子ども。

ふしん【不信】〈名〉❶うそをつくことが多く、誠意がみられないこと。例不信の行為《こうい》。類不実。不誠実。❷信用することができないこと。また、その感じ。例不信の念。不信をまねく。不信感。

ふしん【不審】〈名・形動〉どこか変だ、かげによくないことがひそんでいるのではないか、と疑う気持ち。例不審をいだく。不審な人物。不審に思う。不審火。不審顔。不審物。不審尋問《じんもん》。挙動不審。類あやしい。疑わしい。

ふしん【不振】〈名・形動〉いきおいや調子がわるいこと。例不振におちいる。食欲不振。経営不振。類スランプ。ふるわない。

ふしん【普請】〈名・する〉家屋などをつくること。例安普請《やすぶしん》。類建築。

ふしん【腐心】〈名・する〉ものごとをなしとげようとして、さまざまに心をつかい努力すること。類苦心。苦慮《くりょ》。

ふじん【夫人】〈名〉夫に対する妻をうやまって言うことば。例夫人同伴。社長夫人。ご夫人。令夫人。類奥様《おくさま》。

ふじん【婦人】〈名〉大人の女の人。女性。対紳士。→じょせい〔女性〕表現

ふじん【布陣】〈名・する〉たたかいのために軍隊を配置すること。例川を背にして布陣する。万全《ばんぜん》の布陣。類陣だて。陣どる。
表現ものごとに対処する最善の人材をそろえたとき、「最

囲み記事 47

部首のふしぎ

漢字は、約五万字あるといわれている。その中で、日常生活でよく使われているのは三千字くらいで、ふつうの漢和辞典には七千から一万字が収められている。そうした多くの漢字を分類したり検索《さくけん》したりするのによく使われるのは、「部首索引」。これは、「木《きへん》」や「言《ごんべん》」などの部首によって分けている。「村」ならば、「木」の三画(総画数は六画)ということになる。

ところが、部首の形そのものと、組み合わせてできた形とが、ときどき一致《いっち》しないものがある。たとえば「球」という字は、もともと「玉」偏《へん》だが、実際には「王」の形になっている。「現在」の「現」もそうである。したがって、総画数は、「玉」プラス「見」の十二画よりも一画減《へ》って十一画ということになる。

また、意外な部首をもつものがある。たとえば「輝」は、「光」偏ではなく「車」偏に入っているし、「平和」の「和」は、「禾」偏ではなく「口」偏である。これは、中国の清《シン》朝のはじめに作られた『康熙《こうき》字典』(一七一六年完成)という辞書にしたがっているためである。

このため、大きな問題が二つでてくる。一つは、戦後日本で簡略化された漢字(畫→画、當→当など)をどこの部首に入れるかということ。もう一つは、日本で古くから使われてきている漢字(=「国字」という)をどうあつかうかということ。それぞれの辞典はどんな工夫をしているだろうか。手近なところにある漢和辞典をもう一度ながめてみると興味ぶかい。

━ 強の布陣でのぞむ」などという。

ぶじん【武人】〈名〉武士。軍人。対文人。

━ 表現 「武士」は明治以前、「軍人」は明治以後の人についていうのがふつうだが、「武人」は両方についていえる。

ふしんかん【不信感】〈名〉「信用できない」「疑わしい」という思い。例不信感がつのる。

ふしんせつ【不親切】〈名・形動〉思いやりや気配りが足りないこと。例不親切な店員。対親切。

ふしんにん【不信任】〈名〉信用することができず、まかせておくことがとうていできないこと。例不信任案。内閣不信任。対信任。

ふしんばん【不寝番】〈名〉一晩中、寝《ね》ないで見張りをすること。また、その人。類寝ずの番。

ふしんび【不審火】〈名〉原因がわからない火事。放火のうたがいがある火事。

ふじんぼう【不人望】〈名・形動〉人望がないこと。

[1]**ふ・す【付す】**〖附す〗〈動五〉❶あるものに、ほかのものをつけくわえる。例条件を付す。類つける。付加する。❷(「…に付す」の形で)…とあつかうことにする。例不問に付す(=問題にしない)。▽改まった言いかた。「付する」ともいう。

[2]**ふ・す【伏す】**〈動五〉❶うつぶせるようにからだを低くする。また、よこになる。例草に伏す。❷病気で寝《ね》る。例病床《びょうしょう》に伏す。類伏せる。

━ 表現 「伏してお願い申し上げます」というのは、床《ゆか》に手をついて頭を下げる動作をことばで言い表わしたもの。

ふず【付図】〈名〉書物などで、本文の理解を助けるためにつけた地図や図表。

ぶす〈名〉顔のみにくい女性をからかっていうことば。対美人。美形。シャン。類ぶおんな。おかちめんこ。不美人。

注意 使う場面によっては差別語になる。

[1]**ふずい【不随】**〈名〉からだが自由に動かないこと。例半身不随。

[2]**ふずい【付随】**〈名・する〉主となることに関連してくっついていること。例付随した問題。

ぶすい【無粋・不粋】〈名・形動〉人情や風流がわからないこと。対粋《いき》。類やぼ。武骨。無風流。

ふずいいきん【不随意筋】〈名〉自分の意志で動かすことができない筋肉。内臓のかべをつくっている平滑《へいかつ》筋や心筋など。対随意筋。→ずいいきん 参考

ふすう【負数】〈名〉〔数学〕0より小さい数。「−」の符号をつけて表わす。マイナス。対正数。参考 0より小さい数は実際にはなく、理論の上で考えたもの。例えばマイナス千円の収入とは、千円の借りがあることをいう。

ぶすう【部数】〈名〉出版物や印刷物の数。冊数。例発行部数。

ぶすっと ㊀〈副〉刀や針《はり》などをいきおいよくつきさすようす。「ぶすりと」ともいう。㊁〈副・する〉不愉快《ふゆかい》きわまりない顔をしているようす。例ぶすっとだまりこむ。

[1]**ふすま**〖▼襖〗〈名〉木のわくに紙または布をはった建具《たてぐ》。部屋のしきりや、おし入れの戸などにする。唐紙《からかみ》。

━ 表現 ふつう一枚二枚と数えるが、一領《いちりょう》二領《にりょう》を使うこともある。

[2]**ふすま**〖▼衾〗〈名〉むかしのかけ布団。

ふ・する【付する】〖附する〗〈動サ変〉⇩ふす〔付す〕

ふせ【布施】〈名〉⇩おふせ

[1]**ふせい【父性】**〈名〉父親としての性質。例父性を発揮《はっき》する。対母性。

[2]**ふせい【不正】**〈名・形動〉ただしくないこと。とくに、金銭のからんだよくないこと。例不正をはたらく。不正な行為《こうい》。不正経理。

ふぜい【風情】㊀〈名〉❶あるものがもっている独特のおもむきやあじわい。例風情がある。風情をそえる。秋の風情。類情趣《じょうしゅ》。情緒《じょうちょ》。❷「ようす」「ありさま」の古い言いかた。例身も世もあらぬといった風情でうつむいている。㊁〈接尾〉人を表わす名詞につけて、軽蔑《けいべつ》または謙遜《けんそん》の気持ちをそえる。例わたし風情にこんなことまでしていただいておそれいります。類ごとき。

ぶぜい【無勢】〈名〉人数が少ないこと。多く、「多勢に無勢」の形で使う(→「たぜい」の子項目)。

ふせいあい【父性愛】〈名〉子どもに対する、父親としての愛情。参考「母性愛」に対してできたことば。

ふせいかく【不正確】〈名・形動〉正確でないこと。

ふせいこう【不成功】〈名〉成功しなかったこと。例不成功に終わる。類失敗。

ふせいじつ【不誠実】〈名・形動〉誠実でないこと。対誠実。類不実。

ふせいしゅつ【不世出】〈名〉今までもこれからも現れないほど、すぐれていること。例不世出の天才。類希代《きたい》。

ふせいせき【不成績】〈名・形動〉成績がわるいこと。例今学期は不成績に終わった。対好成績。

ふせいみゃく【不整脈】〈名〉〔医学〕脈の打ちかたが不規則になった状態。

ふせき【布石】〈名〉碁《ご》で、対局の初めに、たたかいの進めかたを考えて置く石のならべかた。

布石を打《う》つ 先のことを考えたうえで、必要な当面の処置をする。

ふせ・ぐ【防ぐ】〈動五〉❶害をあたえようとむかってくるものをさえぎり、くいとめる。例攻撃《こうげき》を防ぐ。敵を防ぐ。対せめる。類守る。防衛する。防戦する。❷うっかりしていると被害《ひがい》をうけそうになるものをさえぎり、くいとめる。例風を防ぐ。未然に防ぐ。類防止する。

ふせじ【伏せ字】〈名〉文章の中で、おおやけにしたくない部分を空白にしたり、字数分だけ○や×などのしるしで表わしたりすること。

参考 昔は検閲《けんえつ》制度のもとでも行なわれた。

[1]**ふせつ【符節】**〈名〉「割り符《ふ》」のこと。

━ 表現 「符節を合わせるように」は、二つのものごとがぴったりと合うようすをいう。

[2]**ふせつ【敷設・布設】**〈名・する〉❶鉄道をしくこと。❷水道やガス管、電線などの設備をすること。

[1]**ふせっせい【不摂生】**〈名・形動〉飲食のしかた、睡眠《すいみん》のとり方などがでたらめであること。例不摂生がたたる。対摂生。類不養生。

[2]**ふせっせい【不節制】**〈名・形動〉生活になんの制限ももうけず、やりたい放題にすること。対節制。

[1]**ふ・せる【伏せる】**㊀〈動下一〉❶からだの正面を下にむけて、よこたわる。例草むらに伏せる。❷下の方にむける。例顔を伏せる。目を伏せる。対上げる。起こす。類うつむく。❸表面や、本来は上になる部分を、下にむけて置く。例本を伏せる。❹人にわからないようにかくしておく。例この話は伏せておこう。㊁〈接尾〉動詞の連用形につく。❶たおす。例組み伏せる。❷したがわせる。例説き伏せる。▽例ねじ伏せる。

ホイットマン (1819~92) アメリカ国民文学の基礎を築いた詩人。自由・平等・友愛をうたった。

[2]**ふせ・る**【伏せる】『▼臥せる』〈動五〉病気などで、床《とこ》につく。例病床《びょうしょう》に伏せる。類伏す。

[1]**ふせん**【付箋】〈名〉目じるしのため、本のページや書類にはったりはさんだりする紙きれ。

[2]**ふぜん**【不全】〈名〉発育のようす、活動のしかたが正常でないこと。例発育不全。心不全。

[1]**ふぜん**【不善】〈名・形動〉道徳的によくない。よくない行ない。例小人《しょうじん》閑居《かんきょ》して不善をなす。

[2]**ぶぜん**【▼憮然】〈副・連体〉❶「こまったものだが、自分としてはどうしようもない」という気持ちでだまっているようす。例しばし憮然とたたずむ。憮然たる面持《おもも》ち。❷ぶすっとして不機嫌《ふきげん》なようす。▽アブゼン 注意①が本来の意味だが、②の意味で使う人が増えている。

[1]**ぶぜん**【▽豊前】〈名〉旧国名の一つ。現在の福岡県・大分県の一部。豊前市にその名が残る。豊後《ぶんご》とあわせて豊州《ほうしゅう》という。例豊前平野。アブゼン

ふせんしょう【不戦勝】〈名〉相手選手が欠場したり、組み合わせのつごうで、戦わないで勝ちになること。対不戦敗。

ふせんぱい【不戦敗】〈名〉出るはずの試合に出なかったため、戦わないで負けになること。対不戦勝。

ふせんめい【不鮮明】〈形動〉形や色がはっきりとしていない。例不鮮明な映像。対鮮明。

ふそ【父祖】〈名〉❶父と祖父。❷先祖。祖先。

ぶそう【武装】〈名・する〉たたかいにそなえて、武器を身につけること。武器を用意すること。例武装をとく。武装したゲリラ。武装解除。核武装。類装備。

ふそうおう【不相応】〈形動〉その人の地位や身分などとつり合わない。例分不相応な暮らし。対相応。

[1]**ふそく**【不測】〈名〉前もって予測できないこと。例不測の事態。

[2]**ふそく**【不足】■一〈形動・名・する〉必要量に達しないこと。例食料が不足する。何不足なくそだつ。勉強不足《ぶそく》。睡眠《すいみん》不足。認識《にんしき》不足。対過剰《かじょう》。類不十分。■二〈名〉不満であること。例不足を言う。何か不足があるなら、言いなさい。類不服。

[3]**ふそく**【付則・附則】〈名〉ある規則をおぎなうために、つけくわえたもの。対本則。類補則。

ふぞく【付属・附属】〈名・する〉主となるものについていること。例大学の付属病院。付属品。
表現「付属の出身」は、付属学校の出身ということ。

ぶぞく【部族】〈名〉一定の地域にすみ、共通の言語と宗教、習慣などによってまとまっている人々の集団。類種族。

ふぞくご【付属語】〈名〉〔文法〕単語の中で、それだけで一つの文節となることがなく、いつも自立語に付属して使われる単語。たとえば、「私は行かない」の「は」や「ない」。「は」のように活用のないものが助詞、「ない」のように活用のあるものが助動詞である。対自立語。

ふそくふり【不即不離】〈名〉くっつきもせず、それでいて、はなれもしないでいること。例不即不離の関係。類つかずはなれず。

ふぞろい『不▼揃い』〈名・形動〉ものの数や量、大きさなどがそろっていないこと。例ふぞろいの茶わん。

ふそん【不遜】〈形動〉遠慮がみじんもなく、えらそうだ。例不遜な態度。類横柄《おうへい》。

[1]**ふた**【蓋】〈名〉箱などの入れものの口や穴に、上からあてておおいふさぐもの。例ふたをする。なべぶた。

蓋を開《あ》ける❶ものごとが新しくはじまる。❷実際にあたって、たしかめる。例与党《よとう》有利と予想されたが、ふたを開けてみると、野党の善戦がめだった。

[2]**ふた**【二・双】〈接頭〉❶[二] 二つの、という意味を表わす。例二色。二間。❷[二・双] 二つで一組みになるものの両方、という意味を表わす。例双子。二親。

ふだ【札】〈名〉❶文字や記号の書いてある紙片《しへん》や木片、布片。例荷物に札をつける。立て札。名札。荷札。❷トランプやかるた、花札などのカード。例札をくばる。切り札。手札。❸⇩おふだ

ぶた【豚】〈名〉家畜《かちく》の一種。イノシシを飼いならしたもの。ふとっていて、足がみじかく鼻が大きい。品種が多い。肉を食用とし、皮も利用する。

豚に真珠《しんじゅ》どんなに高価なものでも、そのねうちのわからないものには役にたたないということ。類猫《ねこ》に小判。

ふたい【付帯・附帯】〈名・する〉主となるものごとにつけ加わること。例付帯意見。付帯条件。付帯決議。

ふだい【譜代】〈名〉❶代々ある家につかえてきた臣下。例譜代大名。対外様《とざま》。❷代々その家がらをつぐこと。

[1]**ぶたい**【部隊】〈名〉❶軍隊の中の一つの集団。❷同じ目的のもとにひとまとまりになった人々の集団。例平和部隊。

[2]**ぶたい**【舞台】〈名〉❶芝居《しばい》やおどりなどの演技をする、観客席より少し高くなっているところ。また、そこでおこなわれる演技や演奏など。例舞台に立つ。舞台をつとめる。舞台装置《そうち》。初舞台(をふむ)。類ステージ。❷寺や神社で、芸能を奉納《ほうのう》したり、神仏につかえる人が集まったりするためにもうけられている、外に張《は》りだした広い板じきの部分。このような建築《けんちく》のしかたを、「懸造《かけづく・がけづく》り」または「舞台造り」という。例清水《きよみず》の舞台。❸うでまえを見せる晴れの場所のたとえ。例国際社会を舞台に活躍《かつやく》する。ひのき舞台。❹物語が展開《てんかい》される場所や時代のたとえ。例地元を舞台にした小説。

ぶたいうら【舞台裏】〈名〉舞台の裏がわの、俳優のひかえ室などがある、観客から見えないところ。類楽屋裏。
表現「映画業界の舞台裏」のように、外部の人にはわからない、裏の事情という意味でも使われる。

ぶたいげき【舞台劇】〈名〉舞台で行なわれる演劇。映画・テレビドラマ・ラジオドラマとくに区別していう。

ぶたいそうち【舞台装置】〈名〉舞台で使われる大道具や小道具、照明など、演劇の効果を高める装置。

ふだいだいみょう【譜代大名】〈名〉〔歴史〕江戸《えど》時代、関ケ原《せきがはら》の戦い以前から徳川氏につかえていた大名。石高《こくだか》は少ないが、幕府の要職についた。

ふたいてん【不退転】〈名〉こうときめたことを、どこまでもつらぬくこと。例不退転の決意。
由来もともとは、仏教で、ほかに心をうばわれることなく、ひたすら修行《しゅぎょう》にはげむことをいう。

ふたえ【二重】〈名〉❶同じものが二つにかさなっていること。例二重まぶた。類二重《にじゅう》。❷「ふたえまぶた」の略。皮が二つに重なっているまぶた。二皮眼《ふたかわめ》。例奥二重。対一重《ひとえ》。

ふたおや【二親】〈名〉父と母。両親。対片親。

ふたく【付託】〈名・する〉たのんで、まかせること。例その議案は委員会付託となった。類委任。委託。

ふたご【双子】〈名〉同じ母親から一度に生まれたふたりの子ども。双生児《そうせいじ》。

ふたごころ【二心】〈名〉表面は味方であるようにみせ

 北条実時(ほうじょうさねとき)(1224~76) 鎌倉中期の武将。評定衆の一人。称名寺を建立し，金沢文庫を設立。

かけて、心の中では、ひそかにうらぎっていること。「にしん」ともいう。例二心をいだく。類他意。

ふたことめ【二言目】〈名〉(「二言目には」の形で)口を開けば かならず同じことを言いだすこと。例かれは二言目には若いときの自慢《じまん》話をはじめる。

ふたしか【不確か】〈形動〉確実かどうか、はっきりしない。例不確かな情報。対確か。類不明確。

ふだしょ【札所】〈名〉巡礼《じゅんれい》がおまいりしたしるしとして、お札をさずけてくれる霊場《れいじょう》。西国三十三か所・四国八十八か所など。

ふたたび【再び】〈副〉もういちど。かさねて。かたい言いかた。例二度と再び。失敗にこりず、再び挑戦した。類再度。表記「二度《ふたたび》」と書くこともある。

ふたつ【二つ】〈名〉❶一の次の数。に。❷二歳《さい》。二個。例世に二つとない宝。

表現 二つという数は、「一つ二つ」とか、「一つや二つ」のようにいわれるときは、とるにたりない少ない数としてあつかわれるが、「国論が二つにわれる」とか、「身二つになる(＝母親が子を産むこと)」のような言いかたをするときには、一つでなくて二つであることに大きな意味がこもる。

二つに一《ひと》つ 二つあるうちの、どちらか一つ。例答えは二つに一つだ。

ふだつき【札付き】〈名〉❶商品に正当なねだんを書いた札がついていること。❷わるいということがよく知られていること。また、そういう人やもの。例札付きの悪党。

表現 思いきった選択《せんたく》をせまられたときに使う。

ふたつながら【二つながら】〈副〉それぞれ一つでも価値があるものを、両方とも。どちらも。例富と名声を二つながら手に入れる。

ふたつへんじ【二つ返事】〈名〉なにかたのむと、「はいはい」とすぐ気持ちよくひきうけること。例二つ返事でひきうける。類快諾《かいだく》。

表現「待ってました」という感じの返事をいうが、実際に二つ返事をすると、無責任な返事に聞こえることもある。

ふたて【二手】〈名〉二つに分かれた方向・グループ。例二手に分かれてさがす。二手からせめ入る。この先は道が二手に分かれている。

ぶだて【部立て】〈名〉和歌集などで、新年・春・夏・秋・冬、恋、雑などのグループに分けること。

ふだどめ【札止め】〈名〉劇場などで、客が満員で入りきれないために、入場券の発売をやめること。類客止め。

ふたば【双葉・二葉】〈名〉草木が芽をだしたばかりのときに出る二枚の葉。→「せんだん〔栴檀〕」の子項目

ぶたばこ【豚箱】〈名〉「留置場」の俗《ぞく》な言いかた。

ふたまた【二股】〈名〉もとが一つで、先が二つに分かれていること。

二股を掛《か》ける どちらになってもいいように、同時に二つのことにつながりをつけておく。ひとりの人が同時にふたりの相手とつきあうことをいう場合が多い。

ぶたまん【豚▼饅】〈名〉⇩にくまん

ふため(二目)とみ(見)られない あまりに醜《みにく》かったり、むごたらしかったりして、二度と直視できない。

ふたん【負担】〈名〉❶〈する〉労力の提供や費用のしはらいをひきうけること。例負担が重い。自己負担。❷仕事や責任が重くのしかかること。例負担になる。若い母親にとって子育ては負担だ。

ふだん[1]【不断】〈名〉❶とぎれることなくつづくこと。例不断の努力。❷なかなか決断がつかないこと。例優柔《ゆうじゅう》不断。▽アフダン

ふだん[2]【普段】〈名・副〉特別なできごとが起きていないとき。例普段の心がけ。普段から災害時にそなえる。普段着。類平常。平生《へいぜい》。日常。ふつう。アフダン

ブタン〈名〉〔化学〕天然ガスなどにふくまれる、無色の気体。燃料や、化学工業の原料になる。ブタンガス。◇ドイツ Butan

ふだんぎ【普段着】〈名〉ふだんの日に着る衣服。日常着。例ふだん着で出かける。対晴れ着。よそゆき。類平服。カジュアル。

ふち[1]【▼淵】〈名〉❶川の水が流れないで、深くなっているところ。対瀬《せ》。❷ぬけだしにくい苦しい境遇《きょうぐう》や心境。例絶望のふちからはい上がる。▽アフチ」

ふち[2]【縁】〈名〉❶もののはしの部分。例コップの縁が欠ける。テーブルの縁。がけっぷち。類へり。❷もののまわりをぐるっと囲んでいるわく。例縁をとる。めがねの縁。縁どる。額縁《がくぶち》。❸帽子《ぼうし》のつば。▽アフチ」

ふち[3]【不治】〈名〉⇩ふじ〔不治〕アフチ」

ふち[4]【扶▽持】〈名・する〉❶むかし、武士に米で給与《きゅうよ》をあたえたこと。また、その米。例扶持をあてがう。扶持米《まい》。類禄《ろく》。俸禄。❷(「扶持する」の形で)人をやしなう。▽アフチ

ぶち[1]【▽斑】〈名〉いろいろな色が不規則に入りまじって、まだらになっていること。また、そのような毛なみの動物。例ぶちになる。ぶちの犬。

ぶち[2]【▽打ち】〈接頭〉動詞につけて、「つよい力でぶつける」という意味をそえる。俗《ぞく》っぽい言いかた。動詞によって、「ぶん」「ぶっ」とかたちがかわる。例ぶちこわす。ぶんなぐる。ぶったたく。

ぶち[3](方言)とても。非常に。広島・山口で言う。例ぶちうまい。

プチ〈接頭〉外来語の上について、小さくてかわいい、という意味を表わす。例プチトマト。◇フランス petit

参考「プチぜいたく」「プチ整形」のように、ちょっとした行動を表わす俗《ぞく》っぽい用法もある。

ぶちあ・げる【ぶち上げる】〈動下一〉いきおいこんで大きなことをいいたてる。

ぶちあた・る【ぶち当たる】〈動五〉❶はげしいいきおいでぶつかる。類激突《げきとつ》する。❷困難な問題に直面する。例難問にぶち当たる。

ぶちかま・す【ぶち▼噛ます】〈動五〉❶すもうで、立ち合いのさいに、相手に頭からはげしく当たる。❷相手にはげしい一撃《いちげき》をあたえる。例相手のあごに一発ぶちかました。参考 ①のわざを「ぶちかまし」という。

ぶちこ・む【ぶち込む】〈動五〉投げるように、力まかせに入れる。

ぶちこわ・す【ぶち壊す】【▽打ち▽毀す】〈動五〉はげしいいきおいで、めちゃめちゃにこわす。

ふちどり【縁取り】〈名・する〉もののまわりを、ほかのものでかこったりして、かざること。また、かざった部分。例レースの縁取りのあるハンカチ。

ふちど・る【縁取る】〈動五〉もののまわりを、ほかのものでかこったりして、かざる。へりどる。例レースで縁取る。

ぶちぬ・く【ぶち抜く】〈動五〉❶はげしい力でついて反対側まで穴をあける。例壁《かべ》をぶち抜く。❷間仕切りを取り去って、ひとつづきにする。例座敷《ざしき》をぶち抜いた宴会《えんかい》場。

ぶちのめ・す〈動五〉はげしくなぐってたおす。類たたきのめす。

北条早雲(そううん) (1432～1519) 戦国大名。今川氏に寄食。伊豆を攻略，小田原城によって南関東を支配。

ぶちま・ける〈動下一〉中に入っているものを、すべてそこらじゅうにほうりだす。例不満をぶちまける。

ふちゃく【付着】〈名・する〉大きなものに、ほかの小さなものがくっつくこと。例よごれが付着する。付着物。

ふちゃりょうり【普茶料理】〈名〉中国ふうの精進《しょうじん》料理。禅宗《ぜんしゅう》の寺で始まった。

ふちゅう【付注】〘附▼註〙〈名〉本文中の語句の意味を説明したり、補足をするためにつける、説明文や図表。

ふちゅうい【不注意】〈名・形動〉注意がたりないこと。例不注意な事故。不注意から事故をおこす。

[1]**ふちょう**【不調】〈名・形動〉❶調子がよくないこと。対好調。快調。類不具合。❷うまくまとまらないこと。例商談は不調に終わった。例不調をうったえる。エンジンの不調。

[2]**ふちょう**【符丁】〘符▼牒〙〈名〉❶商品のねだんなどを示すのに使う、記号やしるし。❷仲間にしかわからないような、しるしやことば。

ぶちょう【部長】〈名〉会社や役所で、一つの部の仕事をまとめ、それに責任をもつ人。

ぶちょうほう【不調法・無調法】〈名・形動〉❶いきとどかないこと。なれないためにへたなこと。例不調法者《もの》。口不調法。❷あやまち。例不調法をしでかす。❸酒をのまなかったり、遊びなどがじょうずでなかったりすること。例どうも不調法なものですから…。

ふちょうわ【不調和】〈名〉調和がとれていない状態。例組織内の不調和。類不和。対立。

[1]**ふちん**【不沈】〈名〉沈没するはずがないように造られていること。例不沈空母。

[2]**ふちん**【浮沈】〈名・する〉会社の業績や人の生活などが、よくなったりわるくなったりすること。例浮沈がはげしい。浮沈をかける。浮沈にかかわる。類うきしずみ。

ふちんし【浮沈子】〈名〉魚の形をした小さなしょうゆ入れに水を入れて、ペットボトルに入れ、にぎる力を調節しながら、水圧の変化によるうきしずみを観察するもの。

常用漢字　**ふつ**

【払(拂)】扌部2　全5画　払払払払払

フツ はらう 音[フツ] 払拭《ふっしょく》。払底《ふってい》。払暁《ふつぎょう》。訓[はらう] 払う。支払う。払い。月払い。前払い。

【沸】氵部5　全8画　沸沸沸沸沸

フツ わく・わかす 音[フツ] 沸騰《ふっとう》。沸点《ふってん》。煮沸《しゃふつ》。訓❶[わく] 沸く。沸き上がる。❷[わかす] 沸かす。湯沸かし。

ふつ【▽仏】〈造語〉「フランス(語)」のこと。例日仏関係。仏和辞典。仏文科(=フランス文学科)。参考「仏蘭西《フランス》」と書いたことから。

常用漢字　**ぶつ**

【仏(佛)】亻部2　全4画　仏仏仏仏

ブツ ほとけ 教小5 音[ブツ] 仏教《ぶっきょう》。仏像《ぶつぞう》。仏事《ぶつじ》。仏門《ぶつもん》。大仏《だいぶつ》。念仏《ねんぶつ》。成仏《じょうぶつ》。阿弥陀仏《あみだぶつ》。訓[ほとけ] 仏。仏心。生き仏。のど仏。

【物】牛部4　全8画　物物物物物

ブツ・モツ もの 教小3 音❶[ブツ] 物質《ぶっしつ》。物体《ぶったい》。物議《ぶつぎ》。物故者《ぶっこしゃ》。人物《じんぶつ》。動物《どうぶつ》。怪物《かいぶつ》。見物《けんぶつ》。農作物《のうさくぶつ》。天然記念物《てんねんきねんぶつ》。❷[モツ] 食物《しょくもつ》。荷物《にもつ》。貨物船《かもつせん》。(油断《ゆだん》)禁物《きんもつ》。(腹《はら》に)一物《いちもつ》。訓[もの] 物。物する。物覚え。物語。物事。物知り。着物。品物。偽物。水物。安物。

[1]**ぶ・つ**〘▽打つ〙〈動五〉❶相手を手でたたく。例人をぶつ。げんこつでぶつ。類なぐる。張る。❷演説などをする。例一席ぶつ。

[2]**ぶつ**【物】[一]〈名〉現物や現金のこと。俗《ぞく》な言いかたで、「ブツ」と書かれることも多い。例物を用意しろ。[二]〈接尾〉物《もの》のこと。例危険物。廃棄《はいき》物処理。

ぶっ〘▽打っ〙〈接頭〉動詞に付いて、意味や語勢を強める。例ぶっ殺す。ぶったまげる。

表現 俗《ぞく》な言いかたになる。また、手をくだす意味のことばに付く場合、乱暴におこなう意味が加わることが多い。

[1]**ふつう**【不通】〈名〉❶交通や通信が通じないこと。例音信不通。類無音《ぶいん》。❷手紙などのやりとりがないこと。無沙汰《ぶさた》。

[2]**ふつう**【普通】[一]〈名・形動〉世間一般《いっぱん》に、どこでも、いつでも見られることで、なにもめずらしくないこと。程度のうえで極端《きょくたん》でないこと、正常であるとか、日常的だなど、さまざまな意味あいで使われる。例普通にある。普通に考える。普通の成績。ごく普通の人。普通郵便。普通預金。普通列車。対特別。類あたりまえ。なみ。世間なみ。通常。日常茶飯《さはん》。

[二]〈副〉特別の事情がない場合。例親は、ふつう、子どもより先に死ぬ。類一般に。通例。通常。ふだん。

表現 窓口などで「普通でお願いします」と言えば、料金やあつかいが特別でないほうを希望していることになる。

ふつうせんきょ【普通選挙】〈名〉財産や身分などにかかわりなく、一定の年齢《ねんれい》以上のすべての成人に選挙権をみとめる選挙制度。

参考 日本では、男子については一九二五年から、女子については一九四六年から実施《じっし》された。

ふつうめいし【普通名詞】〔文法〕名詞のうち、同じ種類のものならどれでもその語を使ってよぶことができることば。「山」「花」「法律」「自動車」「故障」「とんぼ」「ひきがえる」「レストラン」など。対固有名詞。

ぶっか【物価】〈名〉もののねだん。例物価が上がる。物価にはねかえる。物価高。

ぶつが【仏画】〈名〉ほとけの像や仏教の教えをえがいた絵。

[1]**ぶっか・く**〘▽打っ欠く〙〈動五〉くだいたりけずったりする。例ぶっかき氷《ごおり》。アブッカク

[2]**ぶっかく**【仏閣】〈名〉りっぱな寺の建物。例神社仏閣。類寺院。仏寺。アブッカク

ふっか・ける〘吹っ掛ける〙〈動下一〉❶あらそいをしかける。例議論をふっかける。❷金額を実際の価値よりずっと高く要求する。

ぶっかしすう【物価指数】〈名〉〔経済〕物価の動きを知るための数字。基準とする、ある年、ある場所の物価を百とし、それよりあとの物価の動きを比率で表わしたもの。

ふっかつ【復活】〈名・する〉❶いちど死んだ人が生き返ること。類蘇生《そせい》。よみがえる。❷いちどおとろえてしまったものや、とぎれてしまったものが、また、もとの状態になること。例昔の行事が復活する。

 北条高時(たかとき)(1303～33)　鎌倉幕府最後の執権。後醍醐天皇を隠岐に配流。新田義貞に攻められ自殺。

ふっかつさい【復活祭】〈名〉〔宗教〕キリストの復活を祝う祭り。春分のあとの満月につづく日曜日に行なわれる。復活節。イースター。

ふつかよい【二日酔い】〖▽宿酔い〗〈名〉たくさん酒を飲んだために、翌日まで酔いが残り、頭痛がしたり気持ちが悪かったりすること。

ぶつか・る〈動五〉❶かなりのいきおいで、つきあたる。例トラックとタクシーがぶつかる。類衝突《しょうとつ》する。❷そのまま進むのをさまたげるようなものごとに出会う。例困難にぶつかる。かべにぶつかる。❸直接の相手にする。相手とあらそう。例優勝候補とぶつかる。進学問題で親とぶつかる。❹ものごとがかさなる。例日曜と祭日がぶつかる。類かちあう。

ふっかん【復刊】〈名・する〉刊行がとぎれていた雑誌や新聞などをふたたび刊行すること。対休刊。廃刊《はいかん》。

ふっき【復帰】〈名・する〉ふたたびもとの地位や状態などにもどること。例戦列に復帰する。社会復帰。類カムバック。返り咲く。

ふづき【▽文月】〈名〉「ふみづき」の略。

ぶつぎ【物議】〈名〉世間であれこれとやかましく批評したり論じたりすること。

物議を醸《かも》す 問題を起こして世間をさわがせ、議論をまき起こす。例不適切な発言で物議を醸した。

ふっきゅう【復旧】〈名・する〉こわれたりくずれたりしたものが、もとどおりになること。もとどおりにすること。例鉄道が(を)復旧する。復旧工事。類復する。

ふつぎょう【払暁】〈名〉「あけがた」のかたい言いかた。類早暁。未明。あかつき。

ぶっきょう【仏教】〈名〉紀元前五世紀ごろ、シャカ(釈迦)を開祖として古代インドにおこった宗教。キリスト教・イスラム教とともに世界三大宗教にかぞえられる。類仏法。参考 日本には中国・朝鮮《ちょうせん》をへて伝わり、平安時代から鎌倉《かまくら》時代にかけて、浄土《じょうど》宗・浄土真宗・日蓮《にちれん》宗など日本独自の宗派がひらかれた。

ぶっきらぼう〈形動〉話しかたや態度がぶあいそうである。例ぶっきらぼうに答える。

ぶつぎり【ぶつ切り】〈名〉食材を適当なかたまりに切ったもの。例ぶつ切りにする。まぐろのぶつ切り。

ふっき・れる【吹っ切れる】〈動下一〉心の中にたまっていたなやみやこだわりが急に消えて、さっぱりする。例心のもやもやが吹っ切れた。

ふっきん【腹筋】〈名〉❶腹部の筋肉。❷「腹筋運動」の略。

ブッキング〈名・する〉ホテルや航空券などの予約。◇booking 参考 アメリカでは reservation という。

フック〈名〉❶鉤《かぎ》。鉤形のもの。❷電話機で、受話器をのせる部分の出っぱり。❸ボクシングで、ひじを曲げてよこから打つこと。❹〈する〉ゴルフで、打球が、ききうでと反対の方向に曲がること。対スライス。◇hook

ブック〈造語〉本《ほん》。例ブックカバー。◇book

ぶつぐ【仏具】〈名〉仏事のさいに使う器具。灯台・香炉《こうろ》など。

ふづくえ【▽文机】〈名〉正座して書き物などに使う、横長の低い和風の机。ふみづくえ。

ブックエンド〈名〉立ててならべた本がたおれないように、両わきに置いてささえるもの。◇bookends

ぶつくさ〈副〉不平などを、いかにもふきげんそうにつぶやくようす。類ぶつぶつ。

ブックトーク〈名〉テーマを決めて本を読み、内容を口で紹介《しょうかい》すること。学校や図書館で行なわれる。

フックのほうそく(法則)〔物理〕ばねなどに力をくわえたとき、のびたりちぢんだりした長さは、くわえた力の大きさに比例する、という法則。弾性《だんせい》の法則。

ふっくら〈副・する〉ふくらんでいて、いかにもやわらかそうなようす。例ふっくら(と)焼きあがったパン。

ブックレット〈名〉小冊子。◇booklet

ぶつ・ける〈動下一〉投げたり動かしたりして、ものに当てる。例石をぶつける。車をぶつける。

表現「いかりをぶつける」のように、相手めがけて、はげしい気持ちを投げつけるようにすることにもいう。

ふっけん【復権】〈名・する〉〔法律〕有罪判決や破産によってうしなった権利や資格を回復すること。

ぶっけん【物件】〈名〉品物や土地、建物など。例手ごろな物件がありますよ。証拠《しょうこ》物件。

表現 おもに不動産業や法律関係で使うことば。

ふっこ【復古】〈名・する〉考えかたや制度などが、むかしにもどること。また、もどすこと。例復古調。王政復古。

ふつご【▽仏語】〈名〉「フランス語」のこと。参考「ぶつご」と読むのは、仏教のことばという意味の別の語。

ぶっこ【物故】〈名・する〉人が死ぬこと。例物故者。類逝去《せいきょ》。死去。参考 同窓会名簿《めいぼ》などでは、死去した人の欄《らん》に「物故」と書かれることが多い。

ふっこう【復興】〈名・する〉いちど いきおいをうしなったものが、ふたたびさかんな状態になること。さかんにすること。例町が(を)復興する。戦災から復興する。類再興。

ふつごう【不都合】〈名・形動〉❶つごうがよくないこと。ぐあいのわるいこと。例不都合があれば改善します。対好都合。❷とんでもない失敗。例不都合千万《せんばん》。対不届《ふとど》き。

ふっこく【復刻・覆刻】〈名・する〉昔の出版物を、装丁《そうてい》や紙面などのもとの形を再現して出版すること。例復刻版。

ぶっこしゃ【物故者】〈名〉物故した人。

表現「死者」や「死亡者」よりおだやかな感じのことば。

ぶっこわ・す【ぶっ壊す】〖▽打っ▽毀す〗〈動五〉「ぶちこわす」のくだけた言いかた。

ぶっさん【物産】〈名〉その土地その土地でとれるもの。例各県の物産。物産展。

ぶっし[1]**【仏師】**〈名〉仏像をつくる職人。

ぶっし[2]**【物資】**〈名〉食べものや衣料など、生活のために必要な品物。例物資の不足。救援《きゅうえん》物資。

ぶつじ【仏事】〈名〉仏教のしきたりで行なう儀式《ぎしき》。例仏事をいとなむ。類法会《ほうえ》。法事。法要。

ぶっしき【仏式】〈名〉結婚《けっこん》式や葬式《そうしき》などの儀式《ぎしき》を、仏教のきまりによって行なうこと。対神式。

ぶっしつ【物質】〈名〉❶目で見ることができ、また、さわることもできて、実際に存在していることがわかるもの。❷お金や品物などのように、ゆたかであるかないかなどが具体的にはかれるもの。例物質文明。▽対精神。

ぶっしつてき【物質的】〈形動〉心ではなく、物にかかわる。物という観点でみた場合の。例物質的には恵まれている社会。物質的繁栄《はんえい》。対精神的。

ぶっしつめいし【物質名詞】〔文法〕英語などで、一つ二つと数えることができず、単数と複数を区別しない物を表わす名詞。たとえば、砂糖・粉・水・空気など。

ぶっしゃり【仏舎利】〈名〉〔仏教〕シャカの遺骨。

プッシュ〈名・する〉❶押すこと。例プッシュボタン。プ

ッシュホン。❷強く推薦《すいせん》すること。類レコメンド。◇push

ぶっしょう【物証】〈名〉犯罪の裁判などで、具体的なものによる証拠《しょうこ》。物的証拠。

ぶっじょう（物情）そうぜん（騒然） 世の中が不穏《ふおん》な動きに満ち、どんな事件がおこってもおかしくない。

ふっしょく【払拭】〈名・する〉きれいさっぱりとりのぞくこと。例旧弊《きゅうへい》を払拭する。不安を払拭する。

ぶっしょく【物色】〈名・する〉なにかよさそうなものがないかとあれこれさがすこと。人についてもいう。

ぶっしん【物心】〈名〉物質と精神。例物心両面からの援助《えんじょ》をうけた。

プッシング〈名〉サッカーやバスケットボールなどの反則の一つ。手やうでで相手チームの選手のからだをおすこと。◇pushing

ふつぜん【▼怫然】〈副・連体〉いかりが急にわいてくるようす。例怫然いかりをもよおす。怫然といかる。怫然としたおももち。類むっとする。

ぶつぜん【仏前】〈名〉ほとけのまえ。仏壇《ぶつだん》のまえ。例仏前にそなえる。類霊前《れいぜん》。

表現 四十九日以降の法要のとき、金品をつつむ紙の表書きに「御《ご》仏前」と書く。

ぶっそ【▼弗素】〈名〉〔化学〕においのきつい、うすい黄緑色の気体。元素の一つ。記号「F」。

表記 理科の教科書などでは「フッ素」と書く。

ぶっそう【物騒】〈形動〉危険なことがおこりそうなようす。例物騒な世の中。物騒な男。参考「物騒《ものさわ》がしい」の「物騒」を音読みしてできたことば。

ぶつぞう【仏像】〈名〉仏のすがたを彫刻《ちょうこく》や絵に表わしたもの。

表現 一体《いったい》二体《にたい》と数える。伝統的に一軀《いっく》二軀《にく》と数えることもある。古くは一頭《ひとかしら》二頭《ふたかしら》とも数えた。

ぶっそん【物損】〈名〉人身上の被害に対して、物がこわされる物質的な損害。例物損事故。

ぶっだ【ブッダ・仏▼陀】〈名〉〔仏教〕さとりをひらいて、すべての人を教えみちびく聖者。とくに、シャカ（釈迦）をさす。ほとけ。「ぶつだ」ともいう。◇もとサンスクリット語。

ぶったい【物体】〈名〉具体的な形をもって存在しているもの。例飛行物体。

ぶったお・れる【ぶっ倒れる】〈動下一〉急にいきおいよく倒れる。くだけた言いかた。例そのままふとんにぶっ倒れる。

ぶったぎ・る【ぶった切る】〈動五〉力をこめていきおいよく切る。類たたっ切る。

ぶったま・げる〈動下一〉とてもおどろく。「たまげる」を強めた言いかた。

ぶつだん【仏壇】〈名〉仏像や位牌《いはい》を安置するためにお堂にもうけられた壇。家庭用の、お寺やお堂の形をした仏具（＝厨子《ずし》）もいう。

ぶっちぎり〈名〉ほかを大きく引きはなして、先を進んでいる、またはすぐれている状態。俗《ぞく》な言いかた。例ぶっちぎりで首位に立つ。

ぶっちゃ・ける〈動下一〉「うちあける」のくだけた言いかた。かざらないで言う。例ぶっちゃけた話。

参考「ぶっちゃけ」の形で、「正直なところ」「率直《そっちょく》に言って」の意味で、副詞としても使う。

ぶっちょうづら【仏頂面】〈名〉きげんのわるそうな、ぶあいそうな顔。例仏頂面をする。類ふくれっつら。

ふつつか〈形動〉気がまわらず、いきとどかない。例ふつつかな者ですが、よろしくお願いします。

表現 自分あるいは身内の者の紹介《しょうかい》に使う、へりくだった言いかた。

ぶっつけ〈名〉予告や打ち合わせもなく、いきなりすること。例ぶっつけ本番。

ぶっつけほんばん【ぶっつけ本番】〈名〉準備やけいこをせずにいきなりすること。とくに映画や演芸、放送などでいう。例ぶっつけ本番でいく。

ぶっつづけ【ぶっ続け】〈名〉休むことなく、ずっとつづけること。くだけた言いかた。例ぶっ続けで立ち仕事をする。類ぶっとおし。

ぶっつぶ・す【ぶっ潰す】〈動五〉はげしいいきおいでつぶす。乱暴な言いかた。

ふっつり〈副〉長くつづいていたものが、そこでとぎれるようす。例音信がふっつりとだえた。類ぷっつり。ふっと。

ぷっつり〈副〉❶糸やひもなどが急に切れるようす。例連絡《れんらく》がぷっつり（と）とだえた。▽類ふっつり。 ❷続いていたものが、あるときをさかいにとまるようす。

ふってい【払底】〈名・する〉必要なものがほとんどなくなってしまうこと。例食料が払底する。類底をつく。

フッテージ〈名〉映画の一場面や、未編集の映像素材。◇footage

ぶってき【物的】〈形動〉ものに具体的にかかわっている。例物的な条件。物的証拠《しょうこ》。

ふ（降）ってわ（湧）いたよう ⇩「ふる〔降る〕」の子項目

ふってん【沸点】〈名〉〔物理〕液体が沸騰《ふっとう》する温度。水は一気圧のとき、セ氏一〇〇度。高い山など、気圧の低いところでは、沸点がさがる。沸騰点。

表現 怒《おこ》りっぽさや笑いやすさのたとえとしても使われる。「沸点が低い」は、怒りっぽいこと、笑いやすいこと。

ぶってん【仏典】〈名〉❶仏教の経典《きょうてん》。❷仏教について述べた本。類仏書。

ふっと〈副〉❶どこからともなく急に。例ふっと不安がよぎる。❷口をすぼめて、息をもらすようす。例ふっとろうそくを吹き消す。ふっとため息をつく。

ぶっと・い〈形〉「ふとい」を強めた、くだけた言いかた。

ふっとう【沸騰】〈名・する〉水などがわきたつこと。例水が沸騰する。湯が沸騰する。類煮沸《しゃふつ》。

表現「世論が沸騰する」「人気が沸騰する」のように、ものごとがわきたつようにはげしくなることにもいう。

ぶっとう【仏塔】〈名〉お寺にある塔。

ぶつどう【仏道】〈名〉仏のといた道。仏の道。例仏道修行《しゅぎょう》。類仏門。仏法。

ふっとうてん【沸騰点】〈名〉⇩ふってん

ぶっとおし【ぶっ通し】〈名〉途中で休まないで、ずっとつづけること。例ぶっ通しで働く。類ぶっつづけ。

フットサル〈名〉五人制のミニサッカー。◇futsal

ふっとば・す【吹っ飛ばす】〈動五〉「ふきとばす」のくだけた言いかた。

ぶっとば・す【ぶっ飛ばす】〈動五〉❶いきおいよく飛ばしたり走らせたりする。例猛《もう》スピードで車をぶっ飛ばす。❷おもいきり強くなぐってたおす。なぐりとばす。

ふっと・ぶ【吹っ飛ぶ】〈動五〉「ふきとぶ」のくだけた言いかた。例眠気《ねむけ》が吹っ飛ぶ。

ぶっと・ぶ【ぶっ飛ぶ】〈動五〉❶勢いよく飛ぶ。例強風で看板がぶっ飛んだ。❷ものすごい勢いで走る。例

ふ

 北条時宗(ときむね)（1251～84） 鎌倉幕府の8代執権。文永・弘安の役で，元軍をしりぞけた。円覚寺を建立。

ぶっ飛んで帰る。❸ひどくおどろく。例話を聞いてぶっ飛んだ。❹周囲をあっと言わせるほど常識からひどくはずれる。例ぶっ飛んだ格好。ぶっ飛んだ性格。▽俗《ぞく》な言いかた。

フットボール〈名〉足でボールをけってきそう球技。蹴球《しゅうきゅう》。◇football 参考 アメリカではアメリカンフットボール、イギリスではラグビー(ラ式蹴球)をいう。また、サッカーはアソシエーションフットボール(ア式蹴球)という。

フットライト〈名〉舞台《ぶたい》の照明で、足もとからてらすもの。脚光《きゃっこう》。◇footlights

フットワーク〈名〉球技やボクシングなどで、移動のときの足の動かしかた。◇footwork 表現 事態にすばやく対応して行動するようすを、「フットワークが軽い」という。

ぶつのう【物納】〈名・する〉税金をおさめるときに、お金ではなく、物で納めること。

ぶっぱな・す【ぶっ放す】〔▽打っ放す〕〈動五〉「発射する」の意味の、俗《ぞく》な言いかた。例銃をぶっ放す。

ぶっぴん【物品】〈名〉「しなもの」のこと。

ふつふつ〔沸沸〕〈副・連体〉❶感情がこみ上げてくるようす。例ふつふつたる思い。怒りがふつふつとわいてくる。❷煮《に》えたぎっているようす。

ぶつぶつ 一〈副〉❶低い声でつぶやくようす。例ぶつぶつ言う。❷不平や不満を小声でもらすようす。
二〈名〉肌《はだ》などの表面にできる、つぶの形をしたもの。例肌にぶつぶつができる。
▽ア一ブツブツ 二ブツブツ

ぶつぶつこうかん【物物交換】〈名〉〔経済〕お金を使わず、ものとものを直接とりかえる取り引き。

ふつぶん【仏文】〈名〉❶フランス語で書かれた文章。❷フランス文学。例仏文学科。

ぶっぽう【仏法】〈名〉仏の教え。類仏教。仏道。

ぶっぽうそう【仏法僧】〈名〉〔動物〕❶わたり鳥の一種。夏を日本ですごす。ハトよりすこし小さく、背は暗緑色で、くちばしと足が赤い。三宝鳥。❷「このはずく」のこと。鳴き声から名づけられた。

ぶつま【仏間】〈名〉仏壇《ぶつだん》をおいてある部屋。

ぶつめつ【仏滅】〈名〉なにをするにもよくないとされている日。仏滅日。対大安《たいあん》。

ぶつもん【仏門】〈名〉仏の説いた道。例仏門に入る(＝出家する)。類仏道。

ぶつよく【物欲】〈名〉お金やものを自分のものにしたいと思う欲望。例物欲にとらわれる。

ぶつり【物理】〈名〉❶ものの性質や、エネルギーの状態。例物理現象。❷「物理学」の略。高等学校の、理科の一科目。

ふつりあい【不釣り合い】〈名・形動〉つりあいがとれていないこと。例不釣り合いなカップル。類不均衡《ふきんこう》。不似《に》合い。

ぶつりがく【物理学】〈名〉物体の運動や物質の構造、エネルギーや力などに注目し、自然界の一般《いっぱん》的性質をしらべる学問。数学を多く利用する。力学・光学・熱学などの分野がある。物理。

ぶつりてき【物理的】〈形動〉実際のものごとの法則や状態にかなっている。例人が同時に二か所にいることは物理的に不可能だ。

ぶつりへんか【物理変化】〈名〉〔化学〕蒸発などのように、物質そのものは変わらないで、物質の状態が変わること。化学反応がおこらない変化。対化学変化。

ぶつりゅう【物流】〈名〉「物的流通」の略。生産者から消費者にわたるまでの商品の流れ。例物流倉庫。物流センター。

ぶつりょう【物量】〈名〉ものの分量。例物量にものをいわせる。物量作戦。

ふで【筆】〈名〉❶竹や木の軸《じく》の先に毛のたばをつけて、それに墨《すみ》や絵の具をふくませて字や絵をかく道具。また、広く字や絵をかくペンなどの道具。例絵筆。類毛筆《もうひつ》。❷文字や絵をかくこと。とくに、文章を書くこと。例筆がさえる。筆をとる。筆をふるう。筆の力。

筆が滑《すべ》る うっかりして、または はずみで、書いてはいけないことを書く。

筆が立《た》つ 文章を書くことがじょうずである。

筆になる (「…の筆になる」の形で)…が書いた。

筆のすさび 退屈《たいくつ》をまぎらすために、遊びで文章をかくこと。

筆を入《い》れる ❶書かれた文章をよくするために なおす。類筆を加える。加筆する。❷毛筆で文字などを書く。▽「筆入れをする」ともいう。

筆を置《お》く そこで文章を終わりにする。類擱筆《かくひつ》する。

筆を起《お》こす 文章を書き始める。類起筆する。

筆を折《お》る 今まで文章を書いて世に発表していた作家などが、あるときをさかいにして、書くのをやめてしまう。類筆を断つ。断筆する。

筆を断《た》つ 書きつづけていた小説や評論などの執筆《しっぴつ》をやめてしまう。類筆を折る。

筆を執《と》る ものを書き始める。書く。類執筆《しっぴつ》する。

筆を走《はし》らせる すらすらと文章を書く。類ペンを走らせる。

ふてい[1]【不貞】〈名・形動〉自分の夫や妻以外の人と、親密な関係をもつこと。類不倫《ふりん》。

ふてい[2]【不▼逞】〈名・形動〉きまりを守らず、かってにふるまうこと。また、そのように ふるまって、許しがたいようす。例不逞の輩《やから》。

ふてい[3]【不定】〈形動〉一定しない。きまっていない。例住所不定。

ふていかんし【不定冠詞】〔文法〕英語などで、冠詞の種類の一つ。名詞の前について、そのものが不特定のものであることなどを表わす。英語の「a」など。対定冠詞。

ふていき【不定期】〈名・形動〉時期がはっきりきまっていないこと。例不定期なダイヤ。不定期便。

ふていさい【不体裁】〈名・形動〉体裁や格好が悪いこと。「ぶていさい」ともいう。

ふていしゅうそ【不定愁訴】〈名〉頭痛・肩こり・いらいらなどの症状《しょうじょう》を本人がうったえているにもかかわらず、特定の病気と診断《しんだん》できないようなからだの不調。

ふていしょう【不定称】〈名〉〔文法〕指示語(こそあど)の分類の一つ。話し手、聞き手の両方にとって不確かなものをさし示すことば。「どれ」「どこ」「どちら」「どの」「どんな」「どう」など、「だれ」をのぞいて「ど」ではじまるのが特徴《とくちょう》。

ブティック〈名〉気のきいた服やアクセサリーなどを売る専門店。◇《フランス》boutique

ふでいれ【筆入れ】 一〈名〉えんぴつや消しゴムなどの筆記用具を入れて持ちあるく入れ物。類筆箱。ペンケース。二〈名・する〉「筆を入れる」こと(→「ふで」の子項目)。

プディング〈名〉牛乳やたまご、砂糖などをまぜ、むした

り、焼いたりして固めた洋風の菓子《かし》。プリン。◇pudding

[1]**ふてき【不適】**〈形動〉適さない。例適不適。

[2]**ふてき【不敵】**〈形動〉腹がすわり、なにごともおそれない。例不敵なつらがまえ。大胆不敵。

ふでき【不出来】〈名・形動〉とても人には見せられないほど、つくったもののできがよくないこと。例不出来なケーキ。対上出来。類できそこない。

表現「不出来なものですが」のように、自分のつくったものを謙遜《けんそん》していうことが多い。

ふてきせつ【不適切】〈形動〉適切でない。常識から考えて好ましくない、という意味で使うことが多い。例不適切な表現。類不適当。

ふてきとう【不適当】〈形動〉適当でない。例不適当な人物。不適当な表現。類不適切。

ふてきにん【不適任】〈形動〉その地位や役割などにふさわしくないこと。対適任。

ふてぎわ【不手際】〈名・形動〉やりかたや、その結果がまずいこと。例不手際がある。不手際な処理。

ふてくさ・れる【ふて腐れる】〈動下一〉不平や不満の気持ちから反抗《はんこう》的になったり、どうにでもなれといった態度をとったりする。

ふでづかい【筆遣い】〈名〉字や絵を書くときの、筆のつかいかたやはこびかた。類筆運び。筆勢《ひっせい》。筆致《ひっち》。タッチ。

表現「筆遣いがあらい」というと、運筆の粗雑《そざつ》さをいうほか、文章の粗雑さをさすことがある。

ふてってい【不徹底】〈名・形動〉ものごとが徹底しないで、中途《ちゅうと》はんぱなこと。例不徹底な仕事ぶり。

ふてね【ふて寝】〈名・する〉ふてくされて、寝てしまうこと。

ふでばこ【筆箱】〈名〉えんぴつや消しゴムなどの筆記用具を入れておく箱。類筆入れ。ペンケース。

ふでぶしょう【筆不精・筆無精】〈名・形動〉手紙や文章を書くのをおっくうがること。また、そのような人。例筆不精な人。対筆まめ。

ふてぶてし・い〘▽太▽太しい・不▼逞不▼逞しい〙〈形〉にくらしいほどずうずうしい。例ふてぶてしい態度。

ふでぶと【筆太】〈名・形動〉書かれた文字の線が、太いこと。例筆太に書く。類肉ぶと。

ふでまめ【筆まめ】〈名・形動〉手紙や文章をおっくうがらずに書くこと。また、そのような人。対筆不精《ぶしょう》。

ふと〈副〉そうしようとは思わないでするようす。なにげなく。例ふと思いだす。ふと立ちどまる。→ふとした

ふと・い【太い】〈形〉❶線状や棒状のものが、長さや高さのわりに、はばやまわりが大きい。例太い糸。足が太い。❷弱々しいところがなく、力強い感じだ。例神経が太い(＝小さいことを気にせず大胆《だいたん》だ)。腹が太い(＝度量がある)。線が太い。類ずぶとい。❸低音でよくひびく感じだ。例太い声。▽対細い。

[1]**ふとう【不当】**〈名・形動〉とうてい、正しいこととは思えないこと。例不当な利益。対正当。

参考くだけた言いかたは「ぶっとい」。

[2]**ふとう【▼埠頭】**〈名〉波止場《はとば》。

[1]**ふどう【不同】**〈名・形動〉きちんとそろっていないで、ばらばらであること。例順不同。

[2]**ふどう【不動】**〈名〉❶しっかりしていて、少しも動かないこと。例不動の地位(をきずく)。不動の信念。直立不動。❷「不動明王《みょうおう》」の略。

[3]**ふどう【浮動】**〈名・する〉固定せず、ゆらゆらとどこへでも動いていくこと。例浮動票。

ぶとう【舞踏】〈名〉洋風のおどり。例舞踏会。類ダンス。

[1]**ぶどう【武道】**〈名〉❶武士の生きかたとしての道徳。武士道。❷武士がいくさをするのに必要な技術。剣術《けんじゅつ》など。類武芸。武術。▽アブドー

[2]**ぶどう**〘▼葡▼萄〙〈名〉果樹の一つ。つる性落葉樹。夏から秋にかけてふさ状に実《み》がなる。実は、そのまま食べるほか、ジュースやワインなどをつくる。日本一の産地は山梨県。グレープ。アブドー

表現実は一粒《ひとつぶ》二粒《ふたつぶ》と数える。ふさは一房《ひとふさ》二房《ふたふさ》と数える。

ふとういつ【不統一】〈名・形動〉まとまりがとれていないこと。例不統一がめだつ。不統一な服。対統一。

[1]**ふとうこう【不凍港】**〈名〉寒冷地にあるが、暖流の影響《えいきょう》で冬でも海面がこおらず、船が出入りできる港。

[2]**ふとうこう【不登校】**〈名〉児童や生徒が、病気などのやむをえない事情以外のなんらかの理由で、学校になじめず、行けないこと。参考「登校拒否《きょひ》」にかえて、広い意味で用いられるようになった語。

ふとうごう【不等号】〈名〉〔数学〕二つの数や式の大小の関係を表わす、「>」「<」「≧」「≦」の記号。対等号。

ふどうさん【不動産】〈名〉土地や建物など、そこから動かすことのできない財産。例不動産業。対動産。

ふとうしき【不等式】〈名〉〔数学〕二つの数や式のどちらが大きいかを、不等号で表わした数式。対等式。

ぶどうしゅ【ぶどう酒】〘▼葡▼萄酒〙〈名〉「ワイン」のやや古い言いかた。例パンとぶどう酒。

ぶどうとう【ぶどう糖】〘▼葡▼萄糖〙〈名〉熟したブドウや蜂蜜《はちみつ》などに多くふくまれている糖の一種。生物のエネルギー源として重要。人の血液中にも血糖としてふくまれている。

表記理科の教科書などでは「ブドウ糖」と書く。

ふどうとく【不道徳】〈名・形動〉道徳に反すること。

ふどうひょう【浮動票】〈名〉選挙のとき、どの政党、どの候補者に投票するか一定していない票。対固定票。

ふとうふくつ【不▼撓不屈】〈名・形動〉意志が強く、困難にあっても、ひるまないこと。例不撓不屈の精神。

ふどうみょうおう【不動明王】〈名〉〔仏教〕すべての悪をとりのぞくという明王。いかりの形相《ぎょうそう》で、右手に剣《けん》、左手になわを持ち、背に火炎をおう。不動尊。

ふとうめい【不透明】〈形動〉❶すきとおっていない。例不透明なガラス。❷実態がはっきり見えない。例不透明な経理。

ふどき【風土記】〈名〉❶奈良《なら》時代に政府が各地の役人に作らせた各地方の記録。地名の由来、土地の状態、産物、言い伝えなどをまとめたもの。常陸《ひたち》・肥前《ひぜん》・豊後《ぶんご》・播磨《はりま》・出雲《いずも》の五つが現存している。❷地方の風土や産物、文化などを書きしるした本。類地誌。

ふとく【不徳】〈名〉行ないや心がけがりっぱでないこと。例不徳のいたすところ。不徳のいたり。

表現自分や、自分が属するがわについていうのがふつう。

 北条政子(まさこ)(1157～1225) 源頼朝の妻。頼朝の死後，北条氏と幕府政治を行ない，尼将軍と呼ばれた。

ふとくい【不得意】〈名・形動〉うまくできないで、にがてなこと。例不得意科目。対得意。類不得手《ふえて》。

ふとくてい【不特定】〈名・形動〉これといってきまってはいないこと。例不特定多数。対特定。

ふとくていたすう【不特定多数】〈名〉性別・年《ねん》齢《れい》・職業など、なんらかの条件で選別することをしない、多くの人。例不特定多数の方々《かたがた》の意見。

ふとくようりょう【不得要領】〈名・形動〉言いかたがあいまいだったり、話が矛盾《むじゅん》したりしていて、何が言いたいのかわからないこと。例不得要領な説明。類要領を得ない。

ふところ【懐】〈名〉❶衣服の胸にあたる部分のうちがわ。例懐にする(=懐に入れる)。懐にいだかれる。懐に手を入れる。❷もっているお金。例懐がさびしい。懐ぐあい。❸心の中。例懐(=胸のうち)を見すかす。❹ぐるりとまわりをかこまれたところ。例山の懐。

懐が暖《あたた》かい 安心できるほどお金をたくさん持っている。対懐が寒い。

懐が寂《さび》しい 手持ちのお金が少ない。類懐が寒い。

懐が寒《さむ》い お金をほんの少ししか持っていないので、心ぼそい。対懐が暖かい。類懐がさびしい。

懐が深《ふか》い どんなものごとでも受け入れる心の広さがある。

懐に収《おさ》める 受け取ったお金をそのまま自分の収入にする。類ポケットに入れる。

懐を肥《こ》やす 正しくない手段で、利益をえたり、自分の財産をふやしたりする。類私腹を肥やす。

ふところがたな【懐刀】〈名〉懐に入れて持ちあるく、護身用の小さな刀。

表現「大臣の懐刀」などという場合の「懐刀」は、頭がよくて、ふかく信頼《しんらい》もされている部下のこと。

ふところぐあい【懐具合】〈名〉持っているお金がじゅうぶんかどうか。例懐具合と相談する。

ふところで【懐手】〈名〉❶手を両方とも懐の中に入れていること。例懐手をする。❷人まかせにして、自分ではなにもしないでいること。

ふとじ【太字】〈名〉❶線のふとい字。対細字。❷印刷で、ゴシック体やアンチック体のこと。

ふとした〈連体〉思ってもみない。ちょっとした。例ふとしたことからけんかになった。

ふとっぱら【太っ腹】〈名・形動〉❶気持ちが大きく、こまかなことにいちいちこだわらない人柄《ひとがら》。類剛腹《ごうふく》。❷気前よく何かをするようす。▽くだけた言いかた。

ふとどき【不届き】〈名・形動〉❶注意がたりないこと。例不届きをお許しください。類不行き届き。❷道理やきまりにそむいていて、許せないこと。例不届きなやつ。不届き者《もの》。不届き千万《せんばん》。

ぶどまり【歩留まり】〈名〉一定の原料に対してできる加工製品の量の割合。例歩留まりがいい。

ふともも【太もも】【太▽股】〈名〉足のもものうちで、つけねにちかい、太い部分。類大腿部《だいたいぶ》。

ふと・る【太る】〈動五〉❶脂肪《しぼう》や肉がついて、からだが大きくなる。対やせる。ほそる。類肥える。❷量が多くなる。例財産がふとる。

方言 広島・山口では、満腹になったことを「おなかがふとった」と言う。

ふとん【布団】【▼蒲団】〈名〉綿や羽毛を厚くたいらになるようにして、布でぬいくるんだもの。とくに、しきぶとんやかけぶとんなどの寝具《しんぐ》をいう。例布団をしく。布団をたたむ。布団に入る。座布団。せんべい布団。

ふな【▼鮒】〈名〉池や川にすむ魚の一種。コイの一種だが、ひげがなく小さい。マブナ・ヘラブナなどの種類がある。

ぶな【▼橅】〈名〉山野に生える落葉高木。樹皮はつややかな灰色。材は家具・ベニヤ・パルプなどにする。

ふなあし【船脚・船足】〈名〉❶船のはやさ。❷船の、水につかっている部分の深さ。類喫水《きっすい》。

ふなあそび【船遊び】〈名〉川や内海などにうかべた船に乗って、景色などを楽しんだり酒もりをしたりすること。

ふなうた【舟歌】〈名〉船頭が舟をこぎながらうたう歌。

ふなか【不仲】〈名〉仲の悪い関係。例不仲になる。

ふなじ【船路】〈名〉船で通るみちすじ。類海路《かいろ》。

ふなぞこ【船底】〈名〉船のそこの部分。

ふなたび【船旅】〈名〉船に乗っていく旅。

ふなちん【船賃】〈名〉船に乗るための料金。

ふなつきば【船着き場】〈名〉船がついて、乗りおりするところ。港のように大きなところにはいわない。

ふなで【船出】〈名・する〉船が港から外洋へむけて出発すること。類出港。出帆《しゅっぱん》。出船《でふね》。出航。

表現「人生の船出」「新しき船出」のように、初めて社会へ出ることや、新しい生活を始めることにも使う。

ふなに【船荷】〈名〉船で運ぶ荷物。

ふなぬし【船主】〈名〉船の持ち主。船主《せんしゅ》。

ふなのり【船乗り】〈名〉「船員」のくだけた言いかた。

ふなばた【船端・舟端】【▽舷】〈名〉船の側面。船べり。類舷《げん》。

ふなびん【船便】〈名〉人や荷物を船で目的地に送りとどけること。船による輸送。

ふなべり【船べり・舟べり】【船▽縁・舟▽縁・▽舷】〈名〉⇩ふなばた

ふなむし【船虫】〈名〉節足動物の一つ。体長四センチメートルほどで、茶色で足が多い。海岸の岩場などにむれをなしてすむ。

ふなやど【船宿】〈名〉つりや船遊びのための船をだすのを仕事とする家。

ふなよい【船酔い】〈名・する〉船のゆれで、乗っている人が気分がわるくなること。例船酔いに苦しむ。

ふなれ【不慣れ】〈名・形動〉慣れていないこと。

表現 うまくできなかったときの言いわけに、「なにぶん不慣れなもので…」と言う。

ぶなん【無難】〈形動〉いいと言えるほどでもないが、文句を言われるほど わるくもない。例無難なできる。無難に仕事をこなす。類可もなく不可もなし。

ふにあい【不似合い】〈名・形動〉似合っていないこと。例不似合いなカップル。不似合いな服装。類不釣り合い。

ふにょい【不如意】〈名・形動〉思うようにならないこと。おもに、お金がないために不自由である場合にいう。例手元不如意。

1 **ふにん【不妊】**〈名〉夫婦《ふうふ》のどちらか、または両方の医学的な原因で、子どもがほしいのに できないこと。例不妊症《しょう》。不妊治療《ちりょう》。

2 **ふにん【赴任】**〈名・する〉任地に行くこと。例単身赴任。類転任。

ふにんき【不人気】〈名・形動〉人気がないこと。

ふにんじょう【不人情】〈名・形動〉思いやりなど、人間らしい感情がないこと。類非人情。薄情《はくじょう》。

ふぬけ【ふ抜け】【▼腑抜け】〈名・形動〉気持ちや態

度に、きりっとしたところがないこと。類 いくじなし。

ふね【船・舟】〈名〉❶人や荷物をのせて海や川などの水面を移動する乗りもの。例 船をだす。舟をこぐ。船にのる。荷を船につむ。小舟。類 船舶《せんぱく》。❷「①」のような形、または長方形の入れもの。例 湯ぶね。たこ焼きの舟。❸SFで、宇宙船のこと。

表現 ①は、大型のものは一隻《いっせき》二隻《にせき》、小型のものは一艘《いっそう》二艘《にそう》と数える傾向《けいこう》がある。競艇《きょうてい》のボートは一艇《いってい》二艇、船舶の運行は一便《いちびん》二便と数える。②は、一《ひと》ふね二《ふた》ふねと数えることもある。

表記 ①は、ふつうは「船」、手でこぐようなものは「舟」と書き分ける。②は、「▽槽」または「舟」、③は「船」と書く。

参考 ①は、「船遊《ふなあそ》び・舟歌《ふなうた》・舟底《ふなぞこ》・船賃《ふなちん》・船《ふな》べり」のように、ほかのことばの上につくときは、「ふね」が「ふな」となることが多い。

舟を漕《こ》ぐ すわったまま、からだをゆらしてこっくりこっくり、いねむりをする。類 うたたね。

ふねへん【舟偏】〈名〉漢字の偏の一つ。「航」「船」などの「舟」の部分。

ふねん【不燃】〈名〉燃えないこと。例 不燃ごみ。不燃物。不燃性。対 可燃。

[1]**ふのう【富農】**〈名〉ひろい田畑などをもつ、ゆたかな農民。対 貧農《ひんのう》。類 豪農《ごうのう》。

[2]**ふのう【不能】**〈形動〉できない。例 再起不能。対 可能。類 不可能。

[1]**ふはい【不敗】**〈名〉戦えば必ず勝ち、負けたことがないこと。類 無敗。常勝。

[2]**ふはい【腐敗】**〈名・する〉食べものなどがくさること。

表現 「腐敗した精神」「政治の腐敗」のように、考えかたや行ないなどが、きちんとしていなければならないのに、堕落《だらく》していることをいうことがある。

ふばい【不買】〈名〉特定の商品を買い手が買わないこと。例 不買運動。

ふばこ【▽文箱】〈名〉手紙を入れておく箱。手紙を入れて持ちはこぶ箱。

ふはつ【不発】〈名〉銃《じゅう》や大砲《たいほう》からたまがとびださないこと。爆弾《ばくだん》や大砲のたまなどが爆発しないこと。例 不発弾。

表現 「不発に終わる」といえば、やろうとしたことや期待されたことが、実現しないで終わることをいう。

ふばらい【不払い】〈名〉代金や料金などの、はらうべきお金をはらわないこと。

ぶば・る【武張る】〈動五〉武士のように、いかにも強くていさましいようすをする。かたくるしいところがある。例 軍人なのに武張ったところがない。

ふび【不備】〈名・形動〉必要なものごとが、きちんととのっていないこと。例 制度の不備をおぎなう。申込《もうしこみ》書に不備があれば教えてください。対 完備。具備。類 不完全。

ふひつよう【不必要】〈形動〉必要でない。ないほうがいい。例 不必要に声をはりあげる。対 必要。類 不要。無用。

[1]**ふひょう【不評】**〈名〉評判がよくないこと。例 不評を買う。対 好評。類 悪評。

[2]**ふひょう【付表・附表】**〈名〉本や書類などで、本文につけた表。

[3]**ふひょう【浮標】**〈名〉⇩ブイ①

ふびょうどう【不平等】〈名・形動〉平等でないこと。例 不平等をなくす。不平等なあつかい。

ふびん【不▼憫・不▼愍】〈形動〉「かばってやりたい」「なぐさめてやりたい」などと思うほど、あわれでかわいそうである。例 不憫に思う。わが子に不憫な思いをさせたくない。不憫がる。類 気の毒。参考 もとは、都合《つごう》が悪いという意味の「不便《ふびん》」ということばだった。

ぶひん【部品】〈名〉機械や器具などのひとつひとつの部分の品物。パーツ。例 部品をとりかえる。

ぶふうりゅう【無風流・不風流】〈名・形動〉風流なあじわいがわからないこと。類 無粋《ぶすい》。

ふぶき【吹雪】〈名〉はげしい風とともに、雪がふること。例 地《じ》吹雪。類 風雪。

表現 白くてこまかいものがいっせいにみだれ散ることを、「紙吹雪」「花吹雪」「桜吹雪」のようにいう。

ふふく【不服】〈名・形動〉納得《なっとく》できないで、不満であること。例 不服がある。不服を申したてる。類 不平。

ふぶ・く【▽吹▽雪く】〈動五〉はげしい風とともに雪がふる。例 今日はふぶきそうだ。

ぶぶん【部分】〈名〉全体をつくりあげている、ひとつひとつ。例 部分に分ける。不要な部分をとりさる。部分的。一部分。大部分。対 全体。総体。

表現 「部分」と「全体」との関係を、「…は…の一部である」と言って表わす。この関係は、あらゆるもののなかに見いだすことができる。たとえば、窓は「教室」の一部、教室は「校舎」の一部、校舎は「学校」の一部、というように。

ぶぶんしょく【部分食】【部分▼蝕】〈名〉〔天文〕日食や月食で、太陽や月の全体がかくれないで、一部分だけが欠けて見えるもの。対 皆既《かいき》食。

ぶぶんてき【部分的】〈形動〉一部分だけに関係のあるようす。例 部分的には理解できる。対 全面的。全体的。

ふぶんほう【不文法】〈名〉文章のかたちで示されている法律ではないが、それに準じる効力をもち、みんなで守っているきまり。対 成文法。類 慣習法。不文律。

ふぶんりつ【不文律】〈名〉どこにも書かれたり示されたりしていないが、みんなで守ることになっているきまり。類 不文法。暗黙《あんもく》の了解。

ふへい【不平】〈名・形動〉満足できないで、不愉快《ふゆかい》な思いでいること。例 不平を鳴らす。不平をならべる。不平家。不平不満。類 不満。不服。

不平を鳴《な》らす さかんに不満な気持ちをのべる。

ぶべつ【侮蔑】〈名・する〉人をばかにして、ひどいあつかいをすること。類 軽蔑。軽侮。見さげる。

[1]**ふへん【不変】**〈名〉変わらないこと。例 不変の愛。不変の価値。永久不変。

[2]**ふへん【不偏】**〈名・形動〉かたよらないこと。例 公正不偏な態度。

[3]**ふへん【普遍】**〈名・形動〉ひろくすべてのものに共通してみられること。例 人類普遍の目標と課題。普遍性。普遍的。対 特殊《とくしゅ》。類 一般《いっぱん》。

ふべん【不便】〈名・形動〉なにかをするのに、手段や設備がととのっていなかったり、かんたんにできなかったりして、つごうがよくないこと。例 不便な土地。不便を忍《しの》ぶ。ここは交通が不便だ。対 便利。類 不自由。

ふべんきょう【不勉強】〈名・形動〉勉強をしないこと。また、知っていて当然とされることがらを、なまけて学んでいないこと。例 不勉強を恥じる。不勉強がたたる。

ふへんせい【普遍性】〈名〉ひろくすべてのものに例外なく共通してみられる性質。例 人間の文化には普遍性

がある。対特殊《とくしゅ》性。個別性。類一般《いっぱん》性。

ふへんてき【普遍的】〈形動〉どんなものごとにも例外なく共通している。例人類に普遍的な真理。対個別的。類一般《いっぱん》的。

ふへんふとう【不偏不党】〈名〉公平で中立の立場をとって、主義にかたよらず、どの派にも加わらないこと。

ふぼ【父母】〈名〉父と母。両親。類二親《ふたおや》。

ふほう[1]【不法】〈名・形動〉❶みんなが守っている法律やきまりを守らないこと。例不法行為《こうい》。類違法《いほう》。非合法。❷常識をはずれた ひどいこと。例不法な要求。

ふほう[2]【訃報】〈名〉人が亡《な》くなった知らせ。例訃報に接する。類訃音《ふいん》。悲報。

ふほんい【不本意】〈名・形動〉自分のほんとうの望みとちがうこと。例不本意ながら承知した。対本意。

ふま・える【踏まえる】〈動下一〉❶しっかりとふみつけて、その上に立つ。例大地を踏まえて立つ。❷考えや行動をすすめるときの土台とする。例事実を踏まえる。

ふまじめ【不真面目】〈名・形動〉まじめでないこと。本気でないこと。例不真面目な態度。対まじめ。

ふまん【不満】〈名・形動〉思いどおりにならなくて、不愉快《ゆかい》であること。例不満がつのる。不満をいだく。不平不満。欲求不満。類不服。不平。

ふまんぞく【不満足】〈名・形動〉自分の思うようにならなくて、満足できないこと。例不満足なでき。

ふみ【文】【▽書】〈名〉文字を書いたもの。手紙や文書、書物。古めかしい言いかた。例「書《ふみ》読む月日重ねつつ」〔蛍《ほたる》の光〕

ふみいし【踏み石】〈名〉❶玄関《げんかん》などで、くつをぬいだりするところに置いてある石。❷土をふまずに歩いて行けるぐらいの間隔《かんかく》で置いた庭石。類飛び石。

ふみい・れる【踏み入れる】〈動下一〉ある区域内にはいること。例未知の領域に足を踏み入れる。

ふみえ【踏絵】〈名〉〔歴史〕江戸時代、禁止されていたキリスト教の信者(キリシタン)を見つけだす「絵踏《えぶみ》・絵踏《えぶみ》」のために踏ませた、キリストやマリアの像を彫《ほ》った板。

表現 相手の忠誠心《ちゅうせいしん》などをしらべることや、その手段という意味でも使う。

ふみきり【踏み切り】〈名〉❶鉄道の線路と道路とがまじわっているところ。例無人踏切。❷走りはばとび、走り高とびなどで、踏み切ること。また、その場所。例踏み切り板《ばん》。❸「ふんぎり」のあらたまった言いかた。

表記 ①は、「踏切」と書いて、送りがなは付けない。

ふみき・る【踏み切る】〈動五〉❶陸上競技や体操競技で、助走してきてつよく地面をけってとび上がる。❷思いきってする。とくに、そうするべきかどうか、または、してもよいかどうか確かでないことを、思いきって始める。例実行に踏み切る。

参考 ②のくだけた言いかたは「ふんぎる」。

ふみこ・える【踏み越える】〈動下一〉❶踏んで向こうがわに行く。例境界線を踏み越える。❷困難などをきりぬけて前に進む。類乗り越える。克服《こくふく》する。

ふみこた・える【踏みこたえる】〈動下一〉たおれたり、うしろへさがりそうになるのを、足をふんばってささえる。

表現 ものごとがもう少しでだめになってしまいそうな場面で、ふみとどまってがんばるようすをいうことが多い。

ふみこ・む【踏み込む】〈動五〉❶ふつうなら入らないような深いところまで入り込む。例どろ沼《ぬま》に踏み込む。類立ち入る。❷人の家などに、あらあらしく入り込む。例犯人のかくれがに踏み込んだ。❸力を入れて踏む。例アクセルを踏み込む。

ふみしだ・く【踏みしだく】〈動五〉つぶそうと強くふむ。類踏みにじる。

ふみし・める【踏み締める】〈動下一〉❶足の下にあるものを、しっかりとふみつける。例大地を踏み締める。❷ふんでかためる。例土を踏み締める。

ふみだい【踏み台】〈名〉高いところにとどくように、または、高いところに上がるために乗る台。継《つ》ぎ台。

表現「人を踏み台にする」などの言いかたで、自分の目的をとげるために一時利用するもの、の意味でも使う。

ふみたお・す【踏み倒す】〈動五〉はらうべきお金をはらわないで、にげたりごまかしたりする。例借金を踏み倒す。類借り倒す。

ふみだ・す【踏み出す】〈動五〉❶立っている状態で、片足を前へだす。❷新しい計画などを実際にはじめる。例第一歩を踏み出す。❸きめられている範囲《はんい》の外へ足をだす。例足が境界線を踏み出した。

ふみだん【踏み段】〈名〉はしごや階段などの、そこを踏んでのぼりおりする段。

ふみづき【文月】〈名〉陰暦《いんれき》で、七月のこと。「ふづき」ともいう。

ふみつ・ける【踏み付ける】〈動下一〉そのものの上に足をのせて、上から強くおさえる。

表現「人を踏み付ける」「人を踏み付けにする」は、その人の面目をつぶして、かってなことをすることをいう。

ふみつぶ・す【踏み潰す】〈動五〉❶形がくずれるまで力をこめてふむ。❷相手の面目《めんぼく》や要求などを無視してとり上げない。類にぎりつぶす。

ふみとどま・る【踏みとどまる】〈動五〉❶立ち去りたいと思っても、がまんしてその場所にいる。他の人が去ったあとも、その場所にのこる。類居残る。❷したいと思っても、がまんしてするのをやめる。類思いとどまる。

ふみなら・す[1]【踏みならす】【踏み▽均す】〈動五〉地面などを踏んで平らにする。

ふみなら・す[2]【踏み鳴らす】〈動五〉地面などを強くふんで音をたてる。例足を踏み鳴らす。

ふみにじ・る【踏みにじる】〈動五〉❶足でふんで、こなごなにする。❷大事にしなければならないもの、守らなければならないものを、ぶちこわしたり、無視したりする。例好意を踏みにじる。法を踏みにじる。類ないがしろにする。蹂躙《じゅうりん》する。

ふみぬ・く【踏み抜く】〈動五〉❶ゆかなどを強くふんで穴をあける。❷とがったものをふんで、足のうらにつきさす。例くぎを踏み抜く。

ふみば【踏み場】〈名〉足をおろすところ。例足の踏み場もないほどちらかったへや。

ふみはず・す【踏み外す】〈動五〉❶置くべき場所でないところに足を置いたために、からだのバランスをうしなう。例足を踏み外す。階段を踏み外す。❷してはならないことをしてしまったりして、人生をあやまる。例道を踏み外す。

ふみわ・ける【踏み分ける】〈動下一〉はえている草や木をふみつけて、左右に分けるようにして歩いていく。

ふみん【不眠】〈名〉ねむらないこと。ねむれないこと。例不眠症《ふみんしょう》。対安眠。

ふみんしょう【不眠症】〈名〉精神的な原因などで、ねむれなくなる症状。

ふみんふきゅう【不眠不休】〈名〉ものごとにいっしょうけんめいにとりくみ、ねむることも休むこともしないこと。

法然(ほうねん)(1133～1212) 平安末期～鎌倉初期の僧。浄土宗の祖。念仏による極楽往生を説いた。

例不眠不休で研究に没頭《ぼっとう》する。

ふ・む【踏む】〈動五〉❶足でなにかの上にのる。足でおすようにする。例人の足を踏む。舞台《ぶたい》を踏む。ペダルを踏む。じだんだを踏む。踏み板。踏みしめる。踏みにじる。❷しっかりと経験する。例場数《ばかず》を踏む。甲子園《こうしえん》の土を踏む。❸なにかをするのに、きまった順序や段階をとおる。例手順を踏む。❹値段などの見当をつける。例もうけは一億円と踏んだ。類値ぶみをする。❺詩などで、同じ韻《いん》を使う。例韻を踏む。類押韻《おういん》する。

踏んだり蹴《け》ったり 方言 南九州では、「履《は》く」の意味でも使う。災難や不幸が続けざまにふりかかること。類泣きっ面《つら》に蜂《はち》。弱り目にたたり目。

ふむき【不向き】〈名・形動〉似合わないこと。適していないこと。例不向きな仕事。

ふめい【不明】〈名・形動〉❶はっきりしないこと。例原因は不明だ。ゆくえ不明。意味不明。類不詳《ふしょう》。❷ものごとをただしく判断したり、これから先どうなるかを見とおしたりする力がたりないこと。例不明をはじる。

ふめいよ【不名誉】〈名・形動〉名誉をきずつけて、恥《はじ》になること。例不名誉な事件。類名折れ。

ふめいりょう【不明瞭】〈形動〉はっきりしない。例不明瞭な発音。対明瞭。

ふめいろう【不明朗】〈形動〉❶人の性格などが、暗くてのびのびしていない。❷うそやごまかしなど、はっきりさせていないところがある。例不明朗な会計。▽対明朗。

ふめつ【不滅】〈名〉ほろびたり、なくなったりしないで、永遠に残ること。例不滅の栄誉《えいよ》。類不朽《ふきゅう》。

ふめん【譜面】〈名〉楽譜を書いたもの。例譜面台。

ふめんぼく【不面目】〈名・形動〉体面をけがすようなこと。「ふめんもく」ともいう。

ふもう【不毛】〈名・形動〉土地に農作物を育てるような栄養分がないこと。例不毛の地。対肥沃《ひよく》。

表現「不毛な議論」は、ただ意見を言い合うだけで何も生まれてこない議論。

ふもと【麓】〈名〉山の下の方。山すそ。対いただき。類山麓《さんろく》。

ふもん【不問】〈名〉本来なら問題にすべきことを、とくにとりあげないこと。例不問に付す。年齢《ねんれい》不問。

[1]ぶもん【武門】〈名〉武士の家がら。例武門の出。類武家。

[2]ぶもん【部門】〈名〉全体を性質や内容、範囲《はんい》などの点でいくつかに分けた、そのひとつひとつ。類分野。領域。

ふや・ける〈動下一〉❶水や湯などにひたってふくれ、ぶよぶよになる。❷気持ちにきりっとしたところがなく、だらしなくなる。例ふやけた男。

ふやじょう【不夜城】〈名〉ネオンなどのあかりが昼のようにかがやいていて、夜でも明るくにぎやかな場所。

ふや・す【増やす・殖やす】〈動五〉❶[増やす] 数や量をそれまでよりも多くする。❷[殖やす] たくわえなどを多くする。例財産を殖やす。❸[殖やす] 生殖《せいしょく》などによって生物の数を多くする。例子孫を殖やす。▽対減らす。

表記 ②の「利殖《りしょく》」、③の「生殖」の意味のときに「殖やす」と書くが、「増やす」と書くことも多い。

ふゆ【冬】〈名〉四季の一つ。一年中でいちばん寒い季節。秋の紅葉が終わって、落葉樹の葉が落ちつくすころ(=十二月)から、正月をはさんで、二月をすぎるまでの期間。「暦《こよみ》の上では冬」というときには立冬から立春の前日までをいう。例冬をこす。きびしい冬。長い冬。冬がれ。冬ごもり。冬木立。

表現 冬のはじめを「初冬《しょとう》」、冬の終わりを「晩冬《ばんとう》」という。冬のまんなかは「真冬《まふゆ》」。「厳冬《げんとう》」は冬の寒さのもっともきびしいころ。

冬来《き》たりなば春《はる》遠《とお》からじ ❶冬はきびしいが、それが来ることは、そのあとに春が来ることなので、希望がある。❷今はつらい状態でも、そこをがんばれば必ずいい時期がくる。

ぶゆ【▼蚋】〈名〉⇩ぶよ

[1]ふゆう【浮遊】〈名・する〉水面や空中などにうかんで、ただよっていること。また、そのような感じでさまようこと。例浮遊生物。

[2]ふゆう【富裕】〈名・形動〉財産にめぐまれて、生活がゆたかなこと。例富裕な階層。富裕層。

ぶゆう【武勇】〈名〉勇気があり、力や武術にすぐれていること。例武勇伝。

ぶゆうでん【武勇伝】〈名〉❶武術にたけた人の伝記。❷いさましい話。例武勇伝の持ち主。

ふゆかい【不愉快】〈形動〉おもしろくないことがあったりして、いやな気分である。例不愉快に思う。不愉快なやつ。君の態度はひどく不愉快だ。対愉快。類不快。むなくそわるい。

ふゆがこい【冬囲い】〈名・する〉❶冬の寒さや風雪を防ぐため、家や植木のまわりに囲いを作ること。その囲い。❷冬の間に食べるために、野菜などを土の中にうめておくこと。

ふゆがれ【冬枯れ】〈名〉❶冬になり、草木が枯れること。また、そのあれたさびしい光景。❷商店などで、冬のころ、客がへって、商品の売れゆきがわるくなること。とくに、二月をいう。対夏枯れ。

ふゆきとどき【不行き届き】〈名・形動〉注意やせわなどが、じゅうぶんいきとどかないこと。類不注意。不届き。

ふゆげしょう【冬化粧】〈名・する〉冬、雪が降って、あたり一帯が白くなることを化粧にたとえていうことば。

ふゆこだち【冬木立】〈名〉冬の、葉が落ちてしまって、いかにもさむざむとした木立。

ふゆごもり【冬籠もり】〈名・する〉人や動物が、冬の寒さがきびしいあいだ、家や巣《す》の中などにこもって、じっとしていること。

ふゆしょうぐん【冬将軍】〈名〉寒くきびしい冬を、攻《せ》めよせてくる敵の将軍とらえていうことば。

ふゆどり【冬鳥】〈名〉わたり鳥のうち、秋から冬にかけて日本にきて冬をすごし、春になって北へ去る鳥。ハクチョウやガンなど。対夏鳥。

ふゆば【冬場】〈名〉冬のあいだ。対夏場。→なつば

表現

ふゆび【冬日】〈名〉❶冬のよわよわしい日ざし。▽対夏日。❷〔気象〕最低気温がセ氏〇度未満の日。→まふゆび

ふゆもの【冬物】〈名〉冬のあいだだけ使うもの。とくに、冬に着る衣服をいうことが多い。対夏物。類冬着。

ふゆやすみ【冬休み】〈名〉学校などで、年末から正月にかけて授業を休むこと。また、その期間。

[1]ふよ【付与】〈名・する〉あたえること。例権限を付与する。

[2]ふよ【賦与】〈名・する〉生まれつきのものとして、あたえること。例天から賦与された才能。

ふ

ぶよ【▼蚋】〈名〉 昆虫《こんちゅう》の一種。ハエと似《に》た形で体長二三《ミリメートル》くらい。人や動物の血を吸《す》う。ぶゆ。ぶと。

[1]**ふよう**【不用・不要】〈名・形動〉 ❶[不用] 使わないこと。使ってしまって、もういらないこと。例不用品。対入用《にゅうよう》。❷[不要] 必要ではないこと。なくてもこまらないこと。例不要不急の外出をひかえる。対必要。類無用。不必要。

[2]**ふよう**【▼芙▼蓉】〈名〉 ❶庭などにうえる落葉低木。夏から秋にかけて、ピンク色や白色をした大きな花がさく。❷蓮《はす》。

[3]**ふよう**【扶養】〈名・する〉 生活のせわをして、やしなうこと。例親を扶養する。扶養家族。

[4]**ふよう**【浮揚】〈名・する〉 水面や空中にうかび上がること。例景気が浮揚する。

ぶよう【舞踊】〈名〉 音楽にのせてからだを動かすことで、気持ちや感情を表現するもの。例日本舞踊。類おどり。舞《まい》。舞踏《ぶとう》。

ふようい【不用意】〈形動〉 準備をしていない。注意が不足している。例不用意なことばで人をきずつける。

ふようかぞく【扶養家族】〈名〉 自分の責任で養わなければならない家族。

ふようじょう【不養生】〈名・形動〉 健康に気をくばらないこと。例医者の不養生(→「いしゃ〔医者〕」の子項目)。類不摂生《ふせっせい》。

ぶようじん【不用心・無用心】〈名・形動〉 戸じまりなどがしっかりしていなくて、用心がわるいこと。

ふようど【腐葉土】〈名〉 落ち葉がつもり、くさったもの。養分があり、園芸植物の栽培《さいばい》などに使う。

ぶよぶよ〈形動・副・する〉 ❶水をたっぷりふくんで、気持ちわるくふくらんでいるようす。例ぶよぶよのみかん。❷しまりなく、だらしなく太っているようす。例ぶよぶよ(と)したからだつき。参考アクセントは、ふつう「ブヨブヨ」であるが、「ぶよぶよに」「ぶよぶよの」「ぶよぶよだ」の場合は、「ブヨブヨ」となる。

[1]**フライ**〈名〉 野球で、球を高く打ち上げること。また、その球。飛球。◇fly

[2]**フライ**〈名〉 魚や肉などにパン粉をつけて油であげた洋風料理。例ライトフライ。◇fry

ぶらい【無頼】〈名・形動〉 一定の職業をもたないで、ばくちやたかりなど、無法なことをして生活すること。例無頼の徒。無頼漢。

ぶらいかん【無頼漢】〈名〉 法を守らず、乱暴なことばかりしている男。類ごろつき。ならず者。無法者。

プライス〈名〉 値段。価格。◇price

フライト〈名・する〉 ❶飛行機が飛行すること。❷スキーのジャンプ競技で、ジャンプ台から飛ぶこと。◇flight

プライド〈名〉 自分をえらいと思う気持ち。例プライドが高い。プライドをきずつける。類誇《ほこ》り。自尊心。気位《きぐらい》。◇pride

フライトレコーダー〈名〉 航空機の飛行中の高度・速度・方向などを、時刻とともに自動的に記録する装置。事故原因の分析《ぶんせき》に重要。◇flight recorder

プライバシー〈名〉 他人にたち入られたくないような個人的なことがら。例プライバシーにかかわる。プライバシーの侵害《しんがい》。類私生活。◇privacy

フライパン〈名〉 油でいためたり、あげたり、やいたりするのに使う、柄《え》のついた浅いなべ。◇frying pan から。

プライベート〈形動〉 個人的。例プライベートな時間。プライベートな問題。対パブリック。◇private →パーソナル 表現

表現「人とのつきあいよりもプライベートを大事にする」のように、個人の生活の意味で、名詞として使うこともある。

プライベートブランド〈名〉 メーカーではなく、販売《はんばい》するがわが独自に商品を企画《きかく》・開発して、自社のグループ店で売るときの共通のシリーズ名。P.B.。対メーカーブランド。ナショナルブランド(=大手メーカーのブランド)。◇private brand

プライマリーバランス〈名〉 基礎的財政収支。国の財政の収入と支出のバランスで、全体の収支から、国債《こくさい》の発行にともなう収支をのぞいて比較《ひかく》したもの。これがつりあっている場合は、税収だけで支出がまかなえることを意味し、赤字の場合は、さらなる国債の発行が必要で国の借金が増えることを意味する。◇primary balance

フライング〈名〉 競走や競泳で、スタートの合図より先に飛びだしてしまうこと。◇flying start から。

参考英語では false start というのがふつうで、flying start は、「助走をつけたスタート」または「好調なすべり出し」という意味になる。

ブラインド〈名〉 ❶日よけのため、ほそい板をつなげて、上からつるし、外からの光を調節するもの。❷目が見えないこと。盲目《もうもく》。例(パラスポーツで)ブラインドサッカー。◇blind

ブラウザー〈名〉 ウェブページをパソコンの画面に表示するためのソフトウェア。◇browser

ブラウス〈名〉 女性や子ども用の、上半身にきるシャツに似《に》たうすでの服。◇blouse

ブラウンうんどう【ブラウン運動】〈名〉〔物理〕 水にういた花粉やたばこのけむりのように、液体や気体の中にういているこまかい粒子《りゅうし》が、不規則にうごきまわる運動。参考イギリスの植物学者ブラウンが発見した。これがもとになって、静止しているようにみえる物体も、中では分子がうごいていることがわかった。

プラカード〈名〉 要求やスローガンなどを書いて、手に持ってあるく板。デモ行進などに使う。◇placard

ぶらく【部落】〈名〉 ❶「集落」の古い言いかた。❷〔公民〕 被《ひ》差別部落。例部落差別問題(=同和問題)。

プラグ〈名〉 電気製品のコードの先についているさしこみ器具。コンセントにさしこんだりぬいたりすることで、電流を通じさせたりきったりする。◇plug

プラグマティズム〈名〉 知識や価値の問題を、それが実際に役に立つかどうかを基準として考える立場。実用主義。「プラグマチズム」ともいう。◇pragmatism

参考一九世紀から二〇世紀にかけての、アメリカの代表的な哲学《てつがく》思想。

プラグマティック〈形動〉 実際に役に立つかどうかという考え方にもとづいた。プラグマティズムに関係した。実用主義的。実利的。例プラグマティックな発想。◇pragmatic

プラザ〈名〉 広場。市場《いちば》。◇plaza

ぶらさが・る【ぶら下がる】〈動五〉 ❶だらんとたれる。また、それに似《に》た状態でなにかにつかまる。例つりかわにぶら下がる。❷自分はなにもしないで、人にたよる。

表現「目の前にぶらさがっている」といえば、ほしいものが、手に入りそうなほどちかくにあること。

ぶらさ・げる【ぶら下げる】〈動下一〉 ❶ものの上部をとめて、たれさせる。❷手にさげて持つ。

ボーア (1885~1962) デンマークの物理学者。原子構造論を確立。量子力学の完成に貢献した。

ブラシ〈名〉❶細い毛をたばねて柄《え》につけ、先を切りそろえた道具。例ブラシをかける。歯ブラシ。ヘアブラシ。洋服ブラシ。❷「エアブラシ」の略。◇brush

ブラジャー〈名〉女性用の下着の一つ。ちぶさをおおうもの。「ブラ」と略してもいう。◇brassiere

ブラス〈名〉金管楽器。例ブラスバンド。ブラスセクション。◇brass(=真鍮《しんちゅう》)

プラス〈名〉❶〈する〉たすこと。加えること。❷〔数学〕0より大きい数(=正数)や、たし算を表わす「＋」の符号《ふごう》。❸〔物理〕正《せい》の電気や、正の電極。符号は「＋」。❹温度が○《れい》度《ど》以上であること。❺有利であること。利益になること。例プラスになる。プラスの評価。プラスのイメージ。❻積極的なこと。楽観的なこと。例プラスの発想。プラス思考。❼ウェブ上の画像や地図で、拡大《かくだい》することを表わす「＋」のしるし。❽黒字。▽対マイナス。◇plus →マイナス参考

プラスアルファ〈名〉もう少しつけ加えるなにかがあること。つけ加えたもの。「プラスα」とも書く。

フラスコ〈名〉化学実験などで使う、ガラス製のくびの長い、とっくりに似《に》た容器。◇《ポルトガル》frasco

プラスチック〈名〉化学的に合成される物質で、熱や圧力をくわえればかんたんに かたちを変えることの できるもの。あぶらや薬品につよく、電気をとおさないので、さまざまな用途《ようと》に使われる。◇plastics

フラストレーション〈名〉欲求不満。例フラストレーションがたまる。◇frustration

ブラスバンド〈名〉金管楽器と打楽器で合奏をする楽団。フルート・クラリネットなどの木管楽器が加わる場合も多い。吹奏《すいそう》楽団。◇brass band

プラズマ〈名〉〔物理〕超《ちょう》高温・高圧下で原子が原子核《かく》と電子に分裂《ぶんれつ》して、原子核が自由にはげしくとびまわっている状態。◇plasma

プラスマイナス〈名〉得たものと失ったもの。得失。差し引き。例プラスマイナスゼロ。◇日本での複合語。

プラタナス〈名〉〔植物〕すずかけ。◇platanus

フラダンス〈名〉ハワイなどで、女性が音楽のリズムにあわせて 腰《こし》を使っておどる民族的なおどり。

参考「フラ」は「おどり」という意味のハワイのことば。

ふらち【不▾埒】〈形動〉道理やきまりからはずれていて、許せない。例不埒なやつ。不埒千万《せんばん》。

プラチナ〈名〉❶「白金《はっきん》」のこと。❷価値やランクが高いもの。例プラチナ会員。プラチナチケット(=入手《にゅうしゅ》困難《こんなん》な入場券)。◇《オランダ》platina

ふらつ・く〈動五〉❶足に力が入らなくて、からだが よろよろする。例足がふらつく。❷考えや気持ちがきまらないで、ゆれうごく。例ふらついた態度。❸ぶらつく。

ぶらつ・く〈動五〉これという目的もなく、のんびりと歩きまわる。例あたりをぶらつく。類うろつく。ぶらぶらする。

ブラック〈名〉❶黒。黒色《こくしょく》。おもに商品の色の種類にいう。対ホワイト。❷ミルクや砂糖を入れないで飲むコーヒー。❸〈形動〉理不尽《りふじん》なものごとをいう、俗《ぞく》っぽい言いかた。例ブラック企業《きぎょう》。◇black

ブラックアウト〈名・する〉地震などによる、大規模《だいきぼ》な停電。◇blackout

フラッグシップ〈名〉旗艦《きかん》。例フラッグシップストア(=旗艦店)。フラッグシップモデル(=旗艦商品)。◇flagship

ブラックバス〈名〉北米原産の湖や川にすむ魚。黒っぽくて口が大きい。つりの対象として日本全国に広まった。食用ともなる。◇black bass

参考 肉食性で、ほかの魚を激減させ、問題となっている。

ブラックホール〈名〉〔天文〕大きな恒星《こうせい》がちぢんでいき、中心の引力がひどく強くなって、すべての光や物質をすいこんでしまう といわれるところ。◇black hole

表現 実態《じったい》が不明で、いちど入りこんだら ぬけ出られないような危険なものごとのたとえとしても使う。

ブラックボックス〈名〉❶使い方だけはわかっているものの、動く原理のわからない装置。❷「フライトレコーダー」と「ボイスレコーダー」のこと。◇black box

ブラックマーケット〈名〉闇 市《やみいち》。◇black market

ブラックマネー〈名〉税金や政府の規制をのがれた、正規の取り引きによらないお金。類隠し所得。闇《やみ》資金。裏金《うらがね》。アングラマネー。◇black money

ブラックユーモア〈名〉ぞっとするような不気味さをふくんだユーモア。◇black humor

ブラックリスト〈名〉要注意人物の名前をのせた表。例ブラックリストにのる。◇blacklist

フラッシュ〈名〉光がたりないときや、逆光のときの写真撮影《さつえい》に使う、一瞬《いっしゅん》だけ強く光る電球。また、その光。例フラッシュをたく。類ストロボ。◇flash

表現「フラッシュをあびる」は、そのときの話題の中心となっている人を形容するときにも使う。

ブラッシング〈名・する〉ブラシをかけること。◇brushing

フラット ㊀〈形動〉平らなこと。㊁〈名〉❶〔音楽〕楽譜《がくふ》で、音の高さを、本来の音より半音低くすることを指示する「♭」の記号。変記号。対シャープ。❷競走などで、かかった時間に秒以下の端数《はすう》がないこと。ぴったり。例一〇秒フラット。◇flat

プラットフォーム〈名〉⇩プラットホーム(次項)

プラットホーム〈名〉❶駅で、電車に乗りおりするところ。略して「ホーム」ということが多い。❷飛びこみ競技の飛びこみ台や、重量挙げの試技台。❸OS(基本ソフト)のちがいによる、コンピューターの動作環境《かんきょう》。❹インターネットでダウンロードして使うコンテンツの、仕様のちがいによる各販売《はんばい》サイト。◇platform

表記 ②③④は①と区別して、英語の発音どおり「プラットフォーム」と表記される。

プラトニック〈形動〉高潔な。精神的な。例プラトニックラブ(=精神的な恋愛)。◇Platonic

参考 哲学者プラトンの名を形容詞にしたことば。

プラネタリウム〈名〉月や星のうごきをわかりやすく説明するために、丸天井《まるてんじょう》に星空そっくりのものを映しだす しくみ。◇《ドイツ》Planetarium

ふらふら ㊀〈形動・副・する〉力がなくて、一定の位置をとることができず、ゆれうごくようす。例頭がふらふらする。ふらふら(と)歩く。ふらふらになる。㊁〈副・する〉考えや気分が さだまらないで、ゆれうごくようす。例委員長の意見がふらふら(と)していてはこまる。

参考 アクセントは、ふつう「**フ**ラフラ」であるが、㊀で形容動詞として使う場合は、「**フラフラ**」となる。

ぶらぶら〈副・する〉❶上からぶらさがったものが、ゆれているようす。❷のんびり、ゆっくり歩きまわるようす。例ぶらぶら(と)歩く。ちょっとそこらを ぶらぶらしてこよう。類ぶらつく。徘徊《はいかい》する。❸これといった特別なことをしない

 ホー=チ=ミン（1890〜1969） ベトナム民主共和国初代大統領。インドシナ戦争・ベトナム戦争を戦う。

で、時をすごすようす。例ぶらぶら遊んでいる。

ブラボー〈感〉よろこんだり、感動したりしたときに、口をついてでることば。いいぞ！ やった！ ◇bravo

フラボノイド〈名〉ポリフェノールの一種で、植物に広くふくまれる色素成分の総称《そうしょう》。抗酸化作用があり、生活習慣病を予防する。大豆にふくまれるイソフラボンや緑茶にふくまれるカテキンも、この一種。◇flavonoid

フラミンゴ〈名〉大型の水鳥の一種。ツルに似て首と足が細長く、一本足で立つ。羽はうすい赤色。ベニヅル。◇flamingo

フラメンコ〈名〉ギターの伴奏《ばんそう》による、スペインの情熱的なおどりと歌。◇《スペイン》flamenco

プラモデル〈名〉組み立て式になっている、プラスチック製の模型。プラスチックモデルの商標名。

ふらり〈副〉❶何のめあてもなく、気まぐれに。例ふらりと旅に出る。類ぶらり。❷ゆっくり力なく動くようす。例ふらりふらりとよろける。▽「ふらっと」ともいう。

ぶらり〈副〉❶特別な目的や考えもないまま行動するようす。例友人が時どき、ぶらりと訪ねてくる。類ふらり。❷少し重みのありそうなものがたれ下がっているようす。例へちまがぶらりとたれ下がっている。▽「ぶらっと」ともいう。

ふらん【腐乱】〖腐▼爛〗〈名・する〉生物のからだがくさって、くずれること。例腐乱死体。

プラン〈名〉❶計画。例旅行のプランを立てる。プランを練《ね》る。類企画《きかく》。❷いくつかのサービス内容の中から、客が選ぶもの。例スマホの料金プラン。海外旅行のオプションプラン。類メニュー。◇plan

ふらんき【▼孵卵器】〈名〉温度や換気《かんき》などの条件を一定にたもち、たまごを人工的にかえす装置。

フランク〈形動〉率直《そっちょく》なようす。例フランクに話しあう。もっとフランクになれよ。◇frank

ブランク〈名〉❶紙で、字などを書いてない部分。❷一定の期間、仕事などから遠ざかっていたこと。例ブランクをうめる。▽類空白。◇blank

プランクトン〈名〉水中をただよう微細《びさい》な生物。動物プランクトンと植物プランクトンとがあり、魚のえさとして重要。浮遊《ふゆう》生物。◇plankton

フランクフルト〈名〉本場ドイツ風の、太いソーセージ。◇ドイツの都市名から。

ぶらんこ〈名〉校庭や公園などにある、乗って前後にゆりうごかして遊ぶ道具。多く、「ブランコ」と書く。

フランスかくめい【フランス革命】〈名〉〔歴史〕一八世紀の終わりに、フランスにおこった市民革命（一七八九～一七九九）。自由・平等の精神にもとづいて、それまでの絶対王政と封建《ほうけん》的な旧制度をうちやぶり、ヨーロッパ諸国に大きな影響《えいきょう》をあたえた。

プランター〈名〉草花や野菜を育てる長方形の容器。◇planter

ブランチ〈名〉昼食をかねた、おそい朝食。◇brunch

フランチャイズ〈名〉❶プロ野球やプロサッカーで、そのチームが本拠《ほんきょ》地としている球場や競技場。ホームグラウンド。❷親会社が契約《けいやく》制の支店にみとめている、一定地域内に限定した営業販売《はんばい》権。例フランチャイズチェーン。◇franchise

ブランデー〈名〉ワインを蒸留してつくったつよい酒。◇brandy

プランテーション〈名〉先進国の資本家が植民地で経営した前近代的大農場。中南米・東南アジア・アフリカに多くみられた。◇plantation

ブランド〈名〉「商標名」のこと。とくに、上等な品という意味で使う。例ブランドもの。◇brand（＝焼き印）

プラント〈名〉生産工場としてのはたらきができるような大規模な機械設備。例プラント輸出。◇plant

プランニング〈名・する〉企画《きかく》の立案。◇planning

フランネル〈名〉表面をけばだたせた、やわらかくかるい毛の織物。冬の下着やねまきなどに使われる。略して「ネル」ともいう。◇flannel

[1]**ふり**【振り】〈名〉❶ものを振ること。例バットの振り。❷外面にあらわれて、ほかの人からそれと感じられるようす。例通行人のふりをした刑事《けいじ》。知らないふり。見て見ぬふり。❸身なり。動作のしかた。例なりもふりも構わない。人のふり見て わがふり直せ（→「ひと」の子項目）。なりふり。❹舞台《ぶたい》で、音楽にあわせてする おどりや動きのそぶり。例振りをつける。❺料理屋や旅館などで、来た客が、まったくはじめてで、紹介《しょうかい》者もないこと。誤《あやま》って「フリー」ともいう。例ふりの客。❻漫才《まんざい》で、相方《あいかた》が「ぼけ」を言うような話題。また、「前振り」のこと。▽ア①⑤ ⑥フリ ②③フリ」 ④フリ」 フリ ▽→ぶり〔振り〕

[2]**ふり**【降り】〈名〉雨や雪などが降ること。また、その程度。例ひどい降りだ。本降り。どしゃ降り。アフリ」

[3]**ふり**【不利】〈名・形動〉損になったり、つごうが悪くなったりすること。例不利な立場。対有利。アフリ

[1]**ぶり**〖▼鰤〗〈名〉海にすむ魚の一種。一メートルぐらいになり、背は青く、腹は白い。あぶらが多いので、照り焼きにするとうまい。参考(1)出世魚《しゅっせうお》の一つで、成長するにつれてワカシ（ツバス）・イナダ（ハマチ）・ワラサ（メジロ）・ブリとよび名がかわる。(2)富山県の氷見《ひみ》の寒ブリ（＝寒中にとれるブリ）は、地域ブランド品としてとくに有名。

[2]**ぶり**〖振り〗〈接尾〉❶「…のようす」「…のありさま」という意味を表わす。例枝《えだ》ぶり。話しぶり。混雑ぶり。❷「…のスタイル」「…調」という意味を表わす。例万葉ぶり。❸「長い時間がたったのち、ふたたびもとの状態にもどって」という意味を表わす。例五年ぶりの再会。久しぶりの青空。注意③は、望ましくないことには使わないのがふつうで、たとえば「常勝チームが三年ぶりに優勝をのがした」のような使いかたは、本来は適切でない。

ふりあ・げる【振り上げる】〈動下一〉手や、手に持ったものを、いきおいよく振るようにして、高く上げる。

ふりあ・てる【振り当てる】〈動下一〉全体をいくつかの部分にわけて、わりあてる。例役を振り当てる。時間を振り当てる。損な役目を振り当てられた。類割り振る。

フリー ━〈形動〉しばりつけるものがなく、自由である。例フリーな立場。━〈名〉❶「フリーランス」の日本での省略語。例フリーのカメラマン。フリーライター。❷「振り⑤」とまぎれた言いかた。例フリーの客をことわる。━〈造語〉❶無料の。例フリーサンプル。フリーペーパー。❷…がない。例バリアフリー。シュガーフリー。◇━━free
参考 若者ことばで、「交際相手の彼氏《かれし》や彼女《かのじょ》が（一時的に）いない状態」の意味で使われることもある。

フリーウェア〈名〉パソコンのソフトウェアで、だれでも無料で使うことができるもの。◇freeware

フリーエージェントせい【フリーエージェント制】〈名〉プロ野球で、選手が一定の期間 同じ球団にいたあと、希望する球団に自由に移ることができる制度。参考 free agent を略して、「FA」ともいう。

ボードレール（1821～67） フランスの詩人。「悪の華」などで近代人の孤独と絶望をうたった。

フリーキック〈名〉サッカーやラグビーで、相手側の反則によってあたえられる、ボールを自由にけることのできる権利。◇free kick

フリーザー〈名〉冷凍《れいとう》庫。冷凍室。または、食品などをこおらせる機械。◇freezer

フリージア〈名〉庭にうえる草花の一種。多年草で球根がある。春、かおりのよい黄色や白のらっぱのかたちをした花がならんでさく。◇freesia

フリース〈名〉非常にこまかいポリエステルの糸をパイルあみにした、厚手のやわらかい布地。軽くて温かく、じょうぶで、洗濯《せんたく》機で洗えるため、セーターや上着のかわりとして普及した。◇freece 参考 ペットボトルなども原料にできる。もとの意味は「かりとった状態のヒツジの毛」。

フリーズ〈名・する〉❶冷凍すること。❷パソコンの画面が突然止まって、操作をうけつけなくなること。◇freeze

フリースクール〈名〉学習指導要領にとらわれず、子どもの自主性や個性を重視し、自由で独創的な教育をする施設《しせつ》。一般《いっぱん》の学校で不登校となった子どもなどが学習できる場。◇free school

フリースタイル〈名〉❶レスリングの種目の一つ。相手のこしから下を攻《せ》めてもいいもの。→グレコローマン ❷水泳で、自由形。ふつう、クロールをさす。❸スキー競技の一つ。アクロバットのような独創性をきそう。エアリアル・バレエ・モーグルの三種目がある。◇free style

フリーズドライ〈名〉食品などを、急速にこおらせたあと、真空の状態に置いて水分をとばし、乾燥《かんそう》させること。凍結《とうけつ》乾燥。◇freeze-drying から。

フリースロー〈名〉バスケットボール・ハンドボールなどで、相手チームの反則によってあたえられる権利。所定の位置から自由にゴールにボールを投げる。◇free throw

フリーター〈名〉アルバイトをして暮らしている社会人。参考 日本で作られたカタカナ語の「フリーアルバイター」をちぢめてできたことば。

フリーダイヤル〈名〉「〇一二〇」で始まる、通話料金無料の電話番号。電話を受ける企業《きぎょう》などのがわが料金をしはらう。商標名。参考 日本での複合語。英語では toll-free (call) という。

フリートーキング〈名〉会議の一形式。特定の議題や議事の進行方法にとらわれずに自由に話し合う。自由討論。◇free と talking による日本での複合語。

フリーパス〈名〉❶「周遊券」のこと。❷遊園地などで、すべての乗り物や遊戯《ゆうぎ》設備を利用できる入場券。❸関係者などが、無料で入場や乗車ができること。そのための通行証。◇free pass

ブリーフ〈名〉男性のパンツの一種。また下が短く、からだにぴったり合ったもの。◇briefs

ブリーフケース〈名〉書類などを入れる、革《かわ》製のかばん。◇briefcase

フリーペーパー〈名〉無料の新聞や情報誌。広告収入によって発行される。◇free paper

フリーマーケット〈名〉のみ(蚤)の市《いち》。◇flea market 参考 このことばの「フリー」は free (=自由)ではない。

フリーランス〈名〉特定の会社やプロダクションに所属していないこと。自由契約《けいやく》。フリー。◇freelance

ふりえき【不利益】〈名・形動〉利益にならないこと。損になること。例不利益をうける。不利益になる。

ふりおと・す【振り落とす】〈動五〉はげしくゆすって落とす。ふるい落とす。

ふりおろ・す【振り下ろす】〈動五〉振り上げたものをいきおいよく下へおろす。例なたを振り下ろす。

ふりかえ【振り替え】〈名〉❶あるものを一時的に他とかえること。例振り替えがきく。正月休みの振り替え。振り替え授業。❷直接お金を動かさないで、帳簿《ちょうぼ》のうえで、しはらいなどをすませること。例郵便振替。口座振替。表記 ②は送りがなをつけずに「振替」と書く。

ふりかえきゅうじつ【振替休日】〈名〉「国民の祝日」が日曜日と重なる場合に、そのあとの最も近い平日(多くは月曜日)を休日とするもの。

ぶりかえ・す【ぶり返す】〈動五〉❶いちじはよい方にむかっていた病気が、また悪くなる。例かぜがぶり返す。❷いったんおさまりかけていた暑さや寒さが、ふたたびもどってくる。例猛暑《もうしょ》がぶり返す。

ふりかえ・る[1]**【振り返る】**〈動五〉❶顔やからだをうしろにむけて うしろを見る。類振り向く。顧《かえり》みる。❷すぎた日びを思い出して、みなおす。例少年時代を振り返る。半生を振り返る。類顧みる。回顧《かいこ》する。回想する。

ふりか・える[2]**【振り替える】**〈動下一〉❶あるものを一時的にかわりのものと入れかえる。❷直接お金を送らないで、帳簿《ちょうぼ》上のつけかえでしはらいを行なう。▽アフリカエル ▽アフリカエル フリカエル

ふりかか・る【降り掛かる】〈動五〉上から落ちてきて、からだなどにかかる。例花びらが降り掛かる。表現「災難が降り掛かる」のように、思いがけなく、急に事件や問題がおこって、自分におよぶことにもいう。

ふりかけ【振り掛け】〈名〉ごはんにかけて食べる、つぶ状の食品。海苔《のり》やかつお節、ゴマなどをまぜたもの。

ふりか・ける【振り掛ける】〈動下一〉こな状のものを振って、ものの上にかける。例こしょうを振り掛ける。

ふりかざ・す【振りかざす】〈動五〉❶刀などを頭の上にいきおいよく上げて、かまえる。例刀を振りかざす。❷自分の主義や主張、力などを正面におしだして、相手を従わせようとする。例原理原則をふりかざす。

ふりがな【振り仮名】〈名〉漢字などの読みかたをしめすために、そのわきにならべて書く、小さなひらがなや かたかな。ルビ。この辞典では、漢字の下につけてある。類読みがな。参考 書類などで、氏名や住所の欄《らん》に「フリガナ」と書いてあれば、かたかなで記入する。

ブリキ〈名〉表面にすずをメッキした、うすい鉄板。かんづめの容器などに使われる。◇《オランダ》blik

ふりき・る【振り切る】〈動五〉❶人がひきとめたりたのんだりするのを、はっきりことわる。例ひきとめるのを振り切って、家を出た。類振り放す。振り捨てる。❷うしろから追いつこうとするのを、追いつかせないで、負かす。例相手の追いこみを振り切って、首位をまもった。

ふりこ【振り子】〈名〉糸や棒のかたはしにおもりをつけ、ほかのはしの固定したところを中心に、一定の周期で往復運動をくりかえすようにしたしかけ。例振り子時計。

ふりこう【不履行】〈名〉約束したことを実行に移さないこと。例契約《けいやく》不履行。対履行。

ふりこみ【振り込み・振込】〈名〉振り込むこと。例銀行振込。

ふりこ・む【振り込む】〈動五〉銀行の口座などにお金をはらいこむ。例授業料を振り込む。

ふりこ・める【降りこめる】〖降り▿籠める〗〈動

 細川勝元(かつもと)(1430～73) 室町幕府の管領。応仁の乱の東軍の大将。将軍義政を支持し山名宗全と戦う。

ふ

下一〉雨や雪がはげしく降って、外へ出られなくする。例雨に降りこめられる。

ブリザード〈名〉強風をともなってたたきつけるように降る猛《もう》ふぶき。極地で起こる。◇blizzard

ふりしき・る【降りしきる】〖降り▽頻る〗〈動五〉雨や雪が、まとまった時間、はげしく降りつづける。

ふりしぼ・る【振り絞る】〈動五〉自分のもっているすべての力を必死になってだす。例声をふり絞る。ない知恵をふり絞る。

ふりす・てる【振り捨てる】〈動下一〉すてにくいものや気持ちを、むりにいきおいをつけるようにして、すっぱりとすてる。例まよいを振り捨てる。類振り切る。振り放す。

プリズム〈名〉〔物理〕光をスペクトルにわけたり、反射させたりするために使う、三角柱などの形をしたガラス。絵 例プリズムスペクトル。◇prism

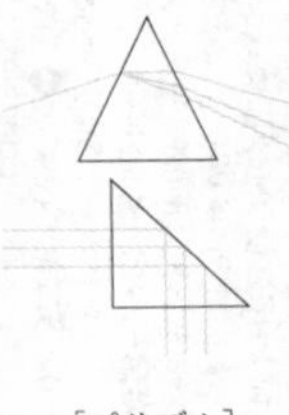
［プリズム］

ふりそそ・ぐ【降り注ぐ】〈動五〉そこに集中するように降る。例雨が降り注ぐ。降り注ぐ太陽の光。

ふりそで【振り袖】〈名〉未婚《みこん》の女性の盛装用の、そでの長い和服。また、その長いそで。

ふりだし【振り出し】〈名〉❶すごろくの出発点。ものごとのいちばんはじめ。例振り出しにもどる。❷取り引きで、為替《かわせ》や小切手を発行すること。表記②は、「振出人」のような複合語では送りがなを付けない。

［ブリッジ］

ふりつけ【振り付け】〈名〉舞台《ぶたい》での、おどりや動きなどを指導すること。また、その人。例振り付け師。

ぶりっこ【ぶりっ子】〈名・する〉いかにも純情そうにかわいい子ぶること。例かわい子ぶりっ子。

表現ふつう、若い女性についていう。俗《ぞく》なことば。

ブリッジ〈名〉❶線路をまたぐようにつくった駅の連絡《れんらく》通路。跨線《こせん》橋。絵 ❷船の甲板《かんぱん》より高くつくった、指揮をとったりかじを動かしたりするところ。船橋。絵 ❸レスリングで、フォールをふせぐためにする姿勢。絵 ❹トランプの遊びかたの一つ。◇bridge

フリップ〈名〉テレビ番組や発表会などで使う、絵や図表をかいた大きなカード。◇flip chart から。

ふりはら・う【振り払う】〈動五〉勢いよく振るようにして、はらいのける。例手を振り払う。類振り切る。

ぷりぷり〈副・する〉❶おこった気持ちを態度に表わしているようす。類ぷんぷん。❷肉などに、軽くはずむような弾力《だんりょく》があるようす。

プリペイドカード〈名〉代金を前ばらいして、現金のかわりに使う磁気カード。◇prepaid card

ふりほど・く【振りほどく】〖振り▽解く〗〈動五〉勢いよく振るようにして、つながれたものからはなれる。例手を振りほどく。

ふりま・く【振りまく】〖振り▼撒く〗〈動五〉そこらじゅうにばらまく。例えがおを振りまく。

プリマ〈名〉「プリマドンナ」の略。

プリマドンナ〈名〉オペラやバレエで、主役をつとめる女性。◇《イタリア》prima donna

ふりまわ・す【振り回す】〈動五〉❶手や、手に持った棒や刀などをいきおいよくまわす。例刃物《はもの》を振り回す。❷力や知識などをむやみに使ったり見せびらかしたりする。例権力をふりまわす。知識をふりまわす。❸人を翻弄《ほんろう》する。右往左往させる。例先生は、言うことを聞かない生徒にふりまわされて苦労した。

ふりみだ・す【振り乱す】〈動五〉はげしくうごいて、乱れた状態にする。例髪《かみ》を振り乱す。

プリミティブ〈形動〉❶素朴《そぼく》で、幼稚《ようち》である。例プリミティブな発想。❷原始的。◇primitive

ふりむ・く【振り向く】〈動五〉顔やからだをうしろの方にむける。類振り返る。

表現 (1)「振り向く」は、「振り返る」と意味のよく似《に》たことばであるが、「すぎさったときを振り返る」のような言いかたは、「振り向く」にはない。
(2)俗《ぞく》に、特別な関心をもって見るという意味で、「だれも振り向いてくれない」のように使われることもある。

ふりむ・ける【振り向ける】〈動下一〉❶顔や上体をうしろの方にむける。❷あるものを、特定の目的にまわして使う。例予備費を振り向ける。

ふりゅうもんじ【不立文字】〈名〉〔仏教〕さとりの極意《ごくい》は、ことばや文字からでなく、直接師の心から弟子《でし》の心に伝わるものだ、という意味の禅宗《ぜんしゅう》のことば。類以心伝心。

ふりょ[1]【不慮】〈名〉予想もしていなかった、急なこと。例不慮の事故。対故意。

ふりょ[2]【▼俘虜】〈名〉捕虜《ほりょ》。

ふりょう[1]【不漁】〈名〉漁をしたときに、魚や貝などのえものが少ないこと。対大漁。豊漁。

ふりょう[2]【不良】〈名・形動〉❶品質や状態などがよくないこと。例不良品。成績不良。対良好。❷行ないがよくないこと。よくない行ないをする人。例素行不良。不良のたまり場。対善良。

ぶりょう【無▼聊】〈名・形動〉なにもすることがなくて、退屈《たいくつ》なこと。例無聊をかこつ。無聊をなぐさめる。

ふりょうさいけん【不良債権】〈名〉返済をうけられなくなってしまう危険がある債権。

ふりょうどうたい【不良導体】〈名〉〔物理〕電気や熱をつたえにくい物質。ガラス・ゴム・石など。対導体。良導体。類不導体。絶縁《ぜつえん》体。

ふりょく【浮力】〈名〉〔物理〕液体や気体が、その中にあるほかの物体をうき上がらせようとする力。例浮力がつく。→アルキメデスのげんり

ぶりょく【武力】〈名〉軍隊の強大な力。例武力にうったえる。武力衝突《しょうとつ》(が起きる)。類戦力。兵力。

フリル〈名〉洋服などのかざり。ほそ長い布やレースなどを、こまかくひだをとってぬいつけたもの。◇frill

ふりわけ【振り分け】〈名〉❶全体を二つに分けること。❷「振り分け髪《がみ》」の略。むかしの子どもの髪のかたちで、頭のまんなかで分けて、両がわにたらしたもの。❸「振り分け荷物」の略。荷物を二つにしてひもでしばり、からだの

細川重賢(しげかた)（1718～85）　江戸中期の熊本の藩主。民生の安定に努め，藩財政の立て直しに成功。

前後にかつぐようにしたもの。

ふりわ・ける【振り分ける】〈動下一〉全体をいくつかにわける。とくに二つに分ける。類割り当てる。割りふる。

ふりん【不倫】〈名・形動〉「不貞《ふてい》」の意味の、俗《ぞく》っぽい言いかた。例不倫の恋《こい》。不倫な関係。類不義。

プリン〈名〉「プディング」のこと。

プリンス〈名〉王子。皇太子。対プリンセス。◇prince

表現「アイススケート界のプリンス」のように、若々しく上品で、さっそうとした男性のことをいうこともある。

プリンセス〈名〉王女。皇太子妃《ひ》。対プリンス。◇princess

プリンター〈名〉コンピューターの、文字や図形、画像を紙に印刷する装置。◇printer

プリント〈名・する〉❶かんたんな印刷方式で刷ること。また、その刷りもの。❷型紙をあてて布地《ぬのじ》に模様をそめだすこと。類捺染《なっせん》。❸写真や映画のフィルムをふつうに見るようなかたちに焼きつけること。◇print

[1]**ふ・る【振る】**〈動五〉❶ものの先やある部分を中心にして、上下・左右・前後に往復するようになんどかうごかす。例首を振る。手を振る。バットを振る。❷手に持っていたものなどを、まきちらすようにいきおいよく投げる。例塩をふる。さいころを振る。❸ある位置や仕事、役割などをさだめる。例ルビを振る(=つける)。役をふる。ふり当てる。割りふる。❹自分の地位や仕事などをすてる。例棒に振る(→「ぼう〔棒〕」の子項目)。大臣のいすを振る。❺たのみなどを拒絶《きょぜつ》する。例好きな子にふられる。▽アフル

表現「ぼくに振るなよ」「わたしに振られてもこまります」のように、俗《ぞく》に、返答にこまるような話題を急に人に向ける、という意味で使われることがある。

[2]**ふ・る【降る】**〈動五〉❶上の方から落ちてくる。例降っても照っても。降ってわいたよう。雨が降る。雪が降る。天から降る。降りしきる。降りそそぐ。❷思いがけないことが、急に現れる。例災難が降る。▽アフル

降ってわ湧《わ》いたよう それまでまったくなかったものが、とつぜんに現れるようす。例降って湧いたような話。

[3]**ふる【古】**〈接頭〉古い。例古新聞。古雑誌。古道具。→おふる

[4]**フル**〈形動〉❶限度いっぱいまで達している。例おおみそかまでフルに働く。フル回転。フル稼働《かどう》。フル操業。フルスピード。❷完全で欠けているところがない。例フルネーム。フルマラソン。◇full ▽アフル

ぶ・る【▽振る】[一]〈動五〉自分はなかなかのものであるというようなようすを人に見せる。例そんなにぶらないでほしいな。類きどる。[二]〈接尾〉いかにもそれであるかのような態度をしめす。例えらぶる。学者ぶる。通《つう》ぶる。

[1]**ふるい【▼篩】**〈名〉砂や土などのつぶの大きさをよりわけたり、こなのかたまりをなくしたりするのに使う道具。わくにあみをはってつくる。アフルイ →どうぐ絵

ふるいにかける 多くの雑多なものの中から、基準にあったもの、ほしいものだけをとりだす。類フィルターに通す。

[2]**ふる・い【古い】**〈形〉❶ながい年月がたっている。例古い友人。古い建物。→ふるく ❷これまでと同じで、あまり変化が感じられない。時代おくれである。例古い考え。古いしゃれ。頭が古い。▽対あたらしい。アフルイ

故《ふる》きを温《あたた》めて新《あらた》しきを知《し》る ⇩おんこちしん

ぶるい【部類】〈名〉共通する特徴《とくちょう》によって分けた、それぞれのまとまり。例これは、いい部類のワインだ。

ふるいおこ・す【奮い起こす】〈動五〉自分をはげまして、気力などをわきたたせる。例勇気を奮い起こす。

ふるいおと・す【ふるい落とす】〈動五〉❶ものをいきおいよく振りうごかして、それにのっているもの、または、ついているものを落とす。例ごみをふるい落とす。❷試験などをして、成績のよくないものをのぞく。

ふるいた・つ【奮い立つ】〈動五〉ある目的にむかって、「さあ、やるぞ」というように気力がもりあがる。

ふるいわ・ける【ふるい分ける】【▼篩い分ける】〈動下一〉❶基準に合ったものを選び分ける。例製品の中から良品をふるい分ける。❷ふるいを使ってより分ける。例じゃりと砂をふるい分ける。

[1]**ふる・う【振るう・奮う】**〈動五〉❶[振るう・奮う]充実して、いきおいがよくなる。例士気おおいに奮う。成績が振るわない。奮ってご参加ください。❷[振るう] いきおいよく 振りうごかす。例大なたを振るう。❸[振るう・奮う] もっている力や気力などを、十二分にだしてしめす。例腕《うで》を振るう(=腕前をしめす)。筆を振るう。猛威《もうい》を奮う。勇気を奮う。❹[振るう] (「ふるった…」「ふるっている」の形で)かわっていて、目をひく。例ふるった趣向《しゅこう》。返ってきた返事がふるっている。

表記 ①と③は、「気力があふれる」という意味のときに「奮う」と書く傾向《けいこう》がある。

[2]**ふる・う【▼篩う】**〈動五〉❶ふるいにかけてより分ける。❷試験などをして、合格、不合格をえらび分ける。

ブルー[一]〈名〉青。青色。例ライトブルー。類ネイビー。[二]〈形動〉気が沈んでいる。憂鬱《ゆううつ》だ。くだけた言いかた。◇blue

ブルーカラー〈名〉工場などで、おもにからだを使って働いている労働者。対ホワイトカラー。◇blue-collar

ブルース〈名〉アメリカの黒人の奴隷《どれい》生活から生まれた音楽。四分の四拍子《しびょうし》のもの悲しい曲。◇blues

フルーツ〈名〉「くだもの」のこと。◇fruit

フルート〈名〉木管楽器の一つ。今は金属でつくる。すんだ明るい音色がする。「フリュート」ともいう。◇flute

ブルートゥース〈名〉スマートフォンとコードレスイヤホンのように、デジタル機器どうしを無線でつなぐ技術。◇Bluetooth

ブルーレイディスク〈名〉DVDの約五倍の記録容量をもつ、青紫《あおむらさき》色のレーザーで記録する光ディスク。ハイビジョン放送の映像も高画質で録画できる。大きさはCDやDVDと同じ。BD。◇Blu-ray Disc

プルーン〈名〉乾燥《かんそう》させた西洋スモモの実《み》。鉄分にとむ。◇prune

ふるえ【震え】〈名〉ふるえること。例震えがくる。震えをとめる。震え声。

ふるえあが・る【震え上がる】〈動五〉寒さやおそろしさのためにひどくふるえる。

ふる・える【震える】〈動下一〉こまかく連続してゆれうごく。とくに、寒さや恐怖《きょうふ》、病気などでからだの全体や一部分が小さくゆれる。例足が震える。声が震える。字が震える。がたがた震える。震えあがる。

ふるがお【古顔】〈名〉職場や団体などに古くからいる

 細川忠興(ただおき) (1563～1645) 桃山～江戸初期の武将。関ヶ原の戦いの功で豊前・豊後を与えられる。

人。対新顔。類古株《ふるかぶ》。古参《こさん》。

ふるかぶ【古株】〈名〉 職場や団体などにずっと前からいる人。類古顔。古参《こさん》。

ふるぎ【古着】〈名〉 なんども着て、古くなった衣服。

ふるきず【古傷】〈名〉 ずっと前にうけた傷。例古傷がいたむ。対生傷。

表現 「古傷にふれる」などの言いかたで、思い出したくないような、前におかした罪やまちがいをいう。

ふるぎつね【古ぎつね】〖古▼狐〗〈名〉 年を重ねてずるがしこくなった人。

ふる(▽故)きをたず(▽温)ねてあたら(新)しきをし(知)る ⇩おんこちしん

ふるく【古く】〈副〉 昔のことであるようす。例この祭りの起源は、古く平安時代にさかのぼる。

表現 「古くは(=いちばん古いのは)平安の昔から」「古くからの言い伝え」のように名詞としても使う。

ふるくさ・い【古臭い】〈形〉 いかにも古くて、めずらしさも価値もない。例古臭い考え。

フルコース〈名〉 西洋料理などで、正式な食事の出しかた。オードブル・スープに始まり、肉・魚が出てデザートで終わる。◇full course

フルサイズ〈名〉 ちぢめたりしない、ふつうの大きさ。標準の大きさ。◇full size

ふるさと〖古里・▽故▽郷〗〈名〉 自分が生まれそだった土地。例ふるさとをしのぶ。心のふるさと。類さと。くに。故郷《こきょう》。郷土。郷里《きょうり》。

ブルジョア〈名〉 ❶資本主義社会で勢力をもっている人々。また、その階級。資本家。対プロレタリア。❷一七世紀から一八世紀のヨーロッパでおこった市民革命の中心になった人々。都市に住み、商工業をいとなんで経済力をもっていた。◇フランス bourgeois

ふるす[1]【古巣】〈名〉 ❶動物の、使ったあとの古い巣。❷前に長く住んでいたり、所属したりしていたところ。例古巣にかえる。

ふる・す[2]【古す】〈接尾〉 動詞の連用形について、「古くする」という意味を表わす。例使い古す。着古す。言い古す。聞き古す。

フルスイング〈名・する〉 野球でバットを、ゴルフでクラブを、思いきりふること。◇full swing

フルスピード〈名〉 全速力。◇full speed

フルセット〈名〉 ❶卓球・テニス・バドミントン・バレーボールなどで、予定されている最終のセットで勝負がつくこと。例フルセットの熱戦。❷ひとそろいのもので、ぬけているものがなく全部そろっていること。完全版。◇full set

ブルゾン〈名〉 ジャンパーのような、身ごろのふくらんだ上着。◇フランス blouson

フルタイム〈名〉 一日の営業時間全体に勤務《きんむ》すること。対パートタイム。◇full time

ふるだぬき【古だぬき】〖古▼狸〗〈名〉 いろいろな経験をつんで、ずるがしこくなった人。

ふるづけ【古漬け】〈名〉 長期間漬けてある漬けもの。対新《しん》漬け。

ふるって【奮って】〈副〉 すすんで。積極的に。例ふるってご参加ください。

ふるつわもの【古つわもの】〖古▽兵〗〈名〉 ❶なんども戦場にでて、たたかいになれた強い兵士。❷その道でじゅうぶんに経験をつんで、技術やかけひきがうまくなった人。

ふるて【古手】〈名〉 ずっと前からその集団にいる人。対新手《あらて》。

ふるどうぐ【古道具】〈名〉 古くなった家具や調度品。

ブルドーザー〈名〉 土砂《どしゃ》をうごかしたり、地ならしをしたりするのに使う土木機械。前の部分に、板のようなものをつけ、キャタピラで動く。◇bulldozer

ブルドッグ〈名〉 イヌの品種の一つ。イギリス原産。顔がみじかく、口が大きい。闘争心《とうそうしん》がつよくて、番犬に適している。◇bulldog

プルトップ〈名〉 つまみ(=プルタブ)を引き起こしてあける方式の、かんづめのふた。◇pull-top

プルトニウム〈名〉〔化学〕 人工放射性元素の一つ。原子爆弾《ばくだん》や水素爆弾、原子炉《ろ》燃料に使われる。記号「Pu」。◇plutonium

ふるとり〖▼隹〗〈名〉 漢字の部首の一つ。「集」「雑」などの「隹」の部分。

フルネーム〈名〉 姓名《せいめい》のどちらもそろった名前。例フルネームでサインする。◇full name

ふる・びる【古びる】〈動上一〉 古くなる。

ぶるぶる〈副・する〉 震動《しんどう》でものがこまかくふるえたり、寒さや恐怖《きょうふ》で、からだがこきざみにふるえるようす。類がたがた。わなわな。がくがく。

ぷるぷる〈形動・副・する〉 弾力《だんりょく》のあるものが小さくふるえるようす。例ぷるぷるしたこんにゃく。ほおがぷるぷるふるえる。参考 副詞・サ変動詞の場合のアクセントは「プルプル」、形容動詞の場合は「**プルプル**」。

ブルペン〈名〉 野球場の中にある、ピッチャーが投球の練習をするところ。◇bullpen

ふるぼ・ける【古ぼける】〈動下一〉 古くなって、使いものにならない感じになる。例古ぼけた家。

ふるほん【古本】〈名〉 いちど人の手にわたったことのある本。例古本屋。対新本《しんぽん》。類古書。

ふるまい【振る舞い】〈名〉 ❶人のいるところでの動作や態度。例みごとな振る舞い。立ち居振る舞い。❷人にごちそうをすること。例おうばん振る舞い。

ふるま・う【振る舞う】〈動五〉 ❶人のいるところである行動をとる。例自然に振る舞う。❷人にごちそうをする。例気まえよく振る舞う。類おごる。

フルマラソン〈名〉 四二・一九五キロメートル《キロメートル》を走る、正規のマラソン。対ハーフマラソン。◇full-length marathon の日本での省略語。

ふるめかし・い【古めかしい】〈形〉 いかにも古い感じがする。例古めかしい建物。

ふるもの【古物】〈名〉 古着や古道具などの、使い古した品物。類古物《こぶつ》。

ふるわ・せる【震わせる】〈動下一〉 ふるえるようにする。「ふるわす」ともいう。例怒りのあまり声を震わせる。窓ガラスを震わせて通る電車。

ふ(振)るわない 活力がない。かんばしくない。例士気が振るわない。成績が振るわない。類不振《ふしん》。

ふれ【触れ】〈名〉 むかし、役所から人々に知らせるために出した知らせや命令。「おふれ」ということが多い。古い言いかた。例触れを出す。

ぶれ〈名〉 シャッターを切るとき、カメラが動くこと。例ぶれをなくす。手ぶれ。

プレ〈接頭〉 「…の前」「…以前」という意味を表わす。例プレオリンピック。◇pre

ふれあい【触れ合い】〈名〉 たがいに心を通わせあうこ

細川幽斎(ゆうさい) (1534〜1610) 安土桃山時代の武将・歌人。足利家，のち信長・秀吉・家康に仕えた。

と。例親子の触れ合い。触れ合いの場。

ふれあ・う【触れ合う】〈動五〉二つのものが、たがいに相手にさわる。例ほおが触れ合う。心が触れ合う。

ふれある・く【触れ歩く】〈動五〉あちこちへ知らせてまわる。類触れまわる。

ぶれい【無礼】〈名・形動〉礼儀《れいぎ》にはずれていること。例無礼者《もの》。類失礼。非礼。失敬。

プレイ〈名・する〉❶ゲームをしたりして、遊ぶこと。例プレイランド。❷音楽や動画の再生。❸ポピュラー音楽の演奏。◇play →プレー

ブレイク〈名・する〉❶休憩《きゅうけい》。例コーヒーブレイク。❷ボクシングなどで、一方が防御《ぼうぎょ》のために相手に組みついた体勢になったとき、審判《しんぱん》がそれを解くように命令すること。❸テニスで、相手のサービスゲームに勝つこと。❹バレーボールで、サーブ権をもつチームが得点(連続得点)すること。対サイドアウト。❺俗《ぞく》に、すごいいきおいで人気が出ること。例デビュー曲がいきなりブレイクする。大ブレイク。▽「ブレーク」とも書く。◇break

ぶれいこう【無礼講】〈名〉地位や年齢《ねんれい》などの上下関係をかたくるしく考えないで、みんなで自由にたのしむ宴会《えんかい》。

ブレイン〈名〉⇩ブレーン

ブレインストーミング〈名〉⇩ブレーンストーミング

プレー〈名・する〉試合・競技をすること。また、その中での選手の動きや働き。例フェアプレー。ファインプレー。◇play →プレイ

プレーオフ〈名〉競技で、同点や引き分けのときなどに行なう延長戦や決定戦。また、上位チームによる優勝決定戦。◇play off

ブレーカー〈名〉規定量以上の電流が流れると、自動的に回路が切れる安全装置。◇breaker

ブレーキ〈名〉動いているものや回転しているものをとめる装置《そうち》。例ブレーキをかける。◇brake

表現「ブレーキになる」などの言いかたで、ものごとの進行をじゃますするものをいう。

ブレーク〈名・する〉⇩ブレイク

フレーズ〈名〉❶ひとまとまりになった単語のつながり。句。例キャッチフレーズ。❷〔音楽〕曲の中で、ひとまとまりになった音のつながり。◇phrase

プレート〈名〉❶うすい金属などの板。例ナンバープレート。❷野球で、投手が投球するときにふむ板。ピッチャーズプレート。❸野球で、本塁《ほんるい》をしめす板。ホームプレート。❹写真の乾板《かんばん》。❺地球の表層を形づくっている、厚さ一〇〇《キロメートル》ほどの岩盤《がんばん》。◇plate

フレーム〈名〉❶わく。ふち。❷木のわくなどでつくった、苗床《なえどこ》用の温床《おんしょう》や小さい温室。◇frame

フレームワーク〈名〉❶ものごとのおおまかなわく組み。❷組織。体制。◇framework

プレーヤー〈名〉❶CD・DVD・レコードなどの再生機。❷ポピュラー音楽の演奏者。❸競技者や、ゲームの参加者。▽「プレイヤー」とも書く。◇player

ブレーン〈名〉国家や会社などで、相談相手になり、助言もする専門家の集団。「ブレイン」とも書く。◇brains trust の日本での省略語。

プレーン〈形動〉味つけやかざりをとくにしていない。例プレーンオムレツ。プレーンヨーグルト。プレーンな布地。◇plain

ブレーンストーミング〈名〉個人の思いつきを自由に出し合って、独創的な考え方を引き出していく討論の方法。何人かのグループで行ない、他の人の批判はしない。「ブレインストーミング」とも書く。◇brainstorming

フレキシブル〈形動〉柔軟《じゅうなん》で融通《ゆうずう》がきくようす。例フレキシブルな対応。◇flexible

フレグランス〈名〉かおりをつけるための化粧《けしょう》品。香水・コロンなど。◇fragrance

ふれこみ【触れ込み】〈名〉前もっていう、実際以上のおおげさな宣伝。

ブレザー〈名〉サージやフランネルなどの布地《ぬのじ》でつくった、スーツの上着のような形の洋服。類ジャケット。◇blazer

プレス 一〈名・する〉❶おすこと。❷アイロンをかけること。❸型をつかい、つよい圧力によって金属を切ったり、形をつけたりする機械。また、その機械で作業すること。二〈名〉新聞。新聞社。例プレスクラブ。◇press

フレスコ〈名〉〔美術〕壁画《へきが》の技術の一つ。しっくいがかわかないうちに、水彩《すいさい》の絵の具でえがいたもの。例フレスコ画。◇《イタリア》fresco

ブレスト〈名〉「ブレーンストーミング」の日本での略。

プレスリリース〈名〉官庁や企業《きぎょう》から報道機関に向けた発表。◇press release

ブレスレット〈名〉うでわ。略して「ブレス」ともいう。◇bracelet

プレゼンテーション〈名〉会議などで、出席者に資料を見せながら、企画《きかく》の説明や新しいアイデアの発表などを行なうこと。俗《ぞく》に「プレゼン」ともいう。◇presentation

プレゼント〈名・する〉おくりもの。◇present

プレタポルテ〈名〉婦人用の高級既製《きせい》服。◇《フランス》prêt-à-porter

フレックスタイム〈名〉一定の労働時間を勤務すれば、定時に出社・退社しなくてもよい制度。◇flextime

プレッシャー〈名〉圧力。圧迫《あっぱく》。精神的なものについていう。例プレッシャーがかかる。プレッシャーを感じる。類ストレス。◇pressure

フレッシュ〈形動〉新鮮《しんせん》。例フレッシュな感覚。フレッシュジュース。フレッシュマン。◇fresh

方言関西などでは、コーヒー一杯分用に小分けしたクリームの意味でも使う。

プレハブ〈名〉あらかじめ工場で建物の部分をつくって、現地で手早く組みたてる方式。また、その方式の簡単な建物。◇prefab

プレパラート〈名〉顕微鏡《けんびきょう》で観察するための標本。スライドガラスの上にうすく切った生物や鉱物などをのせ、カバーガラスでおおったもの。◇《ドイツ》Präparat

プレビュー〈名〉❶映画の試写や、演劇の試演。また、それらの公開前の作品評。❷新製品の内覧《ないらん》や試用。また、そのあとの紹介記事。❸〈する〉コンピューターで、印刷などをする前に、実行後のイメージを確認しておける機能。◇preview (=「前もって見る」意味)

ふれまわ・る【触れ回る】〈動五〉❶あちこちに知らせてあるく。類触れ歩く。❷他人の悪口などをやたらに言いひろめる。類言いふらす。

プレミア〈名〉❶「プレミアショー」の略。映画や演劇の公開に先だち、出演者や招待客だけをあつめて開かれる、上映会や上演会。例ワールドプレミア。◇premiere

ふ

 ボッカチオ(1313〜75) イタリアのルネサンス期の文学者。風刺的な短編集「デカメロン」を著した。

❷⇩プレミアム①

プレミアム〈名〉❶なかなか手に入らない入場券やコレクションの対象となる品物に特別な価値がついて、もとのねだんにうわのせされる金額。プレミア。例プレミアムがつく。プレミアムチケット。❷高級品や特別品。商品名に使われる。類デラックス。◇premium

プレリュード〈名〉前奏曲。◇フランスprélude

1**ふ・れる**〖▽狂れる〗〈動下一〉(「気がふれる」の形で)気が変になる。

2**ふ・れる**【振れる】〈動下一〉❶小さくゆれうごく。❷方向がずれる。例磁石の針が大きく西に振れた。飛行機のコースが北に振れている。

3**ふ・れる**【触れる】〈動下一〉❶近づいてかるくさわる。例手が触れる。外気に触れる。指先で触れる。❷目や耳に入ってくる。例目に触れる。耳に触れる。❸あることについてとりあげる。例問題に触れる。要点に触れる。手みじかに触れる。❹さしさわりのあるものごとにさわる。例法に触れる。逆鱗《げきりん》に触れる(=目上の人のいかりを買う)。❺ひろく一般《いっぱん》に知らせる。例触れ歩く。触れ回る。

ぶ・れる〈動下一〉❶カメラのシャッターを切るとき、手ぶれして、写真がぼやける。❷考えかたに一貫《いっかん》性がなくなる。例方針がぶれる。自信がぶれる。信念がぶれない人。▽「ブレる」とも書く。

ふれんぞくせん【不連続線】〈名〉⇩ぜんせん〔前線〕②

フレンチ㊀〈名〉フランス人。フランス語。㊁〈接頭〉フランス風の。例フレンチドレッシング。◇French

ブレンド〈名・する〉たばこやコーヒー、ウイスキーなどで、いくつもの種類の材料をまぜあわせて、ある味のものをつくること。また、そのもの。◇blend

ふろ【風呂】〈名〉湯の中に入ってからだをあたためたり、からだを洗ったりできる設備や場所。例風呂がわく。風呂をたてる。風呂がま。むし風呂。

プロ〈名〉❶「プロフェッショナル」の略。例プロ野球。対アマ。ノンプロ。類くろうと。❷「プロダクション」の日本での省略語。参考①は英語でもproと略していう。

フロア〈名〉❶「ゆか」のこと。❷建物の、階。❸パネルディスカッションや討論会での聴衆《ちょうしゅう》。◇floor

ブロイラー〈名〉食肉用に、特別の方法でそだてた若いニワトリ。◇broiler

1**ふろう**【不老】〈名〉いつまでも年をとらないこと。例不老不死。不老長寿《ちょうじゅ》。

2**ふろう**【浮浪】〈名・する〉仕事も家もなく、あちこちさまようこと。例浮浪者。

ふろうしょとく【不労所得】〈名〉働かなくても入ってくるお金。家賃や利子など。

ふろうちょうじゅ【不老長寿】〈名〉年をとることなく、いつまでも長生きすること。例不老長寿の妙薬《みょうやく》。

ふろうふし【不老不死】〈名〉いつまでも年をとらず、死なないこと。例不老不死の霊薬《れいやく》。参考人間が昔からいだいたはかない夢。

ブローカー〈名〉売買のなかだちを職業としている人。◇broker

ブロークン〈形動〉ことばの文法や用法が正確でなく、いいかげんである。例ブロークンな英語しか話せない。◇broken

ふろおけ【風呂おけ】〖風呂▼桶〗〈名〉❶湯をためてからだをひたすための大きなおけ。浴槽《よくそう》。❷ふろ場で湯をくむのに使うおけ。湯おけ。類ゆぶね。

ブローチ〈名〉女性が洋服の胸やえりにつけるかざり。◇brooch

フローチャート〈名〉流れ図。◇flow chart

ブロードバンド〈名〉大容量のデータを、速いスピードで送受信できる通信網《もう》。◇broadband

フローラ〈名〉ある一定の地域に生えている植物のすべての種類。植物相。類植生。◇flora

フローリング〈名〉床板《ゆかいた》。板張りの床。◇flooring 参考英語では「床張り」「床材」の意味で、板張りの床は wooden floor という。

ふろく【付録・附録】〈名〉❶本文のあとについている図表や説明など。❷雑誌などに、おまけとして別についているもの。

ブログ〈名〉個人が公開する日記形式のウェブサイト。日々の行動やニュースについての意見などを記録し、閲覧者からも自由に意見の書きこみができる双方向的なもの。従来のホームページや掲示板に比べ、作成・管理がかんたんに行なえるようになっている。◇blog(=weblog の略)

プログラマー〈名〉コンピューターのプログラムをつくる人。◇programmer

プログラミング〈名・する〉コンピューターのプログラムを組むこと。◇programming

プログラム〈名〉❶音楽会や劇、そのほかのもよおしものなどで、だしものの順序や出演者などを書いたもの。番組。❷予定表。❸〈する〉コンピューターにさせる仕事を、コンピューター専用のことばで書くこと。また、その書いたもの。◇program

プロジェクター〈名〉OHPなどの映写機。◇projector 表現①②は一部二部、③は一本二本と数える。

プロジェクト〈名〉特定の計画にそって、多くの人手や時間、資金を使いながら実行される、おおがかりな仕事。また、その計画。例プロジェクトチーム。◇project

ふろしき【風呂敷】〈名〉ものを包んだり運んだりするのに使う四角い布。

風呂敷を広《ひろ》げる みんなの注目をあつめるために、実際にできるのかどうかうたがわしいような、おおげさなことを言う。類ぶちあげる。

フロス〈名〉⇩デンタルフロス ◇floss

プロセス〈名〉❶「過程」のこと。❷仕事をすすめていくうえでの手順や段どり。◇process

プロダクション〈名〉❶映画やテレビ番組の制作、出版物の編集などを行なう会社。❷所属している俳優や歌手、モデルの売り出しや出演交渉《こうしょう》などをする会社。▽略して「プロ」ともいう。◇production

プロダクト〈名〉製品。◇product

1**ブロック**〈名〉政治上や経済上の利益をはかるために、二つ以上の国家や団体がむすびついたもの。例ブロック経済。◇bloc

2**ブロック**㊀〈名〉❶「コンクリートブロック」の略。へいや土台に使う、コンクリートの四角いかたまり。例ブロック塀《べい》。❷ある一つのまとまりとしてとらえた、一区画。例このブロックには五軒《けん》の家がある。❸いろいろな形・色・大きさの小さい部品をくみあわせたりはずしたりして、さまざまな形をつくることができるおもちゃ。㊁〈名・する〉❶さえぎること。例花粉をブロックする。い

たずら電話の番号をブロックする。❷バレーボールなどの球技で、相手の攻撃《こうげき》をふせぎとめること。◇block

フロックコート〈名〉洋装《ようそう》のときの男性用礼服。上着はダブルのボタンで ひざまである。ズボンには、たてにしまがある。◇frock coat

ブロッコリー〈名〉キャベツの変種で、緑色をした野菜。つぼみと茎《くき》を、サラダやあえ物、いため物などにして食べる。◇《イタリア》broccoli

プロット [一]〈名〉小説や戯曲《ぎきょく》などの すじ。[二]〈名・する〉地図やグラフに、ものの位置やデータなどを書きこむこと。◇plot

プロテイン〈名〉たんぱく質。たんぱく質の豊富な大豆《だいず》や牛乳などを原料にした栄養補助食品。◇protein

プロテクター〈名〉スポーツで、防護用具。野球で捕手が身につける胸当てやすね当てなど。◇protector

プロテスタント〈名〉〔宗教〕一六世紀のヨーロッパにおこった、宗教改革をとおして成立したキリスト教の宗派。新教。[対]カトリック(=旧教)。◇Protestant

プロデューサー〈名〉プロデュースをする責任者。◇producer

プロデュース〈名・する〉演劇・映画・テレビ・音楽などの作品、コンサート・イベントなどのもよおし物、CM・広告、種々《しゅじゅ》の商品を、企画《きかく》・制作すること。◇produce

プロトタイプ〈名〉原型。試作モデル。◇prototype

プロパー〈名〉❶それ本来の、固有の問題であること。[例]経済プロパー(の問題)。❷それに専門に従事していること。[例]営業プロパー(の人)。❸割引《わりびき》価格でなく、定価。[例]プロパーで買う。◇proper

プロバイダー〈名〉契約《けいやく》して、インターネットに接続する窓口となる会社。◇provider

プロパガンダ〈名〉政治的な宣伝《せんでん》。[例]第二次世界大戦中に国民の戦意をあおったプロパガンダ。◇propaganda

プロパン〈名〉天然ガスや原油の中にふくまれている、色もにおいもない気体。燃料に使う。◇propane

プロファイリング〈名〉❶犯罪捜査《そうさ》で、過去の犯罪のデータをもとに、捜査中の犯罪の性質や特徴《とくちょう》をふまえ、行動科学的に分析《ぶんせき》して犯人像を推測する方法。❷集めたデータをもとに、対象を行動科学的に分析して、その行動の特性を明らかにする方法。[例]カスタマー(=顧客《こきゃく》)プロファイリング。◇profiling

プロフィール〈名〉❶人の横顔。❷人となりや、経歴をかんたんにまとめたもの。[類]横顔。◇profile

プロフェッショナル [一]〈名〉ある専門的な仕事を職業にしていること。略して「プロ」という。[対]アマチュア。[二]〈形動〉専門的。[例]プロフェッショナルな集団。◇professional

ふろふき【風呂吹き】〈名〉ダイコンやカブをやわらかく煮《に》て、ねりみそをかけた料理。

プロペラ〈名〉羽根を何枚か組み合わせた形をしていて、回転することによって推進力を起こし、飛行機や船を動かすもの。[例]プロペラ機。◇propeller

プロポーション〈名〉からだ全体のつりあい。均整《きんせい》。[例]プロポーションがいい。◇proportion(s)

プロポーズ〈名・する〉結婚《けっこん》の申しこみをすること。求婚。◇propose

プロミネンス〈名〉❶文の中の ある部分だけ 特別にきわだたせるようにして発音すること。強調。[例]プロミネンスをおく。❷太陽の表面に突起《とっき》のように観察される、ガスの炎《ほのお》。紅炎《こうえん》。◇prominence

プロムナード〈名〉散歩道《みち》。遊歩道《どう》。◇《フランス》promenade

プロモーション〈名〉販売《はんばい》の促進《そくしん》。商品の宣伝。[例]プロモーションビデオ。◇promotion

プロモーター〈名〉いろいろなもよおし物を企画《きかく》して開催《かいさい》する人。興行師。◇promoter

プロレス〈名〉興行として行なわれるレスリング。◇professional wrestling の日本での省略複合語。

プロレタリア〈名〉資本主義社会で、資本家にやとわれて働いている人。また、その階級。労働者。無産階級。[対]ブルジョア。◇《ドイツ》Proletarier [参考]もともとは、ローマ帝国で、まったく経済力をもたなかった下層民をいったことば。近代になってから、資本をもつ人々に対して、労働力しかもたない一般庶民《いっぱんしょみん》をいうようになった。

プロローグ〈名〉❶小説や劇などのはじめの前おきの部分。❷ものごとのはじめ。▽[対]エピローグ。[類]序章。序曲。◇prologue

フロン〈名〉冷蔵庫やクーラーの冷却剤《れいきゃくざい》、スプレーの噴霧《ふんむ》剤、工業用洗浄《せんじょう》剤などに使われる化学物質。◇flon [参考]温室効果ガスの一つ。大気中に放出されると、生物に有害な紫外線《しがいせん》を吸収しているオゾン層を破壊《はかい》するため、使用が規制されている。

ブロンズ〈名〉青銅。青銅で作った像。◇bronze

フロンティア〈名〉❶国境。辺境の地方。❷アメリカ西部の開拓《かいたく》地帯。[例]フロンティアスピリット(=開拓者精神)。◇frontier

フロント〈名〉❶正面。[例]フロントガラス。❷ホテルや旅館で、予約や受け付け、しはらいなどをするところ。帳場。◇①front ②front desk の日本での省略語。

ブロンド〈名〉金髪《きんぱつ》。金髪の女性。◇blond(e)

ふわ【不和】〈名・形動〉仲がうまくいかないこと。[例]不和になる。不和のもと。家庭の不和。[類]あつれき。

ふわく【不惑】〈名〉四十歳《さい》のこと。[参考]『論語』の「四十にして惑《まど》わず」から。孔子《こうし》が判断にまよわなくなった年齢《ねんれい》。→囲み記事15(283《ページ》)

ふわけ【▼腑分け】〈名・する〉「解剖《かいぼう》」の古い言いかた。[参考]江戸時代後期、オランダ医学によって日本人は初めて解剖の方法を知った。杉田玄白《げんぱく》・前野良沢《りょうたく》・大槻玄沢《おおつきげんたく》の訳書『解体新書』、杉田の著書『蘭学事始《らんがくことはじめ》』で腑分けのことがわかる。

ふわたり【不渡り】〈名〉〔経済〕手形や小切手を発行した人の資金不足などで、しはらい日に受取人がお金をうけとることができないこと。その手形や小切手。[例]不渡りになる。不渡りを出す。不渡り手形。

ふわたりてがた【不渡り手形】〈名〉しはらい日にしはらいが受けられなくなった手形。[表現]実行されない約束のたとえとしていうこともある。

ふわふわ [一]〈副・する〉❶空中に軽くうかんでゆれているようす。[例]風船がふわふわ(と)飛んでいく。[類]ふわりふわり。❷気持ちがおちつかないようす。[例]気持ちがふわふわしている。[類]ふらふら。[二]〈形動・副・する〉やわらかくて、軽い弾力《だんりょく》があるようす。[例]ふわふわした羽根ぶとん。ふわふわのケーキ。[類]ふかふか。ふんわり。[参考]アクセントは、ふつう「**フ**ワフワ」であるが、[二]で形容動詞として使う場合は、「フ**ワフワ**」となる。

ボッティチェリ(1445～1510) イタリアのルネサンス期の画家。「春」などの優雅な作品を残した。

ふわらいどう【付和雷同・附和雷同】〈名・する〉自分の考えをもたないで、人の意見にいいかげんな気持ちで賛成し、いっしょに行動すること。参考 日本でできた四字熟語。

ふわりと〈副〉❶空中にかるくうかびあがるようす。例 風で帽子《ぼうし》がふわりとまいあがった。類 ふんわり。ふわふわ。❷ものの上にかるく置かれたり、空中からかるがるとまいおりるようす。例 彼女は毛皮のコートをふわりとはおった。▽「ふわっと」ともいう。

常用漢字 **ふん**

【粉】 米部4 全10画 粉粉粉粉粉粉

フン こ・こな 教 小5 音[フン] 粉末《ふんまつ》。粉砕《ふんさい》。粉飾《ふんしょく》。花粉《かふん》。製粉所《せいふんじょ》。脱脂粉乳《だっしふんにゅう》。訓❶[こ] 粉。小麦粉。❷[こな] 粉。粉雪。

【紛】 糸部4 全10画 紛紛紛紛紛紛

フン まぎれる・まぎらす・まぎらわす・まぎらわしい 音[フン] 紛失《ふんしつ》。紛争《ふんそう》。内紛《ないふん》。訓❶[まぎれる] 紛れる。紛れ。苦し紛れ。❷[まぎらす] 紛らす。❸[まぎらわす] 紛らわす。❹[まぎらわしい] 紛らわしい。

【雰】 雨部4 全12画 雰雰雰雰雰雰

フン 音[フン] 雰囲気《ふんいき》。

【噴】 口部12 全15画 噴噴噴噴噴噴

フン ふく 音[フン] 噴火《ふんか》。噴煙《ふんえん》。噴水《ふんすい》。噴出《ふんしゅつ》。噴射《ふんしゃ》。訓[ふく] 噴く。噴き出す。

【墳】 土部12 全15画 墳墳墳墳墳墳

フン 音[フン] 墳墓《ふんぼ》。墳丘《ふんきゅう》。古墳《こふん》。

【憤】 忄部12 全15画 憤憤憤憤憤憤

フン いきどおる 音[フン] 憤慨《ふんがい》。憤激《ふんげき》。憤然《ふんぜん》。憤死《ふんし》。義憤《ぎふん》。悲憤《ひふん》。訓[いきどおる] 憤る。

【奮】 大部13 全16画 ※奮奮奮奮奮奮

フン ふるう 教 小6 音[フン] 奮起《ふんき》。奮闘《ふんとう》。奮発《ふんぱつ》。奮然《ふんぜん》。興奮《こうふん》。発奮《はっぷん》。訓[ふるう] 奮う。奮い立つ。奮って。

【分】 ⇩常用漢字 ぶん〔分〕

1 **ふん【分】**〈名・接尾〉❶時間をはかる単位。一分《いっぷん》は一時間の六十分の一、一秒の六十倍。例 分きざみのスケジュール。❷角度をはかる単位。一分は一度の六十分の一、一秒の六十倍。表現 ②は、地球上の緯度《いど》や経度《けいど》を示すとき、「東経《とうけい》〇度〇分」のように使われる。

2 **ふん【▼糞】**〈名〉動物の消化器官をとおって、体外にだされた食物のかす。例 ふんをする。犬のふん。類 くそ。

常用漢字 **ぶん**

【分】 刀部2 全4画 分分分分

ブン・フン・ブ わける・わかれる・わかる・わかつ 教 小2 音❶[ブン] 分解《ぶんかい》。分担《ぶんたん》。分類《ぶんるい》。分際《ぶんざい》。配分《はいぶん》。不可分《ふかぶん》。水分《すいぶん》。成分《せいぶん》。自分《じぶん》。多分《たぶん》。❷[フン] 分別《ふんべつ》。分銅《ふんどう》。分速《ふんそく》。❸[ブ] 一分一厘《いちぶいちりん》。五分五分《ごぶごぶ》。七分咲《しちぶざ》き。訓❶[わかれる] 分かれる。分かれ道。❷[わける] 分ける。分け目。組み分け。引き分け。❸[わかる] 分かる。分からず屋。分かりやすい。物分かり。❹[わかつ] 分かつ。分かち合う。注意 県名の「大分県《おおいたけん》」にも用いる。

【文】 文部0 全4画 文文文文

ブン・モン ふみ 教 小1 音❶[ブン] 文学《ぶんがく》。文章《ぶんしょう》。文化《ぶんか》。文通《ぶんつう》。文房具《ぶんぼうぐ》。作文《さくぶん》。疑問文《ぎもんぶん》。例文《れいぶん》。❷[モン] 文句《もんく》。文様《もんよう》。経文《きょうもん》。天文学《てんもんがく》。二束三文《にそくさんもん》。訓[ふみ] 恋文。注意「文字」は、「もじ」とも読む。

【聞】 耳部8 全14画 ※聞聞聞聞聞聞

ブン・モン きく・きこえる 教 小2 音❶[ブン] 新聞《しんぶん》。見聞《けんぶん》。風聞《ふうぶん》。前代未聞《ぜんだいみもん》。❷[モン] 聴聞《ちょうもん》。訓❶[きく] 聞く。聞き出す。聞きつける。聞き込み。聞き耳(をたてる)。人聞き(が悪い)。❷[きこえる] 聞こえる。聞こえ。

1 **ぶん【分】** 一〈名〉❶属している社会や集団の中で、それぞれの人の身分や立場によってゆるされている自由や、課せられている義務。例 分をまもる。分をこえる。分に過ぎる(=過分な)待遇。分相応。❷(「…分には」の形で)そのようであるかぎりは。例 制限速度をまもっている分には、あぶないこともなかろう。❸(「この分なら」などの形で)ものごとがそのようにすすめば。例 この分なら明日中には終わりそうだ。❹それに相当する分量。全体の中で、それにあてられるべき部分。

二〈接尾〉❶…にあたる分量。例 早く起きた分だけ早くねむくなった。例 三日分。三人分。❷…としての身分。例 兄貴分。❸…超過分。不足分。例 アルコール分。の成分。

参考 一の②③④は、形式名詞の用法。

2 **ぶん【文】**〈名〉❶ことばを書きつらねて、まとまった考えをしめしているもの。例 文を草する。文をつくる。文を練る。達意の文。類 文章。センテンス。❷「武」が武芸や軍事をさすのに対して、学問・芸術・政治・経済などをさすことば。例 文武両道にすぐれる。❸「詩」が韻文《いんぶん》をさすのに対して、散文。参考 ①は話しことばでは、いちばん終わりに息つぎのきれめがあり、言いきりになって下がる調子、質問なら上がり調子、命令なら強い調子になるというように、それぞれ特定の声の調子があらわれる。書きことばなら、そこで句点「。」またはピリオド「.」をうつ。

文の成分《ぶんせいぶん》〔文法〕文をくみたてている意味のまとまり。主語・主部、述語・述部、修飾《しゅうしょく》語・修飾部、接続語・接続部、独立語・独立部。

文は人《ひと》なり 文章には書いた人の人がらが表れるものだということ。類 書は人なり。

ぶんあん【文案】〈名〉文章の下書き。

ぶんい【文意】〈名〉文や文章の表わしている意味。

ふんいき【雰囲気】〈名〉そこにいる人たちやその場所から自然に生まれてくる独特な感じ。ムード。例 雰囲気をかもしだす。家庭的な雰囲気。あたたかい雰囲気。

ふんえん【噴煙】〈名〉火山からふきでているけむり。

ぶんえん【分煙】〈名〉たばこを吸《す》ってもよい場所や時間帯を、しっかり区切って限定すること。

ふんか【噴火】〈名・する〉火山が爆発《ばくはつ》して火山灰や溶岩《ようがん》などをふきだすこと。例噴火口。

[1]**ぶんか【文化】**〈名〉❶世の中がひらけて、暮らしがゆたかになること。例文化が発達する。類文明。❷学問や芸術など、人間の心のはたらきによってつくりだされたもの。例文化の交流。文化遺産。西洋文化。伝統文化。類カルチャー。▽アブンカ

[2]**ぶんか【文科】**〈名〉文学・歴史・哲学《てつがく》・法律・経済・商学などの学問。例文科系。対理科。理系。類文系。アブンカ

[3]**ぶんか【分科】**〈名〉学科や仕事などを、その専門上からわけた一つ一つの科。例分科会。アブンカ

[4]**ぶんか【分化】**〈名・する〉一つのものが発達して、いくつかのものにわかれること。例専門が分化する。未分化。アブンカ

ふんがい【憤慨】〈名・する〉「けしからん」とひどくおこること。例憤慨にたえない。きたないやりくちに憤慨する。類いきどおり。憤激《ふんげき》。憤怒《ふんぬ》。痛憤。悲憤慷《こう》慨《がい》。立腹。

ぶんかい【分解】〈名・する〉❶一つにまとまっていたものを、ばらばらにすること。また、ばらばらになること。例機械を分解する。組織が分解する。分解掃除《そうじ》。空中分解。類解体。❷〔化学〕化合物を、それを構成している物質にわけること。また、わかれること。例水を分解する。水が分解して酸素と水素になる。電気分解。

ぶんかいさん【文化遺産】〈名〉今日《こんにち》まで伝えられてきた、むかしの文化。類文化財。

ぶんがく【文学】〈名〉❶詩や小説、戯曲《ぎきょく》など、ことばによって表わされる芸術。例文学作品。児童文学。類文芸。❷「①」について研究する学問。例(大学の)文学部。❸「②」や哲学《てつがく》・歴史学・言語学などをまとめていう言いかた。人文《じんぶん》学。

ぶんがくしゃ【文学者】〈名〉❶文学の研究者。例文学博士。対理学。❷文学作品の作り手である小説家や詩人。

ぶんかくんしょう【文化勲章】〈名〉文化の発展のために大きな仕事をした人に、政府からおくられる勲章。

ふんかこう【噴火口】〈名〉火山で、地下のマグマやガスが、地上にふきだしてくる場所。火口。

ぶんかこうろうしゃ【文化功労者】〈名〉文化の発展につくし、大きな功績を残したとして政府から表彰《ひょうしょう》された人。終身年金が支給される。

ぶんかさい【文化祭】〈名〉学校で、学習の成果や学校生活を一般《いっぱん》の人に知ってもらうために、演劇を上演したり、作品を展示したりするもよおし。類学園祭。

ぶんかざい【文化財】〈名〉人間の文化活動によってうみだされた、価値の高いもの。例重要文化財。

ふんかざん【噴火山】〈名〉噴火している山。火山。

ぶんかじん【文化人】〈名〉学問や芸術を自分の専門としている人。高い教養を身につけている人。

ぶんかじんるいがく【文化人類学】〈名〉人間の起源や、人種のちがいなどを、文化・社会の面から研究する学問。

ぶんかちょう【文化庁】〈名〉中央官庁の一つ。文化の発展や文化財の保存、宗教、国語などに関する行政を行なう役所。文部科学省に属する。

ぶんかつ【分割】〈名・する〉一つにまとまっているものを、いくつかにわけること。例地域を分割する。分割ばらい。

ぶんかつばらい【分割払い】〈名〉代金を何回かに分けてしはらうこと。対一時払い。一括《いっかつ》払い。類割賦《ぶかっ》。クレジット。

ぶんかてき【文化的】〈形動〉❶その社会の文化にかかわる。例企業《きぎょう》の文化的な貢献《こうけん》。❷衣食住に不自由せず、人間らしい楽しみやゆとりがある。例「健康で文化的な最低限度の生活を営む権利」(日本国憲法)。

ぶんかのひ【文化の日】〈名〉国民の祝日の一つ。十一月三日。「自由と平和を愛し、文化をすすめる」ための日。文化勲章《くんしょう》の授与《じゅよ》などが行なわれる。参考明治天皇の誕生《たんじょう》日(=もとの明治節)にあたる。

[1]**ぶんかん【文官】**〈名〉軍事以外の、行政や司法などの仕事をする公務員。対武官。

[2]**ぶんかん【分館】**〈名〉本館から分けてよその場所につくられた建物。対本館。

ふんき【奮起】〈名・する〉おおいにやる気をだして、心をふるいたたせること。例奮起をうながす。類発奮。

ぶんき【分岐】〈名・する〉道路や鉄道や川が、そこで別々の方向にわかれること。例分岐点。対合流。

ふんきこう【噴気孔】〈名〉❶火山の、気体やガスをふき出すあな。❷クジラやイルカの頭頂部にある呼吸《こきゅう》器官。鼻にあたる。

ふんきざみ【分刻み】〈名〉❶一分単位での時間の数えかた。例分刻みで表示する時計。❷分の単位まで予定が決まっているいそがしさ。例分刻みのスケジュールをこなす。

ぶんきてん【分岐点】〈名〉ものごとがわかれるところ。わかれめ。例人生の分岐点。類別れ道。岐路。

[1]**ふんきゅう【紛糾】**〈名・する〉めんどうな対立がおこって、どう解決したらいいか、わからないようになること。例議事が紛糾する。類ごたごた。もめる。

[2]**ふんきゅう【墳丘】**〈名〉墓の上を土や石で小高く丘《おか》のように盛り上げたもの。

ぶんきょう【文教】〈名〉学問や文化、教育に関すること。例文教地区。

[1]**ぶんぎょう【分業】**〈名・する〉一つの仕事を手わけしてうけもち、それぞれで行なうこと。例分業化。

[2]**ぶんぎょう【文業】**〈名〉作家や文筆家としての業績・キャリア。

ぶんきょうじょう【分教場】〈名〉もと、分校の中でも、とくに児童・生徒の少なかった小さな学校。

ぶんきょくか【分極化】〈名・する〉はっきりと対立しあういくつかのグループに分かれること。例党内の分極化をまねく。

ふんぎり【踏ん切り】〈名〉迷いをふりきって心をきめること。例踏ん切りがつく。踏ん切りをつける。類決断。

ふんぎ・る【踏ん切る】〈動五〉「ふみきる②」のくだけた言いかた。例実行に踏ん切る。

ぶんきんたかしまだ【文金高島田】〈名〉日本髪《がみ》の形の一つ。島田髷《まげ》という髪形をさらに高くゆい上げて優雅《ゆうが》な感じにしたもの。現在では結婚式用。

ぶんぐ【文具】〈名〉「文房具《ぶんぼうぐ》」のこと。

ぶんけ【分家】〈名・する〉今まで家族といっしょに住んでいた家をでて、別に一家をたてること。また、そのわかれた家。対本家。類別家。末家。

ぶんけい【文型】〈名〉文を、主語や述語などの組み立てがどうなっているかによって分類した型。例基本文型。

ぶんげい【文芸】〈名〉❶音楽や美術などに対して、詩や小説、戯曲《ぎきょく》など、ことばによって表わされる芸術。例

堀辰雄(ほりたつお)(1904～53) 小説家。都会的・知的な文体で死と愛を繊細にえがいた。「風立ちぬ」ほか。

文芸時評。大衆文芸。類文学。❷人間の文化的ないとなみ。学問と芸術。例文芸復興。

ぶんげいし【文芸誌】〈名〉小説のほか、文芸関係の創作や評論、対談などをのせた雑誌。文芸雑誌。

ふんけい(▾刎▾頸)のとも(友) 刎頸の交わりをむすんだ友人。↓次項

ふんけい(▾刎▾頸)のまじ(交)わり その人のためなら首をはねられても後悔《こうかい》しないほどの、ふかい友人関係のこと。類水魚《すいぎょ》の交わり。

ぶんげいふっこう【文芸復興】〈名〉⇩ルネサンス

ふんげき【憤激】〈名・する〉「もうがまんがならぬ」と、すごいいきおいでおこること。例憤激のあまりわれをわすれた。類いきどおり。激怒《げきど》。激高。憤慨《ふんがい》。憤怒《ふんぬ》。

[1]**ぶんけん【文献】**〈名〉知りたいことをしらべる手がかりとなる書物や記録。例文献をあさる。参考文献。

[2]**ぶんけん【分権】**〈名〉政治の権力を中央に集めないで、あちこちに わけること。例地方分権。対集権。

[3]**ぶんけん【分遣】**〈名・する〉本隊の一部を派遣すること。例分遣隊。

ぶんげん【分限】〈名〉身分の程度。身のほど。例分限をわきまえる。類分《ぶん》。分際《ぶんざい》。

ぶんこ【文庫】〈名〉❶同じ装丁《そうてい》で、安いねだんでシリーズにして刊行される小型の本。価値の高いものや、よく読まれそうなものなどが出される。例少年文庫。❷本をしまっておく書庫。そこに集められた本。例学級文庫。❸書類やはんこ、文房《ぶんぼう》具などを入れて手もとにおく箱。例手文庫。

参考「文庫本《ぼん》」ははがきほどの大きさの本で、その大きさのことを「文庫判《ばん》」という。「文庫版《ばん》」は、もとの単行本など(=親本《おやぼん》)が文庫本として出されたもの。

[1]**ぶんご【文語】**〈名〉むかしの書きことば。古文や、漢字の読み下し文のことば。「古語①」の、文法用語としての言いかた。例文語体。文語文。文語文法。対口語。アブンゴ

[2]**ぶんご【▿豊後】**〈名〉旧国名の一つ。現在の大分県の大部分。豊前《ぶぜん》とあわせて豊州《ほうしゅう》という。例豊後水道(=海峡《かいきょう》)。アブンゴ

ぶんこう【分校】〈名〉本校とは別に、はなれた土地につくられた、小さな学校。対本校。

ぶんごう【文豪】〈名〉すぐれた文芸作品を多く残し、大多数の人に尊敬され親しまれている人。日本でなら夏目漱石《そうせき》や森鷗外《おうがい》、外国ではシェークスピア、ゲーテ、トルストイなどが代表的である。

ぶんこうき【分光器】〈名〉〔物理〕プリズムなどを使って、光をスペクトルにわける装置《そうち》。

ぶんごたい【文語体】〈名〉「立ち入るべからず」のような、現代では日常使わない かたい文体。対口語体。

ぶんこつ【分骨】〈名・する〉遺骨を二か所以上にほうむるために分けること。

ふんこつさいしん【粉骨砕身】〈名・する〉骨をこなにし、身をくだくほどに、いっしょうけんめい働くこと。類身を粉《こ》にする。

ぶんごぶん【文語文】〈名〉「文語②」を使って書かれた文章。和文・候文《そうろうぶん》・和漢混交文・漢文訓読文など、いくつかの種類がある。対口語文。現代文。

ふんさい【粉砕】〈名・する〉❶こなごなに打ちくだくこと。例岩石を粉砕する。❷完全にやっつけること。例敵を粉砕する。

ぶんさい【文才】〈名〉すばらしい文章や小説などを書く才能。例文才がある。文才をしめす。類文藻《ぶんそう》。

ぶんざい【分際】〈名〉身分の程度。身のほど。例新入りの分際で、なまいきなやつだ。類分限。

ぶんさつ【分冊】〈名〉一冊にするとひどく厚くなってしまう書物を、何冊かにわけること。また、わけた一冊一冊。

ぶんさん【分散】〈名・する〉❶一つにまとまっていたものがわかれて、散らばること。わけて散らすこと。例権力が(を)分散する。❷〔物理〕光がプリズムをとおるとき、ちがった色にわかれること。類四散。

ふんし【憤死】〈名・する〉大きなショックを受けて怒《いか》りの絶頂にあるとき、死んでしまうこと。

表現「本塁《ほんるい》で憤死」のように、野球で、おしいところでランナーがホームでアウトになったときにも使う。

[1]**ぶんし【文士】**〈名〉文筆を職業とする人。小説家。やや古い言いかた。例三文文士。

[2]**ぶんし【分子】**〈名〉❶〔物理・化学〕物質の性質をうしなわないままでわけられる、いちばん小さい粒子《りゅうし》。いくつかの原子が集まってできている。❷〔数学〕分数で、よこ線の上の数や式。対分母。❸集団の中の、一部の特別な人間。例危険分子。

[3]**ぶんし【分▾祀】**〈名・する〉❶ある神社にまつる神を、あらたな別の神社でもまつること。❷ある神社にまつる複数の神のうち、一部を別の神社にうつしてまつること。対合祀。

ぶんしき【分子式】〈名〉〔化学〕元素記号を使って分子の構造を表わした式。

参考たとえば、水の分子式は H_2O と書く。

ぶんしせいぶつがく【分子生物学】〈名〉生命現象を分子のレベルで解明しようとする、生物学の一分野。

ふんしつ【紛失】〈名・する〉不注意などのために、ものをなくすこと。また、ものがなくなること。例印鑑《いんかん》を紛失する。現金が紛失する。紛失物。

ぶんしつ【分室】〈名〉本部や本社とは別に他の場所につくられた、小規模の事務所。

ふんしゃ【噴射】〈名・する〉液体や気体をいきおいよくふきださせること。例逆噴射。

ぶんじゃく【文弱】〈名・形動〉学問や芸能ばかりに気をとられて、たくましさがないこと。例文弱な男。

ぶんしゅう【文集】〈名〉文章などを集めて、本のかたちにまとめたもの。例文集を編む。

ふんしゅつ【噴出】〈名・する〉せまいところからいきおいよくふきだすこと。また、ふきださせること。例溶岩が(を)噴出する。

ふんしょ【▾焚書】〈名〉書物を焼きすてること。

参考「焚書坑儒《こうじゅ》」は、秦《しん》の始皇帝の暴挙を代表する事件。「坑儒」は、儒者を穴《あな》埋《う》めにしたこと。

ぶんしょ【文書】〈名〉必要なことを文章にして書きしるしたもの。例文書で申し入れる。公文書。類書類。書面。↓もんじょ

[1]**ぶんしょう【文章】**〈名〉いくつかの文が集まって、全体として一つのまとまった表現となっているもの。例文章がうまい。文章を書く。文章をつくる。アブンショー

[2]**ぶんしょう【分掌】**〈名・する〉それなりの責任と権限をもって、仕事をわけて受けもつこと。例事務分掌。類分担。アブンショー

[1]**ぶんじょう【分乗】**〈名・する〉いくつかの乗りものにわかれて乗ること。

ぶんじょう[2]【分譲】〈名・する〉ひとつづきの土地や、まとめてたてた建物などを、別々に わけて売ること。例 分譲住宅。

ぶんしょうご【文章語】〈名〉話しことばとしてはふつう使わないような、とくに書きことばとして使うことば。対 口頭語。

ぶんしょうだい【文章題】〈名〉〔数学〕計算式ではなく、文章の形で出される計算問題や応用問題。

ふんしょく[1]【粉食】〈名〉パンやうどんなど、穀物のこなでつくる食べもの。また、それを食べること。

ふんしょく[2]【粉飾】〈名・する〉うわべだけを かざりたてること。例 粉飾決算。

ふんしょくけっさん【粉飾決算】〈名〉企業《きぎょう》がかんばしくない財政状態や経営実績をいいかたちに見せる、見せかけだけの不正な決算。

ぶんしりょう【分子量】〈名〉〔化学〕分子のおもさを、炭素原子のおもさを基準にして、表わした量。

ふんじん[1]【粉▼塵】〈名〉石炭や金属からでた、こなのようにこまかい ごみ。例 粉塵公害。

ふんじん[2]【奮迅】〈名〉はげしい勢いで目的にむかってつきすすむこと。例 獅子《しし》奮迅の勢い。

ぶんしん【分身】〈名〉もとのからだからわかれでた、別のもの。本体とは別にある、もうひとつの自分。例 作品は作者の分身だ。由来 仏が人々を救うために、いろいろのすがたをとって現れる、ということからできたことば。

ぶんじん【文人】〈名〉❶学問や芸術などにたずさわる人。対 武人。❷詩や俳句などにしたしむ風流な人。

ぶんじんが【文人画】〈名〉⇩なんが

ぶんじんぼっかく【文人墨客】〈名〉歌人や作家、画家など、風流の道にたずさわる人々。

ふんすい【噴水】〈名〉❶水を高くいきおいよくふきだすようにしたしかけ。また、そこからふきだす水。いくつかくみあわせて、庭園の装飾《そうしょく》にしたりする。❷ふきだす水。

ぶんすいれい【分水▼嶺】〈名〉〔地学〕川の流れの方向をわける境界となっている山や山脈のこと。分水界。

ぶんすう【分数】〈名〉〔数学〕ある整数 a を、別の整数 b で割るとき、それを $\frac{a}{b}$ のかたちで表わしたもの。a を分子といい、b を分母という。仮《か》分数・真分数・帯分数などがある。参考 ある数を二等分して、「半分」といえばことばによる表現、「$\frac{1}{2}$」は分数による表現、「〇・五」といえば小数による表現になる。

ふん・する【▼扮する】〈動サ変〉演劇などで、その登場人物の すがたになる。例 ハムレットに扮する。類 扮装《ふんそう》する。

ぶんせき[1]【文責】〈名〉文章にしておおやけにしたときに生じる、書いた人の責任。

ぶんせき[2]【分析】〈名・する〉❶入りくんだ事件やものごとをときほぐして整理し、そのくみたてや関係をはっきりさせること。例 原因を分析する。状況《じょうきょう》を分析する。対 総合。類 解析。❷〔化学〕物質を元素にまで分解して、その物質の構成をしらべること。

ぶんせつ[1]【文節】〈名〉文を、意味のうえからも発音のうえからも不自然にならないようにわけた 小さなくぎり。たとえば、「けさ庭にかわいい小鳥がきていた」の「けさ」「庭に」「かわいい」「小鳥が」「きて」「いた」のそれぞれが一つの文節。文のくみたてのいちばん基本的な要素。

ぶんせつ[2]【分節】〈名・する〉ひとつづきのものを、いくつかに くぎること。また、そのくぎり。

ふんせん【奮戦】〈名・する〉力いっぱいがんばること。力いっぱい いさましくたたかうこと。類 奮闘《ふんとう》。敢闘《かんとう》。

ふんぜん[1]【憤然】〈副〉ひどく おこっているようす。例 憤然と立ちあがる。憤然として席を立つ。

ふんぜん[2]【奮然】〈副〉気力をふるいおこすようす。例 奮然とたちむかう。

ふんそう[1]【▼扮装】〈名・する〉演劇などで、衣装《いしょう》や化粧《けしょう》によって、ある人物のすがたになること。また、そのすがた。例 殿様に扮装する。扮装をこらす。類 扮する。

ふんそう[2]【紛争】〈名〉ものごとがもつれて、たがいにあらそうこと。例 紛争をひきおこす。国際紛争。類 もめごと。

ぶんそうおう【分相応】〈名・形動〉人の地位や身分にふさわしいこと。例 分相応な暮らし。

ふんぞりかえ・る【ふん反り返る】〈動五〉さもえらそうに、からだをうしろへそらすようなかっこうをする。類 そりかえる。そっくりかえる。

ぶんたい【文体】〈名〉❶文章の形式。使われることばや、文章の目的などによって、口語体、文語体、です・ます体、だ・である体など、いろいろの種類に分かれる。❷文章に現れた書き手の特徴《とくちょう》。文章のスタイル。

ふんだく・る〈動五〉うばうように取る。不当に高い料金を取る。俗《ぞく》な言いかた。例 バーでふんだくられた。

ふ(踏)んだりけ(蹴)ったり ⇩「ふむ」の子項目

ぶんたん【分担】〈名・する〉仕事や費用などをいくつかにわけてうけもつこと。また、それぞれがうけもつ仕事や費用。例 役割を分担する。類 手わけ。受け持ち。

ぶんだん[1]【文壇】〈名〉作家や評論家たちの社会。類 文学界。

ぶんだん[2]【分断】〈名・する〉一つにまとまっていたものを分けて、つながりをなくすこと。例 敵を分断する。土砂崩《どしゃくず》れで道路が分断される。線路の高架《こうか》によって街の分断が解消された。類 寸断。

ふんだんに〈副〉使いきれないほど十分にあるようす。例 自然の恵みはふんだんにある。参考 「不断《ふだん》」が変化したことば。

ぶんちょう【文鳥】〈名〉鳥の一種。スズメぐらいの大きさで背は灰色。あたまが黒く、くちばしと足はピンク色。人によくなれる。

ぶんちん【文鎮】〈名〉紙や書類などが動いたり風でとんだりしないように、おもしとしてその上に置く道具。

ぶんつう【文通】〈名・する〉たがいにつづけて、手紙のやりとりをすること。

ふんづ・ける【踏ん付ける】〈動下一〉「ふみつける」のくだけた言いかた。

ふんづまり【ふん詰まり】【▼糞詰まり】〈名〉❶便秘。❷ものごとがとどこおって、うまく進まない状態。▽下品な言いかた。

ぶんてん【文典】〈名〉ある言語の文法体系を書いた本。文法書。

ふんど【憤怒】〈名〉⇩ふんぬ

ふんとう【奮闘】〈名・する〉力をつくして、けんめいにたたかうこと。例 孤軍《こぐん》奮闘。類 奮戦。敢闘《かんとう》。

ふんどう【分銅】〈名〉てんびんばかりや さおばかりで使う、重さのきまっている金属のおもり。

ぶんとう【文頭】〈名〉文のはじめの部分。対 文末。

ぶんどき【分度器】〈名〉角度をはかる器具。

ふんどし【▼褌】〈名〉男性の またの部分をおおう ほそ長い布。例 人のふんどしですもうをとる(→「ひと」の子項目)。六尺ふんどし。越中《えっちゅう》ふんどし。

ふ

 ボルテール（1694～1778） フランスの啓蒙思想家。カトリック教会を攻撃し，理性と進歩を信じた。

ふんどしを締《し》めてかかる じゅうぶん決意をかためて、ことにあたる。

ふんどしかつぎ【ふんどし担ぎ】〖▼褌担ぎ〗〈名〉❶すもうで、地位のいちばん低い力士。俗《ぞく》な呼びかた。❷その社会に入ったばかりの未熟な者。

ぶんど・る【分捕る】〈動五〉相手を力でおさえて、その持ちものをとりあげる。例 敵の大砲《たいほう》を分捕る。

ぶんなぐ・る【ぶん殴る】〈動五〉はげしく乱暴に殴る。くだけた言いかた。

ふんにょう【▼糞尿】〈名〉大便と小便。

ふんぬ【憤▽怒】〖▼忿▽怒〗〈名〉にくしみのこもったはげしいいかり。例 憤怒の形相《ぎょうそう》。類 いきどおり。激怒《げきど》。憤慨《ふんがい》。憤激。

ぶんのう【分納】〈名・する〉税金や料金などを、何回かにわけておさめること。対 全納。

ぶんぱ【分派】〈名・する〉もとの勢力からわかれて独立して、小さな集団となること。その集団。例 A党から分派した勢力。分派を立てる。分派行動。類 分流。

ぶんばい【分売】〈名・する〉セットになっている商品を、ばらで売ること。例 分売不可。類 ばら売り。

ぶんぱい【分配】〈名・する〉わけて、それぞれにくばること。例 えものを分配する。分配金。類 配分。

ふんぱつ【奮発】〈名・する〉思いきってなにかをすること。とくに、思いきってたくさんお金をだしたり、ねだんの高いものを買ったりすること。例 彼女《かのじょ》の誕生《たんじょう》日に、奮発してダイヤのネックレスを贈《おく》った。

ふんば・る【踏ん張る】〈動五〉❶たおされないように足を開き、ぐっと力を入れる。例 足を踏ん張る。土俵ぎわで踏ん張る。❷くじけないように、なんとかがんばる。例 もうひと息、ここが踏ん張りどころだ。類 持ちこたえる。

ふんぱんもの【噴飯物】〈名〉あまりにもばかげていて、思わずふきだしてしまうようなこと。注意 憤慨《ふんがい》すべきことだとか、憤懣《ふんまん》やるかたないことだとかいう意味ではない。

1 **ぶんぴ【分泌】**〈名・する〉⇩ぶんぴつ〔分泌〕

1 **ぶんぴつ【文筆】**〈名〉小説や評論などの文章を書くこと。例 文筆家。文筆業。文筆活動。

2 **ぶんぴつ【分泌】**〈名・する〉生物で、ホルモンなどの液体が腺《せん》などからでること。外《がい》分泌(=あせや消化液など)と内《ない》分泌(=ホルモン)とがある。「ぶんぴ」ともいう。例 分泌物。分泌腺《せん》。

3 **ぶんぴつ【分筆】**〈名・する〉ひとまとまりのものとして登記されている土地をいくつかにわけて登記しなおすこと。

ふんびょう【分秒】〈名〉一分や一秒のような、わずかの時間。例 分秒をあらそう。分秒をおしむ。類 寸刻。

ぶんぷ【分布】〈名・する〉ものごとがある範囲《はんい》の中で、あるところではまばらに、また、あるところでは密に、という具合に、一定の模様をえがいて存在すること。例 人口の分布。熱帯に分布する植物。勢力分布図。

ぶんぷず【分布図】〈名〉ものごとの分布のあり方がよくわかるように作った図。

ぶんぶつ【文物】〈名〉学問や芸術、法律など、精神的文化がかたちになってあらわれたもの。例 西洋の文物。

ぶんぶりょうどう【文武両道】〈名〉学問と、武道・スポーツを両立させること。例 わが校は文武両道をモットーとする。

ふんぷん【紛紛】〈副・連体〉さまざまなものが入りまじって、まとまりがつかないようす。例 諸説紛々としている。

ふんべつ【分別】〈名〉ものごとを判断する場合にもとめられる、世間的な常識。例 分別がある。分別がつかない。分別ざかり。類 わきまえ。見境《みさかい》。↓次項

ぶんべつ【分別】〈名・する〉種類ごとにわけて、別々にあつかうこと。例 ごみの分別。分別収集。

参考「ぶんべつ」と読むのは別のことば。

ふんべつくさ・い【分別臭い】〈形〉いかにもものごとがよくわかっているといった顔をしている。

ふんべん【▼糞便】〈名〉大便。書きことば的な言いかた。

ぶんべん【分▼娩】〈名・する〉〔医学〕出産。例 無痛分娩。分娩室。

ふんぼ【墳墓】〈名〉遺体をほうむったところ。かたい言いかた。例 墳墓の地(=先祖の墓のあるところ)。類 墓。

ぶんぼ【分母】〈名〉〔数学〕分数で、よこ線の下の数や式。対 分子。

ぶんぽう【文法】〈名〉ことばのくみたてや、使いかたについてのきまり。また、それについての学問や本。

ぶんぼうぐ【文房具】〈名〉紙やノート、筆やペンなど、なにかを書くのに使う道具。文具。

ふんまつ【粉末】〈名〉こな。こなにしたもの。

ぶんまつ【文末】〈名〉文の終わりの部分。対 文頭。

参考「あしたは雨が降るかもしれない」のように、日本語では、話し手(書き手)の気持ちや判断を表わすのに、文末の表現がたいせつな役割をはたしている。

ふんまん【憤▼懣・▼忿▼懣】〈名〉腹の中がにえくりかえるようで、どうにもしようのない気持ち。例 憤懣やるかたない。憤懣をぶつける。

ぶんみゃく【文脈】〈名〉❶文章の中の文、文の中の単語に、これはそこにあるからそういう意味になるのだという判断の基準を与える、ことばの全体的な続きぐあい。例 文脈を追う。❷会話が行なわれる具体的な場面や、ものごとの文化的・社会的な背景。例 文脈を共有する。▽「コンテキスト」ともいう。

ぶんみん【文民】〈名〉軍人ではない、ふつうの人。対 軍人。類 シビリアン。市民。

ふんむ【噴霧】〈名・する〉水や薬液を霧状《きりじょう》にふき出させること。例 噴霧器。

1 **ぶんめい【文名】**〈名〉作家としてすぐれているという評判。例 文名が高い。文名が上がる。

2 **ぶんめい【文明】**〈名〉知識や技術が発達して、高い文化をもっている状態。例 文明がすすむ。文明の利器。高度な文明。文明国。西洋文明。対 未開《みかい》。

参考 世界の古代文明のうち、エジプト文明・メソポタミア文明・インダス文明・中国文明(黄河《こうが》文明)が四大文明とよばれる。

3 **ぶんめい【分明】**〈形動〉一点のくもりもなく、明らかである。「ふんみょう」ともいう。対 不分明。

ぶんめいかいか【文明開化】〈名〉人間の知識や技術が発達して、世の中がひらけること。とくに、日本で明治のはじめ、西洋の文明を積極的にとりいれたことをさす。

ぶんめん【文面】〈名〉ある内容を文章として書きあらわした、その表現。例 手紙の文面。文面からすると…。

ぶんや【分野】〈名〉ものごとの全体を、ある基準や分担によってわけた部分。例 専門分野。類 領域。方面。畑。フィールド。

ぶんゆう【分有】〈名・する〉一つのものを何人かでわけて所有すること。例 土地を分有する。

ぶんらく【文楽】〈名〉人形浄瑠璃《じょうるり》の一つ。義太夫節《ぎだゆうぶし》にあわせて人形をあやつる人形劇。江戸《えど》時代

ボロディン (1833~87) ロシアの作曲家。オペラ「イーゴリ公」, 交響詩「中央アジアの草原にて」など。

中期にはじまり、現在では、人形浄瑠璃の代表名となっている。→にんぎょうじょうるり

ぶんり【分離】〈名・する〉❶それまで一つであったものが、二つ以上にわかれること。また、わけること。例水と油が分離する。政治と宗教を分離する。類切りはなす。❷〔物理〕ある物質から、それをつくっている特定の物質をとりだすこと。類遊離。

ぶんりつ【分立】〈名・する〉わかれてそれぞれが独立すること。また、わけて独立させること。例野党が分立する。三権分立。

[1]**ぶんりゅう【分流】**〈名〉❶川の本流からわかれでた流れ。類支流。傍流《ぼうりゅう》。❷流派などで、わかれでた派。類分派。傍流。

[2]**ぶんりゅう【分留】**〖分▼溜〗〈名・する〉〔化学〕いくつかの成分からなる液体を、沸点《ふってん》のちがいを利用して、蒸留してわけること。石油からいろいろな物質をとりだすときなどに使う方法。分別蒸留。

ぶんりょう【分量】〈名〉ものの数量の、多い少ないの程度。例分量が多い。分量をへらす。くすりの分量。仕事の分量。目分量。類ボリューム。

ぶんりょく【分力】〈名〉〔物理〕一つの力を、二つのちがった方向の力に分解したときの、それぞれの力。対合力。

ぶんるい【分類】〈名・する〉ばらばらのものを、ある基準によっていくつかの種類にわけて、整理すること。類組分け。仲間分け。グルーピング。カテゴライズ。

ふんれい【奮励】〈名・する〉心をはげまして、ものごとを行なうこと。例奮励努力。

ぶんれい【文例】〈名〉❶手紙・メールや案内文などを書くときの、見本となる文章の例。❷辞典で、文の形の用例。

ぶんれつ【分裂】〈名・する〉一つにまとまっていたものが、いくつかにわかれること。例政党が分裂する。細胞分裂。核《かく》分裂。対統一。融合《ゆうごう》。

ふんわり〈副〉❶「ふわりと①」を強めたことば。❷〈する〉「ふわふわ二」を強めたことば。

へ…へ

[1]**へ**【▼屁】〈名〉おなら。例へをひる。へをこく。
表現「へとも思わない」「へでもない」「へりくつ」の「へ」は、まったく価値のないつまらないもの、ということ。

[2]**へ**〈格助〉「エ」と発音する。❶動作やはたらきがむけられる方向や場所、相手などを表わす。例飛行機は、東へむけて飛びたった。野うさぎはむこうの林へ走っていった。友だちへ手紙を書く。対から。❷動作の結果、いきつく場所を表わす。例荷物はロッカーへしまいなさい。植木鉢《うえきばち》はこのたなへのせておこう。❸「ところへ」の形で、一つのことがおこったとき、さらにほかのことがおこったことを表わす。例寝《ね》ようとしたところへ電話がかかってきた。▽類に。→に〈格助〉

べ〖辺〗〈接尾〉「…のあたり」という意味を表わす。例海べ。岸べ。水べ。野べ。山べ。

ヘア〈造語〉かみの毛。例ヘアスタイル。ヘアドライヤー。◇hair 参考俗《ぞく》に、陰毛《いんもう》を遠回しにいう。

ベア〈名〉「ベースアップ」の略。

ペア〈名〉二つまたはふたりでひと組みになっているもの。例ペアを組む。ペアのセーター。類対《つい》。◇pair

ヘアスタイル〈名〉髪型《かみがた》。◇hairstyle

ヘアピンカーブ〈名〉女性がかみの毛をとめるのに使うピンのように、U字形のするどく折れまがっているカーブ。参考日本での複合語。英語では hairpin turn という。

ベアリング〈名〉「じくうけ」のこと。「ベヤリング」ともいう。例ボールベアリング。◇bearing

常用漢字 へい

【丙】 一部4 全5画
ヘイ 音[ヘイ] 丙種《へいしゅ》。甲乙丙丁《こうおつへいてい》。
丙丙丙丙丙

【平】 干部2 全5画
ヘイ・ビョウ たいら・ひら 教小3 音❶[ヘイ] 平行《へいこう》。平面《へいめん》。平和《へいわ》。平穏《へいおん》。平凡《へいぼん》。三平方《さんへいほう》。水平《すいへい》。地平線《ちへいせん》。和平条約《わへいじょうやく》。❷[ビョウ] 平等《びょうどう》。訓❶[たいら] 平らな土地。平らげる。❷[ひら] 平手。平謝り。平目。平たい。平屋。
平平平平平

【兵】 八部5 全7画
ヘイ・ヒョウ 教小4 音❶[ヘイ] 兵器《へいき》。兵士《へいし》。兵隊《へいたい》。兵力《へいりょく》。兵法《へいほう》。将兵《しょうへい》。負傷兵《ふしょうへい》。撤兵《てっぺい》。❷[ヒョウ] 兵糧《ひょうろう》。雑兵《ぞうひょう》。
兵兵兵兵兵

【併(倂)】 イ部6 全8画
ヘイ あわせる 音[ヘイ] 併合《へいごう》。併存《へいそん》。併発《へいはつ》。併用《へいよう》。合併《がっぺい》。訓[あわせる] 併せる。併せて。
併併併併

【並(竝)】 一部7 全8画
ヘイ なみ・ならべる・ならぶ・ならびに 教小6 音[ヘイ] 並行《へいこう》。並列《へいれつ》。並立《へいりつ》。訓❶[なみ] 並の品。並木。並外れる。並並ならぬ。足並み。人並み。プロ並み。平年並み。❷[ならべる] 並べる。並べ立てる。五目並べ。❸[ならぶ] 並ぶ。立ち並ぶ。並び。並び立つ。歯並び。横並び。❹[ならびに] 並びに。
並並並並

【柄】 木部5 全9画
ヘイ がら・え 音[ヘイ] 横柄《おうへい》。訓❶[がら] 柄。柄物。家柄。身柄。花柄。❷[え] 柄。
柄柄柄柄

【陛】 阝部7 全10画
ヘイ 教小6 音[ヘイ] 陛下《へいか》。
陛陛陛陛

【閉】 門部3 全11画
ヘイ とじる・とざす・しめる・しまる 教小6 音[ヘイ] 閉鎖《へいさ》。閉店《へいてん》。閉会《へいかい》。閉幕《へいまく》。閉口《へいこう》。開閉《かいへい》。密閉《みっぺい》。幽閉《ゆうへい》。訓❶[とじる] 閉じる。❷[とざす] 閉ざす。❸[しめる] 閉める。❹[しまる] 閉まる。
閉閉閉閉閉

【塀(塀)】 土部9 全12画
ヘイ 音[ヘイ] 塀《へい》。板塀《いたべい》。土塀《どべい》。
塀塀塀塀

 本阿弥光悦(ほんあみこうえつ)(1558〜1637) 安土桃山〜江戸初期の芸術家。書画・漆芸・陶芸などにすぐれた。

へ

【幣】 巾部12 全15画 幣 幣 幣 幣 幣
参考 日本でつくられた漢字。

【幣】 廾部12 全15画 弊 弊 弊 弊 弊
ヘイ 音［ヘイ］ ■貨幣《かへい》。紙幣《しへい》。御幣《ごへい》。

【弊】 廾部12 全15画 弊 弊 弊 弊 弊
ヘイ 音［ヘイ］ ■弊害《へいがい》。弊習《へいしゅう》。弊社《へいしゃ》。弊店《へいてん》。■悪弊《あくへい》。旧弊《きゅうへい》。語弊《ごへい》。疲弊《ひへい》。

【蔽】 艹部12 全15画 蔽 蔽 蔽 蔽 蔽
ヘイ 音［ヘイ］ ■隠蔽《いんぺい》。 表記 くさかんむりの下を、「幣・弊」と同様の形にして、「蔽」とも書く。

【餅［餅］（餅）】 食部6 全15画 ※ 餅 餅 餅
ヘイ もち 音［ヘイ］ ■煎餅《せんべい》。画餅《がべい》。 訓［もち］ 餅。餅つき。尻餅。 表記 「飲・飯」などと同じように、偏《へん》を「食」の形にして「餅」（＝14画）と書いてよい。

1 へい【丙】〈名・接尾〉 十干《じっかん》の三番目。ものごとの三番目という意味を表わす。 例 丙種。 ア ヘイ

2 へい【兵】〈名〉 ❶兵士。兵隊。 例 兵に告ぐ。 対 将。 ❷軍隊。 例 兵を動かす。兵を挙げる。 ▽ ア ヘイ 参考 ①は軍隊に属する個々の下級軍人をさし、②は軍隊組織をさす。旧軍隊では、軍人を階級によって将校、下士官、兵と三段階に分けた。「兵」を単語として使うのは古い用法だが、とくに①は、現代ではほとんど使わない。

兵を挙《あ》げる 兵隊を集めて、たたかいをはじめる。 類 挙兵する。

3 へい【塀】〈名〉 敷地《しきち》のさかいを示したり、目かくしにしたりするために、家や庭のまわりにたてるしきり。 例 ブロック塀。れんが塀。 類 フェンス。柵《さく》。垣《かき》。 ア ヘイ

4 へい【弊】〈名〉 害をあたえるもの。弊害。 例 …の弊がある。 ア ヘイ

常用漢字 べい

【米】 米部0 全6画 米 米 米 米 米 米
ベイ・マイ こめ 教 小2 音 ❶［ベイ］ ■米作《べいさく》。米価《べいか》。米食《べいしょく》。米国《べいこく》。■欧米《おうべい》。渡米《とべい》。南米《なんべい》。米平米《へいべい》。 ❷［マイ］ ■精米《せいまい》。白米《はくまい》。玄米《げんまい》。新米《しんまい》。 訓［こめ］ 米。米所。米びつ。米印。米ぬか。餅米。

べい【米】 ■〈接尾〉 「メートル」のこと。 例 百平米（＝百平方《メートル》）。 ■〈造語〉 「アメリカ（亜米利加）」のこと。 例 米国。日米関係。駐米《ちゅうべい》大使。

ペイ〈名〉 ❶働いた見返りとしての賃金。 ❷〈する〉 かかったお金ともうけがつりあうこと。 例 こんなに経費をかけてはペイしない。 ◇pay

へいあん【平安】〈名・形動〉 なにごともなく、おだやかなこと。 例 平安をいのる。平安な世。 類 平穏《へいおん》。

へいあんきょう【平安京】〈名〉〔歴史〕 七九四年から一八六九年の東京遷都《せんと》まで日本の首都であった都市。現在の京都市。

へいあんじだい【平安時代】〈名〉〔歴史〕 七九四年に桓武《かんむ》天皇が京都に都《みやこ》をうつしてから、一一八五年に源頼朝《みなもとのよりとも》が鎌倉《かまくら》に幕府をひらくまでの時代。貴族が政治を行ない、貴族文化がさかえた。

へいい【平易】〈形動〉 わかりやすい。やさしい。 例 平易な問題。平易な文章。 対 難解。 類 安易《あんい》。

へいいはぼう【弊衣破帽】〈名〉 ぼろぼろの衣服とやぶれた帽子。 参考 旧制高等学校の学生が好んだ服装。

へいえい【兵営】〈名〉 兵隊が生活する建物のある場所。キャンプ。

へいえき【兵役】〈名〉 きめられた期間、軍隊に配属されて軍務につくこと。 例 兵役に服する。

ペイオフ〈名〉 銀行などが倒産《とうさん》したときに、預金保険機構が、それぞれの預金者の預金のうちの一定の金額までを、保険金として払いもどす制度。 ◇pay off 参考 日本ではペイオフが導入されるまで、政府によって預金の全額の払いもどしが保証されていた。

1 へいおん【平温】〈名〉 平年なみの気温。

2 へいおん【平穏】〈名・形動〉 かわったことがなく、やすらかなこと。 例 平穏無事。 類 平安。安穏《あんのん》。平静。

1 へいか【兵火】〈名〉 戦争によっておこる、火災などの災害。 例 兵火をまぬがれる。 類 戦火。 ア ヘーカ

2 へいか【陛下】〈名〉 天皇や皇后、国王を尊敬してよぶことば。 例 女王陛下。 類 殿下《でんか》。 ア ヘーカ

3 へいか【閉架】〈名・する〉 図書館で、本や雑誌が利用者のさわれないところにしまってあり、請求《せいきゅう》してとりだしてもらうようになっていること。 対 開架。 ア ヘーカ

1 べいか【米価】〈名〉 こめのねだん。

2 べいか【米菓】〈名〉 こめを原料とした菓子。せんべいやあられなど。

へいかい【閉会】〈名・する〉 会議や集会、競技会などを終わりにすること。それらが終わりになること。 例 国会を（が）閉会する。閉会の辞。 対 開会。 類 おひらき。

へいがい【弊害】〈名〉 なにかをしたために、他のものに与えるわるい影響《えいきょう》。 例 弊害が生じる。 類 悪弊。

へいかつきん【平滑筋】〈名〉 胃や腸など、心臓をのぞく内臓を形づくっている、不随意《ふずいい》筋である筋肉。内臓筋。 対 横紋《おうもん》筋。

へいかん【閉館】〈名・する〉 ❶図書館や美術館などが、廃止《はいし》になること。 ❷図書館や美術館などが、入り口を閉じて入場させないこと。 ▽ 対 開館。

へいがん【併願】〈名・する〉 受験をするとき、二つ以上の学校や大学に願書を出すこと。 対 単願。専願。 参考 同じ大学の複数の学部に願書を出すことや、ある検定試験の二つの級を同時に受検するときにもいう。

1 へいき【平気】〈名・形動〉 苦しいことやぐあいの悪いことがあっても、少しも気にかけず、いつもの態度や気持ちがかわらないこと。 例 平気な顔。平気をよそおう。あいつは平気でうそをつく。 類 平然。 ア ヘーキ

2 へいき【兵器】〈名〉 戦争で、敵を攻撃《こうげき》するための器械や道具。 例 核《かく》兵器。化学兵器。生物兵器。通常兵器。 類 武器。 ア ヘーキ

3 へいき【併記】〈名・する〉 二つ以上のことを、優劣《ゆうれつ》をつけずにならべて書くこと。 例 両論併記。 類 連記。 ア ヘーキ

へいきょく【平曲】〈名〉 ⇩へいけびわ

へいきん【平均】〈名・する〉 ❶数量などのふぞろいをなくすこと。ふぞろいのない状態であること。 例 製品の質が平均していない。 ❷いくつかの数量をならした中間の数量。また、その数量をだすこと。アベレージ。 例 平均して一日三時間勉強した。平均点。平均年齢《ねんれい》。平均寿命《じゅみょう》。 ❸全体のつりあいがとれていること。つりあい。バランス。 例 平均を失う。平均台。 類 平衡《へいこう》。均衡。

へいきんだい【平均台】〈名〉 長いよこ木に足をつけ

て固定した、器械体操の器具。また、その器具を使ってする女子の体操競技。

へいきんち【平均値】〈名〉〔数学〕いくつかの数を平均した数値。例平均値をもとめる。

へいけ【平家】〈名〉〔歴史〕平安時代に、皇族から臣下となって平《たい》らの姓《せい》をなのった一族。武士としてはじめて政権をにぎった平清盛《きよもり》はその子孫。平氏《へいし》。

へいけい【閉経】〈名・する〉更年《こうねん》期になって、女性の月経がとまること。また、妊娠《にんしん》して月経が一時とまること。例閉経期。対初経。

へいげい【▼睥▼睨】〈名・する〉威圧《いあつ》するようにまわりをにらむこと。

へいけがに【平家がに】〖平家▼蟹〗〈名〉カニの一種。瀬戸内海《せとないかい》にすみ、足が長く、甲羅《こうら》に人の顔に似《に》たもようがある。平家一族の怨霊《おんりょう》が化したものという伝説がある。

へいけびわ【平家▼琵▼琶】〈名〉『平家物語』を語りながら琵琶をひくこと。平曲《へいきょく》。

へいげん【平原】〈名〉ひろい野原。例大平原。

べいご【米語】〈名〉アメリカで話されている英語。

へいこう[1]【平行】〈名・形動・する〉〔数学〕二つの直線や平面が、いくらのばしても同じ間隔《かんかく》をたもっていてまじわらないこと。例一本の直線に垂直な二本の直線は平行である。平行線。平行四辺形。

へいこう[2]【並行・併行】〈名・する〉❶二つ以上のものがならんでいくこと。❷二つのものごとが同時に行なわれること。例受付と発送を並行して行なう。

へいこう[3]【平衡】〈名〉二つ以上のものの、つりあいがとれていること。安定した状態。例平衡をたもつ。平衡感覚。類均衡。平均。バランス。

へいこう[4]【閉口】〈名・する〉どうにもならなくて、こまりはてること。例暑さに閉口する。類辟易《へきえき》。

へいこう[5]【閉校】〈名・する〉❶学校を一時的に閉ざして、授業を休むこと。類休校。❷学校の経営をやめること。対開校。類廃校。

へいごう【併合】〈名・する〉二つ以上の組織を合わせて一つにすること。例隣国を併合する。子会社を併合する。類(吸収)合併《がっぺい》。

へいこういどう【平行移動】〈名〉図形の、すべての点を同じ方向へ同じ距離《きょり》だけ動かす移動。

へいこうかんかく【平衡感覚】〈名〉❶自分のからだの位置やつりあいを感じとる感覚。❷ものごとを公平に判断し処理する能力。

へいこうしへんけい【平行四辺形】〈名〉〔数学〕向かい合う二組《ふたくみ》の辺(=対辺《たいへん》)がそれぞれ平行な四角形。参考面積は、「底辺×高さ」で求める。

へいこうせん【平行線】〈名〉同じ平面上にあって、どこまでのばしてもまじわらない二本の直線。

表現「平行線をたどる」といえば、たがいの主張が対立した状態がいつまでもつづくこと。

へいこうぼう【平行棒】〈名〉二本のよこ木を同じ高さで平行にならべて固定した、器械体操の器具。また、その器具を使ってする男子の体操競技。

へいこうゆにゅう【並行輸入】〈名〉正規の代理店だけが輸入・販売《はんばい》できるたてまえになっている高級な外国商品を、別の業者が、別の国の代理店などから安く輸入すること。

べいこく[1]【米国】〈名〉アメリカ合衆国。

由来アメリカのあて字「亜米利加」からできたことば。

べいこく[2]【米穀】〈名〉こめ。こめなどの穀物。例米穀店。米穀商。

へいこら〈副・する〉金持ちや権力者に対してへつらうようす。俗《ぞく》な言いかた。類ぺこぺこ。

へいさ【閉鎖】〈名・する〉中へ入れないように、入り口などをしめきること。例門を閉鎖する。閉鎖社会。学級閉鎖。閉鎖的。対開放。類閉塞《へいそく》。

べいさく【米作】〈名〉❶イネを植えそだてて、こめをつくること。❷こめのとれぐあい。例ことしの米作は平年なみだ。▽類稲作《いなさく》。例米作農家。

へいさつ【併殺】〈名・する〉⇩ダブルプレー

へいさてき【閉鎖的】〈形動〉内にとじこもって、外の世界にひらかれていない。例閉鎖的な社会。

へいざん【閉山】〈名・する〉炭鉱や鉱山などで、採掘《さいくつ》をやめてしまうこと。例赤字の炭坑が(を)閉山する。

へいし[1]【平氏】〈名〉⇩へいけ

へいし[2]【兵士】〈名〉軍隊に属していて、上官の命令にしたがって行動する人。類兵卒。兵隊。

表現将校などの位の高い軍人についてはいわない。

へいじ【平時】〈名〉戦争のない、平和なとき。対戦時。非常時。

へいじつ【平日】〈名〉土曜・日曜・祝日をのぞく日。土曜をふくめていうこともある。対休日。類週日。ウィークデー。

へいしゃ【弊社】〈名〉「わが社」の丁重《ていちょう》語。「そまつな会社」という意味。例このたびは弊社製品をご注文いただき…。類小社。

敬語相手の会社をよぶ尊敬語は、「御社《おんしゃ》」「貴社」。

べいじゅ【米寿】〈名〉八十八歳《さい》になったお祝い。また、八十八歳のこと。→囲み記事15(282ページ)

参考「八十八」をつめて書くと、「米」と読めることから。

へいじゅんか【平準化】〈名・する〉ものを水平にすること。でこぼこしたものを平らにならすこと。例物価の平準化。

へいじょう【平常】〈名〉特別なできごとがなく、いつものことがくりかえされている状態。ふつうのとき。例平常どおり営業いたします。平常心。類ふだん。いつも。

へいじょうきょう【平城京】〈名〉〔歴史〕七一〇年から七八四年まで、現在の奈良市西部にあった都。「へいぜいきょう」とも読む。

へいじょうしん【平常心】〈名〉いつもと変わらず落ちついて行動することのできる心理状態。例平常心を失う。

べいしょく【米食】〈名〉こめを主食とすること。

へいじょぶん【平叙文】〈名〉疑問文・命令文・感動文以外の、ふつうの文。

へいしん【並進】〈名・する〉横にならんで進むこと。

参考自転車での並進は、法律で禁止されている。

へいしんていとう【平身低頭】〈名・する〉身をかがめ、頭をふかく下げて、ひたすらあやまること。

へいせい[1]【平成】〈名〉一九八九年一月八日から二〇一九年四月三〇日までの、平成天皇が位にあった時代の元号。「昭和《しょうわ》」の後、「令和」の前。

へいせい[2]【平静】〈名・形動〉いつもと変わらず、おちついていること。例平静(さ)をうしなう。平静(さ)をたもつ。平静な気分。類平穏《へいおん》。

表現「町は平静(さ)をとりもどした」のように、人の心の状態以外についてもいう。

 本多利明(としあき)(1744~1820) 江戸後期の経済思想家。日本各地を踏査。開国・外国貿易・北辺防備を説く。

へいぜい【平生】〈名〉とくに問題とするほどのことがない毎日。例平生の心がけ。類日ごろ。ふだん。日常。

へいせつ【併設】〈名・する〉中心となる建物や設備などにあわせて、別の機能をもつ建物や設備をいっしょにつくること。例大学に高校を併設する。

へいぜん【平然】〈副・連体〉あわてたりしないで、いつもの調子でいる。例平然とうそをつく。平然として戦地へおもむく。平然たる態度。類平気。

へいそ【平素】〈名〉いつも。日ごろ。例平素のごぶさたをわびる。類平常。平生《へいぜい》。

へいそう【並走・併走】〈名・する〉ならぶようにしていっしょに走ること。

へいそく【閉塞】〈名・する〉❶とじて外から入れないようにすること。類閉鎖《へいさ》。ふさぐ。❷とおり道になにかがつまって、ふさがること。例腸閉塞。閉塞感。

へいそくぜんせん【閉塞前線】〈名〉〔気象〕低気圧にともなう寒冷前線が、温暖前線に追いついて、かさなった部分。

へいそつ【兵卒】〈名〉いちばん下級の兵士。類兵隊。

へいそん【併存・並存】〈名・する〉複数のものが同時に存在すること。「へいぞん」ともいう。類共存。

へいたい【兵隊】〈名〉軍隊に属して、たたかいをする人。また、その集団。類兵士。兵卒。

1 **へいたん【平▼坦】**〈形動〉土地がたいらである。例平坦な道。アヘータン

2 **へいたん【平淡】**〈形動〉特別にかわった点もなく、あっさりしている。例平淡な文章。アヘータン

へいち【平地】〈名〉たいらで広い土地。例平地に波乱をおこす(=わざと事をあらだてる)。対山地。

へいちゃら【平ちゃら】〈形動〉⇩へっちゃら

1 **へいてい【平定】**〈名・する〉敵や反乱軍などをほろぼして、世の中を安定させること。例内乱を平定する。

2 **へいてい【閉廷】**〈名・する〉裁判をおえて法廷をとじること。対開廷。

1 **へいてん【閉店】**〈名・する〉❶店をしめて、その日の営業を終わりにすること。例本日は閉店しました。❷それまでつづけてきた商売をやめること。▽類終業。対開店。類店じまい。アヘーテン

表現「本日は閉店いたしました」なら①を表わし、「本日を以《もっ》て閉店いたしました」なら②を表わす。「本日閉店」だと、どちらかわからないし、今日だけの閉店かもしれない。その場合は「本日休業」となる。

2 **へいてん【弊店】**〈名〉自分の店をいう丁重《ていちょう》語。アヘーテン

ヘイト〈名〉異民族などに対する、偏見《へんけん》にみちた、あからさまな憎悪《ぞうお》。例ヘイトスピーチ(=言論)。ヘイトクライム(=犯罪)。◇hate

へいどく【併読】〈名・する〉おなじ時期に二つ以上の本や新聞を読むこと。

へいどん【併▼呑】〈名・する〉強いものが弱いものを、自分の勢力の中へのみこむこと。例他国を併呑する。

へいねつ【平熱】〈名〉いつもの健康なときの体温。

へいねん【平年】〈名〉❶天候や農作物のできなどが、とくに異常ではないふつうの年。いつもの年。例平年なみ(の雨量)。平年作。類例年。❷閏《うる》年でない年。二月が二八日間、一年が三六五日の年。

へいば【兵馬】〈名〉「軍隊」のむかしの言いかた。例兵馬の権。兵馬を進める。

へいはつ【併発】〈名・する〉ある病気がきっかけになって、さらにほかの病気にかかること。例かぜが悪化して肺炎を併発した。→がっぺいしょう

へいはん【平版】〈名〉印刷の版の一つ。版面のひらたいもの。油性のインクと水とが反発しあう性質を利用して印刷する。平版印刷。対凸版《とっぱん》。凹版《おうはん》。→いんさつ

へいばん【平板】〈形動〉変化にとぼしく、おもしろみがない。例平板な文章。類単調。一本調子。

べいはん【米飯】〈名〉こめのごはん。パンやめん類ととくに区別していうことば。例米飯給食。

1 **へいふく【平服】**〈名〉「普段着《ふだんぎ》」のあらたまった言いかた。対礼服。式服。

参考 結婚《けっこん》式の招待状や就職説明会の案内状などに、「平服でおこしください」と書いてあっても、その集まりに応じた正装に近いものを着ていくほうが無難。

2 **へいふく【平伏】**〈名・する〉すわって両手をつき、頭を地につけるぐらいにして、おじぎをすること。類ひれふす。

へいべい【平米】〈名・接尾〉「平方メートル」のこと。→へいほう〔平方〕②

へいへいぼんぼん【平平凡凡】〈副・連体〉きわめて平凡で、かわったところがなにもないようす。例平々凡々と暮らす。平々凡々たる生活。

1 **へいほう【平方】**〈名〉❶〔数学〕同じ数を二度かけあわせること。また、かけあわせてでた数。自乗。二乗。❷メートルなど、長さを表わす単位の前につけて面積を表わすことば。例平方メートル。▽アヘーホー

表現「五《メートル》平方」といえば、五《メートル》を一辺とする正方形を表わし、その面積は二五平方《メートル》となる。

2 **へいほう【兵法】**〈名〉❶たたかいのやりかた。❷剣道や柔道《じゅうどう》などの日本古来の武術。▽「ひょうほう」ともいう。アヘーホー

へいほうこん【平方根】〈名〉〔数学〕ある数を二乗した数に対する、二乗する前の数。$a^2=b$ のとき、a を b の平方根という。たとえば、9の平方根は3。類ルート。

へいぼん【平凡】〈形動〉ごくふつうで、とくにすぐれたところもかわったところもみられない。例平凡な人生。対非凡。類凡庸《ぼんよう》。平々凡々《へいへいぼんぼん》。

へいまく【閉幕】〈名・する〉舞台《ぶたい》の幕がおりて、劇などが終わること。対開幕。類終演。終幕。幕切れ。

表現「万国博覧会も本日をもって閉幕した」のように、注目を集めていたものごとが終わりになる意味でも使う。

へいみん【平民】〈名〉特別の地位や権力のないふつうの人々。類庶民《しょみん》。

へいめい【平明】〈名・形動〉内容などがはっきりしていて、語句もわかりやすいこと。例平明な文章。

へいめん【平面】〈名〉たいらな面。

へいめんず【平面図】〈名〉立体を、まうえから見たかたちに書き表わした図。

へいめんてき【平面的】〈形動〉ものごとのうわべだけしか見ていなくて、ふかみがない。例君の考えは平面的すぎるよ。対立体的。

へいもん【閉門】〈名・する〉❶門をとじること。対開門。❷江戸《えど》時代の刑罰《けいばつ》のひとつで、門を外からとじて、出入りを許さないようにしたこと。

へいや【平野】〈名〉海抜《かいばつ》が低く、山などがなく、たいらで広大な土地。日本一広い関東平野や、濃尾《のうび》平野など。

マーク=トウェイン（1835~1910） アメリカの作家。俗語や方言で，「トム=ソーヤーの冒険」を書いた。

へいゆ【平癒】〈名・する〉病気やけがなおって、すっかりふつうの状態にもどること。類治癒。快癒。

へいよう【併用】〈名・する〉二つ以上のものを同時に使うこと。例日本語と英語を併用する。二言語併用。

へいらん【兵乱】〈名〉戦争で、世の中がめちゃくちゃになること。例兵乱のちまた。

へいり【弊履】〈名〉やぶれたはき物。例弊履のごとく捨てる(=惜しむことなく捨てる)。

へいりつ【並立】〈名・する〉二つ以上のものが、同時に対等にならびたつこと。類両立。

へいりつじょし【並立助詞】〔文法〕いくつかのことばを同じ資格でならべてあげるときに使われる助詞。「と」「や」「とか」「だの」など。並列助詞。参考この辞典では、並立助詞は副助詞または接続助詞にふくめる。

へいりょく【兵力】〈名〉兵士の数や武器などの数量からみた、軍隊の力。例兵力を増強する。類戦力。武力。軍勢。

へいれつ【並列】〈名〉❶〈する〉いくつかのものが、よこにならぶこと。よこにならべること。❷いくつかの電池の、＋《プラス》極(正極)どうし、－《マイナス》極(負極)どうしをつなぐつなぎかた。電流を流しつづける時間が長くなる。対直列。❸〔物理〕回路を電流が流れる道すじを枝分かれさせるつなぎかた。例並列回路。対直列。

へいわ【平和】〈名・形動〉戦争や災害、もめごとなど、心を悩ませることがなにもなくて、おだやかな状態であること。例平和を守る。平和に暮らす。平和な家庭。世界の平和。平和国家。平和運動。類太平。

ペイント〈名〉❶ペンキ。❷塗料《とりょう》。◇paint

ベーカリー〈名〉パンやケーキなどをつくったり売ったりする店。類パン屋。◇bakery

ベークライト〈名〉合成樹脂《じゅし》の一種。食器や、電気の絶縁《ぜつえん》体などに使う。商標名。◇Bakelite

ベーグル〈名〉パンの一種。大きめのドーナツ形で、生地をゆでてから焼くため、歯ごたえがある。◇bagel

ベーコン〈名〉ブタの背や胸の肉を塩づけにして、薫製《くんせい》にしたもの。◇bacon

ページ〈名・接尾〉本やノートなどの紙の片面。また、その数をかぞえることば。ウェブサイトの中の画面や、パソコンで作成する文書ファイルなどについてもいう。例ページをめくる。教科書の一八ページ。トップページ。◇page 表記「▼頁」という漢字や、アルファベットの「p」「P」をあてて書くこともある。

ページェント〈名〉❶野外で演じる劇。❷祭りなどのはなやかな行列。◇pageant

ベーシック〈形動〉基本的。基礎的。◇basic

ベージュ〈名〉あかるくてうすい茶色。◇フランス beige

1**ベース**〈名〉❶基礎。基本。下じき。例実話をベースにした物語。グレーをベースにしたインテリア。しょうゆベースのたれ。❷基地。例ベースキャンプ。❸野球で、内野にあるファースト・セカンド・サード・ホームの四つの地点。また、その地点に置くもの。例ホームベース。◇base

2**ベース**〈名〉〔音楽〕❶男性の声で、最も低い声。バス。❷同じ種類の楽器で、最も低い音域をうけもつ楽器。コントラバスやベースギターなど。◇bass

ペース〈名〉❶仕事や運動などの速度や調子。例ペースが速い。ハイペース。類テンポ。ピッチ。❷とくにスポーツで、主導権《しゅどうけん》。例相手(の)ペースに持ちこまれる。◇pace

ベースアップ〈名・する〉賃金が上がること。とくに、年ごとの定期昇給《しょうきゅう》とは別に、基本給の底上げが行なわれること。略して「ベア」ともいう。◇base と up による日本での複合語。

ベースキャンプ〈名〉❶探検隊や登山隊の基地。❷軍隊の基地。◇base camp

ペースト〈名〉肉や魚、野菜などをまぜてすりつぶした食品。パンにぬって食べる。例レバーペースト。◇paste

ベースボール〈名〉「野球」のこと。◇baseball

ペースメーカー〈名〉❶陸上競技の中・長距離《ちょうきょり》走や自転車競技で、とちゅうまで安定したよいペースで先頭を走り、実力のある選手が最終的に好記録を出せるようにする選手。❷〔医学〕心臓に電流の刺激《しげき》を加えて、正常に脈をうつようにする装置。◇pacemaker

ペーソス〈名〉なんとなくものがなしい、しみじみとした思い。例ペーソスがただよう。類哀愁《あいしゅう》。◇pathos

ペーパー〈名〉❶紙。例ペーパーテスト。トイレットペーパー。❷書類。証明書。❸新聞。例ニュースペーパー。❹「サンドペーパー」の略。紙やすり。例ペーパーをかける。◇paper

ペーパークラフト〈名〉紙を材料とする工芸・工作。◇papercraft

ペーパードライバー〈名〉免許をもっているだけで、ふだん運転しない人。参考英語では driver in name only という。

ペーパーバック〈名〉紙表紙だけの簡単な装丁《そうてい》の、安い本。対ハードカバー。◇paperback

ぺえぺえ〈名〉地位の低い人や技量のおとる人をあざけっていうことば。例ぺえぺえの社員。

ベール〈名〉❶女性が頭にかぶる、かるくてうすい布。❷おおいかくすもの。例ベールをぬぐ。神秘のベールにつつまれる。▽「ヴェール」とも書く。◇veil

ベールを脱《ぬ》ぐ 正体が明らかになる。

ペガサス〈名〉ギリシャ神話で、つばさをもち大空をかけるウマ。◇Pegasus

べからず ❶「してはいけない」という禁止の意味を表わすことば。例(はり紙などで)花をとるべからず。一寸の光陰《こういん》軽んずべからず。❷「できない」という不可能の意味を表わすことば。例この景観、筆舌《ひつぜつ》につくすべからず。参考文語の助動詞「べし」の未然形と、文語の助動詞「ず」とが接続したもの。

常用漢字 **へき**

【壁】 土部13 全16画 壁壁壁壁

ヘキ かべ 音[ヘキ] 壁面《へきめん》。壁画《へきが》。岸壁《がんぺき》。絶壁《ぜっぺき》。城壁《じょうへき》。訓[かべ] 壁。壁土。壁掛け。壁紙。壁越し。壁新聞。壁際。白壁。

【璧】 玉部13 全18画 ※ 璧璧璧

ヘキ 音[ヘキ] 完璧《かんぺき》。双璧《そうへき》。

【癖】 疒部13 全18画 癖癖癖癖

ヘキ くせ 音[ヘキ] 潔癖《けっぺき》。習癖《しゅうへき》。病癖《びょうへき》。性癖《せいへき》。放浪癖《ほうろうへき》。訓[くせ] 癖。口癖。寝癖。

へき【癖】〈名〉「くせ」のかたい言いかた。例放浪《ほうろう》の癖がある。収集癖。

へ

 マーラー(1860～1911) オーストリアの作曲家・指揮者。後期ロマン派として長大な作品がある。

表現 多く、なおしたほうがいいものとしていう。

へぎ【▽折ぎ・▽片木】〈名〉ヒノキやスギなどをうすくけずり取って作った板。折り箱やおぼんにする。へぎ板。

べき〈助動〉文語の助動詞「べし」の連体形。❶(「…べきナニ」の形で)…するはずの、…するのが当然の、という意味を表わす。例あるべき姿。来《きた》るべき時。悲しむべき事態。❷(「…べきだ(です)」の形で)そうすることがよいとか当然だとかの判断や、相手に対して命令する気持ちを表わす。例意地でもそうすべきだ。やっぱり行くべきだった。絶対やってみるべきです。↓べし・べく

へきえき【▼辟易】〈名・する〉どうにもならなくて、うんざりすること。例あいつのしつこさには辟易したよ。類閉口《へいこう》。

へきが【壁画】〈名〉建物などのかべや天井《てんじょう》にえがかれた絵。

へきち【▼僻地】〈名〉都会から遠くはなれた、人もあまり住んでいない不便な土地。類辺境。辺地。

へきとう【▼劈頭】〈名〉ものごとのいちばん最初。かたい言いかた。例会議の劈頭から波乱が生じた。類冒頭《ぼうとう》。

へきめん【壁面】〈名〉かべや岩壁などの表面。

へきれき【▼霹▼靂】〈名〉かみなり。とくに、急におこるはげしいかみなり。例青天《せいてん》の霹靂(↓独立項目)。

べく〈助動〉文語の助動詞「べし」の連用形。…ことができるように。…にふさわしく。例ご期待にそうべく努力いたします。しかるべく処置してください。知るべくもない。↓べし・べき

ヘクタール〈名・接尾〉メートル法の面積の単位。一《ヘクタール》は一〇〇《アール》で、一万平方《メートル》。記号「ha」。◇hectare

ヘクトパスカル〈名・接尾〉気圧の単位。一気圧は一〇一三《ヘクトパスカル》。記号「hPa」。◇hectopascal 参考 かつては「ミリバール」と言った。

ベクトル〈名〉〔数学〕平面または空間における、大きさと方向をもった量。速度や力など。◇《ドイ》《ツ》Vektor

ベクレル〈名・接尾〉放射能《ほうしゃのう》の強さの単位。一ベクレルは一秒間に一つの原子核《かく》が崩壊《ほうかい》する放射能の強さ。記号「Bq」。◇becquerel 参考 ウランの放射能を発見した研究者の名から。たとえば、水道水に含まれる放射性物質は、国の基準で一キログラム当たり二〇〇ベクレルまでは安全とされる。

ペケ(方言)❶「×」印。ばつ。例ペケをつける。❷だめなこと。役立たず。例あいつはペケだ。▽おもに西日本で言う。❸最下位。埼玉で言う。

ヘゲモニー〈名〉指導権。覇権《はけん》。例ヘゲモニーをにぎる。類イニシアチブ。主導権。◇《ドイ》《ツ》Hegemonie

へこおび【へこ帯】【▽兵▽児帯】〈名〉子どもや男性が和服を着たときにしめる、やわらかなおび。参考 男子の和服の一般的な帯は角帯《かくおび》。

へこた・れる〈動下一〉つらさにたえられず、気力がなくなる。例暑さにへこたれる。類あごを出す。

ぺこぺこ ■一〈形動〉腹がひどくすいている。例腹がぺこぺこだ。■二〈副・する〉❶何度も相手に頭をさげてしたがう気持ちをあらわすようす。類へいこら。❷金属のうすい板などが、へこんだりはねかえったりするようす。▽アー ペコペコ 二 ペコペコ

へこま・す【▽凹ます】〈動五〉⇩へこませる

へこま・せる【▽凹ませる】〈動下一〉❶へこんだかたちにする。例腹をへこませる。❷相手をことばなどで攻撃《こうげき》して負かす。類やりこめる。▽「へこます」ともいう。

へこ・む【▽凹む】〈動五〉❶その部分がまわりより一段低い状態になる。例地面がへこむ。類くぼむ。❷負けて、いきおいをうしなう。くだけた言いかた。例言い負かされてへこむ。

へさき【▼舳先】〈名〉船体の前の方。対とも。類船首。

へし 強く押《お》す意味の古語の動詞「へす」の連用形。例へし折る。へし曲げる。押し合いへし合い。

べし〈助動〉文語の助動詞。当然、義務、可能、命令などを表わす。…するのが当然だ。…しなくてはならない。例我《わ》が道を行くべし。後生《こうせい》おそるべし。↓べからず・べき・べく 参考 終止形のまま口語体の文章の中で使われることはほとんどない。

へしお・る【へし折る】〈動五〉いきおいよく折る。例鼻っぱしらをへし折る。↓へし

ベジタリアン〈名〉日常的に、肉類を食べず、穀物や野菜などの植物性の食品だけを食べる人。菜食主義者。類ビーガン。◇vegetarian

ペシミスト〈名〉ペシミズムの考えかたをもつ人。厭世《えんせい》主義者。悲観論者。対オプティミスト。◇pessimist

ペシミズム〈名〉人の世は生きる価値がないとする考えかた。厭世《えんせい》主義。悲観論。対オプティミズム。◇pessimism

ぺしゃんこ〈形動〉❶押《お》しつぶされたように、平たくなっている。❷すっかり負けてしまい、いきおいをなくしたようす。▽「ぺちゃんこ」ともいう。例ぺしゃんこになる。

ベスト[1]〈名・形動〉❶最良のもの。例ベストメンバー。ベスト3《スリー》(=一位から三位まで)。対ワースト。❷できうるかぎりのこと。全力。例ベストをつくす。類最善。▽↓囲み記事23(453ページ) ◇best 参考 ①で、たとえば「ベスト3」のことを、英語ではtop 3という。

ベスト[2]〈名〉そでなしの胴着《どうぎ》。チョッキ。◇vest

ペスト〈名〉ペスト菌《きん》の感染《かんせん》によっておこる急性の病気。ネズミについたノミによって媒介《ばいかい》される。死亡率が高い。◇pest

ベストセラー〈名〉ある期間に、たくさん売れた、最高または上位の商品。とくに本。例週間ベストセラー。◇best seller

へそ【▼臍】〈名〉❶おなかのまんなかにあり、母親のからだの中にいたとき、栄養をとっていたところ。類ほぞ。❷道具や果実などで、小さくもりあがったところ。例みかんのへそ。

へそで茶《ちゃ》を沸《わ》かす ちゃんちゃらおかしい。

へそを曲《ま》げる きげんをわるくして、すなおでなくなる。類つむじを曲げる。

べそ〈名〉小さい子どもの泣きそうな顔。例泣きべそ。

べそをかく 小さい子が今にも泣きそうな顔をする。

ペソ〈名・接尾〉中南米の国々やフィリピンなどの、通貨の単位。◇《スペ》《イン》peso

へそくり〈名〉やりくりして、ないしょでためたお金。

へそのお【へその緒】【▼臍の緒】〈名〉胎児《たいじ》のへそと母親の胎盤《たいばん》とをつなぐ、ほそ長いひものような器官。胎児はこれをとおして栄養をとる。臍帯《せいたい・さいたい》。

へそまがり【へそ曲がり】【▼臍曲がり】〈名・形動〉すなおでなくて、ほかの人が言うことにさからったり、つきかかったりする性質。また、そのような人。つむじ曲がり。

マイヤー (1814~78) ドイツの物理学者。熱と運動の関係を研究。「エネルギー保存の法則」を発見。

例へそ曲がりな人。類あまのじゃく。

1 **へた【下手】**〈名・形動〉❶ものごとがうまくできないこと。また、その人。例字が下手ではずかしい。下手な英語をしゃべる。下手くそ。下手っぴ。口べた。対じょうず。❷考えなしに行動すること。例いまは下手に動かない方がいい。▽アヘタ」

参考「したて」「しもて」と読むのは それぞれ別のことば。

下手すると 運がわるい場合には。わるくすると。「下手をすると」ともいう。

下手な鉄砲《てっぽう》も数《かず》撃《う》ちゃ当《あ》たる かず多くやっているうちには、うまくいくこともあるというたとえ。

下手の考《かんが》え休《やす》むに似《に》たり ろくなこともうかばないのに、いつまでも考えているのは、時間のむだだ。

下手の横好《よこず》き 下手だから、いやになりそうなものなのに、逆に、好きで熱心なこと。

2 **へた【▼蔕】**〈名〉〔植物〕ナスやカキなどの実《み》のつけねをおおうようについている ひらたいもの。アヘタ

方言 近畿など、食パンの耳 のことを言う地方もある。

べた 一〈接頭〉「すきまなく」「すっかり」という意味を表わす。例べた一面。べた塗《ぬ》り。べたぼめ。べたぼれ。

二〈名〉「べたやき」の略。写真で、ネガを印画紙にかさねて焼きつけること。三〈名・形動〉工夫《くふう》がなく、ありきたりであること。くだけた言いかた。例べたな台詞《せりふ》。▽「ベタ」とも書く。

ベター〈形動〉よりよい。◇better

へたくそ【下手くそ】『下手▼糞』〈名・形動〉とてもへたであること。とてもへたな人。「へた」をつよめた言いかた。例下手くそな字。この下手くそめ。

へだたり【隔たり】〈名〉時間や距離《きょり》、考えや感情などの差。例隔たりが大きい。年齢《ねんれい》の隔たり。意見の隔たり。心理的隔たり。類懸隔《けんかく》。

へだた・る【隔たる】〈動五〉❶場所や時間が遠くはなれる。例距離《きょり》が隔たる。年月が隔たる。❷考えなどが一致《いっち》しなくなる。例気持ちが隔たる。

べたつ・く〈動五〉❶ねばりけでべたべたする。例油で手がべたつく。類べとつく。❷恋人たちや夫婦が、べたべたする。類いちゃつく。

べたっと〈副〉❶ものがはりつけられたり、ぬりつけられたりするようす。例のりがべたっとくっつく。ポスターをべたっとはる。はんこをべたっとおす。❷ゆかにおしりをつけて、だらしなく座りこむようす。類べったり。ぺたっと。▽「べたりと」ともいう。

ぺたっと〈副〉❶ものが、すいつくようにはりつくようす。例シールをぺたっとはる。❷かるい感じで、ゆかに直接座りこむようす。▽「ぺたりと」「ぺたんと」ともいう。

へだて【隔て】〈名〉❶あいだをさえぎるもの。しきり。例隔てにびょうぶを置く。❷区別してあつかうこと。例隔てなくあつかう。わけ隔て。類差別。❸気持ちがはなれること。例心の隔てをとりはらう。

へだ・てる【隔てる】〈動下一〉❶二つのものが、あるものをはさむ位置にある。例川を隔てる。テーブルを隔てて、むかい合う。❷二つのもののあいだを さえぎる。例仲を隔てる。❸長い時間がたつ。例時を隔てて再会する。

へたば・る〈動五〉へとへとにつかれて動けなくなる。

べたべた 一〈副〉あちこちにものをはりつけたり、ぬったりするようす。例ポスターをべたべた(と)はる。

二〈形動・副・する〉❶ものがねばって、さわるとくっついてくるようす。例あめがとけてべたべたする。❷つきあいかたに、けじめがなく、まといつくようにいっしょにいるようす。例べたべたの関係。あの二人は、いつもべたべたしている。類いちゃいちゃ。

参考 アクセントは、ふつう「ベタベタ」であるが、二で形容動詞として使う場合は、「**ベタベタ**」となる。

ぺたぺた〈副〉❶「べたべた」よりもかるい感じで、あちこちにものをはりつけたりぬったりするようす。類シールをぺたぺたはる。❷ひらたいものが何度もたたかれてたてる音。例ほおをぺたぺたとたたく。廊下《ろうか》をぺたぺた歩く。

へたへたと〈副〉あまりのつかれやおそろしさなどのために、座りこんでしまうようす。類へなへな。

べたぼめ【べた褒め】〈名・する〉それ以上ほめようがないほど、ほめちぎること。

べたぼれ『べた▼惚れ』〈名・する〉すっかりほれこむこと。俗《ぞく》な言いかた。類ぞっこん。

へたりこ・む【へたり込む】〈動五〉力がぬけて、くずれるようにゆかに座りこむ。例玄関《げんかん》にへたり込む。

ペダル〈名〉自転車やオルガン、ミシンなどの、足でふむところ。ペタル。例ペダルをふむ。◇pedal

ペダンチック〈形動〉衒学《げんがく》的。◇pedantic

ペチカ〈名〉れんがや粘土《ねんど》でつくり、かべにくみこんだ暖炉《だんろ》。◇ロシア語から。

へちま『▽糸▼瓜』〈名〉❶つる性の一年草。夏、黄色の花がさき、長い大きな実《み》がなる。茎《くき》から化粧水《けしょうすい》やせきどめなどにする へちま水がとれ、実の繊維《せんい》はあかすりなどに使う。❷聞いていまいましいものや一笑に付したいようなものにそえることば。「…もへちまも」の形で使う。例こまったときだけやってきて、相談もへちまもあるものか。類へったくれ。くそ。

ぺちゃくちゃ〈副〉うるさいくらいに休みなくおしゃべりをするようす。「べちゃくちゃ」ともいう。

ぺちゃんこ〈形動〉⇩ぺしゃんこ

常用漢字 **べつ**

【別】 リ部5 全7画

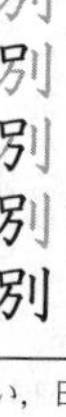

ベツ わかれる 教小4 音[ベツ] ▨別居《べっきょ》。別離《べつり》。別人《べつじん》。別名《べつめい》。▨送別会《そうべつかい》。区別《くべつ》。弁別《べんべつ》。特別《とくべつ》。訓[わかれる] 別れる。けんか別れ。

【蔑】 艹部11 全14画 ※

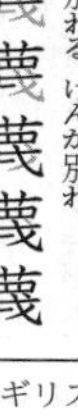

ベツ さげすむ 音[ベツ] ▨蔑視《べっし》。▨軽蔑《けいべつ》。侮蔑《ぶべつ》。訓[さげすむ] 蔑む。

べつ【別】〈名・形動〉❶今話題にしているものごとや状態と同じではないこと。例別の機会。別な意見。類ほか。❷区別して、わけること。例男女の別。善悪の別をわきまえる。職業別。年齢《ねんれい》別。❸いっしょにしないこと。例別にする。別に考える。

べつあつかい【別扱い】〈名・する〉それだけを、ほかのものとは分けてあつかうこと。別のやりかたであつかうこと。類特別扱い。

べついん【別院】〈名〉〔仏教〕❶寺で、本堂などとは別に、僧《そう》の住まいとしてつくった建物。❷中心となる寺のほかに、別に建てた寺。

べつうり【別売り】〈名・する〉⇩べつばい

べっかく【別格】〈名〉例外として、特別なあつかいをするもの。例別格にあつかう。

べつがく【別学】〈名〉男女がそれぞれ別の学校で勉

強するようになっていること。対共学。

べっかん[1]**【別巻】**〈名〉書物の、本体となる本に追加して発行する本。対本巻。類別冊。付録。

べっかん[2]**【別館】**〈名〉本館とは別に建てた建物。

べっきょ【別居】〈名・する〉夫婦《ふうふ》や親子など、いっしょに住むはずの人が、わかれて住むこと。対同居。

べつくち【別口】〈名〉❶それまでの ものとは別のもの。例別口の用件。別口で送る。❷別のものとしてとりあつかうこと。例別口をさがす。

べっけん[1]**【別件】**〈名〉問題となっていることとは別のことがらや事件。例別件逮捕《たいほ》。対本件。

べっけん[2]**【▼瞥見】**〈名・する〉ちらりとそちらに目をむけること。類一瞥。一見。

べっけんたいほ【別件逮捕】〈名〉ある犯罪の容疑者を、証拠《しょうこ》が不十分なため、別の犯罪の容疑を理由に逮捕すること。

べっこ【別個】〖別▽箇〗〈名・形動〉❶それぞれちがうこと。例それとこれとは別個の問題だ。類別々。❷ほかのものと別にすること。例別個にあつかう。

べつご【別語】〈名〉別のことば。

べっこう【▼鼈甲】〈名〉ウミガメの一種であるタイマイの甲羅《こうら》を煮《に》てつくったもの。めがねのふち・帯どめ・カフスボタンなどの材料にする。

べつこうどう【別行動】〈名・する〉団体行動からはなれて、自分や仲間だけで行動すること。

べっさつ【別冊】〈名〉❶雑誌や全集などの付録としてつけくわえられた本。例別冊付録。❷定期的にでる雑誌のほかに、同じ題名で臨時にでる雑誌。類増刊。

べっし[1]**【別紙】**〈名〉手紙や書類にそえた別の紙。アベッシ

べっし[2]**【蔑視】**〈名・する〉軽蔑《けいべつ》の目で見ること。見さげること。類さげすむ。見くだす。アベッシ

べっしつ【別室】〈名〉❶ほかのへや。類別間《べつま》。❷特別にもうけたへや。特別室。例来賓《らいひん》用別室。

べっして【別して】〈副〉とりわけ。とくに。かたい言いかた。例別してきみにはがんばってもらわねばならない。

べっしゅ【別種】〈名〉別の種類。例別種の植物。

べっしょう[1]**【別称】**〈名〉本来の名前とは別のよび名。対正称。類異称《いしょう》。別名。

べっしょう[2]**【蔑称】**〈名〉人やものをさげすんでよぶ呼びかた。

べつじょう【別条・別状】〈名〉ふつうとちがった状態。例命には別条ない。類異状。

べつじん【別人】〈名〉その人ではない、別の人。例別人のような口ぶりで話す。

べっせい【別姓】〈名〉別々の姓。とくに、夫婦《ふうふ》がそれぞれ別の姓をたがいの職場などで名乗ること。例夫婦別姓。

べっせかい【別世界】〈名〉❶生活環境《かんきょう》や、ものの考えかたがまったくちがう社会。❷今まですごしてきた世界とはちがう、理想的なすばらしい世界。類別天地。

べっそう【別荘】〈名〉暑さ寒さをさけてゆっくりするために、いつも住んでいる家とは別の土地にたてた家。

べったく【別宅】〈名〉住んでいる家とは別にかまえた家。対本宅。

へったくれ〈名〉つまらない、まったく問題にならないもののごとをさす、俗《ぞく》な言いかた。例相談もへったくれもあるものか。類へちま。くそ。

べったらづけ【べったら漬け】〈名〉ダイコンを麹《こうじ》とうす塩でつけた、ややあまみのある漬け物。べったら。

べったり〈副・する〉❶どろどろしたものや べとべとしたものが、がんこに付着しているようす。類べっとり。❷あるものや人に離《はな》れがたくくっついているようす。例体制べったりの姿勢。あいつは母親べったりだ。❸床《ゆか》におしりをつけてだらしなくすわっているようす。▽類べたっと。

ぺったり〈副・する〉「べったり」よりもくっつく程度が軽い感じを表わすことば。類ぺたっと。

べつだん【別段】〈名・副〉❶ふつうとはちがうこと。特別。例別段のあつかいをする。❷(あとに打ち消しのことばをともなって)とくに…ない。例別段言うこともない。類別に。▽類格別。

へっちゃら〈形動〉おそれたり気にしたりしない。わけはない。俗《ぞく》な言いかた。「へいちゃら」ともいう。例寒くたってへっちゃらさ。こんなのへっちゃらだい。

べっちょない（方言）心配ない。だいじょうぶだ。兵庫で言う。べっちゃない。

へっつい【▼竈】〈名〉かまど。

ヘッディング〈名・する〉⇩ヘディング

べってんち【別天地】〈名〉この世とは別の世界。この世とは思われないようなすばらしい世界。類別世界。

ヘット〈名〉ウシの脂肪《しぼう》からとった、料理に使うあぶら。◇オランダ vet

ヘッド〈名〉❶頭。例ヘッドスライディング。❷ものの先端《せんたん》の部分。例クラブのヘッド。❸組織などで上に立って指示する人。また、その立場にあること。例ヘッドコーチ。❹テープレコーダーなどで、テープにふれる部分。◇head

べっと【別途】〈名・副〉別のやりかた。別に。例別途、考慮《こうりょ》する。別途会計。

ベッド〈名〉寝《ね》るときに使う、長方形の台。古い言いかたは「寝台《しんだい》」。◇bed

表現 ふつう一台二台と数える。病院で入院患者を受け入れるときは一床《いっしょう》二床《にしょう》と数える。

ペット〈名〉飼《か》ってかわいがる動物。愛玩《あいがん》動物。◇pet

べつどうたい【別働隊・別動隊】〈名〉特別の任務をあたえられ、本隊とわかれて別行動をとる部隊。

表現 一般《いっぱん》の集団について使うこともある。

ベッドタウン〈名〉大都市のまわりの住宅地域。◇bedroom town から。

ペットボトル〈名〉飲み物をつめて売られる、軽くて透明《とうめい》な、合成樹脂《じゅし》製の入れ物。◇PET bottle

参考 英語では plastic bottle というのがふつう。

ヘッドホン〈名〉ステレオなどを自分一人で聞くために、頭からかぶるようなかたちで、耳につける装置《そうち》。「ヘッドホーン」ともいう。類イヤホン。◇headphone

ヘッドライト〈名〉自動車や電車などの前の部分にとりつけたあかり。対テールランプ。◇headlight

べっとり〈副・する〉ねばねばしたものが、ねばりつくようにくっついているようす。例べっとり(と)汗《あせ》をかく。類べったり。

べつに【別に】〈副〉(あとに打ち消しのことばをともなって)とくに…ない。例別にほしいものはない。類別段。格別。

べつのう【別納】〈名・する〉別におさめること。例料金別納。

ペッパー〈名〉「胡椒《こしょう》」のこと。◇pepper

前田青邨(せいそん)(1885〜1977) 現代の日本画家。歴史画・肖像画・花鳥画など幅広い制作活動を展開。

べつばい【別売】〈名・する〉 付属品やオプションとして、本体の商品とは別に売ること。別売り。例別売品。

べつばら【別腹】〈名〉 じゅうぶんに食事したあとでも、あまい物など好物に関しては、まるで胃袋を二つ持っているかのように、まだ食べられる余地があること。くだけた言いかた。例ケーキは別腹だ。

べっぴょう【別表】〈名〉 本文とは別につけた表。

へっぴりごし【へっぴり腰】〖▼屁っ▽放り腰〗〈名〉 腰をまげて、しりをうしろへつきだした、不安定なみっともない姿勢。類および腰。

表現 別に腰はまげなくとも、自信がなくて、こわがっている態度についてもいう。

べつびん【別便】〈名〉 別にだす郵便や宅配便、電子メール。例別便にて写真をお送りします。

べっぴん【別▼嬪】〈名〉「美人」のやや古めかしくてくだけた言いかた。例なかなかのべっぴんさんだ。

べつべつ【別別】〈名・形動〉 それぞれちがうものとしてわけること。例別々にする。別々のもの。類別個。

べつめい【別名】〈名〉 正式の名前、またはもっとも一般《いっぱん》的な名前のほかについている名前。異名《いみょう》。対正式名。本名《ほんみょう》。類またの名。別称《べっしょう》。一名。

べつもの【別物】〈名〉 ❶ちがったもの。例それとこれとは別物だ。❷特別なものとしてあつかうもの。

へつら・う〖▼諂う〗〈動五〉 目上の人や強い者の気にいるようなことを わざと言ったりしたりする。例権力者にへつらう。こびへつらう。類おもねる。おべっかをつかう。こびる。とり入る。

べつり【別離】〈名〉 人とわかれて はなればなれになること。例別離のなみだをながす。類離別。

べつわく【別枠】〈名〉 本来の枠組みとは別に設定される範囲。

ヘディング〈名・する〉 サッカーで、ボールを頭でうけたり、突っいたりすること。ヘッディング。◇heading

へでなし（方言） いいかげん。福島・栃木などで言う。例へでなし言ってんじゃねえ。

ベテラン〈名〉 長年の経験をつんで、それ相当の技術や知恵《ちえ》をもっている人。熟練者。老練者。歴戦者。例ベテランの社員。ベテラン選手。対かけだし。新人。若手。◇veteran

ぺてん〈名〉 たくみに人をだますこと。多く、「ペテン」と書く。例ペテンにかける。ペテン師。類詐欺《さぎ》。

ぺてんし【ぺてん師】〈名〉 うそ八百、でたらめをならべて人をだます者。多く、「ペテン師」と書く。類さぎ師。

へど〖▽反吐〗〈名〉 いちど食べたものをはきだすこと。また、そのはきだしたもの。例へどが出る。へどをはく。

表現「考えただけでもへどが出る」のような言いかたで、とてもいやな気持ちになることをいうことがある。

べとつ・く〈動五〉 ねばりけがあって、べとべとする。例汗《あせ》でからだがべとつく。類べたつく。

ベトナムせんそう【ベトナム戦争】〈名〉〔歴史〕一九六〇年代にベトナムでおこった戦争。一九六〇年、共産主義の旧北ベトナムが統一を主張し南ベトナムを攻撃。その後、アメリカなどが南ベトナムに加わり、旧ソ連・中国・北朝鮮が北ベトナムを援助《えんじょ》して、戦争は本格化した。戦闘が泥沼《どろぬま》化する中で、一九七三年にアメリカが撤退《てったい》し、一九七五年にサイゴン（＝現ホーチミン市）陥落《かんらく》により、北ベトナムの勝利で終戦。参考アメリカが初めて負けた戦争。この戦争でアメリカが使った枯れ葉剤《ざい》により、ベトナムに多くの奇形児が生まれた。

へとへと〈形動〉 くたびれはてた状態。例一日じゅう子どもにふりまわされて へとへとになった。類くたくた。

べとべと〈形動・副・する〉 さわると水気《みずけ》があって、ねばりつくような感じだ。例髪《かみ》がべとべとになる。汗《あせ》でべとべととして気持ち悪い。類べたべた。参考アクセントは、ふつう「ベトベト」であるが、「べとべとに」「べとべとの」「べとべとだ」の場合は、「ベトベト」となる。

へどもど〈副・する〉 あわててしまい、うまくことばが出てこないようす。類しどろもどろ。

へどろ〈名〉 下水や工場などの廃液《はいえき》が海に流れこんで、水底にたまってできた、ねばねばした泥《どろ》のようなもの。水質汚染《おせん》の原因になる。

へなちょこ〈名〉 とるにたりない者をののしることば。例このへなちょこ野郎め。

へなへな〈副・する・形動〉 ❶しっかりしていなくて、かんたんに曲がったりするようす。例へなへなしたさお。❷気力をうしない、しおれてしまうようす。例へなへなとすわりこむ。類へたへた。参考アクセントは、ふつう「ヘナヘナ」であるが、「へなへなに」「へなへなの」「へなへなだ」の場合は、「ヘナヘナ」となる。

ペナルティー〈名〉 ❶罰《ばっ》。罰金。例ペナルティーを課する。❷運動競技で、競技中の反則に対する罰則。例ペナルティーキック。◇penalty

ペナルティーキック〈名〉 サッカーやラグビーで、相手チームが反則をしたとき、ゴールをねらってボールをける権利。PK。◇penalty kick

ペナント〈名〉 ❶ほそ長い三角形の旗。❷野球の優勝旗。例ペナントレース。◇pennant

べに【紅】〈名〉 ❶口やほおにぬる、赤い色の化粧《けしょう》品。例紅をさす。口紅。❷あざやかな赤い色。例紅しょうが。類くれない。

べにがら【紅殻】〈名〉「ベンガラ」のこと。参考「ベンガラ」にあてた「紅殻」を訓読みしてできたことば。

べにさしゆび【紅差し指】〈名〉「くすりゆび」のこと。参考この指で口紅をぬったことから。

べにしょうが【紅しょうが】〖紅生▼姜〗〈名〉 梅酢や食紅につけて赤くしたしょうが。多く千切りにする。

ペニシリン〈名〉 青カビを培養《ばいよう》した液からつくった抗生《こうせい》物質。肺炎《はいえん》などにきく。◇penicillin

ペニス〈名〉 男性の生殖《せいしょく》器。陰茎《いんけい》。◇penis

べにばな【紅花】〈名〉 夏に紅色をふくんだ黄色の花が咲く植物。種から油、花から染め物の染料をとる。

ベニヤいた【ベニヤ板】〈名〉 うすい板を二枚以上はり合わせたもの。かべや天井、家具などに使う。合板《ごうはん》。

へのかっぱ〖▼屁の▽河▽童〗〈名〉 かんたんで、わけもなくできてしまうこと。俗《ぞく》な言いかた。例こんな問題はへのかっぱだ。類へっちゃら。ちょちょいのちょい。

ペパーミント〈名〉 ❶香料《こうりょう》のはっか。例ペパーミントガム。❷はっかの味をつけたリキュール。◇peppermint

へばりつ・く【へばり付く】〈動五〉 しっかりくっつく。例天井《てんじょう》にへばりついたヤモリ。

へば・る〈動五〉 もうこれ以上は動けないと思うほど、つかれてしまう。例すっかりへばる。類のびる。ばてる。

へび【蛇】〈名〉 ほそ長くて足がなく、からだをうねらせて動く動物。爬虫《はちゅう》類に属し、全身うろこでおおわれている。口が大きくひらくので、からだにくらべてずいぶん大きなものでもまるのみにすることができる。すがたや動きかたが気味わ

前田利家(としいえ)（1538〜99） 安土桃山時代の武将。賤ヶ岳の戦い後に豊臣秀吉につく。加賀藩の祖。

るく感じられるし、中には毒をもつ種類のものもあるので、とかく、人におそれられる。→み〔巳〕 参考 ほかのよび名に「ながむし(長虫)」「くちなわ」などがある。

蛇に見込《みこ》まれた蛙《かえる》 おそろしいものににらみつけられ、身がすくんで、動くことができない状態になること。「見込まれた」は「にらまれた」ともいう。

蛇の生殺《なまごろ》し 半死半生の目にあわせて、そのままほうっておくこと。

ヘビー〈形動〉きつい。はなはだしい。例 ヘビーな仕事。ヘビーローテーション。◇heavy

ベビー ■一〈名〉「赤んぼう」のこと。例 ベビーカー(=うばぐるま)。ベビー服。■二〈造語〉小さい、という意味を表わす。例 ベビーゴルフ。◇baby

ベビーカー〈名〉赤ん坊を腰《こし》かけるような形で乗せる手押し車。類 乳母車《うばぐるま》。参考 日本での複合語。イギリスでは pushchair と、アメリカでは stroller という。

ベビーシッター〈名〉たのまれて子もりをする人。◇baby sitter

ペプシン〈名〉胃液の中にふくまれていて、タンパク質を分解する酵素《こうそ》。◇ドイツ Pepsin

へべれけ〈形動〉正体を失うほどひどく酒に酔《よ》って、ふらふらである。例 へべれけになる。へべれけによっぱらう。類 べろんべろん。ぐでんぐでん。

へぼ〈名〉❶へたなこと。例 へぼ将棋《しょうぎ》。❷野菜などの、かっこうやできがわるいこと。例 へぼきゅうり。

ヘボンしき【ヘボン式】〈名〉日本語をローマ字で書くときの、つづりかたの一つ。「訓令式」に対し、シを shi ジを ji チを chi ツを tsu フを fu などと、英語の発音を反映させて書く方式。日本で人名・地名や駅名などをつづるときにも、外国の出版物などでも、標準となっているつづりかた。アメリカ人ヘボンが日本で最初の和英辞典をつくるときにとりいれたことから広まった。→くんれいしき

へま〈名・形動〉❶気がきかないこと。例 へまなやつ。❷ばかげた失敗をすること。例 へまをやる。類 どじ。

ヘモグロビン〈名〉赤血球の中にふくまれ、酸素をはこぶはたらきをするタンパク質。赤色の色素をもっている。血色素。◇ドイツ Hämoglobin

へや【部屋】〈名〉❶家の中をかべやふすまなどでくぎった、人が寝起《ねお》きしたり仕事をしたりするための空間。例 部屋にとおす。部屋をしきる。むさくるしい部屋。❷大ずもうで、親方が弟子《でし》を育てて指導するところ。

表現 ①は一間《ひとま》二間《ふたま》、一部屋《ひとへや》二部屋《ふたへや》と数える。ホテルや旅館では一室《いっしつ》二室《にしつ》と数える。

へやわり【部屋割り】〈名・する〉旅行の宿泊先などで、だれがどのへやを使うかをきめること。

へら【▼篦】〈名〉竹や木、プラスチックなどでつくった、ひらたくてうすい小さな板。のりをねったり、布におしつけてしるしをつけたりするのに使う。類 こて。

方言 (1)北海道・東北などでは、「しゃもじ」の意味でも使う。(2)長野・岐阜などでは、「舌《した》」の意味でも使う。

へらこい(方言) ずるい。ずるがしこい。徳島・香川・愛媛などで言う。

へら・す【減らす】〈動五〉量や程度を少なくする。例 人を減らす。腹を減らす。対 ふやす。類 減じる。

へらずぐち【減らず口】〈名〉負けるのをくやしがって、相手にむかって言うわるぐち。例 減らず口をたたく。

へらへら〈副・する〉まじめにしているようにはとても見えず、だらしないようす。例 へらへら(と)笑う。へらへらした態度。

べらべら〈副〉あきれるほどよくしゃべるようす。例 よくもまあべらべらとしゃべるやつだ。秘密をべらべらしゃべってしまった。

ぺらぺら ■一〈副〉❶ページを次つぎにめくるようす。❷よくしゃべったり、なんでも話したりするようす。例 ぺらぺらと口の軽いやつだ。■二〈形動〉外国語を自由にしゃべれるようす。例 かれは英語がぺらぺらだ。■三〈形動・する〉布や紙がうすいようす。例 ぺらぺらの紙。ぺらぺらしていてすずしい生地《きじ》。参考 副詞・サ変動詞の場合のアクセントは「ペラペラ」、形容動詞の場合は「**ペラペラ**」。

べらぼう〈名・形動〉❶めちゃくちゃにひどいこと。例 べらぼうに高い。べらぼうな暑さ。❷相手をののしることば。ばか。例 なにを言ってやがる、べらぼうめ!

ベランダ〈名〉洋風建築の部屋の外にはりだした台。類 バルコニー。露台《ろだい》。テラス。◇veranda

べらんめえ〈名〉品はよくないが威勢《いせい》のいい下町の江戸っ子ことば。べらんめえことば。べらんめえ口調。

へり【▽縁】〈名〉❶もののはしのあたり。例 机のへり。川べり。類 ふち。❷たたみやカーテンのはしにつける布やかざり。例 へりをとる。たたみのへり。

ヘリウム〈名〉〔化学〕水素の次にかるい、色もにおいもない気体。気球につめたり、液化して冷却剤《れいきゃくざい》に使ったりする。元素の一つ。記号「He」。◇ドイツ Helium

ペリカン〈名〉水鳥の一種。温帯や熱帯地方にすむ大きい鳥。全身が白く、下のくちばしが大きなふくろのようになっていて、とらえた魚を入れる。◇pelican

へりくだ・る【▽遜る・へり下る】〈動五〉相手に対する敬意を表わすために、自分や自分に属するもののねうちを低くあつかう。例 へりくだった態度。類 謙遜《けんそん》する。卑下《ひげ》する。

へりくつ【へ理屈】【▼屁理屈】〈名〉自分の言い分をとおすために、むりやりつけた理屈。例 へ理屈をこねる。

参考 「へり」は、古語の動詞「へ(謙)る」の連用形。

ヘリコプター〈名〉機体の上についている回転翼《よく》(=ローター)を回転させて、垂直に離着陸《りちゃくりく》したり空中にとどまったりすることができる乗り物。◇helicopter 類 詭弁《きべん》。

へりど・る【へり取る】【▽縁取る】〈動五〉⇩ふちどる

ヘリポート〈名〉ヘリコプターの発着場。◇heliport

へ・る[1]**【減る】**〈動五〉量や程度が少なくなる。例 人口が減る。体重が減る。対 ふえる。増す。類 減じる。減少する。ア ヘル

減るもんじゃあるまいし 何かをさせてほしいとたのんで、ことわられたときの捨てぜりふ。例 少しぐらい見せてくれたっていいじゃないか、減るもんじゃあるまいし。

へる[2]**【経る】**〈動下一〉❶目的地へ行く途中《とちゅう》に、そこを通って行く。例 京都を経て大阪へ行く。類 経由する。❷時間がたつ。例 歳《さい》月《げつ》を経る。類 経過する。❸あることをする途中の段階として、その過程をたどる。例 困難を経る。多くの人の手を経て完成する。▽ア ヘル

ベル〈名〉合図のために鳴らす鈴《りん》。◇bell (=鐘《かね》)

ヘルシー〈形動〉❶健康である。❷健康によい。例 ヘルシーな食べ物。◇healthy

ペルシャ〈名〉イランの古いよび名。◇Persia

ヘルツ〈名・接尾〉〔物理〕周波数や振動《しんどう》数の単位。一秒間におきる振動の回数で表わす。サイクル。記号

「Hz」。参考 ドイツの物理学者 Hertz の名にちなむ。

ベルト〈名〉❶革《かわ》や布などでつくったおび状のひも。例 安全ベルト。シートベルト。類 バンド。❷機械で、回転や動力を伝えるために、二つの輪にとりつけるおび状のもの。例 ベルトコンベア。↓かっしゃ 絵 ❸ほそ長い地帯。例 グリーンベルト。◇belt

ベルトコンベア〈名〉「ベルト②」の上に、土砂《どしゃ》・鉱物・製品などをのせてはこぶ装置。◇belt conveyor

ヘルニア〈名〉内臓の一部が、からだの中にできたすきまからふつうの位置よりも外へ出てしまう病気。例 椎間板《ついかんばん》ヘルニア。◇ラテン語から。

ヘルパー〈名〉やとわれて、家事を手伝ったり、からだの不自由な人や老人のかいぞえをしたりする人。例 ホームヘルパー。◇helper

ヘルプ〈名〉❶パソコンなどを使いながら、画面に表示して見ることのできる、操作方法の手引き。例 ヘルプキー。オンラインヘルプ。❷手つだい。援助《えんじょ》。例 忙しいときだけヘルプで仕事をする。◇help

ヘルペス〈名〉ウイルスの感染《かんせん》によってむらがってできる、ぶつぶつとした小さなできもの。疱疹《ほうしん》。◇ドイツ Herpes

ベルベット〈名〉⇩ビロード ◇velvet

ベルボーイ〈名〉ホテルの玄関《げんかん》から客室まで、荷物を運んだり案内をしたりする係。◇bellboy

ヘルメット〈名〉頭をまもるためにかぶる、プラスチックや金属でつくった帽子《ぼうし》。類 鉄かぶと。◇helmet

ベルリンのかべ【ベルリンの壁】ドイツの首都ベルリンを、社会主義の東側と資本主義の西側に分断《ぶんだん》していた長大な壁。冷戦の終わりと自由化への気運が高まるなか、一九八九年に市民の手で破壊され、翌九〇年にかつての東ドイツと西ドイツが統一された。

ベレーぼう【ベレー帽】〈名〉まるくてつばのない帽子。やわらかい布地でできている。バスク地方の住民に愛用されている。ベレー。◇「ベレー」はフランス béret から。

ヘレニズム〈名〉〔歴史〕紀元前四世紀のアレクサンドロス大王の遠征《えんせい》によって、西のギリシャ文化と東のオリエント文化がとけあった文化。◇Hellenism

べろ『▽舌』〈名〉「した」のくだけた言いかた。

ヘロイン〈名〉アヘンからつくるくすり。痛みをしずめ、からだを麻痺《まひ》させる。つづけて使うと、中毒症状《しょうじょう》をおこす。麻薬に指定され、とりしまられている。◇heroin

ぺろっと〈副〉⇩ぺろりと

べろべろ 一〈副〉やや不潔な感じで、舌でさかんになめるようす。類 ぺろぺろ。二〈形動〉酒に酔《よ》って、ひどくだらしなくなったようす。強めて「べろんべろん」ともいう。例 べろべろに酔《よ》っぱらう。類 ぐでんぐでん。へべれけ。▽ア一 ベロベロ 二 ベロベロ

ぺろぺろ〈副〉❶舌でさかんになめるようす。類 べろべろ。❷次々に食べていくようす。

ぺろりと〈副〉❶舌《した》の面でさっと一回なめるようす。❷舌の面をちょっと出すようす。❸あっというまに全部食べるようす。例 大盛りをぺろりと平らげた。▽「ぺろっと」ともいう。

べろんべろん〈形動〉⇩べろべろ二

常用漢字 **へん**

【片】片部0 全4画 片片片片

ヘン かた 教小6 音[ヘン] 片鱗《へんりん》。片言隻語《へんげんせきご》。訓[かた] 片手。片目。片方。片一方。 紙片《しへん》。破片《はへん》。断片《だんぺん》。一片《いっぺん》。

【辺(邊)】辶部2 全5画 辺辺辺辺辺

ヘン あたり・べ 教小4 音[ヘン] 辺境《へんきょう》。辺地《へんち》。底辺《ていへん》。近辺《きんぺん》。周辺《しゅうへん》。身辺整理《しんぺんせいり》。訓❶[あたり] 辺り。❷[べ] 海辺。岸辺。川辺。浜辺。

【返】辶部4 全7画 返返返返返返

ヘン かえす・かえる 教小3 音[ヘン] 返却《へんきゃく》。返球《へんきゅう》。返還《へんかん》。返事《へんじ》。返信《へんしん》。返答《へんとう》。返品《へんぴん》。返礼《へんれい》。訓❶[かえす] 返す。送り返す。突き返す。お祝い返し。仕返し。❷[かえる] 返る。反り返る。寝返り。

【変(變)】夂部6 全9画 変変変変

ヘン かわる・かえる 教小4 音[ヘン] 変化《へんか》。変色《へんしょく》。変更《へんこう》。変人《へんじん》。異変《いへん》。大変《たいへん》。激変《げきへん》。天変地異《てんぺんちい》。訓❶[かわる] 変わる。変わり種。変わり身。変わり目。早変わり。❷[かえる] 変える。

【偏】亻部9 全11画 偏偏偏偏偏

ヘン かたよる 音[ヘン] 偏見《へんけん》。偏屈《へんくつ》。偏向《へんこう》。偏食《へんしょく》。偏頭痛《へんずつう》。不偏《ふへん》。訓[かたよる] 偏る。偏り。

【遍】辶部9 全12画 遍遍遍遍遍

ヘン 音[ヘン] 遍歴《へんれき》。遍在《へんざい》。普遍《ふへん》。

【編】糸部9 全15画 編編編編編

ヘン あむ 教小5 音[ヘン] 編者《へんじゃ》。編集《へんしゅう》。編曲《へんきょく》。編成《へんせい》。編入《へんにゅう》。続編《ぞくへん》。長編《ちょうへん》。完結編《かんけつへん》。訓[あむ] 編む。編み出す。編み目。編み物。手編み。三つ編み。

へん[1]【辺】〈名〉❶〔数学〕多角形や多面体をつくっている線分。例 三角形の辺。❷だいたいの場所や程度を示すことば。例 きみはどの辺に住んでいるの？ ひとくぎりついたから、この辺で休もう。類 あたり。▽ア①ヘン ②ヘン

へん[2]【変】一〈名〉急におこった事件。古いことば。例 本能寺の変。二〈形動〉ふつうとはちがった異常な状態だ。例 変になる。変な味。類 おかしい。▽アヘン ↓へんじる

表現 一は、「…の変」のように使うのがふつうで、単独では使わない。

変な虫《むし》がつく ⇩むし〔虫〕表現(3)

へん[3]【偏】一〈名〉漢字の構成《こうせい》部分の一つ。左右の二つの部分に分けられる漢字の、左がわの部分。「位」の「亻(にんべん)」、「治」の「氵(さんずい)」など。対 旁《つくり》。ア ヘン 二〈接尾〉同じことをする回数をかぞえることば。「度《ど》」「回《かい》」の古風な言いかた。例 何偏《なんべん》言ったらわかるんだ。三べん回って…。

へん[4]【編】一〈名〉❶書物などの全体を内容から大きくわけた、それぞれの部分。↓しょう〔章〕表現 ❷「編集」の略。その本などを編集した人や団体につける。例 文化庁編。▽アヘン 二〈接尾〉編集されたもの。また、それを数えることば。例 総集編。特別編。報告書三編《さんぺん》。

牧野富太郎(とみたろう)（1862〜1957） 植物学を独学し日本の植物分類学を確立。多くの新種を発見・命名した。

常用漢字 べん

【弁】 廾部2 全5画 弁弁弁弁弁

ベン 教小5 音［ベン］ 弁償《べんしょう》。弁別《べんべつ》。代弁《だいべん》。雄弁《ゆうべん》。詭弁《きべん》。関西弁《かんさいべん》。花弁《かべん》。安全弁《あんぜんべん》。駅弁《えきべん》。 参考 旧字体は、「辨・瓣・辯」の三種。

【便】 イ部7 全9画 便便便便便

ベン・ビン たより 教小4 音❶［ベン］ 便利《べんり》。簡便《かんべん》。方便《ほうべん》。排便《はいべん》。便法《べんぽう》。便宜《べんぎ》。便意《べんい》。❷［ビン］ 便乗《びんじょう》。便箋《びんせん》。郵便《ゆうびん》。航空便《こうくうびん》。定期便《ていきびん》。船便《ふなびん》。宅配便《たくはいびん》。穏便《おんびん》。 訓［たより］ 便り。初便り。花便り。

【勉（勉）】 力部7 全10画 勉勉勉勉勉

ベン 教小3 音［ベン］ 勉強《べんきょう》。勉学《べんがく》。勉励《べんれい》。勤勉《きんべん》。

べん[1]**【弁】** 一〈名〉❶花びら。例 花弁《かべん》。絵 ❷容器やくだの中にあって、そこを通る気体や液体の出入りや流れる方向などを調節するもの。例 弁をひねる。弁をひらく。調節弁。絵 ❸話しぶり。実際に話したことば。例 弁がたつ。就任の弁。▽→べんじる
二〈接尾〉「弁当」のこと。例 駅弁。のり弁。早弁。

弁が立《た》**つ** 話し方がたくみで雄弁《ゆうべん》である。

べん[2]**【便】**〈名〉❶ぐあいのいいこと。例 便がいい。便をはかる。交通の便。❷大便と小便。多くは、大便をさす。例 便が出る。便を出す。便の検査。

ペン〈名〉❶インクを使って書く筆記用具。例 ペンフレンド。ボールペン。❷文章。例 ペンの力。◇pen

［べ ん］

ペンは剣《けん》**よりも強**《つよ》**し** ことばで書き表わして真実をうったえるほうが、武力や暴力によるよりも、社会を動かす力をもっている。

ペンを折《お》**る** 文筆家が、文章を書くことをやめる。

ペンを執《と》**る** 文章を書く。

へんあい【偏愛】〈名・する〉平等にみんなを愛さなければならないのに、特定の人だけを愛すること。

へんあつき【変圧器】〈名〉〔物理〕交流電流の電圧をかえる装置《そうち》。トランス。

へんい【変異】〈名〉❶それまでの状態を変えてしまうようなできごと。類 異変。❷〈する〉〔生物〕親とまったくちがった形質をもつ子が現れること。親の生殖細胞《せいしょくさいぼう》の遺伝子《いでんし》か染色体《せんしょくたい》に変化があったときにおこり、新しく現れた形質は、以後の子孫に遺伝する。例 変異体。突然変異。

べんい【便意】〈名〉大便をしたいと思う気持ち。例 便意をもよおす。

べんいたい【便衣隊】〈名〉日中戦争のとき、中国で平服（＝便衣）を着て敵地に潜入《せんにゅう》し、活動した中国人の特殊《とくしゅ》部隊。

へんおんどうぶつ【変温動物】〈名〉体温を一定の範囲《はんい》内にたもつ機能をもたない動物をまとめていうことば。無脊椎《むせきつい》動物と魚類・両生類・爬虫《はちゅう》類をいう。冷血動物。対 恒温《こうおん》動物。

へんか[1]**【返歌】**〈名〉和歌をおくられたときに、その返事として相手におくりかえす歌。かえしうた。

へんか[2]**【変化】**〈名・する〉これまでとはちがった状態や性質になること。例 変化がない。変化に応じる。変化に富む。変化をもたらす。気候の変化。温度変化。化学変化。類 うつりかわる。変遷《へんせん》。推移。 表現「千変万化《せんぺんばんか》」は強調した言いかた。 参考「へんげ」と読むのは別のことば。

べんかい【弁解】〈名・する〉自分のしたことをとがめられたときに、なぜそうしなければならなかったのかを説明すること。その説明。例 弁解の余地がない。弁解たらたら。類 言いわけ。申し開き。申しわけ。釈明《しゃくめい》。弁明。 参考「弁解」は、すべきときにはすべきものだが、「弁解がましい」ということばがあるように、一般《いっぱん》にいさぎよくないこととされる。「釈明」や「弁明」には、比較《ひかく》的その感じがなく、「正当な申し開き」と受け取られる。

へんかきごう【変化記号】〈名〉〔音楽〕音の高さを、本来の音より高く、または低くするための記号。♯（シャープ）や♭（フラット）など。

へんかきゅう【変化球】〈名〉野球で、ピッチャーの投げるボールのうち、直球でなく、曲がったり落ちたりするたまのこと。カーブやシュートなど。対 直球。

へんかく[1]**【変革】**〈名・する〉政治や社会のしくみや制度などを、大きく変えること。また、大きく変わること。例 制度を変革する。時代が変革する。変革をもたらす。変革のとき。変革期。類 改革。改変。

へんかく[2]**【変格】**〈名〉本来の規則からはずれていること。例 変格活用。対 正格。類 変則。

へんがく【▼扁額】〈名〉なげしの上や門にかざる、横に長い額。

べんがく【勉学】〈名・する〉学問につとめること。例 勉学にいそしむ。類 勉強。学習。

へんかくかつよう【変格活用】〈名〉〔文法〕日本語の動詞の活用の型で、不規則に活用するもの。カ行変格活用（「来る」）とサ行変格活用（「する」）など。対 正格活用。 参考 文語では、さらに、ナ行変格活用（「死ぬ」「往《い》ぬ」）、ラ行変格活用（「あり」「をり」「はべり」）がある。

ベンガラ〈名〉赤い顔料。酸化第二鉄がおもな原料で、光や熱、水に強く、安い。塗料《とりょう》や油絵の具に使う。 参考 インドのベンガル地方で産することからの名。紅殻《べにがら》。◇オランダ Bengala

へんかん[1]**【返還】**〈名・する〉いちど手にいれたり借りたりしていたものを、もとの持ち主にかえすこと。例 領土を返還する。類 返却《へんきゃく》。

へんかん[2]**【変換】**〈名・する〉ほかのものにかえること。例 かなを漢字に変換する。類 変更。転換。

べんき【便器】〈名〉大小便をうける器具。

べんぎ【便宜】〈名〉なにかをするうえで好つごうなこと。また、得になるようなこと。例 便宜をあたえる。便宜をはかる。便宜的。便宜上。類 利便。

ペンキ〈名〉塗料《とりょう》の一種。水性と油性がある。ペイント。例 ペンキをぬる。◇オランダ pek から。

へんきごう【変記号】〈名〉〔音楽〕フラット。対 嬰《えい》記号。

べんぎじょう【便宜上】〈名・副〉本来のやりかたではないが、その場では、そうしたほうが つごうがよいこと。例便宜上の措置《そち》。

べんぎてき【便宜的】〈形動〉本式ではなく、かりになにかをするようす。安易になにかをするようす。例そんなやりかたは あまりにも便宜的だ。

へんきゃく【返却】〈名・する〉借りていたものを、もとのところにかえすこと。例図書を返却する。類返還《へんかん》。

1 **へんきょう【辺境】**【辺▼疆】〈名〉都会から遠くはなれた地方。類僻地《へきち》。辺地。

2 **へんきょう【偏狭】**〈形動〉考えかたがかたよっていて、ほかの人の考えをうけいれる心のひろさがない。例偏狭な性格。類偏屈《へんくつ》。偏頗《へんぱ》。狭量。

べんきょう【勉強】〈名・する〉❶学問や知識、技能などを身につけるために、はげむこと。例勉強家。類学習。勉学。学ぶ。❷将来のためになる経験。例おかげでたいへんいい勉強になりました。❸商品のねだんを安くすること。例せいぜい勉強してあります。類奉仕《ほうし》。

へんきょく【編曲】〈名・する〉〔音楽〕ある曲を、別な楽器や演奏形態でも演奏できるように手をいれて、あらためること。類アレンジ。

へんきん【返金】〈名・する〉借りたり、あずかったりしていたお金をかえすこと。また、そのかえすお金。

ペンギン〈名〉おもに南極地方にすむ、海鳥の一種。つばさはひれ状で、飛ばないが、泳ぐのに適し、陸上では立って歩く。皇帝ペンギンやフンボルトペンギンなど種類が多い。◇penguin

表現 ふつう一羽《いちわ》二羽《にわ》と数える。大型のものは一頭二頭と数えることもある。

へんくつ【偏屈】【偏窟】〈名・形動〉自分の考えかたに必要以上にこだわって、人の考えをうけいれず、社会に適応しないありさま。例偏屈な人。類狭量《きょうりょう》。偏狭。

ペンクラブ〈名〉詩人・劇作家・評論家・小説家などがつくっている国際団体。◇P.E.N. Club

へんげ【変化】〈名〉神仏や動物などが、人の姿になって現れること。また、現れたもの。例妖怪《ようかい》変化。

へんけい【変形】〈名・する〉形が変わること。形を変えること。例関節が変形する。方程式を変形する。

へんけいどうぶつ【▼扁形動物】〈名〉無脊椎《むせきつい》動物の一つ。からだは扁平《へんぺい》で、体節や肛門《こうもん》などがなく、雌雄《しゆう》同体のものが多い。サナダムシなど。

べんけい(弁慶)のな(泣)きどころ(所) ⇩「なきどころ」の子項目

ペンケース〈名〉筆箱。筆入れ。◇pen case

へんけん【偏見】〈名〉かたよった一方的なものの見かたや考えかた。例偏見にとらわれる。類色めがね。

へんげん【変幻】〈名〉あらわれたり消えたりするのがすばやいこと。例変幻自在。

へんげんせきご【片言隻語】〈名〉わずかのことば。

べんご【弁護】〈名・する〉その人の立場や利益をまもるために、相手に反論したり事情を説明したりすること。例弁護する側に立つ。弁護士。弁護人《にん》。

1 **へんこう【変更】**〈名・する〉前に決めてあったことや、これまでそうであったことを改めて、別のものに変えること。例予定を変更する。予定が変更になる。

2 **へんこう【偏向】**〈名・する〉考えかたなどが公正さを失って、かたよること。また、その傾向《けいこう》。

へんこうせい【変光星】〈名〉〔天文〕あかるさの変わる恒星《こうせい》。

べんごし【弁護士】〈名〉裁判のときなどに、意見をのべたり法律上の手続きをしたりして、依頼《いらい》した人の権利や利益、名誉《めいよ》などを守る仕事をする、法律上の資格をもつ人。例弁護士を立てて争う。

べんごにん【弁護人】〈名〉刑事《けいじ》事件で、被告《ひこく》人や被疑者を弁護する人。

べんざ【便座】〈名〉洋式トイレで、腰《こし》をかける部分。

へんさい【返済】〈名・する〉借りていたお金やものをかえすこと。例借金を返済する。

1 **へんざい【偏在】**〈名・する〉ものごとが平均して存在しないで、一部のところにだけたくさんあること。対遍在《へんざい》。↓へんざい〔遍在〕注意(次項)

2 **へんざい【遍在】**〈名・する〉広くどこにでもあること。対偏在《へんざい》。注意「偏在」と「遍在」は、発音が同じで字も似《に》ているのに意味が正反対なので注意を要する。

1 **べんさい【弁才】**〈名〉人をことばたくみに説得する才能。例弁才がある。

2 **べんさい【弁済】**〈名・する〉借りたものをすべてかえすこと。例借金を弁済する。

べんざいてん【弁財天・弁才天】〈名〉〔仏教〕七福神のひとり。音楽や弁舌《べんぜつ》の才能、財産などをあたえるという女神《めがみ》。弁天。↓しちふくじん 絵

へんさち【偏差値】〈名〉試験での得点が、平均からみて全体の中でどのへんに位置するかを表わす数値。五〇を平均として、上が七五、下が二五のあいだの数で表わす。

へんさん【編▼纂】〈名・する〉資料や原稿《げんこう》を集め、整理して、本をつくること。例辞書を編纂する。類編集。編修。

へんし【変死】〈名・する〉病死や老衰《ろうすい》などのふつうの死にかたでなく、自殺したり、事故・事件にまきこまれて死ぬこと。例変死体。対自然死。類横死。

1 **へんじ【返事】**〈名・する〉❶相手のよびかけや問いかけに対して、答えること。また、そのことば。例返事がない。返事にこまる。返事をする。色よい返事。二つ返事。類回答。返答。❷もらった手紙・メールに対してだす手紙・メール。例返事をだす。類返信。▽アヘンジ」

2 **へんじ【変事】**〈名〉とつぜんの、思いがけないできごと。人の死などの、よくないできごとをいう。例変事が起こる。類異変。事変。アヘンジ

べんし【弁士】〈名〉❶おおぜいの人の前で演説をする人。❷無声映画時代の、映画の説明者。活弁。

へんしつ【変質】〈名・する〉性質が変わること。とくに、ものの性質が変わって、使いものにならなくなること。例油が変質する。

へんしつしゃ【変質者】〈名〉異常な性格の者。

へんじゃ【編者】〈名〉集まった原稿《げんこう》の内容を検討して手をくわえ、本としてまとめる人。類編纂《へんさん》者。↓へんしゅう〔編集〕参考

へんしゅ【変種】〈名〉動植物の中で、形や性質がふつうとちがうもの。対原種。類変わりだね。

1 **へんしゅう【編集】**【編▼輯】〈名・する〉ある方針のもとに原稿《げんこう》を集め、新聞や雑誌、本などをつくること。例編集者。類編纂《へんさん》。編修。

参考「編集者」は出版社がわの人をさすことが多く、著作者がわの人は「編者《へんじゃ》」という。「編集人《にん》」は雑誌などの編集の責任者をさし、「編集委員」は新聞・雑誌・辞典・論文集・全集などの編集メンバーをさす。

2 **へんしゅう【編修】**〈名・する〉資料を集め、検討をく

 マクドナルド（1866～1937） イギリスの政治家。労働党党首。1924年，最初の労働党内閣を組織。

わえて、本としてまとめること。辞書や歴史の本などについていうことが多い。類編集。編纂《へんさん》。

へんしゅうきょう【偏執狂】〈名〉ある対象に病的なまでに執着するとか、異常にこるとかする人。モノマニア。

へんしょ【返書】〈名〉返事の手紙。類返信。

べんじょ【便所】〈名〉⇩トイレ

へんじょう【返上】〈名・する〉借りたもの、もらったもの、うけたものなどを相手に返すこと。例チャンピオンベルトを返上する。休日を返上して働く。汚名を返上する。

べんしょう【弁償】〈名・する〉人にあたえた損害を、お金や品物などで返済《へんさい》し、つぐないとすること。例割ったガラスを弁償する。類賠償《ばいしょう》。補償。↓ばいしょう

べんしょうほう【弁証法】〈名〉つじつまの合わないことや対立するものを統一して、一段うえの新しい結論をえようとする考えの進めかた。

表現

1 **へんしょく【変色】**〈名・する〉ものの色が変わること。例布地が変色する。

2 **へんしょく【偏食】**〈名・する〉好ききらいがあって、栄養のかたよった食べかたをすること。

ペンション〈名〉家族的なムードのある小さなホテル。◇pension 参考 英語では、フランス語由来の「小ホテル」と、「年金」との二つの意味があり、発音がことなる。

へん・じる【変じる】〈動上一〉ちがうものになる。ちがうものにする。「変ずる」ともいう。例形を変じる。

べん・じる【弁じる】〈動上一〉❶じゅうぶん役にたつ。すむ。すませる。例用が弁じる。用を弁じる。❷区別がわかる。ちがいをはっきりさせる。例黒白《こくびゃく》を弁じる。❸わけを話す。意見を言う。例一席弁じる。とうとうと弁じる。▽古い言いかた。「弁ずる」ともいう。

1 **へんしん【返信】**〈名・する〉返事をしるした手紙や電子メール。それを送ること。対往信。

2 **へんしん【変心】**〈名・する〉気持ちや考えが変わること。類心変わり。

3 **へんしん【変身】**〈名・する〉すがたを変えること。例さなぎがチョウへと変身する。華麗《かれい》なる変身をとげる。

へんじん【変人】〈名〉することや言うことが、ふつうの人とだいぶ変わっている人。類奇人《きじん》。

ベンジン〈名〉〔化学〕石油に熱をくわえ、一五〇度ぐらいまでで蒸発した気体を集めてふたたび液化したもの。無色で、揮発《きはつ》性が強く燃えやすい。衣服のしみぬきや溶剤《ようざい》などに使う。◇benzine

ベンず【ベン図】〈名〉いくつかのものごとをくらべて、共通点と相違《そうい》点を可視化《かしか》するために、それぞれのものごとを表わす円の一部分が共通点として重なりあうように書いた図。参考 イギリスの論理学者 Venn の名にちなむ。

へんすう【変数】〈名〉〔数学〕数式で、きまった一つの値《あたい》ではなく、さまざまな値をとることができる文字。対定数。

へんずつう【片頭痛・偏頭痛】〈名〉頭の一部だけにおこる、発作《ほっさ》的ないたみ。

へん・ずる【変ずる】〈動サ変〉⇩へんじる

べん・ずる【弁ずる】〈動サ変〉⇩べんじる

へんせい【編成・編制】〈名・する〉❶［編成］要素をつなぎ合わせて、一つのまとまりのあるものにつくりあげること。例予算を編成する。十両編成（の列車）。❷［編制］一つのまとまりのある組織をつくること。そうしてできた組織の内部構造。例軍隊を編制する。表記 ②で、学級・クラスについては、「編成」と書かれることも多い。

へんせいがん【変成岩】〈名〉〔地学〕火成岩や堆積《たいせき》岩が、地中で熱や圧力の作用をうけて、変化した岩石。片麻《へんま》岩など。

へんせいき【変声期】〈名〉声変わりのおこる、小学五年生から中学二年生くらいまでの時期。

へんせいふう【偏西風】〈名〉〔気象〕緯度《いど》三〇度から六〇度のあたりを西から東へむかう、大気のながれ。日本付近の天気が西から変わっていくのはこれによる。

へんせつ【変節】〈名・する〉これまでまもってきた自分の立場や主義を、つごうによって変えること。例変節漢。

べんぜつ【弁舌】〈名〉意見を述べるときなどの話しぶり。例弁舌をふるう。弁舌さわやか。

へんせん【変遷】〈名・する〉時の流れとともに移りかわること。例変遷をたどる。時代の変遷。幾多《いくた》の変遷をへて、現在のわが社がある。類推移。変転。

ベンゼン〈名〉〔化学〕コールタールなどからつくる、においのある無色の液体。揮発《きはつ》性があり、燃えやすい。化学薬品の原料、溶剤《ようざい》、航空機の燃料などに使う。ベンゾール。◇benzene

1 **へんそう【返送】**〈名・する〉送られてきたものを、送り返すこと。例書類に記入して返送する。

2 **へんそう【変装】**〈名・する〉すがたかたちを変えて、まるでその人とは思えないようになること。

へんぞう【変造】〈名・する〉もとのものに手を加えて変えること。例変造硬貨。変造カード。変造ピストル。

へんそうきょく【変奏曲】〈名〉〔音楽〕主題となるある曲のリズムやメロディー、ハーモニーなどを変化させ、全体として一つの曲にしあげたもの。バリエーション。

1 **へんそく【変速】**〈名・する〉装置を使って、スピードを変えること。例変速器。変速ギア。三段変速。

2 **へんそく【変則】**〈名〉ふつうのやりかたとくらべて、ひどくちがっていること。例変則的。類破格。

へんそくてき【変則的】〈形動〉ふつうのやりかたとちがう。例変則的なフォーム。

ベンダー〈名〉❶販売《はんばい》者。❷自動販売機。ベンディングマシン。◇vendor

1 **へんたい【変態】**■一〈名・する〉〔動物〕昆虫《こんちゅう》やカエルなどの生物が、発育の段階に応じてすがたを変えること。例完全変態。■二〈名〉異常な性欲や性向をもつ人。おもに女子は、「エッチ」という意味でも使う。

2 **へんたい【編隊】**〈名〉何機かの飛行機が隊形をととのえて、ひと組みになったもの。例編隊をくむ。編隊飛行。

へんたいがな【変体仮名】〈名〉平安時代の初めごろに、万葉仮名の草書体から生まれた文字。現在ふつうに使うひらがなの形とはちがうものがたくさんある。例えば「は」には、[illegible]などの字形がある。類草仮名《そうがな》。

ペンだこ［ペン▼胼▼胝］〈名〉よく文字を書く人の中指に、ペンの軸《じく》があたってできるたこ。

ペンタゴン〈名〉アメリカ国防総省の通称《つうしょう》。参考 建物が五角形（=Pentagon）であることから。

べんたつ【▼鞭▼撻】〈名・する〉なまけたりくじけたりしないよう、強くはげますこと。

表現 「今後ともご鞭撻のほどお願い申し上げます」のように、「ご鞭撻」の形で、手紙やあいさつでよく使うことば。「むちで打つ」がもともとの意味。

ペンダント〈名〉首からさげて胸のかざりとする、宝石や金属。類ネックレス。首かざり。◇pendant

へんち【辺地】〈名〉 都会から遠くはなれた不便な土地。類 僻《へき》地《ち》。辺境。

ベンチ〈名〉 ❶駅や公園などにある、簡素な長いす。❷スポーツで、試合中に選手や監督《かんとく》がひかえている席。例 ベンチをあたためる(=試合に出場できないでいる)。ベンチコート。類 ダッグアウト。◇bench

ペンチ〈名〉 針金を切ったり、まげたりするのに使う道具。◇pinchers から。

へんちくりん【変ちくりん】〈形動〉 ひどく変わっている。くだけた言いかた。変てこりん。類 妙《みょう》ちくりん。

ベンチャー〈名〉 冒険《ぼうけん》的な試み。例 ベンチャー企業《きぎょう》。ベンチャービジネス。◇venture

べんちゃら〈名〉 ⇩おべんちゃら

へんちょう[1]【変調】〈名・する〉 ❶からだなどのぐあいがわるくなること。例 変調をきたす。❷〔音楽〕 もとの曲の調子をほかの調子に変えること。途中《とちゅう》で調子を変えること。移調。転調。

へんちょう[2]【偏重】〈名・する〉 さまざまな面を公平にみるのではなく、ある一面ばかりをおもくみること。例 学歴偏重。

べんつう【便通】〈名〉 大便が出ること。類 通じ。

ペンディング〈名〉 しばらくきめないで、そのままにしておくこと。保留。例 ペンディングにする。◇pending

へんてこ【変てこ】〈形動〉 かわっているようす。俗《ぞく》っぽい言いかた。例 変てこなやつ。類 奇妙《きみょう》。

へんてつ(変哲)もない ⇩なんの変哲もない(「なんの」の子項目)

へんてん【変転】〈名・する〉 世の中のようすなどが時のながれとともに大きくうつりかわること。例 変転きわまりない。世の変転。類 変遷《へんせん》。

べんてん【弁天】〈名〉 「弁財天」の略。弁天さま。

へんでんしょ【変電所】〈名〉 発電所から送られてくる高い電圧の電流を低い電圧に変えて、工場や家庭に送る施設《しせつ》。

へんとう【返答】〈名・する〉 聞かれたことに答えること。例 返答に窮《きゅう》する。類 回答。返事。

へんどう【変動】〈名・する〉 状態がおちつかないで、いろいろに変わること。例 物価の変動がはげしい。地殻《ちかく》の変動。

べんとう【弁当】〈名〉 よそで食べるために、容器に入れて持ち歩けるようにした食べ物。食堂でだす箱入りの食べ物をいう場合もある。例 弁当を持参する。弁当を使う(=食べる)。弁当箱。幕の内弁当。手弁当。

へんとうせん【▼扁桃腺】〈名〉 ❶口の奥《おく》の左右にある、まるくもりあがっているところ。リンパ球を多くふくみ、細菌《さいきん》が入りこむのをふせぐなどのはたらきがある。かぜをひいたときなどに赤く腫《は》れる。❷俗《ぞく》に、「扁桃炎《えん》」のこと。「①」の炎症《えんしょう》。例 扁桃腺で のどが痛い。

参考 「扁桃」とは、アーモンドのこと。

へんにゅう【編入】〈名・する〉 人やものごとをあとから組織や計画の中へ入れること。とくに、学年や学期の中途《とちゅう》にほかから生徒や学生を入れること。例 三年次に編入する。編入試験。類 組み入れる。組みこむ。

ペンネーム〈名〉 作家などが文章を発表するときに使う、本名とは別の名前。筆名。◇pen name

へんねんし【編年史】〈名〉 編年体でしるされた歴史。

へんねんたい【編年体】〈名〉 ❶歴史書の記述形式の一つ。年代順に記事を記していくもの。これに対するものに「紀伝体」がある。❷作品を、小説・評論・詩歌・戯曲《ぎきょく》などのジャンル別に分けずに、一括《いっかつ》して発表年順に収録する、文学全集や個人全集の編集形式。

へんのう【返納】〈名・する〉 公共の機関などからあたえられていたものを、かえすこと。例 八十歳《さい》になったのを機に、運転免許証を返納する。

ペンパル〈名〉 「ペンフレンド」のこと。◇pen pal

へんぴ【辺▼鄙】〈形動〉 都会からはなれていて、不便だ。

べんぴ【便秘】〈名・する〉 おなかに大便がたまっているのに、出ないこと。類 ふんづまり。

へんぴん【返品】〈名・する〉 買ったり仕入れたりした品物をもとの業者にかえすこと。その品物。例 返品の山。

ペンフレンド〈名〉 手紙をやりとりしている友だち。ペンパル。◇pen-friend

へんぺい【▼扁平】〈形動〉 ひらたい。例 扁平な顔。扁平足《そく》。類 たいら。ひらべったい。

へんぺいそく【▼扁平足】〈名〉 足の裏がひらたくて、土ふまずがない足。歩くとつかれやすい。類 べた足。

べんべつ【弁別】〈名・する〉 それぞれの特徴《とくちょう》のちがいを見きわめて、区別すること。類 識別。

へんぺん【片片】〈副・連体〉 ❶いくつもの小さくてうすいものが、風でまっているようす。例 花びらが片々と風にまう。❷とりあげるのに値《あたい》しないほど小さい。例 片々たる小品。

べんべん【便便】〈副・連体〉 ❶むだに時間を過ごすようす。例 便々と日をおくる。❷ふとって おなかの出ているようす。例 便々たる太鼓腹《たいこばら》。

ぺんぺんぐさ【ぺんぺん草】〈名〉 「なずな」のこと。

ぺんぺん草が生《は》える 家や土地などが手いれがされず、あれはててしまう。

へんぼう【変貌】〈名・する〉 以前とはすっかりすがたかたちが変わること。例 変貌をとげる。変貌いちじるしい都市の景観。類 変容。

へんぽう【返報】〈名・する〉 自分にされたことに対して、それに見あうことを相手にすること。

べんぽう【便法】〈名〉 その場をきりぬける、うまい方法。例 便法を講じる。類 方便。

へんぼうかんきゃく【偏▼旁冠脚】〈名〉 漢字のおもな構成部分である、へん、つくり、かんむり、あしのこと。

へんぽんと【▼翩翻と】〈副〉 旗などが風でひらひらとひるがえるようす。例 翩翻とひるがえる。

べんまく【弁膜】〈名〉 心臓や静脈《じょうみゃく》、リンパ管の中にある膜。血液やリンパ液の逆流をふせいでいる。

べんむかん【弁務官】〈名〉 植民地や、他国の保護下におかれた国などの行政を指導するために、派遣《はけん》される役人。

へんめい【変名】〈名〉 本名をかくす必要があるときなどに、別の名前を使うこと。また、その名前。例 変名をつかう。類 仮名《かめい》。偽名《ぎめい》。

べんめい【弁明】〈名・する〉 自分のしたことをとがめられたときに、理由を説明して、自分に落ち度がないことをあきらかにすること。また、その説明。例 弁明をもとめる。類 弁解。釈明《しゃくめい》。申しひらき。申しわけ。

べんもう【▼鞭毛】〈名〉 〔生物〕 ミドリムシや、海藻《かいそう》の胞子《ほうし》、動物の精子などがもつ、長い毛のような運動器官。これによって水などの中を泳ぎまわる。表記 理科の教科書などでは、「べん毛」と書かれることがある。

へんよう【変容】〈名・する〉 それまでとすっかりようすが

 正岡子規(しき) (1867～1902) 明治の俳人・歌人。写生による俳句の革新をめざし，短歌では万葉調を重視。

変わること。例文化の変容。類変貌《へんぼう》。

べんらん【便覧】〈名〉⇩びんらん〔便覧〕

べんり【便利】〈名・形動〉なにかをするのに、とても役にたつこと。あるいはつごうがよいこと。例便利がよい。便利にできている。便利な道具。対不便。

べんりし【弁理士】〈名〉特許・実用新案・意匠《いしょう》などに関する手続きを、本人にかわって行なう職業の人。

べんりや【便利屋】〈名〉❶ちょっとした雑用などを気軽に引き受けてくれる人。例便利屋にされる。❷修理・掃除《そうじ》・荷物の処分など、家の雑用をなんでも受けおう職業。

へんりん【片▼鱗】〈名〉全体の中のほんの一部分。例片鱗を見せる(=すぐれた才能や技量などの一部をちらりとみせる)。

[1]**へんれい【返礼】**〈名・する〉相手からうけた援助やおくりものに対して、お礼としてあいさつしたり、おくりものをしたりすること。また、そのあいさつやおくりもの。

[2]**へんれい【返戻】**〈名・する〉もとに返すこと。もどすこと。例生命保険の解約返戻金。類返却《へんきゃく》。

べんれい【勉励】〈名・する〉いっしょうけんめい努力すること。例刻苦勉励。類精励。

べんれいたい【▼駢▼儷体】〈名〉⇩しろくべんれいたい

へんれき【遍歴】〈名・する〉❶なにかを求めて、あちこちをまわってあるくこと。例諸国を遍歴する。❷いろいろな経験をすること。例人生遍歴。

へんろ【遍路】〈名〉〔仏教〕願いごとがかなうように、四国の弘法《こうぼう》大師の霊場《れいじょう》八十八か所をめぐりあるくこと。類巡拝。巡礼《じゅんれい》。参考遍路の旅は、江戸《えど》時代の庶民《しょみん》にとって、国をはなれての旅行が許される貴重なチャンスだった。この旅人を「お遍路さん」という。

べんろん【弁論】〈名〉❶おおぜいの人の前で、自分の主張を聞いてもらうために意見を述べること。例弁論大会。弁論部。類パブリックスピーキング。❷〔法律〕法廷《ほうてい》で、事件に関係のある人たちが、事情の説明などをすること。例最終弁論。口頭弁論。類陳述《ちんじゅつ》。

ほ…ホ

常用漢字 ほ

【歩(步)】 止部4 全8画 ※ 歩歩歩歩歩

ホ・ブ・フ あるく・あゆむ 教小2 音❶[ホ] 歩行《ほこう》。歩道《ほどう》。歩幅《ほはば》。散歩《さんぽ》。万歩計《まんぽけい》。進歩《しんぽ》。初歩的《しょほてき》。譲歩《じょうほ》。❷[ブ] 歩合《ぶあい》。日歩《ひぶ》。❸[フ] 歩《ふ》。成《な》り歩《ふ》。訓❶[あるく] 歩く。そぞろ歩き。❷[あゆむ] 歩む。歩み。

【保】 イ部7 全9画 保保保保保

ホ たもつ 教小5 音[ホ] 保護《ほご》。保存《ほぞん》。保証《ほしょう》。保温《ほおん》。保管《ほかん》。確保《かくほ》。担保《たんぽ》。留保《りゅうほ》。訓[たもつ] 保つ。

【哺】 口部7 全10画 哺哺哺哺哺

ホ 音[ホ] 哺乳類《ほにゅうるい》。哺乳瓶《ほにゅうびん》。哺育《ほいく》。

【捕】 扌部7 全10画 捕捕捕捕捕

ホ とらえる・とらわれる・とる・つかまえる・つかまる 音[ホ] 逮捕《たいほ》。捕獲《ほかく》。捕虜《ほりょ》。捕鯨船《ほげいせん》。捕手《ほしゅ》。拿捕《だほ》。訓❶[とらえる] 捕らえる。❷[とらわれる] 捕らわれる。❸[とる] 捕る。捕り物。生け捕り。❹[つかまえる] 捕まえる。❺[つかまる] 捕まる。

【補】 衤部7 全12画 補補補補補

ホ おぎなう 教小6 音[ホ] 補欠《ほけつ》。補充《ほじゅう》。補助《ほじょ》。補習《ほしゅう》。補聴器《ほちょうき》。候補《こうほ》。訓[おぎなう] 補う。

【舗】 𠆢部13 全15画 舗舗舗舗舗

ホ 音[ホ] 舗装《ほそう》。店舗《てんぽ》。注意「老舗」は、「しにせ」と読む。

[1]**ほ【帆】**〈名〉風をうけて船をすすめるための布。例帆をあげる。帆に風をはらむ。帆かけ船。[ア]ホ **ホ**」 表現 むかしは、船に帆はつきものであった。「得手《えて》に帆をあげる」「尻《しり》に帆をかける」などの慣用句はいまも使われる。また、「帆」の字音「ハン」の場合も、船が出ることを「出帆《しゅっぱん》」といい、「順風満帆《じゅんぷうまんぱん》」も、順調を表わすことばとしてよく使う。

[2]**ほ【歩】** [一]〈名〉歩くこと。例歩を運ぶ。歩を進める。歩を合わせる(=進行の調子を合わせる)。類あゆみ。[ア]**ホ**」 [二]〈接尾〉歩くときの、左右の足をだす回数をかぞえることば。例一歩《いっぽ》しりぞく。五十歩百歩。万歩計《まんぽけい》。

[3]**ほ【穂】**〈名〉❶〔植物〕ながい花軸《かじく》に小さな花や実《み》がつらなってついているもの。ススキ・イネ・ムギなどに見られる。例穂が出る。稲穂《いなほ》。❷やりや筆などの、柄《え》の先につけた部分。▽[ア]**ホ**」

[4]**ほ【補】**〈接尾〉ある役職をおぎなう役目。例警部補。

常用漢字 ぼ

【母】 母部0 全5画 母母母母母

ボ はは 教小2 音[ボ] 母子《ぼし》。母性愛《ぼせいあい》。母乳《ぼにゅう》。母音《ぼいん》。母国《ぼこく》。母体《ぼたい》。父母《ふぼ》。祖母《そぼ》。酵母《こうぼ》。訓[はは] 母。母親。母方。注意「母屋・母家」は「おもや」、「乳母」は「うば」と読む。「叔母」「伯母」は「おば」と読む。「母さん」などでは、「かあ」と読む。

【募】 力部10 全12画 募募募募募

ボ つのる 音[ボ] 募金《ぼきん》。募集《ぼしゅう》。応募《おうぼ》。急募《きゅうぼ》。訓[つのる] 募る。

【墓】 土部10 全13画 墓墓墓墓墓

ボ はか 教小5 音[ボ] 墓地《ぼち》。墓前《ぼぜん》。墓参《ぼさん》。墓碑《ぼひ》。墓穴《ぼけつ》。墳墓《ふんぼ》。訓[はか] 墓。

【慕】 小部10 全14画 慕慕慕慕慕

ボ したう 音[ボ] 慕情《ぼじょう》。敬慕《けいぼ》。思慕《しぼ》。横恋慕《よこれんぼ》。訓[したう] 慕う。慕わしい。

マゼラン（1480?～1521） ポルトガル人航海者。スペイン王の援助で最初の世界一周に成功した。

【暮】日部10 全14画 暮暮暮暮暮

ボ くれる・くらす 教小6 音[ボ] ▨暮春《ぼしゅん》。暮色《ぼしょく》。□▨歳暮《せいぼ》。薄暮《はくぼ》。朝三暮四《ちょうさんぼし》。朝令暮改《ちょうれいぼかい》。訓❶[くれる] 暮れる。暮れ。日暮れ。❷[くらす] 暮らす。暮らし。独り暮らし。その日暮らし。

【簿】竹部13 全19画 ※簿簿簿簿簿

ボ 音[ボ] ▨簿記《ぼき》。□▨名簿《めいぼ》。出席簿《しゅっせきぼ》。

ぼ【簿】〈接尾〉帳面のこと。例家計簿。戸籍簿。

ほあん【保安】〈名〉社会の秩序《ちつじょ》や安全をまもること。例保安官。保安装置《そうち》。

ほい[1]【▽本意】〈名〉⇩ほんい〔本意〕

ほい[2]【補遺】〈名〉書きもらしたことをひろいあつめ、おぎないとして、あとに付け加える部分。類拾遺《しゅうい》。

ぽい〈接尾〉名詞や動詞の連用形のあとにつけて、…の傾向《けいこう》や状態にあるという意味の、ややくだけた感じの形容詞をつくる。「っぽい」の形で使われることが多い。例白っぽい。大人っぽい。忘れっぽい。あきっぽい。

ホイール〈名〉車輪。とくに自動車の、タイヤをはめる金属製の車輪。◇wheel

ほいく【保育】〈名・する〉小さい子どもの世話をして、そだてること。例保育園。保育所。保育士。保育器。三年保育。表記 赤んぼうに乳をあたえてそだてる意味では、「哺育」とも書く。

ほいくえん【保育園】〈名〉⇩ほいくしょ

ほいくし【保育士】〈名〉保育所や養護施設《しせつ》で、幼児の保育にたずさわる人。「保母」と「保父」をあわせてできた名称《めいしょう》。例保育士免許。

ほいくしょ【保育所】〈名〉共ばたらきの親などのために、ひるま、乳幼児をあずかり保育するところ。保育園。「ほいくじょ」ともいう。類託児所《たくじしょ》。

ボイコット〈名・する〉みんなで申し合わせて、品物を買わないとか仕事をやめるなど、実際の行動で抗議《こうぎ》や批判の意思を示すこと。◇boycott（=人名から）

ボイスレコーダー〈名〉❶航空機の操縦室内の会話や管制塔などとの交信内容を、自動的に録音する装置。事故などの調査に重要。❷インタビューや会議などの声を録音・再生する、携帯《けいたい》用の装置。◇voice recorder

ホイッスル〈名〉笛。とくに、競技で、審判《しんぱん》のふき鳴らす笛。例ホイッスルが鳴る。◇whistle

ぽいと〈副〉物を気軽に投げ捨てたり、投げてよこしたりするようす。「ぽいっと」ともいう。

表現「ポイする」「ポイ捨て」は、「ぽいと捨てる」をちぢめてできた俗《ぞく》なことば。

ほいほい〈副〉軽がるしく行なうようす。例ほいほいと引き受ける。ほいほいついていく。

ボイラー〈名〉❶高温・高圧の蒸気を大量に発生させるためのかま。汽缶《きかん》。例ボイラーマン。❷暖房《だんぼう》や給湯のための湯を大量にわかしてためておくかま。◇boiler

ホイル〈名〉食べ物を包むのに使う箔《はく》。例ホイル焼き。アルミホイル。クッキングホイル。◇foil

ボイル〈名・する〉ゆでること。◇boil

ぼいん[1]【母音】〈名〉声帯の振動《しんどう》で出た声が、舌、歯、のどなどで、とくにさまたげられることなく、ひびきよく出る音。現代日本の共通語にはア・イ・ウ・エ・オの五つがある。対子音。

ぼいん[2]【母印】『▼拇印』〈名〉はんこのかわりに、親指に朱肉《しゅにく》や墨《すみ》をつけておしたしるし。爪印《つめいん》。

ポインセチア〈名〉常緑低木の一つ。冬、葉が赤・白・桃色などに色づく。鉢植えにする。◇ラテン語から。

ポインター〈名〉❶猟犬《りょうけん》の一種。とくに鳥の猟に用いる。毛が短く、白と茶・黒のぶち。❷指示棒。❸パソコンの画面上で、マウスがどこをさしているかを示す矢印のカーソル。◇pointer

ポイント 一〈名〉❶地点。❷要点。たいせつな点。例ポイントをおさえる。キーポイント。セールスポイント。❸得点。例ポイントをかさねる。セットポイント。ポイントゲッター。❹小売《こうり》業やサービス業で、買い物や利用のたびに店が客にあたえる点数。値引きや景品との交換に使える。例ポイントカード。❺鉄道で、電車や列車のすすむ線路を、ほかの線路へ きりかえるための装置。転轍《てんてつ》機。❻釣りで、魚の いそうな目標点。二〈名・接尾〉活字の大きさの単位。一辺が約三・五ミリ。◇point

常用漢字 ほう

【方】方部0 全4画 方方方

ホウ かた 教小2 音[ホウ] ▨方法《ほうほう》。方角《ほうがく》。方向《ほうこう》。方眼紙《ほうがんし》。方言《ほうげん》。□▨片方《かたほう》。先方《せんぽう》。地方《ちほう》。品行方正《ひんこうほうせい》。処方箋《しょほうせん》。訓[かた] やり方。味方。方々《かたがた》。注意「行方」は、「ゆくえ」と読む。

【包】勹部3 全5画 包包包包

ホウ つつむ 教小4 音[ホウ] ▨包囲《ほうい》。包含《ほうがん》。包括《ほうかつ》。包装紙《ほうそうし》。包丁《ほうちょう》。包容力《ほうようりょく》。□▨梱包《こんぽう》。内包《ないほう》。訓[つつむ] 包む。包み。包み込む。小包。

【芳】艹部4 全7画 芳芳芳芳芳

ホウ かんばしい 音[ホウ] ▨芳香《ほうこう》。芳醇《ほうじゅん》。芳紀《ほうき》。芳名《ほうめい》。芳志《ほうし》。訓[かんばしい] 芳しい。芳しさ。

【邦】阝部4 全7画 邦邦邦邦邦

ホウ 音[ホウ] ▨邦楽《ほうがく》。邦人《ほうじん》。邦訳《ほうやく》。□▨本邦《ほんぽう》。連邦《れんぽう》。異邦人《いほうじん》。

【奉】大部5 全8画 奉奉奉奉奉

ホウ・ブ たてまつる 音❶[ホウ] ▨奉納《ほうのう》。奉迎《ほうげい》。奉仕《ほうし》。奉公《ほうこう》。□▨信奉《しんぽう》。❷[ブ] ▨奉行《ぶぎょう》。訓[たてまつる] 奉る。

【宝(寶)】宀部5 全8画 ※宝宝宝宝

ホウ たから 教小6 音[ホウ] ▨宝石《ほうせき》。宝物殿《ほうもつでん》。□▨家宝《かほう》。国宝《こくほう》。財宝《ざいほう》。訓[たから] 宝。宝船。宝くじ。宝探し。宝物。子宝。

【抱】扌部5 全8画 抱抱抱抱抱

ホウ だく・いだく・かかえる 音[ホウ] ▨抱負《ほうふ》。抱擁《ほうよう》。抱卵《ほうらん》。□▨介抱《かいほう》。辛抱《しんぼう》。訓❶[だく] 抱く。抱き上げる。抱き起こす。❷[いだく] 抱く。❸[かかえる] 抱える。抱《だ》き抱える。一抱え。

【放】攵部4 全8画 放放放放放

ホウ はなす・はなつ・はなれる・ほうる 教小3 音

[ホウ] 放送《ほうそう》。放電《ほうでん》。放牧《ほうぼく》。放言《ほうげん》。放棄《ほうき》。放任《ほうにん》。解放《かいほう》。開放的《かいほうてき》。追放《ついほう》。訓❶[はなす] 放す。手放す。放し飼い。野放し。❷[はなつ] 放つ。❸[はなれる] 放れる。❹[ほうる] 放る。放り投げる。

【法】 氵部5 全8画 法法法法法
ホウ・ハッ・ホッ 教小4 音❶[ホウ] 法律《ほうりつ》。法則《ほうそく》。法事《ほうじ》。憲法《けんぽう》。文法《ぶんぽう》。方法《ほうほう》。発想法《はっそうほう》。❷[ハッ] 法度《はっと》。❸[ホッ] 法主《ほっす》。

【泡】 氵部5 全8画 泡泡泡泡泡
ホウ あわ 音[ホウ] 泡沫《ほうまつ》。気泡《きほう》。水泡《すいほう》。発泡《はっぽう》スチロール。訓[あわ] 泡。泡立つ。

【胞】 月部5 全9画 胞胞胞胞胞
ホウ 音[ホウ] 胞子《ほうし》。同胞《どうほう》。細胞《さいぼう》。

【俸】 イ部8 全10画 俸俸俸俸俸
ホウ 音[ホウ] 俸給《ほうきゅう》。年俸《ねんぽう》。本俸《ほんぽう》。

【倣】 イ部8 全10画 倣倣倣倣倣
ホウ ならう 音[ホウ] 模倣《もほう》。訓[ならう] 倣う。

【峰】 山部7 全10画 峰峰峰峰峰
ホウ みね 音[ホウ] 秀峰《しゅうほう》。霊峰《れいほう》。連峰《れんぽう》。訓[みね] 峰。峰打ち。剣が峰。

【砲】 石部5 全10画 砲砲砲砲砲
ホウ 音[ホウ] 砲撃《ほうげき》。砲台《ほうだい》。砲丸投《ほうがんな》げ。大砲《たいほう》。鉄砲《てっぽう》。空砲《くうほう》。主砲《しゅほう》。

【崩】 山部8 全11画 崩崩崩崩崩
ホウ くずれる・くずす 音[ホウ] 崩壊《ほうかい》。崩御《ほうぎょ》。訓❶[くずれる] 崩れる。崩れ落ちる。崖崩れ。山崩れ。総崩れ。❷[くずす] 崩す。突き崩す。崩し字。
注意 「雪崩」は、「なだれ」と読む。

【訪】 言部4 全11画 訪訪訪訪訪
ホウ おとずれる・たずねる 教小6 音[ホウ] 訪問《ほうもん》。訪欧《ほうおう》。訪日《ほうにち》。探訪《たんぼう》。来訪《らいほう》。歴訪《れきほう》。訓❶[おとずれる] 訪れる。訪れ。❷[たずねる] 訪ねる。

【報】 土部9 全12画 ※ 報報報報報
ホウ むくいる 教小5 音[ホウ] 報酬《ほうしゅう》。報復《ほうふく》。報告《ほうこく》。報道《ほうどう》。情報《じょうほう》。ニュース速報《そくほう》。因果応報《いんがおうほう》。果報者《かほうもの》。訓[むくいる] 報いる。報い。

【蜂】 虫部7 全13画 蜂蜂蜂蜂蜂
ホウ はち 音[ホウ] 蜂起《ほうき》。養蜂《ようほう》。訓[はち] 蜂の巣。蜂蜜。蜜蜂。女王蜂。

【豊(豐)】 豆部6 全13画 ※ 豊豊豊豊
ホウ ゆたか 教小5 音[ホウ] 豊作《ほうさく》。豊年《ほうねん》。豊富《ほうふ》。豊満《ほうまん》。五穀豊穣《ごこくほうじょう》。訓[ゆたか] 豊か。

【飽】 食部5 全13画 飽飽飽飽飽
ホウ あきる・あかす 音[ホウ] 飽和《ほうわ》。飽食《ほうしょく》。訓❶[あきる] 飽きる。❷[あかす] …に飽かして。

【褒(襃)】 衣部9 全15画 褒褒褒褒
ホウ ほめる 音[ホウ] 褒章《ほうしょう》。褒美《ほうび》。訓[ほめる] 褒める。褒めちぎる。べた褒め。

【縫】 糸部10 全16画 縫縫縫縫縫
ホウ ぬう 音[ホウ] 縫合《ほうごう》。縫製《ほうせい》。裁縫《さいほう》。天衣無縫《てんいむほう》。訓[ぬう] 縫う。縫い合わせる。縫い目。

[1]**ほう【方】**〈名〉 形式名詞の一つ。❶方向。また、その方向にあたる場所。例 北の方。こっちの方。類 方《かた》。がわ。❷比べられるもののうちの、一つ。例 …の方がいい。…した方がいい。春よりも秋の方がすきだ。❸どちらかといえば、そのようであること。全体の中では…の部類に入ること。例 今日のできは、まだいい方だ。あの歌手はスターというほどではないが人気はある方だ。▽ア ホー

表現 「方」は方角や方向を表わすため、ものをさししめすときに使うと、さす範囲《はんい》がひろがり、直接性がさけられ、表現がやわらぐことがある。「あとはわたしがやります」というと、いかにも自分だけがやると強調しているようだが、「あとはわたしの方でやります」といえば、責任はわたしがとるが、人のたすけもかりるかもしれないという余地をのこした言いかたになる。「政府から指示があって…」「政府の方から指示があって…」は同じことをいっているが、あとの方が、ややあいまいな言いかたになっている。

[2]**ほう【法】**〈名〉 ❶ある社会の中で、してはいけないこと、しなければならないことについて、しきたりや習慣によって、または、その社会を統治する権力をもつ人や組織によってさだめられたきまり。例 法にしたがう。法にふれる。法にそむく。法をおかす。法を守る。法をやぶる。類 法律。❷あるものごとのやりかたに関するきまり。礼儀《れいぎ》や作法などのきまり。例 法にのっとる。法にかなう。❸ものごとに対処する方法。例 このチャンスをのがす法はない。解決法。治療《ちりょう》法。演奏法。トレーニング法。❹〔仏教〕仏の教え。仏法。例 人を見て法を説け(↓「ひと」の子項目)。▽ア ホー

表記 ②と③は、かな書きにすることも多い。

法に照《て》らす 法律にもとづいて考え、判断する。

法の網《あみ》をくぐる 法律のすきをついて、悪いことをする。参考 「法の網」は、犯罪者をとりしまる法律を、魚をとる網にたとえたことば。

法は無《な》い ❶非常識だ。ありえない。例 人に迷惑《めいわく》をかけておいて謝《あやま》らないなんて法はないだろう。❷きまりや必然性はない。例 予算だからといって、べつに全部使い切らなくてはいけないという法はない。

法を曲《ま》げる 自分のつごうで、法律をまちがった方向に解釈《かいしゃく》して使う。

[3]**ほう【▼苞】**〈名〉〔植物〕 芽やつぼみをつつんで保護している、葉の変形したもの。小さな葉に似《に》ているが、花弁《かべん》状となるものもある。ア ホー

[4]**ほう【報】**〈名〉 知らせ。ニュース。例 死去の報に接する。ア ホー ↓ほうじる〔報じる〕

常用漢字 **ぼう**

【亡】 亠部1 全3画 亡亡亡
ボウ・モウ ない 教小6 音❶[ボウ] 亡父《ぼうふ》。亡霊《ぼうれい》。亡国《ぼうこく》。亡命《ぼうめい》。未亡人《みぼうじん》。死亡《しぼう》。存亡《そんぼう》。滅亡《めつぼう》。❷[モウ] 亡者《もうじゃ》。訓[ない] 亡い。亡

き人。亡くす。亡くなる。

【乏】 ノ部3 全4画
ボウ とぼしい 音［ボウ］ ▨欠乏《けつぼう》。貧乏《びんぼう》。窮乏《きゅうぼう》。耐乏《たいぼう》。 訓［とぼしい］乏しい。乏しさ。

【忙】 忄部3 全6画
ボウ いそがしい 音［ボウ］ ▨忙殺《ぼうさつ》。忙中《ぼうちゅう》(閑《かん》あり)。 ▨多忙《たぼう》。繁忙《はんぼう》。 訓［いそがしい］忙しい。

【坊】 土部4 全7画
ボウ・ボッ 音❶［ボウ］ ▨坊主《ぼうず》。坊《ぼう》や。 ▨宿坊《しゅくぼう》。朝寝坊《あさねぼう》。僧坊《そうぼう》。赤《あか》ん坊《ぼう》。次男坊《じなんぼう》。利《き》かん坊《ぼう》。 ❷［ボッ］ ▨坊《ぼっ》ちゃん。

【妨】 女部4 全7画
ボウ さまたげる 音［ボウ］ ▨妨害《ぼうがい》。 訓［さまたげる］妨げる。妨げ。

【忘】 心部3 全7画
ボウ わすれる 教小6 音［ボウ］ ▨忘却《ぼうきゃく》。忘我《ぼうが》。忘年会《ぼうねんかい》。 ▨備忘録《びぼうろく》。 訓［わすれる］忘れる。忘れ形見。忘れ物。年忘れ。度忘れ。物忘れ。

【防】 阝部4 全7画
ボウ ふせぐ 教小5 音［ボウ］ ▨防衛《ぼうえい》。防備《ぼうび》。防災《ぼうさい》。防水《ぼうすい》。防風林《ぼうふうりん》。防腐剤《ぼうふざい》。 ▨消防車《しょうぼうしゃ》。堤防《ていぼう》。予防《よぼう》。 訓［ふせぐ］防ぐ。防ぎ。

【房】 戸部4 全8画
ボウ ふさ 音［ボウ］ ▨厨房《ちゅうぼう》。工房《こうぼう》。暖房《だんぼう》。冷房《れいぼう》。 訓［ふさ］房。一房(のブドウ)。乳房《ちぶさ》。

【肪】 月部4 全8画
ボウ 音［ボウ］ ▨脂肪《しぼう》。

【某】 木部5 全9画
ボウ 音［ボウ］ ▨某国《ぼうこく》。某氏《ぼうし》。某所《ぼうしょ》。

【冒】 目部4 全9画
ボウ おかす 音［ボウ］ ▨冒険《ぼうけん》。冒頭《ぼうとう》。 ▨感冒《かんぼう》。 訓［おかす］冒す。

【剖】 刂部8 全10画
ボウ 音［ボウ］ ▨解剖《かいぼう》。

【紡】 糸部4 全10画
ボウ つむぐ 音［ボウ］ ▨紡錘《ぼうすい》。紡績《ぼうせき》。 ▨混紡《こんぼう》。 訓［つむぐ］紡ぐ。

【望】 月部7 全11画 ※
ボウ・モウ のぞむ 教小4 音❶［ボウ］ ▨望郷《ぼうきょう》。望遠鏡《ぼうえんきょう》。望外《ぼうがい》。 ▨希望《きぼう》。待望《たいぼう》。展望《てんぼう》。人望《じんぼう》。信望《しんぼう》。 ❷［モウ］ ▨所望《しょもう》。大望《たいもう》。本望《ほんもう》。 訓［のぞむ］望む。望み。望ましい。高望み。

【傍】 イ部10 全12画
ボウ かたわら 音［ボウ］ ▨傍観《ぼうかん》。傍線《ぼうせん》。傍聴《ぼうちょう》。傍系《ぼうけい》。傍受《ぼうじゅ》。傍証《ぼうしょう》。傍若無人《ぼうじゃくぶじん》。 ▨路傍《ろぼう》。 訓［かたわら］傍ら。

【帽】 巾部9 全12画
ボウ 音［ボウ］ ▨帽子《ぼうし》。 ▨学帽《がくぼう》。制帽《せいぼう》。脱帽《だつぼう》。ベレー帽《ぼう》。

【棒】 木部8 全12画
ボウ 教小6 音［ボウ］ ▨棒《ぼう》グラフ。棒読《ぼうよ》み。棒立《ぼうだ》ち。 ▨鉄棒《てつぼう》。相棒《あいぼう》。片棒《かたぼう》(を担《かつ》ぐ)。泥棒《どろぼう》。針小棒大《しんしょうぼうだい》。

【貿】 貝部5 全12画
ボウ 教小5 音［ボウ］ ▨貿易《ぼうえき》。

【貌】 豸部7 全14画
ボウ 音［ボウ］ ▨変貌《へんぼう》。美貌《びぼう》。容貌《ようぼう》。相貌《そうぼう》。

【暴】 日部11 全15画
ボウ・バク あばく・あばれる 教小5 音❶［ボウ］ ▨暴落《ぼうらく》。暴言《ぼうげん》。暴風雨《ぼうふうう》。暴力《ぼうりょく》。暴動《ぼうどう》。暴投《ぼうとう》。暴君《ぼうくん》。 ▨横暴《おうぼう》。乱暴《らんぼう》。 ❷［バク］ ▨暴露《ばくろ》。 訓❶［あばく］暴く。暴き出す。 ❷［あばれる］暴れる。暴れん坊。大暴れ。

【膨】 月部12 全16画
ボウ ふくらむ・ふくれる 音［ボウ］ ▨膨大《ぼうだい》。膨張《ぼうちょう》。 訓❶［ふくらむ］膨らむ。膨らみ。 ❷［ふくれる］膨れる。青膨れ。水膨れ。

【謀】 言部9 全16画
ボウ・ム はかる 音❶［ボウ］ ▨謀略《ぼうりゃく》。謀殺《ぼうさつ》。 ▨陰謀《いんぼう》。首謀者《しゅぼうしゃ》。共謀《きょうぼう》。策謀《さくぼう》。参謀《さんぼう》。無謀《むぼう》。 ❷［ム］ ▨謀反《むほん》。 訓［はかる］謀る。

[1] **ぼう【棒】**〈名〉人が手に持ってふりまわせるぐらいの大きさの、ほそながいもの。例 棒でなぐる。鉄の棒。足が棒のようになる(=ひどくつかれる)。

棒に振《ふ》る むだにする。例 一生を棒にふる。

[2] **ぼう【坊】**〈接尾〉子供や手のかかる人のこと。例 次男坊。あばれん坊。利《き》かん坊。

[3] **ぼう【某】**〈造語〉名前や場所、時などをぼかしていうときのことば。例 某国。某氏。某時刻。都内某所。

[4] **ぼう【帽】**〈接尾〉「帽子」のこと。例 水泳帽。野球帽。目出し帽。

ほうあん【法案】〈名〉法律の原案。

ぼうあんき【棒暗記】〈名・する〉内容を理解しないで、ただそのとおりに暗記すること。類 丸暗記。

[1] **ほうい【方位】**〈名〉東西南北などの方向。例 方位磁石。類 方角。

[2] **ほうい【包囲】**〈名・する〉にげられないように、おおぜいでまわりをぐるりととりかこむこと。例 敵を包囲する。包囲網《もう》。類 かこみ。

[3] **ほうい【法衣】**〈名〉僧《そう》や尼《あま》のきる衣服。例 法衣をまとう。類 法服。僧服。参考 もともとは、「ほうえ」と読む。裁判官の着るガウンは「法服」という。

ほういがく【法医学】〈名〉法律上問題になる医学的な事実を調査する、応用医学の一分野。死因や死亡

時刻の推定、指紋《しもん》・血液型・DNAの鑑定《かんてい》による個人や親子関係の識別などを行なう。

ほういつ【放逸】〈名・形動〉かって気ままで、だらしのないこと。例放逸な生活。類放恣《ほうし》。放縦《ほうじゅう》。

ぼういんぼうしょく【暴飲暴食】〈名・する〉酒などをむやみに飲み、やたらにたくさん食べること。類鯨飲《げいいん》馬食。牛飲馬食。

ほうえ【法会】〈名〉〔仏教〕❶信者に仏の道を説く集まり。❷亡《な》くなった人の供養《くよう》をする集まり。類法事。法要。

ほうえい【放映】〈名・する〉テレビで番組を放送すること。例特番を放映する。毎週日曜放映。

ぼうえい【防衛】〈名・する〉他からおかされないように、自分や、自分の属する組織などを守ること。例タイトルを防衛する。正当防衛。専守《せんしゅ》防衛。対攻撃《こうげき》。類防御《ぼうぎょ》。防護。

ぼうえいしょう【防衛省】〈名〉中央官庁の一つ。自衛隊についての仕事をする。

ぼうえき[1]**【防疫】**〈名〉感染症《かんせんしょう》をふせぐこと。

ぼうえき[2]**【貿易】**〈名・する〉外国と品物の取り引きや売買をすること。例自由貿易。類交易。通商。

ぼうえきふう【貿易風】〈名〉〔気象〕緯度《いど》三〇度付近から赤道にむかって、ほぼ一年中ふいている風。

ぼうえきまさつ【貿易摩擦】〈名〉貿易の不均衡《ふきんこう》によって国家の間におこる経済的対立。

ほうえつ【法悦】〈名〉仏の教えに接して、心からよろこびを感じること。すばらしいものにふれ、われを忘れてよろこびにひたること。例法悦にひたる。

ぼうえん【防炎】〈名〉燃えあがるのをふせぐこと。

ぼうえんきょう【望遠鏡】〈名〉まるいつつに、レンズまたは反射鏡をとりつけて、遠くのものを拡大して見ることができるようにした装置《そうち》。例天体望遠鏡。

[ほうおう]

ぼうえんレンズ【望遠レンズ】〈名〉遠くのものを大きく撮影《さつえい》するのに用いるレンズ。

ほうおう[1]**【法王】**〈名〉〔宗教〕「ローマ教皇《きょうこう》」のこと。アホーオー

ほうおう[2]**【法皇】**〈名〉地位をしりぞいて、仏門に入った天皇のよび名。類上皇《じょうこう》。アホーオー

ほうおう[3]**【訪欧】**〈名・する〉ヨーロッパを訪問すること。例訪欧の途《と》につく。アホーオー

ほうおう[4]**【▼鳳▼凰】**〈名〉むかし中国で、めでたいときに現れると考えられた想像上の鳥。クジャクをもっときらびやかにした形でえがかれる。絵アホーオー

ぼうおく【▼茅屋】〈名〉かやぶき屋根のそまつな家。自分の家を謙遜《けんそん》していうのに使う。類陋屋《ろうおく》。

ほうおん【報恩】〈名〉恩にむくいること。対忘恩《ぼうおん》。類恩返し。

ぼうおん[1]**【防音】**〈名〉うるさい音が部屋に入らないようにすること。部屋の音を外へ出さないようにすること。例防音装置《そうち》。類消音。遮音《しゃおん》。

ぼうおん[2]**【忘恩】**〈名〉自分のうけた恩をわすれること。例忘恩の徒。対報恩。類恩知らず。

ほうか[1]**【邦貨】**〈名〉日本の貨幣。対外貨。アホーカ

ほうか[2]**【法科】**〈名〉❶法律に関する学科。❷大学で、法律の研究や教育を行なう学部。法学部。▽アホーカ

ほうか[3]**【放課】**〈名〉学校で、一日の授業が終わること。例放課後。アホーカ

方言 愛知では、「授業と授業のあいだの休み時間」のことを言う。

ほうか[4]**【放火】**〈名・する〉火事をおこそうとして、火をつけること。例放火犯。対失火。類つけ火。アホーカ

ほうか[5]**【放歌】**〈名・する〉まわりの迷惑《めいわく》など気にしないで、大声でうたうこと。例放歌高吟《こうぎん》。アホーカ

ほうか[6]**【砲火】**〈名〉砲弾《ほうだん》が発射されるとき、砲口からふきでる火。例砲火を浴びる（＝砲撃《ほうげき》をうける）。砲火を交える（＝戦争する）。集中砲火。アホーカ

表現 「非難《ひなん》の（集中）砲火を浴びる」のように、はげしい攻撃のたとえとしても使う。

ほうが[1]**【邦画】**〈名〉❶日本でつくった映画。対洋画。❷日本画。▽アホーガ

ほうが[2]**【▼萌芽】**〈名・する〉草木が芽をだすこと。でてきた芽。例萌芽期。類芽生え。発芽。アホーガ

表現 「文明の萌芽」のように、あたらしいものごとのはじまり、という意味でも使う。「きざし」も似《に》た意味。

ぼうか【防火】〈名〉火事がおきたり、燃えひろがったりしないようにふせぐこと。例防火建築。防火林。

ぼうが【忘我】〈名〉熱中したり、うっとりしたりして、ぼうっとなること。例忘我の境《きょう》。類無我。没我《ぼつが》。

ほうかい[1]**【崩壊】**【崩潰】〈名・する〉建物や組織などが、めちゃめちゃにこわれること。例ビルが崩壊する。家庭が崩壊する。政権が崩壊する。類瓦解《がかい》。壊滅《かいめつ》。

ほうかい[2]**【抱懐】**〈名・する〉ある考えを心の中にもつこと。例疑念を抱懐する。

ほうがい【法外】〈形動〉常識で考えられる範囲《はんい》をはるかにこえている。例法外なねだん。

ぼうがい[1]**【妨害】**〈名・する〉じゃまをすること。例妨害にあう。妨害電波。安眠《あんみん》妨害。類阻害《そがい》。さまたげる。

ぼうがい[2]**【望外】**〈名〉自分ののぞみ以上の、よい結果であること。例望外のしあわせ。

ほうかいせき【方解石】〈名〉白または無色の鉱物。成分は炭酸カルシウム。大理石や鍾乳《しょうにゅう》石などのおもな成分。

ほうがく[1]**【方角】**〈名〉その場所から見て、目的のものがどっちの方にあるか、そのむき。例方角がわるい。方角を見る。方角をまちがえる。玄関《げんかん》の方角。南の方角。方角ちがい。類方位。方向。

ほうがく[2]**【邦楽】**〈名〉❶日本で独自の発達をとげた音楽。神楽《かぐら》・雅楽《ががく》・三味線《しゃみせん》音楽・民謡《みんよう》など。純《じゅん》邦楽。❷日本の楽曲。▽対洋楽。

ほうがく[3]**【法学】**〈名〉法律について研究する学問。

ほうかご【放課後】〈名〉学校で、その日の授業が終わったあと。

ほうがちょう【奉加帳】〈名〉神仏《しんぶつ》に奉納《ほうのう》する金品の目録や、奉納する人の氏名をしるした帳面。

参考 寄付を集めるときに名前と金額を記す帳面をいうこともある。

ほうかつ【包括】〈名・する〉いろいろなことがらを、大き

松岡洋右(ようすけ)（1880～1946）　国際連盟を脱退したときの日本代表。外相。日独伊三国軍事同盟を結んだ。

くひとつにまとめること。例すべてを包括する。包括的な見解(=全体を見わたした意見)。

ほうかん【▼幇間】〈名〉⇩たいこもち

ほうがん[1]**【包含】**〈名・する〉中につつみこむようにして、ふくむこと。例包含関係。ア**ホーガン**

ほうがん[2]**【▽判官】**〈名〉❶むかしの官位の一つ。「はんがん」ともいう。❷「①」の官位にあったことから、源義経《みなもとのよしつね》のこと。例判官びいき。▽ア**ホーガン**

ぼうかん[1]**【防寒】**〈名〉さむさをふせぐこと。例防寒具。防寒服。

ぼうかん[2]**【傍観】**〈名・する〉なにもしないで、わきから見ていること。例傍観者。類黙視。座視。

ぼうかん[3]**【暴漢】**〈名〉乱暴なことをする悪いやつ。例暴漢におそわれる。

ほうがんし【方眼紙】〈名〉グラフや設計図などを書くときに使う、こまかいます目の入った紙。

ほうがんなげ【砲丸投げ】〈名〉陸上競技の種目の一つ。きめられた円内から、男子は七・二六キログラム、女子は四キログラムの鉄球を片手で投げ、とんだ距離《きょり》をきそう。

ほうがんびいき【▽判官びいき】『▽判官▼贔▼屓』〈名〉運のわるい人や力のよわい人に同情して、なんとか勝たせようと応援《おうえん》すること。「はんがんびいき」ともいう。

由来 判官(=むかしの官名)であった源義経《みなもとのよしつね》を、不運な英雄《えいゆう》として人々が同情したことからいう。

ほうき[1]『▼帚・▼箒』〈名〉ごみやちりなどを掃《は》く道具。例ほうきで掃く。竹ぼうき。ア**ホーキ**

ほうき[2]**【芳紀】**〈名〉年ごろの女性の年齢《ねんれい》。例芳紀まさに十八歳《さい》。ア**ホーキ**

ほうき[3]**【法規】**〈名〉法律や法律と同じようなはたらきをもつ規則。例交通法規。類法令。ア**ホーキ**

ほうき[4]**【放棄】**〈名・する〉❶自分の方からすててしまうこと。例試合を放棄する。戦争を放棄する。❷しなければならないことをしないで、ほうっておくこと。例責任を放棄する。類放り出す。▽類投げだす。ア**ホーキ**

ほうき[5]**【蜂起】**〈名・する〉君主や政府などに対抗《たいこう》するために、おおぜいの人々が武器をとってたちあがること。例いっせいに蜂起する。武装蜂起。ア**ホーキ**

ほうき[6]**【▽伯▼耆】**〈名〉旧国名の一つ。現在の鳥取県西部。大山《だいせん》や出雲《いずも》大社をふくむ伯耆出雲国立公園が有名。伯州《はくしゅう》。ア**ホーキ**

ぼうぎ【謀議】〈名・する〉何人かが集まり、たくらみや犯罪の計画などについて相談をすること。例謀議をこらす。共同謀議。類共謀。

ほうきぼし【ほうき星】『▼帚星』〈名〉⇩すいせい〔彗星〕

ぼうきゃく【忘却】〈名・する〉すっかりわすれさってしまうこと。例忘却のかなた。前後を忘却する。

ぼうぎゃく【暴虐】〈名・形動〉権力者が人民を平気で苦しめ、ひどいやり方で支配すること。例暴虐のかぎりをつくす。類非道。

ほうきゅう【俸給】〈名〉「給料」のこと。

ほうぎょ【崩御】〈名・する〉天皇・皇后・皇太后がなくなることをいう尊敬語。類崩じる。

ぼうきょ【暴挙】〈名〉考えのたりない、むこうみずな計画や行ない。例暴挙をくわだてる。

ぼうぎょ【防御】『防▼禦』〈名・する〉敵の攻撃《こうげき》をふせぐこと。対攻撃。類防衛。防戦。守備。

ほうきょう【豊凶】〈名〉豊作と凶作。豊年と凶年。

ぼうきょう【望郷】〈名〉ふるさとをなつかしく思うこと。例望郷の念にかられる。

ぼうきれ【棒切れ】〈名〉棒の切れはし。例棒切れをふり回す。

ぼうぐ【防具】〈名〉剣道《けんどう》などで、からだにつけて身をまもる道具。面や胴《どう》、こてなど。例防具をつける。

ぼうくう【防空】〈名〉敵の空からの攻撃《こうげき》をふせぐこと。例防空壕《ごう》。

ぼうくうごう【防空▼壕】〈名〉空襲《くうしゅう》から避難《ひなん》するために、地中につくった穴ぐら。

ぼうくうずきん【防空頭巾】〈名〉戦時中、空襲《くうしゅう》のときに、頭部を守るためにかぶった綿入れの頭巾。

ぼうグラフ【棒グラフ】〈名〉数量を棒のかたちをした線を使って表わしたグラフ。→グラフ絵

ぼうくん【暴君】〈名〉乱暴で残酷《ざんこく》な王。

表現 「わが家の暴君」のように、わがままでいばりちらしている人をいうこともある。

ほうけい【方形】〈名〉正方形・長方形のかたち。例方形の古墳《こふん》(=方墳)。対円形。

ぼうけい【傍系】〈名〉もとになるものからわかれでたり、中心からはずれたりしている系統。例傍系のグループ。傍系会社。対直系。類傍流。

ほうげき【砲撃】〈名・する〉大砲で攻撃《こうげき》すること。

ほう・ける『▼惚ける』〈動下一〉❶気力をうしなって、ぼうっとする。例ほうけた顔。類ぼける。放心する。❷むちゅうになる。例遊びほうける。

ほうげん[1]**【方言】**〈名〉ある地方でだけ使われる特有のことば。例東北方言。京都方言。対標準語。共通語。類お国ことば。ア**ホーゲン** →囲み記事48(左)・49(次ページ)

ほうげん[2]**【放言】**〈名・する〉まわりの事情や迷惑《めいわく》な

囲み記事 48

気づかない方言

共通語と語形が同じでありながら、地域によっては、共通語と異《こと》なった意味で使われることばがある。

たとえば、北海道・東北地方では、「ナゲル」を「捨《す》てる」の意味で使い、四国地方・中国地方・九州地方・沖縄県では、「ナクス」が「捨てる」の意味で使われている。

北海道では、「手袋《てぶくろ》をはめる」ことを「手袋をハク」、「傘《かさ》をさす」ことを「傘をカブル」と言っており、共通語にくらべて「ハク」や「カブル」の用法がひろがっている。

山梨県では、かゆいところを「かく」意味で「背中をカジル」などといい、若い人たちも方言と気づかずに使っている。

岩手県・中国地方・大分県では、「オドロク」が「目が覚める」の意味で使われているが、これは、平安時代の古典などにも現れる古い用法のなごりである。

このような「気づかない方言」を、この辞典では方言のマークをつけて紹介《しょうかい》してある。じつは自分の住む地方でしか通じない、意外なことばの意味を見つけてみよう。

松尾芭蕉(ばしょう) (1644～94) 江戸前期の俳人。俳諧の文学性を高めた。「俳諧七部集」「おくのほそ道」。

ど を考えないで、思いのままに言うこと。アホーゲン

ぼうけん【冒険】〈名・する〉へたをすれば命をおとしたり、大損害をうけたりするようなことを、あえて行なうこと。例冒険にいどむ。あえて冒険する必要はない。冒険心(にとむ)。類探検。

[1]**ぼうげん【暴言】**〈名〉その場のふんいきを、めちゃくちゃにこわしてしまうような発言。例暴言をはく。

[2]**ぼうげん【妄言】**〈名〉⇩もうげん

ほうけんじだい【封建時代】〈名〉〔歴史〕封建制度が行なわれた時代。日本では、鎌倉《かまくら》時代から江戸《えど》時代までをいい、ヨーロッパでは、八世紀から一五世紀ごろまでをいう。

ほうけんしゅぎ【封建主義】〈名〉封建社会に特有な考えかた。身分や階級など、上下の区別をおもんじて、個人の権利や自由などをかろんじる。

ほうけんせいど【封建制度】〈名〉〔歴史〕土地をなかだちとして、君主と家臣のあいだに主従関係がむすばれる、社会や政治のしくみ。君主は自分の領地以外の土地を家臣に分けあたえて治めさせ、家臣は土地とひきかえに君主に忠誠をちかった。日本の武家政治の時代や中世のヨーロッパで行なわれた。

ほうけんてき【封建的】〈形動〉封建時代そのままに、身分や階級などの上下関係を重視して、下位の者の自由や権利を認めず、民主的でないようす。

ほうこ【宝庫】〈名〉たからものをしまっておく倉庫。

表現「図書館は知識の宝庫である」「資源の宝庫」のような言いかたで、多くのすぐれたものがあるところや、また、産物がたくさんとれるところをいう。

ぼうご【防護】〈名・する〉危険や災害などからふせぎまもること。例防護服。防護壁《へき》。

[1]**ほうこう【方向】**〈名〉❶進んでいく方。例方向を変える。逆の方向。方向音痴《おんち》。方向転換《てんかん》。類むき。方角。❷ものごとをどちらへむかって進めていくべきかについての、考えやめあて。例方向を決する。方向をあやまる。将来の方向。類針路。方針。▽アホーコー

[2]**ほうこう【芳香】**〈名〉気持ちがよくなるようないいかおり。例芳香がただよう。芳香剤《ざい》。対悪臭《あくしゅう》。類香気。アホーコー

[3]**ほうこう【▼彷▼徨】**〈名・する〉あてもなくさまよいあるくこと。例街《まち》を彷徨する。アホーコー

[4]**ほうこう【奉公】**〈名・する〉主人につかえること。例奉公人《にん》。でっち奉公。アホーコー

[5]**ほうこう【▼咆▼哮】**〈名・する〉トラなどのけものがほえること。アホーコー

[6]**ほうこう【放校】**〈名・する〉学校の規則をやぶったりした生徒を、学校から追放すること。アホーコー

表現 波の音などがすさまじくひびくことをいうこともある。

ほうごう【縫合】〈名・する〉手術やけがでできた傷口をぬいあわせること。

[1]**ぼうこう【▼膀▼胱】**〈名〉腎臓《じんぞう》でつくられた尿《にょう》を、いちじためておくためのふくろのかたちをした器官。

[2]**ぼうこう【暴行】**〈名・する〉他人に暴力を加えること。例なぐるけるの暴行を加える。婦女《ふじょ》暴行。類乱暴。

ほうこうおんち【方向音痴】〈名〉方角についての感覚がにぶく、道に迷いやすい人。

ほうこうづ・ける【方向付ける】〈動下一〉そこから進んでいくことになる、また、これから進むべき、方向や目標を定める。例議論を方向付ける。一生を方向付ける。

ほうこうてんかん【方向転換】〈名・する〉今までの方向をあらためて、別の方向にかえること。例輸出一辺倒《いっぺんとう》から輸入拡大に方向転換する。

ほうこく【報告】〈名・する〉知らせること。とくに、命じられた仕事の経過や結果を知らせること。例報告をまとめる。部長に報告する。報告書。中間報告。

ぼうこく【亡国】〈名〉❶国をほろぼすこと。対興国。❷国がほろびること。例亡国の民《たみ》。

[1]**ぼうさい【亡妻】**〈名〉死んで、今はいない妻《つま》。対亡夫。

[2]**ぼうさい【防災】**〈名〉災害をふせぎとめること。例防災訓練。防災計画。類減災《げんさい》。

[1]**ほうさく【方策】**〈名〉こまったことや問題を解決するための手だて。例方策をたてる。類対策。

[2]**ほうさく【豊作】**〈名〉イネなどの農作物がゆたかにみのること。対凶作《きょうさく》。不作。類満作。

[1]**ぼうさつ【忙殺】**〈名・する〉(「…に忙殺される」の形で)…のせいでものすごくいそがしい。例雑務に忙殺され、本来の仕事に手がつかない。

[2]**ぼうさつ【謀殺】**〈名・する〉あらかじめ計画して人を殺すこと。対故殺。

ぼうさりん【防砂林】〈名〉風がはこぶ砂の被害《ひがい》を防ぐためにもうけた林。

ほうさん【▼硼酸】〈名〉〔化学〕透明《とうめい》な、うろこのような結晶《けっしょう》。温水によくとけ、弱い酸性をしめす。ガラスの原料とするほか、うがい薬などにも使う。

表記 理科の教科書などでは「ホウ酸」と書かれる。

ぼうさん【坊さん】〈名〉「僧《そう》」を親しんでよぶことば。類和尚《おしょう》。

囲み記事 49

方言に残る古語

鎌倉《かまくら》時代の随筆《ずいひつ》『徒然草《つれづれぐさ》』の、「高名《こうみょう》の木登り」という有名な話の中に、木登りの名人と言われた男が、人を木に登らせた時、危なそうなところでは何も言わず、軒《のき》の高さくらいまで降りてきた時になって「あやまちすな、心して降りよ。」とことばをかける場面がある。この「あやまち」は「けが」の意味で使われていて、かんたんに降りられる高さのところになって注意をうながしていることから、「油断大敵《ゆだんたいてき》」の教訓に当たると言われている。

共通語の「あやまち」は、「重大な過《あやま》ちを犯《おか》してしまった」のように、「まちがい、失敗」の意味で用いられることが多いが、「けが」の意味のほうが古く、奈良時代から使われている。なんらかの失敗がけがにつながるとの発想から、「けが」の意味が生まれたと考えられる。

いまでは、共通語の世界で「あやまち」を「けが」の意味で使うことはなくなったが、富山を中心に北陸地方では、「あやまち」が、「捻挫《ねんざ》、打撲《だぼく》、骨折、脱臼《だっきゅう》」などの外傷《がいしょう》を表わす方言として残っている。いわゆる「接骨院《せっこういん》」のことを「あやまち医者」と呼ぶこともある。他の地域から引っこしてきた人に、失敗しそうで怖くて診《み》てもらえないと誤解されたエピソードもあるようだ。

マッカーサー(1880～1964) アメリカの軍人。連合軍最高司令官として日本の占領政策を推進。

1 **ほうし【芳志】**〈名〉相手の親切な気持ちや、もらったものをいう尊敬語。例 ご芳志まことにありがたくちょうだいいたしました。類 芳情。厚情《こうじょう》。

2 **ほうし【放恣】**〈名・形動〉でたらめで、だらしがないようす。類 放埒《ほうらつ》。奔放《ほんぽう》。

3 **ほうし【法師】** 一〈名〉〔仏教〕「僧《そう》」の古い言いかた。二〈接尾〉「…のような人」という意味を表わす。多く「ぼうし」とにごる。例 影《かげ》法師。

4 **ほうし【奉仕】**〈名・する〉❶社会や人のために力をつくすこと。例 社会に奉仕する。奉仕活動。❷商品のねだんを安くすること。例 奉仕品。類 勉強。サービス。

5 **ほうし【胞子】**〈名〉シダ植物とコケ植物、菌類《きんるい》、海藻《かいそう》などが繁殖《はんしょく》するための、粉のような細胞。単独で芽を出して、新しい個体になる。

ほうじ【法事】〈名〉〔仏教〕なくなった人の冥福《めいふく》をいのるための行事。類 法会《ほうえ》。法要。

1 **ぼうし【防止】**〈名・する〉のぞましくないことが起こらないように、ふせぎとめること。例 事故を防止する。危険防止。ア ボーシ

2 **ぼうし【某氏】**〈名〉名前がわからない人や、わかっていてもはっきりさせたくない人をさして使うことば。ア ボーシ

表現 同じような言いかたの「某」に比べて、ていねいさがある言いかた。また、「鈴木某」とはいえるが、「鈴木某氏」とはあまりいわない。

3 **ぼうし【帽子】**〈名〉保護したりかざったりするために、頭にかぶるもの。例 帽子をぬぐ。帽子をとる。ア ボーシ

ほうしき【方式】〈名〉ものごとをするときの、きまったやりかた。例 方式にしたがう。新しい方式。一定の方式。

ほうじちゃ【ほうじ茶】『▼焙じ茶』〈名〉番茶を火でいって、独特のかおりをつけたお茶。

ほうしゃ【放射】〈名・する〉❶〔物理〕物体が、熱や光などのエネルギーを外へだすこと。輻射《ふくしゃ》。❷線状のものが、一点から四方にひろがっていくこと。例 放射状。

ぼうじゃくぶじん【傍若無人】〈名・形動〉あたりに人がいないかのように、かって気ままにふるまうようす。例 傍若無人のふるまい。類 わがもの顔。参考『史記』のことば。「傍《かたわ》らに人《ひと》無《な》きが若《ごと》し」と読みくだす。

ほうしゃじょう【放射状】〈名〉中心から線状のものが四方八方に伸びている形状。

ほうしゃせいげんそ【放射性元素】〈名〉〔化学〕放射能をもつ元素。ウランなどの天然のものと、プルトニウムのように、人工的につくられるものとがある。

ほうしゃせいぶっしつ【放射性物質】〈名〉放射能をもつ物質。

ほうしゃせん【放射線】〈名〉〔物理〕放射性元素がこわれるときにだす粒子《りゅうし》線や電磁波。

ほうしゃのう【放射能】〈名〉❶放射線をだす性質や作用。例 ラジウムには放射能がある。❷「放射線」または「放射性物質」のこと。例 放射能をあびる。放射能に汚染《おせん》される。注意 ①が本来の意味。

ほうしゃれいきゃく【放射冷却】〈名〉地表の熱が上空に放射して、地面が冷える現象。晴れて風のない夜中から明け方にかけてよく起こる。

ぼうしゅ【▼芒種】〈名〉二十四節気の一つ。今の六月六日ごろ。イネを植える時季。

ぼうじゅ【傍受】〈名・する〉他人のあいだでやりとりされている無線通信や電話を聞くこと。類 盗聴《とうちょう》。

ほうしゅう【報酬】〈名〉❶働いたことの見返りとしてうけとるお金。例 報酬をえる。❷人がしたことに対する、むくい。例 努力したことに対する当然の報酬。

ほうじゅう【放縦】〈形動〉自分のしたことについて責任をとらないような、かって気ままで、だらしのないようす。対 自制。類 放逸《ほういつ》。放恣《ほうし》。放埒《ほうらつ》。奔放《ほんぽう》。

1 **ぼうしゅう【防臭】**〈名・する〉いやな臭《にお》いをおさえること。例 防臭剤《ざい》。類 消臭。ア ボーシュー

2 **ぼうしゅう【房州】**〈名〉旧国名「安房《あわ》」の漢語名。例 房州うちわ。房州びわ。ア ボーシュー

ほうしゅつ【放出】〈名・する〉❶いきおいよくふきだすこと。例 エネルギーを放出する。❷国や大きな団体などがたくわえておいた品物を、ひろく社会に提供すること。例 物資を放出する。

ほうじゅん【芳▼醇】〈形動〉かおりが高く、あじわいがいい。例 芳醇な酒。

ほうしょ【奉書】〈名〉「奉書紙」の略。コウゾの繊維でつくった、あつくて上等な和紙。

ほうじょ【▼幇助】〈名・する〉手助けすること。犯罪や自殺などをなんらかのかたちで助ける場合に使うことば。例 自殺幇助罪。

ぼうしょ【某所】〈名〉わからない場所や、わかっていてもはっきりさせたくない場所をさして使うことば。例 都内某所。

1 **ほうしょう【法相】**〈名〉法務大臣のこと。国務大臣の一人で、法務省の長。

2 **ほうしょう【報奨】**〈名〉りっぱな行ないや功績に対して金品を与え、奨励《しょうれい》すること。例 報奨金。

3 **ほうしょう【報償】**〈名・する〉損害をつぐなうこと。努力にむくいること。例 報償金。

4 **ほうしょう【褒章】**〈名〉りっぱな行ないをほめ、国があたえる記章。例 紫綬《しじゅ》褒章。

5 **ほうしょう【褒賞】**〈名・する〉すぐれた行ないをほめたたえること。そのしるしとして与えるお金やもの。類 褒美。恩賞。

1 **ほうじょう【方丈】**〈名〉❶一丈(=約三・〇三メートル)四方。その広さの部屋や建物。❷〔仏教〕寺の中の、住職のすむところ。また、住職。

2 **ほうじょう【芳情】**〈名〉相手の、自分に対するあたたかな気持ちをいう尊敬語。例 ご芳情、感謝します。類 芳志。厚情《こうじょう》。

3 **ほうじょう【豊▼穣】**〈名〉作物《さくもつ》がゆたかにみのること。例 五穀豊穣をいのる。

4 **ほうじょう【豊▼饒】**〈形動〉土地などに、農作物を育てる養分がゆたかにあるようす。例 豊饒な土地。対 不毛。類 肥沃《ひよく》。

ぼうしょう【傍証】〈名〉事実の確認をつよめるような、間接的な証拠《しょうこ》。例 傍証をかためる。

ほうじょうえ【放生会】〈名〉〔仏教〕つかまえた生き物をはなしてやる仏事。陰暦八月十五日に行なう。

1 **ほうしょく【奉職】**〈名・する〉公務員や教員などの職につくこと。

2 **ほうしょく【飽食】**〈名・する〉もうこれ以上は食べられないというぐらい、腹いっぱい食べること。

1 **ぼうしょく【紡織】**〈名〉糸をつむいだり、布を織ったりすること。

2 **ぼうしょく【望▼蜀】**〈名〉一つの望みをとげて、さらに次を望むこと。由来 中国後漢の光武帝《こうぶてい》が、隴《ろう》の国を得て、なお、蜀の国を得ようとした故事から。

ほうしょくだんい【飽食暖衣】〈名〉あきるほど食

べ、あたたかい服をたくさん着ること。暖衣飽食。[参考]安楽な生活にひたっている態度をいう、孟子《もうし》のことば。

1 **ほう・じる【奉じる】**〈動上一〉❶さしあげる。[類]献上《けんじょう》する。たてまつる。献じる。❷命令や教えなどをたいせつにして、それに心からしたがう。[例]主君の命を奉じる。キリスト教を奉じる(=信仰《しんこう》する)。▽「奉ずる」ともいう。

2 **ほう・じる【崩じる】**〈動上一〉高貴な人がなくなることをうやまっていうことば。「崩ずる」ともいう。[類]崩御《ほうぎょ》。[表現]天皇・皇后・皇太后・太皇太后についてのみいう。

3 **ほう・じる【報じる】**〈動上一〉❶知らせる。[例]近況《きんきょう》を報じる。事件を報じる。[類]報告する。報道する。❷してくれたことに対して、むくいる。[例]恩に報じる。あだを報じる。▽「報ずる」ともいう。

4 **ほう・じる『▼焙じる』**〈動上一〉こげるぐらいに加熱して、しめりけをとりさる。[例]茶をほうじる。[類]煎《い》る。

1 **ほうしん【方針】**〈名〉ものごとを進めるにあたっての、めざす方向。[例]方針にしたがう。方針をかかげる。方針をきめる。方針をとる。将来の方針。既定《きてい》方針。外交方針。[類]進路。針路。[参考]方位を示す磁針《じしん》の意味から。

2 **ほうしん【放心】**〈名・する〉❶気がぬけて、ぼんやりすること。[例]放心状態。[類]虚脱《きょだつ》。❷心配したり、気にかけたりするのをやめること。[類]放念。休心。安心。

[表現]②は、手紙文で「その件については、どうかご放心ください」のように使うが、「放念」のほうがふつう。

3 **ほうしん【砲身】**〈名〉大砲の、弾《たま》をこめて発射する長い筒状《つつじょう》の部分。

1 **ほうじん【邦人】**〈名〉外国にいる日本人。[例]在留邦人。

2 **ほうじん【法人】**〈名〉〔法律〕会社や団体など、個人と同じように、権利をもち義務をおうことがみとめられている組織。[例]法人税。財団法人。[対]自然人。

ぼうじん【防▼塵】〈名〉ちりやほこりが入ってくるのを防ぐこと。[例]防塵マスク。

ほうじんぜい【法人税】〈名〉株式会社など、法人の所得に対してかけられる国税。

ぼうず【坊主】〈名〉❶寺の住職。僧《そう》。くだけた言いかた。❷かみの毛をごく短くかった頭。[例]坊主頭。まる坊主。くりくり坊主。❸表面をおおっているはずのものが、ないこと。[例]坊主になった山。❹男の子を、親しみをこめて、また、からかってよぶことば。[例]いたずら坊主。三年坊主。[類]小僧《こぞう》。

[表現](1)①は、「生臭《なまぐさ》坊主」のように、ばかにしていう場合もある。また、②は、「坊主になってわびる」のように、わびるときの気持ちをかたちに表わした「坊主頭」の意味でも使う。(2)「三日坊主(=決心してはじめたことがごくみじかいあいだしかつづかない人)」「なまけ坊主(=なまけてばかりいる人)」のように、ほかのことばのあとにつけて、からかう気持ちをこめて人をよぶ使いかたがある。

坊主憎《にく》けりゃ袈裟《けさ》まで憎い ある人をにくらしいと思うと、その人に関係するすべてがにくらしい。

ほうすい【放水】〈名・する〉❶ダムや川などの水をながすこと。[例]放水路。[類]放流。❷火事を消すために、ホースで水を勢いよくかけること。

1 **ぼうすい【防水】**〈名・する〉水がしみこまないようにすること。[例]防水加工。

2 **ぼうすい【紡▼錘】**〈名〉糸をつむいで巻きとる道具。

ぼうすいけい【紡▼錘形】〈名〉中央が太くて、両はしがだんだんに細くとがった状態になっている円柱形。

ほうすいろ【放水路】〈名〉❶川の水があふれないように、本流から分けて流すようにした人工の川。❷水力発電所で、使った水を流す水路。

1 **ほう・ずる【奉ずる】**〈動サ変〉⇩ほうじる〔奉じる〕 [ア]ホーズル ホーズル

2 **ほう・ずる【封ずる】**〈動サ変〉主君がけらいに領地をあたえて、そこの主とする。封建時代に行なわれた。[ア]ホーズル ホーズル

3 **ほう・ずる【崩ずる】**〈動サ変〉⇩ほうじる〔崩じる〕 [ア]ホーズル ホーズル

4 **ほう・ずる【報ずる】**〈動サ変〉⇩ほうじる〔報じる〕 [ア]ホーズル ホーズル

ほうすん【方寸】〈名〉❶非常にせまい範囲《はんい》。❷心の中。胸のうち。[例]思いを方寸におさめる。

1 **ほうせい【砲声】**〈名〉大砲をうつ音。[例]砲声がとどろく。[類]銃声《じゅうせい》。

2 **ほうせい【縫製】**〈名・する〉工場や作業場などで、衣服をミシンでぬってつくること。

ぼうせい【暴政】〈名〉国民を苦しめる、ひどい政治。[対]仁政。徳政。善政。[類]悪政。

ほうせき【宝石】〈名〉かがやきが美しく、かざりとして使われる、かたい鉱物。ダイヤモンドやエメラルドなど。

[方言]奈良では、おやつにも言う。

ぼうせき【紡績】〈名〉綿《わた》や毛などの繊維《せんい》をつむぎ、糸にすること。[例]紡績機械。

ほうせつ【包摂】〈名・する〉広い概念《がいねん》が、よりせまい概念のものをつつみこむこと。[例]「ヒト」は「哺乳《ほにゅう》類」に包摂される。

ぼうせつ【防雪】〈名〉ふぶきやなだれなどの、雪の害をふせぐこと。[例]防雪林。

ぼうせつりん【防雪林】〈名〉ふぶきやなだれから鉄道や道路を守るために もうけられた、杉などの林。

1 **ぼうせん【防戦】**〈名・する〉たたかって敵の攻撃《こうげき》をふせぐこと。[例]防戦につとめる。[類]防衛。防御《ぼうぎょ》。応戦。抗戦《こうせん》。

2 **ぼうせん【傍線】**〈名〉たて書きの文の文字の右わきに引いた線。サイドライン。[対]下線。

ぼうぜん【▼呆然・▼茫然】〈副・連体〉あまりのことに、あっけに とられるようす。[例]呆然と立ちつくす。呆然とした顔。[類]啞然《あぜん》。

ほうせんか『▼鳳仙花』〈名〉庭などにうえる草花の一種。一年草。夏から秋にかけて、葉のかげに赤・白などの花がさく。実《み》が熟すと種がはじけとぶ。

ぼうぜんじしつ【▼茫然自失】〈名・する〉思いもかけないことに出あったおどろきや悲しみで、なにがなんだかわからなくなること。[例]茫然自失の状態。

1 **ほうそう【包装】**〈名・する〉❶品物を紙などでつつむこと。[例]包装紙。❷にづくりをすること。[類]梱包《こんぽう》。

2 **ほうそう【放送】**〈名・する〉マイクや電波を使って、音声や映像を伝えること。[例]放送室。校内放送。放送局。テレビ放送。インターネット放送。[類]ブロードキャスト。

3 **ほうそう【法曹】**〈名〉法律関係の仕事をしている人。裁判官や弁護士など。[例]法曹界。

4 **ほうそう【▼疱▼瘡】**〈名〉天然痘《てんねんとう》。

ぼうそう【暴走】〈名・する〉❶規則を無視して、車で乱暴に走ること。[例]暴走族。❷車がかってに走りだすこと。[例]暴走車。❸まわりのことを考えないで、自分かってにものごとをおしすすめること。[例]軍部の暴走をだれもお

ほ

さえられなかった。類 独走。

ほうそうきょく【放送局】〈名〉 ラジオ・テレビの放送を発信するところ。

ぼうそうぞく【暴走族】〈名〉 グループを組み、オートバイや自動車を乗りまわして、騒音《そうおん》や無謀《むぼう》な走行でまわりに迷惑《めいわく》をかける集団。

ほうそく【法則】〈名〉 ❶自然界でおこることに、つねに存在する関係。例 引力の法則。遺伝の法則。❷まもるべききまり。類 規則。

ほうたい【包帯】『▼繃帯』〈名〉 傷口などを保護するために、その部分にまく ほそながいガーゼや布。

1 **ほうだい【砲台】**〈名〉 大砲をすえつけて、砲弾《ほうだん》を発射しやすくした陣地《じんち》。

2 **ほうだい【放題】**〈接尾〉「…するにまかせてまったく制限しない」という意味を表わす。例 言いたい放題。

ボウタイ〈名〉 蝶《ちょう》ネクタイ。◇bow tie

ぼうだい【膨大】『▼厖大』〈形動〉 全体の量やその内容が、とても処理しきれないほど多い。例 膨大な資料。類 莫大《ばくだい》。

ぼうたかとび【棒高跳び】〈名〉 陸上競技の種目の一つ。長い棒を使って、高いところに かけられたよこ木(バー)をとびこえて、その高さをきそう。

ぼうだち【棒立ち】〈名〉 はげしいおどろきなどで、棒を立てたように からだが硬直《こうちょく》してしまうこと。例 棒立ちになる。

1 **ほうだん【放談】**〈名・する〉 思ったことをなんのえんりょもなく話すこと。えんりょのない話。例 放談会。

2 **ほうだん【砲弾】**〈名〉 大砲のたま。

ぼうだん【防弾】〈名〉 銃弾《じゅうだん》がつきぬけるのを防ぐこと。例 防弾ガラス。防弾チョッキ。

1 **ほうち【放置】**〈名・する〉 必要な処置をしなければならないのに、そのままほったらかしにしておくこと。例 問題を放置する。放置自転車。ア ホーチ

2 **ほうち【報知】**〈名・する〉 知らせること。例 火災報知器。類 通報。ア ホーチ ホーチ

ほうちく【放逐】〈名・する〉 ある地域や組織から、追いだすこと。例 国外に放逐する。類 追放。

ほうちこっか【法治国家】〈名〉 法律にもとづいて、政治が行なわれている国。

ほうちゃく【▼逢着】〈名・する〉 ある事実や解決すべき問題にぶつかること。例 むずかしい問題に逢着する。類 出会う。出くわす。行き当たる。直面する。

1 **ぼうちゅう【忙中】**〈名〉 非常にいそがしいとき。ア ボーチュー

忙中閑《かん》あり いくらいそがしいといっているなかでも、少しくらいのひまな時間はあるものだ。

2 **ぼうちゅう【防虫】**〈名〉 衣類などに害虫がつかないようにすること。例 防虫剤《ざい》。ア ボーチュー

3 **ぼうちゅう【傍注】**〈名〉 書物の本文の行のわきに書きしるした注釈《ちゅうしゃく》。ア ボーチュー

1 **ほうちょう【包丁】**『▼庖丁』〈名〉 料理のときに使う刃物《はもの》。菜《な》切り包丁や出刃《でば》包丁などがある。
表現 ふつう一本二本と数えるが、一挺(丁)《いっちょう》二挺(丁)《にちょう》も使う。

2 **ほうちょう【放鳥】**〈名・する〉 育てた鳥や、捕《と》らえていた鳥を、自然の中へ放すこと。

1 **ぼうちょう【傍聴】**〈名・する〉 会議や公判などを、当事者ではない人がわきで聞くこと。例 傍聴席。傍聴人《にん》。

2 **ぼうちょう【膨張】**『膨▼脹』〈名・する〉 ❶〔物理〕熱などによって、物体がふくれて大きくなること。例 膨張率。対 収縮。❷限度をこえてふくれあがること。例 予算が膨張する。

ほう(放)っておく 手をつけず、そのままにしておいて、かえりみない。例 心配でほうっておけない。あれほどの才能はスカウトがほうっておかない。類 ほったらかす。
参考 くだけた言いかたは「ほっとく」。

ぼうっと 一〈副・する〉 ❶ものがぼやけて見えるようす。例 春霞《はるがすみ》で山がぼうっと見える。❷はっきりせず、ぼんやりしているようす。例 頭がぼうっとする。
二〈副〉 ❶汽笛などが鳴るようす。例 ぼうっと霧笛《むてき》がひびく。❷ほのおが勢いよく燃え上がるようす。

ぽうっと〈副・する〉 ❶ぼんやりするようす。例 熱気でぽうっとなる。❷じんわりと赤みがさしたり、明るくなったりするようす。例 ほおをぽうっとそめる。東の空がぽうっと明るんできた。類 ぼっと。

1 **ほうてい【法定】**〈名〉 法律できめられていること。例 法定通貨《つうか》。法定価格。

2 **ほうてい【法廷】**〈名〉 裁判が行なわれるところ。裁判所。例 法廷をひらく。法廷であらそう。

ほうていしき【方程式】〈名〉〔数学〕 未知の数や式をもとめるために、それを文字で表わしてつくった等式。例 方程式をとく。化学方程式。

ほうていでんせんびょう【法定伝染病】〈名〉 かつての伝染病予防法で、発生した場合に伝染をふせぐために、届け出や隔離《かくり》、消毒が義務づけられていた病気。コレラ・赤痢《せきり》(疫痢《えきり》をふくむ)・腸チフス・パラチフス・天然痘《てんねんとう》・猩紅《しょうこう》熱・ジフテリア・発疹《はっしん》チフス・流行性脳脊髄膜炎《のうせきずいまくえん》・ペスト・日本脳炎の十一種。

ほうてき【法的】〈形動〉 法律の立場から考えるようす。例 法的な根拠《こんきょ》。法的に規制する。

1 **ほうてん【宝典】**〈名〉 たいせつな知識がたくさん書かれている貴重な本。

2 **ほうてん【法典】**〈名〉 ❶同じ種類の法律を体系的に分類し、まとめた書物。❷法律。

ほうでん【放電】〈名・する〉〔物理〕 ❶電池などにたまっていた電気が流れだすこと。対 充電《じゅうでん》。❷二つの電極のあいだで、空気などの絶縁《ぜつえん》体をとおして電流がながれること。例 放電管。

ぼうてん【傍点】〈名〉 読者の注意をひくように、文章の重要な部分やまぎらわしい語句の文字のわきに一字ずつうつ点。類 圏点《けんてん》。

ほうと【方途】〈名〉 ものごとのやりかたや、すすむべき方向。例 方途を模索《もさく》する。実現の方途。類 方法。

ぼうと【暴徒】〈名〉 暴動をおこした者たち。例 暴徒と化す。暴徒を鎮圧《ちんあつ》する。

ほうとう【放▼蕩】〈名・する〉 しなければいけないことをそっちのけにして、やたらにお金をつかって遊びまわること。例 放蕩むすこ。類 放埒《ほうらつ》。遊蕩。

ほうどう【報道】〈名・する〉 マスメディアを介《かい》して、ニュースを人々に知らせること。例 報道機関。報道番組。

1 **ぼうとう【冒頭】**〈名〉 文章や話、映画などのはじめの部分。例 冒頭にかかげる。冒頭に述べる。対 結尾。末尾。類 出だし。

2 **ぼうとう【暴投】**〈名・する〉 野球で、投手が、捕手《ほしゅ》のとれないようなボールを投げること。ワイルドピッチ。

 松平容保(かたもり) (1835〜93) 江戸末期の会津藩主。京都守護職。尊王攘夷派を退け，公武合体を推進。

[3]**ぼうとう【暴騰】**〈名・する〉ねだんが急に大幅に上がること。例株価が暴騰する。対暴落。類急騰。

ぼうどう【暴動】〈名〉社会に不満をもつ多くの人が集まっておこすさわぎ。例暴動がおきる。類反乱。

ほうどうきかん【報道機関】〈名〉新聞社や放送局など、報道を仕事とする機関。

ほうどうじん【報道陣】〈名〉取材や放送をするために現場に集まった、記者やレポーター、カメラマンたち。

ぼうとく【冒▼瀆】〈名・する〉とうといものや、権威《けんい》あるものなどを、けがすこと。例神を冒瀆する。

ほうにち【訪日】〈名・する〉外国の人が日本を訪問すること。類来日《らいにち》。来朝。

表現「来日」「来朝」は日本から見た言いかた、「訪日」は訪問する人を中心とした言いかた。

ほうにょう【放尿】〈名・する〉小便をすること。

ほうにん【放任】〈名・する〉なにもかまわずに、したいほうだいにさせておくこと。例放任主義。自由放任。類野放し。

ほうねつ【放熱】〈名・する〉❶部屋をあたたかくするために、熱をだして空気をあたためること。❷機械などをひやすために、熱をちらすこと。

[1]**ほうねん【放念】**〈名・する〉気がかりなことを忘れて、安心すること。例ご心配いただいた問題は解決しましたので、どうかご放念ください。類放心。休心。

[2]**ほうねん【豊年】**〈名〉農作物のできがよい年。豊作の年。例豊年満作。対凶年《きょうねん》。

ぼうねんかい【忘年会】〈名〉年末に職場の人やなかまが集まり、食事をしたり酒をのんだりして、その年にあった苦労をわすれ、たのしく語りあう会。類年忘れ。

ほうのう【奉納】〈名・する〉そなえ物やおどり、興行などを神仏にささげること。例奉納試合。類奉献《ほうけん》。

ほうはい【▼澎▼湃】〈副〉水があふれるように、ものごとがさかんにわきおこるようす。例自由の気運が澎湃として起こった。

ほうばい【▼朋輩】〈名〉「友人」「友だち」の古めかしい言いかた。類朋友。

ぼうはく【傍白】〈名〉演劇で、舞台《ぶたい》にいる相手の役者には聞こえないことにして、観客だけに聞かせるせりふ。自分の心のうちを語るときなどに使われる。

ぼうばく【▼茫漠】〈副・連体〉中心も何もなく、ただただ広がっているだけ。例茫漠と広がる原野。茫漠としてつかみどころのない話。茫漠たる砂漠。

ほうばつ【放伐】〈名・する〉むかし中国で、暴政を行なう君主を、武力でたおして新王朝を樹立したこと。↓ぜんじょう①

ぼうはつ【暴発】〈名・する〉❶とんでもないときに、ピストルなどのたまがとびだすこと。❷ちょっとしたきっかけで、群衆《ぐんしゅう》などが急にあばれだすこと。例不満をかかえた民衆は、いつ暴発するかわからない。

ぼうはてい【防波堤】〈名〉外海のあら波をさえぎり、港内の安全をまもるためにきずいた堤《つつみ》。類消波堤。防潮堤。

ぼうばり【棒針】〈名〉棒の形をしている編み物用の、先のとがった針。対かぎ針。

ぼうはん【防犯】〈名〉犯罪がおこらないようにふせぐこと。例防犯ベル。

ぼうはんとうろく【防犯登録】〈名〉購入《こうにゅう》した自転車・オートバイを、都道府県の警察または防犯登録協会に届け出るきまり。店で所定の料金をはらって交付されるステッカーを貼る。

ほうひ【放▼屁】〈名・する〉おならをすること。

ほうび【褒美】〈名〉よい行ないをほめてあたえる、品物やお金。例褒美をもらう。類褒賞。恩賞。

ぼうび【防備】〈名・する〉敵の侵入《しんにゅう》や災害をふせぐ準備をすること。例防備をかためる。無防備。

ぼうびき【棒引き】〈名〉お金の貸し借りをなかったことにすること。例借金を棒引きにする。類帳消し。

由来帳簿《ちょうぼ》などの数字や文字の上に線を引いて、消すことからできたことば。

[1]**ほうふ【抱負】**〈名〉「こうしたい」「こうしよう」などと、心の中にえがいている希望や計画。例抱負を語る。来年の抱負。

[2]**ほうふ【豊富】**〈形動〉たくさんあって、ゆたかである。例豊富な経験。対貧弱《ひんじゃく》。

[1]**ぼうふ【亡夫】**〈名〉死んで、今はいない夫。対亡妻。

[2]**ぼうふ【亡父】**〈名〉死んで、今はいない父。対亡母。類先人。

[1]**ぼうふう【防風】**〈名〉風による害をふせぐこと。例防風林。類風防。アボーフー

[2]**ぼうふう【暴風】**〈名〉ものをふき飛ばすような、はげしい風。例暴風雨。暴風域。類烈風《れっぷう》。アボーフー

ぼうふうう【暴風雨】〈名〉はげしい雨と風。類あらし。

ぼうふうりん【防風林】〈名〉風の害からまもるために、木を植えてつくった林。

[1]**ほうふく【法服】**〈名〉❶裁判官が、法廷《ほうてい》に出るときに着る制服。❷僧《そう》の着る服。類法衣。

[2]**ほうふく【報復】**〈名・する〉ひどいめにあわされた人が、しかえしをすること。例報復手段。報復措置《そち》。類復讐《ふくしゅう》。

ほうふくぜっとう【抱腹絶倒】〈名・する〉あまりにおかしくて、腹をかかえてころげまわるほどに大笑いすること。

ぼうふざい【防腐剤】〈名〉食品などにまぜて、くさったり変化したりするのをふせぐための薬品。

ほうふつ【▼彷▼彿・▼髣▼髴】〈副・する・連体〉❶むかしのようすが、まるでそのままに目にうかぶようす。例なき母のおもかげが彷彿としてくる。❷ぼんやり見えるようす。例霧《きり》の中に山頂が彷彿として見えた。

ほうぶつせん【放物線】【▼抛物線】〈名〉〔数学〕ものを投げたときにできる曲線。例放物線をえがく。↓そうきょくせん絵

参考二次関数のグラフをかくと、この曲線ができる。

ぼうふら〈名〉蚊《か》の幼虫。体長五ミリメートルほどでほそながく、水たまりにすむ。例ぼうふらがわく。

ほうぶん【邦文】〈名〉日本語の文章。日本語用の文字。例邦文タイプ。対欧文《おうぶん》。類和文。

ほうべい【訪米】〈名・する〉アメリカを訪問すること。

ぼうへき【防壁】〈名〉敵の侵入《しんにゅう》をふせぐためのかべ。例防壁をきずく。

ほうべん【方便】〈名〉うまくやるための、その場につごうのよい手段。例うそも方便(↓「うそ〔嘘〕」の子項目)。類便法《べんぽう》。由来もとは仏教で、苦しみもがいている人を助けるための仏の手だてのこと。

ぼうぼ【亡母】〈名〉死んで、今はいない母。対亡父。

ほうほう【方法】〈名〉なにかをしたり、つくったりするときのやりかた。例方法がない。方法をためす。方法を見い

だす。最良の方法。類手だて。手段。方式。方途《ほうと》。

[1]**ほうぼう【方方】**〈名〉いろいろな場所や方向。あちこち。例方々さがしまわる。方々から投書が殺到《さっとう》した。アホーボー 参考「かたがた」と読むのは別のことば。

[2]**ほうぼう【▼魴▼鮄】**〈名〉海にすむ魚。全長四〇《センチメートル》ほどで赤く、胸の大きなひれで海底をはう。アホーボー

ぼうぼう〈副〉❶ひげやかみの毛、草などがのびほうだいになっているようす。例草がぼうぼう(と)しげる。❷火がさかんに燃えているようす。例火がぼうぼう(と)燃えている。

ほうほうのてい(体)ひどいめにあって、にげ出すようす。例ほうほうの体でにげ帰る。

ほうほうろん【方法論】〈名〉学問での、研究のしかたや進めかた、真理のみちびきかたに関する理論。

ほうぼく【放牧】〈名・する〉ウシやウマなどを、放しがいにすること。例放牧場。

ほうまつ【泡▼沫】〈名〉あわ。あぶく。

━ 表現「泡沫候補」(=当選の見こみの少しもない候補者)のように、水のあわのようにはかないものについていう。

[1]**ほうまん【放漫】**〈形動〉少しも計画的でなく、気ままでいいかげんである。例放漫財政。

[2]**ほうまん【豊満】**〈形動〉女性のからだの肉づきがよいこと。例豊満な肉体。対やせぎす。

ほうみょう【法名】〈名〉〔仏教〕❶出家して仏門に入った人にあたえる名前。僧名《そうみょう》。❷死んだ人に、仏の弟子《でし》になったという意味でつける名前。▽対俗名《ぞくみょう》。参考音読みの漢字二字(浄土真宗《じょうどしんしゅう》では三字)でつける。とくに②は、俗に「戒名《かいみょう》」ということが多い。

ほうむしょう【法務省】〈名〉中央官庁の一つ。犯罪捜査《そうさ》や検察業務、犯罪者に対する刑罰《けいばつ》、出入国の管理、戸籍《こせき》や、国民の権利をまもるための仕事をする。

ほうむ・る【葬る】〈動五〉❶遺体や遺骨を墓におさめる。例なきがらを葬る。類埋葬《まいそう》する。❷人に知られないように、こっそり処理する。例闇《やみ》から闇に葬る。❸その社会では二度と活動できないようにする。例社会から葬られる。葬りさる。

ほうめい【芳名】〈名〉「名前」の尊敬語。例芳名簿《ぼ》。ご芳名。類お名前。尊名。

ぼうめい【亡命】〈名・する〉政治的な理由で外国へにげること。例亡命者。

[1]**ほうめん【方面】**〈名〉❶場所を表わすことばのあとにつけて、その方向にある地域をさし示すことば。例来週は関西方面へ出張します。❷仕事や学問研究など、人間のすることをとりあげて、その中をいくつかに分けたときの、一つ一つの領域。例将来はどちらの方面へ進みたいと思いますか。多方面。類分野。▽アホーメン

[2]**ほうめん【放免】**〈名・する〉つかまえておいたものをはなして、自由にさせること。例無罪放免。類釈放《しゃくほう》。アホーメン

ほうもつ【宝物】〈名〉「たからもの」の古風な言いかた。例正倉院《しょうそういん》の宝物。類財宝。

ほうもん【訪問】〈名・する〉人をたずねること。人の家をおとずれること。例訪問客。訪問着。

━ 敬語 謙譲《けんじょう》語としては、「ご訪問する」のほか、「伺《うかが》う」「参上する」「上がる」「おじゃまする」などを使う。

ほうもんぎ【訪問着】〈名〉和装《わそう》のときの婦人の略礼服。

ほうもんはんばい【訪問販売】〈名〉家庭や職場を訪ね歩いて商品を販売すること。

ぼうや【坊や】〈名〉❶男の子を親しんでいうことば。例いつまでも坊やでこまる。類ぼんぼん。❷世なれていない若い男を見くだしていうことば。

ほうやく【邦訳】〈名・する〉外国語で書かれた文章を、日本語の文章に訳すこと。また、訳したもの。類和訳。

ほうゆう【▼朋友】〈名〉「友だち」「友人」のかたい言いかた。類朋輩《ほうばい》。

[1]**ほうよう【包容】**〈名・する〉なにごとにもこだわらず、ひろい心で人をうけいれること。例包容力。

[2]**ほうよう【法要】**〈名〉〔仏教〕なくなった人を供養《くよう》したりする集まり。例法要をいとなむ。類法会《ほうえ》。法事。回向《えこう》。

[3]**ほうよう【抱擁】**〈名・する〉だきしめること。とくに、愛情の表現として、だき合うこと。類ハグ。

ぼうよう【▼茫洋】〈副・連体〉ひろびろとしてはてしないようす。例茫洋とした大海原《おおうなばら》。茫洋たる草原。

ぼうよう(亡羊)のたん(嘆) ⇩たきぼうよう

ほうようりょく【包容力】〈名〉小さなことにこだわらず、人をうけいれてつつみこむ心のひろさ。

ぼうよみ【棒読み】〈名・する〉文章のくぎりや抑揚《よくよう》を無視して、内容も考えず、どこも同じ調子で読むこと。

ほうらい【▼蓬▼莱】〈名〉東の海にあるという、中国の伝説上の仙人《せんにん》の住む山。蓬莱山。台湾《たいわん》、または、富士山の異称《いしょう》としても使う。

ほうらく【崩落】〈名・する〉❶岩石などがくずれ落ちること。例崩落事故。❷株式で、相場が急激に下落すること。例株価の崩落。類暴落。

ぼうらく【暴落】〈名・する〉ねだんが急に大幅に下がること。例株価が暴落する。対暴騰《ぼうとう》。類急落。

ほうらつ【放▼埒】〈形動〉遊びにばかりふけっていて、だらしがない。類放蕩《ほうとう》。遊蕩。放恣《ほうし》。奔放《ほんぽう》。放縦《ほうじゅう》。

ほうらん【抱卵】〈名・する〉親鳥がたまごをかえすために、だいてあたためること。

ぼうり【暴利】〈名〉不当に多い利益。例暴利をむさぼる。

ほうりこ・む【放り込む】〈動五〉乱暴に投げ入れる。例洗たく機に洗たく物を放り込む。あめ玉を口に放り込む。対放りだす。

ほうりだ・す【放り出す】〈動五〉❶乱暴になげだす。例外へ放り出す。対放りこむ。❷つづけるべきことを途中《とちゅう》でやめてしまう。例仕事を放り出す。類投げ出す。放棄《ほうき》する。❸せわなどをしないで、知らんぷりをする。例子どもを放り出して外出する。

ほうりつ【法律】〈名〉議会などがきめ、国民がまもらなければならないきまり。例法律違反《いはん》。類法。

ほうりっぱなし【放りっぱなし】〈名〉きちんと処理したり、せわをしたりしなければならないものを、放ったままにしておくこと。例ぬいだ上着を放りっぱなしにする。類ほったらかし。

ほうりな・げる【放り投げる】〈動下一〉❶ぽいと投げる。投げるようにおく。例石を放り投げる。❷途中《とちゅう》でやめる。例仕事を放り投げる。類放りだす。

ほうりゃく【方略】〈名〉はかりごと。例方略をめぐらす。類計略。策略。

ぼうりゃく【謀略】〈名〉敵をだますためのはかりごと。例謀略をめぐらす。類策略。陰謀《いんぼう》。悪だくみ。

ほうりゅう【放流】〈名・する〉❶魚をふやすために、稚魚《ちぎょ》を川などにはなすこと。❷せきとめていた水を流すこと。類放水。

ぼうりゅう【傍流】〈名〉❶川の本流からわかれてでた流れ。類分流。❷主流からはずれた系列。類傍系。

ほうりょう【豊漁】〈名〉魚がたくさんとれること。対不漁。類大漁。

ぼうりょく【暴力】〈名〉力ずくで思いどおりにしようとする乱暴な行ない。例暴力をふるう。暴力行為《こうい》。

ぼうりょくだん【暴力団】〈名〉暴力で人をおどしてお金などをまきあげたりする、無法者の組織的な集団。類やくざ。反社会的勢力。

ボウリング〈名〉十本のピンを目がけて、重いたまをころがし、たおしたピンの数で勝敗をきめる室内競技。パーフェクトは三〇〇点。◇bowling →ボーリング

ほう・る【放る】〖▼抛る〗〈動五〉❶手でなげる。例ボールを放る。❷中途《ちゅうと》でやめる。例宿題を放ったままで遊びに行く。放り出す。→ほうっておく
方言 北陸・近畿《きんき》・中国・四国などでは、「捨てる」の意味でも使い、「ほる」とも言う。

ボウル〈名〉料理などに使う、底のふかい鉢《はち》。ボール。例サラダボウル。◇bowl

ほうれい【法令】〈名〉国できめたきまり。類法規。
表現 立法機関が定める「法律」と、行政機関が定める「命令」とをあわせたよび名。

ぼうれい【亡霊】〈名〉❶死んだ人のたましい。類霊魂《れいこん》。❷幽霊《ゆうれい》のこと。

ほうれき【邦暦】〈名〉⇩われき

ほうれつ【放列】〈名〉いっせいに射撃《しゃげき》できるように、大砲《たいほう》をいくつもよこにならべた隊形。また、それに似《に》たかたち。例放列をしく。カメラの放列。
表記 大砲をならべる場合は、「砲列」とも書く。

ほうれんそう〖▼菠▼薐草〗〈名〉野菜の一つ。一年草または二年草。ビタミンAやビタミンCに富《と》み、葉や茎《くき》をおひたしなどにして食べる。

ほうろう[1]【放浪】〈名・する〉きまった家をもたないで、あちこちさまよって暮らすこと。例放浪の旅。放浪癖《へき》。類流浪《るろう》。流転。漂泊《ひょうはく》。

ほうろう[2]【▼琺▼瑯】〈名〉「エナメル②」のこと。
表記「ホーロー」とも書かれる。

ぼうろう【望楼】〈名〉遠くを見わたすための高い塔《とう》や建物。類物見やぐら。

ほうろく〖▼焙▼烙〗〈名〉ゴマなどをいったりするのに使う、すやきの土なべ。→どうぐ絵

ぼうろん【暴論】〈名〉道理にあわない、乱暴な議論。例暴論をはく。

ほうわ[1]【法話】〈名〉仏の教えについてのはなし。類説法。法談。

ほうわ[2]【飽和】〈名・する〉❶〔化学〕ある温度の溶媒《ようばい》が、その中に最大限に物質をとかしこんでいること。一定の温度の空気が、最大限に水蒸気をふくんだときの状態。❷あまりにいっぱい入っていて、それ以上は少しも入らないこと。例大都市の人口はすでに飽和状態にある。

ほえい【帆影】〈名〉⇩ほかげ

ほえづら【ほえ面】〖▼吠え面〗〈名〉泣いている顔。例あとでほえ面をかく(=くやしがって泣く)なよ。

ポエム〈名〉詩。◇poem

ほ・える〖▼吠える・▼吼える〗〈動下一〉イヌやけものが、あたりにつよくひびく声をだす。類咆哮《ほうこう》する。

ほお[1]〖▽朴〗〈名〉山地に生える落葉高木。大きな葉をつけ、初夏、かおりのよい白い花がさく。材はやわらかく、ひび割れしないので、版木やげた、器具などにひろく使われる。ほおのき。
方言 島根では、「泣きわめく」の意味でも使う。

ほお[2]【頬】〈名〉顔の両わきの、やわらかい部分。ほほ。ほっぺた。例頬がこける。頬を染める。

頬を染《そ》める はずかしさなどのために、顔をほんのりと赤くする。

頬を膨《ふく》らます 不満のある表情をする。

【頬】 頁部7 全16画 頬 頬 頬 頬 頬

ほお 訓[ほお] 頬。頬張る。頬紅。注意「頬《ほお》」は、「ほほ」とも読む。表記 左がわの部分を「挟・狭」などの旁《つくり》と同じ形にして、「頰」(=15画)とも書く。

ボーイ ━〈造語〉男子。少年。例ボーイフレンド(=彼氏《かれし》)。ラッキーボーイ。対ガール。━〈名〉ホテルで、客の案内などの仕事をする男性。レストランで、食事をテーブルまではこぶ男性。例ボーイさん。◇boy

ボーイスカウト〈名〉心身をきたえ、社会への奉仕《ほうし》活動を行なう少年の国際的団体。例ボーイスカウト日本連盟《れんめい》。対ガールスカウト。◇Boy Scouts

ボーイッシュ〈形動〉男の子のようである。女性の服装や髪型《かみがた》についていう。対ガーリッシュ。◇boyish

ボーイミーツガール〈名〉若い男女が出会って、恋《こい》をすること。そういうありきたりな恋愛《れんあい》物語。◇boy meets girl

ポーカー〈名〉トランプゲームの一つ。五枚のカードの組み合わせの強さをきそう。◇poker

ポーカーフェース〈名〉気持ちの動きを表面にあらわさない、さりげない顔つき。◇poker face

ボーカル〈名〉〔音楽〕ポピュラー音楽で、演奏に対する歌のこと。また、バンドの中で歌唱《かしょう》を担当する人。「ヴォーカル」とも書く。例リードボーカル。◇vocal

ボーキサイト〈名〉アルミニウムの原料となる鉱石。◇bauxite

ボーク〈名〉野球で、ピッチャーが打者に投球をするとき、軸足《じくあし》をピッチャープレートからずらしたりすること。ランナーがいないときはボールがひとつふえ、いるときは次のベースに進める。◇balk

ポーク〈名〉「ぶた肉」のこと。例ポークカツ。◇pork

ほおじろ〖▼頬白〗〈名〉小鳥の一種。スズメに似《に》て茶色で、目のうしろに白い線がある。

ホース〈名〉ゴムやビニールなどでつくった、ガスや水をおくるためのくだ。◇オランダ hoos

ポーズ[1]〈名〉休止。間《ま》。例ポーズをおく。◇pause

ポーズ[2]〈名〉❶写真などをとるときのうつされる人のかまえ。例ポーズをとる。❷わざとらしいきどった態度。見せかけだけの態度。例ポーズをつくる。◇pose

ほおずき〖▽酸▼漿〗〈名〉山野に生え、また、庭にうえる多年草。秋、赤い実《み》がなる。実は種をとりさって、口の中で鳴らして遊ぶおもちゃにする。

ほおずり【頬擦り】〈名・する〉自分のほおを相手のほおなどにすりつけて、愛情を表現すること。

ボーダー〈名〉❶横じまの模様。例ボーダーシャツ。対ストライプ。❷「ボーダーライン」の略。◇border(=ふち・へり) 参考 ①は日本語独自の意味であり、英語では horizontal stripes という。

ポーター〈名〉❶駅やホテルで、客の荷物を運ぶ人。❷登山隊の荷物を、現地でやとわれて運ぶ人。◇porter

ボーダーライン〈名〉境界線。また、両がわのどっちに属するともいいにくい中間のところ。◇borderline

ボーダーレス〈形動〉境界や国境がない。「ボーダレス」ともいう。◇borderless

ポータブル〈名〉機器が、てがるに持ちはこびできること。携帯《けいたい》用。◇portable

ポーチ[1]〈名〉洋風の建物の、屋根のついた玄関《げんかん》口。◇porch

ポーチ[2]〈名〉おもに女性用の、小物を入れる小さなバッグ。例ウエストポーチ。化粧《けしょう》ポーチ。◇pouch

ほおづえ(頰▼杖)をつく 机の上などにひじをついて、手で頰をささえる。

ボート〈名〉小さいふね。例ボートをこぐ。ボートレース。モーターボート。◇boat →カヌー絵

ボード〈名〉板。板状のもの。例スコアボード。◇board

ポートレート〈名〉肖像《しょうぞう》。肖像画。とくに、ひとりでうつった写真をいう。◇portrait

ボーナス〈名〉賞与《しょうよ》。一時金。◇bonus

ほおば・る【頰張る】〈動五〉食べものを口に入るだけいれて食べる。

ホープ〈名〉おおいに期待されている人。例マラソン界のホープ。わが社のホープ。類成長株。◇hope

ほおべに【頰紅】〈名〉ほおにぬる化粧《けしょう》用のべに。

ほおぼね【頰骨】〈名〉顔のほおの上の方にある、ややでっぱった骨。顴骨《かんこつ》。ほおげた。

ホーマー〈接尾〉ホームラン。例一試合三ホーマーの大活躍。◇homer

ホーム[1]〈名〉「プラットホーム」の日本での省略語。

ホーム[2] 一〈造語〉うち。家庭。例ホームドラマ。
二〈名〉❶孤児《こじ》を収容したり、老人の世話をしたりする施設《しせつ》。例老人ホーム。❷「ホームベース」の略。ホームをふむ。ホームイン。❸「ホームゲーム」の略。サッカーや野球で、そのチームの本拠地で試合を行なうこと。対アウェー。ロード。ビジター。❹「ホームページ」の略。◇home

ホームカミング〈名〉卒業生が出身校に来る、同窓《どうそう》会などの行事。例ホームカミングデー。◇homecoming(=「帰郷《ききょう》」の意味)

ホームグラウンド〈名〉プロ野球やサッカーで、そのチームが本拠《ほんきょ》地としているスタジアム。◇home grounds

表現 存分に活躍《かつやく》できる本来の持ち場、という意味でも使う。

ホームシック〈名〉自分の家や故郷を恋しく思うこと。例ホームシックにかかる。類郷愁《きょうしゅう》。里心《さとごころ》。◇homesick

ホームステイ〈名〉外国のふつうの家庭に滞在《たいざい》して、その国のことばや文化を学ぶこと。◇homestay

ホームセンター〈名〉日曜大工・園芸・ペット・そうじ・洗濯《せんたく》用品や組み立て式家具などの商品を幅広くそろえた大型店。◇home center

ホームドア〈名〉プラットホームと線路とのしきり(=ホーム柵《さく》)にとりつけられている、自動開閉式のドア。乗客の安全のため、電車がとまっている時だけ開く。ホームゲート。

ホームドラマ〈名〉家庭でよくありそうなできごとをあつかった、演劇や映画、テレビドラマ。家庭劇。◇home と drama による日本での複合語。

ホームページ〈名〉❶団体・個人がさまざまな目的でインターネット上に公開している、文字や画像、音声の情報をのせた画面。H.P.。例ホームページを立ち上げる。ホームページを検索する。類ウェブサイト。❷インターネット閲覧《えつらん》ソフトを起動したときにひらくように設定しているページ。◇homepage

参考 ①は本来は、あるウェブサイトの「先頭ページ」をさし、それを「トップページ」と呼んで区別することもある。

ホームベース〈名〉野球で、本塁《ほんるい》のこと。略して「ホーム」ともいう。◇home base

ホームヘルパー〈名〉高齢《こうれい》者や障害者のくらす家庭に派遣《はけん》されて、家事や介護を行なう人。

参考 日本での複合語。英語では home help という。

ホームラン〈名〉野球で、打者がそのまま本塁《ほんるい》までかえることのできる安打。本塁打。◇home run

ホームルーム〈名〉学校で、学級担任の先生と生徒が、学校生活のいろいろな問題を話しあう時間。◇homeroom

ホームレス〈名〉家のない人。路上生活者。◇homeless

ボーリング〈名・する〉地質調査や石油の採掘《さいくつ》などのために、地中にふかく穴をあけること。◇boring →ボウリング

ホール〈名〉❶大広間。❷会館。❸入口をはいったところにある広い場所。例玄関《げんかん》ホール。◇hall

ボール[1]〈名〉❶たま。❷野球で、投手の投げた球がストライクゾーンをとおらないこと。また、その球。例フォアボール。対ストライク。◇ball ▽ア①ボール ②ボール

ボール[2]〈名〉「ボウル」のこと。◇bowl アボール

ポール〈名〉❶長い棒。また、柱。例トーテムポール。❷棒高とびに使用する棒。❸市電などの屋根にとりつけて、架線《かせん》から電気をとる棒。◇pole

ボールがみ【ボール紙】〈名〉わらからつくった、黄土色をした厚い紙。参考「ボール」は、board(ボード)から。

ホールディング〈名〉❶サッカーやバスケットボールなどの反則の一つ。手やからだを使って相手選手の動きを妨害《ぼうがい》するもの。❷⇩キャッチ② ◇holding

ボールベアリング〈名〉機械で、回転する軸《じく》の摩擦《まさつ》を少なくするために、鋼鉄《こうてつ》の小さな玉を入れた軸うけ。◇ball bearing

ボールペン〈名〉小さな玉をペン先のかわりに使った筆記用具。◇ball-point pen から。

ほおん[1]【保温】〈名・する〉温度をにがさないようにすること。さめないようにすること。例保温装置《そうち》。

ホーン[2]〈名〉❶管楽器。例ホーンセクション。❷クラクション。◇horn ▽アホオン アホーン

ほか[1]【他・外】〈名〉一[他]❶これではない、別のもの。例ほかの人。ほかのこと。ほかでもない。そのほか。かれのほかに適当な人はいない。会議には社長ほか七名が出席する。❷ここではない、別のところ。例ほかをさがす。ほかへ行く。類よそ。他《た》。
二[外]その中におさまっていないこと。例思いの外。殊《こと》の外。もっての外。

ほかでもない ❶そのほかのことではない。例今日来てもらったのはほかでもない、今度の仕事の相談なんだ。とりわけだいじな。例ほかでもないあなたのためなら…。▽❷類ほかならない。ほかならぬ。

ほかならない ❶それ以外のことではない。たしかにそのことだ。例この優勝は、つらい練習にたえぬいた結果にほかならない。❷とりわけだいじな。例ほかならないきみの言うことだから…。▽類ほかでもない。参考「ほかならぬ」ともいう。とくに、❷の場合は「ほかならぬ」の方が多い。

[2]**ほか**〈副助〉あとに打ち消しのことばをともなって、「それ以外にはない」という意味をそえる。例やると言ったからには、やるほかない。類しか。

ぽか〈名〉思いもしなかった失敗。俗《ぞく》な言いかた。例ぽかをやらかす。類へま。

[1]**ほかく【捕獲】**〈名・する〉❶生き物をとらえること。❷敵の船などをとらえること。類拿捕《だほ》。

[2]**ほかく【補角】**〈名〉〔数学〕ある角にくわえると、平角（＝一八〇度）になるような、別の角。たとえば、一一〇度の角の補角は、七〇度の角。絵 →よかく

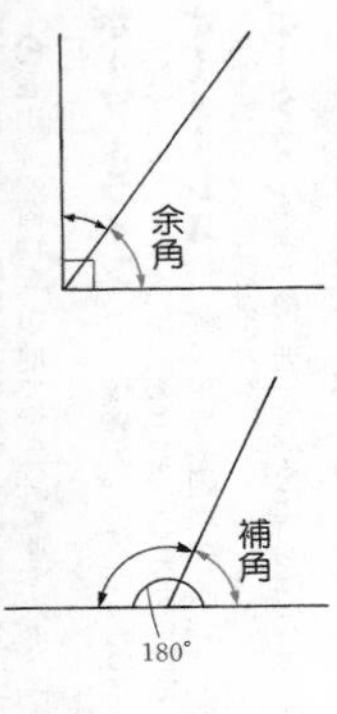

［ほ　か　く］

[1]**ほかげ【火影】**『▽灯影』〈名〉❶灯火の光。❷灯火にうつしだされたもののすがた。

[2]**ほかげ【帆影】**〈名〉遠くに見える船の帆。ほえい。

ほかけぶね【帆掛け船】〈名〉帆をはって、風の力を利用して走る船。類帆前船《ほまえせん》。帆船《はんせん》。

ぼかし【▼暈し】〈名〉色や形の境をぼんやりさせる、染めや日本画の技法。例ぼかしを入れる。ぼかし染め。

ほかす（方言） 捨《す》てる。おもに関西で言う。参考「すっぽかす」のもとになったことば。

ぼか・す【▼暈す】〈動五〉❶絵で、色や形のさかいめをぼんやりさせる。❷言いかたをあいまいにして、はっきりわからないようにする。例話をぼかす。類にごす。

ほかならない ⇩「ほか〔他〕」の子項目

ほかほか〈形動・副・する〉こころよくあたたかいようす。こころよくあたたまったようす。例ほかほかのごはん。類ぬくぬく。参考アクセントは、ふつう「ホカホカ」であるが、「ほかほかに」「ほかほかの」「ほかほかだ」の形で使う場合は、「ホカホカ」となる。

ぽかぽか ㊀〈副〉げんこつで相手を続けざまになぐるようす。㊁〈形動・副・する〉例ぽかぽか(と)あたたかい。ぽかぽか(と)した陽気。ぽかぽかのこたつ。参考アクセントは、ふつう「ポカポカ」であるが、㊁で「ぽかぽかに」「ぽかぽかの」「ぽかぽかだ」の形で使う場合は、「ポカポカ」となる。

ほがらか【朗らか】〈形動〉❶こだわりがなく、はればれとして明るい。例朗らかな性格。類明朗。❷雲ひとつなく、空が晴れている。例朗らかな秋空。類晴朗。

[1]**ほかん【保管】**〈名・する〉なくしたりこわしたりしないように、責任をもってしまっておくこと。

[2]**ほかん【補完】**〈名・する〉不十分な部分をおぎなって、完全なものにすること。例おたがいの欠点を補完しあう。

ぽかんと ㊀〈副〉❶頭などを一回たたくようす。例ぽかんと一発くらわせる。❷無表情に口を開いているようす。例ぽかんと口をあける。㊁〈副・する〉ぼんやりしているようす。あっけにとられるようす。例ぽかんとながめてないで手伝え。

ぼき【簿記】〈名〉お金の出し入れや財産の増減を整理して、正式に帳簿に書きしるす方法。

ボキャブラリー〈名〉語彙《ごい》。例ボキャブラリーが少ない。ボキャブラリーをふやす。ボキャブラリービルディング（＝個人の語彙力を増強すること）。◇vocabulary

[1]**ほきゅう【捕球】**〈名・する〉ボールをキャッチすること。

[2]**ほきゅう【補給】**〈名・する〉たりなくなった品物などをおぎなうこと。例燃料を補給する。

ほきょう【補強】〈名・する〉よわいところに手をくわえて、じょうぶにすること。例チームを補強する。

ほきん【保菌】〈名・する〉〔医学〕発病してはいないが、体の中に病原体《びょうげんたい》をもっていること。他人に感染《かんせん》するおそれがある。例ウイルス保菌者。

ぼきん【募金】〈名・する〉人々から寄付金をつのること。例共同募金（＝赤い羽根募金）。注意誤《あやま》って、募金にこたえてお金を寄付することにもいう。

常用漢字　ほく

【北】 匕部3　全5画
北北北北北
ホク　きた 教小2　音[ホク] 北進《ほくしん》。北極《ほっきょく》。北方《ほっぽう》。北欧《ほくおう》。南北《なんぼく》。敗北《はいぼく》。訓[きた] 北。北風。北半球。北枕。

常用漢字　ぼく

【木】 木部0　全4画
木木木木
ボク・モク　き・こ 教小1　音❶[ボク] 木刀《ぼくとう》。木石《ぼくせき》。巨木《きょぼく》。大木《たいぼく》。土木《どぼく》。❷[モク] 木造《もくぞう》。木管楽器《もっかんがっき》。木工《もっこう》。木馬《もくば》。木星《もくせい》。樹木《じゅもく》。材木《ざいもく》。草木《そうもく》。拍子木。訓❶[き] 木。木づち。並木。❷[こ] 木立。木陰。木枯らし。木漏れ日。注意「木綿」は、「もめん」と読む。

【朴】 木部2　全6画
朴朴朴朴朴朴
ボク 音[ボク] 朴訥《ぼくとつ》。純朴《じゅんぼく》。素朴《そぼく》。

【牧】 牛部4　全8画
牧牧牧牧牧
ボク　まき 教小4　音[ボク] 牧場《ぼくじょう》。牧草《ぼくそう》。牧牛《ぼくぎゅう》。牧畜《ぼくちく》。牧羊犬《ぼくようけん》。牧師《ぼくし》。放牧《ほうぼく》。遊牧民《ゆうぼくみん》。訓[まき] 牧場。

【睦】 目部8　全13画
睦睦睦睦睦
ボク 音[ボク] 親睦《しんぼく》。和睦《わぼく》。

【僕】 イ部12　全14画
僕僕僕僕僕
ボク 音[ボク] 僕《ぼく》。公僕《こうぼく》。下僕《げぼく》。

【墨(墨)】 土部11　全14画
※墨墨墨墨墨
ボク　すみ 音[ボク] 墨汁《ぼくじゅう》。朱墨《しゅぼく》。水墨画《すいぼくが》。白墨《はくぼく》。訓[すみ] 墨。墨絵。眉墨。

【撲】 扌部12　全15画
撲撲撲撲撲
ボク 音[ボク] 撲殺《ぼくさつ》。撲滅《ぼくめつ》。打撲《だぼく》。注意「相撲」は、「すもう」と読む。

ぼく【僕】〈代名〉男子が自分をさしていう、うちとけた言いかた。対きみ。類おれ。わたし。
表現 おさない男の子にむかって「ぼく、いくつ？ 名前は？」と聞くように、よびかけに使うこともある。

ほくい【北緯】〈名〉赤道を〇度として、北へはかった緯度。〇度から九〇度までで、北緯九〇度は北極点をしめす。対南緯。→いど〔緯度〕

ほくおう【北欧】〈名〉ヨーロッパの北部。スウェーデン・ノルウェー・デンマーク・アイスランド・フィンランドなどの国々をさす。北ヨーロッパ。対南欧。

ほくが【北画】〈名〉〔美術〕中国でおこった絵の一派。色を使った山水画を主とし、つよくてするどい線が特徴《とくちょう》。対南画。

ぼくぎゅう【牧牛】〈名〉ウシの放牧業。放牧されているウシ。

ほくげん【北限】〈名〉地域的な北の限界。動植物の分布などについていうことが多い。例稲作《いなさく》の北限。対南限。

ボクサー〈名〉ボクシングの選手。◇boxer

ボクサーけん【ボクサー犬】〈名〉中型で細身のイヌ。毛は茶色で短い。ドイツ原産。よく警察犬として用いられる。

ぼくさつ【撲殺】〈名・する〉なぐりころすこと。

ぼくし【牧師】〈名〉キリスト教プロテスタントの教職者。参考 カトリックでの「神父」や「司祭」にあたる。

ぼくしゃ【牧舎】〈名〉牧場で、ウシやウマなどを入れるための建物。

ぼくしゅ【墨守】〈名・する〉古いやりかたや、自分の考えをあくまで守ろうとすること。→けんじ〔堅持〕表現

ぼくじゅう【墨汁】〈名〉筆などにつけてすぐに書けるようにつくった液。

ほくじょう【北上】〈名・する〉北へむかって進むこと。例台風の北上にともない、風雨が強まった。対南下。

ぼくじょう【牧場】〈名〉ウシやウマ、ヒツジなどを放しがいにしているところ。類牧場《まきば》。

ほくしん【北進】〈名・する〉北のほうへ進むこと。対南進。

ぼくしん【牧神】〈名〉ギリシャ神話やローマ神話で、半獣《はんじゅう》半人のすがたをした、森林や牧畜の神。半獣神。ギリシャ名はパン、ローマ名はファウヌス。

ぼくじん【牧人】〈名〉牧場で家畜《かちく》のせわをする人。古い言いかた。類牧夫。

ボクシング〈名〉両手にグラブをつけ、きめられたリングの中で二人で打ちあうスポーツ。拳闘《けんとう》。◇boxing

ほぐ・す『▽解す』〈動五〉❶もつれた糸などをほどく。❷かたまっていたり、かたくなったりしているものを、やわらかにする。例魚の肉をほぐす。肩《かた》のこりをほぐす。気分をほぐす。ときほぐす。もみほぐす。

ぼく・する【▼卜する】〈動サ変〉❶うらなう。❷うらなったり、調べたりしてきめる。例居《きょ》(=住むところ)を卜する。

ぼくせき【木石】〈名〉❶木と石。❷人情を解さない人。人間らしい感情をもたない人。

ぼくそう【牧草】〈名〉家畜《かちく》に食べさせるための草。

ほくそえ・む【ほくそ笑む】『北▼叟笑む』〈動五〉「しめしめ」とひとりおもわず満足の笑いをうかべる。類にんまりする。

ぼくたく【木▼鐸】〈名〉人々の先にたって、教えみちびく人。例社会の木鐸となる。類先達《せんだつ》。
由来 もとは、むかし中国で、法令を人々に知らせるときに鳴らしたすずのこと。

ほくたん【北端】〈名〉国土や陸地の北の果て。例北端の地。最北端。対南端。

ぼくちく【牧畜】〈名〉牧場でウシ・ウマ・ヒツジなどの家畜《かちく》を飼い、乳・肉・毛などを生産すること。また、その産業。第一次産業に属する。例牧畜業。

ほくちょう【北朝】〈名〉〔歴史〕日本の南北朝時代に、足利尊氏《あしかがたかうじ》が、吉野《よしの》の南朝に対抗《たいこう》して京都にたてた朝廷《ちょうてい》。対南朝。→なんぼくちょうじだい②

ぼくづくり『▼攴▼旁・▼攵▼旁』〈名〉漢字の旁《つくり》の一つ。「敲《こう》」などの「攴」の部分。また、「教」などの「攵」の部分。ぼくにょう。

ほくと【北斗】〈名〉「北斗七星」の略。

ぼくとう【木刀】〈名〉木でつくった刀。類木剣《ぼっけん》。

ぼくどう【牧童】〈名〉牧場で、家畜《かちく》のせわをする男性や男の子。

ほくとしちせい【北斗七星】〈名〉〔天文〕大熊《おおくま》座にある、ひしゃくの形にならんだ七つの星。

ぼくとつ【朴▼訥・木▼訥】〈副・形動〉ことばにかざりけがなく、実直である。例朴訥な人。朴訥とした話し方。剛毅《ごうき》朴訥。

ぼくねんじん【朴念仁】〈名〉❶口かずが少なく、あいそのわるい人。❷人の気持ちや道理がわからない人。

ほくぶ【北部】〈名〉その地域の、北の方。対南部。

ほくふう【北風】〈名〉⇩きたかぜ

ほくべい【北米】〈名〉北アメリカ。対南米。

ほくへん【北辺】〈名〉北のあたり。北の果て。

ほくほく〈副・する・形動〉❶うれしくて、しぜんに顔がほころんでくるようす。例お年玉をたくさんもらって、ほくほくしている。ほくほく顔。❷火をとおしたイモやカボチャなどが、やわらかくて、しかも水っぽくないようす。例ほくほくしたおいもをたべる。

ぼくめつ【撲滅】〈名・する〉害のあるものを完全になくしてしまうこと。例がんを撲滅する薬の研究。いじめ撲滅運動。

ほくよう【北洋】〈名〉北の方の海。例北洋漁業。

ぼくよう【牧羊】〈名〉ヒツジの放牧業。放牧されているヒツジ。

ぼくようけん【牧羊犬】〈名〉放牧中のヒツジの見張りをするように訓練されたイヌ。いくつかの品種がある。

ほくりく【北陸】〈名〉中部地方のうち、日本海側の地域。福井・富山・石川・新潟の四県。

ほぐ・れる『▽解れる』〈動下一〉❶もつれた糸などが、ほどける。❷かたまったもの、かたいものが、やわらかになる。例こりがほぐれる。表情がほぐれる。ふんいきがほぐれる。

ほくろ『▽黒▽子』〈名〉ひふの表面にある、小さな黒い点。例なきぼくろ。つけぼくろ。

[1]ぼけ『▽木▼瓜』〈名〉庭などにうえる落葉低木。枝《えだ》にとげがある。春、赤い花がさき、大きな実《み》がなる。アボケ

[2]ぼけ『▼惚け』〈名〉❶頭のはたらきがにぶること。頭のはたらきがにぶい人。例休みぼけ。時差ぼけ。欲ぼけ。❷漫才《まんざい》で、とぼけたことを言ったりしたりすること。その役。例ぼけをかます。対つっこみ。❸年をとって、もの忘れをしたり、判断力がにぶったりすること。例ぼけが始まる。ぼけ老人。類痴呆《ちほう》。▽アボケ」

ほげい【捕鯨】〈名〉クジラをとること。例捕鯨船。

ほ

ぼけい【母系】〈名〉❶母かたの血すじ。❷母かたの血すじを基準にして、家の相続なども母からむすめへと行なわれること。例母系家族。母系社会。▽対父系。

ほけきょう【▽法華経】〈名〉〔仏教〕「妙法蓮華経《みょうほうれんげきょう》」の略。仏教の重要な経典《きょうてん》の一つ。天台宗や日蓮《にちれん》宗で重んじられる。

ほけつ【補欠】〈名〉❶かけた人員をおぎなうこと。欠員ができたとき、自動的にくり上がってメンバーになるように決まっている人。例補欠選挙。❷スポーツで、正選手が欠場したときのためにひかえている選手。対レギュラー。

ぼけつ【墓穴】〈名〉死体をうめるあな。はかあな。

墓穴を掘《ほ》る 自分で自分をだめにしてしまうようなことをする。

ぼけっと〈副・する〉ぼんやりと何もしないでいるようす。例ぼけっとしている場合でない。類ぼさっと。

ポケット〈名〉洋服やかばんなどにつけてある小さなもの入れ。幼児語では「ポッケ」ともいう。例ポケットをさぐる。ポケットに手をいれる。うちポケット。◇pocket

ポケットマネー〈名〉自分で自由に使える、持ち合わせのお金。◇pocket money

表現 公金に対する個人の持ち金の意味で、おとなが使うことば。

ぼけなす〖▼惚け▼茄子〗〈名〉反応のにぶい、ぼんやりしている人をあざけっていうことば。

[1]**ぼ・ける〖▼惚ける〗**〈動下一〉❶年をとったりして、記憶《きおく》力や判断力がおとろえる。例頭がぼける。類もうろくする。ほうける。❷漫才《まんざい》で、とぼけたことを言ったりしたりする。対つっこむ。

[2]**ぼ・ける〖▼暈ける〗**〈動下一〉形や色がはっきりしなくなる。例ピントがぼける。類ぼやける。

方言 北海道・青森・長野などでは、「リンゴのシャキシャキ感が失われて、歯ごたえがなくなる」という意味でも使う。

[1]**ほけん【保健】**〈名〉❶健康がたもたれるようにすること。例保健室。保健所。保健衛生。❷中学校・高等学校の教科「保健体育」の一科目。心身の発達、応急手当の方法、健康のたもちかたなどについて学ぶ。

[2]**ほけん【保険】**〈名〉❶前もって、お金をつみたてておき、病気や災難、死亡などのとき、まとまったお金をうけとることができるようにした制度。例保険に入る。保険をかける。保険金。生命保険。被《ひ》保険者。❷「健康保険」の略。例保険がきく。保険診療《しんりょう》。

表現 (1)ものごとがうまくいかなかったときのために、念のため打っておく対策、という意味でも使う。(2)①は一口《ひとくち》二口《ふたくち》と数える。

ぼけん【母権】〈名〉❶母親としての権利。対父権。❷母系社会で、母方《ははかた》の系統がもっている支配権。例母権家族。母権社会。

ほけんきん【保険金】〈名〉保険にはいっている人が、その保険の対象となる万一のことがあったときに、保険会社からしはらわれるお金。→ほけんりょう

ほけんし【保健師】〈名〉法律上の資格をもち、保健所・病院で、健康診断《しんだん》や健康指導などをする職員。旧「保健婦(=女性)」「保健士(=男性)」の改称《かいしょう》。

ほけんしつ【保健室】〈名〉学校や会社などで、けがや病気の手当てをしたり、健康について指導をする部屋。

ほけんじょ【保健所】〈名〉住民の健康をまもるためにもうけられている公的機関。医師や保健師がいて、住民の健康相談や予防注射などをする。「ほけんしょ」ともいう。

ほけんしょう【保険証】〈名〉健康保険に加入していることを示す証明書。

ほけんりょう【保険料】〈名〉保険にはいっている人が保険会社にはらうお金。→ほけんきん

ほこ【矛】〖▼鉾・▼戈〗〈名〉むかしの武器の一つ。両刃《りょうば》のつるぎに、長い柄《え》をつけた、やりのようなもの。

矛を収《おさ》める 武器をしまって、たたかいをやめる。

矛を交《まじ》える おたがいに戦う。

[1]**ほご〖▽反故・▽反古〗**〈名〉❶書きそこなったりして、だめにした紙。❷だめなもの。むだなもの。例計画がほごになる。約束をほごにする(=約束をやぶる)。

[2]**ほご【保護】**〈名・する〉こわれたり、危険な目にあったりすることがないように、かばったり守ったりすること。例法律の保護を受ける。傷口を保護する。警察に保護される。データを保護する(=削除《さくじょ》・消去《しょうきょ》できなくする)。保護者。過《か》保護。自然環境保護。類庇護《ひご》。

[3]**ほご【補語】**〈名〉〔文法〕文の成分の一つ。連用修飾《しゅうしょく》語のうち、格助詞「と」「に」をともない、述語動詞の意味をおぎなうもの。「娘が母となる」「氷が水になる」の「母と」「水に」の類。

ぼご【母語】〈名〉その人が生まれ育つ社会や環境《かんきょう》のなかで自然に習得し、いちばん自由に使えることば。→ぼこくご

[1]**ほこう【歩行】**〈名・する〉歩くこと。例歩行者。二足歩行ロボット。

[2]**ほこう【補講】**〈名〉正規の時間の講義をおぎなうために、特別に行なう講義。類補習。

[1]**ぼこう【母校】**〈名〉自分が卒業した学校。いま学んでいる学校。類出身校。

[2]**ぼこう【母港】**〈名〉その船が根拠《こんきょ》地としている港。例母港に帰る。

ほこがまえ〖▼戈構え〗〈名〉漢字の構えの一つ。「成」「戒《かい》」などの「戈」の部分。ほこづくり。

ぼこく【母国】〈名〉自分の生まれた国。類祖国。本国。故国。

ぼこくご【母国語】〈名〉その人が生まれ育った国のことば。→ぼご

ほこさき【矛先】〖▼鋒先〗〈名〉非難や批判の方向や、そのいきおい。例矛先をむける。矛先をかわす。

ほごしゃ【保護者】〈名〉親、または、親にかわる人。

ほごしょく【保護色】〈名〉動物のからだの色が、まわりのものと区別しにくい色であること。ライチョウのように、外敵からのがれるためのもの、カマキリのように、えものに気づかれないためのものなどがある。→けいかいしょく

ほごちょう【保護鳥】〈名〉法律でとることが禁じられている鳥。数が少なく絶滅《ぜつめつ》のおそれがあるものや、学術上たいせつなものなど。コウノトリ・タンチョウヅルなど。

ほこづくり〖▼戈▼旁〗〈名〉⇩ほこがまえ

ほごぼうえき【保護貿易】〈名〉〔経済〕国家が、輸入品に関税をかけるなど制限をくわえて、自国の産業を保護すること。また、そういう貿易のやりかた。対自由貿易。

ほこら〖▼祠〗〈名〉神をまつる小さなやしろ。類堂。

ほこらか【誇らか】〈形動〉人がすごいと思うほどのことをなしとげて、誇りにみちたようす。類誇らしげ。

ほこらし・い【誇らしい】〈形〉みんなの前で、自慢《じまん》したくなるほどだ。例誇らしい気持ち。

[1]**ほこり〖▼埃〗**〈名〉とびちりやすい、こまかなごみ。例ほこりがたつ。ほこりをかぶる。ほこりをはらう。ほこりっぽい。土

ぼこり。綿ぼこり。類ちり。

ほこり[2]【誇り】〈名〉❶自分について、りっぱだと思う気持ち。例誇り高い。誇りをもつ。誇りをきずつける。誇りに思う。類プライド。矜持《きょうじ》。自負。名誉《めいよ》。❷自慢《じまん》したくなるような人やもの。例母校の誇り。▽対恥《はじ》。

ほこりっぽ・い【▼埃っぽい】〈形〉あたりにほこりがみちている。例ほこりっぽい部屋。

ほごりん【保護林】〈名〉環境の保全、動植物の保護、風水害の防止のため、法律で伐採《ばっさい》を規制あるいは禁止している森林。

ほこ・る【誇る】〈動五〉とくいに思う気持ちをことばや態度にあらわす。自慢《じまん》する。例家がらを誇る。才能を誇る。勝ち誇る。

ほころば・せる【綻ばせる】〈動下一〉表情をくずして、笑《え》みをうかべる。例顔をほころばせる。

ほころ・びる【綻びる】〈動上一〉❶ぬい目の糸などが切れて、すきまがあく。例そでがほころびる。❷つぼみが、少しひらく。「ほころぶ」ともいう。例梅《うめ》がほころびる。
→ほころばせる

ほころ・ぶ【綻ぶ】〈動五〉⇩ほころびる②

ほさ【補佐】〈名・する〉中心となる人をたすけて、任務をはたさせること。その役の人。例課長補佐。補佐官。

ほさき【穂先】〈名〉植物の穂やそれに似《に》た形のものの先。例筆の穂先。やりの穂先。

ほざ・く〈動五〉「言う」のぞんざいな言いかた。他の人の発言を口ぎたなくののしることば。例今さらなにをほざいてももうおそいぞ。類ぬかす。

ぼさつ【▼菩▼薩】〈名〉❶〔仏教〕仏につぐ位の者。仏となるためにさとりをもとめ、あわれみの心で人々をみちびく修行《しゅぎょう》者。例観音《かんのん》菩薩。❷神におくった尊号。例八幡《はちまん》大菩薩。◇もとサンスクリット語。

ぼさっと〈副・する〉するべきことをしないでぼんやりしているようす。例そんな所にぼさっとつっ立っていないでよ。

ボサノバ〈名〉サンバとジャズが融合《ゆうごう》した、ブラジルのポピュラー音楽。◇ポルトガル bossa nova

ぼさぼさ〈形動・副・する〉髪《かみ》の毛が、乱れているようす。例ぼさぼさの髪。ぼさぼさ頭。
参考 形容動詞の場合のアクセントは「ボサボサ」、副詞・サ変動詞の場合は「**ボサボサ**」。

ほ(干)される ⇩ほす④

ぼさん【墓参】〈名・する〉はかまいりをすること。

ほし【星】〈名〉❶天体。「太陽は地球から一億四九五〇万キロの距離《きょり》にある巨大《きょだい》な星である」というように、すべての天体は、星とよばれる。夜空に小さな光として散在して見える。例星が出る。星がまたたく。星の数ほど(=数えきれないほど)ある。降るような星。星くず。星空。流れ星。❷人間の生まれや、死んだあとに関係があると思われている天の存在。例しあわせな星のもとに生まれた子。星になる(=死ぬことの詩的な言いかた)。❸先端《せんたん》が五つある☆のしるし。この数で評価を表わすのにも使われる。例星のマーク。星印。星形《ほしがた》。三つ星レストラン。❹大活躍《かつやく》を期待される人。例チーム期待の星。希望の星。❺標的の中心点。例星を射る。図星。目星。❻おもにすもうで使う、勝ち負けのしるしのまる。勝ちを白丸、負けを黒丸で表わす。例星を落とす(=負ける)。星取り表。白星。黒星。金星《きんぼし》。銀星《ぎんぼし》。❼[ホシ]「これが犯人だろう」と見当をつけた人物。警察関係の人のあいだで使う言いかた。例ホシが割れる(=犯人がわかる)。ホシを挙げる(=逮捕《たいほ》する)。本ボシ(=真犯人)。
表現「目に星がでる」は、ちらちら光るものが見えること。また、めだまに白い点ができること。

星を分《わ》ける 対戦成績の勝敗が五分五分である。

ほじ【保持】〈名・する〉そのままの状態をまもりつづけること。例一位を保持する。世界記録保持者。類維持《いじ》。保つ。支える。

ぼし【母子】〈名〉母と子。例(出産時に)母子ともに健康です。母子家庭。対父子。

ほしあかり【星明かり】〈名〉星の光。星の光であたりが少し明るいこと。

ほし・い【欲しい】〈形〉❶自分のものにしたい。手に入れたい。例欲しい物。水が欲しい。❷自分以外のものが「…してくれる」ことがのぞましい。例あいつにはもっとすなおさが欲しい。こっちへ来てほしい。

ほしいまま【▽恣】〈形動〉かって気ままだ。例ほしいままに行動する。類思うまま。

ほしいままにする それを使って、したいことを何でもする。例権力をほしいままにする。

ほしうらない【星占い】〈名〉星のうごきなどによって運命をうらなう術。占星《せんせい》術。

ポシェット〈名〉首や肩にかけてつるす、ごく小さなバッグ。◇フランス pochette

ほしがき【干し柿】〈名〉しぶがきの皮をむき、つるしたり木や竹のくしにさしたりして天日にほした柿。だんだんかたくなり、あまみが出る。類つるしがき。

ほしかげ【星影】〈名〉星の光。例星影さやかに。

ぼしかてい【母子家庭】〈名〉母と子どもだけで生活している家庭。対父子家庭。参考 子どもが満二十歳をこえると法的な保護がなくなる。

ほしが・る【欲しがる】〈動五〉ほしいと思い、それを態度にあらわす。

ほしくさ【干し草】〈名〉かりとって、日に干した草。家畜《かちく》のえさなどにする。

ほしくず【星くず】【星▼屑】〈名〉小さく光って見える無数の星。例星くずをちりばめた夜空。

ほじく・る〈動五〉❶しきりにほじる。❷人の秘密などをいろいろとしつこくさぐる。例相手のあらをほじくる。ほじくりだす。類せんさくする。

ポジション〈名〉❶球技などで、選手が守りにつく位置。類守備位置。❷仕事のうえでの地位や担当。例ポジションにつく。類ポスト。◇position

ほしぞら【星空】〈名〉たくさんの星がはっきり見える、晴れわたった夜空。

ほしつ【保湿】〈名・する〉美容のため、肌《はだ》の乾燥《かんそう》をふせぐこと。例保湿クリーム。

ほしづきよ【星月夜】〈名〉星の光が、月の光ほど明るい夜。「ほしづくよ」ともいう。

ポジティブ〈形動〉積極的で肯定《こうてい》的なようす。対ネガティブ。◇positive

ぼしてちょう【母子手帳】〈名〉妊娠《にんしん》した母親と、出産後の乳児の健康を管理する手帳。地方公共団体が発行する。正式には「母子健康手帳」という。

ほしとり【星取り】〈名〉すもうの勝敗の記録。勝ちを○(=白星)、負けを●(=黒星)で示す。例星取り表。
表現「星取り争い」「星取り合戦」のように、他のスポーツ

などでいうことや、ものごとの評価を☆の印の数で示すことにいう場合もある。

ほしまつり【星祭り】〈名〉⇩たなばた

ほしまわり【星回り】〈名〉星占いなどでいう、人の運命・運勢。

ぼしめい【墓誌銘】〈名〉故人の経歴や業績を墓石や石碑《せきひ》などにきざんだもの。墓碑銘。

ほしゃく【保釈】〈名・する〉〔法律〕裁判の判決がでる前に、一定の保証金(=保釈保証金、いわゆる保釈金)をあずけさせて、被告《ひこく》人を釈放すること。参考 保釈金は、裁判が終わったあとに原則として返還《へんかん》される。

ぽしゃ・る〈動五〉やり始めたことが、途中《とちゅう》でだめになる。俗《ぞく》な言いかたで、「ポシャる」とも書く。例 旅行の計画がポシャる。

ほしゅ[1]**【保守】**〈名・する〉❶ものごとを急にあらためることに反対し、古くからのやりかたや制度などをまもっていこうとすること。その政治的な立場。例 保守主義。保守党。保守的。対 革新。❷機械などが正常に作動するようにたもつこと。例 保守契約《けいやく》。類 メンテナンス。

ほしゅ[2]**【捕手】**〈名〉キャッチャー。対 投手。

ほしゅう[1]**【補修】**〈名・する〉いたんだりこわれたりした部分をつくろうこと。例 補修工事。

ほしゅう[2]**【補習】**〈名〉学校で、正規の授業のほかに行なう特別の授業。例 補習授業。夏期補習。類 補講。

ほじゅう【補充】〈名・する〉たりなくなった品物や人員などをおぎなうこと。例 欠員を補充する。

ぼしゅう[1]**【暮秋】**〈名〉秋の終わりごろ。類 晩秋。

ぼしゅう[2]**【募集】**〈名・する〉ひろく呼びかけて、集めようとすること。募《つの》ること。例 (塾で)生徒を募集する。アルバイト二名募集。対 応募。類 急募。

ぼしゅうだん【母集団】〈名〉統計の調査の際、標本を抽出《ちゅうしゅつ》するもととなる、全体の集団。

ほしゅてき【保守的】〈形動〉新しい考えかたやりかたをとりいれることをきらい、今までのものを守っていこうとする傾向《けいこう》がつよい。例 保守的な考え。対 進歩的。革新的。急進的。

ほしゅとう【保守党】〈名〉保守的な思想をもった人たちによって結成された政党。保守政党。

ぼしゅん【暮春】〈名〉春の終わりごろ。類 晩春。

ほじょ【補助】〈名・する〉たりないところをおぎなって、たすけること。たすけとなるもの。例 生活費を補助する。補助金。補助いす。

ぼしょ【墓所】〈名〉墓《はか》のある場所。類 墓地。

ほしょう[1]**【保証】**〈名・する〉「だいじょうぶ」「まちがいない」と責任をもってうけあうこと。例 保証がない。身もとを保証する。保証つき。保証人《にん》。保証書。

ほしょう[2]**【保障】**〈名・する〉被害《ひがい》をうけたり、わるい状態にならないように保護すること。例 憲法で保障されている。保険の保障範囲《はんい》。安全保障。社会保障。

ほしょう[3]**【補償】**〈名・する〉相手にあたえた損害のうめあわせをすること。例 損害を補償する。類 賠償《ばいしょう》。弁償。つぐない。

ぼじょう【慕情】〈名〉恋《こい》しく思って、したう気持ち。

ほしょうにん【保証人】〈名〉借金を返せないなど、契約《けいやく》した本人が責任を果たせない場合に、本人に代わって責任を負うことを保証してくれる人。参考 入社するときや、お金や家などを借りるときに、その人のはんこがいる。

ほじょきん【補助金】〈名〉❶不足分をおぎなうお金。❷国や地方公共団体が、特定の事業や事務を助長・奨励《しょうれい》するために、公共団体や企業《きぎょう》、個人などに、助成金や奨励金、交付金などの名目で出すお金。

ほしょく[1]**【補色】** 一〈名〉赤と青緑、藍《あい》と黄など、二色をまぜると、光は白色光に、絵の具などは灰色になるときの、それぞれの色。反対色。 二〈名・する〉革靴《かわぐつ》などの色落ちや色あせを、色つきのクリームなどで直すこと。

ほしょく[2]**【捕食】**〈名・する〉生物がほかの生物をつかまえて食べること。例 捕食者。類 採食《さいしょく》。

ぼしょく【暮色】〈名〉夕がたのうす暗さ。例 暮色がせまる。暮色につつまれる。暮色蒼然《そうぜん》。

ほじょけいようし【補助形容詞】〔文法〕形容詞ではあるが、それだけでは使われず、いつも他のことばにつけて補助的な意味を表わすもの。「寒くない」「快適でない」などの「ない」がこれにあたる。参考「形式形容詞」と呼ばれることもある。

ほじょけん【補助犬】〈名〉身体障害者の生活をたすける、介助《かいじょ》犬・聴導《ちょうどう》犬・盲導《もうどう》犬の総称。

ほじょご【補助語】〈名〉〔文法〕連文節のなかで、前の文節に補助的な意味をそえるはたらきをする文節。たとえば、「暗くなってきた。」の「きた」、「高くない服」の「ない」の部分など。

ほじょせき【補助席】〈名〉バスや劇場などで、座席が足りないときに出して使う臨時のいす。

ほじょどうし【補助動詞】〔文法〕動詞ではあるが、それだけでは使われず、いつも他のことばにつけて補助的な意味を表わすもの。たとえば、「読んでいる」の「いる」、「干してある」の「ある」、「書いてしまう」の「しまう」など。参考「行く」「置く」「見る」などの動詞にも補助動詞としての用法があり、これらは、「進歩していく」「書いておく」「試《ため》してみる」のように、多くひらがなで書く習慣がある。また、補助動詞は、「形式動詞」と呼ばれることもある。

ほじょようげん【補助用言】〔文法〕補助動詞と補助形容詞をまとめていうことば。

ほじ・る〈動五〉中のものを出そうとして、つついて穴をあける。穴の中をつつく。例 鼻くそをほじる。類 ほじくる。

ほしん【保身】〈名〉ほかのことがどうなっても、自分の地位や名誉《めいよ》だけは守ろうとすること。例 保身の術。保身欲。

ほ・す【干す】〈動五〉❶日にあてたり風にあてたりして、しめりけをなくす。例 せんたくものを干す。ふとんを干す。類 乾《かわ》かす。❷池やプールにたまっていた水をすっかりなくす。例 池を干す。類 干上《ひあ》がらせる。からからにする。❸のこらず飲んでしまう。例 さかずきを干す。飲み干す。類 あける。❹仕事をあたえないで、つらい思いをさせる。例 仕事を干される。表現 ④は「干される」と受け身の形でいうことが多い。

ボス〈名〉「上司《じょうし》」や「親分」のこと。◇boss

ほすい【保水】〈名・する〉水や水分を保持すること。例 森林の保水作用。保水性化粧《けしょう》水。

ポスター〈名〉広告や宣伝用のはり紙。◇poster

ポスターカラー〈名〉ポスターなどをかくときに使う不透明な絵の具。◇poster color

ポスターセッション〈名〉研究発表の形式の一つ。あるテーマについて調べたことを大判の紙にわかりやすくまとめて掲示《けいじ》し、そばにきた聞き手に説明し、質問に適宜《てきぎ》答えるもの。聞き手の理解を深めやすい利点がある。◇poster session

ホステス〈名〉❶バーやクラブなどで、客をもてなす係の

ほ

女性。対ホスト。❷⇩ホスト②③ ◇hostess

ホスト〈名〉❶パーティーなどで、招待するがわの主人役の人。例(国際会議などの)ホスト国。❷番組などの、司会・進行役の人。❸バーやクラブなどで、客をもてなす係の男性。対ホステス。❹コンピューターネットワークの中心となる大型機。対ターミナル。◇host

ポスト ━〈名〉❶郵便局が郵便物をあずかるために街頭《がいとう》に設置する、赤い大きな箱。例ポストに投函《とうかん》する。❷各家庭の郵便受け。❸直接手渡さなくてもいいものを入れておくところ。例図書館の返却《へんきゃく》ポスト。❹仕事のうえでの地位や担当。例ポストがあく。類席。いす。ポジション。
━〈造語〉支柱。柱。例ゴールポスト。
━〈接頭〉…以後。…の次。例ポスト冷戦。ポストモダン。ポスト鈴木。◇post
参考 ━の①②は、イギリスではletterbox、アメリカではmailboxといい、postは「郵便制度・郵便物」の意味。

ホストクラブ〈名〉客のほとんどが女性で、男性が接客サービスをする酒場。◇hostとclubによる日本での複合語。

ホストファミリー〈名〉ホームステイの留学生を受け入れて、世話をする家庭。◇host family

ボストンバッグ〈名〉ずんぐりした、大きなかばん。◇Boston bag

ホスピス〈名〉末期がん患者《かんじゃ》など、死期の近い病人を収容し、治療《ちりょう》を目的とせず、残る期間、心身の苦痛をやわらげながら、患者をもっともよい状態で生活させることを目的とした病院。◇hospice

ほせい[1]【補正】〈名・する〉たりないところをおぎなったり、わるいところをなおしたりすること。例欠点を補正する。補正予算。類修正。

ほせい[2]【補整】〈名・する〉❶欠損した部分をおぎなって、形をととのえること。例土器の補整。❷しめつける力を強めて、体型をととのえること。例補整下着。

ぼせい【母性】〈名〉母親としての性質。例母性にめざめる。母性愛。対父性。

ぼせいあい【母性愛】〈名〉子どもに対する、母親としての愛情。対父性愛。

ほせいよさん【補正予算】〈名〉国の予算で、経費の不足や変更《へんこう》があったときに追加や修正のために国会に提出される予算。

ぼせき【墓石】〈名〉はかいし。

ほせつ【補説】〈名・する〉説明をさらにつけくわえること。つけくわえた説明。

ほせん【保線】〈名〉鉄道線路の安全をまもること。

ほぜん【保全】〈名・する〉保護して、しっかりまもること。例環境《かんきょう》保全。

ぼせん【母船】〈名〉遠洋漁業で、いっしょに行った多くの船がとった魚を、加工したり保存したりする設備をもった大きな船。

ぼぜん【墓前】〈名〉墓の前。例墓前にぬかずく。墓前に報告する。

ほぞ[1]【▼枘】〈名〉〔建築〕二つの木材や石材をつなぎ合わせるとき、一方の材にあけた穴にはめこむために、もう一方の材にもうけた突起《とっき》。

ほぞ[2]【▼臍】〈名〉「へそ」の古い言いかた。

ほぞを固《かた》める かたく決心する。類覚悟する。

ほぞをかむ 今さらどうにもならないことを、ひどく後悔《こうかい》する。

ほそ・い【細い】〈形〉❶線状や棒状のものが、長さや高さのわりに、はばやまわりが小さい。例細い糸。指が細い。❷力強さがなくて、よわよわしい感じだ。例食が細い(=食べる量が少ない)。神経が細い(=小さいことでも気にしやすい)。線が細い。火を細くする。心細い。❸高音だが、あまりひびかない。例細い声。▽対太い。

ほそう【舗装】【▼鋪装】〈名・する〉道路の表面を、アスファルトやコンクリート、れんがなどをしいてかためること。例舗装道路。

ほそうで【細腕】〈名〉❶やせていて力がない腕。❷生活力がとぼしく、たよりないこと。▽類やせ腕。

表現 「女の細腕」というのは、女ひとりの力で男たちにも負けずに仕事をしていることをいうので、実際に細いか太いかは問題でない。

ほそおもて【細面】〈名〉ほっそりした感じの顔。

ほそく[1]【歩測】〈名・する〉歩数で距離《きょり》をはかること。

ほそく[2]【捕捉】〈名・する〉❶とらえること。例逃亡《とうぼう》者を捕捉する。❷見つけて把握《はあく》すること。例敵機をレーダーで捕捉する。辞書にのっていない語句を捕捉して採録する。

ほそく[3]【補足】〈名・する〉不足していたところにつけくわえて、完全なものにする。例補足説明。

ぼそっと〈副〉小さな声でほんのひとこと、つぶやくようす。例ぼそっと耳打ちをする。

ほそなが・い【細長い】〈形〉はばがせまくて長い。例細長い棒。細長い建物。類長細い。

ほそぼそ【細細】〈副〉❶たよりなげなようす。例ほそぼそ(と)暮らす。❷ものごとをとぎれない程度に少しずつしているようす。例ほそぼそ(と)つづける。

ぼそぼそ ━〈副〉はりのない、低い小さな声で話すようす。━〈副・する〉食べ物に水気がなくて、まずいようす。例ぼそぼそしたパン。類ぱさぱさ。

ほそみ【細身】〈名〉ふつうより少しほそくなっているもの。例細身の刀。細身の体。

ほそめ【細め・細目】━【細め】〈名・形動〉ふつうより、いくぶん細い程度。例細めのからだ。━【細目】〈名〉細く、少しだけあけた目。例細目をあける。

ほそ・める【細める】〈動下一〉ほそくする。例声を細める(=小さくする)。目を細める。

ほそら・む【細らむ】〈動五〉細くなる。

ほそ・る【細る】〈動五〉よわよわしい状態になる。例食が細る。身も細る(=やせる)思い。

ほぞん【保存】〈名・する〉❶ものを、だめにならないようにとっておくこと。例保存がきく。保存食。❷コンピューターで、ファイルをディスクなどに記録すること。セーブ。

ほだ【▼榾】〈名〉たきぎとして使う木片。ほた。

ポタージュ〈名〉西洋料理で、どろりとしたこいスープ。対コンソメ。◇《フランス》potage

ぼたい[1]【母体】〈名〉❶子どもを生むときの、母親のからだ。❷新しいものが生まれ育ってくる、もとになるもの。類母胎《ぼたい》。→ぼたい〔母胎〕表現(次項)

ぼたい[2]【母胎】〈名〉❶母親の胎内。❷ものごとが生まれる、もとになるもの。類母体。

表現 ②で、「母体」と「母胎」はよく似《に》ていて、どちらを使ってもよい場合も少なくないが、「母体」は広く、ものごとが生まれる基礎《きそ》的な条件をいい、「母胎」はせまく、ものごとが生まれてくるもとを直接的にさす。

ぼだい【▼菩▽提】〈名〉〔仏教〕❶なやみや欲望をこえ

 マリー=キュリー (1867~1934) フランスの化学者・物理学者。放射性物質を研究，ラジウムを発見。

た、無上のさとり。例菩提心。❷成仏《じょうぶつ》すること。例菩提をとむらう。◇もとサンスクリット語。

ぼだいじ【▼菩▽提寺】〈名〉〔仏教〕先祖代々の墓のある寺。類檀那寺《だんなでら》。

ぼだいじゅ【▼菩▽提樹】〈名〉ハートのかたちをした葉をもつ高木。二種あり、一つは落葉樹で、もう一つは常緑樹。シャカ(釈迦)がその下でさとりをひらいたというのは常緑樹の方で、「インドぼだいじゅ」ともいう。

ほださ・れる〖▼絆される〗〈動下一〉相手の態度に感じて、つい同情したり好きになったりする。例情にほだされる。

ほたてがい【帆立て貝】〈名〉二枚貝の一種。貝がらは長さ二〇センチメートルもあり、おうぎの骨のようなでこぼこがある。貝柱がふとく、食用にする。日本では、北海道でほとんどがとれる。

ぽたぽた〈副〉液体がしずくとなって続けて落ちるようす。例ぽたぽた(と)たれる。

ぼたもち〖▼牡▽丹餅〗〈名〉おはぎ。例棚《たな》からぼたもち(→「たな〔棚〕」の子項目)。

ぼたやま【ぼた山】〈名〉炭坑《たんこう》で、石炭をとったあとの石ころや不良炭などをつみあげてできた山。

ぽたりと〈副〉液体のしずくが一滴ずつ落ちる音のようす。「ぽたっと」ともいう。

ほたる【蛍】〈名〉昆虫《こんちゅう》の一種。体長一センチメートルほどで、水べの草むらにすみ、夏の夜、しりから青じろい光をだす。ゲンジボタルやヘイケボタルなどの種類がある。

ほたるいか〖蛍▼烏▽賊〗〈名〉イカの一種。七センチメートルほどの大きさ。全身に発光器があり、産卵期には群れをなして浅い海に移り、美しい光をはなつ。

ほたるいし【蛍石】〈名〉熱するとあわい光をだす鉱物。白・むらさき・黄・緑・赤など、さまざまな色がある。成分は弗化《ふっか》カルシウムで、弗素の原料となるほか、ガラス工業でも使われる。「けいせき」ともいう。

［ほっかぶり］

ほたるがり【蛍狩り】〈名〉野生のホタルの観賞。

ほたるび【蛍火】〈名〉ホタルのだす、小さな青じろい光。

1 **ぼたん〖▼牡丹〗**〈名〉❶庭にうえる落葉低木。五月ごろ、赤や白などの美しい大きな花がさく。❷イノシシの肉。例ぼたんなべ。▽アボタン

表現 シャクヤクはボタンとたいへんよく似《に》ていて、少し丈《たけ》が高いので、むかしから美人を形容して、「立てばしゃくやく、すわればぼたん」といった。

2 **ボタン〖▼釦〗**〈名〉衣服などの合わせめにつけ、一方の穴にかけてとめるもの。◇ポルトガル botão アボタン

ボタンを掛《か》け違《ちが》える 最初に手順や方法をまちがえたために、あとから矛盾《むじゅん》が起こる。

3 **ボタン**〈名〉❶ベルや機械などのスイッチになっている、小さくつき出たもの。例押しボタン。❷ウェブページで、「①」に見立てたアイコン。◇button ▽アボタン

ぼたんゆき【ぼたん雪】〖▼牡丹雪〗〈名〉花びらのようにふわふわしたかたまりのまま降ってくる雪。

ぼち【墓地】〈名〉墓をたてるための区域。例共同墓地。類墓場《はかば》。墓所。

ホチキス〈名〉コの字形のはりがねを打ちこんで書類などをとめる道具。「ホッチキス」ともいう。参考 もと、アメリカの Hotchkiss 社の商標名。英語では stapler という。

表現 「青山墓地」のように、地名の下につけても使う。

ぽちぶくろ【ポチ袋】〈名〉人にお金をわたすときに入れる、小さな封筒やのし袋。俗《ぞく》な言いかた。

ぼちぼち〈副〉ものごとを少しずつ行なうようす。例ぼちぼち始めよう。類ぼつぼつ。ぼちぼち。そろそろ。

ぽちゃぽちゃ ━〈副〉液体の表面が軽くゆれて音をたてるようす。━〈形動・副・する〉子どもや若い女性などが、まるくかわいらしくふっくらしているようす。例ぽちゃぽちゃに太る。類ぽちゃっと。ぽっちゃり。

参考 アクセントは、ふつう「**ポ**チャポチャ」であるが、二で「ぽちゃぽちゃに」「ぽちゃぽちゃの」「ぽちゃぽちゃだ」の形で使う場合は、「ポ**チャポチャ**」となる。

ほちゅう【補注】〖補▼註〗〈名〉本文をおぎなうためにつける注。

ほちゅうあみ【捕虫網】〈名〉虫をつかまえるための、長い柄《え》のついたふくろ状の網。

ほちょう【歩調】〈名〉❶おおぜいで歩くときの、足をうごかす調子。例歩調をとる。類足取り。❷おおぜいで行動するときの調子。例みんなで歩調を合わせて仕事をする。▽類足なみ。

ほちょうき【補聴器】〈名〉耳のよく聞こえない人が、音を大きくして聞くために使う器具。

常用漢字 **ぼつ**

【没】 氵部4 全7画

没没没没没

ボツ 音［ボツ］ 没収《ぼっしゅう》。没頭《ぼっとう》。没入《ぼつにゅう》。没我《ぼつが》。没交渉《ぼっこうしょう》。 出没《しゅつぼつ》。沈没《ちんぼつ》。埋没《まいぼつ》。

【勃】 力部7 全9画

勃勃勃勃勃

ボツ 音［ボツ］ 勃興《ぼっこう》。勃発《ぼっぱつ》。 鬱勃《うつぼつ》。

ぼつ【没】 ━〈名〉❶公表するために書かれた原稿《げんこう》や企画《きかく》案を採用しないこと。例原稿を没にする。❷亡《な》くなること。例…年没。━〈接頭〉そのものごとがないことを表わす。例没個性的。没交渉《ぼっこうしょう》。

ぽつ〈名〉「点①」のくだけた言いかた。例ぽつぽつ(=点々)。まるぽつ(=中黒《なかぐろ》)。

ほっい【発意】〈名・する〉⇩はつい

ぼつが【没我】〈名〉ものごとにうちこんで、われを忘れること。例没我の境地。類無我。忘我《ぼうが》。

ほっかいどう【北海道】〈名〉日本列島の北部にある大きな島。地方公共団体の一つ。道庁所在地は、札幌《さっぽろ》市。

ぼっかく【墨客】〈名〉絵や書をたしなむ風流な人。「ぼっきゃく」ともいう。例文人墨客。

ぼっかてき【牧歌的】〈形動〉自然の、のどかで素朴《そぼく》な気分が満ちている。例牧歌的な風景。

ほっかぶり〖▽頬っ▽被り〗〈名・する〉❶顔をかくしたり、寒さをふせいだりするために、布で頭からほおにかけておおうこと。絵 ❷知らないふりをすること。例ほっかぶりをきめこむ。▽「ほっかむり」「ほおかぶり」「ほおかむり」ともいう。

ぽっかり〈副〉❶空や水の上に、うかびあがるようす。例雲間から満月がぽっかり(と)あらわれた。❷割れたりは

じけたりするようす。割れて大きな穴があくようす。例地面にぼっかり(と)穴があいた。

ほっき【発起】〈名・する〉「このことをしよう」と思いたつこと。例一念発起する。発起人《にん》。由来もと、仏教で、仏門に入ることをいった。

ほつぎ【発議】〈名・する〉⇩はつぎ

ぼっき【勃起】〈名・する〉〔医学〕男性器がたつこと。

ほっきこう【北帰行】〈名・する〉南の地で冬を越した渡り鳥が、繁殖《はんしょく》地である北の国へ帰っていくこと。表現文学的な表現として、人がふるさとの北国へ帰る意味で使うこともある。

ほっきにん【発起人】〈名〉あることを計画して、賛同者や協力者によびかけ、はじめる人。例発起人代表。

ぼっきゃく【没却】〈名・する〉❶すっかりなくしてしまうこと。❷忘れさること。例おのれを没却する。

ほっきょく【北極】〈名〉❶地軸《ちじく》の北のはしにあたるところ。❷磁石の、北をさしている方の磁極。N極。▽対南極。

ほっきょくかい【北極海】〈名〉北極を中心に、ユーラシア大陸と北アメリカ大陸にかこまれた海。

ほっきょくけん【北極圏】〈名〉北緯《ほくい》六六度半以北の地域。ノルウェーやスウェーデンの北部は北極圏に入る。夏は太陽がしずまない白夜《びゃくや》がつづき、冬は太陽ののぼらない日がつづく。

ほっきょくせい【北極星】〈名〉〔天文〕小熊《こぐま》座にある二等星。天の北極にちかく、ほとんどうごかないので、北の方向を知る目じるしとなる。

[1]**ほっく【発句】**〈名〉〔文学〕❶連歌《れんが》・連句で、最初に提示される五・七・五の句。対挙げ句。→あげく由来❷「俳句」のこと。→はいく由来▽アホック

[2]**ホック**〈名〉洋服の合わせめをとじる、一対《いっつい》になっている小さな金具。類スナップ。◇オランダ hoek アホック

ボックス〈名〉❶箱。例ボックスセット。類ケース。❷箱のようにくぎった見物席。❸箱のような、小さい建物。例電話ボックス。❹野球で、打者やコーチの立つ場所としてきめられたところ。例バッターボックス。◇box

ボックスせき【ボックス席】〈名〉❶長距離《ちょうきょり》列車の、二人ずつ向かい合わせになってすわる座席。❷升席《ますせき》。

[1]**ぽっくり【▽木履】**〈名〉少女がはく、底が厚く、中をくりぬいたうるしぬりの下駄《げた》。アポックリ

[2]**ぽっくり**〈副〉元気だった人が急に死ぬようす。例ぽっくりいく。ぽっくりと死ぬ。ぽっくり病。アポックリ

ほっけ【▼鮭】〈名〉海魚の一種。中型でやや細長い。北海道など寒い海でとれ、多く開きにして焼いて食べる。

ホッケー〈名〉長方形のコートの中で、ボールを先のまがった長い棒で打ちあい、相手がたのゴールに打ちこんで、得点をきそう球技。試合は一チーム十一名で行なう。オリンピック種目の一つ。フィールドホッケー。◇hockey

ぼっけー(方言)とても。ものすごい。岡山で言う。

ぼっけもん(方言)大胆《だいたん》な人。乱暴《らんぼう》者。鹿児島で言う。

ぼつご【没後】〈名〉「死後」の婉曲《えんきょく》な言いかた。対生前。

ぼっこう【勃興】〈名・する〉急にいきおいがさかんになること。例新勢力が勃興する。類興隆《こうりゅう》。台頭《たいとう》。興《おこ》る。

ぼっこうしょう【没交渉】〈名・形動〉交渉がなく、無関係であること。「ぼっこうしょう」ともいう。

ほっこく【北国】〈名〉北の方の寒い国や地方。きたぐに。対南国。

ほっこりする(方言)❶ほっとする。京都で言う。❷つかれる。また、うんざりする。滋賀《しが》で言う。例仕事がすんでほっこりしますなー。例ぎょーさん(=たくさん)洗濯《せんたく》してほっこりした。

ぼっこん【墨痕】〈名〉墨《すみ》をつけた筆で書いたあと。例墨痕あざやかに。墨痕淋漓《りんり》(→りんり〔淋漓〕)。

ほっさ【発作】〈名〉はげしい苦痛や症状《しょうじょう》が、急におこること。例発作をおこす。心臓発作。

ほっさてき【発作的】〈形動〉計画性も何もなく、衝動《しょうどう》につき動かされるようす。例発作的な犯行。

ぼっしゅう【没収】〈名・する〉❶むりやりとりあげること。例ゲーム機を教室に持って行ったら没収された。❷〔法律〕国家が、個人の持ちものを強制的にとりあげること。例財産の没収。類押収《おうしゅう》。接収。召《め》し上げる。

[1]**ほっしん【発心】**〈名・する〉〔仏教〕信仰《しんこう》心をおこして、仏門に入ること。

[2]**ほっしん【発▼疹】**〈名〉⇩はっしん〔発疹〕

ほっ・する【欲する】〈動サ変〉❶したいと思う。例平和を欲する。名誉《めいよ》を欲する。❷手にいれたいとねがう。▽類望む。

ぼっ・する【没する】〈動サ変〉❶かくれて見えなくなる。しずんですがたを消す。例日が西に没する。ひざを没する泥濘《でいねい》。❷人がこの世からすがたを消す。例源頼朝《よりとも》は、鎌倉《かまくら》の地に没した。類亡《な》くなる。❸ないものとする。例没することのできない存在。

ほっそく【発足】〈名・する〉団体などがつくられて、活動をはじめること。はっそく。例新政権が発足する。

ほっそり【▽細っそり】〈副・する〉からだつきなどが、細くきゃしゃなようす。例ほっそり(と)したスタイル。

ぼったくり〈名〉ぼったくること。ぶったくり。俗《ぞく》な言いかた。例酒場でぼったくりにあう。この品質でこんなに高いなんて、ぼったくりもいいところだ。

ぼったく・る〈動五〉不当に高い料金を、むりやりしはらわせること。ぶったくる。俗《ぞく》な言いかた。例外国でタクシーの運転手にぼったくられた。

ほったてごや【掘っ建て小屋】〈名〉土台をつくらないで、柱をじかに土中にさしこんでたてた、そまつな小屋。類バラック。

ポツダムせんげん【ポツダム宣言】〈名〉第二次世界大戦末期の一九四五(昭和二〇)年七月二六日、ドイツの都市ポツダムで、アメリカ・イギリス・中国の連合国が、日本に降伏《こうふく》するよう宣告したもの。広島・長崎への原爆投下を経《へ》て、八月一四日、日本は降伏した。

ほったらか・す【▽放ったらかす】〈動五〉めんどうをみたり、かたづけたりしなければならないのに、そのままにしておく。ほったらかしにする。例宿題をほったらかして遊びに行く。類ほうっておく。

ほったん【発端】〈名〉ものごとのはじまり。例事件の発端。物語の発端。対結末。終局。類端緒《たんちょ》。

ぽっち 一〈名〉機械のボタンなど、小さくつき出た部分。くだけた言いかた。例ぽっちを押す。
二〈接尾〉指示代名詞や数詞について、数がきわめて少ないという気持ちを表わす。くだけた言いかた。指示代名詞につく場合は「っぽっち」となることが多い。例これっぽっちしかなかったよ。百円ぽっちで買えるか。

ホッチキス〈名〉⇩ホチキス

 マルコーニ (1874～1937) イタリアの電気技術者。1895年，無線電信装置を発明し実用化に成功。

ボッチャ〈名〉 ゆかに置いた白い目標球をめがけて、赤・青のボールを六球ずつ、投げるか蹴《け》るか転がすかして、近さをきそう球技。重度《じゅうど》の障害者のための球技として発達した。パラリンピック種目。◇イタリア boccia

ぽっちゃり〈副・する〉 かわいらしい感じで、肉づきがふくよかなようす。「ぽちゃっと」ともいう。表現 子どもや若い女性についていうことが多い。

ぼっちゃん【坊ちゃん】『▽坊っちゃん』〈名〉 ❶男の子のことをていねいにいう言いかた。❷世間しらずの男を、見くだしたりからかったりしていう言いかた。例 坊ちゃん育ち。

ぼってり〈副・する〉 ふくらんで厚みのあるようす。例 ぼってりしたおなか。ぼってりとしたくちびる。

ほっと[1]〈副・する〉 緊張《きんちょう》がとけて、安心するようす。例 なくした財布が見つかってほっとした。ア ホット

ホット[2] ━〈形動〉 きわめて新しい。例 ホットな話題。ホットニュース。ア ホット ━〈造語〉 ❶熱い。あたたかい。例 ホットコーヒー。ホットケーキ。❷からい。例 ホットチリソース味。類 スパイシー。◇hot

ポット〈名〉 ❶つぼ。びん。例 ティーポット。❷飲みものを入れて温度を長い時間一定にたもつようなしくみになっている容器。魔法瓶《まほうびん》。類 ジャー。◇pot 参考 ②は英語では vacuum bottle という。

ぼっとう【没頭】〈名・する〉 そのこと以外のすべてを忘れて、熱中すること。例 研究に没頭する。類 没入。専念。専心。打ち込む。傾注《けいちゅう》。

ホットケーキ〈名〉 小麦粉に砂糖・牛乳・卵などをまぜて、フライパンでひらたく焼いたもの。パンケーキ。例 ホットケーキミックス。◇hot cake

ぽっとで【ぽっと出】〈名〉 ❶地方から都会へ初めて出てきたばかりであること。❷急に出てきて目立つようになった芸能人などのこと。注意 ①が本来の意味。

ホットドッグ〈名〉 ほそ長いパンにソーセージや野菜などをはさんだ食べ物。◇hot dog

ぼつにゅう【没入】〈名・する〉 一つのことにむちゅうになること。例 自分の世界に没入する。類 没頭。専念。専心。熱中。

ぼつねん【没年】『▼歿年』〈名〉 ❶ある人が死んだ年。対 生年《せいねん》。❷ある人が死んだときの年齢《ねんれい》。例 没年九十歳《さい》であった。類 行年《ぎょうねん》。享年《きょうねん》。

ぽつねんと〈副・する〉 一人でさびしそうにじっとしているようす。例 ぽつねんとすわっている。

ぼっぱつ【勃発】〈名・する〉 事件などが急に発生すること。例 戦争が勃発する。類 突発《とっぱつ》。

ほっぴょうよう【北氷洋】〈名〉 「北極海」の旧称。

ホップ[1]〈名〉〔植物〕 つる性の多年草。葉や茎《くき》にとげがあり、秋、あわい黄色の花がさく。ヨーロッパ原産で、北海道など寒い地方でつくられる。めばなをビールのにがみやかおりをつけるのに使う。◇オランダ hop

ホップ[2]〈名・する〉 ❶片足でジャンプすること。❷陸上競技の三段とびで、最初の跳躍《ちょうやく》。❸野球で、ピッチャーの投げたボールが、打者の手もとでうき上がること。◇hop

ポップ[1]【POP】〈名〉 カードやポスターなどによる店頭広告。◇POP(=point of purchase の略で、購買《こうばい》時点の意)

ポップ[2]〈形動〉 大衆《たいしゅう》的。例 ポップなデザイン。◇POP(=popular の短縮)

ポップス〈名〉 ポピュラー音楽。◇pops

ほっぺ『▽頬っぺ』〈名〉 「ほっぺた」の幼児語。

ほっぺた『▽頬っぺた』〈名〉 「頬《ほお》」のくだけた言いかた。例 ほっぺたをつねる。

ほっぺたが落《お》ちそう 非常においしいものを食べたときにいうことば。

ほっぽうりょうど【北方領土】〈名〉 北海道の東端《とうたん》から北東の方向に連なる千島《ちしま》列島のうち、国後島《くなしりとう》・択捉島《えとろふとう》・歯舞群島《はぼまいぐんとう》・色丹島《しこたんとう》のこと。日本固有の領土だが、第二次世界大戦後に旧ソ連に占領《せんりょう》され、返還《へんかん》が求めつづけられている。

ぼつぼつ ━〈副〉 ❶だんだんと。少しずつ。例 人がぼつぼつ(と)集まってきた。類 ぼちぼち。❷もうじき。そろそろ。例 ぼつぼつ出かけましょう。類 ぼちぼち。❸穴や小さな突起《とっき》があちこちにあるようす。例 穴がぼつぼつ(と)あいている。類 ぶつぶつ。ぽつぽつ。━〈名〉 表面のあちこちにある穴や小さな突起。類 ぶつぶつ。ぽつぽつ。

ぽつぽつ ━〈副〉 ❶ものごとが少しずつ進むようす。例 人がぽつぽつ(と)集まってきた。❷雨などが少しずつ降ってくるようす。例 ぽつぽつ(と)くる。❸点状のものがあちこちにあるようす。━〈名〉 表面のあちこちにある点状のもの。▽ア ━ポッポツ ━ポッポツ

ほっぽりだ・す【ほっぽり出す】〈動五〉 「ほうりだす」のくだけた言いかた。おっぽりだす。

ほっぽ・る〈動五〉 「ほうる」のくだけた言いかた。おっぽる。例 おもちゃをほっぽる。宿題をほっぽって遊ぶ。

ぼつらく【没落】〈名・する〉 勢力のあったもののいきおいがおとろえて、おちぶれること。類 凋落《ちょうらく》。

ぽつりぽつり〈副〉 ❶とぎれとぎれに進むようす。例 ぽつりぽつり(と)語る。❷雨がまばらに降ってくるようす。

ほつれ『▽解れ』〈名〉 ほつれた部分。例 前髪《まえがみ》のほつれをなおす。すそのほつれをつくろう。

ほつ・れる『▽解れる』〈動下一〉 かみの毛や布地などのはしがばらばらになる。例 すそがほつれる。

ぽつんと〈副〉 ❶水滴《すいてき》が一つ落ちるようす。例 雨がぽつんときた(=降り出した)。❷人が一人だけいるようす。例 ぽつんとさびしそうに立っている。❸点や小さな穴があるようす。例 ものが一つだけあるようす。例 ぽつんと一つだけあるようす。❹ひとこと話すようす。例 ぽつんとつぶやく。▽「ぽつりと」ともいう。

ほてい[1]【▽布▽袋】〈名〉 七福神のひとり。腹がつき出て、大きなふくろを肩《かた》にかけている。弥勒菩薩《みろくぼさつ》の別の姿とされる。ほてい和尚《おしょう》。例 布袋腹《ほていばら》。→しちふくじん 絵

ほてい[2]【補訂】〈名・する〉 書物のまちがいを直したり、説明をつけ加えたりすること。例 補訂版。

ボディー〈名〉 ❶人のからだ。類 胴《どう》。胴体。❷洋裁で、実物大につくった人の胴の模型。❸自動車の胴体。❹ボクシングで、人間の腹部や胸部。例 ボディー攻撃《こうげき》。◇body

ボディーガード〈名〉 護衛の人。◇bodyguard

ボディービル〈名〉 バーベルなどを使って、たくましいからだをつくりあげるスポーツ。◇body building から。

ボディーボード〈名〉 サーフィンに使うボードを短くしたような板の上に腹ばいになって、波の上をすべるスポーツ。◇body board

ボディーランゲージ〈名〉 身振りや手振りで意思や感情を伝えるやりかた。身振り言語。◇body language

マルコ=ポーロ（1254～1324） イタリアの旅行家。元のフビライに仕えた。「東方見聞録」を口述。

ポテト〈名〉じゃがいも。例ポテトサラダ。◇potato

ポテトチップ〈名〉うすく切ったジャガイモを油であげて塩味をつけた食べ物。◇potato chips

ほてり〖火照り〗〈名〉❶顔やからだがほてること。❷空が夕焼けで赤く色づくこと。

ほて・る[1]〖火照る〗〈動五〉顔やからだが、熱でもあるようにかっかとしてくる。例顔がほてる。

ホテル[2]〈名〉洋風の宿泊施設《しせつ》。類旅館。アホテル ◇hotel

アホテル 参考 観光ホテル・シティーホテル・ビジネスホテル・カプセルホテルなどの種類があり、結婚披露宴《けっこんひろうえん》や記者会見などを行なう大きなへやをそなえたものもある。

ほてん【補塡】〈名・する〉不足している分をうめること。例赤字を補塡する。損失補塡。類穴うめ。

ポテンシャル〈名〉潜在《せんざい》的な能力・素質。成長の可能性。◇potential

ほど[1]【程】〈名〉❶適当かどうかという点からみた、ものごとの程度。それ以上してはいけないものごとの限度。例なにごとにも程というものがある。文句を言うにも程がある。身の程を知れ。❷数量や時間、空間などのだいたいの範囲《はんい》。例程もなく。程とおい。程なく。のち程。❸その事実、ということをやわらかくいう形式名詞。例真偽《しんぎ》のほどはだれにもわからない。ご親切のほど、感謝のことばもありません。▽→ほど〈副助〉(次項)

ほど[2]〖程〗〈副助〉❶だいたいの数量や範囲《はんい》をしめす。例わたしの家は駅から十分ほど歩いたところです。お酢《す》はカップに三分の一ほど使います。類くらい。ばかり。程度。❷打ち消しのことばといっしょに使われて、あることについて、それが最高の程度であることを表わす。例これほどおいしいものは食べたことがない。類くらい。❸打ち消しのことばといっしょに使われて、程度を比べるもとになるものをしめす。例ことしは去年ほど雪が降らない。うわさに聞いたほどには被害《ひがい》はひどくなかった。❹「…すれば…するほど」の形で、あるものごとの程度が大きくなると、それに比例してほかのものごとの程度も大きくなることを表わす。例上へ行けば行くほど道が急になる。見れば見るほどかわいい動物だ。❺なにかについての程度がたいへん高いことを表わす。例かれほどの人ならうまくやれるでしょう。

ほどあい【程合い】〈名〉ちょうどよい程度。例程合いをみる。類ころあい。

ほどう[1]【歩道】〈名〉道路で、人だけがとおるようにつくった部分。人道。例歩道橋。対車道。

ほどう[2]【補導】〈名・する〉青少年が非行にはしらず、健全な道をすすむように、まもりみちびくこと。例警察に補導される。

ほどう[3]【舗道】〈名〉舗装《ほそう》した道路。

ぼどう【母堂】〈名〉他人の母親をいう尊敬語。対尊父。類母上《ははうえ》。

表現「ご母堂様」の形で、手紙などで使うことが多い。

ほどうきょう【歩道橋】〈名〉交通量の多い道路を、安全にわたれるように、車道の上にかけた橋。類陸橋。

ほど・く〖▽解く〗〈動五〉むすんだもの、ぬったものなどをもとにもどす。例帯をほどく。荷物をほどく。糸のもつれをほどく。類解《と》く。

ほとけ【仏】〈名〉仏教の創始者シャカ(釈迦)が、さとりをひらいて宇宙の真理を一身に体得したすがた。いろいろの意味は、すべてここからでる。

❶人間を超越《ちょうえつ》して永遠に生き、罪ある人間をも救う慈悲《じひ》と知恵《ちえ》と力とをもつ者となったシャカ。また、そのとうとい教え。ブッダ。例仏の道に入る。仏につかえる。

❷シャカのいろいろなすがたと考えられる、如来《にょらい》や観音《かんのん》などの菩薩《ぼさつ》たち。これらの仏たちをきざんだ像。例仏をおがむ。わが家《いえ》の仏尊し(→独立項目)。

❸亡《な》くなった人。例仏になる。

表現「仏の弥兵衛《やへえ》さん」などというとき、「鬼の平蔵」だの「まむしの権太《ごんた》」だのの反対で、怒ることも声を荒らげることもない、おだやかな感じの人をいう。

仏作《つく》って魂《たましい》入《い》れず かたちだけはつくったが、それがほんとうにはたらくために必要な、いちばんだいじな処置がしてないので、役にたたない。

仏の顔《かお》も三度《さんど》 こらえて許してやれるのも限度がある、ということ。注意 増長《ぞうちょう》する者への警告によく使われることばで、本来は、三度まではゆるしてやれる、ということではない。

知《し》らぬが仏 ⇩「しる〔知る〕」の子項目

ほとけごころ【仏心】〈名〉仏のような、なさけぶかい気持ち。例つい仏心を出してしまう。

ほとけのざ〖仏の座〗〈名〉❶「春の七草《ななくさ》」の一つ。きいろい花がさく雑草。たびらこ。❷道ばたなどにはえる雑草の一種。春、赤むらさき色の花がさく。

ほど・ける〖▽解ける〗〈動下一〉結んであったものがゆるんではなれる。例くつひもがほどける。類解《と》ける。

ほどこし【施し】〈名〉お金や品物を、あわれんであたえること。そのお金や品物。例ほどこしは受けたくない。

ほどこ・す【施す】〈動五〉❶効果が生じるようなしかたで何かを行なう。例策を施す。処置を施す。❷お金や品物をあたえる。例めぐみを施す。類めぐむ。

ほどちか・い【程近い】〈形〉そんなに遠くない。例ここから程近いところに郵便局があります。

ほどとお・い【程遠い】〈形〉目的の距離《きょり》や時間に、まだだいぶあいだがある。例完成には程遠い。

ほととぎす〖▽時▽鳥・▼杜▼鵑・▽不▽如▽帰〗〈名〉鳥の一種。五月ごろ日本にくるわたり鳥。灰褐色《かいかっしょく》で尾《お》が長い。ウグイスなどの巣にたまごを産み、自分では育てない托卵《たくらん》の習性をもつ。古くから和歌や俳句によまれた。

ほどなく【程なく】〈副〉あまり時間がたたないうちに。例程なく到着した。類やがて。

表現「程なくして」「程なくすると」の形でも使う。

ほとばし・る〖▼迸る・ほと走る〗〈動五〉はげしいいきおいで、飛びちる。例鮮血《せんけつ》がほとばしる。ほとばしる若さ。

ほとばす(方言) 水に浸《ひた》す。群馬・長野などで言う。

ほとほと〈副〉身にしみて感じるようすを表わすことば。まったく。例ほとほとつかれた。ほとほといやになった。きみにはほとほと感心するよ。類つくづく。由来 もともとは、「ほとほと死にき(=あやうく死ぬところだった)」と『万葉集』にあるように、「ほとんど」のもとになったことば。

ほどほど〖程程〗〈名〉度をすごさない程度。例ほどほどにする。ふざけるのもほどほどにしろ。類いいかげん。たいがい。たいてい。適当。

ぼとぼと〈副〉液体がこぼれ落ちるようす。

方言 近畿・四国などでは、「びしょびしょだ」の意味でも使う。

ほとぼり〈名〉ものごとが終わったあとに、まだ尾《お》をひいている興奮。例ほとぼりがさめる。

ボトムス〈名〉下半身に着用する衣服。パンツやスカー

円山応挙(まるやまおうきょ)(1733〜95) 江戸中期の画家。明・清の写生画や洋画の遠近法を学び，新画風を確立。

トなど。例 柄物のシャツに無地のボトムスを合わせる。対 トップス。◇bottoms

ほどよ・い【程▽好い】〈形〉ちょうどいい。適当である。例 ほどよい距離《きょり》。ほどよい湯かげん。

ほとり〈名〉川や池、湖など水のあるところのすぐそば。例 泉のほとり。

ぽとりと〈副〉小さなものが落ちるようす。「ぽとっと」ともいう。例 涙がぽとりと落ちた。

ボトル〈名〉瓶《びん》。とくに、洋酒の入った瓶。◇bottle

ほとんど【▼殆ど】 一〈副〉もう少しのところで。例 あまりのショックにほとんど気をうしないかけた。
二〈名・副〉大部分。おおかた。例 食べものをほとんどうけつけない。ほとんどの人は参加した。

ほなみ【穂波】〈名〉一面にうわっているイネなどの穂が風をうけて、まるで波のように見えるもの。

ほにゅう【哺乳】〈名〉赤んぼうに乳《ちち》を飲ませること。例 哺乳瓶《びん》。哺乳動物。

ぼにゅう【母乳】〈名〉母親の乳。

ほにゅうるい【哺乳類】〈名〉脊椎《せきつい》動物のうち、胎生《たいせい》で、子を乳《ちち》で育てるもの。肺で呼吸する。ヒトやサル、イヌやネコ、ネズミやクジラなど。表記 理科の教科書などでは「ホニュウ類」と書かれることもある。

ほね【骨】〈名〉❶からだの中にとおっているかたいもので、からだをささえ、臓器を保護しているもの。例 骨が太い。骨に達する傷。骨ぶと。背骨。対 肉。類 骨格《こっかく》。
❷建造物や機械、道具などの内部にあって、全体をささえているもの。例 傘《かさ》の骨。扇子《せんす》の骨。骨組み。屋台骨《やたいぼね》。類 骨格。
❸中でしっかりささえているじょうぶなささえ。例 骨のある人物。骨っぽい。骨ぬき。骨なし。類 気骨《きこつ》。
❹がんばってからだをうごかす力。例 骨をおる。骨がおれる。骨おしみ。骨休め。▽→囲み記事50(下)
参考 (1)動物には、クラゲやミミズのように全体がやわらかいもの、貝や甲虫《こうちゅう》のように外がわにかたいからのあるもの、中心に骨があって外がわがやわらかいもの、と大きく三種類のものがある。哺乳《ほにゅう》類は第三の型に属し、いちばん進化したかたちである。
(2)人体の骨は、大きくわけて 頭の骨(=頭蓋骨《ずがいこつ》)、背中の骨(=背骨)、胸の骨(=肋骨《ろっこつ》)、腰の骨(=骨盤《こつばん》)、手足の骨と、五つの部分からなりたっている。

骨が折《お》れる とてもめんどうで苦労が大きい。例 骨の折れる仕事。→こぼねがおれる

骨と皮《かわ》 肉がなく、骨と皮が、くっつくぐらいやせていること。例 骨と皮になる。

骨の髄《ずい》まで からだの中心の、奥の奥まで。例 骨の髄まで冷える。知識を骨の髄までたたきこまれる。

骨までしゃぶる 自分の利益とするため、最後の最後まで他人を利用する。

骨を埋《うず》める 一つの職場で定年まで、また、遠く離れた土地に死ぬまで とどまる。

骨を折《お》る ❶おおいに苦労してなにかをする。❷人のためのみを聞いてめんどうなことをする。

骨を拾《ひろ》う ❶火葬《かそう》にした死者の遺骨を拾い集める。❷志半ばにして死んだ人のあとをついで働く。

骨を休《やす》める 仕事を休んだりして、つかれたからだを、らくにする。骨休めする。

ほねおしみ【骨惜しみ】〈名・する〉めんどうがって、するべき仕事をなまけること。例 骨惜しみせずに働く。

ほねおりぞん【骨折り損】〈名〉せっかくの苦労や努力が役だたず、むだになること。類 徒労。むだぼね。

骨折り損のくたびれもうけ 苦労したのに、つかれただけでなにもよい結果をえなかったこと。類 労多くして功少なし。

ほねぐみ【骨組み】〈名〉ものごとをささえて、なりたたせている主要なくみたて。例 骨組みをつくる。がっちりした骨組み。建物の骨組み。文章の骨組み。類 骨格。構造。

ほねつぎ【骨接ぎ】〈名〉骨折や脱臼《だっきゅう》、ねんざを治すこと。その職業。類 整骨。接骨。

ほねっぷし【骨っ節】〈名〉❶骨の関節。❷自分の意見をつらぬき、たやすく人に従わないこと。例 骨っ節の強い人。類 気骨《きこつ》。

ほねっぽ・い【骨っぽい】〈形〉❶魚などに小骨が多い。❷からだに脂肪《しぼう》が少なくて、骨がごつごつしている感じだ。❸信念があって、がちっとしている。例 骨っぽい作品。

ほねなし【骨無し】〈名〉自分自身の主義主張がまったくないこと。そういう人。類 ふぬけ。

ほねぬき【骨抜き】〈名〉料理で、魚や鳥などの骨をとってしまうこと。表現 「骨抜きにする」といえば、形だけを残して、たいせつななかみをのぞいてしまうことをいう。

ほねば・る【骨張る】〈動五〉やせて、骨の形がうき出るようにごつごつしている。表現 「骨ばった言いかた」というと、意地をはってとげとげしくなっているようすを言う。

ほねぶと【骨太】〈形動〉❶骨が太くてしっかりしている。例 骨太なからだ。対 骨細。❷一本の太い主義主張がとおっている。例 骨太な作品。

ほねみ【骨身】〈名〉骨と肉。

骨身にこたえる つらさや寒さが、からだのおく深くまでしみこむ。

骨身に染《し》みる 「身に染みる」を強めた言いかた。

骨身に徹《てっ》する 「骨身にこたえる」「骨身にしみる」の

囲み記事 50

「骨」のいろいろな表現

(1)**骨はかたいもの**――骨は何よりもまず「かたいもの」であるから、「ごつい」「ごつごつした」など、かたさを表わすことばとのつながりがつよい。「骨っぽい人」「硬骨《こうこつ》漢」は、自分の生きかたや考えかたを容易にかえない人をいう。骨は、なかからのささえであるから「骨ぬき」になったら、ものはすべてだめになる。

(2)**骨はからだの中心**――「皮をきらせて肉をきり、肉をきらせて骨をきる」とは、出血を覚悟《かくご》して相手をたおすことをいう。「寒さが骨にまでしみる」「骨身にこたえる」は、自分の身にふかく浸透《しんとう》する感じ。「骨までしゃぶる」は、鳥肉などの食べかたからの連想で、容赦《ようしゃ》なく他人から利益をむさぼりとること。

(3)**骨は働く**――何をするにも骨を折りまげなければ、からだは動かない。「骨を折る」は日常よく使う労苦の表現であり、「骨身をおしまず」や「骨身をけずって」は身ひとつを動かしてひたすら働くようすをよく言い表わしている。

丸山真男(まさお) (1914～96) 政治思想史学者。近代日本の政治構造を分析し，民主主義のあり方を提言。

かたい言いかた。

骨身を惜《お》しまず からだをうごかして、いやがらないでよく働くようす。

骨身を削《けず》る からだがすりへってしまうほどの、つらい苦労をする。例骨身を削って仕事をする。

ほねやすめ【骨休め】〈名・する〉仕事などでつかれたからだを休めること。骨を休める。類休養。

ほの【▼仄】〈接頭〉「かすかに」「ぼんやり」という意味を表わす。例ほのぐらい。ほの見える。ほのめかす。

ほのお【炎】【▼焰】〈名〉ものが燃えるときにでる火の先。例炎があがる。炎につつまれる。紅蓮《ぐれん》の炎。燃えさかる炎。類火炎《かえん》。

表現「嫉妬《しっと》の炎」「胸の炎」などの言いかたで、心の中で燃えあがって、おさえようにもどうしてもおさえられない強い感情をいう。

ほのか【▼仄か】〈形動〉あるかないかわからないほどわずかだ。例ほのかな光。ほのかな期待。類かすか。ほんのり。

ほのぐら・い【ほの暗い】【▼仄暗い】〈形〉あたりがぼんやりする程度に暗い。類うす暗い。小暗い《おぐらい・こぐらい》。

ボノボ〈名〉チンパンジーの一種で、体型が少し小さい類人猿《えん》。アフリカのコンゴ川南岸のごく限られた森林にすむ。雌《めす》が群れの主導権をとり、独特の性行動によって暴力をさける。二〇世紀に入ってから発見された。ピグミーチンパンジー。◇bonobo

ほのぼの〈副〉❶かすかに明るくなったり、あたたかくなったりするようす。例ほのぼのと夜が明ける。類ほんのり。ほのかに。❷人の心をそれとなく包みこんでしまうような、あたたかさがあるようす。例ほのぼのとした空気。

ほのめか・す【▼仄めかす】〈動五〉ことばや身ぶりで、つたえたいことを遠まわしに知らせる。類におわす。

ほのめ・く【▼仄めく】〈動五〉かすかに見える。

ホバークラフト〈名〉地面や水面に圧縮空気をふきつけて機体を浮き上がらせ、プロペラの推力で走る乗り物。「ホーバークラフト」ともいう。商標名。◇Hovercraft

ほばく【捕縛】〈名・する〉犯人をつかまえること。

ほばしら【帆柱】〈名〉船で、帆をはる柱。マスト。

ほはば【歩幅】〈名〉前にふみだした足と、うしろの足とのあいだの長さ。例歩幅が広い。

ホビー〈名〉趣味《しゅみ》。例ホビー雑誌。◇hobby

ほひつ【補筆】〈名・する〉足りないところをおぎなうため、あとから書きくわえること。類加筆。

ぼひめい【墓碑銘】〈名〉⇩ぼしめい

ポピュラー〈名・形動〉たくさんの人にこのまれて、人気があること。例ポピュラーソング。◇popular

ポピュリズム〈名〉❶人民主義。民衆主義。❷大衆迎合《げいごう》主義。いかにも大衆のよろこびそうな政策をかかげる、政治上の態度。◇populism ❶庶民《しょみん》の意見や利益を第一に考える、政治的な立場。

ぼひょう【墓標】〈名〉墓《はか》のしるしとした石や板。例墓標をたてる。類墓碑《ぼひ》。墓石《はかいし・ぼせき》。

ほふく【▼匍▼匐】〈名・する〉腹を地面につけてはうこと。例匍匐前進。

ボブスレー〈名〉そり競技の一つ。ブレーキと操縦装置《そうち》のついた鋼鉄製のそり。また、そのそりで、氷の坂のコースをすべりおりる競技。冬季オリンピック種目の一つ。◇bobsleigh →スケルトン⑤・リュージュ

ポプラ〈名〉街路樹などにする落葉高木。まっすぐにのびた枝《えだ》に、うちわに似《に》た小さな葉がつく。西洋箱柳《せいようはこやなぎ》。◇poplar

ほふ・る【▼屠る】〈動五〉❶けものなどを殺す。類屠殺《とさつ》する。❷たたかいで、相手を殺す。例敵をほふる。

ほへい【歩兵】〈名〉徒歩でたたかう兵士。

ボヘミアン〈名〉世間の習慣や型を無視して、自分の思うままに生活する人。◇Bohemian

参考もともとは、「ジプシー」のこと。

ほほ【頰】〈名〉⇩ほお〔頰〕

ほぼ〈副〉だいたいのところ。やや改まった言いかた。例ほぼできあがった。類おおかた。おおむね。ほとんど。

ほほえまし・い【頰笑ましい・▽微笑ましい】〈形〉思わずほほえみたくなる感じだ。「ほおえましい」ともいう。例ほほえましい光景。

ほほえみ【頰笑み・▽微笑み】〈名〉ほほえむこと。「ほおえみ」ともいう。例ほほえみをうかべる。ほほえみをたたえる。モナリザのほほえみ。

ほほえ・む【頰笑む・▽微笑む】〈動五〉口もとでかすかに笑う。にっこりする。「ほおえむ」ともいう。類微笑《びしょう》する。

ほまれ【誉れ】〈名〉世間から高い価値があるとしてみとめられることがら。例家の誉れ。名人の誉れが高い(=名人として有名だ)。類名誉《めいよ》。栄誉。

ほむら【▽炎・▼焰】〈名〉「ほのお」の、詩的な古い言いかた。

ほめそや・す【▽誉めそやす】〈動五〉おおぜいの人がさかんにほめる。例やんやとほめそやす。類もてはやす。

ほめたた・える【褒めたたえる】【褒め▽称える】〈動下一〉敬意をこめて、心からほめる。類称賛《しょうさん》する。賛美する。

ほめちぎ・る【褒めちぎる】〈動五〉これ以上のほめ方はないほどほめにほめる。類ほめたてる。絶賛する。激賞する。

ほめもの【褒め者】【▽誉め者】〈名〉多くの人からほめられる人。

ほ・める【褒める】【▽賞める・▽誉める】〈動下一〉人のしたことやふるまいなどを、すぐれたものとみとめ、すてきだ、りっぱだなどと言う。目上の人のことには用いない。例子どもを褒める。できを褒める。ほめちぎる。対けなす。そしる。類たたえる。称《しょう》する。称賛する。

表現「あまり褒めたことではない」のように、打ち消しのことばをともなう言いかたがある。人のふるまいや行動を非常識だとして、非難するときに使う。

ホモ〈名〉人類(現生人類と化石人類)の学名。◇ラテン語から。

ホモサピエンス〈名〉現生人類(=現在の人類)の学名。ヒト。その直接の祖先は、最後の氷河期が終わるころ現れたクロマニヨン人など。

参考ラテン語で「知性ある人」という意味。

ホモセクシャル〈名・形動〉(おもに男性の)同性愛者。俗《ぞく》に、ホモともいう。類ゲイ。◇homosexual

ほや【火屋】〈名〉ランプやガス灯などの、火をおおうガラスのつつ。

ぼや〈名〉一部分だけを焼いた程度でおさまった、小さな火事。例ぼやさわぎ。

ぼやか・す〈動五〉わざとはっきりしないようにする。あいまいにする。例映像をぼやかす。返事をぼやかす。

ぼや・く〈動五〉不平や不満をぶつぶつ言う。類ぐちる。こぼす。かこつ。

ほ

マンデラ(1918~2013) 南アフリカ共和国大統領。反アパルトヘイト運動により27年間投獄。90年釈放。

ぼや・ける〈動下一〉ものの形や色などがぼんやりする。例焦点《しょうてん》がぼやける。記憶がぼやける。類ぼける。

ぼやっと〈副・する〉❶どうもはっきりしないようす。例目がかすんで、景色がぼやっとして見える。❷放心しているようす。例ぼやっとしてると危ないぞ。類ぼけっと。▽類ぼんやり。

ほやほや〈名〉食べ物ができたばかりで、ふっくらとしてあたたかいこと。例できたてのほやほや。
表現「新婚《しんこん》ほやほや」や「ほやほやの新入社員」のような言い方もよくする。

ぼやぼや〈副・する〉なにをしていいかわからないまま、ぼやっとしているようす。例ぼやぼやするな。
方言島根では、「ぼやぼやした天気」のように、「蒸し暑いようす」を表わす。

ほゆう【保有】〈名・する〉現在、自分のものとして持っていること。例核《かく》を保有する。保有量。類所有。

ほよう【保養】〈名・する〉仕事などをしないで、ゆっくりからだを休めること。例保養所。類休養。静養。

ほら【▽法▼螺】〈名〉❶ほら貝。❷ありもしないことをあるように言ったり、小さなことを大事件のように言ったりすること。また、その話。例ほらをふく。類うそ。

ぼら【▼鯔】〈名〉魚の一種。全長八〇《センチ》《メートル》ぐらい。海にすむが、幼魚の一時期を川ですごす。食用とする。
参考出世魚《しゅっせうお》の一つで、成長するにつれてオボコ・イナ・ボラ・トドなどとよび名がかわる。

ホラー〈名〉恐怖《きょうふ》。恐怖をテーマとする映画や小説。例ホラー映画。◇horror

ほらあな【洞穴】〈名〉岩やがけにあいた、大きくてふかい穴。類洞窟《どうくつ》。洞穴《どうけつ》。

ほらがい【ほら貝】【▽法▼螺貝】〈名〉❶〔動物〕あたたかい南の海にすむ大きい巻き貝。貝がらは四〇《センチ》《メートル》ぐらいにもなる。❷「①」の貝がらに穴をあけて、ふいて鳴らすようにしたもの。むかし、山伏《やまぶし》などが持ち歩き、また、合戦などのとき使った。例ほら貝をふく。参考「ほらをふく」は、②をふきならすことからでた言いかた。

ほらがとうげ【洞ヶ峠】〈名〉勝ちそうな方へつこうとして、すぐに態度をきめずに、なりゆきを見まもること。例洞ヶ峠をきめこむ。類日和見《ひよりみ》。
由来戦国時代に、羽柴秀吉《はしばひでよし》と明智光秀《あけちみつひで》がたたかったとき、筒井順慶《つついじゅんけい》が洞ヶ峠(＝京都府と大阪府の境にある峠)に陣《じん》どって合戦のなりゆきを見て、勝ちそうな方へ味方したことからできたことば。

ほらふき【ほら吹き】【▽法▼螺吹き】〈名〉ありもしないことを、さも事実のように言ったり、小さなことを大事件のように言ったりする人。類うそつき。

ポラロイドカメラ〈名〉写したその場で写真が見られるカメラ。現像機能があり、そのまま写真となる一枚ずつのフィルムを内蔵している。商標名。◇Polaroid Land camera から。

ボランチ〈名〉サッカーで、ミッドフィールダーのうち後方寄りに位置して、ロングパスなどで攻撃《こうげき》の組み立てをおこなう役。守備的ミッドフィールダー。◇《ポルトガル》volante (＝「ハンドル」の意味)

ボランティア〈名〉社会福祉《ふくし》事業などで、奉仕《ほうし》活動をする人。◇volunteer

ほり[1]【堀】【▼濠】〈名〉敵の侵入《しんにゅう》をふせぐために、集落や城などのまわりをほって溝《みぞ》としたもの。水を入れるものもある。例堀をめぐらす。内堀《うちぼり》。空堀《からぼり》。

【堀】 土部8 全11画
ほり 訓[ほり] 堀。外堀。釣り堀。

ほり[2]【彫り】〈名〉❶木や石などをきざんで、文字や絵などを表わすこと。❷彫りきざんだような顔の凹凸《おうとつ》。例彫りが深い。

ほりあ・てる【掘り当てる】〈動下一〉❶掘っていて、探し物をうまく見つける。例金鉱を掘り当てる。❷人材などをさがし出す。▽類発掘《はっくつ》する。

ポリープ〈名〉鼻や胃腸の粘膜《ねんまく》にできる、キノコのようにつき出たはれもの。ポリプ。◇polyp

ポリエステル〈名〉合成樹脂《じゅし》や合成繊維《せんい》の原料とする高分子化合物。建築材料や繊維などに使われる。◇《ドイツ》Polyester

ポリエチレン〈名〉合成繊維《せんい》の一種。電気をとおさず、湿気《しっけ》や薬品につよい。包装《ほうそう》材やバケツなどの容器に使われる。◇《ドイツ》Polyäthylen

ポリオ〈名〉「小児麻痺《しょうにまひ》」のこと。◇polio

ほりおこ・す【掘り起こす】〈動五〉❶中の土が表面に出るように、土をほる。例田畑を掘り起こす。類掘り返す。❷土の中にうずまっていたものを、ほってとりだす。類掘りだす。
表現「あたらしい事実を掘り起こす」「才能を掘り起こす」は、それまでかくれていて人々の目にふれなかったものを、さがしだしたり、ひきだしたりしておもてにだすこと。

ほりかえ・す【掘り返す】〈動五〉❶土をほって、中の土を表面に出すようにする。類掘り起こす。❷一度うめたところをもう一度ほる。もう一度ほって、中にうずまっているものをとりだす。例墓を掘り返す。

ほりごたつ【掘りごたつ】【掘り▼炬燵】〈名〉ゆかを適当な大きさに切って、炉《ろ》を作ったこたつ。切りごたつ。対置きごたつ。

ほりさ・げる【掘り下げる】〈動下一〉❶地中のさらに深い方へほっていく。❷ある点についてさらに深く、くわしく考える。例問題点を掘り下げる。類深掘《ふかぼ》りする。つっこむ。

ポリシー〈名〉行動を律する一貫《いっかん》した方針。政策。例ポリシーがない。◇policy

ポリス[1]〈名〉「警官」のこと。◇police

ポリス[2]〈名〉〔歴史〕古代ギリシャの都市国家。神殿《しんでん》のあるアクロポリスとよばれる丘《おか》を中心として、そのふもとで政治や商業が行なわれた。アテネやスパルタなどが有名。◇ギリシャ語から。

ほりだしもの【掘り出し物】〈名〉たまたま運よく見つけたよいものや安いもの。

ほりだ・す【掘り出す】〈動五〉❶地面をほって、うまっているものをとりだす。例石炭を掘り出す。類掘り起こす。❷たまたま、よいものや安いものを見つける。例掘り出しもの。

ほりつ・ける【彫りつける】〈動下一〉木や石などに、文字や絵をのみなどの道具を使ってきざみこむ。例名前を彫りつける。

ホリデー〈名〉休日。◇holiday

ポリネシア〈名〉ハワイ、ニュージーランド、イースター島を結ぶ三角形の地帯にある、たくさんの島々の総称《そうしょう》。日本の南東の方向に位置する。◇Polynesia

ほりばた【堀端】〈名〉堀のそば。

ポリプ〈名〉❶刺胞《しほう》動物の成長時期の一形態。筒《つつ》状で岩などにつき、上部に口と触手《しょくしゅ》がある。クラゲ形

三浦按針(みうらあんじん) ⇨ウィリアム＝アダムズ

になるものや、イソギンチャクになるものなどがあり、サンゴのようになるものもある。❷⇩ポリープ ◇polyp

ポリフェノール〈名〉 植物に多くふくまれる、にがみ・しぶみ・色素の成分となる有機化合物。抗《こう》酸化作用があり、血中のコレステロールの抑制《よくせい》、脳梗塞《こうそく》や動脈硬化の予防などに有効とされる。赤ワイン・コーヒー・緑茶・ゴマ・ウコン・ブルーベリーなどに多く含まれる。 ◇poly-phenol

ポリぶくろ【ポリ袋】〈名〉 ポリエチレン製のうすい袋。

ぽりぽり〈副〉 ❶スナック菓子《がし》やビスケットなどをかむときの、軽い音のようす。 ❷手のつめで軽くかくようす。 例頭をぽりぽりかく。

ほりもの【彫り物】〈名〉 ❶彫刻《ちょうこく》。 ❷いれずみ。 例彫り物師。

ほりゅう【保留】〈名・する〉 すぐにきめてしまわないで、結論を先へ のばすこと。ペンディング。 例態度を保留する。 類留保。たな上げ。

ほりゅう(▼蒲柳)のしつ(質) からだが弱く、病気にかかりやすいこと。

ボリューム〈名〉 ❶分量。量感。 例ボリュームのある食事。 類かさ(嵩)。 ❷音量。 例ボリュームを下げる。 ◇volume

ほりょ【捕虜】〈名〉 戦争で、敵につかまえられた人。 例捕虜になる。捕虜収容所。 類とりこ。虜囚《りょしゅう》。

ほりわり【掘り割り】〈名〉 地面をほって水をひいて、水路としたところ。

1**ほ・る【彫る】**〈動五〉 ❶木や石、金属などをきざんで、文字や絵などを表わしたり、ものの形をつくったりする。 例名前を彫る。仏像を彫る。 類彫刻《ちょうこく》する。 ❷いれずみをする。

2**ほ・る【掘る】**〈動五〉 ❶地面に穴をあけて、土をけずりとる。 例穴を掘る。土を掘る。トンネルを掘る。掘りさげる。掘りかえす。 ❷土の中からなにかをとりだす。 例いもを掘る。掘りだす。

3**ほる(方言)** ⇩ほうる 方言

ぼ・る〈動五〉 明らかに高すぎる代金を要求する。 例飲み屋でぼられた。 参考「暴利《ぼうり》」を動詞として活用させた、俗《ぞく》っぽいことば。

ポルカ〈名〉 四分の二拍子《にびょうし》の活発な おどり。また、その音楽。 ◇polka

ホルスタイン〈名〉 ウシの品種の一つ。白と黒のまだらで、乳牛としてすぐれている。 ◇《ドイツ》Holstein

ホルダー〈名〉 ❶物をとめたり ささえたりする器具。 例キーホルダー。ドリンクホルダー。 ❷記録の保持者。 例タイトルホルダー。 ◇holder

ポルターガイスト〈名〉 家の中で わけもなく大きな物音がしたり、家具が動いたりする現象。また、それを引きおこすとされる霊《れい》。 ◇《ドイツ》Poltergeist

ボルテージ〈名〉 ❶電圧。 ❷熱気や興奮、熱心さの度合い。 例ボルテージが上がる。 ◇voltage

1**ボルト**〈名〉 金属製のしめ具の一種。棒状で、一方のはしがねじになっていて、ナットとくみあわせて使う。 絵 例ボルトをしめる。 ◇bolt アボルト

2**ボルト**〈名・接尾〉 電圧の単位。記号「V」。 ◇volt アボルト

参考 (1)一《オーム》の電気抵抗《ていこう》をもつ導体《どうたい》に一《アンペア》の電流をながすには、一《ボルト》の電圧が必要である。 (2)イタリアの科学者ボルタの名にちなむ。

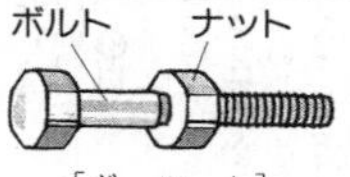

[ボ ル ト]

ポルノ〈名〉 「ポルノグラフィー」の略。女性のはだかや性行為《こうい》を露骨《ろこつ》にあつかった文学や映画、写真。 ◇porno

ホルマリン〈名〉 殺菌剤《さっきんざい》や防腐《ぼうふ》剤に使われる薬品。 ◇《ドイツ》Formalin

ホルモン〈名〉 ❶動物の内分泌腺《ないぶんぴつせん》から血液中にでて、体内の各部のはたらきをととのえる物質。性ホルモン(=男性ホルモンと女性ホルモン)。 例成長ホルモン。 ❷ウシやブタなどの内臓。 例ホルモン焼き。 類もつ。 ◇《ドイツ》Hormon

ホルン〈名〉 狩《か》りに使う角ぶえから発達した金管楽器。まるくまいた長いくだの先がアサガオの花のようにひらいている。やわらかく、ゆたかな音がする。 ◇《ドイツ》Horn

ほれい【保冷】〈名・する〉 冷たい温度に保つこと。 例保冷バッグ。保冷剤。保冷車。

ぼれい【▼牡▼蠣】〈名〉 カキの殻《から》を焼いてくだいた粉末。薬や、小鳥のえさとする。えさは「ボレー」とも書かれる。

ボレー〈名〉 テニスやサッカーで、ボールが地面に落ちる前に、打ち返したりけったりすること。 例ボレーシュート。 ◇volley

ほれこ・む【ほれ込む】【▼惚れ込む】〈動五〉 すっかり好きになる。 例人がらにほれ込む。

ほればれ【▼惚れ▼惚れ】〈副・する〉 心がすっかりうばわれて、うっとりするようす。 例ほればれする声。ほればれするようないい女だ。

ほ・れる【▼惚れる】〈動下一〉 ❶人を好きになること の、古風な言いかた。 例人にほれる。ぞっこんほれてめとった女房《にょうぼう》。ほれっぽい(=ほれやすい)。一目ぼれ。 ❷心をうばわれる。 例心意気にほれる。聞きほれる。

ほれた腫《は》れた 他人にとっては くだらなくて聞いていられない、恋《こい》の話のこと。「好いたほれた」の小ばかにした言いかた。 例ほれた腫れたの大さわぎ。

ボレロ〈名〉 ❶〔音楽〕 四分の三拍子《さんびょうし》のかろやかなおどりの曲。スペインで生まれた。おどり手が、カスタネットで独特のリズムをたたく。 ❷スペイン風のみじかい上着。 ◇《スペイン》bolero

ほろ【▼幌】〈名〉 雨や風、日の光をふせぐために、車の上にはる布のおおい。 例ほろをかける。ほろ馬車。

ぼろ【▼襤▼褸】〈名〉 ❶すり切れたり やぶれたりして、使えそうもない布や衣服。 例ぼろをまとう。ぼろきれ。 ❷すっかり古くなって、使いものにならないもの。 例ぼろ自転車。 ❸知られたくない欠点や短所。 例ぼろが出る。ぼろを出す。 類あら。

ぼろは着《き》てても心《こころ》は錦《にしき》 外見は みすぼらしくても、心豊かに生きることが肝心《かんじん》だ。「ぼろを着ても心は錦」ともいう。

ぼろを出《だ》す 知られたくない欠点や短所を、うっかり人に見せてしまう。

ポロ〈名〉 一チーム四人で馬に乗って行なう球技。木製の球を、先がT字型になった棒(=マレット)で打ち合い、相手チームのゴールに入れた得点をきそう。 ◇polo

ぼろ・い〈形〉 ❶少ない資本や労力で、ぼろもうけができて、笑いがとまらない感じだ。 例ぼろい商売。 ❷つくりがそまつだ。使い古している。 例ぼろい車。 類おんぼろ。ぼろぼろ。 ▽あまり品のない言いかた。

ぼろきれ【▼襤▼褸▽布】〈名〉 使い古して ひどくいたん

 御木本幸吉(みきもとこうきち) (1858～1954) 明治～昭和の実業家。伊勢(三重県)出身。真珠の養殖に成功。

だ布きれ。例つかれはててぼろきれのようになるまで働く。

ぼろくそ【ぼろ▼糞】〈形動〉まったく価値がないものとして、徹底的にののしるようす。例ぼろくそにけなす。類くそみそ。

ホログラム〈名〉角度によってことなる図柄が見えたり、レーザー光線を当てると立体画像が見えたりする、印刷物の一種。クレジットカード・商品券・紙幣《しへい》などに偽造防止の目的で入れる。◇hologram

ホロコースト〈名〉大虐《ぎゃく》殺《さつ》。とくに、ナチスによるユダヤ人の大量殺戮《さつりく》をさす。類ジェノサイド。◇holocaust

ポロシャツ〈名〉半そでの折りえりのついたシャツ。◇polo shirt 参考ポロ競技用のシャツという意味。

ほろにが・い【ほろ苦い】〈形〉❶かすかににがい。例ほろ苦いあじ。❷なつかしさやくるしさ、くやしさなどが入りまじっている。例ほろ苦い思い出。

ポロネーズ〈名〉〔音楽〕四分の三拍《びょう》子《し》のゆるやかなおどりの曲。ポーランドで生まれた。◇フランス polonaise

ほろばしゃ【ほろ馬車】【▼幌馬車】〈名〉つよい日ざしや雨などをふせぐおおいをつけた馬車。

ほろ・びる【滅びる】【▽亡びる】〈動上一〉まったくなくなってしまう。「ほろぶ」ともいう。例国が滅びる。文明が滅びる。対興《おこ》る。類絶える。滅亡《めつぼう》する。絶滅する。無に帰す。

表現 多く、国や王朝、有力な一族など、人間の集団的ないとなみで、いちどおおいに栄えたものがついにいきおいをうしなって、なくなってしまう場合にいう。したがって、人間以外のものがなくなることや、人間でも個人が死ぬことを「ほろびる」とはいわない。

ほろ・ぶ【滅ぶ】【▽亡ぶ】〈動五〉まったくなくなる。「ほろびる」ともいう。例国がほろぶ。類滅亡《めつぼう》する。

ほろぼ・す【滅ぼす】【▽亡ぼす】〈動五〉すっかりないようにする。例身を滅ぼす。敵を滅ぼす。

ほろほろ〈副〉❶小さいものが次々と音もなくこぼれおちたり、散ったりするようす。例涙がほろほろとこぼれる。❷山鳥などの鳴く声。

ぼろぼろ 一〈形動〉❶さんざん使ったり、古くなったりして、あちこちだめになっている。例このくつ下はもうぼろぼろだ。❷食べものなどが水分をうしなって、もろくなったり、ばらばらになったりしている。例ぼろぼろになったごはん。類ぼろぼろ。ぼそぼそ。二〈副〉ものがつぶとなったり、小さなかけらになったりしてつぎつぎに落ちるようす。例大つぶのなみだがぼろぼろ(と)こぼれる。日焼けして皮膚がぼろぼろ(と)はがれ落ちる。壁《かべ》がぼろぼろ(と)くずれる。類ぼろぼろ。

ぽろぽろ ▽ア一ボロボロ 二ボロボロ〈形動・副〉「ぼろぼろ」の程度が少ない言いかた。「ぼろぼろ」の一①の場合は使わない。

ぼろもうけ【ぼろ▼儲け】〈名・する〉少ない経費や労力で、らくに大もうけをすること。

ほろよい【ほろ酔い】〈名〉酒を少し飲んで、たのしい気分になっていること。例ほろ酔いきげん。類微酔《びすい》。

ほろりと〈副〉深く感動して、思わずなみだをこぼしそうになるようす。例ほろりとなる。ほろりとさせる。

ぽろりと〈副〉❶しずくが一滴《いってき》こぼれるようす。❷くっついていたものや、とろうとしたものが落ちてしまうようす。例ボタンがぽろりと落ちた。内野フライをぽろりと落とす。❸思わず、また、うっかり、何かを言ってしまうようす。例本音がぽろりととびだした。▽「ぽろっと」ともいう。

ホワイト〈名〉❶白。白色《はくしょく》。おもに商品の色の種類にいう。対ブラック。❷白い修正液。❸白人。◇white

ホワイトカラー〈名〉事務所などで、頭脳労働をする人。対ブルーカラー。◇white-collar worker から。

ホワイトソース〈名〉小麦粉をバターでいため、牛乳にとかしてつくる、どろっとした白いソース。グラタンやクリームコロッケなどに使う。◇white sauce

ホワイトニング〈名〉肌《はだ》や歯を、美白にすること。◇whitening

ホワイトハウス〈名〉ワシントンにあるアメリカ合衆国大統領の官邸《かんてい》。◇White House

表現「ホワイトハウスの意向では…」のように、アメリカ合衆国政府についていうことも多い。

常用漢字 **ほん**

【本】木部1 全5画 本本本本本

ホン もと 教小1 音[ホン] ▨本屋《ほんや》。本質《ほんしつ》。本格的《ほんかくてき》。本決《ほんぎ》まり。本来《ほんらい》。本校《ほんこう》。▨豆本《まめほん》。資本《しほん》。一本《いっぽん》勝ち。訓[もと]本。旗本。

【奔】大部5 全8画 奔奔奔奔奔

ホン 音[ホン] ▨奔走《ほんそう》。奔放《ほんぽう》。奔流《ほんりゅう》。▨出奔《しゅっぽん》。狂奔《きょうほん》。東奔西走《とうほんせいそう》。

【翻(飜)】羽部12 全18画 翻翻翻翻翻

ホン ひるがえる・ひるがえす 音[ホン] ▨翻案《ほんあん》。翻意《ほんい》。翻訳《ほんやく》。翻刻《ほんこく》。翻弄《ほんろう》。訓❶[ひるがえる] 翻る。❷[ひるがえす] 翻す。

ほん[1]【本】一〈名〉文章や絵などを印刷したものを一つにまとめたもの。例本を出す(=刊行する)。本を読む。本にまとめる。文庫本。単行本。シリーズ本。まんが本。類書籍《しょせき》。書物。図書。書。二〈接尾〉細長いものなどを数えることば。例えんぴつ五本。ジーンズ二本。当たりくじは一本だけだ。三本指を立てる。

表現 (1)一はふつう一冊二冊と数えるが、シリーズで出版されるものには一巻二巻も使う。「発売一か月で一〇万部突破《とっぱ》」のように同じ本を数えるときは一部二部、書店などでの品ぞろえには一点二点も使う。
(2)二は、具体的なものから抽象《ちゅうしょう》的なできごとまで、日常的にものを数えるのに広く使われる助数詞《じょすうし》のひとつ。↓囲み記事28(619ページ)

参考 発音は、前にくる音によって「ほん」「ぽん」「ぼん」になる。

ホン[2]〈名・接尾〉音の大きさの単位。日本で騒音《そうおん》の聞こえかたをはかるのに使われる。「フォン」「ホーン」ともいう。◇phon →デシベル

常用漢字 **ぼん**

【凡】几部1 全3画 凡凡凡

ボン・ハン 音❶[ボン] ▨凡人《ぼんじん》。凡才《ぼんさい》。凡百《ぼんぴゃく》。凡俗《ぼんぞく》。凡庸《ぼんよう》。▨非凡《ひぼん》。平凡《へいぼん》。平々凡々《へいへいぼんぼん》。❷[ハン] ▨凡例《はんれい》。

【盆】皿部4 全9画 盆盆盆盆盆

ボン 音[ボン] ▨盆栽《ぼんさい》。盆地《ぼんち》。盆踊《ぼんおど》り。

[1]**ぼん【盆】**〈名〉食器などをのせてはこぶときに使う、浅くて平たい道具。類トレー。アボン →次項

[2]**ぼん【盆】**〈名〉「うらぼん」のこと。おぼん。アボン

盆と正月《しょうがつ》が一緒《いっしょ》に来《き》たよう ❶非常にいそがしいことのたとえ。❷うれしいことやめでたいことなどが重なることのたとえ。

ほんあん【翻案】〈名・する〉すでにある作品のすじを生かしながら、時代や舞台《ぶたい》を別のものにおきかえて、あらためてつくりなおすこと。例翻案小説。類潤色《じゅんしょく》。

[1]**ほんい【本位】**〈名〉ものの考えかたの基本・基準をどこにおくか、ということ。多く、接尾語的に使う。例自分本位な客。患者《かんじゃ》本位の病院。興味《きょうみ》本位で始める。

[2]**ほんい【本意】**〈名〉本来の考え・のぞみ。例きみを傷つけることが本意ではなかったので、誤解《ごかい》しないでほしい。不本意。類真意。参考古くは「ほい」とも言った。

[3]**ほんい【翻意】**〈名・する〉はじめの決心をかえること。例翻意をうながす。

ほんいきごう【本位記号】〈名〉⇩ナチュラル二

ぼんおどり【盆踊り】〈名〉夏、盂蘭盆《うらぼん》のときなどに、民謡《みんよう》や特有の音頭《おんど》に合わせて行なう踊り。

ほんか【本歌】〈名〉〔文学〕和歌や連歌で、新しくよまれたもののもとになった歌。もとうた。

ほんかい【本懐】〈名〉心の底にふかくいだいていた、ほんとうの考えや気持ち。例本懐をとげる。類本望《ほんもう》。

ほんかいぎ【本会議】〈名〉委員会や分会、部会などに対して、全員が参加して行なう会議。とくに、国会での議員全員による会議をいう。

ほんかく【本格】〈名〉いいかげんでなく、ほんものであること。例本格の味。本格料理。本格派。本格化。本格的。

ほんかくてき【本格的】〈形動〉「これはほんものだ」という感じだ。例本格的な寒さ。本格的に勉強する。

ほんかどり【本歌取り】〈名〉〔文学〕和歌や連歌の技巧《ぎこう》の一つ。すでによまれている歌からすぐれた言いまわしなどを利用して、別の歌をよむこと。

ほんがわ【本革】〈名〉本物の、動物のかわ。例本革製。対合成皮革《ひかく》。人工皮革。

ほんかん【本館】〈名〉いくつかある建物の中で、中心になる建物。対別館。

ほんき【本気】〈名・形動〉❶まじめで、ひたむきであること。例本気で働く。対冗談《じょうだん》。類真剣《しんけん》。❷子どもの遊びで、練習でなく本番として、真剣勝負をすること。対嘘《うそ》ん気。

本気にさせる 人を、真剣《しんけん》にとりくむ気にさせる。

本気にする 人の言ったりしたりしたいいかげんなことを、ほんとうだと思いこむ。例うそを本気にする。類真《ま》にうける。

本気になる 真剣《しんけん》になる。例本気になって勉強する。

ほんぎ【本義】〈名〉❶ことばのいくつかの意味のうち、中心となる意味。または、もとの意味。対転義。類原義。❷本来の意義・目的。例本義から外《はず》れる。

ほんぎまり【本決まり】〈名〉予定されていたことが、正式に決定すること。対内定。類確定。決定。

ほんきゅう【本給】〈名〉給料のうち、交通費や家族手当などの諸手当をのぞいた基本部分。類本俸《ほんぽう》。基本給。

ほんきょ【本拠】〈名〉仕事や活動をくりひろげるときの、よりどころとなるところ。例…に本拠をおく。本拠をかまえる。本拠地。類根拠地。根城《ねじろ》。

ほんぎょう【本業】〈名〉中心としている職業。対副業。類本職。

ほんきょく【本局】〈名〉官庁や放送局などで、大小いくつもある局のうち、仕事をするうえで、中心となる局。対支局。分局。

ぼんぐ【凡愚】〈名・形動〉平凡でおろかなこと。

ぼんくら〈名・形動〉頭のはたらきがにぶくて、ぼんやりしていること。そういう人。類まぬけ。

ぼんくれ【盆暮れ】〈名〉夏のお盆と年末。中元と歳暮《せいぼ》の時期。例盆暮れのあいさつ。

ほんけ【本家】〈名〉❶親戚《しんせき》の中で、いちばん古くからある家。対分家。❷流派などで、中心となる家。類宗家《そうけ》。家元。

ぼんけい【盆景】〈名〉盆の上や盆栽《ぼんさい》に、石や砂、コケなどを配して、自然の風景をかたどったもの。

ほんけがえり【本▼卦がえり】〖本▼卦▽還り〗〈名〉還暦《かんれき》。参考「本卦」は、生まれ年の干支《えと》のこと。

ほんけほんもと【本家本元】〈名〉いろいろなものごとを生みだすもとになった、最初のもの。類元祖。

ほんけん【本件】〈名〉❶警察が、本来の目的にしている事件。対別件。❷いま、問題になっている、このことがらや事件。例本件は無罪とする。

ぼんご【▼梵語】〈名〉⇩サンスクリット

ほんこう【本校】〈名〉❶分校に対して、中心になる学校。❷自分の属している、この学校。▽ア①ホンコー ②ホンコー

ほんこく【翻刻】〈名・する〉古い写本や木版本の文字を活字に直すこと。また、活字に直して印刷出版すること。

ほんごく【本国】〈名〉その人が国籍《こくせき》をもつ国。生まれた国。類祖国。母国。

ほんごし【本腰】〈名〉本気になってものごとにとりくむこと。例本腰を入れる。本腰をすえる。

ぽんこつ〈名〉すっかり古くなって、使いものにならなくなったもの。例ぽんこつ車。類おんぼろ。

ほんさい【本妻】〈名〉正式の妻。やや古い言いかた。対めかけ。内妻。類正妻。

[1]**ぼんさい【凡才】**〈名〉とるにたりない才能。また、そんな才能しかもっていない人。対秀才《しゅうさい》。俊才《しゅんさい》。類鈍才《どんさい》。

[2]**ぼんさい【盆栽】**〈名〉観賞用の、はち植えの小形の樹木。例盆栽をいじる。

ほんざん【本山】〈名〉〔仏教〕同じ宗派に属している寺をしたがえている、中心の寺。対末寺《まつじ》。

[1]**ほんし【本旨】**〈名〉ものごとを行なうときの、もとになる目的。例本旨にかなう。類趣旨《しゅし》。

[2]**ほんし【本誌】**〈名〉❶雑誌で、付録や別冊などではない、本体となる部分。❷この雑誌。

ほんじ【本字】〈名〉❶漢字。対かな。類真名《まな》。❷漢字の字体の一つ。正式の漢字の字体。対略字。俗字《ぞくじ》。類正字。

ぼんじ【▼梵字】〈名〉梵語《ぼんご》(⇩サンスクリット)の表記に用いる文字。参考日本では、卒塔婆《そとば》や曼荼羅《まんだら》など、仏教の分野で使われる。

ほんしき【本式】〈名〉きめられた手続きをふんだ、ちゃ

 三島通庸(みしまみちつね)(1835～88) 明治の官僚。福島・栃木県令。福島事件・加波山事件で民権派を弾圧。

んとしたやりかた。例本式に習う。対略式。類正式。

ほんしつ【本質】〈名〉もののもつ、ほんとうの性質。例本質をさぐる。本質にふれる。本質的。

ほんじつ【本日】〈名〉「きょう」の改まった言いかた。
表現「本日ただいまの状況《じょうきょう》」のように、「今」を強調した言いかたがある。

ほんしつてき【本質的】〈形動〉いちばん根本的で、重要である。例本質的な問題。対副次的。二次的。末梢《まっしょう》的。

ほんしゃ【本社】〈名〉❶会社の中でいちばん中心になる事業所。対支社。出張所。❷いくつかの神社の中で、もとになる神社。対末社。摂社《せっしゃ》。

ほんしゅう【本州】〈名〉日本列島の中心となっている大きい島。太平洋と日本海にはさまれ、東北から西南にかけてほそながく弓のようなかたちにのびている。

ほんしゅつ【奔出】〈名・する〉はげしい勢いでほとばしり出ること。例地下水が奔出する。奔出するバイタリティー。

[1]**ほんしょう【本性】**〈名〉その人がもっている、本来の性質。例本性を現す。本性をむきだしにする。類正体。
表現いい性質についてはあまり言わないため、哲学《てつがく》などで、生まれながらの本質の意味で「人間の本性」のように使うときには、「ほんせい」と読んで区別することもある。

[2]**ほんしょう【本省】**〈名〉❶管下の役所などを指導する、中央の最高官庁。❷自分が属している省。わが省。

ぼんしょう【▼梵鐘】〈名〉寺の鐘楼《しょうろう》にある、大きなつりがね。例梵鐘をつく。

ほんしょく【本職】〈名〉❶いくつかある中で、おもにたずさわっている職業や職務。対兼職《けんしょく》。内職。類本業。❷そのことを専門にしている人。例本職の大工。類専門家。くろうと。プロ。

[1]**ほんしん【本心】**〈名〉❶たやすくは人にもらさない、ほんとうの考え。例本心をうち明ける。類真意。本音《ほんね》。❷ものごとの区別をきちんと判断できる心。例本心にたちかえる。本心をなくす。類正気。▽アホンシン

[2]**ほんしん【本震】**〈名〉「前震」「余震」に対して、地震のもっともはげしいゆれ。アホンシン

ほんじん【本陣】〈名〉❶陣営《じんえい》の中の大将のいるところ。❷江戸《えど》時代に、参勤交代の大名などがとまるために宿駅に設けられた宿屋。

ぼんじん【凡人】〈名〉なんのとりえもない、ごくふつうの人。類凡俗《ぼんぞく》。凡夫《ぼんぷ》。

ポンず【ポン酢】〈名〉ダイダイのしぼり汁《じる》。なべ料理のつけ汁などに使う。
参考オランダ語のponsの「s」に「酢《す》」をあてたもの。

ほんすじ【本筋】〈名〉本来のすじみち。また、物語や話などで、中心のすじ。例本筋からそれる。対わき道。

ほんせい【本姓】〈名〉❶結婚《けっこん》や縁組《えんぐみ》などで姓がかわった人の、もとの姓。類旧姓。❷ペンネームなどに対して、ほんとうの姓。

ほんせき【本籍】〈名〉〔法律〕戸籍のある場所。

ほんせん【本線】〈名〉鉄道線路などで、大都市をむすんでたいせつなはたらきをしている線。例東海道本線。対支線。類幹線。

[1]**ほんそう【本葬】**〈名〉正式の葬式。対密葬。仮葬《かりそう》。

[2]**ほんそう【奔走】**〈名・する〉目的をやりとげようとして、あちこちいそがしく走りまわること。例資金集めに奔走する。類東奔西走。飛び回る。狂奔《きょうほん》。

ほんぞうがく【本草学】〈名〉江戸《えど》時代に発展した、くすりとして使う植物や鉱物についての学問。

ほんそく【本則】〈名〉法律や規約などで、中心となる部分。対付則。

ぼんぞく【凡俗】〈名〉ごくふつうで、なにもとりえのないこと。とりえのない人。対非凡。類凡人。

ほんぞん【本尊】〈名〉その寺で信仰《しんこう》の中心となる、一体のほとけ。例ご本尊をおがむ。
表現中心となる人物や、当人の意味でも使われる。

ぼんだ【凡打】〈名・する〉野球で、ヒットにも犠打《ぎだ》にもならずにアウトになる打撃《だげき》。例凡打の山を築く。

ほんたい【本体】〈名〉❶表面にはあらわれていない、ほんとうのすがた。類正体。実体。❷ものの中心となる部分。類胴《どう》。胴体。❸「本体価格」の略。消費税をのぞいた、本やCDなどの商品そのものの値段。

ほんだい【本題】〈名〉中心になる題目。例そろそろ本題に入ろう。類本論。

ぼんたい【凡退】〈名・する〉野球で、打者が、凡打や三振に終わり、出塁《しゅつるい》や犠打《ぎだ》などができずにしりぞくこと。例三者凡退。

ほんたて【本立て】〈名〉机の上などに本を立ててならべておくための道具。類ブックエンド。

ほんだな【本棚】〈名〉本をならべておく棚。類書棚。書架《しょか》。本箱。

ぼんち【盆地】〈名〉まわりを山でかこまれたひろい平地。甲府《こうふ》盆地・奈良《なら》盆地・長野盆地など。

ポンチ〈名〉❶ソーダ水・アルコール・砂糖などをまぜてつくった飲み物。例フルーツポンチ。❷工作のときに、材料に目じるしを入れるために使う、先のとがった道具。❸「ポンチ絵」の略。イギリスではじまった、風刺《ふうし》をふくんだこっけいなまんが。◇①②はpunch ③はPunch

ポンチョ〈名〉❶南アメリカの民族衣装《いしょう》。四角い布の中央に頭をだす穴をあけたもの。❷登山用の雨ガッパ。◇スペイン《スペ イン》poncho

ほんちょうし【本調子】〈名〉のぞましい本来の調子。ほんとうの調子がでること。例まだ本調子でない。
参考もとは、三味線《しゃみせん》で、基本となる調子をいった。

ボンデージ〈名〉❶性的興奮をえるために、からだをしめつけたりしばったりすること。❷からだをしめつけるような密着したデザインの、革やエナメル製の服。例ボンデージファッション。◇bondage

ほんてん【本店】〈名〉チェーン店などの中心となる店。対支店。

ほんでん【本殿】〈名〉神社で、祭神《さいじん》をまつった、中心となる建物。

ぼんてん【▼梵天】〈名〉❶インドの古代宗教で、宇宙を創造した神。❷仏教で、仏法を守る神。

ほんと【本▽当】〈名・形動〉「ほんとう」のくだけた言いかた。例えっ、ほんとに?
表現「ほんと、まいったよ」のように感動詞としても使う。

ほんど【本土】〈名〉国土のうち、主要な部分。例イギリス本土。

ボンド〈名〉木やプラスチック、金属などに使う、強力な接着剤。商標名。例木工ボンド。◇Bond

ぽんと〈副〉❶ものをかるくたたくようす。例肩をぽんとたたく。❷気軽にものをほうるようす。例かばんをぽんと投げだす。大金《たいきん》をぽんと寄付する。

ポンド〈名・接尾〉❶ヤードポンド法の重さの基本単

三島由紀夫(ゆきお) (1925~70) 小説家・劇作家。唯美的世界を探求。小説「仮面の告白」「金閣寺」「豊饒の海」。

位。一ポンドは約四五四グラム。「常用《じょうよう》ポンド」ともいう。❷イギリスの通貨の単位。一ポンドは一〇〇ペンス。◇オランダ pond

ほんとう[1]【本当】〈名・形動〉うそや にせものではない、実際のこと。真実であること。例本当を言えば。本当にする(=まにうける)。本当のこと。対うそ。アホントー ↓ほんとうに

ほんとう[2]【本島】〈名〉❶大小かずかずの島があつまっている中で、中心的な島。例沖縄本島。❷自分のいる島。わが島。▽アホントー

ほんどう[1]【本堂】〈名〉寺で、本尊を安置してある建物。類金堂《こんどう》。アホンドー

ほんどう[2]【本道】〈名〉❶主要な地点をむすんでいる大きな道路。対間道。❷人としてすすむべき正しい道。例本道を行く。本道をふみはずす。▽アホンドー

ほんとうに【本当に】〈副〉心からそう思っているようす。例この冬は本当に寒いね。本当にありがとう。類実に。まことに。

ほんにん【本人】〈名〉その人自身。例本人に確認する。本人かどうか確認する。類当人。当事者。

ほんね【本音】〈名〉本心。また、本心から出たことば。例本音をはく。対たてまえ。類真意。

ボンネット〈名〉❶婦人や子ども用の、ふちのない、あごひものついた帽子《ぼうし》。❷自動車のエンジンをおおう部分。例ボンネットをあける。◇bonnet

ほんねん【本年】〈名〉「ことし」のあらたまった言いかた。例本年もよろしくお願いします。類当年。

ほんの〈連体〉まったく。ごくごく。量や形がきわめて小さいときに使う。例ほんの少し。ほんのちょっと。これはほんのかたちばかりのお礼です。

ほんのう【本能】〈名〉動物が生まれながらにもっている性質。例本能のおもむくままに行動する。帰巣《きそう》本能。母性本能。参考後天的な「学習」と対《つい》になる。

ぼんのう【煩悩】〈名〉〔仏教〕人間の心身をなやます欲望。例煩悩をおこす。煩悩になやまされる。

ほんのうてき【本能的】〈形動〉そういう行動をとる本能をもっているかのようである。例危険を本能的に察知する。

ぼんのくぼ『盆の▼窪』〈名〉首のうしろの、くぼんでいるところ。

ほんのり〈副・する〉光や色、かおりなどが、わずかに感じとれるようす。例東の空がほんのり明るくなった。ほんのりしたよいかおりがする。類ほのぼの。ほのか。
表現 こころよい感じをともなっている場合に使われる。

ほんば[1]【本場】〈名〉❶その品が生産されている主要な地域。例カキ(牡蠣)は広島が本場だ。本場の味。お茶の本場。❷そのことが行なわれている主要な場所。例本場の英語。本場じこみ。▽アホンバ

ほんば[2]【奔馬】〈名〉あれくるって走るウマ。アホンバ

ほんばこ【本箱】〈名〉本をならべて入れておく箱。類本棚《ほんだな》。書棚。書架《しょか》。

ほんばしょ【本場所】〈名〉大相撲《おおずもう》の正式の興行。勝敗の成績によって力士の番付《ばんづけ》や給金がかわる。

ほんばん【本番】〈名〉演劇や映画、テレビなどで、正式に行なう演技。例ぶっつけ本番。対リハーサル。

ぽんびき【ポン引き】〈名〉❶事情をよく知らない人をだまして、金品をだましとる者。❷風俗《ふうぞく》営業の店の客引き。▽俗《ぞく》なことば。

ぼんぴゃく【凡百】〈名〉❶もろもろすべて。例凡百の手段を講《こう》じる。❷とてもたくさんあるけれども、どれも平凡でありきたりなこと。例凡百の辞書にない特色。▽「ぼんびゃく」ともいう。注意「凡」は「すべて」ということで、①が本来の意味。②は、ぬきんでてすぐれたものを引き立てるために使うようになったもの。

ほんぶ【本部】〈名〉おおがかりな活動や仕事を行なうとき、全体の指揮や監督《かんとく》をするところ。対支部。

ぼんぷ【凡夫】〈名〉❶〔仏教〕ほとけの教えをさとることのできない人。❷平凡な人。類凡人。

ポンプ〈名〉圧力によって液体や気体を高いところにおし上げたり、すい上げたりする機械。◇オランダ pomp

ほんぷく【本復】〈名・する〉病気が「全快」する意の、古風な言いかた。

ほんぶり【本降り】〈名〉雨や雪の降るいきおいが、すぐにはやみそうにないぐらい強いこと。対小降り。類どしゃ降り。大降り。

ほんぶん[1]【本文】〈名〉本文《ほんもん》。

ほんぶん[2]【本分】〈名〉自分にあたえられたものとしてしなければならないつとめ。例本分をつくす。学生の本分。類本務。

ボンベ〈名〉高圧の気体や液体を入れる鋼鉄製のつつ形の入れもの。例ガスボンベ。◇ドイツ Bombe

ほんぺん【本編】〈名〉❶書物で、序文や付録に対し、中心となる部分。❷映画やテレビドラマや小説で、予告編や番外編に対して、もとの作品のこと。❸⇩せいへん〔正編〕

ほんぽ【本舗】〈名〉古くからある大きな店。

ほんぽう[1]【本邦】〈名〉わたしたちのこの国。わが国。例本邦初演。アホンポー

ほんぽう[2]【奔放】〈形動〉常識や習慣にとらわれないで、自由気ままである。例奔放な生活。自由奔放。類放縦《ほうじゅう》。放恣《ほうし》。アホンポー

ぼんぼり『▽雪▽洞』〈名〉❶小さい行灯《あんどん》。絵❷紙のおおいのある、小さい燭台《しょくだい》。

[ぼんぼり]

ぼんぼん[1]【凡凡】〈副・連体〉とりたててよくもわるくもないようす。例凡々とくらす。凡々たる毎日。アボンボン

ぼんぼん[2]〈副〉ものを勢いよく燃やすようす。アボンボン

ぼんぼん[3]『▽坊▽坊』〈名〉苦労を知らない人や世間知らずの人を、からかっていうことば。アボンボン
方言 関西では、男の子のことを親しみをこめて「ぼん」と呼ぶ。

ぽんぽん〈副〉❶軽くものを打つ音が続いて聞こえるようす。例ぽんぽん(と)つづみをうつ。ぽんぽん蒸気。❷言いたいことを次々にまくしたてるようす。例ぽんぽん(と)ものを言う。

ほんま『本真』(方言)本当。西日本で言う。例ほんまかいな。ほんまやで。

ほんまつ【本末】〈名〉つけねの部分と先の部分。ものごとの基本となる部分と、二の次となる部分。例事の本末を明らかにする。↓ほんまつてんとう(次項)

ほんまつてんとう【本末転倒】〈名〉大事なことと、どうでもよいことが あべこべになること。類主客転倒

 水野忠邦(ただくに) (1794~1851) 江戸後期の老中。浜松藩主。天保の改革をすすめたが，失敗した。

ほんまる【本丸】〈名〉❶城の中心となる建物。❷いちばんねらっているもののたとえ。例本丸に迫《せま》る。類本命。

ぼんミス【凡ミス】〈名〉つまらない失敗。

ほんみょう【本名】〈名〉戸籍《こせき》にのっている、ほんとうの名前。対偽名《ぎめい》。筆名。雅号《がごう》。類実名。

ほんむ【本務】〈名〉❶仕事をいくつかしているときの、いちばんおもな仕事。対兼務《けんむ》。❷しなければならない本来のつとめ。例本務にはげむ。類責務。本分。

ほんめい【本命】〈名〉❶競馬《けいば》や競輪《けいりん》などの、優勝候補《こうほ》の筆頭《ひっとう》。対穴馬《あなうま》。対抗。❷最有力候補。ややくだけた言いかた。例次期会長の本命。❸いちばんねらっているもの。

ほんもう【本望】〈名〉❶以前からこれだけはぜひともかなえたいと思いつづけてきたのぞみ。例本望をとげる。本望をはたす。類宿願。宿望。本懐《ほんかい》。❷満足すること。例そこまでやってくれれば本望だ。

ほんもと【本元】〈名〉ものごとのいちばんもとにあたるもの。例本家本元。類おおもと。

ほんもの【本物】〈名〉❶作りものや見せかけでなく、名前のとおりの本当のもの。例本物のダイヤ。対にせもの。類実物。❷いいかげんでない、たしかなもの。例かれの研究は本物だ。

ほんもん【本文】〈名〉❶書物で、前書きや付録ではない、中心となる部分。❷注釈《ちゅうしゃく》などをつけるもとの文。▽「ほんぶん」ともいう。

ほんや【本屋】〈名〉本や雑誌を売っている店。例本屋さん。類書店。

ほんやく【翻訳】〈名・する〉ある国のことばで話され書かれていたものを、ほかの国のことばになおすこと。類訳。

ぼんやり〈副・する〉❶もののかたちや輪郭《りんかく》、色などが、はっきりしていないようす。例ぼんやり(と)見える。ぼんやり(と)した色。対はっきり。類おぼろげ。❷放心して、なにをするということもなく。例ぼんやり(と)ながめる。類ほうける。▽類ぼやっと。

ぼんよう【凡庸】〈名・形動〉とくにこれといってすぐれたところもなく、ふつうである。例凡庸な人物。対非凡。類平凡。

ほんよみ【本読み】〈名〉❶本が好きでよく読む人。「読書家」のややくだけた言いかた。❷演劇や映画で、立ち稽古《けいこ》の前に、作者や演出者のもとで、出演者が練習として台本の各自のせりふを読むこと。読み合わせ。▽ア①ホンヨミ ②ホンヨミ

ほんらい【本来】㊀〈名・副〉ある性質をはじめからもっているようす。例本来のすがた。日本は、本来資源のとぼしい国である。類元来。もとから。㊁〈名〉道理や規則、習慣にてらしてそうあるべきこと。例本来なら正式の書類を出してもらうところだ。

ほんりゅう[1]【本流】〈名〉❶その川の主となるながれ。▽対 ❷中心となる流派やグループ。例本流をしめる。分流。類主流。

ほんりゅう[2]【奔流】〈名〉勢いのはげしい川のながれ。類激流。急流。

ほんりょう【本領】〈名〉本来もっているすぐれた特色。例本領を発揮《はっき》する。類真価。

ほんるい【本塁】〈名〉野球で、キャッチャーの前にある五角形のベース。ホームベース。

ほんるいだ【本塁打】〈名〉⇩ホームラン

ほんれい【本鈴】〈名〉正式の合図のベル。対予鈴。

ボンレスハム〈名〉ブタのもも肉から骨を取りのぞいて加工したハム。◇boneless ham

ほんろう【翻弄】〈名・する〉思いのままにもてあそぶこと。例波に翻弄される。悪女に翻弄される。運命に翻弄される。

ほんろん【本論】〈名〉議論や論文などの、主となる部分。対序論。類本題。

ほんわか〈副・する〉のんびりして、心がなごんでいるようす。くだけた言いかた。例ほんわかした気分。ほんわかとふんいきがなごむ。

常用漢字 **ま**

【麻】 麻部0 全11画
マ あさ 音[マ] ▨麻酔《ますい》。麻痺《まひ》。麻薬《まやく》。▨亜麻《あま》。大麻《たいま》。胡麻《ごま》。訓[あさ] 麻。

【摩】 手部11 全15画
マ 音[マ] ▨摩擦《まさつ》。摩耗《まもう》。摩滅《まめつ》。摩天楼《まてんろう》。

【磨】 石部11 全16画
マ みがく 音[マ] ▨研磨《けんま》。百戦錬磨《ひゃくせんれんま》。訓[みがく] 磨く。靴磨き。歯磨き粉。

【魔】 鬼部11 全21画
マ 音[マ] ▨魔法《まほう》。魔術《まじゅつ》。▨悪魔《あくま》。睡魔《すいま》。病魔《びょうま》。通り魔《ま》。放火魔《ほうかま》。邪魔《じゃま》。破魔矢《はまや》。

ま[1]【真】〈接頭〉❶「正確に」という意味を表わす。例真上。真東《まひがし》。❷「ただしい」「純粋《じゅんすい》な」などという意味を表わす。例真人間。真水。真新しい。▽→まにうける

ま[2]【間】㊀〈名〉❶あるものとあるものとのあいだ。例間をふさぐ。すき間。❷ある時間とある時間とのあいだ。例間がない。間をおく。間をもたす。知らぬ間。鬼のいぬ間。❸なにかをするための機会。例間に合う。類おり。❹へや。例間取り。茶の間。
㊁〈接尾〉へやの数をかぞえることば。例二間《ふたま》。

間がいい タイミングや運がいい。例間がよくすぐタクシーをひろえた。対間がわるい。

間が抜《ぬ》ける ❶あるべきものが、ぬけおちていてなんだか調子がおかしい。例間が抜けた返事。❷まちかまえていたのに、そのことがおこらなかったり、たいしたことがなかったりして、緊張《きんちょう》感がぬけてしまう。

三井高利(たかとし) (1622～94) 江戸前期の豪商。江戸と京都に呉服の越後屋を開店，三井家の基礎を築く。

間が持《も》たない ❶あいた時間をもてあましてしまう。❷会話がとぎれて、なんとなく気まずい。参考 もと、「間が持てない」と言った。

間が悪《わる》い ❶運がわるいために、ものごとのタイミングがあわない。対 間がいい。❷場ちがいな感じがして、その場にいにくい。例 あのときは、間が悪い思いをした。

間を持《も》たせる あいてしまった時間をなんとかうめて、次につなぐ。間を持たす。

ま[3]**【魔】** 一〈名〉 人の心をまよわせて、悪いことや不吉《ふきつ》なことをひきおこさせるもの。例 夜の魔。→まの 二〈接尾〉 ❶度をこしてそれをする人。例 メモ魔。電話魔。❷悪魔のようなやつ。例 放火魔。

魔が差《さ》す ふつうなら思いもよらないような、悪い考えがうかぶ。

まあ 一〈感〉 おどろいたり、感心したりしたときに出す声。おもに、女性が使う。例 まあ、すてき。二〈副〉 ❶今のところ、どうやら。例 まあ、間にあっている。❷相手をなだめたり、かるくたしなめたりするようす。例 まあ、そんなにおこらないで。❸ちょっと。例 まあ、一杯《いっぱい》。

まあい【間合い】〈名〉 ❶ものとものとの あいま。例 間合いをつめる。❷なにかするのに、ちょうどよいころあい。例 間合いをはかる。類 タイミング。チャンス。時宜《じぎ》。

マーカー〈名〉 うすい色で印をつける筆記具。蛍光《けいこう》ペンなど。マーキングペン。◇marker

マーガリン〈名〉 植物の油や動物の脂肪《しぼう》を材料にしてバター状につくった食品。◇margarine

マーガレット〈名〉 庭などにうえる多年草。葉はこまかくさけ、夏、まわりが白く中心部が黄色い花がたくさんさく。◇marguerite

マーキング〈名・する〉 ❶しるしをつけること。マーカーでぬること。❷〔生物〕 動物が尿《にょう》をかけたり においをつけたりして、縄張《なわば》りを示すこと。

マーク 一〈名〉 しるし。記号。例 マークをつける。ベルマーク。シンボルマーク。二〈名・する〉 ❶スポーツで、ある記録をだすこと。とくに、競技で、相手の選手の行動をつねに見はっていること。❷ある人物の行動をつねに見はって相手の動きをさまたげるために、つきまとうこと。例 ノーマーク。◇mark

マークシート〈名〉 答えの番号や記号をぬりつぶす形式の、試験の解答用紙やアンケートの回答用紙。例 マークシート方式。参考 日本での複合語。英語では mark-sense や mark-sensing card という。

マーケット〈名〉 ❶市場《いちば》。❷市場《しじょう》。例 マーケットリサーチ。マーケットシェア。◇market

マージャン〈名〉 中国で考案された四人用の室内ゲーム。百三十六枚の牌《パイ》の組み合わせによって上がりをきそう。◇中国語「麻雀」から。

マージン〈名〉 ❶利ざや。売り値と買い値の差。❷印刷物の、本文のまわりにとる余白の部分。◇margin

まあたらし・い【真新しい】〈形〉 見るからにあたらしい。例 真新しい服。

マーチ〈名〉 「行進曲」のこと。◇march

マーチング〈名〉 行進。とくに、ユニフォームを着て楽器を演奏しながら行進すること。例 マーチングバンド。◇marching

マーブル〈名〉 大理石。大理石の表面にあるような、うっすらとした波形の模様。◇marble

まあまあ 一〈副〉 相手の気持ちを落ち着かせたり、言いたいことを軽くおさえたりすることば。例 まあまあ、そうおこらないで。二〈副・形動〉 十分ではないが、その程度でしかたがないと認めるようす。例 まあまあ良い。まあまあのでき。類 まずまず。▽ア一マーマー 二マーマー

マーマレード〈名〉 オレンジやレモンなどの皮でつくったジャム。「ママレード」ともいう。◇marmalade

常用漢字 **まい**

【毎(毎)】 母部2 全6画

毎 毎 毎 毎 毎 毎

マイ 教 小2 音［マイ］ 毎朝《まいあさ》。毎回《まいかい》。毎度《まいど》。毎日《まいにち》。

【妹】 女部5 全8画

妹 妹 妹 妹 妹 妹 妹 妹

マイ いもうと 教 小2 音［マイ］ 姉妹《しまい》。義妹《ぎまい》。弟妹《ていまい》。訓［いもうと］ 妹。妹分。

【枚】 木部4 全8画

枚 枚 枚 枚 枚 枚 枚 枚

マイ 教 小6 音［マイ］ 枚数《まいすう》。枚挙《まいきょ》(に暇《いとま》がない)。大枚《たいまい》。千枚《せんまい》。

【昧】 日部5 全9画

昧 昧 昧 昧 昧 昧 昧 昧 昧

マイ 音［マイ］ 曖昧《あいまい》。…三昧《ざんまい》。

【埋】 土部7 全10画

※ 埋 埋 埋 埋 埋 埋 埋

マイ うめる・うまる・うもれる 音［マイ］ 埋没《まいぼつ》。埋葬《まいそう》。埋蔵金《まいぞうきん》。訓 ❶［うめる］ 埋める。埋め立て。生き埋め。❷［うまる］ 埋まる。❸［うもれる］ 埋もれる。

【米】 ⇩常用漢字 べい〔米〕

まい[1]**【舞】**〈名〉 歌や音楽に合わせて、からだを静かに美しくうごかすこと。上体と手ぶりの変化を主とし、足はすべらせるようにうごかす。多く、日本舞踊《ぶよう》をさす。例 舞をまう。類 おどり。

表現 一差《ひとさ》し二差《ふたさ》しと数える。舞の動作は一手《ひとて》二手《ふたて》と数える。

まい[2]〈助動〉 ❶そうではないという、打ち消しの気持ちをふくんだ推量を表わす。…ないだろう。例 彼《かれ》はまったく勉強していないので、試験には受かるまい。まさかあのチームに負けることはあるまい。❷そうしないという、打ち消しの気持ちをふくんだ意志を表わす。例 同じ失敗は二度とくりかえすまい。もうあんなところには行くまい。❸そうではないのだからという、打ち消しの気持ちをふくんだ理由を表わす。例 冬じゃあるまいし、暖房は早いよ。

表現 少し古い感じがあることば。

接続 動詞または助動詞の終止形につくのが基本。

まい[3]**【毎】**〈接頭〉 「…ごとに、いつも」という意味を表わし、副詞的に用いる名詞をつくる。例 毎朝。毎年。毎回。毎授業。毎試合。

まい[4]**【枚】**〈接尾〉 紙や布などの薄いものを数えることば。

まいあが・る【舞い上がる】〈動五〉 ❶舞うようにして上の方へ上がる。例 ほこりが高く舞い上がる。類 とび上がる。❷いい気になって自分を失ってしまう。例 あいつは今 舞い上がっているから注意してもむだだ。

まいあさ【毎朝】〈名〉 毎日の朝。朝ごと。

マイカー〈名〉 自分専用の乗用車。◇my と car による日本での複合語。

まいきょ【枚挙】〈名・する〉 ひとつひとつ かたはしから

かぞえあげること。

枚挙に暇《いとま》がない かぞえられないほど多い。

マイク〈名〉「マイクロホン」の日本での省略語。

マイクロ〈接頭〉❶きわめて小さいことを表わす。例マイクロバス。マイクロフィルム。❷ある単位の上につけて、百万分の一であることを表わす。「ミクロ」ともいう。例マイクロアンペア。マイクロシーベルト。◇micro

マイクロウエーブ〈名〉〔物理〕波長一《メートル》以下の電波。テレビの中継《ちゅうけい》回線やレーダーなどに使われる。極超《ごくちょう》短波。マイクロ波《は》。◇microwave

マイクロバス〈名〉定員がふつう十人以上、三十人未満の小型のバス。◇microbus

マイクロフィルム〈名〉本や新聞などの内容を長く保存しておくために縮写したフィルム。◇microfilm

マイクロホン〈名〉音声を電流の波動にかえておくる装置《そうち》。放送や通信用の拡声器。略して「マイク」ともいう。◇microphone

マイクロメートル〈名・接尾〉メートル法の長さの単位。一《ミリメートル》の千分の一。記号「μm」。ミクロン。◇micrometer

まいげつ【毎月】〈名〉まいつき。類月づき。

まいこ【舞子】【舞▼妓】〈名〉京都で、舞をまって宴席《えんせき》に興をそえる少女。類半玉《はんぎょく》。

まいご【迷子】〈名〉道にまよったり、つれの人とはぐれたりした子ども。おとなにもいう。例迷子になる。

まいこ・む【舞い込む】〈動五〉❶花びらなどがひらひらとおどるような感じで入ってくる。❷予想もしていないものや人が急にやってくる。例朗報《ろうほう》が舞い込む。

マイコン〈名〉❶「マイクロコンピューター」の略。家電製品などに内蔵《ないぞう》されている超小型のコンピューター。❷「マイクロコントローラー」の略。電子機器の制御《せいぎょ》用のIC(集積回路)。MCU。

まいじ【毎時】〈名〉一時間ごと。

表現「毎時九〇キロの速さ」のように、つねに数字の上につけて使う。

まいしん【▼邁進】〈名・する〉どんなことにぶつかっても、おそれないですすむこと。例市街地の復興に邁進する。一路邁進する。

まいせつ【埋設】〈名・する〉地下にうめてそなえつけること。例水道管を埋設する。

まいそう【埋葬】〈名・する〉遺体や遺骨をほうむること。参考ふつう、火葬・土葬・水葬などの方法による。

まいぞう【埋蔵】〈名・する〉❶鉱物などが、まだほりだされないまま地中にうずもれていること。例ゆたかな天然資源を埋蔵する国。埋蔵量。埋蔵物。❷地中などにうずめてかくすこと。例埋蔵金。

まいちもんじ【真一文字】〈名〉「一」という文字のように、まっすぐなこと。例真一文字に口をむすぶ。

まいつき【毎月】〈名〉くる月もくる月も。まいげつ。類月づき。

まいど【毎度】〈名・副〉❶そのたびごと。例毎度毎度言ってきかせる。❷いつも。つねづね。例毎度ありがとうございます。

まいとし【毎年】〈名〉年ごと。くる年もくる年も。まいねん。類年々《ねんねん》。例年。

マイナー 一〈名・形動〉少数派の。主流に属していない。例マイナー指向。
二〈名〉❶小さな会社。❷アメリカのプロ野球で、大リーグ以外の、下位のリーグ。例マイナーリーグ。❸〔音楽〕短音階。短調。▽対メジャー。◇minor

まいない【▽賄▽賂】〈名〉「わいろ」の古い言いかた。

マイナス〈名〉❶〈する〉数を引くこと。減ずること。❷〔数学〕0より小さい数(=負数《ふすう》)や、引き算を表わす、「−」の符号。❸〔物理〕負《ふ》の電気や、負の電極。符号は「−」。❹温度が零度《れいど》以下であること。「マイナス八度」のようにいう。零下《れいか》。氷点下《ひょうてんか》。❺良くないこと。不利であること。例彼にはマイナスのイメージをもっていた。まじめ一点ばりだと、逆にマイナスになることがある。❻消極的・悲観的なこと。例マイナスの思考。❼ウェブ上の画像や地図で、縮小《しゅくしょう》することを表わす「−」のしるし。❽赤字。例ここのところ商売はマイナスつづきだ。▽対プラス。◇minus 参考ドライバーの先端《せんたん》のねじを回す部分の形から、「マイナスドライバー」「プラスドライバー」と呼び分けることがある。

マイナンバー〈名〉健康保険や年金などの社会保障と税務などを一元管理する「共通番号制度」のため、国民ひとりずつにわりあてられた個人番号。

まいにち【毎日】〈名〉くる日もくる日も。類日々《ひび》。日ごと。

まいねん【毎年】〈名〉まいとし。

マイノリティー〈名〉社会的に少数である人々。多民族国家の中の少数民族や、性的少数者(LGBT)、障害者など。対マジョリティー。◇minority

まいひめ【舞姫】〈名〉「おどり子」「バレリーナ」のこと。

マイペース〈名〉その人にあった速さや調子で行動すること。例彼女はどんなときでもマイペースだ。◇my と pace による日本での複合語。

マイホーム〈名〉持ち家《いえ》。ふつう、一戸建てをさしていう。◇my と home による日本での複合語。

まいぼつ【埋没】〈名・する〉❶地中や水底にうずもれてしまうこと。❷人に知られなくなること。例世に埋没した業績。

まいもど・る【舞い戻る】〈動五〉いちど出ていってしまったものが、また、もとのところへもどってくる。

表現「手紙が舞い戻る」のように、もどってくるとぐあいのわるいものがもどってくる場合や、「故郷へ舞い戻る」のように、行くところがなくてもどってくる場合にいう。

[1]**まい・る【参る】** 一〈動五〉❶「行く」「来る」の丁重語《ていちょうご》。例ただちに参ります。電車がまもなく参ります。その会合へは母と姉が参ります。❷神社や寺をおがみに行く。類お参りする。参詣《さんけい》する。参拝する。詣《もう》でる。❸負ける。例暑さで体が参る。参った、許してくれ。類降参《こうさん》する。ギブアップする。❹とてもこまってしまう。例電車が運転を見あわせているとは参った。類弱る。
二〈補動五〉「(…て)いく」「(…て)くる」の丁重《ていちょう》語。例お弁当は私が作ってまいります。夜もふけてまいりました。

表現 一の①と二は、あらたまった言いかた。言いきるときは 一例のように「ます」をつけていうのがふつう。

注意「行く」「来る」の意味で、「参る」を目上の人についていうのは適切ではない。たとえば、「校長先生はもうすぐ会場へ参られますから…」などとは言わないほうがよい。

[2]**マイル**〈名・接尾〉ヤードポンド法の長さの単位。一《マイル》は約一六〇九《メートル》。◇mile 参考ヤードポンド法をつかう国々では、陸上競技にも「一マイル走」がある。

マイルストーン〈名〉❶スタート地点からの距離を記した標識。里程《りてい》標。❷歴史や人生における、画期

的なできごと。◇milestone

マイルド〈形動〉味や香りがまろやかである。例マイルドな口当たり。◇mild

マイレージ〈名〉航空会社が、搭乗距離《とうじょうきょり》などに応じて顧客《こきゃく》にあたえるポイント。たまったポイント数に応じて無料搭乗などの特典をうけられる。例マイレージサービス。◇mileage（=「マイル数」の意）

マインドコントロール〈名・する〉たくみに誘導《ゆうどう》して、その人が自分の意思で決めたと信じさせつつ、他人の思想や行動を支配すること。例カルト教団でマインドコントロールされる。類洗脳。◇mind control

ま・う【舞う】〈動五〉❶手足やからだをうつくしく動かしておどる。例舞を舞う。舞いおどる。❷ものが空中でまわるように、かるく動きまわる。例とびが舞う。木の葉が舞う。風に舞う。舞い上がる。舞いおりる。

まうえ【真上】〈名〉まっすぐ上。対真下。

マウス〈名〉❶実験用のハツカネズミ。❷コンピューターの入力装置《そうち》の一つ。形がネズミのようであることからの名。片手で操作《そうさ》する。◇mouse

マウスピース〈名〉❶ボクシングやラグビーなどのはげしいスポーツで、舌や歯を傷つけないように口に入れるゴム製の防具。❷管楽器で、口をあてる部分。❸口に入れ、歯ぎしり・いびき・顎《がく》関節症《しょう》などを予防・治療《ちりょう》する器具。◇mouthpiece

マウンテンバイク〈名〉野山などを走るためにがんじょうに作られた、太いタイヤの自転車。◇mountain bike

マウンド〈名〉野球で、ピッチャーが立って投球する、ダイヤモンドの中央の少し高くしてあるところ。◇mound

まえ【前】 ■一〈名〉空間上の「まえ」と、時間上の「まえ」とがある。空間の意味では、顔とからだを向けている方がまえで、その反対は「うしろ」。時間の意味では、過去が「まえ」で、将来は「あと」「さき」「のち」。①②③は空間の「まえ」で、①は方向、②は場所、③は部分を表わす。④⑤は時間の「まえ」で、④は「今よりまえ」、⑤は「その時よりまえ」、⑥は時間がもとになってできた順序の「まえ」である。

❶自然な姿勢で立ったときに顔がむいている方向。例前へすすむ。前を見る。前に出る。前むき。前かがみ。対うしろ。あと。類前方。

❷直前にある場所。なにかの場所（たとえば、今いる場所とか鉄道の駅とか）を念頭において、その場所に面したあたり。例前の大通り。目の前。門の前。駅前。人前。対うしろ。うしろ。類面前。正面。

❸前方の部分。はじめの部分。全体で一つのものを「まえ」「なか」「あと」と三つの部分に分けたときの「まえ」。例前の方。前へつめる。前足。前書き。対うしろ。あと。

❹過去。今からみての「まえ」。例前にさかのぼる。前とかわる。前から知っている。もう十年も前のことだ。五年前。対あと。さき。のち。類以前。

❺まだその時にならない時。ある時からみての「まえ」。例生まれる前。前ばらい。入学前。対あと。のち。

❻順序が一つだけ「まえ」であること。例前の日。前の社長。対あと。類さき。

■二〈接尾〉「三人前」のように、何人という人数のあとにつけて、その人数に応じるだけの分量を指定する。

前を向《む》く くよくよしない。前向きになる。例前を向いて行こう。類上を向く。顔を上げる。

まえあし【前足・前脚】〈名〉四本の足であるく動物のまえの方の足。人間の手にあたる。対あと足。うしろ足。類前肢《ぜんし》。

まえいわい【前祝い】〈名〉なにかがうまくいくことを見こして、そうなるまえに祝うこと。

まえうり【前売り】〈名・する〉乗車券や入場券を、使用する日よりまえに売ること。例前売り券。

まえおき【前置き】〈名・する〉本題や本論に入るまえに述べることば。例前置きが長い。前置きをする。

まえかがみ【前かがみ】〘前▽屈み〙〈名〉上半身を少し前の方にまげて、姿勢を低くした状態。「まえこごみ」ともいう。例前かがみになる。

まえがき【前書き】〈名〉書物で、本論に入るまえに、筆者の意図や目的などを書いた文章。対あと書き。類はし書き。序文。

まえかけ【前掛け】〈名〉仕事をするとき、衣服をよごさないように、腰《こし》からひざぐらいまでをおおう布。前だれ。例前掛けをかける。類エプロン。

まえがし【前貸し】〈名・する〉給料や代金を、きまった期日よりまえにわたすこと。対前借り。

まえがしら【前頭】〈名〉すもうの番付で、横綱《よこづな》・大関《おおぜき》・関脇《せきわけ》・小結《こむすび》以外の、幕内力士の地位。参考前頭のうち、いちばん地位の高いものを筆頭といい、以下二枚目、三枚目とよぶ。

まえがみ【前髪】〈名〉❶額から前頭部にはえている髪《かみ》の毛。❷額へかかるようにたらした髪の毛。

まえがり【前借り】〈名・する〉いずれ受けとることになっている給料や代金を、きまった期日よりまえにはらってもらうこと。対前貸し。

まえきん【前金】〈名〉代金の前ばらい。前ばらいのお金。例前金でひきうける。前金をおさめる。

まえく【前句】〈名〉⇩まえくづけ（次項）

まえくづけ【前句付け】〈名〉〔文学〕俳諧《はいかい》の一種。ほかの人が出題した七・七の句（=前句）に、五・七・五の句（=付け句）をその場でつけ、入れかえると一首の歌になるようにする遊び。江戸《えど》時代中期に流行し、のちに川柳《せんりゅう》となった。

まえげいき【前景気】〈名〉ものごとがはじまるまえに、それに対する関心や評判が高くなること。例前景気をあおる。上乗《じょうじょう》の前景気。

まえこうじょう【前口上】〈名〉本論に入るまえに述べることば。例前口上が長すぎる。

マエストロ〈名〉音楽など、芸術分野の巨匠《きょしょう》・名匠。◇《イタリア》maestro（=マスター）

まえだおし【前倒し】〈名・する〉❶予定を早めること。予定が早まること。例日程が前倒しになる。対先送り。❷予算を予定より早めて実行に移すこと。

まえのめり【前のめり】〈名〉❶体が前にたおれかかりそうになること。例前のめりになる。類前傾《ぜんけい》。❷〈形動〉慎重《しんちょう》でなく、せっかちになること。例前のめりの議論。❸〈形動〉意欲的・積極的であること。ややくだけた言いかた。例前のめりに取り組む。

まえば【前歯】〈名〉歯のならびの中央にある、上下左右八本の歯。対奥歯《おくば》。類門歯《もんし》。

まえばね【前羽】〈名〉⇩ぜんし〔前翅〕

まえばらい【前払い】〈名・する〉品物などを受け取る前に代金をしはらうこと。また、やとった人が働く前に給料をはらうこと。対あとばらい。先取り。類前金。先払い。

まえふり【前振り】〈名〉本題の前の、徐々《じょじょ》に本題に入っていくようにする世間話。もと、演芸の用語。たんに

 源為朝（ためとも）（1139〜77） 平安末期の武将。強弓で知られる。保元の乱に敗れ，伊豆大島に流された。

「ふり」ともいう。例前振りが長い。類枕《まくら》。

まえぶれ【前触れ】〈名〉❶なにかをするまえに、関係者などに知らせること。例前触れもなくおとずれる。類予告。❷災害や大事件などがおこるまえの、それを予想させるような小さなできごと。類きざし。前兆。予兆。先触れ。

まえむき【前向き】〈名〉❶まえの方を向くこと。例前向きにたおれる。❷ものごとを進歩的・積極的に考えようとすること。例前向きに検討する。▽対後ろ向き。

まえもって【前もって】〖前▽以て〗〈副〉あることがおこるのを予想して、それよりもまえに。例前もって準備する。前もって連絡《れんらく》する。類あらかじめ。事前に。

まえやく【前厄】〈名〉厄年《やくどし》の前の年。一般《いっぱん》に男は数え年で24歳《さい》・41歳・60歳、女は18歳・32歳・36歳。対後厄。→やくどし

まえわたし【前渡し】〈名・する〉❶代金を受けとる前に品物を渡すこと。❷しはらうべきお金を期日より前に渡すこと。▽類先渡し。

まおう【魔王】〈名〉❶悪魔の王。類サタン。❷〔仏教〕仏道の修行《しゅぎょう》のじゃまをするとされる天魔の王。

まおとこ【間男】〈名・する〉夫のある女がひそかに他の男と関係をもつこと。その相手となった男。古風な言いかた。類情夫。

まがい〖▽紛い〗〈名〉区別がつかないほどよく似《に》ていること。例まがいもの。サーカスまがい(の芸)。

まがいぶつ【磨崖仏】〈名〉自然のままの岩壁《がんぺき》にほられた仏像。インドや中国に多くみられる。

まがいもの【まがい物】〖▽紛い物〗〈名〉ほんものとまちがえるように、似《に》せてつくってあるもの。類にせもの。

まが・う〖▽紛う〗〈動五〉まじっていたり、よく似《に》ていたりして、区別がつかなくなる。ふつう「まごう」と発音する。例見まがう。

表現「あそこにいるのは、まがうかたなく山田君だ」といえば、「まちがいなく」という意味。

まがお【真顔】〈名〉まじめな顔つき。例真顔になる。

まがき〖▼籬〗〈名〉柴《しば》や竹などで作った、目の粗《あら》いかきね。

まがし【間貸し】〈名・する〉料金をとって、部屋を貸すこと。対間借り。

マガジン〈名〉❶「雑誌」のこと。❷カメラの付属品で、生フィルムをつめてカメラ本体にセットするもの。❸連発式の銃《じゅう》の、着脱《ちゃくだつ》式の弾倉《だんそう》。◇magazine

まか・す[1]【任す】〈動五〉⇩まかせる　アマカス

まか・す[2]【負かす】〈動五〉相手をたおして自分が勝つ。例敵の大将を負かす。アマカス

まか・せる【任せる】〈動下一〉❶自分では手も口もださないで、信用できる人にやらせる。例仕事を任せる。判断を任せる。医者に任せる。想像に任せる。類ゆだねる。託《たく》する。❷自分の意志によらないで、ほかの力のままにうごくようにする。例なりゆきに任せる。身を任せる。類ゆだねる。❸(「…に任せて」の形で)あるだけのものを思うままに使って。例金《かね》に任せて買いまくる。力に任せて(＝力任せに)。暇《ひま》に任せて(＝暇に飽《あ》かして)。▽「まかす」ともいう。

まがたま【▽勾玉】〖▽曲玉〗〈名〉〔歴史〕古墳《こふん》時代の装身具《そうしんぐ》。くの字形あるいはコの字形をした玉で、めのうやひすいなどでつくった。絵

［まがたま］

まかない【賄い】〈名〉❶下宿や寮《りょう》などで、そこに住む人に食事を用意して食べさせること。また、その食事をつくる人。例賄い付き。賄いさん。❷飲食店などでの、従業員用の食事。

まかな・う【賄う】〈動五〉❶お金やものをやりくりして、それでなんとかする。例費用を賄う。学用品は自分の小づかいで賄う。❷食事を用意して食べさせる。

方言北海道では、「身支度《じたく》する」の意味でも使う。

まかふしぎ【摩▼訶不思議】〈形動〉どう考えてもわけがわからない。まったくふしぎだ。例摩訶不思議なこと。

参考「摩訶」は、下にくることばを強調する意味のサンスクリット語から。

まがまがし・い〖▽禍▽禍しい〗〈形〉いやな、悪いことがおきそうだ。いまわしい。

まがり【間借り】〈名・する〉家賃をはらって、部屋を借りること。対間貸し。

まがりかど【曲がり角】〈名〉道が曲がっている角のところ。

表現「人生の曲がり角」「歴史の曲がり角」などの言いかたで、ものごとが大きくかわるときを言い表わす。

まがりくね・る【曲がりくねる】〈動五〉何回となく折れ曲がっている。例曲がりくねった道。

まかり・でる【まかり出る】〖▽罷り出る〗〈動下一〉❶身分の高い人の前からさがる。❷人の前に出る。

まかりとお・る【まかり通る】〖▽罷り通る〗〈動五〉堂々といばって通るということから、恥《は》ずべきことがなんのえんりょもなく通用する。例不正がまかり通る。類横行する。

まか(▽罷)りな(成)らぬ「ならぬ」を強めていう、古い言いかた。断じて許されない。例言いわけはまかりならぬ。

ま(曲)がりなりにもじゅうぶんでないにしても、どうにかこうにか。例曲がりなりにも人なみの生活をおくる。

まかりまちが・う【まかり間違う】〖▽罷り間違う〗〈動五〉ひどいまちがいをしてしまう。例まかり間違えば、とんでもないことになるぞ。

まか・る【負かる】〈動五〉ねだんをまけることができる。例これ以上は負かりません。

まが・る【曲がる】〈動五〉❶まっすぐでなくなる。するどく折れている場合よりも、ゆるやかな曲線をえがいている場合をいうことが多い。例腰が曲がる。曲がった道。曲がりくねる。類折れる。たわむ。❷すすんでいく方向をかえる。例右へ曲がる。かどを曲がる。類折れる。❸きちんとした状態でなくなる。例姿勢が曲がる。ネクタイが曲がっている。❹正しさをうしなっている。例根性《こんじょう》が曲がっている。曲がったことがきらい。類ねじける。ゆがむ。

方言(1)山形・福島などでは、「おじぎをする」の意味でも使う。(2)徳島・香川などでは、「じゃまになる」の意味でも使う。

マカロニ〈名〉くだのような穴があいた形、あるいは貝がらのような形のパスタ。グラタンなどに使う。◇イタリア macheroni

まき[1]【巻き・巻】㊀〈名〉❶[巻き]巻くこと。巻いたぐあい。巻いたもの。例巻きがあまい。巻きをもどす。左巻き。遠巻き。❷[巻]巻物や分冊の本の、それぞれの冊。例とらの巻。下《げ》の巻。類巻《かん》。▽アマキ

㊁〈接尾〉[巻き]巻いた回数や、巻いたものを数えることば。例ひもをふた巻きしてしっかり荷造りする。粘着《ねんちゃく》

テープひと巻き。

まき[2]【▽薪】〈名〉たきぎにするための、適当な大きさに切った木。例薪ストーブ。アマキ

まき[3]【真木】〖▼槙〗〈名〉関東より南の山地に生え、また、庭木ともする常緑高木。湿気《しっけ》につよいので、おけなどの器具をつくる。いぬまき。アマキ

まきあ・げる【巻き上げる】〈動下一〉❶巻いて上にあげる。例すだれを巻き上げる。風が砂を巻き上げる。❷おどかしたりして、お金やものをうばいとる。例金を巻き上げる。

まきあみ【巻き網】〈名〉漁業で使われる網の一種。はばの広い一枚の網で、イワシ・サバ・アジなどの魚の群れを包みこみ、網の下をしぼってとらえる。

まきえ[1]【▼蒔絵】〈名〉〔美術〕日本独特の美術工芸の一つ。漆器《しっき》にうるしで絵やもようをえがいて、その上に金粉や銀粉をまきちらしてみがいたもの。アマキエ

まきえ[2]【まき餌】〖▼撒き餌〗〈名〉魚や鳥を集めるために、えさをまくこと。また、そのえさ。アマキエ

まきおこ・す【巻き起こす】〈動五〉はげしいいきおいで、さわがしい状態をつくり出す。例波乱を巻き起こす。センセーションを巻き起こす。類ひき起こす。

まきがい【巻き貝】〈名〉サザエなどのように、貝がらがうず巻きの形に巻いている貝類をまとめていうことば。アワビなどのように皿《さら》をふせたかたちの貝がらをもつ貝類もふくむ。参考海のものが多いが、淡水《たんすい》のタニシ、陸上のカタツムリも、巻き貝の一種。

まきかえし【巻き返し】〈名〉不利になってきた情勢を、ひっくりかえして有利にしようとすること。例巻き返しに出る。巻き返しをはかる。

まきかえ・す【巻き返す】〈動五〉❶巻いてあるものをひろげてもう一度巻きなおす。❷相手におされていた状態から逆に反撃《はんげき》にうつる。例劣勢《れっせい》から巻き返す。

まきがみ【巻紙】〈名〉和紙を長くつなげて巻いたもの。毛筆で手紙などを書くのに使う。

まきこ・む【巻き込む】〈動五〉❶ものに巻きつけて、中にひき込む。例車輪に巻き込まれる。❷いやおうなくひき込む。例事件に巻き込まれる。

マキシシングル〈名〉ふつうのCDと同じサイズのシングルCD。収録曲数が多かったり、収録時間が長かったりする。◇maxi single

まきじた【巻き舌】〈名〉舌の先をふるわせるような発音をまじえて、早口にしゃべる、威勢《いせい》のいい口調。例巻き舌でまくしたてる。参考江戸《えど》っ子の話しかたの特徴《とくちょう》といわれた。

マキシマム〈名〉最大。最大限。最大値。対ミニマム。◇maximum

まきじゃく【巻き尺】〈名〉ふだんは巻いておいて、使うときにのばして使うものさし。紙や布、はがねなどでつくる。メジャー。

まきずし【巻きずし】〖巻き▽寿司〗〈名〉のりや卵焼きなどで、すし飯《めし》と具を巻いたすし。参考太巻きと細巻きがある。のりで巻いたものは「のり巻き」ともいう。

まきぞえ【巻き添え】〈名〉関係がない事件や問題に巻きこまれて、ひどいめにあうこと。例巻き添えをくう。巻き添えにする。類とばっちり。そばづえ。

まきちら・す【まき散らす】〖▼撒き散らす〗〈動五〉よくないものを、あたりに散らばるようにまく。例排ガスをまき散らして走る。うわさをまき散らす。類ばらまく。

まきつ・く【巻き付く】〈動五〉糸やひものようなものが、ほかのものに巻いてくっつく。例朝顔のつるが棒に巻き付く。類からみつく。まといつく。まつわりつく。からまる。まつわる。

まきと・る【巻き取る】〈動五〉糸などの細長いものを軸《じく》に巻きつけて取りこむ。例フィルムを巻き取る。

まきば【牧場】〈名〉ウシやウマ、ヒツジなどを放しがいにしているところ。「牧場《ぼくじょう》」よりも詩的な感じのすることば。

まきひげ【巻きひげ】〖巻き▼鬚〗〈名〉〔植物〕葉や茎《くき》などが糸状に変化したもの。ほかのものに巻きついてからだをささえる役目をする。キュウリやブドウなどのつる性植物に多くみられる。

まきもどし【巻き戻し】〈名・する〉カセットやビデオのテープを、もとに戻す方向に回すこと。対早送り。

まきもの【巻物】〈名〉❶絵や書をよこに長く表装《ひょうそう》して、軸《じく》に巻いてあるもの。巻子《かんす》(本《ぼん》)。例絵巻物。❷すし店で、巻きずしのこと。

表現①は一本二本と数えるが、伝統的な数えかたは一軸《いちじく》二軸《にじく》。

まぎゃく【真逆】〈名・形動〉まったくの逆。「正反対」のくだけた言いかた。

まぎら・す【紛らす】〈動五〉❶区別できないようにして、ごまかす。例人ごみの中にすがたを紛らす。はずかしさを冗談《じょうだん》に紛らす。❷ほかのことに心をむけて、いやな気持ちを忘れるようにする。例退屈《たいくつ》を紛らす。▽「まぎらせる」「まぎらわす」ともいう。

まぎらわし・い【紛らわしい】〈形〉区別がつけにくく、まちがえやすい。例紛らわしい言いかたをするな。

まぎらわ・す【紛らわす】〈動五〉⇩まぎらす

まぎれこ・む【紛れ込む】〈動五〉なかに入りこんで、どこにあるか、どこにいるかがわからなくなる。例書類が紛れ込む。人ごみに紛れ込む。

まぎ(紛)れもない　まちがいようもなく、はっきりしている。例紛れもない事実。

まぎ・れる【紛れる】〈動下一〉❶ほかのものと入りまじって、区別しにくくなる。例暗やみに紛れる。人ごみに紛れる。紛れこむ。❷なにかに気をうばわれて、ほかのことを忘れる。例悲しみが紛れる。気が紛れる。

まぎわ【間際】〈名〉そのときになるすぐまえ。例閉店間際。出発間際。類直前。寸前。

まきわり【まき割り】〖▽薪割り〗〈名〉❶太いまきを細かく割ること。❷「①」に使う、なたなどの刃物。

常用漢字　まく

【幕】巾部10 全13画
幕幕幕幕幕
マク・バク 教小6 音❶[マク] ▨幕開《まくあ》き。幕合《まくあ》い。幕の内弁当《うちべんとう》。幕切《まくぎ》れ。▨暗幕《あんまく》。天幕《てんまく》。除幕式《じょまくしき》。閉幕《へいまく》。❷[バク] ▨幕府《ばくふ》。幕末《ばくまつ》。幕臣《ばくしん》。幕僚《ばくりょう》。▨佐幕《さばく》。討幕《とうばく》。

【膜】月部10 全14画
膜膜膜膜膜
マク 音[マク] ▨膜質《まくしつ》。▨鼓膜《こまく》。粘膜《ねんまく》。横隔膜《おうかくまく》。被膜《ひまく》。網膜《もうまく》。油膜《ゆまく》。結膜炎《けつまくえん》。

ま・く[1]【巻く】〈動五〉❶長いものを、一方のはしを中に入れて、ぐるぐるとまるい形にまとめる。例糸を巻く。旗を巻く。フィルムを巻く。巻き上げる。巻きもどす。❷長いものを、中心になるもののまわりにからみつける。例

 源経基(つねもと)　生没年不明。平安中期の武将。小野好古に従って藤原純友の乱を平定。清和源氏の祖。

包帯を巻く。マフラーを首に巻く。巻きつける。❸ねじってまわす。例ぜんまいを巻く。❹中心にむかって、まわっていくうごきをおこす。例うずを巻く。けむりに巻かれる。巻きこむ。▽アマク

2**ま・く**【▼蒔く・▼撒く】〈動五〉❶植物をそだてるために、その種を土にうめる。❷あちこちにちらす。例水をまく。ビラをまく。ばらまく。ふりまく。❸あとをつけてきた人を、うまくはぐれさせる。例尾行《びこう》をまく。❹蒔絵《まきえ》をつくるとき、うるしでもようをかいて上に金粉や銀粉をふりかける。

表記 漢字をあてる場合は、①④には「▼蒔く」、②③には「▼撒く」を使うのがふつう。▽ア①②④マク ③マク

まかぬ種《たね》は生《は》えぬ なにもしないでいては、よい結果はえられない、ということ。

3**まく**【幕】〈名〉❶もののしきりやかざりに使う大きな布。例幕を張る。紅白の幕。垂れ幕。❷舞台《ぶたい》と観客席をしきり、もよおしものの内容にくぎりをつける役目をする大きな布。例幕が上がる。幕になる(=くぎりがついて終わる)。❸演劇で、幕が上がってからおりるまでの ひとくぎり。例一幕《ひとまく》(物)。❹場面。例きみの出る幕じゃない。❺すもうで、幕内。▽アマク」

表現 ①②はふつう一枚二枚と数えるが、張ったものは一張《ひとはり》二張《ふたはり》、一張《いっちょう》二張《にちょう》と数えることがある。③は一幕《ひとまく》二幕《ふたまく》と数える。

幕が開《あ》く ❶劇がはじまる。❷新しいものごとがはじまる。例Jリーグの幕があく。▽類開幕する。

幕を開《あ》ける ❶劇をはじめる。❷新しいものごとをはじめる。例Jリーグが幕をあける。

幕を切《き》って落《お》とす はなばなしく新しいものごとをはじめる。

幕を閉《と》じる 長くつづいたものごとが終わる。例千秋楽の幕を閉じる。

4**まく**【膜】〈名〉ものの表面をおおっている、うすいかわ。例膜がはがれる。アマク」

まくあい【幕あい】【幕▽間】〈名〉演劇で、一幕が終わって、次の幕がはじまるまでのあいだ。注意「幕間《まくあい》」を読みまちがえて、「まくま」と言われることがある。

まくあき【幕開き】〈名〉演劇で、幕があいてはじまること。「まくあけ」ともいう。対幕ぎれ。類開幕。

表現「事件の幕開き」「近代の幕開き」のように、ものごとがはじまることにもいう。

まくあけ【幕開け】〈名〉⇩まくあき(前項)

まくうち【幕内】〈名〉すもうの番付《ばんづけ》で、前頭《まえがしら》以上の位。「まくのうち」ともいう。例幕内力士。

マグカップ〈名〉とっ手のついた、厚手で大きめのカップ。参考 英語ではたんに mug という。

まくぎれ【幕切れ】〈名〉演劇で、一幕の終わり。ひとくぎりが終わったところ。対幕あき。類閉幕。終幕。

表現「幕切れとなる」「事件の幕切れ」のように、ものごとが終わることにもいう。

まくした【幕下】〈名〉すもうで、十両と三段目のあいだの位の力士。

まくした・てる【まくし立てる】〈動下一〉はげしいいきおいで、一方的にしゃべる。

まぐち【間口】〈名〉家や土地などを正面から見たときのよこの はば。例間口がせまい。対おくゆき。

表現「あの会社は少し間口をひろげすぎたな」「あの人はとても間口の広い人だ」などのように、仕事や知識の範囲《はんい》をさしても使う。

マグナカルタ〈名〉〔歴史〕一二一五年に、イギリスの貴族や市民が、ジョン王にまもることを約束させた条文。イギリスの民主主義の発展に大きな影響《えいきょう》をおよぼした。大憲章。◇ラテン語から。

マグニチュード〈名〉〔地学〕地震《じしん》の大きさを表わす単位。記号M。◇magnitude →しんど〔震度〕

参考「震度」は、はかったそれぞれの場所でのゆれかたの度合いを表わすのに対して、マグニチュードは、地中での地震のエネルギーの大きさを表わす。その数値は、地震計の数値と震源までの距離《きょり》との関係で割りだす。

マグネシウム〈名〉〔化学〕銀白色のかるい金属。つよい光をだして燃える。軽合金の材料、花火、写真のフラッシュなどに使われる。元素の一つ。記号「Mg」。◇オランダ magnesium

マグネット〈名〉磁石。◇magnet

まくのうち【幕の内】〈名〉❶⇩まくうち ❷「幕の内弁当」の略。小さくたわらのかたちににぎった飯にごま塩をかけたものと、おかずとをつめ合わせた弁当。

まくま【幕間】〈名〉「まくあい」の読みまちがえ。

マグマ〈名〉〔地学〕地球内部にあるマントルがどろどろにとけてできる、高温の液体。冷えて固まると火成岩になる。岩漿《がんしょう》。◇magma 参考 火山がふきだす溶岩《ようがん》は、マグマが地表にあらわれたもの。

まくら【枕】〈名〉❶寝《ね》るとき、頭をささえるもの。例枕がかたい。枕をする。枕もと。うで枕。ひざ枕。北枕。たか枕。夢枕《ゆめまくら》。❷前おきや導入などの目的で、本題に入る前にするちょっとした話。落語や講談のように客に聞かせる話で、とくにこれを使う。例話の枕。

表現 ①はふつう一個二個と数える。昔の木の台のついたものは一基《いっき》二基《にき》と数えた。

枕を高《たか》くして寝《ね》る なんの心配もなく、ゆっくり寝る。高枕で寝る。

まくら
【枕】 木部4 全8画

枕枕枕枕枕枕

まくらぎ【枕木】〈名〉鉄道で、レールを支えるために横にわたしてしく、木やコンクリートの角材。

まくらことば【枕▽詞】〈名〉〔文学〕ある特定のことばとむすびついて、そのことばの前におかれる、かなで五文字ぐらいのことば。おもに和歌で使われて調子をととのえたり、かざったりする。たとえば「ぬば玉の」は「夜」に、「あしひきの」は「山」にかかる枕詞である。

まくらもと【枕元】〈名〉人の寝《ね》ているまくらのそば。

まくりあ・げる【まくり上げる】【▼捲り上げる】〈動下一〉そでやすそを折りかえして上げる。例ズボンのすそをまくり上げる。

まく・る【▼捲る】━〈動五〉中のものが外にあらわれるように、おおっているものを まきあげる。例そでをまくる。うでをまくる。類めくる。━〈接尾〉動詞の連用形に付いて、「簡単には止められないほどの勢いで…する」の意味を表わす。例書きまくる。しゃべりまくる。

まぐれ〈名〉偶然《ぐうぜん》に、期待していたとおりの結果をえること。例実力はないのに、まぐれで合格した。まぐれ当たり。

まく・れる【▼捲れる】〈動下一〉まくった状態になる。例風でスカートのすそがまくれる。

方言 近畿・中国・四国などでは、「坂でまくれそうになった わ」のように、「転ぶ」の意味でも使う。

源範頼(のりより)(?~1193) 鎌倉初期の武将。頼朝の弟。源氏の総大将として弟義経と平氏を破った。

マクロ〈名・形動〉巨視《きょし》的であること。例マクロな視点からものごとを見る。対ミクロ。◇macro

まぐろ【▼鮪】〈名〉海にすむ魚の一種。体長三《メートル》にもなるホンマグロ(＝絶滅危惧《きぐ》種)のほかに、キハダやメバチなどの種類がある。さし身などにして食べる。参考青森県の「大間《おおま》マグロ」は地域ブランド品としてとくに有名。

まくわうり【真桑▼瓜】〈名〉つる性の一年草。夏、黄色の花をつけ、黄緑色の楕円《だえん》形の実《み》をつける。実はかおりがよく、あまい。

まけ【負け】〈名〉負けること。負けたたたかいや試合。例負けが込《こ》む(＝負けつづける)。こちらの負け。負けいくさ。貫禄《かんろく》負け。対勝ち。類敗北。

まげ【▼髷】〈名〉かみの毛をたばねてゆったもの。絵 例まげをゆう。ちょんまげ。

まけいくさ【負け戦】〈名〉戦争や試合に負けること。負けたたたかい。例負け戦がつづく。対勝ち戦。

まけいぬ【負け犬】〈名〉❶けんかに負けたイヌ。❷あらそいごとなどに負けて、すごすごとひきさがる人のたとえ。

負け犬の遠吠《とおぼ》え かげで負けおしみを言うことを、あざけっていうことば。

参考「犬の遠吠え」とまぎれてできた言いかた。

［ま げ］

まけおしみ【負け惜しみ】〈名〉自分の負けをすなおにみとめないで、むりなりくつをつけて、あれこれ言うこと。また、そのことば。例負け惜しみが強い。

まけこ・す【負け越す】〈動五〉何回か対戦した中で負けた回数が、勝った回数より多い。対勝ち越す。

まけじだましい【負けじ魂】〈名〉ほかの人や苦しい状況《じょうきょう》に負けないようにがんばるつよい気持ち。

ま(負)けずおと(劣)らず ⇩「まける」の子項目

まけずぎらい【負けず嫌い】〈形動〉人に負けることがきらいで、そのためにがんばったり意地をはったりする性格である。もとは「まけぎらい」と言った。例負けず嫌いな人。類勝ち気。

まげて【曲げて・▼枉げて】〈副〉「ご無理は承知《しょうち》していますが」という気持ちを表わす。例そこを何とぞまげてお願いいたします。

まげもの【曲げ物】〈名〉スギやヒノキなどのうすい板をまげてつくった容器や道具。「せいろう」など。

ま・ける【負ける】〈動下一〉❶相手とたたかって、やぶれる。例けんかに負ける。負けるが勝ち。対勝つ。類敗北《はいぼく》する。❷はたらきかけに抵抗できず、それにしたがう。例さそいに負ける。誘惑《ゆうわく》に負ける。対勝つ。類屈《くっ》する。❸圧倒《あっとう》されて、生気をうしなってしまう。例病気に負ける。暑さに負ける。ふんいきに負ける。❹刺激《しげき》をうけて、ひふがかぶれる。例うるしに負ける。薬に負ける。❺商品の売り買いで、ねだんを安くする。例もう百円まけてよ。類値引きする。引く。勉強する。↓おまけ

表現 はっきり決着がついて「負ける」のとは別に、決着はつかないが、明らかに劣勢《れっせい》であることを「負けている」といって表わす。「はじめ負けていたが、しだいにもりかえした」のように言う。打ち消しを使って「負けていない」というと、対等あるいはそれ以上のいきおいで相手とわたり合うようすを表わす。

負けず劣《おと》らず どちらがまさっているともいえず、同じ程度に。例ふたりとも、負けず劣らずがんこだ。妹も、姉に負けず劣らずしっかり者だ。

負けるが勝《か》ち 表面は負けておくことが、実質では勝ちになる、ということ。

ま・げる【曲げる】〈動下一〉❶まっすぐなものを、曲がった状態にする。例パイプを曲げる。腰《こし》を曲げる。口を曲げる。ねじ曲げる。対のばす。❷自分がこれまでずっと考えてきたことや信じてきたことに反することをする。例節《せつ》をまげる。信念をまげる。類折れる。↓まげて ❸道理や真実をゆがめる。例事実をまげる。類歪曲《わいきょく》する。

表記 ②は「▼枉げる」と書かれることもある。

まけんき【負けん気】〈名〉絶対に負けないぞという気持ち。例負けん気が強い。類勝ち気。

1 **まご**【孫】■〈名〉子どもの子ども。例初孫《ういまご・はつまご》。■〈接頭〉あいだをひとつへだてた次の代の。例孫弟子《でし》。

アマゴ」

2 **まご**【馬子】〈名〉「馬方《うまかた》」のこと。アマゴ

馬子にも衣装《いしょう》 いい着物をきれば、どんな人でもりっぱに見えることのたとえ。

まごい【真▼鯉】〈名〉「ひごい」に対して、黒っぽい色のふつうのコイ。

まごう【▽紛う】「まがう」の変化した形。↓まがう

まごうけ【孫請け】〈名・する〉下請けの仕事を、さらに別の会社や人が下請けすること。

まごこ【孫子】〈名〉❶孫と子。❷子孫。例孫子の代まで。

まごころ【真心】〈名〉その人やそのことのためを思う、いつわりのない気持ち。例真心をこめる。類まこと。誠意。至誠《しせい》。

まごつ・く〈動五〉どうしてよいかわからず、あわてたりまよったりする。類まごまごする。うろたえる。

まこと【誠】【▽真・▽実】■〈名〉❶いつわりのないほんとうのこと。真実。例まことの話。うそとまこと。対いつわり。うそ。❷相手を思いやる、いつわりのない心。例誠をつくす。類真心《まごころ》。誠意。■〈副〉「ほんとうに」の古めかしい言いかた。例まこと、みごとなものだ。

まことしやか〈形動〉いかにもほんとうらしく思える。例まことしやかなうそをつく。まことしやかに語る。

まことに【誠に・▽実に・▽真に】〈副〉「ほんとうに」のかしこまった言いかた。例まことに申し訳ない。本日はまことにありがとうございます。

まごのて【孫の手】〈名〉棒の先を小さな手のような

 源義家(よしいえ) (1039～1106) 平安後期の武将。前九年の役・後三年の役を平定。東国での源氏の基礎を確立。

形にして、自分でせなかをかけるようにした道具。

まごびき【孫引き】〈名・する〉直接、もとになる本をしらべないで、ほかの本に引用されていることをそのままさらに引用すること。

まごまご〈副・する〉どうしてよいかわからず、ただうろうろして。例いそがしくってかえってまごまごする。まごまごしているうちにしめ切り日がきた。類まごつく。

まごむすめ【孫娘】〈名〉その人の孫にあたる女の子。

まこも【真▼菰】〈名〉水べにむらがって生える、二メートルぐらいになる草。葉でむしろをつくる。

マザーコンプレックス〈名〉育つときに母親からの影響《えいきょう》が強すぎたために、成年に達してからも母親の影響から精神的にはなれられないこと。略して「マザコン」ともいう。おもに男性についていう。◇mother と complex による日本での複合語。

まさか〈副〉…とはまったく考えられないが、という意味を表わす。例この程度の雨で、まさか中止にはならないだろう。まさか、あのことをしゃべったんじゃないだろうね。対やはり。類よもや。万一。

表現「まさかの予選落ち」のように、予想もしなかった結果がでたときに「まさかの…」ということがある。

方言群馬・埼玉・栃木などでは、「とても」「本当に」の意味でも使う。「まっさか驚いた」のように、「まっさか」の形で言うことが多い。

まさかの時《とき》ふつうではちょっと考えられない最悪の事態。多くは死亡の時を遠まわしにいう。例まさかのときを考えて、遺言《ゆいごん》を書いておく。

まさかり【▼鉞】〈名〉おおきい斧《おの》。

表現ふつう一挺《いっちょう》二挺《にちょう》と数えるが、一本二本も使う。

参考昔話の金太郎がかついでいると童謡《どうよう》に歌われている。

まさき【正木】【▼柾】〈名〉生けがきや庭木とする常緑低木。葉は、厚くてつやがある。

まさぐ・る〈動五〉指先でいじくる。指先でさぐる。

まさご【真▽砂】〈名〉「砂《すな》」のこと。古い言いかた。例浜のまさご。

マザコン〈名〉「マザーコンプレックス」の略。

まさしく【正しく】〈副〉まちがいなく。例これはまさしくほんものだ。類まさに。表記「正しく」と書くと「ただしく」とも読めるので、かなで書くほうがよい。

まさつ【摩擦】〈名〉❶〈する〉あるものをほかのものでこすること。例ひふを摩擦する。乾布《かんぷ》摩擦。❷〔物理〕ふれ合っている物体の一方がうごくとき、ふれ合っている面にはたらく、うごきをさまたげようとする力。例摩擦が大きい。摩擦熱。❸両者のあいだに問題が生じて、関係がスムーズにいかないこと。例あのふたりのあいだには、いつも摩擦がたえない。類あつれき。

まさつおん【摩擦音】〈名〉くちびる、舌と歯や歯ぐきとのあいだ、のどなど、発音のときにはく息がとおるところをせばめることによって出す音。f、v、s、z、hなど。

まさに【正に】〈副〉❶まったくたしかに。例まさにそのとおり。類まさしく。❷ちょうどそのとき。例鳥がまさに飛びたつ瞬間《しゅんかん》をカメラでとらえた。❸(「まさに…べきである」などの形で)当然のことである。例長男のきみこそまさに家をつぐべきだ。

まざまざ〈副〉まるで、目の前にあるようにはっきりと。例まざまざと思いだす。類ありありと。

まさめ【正目】【▼柾目】〈名〉板の木目がすべて平行にとおっているもの。対板目。逆目《さかめ》。→もくめ絵

まさゆめ【正夢】〈名〉見たとおりのことがのちに実際におこる夢。例正夢になる。対さか夢。

まざりけ【混ざり気】〈名〉⇩まじりけ

まざりもの【混ざり物】〈名〉中にまざって入っている、別の種類の物。まじりもの。

まさ・る【勝る】【▽優る】〈動五〉ほかのものと比べて、よりよい状態である。例勝るともおとらない。相手に勝る。聞きしに勝る。力で勝る。対おとる。類すぐれる。上回る。

勝るとも劣《おと》らないけっして負けていない。例国宝に勝るとも劣らない傑作《けっさく》。

まざ・る【交ざる・混ざる】〈動五〉あるものが、ほかのものの中に入って、いっしょになる。「まじる」ともいう。例自信と不安の交ざった気持ち。いろんなにおいが混ざる。

表記いっしょになった結果、とけあってひとつになるときは「混ざる」と書き、とけあわないときは「交ざる」と書く傾向《けいこう》がある。「まじる」も同様。

まし【増し】㊀〈名〉もとの数よりふやすこと。また、その量。例二割増し。焼き増し。㊁〈形動〉〔まし〕いいとはいえないが、ほかよりはまだいい。例ないよりましだ。

まじ〈名・形動〉「まじめ」をちぢめた、俗《ぞく》なことば。真剣。本気。本当。例まじな顔。まじになる。まじで(=本当に)? 対しゃれ。類がち。

まじ・える【交える】〈動下一〉❶いっしょに、中に入れる。例私情を交える。❷ほそ長いものを組ませる。ひざを交える(→「ひざ」の子項目)。❸たがいに、やりとりする。例ことばを交える。類かわす。

ましかく【真四角】〈名・形動〉❶四つの線の長さと角《かど》がそろっている四角。「□」の形。類正方形。❷まじめ一方であること。

まじき〈助動〉文語の助動詞「まじ」の連体形。否定的な推量、不適当などを表わす。…てはならない。例学生にあるまじき態度。すまじきものは宮仕え。

参考ちょうど「べし」の打ち消しにあたる助動詞だが、口語では連体形のみで、表現が固定している。

まじきり【間仕切り】〈名・する〉部屋を分けてへだてる、ふすまなどのしきり。

マジシャン〈名〉手品師。奇術《きじゅつ》師。魔術《まじゅつ》師。◇magician

ました【真下】〈名〉まっすぐ下。対真上。類直下。

マジック〈名〉❶魔法《まほう》。手品。奇術。例マジックショー。類イリュージョン。❷「マジックインキ(商標名)」の略。油性でいろんなものに書くことができる太めのペン。❸「マジックナンバー」の略。例マジック点灯。◇magic

マジックテープ〈名〉パイル状の面をもつ、二枚ひと組みのナイロン製のテープ。とじたりはがしたりを何度でもくりかえせる。「面ファスナー」の商標名。

マジックナンバー〈名〉プロ野球の公式戦の後半で、そのとき勝率一位のチームがあと何勝すれば優勝できるかをしめした数。マジック。◇magic number

まして【▽況して】〈副〉特別な例をだして、「この場合ですらこうなのだから、ほかの場合はいうまでもない」という意味を表わす。「ましてや」ともいう。例大人でもわからないのに、まして小さい子どもにわかるわけがない。類なおさら。

ましてや【▽況してや】〈副〉⇩まして(前項)

まじない【▽呪い】〈名〉願いがかなったり、災難からのがれたりできるように、神や仏の力をかりていろいろなわざを

することと。また、そのわざや、そのときにとなえることば。例ま じないをする。まじないのことば。類呪文《じゅもん》。呪術。

まじまじと〈副〉まばたきもしないほど、じっと。例まじまじと見つめる。

まします【▽在す・▽坐す】〈動五〉いらっしゃる。おいでになる。例天にましますわれらが神よ。類います。参考古語の敬語動詞「坐《ま》す」を重ねたことば。

まじめ【真面目】〈名・形動〉❶ふざけた気持ちではなく、ほんきであること。例真面目に働く。❷うそをついたりせず、誠実であること。例真面目な男。▽対不真面目。参考「しんめんもく」と読むのは別のことば。

まじめくさる【真面目くさる】〈動五〉いかにもまじめなようすをする。例真面目くさった顔で冗談《じょうだん》を言うから真《ま》にうけた。

ましゃくにあわない【間尺に合わない】損得勘定《かんじょう》が合わず、損だ。

ましゅ【魔手】〈名〉⇩まのて

まじゅつ【魔術】〈名〉❶人の心をまどわすふしぎな術。例魔術を使う。魔術にかかる。類魔法。❷ふしぎな芸や術をみせる演芸。例魔術師。魔術団。類奇術。

マシュマロ〈名〉ゼラチン・卵の白身・砂糖・水あめなどをまぜ合わせて作る、ふわふわした洋菓子《ようがし》。◇marshmallow

まじょ【魔女】〈名〉❶女の魔法使い。❷女の悪魔。例魔女狩り。

ましょう【魔性】〈名〉人の心をまどわせて、正常な判断をうしなわせるもの。例魔性のもの。魔性の女。

ましょうめん【真正面】〈名〉ものの前面に、ちょうどむかいあう位置。例真正面を見つめる。

表現「真正面からとりくむ」というと、ものごとにしっかりまともに正対することをいう。

まじょがり【魔女狩り】〈名〉中世ヨーロッパで、キリスト教会が異端者を魔女とみなして裁判にかけ、火あぶりの刑に処したこと。その狂信的な異端者迫害運動。

表現ある集団にとって危険とみなされる人物をさがし出して、強制的に排除《はいじょ》することのたとえとしてもいう。そのような人物を引きずり出して追及《ついきゅう》する、弁解の余地も反論の機会もない場のことを、「魔女裁判」とたとえていうことがあるのも同様。

まじょさいばん【魔女裁判】〈名〉魔女狩りのための宗教裁判。→まじょがり表現(前項)

マジョリティー〈名〉多数派。多数であるために強い立場にあるほうの人々。対マイノリティー。◇majority

ましら【▽猿】〈名〉「サル」の古めかしい言いかた。例ましらのごとき身の軽さ。

まじりけ【交じり気・混じり気】〈名〉まじっていてはよくないものが、まじっていること。「まざりけ」ともいう。

表現「まじり気のない(=純粋《じゅんすい》な)アルコール」のように、打ち消しのことばといっしょに使われることが多い。

まじる【交じる・混じる】〈動五〉あるものがほかのものの中に入って、いっしょになる。「まざる」ともいう。例便に血が混じる。みんなに交じって歌った。→まざる表記

まじろぐ【▽瞬ぐ】〈動五〉目をぱちぱちさせる。

まじわり【交わり】〈名〉交わること。例交わりをむすぶ。交わりをたつ。水魚の交わり。類交際。交流。

まじわる【交わる】〈動五〉❶線のかたちをしたものが交差する。例平行線は、どこまでいっても交わらない。❷人とつきあう。例人と交わる。親しく交わる。朱に交われば赤くなる(→「しゅ〔朱〕」の子項目)。類交際する。交流する。

表現(1)①②ともに「AがBと交わる」ともいうし、「AとBとが交わる」ともいう。

(2)②はややあらたまった感じのことばであるが、「人と交わる」「先輩《せんぱい》たちと交わる」のように漠然《ばくぜん》とした言いかたをする。「田中君と三年間交わった」などのように、特定の人とのつきあいについては使わない。

[1]**ましん**【麻▼疹】〈名〉「はしか」のこと。アマシン

[2]**マシン**〈名〉❶機械。例マシンガン。ピッチングマシン。❷競走用の自動車。オートバイ。◇machine ▽アマシン

[1]**ます**【増す】〈動五〉数や量が、これまでよりも多くなったり、程度が高くなったりする。また、多くしたり、高くしたりする。例水かさが増す。食欲が増す。速さを増す。対減る。類ふやす。加える。増加する。アマス

[2]**ます**【升】【▼枡】〈名〉❶穀物や酒などの量をはかる、箱のかたちをした道具。例一升《いっしょう》升。一合升。❷ますではかった分量。ますめ。❸⇩ますせき ▽アマス

[3]**ます**【▼鱒】〈名〉海にすむ魚の一種。北太平洋に分布。サケのなかまであるが、少し小さい。サクラマスやカラフトマスなどの種類がある。アマス

参考川づりの対象になるのは、ふつう、ニジマス。

[4]**マス**〈名〉❶あつまり。例マスゲーム。❷大量。例マスコミュニケーション。マスプロダクション。❸大衆《たいしゅう》。例マスを相手にするビジネス。◇mass

[5]**ます**〈助動〉話し手の、聞き手に対するていねいな気持ちや、あらたまった態度を表わす丁寧《ていねい》語。名詞などにつく「です」と同じくらいのていねいさを表わす助動詞。例つぎの会議は来月ひらきます。この先は道はありません。きょうから展覧《てんらん》会がはじまりました。

接続動詞や一部の助動詞の、連用形につく。

まず【▽先ず】〈副〉❶ほかのことはあとにして、いちばんさきに。例あいさつなどぬきにして、まず上がれよ。類最初に。まっさきに。とにかく。→まずは① ❷だいたいのところ。例まず降らないとは思うが、かさは持って行こう。

ますい【麻酔】〈名〉手術をするときに痛みをなくすために、くすりなどを使ってからだの感覚をなくすこと。例麻酔をかける。麻酔薬。局部麻酔。

まずい〈形〉❶味がひどくて、食べたいという気がおきない。例まずい魚。まずそうに食べる。対おいしい。❷へただったり、みにくかったりして、人に見せられないほどだ。例まずい字。❸つごうがよくない。具合がわるい。例あしたはいいんだが、あさってはまずい。まずいところを見られた。友だちとの関係がまずくなった。▽対うまい。

表記①は、当て字で「▽不▽味い」と書かれることもある。

表現俗《ぞく》に、「しくじる」意味で、「まずった!」などと動詞化していうことがある。

マスカット〈名〉ぶどうの品種の一つ。実《み》は黄緑色をして、かおりがよく、つぶが大きい。◇muscat

マスク〈名〉❶ほこりや花粉、細菌《さいきん》・ウイルスなどを吸いこまないように、また、自分のせきやくしゃみをさえぎるために、口や鼻をおおう衛生《えいせい》用品。例マスクをかける。マスクをする。❷保湿《ほしつ》成分などを浸透《しんとう》させるために顔をおおう美容用品。❸野球やアイスホッケーなどで、審判《しんぱん》や選手が顔につける防具。❹仮面。覆面《ふくめん》。❺ハンサムな顔だちの、くだけた言いかた。例甘いマスク。◇mask

マスゲーム〈名〉運動会などで、集団で行なう体操や

ダンス。◇mass game

マスコット〈名〉かわいがったり お守りにしたりして、たいせつにする人形や動物。◇mascot

マスコミ〈名〉「マスコミュニケーション」の日本での略。また、「マスメディア」のこと。例マスコミ志望。

マスコミュニケーション〈名〉マスメディアを介《かい》して、大量の情報を大衆《たいしゅう》に一方的に伝えること。略して「マスコミ」ともいう。◇mass communication

まずし・い【貧しい】〈形〉❶生活していくためのお金やものが少なくてくるしい。例貧しい暮らし。家が貧しい。対富む。類貧乏《びんぼう》。❷内容が貧弱《ひんじゃく》で、いいところがない。例貧しい才能。心が貧しい。類とぼしい。▽対豊か。

ますせき【升席】〖▼枡席〗〈名〉すもうや芝居《しばい》で、四角く区切られた観客席。ます。類ボックス席。

マスター 一〈名〉❶店の主人。飲み屋やバーなどの主人をさすことが多い。対マダム。❷大学院の修士。二〈名・する〉知識や技術をじゅうぶんに身につけて、自由に使いこなせるようになること。三〈造語〉複製や編集を行なうもととなるもの。例マスターキー。マスターテープ。マスターデータ。◇master

マスターキー〈名〉アパート・ホテルなどで、すべての部屋を開けられる かぎ。◇master key

マスタード〈名〉「からし」のこと。◇mustard

マスト〈名〉船の帆柱《ほばしら》。◇mast

まずは〖▽先ずは〗〈副〉❶何をおいても、いちばん先に。「まず」を強めた言いかた。例まずは自己紹介《しょうかい》からはじめます。❷ひとまず。とりあえず。例まずは一安心といったところだ。

表現「まずは一筆御礼《おんれい》まで」のように、手紙の結びのあいさつのことばとしてよく使う。

マスプロダクション〈名〉「大量生産」のこと。略して「マスプロ」ともいう。◇mass production

ますます〖▽益▽益〗〈副〉前よりも さらにいっそう。例ますます大きくなる。類いよいよ。一段と。さらに。

まずまず〖▽先ず▽先ず〗〈副〉じゅうぶんに満足はできないが、一応よしとすることができる状態。例まずまずの調子。まずまずうまくいったと思う。類まあまあ。

ますめ【升目】〖▼枡目〗〈名〉❶ますで はかった分量。❷ますのようなかたちに くぎってあるもの。例原稿用紙の升目。升目をうめる。

マスメディア〈名〉テレビ・ラジオ、新聞・雑誌、インターネットなど、マスコミュニケーションのなかだちとなるもの。マスコミ。◇mass media 参考世論《よろん》に大きな影響《えいきょう》を与えるため、国家の立法・行政・司法《しほう》の三権につぐ「第四の権力」と呼ばれることもある。

まずもって〖▽先ず▽以て〗〈副〉何はさておき。とにもかくにも。かたい言いかた。例まずもって一安心。

ますらお〖▽丈▽夫・▽益▽荒▽男〗〈名〉いかにも強そうで、いさましい男性。古めかしい言いかた。対たおやめ。

マズルカ〈名〉〔音楽〕ポーランドの民族舞踊《ぶよう》。また、その舞曲。三拍子《びょうし》の軽快な調子をもつ。◇mazurka

まぜあわ・せる【混ぜ合わせる】〈動下一〉別々のものをまぜて、むらがなくなるようにする。例絵の具を混ぜ合わせる。類混合《こんごう》する。

ませいせっき【磨製石器】〈名〉みがいてつくった石器。新石器時代につくられた。おの・包丁・やじりなど。打製石器よりいちだんと進歩したものとみられる。→だせいせっき・せっき〔石器〕絵

まぜかえ・す【混ぜ返す】〈動五〉ちゃかしたり、よけいなことを言ったりして、人の話をじゃまする。「まぜっかえす」ともいう。

まぜがき【交ぜ書き】〈名・する〉熟語を、漢字と仮名をまぜて書き表わすこと。「憂鬱」を「憂うつ」と書くなど。

まぜこぜ〈名〉いろいろなものが混じりあっていること。

まぜごはん【混ぜご飯】〈名〉味つけした季節の野菜やきのこを米と一緒に炊《た》いたごはん。炊きあがったご飯に味つけした野菜や肉をまぜたもの。類炊きこみご飯。

まぜっかえ・す【混ぜっ返す】〈動五〉⇩まぜかえす

まぜもの【混ぜ物】〈名〉量をふやしたり質をかえたりするために、まぜ入れるもの。

ま・せる〈動下一〉まだ子どもなのに、言うことやすることが大人のようである。例ませた子ども。ませた口をきく。類大人びる。→おませ

ま・ぜる【混ぜる・交ぜる】〈動下一〉❶あるものに別のものをくわえて、いっしょにする。例日本語は、漢字とかなを交ぜて書く。❷二つ以上のものがとけあって、ひとつになるようにする。例色を混ぜる。混ぜ合わせる。かき混ぜる。

表記 ②のように、とけあってひとつになるようにするときは「混ぜる」と書き、①のように、ただいっしょにするだけのときは「交ぜる」と書く傾向《けいこう》がある。

マゾ〈名〉「マゾヒスト」「マゾヒズム」の略。対サド。

マゾヒスト〈名〉マゾヒズムの傾向《けいこう》がある人。略して「マゾ」ともいう。対サディスト。◇masochist

マゾヒズム〈名〉異性から精神的・身体的に痛めつけられることによって、性的に快感をおぼえる病的な状態。略して「マゾ」ともいう。対サディズム。◇masochism

[1]**また**【股】〖▼叉〗〈名〉❶〔股〕両足のわかれでるところ。足のつけね。例うち股。❷〔叉〕枝《えだ》などが二つにわかれているところ。例三つまた。▽アマタ」

股にかける 行かないところはないぐらい、ひろく歩きまわる。例全国を股にかける。

[2]**また**〖又〗 一〈副〉❶同じことが、さらにくりかえされるようす。例また会う日まで。またとない機会。類ふたたび。❷同じであるようす。例彼もまた 彼女がすきだ。類同様に。同じく。❸もうひとつのことがほかにあるようす。一方では。例その時代、子どもは また労働力でもあった。二〈接〉ことがらをならべて示したり、つけくわえたりするときに使うことば。同時に。例彼は歌手であり、また、俳優でもあった。▽アマタ 三〈接頭〉「間接的である」という意味を表わす。例また貸し。またいとこ。

表現 一の①は、「の」をつけて「またの機会」のようにいうことができる。副詞は用言につくのが本来のはたらきだが、ときどきこのような形で名詞につく。「いよいよの時」「曲がってすぐの所」「おおよその見当」なども同様。

またとない 二度とない。これ以上のものはない。例またとないチャンス。またとない親友。

またの 次の。今度の。例またのご来店をお待ちしております。またの機会に。

またの名《な》 別の呼び名。例彼岸花《ひがんばな》、またの名を曼珠沙華《まんじゅしゃげ》という。類異名《いみょう》。別名《べつめい》。

【又】 又部0 全2画

また

まだ〖▽未だ〗〈副〉❶ある状態がかわらないで。ずっとつづいて。例暑さはまだつづく。類依然《いぜん》として。いまだに。❷同じようなものがほかにもあるようす。例機会はまだある。類さらに。ほかに。❸予定の段階や状態にまで達していないようす。例今ならまだまにあう。十時なのにまだ帰らない。❹じゅうぶんではないが、ほかよりはいいところがあるようす。例これでもまだましな方だ。

まだい【真▼鯛】〈名〉タイのなかまの、代表的な魚。もも色でかたちもうつくしく味もよいので、祝いごとなどの料理に使われる。参考ほかにキダイやクロダイなどがいるが、ふつうにタイというときは、マダイをさす。

またいとこ〖又▽従▽兄▽弟・又▽従▽姉▽妹〗〈名〉親どうしがいとこであるとき、その子供たちの関係。はとこ。

またがし【又貸し】〈名・する〉人から借りたものを、さらにほかの人に貸すこと。対又借り。

またがみ【股上】〈名〉ズボンなどの股の分かれ目から上の部分の長さ。対股下。

またがり【又借り】〈名・する〉人が借りているものを、さらにまた借りること。対又貸し。

またが・る〖▼跨がる・股がる〗〈動五〉❶両足をひらいて乗る。例馬にまたがる。❷両方にかかる。いくつかに関連する。例一都三県にまたがる平野。

またぎき【又聞き】〈名・する〉自分がその場にいてじかに聞いたのではなく、聞いた人からその話をつたえ聞くこと。類伝聞。人づて。

また・ぐ〖▼跨ぐ・股ぐ〗〈動五〉足をひろげて上をこえる。例しきいをまたぐ。みぞをまたぐ。

またぐら【股ぐら】〖股▽座〗〈名〉股のあいだ。類股間《こかん》。

まだけ【真竹】〈名〉タケの一種。もっともふつうにみられる。たけのこは食用にし、幹《みき》をかごなどの竹細工に使う。くれたけ。

またした【股下】〈名〉ズボンなどの股の分かれ目から下のすそまでの部分の長さ。対股上《がみ》。

またしても〖又しても〗〈副〉「また」を強めていうことば。例またしてもやられた。類またもや。またまた。

表現のぞましくないことがくり返される場合に、いまいましい気持ちをこめていうことが多い。

まだしも〖▽未だしも〗〈副〉いずれにしても不満ではあるが、まだなんとか。例六〇点ならまだしも、四五点ではぜったい合格できないだろう。

またぞろ〖又ぞろ〗〈副〉「また」を強めたやや古い感じのことば。例またぞろやってきた。参考「又候ふ(またそうろう)」が「またぞうろう」となってできた。「またですよ」という感じ。

またた・く【瞬く】〈動五〉❶ぱちぱちと、なんども目をあけたりとじたりする。類まばたく。❷光がつよくなったりよわくなったりする。例星が瞬く。

またたくま【瞬く間】〈名〉いちどまばたきをするほどの、ごくみじかい時間。類あっというま。一瞬《いっしゅん》。瞬時。

またたび[1]〈名〉山野に生えるつる性落葉低木。楕円《だえん》形の実《み》は、ネコの好物で、食べると酔《よ》ったようになる。→しゅんかん表現

またたび[2]【股旅】〈名〉むかし、ばくちなどをする遊び人《にん》が諸国を旅して歩いたこと。

マタニティー〈名〉妊娠《にんしん》。妊婦。出産。例マタニティードレス。◇maternity

または〖又は〗〈接〉二つのうち、どちらでもいいことを表わすことば。例黒または青色のインクで書いてください。類あるいは。もしくは。

またまた〖又又〗〈副〉「また」を強めていうことば。同じようなことをさらにかさねて。例なんども注意されたのに、またまたへまをやった。類またしても。またもや。

まだまだ〖▽未だ▽未だ〗〈副〉「まだ」を強めた言いかた。例まだまだ来ない。かたづけなければならない仕事がまだまだある。

マダム〈名〉❶おくさま。夫人。例有閑《ゆうかん》マダム。❷酒場などの女主人。対マスター。類ママ。おかみ。◇madam

またもや〖又もや〗〈副〉「また」を強めたもので、「またまた」より少し古い感じのことば。例またもや一回戦で敗退した。類またしても。またまた。

まだら〖▽斑〗〈名〉地色とちがう色が入りまじっていること。例まだらの牛。白黒のまだら。雪がまだらに消え残っている。まだら模様。類ぶち。

まだるっこ・い〖間▽怠っこい〗〈形〉見ている方がいらいらしてくるほどのろのろしている。まどろっこしい。

まだれ〖麻垂れ〗〈名〉漢字の垂れの一つ。「麻」「店」などの「广」の部分。

まち[1]【町・街】〈名〉❶[町] 人がおおぜい集まって生活している区域。例城下町。港町。下町。町外れ。❷[街]「①」の中の一部分で、商店がならんだにぎやかな一角。例街へくりだす。街の明かり。おしゃれの街。学生の街。街角。❸[町] 地方公共団体の一つ。行政上の単位で、都道府県に属《ぞく》する。人口の規模で、村より大きく、市より小さい。地域区分では「郡《ぐん》」に属する。「ちょう」ともいう。❹[町] 市や区の中を、さらにいくつかにくぎったときに、その名前の下につけることば。例寺町。桜町《さくらまち》。▽アマチ」

まち[2]〖▼襠〗〈名〉衣服や手さげ袋などを作るとき、はばや厚みをもたせるためにぬいあわせる布。アマチ

まちあい【待ち合い】〈名〉❶待ち合わせること。例待合所。待合室。❷客が芸者を呼んで遊ぶところ。

表記①の例のような複合語の場合と②は、「待合」と送りがなを付けずに書く。

まちあぐ・ねる【待ちあぐねる】〖待ち▼倦ねる〗〈動下一〉⇩まちあぐむ(次項)

まちあぐ・む【待ちあぐむ】〖待ち▼倦む〗〈動五〉しんぼうしきれないほど、長く待ち続ける。まちあぐねる。

まちあわ・せる【待ち合わせる】〈動下一〉あらかじめ時間と場所をきめて会う。待ち合わせをする。

まちいしゃ【町医者】〈名〉病院に勤務するのでなく、個人で開業している医者。開業医。

まちう・ける【待ち受ける】〈動下一〉ある人が来たら、または、あることが起こったらなにかをしようとして待つ。例知らせを今か今かと待ち受ける。類待ちかまえる。

表現(1)「どんな未来がわたしたちを待ち受けているのだろう」のように、擬人《ぎじん》化して使うことも多い。(2)「待ち受け画面」など、携帯《けいたい》電話の電源を入れて、いつでも着信を受けられる状態にもいう。

まぢか【間近】〈名・形動〉あるところや、将来のあるときが、すぐそばに近づいていること。まぢかい。例間近にせまる。頂上が間近だ。卒業も間近になった。交通事故を間近で見た。本番間近で緊張《きんちょう》する。

まちがい【間違い】〈名〉❶まちがえてしまうこと。例字の間違い。不注意は間違いのもとだ。手紙は間違いなく

ま

 源義平(よしひら)(1141～60) 平安時代の武将。源義朝の子。悪源太とも呼ばれた。平治の乱で敗れ，斬殺。

とどきました。言い間違い。類あやまり。❷「あやまち」の遠まわしな言いかた。例夏休み中に生徒たちが間違いを起こしてはいけない。

まぢか・い【間近い】〈形〉まぢかである。例頂上が間近い。卒業も間近い。パレードの音が間近くなってきた。

まちが・う【間違う】〈動五〉❶あやまりをおかす。例あなたの考えは間違っている。❷うっかりして、とりちがえる。例家を間違う。間違って別の本をもってきた。▽類間違える。誤《あやま》る。

まちが・える【間違える】〈動下一〉❶正しくない結果をだす。正しくないやりかたをする。例計算を間違える。答えを間違える。❷ちがうものを、そうだと思ってしまう。例道を間違える。犯人と間違えられる。見間違える。▽類間違う。誤《あやま》る。

まちかど【街角】〈名〉❶町の通りのまがりかど。❷町のあたり。類街頭《がいとう》。

まちか・ねる【待ち兼ねる】〈動下一〉長いあいだ待って、これ以上待てない気持ちになる。例待ち兼ねて帰る。開場を待ち兼ねる。

まちかま・える【待ち構える】〈動下一〉あることに対して、準備や覚悟《かくご》をじゅうぶんにして待つ。例今やおそしと待ち構える。類待ちうける。

まちくたび・れる【待ちくたびれる】〈動下一〉長いあいだ待って、からだも心もつかれる。

まちこうば【町工場】〈名〉工業地帯でなくふつうの町の中にある、小さな工場。

まちこが・れる【待ち焦がれる】〈動下一〉早くこないか、早くそうならないかと、おちつかない気持ちで待つ。例春を待ち焦がれる。類首を長くして待つ。

まちじかん【待ち時間】〈名〉乗り物や順番などを待っている時間。例飛行機の待ち時間。

まちどおし・い【待ち遠しい】〈形〉「まだかまだか」と待っているので、時間のたつのがおそく感じられてならない。例待ち遠しい夏休み。

まちなか【街中・町中】〈名〉町で、商店などが多いにぎやかなところ。例街中に出る。街中の雑踏《ざっとう》。

まちなみ【町並み・街並み】〈名〉町で、いろいろな建物がならんでいる全体のようす。例うつくしい町並み。類家並《やな》み・家並《いえな》み。

ま(待)ちにま(待)った「はやく来ないか」とひたすら待っていた。例待ちに待った合格通知。類待望の。

マチネー〈名〉演劇や音楽会などの昼間の興行《こうぎょう》。マチネ。対ソワレ。◇フランス matinée

まちのぞ・む【待ち望む】〈動五〉わくわくしながら、そのときがくるのを楽しみにする。例入学式の日を待ち望む。類待望《たいぼう》する。

まちはずれ【町外れ】〈名〉町の中心からはなれた、さびしいところ。例町外れの一軒家《いっけんや》。

まちばり【待ち針】〈名〉あたまに玉などのついた針。裁縫《さいほう》のとき、ぬうところをとめておいたり、ぬい終わりの位置をしめしたりするために、布にさして使う。

まちびと【待ち人】〈名〉来るのが待たれている相手。例変だなあ、待ち人来《きた》らずか。

まちぶぎょう【町奉行】〈名〉江戸《えど》幕府の重要な職の一つ。江戸・大坂(=大阪)・京都などにおかれ、行政・司法・警察・消防のすべてをとりあつかった。

まちぶせ【待ち伏せ】〈名・する〉不意におそおうとして、かくれて相手を待つこと。例待ち伏せにあう。

まちぼうけ【待ちぼうけ】〈名〉いつまで待っても、約束した人が来ないこと。例待ちぼうけをくう。

まちまち『▽区▽区』〈形動〉ばらばらでそろっていない。例意見がまちまちでまとまらない。

まちや【町家・町屋】〈名〉〔歴史〕町(街)の通りに面してつらなる、おもに商人や職人などの家。屋敷《やしき》のような門がまえはなく、仕事用の土間《どま》がある。昔ながらの城下《じょうか》町・宿場《しゅくば》町・港町・鉱山《こうざん》町などに残る。類商家《しょうか》。

まちわ・びる【待ちわびる】『待ち▼侘びる』〈動上一〉なかなか来ないので、心配しながら待つ。例帰りを待ちわびる。

常用漢字 **まつ**

【末】 木部1 全5画

マツ・バツ すえ 教小4 音❶[マツ] ■末代《まつだい》。末席《まっせき》。末節《まっせつ》。末世《まっせ》。■週末《しゅうまつ》。粉末《ふんまつ》。始末《しまつ》。本末転倒《ほんまつてんとう》。❷[バツ] ■末子《ばっし・まっし》。末弟《ばってい・まってい》。

訓[すえ] 末。末広がり。末恐ろしい。末頼もしい。

【抹】 扌部5 全8画

マツ 音[マツ] ■抹殺《まっさつ》。抹消《まっしょう》。抹茶《まっちゃ》。■一抹《いちまつ》(の)。

まつ[1]【松】〈名〉❶常緑の針葉樹。実《み》は「まつかさ」といい、形がおもしろいので、いろいろな細工物に使われる。材は建築用やパルプ用となる。アカマツ・クロマツ・ハイマツなど、たくさんの種類がある。カラマツだけは落葉樹で、新緑と黄葉《こうよう》がたいへんうつくしい。例松林。松原。❷かどまつ。例松をかざる。松の内。

ま・つ[2]【待つ】〈動五〉❶人が来たり、ものが届けられたりするのをのぞんで、時をすごす。ものごとの実現をのぞんで、時をすごす。例人を待つ。到着《とうちゃく》を待つ。チャンスを待つ。待ちかまえる。待ちくたびれる。待ちのぞむ。

❷なにかをしようとするのを、いったんとめる。「待て」「待ってくれ」「待った」のように、相手に要求するかたちでいうのがふつう。例待て、ちょっとようすがおかしい。↓まった

❸相手の反応や出かたが わかるまで、なにもしないでいる。例相手の出かたを待って、態度をきめる。

❹(「…にまつ」の形で)それに のぞみをたくする。例今後の研究にまつ。国民の良識にまつしかない。類あてにする。期待する。たよりにする。期する。

表記 ④は「▼俟つ」と書かれることもある。

待てど暮《く》らせど 今か今かと待ち続けてはみたが。下に打ち消しのことばをともなう。例待てど暮らせど連絡《れんらく》がない。

待てば海路《かいろ》の日和《ひより》あり あわてずに待っていれば、きっとよい時期がくる。類果報は寝《ね》て待て。

まっ【真っ】〈接頭〉(名詞や、形容詞・形容動詞の語幹について)「ほんとうに」という意味を表わす。例まっぱだか。真っ白。

まつえい【末▼裔】〈名〉ある人の、ずっとあとの子孫。例源氏の末裔。類後裔《こうえい》。末孫《ばっそん・まっそん》。

まっか【真っ赤】〈形動〉❶これ以上ないほど赤い。例真っ赤なりんご。顔を真っ赤にしてどなりつけた。類深紅。❷どこにも本当のところがない。例真っ赤なうそ。類まるっきり。

まつかさ【松かさ】『松▼毬』〈名〉マツの枝《えだ》になる

源頼家(よりいえ)(1182~1204) 鎌倉幕府の2代将軍。実権をにぎる北条氏を除こうとして失敗，殺された。

実《み》。まつぼっくり。

まつかざり【松飾り】〈名〉正月に玄関《げんかん》や門にかざる門《かど》松《まつ》。

まつかぜ【松風】〈名〉❶マツの枝《えだ》や葉をさわやかに鳴らしてふく風。❷茶の湯で、かまの湯がにえたつ音。

まつがれ【松枯れ】〈名〉松の木が枯れること。

まっき【末期】〈名〉❶終わりにちかい時期。例戦争末期。平安末期。対初期。中期。類末葉。❷ものごとがおとろえすたれた時期。例末期的。末期症状《しょうじょう》。参考「まつご」と読むのは別のことば。

まっきてき【末期的】〈形動〉ことの終わりがすぐそこまできている。例末期的な症状《しょうじょう》。

まっくら【真っ暗】〈形動〉なにも見えないほど暗い。例真っ暗やみ。お先真っ暗。

まっくらやみ【真っ暗闇】〈名〉何も見えないほど暗いこと。まったくの暗闇。

まっくろ【真っ黒】〈形動〉これ以上ないほど黒い。例真っ黒に日焼けする。真っ黒になって遊ぶ。

まっくろけ【真っ黒け】〈形動〉「真っ黒」を強めた言いかた。

表現「真っ黒け」は、変化した結果そうなることをさすので、「真っ黒な墨」とは言えるが、「真っ黒けな墨」とは言わない。

まつげ【まつ毛】『▼睫・▼睫毛』〈名〉まぶたのふちにはえている毛。

まつご【末期】〈名〉人がまさに息をひきとろうとするとき。例末期に臨《のぞ》んで。末期の苦しみ。類臨終。終焉《しゅうえん》。最期《さいご》。死にぎわ。

末期の水《みず》 人が死ぬとき、その口にふくませる水。死に水。例末期の水をとる。

まっこう【真っ向】〈名〉真正面。例真っ向から対立する。敵を真っ向からせめる。真っ向勝負。参考もともとは、「ひたいのまんなか」という意味。

まっこうくさ・い【抹香臭い】〈形〉やたらに仏教じみていて、説教ばかりたれているようす。線香《せんこう》くさい。

まつざ【末座】〈名〉地位がもっとも下の人がすわる、出入り口にちかい場所。類下座《しもざ》。末席。

マッサージ〈名・する〉筋肉のこりをほぐしたり、皮膚《ひふ》の弾力《だんりょく》をたもたせたりするために、からだをもんだりこすったりすること。類あんま。◇massage

まっさいちゅう【真っ最中】〈名〉「さいちゅう」を強めた言いかた。

まっさお【真っ青】〈形動〉これ以上ないほど青い。例真っ青な空。真っ青な顔。

表現「…もまっさお」というのは、「…も顔負け」「…も顔色《がんしょく》なし」のくだけた表現で、「…でさえとてもかなわないほどである」の意味。強めて「まっつぁお」ともいう。

まっさか（方言）⇩まさか 方言

まっさかさま【真っ逆様】〈形動〉「さかさま」を強めていう言いかた。例真っ逆様に転落する。

まっさかり【真っ盛り】〈名〉いちばんさかんなとき。例夏の真っ盛り。さくらの真っ盛り。

まっさき【真っ先】〈名〉全体の中で、いちばん先であること。例真っ先にかけつける。類いの一番。

まっさつ【抹殺】〈名・する〉存在そのものを消してしまうこと。例記録から抹殺する。反対派を抹殺する。参考文字などをこすって消すことから。

まっさら【真っさら】〈名・形動〉まだまったく使っていないこと。「さら」を強めた言いかた。類新品。

まっし[1]【末子】〈名〉「末《すえ》っ子」の、書きことば的な言いかた。「ばっし」ともいう。対長子。

まっし[2]（方言）…なさい。石川で、やわらかな命令を表わす。例はよ、しまっし。

まつじ【末寺】〈名〉〔仏教〕本山《ほんざん》に属する小さな寺。対本山。

まっしぐら〈副〉何かに向かって、はげしい勢いで進むようす。例ゴールめざしてまっしぐら。

まつじつ【末日】〈名〉ある期間の終わりの日。

表現各月の末日は、大の月なら三十一日、小の月なら三十日をさす。二月の末日は、ふだんなら二十八日、うるう年だけ二十九日をさす。このように流動性があるので便利なことばだが、書類の正式の日づけには使わない。

まっしゃ【末社】〈名〉大きな神社に属している、小さな神社。対本社。

マッシュルーム〈名〉小形のキノコの一種。スープやシチューに入れたり、バターいためなどにしたりする。シャンピニオン。◇mushroom

まっしょう【抹消】〈名・する〉不要な文字などを消すこと。例リストから名前を抹消する。選手登録を抹消する。類削除《さくじょ》。

まっしょうじき【真っ正直】〈名・形動〉「正直」を強めた言いかた。

まっしょうしんけい【末▼梢神経】〈名〉脳や脊髄《せきずい》からでて全身にはしっている神経。対中枢《ちゅうすう》神経。表記理科の教科書などでは「末しょう神経」と書かれることもある。

まっしょうてき【末▼梢的】〈形動〉問題の中心からはずれていて、それほど重要でない。例末梢的なことにこだわる。対根本的。本質的。類些末《さまつ》。

まっしろ【真っ白】〈形動〉これ以上ないほど白い。例富士山が真っ白に雪をかぶっている。→頭の中が真っ白になる（「あたま」の子項目）

まっすぐ『真っ▽直ぐ』一〈副・形動〉❶すこしもまがっていない。例まっすぐな道。まっすぐ(に)すすむ。❷あいだになにも入れないで直接である。例まっすぐ(に)帰る（=より道をしないで帰る）。

二〈形動〉すなおで正直である。例まっすぐな性格。

三〈名〉野球で、「直球」のこと。例高めのまっすぐ。

まっせ【末世】〈名〉〔仏教〕仏の教えがかえりみられなくなった時代。

表現中世には、仏教の考えかたの中に、やがて仏の教えがすたれて、救いようのないわるい世の中がくるという悲観的な考えかたがあり、そういう世の中を「末世」とか「末法《まっぽう》の世」といった。そして、世の中にわるいことがはやると、「世も末だ」と言ってなげいたのである。「世紀末的」というのとどこか通じるところがある。

まっせき【末席】〈名〉地位がもっとも下の者がすわる、出入り口にちかい席。対上席。類下座《しもざ》。末座。

表現「末席をけがす」「末席に連《つら》なる」は、ある団体や会合などに加わっていることを、謙遜《けんそん》していうときに使うことば。

まっそん【末孫】〈名〉何代もはなれた、とおい子孫。「ばっそん」ともいう。類末葉。末裔《まつえい》。

ま(待)った すもうや碁《ご》、将棋《しょうぎ》などで、相手がやりかけたのを待ってもらうこと。また、そのときに発するかけ声。例待ったをする。待ったをかける。

表現「採決に待ったをかける」「着工に待ったがかかる」の

 源頼朝(よりとも)（1147～99） 鎌倉幕府の初代将軍。平氏をほろぼして，1185年，鎌倉に幕府を開いた。

ように、異議をとなえたり中止を求めたりすること、という意味でよく使う。

待ったなし 途中《とちゅう》で相手に待ってもらうことができないこと。例 死は待ったなしでやってくる。

まつだい【末代】〈名〉その人が死んでから、何代もはなれたとおい世。例 末代までの語りぐさ。人は一代、名は末代。

まったく【全く】 一〈副〉❶一つの例外もなく、完全に。例 全く泳げない。全くのうそ。類 すっかり。全然。❷少しもうそや おおげさなところがなく、ほんとうに。例 全くつらい仕事だ。類 じつに。二〈感〉あきれたり、いらだったりして言うことば。例 まったくもう。類 ほんとに。

全くもって 「まったく」を強めた言いかた。例 全くもって、けしからん話だ。

まつたけ『松▼茸』〈名〉食用キノコの一種。アカマツの林に生える。たいへんかおりがよく、むし焼きやすいものにしたり、ご飯に炊《た》きこんだりして食べる。世界的に生育量が減り、絶滅のおそれがある。

表現 ふつう一本二本と数える。

まっただなか【まっただ中】『真っ▼只中』〈名〉「ただなか」を強めた言いかた。例 太平洋のまっただ中。

まったり〈副・する〉こくがあって、まろやかさが舌《した》に残る感じ。例 まったりした味わい。

表現 もとは関西方言。俗《ぞく》に、のんびりした時間の過ごしかたや、どろりとした液体の感じ、どんよりとたばこのけむりがのぼる感じ、などの意味で使われることもある。

まったん【末端】〈名〉❶いちばんはし。類 すえ。▽対 中央。❷組織などで、中心からいちばんはなれた部分。

1**マッチ**〈名〉先をこすってすぐ火がつくようにした発火具。例 マッチをする。マッチ棒。◇match

2**マッチ** 一〈名・する〉よく似《に》合うこと。例 ネクタイとスーツがよくマッチしている。二〈造語〉試合。例 クラスマッチ(=組対抗試合)。タイトルマッチ。◇match

マッチポンプ〈名〉自分でさわぎをおこしておいて、しずめるがわにまわること。自作自演の狂言で利益をえようとすること。参考 マッチで火をつけてポンプの水で消す意味の、日本でできた俗語《ぞくご》。

まっちゃ【抹茶】〈名〉上等の緑茶をこなにしたもの。また、それを湯にとかした飲みもの。例 抹茶をたてる。

マッチョ〈名・形動〉❶筋骨《きんこつ》隆々《りゅうりゅう》とした体格。そのような人。例 マッチョマン。❷男性優位の考え。女性を低く見る態度。◇macho

まってい【末弟】〈名〉きょうだいで、いちばん下のおとうと。「ばってい」ともいう。

マット〈名〉❶玄関《げんかん》などにしいて、くつや足などをぬぐうしきもの。例 玄関マット。バスマット。❷ベッドにしいたり、体操競技で使ったりする、じょうぶで厚いしきもの。例 マットにしずむ(=ノックアウトされて負ける)。❸レスリングやボクシングなどを行なうリングのゆか。◇mat

まっとう『真っ当』〈形動〉まじめで正しい。例 まっとうな暮らし。類 まとも。参考 「全《まった》く」からできたことば。

まっとう・する【全うする】〈動サ変〉最後までりっぱにやりとおす。例 任務を全うする。天寿を全うする。

参考 「まったくする」の変化した形。

マットレス〈名〉弾力《だんりょく》性にとんだしきぶとん。ふとんの下やベッドにしく。◇mattress

まつのうち【松の内】〈名〉正月に松かざりをしている期間。ふつう元日から七日までで、地域によっては十五日までのところもある。

マッハ〈名〉超《ちょう》音速ジェット機やロケットの速度を表わす単位。マッハ一は、音のつたわる速さ(音速)とおなじで、秒速約三四〇《メートル》。記号「M」。◇《ドイツ》Mach

まつば【松葉】〈名〉松の木の、針のような葉。

まっぱだか【真っ裸】〈名・形動〉まったくのはだか。類 すっぱだか。すっぽんぽん。

まつばづえ【松葉づえ】『松葉▼杖』〈名〉足の不自由な人がからだをささえて歩くのに使うつえ。

まつばら【松原】〈名〉松がたくさん生えている所。

まつび【末尾】〈名〉ひとつながりにつづいているものの、終わりの部分。例 文章の末尾。列の末尾。対 冒頭《ぼうとう》。類 後尾《こうび》。

まっぴつ【末筆】〈名〉手紙で、終わりの部分。例 末筆ながら、ご両親さまによろしくおつたえください。

まっぴら『真っ平』〈副〉どんなことがあろうとそれだけはいやだ、という気持ちを表わす。例 まっぴらごめん。事件にまきこまれるのは、もうまっぴらだ。参考 平伏《へいふく》してたのむ、という意味を表わす副詞「ひらに」をさらに強めてできたことば。

まっぴるま【真っ昼間】〈名〉昼間であることを強めた言いかた。例 真っ昼間から酒を飲むなんて。類 白昼《はくちゅう》。

マッピング〈名〉思考を整理したり人にわかりやすく説明したりするために、ことがらを相互に関連づけながら図示すること。見取り図を作ること。類 ウェビング。◇mapping(=地図づくり)

マップ〈名〉地図。例 ガイドマップ。ランチマップ。類 アトラス。◇map

まっぷたつ【真っ二つ】〈名〉ちょうど半分に割ること。例 すいかを真っ二つに割る。意見が真っ二つに分かれる。

まつぶん【末文】〈名〉❶手紙の終わりに書く、かんたんな結びの文。「まずはとりいそぎお礼まで」など。❷文章の終わりの部分。

まっぽう【末法】〈名〉仏教で、シャカ(釈迦)の死から千五百年後以降の一万年間、仏の教えが行なわれなくなるとされる闇《やみ》の時代。例 末法思想。

まつぼっくり【松ぼっくり】〈名〉⇩まつかさ

まつむし【松虫】〈名〉昆虫《こんちゅう》の一種。体長二《センチメートル》あまりで茶色。触角《しょっかく》が長い。秋、「ちんちろりん」と聞こえる声で鳴く。

まつやに【松やに】『松▽脂』〈名〉マツの幹のきずなどからにじみでるねばねばした液。せっけんやテレビン油などの原料になる。

まつよいぐさ【待つ宵草】〈名〉雑草の一種。夏の夕がた、きいろの花をひらいて、翌朝しぼむ。よいまちぐさ。つきみそう。

まつよう【末葉】〈名〉❶ある時代の終わりの方。例 一八世紀末葉。対 初葉。中葉。類 末期。❷始祖からとおくへだたった子孫。類 末孫。▽「ばつよう」ともいう。

まつり【祭り】〈名〉❶神社などで、神をなぐさめ、いのりをささげる儀式《ぎしき》。類 祭礼。❷商店街や観光地などで、客を集めるために、にぎやかに行なうもよおし。例 古本祭り。港祭り。参考 八坂《やさか》神社(京都)の祇園《ぎおん》祭、大阪天満宮の天神《てんじん》祭、神田明神《かんだみょうじん》(東京)の神田祭は、日本三大祭りとしてとくに有名。

まつりあ・げる【祭り上げる】『▼祀り上げる』〈動下一〉おだて上げて、高い地位につかせる。例 会長

に祭り上げる。類たてまつる。

表現 高い地位につかせておき、実際のことはやらせないでうまく利用する、という意味で使うことが多い。

まつりごと【政】〈名〉「政治」の古い言いかた。

まつりばやし【祭りばやし】〖祭り▼囃子〗〈名〉祭りで奏《かな》でるはやし。

まつりゅう【末流】〈名〉❶ある家系の子孫。❷古典芸能などの流派で、中心をしめていた流派から分かれて、何代もたって、いきおいもなくなった分派。

[1]まつ・る〈動五〉服などのぬいかたで、ぬいしろを布のうらがわに折り、そのはしをからげるようにしながら、おもてにはごく小さな針目しか出ないようにしてぬいつける。→くける

[2]まつ・る【祭る】〖▼祀る〗〈動五〉❶そなえものをしたり音楽を奏したりして、神や死んだ人の霊《れい》をなぐさめる。❷ある場所にすえて、神としてあがめる。

まつろ【末路】〈名〉一時はさかんだったものが、おちぶれた最後の状態。例あわれな末路をたどる。

まつわりつ・く〖▼纏わり付く〗〈動五〉⇩まとわりつく

まつわ・る〖▼纏わる〗〈動五〉深いつながりがある。例この池にまつわる悲しい言いつたえがある。

まで〖▼迄〗〈副助〉ものごとの限度や限界をしめす助詞。❶動作が、どこまで、どの辺までおよぶかを表わす。例天まで|とどく。書類を本社まで|送りかえした。❷ものごとがいつまでつづくかを表わす。例朝まで|寝《ね》る。夕食まで|に帰る。❸あることをかぎりとして、すべてが終わることを強調する。例今はこれまで|だ。はい、それまで|。❹どのくらいまでどうするのかを表わす。例やわらかくなるまで|煮《に》る。よくわかるまで|説明してあげよう。❺そこまでおよんだことにおどろきなどの感情をこめていう。例子どもにまで|ばかにされるとは、くやしいよ。類さえ。

ま(待)てどく(暮)らせど ⇩「まつ〔待つ〕」の子項目

ま(待)てばかいろ(海路)のひより(日和)あり ⇩「まつ〔待つ〕」の子項目

まてんろう【摩天楼】〈名〉天を摩《ま》する(=すれすれに近づく)ほど、高くそびえている建物。例ニューヨークの摩天楼。

まと【的】〈名〉❶弓道《きゅうどう》や射撃《しゃげき》などの標的。黒い点を中心に、同心円の輪をかいてつくるのがふつう。例的を射る。的をはずす。的にあたる。❷(「…の的」の形で)おおぜいの人が…する対象。例尊敬の的。注目の的。❸ねらうべき、いちばんだいじなところ。例的をしぼる。的はずれ。類要点。ポイント。

的を射《い》る 正確に要点をとらえる。「的を得る」と言われることもある。例的を射た質問。類正鵠《せいこく》を射る。

まど【窓】〈名〉❶外の光を入れたり、空気の流通をよくしたりするために、部屋のかべや屋根などにつくった、あけしめできる部分。例窓ガラス。窓ごし。出窓。天窓。❷⇩ウインドー②

まとい〖▼纏〗〈名〉❶むかし、いくさのとき、大将が自分の陣《じん》にしるしとして立てたもの。❷江戸《えど》時代の火消し(=消防団)が火事場で立てたそれぞれの組のしるし。

まどい〖▽団居・▽円居〗〈名・する〉❶まるく車座になってすわること。❷家族や親しい人々が集まって、楽しくすごすこと。類だんらん。つどい。

まと・う〖▼纏う〗〈動五〉まきつけるようにして、着る。例身にまとう。ぼろをまとう。一糸もまとわない。

まど・う【惑う】〈動五〉❶なにをしたらいいかわからず、うろたえる。例逃げ惑う。❷ほかに心をうばわれる。▽類迷う。

表現 ①は、「逃げまどう」「思いまどう」のように、ほかのことばにつけて使われることが多い。

方言 滋賀・奈良などでは、「償《つぐな》う」の意味でも使う。

まどお【間遠】〈形動〉時間的・距離《きょり》的に、間隔《かんかく》が長くあいている。まどおい。例つきあいが間遠になる。音信が間遠になった。生け垣《がき》を間遠に結《ゆ》う。

まどお・い【間遠い】〈形〉まどおである。例楽隊の音楽が間遠くなる。→まどお(前項)

まどか〖▽円か〗〈形動〉「まるい」の古い言いかた。例まどかな月。

表現 多く、「まどおく」の形で使う。

まどぎわ【窓際】〈名〉窓のそば。参考 会社などで、人を中心的な業務からはずすことを「窓際に追いやる」といい、追いやられた人のことを「窓際族」という。

まどぐち【窓口】〈名〉❶駅や郵便局、役所などで、窓やカウンターをとおして、相手に応対したりお金の出し入れをしたりするところ。また、その係の人。例出札窓口。❷相談や伝達、連絡《れんらく》など、なんでもそこへいけばわかるようになっているところ。また、その係の人。例窓口を設ける。その件については、彼が窓口になっているよ。

まどごし【窓越し】〈名〉窓があいだにあること。例窓越しに見る。

まとはずれ【的外れ】〈名・形動〉かんじんな点からずれていること。例的外れな質問。

まどべ【窓辺】〈名〉窓の近く。

まとまり〖▼纏まり〗〈名〉まとまること。まとまりぐあい。例まとまりのよいクラス。まとまりがつかない話。

まとま・る〖▼纏まる〗〈動五〉ばらばらだったものや、対立していたものが、うまくひとつになる。例意見がまとまる。相談がまとまる。考えがまとまる。まとまった金《かね》(=ある程度、多額の金)。

まとめ〖▼纏め〗〈名〉まとめること。まとめたもの。例調査のまとめをする。討議のまとめにはいる。総まとめ。

まと・める〖▼纏める〗〈動下一〉ばらばらだったものや、対立していたものを、うまく集めて一つのものにする。例意見をまとめる。考えをまとめる。まとめて申し込む。

まとも〈形動〉❶正面からむかっている。例まともにぶつかる。はずかしくてまともに彼《かれ》の顔を見られない。❷ちゃんとしていて、とくに変なところはないとみんなにみとめられている。例まともな商売。まともな生活。

まどり【間取り】〈名〉建物のなかの、部屋の数やならびかた。

マトリックス〈名〉升目《ますめ》状の表のような形。例マトリックス構造。◇matrix

まどろみ〈名〉まどろむこと。

まどろ・む〈動五〉ちょっとのあいだ、うとうとねむる。

まどわく【窓枠】〈名〉ガラスなどを入れて窓にはめる枠。

まどわ・す【惑わす】〈動五〉人の心を混乱させ、どうしたらいいかわからなくさせる。例人心《じんしん》を惑わす。

まとわりつ・く〖▼纏わり付く〗〈動五〉❶まきつくように、からまってくっつく。例スカートが足にまとわりつく。❷そばにくっついてはなれない。例小犬がまとわりつく。▽「まつわりつく」ともいう。

マトン〈名〉食用の、ヒツジの肉。◇mutton

 源頼政(よりまさ)(1105～80) 平安末期の武将。以仁王をもりたて，平氏追討の兵を挙げたが宇治で敗死。

参考 子ヒツジの肉は「ラム」。

マドンナ〈名〉聖母マリア。その像。◇イタリア Madonna 表現 清楚《せいそ》な感じの美人をいうのにも使われる。

まな【真名】〖真▽字〗〈名〉漢字。まんな。参考「仮名」に対して、「正式な文字」の意味。

マナー〈名〉作法にあったふるまいや態度。例テーブルマナー。類エチケット。礼儀《れいぎ》。◇manners →エチケット 表現

マナーモード〈名〉携帯《けいたい》電話で、着信やボタン操作のときに音を出さないようにする設定。

まないた【まな板】〖▼俎・▼俎板〗〈名〉料理で、魚や野菜を切るときに下にしく台。参考「まな」は、「真魚《まな》(=おかずにする魚)」の意味から。

まないたに載《の》せる 「俎上《そじょう》にのせる」のややくだけた言いかた。

まないたの鯉《こい》 相手のなすがままになるよりほかに方法がないこと。俎上《そじょう》の魚《うお》。

まなかい〈名〉目と目の間。目の前。詩的な言いかた。例まなかいに浮かぶ。

まなこ【眼】〈名〉目。目の玉。例ねぼけ眼。

まなざし〖▽眼差し〗〈名〉なにかを見るときの、目の感じ。例やさしいまなざし。類目つき。

まなじり〖▼眦〗〈名〉めじり。

まなじりを決《けっ》する 目を大きく見ひらいて、つよい決意をしめす顔つきをする。

まなつ【真夏】〈名〉夏のさかり。対真冬。

まなつび【真夏日】〈名〉〔気象〕一日の最高気温がセ氏三〇度以上の暑い日。対真冬日。→なつび②

まなでし【まな弟子】〖▽愛弟子〗〈名〉とくに目をかけてかわいがっている弟子。

まなび【学び】〈名〉学ぶこと。類学習。学問。勉学。

まなびや【学びや】〖学び▽舎〗〈名〉「学校」や「校舎」の、古い、詩的な言いかた。

まな・ぶ【学ぶ】〈動五〉教えてもらったり、見習ったりして、知識や技術を身につける。例英語を学ぶ。先生に学ぶ。本で学ぶ。類勉強する。学習する。

まなむすめ【まな娘】〖▽愛娘〗〈名〉かわいくてしかたがない自分の娘。

マニア〈名〉熱狂《ねっきょう》的な趣味人《しゅみじん》。…狂。例鉄道マニア。切手マニア。類フリーク。参考英語では maniac といい、mania は「熱中・熱狂」の意味。

まにあ・う【間に合う】〈動五〉❶きまった時間におくれないですむ。例終列車に間に合う。❷その場の必要に応じられる。例一万円で間に合う。今のところ間に合っている(=たりている)。類事たりる。

マニアック〈形動〉マニアのようである。マニアにだけ好まれる感じ。例マニアックな鉄道ファン。マニアックな店。類コア。ディープ。参考英語の maniac は、そのような人(マニア)のことをいう。

まにあわせ【間に合わせ】〈名〉一時的にその場だけの役にたつようにすること。例一時の間に合わせ。急場の間に合わせにおとなりさんから借りる。類一時しのぎ。

まにあわ・せる【間に合わせる】〈動下一〉❶あり合わせのものでおぎなって、用をすませる。例人から借りて間に合わせた。❷おくれることなく準備をする。例資料を会議にやっと間に合わせた。

ま(真)にう(受)ける 人が軽い気持ちで言ったことを、まじめに受けとる。例冗談《じょうだん》を真に受ける。類本気にする。

マニキュア〈名〉手のつめの化粧《けしょう》。また、それに使う赤色などの液体化粧品。◇manicure 参考英語では、マニキュア液のことを nail polish という。

マニフェスト〈名〉国政選挙のときに、政党が有権者に行なう約束。どんな政策を、いつまでに、お金をいくら使って実行するかなど、具体的に示したもの。政権公約。政策綱領《こうりょう》。◇manifesto 参考「宣言・声明」の意味。マルクス・エンゲルスの『共産党宣言』の題名に使われたのが最初で、かつてはとくに同書のことをさして言った。

まにまに【間に間に】〈副〉なすがままに。例波の間に間にただよう。

マニュアル〈名〉機器の使いかたや、ものごとのやりかた・手順などをわかりやすくまとめて示したもの。手引き。取扱《とりあつかい》説明書。◇manual

マニュファクチュア〈名〉〔歴史〕工場制手工業。◇manufacture

まにんげん【真人間】〈名〉例真人間になる。まじめに働き、ちゃんとした社会生活をおくっている人。

まぬか・れる【免れる】〈動下一〉こまることや災難にあわないで、うまく、または、ぶじにすぎる。「まぬがれる」ともいう。例責任を免れる。大惨事《だいさんじ》を免れる。

まぬけ【間抜け】〈名・形動〉気がきかないで、ばかなことばかりすること。また、そのような人。

まね[1]〖真▽似〗〈名〉❶ほかのものに似せて、それと同じようにすること。例まねをする。先生のまね。泣くまね。口まね。人まね。泣きまね。類模倣《もほう》。❷ふるまい。よくないことについていう。例はしたないまね。ひどいまねをしてくれたものだ。

まね[2](方言)だめだ。青森で言う。「まいね」とも言う。参考津軽《つがる》地方で使う。南部地方では「わがね」を使う。

マネー ━〈造語〉「お金」のこと。例電子マネー。━〈名〉投資《とうし》の資金。例国際マネー。◇money

マネージメント〈名〉管理。経営。「マネジメント」ともいう。◇management

マネージャー〈名〉❶「支配人」のこと。❷スポーツチームや芸能人などについて、仕事がうまくいくように、スケジュールやそのほかのことをせわする人。▽「マネジャー」ともいう。◇manager

まねき【招き】〈名〉招くこと。例招きをうける。

まねきい・れる【招き入れる】〈動下一〉人を呼んで、中へ入れる。例来客を招き入れる。類招《しょう》じ入れる。

まねきねこ【招き猫】〈名〉商売繁盛《はんじょう》や幸運などを願う縁起物《えんぎもの》としてかざる、猫の置物。後ろ足ですわり、片方の前足を上げて人をまねく姿をしている。

マネキン〈名〉❶洋服の売り場で、客に見せるために、流行の服などを着せて立たせた等身大の人形。❷百貨店などで、自分で実演してみせながら、化粧《けしょう》品や服飾《ふくしょく》品を宣伝する女性。◇mannequin

まね・く【招く】〈動五〉❶手をふるなどの合図をして、人を自分のところへよびよせる。例手で招く。招き入れる。さし招く。❷客としてさそう。例家に招く。類招待する。呼ぶ。❸仕事をしてもらうために、人にたのんで来てもらう。例勉強会に専門家を招く。類招聘《しょうへい》する。❹あることが、わるい結果をひきよせてしまう。例不注意が事故を招く。破綻《はたん》を招く。類引き起こす。きたす。招

来《しょうらい》する。

まねごと【真▽似事】〈名〉 ただ形だけまねている程度にすること。

表現 自分のしたことを、謙遜《けんそん》の気持ちで「しょせん、まねごとです」のように言うことがよくある。

ま・ねる【真▽似る】〈動下一〉 ほかのものに似《に》せて、それと同じようなことをする。例 動きをまねる。声をまねる。作風をまねる。類 模倣《もほう》する。

方言 北関東・長野などでは、「先生にまねたべ」のように、「告げ口する」の意味でも使う。

まの【魔の】〈連体〉 不吉《ふきつ》な。おそろしい。例 魔の交差点。まぶたの重くなる魔の時間をしのぐ。

ま(目)のあ(当)たりにする おどろくべきものを見る。例 惨状《さんじょう》を目の当たりにする。類 眼前にする。

まのて【魔の手】〈名〉 人に近づいて害を与えたり、不幸におとしいれたりするおそろしいもの。魔手《ましゅ》。例 魔の手がのびる。魔の手にかかる。魔の手におちる。

まのび【間延び】〈名・する〉 しまりがなくて、だらけていること。例 間延びした顔。間延びした声。

まばたき【▽瞬き】〈名・する〉 まぶたをとじてすぐあけること。例 まばたきするまもなく(＝一瞬《いっしゅん》のあいだに)。

表現 例 のほか、「まばたきするほどの」も、ほんのみじかい時間を形容することばとして使う。

まばた・く【▽瞬く】〈動五〉 まばたきをする。類 またたく。

まばゆ・い【目▽映い・▼眩い】〈形〉 光のつよさ、色彩《しきさい》のはなやかさ、うつくしさなどに圧倒《あっとう》されて、目をあけていられない感じだ。例 まばゆい光。まばゆくて見ていられない。→まぶしい 表現

まばら【▽疎ら】〈形動〉 ところどころに少しだけある。例 まばらな人かげ。まばらに生えている。

まひ【麻▼痺】〈名・する〉 神経の障害のために、感覚がなくなったり、運動ができなくなったりすること。例 感覚がまひする。心臓まひ。小児《しょうに》まひ。類 しびれ。

表現 「良心がまひする」「交通がまひする」のように、はたらいていたものが正常な はたらきをうしなうことにも使う。

まびき【間引き】〈名・する〉 ❶びっしりとつまって生えている野菜や苗《なえ》を、よく育つように、ところどころぬいてあいだをあけること。❷事故や悪天候のとき、列車の本数をへらすこと。例 間引き運転。❸むかし、まずしさのために育てられない赤んぼうをすててしまったこと。

まび・く【間引く】〈動五〉 間引きをする。

まひる【真昼】〈名〉 昼のさかり。対 真夜中。類 まっぴるま。白昼。ひるひなか。

マフィア〈名〉 アメリカで暗躍《あんやく》するイタリア系の犯罪組織。◇Mafia

マフィン〈名〉 ❶カップケーキ形の、ふっくらした甘い焼き菓子。❷表面にトウモロコシの粉をまぶした、平たくて丸い形のパン。イングリッシュマフィン。◇muffin

まぶかに【目深に】〈副〉 帽子《ぼうし》を目のあたりにまでひきさげてかぶるようす。例 目深にかぶる。対 あみだに。→あみだ 絵

まぶし・い【▼眩しい】〈形〉 光があまりにつよくて、じっと見ていられない。例 太陽がまぶしい。

表現 「まばゆい」と「まぶしい」は似《に》ているが、「まぶしい」の方が光のつよさに対する目の感じをそのまま表わしている。心の感じかたをいうときは、「まばゆい」は美しさや はなやかさに圧倒《あっとう》される感じを表わし、「まぶしい」は尊敬するものの前でおそれ入る感じを表わす。

まぶ・す【▽塗す】〈動五〉 粉などを、表面全体をおおうようにつける。例 きなこをまぶす。

まぶた【目蓋・▼瞼】〈名〉 目をとじるときに、目の表面をおおう うすい ひふ。例 まぶたをとじる。まぶたにうかぶ。

まぶたの母《はは》 思い出として残っている母のおもかげ。

まふゆ【真冬】〈名〉 冬のさかり。対 真夏。

まふゆび【真冬日】〈名〉〔気象〕 一日の最高気温がセ氏〇度よりも低い、寒い日。対 真夏日。→ふゆび

マフラー〈名〉 ❶防寒用のえりまき。❷オートバイや自動車などの消音器。◇muffler

参考 ②はイギリスでは silencer という。

マペット〈名〉 人形劇の人形で、手を中に入れて動かすもの。◇Muppet

まほう【魔法】〈名〉 あやしくふしぎなことを行なう術。例 魔法をかける。魔法使い。類 魔術。

まほうつかい【魔法使い】〈名〉 よく童話やまんがに登場する、あやしくふしぎな術を行なう人。

まほうびん【魔法瓶】〈名〉 中に入れたものの温度を長時間たもつようにした容器。類 ポット。

マホガニー〈名〉 西インド諸島や北アメリカに産する常緑高木。材は かたく、赤褐色《せきかっしょく》でうつくしい。上質の家具材になる。◇mahogany

まぼろし【幻】〈名〉 実際にはないのに、実在するかのように見えるもの。例 幻を追う。幻の作品。類 幻影《げんえい》。

表現 「いつかは消えうせる はかないもの」という意味がふくまれている。「夢《ゆめ》」にも、この意味がある。また、「幻の大陸アトランティス」などのように、そういうものの存在を多くの人が思いえがくものを「幻の…」ということがある。

まま[1]【▼儘】〈名〉 ❶手を加えたり、あらためたりしないでそのとおり、という意味を表わす形式名詞。くだけた言いかたでは、「まんま」ともいう。例 もとのまま。むかしのまま。見たままを報告する。ありのまま。類 なり。❷自分ののぞみのとおり。例 思いのまま。ままならぬ世。❸あせらないで、なりゆきにまかせるようす。やや古い言いかた。例 ええい、どうなろうとままよ。▽ア ママ」

まま[2]【間間】〈副〉 ときどき。しばしば。例 そういうことはままある。ア ママ

ママ[3]〈名〉 ❶母親をさしてよぶことば。対 パパ。類 おかあさん。→パパ 表現 ❷飲み屋やバーの女主人。類 マダム。おかみ。◇mama ▽ア ママ

ままこ【まま子】【▽継子】〈名〉 ❶血のつながりのない子。対 実子。❷のけ者。例 まま子あつかい。

ままこあつかい【まま子扱い】【▽継子扱い】〈名・する〉 のけ者にして、つめたくあしらうこと。例 国際社会でまま子扱いされる。

ままごと【まま事】【▽飯事】〈名〉 子どもが、おもちゃを使って、家庭生活のまねをする遊び。

ままなら・ない【▼儘ならない】〈形〉 自分の思いどおりにならない。「ままならぬ」の形でも使う。例 いそがしくて食事もままならない。世間はままならないものだ。ままならぬ世の中。

ままならぬ ⇩ままならない(前項)

ままはは【まま母】【▽継母】〈名〉 血のつながりのない母。対 実母。類 継母《けいぼ》。

ままよ【▼儘よ】〈感〉 とにかくやってみるから、あとは なるようになれという気持ちで言う、やや時代がかったことば。

まみ・える【▽見える】〈動下一〉 人と顔をあわせる。古い言いかた。例 なんの面目《めんぼく》あって人にまみえよう(＝と

 源頼義(よりよし) (988～1075) 平安中期の武将。前九年の役で子の義家とともに戦い，安倍氏をほろぼした。

ま

てもはずかしくて人に会えない)。相まみえる(=対陣《たいじん》する)。

まみず【真水】〈名〉湖や川などの、塩分をふくんでいない水。類淡水《たんすい》。

まみれ〖▽塗れ〗〈接尾〉名詞の下について、それが一面にべっとりついていることを表わす。例汗まみれ。泥まみれ。ほこりまみれ。血まみれ。借金まみれ。

まみ・れる〖▽塗れる〗〈動下一〉気持ちの悪いものがからだじゅうについて、よごれる。例汗《あせ》にまみれる。どろにまみれる。一敗、地にまみれる(=完全に負ける)。

まむかい【真向かい】〈名〉二つのものが、たがいに正面から向かいあっていること。例真向かいにすわる。

まむし〖▼蝮〗〈名〉毒ヘビの一種。日本各地にいる。体長四〇～五〇《センチメートル》ぐらい。暗褐色《あんかっしょく》で、まるいもようがあり、三角形の頭をしている。

[1]**まめ**〈形動〉❶かげひなたがなくて、まじめである。おっくうがらずにものごとをてきぱきとする。例まめな人。まめに働く。筆まめ。対不精《ぶしょう》。ものぐさ。類小まめ。勤勉。❷健康である。例まめに暮らす。類達者。▽アマメ

[2]**まめ**【豆】一〈名〉❶食用とするマメ科の植物の種。ダイズやインゲン、エンドウなど。例豆ご飯。煮豆《にまめ》。❷ダイズのこと。例豆まき。豆かす。❸〔まめ〕手足のこすれたところにできる、まるい小さな水ぶくれ。例まめができる。まめがつぶれる。血まめ。類たこ。▽アマメ

二〈接頭〉「小さい」「ちょっとした」という意味を表わす。例豆台風。豆電球。豆本。豆知識。

表記 一③は、当て字で「▽肉▽刺」と書かれることもある。

まめかす【豆かす】〖豆▼粕〗〈名〉ダイズから油をしぼりとった残りのかす。肥料やえさにする。

まめつ【摩滅・磨滅】〈名・する〉すりへってしまうこと。例靴《くつ》のかかとが摩滅する。石段が摩滅してすべりやすくなる。

まめったい〈方言〉❶よく働く。❷達者《たっしゃ》だ。元気だ。▽静岡で言う。

まめでっぽう【豆鉄砲】〈名〉豆をたまにしてうつ、竹製のおもちゃの鉄砲。例はとが豆鉄砲を食ったよう(→「はと」の子項目)。

まめでんきゅう【豆電球】〈名〉懐中《かいちゅう》電灯などに使われる、豆粒のように小さな電球。方言 西日本では「豆球《まめきゅう》」という。

まめほん【豆本】〈名〉きわめて小さくつくった本。

まめまき【豆まき】〖豆▼撒き〗〈名〉節分の夜に、邪気《じゃき》をはらい、福をまねくために、大きな声で「鬼《おに》はそと、福はうち」ととなえながら、炒《い》った大豆《だいず》、または落花生《らっかせい》をまく行事。→ついな

まめまめし・い〈形〉まじめで、はたらきがよい。例まめまめしく働く。類かいがいしい。

まめめいげつ【豆名月】〈名〉陰暦《いんれき》九月十三日の夜の月。マメやクリをそなえて観賞したところから、この名がある。くりめいげつ。

まもう【摩耗・磨耗】〈名・する〉使っているうちに、すりへること。例タイヤが摩耗する。摩耗の少ない硬《かた》い素材。

まもなく【間もなく】〈副〉時間をあまりおかずに。例間もなく終わる。類すぐに。ほどなく。

まもの【魔物】〈名〉❶人を苦しめたり悪にみちびいたりするばけもの。例魔物退治。類悪魔。❷あつかい方をまちがえるとこわいもの。例酒は魔物だ。

まもり【守り】〈名〉まもること。例守りをかためる。対攻《せ》め。類守備。防備。守勢。受け。

まもりがみ【守り神】〈名〉災害や事故などから守ってくれる神。守護神。

まもりほんぞん【守り本尊】〈名〉自分を守ってくれるものとして信仰《しんこう》する仏。

まも・る【守る】〈動五〉❶攻撃《こうげき》やよくない影響《えいきょう》がおよばないようにして、安全をたもつ。例身を守る。留守を守る。自然を守る。火から守る。護衛に守られる。対せめる。類防御《ぼうぎょ》する。防衛する。❷きまりにしたがう。例法を守る。教えを守る。約束を守る。沈黙《ちんもく》を守る。対やぶる。そむく。類順守する。

参考「まもる」の「ま」は「目」のこと、「もる」は「目をはなさず見ている」ことだから、「見守る」が元々の意味。

まやかし〈名〉ほんものらしく見せて、人の目をごまかそうとしたもの。例とんだまやかしだった。類いかさま。いんちき。

まやく【麻薬】〈名〉麻酔《ますい》などに使われるくすり。知覚をうしなう作用もあり、一般《いっぱん》の使用は禁止されている。モルヒネやコカイン、アヘン(阿片)など。例麻薬取締《とりしまり》法。類ドラッグ。

マヤぶんめい【マヤ文明】〈名〉〔歴史〕紀元三〇〇年から九〇〇年ごろ、中央アメリカのメキシコ南部からグアテマラにかけての地域に栄えた文明。象形文字をもち、天文・暦法《れきほう》・建築にすぐれた。

[1]**まゆ**【眉】〈名〉目の少し上の、毛がよこにならんで生えているところ。例眉をしかめる。眉をひらく(=ほっと安心する)。眉毛。眉墨《まゆずみ》。

眉が曇《くも》る 心配事が顔に出る。対眉が晴れる。

眉に唾《つば》を塗《ぬ》る だまされないように用心する。→まゆつば

眉に火《ひ》がつく 一秒をあらそうほど、さしせまった状態になる。類焦眉《しょうび》の急。一刻をあらそう。

眉一《ひと》つ動《うご》かさない 全く表情を変えない。何かを見たり聞いたりしても心を動かした気配が全然ないことをいう。

眉をひそめる ⇩ひそめる〔顰める〕

[2]**まゆ**【繭】〈名〉いも虫や毛虫などのガの幼虫が、さなぎのあいだ自分のからだをつつむふくろのようなもの。口から出した糸でつくる。とくに、生糸《きいと》の原料になるカイコのそれをいうことが多い。

まゆげ【眉毛】〈名〉眉に生えている毛。

まゆずみ【眉墨】〈名〉化粧《けしょう》品の一つ。眉をかくための特殊《とくしゅ》な墨。アイブロー。

まゆだま【繭玉】〈名〉正月のかざりものの一つ。葉のないヤナギやタケの枝《えだ》に、繭形のもちやだんご、玉や小判など、縁起のいいものをぶらさげて、戸口や室内にかざる。

まゆつば【眉唾】〈名〉うたがわしくて、用心が必要なこと。「眉に唾を塗る」をちぢめたことば。「まゆつばもの」ともいう。

まよい【迷い】〈名〉❶心がひとつにさだまらないこと。例迷いを生じる。一時の気の迷い。❷よくないことにひきずられること。例迷いからさめる。類迷妄《めいもう》。

まよいばし【迷い箸】〈名〉どの料理を食べようかと迷い、あちこちに箸先を向ける所作。無作法とされる。惑《まど》い箸。

まよ・う【迷う】〈動五〉❶行こうとする方向がわからなくなる。例道に迷う。❷どうしてよいか、わからなくなる。例判断に迷う。類まどう。まごつく。とまどう。❸よくないことにひきずられて、気持ちがおかしくなる。例金《かね》

美濃部達吉(みのべたつきち)(1873～1948) 憲法学者。天皇機関説が右翼・軍部から非難され，著書は発禁に。

に迷う。欲に迷う。血迷う。類まどう。目がくらむ。❹〔仏教〕死んだ人のたましいが仏になれない状態でいる。
━表現「路頭に迷う」は、住むべきところがなくて道をうろつくことであるが、生活できなくなることについてもいう。
━方言 東北・北《きた》関東などでは、「弁償《べんしょう》する」の意味でも使う。

まよけ【魔よけ】『魔▽除け』〈名〉魔物を近づけないためのもの。例魔よけのふだ。

まよなか【真夜中】〈名〉夜がすっかりふけたころ。夜の十二時から二時ぐらいまでをいう。対真昼。類夜ふけ。深夜。

マヨネーズ〈名〉たまごの黄身に、サラダ油・酢《す》・塩などをまぜ合わせてつくったどろどろしたソース。サラダなどにかけて食べる。◇フランス mayonnaise

マラソン〈名〉陸上競技で、四二・一九五キロメートルを走る長距離競走。半分の距離を走るハーフマラソンに対して、フルマラソンともいう。◇marathon
━表現「マラソン討論《とうろん》会」のように、たいへん長い時間をかけて行なうものという意味で使うことがある。

マラリア〈名〉ハマダラカ(=蚊《か》の一種)にさされて感染《かんせん》する病気。熱帯地方に多い。悪寒《おかん》・高熱・発汗《はっかん》がおこる。◇ドイツ Malaria

まり『▼毬・▼鞠』〈名〉ついたり投げたりしてあそぶ、まるいたま。例まりつき。手まり。類たま。ボール。

マリア〈名〉キリストの母の名。聖母。マドンナ。◇ラテン語から。

マリオネット〈名〉手や足に糸をつけて、上からあやつる人形。また、その人形をつかってする人形劇。類あやつり人形。◇フランス marionette

マリネ〈名〉魚・肉・野菜などを、酢《す》・油・香辛《こうしん》料をまぜた汁《しる》につけこんだ料理。◇フランス mariné

マリファナ〈名〉大麻《たいま》。◇スペイン marijuana

まりも『▼毬藻』〈名〉藻の一種。寒い地方の淡水《たんすい》湖で育つ。糸状の藻が集まって、水底での回転によりボールのように丸くなったもの。北海道の阿寒《あかん》湖のものが有名で、特別天然記念物。

まりょく【魔力】〈名〉人の力をこえたふしぎなちから。

マリン〈接頭〉「海の」という意味を表わす。例マリンスポーツ。マリンブルー。◇marine

マリンスポーツ〈名〉スキューバダイビング・ジェットスキー・サーフィンなど、海でするスポーツ。◇marine sports

まる【丸】㊀〈名〉❶円形や球形のもの。例りんごをまるのままかじる。類円《えん》。❷なにも手をくわえてない、そのままの全体。まるごと。まるがかえ。まるもうけ。まる一年。❸城の内部。城の主要なところ。例丸の内。西の丸。本丸。❹答案などで、「正解」を表わすしるし。例丸をつける。三重丸。対ばつ。❺⇩くてん〔句点〕
㊁〈接尾〉人や船、犬、刀などの名前につけることば。例牛若丸。大雪《だいせつ》丸。

まるあらい【丸洗い】〈名・する〉和服などを、ほどかずにそのまま洗うこと。

まるあんき【丸暗記】〈名・する〉全体をそのまま暗記すること。類棒暗記。

まる・い【丸い・円い】〈形〉❶円または球の形である。例丸い顔。丸いボール。背中が丸い。目を丸くする。からだを丸くする。❷かくばっていない。例かどが丸くなる。えんぴつが丸くなる。❸おだやかで、円満である。例けんかを丸くおさめる。人間がまるくなる。❹数がはんぱでなく、きりがいい。例丸い数字。丸い金額にする。
表記 窓《まど》やテーブルなど円形であるものや、性格がおだやかであることについては「円い」と書くこともあるが、ひろく一般《いっぱん》には「丸い」と書くことが多い。

丸くおさめる 対立がのこらないように、おだやかに問題をかたづける。類円満に解決する。

まるうつし【丸写し】〈名・する〉そっくりそのまま写しとること。例本の丸写し。

まるおび【丸帯】〈名〉はばの広い帯地を二つ折りにしてつくった、礼装用の女性の帯。

まるがお【丸顔・円顔】〈名〉まるい形をした顔。

まるがかえ【丸抱え】〈名〉生活費など、必要な費用のすべてを出してやること。

まるがり【丸刈り】〈名〉かみの毛を全体に短く刈る、男子の頭の刈りかた。

まるき【丸木】〈名〉山や森から切りだしただけで、なにも手をくわえていない木。

マルキシズム〈名〉マルクス主義。◇Marxism

まるきばし【丸木橋】〈名〉丸木を流れの上にかけわたしただけの、そまつな橋。

まるきぶね【丸木舟】〈名〉ふとい丸木の幹をくりぬいてつくった舟。類くり舟。カヌー。

マルクスしゅぎ【マルクス主義】〈名〉一九世紀にマルクスとエンゲルスによって主張された社会主義思想。労働者を中心にして、共産主義社会をつくろうというもの。マルキシズム。→きょうさんしゅぎ

まるくび【丸首】〈名〉首の部分が丸いかたちの服。例丸首のシャツ。類Vネック。

まるごし【丸腰】〈名〉武器をなにも身につけていないこと。例丸腰でたたかう。

まるごと【丸ごと】〈副〉そっくりそのまま全部。例まるごとのみこむ。まるごと暗記する。

まるぞん【丸損】〈名〉もうけるどころか、費用がかかっただけで、まったくの損をすること。対まるもうけ。

まるた【丸太】〈名〉枝《えだ》や皮をのぞいただけで、製材していない木材。例丸太ん棒。

まるだし【丸出し】〈名〉かくそうともしないで、そっくりあらわすこと。例ばか丸出し。

マルチ ㊀〈名〉「マルチ商法」の略。㊁〈接頭〉「多くの」「複数の」「多方面の」などの意味を表わす。例マルチ画面。マルチメディア。マルチタレント。◇multi

マルチしょうほう【マルチ商法】〈名〉販売《はんばい》人が、次々に販売人をねずみ算式に増やして商品を売っていく方式。上にいる者ほどもうかるしくみになっている。悪徳商法として法律で禁止されている。

マルチメディア〈名〉音声や文字、写真・絵・アニメなどの映像を組み合わせて使う、多様な情報伝達手段。◇multimedia

まるっきり〈副〉(多く、あとに否定表現をともなって)まったく。「まるきり」ともいう。例まるっきりうそじゃないか。類からっきし。

まるつぶれ【丸潰れ】〈名〉完全につぶれて、だめになってしまうこと。例面目が丸潰れだ。

まるで〈副〉❶(下に否定的な意味のことばをともなって)全体的にいって、まったく。例まるで話にならない。類全然。さっぱり。❷ちょうど(…のようだ)。例まるで天国にいるような気分。類あたかも。

まるてんじょう【円天井】〈名〉❶半円形をした

天井。ドーム。❷さえぎるもののない半円形の大空を、天井に見たてていったことば。

まるどり【丸▽鶏・丸鳥】〈名〉 部位ごとに切りわけていない、ニワトリや七面鳥のまるのままの肉。

まるなげ【丸投げ】〈名・する〉 仕事をまるごと別の人にさせて、終わるまで基本的に関知しないこと。例下請《したうけ》会社に丸投げする。部下に丸投げの上司。類投げる。

まるのみ〖丸▼呑み〗〈名・する〉 ❶食べものをかまないで、そのままのみこむこと。例まるのみにする。❷人の話をよく考えもしないで、そのまま信じたり、おぼえこんだりすること。例人の意見をまるのみにする。▽類うのみ。

まるはだか【丸裸】〈名〉 衣類などをまったくからだにつけていないこと。類すっぱだか。全裸《ぜんら》。赤裸《あかはだか》。

表現 「火事で丸裸になる」といえば、財産などをまったくなくしてしまうこと。

まるひ【マル秘】〈名〉 秘密にするものごと。例マル秘情報。マル秘あつかい。

参考 秘密書類などにおす㊙の印から生まれたことば。

まるぼうず【丸坊主】〈名〉 ❶かみの毛を全部そってしまった頭。類スキンヘッド。❷山に木が一本も生えていないことのたとえ。

まるぼし【丸干し】〈名〉 小魚やダイコンなどを、切らずにそのまま干すこと。例いわしの丸干し。

まるぽちゃ【丸ぽちゃ】〈名・形動〉 まるくて、ふっくらとしていること。女性の顔についていう。

まるまげ【丸まげ】〖丸▼髷〗〈名〉 日本髪《がみ》の髪型の一つ。結婚《けっこん》した女性がゆう、上が楕円《だえん》形でひらたい感じのもの。→まげ 絵

[1]**まるま・る**【丸まる】〈動五〉 丸くなる。例紙が丸まる。丸まった背中。アマルマル

[2]**まるまる**【丸丸】〈副〉 ❶すっかり全部。例せっかくの貯金を丸々とられてしまった。❷よくふとっているようす。例丸々とふとる。丸々とした赤んぼう。▽ア①マルマル ②マルマル

まるみ【丸み】〈名〉 ❶丸い感じ。例丸みをおびる。丸みをつける。❷人がらがおだやかである感じ。例丸みが出る。

まるみえ【丸見え】〈名〉 すっかり見えてしまうこと。

まるめこ・む【丸め込む】〈動五〉 ❶布などをまるめて、なにかの中に入れる。❷うまく話して相手を信用させ、自分の思うようにする。例まんまと丸め込む。

まる・める【丸める】〈動下一〉 ❶かたちを丸くする。例頭を丸める(=かみの毛をそって仏門に入る)。せなかを丸める。❷うまい話で人を自分の思うとおりに動かす。❸はんぱな数を四捨五入したりして、きりのいい数にする。

まるもうけ【丸もうけ】〖丸▼儲け〗〈名〉 費用がかからないで、収入がすべて利益になること。対丸損《まるぞん》。

まるやき【丸焼き】〈名〉 けものや鳥、魚などを、切らないでそのまま焼くこと。

まるやけ【丸焼け】〈名〉 家などが、すっかり焼けてしまうこと。例丸焼けになる。対半焼《はんしょう》。類全焼。

まれ〖▽希・▼稀〗〈形動〉 めずらしいほど、少ない。例まれな才能。まれなできごと。まれにみる秀才《しゅうさい》。

マロニエ〈名〉 ヨーロッパに多い落葉高木。トチノキのなかまであるが、花が大きく 実《み》には とげがある。街路樹に多く、とくにパリのものが有名。◇《フランス》marronnier

まろやか〖▽円やか〗〈形動〉 ❶まるくて、いかにもふっくらとした感じだ。❷口あたりのいい感じだ。例まろやかな味。

マロン〈名〉 ❶栗《くり》。❷栗色。◇《フランス》marron

まわし【回し】〈名〉 ❶まわすこと。まわすもの。例ねじ回し。❷順に次におくること。例回し読み。❸すもうで、力士が腰《こし》にしめる布。例回しをしめる。化粧回し。

方言 岐阜・愛知などでは、「はよ、まわしせんと間に合わん」のように、「準備」の意味でも使う。

まわしもの【回し者】〈名〉 ようすをさぐろうとして、敵がおくりこんできたスパイ。

まわしよみ【回し読み】〈名・する〉 一冊の本を、何人かのあいだで、順にまわして読むこと。

まわ・す【回す】㊀〈動五〉 ❶まるいかたちをえがくようにうごかす。例ハンドルを回す。ダイヤルを回す。こまを回す。目を回す。類回転させる。❷まわりをかこむようにする。例木になわを回す。はり回す。類めぐらす。❸今あるところから、別のところにうつす。例車をおもてに回す。❹ものを順におくりわたす。例回して読む。次に回す。❺先にのばす。例残りの仕事を来週に回す。あと回し。❻全体にとどくようにする。例手を回す。気を回す。❼運営《うんえい》する。進行役や指示役をつとめる。例アルバイトだけで店を回す。❽映画・テレビ・ビデオのカメラを、撮影《さつえい》中の状態にする。例カメラを回す。

㊁〈接尾〉 動詞の連用形につけて、「あちこち…する」「あれこれ…する」「そのあたり全体に…する」という意味を表わす。例いじくりまわす。乗りまわす。

まわた【真綿】〈名〉 木綿《もめん》のわたに対して、蚕《かいこ》の繭《まゆ》からつくったわたのこと。かるくてあたたかく、やわらかいので、着物の中に入れて使った。

真綿で首《くび》を締《し》める 遠回しに、じわじわと人をせめたり、いためつけたりする。

まわり【周り・回り】㊀〈名〉 ❶[周り・回り] ものをとりまくようにしているところ。例周りを見まわす。周りの者。周りの目。家の周り。身の回り。類あたり。周辺。周囲。四方。❷[周り・回り] ものの外がわのふちや表面にそっているところ。例池の周り。胴《どう》回り。首回り。類周囲。❸[回り] まわること。まわるときの はやさや ようす。例火の回り(がはやい)。頭のまわり(がにぶい)。夜回り。どさ回り。年始回り。類めぐり。回転。

㊁〈接尾〉[回り] ❶まわる回数をかぞえることば。例時計の針がひと回りする。類めぐり。周《しゅう》。❷形は同じで、すっぽり包んだり、すっぽりおさまったりする大きさであることを表わすことば。例ひと回り大きい入れもの。人物がひと回りもふた回りも大きくなった。❸年齢《ねんれい》で、十二年間を ひとくぎりとする かぞえかた。十二支による。例年がひと回りちがう。

表記 ㊀の②で、円筒《えんとう》形のものの周囲のときは「回り」と書くことが多い。

方言 奈良では、「はよ、まわりしーや」のように、「準備」の意味でも使う。

まわりくど・い【回りくどい】〈形〉 遠回しで、なかなか肝心《かんじん》の点にふれない。例回りくどい話。

まわりこ・む【回り込む】〈動五〉 まっすぐに行かず、回るようにして、目標に達する。例回り込んでセーフ。

まわりぶたい【回り舞台】〈名〉 劇場で、幕を使わないで場面をかえるための装置《そうち》。舞台中央の床《ゆか》をまる

く切って、回転するようにしたもの。

まわりみち【回り道】〈名・する〉 遠回りになる道を通っていくこと。また、その道。例 回り道になる。対 近道。類 迂回《うかい》。

まわりもち【回り持ち】〈名・する〉 ⇩もちまわり①

まわりろうか【回り廊下】〈名〉 〈やや建物の外がわをとりまいている廊下。類 回廊。

表現 「回廊」は西洋建築にふさわしい言いかたで、「回り廊下」は日本建築にふさわしい。

まわ・る【回る】【▼廻る・▽周る】 一〈動五〉 ❶まるいかたちをえがくようにうごく。回転する。例 風車が回る。モーターが回る。目が回る。❷ほかのもののまわりを まるくうごく。例 惑星《わくせい》が太陽のまわりを回る。類 めぐる。❸別のところに位置をうつす。別のところに行く。例 うら口に回る。背後に回る。敵に回る。❹いろいろなところへ順々に行く。例 あいさつに回る。得意先を回る。町内を回る。類 めぐる。❺目的のところにまっすぐ行かないで、より道をする。例 帰りに友人の家に回る。類 迂回《うかい》する。❻全体にいきとどく。例 気が回る。酒が回る。❼ある時刻をすぎる。例 五時を回る。❽スムーズに運営《うんえい》される。例 店がうまく回る。❾映画・テレビ・ビデオのカメラを、撮影《さつえい》中の状態にされる。例 カメラがもう回っている。

二〈接尾〉 動詞の連用形につけて、「あちこち…する」「そのあたりを…する」という意味を表わす。例 歩きまわる。かけまわる。走りまわる。見まわる。にげまわる。とびまわる。立ちまわる。

常用漢字 **まん**

【万(萬)】 一部2 全3画 万万万

マン・バン 教 小2 音 ❶[マン] 万一《まんいち》。万年床《まんねんどこ》。万年筆《まんねんひつ》。万病《まんびょう》。一万《いちまん》。億万《おくまん》。巨万《きょまん》。百万馬力《ひゃくまんばりき》。❷[バン] 万国《ばんこく》。万能《ばんのう》。万人《ばんにん》。万全《ばんぜん》。万事《ばんじ》。万里《ばんり》の長城《ちょうじょう》。準備万端《じゅんびばんたん》。千客万来《せんきゃくばんらい》。

【満(滿)】 氵部9 全12画 満満満満満

マン みちる・みたす 教 小4 音 [マン] 満員《まんいん》。満期《まんき》。満月《まんげつ》。満腹《まんぷく》。満足《まんぞく》。円満《えんまん》。充満《じゅうまん》。不満《ふまん》。訓 ❶[みちる] 満ちる。満ち足りる。満ち潮。❷[みたす] 満たす。

【慢】 忄部11 全14画 慢慢慢慢慢

マン 音 [マン] 慢性《まんせい》。慢心《まんしん》。緩慢《かんまん》。怠慢《たいまん》。高慢《こうまん》。自慢《じまん》。

【漫】 氵部11 全14画 漫漫漫漫漫

マン 音 [マン] 漫画《まんが》。漫才《まんざい》。漫談《まんだん》。漫歩《まんぽ》。漫遊《まんゆう》。漫然《まんぜん》。散漫《さんまん》。冗漫《じょうまん》。

まん[1]【万】〈名〉 千の十倍の数。

万に一《ひと》つも (あとに打ち消しのことばをともなって)少しも…ない。実現する見こみが少しもないことを表わす。例 万に一つも助かる見こみはない。

まん[2]【満】〈名〉 ❶準備などをじゅうぶんにととのえること。例 満を持《じ》す。❷「満年齢《まんねんれい》」の略。例 満で四十八になった。対 かぞえ。❸ある日から三百六十五日経過した時を一とする年数の数えかた。例 満三年。対 足かけ。類 まる。

満を持《じ》す じゅうぶんに準備をして、ここぞという機会を待つ。

マン[3]〈造語〉 ❶「人」あるいは「男性」という意味を表わす。例 マンウォッチング。マンパワー。スポーツマン。❷「それを職業にしている人」「そこで働いている人」などの意味を表わす。例 カメラマン。銀行マン。類 人《じん》。◇man

まんいち【万一】 一〈名〉 「万に一つの割」ということから、ごくまれにおこるかもしれないこと。このましくないことに使う場合が多い。例 万一の場合。わたしに万一のこと(=死ぬようなこと)があったら、あとをよろしくたのむ。

二〈副〉 その可能性は少ないが、もしかして。例 万一たりなかったら追加します。▽類 もしも。

まんいん【満員】〈名〉 そこに入れる人数の限度まで、人が入っている状態。例 満員御礼《おんれい》。大入り満員。

まんえつ【満悦】〈名・する〉 とてもよろこんで、満足すること。例 ご満悦の体《てい》(=ようす)。

まんえん【▼蔓延】〈名・する〉 このましくないものが、そこらじゅうにひろがること。例 コレラが蔓延する。

まんが【漫画】〈名〉 省略や誇張《こちょう》などによって、おもしろさや風刺《ふうし》をねらった絵。一こま漫画、四こま漫画、何ページもつづくストーリー漫画など、いろいろな種類がある。アニメをいうこともある。例 漫画家。SF漫画。

表現 「あの男のすることはまるで漫画だ」のように、じつにばかばかしくて、笑ってしまうようなことをいう場合もある。

まんかい【満開】〈名〉 花がすっかりさくこと。例 満開になる。満開の桜。

まんがいち【万が一】〈名・副〉 「まんいち」を強めた言いかた。例 万が一遅刻《ちこく》したらどうしよう。

まんがく[1]【満額】〈名〉 予定した金額に達すること。

まんがん【満願】〈名〉 一定の期間をきめて神仏に願いごとをした、その期間が無事に終わること。

マンガン[2]〈名〉〔化学〕 鉄と性質が似《に》ている銀白色の金属。合金に使われる。元素の一つ。記号「Mn」。◇ドイツ Mangan ア マンガン

まんかんしょく【満艦飾】〈名〉 祝祭日などに、軍艦が、旗や電灯などで船全体をかざりたてること。

表現 洗濯《せんたく》物がいっぱい干《ほ》してあるようすや、人がはでに着かざっているのをたとえていうこともある。

まんき【満期】〈名〉 きめられた期間が終わりになること。例 満期になる。

まんきつ【満喫】〈名・する〉 じゅうぶんに満足するまで、あじわい、また、楽しむこと。例 古都の春を満喫する。

まんげきょう【万華鏡】〈名〉 おもちゃの一つ。ガラスや鏡を入れてつくった筒《つつ》に、いくつかの小さな色紙を入れ、まわしながらのぞいて、色彩《しきさい》の変化を楽しむ。

まんげつ【満月】〈名〉 まるくかがやいて見える月。十五夜の月。対 新月。類 望月《もちづき》。

まんこう【満▼腔】〈名〉 からだ全体。例 満腔の謝意(=心からの感謝)をささげる。

マンゴー〈名〉 南アジアで栽培《さいばい》される果樹の一つ。実《み》はたまご形で黄色く、独特のかおりとあまみがある。沖縄や南九州の特産品。◇mango

まんざ【満座】〈名〉 そこに集まっている人たち全部。例 満座の中でえらい恥《はじ》をかかされた。

ま

 宮沢賢治(みやざわけんじ) (1896~1933) 大正~昭和の詩人・童話作家。童話「風の又三郎」，詩集「春と修羅」。

まんさい【満載】〈名・する〉❶車などに、荷物や人をいっぱい積みこむこと。例救援《きゅうえん》物資を満載したトラック。❷新聞や雑誌に、記事などをたくさんのせること。例今月号はおもしろい記事が満載だ。見どころ満載。

[1]**まんざい【万歳】**〈名〉新年に、えぼしすがたで家々をおとずれて、祝いのことばを述べたり、つづみに合わせておどったりする人。例三河《みかわ》万歳。

[2]**まんざい【漫才】**〈名〉おもにふたりの芸人がことばのやりとりで客を笑わせる演芸。参考もともとは前項の「万歳《まんざい》」であったものが、現代化してスピーディーになり、動作もたくさん入るようになったもの。

まんさく【満作】〈名〉農作物などがゆたかにみのること。例豊年満作。類豊作。

まんさつ【万札】〈名〉「一万円札」の俗《ぞく》な言いかた。

まんざら〖満更〗〈副〉(あとに「…でもない」の形をともなって)それほどいやではない、ということを表わす。例まんざらきらいでもない。彼は先生にほめられて、まんざらでもないようすだ。

まんざん【満山】〈名〉山じゅう。山全体。例満山紅葉している。

まんじ【▼卍】〈名〉仏教で、めでたいしるしとされる卍のかたち。また、そのもよう。例まんじ巴《ともえ》。→もよう絵
参考「万という字」の意味から。地図では、寺院を表わす記号に使われる。

まんしつ【満室】〈名〉ホテル・旅館やアパートなどで、すべての部屋がふさがり、空室がないこと。

まんしゃ【満車】〈名〉❶駐車《ちゅうしゃ》場などに、車をとめられるあきがないこと。❷ある会社のレンタカーや貸し切りバスなどが、すべてふさがっていること。▽対空車。

まんじゅう〖▼饅▽頭〗〈名〉❶小麦粉でつくった皮の中に、あんなどを入れてむした、まるい和菓子《わがし》。例薄皮《うすかわ》まんじゅう。中華《ちゅうか》まんじゅう。❷「①」のかたちをしたもの。例まんじゅう笠《がさ》。土《ど》まんじゅう。

まんじゅしゃげ【▼曼珠▽沙華】〈名〉「彼岸花《ひがんばな》」のこと。◇もとサンスクリット語。

まんじょう【満場】〈名〉❶会場が人であふれること。❷その会場にいる人のすべて。例満場の喝采《かっさい》をあびる。満場騒然《そうぜん》となる。満場一致《いっち》。類全会。

まんじょういっち【満場一致】〈名〉その場にいるすべての人の意見が一つにまとまること。例法案は満場一致で可決された。類全会一致。

マンション〈名〉集合住宅の一種。ふつう、アパートよりも階数が多く、じょうぶで高級な感じのものをいう。◇mansion(=「大邸宅《だいていたく》」の意味)
表現ふつう一棟《いっとう》二棟《にとう》と数える。複数の棟《むね》からなるときは「A棟《とう》、B棟」「一号館、二号館」などと呼ぶことがある。

まんじりともしない不安で少しもねむれない。例まんじりともしないで一夜を明かした。

[1]**まんしん【満身】**〈名〉からだじゅう。からだ全体。例満身の力をふりしぼる。類全身。渾身《こんしん》。

[2]**まんしん【慢心】**〈名・する〉自分の才能や地位などをりっぱなものだと思いこみ、いい気になること。例成功に慢心することなく…。

まんしんそうい【満身創▼痍】〈名〉❶からだじゅうひどくきずつくこと。類きずだらけ。❷まわりから、はげしい非難をあびて、たちなおれないぐらいに、心がきずつくこと。

まんすい【満水】〈名〉水があふれるぐらい、いっぱいになること。例満水になる。

まんせい【慢性】〈名〉病気で、急な変化はないが、なおらないで長びくこと。例慢性になる。慢性の鼻炎《びえん》。慢性的。対急性。
表現「慢性インフレ」のように、病気以外に、よくない社会現象が長くつづくことにもいう。

まんせき【満席】〈名〉すべての席がふさがっていること。

まんぜん【漫然】〈副・連体〉とくに目的も考えもなく、ぼんやりとしたようす。例漫然と時をすごす。漫然たる興味《きょうみ》。漫然とした見かたで見る。

まんぞく【満足】━〈形動・名・する〉❶のぞんでいたことがうまくいって、気持ちがいいこと。なんの不足もないこと。例満足に思う。現状に満足する。満足感。❷かけたところや足りないところがないこと。例手紙も満足に書けないなんて。五体満足。
━〈名・する〉〔数学〕方程式の未知数に適当な数値をあたえて等式を成立させること。例次の方程式を満足する値《あたい》を求めよ。

マンタ〈名〉エイの中でもっとも大きい海魚。最大ではば約六メートルにもなる。熱帯の海にすむ。◇manta

まんだら【▼曼▼荼羅】〖▼曼▼陀羅〗〈名〉密教《みっきょう》の世界観を表わした図像《ずぞう》。おおぜいの仏や菩薩《ぼさつ》を整然とならべてえがいたもの。儀式《ぎしき》のときに本堂にかけて拝む。「マンダラ」とも書く。◇もとサンスクリット語。

まんタン【満タン】〈名〉自動車やストーブなどの燃料タンクに、燃料がいっぱいに入っていること。水筒や充電池にもいう。

まんだん【漫談】〈名〉❶世相風刺《ふうし》などをもりこんで、おもしろく聞かせる演芸。❷本来の話題をはなれた、とりとめのない話。例あの先生は漫談が多い。

まんちょう【満潮】〈名〉海の潮《しお》がみちて、海面の高さがもっとも高くなる状態。ふつう一日に二度おこる。対干潮。引き潮。類満ち潮。

マンツーマン〈名〉❶一対一で教えること。例マンツーマンの英会話スクール。❷バスケットボールなどで、一対一で防御《ぼうぎょ》すること。例マンツーマンディフェンス。◇man-to-man

[1]**まんでがん(方言)**全部。香川で言う。
参考①は英語では one-to-one という。

[1]**まんてん【満天】**〈名〉空いっぱい。例満天の星。満天に輝く星。アマンテン

[2]**まんてん【満点】**〈名〉❶さだめられた点数の最高。例満点をとる。❷必要な条件をすべてみたして、どこにも欠点がないこと。例満点のできばえ。栄養満点。▽アマンテン

まんてんか【満天下】〈名〉世の中全体。例満天下の喝采《かっさい》を博する。

マント〈名〉そでのないコート。◇《フランス》manteau

まんどころ【▽政所】〈名〉〔歴史〕鎌倉《かまくら》幕府で政治や財政の仕事にあたった役所。室町《むろまち》幕府では財政事務をあつかった。

マントラ〈名〉密教で、仏に対する賛歌やいのりを表わした文句。神秘的な力があるといわれる。真言《しんごん》。◇もとサンスクリット語。

マンドリン〈名〉弦楽器《げんがっき》の一つ。半球状の胴《どう》に、八本の弦を二本ひと組みとしてはったもの。セルロイドなどでつくったつめを使ってひく。◇mandolin

マントル〈名〉〔地学〕地球内部で、地表からの深さ、

宮本百合子(ゆりこ)(1899〜1951)　大正〜昭和の作家。プロレタリア文学運動に参加。「貧しき人々の群」など。

約一〇～三〇キロメートルより約二九〇〇キロメートルまでの部分。岩石でできている。◇mantle 参考 マグマはマントルがとけてできる。

マントルピース〈名〉西洋風の暖炉《だんろ》のかざりわく。◇mantelpiece

まんなか【真ん中】〈名〉ものの中央の部分。例 真ん中で二つに分ける。街の真ん中。

マンネリ〈名〉同じものや同じやりかたが何度も使われて、新しさがなくなること。例 マンネリにおちいる。マンネリ化。◇mannerism の日本での省略語。

まんねん【万年】 一〈名〉とても長い年月。例 鶴《つる》は千年、亀《かめ》は万年。二〈接頭〉ずっとその状態であること。例 万年最下位。万年青年。万年平社員。

まんねんどこ【万年床】〈名〉しきっぱなしのふとん。ふとんをいつもしきっぱなしにしていること。男のひとり暮らしなどの不精《ぶしょう》な感じを表わすことば。

まんねんひつ【万年筆】〈名〉筆記用具の一つ。中にインクを入れ、自然にそれが出てきて書けるようにしたペン。

まんねんゆき【万年雪】〈名〉一年中消えない雪。

まんねんれい【満年齢】〈名〉生まれたときを〇歳《さい》とし、誕生日《たんじょうび》をむかえるたびに一歳ずつ加算するやりかたでかぞえた年齢。略して「満」ともいう。参考 むかしは、生まれたときを一歳とし、次の正月で二歳とする「数え年」が行なわれていた。

まんぱい【満杯】〈名〉❶液体が、いれものの中にいっぱいに入っていること。❷それ以上入れないほどいっぱいの状態になること。例 駐車《ちゅうしゃ》場が満杯だ。

まんばけん【万馬券】〈名〉競馬で、百円で買った馬券に一万円以上の配当金がついたもの。

まんびき【万引き】〈名・する〉客のふりをして、店の売り場から品物をそっとぬすむこと。また、それをする人。

まんびょう【万病】〈名〉病気と名のつくものの全部。例 かぜは万病のもと。

まんぴょう【満票】〈名〉投票者全員の票が入ること。

まんぷく【満腹】〈名・する〉それ以上食べられないほど、腹がいっぱいになること。例 満腹感。対 空腹。

まんぷくちゅうすう【満腹中枢】〈名〉〔医学〕摂食《せっしょく》を調節する中枢神経。脳の視床下部にあり、血糖値の上昇などによって刺激され、満腹感を生じさせる。

まんべんなく〖万遍なく・満遍なく〗〈副〉どこにもぬけたところがなく、すべてにわたって。例 塩をまんべんなくふりかける。まんべんなく笑顔《えがお》をふりまく。

マンボ〈名〉〔音楽〕ラテンアメリカの、はげしいリズムをもったダンス音楽。◇スペイン mambo

まんぽ【漫歩】〈名・する〉なんという目的もなく、ただ、たのしみで歩きまわること。類 そぞろ歩き。

まんぼう〖▽翻▽車▽魚〗〈名〉温帯や熱帯にすむ魚。円盤《えんばん》形の胴の上下に大きなひれをもつ。全長三メートル以上になる。刺身《さしみ》や天ぷらにして食べられる。

マンホール〈名〉下水道などに出入りできるようにつくった、ふたのある穴。◇manhole

まんぽけい【万歩計】〈名〉ベルトなどにつけて、歩数を数える器具。商標名。

まんまく【▼幔幕】〈名〉式場などで使う幕。

まんまと〈副〉はかりごとなどがみごとにきまるようす。例 まんまといっぱいくわされた(＝だまされた)。

まんまる【真ん丸】〈名・形動〉まん丸いこと。まん丸い形。例 まん丸なお月様。

まんまる・い【真ん丸い】〈形〉「まるい」を強めた言いかた。例 まん丸い顔の子ども。

まんまん【満満】〈副・連体〉みちあふれるほどいっぱいに。例 満々と水をたたえた湖。自信満々。

まんめん【満面】〈名〉顔じゅう。例 満面の笑《え》み。満面に朱《しゅ》をそそぐ。得意満面。喜色《きしょく》満面。

満面に朱《しゅ》を注《そそ》ぐ いかりやはずかしさで、顔全体をまっかにする。

マンモス 一〈名〉〔動物〕原始時代に、北半球にすんでいたゾウ。きばが長く、全身が長い毛におおわれている。二〈造語〉巨大《きょだい》な。大型の。例 マンモス校。マンモス都市。類 ジャンボ。◇mammoth

まんゆう【漫遊】〈名・する〉あちらこちら、気らくに旅をしてまわること。例 諸国漫遊。

まんようがな【万葉仮名】〈名〉意味には関係なく、漢字の音や訓をかりて日本語の音を表わした文字。ひらがなやかたかながつくられる前に使われた。『万葉集』に多いことから、この名がある。

まんりき【万力】〈名〉加工材料をはさんでしめつけ、しっかりと固定する工具。台にとりつけて使う。バイス。絵

［まんりき］

まんりょう【満了】〈名・する〉定められた期間などが、終わりになること。例 任期満了。

まんるい【満塁】〈名〉野球で、三つの塁のすべてにランナーがいること。フルベース。例 満塁ホームラン。

み ミ

常用漢字 み

【未】 木部1 全5画 未未未未未

ミ 教小4 音[ミ] ▨未来《みらい》。未遂《みすい》。未定《みてい》。未使用《みしよう》。未知数《みちすう》。未満《みまん》。前代未聞《ぜんだいみもん》。

【味】 口部5 全8画 味味味味味

ミ あじ・あじわう 教小3 音[ミ] ▨味覚《みかく》。味読《みどく》。▨意味《いみ》。興味《きょうみ》。吟味《ぎんみ》。甘味《かんみ》。風味《ふうみ》。訓❶[あじ]味。味つけ。味見。味気ない。塩味。持ち味。一味《ひとあじ》違う。❷[あじわう]味わう。味わい。

【魅】 鬼部5 全15画 魅魅魅魅魅

ミ 音[ミ] ▨魅力《みりょく》。魅了《みりょう》。魅惑《みわく》。魅《み》する。

【眉】 ⇩常用漢字 び〔眉〕

み[1]〖▼巳〗〈名〉❶十二支の第六番目。ヘビ。❷むかしの方角の名で、南南東。❸むかしの時の名で、午前十時、

 三好達治(みよしたつじ)（1900～64） 昭和の詩人。叙情的な散文詩に独自の境地を開く。詩集「測量船」など。

およその前後一時間、計二時間の間。

[2]**み【身】**〈名〉❶からだ。例身をささげる。身をおどらせる。身を清める。身にまとう。身のこなし。身も心も。病弱の身。身ぎれい。身だしなみ。不死身。❷自分自身のからだ。例身がもたない。身をもって体験する。身を入れる。身をもてあます。身も世もない。❸人それぞれの立場。例身をもちくずす。身にすぎる。身のほど。相手の身になって考える。❹魚やけものなどの肉。皮や骨に対していう。例身がしまる。身を食べる。赤身。あぶら身。❺刀の刀身。例ぬき身。ほそ身(の太刀《たち》)。❻ふたのある入れ物で、ものを入れる方。例身もふたもない。▽アミ

身が入《はい》る 自然に気持ちが集中して、いっしょうけんめいになる。

身が持《も》たない 体力が続かない。

身から出《で》たさび だれのせいでもなく、自分のせいで苦しむこと。類自業自得。

身に余《あま》る 自分のもっている力や価値以上のことだ。例身に余る光栄。

身に覚《おぼ》えがある ❶自分がそれをしたおぼえがある。多く、悪事について、「身に覚えがない」の形で使う。❷自分にもその経験がある。

身に染《し》みる からだのおくまでしみこむように感じる。例寒さが身に染みる。好意が身に染みる。類骨身に染みる。身にこたえる。心に染みる。

身につける ❶からだに着たり、はいたりする。例大金を身につける。❷からだからはなさないようにして持つ。❸知識や技術などを、自分のものとして、自由に使うことができるようにする。

身につまされる 人のなやみや不幸が、ひとごとでなく思いやられる。

身になる ❶からだの栄養になる。例身になるものを食べる。❷(「…の身になる」の形で)その人の立場に立って考える。例わたしの身にもなってよ!

身の置《お》き所《どころ》がない はずかしさや申し訳なさのあまり、いたたまらない気持ちである。

身の振《ふ》り方《かた》 どんな職業につくかなど、自分の将来についての処置や方針。

身も蓋《ふた》もない 言うことやすることが、あまりにろこつすぎて、情緒《じょうちょ》もなにもない。

身も世《よ》もない 自分のことも世間の目もかまっていられないほど、とりみだしている。例彼女《かのじょ》は身も世もなくその場に泣きくずれた。

身を誤《あやま》る まちがった生きかたをえらぶ。

身を入《い》れる ひとつのことに心をうちこんで、けんめいになって、がんばる。

身を起《お》こす 世の中へ出て行くための活動を始める。例一介《いっかい》の農民から身を起こす。表現のちに出世することにいう。

身を固《かた》める 結婚《けっこん》して、家庭をもつ。

身を切《き》られるよう 苦しさやつらさが、あまりにもひどいようす。

身を削《けず》る からだをけずってしまうほど、非常に苦心したり苦労したりする。類骨身を削る。

身を焦《こ》がす 恋《こい》する気持ちで、からだが燃えてしまうほど悩む。類胸を焦がす。

身を粉《こ》にする どのような苦労にもたえて、わき目もふらず、いっしょうけんめいに働く。例身を粉にして働く。

身を捨《す》ててこそ浮《う》かぶ瀬《せ》もあれ 命をすてるほどの覚悟《かくご》でことにあたると、かえって生きる道が開けてくるものだ。類粉骨砕身《ふんこつさいしん》。

身を立《た》てる ❶社会に出て、ちゃんと仕事をして生活していけるようになる。❷世の中で、出世をする。

身を挺《てい》する ❶何かのためにからだを投げ出す。❷命がけでものごとをおこなう。

身を投《とう》じる 覚悟《かくご》をかためて自分から困難な状況《じょうきょう》にたちむかっていく。例渦中《かちゅう》に身を投じる。

身を投《な》げる 投身自殺をはかる。

身を引《ひ》く ❶からだをうしろに下げる。❷あることがらに関係するのをやめる。

身を潜《ひそ》める 世間からかくれるようにして暮らす。

表現「潜伏《せんぷく》する」は、身をかくし、知られてはこまる場合をいうが、「身を潜める」は、目立たないよう、おとなしくしているだけで、知られては一大事ということではない。

身をもって 自分自身で。例身をもって模範《もはん》を示す。身をもって体験する。

身を持《も》ち崩《くず》す 行ないがわるく、だらしのない生活におちいってしまう。

身をやつす ❶みすぼらしい姿になる。例身をやつして諸国を歩く。❷夢中になるあまり、やせおとろえてしまう。例恋《こい》に身をやつす。

身を寄《よ》せる だれかをたよりにして、せわになる。例しばらくのあいだ、友人のところに身を寄せる。

[3]**み【実】**〈名〉❶花が散ったあとにできる、種をつつんでいる部分。例実がなる。実をむすぶ。類果実。❷あるものの内容や実質。例実がある。努力が実をむすぶ。類なかみ。❸みそしるなどに入れる野菜や肉。類具。▽アミ

実を結《むす》ぶ ❶植物に果実ができる。実がなる。❷努力をした成果があらわれる。▽類結実する。

[4]**み【▼箕】**〈名〉竹を編んでつくった農具。穀物を入れてゆすり、からやごみをとるのに使う。ア「ミ」→どうぐ絵

[5]**み【▽深】**〈接頭〉名詞につけて、そのもののもつ美しさを表わし、また、ことばのひびきをととのえる働きをすることば。古い言いかた。例深山。深雪。

[6]**み【▽御】**〈接頭〉名詞につけて、尊敬やていねいな気持ちを表わす。例み仏。み心。

[7]**み【未】**〈接頭〉「まだ…していない」という意味の打ち消しのことばをつくる。例未解決。未確認《かくにん》。未使用。

[8]**み【味】**〈接尾〉❶形容詞や形容動詞の語幹につけて、そういう状態、また、そういう状態がある程度感じられる、という意味の名詞をつくる。例親のありがたみがわかる。ほおに赤みがさす。❷形容詞の語幹につけて、そのような場所や部分、という意味の名詞をつくる。例深みにはまる。高みの見物。弱みにつけこむ。

みあい【見合い】〈名・する〉❶結婚《けっこん》する相手をきめるために、人をあいだに立てて、それまでは知らなかった男女が会うこと。例見合い結婚。❷野球・バレーボールなどの球技で、飛んできたボールの処理をゆずりあって失敗すること。例お見合いになる。

みあ・う【見合う】〈動五〉❶出すお金やはらう努力に対して、つり合うだけのものがある。例収入に見合った生活。❷たがいに相手を見る。とくに、すもうで、向かい合って立ち上がる機会をうかがう。

みあ・げる【見上げる】〈動下一〉❶下から上の方を見る。例空を見上げる。対見下ろす。❷りっぱであると

思う。例見上げたものだ。対見くだす。見下げる。
表現 ②は、「見上げた心がけ」のように、「見上げた…」の形をとって、りっぱだ、尊敬すべきだ、という意味で使われる。自分より目下の者や同じぐらいの者に対していうのがふつうで、目上の人にはいわない。

みあた・る【見当たる】〈動五〉さがしていたものが見つかる。ほとんどの場合、打ち消しの形で使う。例財布が見当たらない。

みあやま・る【見誤る】〈動五〉誤った見かたをする。例信号を見誤る。かれの人物を見誤っていた。類見まちがう。見そこなう。

みあわ・せる【見合わせる】〈動下一〉❶しようと思っていたことを、いろいろな事情を考えてやめる。例雲行きを見て、登山を見合わせた。類見送る。差しひかえる。❷たがいに相手の顔を見る。例顔を見合わせる。類見かわす。

みいだ・す【見いだす】〖見▽出す〗〈動五〉やっとのことで、さがしていたものやかくれていたものを見つける。例解決策を見いだす。光明を見いだす。類発見する。

ミーティング〈名〉打ち合わせ。会議。◇meeting

1**ミート**〈名・する〉野球で、ボールにバットの芯《しん》をうまく合わせて打つこと。例ジャストミート。◇meet

2**ミート**〈造語〉牛肉や豚肉。そのひき肉。例ミートボール。ミートコロッケ。ミートソース。◇meat

みいはあ【ミーハー】〈名〉俗《ぞく》っぽい流行におどらされやすい人をかろんじていうことば。みいちゃんはあちゃん。

ミイラ〈名〉人間や動物などの死体が乾燥《かんそう》して、原形に近い状態でかたまったもの。◇《ポルトガル》mirra

ミイラ取《と》りがミイラになる 人をつれもどしに行った人が、自分もとりこになって帰ってこなくなったり、相手を説得に行った者が逆に説得されたりすること。

みいり【実入り】〈名〉❶穀物などの実がみのること。また、みのった状態。例今年は麦の実入りがわるい。❷自分のところに入る収入。例実入りがよい。

みい・る【見入る・魅入る】〈動五〉❶[見入る] むちゅうになってじっと見る。例画面に見入る。類見つめる。❷[魅入る・見入る] わるいものが人にとりつく。
表現 ②は、「悪魔《あくま》に魅入られる」のように、受け身の形で使うことが多い。

みう・ける【見受ける】〈動下一〉❶人のようすなどを見て、そのように思う。例元気なように見受けたが、入院してしまった。❷見かける。例この辺でジョギングをしている人をよく見受けることがある。

みうごき【身動き】〈名・する〉❶からだを自由に動かすこと。❷自由に行動すること。
表現 多く、「身動きができない」「身動きもできない」「身動きがとれない」などのように、打ち消しの形で使う。

みうしな・う【見失う】〈動五〉今まで見えていたものが、どこへ行ったか見えなくなる。例すがたを見失う。

みうち【身内】〈名〉❶親族の関係にある人。例身内の者。身内のはじ。身内をかばう。類血縁《けつえん》。肉親。親戚《しんせき》。親類。縁続き。❷同じ親分の下にいる子分たち。❸からだ。からだの中。例身内がひきしまる。身内からわきあがる闘志。

みうり【身売り】〈名・する〉❶先にお金をうけとって、ある期間、それにしばられて働くこと。❷会社の組織などを、よその会社に売ること。買収《ばいしゅう》されること。

みえ【見え】〈名〉❶人の目を気にして、自分のことを実際よりよく見せようとすること。例見えで高いものを買う。類体裁《ていさい》。虚栄《きょえい》。❷歌舞伎《かぶき》などで、役者が、一連の動作のクライマックスとして、ある形でからだの動きをとめて、そのすがたを客に見せること。
表記 ①は「見▽栄」、②は「見得」とも書く。

見えも外聞《がいぶん》もない 人からどう思われたり、どんなうわさをされたりするかを気にする余裕《よゆう》もない。

見えを切《き》る ❶「おれはなんだってできるんだぞ」などと、人にむかって大きなことを言う。❷歌舞伎《かぶき》役者が、「見え②」の動作をする。

見えを張《は》る 人に「すごいなあ」「りっぱだなあ」と思われたいために、実際以上に、見た目をかざる。

みえかくれ【見え隠れ】〈名・する〉見えたり見えなくなったりすること。例人家の灯《ひ》が見え隠れする。

みえす・く【見え透く】〈動五〉うそであること、なにかたくらみがあることなどがかんたんにわかる。例見え透いたうそ。本心が見え透いている。

みえっぱり【見えっ張り・見▽栄っ張り】〈名・形動〉なにかというとすぐに見えを張ること。そのような人。類見え坊《ぼう》。

みえみえ【見え見え】〈名〉相手の考えていることが、見えすいていること。

み・える【見える】〈動下一〉❶目に、かたちや色やようすが感じられる。目に映る。例山が見える。かばんが見えなくなる(=なくなる)。進歩のあとが見える。目に見える。❷見ることができる。例この望遠鏡は、土星の環《わ》まで見える。部屋の中が暗くて見えない。❸…と思われる。…と判断される。例病人に見える。あの選手は絶好調と見える。あの人は五十歳《さい》には見えない。❹「くる」の尊敬語。例お客様が見えました。類お見えになる。いらっしゃる。おいでになる。
表現 「よほどつかれていたとみえて、横になるなりすぐいびきをかき始めた」のように、「…とみえて」の形で、原因を推定しながら結果をいう用法がある。
方言 東海地方では、「先生はさっきまでここにみえた」「先生がそう話してみえた」のように、「いる」「…ている」の尊敬語としても使う。

みお【▼澪・▽水▽脈・▽水尾】〈名〉❶海や川の中で、船が通るのに十分な深さの水路。例澪標《みおつくし》。❷船の通ったあとに残る泡《あわ》や水のすじ。類航跡《こうせき》。

みおくり【見送り】〈名〉❶出かける人を見送ること。例空港まで見送りに行く。対出迎《でむか》え。❷次の機会を待って、見合わせること。例今回は見送りとしよう。❸野球で、バッターが投球を見ていてなにもしないこと。例見送りの三振。

みおく・る【見送る】〈動五〉❶はなれていくものを見つづける。目で追う。例ホームランを見送る。❷去っていく人に別れのあいさつをして、出発するのを見まもる。例旅立ちを見送る。客を見送る。駅まで見送る。対出むかえる。類送る。❸あることをするのをやめて、次の機会を待つ。例採用を見送る。ひと電車見送る。類見合わせる。❹野球で、バッターが投手の投げた球を打たないで、そのままとおす。例ストライクを見送る。類見のがす。
表現 「昨年、祖父を見送りました」といえば、自分がせわした祖父が昨年死んだ、ということ。

みおさめ【見納め】〈名〉そのものを見る最後の機会。例この世の見納め。

みおつくし〖▼澪▽標〗〈名〉海底がふかくて船の水路

 ミレー(1814~75) フランスの画家。農民の生活や田園の風景をえがいた。「晩鐘」「落穂拾い」など。

に適したところに、しるしとして立てるくい。むかしのことば。

みおと・す【見落とす】〈動五〉見ていながら、うっかりしてそこにあるものに気づかない。類見過ごす。見のがす。

みおとり【見劣り】〈名・する〉同類のほかのものと比べてみて、おとって見えること。対見まさり。類遜色《そんしょく》。

みおぼえ【見覚え】〈名〉前に見たことがあるという記憶《おく》。例見覚えがある。

みおも【身重】〈名〉妊娠《にんしん》していること。

みおろ・す【見下ろす】〈動五〉❶上から下の方を見る。例二階の窓から見下ろす。対見上げる。❷相手をばかにする。例人を見下ろした態度をとる。類見くだす。

みかい【未開】〈名〉❶文明がまだひらけていないこと。例未開社会。類野蛮《やばん》。❷土地がまだ開拓《かいたく》されていないこと。例未開の原野。未開地。

みかいけつ【未解決】〈形動〉事件などが、まだかたづいていない。例未解決の問題。類未決着。

みかいたく【未開拓】〈名・形動〉まだ開拓されていないこと。例未開拓の原野。未開拓の研究分野。

みかいち【未開地】〈名〉まだ開拓《かいたく》されていない、自然のままの土地。

みかえし【見返し】〈名〉❶本の表紙をあけたときに見える、表紙の裏がわのページ。まえ見返しとあと見返し。❷洋裁で、前あきやそで口などの裏がわにぬいつける布。

みかえ・す【見返す】〈動五〉❶それまで見たり読んだりしてきたものを、もういちど見る。類見直す。❷自分を見ている人を、こちらからも見る。❸人からばかにされたしかえしとして、相手よりりっぱになり、逆に相手をばかにする。

みかえり【見返り】〈名〉人がしてくれたことに対して、なにかをしてこたえること。例見返りを要求する。見返りの品。

みかぎ・る【見限る】〈動五〉「もうよくなりそうもない」「見こみがまったくない」などと考えて、相手にしたり関係したりすることをやめる。類見捨てる。見放す。見切る。

みが(磨)きをかける ⇩みがく 表現

みかく【味覚】〈名〉❶五感の一つ。味蕾《みらい》によって生じる、食べ物や飲み物の、あまい・からい・にがい・すっぱいなどの味の感覚。例味覚を満足させる。味覚をそそる。↓

囲み記事3（16ページ）❷食欲をそそる食べ物。例味覚の秋。季節の味覚。旬《しゅん》の味覚。

みが・く【磨く】〈動五〉❶こすってつやを出したり、きれいにしたりする。例ゆかを磨く。歯を磨く。❷努力していっそうよくする。例うでを磨く。

表現 ②の意味をいっそう強く表わすのに「…に磨きをかける」や、「磨けば光る」という言いかたがある。磨きをかけて、効果があがった結果を「磨きがかかる」という。

みかくにん【未確認】〈名〉まだ確認していないこと。例未確認情報。未確認飛行物体(=ＵＦＯ《ユーフォー》)。

みかけ【見掛け】〈名〉外から見たようす。見たようすから想像される内容。例人を見掛けで判断するな。見掛けだおし。類うわべ。外見。外観。体裁《ていさい》。

見掛けによらない 外から見たようすと、実際とがちがう。例人は見掛けによらないものだ。見掛けによらずやさしい人だった。

みかげいし【▽御影石】〈名〉石材としての、花崗岩《かこうがん》をいう。参考 兵庫県神戸《こうべ》市の御影が産地として知られていたことから。

みかけだおし【見掛け倒し】〈名〉外から見た感じはりっぱだが、内容はたいしたことがないこと。類張り子の虎《とら》。看板だおれ。羊頭狗肉《くにく》。

みか・ける【見掛ける】〈動下一〉たまたま見る機会がある。例姿を見掛ける。類見受ける。目にする。目に入る。目撃《もくげき》する。

[1]**みかた**【見方】〈名〉❶ものごとを見て、理解するしかた。例ものの見方。表の見方。類見様《みよう》。❷ものごとをどういう点からみるかということ。また、そこからえた考え。例見方をかえる。あたらしい見方。類考え方。見解。視点。▽アミカタ

[2]**みかた**【味方】〈名〉自分と同じ目的や利害関係をもつなかま。例味方になる。味方につける。味方にひき入れる。…の味方をする。強い味方。対敵。アミカタ

みかづき【三日月】〈名〉ほそ長い弓のような形の月。陰暦《いんれき》で、毎月三日前後の夜に出る月のこと。「新月」ということもある。

みがって【身勝手】〈名・形動〉人のことは考えないで、自分のつごうのいいようにすること。例身勝手なふるまい。類自分勝手。わがまま。手前勝手。

みかど【▽帝】〈名〉「天皇」の古い言いかた。

みか・ねる【見兼ねる】〈動下一〉「あまりにひどい」「かわいそうだ」などの気持ちから、だまって見ていられなくなる。例見るに見かねて(↓「みる」の子項目)。

みがまえ【身構え】〈名〉なんらかの行動をおこすためにとる姿勢。例受けてたつ身構え。類体勢。態勢。

みがま・える【身構える】〈動下一〉むかって来る相手に対し、むかえうつ姿勢を整える。

みがら【身柄】〈名〉人のからだ。例身柄をあずかる。身柄を拘束《こうそく》する。類身元。

表現 引き取ったり保護したりする場合に使う。

みがる【身軽】〈形動〉❶からだがらくらくと動くようす。例身軽な服装《ふくそう》。身軽な動作。❷気にかけなければならないものがなくて、自分の思うように行動できるようす。例身軽なひとり者。

みかわ【三河】〈名〉旧国名の一つ。現在の愛知県南東部。江戸《えど》時代の将軍徳川家ゆかりの地。三河万歳《まんざい》が有名。三州《さんしゅう》。例三河湾。

みかわ・す【見交わす】〈動五〉たがいに相手を見る。例目を見交わす。類見合わせる。

みがわり【身代わり】〈名〉ある人にかわって、その仕事や役割などをひきうけること。また、そのひきうけた人。例身代わりになる。

表現 困難《こんなん》なことや損な役割をひきうける場合に用いることが多い。

[1]**みかん**【未刊】〈名〉書物がまだ刊行されていないこと。対既刊《きかん》。アミカン

[2]**みかん**【未完】〈名〉まだ完全なかたちにできあがっていないこと。例未完の大器。類未完成。アミカン

[3]**みかん**【▽蜜▼柑】〈名〉果樹の一つ。日本のあたたかい地方で栽培《さいばい》される常緑小高木。初夏、白い花がさき、秋の終わりにだいだい色の実《み》がなる。実は冬の代表的なくだものとされ、温州《うんしゅう》みかんなど品種が多い。アミカン

表現 果実は一個二個、なかのふくろは一房《ひとふさ》二房《ふたふさ》と数える。

みかんせい【未完成】〈名〉まだでき上がっていない。例未完成の作品。類未完。

みき【幹】〈名〉❶木で、そこから枝《えだ》がのびる太い部分。❷ものごとの主要な部分。

みぎ【右】〈名〉❶北を向いたとき、東にあたるがわ・方向。例 向かって右。交差点を右に曲がる。右がわ。右手。右きき。対 左。❷文章をたてに書いているとき、今よりも前に書いたところ。例 右に述べたように。右のとおり。類 右記《うき》。❸上位にあたる位置。例 走ることにかけては、彼の右に出る者(=彼よりもすぐれた人)はいない。❹保守的である傾向《けいこう》。例 右寄り。対 左。類 右翼《うよく》。

右から左《ひだり》へ お金をうけとっても、自分のところに少しもとどまっていないこと。

右と言《い》えば左《ひだり》 なんでも人に反対すること。

右へ倣《なら》え ❶右はしの人に合わせて横の列をそろえさせるときの号令。❷無難《ぶなん》に、他人のまねをしたり、同調したりする態度。

みぎうで【右腕】〈名〉❶右の腕。対 左腕。❷いちばんたよりになる部下。例 社長の右腕。類 片腕。腹心《ふくしん》。

みぎかたあがり【右肩上がり】〈名〉 企業《きぎょう》の収益や、景気、相場などの数値を示したグラフが、時間の経過を示す横軸《よこじく》の右のほうへいくにつれて上がること。例 業績が右肩上がりに改善する。

みきき【見聞き】〈名・する〉 自分で直接見たり、人から聞いたりすること。類 見聞《けんぶん》。耳目《じもく》。

みぎきき【右利き】〈名〉 左手よりも右手の方がよく使えること。対 左利き。

ミキサー〈名〉❶コンクリートをつくるための、砂やセメント、砂利《じゃり》などをまぜる機械。❷野菜やくだもののジュースなどをつくる電気器具。類 ジューサー。◇mixer

みぎて【右手】〈名〉 右の手。また、その手のある方角。例 右手に山がそびえている。対 左手。

みぎのう【右脳】〈名〉 ⇩うのう

みきり【見切り】〈名〉 もう見こみがないと考えること。例 見切りをつける。見切り発車。見切り品。

みぎり【▼砌】〈名〉(「…のみぎり」の形で)まさにそのとき。類 候《こう》。

表現 (1)「酷寒《こっかん》のみぎり、なにとぞおからだをおいといください」のように、手紙の中で使う、あらたまったことば。(2)「A君はご幼少のみぎり(=小さかったころ)、…」のように、身近なA君に対してふざけたり茶化《ちゃか》したりして使うこともある。

みきりはっしゃ【見切り発車】〈名・する〉❶列車やバスが、乗っていない客を待たずに発車してしまうこと。❷必要な条件が十分ととのわないうちに、ものごとを進めること。例 審議《しんぎ》の結論が出ないまま見切り発車する。

みき・る【見切る】〈動五〉❶終わりまで見てしまう。❷もうどうしようもないと考えて、相手にするのをやめる。類 見限る。見放す。見捨てる。捨てる。❸商品がそのねだんでは売れないために、ひどく価格をさげて売る。

みぎれい【身ぎれい】【身▼綺麗】〈形動〉 服装や身のまわりをきれいにしている。例 身ぎれいにする。

みき・れる【見切れる】〈動下一〉❶テレビや映画の業界用語で、画面からはみ出て映《うつ》らない。❷(「①」と逆に)映すつもりがなかったものが画面に入る。

みぎわ【▼汀】〈名〉 水ぎわ。なぎさ。

みきわ・める【見極める】〈動下一〉「こういうことだな」と判断がつくまで、じゅうぶんに見る。例 なりゆきを見極める。本質を見極める。類 見定める。見すえる。

表現「見極めをつける」「見極めがつく」の形でも使う。

みぐさい(方言) ⇩めぐさい

みくだ・す【見下す】〈動五〉 相手が自分よりおとっていると思ってばかにする。例 すぐ人を見下した態度をとる。対 見上げる。類 見下げる。見おろす。さげすむ。おとしめる。軽蔑《けいべつ》する。蔑視する。軽侮《けいぶ》する。

表現「見下す」は、自分の方が上だと思って相手をかろんじること。「見下げる」は、相手が人なみ以下だと思って軽蔑すること。「見くびる」は、相手の力をたいしたことがないと思ってばかにすること。

みくだりはん【三下り半】〖三▽行半〗〈名〉❶むかし、夫が妻にあたえた離縁《りえん》状。三行半に書いたことからいう。❷あいそをつかして一方的に絶縁を言いわたすことのたとえ。例 夫に三下り半を突《つ》きつける。

みくび・る【見くびる】〖見▼縊る〗〈動五〉 相手の力や、これからやろうとすることを、たいしたことがないと考えてばかにする。例 相手を見くびる。力を見くびる。類 あまく見る。あなどる。なめる。高をくくる。対 買いかぶる。↓みくだす 表現

みくら・べる【見比べる】〈動下一〉 二つ以上のものをみて、比べる。

みぐるし・い【見苦しい】〈形〉 きたなかったり、体裁《ていさい》がわるかったりして、とても見ていられない状態だ。例 見苦しいまね。見苦しい服装。類 みっともない。

みぐるみ【身ぐるみ】〈名〉 からだにつけているものすべて。例 身ぐるみ はぐ。

ミクロ 一〈名〉 たいへん小さいこと。微視《びし》的であること。例 ミクロの世界。対 マクロ。二〈接頭〉 ⇩マイクロ② ◇《フランス》micro

ミクロネシア〈名〉❶太平洋上の、メラネシアの北方、日本とパプアニューギニアの間にひろがるたくさんの島々の総称《そうしょう》。パラオ・マリアナ諸島・カロリン諸島・マーシャル諸島・キリバスなどをふくむ。❷共和国の「ミクロネシア連邦《れんぽう》」のこと。◇Micronesia

ミクロン〈名・接尾〉 ⇩マイクロメートル ◇《フランス》micron

みけいけん【未経験】〈名〉 まだ経験のないこと。

みけつ【未決】〈名〉❶まだ、決定されていないこと。❷〔法律〕 裁判で、有罪か無罪か、まだきまっていないこと。例 未決囚《しゅう》。▽対 既決《きけつ》。

みけねこ【三毛猫】〈名〉 白・黒・茶の三色がまじった毛色のネコ。

みけん[1]【未見】〈名〉 まだ見ていないこと。

みけん[2]【眉間】〈名〉 顔の、まゆとまゆとのあいだ。例 眉間にしわをよせる。

みこ[1]〖▼巫▽女・▽神子〗〈名〉 神職をたすけて、祭礼をはじめ神社のさまざまな仕事を担当する女性。本来は神につかえて、祈禱《きとう》をしたり、神のお告げを伝えたりする、未婚《みこん》の女性のことをいった。

みこ[2]〖▽御子・▽皇子〗〈名〉 天皇の子。類 皇子《おうじ》。

みこし〖▽神▼輿〗〈名〉 祭りのときに、神体をのせておおぜいでかついで歩く輿《こし》。おみこし。

表現 ふつう一基《いっき》二基《にき》と数えるが、かつぐものなので一挺(丁)《いっちょう》二挺(丁)《にちょう》も使う。

みこしを上《あ》げる なかなかやろうとしなかった人が、やっと腰《こし》を上げて始める。「おみこしを上げる」ともいう。

みこしを担《かつ》ぐ 人をまつりあげて、ちやほやする。

みこしを据《す》える すわりこんで、動こうとしない。

参考「みこしを上げる」も「みこしを据える」も、「神輿」と「御腰《みこし》」とをかけた言いかたになっている。

みこ・す【見越す】〈動五〉 今後どうなるかを予測する。例 先を見越す。類 見とおす。見こむ。

 ムーア（1898～1986） イギリスの代表的彫刻家。素朴で生命力に満ちた表現が特徴。「横たわる人体」など。

みごたえ【見応え】〈名〉そのものを見終わったときに、「すばらしいものを見た」と思って満足する気持ち。例見ごたえのある接戦《せっせん》。

みごと【見事】〖▽美事〗〈形動〉なにかをするようすやつくったものがすばらしく、思わずほめたくなる感じだ。例見事な出来。見事なプレー。類あっぱれ。

表現 反対に、失敗や不成功などが あまりにひどいような場合にも、「見事にしくじる」などという。

みことのり【詔】〖▽勅〗〈名〉天皇のことば。古い言いかた。類勅語《ちょくご》。

みこみ【見込み】〈名〉❶「おそらくこうなるだろう」という予想。例勝つ見込み。来週には完成する見込みだ。見込みちがい。類見通し。❷将来、うまくいくという望み。例見込みのある選手。この企画《きかく》にはもう見込みがない。

みこみちがい【見込み違い】〈名〉予想や期待がはずれること。

みこ・む【見込む】〈動五〉❶その人が有望で、りっぱな仕事をしてくれるだろうと 期待する。例きみを 男と見込んでたのみがある。❷予想して、はじめから計算に入れておく。例電車のおくれを見込んで、早めに出かける。類見こす。❸とりつかれてしまう。受け身の形で使われるのがふつう。例ヘビに見込まれたカエル。類見入る。

みごも・る【身籠もる】〖▽妊る〗〈動五〉「妊娠《にんしん》する」意味の古風な言いかた。

[1]**みごろ**【身頃】〈名〉洋服で胴体《どうたい》をおおう部分。和服で、そで・えり・おくみ以外の部分。アミゴロ

[2]**みごろ**【見頃】〈名〉花などを見るのに ちょうどいいとき。アミゴロ「ミゴロ」

みごろし【見殺し】〈名〉目の前で、人が死にそうだ、苦しんでいる、こまっている、という状況《じょうきょう》にあり、救うために何か手助けができるかもしれないのに、何もしないで終わってしまうこと。例人質《ひとじち》をみすみす見殺しにする。

みこん【未婚】〈名〉まだ結婚していないこと。例未婚の女性。対既婚《きこん》。類独身。

ミサ〈名〉〔宗教〕❶キリスト教で、カトリックの礼拝。また、聖餐《せいさん》式。❷「ミサ曲」の略。「①」などのときにうたう賛美歌。◇ラテン語から。

ミサイル〈名〉ロケットやジェット推進によってとび、いろいろな誘導装置《ゆうどうそうち》によって目標に正確に達する爆弾《ばくだん》。誘導弾。例核《かく》ミサイル。◇missile

みさお【操】〈名〉❶はじめのこころざしを固くまもり、それをつらぬくこと。類節操。節。❷貞操《ていそう》。例操をまもる。

操を立《た》てる ❶自分がきめたことを守りとおす。❷女性が、夫や恋人《こいびと》を、心においてもからだにおいてもうら切らないようにする。

みさかい【見境】〈名〉常識的にものごとの区別をつけること。打ち消しのことばとともに使われることが多い。例見境がない。見境がつかない。類分別。

みさき【岬】〈名〉海や湖につき出た陸地の一部。半島より小さなもの。潮岬《しおのみさき》や足摺岬《あしずりみさき》など。類崎《さき》。

【岬】 山部5 全8画 みさき

岬 岬 岬 岬 岬

みさ・げる【見下げる】〈動下一〉相手を人なみ以下だと思って、ばかにする。例見下げた男。対見上げる。類見くだす。さげすむ。いやしめる。おとしめる。軽蔑《けいべつ》する。侮蔑《ぶべつ》する。→みくだす 表現

みささぎ【陵】〈名〉天皇や皇后などのお墓。類陵墓《りょうぼ》。陵。御陵《ごりょう》。

みさだ・める【見定める】〈動下一〉はっきりわかるまで、注意してよく見る。例なりゆきを見定める。人物を見定める。類見きわめる。見すえる。

み(見)ざる き(聞)かざる い(言)わざる 自分と直接関係のないようなことは、見たり聞いたり、人に言ったりしない方が安全だということ。参考 このことばを、目・耳・口をふさいだ三びきのサルで表わした像として、栃木県の日光東照宮のものがよく知られている。これが封建《ほうけん》時代の庶民《しょみん》の消極的な生きかたを表わすともとれる。

みじか【短】〈形動〉みじかい。例手短。

みじか・い【短い】〈形〉❶はしからはしまでの、はなれている程度が小さい。例短い鉛筆《えんぴつ》。足が短い。帯に短し、たすきに長し（→「おび」の子項目）。❷ある時からある時までに時間が少ししかたっていない。例短い時間。短い話。さきが短い。日が短くなる。気が短い（＝短気だ）。▽対長い。

みじたく【身支度・身仕度】〈名・する〉外出などのために、衣服などをきちんととのえること。類身ごしらえ。身じまい。

みじまい【身じまい】〖身仕舞い〗〈名〉みなりをきちんとすること。例身じまいをただす。類身じたく。

みじめ【惨め】〈形動〉そんな目にはけっして遭《あ》いたくないような、あわれで情けない状態である。例みじめな生活。みじめな思い。

みじゅく【未熟】〈形動〉❶くだものなどが、まだよく熟していない。対完熟。❷発育が じゅうぶんでない。例未熟児。対成熟《せいじゅく》。❸学問や技術などが、まだじゅうぶんなものになっていない。例未熟な技術。未熟者《みじゅくもの》。対円熟。

みじゅくじ【未熟児】〈名〉母親のおなかの中でじゅうぶん発育しないうちに生まれた、体重二五〇〇《グラム》以下の赤んぼう。

みしょう【未詳】〈名〉まだ、はっきりとは わかっていないこと。類不詳。

みじょか（方言）かわいい。九州で言う。むぞか。

みしらぬ【見知らぬ】〈連体〉会ったり見たりしたことがなくて、知らない。例見知らぬ人。見知らぬ町。

みし・る【見知る】〈動五〉前に会ったことがあって、知っている。

表現 「ここに来た当時は、周囲に見知った人もいなくて心細かった」のようにも言うが、それよりも、初対面の人に自己紹介《しょうかい》をして「どうかお見知りおきください」と言ったり、目下の者を目上の人に紹介して「今後お見知りおきのほど」などと言う場合の方が多い。

みじろぎ【身じろぎ】〈名〉ちょっとからだを動かすこと。打ち消しの形で使うことが多い。例友人を待って、身じろぎもしないで立っていた。

ミシン〈名〉布などをぬい合わせるときに使う機械。例ミシンをかける。◇sewing machine から。

みじん〖▽微▼塵〗〈名〉こまかい ちりやほこり。とてもこまかいもの。例みじんにくだける。→みじんも

みじんぎり【みじん切り】〈名〉野菜をこまかく切ること。こまかく切った野菜。

みじんこ〖▽微▼塵子〗〈名〉池や沼《ぬま》などで生活する、一二《ミリメートル》ぐらいの大きさの動物。甲殻《こうかく》類に属し、種類が多い。魚のえさとなる。

ミシンめ【ミシン目】〈名〉手で切りはなしやすいよう

無学祖元(むがくそげん)（1226～86） 鎌倉時代，南宋から来た臨済宗の僧。北条時宗に招かれ，円覚寺を開く。

に、紙などにあけた点線状の穴。

みじんも〘▽微▼塵も〙〈副〉（あとに打ち消しのことばをともなって）わずかの…もない。少しも…ない。例 彼《かれ》の話にうそはみじんもない。類 つゆほども。

1**みす**〘▽御▼簾〙〈名〉へりをつけた、目の細かいすだれ。宮殿や神殿などにかける。

2**ミス**〈名・する〉失敗。例 ミスをおかす。ミスプリント。うっかりミス。類 過失。へま。失点。◇mistake から。

3**ミス**〈接頭〉美人コンテストなどの優勝者。例 ミスユニバース。対 ミスター。◇Miss

参考 英語では、未婚《みこん》の女性の姓または名・姓の前につけて、「…さん」の意味を表わす。

みず【水】〈名〉❶色もにおいもなく、すきとおった冷たい液体。われわれの生活には、どうしても必要なもの。〇度で氷となり、一〇〇度で沸騰《ふっとう》する。いろいろなものをよくとかす。例 水が流れる。水をくむ。川の水がぬるむ。池の水がかれる。水の事故（＝プールや川・海での水難《すいなん》）。わき水。雨水《あまみず》。❷あたたまっていない水。湯に対していう。例 ふろは、まだ水だ。対 湯。❸大雨のために、川などがあふれること。例 水が出る。水が引く。類 出水《しゅっすい》。❹すもうで、勝負がながびいて、両力士の動きがとまったとき、しばらく休ませること。例 水入り。▽絵（1165ページ）

水が空《あ》く 水をあけた状態になる。

水が合《あ》わない あたらしい土地や職場などの人々の習慣や気質などが、自分とは合わない。

水清《きよ》ければ魚《うお》棲《す》まず あまり行ないがりっぱすぎると、ほかの人が敬遠して寄りつかなくなる。

水と油《あぶら》 性質がちがうために、たがいにとけあわず、しっくり調和しないこと。例 ふたりのあいだがらは、水と油だ。

水に流《なが》す 過去にあったいざこざやあらそいごとなどを、すべてなかったことにして、こだわりをなくす。

水に慣《な》れる あたらしい環境《かんきょう》になじむ。

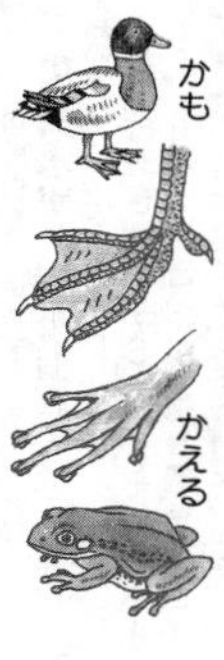

［みずかき］

水の泡《あわ》 ⇩独立項目

水の滴《したた》るよう 美女や美男子をいうときのことば。例 水のしたたるようないい男。

水は方円《ほうえん》の器《うつわ》に従《したが》う 水が入れ物しだいで四角くも丸くもなるように、人も人間関係や環境《かんきょう》で、どのようにも変わる。

水も漏《も》らさぬ 少しのすきまもないくらい、しっかりとまっているようす。例 水ももらさぬ警備。類 蟻《あり》のはい出るすきもない。

水を空《あ》ける ボートレースや競泳で、かなり大きな差をつける。他の競争一般《いっぱん》にもいう。

水を打《う》ったよう その場にいる人がみな、しいんと静まりかえっているようす。例 一瞬《いっしゅん》、会場は水をうったように静かになった。

水を得《え》た魚《うお》のよう 存分《ぞんぶん》に活動できる場を与えられて、いきいきとしているようすのたとえ。

水を切《き》る ❶ぬれたものの水分をふりはらう。❷水面をするどく切るようにして、すすむ。

水を差《さ》す ❶熱いものや味のこいものに水を加えて、ぬるくしたり、うすくしたりする。❷仲のよいあいだがらをひきさいて、不和にさせる。❸ものごとが順調に運びかけているときに、けちをつけたりじゃまをしたりする。

水を向《む》ける 相手が、あることに関心をもつように、さそいかける。

みずあか【水あか】〘水▼垢〙〈名〉水中の不純物がたまったもの。例 水あかがつく。

みずあげ【水揚げ】〈名〉❶〈する〉船の貨物を陸にあげること。類 陸揚げ。❷魚がとれた量。例 サンマの水揚げが多い。類 漁獲高《ぎょかくだか》。

みずあび【水浴び】〈名・する〉❶水をからだにかけて、すずんだりよごれをおとしたりすること。❷泳ぎをたのしむこと。▽類 水浴。

みずあめ【水あめ】〘水▼飴〙〈名〉ねばりけのある、やわらかいあめ。麦芽《ばくが》などからつくる。

みずあらい【水洗い】〈名・する〉❶水にひたして洗う洗濯《せんたく》。ドライクリーニングに対していう。❷洗剤《せんざい》を使わずに、水だけで洗う洗濯。

みすい【未遂】〈名〉犯罪や自殺などが、計画しただけで終わったり、実行したものの最後までできなかったりすること。例 未遂に終わる。殺人未遂。対 既遂《きすい》。

みずいらず【水入らず】〈名〉身内の親しい者だけで、他人などが加わっていないこと。例 親子水入らず。

みずいり【水入り】〈名〉すもうで、勝負が長びいたときに、しばらく休みを入れること。みず。

みずいろ【水色】〈名〉空色より少しこい青色。

みずうみ【湖】〈名〉陸地の中にある、ひろびろと水をたたえているところ。類 湖水。湖沼《こしょう》。→うみ〔海〕表現

参考 世界最大の湖はカスピ海で、日本の国土全体とほぼ等しい。日本の三大湖《こ》は、琵琶《びわ》湖（滋賀県）・霞ケ浦《かすみがうら》（茨城・千葉県）・サロマ湖（北海道）。

みずえ〘▼瑞枝〙〈名〉若葉が出たころの、みずみずしくみえる樹木の枝《えだ》。

みす・える【見据える】〈動下一〉❶じっと見る。例 相手を見据える。類 見つめる。❷どういうものであるかを知るため注意深く見る。類 見きわめる。見定める。

みずかがみ【水鏡】〈名〉水面にものの形が映ること。水面を鏡としてすがたを映してみること。

みずかき【水かき】〘水▼掻き〙〈名〉水鳥やカエルなどに見られる、指のあいだのひふがつながって膜《まく》となったもの。水をかいて泳ぐためのもの。絵

みずかけろん【水掛け論】〈名〉たがいに対立する意見をやりとりするだけで、少しも発展しない議論。

みずかさ【水かさ】〘水▼嵩〙〈名〉川や湖水などの水の量。例 水かさが増《ま》す。類 水量。

みずがし【水菓子】〈名〉❶「くだもの」の古い言いかた。❷水ようかんやゼリーなどの冷やして食べる菓子を、まとめて少しきれいにいう言いかた。

みすか・す【見透かす】〈動五〉他人の心の中やかくしていることなどを、まるでのぞいて見るように正確に知る。例 心底《しんてい》を見透かされる。類 見ぬく。見とおす。注意 ①が本来の意味。

みずがめ【水がめ】〘水▽瓶・水▼甕〙〈名〉水をくんで入れておくためのかめ。

表現 滋賀県の琵琶湖《びわこ》のことを「近畿《きんき》の水がめ」と言うように、都市部に水を供給する湖やダムなどをさして言うことがある。

みずから〘自ら〙㊀〈副〉人に言われたのではなく自分から。また、ほかの人ではなく自分自身で。例 みずからすすんで勉強する。みずから体験する。

 椋鳩十（むくはとじゅう）（1905～87） 小説家。動物と人との交流や野生の動物の厳しい生活をえがいた。

二〈名〉自分自身。例みずからを戒《いまし》める。

みずがれ【水がれ】〖水▼涸れ〗〈名〉川や田の水が、かわいてなくなってしまうこと。

みすぎ【身過ぎ】〈名・する〉生活していくこと。生計をたてていく方法。古い言いかた。例身過ぎ世過ぎ。

みずぎ【水着】〈名〉泳ぐときに身につける衣服。例水着姿。類海水着《かいすいぎ》。スイムウェア。

ミスキャスト〈名〉映画や演劇などで、その役にふさわしくない俳優を起用してしまうこと。◇miscast

みずきり【水切り】〈名〉❶料理で、食材の水気を取り去ること。❷生け花で、水をよくすいあげるように、水中で茎《くき》の下のほうを切ること。❸平たい小石を水平に投げて、水面をはずませる遊び。

みずぎわ【水際】〈名〉❶海や川の水が陸地に接しているところ。類水べ。❷被害《ひがい》や問題がおこる直前。俗《ぞく》っぽい言いかた。例水際でくいとめる。

みずぎわだ・つ【水際立つ】〈動五〉やりかたが、人目をひくほどあざやかだ。例水際立ったうでまえ。

みずくさ【水草】〈名〉水の中に生える草。

みずくさ・い【水臭い】〈形〉親しい仲なのに、必要以上に遠慮《えんりょ》している感じだ。例相談してくれないなんて水臭いじゃないか。類他人行儀《ぎょうぎ》。よそよそしい。

━ 方言 関西では、料理の味つけについて、「塩けや甘みが足りなくてまずい」という意味でも使う。類たよりない。

みずぐすり【水薬】〈名〉水にとかしてある飲みぐすり。

みずぐるま【水車】〈名〉⇩すいしゃ

みずけ【水気】〈名〉ものにふくまれている水分。

みずけむり【水煙】〈名〉水しぶきが、けむりのように見えるもの。例水煙を上げる。

みずごけ【水ごけ】〖水▼苔〗〈名〉湿地《しっち》に生えるコケの一種。水をよくすうので、園芸で、植物の根をつつむのに使う。

みすご・す【見過ごす】〈動五〉❶見ていながら、そこにあるものに気づかない。例誤字《ごじ》を見過ごす。類見落とす。❷それを知っていながら、そのままにしておく。例不正をだまって見過ごせない。▽類見のがす。看過《かんか》する。

みずさいばい【水栽培】〈名〉土を使わないで、養分をとかした水で植物をそだてる方法。

みずさかずき【水杯】〈名〉酒のかわりに水をついださかずき。例水杯をかわす。別れの水杯。

参考 二度と会えない別れのとき、たがいにこのさかずきの水を飲みかわす習慣がある。

みずさきあんない【水先案内】〈名〉港などで、大きな船の進路の案内をすること。また、その人。パイロット。

みずさし【水差し】〈名〉コップや花瓶《かびん》などにそそぐ水を入れておく容器。類ピッチャー。

みずしごと【水仕事】〈名〉家庭で、食器洗いやせんたくなど、水を使ってする仕事。

みずしぶき【水しぶき】〈名〉いきおいよく飛びちる水の玉。例水しぶきを上げる。

ミスジャッジ〈名〉試合での、審判《しんぱん》員のあやまった判定。誤審《ごしん》。◇misjudge

みずしょうばい【水商売】〈名〉飲食店や酒場など、客の人気しだいで経営がよくもなりわるくもなる商売。

み(見)ず(知)らず 今まで会ったこともなく、まったく知らない。例見ず知らずの人。

みずすまし〖水澄まし〗〈名〉昆虫《こんちゅう》の一種。体長六八ミリメートルほどの、つやのある黒い虫。春、水面をくるくるとまわりながら泳ぐ。

ミスター〈接頭〉❶その組織などを代表するような男性。その方面の第一人者。俗《ぞく》な言いかた。❷ボディービルのコンテストなどの優勝者。▽対ミス。◇Mr.

参考 英語では、男性の姓または名・姓の前につけて、「…さん」「…氏」の意味を表わす。

みずたき【水炊き】〖水▽煮《に》き〗〈名〉とり肉などを煮て、野菜や豆腐《とうふ》を入れたなべ料理。「みずだき」ともいう。

みずたま【水玉】〈名〉❶水の小さなつぶがまるくなったもの。類水滴。しずく。❷たくさんの小さな玉からできているもよう。例水玉もよう。

みずたまり【水たまり】〖水▼溜まり〗〈名〉道や庭などで、水がたまっているところ。

みずっぱな【水っぱな】〖水っ▼洟〗〈名〉水のようにうすく、ぽたぽたたれる鼻汁《はなじる》。

みずっぽ・い【水っぽい】〈形〉水気が多くて、味がうすい。例水っぽいコーヒー。

みずでっぽう【水鉄砲】〈名〉つつの先から水を飛ばして遊ぶおもちゃ。

ミステリアス〈形動〉なぞめいている。神秘《しんぴ》的。◇mysterious

ミステリー〈名〉❶ふしぎなこと。神秘的なこと。❷推理小説。◇mystery

みす・てる【見捨てる】〖見▽棄てる〗〈動下一〉❶助けを必要としている相手を、そのままほうっておく。❷見かぎる。類見はなす。

みずどけい【水時計】〈名〉むかしの時計の一つ。小さい穴から水を落として、下にたまった水の分量で時間をはかるもの。漏刻《ろうこく》。

みずとり【水鳥】〈名〉川や湖などの水べにすみ、水中の魚を食べて生活する鳥。足に水かきが発達している。カモやハクチョウなど。「みずどり」ともいう。

みずに【水煮】〈名〉味をつけず、水だけで煮ること。うすく塩を入れることもある。

みずのあわ【水の泡】〈名〉水に浮くあわはすぐに消えて、あとになにも残らないことから、努力が実をむすばないで、だめになることをいうことば。類水泡《すいほう》に帰する。

みずのえ〖▼壬〗〈名〉十干《じっかん》の第九番目。

参考「水の兄《え》」の意味。↓じっかん〔十干〕

みずのと〖▼癸〗〈名〉十干《じっかん》の第十番目。

参考「水の弟《と》」の意味。↓じっかん〔十干〕

みずのみびゃくしょう【水飲み百姓・水▼呑み百姓】〈名〉〔歴史〕むかし、自分の田畑を持たないまずしい農民をいったことば。「水呑」「無高《むだか》」ともいう。

みずはけ【水はけ】〖水▼捌け〗〈名〉雨水などがたまらないで、流れたり、しみ込んだりするぐあい。例水はけがわるい。類排水《はいすい》。

みずばしょう〖水▼芭▼蕉〗〈名〉寒い地方の湿原《しつげん》に生える草花。六月ごろ、葉に先だって、大きな花びらのように見える白い苞《ほう》をつける。

みずばしら【水柱】〈名〉水が大量に空中にふき上がって、柱のように見えるもの。例水柱が立つ。

みずばら【水腹】〈名〉❶水を飲みすぎたときの腹の状態。❷空腹を水だけでごまかしている状態。

みずひき【水引】〈名〉❶おくりものの包み紙をむすぶのに使う、特別なひも。ほそいこより数本を、水のりでかためたもの。例水引をかける。↓のし〔熨斗〕絵 ❷〔植物〕しめった土地に生える雑草。夏から秋、紅白の小さな花を、

みず（水）

みず＝み（古語）

〔水の循環〕

泉＝いずみ ＝いず・み ＝いず（＝出る）み（＝水） ＝わき水

水上＝みなかみ ＝み・な・かみ ＝み（＝水）な（＝の）かみ（＝上） ＝水の上 ＝上流

垂水＝たるみ ＝たる・み ＝たる（＝垂れる）み（＝水） ＝落ちる水 ＝滝

源＝みなもと ＝み・な・もと ＝み（＝水）な（＝の）もと（＝本） ＝水の本 ＝水源

水分＝みくまり ＝み・くまり ＝み（＝水）くまり（＝配り） ＝水配り

水面＝みなも ＝み・な・も ＝み（＝水）な（＝の）も（＝面） ＝水の面

澪標＝みおつくし ＝みお・つ・くし ＝みお（＝水緒）つ（＝の）くし（＝串） ＝水緒の串 ＝水脈を示すくい

港＝みなと ＝み・な・と ＝み（＝水）な（＝の）と（＝戸） ＝水の戸 ＝水の入り口

汀＝みぎわ ＝み・ぎわ ＝み（＝水）ぎわ（＝際） ＝水際

〔水と器〕

コップの水
茶わんの水
かめの水
水槽《すいそう》の水

コップ／茶わん／かめ／水槽 ｝**に水を**｛ 満たす／張る／いっぱいにする

水鏡《みずかがみ》

水を打ったように静まりかえる

水を打つ
打ち水をする

筧《かけい》＝掛け樋《かけひ》

かけいの水
水の滴《したた》り（ぽたりぽたり ちょろちょろ）

〔水量〕

満満と水をたたえた池

水しぶきをあげる
水泳ぎ

水ぎわだったプレー

雨のあとの水たまり

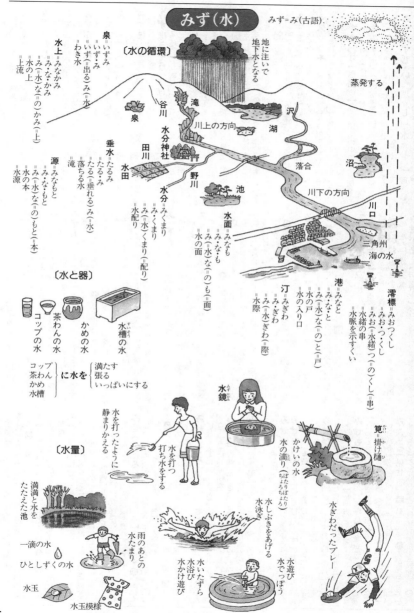

一滴の水
ひとしずくの水

水玉

水玉模様

水いたずら
水浴び
水かけ遊び

水遊び
水でっぽう

花軸《かじく》にまばらにつける。みずひきぐさ。参考 ①は、祝いごとには紅白や金銀、不幸のときには黒白にそめたものを使う。

みずびたし【水浸し】〈名〉ものがすっかり水につかった状態。例 水浸しになる。類 冠水《かんすい》。

みずぶき【水拭き】〈名・する〉水につけてしぼった雑巾《ぞうきん》や布巾《ふきん》でふくこと。対 から拭き。

みずぶくれ【水膨れ】〈名〉からだのある部分の皮膚《ひふ》の下に水分がたまって、ふくれたもの。類 水疱《すいほう》。

ミスプリント〈名〉「誤植《ごしょく》」のこと。◇misprint

みずべ【水辺】〈名〉海・湖・川などの、すぐそば。水のほとり。類 水ぎわ。岸べ。

みずほ〖▼瑞穂〗〈名〉みずみずしいイネの穂。例 瑞穂の国(=日本の美称《びしょう》)。

みずぼうそう【水ぼうそう】〖水▼疱▼瘡〗〈名〉子どもに多い伝染《でんせん》病の一つ。ウイルスによっておこり、熱が出て、全身にぼつぼつができ、水分がたまる。水痘《すいとう》。

みすぼらし・い〈形〉外見がまずしそうである。例 みすぼらしいかっこう。類 わびしい。

みずまくら【水枕】〈名〉ゴムなどでつくったふくろ状のまくら。中に水や氷を入れて、病人の頭を冷やすのに使う。類 氷まくら。

みずまし【水増し】〈名・する〉❶飲みものなどに水をくわえて量をふやすこと。❷金額などを正しい額よりこっそりと少し高くすること。例 料金を水増しして請求《せいきゅう》する。類 上乗《うわの》せ。
方言 東北では、「洪水《こうずい》」の意味でも使う。

みすま・す【見澄ます】〈動五〉気をつけてよく見る。例 油断を見澄まして攻撃する。

ミスマッチ〈名〉組み合わせ方がまちがっていること。例 服と靴がミスマッチだ。類 ミスフィット。アンバランス。◇mismatch

みずまわり【水回り】〈名〉建物の中で、水を使うところ。台所・風呂場・トイレなど。

みすみす〈副〉目の前に見ているのに、または、この先どうなるかわかっているのに、なにもできないでいるくやしい気持ちを表わすことば。例 みすみす犯人をとりにがした。

みずみずし・い〖▼瑞々しい・水々しい〗〈形〉❶とれたてで新鮮《しんせん》だ。例 みずみずしいくだもの。❷わかわかしく、いきいきしている。例 みずみずしいはだ。みずみずしい感覚。

みずむし【水虫】〈名〉皮膚《ひふ》病の一つ。足の指のあいだや裏などにできる水ぶくれ。かゆくてなおりにくい。

みずもの【水物】〈名〉❶水分の多い飲食物。❷変わりやすく、結果を予測しにくいもの。例 勝負は水物だ。

みずもれ【水漏れ】〈名・する〉水がもれること。例 水漏れを防ぐ。類 漏水《ろうすい》。

みずや【水屋】〈名〉❶寺や神社で、お参りする人が手を洗い清めるところ。❷茶室で、茶器を洗ったり、しまったりするところ。
方言 関西などでは、「食器棚《だな》」の意味でも使う。

みずようかん【水ようかん】〖水羊▼羹〗〈名〉寒天に砂糖やあんを加えてまぜ、冷やしてかためた、水分の多いようかん。

み・する【魅する】〈動サ変〉抵抗《ていこう》できないようなふしぎな力で、人の心をひきつける。例 悪魔《あくま》に魅せられる。魅せられた魂《たましい》。類 魅惑《みわく》する。魅了《みりょう》する。

みずわり【水割り】〈名〉ウイスキーなどの酒を、水でうすめた飲み物。

みせ【店】〈名〉❶品物を売って、商業をいとなむ家。商店。例 店を出す。店を開ける(=その日の開店)。店をしめる(=営業中止も、その日の閉店もいう)。店を開く(=営業開始も、その日の開店もいう)。店を閉じる(=営業中止も、その日の閉店もいう)。店をしまう(=営業中止も、その日の閉店もいう)。店をたたむ(=営業中止)。店開き。店じまい。❷商品をならべて売る場所。店舗《てんぽ》。▽類 ショップ。ストア。参考「見せ棚《だな》」から。

みせいねん【未成年】〈名〉まだ成年に達していない人。未成年者。→せいねん〔成年〕

みせかけ【見せかけ】〈名〉うわべだけそのように見せること。例 見せかけのやさしさ。類 いつわり。にせ。フェイク。

みせか・ける【見せかける】〈動下一〉表面をつくって、ちょっと見たところでは、いかにもそう見えるようにする。例 本物らしく見せかけたにせ物。

みせがね【見せ金】〈名〉取り引きする相手を信用させるために見せるお金。

みせがまえ【店構え】〈名〉商店の建物のつくりや、その規模。例 堂々たる店構え。しゃれた店構え。

みせさき【店先】〈名〉商店の前。商店の入り口のあたり。類 店頭。

みせじまい【店仕舞い】〈名・する〉❶その日の商売をおえること。❷商売をやめて、店をとざすこと。▽対 店開き。類 閉店。

みせしめ【見せしめ】〈名〉ほかの人が同じようなことをしないよう、わるいことをした人を罰《ばっ》して、みなに見せること。例 見せしめにする。ほかへの見せしめ。

ミセス〈名〉結婚《けっこん》している女性。奥様。◇Mrs. 参考 英語では、既婚《きこん》女性の姓または名・姓の前につけて、「…さん」「…夫人」の意味を表わす。

みせつ・ける【見せつける】〈動下一〉❶いかにも自慢《じまん》げに、わざと人の目に入るようにする。例 仲むつまじいようすを見せつける。類 見せびらかす。誇示《こじ》する。❷目に見える形で、強く印象づける。例 大差の勝利で実力の差を見せつけた。水害のおそろしさをまざまざと見せつけられた。類 思い知らせる。

みせどころ【見せ所】〈名〉得意としているわざを、人にじゅうぶんに見てもらうことができる場面や状況《じょうきょう》。例 ここがうでの見せ所だ。

みぜに(身銭)**をき**(切)**る** 自分ではらわなくともすむのに、あえて自分で費用を出す。類 自腹を切る。

みせば【見せ場】〈名〉芝居《しばい》や映画などの中で、とくにすばらしい、人に見せるだけのねうちのある場面。例 見せ場をつくる。類 見どころ。

みせばん【店番】〈名〉店の番をすること。また、その人。

みせびらか・す【見せびらかす】〈動五〉とくいに思っている持ち物などを自慢《じまん》して、やたらに人に見せる。類 見せつける。ひけらかす。誇示《こじ》する。

みせびらき【店開き】〈名・する〉❶その日の商売をはじめること。❷あたらしく店を出して商売をはじめること。▽対 店じまい。類 開店。オープン。

みせもの【見世物】〈名〉❶料金をとって、大勢の人にめずらしいものや曲芸などを見せること。また、そのもよおし。例 見世物小屋。❷まわりの人から、おもしろがられて見られること。例 いい見世物になる。

み・せる【見せる】一〈動下一〉❶人が見ることができるようにする。例 医者に見せる。手紙を見せる。❷外

からもわかるようにする。例えがおを見せる。つかれを見せる。おとろえを見せる。❸よくわからせる。例目にもの見せる(→「め〔目〕」の子項目)。痛いめを見せる。

二〈補動下一〉〔みせる〕(「…てみせる」の形で) ❶話し手の強い気持ちを表わす。例どんなことがあってもやりとげてみせるぞ。❷ほかの人にわかるように、ある動作などをすることを表わす。例先生がまずやってみせた。

敬語 謙譲《けんじょう》語としては、「お見せする」のほか、「お目にかける」「御覧《ごらん》に入れる」などを使う。

表記 (1)医者に診察《しんさつ》をしてもらう意味では、「診せる」とも書く。(2)美しい容姿《ようし》やすぐれた技を見せて人を魅了《みりょう》する意味で使う場合は、俗《ぞく》に「▽魅せる」とも書かれる。

みぜん【未然】〈名〉まだ、その状態や事態になっていないこと。あるいは、まだ、その動作がおきていないこと。例未然にふせぐ。未然に食いとめる。

みぜんけい【未然形】〈名〉〔文法〕用言や助動詞の活用形の一つ。打ち消しを表わす助動詞「ない」や、意志・推量を表わす助動詞「う」「よう」がつづく形。「書かない」「書こう」「よかろう」の、「書か」「書こ」「よかろ」など。

みそ〘味▼噌〙〈名〉❶調味料の一つ。むした大豆《だいず》をくだき、塩とこうじをまぜて、発酵《はっこう》させてつくる。長野県の「信州みそ」などが有名。例みそしる。みそづけ。酢《す》みそ。❷「①」に似《に》たようすをしているもの。例カニのみそ。ぬかみそ。脳みそ。❸ちょっとしたくふうがこらしてあるところ。例これは、どこへでも持って歩けるところがみそだ。手前みそ。

表現 「みそ」はいい意味でもわるい意味でも使えることばである。③は長所の意味を表わす。ところが、「あの人は、この事件でみそをつけた」といえば、今までの名声にきずがついたことを表わす。

みそもくそも一緒《いっしょ》 よいもわるいも区別しないで、ごちゃごちゃにすること。「くそみそ」ともいう。

みそをつける 失敗して、面目《めんぼく》をうしなう。

みぞ【溝】〈名〉❶地面をほそ長くほって、水の流れる道にしてあるもの。例溝がつまる。溝をほる。類どぶ。❷すじのようにほそく長くつづくくぼみ。例溝をつける。❸ほかの人と気持ちがしっくりいかなくて、へだたりがあること。例溝ができる。

みぞう【未曽有】〈形動〉かつて一度もなかった。例未曽有の大地震《おおじしん》。類空前。破天荒《はてんこう》。前代未聞《みもん》。

みぞおち〘▼鳩▽尾〙〈名〉胸のまんなかあたりの、骨が左右にわかれているところ。急所の一つ。「みずおち」ともいう。

みそか〘三▽十日・▼晦日〙〈名〉月の最後の日。対ついたち。類つごもり。→おおみそか

みそぎ〘▼禊〙〈名〉川でからだを洗い清めること。神にいのる前、あるいは身にけがれや罪のあるときに、それをはらうために行なう。例みそぎをすます。

みそくそ〘味▼噌▼糞〙〈名〉何の見きわめもなく、めちゃくちゃに言う言いかた。例みそくそにののしる。類くそみそ。ぼろくそ。

みそこな・う【見損なう】〈動五〉❶その人の評価をあやまる。例見損なってはこまる。❷見る機会をのがす。例映画を見損なう。類見のがす。

みそさざい〘▼鷦▼鷯〙〈名〉小鳥の一種。こげ茶色でスズメに似《に》ているが、ずっと小さい。動作がすばやく、美しい声で鳴く。山間にすみ、冬は人里近くにうつる。

みそじ〘三▽十路〙〈名〉「三〇歳」の古風な言いかた。

みそしる【みそ汁】〘味▼噌汁〙〈名〉野菜や豆腐《とうふ》などを煮《に》て、みそで味つけした汁。参考 ご飯につけて出すことから、「おつけ」「おみおつけ」ともいう。

みそっかす〘味▼噌っ▼滓〙〈名〉子どものあいだで、なかまとして、一人前にあつかってもらえない子。由来 もともとは、みそをこしたあとに残るかすのこと。価値のないもののたとえとして使った。

みそづけ【みそ漬け】〘味▼噌漬け〙〈名〉みそに魚や肉や野菜を漬けた食べ物。

みそっぱ【みそっ歯】〘味▼噌っ歯〙〈名〉子どもの歯で、虫歯になって欠けたり、黒くなったりしている歯。

みそひともじ〘三▽十一文字〙〈名〉和歌、とくに短歌のこと。五・七・五・七・七、計三十一の音で作られていることからできた、古い言いかた。

みそ・める【見初める】〈動下一〉はじめて会ったばかりなのに、その人に恋心《こいごころ》をいだく。類一目ぼれする。

みそら【身空】〈名〉人のおかれた状態。例若い身空。旅の身空。類身の上。

みぞれ〘▼霙〙〈名〉〔気象〕雨と雪がまじって降るもの。天気図の記号は◒。

みたいだ〈助動〉❶あるものごとをほかのものごとにたとえていうときに使う。例夢《ゆめ》みたいな話。❷同じようなものの中の、一つの具体的な例を示すのに使う。例すいかみたいな水気の多いくだもの。❸ふたしかだが、たぶんそうだという意味を表わす。例熱があるみたいだ。

表現 「ようだ」よりもくだけた言いかた。

接続 名詞、または活用語の連体形につく。ただし、形容動詞につくときは、「あっちの方が静かみたいだ」のように、語幹につく。

みたけ【身丈】〈名〉❶⇩みのたけ ❷和服の、肩の線からすその線までの寸法。

みだし【見出し】〈名〉❶新聞や雑誌などで、記事の内容をごく短くまとめ、めだつ活字で印刷したもの。例見出しをつける。見出しがおどる。大見出し。❷辞書や事典の項目《こうもく》となっていることば。例見出し語。

みだしなみ【身だしなみ】〘身▼嗜み〙〈名〉服装などをきちんとすること。例身だしなみがいい。参考 みっともないところを人に見せないように気をつける意味の、「身をたしなむ」から。

みた・す【満たす】〈動五〉❶容器の中に、入るだけのものを入れていっぱいにする。例ガソリンを満たす。❷ほしがっているものをあたえて、満足させる。例満たされない思い。飢《う》えを満たす。心を満たす。条件を満たす。

みだ・す【乱す】〈動五〉きちんとしていたものを、ごちゃごちゃにする。例髪《かみ》を乱す。心を乱す。対整える。

みたて【見立て】〈名〉見立てること。→次項

みた・てる【見立てる】〈動下一〉❶いくつかのものを比べて、よいものを選ぶ。例店員に洋服のサイズを見立ててもらう。❷推断《すいだん》する。例刑事《けいじ》が犯人を見立てる。❸医者が病気を診断《しんだん》する。「診立てる」とも書く。❹そうではないものを、仮にそうだとして代用する。例ものさしを刀に見立てる。類なぞらえる。擬《ぎ》する。たとえる。

みたま〘▽御霊〙〈名〉亡《な》くなった人のたましいを、とうとんでいうことば。例みたまをまつる。

みため【見た目】〈名〉外から見たようす。例見た目が悪い。類見てくれ。外観。外見。見かけ。

みだら【淫ら】〈形動〉男女間につつしみのないようす。

み

ムソルグスキー（1839~81） ロシアの作曲家。交響詩「はげ山の一夜」，組曲「展覧会の絵」など。

みだりに【▽妄りに】〈副〉理由もないのに、かってに。例みだりに立ち入ることを禁ず。類やたらに。

みだれ【乱れ】〈名〉きちんとしていたものが、乱れること。例髪《かみ》の乱れ。心の乱れ。世の乱れ。

みだれと・ぶ【乱れ飛ぶ】〈動五〉あちこち入り乱れて飛ぶ。例座布団《ざぶとん》が乱れ飛ぶ。うわさが乱れ飛ぶ。

みだ・れる【乱れる】〈動下一〉❶きちんとしていたものが、めちゃめちゃになる。例髪《かみ》が乱れる。心が乱れる。対整う。❷秩序《ちつじょ》や規則などがまもられない状態になる。例服装が乱れる。ことばが乱れる。対整う。類荒れる。❸おだやかでなくなる。さわがしくなる。例世の中が乱れる。対おさまる。

みち[1]【道】〖▽路・▽途〗〈名〉❶人や車が通行する場所。例道をあける。道をゆずる。道を横断する。道をつける。道がこむ。道がわかれる。ひろい道。道すじ。道ばた。道はば。小道。類道路。通路。❷どこかへ行く経路。例道をたずねる。道をまちがえる。道にまよう。道しるべ。類ルート。コース。❸道のり。例道が遠い。道が長い。道がはかどる。道を急ぐ。栄光への道。千里の道も一歩から。日暮れて途《みち》遠し(→「ひ〔日〕」の子項目)。類行程。道程。❹人の考えや行動のすじ道で、当然そうあるべきだと考えられるいきかた。例道を修める。道を説く。道をあやまる。道にそむく。悪の道。人の道。類道徳。倫理《りんり》。❺うまくやってのけるやりかた。例道を開く。なんとかして助ける道はないだろうか。類方法。❻方面。専門領域。例その道の大家。それぞれの道で活躍《かつやく》する。類分野。▽アミチ →囲み記事51(下)

道が開《ひら》**ける** 進むべき方向や、問題の解決法がわかり、将来に希望をもてるようになる。

道無《な》**き道** 道がなく、自分で切りひらいて進んでいかなければならないところ。

道をつける ❶つながりをつくる。例交渉《こうしょう》への道をつける。❷方法を見つけ出す。例新エネルギー開発に道をつける。

みち[2]【未知】〈名〉まだわかっていないこと。例未知の世界。未知数。対既知《きち》。アミチ

みちあんない【道案内】〈名〉❶⇩みちしるべ① ❷〈する〉道順を教えること。また、その人。類ガイド。

みぢか【身近】〈名・形動〉自分にもかかわりのあること。自分に近いところ。例身近な問題。身近で起きた事件。類手近。

みちが・える【見違える】〈動下一〉見たときにほかのものだと思ってしまう。例わずかのあいだに見違えるほど上達した。類見あやまる。見まちがう。見まがう。

みちかけ【満ち欠け】〈名〉月が満月になったり、欠けていったりすること。例月の満ち欠け。

みちくさ【道草】〈名・する〉目的地へ行く途中《とちゅう》、また、目標にむかって努力をつづけている途中で、ほかのことに時間を費《つい》やすこと。例道草をくう。道草をする。

道草を食《く》**う** 目的のところへ行く途中《とちゅう》で、ほかのことをして時間をむだにする。

みちしお【満ち潮】〈名〉海水が海岸の方へよって、海面が高くなっていくこと。対引き潮。下げ潮。干潮。類上げ潮。満潮。

みちじゅん【道順】〈名〉目的地へ行くのにとおる、道の順序。例道順を教える。

みちしるべ【道しるべ】〖道▽標〗〈名〉❶道ばたにたてて、行き先や距離《きょり》を示すもの。道案内。類道標《どうひょう》。❷人を教えみちびく手本となるもののたとえ。例人生の道しるべ。

みちすう【未知数】〈名〉❶〔数学〕方程式の中の、まだ値《あたい》のわからない数。対既知《きち》数。❷そのものが、将来どうなるかわからないこと。例かれの才能には未知数の部分がある。

みちすがら【道すがら】〈副〉道を進みながら、その途中《とちゅう》で。例道すがら考える。類道道。

みちすじ【道筋】〈名〉❶通っていく道。例パレードの道筋。類コース。❷考えをすすめていく経過。例思考の道筋。類過程。

みちた・りる【満ち足りる】〈動上一〉十分に満足する。例まずしいけれど、今の生活は満ち足りています。

みちづれ【道連れ】〈名〉旅などで、いっしょに行くこと。また、その人。例旅は道連れ世は情け(→「たび〔旅〕」の子項目)。類同行。

みちならぬ【道ならぬ】〈連体〉道徳にはずれている。やや古い言いかた。例道ならぬ恋《こい》。

みちのえき【道の駅】〈名〉幹線道路ぞいにつくら

囲み記事 51

「道」の諸相

道は一つ 「道」ということばには、たくさんの意味があるようにみえるが、根本は一つで、「行きたいところへみちびくもの」である。本文の項目に示す意味の①②③は具体的な通路、④⑤⑥は抽象《ちゅうしょう》的なすじ道である。人間は、なにもないところにまず道をつくる(①)。その道は必ずどこかへ通じる(②)。だから、行きたいところへ行く旅の道すじができる(③)。人は、心のなかにも道をつくる(④)。その道はそれぞれの目的にむかう(⑤)。そこに行きつけた人には、「ツー」といえば「カー」とわかる道ができる(⑥)。

道のいろいろ むかしの旅になくてはならないのは、街道《かいどう》であった。江戸時代の幹線道路であった五街道は、東海道・中山道《なかせんどう》・奥州《おうしゅう》街道・日光街道・甲州《こうしゅう》街道。

現在、「道」は、所有者の種類のちがいによって公道と私道に分かれる。公道は、管理する行政組織によって、国道・県道・都道・市道・町道・村道・区道に分かれる。公私にかかわらず、農地には、農道がある。

道の形や道の通じかたから、一本道・分かれ道・岐路《きろ》・迷路《めいろ》・迂回路《うかいろ》・裏道・近道・早道・捷径《しょうけい》・間道《かんどう》・抜け道・脇道《わきみち》・路地・袋小路《ふくろこうじ》など、さまざまな道がある。外来語もよく使われる。国道級のひろい道はハイウェー、街の大通りはストリート、なかでも目抜きの通りはメインストリートで、アベニューやブールバールは、しゃれた感じがする。

道のことわざや慣用句 「急がば回れ」は、遠いようでも確実な道を行くのが結局は早道だという教え。「学問に王道なし」の王道は、覇道《はどう》に対する王道とはちがって、便法《べんぽう》ということ。「振り出しにもどる」は、双六《すごろく》のことばを借りて、出発点にもどること。

ムッソリーニ (1883～1945) イタリアの政治家。ファシスト党党首。第二次世界大戦で連合国に敗北。

み

れ、その土地の特産品の直売や情報発信なども行なわれる、ドライバーのための休憩《きゅうけい》施設《しせつ》。

みちのく【▽陸▽奥】〈名〉おおまかに東北地方をさしていった、古い言いかた。

みちのり【道のり】『道▽程』〈名〉目的地までの道の長さや、遠さ。例長い道のり。列車で三時間の道のり。学校まで五キロの道のりがある。類道程。行程。

みちばた【道端】〈名〉道にそったところ。道のほとり。例道端にさく花。類路傍《ろぼう》。

みちひ【満ち干】〈名〉海面が高くなったり低くなったりすること。満ち引き。例潮の満ち干。類干満《かんまん》。潮汐《ちょうせき》。参考月や太陽の引力および地球の自転が原因で、ほぼ一日に二回、規則的におこる。高くなったときを満潮、低くなったときを干潮という。

みちひき【満ち引き】〈名〉⇩みちひ

みちびき【導き】〈名〉いろんなことを教えたり、指導したりすること。例今後とも よろしくお導きのほど お願い申し上げます。

みちび・く【導く】〈動五〉❶目的のところにつれていく。道案内をする。例広間へ導く。❷もっとよい方にすすめるように教える。例老師に導かれてわたしは宗教の世界に入った。類指導する。❸よい結果になるように、ひっぱっていく。例かれが、チームを優勝へ導いた原動力だ。類リードする。

表現「導く」は、もともと、よい方へひっぱることだが、ときに「国を戦争へ導く政策」というように、よくない方へひっぱることにいう場合もある。

みちぶしん【道普請】〈名〉道路工事。

みちみち【道道】〈副〉道を歩きながら。途中《とちゅう》で。例道々考える。類道すがら。

みちみ・ちる【満ち満ちる】『▽充ち満ちる』〈動上一〉「満ちる」を強めた言いかた。あふれるほどにいっぱいになる。例自信に満ち満ちた態度。

みちゃく【未着】〈名〉まだ到着していないこと。

みちゆき【道行き】〈名〉❶歌舞伎《かぶき》などで、男女が、かけおちや心中のために、連れだって行く場面。❷昔の文体のひとつで、旅先の景色や感じたことを七五調で書いた文章。❸女性用の、和服のコート。

み・ちる【満ちる】〈動上一〉❶それ以上はむりというところまで、いっぱいになる。例水が満ちる。自信に満ちる。❷期限いっぱいになる。例任期が満ちる。❸月がまるくなる。満月になる。例月が満ちる。対欠ける。❹海面が満潮になる。例潮が満ちる。対干《ひ》る。

常用漢字 **みつ**

【密】宀部8 全11画 ※密密密密密
ミツ 教小6 音[ミツ] ▨密接《みっせつ》。密着《みっちゃく》。密告《みっこく》。密約《みつやく》。密輸《みつゆ》。▨厳密《げんみつ》。親密《しんみつ》。秘密《ひみつ》。

【蜜】虫部8 全14画 ※蜜蜜蜜蜜蜜
ミツ 音[ミツ] ▨蜜月《みつげつ》。蜜蜂《みつばち》。▨蜂蜜《はちみつ》。

[1]**みつ**【密】〈形動〉❶すきまもないほどぎっしりつまっている。例人口の密な地域。❷とぎれることなく、常につながりがある。例連絡《れんらく》を密にする。❸人に知られないように、かくしておく。例はかりごとは密なるをもってよしとする。

表現 感染症《かんせんしょう》の予防の観点から、閉めきった部屋にたくさんの人がいることや、人に接近・接触することを、「密になる」「密を避《さ》ける」のようにいうようになった。

[2]**みつ**【蜜】〈名〉❶あまくて、少しねばりけのある液体。はちみつやシロップなど。例蜜をすう。蜜をかける。❷すっかり熟して甘くなったリンゴの、芯《しん》のまわりにできる半透明の部分。

みつあみ【三つ編み】〈名〉三本の束にした髪《かみ》の毛や三本のひもを交互に編み合わせたもの。とくに女子の髪型についていう。

みっかい【密会】〈名・する〉人と人が、まわりに知られたくないときに、こっそり会うこと。

みっかてんか【三日天下】〈名〉ごく短い期間だけ大きな権力をにぎること。参考明智光秀《あけちみつひで》が織田信長《おだのぶなが》をたおしてから、羽柴秀吉《はしばひでよし》にたおされるまでの短いあいだ天下をとっていたことからいう。

みっか(三日)**にあげず** 毎日のように。たびたび。例三日にあげず見舞《みま》いに行く。

みっかばしか【三日ばしか】『三日▽麻▼疹』〈名〉⇩ふうしん

みっかぼうず【三日坊主】〈名〉あきやすくて、一つのことが長つづきしない人をからかっていうことば。

みつか・る【見つかる】〈動五〉❶さがしていたものやほしかったものが発見される。例仕事が見つかる。犯人が見つかる。❷自分のいるところや、していることを他人に知られる。例不正が見つかる。先生に見つかる。

みつぎ【密議】〈名〉人に知られてはならない、秘密の相談。例密議をこらす。類密談。

みつぎもの【貢ぎ物】〈名〉支配者にさし出す、お金や品物。例貢ぎ物をする。

みっきょう【密教】〈名〉〔仏教〕大日如来《にょらい》を本仏とする秘密の教え。真言《しんごん》宗(=東密)と天台宗(=台密)の二つがある。七、八世紀にインドにおこり、中国をへて、日本につたわった。対顕教《けんきょう》。

みつ・ぐ【貢ぐ】〈動五〉❶支配者にお金や品物などをささげる。類献上《けんじょう》する。❷お金や品物などを おしみなくあたえる。例金を貢ぐ。

ミックス〈名・する〉まぜること。まぜたもの。混合。例ミックスサンド。ホットケーキミックス。◇mix

みづくろい【身繕い】〈名・する〉服装などをきちんとととのえること。類身ごしらえ。身じたく。身じまい。

みつくろ・う【見繕う】〈動五〉おおまかな条件にそって品物をそろえる。類見はからう。

みつげつ【蜜月】〈名〉❶結婚《けっこん》したばかりの時期。蜜のようにあまい一か月間。例蜜月旅行(=ハネムーン)。❷おたがいの関係がとてもうまくいっている時期。例両国の蜜月時代。

みつ・ける【見つける】『見付ける』〈動下一〉❶さがしていたものやほしかったものを発見する。例仕事を見つける。犯人を見つける。❷人のいるところやしていることを、見て知ってしまう。例悪事の現場を見つける。類見いだす。❸いつも見なれている。例見つけた風景。

みっこう【密航】〈名・する〉❶かくれて船に乗りこんで航海すること。とくに、そうして外国へ行くこと。例密航者。❷船が、きまりをやぶって航海すること。例密航船。

みっこく【密告】〈名・する〉人の悪事や人に知られては困ることを、警察や他人にこっそり告げること。

み(三)**つご**(子)**のたましい**(魂)**ひゃく**(百)**まで** 三歳《さい》の子どものたましいは、百歳までかわらないとい

 陸奥宗光(むつむねみつ) (1844～97) 明治の外交官・政治家。伊藤博文内閣の外相。英国との条約改正に成功。

うことで、小さいころの性質は一生かわるものではない、ということ。類すずめ百までおどり忘れず。

みっし【密使】〈名〉敵の目にふれないように、こっそり送られる使者。例密使をたてる。

みっしつ【密室】〈名〉❶しめきってあって、どこからも出入りができない部屋。例密室殺人。❷人に知られないようにした、秘密の部屋。

みっしゅう【密集】〈名・する〉たくさんのものが、すきまもなくびっしり集まっていること。例人家が密集する。類稠《ちゅう》密《みつ》。

みつしゅっこく【密出国】〈名・する〉法律に違反《いはん》して、ひそかに出国すること。対密入国。

みっしょ【密書】〈名〉敵に知られてはならない、秘密の手紙。

ミッション〈名〉❶「トランスミッション」の略。自動車の変速装置。❷使節。使節団。代表団。❸キリスト教の伝道。また、伝道団体。❹使命。任務。◇mission

ミッションスクール〈名〉キリスト教の団体が、キリスト教の精神を基本にした教育を行なうためにつくった学校。◇mission school

みっしり〈副〉⇩びっしり

みっせい【密生】〈名・する〉草木などがすきまなく、びっしりはえていること。

みっせつ【密接】一〈名・する〉すきまもないくらい、近くにくっついていること。例工場が密接する地域。
二〈形動〉きりはなすことができないくらいふかい関係である。例密接な関係。類緊密《きんみつ》。

みっそう【密葬】〈名・する〉葬式を身内の者だけで、うちうちに行なうこと。また、その葬式。対本葬。

みつぞう【密造】〈名・する〉法律で禁じられているものを、かくれてつくること。例密造酒。

みったくない（方言）みっともない。北海道で言う。

みつだん【密談】〈名・する〉人に知られないようにひそかに話しあうこと。例密談をかわす。類密議。

みっちゃく【密着】〈名・する〉❶少しもすきまがないくらいに、ぴったりくっつくこと。例生活に密着する。密着取材。地域密着型のサービス。❷写真で、拡大しないで、フィルムと同じ大きさに焼きつけること。また、それを焼きつけた印画紙。ベタ。

みっちり〈副〉内容が充実《じゅうじつ》しているようす。例今日はみっちり勉強した。みっちりと油をしぼられた。

みっつ【三つ】〈名〉❶二の次の数。み。さん。❷三歳《さい》。また、三個。

みっつう【密通】〈名・する〉結婚《けっこん》している者が、別の相手とひそかに性的関係をもつこと。類不義。姦通《かんつう》。浮気。不倫《ふりん》。

みってい【密偵】〈名〉「スパイ」のこと。やや古めかしい言いかた。

ミット〈名〉野球で、キャッチャーとファーストが手にはめる、革製《かわせい》の捕球《ほきゅう》用具。類グラブ。◇mitt

みつど【密度】〈名〉❶一定の面積や体積の中に、人やものがどのくらいつまっているか、その割合。例密度が高い。人口密度。❷〔物理〕ある物質の単位体積あたりの質量。ふつうは重量と考えてよい。例密度が大きい。❸内容が充実《じゅうじつ》しているかどうかの度合い。多く、小説や論文、映画などの評価でいう。例密度がこい。

ミッドフィールダー〈名〉サッカーで、フォワードとディフェンダーの間に位置して、おもにフィールド中央で攻撃と守備の両方にかかわる役。「ミッドフィルダー」ともいう。MF。◇midfielder

みつどもえ【三つどもえ】〖三つ▼巴〗〈名〉❶三つのものが入り乱れて、たがいに追いかけたり、からみ合ったりしていること。例三つどもえの戦い。❷三つの「ともえ」をくみ合わせたもよう。→ともえ絵 注意①は、「四つどもえ」などの形で使われることもあるが、本来はあやまり。

みっともな・い〈形〉はずかしくて、とても人に見せられない。例みっともない服装。類見ぐるしい。みにくい。
参考「見とうもない（=見たくもない）」からできたことば。

みつにゅうこく【密入国】〈名・する〉法律に違反《いはん》して、ひそかに入国すること。対密出国。

みつば【三つ葉】〈名〉山野に生え、また、栽培《さいばい》もされる多年草。茎《くき》はほそ長く、葉は三つにわかれる。かおりがつよく、吸いものなどに入れて食べる。

みつばい【密売】〈名・する〉法律で売買を禁じられているものを、ひそかに売ること。例密売人《にん》。

みつばち〖蜜蜂〗〈名〉ハチの一種。小形で、一つの巣に、一匹《ぴき》の女王バチと数万匹の働きバチ（=すべて雌《めす》）、それに春の繁殖《はんしょく》期には数百匹の雄《おす》が加わって集団生活をする。蜂蜜とろうをとるために飼《か》われる。

みっぷう【密封】〈名・する〉すきまなく封をして、とじること。例密封された書類。

みっぺい【密閉】〈名・する〉どこにもすきまがないようにして、とじること。例容器を密閉する。密閉空間。

みつぼうえき【密貿易】〈名〉法律にそむいて、ひそかに行なわれる貿易。類密輸。

みつまた[1]【三つまた】〖三つ▼叉〗〈名〉❶川や道路が三つにわかれているところ。❷先がY字形になっている棒。高いところへ物をかけるのに使う。❸電気などの配線を二本に分ける部分で使う器具。例三つまたソケット。

みつまた[2]〖三つ▼椏〗〈名〉樹皮の繊維《せんい》を和紙の原料とするために栽培《さいばい》される落葉低木。枝《えだ》が三本ずつにわかれる。

みつまめ【蜜豆】〈名〉あまい食べものの一つ。小さく切った寒天やくだものに、ゆでた赤えんどう豆などをくわえて、シロップをかけたもの。

みつ・める【見つめる】〖見詰める〗〈動下一〉目をほかへむけないで、じっと見つづける。例穴のあくほど見つめる。類凝視《ぎょうし》する。見すえる。見入る。

みつもり【見積もり】〈名〉数量や金額がどのくらいになるか、前もって計算すること。例見積もりをたのむ。見積もりを出す。見積書。類算定。表記「見積書」のような複合語の場合は、送りがなは付けない。

みつも・る【見積もる】〈動五〉ものの数や量を前もって予想して計算する。とくに、必要な金額をおおまかに計算する。例すくなく見積もる。経費を見積もる。類算定する。

みつやく【密約】〈名・する〉ほかの人に知られないように、ひそかに約束をとりかわすこと。その約束。例両国間の密約が明るみにでる。

みつゆ【密輸】〈名・する〉法律にそむいて、ひそかに品物を輸入したり、輸出したりすること。類密貿易。

みつゆしゅつ【密輸出】〈名・する〉法律にそむいて、ひそかに品物を輸出すること。対密輸入。

みつゆにゅう【密輸入】〈名・する〉法律にそむいて、ひそかに品物を輸入すること。対密輸出。

みつゆび【三つ指】〈名〉すわってていねいにおじぎをするときに、畳《たたみ》や床《ゆか》につける、親指・人さし指・中指の、

棟方志功（むなかたしこう）（1903～75）　版画家。おもに仏教や故郷青森の文化を題材にした力強い版画を作った。

三本の指。例三つ指をつく。

みづら・い【見づらい】〖見▽辛い〗〈形〉見にくい。例印刷が悪くて見づらい。

1**みつりょう**【密猟】〈名・する〉法律にそむいて、ひそかに鳥やけものをとらえること。

2**みつりょう**【密漁】〈名・する〉法律にそむいて、ひそかに貝や魚などをとること。

みつりん【密林】〈名〉ジャングル。

みつろう【蜜▼蠟】〈名〉ミツバチが巣をつくるときにからだから出すもの。巣を加熱しながらおしつぶしてとりだし、ろうそくやクレヨンなどの原料とする。

みてい【未定】〈形動〉まだきまっていない。例詳細は未定です。対既定《きてい》。

みていこう【未定稿】〈名〉完成に近いところまでできあがっているが、書いた本人が、完成して外部に出せるとは思っていない原稿。対決定稿。

みてくれ【見てくれ】〈名〉外から見たようす。くだけた言いかた。例見てくれを気にする。見てくれがいい。類見た目。外観。見場《みば》。体裁《ていさい》。

みてと・る【見て取る】〈動五〉外にあらわれたようすから、人の気持ちやものごとの状況《じょうきょう》をつかむ。類読みとる。察する。

み(見)てみ(見)ぬふ(振)り ⇩「みる」の子項目

みてる(方言) なくなる。広島・山口などで言う。例醬油《しょうゆ》がみてた。

みとう【未到・未踏】〈名〉❶[未到] まだだれもそこに行きついた人がいないこと。例前人未到。❷[未踏] まだその辺を人が歩いたことがないこと。例未踏の領域に入る。未踏峰《ほう》。人跡《じんせき》未踏。

みとおし【見通し】〈名〉❶もののあいだをとおして、遠くまで見えること。例見通しの利《き》く場所。見通しの悪い交差点。❷「こうなっていくだろう」といった予測。例見通しがたつ。見通しがつく。見通しをつける。…の見通しとなる。景気の見通し。明るい見通し。類みこみ。

みとお・す【見通す】〈動五〉❶もののあいだをとおして、遠くまで見る。例むこうまで見通す。❷「こうなっていくだろう」と予測する。例将来を見通す。類見こす。❸他人の心やものごとのかくされた部分を正しく判断して知る。例心を見通す。類見すかす。見ぬく。↓おみとおし

❹はじめから終わりまで、つづけて見る。

みとが・める【見とがめる】〖見▼咎める〗〈動下一〉❶怪しいとみて、問いただす。例警官に見とがめられる。❷好ましくない行為《こうい》を非難する。例いたずらを見とがめる。

みどく【味読】〈名・する〉内容を理解するだけでなく、じっくり味わいながら本を読むこと。類熟読。

みどころ【見所】〈名〉❶映画やスポーツなどで、注意して見る価値がある部分。例この試合の見所は両投手の投げあいだ。類見せ場。❷将来の可能性をしめす特質。例かれはなかなか見どころのある若者だ。

ミトコンドリア〈名〉〔生物〕細胞《さいぼう》の中にたくさんある、つぶ状や棒状の器官。酸素からエネルギーをつくりだす。◇mitochondria

みとど・ける【見届ける】〈動下一〉ものごとがどうなるか、終わりまで見る。例最期《さいご》を見届ける。

みとめ【認め】〈名〉「認め印《いん》」の略。

みとめいん【認め印】〈名〉ふだん使うはんこ。略して「みとめ」ともいう。例認め印をおす。対実印。

みと・める【認める】〈動下一〉❶目にする。その存在に気づく。例すがたを認める。異状が認められる。類認識《にんしき》する。❷「その通りだ」と判断する。例必要と認める。正当と認める。類認定《にんてい》する。❸高い価値があるものだと評価する。例仕事ぶりを認める。価値を認める。世に認められる。❹じゅうぶん理由があるものと判断する。例異議を認める。外出を認める。類許可する。承認《しょうにん》する。❺うけ入れる。例負けを認める。あやまりを認める。

みどり【緑】〈名〉❶マツの葉のような色。青と黄とのあいだの色。例緑色。類グリーン。緑色《りょくしょく》。❷緑色をした樹木や草の葉。例緑がすくない。緑がふかまる。緑したたる。

表現「みどり」や「グリーン」は、若葉や新緑ということばから連想されるような明るさ、新鮮《しんせん》さ、こころよさなどのイメージをもっている。「緑が丘《おか》」「みどりの窓口」「グリーン車」など、いろいろな名称《めいしょう》にこのんで使われる。

緑の黒髪《くろかみ》 若い女性の、つやつやとした美しい黒髪をほめていうことば。

みどりご〖▼嬰▽児〗〈名〉二、三歳《さい》ぐらいまでの赤ちゃんをいう、詩的な感じのことば。

みとりず【見取り図】〈名〉土地や建物などの配置や面積などを、ひと目で見てとれるように書いた図。

みどりなす【緑なす】〈連体〉❶みどり色をしている。❷つやつやとしている。古い言いかた。例緑なす黒髪。

みどりのひ【みどりの日】〈名〉国民の祝日の一つ。五月四日。「自然に親しむとともにその恩恵《おんけい》に感謝し、豊かな心をはぐくむ」ための日。

みどりむし〖緑虫〗〈名〉微《び》生物の一種。からだは紡錘《ぼうすい》形で、しっぽのような一本の鞭毛《べんもう》で運動し、植物のように光合成《こうごうせい》を行なう。ユーグレナ。

みと・る〖▽看取る〗〈動五〉病人などのそばについていて、せわをする。例最期《さいご》をみとる(=死ぬときにそばにいて、その死を見とどける)。類看護する。

みと・れる【見とれる】〈動下一〉心をうばわれて、たださっとりとして見る。例景色に見とれる。類見ほれる。

みどろ〈接尾〉べとべとしたきたないものにまみれている、という意味を表わす。例汗《あせ》みどろ。血みどろ。

ミトン〈名〉親指の部分だけが分かれたかたちの手袋《てぶくろ》。◇mitten

みな【皆】〈名・副・代名〉「みんな」の改まった言いかた。

皆が皆 全部のものが。例皆が皆悪人というわけではない。参考多く、あとに打ち消しのことばがくる。

みなおし【見直し】〈名〉❶いちど見たものをもういちど注意しながら見ること。例答案の見直しがすむ。❷もういちど調べて、改善の方法を考えること。例計画の見直しにかかる。類再検討。再考。

みなお・す【見直す】〈動五〉❶いちど見たものをもういちど注意しながら見る。例答案を見直す。類見返す。❷もういちど調べて、改善の方法を考える。例政策を見直す。類再検討する。再考する。❸前に思っていたよりも、よいと思うようになる。例わが子を見直す。

みなかみ〖▽水上〗〈名〉川の上流。類川上。

みなぎ・る〖▼漲る〗〈動五〉今にもあふれでそうなほど、いっぱいにみちる。例生気がみなぎる。

みなげ【身投げ】〈名・する〉死のうとして川や海などに飛びこむこと。類投身。

みなごろし【皆殺し】〈名〉一人残らず殺すこと。

み

 ムハンマド (570?～632) イスラム教の開祖。啓示を受けアッラーのみが唯一の神であると説いた。

みなさま【皆様】 一〈名〉❶そこにいるすべての人をさしていう尊敬語。例ご列席の皆様。❷相手の家族や仲間をさしていう尊敬語。例皆様によろしくお伝えください。二〈代名〉そこにいる多くの人への呼びかけとしていう尊敬語。例皆様、お聞きください。▽「みなさん」のよりていねいな言いかた。

みなさん【皆さん】〈名・代名〉「みなさま」のややくだけた言いかた。

みなしご【みなし子】〈名〉「孤児《こじ》」のやや古い言いかた。

みな・す【見なす】〖見▼做す・▽看▼做す〗〈動五〉例実際にはどうであっても、そのようなものとしてあつかう。例定刻に集合しない者は棄権《きけん》したものと見なす。

みなそこ【▽水底】〈名〉川や海などの、水の底。

みなづき【▽水無月】〈名〉陰暦《いんれき》で、六月のこと。

みなと【港】〖▼湊〗〈名〉船が安全に停泊《ていはく》できて、船客《せんきゃく》の乗り降りや、船荷《ふなに》の積みおろしができるようになっているところ。例船が港に入る。港町。
参考「水《み》の門《と》」の意味から。

みなとまち【港町】〈名〉港を中心に、さかえている町。

みなまたびょう【▽水▼俣病】〈名〉公害病の一つ。工場の廃液《はいえき》にふくまれている有機水銀が原因。一九五三(昭和二八)年ごろから熊本《くまもと》県水俣市でおこった。水銀の化合物によって、脳や神経がおかされる病気。

みなみ【南】〈名〉方角の一つ。太陽の出る方にむかって、右手の方。地図では下が南にあたることが多い。対北。

みなみアメリカ【南アメリカ】〈名〉アメリカ大陸のうち、南半分の大陸・州。太平洋と大西洋にはさまれ、パナマ地峡《ちきょう》で中央アメリカにつながる。西部をアンデス山脈が走る。南米《なんべい》。

みなみかいきせん【南回帰線】〈名〉南緯《なんい》二三度二七分の緯線。対北回帰線。→かいきせん

みなみかぜ【南風】〈名〉南からふいてくる、あたたかい風。南風《なんぷう》。対北風。

みなみじゅうじせい【南十字星】〈名〉〔天文〕沖縄《おきなわ》など、南の地方で見られる、四つの星。ケンタウルス座にあり、むき合っている星をむすぶと十字になる。

みなみはんきゅう【南半球】〈名〉地球を赤道で半分にわけたときの、南の部分。対北半球。

みなも〖▽水▽面〗〈名〉「水面《すいめん》」の意味の、古風な言いかた。「みのも」ともいう。

みなもと【源】〈名〉❶川の流れでるもとのところ。類水源。❷ものごとのおこり。例文明の源。類起源。

みならい【見習い】〈名〉将来その仕事をするために、手つだいなどをしながら訓練をうけること。また、その人。例見習い看護師。調理師見習い。

みなら・う【見習う】〈動五〉人のすることをまねして、自分もする。例兄を見習う。姉に見習う。

みなり【身なり】〈名〉衣服をつけたようす。例身なりをととのえる。ちゃんとした身なり。類服装。

みな・れる【見慣れる】〈動下一〉いつも見ていて、よく知っている。例見慣れた顔。見慣れた景色。

ミニ 一〈接頭〉「小さい」「小型の」という意味を表わす。例ミニカー。ミニコンポ。二〈名〉「ミニスカート」の略。
◇mini

[1]**みにく・い【見にくい】**〈形〉じゃまなものがあったりして、よく見えない。見づらい。例画面が見にくい。対見やすい。見よい。類見えにくい。

[2]**みにく・い【醜い】**〈形〉❶形などがととのっていなくて、見るのもいやな感じである。例醜いすがた。❷心がいやしくて、いやな感じである。例醜いあらそい。▽対美しい。きれい。類みっともない。見ぐるしい。

ミニスカート〈名〉すそがひざよりも上にくる、短いスカート。「ミニ」と略してもいう。◇miniskirt

ミニチュア〈名〉❶こまかい部分までていねいにかきこんだ、小さな絵。ミニアチュール。❷実物を小さくした模型。類ひな型。◇miniature

ミニバン〈名〉ワゴン車のうち、座席が三列ついていて六人が乗れるものをとくにいう語。◇minivan

ミニマム〈名〉最小。最小限。最小値。対マキシマム。◇minimum

みぬ・く【見抜く】〈動五〉ものごとのかくれた部分、とくに他人のたくらみなどを推理して知る。例正体を見抜く。策略を見抜く。類見やぶる。見とおす。見すかす。看破する。

みね【峰】〖▼嶺〗〈名〉❶山のいちばん高いところ。❷刀の、刃《は》のない背の部分で物《はもの》の背にあたる部分。

みねうち【峰打ち】〈名〉刀の峰で相手を打つこと。

ミネラル〈名〉⇩むきしつ二 ◇mineral

ミネラルウォーター〈名〉ミネラルをふくんだ天然のわき水や、ミネラルを加えた浄化《じょうか》水を、びんやペットボトルにつめたもの。類天然水。◇mineral water

[1]**みの**〖▼蓑〗〈名〉カヤやスゲなどで編んでつくった雨具。

[2]**みの【ミノ】**〈名〉焼き肉で、牛の四つの胃のうちの第一胃。また、豚の胃。がつ。切って広げた形が蓑《みの》に似《に》る。

[3]**みの**【▽美▽濃】〈名〉旧国名の一つ。現在の岐阜県南部。和紙の美濃紙《がみ》や、陶磁器《とうじき》の美濃焼《やき》は有名。美濃市にその名が残る。濃州《のうしゅう》。

みのう【未納】〈名〉納入の期限がすぎているのに、料金などをまだおさめていないこと。

みのうえ【身の上】〈名〉❶人がそれまでにすごしてきた境遇《きょうぐう》。例身の上を明かす。身の上話。類身上《しんじょう》。身元。❷人の運命。例身の上をうらなう。身の上を案ずる。

みのが・す【見逃す】〈動五〉❶わざと知らないふりをして、なにもしないでおく。例罪を見逃す。類見過ごす。大目に見る。❷見ていながら気がつかないで、そのままにしてしまう。例誤字《ごじ》を見逃す。類見落とす。見過ごす。❸いいチャンスを利用しないで、そのままにしてしまう。例好機を見逃す。絶好球を見逃す。類見送る。❹見るチャンスをのがす。例映画を見逃す。類見そこなう。

み(身)のけ(毛)もよだつ あまりのおそろしさに、からだの毛がさかだってしまう。例身の毛もよだつ おそろしさ。類総毛立《そうけだ》つ。

みのこなし【身のこなし】〈形〉からだの動かしかた。例身のこなしが軽い。

みのしろきん【身(の)代金】〈名〉さらってきた人をぶじに返す条件で、犯人が要求するお金。

みのたけ【身の丈】〈名〉❶「身長」の意味の、古い言いかた。類背丈。❷分《ぶん》相応であることのたとえ。例身の丈に合った望み。▽「みたけ」ともいう。

みのほど【身の程】〈名〉自分の力や身分。例身の

紫式部(むらさきしきぶ) (973?～1014?) 平安中期，越前守・藤原為時の娘。古典文学の傑作「源氏物語」の作者。

程をわきまえる。身の程を知る。類分際《ぶんざい》。

みのほどしらず【身の程知らず】〈名・形動〉自分の立場や力の程度をわきまえていないこと。例身の程知らずもいいところだ。

みのまわり【身の回り】〈名〉着るものやはきものなど、からだにつけるもの。日常の生活にかかわるものごと。例身の回りのせわをする。類身辺。

みのむし【みの虫】〖▼蓑虫〗〈名〉ミノガの幼虫。口から出した糸で、ほそい木の枝《えだ》や葉をからめて「みの」のような巣をつくる。

みのり【実り】〖▼稔り〗〈名〉❶果実《かじつ》や稲《いね》がみのって、収穫《しゅうかく》できるようになること。例実りの秋。❷ものごとの成果。例実りある。実り多い。大会は実りのあるものとなった。

みの・る【実る】〖▼稔る〗〈動五〉❶植物に実《み》がなる。例稲《いね》が実る。類熟す。❷努力や苦労のすえによい結果が生じる。例努力が実る。愛が実る。

実るほど頭《こうべ》を垂《た》れる稲穂《いなほ》かな りっぱな人ほど謙虚《けんきょ》だ。

みばえ【見栄え・見映え】〈名〉見る人にあたえる、「すばらしい」「りっぱだ」という印象。例見栄えがする。

みはから・う【見計らう】〈動五〉適当と思われる、ときやものをえらぶ。例ころ合いを見計らう。おくりものを見計らう。類見つくろう。

みはったつ【未発達】〈名・形動〉まだ十分に発達していないこと。

みは(見果)てぬゆめ(夢) いくら追求しても、決して実現することのないものごと。

みはな・す【見放す・見離す】〈動五〉それ以上せわをしてもよくならない、むだだ、と判断して助けるのをやめる。例医者に見放される。類見捨てる。見限る。見切る。

みばらい【未払い】〈名〉はらうべきお金を、まだはらっていないこと。例未払い賃金。

みはらし【見晴らし】〈名〉その場所からひろい範囲《はんい》が見えること。また、その景色。例見晴らしがいい。見晴らしがきく。見晴らし台。類見とおし。ながめ。展望。眺望《ちょうぼう》。

みはら・す【見晴らす】〈動五〉その場所からひろい範囲《はんい》が見える。例海を見晴らす。

みはり【見張り】〈名・する〉ふつうとちがったことがおきないかどうかを、注意して見まもること。また、その人。例見張りをたてる。見張りをおく。類監視《かんし》。

みはりばん【見張り番】〈名〉見張りをする役の人。張り番。

みは・る【見張る】〈動五〉❶かわったことがおきないかどうかを注意して見まもる。例犯人を見張る。類監視《かんし》する。❷(「目を見張る」の形で)目をあけられるだけあけて、見る。例美しさに目を見張る。類瞠目《どうもく》する。目を丸くする。

表記 ②は「▼瞠る」と書くこともある。

みはるか・す【見晴るかす】〈動五〉ずっと遠くのほうまで見わたす。古い言いかた。例行く手を見はるかす。

みびいき【身びいき】〖身▼贔▼屓〗〈名・する〉自分の肉親や仲間のため、とくに力を入れて応援《おうえん》すること。

みひつ(未必)**のこい**(故意)〔法律〕意図的ではないが、こうしたら悪いことになるのではないかと思いながら、あえてそうすること。

みひとつ【身一つ】〈名〉自分のからだだけ。

みひらき【見開き】〈名〉本などを開いたときに、ひとつづきになる左右のページ。

みひら・く【見開く】〈動五〉よく見ようとしたり、おどろいたりして、目を大きく開く。例目を見開く。

みぶり【身振り】〈名〉からだの動きで気持ちや考えを表わすこと。また、その動作。例身振りをする。身振りで示す。身振り手振り。類しぐさ。ジェスチャー。手振り。

みぶるい【身震い】〈名・する〉寒さや緊張《きんちょう》、また興奮《こうふん》や嫌悪《けんお》感などで、からだがふるえること。例身震いがする。類胴震《どうぶる》い。

みぶん【身分】〈名〉❶その人の社会の中での地位や立場。例身分がある。身分が高い。身分証明。❷その人の生活状態。例いいご身分だ。

みぶんか【未分化】〈名〉まだ分化せず、複雑な状態になっていないこと。

参考 たとえばアメーバは、最も未分化な生物である。

みぶんそうおう【身分相応】〈名〉その人の身分にふさわしいこと。例身分相応の暮らし。

みぼうじん【未亡人】〈名〉夫が先に死んで、そのあと再婚《さいこん》しないでいる女性。類後家《ごけ》。寡婦《かふ》。

みほ・れる【見ほれる】〖見▼惚れる〗〈動下一〉「すばらしい」と思い、ほかのことを忘れて、見つづける。例ぽかんとして見ほれる。類見とれる。

みほん【見本】〈名〉❶どんな品物であるかをわかってもらうために見せる、仮《かり》に用意した実物や模造《もぞう》品。サンプル。例見本市《いち》。❷そのものの性質や特徴《とくちょう》をよく示す、適切な例。例彼はなまけもののいい見本だ。

みほんいち【見本市】〈名〉商品の見本をその場に展示して宣伝し、取り引きするもよおし。

みまい【見舞い】〈名〉病人や災害にあった人をたずねて、なぐさめたりはげましたりすること。また、そのためにおくる手紙や品物。例見舞いに行く。病気見舞い。

みま・う【見舞う】〈動五〉❶病人や災害にあった人のようすをたずねて、なぐさめたりはげましたりする。例病人を見舞う。❷打撃《だげき》をあたえる。例一発見舞う。類くわせる。❸このましくないことが、急におそいかかるようにおこる。例災害に見舞われる。

みまが・う【見まがう】〖見▽紛う〗〈動五〉ほかのものと見ちがえる。古風な言いかた。例雪と見まがう花。類見あやまる。見まちがう。→みまごう

みまか・る【身まかる】〖身▽罷る〗〈動五〉「死ぬ」の丁重《ていちょう》語。おもに身内の死について使う。例父は、昨冬身まかりました。

みまごう【見まごう】〖見▽紛う〗「見まがう」の変化した形。例本物と見まごうほどのできばえ。

みまさか【▽美▽作】〈名〉旧国名の一つ。現在の岡山県北東部。作州《さくしゅう》。

みまも・る【見守る】〈動五〉❶うまくいくようにと思い、また、必要なときにはいつでも手助けできるような身がまえで、人のすることを見つづける。例あたたかく見守る。子どもを見守る。❷大きな関心を寄せて、ものごとのすすみぐあいを見つづける。例なりゆきを見守る。

みまわ・す【見回す】〈動五〉まわりをぐるりと見る。

みまわり【見回り】〈名〉異状がないかどうかたしかめるために、必要なところを見てまわること。また、その人。

みまわ・る【見回る】〈動五〉異状がないかどうか見るために、その場所の内外をまわる。例校内を見回る。

みまん【未満】〈名〉示された数値や数量に達しないこと。例三十歳《さい》未満。百円未満。類以下。→いか〔以下〕表現(1)

 室生犀星(むろうさいせい)(1889～1962) 詩人・小説家。詩集「抒情小曲集」,小説「あにいもうと」「杏っ子」。

みみ【耳】〈名〉❶顔の両がわにあって、音を聞くはたらきをする器官。外耳《がいじ》・中耳・内耳の三つの部分からなり、また、からだの平衡《へいこう》をたもつ三半規管がある。例耳が聞こえる。耳をふさぐ。耳を引っぱる。人の耳。耳たぶ。耳たぼ。❷聞くこと。聞く能力。例耳がいい。耳に入れる(=知らせる)。耳に入る(=聞こえる)。早耳。初耳。❸耳のような形で、両わきについているもの。例なべの耳。絵 ❹食パンなどのへりの、かたい部分。例パンの耳。絵

耳が痛《いた》い 自分の欠点をいわれて、聞くのがつらい。

耳が遠《とお》い 聴力《ちょうりょく》が弱くて、はっきり聞こえない。

耳が早《はや》い どんなことでも、いちはやく聞きつける。

耳にする なにかを、とくに聞こうとしてではなく、聞く。例よくないうわさを耳にする。類耳に挟《はさ》む。小耳に挟む。もれ聞く。

耳にたこができる 何度も同じ話を聞かされる。「聞きあきた、もうたくさんだ」という気持ちを表わす。

耳につく 聞こえたことが気になって、耳からはなれないような感じになる。例波の音が耳について眠《ねむ》れない。

耳に挟《はさ》む なにかのおりに、ふと聞く。類小耳に挟む。もれ聞く。耳にする。

耳を疑《うたが》う 信じられない話を聞いて、とまどう。

耳を貸《か》す 人が話しかけるのを聞く。

耳を傾《かたむ》ける 熱心に聞く。

耳を澄《す》ます 聞きとりにくい音や声をのがさないように、じっと聞く。類耳をそばだてる。聞き耳をたてる。

耳をそばだてる 音や人の声をよく聞きとろうとして、注意を集中する。類耳をすます。聞き耳をたてる。

耳をそろえて 必要な金額に不足のないように。

耳をつんざく 鼓膜《こまく》が破れそうなほど大きな音が聞こえる。

耳を塞《ふさ》ぐ いやなことを聞かないようにする。

みみあか【耳あか】『耳▾垢』〈名〉耳の中にたまったあか。耳くそ。

[み　み]

みみあたらし・い【耳新しい】〈形〉今まで聞いたことがない。例耳新しい話。

みみあたり【耳当たり】〈名〉聞こえ方の感じ。例耳当たりのやわらかい音楽。耳当たりのいいことば。類耳触《ざわ》り。

みみうち【耳打ち】〈名・する〉相手の耳のそばで小声で言うこと。例こっそりと耳打ちする。

みみかき【耳かき】『耳▾掻き』〈名〉耳あかをとるための棒状の道具。また、その道具で耳あかをとること 類綿棒《めんぼう》。

みみがくもん【耳学問】〈名〉聞きかじりでおぼえた知識。あまり努力しないでえた浅い知識。

みみかざり【耳飾り】〈名〉⇩イヤリング

みみざと・い【耳ざとい】『耳▾聡い』〈形〉❶小さな音でも聞きのがすことがない。❷情報を聞きつけるのが人よりも早い。

[1]みみざわり【耳触り】〈名〉俗《ぞく》に、「耳当たり」のこと。

[2]みみざわり【耳障り】〈形動〉聞こえてくる音や声がわずらわしくひびくこと。例耳障りな音。

みみず『▾蚯▾蚓』〈名〉地中にすむ赤茶色のほそ長い生き物。多くの節があり、つりのえさなどにする。

みみずく『▿木▾菟』〈名〉フクロウのなかまで、耳のように見えるかざりの毛がある猛禽《もうきん》。オオコノハズクやコノハズクなどの種類がある。

みみずばれ『▾蚯▾蚓腫れ』〈名〉皮膚《ひふ》が、ほそ長く赤くはれること。ひっかききずによることが多い。

みみたぶ【耳たぶ】『耳▾朶』〈名〉耳の下部のやわらかくふくらんだ部分。「耳たぼ」ともいう。

みみっち・い〈形〉わずかなお金や小さいことにこだわっていて、けちくさい。

みみどしま【耳年▿増】〈名〉性的なことについて、経験はないが聞いた知識だけは持っている若い女性。

みみなり【耳鳴り】〈名〉耳の中で小さな音がつづいて鳴っているように感じられること。例耳鳴りがする。

みみな・れる【耳慣れる】『耳▾馴れる』〈動下一〉たびたび聞いて、めずらしいと感じなくなる。

みみへん【耳偏】〈名〉漢字の偏の一つ。「職」「聴《ちょう》」などの「耳」の部分。

みみもと【耳元】『耳▿許』〈名〉耳のすぐわき。例耳元でささやく。

みみより【耳寄り】〈形動〉聞くねうちがあるようす。例耳寄りな話。

みむ(見向)きもしない まったくといっていいほど、興味を示さない。

みむ・く【見向く】〈動五〉見ようとして顔を向ける。例声をかけても見向こうともしない。

みめ【見目】〈名〉外から見たときにうける感じ。多く、女性の顔だちにいう。例見目うるわしい。見目よい。

みめい【未明】〈名〉夜が明けかかってはいるが、すっかり明けてはいないころ。類払暁《ふつぎょう》。早暁。参考 ニュース報道では、午前〇時から夜明け前までを「未明」、夜明けから二時間ほどを「早朝」という。いっぽう、気象庁の予報では、午前〇時から三時ごろまでを「未明」、三時ごろから六時ごろまでを「明け方《がた》」という。

みめかたち【見目形】〈名〉顔かたちとすがた。

みめよ・い【見目よい】〈形〉顔かたちがととのって、きれいだ。例見目よい人。

みもしらぬ【見も知らぬ】〈連体〉見たことがなく、まるっきり知らない。例見も知らぬ人。

みもだえ【身もだえ】『身▾悶え』〈名・する〉苦しみや悲しみのために、からだをねじったりくねらせたりすること。

みもち【身持ち】〈名〉道徳的方面からみた生活態度。例身持ちがわるい。類品行。行状《ぎょうじょう》。行跡《ぎょうせき》。

みもと【身元】『身▿許』〈名〉❶名前・生まれ・経歴・住所などの、その人がどんな人物かを示すことがら。例身元がわかる。身元不明。類身の上。身上《しんじょう》。❷その人の一身に関するすべてのこと。例身元保証人。身元引受《ひきうけ》人。類身がら。

みもの【見物】〈名〉期待して見る価値があるもの。表現 かるく興味本位の言いかたで使うことが多い。参考「けんぶつ」と読むのは別のことば。

みや【宮】〈名〉❶天皇の兄弟や子どもたち。❷神をまつってあるところ。おみや。例宮参り。類社《やしろ》。神社。神宮《じんぐう》。

常用漢字 **みゃく**

ムンク（1863～1944）　ノルウェーの画家。人間の生や死に対する不安と恐怖を作品の主題とする。

【脈】 月部6 全10画

ミャク 教小5 音［ミャク］ 脈拍《みゃくはく》。脈絡《みゃくらく》。静脈《じょうみゃく》。動脈《どうみゃく》。鉱脈《こうみゃく》。山脈《さんみゃく》。文脈《ぶんみゃく》。

脈脈脈脈脈脈脈

みゃく【脈】〈名〉❶動物のからだじゅうにはしっている動脈や静脈。❷脈拍《みゃくはく》。例脈が速い。脈をみる。脈をとる。❸ものごとについての見こみ。例脈がある。

脈がある ❶脈拍がたえないでいる。❷前途《ぜんと》の見こみがある。先にまだ希望がのこされている場合をいう。

みゃくう・つ【脈打つ】〈動五〉❶「どきどき」と脈が鼓動《こどう》する。❷表面には出ないが、いきいきと流れつづける。例青年のころの情熱が今も脈打っている。

みゃくはく【脈拍】〈名〉心臓の収縮運動によって動脈におこる規則的な動き。ふつう、成人では一分間に六〇から八〇ぐらい。

みゃくみゃく【脈脈】〈副・連体〉たえることなくつづくようす。例脈々と受けつがれる。脈々としたつながり。脈々たる伝統。

みゃくらく【脈絡】〈名〉二つ以上のものをつなげる論理的な関係。例文章の脈絡。脈絡がない。

みやげ【土産】〈名〉❶旅であじわったたのしみを、旅に行かなかった人にも分けるため、旅先で手に入れて持ちかえる品物。おみやげ。例土産にする。土産をもらう。❷人をたずねるときに持っていくおくり物。例手土産。

みやげばなし【土産話】〈名〉旅先で見たり聞いたりした、土産となるようなめずらしいものごとについての話。

みやこ【都】〈名〉❶国の首都。類首府。❷文化などの中心地として、はなやかにさかえている町。例音楽の都ウィーン。水の都ベニス。

みやこおち【都落ち】〈名・する〉都会にはどうしてもいられなくなって、地方に移りすむこと。

みやこどり【都鳥】〈名〉❶わたり鳥の一種。ハトより大きい。背は黒く腹は白い。くちばしと足は赤い。海岸にむれをなしている。❷和歌で、ユリカモメのこと。

みやさま【宮様】〈名〉皇族をうやまっていうことば。

みやす・い【見やすい】『見▽易い』〈形〉❶見るのにぐあいがよい。例見やすい席。❷はっきりしてわかりやすい。例見やすい字。▽対見にくい。類見よい。

みやだいく【宮大工】〈名〉神社や仏閣などを建てることを専門にしている大工。

方言 中国地方では、「きょうのテストはみやすかった」のように、「たやすい、簡単だ」の意味でも使う。

みやづかえ【宮仕え】〈名・する〉役所や会社などに勤めること。例すまじきものは宮仕え(＝人に使われていると、いやなこともがまんしなければならないことが多いものだ)。

みやび『▽雅び』〈名・形動〉上品で古風な優美さがあるようす。例みやびな伝統行事。

みやびやか『▽雅びやか』〈形動〉上品で優雅《ゆうが》だ。例みやびやかなよそおい。

みやぶ・る【見破る】〈動五〉相手がかくしている計略や秘密などを、推理して完全に知る。例正体を見破る。類見ぬく。看破《かんぱ》する。

みやまいり【宮参り】〈名・する〉❶子どもが生まれてはじめて神社にお参りすること。❷七五三の祝いに、神社に参拝すること。お宮参り。

みや・る『見▽遣る』〈動五〉❶遠くにあるものに目を向けて見る。例はるかかなたを見やる。類ながめる。❷目を向ける。例時計をちらりと見やる。

ミュージアム〈名〉博物館。美術館。◇museum

ミュージカル〈名〉音楽とダンスをおりまぜた、演劇や映画。◇musical

ミュージシャン〈名〉ポピュラー音楽を演奏したりつくったりする人。類アーティスト。◇musician

ミュージック〈名〉「音楽」のこと。◇music

ミュータント〈名〉突然変異《とつぜんへんい》が起きた細胞《さいぼう》や生物。突然変異体。◇mutant

ミュート〈名〉❶弱音器。❷ステレオやテレビで、音をワンタッチで消す機能。◇mute

みよ【▽御代】〈名〉その天皇の治めている世。その期間。

みよ・い【見よい】『見▽好い』〈形〉❶見た感じがよい。❷見るのにぐあいがよい。対見にくい。類見やすい。

みよう【見様】〈名〉ものごとを見て理解するしかた。例かれはたしかに勇敢《ゆうかん》だが、見様によっては好戦的ともいえる。類見かた。考えかた。

見様見《み》まね 人の動作ややりかたを見てまねているうちに、自然におぼえること。例見様見まねでおぼえる。

常用漢字 みょう

【妙】 女部4 全7画

ミョウ 音［ミョウ］ 妙案《みょうあん》。妙技《みょうぎ》。妙齢《みょうれい》。奇妙《きみょう》。巧妙《こうみょう》。絶妙《ぜつみょう》。軽妙《けいみょう》。珍妙《ちんみょう》。

【冥】 ⇩常用漢字 めい〔冥〕

妙妙妙妙妙妙妙

みょう【妙】■一〈名〉すぐれていること。例造化の妙。■二〈形動〉ふつうとちがっていて、なかなか言いえて妙だ。気になるような感じだ。例妙な男。妙になつかしい。妙なことを言うね。類変《へん》。

みょうあん【妙案】〈名〉すばらしい考え。例妙案がうかぶ。妙案を思いつく。類名案。

[1]**みょうが**『▼茗荷』〈名〉しめった林の中に生え、また栽培《さいばい》もされる多年草。夏から秋にかけて地下茎《けい》から出る、小さなたまごのようなかたちをした花芽に特有のかおりがあり、食用にする。ア ミョーガ

[2]**みょうが**【冥加】〈名・形動〉❶それと気がつかないで受けている、神や仏の助け。例冥加につきる。冥加にあまる。❷ふしぎに助かって、しあわせであること。例命冥加。類幸運。▽ア ミョーガ

みょうぎ【妙技】〈名〉ふつうの人ではできない、すばらしいわざ。例妙技をひろうする。

みょうごう【名号】〈名〉〔仏教〕阿弥陀《あみだ》仏の名。また、「南無《なむ》阿弥陀仏」のこと。例名号をとなえる。

みょうごにち【明後日】〈名〉「あさって」のあらたまった言いかた。

表現 たとえば あさってが五日《いつか》なら、「明後《みょうご》五日」という言いかたもできる。

みょうじ【名字・▽苗字】〈名〉家系《かけい》を表わす、親子共通の名前。家族名。「上の名前」ともいう。類姓《せい》。氏《うじ》。

参考 佐藤《さとう》・鈴木・高橋・田中・渡辺《わたなべ》などを名字とする人がとくに多い。外国人の場合は「姓」という。

みょうじたいとう【▽苗字帯刀】〈名〉〔歴史〕江戸《えど》時代、武士以外の町民や農民が、特別に名字《みょうじ》を名のり、刀をさすことをゆるされたこと。

[1]**みょうしゅ**【名主】〈名〉〔歴史〕平安時代の中ごろから室町《むろまち》時代にかけて、名田《みょうでん》とよばれる自分の土地

 明治(めいじ)天皇 (1852〜1912) 王政復古を実現。大日本帝国憲法などを制定。近代天皇制が確立した。

をもっていた農民。アミョーシュ

みょうしゅ[2]【妙手】〈名〉❶わざや芸がとてもうまい人。技芸のすぐれたうでまえ。類名手。❷碁《ご》や将棋《しょうぎ》などで、たいへんうまい手。▽アミョーシュ

みょうしゅん【明春】〈名〉来年の春。あらたまった言いかた。類来春。

みょうじょう【明星】〈名〉「金星《きんせい》」のこと。→あけのみょうじょう・よいのみょうじょう

みょうじん【明神】〈名〉神道《しんとう》の神様を尊《とうと》んでいうことば。

みょうせき【名跡】〈名〉代々受けついできた家名や呼び名。例名跡をつぐ。参考「名跡《めいせき》」は別の語。

みょうだい【名代】〈名〉かわりの人。例父の名代で参りました。類代理。表現「代理」と比べて、古風であらたまった言いかた。参考「なだい」と読むのは別のことば。

みょうちきりん【妙ちきりん】〈形動〉非常に変わっている。例妙ちきりんな話。妙ちきりんなかっこう。

みょうちょう【明朝】〈名〉「あすの朝」のあらたまった言いかた。

みょうてい【妙諦】〈名〉すぐれた真理。「みょうたい」とも読む。

みょうに【妙に】〈副〉へんなふうに。ふしぎに。例きょうは妙に寒い。類いやに。やけに。ばかに。

みょうにち【明日】〈名〉「あす」のあらたまった言いかた。対昨日《さくじつ》。表現たとえばあすが五日《いつか》なら、「明《みょう》五日」という言いかたもできる。

みょうねん[1]【明年】〈名〉「来年」のあらたまった言いかた。対昨年。

みょうばん[1]【明晩】〈名〉「あしたの晩」のあらたまった言いかた。対昨晩。アミョーバン

みょうばん[2]【明▼礬】〈名〉〔化学〕水によくとけて、しぶい味がする、無色の結晶《けっしょう》。硫酸《りゅうさん》アルミニウムの化合物。食品加工・医薬・製紙などに使われる。アミョーバン

みょうみ【妙味】〈名〉なんともいえない微妙《びみょう》なおもしろみ。例妙味がある。妙味を味わう。類だいご味。

みょうやく【妙薬】〈名〉ふしぎなほどよくきくくすり。表現「愛の妙薬」「夢《ゆめ》をかなえてくれる妙薬」のように、むずかしいことを達成させてくれるものといった、比喩《ひゆ》的な用法が多い。

みょうり[1]【名利】〈名〉よい評判ともうけ。「めいり」ともいう。例名利に汲々《きゅうきゅう》としている。

みょうり[2]【冥利】〈名〉❶〔仏教〕よい行ないのむくい。❷その身分でしか味わえない、おもしろみやしあわせ。例男冥利。

冥利に尽っきる その身分の者として、これ以上にありがたいことはない。例すばらしい生徒たちにめぐまれて、教師冥利に尽きる。

みょうれい【妙齢】〈名〉若い年ごろ。若さのさかりの年ごろ。例妙齢の女性。表現女性について使う、ちょっと古い感じのことば。

みより【身寄り】〈名〉親類や縁者《えんじゃ》などの、たよりになる人。例身寄りがない。類よるべ。

ミラー〈名〉鏡。例ハンドミラー(=手鏡)。バックミラー。カーブミラー。◇mirror

みらい[1]【未来】〈名〉これから先の時。例未来がある。未来を語る。未来図。未来都市。対過去。類将来。アミライ →かこ・げんざい〔現在〕・しょうらい〔将来〕

表現

みらい[2]【味▼蕾】〈名〉おもに舌《した》の表面にある、ものの味を感じる感覚器官。アミライ

みらいえいごう【未来永▼劫】〈名・副〉これから先、永久にその状態が続くこと。

ミラクル〈名〉奇跡《きせき》。おどろくべきこと。◇miracle

ミリ 一〈接頭〉メートル法の単位で、千分の一を表わすことば。例ミリグラム。ミリリットル。対キロ。二〈名・接尾〉「ミリメートル」の略。例ミリ単位のこまかな細工《さいく》。◇フランス milli

ミリオン〈名〉百万。例ミリオンセラー。◇million

ミリグラム〈名・接尾〉メートル法の重さの単位の一つ。一《ミリグラム》は千分の一《グラム》。記号「mg」。◇フランス milli-gramme

ミリメートル〈名・接尾〉メートル法の長さの単位。一《ミリメートル》は、一《メートル》の千分の一。略して「ミリ」ともいう。記号「mm」。◇フランス millimètre

みりょう[1]【未了】〈名〉事件や問題の処理が、まだすっかり終わっていないこと。例審議《しんぎ》未了。対完了。

みりょう[2]【魅了】〈名・する〉すばらしさやうつくしさなどによって、人の心をひきつけてすっかりむちゅうにさせてしまうこと。例観客を魅了する。類魅惑《みわく》。魅する。

みりょく【魅力】〈名〉人の心をひきつける力。例魅力がある。魅力を感じる。魅力をうしなう。魅力的。

みりょくてき【魅力的】〈形動〉魅力がある。

ミリリットル〈名・接尾〉メートル法の体積の単位。一《ミリリットル》は、一《リットル》の千分の一。記号「mL」。◇フランス milli-litre

みりん〘味▼醂・味▼淋〙〈名〉ややとろみのある、あまい料理用の酒。例みりん干し。

みる[1]【見る】一〈動上一〉❶目でものの形や色などを感じとる。例花を見る。テレビを見る。夢《ゆめ》を見る。見るに見かねて。類ながめる。❷目をとおす。例新聞をみる。❸たしかめる。例ようすをみる。味をみる。人をみる。答案をみる。反応をみる。類吟味《ぎんみ》する。❹あることから考えて、こうだろうと思う。判断する。例必要とみる。不利とみる。大目にみる。夕方の空模様からみて、あしたはまちがいなく晴れだ。❺せわをする。例めんどうをみる。事務をみる。ちょっと赤ちゃんをみていてちょうだい。❻自分で体験する。例ばかをみる。痛い目をみる。二〈補動上一〉〔みる〕(「…てみる」の形で)「ためしに…する」という意味を表わす。例おもしろ半分にまんがを書いてみた。

表現 発見したという表現であることを明確に示す、「…てみると」「…てみたら」という用法がある。「朝学校へ行くと、まだだれもいなかった」「枚数をかぞえたら、一枚たりなかった」は、Aのことをしたら、Bのことがわかったという言いかたで、発見のための条件と発見したことがらを述べている。この条件表現に「…てみる」を加えて「朝学校へ行ってみると、まだだれもいなかった」「枚数をかぞえてみたら、一枚たりなかった」とすると、発見の意味がいっそうよく表わされる。これは「みる」のところに、二の❹にいう判断のはたらきがこもっているために、つぎの発見がいっそう生きてくるのである。

み

メーテルリンク (1862～1949) ベルギーの詩人・劇作家。童話劇「青い鳥」は，各国で愛読される。

敬語 尊敬語としては[一][二]ともに「御覧《ごらん》になる」を使い、━謙譲《けんじょう》語としては[一]のみに「拝見する」を使う。表記 テレビや映画を見る意味では「▽観る」、看病する意味では「▽看る」と書かれることもある。

見てはいけない物《もの》を見てしまった感《かん》じ だれにも見られていないと思ってしている他人の行動や姿を、偶然見たことによってこちらが感じる気まずい思い。

見て見ぬ振《ふ》り 見ても見ないそぶりをすること。

見る影《かげ》もない おちぶれて、どこにもむかしのりっぱさを思わせるところがない。例見る影もないすがた。

見るに忍《しの》びない あまりにも気の毒で、つらくて見ていられない。類見るにたえない。

見るに見かねて なにもせず、だまって見ているわけにはいかなくて。例窮状《きゅうじょう》を見るに見かねて、援助《えんじょ》の手をさしのべた。

見るべき とくに注目する価値があるほどの。例見るべき成果はあがらなかった。

見る間《ま》に あっという間に。例見る間に色が変わった。類みるみる。━表現 はげしい変化を実際に見とどけて、おどろいたときに使う。

見る目《め》 ❶他人から見られること。例世間の見る目を気にしすぎる。類人目。❷だいじなものやすぐれているものと、そうでないものとを区別する力。例人を見る目がない。

見るも ちょっと見ただけでも。例見るも無残な死にざま。

みる[2]【診る】〈動上一〉❶医者が患者のからだをしらべる。例患者を診る。病気を診る。医者に診てもらう。類診察《しんさつ》する。❷機器などの不具合を調べる。例パソコンの調子を診てもらう。

みるい（方言） やわらかい。熟《じゅく》していない。若い。静岡で言う。例茶の芽がみるい。

みるからに【見るからに】〈副〉目で見て、いかにも。例見るからに元気そう。

ミルク〈名〉❶牛乳。❷粉乳をといたもの。粉乳。❸牛乳のような液体。例ミルク状。◇milk

ミルフィーユ〈名〉❶パイ生地を何層もかさね、あいだにクリームなどをはさんだ洋菓子。❷うすく切った材料を何層も重ねた料理。例ミルフィーユカツ(=うす切りの豚肉を重ねて作るとんカツ)。◇フランス millefeuille (=「千枚の葉」の意)

みるみる【見る見る】〈副〉見ているあいだにたちまち。例みるみるあたりが暗くなってきた。類見るまに。

みれん【未練】〈名〉心が残って、どうにもあきらめきれないこと。あきらめがわるくてさっぱりしていないこと。例未練がある。未練を残す。類心残り。

みれんがましい【未練がましい】〈形〉あきらめられないようすが、だらしなく感じられる。

みろく【▽弥▼勒】〈名〉〔仏教〕シャカ(釈迦)の死後、五十六億七千万年後に出現して、人々を救うという菩薩《ぼさつ》。◇もとサンスクリット語。

みわく【魅惑】〈名・する〉人の心をひきつけて、まどわせること。例魅惑の歌声。都会の魅惑。魅惑的(な人)。類魅了《みりょう》。魅する。

みわける【見分ける】〈動下一〉見て区別を知って、正しい判断をする。例顔を見分ける。ほんものとにせものを見分ける。類判別する。識別する。

みわたす【見渡す】〈動五〉❶広い範囲《はんい》を遠くまで見る。❷そこから見える範囲をひととおり見る。

見渡す限《かぎ》り 遠くどこまでもずっとつづいている。例見渡す限りの大海原《おおうなばら》。

常用漢字 **みん**

【民】 氏部1 全5画 民民民民民

ミン たみ 教小4 音[ミン] ▨民族《みんぞく》。民謡《みんよう》。民話《みんわ》。民意《みんい》。民営化《みんえいか》。民主的《みんしゅてき》。民間人《みんかんじん》。▨国民《こくみん》。市民《しみん》。訓[たみ]民。

【眠】 目部5 全10画 眠眠眠眠眠

ミン ねむる・ねむい 音[ミン] ▨安眠《あんみん》。睡眠《すいみん》。惰眠《だみん》。不眠症《ふみんしょう》。冬眠《とうみん》。訓❶[ねむる]眠る。眠り。居眠り。❷[ねむい]眠い。眠たい。眠気。

みん[1]【民】〈名〉民間。国民。例官と民。官民一体となって。対官。

ミン[2]【▽明】〈名〉〔歴史〕中国で、一三六八年に元《げん》をたおしてたてた漢民族の王朝。一六四四年に反乱軍にほろぼされて、清《シン》にかわられた。室町《むろまち》時代の日本と交易があった。

みんい【民意】〈名〉国民の意思。例民意を問う(=国民の判断をあおぐ)。

みんえい【民営】〈名〉個人や会社などが経営すること。例公立保育所の民営化。対公営。国営。官営。類私営。

みんか【民家】〈名〉ふつうの人々が住んで、暮らしている家。例民家がたちならぶ。

みんかん【民間】〈名〉❶ふつうの人々の社会。例民間につたわる。民間にひろまる。民間療法《りょうほう》。類世間。❷おおやけではないこと。例民間にはらいさげる。民間人《じん》。民間放送。対官。類在野《ざいや》。

みんかんりょうほう【民間療法】〈名〉古くから伝えられてきた、病気やけがの治療《ちりょう》法。

みんぎょう【民業】〈名〉民間人が経営する事業。例民業圧迫のおそれがある国の事業。対官業。

ミンク〈名〉北アメリカにすむイタチの一種。毛皮はつやのある黒茶色で、婦人用の高級なコートなどにする。◇mink

みんぐ【民具】〈名〉昔の人が日常生活に使った道具。

みんげい【民芸】〈名〉各地の民衆のあいだでうけつがれてきた、素朴《そぼく》な工芸。例民芸品。

みんじ【民事】〈名〉〔法律〕財産や身分、また契約《けいやく》や商行為《しょうこうい》などについて、個人間の義務や権利をさだめた法律(=民法・商法など)に関することがら。例民事裁判。民事訴訟《そしょう》。対刑事《けいじ》。↓みんじふかいにゅう

みんじふかいにゅう【民事不介入】〈名〉〔法律〕警察の権限は、個人間の紛争《ふんそう》のような民事上の案件には及《およ》ばないという原則。犯罪の予防に警察がどこまで関与《かんよ》するべきかを考えるときに、とくに問題にされる。

みんしゅ【民主】〈名〉国家を運営していくための主導権(=国の主権)が国民にあること。例民主主義。

みんしゅう【民衆】〈名〉社会をつくっている多くの人々。類人民。大衆。庶民《しょみん》。

みんしゅか【民主化】〈名・する〉❶政治に国民の意思が反映するようにしていくこと。❷関係者全員の意見

によって、ものごとを決めるしくみに変えていくこと。

みんしゅく【民宿】〈名〉一般《いっぱん》の民家が、とまり客のために設備をととのえて営業する簡易旅館。ふつうは、スキーや海水浴のシーズンに開く。

みんしゅしゅぎ【民主主義】〈名〉国の主権を人民がもち、人民の手で、人民の幸福や利益のために政治を行なう、という考えかた。デモクラシー。

みんしゅせいじ【民主政治】〈名〉民主主義をもとにした政治。対 専制政治。

みんしゅてき【民主的】〈形動〉なるべく多くの人の意見を尊重しながら、ものごとをすすめるようす。例 民主的な解決。

みんじょう【民情】〈名〉ふつうの国民が一般的にいだいている考えや、その暮らしむき。例 民情を視察する。

みんしん【民心】〈名〉国民一般《いっぱん》の気持ちや考え。例 民心がはなれる。民心が動揺する。民心をつかむ。

[1]**みんせい【民生】**〈名〉国民の日常の生活。例 民生委員。

[2]**みんせい【民政】**〈名〉軍人でない一般《いっぱん》の人によって行なわれる政治。対 軍政。

みんせいいいん【民生委員】〈名〉市町村におかれ、福祉《ふくし》事業にたずさわる民間の人。都道府県知事が推薦《すいせん》し、厚生労働大臣が委嘱《いしょく》する。

みんせん【民選】〈名〉国や地方公共団体などの議員や首長を、国民が選出すること。対 官選。類 公選。

[1]**みんぞく【民俗】**〈名〉人々のあいだにつたわってきた、しきたりやならわし。

[2]**みんぞく【民族】**〈名〉おなじ祖先、おなじ土地からおこって、おなじ言語や宗教、生活様式や文化などをもち、一つのまとまりをもった人々の集団。例 民族の独立。民族性。民族意識。遊牧民族。

[1]**みんぞくがく【民俗学】**〈名〉古くから人々の暮らしの中につたわる、伝説・信仰《しんこう》・慣習・生活用具などのおこりや移りかわりを明らかにする学問。フォークロア。

[2]**みんぞくがく【民族学】**〈名〉民族のもつ宗教や文化、制度などを研究する学問。エスノロジー。

みんぞくじけつ【民族自決】〈名〉ある民族が他の民族から支配されないで、自主的に自分たちの政治を行なうこと。例 民族自決の運動。

みんぞくしゅぎ【民族主義】〈名〉⇩ナショナリズム

みんぞくせい【民族性】〈名〉その民族に属する人々に備わっている特有の性質。

ミンチ(方言) ひき肉。西日本で言う。◇mince

みんちょうたい【▽明朝体】〈名〉現在、もっともひろく使われている和文用活字の書体。縦線がふとく、横線がほそい。中国の明の時代の木版の書体をもとにしている。参考 この辞典の、語釈や用例などの文字が明朝体。

ミント〈名〉「はっか」のこと。ペパーミントやスペアミント。◇mint

みんど【民度】〈名〉国民の生活や文明の程度。例 民度が高い。

みんな【▽皆んな】 一〈名・副〉そこにあるもの全部。例 みんなが賛成してくれた。出されたものをみんな食べてしまった。類 すべて。 二〈代名〉おおぜいの人によびかけることば。例 みんな、集まれ。▽類 みな。

みんぱく【民泊】〈名・する〉宿泊施設《しせつ》でなく、住宅に泊《と》めてもらうこと。参考 有料とするには自治体の営業許可がいる。

みんぺい【民兵】〈名〉民間人によってつくられる軍隊。また、その兵士。

[1]**みんぽう【民法】**〈名〉〔法律〕国民の財産についての権利や義務、家族関係、相続のしかたなどをさだめた法律。ア ミンポー

[2]**みんぽう【民放】**〈名〉「民間放送」の略。コマーシャルの契約《けいやく》料で運営されている放送局。商業放送。対 NHK。国営放送。ア ミンポー

みんぽんしゅぎ【民本主義】〈名〉〔歴史〕大正時代に吉野作造《よしのさくぞう》がとなえた民主主義の思想。天皇に主権があった大日本帝国憲法(明治憲法)のもとで、国民の意見を反映した議会政治の運営を主張した。

みんゆう【民有】〈名〉民間の個人や企業《きぎょう》が所有していること。例 民有地。民有林。対 国有。官有。公有。類 私有。

みんよう【民謡】〈名〉民衆の生活の中から生まれ、その土地につたえられてきた歌。労働の歌、おどりの歌、祝いの歌などがある。

みんりょく【民力】〈名〉経済力や労働力ではかられる、全体としての国民の力。

みんわ【民話】〈名〉土地の人々に語りつがれてきたむかし話や伝説。

む…ム

常用漢字 む

【矛】 矛部0 全5画
矛 矛 矛 矛
ム ほこ 音[ム] 矛盾《むじゅん》。訓[ほこ] 矛。矛先。

【務】 力部9 全11画
務 務 務 務 務
ム つとめる・つとまる 教小5 音[ム] 勤務《きんむ》。事務《じむ》。職務《しょくむ》。義務《ぎむ》。本務《ほんむ》。訓 ❶[つとめる] 務める。務め。❷[つとまる] 務まる。

【無】 灬部8 全12画
※無 無 無 無 無
ム・ブ ない 教小4 音 ❶[ム] 無線《むせん》。無名《むめい》。無料《むりょう》。無人島《むじんとう》。無頓着《むとんちゃく》。無理《むり》。無病息災《むびょうそくさい》。皆無《かいむ》。❷[ブ] 無事《ぶじ》。無礼《ぶれい》。御無沙汰《ごぶさた》。訓[ない] 無い。無くす。無くなる。

【夢】 夕部10 全13画
夢 夢 夢 夢 夢
ム ゆめ 教小5 音[ム] 夢中《むちゅう》。夢幻《むげん》。夢想《むそう》。夢遊病《むゆうびょう》。悪夢《あくむ》。訓[ゆめ] 夢。夢見る。夢心地。夢枕。夢物語。逆夢。初夢。正夢。

【霧】 雨部11 全19画
霧 霧 霧 霧 霧
ム きり 音[ム] 霧笛《むてき》。霧氷《むひょう》。煙霧《えんむ》。濃霧《のうむ》。噴霧器《ふんむき》。訓[きり] 霧。霧雨。霧吹き。朝霧。

[1]**む【無】** 一〈名〉❶なにもないこと。例 無に帰する。無から有を生じる。❷むなしいもの。なかみのないもの。例 無になる。 二〈接頭〉…がないこと、という意味の名詞・形容動詞をつくる。例 無報酬《むほうしゅう》。無免許《むめんきょ》。無意

味。

無に帰《き》する なにもない状態になってしまう。例長年の努力が、一晩《ひとばん》にして無に帰した。

無にする むだにしてしまう。例長年の苦労を無にする。

[2]**む**〈助動〉文語の助動詞。意志、推量、婉曲《えんきょく》を表わす。…しよう。…だろう。…ような。例あらんかぎりの力。泣き出さんばかりの顔。私の言わんとしていることがわかりますか。→ん〈助動〉[二] 参考 口語では「ん」の形で現れるのがふつう。口語の打ち消しの助動詞「ぬ」の別の形「ん」と混同しないように注意する必要がある。

むい【無為】〈名〉❶なにもしないでいること。例無為にすごす。無為徒食。無為無策。❷わざとなにかをしたりしないこと。自然のままでいること。例無為自然な生き方。

むいか(六日)のあやめ(▼菖▼蒲)とおか(十日)のきく(菊) 必要なときにまにあわなければ、むだだ、ということ。参考 五月五日の端午《たんご》の節句にはアヤメを、九月九日の重陽《ちょうよう》の節句にはキクをかざったことから、一日おくれでは役にたたない、という意味。

むいしき【無意識】〈名・形動〉❶意識がないこと。類意識不明。人事不省《ふせい》。❷しらずしらず、してしまうようす。例無意識な動作。無意識に頭をかく。

むいそん【無医村】〈名〉医者のいない村。

むいちもつ【無一物】〈名〉お金やものなどをなにももっていないこと。「むいちぶつ」ともいう。例無一物になる。類無一文。裸《はだか》。

むいちもん【無一文】〈名〉まったくお金をもっていないこと。類一文なし。すかんぴん。

むいとしょく【無為徒食】〈名〉はたらきもしないで、ただぶらぶらと暮らすこと。例無為徒食のやから。

むいみ【無意味】〈形動〉とりたてていうほどの価値や意味をもっていない。例無意味な人生。無意味なことば。対有意味。類無意義。

ムーク【MOOC】〈名〉⇩(巻末「欧文《おうぶん》略語集」)
MOOC

ムース〈名〉❶あわだてた卵白やクリームで作った、かるい口当たりの洋菓子や料理。例イチゴのムース。❷あわ状の化粧《けしょう》品。例ヘアムース。クレンジングムース。◇フランス mousse

ムード〈名〉気分。ふんいき。例ロマンチックなムードがただよう。クリスマスムード。ムード音楽。◇mood

ムートン〈名〉ヒツジの毛皮。◇フランス mouton

ムーブメント〈名〉❶社会的な運動。❷腕《うで》時計などの、メカニズムが作動している部分。◇movement

むえき【無益】〈形動〉なんの役にもたたない。例無益な殺生《せっしょう》。対有益。類むだ。

[1]**むえん【無煙】**〈名〉煙《けむり》が出ないこと。例無煙火薬。無煙焼肉《やきにく》店。

[2]**むえん【無縁】**〈名・形動〉❶縁がないこと。関係がないこと。対有縁《うえん》。類無関係。❷死後の仏事をしてくれる親類や縁者がいないこと。例無縁仏《ぼとけ》。

むえんか【無縁化】〈名・する〉❶家族や地域とのつながりがなく、社会と無縁の存在になること。例無縁化社会が自殺者を増やす。❷墓まいりをする人がいなくなり、埋葬《まいそう》されている死者が無縁仏となること。例少子化で墓の無縁化が進む。

むえんぼとけ【無縁仏】〈名〉だれも供養《くよう》する縁者のない死者。また、そういう人の墓。

むが【無我】〈名〉自分を忘れてむちゅうになること。まったく自然な心もちになること。例無我の境地。無我夢中《むちゅう》。類無心。没我《ぼつが》。忘我《ぼうが》。

むかい【向かい】〈名〉ある場所の正面であること。例向かいにすわる。向かいの家。

表現「お向かい」の形で、自分の家と道をへだてて向かいあっている家や、その家族をさしていう言いかたがある。

むがい【無害】〈名・形動〉害がないこと。例無害なくすり。人畜《じんちく》無害。対有害。

むかいあ・う【向かい合う】〈動五〉⇩むきあう

むかいあわせ【向かい合わせ】〈名〉たがいにむきあっていること。例向かい合わせにすわる。向かい合わせの席。対背中合わせ。類差し向かい。

むかいかぜ【向かい風】〈名〉❶前からふいて前進をさまたげる風。❷不利にはたらく要因のたとえ。▽対追い風。類逆風《ぎゃくふう》。

むか・う【向かう】〈動五〉❶正面を、ある方向にむける。例机に向かう(=机の上で読み書きをする)。→むかって ❷あるものを相手にして、なにかをする。例向かっていく。敵に向かう。❸その方向や場所をめざして進む。例北へ向かう。東京に向かう。❹だんだんある状態になる。例快方に向かう。暑さに向かう。

むかえ【迎え】〈名〉人がくるのを待ちうけること。人に来てもらうために、よびにいくこと。また、よびにいく人。例迎えを待つ。迎えにいく。迎えの車。出迎え。

むかえい・れる【迎え入れる】〈動下一〉むかえて中へいれる。仲間として受けいれる。例新入生を迎え入れる。対送り出す。

むかえう・つ【迎え撃つ】〈動五〉敵を待ちうけてたたかう。類迎撃《げいげき》する。

むかえざけ【迎え酒】〈名〉二日酔《よ》いの気分の悪さをなおすために飲む酒。

むかえび【迎え火】〈名〉盂蘭盆《うらぼん》のはじめに、祖先の霊《れい》をむかえるために家の前でたく火。対送り火。

むか・える【迎える】〈動下一〉❶来る人を待ちうける。たずねてきた人を中に入れる。例家に迎える。迎え入れる。対送る。❷家族や仲間の中にうけいれる。例妻に迎える。今年わが社は十人の新人社員を迎えた。❸ある時期になる。ある状況《じょうきょう》になる。例新年を迎える。死を迎える。未曽有《みぞう》の危機を迎えた。類直面する。

表現 (1)①は、「諸葛孔明《しょかつこうめい》を軍師に迎える」というように、人を招きよせてある地位にすえるという意味で使うこともできる。その地位には、来る人に失礼にならない高さが必要である。
(2)「人の意(または心)を迎える」は、人に迎合《げいごう》するということで、「つい相手の心を迎えるようなことを言ってしまう自分がいやでならない」のような言いかたで使う。

むがく【無学】〈名・形動〉教育をうけていなくて、学問や知識がないこと。例無学な人。

むかし【昔】〈名〉❶今からずっと前。例昔をしのぶ。昔にかえる。昔のおもかげ。遠い昔。今は昔。昔話。大昔。対今。類過去。❷(「ひと昔」や「ふた昔」の形で)すぎさった十年ぐらいの年月をひとまとめにしていう。例十年ひと昔。→ひとむかし 表現

昔取《と》った杵柄《きねづか》 昔、身につけた得意のうで前。「まだやれる」という自負《じふ》をこめていう。由来 昔おぼえた餅《もち》のつきかたを、体が忘れていないということから。

むかしかたぎ【昔かたぎ】〖昔▽気▽質〗〈名・形動〉新しい考えかたよりも、古くからのやりかたや考えかたをだいじにすること。例昔かたぎの職人。

 メンデル(1822~84) オーストリアの植物学者。エンドウマメの実験で,「メンデルの法則」を発見。

むかしがたり【昔語り】〈名〉むかしあったことを思い出とともに話すこと。例祖父の少年時代のことを昔語りに聞いた。

むかしながら【昔ながら】〈副〉むかしのままで少しも変わらずに。例昔ながらの町なみ。

むかしなじみ【昔なじみ】〖昔▼馴染み〗〈名〉むかし、親しくしていたこと。また、その相手。

むかしばなし【昔話】〈名〉❶むかしから伝えられてきた、子どもむけの話。「舌切りすずめ」など。類おとぎばなし。民話。❷自分たちがすごしたむかしのころのことを話すこと。また、その話。例昔話に花が咲く。類昔語り。

むかしふう【昔風】〈名〉考えかたやもののようすが、今ははやらないむかしのものであるようす。例むかし風のやりかた。類古風。

むかしむかし【昔昔】〈名〉「むかし」を強めていうことば。昔話のはじめによく使われる。

むかち【無価値】〈名・形動〉価値がないこと。

むかつ・く〈動五〉❶食べたものをもどしそうな感じがする。例胸がむかつく。類むかむかする。はき気がする。❷腹がたって、どなりだしたい気持ちになる。くだけた言いかた。類むかむかする。しゃくにさわる。

む(向)かって こちらから見て。例向かって右。

むかっぱら【向かっ腹】〈名〉わけもなくわきおこるいかり。例向かっ腹をたてる。

むかで〖▽百▽足・▼蜈▼蚣〗〈名〉足のたくさんある、ひらたくて長い虫。たくさんの節があり、口から強い毒を出す。種類が多い。

むかむか〈副・する〉❶〈名〉はきそうな感じ。例胃がむかむかする。胃のむかむかがおさまる。❷腹がたって、気分がわるいようす。例ずうずうしい態度にむかむかする。▽類むかっと。むかつく。参考アクセントは、ふつう「**ム**カムカ」であるが、①で名詞として言う場合は「ム**カムカ**」となる。

むがむちゅう【無我夢中】〈名〉ほかのことを忘れるほど、あるものごとに熱中すること。例無我夢中になる。

むかん【無冠】〈名〉❶位《くらい》のないこと。❷選手がタイトルをとっていないこと。

無冠の帝王《ていおう》 スポーツ選手などで、いつタイトルをとってもおかしくないほどの実力を持ちながら、タイトルをとったことがない人。自由にふるまい、世の中を動かす力を持つ新聞記者などをさして言った。参考かつては、民間にいるのでなんの権力もないが、自由にふるまい、世の中を動かす力を持つ新聞記者などをさして言った。

むかんかく【無感覚】〈名・形動〉❶感覚がちゃんとはたらかなくて、外からの刺激《しげき》を感じないこと。例寒すぎて手が無感覚になる。❷相手の気持ちなどを少しも考えないこと。例無感覚な人。類無神経。

むかんけい【無関係】〈名・形動〉まったくかかわりのないこと。例無関係な相手。類無縁《むえん》。

むかんしん【無関心】〈名・形動〉そのことに関心や興味がなく、まったく気にかけないようす。例政治に無関心な人。無関心をよそおう。

1 **むき**【向き】〈名〉❶むいている方向。進んでいく方向。例向きが変わる。風の向き。からだの向き。北向き。前向き。類方向。❷「人」「人々」を遠まわしにさしていうことば。例ご用の向きは受付へおいでください。❸話や用事などの内容。例ご用の向きをお聞かせください。❹人のもっているくせや傾向《けいこう》。例すぐ弱気になる向きがある。❺適していること。合っていること。例向き不向き。子ども向き。

むきになる 必要以上に真剣《しんけん》になったり、腹をたてたりする。例むきになって言い争う。すぐむきになる。

2 **むき**【無期】〈名〉❶期限がきまっていないこと。例無期延期。対有期。類無期限。❷「無期懲役《ちょうえき》」の略。例無期が確定する。

3 **むき**【無機】〈名〉❶生命をもっていないこと。❷〔化学〕「無機物」の略。例無機化学。▽対有機。

4 **むき**【無季】〈名〉俳句のなかに、季語を入れないこと。例無季俳句。無季自由律。対有季。

むぎ【麦】〈名〉コムギ・オオムギ・ライムギ・エンバクなどをまとめていうことば。世界的に重要な農作物。

むきあ・う【向き合う】〈動五〉おたがいに、相手に正面をみせている。向かい合う。例公園に向き合った家。子どもと真剣《しんけん》に向き合う。

むきかがく【無機化学】〈名〉無機化合物や元素について研究する、化学の一分野。対有機化学。

むきかごうぶつ【無機化合物】〈名〉〔化学〕炭素をふくまない化合物。無機物。対有機化合物。参考一酸化炭素・二酸化炭素などは炭素をふくむが、無機化合物とされる。

むきげん【無期限】〈名〉期限がさだまっていないこと。例無期限延期《えんき》。

むきしつ【無機質】一〈名〉栄養素の一つ。カルシウム・燐《りん》・鉄など。ミネラル。二〈形動〉生命感や生活感が感じられない。例無機質な声音《こわね》。無機質なへや。類無機的。

むきず【無傷】〈名・形動〉❶きずがないこと。❷わるいところや負けが一つもないこと。例無傷で勝ちのこる。

むきだし【むき出し】〖▽剝き出し〗〈名・形動〉ふつうなら、人に見せないでかくしておくものを、かくさず表面に出すこと。例感情をむき出しにする。類あらわ。露骨。

むぎちゃ【麦茶】〈名〉殻《から》をつけたまま煎《い》ったオオムギを煮《に》だした飲みもの。冷やして飲むことが多い。

むきちょうえき【無期懲役】〈名〉〔法律〕拘置《こうち》期間をさだめない懲役刑《けい》。類終身刑。参考日本では死刑の次に重い刑罰。十年以上服役すれば態度しだいで仮釈放《かりしゃくほう》が可能で、仮釈放されると一生保護観察下におかれる。

むきてき【無機的】〈形動〉無機物のように、生命のもつ温かみや情緒が感じられない。類無機質。機械的。

むきどう【無軌道】一〈名〉レールをしかないこと。例無軌道電車。二〈名・形動〉考えや行ないがでたらめであること。例無軌道な生活。

むきなお・る【向き直る】〈動五〉からだを動かして、ある方向を向く。例正面に向き直る。

むきぶつ【無機物】〈名〉〔化学〕❶炭素をふくまない物質。食塩や金属など。❷「無機化合物」のこと。▽対有機物。

むぎふみ【麦踏み】〈名〉少しのびたムギの芽を踏みつける、早春の農作業。根を強くはらせ、また、むだに芽がのびることをふせぐ。

むきふむき【向き不向き】〈名〉その役目に向いていることと向いていないこと。例向き不向きのある仕事。向き不向きを考えて役割をきめる。類適不適。

むきみ【むき身】〖▽剝き身〗〈名〉外がわのからをとって、なかみだけにしたもの。例貝のむき身。むき身のえび。

むきむき〈形動〉筋肉がとても発達している。くだけた言いかた。例むきむきの体。類ばきばき。

むきめい【無記名】〈名〉名前を書かないこと。例 無記名投票。対 記名。
むぎめし【麦飯】〈名〉オオムギなどをたいた飯。米にオオムギをまぜてたいた飯。
むきゅう[1]**【無休】**〈名〉休みをとらずに仕事をすること。例 年中無休。
むきゅう[2]**【無給】**〈名〉はたらいても給料がしはらわれないこと。対 有給。
むきゅう[3]**【無窮】**〈名・形動〉はてしなく無限につづいていること。
むきょうよう【無教養】〈名・形動〉もつべき知識や心のゆたかさがないこと。例 無教養な人。
むきりょく【無気力】〈名・形動〉やる気がなくて、ぼうっとしている状態。例 無気力におちいる。
むぎわら【麦わら】『麦▼藁』〈名〉穂《ほ》をとりのぞいたムギの茎《くき》。例 麦わら細工。麦わら帽子《ぼうし》。
むぎわらぼうし【麦わら帽子】『麦▼藁帽子』〈名〉麦わらを編んでつくった、夏にかぶる日よけ用の帽子。
むきん【無菌】〈名〉細菌がいないこと。例 無菌室。
む・く[1]**【向く】**〈動五〉❶からだの正面や顔をある方向に固定する。例 上を向く。そっぽを向く。❷ものの正面が、ある方向に固定している。例 南へ向いた部屋。❸ある方向へ進む。例 足が向く。❹うまく合う。例 子どもに向く。教師に向いている。類 適する。▽ア ムク
む・く[2]『▽剝く』〈動五〉外がわをおおっているものをとりさって、中の部分をおもてに出す。例 皮をむく。りんごをむく。目をむく。歯をむく。類 はぐ。はがす。ア ムク
むく[3]**【無▼垢】**〈名・形動〉❶けがれのないこと。例 無垢な魂《たましい》。清浄《せいじょう》無垢。純粋《じゅんすい》無垢。類 純潔《じゅんけつ》。❷着物が無地で、ほかの色がまじっていないもの。とくに白一色のこと。例 白無垢。❸金細工などが、めっきをしたものでないこと。例 金無垢。銀無垢。❹木材が、合板などとちがって天然のものであること。無垢材。例 無垢の家具。▽ア ムク
むくい【報い】〈名〉自分のしたことの結果が、めぐりめぐってもどってくること。例 報いをうける。悪の報い。
むくいぬ【むく犬】『▼尨犬』〈名〉むく毛の犬。
むく・いる【報いる】〈動上一〉人がしてくれたことに対して、ふさわしいおかえしをする。例 努力が報いられる。労に報いる。一矢《いっし》を報いる(→独立項目)。
むくげ[1]**【むく毛】**『▼尨毛』〈名〉いかにもやわらかそうにたれさがっている毛。例 むく毛の犬。
むくげ[2]『▽木▼槿』〈名〉庭木や生け垣《がき》にする落葉低木。夏から秋にかけての朝、赤・むらさき・白などの花がさき、夕がたにはしぼむ。
むくち【無口】〈名・形動〉すすんでしゃべろうとしないで、いつもだまっていること。例 無口な人。対 おしゃべり。類 寡黙《かもく》。
むくつけき〈連体〉あらあらしくて、やさしさやデリケートさが感じられない。例 むくつけき男。表現 古めかしい感じを出したいときに使うことば。
むくどり『▼椋鳥』〈名〉鳥の一種。全体が黒く、頭の一部とこしは白い。くちばしと足は黄色。人家の近くに群れて、やかましく鳴きたてる。
むくみ〈名〉からだや皮膚《ひふ》がむくんだ状態。例 むくみが出る。類 浮腫《ふしゅ》。
むく・む『▽浮▽腫む』〈動五〉からだや皮膚《ひふ》の中に水気がたまって、全体にはれぼったくなる。例 むくんだ足。
むくむく〈副〉❶雲や煙《けむり》などが次々とわきでるようす。例 入道雲がむくむくとわきあがってきた。❷怒《いか》りや疑いなどがふくれあがるようす。例 かれに対する疑惑《ぎわく》がむくむくと頭をもたげた。❸〈する〉ふんわりとふくらんでいるさま。例 むくむくしたぬいぐるみ。
むく・れる〈動下一〉いかりや不満で、顔がぷうっとふくれた感じになる。例 むくれた顔。類 ふくれる。
むくろ『▽骸』〈名〉魂《たましい》がぬけてしまった肉体。類 しかばね。
むくわ・れる【報われる】〈動下一〉したことにふさわしい結果をえる。報いられる。例 長年の努力がようやく報われた。
むけ【向け】〈接尾〉…のためにつくった。…をめざしている。例 子ども向けの本。外国向けの郵便物。
むけい【無形】〈名・形動〉形がなく、実際に見たりさわったりできないこと。例 無形の財産。無形の恩恵《おんけい》。対 有形。
むげい【無芸】〈名〉人に見せて楽しませるような芸をなに一つ身につけていないこと。例 無芸大食。対 多芸。
むけいかく【無計画】〈名・形動〉あらかじめ計画をたてていないこと。あとのことを考えずに事を行なうこと。例 無計画な都市開発。対 計画的。
むげいたいしょく【無芸大食】〈名〉人が喜びそうなことは何もできず、ただたくさん食べるしか能がないこと。
むけいぶんかざい【無形文化財】〈名〉長いあいだ、人から人へ伝えられ、みがきをかけられてきた貴重なわざ。演劇・音楽・工芸などについていう。その中で、とくにすぐれたものは、重要無形文化財として国から指定される。参考 ユネスコの「無形文化遺産《いさん》」に登録されるものもある。
むけつ【無血】〈名〉たたかいによる殺傷や流血がないこと。例 無血革命。無血入城。
むげに『無下に』〈副〉少しもとりあわないで。例 申し出をむげにことわるわけにもいかない。類 一方的に。
む・ける[1]**【向ける】**〈動下一〉❶その方向にむくようにする。例 顔を向ける。背を向ける。ほこさきを向ける。❷人を使いとして行かせる。例 使者を向ける。さし向ける。❸ある目的のために使う。例 予備費を穴うめに向ける。ふり向ける。類 送る。類 あてる。表現 「目を向ける」「注意を向ける」は、そのものごとの存在をみとめて、考えのうちにいれること。
む・ける[2]『▽剝ける』〈動下一〉表面をおおっていた皮などがはがれる。例 一皮むける。
むげん[1]**【無限】**〈名・形動〉かぎりがないこと。終わりがないこと。例 無限につづく。無限にひろがる。対 有限。
むげん[2]**【夢幻】**〈名〉現実でない、ゆめやまぼろし。例 夢幻の世界。夢幻の境地をさまよう。
むげんきどう【無限軌道】〈名〉⇩キャタピラ
むげんじごく【無間地獄】〈名〉〔仏教〕地獄のいちばん底にあるというたえまなく苦しみをうける最悪の地獄。阿鼻《あび》地獄。「むけんじごく」ともいう。
むげんだい【無限大】〈名・形動〉❶かぎりがないほど、大きいこと。例 無限大にひろがる。❷〔数学〕変数の絶対値が、どんなに大きい正数よりも大きいこと。記号「∞」。
むこ[1]**【婿】**『▼壻・▼聟』〈名〉❶娘《むすめ》の夫。妻の親からみた言いかた。❷女性が結婚する相手。例 婿をさがす。花婿。❸家をつぐ娘の夫としてむかえる男性。例 婿をと

 メンデレーエフ（1834～1907） ロシアの科学者。元素の周期律を発見し，周期表を発表した。

る。婿養子。入り婿。▽対嫁《よめ》。

[2]**むこ【無▼辜】**〈名〉なんの罪もないこと。例無辜の民《たみ》。

むご・い〖▽惨い・▽酷い〗〈形〉ひどいことをされていて、見るにたえない。無残。残酷《ざんこく》。例むごい死にかた。むごいしうち。類むごたらしい。

むこいり【婿入り】〈名・する〉男性が結婚《けっこん》して妻の家に入ること。多く、妻の姓に改める。対嫁入《よめい》り。

[1]**むこう【向こう】**〈名〉❶自分の方から見て、あいだにあるものをこえた反対がわ。例向こう岸。川向こう。❷遠くの方。例向こうの山。はるか向こう。❸話題になっているある場所。例向こうじゃ今ごろ雪が降っているだろう。類あちら。❹現在、または未来のあるときから先。例三月から向こうはいそがしくなる見こみだ。❺相手がわ。例向こうのでかた。向こうにまわす。向こうの言い分。対こちら。類先方。▽アムコー ムコー

向こう三軒《さんげん》両隣《りょうどなり》 自分の家の向かいがわにある三軒の家と、左右の二軒の家。ふだん親しくしている近くの家の人。

向こうに回《まわ》す 戦いや争いの相手にする。例強敵を向こうに回して張《は》りあう。類敵に回す。

向こうを張《は》る 相手に正面から対抗《たいこう》する。例チャンピオンの向こうを張るとは、いい度胸だ。

[2]**むこう【無効】**〈形動〉効力がない。例無効になる。無効とする。無効投票。対有効。アムコー

むこういき【向こう意気】〈名〉相手に対抗《たいこう》して、一歩もしりぞかない気持ち。例向こう意気がつよい。類鼻っ柱。

むこうきず【向こう傷】〈名〉顔やひたいなど、からだの前面に受けた傷。敵と正面から対したことの証明になるので、勇気を示すものとされる。

むこうずね〖向こう▼臑〗〈名〉すねの前面。類弁慶《べんけい》の泣きどころ。

むこうはちまき【向こう鉢巻き】〈名〉ひたいのところでむすんだはちまき。→はちまき絵

むこうみず【向こう見ず】〈名・形動〉あとのことを考えないで、思ったことをそのまますぐ行動にうつすこと。例向こう見ずな人。類無鉄砲《むてっぽう》。無謀《むぼう》。

むこせい【無個性】〈形動〉個性がない。例無個性な町並み。類非個性的。

むごたらし・い〈形〉見るにたえないくらいひどく傷ついている。例むごたらしい事件。類むごい。残酷《ざんこく》。

むこようし【婿養子】〈名〉家をつぐむすめの婿としてむかえる養子。

むごん【無言】〈名〉だまっていること。ものを言わないこと。例無言で立ち去る。無言劇。無言電話。

表現 「無言の帰宅」「無言の帰国」「無言の対面」などの言いかたで、死者や遺骨となっていることを間接的に、しかも劇的に表現するのに使われることがある。

無言の行《ぎょう》 だまりこんでいること。

むごんげき【無言劇】〈名〉⇩パントマイム

参考 仏教で、ものを言わないでする修行《しゅぎょう》をいう。

むさ・い〈形〉だらしがなくて、不潔《ふけつ》な感じだ。古風な言いかた。例むさいかっこう。むさい男。むさい部屋。類むさ苦しい。

むざい【無罪】〈名〉裁判で、罪がないとみとめられること。対有罪。

むさく【無策】〈名〉解決しなければならない問題に対して、その対策をたてられないこと。例無為《むい》無策。

むさくい【無作為】〈名・形動〉特別なくふうをしないで、偶然《ぐうぜん》にまかせて行なうこと。例サンプルを無作為に抽出《ちゅうしゅつ》して統計をとる。対作為的。類無差別。

参考 「不作為」は、しなければならないことをしないこと、という意味の法律用語。

むさくいちゅうしゅつ【無作為抽出】〈名〉大規模な調査をするとき、とくに選んだりせずに、多くのものからいくつかをとりだすこと。ランダムサンプリング。

むさくるし・い【むさ苦しい】〈形〉だらしがなく、不潔《ふけつ》で、息がつまる感じだ。「むさい」からできたことば。例むさ苦しい身なり。むさ苦しい部屋。

表現 (1)客に自分の家に入ってもらうとき、とくにそうでもないのに謙遜《けんそん》して、「むさ苦しいところですが、どうかおあがりください」などということがある。
(2)少しも不潔な感じでなくても、男ばかりが集まっていると、軽口《かるくち》で「むさ苦しい」とよく言う。

むささび〖▼鼯▼鼠〗〈名〉木から木へと空中を飛ぶことができるけもの。リスに似《に》て、体長四〇《センチメートル》ぐらい。からだの両わきの膜《まく》を使って飛ぶ。夜、活動する。

むさし【武▽蔵】〈名〉旧国名の一つ。現在の東京都・埼玉《さいたま》県と、神奈川県の一部。武州《ぶしゅう》。

むさしの【武蔵野】〈名〉関東平野の一部で、埼玉《さいたま》県南部から東京都中西部にわたる地域。

むさべつ【無差別】〈名・形動〉区別や差別をしないこと。同じようにあつかうこと。例男女無差別に選ぶ。無差別殺傷《さっしょう》事件。(柔道で)無差別級。類無作為《むさくい》。公平。平等。

むさぼりく・う【貪り食う】〈動五〉すごいいきおいで食べる。がつがつと食べる。

むさぼりよ・む【貪り読む】〈動五〉すごいいきおいで読み進む。たくさんの本を次から次へと読む。

むさぼ・る【貪る】〈動五〉どれだけしても満足しないで、それをほしがったり、そのことをしつづけたりする。例暴利を貪る。貪るように本を読んだ。

むざむざ〈副〉わるい状態になっていくのを、なにもしないでそのままにしているようす。例むざむざとつかまる。

むざん【無残・無惨】〈形動〉あまりにもひどく傷ついていて、見るにたえない。例無残な最期《さいご》。類むごい。

むさんかいきゅう【無産階級】〈名〉プロレタリア。対有産階級。

[1]**むし【虫】**〈名〉動物を人・けもの・鳥・魚・虫と大きく分けた中の一つ。動物の中では、いちばん小さい。❶昆虫《こんちゅう》。アリ・ハチ・ハエ・トンボなど、ふだん多く見かける虫。❷秋に鳴く虫。コオロギ・キリギリス・スズムシ・マツムシなど。例虫の声。虫の音《ね》。❸ほかの動物に寄生する虫。例虫くだし。❹衣類や書物などを食べて、穴をあける虫。例虫がつく。虫に食われる。❺人のからだの中にすんでいて、人を動かすふしぎな力をもち、ときどき、いどころを変えて、人の気分をいろいろに変化させると思われているもの。例腹の虫がおさまらない。虫のいどころが悪い。❻(「…の虫」の形で)一つのことに熱中している人。例本の虫。仕事の虫。▽アムシ

表現 (1)ふつう、一匹《いっぴき》二匹《にひき》と数える。
(2)虫は小さいことから、「虫けら」といって軽《かろ》んじたり、「弱虫」「泣き虫」のように人をばかにするときにも使う。
(3)むすめ(または むすこ)に、親にとっていやな交際相手が

できることを、「悪い虫がつく」とか「へんな虫がつく」という。

虫がいい 自分につごうがいいようにばかり考えて、人のためを考えず、身がってだ。例虫がいい考え。
虫が知《し》らせる なにかいやな予感がする。
虫が好《す》かない 気にくわない。
虫の息《いき》 今にも死にそうになって、息をしているのかどうかわからないような状態。類半死半生。瀕死《ひんし》。
虫の居所《いどころ》が悪《わる》い きげんがどうもよくない。
虫の知《し》らせ なにかよくないことが起こるのを、前もって感じること。類むなさわぎ。
虫も殺《ころ》さない 人がらのやさしさ、おとなしさをいう言いかた。

むし[2]【無視】〈名・する〉 近くにいるのに、まるでいないかのようにあつかうこと。まったく問題にしないこと。例人を無視する。信号を無視する。無視できない存在。類黙殺《もくさつ》。しかと。アムシ

むし[3]【無私】〈名・形動〉 自分のつごうや利益を考えにいれないこと。例無私の心。公平無私。アムシ

むじ【無地】〈名〉 布地や紙などに、もようや絵がらなどが入っていないこと。例紺《こん》無地。対がらもの。

むしあつ・い【蒸し暑い】〈形〉 風がなくて、湿度《しつど》が高く、むしむしして暑い。例蒸し暑い日。類むす。

むしかえ・す【蒸し返す】〈動五〉 ❶いちど結論がでておさまったことを、またもちだして問題にする。例議論をむし返す。❷つめたくなったものを、もういちどむす。

むしかく【無資格】〈名〉 そのことをするのに必要な資格をもっていないこと。例無資格で診療《しんりょう》する。

むじかく【無自覚】〈名・形動〉 自分のしなければいけないことや、その責任があまりわかっていないようす。例無自覚な人。

むしかご【虫籠】〈名〉 スズムシやマツムシ、ホタルなどの、虫を飼うためのかご。

むしくい【虫食い】〖虫▼喰い〗〈名〉 虫が食うこと。虫が食ったあと。例虫食いりんご。虫食い予防。

むしくだし【虫下し】〈名〉 カイチュウなどの寄生虫を体外へ出してしまうために飲む薬。類駆虫剤《くちゅうざい》。

むしけら【虫けら】〈名〉「虫」をさげすんでいうことば。
表現「人を虫けらのようにあつかう」といえば、権力や金力のある者が、弱い立場の者に対して、まるでおなじ人間ではないかのようなあつかいをすること。

むしず(虫▽酸)がはし(走)る さわるのも見るのもいやだというくらい、ひどくきらう。参考「虫酸」は、酒を飲みすぎたときに胃から口にのぼってくるすっぱい液体。

むじつ【無実】〈名〉 ❶罪をおかしていないこと。罪がないのに、罪があるとされること。例無実の罪。類冤罪《えんざい》。ぬれぎぬ。❷中身がないこと。例有名無実。

むじな〖▼狢・▼貉〗〈名〉 ❶「あなぐま」のこと。❷「たぬき」のこと。

むしば【虫歯】〈名〉 表面のほうろう質が酸などにおかされて、穴があいたり欠けたりした歯。

むしば・む〖▼蝕む〗〈動五〉 少しずつだめにする。例心をむしばむ。心がむしばまれる。癌《がん》にむしばまれる。

むじひ【無慈悲】〈名・形動〉 弱い者に対して、同情する気持ちが少しもない。例無慈悲なしうち。類冷酷《れいこく》。血もなみだもない。情け知らず。冷血。非情。

むしピン【虫ピン】〈名〉 標本とする虫をとめておくための、ほそい小さなピン。

むしぶろ【蒸し風呂】〈名〉 湯気でからだをむして、あたためるようにしたふろ。サウナ。
表現ひどく暑いことを「蒸し風呂に入ったよう」「蒸し風呂のようだ」などという。

むしへん〖虫偏〗〈名〉 漢字の偏の一つ。「蚊《か》」「蛇《へび》」などの「虫」の部分。

むしぼし【虫干し】〈名・する〉 害虫やかびなどをふせぐために、衣類や本を日光や風にあてること。類土用干し。

むしむし〈副・する〉 湿気《しっけ》が多くて、むし暑いさま。例梅雨《つゆ》の季節はむしむしする。

むしめがね【虫眼鏡】〈名〉 目ではっきり見えない小さなものを、拡大して見るための道具。凸《とつ》レンズを使う。類拡大鏡。ルーペ。

むしゃ【武者】〈名〉 武士。とくに、よろいなどで身をかためた武士。→ぶし〔武士〕参考

むしやき【蒸し焼き】〈名〉 肉や魚、野菜などを、火がじかにあたらないように、容器に入れたりなにかにつつんだりして焼くこと。例蒸し焼きにする。

むじゃき【無邪気】〈名・形動〉 子どもなどが、すなおでかわいらしいこと。類天真爛漫《らんまん》。天衣無縫《むほう》。

むしゃくしゃ〈副・する〉 とても腹立たしいことがあって、気分がすっきりしない感じ。

むしゃしゅぎょう【武者修行】〈名〉 武士が各地を旅しながら武術のうでをみがくこと。
表現今では、技術や芸などをみがくためによその土地や外国へ行くことに言う。

むしゃにんぎょう【武者人形】〈名〉 五月五日の節句の日に、男の子のたくましい成長をねがってかざる、武者のすがたをした人形。五月人形。

むしゃぶりつ・く〖武者振り付く〗〈動五〉 ❶はげしいいきおいで、しっかりだきつく。例母親にむしゃぶりつく。❷食べ物に、むしゃむしゃとむさぼるようにして食べるためにかじりつく。
注意①が本来の意味だが、あやまって②の意味で使う人や、それを「むしゃぶる」という形で使う人が増えている。

むしゃぶるい【武者震い】〈名・する〉 試合などのときに、興奮してからだがふるえること。

むしゃんよか(方言) かっこいい。熊本で言う。

むしゅう【無臭】〈名〉 においがしないこと。

むしゅうきょう【無宗教】〈名〉 ❶信仰《しんこう》している宗教がないこと。とくにどの宗教の信者《しんじゃ》というわけでもないこと。❷葬儀《そうぎ》で、どの宗教の儀式にものっとらないこと。

むじゅうりょく【無重力】〈名〉 重力がないこと。例無重力状態。

むしゅく【無宿】〈名〉 ❶住む家がないこと。住む家がない人。❷江戸《えど》時代、戸籍から名前を除かれたこと。

むしゅみ【無趣味】〈名・形動〉 趣味をもたないこと。例無趣味な父。対多趣味。

むじゅん【矛盾】〈名・する〉 ❶二つのことが、同時にはなりたたないこと。つじつまが合わないこと。例矛盾をつく。矛盾をはらむ。矛盾した話。両者の言い分に矛盾がある。類撞着《どうちゃく》。❷不合理・理不尽《りふじん》なこと。不公平や不平等。例世の中の矛盾をあばく。社会矛盾。
由来どんな盾《たて》をも突《つ》き通せるという矛《ほこ》と、どんな矛で突いても突き通せないという盾とをいっしょに売る者のおかしみをあらわした、古代中国の故事から。

むしょ【ムショ】〈名〉「刑務所《けいむしょ》」の俗《ぞく》な言いかた。例ムショ帰り。

 毛沢東(もうたくとう)(1893～1976) 中国共産党の指導者。抗日戦・内戦を戦い，1949年中華人民共和国を樹立。

むしょう【無償】〈名〉仕事やサービスに対して、なんの見返りもないこと。例無償の行為《こうい》。対有償。類無報酬《ほうしゅう》。

むじょう[1]【無上】〈名・形動〉これにまさるもののないこと。例無上のよろこび。類至上。

むじょう[2]【無常】〈名・形動〉❶〔仏教〕この世のすべてのものは、生まれたりほろんだり、変化してやまないものであって、いつまでも変わらないということはない、ということ。例無常の風。無常観。諸行《しょぎょう》無常。❷人生のはかないこと。例ああ、この世は無常だ。

むじょう[3]【無情】〈形動〉やさしい気持ちがどこにもない。例無情なあつかい。類非情。無慈悲《むじひ》。薄情《はくじょう》。

むじょうけん【無条件】〈名〉なにも条件をつけないこと。なんの条件も必要としないこと。例無条件でゆるす。無条件でうけいれる。無条件降伏《こうふく》。

むしょうに【無性に】〈副〉どうしようもなく。おさえることができないほどひどく。例無性に腹だたしい。

むしょく[1]【無色】〈名〉色がついていないこと。色をつけていないこと。例無色透明《とうめい》。
表現 二つ以上の対立する意見や勢力があるとき、そのどちらにも属さないでいる人のことをいうことがある。

むしょく[2]【無職】〈名〉職業をもっていないこと。例住所不定、無職。

むしよけ【虫よけ】『虫▽除け』〈名〉虫がつかないようにすること。そのための薬やしかけ。類防虫。

むしょぞく【無所属】〈名〉政治家が、どの政党にも属していないこと。例無所属の議員。

むし・る『▼毟る・▼挘る』〈動五〉❶生えているものを、少しずつつかんでひきぬく。例毛をむしる。草をむしる。❷ぴったりとついているものを、つまんで少しずつはがし取る。例魚の肉をむしる。

むしろ[1]『▼蓆・▼筵』〈名〉わら・イグサ・タケなどを編んでつくったしきもの。例むしろをしく。むしろをひろげる。類ござ。こも。ア ムシロ

むしろ[2]『▽寧ろ』〈副〉二つのものごとのうち、「どちらかといえばこちらがいい」という気持ちを表わす。例中途《ちゅうと》はんぱにするくらいなら、むしろしない方がいい。類かえって。ア ムシロ

むしん【無心】 一〈形動〉よけいなことを考えず、純粋《じゅんすい》な気持ちでむちゅうになっている。例無心に遊ぶ。類無我。虚心《きょしん》。二〈名・する〉あつかましく金品をねだること。例金《かね》の無心。無心の手紙。

むじん[1]【無人】〈名〉人がいないこと。住む人がいないこと。例無人踏切《ふみきり》。無人島。

むじん[2]【無尽】〈名〉❶いつになってもなくならないこと。❷参加者が毎回同額のお金を出し合い、その全部を借りる人をくじで順番にきめていくかたちの組合。
方言 山梨などでは、仲間どうしでの宴会《えんかい》を言う。

むしんけい【無神経】〈名・形動〉ほかの人がいやがることや迷惑《めいわく》になることに気がつかず、平気ですること。例無神経な人。無神経なことば。類無感覚。

むじんぞう【無尽蔵】〈名・形動〉かぎりなくあること。もと、仏教のことば。例無尽蔵のエネルギー源。

むじんとう【無人島】〈名〉人の住んでいない島。

むしんろん【無神論】〈名〉神が存在することをみとめない考えかた。対有神論。
注意 「無宗教」という意味ではない。

む・す【蒸す】〈動五〉❶強い湯気をあてて熱をくわえる。例ご飯を蒸す。蒸し器。類ふかす。蒸らす。→囲み記事57(1287ページ)❷湯気の熱をうけたような暑さを感じる。例今夜はだいぶ蒸しますね。蒸し暑い。
表現 「蒸す」は、米などのほかに、「タオルを蒸す」「顔を蒸す」ともいうのに対して、「ふかす」は、米やいもなど、食べものについてだけいう。

むすう【無数】〈形動〉数えきれないほど多い。例無数にある。無数の星。

むずかし・い【難しい】〈形〉❶わかりにくい。例難しい漢字。難しい文章。対やさしい。類難解。❷なかなかできない。まとまりにくい。例難しい問題。難しい仕事。説明が難しい。対やさしい。たやすい。類困難。❸わずらわしい。めんどうだ。例難しい立場。難しく考える。❹きげんがわるい。また、そう感じられてとりあつかいにこまる。例難しい人物。難しい顔。気難しい。❺病気やけががひどくて、なおりにくい。例難しい病気。▽「むつかしい」ともいう。

むずがゆ・い『むず▼痒い』〈形〉むずむずするようにかゆい。
表現 人に何かをたのまれたとき、遠まわしにことわるのにも使う。

むずか・る〈動五〉赤ん坊や幼児が、泣いたり言うことを聞かなかったりして、人をこまらせる。類ぐずる。ぐずつく。
表現 「むずがゆい思いをする」は、ほめことばをすなおに受けとれない事情があって、照れくさく思うこと。

むすこ【息子】〈名〉ある親の、男の子。例うちの息子。自慢《じまん》の息子。ひとり息子。どら息子。対むすめ。類せがれ。
表現 自分の男の子のことを他人にいう場合によく使うことば。気らくな相手の男の子には「さん」をつけて、「お宅の息子さん、元気ですか」などと言える。第三者についても、「あれは金持ちの息子だ」とか「友人の息子に、画家になった人がいる」とかいうのは自然な言いかた。

むずと〈副〉⇩むんずと

むすば・れる【結ばれる】〈動下一〉結婚《けっこん》する。ごく親しい関係になる。例晴れて結ばれた二人。友情が結ばれる。

むすび【結び】〈名〉❶結ぶこと。例ちょう結び。縁《えん》結び。❷終わりの結末をつけるところ。例結びのことば。演説の結び。類しめくくり。❸⇩おむすび

結びの神《かみ》 縁結びの神様。そういう役割で男女の仲をとりもつ、仲人《なこうど》や身近な人。

むすびつ・く【結び付く】〈動五〉二つ以上のものがくっついて、いっしょになる。例名前と顔が結びつかない。

むすびつ・ける【結び付ける】〈動下一〉❶結んではなれないようにする。類ゆわえつける。❷関係があるものとして考える。関係づける。関連させる。例問題を結びつけて考える。

むすびめ【結び目】〈名〉ひもなどの、むすんだところ。例結び目がほどける。

むす・ぶ【結ぶ】〈動五〉❶はなれているものをつなぐ。例ひもを結ぶ。直線で結ぶ。結びつける。❷合わさって一つになるようにする。例手を結ぶ。契約《けいやく》を結ぶ。口を結ぶ。❸細長いものをからめ合わせて一つのまとまった形にする。例おびを結ぶ。ネクタイを結ぶ。類しばる。結《ゆ》う。結わえる。❹終わりにする。例会を結ぶ。話を結ぶ。感謝のことばで文章を結ぶ。類しめくくる。

毛利輝元(もうりてるもと)(1553～1625) 毛利元就の孫。関ヶ原の戦いでは西軍の大将。長門・周防2国に減封。

❺一つのものがつくりだされる。例実《み》を結ぶ。露《つゆ》を結ぶ。露が結ぶ。夢《ゆめ》を結ぶ。▽→むすばれる

むずむず〈副・する〉❶はだを虫がはっているようなかゆみやくすぐったい感じを表わす。❷人がなにかをしているのを見て、自分もやりたくてたまらなくなるようす。例子どもの野球を見ていたらうでがむずむずしてきた。

むすめ【娘】〈名〉❶ある親の、女の子。例うちの娘。ひとり娘。娘婿《むこ》。対息子《むすこ》。❷未婚《みこん》の年若い女子。例娘心。娘時代。娘ざかり。類乙女《おとめ》。

表現 ①の場合、自分の女の子のことを「娘」といい、他人の(とくに目の前にいる相手の)女の子のことは「お嬢《じょう》さん」などという。「お宅の娘さん、きれいになったね」のように言える相手は、気やすくつきあえる感じの人。

【娘】 女部7 全10画 娘娘娘娘娘
むすめ

むすめごころ【娘心】〈名〉十代のころの、娘らしいうぶな心。

むすめむこ【娘婿】〈名〉むすめの夫。類女婿《じょせい》。

表現 娘が結婚した相手を、娘の親のがわからいうことば。

[1]**むせい【無声】**〈名〉声や音が出ないこと。例無声映画。

[2]**むせい【夢精】**〈名・する〉男性が、ねむっている間に性的に興奮する夢をみて精液をもらすこと。

むぜい【無税】〈名〉税金がかからないこと。対有税。

むせいおん【無声音】〈名〉発音のときに声帯を振動《しんどう》させないでだす音。たとえばカ・サ・タ・パのはじめの音(k・s・t・p)がそれである。対有声音。

むせいげん【無制限】〈名・形動〉数や量、程度などをどれだけときめないこと。制限がないこと。例無制限な拡大。無制限に許可する。

むせいせいしょく【無性生殖】〈名〉〔生物〕おす・めすの区別がないため、受精せずに親のからだの一部または体細胞《さいぼう》から、新しい個体が生じること。分裂《ぶんれつ》・出芽・胞子《ほうし》形成など。対有性生殖。

むせいぶつ【無生物】〈名〉水や鉱物などのように、生命をもたないもの。対生物。類非生物。

むせいらん【無精卵】〈名〉受精していないたまご。対受精卵。有精卵。

むせかえ・る【むせ返る】〈動五〉❶ひどくむせる。❷せきこんだりしながら、ひどく泣く。

むせきついどうぶつ【無脊椎動物】〈名〉背骨(=脊椎)をもたない動物をまとめていうことば。昆虫《こんちゅう》や貝、エビなど。対脊椎動物。表記 理科の教科書などでは「無セキツイ動物」と書かれることもある。

むせきにん【無責任】〈名・形動〉自分の言ったこと、したことに少しも責任をもたないこと。例無責任な人。無責任きわまる。

むせっそう【無節操】〈名・形動〉そのときそのときのようすで考えかたがすぐ変わること。類いいかげん。適当。

むせびな・く【むせび泣く】『▽咽び泣く』〈動五〉しゃくりあげるようにしながら泣く。類嗚咽《おえつ》する。

むせ・ぶ『▼噎ぶ・▽咽ぶ』〈動五〉❶けむりやほこり、食べ物などで息がつまりそうになって、せきこむ。例けむりにむせぶ。類むせる。❷息がつまるような感じで泣く。例感激にむせぶ。なみだにむせぶ。類しゃくりあげる。

む・せる『▼噎せる』〈動下一〉けむりやほこり、食べ物などがのどに入って、息がつまりそうになる。また、そうしてせきこむ。例けむりにむせる。類むせぶ。

むせん【無線】〈名〉❶通信や機械の操縦をするのに、電波を使って、電線を使わないこと。例無線電信。無線操縦。対有線。❷「無線通信」の略。電波によって行なう通信。例無線機。アマチュア無線。

むせんいんしょく【無銭飲食】〈名・する〉店で飲んだり食べたりして、お金をはらわないこと。類食いにげ。

むぞい(方言) かわいそうだ。あわれだ。東北で言う。むじぇー。もぞこい。みじょけね。

[1]**むそう【無双】**〈名〉❶くらべられるものがないこと。例天下無双。古今無双。怪力《かいりき》無双。類無比。無類。❷衣服などで、おもてとうらとが同じ材料であること。

由来 古語の「無惨《むざん》」に由来することば。

参考 コンピューターゲームの世界で、たくさんの敵をやっつける意味で「無双する」の形でも、また、「無敵」の意味でも使われる。

[2]**むそう【夢想】**〈名・する〉夢《ゆめ》のように、あてもないことを思うこと。例夢想だにしない。完成の日を夢想する。類空想。

むぞうさ【無造作】〈形動〉❶造作ない。かんたんである。❷こまかく考えないで、気がるにやるようす。例無造作に作る。

むだ【無駄】〈名・形動〉したことが、役にたたないで終わること。例無駄をはぶく。無駄になる。無駄な出費。無駄につかいやす。無駄足。無駄口。類無益。

むだあし【無駄足】〈名〉せっかくそこまで行ったのに、なんにもならないこと。例無駄足をふむ。無駄足になる。

むたい【無体】〈名・形動〉❶無理なこと。古風な言いかた。例ご無体な。無理無体(を言う)。❷〔法律〕形がないこと。無形。例無体財産。

むだがね【無駄金】〈名〉なんの役にも立たないことに浪費《ろうひ》するお金。例無駄金を使う。類死に金。

むだぐち【無駄口】〈名〉つまらないおしゃべり。例無駄口をたたく。類駄弁。むだ話。

むだじに【無駄死に】〈名・する〉意味のない死にかた。例けっきょく無駄死にに終わった。類犬死に。

むだづかい【無駄遣い】〈名・する〉お金や品物をむだに使うこと。例予算の無駄遣い。類浪費。乱費。

むだばなし【無駄話】〈名〉気らくな気分でする、目的もないおしゃべり。類閑話《かんわ》。

むだぼね【無駄骨】〈名〉なんの役にも立たなかった努力や苦労。例無駄骨を折る。類徒労。骨折り損。

むだめし【無駄飯】〈名〉働きもせずに食べるめし。例無駄飯を食う。無駄飯食い。

むだん【無断】〈名〉ほかの人の許可をうけたり、人に話したりしないでかってに行動すること。例無断で使う。無断で外出する。類ことわりなく。

[1]**むち**『▼鞭・▼笞』〈名〉❶ウマやウシなどのからだをたたいて動かすのに使う、ほそい棒や革《かわ》ひも。例むちをふるう。むちを当てる。むち打つ。❷黒板やかけ図の必要な部分をさし示すのに使う、ほそながい棒。

表現 「つかれたからだにむち打って仕事をつづける」や、「愛のむち」のような言いかたで、自分自身や人をはげましたりするときの形容にも使う。

[2]**むち【無知】**『無▼智』〈名・形動〉❶そのことについて、なにも知らないこと。例無知をさらけだす。❷頭のはたらきがにぶいこと。例無知な人。

[3]**むち【無恥】**〈名・形動〉人としての、はずかしいと思う気持ちがないこと。例厚顔《こうがん》無恥。類はじしらず。

 毛利元就(もうりもとなり)(1497～1571) 戦国大名。長門・周防・出雲を平定し，中国地方の大半を支配した。

むちうちしょう【むち打ち症】『▼鞭打ち症』〈名〉追《つい》突《とつ》事故などで衝撃《しょうげき》をうけ、頭部が前後にはげしく動かされることによって首を痛めること。むち打ち。

むちう・つ【むち打つ】『▼鞭打つ』〈動五〉❶むちでたたく。❷むちで打つように、自分自身をはげましたり、しかったりして、がんばらせる。例老骨にむち打つ。

むちつじょ【無秩序】〈名・形動〉秩序がないこと。混乱したようす。例無秩序にならんだ古本。

むちゃ『無茶』〈名・形動〉あとのことをよく考えずに、すじみちのたたない行動をすること。ひどく度をこえていること。例むちゃをして体をこわす。むちゃを言わないで。むちゃな話。むちゃな値段。類無謀《むぼう》。

むちゃくちゃ『無茶苦茶』〈名・形動〉⇩めちゃくちゃ

むちゅう【夢中】□一〈名・形動〉ほかのことはなにひとつ目に入らないくらい、あることにいっしょうけんめいになること。例夢中になる。夢中で食べる。無我《むが》夢中。類熱中。□二〈名〉夢《ゆめ》を見ているあいだ。

むちん【無賃】〈名〉料金をはらわないこと。例無賃乗車。類ただ。

むつ【▽陸▽奥】〈名〉旧国名の一つ。現在の福島・宮城・岩手・青森県、および秋田県の一部。明治になって、岩代《いわしろ》（＝福島県西部）・磐城《いわき》（＝福島県東部と宮城県の一部）・陸前《りくぜん》（＝宮城県の大部分と岩手県の一部）・陸中（＝岩手県の大部分と秋田県の一部）・陸奥《りくおう》（＝青森県と岩手県の一部）に分けられた。奥州《おうしゅう》。

むつかし・い【難しい】〈形〉⇩むずかしい

1 **むつき【▽睦月】**〈名〉陰暦で、一月のこと。

2 **むつき**『▼襁▼褓』〈名〉「うぶぎ」「おむつ」の古めかしい言いかた。

ムック〈名〉外形は雑誌のようで、内容は、写真やイラストの多いガイドブックや入門書、教養書のような出版物。◇mook

むっくり〈副〉❶横になっていたものが、もり上がるようにして起きあがるようす。❷まるまるとふとっているようす。例ずんぐりむっくり。

むつける（方言）すねる。ふてくされる。山形・宮城などで言う。むんつける。

むつこい（方言）味が濃い。油っこい。香川・愛媛《えひめ》などで言う。むつごい。例この汁、ちーとむっこいかなー。

むつごろう『▼鯥五郎』〈名〉海にすむ魚。ハゼの仲間で、目が頭の上につきだしている。胸びれで干潟《ひがた》をはい回る。かばやきなどにして食べる。

むっちり〈副・する〉肉づきがよく、弾力《だんりょく》のあるようす。例むっちりしたからだ。類むちむち。

むっつ【六つ】〈名〉❶五の次の数。ろく。むっつ。む。❷六歳《さい》。また、六個。

むっつり〈副・する〉だまっておもしろくなさそうにしているようす。例むっつり(と)した顔。

むっと〈副・する〉❶腹がたって、一瞬《いっしゅん》顔つきを変えるようす。例かれの無神経な発言にむっとした。❷むし暑さやいやなにおいがこもっているようす。例外へ出るとむっとするような暑さだった。

むつまじ・い『▽睦まじい』〈形〉家族や男女の仲がいい。例仲むつまじい。

むつ・む『▽睦む』〈動五〉なかよくする。

むていけん【無定見】〈名・形動〉ちゃんとした考えや意見がなく、他人の考えにすぐ左右されること。例無定見な人。

むていこう【無抵抗】〈名・形動〉力に対して、さからわないこと。例無抵抗な市民。無抵抗主義。

むてかつりゅう【無手勝流】〈名〉❶たたかいをせず、相手に勝つ方法。❷自分勝手なやりかた。類自己流。注意「手」は刀のことで、①が本来の意味だが、②の意味で使う人が増えている。

1 **むてき【無敵】**〈名・形動〉負けることが考えられないくらい強いこと。例天下無敵。

2 **むてき【霧笛】**〈名〉海上にきりがふかくたちこめたとき、危険防止のために船や灯台で鳴らす汽笛。

むてっぽう【無鉄砲】〈名・形動〉結果を考えないで、むやみにものごとをすること。例無鉄砲な人。無鉄砲なことをする。類向こう見ず。無謀《むぼう》。

むでん【無電】〈名〉❶「無線電信」の略。例無電をうつ。無電が入る。❷「無線電話」の略。

むてんか【無添加】〈名〉着色剤《ざい》や防腐《ぼうふ》剤などを、食品に加えていないこと。

むとうは【無党派】〈名〉どの政治的組織にも加入していないこと。支持する政党のないこと。例無党派議員。無党派層。

むどく【無毒】〈名〉毒がふくまれていないこと。対有毒。

むとどけ【無届け】〈名〉前もって届けを出さないこと。

むとんじゃく【無頓着】〈名・形動〉⇩むとんちゃく

むとんちゃく【無頓着】〈名・形動〉少しも気にかけないこと。こだわらないこと。「むとんじゃく」ともいう。例かれは、身なりにはとんと無頓着だ。

むないた【胸板】〈名〉人の胸のあたり。例胸板をたたく。胸板をうちぬく。厚い胸板。

むなぎ【棟木】〈名〉〔建築〕屋根のいちばん高いところにわたして、棟《むね》をつくる木材。

むなくそ(胸▼糞)がわる(悪)い「不愉快《ふゆかい》だ」という意味の、品《ひん》のない言いかた。

むなぐら【胸ぐら】〈名〉着ている着物の左右のえりが、胸の前でかさなりあう部分。例胸ぐらをつかむ。

むなぐるし・い【胸苦しい】〈形〉胸がおしつけられるような感じがして、苦しい。類息苦しい。

むなげ【胸毛】〈名〉胸に生えている毛。

むなさわぎ【胸騒ぎ】〈名〉不安やおそれ、悪い予感などで、気持ちがおちつかないこと。例胸騒ぎがする。類虫の知らせ。

むなざんよう【胸算用】〈名・する〉どのくらいもうかるか、心の中でひそかに計算してみること。

むなし・い『▽空しい・▽虚しい』〈形〉❶意義のあるもの、よろこびをあたえてくれるものがなにもない。例むなしい思い。むなしい生活。類空虚《くうきょ》。❷やってみたところで、そのかいがない。例むなしい努力。時間がむなしく過ぎる。善戦むなしくやぶれる。❸(「むなしくする」の形で)からっぽにする。古風な言いかた。例心をむなしくする。❹(「むなしくなる」の形で)死ぬ。古風な言いかた。

むなつきはっちょう【胸突き八丁】〈名〉❶急でけわしい登り道。❷ものごとをなしとげるのに、いちばんつらくてむずかしいところ。例胸突き八丁にさしかかる。

むなびれ【胸びれ】『胸▼鰭』〈名〉魚のからだの両側にあるひれのうち、前の方にあるひれ。

むなもと【胸元】〈名〉胸のあたり。みぞおちのあたり。例胸元につきつける。胸元のブローチ。類胸先。

モース (1838~1925)　アメリカの動物学者。大森貝塚を発見して日本考古学の発展に貢献。

むに【無二】〈名〉ほかにくらべるものがないほど貴重なこと。例無二の親友。類無比。無双《むそう》。

ムニエル〈名〉魚に小麦粉をまぶしてバターで焼いた料理。◇《フランス》meunière

むにんしょだいじん【無任所大臣】〈名〉内閣の大臣の中で、行政の仕事を直接担当しない大臣。

むね[1]【旨】〈名〉❶「人が伝えようとした意味や考え」という意味を表わす形式名詞。例あすおうかがいする旨お伝えください。類趣旨《しゅし》。❷第一の目的としていること。例当店では、サービスを旨としております。

むね[2]【胸】〈名〉❶上半身から顔と首とうでと腹をのぞいた残りを前から見た部分。例胸が厚い。胸をそらす。胸に手をあてて考える。類バスト。❷胸の中にある臓器。おもに肺。例胸の病気。❸胸の中の臓器のはたらきによっておこる感じ。例(おもに心臓のはたらきの例)胸がたかなる。胸がどきどきする。胸がさわぐ。胸が苦しい。胸をなでおろす。(胃のはたらきの例)胸がむかむかする。胸がやける。(食道のはたらきの例)胸がつかえる。❹心。例胸がつぶれる。胸をいためる。胸をふくらませる。胸にひめる。胸につきささる。→囲み記事19(415《ジペー》)
参考「むね」があとのことばといっしょになって複合語になると、「胸毛《むなげ》・胸元《むなもと》・胸《むな》さわぎ・胸苦《むなぐる》しい」のように、たいていは「むな」となる。

胸が痛《いた》む あまりにつらくて、苦しい。心配だ。

胸が一杯《いっぱい》になる 悲しみやよろこび、また、感動などで、心がみたされる。類胸がつまる。感きわまる。

胸が躍《おど》る 興奮や期待で、胸がわくわくする。

胸が裂《さ》ける ⇩胸が張《は》り裂ける

胸が騒《さわ》ぐ なにかかわるいことでもあったのではないか、と心配する。

胸が締《し》めつけられる 苦しいほどせつない気持ちにさせられる。

胸がすく 胸につかえていた、不快な気持ちがとれて、気分がすっきりとさわやかになる。類溜飲《りゅういん》がさがる。

胸が潰《つぶ》れる つらさのあまり、胸がおしつぶされるような感じがする。

胸が詰《つ》まる ❶食べたものが食道につかえる。❷胸がいっぱいになって なにも言えないほど感情がたかぶる。類感きわまる。

胸が張《は》り裂《さ》ける こらえきれないほどのつよい悲しみにおそわれる。胸が裂ける。

胸が塞《ふさ》がる 悲しみや心配で、胸がつまるように感じる。

胸が焼《や》ける 胸焼けする。

胸に描《えが》く いろいろと想像する。

胸に刻《きざ》む きざみつけるようにして、おぼえこむ。

胸に刺《さ》さる するどく心にとどく。「心に刺さる」とも、また、強めて「胸に突《つ》き刺さる」ともいう。例気づかずに友だちを傷つけてしまっていた話がちくりと胸に刺さった。

胸に迫《せま》る つよい感動をおぼえる。

胸に畳《たた》む 自分の心の中にひめておく。

胸に手《て》を当《あ》てて考《かんが》える 心をおちつけて、心当たりや反省すべき点がないかどうか、よく考える。

胸のつかえが下《お》りる 心配していたことがなくなって安心する。

胸を熱《あつ》くする 感動がこみあげる。胸が熱くなる。

胸を痛《いた》める 心配事などで心をなやませる。類心を痛める。

胸を打《う》たれる 胸がじいんとするほど深く感動する。

胸を打《う》つ 強い感動・感銘《かんめい》・印象をあたえる。

胸を躍《おど》らせる 期待して、胸をどきどきさせる。

胸を借《か》りる 先輩《せんぱい》に、けいこの相手になってもらう。
参考すもうから出たことば。

胸を焦《こ》がす 恋《こい》をして胸のあたりがあつくなるほど思いなやむ。類身を焦がす。

胸を突《つ》かれる なにかにはっとさせられたり、急に強く心をうごかされたりする。

胸をときめかす 喜びと期待で、胸がどきどきする。類胸を躍《おど》らせる。

胸をなで下《お》ろす 気がかりだったことが無事にすんで、ほっとする。

胸を弾《はず》ませる 期待で、胸をわくわくさせる。

胸を張《は》る 得意になったようすをみせる。

胸を膨《ふく》らませる 希望や期待で気持ちが高まる。

むね[3]【棟】 ㊀〈名〉❶屋根のもっとも高い部分。❷棟木《むなぎ》。㊁〈接尾〉一戸建ての家の数をかぞえることば。例その火事で住宅五棟が全焼《ぜんしょう》した。
表現㊁は、分譲《ぶんじょう》住宅の数や損害をうけた家屋の数など、複数の建物全体の規模についていう場合に使われ、ほかはふつう「軒《けん》」を使う。「とう」と読めば、もっと大きな建物をかぞえることば。

むねあげ【棟上げ】〈名〉〔建築〕建物の骨組みができ、棟木《むなぎ》をのせること。また、それを祝って行なう儀式《ぎしき》。「上棟《じょうとう》」「建て前」ともいう。

むねさんずん【胸三寸】〈名〉他人にはうかがい知れない、胸の内。胸の中の考え。例相手の胸三寸しだいでどうなるかわからない。参考「舌先《したさき》三寸」とまぎれて、「胸先《むなさき》三寸」ということもある。

胸三寸に納《おさ》める 思っていることをおもてに出さないで、心の中にしまっておく。

むねやけ【胸焼け】〈名・する〉胃のあたりに、やけるような感じがしたり、痛みを感じたりすること。

むねわりながや【棟割り長屋】〈名〉一棟《ひとむね》の家を壁《かべ》でしきって、何組みかの家族が住めるようにした共同住宅。

むねん【無念】〈名・形動〉❶なにも考えないこと。例無念無想。❷期待どおりにならず、とてもくやしいこと。例無念に思う。無念のなみだ。残念無念。類残念。

むねんむそう【無念無想】〈名〉心の中でなにも考えず、なにも思わないこと。例無念無想の境地。

むのう【無能】〈名・形動〉仕事などをする能力がないこと。役にたたないこと。例無能な人。対有能。

むのうりょく【無能力】〈名・形動〉ものごとをする能力がないこと。

むひ【無比】〈名〉くらべるものがないほどすぐれていること。例当代無比。痛快無比。類無双《むそう》。無類。

むひはん【無批判】〈名・形動〉ものごとのよしあしについて考えないこと。例他人の意見を無批判に受け入れる。

むひょう【霧氷】〈名〉きりの水滴《すいてき》や大気中の水蒸気が、木の枝《えだ》などにこおりついたもの。樹氷もこの一種。

むびょう【無病】〈名〉病気をしないで元気でいること。例無病息災。類達者。

むひょうじょう【無表情】〈名・形動〉よろこびや悲しみなどの 感情のうごきが顔にあらわれないこと。例無表情な子ども。

むふう【無風】〈名〉❶風がないこと。例無風状態。❷波乱がなくて、おだやかなこと。例無風地帯。

むふんべつ【無分別】〈名・形動〉ものごとのよい悪いを見わける力のないこと。例無分別なやりかた。

むべ(▽宜)なるかな(▼哉) なるほどもっともなことだ。古めかしい言いかた。参考「むべ」は、「まったくそのとおりだ」という意味の古語。

むへんだい【無辺大】〈名〉はてしがないほど大きいこと。例無辺大の夢《ゆめ》。類広大無辺。

むほう【無法】〈名・形動〉❶法や秩序《ちつじょ》がないこと。例無法地帯。❷乱暴なこと。例無法者。

むぼう【無謀】〈名・形動〉あとさきを考えないで、むちゃであること。例無謀な計画。無謀な運転。類向こう見ず。

むほうしゅう【無報酬】〈名〉見返りとしてのお金がないこと。例無報酬で働く。類無償《むしょう》。

むぼうび【無防備】〈名・形動〉おそってくるかもしれないものに対する警戒《けいかい》も用意も対抗《たいこう》手段もないこと。

むほん【謀反】〖謀▼叛〗〈名・する〉臣下が、君主の座を奪おうとして、兵を起こすこと。例謀反をおこす。類反逆。反乱。

むま【夢魔】〈名〉❶夢《ゆめ》に現れて人を苦しめたり、こわがらせたりするという悪魔。❷むなぐるしくなったり、こわい思いをしたりする夢。悪夢《あくむ》。

むみ【無味】〈名〉❶あじがしないこと。例無味無臭《むしゅう》。❷人を楽しませるような おもしろみが ないこと。例無味乾《かん》燥《そう》。

むみかんそう【無味乾燥】〈名・形動〉あじわいやうるおいなど、人をひきつけるようなものがなにもないこと。例無味乾燥な話。

むめい【無名】〈名〉❶名前がわからないこと。例無名戦士。❷有名でないこと。例無名の新人。対有名。❸名前が書いてないこと。類無記名。

むめいし【無名指】〈名〉⇩くすりゆび

むめんきょ【無免許】〈名〉免許を持っていないこと。例無免許運転。無免許営業。

むもくてき【無目的】〈名・形動〉これという目的がないこと。例無目的な旅。

むやみ〖無闇〗〈形動〉❶よく考えないでするようす。例むやみなことをするな。類やみくも。❷度をこして ひどい。例むやみに食べる。▽類やたら。

むやみやたら〖無闇やたら〗〈副〉あてもなく、やり方もわからないのに、ただめちゃくちゃに、しきりに。例むやみやたらに書き散らす。

むゆうびょう【夢遊病】〈名〉ねむっているときに、意識がもどらないまま急に起きあがったり、歩きまわったりする病気。目がさめたときには おぼえていない。

むよう【無用】 ━〈名〉用事がないこと。例無用の者の立ち入りを禁ず。━〈形動〉❶必要ではない。例心配はご無用です。類不要。❷あってはならない。禁じる。例問答無用。他言無用。天地無用。❸役に立たない。例無用の品《しな》。対有用。

無用の長物《ちょうぶつ》 あっても役にたたないどころか、じゃまになるようなもの。

むよく【無欲】〈名・形動〉欲がないこと。例無欲の勝利。無欲な人。対貪欲《どんよく》。強欲《ごうよく》。

1むら〈名〉❶染めものや刷りもので、こいところやうすいところがあること。例むらができる。❷人の気分や勉強のしかたなどが一定していないこと。例情緒《じょうちょ》にむらがある。むら気《き》。▽「ムラ」とも書く。アムラ

2むら【村】〈名〉❶いなかで、人家が集まっているところ。農村や漁村など。例村人《むらびと》。類村落。集落。里。→むらしゃかい ❷地方公共団体の一つ。町よりも小さい。地域区分では「郡《ぐん》」に属《ぞく》する。▽アムラ」
表記 古代の「クニ(国)」をかたちづくっていたものについては、「ムラ」とも書く。

むらおこし【村興し・村起こし】〈名〉人口が減っていたり 訪れる人が少なかったりする地域で、なにか企画《きかく》を立てたり 地元のものを生かす方法を考えたりして、活気づかせること。

むらが・る【群がる】〈動五〉人や動物がひとつの場所にたくさんよりあつまる。例ありが群がる。類群れる。

むらき【むら気】〈名・形動〉気分やものごとのやりかたが安定していなくて、変わりやすいこと。「むらぎ」「むらっけ」ともいう。例むら気をおこす。類気まぐれ。移り気。

むらくも【群雲】〖▼叢雲〗〈名〉ひとかたまりになっている雲。例月に群雲、花に風。

むらさき【紫】〈名〉❶赤と青をまぜるとできる色。むらさき色。❷〔植物〕むかし、根からむらさき色の染料《せんりょう》をとった多年草。山野に生え、七月ごろ白くて小さい花がさく。❸すし屋や料理屋などで、「しょうゆ」のこと。

むらさきずいしょう【紫水晶】〈名〉宝石の一つ。むらさき色をした水晶。二月の誕生石《たんじょうせき》。アメジスト。

むらざと【村里】〈名〉いなかで、家などが集まって、村をつくっているところ。類村落。

むらさめ【村雨】〖▼叢雨〗〈名〉一時的にざあっと降って、すぐにやむ雨。類驟雨《しゅうう》。とおり雨。にわか雨。

むらしぐれ【村時雨】〈名〉なんどとなく、降ったりやんだりする秋の雨。

むらしゃかい【村社会・ムラ社会】〈名〉有力者中心で秩序《ちつじょ》やしきたりにうるさく、若い人がのびのびと動き回れないような、閉鎖《へいさ》的・排他《はいた》的な社会や組織。

むら・す【蒸らす】〈動五〉ご飯などをたきあげて、火をとめたまま、ふたをあけないで、しばらく蒸気でふっくらさせる。

むらたけ【群竹】〈名〉むらがって生えているタケ。

むらはちぶ【村八分】〈名〉村のしきたりや約束ごとを守らなかった人をのけ者にして、つきあいをやめること。
由来 火事がおきたときの消火と、死んだときの埋葬《まいそう》の二つをのぞいて、ということからとも言われる。

むらびと【村人】〈名〉その村の住人。参考 古い感じのことばで、今は「村民《そんみん》」というのがふつう。

むらむら〈副〉いかりや悪い心がわきおこってくるようす。例むらむら(と)いかりがこみあげてきた。
表現 「甘い花の香りにむらむら(と)してきた」のように、生理的におさえがたい欲求がわきおこることを表わす、俗《ぞく》っぽい言いかたもする。

むり【無理】〈名・形動〉❶理屈《りくつ》に合っていないこと。例無理がない。無理をとおす。❷ふつうではすることがむずかしい。例無理な注文。❸〈する〉むずかしくても、しいてやるようす。例無理がきく。無理算段。

無理が通《とお》れば道理《どうり》が引《ひ》っ込《こ》む 正しくないことが行なわれているような世の中では、道理にかなった正しいことは行なわれなくなる。

無理もない 事情はよく理解できる。当然のことである。例あんなことをされたのだから、おこるのも無理もない。

モーツァルト（1756~91） オーストリアの作曲家。歌劇やミサ曲・交響曲などを数多く作曲した。

むりおし【無理押し】〈名・する〉ふつうではできそうもないことを、むりやりにおしすすめること。類ごり押し。

むりかい【無理解】〈名・形動〉その立場にいる人なら分かっていてくれなければこまることがまるで分かっていず、分かろうともしないこと。例無理解な夫。周囲の無理解になやむ。

むりからぬ【無理からぬ】〈連体〉「無理もない」の意味の、やや古風な言いかた。例あんなことをされては、おこるのも無理からぬことだ。参考「…からぬ」は、「良し→良からぬ」のように文語形容詞がとる形なので、本来なら「無理ならぬ」であるが、こう言う。

むりさんだん【無理算段】〈名・する〉ひどいむりをして、必要なお金を用意すること。

むりし【無利子】〈名〉利子がつかないこと。利子をつけないこと。無利息。例無利子で金を借りる。

むりじい【無理強い】〈名・する〉相手がいやがっているのに、あくまでさせようとすること。類強制。強要。

むりしんじゅう【無理心中】〈名・する〉死ぬつもりのない相手を、無理に道づれにして自殺すること。

むりすう【無理数】〈名〉〔数学〕分数を使って表わせない実数。$\sqrt{2}$(ルート2)やπ(パイ=円周率)など。対有理数。

むりそく【無利息】〈名〉⇩むりし

むりなんだい【無理難題】〈名〉できるはずのない、むりな要求やいいがかり。例無理難題をふっかける。

むりやり【無理やり】〈副〉困難や反対があるのにかまわず。例無理やりやらせる。類強引《ごういん》に。無理に。

[1]むりょう【無料】〈名〉料金がかからないこと。例無料駐車場。入場無料。対有料。類ただ。

[2]むりょう【無量】〈名〉とてもはかりきれないほど量の多いこと。例感慨《かんがい》無量。

むりょく【無力】〈名・形動〉❶力がないこと。対有力。例無力感。❷勢力や権力、財力などがないこと。
▽類非力《ひりき》。

むりょくかん【無力感】〈名〉自分の無力を知ったときの、気のぬけたような感じ。例無力感にとらわれる。

表現「脱力《だつりょく》感」は肉体的に力がぬけた感じであるのに対し、無力感は、精神的なもので、すべてのことに自信がなくなることをいう。

むるい【無類】〈形動〉ほかにくらべるものがないほど、とびぬけている。例無類のお人よし。類無双《むそう》。無比。

むれ【群れ】〈名〉動物や人が、たくさん寄り集まっている状態。例群れをなす。群れをはなれる。羊の群れ。

[1]む・れる【群れる】〈動下一〉動物や人が、ある場所にたくさん寄り集まっている。類むらがる。

[2]む・れる【蒸れる】〈動下一〉❶食物にじゅうぶん湯気と熱がとおる。例ご飯が蒸れる。❷熱気と湿気《しっけ》がこもる。例足が蒸れる。

むろ【室】〈名〉ものを保存したり植物の苗《なえ》をそだてたりするために、外気にあたらないようにつくってあるところ。

むろざき【室咲き】〈名〉冬に温室で咲かせた花。

むろまちじだい【室町時代】〈名〉〔歴史〕一三三六年に足利尊氏《あしかがたかうじ》が京都に室町幕府をひらいてから、一五七三年織田信長《おだのぶなが》によってほろぼされるまでの時代。足利時代。

むろん【無論】〈副〉「あたりまえだ」という気持ちを表わす。例無論、きみのせいではない。類もちろん。

むんずと〈副〉急に強い力をこめるようす。むずと。例むんずとつかむ。

むんむん〈副・する〉熱気、暑気、においなどが、充満《じゅうまん》しているようす。例熱気むんむん。会場は人いきれでむんむんしていた。

め
メ

[1]め【目】【▽眼】━〈名〉ものを見るための器官。①は、目のあたりをおおまかにとらえていう場合。②～⑧は、見るはたらきや見えるものを「目」という場合。⑨～⑪は、もののかたちの特徴《とくちょう》をとらえて「目」という場合である。
❶目の玉を中心に、まぶたやまつ毛もふくめて「目」という場合。例目をあける。目をさます。目をみはる。目をふせる。目をまるくする。目をほそくする。目をうるませる。目がさめる。目が赤い。目がくぼむ。目にしみる。目もと。目じり。目がしら。上がり目。うす目。
❷おもに、見るはたらきをさして「目」という場合。例目を

囲み記事 52

形容詞の接尾語となる「め」

「大きい・小さい」「高い・低い」「長い・短い」「はやい・おそい」「熱い・ぬるい」「多い・少ない」「遠い・近い」「強い・弱い」「太い・細い」のような、ものの程度を表わす形容詞は、程度の大小が対《つい》になっているものが多い。このような形容詞の語幹《ごかん》に「め」をつけた、たとえば「大きめ・小さめ」という言い方は、はっきり「大きい」「小さい」というのではなく、「心もち大きい」「どちらかといえば小さい」といった意味合いを表わす。つまり、「程度の大小でいえば、大きい/小さいほう」のように程度を感覚的にとらえた表現となる。なお、「こい・うすい」の「こい」のように「こめ」ではなく「こいめ」というものもあるが、これは語幹の「こ」が一音のみで短く、おちつかないためである。

この表現の「め」は、「目」と書くこともある(「ねだんを安目につける」など)。だが、「うす目」「とお目」「ちか目」などは人の目の形や見方を表わすこともあってまぎらわしいので、「め」と書いたほうがよい。

ところで、形容詞の語幹以外のものに「め」をつける、次のような例もあるが、(1)以外は標準的でなく、俗《ぞく》っぽい使い方である。

(1)まれに、動詞の連用形につく……「控《ひか》えめ・抑《おさ》えめ・急ぎめ」など。
(2)形容詞の連体形につける……「多いめ・少ないめ」など(方言的)。
(3)形容動詞の語幹につける……「はでめ・地味め」など。
(4)副詞につける……「あっさりめ・こってりめ・ゆっくりめ」など。
(5)名詞につける……「外《そと》め」(野球のピッチングで、「高め・低め」に対して)など。

モーパッサン(1850～93) フランスの自然主義作家。フローベルらの影響を受けた。「女の一生」など。

つける。目を光らせる。目をそらす。目にうかぶ。目にとめる。目が見える。目が合う。目がとどく。類視線。❸見るはたらきの中で、とくにある見かたをすることを「目」で表わす場合。例監視《かんし》の目。慈愛《じあい》の目。好奇《こうき》の目。不信の目。白い目で見る。へんな目で見る。流し目。ひいき目(に見る)。類まなざし。❹おもに、見る力を意味して「目」という場合。例目がいい。目がわるい。目がつかれる。目が弱る。目をいたわる。目を酷使《こくし》する。近目。つかれ目。類視力。❺心の目で見て、判断する力を意味して「目」という場合。例目がない。目が高い。目がこえている。目をこやす。見る目。目きき。類眼力。見識。❻見たときの見えかたを「目」といって表わす場合。例見た目には。夜目《よめ》。遠目《とおめ》。❼経験したときの味わいを「目」といって表わす場合。例ひどい目にあう。いい目を見る。❽見る目を、見られている相手のがわからとらえて「目」という場合。例人の目をひく。人の目をぬすむ。人の目をさける。監視の目をくぐる。お目にかける。お目にかかる。❾まんなかにある点が「目」である場合。例台風の目。魚《うお》の目(=いぼのようなもの)。蛇《じゃ》の目。❿ひとつひとつ区切られたものを「目」という場合。例網《あみ》の目。碁盤《ごばん》の目。賽《さい》の目。編み目。⓫ひとつひとつが連続してならんでいるものを「目」という場合。例目があらい。目がこまかい。のこぎりの目。ミシンの目。木目《もくめ》。

二〈接尾〉❶数を表わすことばの下に付いて、順序を表わす。例三人目。五年目。❷[め] 形容詞の語幹に付いて、ふつうよりいくぶん…である程度、という意味の名詞・形容動詞をつくる。例細め。少なめ。はやめ。→囲み記事52(前ページ) ❸動詞の連用形に付いて、ものの区切られている部分やときを表わす。例切れ目。裂《さ》け目。折り目。結び目。変わり目。死に目。

参考「目深《まぶか》・まばたく・またたく」のように、あとにつくことばといっしょになると、「め」が「ま」になることがある。

目が利《き》く ものの、いい わるいを見わける力がある。目利きである。類目が高い。

目が曇《くも》る 今までたよりになった明晰《めいせき》な判断力があやしくなる。

目がくらむ ❶強い光をうけて、急に 目が見えなくなる。❷目まいがする。❸魅力的なものにまどわされる。例金に目がくらむ。類迷う。まどう。

目が黒《くろ》いうち ⇩目の黒いうち

目が肥《こ》える ものの価値を正しく見わける力がある。

目がさえる 眠気《ねむけ》がなくなる。

目が覚《さ》める ❶ねむりからさめる。目ざめる。❷心のまよいからたちなおる。

敬語 ①の意味で、「目がさめましたか」というときは、「お目ざめですか」という。

目が据《す》わる 緊張《きんちょう》や興奮のあまり、また、酔《よ》ったすえに、目の動きがふつうでなくなり、視線の動かない目や、どこを見ているのかわからない目になる。

目が高《たか》い ものの、いい悪いを見わける力がすぐれている。類目が利《き》く。

表現 相手をほめていうときは、「お目が高い」という。

目が出《で》る 運が向いてくる。→芽が出る(「め〔芽〕」の子項目)

目が点《てん》になる 俗《ぞく》に、おどろいて反応できない。

目が届《とど》く 注意や配慮《はいりょ》が そこまでとどく。

目がない ❶(「…に目がない」の形で)すきなものであれば、なんでもかまわない。例あまいものには目がないんです。❷だいじなものやすぐれているものと、そうでないものとを区別する力がない。見る目がない。対目がある。❸見こみがない。例連敗により優勝の目がなくなる。対目がある。

目が離《はな》せない たえず注意を向けていなくてはならない。参考 理由としては、「心配で」「おもしろくて」「情報を得る必要から」「監視《かんし》のため」、などがある。

目が早《はや》い 発見がはやい。気がつくのがはやい。

目が光《ひか》る ❶監視《かんし》する。例先生の目が光っている。❷目でするどく合図をしたり、なにかひらめいたりすることの、漫画《まんが》のような表現。

目が回《まわ》る ❶見ているものが ぐるぐるまわるように感じる。❷ものすごくいそがしくて、おちつかない。

目からうろこが落《お》ちる あるきっかけで、わからなかったことが急によくわかるようになる。参考 失明していた人が突然《とつぜん》視力を回復する、新約聖書の逸話《いつわ》から。

目から鼻《はな》へ抜《ぬ》ける りこうで、ものごとの判断や理解がはやい。

目から火《ひ》が出《で》る 頭などを いやというほどぶつけたときの感じを表わすことば。

目じゃない 問題にする価値がない。

目と鼻《はな》の先《さき》 二つのもののあいだの距離《きょり》が、きわめて近いこと。「先」は「間《あいだ》」ともいう。類指呼《しこ》の間《かん》。

目に余《あま》る することがあまりにひどくて、だまっていられない。例目に余るふるまい。

目に一丁字《いっていじ》もない 文字を知らない。教育のないことをいうことば。類文盲《もんもう》。

目に入《い》れても痛《いた》くない かわいくてたまらない。とくにわが子のことにいう。「目の中に入れても痛くない」ともいう。

目に浮《う》かぶ その光景が目に見えるようだ。例子どもの喜ぶ顔が目に浮かぶ。

目に映《うつ》る 物のすがたかたちが目に見える。

表現 ダレの目にドノヨウニ映るかを言い表わすと、この言いかたが、判断のしかたを表現することになる。「わたしの目にはそう映りました」のように。

目に角《かど》を立《た》てる おこって、人をつきさすような目つきをする。類目を三角にする。目をつり上げる。

目に染《し》みる ❶目が刺激《しげき》されて痛い。例けむりが目に染みる。❷色彩《しきさい》があまりにあざやかで、目が痛いように感じる。例空の青さが目に染みた。

目にする 見かける。類目に入る。目にふれる。見受ける。目撃《もくげき》する。

目に立《た》つ ほかのものよりも目だつ。類目につく。

目につく まわりのものとちがうところがあって、人の注意をひく。目立って見える。類目に立つ。目を引く。

目に留《と》まる ❶視線が、あるものをとらえる。あるものが偶然《ぐうぜん》目に入る。類目にふれる。❷見て心がひかれる。あるものが気に入って見つめる。例偶然応募《おうぼ》した作品が批評家の目にとまった。

目に留《と》める 何か気になるものがあり、それに気づいてじっと注意して見る。

目には目を歯《は》には歯を やられたとおりのしかえしをすること。

目に触《ふ》れる たまたま その存在に気がつく。類目に入

る。目に留まる。

目に見《み》える はっきり「そうだ」とわかる。例目に見えている(=予想がついている)。目に見えておとろえる。

目にも留《と》まらぬ 動きがすばやいようす。例目にも留まらぬ早わざ。

目に物《もの》(を)見《み》せる ひどいめにあわせる。

目の色《いろ》を変《か》える ❶ひどく緊張《きんちょう》して、目の表情を変える。❷手に入れようとして、なりふりかまわない感じになる。

目の上《うえ》のこぶ なにかにつけてじゃまに思われる人。「目の上のたんこぶ」ともいう。

目の敵《かたき》 なにかにつけて目ざわりで、やっつけてやろうと思う相手。例目の敵にする。

目の黒《くろ》いうち 生きているあいだ。例わたしの目の黒いうちは、断じてそんなことはさせないぞ。

目の覚《さ》めるような 眠気もなくなるほど鮮やかなものを見ることのたとえ。

目の玉《たま》 ⇩めだま①

目のつけどころ ものを見たり考えたりするときのやりかた。着眼点。例さすが目のつけどころがちがいますね。

目の毒《どく》 わるい影響《えいきょう》をうけたり、うらやましく思ったりするので、見ない方がよいもの。

目の中《なか》に入《い》れても痛《いた》くない ⇩目に入れても痛くない

目の保養《ほよう》 よい景色やすばらしい芸術品などを見て、楽しむこと。例目の保養になる。類目を喜ばせる。

目の前《まえ》 ⇩独立項目

目のやり場《ば》に困《こま》る どこに視線を向けておけばよいかと、困る。

表現 見ずにはいられないのだが、関心がないふりをしなければならないようなたぐいのもので、といってそんなふりをするのもしらじらしいときにいう。

目は口《くち》ほどに物《もの》を言《い》う 感情のこもった目は、ことばのように、強くうったえる力をもっている。

目も当《あ》てられない ひどいありさまで、とても見ていられない。例目も当てられないほど、むざんなようすだ。

目もあやな まばゆいほど美しい。

目もくれない 無視して、見ようとさえしない。

目を疑《うたが》う 見たものが信じられないようなようすだったので、自分の目がまちがっていたのではないかと思う。

目を奪《うば》われる あることに注意がひきつけられて、ずっとそれを見ている。

目を覆《おお》う ❶手のひらや布で、両目をかくす。❷みにくいもの、むごたらしいものなどを、そのままじっと見るのにたえられない。例目を覆うばかりの ありさま。類目をそむける。目をそらす。

目をかける とくにかわいがって、めんどうをみる。

目をかすめる 人の見ていないすきをねらって何かをする。例親の目をかすめて。

目を配《くば》る あちらこちらに注意をむけて、よく見る。

目をくらます 相手がほんとうのものを見ることができないように、うまくごまかす。

目を凝《こ》らす 注意を集中して、一点を見つめる。

目を皿《さら》にする 目を大きく見ひらく。なくしたものをさがすときや、おどろいたときの目つきをいう。

目を三角《さんかく》にする おこってこわい目つきをする。類目をいからす。目をつり上げる。目に角《かど》をたてる。

目をしばしばさせる 目をあけていられないほど ねむたくて、しきりに目をつぶったり、まばたきをしたりする。

目を白黒《しろくろ》させる ❶苦しんで もだえるようす。❷ひどくおどろいて あわてるようす。

目を据《す》える 目玉を動かさないで、一点をじっと見つめる。

目をそらす 今まで見ていたものから、または、見なければならないものから、視線をはずす。類目をそむける。

目をつける 人がまだ気づかずにいる ものごとを発見する。また、発見したものを利用しようとして、目をはなさずにいる。例うまいところに目をつける。

目をつぶる ❶許容できる欠点や失敗を見なかったことにして、とがめない。類黙認《もくにん》する。黙過《もっか》する。❷亡《な》くなる。▽「目をつむる」ともいう。

目を転《てん》じる ❶視線をはずして、別なほうを見る。❷視点・考えかたを変える。例海外に目を転じる。

目を通《とお》す 書類などの全体を ざっと見る。

目を留《と》める めずらしいものに気がついたりして、そこをじっと見る。

目を盗《ぬす》む 人に見つからないようにする。

目を離《はな》す 注意して見ていた視線を、ある瞬間《しゅんかん》、よそへそらす。例ちょっと目を離したすきに子どもがいなくなった。

目を光《ひか》らせる ごまかされないように、また、だれかがおかしなことをしないように監視《かんし》する。

目を引《ひ》く 人々の注目を集める。類目につく。目だつ。

目を開《ひら》く ものごとのよさやおもしろさをはじめてみとめる。例読書によって目を開く。

表現「目が開かれる」の形で使うことも多い。

目を伏《ふ》せる 恥ずかしさやこわさで、目を下へ向けて視線をそらす。

目を細《ほそ》める うれしいことがあったり、愛らしいものやほほえましいものを見たりして、ほほえんで、目をとじかげんにする。目をほそくする。

目を丸《まる》くする おどろいて、目を大きく見ひらく。類目を見はる。瞠目《どうもく》する。

目を回《まわ》す ❶まわりの状況《じょうきょう》におどろいて、気持ちが混乱する。❷気絶する。

目を見張《みは》る ⇩みはる②

目をむく おどろいたりおこったりして、目を見ひらく。

目を向《む》ける ❶そこを意識して見る。❷その方面に関心を向ける。例海外に目を向ける。

目をやる 視線を向ける。例窓の外に目をやる。

め[2]【芽】〈名〉❶生長して、葉や茎《くき》や花になる部分。芽をふく。❷成長して大きくなるはずのもの。

芽が出《で》る ❶草や木の芽がはえてくる。類芽ぶく。❷努力がむくわれたり、世の中にみとめられるようになったりする。↓目が出る(「め〔目〕」の子項目)

芽を摘《つ》む ❶不要な芽を取りのぞく。❷これから大きくなろうとしているものを早いうちに取りのぞく。例犯罪の芽を摘む。才能の芽を摘む。

め[3]【女・雌】〖▼牝〗〈接頭〉❶人などを表わすことばにつけて「女《おんな》の」、動物などを表わすことばにつけて「雌《めす》の」、という意味を表わす。例女神。雌ぎつね。雌花。❷二つで対《つい》になるもののうち、いきおいの弱い方や、へこんだ方。例女滝《めだき》。女竹。雌ねじ。▽対男《お》。

め[4]〖▽奴〗〈接尾〉❶多く、人や動物をさすことばの下につけて、見くだしたり、ののしったりする気持ちを強く表わす。例畜生《ちくしょう》め。あの野郎め。❷自分や自分のがわの人をさすことばにそえて、へりくだる意味を表わす。古い感じの言

いかた。例わたくしめ。

めあかし【目明かし】〈名〉⇩おかっぴき

めあたらし・い【目新しい】〈形〉知られるようになったばかりで、めずらしい感じだ。例目新しいデザイン。

めあて【目当て】〈名〉❶「手に入れたい」「そこに到達《とうたつ》したい」などと、ねらいをつけているもの。例目当てにする。賞金目当て。類目的。❷方向などを知るたよりとなるもの。例背の高いビルを目当てに歩く。類目標。目じるし。

常用漢字 めい

【名】 口部3 全6画 名名名名名名

メイ・ミョウ な 教小1 音❶[メイ] ▨□名刺《めいし》。名称《めいしょう》。名簿《めいぼ》。名声《めいせい》。名人芸《めいじんげい》。名誉《めいよ》。□▨悪名《あくめい》。氏名《しめい》。知名度《ちめいど》。数名《すうめい》。❷[ミョウ] ▨□名字《みょうじ》。名利《みょうり》。□▨本名《ほんみょう》。大名《だいみょう》。訓[な] 名。名前。名付け親。名乗る。名高い。あだ名。呼び名。

【命】 口部5 全8画 命命命命命命

メイ・ミョウ いのち 教小3 音❶[メイ] ▨□命令《めいれい》。命名《めいめい》。命日《めいにち》。命中《めいちゅう》。□▨使命《しめい》。運命《うんめい》。生命《せいめい》。人命《じんめい》。❷[ミョウ] □▨寿命《じゅみょう》。訓[いのち] 命。命ごい。命懸け。命綱。命拾い。命からがら。

【明】 日部4 全8画 明明明明明明

メイ・ミョウ あかり・あかるい・あかるむ・あからむ・あきらか・あける・あく・あくる・あかす 教小2 音❶[メイ] ▨□明暗《めいあん》。明月《めいげつ》。明確《めいかく》。明白《めいはく》。□▨証明《しょうめい》。透明《とうめい》。鮮明《せんめい》。賢明《けんめい》。❷[ミョウ] ▨□明日《みょうにち》。明後日《みょうごにち》。□▨光明《こうみょう》。灯明《とうみょう》。訓❶[あかり] 明かり。❷[あかるい] 明るい。❸[あかるむ] 明るむ。❹[あからむ] 明らむ。❺[あきらか] 明らか。❻[あける] 明ける。夜明け。❼[あく] 明く。❽[あくる] 明くる日。明くる朝。❾[あかす] 明かす。種明かし。
注意「明日《みょうにち》」は、「あす」とも読む。

【迷】 辶部6 全9画 迷迷迷迷迷迷

メイ まよう 教小5 音[メイ] ▨□迷信《めいしん》。迷彩服《めいさいふく》。迷宮《めいきゅう》。迷路《めいろ》。迷惑《めいわく》。□▨混迷《こんめい》。低迷《ていめい》。訓[まよう] 迷う。注意「迷子」は、「まいご」と読む。

【冥】 冖部8 全10画 冥冥冥冥冥冥

メイ・ミョウ 音❶[メイ] ▨□冥福《めいふく》。冥土《めいど》。❷[ミョウ] ▨□冥加《みょうが》。冥利《みょうり》。

【盟】 皿部8 全13画 盟盟盟盟盟盟

メイ 教小6 音[メイ] ▨□盟主《めいしゅ》。盟邦《めいほう》。盟友《めいゆう》。□▨加盟《かめい》。同盟《どうめい》。連盟《れんめい》。

【銘】 金部6 全14画 銘銘銘銘銘銘

メイ 音[メイ] ▨□座右《ざゆう》の銘《めい》。銘文《めいぶん》。銘記《めいき》。銘柄《めいがら》。銘茶《めいちゃ》。□▨碑銘《ひめい》。感銘《かんめい》。

【鳴】 鳥部3 全14画 鳴鳴鳴鳴鳴鳴

メイ なく・なる・ならす 教小2 音[メイ] ▨□鳴動《めいどう》。□▨悲鳴《ひめい》。雷鳴《らいめい》。共鳴《きょうめい》。訓❶[なく] 鳴く。鳴き声。❷[なる] 鳴る。高鳴る。鳴り響く。鳴り物入り。地鳴り。耳鳴り。❸[ならす] 鳴らす。

[1]**めい【▼姪】**〈名〉ある人からみて、その兄弟や姉妹の娘《むすめ》。めいっ子。めい子《ご》。対甥《おい》。ア**メイ メイ**
敬語 尊敬語としては、「めい御《ご》さん」または「めい子《ご》さん」を使う。

[2]**めい【命】**〈名〉❶上からの言いつけ。例命を受ける。❷いのち。例命旦夕《たんせき》にせまる。▽ア**メー** ↓めいじる〔命じる〕

命旦夕《たんせき》に迫《せま》る 死が、すぐそこにせまっている。

[3]**めい【明】**〈名〉❶明るさ。例明と暗。対暗。❷ものごとをみきわめる力。例先見の明。▽ア**メー**

[4]**めい【銘】**〈名〉❶石碑《せきひ》などにきざみつけた、その由来などをしるした文章。❷工芸品などにしるした作者の名前。❸ある内容をみじかくまとめた、いましめのことば。例座右《ざゆう》の銘。▽ア**メー** ↓めいじる〔銘じる〕

[5]**めい【名】**[一]〈接頭〉すぐれた。有名な。例名探偵《めいたんてい》。名ぜりふ。名コンビ。[二]〈接尾〉❶人数をかぞえることば。「人《にん》」のあらたまった言いかた。例三名様。乗客三十五名は全員無事。❷なまえ。例学校名。代表名。ユーザー名。

[1]**めいあん【名案】**〈名〉だれもが思わず、「なるほど」「あっ、そうか」などと感心するような、すぐれたアイデア。例名案が浮かぶ。類妙案《みょうあん》。

[2]**めいあん【明暗】**〈名〉❶明るい面と暗い面。よい面とわるい面。例明暗を分ける。明暗が分かれる。人生には明暗がつきものだ。❷絵や写真で、明るい部分と暗い部分の対比。

明暗を分《わ》ける 勝ちか負けか、成功か失敗か、などの決定的な原因となる。例主力選手の退場が明暗を分けた。

めいい【名医】〈名〉りっぱな医者。

めいう・つ【銘打つ】〈動五〉大大的に売りだすために、商品にだいたんなキャッチフレーズをつける。例史上空前の大作と銘打って宣伝する。

めいうん【命運】〈名〉重大な局面で、運命がよいほうにころぶかどうか。例命運がつきる。続行か撤退《てったい》かの判断で、たがいの命運が分かれた。類死命。存亡《そんぼう》。

めいおうせい【冥王星】〈名〉〔天文〕太陽系の九番めの惑星《わくせい》とされていた天体。準惑星。太陽からの平均距離《きょり》は約六〇億《キロメートル》。太陽のまわりを回るのに約二五〇年かかる。

[1]**めいか【名家】**〈名〉❶人々の信望をあつめている家がら。例名家の出。類名門。旧家。大家《たいか》。❷その方面で、すばらしい才能だとみとめられている人。

[2]**めいか【銘菓】**〈名〉特別の名をもっている、すぐれた菓子。例京の銘菓。

めいが【名画】〈名〉❶芸術的にすぐれた絵。❷人々にうったえかけるところがある、すぐれた映画。

[1]**めいかい【冥界】**〈名〉死者の霊《れい》がいくという、あの世。類冥土。幽界《ゆうかい》。

[2]**めいかい【明快】**〈形動〉すじがとおって、内容がはっきりしている。例明快な答え。類明解。明確。

[3]**めいかい【明解】**〈形動〉はっきりとわかるようす。例明解な説明。

めいかく【明確】〈形動〉はっきりしていて、まちがったところ、まぎらわしいところがない。例明確に規定する。対不明確。類明解。明快。

めいがら【銘柄】〈名〉❶商品の商標。とくにすぐれた

最上徳内(もがみとくない)(1754～1836) 江戸時代の探検家。幕府の蝦夷地探検に参加，国後島などを調査。

商標。[例]銘柄品。銘柄米《まい》。[類]ブランド。❷売り買いされる個々の株式。[例]上場《じょうじょう》銘柄。

めいかん【名鑑】〈名〉ある方面で活躍《かつやく》している人たちや同じ種類の物を集めてのせた本。[例]野球名鑑。[類]人名録。

1 めいき【名器】〈名〉すぐれた茶器や花びん、楽器など。

2 めいき【明記】〈名・する〉はっきり書くこと。[例]名前を明記する。理由を明記する。

3 めいき【銘記】〈名・する〉よくおぼえていて忘れないこと。[例]心に銘記する。[類]銘じる。胸に刻む。

めいぎ【名義】〈名〉契約《けいやく》書や通帳などにしるす名前。[例]会社名義で登録する。名義変更《へんこう》。

めいきゅう【迷宮】〈名〉複雑な通路をもうけ、出口をさがすのに苦労するようにしてある建物。

めいきゅういり【迷宮入り】〈名・する〉[例]迷宮入り。事件の真相がつかめず、解決しないまま捜査《そうさ》がうちきられること。

めいきょ【明▼渠】〈名〉排水《はいすい》のため、地上につくったみぞ。[対]暗渠。

めいきょうしすい【明鏡止水】〈名〉少しのくもりもなく、すみわたっている心の状態。

1 めいきょく【名曲】〈名〉すぐれた音楽作品。

めいく【名句】〈名〉❶ものごとの本質をみじかいことばで表現したもの。[類]名言。❷すぐれた俳句。[類]名吟《めいぎん》。秀句。

2 メイク〈名・する〉⇩メーキャップ

1 めいくん【名君】〈名〉多くの人からしたわれる、すぐれた君主。[対]暗君。[類]明君。[ア]メークン

2 めいくん【明君】〈名〉頭のいい、すぐれた君主。[対]暗君。[類]名君。[ア]メークン メークン

めいげつ【名月・明月】〈名〉❶きよらかにすみきった空にうかんだ、美しい月。❷陰暦《いんれき》八月十五日の夜の月。[例]中秋《ちゅうしゅう》の名月。

1 めいげん【名言】〈名〉ものごとの真実をみごとに言いあてた、みじかいことば。[類]名句。至言。

2 めいげん【明言】〈名・する〉疑問の余地がないように、はっきり言うこと。[例]今の段階ではどちらとも明言できない。[類]断言。確言。言明。公言。

めいこう【名工】〈名〉すばらしいうでをもった職人。[類]名匠《めいしょう》。

1 めいさい【明細】〈名・形動〉品物の数や金額などについて、こまかいところまで、くわしくわかること。そのように書いたもの。[例]明細に記録する。明細書。[類]内訳《うちわけ》。

2 めいさい【迷彩】〈名〉軍隊で、敵の目をあざむくために、兵器や服にまわりと見分けにくい色やもようをつけること。[例]迷彩をほどこす。迷彩服。[類]カモフラージュ。

めいさいしょ【明細書】〈名〉内容の一つ一つの内訳《うちわけ》を明らかにしるした書類。

めいさく【名作】〈名〉多くの人がそのよさをみとめている、すぐれた作品。[類]傑作《けっさく》。↓けっさく[表現]

1 めいさつ【名刹】〈名〉由緒《ゆいしょ》ある、有名な寺。[参考]「刹」はお寺の建物を表わす。由緒ある古寺を「古刹」という。

2 めいさつ【明察】〈名〉ものごとの だいじなところを見ぬくこと。[例]ご明察のとおりです。

めいさん【名産】〈名〉ほかの地方ではあまりつくられていない、その土地を代表するような産物。[例]名産地。[類]特産。名物。

めいざん【名山】〈名〉その土地の風景の代表になっているような、有名な山。

1 めいし【名士】〈名〉人格と業績がともにすぐれ、世間に名を知られている人。[例]土地の名士。[ア]メーシ

2 めいし【名刺】〈名〉初対面の人にわたして、自分を紹介《しょうかい》するために、小さな四角い紙に姓名《せいめい》や身分、職名などを印刷したもの。[例]名刺を交換《こうかん》する。名刺をきらす。[ア]メーシ

3 めいし【名詞】〔文法〕品詞の分類の一つ。自立語で活用がない。人や事物の名を表わすことばで、主語になることができるもの。普通《ふつう》名詞・固有名詞・代名詞・数詞・形式名詞の五種類に分ける。[ア]メーシ [参考]動詞・形容詞・形容動詞をまとめて用言というのに対して、名詞を体言という。

1 めいじ【明示】〈名・する〉はっきりとしめすこと。[例]根拠《こんきょ》を明示しないと納得《なっとく》してもらえない。[対]暗示。[ア]メージ

2 めいじ【明治】〈名〉〔歴史〕江戸時代ののち、一八六八年の明治政府の成立から一九一二年までの、明治天皇が位にあった時代の元号。「大正《たいしょう》」の前。西洋の文化をとりいれて、近代的な統一国家をつくり上げた。[ア]メージ

めいじいしん【明治維新】〈名〉〔歴史〕一八六八年、江戸《えど》幕府がほろび、明治政府により天皇を中心とする統一国家形成のため多くの改革が行なわれたこと。

めいじつ【名実】〈名〉耳で聞いた評判と、実際の内容。[例]名実相ともなう。名実ともに。

1 めいしゅ【名手】〈名〉わざのすぐれた人。[例]射撃《しゃげき》の名手。笛《ふえ》の名手。[類]名人。達人。

2 めいしゅ【盟主】〈名〉同盟を結んだ人々や国々の中心となる、人や国。[例]盟主におす。

めいしょ【名所】〈名〉多くの観光客が訪ねるような、ながめのよいところや、歴史的な事件などがあったところ。[例]名所を訪ねる。名所旧跡《きゅうせき》。[参考]「名所に見所《みどころ》なし」「名物にうまいものなし」という言いまわしがある。

1 めいしょう【名匠】〈名〉美術や工芸などの分野で、すぐれた能力をもっている人。[類]名工。

2 めいしょう【名将】〈名〉たたかいのかけひきがじょうずな武将や将軍。

3 めいしょう【名称】〈名〉ものごとの「名前」の、かたい言《い》いかた。[例]名称を変更《へんこう》する。正式名称。

4 めいしょう【名勝】〈名〉景色がすぐれていること。景色のすぐれた土地。[例]名勝の地。天下の名勝。[類]景勝。

めいじょう【名状】〈名・する〉うまくことばで言い表わすこと。ふつう、打ち消しの形で使われる。[例]なんとも名状しがたい気分だ。

めいしょきゅうせき【名所旧跡】〈名〉景色のよいことで有名な場所や、むかしの有名な建築、歴史上の大きなできごとなどのあった場所。「名所古跡《こせき》」ともいう。

1 めい・じる【命じる】〈動上一〉❶上から下へさしずして、なにかをさせる。[例]退場を命じる。[類]命令する。言いつける。❷命令して、ある地位につける。[例]委員を命じる。[類]任命する。任じる。❸名前をつける。[類]命名する。名づける。▽「めいずる」ともいう。

2 めい・じる【銘じる】〈動上一〉なにがあっても忘れないように、おぼえこむ。「めいずる」ともいう。[例]肝《きも》に銘じる。[類]銘記する。胸に刻む。

めいしん【迷信】〈名〉はっきりした根拠《こんきょ》のない言いつたえ。[例]迷信家(＝迷信を信じる人)。

め

 モジリアニ（1884〜1920） イタリアの画家。パリで活動。肖像画は細長い首と卵形の顔が特徴。

めいじん【名人】〈名〉❶わざのとくにすぐれた人。例名人芸。類名手。達人。❷将棋《しょうぎ》や碁《ご》などで、最高の地位。

めいじんかたぎ【名人かたぎ】〖名人▽気▽質〗〈名〉世の中のことにとらわれず、自分の技術や信念を何よりもたいせつにする、がんこな性質。類名人肌《はだ》。

1 **めいすう**【名数】〈名〉❶習慣的にきまった数をつけてよばれるものごと。四天王とか七福神など。❷数に単位をそえたことば。三本、二千年など。

2 **めいすう**【命数】〈名〉いのちの長さ。例命数がつきる。類天命。天寿《てんじゅ》。寿命《じゅみょう》。

1 **めい・ずる**【命ずる】〈動サ変〉⇩めいじる〔命じる〕

2 **めい・ずる**【銘ずる】〈動サ変〉⇩めいじる〔銘じる〕

めいせい【名声】〈名〉「すぐれている」「りっぱだ」という評判。例名声が上がる。名声を博《はく》する。類声価。

1 **めいせき**【名跡】〖名▼蹟〗〈名〉❶有名な古跡。❷書道の手本となるような、すぐれた筆跡。参考「名跡」を「みょうせき」と読むのは別のことば。

2 **めいせき**【明▼晰】〈形動〉はっきりしていて、不明なところがない。例明晰な頭脳。頭脳明晰。

めいせん【銘仙】〈名〉絹織物の一種。ふだん着の和服やざぶとん地、ふとん地などにする。

1 **めいそう**【迷走】〈名・する〉❶進む方向が定まらないこと。例迷走台風。議論が迷走する。❷方針がころころ変わって、一貫《いっかん》性のない行動をとること。例教育改革《かいかく》が迷走する。

2 **めいそう**【▼瞑想】〈名・する〉目をとじて、静かに考えること。例瞑想にふける。

めいそうじょうき【明窓浄机】〈名〉気持ちよく勉強することのできる、明るく整理された書斎《しょさい》。

めいそうしんけい【迷走神経】〈名〉脳の延髄《えんずい》から出ている神経の一つ。のどや首、内臓に細かく分かれてひろがり、各部の感覚を伝え、内臓の運動や分泌《ぶんぴつ》を支配する。参考とくに腹部の分岐は細かく複雑で、系統的にとりだしにくいので「迷走」の名がついた。

めいだい【命題】〈名〉❶哲学《てつがく》や論理学で、あることがらについての判断を、「これはこうである」などとことばで表わしたもの。❷俗《ぞく》に、重要な課題のこと。例命題にとりくむ。至上《しじょう》命題。注意①が本来の意味。

めいちゃ【銘茶】〈名〉名のある、品質のすぐれた茶。

めいちゅう【命中】〈名・する〉弾丸《だんがん》や矢などがねらったものに、うまくあたること。例目標に命中する。

めいちょ【名著】〈名〉高く評価すべき本。

めいっぱい【目一杯】〈副〉もうこれ以上はできない、というようす。例目一杯がんばる。類精一杯。参考この「目」は、はかりの めもりのこと。

めいてい【▼酩▼酊】〈名・する〉すっかり酒に酔《よ》うこと。類泥酔《でいすい》。

1 **めいど**【明度】〈名〉〔美術〕色の明るさの度合い。例明度が高い。アメード 参考「彩度《さいど》」「色相《しきそう》」とあわせて、色の三要素とする。

2 **めいど**【冥土・冥途】〈名〉〔仏教〕死んだ人のたましいがいくといわれる暗黒の世界。例冥土の使い。冥土のみやげ。類あの世。冥府。冥界。黄泉《よみ》。幽界《ゆうかい》。アメード

3 **メイド**〈名〉❶お手伝いさん。例ハウスメイド。❷ホテルの客室係の女性。◇maid ▽アメード

1 **めいとう**【名湯】〈名〉病気やけがにすぐれたききめがあると伝えられる温泉。

2 **めいとう**【名答】〈名〉すぐれた答え。例「ご名答！」。

3 **めいとう**【明答】〈名・する〉問題に即《そく》して、正しくはっきりと答えること。そのような答え。例明答をさける。明答をえる。類確答。

めいどう【鳴動】〈名・する〉❶大きな地鳴りがして、ゆれ動くこと。例大山《たいざん》鳴動してねずみ一匹《いっぴき》(↓独立項目)。❷機器が作動して音を鳴らすこと。例火災報知機が鳴動する。

めいにち【命日】〈名〉その人が死んだ日と同じ日付の日。忌日《きにち》。↓しょうつきめいにち参考

めいはく【明白】〈形動〉はっきりしていて、うたがう余地がない。例明白な事実。類あきらか。明瞭《めいりょう》。

めいひん【名品】〈名〉❶一流の作品。例浮世絵《うきよえ》名品展。❷すぐれた商品。有名な商品。「銘品」とも書く。例万年筆の名品を贈《おく》る。

めいびん【明敏】〈形動〉頭のはたらきがはやくて、しっかりしている。例明敏な頭脳。

めいふく【冥福】〈名〉あの世での幸福。例冥福をいのる。類後生《ごしょう》。

めいぶつ【名物】〈名〉❶その土地でできる有名な産物。類名産。特産。❷行動がふつうの人と変わっていて、とくに話題にされること。例名物男。名物先生。参考「名物にうまいものなし」「名所に見所《みどころ》なし」という言いまわしがある。

1 **めいぶん**【名文】〈名〉❶だれもが感心するような、すぐれた文章。対悪文。❷有名な文章。

2 **めいぶん**【名分】〈名〉❶身分に応じて、守らなければならないとされる一定のきまり。❷だれもが正当だとみとめる理由。例名分がたつ。大義名分。類名目。

3 **めいぶん**【明文】〈名〉はっきりと書かれた条文。例明文化。

4 **めいぶん**【銘文】〈名〉銘として記された文や語句。

めいぶんか【明文化】〈名・する〉おたがいがわかり合って実行していることを、文章として明確に書き表わすこと。

めいぼ【名簿】〈名〉会やクラスなど、組織に入っている人たちの、全員の名前や 住所などを記入したリスト。

めいほう【盟邦】〈名〉同盟している国。

めいぼう【名望】〈名〉多くの人たちの尊敬や信頼《しんらい》をあつめていること。例名望がある。名望家。

めいぼうこうし【明▼眸▼皓歯】〈名〉すんだ美しい目と、歯ならびのいい白い歯。美人を言い表わすのにいう。由来中国の詩人杜甫《とほ》の詩の中のことば。

1 **めいぼく**【名木】〈名〉高くりっぱで、幹の のびぐあいや枝《えだ》ぶりの美しい木。

2 **めいぼく**【銘木】〈名〉床柱《とこばしら》や天井《てんじょう》などに使う、形や木目の美しい特別上等な木材。

めいみゃく【命脈】〈名〉いのちがつづくこと。例命脈がつきる。命脈をたもつ。

1 **めいめい**【命名】〈名・する〉名前をつけること。例命名式。類名づける。アメーメー

2 **めいめい**【銘銘】〈名〉そこにいる人たちのひとりひとり。例めいめいの意見を聞く。めいめい皿。類おのおの。それぞれ。各自。各人。アメーメー

めいめいざら【銘銘皿】〈名〉料理を各自にとり分けるための、そろいの小皿。

めいめいはくはく【明明白白】〈形動〉あまりにも

本居宣長(もとおりのりなが)（1730～1801）　江戸中期の国学者。実証的に古典を研究し，国学を学問的に大成。

明らかで、うたがう点が少しもない。例明々白々な事実。表現「明々白々たる」のように連体詞としても使う。

めいめつ【明滅】〈名・する〉明かりがついたり消えたりすること。例ネオンサインが明滅する。類点滅。

めいもう【迷妄】〈名〉なにかに目がくらんでの、心の迷いや判断のあやまり。例迷妄を排《はい》す。

めいもく[1]【名目】〈名〉形式だけをととのえるための、おもてむきの肩書きや理由。「みょうもく」ともいう。例名目が立たない。名目上。対実質。

めいもく[2]【▼瞑目】〈名・する〉❶目をとじること。❷やすらかに死ぬこと。

めいもん【名門】〈名〉❶何代もつづき、財産があり、すぐれた人物を何人も世に送り出したようなりっぱな家がら。例名門の出。類名家。名族。旧家。❷名のよく知られた学校。例名門校。名門中学。

めいやく[1]【名訳】〈名〉すぐれた翻訳《ほんやく》。

めいやく[2]【盟約】〈名・する〉重大な決意のもとに、約束すること。また、その約束。例盟約を結ぶ。

めいゆ【明喩】〈名〉「直喩《ちょくゆ》」のこと。対暗喩。

めいゆう[1]【名優】〈名〉すぐれた俳優。

めいゆう[2]【盟友】〈名〉たがいにものごとをなしとげようと、かたく約束しあった友だち。類同志。

めいよ【名誉】〈名・形動〉❶他の人から「りっぱだ」「たいしたものだ」と思われ、自分でもほこりに思うこと。例名誉に思う。名誉をきずつける。名誉挽回《ばんかい》。類ほまれ。ほこり。栄誉。❷功績のあった人に、尊敬のしるしとしてあたえるよび名。例名誉市民。名誉教授。

めいよきそん【名誉毀損】〖名誉棄損〗〈名〉〔法律〕他人の名誉をきずつけること。例名誉毀損で訴《うった》える。

めいよきょうじゅ【名誉教授】〈名〉一定の年限以上の期間を教授としてつとめた人が定年退職したときに、その大学の規定にしたがって、その人におくる称号《しょうごう》。

めいよしょく【名誉職】〈名〉報酬《ほうしゅう》をうけないでつとめる職。

めいよばんかい【名誉▼挽回】〈名〉うしなった名誉をとりもどすこと。類名誉回復。汚名《おめい》返上。

めいりょう【明瞭】〈形動〉はっきりしている。例明瞭な発言。ちがいは明瞭だ。簡単明瞭。対不明瞭。あいまい。類明白。

めい・る【▽滅入る】〈動五〉すっかり気力がなくなって、ふさぎこむ。例気がめいる。

めいれい【命令】〈名・する〉自分の思いどおりにするように、言いつけること。言いつけることがら。例中止を命令する。命令を発する。命令をくだす。命令をうける。命令に従う。至上命令。命令文。類命《めい》。命じる。指令。

めいれいいっか【命令一下】〈名〉簡潔に命令がくだること。例命令一下ただちに配備につく。

めいれいけい【命令形】〈名〉〔文法〕用言や助動詞の活用形の一つ。相手に対して命令をする意味を表わす形。「走れ」「見ろ」「こい」など。

めいれいぶん【命令文】〈名〉〔文法〕命令・禁止の意味を表わす文。

めいろ【迷路】〈名〉一度入ったら出口や入り口はもちろん、方角もわからなくなるような道。

めいろう【明朗】〈形動〉❶性格が明るい。例明朗快活。❷うそやごまかしがなく、なかみがはっきりしている。例明朗会計。対不明朗。

めいわく【迷惑】〈形動・名・する〉あることのために、こまったり、いやに感じたりすること。例騒音《そうおん》に迷惑する。まわりの迷惑になる。迷惑な話。迷惑をかける。いい迷惑。近所迷惑。ありがた迷惑。

メイン〈名〉おもなもの。「メーン」とも書く。例メインストリート。メインテーブル。対サブ。◇main

メインイベント〈名〉プロレスリングやプロボクシングなどの興行で、いちばん主要な試合。◇main event

メインスタンド〈名〉競技場の、正面の観客席。参考日本での複合語。英語ではgrandstand という。

メインストリート〈名〉町の中心となるにぎやかな大通り。本通り。◇main street

メインビジュアル〈名〉広告やホームページ作りで、もっとも目立つ写真や画像。例新作映画のメインビジュアルが公開される。◇main visual

めうえ【目上】〈名〉地位や年齢《ねんれい》などが、自分よりも上であること。対目下。

めうし【雌牛】〖▼牝牛〗〈名〉めすの牛。対雄牛《おうし》。

めうち【目打ち】〈名〉❶切手などにある、切りはなしやすいようにあけられたミシン目。❷ウナギなどをさくときに、おさえるために打ちこむ錐《きり》。❸千枚通し。

めうつり【目移り】〈名・する〉どれもが良く思えて、ひとつに決められないこと。例目移りがする。

メーカー〈名〉品物を製造している会社。◇maker

メーキャップ〈名・する〉化粧《けしょう》。とくに、映画や舞台《ぶたい》に出るための化粧。メークアップ。メイク。◇make-up

メーク〈名・する〉⇩メーキャップ

メーター 一〈名〉水や電気の使用量、車の走った距離《きょり》などを自動的にはかって、その時の数量を示す計器。例メーターがあがる。水道メーター。メーターボックス。二〈名・接尾〉⇩メートル ◇meter

メーデー〈名〉五月一日に行なわれる労働者の祭典。◇May Day

メートル〈名・接尾〉メートル法の長さの基本単位。一メートルは百センチメートルで、一キロメートルの千分の一。メーター。記号「m」。◇フランス mètre

メートルを上《あ》げる 酒をたくさん飲んで、いきおいづいた行動をする。古い言いかた。類テンションを上げる。参考この「メートル」は、計量器の「メーター」のこと。

メートルほう【メートル法】〈名〉長さにメートル(m)、質量にキログラム(kg)を基本の単位とした、さまざまな単位。面積のアール(a)、体積のリットル(L)などもメートル法の単位。国際的にひろく使われている。→しゃっかんほう・ヤードポンドほう

メール 一〈造語〉手紙。例メールボックス。エアメール。二〈名〉電子メール。例返信メール。携帯《けいたい》メール。メールアドレス。◇mail

メールアカウント〈名〉ネットワーク上で電子メールを利用するために登録するＩＤなど。◇mail account

メールマガジン〈名〉雑誌のようなさまざまな情報や読み物をのせて、登録者に定期的に配信される電子メール。略して「メルマガ」ともいう。参考英語では、email magazine または email newsletter という。

メーン〈名〉⇩メイン

めおと【▽夫▽婦】〈名〉「夫婦《ふうふ》」の古い言いかた。

めおとぢゃわん【▽夫▽婦茶▼碗】〈名〉男性用のものと女性用のものが二つで一組みになっている茶わん。形

 本木昌造(しょうぞう)(1824〜75) 日本近代活字印刷の先駆者。幕末, 鉛活字鋳造に成功。東京活版所を開設。

や柄《がら》が同じで、女性用が少し小さめ。

メカ〈名〉「メカニズム」「メカニックス」の日本での省略語。例 メカに強い(=機械やその構造にくわしい)。

メガ 一〈接頭〉❶単位名のうえにつけて、「百万倍」の意味を表わす。「キロ」の一千倍で、「ギガ」の一千分の一。記号M。例 メガトン。メガヘルツ。→キロ 参考 ❷規模《きぼ》の巨大な。例 メガバンク。メガストア。

二〈名・接尾〉コンピューターの情報量の単位で、「メガバイト」の略。◇mega

めかいご（方言）ものもらい。群馬で言う。

めがお【目顔】〈名〉考えや気持ちを表わす目のうごき。例 目顔で知らせる。

めかくし【目隠し】〈名〉❶〈する〉目をなにかでおおって、見えなくすること。❷他人に内側を見られないようにするための、ついたてや囲いなど。例 植木を目隠しにする。

めかけ【▼妾】〈名〉男性が、妻以外に深い関係をもち、生活のめんどうをみている女性。やや古いことば。類 二号。愛妾《あいしょう》。

めが・ける【目掛ける】〈動下一〉それを目標にする。

めかしこ・む【めかし込む】〈動五〉念入りに身なりをととのえ、めいっぱいおしゃれをする。

めがしら【目頭】〈名〉目で、顔の中央よりの部分。例 目頭をおさえる。対 目じり。

目頭が熱《あつ》くなる 感動するなどして、目になみだがにじむ。

目頭を押《お》さえる こぼれそうになった涙《なみだ》をとめるために、目のあたりを手でおさえる。

[1]**めか・す**〈動五〉人目をひくほど、おしゃれをする。例 そんなにめかしてどこにお出かけ？ めかしこむ。→おめかし

[2]**めか・す**〈接尾〉名詞などにつけて、「…のようにみせかける」という意味を表わす。例 冗談《じょうだん》めかす。秘密めかす。ほのめかす。

めかた【目方】〈名〉ものの重さ。重量。古風な言いかた。例 目方がある。目方がふえる。目方をふやす。目方で売る。

メガトン〈名・接尾〉❶メートル法の質量の単位。一メガトンは百万トン。❷核爆弾《かくばくだん》などの爆発力の単位。一メガトンは、TNT火薬百万トン分にあたる。◇megaton

メカニズム〈名〉機械装置《そうち》。また、その構造やしくみ。略して「メカ」ともいう。◇mechanism

表現 ものごとのしくみを一つの機構としてとらえていうときにも使う。

メカニックス〈名〉力学。◇mechanics

めがね【眼鏡】〈名〉❶レンズをはめて、視力を補強したり目を保護したりする器具。例 眼鏡をかける。色眼鏡。虫眼鏡。❷ものの善悪、ことの真偽《しんぎ》などを判定すること。例 眼鏡ちがい。

表現 ①は一本二本、一台二台と数える。商品としては一点二点も使う。

眼鏡にかなう ⇩おめがねにかなう

めがねちがい【眼鏡違い】〈名〉よい、わるいの判断をあやまること。類 目利《き》き違い。

めがねばし【眼鏡橋】〈名〉半円形のアーチを二つならべた形に造った石の橋。

メガホン〈名〉声を遠くまでとどかせるための、ラッパ形をしたつつ。例 メガホンをとる(=映画の監督《かんとく》をする)。◇megaphone

めがみ【女神】〈名〉女の神様。例 自由の女神。勝利の女神。

メガロポリス〈名〉大きな都市がいくつも連続している地域。◇megalopolis

めきき【目利き】〈名〉品物のねうちを見定めること。それにすぐれた、目の利く人。例 目利きをする。なかなかの目利きだ。類 鑑定《かんてい》。鑑定家。

めきめき〈副〉目に見えて力をつけたり、よくなったりするようす。例 めきめき(と)上達する。

め・く〈接尾〉名詞などにつけて、「自然にそのようすをおびる」「それらしく見える」という意味を表わす。例 春めく。ほのめく。

めぐさい（方言）見苦しい。みっともない。東北・中部の一部で言う。めぐせ。みぐさい。

め(目)くじらをた(立)てる 些細《ささい》なことでも、なんのかのと言って人をとがめる。

参考「目くじら」とは、目じりのこと。

めぐすり【目薬】〈名〉目の病気や目がつかれたときに、目にたらして使うくすり。例 目薬をさす。

めくそ【目くそ】【目▼糞】〈名〉「目やに」のやや下品な言いかた。

目くそ鼻《はな》くそを笑《わら》う 自分のことはたなにあげて、人の欠点やまちがいをあざ笑う。

めくばせ【目▽配せ】〈名・する〉目の動きで合図をしたり、注意をうながしたりすること。類 ウインク。

参考 古語の「目食はせ(=目を食わせる)」が変化した形。

めくばり【目配り】〈名・する〉「手おちがないか」「まちがってはいないか」などと、全体を注意しながら見ること。

めぐま・れる【恵まれる】〈動下一〉努力の結果ではなく、のぞましいものごとが自然に自分のものになる。例 恵まれた環境《かんきょう》。友人に恵まれる。好天に恵まれる。

めぐみ【恵み】〈名〉人間をこえた大きな力からあたえられる、ありがたいもの。例 恵みの雨。大地の恵み。

[1]**めぐ・む【芽ぐむ】**〈動五〉植物が芽をふくらます。類 もえ出る。ア メグム

[2]**めぐ・む【恵む】**〈動五〉相手に同情して、自分の持っているものをあたえる。類 ほどこす。ア メグム

めくら【▽盲】〈名〉目が見えないこと。目が見えない人。対 目明き。注意 古いことば。今は「盲目《もうもく》」「盲人」「目の不自由な人」という。

めくら蛇《へび》に怖《お》じず もし知っていたらとてもできないようなあぶないことを平気でする。

めぐら・す【巡らす】〈動五〉❶ぐるりとまわす。例 こうべを巡らす。垣《かき》を巡らす(=かこむようにする)。❷(「思案を巡らす」「考えを巡らす」などの形で)いろいろな角度からあれこれ考える。

めくらばん【めくら判】【▽盲判】〈名〉書類の内容をよく見もしないで、承認《しょうにん》の判をおすこと。

めくらめっぽう【▽盲滅法】〈名・形動・副〉よく考えもせず、むやみやたらにするようす。例 めくらめっぽうなぐりかかる。類 やみくも。

めぐり【巡り】 一〈名〉❶まわってもとにもどること。例 血の巡り(がわるい)。❷なにかのまわり。例 池の巡り。

二〈接尾〉ぐるっとあちこちまわること。また、その回数をかぞえることば。例 名所巡り。ひと巡り。▽類 回り。

めぐりあ・う【巡り会う】〈動五〉長いこと求めていた人やものごとに思いがけずであう。類 邂逅《かいこう》する。

めぐりあわせ【巡り合わせ】〈名〉どうやってみてもそうなってしまう運命。例 巡り合わせがわるい。類 回り合

モネ (1840~1926) フランス印象派の画家。光の効果を追い求め，明色を使って風景画をかいた。

わせ。

めぐ(巡)りめぐ(巡)って 思いもよらない、いろいろな所をへたのちに結局。例巡り巡ってここに来た。

めく・る【▼捲る】〈動五〉うすいものをはがすようにして、うら返す。例ページをめくる。類まくる。繰《く》る。

めぐ・る【巡る】〈動五〉❶ぐるりとまわって、もとにもどる。例季節が巡る。類回る。❷あちこちまわって歩く。例名所を巡る。類回る。❸そのことに関連する。そのまわりをかこむ。例現代史を巡る諸問題。

めくるめ・く【目▼眩く】〈動五〉目がくらくらする。例目くるめくようなスリルを味わう。

め・げる〈動下一〉がっかりして力をおとす。例寒さにめげる。何度も失敗してめげそうになる。困難にめげずに最後までがんばる。

方言 近畿《きんき》・中国・四国などでは、「みげる」「めーる」とも言い、「テレビがめげた」「縁談がめげた」のように、「こわれる」の意味でも使う。

めこぼし【目こぼし】〖目▼溢し〗〈名・する〉わざと見のがして、問題にしたり、せめたりしないこと。例目こぼし(を)してやる。類大目に見る。

表現 多く、「お目こぼし」の形で使い、人に見のがしてもらうことをいう。→おめこぼし

めさき【目先】〈名〉❶目のまえ。❷身ぢかにある小さなこと。例目先の利害にとらわれる。類目前。❸ものごとの先を見とおす力。例目先がきく。❹すぐに目につく形やようす。例目先をかえる。

目先が利《き》く 先のことを見通して、しっかりと勘《かん》がはたらく。

目先を変《か》える それまでとはどこかようすを変えて、おもしろみが出るようにする。

めざし【目刺し】〈名〉小さなイワシの目のところを竹のくしやわらなどにさして、なんびきかつなげて干した食品。

めざ・す【目指す・目差す】〈動五〉目的や目標とする。例山頂を目指す。大学を目指す。

めざと・い【目ざとい】〖目▽敏い〗〈形〉❶見つけるのがはやい。例目ざとく見つける。❷目がさめやすい。古い言いかた。

めざまし【目覚まし】〈名〉❶ねむりからさめさせること。❷「目覚まし時計」の略。目をさますために使う時計。

めざまし・い【目覚ましい】〈形〉目がさめるほどすばらしい。びっくりするほどりっぱだ。例目覚ましい成長。目覚ましい活躍《かつやく》。

めざめ【目覚め】〈名〉❶ねむりからさめること。例目覚めがおそい。❷それまで感じなかったことが、感じられるようになること。例自我《じが》の目覚め。

めざ・める【目覚める】〈動下一〉❶ねむりからさめる。❷それまで感じなかったことを感じるようになる。自我《じが》に目覚める。良心に目覚める。❸ものの価値や意義に新しく気づく。例現実に目覚める。美術に目覚める。

めざわり【目障り】〈形動〉❶見たいものを見るのにじゃまになる。例目障りなもの。❷じゃまになる。例目障りな人。

めし【飯】〈名〉❶米をたいたもの。乱暴な感じの言いかた。例ひや飯。❷「食事」の乱暴な感じの言いかた。例飯を食う。飯にする。飯のたね。昼飯。三度の飯。

表現 (1)おもに男性が使う。ふつうは「ごはん」という。(2)一杯《いっぱい》二杯、一膳《いちぜん》二膳と数える。

飯の食《く》い上《あ》げ 収入がなくなって生活ができなくなること。おまんまの食い上げ。

飯の種《たね》 生活費を得るための手段。

めじ【目地】〈名〉タイル・れんが・ブロックなどのつぎ目。

メシア〈名〉〔宗教〕救世主。ユダヤ教では旧約聖書に予言されているユダヤ人の救い主のこと。キリスト教では、キリストをさす。メサイア。◇Messiah

めしあが・る【召し上がる】〈動五〉「食べる」「飲む」の尊敬語。例たくさん召し上がってください。類上がる。

めしあ・げる【召し上げる】〈動下一〉政府などの権力をもったものが、下の人のものを強制的にとり上げる。類没収《ぼっしゅう》する。

めしかか・える【召し抱える】〈動下一〉呼びよせて、家来としてやとう。

めした【目下】〈名〉地位や年齢《ねんれい》などが自分よりも下であること。対目上。参考「目下《もっか》」は別の語。

めしつかい【召し使い】〈名〉家の雑用をしてもらうために、やとっている人。

めしと・る【召し捕る】〈動五〉罪人をつかまえる。古い言いかた。

めしべ〖雌▼蕊〗〈名〉花の中央にあって、おしべからの花粉をうけて実《み》をむすぶ器官。柱頭・花柱・子房《しぼう》からなる。対おしべ。

[1]**メジャー** 一〈名・形動〉主流。例メジャー指向。二〈名〉❶大きな会社。❷アメリカのプロ野球で、大リーグ。例メジャーリーグ。❸〔音楽〕長音階。長調。▽対マイナー。◇major

[2]**メジャー**〈名〉❶量をはかるもの。例メジャーカップ。❷巻き尺。◇measure

めじり【目尻】〈名〉目の、顔の中央から遠い部分。対目がしら。

目尻を下《さ》げる うれしいときにする表情を表わすことば。女性に見とれたり、かわいい子どもを見ていたりするときの表情についてもいう。

めじるし【目印】〈名〉見つけたり思い出したりする、手がかりになるもの。例目印をつける。目印にする。類めあて。目標。

めじろ〖目白〗〈名〉小鳥の一種。背はきみどり色で、目のふちが白く、うつくしい声で鳴く。

めじろおし【目白押し】〈名〉人やものが、たくさんならんだりつづいたりしているようす。例この展覧会は名画が目白押しだ。由来 枝の上に押し合うように並んでとまるメジロのようすから。

[1]**め・す**【召す】〈動五〉❶「よびよせる」「まねく」の尊敬語。例国王の御前《ごぜん》に召される。❷「食べる」「飲む」「着る」「ふろに入る」「かぜをひく」「年をとる」などの尊敬語。例コートをお召しください。おかぜなど召しませんよう。▽アメス →おめし

[2]**めす**【雌】〖▼牝〗〈名〉動物のうち、女性にあたる方。たまごや子を産む。対雄《おす》。アメス」

表現 ふつう、人についてはいわない。

表記 俗《ぞく》に、「メス」とかたかなで書かれることも多い。また、記号の「♀」で表わされることがある。

[3]**メス**〈名〉手術などに使う小刀。◇オランダ mes アメス

メスを入《い》れる ❶手術などのとき、メスで切る。❷ものごとを改善するために、思いきった処置をする。

メスシリンダー〈名〉円筒形の容器に、液体の体積をはかる めもりをつけたもの。◇ドイツ Messzylinder

め

めずらし・い【珍しい】〈形〉❶めったにない。例珍しいできごと。珍しく早起きする。類まれ。❷ふつうとかわっている。例珍しいけもの。もの珍しい。類目新しい。❸めったにないために貴重である。例珍しい宝。

メセナ〈名〉企業《きぎょう》がお金を出して、文化・芸術活動を支援《しえん》すること。◇《フランス》mécénat 由来 古代ローマの政治家メセナが文芸を支援したことにちなむ。

めせん【目線】〈名〉❶ものごとをとらえるときの方向や立場。例子供の目線で見てみよう。❷「視線」のやや俗《ぞく》っぽい言いかた。❸ニュース番組などで、人の写真の両目をかくすための太い線。

メゾソプラノ〈名〉〔音楽〕女性の声のうち、ソプラノとアルトの中間の音域。また、その声や、その声の人。◇《イタリア》mezzosoprano

メソッド〈名〉方法。◇method

メソポタミアぶんめい【メソポタミア文明】〈名〉〔歴史〕紀元前三千年ごろからチグリス川とユーフラテス川流域のメソポタミア地方(=現在のイラク)にさかえた文明。くさび形文字が使われ、天文学や暦《こよみ》が発達し、ハンムラビ法典が制定された。四大文明の一つ。

めそめそ〈副・する〉よわよわしく泣くようす。

メタ〈接頭〉「…を超えた」「高次の」という意味を表わす。例メタ言語(=対象とする言語を記述するのに使う言語)。メタ認知(=自分が認知していることを認知すること)。メタ小説(=小説をテーマにした小説)。メタデータ(=データについてのデータ)。◇meta

めだか【目高】〈名〉日本にいる淡水《たんすい》魚のなかでいちばん小さい魚。三センチメートルぐらいで、小川などにいる。

メタセコイア〈名〉生きている化石といわれる植物。落葉高木の一種。化石で知られていたが、一九四五年、中国ではえているのが発見された。葉は線形で、きみどり色でやわらかい。◇metasequoia

めだ・つ【目立つ】〈動五〉特徴《とくちょう》があって、とくに目をひく。例目立つ色。目立たない存在。類きわだつ。

めだって【目立って】〈副〉一目で差がわかるほど、ありありと。例しわが目立って増えてきた。類きわだって。

めたて【目立て】〈名〉のこぎりの歯など、切れなくなった部分を切れるようにすること。

メタノール〈名〉〔化学〕医薬品や燃料に使われる、色のない液体。毒性があり、酒には使われない。メチルアルコール。木精《もくせい》。◇《ドイツ》Methanol

メタファー〈名〉隠喩《いんゆ》。◇metaphor

メタボ〈名〉「メタボリック症候群《しょうこうぐん》」のことを俗《ぞく》に略したことば。内臓のまわりに脂肪《しぼう》がたまるタイプの肥満に、高血圧・高血糖・高脂血症などが複数ひきおこされた状態。糖尿《とうにょう》病や動脈硬化《こうか》などの病気にかかりやすい。◇metabolic syndrome から。

めだま【目玉】〈名〉❶目の中心部分。目の玉。俗《ぞく》に「めんたま」ともいう。類眼球。→おめだまをくう ❷人目をひくためのもの。例目玉商品。類呼び物。売り物。

目玉が飛《と》び出《で》る 見て、たいそうおどろく。例目玉が飛び出るほど高い品物。

めだましょうひん【目玉商品】〈名〉スーパーなどで、客を集めるために、特別にねだんを安くした商品。

めだまやき【目玉焼き】〈名〉黄身のかたちをくずさないようにして焼いたたまご。

めためた〈形動〉「めちゃくちゃ」「めちゃめちゃ」のくだけた言いかた。例めためたにやられた。

メダリスト〈名〉競技大会で上位に入賞して、メダルをもらった人。例金メダリスト。◇medalist

メタリック〈形動〉金属の。金属のような。例メタリックな感じ。メタリックテープ。◇metallic

メタル〈名〉金属。材料としての金属をいう。例メタルフレーム。レアメタル。◇metal

メダル〈名〉賞品や記念品として使う、絵や文字がしるしてある金属の小さい板。例金メダル。◇medal

メタン〈名〉〔化学〕天然ガスや石炭ガスに多くふくまれている、色もにおいもない気体。沼《ぬま》などで、動物や植物、ごみなどがくさったときにも生じる。燃料のほか、化学工業の原料になる。温室効果ガスの一つ。メタンガス。◇《ドイツ》Methan

めちゃくちゃ【▽滅茶苦茶】一〈名・形動〉❶ふつうでは考えられないほどでたらめであること。例めちゃくちゃなことを言う。めちゃくちゃをする。❷もとのかたちがわからないほど乱雑になること。台無《だいな》しになること。例めちゃくちゃにこわれる。まとまりかけた話がめちゃくちゃになる。
二〈副〉とても。かなりくだけた言いかた。例めちゃくちゃうれしい。▽「めちゃめちゃ」「むちゃくちゃ」ともいう。

めちゃめちゃ【▽滅茶▽滅茶】〈名・形動〉⇩めちゃくちゃ

メチルアルコール〈名〉〔化学〕⇩メタノール ◇《ドイツ》Methylalkohol

常用漢字 めつ

【滅】 氵部10 全13画 ※ 滅滅滅滅滅滅

メツ ほろびる・ほろぼす 音[メツ] ▨滅亡《めつぼう》。滅却《めっきゃく》。滅私奉公《めっしほうこう》。▨消滅《しょうめつ》。絶滅《ぜつめつ》。不滅《ふめつ》。支離滅裂《しりめつれつ》。仏滅《ぶつめつ》。訓❶[ほろびる] 滅びる。❷[ほろぼす] 滅ぼす。

メッカ〈名〉ある分野の中心地。または、その起源地。例ファッションのメッカ。◇Mecca 参考「メッカ」は、サウジアラビアにある都市。ムハンマド(マホメット)の生地であり、イスラム教の聖地とされることからいう。

めつき【目つき】【目付き】〈名〉目のようすや、それからうける感じ。例目つきがわるい。類まなざし。

めっき【▼鍍▽金・滅▽金】〈名・する〉金属の上に、金・銀・クロムなどのうすい膜《まく》をかぶせて、美しくしたり、さびが出ないようにしたりすること。また、それをかぶせたもの。多く、「メッキ」と書かれる。
表現「めっきがはげる」といえば、なかみをかくすためによそおっていたかざりがはがれることをいう。
由来 材料にする、金と水銀の合金の意味の「滅金《めっきん》」から。

めっきゃく【滅却】〈名・する〉消しさってしまうこと。例心頭を滅却すれば火もまた涼《すず》し(→「しんとう〔心頭〕」の子項目)。

めっきり〈副〉変化がいちじるしくめだつようす。例めっきり涼《すず》しくなる。めっきりふけこむ。類すっかり。

めっきん【滅菌】〈名・する〉細菌を、熱や薬品などで死滅させること。類殺菌。

めつけ【目付け】〈名〉ものごとを監視《かんし》したり監督《かんとく》したりする役。例お目付け役。
参考 江戸《えど》時代、旗本以下の武士の行状を監視した幕府の職名から出たことば。

めっけもの【めっけ物】【目っけ物】〈名〉❶思い

がけずさがしあてた、ねうちのあるもの。類ほりだし物。❷多少の幸運。不幸中のさいわい。例骨折ぐらいですんだのがめっけ物だ。▽類もうけ物。
参考「見つけもの」からくずれた俗《ぞく》な言いかた。

めっしほうこう【滅私奉公】〈名〉自分の利益はそっちのけで、おおやけのために力をつくすこと。

メッシュ[1]〈名〉あみ状の、衣類などの素材。例メッシュのくつ下。◇mesh

メッシュ[2]〈名〉髪《かみ》を、一部分だけそめたり、まだらにそめたりすること。例メッシュを入れる。◇《フランス》mèche

めっ・する【滅する】〈動サ変〉すっかり消してなくしてしまう。すっかり消えてなくなる。
表現 文語に近い感じのことばで、「私心を滅して働く」のように、よい目的のために、よくないものを無くするという意味を表す。

メッセ〈名〉見本市《いち》。展示会。物産展。それらを開くための施設《しせつ》や会場の名にも使われる。◇《ドイツ》Messe

メッセージ〈名〉❶「伝言」のこと。❷「声明」のこと。例メッセージを送る。◇message

メッセンジャー〈名〉たのまれた品物や伝言、手紙などを相手にとどける仕事をする人。例メッセンジャーボーイ。◇messenger

めっそう【滅相】〈形動〉とんでもないようす。古めかしい言いかた。例そんな滅相なことを言うものではない。
方言 高知では、「めっそー暑い」のように、「たいそう、本当に」の意味でも使う。また、あとに打ち消しのことばをともなって、「めっそー飲まれん」のように、「あまり、それほど」の意味でも使う。

滅相もない 「とんでもない」の古めかしい言いかた。

めったうち【めった打ち】〘滅多打ち〙〈名〉❶めちゃめちゃになぐりつけること。❷野球で、相手の投手に、つづけざまにヒットをあびせること。▽類乱打。

めったざし【めった刺し】〘滅多刺し〙〈名〉相手のからだを、ところきらわずめちゃくちゃに刺して死にいたらせること。例めった刺しにする。

めったな〘滅多な〙〈連体〉不注意でいいかげんな。例めったなことは言えない。

めったに〘滅多に〙〈副〉（あとに打ち消しのことばをともなって）ほとんど…することがない。例いそがしくて、めったに休みがとれない。

めったやたら〘滅多やたら〙〈形動・副〉見さかいもなく、ただもう、しきりに。例めったやたらに当たりちらす。類むやみやたら。

めっち【目土】〈名〉園芸で、ふるいにかけた細かい土。

めっちゃ（方言）とても。大阪などで言う。めちゃ。むっちゃ。めっさ。参考 全国に広まっている。

めつぶし【目潰し】〈名〉相手の目を、一時的に見えなくすること。また、それに使うもの。

めつぼう【滅亡】〈名・する〉ほろびること。例国を滅亡にみちびく。国が滅亡する。

めっぽう〘滅法〙〈副〉たいへん。むちゃくちゃに。例めっぽう強い。

めづまり【目詰まり】〈名・する〉あみの目状のものに、ほこりやごみがたまって通りが悪くなること。例目詰まりをおこす。

めて【▽馬手】〈名〉「右手《みぎて》」の古い言いかた。対弓手《ゆんで》。→ゆんで 参考

メディア〈名〉情報を伝達したり、記録・保存したりするための「媒体《ばいたい》」のこと。例メディアの取材を受ける。マスメディア。地元メディア。活字メディア。ソーシャルメディア。◇media

メディアリテラシー〈名〉マスメディアによって伝えられる大量の情報を、適切に選別・判断・活用する能力。◇media literacy

めでた・い〘目出▽度い・芽出▽度い〙〈形〉❶よろこばしいことだ。→おめでた ❷とてもいい。例社長のおぼえがめでたい。

めでたしめでたし ものごとがめでたい結果になって喜ぶ気持ちを表わすことば。例事件はめでたしめでたしで終わった。参考 ハッピーエンドで終わる昔話で、語りの最後に言うことば。

め・でる〘▽愛でる〙〈動下一〉かわいがって、たいせつにする。やや古い言いかた。例花をめでる。類いつくしむ。

めど〘目▽処〙〈名〉❶おおよその見当や見こみ。例めどがたつ。類目算《もくさん》。見通し。目途《もくと》。❷ぬい針の頭部の、糸をとおす穴。例めどをとおす。

めどが立《た》つ ものごとの見通しがつく。「めどがつく」ともいう。類目鼻がつく。

めどおり【目通り】〈名・する〉身分の高い人に会うこと。例目通りを許す。類謁見《えっけん》。拝謁《はいえつ》。

めと・る〘▼娶る〙〈動五〉結婚《けっこん》して妻とする。例妻をめとる。

メドレー〈名〉❶音楽で、曲を何曲かきれめなくつづけて演奏できるようにしたもの。また、そのようにして歌うこと。例ヒットメドレー。❷「メドレーリレー」の略。◇medley

メドレーリレー〈名〉❶水泳競技の種目の一つ。チームの四人の選手がそれぞれことなった泳法で泳いで、速さをきそうもの。❷陸上競技の種目の一つ。チームの四人の選手がそれぞれことなった距離《きょり》を走って、速さをきそうもの。◇medley relay

メトロ〈名〉地下鉄。◇《フランス》métro

メトロノーム〈名〉ふり子の原理を応用して、拍子《ひょうし》をとり、曲の速さを示す器械。◇《ドイツ》Metronom

メトロポリス〈名〉大都会。◇metropolis

メニエールびょう【メニエール病】〈名〉耳鳴りやめまい、吐き気などが発作的におこる、内耳《ないじ》の病気。メニエール症候群《しょうこうぐん》。
参考 フランスの医師の名にちなむ。

メニュー〈名〉❶料理の献立《こんだて》。例夕食のメニュー。❷飲食店の品書き。献立表。例ドリンクメニュー。❸サービス内容の品書き。例料金メニュー。❹きめられた手順。俗《ぞく》っぽい言いかた。例練習メニュー。類プラン。❺コンピューターの画面に表示され、選択《せんたく》する、処理内容の一覧。◇menu

メヌエット〈名〉〔音楽〕フランスで生まれた、上品なおどりの曲。四分の三拍子《びょうし》で、三部形式。組曲やソナタにも使われる。◇《ドイツ》Menuett

めぬきどおり【目抜き通り】〈名〉商店がならび、人出の多い、その町でいちばんにぎやかな通り。

めのう〘▼瑪▼瑙〙〈名〉宝石やかざりとして使われる石。白や青、茶色などのしまがある。八月の誕生石《たんじょうせき》。

めのたま【目の玉】〈名〉⇩めだま①

めのまえ【目の前】〈名〉❶見ているすぐ前のあたり。自分のすぐ近く。例目の前で、事故がおこった。類眼前。鼻先。❷そのときまでに、時間があまりないこと。例出発が目の前にせまった。▽類目前。直前。

目の前が暗《くら》くなる 失敗や敗北に気づいて、ぼうぜ

め

んとなる。「目の前がまっ暗になる」ともいう。

めばえ【芽生え】〈名〉❶草木の芽がではじめること。類発芽。萌芽《ほうが》。❷なにかがはじまろうとするときの、きざし。例恋《こい》の芽生え。

めば・える【芽生える】〈動下一〉❶草木の芽がではじめる。類芽ぶく。きざす。❷なにかがはじまろうとするきざしがあらわれる。例愛情が芽生える。類生まれる。

めはし(目端)がき(利)く その場のようすを見はからって、それに応じた判断をすることができる。類機転が利く。

めはな【目鼻】〈名〉顔を代表するものとしての、目と鼻。例目鼻だち。

目鼻がつく ものごとのだいたいの見とおしがつく。例事件解決の目鼻がついた。類めどが立つ。

めばな【雌花】〈名〉キュウリ・イチョウなどの、めしべだけしかなく、おしべのない花。雄花《おばな》から花粉をもらって種をつける。対雄花。

めはなだち【目鼻立ち】〈名〉目や鼻の、かたちや位置のぐあい。また、顔のようす。例目鼻立ちが ととのっている。類顔かたち。

めばり【目張り・目貼り】〈名・する〉寒さや騒音《そうおん》をふせぐために、窓や戸のすきまに紙などをはること。

めばる【▽眼張】〈名〉岸近くの海にすむ魚。体長約二〇センチメートル。目が大きい。春から夏にかけてがおいしく、煮物《にもの》などにして食べる。

メビウスのおび(帯) ほそ長い紙をいちどねじって、両はしをはり合わせてできる、うらおもてのない曲面。絵 参考「メビウス(Möbius)」は、ドイツの数学者の名前。

[メビウスのおび]

めびな【女▼雛】〈名〉内裏《だいり》雛のうち、女性をかたどったほう。対おびな。

めぶ・く【芽吹く】〈動五〉春になって、芽がほんのちょっと出る。例やなぎが芽吹く。類芽生える。芽ぐむ。もえ出る。

めぶんりょう【目分量】〈名〉目で見てはかった、だいたいの量。例塩を目分量で入れる。

めべり【目減り】〈名・する〉こぼれたり蒸発したりして、はじめの分量より いくらか少なくなること。

めへん【目偏】〈名〉漢字の偏の一つ。「眼」「瞬《しゅん》」などの「目」の部分。

めぼし【目星】〈名〉おおよその見こみ。類見当。

目星をつける おおよその見当をつける。

めぼし・い【目星い・目欲しい】〈形〉いろいろあるものの中で、主要な。例その作家のめぼしい作品はみんな読んだ。

めまい【目まい・▼眩▼暈】〈名〉目がまわるような感じがして、たおれそうになること。例めまいがする。めまいにおそわれる。

めまぐるし・い【目まぐるしい】〈形〉次々にいろいろなことがおこって、あわただしい。例社会の目まぐるしい変化。

めめし・い【女女しい】〈形〉よわよわしくて、いくじがない。例女々しいことを言うな。対おおしい。
表現 男性の態度についていう。

メモ〈名・する〉あとで見てすぐ思いだせるように、また、人に伝えるために、書きとめておくこと。その書きとめたもの。例メモをとる。メモをわたす。メモ帳。一口メモ。お料理メモ。類手びかえ。備忘《びぼう》録。覚え。書きつけ。◇memo
表現 俗《ぞく》に、「メモっておく」などと動詞化していう。

めもと【目元】【目▽許】〈名〉顔つきで、目や目のまわりのようす。例目元がすずしい。目元がかわいい。

目元が涼《すず》しい その人の目からうける印象がすがすがしい。

めもり【目盛り】〈名〉計器などで、数量をしめす きざみやしるし。例目盛りを読む。

メモリアル〈名〉記念碑《ひ》など、なくなった人や大きなできごとを記念するもの。例メモリアルホール。メモリアルパーク(＝共同墓地)。◇memorial

メモリー〈名〉コンピューターの記憶《おく》装置。◇memory

めも・る【目盛る】〈動五〉目盛りをつける。ややくだけた言いかた。例グラフの横軸に数値を目盛る。

めやす【目安】〈名〉❶おおよその見とおし。例めやすをつける。類めど。❷なにかをするための、おおまかな基準。例…にめやすをおく。…をめやすとする。

めやすかた【目安方】〈名〉江戸《えど》時代に、民間の訴訟《そしょう》の処理《しょり》にあたった役人。

めやすばこ【目安箱】〈名〉江戸《えど》時代に、庶民《しょみん》のうったえごとを聞くために、評定《ひょうじょう》所(＝裁判所)の前に置かれた投書箱。

めやに【目やに】【目▽脂】〈名〉目からでた分泌《ぶんぴつ》物がかたまって、目のふちなどについたもの。類目くそ。

メラニン〈名〉動物の皮膚《ひふ》や体毛にある、黒や茶色の色素。日焼けすると色が黒くなったり、しみやそばかすができたりするのは、この色素のため。◇melanin

メラネシア〈名〉ミクロネシアの南方の、ニューギニア・ソロモン諸島・ニューカレドニア・フィジーなどをふくむ地帯の、たくさんの島々の総称《そうしょう》。◇Melanesia

めらめら〈副〉ほのおを上げて勢いよく燃えるようす。
表現「闘志《とうし》がめらめら(と)わいてきた」のような言いかたで、感情が勢いよく高まってくるようすを表わす。

メランコリー〈名〉憂愁《ゆうしゅう》。憂鬱《ゆううつ》。◇melancholy 参考 形容動詞は「メランコリック」。

メリーゴーランド〈名〉遊園地にある乗りものの一種。円形の大きな台にとりつけてある木馬などを、台をまわして回転させるもの。回転木馬。カルーセル。◇merry-go-round

メリケンこ【メリケン粉】〈名〉「小麦粉」のやや古い言いかた。参考「メリケン」は American から。

めりこ・む【めり込む】〈動五〉強い力でおされて、表面から中へ入りこむ。例どろの中にめり込む。

メリット〈名〉あるものごとにともなって得られる利益。例メリットがある。対デメリット。類利点。◇merit

めりはり〈名〉音色《ねいろ》や声などで、ゆるめたりはったりする調子。例めりはりをきかせる。
表現「めりはりのある文章」「生活にめりはりをつける」などの言いかたで、全体をひきしめるためのけじめや変化のことをいうこともある。

メリヤス〈名〉ほそい綿や毛などの糸を、機械で めをつめて編んだ、のびちぢみのする布。くつしたやシャツ、ズボン下などに使われる。◇《スペイン》medias

メリンス〈名〉うすくてやわらかな平織りの毛織物。婦人服などに使われる。モスリン。◇《スペイン》merinos

メルクマール〈名〉目印。指標。◇Merkmal《ドイツ》
メルヘン〈名〉童話。おとぎ話。昔話。[例]メルヘンの世界に遊ぶ。メルヘンチック(=かわいい空想のようだ)。◇Märchen《ドイツ》 [参考]一般に「童話」と訳され、子ども向けの詩的で美しく夢《ゆめ》をさそうような話という意味に思われがちだが、もともとドイツでは昔から語りつがれてきた昔話をさし、人生訓や笑い話、残酷《ざんこく》な話などを含めていう。
メレンゲ〈名〉卵白《らんぱく》をかたくなるまで泡立《あわだ》てて、砂糖を加えたもの。洋菓子《ようがし》などを作るときに使う。◇meringue《フランス》
メロディー〈名〉旋律《せんりつ》。ふし。[例]あまいメロディー。メロディーが流れる。◇melody
メロドラマ〈名〉テレビや映画などの、感傷的な恋愛劇《れんあいげき》。◇melodrama [参考]テレビの連続メロドラマのことを、英語ではsoap operaという。
メロン〈名〉マスクメロンやプリンスメロンなどの、ウリ科のくだもの。とくにマスクメロンをいい、うすみどり色の皮に白いあみの目のようなすじがある。日本一の生産地は茨城県。◇melon

常用漢字 **めん**

【免(免)】 儿部6 全8画 免免免免免
メン まぬかれる [音][メン] ▨免除《めんじょ》。免税《めんぜい》。免許《めんきょ》。免状《めんじょう》。免職《めんしょく》。▨減免《げんめん》。無罪放免《むざいほうめん》。罷免《ひめん》。[訓][まぬかれる] 免れる。
[注意]訓の「まぬかれる」は、「まぬがれる」ともいう。

【面】 面部0 全9画 面面面面面
メン おも・おもて・つら [教]小3 [音][メン] ▨面会《めんかい》。面接《めんせつ》。面目《めんぼく・めんもく》。面積《めんせき》。▨顔面《がんめん》。洗面器《せんめんき》。方面《ほうめん》。社会面《しゃかいめん》。三面鏡《さんめんきょう》。[訓]❶[おも]川の面。面影。面長。❷[おもて]面。細面。❸[つら]面。面構え。面魂。面の皮。面汚し。鼻面。
[注意]「真面目」は、「まじめ」とも「しんめんもく」とも読み、意味がことなる。

【綿】 糸部8 全14画 綿綿綿綿綿
メン わた [教]小5 [音][メン] ▨綿花《めんか》。綿糸《めんし》。綿織物《めんおりもの》。綿布《めんぷ》。綿棒《めんぼう》。綿密《めんみつ》。▨木綿《もめん》。純綿《じゅんめん》。脱脂綿《だっしめん》。[訓][わた] 綿。綿あめ。綿入れ。真綿。

【麺(麵)】 麦部9 全16画 麺麺麺麺麺
メン [音][メン] ▨麺類《めんるい》。▨乾麺《かんめん》。製麺《せいめん》。

めん[1]【面】〈名〉❶顔。[例]面とむかう。❷演劇や遊戯《ゆうぎ》などで、なにかの役になるために、顔につけるもの。[例]面をかぶる。面を打つ。おかめの面。❸たいらな広がり。[例]面で区切る。❹剣道《けんどう》で、頭や顔を守る防具。また、そこを打つこと。❺(「…の面では」の形で)…の方面では。[例]成績の面ではかれに負けない。[類]点。上《うえ》。▽[ア]①②④メン ③⑤メン →めんする
面が割《わ》れる ❶顔が知られることの、俗《ぞく》な言いかた。❷犯罪捜査《そうさ》で、関係者に顔写真を見せるなどした結果、問題の人物であると確定される。
面と向《む》かって まともに正面から。[例]面と向かって文句を言う。
面を打《う》つ 能面をつくる。
めん[2]【綿】〈名〉木綿《もめん》のこと。[例]純綿《じゅんめん》。[ア]メン
めん[3]【麺】〈名〉そば粉や小麦粉などで細長くつくった、そば・うどん・ラーメンなど。[例]麺類。カップ麺。[ア]メン
めんえき【免疫】〈名〉病気にかかりにくくなっている状態。以前に同じ病気にかかったことによって、または、予防接種などによって、体内にその病原体に対抗《たいこう》する抗体ができていることによる。[例]免疫がある。免疫ができる。免疫になる。
[表現]精神的な面でも、「…には抵抗《ていこう》力ができているから、もう影響《えいきょう》を受ける心配はない」ということを「…には免疫があるからだいじょうぶ」などという。
めんおりもの【綿織物】〈名〉綿でつくったおりもの。
めんか【綿花】【▼棉花】〈名〉ワタの種をつつんでいる、白色やうす茶色の繊維《せんい》。より合わせて綿糸にする。
めんかい【面会】〈名・する〉訪ねてきた人と会って話をすること。訪ねて行って会うこと。[例]面会を申し込む。面会謝絶。面会時間。[類]対面。面談。
[表現]「対面」は面とむかいあって顔をあわせることに重点があり、「面会」には会って話をして、たのみごとなどをするということに重点がある。「面談」は、会ってじっくり相談することに重点がある。
めんきょ【免許】〈名・する〉❶政府や官公庁が、許可をあたえること。[例]免許をとる。運転免許。❷芸能で、師匠《ししょう》が弟子《でし》に対して、修業《しゅぎょう》がじゅうぶんであり、芸を身につけたとみとめること。
めんきょかいでん【免許皆伝】〈名〉武道などで、師から奥義《おうぎ》をつたえられ、修得したとみとめられること。
めんきょしょう【免許証】〈名〉あることについて免許をあたえたことを証明した、官公庁などが発行する文書。とくに、自動車の運転についていう。
めんくい【面食い】〈名〉人柄《ひとがら》よりも顔だちにひかれやすい人。
めんくら・う【面食らう】〈動五〉予想もしていなかったことにであって、どうしていいかわからなくなる。[例]とつぜん質問されて面くらってしまった。
めんこ〖面子〗〈名〉丸や四角の、小さな厚紙《あつがみ》製の遊び道具。地面においた相手のものに自分のものをたたきつけ、うら返せば勝ち。
めんこい(方言) かわいい。東北で言う。めごい。
めんざいふ【免罪符】〈名〉⇩しょくゆうじょう
めんし【綿糸】〈名〉綿花の繊維《せんい》をより合わせてつくった糸。もめんいと。
めんしき【面識】〈名〉会ったことがあり、顔を知っていること。[例]面識がある。面識がない。面識をえる。一面識(もない)。
めんじつゆ【綿実油】〈名〉わたの実《み》をしぼってとった油。食用にするほか、石けんなどの材料となる。
めんじゅうふくはい【面従腹背】〈名・する〉おもてむきは従うように見せかけて、内心ではそむくこと。
めんじょ【免除】〈名・する〉しなければならないと決められていることを、しなくてもよいようにすること。[例]学費を免除する。[類]免じる。
めんじょう【免状】〈名〉❶免許の証明としてあたえられる証明書。免許状。[例]免状をうける。❷卒業したことをみとめる証書。
めんしょく【免職】〈名・する〉その職をやめさせること。公務員などにいう。[例]懲戒《ちょうかい》免職。[類]罷免《ひめん》。解雇《かいこ》。→ちょうかい〔懲戒〕[参考]
めん・じる【免じる】〈動上一〉❶しなければならない

と決められていることを、特別にしなくてもよいようにする。例授業料を免じる。類免除する。❷職をやめさせる。例職を免じる。類免職する。❸(「…に免じて」の形で)…の功績や価値などを考えて、こんどの失敗は許してやる。例今までの手がらに免じて。▽「めんずる」ともいう。

めんしん【免震】〈名〉地震のときの、建物に伝わるゆれをへらすこと。例免震住宅。免震構造。

メンス〈名〉月経《げっけい》。◇ドイツ Menstruation から。

メンズ〈接頭〉男性用の。男性向けの。例メンズウェア。メンズコスメ(=化粧《けしょう》品)。対レディース。ウィメンズ。◇men's

めん・する【面する】〈動サ変〉❶正面からむかいあう。例湖に面する。❷なにかの事態や事件などに直面する。ぶつかる。例危機に面する。

めん・ずる【免ずる】〈動サ変〉⇩めんじる

めんぜい【免税】〈名・する〉❶なんらかの条件で、ある税金を免除すること。❷外国人旅行客に対して、商品に通常かかる消費税・酒税・関税などを免除すること。デューティーフリー。タックスフリー。例免税店。免税品。

[1]めんせき【免責】〈名・する〉責任を負わなくてもよいとすること。責任を負わなくてもよい状態。例免責条項《じょうこう》。アメンセキ 参考「この条件のもとでは」という条件つきで言われるのがふつう。

[2]めんせき【面責】〈名・する〉直接会って「けしからんではないか」と言うこと。アメンセキ

[3]めんせき【面積】〈名〉平面や曲面の広さ。例面積が広い。面積をだす。床《ゆか》面積。アメンセキ

めんせつ【面接】〈名・する〉その人がどの程度の人かを知るために、会うこと。例面接試験。類面談。

めんぜん【面前】〈名〉人の目の前。例公衆の面前ではじをかかせる。

めんそ【免租】〈名・する〉租税をおさめなくてもいいようにすること。

めんそう【面相】〈名〉顔のかたち。とくに、目や鼻などのつきぐあい。例よいご面相。百面相。

めんそーれー(方言)いらっしゃい。沖縄《おきなわ》で言う。

めんたいこ【▽明太子】〈名〉たらこを塩とトウガラシで漬《つ》けた食べ物。福岡の名物。参考「めんたい」は、スケトウダラをさす朝鮮《ちょうせん》語「ミョンテ(明太)」から。

めんたいしょう【面対称】〈名〉〔数学〕空間にある図形が、一つの平面をさかいにして、左右まったく同じであること。鏡にうつした物体と像のような関係。

メンタリティー〈名〉ある集団の人々に共通する心的傾向《けいこう》。心性。精神性。◇mentality

メンタル ━〈形動〉精神にかかわる。心理的。例メンタルトレーニング。━〈名〉精神面。メンタル面。例メンタルの強さ。▽対フィジカル。◇mental

めんだん【面談】〈名・する〉じかに会って、話をすること。類面会。面接。→めんかい表現

メンチ〈造語〉ひき肉。西日本では「ミンチ」という。例メンチカツ。メンチコロッケ。◇mince

めんちょう【面▾疔】〈名〉皮膚《ひふ》病の一つ。化膿菌《かのうきん》によって顔にできる、たちのわるいはれもの。

メンツ〈名〉❶体面。例メンツがたつ。メンツにこだわる。類面目《めんぼく》。沽券《こけん》。❷マージャンをする四人のメンバー。また、俗《ぞく》に、何かをするメンバー。例メンツがそろう。◇中国語「面子」から。

めんてい【免停】〈名〉「免許停止」の略。違反行為《いはんこうい》を行なったために免許が一時的に停止されること。自動車免許についていうことが多い。

メンテナンス〈名〉機械・乗り物・設備などの維持《いじ》・管理。◇maintenance

めんどう【面倒】〈名〉❶〈形動〉とりかかったり解決したりするのに手間がかかって、いやなこと。例面倒な作業。面倒な問題。面倒をかける。面倒がる。類面倒くさい。おっくう。大儀《たいぎ》。わずらわしい。❷あれこれとせわをすること。例妹の面倒をみる。面倒見《み》。

表現人にものをたのむとき、「ご面倒をおかけしてすみませんが…」のようによくいう。

めんどうくさ・い【面倒臭い】〈形〉「面倒①」のくだけた言いかた。例かたづけるのが面倒臭い。

参考「めんどい」というもっとくだけた言いかたもある。

めんどうみ【面倒見】〈名〉こまかく気をくばって、よく人の世話をすること。例生徒の面倒見がいい先生。

めんとおし【面通し】〈名・する〉犯人と思われる人物の顔を、事件の関係者に見せて確認《かくにん》をとること。

めんとり【面取り】〈名〉料理・建築・工作で、材料の角を少しけずり落とすこと。

めんどり【▽雌鳥・▾牝鳥】〈名〉めすの鳥。とくに、めすのニワトリをいう。対おんどり。表記ニワトリの場合は「鳥」を「▽鶏」と書くこともある。

めんば【面罵】〈名・する〉相手の顔をにらみつけながら、ののしること。類罵倒《ばとう》。

メンバー〈名〉同じ集団に属する人。例メンバーに選ばれる。ベストメンバー。スターティングメンバー。類顔ぶれ。会員。◇member

メンバーシップ〈名〉ある団体の構成員であること。また、その資格や地位。◇membership

めんぴ【面皮】〈名〉つらの皮。例鉄面皮。

面皮を剝《は》ぐ あつかましい人の本当のすがたをあばいて、こらしめる。つらの皮をはぐ。

[1]めんぷ【綿布】〈名〉綿糸でおったぬの。

[1]めんぼう【綿棒】〈名〉ほそい棒の先に脱脂《だっし》綿をまるくまきつけたもの。耳や鼻などの治療《ちりょう》やそうじのときなどに使う。

[2]めんぼう【麺棒】〈名〉うどんやそばなどをつくるときに、こねた粉を平らにのばすのに使うほそ長い棒。

めんぼく【面目】〈名〉❶世間の人からうける評価。例面目がたたない。面目をうしなう。面目をつぶす。面目しだいもない。面目にかかわる。面目ない。面目躍如《やくじょ》。類体面。メンツ。沽券《こけん》。❷外にあらわれている姿。例面目を新たにする。▽「めんもく」ともいう。

面目を一新《いっしん》する 今までのものをまったく新しくつくりかえる。

面目を施《ほどこ》す なすべきことをやりとげて、いい評価をえる。例作品をりっぱにしあげて、大いに面目を施した。

めんぼくな・い【面目無い】〈形〉人に顔が合わせられないほどはずかしい。例途中《とちゅう》でなげ出したりして、なんとも面目ないことです。

めんぼくやくじょ【面目躍如】〈副・連体〉世間からえている評価をますます高めるようすである。「めんもくやくじょ」ともいう。例面目躍如としている。面目躍如たるものがある。

メンマ〈名〉中国産のタケノコの一種をゆで、乾燥《かんそう》させたり、塩漬けにしたりした食べ物。ラーメンなどにいれる。しなちく。◇中国語「麺麻」から。

めんみつ【綿密】〈形動〉こまかいところにまで注意がい

きとどいている。[例] 綿密な調査。綿密に調べる。[類] 精密。細心。

めんめん[1]【面面】〈名〉 そこにいる人たちの、ひとりひとり。[例] 一座の面々。いならぶ面々。[ア] メンメン

めんめん[2]【綿綿】〈副・連体〉 たえることなくどこまでも続いているようす。[例] 綿々と尽っきない。綿々たる伝統。[類] 連綿。[ア] **メンメン**

めんもく【面目】〈名〉 ⇩めんぼく

めんもくやくじょ【面目躍如】〈副・連体〉 ⇩めんぼくやくじょ

めんよう[1]【綿羊】〖▾緬羊〗〈名〉「ひつじ」のこと。

めんよう[2]【面妖】〈形動〉 わけがわからず、ふしぎだ。古風な言いかた。[例] 面妖な話。はてさて面妖な。

めんるい【麺類】〈名〉 小麦粉やそば粉などをこねてつくった、ほそ長い食品。うどん・そうめん・そば・ラーメンなど。

も…モ

常用漢字　**も**

【茂】 艹部5　全8画　※

茂茂茂茂茂茂

モ　しげる [音]［モ］ 繁茂《はんも》。 [訓]［しげる］ 茂る。茂み。

【模】 木部10　全14画

模模模模模模

モ・ボ [教]小6 [音]❶［モ］ 模型《もけい》。模範《もはん》。模写《もしゃ》。模倣《もほう》。模様《もよう》。模索《もさく》。❷［ボ］ 規模《きぼ》。

も[1]【喪】〈名〉 人の死後、身内の者が他人との交際をひかえて暮らすこと。[例] 喪に服する。喪があける。[類] 忌《き》。

も[2]【藻】〈名〉 水中で群《む》れたり、ゆらゆらと生育したりする、根のない植物のような生き物。→そうるい〔藻類〕

も[3] [一]〈副助〉 いくつかのものごとをとりたてて、または、ならべたてて示すはたらきをもった助詞。

❶あるものごとがほかのものごとと同様であることを表わす。[例] あしたも雨かなあ。こちらもたいへんな人出です。

❷同じようなものごとをならべて述べる。[例] 字も絵もへただ。行きも帰りも太郎くんといっしょだった。

❸疑問を表わすことばにつけて、全部がそうであるという意味を表わす。[例] どれもよくできている。なんでもわかる。

❹疑問を表わすことば、または、「一つ」「一回」などの意味をもつことばにつけて、あとに打ち消しを表わすことばがきて、全然ないという意味を表わす。[例] 部屋にはだれもいない。いちども会ったことがない。一つもない。

❺極端な例をあげて、ほかの場合にももちろんそうだという意味を表わす。[例] 電気もない山の中で生活した。[類] さえ。すら。

❻ふつう考える程度より多いという気持ちを表わす。[例] 学校まで二時間もかかる。桃が一個七百円もする。

❼それが最高で、それ以上はないという意味を表わす。[例] 五十人もこないだろう。十ページも読めればいい方だ。

❽ほかに同様のものがあるわけではないが、ふくみをもたせるような感じで題目をあげる。[例] 秋もふかまってきた。

[二]〈接助〉(「…するも」の形で)「…したけれども」という意味の書きことば的な言いかた。[例] ノーベル文学賞を受賞するも辞退《じたい》した作家。

も[4]〈副〉「もう[一]④」のくだけた言いかた。

モイスチャー〈名〉 ❶湿気。水分。[例] モイスチャーバランス(=肌の角質層における水分のバランス)。❷化粧《けしょう》品で、肌にうるおいをあたえること。[例] モイスチャー成分配合。モイスチャークリーム。◇moisture

常用漢字　**もう**

【毛】 毛部0　全4画

毛毛毛毛

モウ　け [教]小2 [音]［モウ］ 毛髪《もうはつ》。毛細管《もうさいかん》。毛筆《もうひつ》。毛布《もうふ》。純毛《じゅんもう》。羊毛《ようもう》。二毛作《にもうさく》。不毛《ふもう》。 [訓]［け］ 毛。毛糸。毛玉。毛並み。抜け毛。

【妄】 女部3　全6画

妄妄妄妄妄妄

モウ・ボウ [音]❶［モウ］ 妄想《もうそう》。妄信《もうしん》。迷妄《めいもう》。❷［ボウ］ 妄言《ぼうげん・もうげん》。

【盲】 目部3　全8画

盲盲盲盲盲盲

モウ [音]［モウ］ 盲人《もうじん》。盲目《もうもく》。盲点《もうてん》。盲従《もうじゅう》。色盲《しきもう》。文盲《もんもう》。

【耗】 耒部4　全10画

耗耗耗耗耗耗

モウ・コウ [音]❶［モウ］ 消耗《しょうもう》。❷［コウ］ 心神耗弱《しんしんこうじゃく》。

【猛】 犭部8　全11画

猛猛猛猛猛猛

モウ [音]［モウ］ 猛烈《もうれつ》。猛然《もうぜん》。猛獣《もうじゅう》。猛威《もうい》。猛暑《もうしょ》。猛省《もうせい》。猪突猛進《ちょとつもうしん》。勇猛《ゆうもう》。
[注意]「猛者」は、「もさ」と読む。

【網】 糸部8　全14画

網網網網網網

モウ　あみ [音]［モウ］ 網膜《もうまく》。漁網《ぎょもう》。通信網《つうしんもう》。 [訓]［あみ］ 網。網戸。網棚。網の目。投網《とあみ》。

もう[1] [一]〈副〉 ❶そのときまでに、すっかりある状態になっていることを表わす。[例] お菓子《かし》はもうありません。もうけっこうです。[対] まだ。[類] すでに。もはや。❷はやくもそのときがきてしまったことへのおどろきを表わす。[例] もう五時だ。もうお帰りですか。[対] まだ。❸まもなくある状態になるようす。[例] 仕事ももう終わりです。[対] まだ。[類] やがて。❹さらにくわえて。みじかく「も」ということもある。[例] もうちょっと待ってね。も一つください。[類] あと。▽[ア] **モー**

[二]〈感〉 感動を強調するのに使われることば。[例] なんたってもうすごいんだから。[ア] **モー**

もう[2]【毛】〈名・接尾〉 長さや重さの単位。一厘《りん》の十分の一。[ア] **モー**

もう[3]【猛】〈接頭〉 とてもはげしいという意味をつけくわえる。[例] 猛スピード。猛反省。猛特訓。猛練習。

もう[4]【網】〈接尾〉 あみの目のようにめぐらしたもの。[例] 交通網。捜査《そうさ》網。通信網。連絡網。[類] ネットワーク。

もうい【猛威】〈名〉 すごい勢い。[例] 猛威をふるう。

もうか【猛火】〈名〉 とても消しとめられないほど、はげしいいきおいで燃えさかる火。[例] 猛火につつまれる。

もうがっこう【盲学校】〈名〉 目の不自由な児童・生徒を教育し、その障害をおぎなう知識・技能をさずける学校。

もうか・る〖▾儲かる〗〈動五〉 うまく利益をえたり、得

モンテスキュー (1689～1755) フランスの啓蒙思想家。「法の精神」を著し，三権分立を説いた。

をしたりする。千円もうかる。

もうかん【毛管】〈名〉「毛細管」の略。細いガラスのくだや、からだの中の毛細血管などをいう。例もうかる商売。

もうかんげんしょう【毛管現象】〈名〉〔物理〕水の中に細い管を立てると、管の中の水面が、外の水の面より高くなること。毛細管現象。参考 管を水銀の中に立てれば、中の水銀面は逆に外より低くなる。

もうきん【猛▼禽】〈名〉比較《ひかく》的大形で力がつよく、ほかの動物をおそってその肉を食べる鳥の類。参考 ワシ・タカ・ハヤブサ・フクロウなどをいうが、一般《いっぱん》的な言いかたで、動物分類上の名称《めいしょう》ではない。

もうけ【▼儲け】〈名〉なにかをしてもうけること。もうけたもの。例金《かね》もうけ。くたびれもうけ。類利益。収益。利潤《りじゅん》。あがり。

もうけぐち【もうけ口】【▼儲け口】〈名〉利益をうむ仕事や手段。例うまいもうけ口をさがす。

もうけもの【もうけ物】【▼儲け物】〈名〉思いがけずに自分のものになった利益。類拾いもの。

[1]もう・ける【設ける】〈動下一〉❶あることをするための用意として、いろいろなものをつくる。例場を設ける。席を設ける。口実を設ける。規則を設ける。対策本部を設ける。❷設備する。

表現「思いもうける」「待ちもうける」の「もうける」は、「前もって…する」「前から…している」という意味。

[2]もう・ける【▼儲ける】〈動下一〉❶うまく利益をえたり、得をしたりする。例金《かね》をもうける。千円もうける。❷子どもをえる。例子をもうける。

もうけん【猛犬】〈名〉性質が荒く、人にかみついたりするイヌ。例猛犬注意。

もうげん【妄言】〈名〉道理に合わない、めちゃくちゃな発言。「ぼうげん」ともいう。

もうげんたしゃ【妄言多謝】「勝手なことを言ってすみません」という意味で、批評文の最後につけて謙遜《けんそん》した気持ちを表わすあいさつのことば。「妄言」は「ぼうげん」とも読む。妄言多罪。

もうこ【猛虎】〈名〉性質のあらあらしいトラ。

もうこう【猛攻】〈名〉はげしいいきおいで、せめること。

もうこしゅうらい【▼蒙古襲来】〈名〉〔歴史〕鎌倉時代の中ごろ、中国の元の軍が北九州にせめてきた事件。一二七四(文永《ぶんえい》一一)年と一二八一(弘安《こうあん》四)年の二度にわたって起こったが、いずれも失敗におわった。元寇《げんこう》。文永・弘安の役《えき》。

もうこはん【▼蒙古斑】〈名〉乳幼児のしりなどに見られる青いあざ。黄色人種に多く、成長とともに消える。

もうこん【毛根】〈名〉〔生物〕毛の、皮下にあってふくろ状のものにつつまれている部分。

もうさいかん【毛細管】〈名〉⇩もうかん

もうさいけっかん【毛細血管】〈名〉からだじゅうにはりめぐらされている、とても細い血管。動脈と静脈《じょうみゃく》をつないでいる。毛細管。毛管。

もうしあ・げる【申し上げる】 一〈動下一〉「言う」の謙譲《けんじょう》語。目上の人や尊敬する人に何かを話すときに使う。例乗客の皆さまに申し上げます。

二〈補動下一〉(「お…申し上げる」「ご…申し上げる」の形で)「する」の謙譲語。目上の人や尊敬する人に対して、その動作をすることを表わす。例わたくしからお話し申し上げます。お席へご案内申し上げましょう。

もうしあわせ【申し合わせ】〈名〉申し合わせること。申し合わせて決めた内容。例申し合わせ事項。

もうしあわ・せる【申し合わせる】〈動下一〉話し合いをして、みんなの考えを同じにする。また、あらかじめ話を合わせておく。例新入社員は、申し合わせたように紺《こん》のスーツを着ている。

もうしいれ【申し入れ】〈名〉申し入れること。例苦情の申し入れをする。

もうしい・れる【申し入れる】〈動下一〉正式の手続きによって、意見や要求を相手がたに言う。申し入れをする。例苦情を申し入れる。

もうしう・ける【申し受ける】〈動下一〉人にお金を請求《せいきゅう》するときの、丁重《ていちょう》だが断固とした言いかた。例無断駐車《ちゅうしゃ》は五万円申し受けます。

もうしおくり【申し送り】〈名〉あることを相手につたえること。とくに、事務上の必要なことがらを後任者などにつたえること。例申し送り事項《じこう》。

もうしご【申し子】〈名〉❶神や仏などにいのってさずかった子ども。例八幡《はちまん》さまの申し子。❷あるできごとや社会の状況《じょうきょう》の中から生まれてきたもの。例この兵器は戦争の申し子だ。

もうしこし【申し越し】〈名〉あることを言ってくること。また、そのことがら。例お申し越しの件は、調査のうえご返事申し上げます。

もうしこみ【申し込み】〈名〉申し込むこと。例申し込みをする。申し込みを断る。結婚《けっこん》の申し込み。参加の申し込み。表記「申込書」のような複合語の場合は、送りがなは付けない。

もうしこ・む【申し込む】〈動五〉相手にうけ入れてもらおうという気持ちで、なにかを提案したり要求したりする。例試合を申し込む。結婚《けっこん》を申し込む。

もうしそ・える【申し添える】〈動下一〉「言い添える」の丁重《ていちょう》語。

もうしたて【申し立て】〈名〉申し立てること。例異議申し立て。

もうした・てる【申し立てる】〈動下一〉おおやけの機関や目上の人などに対して、あることに対する不平や願いなどをのべる。例異議を申し立てる。

もうしつ・ける【申しつける】〈動下一〉目下の者に命じる。例ご用の節はなんなりとお申しつけください。

もうしつた・える【申し伝える】〈動下一〉「伝える」の丁重《ていちょう》語。例上司にそう申し伝えておきます。

もうしで【申し出】〈名〉申し出ること。例申し出がある。申し出をする。申し出を断る。寄付の申し出。

もうし・でる【申し出る】〈動下一〉意見や希望などを自分から相手に言う。例援助《えんじょ》を申し出る。

もうしの・べる【申し述べる】〈動下一〉「述べる」の丁重《ていちょう》語。例私の意見を申し述べます。

もうしひらき【申し開き】〈名・する〉自分のしたことは正しい、と説明して、相手を納得《なっとく》させようとすること。類申しわけ。言いわけ。弁明。弁解。釈明《しゃくめい》。

表現「申し開き」は、自分の正しさを論理的に説明すること。「申しわけ」には、自分はわるくないが相手には気の毒だ、と思う気持ちもふくまれる。「言いわけ」は、なんとか理由をつけて罰《ばっ》や非難をのがれようとすること。

もうしぶん【申し分】〈名〉不満な、非難すべき点。

申し分がない どこにも文句や批判を言うところがなく、りっぱである。例申し分がないできばえ。

もうじゃ【亡者】〈名〉❶〔仏教〕死んだ人。❷なにかにとりつかれているような欲ばり。例金《かね》の亡者。

もうしゅう【猛襲】〈名・する〉 はげしいいきおいで敵をおそうこと。例猛襲をくわえる。

もうじゅう[1]【盲従】〈名・する〉 いいか悪いかをよく考えもしないで、従うこと。例権力に盲従する。

もうじゅう[2]【猛獣】〈名〉 性質のあらあらしい肉食動物。ライオン・トラ・ヒョウなど。

もうしょ【猛暑】〈名〉 真夏の、たえがたいあつさ。例猛暑に見まわれる。類炎暑《えんしょ》。酷暑《こくしょ》。
表現「猛暑の候、いかがお過ごしでしょうか」などの言いかたで、季節のあいさつのことばとして、手紙でも使う。

もうしょび【猛暑日】〈名〉〔気象〕 一日の最高気温がセ氏三十五度以上の、ひどく暑い日。

もうしわけ【申し訳】〈名〉 相手には迷惑《めいわく》をかけたとしても、自分のしたことはやむをえなかった、自分はわるくなかった、と説明すること。例申し訳がたつ。類申しひらき。言いわけ。弁解。弁明。釈明《しゃくめい》。→もうしひらき

表現 「申し訳がない」「申し訳ない」は、相手に対してすまないとあやまるときの表現として使う。「申し訳ばかり」「申し訳ていど」は、実際にはふじゅうぶんだが、申し訳をする口実のために少しだけ なにかをしておくことで、自分のすることを低めていう場合に使うことが多い。

もうしわけな・い【申し訳ない】〈形〉 自分のしたことに弁解の余地はなくすまない。→もうしわけ 表現

もうしわた・す【申し渡す】〈動五〉 上位の人やおやけの立場にある人が、決定されたことを正式に相手に伝える。例判決を申し渡す。類言い渡す。宣告する。

もうしん[1]【妄信・盲信】〈名・する〉 考えたり疑ったりすることなく、ひたすら信じこむこと。類狂信《きょうしん》。

もうしん[2]【猛進】〈名・する〉 なにものも止めることができないような いきおいでつき進むこと。→ちょとつもうしん

もうじん【盲人】〈名〉 目の見えない人。対晴眼者。

もう・す【申す】 ■一〈動五〉 ❶「言う」「話す」の丁重《ていちょう》語。例この辞書は『例解新国語辞典』と申します。改めて申すまでもありません。山田と申す者がご案内をいたします。正直(を)申しまして…。
❷相手がものを言う動作を、あたまから目下あつかいにしていうときのことば。古い言いかたで、現在、こういう言いかたはあまりしない。例おまえの名はなんと申すか。
■二〈補動五〉(「お…申す」「ご…申す」の形で)「する」の丁重語。動作を表わすことばが「送る」「待つ」のような動詞なら、「お送り申す」「お待ち申す」となり、「案内」「期待」のような漢語の名詞なら、「ご案内申す」「ご期待申す」となる。類いたす。
表現 ■一の①と■二は改まった言いかたで、言いきるときは丁寧《ていねい》語の「ます」をつけて「申します」というのがふつう。
注意 「いまなんと申されましたか」などと言うことがあるが、これは、「いまなんとおっしゃいましたか」のように尊敬語を使うほうが適切である。
参考 「申し合わせる」「申し込む」「申し分」などの複合語では、自分を低める意味はほとんどなくなっている。

もうせい【猛省】〈名・する〉 心からふかく反省すること。例猛省をうながす。

もうせん【毛▼氈】〈名〉 毛と綿をまぜてつくった織物。ひな祭りのときに、ひな壇《だん》をかざるために しいたりする。

もうぜん【猛然】〈副〉 いきおいはげしく。例猛然とおそいかかる。猛然とふるい立つ。猛然として再出発する。

もうせんごけ【毛▼氈▼苔】〈名〉 山野の湿地《しっち》に生える食虫植物。葉の表面にねばねばした液をだすたくさんの毛があり、とまった虫をとらえて消化する。

もうそう【妄想】〈名・する〉 空想したことを事実であるかのように、信じこんでしまうこと。例妄想をいだく。被害《ひがい》妄想。誇大《こだい》妄想。類幻想《げんそう》。

もうそうちく【▼孟宗竹】〈名〉 タケのなかまで、いちばん太いタケ。たけのこを食用とする。

もうちょう【盲腸】〈名〉 ❶小腸につづく大腸の最初の部分。虫垂という細いくだがついている。❷「盲腸炎《えん》」の略。例盲腸で入院する。

もうちょうえん【盲腸炎】〈名〉 ❶「虫垂炎」のこと。❷盲腸の炎症《えんしょう》。「①」につづいておこることが多い。

もうつい【猛追】〈名・する〉 はげしいいきおいで追いかけること。例猛追をふりきる。先頭を猛追する。

もうで【詣で】〈接尾〉 ❶神社や寺などにおまいりすること。例初詣で。伊勢《いせ》詣で。❷お願いなどのために何度も訪れること。例お役所詣で。

もう・でる【詣でる】〈動下一〉 寺や神社に行って、おまいりする。類参詣《さんけい》する。参拝する。

もうてん【盲点】〈名〉 ❶眼球のおくの、視神経が網《もう》膜《まく》に入りこむ部分。ものを見る細胞《さいぼう》がないため、光があたっても、見えない。❷うっかりして、見落としてしまった り、気がついていない部分。例盲点をつく。

もうとう【毛頭】〈副〉(あとに打ち消しのことばをともなって)ある気持ちをまったく(毛の先ほども)持っていないということを表わす。例やめる気は毛頭ない。

もうどうけん【盲導犬】〈名〉 目の見えない人が外を歩くときに、危険がないようにみちびく役目をするイヌ。

もうどく【猛毒】〈名〉 ふれたり飲んだりした人を死亡させるような、強い毒。

もうねん【妄念】〈名〉 まよいから抜けられず、強くとらわれた気持ち。類妄執《もうしゅう》。

もうはつ【毛髪】〈名〉 かみの毛。類頭髪。

もうひつ【毛筆】〈名〉 習字や書道で使う筆記用具。竹や木の軸《じく》の先に、たばねた動物の毛をつけたもの。対硬筆《こうひつ》。類筆《ふで》。

もうふ【毛布】〈名〉 羊毛などを織って加工した厚い布地。寝具《しんぐ》などに使う。

もうぼ(▼孟母)さんせん(三遷)のおし(教)え 子どもの教育には環境《かんきょう》がたいせつである、ということ。
由来 中国で、孟子《もうし》の母が子どもの教育のためを考えて、三度 住居をかえたという故事による。

もうまい【▼蒙昧】〈名・形動〉 知識がとぼしく、ものの道理がよく分かっていないこと。

もうまく【網膜】〈名〉 眼球のいちばん内がわにある膜。目に入った光を感じとり、脳に伝えて視覚を生じる。

もうもう【▼濛▼濛】〈副・連体〉 見とおしもきかないほど、けむりやほこり、湯げなどが立ちこめるようす。例もうもうとけむりをはく。もうもうたる砂ぼこり。

もうもく【盲目】〈名〉 ❶目が見えないこと。対晴眼。❷理性がはたらかないこと。例恋《こい》は盲目。

もうもくてき【盲目的】〈形動〉 感情がさきばしって、理性がはたらかないようす。例盲目的な愛情。

もうら【網羅】〈名・する〉 そのことに関連をもつものを、のこらず集めること。例すべてを網羅する。

もうれつ【猛烈】〈形動〉 いきおいなどがとてもはげしい。例猛烈なスピード。猛烈に勉強する。猛烈にかゆい。類熾烈《しれつ》。激烈《げきれつ》。痛烈。

もうろう【▼朦▼朧】〈副・連体〉 ぼんやりとして、はっき

も

モンドリアン (1872～1944) オランダの画家。原色で水平線と垂直線を組み合わせた抽象画をえがいた。

りしない。[例]意識がもうろうとなる。もうろうたる意識。酔眼《すいがん》もうろう。

もうろく【▼耄▼碌】〈名・する〉年をとって、頭のはたらきがにぶくなること。[類]ぼける。

もえ【▼萌え】〈名〉⇩もえる(萌える)[参考]

もえあが・る【燃え上がる】〈動五〉❶火の手が大きく上がって燃える。❷興奮して感情がたかぶる。[例]情念が燃え上がる。

もえぎ【▼萌黄・▼萌▼葱】〈名〉黄色をおびた緑。

もえぎにおい【▼萌▼葱匂】〈名〉もえぎ色の鎧《よろい》で、札《さね》(=鎧の材料となるうろこ状の小さな板)を、こい色からしだいにうすくなるようにつなぎ合わせたもの。

もえさか・る【燃え盛る】〈動五〉火がいきおいよく燃える。[例]燃え盛るほのお。[類]燃え立つ。

もえさし【燃えさし】〈名〉燃えていたものの火が途中《とちゅう》で消えて、あとに残ったもの。

もえた・つ【燃え立つ】〈動五〉❶火がいきおいよくもえる。[類]燃えさかる。❷心に火がついたように、ひどく感情がたかぶる。[例]いかりに燃え立つ。

もえつ・きる【燃え尽きる】〈動上一〉❶すっかり燃えてしまう。[例]炭が燃えつきる。❷さかんだった情熱がすっかりなくなってしまう。[例]燃えつきるまで現役《げんえき》で試合に出たい。[類]バーンアウトする。

もえ・でる【▼萌え出る】〈動下一〉草木の芽がでる。[例]若葉がもえ出る。[類]芽ぐむ。

もえひろが・る【燃え広がる】〈動五〉❶火の燃える範囲《はんい》が広くなる。❷ある傾向や運動が社会の中でぐんぐん広がる。[例]若者のあいだに燃え広がる。

[1]**も・える**【▼萌える】〈動下一〉草木の芽がのびる。[例]新緑に萌える山。

[参考]若者ことばで、多く「萌え」の形で、アイドルや美少女キャラクターなどに胸《むね》をときめかせることにもいう。

[方言]徳島・鳥取などでは、「台風で川の水もえとる」のように、「増す」の意味でも使う。

[2]**も・える**【燃える】〈動下一〉❶火がついて、ほのおやけむりがでる。[例]火が燃える。家が燃える。燃えさかる。[類]燃焼する。❷まるでほのおがあるように、空気がゆらゆらとゆれて見える。[例]かげろうが燃える。❸火が燃えあがるようないきおいで、人の気持ちが高まる。[例]燃える思い。だんだん心が燃えてきた。

モーグル〈名〉フリースタイルスキーの種目の一つ。こぶのある急斜面《しゃめん》をすべりおり、とちゅうで二回空中演技を行なって、スピード、ターンの正確さ、空中演技の高さや姿勢をきそう。◇mogul

モーション〈名〉動作。積極的なうごき。[例]スローモーション。ストップモーション。◇motion

[表現]「モーションをかける」は、おもに片思いの相手に近づきたいという気持ちがうごいて、相手にはたらきかけることをいう。

モーター■一〈名〉電流をながすと、回転運動をする装置《そうち》。さまざまな機械や乗りものなどにひろく使われる。電動機。[例]モーターが回る。■二〈造語〉❶原動機つき。[例]モーターバイク。モーターボート。❷「自動車」のこと。[例]モーターショー。◇motor

モータープール(方言)「時間貸し駐車《ちゅうしゃ》場」のこと。関西・四国などで言う。◇motor pool

[参考]戦後、進駐軍の軍用車の駐車場の意味で使われていたのが転じたもの。方言だと気づいていない人が多い。

モーターボート〈名〉エンジンの力で走る、小さいふね。◇motorboat

モーテル〈名〉自動車で旅行する人のためのホテル。◇motel

モード〈名〉❶機械を操作するときに、利用者が選択《せんたく》できる設定のこと。[例]モードを切りかえる。(パソコンの)ローマ字入力モード。❷流行の型。おもに服装についていう。[例]ニューモード。◇mode

モーニング■一〈造語〉朝。午前。[例]モーニングサービス。■二〈名〉「モーニングコート」の略。

モーニングコート〈名〉男性の洋装の一つ。昼間の正式の礼服。上着は黒でうしろのすそが長く、ズボンは白黒のたてじま。略して「モーニング」ともいう。◇morning coat →タキシード・えんびふく[絵]

モーニングコール〈名〉ホテルなどで、朝、指定した時刻に、電話で起こしてくれること。[参考]日本での複合語。英語では wake-up call という。

モーニングサービス〈名〉喫茶《きっさ》店などで、朝の一定の時間帯にだされる、特定の格安なセットメニュー。

[参考]日本での複合語。英語では breakfast special といい、morning service は、朝の礼拝をいう。

[1]**モール**〈名〉商店街の中につくった、樹木などを植えた遊歩道。[例]ショッピングモール。◇mall

[2]**モール**〈名〉❶肩章《けんしょう》やししゅうなどに使う、金や銀のかざり糸。❷工作や商店の装飾《そうしょく》などに使う、かざりひも。ビロードのようなけばをたてたものや、金や銀のうすい紙などをより合わせたものなどがある。◇《ポルトガル》mogol

モールスしんごう【モールス信号】〈名〉無線電信に使う符号《ふごう》の一つ。きめられた長短の符号のくみあわせによって、文字を表わす。モールス符号。

[参考]考案したアメリカの発明家の名から。

もが・く【▼踠く】〈動五〉苦しさのあまり、手足をやたらに動かす。[例]必死にもがく。もがけばもがくほど深みにはまる。もがき苦しむ。[類]あがく。

もぎ【模擬】〈名〉本物になぞらえたものごと。[例]模擬テスト。模擬訓練。模擬授業。

もぎしけん【模擬試験】〈名〉能力をしらべたり試験になれさせたりするために、ほんとうの試験と同じような形式や内容で行なう試験。模擬テスト。「模試《もし》」と略す。

もぎてん【模擬店】〈名〉祭りやもよおしなどで、ほんものの店をまねてつくった仮の飲食店。

もぎと・る【もぎ取る】【▼捥ぎ取る】〈動五〉くっついているものを、手でちぎるようにしてとる。

もぎ・る【▼捥ぎる】〈動五〉ちぎってとる。

常用漢字 **もく**

【目】目部0 全5画 目目目目目

モク・ボク め・ま [教]小1 [音]❶[モク] ■目撃《もくげき》。■注目《ちゅうもく》。項目《こうもく》。題目《だいもく》。目的《もくてき》。目次《もくじ》。目前《もくぜん》。眼目《がんもく》。❷[ボク] ■面目《めんぼく》。[訓]❶[め] 目。目薬。目玉。目立つ。目ざとい。目障り。切れ目。結び目。❷[ま] 目の当たり。目深(にかぶる)。

【默(默)】黒部4 全15画 ※默默默默

モク だまる [音][モク] ■黙殺《もくさつ》。暗黙《あんもく》。寡黙《かもく》。沈黙《ちんもく》。黙認《もくにん》。黙想《もくそう》。黙考《もっこう》。黙禱《もくとう》。黙読《もくどく》。[訓][だまる] 黙る。黙り込む。押し黙る。

【木】⇩常用漢字 ぼく〔木〕

1 **もく【木】**〈名〉「木曜日」の略。

2 **もく【目】**〈名・接尾〉生物の分類階級を表わす、「界・門・綱《こう》・目・科・属《ぞく》・種」の一つ。例サル目(または霊長《れいちょう》目)ヒト科。ネコ目(または食肉目)イヌ科。

も・ぐ【▼捥ぐ】〈動五〉あるものを、それがついているものから、ねじ切ってとる。例なしをもぐ。もぎとる。

もくかん【木簡】〈名〉⇩もっかん

もくぎょ【木魚】〈名〉僧《そう》がお経を読むときに、たたいてならす木製の道具。魚が口をあけた形につくってある。絵

［もくぎょ］

もくげき【目撃】〈名・する〉事件がおこった場所にいて、実際に見ること。例事件を目撃する。目撃者。類目にする。

1 **もぐさ【▼艾】**〈名〉❶灸《きゅう》をすえるときに使う わた状のもの。ヨモギの葉を干してつくる。❷⇩よもぎ

2 **もぐさ【藻草】**〈名〉水中に生える草。藻。

もくざい【木材】〈名〉建材や家具などをつくるのに使う、用途《ようと》に応じて製材した木。類材木。

もくさつ【黙殺】〈名・する〉だまったままで、まるで問題にしないこと。例申し出を黙殺する。類無視。

もくさん【目算】〈名〉❶おおよその見当をつけること。例目算をたてる。類めど。❷だいたいこうなるだろうと見こんだ計画。例目算がくるう。

1 **もくし【目視】**〈名・する〉目で見えること。しっかりと見て確認《かくにん》すること。例目視できないほど小さい。目視点検。

2 **もくし【黙視】**〈名・する〉目の前のできごとにかかわりあわないで、だまって見ていること。類座視。傍観《ぼうかん》。

表現「黙視するにしのびない」は、「義を見てせざるは勇なきなり」とばかりに、義侠《ぎきょう》心をおこして事件に介入《かいにゅう》する気持ち。→もっか〔黙過〕表現

もくじ【目次】〈名〉本や雑誌で、内容の見出しをならべて、それがのっているページを示してあるもの。

もくしつ【木質】〈名〉❶木の材質。例木質がやわらかい。❷幹の内部のかたい部分。例木質部。

もくしょう〔目▼睫〕のかん〔間〕非常に接近していること。

もくしろく【黙示録】〈名〉新約聖書の巻末の書。一世紀末にローマ帝国の迫害《はくがい》をうけたキリスト教徒をはげますために書かれたもので、新しい希望とよろこびのある天地の出現を預言している。ヨハネ黙示録。

表現 現代世界の暗い終末をえがいた物語のたとえとしても使われる。

もくず【藻くず】『藻▼屑』〈名〉藻がちぎれて、海中をただよっているもの。例海の藻くず。

表現「藻くずと消える」「藻くずとなる」などの言いかたで、海中にしずんで死ぬことをいう。

1 **もく・する【目する】**〈動サ変〉みなす。みとめる。例将来を目される。第一人者と目される。

2 **もく・する【黙する】**〈動サ変〉「だまる」の書きことば的な言いかた。例黙して語らず。

1 **もくせい【木星】**〈名〉〔天文〕太陽系の五番目の惑星《わくせい》。公転に約十二年かかる。惑星のうちでいちばん大きく、直径は地球の約十一倍。

2 **もくせい【木製】**〈名〉品物が木でできていること。→もくぞう〔木造〕表現

3 **もくせい**『木▼犀』〈名〉庭木などにする常緑小高木。秋、葉のつけねに、あまいにおいのする黄や白の小さな花をつける。キンモクセイやギンモクセイなど。

1 **もくぜん【目前】**〈名〉❶手をのばせばとどくような、ほんの近く。例敵が目前にせまる。類眼前。直前。鼻先。❷そのときまでに、時間があまりないこと。例試験が目前にせまる。▽類目の前。

2 **もくぜん【黙然】**〈副〉だまったままで。「もくねん」ともいう。例黙然とつっ立っている。

もくそう【黙想】〈名・する〉だまってしずかに考えこむこと。例黙想にふける。類黙考《もっこう》。

1 **もくぞう【木造】**〈名〉家などが、木でできていること。例木造家屋。対鉄骨《てっこつ》造。

表現 家屋のような大きな物については「木造」を、家具のような身のまわりの品については「木製」を使う。

参考 七世紀に建立《こんりゅう》・再建《さいこん》された奈良県の法隆寺《ほうりゅうじ》にある金堂《こんどう》などは、現存する世界最古の木造建築とされ、世界遺産ともなっている。

2 **もくぞう【木像】**〈名〉木でつくった人や仏などの像。

もくそく【目測】〈名・する〉目で見て、距離《きょり》や大きさなどをはかること。例目測をあやまる。

もくたん【木炭】〈名〉❶木をむし焼きにしてつくった燃料。類すみ。❷〔美術〕デッサンなどに使う、やわらかいすみの棒。例木炭画。

もくちょう【木彫】〈名〉小刀やのみを使って、木をいろいろな形にけずったり、ほったりすること。例木彫工芸。木彫美術。類木彫《きぼ》り。

もくてき【目的】〈名〉そこに達しよう、それを手に入れようとするものごと。めあて。例目的をはたす。目的にかなう。目的の品。本来の目的。究極の目的。目的のためなら手段を選ばない。目的地。合目的的。類目標。

もくてきいしき【目的意識】〈名〉何のためにそれをするのかという、はっきりとした自覚。

もくてきかく【目的格】〈名〉〔文法〕ある語句が動詞の目的語となっている関係。格助詞の「を」「に」などで示される。

もくてきご【目的語】〈名〉〔文法〕文をつくっている成分の一つ。文中の動詞の表わす動作や作用を受けるものを表わす語。「本を読む」の「本を」がそれ。客語。↓囲み記事53(次ページ)

もくと【目途】〈名〉目標とする時期。例年内を目途に完成を急ぐ。類めど。

もくとう【黙▼禱】〈名・する〉神にしずかにいのること。とくに、死んだ人のために、目をとじてしずかにいのること。例黙禱をささげる。

もくどく【黙読】〈名・する〉声に出さないで、文章などを読むこと。例教科書を黙読する。対音読。

もくにん【黙認】〈名・する〉あえてなにも言わないままにしておくこと。見のがしたりした結果、みとめたことになってしまうこと。例不正を黙認する。類黙過《もっか》。見のがす。目をつぶる。

もくねじ【木ねじ】〈名〉くぎの一種。胴《どう》にらせん状のみぞがついていて、木にねじこみながらものを固定させる。類ねじくぎ。

もくねん【黙然】〈副〉⇩もくぜん〔黙然〕

安井曾太郎(そうたろう)（1888～1955）大正～昭和の洋画家。フランス留学後，一水会を設立。セザンヌに傾倒。

もくば【木馬】〈名〉木製のウマ。例回転木馬。

もくはん【木版】〈名〉印刷をするために、木の板に文字や絵などをほったもの。また、それで印刷したもの。例木版画。木版刷《ず》り。

もくひ【黙秘】〈名・する〉〔法律〕警察や裁判所などで尋問《じんもん》されたときなどに、自分に不利なことはだまっていてなにも答えないこと。

参考 黙秘権は憲法が保障する基本的人権の一つ。

もくひょう【目標】〈名〉ある行動をするとき、「あそこまで到達《とうたつ》したい」としてめざすもの。例目標に達する。目標をかかげる。…を目標にする。目標額。生活目標。到達目標。類目的。めあて。

もくへん【木片】〈名〉木の切れはし。

もくほん【木本】〈名〉〔植物〕「木《き》」の専門的な言いかた。かたい幹のある植物。高木と低木とに分ける。対草本。類樹木。

もくめ【木目】〈名〉材木を切った面に見られるすじ目。板目《いため》とまさ目とがある。「きめ」ともいう。絵

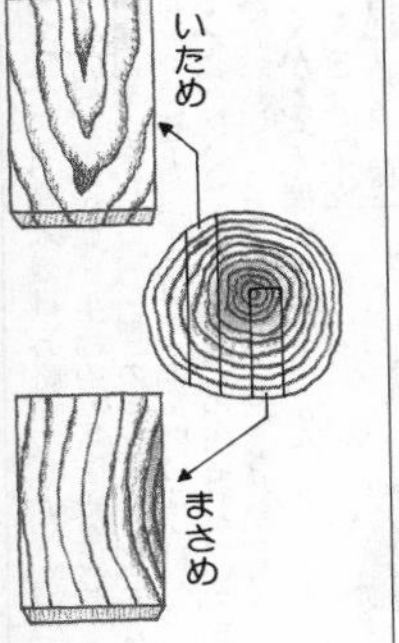

［も　く　め］

1**もくもく**〈副〉けむりなどが、わきあがるようにたちのぼるようす。アモクモク

2**もくもく【黙黙】**〈副〉口をきかずにだまったままで。例黙々とはたらく。黙々と食べる。アモクモク

もぐもぐ〈副〉❶口をとじたままものをかむようす。❷口をはっきりとあけずに、ものを言うようす。

もくよう【木曜】〈名〉日曜からかぞえて、週の第五番目の曜日。木曜日。

もくよく【▼沐浴】〈名・する〉かみの毛やからだを洗って、身をきよめること。例斎戒《さいかい》沐浴。類湯あみ。

もぐら【▽土▽竜】〈名〉地中にすむけもの。ネズミぐらいの大きさで、黒い灰色をしている。土をほるため、前足が発達している。土の中の虫などを食べる。

もぐり【潜り】〈名〉正式の認可をうけないでなにかをすること。例もぐりで営業する。もぐりの医者。

もぐりこ・む【潜り込む】〈動五〉❶物の中や下にそっと入る。例ふとんに潜り込む。❷わからないようにこっそり深く入る。例敵陣に潜り込む。類潜入《せんにゅう》する。

もぐ・る【潜る】〈動五〉❶水の中深く入りこむ。❷見えないように、ものの中や下に入りこむ。例ふとんに潜る。地下に潜る→「ちか【地下】」表現。潜りこむ。

1**もくれい【目礼】**〈名・する〉目だけであいさつの気持ちを表わすこと。例目礼をかわす。

2**もくれい【黙礼】**〈名・する〉だまったまま、頭をさげてあいさつをすること。

もくれん【木▼蓮】〈名〉庭木などにする落葉低木。春先、葉の出る前に赤むらさき色の大きい花がさく。

もくろく【目録】〈名〉❶集めてある品物の名まえを整理して書いたもの。例図書目録。蔵書目録。類品目表。リスト。❷贈《おく》り物の内容を書いたもの。実物のかわりにわたす。

もくろみ【目▽論見】〈名〉自分の利益になるように、あれこれ計画をたてること。そのようにしてたてた計画。例もくろみがはずれる。類くわだて。たくらみ。

もくろ・む【目▽論む】〈動五〉自分の利益になるように、あれこれ計画をたてる。例一攫《いっかく》千金をもくろむ。類くわだてる。たくらむ。

もけい【模型】〈名〉実物のかたちをまねて、小さくつくったもの。例模型飛行機。類ひながた。

も・げる【▼捥げる】〈動下一〉くっついていたものがとれて落ちる。例人形のうでがもげる。

もこもこ〈副・する〉ふっくらとして厚みがあるようす。例着ぶくれして背中がもこもこしている。

もごもご〈副・する〉口のあけかたが十分でないために、言うことがはっきりせず、口ごもるようす。例口をもごもごさせる。

もさ【猛者】〈名〉あらっぽくて勇ましい人。とくに、スポーツなどで、体力や技術にすぐれ、さかんに活躍《かつやく》する人。類豪傑《ごうけつ》。つわもの。

モザイク〈名〉いろいろの色をつけたタイルや貝がら、小石やガラスなどの小さなかけらをくみあわせてはり、絵や図案を表わしたもの。例モザイク模様。◇mosaic

もさく【模索】【▼摸索】〈名・する〉手がかりもないままに、いろいろとためしてみること。例方法を模索する。暗中模索。類手さぐり。探索。

もさっと〈副・する〉はきはきせず、ぼうっとしていて気がきかないようす。例もさっとつっ立ってないで、そこをどいて。

も

囲み記事 53

クッキーを焼く？ 穴《あな》を掘《ほ》る？

——目的語の特別な使いかたのいろいろ——

「クッキーを焼く」とか「穴を掘る」などの言いかたは、あらためて考えてみると、不思議な表現である。「クッキーを焼く」と言っても、買ってきたクッキーをオーブンに入れて焼くことを表わすわけではない。「穴を掘る」ときも、すでにあいている穴をさらに掘り進めることを表わすわけではない。

「クッキーを焼く」は、「材料を焼くことによってクッキーを作る」ということを表わし、「穴を掘る」は、「地面を掘ることによって穴を作る」ことを表わす。他に、同じような表現として次のようなものがある。

(例)「お湯をわかす」「炭を焼く」
「(折り紙で)鶴《つる》を折る」
「着物を縫《ぬ》う」「マフラーを編む」

これらの表現は、「モノを[動作]」という形をしている。そして、その[動作]をすることによって「モノ」を作り出す、という意味になる。たとえば、「クッキーを焼く」であれば、「焼いた」結果として、「クッキー」ができあがるのである。言いかたを変えると、ここでの[動作]は、モノを作り出すために行なう動きを表わしている。

また、「定規で線を引く」という言いかたも、「筆記具を引くような動きをすることによって、線を作る(えがく)」ことを表わすので、右に述《の》べた表現の仲間だと言える。

安田靫彦(ゆきひこ)(1884～1978)　日本画家。大和絵をもとに歴史上の人物画に優れた作品を残した。

くれ。類ぼさっと。もさもさ。

もし[1]**【模試】**〈名〉「模擬《もぎ》試験」の略。例外部模試。

もし[2]**〖▽若し〗**〈副〉将来おこりそうなことがらや、過去や現実にないことがらを仮定していうときのことば。もしも。例もしかれが来たら伝えてください。類かりに。万一。

もじ【文字】〈名〉口で話し、耳で聞いている音声のことばを、目で見てわかるように表わした記号。古くは「もんじ」とも言った。絵 →ひょういもじ・ひょうおんもじ

もしかすると 確実ではないことを、予想していうときに使うことば。もしかしたら。もしかして。例もしかすると忘れているのかもしれない。類ひょっとすると。もしや。

もしき【模式】〈名〉ものごとをわかりやすく説明するために、短いことばを組み合わせて図表にするなどしたもの。例模式図。模式化する。模式的に示す。

もしくは〖若しくは〗〈接〉そのことばの前後のものごとの、どちらか、という意味を表わす。例世界史もしくは日本史を選択《せんたく》すること。類または。あるいは。

もじける（方言） 壊《こわ》れる。和歌山で言う。

もじげんご【文字言語】〈名〉「書きことば」の専門的な言いかた。対音声言語。

もじづら【文字面】〈名〉⇩じづら

もじどおり【文字通り】〈副〉❶ある文字やことばが表わしているそのまま。例おせじは文字どおりに受け取らないほうがいい。類言葉通り。❷慣用句などの、たとえとしてよく使われる表現のとおり。例試合中、文字どおり汗が滝のように流れた。

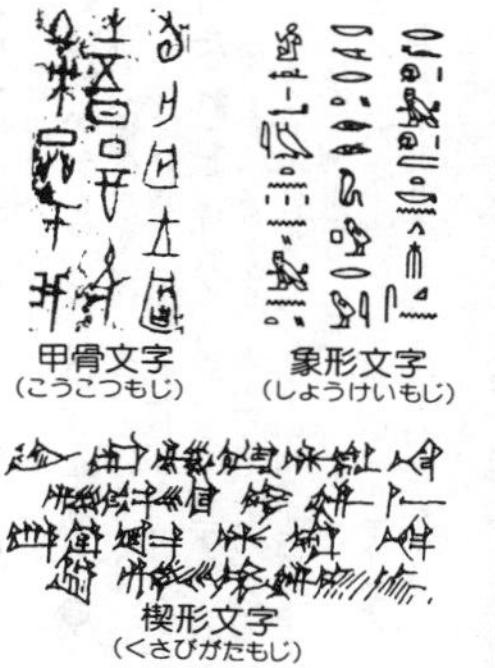

［もじ］

もじばけ【文字化け】〈名・する〉コンピューターで、回線を通じてやりとりされたデータの中の文字が、機種のちがいやシステム上の何らかの原因により、別の意味不明な文字に変換されること。例文字化けを起こす。

もじばん【文字盤】〈名〉時計や計器などで、数字や目もりなどがしるしてある盤。

もしも〖▽若しも〗〈副〉「もし」を強めた言いかた。とくに、おこるかもしれないよくないことを仮定していうときに使う。例もしものことがあったら、どうするんだ。類万一。

もしもし〈感〉人によびかけるときのことば。知らない人をよびとめるときや、電話での話のはじめに使う。

参考「申し申し」からできたことば。

もじもじ〈副・する〉はずかしがって、言いたいことも言えずにどうしてよいか迷っているようす。

もしや〖▽若しや〗〈副〉推定することに自信がない気持ちを表わすことば。ひょっとして。やや古風な言いかた。例もしや鈴木さんではありませんか。

もしゃ【模写】〈名・する〉もとのものをそのまま写しとること。写しとったもの。例名画を模写する。「モナリザ」の模写。声帯模写。類複製。コピー。

もしゅ【喪主】〈名〉葬式《そうしき》で、その家の代表となる人。類施主《せしゅ》。

モジュール〈名〉❶電気機器やコンピューターなどの、構成要素。独立して機能し、くみかえができる。❷〔建築〕基準となる大きさ。畳や柱の寸法など。◇module

もしょう【喪章】〈名〉人の死を悲しみ、いたむ気持ちをあらわすために、衣服のそでや胸につける黒や灰色の布。

もじり〖▼捩り〗〈名〉もじること。類パロディー。

もじ・る〖▼捩る〗〈動五〉よく知られている歌や語句の表現を生かしたうえで、おもしろみが出るように言いかえる。

も・す【燃す】〈動五〉火をつけて処理する。例ごみを燃す。類燃やす。焼く。

もず〖▼鵙・▽百▽舌〗〈名〉鳥の一種。スズメより大きくて、くちばしが曲がり、尾《お》が長い。

モスク〈名〉イスラム教の寺院や礼拝堂。◇mosque

もずく〖▽海▽雲〗〈名〉海藻《かいそう》の一種。糸のように細く枝分かれしていてぬめりがあり、酢の物などにして食べる。日本では、沖縄でほとんどがとれる。

モスグリーン〈名〉コケの色のような、くすんだ緑色。◇moss-green

モスリン〈名〉⇩メリンス ◇《フランス》mousseline

も・する【模する】〈動サ変〉あるものを手本にして、そのまねをする。例平安京は、唐《とう》の都《みやこ》、長安を模してつくられた。類写《うつ》す。

もぞう【模造】〈名・する〉まねてつくること。まねてつくったもの。例模造品。模造真珠《しんじゅ》。類イミテーション。

もぞうし【模造紙】〈名〉厚《あつ》みのあるじょうぶな洋紙。ポスターなどに使う。

もぞこい（方言） かわいそうだ。あわれだ。宮城で言う。

もぞもぞ〈副・する〉❶小さな虫などがうごめくようす。❷からだが落ち着きなく動くようす。

もだ・える〖▼悶える〗〈動下一〉痛みや悲しみにがまんできないで、からだをねじるようにうごかして苦しむ。例身をもだえる。もだえ苦しむ。類身もだえする。

方言 熊本では、「急ぐ」の意味でも使う。

もた・げる〖▼擡げる〗〈動下一〉ゆっくりと頭をおこす。例頭をもたげる。

表現「反対派が頭をもたげてきた」のように、あたらしい勢力が立ちあがってくるようすにもいう。

もた・す【持たす】〈動五〉⇩もたせる(次項)

もた・せる【持たせる】〈動下一〉❶持つことをさせる。例子どもに荷物を持たせる。❷持っていかせる。また、持ってこさせる。例会社の者に書類を持たせます。類持参させる。❸そのままの状態をつづけさせる。例気をもたせる。食品をもたせる。類長持ちさせる。❹お金を出させる。例先方に費用を持たせる。類負担させる。

もたつ・く〈動五〉ものごとが思うようにすらすらと進まない状態になる。類もたもたする。

モダニズム〈名〉一九世紀から二〇世紀にかけて、おもに芸術の分野で、伝統主義に対抗して近代的なものや個人的なものを表現しようとした動き。近代主義。◇modernism

もたもた〈副・する〉❶動作がのろくて、きびきびしていないようす。例もたもたしていないで、早く来なさい。対てきぱき。類ぐずぐず。❷ものごとが、すらすらと進まないようす。例審議《しんぎ》がもたもたしてはかどらない。類もたつく。手間どる。

もたら・す〖▼齎す〗〈動五〉それまでそこになかったもの

ヤスパース（1883～1969） ドイツの代表的な実存主義の哲学者。実存の非合理性を強調した。

をもちこむ。生じさせる。例繁栄《はんえい》をもたらす。吉報《きっぽう》をもたらす。被害《ひがい》をもたらす。

もたれかか・る【▼凭れ掛かる】〈動五〉❶ささえとなるものに、体重をあずけるようにして寄りかかる。❷依存《いぞん》する。たよりきる。例親にもたれかかる。類よりかかる。

もた・れる【▼凭れる・▼靠れる】〈動下一〉❶ささえとなるものに、よりかかる。例かべにもたれる。❷食べたものがよく消化されないで、おなかの中にたまっているような感じになる。例胃にもたれる。

モダン〈形動〉現代的で、新しい。例モダンな色彩《しきさい》。モダンアート。モダンジャズ。類当世風。斬新《ざんしん》。近代的。◇modern

モダンやき【モダン焼き】〈名〉お好み焼きで、中華《ちゅうか》麺《めん》をのせて焼いたもの。

[1]**もち**【持ち】〈名〉❶長いことある状態をたもっていること。例持ちがいい。❷自分のものとして持っていること。例持ち時間。力持ち。❸負担《ふたん》すること。例費用は会社持ちだ。▽アモチ」

[2]**もち**【餅】〖▼糯〗〈名〉❶[餅] もち米をむしてつき、適当なかたちにまとめた、ねばりけのつよい食品。例餅をつく。のし餅。あんころ餅。❷[糯] 米やアワ、キビなどの品種。ねばりけがつよくて、つくと「①」になる。対うるち。類もち米。▽アモチ

餅は餅屋《もちや》 参考「西の丸餅、東の切り餅(角餅)」の伝統がある。しろうとは、やっぱり本職の専門家にかなわない、ということ。

[3]**もち**〖▼黐〗〈名〉モチノキなどの皮からつくった、ねばねばしたもの。鳥などをとらえるのに使う。鳥もち。アモチ

もちあが・る【持ち上がる】〈動五〉❶ほかからの力によって、ものの位置が高くなる。例五人がかりでやっと持ち上がった。❷なにかのできごとがおこる。例問題が持ち上がる。❸学校で、生徒の学年がすすんでも、同じ先生がそのクラスの担任をつづける。

もちあ・げる【持ち上げる】〈動下一〉❶手や機械などで力をくわえて、ものの位置を高くする。例荷物を持ち上げる。❷相手がいかにもりっぱであるように、ほめそやす。例持ち上げられて、その気になる。類おだてる。

もちあじ【持ち味】〈名〉その人やものに自然にそなわっている、特徴《とくちょう》となる性質。例素材の持ち味を生かす。

もちある・く【持ち歩く】〈動五〉出歩くときに身につける。例多額の現金を持ち歩く。類携帯《けいたい》する。

もちあわせ【持ち合わせ】〈名〉そのときちょうど持っているもの。とくに、お金。例持ち合わせがない。

もちあわ・せる【持ち合わせる】〈動下一〉ちょうどそのとき、都合《つごう》よく持っている。例買えるだけのお金を持ち合わせていなかった。そんな才能は持ち合わせていない。

もちいえ【持ち家】〈名〉借りものでなく、自分のものとして住んでいる家。対借り家《いえ・や》。借家《しゃくや》。賃貸《ちんたい》住宅。類マイホーム。

モチーフ〈名〉❶芸術で、作品をつくる動機となるもの。とくに作品によって表わそうとするテーマ。❷音楽で、楽曲の主題となるみじかい旋律《せんりつ》。動機。◇フランス motif

もち・いる【用いる】〈動上一〉❶使用する。例道具を用いる。特別な方法を用いる。消毒にアルコールを用いる。類使う。❷人の考えを採用する。例かれの提案は会社の幹部に用いられなかった。とりあげて役にたてる。❸人を役目につける。ある仕事のために採用する。例新人を用いる。類登用する。❹(「心を用いる」「意を用いる」の形で)目標にむけて積極的に心をはたらかせる。例とくに栄養のバランスには意を用いています。

表現 (1)「用いる」は「使う」に比べてかたい感じのことばで、日常の会話にはあまり使われない。
(2)④の「心を用いる」は、漢語の「用心」に似《に》ているが、「用心」は、よくないものをさけるために「心を用いる」場合に使うので、「栄養のバランスをくずさないように用心する」という言いかたになる。「意を用いる」は、漢語の「用意」に似ているが、意味にずれがあって、かわりに使うことはできない。

もちうた【持ち歌】〈名〉❶歌手が自分の曲としてもっている歌。対カバー曲。❷人前で歌うときに、その人が得意としている歌。▽類レパートリー。

もちかえ・る【持ち帰る】〈動五〉❶ものを持って帰る。例仕事を家に持ち帰る。❷会議などに代表として出席した人が、出された提案などを、相談するために持って帰る。例持ち帰って検討する。

もちか・ける【持ち掛ける】〈動下一〉相手がのりだしてくることを期待して、うまく話をしかける。例話を持ちかける。相談を持ちかける。

もちがし【餅菓子】〈名〉もちを材料にした和菓子。桜もちや柏《かしわ》もちなど。

もちきり【持ち切り】〈名〉しばらくのあいだ、人々が一つの話題だけをさかんにとりあげている状態。例いま、学校中がその話で持ちきりだ。

もちぐされ【持ち腐れ】〈名〉せっかく持っているのに、いっこうに役だてなかったため、そのものの価値がむだになること。例宝の持ち腐れ。

もちくず・す【持ち崩す】〈動五〉しっかりとたもっていくことができなくなる。例身を持ち崩す。身上《しんしょう》を持ち崩す。

もちこ・す【持ち越す】〈動五〉ものごとの決定を、つぎの機会までのばす。例結論を持ち越す。

もちこた・える【持ちこたえる】〖持ち▽堪える〗〈動下一〉がんばって、今よりわるくならないようにする。類ふんばる。

もちごま【持ち駒】〈名〉将棋《しょうぎ》で、相手からとって、こちらが持っているこま。

表現 その人が必要に応じて思いどおりに使うことのできる人やもの、手段などの意味でも使い、「持ち駒が豊富だ」のようにいう。

もちこ・む【持ち込む】〈動五〉❶持って入る。例学校にゲーム機を持ち込む。❷めんどうなことを持ちかける。例相談事を持ち込む。尻《しり》を持ち込む。❸別の局面にうつす。例時間切れに持ち込む。

もちごめ【もち米】〖餅米・▼糯米〗〈名〉米の一種。たくと、ふつうの米よりねばりけのでる米。もちや赤飯などに使う。対うるち。類もち。

もちじかん【持ち時間】〈名〉その時間内でものごとを処理するように割りあてられた時間。例持ち時間をオーバーする。類制限時間。

もちだし【持ち出し】〈名〉❶外へ持って出ること。例持ち出し禁止。非常持ち出し。❷費用の不足分を、自分で出すこと。例持ち出しになる。

もちだ・す【持ち出す】〈動五〉❶中にあったものを、持って外へだす。例家財を持ち出す。金を持ち出す(=ぬすみとる)。❷あることを話題としてだす。例話を持ち出

八橋検校(やつはしけんぎょう)(1614～85) 江戸初期の箏曲の演奏家・作曲家。箏の発展に貢献。作品「六段」。

す。❸費用の不足分を自分で出す。

表現 ③の意味でいうときは、「持ち出しになる」ということが多い。

もちつき【餅つき】〖餅▼搗き〗〈名〉 むしたもち米をうすに入れて、きねでついて、もちにすること。

もちづき【▽望月】〈名〉「満月」の古い言いかた。とくに、陰暦《いんれき》八月十五日の夜の月をさしていうこともある。

も(持)ちつ(持)たれつ ⇩「もつ〔持つ〕」の子項目

もちて【持ち手】〈名〉 ❶それを持つ人。❷器具を持つためのにぎりの部分。類 取っ手。柄《え》。ハンドル。

もちてん【持ち点】〈名〉 ゲームを始める前に、あたえられて持っている点数。

もちなお・す【持ち直す】〈動五〉 ❶いちどわるくなった状態が、少しよくなる。例 病人が持ち直す。財政が持ち直す。❷手に持っているものの、持ちかたをかえる。類 持ちかえる。

もちにげ【持ち逃げ】〈名・する〉 あずかっている他人のお金や品物をそのまま持って、にげること。例 持ち逃げされる。類 拐帯《かいたい》。

もちぬし【持ち主】〈名〉 そのものを所有している人。類 オーナー。

もちば【持ち場】〈名〉 その人がうけもち、責任をもって仕事をする場所。例 持ち場につく。

もちはこ・ぶ【持ち運ぶ】〈動五〉 手に持ったりかばんに入れたりして運ぶ。類 携帯《けいたい》する。

もちはだ【餅肌】〈名〉 つきたてのもちのように、白くなめらかで、きめの細かいはだ。

もちぶん【持ち分】〈名〉 何人かの人たちで共有しているものや権利のうちで、ひとりひとりが持っている部分。

モチベーション〈名〉 ❶なんのためにそれをするのかという動機をあたえること。動機づけ。❷やる気。意欲。◇ motivation 例 モチベーションが高い。モチベーションが上がらない。

もちまえ【持ち前】〈名〉 その性質が、生まれつき身についていたものであること。例 かれは持ち前の陽気さで、座をもりあげてくれる。

もちまわり【持ち回り】〈名〉 ❶役目や係を順番に受けもつこと。回り持ち。例 委員を持ち回りでつとめる。類 輪番《りんばん》。❷関係者のあいだで順々にわたしていくこと。例 持ち回りの優勝旗。持ち回り閣議(＝大臣を集めないで、議題を順に各大臣にまわして、意見や決裁をもとめる閣議のやりかた)。

もちもち〈副・する〉 餅《もち》のような弾力性のある食感。

もちもの【持ち物】〈名〉 ❶人が、いまそこに持っているもの。❷人が所有しているもの。手で持てるようなものだけでなく、家具のようなものについてもいう。

もちゅう【喪中】〈名〉 家族が死んだために、交際をひかえる期間。多くは一年間で、そのあいだは、はれがましい行事などはしないで、年賀状などもださない。類 忌中《きちゅう》。

もちよ・る【持ち寄る】〈動五〉 めいめいが自分のものを持って集まる。例 不用品を持ち寄ってバザーを開く。

もちろん〖▼勿論〗〈副〉 問題にするまでもなく。例 もちろんのこと。もちろんきみは来てくれると思っていたよ。類 むろん。当然。いうまでもなく。

[1]**もつ**〈名〉 食材にする、鳥・牛・豚などの内臓。「臓物《ぞうもつ》」の略。例 もつの煮込《にこ》み。もつ焼き。類 ホルモン。

[2]**も・つ**【持つ】〈動五〉 ❶手にとる。「…を」は手に持っている品。例 かばんを持つ。右手に持つ。持ちはこぶ。❷身につける。「…を」は所持品。例 ハンカチを持つ。かくし持つ。類 携帯《けいたい》する。所持する。携行する。❸心にいだく。「…を」は考えや感情。例 希望を持つ。不信感を持つ。根に持つ。❹身にそなえる。「…を」は性質や能力。例 資質を持つ。意味を持つ。持って生まれた。ねばりづよい性格を持った人。持ち前。類 有する。❺自分のものとしてたもつ。「…を」は所有しているもの。例 家を持つ。財産を持つ。子どもを持つ。所帯を持つ。手持ち(がない)。類 所有する。保有する。有する。❻わりあてられたものとして担当する。「…を」は担当しているもの。例 仕事を持つ。一年生を持つ(＝担任する)。費用を持つ。持ち分。受けもつ。❼今の、悪いところがなく安定している状態をたもちつづける。例 充電が二日間もつ。冷蔵庫で一週間もつ。このままでは身がもたない。

持ちつ持たれつ たがいに助けたり助けられたりする関係にあるようす。類 ギブアンドテイク。

持って行《い》く ⇩独立項目

持って生《う》まれた ⇩独立項目

持って来《こ》い ⇩独立項目

持って回《まわ》った ⇩独立項目

[1]**もっか**【目下】〈名〉「いま」「現在」のあらたまった言いかた。例 目下、原因究明の最中です。

[2]**もっか**【黙過】〈名・する〉 そのことを知っているのに、なにも言わずにすましてしまうこと。例 黙過できない不正。類 黙認《もくにん》。見のがす。目をつぶる。

表現 「黙過しがたい」は、「まちがったことを見のがすわけにはいかない」と思って発言するときの気持ち。「黙視するにしのびない」が心情的であるのに対して、「黙過しがたい」は、りくつですじをとおす態度を表わす。

もっかん【木簡】〈名〉 古代、文字を書きしるすために使われた木片《もくへん》。中国漢代の遺跡《いせき》や平城京の跡《あと》などから発見されている。「もくかん」ともいう。

もっかんがっき【木管楽器】〈名〉〔音楽〕 木でつくられた管楽器。フルート・オーボエ・クラリネットなどがある。→きんかんがっき

もっき【木器】〈名〉 木製のうつわや道具。

もっきょ【黙許】〈名・する〉 本当は許されないことを、知らないふりをして許すこと。類 黙認《もくにん》。大目にみる。

もっきん【木琴】〈名〉 長さのちがう木の板を、ピアノの鍵盤《けんばん》のように音の高さの順にならべ、まるい玉のついた棒でうちならす楽器。シロホン。

もっけい【黙契】〈名〉 おたがいに口には出さないが、気持ちが通じあってできる約束。類 黙約。

もっけ(▼勿▽怪)**のさいわ**(幸)**い** 思いがけなくやってきた幸運。例 かれが通りかかったのがもっけの幸いで、荷物を持ってもらった。

参考 「もっけ」とは、「もののけ」が変化した形。

もっこ〖▼畚〗〈名〉 なわを網《あみ》のようにあみ、四すみにつなをつけたもの。棒を通して前後を二人でかついで、石や土を運ぶのに使う。

[1]**もっこう**【木工】〈名〉 木材を使って、家具や室内装飾《そうしょく》品などをつくること。例 木工機械。

[2]**もっこう**【黙考】〈名・する〉 だまって、よく考えること。例 沈思《ちんし》黙考。類 黙想《もくそう》。

もっこす(方言) がんこ者。熊本《くまもと》で言う。

もっこり〈副〉 まるくもりあがっているようす。

 柳沢吉保(やなぎさわよしやす) (1658～1714) 江戸中期の側用人。5代将軍綱吉に仕えて文治政治を行なった。

もったいな・い【▼勿体無い】〈形〉❶ちゃんと使われないのがおしい。例時間がもったいない。もったいないことをした。❷ありがたすぎて、おそれおおい。例もったいないおことば。

もったいぶ・る【▼勿体振る】〈動五〉いかにももっともらしく、おもおもしい態度をとる。「もったいをつける」ともいう。例もったいぶって、なかなか本論に入らない。もったいぶらないで、教えてよ。

もったい(▼勿体)をつける ⇩もったいぶる

もって【▽以て】■「…をもって」の形で使う。❶限界を示す。例これをもって会議は終わりにいたします。❷手段や道具、方法を示す。例文書をもって通知しました。❸原因となるものを示す。例おかげをもって完成しました。▽「で」のあらたまった言いかた。
■〈接〉前に事実をあげて、それにもとづいた判断や意見をあとに述べるときに使う。それで。これによって。例原形をとどめた家は一軒《いっけん》もなく、もって地震《じしん》の大きさが推測される。

もってのほか まったく思いもかけないこと。とんでもないこと。例親にむかって命令するとは もってのほかだ。

もってい・く【持って行く】〈動五〉❶たずさえて行く。例弁当を持って行く。おみやげを持って行く。対持ってくる。類持参《じさん》する。❷持ち去る。うばい去る。例(魚つりで)えさだけ持って行かれた。一等賞は友だちに持って行かれた。体ごと持っていかれそうな暴風《ぼうふう》。

も(持)ってう(生)まれた 生まれつき身にそなわっている。例持って生まれた才能。参考「生まれ持った」「生まれ持っての」という形で使われることもある。

も(持)ってこ(来)い 目的や用途《ようと》にちょうどうまいぐあいに合っている。例ハイキングにもってこいの天気。類おあつらえむき。

も(持)ってまわ(回)った じれったいほど遠まわしな。例もってまわった言いかたをする。

も(持)ってる ふつうの人とはちがう特別な何かがある。例チャンスにホームラン。K君はやっぱりもってるね。

もっと〈副〉さらに程度をつよめるようす。さらにつけくわえて。例もっと元気を出せ。もっとください。

モットー〈名〉ふだん行動するうえで、たいせつだと信じて、守っていること。例正直《しょうじき》をモットーにする。類信条。◇motto

[1]**もっとも**【▼尤も】■〈形動〉道理にかなっている。例もっともな理由。もっともな意見。→ごもっとも
■〈接〉前に述べたことをおぎなうために、その例外などをもちだすときに使う。とはいうものの。ただし。例夏は暑いものだ。もっとも、冷夏ということもあるが。▽アモットモ

[2]**もっとも**【最も】〈副〉ほかのものに比べて、その程度がいちばん上であることを表わす。例世界で最もうつくしい鳥。類なによりも。最高に。この上なく。アモットモ

もっともらし・い【▼尤もらしい】〈形〉いかにも本当らしい感じだ。例もっともらしい理由。
表現 実際は ちがうという場合に使う。

もっぱら【専ら】〈副〉ただ一つのことだけで占《し》められているようす。例留学にそなえて もっぱら英語の勉強をしています。もっぱらのうわさ。類ひたすら。一にも二にも。

モップ〈名〉ぞうきんに 長い柄《え》をつけたもの。◇mop

もつれこ・む【もつれ込む】【▼縺れ込む】〈動五〉決着がつかないまま、次の段階にはいる。例延長戦にもつれ込む。

もつ・れる【▼縺れる】〈動下一〉❶からみあい こんがらがって整理できない状態になる。例糸がもつれる。話がもつれる。類からまる。❷思うように動かなくなる。例足がもつれる。

もてあそ・ぶ【弄ぶ】【もて遊ぶ・▽玩ぶ】〈動五〉❶手に持って、いじりまわす。例ナイフを弄ぶ。❷思うままにあつかう。例運命に弄ばれる。

もてあま・す【持て余す】〈動五〉どうしていいかわからなくてこまる。例ひまを持て余す。からだを持て余す。

もてなし【持て成し】〈名〉もてなすこと。例手あついもてなしをうける。類接待。

もてな・す【持て成す】〈動五〉客をむかえて、いろいろサービスする。とくに、食べ物や飲み物をごちそうする。例あつくもてなす。客をもてなす。類接待する。

もてはや・す【持て▼囃す】〈動五〉多くの人々がほめそやす。例世間でもてはやされる。類ちやほやする。

もてもて【持て持て】〈名〉多くの人のあいだでとても人気があること。俗《ぞく》っぽい言いかた。

モデラート〈名〉〔音楽〕速度記号の一つ。「中ぐらいの速さで」演奏する。◇イタリア moderato

[1]**も・てる**【持てる】〈動下一〉多くの人のあいだで人気がある。例女子にもてる。類ちやほやされる。

[2]**もてる**【持てる】〈連体〉❶持っている。例持てる力を出しつくす。❷ゆたかな。例持てる国と持たざる国。対持たざる。

モデル〈名〉❶模型。例プラモデル。❷機械や自動車などの型式。例モデルチェンジ。❸見本。ひな型。例モデルルーム。❹絵や彫刻《ちょうこく》を創作するとき、題材にする人物。❺小説などの素材となった、実在の人物や事件。❻「ファッションモデル」の略。最新の服を着て見せるのを仕事にしている人。◇model

モデルケース〈名〉模範《もはん》的・標準的な事例。◇model case

モデルチェンジ〈名・する〉車や電気製品などで、商品名はそのままで、デザインや性能を変えること。型式《かたしき》変更《へんこう》。◇model changeover から。

[1]**もと**【元】〈名・副〉今より前のとき。例元にもどる。元の席。ここは、元、旧校舎のあったところだ。元どおり。元代議士。類元来。従前。アモト

元のさやに収《おさ》まる けんかなどをした人どうしが、ふたたび仲よくやっていくようになる。とくに、別れた男女が、前と同じように仲よくなることをいう場合が多い。

元の木阿弥《もくあみ》 いちじよくなったり うまくいったりしたが、結局もとのつまらない状態にもどってしまうこと。

[2]**もと**【本・元・基】〈名〉❶[本・元] 根っこの方。つけ根のところ。例本とすえ。この柱は本が太くなっている。対さき。すえ。
❷[元] ことのおこり。例元をたずねる。…が元になる。そのときの傷が元で亡《な》くなった。製造元。販売《はんばい》元。発信元。火元。類はじまり。出発点。原因。源流。
❸[本] いちばんだいじなところ。例本を正さなければ、政治はよくならない。類根幹。基本。
❹[基] 土台。基礎《きそ》。根拠《こんきょ》。例農は国の基。データを基に判断《はんだん》する。
❺[元] なにかをするために、はじめにかけた費用。例元がかかる。元をとる。元手。元金《きん》。▽アモト
表記 「足もと」は、「足のつけ根のところ」ととらえれば「足元」、「足のしたの方のあたり」ととらえれば「足下」と書くこ

とができる。
元も子《こ》もない 元金(=もと)も利息(=子)もないという意味から、損をしてすべてをなくしてしまうこと。

[3]**もと**【下】〈名〉❶あるもののしたの方のあたり。例花のもと。灯台下暗し(→「とうだい〔灯台〕」の子項目)。❷ある人の近く。ある人の影響《えいきょう》がおよぶ範囲《はんい》。例親のもとをはなれる。勇将のもとに弱卒なし。❸(「…のもとに」の形で)…という条件や限定の範囲の中で。例あたえられた運命のもとに生きる。▽ア「モト」

[1]**もとい**【基】〈名〉基礎《きそ》。古い言いかた。例家の基。類いしずえ。礎石《そせき》。

[2]**もとい**【元い】〈感〉直前に言ったことを言いなおすときのことば。古めかしい言いかた。例明日の五時、元い、七時に会おう。参考やりなおしや言いなおしを命じる「元へ」という軍隊用語から。

もどかし・い〈形〉いそいでいるのに、やたらと手間がかかって、じれったい。例もどかしい思い。類はがゆい。

もどき『▽擬き』〈接尾〉「そのものに似《に》ているもの」という意味を表わす。例梅《うめ》もどき。がんもどき。類まがい。参考まねたり似せたりする意味の、古語の動詞「もどく」から。

もときん【元金】〈名〉❶事業や商売などを始めるときの、必要なお金。類元手。資金。資本。❷利息が生じるもとになるお金。類元金《がんきん》。元本《がんぽん》。

もとごえ【基肥】〈名〉田や畑に、作物をうえる前に入れておく肥料。対追い肥。追肥《ついひ》。

もとじめ【元締め】〈名〉会計や仕事など、全部のしめくくりをする役。また、その役の人。

もど・す【戻す】〈動五〉❶もとのところにうつす。もとの状態にする。例本を元に戻す。冷凍《れいとう》した魚を水で戻す。とり戻す。よび戻す。類返す。❷飲んだり食べたりしたものを、口からはきだす。類あげる。嘔吐《おうと》する。

もとせん【元栓】〈名〉ガスや水道などの建物内への引きこみ管の、もとの部分にある栓。例元栓をしめる。

もとづ・く【基づく】〈動五〉それにもとをおく。よりどころにする。例事実に基づく。資料に基づく。

もとで【元手】〈名〉ちょっとした事業や商売などをするもとになる資金や能力など。例元手がかかる。スポーツ選手はからだが元手だ。類元金。資本。資金。

もとどり『▼髻』〈名〉かみの毛を一つにまとめてたばねたところ。むかしのかみの形。現在では力士にみられる。

もとなり『本▽生り』〈名〉〔植物〕つるや幹のもとの方に、実《み》がなること。対うらなり。

もとね【元値】〈名〉仕入れたときのねだん。類原価。

もとめ【求め】〈名〉相手にもとめること。例求めに応じる。

もと・める【求める】〈動下一〉❶自分のものにしたいと思って努力する。例富を求める。名声を求める。類ほしがる。追求する。❷相手に、あることをしてほしいとたのむ。例助けを求める。譲歩《じょうほ》を求める。類要求する。請求《せいきゅう》する。❸さがす。例人材を求める。職を求める。❹〔数学〕計算して答えを出す。❺「買う」の古風な言いかた。例求めやすい価格。

表現 ⑤は、ややあらたまった感じの言いかたになるので、「どこでお買いになりましたか」より「どこでお求めになりましたか」の方が品のいいたずねかたになる。表記は「▽購める」と書かれることもある。

もともと【元元】━〈名〉あることをした結果、それ以前と少しも変わらないこと。損も得もないこと。例負けて元々、あたってくだけろ。━〈副〉はじめから。例もともと活発な子だった。類そもそも。元来。

もとゆい【元結】〈名〉髪《かみ》の毛をたばねるのに使う細いひも。和風の髪形に必要なもの。「もっとい」ともいう。

もとより『元より』〈副〉❶はじめから。もともと。例ことわられるのは、もとより覚悟《かくご》の上だ。❷いうまでもなく。例かれは、もとより知るはずもない。

もと・る『▼悖る』〈動五〉あるべきすがたに反する。例信義にもとる。道理にもとる。

もど・る【戻る】〈動五〉もとのところに移る。もとの状態になる。例席に戻る。ふり出しに戻る。平熱に戻る。類返る。

もなか『▽最中』〈名〉和菓子《わがし》の一種。こねた米のこなをうすくのばして、皿《さら》のような形に焼き、二枚を上下に合わせて、中にあんを入れたもの。

モニター〈名〉❶放送や録音などが、どんな状態で進行しているかを見るための装置《そうち》。例モニターテレビ。❷新聞社や放送局、企業《きぎょう》などからたのまれて、その記事や番組、商品などについて意見や感想を述べる人。例消費者モニター。モニター制度。❸〈する〉「①」のような機械を使って、ものごとの状態を見守ること。例実験室のようすをモニターする。◇monitor

モニタリング〈名・する〉❶状態の変化を継続《けいぞく》的に監視《かんし》・観察すること。例原発周辺の放射線量をモニタリングする。モニタリングポスト(=空気中の放射線量を継続的に測定する設備)。❷「モニター②」を活用して、意見や感想を聞くこと。例商品モニタリング。◇monitoring

モニュメント〈名〉❶記念碑《ひ》。❷遺跡《いせき》。❸後世に残る功績や作品。◇monument

もぬけ〈名〉ヘビやセミなどが脱皮《だっぴ》すること。

もぬけの殻《から》 目あての人がでかけたりして、だれもいないこと。例犯人《はんにん》のアジトはもぬけの殻だった。

[1]**もの**【物・者】〈名〉日本語では、わたくしたちの目に映じ、心にうつるすべてを「もの」「こと」の二語でとらえることができる。「もの」は形のあるものや、形はなくても名詞で表わせるものを表わすのに対して、「こと」はたえず変化してうつりかわっていく事象、すなわち動詞や形容詞で表わすものをうけもって表わす。「もの」の表わしかたは三種類に分かれる。第一は実在する「物」と「者」。第二は、ことばのうえで仮に立てる「もの」。第三は、判断のしかたを表わす「もの」である。実在の「物」「者」を表わすのは①と②、③から⑦まではすべて仮に立てる「もの」の用法である。③以下は、「もの」とかなで書くのがふつう。また、判断の「もの」は、形式名詞としての用法であり、囲み記事54(次ページ)であつかう。

❶〔物〕見てわかり、さわってわかる物。例物(=品)がいい。物と心。わたしの物。食べる物がなければ生きられない。物が足りないと心もさもしくなる。物おしみ。物ほしげ。売り物。類物体。物質。物資。物品。

❷〔者〕人を表わすことば。このときは、かならず、どういう者かを限定する修飾《しゅうしょく》語がつく。例金を拾った者は交番にとどけでること。残りたい者は残れ。ひとり者。いなか者。ならず者。あわて者。

❸なにをあてはめてもいい「もの」を代表にたてて、動作の目的物を表わす。例ものを思う。ものをおぼえる。ものを知らない。ものにおどろく。ものにたとえる。ものがわかっている。ものも言わずに。もの言い。もの思い。ものわかり(がいい・がわる い)。もの知り。もの別れ。類物事。事物。

柳宗悦(やなぎむねよし)(1889～1961) 民芸研究家。民芸運動を提唱。朝鮮の民芸品を評価した。

❹手ごたえのある内容や、たよりになるひとまとまり。例ものになる。ものともせず。ものの本。もののかずにも入らない。ものものしい。❺いちど名前をいったあと、内容づけをしてからふたたび名前をいうかわりに使うことば。例このサンマは、近海でとれたものだ。❻はじめに名をかかげたあとに、「というもの」とつけて、「内容はよくわからないが、とにかく…」という意味を表わす。例ロボットというものを、このときはじめて見た。❼なんにかぎらず、すべてを「もの」にふくめ、話を一般《いっぱん》化していう。例ものはためしだ、やってごらん。ものには順序というものがある。

ものが分《わ》かる ものごとのいいわるいを判断したり、人の気持ちを理解したりすることができる。

ものともしない まったく気にかけず、平気でいる。

ものにする ❶まとまった意味のあるものにしあげる。❷自分の手に入れる。俗《ぞく》な言いかた。

物に憑《つ》かれる なにか不思議な力のあるものがのりうつって、ふつうでないようすになる。例物につかれたように仕事をする。

ものになる ほかの人たちにみとめられるようなかたちに、まとまる。また、人が一人前になる。

ものの数《かず》ではない とりたてて問題にするようなことではない。類とるに足らない。

ものの弾《はず》み ちょっとしたきっかけで生じた、ものごとのなりゆき。例もののはずみで首相になった人もいる。

ものの見事《みごと》に 実にすばらしく。例ものの見事に成功した。

ものは言《い》いよう 同じことでも、言い方によって、よくも、悪くも受けとられるものだ。

ものは相談《そうだん》 ❶いいちえが出てこないことでも、人に相談すれば、いい考えが出てくるものだ。❷人に相談するときに、はじめに言うことば。例ものは相談だが、ひとつやってみてくれませんか。

ものは試《ため》し どんなことでも、はじめからだめだとあきらめないで、とにかくいちどはやってみるべきだ、ということ。

ものも言《い》いようで角《かど》が立《た》つ ふつうならなんでもないようなことでも、その言いかたによっては相手の感情を刺激《しげき》することがあるものだ。

ものを言《い》う 大きな力をもつ。効力を発揮する。例学歴がものを言う。

ものを言《い》わせる その力をじゅうぶんに出させる。例金《かね》にものを言わせて解決する。

[2]**もの**〈終助〉不平や不満、またはあまえの気持ちをこめて文を言いきる。話しことばで使う。例だって、私はなんにも知らなかったんだもの。参考くだけた形は「もん」。

[3]**もの**【物】〈接頭〉形容詞・形容動詞につく。❶なんとなく。例もの悲しい。もの静か。❷非常に。例もの狂おしい。ものすごい。

ものい(方言) 体調が悪くてつらい。石川で言う。参考「物憂《ものう》い」から。

ものいい【物言い】〈名〉❶口に出して言うこと。また、その言いかた。例物言いがへただ。❷判定に対する抗議《こうぎ》や疑問を口に出すこと。例物言いがつく。

ものいみ【物忌み】〈名〉一定の期間、食事や行動などに気をくばってつつしみ、身をきよめておくこと。

ものいり【物入り・物要り】〈名〉お金が多くかかること。例入学準備で何かと物入りだ。類出費。かかり。

ものう・い【もの憂い】【▼懶い】〈形〉なんとなく憂鬱《ゆううつ》で、なにもする気力がない。例もの憂い顔。類けだるい。

ものうり【物売り】〈名〉店をかまえないで、商品を売り歩く人。例物売りの声がする。

ものおき【物置(き)】〈名〉家庭で、ふだん使わない道具などを入れておく小さな建物や部屋。類納屋《なや》。

ものおじ【物おじ】【物▽怖じ】〈名・する〉なれないことに出あって、びくびくすること。表現「物おじしない」の形で使うことが多い。

ものおしみ【物惜しみ】〈名・する〉ものを惜しがって、使うのをためらうこと。類けち。吝嗇《りんしょく》。

ものおと【物音】〈名〉なにかの音。例物音がする。

ものおぼえ【物覚え】〈名〉学んだことなどをおぼえる力。例物覚えがいい。物覚えがはやい。類記憶力。

ものおもい【物思い】〈名〉心配や悲しみのために悩むこと。また、あれこれ考えこむこと。例物思いにふける。

ものか〈終助〉つよく打ち消す気持ちを表わす。例もうあんなやつと口をきくものか。UFO《ユーフォー》が着陸したなんて、類うれい。

囲み記事 54

文末で判断のしかたを表わす「もの」

(1)**ものだ** (a)一般的傾向《いっぱんてきけいこう》。「とかく」「えてして」などの副詞をともなうことがある。例人生とはそういうものだ。物はなくなると、よけいほしくなるものだ。(b)価値のおしつけ。「悪いことは言わぬ」などと前置きをして言うと、いっそうもっともらしくなる。例年寄りの言うことは聞くものだ。(c)以前日常的だったことを、なつかしく回想する。副詞「よく」をともなうのがふつう。例この川でよく遊んだものだ。(d)むずかしいことに成功したのにおどろく。これにも副詞「よく」がともない、「よくまあ」「よくも」「よくもまあ」ともなる。例こんな子どもが、よくひとりで来たものだ。(e)しみじみと感慨《かんがい》をもらす。例人間とは弱いものだ。(f)「…たいものだ」で、せつなる希望を表わす。「いちど」「いちどでいいから」「なんとかして」などの副詞をともなうことがある。例あんな豪華《ごうか》な店で食べてみたいものだ。

(2)**ものである** いかめしい態度で宣言をするときの文末に使う。例われわれは、永久の平和を願って、戦争の放棄《ほうき》を宣言するものである。

(3)**ものとする** 条文に規定をもりこむときの文末に使う。例他国から侵略《しんりゃく》を受けないかぎり、他国の領土内に派兵《はへい》することはないものとする。

(4)**…まいものでもない** 可能性があることを言うときの文末に使う。例現に侵略を受けなくても、受ける危険性があれば、派兵を決意しまいものでもない。

(5)**…うものなら** 仮定条件をのべる条件句の句末に使う。例甲子園《こうしえん》で優勝でもしようものなら、町は歓喜《かんき》に包まれるだろう。

そんなことがあるものか。

ものかき【物書き】〈名〉 文章を書くことを仕事にしている人。多く作家をいう、やや俗《ぞく》な言いかた。
表現 話しことばで使う。くだけた形は「もんか」。

ものかげ【物陰】〈名〉 物にかくれて見えないところ。例 物陰にひそむ。

ものがたり【物語】〈名〉 ❶すじのある、まとまった話。ストーリー。例 物語をする。❷日本文学で、平安時代から室町《むろまち》時代までの、随筆《ずいひつ》や日記をのぞく、散文の文学作品。例 歴史物語。
表現 ①は一話《いちわ》二話《にわ》、②は一点二点と数える。
参考 ②で、十世紀に成立した『竹取物語』が、かなで書かれた最古の物語とされる。

ものがた・る【物語る】〈動五〉 ❶あるまとまりのある話をする。❷そこにある事実が、なにかを よく示している。例 しあわせを物語る ほほえみ。ふかくきざまれたしわが、過去の苦しい生活を物語っている。

ものがなし・い【物悲しい】〈形〉 はっきりした理由はないのに、なんとなく かなしい。類 うらがなしい。

ものかは 苦痛や困難を気にかけないようす。「ものともせずに」の意味の古風な言いかた。例 寒さも ものかは と元気に出発していった。
参考 「か」「は」は、助詞。

ものぐさ〈名・形動〉 めんどうがって、やろうとしないこと。例 ものぐさな態度。対 まめ。類 不精《ぶしょう》。

ものぐるおし・い【物狂おしい】〈形〉 頭がおかしくなりそうな感じだ。例 もの狂おしい思い。

モノクロ〈名〉 「モノクローム」の略。例 モノクロ映画。モノクロ写真。◇日本での省略語。

モノクローム〈名〉 ❶単色の絵。❷白黒の写真や映画。▽「モノクロ」ともいう。◇monochrome

ものごい【物乞い】〈名〉 ❶〈する〉 ものをめぐんでくれるように、人にたのむこと。❷こじき。

ものごころ(物心)がつく 人情、習慣など、世の中のことがわかりはじめる。子どもについていう。物心つく。

ものごし【物腰】〈名〉 人に応対するときのふるまいかたやことば。また、そこから受ける感じ。例 やわらかな物腰。上品な物腰。

ものごと【物事】〈名〉 ❶したり、考えたりすることのすべて。例 物事にはちゃんときまりがある。❷世の中にあるすべてのこと。

ものさし【物差し・物指し】〈名〉 ❶ものの長さをはかる道具。竹やプラスチックなどでできている。スケール。類 定規《じょうぎ》。❷人の考えやものごとのねうちをはかる基準。例 自分を物差しにして人のことをいう。類 尺度。

ものさびし・い【物寂しい】『物▼淋しい』〈形〉 はっきりした理由はないが、なんとなくさびしい。例 もの寂しい風景。

ものしずか【もの静か】〈形動〉 ❶態度やことばがおだやかで、おちついている。例 もの静かに話す。❷ひっそりとしている。例 もの静かな場所。

ものしり【物知り】『物▽識り』〈名〉 なんでもよく知っていること。なんでも知っている人。類 博識。博学。

ものしりがお【物知り顔】〈名・形動〉 いかにもなんでも知っているといった顔つき。例 物知り顔で話す。類 わけしり顔。

ものずき【物好き】〈名・形動〉 変わったことをしたり見たりするのがすきなこと。また、そういう人。例 きみも物好きだね。類 酔狂《すいきょう》。好事家《こうずか》。

ものすご・い『物▽凄い』〈形〉 ❶見るのもおそろしい。例 ものすごい顔つき。❷ふつうの程度をはるかにこえている。例 ものすごい人出。▽類 すさまじい。

もの・する【物する】〈動サ変〉 詩や文章などの作品を作る。古い言いかた。

ものだね【物種】〈名〉 ものごとの、もとになるもの。
表現 「命あっての物種」の形で使うことば。→「いのち」の子項目

ものたりな・い【物足りない】〈形〉 なにかがたりないような気がして、なんとなく満足できない。

ものづくり『物作り・物造り』〈名〉 品物をつくること。とくに機械や部品にいう。類 製造。

もので〈接助〉 理由や根拠《こんきょ》を表わす。丁寧《ていねい》語とともに使う。例 事故がありましたもので、たいそうおそくなりました。類 ので。

モノトーン〈名〉 ❶白と黒、中間色の灰色だけの配色。❷単調。一本調子。◇monotone

ものども【者共】〈名〉 主人がおおぜいの家来たちを呼ぶことば。例 者ども、であえ。

ものなら〈接助〉 ❶かりに示したことが成り立てば、よくない結果になることをあとで述べる。もし…ならば。例 かれらに反対しようものなら、仲間はずれにされてしまうだろう。❷つきはなすような気持ちで、できないと思うことをかりに示す意味を表わす。例 できるものなら、やってみろ。
接続 ①は意志や推量を表わす動詞や助動詞「う・よう」に続き、②は可能の意味を表わす動詞や助動詞につく。

もの[1]の『物の』〈連体〉 時間や距離《きょり》の量が、ごくわずかであるようす。ほんの。例 ものの三分とつづかなかった。

もの[2]の〈接助〉 前に挙げた内容から期待されることがらと、あとに述べることがくいちがう、という意味を表わす。例 つくってはみたものの、よいできではなかった。類 が。
表現 あとで述べることは、よい結果でないことが多い。

もののあわれ【物の哀れ】〈名〉 ❶ものごとにふれてそこからよびおこされる、しみじみと心にふかく感じられるおもむき。例 物の哀れを知る。物の哀れを感じる。❷なんとなく悲しく、さびしいこと。

もののかず【物の数】〈名〉 わざわざかぞえるだけの価値があるもの。ふつう、打ち消しの言いかたで使う。例 もののかずでない。もののかずに入らない。

もののけ『物の▽怪』〈名〉 人にたたりをもたらすという、死んだ人や生きている人の たましい。

もののふ『▽武▽士』〈名〉 「武士《ぶし》」の古い言いかた。

もののほん【物の本】〈名〉 そのことがらについてくわしく書いてある本。例 それは物の本によればこうなる。

ものほし【物干し】〈名〉 せんたくものを日光に当てたりして、かわかす場所。例 物干し場。

ものほしげ【物欲しげ】〈形動〉 なにかをほしそうなようすだ。例 物欲しげな表情。類 物欲しそう。

ものほしそう【物欲しそう】〈形動〉 いかにもほしそうな態度だ。例 物欲しそうな顔をする。類 物欲しげ。

ものまね【物まね】『物真▽似』〈名・する〉 人や動物の声や動作、あるいは なにかの物音などをまねること。また、そのまねる芸。例 物まねをする。類 声帯模写。

ものみ【物見】〈名〉 名所や変わったものごとなどを見物すること。例 物見高い。物見遊山《ゆさん》。

ものみだか・い【物見高い】〈形〉 めずらしいものならなんでも見たがる。例 物見高い群衆。

ものみゆさん【物見遊山】〈名〉 あちらこちらを観光してまわること。例 視察《しさつ》旅行は物見遊山であっては

山県有朋(やまがたありとも) (1838～1922) 明治～大正の軍人・政治家。徴兵制を実施，陸軍の基礎を確立。

ならない。

ものめずらし・い【もの珍しい】〈形〉 いかにもめずらしい。例もの珍しそうに見る。

ものもち【物持ち】〈名〉 ❶お金やものをたくさん持っていること。また、その人。類金持ち。財産家。❷ものを大切にあつかって、長もちさせること。例物持ちがいい。

ものものし・い〖物物しい〗〈形〉 おおげさに思われるくらいにきびしくて、はりつめたような感じだ。例ものものしい警戒《けいかい》。ものものしいいでたち。類いかめしい。

ものもらい【物もらい】〖物▼貰い〗〈名〉 ❶他人からお金やものをめぐんでもらって暮らす人。類こじき。❷まぶたにできる、はれものの一種。類麦粒腫《ばくりゅうしゅ》。

ものやわらか【もの柔らか】〈形動〉 態度やことばがおだやかである。例もの柔らかに話す。

モノラル〈名〉 音を、ただ一本の電気系統を通して録音・再生・放送する方式。対ステレオ。◇monaural

参考 人間の耳にたとえれば、片方の耳をふさいで外界の音が平板《へいばん》に聞こえる状態がモノラルで、両耳から左右それぞれの方向の音が遠近感・立体感をもって聞こえる状態がステレオ。

モノレール〈名〉 レールが一本しかない鉄道。列車がつりさがる型と、またがる型がある。◇monorail

モノローグ〈名〉「独白」のこと。◇monologue

ものわかり【物分かり】〈名〉 ものごとの内容や、その場の状況《じょうきょう》、人の気持ちなどを理解すること。例物分かりがはやい。物分かりがいい。

ものわかれ【物別れ】〈名〉 交渉《こうしょう》や相談などが、まとまらないで別れる結果になること。例物別れに終わる。類決裂《けつれつ》。

ものわすれ【物忘れ】〈名・する〉 おぼえておかなければならないことを、忘れてしまうこと。例物忘れがひどい。

ものわらい【物笑い】〈名〉 人からばかにされ、笑われること。例物笑いになる。物笑いのたね。世間の物笑い。

ものを 一〈接助〉 満ち足りない気持ちや、うらみをこめて下に続ける。…のに。…ものなのに。例もっとくれればよいものを、なんとけちなのだろう。

二〈終助〉 不満や後悔《こうかい》の気持ちを表わす。…のになあ。例もっと早くやればよかったものを。

モバイル〈名〉 外出中にパソコンや携帯用の情報機器を使うこと。とくに、それらを使って通信を行なうこと。例モバイル通信。◇mobile

もはや〖▽最早〗〈副〉 時間がたって、あるものごとがもうここまできた、という気持ちを表わす。例もはや夜明けが近い。運命も もはやこれまでだ。

表現 「料理というより、もはや芸術作品だ」のように、「むしろ」に近い意味でも使われる。

もはん【模範】〈名〉 手本とするもの。例模範を示す。模範とする。模範生。模範演技。類規範。

もはんてき【模範的】〈形動〉 手本となるようす。例模範的な人がら。模範的な解答。

もふく【喪服】〈名〉 葬式《そうしき》や法事などのときに着る衣服。黒い色のものがふつう。

もほう【模倣】〖▼摸倣〗〈名・する〉 ほかのもののまねをしたり、それに似せたりすること。対創造。独創。類倣《なら》う。

も(▼揉)まれる ほかからさまざまの力をうけて、あちらへこちらへと動かされ、苦しい目にあう。例人ごみにもまれる。世のあら波にもまれる。

[1]**もみ**〖▼籾〗〈名〉 ❶脱穀《だっこく》していない、からのついたままの米。❷もみがら。

[2]**もみ**〖▼樅〗〈名〉 山野に生える常緑高木。直立した幹から、枝《えだ》が水平に出る。材は建築や家具に使う。若木はクリスマスツリーにする。

もみあ・う【もみ合う】〖▼揉み合う〗〈動五〉 たがいに入り乱れ、おし合いへし合いしてあらそう。

もみあげ【もみ上げ】〖▼揉み上げ〗〈名〉 耳の前のところの、かみの毛が長く生えさがっている部分。類びん。

もみがら【もみ殻】〖▼籾殻〗〈名〉 米の、かたい外皮。とくに、「もみ〔籾〕①」から米をとったあとの から。

もみくちゃ〈名〉 こみあっている所で、ひどくもまれること。

もみけ・す【もみ消す】〖▼揉み消す〗〈動五〉 ❶布や紙のようなものについた火を、もんで消す。❷自分にとってつごうのわるい事件などが、ひろがらないように処理する。例うわさをもみ消す。事件をもみ消す。

もみこ・む【もみ込む】〖▼揉み込む〗〈動五〉 もむようにして、中にまぜたりなすりつけたりする。類擦り込む。

もみじ【紅葉】〈名〉 ❶秋の終わりごろ、木の葉が赤やきいろに色をかえること。また、そうなった木の葉。類紅葉《こうよう》。❷⇩かえで

もみじがり【紅葉狩り】〈名〉 秋の野山に、紅葉を見物に行くこと。

もみで【もみ手】〖▼揉み手〗〈名〉 両手をたがいにこすり合わせたり、にぎったりすること。

表現 なにかをたのんだり、あやまったりするときに、相手に対してしたてにでるようすをいう。

もみほぐ・す〖▼揉みほぐす〗〈動五〉 ❶こって固くなった筋肉をもんでやわらかくする。例全身をもみほぐす。❷緊張《きんちょう》した気持ちをやわらげる。

も・む〖▼揉む〗〈動五〉 ❶入りみだれておし合いへし合いする。例両軍もみにもんで、熱戦となった。❷手でつかむようにしたり、こすり合わせるようにしたりする。例肩をもむ。紙をもむ。きゅうりをもむ。❸両手にはさんだものを、手をこすり合わせるように動かしてまわす。例きりをもむ。じゅずをもむ。❹なにかをはげしく動かしたり、まわしたりする。例神輿《みこし》をもむ。気をもむ(＝心配する)。❺相手をきたえる。例よし、一丁もんでやろう。▽↓もまれる

もむない(方言) おいしくない。味気ない。奈良《なら》・和歌山などで言う。もみない。例このうどん もむないなー。

もめごと【もめ事】〖▼揉め事〗〈名〉 けんかや意見の対立などの ごたごた。例もめごとを起こす。うちわのもめごと。類いざこざ。トラブル。

も・める〖▼揉める〗〈動下一〉 ごたごたした、安定しない状態になる。例会議がもめる。気がもめる。

もめん【木綿】〈名〉 ❶ワタの実《み》からとった繊維《せんい》を糸にしたもの。また、その糸で織った布。めん。コットン。例木綿のハンカチ。木綿糸《いと》。❷「木綿豆腐《どうふ》」の略。作るときの布のあとがついた、少し歯ごたえのある豆腐。対絹《きぬ》(ごし)。

[1]**もも**〖▽股・▼腿〗〈名〉 ひざと またとの あいだの部分。例ももがふとい。ふともも。類大腿部《だいたいぶ》。アモモ

[2]**もも**【桃】〈名〉 ❶果樹の一つ。落葉小高木。春、うすべに色の花がさき、初夏、やわらかくてあまい実《み》がなる。山梨県と福島県でとくに多く生産されている。❷「ももいろ」の略。▽アモモ

桃栗《くり》三年《さんねん》柿《かき》八年《はちねん》 桃と栗は芽がでてから実《み》を結ぶまで三年、柿は八年かかる。

桃の節句《せっく》 ⇩独立項目

ももいろ【桃色】〈名〉 うす赤い色。モモの花のような色。ピンク。

もものせっく【桃の節句】〈名〉 五節句の一つ。三月三日のひな祭りのこと。

ももひき【▽股引き】〈名〉 こしからももをおおう、ズボンのかたちをした衣服。作業着、また、下着にする。

ももわれ【桃割れ】〈名〉 日本髪《がみ》の髪型の一つ。モモを二つにわったような形で、若い女性がゆう。

ももんが【▼鼯▼鼠】〈名〉 ムササビに似《に》たけもの。からだのわきと四肢《しし》の間にある膜《まく》で木から木へと飛び移る。夜行性で森にすむ。「ももんがあ」ともいう。

もや【▼靄】〈名〉〔気象〕 地面近くの空気中に、霧《きり》のようなこまかな水滴が立ちこめたもの。例 もやがかかる。朝もや。類 かすみ。→きり〔霧〕参考(1)

もや・う【▼舫う】〈動五〉 ❶船と船とをつなぐ。❷船を岸につなぎとめる。例 もやい船。もやい杭《ぐい》。

もやし【▼萌やし】〈名〉 ダイズなどの種を水にひたして、光をあてないで芽をださせたもの。食用にする。豆もやし。

もや・す【燃やす】〈動五〉 ❶火をつけて燃えるようにする。例 ごみを燃やす。類 燃す。焼く。焼却《しょうきゃく》する。❷気持ちをたかぶらせる。例 情熱を燃やす。

表現 運動によって代謝《たいしゃ》をうながす意味で、脂肪《しぼう》や糖質《とうしつ》を「燃やす」という言いかたもある。

もやもや ■一〈名〉 すっきりしないで残っているいやな感じ。例 頭の中のもやもやがはれた。類 わだかまり。

■二〈副・する〉 ❶もやがかかっていてはっきりしない。❷すっきりしないで、いやな感じが残っている。例 もやもやした気分。▽ア■一モヤモヤ ■二モヤモヤ

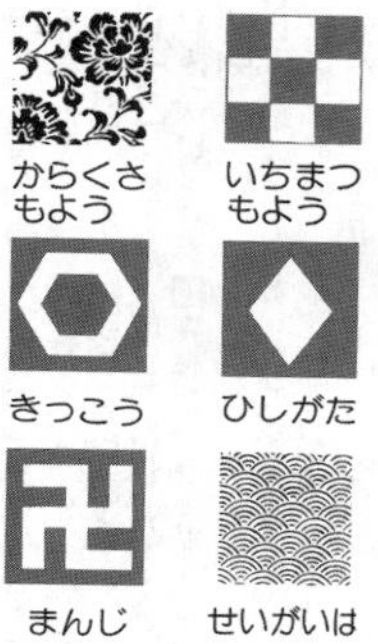

［も よ う］

もよう【模様】〈名〉 ❶織物や染めもの、工芸品などにかざりとしてつける図案。文様《もんよう》。例 模様をつける。唐草《からくさ》模様。市松《いちまつ》模様。絵 類 柄《がら》。パターン。❷だいたいのようす。例 試合の模様。空模様。模様ながめ。類 状況《じょうきょう》。情勢。ありさま。❸そう見こまれるようす。例 (天気予報で)あすは雨が降るもようです。雨模様。荒れ模様。

もようがえ【模様替え】〈名・する〉 ❶部屋の中の家具の置き場所をかえたり、かざりなどを別のものにしたりすること。❷商店などの外装や内装を変えること。類 改装。

もよおし【催し】〈名〉 おおぜいの人を集めておこなう行事。催し物。例 歓迎《かんげい》の催し。類 催事《さいじ》。イベント。

もよお・す【催す】〈動五〉 ❶祝いの会や展覧会、競技会《かいさい》やショーなどの催しを行なう。例 会を催す。類 開催する。ひらく。❷そのままではいられない、なにかの気分を感じはじめる。例 ねむけを催す。類 きざす。

もより【最寄り】〈名〉 いちばん近いこと。例 最寄りの駅。最寄りの店。

もらいう・ける【もらい受ける】【▼貰い受ける】〈動下一〉 ありがたくもらって、自分のものとする。

もらいて【もらい手】【▼貰い手】〈名〉 引きとってくれる人。例 子犬のもらい手。

もらいなき【もらい泣き】【▼貰い泣き】〈名・する〉 人が泣いているのに同情して、いっしょに泣いてしまうこと。例 苦労話を聞いて、もらい泣きしてしまった。

もらいび【もらい火】【▼貰い火】〈名〉 自分の家から出した火事でなく、よそから移ってきた火事。類 類焼。

もらいもの【もらい物】【▼貰い物】〈名〉 人からもらったもの。例 これはもらい物ですが、おひとつどうぞ。

もら・う【▼貰う】 ■一〈動五〉 ❶人がくれるものをうけとる。例 おやつをもらう。サインをもらう。人にもらう。親からもらったからだは大切にしなければならない。対 やる。くれる。あげる。❷新しく家族となる人を家にむかえる。例 嫁《よめ》をもらう。❸勝利を自分のものにする。例 この試合はもらったも同然だ。

■二〈補動五〉 (「…てもらう」の形で)他人がしてくれるのをこちらがうけとる、という気持ちを表わす。ときには、こちらの意志を強くおしつけて、やらせる気持ちを表わすこともある。例 やってもらう。航空ショーにつれていってもらった。静かにしてもらえませんか。対 やる。くれる。あげる。

敬語 「もらう」はていねいとは言えないことばなので、自分と対等の人かしたしい人の場合に使い、目上の人を相手にしたときには、謙譲《けんじょう》語の「いただく」か「頂戴《ちょうだい》する」などを使う。

もら・す【漏らす】〈動五〉 ❶液体や気体、光などを、小さなすきまや穴から少しずつ出るようにしてしまう。例 ため息をもらす。水も漏らさぬ(＝絶対に見のがさないほどきびしい)包囲網《ほういもう》。❷他人に言ったり知られたりしてはいけないことを、口に出したり知らせたりする。例 不満を漏らす。秘密を漏らす。❸衣服をつけたまま小便をしてしまう。例 おしっこを漏らす。おもらし。❹うっかり残したりぬかしたりしてしまう。例 連絡を一人だけ漏らす。参加者リストに名前を漏らす。言いもらす。書きもらす。聞きもらす。

モラトリアム〈名〉 ❶戦争や災害のときに、政府が法令によって債務《さいむ》者のしはらいを猶予《ゆうよ》すること。❷青年が社会人として独立するまでの準備期間。例 モラトリアム人間(＝いつまでも大人になれない未熟な人)。◇moratorium

モラハラ〈名〉 「モラルハラスメント(moral harassment)」の日本での略。ことばや態度によって人の心を傷つけるいやがらせ。

モラリスト〈名〉 ❶道徳を重んじて行動する人。道徳家。❷人間とは何かということについて思索《しさく》し、エッセイやアフォリズムの形で書き残した思想家。フランスのモンテーニュやパスカルなど。◇moralist

モラル〈名〉 「マナー」の、より高い段階のもの。良識。道徳。◇moral

モラルハザード〈名〉 倫理《りん》や道徳を重んじる気持ちがうすれて、利益や自分の都合を優先する社会になってしまうこと。◇moral hazard 参考 もとは、保険や金融《きんゆう》関係の用語で、危険をさけるためのシステムがととのったために、安心感から本来もつべき緊張《きんちょう》がゆるんで、かえって危険や事故が増えてしまうこと。

[1]**もり【守り】**〈名〉 ❶乳幼児の世話をすること。おもり。例 守りをする。子守。❷なにかをまもること。また、その人。例 灯台守。墓守。▽ア モリ

[2]**もり【盛り】**〈名〉 ❶食べ物を食器にもった量。例 盛り

 山田耕筰(こうさく) (1886〜1965) 大正〜昭和の作曲家。西洋音楽の普及に尽力。「赤とんぼ」などを作曲。

がいい。大盛り。❷ゆでて水洗いしたそばやうどんをうつわに盛《も》ったもの。つけ汁につけて食べる。例もりそば。「もり二枚、お願いします」。対かけ。▽アモリ

[3]**もり**【森】『▼杜』〈名〉広い範囲《はんい》に、たくさんの木がおいしげっているところ。類森林。林。アモリ →囲み記事40(984ページ)

[4]**もり**『▼銛』〈名〉魚やクジラなどを、つきさしてとる漁具。手で投げるものや、大砲《たいほう》の弾丸《だんがん》のようにうち出すものなどがある。アモリ

もりあが・る【盛り上がる】〈動五〉❶ふくらんで、高くなる。例盛り上がった筋肉。❷人々の気分や意欲、要求などがさかんになる。例ふんいきが盛り上がる。

もりあ・げる【盛り上げる】〈動下一〉盛りあがるようにする。例土を盛り上げて高くする。パーティーを盛り上げる。

もりあわせ【盛り合わせ】〈名〉いろいろな果物《くだもの》や料理を、一つの大きな皿などにとりあわせて盛りつけしたもの。例さしみの盛り合わせ。

もりかえ・す【盛り返す】〈動五〉一度おとろえたいきおいを、もう一度さかんにする。例勢力を盛り返す。

もりきり【盛り切り】〈名〉ご飯などが、盛ってあるものだけで、お代わりのないこと。

もりこ・む【盛り込む】〈動五〉ある内容を全体の中にふくめる。例計画に盛り込む。類織り込む。

もりじお【盛り塩】〈名〉料理屋などで、縁起のいいことを願って出入り口に小さく盛る塩。盛り花。

もりそば『盛り▼蕎▽麦』〈名〉⇩もり〔盛り〕②

もりだくさん【盛りだくさん】『盛り沢山』〈形動〉かぎられた範囲《はんい》の中に、たくさんのものが入っている。例盛りだくさんな行事。

もりた・てる『▽守り立てる』〈動下一〉まわりの人々が、力をかし、はげまして、りっぱな仕事をさせる。力をつくして組織をさかんにする。例社運をもりたてる。

注意「盛《も》り上げる」とまぎれて、誤《あやま》って「盛りたてる」と書かれることもある。

もりつ・ける【盛り付ける】〈動下一〉料理を食器に見た目にいいように形や配置を考えて入れる。

もりつち【盛り土】〈名〉土を盛りあげること。土を高く盛りあげたもの。土木《どぼく》などの用語では「もりど」という。例盛り土をする。

もりばな【盛り花】〈名〉❶花器に、たくさんの花を盛りあげたような形にいける生けかた。また、その生けた花。❷「盛り塩《じお》」の美称《びしょう》。

もりもり〈副〉❶力強くものごとをするようす。例もりもりと働く。もりもりと食べる。❷〈する〉力強く盛り上がっているようす。例もりもりした筋肉。筋肉もりもり。

[1]**も・る**【盛る】〈動五〉❶こんもりと積む。とくにこな状やつぶ状のものについていうことが多い。例土を盛る。ご飯を盛る。❷くすりを調合して、人に飲ませる。とくに毒薬についていう。古風な言いかた。例毒を盛る。❸文章に、ある内容をふくませる。例例外規定を、規約に盛っておく必要がある。盛りこむ。▽アモル

参考 若者ことばで、「話を盛る」のように、自分ごのみに誇張《こちょう》したり飾《かざ》ったりする意味で使われることもある。

[2]**も・る**【漏る】『▼洩る』〈動五〉液体や気体が、小さな穴やすきまをとおって外へでる。例雨が漏る。類漏れる。アモル

モルタル〈名〉〔建築〕家の外かべや床《ゆか》にぬる、砂をまぜて、水でねったセメント。◇mortar

モルト〈名〉ウイスキーの原酒。◇mort (=麦芽)

モルヒネ〈名〉ケシの実《み》からつくる麻酔《ますい》薬。痛みどめなどに使う。使いかたによっては、麻薬ともなる。◇オランダ morphine

モルモット〈名〉❶けものの一種。ネズミに似《に》ていて、体長二五センチメートルほどで、尾《お》がない。医学の実験に使われる。てんじくねずみ。❷実験台。不当なあつかいとしていう。例モルモットにされる。◇オランダ marmot

もれ【漏れ】『▼洩れ』〈名〉❶液体や気体などがもれること。例ガス漏れ。❷必要なことがらが ぬけ落ちること。例名簿《めいぼ》に漏れがある。類遺漏《いろう》。

もれうけたまわ・る【漏れ承る】〈動五〉「漏れ聞く」の謙譲《けんじょう》語。

もれき・く【漏れ聞く】〈動五〉伝聞として、耳に入る。例漏れ聞くところによると。

もれなく【漏れなく】〈副〉漏らさないように全部。例漏れなく連絡《れんらく》する。漏れなく聞く。応募者全員にもれなくさしあげます。

も・れる【漏れる】『▼洩れる』〈動下一〉❶液体や気体、光などが、小さなすきまや穴から少しずつ外へ出る。例油が漏れる。ガスが漏れる。類漏る。❷秘密にしていたことが人に知られる。例入試問題が一部の受験生に漏れた。漏れ聞く。❸えらばれなかったり、ぬかされたりして、残ってしまう。例選に漏れる。連絡が一人だけ漏れる。類落ちる。

もろ・い『▼脆い』〈形〉こわれやすい。屈《くっ》しやすい。例もろくも敗れる。骨がもろい。情にもろい。誘惑《ゆうわく》にもろい。類はかない。脆弱《ぜいじゃく》。

もろきゅう〈名〉生のキュウリにもろみをそえた食べ物。

[1]**もろこし**『▼蜀▼黍』〈名〉イネ科の一年草。夏、茎《くき》の先に穂《ほ》のようなかたちの花がさく。実を粉にして菓子《かし》の材料にしたり、家畜《かちく》のえさにしたりする。とうきび。コーリャン。

[2]**もろこし**『▽唐・▽唐▽土』〈名〉中国の古い言いかた。

もろざし【もろ差し】『▽両差し・▽諸差し』〈名〉すもうで、両うでを相手のわきの下にさしこむ形になること。

もろて【もろ手】『▽諸手・▽両手』〈名〉両手。

もろ手を挙《あ》げて「大歓迎《だいかんげい》だ」という気持ちで。無条件に。例もろ手をあげて賛成する。

もろとも『▽諸共』〈名〉いっしょに行動すること。例死なばもろともだ。財宝は船もろともしずんだ。

もろに〈副〉すっかりそのまま。まともに。例熱湯《ねっとう》をもろにかぶる。門の柱にもろにぶつかった。

もろは【もろ刃】『▽諸刃』〈名〉刃物で、両がわに刃がついていること。対片刃。類両刃《りょうば》。

もろ刃の剣《つるぎ》 使いかたによっては、大きな効果や成果がえられはするが、反面、害をもたらす危険性もあることのたとえ。両刃の剣。

もろはだ【もろ肌】『▽両肌・▽諸肌』〈名〉上半身の肌。例もろ肌をさらす。もろ肌をあらわにする。

もろ肌(を)脱《ぬ》ぐ ❶両腕を着ている着物のそでからぬき出して、上半身をあらわにする。❷他人のために全力をつくす。類片肌脱ぐ。

モロヘイヤ〈名〉野菜の一つ。中東や北アフリカで栽培《さいばい》されてきた一年草。「野菜の王様」とも呼ばれる。多くの種類の栄養素をふくむため、きざむと独特のぬめりが出る。◇アラビア語から。

もろみ『▽諸味・▼醪』〈名〉しょうゆや酒などで、しこんだ

ままで、まだこしていない、つぶがまじっているもの。例もろみ酒《ざけ》(=どぶろく)。

もろもろ『▽諸▽諸』〈名〉あれこれと多いこと。例もろもろの事情。その他もろもろ。

常用漢字 もん

【門】 門部0 全8画 門門門門門
モン かど 教小2 音[モン] ▨門限《もんげん》。門番《もんばん》。門戸《もんこ》。門下生《もんかせい》。□▨開門《かいもん》。専門《せんもん》。入門《にゅうもん》。名門校《めいもんこう》。訓[かど] 門。門口。門松。

【紋】 糸部4 全10画 紋紋紋紋紋
モン 音[モン] ▨□紋章《もんしょう》。紋所《もんどころ》。□▨指紋《しもん》。家紋《かもん》。波紋《はもん》。

【問】 口部8 全11画 問問問問問
モン とう・とい・とん 教小3 音[モン] ▨□問題《もんだい》。問責《もんせき》。問答無用《もんどうむよう》。問診票《もんしんひょう》。□▨疑問《ぎもん》。質問《しつもん》。訪問《ほうもん》。慰問《いもん》。訓❶[とう] 問う。問いかける。問いただす。❷[とい] 問い。❸[とん] 問屋。

【文】 ⇩常用漢字 ぶん〔文〕

[1]**もん【文】**〈名・接尾〉❶むかしのお金の単位の一つ。「分《ぶ》」の千分の一。❷むかしの長さの単位の一つ。くつのサイズなどを計った。一文は約二・四《センチメートル》。

[2]**もん【門】** ━〈名〉❶家に入るための、いちばん外がわの入り口。例門をひらく。門をとざす。入場門。凱旋《がいせん》門。❷ものの出入りするところ。例入学試験のせまき門。❸ひとりの師を中心としたグループ。例師の門をたたく。
━〈接尾〉大砲《たいほう》をかぞえることば。

門をたたく 教えを請《こ》うためや、弟子入りを願い出るために、訪問する。

[3]**もん【紋】**〈名〉❶図形やもよう。例波のえがく紋。類あや。❷家ごとにきまっている、その家をあらわすしるし。家紋。

もんえい【門衛】〈名〉大きな建物の門のそばにいて、門のあけしめや、出入りする人のチェックをする人。類門番。

[1]**もんか【門下】**〈名〉ある人を師として学ぶこと。また、学ぶ人。例門下生。漱石《そうせき》門下。類弟子《でし》。門人。門弟《もんてい》。

[2]**もんか**〈終助〉「ものか」のくだけた言いかた。

もんがいかん【門外漢】〈名〉その分野やことがらについて、専門ではなく十分な知識のない人。対専門家。

もんがいふしゅつ【門外不出】〈名〉たいせつにして、一歩たりとも家から外へ持ちださないこと。例門外不出の秘宝。

もんかせい【門下生】〈名〉門人。弟子《でし》。

[1]**もんがまえ【門構え】**〈名〉家の門のつくり。↓次項

[2]**もんがまえ**『門構え』〈名〉漢字の構えの一つ。「開」などの「門」の部分。↓前項

もんきりがた【紋切り型】〈名〉型どおりで、おもしろみのないやり方。例紋切り型のあいさつ。類ステレオタイプ。

もんく【文句】〈名〉❶文章中の語句。例名文句。類文言《もんごん》。フレーズ。❷不平や不満などのことば。欠点を指摘《してき》することば。例文句を言う。

文句を付《つ》ける 相手のしたことやつくったものについて、欠点をみつけて不平や苦情をいう。

もんくなし【文句なし】〈名〉あれこれ文句や苦情をいう余地のないこと。例文句なしの賛成。文句なしに当選する。

もんげん【門限】〈名〉その時までに帰宅しなければならない時刻。例門限におくれる。

もんこ【門戸】〈名〉❶門にとりつけた戸やとびら。例門戸をとざす。❷人やものの出入りを制限するもの。例門戸を開放する。❸家。一家。例門戸をはる。

門戸を開《ひら》く とざしていたへだてをとりはらって、制限なしに出入りできるようにする。例広く町人へも学問の門戸を開いた。

もんごういか『紋甲▼烏▽賊』〈名〉大形のイカ。肉が厚く、さしみ、てんぷらなどにして食べる。

モンゴルていこく【モンゴル帝国】〈名〉〔歴史〕一三世紀はじめにチンギス=ハンが建てた帝国。アジアからヨーロッパにわたる広い地域を支配した。

モンゴロイド〈名〉黄色人種。◇Mongoloid

もんごん【文言】〈名〉文章中の語句。かたい言いかた。例法令の文言。若干《じゃっかん》の文言を修正する。表現長い文章をさすことは少ない。

もんさつ【門札】〈名〉住んでいる人の名前を書いて、家の門にかかげるふだ。表札。

[1]**もんし【門歯】**〈名〉歯のならびの中央にある、上下左右八本の歯。対臼歯《きゅうし》。類前歯《まえば》。

[2]**もんし【▼悶死】**〈名・する〉もだえ苦しみながら死ぬこと。

もんじ【文字】〈名〉⇩もじ

もんじゃやき【もんじゃ焼き】〈名〉小麦粉を水でゆるくといて味つけし、キャベツのみじん切りなどの具をまぜて、鉄板の上で水気をとばすように焼く食べもの。小さなへらですくって食べる。東京都中央区月島《つきしま》の名物。

もんじゅ【文殊】〈名〉「文殊菩薩《ぼさつ》」の略。知恵《ちえ》をうけもつ菩薩。例三人寄れば文殊の知恵(↓独立項目)。◇もとサンスクリット語。

もんじょ【文書】〈名〉とくに江戸《えど》時代以前の、文書《ぶんしょ》。また、古文書《こもんじょ》のこと。

もんしょう【紋章】〈名〉衣服や道具、家屋などにつけて、その家や団体に属することを示すしるし。

もんしろちょう『紋白▼蝶』〈名〉チョウの一種。ごくふつうに見られるチョウで、白い羽に小さな黒い紋がある。幼虫は「あおむし」。

もんしん【問診】〈名・する〉医師が患者《かんじゃ》にからだのぐあいをたずねて、病気の診断や治療の参考にすること。

もんじん【門人】〈名〉ある人を師として、学問や武芸を学ぶ人。類門下。門弟《もんてい》。弟子《でし》。

モンスーン〈名〉〔気象〕「季節風」のこと。例モンスーン気候。◇monsoon

モンスター〈名〉怪物《かいぶつ》。化け物。◇monster

もんせき【問責】〈名・する〉責任をといつめること。

もんぜき【門跡】〈名〉〔仏教〕❶流派の教えをうけつぎ、教えをひろめる僧《そう》。❷天皇の親族や位のたかい貴族が僧となって住んでいる寺。また、その僧。

もんぜつ【▼悶絶】〈名・する〉苦しさのあまり、もがいて気を失うこと。

もんぜん【門前】〈名〉家や建物の門のまえ。

門前市《いち》を成《な》す 訪問客がたえないことのたとえ。

門前の小僧《こぞう》習《なら》わぬ経《きょう》を読《よ》む いつも見た

 山名宗全(そうぜん)(1404〜73) 応仁の乱の西軍の大将。日野富子と足利義尚を支持し細川勝元と戦う。

り聞いたりしていると、ならわなくても、知らず知らずのうちにおぼえる、ということ。

もんぜんばらい【門前払い】〈名〉たずねてきた人を、会うこともしないで、追いかえすこと。例門前払いをくわせる。類玄関《げんかん》払い。

もんぜんまち【門前町】〈名〉神社や寺院などのまわりに発達した町。善光寺の長野市など。

モンタージュ〈名・する〉❶映画で、いろいろな場面のフィルムをつなぎあわせて一つの作品をつくること。❷映画や写真で、いくつかの部分をくみあわせて一つの画面をつくること。例モンタージュ写真。◇フランス montage

もんだい【問題】〈名〉❶学力や知識などを調べるために出す問い。答えを要求して出すもの。例問題をだす。問題に答える。対解答。❷解決しなければならない、または、解決をせまられていることがら。例問題をおこす。やっかいな問題。社会問題。❸話題になっていることがら。例問題の人物。

もんだいいしき【問題意識】〈名〉仕事や研究のうえで、改善や究明をするべき問題を主体的に見つけだし、つねに気にかけておこうとする姿勢《しせい》。

もんだいがい【問題外】〈名〉話題としてとり上げる価値もないこと。類論外。

もんだいてん【問題点】〈名〉とくにとり上げて検討したり考えたりすべき部分。例問題点を指摘する。問題点をほりさげる。

もんち【門地】〈名〉家柄《いえがら》。

もんちゃく【▼悶着】〈名〉ちょっとしたことからおこるあらそい。例悶着をおこす。類もめごと。トラブル。

もんちゅう【門柱】〈名〉門をささえている柱。

もんちゅうじょ【問注所】〈名〉〔歴史〕鎌倉《かまくら》幕府で訴訟《そしょう》や裁判の仕事をうけもった役所。室町《むろまち》幕府では記録・訴訟文書の保管などを行なった。

もんつき【紋付き】〈名〉礼装用の和服で、背やそでにその家の紋がついているもの。

もんてい【門弟】〈名〉師につかえて、その教えをうけている者。類門人。門下。弟子《でし》。

もんと【門徒】〈名〉❶ある人の教えをうけている弟子《でし》。❷〔仏教〕ある宗派の信者。とくに、浄土《じょうど》真宗の信者。例門徒衆。

もんとう【門灯】〈名〉門にとりつけた外灯。

もんどう【問答】〈名・する〉❶問うことと答えること。質問とそれに対する答えのやりとり。例問答形式。禅《ぜん》問答。❷議論すること。例押し問答。問答無用。

もんどころ【紋所】〈名〉それぞれの家できまっている紋章《もんしょう》のこと。

もんどり(を)う(打)つ ❶宙返りをする。古い言いかた。❷体が一回転するようなたおれかたをする。例もんどり打って転ぶ。

もんなし【文無し】〈名〉⇩いちもんなし

もんばつ【門閥】〈名〉家がらのよい家どうしがむすばれてできたグループ。

もんばん【門番】〈名〉門のそばにいて、入る人をチェックしたり、門のあけしめをする役目の人。やや古い言いかた。類門衛《もんえい》。

もんぴ【門扉】〈名〉門のところにあるとびら。

もんぶかがくしょう【文部科学省】〈名〉中央官庁の一つ。教育や、学術・芸術・スポーツ・宗教・科学技術などにかかわる仕事をする。文科省。

もんぷく【紋服】〈名〉紋のついた正装用の和服。

モンブラン〈名〉栗《くり》の実をクリーム状にして、山の形にしぼり出したケーキ。また、栗の味の菓子。参考アルプス山脈の最高峰《さいこうほう》の名にちなむ。

もんぺ〈名〉女性が、農作業や保温のために、着物の上からはくズボンの一種。足首のところが細くなっている。

もんめ【▼匁】〈名・接尾〉尺貫《しゃっかん》法の重さの単位。一匁は、一貫の千分の一で、約三・七五グラム。

もんもう【文盲】〈名〉読み書きのまったくできないこと。また、その人。例無学文盲。類目に一丁字《いっていじ》もない(→「め〔目〕」の子項目)。

もんもん【▼悶▼悶】〈副・連体〉なやみごとがあってあれこれなやむようす。例毎日を悶々とすごす。悶々としてねむれない。

もんよう【文様・紋様】〈名〉⇩もよう①

常用漢字 や

【冶】冫部5 全7画
ヤ 音[ヤ] ■冶金《やきん》。□陶冶《とうや》。
注意「鍛冶」は、「かじ」と読む。
冶冶冶冶冶

【夜】夕部5 全8画
ヤよ・よる 教小2 音[ヤ] ■夜間《やかん》。夜半《やはん》。夜景《やけい》。夜食《やしょく》。夜学《やがく》。□十五夜《じゅうごや》。深夜《しんや》。昼夜《ちゅうや》。徹夜《てつや》。訓❶[よ]夜が明ける。夜明かし。夜遊び。夜風。夜通し。夜道。月夜。❷[よる]夜。
夜夜夜夜夜

【野】里部4 全11画 ※
ヤの 教小2 音[ヤ] ■野外《やがい》。野性《やせい》。野鳥《やちょう》。外野《がいや》。野球《やきゅう》。野心《やしん》。野党《やとう》。□平野《へいや》。分野《ぶんや》。訓[の]野宿。野放し。野焼き。野良犬。野太い。
野野野野野

【弥(彌)】弓部5 全8画
や 注意「弥生《やよい》」ということばのための常用漢字。
弥弥弥弥弥

や[1]【矢】〖▼箭〗〈名〉❶ほそながい竹の棒のはしに羽を、もう一方にやじりをつけて、弓で射る武器。例矢をつがえる。矢をはなつ。❷石やかたい木をわるときに使うくさび。
表現 ①はふつう一本二本と数えるが、一筋《ひとすじ》二筋《ふたすじ》、一条《いちじょう》二条《にじょう》も使う。

矢でも鉄砲《てっぽう》でも持《も》って来《こ》い どんな攻撃でも受けて立つから、かかってこい。覚悟を決めたときにもやけになったときにも言う。

矢の催促《さいそく》 早く早く、としきりにせきたてること。

矢のように 人や物が非常に速く走ったり、とくに時間があっという間に経過することのたとえ。

矢も盾《たて》もたまらない 「居《い》ても立ってもいられな

山上憶良(やまのうえのおくら)(660〜733?) 奈良時代の歌人。「貧窮問答歌」などで，人生や社会をうたった。

い」の意味の、古風な言い方。

や[2]**【家】** 一〈名〉「いえ」にあたる古いことば。例 この家の主《あるじ》はご在宅かな。 二〈接尾〉屋号や一門の名につけることば。例 不二《ふじ》家。林家一門。類 屋《や》。

表現 一は、いま使うのは、「家賃・家主・家並《な》み・家作り・家さがし」「大家・二階家・わが家」など、複合語の形が多い。

や[3]**【▼輻】**〈名〉車輪の中心部から輪に向かって出ている放射状の細い棒。類 スポーク。

や[4]**【野】**〈名〉❶のはら。❷おおやけのことにかかわっていないこと。民間。例 野にくだる(＝公職をはなれて、民間人になる)。対 官。

や[5] 一〈接助〉あることが起こると、すぐにそれに続いてほかのことが起こることを表わす。「…やいなや」の形で使われることが多い。…するとすぐ。文語的なことば。例 調査船は投錨《とうびょう》するや、ただちに海水の採取をはじめた。戸がひらくやいなや外へとびだした。

二〈副助〉意味をつよめる。文語的な感じがある。例 今やロボットの時代となった。類 しも。

三〈終助〉❶したしい人に対するさそいかけを表わす。やや古い感じの言いかた。例 もうやめようや。しっかり手をふって走れや。類 よ。❷自分の気持ちをひとりごとのようにかるく表わす。例 まあいいや。こりゃあ、すごいや。❸名前などのあとにつけて、年下の者に対するよびかけを表わす。古い感じの使いかた。例 次郎ちゃんや、ちょっとおいで。ばあさんや、もどったぞ。

四〈格助〉たくさんあるものの一部を例としてならべあげる。例 みかんやりんごなど果物《くだもの》が好きだ。類 やら。とか。

参考 四を並立《へいりつ》助詞とする考えかたもある。

や[6]**【夜】**〈接尾〉夜《よる》をかぞえることば。例 三夜連続放送。

や[7]**【屋】**〈接尾〉❶職業に関することばにつけて、それを職業とする家や人、という意味を表わす。例 魚屋。八百《やお》屋。❷性質などを表わすことばにつけて、そういう性質をもっている人、という意味を表わす。例 がんばり屋。さみしがり屋。お天気屋。はにかみ屋。❸屋号や雅号《がごう》のあとにつけることば。例 成駒《なりこま》屋。三河屋。類 家《や》。

表現 (1)①は、その職業の人に直接よびかけるときに使うのは失礼だが、「魚屋さん」「郵便屋さん」などと「さん」をつけるとしたしみがこもった感じになる。(2)「物理屋」「技術屋」のように、それを専門にする人という意味で使うこともあるが、その場合、そのことしか知らないという かるい軽蔑《けいべつ》や自嘲《じちょう》、あるいは謙遜《けんそん》の気持ちがこめられている。

表記 ③は、「▽舎」「家」と書いたりすることもある。

やあ〈感〉人に会ったときや、ちょっとおどろいたときに出すことば。例 やあ、しばらく。やあ、たいへんだ。

ヤード〈名・接尾〉ヤードポンド法の長さの単位。一ヤードは三フィートと同じ長さで、約九一・四四センチメートル。アメリカなどで使われている。ヤール。◇yard 参考 ゴルフやアメリカンフットボールなどのスポーツで使われる。

ヤードポンドほう【ヤードポンド法】〈名〉長さにヤード、重さにポンドを基本の単位とした、さまざまな単位。長さには、ほかにインチ・フィート・マイル、重さにはオンス、面積にはエーカー、体積にはガロンなどの単位がある。アメリカなどで使われている。→メートルほう・しゃっかんほう

やーらしか（方言） かわいい。佐賀・長崎などで言う。やわらしか。

やい 一〈感〉いかりや非難の気持ちで呼びかけるときに発する、ぞんざいなことば。例 やい、さっさと出て行きやがれ。 二〈終助〉呼びかけたりはやしたてたりするときに用い、さげすむような気持ちを表わす。例 そんなもんじゃないやい。早く来いやい。弱虫やい。

やいと【▼灸】〈名〉「灸《きゅう》」のやや古い言いかた。

やいな(否)や (「…するやいなや…」の形で) ❶…したかと思うとすぐに。例 家に帰るやいなや机に向かった。類 なり。❷…かどうか。古風な言いかた。例 価値があるやいなや疑問だ。

やいのやいの〈副〉しつこく急がせるようす。例 やいのやいのと催促《さいそく》がはげしい。そう、やいのやいの言うな。

やいば【▽刃】〈名〉❶刀の刃《は》。また、刃の部分に見られるうきもよう。❷刀ややりなど、刃物をまとめていうことば。例 やいばを向ける。参考「焼き刃《ば》」が変化した形。

やいばに掛《か》ける 刀で殺す。

やいん【夜陰】〈名〉夜の暗やみ。例 夜陰に乗じて。

やえ【八重】〈名〉❶八つにかさなっていること。❷いくつもかさなっていること。また、そのようにかさなっているもの。例 八重の潮路《しおじ》。八重ざき。八重桜。八重歯。

八重の潮路《しおじ》 船で行く、とても長い旅。

やえい【野営】〈名・する〉❶軍隊などが野外にとまること。野外の陣営《じんえい》。❷野外にテントなどをはって、とまること。類 野宿《のじゅく》。▽類 露営《ろえい》。キャンプ。

やえざくら【八重桜】〈名〉サクラのなかま。ほかのサクラよりもおそざきで、花は大きく、花弁が多い。ぼたんざくら。

やえば【八重歯】〈名〉かさなってはえた歯。類 鬼歯《おにば》。参考 犬歯《けんし》が八重歯になることが多い。

やえん【野猿】〈名〉野生のサル。

やおちょう【八百長】〈名〉勝ち負けを前もってきめておいて、おもてむきは いかにもしんけんに争っているように見せかける いんちきな試合。例 八百長をする。

参考「八百屋の長兵衛《ちょうべえ》」から。

やおもて【矢面】〈名〉矢がとんでくる正面。

表現「矢面にたつ」の形で、抗議《こうぎ》や非難などを直接にうける立場にたつ、という意味を表わすことが多い。

やおや【八百屋】〈名〉野菜やくだものの小売りをする店。また、それを職業とする人。類 青物屋。青果商。

やおよろず【八▽百▽万】〈名〉これ以上ないくらい、かずがおおいこと。例 八百万の神々。

やおら〈副〉ある動作をゆっくりとはじめるようす。例 やおら起きあがって背のびをした。類 おもむろに。注意「突然」「不意に」という意味に誤解《ごかい》している人が多い。

やか〈接尾〉そういう状態だ、という意味を表わす。例 つややか。かろやか。にこやか。参考 名詞、形容詞の語幹、擬態《ぎたい》語などについて、形容動詞の語幹をつくる。

やかい【夜会】〈名〉夜間の集会。とくに音楽会や舞踏《ぶとう》会など、西洋風の社交的な集まり。例 夜会服。

やがい【野外】〈名〉建物の外。また、建物や施設《しせつ》のないところ。例 野外コンサート。類 屋外。戸外。

やがく【夜学】〈名〉夕がたから夜にかけて授業をしている学校。例 夜学にかよう。

やかた【館・屋形】〈名〉❶[館] むかしの貴族や豪族《ごうぞく》のやしき。❷[屋形]「①」のやしきに住んでいた身分の高い人。❸[屋形] むかしの牛車《ぎっしゃ》や船の上につけた、屋根のある囲い。例 屋形船。

やかたぶね【屋形船】〈名〉船の上に屋根のある囲いをのせた、遊覧用の和船。

 山内(やまのうち)容堂 (1827～72) 幕末の土佐藩主。公武合体に尽力。徳川慶喜に大政奉還を勧めた。

やがて〈副〉❶あまり時間がたたないうちに。[例]やがて夏休みも終わる。[類]まもなく。もうすぐ。いまに。❷つづけていったその結果として。[例]自然をまもることは、やがて人間社会をすくう道につながるだろう。

やかまし・い【▼喧しい】〈形〉❶音や声が大きすぎて、不快感をおこさせる状態である。[類]うるさい。[例]やかましいさわぎ。テレビがやかましい。[対]静か。[類]うるさい。さわがしい。そうぞうしい。❷こまかいことまで あれこれ言うようす。[例]やかましいおやじ。服装にやかましい先生。口やかましい。[類]きびしい。うるさい。

やから【▽族・▽輩】〈名〉このましくない連中という意味を表わす形式名詞。[例]無頼《ぶらい》のやから。不逞《ふてい》のやから。

やが・る〈接尾〉ばかにしたり、にくんだりする気持ちを乱暴に表わす。[例]まだ寝てやがる。余計なことを言いやがって。[参考]動詞の連用形について、五段活用の動詞をつくる。「…ている」の形につくときは、「…てやがる」「…てやがる」の両方の形をとる。

やかん[1]【夜間】〈名〉よるのあいだ。[例]夜間外出。夜間営業。[対]昼間《ちゅうかん》。日中。[ア]**ヤカン**

やかん[2]【▽薬缶】〈名〉金属製で そそぎ口のついた、湯をわかす道具。ケトル。[ア]**ヤカン**

やき[1]【焼き】■一〈名〉❶陶器《とうき》などを窯《かま》の中で焼くこと。また、その焼きぐあい。❷はがねなどの金属を高温で焼いたあと、すぐ水の中に入れて、冷やしてかたくしあげること。[例]焼き入れ。▽[ア]**ヤキ**

■二〈造語〉焼いて調理することを表わす。[例]焼き鳥。焼きおにぎり。目玉焼き。たこ焼き。

■三〈接尾〉[焼]焼き物。[例]備前焼《びぜんやき》。

焼きが回《まわ》る はがねを焼きすぎると切れ味がにぶくなることから、年をとったりして、技術や判断力がおとろえる。

焼きを入《い》れる ❶はがねを強くするために、高温で焼いて、水につけて かたくしあげる。❷反省させるために、体罰《たいばつ》などをくわえる。また、人をいためつける。

やき[2]【夜気】〈名〉❶夜の冷えた大気。[例]夜気にあたる。❷あたりがしずまりかえった、夜のけはい。[例]夜気がせまる。▽[ア]**ヤキ**

やぎ【▽山▽羊】〈名〉家畜《かちく》の一種。体長一《メートル》ほどで、多くは二本のつのがあり、おすには あごひげがある。乳や肉、毛を利用する。

やきいも【焼き芋】〈名〉サツマイモをまるごと焼いたもの。[例]焼き芋屋。

やきいれ【焼き入れ】〈名・する〉はがねをつよく熱してから、急に水に入れて冷やすこと。かたさをますためにする。

やきいん【焼き印】〈名〉金属でできている印。焼いてげたや木工具などに おす。[類]烙印《らくいん》。

やきうち【焼き討ち・焼き打ち】〈名・する〉城などに火をつけて、攻《せ》め落とすこと。[例]焼き討ちをかける。焼き討ちにあう。[類]火攻め。

やきざかな【焼き魚】〈名〉火で焼いた魚。

やきす・てる【焼き捨てる】〈動下一〉書類などを焼いて、残らないようにする。[類]焼却《しょうきゃく》する。

やきそば【焼きそば】〈名〉むした中華麺《めん》を、油でいためたり揚《あ》げたりした料理。[参考]揚げたものを「かた焼きそば」とか「揚げそば」とかいう。

やきつ・く【焼き付く】〈動五〉❶⇩やけつく ❷つよい印象をうけて 忘れられなくなる。[例]網膜《もうまく》に焼き付く。光景が焼き付く。心に焼き付く。[類]しみつく。

やきつ・ける【焼き付ける】〈動下一〉❶現像したフィルムの像を印画紙にうつして、写真にしあげる。❷うわぐすりをかけて焼いた陶器《とうき》に、絵やもようをつけて、ふたたび窯《かま》に入れて焼きあげる。❸心につよく印象づけて、わすれないようにする。[例]美しい風景を目に焼きつける。

やきどうふ【焼き豆腐】〈名〉水けを切り、じか火であぶって表面にこげめをつけた豆腐。

やきとり【焼き鳥】〈名〉鳥の肉や、鳥・ブタなどの内臓を小さく切ってくしにさし、火で焼いた料理。

やきなおし【焼き直し】〈名・する〉❶もういちど焼くこと。[例]写真を焼き直しする。❷すでに公表されている作品を少しあらためて、新しい作品のようにみせること。また、そのようにした創造性のない作品。[例]旧作の焼き直し。[類]二番せんじ。

やきにく【焼き肉】〈名〉とくに牛の、うす切りにした肉や内臓を焼いて、たれをつけて食べるもの。

やきのり【焼きのり】【焼き▽海▼苔】〈名〉ほしたのりをじか火であぶったもの。

やきば【焼き場】〈名〉❶ものを焼くところ。❷死者の遺体を焼くところ。火葬場《かそうば》。

やきはた【焼畑】〈名〉原野や山林を焼きはらって、灰を肥料として、じかに種を焼けあとにまくこと。また、その畑。原始的な農業の方法の一つ。「やきばた」ともいう。[例]焼畑農業。

やきはら・う【焼き払う】〈動五〉なにも残らないようにすっかり焼いてしまう。

やきぶた【焼き豚】〈名〉豚肉をたれにつけてあぶり焼きしたり、たれの中で煮《に》こんだりした、中国風の食べ物。うすく切って、前菜としたり、ラーメンやチャーハンの具とする。チャーシュー。

やきめし【焼き飯】〈名〉「チャーハン」のこと。

やきもき〈副・する〉ものごとが期待どおりにいかなくて、気をもんでいらいらするようす。[例]時間におくれはしないかとやきもきした。[類]いらいら。

やきもち【焼き餅】〈名〉❶火であぶったもち。❷嫉妬《しっと》。[例]焼き餅をやく。焼き餅やき(＝嫉妬ぶかい人)。

やきもの【焼き物】〈名〉❶土器や陶器《とうき》、磁器など、土を焼いてつくったものを まとめていうことば。[例]焼き物を焼く。[類]陶磁器。❷鳥や魚を焼いた料理。[例]川魚の焼き物。

やきゅう【野球】〈名〉投手の投げたボールをバットで打ち、攻撃《こうげき》と守備を交互《こうご》に行なって、得点をきそう競技。試合は、一チーム九人で行なう。[類]ベースボール。

やぎゅう【野牛】〈名〉北アメリカやヨーロッパにいる野生のウシ。ふつうのウシより大きく、肩《かた》の部分がもりあがっている。バイソン。バッファロー。

やきょく【夜曲】〈名〉⇩セレナーデ

やきん[1]【冶金】〈名〉鉱石から金属をとりだし、加工して、役にたつ材料をつくること。製錬《せいれん》。[例]冶金術。

やきん[2]【夜勤】〈名・する〉夜間に勤務すること。[例]夜勤明け。[対]日勤。

やきん[3]【野▼禽】〈名〉「野鳥」の専門的な言いかた。[対]家禽《かきん》。

常用漢字 **やく**

【厄】 厂部2 全4画

厄厄厄厄

ヤク [音][ヤク] ▨厄年《やくどし》。厄除《やくよ》け。▨災厄《さいやく》。

【役】 彳部4 全7画

ヤク・エキ 教小3 音❶[ヤク] 役所《やくしょ》。役人《やくにん》。役得《やくとく》。役目《やくめ》。役者《やくしゃ》。上役《うわやく》。悪役《あくやく》。荷役《にやく》。二役《ふたやく》。❷[エキ] 役務《えきむ》。雑役《ざつえき》。兵役《へいえき》。労役《ろうえき》。

【約】 糸部3 全9画

ヤク 教小4 音[ヤク] 約束《やくそく》。約数《やくすう》。約分《やくぶん》。約半数《やくはんすう》。契約《けいやく》。条約《じょうやく》。節約《せつやく》。要約《ようやく》。

【訳(譯)】 言部4 全11画

ヤク わけ 教小6 音[ヤク] 訳語《やくご》。訳文《やくぶん》。通訳《つうやく》。直訳《ちょくやく》。翻訳《ほんやく》。英訳《えいやく》。名訳《めいやく》。中国語訳《ちゅうごくごやく》。訓[わけ] 訳。言い訳。内訳。

【薬(藥)】 艹部13 全16画

ヤク くすり 教小3 音[ヤク] 薬剤師《やくざいし》。薬草《やくそう》。薬局《やっきょく》。薬膳料理《やくぜんりょうり》。薬用《やくよう》せっけん。火薬《かやく》。胃腸薬《いちょうやく》。農薬《のうやく》。特効薬《とっこうやく》。訓[くすり] 薬。薬指。粉薬。風邪薬。飲み薬。上薬。

【躍】 𧾷部14 全21画 ※

ヤク おどる 音[ヤク] 躍動《やくどう》。躍起《やっき》。活躍《かつやく》。飛躍《ひやく》。跳躍《ちょうやく》。訓[おどる] 躍る。躍り上がる。

1 **や・く**〖▽妬く〗〈動五〉 好きな人が、自分以外の人と親しいことを知って、好きな人をにくらしく思う。また、人が、自分よりもめぐまれていたりすぐれていたりするのをみて、くやしい感じをもつ。例 やきもちをやく。類 嫉妬《しっと》する。ねたむ。ア ヤク

2 **や・く【焼く】**〈動五〉 ❶火をつけて燃やす。例 ごみを焼く。家を焼く。類 燃す。❷こげるくらいに火をあてて、熱を中までとおす。例 もちを焼く。魚を焼く。鉄板で焼く。↓囲み記事57(1287ページ) ❸火で熱をくわえてつくる。例 炭を焼く。つぼを焼く。パンを焼く。❹日光にからだをあてて黒くする。例 せなかをやく。❺写真で、ネガと感光紙からポジをつくる。例 焼きつける。焼き増し。❻薬品などで、ひふをただれさす。例 硫酸《りゅうさん》で焼いた傷あと。▽ア ヤク

表現 「世話を焼く」といえば、こまめにめんどうをみること、「手を焼く」といえば、あつかいにこまることをいう。

3 **やく【厄】**〈名〉 ❶わざわい。災難。例 厄をはらう。❷「厄年《やくどし》」の略。▽ア ヤク」

4 **やく【役】**〈名〉 ❶わりあてられた仕事。責任のあるつとめ。例 役がまわってくる。重い役をつとめる。類 任務。役目。❷俳優が演じる人物。例 役をふる(=わりあてる)。役になりきる。刑事《けいじ》の役。役づくり。父親役。憎《にく》まれ役。❸とくに人を指導したり監督《かんとく》したりする任務。例 役がつく。役につく。役づき。取締《とりしまり》役。❹花札やトランプ、マージャンなどで、勝ちに結びつく札やパイの組み合わせ。例 役がそろう。▽ア ヤク」

役に立《た》つ ⇩やくだつ

5 **やく【約】** ㊀〈名〉 「やくそく」「とりきめ」の古い言いかた。例 約をはたす。㊁〈副〉 数量を示すことばとともに使って、だいたいその程度であることを表わす。例 約一時間かかる。約一万円ある。類 だいたい。およそ。おおよそ。ほぼ。▽ア ヤク →やくする

6 **やく【訳】**〈名〉 外国語や古い時代の言語による文章を、ほかの言語や現代語におきかえること。例 英語訳をつける。正確な訳。現代語訳。類 翻訳《ほんやく》。ア ヤク →やくす〔訳す〕

7 **やく**〖▼葯〗〈名〉〔植物〕 おしべの先端《せんたん》の、ふくらんだ部分。花粉が入っている。ア ヤク

8 **やく【薬】**〈接尾〉 くすり。例 頭痛薬。特効薬。

やぐ【夜具】〈名〉 ふとんやまくら、ねまきなど、寝《ね》るときに使うもの。類 寝具《しんぐ》。夜着《よぎ》。

やくいん【役員】〈名〉 ❶組織などのかかりの人。例 生徒会役員。❷会社や団体などで、それを代表するような責任ある地位の人。類 重役。

やくえき【薬液】〈名〉 液体のくすり。くすりをとかした液。

やくおとし【厄落とし】〈名〉 厄年《やくどし》にあたる人が災難にあわないように、寺社に参ったり、酒宴《しゅえん》をもよおしたり、まじないをしたりすること。

やくがい【薬害】〈名〉 病気やけがをなおすために使われる薬によって、逆にひきおこされる人体への害。

やくがく【薬学】〈名〉 くすりのつくりかたやききめなどを研究する学問。

やくがら【役柄】〈名〉 ❶役の性質や内容。例 役柄をおもんじる。❷役目上の体面。例 役柄がある。❸演劇で、俳優がうけもつ登場人物の種類やその性格。例 役柄をこなす。

やくご【訳語】〈名〉 ある言語から別のちがった言語に訳すときのことば。対 原語。

やくざ ㊀〈名〉 堅気《かたぎ》でなく、人にたかったり、ばくちをしたりして生活している人。類 ならず者。暴力団。㊁〈形動〉 ちゃんとしたものではない。例 やくざな品。

やくざい【薬剤】〈名〉 くすり。とくに、いくつかのくすりをまぜあわせてつくったくすり。例 薬剤師。類 薬品。

やくざいし【薬剤師】〈名〉 法律上の資格をもち、薬の調合などを行なう人。

1 **やくさつ【▼扼殺】**〈名・する〉 手やうでで首をしめて殺すこと。類 絞殺《こうさつ》。

2 **やくさつ【薬殺】**〈名・する〉 くすりを使って、生き物を殺すこと。類 毒殺。

1 **やくし【訳詞】**〈名〉 外国語の歌詞を訳すこと。訳された歌詞。ア ヤクシ

2 **やくし【訳詩】**〈名〉 外国語で書かれた詩を訳すこと。訳された詩。ア ヤクシ

3 **やくし【薬師】**〈名〉 「薬師如来《にょらい》」の略。左手に宝珠《ほうじゅ》、または、くすりのつぼを持ち、人々の病気をなおすという。ア ヤクシ

1 **やくしゃ【役者】**〈名〉 ❶芝居《しばい》や映画に出て、演じる人。例 大根役者。類 俳優。❷それらしくふるまうのが上手な人。▽ア ヤクシャ

役者が一枚《いちまい》上《うえ》 世の中での経験も多く、人とのかけひきなども、いちだんとすぐれていること。

役者がそろう 何かをするのに、必要な顔ぶれがそろう。

役者が違《ちが》う ほかの人とはくらべものにならないほど、その場面で活躍《かつやく》できる力量をもっている。

2 **やくしゃ【訳者】**〈名〉 その文章や詩などを訳した人。ア ヤクシャ

やくしゅつ【訳出】〈名・する〉 翻訳《ほんやく》すること。

1 **やくしょ【役所】**〈名〉 役人が、おおやけの仕事をすると

ころ。例役所勤め。類官庁。役場。アヤクショ」
表現「お役所仕事」というと、形式主義で、能率がわるく、ゆうずうのきかない仕事ぶり、という意味で使われる。
参考「やくどころ」と読むのは別のことば。

[2]**やくしょ【訳書】**〈名〉翻訳《ほんやく》した書物。対原書。

やくじょ【躍如】〈副・連体〉活発に動くようすを表わし、おもに「面目躍如」の形で使うことば。→めんぼくやくじょ
アヤクショ

やくじょう【約定】〈名・する〉約束して決めること。契約《けいやく》を結ぶこと。例合併《がっぺい》を約定する。

やくしょく【役職】〈名〉官庁や会社などで、その組織を運営する責任のある職務。重役・局長・部長・課長など。例役職につく。類管理職。役づき。

やくしん【躍進】〈名・する〉めざましく発展すること。いきおいよく進出すること。例海外に躍進する。躍進の年。類飛躍。

[1]**やく・す【約す】**〈動五〉⇩やくする

[2]**やく・す【訳す】**〈動五〉❶ある言語で表現された内容を、別の言語で表わす。例フランス語の文章を日本語に訳す。類翻訳《ほんやく》する。❷古語を現代語になおす。

やくすう【約数】〈名〉〔数学〕ある整数や整式をわりきることのできる整数や整式。対倍数。

やく・する【約する】〈動サ変〉❶やくそくする。かたい言いかた。例再会を約する。❷みじかくする。簡略にする。例約して表現する。類要約する。❸〔数学〕約分する。▽「約す」ともいう。

やくせき【薬石】〈名〉いろいろなくすりと治療《ちりょう》法。
表現「薬石効なく永眠《えいみん》いたしました」のように、ややかたい文章で、死亡通知に使われる場合が多い。

やくそう【薬草】〈名〉くすりとして使われる植物。すりつぶしたり、せんじたりして使う。ゲンノショウコ・センブリなど。

やくそく【約束】〈名・する〉❶相手と将来のことをきめること。そのきめた内容。例再会を約束する。先生との約束をまもる。❷きまり。例俳句を作るときの約束。

やくそくてがた【約束手形】〈名〉発行した人が、一定の期日に一定の金額を受け取り人にしはらうことを約束した手形。略して「約手《やくて》」ともいう。

やくたい（益体）もな（無）い 役に立たない。くだらない。古めかしい言いかた。

やくたたず【役立たず】〈名・形動〉人が能力がないとか、物が故障しているとかで、役に立たないこと。例この役立たず！

やくだ・つ【役立つ】〈動五〉そのものを使うことができて、便利だ。また、知っていたおかげでたすかる。「役に立つ」ともいう。例知識が役立つ。暮らしに役立つ。なにかと役立つ。類益する。有用。

やくだ・てる【役立てる】〈動下一〉役に立てる。有効に使う。例学生時代の経験を、社会に役立てる。

やくちゅう【訳注】〖訳▾註〗〈名〉❶翻訳《ほんやく》とそれに関係する注釈《ちゅうしゃく》。❷原作者がつけた注釈に対して、訳した人がつけた注釈。対原注。

やくづき【役付き】〈名〉会社や団体などで、課長や部長など、ふつうの人よりも高い地位につくこと。また、その地位についている人。例役付きになる。類役職。

やくづくり【役作り】〈名〉芝居《しばい》で、受けもつ役をうまく演じるため、すがたやせりふの言い方などにくふうをこらすこと。

やくとう【薬湯】〈名〉❶薬草などを煎《せん》じたもの。のみぐすり。❷薬を入れたふろ。

やくどう【躍動】〈名・する〉いきおいよく、いきいきと動くこと。例躍動美。

やくとく【役得】〈名〉ある役目についているために、手に入れることができる利益。例役得がある。類余禄《よろく》。

やくどく【訳読】〈名・する〉英語の授業などで、教科書などを訳しながら読むこと。

やくどころ【役所】〈名〉❶あたえられた役目・配役。❷その人にぴったりの役割。例役どころにはまる。

やくどし【厄年】〈名〉❶人間の一生のうちで、よくないことが多いといわれる年齢《ねんれい》。数え年を使い、男では25歳《さい》・42歳・61歳、女では19歳、33歳、37歳といわれる。❷災難の多い年。例ことしは天災の多い厄年だった。
参考 ①は、その前後の年も注意が必要とされ、それぞれ「前厄《まえやく》」「後厄《あとやく》」とよばれる。

やくなん【厄難】〈名〉災難。わざわい。

やくにん【役人】〈名〉役所につとめて、おおやけの仕事をする人。類官僚《かんりょう》。公務員。

やくば【役場】〈名〉町や村の住民のために、おおやけの仕事をおこなうところ。例村役場。類役所。

やくばらい【厄払い】〈名・する〉神仏にいのって、わざわいや災難からのがれようとすること。「やくはらい」ともいう。類厄よけ。

やくび【厄日】〈名〉❶いやなことがあったり、災難にあったりした日。❷農家などで、天候による災害が多いとされている日。二百十日《にひゃくとおか》など。

やくびょう【疫病】〈名〉「疫病《えきびょう》」の古い言いかた。

やくびょうがみ【疫病神】〈名〉病気をはやらせるという わるい神。対福の神。
表現 みんなから忌《い》みきらわれている人についてもいう。

やくひん【薬品】〈名〉❶くすり。❷防腐剤《ぼうふざい》や漂白《ひょうはく》剤など、ものを化学的に処理するために使う物質。例化学薬品。▽類薬剤。

やくぶそく【役不足】〈名・形動〉❶あたえられた役割が、その人にとってかんたんすぎるようなものであること。例役不足ですが、お引き受け願えますでしょうか。❷重い役割に見合った能力を、その人がもっていないこと。例私では役不足ですが精一杯がんばります。類力不足。
注意 ①が本来の意味だが、正反対の②の意味で使う人が増えている。

やくぶつ【薬物】〈名〉くすり。からだになんらかの変化をおこす化学的な物質。例薬物を用いる。
表現 使用に注意を要するようなものをさす。

[1]**やくぶん【約分】**〈名・する〉〔数学〕分数の分母と分子を、それぞれ同じ公約数でわって、かんたんにすること。約する。

[2]**やくぶん【訳文】**〈名〉❶ある言語で書かれた内容を、別の言語に訳した文章。❷古典の作品を、現代語になおした文章。

やくほん【訳本】〈名〉外国語で書かれた本を翻訳《ほんやく》したもの。対原本。原書。

やくまわり【役回り】〈名〉うけもつことになった役目。例損な役回り。

やくみ【薬味】〈名〉わさびやきざみねぎ、もみじおろしなど、料理の風味をまして、食欲を増進させるための食品。例薬味を入れる。薬味をきかせる。

やくめ【役目】〈名〉責任のあるつとめ。例役目を果たす。親の役目。類任務。役割。役。

やくよう【薬用】〈名〉くすりとして使うこと。例薬用せっけん。薬用植物。

やくよけ【厄よけ】〖厄▽除け〗〈名〉わざわいをはらいのけるための手段。例厄よけのお守り。類厄ばらい。

やぐら〖▼櫓〗〈名〉❶矢を射るために、また、みはりのために、城門や城壁《じょうへき》の上につくった、高い建物。❷周囲を見わたすために、木材などをくみあわせてつくった、高い建物。例やぐらをくむ。火の見やぐら。

やぐらしか（方言）うっとうしい。わずらわしい。佐賀・長崎などで言う。

やぐるま【矢車】〈名〉軸《じく》のまわりにいくつかの矢羽根を円形にとりつけて、風でまわるようにしたもの。こいのぼりのさおの先などにつける。

やくろう【薬籠】〈名〉「薬箱《くすりばこ》」の古い言いかた。→自家薬籠中の物（「じか〔自家〕」の子項目）

やくわり【役割】〈名〉仕事をわりあてること。わりあてられた仕事。例役割をきめる。類役目。任務。

役割を果《は》たす ❶わりあてられた仕事をきちんとやりとげる。例決勝ホームランを打って四番バッターの役割を果たす。❷なくてはならないものとして機能する。例酸素は生物の生存に重要な役割を果たしている。

やけ〖▽自▽棄〗〈名〉自分の思うとおりにいかないため、なげやりな態度になること。例やけをおこす。やけになる。類すてばち。やぶれかぶれ。自暴自棄《じぼうじき》。→やけに

表現「やけ」を強調した言いかたに、「やけくそ」「やけっぱち」「やけのやんぱち」などがある。

やけあと【焼け跡】〈名〉火事で焼けてしまったあと。

やけい[1]**【夜景】**〈名〉遠くから見る、夜の景色。

やけい[2]**【夜警】**〈名〉会社などで、夜のあいだ、火事やどろぼうなどをふせぐために見まわること。夜間の警備員。

やけいし【焼け石】〈名〉火や太陽の熱であつくなった石。

焼け石に水《みず》 問題の大きさに対して、対処のしかたがまったく足りず、なんの効果もないこと。

やけお・ちる【焼け落ちる】〈動上一〉建物が、火事で燃えてくずれる。

やけくそ〖▽自▽棄▼糞〗〈名・形動〉「やけ」を強めた言いかた。例やけくそになる。類すてばち。やぶれかぶれ。自暴自棄《じぼうじき》。

やけざけ【やけ酒】〖▽自▽棄酒〗〈名〉いやなこと、おもしろくないことなどがあったときに、気分をまぎらすために飲む酒。例やけ酒をあおる。

やけださ・れる【焼け出される】〈動下一〉火事にあって家をうしない、住むところがなくなる。

やけただ・れる【焼けただれる】〖焼け▼爛れる〗〈動下一〉ひどいやけどによって、ひふや肉がくずれる。

やけつ・く【焼け付く】〈動五〉強い熱のために、ものの一部がとけて、ほかのものにこびりつく。「やきつく」ともいう。例焼け付くような暑さ。

やけっぱち〖▽自▽棄っぱち〗〈名・形動〉「やけ」を強めた言いかた。例やけっぱちになる。類やけのやんぱち。

やけど〖▽火▽傷〗〈名・する〉火や熱湯などにふれて、ひふがただれること。例やけどを負う。やけどのあと。類火傷《かしょう》。熱傷。

表現あぶないことにかかわって痛手をうけることにもいう。

参考「やけど」は、その程度によって、一度（＝ひふが赤くなる）、二度（＝水ぶくれができる）、三度（＝細胞《さいぼう》や組織がだめになる）、四度（＝炭化する）の四段階に分けられる。

やけに〈副〉いつもとちがって いやに。くだけた言いかた。例きょうは やけに寒いね。類ばかに。みょうに。

やけのこ・る【焼け残る】〈動五〉火事でほかは燃えたがそれだけ燃えずにすむ。

やけのはら【焼け野原】〈名〉広い範囲《はんい》にわたって、焼けてしまったところ。例一面の焼け野原。

やけのやんぱち〖▽自▽棄のやん八〗〈名〉「やけ」を強めて、人名めかしていう俗《ぞく》なことば。例もうこうなったらやけのやんぱち、あり金全部はたいてやる。

やけぶとり【焼け太り】〈名・する〉火事にあったのに、見舞《みまい》金などで、以前より生活が豊かになること。

やけぼっくい【焼けぼっくい】〖焼け▽棒▼杙〗〈名〉樹木や柵《さく》などが焼けてしまってほぼ炭化したまま、くいのようにつっ立っているもの。

焼けぼっくいに火《ひ》がつく 一度とぎれた恋愛《れんあい》関係がまた元にもどる。

や・ける[1]〖▽妬ける〗〈動下一〉ねたましいと思う。

や・ける[2]**【焼ける】**〈動下一〉❶燃えてしまって灰になる。例家が焼ける。焼け落ちる。類焼失する。❷日光や火で、あつくなる。例地面が焼ける。焼けつく。❸火がとおって、食べられるようになる。例パンが焼ける。魚が焼ける。❹日光にあたって、はだの色が黒くなる。例日に焼ける。類日焼けする。❺日光や薬品のために色がかわる。例日に焼けたたたみ。類日焼けする。❻空や雲の色が赤くそまる。例まっかに焼けた夕空。

表現「せわが焼ける」は手がかかること、「手が焼ける」はめんどうや手数がかかること、「胸が焼ける」は食べすぎたりして胸がむかむかすることをいう。

やけん【野犬】〈名〉飼い主のいない犬。類のら犬。

やご〈名〉トンボの幼虫。

やこう[1]**【夜光】**〈名〉夜、または暗いところでひかること。例夜光塗料《とりょう》。夜光虫。

やこう[2]**【夜行】**〈名〉❶夜間に運転される列車やバス。例夜行便。夜行列車。❷夜間に活動すること。動物などの性質についていう。例夜行性。百鬼《ひゃっき》夜行。

やごう[1]**【屋号】**〈名〉❶商店のよび名。類商号。❷歌舞伎《かぶき》俳優の家のよび名。成駒《なりこま》屋など。▽アヤゴー

やごう[2]**【野合】**〈名・する〉❶ちゃんと結婚《けっこん》をしないで、男女が関係を結ぶこと。古い言いかた。❷対立する者どうしが、一時的な利害関係から協力関係を結ぶこと。例政党の野合。▽アヤゴー

やこうせい【夜行性】〈名〉夜間にえさをあさるなどの活動をする習性をもった動物であること。

やこうちゅう【夜光虫】〈名〉プランクトンの一種。一ミリメートルほどで、海面近くにむれになってうかび、光をだすので、夜、海があおく見える。

やこうとりょう【夜光塗料】〈名〉暗いところで光をだす物質をふくんだ塗料。道路表示や非常口の表示、時計の文字盤《もじばん》などに利用される。

ヤコブびょう【ヤコブ病】〈名〉脳に異常なタンパク質がたまってスポンジ状になる難病。認知症《しょう》や性格の変化などの症状があらわれる。参考この病気を報告した二人の学者の名をつなげた「クロイツフェルト・ヤコブ病」が正式名で、略して「CJD」という。

やさい【野菜】〈名〉食用とするために、畑でつくる植物。類青物《あおもの》。青果。

やさおとこ【優男】〈名〉ほっそりした、やさしい感じの

男性。例優男金《かね》も力もなかりけり。類やさ形《がた》。

やさがし【家捜し】〈名・する〉家の中を残りなくさがすこと。類家宅捜索《かたくそうさく》。

やさがた【優形】〈名〉からだつきがほっそりとしていて、やさしい感じであること。多く、男性にいう。類やさ男。

やさき【矢先】〈名〉❶矢の、つきささるがわのはし。やじり。❷敵の矢のとんでくる方角。類矢おもて。❸あることをしようとしていた、またはした、まさにそのとき。例遊びに出かけようとしていた矢先に、急に雨が降りだした。類まぎわ。

やさぐれ〈名〉ものごとが思いどおりにならなくて、すねたり、ひがんだり、投げやりになったりすること。そのような人。由来もと、やくざの隠語《いんご》で「家出人」のこと。「やさぐれる」と動詞の形でも使う。

やさし・い[1]【易しい】〈形〉❶わかりやすい。例易しい文章。易しく説明する。❷かんたんで、やろうと思えばすぐできる感じである。例易しい問題。類たやすい。容易《ようい》。平易《へいい》。▽対むずかしい。

やさし・い[2]【優しい】〈形〉❶人に対する態度がおだやかで、思いやりがある。例気だての優しい人。優しく看病する。対きびしい。きつい。❷上品で、優美である。例ものごしが優しい。優しい顔をした人形。対きつい。❸負荷《ふか》・負担《ふたん》が少ない。俗《ぞく》っぽい言いかた。例環境《かんきょう》にやさしい洗剤《せんざい》。財布《さいふ》にやさしい価格設定。

やし[1]【野史】〈名〉民間の人が書いた歴史書。対正史。類外史。

やし[2]〖▼椰子〗〈名〉熱帯地方に多い常緑高木。幹の先に葉をつけ、たまごのかたちをした大きな実《み》がなる。ココヤシ・ナツメヤシなど、種類が多い。

やし[3]〖▽香▽具師〗〈名〉祭りや縁日《えんにち》のときに、道ばたに物をならべて、口上《こうじょう》をのべたりしながら売る人。類テキ屋。

やじ〖野次〗〈名〉話をしたりなにかをしている人をからかうために、大声をだしてさわぐこと。例やじをとばす。

やじうま【やじ馬】〖野次馬〗〈名〉自分は関係がないのに、おもしろがって人のうしろについて見物したり、さわぎたてたりする人。例やじ馬根性《こんじょう》。

やしき【屋敷】〖▽邸〗〈名〉❶家のたてられている、ひとくぎりの土地。例家屋敷。❷しっかりしたかこいがあって、庭などもひろく、りっぱな建物のある家。例屋敷町。類邸宅《ていたく》。豪邸《ごうてい》。

やしきがまえ【屋敷構え】〈名〉大きな屋敷のたたずまい。

やじきた【弥次喜多】〈名〉❶江戸《えど》時代の戯作《げさく》者、十返舎一九《じっぺんしゃいっく》の作品『東海道中膝栗毛《ひざくりげ》』の主人公、弥次郎兵衛《やじろべえ》と喜多八《きたはち》の名前を略してまとめたよび名。❷よく気のあったゆかいな二人組。例弥次喜多道中。

やしな・う【養う】〈動五〉❶子どもをそだてる。例孤児《こじ》を養う。類養育する。❷経済的にささえて、生活させる。例家族を養う。類食わせる。扶養《ふよう》する。❸動物をそだてて、せわをする。例子馬を養う。類飼う。飼育《しいく》する。❹少しずつつくりあげていく。例実力を養う。体力を養う。英気を養う。

やしゃ【夜▼叉】〈名〉〔仏教〕おそろしい顔をした神。仏に帰依《きえ》して、仏法をまもる鬼神《きじん》となったとされる。◇もとサンスクリット語。夜叉神。

やしゃご〖▽玄▽孫〗〈名〉まごの、またそのまご。ひまごの子。類玄孫《げんそん》。

やしゅ[1]【野手】〈名〉野球で、外野手と内野手をまとめたよび名。

やしゅ[2]【野趣】〈名〉自然のままのそぼくなおもむき。例野趣にとむ。

やしゅう【夜襲】〈名・する〉夜、やみにまぎれていっきに敵をせめること。例夜襲をかける。類夜討《ようち》。

やじゅう【野獣】〈名〉野生のけもの。

やじゅうは【野獣派】〈名〉⇩フォービスム

やしょく[1]【夜色】〈名〉暗い、夜のふんいき。例夜色につつまれた街。ア ヤショク ヤショク

やしょく[2]【夜食】〈名〉夕食のあと、夜、おなかがすいたときにとるかるい食事。ア ヤショク

やじり〖▼鏃・矢尻〗〈名〉矢の先にある、とがったもの。

やじ・る〖野次る〗〈動五〉話をしたり何かをしている人に対して、からかいのことばを発してさわぐ。

やじるし【矢印】〈名〉矢のかたちを図案化したしるし。多く、矢の先のむきで、方向を示したり、目的物の所在をさし示したりするのに使う。

やしろ【社】〈名〉神をまつってあるところ。神をまつった建物。神社。類社殿《しゃでん》。お宮。

やじろべえ〖弥次▽郎▽兵▽衛〗〈名〉人形の両うでを弓なりにのばし、それぞれの先におもりがついていて、胴《どう》の下の部分を支えてつりあいをたもたせて遊ぶおもちゃ。

やしん【野心】〈名〉実現がむずかしいような大きなのぞみ。実力以上の地位や権力をのぞむ気持ち。例野心をいだく。野心家。野心作。類野望。

やじん【野人】〈名〉❶いなかもの。❷礼儀《れいぎ》や身なりを気にしない人。❸おおやけの職についていない人。

やしんてき【野心的】〈形動〉❶野心にみちている。❷独自の世界をきり開こうという意欲にみちている。例野心的な作品。

やす〖▼簎〗〈名〉水中の魚をさしてつかまえる道具。長い柄《え》の先に、数本にわかれたとがった金具がついている。

やすあがり【安上がり】〈名・形動〉少ない費用ですむこと。例安上がりな方法。

やす・い[1]【安い】〈形〉お金が少ししかかからない。そのものの値うちにくらべて、お金のかかりかたが少ない。例安いねだん。安い品物。安くあがる。物価が安い。対高い。類安価《あんか》。廉価《れんか》。→おやすいごよう・おやすくない

表現 俗《ぞく》に、「安い作り」「安い出来」のように、「安っぽい」の意味で用いられることもある。

安かろう悪《わる》かろう 安いかわりに、品質もわるい。

やす・い[2]【▽易い】一〈形〉「易《やさ》しい」の古い言いかた。例言うはやすく行なうは難《かた》し。二〈接尾〉動詞の連用形につけて形容詞をつくる。❶「そうすることがかんたんである」という意味を表わす。例わかりやすい。書きやすい。類いい。❷「そうなる傾向《けいこう》がつよい」という意味を表わす。例まちがいやすい。▽対にくい。

やすうけあい【安請け合い】〈名・する〉その場の調子で、かるがるしくひきうけてしまうこと。

やすうり【安売り】〈名・する〉❶安いねだんで売ること。類廉売《れんばい》。❷前後の事情などを考えないで、かるがるしくあたえてしまうこと。例親切の安売り。

やす(安)かろうわる(悪)かろう ⇩「やすい〔安い〕」の子項目

やす(▽易)きにつ(就)く 楽なやりかたをえらぶ。類イージーゴーイング。

やす(▽易)きにながが(流)れる つい楽なやりかたですましてしまう。

やすっぽ・い【安っぽい】〈形〉なんとなく安くて品《ひん》がない感じだ。かるがるしくて、品性にかける感じだ。例安っぽい洋服。安っぽい人間。類安手。

やすで【安手】〈名・形動〉❶ねだんが安い。❷安っぽいようす。例安手の茶わん。安手にみえる。

やすね【安値】〈名〉安いねだん。対高値。

やすぶしん【安普請】〈名〉あまりお金をかけないでたてた、安っぽい建物。

やすま・る【休まる】〈動五〉体や心がやすんだ状態になる。緊張《きんちょう》がとけて楽になる。例気が休まる。

やすみ【休み】〈名〉勉強や仕事などをしないで、体や心をやすめること。また、そうする時間や日。例休みをとる。休みの日。中休み。昼休み。ひと休み。

やすみやすみ【休み休み】〈副〉❶ときどき休憩《きゅうけい》をはさみながら。例山道を休み休み登る。❷「あいだをおいて、適度に」の意味で、相手の発言をたしなめるときに言うことば。例ばかも休み休み言え。

やす・む【休む】〈動五〉❶勉強や仕事などをしないで、体や心のつかれがなおるようにする。例ゆっくり休む。類休息する。休憩《きゅうけい》する。憩《いこ》う。❷つづけていたことを一時やめる。例日記をつけるのを一週間休んだ。❸学校やつとめに行かない。例学校を休む。類欠席する。欠勤する。❹寝《ね》る。例おそいからもう休もう。

やすめ【休め】〈感・名〉立ったままで、体を楽な姿勢にさせるときにかける号令。また、その姿勢。対気を付け。

やす・める【休める】〈動下一〉❶うごかしていたのを一時やめる。例手を休める。機械を休める。類止《と》める。❷体や心のつかれがなおるようにする。楽にする。例頭を休める。骨を休める。心を休める。

［や た て］

やすもの【安物】〈名〉ねだんが安く、質もわるいもの。

安物買《が》いの銭失《ぜにうしな》い 安いものは品質がわるくて長もちしないから、かえって高くつく、ということ。

やすやす【▽易▽易】〈副〉なんの苦労も心配もなくかんたんに。例大きな石をやすやす(と)持ち上げた。

やすやど【安宿】〈名〉料金の安い、そまつな宿屋。類木賃《きちん》宿《やど》。

やすら・う【休らう】〈動五〉「休む」の、古風で詩的な言いかた。

やすらか【安らか】〈形動〉心配なことがなくて、しずかでおだやかである。例安らかな心。安らかなねむり。

やすらぎ【安らぎ】〈名〉心になんの心配ごともない、おだやかな状態。例安らぎをおぼえる。心の安らぎ。

やすら・ぐ【安らぐ】〈動五〉心配ごとがなくなって、心がやすらかになる。例心が安らぐ。

やすり【▼鑢】〈名〉鋼鉄の棒や板の表面に、こまかいみぞや突起《とっき》をきざんで、焼きを入れた工具。のこぎりの目立てや、金属の表面をたいらにするのに使う。「紙やすり(サンドペーパー)」をいうこともある。例やすりをかける。

表現 物にやすりをかけることを、「…をやする」ともいう。

やす・る【▼鑢る】〈動五〉やすりをかける。

やすん・じる【安んじる】〈動上一〉❶だいじょうぶだと信頼《しんらい》する。例安んじておまかせください。❷それ以上のものをのぞまないで満足する。例現状に安んじる。類あまんじる。▽「やすんずる」ともいう。

やせ【痩せ】〈名〉やせている人。やせること。例痩せの大食い。夏痩せ。対でぶ。

[1]やせい【野生】〈名・する〉生きものが、自然の中で生まれて育つこと。例野生のぶどう。類自生。

[2]やせい【野性】〈名〉自然のままの、あらあらしい性質。例野性の本能。野性味。野性的(な魅力《みりょく》)。

やせうで【痩せ腕】〈名〉❶やせていて、ほそい腕。❷経済的な能力の小さいこと。▽類細腕。

やせおとろ・える【痩せ衰える】〈動下一〉やせて、すっかり体力がなくなる。類やせこける。やつれる。

やぜか(方言) うっとうしい。めんどうくさい。長崎で言う。例こん(=この)仕事やぜか。

やせがた【痩せ型】〈名〉やせている体型。

やせがまん【痩せ我慢】〈名・する〉むりにがまんして、なんでもないふりをすること。

やせぎす【痩せぎす】〈名・形動〉肉づきがよくなくて、骨ばって見えること。例痩せぎすな女性。対豊満。

やせこ・ける【痩せこける】〈動下一〉すっかりやせて、骨と皮だけのような感じになる。類やせおとろえる。

やせさらば・える【痩せさらばえる】〈動下一〉やせおとろえて、骨と皮ばかりになる。

やせじし【痩せじし】〖痩せ▽肉〗〈名〉肉のついていない、やせたからだ。対太りじし。

やせち【痩せ地】〈名〉土に養分の少ない、農耕に適さない土地。対沃《よく》地《ち》。

や(痩)せてもか(枯)れても ⇩「やせる」の子項目

やせほそ・る【痩せ細る】〈動五〉やせて細くなる。例痩せ細ったからだ。

や・せる【痩せる】〈動下一〉❶からだの肉がおちて、体重が少なくなる。例痩せた人。対ふとる。❷田や畑などで、土地の作物をそだてる力が弱くなる。例痩せた土地。▽対肥える。

痩せても枯《か》れても どんなにおちぶれてもやはりプライドはある、ということのたとえ。例痩せても枯れてもおれは一人の学者だ。

やせん【野戦】〈名〉城や要塞《ようさい》にこもってたたかうのではない、山野でのたたかい。

やそう【野草】〈名〉山や野原などに自然にはえる草。

やそうきょく【夜想曲】〈名〉⇩ノクターン

ヤソきょう【ヤソ教】〖▼耶▼蘇教〗〈名〉むかし、キリスト教をさしていったことば。参考「イエス」を漢訳した「耶蘇」を、日本の漢字の音で読んだのが「ヤソ」。

やたい【屋台】〈名〉❶祭りのとき、おどりの舞台《ぶたい》とする、屋根のついた台。❷屋根つきの移動できる台で、食べ物などを売るためのもの。車がついているものもある。

やたいぼね【屋台骨】〈名〉❶家の骨組み。❷財産など、家族の生活をささえるもの。例屋台骨がかたむく。

やたて【矢立て】〈名〉❶矢を入れておくもの。❷むかしの、もちはこびに便利な筆記用具。すみつぼに柄《え》をつけて、その中に筆を入れておく。絵

やたら〈形動・副〉むちゃくちゃ。むやみ。例やたらなこと

雄略(ゆうりゃく)天皇 5世紀末ごろ在位。「宋書」にみえる倭王武と推定される。中国南朝の宋に使いを送った。

は言えない。やたらに走りまわる。やたら(と)しかりとばす。やたらめたら。むやみやたら。

やちょう【野鳥】〈名〉野生の鳥。類野禽《やきん》。

やちょく【夜直】〈名〉学校や会社などで、夜とまりこんでする当番。対日直。類当直。宿直。

やちん【家賃】〈名〉家の借り賃。アパートの部屋代や、店舗《てんぽ》のテナント料などにもいう。

やつ[1]【八つ】〈名〉やっつ。例八つ切り。八つざき。アヤッ」

やつ[2]【▽奴】 **一**〈名〉「ひと」や「もの」をさす、ぞんざいな言いかたの形式名詞。例ほんとうに あいつは いやなやつだ。そこの大きいやつをくれ。 **二**〈代名〉「彼」をさしていう、ぞんざいな言いかた。例やつにはとてもかなわない。類あいつ。やろう。▽アヤツ

やつあたり【八つ当たり】〈名・する〉腹をたてて、関係のない人にも あたりちらすこと。

やっか【薬禍】〈名〉くすりの副作用や誤用《ごよう》による災難。類薬害。

やっかい【厄介】 **一**〈名〉手のかかるせわ。例厄介になる。 **二**〈名・形動〉手数がかかり、めんどうなことになるようす。例厄介な事件。厄介者。厄介ばらい。

表現 一は、自分のことでせわをかけることを、えんりょしていう場合に使うことが多い。

やっかいばらい【厄介払い】〈名・する〉めんどうで手のかかる人を追い払うこと。

表現 厄介な事件が処理できたあとに、「これで厄介払いができた」などということもある。

やっかいもの【厄介者】〈名〉❶人に迷惑《めいわく》ばかりかける人。❷「いそうろう」のこと。

やつがしら【八つ頭】〈名〉サトイモの品種の一つ。親いもから芽がでて子いもができ、合体したかたまりになる。おせち料理で煮物《にもの》にする。

やっかむ(方言) うらやむ。ねたむ。関東で言う。

表現 「やっかみ半分の目」は、うまくいっている人を見る、とかく冷たい、あらさがしになる世間の目をいう。

やっかん【約款】〈名〉契約《けいやく》や条約をむすぶときの、ひとつひとつの条項《じょうこう》。

やっき【躍起】〈形動〉思うようにいかないことを なんとかしようとして、必死である。例躍起になる。

やつぎばや【矢継ぎ早】〈形動〉休みなくつぎからつぎへと、なにかをするようす。例矢継ぎ早に質問する。

由来 戦《いくさ》で、矢を放《はな》ったあとにすばやく次の矢を継《つ》いだことから。

やっきょう【薬▼莢】〈名〉銃砲《じゅうほう》のたまを発射させるための、火薬がつまっている金属製のつつ。

やっきょく【薬局】〈名〉❶くすりを売っている店。「薬店」の通称《つうしょう》。❷病院で、くすりの調合をするところ。❸薬剤《やくざい》師が、処方箋《しょほうせん》にもとづいてくすりの調合を行なう店。「①」と区別して、「調剤薬局」ともいう。

やっきょくほう【薬局方】〈名〉くすりの調合や品質などについて、厚生《こうせい》労働省がさだめた規定。

やつぎり【八つ切り】〈名〉❶全体を八つに均等に切ること。例八つ切り(=八枚切り)の食パン。❷写真のサイズで、一六五×二一六ミリメートル。❸画用紙やケント紙のサイズで、二七一×三九二ミリメートル。四つ切りの半分の大きさ。

ヤッケ〈名〉「ウインドヤッケ」の略。雨や風をとおさない生地《きじ》でつくられた、フードつきの上着。類アノラック。◇ドイツ Jacke

やっこ【▽奴】〈名〉「やっこどうふ」の略。冷ややっこ。

やっこう【薬効】〈名〉くすりのききめ。

やっこさん【▽奴さん】〈代名〉男性が、その場にいない同等の人や目下の人のことをくだけた感じでいうことば。例やっこさん、どうしたかな、やけにおそいが。類あいつ。

やっこだこ【▽奴▼凧】〈名〉やっこ(=昔の武家の下僕《げぼく》)が両腕《りょううで》をのばしたかっこうをしている凧。

やつざき【八つ裂き】〈名〉ずたずたにさくこと。例あいつへのうらみは、八つ裂きにしてもたりないほどだ。

やつ・す【▼窶す・▼俏す】〈動五〉めだたないように、わざとみすぼらしいすがたになる。古い言いかた。例身をやつす。→うきみをやつす

方言 近畿《きんき》・香川などでは、「おしゃれをする」という意味でも使う。

やつだ【▽谷津田】〈名〉丘《おか》にかこまれ、ゆるやかなひな段のようになっている水田。谷戸田《やとだ》。谷地田《やちだ》。

やっつ【八つ】〈名〉❶七つの次の数。やつ。はち。❷八歳《さい》。八個。

やっつけしごと【やっつけ仕事】〈名〉まにあわせでする、いいかげんな仕事。例やっつけ仕事で片づける。

やっつ・ける〈動下一〉❶ものごとをぞんざいにしあげる。❷うちまかす。例敵をやっつける。

やつで【八つ手】〈名〉あたたかい地方の山地の日かげに生え、また、庭木にもする常緑低木。長い柄《え》のある、手のひらのかたちをした大きな葉をつける。

やってい・く【やって行く】〈動五〉❶生活する。暮らす。例この給料ではとてもやっていけない。❷仕事や人づきあいを続ける。例級友たちとうまくやっていく。

やって・くる【やって来る】〈動カ変〉❶近づいてくる。例とうとう試験日がやってきた。❷仕事や生活をずっと続けて今にいたる。例なんとかここまでやってこられた。

やっての・ける〈動下一〉簡単ではないことを、みごとにやりとげる。例はなれわざをやってのける。

やっと〈副〉「ようやく」の意味の、ややくだけた言いかた。例やっとできあがった。やっとの思いでたどりついた。やっと間に合った。

参考 「やっとこ(さ)」「ようやっと」は、さらにくだけた言いかた。

やっとかめ(方言) 久しぶり。愛知・岐阜などで言う。

やっとこ[1]【▼鋏】〈名〉工具の一つ。鉄製で、はさみのような形をしていて、針金や板金《ばんきん》、熱した鉄などをはさんで持ったり、まげたりするのに使う。

やっとこ[2]〈副〉「やっと」のくだけた言いかた。「やっとこさ」ともいう。例やっとこ まにあった。

やつばら【▽奴ばら】〈名〉やつら。古い言いかた。

やっぱり〈副〉「やはり」のくだけた言いかた。例やっぱり思ったとおりだ。類やっぱし。

やつめうなぎ【八つ目うなぎ】【八つ目▼鰻】〈名〉ウナギに似た魚。目のうしろにえら穴が七つあり、目が八つあるように見えるのでこうよばれる。食用や薬用にする。

やつら【▽奴▽等】 **一**〈名〉複数の人をさす、ぞんざいな言いかた。例けしからんやつらだ。 **二**〈代名〉「かれら」をさしていう、ぞんざいな言いかた。例やつら気づいたらしいぜ。類あいつら。

やつ・れる【▼窶れる】〈動下一〉病気や心配ごとのために、やせてしまう。例やつれた顔。類やせおとろえる。

やど【宿】〈名〉❶人の住む家。例わが宿。埴生《はにゅう》の宿(=かべに土をぬっただけの、小さなみすぼらしい家)。❷

家以外で、一夜をすごすところ。とくに、旅行者がとまるための施設《しせつ》。例宿をかりる。宿をとる。宿を予約する。一夜の宿。宿屋。類旅館。ホテル。

やといにん【雇い人】〈名〉やとわれている人。今はあまり使わない言いかた。対雇い主《ぬし》。類使用人。

やといぬし【雇い主】〈名〉人をやとっている人。対雇い人。類雇用《こよう》者。

1 **やと・う【雇う】**〈動五〉❶報酬《ほうしゅう》をはらって、人に働いてもらう。例アルバイトを雇う。類雇用《こよう》する。❷料金をはらって、乗り物を運転手ごと使う。例ハイヤーを雇う。▽アヤトウ

2 **やとう【野党】**〈名〉政権をにぎっていない政党。対与党《よとう》。アヤトー

やどかり『宿借り』〈名〉磯《いそ》にすむ生き物の一種。からだはエビに似《に》て、カニのようなはさみがあり、巻き貝の殻《から》の中にすんでいる。

やど・す【宿す】〈動五〉内部にふくんだり、外がわにそっとのせたりしてある。例子を宿す(=妊娠《にんしん》する)。つゆを宿す。むかしのおもかげを宿した町なみが残る。

やどちょう【宿帳】〈名〉宿屋で、宿泊《しゅくはく》客が自分の住所や名前を書く帳面。例宿帳をつける。

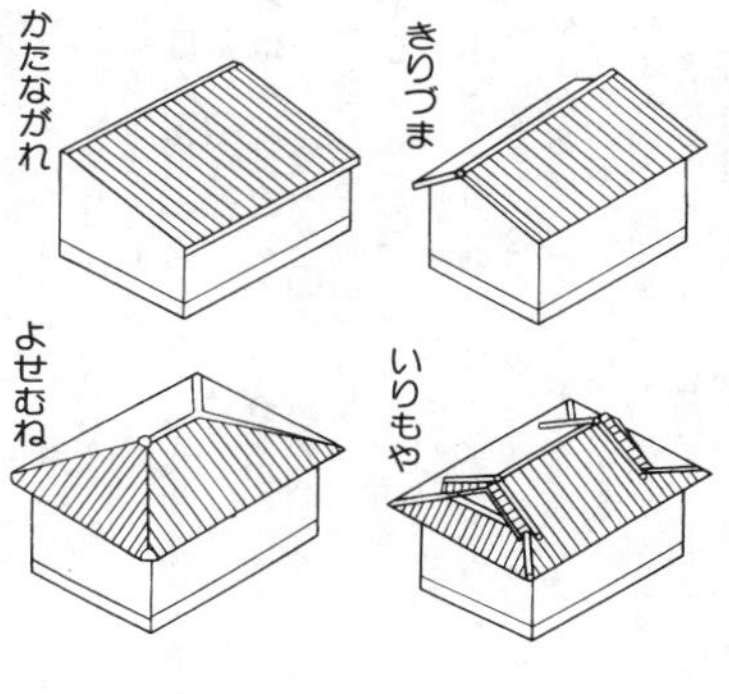

［や　ね］

やどなし【宿無し】〈名〉帰るべき家、また、とまるべき家のないこと。そのような人。

やどや【宿屋】〈名〉旅行者などを宿泊《しゅくはく》させるのを職業とする家。やや古い言いかた。類宿。

やどりぎ【宿り木】『▽寄▽生木』〈名〉❶ほかの木に寄生して生長する木。❷エノキなどに寄生する常緑低木。春先に、黄色の小さい花をつける。

やど・る【宿る】〈動五〉❶旅にでて、旅館などにとまる。古い言いかた。❷その場所に一時《いっとき》ある。例子が宿る。心に宿る。つゆが宿る。水面に月かげが宿る。

やどろく【宿六】〈名〉妻が夫のことを気やすい者とみて言うことば。古風な、くだけた言いかた。

やな『▼梁・▼簗』〈名〉川で魚をとるしかけ。川をせきとめて、一か所から水を落とし、その下に簀《す》や網《あみ》などをしいて、落ちる魚をつかまえるもの。

やながわなべ【▽柳川鍋】〈名〉ドジョウと、うすく小さく切ったゴボウを土なべで煮《に》て、たまごでとじた料理。「やながわ」ともいう。

やなぎ【柳】〈名〉〔植物〕シダレヤナギやネコヤナギ、カワヤナギなどをまとめていうことば。とくに、シダレヤナギをさすことが多い。↓しだれやなぎ

柳に風《かぜ》 ヤナギの枝《えだ》が風にさからわないで動くように、人からなにか言われたとき、むりに言いかえしたり、無視したりしないで、かるくうけながしておくことをいう。

表現 似《に》た表現に「ぬかに釘《くぎ》」「豆腐《とうふ》にかすがい」「のれんに腕《うで》おし」があるが、これらには、反応がなくてがっかりする気持ちがあるのに対し、「柳に風」には、ものなれたかしこい受けかたを、むしろほめる気持ちがある。

柳に雪《ゆき》折《お》れなし 雪にあえば、かたい木は折れやすいが、やわらかくてしなやかなヤナギは折れないように、人も柔軟《じゅうなん》性のある人の方が試練にたえられる、ということ。

柳の下《した》にいつもどじょうはいない いちどよいことがあったからといって、同じやりかたでいつもうまくいくとはかぎらない。

やなぎごうり【柳行▼李】〈名〉ヤナギの枝《えだ》の皮をはいで干して、それをアサで編んだ、箱のような入れもの。おもに着物を入れる。

やなぎごし【柳腰】〈名〉ほっそりとして、しなやかな腰つき。女性についていう。

やなみ【家並み】〈名〉家々のならびぐあい。いえなみ。類町並み。

やに『▽脂』〈名〉❶「樹脂《じゅし》」のこと。まつやになど。❷たばこから出るねばねばした液。❸「目やに」のこと。

やにさが・る『▽脂下がる』〈動五〉すっかりいい気分になってにやにやする。参考キセルのやにが吸《す》い口に下がるように、そりかえって口にくわえるようすから。

やにょうしょう【夜尿症】〈名〉ねむっているときに小便をもらしてしまう症状。類寝《ね》小便。

やにわに〈副〉びっくりするくらい急に。例やにわに飛びだす。

やぬし【家主】〈名〉❶貸家やアパートの持ち主。対店子《たなこ》。類大家《おおや》。❷一家の主人。

やね【屋根】〈名〉雨や雪をふせぐために、家の上がわにつくるおおい。表面にかわらやスレート、トタンなどをしきつめる。例屋根をふく。屋根をかける。一つ屋根の下。絵↓ふく〔葺く〕参考

表現 屋根は、建築物についていうだけでなく、「なえどこの屋根」というように、かんたんなおおいについてもいう。また、「世界の屋根ヒマラヤ」のようにいうときは、四方が見おろせるような高いところ、という感じを表わしている。

やねうら【屋根裏】〈名〉建物の屋根と天井《てんじょう》とのあいだの空間。また、そこにつくったそまつな部屋。

やのあさって（方言）❶あさっての翌日。しあさって。東日本で言う。❷あさっての次の次の日。東京で言う。参考東京では、①の意味で言う人と②の意味で言う人が混在している。

やば・い〈形〉不法であぶない。つごうがわるい。俗《ぞく》な言いかた。例やばい仕事。やばい、にげろ。参考若者ことばでは、「この味やばい」のように、好ましい意味でも使われる。

ヤハウェ〈名〉〔宗教〕ユダヤ教とキリスト教で、ただ一つの絶対の神。主《しゅ》。「エホバ」ともいった。

やばち（方言） ぬれて気持ちが悪い。秋田・山形などで言う。参考手洗いのときそで口に水がかかるなど、思いがけずぬれてしまったときの不快な感じを表わす。

やはり〈副〉❶前と、または、ほかのものと同じであるようす。例故郷は、やはり緑につつまれていた。❷予想と同じであるようす。思ったとおり。例やはり優勝はむりだった。

や

対まさか。❸そのものについての一般《いっぱん》的なとらえかたを、あらためてみとめる気持ちを表わす。なんといっても。どうみても。例経験者はやはり手つきがちがう。▽くだけた言いかたでは「やっぱり」ともいう。

やはん【夜半】〈名〉よなか。例夜半をすぎる。夜半にちかい。類夜ふけ。

やばん【野蛮】〈名・形動〉❶文明がすすんでいないこと。例野蛮人《じん》。類未開。❷教養がなくて、ふるまいがあらあらしいこと。例野蛮な行為《こうい》。

やひ【野卑】【野▼鄙】〈名・形動〉下品でいやしく感じられること。例野卑なことば。類粗野《そや》。粗暴。

やぶ【▼藪】〈名〉❶背の低い木や草、タケなどがおいしげっているところ。❷「やぶ医者」の略。

やぶから棒《ぼう》 なんの前ぶれもなく、急にものごとをするようす。例やぶから棒になにを言うのかね。

やぶの中《なか》 関係者の言い分に食いちがいがあり、真相がだれにもわからないこと。参考そういう内容の、芥川龍之介《あくたがわりゅうのすけ》の小説の題名から。

やぶをつついて蛇《へび》を出《だ》す ⇩やぶへび

やぶいしゃ【やぶ医者】【▼藪医者】〈名〉知識も技術もたりない、へたな医者。

やぶいり【やぶ入り】【▼藪入り】〈名〉むかし、住みこみで働いている人が、正月とお盆《ぼん》に休みをもらう日。

やぶか【やぶ蚊】【▼藪蚊】〈名〉やぶの中にいるカ。大きくて黒く、人の血を吸《す》う。

やぶ・く【破く】〈動五〉紙や布などをひきさく。参考「やぶる」と「さく」とがまざってできたことば。

やぶ・ける【破ける】〈動下一〉紙や布などがひきさかれる。例ズボンが破ける。参考「やぶれる」と「さける」とがまざってできたことば。

やぶさ(▼吝)かでない（「…するにやぶさかで(は)ない」の形で）「あまり気は進まないが、…してやってもかまわない」という気持ちを表わす、もったいぶった言いかた。例そんなに言うなら文言《もんごん》の修正に応じるのもやぶさかでない。注意「やぶさか」とは、ためらったりものおしみをしたりする態度を表わす形容動詞で、「やぶさかでない」と言えば、そんな態度をとることなく喜んでそうすることを遠まわしに表わすのが元来の意味だが、あまり使われなくなってきている。

やぶさめ【▽流▼鏑▽馬】〈名〉馬に乗って走りながら、三つの的を次つぎに弓矢で射《い》る、昔の武芸。現在も各地の神社の祭りで行なわれる。

やぶせったい（方言） うっとうしい。山梨・長野・静岡で言う。例前髪《まえがみ》伸びてやぶせったい。

やぶにらみ【▼藪▼睨み】〈名〉❶「斜視《しゃし》」の古い言いかた。❷ふつうとはちがう角度から見る見かた。例やぶにらみの意見。

やぶへび【▼藪蛇】〈名〉しなくてもいいよけいなことをして、ひどい目にあうこと。「やぶをつついて蛇を出す」から。

やぶ・る【破る】〈動五〉❶紙や布など、うすいものに力を加えてひきさいたり、穴をあけたりする。例シャツを破る。びりっと破る。け破る。食い破る。類破く。❷相手をまかして、自分が勝利者になる。例横綱《よこづな》を破る。記録を破る。対敗れる。❸かきみだす。例しずけさを破る。❹習慣やきめられたことがらにそむく。例しきたりを破る。約束を破る。対守る。

やぶれかぶれ【破れかぶれ】〈名・形動〉「もういいや、どうにでもなれ」といった気持ちになるようす。例もう、やぶれかぶれだ。類すてばち。やけ。

やぶ・れる【破れる・敗れる】〈動下一〉■一［破れる］❶紙や布などのうすいものにさけめができたり、穴があいたりする。例しょうじが破れる。くつしたが破れる。❷かきみだされる。例調和が破れる。静寂《せいじゃく》が破れる。類破ける。❸そのことをつづける意味や、成功する見こみがなくなる。例夢《ゆめ》が破れる。恋《こい》に破れる。■二［敗れる］勝負や試合などに負ける。例たたかいに敗れる。対やぶる。

表現 新聞の見出しなどにみえる、「全勝の横綱敗《やぶ》る」などという言いかたの「やぶる」は、「敗れる」の文語形で、表現をつよめたもの。

方言 広島・山口・沖縄などでは、「やぶてる・やんでぃゆん」と言う所もあり、「時計がやぶれる」のように、「こわれる」の意味でも使う。

やぶん【夜分】〈名〉夜。夜おそく。

表現「こんな夜分にお電話して申しわけありません」「夜分は家にいます」のように、あらたまった場面で使う。

やへん【矢偏】〈名〉漢字の偏の一つ。「短」「知」などの「矢」の部分。

やぼ【野暮】〈名・形動〉❶世間のならわしや人の情に通じておらず、気がきかないこと。また、そういう人。例そんなやぼなこと、言わないでください。❷スマートさがなく、趣味《しゅみ》もわるくていなかじみていること。また、そういう人。例やぼな服装。やぼったい。類不粋《ぶすい》。▽対粋《いき》。

やぼう【野望】〈名〉自分の身にふさわしくない、だいそれたのぞみ。例野望をいだく。野望をくだく。類野心。

やぼった・い【野暮ったい】〈形〉見るからにやぼだ。例やぼったい服装。

やぼてん【野暮天】〈名〉ひどくやぼな人。

やぼよう【やぼ用】【野暮用】〈名〉つき合い上、やらなければならない、つまらない用事。俗《ぞく》な言いかた。

やま【山】〈名〉❶まわりよりずっと高くもりあがっている地形のところ。例山にのぼる。山にこもる。山をおりる。山のふもと。けわしい山。山おく。山のぼり。冬山。❷高くもりあげたもの。例山をなす。山とつむ。せんたくものの山。荷物の山。山づみ。ミカンひと山。❸鉱山。例山をほりあてる。❹ごくわずかな可能性を期待してする冒険《ぼうけん》。わずかな可能性をあてにした予想。「ヤマ」と書くことも多い。例山をかける。山があたる。山がはずれる。❺最高潮のとき。いちばん大事なところ。例山をこす。話の山。類とうげ。クライマックス。山場。❻山車《だし》の一種、「山鉾《やまぼこ》」のこと。例山をかつぐ。❼すし屋などで、品切れ、ねた切れのこと。❽［ヤマ］事件。警察関係の人や記者が使う言いかた。例大きなヤマ。

表現 (1)とうてい不可能と思われたようなことが成しとげられることをたとえて、「山が動く」と言い、そのためにみんなで力を合わせることを「山を動かす」と言う。(2)①は一座《いちざ》二座《にざ》と数える。②と⑤は一山《ひとやま》二山《ふたやま》と数えることがある。

やまあい【山合い】【山▽間】〈名〉山と山にはさまれた、せまい土地。類谷合い。山間《さんかん》。

やまあらし【山荒らし】〈名〉けものの一種。体長五〇センチ《メートル》ほどで、とげのような太くて長い毛でおおわれている。

やまい【病】〈名〉❶病気。やや古い感じの言いかた。例病がおもい。病にたおれる。恋《こい》の病。不治の病。類わずらい。疾病《しっぺい》。❷なかなかなおらない欠点。よくないくせ。例病がでる。

病膏肓《こうこう》に入《い》る ❶病気がなおる見こみがないほど、おもくなる。❷物事にあまりにも夢中になる。注意「膏肓」の「肓」(=部首が「月」)を「盲」(=部首が「目」)とまちがえて、「こうもう」と言われることがある。

病は気《き》から 病気は心のもちかたしだいでおこり、また、おもくもなり かるくもなるものだ、ということ。

やまいだれ『病垂れ』〈名〉漢字の垂れの一つ。「病」「症《しょう》」などの「疒」の部分。

やまいぬ【山犬】〈名〉日本にすんでいたオオカミ。現在では絶滅《ぜつめつ》したといわれる。

やまいも【山芋】〈名〉⇩やまのいも

やまおく【山奥】〈名〉山のおくぶかいところ。類山ふところ。

やまおとこ【山男】〈名〉❶きこりや猟師《りょうし》など、山の中を生活の場としている男性。❷山が好きで、よく山のぼりをする男性。

やまおり【山折り】〈名〉紙の折りかたで、折り目が外に出っ張るように折ること。対谷折り。

やまおろし【山おろし】『山▼颪』〈名〉山の頂上からふもとへふきおろす、つよくて冷たい風。

やまかけ【山掛け】 ㊀〈名・する〉当たりを予想すること。山をかけること。例出題箇所《かしょ》を山かけする。㊁〈名〉さしみや そばなどに、とろろをかけた料理。

やまかじ【山火事】〈名〉山の木が燃えて起こる火事。

やまかぜ【山風】〈名〉❶山にふく風。❷夜、山からふきおろしてくる つめたい風。

やまがら『山▼雀』〈名〉小鳥の一種。スズメくらいの大きさで、羽は灰色、からだは茶色。人によくなれて、芸をおぼえる。

やまがり【山狩り】〈名・する〉❶山で狩りをすること。❷山ににげこんだ犯人などを、おおぜいでさがすこと。

やまかん【山勘】〈名〉「たぶんこうなるだろう」と、あてずっぽうに見当をつけること。

やまぎわ【山際】〈名〉❶山のすぐ近く。類山辺。❷山の、空と接するあたり。類山の端《は》。

やまぐに【山国】〈名〉山の多い、また、山にかこまれた地方。例山国そだち。

やまけ【山気】〈名〉偶然をあてにして冒険《ぼうけん》をしたがる心。「やまっけ」ともいう。例山気がある。

やまごもり【山籠もり】〈名・する〉山寺にこもって修行《しゅぎょう》をすること。世間とのまじわりを絶って山の中にこもること。

やまごや【山小屋】〈名〉登山者の宿泊や休憩《きゅうけい》のために、山の中につくられた小屋。類ヒュッテ。ロッジ。

やまざくら【山桜】〈名〉サクラの一種。関東より南の山地に生え、また、庭木にもする。四月ごろ、赤茶色の若葉といっしょに うすもも色の花がさく。

やまざと【山里】〈名〉山の中の小さな村。類山村。

やまし【山師】〈名〉❶山で鉱脈などをさがすのを仕事にする人。❷山の材木の売買を仕事にする人。❸わずかな可能性をあてにして仕事をする人。❹うまい話で人をだます人。詐欺《さぎ》師。

やまじ【山路】〈名〉「山道《やまみち》」の古い言いかた。

やまし・い『▼疚しい』〈形〉かくしごとがあって、人の顔をまともに見られない感じがある。例やましいところがある。類うしろぐらい。うしろめたい。

やましろ【山城】〈名〉旧国名の一つ。現在の京都府東南部。古く平安京が置かれ、明治維新《いしん》まで政治・文化の中心地であった。山州《さんしゅう》。城州《じょうしゅう》。雍州《ようしゅう》。

やますそ【山裾】〈名〉山のふもとのなだらかな斜面《しゃめん》の部分。類ふもと。山麓《さんろく》。

やませ『山背』〈名〉〔気象〕初夏のころ、東北地方の太平洋がわに吹く冷たくしめった北東の風。冷害の原因になる。

やまたいこく【▽邪馬台国】『▼耶馬台国』〈名〉〔歴史〕三世紀ごろ、日本にあった国の名。中国の歴史書『三国志』の「魏志《ぎし》」倭人伝《わじんでん》に、「卑弥呼《ひみこ》」という女王が治めていたと記されている。場所は、九州北部と大和《やまと》(=いまの奈良県)の二説がある。「やまとこく」ともいう。

やまたかぼうし【山高帽子】〈名〉男性の礼装用の、上部が高くまるくなっている、黒のフェルト製の帽子。

やまだし【山出し】 ㊀〈名・する〉木材や木炭などを山からはこびだすこと。㊁〈名〉いなかから出てきたばかりで、世間なれしていない人。

やまっけ【山っ気】〈名〉⇩やまけ

やまづみ【山積み】〈名・する〉❶山のように高く積み上げること。例荷物を山積みする。❷たくさん たまること。例問題が山積みになっている。類山積《さんせき》。

やまて【山手】〈名〉山に近いほう。山よりの土地。山の手。対海手。浜《はま》手。

やまでら【山寺】〈名〉山の中にある寺。

やまと【大和】『▼倭』㊀〈名〉❶旧国名の一つ。現在の奈良県。古く、平城京が置かれた。倭州《わしゅう》。和州。❷「日本国」の古いよび名。㊁〈接頭〉「日本固有のもの」という意味を表わす。例大和言葉。

やまといも【大和芋】〈名〉ナガイモの一種。根はこぶしのようにごつごつしたかたまり。とろろにして食べるほか、和菓子《わがし》の原料ともする。

やまとうた【大和歌】〈名〉和歌。対唐歌《からうた》。

やまとえ【大和絵】〈名〉〔美術〕❶日本の事がらや風景をえがいた絵。❷平安時代に起こった、日本画の様式のひとつ。▽対唐絵《からえ》。

やまとことば【大和言葉】〈名〉漢語や外来語ではない、日本語にもともとあったことば。類和語。

やまとせいけん【ヤマト政権・大和政権】〈名〉〔歴史〕古墳《こふん》時代、大和《やまと》(=いまの奈良県)地方を拠点《きょてん》に大王《おおきみ》を中心として成立した、関東から九州中部におよぶ豪族《ごうぞく》たちの連合勢力。ヤマト王権。

やまとだましい【大和魂】〈名〉古来からの、日本人特有の精神。

やまとなでしこ【大和なでしこ】『大和▼撫子』〈名〉❶ナデシコの別名。❷けなげな日本の女性をほめていうことば。

やまどり【山鳥】〈名〉❶山の中にすむ鳥。❷〔動物〕日本特産のキジに似た野鳥。赤茶色の羽毛《うもう》をもち、よく狩猟《しゅりょう》の対象にされる。

やまない『▽止まない・▼已まない』(「…てやまない」の形で)いつまでも とどまることがない。例皆様のご多幸を願ってやみません。

やまなみ【山並み】『山▽脈』〈名〉遠くまでつらなっている山やま。例国ざかいの山並み。類山脈《さんみゃく》。

[1]**やまなり【山なり】**『山▽形』〈名〉なだらかな山のような曲線。例山なりのボール。

[2]**やまなり【山鳴り】**〈名〉噴火《ふんか》などで、山が震動《しんどう》すること。また、その音。

 ユトリロ(1883～1955) フランスの画家。灰白色の色調で哀愁に満ちたパリの風景をえがいた。

やまねこ【山猫】〈名〉けものの一種。体長五〇《センチメートル》ほどで、ネコに似《に》て尾《お》が太くて長い。小動物をとらえて食べる。日本では対馬《つしま》にすむツシマヤマネコ、西表島《いりおもてじま》にすむイリオモテヤマネコが知られている。

やまのいも【山の芋】〈名〉山野にはえるつる性の多年草。円柱のかたちをした長い根ができ、おろしてとろろなどにして食べる。「やまいも」ともいう。じねんじょ。

やまのかみ【山の神】〈名〉❶山をまもり、山を支配する神。❷「妻」のことを、なかばふざけていうことば。

やまのさち【山の幸】〈名〉鳥やけもの、山菜など、山でとれて食料になるものに対して、ありがたい気持ちをこめていう言いかた。やまさち。対海の幸。

やまのて【山の手】〈名〉❶⇩やまて ❷都市の中で、「下町」に対して高いところにある、庶民《しょみん》的でない住宅地域。対下町。

やまのは【山の端】〈名〉遠くの山が空と接するあたり。類山ぎわ。

やまのひ【山の日】〈名〉国民の祝日の一つ。八月十一日。「山に親しむ機会を得て、山の恩恵《おんけい》に感謝する」ための日。

やまば【山場】〈名〉ものごとのとくに緊迫《きんぱく》した場面。例山場にさしかかる。類クライマックス。山。

やまはだ【山肌】〖山▽膚〗〈名〉草や木におおわれていない、山の地面。

やまばと【山ばと】〖山▼鳩〗〈名〉⇩きじばと

やまびこ【山びこ】〖山▼彦〗〈名〉声や音が山の斜面《しゃめん》にあたってはねかえされて、ふたたび聞こえてくるもの。エコー。例山びこがこたえる。類こだま。

やまひだ【山ひだ】〖山▼襞〗〈名〉山の、尾根《おね》と谷がいりくんで、着物のひだのようにいくすじにものびた、凹凸《おうとつ》の線。

やまびらき【山開き】〈名〉高い山で、山小屋などが営業をはじめて、一般の人が登れるようになること。

やまぶき【山吹】〈名〉❶山地に生え、庭にもうえる落葉低木。春、黄色の花がさく。❷「やまぶきいろ」の略。

やまぶきいろ【山吹色】〈名〉ヤマブキの花のような黄色。例山吹色の小判。類黄金《こがね》色。

やまぶし【山伏】〈名〉〔宗教〕修験《しゅげん》道を修行している人。かみの毛をのばし、笈《おい》を背負い、ほら貝をたずさえ、金剛杖《こんごうづえ》を手にして山中をあるく。修験者。

やまふところ【山懐】〈名〉山に囲まれるようになっているところ。「やまぶところ」ともいう。例山懐の温泉。類山おく。

やまべ【山辺】〈名〉山の近く。「やまのべ」ともいう。対海辺。類山ぎわ。

やまへん〖山偏〗〈名〉漢字の偏の一つ。「岬《みさき》」「峰《ほう》」などの「山」の部分。

やまめ〖山女〗〈名〉谷川にすむ魚。全長二五《センチメートル》ぐらい。からだの側面に黒いはんてんがある。

やまもり【山盛り】〈名〉山のように高くもること。

やまやき【山焼き】〈名〉早春に、山の斜面《しゃめん》のかれ草を焼いて、新芽の出るのをたすけること。類野焼き。

やまやま【山山】 一〈名〉たくさんの山。 二〈形動〉〔やまやま〕その気持ちがいっぱいあるようす。例会いたいのはやまやまだが、事情がゆるさない。▽ア 一ヤマヤマ 二ヤマヤマ

やまわけ【山分け】〈名・する〉もうけたり、ぬすんだりしたたくさんのお金や物を、みんなで目分量で分けること。類折半《せっぱん》。

やまんば【山んば】〖山▼姥〗〈名〉昔話などで、山奥に住むという、髪《かみ》がぼさぼさの女の妖怪《ようかい》。山うば。

やみ【闇】〈名〉❶光のないまっくらな状態。例闇にまぎれる。闇にほうむる。闇の夜。真の闇。一寸先は闇(↓「いっすん」の子項目)。類暗黒《あんこく》。くらやみ。❷不安や心配があって、おちつけない状態。例空は晴れても、心は闇だ。❸やみ取り引き。例闇で買う。

闇から闇に葬《ほうむ》る 人に知られないよう、こっそりとものごとを処理する。

【闇】 門部9 全17画 闇 闇 闇 闇 闇 闇

やみ

やみあがり【病み上がり】〈名〉病気がなおったばかりで、まだ、からだがよわっている状態。類病後。

やみいち【闇市・ヤミ市】〈名〉やみ取り引きの品物を売る店が集まっている市場。類ブラックマーケット。

やみうち【闇討ち】〈名・する〉❶くらやみにまぎれて敵をおそい、討ちとること。❷ゆだんしているすきをついて、相手を不利におとしいれること。例闇討ちをくう。闇討ちにあう。類不意打ち。奇襲《きしゅう》。

やみきん【闇金】〈名〉違法となる高い金利でお金を貸しつける金融《きんゆう》業者。参考消費者金融業を営むに必要な登録をしていない場合が多い。「ヤミ金」とも書く。

やみくも〖闇雲〗〈形動〉あとさきのことを考えないで、ただひたすらにするようす。例やみくもに走りだす。類むやみ。めくらめっぽう。

やみつき【病み付き】〈名〉あるきっかけから、やめられないほど好きになること。例この味は病みつきになる。

やみとりひき【闇取り引き】〈名・する〉❶売り買いできないはずの品物を取り引きすること。品物をきめられたねだん以外の価格で売買すること。略して「やみ」ともいう。❷ほかの人が知らないところで、ひそかに一部の者が交渉《こうしょう》をすすめてしまうこと。

やみよ【闇夜】〈名〉月の出ていないまっくらな夜。対月夜。類暗夜《あんや》。

闇夜に烏《からす》 やみの中ではカラスの黒さがめだたないことから、ものごとがよく見わけられないこと。

闇夜に鉄砲《てっぽう》 まっくらな夜に鉄砲をうつように、あてずっぽうにものごとをやってみること。

[1]や・む〖▽止む〗〈動五〉今までつづいていたことが終わりになる。例雨がやむ。風がやむ。となりの家のピアノの音がやんだ。降《ふ》りやむ。泣きやむ。アヤム ↓やまない

[2]や・む〖▼已む〗〈動下二〉「やめておく」「しないですませる」の意味の古語。アヤム

やむにやまれず やめようと思っても、どうしてもやめるわけにはいかなくて。

やむを得《え》ず そうしたいとは思わないが、しかたなく。例やむを得ず中止する。万《ばん》やむを得ず。

やむを得《え》ない このましくないが、そうしないわけにはいかない。例やむを得ない事情。類よんどころない。

表現 文語の言い方が残っているので、「やむを得ざる事情」「中止のやむなきにいたる」「中止もやむなしと判断した」などの言い方もする。

注意 誤《あやま》って、「やむを得ざる」を「やむざる」とちぢめて使う人がいる。

[3]や・む【病む】〈動五〉❶病気になる。やや古めかしい言いかた。例神経を病む。類患《わずら》う。❷心配する。例

楊貴妃(ようきひ)(719〜56) 唐の皇帝・玄宗の妃。白居易の「長恨歌」は玄宗とのロマンスをうたったもの。

気に病む。類 煩《わずら》う。▽ア ヤム

ヤムいも【ヤム芋】〈名〉東南アジア・東インド諸島・熱帯アフリカ・オセアニアなどで栽培《さいばい》されるイモの一種。種類が多い。ゆでたり焼いたり、粉にしたりして食べる。

ヤムチャ〈名〉茶を飲みながら点心を食べる、かるい食事。◇中国語「飲茶」から。

やむなく【▼已む無く】〈副〉やむを得ず。しかたなしに。

やめ【▽止め】〈名〉やめること。中止。例 きりのいいところでやめにする。とりやめ。

[1]**や・める【▽止める】**〈動下一〉❶つづけてきたことを終わりにする。例 つきあいをやめる。走るのをやめる。類 よす。おえる。ストップする。❷しようと思っていたことを、しないことにする。やめておく。例 旅行をやめる。行くのをやめる。とりやめる。類 よす。中止する。▽ア ヤメル

[2]**や・める【辞める】**〈動下一〉仕事やつとめをしりぞく。例 会社をやめる。委員をやめる。類 辞任する。辞職する。退職する。引退する。おりる。ア ヤメル

[3]**やめる【病める】**〈連体〉病んでいる。健全な状態でない。例 すこやかなる時も病める時も。病める現代社会。ア ヤメル

やもうしょう【夜盲症】〈名〉⇩とりめ

やもめ〈名〉❶夫をなくした女性。類 後家《ごけ》。未亡人。寡婦《かふ》。❷妻をなくした男性。おとこやもめ。例 やもめぐらし。

やもり【▽守▽宮】〈名〉爬虫《はちゅう》類の一種。トカゲに似《に》ているが、足に吸盤《きゅうばん》があり、人家のかべや天井《てんじょう》をはいまわって昆虫《こんちゅう》を食べる。

やや【▼稍】〈副〉程度や量がわずかであるようす。少しばかり。あらたまった言いかた。例 やや大きめの茶わん。ややうつむきかげんに歩く。

ややこし・い〈形〉こんがらかっていて、わかりにくい。「ややっこしい」ともいう。例 ややこしい話。

方言 西日本では、「めんどうだ」「わずらわしい」の意味でも使う。

ややもすると〈副〉どうかするとすぐに。ある状態になりやすいことを表わす。例 ややもすると生活費がたりなくなる。

やゆ【▼揶▼揄】〈名・する〉皮肉《ひにく》などをいって、相手をからかうこと。

やよい【弥生】〈名〉陰暦《いんれき》で、三月のこと。由来 草木がますます生えて育つ意味の、「弥《いや》生《おい》」の変化。

やよいじだい【弥生時代】〈名〉日本史で、縄文《じょうもん》時代につづく時代。紀元前四世紀(または紀元前十世紀)ごろから紀元三世紀ごろまでをいう。稲作《いなさく》がはじまり、金属器が使われるようになった。この時代の後半には北九州や近畿《きんき》地方にいくつかの小さな国ができた。↓やよいどき 参考 (次項)

やよいどき【弥生土器】〈名〉弥生時代につくられた素焼きの土器。うすくて、赤色をしている。参考 東京都文京区の弥生町で最初に発掘《はっくつ》されたことからの命名。

やら〈副助〉❶いろいろなものがやたらにたくさんあるという気持ちをこめて、そのうちのいくつかを例としてならべあげる。例 くつやらかばんやら買いたいものがある。泣くやらわめくやらの大さわぎだった。類 や。だの。❷はっきりしたことがわからないという気持ちを表わす。例 なにやら言っているがよく聞こえない。いつ完成するのやら自分でもわからない。

[1]**やらい【矢来】**〈名〉竹や木の棒を組んで臨時につくった囲い。例 竹矢来。

参考 ①を並立《へいりつ》助詞とする考えかたもある。

[2]**やらい【夜来】**〈名〉きのうの夜から。例 夜来の雨。

やらか・す〈動五〉「しでかす」のくだけた言いかた。例 へまをやらかす。

やらし・い〈形〉⇩いやらしい

やらずのあめ(雨) これから帰ろうとする人や出かけようとする人を、引き止めるかのように降りだす雨。

やらずぶったくり 自分からは何も与えないで、人から取り上げてばかりいること。俗《ぞく》な言いかた。

やらせ【▽遣らせ】〈名〉テレビのドキュメンタリー番組などで、出演者に作りごとをやらせること。例 やらせが発覚する。類 仕込《しこ》み。

やり【▼槍・▼鑓】〈名〉❶武器の一つ。長い柄《え》の先にとがった刃物《はもの》をつけたもの。例 やりをしごく。やりが降っても。❷やり投げの競技で使う、細長い棒。❸将棋《しょうぎ》で、香車《きょうしゃ》のこと。

やりが降《ふ》っても どんなことがあっても。例 たとえやりが降っても、ただちにかけつけます。

やりあ・う【やり合う】【▽遣り合う】〈動五〉たがいに相手をやっつけようとしてあらそう。

やりいか【▼槍▼烏▽賊】〈名〉近海にすむ大形のイカ。細長い円錐《えんすい》形で、槍の穂先《ほさき》に似ている。

やりがい【▽遣り▽甲▼斐】〈名〉苦労してしただけの価値があること。例 やりがいがある。類 張り合い。

やりかえ・す【やり返す】【▽遣り返す】〈動五〉相手からやられたとき、こちらからもお返しをする。例 やられたら、やり返せ。類 切り返す。

やりかけ【▽遣り掛け】〈名〉途中《とちゅう》までで、まだ、全部やりおえていないこと。例 やりかけの仕事。

やりかた【やり方】【▽遣り方】〈名〉なにかをするときの方法。例 うまいやり方。類 しかた。手ぐち。やりくち。

やりきれな・い【やり切れない】【▽遣り切れない】〈形〉❶最後までしあげることができない。例 一日ではとてもやり切れない。❷今のままでは、とうていしんぼうできない。例 やりきれない気持ち。こう暑くてはやりきれない。類 かなわない。

やりくち【やり口】【▽遣り口】〈名〉ものごとのやりかた。よくないことがらについていう。例 やり口がきたない。類 手ぐち。

やりくり【▽遣り繰り】〈名・する〉あれこれとくふうして、じょうずにつごうをつけること。例 やりくりがうまい。家計のやりくり。時間をやりくりする。やりくり算段。類 切り盛り。

やりこ・める【やり込める】【▽遣り込める】〈動下一〉相手のりくつの合わないところをやっつけて、言いかえせないようにする。類 へこます。言いまかす。言いこめる。

やりすご・す【やり過ごす】【▽遣り過ごす】〈動五〉❶あとからきたものを、先に行かせる。例 追っ手をやり過ごす。❷適当な程度をこして何かをする。例 酒をやり過ごす。

やりだま(▼槍玉)にあ(挙)げる ある人をとくに攻撃《こうげき》や非難の対象にえらんで、とがめだてする。

やりっぱなし【▽遣りっ放し】〈名〉やったままで、あとかたづけや必要な事後処理をしないこと。例 やってもいいけど、やりっぱなしはいけない。

やりて【やり手】【▽遣り手】〈名〉❶実行する人。例 やり手がいない。❷仕事のよくできる人。例 彼は相当

なやり手だ。類うできき。辣腕《らつわん》。敏腕《びんわん》。

やりと・げる【やり遂げる】〖▽遣り遂げる〗〈動下一〉最後までがんばってしあげる。類遂行《すいこう》する。

やりとり【やり取り】〖▽遣り取り〗〈名・する〉あげたり、もらったりすること。例手紙のやり取り。類交換。

やりなおし【やり直し】〖▽遣り直し〗〈名〉失敗がないように、もう一度やること。例やり直しをする。やり直しがきく。

やりなお・す【やり直す】〖▽遣り直す〗〈動五〉終わったことを、もういちどはじめからする。

やりなげ【やり投げ】〖▼槍投げ〗〈名〉陸上競技の種目の一つ。やりを投げて、その飛んだ距離《きょり》をきそう。

やりぬ・く【やり抜く】〖▽遣り抜く〗〈動五〉途中《とちゅう》であきらめないで、最後までする。類やり通す。

やりば【やり場】〖▽遣り場〗〈名〉もっていく場所。例目のやり場にこまる。やり場のないいかりを感じる。

やりみず【やり水】〖▽遣り水〗〈名〉❶庭にみぞをほって、川の水をひきいれてつくった小さな流れ。❷庭の草木に水をあたえること。

やりもらい〖▽遣り▼貰い〗〈名〉〔文法〕おもに外国人のための日本語教育で、補助動詞の「あげる・もらう・やる・くれる」を使う表現のこと。授受《じゅじゅ》表現。

や・る〖▽遣る〗■一〈動五〉❶送りとどける。例知らせをやる。類送付する。❷そこへ行かせる。例使いをやる。車をやる。類派遣《はけん》する。つかわす。向ける。❸目下の者や動物などにあたえる。例小鳥にえさをやる。これをおまえにやる。対もらう。くれる。類さずける。❹実行する。行なう。「する」よりもくだけた言いかた。例やってみる。へまをやる。どえらいことをやる。きのうは宿題をやらなかった。類する。やらかす。→おこなう表現 ❺ちょっと酒を飲む。例一杯《いっぱい》やる。▽→やっていく・やってくる・やってのける
■二〈補動五〉「…てやる」の形で使う。❶恩をきせるような気持ちで、目下の者のために何かをする。例金を貸してやる。弟に勉強を教えてやる。対もらう。くれる。❷あてつけに極端《きょくたん》なことをしてみせる。例死んでやる。殺してやる。
敬語 一③と二①の美化語としては「あげる」を、謙譲《けんじょう》語としては「さし上げる」を使う。

やるかたな・い〖▽遣る方無い〗〈形〉心の中にわだかまっている気持ちを晴らす方法がない。例憤懣《ふんまん》やるかたない。無念やるかたない。

やるき【やる気】〖▽遣る気〗〈名〉❶それをしようとする積極的な気持ち。例やる気満々。❷けんかをする気。

やるせな・い〖▽遣る瀬ない〗〈形〉気持ちがみたされないで、つらい。例やるせない思い。類せつない。

やれ〈感〉❶同じようなことのくりかえしを強めて言うときのことば。例やれ成人式だやれ結婚《けっこん》式だとお金がかかる。❷うれしかったり、こまったりしたときに発する、古い感じのことば。例やれうれしや。

やれやれ〈感〉どうにかかたがついてほっと一安心したときや、うまくいかずがっかりしたときなどに出ることば。例やれやれ、試験もやっとすんだ。やれやれ、まただめか。

やろう【野郎】■一〈名〉❶男性をののしっていうことば。例この野郎、あやまれ。ばか野郎。対あま。❷若い男性。らんぼうな言いかた。例野郎ばかりじゃつまらない。■二〈代名〉男性である、話し手や聞き手以外の人物を、軽蔑《けいべつ》してさすことば。下品で乱暴な言いかた。あいつ。やつ。例野郎ならやりかねない。あの野郎！

やろうじだい【夜郎自大】〈名・形動〉自分の力の程度を知らないで、仲間の中でいばっているようす。
参考「夜郎」は、古代中国の漢の時代の小国のこと。

やわ[1]【夜話】〈名〉夜にする話。気楽にたのしめる話。
表現 書名や番組名に使われることが多い。

やわ[2]【柔】〈形動〉よわよわしい。こわれやすい。たよりない。例やわな男。やわな道具。作りがやわだ。

やわ・い【柔い】〈形〉やわらかい。こわれやすい。微妙《びみょう》だ。例柔い品物だから大事にあつかうように。

やわはだ【柔肌】〈名〉女性のやわらかな肌。

やわら【柔ら】〈名〉「柔道《じゅうどう》」の古い言いかた。

やわらか【柔らか・軟らか】〈形動〉⇩やわらかい

やわらか・い【柔らかい・軟らかい】〈形〉❶[柔らかい]おすと、かるい弾力《だんりょく》をもってひっこむ感じである。また、まげようとすれば、むりなくまがる感じである。例柔らかいパン。柔らかいソファー。からだが柔らかい。類柔軟《じゅうなん》。しなやか。ソフト。ふんわりした。対かたい。❷[軟らかい]力を加えると、かんたんにくずれたり、形がかわったりする。手ごたえや歯ごたえがない。例軟らかい土。地盤《じばん》が軟らかい。軟らかい肉。軟らかく煮《に》た大根。対かたい。❸[柔らかい]あたたかく、ものしずかで、おだやかである。例柔らかい日ざし。柔らかいものごし。❹[柔らかい]必要に応じて自由に考えをかえることができる。ゆうずうがきく。例頭が柔らかい。対かたい。類柔軟《じゅうなん》。❺[軟らかい]かたくるしいところがない。例軟らかい話。軟らかい表現。対かたい。▽「やわらか」ともいう。

やわら・ぐ【和らぐ】〈動五〉はげしさやきびしさがしずまって、おだやかになる。例寒さが和らぐ。緊張《きんちょう》が和らぐ。いかりが和らぐ。類なごむ。

やわら・げる【和らげる】〈動下一〉❶おだやかでゆったりした状態にする。例態度を和らげる。ふんいきを和らげる。❷わかりやすくする。例表現を和らげる。

ヤンキー〈名〉身なりや髪型《かみがた》がはでで不良っぽい若者。
参考 もとは関西の方言で、やくざや暴走族の身なりをまねた、いわゆるつっぱり少年少女をさして言った。アメリカ人の俗称《ぞくしょう》である「ヤンキー(yankee)」とは別の語。

ヤングアダルト〈名〉高校生を中心とした、その前後の年代の若者。おもに出版物の対象読者としていう。例ヤングアダルト小説。図書館のヤングアダルトコーナー。◇young adult

やんごとな・い〈形〉口にするのもおそれおおいほど、身分が高い。例やんごとないおかた。

やんちゃ〈名・形動〉子どもが、あらっぽくていたずら好きなこと。例やんちゃをする。やんちゃに育つ。やんちゃがすぎる。やんちゃ坊主《ぼうず》。

やんぬるかな「もうだめだ、おしまいだ」という意味の古い言いかた。例やんぬるかな、のがれるすべなし。
表現「万事《ばんじ》休す」「万策つきた」は、「すべてやってみたがだめだった」という感じ。「やんぬるかな」は「やみぬるかな」で、「すべては終わった」「なるようになったのだ」という達観をふくむ。

やんま〈名〉トンボの大きいもの。オニヤンマなど。
方言 西日本では、トンボ一般《いっぱん》を「やんま」ともいい、九州では、それを「えんば」ともいう。

やんや〈感・副〉おおぜいの人がさかんにほめたてる声。

やんわり〈副〉やわらかく、おだやかなようす。例 やんわりと断る。類 遠回しに。婉曲《えんきょく》に。

ゆ … ユ

常用漢字 ゆ

【由】 田部0 全5画 ※ 由由由由由

ユ・ユウ・ユイ よし 教 小3 音 ❶［ユ］由来《ゆらい》。経由《けいゆ》。❷［ユウ］自由《じゆう》。理由《りゆう》。事由《じゆう》。❸［ユイ］由緒《ゆいしょ》。訓［よし］…の由。

【油】 氵部5 全8画 ※ 油油油油油油

ユ あぶら 教 小3 音［ユ］油田《ゆでん》。油脂《ゆし》。油性《ゆせい》インク。石油《せきゆ》。原油《げんゆ》。灯油《とうゆ》。揮発油《きはつゆ》。植物油《しょくぶつゆ》。訓［あぶら］油。油かす。油絵。ごま油。

【喩】 口部9 全12画 喩喩喩喩喩喩

ユ 音［ユ］比喩《ひゆ》。隠喩《いんゆ》。直喩《ちょくゆ》。表記「愉・諭・輸」のような旁《つくり》の形にして、「喻」とも書く。

【愉】 忄部9 全12画 愉愉愉愉愉愉

ユ 音［ユ］愉快《ゆかい》。愉悦《ゆえつ》。

【諭】 言部9 全16画 諭諭諭諭諭諭

ユ さとす 音［ユ］諭旨《ゆし》。教諭《きょうゆ》。説諭《せつゆ》。訓［さとす］諭す。諭し。

【輸】 車部9 全16画 輸輸輸輸輸輸

ユ 教 小5 音［ユ］輸血《ゆけつ》。輸出入《ゆしゅつにゅう》。輸送《ゆそう》。運輸《うんゆ》。空輸《くうゆ》。密輸《みつゆ》。

【癒】 疒部13 全18画 癒癒癒癒癒癒

ユ いえる・いやす 音［ユ］癒着《ゆちゃく》。治癒《ちゆ》。快癒《かいゆ》。訓 ❶［いえる］癒える。❷［いやす］癒やす。

1 **ゆ【湯】**〈名〉❶水をわかして熱くしたもの。例 湯がわく。湯をさます。お湯。対 水。水の熱くなったもの。❷ふろ。また は、ふろ屋。例 湯に入る。湯につかる。湯あがり。❸温泉。例 湯の町。草津《くさつ》の湯。❹〔工業〕鋳型《いがた》に流し込む、とかした金属。

2 **ゆ【油】**〈造語〉油《あぶら》のこと。例 油性インク。揮発《きはつ》油。サラダ油。

ゆあか【湯あか】〖湯▼垢〗〈名〉ふろおけにつく水あか。

ゆあがり【湯上がり】〈名〉❶ふろから出たばかりのとき。❷ふろから出たときに使う大きいタオル。バスタオル。

ゆあたり【湯あたり】〖湯▽中り〗〈名・する〉温泉や風呂《ふろ》に長く入りすぎて、体の具合が悪くなること。

ゆあつ【油圧】〈名〉❶油にかかる圧力。例 油圧計。❷油を媒体《ばいたい》として圧力を伝達する、機械のしくみ。例 油圧式。油圧ブレーキ。

ゆあみ【湯▽浴み】〈名・する〉「入浴」の古い言いかた。類 沐浴《もくよく》。

常用漢字 ゆい

【唯】 口部8 全11画 ※ 唯唯唯唯唯

ユイ・イ 音 ❶［ユイ］唯一《ゆいいつ》。唯美主義《ゆいびしゅぎ》。唯物論《ゆいぶつろん》。❷［イ］唯々諾々《いいだくだく》。

ゆいいつ【唯一】〈名〉同類のものがほかにまったくなく、一つだけであること。「ゆいつ」とも言う。例 唯一の例。唯一無二。

ゆいがどくそん【唯我独尊】〈名〉自分だけがすぐれていると、思いあがること。
由来 シャカ(釈迦)が生まれたとき言ったという「天上《てんじょう》天下《てんげ》唯我独尊」にもとづくが、もとの意味とは大変ちがう。→「てんじょう〔天上〕」の子項目

ゆいごん【遺言】〈名・する〉自分の死後の財産の処置などについて、生前に言い残したり書き残したりしてきめておくこと。そのことば。例 遺言状。
参考 法律用語としては「いごん」と読む。

ゆいしょ【由緒】〈名〉❶そのものの起こりや歴史などについて古くから伝えられてきたことがら。例 寺の由緒について話を聞く。類 いわれ。由来。来歴。素性《すじょう》。❷むかしからのりっぱな歴史。例 由緒ある家がら。

由緒正《ただ》しい むかしからのりっぱな歴史のある。例 由緒正しい血すじ。

ゆいしんろん【唯心論】〈名〉哲学《てつがく》で、この世のすべてのものは、精神のはたらきのあらわれである、とする考えかた。対 唯物論。類 観念論。

ゆいのう【結納】〈名〉結婚《けっこん》の約束をしたしるしに、両家や両人のあいだでお金や品物をとりかわすこと。また、そのお金や品物。例 結納をかわす。結納金。

ゆいびしゅぎ【唯美主義】〈名〉美をもっとも価値のあるものとする考え方。類 耽美《たんび》主義。

ゆいぶつろん【唯物論】〈名〉哲学《てつがく》で、本質的なものは精神ではなくて物質であるとし、精神のはたらきも社会的な環境《かんきょう》によってきめられるものだ、とする考え。対 唯心論。観念論。

常用漢字 ゆう

【友】 又部2 全4画 友友友友

ユウ とも 教 小2 音［ユウ］友好《ゆうこう》。友情《ゆうじょう》。親友《しんゆう》。学友《がくゆう》。旧友《きゅうゆう》。戦友《せんゆう》。友人《ゆうじん》。友誼《ゆうぎ》。訓［とも］友。友釣り。メル友。

【有】 月部2 全6画 有有有有有有

ユウ・ウ ある 教 小3 音 ❶［ユウ］有益《ゆうえき》。有意義《ゆういぎ》。有権者《ゆうけんしゃ》。有力《ゆうりょく》。有名無実《ゆうめいむじつ》。有償《ゆうしょう》。国有《こくゆう》。共有《きょうゆう》。所有《しょゆう》。特有《とくゆう》。❷［ウ］有無《うむ》。有象無象《うぞうむぞう》。有頂天《うちょうてん》。訓［ある］有る。有り金。有り様。有り余る。訳有り。

【勇】 力部7 全9画 勇勇勇勇勇

ユウ いさむ 教 小4 音［ユウ］勇敢《ゆうかん》。勇気《ゆうき》。勇者《ゆうしゃ》。勇壮《ゆうそう》。勇猛果敢《ゆうもうかかん》。豪勇《ごうゆう》。義勇軍《ぎゆうぐん》。武勇伝《ぶゆうでん》。訓［いさむ］勇む。勇み足。勇ましい。

【幽】 幺部6 全9画 幽幽幽幽幽幽

ユウ 音［ユウ］幽境《ゆうきょう》。幽谷《ゆうこく》。幽玄《ゆうげん》。幽界

《ゆうかい》。幽霊《ゆうれい》。幽閉《ゆうへい》。幽愁《ゆうしゅう》。

【悠】 心部7 全11画 悠悠悠悠悠
ユウ 音[ユウ] ▨悠然《ゆうぜん》。悠長《ゆうちょう》。悠々《ゆうゆう》。悠々自適《ゆうゆうじてき》。悠久《ゆうきゅう》。

【郵】 阝部8 全11画 ※ 郵郵郵郵郵
ユウ 教小6 音[ユウ] ▨郵便《ゆうびん》。郵送《ゆうそう》。郵政《ゆうせい》。

【湧】 氵部9 全12画 湧湧湧湧湧
ユウ わく 音[ユウ] ▨湧水《ゆうすい》。湧出《ゆうしゅつ》。訓[わく] 湧く。湧き水。

【猶】 犭部9 全12画 猶猶猶猶猶
ユウ 音[ユウ] ▨猶予《ゆうよ》。

【裕】 衤部7 全12画 裕裕裕裕裕
ユウ 音[ユウ] ▨裕福《ゆうふく》。▨富裕層《ふゆうそう》。余裕《よゆう》。

【遊】 辶部9 全12画 遊遊遊遊遊
ユウ・ユ あそぶ 教小3 音❶[ユウ] ▨遊戯《ゆうぎ》。遊園地《ゆうえんち》。遊歩道《ゆうほどう》。遊説《ゆうぜい》。遊離《ゆうり》。▨豪遊《ごうゆう》。回遊《かいゆう》。外遊《がいゆう》。交遊録《こうゆうろく》。周遊券《しゅうゆうけん》。❷[ユ] ▨遊山《ゆさん》。遊行《ゆぎょう》。訓[あそぶ] 遊ぶ。遊び。

【雄】 隹部4 全12画 ※ 雄雄雄雄雄
ユウ お・おす 音[ユウ] ▨雄大《ゆうだい》。雄姿《ゆうし》。雄弁《ゆうべん》。▨英雄《えいゆう》。両雄《りょうゆう》。雌雄《しゆう》。訓❶[お] 雄しべ。雄牛。雄々しい。❷[おす] 雄。雄犬。

【誘】 言部7 全14画 誘誘誘誘誘
ユウ さそう 音[ユウ] ▨誘惑《ゆうわく》。誘導《ゆうどう》。誘致《ゆうち》。誘発《ゆうはつ》。誘拐《ゆうかい》。▨勧誘《かんゆう》。訓[さそう] 誘う。

【憂】 心部11 全15画 憂憂憂憂憂
ユウ うれえる・うれい・うい 音[ユウ] ▨憂愁《ゆうしゅう》。憂鬱《ゆううつ》。憂国《ゆうこく》。憂慮《ゆうりょ》。▨一喜一憂《いっきいちゆう》。内憂外患《ないゆうがいかん》。訓❶[うれえる] 憂える。憂え。❷[うれい] 憂い。❸[うい] 憂き目。物憂い。

【融】 虫部10 全16画 融融融融融
ユウ 音[ユウ] ▨融解《ゆうかい》。融和《ゆうわ》。融資《ゆうし》。融通《ゆうずう》。▨金融《きんゆう》。

【優】 亻部15 全17画 優優優優優
ユウ やさしい・すぐれる 教小6 音[ユウ] ▨優秀《ゆうしゅう》。優勝《ゆうしょう》。優越感《ゆうえつかん》。優雅《ゆうが》。優柔不断《ゆうじゅうふだん》。▨女優《じょゆう》。俳優《はいゆう》。名優《めいゆう》。訓❶[やさしい] 優しい。❷[すぐれる] 優れる。

【右】 ⇩常用漢字う〔右〕

【由】 ⇩常用漢字ゆ〔由〕

1**ゆ・う【▽言う】**〈動五〉⇩いう ア ユウ

2**ゆ・う【結う】**〈動五〉糸やひもなどを使って、形をととのえながら一つにまとめる。例 かきねを結う。髪《かみ》を結う。類 むすぶ。ア ユウ

3**ゆう【夕】**〈名〉日の暮れるころ。例 朝に夕に。夕べ。夕がた。ア ユー

4**ゆう【有】** 一〈名〉形があること。存在すること。例 無から有を生じる。対 無。二〈名・接頭〉所有すること。例 わが有に帰する。有資格者。▽ア ユー

5**ゆう【勇】**〈名〉ものをおそれない、いさましい気持ち。例 勇を振《ふ》るう。ア ユー

勇を鼓《こ》する 勇気をふるいたたせる。

6**ゆう【雄】**〈名〉とてもすぐれた力をもつ人。例 一方の雄。業界の雄。ア ユー

7**ゆう【優】**〈名〉大学などで、成績評価を表わすのに使うことば。成績のいい順に「優・良・可・不可」の四段階。または、「秀《しゅう》・優・良・可・不可」の五段階。

ゆうあい【友愛】〈名〉友だちへの思いやり。類 友情。ア ユー

1**ゆうい【有意】**〈名〉❶意味のあること。❷なにかをしようとする気持ちや意志があること。意識的であること。

表現 統計学で、「有意の差がある」というのは、数値の差が、偶然《ぐうぜん》の差ではなくて、本質的なちがいからでてくる差だと考えられる、ということ。

2**ゆうい【優位】**〈名・形動〉ほかのものよりすぐれた位置にいること。例 優位に立つ。類 優勢。上位。

3**ゆうい【有為】**〈形動〉才能があり、将来の活躍が期待できる。例 有為な青年。類 有望。

ゆういぎ【有意義】〈形動〉意義や価値がある。例 有意義な議論。週末を有意義にすごす。対 無意義。類 有意味。

ゆういみ【有意味】〈形動〉意義があり、たいせつである。対 無意味。類 有意義。

ゆういん【誘因】〈名〉なにかをひきおこすもとになるものごと。例 戦争の誘因となる。類 きっかけ。

ゆううつ【憂鬱】〈名・形動〉心がしずんで、はればれとしないこと。例 憂鬱な気分。憂鬱な天気。類 沈鬱《ちんうつ》。暗鬱。陰鬱《いんうつ》。暗澹《あんたん》。うっとうしい。ブルー。

ゆううつしつ【憂鬱質】〈名〉刺激《しげき》に対する反応はおそいが、つよくて、感情をおもてにださず、根気がある気質。→きしつ〔気質〕参考

ゆうえい【遊泳】〈名・する〉泳ぐこと。泳ぎ。例 遊泳禁止。宇宙遊泳。

表現 「遊泳術」といえば、世の中をうまくわたっていく方法のこと。「処世術」と同じ意味。

ゆうえき【有益】〈形動〉利益になる。ためになる。例 有益に使う。有益な話。対 無益。類 有用。

ゆうえつ【優越】〈名・する〉❶ほかのものよりも、すぐれていること。例 優越感。❷権力や権限において、上の地位にあること。例 衆議院は参議院に優越する。

ゆうえつかん【優越感】〈名〉自分が、ほかの人よりもすぐれていると思う気持ち。例 優越感をいだく。優越感にひたる。対 劣等《れっとう》感。

ゆうえんち【遊園地】〈名〉子どもたちがたのしく遊ぶことができるように、乗り物などをそなえた施設《しせつ》。

ゆうおうまいしん【勇往▼邁進】〈名・する〉目的に向かって、ひたすら進んでいくこと。

ゆうが【優雅】〈形動〉❶おおらかで、気品がある。例 優雅な舞《まい》。優雅にふるまう。対 粗野《そや》。類 優美《ゆうび》。エレガント。❷あくせくしていない。例 優雅な船旅《ふなたび》。避暑《ひしょ》地で優雅に過ごす。類 悠長《ゆうちょう》。

1**ゆうかい【幽界】**〈名〉人が死後に行くと考えられている世界。あの世。類 冥界《めいかい》。冥土。

2**ゆうかい【誘拐】**〈名・する〉人をだましたりして、無理やりにつれ去ること。例 誘拐犯。

3**ゆうかい【融解】**〈名・する〉〔物理〕固体が液体にな

ゆ

横光利一(よこみつりいち) (1898～1947) 昭和の小説家。新感覚派の中心人物。作品「日輪」「機械」「旅愁」など。

ること。対凝固《ぎょうこ》。類溶融《ようゆう》。溶解。

[1] **ゆうがい【有害】**〈名・形動〉害があること。害になること。例有害な食品。有害無益。対無害。

[2] **ゆうがい【有蓋】**〈名〉おおいや屋根があること。

ゆうかいてん【融解点】〈名〉⇩ゆうてん

ゆうがいむえき【有害無益】〈名・形動〉害だけあって、何の役にも立たないこと。類百害あって一利なし。

ゆうがお【夕顔】〈名〉つる性植物の一種。実《み》からかんぴょうをつくる。夏の夕がた、白い花がさく。

ゆうかく【遊郭】〘遊▼廓〙〈名〉むかし、遊女をかかえた店が多く集まっていた地域。江戸の吉原《よしわら》、京の島原など。くるわ。類色里《いろさと》。花街《かがい》。

ゆうがく【遊学】〈名・する〉自分の家をはなれて、よその土地や外国に行って勉強すること。類留学。

ゆうかしょうけん【有価証券】〈名〉手形・小切手・株券・債券《さいけん》など、財産としての価値のある証書。

ゆうがた【夕方】〈名〉日が暮れはじめてから夜になるまでの、あたりがしだいに暗くなっていくころ。例夕方になる。対朝方。類夕暮れ。夕刻。暮れ方。

ゆうがとう【誘▼蛾灯】〈名〉夜間、昆虫《こんちゅう》を電灯のもとにさそい寄せて殺すようにしかけた装置《そうち》。

ユーカラ〈名〉アイヌ民族に口頭で伝えられてきた叙事《じじょ》詩。ふしをつけて語られる。◇アイヌ語から。

ユーカリ〈名〉高さが一〇〇メートルにもなる、オーストラリア原産の常緑高木。葉から油をとり、木材を建築に使う。葉はコアラの好物。ユーカリノキ。◇eucalyptus の日本での省略語。

[1] **ゆうかん【夕刊】**〈名〉毎日だす新聞で、夕がた発行するもの。対朝刊。

[2] **ゆうかん【有閑】**〈名〉時間や生活に余裕《よゆう》があって、のんびりしていること。例有閑マダム。

表現「ひまをもてあましていて、のんべんだらりとしている」というような、わるい感じで使われることが多い。

[3] **ゆうかん【勇敢】**〈形動〉なにものもおそれず、いさましい。例勇敢な少年。勇敢に戦う。類果敢。勇猛《ゆうもう》。

ゆうかんじしん【有感地震】〈名〉人がゆれを感じとることができる地震。対無感地震。

[1] **ゆうき【勇気】**〈名〉危険をおそれずに立ちむかっていこうとする、強い気持ち。例勇気がない。勇気を出す。勇気凜々《りんりん》。

[2] **ゆうき【有機】**〈名〉❶生命をもっていること。❷〔化学〕「有機物」の略。例有機水銀。有機化学。❸「有機栽培《さいばい》」の略。例有機野菜。▽対無機。

[3] **ゆうき【有季】**〈名〉俳句のなかに季語が詠《よ》みこまれていること。対無季。参考季語を詠みこみ、五・七・五の十七音でつくる「有季定型」が俳句の基本。

[1] **ゆうぎ【友▼誼】**〈名〉友だちとしての、思いやりや心づかい。例友誼にあつい。類友情。友好。交誼。交情。

[2] **ゆうぎ【遊技】**〈名〉ゲームや競技をしてあそぶこと。例室内遊技場。類遊戯《ゆうぎ》。

[3] **ゆうぎ【遊戯】**〈名〉❶あそびなどをして、たのしむこと。類遊技。❷⇩おゆうぎ

ゆうきイーエル【有機EL】〈名〉特定の有機化合物に電圧をかけることで、それがみずから発光する現象。その現象を利用した製品。薄型ディスプレーや照明などに用いられる。例有機ELテレビ。有機EL照明。◇ELは electroluminescence の略。

ゆうきかがく【有機化学】〈名〉有機化合物のしくみや性質などを研究する化学の一分野。対無機化学。

ゆうきかごうぶつ【有機化合物】〈名〉〔化学〕炭素をふくむ化合物。有機物。対無機化合物。

ゆうきさいばい【有機栽培】〈名〉化学肥料や農薬を使わない、農作物の栽培。類オーガニック。

参考肥料には、動植物を原料とした有機肥料を使う。有機栽培による農業を有機農業という。

ゆうきたい【有機体】〈名〉❶生命力をもっている組織。生物のこと。❷それぞれ独立している組織が、ある目的のために、全体として関係づけられ、統一されていること。例一つの有機体をなす。

ゆうきづ・ける【勇気付ける】〈動下一〉相手をはげまして、前向きな気持ちにさせる。

ゆうきてき【有機的】〈形動〉それだけで独自のはたらきをしている部分が、ほかの部分とむすばれて、全体として一つのものをつくっているようす。例有機的な結合。

ゆうきぶつ【有機物】〈名〉❶炭素をふくむ物質。❷「有機化合物」のこと。▽対無機物。

[1] **ゆうきゅう【有給・有休】**〈名〉❶〔有給〕給料がしはらわれること。例有給休暇《きゅうか》。対無給。❷〔有給・有休〕「有給休暇《きゅうか》」の略。

[2] **ゆうきゅう【悠久】**〈名・形動〉気が遠くなるほど長い時間つづいていること。例悠久のむかし。悠久の大地。類悠遠。

[3] **ゆうきゅう【遊休】**〈名〉設備や資金などが、利用されないで、遊んでいること。例遊休地。

ゆうきゅうきゅうか【有給休暇】〈名〉休んでも賃金のしはらわれる休暇。略して「有給」または「有休」。

[1] **ゆうきょう【遊▼侠】**〈名〉仁義を重んじ、強い者をこらしめ、弱い者を助けることを道義とした者。類おとこだて。侠客《きょうかく》。

[2] **ゆうきょう【遊興】**〈名・する〉おもしろく遊ぶこと。とくに、料理屋や酒場などで、酒を飲んだりして遊ぶこと。例遊興費。

[3] **ゆうきょう【幽境】**〈名〉俗世間《ぞくせけん》から遠くへだたった、静かな所。

ゆうぎり【夕霧】〈名〉夕方にたちこめる霧。対朝霧。

ゆうきりんりん【勇気▼凜▼凜】〈副・連体〉心の中の勇気が外にもあらわれて、実にたのもしい感じである。例勇気凜々試合にのぞむ。勇気凜々たるすがた。

ゆうく【憂苦】〈名・する〉心配して苦しむこと。例永劫《えいごう》の憂苦。

ゆうぐう【優遇】〈名・する〉特別によいあつかいをすること。例大企業《きぎょう》を優遇する。優遇税制。対冷遇。類厚遇《こうぐう》。優待。礼遇。

ユークリッドきかがく【ユークリッド幾何学】〈名〉〔数学〕古代ギリシャではじめられ、現在でも行なわれている、幾何学の一種。いくつかの明白なことがら(=公理)から、図形や空間の性質を厳密にみちびきだす。一九世紀に、この公理の一つを否定して、非ユークリッド幾何学がつくられた。参考ユークリッド(Euclid)は、古代ギリシャの学者エウクレイデスの英語でのよびかた。

ゆうぐれ【夕暮れ】〈名〉日がしずみ、あたりが暗くなっていくころ。例夕暮れがせまる。対夜明け。類日暮れ。たそがれ。夕方。

ゆうぐ・れる【夕暮れる】〈動下一〉日がしずみ、あたりが暗くなる。類日暮れる。

[1] **ゆうぐん【友軍】**〈名〉味方の軍隊。対敵軍。

[2] **ゆうぐん【遊軍】**〈名〉きまった受けもちをもたないで、

ゆ

横山源之助(げんのすけ) (1871～1915) 社会問題研究家。日本の下層社会の実態や労働事情を調査して発表。

必要に応じて活動できるように準備をしている、軍隊や人。例 遊軍記者。

ゆうげ【夕▼餉】〈名〉「夕食」の古風な言いかた。対 あさげ。

1 **ゆうけい**【夕景】〈名〉夕方の景色。

2 **ゆうけい**【有形】〈名〉形があって、実際に見たりさわったりできること。例 有形無形の恩恵《おんけい》をこうむる。対 無形。

3 **ゆうけい**【雄▼勁】〈形動〉勇ましく力強い。

ゆうげい【遊芸】〈名〉おどりや琴《こと》、生け花など、たのしみとしてする、日本風の芸能。

ゆうげき【遊撃】〈名・する〉さだめられた配置をもたず、状況《じょうきょう》に応じて敵を攻撃《こうげき》すること。自由に出撃できる部隊。例 遊撃隊。

ゆうげきしゅ【遊撃手】〈名〉⇩ショート②

1 **ゆうげん**【有限】〈名・形動〉かぎりがあること。例 有限な範囲《はんい》。有限な資源。対 無限。ア ユーゲン

2 **ゆうげん**【幽玄】〈名・形動〉おくふかくて、はかりしれない味わいやおもむきがあること。例 幽玄の美。幽玄なおもむき。ア ユーゲン　ユーゲン

参考 日本の文化史のうえで、とくに中世における、美の理念の一つ。余韻《よいん》のある深いおもむき。『新古今《しんこきん》和歌集』の歌や、能などにうかがえる。

ゆうげんがいしゃ【有限会社】〈名〉資本を出す人を社員とし、社員全員が限られた範囲《はんい》の責任(=有限責任)をもつ小規模な会社。参考 二〇〇五年の商法改正・会社法制定による廃止《はいし》の前につくられたもの。いま有限責任の会社をつくるには、設立の条件がゆるくなった株式会社とすることになっている。

ゆうげんじっこう【有言実行】〈名・する〉簡単ではないことを、あえて公言してからやりとげること。

参考「不言実行」に対して、あとからできたことば。

ゆうけんしゃ【有権者】〈名〉選挙権のある人。

1 **ゆうこう**【友好】〈名〉国家間や団体間などの、仲のいいつき合い。例 友好をふかめる。友好国。友好関係。対 敵対。類 親善。

2 **ゆうこう**【有効】〈形動〉効果や効力があるようす。例 有効に使う。有効な助言。有効期限。対 無効。

参考 柔道《じゅうどう》では、「技《わざ》あり」に近い判定をさす。

ゆうごう【融合】〈名・する〉二つ以上のものがとけあって一つになること。また、一つにすること。例 二つの文化が(を)融合する。核融合。対 分裂《ぶんれつ》。類 融和。

ゆうこうせいぶん【有効成分】〈名〉いろいろな成分がまざっているなかで、実際にききめのある成分。

1 **ゆうこく**【夕刻】〈名〉日がしずむころ。例 夕刻までにはおうかがいします。類 夕方。暮れ方。

2 **ゆうこく**【幽谷】〈名〉底が見えないくらいの深い谷。例 深山幽谷。

3 **ゆうこく**【憂国】〈名〉国家の現状や将来を心配すること。例 憂国の士。

ゆうこん【雄▼渾】〈形動〉書いた文字や文章が、たくましく、いきおいを感じさせるようす。例 雄渾な書。

ユーザー〈名〉使用者。◇user

表現 自動車やコンピューターなどの、機械類の使用者をいうことが多い。

ゆうざい【有罪】〈名〉裁判で、罪があると認められること。例 有罪判決。対 無罪。

1 **ゆうし**【有史】〈名〉書かれた記録が のこっていること。例 有史以前。有史以来。対 先史。

2 **ゆうし**【有志】〈名〉共同してあることをしようとする気持ちのある人。例 有志をつのる。

3 **ゆうし**【勇士】〈名〉いさましく勇敢《ゆうかん》にたたかう人。類 勇者。

4 **ゆうし**【勇姿・雄姿】〈名〉いさましいすがた。いさましく活躍《かつやく》しているようす。類 英姿《えいし》。

5 **ゆうし**【遊子】〈名〉「旅人」のこと。

6 **ゆうし**【融資】〈名・する〉事業などに必要な資金を融通《ゆうずう》すること。例 融資を受ける。類 金融。

ゆうじ【有事】〈名〉大事件や戦争などがおこること。例 有事にそなえる。有事の場合。

ゆうしかいひこう【有視界飛行】〈名〉操縦《そうじゅう》をパイロットの目にたよって行なう飛行。対 計器飛行。

ゆうしきしゃ【有識者】〈名〉ある分野の学識を持っている専門家。識者。例 地球温暖化対策のための有識者会合。類 学識(経験)者。

ゆうしてっせん【有刺鉄線】〈名〉みじかいとげをたくさんつけた鉄線。鉄条網《もう》に使う。

ゆうしゃ【勇者】〈名〉なにものをもおそれず、勇気をもって行動する人。例 真の勇者。類 勇士。

1 **ゆうしゅう**【幽囚】〈名〉牢獄《ろうごく》につながれていること。例 幽囚の身。

2 **ゆうしゅう**【幽愁】〈名〉身も心もなえてしまう、深いなやみ。

3 **ゆうしゅう**【憂愁】〈名〉心配や悲しみで、心がはれないこと。例 憂愁の思い。類 メランコリー。

4 **ゆうしゅう**【優秀】〈形動〉とくにすぐれている。例 優秀な成績。対 劣悪。

ゆうしゅう(有終)**のび**(美)**をかざ**(飾)**る** 終わりまできちんとなしとげて、りっぱな成果をあげる。

ゆうじゅうふだん【優柔不断】〈名・形動〉ものごとをきっぱりきめることができないで、ぐずぐずまよっていること。例 優柔不断な性格。

ゆうじょ【遊女】〈名〉むかし、遊郭《ゆうかく》や宿場などで、客の相手をすることを職業にしていた女性。

1 **ゆうしょう**【有償】〈名〉仕事やサービスなどに対して対価をはらうこと。対 無償。

2 **ゆうしょう**【優勝】〈名・する〉❶競技などで、一位になること。例 優勝をさらう。優勝をとげる。優勝旗。❷力のあるものが勝つこと。例 優勝劣敗《れっぱい》。

ゆうじょう【友情】〈名〉友だちのあいだの、相手に対する思いやりや真心。例 友情にあつい。友情をそだてる。類 友愛。友誼《ゆうぎ》。

ゆうしょう(勇将)**のもと**(下)**に じゃくそつ**(弱卒)**なし** 上に立つ指導者がりっぱであれば、部下もみなしっかりとしている、ということ。

ゆうしょうれっぱい【優勝劣敗】〈名〉力のあるものや、環境《かんきょう》に適応したものが生きのこり、弱くておとったものや、環境に適応できないものは ほろびるという、生存競争のおきて。類 適者生存。

1 **ゆうしょく**【夕食】〈名〉夕がたの食事。対 朝食。昼食《ちゅうしょく》。類 夕飯。夕ごはん。ディナー。

2 **ゆうしょく**【憂色】〈名〉心配があって悲しそうなようす。例 憂色につつまれる。対 喜色。類 愁色《しゅうしょく》。

ゆうしょくじんしゅ【有色人種】〈名〉白色人種に対して、黒色人種・黄色人種などの人種。

ゆうじん【友人】〈名〉「ともだち」のあらたまった言いかた。類 朋友《ほうゆう》。朋輩《ほうばい》。

ゆ

横山大観(たいかん)(1868～1958)　日本画家。日本美術院創立に参加。日本画の近代化や水墨画の発展に貢献。

ゆうしんろん【有神論】〈名〉 神が存在するという立場にたつ考えかた。対 無神論。

ゆうすい【湧水】〈名〉 わきみず。

ゆうすいち【遊水池】〈名〉 洪水《こうずい》にならないよう、川の水の量を調節するための池。

ゆうすう【有数】〈形動〉 きわめてすぐれている。例 世界でも有数の企業《きぎょう》。類 指折り。屈指《くっし》。

ゆうずう【融通】〈名〉 ❶〈する〉お金やものなどを、たがいにつごうして貸し借りすること。例 資金を融通する。一万円融通する。❷その場に応じて、うまく処理すること。例 融通がきかない。融通無碍《むげ》。類 機転。

ゆうずうむげ【融通無▼碍】〈形動〉 身の処しかたが柔軟《じゅうなん》で、さまざまに変化する周囲の状況《じょうきょう》にただちに対処できる。

ゆうすずみ【夕涼み】〈名〉 夏の暑い日、夕方すずしくなってから、えんがわや戸外で風にふかれ、すずむこと。類 納涼《のうりょう》。

ユーズド〈名〉「中古」の遠まわしな言いかた。例 ユーズドカー(=中古車)。ユーズド家具。ユーズド加工(=使い古した風合いをわざとだす加工)。◇used

ユースホステル〈名〉 青少年旅行者のための、安くて健全な宿泊施設《しゅくはくしせつ》。世界中にある。◇youth hostel

ゆう・する【有する】〈動サ変〉「持っている」のあらたまった言いかた。例 …の権限を有する。

[1]**ゆうせい【郵政】**〈名〉 郵便や貯金などに関する行政。ア ユーセー ユーセー

参考「日本郵政」は、行政ではなく株式会社。

[2]**ゆうせい【遊星】**〈名〉 ⇩わくせい ア ユーセー

[3]**ゆうせい【優性】**〈名〉 ⇩けんせい〔顕性〕 ア ユーセー

[4]**ゆうせい【優勢】**〈名・形動〉 有利な形勢であること。優勢にたつ。試合を優勢のうちにすすめる。例 優勢をたもつ。対 劣勢《れっせい》。類 優位。

[1]**ゆうぜい【有税】**〈名〉 税金がかかること。対 無税。ア ユーセー

[2]**ゆうぜい【遊説】**〈名・する〉 政治家などが、各地をまわって自分の意見を説くこと。例 遊説にでる。地方遊説。遊説先。

ゆうせいおん【有声音】〈名〉 発音のときに声帯を振動《しんどう》させてだす音。日本語には、ア・イ・ウ・エ・オの母音《ぼいん》のほか、「ガ・ザ・ダ・バ・ヤ・ワ」のはじめの音(g・z・d・b・j・w)や鼻音(m・n・ŋ)などがある。対 無声音。

ゆうせいせいしょく【有性生殖】〈名〉〔生物〕おすがつくる精子とめすがつくる卵子《らんし》が合体して、あたらしい個体をつくりだすこと。対 無性生殖。

[1]**ゆうせん【有線】**〈名〉 ❶通信に電線を使うこと。対 無線。❷「有線放送」の略。▽ア ①ユーセン ②ユーセン

[2]**ゆうせん【郵船】**〈名〉 郵便物をはこぶ船。郵便船。

[3]**ゆうせん【優先】**〈名・する〉 他をさしおいて、それを第一にすること。他にくらべて、それが第一であること。例 スピードよりも安全を優先する。組織が個人に優先する。優先権。優先席。最優先。ア ユーセン

[1]**ゆうぜん【友禅】**〈名〉「友禅染」の略。ア ユーゼン

[2]**ゆうぜん【悠然】**〈副・連体〉 ゆったりとおちついている。例 悠然とかまえる。悠然たる態度。ア ユーゼン

ゆうぜんぞめ【友禅染】〈名〉 絹布《けんぷ》などに、花や鳥、風景などをいろどりゆたかに染めだした染めもの。京友禅・加賀友禅(石川県)・名古屋友禅など。

参考 京都の宮崎友禅という人が始めた。

ゆうせんほうそう【有線放送】〈名〉 校内や、せまい地域内で利用する、電線を使った放送。対 無線放送。

[1]**ゆうそう【郵送】**〈名・する〉 郵便でおくること。例 書類を郵送する。郵送料。

[2]**ゆうそう【勇壮】**〈形動〉 いさましくて、意気があがる感じだ。例 勇壮な行進曲。

ゆうそくこじつ【有▽職故実】〈名〉 朝廷《ちょうてい》や武家に昔からつたわる風俗《ふうぞく》や儀式《ぎしき》などに関するきまり。それを研究する学問。

ユーターン【Uターン】〈名・する〉 自動車などが、もときた方向にひきかえすために、U字形に曲がること。◇U-turn

表現 東京などの大都市へいちど出てきて、また、故郷に帰って就職することにもいう。

[1]**ゆうたい【勇退】**〈名・する〉 りっぱな役職や地位にある人が、後進に道をひらくために、すすんでその役職や地位をやめること。

[2]**ゆうたい【優待】**〈名・する〉 有利になるようにとりあつかうこと。例 優待券。類 優遇《ゆうぐう》。

ゆうだい【雄大】〈形動〉 大きくて堂々としている。例 雄大なながめ。雄大な規模。

ゆうたいりだつ【幽体離脱】〈名〉 危篤《きとく》状態で寝《ね》ているときなどに、肉体からたましいがぬけ出て、自分の肉体をまるで他人のようにながめたりするとされる超常《ちょうじょう》現象。じつは脳の働きによるもの。

ゆうたいるい【有袋類】〈名〉 オーストラリアやアメリカにすむ、哺乳《ほにゅう》動物の一類。めすには多く腹に袋《ふくろ》状のものがあり、子をその中で育てる。カンガルーやコアラなど。

ゆうだち【夕立】〈名〉 夏の午後から夕がたに、急にはげしく降る雨。雷をともなうことが多く、短時間でやむ。

ゆうだん【勇断】〈名・する〉 勇気をもって決断すること。類 英断。

ゆうだんしゃ【有段者】〈名〉 剣道《けんどう》や柔道《じゅうどう》、囲碁《いご》や将棋《しょうぎ》などで、段位をもっている人。

ゆうち【誘致】〈名・する〉 条件をととのえて、招きよせること。例 工場を誘致する。オリンピックを誘致する。類 招致。

ゆうちょ【郵貯】〈名〉「郵便貯金」の略。郵便局でとりあつかう貯金。

ゆうちょう【悠長】〈形動〉 のんびりとおちついている。例 悠長な話。悠長にかまえる。そんな悠長なことは言っていられない。類 のんき。

表現 本当はもっと急がなければならないのに、という気持ちでいうことが多い。

ゆうづき【夕月】〈名〉 夕がた見える月。

ゆうづくよ【夕▽月夜】〈名〉 月が出ている夕ぐれ。夕ぐれに出ている月。ゆうづきよ。古風で詩的な言いかた。

ゆうてい【郵逓】〈名〉 郵便物の逓送。

ゆうてん【融点】〈名〉〔物理〕固体が液体にかわるときの温度。融解点。対 凝固《ぎょうこ》点。

[1]**ゆうと【雄図】**〈名〉 規模のとても大きい計画。例 雄図むなしく失敗に終わった。類 壮図《そうと》。

[2]**ゆうと【雄途】**〈名〉 いさましく出発すること。例 雄途につく。類 壮途《そうと》。

[1]**ゆうとう【遊▼蕩】**〈名・する〉 あまりよくない遊びにむち

ゆ

 与謝野晶子(よさのあきこ)(1878～1942) 明治～昭和の歌人。歌集「みだれ髪」の自由奔放で情熱的な歌で有名。

ゆうになること。例遊蕩にふける。遊蕩三昧《ざんまい》。類放蕩。放埒《ほうらつ》。

[2] **ゆうとう【優等】**〈名〉成績などが、ほかと比べて格段にすぐれていること。例優等賞。優等生。対劣等《れっとう》。

ゆうどう【誘導】〈名〉❶〈する〉思うところへ、うまくみちびくこと。例飛行機を誘導する。避難《ひなん》所に誘導する。誘導尋問《じんもん》。❷〔物理〕電気や磁気が、その近くにある物体におよぼす作用。

ゆうどうえんぼく【遊動円木】〈名〉公園などにある運動具の一つ。丸太をロープやくさりでつり下げたもの。上に乗ってゆらして遊ぶ。

ゆうどうじんもん【誘導尋問】〈名〉期待しているとおりのことを答えるようにしむけた尋問。

ゆうとうせい【優等生】〈名〉❶成績や行ないがとくにすぐれている学生・生徒。対劣等生。❷会社などで、命じられた仕事をきちんとこなし、規則もちゃんと守る人。参考 ②は、まじめではあるが、個性がなくおもしろみに欠ける人を、かるいあなどりの気持ちでいうことば。

ゆうどうだん【誘導弾】〈名〉ミサイル。

ゆうどうブロック【誘導ブロック】〈名〉⇩てんじブロック

ゆうどく【有毒】〈形動〉毒がある。毒になる。例有毒なキノコ。有毒ガス。対無毒。

ユートピア〈名〉この地上には存在しない、理想が実現されている世界。理想郷。対ディストピア。類桃源《とうげん》郷。◇utopia 由来 私有財産制度のない平等な社会をえがいた、一六世紀イギリスの政治家・思想家トマス＝モアの著書の名前から。

ゆうなぎ【夕なぎ】〖夕▼凪〗〈名〉海岸地方で、夕がた、海風から陸風にかわるとき、風がやむこと。対朝なぎ。

ゆうに【優に】〈副〉ある数量を、余裕《よゆう》をもって満たしているようす。らくに。例優に二メートルをこす大男。

ゆうのう【有能】〈形動〉すぐれた能力や手腕《しゅわん》がある。例有能な人物。対無能。

ゆうばえ【夕映え】〈名〉夕日をうけて、空などが赤みをおびて見えること。類夕焼け。

ゆうはつ【誘発】〈名・する〉あることが原因となって、別のことをひきおこすこと。例過労が事故を誘発する。類触発《しょくはつ》。

ゆうはん【夕飯】〈名〉夕がたの食事。類夕食。

[1] **ゆうひ【夕日】**〖夕▽陽〗〈名〉しずんでいく太陽。夕日がしずむ。夕日にはえる。赤い夕日。対朝日。類入《い》り日《ひ》。落日《らくじつ》。アユーヒ

[2] **ゆうひ【雄飛】**〈名・する〉自分にふさわしいはたらき場所へでて、思いきり活躍《かつやく》すること。例海外に雄飛する。対雌伏《しふく》。アユーヒ

ゆうび【優美】〈形動〉上品なうつくしさがある。例優美なドレス。優美に舞《ま》う。類優雅《ゆうが》。エレガント。

ゆうひつ【右筆】〖▼祐筆〗〈名〉❶むかし、身分の高い人の書記をつとめた人。❷武家の職名で、記録を受けもった係。

ゆうびん【郵便】〈名〉❶手紙やはがき、小包などを集めて、あて先へ送りとどける仕事。❷「郵便物」の略。例郵便がとどく。郵便を出す。郵便受け。参考 地図で郵便局を表わしたり、郵便番号の前につけたりする「〒」の記号は、「逓信(テイシン)」の「テ」を図案化したもの。

ゆうびんきょく【郵便局】〈名〉切手やはがきの販売《はんばい》、手紙や小包の集配、貯金、生命保険の受託《じゅたく》販売などの事務をとりあつかうところ。→ゆうびん参考

ゆうびんばんごう【郵便番号】〈名〉地域ごとについている、郵便物の区分けのための七けたの番号。→ゆうびん参考

ゆうびんぶつ【郵便物】〈名〉郵便で出すことができる手紙や小包など。

ゆうびんふりかえ【郵便振替】〈名〉郵便局に開設されている振替《ふりかえ》口座をつうじてのお金の受け渡し。

ユーフォー【ＵＦＯ】〈名〉⇩(巻末「欧文《おうぶん》略語集」)ＵＦＯ

ゆうふく【裕福】〈形動〉財産が多く、生活がゆたかである。例裕福な家庭。対貧困《ひんこん》。類金持ち。

[1] **ゆうべ【夕べ】**〈名〉❶夕がた。夕暮れ。例夕べのいのり。❷なにかのもよおしを行なう夜。例音楽の夕べ。

[2] **ゆうべ**〖▽昨▽夜・▽昨▽夕〗〈名〉きのうの夜。例ゆうべのできごと。類昨晩。昨夜《さくや》。表現 文学的な言いかた。

ゆうへい【幽閉】〈名・する〉政治的な理由などから、人をあるところにむりやりおしこめておくこと。類監禁《かんきん》。幽囚《ゆうしゅう》。軟禁《なんきん》。

ゆうべん【雄弁】〈名・形動〉聞き手をじゅうぶんにひきつけ、納得《なっとく》させるような話しぶり。例雄弁をふるう。雄弁に語る。雄弁家。対訥弁《とつべん》。類能弁。

ゆうほう【友邦】〈名〉たがいに親しくしている国。

ゆうぼう【有望】〈形動〉将来にじゅうぶん期待がもてる。例有望な若者。前途《ぜんと》有望。有望視する。類有為《ゆうい》。

ゆうぼく【遊牧】〈名・する〉水や牧草をもとめて、移住しながらウシやウマ、ヒツジなどを飼うこと。

ゆうぼくみん【遊牧民】〈名〉水や牧草をもとめて、移住しながらウシやウマ、ヒツジなどを飼う人々。中央アジアやアフリカなどの乾燥《かんそう》地帯に多くすむ。

ゆうほどう【遊歩道】〈名〉まわりの風景をたのしみながら歩けるように、自然の中につくられた小道。

ゆうまぐれ【夕まぐれ】〈名〉「夕がた」の古い、詩的な言いかた。類夕暮れ。たそがれ。

[1] **ゆうめい【有名】**〈名・形動〉たくさんの人たちに知られ、注目されていること。例有名な作品。有名になる。有名人。対無名。類高名。名高い。表現 俗《ぞく》に「有名税」というのは、有名で多くの人に知られているためにうける、さまざまな迷惑《めいわく》のこと。

[2] **ゆうめい【勇名】**〈名〉勇者としての評判。例勇名をとどろかす。勇名をはせる。

[3] **ゆうめい【幽明】**〈名〉死んでからいくあの世と、いま生きているこの世。

幽明境《さかい》を異《こと》にする 一方はあの世(＝冥土《めいど》)におもむき、一方はこの世にとどまり、住む世界が別々になる。死別することをいう。

ゆうめいむじつ【有名無実】〈名・形動〉名前だけはあるが、実質がないこと。例有名無実な会合。

ゆうめし【夕飯】〈名〉「夕食」のくだけた言いかた。

ユーモア〈名〉表現や内容、また、全体のようすなどがかもしだす、なんともいえない上品なおかしみ。例ユーモアがある。ユーモアがわかる。ユーモアをまじえる。ユーモア小説。ブラックユーモア。類諧謔《かいぎゃく》。◇humor

ゆうもう【勇猛】〈形動〉勇気があって、どんなことにもひるんだりおそれたりしない。例勇猛な若者。勇猛果敢《かかん》。類勇敢。果敢。

ユーモラス〈形動〉ユーモアのある。外から見たようすが

なんとなくこっけいな。◇humorous

ユーモレスク〈名〉〔音楽〕 みじかくて軽やかな気分のある器楽曲。◇humoresque

ゆうもん【憂▼悶】〈名・する〉 これでいいのかと、ふかくなやみ苦しむこと。例祖国に対する憂悶の情。

ゆうやく【勇躍】〈副・する〉 あることにむかって、心がいさみたつようす。例勇躍出発する。

ゆうやけ【夕焼け】〈名〉 日がしずむとき、日光が反射して西の空が赤くそまること。例夕焼け空。対朝焼け。類夕映《ゆうば》え。

ゆうやみ【夕闇】〈名〉 夕方になってあたりが暗くなること。例夕闇がせまる。類宵《よい》闇。

ゆうゆう【悠悠】〈副・連体〉 じゅうぶん余裕《よゆう》がある。静かにおちついている。例悠々まにあう。悠々と散策《さんさく》する。悠々たる歩み。悠々閑々《かんかん》。

ゆうゆうじてき【悠悠自適】〈名〉 自分の思うとおりのことをして、心しずかに毎日をすごすこと。例悠々自適の生活。類晴耕雨読。

ゆうよ[1]【猶予】〈名・する〉 ❶どうしたらいいかまよって、ためらうこと。例一刻の猶予も許されない。❷決行をのばすこと。例三日間の猶予をあたえる。執行《しっこう》猶予。

ゆうよ[2]【有余】〈接尾〉 数を表わすことばにつけて、「…よりいくらか多い」という意味を表わす。例三年有余のあいだ、ロンドンに遊学した。類あまり。

ゆうよう[1]【有用】〈形動〉 役にたつようす。例有用な人物。対無用。類有益。

ゆうよう[2]【悠揚】〈副〉 ゆったりとかまえて、見ているほうもおちつく感じ。例悠揚せまらず。類悠然。

ユーラシア〈名〉 ヨーロッパ州とアジア州からなる、もっとも大きな大陸。◇Eurasia

ゆうらん【遊覧】〈名・する〉 あちこちを見物してまわること。例遊覧船。遊覧飛行。

ゆうり[1]【遊離】〈名・する〉 ❶はなれて、つながりがなくなってしまうこと。例現実から遊離する。❷〔化学〕 ほかの物質と化合しないでいること。化合物からある物質がはなれること。類分離。

ゆうり[2]【有利】〈形動〉 得になったり、他と比べてつごうがよかったりすること。例有利な立場。有利な条件。有利な取り引き。対不利。

ゆうりすう【有理数】〈名〉〔数学〕 整数や分数を使って表わせる実数。対無理数。

ゆうりょ【憂慮】〈名・する〉 ひょっとしたらよくないことになるのではないかと、心配すること。例憂慮すべき事態。憂慮にたえない。

ゆうりょう[1]【有料】〈名〉 利用するのに料金がいること。例有料道路。対無料。

ゆうりょう[2]【優良】〈形動〉 品質や成績、性格などがすぐれている。例優良な商品。健康優良児。対劣悪《れつあく》。粗悪《そあく》。類優秀《ゆうしゅう》。

ゆうりょく【有力】〈形動〉 大きな勢力や影響《えいきょう》力があるようす。例有力者。対無力。

ゆうれい【幽霊】〈名〉 ❶死んだ人が、この世にあらわれたもの。類亡霊。お化け。❷ほんとうはないものを、あるように見せかけたもの。例幽霊会社。

ゆうれつ【優劣】〈名〉 二つのもののあいだで、どちらがすぐれ、どちらがおとっているか、ということ。例優劣がない。優劣をつける。類甲乙《こうおつ》。

ユーロ 一〈接頭〉 ヨーロッパの。例ユーロマネー。ユーロダラー。二〈名・接尾〉 ヨーロッパ連合(EU)が通貨統合のため、一九九九年に導入した単一通貨の単位。一ユーロは百ユーロセント。記号€。◇一Euro 二euro

ユーロセント〈名・接尾〉 ヨーロッパ連合(EU)の統一通貨ユーロの補助単位。一ユーロの百分の一。◇euro cent

ゆうわ[1]【融和】〈名・する〉 対立がなくなって、仲よくうちとけること。例融和をはかる。類和解。

ゆうわ[2]【▼宥和】〈名・する〉 対立する相手の言動をとがめることなく、仲よくすること。例宥和政策。

ゆうわく【誘惑】〈名・する〉 人の心をまよわせて、よくないことにさそいこむこと。また、そのさそい。例誘惑が多い。誘惑とたたかう。誘惑に勝つ。

ゆえ[1]【故】〈名〉 そうするだけのわけ。ある事情。古風な言いかた。例故あって、いま大阪に来ております。故なく人前でののしられた。

ゆえ[2]〈接助〉 原因や理由を表わす。…のために。例それゆえ中止します。表現少しあらたまった、または、古い感じのことば。

ゆえつ【愉悦】〈名・する〉 たのしみ、よろこぶこと。例愉悦にひたる。

ゆえに『故に』〈接〉 前に原因や理由を述べ、そのあとにその結果を述べるときに使うことば。かたい、書きことば。例「二つの三角形の各辺の長さは等しい。ゆえに、二つの三角形は合同である」。類それゆえ。したがって。参考高校の数学で、「したがって」の意味で使う。

ゆえん[1]『▽所▽以』〈名〉 理由。わけ。やや古めかしい言いかた。例諸君に期待するゆえんはここにある。類いわれ。

ゆえん[2]【油煙】〈名〉 あぶらやろうそくなどを燃やしたときにけむりといっしょに出る、黒いすす。

ゆか【床】〈名〉 ❶建物で、人が生活する平面部分。例床がぬける。床面積。対天井《てんじょう》。❷「床運動」のこと。

ゆかい【愉快】〈形動〉 おもしろくて、うかれるような気分だ。例愉快な気分。対不愉快。類楽しい。

ゆかいた【床板】〈名〉 建物の床にはってある板。

ゆかいはん【愉快犯】〈名〉 世間をさわがせ、その反響《はんきょう》を楽しむためにする犯罪。また、その犯人。

ゆかうえ【床上】〈名〉 建物の、床から上の高さ。例床上浸水《しんすい》。対床下。

ゆかうんどう【床運動】〈名〉 体操競技の種目の一つ。マットをしいた床の上で、とんだり、回転したり、ポーズをとったりして演技する。

ゆが・く【湯がく】『湯▼掻く』〈動五〉 野菜のあくをとりさるために、火にかけた熱湯にさっとつける。

ゆかげん【湯加減】〈名〉 ふろの湯の温度のぐあい。↓囲み記事57（1287ページ）

ゆかし・い『床しい』〈形〉 ❶むかしのことがしのばれて、なつかしい。例古式ゆかしい行事。❷気品があって、心がひかれるようすだ。例ゆかしい人がら。おくゆかしい。

ゆかした【床下】〈名〉 建物の、床の高さから下。例床下浸水《しんすい》。床下収納庫。対床上。

ゆかた【浴衣】〈名〉 湯あがりや夏のくつろいだときに着る、木綿《もめん》のひとえの着物。由来「湯帷子《ゆかたびら》」から。

ゆがみ『▼歪み』〈名〉 ❶ものの形が、曲がったりねじれたりしていること。例ゆがみを直す。ゆがみが出る。類ひずみ。❷性格などが素直《すなお》でないこと。例心のゆがみ。

ゆが・む『▼歪む』〈動五〉 ❶ものの形が、曲がったりねじれたりする。例画面がゆがむ。❷考えかたや性格が正常でなくなる。例気持ちがゆがむ。ゆがんだ見かた。類ひねくれる。

ゆ

 与謝蕪村(よさぶそん)(1716~83) 江戸中期の俳人・文人画家。俳句で絵画的な新しい句風をきずいた。

くれる。ねじける。ねじれる。まがる。

ゆが・める【▼歪める】〈動下一〉❶ものの形を、曲げたりねじったりして、変形させる。例顔をゆがめる。口をゆがめる。❷心や考えかたなどをひねくれさせる。例性格をゆがめる。

表現 ①には、「事実をゆがめる」のような、ものごとの内容をわざとちがえてしまうことをさす言いかたもある。

ゆかり〖▽縁(り)〗〈名〉関係やつながり。縁《えん》もゆかりもない。漱石《そうせき》ゆかりの地。例ゆかりの者。

ゆかん【湯▼灌】〈名・する〉死んだ人を柩《ひつぎ》に入れる前に、からだを湯でふき清めること。

[1]**ゆき**【行き】〈名〉⇩いき〔行き〕 アユキ

[2]**ゆき**【雪】〈名〉❶〔気象〕冬に、空から降ってくる、白くて冷たいもの。大気中の水蒸気が急にひえて氷のつぶとなり、それが集まって降ってくる。結晶《けっしょう》がうつくしい。天気図の記号は⊛。例雪がつもる。雪をかく。雪にうもれる。一面の雪。雪化粧《げしょう》。雪おろし。雪だるま。あわ雪。ぼたん雪。❷白いもののたとえ。例雪のはだ。かしらに雪をいただく(=髪《かみ》がしらがになっている)。▽アユキ」

[3]**ゆき**〖▼裄〗〈名〉首のつけねで背の中心にあたるところから、肩《かた》をとおって手くびまでの長さ。衣服(とくに和服)の背ぬいからそで口までの長さ。ゆき丈《たけ》。アユキ

ゆきあ・う【行き会う・行き合う】〈動五〉⇩いきあう

ゆきあかり【雪明かり】〈名〉つもった雪のために、夜でもまわりがうすあかるいこと。例雪明かりの道。

ゆきあそび【雪遊び】〈名〉雪だるま作りや雪合戦など、雪で遊ぶこと。

ゆきあたりばったり【行き当たりばったり】〈名・形動〉⇩いきあたりばったり

ゆきあた・る【行き当たる】〈動五〉⇩いきあたる

ゆきおとこ【雪男】〈名〉ヒマラヤの山中にいるという、正体不明の動物。

ゆきおろし【雪下ろし】━〈名・する〉降りつもった屋根の雪をとりのぞくこと。類除雪。━〈名〉山から、雪まじりにふきおろしてくる冷たい風。

ゆきおんな【雪女】〈名〉雪国の言いつたえで、雪のしきりに降る夜、女性のすがたとなってあらわれるという雪の精。雪娘《ゆきむすめ》。

ゆきか・う【行き交う】〈動五〉⇩いきかう

ゆきがかり【行き掛かり】〈名〉⇩いきがかり

ゆきかき【雪かき】〖雪▼搔き〗〈名〉道などにつもった雪をどけること。また、そのための道具。類除雪。

ゆきがけ【行き掛け】〈名〉⇩いきがけ

ゆきがこい【雪囲い】〈名〉❶雪や霜《しも》で草木がだめにならないように、その表面をわらやむしろでおおうこと。また、そのおおい。❷雪の多い地方で、家のまわりや入り口などを、わらやむしろなどでおおうこと。また、そのおおい。

ゆきがっせん【雪合戦】〈名〉雪をかためてボールのような形にし、それをたがいにぶつけあう遊び。

ゆきがまえ〖行構え〗〈名〉⇩ぎょうがまえ

ゆきき【行き来】〖▽往き来〗〈名・する〉⇩いきき

ゆきぐつ【雪靴】〖雪▼沓〗〈名〉雪の中を歩くための、わらで編んだ深い靴。

ゆきぐに【雪国】〈名〉冬、雪がたくさん降る地方。

ゆきぐも【雪雲】〈名〉雪を降らせる雲。

ゆきげしき【雪景色】〈名〉雪の降っている景色。雪の降りつもった景色。類銀世界。

ゆきげしょう【雪化粧】〈名・する〉あたりのすべてのものが雪でおおわれ、まるで白く化粧したように見えること。

ゆきけむり【雪煙】〈名〉つもった雪が、風でけむりのようにまい上がったもの。例雪煙をあげる。

ゆきさき【行き先】〈名〉⇩いきさき

ゆきしつ【雪質】〈名〉ふくまれる水分の多さなどによってきまる、雪の性質や状態。例雪質のよいスキー場。北海道と東京では雪質がちがう。

ゆきすぎ【行き過ぎ】〈名〉⇩いきすぎ

ゆきす・ぎる【行き過ぎる】〈動上一〉⇩いきすぎる

ゆきずり【行きずり】〈名〉どこかへ行く途中《とちゅう》、たまたま出会っただけで、それ以上の関係がないこと。例行きずりの人。

ゆきぞら【雪空】〈名〉雪が降ってきそうな空もよう。

ゆきだおれ【行き倒れ】〈名〉⇩いきだおれ

ゆきたけ【ゆき丈】〖▼裄丈〗〈名〉⇩ゆき〔裄〕

ゆきだるま【雪だるま】〖雪▽達磨〗〈名〉雪をかためたものを雪の上にころがして、大きくなった雪の玉を二つ重ねてつくっただるま。

表現 「借金が雪だるま式にふえる」のように、ものがどんどんふえていくことについてもいう。

ゆきちがい【行き違い】〈名〉⇩いきちがい

ゆきつ・く【行き着く】〈動五〉⇩いきつく

ゆきつけ【行きつけ】〈名〉⇩いきつけ

ゆきづま・る【行き詰まる】〈動五〉⇩いきづまる〔行き詰まる〕

ゆ(行)きつもど(戻)りつ ⇩いきつもどりつ

ゆきどけ【雪解け】〈名〉春になって、つもった雪がとけること。例雪解け水。

ゆきとど・く【行き届く】〈動五〉⇩いきとどく

ゆきどまり【行き止まり】〈名〉⇩いきどまり

ゆきなだれ【雪雪崩】〈名〉「なだれ」のこと。

ゆきのした〖雪の下〗〈名〉山地に生え、また、庭にもうえる常緑多年草。全体に毛がはえ、まるい葉のおもてには白いはんてんがあり、うらは むらさき色。葉は せきどめや しもやけのくすりになる。

ゆきば【行き場】〈名〉⇩いきば

ゆきひら【行平】〈名〉❶取っ手・ふた・つぎ口のある、平たい陶器《とうき》のなべ。かゆを煮《に》るときなどに使う。ゆきひらなべ。❷木製の柄《え》のついた、表面にこまかな凹凸《おうとつ》のある金属製のなべ。

ゆきぶか・い【雪深い】〈形〉雪がたくさんつもっている。例雪深い地方。

ゆきみ【雪見】〈名〉雪のつもった風景をながめて、たのしむこと。例雪見酒。雪見灯籠《どうろう》。

ゆきもよう【雪模様】〈名〉❶いまにも雪がふりだしそうな空のようす。❷雪がふりがちな天候。

注意 「荒《あ》れ模様」ということばと同様に、①が本来の意味だが、②の意味でも使われる。「雨模様」も同様。

ゆきやけ【雪焼け】〈名・する〉雪が反射するつよい光をうけて ひふがやけ、黒くなること。

方言 降雪量の多い日本海がわの地域では、「しもやけ」の意味で使う。

ゆきやま【雪山】〈名〉雪が降りつもった山。

ゆぎょう【遊行】〈名・する〉僧《そう》が諸国をめぐって、修行《しゅぎょう》をすること。類行脚《あんぎゃ》。

ゆきわた・る【行き渡る】〈動五〉⇩いきわたる

ゆきわりそう【雪割り草】〈名〉❶高山に生える多年草。夏、サクラソウに似たうすべに色の花がさく。❷ミス

ミソウの別名。山地に生え、鉢《はち》にもうえる多年草。早春、赤や白などの小さな花がさく。

ゆきんこ【雪ん子】〈名〉雪がふったときに現れるという雪の精。雪国の子供たちの愛称《あいしょう》としてもいう。

[1]**ゆ・く**【行く】〚▽往く〛〈動五〉⇩いく〔行く〕

[2]**ゆ・く**【逝く】〈動五〉⇩いく〔逝く〕

ゆくえ【行方】〈名〉❶去っていった方。ゆく先。例行方をさがす。行方をたずねる。行方をくらます。行方不明。❷これから進んでいく方向。類行く末。将来。

ゆくえふめい【行方不明】〈名〉行き先がわからず、消息もなく、ぶじかどうかもわからないこと。

ゆくさき【行く先】〈名〉❶将来。今後。例行く先が思いやられる。❷目的地。→いきさき 表現 ▽「いくさき」ともいう。

ゆくすえ【行く末】〈名〉これから先の、まだどうなるかわからない運命。例行く末を見とどける。来《こ》しかた行く末。子どもの行く末。対来しかた。類将来。

ゆくて【行く手】〈名〉これから行こうとしている先の方。進行方向。また、前途《ぜんと》。例行く手をさえぎる。

ゆ(行)くとし(年) まもなく過ぎ去ろうとしているこの年。例行く年を惜《お》しむ。対来る年。

ゆくゆく【行く行く】〈副〉❶目的地へ向かいながら。例そのことは行く行く話をしよう。❷大きくなったら。将来は。例行く行くは医者になろうと思っている。

ゆくりなく〈副〉「思いがけず」の意味の、古い言いかた。例ゆくりなくもめぐり会えた。

ゆげ【湯気】〈名〉湯からたちのぼる、白いけむりのようなもの。蒸発した水蒸気が、つめたい空気にふれて、水滴《すいてき》となってできる。例湯気がたつ。湯気がのぼる。

表現「頭から湯気をたてておこる」といえば、いかりで頭に血がのぼり、かっかとしている状態をいう。

ゆけつ【輸血】〈名・する〉病気やけがで血をたくさん失った患者《かんじゃ》の体に、血液製剤《せいざい》をおくりこむこと。

ゆ(行)けどもゆ(行)けども ⇩いけどもいけども

ゆさぶり【揺さぶり】〈名〉相手が動揺《どうよう》するように、いろいろ働きかけること。例揺さぶりをかける。

ゆさぶ・る【揺さぶる】〈動五〉強くゆりうごかす。「ゆすぶる」ともいう。例大木を揺さぶる。心を揺さぶる。

ゆざまし【湯冷まし】〈名〉❶わかした湯をふたたび冷たくしたもの。❷わかした湯をすこし冷ますための食器。

ゆざめ【湯冷め】〈名・する〉入浴したあと からだがひえて、かぜをひいたり、ひきそうになったりすること。

ゆさゆさ〈副〉大きな木の枝などが、すれあいながらゆれ動くようす。類ゆらゆら。

ゆさん【遊山】〈名〉野山など、気持ちのよいところへ遊びに行くこと。例物見遊山。

[1]**ゆし**【油脂】〈名〉動物や植物の中にふくまれる油や脂肪《しぼう》をまとめていうことば。

[2]**ゆし**【諭旨】〈名〉言いきかせること。とくに、退学や免職《めんしょく》などをさせるときに、そのわけを言いきかせること。例諭旨免職。

ゆしゅつ【輸出】〈名・する〉産物や製品、技術などを、売るために外国へ送りだすこと。例輸出品。対輸入。

ゆしゅつにゅう【輸出入】〈名〉輸出と輸入。

ゆず〚▼柚子・▼柚〛〈名〉ミカン類の一種。常緑小高木。初夏、白い花がさき、でこぼこのあるきいろい実《み》をつける。皮を、料理に味やかおりをつけるのに使う。高知や徳島での栽培《さいばい》がとくにさかん。

ゆす・ぐ〚▼漱ぐ・▽濯ぐ〛〈動五〉❶〔漱ぐ〕口に水などを入れ、ぐぶぐぶと音をたてるようにして、きれいにする。❷〔濯ぐ〕水の中でふるようにして、よごれなどをおとす。例せんたくものをゆすぐ。▽類すすぐ。

ゆすぶ・る【揺すぶる】〈動五〉⇩ゆさぶる

ゆずゆ【ゆず湯】〚▼柚湯〛〈名〉冬至《とうじ》の日、ユズの実《み》を入れてわかしたふろ。

ゆすらうめ〚▽梅▽桃〛〈名〉庭などにうえる落葉低木。春、葉の出るころに小さな白またはうすべに色の花がさく。夏、小さい赤い実《み》がなり、食べられる。

ゆすり〚▽強▽請り〛〈名〉言いがかりをつける、おどすなどして、金品をうばいとること。類恐喝《きょうかつ》。

ゆずり【譲り】〈名〉(多く、人を表わす名詞に付いて)その人からゆずりうけていること。例親譲りの才能。師匠《ししょう》譲りの芸。

ゆずりあ・う【譲り合う】〈動五〉たがいに自分より相手を先にしようとする。例席を譲り合う。

ゆずりう・ける【譲り受ける】〈動下一〉人から譲ってもらって受けとる。対譲り渡す。

ゆずりは【譲り葉】〈名〉あたたかい山地に生える常緑高木。葉は楕円《だえん》形で厚く、初夏、きみどりの花をつける。葉を正月のしめかざりに使う。

ゆずりわた・す【譲り渡す】〈動五〉自分のものを人に売り渡す。対譲り受ける。

[1]**ゆす・る**【揺する】〈動五〉小さくゆりうごかす。例木を揺する。からだを揺する。類ゆらす。

[2]**ゆす・る**〚▽強▽請る〛〈動五〉おどして、お金や品物をうばいとる。

ゆず・る【譲る】〈動五〉❶自分の持っているもの、または、自分の自由にできるものを、ほかの人にあたえる。例財産を譲る。席を譲る。地位を譲る。道を譲る。譲り渡す。❷自分の考えをおさえ、相手の意見を優先する。例百歩譲って。類譲歩《じょうほ》する。❸業者でない一般《いっぱん》の人のあいだで、ものを売ってあげる。例不用品を安く譲ってもらった。❹今回はやめて、次の機会におくる。例他日に譲る。

[1]**ゆせい**【油井】〈名〉地下の石油をくみあげるために掘った井戸。

[2]**ゆせい**【油性】〈名〉油としての性質をもっていること。例油性インク。対水性。

ゆせん【湯煎】〈名・する〉材料を入れた容器を湯の中に入れて、間接的にあたためること。例湯煎にする。

ゆそう【輸送】〈名・する〉車や船などで、ものや人を大量にはこぶこと。例輸送船。ピストン輸送。類運送。運搬《うんぱん》。搬送《はんそう》。

ゆたか【豊か】〈形動〉❶じゅうぶん満足できるほどめぐまれていて、なんの不足もない。例豊かな暮らし。豊かな才能。対とぼしい。類豊富。❷ゆとりがあって、おおらかな感じだ。例豊かな心。▽対貧しい。

ゆだ・ねる【委ねる】〈動下一〉すっかりまかせる。相手の思うとおりにさせる。例身を委ねる。専門家に委ねる。類託《たく》する。

ゆだま【湯玉】〈名〉❶湯が煮《に》えたったときにわきあがるあわ。❷玉のようになって飛び散る熱湯。

ユダヤ〈名〉ユダヤ教を信仰《しんこう》し、世界各地に住む民族の名。みずからはイスラエル人と称《しょう》する。古代にはパレスチナ地方にイスラエル・ユダ両王国をたてたが、のちローマ帝国の支配下にはいってからは世界中にちらばり、中世以降キリスト教徒による差別をうけたが、各方面ですぐれた

ゆ

吉田松陰(しょういん) (1830~59) 幕末の長州藩士。松下村塾で維新の指導者を育成。安政の大獄で刑死。

人材を出した。一九四八年、イスラエル共和国を建国。◇ラテン語から。

ユダヤきょう【ユダヤ教】〈名〉神ヤハウェを信仰《しんこう》する一神教。ユダヤ人のあいだで行なわれる。旧約聖書と、律法集であるタルムードを聖典とする。

ゆだ・る【▼茹だる】〈動五〉熱湯の中ですっかりゆでられる。「うだる」ともいう。例 野菜がゆだる。

ゆだん【油断】〈名・する〉気をゆるして、注意をおこたること。例 油断ならない。油断もすきもない。類 すき。

油断大敵《たいてき》 今がいい状態でも、油断したらすぐだめになる。自分の心の油断こそがいちばんの敵である。

油断も隙《すき》もない 気をゆるめると、すぐさまそれにつけこんでくる。例 油断も隙もないやつだ。

ゆたんぽ【湯たんぽ】〖湯▽湯▽婆〗〈名〉寝《ね》るとき、足やこしをあたためるために、湯を入れてふとんの中に入れる道具。アルミニウムやせとものなどでできている。

ゆちゃ【湯茶】〈名〉湯や茶の飲み物。古い感じの言いかた。例 湯茶の接待。

ゆちゃく【癒着】〈名・する〉❶〔医学〕ひふや粘膜《ねんまく》などが、けがや炎症《えんしょう》のために、くっついてしまうこと。❷利益を求めて、不正な関係をもつこと。例 政財界の癒着。

ゆっくり〈副〉❶急がずに。ゆるやかに。例 ゆっくり(と)歩く。類 ゆるゆる。❷〈する〉ゆったり。のんびり。例 久しぶりに来たんだから、ゆっくりしていきなさい。→ごゆっくり

ユッケ〈名〉韓国《かんこく》料理の一つ。生の牛肉の赤身を細く切ってごま油などで調味したもの。参考 朝鮮語で肉の刺身《さしみ》の意味。

ゆったり〈副・する〉❶しなければならないことがなく、心がおちつき、のびのびとしたようす。例 ゆったり(と)くつろぐ。❷きつくないようす。例 ゆったりした服。

ゆでたまご【ゆで卵】〖▼茹で卵〗〈名〉からのままゆでたたまご。参考 なま卵ほど日持ちしない。

ゆ・でる【▼茹でる】〈動下一〉味をつけないで、ただの湯で煮《に》る。例 野菜をゆでる。類 ボイルする。→囲み記事57(1287ページ)

表現 少し塩を入れて煮ることを「塩ゆで」という。ゆでて十分に熱がとおることを「ゆだる」という。「ゆでる」「ゆだる」を「うでる」「うだる」ともいう。たまらなく暑いことを「うだるような暑さ」というが、「ゆだるような暑さ」とはいわない。

ゆでん【油田】〈名〉石油を産出する地域。

ゆとう【湯▼桶】〈名〉そば湯を入れてだすのに使う、柄《え》と注ぎ口のついた漆器《しっき》。参考「ゆおけ」と読むのは、ふろ場で使う桶《おけ》の意味の別のことば。

ゆどうふ【湯豆腐】〈名〉湯の中で、豆腐をさっと煮《に》て、しょうゆ味のたれをつけて食べる料理。

ゆとうよみ【湯▼桶読み】〈名〉漢字二字の熟語を、上の字は訓で、下の字は音で読む読みかた。「手本《てほん》」「荷物《にもつ》」「梅酒《うめしゅ》」など。対 重箱《じゅうばこ》読み。

ゆどおし【湯通し】〈名・する〉❶料理の下ごしらえとして、材料を熱湯にさっとつけること。類 湯引き。❷織物を湯にとおして、のりを落としてやわらかくしたり、ちぢむのをふせいだりすること。

ゆどの【湯殿】〈名〉入浴する建物、または部屋。やや古めかしい言いかた。類 浴室。ふろ場。

ゆとり〈名〉時間的・空間的・精神的に窮屈《きゅうくつ》でなく、余裕《よゆう》があること。例 ゆとりがある。ゆとりをもたせる。心のゆとり。

ユニーク〈形動〉❶独特でほかに似《に》たようなものがない。独自の。例 ユニークな発想。❷固有の。例 メールアドレスにはユニークな文字列が割りあてられる。◇unique

ユニオン〈名〉連合。組合。◇union

表現 団体や組合などの名称《めいしょう》に使うことが多い。

ユニオンジャック〈名〉イギリスの国旗。◇Union Jack

ユニコーン〈名〉⇩いっかくじゅう① ◇unicorn

ユニセフ〈名〉国際連合児童基金。おもに発展途上《とじょう》国の子どもたちに援助《えんじょ》の手をさしのべている、国連の機関。参考 英語表記は「UNICEF」で、United Nations International Children's Emergency Fund の略。現在の正式名称《めいしょう》は United Nations Children's Fund。

ユニゾン〈名〉〔音楽〕❶同じ高さの音。または、一オクターブちがいの同じ音。❷斉奏《せいそう》。斉唱《せいしょう》。◇unison

ユニット〈名〉❶くみあわさって全体をつくっている、一つ一つの単位。例 ユニット家具(=くみあわせが自由にできる家具)。❷学習上の単元。❸一時的なプロジェクトとして組まれた音楽グループ。◇unit

ユニバーサル〈形動〉だれでも使えるように、どこへ行っても変わらず、同じようにしてあるようす。例 ユニバーサルデザイン。ユニバーサルサービス。◇universal

ユニバーサルサービス〈名〉企業《きぎょう》や行政のサービスについて、都市と地方とでの格差がなく、だれでも同じ条件や状態で受けられること。◇universal service

ユニバーサルデザイン〈名〉年齢《ねんれい》や体の大きさ、障害の有無などに関係なく、すべての人が安全で使いやすいように気をくばった、器具や施設《しせつ》の設計。UD。◇universal design

ユニバーシアード〈名〉国際学生競技大会。一年おきに開かれ、夏季と冬季とがある。◇Universiade

ユニフォーム〈名〉制服。とくに、チームやクラブなどのそろいの運動服。「ユニホーム」ともいう。◇uniform

ゆにゅう【輸入】〈名・する〉外国から産物や製品、技術などを買い入れること。また、外国の制度や思想をとり入れること。例 輸入品。西洋文明の輸入。対 輸出。

ユネスコ〈名〉国際連合教育科学文化機関。教育や科学、文化を通じて、世界の平和をまもることを目的としている。参考 英語表記は「UNESCO」で、United Nations Educational, Scientific and Cultural Organization の略。

ゆのはな【湯の花】〈名〉温泉にふくまれている鉱物質が沈殿《ちんでん》したもの。ゆばな。

ゆのみ【湯飲み】〖湯▼呑み〗〈名〉お茶などを飲むための茶碗《ちゃわん》。湯飲み茶碗。

ゆば【湯葉】〈名〉すいものなどに入れて食べる食品。ダイズを煮《に》た液を熱して、その表面にできるうすい膜《まく》をかわかしたもの。

ゆび【指】〈名〉手足の先の細くわかれている部分。例 指をさす。指を鳴らす。指を折る。指ずもう。指人形。おや指。人さし指。

指一本《いっぽん》も差《さ》させない 他人に非難や文句、干渉《かんしょう》を少しも言ったりしたりさせない。

指を折《お》る 数をかぞえるために、指を一本ずつ折り曲げる。→ゆびおりかぞえる

指をくわえる 目の前のものを自分もほしくてたまらないのに、手を出せないでいる。例指をくわえて見ていた。

ゆびおり【指折り】〈名〉 多くある中で、手の指を折りまげて かぞえあげられるほど 数が少なくすぐれていること。例世界でも指折りの演奏家。類屈指《くっし》。有数。注意たとえば「犯罪《はんざい》史上指折りの凶悪《きょうあく》犯」のように、よくないものには使わない。

ゆびお（指折）りかぞ（数）える 指を一本一本折りまげて、数をかぞえる。
表現とくに日数をかぞえることを言い、「入学式の日を指折り数えて待つ」のように、待ちどおしくてたまらないという気持ちを表わす場合に使う。

ユビキタス〈名〉「ユビキタスコンピューティング」の略。コンピューターがあらゆるところに行きわたり、とくに準備や意識をすることなく、いつでも利用できる環境《かんきょう》。例ユビキタス社会。◇ubiquitous 参考「あらゆるところで」という意味のラテン語が元となったことば。

ゆびきり【指切り】〈名・する〉 たがいに小指をからませて、約束をまもるしるしにすること。類げんまん。

ゆびさき【指先】〈名〉 指のいちばんはし。

ゆびさ・す【指差す】〈動五〉 指でなにかをさし示す。

ゆびずもう【指相撲】〈名〉 たがいにむき合って、人さし指から小指までの四本の指をにぎりあい、親指で相手の親指をおさえこんだほうを勝ちとする遊び。

ゆびにんぎょう【指人形】〈名〉 人形劇などで使う布製の人形。手の指を人形のからだの中に入れてあやつる。ギニョール。

ゆびぬき【指ぬき】〖指▽貫き〗〈名〉 金属や革《かわ》で指輪のようにつくったもの。ぬいものをするときに指にはめて、ぬい針の頭をおすのに使う。

ゆびぶえ【指笛】〈名〉 指を口にくわえて強く息をふき、笛に似た音を出すこと。また、その音。例指笛を吹く。

ゆびもじ【指文字】〈名〉 耳の不自由な人のあいだで用いられる、指で一定の形をつくることで表わす文字。参考手話が一つの動作で一語を表わすのに対し、指文字は一つの形が一音を表わす。

ゆびわ【指輪】〖指▽環〗〈名〉 指にはめてかざりや記念とする輪。リング。例結婚《けっこん》指輪。

ゆぶね【湯船】〖湯▽槽〗〈名〉 ふろ場で、湯をためてからだをひたすところ。類ふろおけ。浴槽《よくそう》。

ゆみ【弓】〈名〉 ❶矢を射るのに使う武器。木や竹を半円形にまげて、それにつるをはったもの。例弓を引きしぼる。弓に矢をつがえる。❷「①」で矢を射るわざ。弓術《きゅうじゅつ》。弓道。例弓の名人。❸〔音楽〕バイオリンやチェロなどで、弦《げん》をこする弓形のもの。木の棒にウマのしっぽの毛をはってつくる。
表現①は一張《ひとはり》二張《ふたはり》と数える。弓と矢のセットは一具《いちぐ》二具《にぐ》と数える。②の試技《しぎ》の回数は一射《いっしゃ》二射《にしゃ》と数える。

弓折《お》れ矢《や》尽《つ》きる 気力をふるってがんばったすえ、力もつきはて、それ以上どうしようもない状態になる。

弓を引《ひ》く つかえていた主人に対して、手むかう。人に反抗《はんこう》する。

ゆみがた【弓形】〈名〉 つるをはった弓の形。例弓形の月。類弓形《きゅうけい》。弓なり。

ゆみず【湯水】〈名〉 湯や水。例湯水も飲めないほど衰弱《すいじゃく》する。
表現「湯水のように使う」は、お金をおしげもなく、どんどん使うこと。

ゆみとり【弓取り】〈名〉 ❶「弓をもつ人」ということから、武士のこと。❷すもうで、結びの一番が終わったあと、力士が弓をとって行なう儀式《ぎしき》。例弓取り式。参考②は、江戸《えど》時代には、その場所の優勝力士が行ない、のち、特定の力士が優勝力士にかわるようになった。現在では、毎日その日の取組の終わったあとに行なう。

ゆみなり【弓なり】〖弓▽形〗〈名〉 つるをはった弓のようなかたち。例弓なりになる。類弓形《ゆみがた》。

ゆみへん【弓偏】〈名〉 漢字の偏の一つ。「引」「弦《げん》」などの「弓」の部分。

ゆみや【弓矢】〈名〉 弓と矢。

1ゆめ【夢】〈名〉 ❶ねむっているあいだに、実際にいろいろなことを見たり 経験したりしたように感じる 現象。例夢を見る。夢をむすぶ。夢にあらわれる。初夢。まさ夢。❷「①」がすぐ消えてしまうことから、はかないもの。また、たよりにならないもの。例邯鄲《かんたん》一炊《いっすい》の夢（→独立項目）。夢まぼろし。❸現実ばなれした、あまい空想。例夢からさめる。❹かんたんには実現しそうもない、大きなのぞみ。大きな希望。例夢がある。夢を追う。夢のある話。将来の夢。大きな夢。夢破れる。 →ゆめの ▽アユメ」

夢の夢 ❶非常にはかないこと。例人生は夢の夢だ。❷まったく実現しそうもないこと。夢のまた夢。例世界一周旅行なんて夢の夢だ。参考①が元の意味。

夢の世《よ》 夢のように、はかなくてたよりないこの世。

夢を描《えが》く 「こうなったらいいな」「こうしたらどんなだろう」と、将来のことを希望的に考える。

夢を結《むす》ぶ 夢をみる。安眠《あんみん》する。類夢路《ゆめじ》をたどる。

2ゆめ〖▽努〗〈副〉（あとに打ち消しのことばをともなって）決して…ない。古めかしい言いかた。例ゆめ 疑うことなかれ。アユメ ユメ →ゆめゆめ

ゆめうつつ【夢うつつ】〖夢▽現つ〗〈名〉 夢を見ているのか、めざめているのか、はっきりしない状態。

ゆめうらない【夢占い】〈名〉 その人の見た夢の内容で、運命や吉凶《きっきょう》などをうらなうこと。

ゆめおいびと【夢追い人】〈名〉 見はてぬ夢を追いかけている人。類夢想家《むそうか》。

ゆめごこち【夢心地】〈名〉 夢を見ているように、ぼうっとした気持ち。うっとりした気持ち。夢見心地。

ゆめじ【夢路】〈名〉 夢を見つづけることを、道を行くのにたとえた言いかた。例夢路をたどる。

ゆめにも【夢にも】〈副〉（あとに打ち消しのことばをともなって）少しも想定しないようす。例夢にも思わない。

ゆめの【夢の】〈連体〉 まるで夢としか思えないほどすばらしいものとして待ち望んでいる。例夢の打率四割。

ゆめまくら【夢枕】〈名〉 夢を見ているときの、まくらのかたわら。

夢枕に立《た》つ 夢の中に、神仏や死者があらわれて、なにごとかを告げる。

ゆめみ【夢見】〈名〉 夢を見ること。例夕べの夢見がわるかった。夢見心地。

ゆめみごこち【夢見心地】〈名〉 ⇩ゆめごこち

ゆめ・みる【夢見る】〈動上一〉 ❶寝《ね》て夢を見る。❷理想やあこがれを ぼんやりといだく。例幸福を夢見る。バレリーナを夢見る。

ゆめものがたり【夢物語】〈名〉 ❶夢で見たことを、さめてから話すこと。❷夢のように、現実性のないこと。例人が空を飛ぶのもかつては夢物語だった。

 吉本隆明(よしもとたかあき) (1924～2012) 詩人・評論家。在野の立場から文学・政治・宗教など幅広く論じた。

ゆめゆめ〘▽努▽努〙〈副〉「ゆめ〈副〉」の、強めた言いかた。例ゆめゆめ疑うものではない。

ゆもと【湯元・湯本】〈名〉温泉の源泉がわき出してくる場所。

ゆゆし・い〘由由しい〙〈形〉重大だ。そのままにしておけない。例ゆゆしい問題。ゆゆしき大事。

ゆらい【由来】一〈名・する〉あるものがもとになって、そのものがあること。ものごとがそうなってきたわけ。それについてのいわれ。例この仏像の微笑《びしょう》は古代ギリシャに由来する。由来をたずねる。名前の由来。祭りの由来。類来歴。由緒《ゆいしょ》。→囲み記事55(1246ページ)
二〈副〉もともと。古風な言いかた。例由来、日本は自然の美しいことで知られている。類元来。

ゆら・ぐ【揺らぐ】〈動五〉❶ゆれ動く。例風に揺らぐ。類ゆれる。❷心が動揺《どうよう》する。例決心が揺らぐ。気持ちが揺らぐ。類ゆれる。❸おおもとがあぶなくなる。例方針が揺らぐ。土台が揺らぐ。身代《しんだい》が揺らぐ。▽類ぐらつく。ゆるぐ。

ゆら・す【揺らす】〈動五〉ゆれるようにする。例ハンモックを揺らす。木の枝《えだ》を揺らす。類ゆする。

ゆらめ・く【揺らめく】〈動五〉ゆらゆらゆれる。例明かりが揺らめく。ほのおが揺らめく。

ゆらゆら〈副〉ものがただようように、ゆれうごくようす。例ろうそくの火がゆらゆら(と)ゆれた。類ゆらりと。

ゆら・れる【揺られる】〈動下一〉ゆりうごかされる。例バスに揺られる。波に揺られる。

ゆり〘▽百▽合〙〈名〉ササユリ・ヤマユリ・ヒメユリ・テッポウユリなどをまとめていう。山野に生え、庭などにもうえられる多年草。球根がある。初夏、茎《くき》の先に、らっぱ状あるいはつりがね状の美しい花をつける。

ゆりいす【揺り椅子】〈名〉左右二本ずつの脚《あし》の下に、弓形の底木をつけた椅子。すわって前後にゆり動かしてくつろげる。ロッキングチェア。

ゆりうごか・す【揺り動かす】〈動五〉❶ゆするようにして、動かす。例からだを揺り動かす。すずしい風が、すだれを揺り動かす。❷なにかを決意させるほど、人の心に影響《えいきょう》をあたえる。例気持ちを揺り動かす。そのひと言が、かれを揺り動かした。

ゆりおこ・す【揺り起こす】〈動五〉ねむっている人のからだをゆさぶって、目をさまさせる。

ゆりかえし【揺り返し】〈名〉❶いちど揺れたあと、その反動でふたたび揺れること。また、その反動。❷「余震《よしん》」のこと。ゆりもどし。

ゆりかご【揺り籠】〘揺り▼籃〙〈名〉赤んぼうを入れてねかすかご。手でおすと左右にゆれる。
表現「揺りかごから墓場まで」というと、生まれてから死ぬまで、という意味で、社会保障制度が充実《じゅうじつ》していて安心して暮らせることをいう。

ゆりかもめ〘▽百▽合▼鷗〙〈名〉秋、日本にわたってくる、カモメよりも少し小さな鳥。羽は白色で、くちばしと足が赤い。参考和歌では「都鳥《みやこどり》」と詠《よ》まれた。

ゆりもどし【揺り戻し】〈名〉「余震《よしん》」のこと。ゆりかえし。

ゆる・い【緩い】〘▼弛い〙〈形〉❶しめる力がたりなかったり、すきまがあったりして、しまりかたがじゅうぶんでない。例緩くにぎる。くつが緩い。ふたが緩い。対きつい。かたい。類あまい。❷見はりや規制がきびしくない。例警戒《けいかい》が緩い。とりしまりが緩い。対きびしい。❸傾斜《けいしゃ》や曲がりぐあい、ものごとの進みぐあいなどが急でない。例緩いカーブ。緩いテンポ。類ゆるやか。❹水分が多くてかたくない。例便が緩い。
参考俗《ぞく》に、「ゆるキャラ」のように、ゆったりとした雰囲気《ふんいき》を感じさせる、という意味でも使われる。
方言北海道・青森・岩手・秋田などでは、「ゆるくない」の形で、「容易《ようい》でない、大変だ」の意味で使う。東北地方北部では「ゆるぐね」と言う。

ゆるが・す【揺るがす】〈動五〉❶ゆらし、ぐらつかせる。例地震が大地を揺るがす。天地を揺るがすほどの衝撃《しょうげき》。❷衝撃を与える。さわがす。例世界を揺るがした大事件。マスコミを揺るがす。

ゆるがせ〘▼忽せ〙〈名〉注意をはらわないで、適当にあつかっておくこと。例ゆるがせにできない。類おろそか。なお

囲み記事 55

単語の由来をさぐる

単純語のように見えて、もとは複合語のことがある

現代語では切れ目の感じられない単語が、その由来や生い立ちをたどってみると、いくつかのさらに短い単語や要素から成り立っていることがある。たとえば「まつげ」は、「ま＋つ＋げ」のように分かれ、「ま」は「目」、「つ」は「の」と同じはたらきをする古い助詞、「げ」は「毛」ということで、もとは「目の毛」という意味の複合語なのである。

複合語だけで使われた古い形がかくれている

「まつげ」の「ま」は、「まぶた(目＋蓋《ふた》)」「まもる(目＋守《も》る)」などの語例からもわかるように、複合語だけで使われた「め(目)」の古い形である。同様に、「たづな(手＋綱《つな》)」の「た」も複合語だけで使われた「て(手)」の古い形で、「たもと(手＋もと)」「たなごころ(手＋の＋心)」「たむける(手＋向ける)」などの語にも現れている。複合語の中では、「め」→「ま」、「て」→「た」のように、五十音図の「え」の段の単語が「あ」の段に形を変えていることがわかる。

連体修飾《れんたいしゅうしょく》に使われた古い助詞がかくれている

「まつげ」の「つ」は、もともとは「沖《おき》つ白波《しらなみ》(＝沖の白波)」「天《あま》つ神《かみ》(＝天《てん》の神)」のように上代《じょうだい》語(＝奈良時代以前の日本語)で連体修飾に使われた助詞で、特定の語の中に化石のように残ったものである。「外国《がいこく》」を古めかしく「とつくに」と言ったりするが、これも「外《と》＋つ＋国」から来ている。また、「まなこ」「たなごころ」の「な」も上代語で連体修飾に使われた助詞のひとつである。

この辞典では、一部の単語の生い立ちについて、由来のマークをつけて解説している。ことばの由来や生い立ちについても興味や関心を広げてみよう。

吉行淳之介(よしゆきじゅんのすけ)(1924〜94) 小説家。性の世界を追求した作品が多い。小説「驟雨」など。

ざり。

ゆるぎな・い【揺るぎない】〈形〉ゆらぐことがなく、安定している。例揺るぎない地位。揺るぎない信念。

ゆる・ぐ【揺るぐ】〈動五〉❶固定していたものがゆるんで、安定しなくなる。例基礎《きそ》が揺るぐ。❷心が不安定になる。例信念が揺るぐ。類ゆれる。▽類ぐらつく。ゆらぐ。

ゆるし【許し】〈名〉❶願いをみとめること。例許しが出る。許しをえる。類許可。承認《しょうにん》。❷生け花や茶道《さどう》などの習いごとで、師匠《ししょう》から弟子《でし》にあたえる免許。❸罪をとがめないこと。例許しをこう。

ゆる・す【許す】〈動五〉❶願いを聞き入れて、そのとおりにさせる。例使用を許す。入学を許す。営業を許す。類許可する。認める。❷結果として、しぶしぶ受けいれる。例先制点を許す。リードを許す。ぬけがけを許す。❸道徳や法律に反する行動や失敗を、とがめないでおく。罪として追及《ついきゅう》するのをやめる。例過失を許す。あやまちを許す。こんどやったら許さないぞ。❹束縛《そくばく》しないでおく。とめないでおく。例時間が許すかぎり手つだってあげよう。❺緊張《きんちょう》をとく。例気を許す。❻価値を評価し、みとめる。例あの方は、自他ともに許す書道の大家です。

ゆるみ【緩み】『▼弛み』〈名〉ゆるむこと。ゆるんでいる程度。例気の緩みが出る。

ゆる・む【緩む】『▼弛む』〈動五〉はりつめた状態でなくなる。しまっていない状態になる。ゆるくなる。例気が緩む。たがが緩む。寒さが緩む。対しまる。類たるむ。弛緩《しかん》する。

ゆる・める【緩める】『▼弛める』〈動下一〉❶ものをひきのばしたり、しめつけたりする力をよわくする。例弦《げん》を緩める。ねじを緩める。ベルトを緩める。対張る。しめる。❷ものごとに対する態度をやわらげる。例警戒《けいかい》を緩める。緊張《きんちょう》を緩める。対強める。しめる。❸速度をおとす。例スピードを緩める。

ゆるやか【緩やか】〈形動〉❶傾斜《けいしゃ》や曲がりぐあい、ものごとの進み方などが、なだらかだ。例緩やかな坂。緩やかなカーブ。緩やかなテンポ。❷ゆとりがあって、きびしいところがない。例緩やかな気分。緩やかな規制。▽対きつい。類ゆるい。

ゆるゆる 一〈形動・副・する〉❶ゆっくりと、ゆるやかに進むようす。例ゆるゆるしたスピード。❷きっちりと締まっていないようす。例ゆるゆるのズボン。二〈副〉ゆったり、のんびりとするようす。例ゆるゆると過ごす休日。
参考 副詞の場合のアクセントは「ユルユル」、形容動詞・サ変動詞の場合は「ユルユル」。

ゆるりと〈副〉ゆったりとくつろぐようす。やや古風な言いかた。例ごゆるりとおくつろぎください。

ゆれ【揺れ】〈名〉ゆれること。ゆれる程度。例気持ちの揺れ。揺れが大きい。

ゆれうご・く【揺れ動く】〈動五〉ゆれてうごく。安定しない。例ボートが揺れ動く。心が揺れ動く。類動揺《どうよう》する。

ゆ・れる【揺れる】〈動下一〉❶ゆらゆらと動く。例地面が揺れる。船が揺れる。揺れ動く。類震動《しんどう》する。❷心がおちつかない状態になる。例考えが揺れる。心が揺れる。揺れ動く。類ゆるぐ。▽類ゆらぐ。ぐらつく。❸ひとつに定まらない。例表記のしかたが揺れていることば。専門家のあいだで解釈《かいしゃく》が揺れている。

ゆわえつ・ける【結わえ付ける】〈動下一〉ひもなどでしっかりとむすびつける。例自転車に荷物をゆわえつける。類しばりつける。

ゆわ・える【結わえる】〈動下一〉むすぶ。くくりつける。

ゆわかし【湯沸かし】〈名〉湯をわかすのに使う器具。例ガス湯沸かし器。類給湯器。

ゆわ・く【結わく】〈動五〉むすぶ。しばる。

ゆんで【▽弓手】〈名〉「左手」の古い言いかた。対馬手《めて》。
参考 騎馬武者《きばむしゃ》は、右手(=馬手)で手綱《たづな》を、左手で弓を持った。

よ ヨ

常用漢字 よ

【与(與)】 一部2 全3画　与 与 与
ヨ あたえる 音[ヨ] ▨与党《よとう》。▨給与《きゅうよ》。授与《じゅよ》。寄与《きよ》。関与《かんよ》。貸与《たいよ》。訓[あたえる] 与える。

【予(豫)】 亅部3 全4画　予 予 予
ヨ 教小3 音[ヨ] ▨予定《よてい》。予感《よかん》。予算《よさん》。予習《よしゅう》。予想《よそう》。予兆《よちょう》。予備《よび》。予報《よほう》。▨猶予《ゆうよ》。

【余(餘)】 人部5 全7画　余 余 余 余
ヨ あまる・あます 教小5 音[ヨ] ▨余白《よはく》。余分《よぶん》。余剰《よじょう》。余韻《よいん》。余暇《よか》。余興《よきょう》。余裕《よゆう》。▨残余《ざんよ》。訓❶[あまる] 余る。余り。❷[あます] 余す。

【誉(譽)】 言部6 全13画　誉 誉 誉 誉
ヨ ほまれ 音[ヨ] ▨栄誉《えいよ》。名誉《めいよ》。訓[ほまれ] 誉れ。

【預】 頁部4 全13画　預 預 預 預 預
ヨ あずける・あずかる 教小6 音[ヨ] ▨預金《よきん》。預託《よたく》。訓❶[あずける] 預ける。❷[あずかる] 預かる。

よ[1]【世・代】〈名〉❶人々が生活している現実の社会。例世に出る。世に知られる。世の荒波《あらなみ》。類世間。世の中。❷ある支配者が治めている期間。また、そのときの世の中。例明治の世。類時代。代《だい》。
参考 仏教では、過去・現在・未来をそれぞれ一つの「世」と考えて、「さきの世」「この世」「あの世」とよぶ。
表記 ②は、「明治時代の世の中」という意味のときは「明治の世」、「明治天皇の治めていた期間」という意味のときは「明治の代」と書き分けることがある。

世が世なら 世の中が今とはちがうなりゆきになっていたならば。現在の状況《じょうきょう》について好ましくないと思う人の立場でいう。例世が世なら大名《だいみょう》暮《ぐ》らしをしていただろうに。

世に言《い》う 世の中で言われているところの。いわゆる。例あいつは世に言う親ばかだ。類俗《ぞく》に言う。

世に出《で》る ❶世の中に知られるようになる。❷出世する。❸出版される。

世に問《と》う 作品や製品を発表・発売して、世間の評価を待つ。

世の常《つね》 世間で、ごくふつうにあること。

世の習《なら》い 世間でのしきたり。

世も末《すえ》 「堕落《だらく》して、救いようもない世の中になった」となげくことば。参考むかし、仏教思想で、末法ということがいわれ、やがて仏の力でも救えないほど人間がわるくなる時代がくると考えられたことから、この言い方ができた。

世を去《さ》る 死ぬ。類逝去《せいきょ》する。亡《な》くなる。

世を忍《しの》ぶ 世間の人の目から、かくれるようにする。例世を忍ぶ仮の姿《すがた》。

世を捨《す》てる ❶出家して、坊《ぼう》さんになる。❷世間に交わらないで、ひとりはなれてしずかに暮らす。

世をはかなむ この世でたよりになるものは一つもなく、自分にとって、この世は生きていくねうちのないものだ、と考える。例世をはかなんで自殺を図《はか》る。

世をはばかる 世間にえんりょして、ひっそりと暮らす。

世を渡《わた》る 世間の人々にまじって、生活していく。

[2]**よ【余】** ━〈名〉❶(「…の余」の形で)…よりもう少し多く。例三月《みつき》の余も入院していた。類あまり。❷そのほかのこと。例余の事。余の者。

━〈接尾〉数を表わすことばにつけて、それよりもう少し多めであることを表わす。例百余か所。五億円余。

表現 ━で、「百余か所」ともいい、「百か所余」ともいうが、「五億円」のときには、「五億円余」といい、「五億余円」とはいわない。

[3]**よ【夜】**〈名〉よる。例夜がふける。夜が明ける。月夜。闇夜《よやみ》。

夜の目《め》も寝《ね》ずに 一晩中寝ないで。

夜も日《ひ》も明《あ》けない なにかにむちゅうになっていて、それがないと、ひとときもがまんしていることができない。

夜を明《あ》かす 寝《ね》ないで一夜をすごす。

夜を徹《てっ》する 徹夜《てつや》をする。例夜を徹して、人生を語り合う。

夜を日《ひ》に継《っ》いで 昼となく夜となく、少しも休まないで。例夜を日に継いで仕事をする。

[4]**よ【余・予】**〈代名〉自分のことをもったいぶっていうことば。例余は満足であるぞよ。類わが輩《はい》。

表現 相手にむかって尊大ぶっている感じがするので、ふざけた場面以外では、今は使われない。

[5]**よ**〈終助〉❶相手に知らせたり、言い聞かせたりするとき、それを強めていう気持ちを表わす。例もう八時ですよ。そこはあぶないよ。類ぜ。❷命令や禁止、さそいかけの気持ちを少し強めて表わす。例いっしょに行こうよ。よく考えなさいよ。そんなことするなよ。類や。ぜ。❸疑問を表わす語といっしょに使って、非難するような気持ちを表わす。例だれよ、わたしのケーキを食べたのは。

表現 話しことばで使う助詞。

よあかし【夜明かし】〈名・する〉一晩中ねむらないで、朝をむかえること。例夜明かしで遊ぶ。類徹夜《てつや》。

よあけ【夜明け】〈名〉朝、太陽がのぼり、戸外が明るくなること。また、その時刻。例夜明けの空。対日暮れ。

表現 「日本の夜明け」「宇宙時代の夜明け」のように、新しい時代がこれからはじまろうとしているとき、という意味でも使う。「あけぼの」「黎明《れいめい》」も同じような意味。

よあそび【夜遊び】〈名・する〉夜、遊びに出かけること。

[1]**よい【宵】**〈名〉夕がたから夜になりかかるころ。例宵の明星《みょうじょう》。宵の口。アヨイ

宵の明星《みょうじょう》 ⇩独立項目

[2]**よい【酔い】**〈名〉❶酒を飲んで酔うこと。例酔いがさめる。酔いをさます。わる酔い。二日酔い。❷乗り物に乗って、気分がわるくなること。例乗り物酔い。船《ふな》酔い。

[3]**よ・い【良い・善い】**〖▽好い〗〈形〉⇩いい アヨイ ▽アヨイ」

良くしたもので ⇩独立項目

善くする ⇩独立項目

よいごし【宵越し】〈名〉一夜をこすこと。

表現 「宵越しの金《かね》は持たぬ」という言いかたがある。その日にかせいだ金はその日のうちに使ってしまうということで、江戸《えど》っ子の気前のよさを表わしたことば。

よいざまし【酔い覚まし】〈名〉酒の酔いをさます手段・方法。例酔い覚ましに夜風にあたる。

よいしょ ━〈感〉物を持ち上げるときや、立ち上がるときのかけ声。類よっこらしょ。━〈名・する〉気に入られようとして、おだてること。俗《ぞく》な言いかた。例先輩《せんぱい》をよいしょする。

よいし・れる【酔いしれる】〖酔い▽痴れる〗〈動下一〉❶酒にひどく酔って、理性を失う。❷夢中になってうっとりする。例すばらしい演奏に酔いしれる。

よいっぱり【宵っ張り】〈名〉夜おそくまで寝《ね》ないこと。また、それが習慣になっている人。例宵っ張りの朝寝坊《ぼう》。類夜ふかし。おそ寝。

よいつぶ・れる【酔い潰れる】〈動下一〉酒にひどく酔って、まともに動けなくなる。

よいどめ【酔い止め】〈名〉乗り物酔いを予防すること。乗り物酔いの予防薬。例酔い止めの薬。

よいどれ【酔いどれ】〈名〉酒にひどく酔った人。類よっぱらい。

よいのくち【宵の口】〈名〉夜になって、まもなくのころ。

よいのみょうじょう【宵の明星】〈名〉太陽がしずんだあと、西の空に明るくかがやいている星。「金星《きんせい》」のこと。対明けの明星。

よいまちぐさ【宵待ち草】〈名〉まつよいぐさ。

表現 詩的なニュアンスのこもった言いかた。

よいまつり【宵祭り】〈名〉祭りの前の夜に行なわれる祭り。夜宮《よみや》。宵宮。

よいやみ【宵闇】〈名〉宵の時間になって、あたりが暗くなること。例宵闇がせまる。類夕闇。

よいん【余韻】〈名〉❶鐘《かね》をついたときなどの、あとまで残るひびき。例余韻が残る。類残響《ざんきょう》。❷何かをしたあとに心に残る感じ。例余韻さめやらぬ。類なごり。❸詩や文章などで、書かれたことばのおくに感じられる味わい。例余韻のある表現。類余情。

常用漢字
よう

【幼】幺部2 全5画 幼幼幼幼幼
ヨウ おさない 教小6 音[ヨウ] ▨幼児《ようじ》。幼稚園《ようちえん》。幼少《ようしょう》。幼虫《ようちゅう》。▨長幼《ちょうよう》。訓[おさない] 幼い。幼友達。

【用】用部0 全5画 用用用用用
ヨウ もちいる 教小2 音[ヨウ] ▨用意《ようい》。用心《ようじん》。用件《ようけん》。用事《ようじ》。▨愛用《あいよう》。費用《ひよう》。応用編《おうようへん》。外出用《がいしゅつよう》。訓[もちいる] 用いる。

【羊】羊部0 全6画 羊羊羊羊羊羊
ヨウ ひつじ 教小3 音[ヨウ] ▨羊毛《ようもう》。羊皮紙《ようひし》。羊水《ようすい》。▨牧羊《ぼくよう》。綿羊《めんよう》。訓[ひつじ] 羊。

【妖】女部4 全7画 妖妖妖妖妖妖妖
ヨウ あやしい 音[ヨウ] ▨妖怪《ようかい》。妖艶《ようえん》。妖術《ようじゅつ》。妖精《ようせい》。訓[あやしい] 妖しい。

【洋】氵部6 全9画 洋洋洋洋洋洋
ヨウ 教小3 音[ヨウ] ▨洋食《ようしょく》。洋風《ようふう》。洋楽《ようがく》。洋書《ようしょ》。洋上《ようじょう》。▨海洋《かいよう》。太平洋《たいへいよう》。

【要】襾部3 全9画 要要要要要要
ヨウ かなめ・いる 教小4 音[ヨウ] ▨要点《ようてん》。要因《よういん》。要求《ようきゅう》。要請《ようせい》。▨重要《じゅうよう》。強要《きょうよう》。需要《じゅよう》。必要《ひつよう》。訓❶[かなめ] 要。❷[いる] 要る。

【容】宀部7 全10画 容容容容容容
ヨウ 教小5 音[ヨウ] ▨容易《ようい》。容器《ようき》。容姿《ようし》。容量《ようりょう》。▨収容《しゅうよう》。内容《ないよう》。寛容《かんよう》。形容詞《けいようし》。

【庸】广部8 全11画 庸庸庸庸庸庸
ヨウ 音[ヨウ] ▨凡庸《ぼんよう》。中庸《ちゅうよう》。

【揚】扌部9 全12画 揚揚揚揚揚揚
ヨウ あげる・あがる 音[ヨウ] ▨意気揚々《いきようよう》。国旗掲揚《こっきけいよう》。高揚《こうよう》。抑揚《よくよう》。訓❶[あげる] 揚げる。揚げ足(をとる)。油揚げ。水揚げ。❷[あがる] 揚がる。

【揺(搖)】扌部9 全12画 揺揺揺揺揺
ヨウ ゆれる・ゆる・ゆらぐ・ゆるぐ・ゆする・ゆさぶる・ゆすぶる 音[ヨウ] ▨揺籃《ようらん》。▨動揺《どうよう》。訓❶[ゆれる] 揺れる。揺れ。横揺れ。❷[ゆる] 揺り起こす。揺り動かす。揺り返し。揺りかご。❸[ゆらぐ] 揺らぐ。❹[ゆるぐ] 揺るぐ。揺るぎない。❺[ゆする] 揺する。貧乏揺すり。❻[ゆさぶる] 揺さぶる。❼[ゆすぶる] 揺すぶる。

【葉】艹部9 全12画 葉葉葉葉葉葉
ヨウ は 教小3 音[ヨウ] ▨葉脈《ようみゃく》。葉緑素《ようりょくそ》。▨落葉《らくよう》。中葉《ちゅうよう》。三葉虫《さんようちゅう》。訓[は] 葉。枝葉。枯れ葉。落ち葉。茶葉。三つ葉。若葉。言葉。
注意「紅葉」は、「こうよう」とも「もみじ」とも読む。

【陽】阝部9 全12画 陽陽陽陽陽陽
ヨウ 教小3 音[ヨウ] ▨陽光《ようこう》。陽気《ようき》。陽性《ようせい》。陽動作戦《ようどうさくせん》。▨太陽《たいよう》。斜陽《しゃよう》。陰陽《いんよう》。山陽《さんよう》。

【溶】氵部10 全13画 溶溶溶溶溶溶
ヨウ とける・とかす・とく 音[ヨウ] ▨溶液《ようえき》。溶解《ようかい》。▨水溶液《すいようえき》。訓❶[とける] 溶ける。❷[とかす] 溶かす。❸[とく] 溶く。

【腰】月部9 全13画 腰腰腰腰腰腰
ヨウ こし 音[ヨウ] ▨腰痛《ようつう》。腰部《ようぶ》。訓[こし] 腰。腰掛け。腰巾着。腰砕け。腰抜け。物腰。弱腰。

【様(樣)】木部10 全14画 様様様様様
ヨウ さま 教小3 音[ヨウ] ▨様子《ようす》。様式《ようしき》。様相《ようそう》。様態《ようたい》。▨模様《もよう》。異様《いよう》。多様《たよう》。同様《どうよう》。訓[さま] 様。様変わり。王様。お姫様。殿様。上様。

【瘍】疒部9 全14画 瘍瘍瘍瘍瘍瘍
ヨウ 音[ヨウ] ▨潰瘍《かいよう》。腫瘍《しゅよう》。

【踊】足部7 全14画 踊踊踊踊踊踊
ヨウ おどる・おどり 音[ヨウ] ▨舞踊《ぶよう》。訓❶[おどる] 踊る。❷[おどり] 踊り。盆踊り。

【窯】穴部10 全15画 ※窯窯窯窯窯窯
ヨウ かま 音[ヨウ] ▨窯業《ようぎょう》。訓[かま] 窯。

【養】食部6 全15画 ※養養養養養養
ヨウ やしなう 教小4 音[ヨウ] ▨養育《よういく》。養豚場《ようとんじょう》。養子《ようし》。養父母《ようふぼ》。養生《ようじょう》。▨培養《ばいよう》。栄養《えいよう》。教養《きょうよう》。訓[やしなう] 養う。

【擁】扌部13 全16画 ※擁擁擁擁擁擁
ヨウ 音[ヨウ] ▨擁護《ようご》。擁立《ようりつ》。▨抱擁《ほうよう》。

【謡(謠)】言部9 全16画 謡謡謡謡謡
ヨウ うたい・うたう 音[ヨウ] ▨謡曲《ようきょく》。▨歌謡曲《かようきょく》。童謡《どうよう》。民謡《みんよう》。訓❶[うたい] 謡。❷[うたう] 謡う。

【曜】日部14 全18画 ※曜曜曜曜曜曜
ヨウ 教小2 音[ヨウ] ▨曜日《ようび》。▨七曜表《しちようひょう》。日曜《にちよう》。黒曜石《こくようせき》。

よ・う[1]【酔う】〈動五〉❶酒を飲んで、ふだんのちゃんとした状態とはちがったようすになる。例 酒に酔う。酔っぱらう。酔ったいきおいで。類 酩酊《めいてい》する。❷乗り物にのって気分がわるくなる。例 船に酔う。❸心ひかれるものを見たり聞いたりして、うっとりする。例 花の香《か》に酔う。音楽に酔う。類 陶酔《とうすい》する。▽ア ヨウ

よう[2]【用】一〈名〉❶しなくてはならないことがら。例 用がある。用がすむ。急ぎの用。類 用事。❷はたらきをすること。はたらきをさせること。例 用をはたす。日曜が休みでは、休養施設《しせつ》の用をなさない。類 役。機能。▽ア ヨー
二〈接尾〉「…のためのもの」という意味を表わす。例 子供用。教師用。
↓囲み記事56(次ページ)
用が足《た》りる ❶用件がかたづく。例 電話で用が足りる。❷役に立つ。まにあう。例 千円で用が足りる。
用を足《た》す ❶用事をすませる。例 ちょっと用を足してから行きます。❷大小便をする。
用をなさない まるで役に立たない。例 こんな道具では

 ライト兄弟(兄1867～1912，弟1871～1948) アメリカ人。兄弟で飛行機を研究し，初飛行に成功。

用をなさない。

3 **よう【要】** ■一〈名〉❶重要な点。かんどころ。例簡にして要をえた。類要点。キーポイント。❷必要。例再考の要があると思われる。▽アヨー →ようする〔要する〕・ようは
■二〈接頭〉「…する必要がある」という意味を表わす。例要返却《へんきゃく》。要注意。要検討。

4 **よう【洋】**〈名〉東洋と西洋。とくに西洋。例洋の東西を問わず。和洋折衷《せっちゅう》。対和。漢。アヨー

洋の東西《とうざい》を問《と》わず 東洋や西洋などの区別なく、世界中どこでも。

5 **よう【陽】**〈名〉❶おもてからはっきり見えるところ。❷「陰陽《いんよう》」の「陽」。▽アヨー

陰《いん》に陽に ⇩「いん〔陰〕」の子項目

6 **よう**〈終助〉終助詞の「よ」をつよめていうときの形。例早く帰ろうよう。このおもちゃ買ってよう。注射なんかいやだよう。

7 **よう**〈助動〉■一 ❶まだしていないことを、話し手が実際にすると心にきめたとき、その気持ち(意志)を表わす。自分の行動だけでなく、相手をさそうときにも使う。例こんどはぼくがボールを投げよう。なにがあるのか、のぞいてみようよ。❷まだ起こっていないことをおしはかったり、はっきりとはわかっていないものごとを想像したりすること(推量)を表わす。例当然そういう意見も出てこよう(=出てくるだろう)。❸「…ようが」「…ようと」「…ようとも」「…ようものなら」などの言いかたで、かりに考えたこと(想定)を表わす。例人になんと言われようが、平気だ。台風がこようと、地震《じしん》がこようとも絶対だいじょうぶです。仕事の手つだいをさせようものなら、あとのお礼がたいへんだ。
■二「ようだ〈助動〉」の「だ」をはぶいた言いかた。例バスが遅れているようね。類みたい。
接続 ■一は、上一段・下一段・カ変・サ変の各活用の動詞、および助動詞「せる」「させる」、「れる」「られる」の未然形につく。それ以外の活用語につくのは「う」。→う〈助動〉

8 **よう【様】**〈接尾〉動詞の連用形につける。❶「…のしかた」「…のしぐあい」という意味を表わす。例書き様。よろこび様。見様(がわるい)。やり様(をくふうする)。❷(「…様がない」の形で)…することができない。…のしかたが思いつかない。例文句のつけ様がない。

1 **ようい【用意】**〈名・する〉前まえからその方面に心をむけて、いつでも応じられるようにしておくこと。例用意がととのう。食事を用意する。用意、ドン。用意周到《しゅうとう》。類準備。備え。支度《したく》。アヨーイ

2 **ようい【腰囲】**〈名〉「ヒップ①」の専門的な言いかた。アヨーイ

3 **ようい【容易】**〈形動〉なにかをするのに、なんの困難や苦労もなくて かんたんだ。例容易なことではない。容易にできる。対困難。類たやすい。やさしい。アヨーイ

よういく【養育】〈名・する〉子どもをあずかって育てること。例養育費。類養う。
表現 離婚《りこん》して、どちらか一方の親が育てる場合などをのぞいて、自分の子については使わないのがふつう。

よういしゅうとう【用意周到】〈形動〉こまかいところにまでいきとどいた用意ができている。例用意周到な人。用意周到に準備する。

1 **よういん【要因】**〈名〉あるものごとや状態が生じた、おもな原因。例要因になる。失敗の要因。

2 **よういん【要員】**〈名〉仕事などをするのに必要な人員。例要員を確保する。

ようえき【溶液】〈名〉〔化学〕物質がむらなくとけこんでいる液体。例コロイド溶液。

ようえん【妖艶】〈形動〉男性の心をひきつけて なやますような美しさがある。例妖艶な美女。

ようおん【▼拗音】〈名〉キャ・キュ・キョ、チャ・チュ・チョ、また、クヮ・グヮのように、ヤ行のかなや ワを小さく書いて表わす音《おん》。対直音。

ようか【養家】〈名〉養子となって入った家。対実家。

ようが【洋画】〈名〉❶油絵など、西洋風の技法による絵画。例洋画家。対日本画。❷ヨーロッパやアメリカなどでつくられた映画。対邦画《ほうが》。

1 **ようかい【妖怪】**〈名〉気味のわるい形をしていて、人に害をあたえるおそろしいもの。例妖怪変化《へんげ》。類おばけ。化け物。

2 **ようかい【容▼喙】**〈名・する〉関係のないことに横から口だしすること。類くちばしをはさむ。

3 **ようかい【溶解】**〈名・する〉❶〔化学〕物質がむらなく液体の中にとけこむこと。また、物質をとけこませること。例ミネラルが(を)溶解する。溶解液。❷金属が熱でとけて、どろどろになること。▽類融解《ゆうかい》。
表記 ②は「▼鎔解」とも書く。

ようがい【要害】〈名〉地形が入りくんでいて、攻《せ》め落とすのがむずかしいところ。例要害の地。

1 **ようがく【洋学】**〈名〉〔歴史〕西洋の学問。とくに江戸《えど》時代、日本にとりいれられた西洋の学術や西洋事情の研究などをさす。対漢学。国学。類蘭学《らんがく》。

2 **ようがく【洋楽】**〈名〉西洋の音楽。対邦楽《ほうがく》。

ようがさ【洋傘】〈名〉ふだん使う、西洋風の かさ。対からかさ。類こうもり傘。

ようがし【洋菓子】〈名〉ケーキやクッキーなどの、西洋風の菓子。例洋菓子店。対和菓子。

1 **ようかん【羊▼羹】**〈名〉あんに、寒天を加えて ねりかた

囲み記事 56

「用」のいろいろな表現

(1)「用たし」「用をたす」は、すべての用についていえるが、ときに大小便をすることについていうことがある。なるべくきたないことを口にするのをさけようとする一般《いっぱん》的な心理からでていて、便所を「トイレ」とか「手洗い」というのと同じである。

(2)「ご用」のように「用」に「ご」をつけていうと、敬語になるが、これに三つの用法がある。第一は聞き手を高め、「あなたさまのご用」という意味で、「ご用の向きをお聞かせください」「なんなりとご用をうけたまわります」「ご用とお急ぎのないかたは…」のように使う。第二は古い用法で、政府や皇室を「お上《かみ》」として高め、「お上の御用をたす」という意味で「御用達《ごようたし》」や「御用商人」などのことばがある。権力のがわにつく学者や組合を「御用学者」「御用組合《くみあい》」といって軽蔑《けいべつ》の気持ちを表わすのはむしろ現代的用法。第三は、母親が小さい子どもに言うときなどに「おかあさん、ちょっとご用があって行ってくるから、待っててね」のように言うもの。

めたり、小麦粉などを加えて蒸《む》しかためたりした菓子《かし》。例栗《くり》羊羹。水羊羹。アヨーカン
表現 一本二本と数えるが、伝統的な数えかたは一棹《ひとさお》二棹《ふたさお》。

2 **ようかん**【洋館】〈名〉西洋風の建物。アヨーカン
表現 明治・大正時代にたてられた、れんがづくりの建物などをさしていうことば。現在のビルなどについてはいわない。

ようがん【溶岩】〖▼熔岩〗〈名〉火山の噴火《ふんか》口からふきだしたマグマ。また、それが冷えてかたまってできた岩。

1 **ようき**【妖気】〈名〉ぶきみで、ぞくぞくするような、おそろしいけはい。例妖気がただよう。アヨーキ

2 **ようき**【容器】〈名〉「いれもの」のあらたまった言いかた。例ポリエチレン容器。類器《うつわ》。アヨーキ

3 **ようき**【陽気】一〈名〉天気。気候。例陽気がいい。二〈形動〉明るくて快活だ。例陽気な人。陽気にさわぐ。対陰気《いんき》。類ほがらか。▽アヨーキ

ようぎ【容疑】〈名〉罪をおかしたのではないか、という疑い。例容疑が晴れる。容疑者。類嫌疑《けんぎ》。

ようぎしゃ【容疑者】〈名〉罪をおかしたのではないかという、うたがいがかかっている人。
参考 法律関係では「被疑《ひぎ》者」という。

1 **ようきゅう**【洋弓】〈名〉⇩アーチェリー

2 **ようきゅう**【要求】〈名・する〉あることが実現するように、相手に強くもとめること。例要求が多い。要求をしりぞける。要求に応じる。時代の要求。
表現 「要求」は、えんりょなく、強くもとめること。「要望」「要請」は、おだやかに願いのぞむこと。「請求」は、たとえば商品を納入して代金をもとめるように、当然の権利として要求すること。

1 **ようぎょ**【幼魚】〈名〉稚魚《ちぎょ》の時期をすぎたばかりの小さな魚。対成魚。類稚魚。

2 **ようぎょ**【養魚】〈名〉魚をそだてて、ふやすこと。例養魚場。

ようぎょう【窯業】〈名〉粘土《ねんど》や鉱物を高熱で加工する工業。陶磁《とうじ》器やガラス、セメントなどをつくる。

ようきょく【謡曲】〈名〉能楽の歌詞と、それに節をつけた音曲《おんぎょく》。また、その台本。類謡《うたい》。

ようぐ【用具】〈名〉勉強や運動、仕事などをするのに必要な道具。例筆記用具。類器具。

ようけ（方言）⇩よーけ

ようけい【養鶏】〈名〉たまごや肉をとって売るために、ニワトリを飼《か》ってそだてること。例養鶏場。養鶏業。

1 **ようけん**【用件】〈名〉相手が相談したいと思っていることや、自分がかかわっている用事。例用件を言う。用件をすます。ご用件をうかがう。類用向き。

2 **ようけん**【要件】〈名〉❶だいじな用事。❷なにかをするのに必要な条件。例要件をみたす。

ようげん【用言】〔文法〕単語のうち、自立語で活用のある、動詞・形容詞・形容動詞をまとめてよぶ名称《めいしょう》。対体言。

1 **ようご**【用語】〈名〉❶会話や文章で使用することば。ことばの使いかた。例用字用語辞典。❷ある人が使うことば。特定の分野で使うことば。例夏目漱石《そうせき》の用語。専門用語。音楽用語。類術語。▽アヨーゴ

2 **ようご**【養護】〈名・する〉からだの弱い子どもをせわし、教育すること。特別支援。例養護教員。アヨーゴ

3 **ようご**【擁護】〈名・する〉だいじなものをだめにされないように、心をこめてまもること。例憲法の擁護。住民側の主張を擁護する。類保護。アヨーゴ

1 **ようこう**【洋行】〈名・する〉欧米《おうべい》へ出かけること。外国へ行くことが、たいしたことだと思われた時代のことば。例洋行帰り(の女優)。類外遊。

2 **ようこう**【要項】〈名〉要点となる項目。また、それを書きならべたもの。例入試要項。応募要項。

3 **ようこう**【要綱】〈名〉基本となるたいせつなことがらをまとめたもの。例委員会設置要綱。

4 **ようこう**【陽光】〈名〉太陽の光。例明るい陽光。陽光をあびる。類日光。日差し。

ようこうろ【溶鉱炉】〖▼鎔鉱炉〗〈名〉鉱石をとかして鉄・銅・なまりなどをとるために使うつつ形の炉。高炉。

ようごしせつ【養護施設】〈名〉⇩じどうようごしせつ

ようこそ〈感〉相手の訪問を歓迎《かんげい》する気持ちを表わすことば。例ようこそおいでくださいました。

1 **ようさい**【洋裁】〈名〉洋服をしたてること。また、その技術。例洋裁学校。対和裁。

2 **ようさい**【要塞】〈名〉敵をふせぐためにつくられた砲台《ほうだい》などのあるとりで。

1 **ようざい**【用材】〈名〉家を建てたり、工事をしたりするときに使う材木。例建築用材。

2 **ようざい**【溶剤】〈名〉〔化学〕物質をとかすために使う、揮発油《きはつゆ》やアルコール、エーテルなどの液体。

ようさん【養蚕】〈名〉きぬ糸をとって売るために、カイコを飼うこと。例養蚕農家。養蚕業。

1 **ようし**【用紙】〈名〉特定の目的に使われる紙。例用紙をくばる。答案用紙。アヨーシ

2 **ようし**【要旨】〈名〉文章や話のもっとも中心的なことがらを、短くまとめたもの。例要旨をまとめる。類大要《たいよう》。大意《たいい》。主旨。アヨーシ

3 **ようし**【洋紙】〈名〉本や新聞、包装《ほうそう》紙などに使われる、パルプからつくった紙。西洋紙。対和紙。アヨーシ

4 **ようし**【容姿】〈名〉顔だちやすがた。例容姿端麗《たんれい》。アヨーシ

5 **ようし**【陽子】〈名〉〔物理〕中性子とともに原子核《げんしかく》をつくっている粒子《りゅうし》。正の電気をもつ。アヨーシ

6 **ようし**【養子】〈名〉実の親子ではないが、法律上、親子の関係にある子。例養子をもらう。養子になる。養子縁組《えんぐみ》。対実子。アヨーシ

1 **ようじ**【用字】〈名〉使用する文字。文字の使いかた。例用字用語辞典。アヨージ

2 **ようじ**【用事】〈名〉すませてしまわなければならない仕事。例用事がある。用事をすます。用事で出かける。家の用事。類所用。用。アヨージ

3 **ようじ**【幼児】〈名〉小学校にかよう前の、一二歳《さい》から六歳くらいまでの子ども。例幼児期。類おさなご。アヨージ
参考 幼児より前は「乳児」、幼児をすぎると「児童」。

4 **ようじ**【幼時】〈名〉おさないころ。アヨージ

5 **ようじ**【楊枝】〖▼楊枝〗〈名〉食事のあとで歯のあいだにはさまったものをとったりするための、小さなほそい棒。つまようじ。例楊枝を使う。アヨージ

ようしえんぐみ【養子縁組み】〈名〉血のつながっていない人どうしのあいだに、法律上、親子の関係をつくること。

1 **ようしき**【洋式】〈名〉欧米《おうべい》ふうのスタイルやりかた。例洋式トイレ。対和式。

2 **ようしき**【様式】〈名〉やりかたの型。その型がきちんと

 ラクシュミー=バーイ（1835～58） インドの小国の王妃。インド大反乱のときイギリス軍に抵抗。

ととのっている場合にいうことが多い。[例]生活様式。建築様式。[類]型。パターン。スタイル。[参考]「様式」のととのいかたが美を感じさせるほどであれば、「様式美」といい、茶の湯・生け花・能・歌舞伎《かぶき》などの伝統芸能は、それぞれの様式美をもっている。

ようじご【幼児語】〈名〉幼児期の子どもが、おとなから学んでしゃべる、おさないことば。たとえば、ご飯を「んまんま」、歩くことを「あんよ」と言うなど。

ようしつ[1]**【洋室】**〈名〉床《ゆか》が板ばりで、西洋風につくられた部屋。[対]和室。[類]洋間。

ようしつ[2]**【溶質】**〈名〉〔化学〕溶液の中に、とけている物質。たとえば、食塩水では、食塩が溶質。[対]溶媒《ようばい》。

ようしゃ【容赦】〈名・する〉❶相手のあやまちをとがめないで、ゆるすこと。[例]こんどやったら容赦しないぞ。なにとぞご容赦ください。[類]寛恕《かんじょ》。仮借《かしゃく》。❷相手の事情などを考えて手かげんすること。打ち消しの形で使うことが多い。[例]容赦なく。なさけ容赦のないしうちだ。

ようしゅ【洋酒】〈名〉ウイスキーやブランデーなど、西洋でつくりはじめた酒。[対]日本酒。

ようじゅつ【妖術】〈名〉人をまどわす、あやしげな術。[例]妖術使い。[類]幻術《げんじゅつ》。

ようしゅん【陽春】〈名〉ぽかぽかとあたたかく、のびのびした感じの春。あたたかい春。[例]陽春の日ざし。

[表現]「陽春の候、いかがおすごしでしょうか」などの形で、手紙で、季節のあいさつのことばとしてよく使われる。

ようしょ[1]**【要所】**〈名〉❶中心になるたいせつな場所。[例]要所をかためる。交通の要所。要所要所に人を配する。[類]要衝《ようしょう》。❷ものごとの全体の中で、重要なことがら。[例]要所をおさえる。[類]要点。

ようしょ[2]**【洋書】**〈名〉西洋で出版された書物。[対]和書。漢籍《かんせき》。

ようじょ[1]**【幼女】**〈名〉まだ小学校にあがっていない、おさない女の子。[類]童女。

ようじょ[2]**【養女】**〈名〉養子となった女子。

ようしょう[1]**【幼少】**〈名〉おさないこと。[例]幼少のころ。幼少時。[類]幼年。

[表現]自分についてはあまり使わない。「ご幼少のみぎり(=おさなかったころ)、…」のように、うやまっていうことが多い。

ようしょう[2]**【要衝】**〈名〉交通や軍事などの面で、重要な地点。[例]交通の要衝。[類]要所。

ようじょう[1]**【洋上】**〈名〉大洋の上。大洋にうかぶ船の上。[例]洋上訓練。洋上会談。[ア]ヨージョー

ようじょう[2]**【養生】**〈名・する〉❶健康をたもつために注意をはらうこと。[例]養生に努める。[類]摂生《せっせい》。❷病気やけががなおるように、じゅうぶんからだを休めること。[例]病後の養生。[類]療養《りょうよう》。静養。❸工事や物の運搬《うんぱん》の際に、傷や汚れがつかないように物の表面をおおって保護すること。▽[ア]ヨージョー

ようしょく[1]**【洋食】**〈名〉西洋風の料理。[対]和食。

ようしょく[2]**【要職】**〈名〉責任のおもい地位や職務。[例]要職につく。…の要職にある。

ようしょく[3]**【容色】**〈名〉女性の顔かたちのうつくしさ。[例]容色がおとろえる。[類]容貌《ようぼう》。

ようしょく[4]**【養殖】**〈名・する〉魚や貝などを人工的に育てて、ふやすこと。[例]真珠の養殖。[対]天然。

ようじん[1]**【用心】**〈名・する〉ぐあいの悪いことが起こらないように、また、起こってもだいじょうぶなように注意すること。[例]用心をおこたる。用心に用心をかさねる。空き巣にご用心。火の用心。日ごろの用心。不用心。[ア]ヨージン

[表現]「用心のいい家」といえば、戸じまりなどがしっかりしている家のこと。

ようじん[2]**【要人】**〈名〉政治的に重要な地位にある人。[例]政府要人。[類]VIP。[ア]ヨージン

ようじんぶか・い【用心深い】〈形〉悪いことがおこらないように、常によく注意している。[例]用心深い人。

ようじんぼう【用心棒】〈名〉❶護衛のためにやとっておく、武道などが得意な力の強い男。[類]ボディーガード。ガードマン。❷どろぼうが入ってきたときなどに、武器として使うために手ぢかにおく棒。❸戸じまりのために戸にあてがっておく棒。[類]しんばり棒。

ようす【様子】〈名〉目に見えるすがたかたちや、目には見えなくても、想像したり推理したりしてわかる状況《じょうきょう》、また、なんとなく感じとられる、形のはっきりしないものなど、ものごとのありさまをひろくさしていうことば。一枚の絵にかけるような静止した「様子」もあり、うごき、変化する過程をいう「様子」もある。

❶話題になっている人や場所などがどんなぐあいになっているか、その状態をさして使う場合。[例]様子をみる。様子がわからない。様子をさぐる。その後、病人の様子はどうですか。[類]ぐあい。情勢。

❷おもに人間の外観を、すがたかたちや身なりについていう場合。[例]見すぼらしい様子。[類]風采《ふうさい》。風体《ふうてい》。

❸おもに人間の外観を、表情や動作、態度などについていう場合。[例]つかれた様子も見せずにがんばっている。あいつは、どうも、様子がおかしい。[類]挙動。ふり。そぶり。

❹表面に見えていない事情のような、はっきりしないものをいう場合。[例]様子ありげ。[類]いわく。

❺(文末に「…様子だ」と使って)そうらしいとか、そうなりそうだ、という感じを 表わす場合。[例]風もおさまりそうな様子だ。なにか心配ごとがある様子だ。うまくいきそうな様子だ。[類]模様。

ようすい[1]**【用水】**〈名〉飲料や工業、農地の灌漑《かんがい》、消火など、なにかの用途《ようと》のためにひきこんだり、ためておいたりする水。[例]用水路。防火用水。工業用水。

ようすい[2]**【羊水】**〈名〉子宮内で、胎児《たいじ》を包んでいる羊膜《ようまく》を満たしている液体。

ようすい[3]**【揚水】**〈名・する〉水を高い所までくみ上げること。

ようすうじ【洋数字】〈名〉⇩さんようすうじ

ようすみ【様子見】〈名〉すぐには行動をおこさないで、どういうなりゆきになるか、様子を見ること。[例]様子見ムードが広がる。

ようずみ【用済み】〈名〉用事がすんで、いらなくなること。いらなくなったもの。[例]用済みになる。

よう・する[1]**【要する】**〈動サ変〉(「…を要する」「…に要する」の形で)…を必要とする。…に必要である。[例]技術を要する。熟練を要する。注意を要する。旅行に要する費用。→ようするに

よう・する[2]**【擁する】**〈動サ変〉❶多くの人員や装備などを、もつ。[例]人口百万を擁する大都市。❷自分のもとにひきいている。[例]大軍を擁する。

ようするに【要するに】〈副〉まとめてかんたんにいえば。[例]要するにしっかりやれということだ。

ようせい[1]**【▼夭逝】**〈名・する〉若いうちに死んでしまうこと。[類]夭折。早世。薄命《はくめい》。早逝。若死に。早死に。

ようせい[2]**【幼生】**〈名〉〔生物〕動物の成長する段階

よ

で、親と形や生活のしかたが大きくちがう時期のもの。たとえばカエルにおけるオタマジャクシなど。昆虫《こんちゅう》では幼虫という。

[3] **ようせい【妖精】**〈名〉 西洋の伝説や童話などに出てくる動植物などの精。うつくしく、小さな女性のすがたをしていることが多い。

[4] **ようせい【要請】**〈名・する〉「こうしてくれませんか」と正式にたのむこと。例要請に応じる。立候補を要請する。要請状。→ようきゅう〔要求〕表現

[5] **ようせい【養成】**〈名・する〉 仕事に必要な知識や技術を教えて、一人前に育てること。例人材を養成する。養成所。類育成。

[6] **ようせい【陽性】**〈名〉 ❶明るくてほがらかな性質。例陽性の人。類陽気。❷「陽性反応」の略。検査をした結果、病気の反応がはっきりあらわれること。例陽性に転じる。▽対陰性《いんせい》。

ようせき【容積】〈名〉 ❶入れものの中に入る分量。類容量。❷立体の大きさ。例球《きゅう》の容積。類体積。かさ(嵩)。

ようせきりつ【容積率】〈名〉〔建築〕 敷地《しきち》面積に対する、建物の総延べ面積の割合。

[1] **ようせつ【▼夭折】**〈名・する〉 若いうちに死んでしまうこと。対長寿《ちょうじゅ》。類夭逝《ようせい》。早世。早逝。薄命《はくめい》。若死に。早死に。

[2] **ようせつ【溶接】**〔▼熔接〕〈名・する〉 熱で金属をとかして、つぎ合わせること。例酸素溶接。

[1] **ようそ【▽沃素】**〈名〉〔化学〕 暗いむらさき色をした結晶《けっしょう》。海藻《かいそう》からえられる。ヨードチンキなど、医薬品の原料として使われる。元素の一つ。記号「I」。表記 理科の教科書などでは「ヨウ素」と書く。

[2] **ようそ【要素】**〈名〉 できあがっているものについて、それが何によってできているかを考えたときに見つけだされるもの。分解してえられる物質的な要素もあり、考えの中に見つけだされる抽象《ちゅうしょう》的な要素もある。
❶物質を構成する成分。たとえば、水の分子一個を構成する要素は、水素原子二個と酸素原子一個。
❷はたらきをつくりだすのに必要なものごと。たとえば、民主政治に必要な要素には、立法・司法・行政がある。
❸なかにこもっていて、たいせつなはたらきをしているもの。例生活に娯楽《ごらく》の要素はかかせない。

[1] **ようそう【洋装】**〈名〉 ❶洋風の服装。❷書物で、洋式の装丁《そうてい》。例洋装本。類洋とじ。▽対和装。

[2] **ようそう【様相】**〈名〉 外にあらわれたようす。例様相をおびる。険悪な様相。

ようだ〈助動〉 なにかにたとえて示したり、おしはかったりするなど、ものごとを間接的に表わす助動詞。
❶あるものごとが、ほかのなにかに似ていることをたとえて表わす。例星のように光っている。
❷ふたしかな断定(推量)を表わす。例この先で事故があったようだ。類らしい。
❸代表的なものを具体的に例として示す。例ラグビーやサッカーのようなはげしい運動には体力がいる。
❹あるものごとをとりあげて示す。例おまえのようなやつには教えてやらないぞ。人に迷惑《めいわく》をかけるようなことはしてはいけない。
❺なにかをする目的を表わす。例はやく着くようにタクシーで行った。
参考 ①～④のくだけた言いかたは「みたいだ」。→みたいだ
接続 活用語の連体形、または、名詞に助詞「の」がついた形につく。

ようたい【様態】〈名〉 ものごとがどうであるか、という状態。

ようだい【容態・容体】〈名〉 病気やけがのようす。「ようたい」ともいう。例容態が急変する。類病状。

ようだくおん【▼拗濁音】〈名〉 拗音「キャ・シャ・チャ・ヒャ」などの濁音である、「ギャ・ジャ・ヂャ・ビャ」などのこと。対拗半濁音。

ようたし【用足し】〈名〉 ❶用事をかたづけること。例用足しをする。用足しに行く。❷〈する〉 大小便をすること。類用便。❸〔用達〕⇩ごようたし

ようだ・てる【用立てる】〈動下一〉 他人のためにお金を貸したり、たてかえたりする。例一万円用立てる。

ようだん【用談】〈名・する〉 具体的な用事で面談すること。例来客との用談が長引く。

[1] **ようち【夜討ち】**〈名〉 夜、やみにまぎれて敵を攻撃《こうげき》すること。例夜討ちをかける。対朝駆《あさが》け。類夜襲《やしゅう》。アヨウチ

[2] **ようち【用地】**〈名〉 使う目的がきまっている土地。例用地を買収する。建設用地。アヨーチ

[3] **ようち【幼稚】**〈形動〉 ❶年齢《ねんれい》が少ない。❷ものごとの考えかたややりかたが、年齢にふさわしい水準に達していなくて、たよりない感じである。例幼稚な考え。類子どもっぽい。おさない。乳臭《ちちくさ》い。▽アヨーチ

ようちえん【幼稚園】〈名〉 小学校に入る前の子どもを入れて、団体生活になれさせるところ。期間は一年から三年まである。

ようちゅう【幼虫】〈名〉 たまごからかえったばかりで、まださなぎや成虫になっていない虫。対成虫。

ようちゅうい【要注意】〈名〉 注意を要する、ということ。例この点に要注意です。要注意人物。

ようちょう【羊腸】〈副・連体〉 山道が、ヒツジの腸のようにまがりくねっている。例羊腸とつづく山道。羊腸たる山の細道。

ようつい【腰椎】〈名〉 脊椎《せきつい》の骨のうち、こしのところにある五つの骨。

ようつう【腰痛】〈名〉 こしの痛み。

ようてい【要諦】〈名〉 ものごとのもっともたいせつな部分。「ようたい」ともいう。類要点。眼目。

[1] **ようてん【要点】**〈名〉 文章や話の中心となる、重要なことがら。例要点を述べる。要点をまとめる。類眼目。かなめ。要所。ポイント。アヨーテン

[2] **ようてん【陽転】**〈名・する〉〔医学〕 ツベルクリン反応で、陰性《いんせい》が陽性に変わること。アヨーテン

ようと【用途】〈名〉 お金やものの使い道。例用途がひろい。用途がかぎられる。類使途。

ようど【用度】〈名〉 会社などで、仕事に必要な品物をととのえること。例用度係。

ようとうくにく【羊頭▼狗肉】〈名〉 見かけはりっぱだがなかみがそれにともなわないこと。羊頭をかかげて狗肉を売る。類看板だおれ。見かけだおし。参考 看板にはヒツジの肉を出しながら実際はイヌの肉を売ることから。

ようどうさくせん【陽動作戦】〈名〉 ほんとうの作戦から敵の目をそらすために、別なところにおとりをたてたり、わざとめだつようなうごきを見せたりすること。

ようとう(羊頭)をかか(掲)げてくにく(▼狗肉)をう(売)る ⇩ようとうくにく

ようとじ【洋とじ】〔洋▼綴じ〕〈名〉 針金や糸でぺ

よ

 ラザフォード (1871～1937) イギリスの物理学者。α線・β線を発見。原子模型を提出。

ージをとめ、厚紙や布でおおって表紙にする、洋書のとじかた。今の、ふつうの本のとじかた。対和とじ。類洋装《ようそう》。

ようとして【▼杳として】〈副〉ようすがよくわからなくて。例ようとして行方《ゆくえ》が知れない。

ようとん【養豚】〈名〉肉や皮を売るために、ブタを飼《か》って育てること。例養豚業。養豚場。

ように〈助動〉「ようだ」の連用形。例合格しますように。

ようにん【容認】〈名・する〉まあよいとして、そのことをみとめること。例容認できない。類許容。

ようねん【幼年】〈名〉小学校に入学するころまでの、おさないころ。例幼年時代。幼年期。類幼少。

よう(要)は いちばんのポイントとなることは。要するに。例要はおとながきちんとモラルを守ることだ。

ようばい【溶媒】〈名〉〔化学〕物質をとかしこんでいる液体。たとえば、食塩水では、水が溶媒。対溶質。

2 **ようはんだくおん**【▼拗半濁音】〈名〉拗音「ヒャ・ヒュ・ヒョ」の半濁音である、「ピャ・ピュ・ピョ」のこと。対拗濁音。

ようび【曜日】〈名〉日曜日から土曜日までの、一週間のそれぞれの日のこと。

1 **ようひし**【羊皮紙】〈名〉ヒツジの皮でつくった紙のようなもの。参考紙が普及《ふきゅう》する以前に、おもに古代や中世のヨーロッパで使われた。

2 **ようひん**【用品】〈名〉スポーツや仕事などをするのに使う品物。例スポーツ用品。事務用品。

ようひん【洋品】〈名〉シャツやネクタイ、くつ下など、身につける洋風の品物。例洋品店。

ようふ【養父】〈名〉養子さきの義理の父。やしない育ててくれた義理の父。対実父。養母。

ようふう【洋風】〈名〉西洋的なスタイル。西洋風。例洋風建築。対和風。類洋式。

ようふく【洋服】〈名〉ズボンやスカートなど、西洋からつたわった衣服。例洋服をあつらえる。対和服。

ようふぼ【養父母】〈名〉養父と養母のこと。

ようぶん【養分】〈名〉生物にとっての栄養となる物質。栄養分。例養分を吸収する。養分をとる。類栄養。

1 **ようへい**【用兵】〈名〉戦争での、兵隊のうごかしかた。例用兵の妙《みょう》。

2 **ようへい**【葉柄】〈名〉〔植物〕葉の一部で、葉をささえて枝《えだ》や茎《くき》につけている棒状の部分。

3 **ようへい**【▼傭兵】〈名〉お金でやとわれている兵士。

ようべん【用便】〈名・する〉大便や小便をすること。例用便をすます。類用足し。排便《はいべん》。排泄《はいせつ》。

ようぼ【養母】〈名〉養子さきの義理の母。やしない育ててくれた義理の母。対実母。養父。

1 **ようほう**【用法】〈名〉実際にどのようにしてそれを使うかという方法。例用法をあやまる。類使い方。

表現 おもに、ことばや薬など、正しい、あるいは のぞましい使い方がある場合にいう。

2 **ようほう**【養蜂】〈名〉蜜《みつ》などを売るために、ミツバチを飼《か》って育てること。

1 **ようぼう**【要望】〈名・する〉相手に「こうしてほしい」とのぞむこと。また、のぞむ内容。例要望にこたえる。計画の実現を強く要望する。→ようきゅう〔要求〕表現

2 **ようぼう**【容貌】〈名〉顔かたち。顔だち。例容貌にすぐれる。容貌魁偉《かいい》。類風貌。

ようま【洋間】〈名〉床《ゆか》が板敷《いたじき》の西洋風の部屋。対日本間。類洋室。

ようみゃく【葉脈】〈名〉〔植物〕葉の中を脈のようにはしっているすじ状の組織。葉をささえ、また、水分や養分の通路になる。

ようみょう【幼名】〈名〉むかし、元服前に名乗った、子どものときの名前。「ようめい」ともいう。

ようむ【用務】〈名〉わりあてられた仕事。

ようむいん【用務員】〈名〉学校などで、環境《かんきょう》の整備や、設備の修繕《しゅうぜん》などの仕事をする人。

ようむき【用向き】〈名〉わざわざ出かけていく用事のなかみ。例用向きをたずねる。類用件。

1 **ようめい**【幼名】〈名〉⇩ようみょう

2 **ようめい**【用命】〈名〉商品の注文。

表現 ふつう、商品の注文をうけた商店のがわで、「ご用命の品を持参いたしました」のように、注文した客に対して使うことば。

ようめいがく【陽明学】〈名〉中国で、明《ミン》の時代に王陽明がはじめた儒学《じゅがく》の一派。知ることと行なうことは一体であると説き、実践《じっせん》をおもんじた。日本では江戸《えど》時代に中江藤樹《なかえとうじゅ》などが出た。

1 **ようもう**【羊毛】〈名〉ヒツジの毛。ウール。

ようやく【▽漸く】〈副〉❶長い時間がかかったすえに。苦労のすえに。例ようやく春めいてきた。ようやく完成した。類やっと。❷もう少しでだめだと思うぎりぎりのところで。例ようやく間に合った。類やっと。かろうじて。どうにか。

参考「ようやく」は元来、「次第に」という意味のことば。「ようやく春めいてきた」というのも「少しずつ春らしくなってきた」の意味だったのが、春を待つ心から、「やっと…」の意味に転じてきたもの。

2 **ようやく**【要約】〈名・する〉話や文章のおもな点をとらえて、みじかくまとめること。そのまとめたもの。例話を要約する。論文の要約。

ようゆう【溶融】〈名・する〉固体が熱によってとけて液体になること。例炉心《ろしん》溶融(=メルトダウン)。

1 **ようよう**【▽漸う】〈副〉「ようやく」の古い言いかた。

2 **ようよう**【洋洋】〈副・連体〉どこまでもひろがっていて、はてしがない。例洋々とひろがる前途《ぜんと》。前途は洋々たるものだ。

3 **ようよう**【揚揚】〈副・連体〉いかにも得意げで、ほこらしげなようす。例揚々と引き上げる。意気揚々。

1 **ようらん**【要覧】〈名〉学校や会社などの組織体の内部のようすを、見やすいかたちにまとめたもの。

2 **ようらん**【揺▼籃】〈名〉ゆりかご。

表現「揺籃期」は、発展のきざしが見えはじめたころ。

ようりつ【擁立】〈名・する〉選挙などで、自分たちの主張を代表する候補者をたてて当選をめざすこと。

参考 以前は、君主などをまわりの者がもりたてて、位につかせることをいった。

1 **ようりょう**【用量】〈名〉くすりなどを飲んだりするときの分量。例一回の用量。

2 **ようりょう**【要領】〈名〉❶ものごとのいちばんだいじな点。例要領をえない。類要点。❷ものごとをうまくやるための、リズムやこつ。例要領をおぼえる。類勘《かん》どころ。

表現「要領がいい」は、元来ほめる意味のものが、いつのまにか、苦労や努力をしていないのに、人前ではうまくたちまわるという、非難する気持ちでもいうようになった。

要領を得《え》ない いったい何を言いたいのかはっきりしない。例要領を得ない返答。類不得《ふ》要《よう》領。

3 **ようりょう**【容量】〈名〉いれものの中に入る分量。

例容量をはかる。類容積。

ようりょく【揚力】〈名〉〔物理〕物体が、水中や空気中を水平に動いているとき、その物体を上へおし上げるようにはたらく力。参考飛行機が空中を飛べるのは、つばさに揚力がはたらくためである。

ようりょくそ【葉緑素】〈名〉〔植物〕葉緑体にふくまれるみどり色の色素。光のエネルギーを吸収して、光合成《こうごうせい》に使うエネルギーにする。クロロフィル。

ようりょくたい【葉緑体】〈名〉〔植物〕葉やみどり色をした茎《くき》の、細胞《さいぼう》中にある粒子《りゅうし》。葉緑素をふくみ、光合成《こうごうせい》を行なう。

ようれい【用例】〈名〉ことばが実際に使われている例。例用例を示す。用例集。類実例。

ようれき【陽暦】〈名〉「太陽暦」の略。対陰暦《いんれき》。

ようろ【要路】〈名〉❶軍事や産業の点からみて重要な道路。例交通の要路。❷政治上、また会社の経営上などでの重要な地位。例要路にたつ。

ヨーグルト〈名〉牛乳やヤギの乳を、乳酸菌《きん》を使って発酵《はっこう》させた飲みもの。◇《ドイツ》Yoghurt

よーけ(方言) たくさん。西日本で言う。例よーけ雨降ったなー。類ぎょーさん。由来「余計」に由来する。

ヨーデル〈名〉アルプス地方の民謡《みんよう》。地声《じごえ》とうら声を使ったその地方独特の歌いかた。◇《ドイツ》Jodel

ヨード〈名〉沃素《ようそ》。◇《ドイツ》Jod

ヨードチンキ〈名〉けがなどをしたとき消毒薬として使うくすり。◇《ドイツ》Jodtinktur から。

ヨーヨー〈名〉❶二枚の小さな円盤《えんばん》を合わせて、そのあいだの軸木《じくぎ》にひもをとりつけたおもちゃ。ひもの一端《いったん》を持ち、手をうごかして軸にまきつけたりほどいたりすることによって円盤を上下させて遊ぶ。❷ゴム風船に水を入れ、ゴムひもで上下させて遊ぶおもちゃ。◇yo-yo

ヨーロッパ【▽欧▽羅▼巴】〈名〉州の一つ。ユーラシア大陸の西の地域。北は北極海、西は大西洋、南は地中海に面し、東はウラル山脈やカスピ海によってアジア州とへだてられている。イギリス・フランス・オランダ・ドイツ・イタリアなどの国がある。欧州《おうしゅう》。◇《ポルトガル》Europa

ヨーロッパれんごう【ヨーロッパ連合】〈名〉ヨーロッパの経済的・政治的統合をめざす組織。ヨーロッパ共同体(EC《シイー》)から発展し、一九九三年に成立した。EU《ユイー》(=Eropean Union の略)。

よか[1]【予価】〈名〉これから売りだす商品の予定のねだん。例予価二千円。

よか[2]【予科】〈名〉本科に進む前の、準備の学習コース。対本科。参考昔は、旧制高等学校に相当する課程をさし、国立の北海道帝国大学のほかに多くの私立大学に設けられていた。

よか[3]【余暇】〈名〉自分で自由に使える時間。例余暇をたのしむ。

ヨガ〈名〉インドではじまった修行《しゅぎょう》法。肉体や感覚をきたえ、瞑想《めいそう》によって絶対的な境地に入ろうとする。「ヨーガ」ともいう。◇もとサンスクリット語。

よかく【余角】〈名〉〔数学〕ある角に加えると、直角になる角。たとえば、三〇度の角の余角は、六〇度。→ほかく〔補角〕絵

よかぜ【夜風】〈名〉夜にふく風。例夜風にあたる。

よからぬ【良からぬ】〈連体〉よくない。例良からぬ相談。

よかれ【善かれ】〈名〉よくあってほしい、うまくいってほしい、ということ。例善かれと祈《いの》る。善かれと思ってしたことが、かえって相手を傷つけた。参考文語の形容詞「よし」の命令形が体言として使われたもの。

よかれあしかれ【善かれ▽悪しかれ】〈副〉よい結果になろうとわるい結果になろうと、どちらにしても。例こうなってはもう、よかれあしかれこのまま進むしかない。

よかん[1]【予感】〈名・する〉こういうことがおこりそうだ、と前もってなんとなく感じること。また、その感じ。例予感がする。予感があたる。不吉《ふきつ》な予感。

よかん[2]【余寒】〈名〉立春のあとまでつづく寒さ。対残暑。

よき[1]【予期】〈名・する〉次に起こることを予想し、心の準備をすること。例予期せぬ出来事。類予測。

よき[2]【良き】〈連体〉よい。やや古い感じの言いかた。例良き隣人《りんじん》。良き夫、良き妻として。きょうの良き日に。参考文語の形容詞「よし」の連体形。

よぎ[1]【余技】〈名〉本職としてではなく、楽しみとしてすること。例彼の絵は余技といえないほどうまい。類余芸。

よぎ[2]【夜着】〈名〉寝《ね》るときに使うふとんや毛布など。古風な言いかた。類夜具《やぐ》。寝具《しんぐ》。

よぎしゃ【夜汽車】〈名〉夜行の列車。

よぎな・い【余儀無い】〈形〉ほかにどうしようもない。例余儀無い事情。骨折して一週間の入院を余儀なくされた。類やむをえない。

よきょう【余興】〈名〉歌やおどり、花火など、宴会《えんかい》などで、楽しさをそえるもの。類座興。アトラクション。

よぎり【夜霧】〈名〉夜にでる霧。

よぎ・る【▽過る】〈動五〉ふっとあらわれたと思うとすぐに消える。通りすぎる。例目の前をよぎる。思い出がよぎる。不安が頭をよぎる。類かすめる。

よきん【預金】〈名・する〉銀行などにお金をあずけること。また、そのお金。例預金をおろす。預金通帳。定期預金。類貯金。→ちょきん参考

常用漢字 よく

【抑】 扌部4 全7画
ヨク おさえる 音[ヨク] ▨抑圧《よくあつ》。抑制《よくせい》。抑揚《よくよう》。抑留《よくりゅう》。訓[おさえる] 抑える。抑え。

【沃】 氵部4 全7画
ヨク 音[ヨク] ▨肥沃《ひよく》。

【浴】 氵部7 全10画
ヨク あびる・あびせる 教小4 音[ヨク] ▨浴場《よくじょう》。浴室《よくしつ》。浴槽《よくそう》。▨海水浴《かいすいよく》。入浴《にゅうよく》。森林浴《しんりんよく》。日光浴《にっこうよく》。訓❶[あびる] 浴びる。水浴び。❷[あびせる] 浴びせる。注意「浴衣」は、「ゆかた」と読む。

【欲】 欠部7 全11画
ヨク ほっする・ほしい 教小6 音[ヨク] ▨欲望《よくぼう》。欲求《よっきゅう》。欲張《よくば》る。欲深《よくぶか》い。▨意欲《いよく》。食欲《しょくよく》。金銭欲《きんせんよく》。貪欲《どんよく》。無欲《むよく》。訓❶[ほっする] 欲する。❷[ほしい] 欲しい。欲しがる。物欲しそう。

【翌】 羽部5 全11画
ヨク 教小6 音[ヨク] ▨翌日《よくじつ》。翌々日《よくよくじつ》。翌月《よくげつ》。翌年《よくとし・よくねん》。翌春《よくしゅん》。

【翼】 羽部11 全17画 翼翼翼翼翼翼

ヨク つばさ 音[ヨク] □主翼《しゅよく》。尾翼《びよく》。右翼《うよく》。左翼《さよく》。訓[つばさ] 翼。

[1]よく【欲】『▼慾』〈名〉「もっとほしい」「もっとしたい」と思う気持ち。例 欲が深い。欲を出す。欲に目がくらむ。欲を言えば。知識欲。物質欲。ア ヨク」

欲に目《め》がくらむ ひどく欲ばったために、正常な判断ができなくなってしまう。

欲の皮《かわ》が突《つ》っぱる あきれるほど、欲が深い。

欲も得《とく》もない さしせまった事情があって、それを解決する以外になにも望まない。例 つかれはてて欲も得もなく、ただねむりたい。

欲を言《い》えば これだけで一応は満足するが、さらにいっそう望むならば。例 欲を言えば、もう少し字が大きいと読みやすいのだが。

[2]よく『良く』〈副〉❶じゅうぶんに。ていねいに。くわしく。例 よく考える。よく調べる。❷めだつと感じられるほど、回数が多いようす。例 あの子はよく学校を休む。よくある話だ。類 しばしば。頻繁《ひんぱん》に。❸感心したり、ほめたりする気持ちを表わす。例 よくやった！ 病《やまい》は気からとはよくいったものだ。❹相手のずうずうしい行動に、あきれた気持ちを反語の形で表わす。例 あれだけ人に迷惑《めいわく》をかけておいて、よく平気でいられるものだ。よく言うよ。▽ア ヨク

表現 ③④を強めた言いかたは、「よくぞ言ってくれた」「よくもやってくれたな」のようになる。

[3]よく【翌】〈連体〉その次の。過去か将来の、ある特定の日・週・月・年を基準にしていう。例 翌日曜日。翌四月。翌二〇〇一年。類 明くる。ア ヨク

[4]よく【浴】〈接尾〉水や光などをあびること。例 海水浴。日光浴。森林浴。半身浴。

よくあさ【翌朝】〈名〉次の日の朝。翌朝《よくちょう》。類 あくる朝。

よくあつ【抑圧】〈名・する〉人のうごきや考えなどを、おさえつけること。例 抑圧された少年時代。言論の抑圧。類 弾圧《だんあつ》。圧殺。圧迫。

よくげつ【翌月】〈名〉その次の月。対 前月。

よくさん【翼賛】〈名・する〉政府の施策《しさく》などに対して、賛同し、協力すること。

よくし【抑止】〈名・する〉危険をおよぼすようなものの力をおさえて、うごきをとめること。例 ガンの進行を抑止する。核《かく》の抑止力。類 抑制。

よ(良)くしたもので 「まったくこの世のことはうまくできているものだ」という気持ちを表わす。例 人間というものはよくしたもので、どんな逆境にあっても なんとか のりきっていけるものだ。

よくしつ【浴室】〈名〉湯船があって、人がからだを洗ったり、ふろにつかったりする部屋。類 ふろ場。バスルーム。

よくじつ【翌日】〈名〉その次の日。対 前日。類 あくる日。

よくしゅう【翌週】〈名〉次の週。

よくしゅん【翌春】〈名〉次の年の春。

[1]よくじょう【浴場】〈名〉❶何人も入れる大きなふろ場。例 大浴場。❷ふろ屋。銭湯。例 大衆浴場。

[2]よくじょう【欲情】〈名・する〉性欲がわくこと。

[1]よく・する【善くする】〈動サ変〉…するのがうまい。例 画家でありながら俳句も善くする。ア ヨクスル

[2]よく・する【浴する】〈動サ変〉ありがたく…をいただく。例 恩恵《おんけい》に浴する。ア ヨクスル

表現 利益にかかわるような場合に使い、被害《ひがい》を受けるようなわるい状況《じょうきょう》のときには使わない。

よくせい【抑制】〈名・する〉いきおいを弱め、限度をこえないようにすること。例 インフレを抑制する。感情を抑制する。抑制のきいた文章。対 促進《そくしん》。類 抑止。制御《せいぎょ》。制する。

よくぞ『良くぞ』〈副〉感心したりほめたりする気持ちを表わす「よく」を強めた言いかた。例 よくぞここまで立派に成長された。類 よくまあ。

よくそう【浴槽】〈名〉入浴するための湯船。ふろおけ。

よくち【沃地】〈名〉地味がゆたかで、作物がよくできる土地。対 やせ地。類 沃土。沃野。

よくちょう【翌朝】〈名〉次の日の朝。翌朝《よくあさ》。類 あくる朝。

よくとく【欲得】〈名〉自分の欲望や利益。例 欲得ぬきで手伝う。欲得ずくで行動する。

よくとし【翌年】〈名〉その次の年。翌年《よくねん》。対 前年。類 あくる年。

よくねん【翌年】〈名〉⇩よくとし

よくばり【欲張り】〈名・形動〉よくばること。よくばる人。類 貪欲《どんよく》。強欲《ごうよく》。欲深《よくふか》。

よくば・る【欲張る】〈動五〉必要以上にむやみにほしがる。例 欲張るとかえって損をする。

よくばん【翌晩】〈名〉その次の日の晩。

よくぶか・い【欲深い】〈形〉どれだけ手に入れても満足しない。欲ふかだ。「よくふかい」ともいう。

よくぼう【欲望】〈名〉自分が満足できるような状態になりたいと、強く願う気持ち。例 欲望をみたす。はげしい欲望。欲望に目がくらむ。類 欲求。

よくめ【欲目】〈名〉自分ののぞみに合わせた、客観的でない見かた。例 親の欲目。欲目で見る。類 ひいき目。

よくも〈副〉ふつうではできないようなことに対して、おこったり、おどろいたり、あきれたりする気持ちを表わす。「よく」をつよめた言いかた。例 よくもやりやがったな。

よくや【沃野】〈名〉農作物のよくできる、地味のゆたかな平野。例 沃野がひろがる。類 沃土。沃地。

[1]よくよう【抑揚】〈名〉声や文章などの調子を、つよめたりよわめたり、高くしたり低くしたりすること。例 抑揚をつける。抑揚がない。類 イントネーション。

[2]よくよう【浴用】〈名〉ふろに入るときに使うこと。例 浴用せっけん。

よくよく『良く良く』〈副〉❶じゅうぶんすぎるほど。例 よくよく考える。類 じっくり。つくづく。❷そうするほかに、どうしようもないようす。例 会社をやめてしまうなんて、よくよくの事情があったのだろう。

[1]よくりゅう【抑留】〈名・する〉むりにひきとめておくこと。とくに、外国の船や人などを、自分の国に強制的にひきとめておくこと。例 戦後、シベリアに抑留された。

[2]よくりゅう【翼竜】〈名〉恐竜と同じ太古《たいこ》の昔にいた、空を飛ぶ爬虫《はちゅう》類。プテラノドンなど。

よけ『▽除け』〈接尾〉「ふせぐためのもの」という意味を表わす。例 日よけ。風よけ。魔《ま》よけ。

[1]よけい【余計】 一〈形動〉必要な量や程度をはみだしている。例 余計なおせわ。余計な心配。類 余分。二〈副〉❶ふつうよりもっとたくさん。例 人より余計(に)練習した。類 余分。もっと。❷前よりもまして。ますま

よ

す。例だめだと言われると余計(に)やりたくなる。類いっそう。一段と。

2
よけい【余慶】〈名〉先祖や他人がよいことをしたおかげで、子孫や自分が得る幸福。

表現 ―は、余分にはみだしている分が、よくないこと、むだなもの、という気持ちで使う。

よ・ける【▽避ける・▽除ける】〈動下一〉❶こちらへすすんでくるものから、身をかわす。例車をよける。からだをよける。❷自分のところへやってくるいやなものから のがれる。例雨をよける。霜《しも》をよける。▽類さける。

よけん【予見】〈名・する〉前もって、将来を見とおすこと。類予知。予測。

1
よげん【予言】〈名・する〉未来のことを考えて、こうなるだろうと述べること。例予言があたる。類予測。予知。

2
よげん【預言】〈名・する〉〔宗教〕神の霊感《れいかん》をうけた者が、神のことばを人々につげること。神の意思を語ることば。例預言者。

よこ【横】〈名〉❶左右の方向。また、その長さ。例横に広がる。横の長さ。横になる(＝寝る)。首を横にふる(＝承知しない)。横幅《よこはば》。横長。横たわる。横すべり。対たて。❷となりの関係。例横にならぶ。市役所の横。類わき。❸中心や本すじからはずれたりはなれたりした、わきのところ。例横をむく。横にそれる。横から口を出す。横あい。類わき。❹ものの側面。例箱の横にシールをはる。横顔。❺(「横のつながり」「横の関係」などの形で)同じ学年の人どうしや、職場の同僚《どうりょう》などの、対等な人間関係のこと。対たて。

横の物《もの》を縦《たて》にもしない めんどうくさがって、なにもしようとしない。「縦の物を横にもしない」ともいう。

よご【予後】〈名〉治療《ちりょう》したあとの病人のようす。病状の経過。例予後を養う。

よこあい【横合い】〈名〉直接関係のない立場。例横合いから口を出す。

よこいっせん【横一線】〈名〉横に並んで、ほとんど差がないこと。例横一線になって走る。横一線の成績。

よこいと【横糸】【▽緯糸】〈名〉織物で、左右の方向(短い方)にとおっている糸。→たていと表現

1
よこう【予行】〈名・する〉儀式《ぎしき》や行事などを正式に行なう前に、練習として本番どおりに行なうこと。例予行演習。類リハーサル。

2
よこう【余光】〈名〉❶太陽がしずんだあともなお、空に残っている光。❷先人が残した業績のおかげ。

よこがお【横顔】〈名〉❶横から見た顔。❷ふつうにはあまり知られていない面。例新郎《しんろう》の横顔を紹介《しょうかい》する。▽類プロフィール。

よこがき【横書き】〈名・する〉文字を左右の方向へ書きつらねること。例横書きの文章。対たて書き。

よこかぜ【横風】〈名〉乗り物などが進む方向に対して、横から吹きつける風。例横風にハンドルを取られる。

よこがみやぶり【横紙破り】〈名〉りくつや習慣にはずれた意見や行動を、むりやりおしとおすこと。また、そういう人。例横紙破りの人。

よこぎ【横木】〈名〉横向きに わたした木。

よこぎ・る【横切る】〈動五〉人の前や道を、横の方向に とおりぬける。例道を横切る。類横断する。わたる。

よこく【予告】〈名・する〉前もって相手に知らせること。例テストを予告する。次週の予告。予告編。

よこくへん【予告編】〈名〉宣伝のため、映画やテレビの新作や次回番組のさわりの部分を短く編集したもの。トレーラー。対本編。

よこぐみ【横組み】〈名〉印刷で、文字を横の方向に並べたもの。対たて組み。

よこぐるま【横車】〈名〉たてにしか進まない車を横に動かそうとするように、自分勝手なことを むりやりおしとおそうとすること。例横車に屈する。

横車を押《お》す 道理に反したことを強引におしとおす。

よこじく【横軸】〈名〉❶機械で、横むきに取りつけた軸。❷〔数学〕グラフの座標軸で、直角にまじわる二つの線のうち、横にのびているほうの線。x軸。対たて軸。

よこしま【▽邪(ま)】〈形動〉人の道にはずれていて、正しくない。例よこしまな考え。類邪悪《じゃあく》。

よこじま【横じま】【横▼縞】〈名〉織物などで、横のしまもよう。対たてじま。

よこ・す【▽寄越す】 ―〈動五〉❶先方からこちらへ、ものや人を送ってくる。例友だちが手紙をよこした。❷こちらへ わたす。例俺によこせ。

二〈補動五〉(「…てよこす」の形で)先方からこちらへ、…してくる。例国もとからみかんを送ってよこした。電話をかけてよこす。

よご・す【汚す】〈動五〉きたなくする。例服を汚す。手を汚す。類けがす。

よこずき【横好き】〈名〉ただむやみに好きでやりたがること。例へたの横好き(→「へた〔下手〕」の子項目)。

よこすべり【横滑り】〈名・する〉前へ進んでいるものが、横の方向にすべること。例雨で車が横滑りする。

表現 「財務大臣から外務大臣に横滑りする」のように、これまでと同等の地位に移る、という意味でも使う。

よこずわり【横座り】【横▼坐り】〈名・する〉ひざから足先までをなめ横にくずした座りかた。

よこた・える【横たえる】〈動下一〉横にねかせる。例からだを横たえる。

よこだおし【横倒し】〈名〉横向きにたおれること。「よこたおし」ともいう。例横倒しになる。

よこたわ・る【横たわる】〈動五〉❶からだをのばして寝《ね》る。横になる。例ベッドに横たわる。❷どっしりしたものが横に長くのびている。例山が前方に横たわっている。❸さまたげるようなものが ひかえている。例困難が横たわる。

よこちょう【横町・横丁】〈名〉おもて通りからうらの方へ入る、広くない道。また、その町なみ。例横町のご隠居《いんきょ》さん。横町に入る。類小路《こうじ》。

表現 「ラーメン横丁」のように、飲食店などが集まっているところの名にも使われる。

よこづけ【横付け】〈名・する〉車や船を、建物の入り口や岸によせて、とめること。例車を玄関に横付けする。タンカーが岸壁《がんぺき》に横付けになる。

よこっつら【横っ面】〈名〉❶顔の横がわの部分。例横っ面をひっぱたく。❷物の側面。▽俗《ぞく》な言いかた。

よこっとび【横っ跳び】〈名・する〉❶横へとび移ること。❷からだをかたむけて、大急ぎで走っていくこと。

よこづな【横綱】〈名〉すもうの番付で、いちばん上の地位。また、その地位にある力士。

表現 同じものの中で、いちばん強いものや、もっともすぐれたものの たとえとして使うこともある。

よこっぱら【横っ腹】〈名〉❶腹の横の部分。類わきばら。❷物の側面。例船の横っ腹。▽くだけた言い

よ

ラブレー(1494?～1553) フランスのルネサンス期の作家。教会と君主を批判した物語を書いた。

かた。

よこて【横手】〈名〉 横の方向。例ビルの横手。舞台《ぶたい》の横手にまわる。

よごと【夜ごと】〖夜▽毎〗〈名〉「毎晩」「毎夜《まいよ》」の、やや古い感じの言いかた。例夜ごと聞こえる笛の音。類夜な夜な。

よこどり【横取り】〈名・する〉 人のものを、横からうばい取ること。例財産を横取りする。

よこなが【横長】〈名・形動〉 水平方向に長い形。例横長の画面。対たて長。

よこながし【横流し】〈名・する〉 正規のやりかたによらず、ひそかに品物を売ること。例資材を横流しする。

よこなぐり【横殴り】〈名〉 横の方からいきおいよくなぐるようにすること。例横殴りの雨。

よこなみ【横波】〈名〉 ❶〔物理〕波の進む方向と、それをつたえる物質の振動《しんどう》の方向とが、直角になっている波。電磁波など。❷船の側面にうちつける波。例横波をくう。▽対たて波。

よこならび【横並び】〈名〉 横の方向にそろってならぶこと。

表現 ―「横並び行政」などの言いかたで、ものごとの対応やあつかいに差のないことを表わす。

よこばい【横ばい】〖横▼這い〗〈名〉 ❶からだのむきに対して、横の方へはうこと。例カニの横ばい。❷もののねだんや成績などが、あがりもさがりもしない状態でつづくこと。例物価は横ばい状態だ。

よこはば【横幅】〈名〉 物を正面から見たときの、左右のはば。

よこぶえ【横笛】〈名〉 横にかまえてふく笛をまとめていうことば。フルートや、しの笛など。対たて笛。

よこみち【横道】〖横▽路〗〈名〉 ❶主要な道路から外れたせまい道。例横道を通る。類わき道。❷本筋かられたものごと。例話が横道にそれる。

よこむき【横向き】〈名〉 横をむくこと。横をむいたかっこう。例横向きになる。横向きに寝《ね》る。

よこめ【横目】〈名〉 顔を動かさずに目だけ横に向けて見ること。例横目で見る。横目でにらむ。横目を使う。

よこもじ【横文字】〈名〉 横方向に書くきまりの文字。とくに、欧文《おうぶん》で書かれたことばや文章。例横文字によわい。横文字の本。

よこやり【横やり】〖横▼槍〗〈名〉 人の話や仕事に、横から口を出したり、じゃまをしたりすること。例横やりを入れる。横やりがはいる。類差し出口。ちょっかい。

よこゆれ【横揺れ】〈名・する〉 ❶地震で、地面が横の方向に揺れること。❷船・飛行機などが左右に揺れること。ローリング。▽対たて揺れ。

よごれ【汚れ】〈名〉 ❶よごれている状態。例空気の汚れ。汚れを落とす。油汚れ。❷「汚れ役」の略。

よごれやく【汚れ役】〈名〉 演劇や映画で、悪役や社会の落伍《らくご》者、貧乏人《びんぼうにん》、笑い者などの役どころ。

よご・れる【汚れる】〈動下一〉 ❶きたなくなる。例汚れた空気。手が汚れる。うす汚れる。❷心が純粋《じゅんすい》でなくなる。例汚れた心。類けがれる。

よこれんぼ【横恋慕】〈名・する〉 すでに結婚《けっこん》している人や、恋人のいる人に、恋をすること。類岡惚《おかぼ》れ。

よさ【良さ】〈名〉 いい程度。いい状態。例頭の良さに感心する。体形の良さをきわだたせる服。

よざい【余罪】〈名〉 問題になっている罪のほかにおかした罪。例余罪がある。余罪を追及《ついきゅう》する。

よざくら【夜桜】〈名〉 夜ながめる桜の花。

よさむ【夜寒】〈名〉 晩秋の夜の寒さ。

よさん【予算】〈名〉 ❶ある一定の期間の、収入と支出とを見こんで計算して出した見つもり。例予算をくむ。国の予算。予算案。❷あることをするのにかかる費用を、あらかじめ見つもって出した総額。例予算がない。

1 **よ・し【良し】**〖▽好し〗 ━〈形〉 ❶「よい」の文語形。例これでよし。❷(「…もよし、…もよし」「…てよし、…てよし」の形で)どちらの使いかたをしてもそれぞれのよさがあって役に立つ。どちらもできる有能な人である。例冷やすもよし、そのままでもよし、好きに飲めばいいさ。歌ってよし踊《おど》ってよしの人気アイドル。

━〈名〉 よい、ということ。例この程度でよしとしよう。

2 **よし【由】**〈名〉 ❶ものごとのおくにひそむ、理由やわけ。例由ありげな態度。類いわく。❷(多く、「由もない」の形で)…する手段や方法がない。例知る由もない。❸(「…の由」の形で)つたえ聞いた話の内容などをさす形式名詞。…とのこと。

表現 ③は、「先生にはご本復《ほんぷく》の由、大慶《たいけい》に存じます」―のように、手紙文などで使うことが多い。

3 **よし**〖▼葦・▼葭〗〈名〉 植物の「アシ」のこと。

参考「あし」が「悪《あ》し」に通じるところから、これをきらって「よし」と言いかえたことば。→囲み記事6(78ジペー)

4 **よし**〈副〉(あとに「…としても」「…でも」などをともなって)たとえ。かりに。古風な言いかた。例この計画が、よし失敗《しっぱい》に終わったとしても、私は後悔《こうかい》しない。類よしんば。

5 **よし**〈感〉 ❶まわりの状況《じょうきょう》や相手の言うことなどを承認《しょうにん》するときのことば。「よろしい」よりもぞんざいな言いかた。例よし、これでいい。❷自分の決心を自分に向かってはっきり言うときのことば。例よし、行こう。

6 **よし**(方言) …なさい。京都で言う。例はよ行きよし。

よしあし【善しあし】〖善し▽悪し〗〈名〉 ❶よいか悪いか、ということ。例善しあしを見分ける。類善悪。良否。適否。可否。当否。❷よくもあり、わるくもあり、判断しかねること。例家と職場が近いのも善しあしだ。類考えもの。

よしきり〖▼葦切り〗〈名〉 夏、日本にくるわたり鳥の一種。背はみどりがかった茶色で、川岸の草の中などにすむ。

よじげん【四次元】〈名〉 三次元(=たてと横と高さ)に、時間をくわえたもの。対二次元。三次元。

よしず〖▼葦▼簾・▼葭▼簀〗〈名〉 アシ(=ヨシ)の茎《くき》を編んでつくったすだれ。

よしなに〈副〉「よろしく」の意味の、古風でかしこまった言いかた。例よしなにお取り計らいください。

よ(▽止)しにする よすと決める。やめにする。

よじのぼ・る【よじ登る】〖▼攀じ登る〗〈動五〉 なにかにしがみつくようにして登る。例木によじ登る。

よしみ〖▼誼み〗〈名〉 ❶したしいつきあい。例よしみをむすぶ。類交誼《こうぎ》。❷なにかの縁《えん》でつながっているつきあい。例同窓のよしみ。むかしのよしみ。

よしや〈副〉(「や」は間投助詞)「よし〈副〉」の強めた言いかた。例よしや失敗に終わろうと…。

よしゅう【予習】〈名・する〉 これから習うことを、前もって勉強しておくこと。対復習。類下調べ。

1 **よじょう【余剰】**〈名〉 必要な分量をこえて出たあまり。例余剰金。類剰余。余分。

2 **よじょう【余情】**〈名〉 詩や文などを読んだあとに残る、

しみじみとした味わい。類余韻《よいん》。

よじ・る〘▼捩る〙〈動五〉細長いものを、回すようにひねってまげる。例からだをよじる。うでをよじる。類ねじる。

よじ・れる〘▼捩れる〙〈動下一〉細長いものが、ねじれまがる。例ひもがよじれる。腹の皮がよじれる。

[1]**よしん**【与信】〈名〉契約《けいやく》や取引をする相手が、代金支払いや借金返済をきちんとでき、信用がおけると見なすこと。例与信審査《しんさ》。クレジットカードの与信枠《わく》(=利用限度額)。

[2]**よしん**【予震】〈名〉⇩ぜんしん〔前震〕

[3]**よしん**【余震】〈名〉大きな地震のあとにつづいておこる、それに関連した地震。ゆり返し。ゆりもどし。対本震。前震。

[1]**よじん**【余人】〈名〉その人以外の人。例余人をまじえない。余人をもってかえがたい。類他人。

[2]**よじん**【余▼燼】〈名〉❶火事で、まだ消えないで、燃え残っている火。❷大きな事件などのあとに残っている、こまごました問題。例余燼がくすぶる。

よしんば〈副〉仮《かり》にそうであったとしても。古風な言いかた。例よしんば成功しなくとも、それで本望《ほんもう》だ。

よ・す〘▽止す〙〈動五〉❶やろうとしていたことをしない。例よせばいいのに。この話はよそう。❷それまでやっていたことを終わりにする。例もうよせ。▽ややくだけた言いかた。類やめる。

よすが〈名〉たよりやたすけとなるもの。例何をよすがに生きていけばいいのか。故人をしのぶよすがもない。

参考「寄《よ》す処《が》(=身や心のよりどころ)」の意味から。

よすがら【夜すがら】〈副〉⇩よもすがら

よすぎ【世過ぎ】〈名〉世の中で、生活していくこと。例身過ぎ世過ぎ。

よすてびと【世捨て人】〈名〉俗世間《ぞくせけん》とのかかわりをたち切り、ひとり静かに暮らしている人。類隠者《いんじゃ》。

よすみ【四隅】〈名〉四角いものの四方のすみ。

よせ【寄席】〈名〉落語や講談など、各種の演芸を見せて、客をたのしませるところ。例寄席に行く。

よせあつめ【寄せ集め】〈名〉あちこちから、適当に集めたもの。例寄せ集めのチーム。

表現 とにかく数をそろえればいいという考えで集めた結果、さまざまなものがごちゃごちゃにまじっていて、中身の質は保証できない、という気持ちでいう。

よせあつ・める【寄せ集める】〈動下一〉ちらばっている雑多なものを、一か所に集める。例ごみを寄せ集める。類かき集める。

[1]**よせい**【余生】〈名〉仕事をしりぞいた人の、そのあとの人生。例余生を送る。アヨセー

[2]**よせい**【余勢】〈名〉一つやりとげて、調子にのったいきおい。例余勢を駆《か》る。類余力。アヨセー

余勢を駆《か》る 成功したいきおいに乗って、さらに別のことまでやろうとする。例余勢を駆って攻めこむ。

よせがき【寄せ書き】〈名・する〉何人かが、一枚の紙や布などに、ことばや名前を書いて記念とするもの。

よせぎざいく【寄せ木細工】〈名〉材質や色、木目のちがう木切れをくみ合わせて、美しい形やもようをつくった細工。箱や床《ゆか》にはってかざりにする。神奈川県箱根《はこね》の伝統工芸品。

よせつ・ける【寄せ付ける】〈動下一〉(打ち消しの形で)近くにこさせない。例人を寄せ付けない。相手を寄せ付けぬ強さ。

よせて【寄せ手】〈名〉攻《せ》め寄せてくる軍勢。

よせなべ【寄せ鍋】〈名〉魚や貝、野菜などをなべに入れ、だしで煮《に》ながら、みんなでかこんで食べる料理。

よせなみ【寄せ波】〈名〉寄せてくる波。対引き波。

よせむねづくり【寄せ棟造り】〈名〉〔建築〕屋根の形式で名づけている日本建築の様式の一つ。屋根の中心にある棟から、建物の四方に傾斜《けいしゃ》面ができている屋根。略して「寄せ棟」ともいう。→やね絵

よ・せる【寄せる】〈動下一〉❶こちらへ近よってくる。例波が寄せる。寄せて(=訪問させて)いただく。おし寄せる。❷ほかのもののすぐそばに近づける。例車を寄せる。同情を寄せる。関心を寄せる。もっと左の方に寄せてください。❸ひとところに集める。例顔を寄せる。しわを寄せる。寄せ集める。❹相手のところに、書いたものなどを送る。例感想文を寄せる。❺あることに関係づける。例花に寄せて思いを述べる。

方言 近畿などでは、子どもたちが遊んでいる仲間に途中《とちゅう》から入れてやる意味でも使う。

よせん【予選】〈名〉代表や代表チームをえらび出すために、前もってする試合や選考。例予選を通過する。

よせんかい【予▼餞会】〈名〉長い旅行や卒業などの前に行なう送別会。参考「餞」は、はなむけの意味。

よそ〘余▽所・▽他▽所〙〈名〉❶別の場所。例よそへにげる。よそ見。類ほか。他《た》。❷自分が知っていたり関係したりしていないもの。例よその人。よその国。対うち。❸(「…をよそに」の形で)…をほったらかしにして、かえりみない。例任務をよそに遊びほうける。

よそいき【よそ行き】〘余▽所行き〙〈名〉❶外出用の、とくにきれいな衣服。例よそ行きの服。対ふだん着。❷話しかたやしぐさが、ふつうとちがって、とくにあらたまっていること。例よそ行きのことば。▽「よそゆき」ともいう。

[1]**よそ・う**〘▽装う〙〈動五〉食べ物を、器に盛《も》ったりついだりする。例ご飯をよそう。みそ汁をよそう。

参考 俗《ぞく》に、「盛る」とまじって「よそる」ともいう。アヨソウ

[2]**よそう**【予想】〈名・する〉これから先がどんなふうになるか、見当をつけて思いえがくこと。例勝敗を予想する。予想がはずれる。予想を裏切る。予想を上まわる。予想に反して。予想外。予想どおり。類予測。予見。アヨソー

よそうがい【予想外】〈形動〉予想もしていなかったようす。例予想外のでき。予想外な展開。類意外。

よそおい【装い】〈名〉服装や店がまえなどをきちんときれいにととのえること。また、ととのえたもの。例装いをこらす。装いを新たにする。春の装い。

よそお・う【装う】〈動五〉❶外見をととのえて、よりよく見えるようにする。例美しく装う。❷実際はちがうのに、一見そのように見せかける。例平静を装う。

よそく【予測】〈名・する〉これから先がどうなるか、見当をつけること。例予測がつく。長期予測。類予想。予見。予言。

よそごと【よそ事】〘余▽所事〙〈名〉自分にはかかわりのないこと。例よそ事とは思えない。類ひとごと。他事《たじ》。他人事。

よそじ【四▽十路】〈名〉「四〇歳」の古風な言いかた。

よそみ【よそ見】〘余▽所見〙〈名・する〉見なければならないところを見ないで、別のところを見ること。例よそ見をする。類わき見。

よそめ【よそ目】〘余▽所目〙〈名〉直接関係のない立場で見ること。例かれの苦しんでいるようすは、よそ目に

よ

 ラボアジェ(1743~94) フランスの化学者。燃焼は酸化であることを証明。質量保存の法則を発見。

もはっきりわかった。類はた目。わき目。

よそもの【よそ者】〖余▽所者〗〈名〉その土地の出身でなく、他の土地から来た人。

よそゆき【よそ行き】〖余▽所行き〗〈名〉⇩よそいき

よそよそし・い〈形〉他人に対するようで、したしみがない。例よそよそしい態度。対なれなれしい。類他人行儀《ぎょうぎ》。そっけない。みずくさい。

よぞら【夜空】〈名〉暗い、夜の空。

よだきー（方言）おっくうだ。めんどうくさい。大分・宮崎などで言う。

よだ・つ〈動五〉こわくて、全身の毛がさかだつ。例身の毛がよだつ。

よたばなし【与太話】〈名〉いいかげんな話。でたらめな話。

よたもの【与太者】〈名〉きまった仕事をもたずにぶらぶらして、ゆすりやたかり、ばくちなどをしている人。

よたよた〈副・する〉足もとがしっかりせず、今にもたおれそうにふらふら歩くようす。

よだれ〖▼涎〗〈名〉口から流れでるつば。例よだれが出る。よだれを流す。よだれを垂らす。

表現「よだれが出る」「よだれを垂らす」は、ほしくてたまらないようすを形容することばとしても使う。

よだれかけ【よだれ掛け】〖▼涎掛け〗〈名〉よだれが服につかないように、乳児が首から下げる小さいエプロン。

1 **よだん【予断】**〈名・する〉前もってこういう結果になるだろうと判断すること。例予断をもつ。軽々《けいけい》に予断はできない。

予断を許《ゆる》さない 状況《じょうきょう》が二転三転しそうで、予断してみたところで、はずれる可能性が低くない。

2 **よだん【余談】**〈名〉本題の話のついでにでた、ちょっとした話。例これは、余談になりますが…。

よだんかつよう【四段活用】〈名〉〔文法〕文語の動詞の活用の種類の一つ。活用語尾《ごび》が五十音図の「あ・い・う・え」の四つの段に活用する。たとえば、「書く」なら「か・き・く・く・け・け」と変化する。

参考「行こう(=文語の「行かむ」)」のように、口語では、「お」の段も加わり、五段活用になる。

1 **よち【予知】**〈名・する〉研究や調査にもとづいて、これからおこることを前もって知ること。例地震《じしん》を予知する。予知能力。類予測。予見。

2 **よち【余地】**〈名〉残されているところ。例改善の余地がある。立錐《りっすい》の余地もない。

よちょう【予兆】〈名〉何かが起こることを前もって知らせるような小さなできごと。例噴火《ふんか》の予兆。地震《じしん》の予兆。類前兆。兆候。前ぶれ。

よちょきん【預貯金】〈名〉預金と貯金。

よちよち〈副・する〉まだしっかり歩けない幼児などが、あぶない足どりで歩くようす。例よちよち歩き。

よつ【四つ】〈名〉❶よっつ。❷すもうで、両力士がそれぞれたがいの回しを両手でつかみあったかたちになること。例四つに組む。四つずもう。右四つ。左四つ。

表現「難問と四つに組む」「敵と四つに組む」などの言いかたで、正面からものごとにとりくむ、堂々と相手とわたりあう、という意味で使う。

よつあし【四つ足】〈名〉❶足が四本あること。四本の足。❷けもの。

よっかか・る【寄っ掛かる】〈動五〉「よりかかる」のくだけた言いかた。

よつかど【四つ角】〈名〉二本の道路が、直角またはそれに近い角度でまじわるかど。類四つ辻《つじ》。交差点。十字路。

よつぎ【世継ぎ】〈名〉家をつぐこと。また、その人。とくに、君主の地位をつぐ子ども。類後継ぎ。

よっきゅう【欲求】〈名・する〉なにかをほしがったり、したがったりすること。また、その気持ち。例欲求を満たす。類欲望。

よっきゅうふまん【欲求不満】〈名〉のぞみや願いがかなえられないために、いらいらがたまること。フラストレーション。例欲求不満を解消する。欲求不満が高じる。

よつぎり【四つ切り】〈名〉❶全体を四つに均等に切ること。例りんごを四つ切りにする。四つ切り(=四枚切り)の食パン。❷写真のサイズで、二五四×三〇五ミリ《メートル》。❸画用紙やケント紙のサイズで、三九二×五四二ミリ《メートル》。八つ切りの倍の大きさ。

よっつ【四つ】〈名〉❶三つのつぎの数。よつ。よん。❷四歳《さい》。四個。

よって〖因って・▼仍って〗〈接〉その前に述べたことを理由として、あとの判断や決定をいうときに使うことば。かたい言いかた。例「(賞状で)よってこれを賞します」。「証拠《しょうこ》不十分、よって被告《ひこく》人は無罪とする」。類したがって。ゆえに。

よってきたる〖因って来(た)る〗〈連体〉原因・理由・起源をつきとめる気持ちを表わす。例そのよってきたる原因。

よ(寄)ってたかって ⇩「よる〔寄る〕」の子項目

ヨット〈名〉スポーツなどに使われる、小型の帆船《はんせん》。例ヨットハーバー。ヨットレース。◇yacht

表現ふつう一艇《いってい》二艇《にてい》と数える。競技用は一杯《いっぱい》二杯《にはい》と数えることがある。

参考日本でいうヨットは英語ではsailboatという。英語のyachtは帆《ほ》の有無に関係なく、エンジン付きの快走船などもふくめていう。

よっぱらい【酔っ払い】〈名〉酒によって、だらしなくなっている人。例酔っ払い運転。類酔いどれ。

よっぱら・う【酔っ払う】〈動五〉酒を飲みすぎて、正常な状態でなくなる。例酔っ払って大声をだす。

よっぴて【夜っぴて】〈副〉ひと晩じゅう。夜もすがら。例夜っぴて風がつよかった。類夜通し。

よっぽど〈副〉「よほど」のくだけた言いかた。

よつめがき【四つ目垣】〈名〉タケを縦横にくみあわせて、なわでしばったかきね。すきまが長方形になる。

よつゆ【夜露】〈名〉夜のうちに、草や木の葉などにおりた露。例夜露にぬれる。対朝露。

よつんばい【四つんばい】〖四つん▼這い〗〈名〉両手両足を地面につけた姿勢。その姿勢ではうようす。

よてい【予定】〈名・する〉今後のことを、前もってきめておくこと。将来のこととして、かりにきめておくこと。例予定がある。予定を組む。予定に入れる。予定の行動。今後の予定。今年中には完成の予定です。完成は来年三月を予定しています。予定表。予定日。予定どおり。類スケジュール。

よていちょうわ【予定調和】〈名〉物語が、かんたんに予想できるとおりのありきたりな結末をむかえること。類お約束どおり。参考もとは形而上学《けいじじょうがく》の用語。

よてき【余滴】〈名〉筆やペンの先などに残ったしずく。

よど〖▼淀〗〈名〉水の流れがとまって、たまっているところ。

ランケ（1795〜1886）　ドイツの歴史学者。史料を厳密に調べる実証的な方法を確立。近代歴史学の父。

ようとう【与党】〈名〉政権を担当し、内閣を組織している政党。対野党。

よどおし【夜通し】〈副〉ひと晩のあいだずっとつづけて。例夜通し看病する。類一晩中。夜すがら。夜っぴて。

よとぎ【夜とぎ】〖夜▼伽〗〈名〉人のそばに夜どおし起きてつきそうこと。また、そのつきそう人。古いことば。

よとく[1]【余得】〈名〉本来の収入以外の余分の利益。類余禄《よろく》。役得。

よとく[2]【余徳】〈名〉死んだあとにまで、残る恩恵《おんけい》。

よどみ〖▼淀み・▼澱み〗〈名〉❶水や空気などが流れずに、たまっているところ。例よどみにうかぶかれ葉。❷ものごとがとどこおること。例よどみなく話す。

よど・む〖▼淀む・▼澱む〗〈動五〉❶水や空気などの流れがとまって、たまったままの状態になる。例水がよどむ。❷活気がない状態になる。例よどんだ目。よどんだふんいき。

よなおし【世直し】〈名〉政治や経済などの悪い状態を、よくすること。とくに、江戸《えど》時代の末に各地でおこった社会変革をもとめる民衆の運動。百姓一揆《ひゃくしょういっき》や打ちこわしのかたちをとった。

よなか【夜中】〈名〉夜がすっかりふけたころ。例真夜中。類夜半《やはん》。夜ふけ。

よなが【夜長】〈名〉昼より夜の方が長いこと。夜の長さがよく感じられること。例秋の夜長。対日長。

よなき[1]【夜泣き】〈名・する〉赤んぼうや幼児が、夜泣くこと。

よなき[2]【夜鳴き】〈名・する〉鳥が夜なくこと。

よなきそば【夜鳴きそば】〖夜鳴き▼蕎▽麦〗〈名〉夜に屋台を引いて売り歩く、そば・うどん・ラーメン。

よなべ【夜なべ】〈名・する〉昼の仕事を終えたあと、夜も仕事をすること。例夜なべ仕事。

よなよな【夜な夜な】〈副〉夜ごと。毎夜。古風な言いかた。例あそこは夜な夜な幽霊《ゆうれい》が出ると言われている。対朝な朝な。類連夜。

よな・れる【世慣れる】〖世▼馴れる〗〈動下一〉社会の経験を多くつんで、なにごとでもそつなくこなすようになる。例世慣れた人。類世故《せこ》にたける。
表現「世慣れぬ」は、世間知らずでうぶなさま。

よにげ【夜逃げ】〈名・する〉借金などで追いつめられ、夜ひそかに家をすてて、にげだすこと。

よにも【世にも】〈副〉めったにないほどだということを強調することば。例世にも奇妙《きみょう》な物語。世にもおそろしい表情。

よねつ[1]【予熱】〈名・する〉すぐに使えるように、あらかじめ温めておくこと。例オーブンを予熱する。

よねつ[2]【余熱】〈名〉❶火を消したあとに残っているあたたかみ。❷まださめきらずに残っている熱気。例大会の余熱さめやらぬ閉会式。

よねん【余念】〈名〉ほかの雑多な思い。例…に余念がない。かれはいま、勉強に余念がない。

よのなか【世の中】〈名〉❶会社や学校などのような一つ一つの組織をいうのではなく、そういう組織がたくさん集まり、それに個人が加わって、全体としてできているように思える大きな集団。例世の中に出る。❷時代とともにうつり変わっていく社会。例世の中が変わる。世の中におくれる。▽類世間。社会。世界。

よは【余波】〈名〉❶風がおさまっても、まだしずかにならない波。例台風の余波。❷事件や災害が終わったあとになっても残る、悪い影響《えいきょう》。例余波をうける。事件の余波。類あおり。

よばい【夜ばい】〖夜▼這い〗〈名〉むかし、男が恋人《こいびと》の寝《ね》ているところにしのんでいったこと。参考求婚《きゅうこん》を意味した「呼ばひ」に、「夜這い」の字を当てたもの。

よはく【余白】〈名〉書類などの、なにも書かれていない白い部分。スペース。例余白に書きこむ。類欄外《らんがい》。

よばれる（方言） 手料理などをごちそうになる。関西で言う。参考「（家へ）呼ばれる」から。

よばわり【呼ばわり】〈接尾〉ほんとうはそうではないのに、そうであるかのようにいうこと。
表現「犯人呼ばわりされては迷惑《めいわく》だ」のように、そう呼ばれては不名誉《ふめいよ》だという気持ちをこめて使われる。

よび【予備】〈名〉❶これからやろうとすることのために、あらかじめ用意しておくこと。例予備知識。予備校。❷なくなったり、たりなくなった場合にそなえて、余分に用意しておくこと。例予備の椅子《いす》。予備費。

よびおこ・す【呼び起こす】〈動五〉❶ねむっている人に声をかけて、起こす。❷刺激《しげき》をあたえて、ある気持ちや状態を生じさせる。例感動を呼び起こす。記憶《きおく》を呼び起こす。類喚起《かんき》する。

よびかけ【呼び掛け】〈名〉よびかけること。よびかける声。例呼び掛けにこたえる。▽類呼びさます。

よびか・ける【呼び掛ける】〈動下一〉❶相手に声をかけてその注意をひく。例大声で呼び掛ける。❷多くの人にむかって、自分の考えと同じことをしてくれないか、とうったえる。例結束《けっそく》を呼び掛ける。

よびかわ・す【呼び交わす】〈動五〉たがいに相手をよびあう。

よびぐん【予備軍】〈名〉❶予備の軍隊。❷将来その一員になりそうな人たち。「予備群」とも書く。例肥満予備軍。産業予備軍（＝失業者のこと）。

よびこ【呼び子】〈名〉合図のために使う笛。よぶこ。

よびこう【予備校】〈名〉上級の学校の入学試験に合格するための教育をする学校。大学の入学志望者のためのものが多い。類塾《じゅく》。

よびごえ【呼び声】〈名〉❶大きな声で呼ぶ声。とくに、物売りが客を呼ぶ声。類売り声。❷まわりの評判。例次期首相《しゅしょう》の呼び声が高い。類下馬評。

よびこ・む【呼び込む】〈動五〉中に入れる。引き入れる。例客を呼び込む。幸せを呼び込む。

よびさま・す【呼び覚ます】〈動五〉❶ねむっている人に声をかけて起こす。❷忘れていたこと、しばらくなかったことを思い出させる。例記憶《きおく》を呼び覚ます。感動を呼び覚ます。類呼び起こす。喚起《かんき》する。

よびすて【呼び捨て】〈名〉相手や話題の人物の名前に、「さん」「君《くん》」「先生」などの敬称《けいしょう》をつけないでよぶこと。例呼び捨てにする。

よびだし【呼び出し】〈名〉❶言いつけて、ある場所に来させること。また、その連絡《れんらく》。例呼び出しを受ける。呼び出しに応じる。類召喚《しょうかん》。❷すもうで、つぎに取り組む力士の名を呼んだり、その他の雑用をしたりする係の人。

よびだ・す【呼び出す】〈動五〉❶言いつけて、ある場所に来させる。例電話で呼び出す。弟を呼び出す。類呼びつける。❷パソコンに表示させる。例学校のホームページを画面に呼び出す。

よびた・てる【呼び立てる】〈動下一〉❶大きな声で呼ぶ。❷呼んで、わざわざ自分のところに来させる。↓

よ

ランボー（1854～91）フランス象徴派の代表的詩人。「よいどれ船」「地獄の季節」「イリュミナシオン」。

およびたてする

よびちしき【予備知識】〈名〉 これからやろうとすることのために、前もって知っておいた方がよいことがら。例予備知識をしいれる。

よびつ・ける【呼び付ける】〈動下一〉 自分がいるところに、来るように命令して、来させる。類呼び出す。呼び寄せる。

よびと・める【呼び止める】〈動下一〉 声をかけて立ち止まらせる。

よびな【呼び名】〈名〉 ものや人を呼ぶとき、ふつうに使っている名前。類呼称《こしょう》。

よびならわ・す【呼び習わす】〖呼び▽慣わす〗〈動五〉 習慣として、そのように呼ぶ。例医者のことを「先生」と呼び習わす。

よびみず【呼び水】〈名〉 新しいことをおこすきっかけとなるものごと。例その事件が呼び水となって、反政府運動が激化した。

参考 もとの意味は、井戸《いど》などのポンプで、くむ水をさそい出すために、上から別に入れてやる水のこと。

よびもど・す【呼び戻す】〈動五〉 ❶呼んで、もとの場所にもどらせる。例実家に呼び戻す。類呼び返す。❷もとに返らせる。例記憶《きおく》を呼び戻す。

よびもの【呼び物】〈名〉 興行やもよおしなどで、とくに人気のある出しもの。例公演の呼び物。類目玉。

よびょう【余病】〈名〉 ある病気につれておこる、別の病気。例余病を併発《へいはつ》する。

よびよ・せる【呼び寄せる】〈動下一〉 呼んで、自分のところへ来させる。例家族を呼び寄せる。

よびりん【呼び鈴】〈名〉 人を呼ぶためのベル。

よ・ぶ【呼ぶ】〈動五〉 ❶相手の注意をひくために、声をかける。例名前を呼ぶ。呼びかける。❷たのんだり、命令したりして自分のところに来させる。例医者を呼ぶ。救急車を呼ぶ。呼びよせる。❸人をまねく。例客をよぶ。夕食によぶ。類招待する。❹名づける。称《しょう》する。例人々は、五代将軍綱吉《つなよし》を「犬公方《くぼう》」と呼んだ。❺引きよせる。引き起こす。例人気をよぶ。反響《はんきょう》をよぶ。あらしをよぶ。疑惑《ぎわく》をよぶ。▽→およばれ・およびがかかる・およびでない

方言 関西では、「よばれる」の形で、「ごちそうになる」の意味でも使う。

よふかし【夜更かし】〈名・する〉 夜おそくまでねむらないで、なにかをしていること。寝《ね》ないで、なにかをしていること。類宵《よい》っぱり。

よふけ【夜更け】〈名〉 夜もだいぶおそくなったころ。類夜中。夜半。深夜。

[1]**よぶん**【余分】 ━〈名〉 必要な分量をこえた、あまり。例余分があったら回してください。

━〈形動〉 程度や分量が必要以上である。例人より余分に働く。類余計。

[2]**よぶん**【余聞】〈名〉 ある事件に関する、本筋とは関係のない、ちょっとした話。類こぼれ話。余話。

よほう【予報】〈名・する〉 これからのことについて、情報を集め、予測をたてて、前もって知らせること。また、その知らせ。例天気予報。

[1]**よぼう**【予防】〈名・する〉 病気や災害などがおこらないように、前もって対策をたてておくこと。例伝染《でんせん》病を予防する。予防接種。火災予防。

[2]**よぼう**【▼輿望】〈名〉 多くの人々からかけられている期待。例輿望をになう。類衆望。

よぼうせっしゅ【予防接種】〈名〉〔医学〕免疫《めんえき》をつくるために、ワクチンなどを体内に入れること。

よぼうせん【予防線】〈名〉 あとになって非難されたり文句を言われたりしないように、あらかじめそのための処置をしておくこと。例予防線を張《は》る。

よほど〖余程〗〈副〉 ❶はっきりとはわからないが、非常に程度が高いと思われるようす。例よほど大きな荷物でない限り、おあずかりします。よほどのことらしく、まっさおになっている。類かなり。ずいぶん。相当。❷もう少しでなにかをしそうな気持ちを表わす。例よほどむかえに行こうかと思ったがやめた。❸ずっと。例前の機械のほうがよほど使いやすかった。▽「よっぽど」ともいう。

よぼよぼ〈形動・副・する〉 年老いてからだがよわり、動作がおぼつかないようす。例よぼよぼの犬。よぼよぼ(と)歩く。

参考 副詞・サ変動詞の場合のアクセントは「**ヨ**ボヨボ」、形容動詞の場合は「ヨ**ボヨボ**」。

よまいごと【世▽迷い言】〈名〉 すじの通らないことをくどくどと言うこと。また、そのことば。

よまつり【夜祭り】〈名〉 夜に行なわれる祭り。

よまわり【夜回り】〈名・する〉 夜間、火事や犯罪がおこるのを警戒《けいかい》して、見まわること。見まわる人。

[1]**よみ**〖▽黄▽泉〗〈名〉 人の死後、そのたましいがいくと考えられた世界。よみの国。類あの世。冥土《めいど》。アヨミ

[2]**よみ**【読み】〈名〉 ❶読むこと。読んで、そこから意味をくみとること。例正確な読み。読み書き。❷漢字の読みかた。とくに、漢字の訓。例読みを調べる。❸「こうではないか」「こうなるだろう」などと考える。例読みがふかい。読みがあたる。▽アヨミ」

よみあ・げる【読み上げる】〈動下一〉 ❶大きい声をだして読む。❷本などを最後まで読む。類読み終える。

よみあさ・る【読みあさる】〖読み▽漁る〗〈動五〉 興味にしたがって、次々にさがしては読む。例推理小説を読みあさる。

よみあわせ【読み合わせ】〈名〉 ❶書き写したりした文書がもとの文書と違いがないかを確認するために、一人が読み、もう一人が目で字を追うこと。❷⇩ほんよみ②

よみあわ・せる【読み合わせる】〈動下一〉 読み合わせをする。

よみか・える【読み替える】〈動下一〉 ❶ある漢字の読みを、別の読みかたで読む。❷法律の条文などの語句を、別のきまった語句に置きかえて適用する。❸〔文学〕別の解釈《かいしゃく》をする。例昔話を教訓として読み替える。

よみがえ・る〖▼蘇る・▼甦る〗〈動五〉 ❶いちど死んだと思われたものが生きかえる。類蘇生《そせい》する。復活する。❷うしなわれていたものが、もとにもどる。例記憶《きおく》がよみがえる。感激《かんげき》がよみがえる。

参考「黄泉《よみ》(から)帰る」の意味から。

よみかき【読み書き】〈名〉 文字や文章を読んだり書いたりすること。とくに、その能力。

よみかた【読み方】〈名〉 ❶文字によって表わされる発音。例漢字の読み方。類読み。❷詩や文章を声にだして読むやりかた。例読みかたのうまい生徒だ。類朗読。❸文章を読んで、その内容を理解すること。文章を理解する方法。例難解な文章だから、人によって読み方がちがう。類読み。

よみがな【読み仮名】〈名〉 読みかたをしめすために、

漢字などにそえるかな。類ふりがな。

よみきり【読み切り】〈名〉雑誌や新聞の記事や小説、随筆《ずいひつ》などが、その号だけで完結して、次の号につづかないこと。対連載《れんさい》。つづき物。

よみくせ【読み癖】〈名〉❶本などを読む際の、その人独自の読みかたのくせ。「よみぐせ」ともいう。❷習慣として決まっている読みかた。たとえば、「コツ」と読むべき「笏」を「シャク」と読むなど。

よみくだ・す【読み下す】〈動五〉❶書かれている文章を終わりまで読む。❷漢文を、語順をなおしたりして、日本語の文として読む。

よみごたえ【読み応え】〈名〉内容が充実《じゅうじつ》していて、読むかいがあること。例読みごたえのある本。類読みで。

よみこな・す【読みこなす】〈動五〉読んで、そこに書いてあることをじゅうぶんに理解する。

よみこ・む【読み込む・詠み込む】〈動五〉一［読み込む］❶書物を、完全に理解するまで読む。❷予測を考えに入れる。❸コンピューターが、ハードディスクやCD-ROMなどから、プログラムやデータファイルをメモリー上に取り込む。二［詠み込む］季語や思いついたことばなどをとくに入れて、俳句や和歌を作る。

よみじ【▽黄▽泉路】〈名〉あの世へ行く道。

よみせ【夜店】【夜見世】〈名〉夜、通りにそって出る小さな店。

よみち【夜道】〈名〉夜の暗い道。暗い道を歩くこと。例夜道はあぶないから気をつけなさい。

よみつ・ぐ【読み継ぐ】〈動五〉それぞれの時代の人が、世代をこえて読みつづける。

よみて【読み手】〈名〉❶書かれたものを読む人。対書き手。類読者。❷［詠み手］詩や短歌をつくる人。❸かるたの文句を読む役。対取り手。

よみで【読みで】〈名〉分量が多くて、読書意欲を刺激《げきし》すること。例読みでがある本。類読みごたえ。

よみとば・す【読み飛ばす】〈動五〉❶わからないところや興味のないところを飛ばして読む。❷ものすごい速さで読む。

よみと・る【読み取る】〈動五〉❶文字や文章を読んで、その意味を理解する。例内容を読み取る。類読解する。❷表面に現れたようすから、奥にあることを理解する。例心を読み取る。真意を読み取る。状況《じょうきょう》を読み取る。類見て取る。くみ取る。察知する。

よみなが・す【読み流す】〈動五〉❶あまり注意しないで、ざっと読む。❷文章をすらすらと読む。

よみのくに【▽黄▽泉の国】〈名〉⇩よみ〔黄泉〕

よみびとしらず【詠み人知らず】〈名〉和歌をつくった人の名前がわからないこと。

よみふけ・る【読みふける】【読み▾耽る】〈動五〉ほかのことを忘れるほど、本を夢中《むちゅう》になって読む。

よみふだ【読み札】〈名〉かるたで、読むほうの札。対取り札。

よみほん【読本】〈名〉〔文学〕江戸《えど》時代後半に流行した小説の一種。絵が少なく、文章が中心。『南総里見八犬伝《なんそうさとみはっけんでん》』など。

参考「とくほん」または「どくほん」と読むのは別のことば。

よみもの【読み物】〈名〉たのしみのために気がるに読む文章や本。

よみや【夜宮】【▽宵宮】〈名〉⇩よいまつり

よ・む【読む・詠む】〈動五〉一［読む］❶文字で書いたことばや図表、記号などを見て、その意味を理解する。例小説を読む。グラフを読む。楽譜を読む。読みとる。❷文字で書いたことばを声にだしながらたどっていく。読んで聞かせる。読みあげる。類音読する。❸文字をことばとして発音する。例「紅葉」と書いて、「こうよう」とも「もみじ」とも読む。❹外がわのようすから、中にふくまれる意味をおしはかる。例顔色を読む。手のうちを読む。心を読む。票を読む。類推察する。見通す。❺碁《ご》や将棋《しょうぎ》などで、先の手を考える。例手を読む。先を読む。
二［詠む］詩や歌をつくる。例和歌を詠む。詩を詠む。花を詠む。歌に詠まれた名所。歌詠み。類詠《えい》じる。

敬語 一①の謙譲《けんじょう》語に、「拝読する」がある。

参考「よむ」には、元来「かぞえる」という意味があった。「こよみ(暦)」とは、「二日(ふつか)」「三日(みっか)」「四日(よっか)」というように「日《か》」をかぞえるもので、「かよみ」が「こよみ」になったのだという。この意味での用法は現在にも残っていて、たとえばロケットを発射する前などに、刻々と「…秒前」とかぞえることを「秒よみ」という。また、一④の例にあげた「票を読む」は、得票数を推定でかぞえることである。

表記 漢字を訓読みする意味では、「▽訓む」とも書かれる。

方言 富山・石川などでは、「数をかぞえる」の意味でも使う。

読んで字《じ》の如《ごと》し うらの解釈《かいしゃく》などなく、書いてある文字の意味することそのままである。

よめ[1]【夜目】〈名〉夜、暗い中でものを見ること。アヨメ

夜目遠目《めとお》笠《かさ》の内《うち》 しかと見えないすがたを思いえがくとき、女性のすがたは美しく見えるものだ。

よめ[2]【嫁】〈名〉❶むすこの妻。夫の親からみた言いかた。例うちの嫁。嫁をむかえる。嫁に行く。❷男性が結婚する相手。例花嫁。嫁えらび。嫁さがし。▽例お嫁さん。対婿《むこ》。アヨメ

表現 他人に対して、自分のうちの嫁のことを「うちの嫁が…」のように言うのは、本来は①の意味で夫の親が使う言いかたであるが、いまは関西方言の影響《えいきょう》で、自分の妻のことを「嫁」と他人に言う男性もいる。

よめい【余命】〈名〉これから先のいのち。残された、あまり長くないいのち。例余命いくばくもない。

よめいびり【嫁いびり】〈名・する〉しゅうとめが嫁をいじめること。

よめいり【嫁入り】〈名・する〉女性が結婚《けっこん》して夫のもとに行くこと。また、その儀式《ぎしき》。例嫁入りじたく。対婿《むこ》入り。類嫁《とつ》ぐ。

よ・める【読める】〈動下一〉❶解釈《かいしゃく》できる。例この批評は、著者を攻撃《こうげき》しているとも、はげましているとも読める。❷おそらくこういうことだろうと、察しがつく。例読めたぞ！ ❸読むだけのねうちがある。例けっこう読める本だ。

よもぎ【▾艾・▾蓬】〈名〉野草の一つ。葉はキクに似《に》て、うらに白い毛がある。若葉は草もちに使う。また、灸《きゅう》につかう「もぐさ」の原料にもする。もちぐさ。もぐさ。

よもすがら【夜もすがら】〈副〉ひと晩じゅう。「よすがら」ともいう。例夜もすがら語りあう。類夜っぴて。夜通し。

よもや〈副〉（あとに打ち消しのことばをともなって）まさか…するとは…ない。やや古風な言いかた。例よもやあの相手に敗れようとは思わなかった。

よもやま〖四▽方山〗〈名〉世の中のいろいろなこと。例よもやま話。参考「よもやも(=四方八方《しほうはっぽう》)」が変化した形。

よやく【予約】〈名・する〉❶買ったり使ったりすることを、前もって約束しておくこと。例予約をとる。予約がとれる。ホテルを予約する。予約金。予約席。❷前もって機械などのタイマーをセットすること。例録画予約。

よやとう【与野党】〈名〉与党と野党。

よゆう【余裕】〈名〉❶必要な量より多めにあること。たっぷりあること。また、その余分。例余裕がある。時間の余裕。❷処理する力の限界にまだ達していないこと。例余裕をみせる。余裕しゃくしゃく。▽類ゆとり。

表現「渋《じゅう》滞《たい》もなく、三十分前に余裕で到着《とうちゃく》した」「予選を余裕で通過」など、「余裕で」の形で「らくらくと」の意味も表わす。

ゆうしゃくしゃく【余裕しゃくしゃく】〖余裕▼綽▼綽〗〈副・連体〉あせらず、ゆったりと落ち着いている。例余裕しゃくしゃくたる態度。

よよと〈副〉例よよと泣きくずれる。肩をふるわせてはげしく泣くようす。古い感じのことば。

よ(寄)らば たいじゅ(大樹)の かげ(陰) ⇩「よる(寄る)」の子項目

より[1]【寄り】━〈名〉すもうで、組んだままの姿勢で相手をおすこと。アヨリ ━〈接尾〉❶…に近い、という意味を表わす。例印刷が左寄りになる。与党寄りの考え方。類側《がわ》。❷〔気象〕風が、だいたいその方角から吹《ふ》いてくることを表わす。例南寄りの(=南東～南西の範囲《はんい》から吹く)風。

より[2]〖▼縒り〗〈名〉糸などを、よること。例よりがあまい。うでによりをかける(→「うで」の子項目)。アヨリ

よりを戻《もど》す こんがらがっていた関係をもとにもどす。とくに、いちど別れた男女が、また、したしくなる。

より[3]〈副〉ほかと比べて、あるいは現状と比べて、その程度がさらに強いようす。例遊ぶほうに、よりいそがしい。より楽しい学校にするために。類いっそう。もっと。アヨリ

より[4]〈格助〉❶二つのものごとを比較《ひかく》するときの、基準となるほうを示す。例野球よりサッカーのほうがおもしろい。カレーライスよりスパゲッティがすきだ。❷(「…より…ない」の形で)あるものごと以外をすべて否定する。例自分でやるよりしかたがない。❸動作や作用が始まる場所や時間を表わす。例これより試合を開始いたします。類から。

表現また は、文語的な感じがある。③の使いかたのときは、「から」よりあらたまった感じ、

よりあい【寄り合い】〈名〉❶なにかを相談するための集まり。例町内の寄り合い。類会合。❷種種雑多なものが集まっていること。例寄り合い所帯。

よりあいじょたい【寄り合い所帯】〈名〉❶一か所に集まって住んでいるいくつかの所帯。❷雑多な人たちのまとまりのない集団。

よりあつま・る【寄り集まる】〈動五〉たくさんの人が、ほうぼうから一か所に集まる。類参集する。

よりかか・る【寄り掛かる】〖▼凭り掛かる〗〈動五〉ほかのものにもたれかかって、からだをささえる。

表現他人などにたよりきることにも使う。

よりき【与力】〈名〉江戸《えど》時代、奉行《ぶぎょう》の下で、今の警察のような仕事をする役。この役の下に同心《どうしん》という役があった。

よりきり【寄り切り】〈名〉すもうの決まり手の一つ。組んだ状態のまま前に進んで、土俵《どひょう》の外に出すこと。

表現「寄り切る」と、動詞の形でも使う。

よりけり (「…によりけり」の形で)条件によって対応がちがってくる。…しだい。例買うかどうかは値段によりけりだ。

よりごのみ【より好み】〖▽選り好み〗〈名・する〉⇩えりごのみ

よりすぐ・る〖▽選りすぐる〗〈動五〉たくさんの中から、とくにすぐれたものだけをえらび出す。「えりすぐる」ともいう。例よりすぐった選手。類厳選する。精選する。

よりそ・う【寄り添う】〈動五〉ぴったりと、そばによる。例寄り添うふたり。母に寄り添う。

よりつ・く【寄り付く】〈動五〉そばに寄ってくる。例人が寄りつかない。

よりどころ【より所】〖▽拠り所〗〈名〉考えや行動の大もととなるものごと。例心のより所。より所がない。類根拠《こんきょ》。ささえ。

よりどりみどり〖▽選り取り見取り〗〈名〉自分で自由に、好きなように選び取れること。

よ(▽選)りによ(▽選)って ❶精選に精選をかさねて。例よりによって腕《うで》っこきを三人つれてきた。❷いろいろなえらびかたがあるのに、またこんなえらびかたをして。例よりによって、このいそがしいときに来るとは。

表現①は文字どおりの意味で、えらびぬかれた最高のものという気持ちを表わし、②は最悪のものがえらばれた結果になったと、すっかりあきれた気持ちを表わす。

よりぬき【より抜き】〖▽選り抜き〗〈名〉多くのものの中から、すぐれたものをえらぶこと。また、そのえらばれたもの。えりぬき。例より抜きの精鋭《せいえい》。類つぶより。

よりぬ・く【より抜く】〖▽選り抜く〗〈動五〉多くのものの中から、すぐれたものをえらぶ。「えりぬく」ともいう。

よりみち【寄り道】〈名・する〉ある場所へ行く途中《とちゅう》、ほかの場所に立ちよること。例寄り道をする。

よりめ【寄り目】〈名〉❶ひとみを鼻のほうによせること。また、よせた目。❷「斜視《しゃし》」のくだけた言いかた。

よりょく【余力】〈名〉なにかをし終えて、なお使うことのできる力。例余力がある。余力を残す。類余勢。

よりわ・ける【より分ける】〖▽選り分ける〗〈動下一〉⇩えりわける

よる[1]【夜】〈名〉太陽がしずんでから、つぎの朝、太陽が出るまでの暗いあいだ。例夜になる。夜がふける。夜の夜中《よなか》。対昼。類夜《よ》。夜間《やかん》。アヨル

表現(1)一晩《ひとばん》二晩《ふたばん》、一夜《いちや》二夜《にや》と数える。
(2)「よる」は、ひと晩中のすべてのあいだをいちばん広くさすことができることばである。「宵《よい》」「晩」「晩方」「夜ふけ」「深更《しんこう》」「夜中《よなか》」「真夜中」などは、夜の時間の一部分を言い表わすことば。
(3)一年中で、夜がいちばん短いのは六月二十日前後の夏至《げし》のときで、いちばん長いのは、十二月二十日前後の冬至《とうじ》のときである。夏の夜は「短夜《みじかよ》」とよばれ、すぐ明ける感じがするのに、秋も十月ごろになると、めっきり夜が長くなり、「秋の夜長《よなが》」といわれる。

夜のとばり 夜の暗やみ。例夜のとばりがおりる。

よ・る[2]【寄る】〈動五〉❶ほかのもののすぐそばに近づく。例そばに寄る。内がわに寄る。寄りつく。近寄る。❷一か所に集まる。例寄るとさわると。寄ってたかって。しわが寄る。寄る年波。❸もたれかかる。例柱に寄る。寄り掛かる。

❹どこかに行くとちゅうに、ある場所をおとずれる。例学校の帰りに書店に寄った。寄り道。立ち寄る。❺すもうで、組んだままで相手をおして進む。例寄り切る。寄りたおす。寄り身。▽アヨル

寄ってたかって おおぜいが寄り集まって。おおぜいで。例寄ってたかっていじめる。

寄らば大樹《たいじゅ》の陰《かげ》 どうせたよりにし、あてにするならば、勢力のある人や大きな組織がいい、ということ。

寄ると触《さわ》ると いっしょの機会があればいつでも。

寄る年波《としなみ》 年をとって、おしよせるようにやってくる老化。例さすがの先生も、寄る年波には勝てず…。

[3]**よ・る**【因る・▽由る・▽依る】〈動五〉❶…を原因や手段・方法とする。例不注意による事故。銀行の援助《えんじょ》によって経営をたて直した。❷〔文法〕受け身文で、動作主《しゅ》を表わす。例大阪城は豊臣秀吉《とよとみひでよし》によって建てられた。❸…に応じる。…に左右される。…次第《しだい》である。例このバラは、季節によって花の色が変わる。手術するかどうかは今後の病状による。❹…を根拠《こんきょ》とする。…にもとづく。例規則によれば、午後五時以後は入場できない。気象庁の長期予報によると、ことしの夏は暑いそうだ。

[4]**よ・る**【▽拠る・▽依る】〈動五〉▽アヨル ❶理解や判断のたよりとする。例多くの資料によって新説を発表する。❷たたかいのための根拠《こんきょ》地とする。根拠地として、たのみにする。古い言いかた。例城による(=たてこもる)。▽アヨル

[5]**よ・る**【▽選る】〈動五〉いくつもある中からえらんで、とり出す。「える」ともいう。例よりすぐる。よりぬく。類選ぶ。選別する。アヨル

[6]**よ・る**【▼縒る・▼撚る】〈動五〉糸やひものようなほそ長いものを、ねじり合わせて一本にする。例糸をよる。こよりをよる。類なう。アヨル

よるべ【寄る辺】〈名〉こまったときにたよりにする人。身を寄せるところ。例寄る辺がない。類身寄り。

よれい【予鈴】〈名〉正式の合図のベルの前に、予告のためにならすベル。対本鈴。

よれよれ〈形動〉服などが、古くなって、型もくずれ、すっかりくたびれたようす。例よれよれのコート。

よろい【▼鎧】〈名〉武士が、たたかいのときにからだをまもるために身につけた武具。例よろい武者。類甲冑《かっちゅう》。↓かぶと 絵

表現 一領《いちりょう》二領《にりょう》と数える。

よろいど【よろい戸】【▼鎧戸】〈名〉❶何枚ものほそ長い板を、少しすきまをあけて平行につけた戸。窓などの外がわにとりつけて、風通しをよくし、日光をさえぎる。❷ほそ長い金属板をつなぎ合わせて、あげおろしできるようにした戸。類シャッター。

よろく【余▼禄】〈名〉本来の収入以外の余分の利益。類余得。役得。

よろ・ける〈動下一〉足がふらつく。例つまずいてよろける。重荷によろける。類よろめく。

よろこばし・い【喜ばしい】【▽悦ばしい】〈形〉とてもいいことで、みんなでよろこびたい。あらたまった言いかた。例今回の受賞は、まことに喜ばしいかぎりだ。

よろこび【喜び】【▽悦び】〈名〉喜ぶこと。うれしいこと。うれしい気持ち。例喜びがふかい。喜びをかみしめる。喜びにわく。喜びの色。大喜び。ぬか喜び。対悲しみ。類歓喜。

表現「およろこび」は、めでたいことを祝うあいさつのことばで、「新年のおよろこびを申し上げます」のように使い、その場合は「お▽慶び」とも書く。

よろこびいさんで【喜び勇んで】〈副〉とてもうれしくて、はりきって。例喜び勇んで出かける。

よろこ・ぶ【喜ぶ】【▽悦ぶ】〈動五〉❶満足した、こころよい気持ちになる。うれしいと思う。例喜ばれるおくりもの。無事を喜ぶ。対悲しむ。❷(「喜んで…する」の形で)自分からすすんで…する。例喜んでお手伝いさせていただきます。

方言 島根では、「…していただけるとよろこびます」の形で、「幸《さいわ》いです」の意味でも使う。

よろし・い【▽宜しい】〈形〉❶「いい」ということをあらたまった場面でいうときのことば。相手のことをいうために「お」をつけていうことがある。例これでよろしゅうございます。帰ってよろしい。ご病気は、もうおよろしいのですか。❷まわりの状況《じょうきょう》や、相手のいうことなどを認《みと》めるときのことば。例よろしい、ひきうけました。類よし。

表現「よろしい」には、自分がまっさきに「いい」と言うのではなく、人が「いい」と認めたことを自分も「いい」と認めるという一面がある。また、親切を「いいこと」とはいえるが、「よろしいこと」といわないように、文句なしにいいことを「よろしい」とはいわない。「よろしい」が、「いい」よりも一段低い評価を表わして、「まあ『いい』と認める」という気持ちを表わすこともある。

よろ(▽宜)しきをえ(得)る 適切な対応をしてもらう。例指導よろしきを得て無事合格した。

よろしく【▽宜しく】〈副〉❶その場のようすに合わせて、うまいぐあいに。例あとはよろしくやっておいてくれ。類適当に。❷相手に何かをたのむときのあいさつのことば。「よろしくお願いします」や「よろしくお伝えください」などの略。例今後ともどうぞよろしく。母上にもよろしく。❸まるで…のような感じで。例外国人よろしく、大きなジェスチャーで話をする。

よろず【▽万】■〈名〉数の万《まん》。数がとても多いこと。例万代《よろずよ》。八百万《やおよろず》。■〈副〉なにごとにつけても。例よろず、相談うけたまわります。

よろずや【よろず屋】【▽万屋】〈名〉❶日用品ならなんでも売っている店。❷いろいろなことを知っている人。なんでもひきうける人。

よろめ・く〈動五〉❶足もとがふらついて、たおれそうになる。例背をおされてよろめく。類よろける。❷心がふらついて誘惑《ゆうわく》に負けそうになる。

よろよろ〈副・する〉足もとがふらふらとして、たよりないようす。

よろん【世論】【▼輿論】〈名〉世間一般《いっぱん》の意見。「せろん」と言うこともある。例世論が高まる。世論を喚起《かんき》する。世論調査。

よろんちょうさ【世論調査】〈名〉多く政治上またほ社会的問題について行なう、世間一般《いっぱん》の意見を知るための調査。

[1]**よわ**【余話】〈名〉あるものごとにともなっておこった、ちょっとした話。類こぼれ話。余聞《よぶん》。エピソード。

[2]**よわ**【夜▽半】〈名〉夜がもっともふけたころ。「やはん」ともいう。例夜半の月。秋の夜半。類夜中《よなか》。夜ふけ。

[1]**よわい**【▽齢】〈名〉生まれてから今まですごしてきた年月。やや古い言いかた。例齢をかさねて七十になった。類年齢《ねんれい》。年《とし》。アヨワイ

[2]**よわ・い**【弱い】〈形〉❶他と比べて、力や能力がたりな

李成桂(りせいけい) ⇨イソンゲ(李成桂)

よ

い。例弱いチーム。視力が弱い。意志が弱い。ぼくは数学にくらべて国語が弱い。❷他へはたらきかける力やいきおいが小さい。例弱い風。日ざしが弱い。弱火。❸なにかにたえる力が小さい。例寒さに弱い。光に弱い。気が弱い。子どもに弱い。▽対強い。アヨワイ
表現「酒が弱い」というと、あまり酒を飲めないとか、すきでないことをいうのに対し、「酒に弱い」の場合は、酒がすきで、どうにもがまんできないというような意味にもなる。

よわき[1]【弱き】〈名〉力をもたない弱いもの。古風な言いかた。例弱きを助け強きをくじく。対強き。アヨワキ

よわき[2]【弱気】〈名・形動〉勝負などをする前から、負けたり失敗するのではないかと、びくびくすること。例弱気を出す。弱気になる。弱気な人。対強気。類弱腰《よわごし》。アヨワキ

よわごし【弱腰】〈名・形動〉相手に対して強い態度にでられないで、弱気であること。例弱腰になる。対強腰。類にげ腰。軟弱《なんじゃく》。

よわたり【世渡り】〈名・する〉いろいろあるこの世の生活を、日々《ひび》なんとかこなしていくこと。例世渡りがうまい。世渡りの術。類処世。

よわね【弱音】〈名〉苦しさやつらさに負けてつい口にする、いくじのないことば。例弱音をはく。類泣きごと。

よわび【弱火】〈名〉料理で、火力のよわい火。対強火。類とろ火。

よわま・る【弱まる】〈動五〉ものごとのいきおいや程度がおとろえる。例風が弱まる。いきおいが弱まる。圧力が弱まる。対強まる。

よわみ【弱み】〈名〉相手につけこまれるような、よわい、または、つごうのわるいところ。例弱みがある。弱みをにぎる。弱みにつけこむ。対強み。類弱点。泣き所。

よわむし【弱虫】〈名〉いくじのない人をばかにしていうことば。類泣き虫。

よわ・める【弱める】〈動下一〉ものごとのいきおいや程度をおとろえさせる。例火を弱める。力を弱める。対強める。

よわよわし・い【弱弱しい】〈形〉見るからに弱そうだ。例弱々しい声。類か弱い。

よわりめ【弱り目】〈名〉弱ってこまっているとき。

弱り目にたたり目 ついていないときに、さらに災難にあうこと。類泣きっ面《つら》にはち。ふんだりけったり。

よわ・る【弱る】〈動五〉❶からだや力がおとろえる。例からだが弱る。足こしが弱る。❷どうしようもなくて、こまる。例出先で雨にふられて弱ったよ。類まいる。

よん【四】〈名〉三より一つ多い数。よっつ。よつ。し。

よんどころな・い〈形〉「やむをえない」の意味の、古風であらたまった言いかた。例よんどころない事情により欠席いたします。参考「よりどころがない」から。

よんびょうし【四拍子】〈名〉〔音楽〕一小節が強・弱・中強・弱の四拍《よんぱく》からなる拍子。しびょうし。

よんりんくどう【四輪駆動】〈名〉四つの車輪すべてにエンジンの動力を伝えられるようにした、自動車のしくみ。4WD。略して「四駆」ともいう。

ら…ラ

常用漢字 ら

【拉】扌部5 全8画
拉拉拉拉拉
ラ 音〔ラ〕 拉致《らち》。

【裸】衤部8 全13画
裸裸裸裸裸
ラ はだか 音〔ラ〕 裸身《らしん》。裸体《らたい》。裸婦《らふ》。裸子植物《らししょくぶつ》。全裸《ぜんら》。赤裸々《せきらら》。訓〔はだか〕 裸。裸一貫。裸電球。赤裸。素っ裸。丸裸。

【羅】罒部14 全19画 ※
羅羅羅羅羅
ラ 音〔ラ〕 羅列《られつ》。羅針盤《らしんばん》。網羅《もうら》。森羅万象《しんらばんしょう》。

ら【▽等】〈接尾〉❶人を表わすことばにつけて、複数を表わす。同輩《どうはい》や目下の人について使う。例きみら。彼ら。子どもら。類ども。たち。❷ひとりのおもだった人をあげて以下を略すとき、その名の下につけることば。例佐藤《さとう》さんら。❸指示代名詞「これ・それ・あれ」につけて、複数を表わす。また、「ここ・そこ・あそこ・どこ」につけて、「その付近」という意味を表わす。例これら。そこら。どこら。

ラード〈名〉ブタの脂肪《しぼう》からつくった食用油。◇lard

ラーフル（方言）「黒板消し」のこと。愛媛・大分・宮崎・鹿児島などで言う。

ラーメン〈名〉中華麺《ちゅうかめん》をゆでて、しょうゆやみそ味などのスープに入れ、焼きぶた・メンマ・なるとなどをうかせた食べもの。中華そば。◇中国語「拉麺」から。

ラーメンこうぞう【ラーメン構造】〈名〉柱と梁《はり》をコンクリートで固定して一体化させた骨組みを用いる建築構造。多くのビルやマンションの建てかた。
参考 ドイツ語 Rahmen は、「たてと横の線でできた枠組

リットン（1876〜1947） イギリス人。満州事変の国際連盟調査団の委員長。日本の侵略行為と断定。

み」の意味。

ラーゆ【ラー油】〈名〉トウガラシの辛みをつけたごま油。◇中国語「辣油」から。

常用漢字 **らい**

【来(來)】 木部3 全7画 来来来来来

ライ くる・きたる・きたす 教小2 音［ライ］ ▨来客《らいきゃく》。来日《らいにち》。来週《らいしゅう》。来年《らいねん》。来歴《らいれき》。▨外来《がいらい》。舶来《はくらい》。往来《おうらい》。古来《こらい》。訓❶［くる］来る。行き来《き》。❷［きたる］来る〈連体〉。❸［きたす］来す。

【雷】 雨部5 全13画 雷雷雷雷雷

ライ かみなり 音［ライ］ ▨雷雨《らいう》。雷鳴《らいめい》。雷鳥《らいちょう》。風神雷神《ふうじんらいじん》。▨春雷《しゅんらい》。避雷針《ひらいしん》。魚雷《ぎょらい》。地雷《じらい》。訓［かみなり］雷。雷雲。

【頼(賴)】 頁部7 全16画 頼頼頼頼頼

ライ たのむ・たのもしい・たよる 音［ライ］ ▨依頼《いらい》。信頼《しんらい》。無頼漢《ぶらいかん》。訓❶［たのむ］頼む。頼み込む。頼み。神頼み。人頼み。❷［たのもしい］頼もしい。❸［たよる］頼る。頼り。頼りない。

らい【来】〈接尾〉その年数のあいだずっと、という意味を表わす。例彼とは二十年来のつきあいだ。

らいい【来意】〈名〉❶そこへわざわざやってきた理由や目的。例来意を告げる。❷手紙で書いてよこした用件。例ご来意の件につきお答えします。

（俵屋宗達「風神雷神図屏風」より）

［らいじん］

らいう【雷雨】〈名〉雷鳴やいなびかりをともなった雨。断続的につよい雨が降る。参考 夏によく見られ、入道雲の下では、たいてい雷雨が発生する。天気図の記号は◒。

らいうん【雷雲】〈名〉かみなりぐも。例雷雲がとどろく。

[1]**らいえん【来援】**〈名・する〉やってきて助けること。

[2]**らいえん【来演】**〈名・する〉劇団や楽団などがやってきて、公演すること。例再度の来演。

ライオン〈名〉猛獣《もうじゅう》の名。体長二メートルほどで黄土《おうど》色。おすにはたてがみがある。肉食で、シマウマやキリンなどをたおして食べる。百獣の王といわれる。アフリカのほか、インドなどにもいる。獅子《しし》。◇lion

らいが【来▼駕】〈名・する〉人がたずねてくることをいう尊敬語。例なにとぞご来駕賜《たまわ》りますようお願い申し上げます。類おいで。

らいかん【来館】〈名・する〉図書館・美術館など、「…館」と名のつく施設《しせつ》に客などがくること。

らいきゃく【来客】〈名〉客が、家や会社などにたずねてくること。また、その客。例来客がある。来客中。

らいぎょ【雷魚】〈名〉川魚の一種。体長四〇センチメートルぐらい。原産地は朝鮮《ちょうせん》・台湾《たいわん》。肉食で、フナなど、ほかの魚を食べる。

らいげつ【来月】〈名〉「今月(＝今現在の月)」の次にくる月。対先月。今月。

[1]**らいこう【来校】**〈名・する〉よその人が学校にくること。

[2]**らいこう【来航】**〈名・する〉船や飛行機に乗ってやってくること。例ペリー来航。

らいごう【来▽迎】〈名〉〔仏教〕人が死ぬとき、極楽《ごくらく》から阿弥陀如来《あみだにょらい》などのむかえがくること。例来迎図。御《ご》来迎。→ごらいごう

らいさん【礼賛】〖礼▼讃〗〈名・する〉❶心からほめたたえること。例功績を礼賛する。類賛美。❷神や仏を、あがめたたえること。

らいしゃ【来社】〈名・する〉よその人が会社へくること。

[1]**らいしゅう【来週】**〈名〉「今週(＝いま現在の週)」の次にくる週。対先週。今週。類次週。

[2]**らいしゅう【来襲】**〈名・する〉多くの敵や害をおよぼすものが、いっせいにおそいかかってくること。類襲来。

らいしゅん【来春】〈名〉来年の春。「らいはる」ともいう。類明春。

らいじょう【来場】〈名・する〉もよおしものなどのある会場へ客がやってくること。例ご来場のみなさま。

[1]**らいしん【来信】**〈名〉手紙・メールがくること。その手紙・メール。

[2]**らいしん【来診】**〈名・する〉医者が、病人のいる家にきて、診察すること。

らいじん【雷神】〈名〉かみなりをおこして鳴らす神。いくつもの小太鼓《こだいこ》を輪状につらねたものを背負った鬼《おに》の姿でえがかれる。絵

ライス〈名〉レストランや食堂などでいう、ご飯。◇rice

らいせ【来世】〈名〉〔仏教〕死んだあと、次に生まれかわるという世。未来の世。例来世を信じる。対前世。現世《げんせ》。類後世《ごせ》。後生《ごしょう》。

ライセンス〈名〉❶免許《めんきょ》。免許証。例ライセンスをとる。❷輸出や輸入をしてよい、という許可。また、その許可証。◇license

[1]**ライター**〈名〉たばこなどに火をつける道具。◇lighter

[2]**ライター**〈名〉文章を書くことで生活している人。例ルポライター。コピーライター。◇writer

[1]**らいちょう【来朝】**〈名・する〉「来日」の意味の、むかしの言いかた。

[2]**らいちょう【雷鳥】**〈名〉日本アルプスなどの高山にすむ、鳥の一種。ハトくらいの大きさで、羽の色が夏は茶色で、冬、白に変わる。あまり飛ばず、歩くことが多い。特別天然記念物に指定されている。

らいてん【来店】〈名・する〉店に来ること。例来店客。来店予約。

らいでん【雷電】〈名〉かみなりといなずま。

[1]**ライト** ━〈名〉ひかり。明かり。例ライトをつける。デスクライト。ヘッドライト。
━〈造語〉❶「かるい」という意味を表わす。例ライトバン。ライト級。対ヘビー。❷「色調が明るい」という意味を表わす。例ライトブルー。対ダーク。◇light

[2]**ライト**〈名〉❶右。右がわ。❷野球で、本塁《ほんるい》から見て

右がわの、一、二塁間の後方。また、そこを守る人。右翼《うよく》。右翼手。▽対レフト。◇right

ライトアップ〈名・する〉夜景の演出として、建物や庭園などに照明をあて、暗いなかにうかびあがらせること。◇light up

ライトバン〈名〉ワゴン車のうち、前部がふつうの乗用車(=セダン)と同じ形で、後部が箱形の荷物室になっている商用車。◇light と van による日本での複合語。

ライナー〈名〉❶野球で、一直線に低く飛ぶ打球。❷取りはずしができる、コートやジャンパーの裏地。❸快速列車や高速バスの名に使われることば。例センターライナー。ライナー性(の当たり)。◇liner

らいにち【来日】〈名・する〉外国の人が、日本にくること。例来日公演。初来日。対離日《りにち》。類訪日《ほうにち》。来朝。↓ほうにち 表現

らいねん【来年】〈名〉「ことし(=今現在の年)」の次にくる年。対去年。昨年。ことし。類明年。

来年の事《こと》を言《い》うと鬼《おに》が笑《わら》う あしたのことさえ予知できないのに、遠い将来のことを口にするのはばかげている。「言うと」は「言えば」ともいう。

らいはい【礼拝】〈名・する〉神仏をおがむこと。例礼拝堂。参考 キリスト教では、「れいはい」という。

らいはる【来春】〈名〉⇩らいしゅん

ライバル〈名〉競争相手。好敵手。例宿命のライバル。ライバル意識。類かたき。◇rival

らいひん【来賓】〈名〉式典などに、まねかれてやってきた客。例来賓の祝辞。

ライフ〈造語〉❶一生。例ライフワーク。❷生命。例ライフサイエンス。❸生活。例ライフスタイル。カレッジライフ。◇life

ライブ〈名〉❶生放送。実況《じっきょう》放送。❷生演奏。実演。類コンサート。◇live

ライフサイクル〈名〉❶生まれてから死ぬまでの生きものの一生。❷商品が売り出されてから、売れなくなるまでの間。◇life cycle

ライフスタイル〈名〉❶生活のしかた。❷個人個人の生きかた。◇life-style

ライフセーバー〈名〉水辺での事故の防止やおぼれた人の救助などの活動をする人。水難救助員。◇life-saver

ライフライン〈名〉生活に不可欠な、とくに水道・電気・ガスなどの供給路や、鉄道・情報通信網《もう》などのインフラ。生活線。例震災《しんさい》でライフラインが寸断される。◇lifeline (=命づな。生命線)

ライブラリー〈名〉❶図書館。図書室。❷蔵書。❸双書《そうしょ》。例理学ライブラリー。◇library

ライフル〈名〉銃身《じゅうしん》の内部にらせん状のみぞを入れた小銃。命中率がたかい。◇rifle

ライフワーク〈名〉人が一生をかけてするような仕事。また、一生かかってしあげた仕事。◇lifework

らいほう【来訪】〈名・する〉客が、たずねてくること。対往訪。

ライム〈名〉果樹の一種。常緑低木。黄緑色の実《み》はレモンを小さくしたような形で、すっぱくて、かおりが強い。◇lime

ライむぎ【ライ麦】〈名〉ムギの一種。二年草。形はコムギに似《に》ているが、それより大きい。日本では北海道でつくられる。黒パンやウイスキーの原料にする。

[1]**らいめい【雷名】**〈名〉❶世間に広く知られている名声・評判。例雷名天下にとどろく。❷相手の名前をうやまって言うことば。例ご雷名はかねがねうけたまわっております。

[2]**らいめい【雷鳴】**〈名〉いなびかりにつづいて聞こえる、かみなりの鳴る音。例雷鳴がとどろく。

らいらく【▼磊落】〈形動〉気持ちが大きくてさっぱりしている。例豪放《ごうほう》磊落。

ライラック〈名〉植物のリラ。◇lilac

らいれき【来歴】〈名〉現在そこにあることがらが、どのような経過をたどってきたか、ということ。例故事来歴。類由来。由緒《ゆいしょ》。いわれ。

ライン〈名〉❶線。列。例アンダーライン。スタートライン。❷水準。例合格ライン。❸道路や航路、航空路のこと。例エアライン。◇line

ラインナップ〈名〉❶野球で、打撃《だげき》の順序。❷〈する〉顔ぶれや品目。それらをそろえること。例新内閣のラインナップ。四台の新機種がラインナップされる。▽「ラインアップ」ともいう。◇lineup

ラウドスピーカー〈名〉拡声《かくせい》器。◇loud-speaker

ラウンジ〈名〉空港やホテルなどの、待合《まちあい》室や休憩《きゅうけい》室。類ロビー。◇lounge

ラウンド〈名〉❶ボクシングやレスリングなどでの、休みをはさんだ各回。例第五ラウンド。❷〈する〉ゴルフで、コースを一巡《じゅん》すること。◇round

ラオチュー〈名〉熟成させるために、紹興酒《しょうこうしゅ》を長年貯蔵したもの。◇中国語「老酒」から。

ラガー〈名〉ラグビーの選手。◇rugger 参考 英語ではラグビーそのものの別称《べっしょう》であり、選手は rugger man という。

らかん【羅漢】〈名〉〔仏教〕さとりをひらいた徳の高い仏道の修行《しゅぎょう》者。阿《あ》羅漢。◇もとサンスクリット語。

らがん【裸眼】〈名〉めがねをかけないときの目。

らぎょうへんかくかつよう【ラ行変格活用】〈名〉〔文法〕文語の動詞の活用の種類の一つ。活用語尾が「ら・り・り・る・れ・れ」と変化する。「あり」「をり」「はべり」「いまそかり」など、ごく少数しかない。略して「ラ変」。

常用漢字　らく

【絡】 糸部6 全12画　絡 絡 絡 絡 絡 絡

ラク からむ・からまる・からめる 音[ラク] ■連絡《れんらく》。脈絡《みゃくらく》。訓❶[からむ] 絡む。絡み付く。❷[からまる] 絡まる。❸[からめる] 絡める。

【落】 艹部9 全12画　落 落 落 落 落 落

ラク おちる・おとす 教小3 音[ラク] ■落下《らっか》。落葉《らくよう》樹《じゅ》。落涙《らくるい》。落成式《らくせいしき》。落選《らくせん》。落語《らくご》。一件落着《いっけんらくちゃく》。■堕落《だらく》。脱落《だつらく》。集落《しゅうらく》。訓❶[おちる] 落ちる。落ち込む。落ち着く。落ちぶれる。落ち葉。❷[おとす] 落とす。落とし物。こけら落とし。

【酪】 酉部6 全13画　酪 酪 酪 酪 酪

ラク 音[ラク] ■酪農《らくのう》。

【楽】 ⇩常用漢字 がく〔楽〕

らく【楽】〈名・形動〉❶からだに痛い・苦しい・きついなどのいやな感じがない。心につらい・やりきれない・せつない・こま

リビングストン（1813〜73）　イギリスの探検家。ヨーロッパにアフリカ大陸の様子を紹介した。

ったなどの思いがない。例楽な暮らし。楽をする。やっと熱がさがって、楽になった。気が楽だ。対苦。❷たやすいこと。例楽に勝つ。楽に手に入る。楽に読める。類簡単。容易。

表現 ①の意味で、「どうぞお楽に」という言いかたがある。客にくつろいでもらうときのことばとして使う。

楽あれば苦《く》あり 楽をしたあとには苦しいことがやってくるものだ。楽なことばかり、苦しいことばかりが続くわけではない、ということ。

楽は苦《く》の種《たね》 苦は楽の種 楽は、つぎに苦を生むたねであり、苦はつぎに楽を生むたねである。楽だからといってゆだんせず、苦しいからといって希望をすてるな。

らくいちらくざ【楽市楽座】〈名〉〔歴史〕戦国時代から安土桃山《あづちももやま》時代にかけて行なわれた、自由な商取引ができる制度。だれでも市場で自由に商売ができるようにし(=楽市)、同業組合(=座)に入っていない商人でも市場に自由に出入りができるようにした(=楽座)。

らくいん[1]【▼烙印】〈名〉鉄などの金属でつくった印を火で熱くして、ものの上におしつける しるし。類焼き印。

表現「犯罪者の烙印をおされる」「うらぎり者の烙印」などの言いかたで、消しさることのできないわるい評価、という意味で使うことがある。

らくいん[2]【落▼胤】〈名〉身分の高い人が、妻以外の女性とのあいだにひそかにつくった子ども。例御《ご》落胤。類おとしだね。

らくいんきょ【楽隠居】〈名・する〉のんびりと隠居生活をすること。例楽隠居の身。

らくえん【楽園】〈名〉苦しみやなやみからはなれて、生きることのよろこびをじゅうぶんに味わうことのできるところ。パラダイス。例地上の楽園。類極楽《ごくらく》。天国。

表現「子どもの楽園」「動物の楽園」などの形で、のびのびと遊びたのしむことのできる場所、という意味でも使う。

らくがい【▼洛外】〈名〉京都市の郊外。対洛中。
→らくちゅう 参考

らくがき【落書き】〈名・する〉建物のかべやへい、また、本やノートの余白などに、いたずらで文字や絵などをかきちらすこと。また、そのかいたもの。自分のかいたイラストなどを謙遜《けんそん》してもいう。

らくがん【落▼雁】〈名〉干菓子《ひがし》の一種。もち米・ムギ・マメなどの粉に砂糖をくわえ、少量の水で練って型に入れ、かわかしたもの。

らくご[1]【落▼伍】〈名・する〉なかまや競争相手についていけず、ひとり とり残されること。例落伍者。類脱落《だつらく》。落ちこぼれる。

らくご[2]【落語】〈名〉演芸の一つ。おもにこっけいな話を身ぶりをまじえて語り、終わりに「落ち」というしゃれをつけてむすぶ、ひとりでする話芸。例落語家。古典落語。新作落語。

表現 話は一席《いっせき》二席《にせき》と数える。

らくさ【落差】〈名〉❶滝《たき》などで、上の水面から下の水面までの距離《きょり》。❷二つのもののあいだにある差。例落差が大きい。落差がひどい。文化の落差。

らくさつ【落札】〈名・する〉入札や競売でせり勝って、仕事の権利や品物を手に入れること。例ダム工事を落札する。落札価格。

らくじつ【落日】〈名〉しずんでいく太陽。例荘厳《そうごん》な落日。類夕日。入《い》り日《ひ》。

らくしゅ[1]【落手】一〈名・する〉相手から送られたものを受けとること。おもに手紙で使う、やや古風な言いかた。例お便り、本日無事《ぶじ》落手いたしました。類落掌《らくしょう》。拝受。二〈名〉将棋《しょうぎ》や碁《ご》で、見おとした手。▽アラクシュ

らくしゅ[2]【落首】〈名〉〔文学〕作者の名をかくして、時事や人物を風刺《ふうし》する、詩や歌。アラクシュ

らくしょ【落書】〈名〉むかし、権力者や時事についてひにくっぽい調子で批評した文書。人どおりの多い場所にはり出したり、道に落としたりした。

らくしょう【楽勝】〈名・する〉試合や競技などで、たやすく勝つこと。対辛勝《しんしょう》。類快勝。

らくじょう【落城】〈名・する〉たたかいにやぶれて、城が敵の手におちること。類陥落《かんらく》。開城。

らくせい[1]【▼洛西】〈名〉❶みやこの西。❷京都の、鴨川《かもがわ》より西の地域。▽対洛東。

らくせい[2]【落成】〈名・する〉建築していた建物が完成すること。例落成式。落成祝い。対起工。着工。類竣工《しゅんこう》。

参考「落」は、「落着」などと同じく、「おさまる」「おちつく」の意味。

らくせいひん【酪製品】〈名〉バターやチーズなど、ウシなどの乳を加工してつくった製品。

らくせき【落石】〈名・する〉がけなどの上から、石が落ちてくること。また、その石。例落石事故。

らくせん【落選】〈名・する〉❶選挙や選考に落ちること。対当選。❷展覧会やコンクールなどの審査《しんさ》で不合格になること。対入選。類選外。❸抽選《ちゅうせん》にはずれること。対当選。

らくだ【▼駱▼駝】〈名〉アジアやアフリカの砂漠《さばく》にすむ哺乳《ほにゅう》動物。高さが二メートルぐらいで、首と足が長い。背に脂肪《しぼう》をたくわえたこぶがあり、砂漠の旅に適するので、乗用や運搬《うんぱん》用に飼《か》われる。

らくだい【落第】〈名・する〉❶「留年《りゅうねん》」のやや古い言いかた。例落第生。対進級。❷「不合格」のやや古い言いかた。例試験に落第する。落第点。対及第《きゅうだい》。

参考「第」は、むかしの中国の科挙《かきょ》試験で、成績順に合格者を分けたグループのこと。

らくたん【落胆】〈名・する〉がっかりしたり、ショックをうけたりして、元気をなくすこと。例落胆のあまり。ひどく落胆する。類失望。気おち。力落とし。

らくちゃく【落着】〈名・する〉これまでもめていた事件などが、すっきりとかたづくこと。例これにて一件落着。類落ち着く。決着。

らくちゅう【▼洛中】〈名〉京都の町のなか。対洛外。

参考 京都を中国の洛陽になぞらえた、古い言いかた。

らくちょう【落丁】〈名〉できあがった本の一部のページがぬけおちていること。例落丁本。

らくてん【楽天】〈名〉くよくよせず、明るい考え方でいること。のんきでいられること。

らくてんか【楽天家】〈名〉悲しいこと、苦しいことに出合っても、くよくよなやんだり なげいたりせずに、未来のことを明るくいい方に考える人。オプティミスト。

らくてんてき【楽天的】〈形動〉なにごとも明るくいい方に考えるようす。例楽天的な人。対悲観的。心配性。類楽観的。

らくとう【▼洛東】〈名〉❶みやこの東。❷京都の、鴨川《かもがわ》より東の地域。▽対洛西。

らくのう【酪農】〈名〉ウシやヒツジなどを飼《か》い、乳をとったり、乳からチーズやバターなどを生産する 農業。例酪

農家。
らくば【落馬】〈名・する〉乗っていた馬から落ちること。
らくはく【落▼魄】〈名・する〉地位や財産などを失い、見るかげもないほど おちぶれること。例落魄の身。落魄のうちに死す。
らくばん【落盤】〈名・する〉炭鉱や鉱山などで、トンネルの天井《てんじょう》やまわりの土砂《どしゃ》がくずれること。
らくび【楽日】〈名〉千秋楽《せんしゅうらく》の日。
ラグビー〈名〉楕円《だえん》形のボールをけったり手に持ったりして相手がわのコートにせめ入り、ゴールラインの内にボールを手でつけたり(＝トライ)、ゴールしたりして得点をあらそう球技。一チーム十五名で行なう。パラリンピック種目の車いすラグビーもある。◇rugby 参考 イギリスの学校名から。「セブンズ」という七人制もある。
らくほく【▼洛北】〈名〉❶みやこの北。❷京都の北の郊外。▽対洛南。
らくめい【落命】〈名・する〉思いがけない事故や災難などで、死ぬこと。例不慮《ふりょ》の事故で落命する。
らくやき【楽焼き】〈名〉❶陶器《とうき》の一種。手でつくり、低い温度で焼いたもの。うわぐすりの色によって赤楽《あからく》・黒楽《くろらく》などとよぶ。❷素焼《すやき》きに客が絵や文字を書いて、店先で短時間で焼きあげる焼きもの。
らくよう[1]【▼洛陽】〈名〉都《みやこ》のこと。とくに「洛」で、京都のことをさし、「洛北」「洛中」などということがある。アラクヨー 参考 もともとは、中国で、古代から王朝の都としてさかえた都市の名前。
洛陽の紙価《しか》を高《たか》める 著書が世間でもてはやされる。「紙価」は紙のねだんのこと。由来 詩の本を書き写す人がたくさんいて紙が値上がりしたという、中国の故事から。
らくよう[2]【落葉】〈名・する〉木の葉がかれて落ちること。落ちた木の葉。例常緑樹は冬でも落葉しない。類落ち葉。アラクヨー
らくようじゅ【落葉樹】〈名〉秋から冬にかけて葉を落とし、春になるとまた葉をつける木をまとめていうことば。イチョウなど。対常緑樹。
らくらい【落雷】〈名・する〉かみなりが、なにかあるものに落ちること。例落雷にあう。落雷にうたれる。
らくらく【楽楽】〈副〉❶とても楽に気持ちよく。例楽々(と)すわれるいす。❷とてもかんたんに。例楽々(と)優勝できる。楽々(と)こなせる問題。類たやすく。苦もなく。
らくりん【落輪】〈名・する〉⇩だつりん②
らくるい【落涙】〈名・する〉なみだをながすこと。例悲話に思わず落涙する。
ラクロス〈名〉先端にネットのついたスティックでボールをあつかいながら、相手ゴール内にボールを入れた点数で勝敗を決める球技。男子は一チーム十人、女子は十二人で行なう。◇lacrosse
ラケット〈名〉テニスやバドミントン、卓球《たっきゅう》などで、球を打つ道具。例テニスラケット。◇racket
ラザニア〈名〉太くて平たいパスタ。それとチーズやミートソースを何層か重ねて焼いた料理。ラザーニャ。◇《イタリア》lasagna
らしい[1]〈助動〉❶なにかの根拠《こんきょ》があって、ものごとを推定する意味を表わす。例あのようすでは、いくらたのんでもだめらしいな。「手つだってあげる」と言ったら、友人は安心したらしかった。❷断定的な言いかたをさけて、やわらかく表現する。例かれはどうやら不合格だったらしいよ。▽類ようだ。
接続 活用語の連体形のほか、名詞、形容動詞の語幹につく。
注意 「子どもらしい服装」とか「スポーツマンらしい動作」などの「らしい」は接尾語で、この助動詞とはちがうから注意すること。↓次項
らし・い[2]〈接尾〉「いかにも…だ」という気持ちを表わす。例子どもらしい。男らしい。わざとらしい。
ラジウム〈名〉〔化学〕銀白色の金属。強い放射能をもつ。一八九八年にキュリー夫妻が発見した。元素の一つ。記号「Ra」。◇《ドイツ》Radium
ラジエーター〈名〉❶自動車のエンジンの冷却《れいきゃく》装置《そうち》。❷温水あるいは蒸気を使って、まわりをあたためる装置《そうち》。◇radiator
ラジオ〈名〉電波を使った放送。また、それを受信する装置《そうち》。例ラジオドラマ。カーラジオ。◇radio
ラジオゾンデ〈名〉気球などにとりつけて飛ばし、大気の上層の気圧や温度などを、電波を使ってしらべる装置《そうち》。◇《ドイツ》Radiosonde
ラジカル〈形動〉❶過激《かげき》な。急進的な。例ラジカルな考え。ラジカルな行動。❷根本的な。例ものごとをラジカルにとらえる。▽「ラディカル」とも。◇radical
ラジコン〈名〉電波を使って、はなれた場所から機械などを動かすこと。無線操縦。例ラジコンカー。◇radio control の日本での省略語。
らししょくぶつ【裸子植物】〈名〉種子植物の一種。種になる部分である胚珠《はいしゅ》が、子房《しぼう》でつつまれずに、むきだしになっているもの。マツ・イチョウなど。対被子《ひし》植物。
ラシャ〖羅▼紗〗〈名〉厚地の毛織物。服地などにする。◇《ポルトガル》raxa
らしん【裸身】〈名〉はだかであること。はだかのからだ。
らしんばん【羅針盤】〈名〉磁石が南北をさす性質を利用して、船などの進路をきめるための方角を知る器械。コンパス。
ラスト〈名〉おしまい。最後。最終。例ラストチャンス。ラストシーン。◇last
ラストオーダー〈名〉飲食店で、その日の注文をうけつけるのを終わりにすること。◇last order
ラストスパート〈名〉競走などで、ゴール前に最後の力をふりしぼって速く走ること。例ラストスパートを かける。類追いこみ。◇last spurt
表現 勉強や仕事などの、最後のふんばりについてもいう。
らせん〖▼螺旋〗〈名〉ぐるぐるまわりながら のびている、すじ。スパイラル。例らせん状。らせん階段。絵
らぞう【裸像】〈名〉はだかの人の像。
らたい【裸体】〈名〉服などを、身につけないすがた。例裸体画。裸体像。類はだか。ヌード。
らち[1]【拉致】〈名・する〉人をむりやりどこかへ連れ去ること。
らち[2]〖▼埒〗〈名〉ものごとの限度や わく。例…のらちをこ

[らせん]

える。

らちが明《あ》かない ものごとのきまりがつかなくて、先へすすまない。例返事を待っていても、らちが明かない。

らちもない 問題にするだけの価値がない。

らちがい【らち外】〖▼埒外〗〈名〉きめられた限度やわくのそと。例らち外に去る。らち外におかれる。

常用漢字 **らつ**

【辣】 辛部7 全14画

ラツ 音［ラツ］ ▨辣腕《らつわん》。▨辛辣《しんらつ》。

[1]**らっか【落花】**〈名〉花がおちること。おちた花。例落花狼藉《ろうぜき》(＝乱れている)。アラッカ

[2]**らっか【落下】**〈名・する〉高いところからおちること。例落下傘《さん》。類降下。下降。アラッカ

ラッカー〈名〉家具などの塗装《とそう》に使う塗料。かわくのがはやく、耐水《たいすい》性がある。◇lacquer

らっかさん【落下傘】〈名〉飛んでいる飛行機から飛びおりるときに使う道具。じょうぶな布でつくった傘《かさ》がひらいて、おちるスピードがゆるくなる。パラシュート。

らっかせい【落花生】〈名〉マメの一種。一年草。夏、黄色の花がさいたあと、子房《しぼう》の柄《え》がのびて地中に入り、そこでまゆ形のさやにつつまれた種ができる。種は、脂質《ししつ》やたんぱく質にとみ、食用。ピーナッツ。参考南アフリカ原産で、中国をへて日本へ入ってきたので、「南京豆《なんきんまめ》」「唐豆《とうまめ》」ともいう。日本では千葉県でとくに多くとれ、八街《やちまた》産のものは地域ブランド品として有名。

[1]**らっかん【落款】**〈名〉絵や書に書いたりおしたりする、自分がかいたことを証明する署名《しょめい》や印。

[2]**らっかん【楽観】**〈名・する〉先は明るいとみて気らくにかまえること。例前途《ぜんと》を楽観する。楽観視。楽観的。楽観主義。楽観ムード。対悲観。

らっかんてき【楽観的】〈形動〉「うまくいくだろう」「なんとかなるだろう」というように、なんでも気らくに考えるようす。例楽観的な発想。対悲観的。

ラッキー〈形動〉運がいい。ついている。例ラッキーなめぐり合わせ。「ラッキー！　席があいてた」。◇lucky

ラッキーセブン〈名〉野球で、七回目の攻撃《こうげき》。この回に点が入ることが多いことからという。◇lucky seventh から。

らっきょう〖辣▼韮〗〈名〉ユリ科の野菜の一つ。秋おそく、むらさき色の花がさく。地下の鱗茎《りんけい》を酢《す》づけなどにして食べる。参考鳥取県の「砂丘《さきゅう》らっきょう」は、地域ブランド品としてとくに有名。

ラック〈名〉帽子《ぼうし》などをかけておくためのもの。また、新聞や雑誌などを入れておくためのもの。例マガジンラック。◇rack

らっけい【落慶】〈名〉神社や仏閣などの完成を祝うこと。例落慶式。

ラッコ〈名〉北の海にすむ哺乳《ほにゅう》動物。体長一《メートル》ほど。尾《お》がみじかく、あと足に水かきがある。毛皮はつやのある黒茶色で高級品とされる。◇アイヌ語から。

ラッシュ〈名〉❶人々がいっせいにより集まり、ごったがえすこと。例ラッシュアワー。ゴールドラッシュ。類輻輳《ふくそう》。❷〈する〉ボクシングなどで、はげしく相手をせめること。◇rush

ラッシュアワー〈名〉通勤・通学の客で乗り物がこむ、朝夕の時間帯。ラッシュ時《じ》。◇rush hour

ラッセル〈名〉❶〈する〉冬山を登るとき、雪をかいたりふんだりして、登りやすくすること。❷「ラッセル車」の略。◇russell

ラッセルしゃ【ラッセル車】〈名〉線路に降りつもった雪をとりのぞく装置《そうち》のついた機関車。

ラット〈名〉実験用動物に改良されたドブネズミ。ペットとしても飼われる。◇rat

ラッパ〖▼喇▼叭〗〈名〉先がアサガオの花のようにひらいている管楽器。例ラッパをふく。参考語源は、サンスクリット語またはオランダ語という説がある。

らっぱのみ【らっぱ飲み】〖▼喇▼叭飲み〗〈名〉びんを口につけて、ラッパをふくようなかっこうで飲むこと。

ラッピング〈名・する〉❶包装紙やリボンで、おくり物の品などを美しく包装すること。❷広告を印刷したシートで、バスや電車の車両の側面をおおうこと。◇wrapping

[1]**ラップ**〈名〉❶競走で、コースの一周。競泳で、プールの一往復。❷「ラップタイム」の略。例ラップをはかる。◇lap

[2]**ラップ**〈名〉ビートに合わせて、早口のことばをリズムにのせていく音楽。一九八〇年代にアメリカの黒人が始めた。◇rap

[3]**ラップ**〈名・する〉食料品などを包む、うすくて透明《とうめい》なポリエチレン製のフィルム。それで包むこと。◇wrap

ラップタイム〈名〉競走・スピードスケート・水泳などで、一定区間をすすむのにかかった時間。◇lap time

らつわん【辣腕】〈名〉ものごとをてきぱきと処理する、すごいうでまえ。例辣腕をふるう。類敏腕《びんわん》。うできき。すごうで。

ラテン〈名〉おもに南ヨーロッパに住んでいる民族。フランス人・スペイン人・ポルトガル人・イタリア人・ルーマニア人など。◇Latin

らでん〖▼螺▼鈿〗〈名〉漆器《しっき》などの表面に、光を反射する貝がらをはめこんで、かざりにするもの。アワビやチョウガイなどの貝がらを使う。

ラテンアメリカ〈名〉アメリカ大陸のメキシコから南の地域。スペイン語・ポルトガル語など、ラテン系のことばが使われているのでいう。類中南米。◇Latin America

ラテンおんがく【ラテン音楽】〈名〉ラテンアメリカ諸国の音楽。ブラジルのサンバ、アルゼンチンのタンゴなど。

ラテンご【ラテン語】〈名〉古代ローマで使われた言語。現在でも、学術用語に用いられている。

ラテンめい【ラテン名】〈名〉生物の「学名」のこと。対和名。

ラテンもじ【ラテン文字】〈名〉ローマ字。

ラニーニャ〈名〉深海から冷水がわき出て、南米のエクアドル・ペルー沖で海水の温度が異常に下がる現象。異常気象の原因となる。◇《スペイン》La Niña (＝「女の子」の意)

らぬきことば【ら抜き言葉】〈名〉動詞に可能を表わす助動詞「られる」をつけた、「見られる」「食べられる」「来られる」などのことばに対して、「見れる」「食べれる」「来れる」などの「ら」をふくまない言い方をまとめていう語。参考俗《ぞく》っぽい言い方と見なされているが、受け身や尊敬の意味と区別できる面もある。

らば〖▼騾馬〗〈名〉めすのウマとおすのロバとをかけ合わせてつくった雑種。ウマより小さいが、じょうぶで粗食《そしょく》にたえる。繁殖《はんしょく》力はない。

ら

 劉邦(りゅうほう)（前247～前195） 漢の初代皇帝。項羽との戦いに勝ち，前202年に漢(前漢)を建国した。高祖。

1 **らふ【裸婦】**〈名〉〔美術〕モデルとなる、はだかの女性。例裸婦像。

2 **ラフ**〈形動〉❶あらっぽい。そざつだ。例ラフプレー。ラフデザイン。❷服装などがむぞうさで、型にはまっていない。くだけた感じだ。例ラフな服装。◇rough

参考 ②は日本語独自の意味。

ラブ ━〈造語〉恋《こい》。愛。恋愛。例ラブストーリー。ラブレター。━〈名〉テニスやバドミントンで、得点のないこと。たとえば、「サーティー・ラブ」は「三〇対〇」。◇love

ラブシーン〈名〉映画や演劇などで、男女が愛情表現を演ずる場面。◇love scene

ラプソディー〈名〉形式の自由な、民族的な特徴《とくちょう》をもった器楽曲。狂詩《きょうし》曲。◇rhapsody

ラフティング〈名〉大型のゴムボートに乗って急流をくだるスポーツ。◇rafting

ラブレター〈名〉相手に恋《こい》している気持ちを書いてだす手紙。類恋文《こいぶみ》。◇love letter

ラベリング〈名・する〉分類ごとにラベルをつけること。◇labeling

ラベル〈名〉商品名や分類名などを書いた小さな紙。例ラベルをはる。ラベルをはがす。◇label

らへん【ラ変】〈名〉〔文法〕「ラ行変格活用」の略。

ラベンダー〈名〉香料《こうりょう》をとるために栽培《さいばい》される常緑の小低木。夏、よいかおりのするうすむらさき色の花をつける。◇lavender

ラボ〈名〉❶研究室。実験室。写真の現像所。❷テープレコーダーやモニターなどの設備がある外国語学習室。視聴覚《しちょうかく》室。LL教室。

参考 ①は「ラボラトリー(laboratory)」の略で、英語でも略して lab という。②は「ランゲージラボラトリー(language laboratory)」の日本での省略語。

らぼく【裸木】〈名〉葉が落ちてしまった木。

ラマ〈名〉南アメリカにすむ哺乳《ほにゅう》動物。ラクダに似《に》ているが、それよりも小さい。乗用や荷物の運搬《うんぱん》などに使われる。アメリカラクダ。◇llama

ラマきょう【ラマ教】〈名〉〔宗教〕チベットやモンゴル地方で行なわれている仏教の一派。

ラマダン〈名〉イスラム暦《れき》(＝イスラム諸国で使われる太陰暦)の九月。この月、日の出から日没のあいだにイスラム教徒がおこなう断食《だんじき》。◇アラビア語から。

ラム【RAM】〈名〉⇩(巻末「欧文《おうぶん》略語集」)RAM

ラムネ〈名〉❶砂糖とレモンなどの香料《こうりょう》を入れた水に、二酸化炭素をとかしこんだ清涼《せいりょう》飲料水。❷「①」の味に似《に》せて作った粒状の菓子。◇lemonade から。

ラリー〈名〉❶卓球・テニス・バドミントン・バレーボールなどで、ボールをたがいに打ちかえし合うこと。例ラリーの応酬《おうしゅう》。❷さだめられたコースを、時間どおりに走行する技術をきそう、自動車の長距離《きょり》競走。例サファリラリー。◇rally

ラルゴ〈名〉〔音楽〕速度記号の一つ。「幅《はば》広く緩《ゆる》やかに」演奏する。◇《イタリア》largo

られつ【羅列】〈名・する〉数字や文字などを、ずらずらと書きつらねること。例単語を羅列する。類列挙。

表現 このことばに悪い意味はないのだが、とかく「ただならべただけ」という意味で使われ、「たんなる言葉の羅列にすぎない」といえば、文章などがうわべだけで中身がないことを批判している。

られる〈助動〉自分の意志にもとづかない動作やはたらきがおこることを表わす助動詞。

❶他からの動作や影響《えいきょう》、迷惑《めいわく》などを受けること(受け身)を表わす。例車にどろ水をかけられた。昼寝《ひるね》をしているところを友だちに見られてしまった。

❷動作を表わす動詞につけて、尊敬語の形をつくる。例お父さまは何時ごろにお宅を出られましたか。

❸しようと思わなくても、自然にそうなる意味(自発)を表わす。例家具をおきかえたら、部屋が広くなったように感じられた。

❹することができるという意味(可能)を表わす。例いくらでも食べられます。きみ、五時に起きられるかね。

接続 上一段活用、下一段活用、カ行変格活用の動詞の未然形につく。↓れる・らぬきことば

ラワン〈名〉フィリピンなど南方に多い常緑高木。木材は、建築用や家具用としてひろく使われる。◇タガログ語から。

常用漢字
らん

【乱(亂)】 乚部6 全7画　乱乱乱乱

ラン みだれる・みだす 教小6 音[ラン] ▨乱雑《らんざつ》。▨乱暴《らんぼう》。乱戦《らんせん》。乱視《らんし》。乱心《らんしん》。乱筆乱文《らんぴつらんぶん》。▨狂乱《きょうらん》。戦乱《せんらん》。波乱《はらん》。反乱《はんらん》。訓❶[みだれる]乱れる。入り乱れる。❷[みだす]乱す。取り乱す。

【卵】 卩部5 全7画　※卵卵卵卵卵卵

ラン たまご 教小6 音[ラン] ▨卵黄《らんおう》。卵白《らんぱく》。卵生《らんせい》。卵子《らんし》。▨鶏卵《けいらん》。産卵《さんらん》。二卵性双生児《にらんせいそうせいじ》。訓[たまご]卵。卵とじ。

【覧(覽)】 見部10 全17画　※覧覧覧覧覧

ラン 教小6 音[ラン] ▨閲覧室《えつらんしつ》。観覧《かんらん》。展覧会《てんらんかい》。一覧表《いちらんひょう》。

【濫】 氵部15 全18画　※濫濫濫濫濫

ラン 音[ラン] ▨濫読《らんどく》。濫伐《らんばつ》。濫費《らんぴ》。濫用《らんよう》。濫立《らんりつ》。▨氾濫《はんらん》。

【藍】 艹部15 全18画　※藍藍藍藍藍

ラン あい 音[ラン] ▨出藍《しゅつらん》(のほまれ)。訓[あい]藍色。藍染め。

【欄(欄)】 木部16 全20画　欄欄欄欄

ラン 音[ラン] ▨欄干《らんかん》。欄外《らんがい》。▨空欄《くうらん》。解答欄《かいとうらん》。求人欄《きゅうじんらん》。投書欄《とうしょらん》。

1 **らん【乱】**〈名〉たたかいなどによる世のみだれ。古いことば。例乱をおこす。乱を治める。保元《ほうげん》平治の乱。

2 **らん【卵】**〈名〉〔生物〕⇩らんし〔卵子〕

3 **らん【▼蘭】**〈名〉エビネやシュンランなどのラン科植物をまとめていうことば。多年草。園芸種が多く、カトレアのように大形の美しい花をさかせるものもある。

4 **らん【欄】**〈名〉❶文章や書類などで、とくにかこってあるところ。例氏名を記入する欄。❷新聞や雑誌などで、あるきまったテーマのために記事にわりあてられているところ。例スポーツ欄。テレビ欄。投稿欄。類面。

5 **ラン【LAN】**〈名〉企業や大学などの中で、複数のコ

良寛(りょうかん) (1758～1831) 江戸後期の僧・歌人。心のやさしさがしのばれる逸話が多い。

ンピューターを接続して、情報を共有したりたがいに通信したりするための、通信回線で結ばれたネットワーク。例無線LAN。◇local area network の略。

らんうん【乱雲】〈名〉❶みだれとぶ雲。❷地上に雨や雪を降らせる暗い雲。乱層雲。

らんおう【卵黄】〈名〉動物の卵にたくわえられて、受精卵が成長するための養分になるもの。鳥の卵にはとくに多くふくまれて、かたまりとなっている。対卵白。類黄身《きみ》。

らんがい【欄外】〈名〉新聞や本などで、本文の上下左右のあいているところ。また、囲み記事のわくや図表の外がわ。類余白。

らんかく[1]【卵殻】〈名〉たまごの から。

らんかく[2]【濫獲・乱獲】〈名・する〉動物や魚などを、やたらにつかまえること。

らんがく【▼蘭学】〈名〉江戸《えど》時代の中期以後、オランダ語の学習を通じて研究された西洋の学問。日本の医学・数学・兵学・天文学などの発展の基礎《きそ》となった。類洋学。

らんかん[1]【卵管】〈名〉卵巣《らんそう》の卵子を子宮にはこぶくだ。

らんかん[2]【欄干】〈名〉人が落ちるのをふせいだり、かざりにしたりするために、橋や廊下《ろうか》のふちにつける手すり。

らんぎょう【乱行】〈名〉乱暴な行ない。みだれた、だらしない行ない。例よっぱらって乱行におよぶ。

表現「ご」をつけて「ご乱行」と言い、殿様や上に立つ人の、性的にしまりのない行為を非難しつつからかう。

らんきりゅう【乱気流】〈名〉〔気象〕積乱雲の中や高い山の近くにおこりやすい、不規則な空気の流れ。飛行機がゆれたり、ときには墜落《ついらく》したりする原因となる。

ランキング〈名〉「順位」のこと。◇ranking

ランク〈名・する〉等級。階級。また、順位をつけてならべること。例ランクをつける。上のランク。一位にランクする。類格。◇rank

らんぐいば【乱ぐい歯】〖乱▼杙歯・乱▼杭歯〗〈名〉ひどくふぞろいになっている歯。

らんくつ【濫掘・乱掘】〈名・する〉鉱山・油田・遺跡《いせき》・温泉などを、むやみに ほること。

らんこうげ【乱高下】〈名・する〉はげしく不規則に上がったり下がったりすること。例株価が乱高下する。旅客機の乱高下事故。

らんごく（方言）乱雑だ。静岡・愛知で言う。

らんさく【濫作・乱作】〈名・する〉画家や作家などがお金のために、作品をむやみやたらとつくること。対寡作《かさく》。類多作。

らんざつ【乱雑】〈形動〉きちんと整頓《せいとん》されていない。例乱雑な部屋。乱雑にひろげる。

らんし[1]【卵子】〈名〉雌《めす》の生殖《せいしょく》細胞《さいぼう》。養分を多量にふくみ、精子と結合して子をつくる。対精子。アランシ

参考生物学では「卵《らん》」という。動物の「卵《らん》」に対し、種子植物の生殖細胞を「卵細胞」という。

らんし[2]【乱視】〈名〉〔医学〕ものが、いくつにもずれたりゆがんだりして見えること。眼球のいちばん外がわにある膜《まく》(=角膜)が、上下 あるいは 左右におさえつけられておこる。めがねをかけて調整する。アランシ

ランジェリー〈名〉女性用の下着。◇フランス lingerie

らんしゃ【乱射】〈名・する〉ピストルなどを、あたりかまわず つづけざまに発射すること。

らんじゅく【▼爛熟】〈名・する〉❶くだものが、くさりそうなほど じゅうぶんに 熟すること。❷文化などが、極度に発達すること。例爛熟期。

らんしょう【濫▼觴】〈名〉ものごとの はじまり。

らんしん【乱心】〈名・する〉悲しみや いかりなどのために気が変になること。古い言いかた。例殿《との》はご乱心のご様子。類発狂《はっきょう》。

らんすうひょう【乱数表】〈名〉たくさんの数字を、わざと不規則にならべた表。統計調査や暗号などに使う。

らんせ【乱世】〈名〉⇩らんせい〔乱世〕

らんせい[1]【卵生】〈名〉〔生物〕卵が親の体外にうみだされて発育すること。卵には、必要な養分がたくわえられている。哺乳《ほにゅう》類以外の大部分の動物にみられる。アランセー →たいせい〔胎生〕・らんたいせい

らんせい[2]【乱世】〈名〉乱れている世。社会の秩序《ちつじょ》などが、正常にたもてない、不安定な政治が行なわれる時代。とくに、むかし、いくさの行なわれていた時代。「らんせ」ともいう。例乱世を生きぬく。対治世。アランセー

らんせん【乱戦】〈名〉なかなか決着がつかず、敵と味方が、入り乱れてたたかうこと。例乱戦になる。類混戦。

らんそう【卵巣】〈名〉動物のめすの生殖《せいしょく》器官の一つ。卵子をつくるとともにホルモンを出す。対精巣。

らんぞう【濫造・乱造】〈名・する〉製品の質などそっちのけで、数だけ多くつくること。例粗製《そせい》濫造。

らんそううん【乱層雲】〈名〉〔気象〕地上二キロメートル以下にできる、形のはっきりしない暗い雲。雨や雪を降らせる。乱雲。

らんだ【乱打】〈名・する〉❶めちゃくちゃに何度も打つこと。例半鐘《はんしょう》を乱打する。❷野球で、相手の投手をめちゃめちゃに打ちこむこと。例乱打戦。▽類めった打ち。

らんたいせい【卵胎生】〈名〉〔生物〕卵が母親の胎内で孵化《ふか》し、幼生となって生まれること。卵には卵黄がたくわえられていて、母体から栄養をもらわずに発育する。マムシ・タニシ・グッピーなどにみられる。→たいせい〔胎生〕・らんせい〔卵生〕

ランダム〈名・形動〉無作為《むさくい》。任意。適当。例ランダム抽出《ちゅうしゅつ》。ランダムアクセス。◇random

ランタン〈名〉手にさげてもつランプ。◇lantern

ランチ[1]〈名〉❶軍艦《ぐんかん》などにのせる連絡《れんらく》用の小船。❷小型の蒸気船。◇launch

ランチ[2]〈名〉❶昼食。❷もり合わせふうの定食。例ランチタイム。お子さまランチ。◇lunch

らんちきさわぎ【らんちき騒ぎ】〖乱痴気騒ぎ〗〈名〉ゆきすぎた大騒ぎ。類どんちゃん騒ぎ。ばか騒ぎ。

らんちょう[1]【乱丁】〈名〉できあがった本のページの順序がくいちがっていること。例乱丁本。

らんちょう[2]【乱調】〈名〉❶調子がみだれること。例(先発投手の)大乱調。❷詩歌で、きまったリズムからはずれること。

ランチョンマット〈名〉ひとり分ずつの食器をのせるための、テーブルの上におくしきもの。

参考luncheon (=昼食会の意味)と mat による日本での複合語。英語では place mat という。

ランディング〈名・する〉❶飛行機の着陸。❷スキーのジャンプなどで、着地。◇landing

ランデブー〈名・する〉❶「デート」の古い言いかた。❷人工衛星や宇宙船が、宇宙空間でドッキングするために

ら

近づくこと。

らんとう【乱闘】〈名・する〉敵と味方が、入り乱れて戦うこと。

らんどく【濫読・乱読】〈名・する〉興味にまかせて手あたりしだいに読書すること。対精読。類多読。

ランドセル〈名〉小学生が学用品などを入れて背おう、箱形の革《かわ》製のかばん。◇《オランダ》ransel から。

ランドマーク〈名〉山や高い建物など、その周辺で目立ち、景色の特徴《とくちょう》や地域の象徴《しょうちょう》となるもの。◇landmark

らんどり【乱取り】〈名〉柔道《じゅうどう》で、ふたりずつ組みになって試合のように自由にわざをかけあう練習。

ランドリー〈名〉クリーニング店。◇laundry

ランナー〈名〉❶陸上競技の走者。例マラソンランナー。❷野球の走者。例ピンチランナー。◇runner

らんにゅう【乱入】〈名・する〉建物におおぜいの人がなだれこむこと。例賊《ぞく》が乱入する。類闖入《ちんにゅう》。

ランニング〈名〉❶走ること。とくに、スポーツとして走ること。例ランニングホーマー。❷「ランニングシャツ」の略。◇running

ランニングコスト〈名〉企業《きぎょう》の経営や設備の維持《いじ》にかかる費用。運転資金。◇running costs

ランニングシャツ〈名〉タンクトップ形の、男子用の下着や競技用のシャツ。◇日本での複合語。

ランニングマシン〈名〉⇩ルームランナー

らんばい【乱売・濫売】〈名・する〉仕入れ値などにかまわず、商品を安く売ること。類投げ売り。たたき売り。ダンピング。

らんぱく【卵白】〈名〉たまごのしろみ。対卵黄。

らんばつ【濫伐・乱伐】〈名・する〉山林の樹木を、かたっぱしから無計画に切ること。

らんぱつ【濫発・乱発】〈名・する〉あとのことを考えないで、手形や紙幣《しへい》などを、次々に発行すること。

らんはんしゃ【乱反射】〈名・する〉光が、表面のでこぼこしたものにあたって、四方に反射すること。

らんぴ【濫費・乱費】〈名・する〉お金や品物を、無計画にどんどんつかってしまうこと。類浪費《ろうひ》。むだづかい。

らんぴつ【乱筆】〈名〉❶読みにくい乱雑な字。❷手紙の終わりなどに、自分の字を謙遜《けんそん》していうことば。例乱筆乱文をお許しください。

表現 ②は、あわてて書いたために、読みにくく乱雑な字になったという意味で、字がへただという意味はない。「悪筆」は、字がへただという意味。

らんぶ【乱舞】〈名・する〉おおぜいの人々が、入り乱れておどること。例狂喜《きょうき》乱舞する。類群舞《ぐんぶ》。

ランプ[1]〈名〉❶照明器具の一つ。容器に入った石油を灯心によってすい上げ、その先に火をつける。灯心のまわりに、ほやとよばれるガラス製のおおいがある。❷電灯。例異常をしらせるランプが点灯した。テールランプ。◇lamp

ランプ[2]〈名〉インターチェンジで、高速道路と一般《いっぱん》道路を結ぶ、傾斜《けいしゃ》のある道路。◇ramp

らんぶん【乱文】〈名〉❶みだれてととのわない文章。❷手紙の終わりなどに、自分の文章を謙遜《けんそん》していうことば。例乱文乱筆をお許しください。↓らんぴつ表現

らんぼう【乱暴】■一〈名・する・形動〉あらあらしくふるまって、人に迷惑《めいわく》をかけたり、ひどいことをしたりすること。例乱暴をはたらく。乱暴にふるまう。乱暴者《もの》。類無法。暴行。横暴。■二〈形動〉❶あらっぽい。ていねいでない。例乱暴な字。乱暴にとりあつかう。類粗暴《そぼう》。❷世の中の道理や常識にはずれている。例乱暴な考えかた。そんな計画をたてるのは乱暴だ。類むちゃ。むちゃくちゃ。

らんま【欄間】〈名〉和室で、採光や換気《かんき》のために、天井《てんじょう》と鴨居《かもい》のあいだのかべに、格子《こうし》やすかしぼりをはめた部分。窓やとびらなどの上の小窓をさすこともある。↓かもい絵

らんまん【▼爛漫】〈副・連体〉花が今をさかりと咲《さ》き乱れているようす。例爛漫と咲きほこる。桜花《おうか》爛漫。春爛漫。参考人のようすについていうときは「天真爛漫」の形でしか使わない。↓てんしんらんまん

らんみゃく【乱脈】〈名・形動〉やりかたがきちんとしていなくて、いいかげんであること。例乱脈な経理。乱脈経営。

らんよう【濫用・乱用】〈名・する〉むやみやたらに使うこと。例職権を濫用する。

らんらん〖▼爛▼爛〗〈副・連体〉光がするどくさすようにかがやくようす。例目をらんらんと光らせる。

らんりつ【濫立・乱立】〈名・する〉❶似《に》たようなものが、無計画に次から次へとできること。例スーパーが濫立する。❷多くのものが、なんの統一もなくごたごたとたっていること。例候補者が濫立する。

り…リ

常用漢字 り

【吏】 口部3 全6画 吏吏吏吏吏
リ 音[リ] ▨吏員《りいん》。▨官吏《かんり》。能吏《のうり》。

【利】 刂部5 全7画 利利利利利
リ きく 教小4 音[リ] ▨利益《りえき・りやく》。利子《りし》。利点《りてん》。利用《りよう》。利口《りこう》。利害関係《りがいかんけい》。▨便利《べんり》。有利《ゆうり》。鋭利《えいり》。勝利《しょうり》。訓[きく]利く。利き手。

【里】 里部0 全7画 ※里里里里里
リ さと 教小2 音[リ] ▨里程《りてい》。▨郷里《きょうり》。千里眼《せんりがん》。訓[さと]里。里心。里親。里山。人里。

【理】 王部7 全11画 ※理理理理理
リ 教小2 音[リ] ▨理科《りか》。理屈《りくつ》。理詰《りづ》め。理路整然《りろせいぜん》。理由《りゆう》。理解《りかい》。理髪店《りはつてん》。▨原理《げんり》。管理《かんり》。整理《せいり》。

【痢】 疒部7 全12画 痢痢痢痢痢
リ 音[リ] ▨下痢《げり》。赤痢《せきり》。疫痢《えきり》。

【裏】 衣部7 全13画 ※裏裏裏裏裏
リ うら 教小6 音[リ] ▨裏面《りめん》。▨脳裏《のうり》。表裏《ひょうり》。秘密裏《ひみつり》。成功裏《せいこうり》(に終わる)。訓[うら]裏。裏口。裏表。裏返し。裏地。舞台裏。路地裏。

【履】 尸部12 全15画 履履履履履
リ はく 音[リ] ▨履修《りしゅう》。履行《りこう》。履歴書《りれきしょ》。

リンカン（1809～65） アメリカ大統領。南北戦争で北軍を指導，1863年奴隷解放宣言を発した。

弊履《へいり》。訓[はく] 履く。履物。下履き。

【璃】 王部11 全15画 ※璃 璃璃璃璃璃
り 音[リ] 浄瑠璃《じょうるり》。
表記 かたかなの「ム」のように見える部分は、漢字のなりたちの上では三画に数えるが、手書きでは多く二画で書く。

【離】 隹部11 全19画 ※離 離離離離離
り はなれる・はなす 音[リ] 離別《りべつ》。離陸《りりく》。離婚《りこん》。距離《きょり》。分離《ぶんり》。訓❶[はなれる] 離れる。離れ。離れ業。親離れ。❷[はなす] 離す。引き離す。
表記 かたかなの「ム」のように見える部分は、漢字のなりたちの上では三画に数えるが、手書きでは多く二画で書く。

り[1]**【利】**〈名〉❶商売上のもうけ。利益。例利にさとい。利をもとめる。❷ぐあいがいいこと。べんり。例地の利。戦い利あらず。❸利子。利息。▽→りする

り[2]**【里】**〈名・接尾〉尺貫《しゃっかん》法の長さの単位。一里は約四キロメートル。むかし道のりをはかるのに使った。例千里の道も一歩より始まる。一里塚《いちりづか》。

り[3]**【理】**〈名〉ことがらの順序だったすじみち。道理。例理をとおす。理にかなう。理の当然。類理屈《りくつ》。

理にかなう ものごとの道理やりくつに、あてはまる。

理の当然《とうぜん》 ものごとの道理やりくつからみて、あたりまえであること。

り[4]**【裏】**〈接尾〉…のうちに、という意味を表わす。例秘密裏に調べる。成功裏に終わる。極秘裏。

リアクション〈名〉反応。反作用。抵抗《ていこう》。例大げさなリアクション。◇reaction

リアスかいがん【リアス海岸】〈名〉陸地と入り江《え》が複雑に入りくんだ海岸。山地の地盤《じばん》がしずんだりしてできる。三陸海岸などにみられる。
参考「入り江」の意味のスペイン語 ria の複数形から。

リアリスト〈名〉現実主義者。対ロマンチスト。◇realist

リアリズム〈名〉❶写実主義。❷現実主義。▽対ロマンチシズム。◇realism

リアリティー〈名〉現実にありそうな感じ。現実味《み》。真実味。例リアリティーのあるドラマ。◇reality

リアル〈形動〉❶こまかなところまで、まるで現実のようである。作りものっぽくない。例リアルな演技。リアルにえがく。❷現実の。例リアル書店。対ネット。サイバー。バーチャル。◇real

リアルタイム〈名〉❶コンピューターで、データの処理を即時に行なうこと。例予約状況《じょうきょう》がリアルタイムで反映される。❷できごとを、実際にそれが起きているときに体験すること。例今は、遠い外国にいる人とリアルタイムで情報をやりとりできる時代だ。◇real time

リーク〈名・する〉なんらかの利益を得るために、情報をもらすこと。例メディアにリークする。◇leak

リーグ〈名〉連盟。同盟。野球やサッカーなど、スポーツのチームが結成する連合体をいうことが多い。例リーグ戦。セントラルリーグ。◇league

リーグせん【リーグ戦】〈名〉総あたりで優勝をあらそう試合のすすめかた。対トーナメント。→トーナメント絵

リース[1]〈名・する〉道具や建物などを、長期間、料金をとって貸すこと。類レンタル。◇lease

リース[2]〈名〉蔓《つる》などを輪の形に作り、ドライフラワーなどをつけて、ドアなどにかざるもの。◇wreath

リーズナブル〈形動〉合理的である。納得《なっとく》できる。例リーズナブルな値段。◇reasonable

リーダー[1]〈名〉指導者。先導者。例リーダーシップ。リーダー格(の男)。類旗頭《はたがしら》。頭《かしら》。◇leader

リーダー[2]〈名〉教科書として使われる、英語などの読本。◇reader

リーダーシップ〈名〉集団をまとめてみちびいていく力。指導者としての地位。例リーダーシップがある。リーダーシップをとる。類主導権。◇leadership

リート〈名〉〔音楽〕ドイツにおこった歌曲。◇ドイツ Lied

リード 一〈名・する〉❶相手を、自分の考えにしたがわせたり、自分が「こうしたい」と思う方向にみちびいたりすること。❷競走や勝負ごとなどで、ほかをひきはなして先んじること。例業界をリードする。二点リードする。❸野球で、走者が次の塁《るい》をねらって、塁からはなれること。例リードが大きい。
二〈名〉❶新聞や雑誌で、見出しと記事のあいだにある、ニュースを要約した文章。❷犬や馬などにつける引き綱《づな》。◇lead ▽ア 一 リード 二 リード

リーフレット〈名〉宣伝・案内用の、一枚刷りで折りたたんだ印刷物。◇leaflet

リール〈名〉❶つり糸や糸、ひもやテープなどを巻きとるための道具。❷映画用フィルムの一巻。◇reel

リウマチ〈名〉関節や筋肉などが痛む病気をまとめていうことば。ロイマチス。「リューマチ」ともいう。◇オランダ rheumatisch から。

りえき【利益】〈名〉❶役にたつこと。ためになること。例利益をはかる。利益になる。公共の利益。類益。メリット。❷商業でのもうけ。例利益が大きい。利益がうすい。利益をあげる。利益をえる。対損害。損失。類収益。利潤《りじゅん》。あがり。参考「(ご)利益《りやく》」は別の語。

りえん[1]**【▽梨園】**〈名〉歌舞伎《かぶき》役者の社会。
参考 唐《とう》の玄宗《げんそう》皇帝が、宮中のナシ園に子弟や宮女をあつめて、歌舞《かぶ》を学ばせたという故事からいう。

りえん[2]**【離縁】**〈名・する〉❶夫婦《ふうふ》が相手との縁をきって別れること。例夫(妻)が妻(夫)を離縁する。類離婚《りこん》。離別。❷養子や養女と、親子の関係をとりやめること。▽対縁組み。縁結び。類縁切り。絶縁。

りか【理科】〈名〉❶自然界のありさまや法則をまなぶ教科。❷大学で、自然科学を研究する部門。対文科。

リカー〈名〉酒類。例リカーショップ。◇liquor

りかい【理解】〈名・する〉❶ものごとの意味がわかること。例理解があさい。理解がはやい。ことばを理解する。理解力。❷人の立場や、そういう立場にある人の気持ちがわかること。例…に理解がある。…に理解をしめす。理解をもとめる。

りがい【利害】〈名〉利益と損害。得をするか損をするか。例利害が一致《いっち》する。利害相反する。利害がからむ。利害関係。利害得失。類損得。

りがいかんけい【利害関係】〈名〉一つのものごとをめぐって、それぞれのうける利益と損害が複雑にからみあっている関係。例利害関係がある。

りがいとくしつ【利害得失】〈名〉利益と損害。手に入れることと、失うこと。

りがく【理学】〈名〉物理学・化学・生物学・地質学・天文学など、自然を対象とする学問をまとめていう言いかた。対文学。

 林則徐(りんそくじょ) (1785～1850) 清末の官僚。アヘンの没収・禁輸策をとり，アヘン戦争の責任を問われた。

りか(▾李下)にかんむり(冠)をただ(正)さず 人から疑われるような行ないはしないほうがよい。類瓜田《かでん》のくつ。由来スモモどろぼうとまちがわれないように、スモモの木の下でまがった冠を直さないという意味の、中国の故事から。

リカバリー〈名・する〉回復すること。復旧すること。例(ゴルフの)リカバリーショット(=ミスショットをフェアウェーにもどすショット)。(パソコンの)リカバリーCD(=トラブル発生時に購入《こうにゅう》時の状態にもどすためのCD-ROM)。◇recovery

りかん【▾罹患】〈名・する〉病気にかかること。例感染症《かんせんしょう》に罹患する。罹患率。類罹病。

りき[1]【力】〈名〉ちから。例力がある。力をつける。

りき[2]【利器】〈名〉❶便利な道具。例文明の利器。❷するどい刃物《はもの》。対鈍器《どんき》。

りきえい【力泳】〈名・する〉力をふりしぼるようにして、泳ぐこと。

りきえん【力演】〈名・する〉力のこもった演技をすること。また、その演技。類熱演。

りきがく【力学】〈名〉❶物体の運動や、運動と力の関係などを研究する、物理学の一分野。例応用力学。❷人や組織のあいだの力関係。例政治力学。

りきかん【力感】〈名〉力がみなぎっている感じ。「りっかん」ともいう。例力感あふれる作品。力感がみなぎる。

りきさく【力作】〈名〉たいへんな努力をはらってつくった作品。類労作。↓けっさく表現

りきし【力士】〈名〉相撲《すもう》とり。例学生力士。

りきせつ【力説】〈名・する〉自分の考えを、力をこめて主張すること。例地震《じしん》対策の必要性を力説した。類強調。

りきせん【力戦】〈名・する〉力のかぎりたたかうこと。例力戦奮闘《ふんとう》。類奮戦。

りきそう【力走】〈名・する〉力のかぎり走ること。例力走を見せる。

リキッド〈名〉液体。例リキッドタイプのリップクリーム。◇liquid

りきてん【力点】〈名〉❶勉強や仕事で、とくに力を入れてするところ。例…に力点をおく。類重点。❷てこで、力のかかる点。↓してん〔支点〕・さようてん・てこ絵

りきとう【力投】〈名・する〉ピッチャーなどが、もっている力をふりしぼるようにして、投球すること。

りき・む【力む】〈動五〉❶息をつめて、からだにぐっと力を入れる。例顔をまっかにして力む。類いきむ。❷相手に負けまいとして、気負う。例力んでみせる。

りきゅう【離宮】〈名〉王城や皇居からはなれたところにある宮殿《きゅうでん》。方言中部では、「自慢《じまん》する」の意味でも使う。

りきゅうねずみ【利休ねずみ】『利休▾鼠』〈名〉緑色がかったねずみ色。

リキュール〈名〉アルコールに、砂糖や果汁《かじゅう》、香料《こうりょう》などをまぜてつくった酒。◇フランス liqueur

りきりょう【力量】〈名〉ものごとをなしとげる力の大きさ。例力量がある。力量をためす。

常用漢字　**りく**

【陸】 阝部8　全11画　陸　陸陸陸陸

リク 教小4 音[リク] ▨陸地《りくち》。陸上《りくじょう》。陸橋《りっきょう》。□▨大陸《たいりく》。着陸《ちゃくりく》。離陸《りりく》。水陸両用《すいりくりょうよう》。

りく【陸】〈名〉地球の表面で、水におおわれていないところ。例陸にあがる。陸を行く。対海。

陸の孤島《ことう》 交通の便がきわめて悪く、周辺の都市や町からそこへ行くのが、とても困難な地域。例がけくずれで道路が寸断され、村は陸の孤島となった。

りくあげ【陸揚げ】〈名・する〉つみ荷を船から陸へはこびあげること。類荷あげ。揚陸《ようりく》。水揚げ。

りくうん【陸運】〈名〉陸路で人や貨物をはこぶこと。例陸運業。対海運。水運。類陸送。

リクエスト〈名・する〉要求。要望。とくに、客や視聴《しちょう》者などがなにかを要望すること。また、その要望。例リクエスト曲。◇request

りくがい【陸貝】〈名〉陸生の貝。

りくがめ【陸亀】〈名〉陸生のカメ。ドーム型の甲羅《こうら》をもつ。ゾウガメなど、大型種が多い。

りくぐん【陸軍】〈名〉陸上の守りや戦闘《せんとう》をうけもつ軍隊。対海軍。空軍。

りくしょ【▿六書】〈名〉漢字の組みたてかたと使いかたについての六種の区別。象形《しょうけい》・指事《しじ》・会意《かいい》・形声《けいせい》・仮借《かしゃ》・転注《てんちゅう》のこと。

りくじょう【陸上】〈名〉❶陸地の上。例陸上輸送。陸上競技。対海上。水上。❷「陸上競技」の略。例陸上選手。

りくじょうきょうぎ【陸上競技】〈名〉陸上で行なわれる競技。トラックとフィールドで行ない、競走・投擲《とうてき》・跳躍《ちょうやく》にわけられる。対水上競技。↓さんころきろく

りくせい【陸生】『陸▾棲』〈名〉〔生物〕植物や動物が、陸地に生えたり、陸地で生活したりすること。例陸生動物。対水生。海生。

りくそう【陸送】〈名・する〉陸路で貨物を輸送すること。対海運。水運。類陸運。

りくぞく【陸続】〈副〉とぎれることなくつづくようす。例観客が陸続とつめかける。類続続。

りくたい【▿六体】〈名〉漢字の六つの書体。大篆《だいてん》・小篆・八分《はっぷん》・隷書《れいしょ》・行書《ぎょうしょ》・草書《そうしょ》のこと。古文・奇字《きじ》・篆書・隷書・繆篆《びゅうてん》・虫書《ちゅうしょ》のこともいう。

りくち【陸地】〈名〉海洋に対して、陸である部分。

りくちょう【▿六朝】〈名〉〔歴史〕中国で、三世紀から六世紀にかけて、南京《ナンキン》を都として興亡した六つの王朝。文学や芸術がさかえ、日本文化に大きな影響《えいきょう》をあたえた。

りくつ【理屈】『理窟』〈名〉❶すじみちのとおった考え。例理屈にあわない。類道理。❷むりにつけたもっともらしい理由。例理屈をこねる。理屈をつける。へ理屈。類こじつけ。方言香川では、「りくつげな」の形で、「えらそうな」の意味で使う。

りくつづき【陸続き】〈名〉〔地理〕あいだに海や大きな川などがなく、陸がつづいていること。類地《じ》続き。

りくつっぽ・い【理屈っぽい】〈形〉むやみに理屈をこねまわす傾向《けいこう》がある。例理屈っぽい人。

りくとう【陸稲】〈名〉「おかぼ」のこと。対水稲《すいとう》。

りくふう【陸風】〈名〉〔気象〕海岸地方で、夜、陸から海にむかってふく風。陸軟風《りくなんぷう》。対海風。

リクライニングシート〈名〉乗りもので、楽にすわれるように背もたれの角度をかえることができる座席。

リンドバーグ（1902～74）　アメリカの飛行家。1927年史上初めて大西洋横断無着陸飛行に成功。

◇reclining seat

リクリエーション〈名〉⇩レクリエーション

りぐる（方言）❶吟味《ぎんみ》する。念入りにする。❷理屈《りくつ》を言い立てる。▽高知で言う。

リクルート〈名〉❶働き手の募集《ぼしゅう》。❷学生の就職活動。例リクルートスーツ。◇recruit

参考 アメリカ陸軍での人員補充《ほじゅう》をいうことばから。

りくろ【陸路】〈名〉陸上の道。また、そこをとおって行くこと。例陸路をとる。対海路。空路。

りけん【利権】〈名〉利益をえるための権利。例利権をあさる。利権屋。

[1]**りげん**【▼俚言】〈名〉❶ひどく俗《ぞく》なことば。俚語。対雅語《がご》。❷その土地のなまりの強いことば。俚語。対雅語。❸共通語では用いない、地方独特の単語や言いかた。俚語。

[2]**りげん**【▼俚▼諺】〈名〉庶民《しょみん》の中から生まれてきたことわざ。俗諺《ぞくげん》。

りこ【利己】〈名〉自分の利益だけを考えて、他人のことを少しも考えないこと。例利己主義。対利他。

[1]**りこう**【利口・利巧】〖▼悧巧〗〈名・形動〉❶頭がよくて、かしこいこと。例利口な子ども。利口そうな顔。利口になる。対ばか。類利発。❷要領がいいこと。例利口にたちまわる。小利口。類かしこい。❸（「お利口」の形で）聞きわけがよいこと。例ぼうや、お利口に待っててね。お利口さん。

[2]**りこう**【履行】〈名・する〉義務や約束を実際にはたすこと。例約束の履行。類実行。

りごうしゅうさん【離合集散】〈名・する〉人々がばらばらになったり、集まったりすること。

方言 京都・広島・福岡・大分では、「車がすれちがう」ことを「離合する」と言う。

リコーダー〈名〉たて笛の一種。プラスチック製のものが、学校の音楽教材として使われている。◇recorder

リコール〈名・する〉❶選挙でえらんだ市長や議員などを、住民投票によって任期がきれる前にやめさせること。例リコール運動。❷欠陥《けっかん》の見つかった製品をメーカーが回収し、無料で点検・修理すること。◇recall

りこしゅぎ【利己主義】〈名〉自分の利益だけを考えて、他人などどうでもいいとする考え。例利己主義者。類エゴイズム。個人主義。

りこてき【利己的】〈形動〉自分の利益だけを考えた性格・態度である。対利他的。

りこん【離婚】〈名・する〉夫婦《ふうふ》が結婚を解消して、別れること。例夫（妻）が妻（夫）と離婚する。対結婚。類離縁《りえん》。離別。

リサーチ〈名・する〉ものごとが「実際にどうなっているのか」「今後どうなりそうか」といったことを調査すること。例マーケットリサーチ。◇research

リザーブ〈名〉❶〈する〉予約。例式場をリザーブする。❷予備。例リザーブタンク。◇reserve

りさい【▼罹災】〈名・する〉火事や地震《じしん》、洪水《こうずい》などの災害にあうこと。例罹災証明書。罹災者。類被災《ひさい》。

りざい【理財】〈名〉お金や財産をじょうずに運用すること。例理財にたける。

リサイクル〈名・する〉⇩さいりよう① ◇recycle

リサイタル〈名〉音楽などの、独奏会や独唱会。例リサイタルをひらく。ピアノリサイタル。◇recital

りざや【利ざや】〖利▼鞘〗〈名〉売り値と仕入れ値の差によるもうけ。例利ざやをかせぐ。類マージン。

りさん【離散】〈名・する〉家族など、いっしょに生活していた者が、はなればなれになること。例一家が離散する。

りし【利子】〈名〉〔経済〕金を貸したりあずけたりしてえるお金。元金に対して一定の率で相手にしはらわせるお金。利息。例利子がつく。利子をはらう。対元金《がんきん・もときん》。類金利。

りじ【理事】〈名〉〔法律〕会社や団体で、仕事を監督《かんとく》し、責任を負っている人。例理事会。常務理事。

りしちょうせん【▼李氏朝鮮】〈名〉〔歴史〕一三九二年に李成桂《りせいけい・イソンゲ》が高麗《こうらい・コリョ》をほろぼして建てた朝鮮の王朝。一九一〇年、日本に併合《へいごう》された。

りしゅう【履修】〈名・する〉学校で、さだめられた学科や課程の授業を受けること。

りじゅん【利潤】〈名〉〔経済〕企業《きぎょう》の売り上げの総額から、生産や販売《はんばい》などに要した費用をさし引いたのこり。例利潤を追求する。類もうけ。利益。

[1]**りしょく**【利殖】〈名・する〉自分のお金をうまくうごかして、財産をふやすこと。例利殖の道。

[2]**りしょく**【離職】〈名・する〉それまでついていた職をやめること。対就職。

りす【▼栗▼鼠】〈名〉けものの名。褐色《かっしょく》で体長二〇センチメートルくらい。からだと同じくらいの大きさの尾《お》がある。木の上などを走りまわり、つよい歯で木の実《み》などを食べる。冬眠《とうみん》する。

りすい【利水】〈名〉❶水がよく流れるようにすること。❷河川《かせん》の水を活用すること。例利水工事。類治水。例利水ダム。

りすう【理数】〈名〉理科と数学。例理数科。

リスク〈名〉期待する成果や利益（＝リターン）を求めるかわりに、うまくいかなかったときには覚悟《かくご》しておかなければならない、損害のおそれや危険性。例リスクをともなう。リスクを計算に入れる。多少のリスクは覚悟のうえだ。◇risk

リスト〈名〉名前や項目《こうもく》などをならべて書いたもの。例リストをつくる。リストにのせる。リストアップ。類一覧表。目録。◇list

リストアップ〈名・する〉条件にあうものを選び出して、一覧表にすること。参考 日本での複合語。英語ではたんに list か、make a list (of) という。

リストラ〈名・する〉企業《きぎょう》が業績の上がらない部門を切りすてたり、新規事業に乗りだすなど、事業構造の転換《てんかん》をはかること。また、それにともなって人員を削減すること。◇restructuring（＝「構成しなおし」の意味）の日本での省略語。

表現「リストラされる」は、解雇《かいこ》される（首になる）ことをいう。

リスナー〈名〉音楽・講演などの聴き手や、ラジオの聴取《ちょうしゅ》者。◇listener

リスニング〈名〉❶語学の、聞き取り練習。ヒアリング。❷音楽などを聴くこと。例リスニングルーム。◇listening

リスペクト〈名・する〉尊敬の気持ち。尊敬すること。おもに芸能界でいう。類オマージュ。◇respect

リズミカル〈形動〉リズムがあって調子がいい。例リズミカルな動き。◇rhythmical

リズム〈名〉音の強弱や長短、テンポなどが規則的にくりかえされること。メロディー・ハーモニーとともに、音楽の基本要素の一つとされる。拍子《ひょうし》。例リズムに合わせる。

 リンネ（1707～78） スウェーデンの博物学者。生物の分類体系と，学問上の動植物の命名法を考案。

リズムにのる。リズムをとる。リズム感。リズム運動。◇rhythm

り・する【利する】〈動サ変〉❶…のためになる。…の利益になる。例…に利するところがある。❷…に利益をあたえる。例敵を利する。

りせい【理性】〈名〉すじみちをたてて考え、ただしく判断する精神のはたらき。例理性をうしなう。理性のかがみに照らして考える。類知性。悟性《ごせい》。→かんじょう〔感情〕 参考

りせいてき【理性的】〈形動〉理性にしたがって行動するようすだ。例理性的な人。対感情的。類理知的。

リセット〈名・する〉パソコンやコンピューター制御《せいぎょ》の機器を、動かし始める前の状態にもどすこと。そのあとすぐにまた動かす場合にいう。例パソコンがフリーズしたのでリセットする。リセットボタン。◇reset

りそう【理想】〈名〉のぞみうる最高の状態。例理想をかかげる。理想にちかい。理想がたかい。理想の人。理想と現実。理想家。理想的。対現実。類夢《ゆめ》。

表現「きみの考えは理想論だ」というと、実際のことを考えに入れない考えだ、と非難したことになる。

[1]**りそうか**【理想化】〈名・する〉現実をそのままでなく、自分の理想の形に変えて見ること。

[2]**りそうか**【理想家】〈名〉妥協《だきょう》せずに理想を追い求める人。対現実家。類夢想家。

りそうきょう【理想郷】〈名〉⇩ユートピア

りそうしゅぎ【理想主義】〈名〉たかい理想をもち、現実に妥協《だきょう》せず、その実現を目ざして努力していこうとする考え。例理想主義者。対現実主義。

りそうてき【理想的】〈形動〉理想に合っていてすばらしい。例理想的な病院。対現実的。

リソース〈名〉コンピューターで、利用できるハードウェアやソフトウエア。◇resource (=資源)

リゾート〈名〉行楽地。避暑《ひしょ》地。例リゾートホテル。◇resort

りそく【利息】〈名〉⇩りし

りた【利他】〈名〉自分のことよりも、ほかの人のことをまず第一に考えること。対利己。

リターンマッチ〈名〉ボクシングなどで、とられた選手権をとりかえすために、同じ相手と再度行なう試合。◇return match

リタイア〈名・する〉❶引退。退職。❷自動車レースや競技で、途中《とちゅう》退場。棄権《きけん》。◇retire

りだつ【離脱】〈名・する〉グループや自分のもち場からはなれること。例戦線から離脱する。政党を離脱する。類脱退。

りち【理知】〖理▼智〗〈名〉ものごとのよしあしを理性的に判断する能力。例理知的。

リチウム〈名〉金属の中でもっとも軽い金属。銀白色でやわらかく、合金の材料とする。元素の一つ。記号「Li」。例リチウムイオン電池(=リチウムイオンの移動を利用した充電式の電池)。◇lithium

りちぎ【律儀・律義】〈形動〉まじめで義理がたい。例律儀な人。律儀者《もの》。類実直。

りちてき【理知的】〈形動〉いかにもすじみちをたてて考えている感じだ。類知的。理性的。

りちゃくりく【離着陸】〈名・する〉飛行機の、離陸と着陸。離発着。→はっちゃく 表現

常用漢字 **りつ**

【立】 立部0 全5画 立立立立立

リツ・リュウ たつ・たてる 教小1 音❶[リツ] ▨立案《りつあん》。立食式《りっしょくしき》。立候補《りっこうほ》。立春《りっしゅん》。立方体《りっぽうたい》。▨起立《きりつ》。独立《どくりつ》。樹立《じゅりつ》。❷[リュウ] ▨建立《こんりゅう》。訓❶[たつ] 立つ。立ち去る。立場。立ち見。脚立《きゃたつ》。木立《こだち》。逆立ち。夕立。❷[たてる] 立てる。立て掛ける。立て札。立てひざ。立て役者。見立てる。傘立て。

【律】 彳部6 全9画 律律律律律

リツ・リチ 教小6 音❶[リツ] ▨律法《りっぽう》。律動《りつどう》。▨規律《きりつ》。法律《ほうりつ》。旋律《せんりつ》。❷[リチ] ▨律儀《りちぎ》。

【慄】 忄部10 全13画 慄慄慄慄慄

リツ 音[リツ] ▨慄然《りつぜん》。▨戦慄《せんりつ》。

【率】⇩常用漢字 そつ〔率〕

りつ【率】〈名〉全体の中でしめる割合。パーセンテージ。例率がたかい。率がいい。率をさげる。合格率。正解率。上昇率。生存率。的中率。

りつあん【立案】〈名・する〉❶計画や案をつくること。❷文章の原稿《げんこう》をつくること。類起草。▽類起案。

りつい【立位】〈名〉両脚で立った姿勢《しせい》。例立位体前屈《たいぜんくつ》。対座位。

りっか【立夏】〈名〉二十四節気の一つで、今の五月六日ごろ。暦《こよみ》のうえで、夏がはじまる日。

りっきゃく【立脚】〈名・する〉考えかたや態度のよりどころにすること。例現実に立脚する。類依拠《いきょ》。

りっきょう【陸橋】〈名〉道路や線路をよこぎるために、それをまたいでつくられた橋。類歩道橋。跨線橋《こせんきょう》。

[1]**りっけん**【立件】〈名・する〉〔法律〕刑事事件として取り上げること。

[2]**りっけん**【立憲】〈名〉憲法が制定されていること。例立憲政治。立憲国家。

りっけんくんしゅせい【立憲君主制】〈名〉国王などの君主が、憲法にしたがって政治を行なう制度。

りっけんせいじ【立憲政治】〈名〉憲法にもとづいて政治を行なうこと。国民を主人公とした国民の権利と自由を守る政治。

りっこうほ【立候補】〈名・する〉選挙で、候補者として名のりでること。例選挙に立候補する。

りっし【律詩】〈名〉〔文学〕漢詩のスタイルの一つ。八句からなるもので、二句ずつでひとまとまりになり、三・四句と五・六句がそれぞれ対句《ついく》になっている。字数によって、五言《ごごん》律詩と七言律詩とがある。

りっしでん【立志伝】〈名〉若いときに、志《こころざし》をたてて努力し、成功した人の伝記。例立志伝中の人。

立志伝中《ちゅう》の人《ひと》 立志伝に登場するような、逆境から立ち上がってりっぱに成功した人。

りっしゅう【立秋】〈名〉二十四節気の一つで、今の八月八日ごろ。暦《こよみ》のうえで、秋のはじまる日。

参考 この日以後つづく暑さを、残暑という。

りっしゅん【立春】〈名〉二十四節気の一つで、今の二月四日ごろ。暦《こよみ》のうえで、春のはじまる日。

参考 前日に節分の行事が行なわれる。

りっしょう【立証】〈名・する〉証拠《しょうこ》をあげて、あることがらが事実であることをはっきりさせること。例無罪の立証。類証明。実証。

り

ルイ14世 (1638〜1715) フランス国王。絶対王政を確立。重商主義をとり，ベルサイユ宮殿を造営。

りっしょく【立食】〈名〉とくに席をつくらず、飲食物をテーブルにならべて、客が自由にうごいてみんなとの会話をたのしみながら食べられるようにした、食事の形式。例立食パーティー。

りっしん【立身】〈名・する〉大したものだと思われるような高い地位につくこと。例立身出世。類出世。

りっしんしゅっせ【立身出世】〈名・する〉社会にひろく名前が知られて、りっぱな地位につくこと。

りっしんべん『立心偏』〈名〉漢字の偏《へん》の一つ。「怪《かい》」「快」などの「忄」の部分。参考ふつう、漢和辞典では「心」(四画)の部にふくまれる。

りっすい(立▼錐)のよち(余地)もない 人がぎっしりつまって、少しのすきまもない。参考錐《きり》を立てるほどの、わずかのすきもない、という意味からできた言いまわし。

りっ・する【律する】〈動サ変〉ある規準にあてはめてものごとを処理する。例自分の経験だけで、他人を律してはいけない。

りつぜん【慄然】〈副〉からだがふるえるほどおそろしいようす。例今回の事件は想像するだけで慄然とする。

りつぞう【立像】〈名〉立っているすがたの像。対座像。

リッター〈名・接尾〉⇩リットル ◇liter

りったい【立体】〈名〉ながさやはば、厚みのあるもの。例立体感。立体的。立体交差道路。

表現「立体放送」「立体写真」「立体映像」のように使われて、その場に実際にいるような気持ちをおこさせる、厚みやひろがりをもったもの、という意味も表わす。

3の立方(＝3の三乗)

$3\times3\times3$
$=3^3$
$=27$

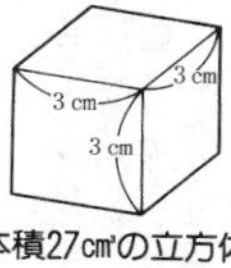

体積27㎤の立方体

㎤(立方センチメートル)

㎥(立方メートル)

[りっぽう]

りったいか【立体化】〈名・する〉❶地面にある線路や道路などを、高架《こうか》や地下トンネルをつくって移し、踏切《ふみきり》や交差点をへらすこと。例駅前の立体化によって渋滞《じゅうたい》が緩和《かんわ》された。❷絵や写真など平面に表わされているものを、立体的に加工すること。漫画《まんが》のキャラクターをフィギュアにするなど。

りったいかん【立体感】〈名〉奥行き・深さ・厚みなどが感じられること。例立体感のある絵。

りったいこうさ【立体交差】〈名〉道路や線路の交差するところで、二つの線がおなじ平面でまじわらないように、高さをちがえてあるもの。

りったいてき【立体的】〈形動〉❶ものに、はばや厚みのあるようす。例立体的な絵。❷ものごとをさまざまな観点からみるようす。例立体的に考える。立体的にとらえる。▽対平面的。

りったいは【立体派】〈名〉⇩キュービズム

りっち[1]【立地】〈名〉商工業や農業などを経営するときに、地勢・気候・交通・人口など、いろいろな条件を考えて適当な土地を定めること。例立地条件。アリッチ

リッチ[2]〈形動〉❶ゆたかな気持ちになれる。例リッチなあじわい。❷金持ちである。◇rich ▽アリッチ

りっちじょうけん【立地条件】〈名〉工業や農業、あるいは商売、飛行場など、それぞれのものごとをはじめるときに考えなければならない社会的、自然的条件。参考たとえば、商店をひらくときは、人通りや交通の便などが立地条件になる。

りっとう[1]『立刀』〈名〉漢字の旁《つくり》の一つ。「刊」「削《さく》」などの「刂」の部分。参考ふつう、漢和辞典では「刀」(二画)の部にふくまれる。

りっとう[2]【立冬】〈名〉二十四節気の一つで、今の十一月八日ごろ。暦《こよみ》のうえで、冬のはじまる日。

りつどう【律動】〈名〉規則ただしくくり返される、はずむような力づよいうごき。リズム。例律動感。

リットル〈名・接尾〉メートル法の体積の単位。一辺が一〇センチメートルの立方体の体積を一リットルとする。リッター。記号「L」。◇フランス litre

表現「リッター」は、「この車はリッター一〇キロ走る」のように、ガソリンの量についていうことが多い。

りっぱ【立派】〈形動〉どこへだしても恥《は》ずかしくないほどすぐれている。例立派な人。立派な成績。立派に暮らす。もう立派な大人だ。類えらい。→ごりっぱ

表現「ちょっと借りただけのつもりでも、無断《むだん》で持ち出せば立派な犯罪《はんざい》だ」のように、「まぎれもない」という意味で使われることも多い。

りっぷく【立腹】〈名・する〉腹を立てること。類憤慨《ふんがい》。

表現「ご立腹はもっともですが、ここはひとつこらえてください」のように、相手のいかりについていうことが多い。

リップクリーム〈名〉くちびるの荒《あ》れをふせぐクリーム。◇lip cream

リップサービス〈名〉口先だけで調子のいいことやおせじを言うこと。◇lip service

りっぽう[1]【立方】〈名〉〔数学〕❶同じ数を三度かけ合わせること。三乗。❷長さの単位の前につけて、体積の単位を表わすことば。例毎日、二〇立方メートルの水を使う。▽絵 ❸長さの単位のあとにつけて、その長さを一辺とする立方体を表わすことば。例大きさが、約二センチ立方のさいころ。

りっぽう[2]【立法】〈名〉法律を定めること。例立法機関。対司法。行政。→さんけんぶんりつ

参考日本の立法機関は、国会である。

りっぽうたい【立方体】〈名〉〔数学〕六つの同じ大きさの正方形でかこまれた立体。さいころの形。

りづめ【理詰め】〈名〉りくつや道理だけで、話や考えをおしすすめること。例理詰めでいく。理詰めの論法。

りつりょう【律▽令】〈名〉〔歴史〕中国で、隋《ずい》・唐《とう》の時代に完成した法の体系。律はいまの刑法《けいほう》、令は行政法や民法にあたる。日本でも大化の改新ののち、唐の制度にならって律令をさだめた。

りつろん【立論】〈名・する〉討論《とうろん》や論文で、なんらかの根拠《こんきょ》にもとづいて論理的にくみたてた考えを、提示すること。

リテール〈名〉❶銀行や証券会社の、個人や中小企業《きぎょう》を対象とした、比較《ひかく》的少額の取り引き。対ホールセール。❷コンピューターの部品などで、個人のための商品。例リテール品。▽「リテイル」とも書く。◇retail

リテラシー〈名〉❶自分の国の文字を読み書きする能力。識字《しきじ》能力。例リテラシーの低かった時代。❷

情報を活用するための技能や、ある分野についての知識。例メディアリテラシー。ネットリテラシー。コンピューターリテラシー。◇literacy

りてん【利点】〈名〉あるものごとの有利な点。例利点がある。類長所。メリット。

りとう[1]【離党】〈名・する〉はいっている政党からぬけ出ること。例A党を離党する。対入党。

りとう[2]【離島】 一〈名〉遠くはなれた島。類はなれ島。孤島《ことう》。 二〈名・する〉今まで住んでいた島を出ること。対帰島。

りとく【利得】〈名〉利益や利点。対損失。

リトマスし【リトマス紙】〈名〉〔化学〕物質が酸性かアルカリ性かをしらべる、赤色と青色の紙。赤色のものは、アルカリに触《ふ》れると青くなり、青色のものは、酸に触れると赤くなる。リトマス試験紙。参考「リトマス(litmus)」は、コケの一種からとれるむらさき色の色素のこと。

リニアモーターカー〈名〉交通機関の一種。レールに磁力の反発力をはたらかせることによって、高スピードで走る乗りもの。◇linear motorcar

りにち【離日】〈名・する〉日本にきていた外国人が、日本をはなれること。対来日《らいにち》。

りにゅう【離乳】〈名・する〉「乳《ち》ばなれ」の専門的な言いかた。例離乳期。離乳食。

リニューアル〈名・する〉新装。改装。例リニューアルオープン(=新装開店)。◇renewal

りにょう【利尿】〈名〉小便がよく出るようにすること。例利尿剤《ざい》。利尿作用。

りにん【離任】〈名・する〉今までついていた、地位や職をはなれること。対就任。着任。類退任。

りねん[1]【理念】〈名〉それがどうあるべきかという、ものごとの根本になる考え。イデア。例平和の理念。

リネン[2]〈名〉⇩リンネル ◇linen

りのう【離農】〈名・する〉今まで従事していた農業をやめること。

リノリウム〈名〉樹脂《じゅし》やゴム、木のこななどをまぜてねり、布にぬってかわかしたもの。弾性《だんせい》・耐熱《たいねつ》性があり、病院などの床《ゆか》の材料にする。◇linoleum

リハーサル〈名・する〉演劇や放送などの、本番の前に全体をとおしてするけいこ。◇rehearsal

リバーシブル〈名〉表と裏《うら》両面を使えるようにした衣服や布。例リバーシブルのコート。◇reversible

リバイバル〈名・する〉むかしはやった映画や音楽などが再び流行すること。例リバイバルソング。◇revival

リバウンド〈名・する〉❶ボールなどが、はね返ること。とくにバスケットボールで、ボールがゴールのわくに当たってはね返ること。❷ダイエットや薬の使用を中断することによって、始める前の状態や、それより悪い状態になること。反動。例リバウンドで五キロ増えた。◇rebound

りはつ[1]【理髪】〈名〉おもに男性の髪《かみ》を切ったりそろえたりして、髪型をととのえること。例理髪店。類理容。調髪。散髪。整髪。

りはつ[2]【利発】〈形動〉頭がよくはたらいて、かしこい。例利発な子。類利口。表現子どもについていうことばで、大人にはいわない。

りはば【利幅】〈名〉投資した額やかかった費用に対する、利益の大きさ。例利幅が小さい。

リハビリ〈名〉「リハビリテーション」の日本での略。

リハビリテーション〈名〉治療《ちりょう》をおえた患者《かんじゃ》や身体障害者などに対して、社会に復帰するために必要な訓練をすること。リハビリ。◇rehabilitation

りばらい【利払い】〈名〉利子のしはらい。

りはん【離反】〖離▼叛〗〈名・する〉今まで属していた組織や、したがっていた人からはなれること。例人心が離反する。類離脱《りだつ》。

リピーター〈名〉気にいって、二度三度と同じ消費行動をくり返す人。同じ旅先へ行くとか、同じ店を利用するなど。◇repeater

リピート〈名〉❶〈する〉くり返すこと。❷〔音楽〕曲の一部、または、全部をくり返すときに使われる、‖: :‖の記号。反復記号。◇repeat

りひきょくちょく【理非曲直】〈名〉道理に合っているか、いないか、また、正しいか、正しくないか、ということ。

りびょう【▼罹病】〈名・する〉病気にかかること。例感染症《かんせんしょう》に罹病する。罹病率。類罹患《りかん》。

リビングキッチン〈名〉台所と食堂と居間とをかねた部屋。参考日本での複合語。日本独自の家屋事情によってできたことば。

リビングルーム〈名〉居間。◇living room

リファレンス〈名〉⇩レファレンス

リフォーム〈名・する〉つくりなおすこと。とくに、洋服の仕立て直しや、建物の増改築をいう。参考英語では、remake や renovate などを使う。reform は、「改善・改正する」「改心させる」という意味。

りふじん【理不尽】〈名・形動〉道理に合わないむちゃくちゃなこと。例理不尽な要求。対合理的。類非合理。不合理。不条理。矛盾《むじゅん》。

リフティング〈名・する〉❶サッカーで、ボールを地面に落とさないように、足の甲や太ももなどの手以外の部分を使って打ち上げ続けること。❷美容で、老化してたるんだ顔の皮膚《ひふ》に張りを与えること。◇lifting

リフト〈名〉❶荷物をはこぶための、小型のエレベーター。❷スキー場などで、人をはこびあげるための、いす型の乗り物。◇lift

表現設備全体は一基《いっき》、二基《にき》、②の乗る部分は一台━二台と数える。

リプリント〈名・する〉❶写真などの複写。❷本をもとのものとそっくりにつくること。類復刻。◇reprint

リフレイン〈名〉詩や音楽の、くり返しの部分。「リフレーン」とも書く。◇refrain

リフレッシュ〈名・する〉休んだり遊んだりして、仕事や勉強でつかれた心身をさわやかにすること。例リフレッシュ休暇《きゅうか》。◇refresh

リベート〈名〉❶商売で、お礼や報奨《ほうしょう》金として、代金の一部をしはらった人にもどすこと。また、そのお金。例リベートをとる。類割りもどし。❷手数料。わいろ。類そでの下。◇rebate

りべつ【離別】〈名・する〉❶したしくしていた人と長く別れること。類別離。❷夫婦《ふうふ》の関係をきり、別れること。類離婚《りこん》。離縁《りえん》。

リベット〈名〉金属板や革《かわ》などをつなぎ合わせるための、くぎのような金具。鋲《びょう》。◇rivet

リベラリスト〈名〉自由主義者。◇liberalist

リベラリズム〈名〉自由主義。◇liberalism

リベラル〈名・形動〉❶社会の伝統《でんとう》や権威にとらわれず、ものの考え方が自由でかたよっていないこと。進歩的、反保守的であること。そのような政治や報道や言論の

り

ルイ=フィリップ(1773~1850) フランス国王。七月革命で即位。次第に共和派を弾圧。のち亡命。

上での立場。例リベラルな精神。リベラルな生き方。❷自由主義の。◇liberal

リベロ〈名〉❶サッカーで、ゴール前の守備を担当しつつ、攻撃にも自由に参加できる選手。❷バレーボールで、レシーブ専門の選手。他の選手とは色ちがいのユニフォームを着る。◇イタリア libero

りべん【利便】〈名〉便利でつごうがいいこと。例利便をはかる。利便性。類便宜《べんぎ》。

リベンジ〈名・する〉前には負けた試合や失敗をしたことに再び挑戦《ちょうせん》して、雪辱《せつじょく》をはたすこと。◇revenge（＝「復讐《ふくしゅう》」の意味）

リポーター〈名〉⇩レポーター

リポート〈名・する〉⇩レポート

リボン〈名〉❶色のきれいなほそ長いテープ状のひも。プレゼントをつつんだり、髪《かみ》かざりなどに使う。例リボンをかける。❷プリンターなどの印字用テープ。◇ribbon

リマスター〈名・する〉過去の音楽や映画などの原盤《げんばん》を、最新の技術と機器によって新しい原盤に作りなおすこと。例リマスターCD。デジタルリマスター。◇remaster

りまわり【利回り】〈名〉預貯金や投資によってある期間に得られる、利子や配当金の合計額の、元本《がんぽん》に対する割合。例利回りがいい。最終利回り。

リミット〈名〉限界。例タイムリミット。オフリミット（＝立ち入り禁止）。◇limit

リム〈名〉自転車などの車輪の、輪になっている鉄の部分。ここにタイヤをつける。◇rim

リムーバー〈名〉❶不用となったものをとりのぞく化粧《けしょう》品や薬品。例エナメルリムーバー（＝マニキュア落とし）。ヘアリムーバー（＝除毛剤）。❷物を取りはずすための器具。例ホチキスのリムーバー。画びょうリムーバー。◇remover

リムジン〈名〉❶運転席と客席のあいだにガラスのしきりのある、大型の高級乗用車。❷空港から市街地まで客を運ぶバス。リムジンバス。◇limousine

参考 ②は英語では airport bus という。

リメイク〈名・する〉もとのものを使って、つくり直すこと。「リメーク」とも書く。例カーテンをエプロンにリメイクする。日本映画がハリウッドでリメイクされる。◇remake

りめん【裏面】〈名〉紙などのうらがわ。俗《ぞく》に「うらめん」ともいう。対表面。

表現「裏面工作」「外交の裏面を語る」のように、おもてにあらわれなくて、一般《いっぱん》の人には知られにくい、ものごとのかげの部分、という意味で使われることが多い。

リモート〈名〉❶遠くはなれたところから行なうこと。遠隔《えんかく》。例リモート授業（＝オンライン授業）。リモートワーク（＝自宅などでの勤務《きんむ》）。❷「リモートコントロール」の略。

リモートコントロール〈名・する〉遠隔《えんかく》操作。手もとのスイッチで、遠くにある機械を動かすこと。略して「リモート」「リモコン」ともいう。◇remote control

リモコン〈名〉❶「リモートコントロール」の略。❷「リモートコントローラー」の略。リモートコントロールを行なうための操作器。例テレビのリモコン。◇日本での省略語。

リヤカー〈名〉自転車などのうしろにつけたり手で引いたりして、荷物をはこぶ二輪車。「リアカー」ともいう。◇rear と car による日本での複合語。→じんりきしゃ 絵

りやく【利益】〈名〉⇩ごりやく

常用漢字 **りゃく**

【略】 田部6 全11画

略略略略略

リャク 教小5 音［リャク］■略称《りゃくしょう》。略歴《りゃくれき》。略奪《りゃくだつ》。■計略《けいりゃく》。策略《さくりゃく》。侵略《しんりゃく》。前略《ぜんりゃく》。

りゃく【略】〈名〉説明や解説などをはぶくこと。例以下略。プロはプロフェッショナルの略だ。→りゃくす

りゃくぎ【略儀】〈名〉正式な手続きではなくて、省略したやりかた。類略式。

表現「略儀ながら書面をもってごあいさつ申しあげます」のように、あらたまった文面の手紙で使うことば。

りゃくご【略語】〈名〉ことばの一部を省略して、短くした言いかた。たとえば、「国際連合」に対する「国連」「UN」、「パーソナルコンピューター」に対する「パソコン」「PC」など。例欧文《おうぶん》略語。類略称《りゃくしょう》。略記《りゃっき》。

りゃくごう【略号】〈名〉ひと目みてすぐわかるように、みじかく表わすための記号。たとえば、数学で「ゆえに」を「∴」としたり、郵便局を「〒」と示したりするのが、その例。類略記《りゃっき》。

りゃくじ【略字】〈名〉漢字で、こみいった字形のものを簡略にしたもの。「卒」を「卆」、「働」を「仂」と書いたりするのが、その例。対本字《ほんじ》。正字。類俗字《ぞくじ》。

りゃくしき【略式】〈名〉ものごとを、正式なものよりもかんたんにしたやりかた。例略式の服装。対正式。本式。類略儀《りゃくぎ》。

りゃくしきそ【略式起訴】〈名〉非公開で書面審理《しんり》だけで刑を言いわたす簡単な裁判を求める起訴手続き。軽微《けいび》な事件について、検察官が簡易裁判所に対して行なう。

りゃくしゅ【略取】〖▾掠取〗〈名・する〉❶力ずくでうばいとること。例他国の資源を略取する。❷〔法律〕暴力や脅迫《きょうはく》によって、むりやり連れ去ること。例略取誘拐《ゆうかい》罪。未成年者略取。

りゃくじゅつ【略述】〈名・する〉要点だけをかいつまんでかんたんに述べること。

りゃくしょう【略称】〈名・する〉正式の名称を簡略化していうこと。簡略化した名前。たとえば、国際連合教育科学文化機関を「ユネスコ」、東京大学を「東大」とよんだりするのが、その例。類略語。略記《りゃっき》。

りゃく・す【略す】〈動五〉ものごとのたいせつな部分だけをのこして、こまかい部分をはぶく。類省略する。

りゃくず【略図】〈名〉だいたいのようすを書いた図。

りゃくそう【略装】〈名〉正式ではない、気がるな服装。対正装。類略服。

りゃくだつ【略奪】〖▾掠奪〗〈名・する〉力ずくでうばいとること。例山賊《さんぞく》に略奪された村。略奪品。類強奪《ごうだつ》。略取。

りゃくれいふく【略礼服】〈名〉略式の礼服。

参考 男性の黒のスーツ、女性のカクテルドレスなど。

りゃくれき【略歴】〈名〉だいたいの経歴。

りゃっき【略記】〈名・する〉❶要点だけを書くこと。対詳記《しょうき》。❷書く手間をはぶいたり、ひと目みてすぐわかるようにするために、略語や略号を使って書き表わすこと。

りゆう【理由】〈名〉そうなったわけ。例理由がある。理由をつける。理由を述べる。経済上の理由。しかるべき理由。理由づけ。類ゆえ。事由。事情。わけ。

り

表現 理由をいうのにも、いろいろな言いかたがある。「頭が痛いから休む」なら、原因が理由。「病院へいくために休む」なら、目的が理由。「休みたいから休む」なら、動機が理由になっている。

常用漢字 りゅう

【柳】木部5 全9画 柳柳柳柳柳
リュウ やなぎ 音[リュウ] ▨□柳眉《りゅうび》(を逆立てる)。□▨花柳界《かりゅうかい》。訓[やなぎ] 柳。柳腰。

【流】氵部7 全10画 流流流流流
リュウ・ル ながれる・ながす 教小3 音❶[リュウ] ▨□流行《りゅうこう》。流出《りゅうしゅつ》。流動《りゅうどう》。流派《りゅうは》。流言飛語《りゅうげんひご》。□▨電流《でんりゅう》。漂流《ひょうりゅう》。主流《しゅりゅう》。自己流《じこりゅう》。❷[ル] ▨□流布《るふ》。流転《るてん》。流罪《るざい》。訓❶[ながれる] 流れる。流れ星。❷[ながす] 流す。流し台。横流し。

【留】田部5 全10画 留留留留留
リュウ・ル とめる・とまる 教小5 音❶[リュウ] ▨□留意《りゅうい》。留学生《りゅうがくせい》。留任《りゅうにん》。留置場《りゅうちじょう》。□▨残留《ざんりゅう》。停留所《ていりゅうじょ》。保留《ほりゅう》。蒸留《じょうりゅう》。❷[ル] ▨□留守番《るすばん》。留守電《るすでん》。訓❶[とめる] 留める。留め置く。留袖《とめそで》。引き留める。❷[とまる] 留まる。歩留《ぶど》まり。

【竜(龍)】竜部0 全10画 竜竜竜竜竜
リュウ たつ 音[リュウ] ▨□竜宮《りゅうぐう》。竜骨《りゅうこつ》。竜頭蛇尾《りゅうとうだび》。□▨恐竜《きょうりゅう》。訓[たつ] 竜巻。

【粒】米部5 全11画 粒粒粒粒粒
リュウ つぶ 音[リュウ] ▨□粒子《りゅうし》。粒状《りゅうじょう》。粒々辛苦《りゅうりゅうしんく》。訓[つぶ] 粒。粒ぞろい。米粒。豆粒。

【隆(隆)】阝部8 全11画 ※隆隆隆隆
リュウ 音[リュウ] ▨□隆起《りゅうき》。隆盛《りゅうせい》。筋骨隆々《きんこつりゅうりゅう》。□▨興隆《こうりゅう》。

【硫】石部7 全12画 硫硫硫硫硫硫
リュウ 音[リュウ] ▨□硫安《りゅうあん》。硫酸《りゅうさん》。硫化銀《りゅうかぎん》。注意「硫黄」は、「いおう」と読む。

りゅう[1]【竜】〈名〉想像上の動物。からだは大蛇《だいじゃ》に似て、全身うろこにおおわれ、二本の角《つの》と長いひげと四本の足をもつ。空を自由にかけめぐり、雲をおこして、雨を降らせるといわれる。たつ。りょう。ドラゴン。絵

［りゅう］

りゅう[2]【流】〈接尾〉❶華道や茶道、芸ごとの流派を表わす。❷…のやりかたという意味を表わす。例自分流。欧米流。類式。風。

りゅうあん【硫安】〈名〉〔化学〕「硫酸アンモニウム」の略。

りゅうい【留意】〈名・する〉心にとめて注意すること。例健康に留意する。類注意。

表現「注意」には、「注意をはらう」「注意をおこたる」「注意がいきとどく」など、いろいろの言いかたがあるが、「留意」はもっぱら「留意する」で、ほかの言いかたをしない。

りゅういき【流域】〈名〉川のながれにそった地域。類川筋。川沿い。

りゅういん【▼溜飲】〈名〉胃の中の食物が酸化して、すっぱい液がのどにこみあげてくること。

溜飲が下《さ》がる うらみをはらしたときなど、これまでの不平や不満がなくなり、胸がすっきりする。類胸がすく。

りゅうおう【竜王】〈名〉❶竜神。❷将棋《しょうぎ》で、飛車が成ったもの。成り飛車。

りゅうか【硫化】〈名・する〉〔化学〕硫黄《いおう》と化合すること。例硫化水素。硫化鉄。

りゅうかい【流会】〈名・する〉出席者が少なかったりして、会が成立しないで中止になること。類お流れ。

りゅうがく【留学】〈名・する〉外国に行って、そこの学校などである期間勉強すること。例アメリカへ留学する。留学生。類遊学。

りゅうがくせい【留学生】〈名〉ある期間、外国の学校へ行って、勉強している学生。

りゅうかすいそ【硫化水素】〈名〉〔化学〕たまごがくさったようなにおいのする、有毒な気体。硫黄《いおう》と水素の化合物で、燃えると二酸化硫黄と水になる。

りゅうかん【流感】〈名〉「流行性感冒《かんぼう》」の略。例流感がはやっている。→インフルエンザ

りゅうき【隆起】〈名・する〉土地が高くもりあがること。例地盤《じばん》の隆起。隆起海岸。対沈下《ちんか》。陥没《かんぼつ》。

りゅうぎ【流儀】〈名〉学問や技芸などの、その人やその流派に独特なやりかた。例華道《かどう》の流儀。自分の流儀。類スタイル。

りゅうきゅう【▼琉球】〈名〉沖縄《おきなわ》の古いよび名。

参考 一五世紀はじめから江戸時代初期までは琉球王国があり、独立していた。その城(グスク)などの遺跡群は世界遺産となっている。

りゅうぐう【竜宮】〈名〉海中にある、竜王や乙姫《おとひめ》が住んでいるという想像上の宮殿《きゅうでん》。竜宮城。

りゅうけい【流刑】〈名〉⇩るけい

りゅうけつ【流血】〈名〉けんかや事故などで、多くの血をながすこと。例流血を見る。流血の惨事《さんじ》。

りゅうげん【流言】〈名〉なんの証拠《しょうこ》もないうわさ。例流言にまどわされる。流言飛語。類デマ。

りゅうげんひご【流言飛語】〈名〉世の中に言いふらされる、いいかげんなうわさ。類デマ。

りゅうこ【竜虎】〈名〉竜と虎《とら》。

表現 竜と虎とは優劣《ゆうれつ》をつけがたいライバルであるとされ、「竜虎相打《あいう》つ」は、ともにすぐれたふたりの英雄《えいゆう》や豪傑《ごうけつ》がたたかうことをいう。

りゅうこう【流行】〈名・する〉❶ある特定の服装や持ちもの、ことばや行動などが、一時的に多くの人のあいだにひろがること。例流行のファッション。流行をおう。流行おくれ。流行歌。類はやり。❷伝染《でんせん》性の病気が世の中に一時的にひろがること。▽類はやる。

りゅうこうご【流行語】〈名〉ある期間、世間の人々の間で人気があって、よく使われることば。そのときそのときの社会のようすを反映していることが多い。はやりことば。

りゅうこうせいかんぼう【流行性感冒】〈名〉

「インフルエンザ」のこと。略して「流感」ともいう。

りゅうこつ【竜骨】〈名〉船の背骨にあたる、重要な材料。船底の中心を船首から船尾《せんび》にかけて通っている。キール。

りゅうさん【硫酸】〈名〉〔化学〕強い酸性をもち、ねばりけのある無色の液体。水分を吸収し、金属をとかす。化学工業の分野でひろく使われている。

りゅうざん【流産】〈名・する〉妊娠《にんしん》から二十四週未満に、胎児《たいじ》が死んで生まれること。

りゅうさんアンモニウム【硫酸アンモニウム】〈名〉〔化学〕硫酸とアンモニアを反応させてつくる、無色の結晶《けっしょう》。肥料として使う。略して「硫安」ともいう。

りゅうし【粒子】〈名〉物質をつくっている小さなつぶ。砂つぶのように目に見えるものから、原子や素粒子のようなごく小さなものまで、ひろい範囲《はんい》のものをさす。

りゅうしつ【流失】〈名・する〉家や橋などが、大水でながされてなくなること。例流失家屋。

リュージュ〈名〉そり競技の一つ。あおむけになってすべるもの。◇《フランス》luge →スケルトン⑤・ボブスレー

りゅうしゅつ【流出】〈名・する〉中から外へ流れでること。例人口が流出する。情報が流出する。原油の流出事故。対流入。

表現 国内から外国にすぐれた人が出ていってしまうことを、「才能流出」「頭脳流出」などという。

りゅうじん【竜神】〈名〉水の中の動物や、雨を支配するという、竜のすがたをした神。竜王。

りゅうず【竜頭】〈名〉❶うで時計の長針や短針をうごかしたり、ねじを巻いたりするための小さなつまみ。例竜頭を巻く。❷つりがねをつりさげるために かねの頭部につけた、竜の頭のかたちをした部分。

りゅうすい【流水】〈名〉流れている水。例行雲《こううん》流水。対静水。

[1]**りゅうせい【流星】**〈名〉わずかのあいだ夜空を光りながら飛ぶ星。ながれ星。例流星群。

参考 宇宙にある小さな天体が、地球の大気の中にとびこんで、空気との摩擦《まさつ》で燃えて光るもの。

[2]**りゅうせい【隆盛】**〈名〉国家などが、いきおいがよく、のぼり調子であること。例隆盛をきわめる。隆盛にむかう。対衰退《すいたい》。

りゅうせいぐん【流星群】〈名〉あるきまった時期にきまった方向に見えるたくさんの流星。

参考 彗星《すいせい》がまき散らしていった物質と考えられている。

りゅうせんけい【流線型】〈名〉空気や水の抵抗《ていこう》を少なくするための、流れるような曲線をもった形。飛行機や新幹線の車両、船などのボディーはこの形。

りゅうたい【流体】〈名〉〔物理〕気体と液体をまとめていうことば。例流体力学。

りゅうち【留置】〈名・する〉警察署の中に、罪をおかした疑いのある者をとどめておくこと。例留置場。

りゅうちじょう【留置場】〈名〉犯罪をおかした疑いのある者をとらえて いれておくところ。警察署の中にある。未決囚《しゅう》の代用監獄《かんごく》としても使われる。類ぶた箱。

[1]**りゅうちょう【留鳥】**〈名〉季節による移動をせず、同じところにいる鳥。スズメやキジなど。対わたり鳥。候鳥。

ア リューチョー

[2]**りゅうちょう【流▼暢】**〈形動〉ことばがすらすらと出て、まるで ながれるようだ。例流暢な文章。流暢に話す。

ア リューチョー

表現 「流暢に英語をしゃべる」「流暢な英語」のように、外国語を話しているときのようすによく使う。

りゅうつう【流通】〈名・する〉❶空気などが一か所にたまらないで、流れていくこと。例空気の流通をよくする。❷生産された商品が問屋《とんや》や小売店などをへて、消費者のところまでわたること。例流通機構。❸ひろく社会で通用すること。例流通貨幣《かへい》。

りゅうどう【流動】〈名・する〉一か所にとまったり、一つにかたまったりしないで、ながれるようにうごいていくこと。例流動化。流動性。流動体。流動的。流動資本。

りゅうどうしょく【流動食】〈名〉病人などが食べる、消化しやすい液状の食べもの。おかゆやスープなど。

りゅうとうだび【竜頭蛇尾】〈名〉はじめはいきおいがさかんであるが、終わりになるとそのいきおいがなくなってしまうこと。例竜頭蛇尾に終わる。類しりすぼみ。

りゅうどうてき【流動的】〈形動〉情勢が、定まることなく、たえず移り変わるようす。例事態は流動的だ。

りゅうにゅう【流入】〈名・する〉外から中へ流れこんでくること。例人口が流入する。対流出。

りゅうにん【留任】〈名・する〉やめないで、今までどおりの職にとどまること。例大臣が留任する。類再任。

りゅうねん【留年】〈名・する〉成績がわるいとか、出席日数がたりないなどの理由で、つぎの年度も同じ学年をもういちどやること。対進級。類落第。

りゅうのひげ【竜の▼鬚】〈名〉野草の一つ。庭などにも植える。ほそながい葉が根もとからむらがって生える。初夏、うすむらさき色の花がふさになってさく。じゃのひげ。

りゅうは【流派】〈名〉学問や芸術、芸能などで、方法や考えかたなどの特徴《とくちょう》によってまとまっているグループ。例流派をおこす。流派に属する。類系統。系列。

りゅうひょう【流氷】〈名〉寒帯の海で、氷結していた氷がわれて流れてくるもの。参考 北海道のオホーツク海沿岸で、晩冬から初春にみられる。

りゅうび(柳眉)をさかだ(逆立)てる 美人が、まゆをつり上げておこるときのようすをいうことば。

りゅうほ【留保】〈名・する〉その場で自分の考えをしめさないで、決定をもちこすこと。例判断を留保する。留保条件。類保留。たなあげ。ペンディング。

りゅうぼく【流木】〈名〉❶海や川などにただよい流れている木。❷山から切りだして、川にうかべて流す木材。

リューマチ〈名〉⇩リウマチ

りゅうみん【流民】〈名〉飢饉《ききん》や戦争などのために、故郷や故国をはなれて、行き先もなく各地をさすらう人々。「るみん」ともいう。類難民。

りゅうもんがん【流紋岩】〈名〉〔地学〕火山岩の一つで、白や灰色の岩石。成分は花崗《かこう》岩と同じで、石英や長石などの鉱物を多くふくむ。石英粗面《そめん》岩。

りゅうよう【流用】〈名・する〉お金や品物を、本来の目的以外のことに 利用すること。例公金の流用が明らかになった。類転用。

りゅうり【流離】〈名・する〉故郷から遠くはなれたところを放浪《ほうろう》すること。例流離のうれい。類流浪《るろう》。

[1]**りゅうりゅう【流流】**〈名〉ものごとは時と場所によってやり方がさまざまであること。「細工《さいく》は流々」の形で使う。→さいく表現

[2]**りゅうりゅう【隆隆】**〈副・連体〉❶たくましくもりあがっているようす。例隆々たる筋肉。筋骨隆々。❷いき

 ルオー (1871～1958) フランスの画家。人生の苦しみや悲しみを主題とした宗教画を多く残した。

おいがさかんである。例 隆々とさかえる。

りゅうりゅうしんく【粒粒辛苦】〈名・する〉長いあいだにわたって、たいへんな苦労をすること。由来 米のひとつぶひとつぶにも、つくった人のつらい苦労がある、ということから。

1**りゅうりょう【流量】**〈名〉川の水や、くだの中の液体などが、一定の時間内(たとえば一分間)に流れる量。

2**りゅうりょう【▼嚠▼喨】**〈副・連体〉管楽器の音色などが、澄《す》んでひびきわたるようす。例 嚠喨と鳴りわたる。嚠喨たるラッパの音《ね》。ア リューリョー

りゅうれい【流麗】〈形動〉詩や文章、音楽などが、流れるようにうつくしい。例 流麗な調べ。ア リューリョー

リュックサック〈名〉登山や遠足、また、ふだんの通学・通勤などのとき、荷物を入れてせおうもの。略して「リュック」とも、また、「ザック」ともいう。類 ナップサック。バックパック。◇ドイ《ツ》 Rucksack

常用漢字　りょ

【侶】 亻部7 全9画　侶侶侶侶侶侶
リョ 音［リョ］ ▨伴侶《はんりょ》。僧侶《そうりょ》。

【旅】 方部6 全10画　旅旅旅旅旅旅
リョ たび 教小3 音［リョ］ ▨旅行《りょこう》。旅館《りょかん》。旅客機《りょかっき》。旅券《りょけん》。旅情《りょじょう》。旅費《りょひ》。訓［たび］旅。

【虜(虜)】 虍部7 全13画　※虜虜虜虜虜
リョ 音［リョ］ ▨虜囚《りょしゅう》。▨捕虜《ほりょ》。

【慮】 心部11 全15画　※慮慮慮慮慮
リョ 音［リョ］ ▨遠慮《えんりょ》。考慮《こうりょ》。配慮《はいりょ》。憂慮《ゆうりょ》。

1**りよう【利用】**〈名・する〉❶うまく役だたせて、使うこと。例 余暇《よか》を利用する。廃品《はいひん》を利用する。機会を利用する。利用価値。利用法。再利用。類 活用。使用。❷便利なもの、つごうのよいものを使うこと。例 会社の保養所を利用する。❸自分だけの利益のために、手段としてなにかを使うこと。例 地位を利用する。ぼくは完全にあいつに利用された。

表現 とくに「便利」とか「つごうがよい」とかいう意味もなく、「市バスご利用のかたは三番出口へどうぞ」とか、「途中《とちゅう》ご利用階数をお知らせください」などのように、ふつうに「使う」場合にも「利用」ということがある。

2**りよう【理容】**〈名〉理髪《りはつ》と美容を合わせた言いかた。例 理容学校。理容師。参考 理容師は、美容師とちがって、かみそりを使うことが法律でみとめられている。

常用漢字　りょう

【了】 亅部1 全2画　了了
リョウ 音［リョウ］ ▨了解《りょうかい》。了承《りょうしょう》。了見《りょうけん》。▨完了《かんりょう》。終了《しゅうりょう》。修了《しゅうりょう》。未了《みりょう》。魅了《みりょう》。

【両(兩)】 一部5 全6画　両両両両両
リョウ 教小3 音［リョウ］ ▨両親《りょうしん》。両手《りょうて》。両立《りょうりつ》。一挙両得《いっきょりょうとく》。▨一両日《いちりょうじつ》。車両《しゃりょう》。

【良】 艮部1 全7画　良良良良良良
リョウ よい 教小4 音［リョウ］ ▨良好《りょうこう》。良質《りょうしつ》。良心《りょうしん》。良性《りょうせい》。▨改良《かいりょう》。最良《さいりょう》。不良品《ふりょうひん》。優良《ゆうりょう》。訓［よい］良い。注意 県名の「奈良《なら》県」にも用いる。「野良」は、「のら」と読む。

【料】 斗部6 全10画　料料料料料料
リョウ 教小4 音［リョウ］ ▨料金《りょうきん》。料理《りょうり》。▨材料《ざいりょう》。原料《げんりょう》。調味料《ちょうみりょう》。送料《そうりょう》。授業料《じゅぎょうりょう》。飼料《しりょう》。

【涼】 氵部8 全11画　涼涼涼涼涼涼
リョウ すずしい・すずむ 音［リョウ］ ▨涼風《りょうふう》。涼味《りょうみ》。▨清涼剤《せいりょうざい》。納涼《のうりょう》。荒涼《こうりょう》。訓❶［すずしい］涼しい。涼しさ。❷［すずむ］涼む。夕涼み。

【猟(獵)】 犭部8 全11画　猟猟猟猟猟
リョウ 音［リョウ］ ▨猟師《りょうし》。猟犬《りょうけん》。猟銃《りょうじゅう》。猟奇的《りょうきてき》。▨禁猟《きんりょう》。狩猟《しゅりょう》。渉猟《しょうりょう》。

【陵】 阝部8 全11画　陵陵陵陵陵
リョウ みささぎ 音［リョウ］ ▨陵墓《りょうぼ》。▨丘陵《きゅうりょう》。御陵《ごりょう》。訓［みささぎ］陵。

【量】 里部5 全12画　※量量量量量
リョウ はかる 教小4 音［リョウ］ ▨量産品《りょうさんひん》。▨雨量《うりょう》。積雪量《せきせつりょう》。計量《けいりょう》。分量《ぶんりょう》。技量《ぎりょう》。度量《どりょう》。訓［はかる］量る。推し量る。

【僚】 亻部12 全14画　僚僚僚僚僚
リョウ 音［リョウ］ ▨僚友《りょうゆう》。▨同僚《どうりょう》。官僚《かんりょう》。幕僚《ばくりょう》。

【領】 頁部5 全14画　領領領領領
リョウ 教小5 音［リョウ］ ▨領土《りょうど》。領海《りょうかい》。領収書《りょうしゅうしょ》。領袖《りょうしゅう》。▨要領《ようりょう》。大統領《だいとうりょう》。占領《せんりょう》。受領書《じゅりょうしょ》。

【寮】 宀部12 全15画　寮寮寮寮寮
リョウ 音［リョウ］ ▨寮生《りょうせい》。寮母《りょうぼ》。▨独身寮《どくしんりょう》。

【療】 疒部12 全17画　療療療療療
リョウ 音［リョウ］ ▨療養《りょうよう》。▨民間療法《みんかんりょうほう》。治療《ちりょう》。医療《いりょう》。診療所《しんりょうじょ》。

【瞭】 目部12 全17画　瞭瞭瞭瞭瞭
リョウ 音［リョウ］ ▨一目瞭然《いちもくりょうぜん》。▨明瞭《めいりょう》。

【糧】 米部12 全18画　※糧糧糧糧糧
リョウ・ロウ かて 音❶［リョウ］ ▨糧食《りょうしょく》。糧米《りょうまい》。糧道《りょうどう》。▨食糧《しょくりょう》。❷［ロウ］ ▨兵糧《ひょうろう》。訓［かて］糧。

【漁】 ⇩常用漢字 ぎょ〔漁〕

1**りょう【両】**一〈造語〉ふたつで一組みになるものの、ふたつとも。例 両の目。両の手。二〈接尾〉列車の車両をかぞえることば。例 七両編成。三〈名・接尾〉江戸

時代の貨幣《かへい》の単位。小判一枚が一両で、一両＝四分《ぶ》＝一千文《もん》。例千両箱。

[2]**りょう【良】**〈名〉成績の段階を表わすことば。「優・良・可・不可」の四段階、または、「秀《しゅう》・優・良・可・不可」の五段階の一つ。ふつうの成績。

[3]**りょう【涼】**〈名〉すずしさ。例涼をもとめる。涼を入れる。うちわで涼をとる。

[4]**りょう【猟】**〈名〉けものや鳥をとらえること。また、そのえもの。例猟に出る。類狩り。狩猟《しゅりょう》。

[5]**りょう【漁】**〈名〉魚や貝をとること。また、そのえもの。例漁が少ない。漁をする。漁に出る。

[6]**りょう【量】**〈名〉ものの数や、かさ。例量がある。量が多い。量をはかる。量より質。仕事の量。降水量。対質。

[7]**りょう【寮】**〈名〉寄宿舎。営利のために経営されるアパート、マンションなどとはちがって、企業《きぎょう》や組織が社員や職員を住まわせるためにつくる住居施設《しせつ》をいう場合が多い。例大学の寮。学生寮。社員寮。職員寮。独身寮。母子寮。

[8]**りょう【料】**〈接尾〉❶料金。例手数料。受験料。レンタル料。❷材料。例調味料。香辛《こうしん》料。

りょうあし【両足】〈名〉左右二本のあし。対片足。

りょういき【領域】〈名〉❶領土・領海・領空よりなる、国家の力がおよぶ範囲《はんい》。❷学問や研究上で、専門的にあつかわれる分野。例考古学の領域。類方面。畑。▽類領分。

りょういん【両院】〈名〉❶衆議院と参議院。❷上院と下院。

りょういんせい【両院制】〈名〉⇩にいんせい

りょううで【両腕】〈名〉左右二本のうで。対片腕。

[1]**りょうえん【良縁】**〈名〉結婚《けっこん》するふたりの幸福が期待できる、よい縁ぐみ。例良縁にめぐまれる。

[2]**りょうえん【▼遼遠】**〈形動〉気がとおくなるほど、はるか先であるようす。例前途《ぜんと》遼遠。

[1]**りょうか【良家】**〈名〉⇩りょうけ

[2]**りょうか【良貨】**〈名〉品質のよい貨幣《かへい》。例悪貨は良貨を駆逐《くちく》する(→「あっか〔悪貨〕」の子項目)。対悪貨。

りょうが【▼凌▼駕】〈名・する〉相手をおいこすほどにすぐれていること。例…を凌駕するいきおい。類しのぐ。

[1]**りょうかい【了解】**【▼諒解】〈名・する〉事情や理由などを、よくわかってみとめること。例了解をえる。了解をもとめる。暗黙《あんもく》の了解がある。「現地へ急行せよ」「了解」。類了承。

注意 目上の人から言われたことに対しては、「了解しました」でなく「承知しました(いたしました)」とこたえる。

[2]**りょうかい【領海】**〈名〉その国の主権がおよぶ海域。条約で、沿岸から十二海里(＝約二二キロメートル)までと定められている。対公海。

りょうがえ【両替】〈名・する〉ある紙幣《しへい》や貨幣を、同じ額のほかの種類の紙幣や貨幣にかえること。

りょうがわ【両側】〈名〉おもてとうら、左がわと右がわのような、ものの二つの側面。対片側。類両面。

[1]**りょうかん【涼感】**〈名〉すずしげな感じ。

[2]**りょうかん【量感】**〈名〉重みや厚みのある感じ。例量感がある。類ボリューム。

[1]**りょうがん【両岸】**〈名〉川の両方のきし。両ぎし。

[2]**りょうがん【両眼】**〈名〉両方の目。類両目。

[1]**りょうき【涼気】**〈名〉今まで感じていた暑さがふきはらわれるような、すずしさ。

[2]**りょうき【猟奇】**〈名〉怪奇《かいき》なもの、異常なものをもとめること。例猟奇趣味《しゅみ》。猟奇小説。猟奇的。

[3]**りょうき【猟期】**〈名〉❶その鳥やけものがよくとれる時期。❷その鳥やけものなどをとらえることがゆるされている時期。

[4]**りょうき【漁期】**〈名〉❶その魚や貝がよくとれる時期。❷その魚や貝をとることがゆるされている時期。

りょうきてき【猟奇的】〈形動〉ふつうの感覚では考えられないほど不気味で異常な。例猟奇的な事件。

りょうきょく【両極】〈名〉❶南極と北極。❷電池の陽極と陰極《いんきょく》。❸相《あい》反する二つの立場や考え方。例意見が両極にわかれる。類両極端。

りょうきょくたん【両極端】〈名・形動〉二つのものが、ちょうど反対だったり対照的だったりして、まったくちがっていること。類両極。

りょうきん【料金】〈名〉ものを使ったり、手数をかけたり、もよおしものを見たりしたことに対してはらうお金。例料金をはらう。特急料金。公共料金。

りょうくう【領空】〈名〉その国の権利がおよぶ上空。例領空権。領空侵犯《しんぱん》。

りょうけ【良家】〈名〉家系がよく生活もゆたかな家。「りょうか」ともいう。例良家の子女。

りょうけい【量刑】〈名〉裁判官が刑の程度をきめること。例妥当《だとう》な量刑。

[1]**りょうけん【了見】**【料▽簡・了▽簡】〈名〉あるものごとについての考え。やや古風な言いかた。例了見がせまい。けちくさい了見。了見ちがい。アリョーケン

表現 親が、だらしない子どもを「お前はいったいどういう了見でいるのか」としかるなど、好ましくない状況《じょうきょう》をいうときに使われることが多く、「どういうご了見ですか」などと敬語に使うことはできない。

[2]**りょうけん【猟犬】**〈名〉狩《か》りに使うイヌ。アリョーケン

りょうけんちがい【了見違い】〈名〉考えがまちがっていること。例了見違いもはなはだしい。類考え違い。心得違い。

[1]**りょうこう【良港】**〈名〉船の出入りや停泊《ていはく》に条件のいいみなと。例天然の良港。

[2]**りょうこう【良好】**〈形動〉このましい、いい状態にあるようす。例経過が良好だ。対不良。類いい。

りょうごく【領国】〈名〉むかし、貴族や大名などが支配していた土地。類領地。

りょうさい【良妻】〈名〉夫をたいせつにするいい妻《つま》。例良妻賢母《けんぼ》。対悪妻。

りょうさいけんぼ【良妻賢母】〈名〉夫によくつかえるよき妻であり、子どもにとってはかしこい母である女性。

参考 封建《ほうけん》的思想の強かった時代の女性の理想的なありかたをいった、やや古いことば。

りょうさく【良策】〈名〉うまいやり方。類上策。得策。良計。

りょうさん【量産】〈名・する〉大きな工場で、製品を大量に生産すること。例量産につとめる。

表現 「ホームランを量産する」のような使いかたもある。

りょうざんぱく【▼梁山泊】〈名〉野心家や豪傑《ごうけつ》たちが集まる所。由来 中国の小説『水滸伝《すいこでん》』で豪傑たちが集まった地名から。

[1]**りょうし【猟師】**〈名〉野生のけものや鳥などをつかまえて、それを売って生活している人。類狩人《かりゅうど》。

 ルター (1483~1546) ドイツの宗教改革者。ローマ教会の腐敗を批判，聖書が信仰の規範と説いた。

2 **りょうし【量子】**〈名〉〔物理〕エネルギーや電気量などの、それ以上分割《ぶんかつ》できない最小の量。

3 **りょうし【漁師】**〈名〉魚や貝などをとって、それを売って生活している人。類漁夫。漁民。

りょうじ【領事】〈名〉外国にいて、貿易をすすめたり、自国民の保護や監督《かんとく》にあたる役人。総領事・領事・副領事の別がある。

りょうしき【良識】〈名〉社会人として当然もっているべき健全な判断力。例良識がある。良識の府(=「参議院」のこと)。良識に期待する。類常識。モラル。

りょうしつ【良質】〈形動〉品質がいい。例良質の紙。良質な品。類上質。

りょうしゃ【両者】〈名〉両方の人。両方のもの。

りょうしゅ【領主】〈名〉❶荘園《しょうえん》の持ち主。❷土地をもち、その土地の人々を支配している人。

1 **りょうしゅう【領収】**〈名・する〉代金などを相手からうけとること。例領収書。類受領。

2 **りょうしゅう【領袖】**〈名〉人々の頭《かしら》となる人。例党の領袖。類首脳。

りょうじゅう【猟銃】〈名〉狩《か》りに使う銃。

りょうしゅうしょ【領収書】〈名〉代金をうけとった証明としてわたす書類。領収証。類受取。レシート。

りょうしょ【良書】〈名〉読む人のためになる、いい内容の本。対悪書。

りょうしょう【了承】『▼諒承』〈名・する〉事情をよく理解したうえで、みとめること。例了承をもとめる。了承をえる。申し出を了承する。類了解。

りょうじょう(▼梁上)のくんし(君子)❶どろぼう。❷ねずみ。由来むかし中国で、家の梁《はり》の上にひそんでいたどろぼうを見つけた人がすこしもさわがず、そのどろぼうを「梁上の君子」とよんだことから。

りょうしょく【糧食】〈名〉たくわえておいたり、長い旅行のとき持って歩けるようにした食べ物。古い言いかた。

りょうじょく【▼凌辱・陵辱】〈名・する〉❶人をはずかしめること。❷力ずくで女性に乱暴すること。

1 **りょうしん【両親】**〈名〉父と母。類二親《ふたおや》。父母。

2 **りょうしん【良心】**〈名〉善悪をわきまえ、自分の行いを正しくよいものにしようとする、心のはたらき。例良心がとがめる。良心にめざめる。良心的。

良心の呵責《かしゃく》悪いことをしたのにだまっていて、良心が強くとがめること。例良心の呵責にさいなまれる。

りょうしんてき【良心的】〈形動〉誠実さ、よさがよくわかる。例良心的な価格。良心的な店。

1 **りょうせい【両性】**〈名〉男性と女性。おすとめす。

2 **りょうせい【良性】**〈形動〉病気などで生命に危険がなく、簡単になおるようす。例良性腫瘍《しゅよう》。対悪性。

りょうせいせいしょく【両性生殖】〈名〉〔生物〕雌雄《しゆう》両性による生殖。対単為《たんい》生殖。

りょうせいばい【両成敗】〈名〉争い合う当事者双方《そうほう》をともに罰《ばっ》すること。例けんか両成敗。

りょうせいるい【両生類】『両▼棲類』〈名〉脊椎《せきつい》動物のうち、卵をうみ、多くは幼時はえらで呼吸して水中ですごし、成長すると肺で呼吸し、陸上でも生活するもの。カエル・イモリ・サンショウウオなど。

りょうせん【▼稜線】〈名〉山なみの峰《みね》から峰へのつながりをえがきだす線。類尾根《おね》。山稜。

りょうぜん【瞭然】〈副〉はっきりしていて、見てすぐにわかるようす。類歴然。表現ふつう、「一目《いちもく》瞭然」のかたちで使う。

りょうたん【両端】〈名〉ひとつのものの両方のはし。例ひもの両端を持つ。類首尾《しゅび》。

りょうだん【両断】〈名・する〉まっぷたつに切ること。例両断にする。一刀両断。

りょうち【領地】〈名〉むかし、貴族や大名などが支配していた土地。類領土。領分。領国。

りょうて【両手】〈名〉左右二本の手。対片手。

両手に花《はな》二つのすばらしいものを、ひとりじめすること。とくに、男が女性にはさまれているときにいう。

りょうてい【料亭】〈名〉日本料理を食べさせる、高級な店。類割烹《かっぽう》。

りょうてき【量的】〈形動〉質は別にして、量の面に関係のある。例量的には十分だが、質のわるいものが大部分だ。対質的。

りょうてんびん(両天▼秤)にか(掛)ける二つのうち、どちらになっても困らないように、両方にかかわりをつけておく。「両てんびんをかける」ともいう。

りょうど【領土】〈名〉ある国が支配している土地。例領土を守る。日本の領土。類領地。

りょうとう【両刀】〈名〉むかし、武士がこしにさした大刀と小刀の二本の刀。

りょうどう【糧道】〈名〉軍隊の食糧をはこぶ道すじ。例糧道をたつ。

りょうどうたい【良導体】〈名〉〔物理〕熱や電気をよくとおす物質。対不導体。不良導体。類導体。

りょうとうづかい【両刀遣い・両刀使い】〈名〉❶二刀流のつかい手。❷二つ以上のことをともによくできる人。例作曲家と歌手の両刀使い。❸酒もあまいものも両方とも好きな人。▽俗《ぞく》な言いかた。

りょうどなり【両隣】〈名〉自分の家の両がわの家。

1 **りょうば【両刃】**〈名〉刃物で、両がわに刃がついていること。対片刃。類もろ刃。アリョーバ

2 **りょうば【猟場】**〈名〉けものや鳥がたくさんいて、猟にいいところ。「アリョーバ」

りょうはん【量販】〈名・する〉商品を大量に安く売ること。例量販店。

りょうひ【良否】〈名〉いいかわるいかということ。例良否を問う。ことの良否。類よしあし。可否。

りょうびらき【両開き】〈名〉門や開き戸が、中ほどから左右両がわに開くようにできていること。対片開き。類観音《かんのん》開き。

りょうふう【涼風】〈名〉すずしくて、気持ちのよい風。類すずかぜ。

りょうぶん【領分】〈名〉❶勢力の範囲《はんい》の中。例領分をおかす。他人の領分。類なわばり。❷自分の所有する土地。類領地。

りょうぼ【陵墓】〈名〉天皇・皇后や国王・皇帝の墓。類陵。御陵。みささぎ。

1 **りょうほう【両方】**〈名〉二つあるものの二つとも。例両方に気をくばる。両方の意見を聞く。対一方。かた方。類双方《そうほう》。両者。アリョーホー

2 **りょうほう【療法】**〈名〉病気やけがをなおす方法。例食餌《しょくじ》療法。民間療法。類治療法。アリョーホー

りょうまい【糧米】〈名〉食糧にするための米。

りょうみ【涼味】〈名〉すずしい感じ。例涼味を満喫《まんきつ》する。

りょうめん【両面】〈名〉おもてとうら、物と心など、組

みになる二つの面。例ものごとの両面(=よい面と悪い面)。物心両面からの援助。対片面。類両側《りょうがわ》。

りょうもん【良問】〈名〉よくつくられている、質の高い試験問題。対悪問。

りょうやく【良薬】〈名〉よくきく、すぐれたくすり。

良薬は口《くち》に苦《にが》し よくきく薬は苦くてのみにくい。ほんとうに自分のためになるような忠告は、聞くのがつらい。類忠言は耳に逆らう。

[1]りょうゆう【両雄】〈名〉ふたりの英雄。

両雄並《なら》び立《た》たず 同じくらいの大きな勢力をもつふたりの英雄がいれば、そのあいだには かならず争いがおこって、どちらかがたおれるのがふつうで、ともに栄えることはできない。

[2]りょうゆう【領有】〈名・する〉土地などを、自国の領土として所有すること。類領有権。

[3]りょうゆう【僚友】〈名〉同じ職場などで、仕事をともにしている友人。

[1]りょうよう【両用】〈名〉一つのものが、ふたとおりの役にたつこと。例水陸両用の車。

[2]りょうよう【両様】〈名〉ふたとおり。例両様に解釈《かいしゃく》できる。類二様。

[3]りょうよう【療養】〈名・する〉病気をなおすために、治療をうけ、また、からだを休めること。例転地療養。自宅療養。療養所。類養生。静養。

りょうよく【両翼】〈名〉❶左右二つのつばさ。❷ならんでいるものやひろげているものの、左右両方。とくに、軍隊などの戦列についていう。

りょうり【料理】〈名・する〉❶材料にいろいろ手をくわえて、食べられるようにすること。また、その食べもの。例西洋料理。一品料理。類調理。→囲み記事57(下) ❷困難な仕事を処理したり、反対しそうな人をうまくまるめこんだりすること。例がんこな相手をじょうずに料理した。

表現 ①の食べものは、ふつう一品《ひとしな・いっぴん》・二品《ふたしな・にひん》と数える。皿に盛ったものは一皿《ひとさら》・二皿《ふたさら》、それが何人分かは一人前《いちにんまえ》・二人前《ににんまえ》と数える。料理する手順は、「もうひと手間かけて…」のように一手間《ひとてま》・二手間《ふたてま》と数える。

りょうりつ【両立】〈名・する〉二つの性質のちがうものが両方ともうまくいくこと。両方ともうまくいかせること。例仕事と育児が(を)両立する。類共存。並立《へいりつ》。

[1]りょうりょう【▼稜▼稜】〈副・連体〉人と妥協《だきょう》しないようす。例稜々と角《かど》が立つ。稜々たる気骨。

[2]りょうりょう【▼寥▼寥】〈副・連体〉数が少なくて、さびしい感じがする。例寥々として人影《ひとかげ》を見ない。寥々たるありさま。

りょうりょう(両両)あい(相)まって 二つのものが補い合い、一つになって。

りょうりん【両輪】〈名〉車の、左右の車輪《しゃりん》。

表現「理論と実験は、科学を発展させる車の両輪だ」のように、二つがそろうことによってはじめて大きな力となるものごとのたとえにも使う。

りょうろん【両論】〈名〉相対する二つの意見。例賛否両論。両論併記《へいき》。

りょかく【旅客】〈名〉鉄道や飛行機、船などの乗りものを利用して旅をする人。「りょきゃく」ともいう。例鉄道の旅客。旅客機。

りょかっき【旅客機】〈名〉旅客を運ぶための飛行機。

りょかん【旅館】〈名〉日本風の宿泊施設。類ホテル。やど。

りょきゃく【旅客】〈名〉⇩りょかく

常用漢字 りょく

【力】力部0 全2画 力力

リョク・リキ ちから 教小1 音❶[リョク] 引力《いんりょく》。労働力《ろうどうりょく》。生産力《せいさんりょく》。権力《けんりょく》。努力《どりょく》。原動力《げんどうりょく》。能力《のうりょく》。極力《きょくりょく》。❷[リキ] 力《りき》む。馬力《ばりき》。自力《じりき》。百人力《ひゃくにんりき》。力量《りきりょう》。力作《りきさく》。力説《りきせつ》。力投《りきとう》。力士《りきし》。訓[ちから] 力。力仕事。力ずく。力試し。力負け。力技。底力。馬鹿力。

【緑(綠)】糸部8 全14画 緑緑緑緑緑

リョク・ロク みどり 教小3 音❶[リョク] 緑茶《りょくちゃ》。緑化《りょくか》。緑地《りょくち》。緑陰《りょくいん》。新緑《しんりょく》。葉緑素《ようりょくそ》。❷[ロク] 緑青《ろくしょう》。訓[みどり] 緑。

りょく【力】〈接尾〉なにかをするための力《ちから》。例持久

囲み記事 57

料理することば

(1)直接、火にかざしたり、道具を通して熱を加える

焼く——じかに火にあてたり、なべに少し油をひいて火を通す。道具には、フライパン・オーブン・金網《かなあみ》・トースターなどを使う。「焼き魚」「焼き肉」「塩焼き」「すき焼き」

あぶる——炎《ほのお》がふれるかふれない程度に、火からはなして熱を加える。「肉をあぶる」「のりをあぶる」

煎《い》る——平たいなべに入れ、かきまぜながら強い火で熱する。ごま・豆・卵などに限られる。「いり豆」「いり卵」

(2)油をかなり使って、火を通す

いためる——「煎る」と似《に》ているが、油を使う点が異なる。フライパンや中華《ちゅうか》なべを使う。「いため物」「油いため」「バターいため」

揚《あ》げる——油をたっぷり入れたフライパンや中華なべに入れて、熱を加える。「揚げ物」「かき揚げ」「から揚げ」「精進《しょうじん》揚げ」

(3)汁《しる》・水・湯などのなかに入れる

煮《に》る——調味料を入れた汁で、長時間熱して味をしみこませる。「煮こむ」「煮つめる」「煮魚」「クリーム煮」「みそ煮」

炊《た》く——釜《かま》に米を入れ、水を加えてごはんをつくる。「ごはんをたく」「米をたく」(関西方言では、「煮る」ことにもいう)

ゆでる——火にかけた水や湯に入れて、熱する。「そばをゆでる」「ゆで卵」

ゆがく——火にかけた熱湯にさっとつける。

(4)熱い蒸気を加える

ふかす——蒸気を強くあてて、熱を加える。「いもをふかす」

蒸《む》す——容器のなかに蒸気を充満《じゅうまん》させて、熱を加える。「茶碗《ちゃわん》蒸し」

 ルノアール(1841～1919) フランスの印象派の画家。明るい色調で女性の肖像やバラをえがいた。

力。吸引力。結束力。生産力。応用力。指導力。

りょくいん【緑陰】〈名〉 青葉のしげった、すずしい木かげ。例 緑陰に憩《いこ》う。

りょくか【緑化】〈名・する〉 草や木をうえて、緑の多い土地にすること。「りょっか」ともいう。例 緑化運動。

りょくじゅ【緑樹】〈名〉 青葉のしげった木。

りょくそうるい【緑藻類】〈名〉 みどり色の色素《しきそ》をもつ藻類。アオノリやアオミドロなど。

りょくち【緑地】〈名〉 草や木がしげっていて、緑の多いところ。例 緑地帯。

りょくちたい【緑地帯】〈名〉 草木の多いところ。とくに、都会で、住民の健康のために、また、防火などのために草木をうえてあるところ。

りょくちゃ【緑茶】〈名〉 日本独特のつくりかたをしたお茶。玉露《ぎょくろ》・煎茶《せんちゃ》・番茶など。茶の木の、葉のみどり色がのこっている。

りょくど【緑土】〈名〉 草や木の あおあおとしげった土地。例 緑土が広がる。

りょくないしょう【緑内障】〈名〉 眼球内の圧力が高くなって視力に影響《えいきょう》の出る病気。重症《じゅうしょう》の場合失明する。あおそこひ。

りょくひ【緑肥】〈名〉 田畑にうえたレンゲソウやクローバーなどを、そのまま土の中にすき入れて、肥料にするもの。

りょけん【旅券】〈名〉 ⇩パスポート

りょこう【旅行】〈名・する〉 家を出て、しばらく各地をまわること。例 旅行に出る。修学旅行。新婚《しんこん》旅行。海外旅行。日帰り旅行。類 旅。

りょしゅう[1]【旅愁】〈名〉 旅に出て感じられる、もの悲しいようなさびしいような気持ち。類 旅情。

りょしゅう[2]【虜囚】〈名〉 敵にとらわれた人。類 とりこ。捕虜《ほりょ》。

りょじょう【旅情】〈名〉 旅に出て感じられる、しみじみとした気持ち。例 旅情をそそる。類 旅愁《りょしゅう》。

りょそう【旅装】〈名〉 旅行のための服装。例 旅装をとく。旅装をととのえる。類 旅じたく。

りょだん【旅団】〈名〉 軍隊編制上の単位の一つ。師団と連隊の中間ぐらいの規模で、ふつう二～四連隊からなる。

りょっか【緑化】〈名・する〉 ⇩りょくか

りょてい【旅程】〈名〉 旅の道のりや日程。類 行程。

りょひ【旅費】〈名〉 旅をするのにかかる費用。

りょりょく【▼膂力】〈名〉 筋肉の力。うでの力。

リラ〈名〉 庭などにうえる落葉低木。春、かおりのいい、うすむらさきや白などの小さな花があつまってさく。ライラック。ムラサキハシドイ。◇《フランス》lilas

リライト〈名・する〉 書かれた原稿《げんこう》の必要なところに手をくわえて、書きなおすこと。◇rewrite

リラクゼーション〈名〉 心身をリラックスさせるための手段。それを提供する店。例 リラクゼーションサロン。◇relaxation

リラックス〈名・する〉 緊張《きんちょう》をといて、らくな気持ちになること。例 リラックスムード。類 弛緩《しかん》。◇relax

リリース 一〈名・する〉 ❶CDやパソコンのソフトなどを発売すること。❷つった魚を、生かしたまま放すこと。❸野球の投球やボウリングで、ボールを手から放すこと。例 リリースのタイミング。 二〈名〉 おおやけに行なう発表。例 プレスリリース。ニュースリリース。◇release

リリーフ〈名・する〉 野球で、それまで投げていた投手のあとをひきうけて 投げること。救援《きゅうえん》。また、その投手。例 リリーフピッチャー。類 中継《つ》ぎ。◇relief

りりく【離陸】〈名・する〉 飛行機などが陸地をとびたつこと。例 成田空港を離陸する。対 着陸。

りりし・い【▼凜▼凜しい】〈形〉 すがたや態度がきびきびしていて、いさましい。多く、若い人についていう。例 りりしいすがた。

リリシズム〈名〉 叙情《じょじょう》的な味わい。◇lyricism

りりつ【利率】〈名〉 元金に対する利子のわりあい。年利・月利・日歩《ひぶ》で表わす。類 利回り。

リレー〈名〉 ❶陸上・水泳・スキー競技などで、ふつう四人が一組みとなり、それぞれ一定の距離《きょり》を走ったり泳いだりして全体の速さをきそう競技。リレーレース。継走《けいそう》。継泳。❷〈する〉 次から次へとわたしていくこと。例 リレー放送。類 中継。◇relay

りれき【履歴】〈名〉 ❶その人が、現在までに勉強してきた学校や、はたらいた職業などの 歴史。例 履歴書。類 経歴。素性《すじょう》。❷ものごとの経緯《けいい》を時系列で書きならべたもの。例 ホームページの更新履歴。

りれきしょ【履歴書】〈名〉 その人が現在までに経てきた、学歴や職歴などを書き入れた書類。類 経歴書。

りろせいぜん【理路整然】〈副・連体〉 議論や思考の筋道がきちんとしていて、ととのっているようす。例 理路整然とした説明。

りろん【理論】〈名〉 原理や原則をもとにした、すじみちの立った考え。例 理論をうちたてる。理論と実践《じっせん》。理論家。理論的。対 実践。類 セオリー。

りろんてき【理論的】〈形動〉 客観的・科学的な理論にもとづいている。例 理論的な学問研究。理論的なうらづけ。理論的にはこうなるはずなのに、実験で証明できなかった。対 実践《じっせん》的。恣意《しい》的。

常用漢字 **りん**

【林】 木部4 全8画 林林林林林林
リン はやし 教小1 音[リン] 林業《りんぎょう》。林道《りんどう》。林間学校《りんかんがっこう》。林立《りんりつ》。山林《さんりん》。森林《しんりん》。竹林《ちくりん》。防風林《ぼうふうりん》。訓[はやし] 林。松林。

【厘】 厂部7 全9画 ※厘厘厘厘厘
リン 音[リン] 五厘《ごりん》。一分一厘《いちぶいちりん》。

【倫】 イ部8 全10画 倫倫倫倫倫
リン 音[リン] 倫理《りんり》。人倫《じんりん》。不倫《ふりん》。

【輪】 車部8 全15画 輪輪輪輪輪輪
リン わ 教小4 音[リン] 輪郭《りんかく》。輪唱《りんしょう》。輪番《りんばん》。輪転機《りんてんき》。後輪《こうりん》。車輪《しゃりん》。大輪《たいりん》。年輪《ねんりん》。一輪《いちりん》の花。訓[わ] 輪。指輪。知恵の輪。

【隣】 阝部13 全16画 隣隣隣隣隣隣
リン となる・となり 音[リン] 隣家《りんか》。隣室《りんしつ》。隣人《りんじん》。隣接《りんせつ》。近隣《きんりん》。訓❶[となる] 隣り合う。隣り合わせ。❷[となり] 隣。両隣。右隣。

【臨】 臣部11 全18画 ※臨臨臨臨臨臨
リン のぞむ 教小6 音[リン] 臨時《りんじ》。臨床《りんしょう》。臨終《りんじゅう》。臨機応変《りんきおうへん》。臨界《りんかい》。臨月《りんげつ》。君臨《くんりん》。来臨《らいりん》。訓[のぞむ] 臨む。

【鈴】⇩常用漢字 れい〔鈴〕

りん[1]【厘】〈名・接尾〉❶むかしのお金の単位。一円の千分の一、一銭の十分の一。❷少数の単位。一の千分の一。例 一分一厘。例 五厘。

りん[2]【鈴】〈名〉❶合図などのために使うすず。ベル。例 鈴を鳴らす。呼び鈴。❷⇩おりん

りん[3]【▼燐】〈名〉〔化学〕元素の一つ。燐灰石《りんかいせき》として産出し、また、体の骨や歯などにふくまれている。黄燐・赤燐などがある。マッチや肥料、殺虫剤《ざい》などに使われる。記号「P」。表記 理科の教科書などでは「リン」と書く。

りん[4]【輪】〈接尾〉花や車輪をかぞえることば。例 一輪の梅。四輪駆動《くどう》。

りんか[1]【輪禍】〈名〉自動車などに はねられたり ひかれたりする災難。例 輪禍にあう。

りんか[2]【隣家】〈名〉となりの家。

りんかい[1]【臨海】〈名・する〉海に接していること。例 臨海工業地帯。臨海学校。

りんかい[2]【臨界】〈名・する〉❶〔物理・化学〕物質の状態などがかわる境界。例 臨界温度。❷原子炉《ろ》で、核分裂《かくぶんれつ》の連鎖《れんさ》反応が、制御棒《せいぎょぼう》によって安定的な速さで起こりつづけている状態。臨界状態。

りんかいがっこう【臨海学校】〈名〉生徒が、夏休みのあいだに海べに出かけて集団生活をすること。

りんかく【輪郭】『輪▼廓』〈名〉❶ものの形をしめすまわりの線。例 輪郭がぼける。輪郭をえがく。顔の輪郭。❷事件や計画などのだいたいのようす。例 事件の輪郭がうかびあがる。類 アウトライン。

りんかんがっこう【林間学校】〈名〉生徒が、夏休みに山や高原などの自然の中で集団生活をすること。

りんき【▼悋気】〈名〉やきもち。しっと。

りんきおうへん【臨機応変】〈名〉状況《じょうきょう》の変化に対し、すばやい判断をくだし、適切な対応をすること。例 臨機応変の処置。

りんぎょう【林業】〈名〉森林をそだて、木材などの林産物を生産する産業。第一次産業に属する。

リンク[1]〈名・する〉❶関係がつながっていること。例 二つの問題はたがいにリンクしている。❷インターネットで、ホームページの中にある文字や画像をクリックすれば、それに関連するページが開いたり、同じページ内の特定の場所へ瞬《しゅん》時《じ》に移動したりできるようになっているしくみ。例 リンクを張る。◇link

リンク[2]〈名〉「スケート場」のこと。◇rink

リング〈名〉❶輪。例 リング状。❷指輪。例 エンゲージリング。❸ボクシングやプロレスなどの試合をするために、ロープなどをはって囲ってある場所。◇ring

りんけい【▼鱗茎】〈名〉〔植物〕みじかい地下茎のまわりに、栄養をたくわえた厚ぼったい葉がかさなりあって、かたまりになったもの。ユリ科の球根や、タマネギなど。

りんげつ【臨月】〈名〉子どもがうまれる予定の月。類 産み月。

リンゲルえき【リンゲル液】〈名〉〔医学〕食塩などをとかした液。出血が多いときや、衰弱《すいじゃく》のひどい病人に注射する。リンゲル。リンガー液。

りんけん【臨検】〈名・する〉警察など、特別な権限をもった人が、その場所まで出かけていってとりしらべること。例 麻薬《まやく》密輸のうたがいで外国船を臨検する。

りんげん(▼綸言)**あせ**(汗)**のごと**(▽如)**し** 君主がいったん口にしたことばは、汗のように、二度とひっこめることができない。

りんご『林▼檎』〈名〉果樹の一種。落葉高木。春、白い花がさき、夏の終わりごろ あまずっぱい実《み》をむすぶ。いろいろな品種がある。日本一の産地は青森県。

りんこう[1]【輪講】〈名・する〉一つの書物を数人の先生が分担をきめて、次々に講義していくこと。

りんこう[2]【▼燐光】〈名〉❶燐がはなつ あおじろい光。❷ある物体に光をあてると、その光をとりさっても、まだ光を発すること。→けいこう〔蛍光〕②

りんこう[3]【▼燐鉱】〈名〉燐酸肥料の原料とする鉱石。

りんごく【隣国】〈名〉となりの国。類 隣邦《りんぽう》。

りんざいしゅう【臨済宗】〈名〉〔仏教〕中国の唐《とう》の時代に、臨済という僧《そう》がひらいた禅宗《ぜんしゅう》の一派。日本には、鎌倉《かまくら》時代に栄西《えいさい》が中国の宋《そう》からつたえ、幕府の保護をうけて武士のあいだにひろまった。

りんさく【輪作】〈名・する〉おなじ農地に、ちがった種類の農作物をかわるがわるにつくること。対 連作。

りんさん【▼燐酸】〈名〉〔化学〕燐の酸化物が、水にとけてできる酸。肥料の原料などになる。表記 理科の教科書などでは、「リン酸」と書く。

りんさんカルシウム【▼燐酸カルシウム】〈名〉〔化学〕燐酸をふくんだ石灰《せっかい》。動物の骨や歯の主成分となっている物質。薬品・エナメル・肥料などに使う。燐酸石灰。→りんさん 表記(前項)

りんさんぶつ【林産物】〈名〉木材など、山林からとれるもの。

りんじ【臨時】〈名〉❶きまったときではなく、そのときどきの必要に応じてすること。例 臨時ニュース。臨時休業。❷ずっとつづくのではなくて、一時的なものであること。例 臨時ダイヤ。臨時雇《やと》い。

りんじきごう【臨時記号】〈名〉〔音楽〕曲の途中《とちゅう》で、音の高さを一時的にかえるときにつかう記号。シャープ・フラット・ナチュラルなど。

りんじこっかい【臨時国会】〈名〉通常国会のほかに、必要に応じて召集《しょうしゅう》される国会。

りんしたいけん【臨死体験】〈名〉ほとんど死にかけた状態から生き返ることにより、死ぬとはこういうことなのかと感じること。

りんじゅう【臨終】〈名〉人がまさに息をひきとろうとするとき。例 臨終をみとる。臨終に まにあう。類 死にぎわ。いまわのきわ。末期《まつご》。最期。終焉《しゅうえん》。

りんしょ【臨書】〈名・する〉書道で、手本を横において、そのとおりに字を書くこと。

りんしょう[1]【輪唱】〈名・する〉〔音楽〕合唱の一種。一つの旋律《せんりつ》を、一定のあいだをおいて追いかけるように歌い、これをなんどもくり返すもの。類 カノン。

りんしょう[2]【臨床】〈名〉〔医学〕実際に病人の治療《ちりょう》をすること。例 臨床医学。

りんじょう【臨場】〈名・する〉❶上の立場の人が、なにかが行なわれているところへ行くこと。❷その場に いあわせること。例 臨場感。

りんじょうかん【臨場感】〈名〉実際に その場にいるという、なまなましい感じ。例 臨場感にあふれる。

りんしょく【▼吝▼嗇】〈名・形動〉ひどくけちなこと。例 吝嗇な人。吝嗇家。類 しみったれ。

りんじん【隣人】〈名〉となり近所の人。

リンス〈名・する〉シャンプーで洗ったあと、かみの毛をしなやかにするために使う液体。その液体をつけてかみの毛をす

り

 レーニン (1870〜1924) ロシアの革命家。ロシア革命を指導しソビエト社会主義共和国連邦を建設。

すぐこと。類コンディショナー。◇rinse

りんせい【輪生】〈名・する〉〔植物〕茎《くき》の一つの節から、三枚以上の葉が輪状になって出ること。対互生《ごせい》。

りんせき【臨席】〈名・する〉会場や式場などに出席すること。あらたまった言いかた。例なにとぞご臨席をお願い申し上げます。類列席。臨場。

りんせつ【隣接】〈名・する〉となり合わせであること。例隣接する市町村。類近接。

表現 かしこまった手紙やあいさつなどで使うことば。

りんせん【臨戦】〈名〉いつでもたたかえるように準備をしておくこと。例臨戦のかまえ。臨戦態勢。

りんぜん【▼凜然】〈副・連体〉ひきしまったきびしさに満ちている。例凜然と言いはなつ。凜然たるすがた。寒気凜然。

りんそう【輪奏】〈名・する〉〔音楽〕合奏の一種。一つの旋律《せんりつ》を、一定のあいだをおいて追いかけるように演奏し、これをなんどもくり返すもの。類カノン。

リンチ〈名・する〉法律的な手続きをとらないで私的に刑罰《けいばつ》をくわえること。また、その刑罰。多く、暴力をくわえることにいう。私刑。◇lynch（＝人名から）

りんてんき【輪転機】〈名〉印刷原版をとりつけたまるいつつに、もう一つのつつをおしつけ、そのあいだに紙をはさんでつつを回転させて刷る方式の印刷機。速度がはやく、大量の印刷に適している。

りんと【▼凜と】〈副〉ひきしまってきちんとしたようす。例凜とした顔つき。

りんどう[1]【林道】〈名〉山林の中の道。とくに、切りだした材木をはこぶ道。アリンドー

りんどう[2]【▽竜▽胆】〈名〉野草の一つ。秋、先が五つにわかれたつつ形の、あおむらさき色の花がさく。根を胃薬にする。アリンドー

りんどく【輪読】〈名・する〉一冊の本を、数人でわりあてをきめたりして、必要な説明をくわえながら順ぐりに読んでいくこと。例輪読会。

りんね【輪▼廻】〈名・する〉〔仏教〕生あるものは死後、永久に別なものに生まれかわり、この世に束縛《そくばく》されつづける、ということ。輪廻転生《てんしょう》。例輪廻を断《た》つ（＝解脱《げだつ》する）。

リンネル〈名〉アマの繊維《せんい》で織った織物。リネン。◇フランス linière

リンパ【▼淋▼巴】〈名〉脊椎《せきつい》動物の体の組織のあいだをみたしている液。血管と組織とのあいだで、栄養分を補給したり老廃《ろうはい》物を運び出したりし、また、細菌《さいきん》などの侵入《しんにゅう》をふせぐ。リンパ液。◇水の意味のラテン語から。

リンパきゅう【リンパ球】〈名〉脾臓《ひぞう》やリンパ腺《せん》でつくられる白血球の一種。免疫《めんえき》のために重要なはたらきをする。

リンパせつ【リンパ節】〈名〉⇩リンパせん

リンパせん【リンパ腺】〈名〉リンパ管のところどころにある小さなかたまり。白血球の一種であるリンパ球をつくり、病原菌《きん》の侵入《しんにゅう》をふせぐ。リンパ節。

りんばん【輪番】〈名〉順番に係になって、つとめをはたすこと。例輪番制。類持ち回り。回り持ち。

りんぶ【輪舞】〈名・する〉多くの人が、輪《わ》になっておどること。輪になってするおどり。類円舞。

りんぷん【▼鱗粉】〈名〉〔動物〕チョウやガの羽などの表面をおおう、毛状またはうろこ状のこな。チョウなどの羽の紋様《もんよう》をつくる。鱗片《りんぺん》。

りんぺん【▼鱗片】〈名〉魚のうろこのかけら。うろこ状の形をしたもの。

りんぽう【隣邦】〈名〉となりの国。類隣国。

りんや【林野】〈名〉林と野原。例林野庁。

りんやちょう【林野庁】〈名〉農林水産省の外局の一つ。国有林の管理や、林業にかかわる仕事をする。

りんり[1]【倫理】〈名〉❶人としてあるべき生きかた。類道徳。道義。人倫。人道。❷高等学校の教科名で、「倫理学」のこと。例政治倫理。倫理的。

りんり[2]【▼淋▼漓】〈副・連体〉液体がいきおいよくほとばしる感じを表わす。

表現「淋漓として」「淋漓たる」の形で使えるが、実際の用法は、次の四字熟語にほぼ限られる。(1)流汗《りゅうかん》淋漓＝あせがだらだらと流れる。(2)鮮血《せんけつ》淋漓＝きず口から血がしたたって止まらない。(3)墨痕《ぼっこん》淋漓＝墨《すみ》のとびちるいきおいを感じさせる筆跡《ひっせき》。

りんりがく【倫理学】〈名〉哲学《てつがく》の一部門。人間の生きかたや道徳について研究する学問。

りんりつ【林立】〈名・する〉多くのほそ長いものがならび立つこと。例高層ビルが林立する。

りんりてき【倫理的】〈形動〉❶倫理にかなっている。倫理を守っている。例倫理的な人。❷倫理という観点から見た場合。例倫理的に許せない。▽類道徳的。

りんりん【▼凜▼凜】しっかりしたたのもしさが外に表われているようすをいい、ふつう「勇気凜凜」の形で使うことば。⇩ゆうきりんりん

参考 この二字は「凜凜《りり》しい」ということばにも使われる。

る…ル

常用漢字 る

【瑠】 王部10 全14画

瑠 瑠 瑠 瑠 瑠

ル 音［ル］ ■瑠璃色《るりいろ》。浄瑠璃《じょうるり》。

常用漢字 るい

【涙（涙）】 氵部7 全10画

涙 涙 涙 涙 涙

ルイ なみだ 音［ルイ］ ■涙腺《るいせん》。■感涙《かんるい》。声涙《せいるい》（ともに下《くだ》る）。落涙《らくるい》。訓［なみだ］涙。涙声。涙ぐむ。涙ぐましい。涙もろい。うれし涙。悔し涙。

【累】 糸部5 全11画

累 累 累 累 累

ルイ 音［ルイ］ ■累計《るいけい》。累積《るいせき》。■係累《けいるい》。

【塁（壘）】 土部9 全12画

塁 塁 塁 塁 塁

ルイ 音［ルイ］ ■塁審《るいしん》。■一塁《いちるい》。土塁《どるい》。盗塁《とうるい》。本塁打《ほんるいだ》。

【類（類）】 頁部9 全18画

類 類 類 類 類

ルイ たぐい 教小4 音［ルイ］ ■類似《るいじ》。類型《るいけい》。類別《るいべつ》。類推《るいすい》。類焼《るいしょう》。■親類《しんるい》。人類《じんるい》。分類

レオナルド=ダ=ヴィンチ（1452〜1519）　イタリア・ルネサンス期の芸術家・科学者。「モナ=リザ」は有名。

《ぶんるい》。哺乳類《ほにゅうるい》。 訓［たぐい］類い。

[1]**るい**【累】〈名〉迷惑《めいわく》になること。かたい言いかた。例 累を一族におよぼす。

[2]**るい**【塁】〈名〉❶野球で、ベースのこと。例 塁をまわる。塁をまもる。塁に出る。❷「とりで」のこと。

[3]**るい**【類】㊀〈名〉似通《にかよ》ったもの。似通ったもののグループ。また、それを数えることば。例 類がない。類にわける。彼は、他に類を見ない高度な技術をもっている。五類からなる。類 たぐい。→るいする
㊁〈接尾〉生物の分類を表わす。例 哺乳《ほにゅう》類。鳥類。甲殻《こうかく》類。藻《そう》類。
参考 ㊁は生物学では、大きい分類の順に「界・門・綱・目・科・属・種」という分類階級を使う。

類は友《とも》を呼《よ》ぶ 趣味《しゅみ》や考えが似た者、気性《きしょう》のあった者どうしは、自然に集まるものだ。

るいえん【類縁】〈名〉形や性質、はたらきがよく似《に》ていて、近い関係にあるもの。例 類縁関係。類縁機関。類縁疾患《しっかん》。

るいか【▼累加】〈名・する〉かさなるようにして付け加わること。かさねて付け加えること。例 犠牲《ぎせい》者が累加する。類 累積。

るいぎ【類義】〈名〉形はちがうが、表わす意味はだいたい似《に》かよっていること。例 類義語。

るいぎご【類義語】〈名〉形はちがうが、表わす意味が似かよっていることば。「時間」と「時刻」、「エチケット」と「マナー」など。類語。→どうぎご・囲み記事58(下)

[1]**るいけい**【累計】〈名・する〉数を次々にくわえること。また、その合計。類 累加。累算。積算。

[2]**るいけい**【類型】〈名〉一つの類に属するとみることのできる共通の型。例 類型化。類 パターン。
表現 「類型的」といえば、型にはまっていて、ありきたりだ、という感じを表わす。

るいご【類語】〈名〉⇩るいぎご

るいじ【類似】〈名・する〉よく似《に》かよっていること。例 類似品。類 近似。

るいしょ【類書】〈名〉おなじような種類の書物。例 この本には類書がない。

るいしょう【類焼】〈名・する〉ほかからでた火事の火

囲み記事 58

微妙《びみょう》にちがう類義語の用法
——事実・事情・事態などを例に——

同じような意味のことばにも、意味や用法、ことばのつづけかたに微妙なちがいがある。「事実」「事情」「事態」「状況《じょうきょう》」「情勢」「実態」「実情」「状態」を例にとって考えてみよう。

次表の□のなかに、ことばを入れてみると、ぴったりするものも、ぴったりしないものもあることがわかるだろう。これがことばの微妙なちがいの具体的なあらわれである。

◎ 最適のことば
○ 言っておかしくない
△ 言えるが、どうもおちつかない
× おかしい

	事実	事情	事態	状況	情勢	実態	実情	状態
この□をよく説明したい。	○	◎	○	○	○	◎	◎	○
今は□を静観しよう。	×	×	◎	○	○	×	×	×
□を分析《ぶんせき》してみよう。	○	×	△	○	◎	○	×	×
□を聴取《ちょうしゅ》する。	×	◎	×	×	×	×	○	×
□を調査する。	◎	○	×	×	×	◎	○	×
□を収拾《しゅうしゅう》する。	×	×	◎	×	×	×	×	×
世の人に□をうったえる。	×	○	×	×	×	×	◎	×
□を暴露《ばくろ》する。	○	△	×	×	×	◎	○	×
内部の□にくわしい。	×	◎	×	○	○	○	○	○
どんな□にも対処できる。	×	△	◎	○	○	×	×	○
□全般《ぜんぱん》に通じている。	×	○	×	○	◎	×	×	×
裏にひそむ□。	○	◎	×	×	×	×	×	×
次にひかえる□。	△	×	△	○	×	×	×	×
単純な□にすぎない。	◎	○	△	△	×	×	×	×
複雑な□。	○	◎	○	○	◎	○	○	○
□の推移を見守る。	×	×	◎	○	◎	×	×	×
□の判断を誤《あやま》る。	○	×	×	◎	◎	×	×	×
緊急《きんきゅう》□発生。	×	×	◎	×	×	×	×	×

が燃えうつって、建物が焼けること。類 もらい火。延焼。

るいじょう【累乗】〈名・する〉〔数学〕おなじ数や式を何回かかけあわせること。たとえば、2×2×2は「2^3」と表わし、「二の三乗」と読む。

るいしん[1]【塁審】〈名〉野球で、一、二、三塁の近くに立って、ランナーのアウトやセーフ、打球のフェアかファウルかなどを判定する審判。対 主審。

るいしん[2]【累進】〈名・する〉数量がふえるにしたがって、比率がどんどん高くなること。例 累進課税。対 逆進。

るいじんえん【類人猿】〈名〉もっとも人類に近いサルのなかま。オランウータン・ゴリラ・チンパンジー・ボノボのこと。他のサルとちがって尾《お》がなく、ヒト科に属《ぞく》し、人間にとっての「進化の隣人《りんじん》」とも呼ばれる。テナガザルをふくめてもいう。

るいしんかぜい【累進課税】〈名〉所得が多くなるにしたがって税金の割合を高くする制度。

るいすい【類推】〈名〉❶〈する〉今までにわかっていることをもとに、未知のものごとを、「たぶんこうだろう」と見当をつけること。例 過去の事例から類推する。❷⇩アナロジー

るい・する【類する】〈動サ変〉あるものと似《に》かよっている。例 児戯《じぎ》に類する。けんかやばくち、これに類する行為《こうい》はすべて禁止する。

るいせき【累積】〈名・する〉かさなるようにして、どんどんふえていくこと。例 累積した借金。作業に要した累積時間。類 累加。

るいせん【涙腺】〈名〉なみだをだす器官。うわまぶたの裏がわにある。例 涙腺が弱い(=なみだもろい)。

るいべつ【類別】〈名・する〉いろいろなものを、似《に》かよったもののグループに分けること。類 分類。

るいらん【累卵】〈名〉つみかさねたたまごのように、不安定で危険な状態にあること。例 累卵の危機。

累卵の危《あや》うきにある 今にもひっくりかえりそうな、危険な状態にある。

るいるい【累累】〈副・連体〉いくつもかさなりあってつづくようす。例 累々とかさなる。累々たるしかばね。

るいれい【類例】〈名〉よく似た例。例 類例がない。

ルー〈名〉小麦粉をバターでいためて、牛乳・スープなどを加えてとろりとさせたもの。西洋料理で、カレーやシチューなどの材料にする。例 カレールー。◇フランス roux

ルーキー〈名〉野球で、新人選手のこと。◇rookie

ルージュ〈名〉「口紅」のこと。◇フランス rouge

ルーズ〈形動〉態度や行動がだらしない。例 ルーズな性格。彼はいつも時間にルーズだ。◇loose

ルーズリーフ〈名〉紙を一枚ずつ加えたり、ぬいたりできるようにしてあるノート。また、その用紙。◇loose-leaf

ルーツ〈名〉ものごとのおおもと。起源。◇roots

ルート[1]〈名〉〔数学〕「平方根」のこと。また、その記号「√」のよび名。◇root

ルート[2]〈名〉目的地までの道すじ。例 ルートにのせる。配給ルート。類 経路。◇route

ループ〈名〉❶糸やひもなどでつくった輪。輪の形をしたもの。例 ループアンテナ。ループ線。❷〈する〉輪の形をえがくように進んで、もとの位置にもどってくること。また、そのくり返し。◇loop

ループせん【ループ線】〈名〉鉄道の線路で、急な勾配《こうばい》のところを輪をえがくようにして、しだいに高く登っていけるようにした線路。

ルーブリック〈名〉生徒の学習状況《じょうきょう》を、到達《とうたつ》レベルごとに評価するための基準表。◇rubric

ルーブル〈名・接尾〉ロシアなどの通貨の単位。「ルーブリ」ともいう。◇ロシア語から。

ルーペ〈名〉拡大鏡。虫めがね。◇ドイツ Lupe

ルーム〈造語〉部屋。例 リビングルーム。◇room

ルームサービス〈名〉ホテルで、食べ物・飲み物を客室までもってきてくれるサービス。◇room service

ルームメイト〈名〉寮《りょう》・下宿・寄宿舎などで、同じ部屋に住む仲間。◇roommate

ルームランナー〈名〉ベルトコンベア状の踏《ふ》み台の上を走ったり歩いたりする、室内用の運動器具。ランニングマシン。ジョギングマシン。トレッドミル。

参考 日本での複合語。英語では treadmill または running machine という。

ルール〈名〉「規則」のこと。例 ルールをまもる。野球のルール。交通ルール。ルール違反《いはん》。◇rule

ルーレット〈名〉❶番号付きの升目《ますめ》に区切られた円盤《えんばん》をまわして、投げ入れた玉が止まる番号にお金をかける賭博《とばく》。また、それに使う円盤。❷洋裁で、布地に点線をつけるための歯車のついた道具。◇フランス roulette

ルクス〈名・接尾〉〔物理〕照度の単位。一ルクスは、一カンデラの光源から、一メートルはなれたところにある面の明るさ。「ルックス」ともいう。◇フランス lux

るけい【流刑】〈名〉むかし、罪人を島や遠い土地へ送った刑罰《けいばつ》。流罪《るざい》。「りゅうけい」ともいう。

るこつ【▼鏤骨】〈名・する〉文章を書くときなどに、とても苦心すること。例 彫心《ちょうしん》鏤骨の作。

るざい【流罪】〈名〉⇩るけい

ルサンチマン〈名〉強者に対する、弱者のふつふつとしたうらみやねたみ。怨恨《えんこん》。もと、哲学《てつがく》者ニーチェの用語。◇フランス ressentiment

るす【留守】〈名〉出かけていて、家にいないこと。例 留守にする。留守をたのむ。留守をあずかる。類 不在。

表現 「勉強がお留守になる」などといえば、ほかのことに気をとられて、かんじんなことができないことをいう。

るすでん【留守電】〈名〉「留守番電話」の略。

表現 俗《ぞく》に、「留守電がはいる」「留守電をいれる」と言うときは、録音される用件をさす。

るすばん【留守番】〈名〉人が出かけてしまった家などの番をすること。また、番をする人。例 留守番をする。留守番をたのむ。

るすばんでんわ【留守番電話】〈名〉留守をしたとき、かかってきた電話の内容を録音できる機能をもった電話機。また、その機能をセットした状態。→るすでん

ルックス〈名〉容貌《ようぼう》。器量。例 ルックスのいい子。◇looks

るつぼ【▼坩▼堝】〈名〉金属などを高い温度でとかしたり、燃焼《ねんしょう》させたりするときに使う、磁器や白金などでできた容器。化学実験でよく使われる。

表現 熱狂《ねっきょう》している群衆のようすをたとえて「興奮のるつぼと化した」といったり、いろんな国の人がより集まっているところを「人種のるつぼ」といったりする。

るてん【流転】〈名・する〉❶どこまでもうつりかわっていくこと。例 万物《ばんぶつ》は流転する。❷住む家をもたず、あちこちをさまようこと。類 流浪《るろう》。放浪。漂泊《ひょうはく》。

るにん【流人】〈名〉流刑《るけい》に処せられた罪人。

ルネサンス〈名〉〔歴史〕一四世紀末から一六世紀にかけてヨーロッパ全土にひろがった芸術や文化の革新運

る

レセップス (1805~94) フランスの外交官。スエズ運河を完成。パナマ運河も計画したが，失敗。

動。中世キリスト教の影響《えいきょう》によってうしなわれた人間性を復活させ、古代ギリシャやローマの文化の復興《ふっこう》を目的とした。文芸復興。「ルネッサンス」ともいう。◇《フランス》Renaissance 参考 レオナルド=ダ=ヴィンチ、ミケランジエロ、ラファエロなどが、この時期に活躍《かつやく》した巨匠《きょしょう》としてとくに有名。

ルビ〈名〉ふりがな用の小さい活字。また、ふりがな。例ルビをふる。ルビつきの漢字。総ルビ。◇ruby 由来 「ルビー」の変化。イギリスで、活字の大きさを宝石の名で呼んでいたことから。

ルビー〈名〉赤い色の宝石。七月の誕生石。◇ruby

ルピー〈名・接尾〉インド・スリランカ・ネパール・パキスタンなどの通貨の単位。◇rupee

るふ【流布】〈名・する〉話やうわさなど、ものごとが世間にひろく知られるようになること。例一般《いっぱん》に流布する。類伝播《でんぱ》。普及《ふきゅう》。

ルポ〈名〉「ルポルタージュ」の日本での省略語。

ルポライター〈名〉社会的事件などを、現地に行ったり関係者に会ったりして取材し、記事にまとめる人。◇《フランス》reportage と writer による日本での省略複合語。

ルポルタージュ〈名〉❶新聞や放送などの現地報告。❷記録文学。報告文学。作者の主観を入れないで事実をありのままにえがこうとする文学。▽略して「ルポ」ともいう。◇《フランス》reportage

るまた【ル又】〈名〉漢字の旁《つくり》の一つ。「段」「殺」などの「殳」の部分。ほこづくり。

るみん【流民】〈名〉⇩りゅうみん

るり【瑠璃】〈名〉❶青い色をした宝石。❷「ガラス」の古い言いかた。◇もとサンスクリット語。

るりいろ【瑠璃色】〈名〉むらさき色に似た、こい青色。

るる【▼縷▼縷】〈副〉内容のこまかいところまでくわしく。例縷々説明する。

るろう【流浪】〈名・する〉住む家をもたず、あちこちをさすらうこと。例流浪の旅。流浪の民《たみ》。類放浪。流転《るてん》。漂泊《ひょうはく》。

ルンバ〈名〉〔音楽〕キューバの音楽から発展したおどりの音楽。また、そのおどり。四分の二拍子《にびょうし》の、はげしく活気にみちたリズムが特色。◇《スペイン》rumba

れ……レ

レア 一〈名〉ステーキの焼きかげんで、表面だけ少し焼いて、中は生にしておくもの。二〈形動〉まれな。めったになく、価値がある。例レアケース(=まれな事例。めったに起こらないような事件)。類希少。◇rare 参考 一は、よく焼く順に、ウェルダン、ミディアム、レアという。

レアアース〈名〉「レアメタル」のうち、化学的な性質がたがいによく似《に》ている十七種類の元素。ネオジム・ジスプロシウムなど。希土類元素。◇rare earth

レアメタル〈名〉生産量や流通量が非常に少ない非鉄金属。「産業の生命線」ともよばれ、ハイテク製品の製造に不可欠なものとなっている。金・白金・パラジウム・リチウム・インジウム・チタン・ゲルマニウムなど。「レアアース」を含む。希少金属。対ベースメタル。◇rare metal

レアル〈名・接尾〉ブラジルの通貨の単位。◇《ポルトガル》real

常用漢字 **れい**

【令】 全5画 人部3 令令令令令

レイ 教小4 音[レイ] ⬒令嬢《れいじょう》。令状《れいじょう》。⬓号令《ごうれい》。法令《ほうれい》。命令《めいれい》。戒厳令《かいげんれい》。

【礼(禮)】 全5画 ネ部1 礼礼礼礼礼

レイ・ライ 教小3 音❶[レイ] ⬒礼儀《れいぎ》。礼拝堂《れいはいどう》。礼金《れいきん》。礼状《れいじょう》。⬓失礼《しつれい》。洗礼《せんれい》。朝礼《ちょうれい》。謝礼《しゃれい》。無礼《ぶれい》。❷[ライ] ⬒礼賛《らいさん》。礼拝《らいはい》。

【冷】 全7画 冫部5 冷冷冷冷冷冷冷

レイ つめたい・ひえる・ひや・ひやす・ひやかす・さめる・さます 教小4 音[レイ] ⬒冷蔵庫《れいぞうこ》。冷凍《れいとう》。冷房《れいぼう》。冷却《れいきゃく》。冷害《れいがい》。冷静《れいせい》。冷淡《れいたん》。⬓寒冷《かんれい》。訓❶[つめたい] 冷たい。❷[ひえる] 冷える。底冷え。❸[ひや] 冷や。冷や汗。冷や水。冷や麦。冷ややか。❹[ひやす] 冷やす。❺[ひやかす] 冷やかす。❻[さめる] 冷める。❼[さます] 冷ます。湯冷まし。

【励(勵)】 全7画 力部5 励励励励励

レイ はげむ・はげます 音[レイ] ⬒励行《れいこう》。⬓奨励《しょうれい》。精励《せいれい》。激励《げきれい》。督励《とくれい》。奮励《ふんれい》。訓❶[はげむ] 励む。励み。❷[はげます] 励ます。励まし。

【戻(戾)】 全7画 戸部3 戻戻戻戻戻

レイ もどす・もどる 音[レイ] ⬒戻入《れいにゅう》。⬓返戻金《へんれいきん》。訓❶[もどす] 戻す。❷[もどる] 戻る。

【例】 全8画 亻部6 例例例例例例

レイ たとえる 教小4 音[レイ] ⬒例外《れいがい》。例文《れいぶん》。例言《れいげん》。⬓実例《じつれい》。用例《ようれい》。前例《ぜんれい》。通例《つうれい》。定例会議《ていれいかいぎ》。訓[たとえる] 例えば。

【鈴】 全13画 金部5 鈴鈴鈴鈴鈴

レイ・リン すず 音❶[レイ] ⬓電鈴《でんれい》。振鈴《しんれい》。予鈴《よれい》。❷[リン] ⬓風鈴《ふうりん》。呼び鈴《りん》。訓[すず] 鈴。

【零】 全13画 雨部5 零零零零零

レイ 音[レイ] ⬒零下《れいか》。零点《れいてん》。零細企業《れいさいきぎょう》。零落《れいらく》。

【霊(靈)】 全15画 雨部7 霊霊霊霊霊

レイ・リョウ たま 音❶[レイ] ⬒霊魂《れいこん》。霊前《れいぜん》。霊感《れいかん》。霊験《れいげん》。霊長類《れいちょうるい》。⬓幽霊《ゆうれい》。心霊現象《しんれいげんしょう》。❷[リョウ] ⬓悪霊《あくりょう》。死霊《しりょう》。訓[たま] 霊《みたま》。御霊《たま》。

【隷】 全16画 隶部8 隷隷隷隷隷

レイ 音[レイ] ⬒隷書《れいしょ》。隷属《れいぞく》。⬓奴隷《どれい》。

【齢(齡)】 全17画 歯部5 ※齢齢齢齢齢

レイ 音[レイ] ⬓年齢《ねんれい》。樹齢《じゅれい》。妙齢《みょうれい》。

【麗】 全19画 鹿部8 ※麗麗麗麗麗麗

レイ 音[レイ]

レイ うるわしい 音[レイ] 麗人《れいじん》。華麗《かれい》。端麗《たんれい》。美麗《びれい》。秀麗《しゅうれい》。訓[うるわしい] 麗しい。

1 **れい【0】**〖零〗〈名〉「ない」ということ、「無《む》」であることを、数に表わしたもの。ほかの数に加えても、そのもとの数を変えない性質の数。正(プラス)の数と負(マイナス)の数とのあいだの数。正でも負でもない数。ゼロ。ア **レー**
表記 (1)漢数字として書くときには、記号の「○」(=丸印の「○」とは別の記号)を代用する。(2)数字の「0」とアルファベットの「O」とをとくに区別して書き表わしたいときは、「Ø《れい》」「O《オー》」と書く。

2 **れい【礼】**〈名〉❶社会生活をするうえで、人間関係や社会秩序《ちつじょ》をまもっていくために必要な態度やふるまい。例 礼にかなう。礼をする(=おじぎをする)。礼をつくす。礼を失する。類 エチケット。礼儀《れいぎ》。❷感謝の気持ちをしめすことばや品物。例 礼を言う。礼をする(=金品をさしあげる)。▽ア ①**レー** ②**レー** →おれい

3 **れい【例】**〈名〉❶おなじようなものごとで、これからの参考や見本になるもの。例 例がない。例をひく。例をあげる。例にならう。実際の例。具体例。解答例。記入例。活用例。類 たとえ。ためし。サンプル。❷いつもおなじようであること。例 例になく。例のごとく。例によっておくれてきた。❸辞書などで、ことばの「用例」のこと。▽ア **レー** →れいの
参考 ①で、例を挙げるとき、先頭に英語の「ex.」や「e.g.」が用いられることも多い。

例に漏《も》れず ほかと同じように。

例によって例のごとし いつもと同様で、まったく変わりばえがしない。

4 **れい【霊】**〈名〉❶人のたましい。霊魂《れいこん》。例 霊がやどる。霊的。❷死者のたましい。例 霊をまつる。先祖の霊。死者の霊をなぐさめる。▽ア **レー**

5 **レイ**〈名〉首にかける花輪。ハワイで、歓迎の気持ちをあらわすためのもの。◇ハワイ語から。ア **レー**

レイアウト〈名・する〉新聞・雑誌などの紙面の構成や、ポスター・広告のデザインの、文字・写真・色彩《しきさい》などの配列や配置のしかた。割り付け。◇layout

れいあん【冷暗】〈形動〉温度がつねに低く、直射日光が当たらない。例 冷暗な場所。冷暗所。冷暗貯蔵。

れいあんしつ【霊安室】〈名〉病院などで、遺体を一時的に安置しておく部屋。

れいいき【霊域】〈名〉神社や寺などのある地域。

れいえん【霊園】〖霊▼苑〗〈名〉共同の墓地。計画的にあたらしくつくられた、公園風のものをいうことが多い。

1 **れいか【冷夏】**〈名〉さむい夏。

2 **れいか【冷菓】**〈名〉アイスクリームやアイスキャンディーのような、つめたくてあまい菓子。類 氷菓。

3 **れいか【零下】**〈名〉気温などが、セ氏○度よりも低いこと。「零下三○度」のようにいう。類 氷点下。マイナス。

1 **れいかい【例会】**〈名〉月一回など定期的にひらく会合。

2 **れいかい【例解】**〈名・する〉具体的な例を挙げて説明し、わかりやすくすること。

3 **れいかい【霊界】**〈名〉❶死者のたましいがすむという、死後の世界。❷精神にかかわる世界。精神界。対 肉界。

1 **れいがい【冷害】**〈名〉夏の気温が低すぎるためにうける、農作物の被害《ひがい》。例 冷害対策。類 寒害。→かんがい〔寒害〕

2 **れいがい【例外】**〈名〉一般《いっぱん》の例からはずれていること。はずれているもの。例 例外なく。例外をみとめる。例外のない規則はない。

れいかん【霊感】〈名〉❶神仏からうけたような、ふしぎなひらめき。例 霊感をうける。類 インスピレーション。❷霊を感じるという感覚。例 霊感の強い人。

れいかん(冷汗)さんと(三斗)のおも(思)い ひやあせでびっしょりになるほどの、はずかしかったり恐ろしかったりする思い。

れいき【冷気】〈名〉ひんやりとした空気。例 すがすがしい朝の冷気。

れいぎ【礼儀】〈名〉社会生活をするうえで、相手に対して失礼にならないようにするための態度や作法。例 礼儀をわきまえる。礼儀を欠く。礼儀にかなう。礼儀作法。礼儀正しい。類 礼。エチケット。マナー。行儀。

れいきゃく【冷却】〈名・する〉熱くなっているものを、ひやすこと。例 水蒸気を冷却する。冷却水。
表現 おたがいが興奮《こうふん》しすぎて、話し合ってもよい結果が生まれそうにないときなど、しばらく時間をおいて冷静になろうとすることを、「冷却期間をおく」という。

れいきゅうしゃ【霊▼柩車】〈名〉遺体を火葬《かそう》場へはこぶための車。

れいきん【礼金】〈名〉❶相手へのお礼としてはらうお金。類 謝金。❷家や部屋を借りるときに、慣習として家主にはらう一時金。類 敷金《しききん》。

れいく【麗句】〈名〉かざりたてたことば。例 美辞麗句。

1 **れいぐう【礼遇】**〈名・する〉礼儀《れいぎ》をつくして、心からもてなすこと。例 礼遇をうける。最高の礼遇。対 冷遇。類 厚遇《こうぐう》。優遇。

2 **れいぐう【冷遇】**〈名・する〉相手を、つめたくそまつにあつかうこと。待遇にあたたかみがないこと。対 厚遇《こうぐう》。優遇。礼遇。類 ひや飯を食わせる。

れいけつ【冷血】〈名〉人間らしい感情がないこと。例 冷血漢。類 非情。冷酷《れいこく》。血もなみだもない。情け知らず。無慈悲《むじひ》。

れいけつどうぶつ【冷血動物】〈名〉「変温動物」の古い言いかた。対 温血動物。
表現 冷酷《れいこく》な人間のたとえとして用いることもある。

1 **れいげん【冷厳】**〈形動〉❶感情にうごかされないで、厳格である。例 冷厳な態度。❷ごまかすことが許されないほどきびしい。例 冷厳な事実。

2 **れいげん【霊験】**〈名〉人の願いに対してあたえられる、神仏のご利益《りやく》。例 霊験あらたか。

れいこう【励行】〈名・する〉きまったことを、きちんとまじめに実行すること。例 早寝《はやね》早起きを励行する。

れいこく【冷酷】〈形動〉思いやりの気持ちがまったくない。例 冷酷な男。類 非情。冷血。無慈悲《むじひ》。情け知らず。血もなみだもない。

れいこん【霊魂】〈名〉人間の体内にやどり、その心のうごきをつかさどって、人間の死後もほろびずにのこると考えられているもの。類 たましい。魂魄《こんぱく》。心霊。

1 **れいさい【例祭】**〈名〉神社などで、毎年きまった日に行なわれる祭り。

2 **れいさい【零細】**〈形動〉規模や数量が、ごくわずかである。例 零細(な)企業《きぎょう》。零細農家。

れいさいきぎょう【零細企業】〈名〉わずかな資金や設備で運営する、きわめて小規模な企業。

れいざん【霊山】〈名〉神霊がすむと考えられている、神

レントゲン (1845~1923) ドイツの物理学者。1895年，未知の放射線を発見して，X線と名づけた。

聖な山。

1 **れいじ【例示】**〈名・する〉説明をわかりやすくするために、例をあげてしめすこと。例書類の書き方を例示する。ア レージ

2 **れいじ【零時】**〈名〉十二時のこと。午前零時は真夜中の十二時。午後零時は正午。ア レージ

れいしつ【令室】〈名〉他人の妻に対する敬称《けいしょう》。例ご令室。類令夫人。

れいしゅ【冷酒】〈名〉つめたくひやして飲む日本酒。

れいしょ【隷書】〈名〉漢字の書体の一つ。篆書《てんしょ》をやさしく、直線的にしたもの。秦《しん》の時代に使われはじめ、漢代になって定着した。

1 **れいしょう【冷笑】**〈名・する〉相手をばかにした、つめたい感じの笑い。また、そういう感じで笑うこと。類せせら笑う。あざ笑う。嘲笑《ちょうしょう》。

2 **れいしょう【例証】**〈名・する〉例をしめして証明すること。例犯人の残忍さを例証する事実。例証を挙げる。

1 **れいじょう【令状】**〈名〉税務署や裁判所など、官公庁がだす命令を書いた書類。例令状を発する。召集《しょうしゅう》令状。

2 **れいじょう【令嬢】**〈名〉人のむすめをさしていう尊敬語。「おじょうさま」の意味の改まった言いかた。例社長令嬢。ご令嬢。対令息。類ご息女。注意「良家《りょうけ》のむすめ」という意味に誤解《ごかい》している人が多い。

3 **れいじょう【礼状】**〈名〉お礼の手紙。

4 **れいじょう【霊場】**〈名〉❶神社や寺院、墓地のある神聖な場所。類霊地。霊域。❷俗《ぞく》に、霊媒《れいばい》師(イタコ)が死者の魂《たましい》をよびよせるところ。青森県の恐山《おそれざん》。

れいじん【麗人】〈名〉美しい女性。古風な言いかた。類美人。佳人《かじん》。

れいすい【冷水】〈名〉つめたい水。例冷水を浴びる。冷水摩擦《まさつ》。対温水。類ひや水。

表現「冷水を浴びせかけられる」と言えば、いい気になっているときにいきなりきびしいことを言われて、気分がしらけること。

れいせい【冷静】〈形動〉感情にはしったり、あわてたりしないで、おちついている。例冷静な態度。冷静に判断する。類沈着《ちんちゃく》。

れいせつ【礼節】〈名〉礼儀《れいぎ》や作法。例衣食足りて礼節を知る(→「いしょく〔衣食〕」の子項目)。

れいせん【冷戦】〈名〉国家が、軍事力は使わないが、経済などの面ではげしく対立している状態。とくに第二次世界大戦後から一九八九年までの、アメリカと旧ソ連の対立。つめたい戦争。

参考 英語の cold war を訳したことば。

1 **れいぜん【霊前】**〈名〉死者のたましいをまつったところ。例霊前にそなえる。類仏前。神前。

表現 通夜《つや》や葬式《そうしき》のとき、香典《こうでん》をつつむ紙の表書きに、「御《ご》霊前」と書く。

2 **れいぜん【冷然】**〈副・連体〉少しも感情をうごかさないで、ひややかである。例冷然とかまえる。冷然としている。冷然たる態度。類冷淡《れいたん》。

れいそう【礼装】〈名・する〉式典などに出るときにきる、正式な服装。また、その服装をすること。類礼服。正装。

れいぞう【冷蔵】〈名・する〉食品がくさらないように、低い温度でたくわえること。例冷蔵庫。要冷蔵。

れいぞうこ【冷蔵庫】〈名〉食べ物や飲み物を低温で保存する箱。とくに、上部に冷凍《れいとう》庫のついた家庭用の電化製品をさす。

れいそく【令息】〈名〉人のむすこをさしていう尊敬語。「むすこさま」の意味の改まった言いかた。例社長令息。ご令息。対令嬢《れいじょう》。類ご子息。

れいぞく【隷属】〈名・する〉なにからなにまで言いなりになるほど、完全な支配下にあること。類従属。

れいたい【冷帯】〈名〉⇩あかんたい

れいだい【例題】〈名〉練習のために、例としてだす問題。例例題をとく。

れいたん【冷淡】〈形動〉❶まったく関心を示さず、みむきもしない感じだ。❷人に対する接しかたが、つめたい感じだ。例冷淡な態度。冷淡にあつかう。▽類冷然。ひややか。

れいだんぼう【冷暖房】〈名〉冷房と暖房。

れいちょう【霊長】〈名〉いちばんすぐれたもの。例万物《ばんぶつ》の霊長(＝人間)。霊長類。

れいちょうるい【霊長類】〈名〉ヒトやサルをまとめていうことば。「サル目《もく》(または霊長目)」の通称《つうしょう》。

れいてき【霊的】〈形動〉❶霊魂《れいこん》や精神に関係のある。例霊的な世界。対肉的。❷けがれ一つなく、神聖で清らかである。例霊的な美しさ。

れいてつ【冷徹】〈形動〉感情にうごかされないで、理性によって行動するようす。例冷徹な目。

れいてん【0点】〖零点〗〈名〉❶得点や点数がないこと。❷温度計の基点となる零度。氷点。❸まったく失格といわざるをえないこと。例父親としては0点だった芸人。

れいとう【冷凍】〈名・する〉食品を長く保存するために、こおらせること。例冷凍庫。冷凍食品。対解凍。類フリーズ。

れいとうこ【冷凍庫】〈名〉食品をこおらせたり、こおっている食品を保存したりする箱形の電気製品。家庭用のものは、冷蔵庫と一体になっている。フリーザー。

レイトショー〈名〉映画館の、夜おそい上映回。◇late と show による日本での複合語。

れいねん【例年】〈名〉いつもの年。毎年。例例年になく。例年のもよおし。例年なみ。

れいの【例の】〈連体〉おたがいが承知しているものごとをさすことば。いつもの。あの。例例の店で待っているよ。

れいのうしゃ【霊能者】〈名〉現実の世界と霊《れい》の世界を媒介《ばいかい》する、特異な資質があるということになっている人。とくにそれを職業にしている人をいうことが多い。

1 **れいはい【礼拝】**〈名・する〉キリスト教で、神にいのりをささげること。例礼拝堂。

参考 仏教などでは「らいはい」という。

2 **れいはい【零敗】**〈名・する〉スポーツの試合などで、一点もとれないで負けること。ゼロ敗。

1 **れいばい【冷媒】**〈名〉冷房《れいぼう》機や冷凍《れいとう》機などで、温度を下げるために使う物質。アンモニアなど。

2 **れいばい【霊媒】**〈名〉死んだ人のたましいを呼び出して、話のなかだちをするといわれている人。類みこ。

れいはいどう【礼拝堂】〈名〉礼拝のための建物。チャペル。参考 仏教などでは「らいはいどう」という。

れいふう【冷風】〈名〉つめたい風。対温風。類涼風《りょうふう》。

れいふく【礼服】〈名〉結婚《けっこん》式など、あらたまった儀式《ぎしき》に参加するときに着る服。紋《もん》つきやモーニング、とめ

 蓮如(れんにょ)(1415〜99)　室町中期の僧。北陸を中心に布教。浄土真宗を再興し，石山本願寺を建立。

そでなど。対平服。

れいふじん【令夫人】〈名〉他人の妻に対する敬称《けいしょう》。類令室。

れいぶん【例文】〈名〉説明をわかりやすくするために、例としてあげた文。例例文をあげる。

[1]**れいほう【礼砲】**〈名〉軍隊などで、敬意を表わすためにうつ、音だけの大砲。

[2]**れいほう【霊峰】**〈名〉神聖な高い山。富士山の形容によく使われることば。例霊峰富士。

れいぼう【冷房】〈名・する〉クーラーなどで、室内をすずしくすること。そのための設備。例冷房を入れる。冷房を切る。弱冷房車。対暖房。

れいみょう【霊妙】〈形動〉人間の力とは思えないほど、とうといまでにすぐれている。

[1]**れいめい【令名】**〈名〉相手の、有名な名前やよい評判。例令名が高い。類高名。名声。

表現「令名はよくうかがっております」のような言いかたで、はじめての相手に対して、会話や手紙などで使うことば。

[2]**れいめい【▼黎明】**〈名〉❶東の空が少しずつあかるくなってくるころ。類明け方。❷新しい時代のはじまり。例黎明期。▽類夜明け。あけぼの。

れいめん【冷麺】〈名〉❶韓国《かんこく》料理の一つ。麺にキムチや肉をのせ、冷たいつゆをかけたもの。岩手県盛岡《もりおか》の名物でもある。❷冷やして食べる麺類。冷やしそば。

方言 関西や福岡などでは、冷やし中華のこともこう言う。

れいもつ【礼物】〈名〉なにかをしてもらったことへのお礼としておくる品物。

れいよう【▼羚羊】〈名〉シカにすがたの似《に》た、ウシ科の草食動物の総称《そうしょう》。アダックス、ガゼルなど。アフリカに多い。アンテロープ。

れいらく【零落】〈名・する〉みるかげもなく おちぶれること。類落魄《らくはく》。凋落《ちょうらく》。没落。

れいり【▼怜▼悧】〈形動〉利口そうなようす。例怜悧な目をした子。類聡明《そうめい》。

れいりょう【冷涼】〈形動〉冷たくすずしい。

れいれいしい【麗麗しい】〈形〉すぐに人目につくほど やりかたが儀式《ぎしき》ばって、はでだ。例麗々しく読み上げる。類ぎょうぎょうしい。

表現 わざとらしく、いやらしいという気持ちで使うことば。

れいろう【▼玲▼瓏】〈副・連体〉❶美しくすみきっている。いかめしい言いかた。例玲瓏たるすがた。❷金属がふれ合ってすんだ音が出るようす。楽器や声についてもいう。

れいわ【令和】〈名〉現在の日本の元号。二〇一九年五月一日以降(四月三〇日までは平成三十一年)。

レイン〈造語〉雨。例レインコート。レインブーツ。◇rain

レインボー〈造語〉虹《にじ》。例レインボーカラー。◇rainbow

レーキ〈名〉T字形の、地ならしや草かきのための道具。俗《ぞく》に「とんぼ」ともいう。◇rake

レーサー〈名〉❶カーレース、スキーなどの、速さをきそう競技者。❷レース用の乗り物。◇racer

レーザー〈名〉⇩レーザーこうせん(次項)◇laser

レーザーこうせん【レーザー光線】〈名〉距離などの精密な測定や通信、医療《いりょう》などに使われる、ひろがりが少なくて、遠くまでとどく光。

レーシック〈名〉近視や乱視の人の角膜《かくまく》にレーザーを当てて、視力を回復させる手術。◇LASIK=laser in-situ(=元の場所に) keratomileusis(=角膜曲率形成)の略。

レーシングカー〈名〉競走用の強力なエンジンをつんだ自動車。◇racing car

[1]**レース**〈名〉すかしもようがでるように編んだ、うすい布。例レース編み。◇lace

[2]**レース**〈名〉速さや強さをきそう競技。例自動車レース。ペナントレース。◇race

レーズン〈名〉「干しぶどう」のこと。◇raisin

レーダー〈名〉電波を発射して目標物にあて、もどってくる波を利用して、目標物の位置や方向、距離《きょり》をはかる装置《そうち》。電波探知機。例観測レーダー。◇radar

レーティング〈名・する〉格付け。◇rating

レート〈名〉割合。率。例為替《かわせ》レート。◇rate

レーヨン〈名〉人絹《じんけん》。◇フランス rayonne

レール〈名〉❶鉄道の線路。例レールを敷設《ふせつ》する。❷カーテンや戸車をすべらせるための、ほそ長い棒。類軌道《きどう》。例カーテンレール。◇rail

レールを敷《し》く ものごとがうまくすすむように、前もっていろいろのことをしておく。類お膳《ぜん》立てをする。

[1]**レーン**〈名〉❶車線。❷ボウリングで、球をころがす細長いゆか。❸陸上競技で、走者ごとに線でくぎられた競走路。→コース② ◇lane

[2]**レーン**〈造語〉⇩レイン

レオタード〈名〉からだにぴったりしたつくりになっている体操着。◇leotard(=人名から)

レガッタ〈名〉ボートによる競漕《きょうそう》。ボートレース。◇regatta

常用漢字 **れき**

【暦(曆)】 日部10 全14画 暦 暦 暦 暦

レキ こよみ 音[レキ] ▨暦年《れきねん》。暦法《れきほう》。▨還暦《かんれき》。旧暦《きゅうれき》。太陽暦《たいようれき》。訓[こよみ] 暦。花暦。

【歴(歷)】 止部10 全14画 ※ 歴 歴 歴 歴

レキ 教小5 音[レキ] ▨歴史《れきし》。歴代《れきだい》。歴訪《れきほう》。歴然《れきぜん》。▨学歴《がくれき》。経歴《けいれき》。遍歴《へんれき》。履歴書《りれきしょ》。

[1]**れき【▼礫】**〈名〉❶〔地学〕砂つぶよりも大きな、岩石のかけら。直径二《ミリメートル》以上のもの。❷小さい石。

[2]**れき【歴】** ━〈副・連体〉はっきりしているようす。例歴とした証拠《しょうこ》。歴たる証拠。━〈接尾〉「経歴」のこと。例記者歴。主婦歴。アルバイト歴。ゴルフ歴。飲酒歴。

表現 ━で、「歴とした」は、現在は「れっきとした」の形で使うことが多い。

れきがん【▼礫岩】〈名〉〔地学〕堆積《たいせき》岩の一種。岩石のかけらが、砂や土といっしょに水中などにつもり、かたまってできたもの。砂岩よりもつぶが大きい。表記 理科の教科書などでは「れき岩」と書かれることもある。

[1]**れきし【歴史】**〈名〉❶むかしから今までの、うつりかわりのようす。また、そのようすを書きしるしたもの。例歴史に残る発明。歴史に名をとどめる。歴史をひもといてみると。歴史的。類沿革。❷「①」を研究する学問。歴史学。史学。

歴史は繰《く》り返《かえ》す 長い歴史のなかでは、似《に》たようなことがくりかえし起こる。古代ローマの歴史家のことば。

[2]**れきし【▼轢死】**〈名・する〉電車や自動車などにひかれて死ぬこと。例轢死者。

レンブラント(1606~69) オランダの画家。光の明暗を際立たせた「夜警」などをかいた。

れきじつ【暦日】〈名〉❶こよみ。❷こよみの上でのある一日。例山中《さんちゅう》暦日なし(→「さんちゅう」の子項目)。▽古い言いかた。

れきしてき【歴史的】〈形動〉❶歴史に関係している。例歴史的にとらえる。歴史的な観点。類史的。❷歴史にのこるほど重大であるようす。例歴史的な事件。歴史的な大会。歴史的な一瞬《いっしゅん》。類記録的。

れきしてきかなづかい【歴史的仮名遣い】〈名〉平安時代初期の書きかたをもとにしたかなづかい。「言う」を「言ふ」と書いたり、「みず(水)」「はじ(恥)」を「みづ」「はぢ」と書いたりするなど、現代かなづかいとちがう点がいくつかある。古典仮名遣い。旧仮名遣い。対現代仮名遣い。

れきせん【歴戦】〈名〉数多くたたかいに加わったことがあること。例歴戦の勇士。

れきぜん【歴然】〈副・連体〉はっきりしている。ややかたい言いかた。例歴然としている。歴然たる事実。類明瞭《めいりょう》。明白。判然。歴歴。

れきだい【歴代】〈名〉そのことが始まってから現在までの間。例歴代の内閣。歴代三位の記録。類代々。

れきにん【歴任】〈名・する〉次々にりっぱな職につくこと。例かれは、外務大臣、総理大臣を歴任した。

れきねん【暦年】〈名〉こよみのうえできめられた一年。一月一日から十二月三十一日まで。→ねんど〔年度〕

れきほう[1]【暦法】〈名〉太陽・月・星など、天体の動きを観測してこよみを作成する方法。

れきほう[2]【歴訪】〈名・する〉いくつかの国や地方を、次つぎにたずねてまわること。例東南アジアを歴訪する。

レギュラー〈名〉❶スポーツの正選手。例レギュラーメンバー。対補欠。❷テレビやラジオなどの連続番組で、毎回きまって出る人。対ゲスト。類常連。❸ふつう。例レギュラーガソリン。レギュラーサイズ。◇regular

れきれき【歴歴】〈副・連体〉見てはっきりわかる。例苦心のあとが歴々と残っている。類歴然。→おれきれき

レクイエム〈名〉なくなった人にささげるミサ曲。鎮魂《ちんこん》曲。鎮魂歌。◇ラテン語から。

レクチャー〈名・する〉❶講義。講演。❷そのものごとについて知らない人、くわしくない人への説明。例レクチャーを受ける。◇lecture

レクリエーション〈名〉勉強や仕事のひまを利用して、スポーツや娯楽《ごらく》などで心身のつかれをいやすこと。また、そのスポーツや娯楽。「リクリエーション」ともいう。◇recreation

レゲエ〈名〉一九六〇年代にジャマイカで生まれ、七〇年代に世界に広まったポピュラー音楽。ゆっくりしたテンポで、独特のリズムをもつ。◇reggae

レコーダー〈名〉記録する装置。例DVDレコーダー。ボイスレコーダー。タイムレコーダー。◇recorder

レコーディング〈名・する〉録音。とくに、スタジオでの音楽のふきこみ。◇recording

レコード〈名〉❶音楽や語り物などを両面に録音した円盤《えんばん》。針をのせて再生する。類ディスク。音盤。❷スポーツや競技の、記録。例レコードホルダー(=最高記録保持者)。◇record

レザー〈名〉❶なめし革《がわ》。❷「レザークロス」の略。塗料《とりょう》をぬってかわに似《に》せた布。合成皮革。◇leather

レジ〈名〉❶「レジスター」の略。❷レジスターがある場所。例スーパーのレジ。レジ係。レジ袋《ぶくろ》。類勘定《かんじょう》場《ば》。会計。◇日本での省略語。

レシート〈名〉領収書。とくに、レジスターから打ちだされる、金額が印字された小さな紙。◇receipt

レシーバー〈名〉❶受信機。受話器。❷卓球・テニス・バドミントン・バレーボールなどで、レシーブをするがわの人。対サーバー。◇receiver

レシーブ〈名・する〉卓球・テニス・バドミントンやバレーボールで、相手の打ったサーブやスマッシュ・スパイクをうけること。◇receive

レジェンド〈名〉伝説。伝説的な人やものごと。例サッカー界のレジェンド。◇legend

レジスター〈名〉合計代金やおつりを計算してレシートを打ちだし、売上《うりあげ》金を入れておく機械。自動金銭登録器。略して「レジ」ともいう。◇register

レジスタンス〈名〉抵抗《ていこう》。とくに、権力者や侵略《しんりゃく》者などに対する抵抗運動。◇《フランス》resistance

レシピ〈名〉料理の作り方。◇recipe

レジメ〈名〉⇩レジュメ

参考 もとは「処方箋《しょほうせん》」のこと。

レジャー〈名〉勉強や仕事のあいまに休みをとってする遊びや旅行。例レジャーセンター。◇leisure

レジュメ〈名〉❶講演や報告などの要旨《ようし》。❷「履歴《りれき》書」の、外資系企業《きぎょう》での言いかた。▽「レジメ」ともいう。◇《フランス》résumé

レス〈名〉「レスポンス」を略した俗《ぞく》な言いかた。とくに、インターネット上の発言に対する反応やメールの返信。

レズ〈名〉「レズビアン」の略。対ゲイ。◇les

レスキュー〈名〉人命救助。例レスキュー隊。レスキュー活動。◇rescue

レストハウス〈名〉行楽地の休憩《きゅうけい》所。◇rest house

レストラン〈名〉西洋料理を食べさせる店。類食堂。◇《フランス》restaurant

レズビアン〈名〉女性の同性愛者。レズ。対ゲイ。◇lesbian

レスポンス〈名〉反応。応答。返答。◇response

レスリング〈名〉素手《すで》で相手を投げたりねじふせたりして、相手の両肩をマットにつけることにより勝負がきまる格闘《かくとう》技。フリースタイルとグレコローマンスタイルの二種がある。オリンピック種目の一つ。◇wrestling

レセプション〈名〉❶公式の歓迎《かんげい》会。例レセプションが開かれる。❷バレーボールで、相手チームのサーブをレシーブすること。サーブレシーブ。サーブカット。◇reception

レター〈造語〉❶手紙。例ラブレター。❷ローマ字の文字。例キャピタルレター(=大文字)。◇letter

レタス〈名〉野菜の一つ。一年草。ふつう、キャベツのようにまるく結球するタマチシャをいう。サラダにしたりして食べる。日本一の産地は長野県。ちしゃ。◇lettuce

レタリング〈名〉ポスターや広告などのために、見やすく、また、人目をひくように、文字の形をデザインすること。◇lettering

常用漢字 **れつ**

【列】 刂部4 全6画

列 列 列 列 列 列

レツ 教小3 音[レツ] ■陳列《ちんれつ》。並列《へいれつ》。系列《けいれつ》。行列《ぎょうれつ》。■列車《れっしゃ》。列挙《れっきょ》。列国《れっこく》。

 老子(ろうし) 中国，戦国時代の思想家。おのれを捨てて自然のままに生きる，無為自然の道を説いた。

【劣】力部4 全6画 劣劣劣劣劣劣
レツ おとる 音[レツ] ▨劣悪《れつあく》。劣化《れっか》。劣弱《れつじゃく》。劣勢《れっせい》。劣等感《れっとうかん》。▨拙劣《せつれつ》。卑劣《ひれつ》。優劣《ゆうれつ》。訓[おとる] 劣る。

【烈】灬部6 全10画 烈烈烈烈烈烈
レツ 音[レツ] ▨烈火《れっか》。烈風《れっぷう》。▨強烈《きょうれつ》。劇烈《げきれつ》。壮烈《そうれつ》。痛烈《つうれつ》。熱烈《ねつれつ》。猛烈《もうれつ》。

【裂】衣部6 全12画 裂裂裂裂裂裂
レツ さく・さける 音[レツ] ▨裂傷《れっしょう》。▨決裂《けつれつ》。炸裂《さくれつ》。破裂《はれつ》。分裂《ぶんれつ》。支離滅裂《しりめつれつ》。訓❶[さく] 裂く。八つ裂き。❷[さける] 裂ける。裂け目。

れつ【列】〈名〉❶ほそ長く、ずらりとならんだもの。例列をつくる。列をみだす。長蛇《ちょうだ》の列。横の列。❷身分。例重役の列に加わる。→れっする

れつあく【劣悪】〈形動〉ほかと比べて、ひどくおとっている。例劣悪な環境《かんきょう》。対優良。優秀《ゆうしゅう》。

[1]**れっか【列火】**〈名〉漢字の脚《あし》の一つ。「然」「点」などの「灬」の部分。連火《れんが》。アレッカ

参考 ふつう、漢和辞典では「火」(四画)の部にふくまれる。

[2]**れっか【劣化】**〈名・する〉年月がたつにつれて、品質や性能が悪くなること。例ゴムが劣化する。画質の劣化。アレッカ

[3]**れっか【烈火】**〈名〉燃えさかる火。アレッカ

表現 多く「烈火のごとくいかる」で、ひどくおこることの表現として使われる。

レッカーしゃ【レッカー車】〈名〉故障した車や、駐車違反《ちゅうしゃいはん》の車をつり上げてはこぶ装置《そうち》をもった自動車。

れっき【列記】〈名・する〉いくつかのことを、ひとつひとつならべて書くこと。類連記。

れっきとした ❶世間からりっぱなものとしてみとめられている。例れっきとした家がら。類押《お》しも押されもしない。❷はっきりしている。例れっきとした証拠《しょうこ》。類歴然。▽「歴《れき》とした」の変化した形。

れっきょ【列挙】〈名・する〉ひとつひとつならべて示すこと。例類例を列挙する。類羅列《られつ》。

れっきょう【列強】〈名〉強国とされている国々。

れっこく【列国】〈名〉たくさんの国。類諸国。

れつじつ【烈日】〈名〉はげしく照りつける太陽。→しゅうそうれつじつ

れっしゃ【列車】〈名〉レールの上を走って人や貨物をはこぶ、長くつらなった車両。例十両編成の特急列車。一日に三本の臨時《りんじ》列車。夜行列車。貨物列車。長距離列車。

表現 車両は一両二両、運行は一本二本、一便《いちびん》二便と数える。

れっしょう【裂傷】〈名〉ひふなどがさけたきず。例裂傷を負う。

れつじょう【劣情】〈名〉身もふたもない、はずかしい情欲。

れっ・する【列する】〈動サ変〉❶公式の会議や式典などに出席する。例式に列する。類列席する。❷同じなかまに加わる。加える。例強国に列する。類伍《ご》する。

レッスン〈名〉けいこ。練習。例レッスンをうける。ピアノのレッスン。◇lesson

[1]**れっせい【劣性】**〈名〉⇩せんせい〔潜性〕

[2]**れっせい【劣勢】**〈名・形動〉不利な形勢であること。例劣勢をはねかえす。対優勢。

れっせき【列席】〈名・する〉正式の会議や式典に出席すること。例ご列席のみなさま、どうぞご着席ください。類参列。臨席。

レッテル〈名〉「ラベル」の古い言いかた。◇オランダ letter

表現 「レッテルを貼《は》る」の形で、ある人物やものごとに対して、一方的な評価をくだすことをいう。

れつでん【列伝】〈名〉何人かの人たちの伝記を書きならべたもの。例英雄《えいゆう》列伝。

[1]**れっとう【列島】**〈名〉ならんでつづいているいくつかの島。例日本列島。

[2]**れっとう【劣等】**〈名〉成績や品質などが、ほかのものと比べて、おとっていること。例劣等生。劣等品。対優等。

れっとうかん【劣等感】〈名〉自分が、他の人よりもおとっていると思う気持ち。コンプレックス。例劣等感をいだく。対優越《ゆうえつ》感。類ひけめ。

レッドカード〈名〉サッカーで、重大な反則行為《いこう》や悪質なマナー違反をした選手に対して、審判《しんぱん》が退場命令を示す赤いふだ。◇red card

レッドデータブック〈名〉「レッドリスト」に、それぞれの生物の生息《せいそく》状況《じょうきょう》の解説をつけてまとめた刊行物。RDB。◇Red Data Book

レッドリスト〈名〉野生生物の絶滅危惧種《ぜつめつきぐしゅ》を指定して のせるリスト。国際自然保護連合(IUCN)、日本の環境省のほか、都道府県や民間団体も作成している。◇Red List →レッドデータブック(前項)

れっぷう【烈風】〈名〉まともに立って歩けないほどはげしくふきつける風。類暴風。

レディー〈名〉「淑女《しゅくじょ》」のこと。例レディーファースト。対ジェントルマン。◇lady

レディース 一〈名〉女子だけの暴走族をいう俗語《ぞくご》。二〈接頭〉女性用の。女性向けの。例レディースファッション。レディースクリニック(=産婦人科・婦人科医院)。対メンズ。◇ladies'

レディーメイド〈名〉既製《きせい》品。対オーダーメイド。類できあい。◇ready-made

れてん【レ点】〈名〉❶漢文を訓読するときの返り点の一つ。一字前にもどって読むしるし。❷なにかをチェックした印として使う、「レ」や「✓」の形の記号。チェックマーク。

レトリック〈名〉⇩しゅうじ〔修辞〕◇rhetoric

レトルト〈名〉化学の実験器具の一つ。フラスコの頭のまがったもの。蒸留や乾留《かんりゅう》などに使う。◇オランダ retort

レトルトしょくひん【レトルト食品】〈名〉調理ずみの食品をアルミや合成樹脂《じゅし》のふくろにつめ、高圧・高熱で殺菌《さっきん》した食品。長く保存できる。

レトロ〈名・形動〉懐古趣味《かいこしゅみ》。復古趣味。例レトロ調。レトロブーム。◇フランス rétro

[1]**レバー**〈名〉機械を動かすためのとって。例レバーを引く。チェンジレバー。◇lever

[2]**レバー**〈名〉料理の材料としての、鳥やウシ、ブタなどの肝臓《かんぞう》。◇liver

レパートリー〈名〉❶楽団や劇団で、つねに演奏や上演ができる曲目やだしもの。❷うまくできる範囲《はんい》や種類。例レパートリーをふやす。◇repertory

[1]**レビュー**〈名〉新刊書や新作映画、新型デジタル機器などについての、評論・論評。例ブックレビュー(=書評)。

[2] **レビュー**〈名〉歌とおどりを組みあわせた劇。◇フランス revue ◇review

レファレンス〈名〉❶参考。参照。照会。❷「レファレンスサービス」の略。図書館で、利用者の問い合わせに対して情報を提供するサービス。▽「リファレンス」ともいう。◇reference

レフェリー〈名〉ボクシングやレスリング、サッカーやバレーボールなどの審判《しんぱん》員。◇referee

レフト〈名〉❶左。左がわ。❷野球で、本塁《ほんるい》からみて左がわの、三塁の後方。また、そこをまもる人。左翼《さよく》。左翼手。例レフトフライ。▽対ライト。◇left

レフリー〈名〉⇩レフェリー

レベル〈名〉❶水準。標準。例レベルが高い。危険なレベルに達する。レベルアップ。トップレベル。類クラス。格。❷仕事や手続きなどの段階。例事務レベルで処理する。◇level

レベルアップ〈名・する〉水準・程度が高くなること。◇日本での複合語。対レベルダウン。

レベルダウン〈名・する〉水準・程度が低くなること。◇日本での複合語。対レベルアップ。

レポーター〈名〉❶報告者。❷現地に行って取材をして、報告をする記者。▽「リポーター」。◇reporter

レポート〈名〉❶〈する〉新聞や放送などでの、現地の状況《じょうきょう》報告。例現地レポート。❷調査や研究などの報告書。▽「リポート」ともいう。◇report

レモネード〈名〉レモン汁《じる》に砂糖や水を加えた飲み物。◇lemonade

レモン〈名〉果樹の一種。常緑高木。黄色の実《み》は両はしがとがった楕円《だえん》形で、かおりがよく、ビタミンCが多い。日本一の産地は広島県。◇lemon

レリーフ〈名〉彫刻《ちょうこく》のうきぼり。◇relief

れる〈助動〉自分の意志にもとづかない動作やはたらきがおこることを表わす助動詞。

❶他からの動作や影響《えいきょう》、迷惑《めいわく》などを受けること（受け身）を表わす。例電車の中で足をふまれた。

❷動作を表わす動詞につけて、尊敬語の形をつくる。例これは校長先生が書かれた文章です。

❸しようと思わなくても自然にそうなるという意味（自発）を表わす。例この音楽を聞くと、小学生のころが思いだされる。

❹することができるという意味（可能）を表わす。例歩いて行かれる距離《きょり》。▽→られる・らぬきことば

参考 ②③④の意味のときは命令形がない。

接続 五段活用動詞、サ変動詞の未然形につく。

常用漢字 **れん**

【恋（戀）】 心部6 全10画 恋恋恋恋恋

レン こう・こい・こいしい 音［レン］ 恋愛《れんあい》。恋慕《れんぼ》。恋々《れんれん》。失恋《しつれん》。悲恋《ひれん》。 訓❶［こう］恋い慕う。恋い焦がれる。❷［こい］恋。恋する。恋心。恋敵。恋人。恋煩い。色恋。初恋。❸［こいしい］恋しい。恋しがる。

【連】 辶部7 全10画 連連連連連

レン つらなる・つらねる・つれる 教小4 音［レン］ 連合《れんごう》。連載《れんさい》。連続《れんぞく》。連日《れんじつ》。連鎖反応《れんさはんのう》。連中《れんちゅう》。関連《かんれん》。常連客《じょうれんきゃく》。 訓❶［つらなる］連なる。❷［つらねる］連ねる。❸［つれる］連れる。連れ。

【廉】 广部10 全13画 廉廉廉廉廉

レン 音［レン］ 廉価《れんか》。廉売《れんばい》。廉直《れんちょく》。低廉《ていれん》。清廉潔白《せいれんけっぱく》。

【練（練）】 糸部8 全14画 練練練練練

レン ねる 教小3 音［レン］ 練習《れんしゅう》。練炭《れんたん》。練乳《れんにゅう》。練達《れんたつ》。試練《しれん》。習練《しゅうれん》。熟練《じゅくれん》。洗練《せんれん》。 訓［ねる］練る。練り歩く。練り直す。練り物。

【錬（錬）】 金部8 全16画 錬錬錬錬

レン 音［レン］ 錬金術《れんきんじゅつ》。錬成《れんせい》。精錬《せいれん》。鍛錬《たんれん》。

れん【連】 ━〈名〉〔文学〕一つの詩の中で、行をあけて書かれた一かたまりの段落のような単位。 ━〈接尾〉「連合」「連盟」の略。例日本経団連。高野連。日弁連。都道府県連。

れんあい【恋愛】〈名・する〉好きな人と、恋《こい》をしたり、愛し合ったりすること。例恋愛結婚《けっこん》。恋愛関係。遠距離《えんきょり》恋愛。類ロマンス。

れんか【廉価】〈名・形動〉ねだんが安いこと。安いねだん。対高価。類安価。低廉。

[1] **れんが【連火】**〈名〉⇩れっか〔列火〕

[2] **れんが【連歌】**〈名〉〔文学〕ふつう数人で、短歌の上《かみ》の句（＝五・七・五の句）と、下《しも》の句（＝七・七の句）を交互《こうご》につくっていくかたちの文芸。室町《むろまち》時代に、もっともさかんであった。→れんく

[3] **れんが【▼煉瓦】**〈名〉粘土《ねんど》に砂などをまぜてねり、焼きかためたもの。ふつう赤茶色で直方体。かべの材料としたり、道路にしいたりする。例煉瓦色。赤煉瓦。

れんかん【連関】〈名・する〉いろいろなものが、たがいになんらかのつながりをもっていること。かたい感じのことば。例相互の連関。類関連。

れんきゅう【連休】〈名〉二日以上つづく休日。例飛び石連休。三連休。

れんきんじゅつ【錬金術】〈名〉むかし、なまりなどの金属を加工して、金にかえようとした試み。エジプトやヨーロッパ、中国などで流行した。成功はしなかったが、近代の化学を生みだすもとになった。

表現 思いもよらない、または不法なやりかたで、大きな利益を生みだすことのたとえとしても使われる。

れんく【連句】〈名〉〔文学〕「俳諧連歌《はいかいれんが》」の明治以後につけられたよび名。室町《むろまち》時代末期に連歌から派生した文芸で、形式は連歌と同じだが、規則がゆるやかで平俗さをねらいとする。→はいかい〔俳諧〕・れんが〔連歌〕

れんげ【▼蓮華】〈名〉❶ハスの花。❷冬の田畑で栽培《さいばい》される二年草。春、あかむらさき色の花がさくころ、田や畑にすきこみ、こやしにする。れんげそう。げんげ。❸「ちりれんげ」の略。とくに中華料理を食べるのに使う、陶器《とうき》製のさじ。

[1] **れんけい【連係】**〔連▼繫〕〈名・する〉おたがいに密接につながりあうこと。例連係プレー。

[2] **れんけい【連携】**〈名・する〉うまく連絡をとって、協力してものごとを行なうこと。例連携をたもつ。類連帯。

[1] **れんけつ【連結】**〈名・する〉二つ以上のものをつないで、ひとつづきにすること。例連結器。類接続。

 ロートレック（1864～1901） フランスの画家。パリの踊り子や芸人などを題材にした作品をえがいた。

れんけつ[2]【廉潔】〈名・形動〉私利私欲をもとめず、心も行動もりっぱなこと。清廉潔白《せいれんけっぱく》。

れんけつき【連結器】〈名〉列車の車両をつなぎ合わせる装置《そうち》。

れんこ【連呼】〈名・する〉❶なんどもつづけてさけぶこと。❷ことばで、同音をかさねて発音すること。たとえば、「ちち」「ちぢむ」「つくづく」など。例候補者名を連呼する。

れんご【連語】〈名〉二つ以上の単語がまとまって、一つの単語のようなはたらきをするもの。複合語ほどには、むすびつきがかたくない。「すぎの木」とか、「外に出ようとして」の「として」など。

れんこう【連行】〈名・する〉強制的につれていくこと。例犯人を連行する。警察へ連行する。参考「連れて行く」ということばから日本でつくられた漢語。

れんごう【連合】【▼聯合】〈名・する〉二つ以上の団体や組織などがむすびついて、たがいに協力しあうこと。例連合軍。国際連合。

れんごうこく【連合国】〈名〉共通の利益や目的のために、むすびついて協力しあう二つ以上の国。とくに、軍事面で連合した場合をいう。

れんごく【▼煉獄】〈名〉〔宗教〕キリスト教のカトリックで、天国と地獄《じごく》のあいだにあり、死者が火に焼かれることによって生前の罪がきよめられるとされる場所。

れんこん【▼蓮根】〈名〉食用とするハスの地下茎《ちかけい》。中に多くの穴がとおっている。煮《に》ものなどにする。日本一の産地は茨城県。

れんさ【連鎖】〈名・する〉くさりのように、次から次へとつながっていること。例悪影響《あくえいきょう》の連鎖を断《た》ち切る。連鎖反応。食物連鎖。

れんざ【連座】【連▼坐】〈名・する〉❶人々がつらなって座ること。例観覧《かんらん》席に連座する。❷他人の犯罪にかかわりあうこと。また、そのために罰《ばつ》をうけること。例贈収賄《ぞうしゅうわい》事件に連座する。

れんさい【連載】〈名・する〉新聞や雑誌に、記事や小説、随筆《ずいひつ》などをつづき物として毎号のせること。例連載小説。対書き下ろし。読みきり。

れんさく【連作】〈名・する〉❶農業で、同じ土地に同一の作物を毎年つくること。対輪作。❷同じ題材のもとに、何人かの作者がつづけて作品をつくること。また、そうしてつくった作品。❸ひとりの作者が、同じテーマのもとに、いくつもの作品をつくること。また、その作品。例連作短編集。

れんさはんのう【連鎖反応】〈名〉〔物理・化学〕ある物質の一つの分子になんらかの反応がおこったとき、その影響《えいきょう》がほかの分子へつぎつぎとつたわっていく現象。核分裂《かくぶんれつ》反応などにみることができる。表現ある事件や現象をきっかけとして、世の中に同じような事件や現象がひきおこされていくことについてもいう。

れんざん【連山】〈名〉つらなってつづいている山々。類連峰《れんぽう》。

れんじ[1]【▼櫺子】〈名〉〔建築〕窓や欄間《らんま》に、ほそい木材を一定の間隔《かんかく》で平行にとりつけたもの。例櫺子窓。

レンジ[2]〈名〉❶食べものを煮《に》たり焼いたりするための、こんろや天火をそなえた金属製の台。例ガスレンジ。❷「電子レンジ」の略。❸変動する数値などの範囲《はんい》。例予想レンジ。◇range ▽アレンジ

アレンジ

れんじつ【連日】〈名〉毎日毎日。例連日連夜。

れんしゃ[1]【連写】〈名・する〉続けざまにカメラのシャッターを切って写真をとること。

れんしゃ[2]【連射】〈名・する〉続けざまに発射すること。例機関銃を連射する。

レンジャー〈名〉❶軍隊などで、敵の後方にまわったりして活動するために特別の訓練を受けた隊員。例レンジャー部隊。❷森林警備員や国立公園などの管理人。◇ranger

れんしゅ【連取】〈名・する〉競技で、連続して、得点したりセットを取ったりすること。

れんしゅう【練習】〈名・する〉じょうずになるために、同じことをくりかえして行なうこと。例練習をつむ。練習をおこたる。練習曲。類けいこ。トレーニング。

れんじゅう【連中】〈名〉⇩れんちゅう

れんしょ【連署】〈名・する〉一つの文書に、ふたり以上の人が姓名《せいめい》をならべてサインすること。また、そのサイン。

れんしょう【連勝】〈名・する〉たたかいや試合などで、つづけて勝つこと。例連戦連勝。三連勝。対連敗。類連名。

れんじょう【連声】〈名〉熟語で、前の音節がm・n・tで終わったとき、次にくるア行・ヤ行・ワ行の音が変化する現象。たとえば、「いんえん(因縁)」が「いんねん」に、「はんおう(反応)」が「はんのう」になるなど。

レンズ〈名〉片面または両面が曲面になるようにつくった、ガラスや透明《とうめい》なプラスチックなどの板。光を集めたり、ちらしたりするはたらきがある。凸《とつ》レンズと凹《おう》レンズがあり、めがね・カメラ・顕微《けんび》鏡などに使われる。◇lens →とつレンズ絵

れんせい【錬成・練成】〈名・する〉きたえてりっぱにすること。例心身の錬成。

れんせん【連戦】〈名・する〉なんどもつづけて戦うこと。

れんぜんあしげ【連銭▼葦毛】〈名〉馬の毛色で、葦毛に灰色の連銭(=穴あき銭をならべた形の模様)のような円い斑点《はんてん》が付いたもの。

れんせんれんしょう【連戦連勝】〈名・する〉たたかうたびに、試合をするたびに勝つこと。類常勝。負け知らず。勝ちっぱなし。土つかず。

れんそう【連想】〈名・する〉ある一つのことから、それに関係するほかのことを思いうかべること。例入学式というと桜を連想する。

れんぞく【連続】〈名・する〉❶いちどで終わらないで、長くつづくこと。例三日連続の雨。連続ドラマ。連続放火事件。対断続。単発。❷切れ目なくつづくこと。例連続運転。対間欠。

れんだ【連打】〈名・する〉つづけて打つこと。多く、野球やボクシングなどでいう。例連打をあびせる。

れんたい[1]【連帯】〈名・する〉ふたり以上の人が、一つの目的にむかって協力すること。例連帯感。連帯責任。連帯保証人。類結束。団結。

れんたい[2]【連隊】〈名〉軍隊編制上の単位。旧日本陸軍では三個大隊からなる。例連隊長。

れんたいかん【連帯感】〈名〉仲間だと思う気持ち。例クラスの連帯感が強まる。

れんたいけい【連体形】〈名〉〔文法〕用言や助動詞の活用形の一つ。あとに体言《たいげん》(名詞)や、助詞の「の」がつづく形。「流れる水」「寒い季節」「おだやかな海」「書いたのは彼だ」の「流れる」「寒い」「おだやかな」「た」など。

れんたいし【連体詞】〔文法〕品詞の分類の一つ。体言《たいげん》(名詞)を修飾《しゅうしょく》するはたらきだけをもつ単語。「こ

ローランサン（1885〜1956） フランスの女流画家。淡い色調で夢幻的な少女の絵をえがいた。

の」「その」「あらゆる」「いわゆる」など。

れんたいしゅうしょくご【連体修飾語】〈名〉〔文法〕体言《たいげん》(名詞)につけて、その意味をさらにくわしく説明することば。たとえば、「わたしの本」「とても寒い朝」の「わたしの」「寒い」の部分など。→しゅうしょくご・れんようしゅうしょくご

れんたいせきにん【連帯責任】〈名〉やった本人とともに、直接は関係のないほかの人にも責任があること。対個人責任。

れんたいほしょうにん【連帯保証人】〈名〉契約《けいやく》者本人と共同して、借金などを返済する責任のすべてを負う約束をした人。

レンタカー〈名〉賃貸しの自動車。◇rent-a-car

れんだく【連濁】〈名・する〉二つの語がむすびついて複合語をつくるとき、あとの語のはじめの音が濁音に変化すること。たとえば、「くさ(草)＋はな(花)」が「くさばな」となったり、「ほん(本)＋たな(棚)」が「ほんだな」となったりするもの。

参考「おおさわぎ」「はるかぜ」のように、あとの語にはじめから濁音がふくまれている場合には、「おおざわぎ」「はるがぜ」のような連濁はおこらない。また、外来語(カタカナ語)も、日本語に深く定着した「カルタ」が「いろはガルタ」となったり、「カッパ」が「あまガッパ」となったりするような例外をのぞいて、ふつう連濁しない。

れんだこ【連▼凧】〈名〉いくつもの凧を、一列に正面を向くようにつなげて揚《あ》げるもの。

れんたつ【練達】〈形動・名・する〉練習をつんだ結果、その技術などがたいへん高い境地に達すること。類熟達。

レンタル〈名・する〉短期間、料金をとって貸すこと。借りる意味でも使う。例レンタルDVD。対セル(＝販売用)。類リース。◇rental

れんたん【練炭】【▼煉炭】〈名〉石炭や木炭などの粉をねりかためた燃料。たてにたくさんの穴をとおした円筒形《えんとうけい》のものをいうことが多い。絵

[れんたん]

れんだん【連弾】〈名・する〉〔音楽〕一台のピアノを、ふたりでひくこと。

れんちゅう【連中】〈名〉「グループ」「なかま」「あの人たち」のくだけた言いかた。「れんじゅう」ともいう。類やから。

表現「連中」は親しみをこめて使うほかに、「もう、あんな連中とつきあうのはこりごりだよ」のように、いま自分が属していないグループのことを、「やつら」という感じで見くだしていう場合もある。

れんちょく【廉直】〈名・形動〉欲がなく、正直なこと。

れんどう【連動】〈名・する〉ある部分が動くと、そこから力をうけて、あるいはそれにあわせて、ほかの部分も動くこと。例シャッターと連動してストロボが光る。

レントゲン〈名〉エックス線。例レントゲンをとる。レントゲン検査。◇《ドイツ》Röntgen(＝人名から)

れんにゅう【練乳】【▼煉乳】〈名〉牛乳の水分を蒸発させて、こくしたもの。砂糖を加えたコンデンスミルクと、加えないものとがある。

1**れんぱ【連破】**〈名・する〉たたかいや試合などで、つづけざまに相手を負かすこと。例強豪《きょうごう》を連破して決勝に勝ちあがる。

2**れんぱ【連覇】**〈名・する〉前と同じ人やチームが、つづけて優勝すること。例三連覇。

れんばい【廉売】〈名・する〉品物の安売り。

れんぱい【連敗】〈名・する〉たたかいや試合などで、つづけざまに負けること。例三連敗。対連勝。

れんぱく【連泊】〈名・する〉同じホテルや旅館に、つづけて二泊以上すること。例連泊客。

れんぱつ【連発】〈名・する〉❶弾丸《だんがん》をつづけて発射すること。例連発銃《じゅう》。対単発。❷なんどもつづけてだすこと。例あくびを連発する。質問を連発する。

れんばんじょう【連判状】〈名〉いっしょに何事かをなそうとする人たちが、その趣旨《しゅし》を述べ、名をつらねて署名し、判をおした書状。「れんぱんじょう」ともいう。

れんびん【▼憐▼憫・▼憐▼愍】〈名〉気のどくに思うこと。例憐憫の情。自己《じこ》憐憫。類あわれみ。

れんぶんせつ【連文節】〈名〉〔文法〕二つ以上の文節がひとまとまりとなって、文中で一つのはたらきをするもの。たとえば、「桜の花が、きれいにさく」の、「桜の花が」は主語の連文節、「きれいにさく」は述語の連文節。「文」は連文節の完成した形である。

れんぼ【恋慕】〈名・する〉人を恋《こ》い慕《した》うこと。例恋慕の情。横恋慕。類思慕。

1**れんぽう【連邦】【▼聯邦】**〈名〉それぞれに統治権をもついくつかの国家や州が集まって、外交権などをもつ一つの中央政府をおき、全体として一つの国家をなしていること。アメリカ合衆国・ロシア連邦・スイスなどが、これにあたる。例連邦政府。

2**れんぽう【連峰】**〈名〉つらなってつづく山の峰々《みねみね》。類連山。

れんま【錬磨】〈名・する〉実力や精神力をたかめるために、きびしい練習をくりかえすこと。例百戦錬磨。類鍛練《たんれん》。修練。

1**れんめい【連名】**〈名〉一つの文書に、ふたり以上の姓名《せいめい》をならべてサインすること。類連署《れんしょ》。

2**れんめい【連盟】【▼聯盟】**〈名〉同じ目的のために約束をむすんで協力すること。また、その団体。例スポーツ連盟。

れんめん【連綿】〈副・連体〉きれることなくつづいているようす。例連綿とつづく。連綿たる伝統。類綿綿。

れんや【連夜】〈名〉いく晩もつづくこと。例連日連夜。類毎晩。毎夜。夜な夜な。

れんよう【連用】〈名・する〉つづけて使うこと。例この薬は連用すると副作用がでる。

れんようけい【連用形】〈名〉〔文法〕用言《ようげん》や助動詞の活用形の一つ。文を中止したり、ほかの用言につづいたりするほか、一部の助詞・助動詞をつけるために使われる。「電車を降りて歩く」「電車に乗ります」「歩きながら考える」「美しくかざる」の、「降り」「乗り」「歩き」「美しく」など。参考助動詞の「た」や助詞の「て」をあとにつけるとき、一部の動詞は音便《おんびん》をおこす。「書いた」「取って」など。

れんようしゅうしょくご【連用修飾語】〈名〉〔文法〕おもに用言《ようげん》につけて、その意味をさらにくわしく説明することば。たとえば、「クッキーを食べる」「家で遊ぶ」「ひどく寒い」「ゆっくり歩く」の、「クッキーを」「家で」「ひどく」「ゆっくり」の部分など。参考連用修飾語は用言のほ

 魯迅(ろじん)(1881～1936) 中国の文学者。「阿Q正伝」「狂人日記」で中国社会の矛盾や悲惨をえがいた。

か、名詞に「だ」「です」がついて述語になった文節にもかかる。「きょうから休みです」「運動場で練習だ」の「きょうから」「運動場で」の部分など。

れんらく【連絡】〈名・する〉❶ほかのものとのつながりがあること。また、つながりをつけること。例連絡がいい。急行に連絡する。類接続。❷相手に情報を知らせること。例連絡がある。連絡がとだえる。連絡をとる。電話で連絡する。連絡係。緊急《きんきゅう》連絡。類通報。

れんらくせん【連絡船】〈名〉海や湖などで、両岸のあいだや島のあいだを定期的に運航する船。類フェリー(ボート)。

れんりつ【連立】『▼聯立』〈名・する〉いくつかのものが、いっしょにならんでいること。例連立政権。

れんりつないかく【連立内閣】〈名〉二つ以上の政党でつくっている内閣。

れんりつほうていしき【連立方程式】〈名〉〔数学〕いくつかの未知数がみたされなければならない条件が、二つ以上の方程式によって表わされたもの。

れんれん【恋恋】〈副・連体〉未練があって、思いきれないようす。例恋々とかじりつく。恋々たるありさま。

ろ…ロ

常用漢字 **ろ**

【呂】 口部4 全7画

ロ 音[ロ] 風呂《ふろ》。語呂《ごろ》合わせ。

【炉(爐)】 火部4 全8画

ロ 音[ロ] 暖炉《だんろ》。香炉《こうろ》。原子炉《げんしろ》。溶鉱炉《ようこうろ》。廃炉《はいろ》。

【賂】 貝部6 全13画

ロ 音[ロ] 賄賂《わいろ》。

【路】 足部6 全13画

ロ じ 教小3 音[ロ] 路地裏《ろじうら》。路上《ろじょう》。路線図《ろせんず》。路面電車《ろめんでんしゃ》。道路《どうろ》。進路《しんろ》。回路《かいろ》。迷路《めいろ》。訓[じ] 家路。旅路。山路。

【露】 雨部13 全21画

ロ・ロウ つゆ 音❶[ロ] 露出《ろしゅつ》。露店《ろてん》。露天風呂《ろてんぶろ》。露骨《ろこつ》。暴露《ばくろ》。吐露《とろ》。雨露《うろ》。❷[ロウ] 披露《ひろう》。訓[つゆ] 露。露草。夜露。

1 **ろ【炉】**〈名〉❶部屋の中につくってある、火を燃やすための場所。いろり。例炉を切る。炉を囲む。❷材料の物質を中に入れ、高温で加熱して物理的・化学的な変化をおこさせる装置。

2 **ろ【▼絽】**〈名〉織りめをすかして織った、うすい絹織物。夏の和服に使われる。類紗《しゃ》。羅《ら》。うすぎぬ。

3 **ろ『▼櫓・▼艪』**〈名〉和船を進める道具。かたい木でつくった棒状の板で、おしたり引いたりして使う。例櫓をこぐ。類かい。オール。→オール 絵

4 **ろ『▼艫』**〈名〉❶船体の先の方。類へさき。船首。❷船体のうしろの方。類とも。船尾《せんび》。

5 **ろ【露】**〈造語〉「ロシア(露西亜)」「ロシア語」のこと。例日露関係。露和辞典。

ろあく【露悪】〈名〉自分の悪いところをわざと見せびらかすこと。例露悪趣味《しゅみ》。露悪的。

ロイヤリティー〈名〉特許権・著作権・商標権などの権利を借りて使うときにしはらう料金。「ロイヤルティー」「ローヤリティー」ともいう。◇royalty

常用漢字 **ろう**

【老】 老部0 全6画

ロウ おいる・ふける 教小4 音[ロウ] 老人《ろうじん》。老境《ろうきょう》。老朽化《ろうきゅうか》。老練《ろうれん》。老若男女《ろうにゃくなんにょ》。敬老《けいろう》。長老《ちょうろう》。古老《ころう》。訓❶[おいる] 老いる。❷[ふける] 老ける。注意「老舗」は、「しにせ」と読む。

【労(勞)】 力部5 全7画

ロウ 教小4 音[ロウ] 労働《ろうどう》。労作《ろうさく》。労力《ろうりょく》。過労《かろう》。勤労《きんろう》。苦労《くろう》。疲労《ひろう》。

【弄】 廾部4 全7画 ※

ロウ もてあそぶ 音[ロウ] 愚弄《ぐろう》。翻弄《ほんろう》。訓[もてあそぶ] 弄ぶ。

【郎(郞)】 阝部6 全9画

ロウ 音[ロウ] 新郎《しんろう》。野郎《やろう》。

【朗(朗)】 月部6 全10画

ロウ ほがらか 教小6 音[ロウ] 朗読《ろうどく》。朗詠《ろうえい》。朗報《ろうほう》。明朗《めいろう》。訓[ほがらか] 朗らかだ。

【浪】 氵部7 全10画

ロウ 音[ロウ] 浪費《ろうひ》。浪人生《ろうにんせい》。浪曲《ろうきょく》。波浪《はろう》。風浪《ふうろう》。放浪《ほうろう》。浮浪者《ふろうしゃ》。

【廊(廊)】 广部9 全12画

ロウ 音[ロウ] 廊下《ろうか》。回廊《かいろう》。画廊《がろう》。

【楼(樓)】 木部9 全13画

ロウ 音[ロウ] 楼閣《ろうかく》。鐘楼《しょうろう》。望楼《ぼうろう》。

【漏】 氵部11 全14画

ロウ もる・もれる・もらす 音[ロウ] 漏水《ろうすい》。漏電《ろうでん》。漏洩《ろうえい》。遺漏《いろう》。訓❶[もる] 漏る。雨漏り。❷[もれる] 漏れる。水漏れ。❸[もらす] 漏らす。

【籠】 竹部16 全22画

ロウ かご・こもる 音[ロウ] 籠城《ろうじょう》。訓❶[かご] 籠。❷[こもる] 籠もる。山籠もり。

1 **ろう【▼牢】**〈名〉罪人などをとじこめておくためにつくった場所。例牢をやぶる。牢屋。牢獄《ろうごく》。

2 **ろう【労】**〈名〉ある目的のためにする努力。また、それによって心身にくわわる負担やつかれ。例労にむくいる。労を多《た》とする(=苦労に感謝する)。労をおしまない。労をねぎらう。類骨折り。→ろうする〔労する〕

労多《おお》くして功《こう》少《すく》なし ひどく苦労したわりには、ほとんどむくわれない。類骨折り損のくたびれもうけ。

労を取《と》る 他人のために、わざわざなにかをしてやる。例媒酌《ばいしゃく》の労をとる。

3 **ろう【楼】**〈名〉高い建物。類高殿《たかどの》。

4 **ろう【▼蠟】**〈名〉脂肪酸《しぼうさん》とアルコールとからなり、ろうそくや化粧《けしょう》品、ワックスなどに使われる、表面がつやつやしていて、熱するととけやすい物質。

5 **ろう【▼聾】**〈名〉耳が聞こえないこと。例ろう学校。

6 **ろう【老】**〈接頭〉老《お》いた。例老夫婦。老画家。

ろうあ【▼聾▼唖】〈名〉耳が聞こえず、話すことも不自由なこと。例ろうあ者《しゃ》。

1 **ろうえい【朗詠】**〈名・する〉漢詩や和歌にふしをつけて高らかにうたうこと。類吟詠《ぎんえい》。朗吟。

2 **ろうえい【漏▼洩】**〈名・する〉外に知られてはこまることが、もれること。もらすこと。例機密が(を)漏洩する。

ろうえき【労役】〈名〉❶強制的にさせられる肉体労働。例労役に服する。❷つらくて苦しい労働。

ろうおく【▼陋屋】〈名〉せまくて、みすぼらしい家。自分の家のことを謙遜《けんそん》していう場合に使う。

1 **ろうか【老化】**〈名・する〉年をとって、しだいに体力や知力がよわまってくること。例老化現象。類老いる。

2 **ろうか【廊下】**〈名〉部屋と部屋とをつなぐ通路。

ろうかい【老▼獪】〈形動〉長いあいだの経験から、自分が損をしないようにずるくたちまわる方法を知っているようす。例老獪な人物。類海千山千。

ろうかく【楼閣】〈名〉堂々と空高くそびえている建物。例砂上《さじょう》の楼閣(→独立項目)。

ろうがっこう【ろう学校】【▼聾学校】〈名〉耳の不自由な児童・生徒を教育し、その障害をおぎなう知識・技能をさずける学校。

ろうがん【老眼】〈名〉中年以降、視力がおとろえ、近くにあるものがはっきり見えなくなること。

ろうがんきょう【老眼鏡】〈名〉老眼になった人が、近くのものをよく見るためにかける、とつレンズのめがね。シニアグラス。

1 **ろうきゅう【老朽】**〈名・する〉長いあいだ使われたり、放置されていたりして ぼろぼろになること。例老朽化。老朽家屋。

2 **ろうきゅう【籠球】**〈名〉「バスケットボール」のこと。

ろうきょう【老境】〈名〉老年の段階。例老境に入る。

ろうきょく【浪曲】〈名〉大衆芸能の一つ。三味線《しゃみせん》を伴奏《ばんそう》にして演じる語り物で、義理人情を主題とするものが多く、独特の低音でうたう部分と語りの部分をひとりで演じる。浪花節《なにわぶし》。

ろうぎん【朗吟】〈名・する〉漢詩や和歌などを、声高くゆっくりととなえること。類朗詠《ろうえい》。吟詠《ぎんえい》。

1 **ろうく【老▼軀】**〈名〉年とって、よわくなったからだ。例老軀をおして。類老体。老骨。

2 **ろうく【労苦】**〈名〉仕事などをするときの、つらいことや苦しいこと。例労苦をいとわない。類苦労。

ろうけつぞめ【ろうけつ染め】【▼蠟▼纈染め・▼﨟▼纈染め】〈名〉布や革《かわ》などにもようを染める方法の一つ。白くぬきたいところに ろうをひいて染めたあと、ろうをとりさるもの。

ろうこ【▼牢固・▼牢▼乎】〈副・連体〉しっかりとしていて固く、ちょっとやそっとのことでは くずれない。例牢固として変わらない。牢固とした習慣《しゅうかん》。牢固たる決意。

ろうご【老後】〈名〉年をとって働けなくなったあとのこと。例老後の生活。老後の心配。

ろうこう【老巧】〈形動〉経験をつんで、ものごとにたくみになっているようす。例老巧なプレー。対稚拙《ちせつ》。類老練。

ろうごく【▼牢獄】〈名〉罪人を とじこめておくところ。例牢獄につながれる。類牢屋。監獄《かんごく》。

ろうこつ【老骨】〈名〉年をとって、力もなくなったからだ。例老骨にむち打つ。類老体。老軀《ろうく》。

老骨に鞭《むち》打《う》つ 年をとっておとろえた自分の気力・体力をなんとかふるい立たせる。

表現 年老いた自分には似合《にあ》わないようながんばり方をしているときにいうことが多い。

ろうさい【労災】〈名〉❶「労働災害」の略。❷「労働者災害補償《ほしょう》保険」の略。労働災害に対して国から支給される保険。

ろうざいく【ろう細工】【▼蠟細工】〈名〉ろうを使って人形や模型などをつくること。

ろうさく【労作】〈名〉たゆまぬ努力の結果つくりあげたみごとな作品。例著者多年の労作。類力作。

ろうざん【老残】〈名〉老いぼれたすがたで むなしく生き残っていること。例老残の身をさらす。

1 **ろうし【老師】**〈名〉❶年をとって経験ゆたかな先生。❷修行《しゅぎょう》をつんだ年をとった僧《そう》。

2 **ろうし【労使】**〈名〉労働者がわと、使用者がわ。例労使関係。労使紛争《ふんそう》。

3 **ろうし【労資】**〈名〉労働者と資本家。例労資の対立。

4 **ろうし【浪士】**〈名〉浪人している武士。

ろうじゃく【老若】〈名〉年よりと若者。「ろうにゃく」ともいう。例老若を問わず募集する。

1 **ろうしゅう【老醜】**〈名〉年をとって、みにくくなること。例老醜をさらす。

2 **ろうしゅう【▼陋習】**〈名〉現代の生活にあてはまらない よくない習慣。例陋習をうちやぶる。

ろうじゅう【老中】〈名〉〔歴史〕江戸《えど》幕府の要職。譜代《ふだい》大名のうち十万石《ごく》以下の者から任命され、将軍のすぐ下で政治の運営にあたった。四名から五名で、町奉行《ぶぎょう》・勘定《かんじょう》奉行・大目付などを監督した。

ろうじゅく【老熟】〈名・する〉長い経験をつみ、熟練していること。類老成。老練。

ろうじょ【老女】〈名〉年をとった女性。類老婆《ろうば》。

ろうしょう【朗唱】【朗▼誦】〈名・する〉詩歌《しいか》や文章を、大きな声をだして読みあげること。

ろうじょう【籠城】〈名・する〉城や家に たてこもって、たたかうこと。例籠城のそなえ。

ろうじん【老人】〈名〉年をとった人。類年寄り。

ろうじんびょう【老人病】〈名〉老人に多い病気。高血圧症《しょう》や脳軟化《なんか》症など。

ろうじんホーム【老人ホーム】〈名〉老人が家庭からはなれて、老後の生活をおくる施設《しせつ》。

1 **ろうすい【老衰】**〈名・する〉年をとって、体力がひどくよわること。例老衰で亡《な》くなる。

2 **ろうすい【漏水】**〈名・する〉いれものや管から水がもれること。類水もれ。

1 **ろう・する【弄する】**〈動サ変〉自分のしたいようにする。よくないことをする場合にいう。例策を弄する。言辞《じげん》を弄する。

 ロック(1632～1704) イギリスの思想家。政府の主権が人民にあることを説く社会契約説を主張。

[2]ろう・する【労する】〈動サ変〉 はげしい労働をして、くたびれる。からだや心をくたびれさせる。例労せずして(＝苦労しないで)大金を手に入れる。

[3]ろう・する【▼聾する】〈動サ変〉 耳を聞こえない状態にする。例爆発《ばくはつ》音は、耳を聾するばかりだった。

ろうせい【老成】〈名・する〉 ❶経験をつんで、じゅうぶんなれていること。例老成した人。類老熟。❷大人びていて、わけ知りであること。例一見老成してみえる。

ろうせき【ろう石】『▼蠟石』〈名〉 ろうのような感じのやわらかい石。葉《よう》蠟石や滑石《かっせき》など。れんがや陶器《とうき》の原料、薬品などに使う。

ろうぜき【▼狼▼藉】〈名〉 ❶あばれて他人に迷惑《めいわく》をかけること。古い言いかた。例狼藉をはたらく。狼藉者《もの》。❷ものが乱雑に散らかっていること。例落花《らっか》狼藉。

ろうそ【労組】〈名〉「労働組合」の略。

ろうそうしそう【老荘思想】〈名〉 中国古代の思想家老子や荘子《そうじ》に代表される思想。人為《じんい》的な行為をしりぞけ、自然のままであることを説き、俗《ぞく》世間からはなれた心の静寂《せいじゃく》の境地を尊んだ。

ろうそく『▼蠟▼燭』〈名〉 糸やこよりなどをしんにして、そのまわりをろうで円柱形にほそ長くかためたもの。しんに火をつけて、明かりとして使う。キャンドル。

表記 俗《ぞく》に「ローソク」と書かれることも多い。

ろうたい【老体】〈名〉 年をとったからだ。また、老人。

ろうたいか【老大家】〈名〉 長年にわたってすぐれた仕事をして、みんなからりっぱだと思われている人。

ろうちん【労賃】〈名〉 働きに対してはらわれる賃金。

ろうでん【漏電】〈名・する〉 電線や機械などの不良や破損のために、電気が別なところにながれてしまうこと。

ろうと【漏斗】〈名〉 ⇩じょうご〔漏斗〕

ろうとう【郎党・郎等】〈名〉 武家の一族につかえる家来。「ろうどう」ともいう。例家の子郎党。一族郎党。

ろうどう【労働】〈名・する〉 生活に必要なお金や食べものを得るためにはたらくこと。例労働者。肉体労働。

ろうどううんどう【労働運動】〈名〉 労働者が団結して行なう、生活やはたらく環境《かんきょう》をよくするための運動。労働組合運動。

ろうどうくみあい【労働組合】〈名〉 賃金や労働時間などの労働条件をよくしていくために、労働者が自主的につくる団体。略して「労組《ろうそ》」ともいう。

ろうどうさいがい【労働災害】〈名〉 労働者がはたらいているときにおこった負傷・病気・死亡の災害。通勤のときの災害もふくめる。略して「労災」ともいう。

ろうどうしゃ【労働者】〈名〉 資本家に労働力を提供してはたらき、そのみかえりとして賃金をうけとって生活する人。対資本家。

ろうどうりょく【労働力】〈名〉 商品を生産したり事務を整理したりするのに必要な人間の労力。

ろうどく【朗読】〈名・する〉 人に聞かせるために、文章などを、声に出して読むこと。例詩を朗読する。朗読会。

ろうにゃく【老若】〈名〉 ⇩ろうじゃく

ろうにゃくなんにょ【老若男女】〈名〉 老人も若者もふくめた、いろいろな年齢《ねんれい》の男性と女性。

ろうにん【浪人】〈名・する〉 ❶つかえるべき主君をもたない身分であること。また、その武士。❷上級学校の入学試験におちて、次の年にまた受験するために勉強していること。また、その人。対現役《げんえき》。参考 ②は、浪人をしている年数によって、一浪、二浪のようにいう。

ろうにんぎょう【ろう人形】『▼蠟人形』〈名〉 ろうでつくった人形。

ろうねん【老年】〈名〉 年をとってからだやあたまのはたらきがおとろえてくるころ。例老年期。類老齢《ろうれい》。

ろうば【老婆】〈名〉 年をとった女の人。対老爺《ろうや》。

ろうばい【▼狼▼狽】〈名・する〉 思いがけないことにぶつかったり、ぐあいのわるいところを見つけられたりして、あわてふためくこと。例大いに狼狽する。狼狽気味。類うろたえる。→しゅうしょうろうばい

ろうはいぶつ【老廃物】〈名〉 使ったり、古くなったりして、役にたつところがなくなり、かすのようになったもの。

ろうばしん【老婆心】〈名〉 うるさがられるほど、こまごまとせわをすること。例老婆心ながら一言つけ加える。

表現 相手のためになにかを言ったりしたりしてあげるとき、「おせっかいだが」とか、「言わずもがなだが」といった感じの前おきとして言うことば。

ろうひ【浪費】〈名・する〉 お金や品物を、役にたたないことに使うこと。例時間の浪費。浪費癖《へき》。類空費。むだづかい。

ろうふ【老父】〈名〉 年をとった父親。対老母。

ろうぼ【老母】〈名〉 年をとった母親。対老父。

ろうほう【朗報】〈名〉 うれしい知らせ。いいニュース。例朗報に接する。対凶報《きょうほう》。悲報。類吉報。

ろうぼく【老木】〈名〉 長い年月を生きぬいてきた、風格のある木。対若木《わかぎ》。

ろうまん【浪漫】〈名〉 ⇩ロマン 参考

ろうまんしゅぎ【浪漫主義】〈名〉 ⇩ロマンしゅぎ

ろうむしゃ【労務者】〈名〉 日雇《ひやと》いの肉体労働者をさしたことば。やや見下げた感じがあり、今は使わない。

参考 (2)

ろうや【▼牢屋】〈名〉 とらえた罪人をとじこめておくところ。例牢屋にとじこめる。類牢獄《ろうごく》。

ろうやしき【▼牢屋敷】〈名〉 江戸《えど》時代の、牢屋をおいた一区画。

ろうよう【老幼】〈名〉 老人とおさない子。

ろうらく【籠絡】〈名・する〉 人を言いくるめて、思いのままにあやつること。例相手を籠絡する。

ろうりょく【労力】〈名〉 ❶働くこと。例労力をおしむ。労力をついやす。❷商品を生産するために必要な人手。例労力がたりない。労力の提供。類労働力。

ろうれい【老齢】〈名〉 年をとっていること。例老齢年金。類老年。高齢。

ろうれつ【▼陋劣】〈形動〉「卑劣《ひれつ》」の古めかしい言いかた。例陋劣な男。

ろうれん【老練】〈形動〉 ふかい経験をつんでいて、ものごとをたくみにさばくことができる。例老練なやりくち。類老巧《ろうこう》。老熟。

ろうろう【朗朗】〈副・連体〉 声にくもりがなく、気持ちよくひびくようす。例朗々と歌う。朗々たる歌声。

ろえい【露営】〈名・する〉 野外に陣《じん》をかまえたりテントをはったりして、夜をすごすこと。類野営。

ロー 一〈名〉 ❶低速度で走るときの、自動車のギアの位置。低速だが、登坂《とうはん》力は大きい。対トップ。❷音が低い状態。電力が弱い状態。例エアコンをローにする。対ハイ。二〈接頭〉「低い」「少ない」という意味を表わす。例ローヒール。ローコスト。対ハイ。◇low

ローカル 一〈形動〉 その地方のものである。例ローカル線。ローカルカラー。ローカルニュース。二〈名〉 地方。

ロックフェラー (1839～1937) アメリカの実業家。石油の独占的支配に成功した。石油王。

例 ローカルの番組。◇local

ローカルカラー〈名〉地方色。◇local color

ローカルせん【ローカル線】〈名〉地方のせまい地域内を走る電車や列車。対 幹線。

ローコスト〈名〉かかる費用が少ないこと。例 ローコストで仕上げる。◇low cost

ローション〈名〉化粧《けしょう》水の一種。◇lotion

ロース〈名〉ウシやブタの、肩《かた》から腰《こし》までのあいだにある上等の肉。例 ロースハム。◇roast から。

ロースト〈名・する〉肉を火であぶったり、むし焼きにしたりすること。例 ローストビーフ。◇roast

ロータリー〈名〉交通整理のために、駅前などの道路の中央につくられた円形のこだかい場所。車はこれにそってまわって、方向を変える。◇rotary

ローティーン〈名〉十代前半の少年少女。対 ハイティーン。◇low と teen による日本での複合語。

ローテーション〈名〉❶同種のものが交互《こうご》にくり返されるときの順番。❷野球で、ペナントレースなど長期間にわたって試合がつづくときの投手の登板する順序。例 ローテーションをくむ。◇rotation

ロード ▬〈造語〉みち。道路。例 ロードマップ。

▬〈名〉「ロードゲーム」の略。プロ野球のチームが本拠《ほんきょ》地以外の球場で行なう遠征《えんせい》試合。対 ホーム。◇road

ロードショー〈名〉映画の封切り。◇road show 参考 もとは、一般《いっぱん》公開にさきだって特定の映画館だけで上映することをいった。

ロードレース〈名〉道路で行なう競走。ふつう、自転車競走をさす。◇road race

ローヒール〈名〉かかとの低い、女性用のくつ。対 ハイヒール。◇low-heeled shoes から。

ロープ〈名〉アサや針金などをより合わせてつくったつな。例 ロープウェー。類 縄《なわ》。◇rope

ローファー〈名〉靴《くつ》ひもがなく、簡単にはいたりぬいだりできる革靴。アメリカの商標名。◇Loafer 参考 制服とともに指定靴となっている中学校や高校も多い。

ロープウェー〈名〉山のあいだに鋼鉄製のロープを張り、人や荷物をのせる箱をつりさげて輸送する装置《そうち》。空中ケーブル。◇ropeway

ローマ【▽羅馬】〈名〉イタリアの首都。イタリア半島の中部に位置し、古代からヨーロッパ文化の一大中心としてさかえた。市内にバチカン市国がある。◇Roma

表現「すべての道はローマに通じる」ということばがある。ローマ帝国において、道路が首都ローマに集中するように整備されていたことから、全体が一点で統括《とうかつ》されるように組織されていることをいう。

ローマは一日《いちにち》にして成《な》らず 大きな仕事を努力なしに、短時間でなしとげることはできない。

ローマきょうこう【ローマ教皇】〈名〉〔宗教〕カトリック教会の最高の権威《けんい》者。法王。

ローマじ【ローマ字】〈名〉❶ヨーロッパやアメリカでふつうにつかわれている、A(a)からZ(z)までの表音文字。アルファベット。❷「①」を使って、日本語を書き表わしたつづり。→くんれいしき・ヘボンしき

参考 古代ローマで使われていた文字であることからこういう。そのことばはラテン語であったから、ラテン文字ともいう。

ローマすうじ【ローマ数字】〈名〉古代ローマや中世ヨーロッパで使った数字。→かんすうじ・さんようすうじ

参考 Ⅰ(一)、Ⅴ(五)、Ⅹ(一〇)、Ⅼ(五〇)、Ⅽ(一〇〇)、Ⅾ(五〇〇)などの記号があり、これらをくみあわせて数を表わす。たとえば、三六七は CCCLXVII。大きな数をかいたり、計算したりするには不便だが、現在でも時計の文字盤《もじばん》などに使われる。

ローマていこく【ローマ帝国】〈名〉〔歴史〕イタリア半島のローマにおこり、紀元前一世紀から紀元四世紀にかけて、地中海沿岸地方を征服《せいふく》し支配した帝国。三九五年に東西にわかれ、西ローマ帝国は四七六年に、東ローマ帝国(ビザンツ帝国)は一四五三年にほろんだ。ギリシャ文化をうけてヨーロッパ文化のもとをきずいた。

ローマぶんめい【ローマ文明】〈名〉ローマ帝国にさかえた文明。芸術などの文化はギリシャ文明をうけつぎながら、実用の面では、コロセウム・パンテオン・カラカラ浴場などの土木建築、ローマ法などの法制にすぐれたものを残した。ローマ法は、その後のヨーロッパの法制に大きな影響《えいきょう》をあたえている。

ローム〈名〉〔地理〕赤土《あかつち》。例 関東ローム。◇loam

ローヤルゼリー〈名〉ミツバチの働きバチが分泌《ぶんぴつ》する、バター状の淡黄《たんこう》色の物質。女王バチになる幼虫が食べるもの。養分にとみ、栄養剤《ざい》として利用される。◇royal jelly

ローラー〈名〉ころがして使うまるいつつの形のもの。道路やコートなどの地ならし、印刷や金属の圧延・まきとり、謄写《とうしゃ》版印刷でインクをつけるもの、など、さまざまな種類がある。◇roller

ローラースケート〈名〉くつの底に小さな車輪をとりつけたもの。道路などですべって遊ぶ。◇roller skate

ローリング〈名・する〉船や飛行機が横にゆれること。対 ピッチング。◇rolling

ロール〈名・する〉うずまき形にすること。うずまき形になったもの。例 ロールキャベツ。ロールパン。◇roll

ロールプレイング〈名〉現実的な場面を設定し、さまざまな役割を演じて、問題を解決する方法を学ぶ体験学習。◇role playing (=「役割演技」の意味)

ローン[1]〈名〉貸し主に対して、一定の利息をつけた金額を定期的に返済していく借金。貸しつけ。貸しつけ金。例 ローンを借りる。住宅ローン。◇loan

ローン[2]〈造語〉芝生《しばふ》。例 ローンテニス。ローンスキー。◇lawn

ろか【▼濾過】〈名・する〉液体をこして、ふくまれている固形物やまじりものをのぞくこと。例 濾過器。

表記 理科の教科書などでは「ろ過」と書かれる。

ろかた【路肩】〈名〉道路のはしの部分。とくに、その下ががけになっているところ。

ろぎん【路銀】〈名〉「旅費」の古い言いかた。

常用漢字 **ろく**

【六】八部2 全4画 六 六 六 六

ロク む・むっ・むっつ・むい 教 小1 音 [ロク] ▨六月《ろくがつ》。六曜《ろくよう》。六法《ろっぽう》。▨四六時中《しろくじちゅう》。訓 ❶[む] 六月目。❷[むっ] 六つ切り。❸[むっつ] 六つ。❹[むい] 六日。

【録(錄)】金部8 全16画 録 録 録 録 録

ロク 教 小4 音 [ロク] ▨録音《ろくおん》。録画《ろくが》。▨記録《きろく》。収録《しゅうろく》。採録《さいろく》。登録《とうろく》。実録《じつろく》。議事録《ぎじろく》。

【麓】鹿部8 全19画 ※麓麓麓麓麓
ロク ふもと 音[ロク] ▨山麓《さんろく》。訓[ふもと] 麓。

[1]**ろく【六】**〈名〉五より一つ多い数。むつ。むっつ。アロク」

[2]**ろく【▼禄】**〈名〉むかし、主君がその家臣に給与《きゅうよ》としてあたえていた米。類俸禄《ほうろく》。扶持《ふち》。アロク

禄を盗《ぬす》む 実際の能力や働きよりも高い報酬《ほうしゅう》をうける。給料だけもらって何もしない。類月給どろぼう。

禄を食《は》む 給料をもらって生活する。

ログ〈名〉コンピューターに保存されている、利用や通信の経過の記録。また、掲示板や電子メールの現在までのやりとりの内容。例過去ログ。◇log

ログアウト〈名・する〉コンピューターで、接続していたネットワークの利用を終了《しゅうりょう》すること。ログオフ。サインアウト。対ログイン。◇log out

ログイン〈名・する〉コンピューターで、パスワードなどを入力してネットワークに接続し、利用を開始すること。ログオン。サインイン。対ログアウト。◇log in

ろくおん【録音】〈名・する〉テープやCDなどに音を記録すること。

ろくが【録画】〈名・する〉ハードディスクやDVDなどに、映像と音声を記録すること。その記録された映像。

ろくさんせい【六三制】〈名〉日本の義務教育の制度。小学校の六年間、中学校の三年間。

[ろ く ろ]

ろくじゅう(六十)のてなら(手習)い 年をとってから勉強やけいこをはじめること。

ろくしょう【緑青】〈名〉銅の表面にできる、緑色のさび。空気中の水分や二酸化炭素の作用による。

ろくすっぽ〈副〉「ろくに」のくだけた言いかた。

ろくだか【▼禄高】〈名〉むかし、武士が主君からもらっていた給与《きゅうよ》(米)の額。

ろくでなし『▼碌でなし』〈名〉なんの役にもたたないどうしようもなくだめな者。例このろくでなし！

ろくでもな・い『▼碌でもない』〈形〉まったく役にたたなくて、くだらない。

ろくな『▼碌な』〈連体〉(あとに打ち消しのことばをともなって)たいした…でない。まともな…でない。例あいつはろくなことをしない。

ろくに『▼碌に』〈副〉(あとに打ち消しのことばをともなって)じゅうぶんには…しない。満足に…ない。例ろくに見もしない。ろくに口をきかない。ゆうべはろくに寝《ね》られなかった。類ろくすっぽ。ろくろく。

ログハウス〈名〉丸太を組み上げてつくった家屋。参考日本での複合語。英語ではlog cabinという。

ろくぶんぎ【六分儀】〈名〉天体の高度や、遠くにある二つの地点のあいだの角度をはかる器械。航海などで、緯度《いど》や経度を知るために使われる。

ろくぼく【▼肋木】〈名〉体育館の壁ぎわなどに設置される器械運動用具。何本かの柱をたて、たくさんの横木をつけたもの。

ろくめんたい【六面体】〈名〉六つの平面でかこまれた立体。参考四角い箱はみな六面体で、どの辺も正方形であるものを正六面体という。

ろくよう【六曜】〈名〉暦《こよみ》の上での日の吉凶《きっきょう》や運勢などを表わすとされる六つの日。先勝《せんしょう》・友引《ともびき》・先負《せんぶ》・仏滅《ぶつめつ》・大安《たいあん》・赤口《しゃっこう》の六種。六輝《ろっき》。

ろくろ『▼轆▼轤』〈名〉❶井戸《いど》などについている滑車《かっしゃ》。つるべを上下させるのに使う。❷回転する軸《じく》に刃物《はもの》をつけて、まるくえぐる道具。ろくろがんな。絵 ❸陶器《とうき》をつくるために回転させて使う木製の台。ろくろ台。絵 ❹かさをひろげたりとじたりするときに使う、小さな器具。絵

ろくろく『▼碌▼碌』〈副〉「ろくに」を強めた言いかた。

ろくろくび【ろくろ首】『▼轆▼轤首』〈名〉異常に長い首がのびちぢみするおばけ。「ろくろっ首」ともいう。

ロケ〈名〉「ロケーション①」の日本での省略語。

ロケーション〈名〉❶映画やテレビで、スタジオ外の場所に出かけていって撮影《さつえい》すること。略して「ロケ」ともいう。❷不動産物件やホテルなどの立地。例絶好のロケーション。◇location

[1]**ロケット**〈名〉ふたがあけられる小さな容器で、ネックレスになっているもの。中に小さな写真や形見などを入れる。◇locket

[2]**ロケット**〈名〉燃料を爆発《ばくはつ》させてガスをふきだし、その反動でとぶ装置《そうち》。とても速く、また、宇宙空間を飛ぶことができる。例ロケット砲《ほう》。◇rocket

ロケハン〈名〉ロケーションに適した場所をさがすこと。◇location huntingの日本での省略語。

ろけん【露見・露顕】〈名・する〉秘密にしていることや悪事がばれてしまうこと。例旧悪が露見する。類露呈《ろてい》。発覚。

ロゴ〈名〉会社名やブランド名の文字や頭《かしら》文字を使って、個性的にデザインしたマーク。◇logo

ロココ〈名〉一八世紀ごろに、フランスを中心としてヨーロッパにおこった美術や建築の様式。室内装飾《そうしょく》を主とする。軽快で優雅《ゆうが》な特色がある。例ロココ風。ロココ式。◇フランス rococo

ロゴス〈名〉ことば。ことばで論じることのできる正しいすじみち。参考「ことば・論理・理性」などの意味をもつギリシャ語からきた、哲学《てつがく》のことば。ロゴスに対して、感情や情熱など、心情のうごきを「パトス」ということがある。

ろこつ【露骨】〈形動〉欲望や不満などをかくそうとしないで、そのまま表わしている。例露骨な描写《びょうしゃ》。露骨にいやな顔をされた。類あらわ。むきだし。あけすけ。あからさま。

ロザリオ〈名〉〔宗教〕キリスト教のカトリックで、いのるときに使う数珠《じゅず》。◇ポルトガル rosario

ろし【▼濾紙】〈名〉液体をこすのに使う紙。表記理科の教科書などでは、「ろ紙」と書かれる。

[1]**ろじ【路地】**〈名〉❶家と家とにはさまれたはばのせまい道。例路地うら。❷門内の道。庭の中の道。

[2]**ろじ【露地】**〈名〉屋根などのおおいのない地面。例露地栽培《さいばい》。露地物《もの》。

ロバート=オーエン（1771～1858） イギリスの社会主義者。労働条件改善のため工場法の制定に努力。

ロシア〈名〉❶ユーラシア大陸の北部の、旧ソ連の領土となっていた地域。❷旧ソ連を構成していた共和国。現在のロシア連邦。首都モスクワ。◇ロシア語から。

ロシアかくめい【ロシア革命】〈名〉〔歴史〕一九一七年にロシアにおこった社会主義革命。レーニンの指導によって王制をくつがえした。一九二二年に、世界最初の社会主義国家であるソビエト連邦《れんぽう》が生まれた。

ロシアンルーレット〈名〉リボルバー(=回転式弾倉《だんそう》の拳銃《けんじゅう》)に弾《たま》を一発だけ込め、何人かが順番に、自分の頭に銃を向けてひきがねを引く、正気の沙汰《さた》でない賭《か》け。◇Russian roulette

ロジカル〈形動〉論理的。りくつの上での。◇logical

ロジック〈名〉「論理」のこと。◇logic

ろしゅつ【露出】〈名・する〉❶むきだしにすること。むきだしになっていること。例 はだを露出する。露出した岩。❷写真をとるとき、フィルムに光線をあてること。例 露出計。

ろしゅつけい【露出計】〈名〉写真をとるとき、フィルムの感度にあわせて、適切な光の量を自動的に示してくれる装置。

ろじょう【路上】〈名〉❶道路の上。例 路上駐車《ちゅうしゃ》。❷目的地へむかう途中《とちゅう》。

ろしん【炉心】〈名〉原子炉の中心部で、核分裂《かくぶんれつ》連鎖《れんさ》反応がおこっているところ。例 炉心溶融《ようゆう》。

ロス ㊀〈名・する〉むだにすること。むだにされたもの。例 時間をロスする。ロスが多い。ロスが出る。エネルギーのロス。食品ロス。㊁〈接尾〉かけがえのないものを失うことによる悲しみ。喪失《そうしつ》感。例 ペットロス。◇loss

ロスタイム〈名〉❶むだに使ってしまった時間。❷サッカーやホッケーなどで、選手の負傷などにより競技が中断された時間。競技時間にはふくめない。参考 日本での複合語。②は英語では injury time という。

ろせん【路線】〈名〉❶鉄道やバスがはしっている区間の端《はし》から端まで。例 路線を延長する。路線を廃止《はいし》する。地下鉄路線図。❷ある組織や団体などの活動方針のたとえ。例 平和路線。大衆路線。類 針路。

ロッカー〈名〉衣類や手荷物などを入れるための、かぎのかかる小さな戸だな。例 ロッカールーム。◇locker

ろっかせん【六歌仙】〈名〉平安時代初期の六人の和歌の名人。在原業平《ありわらのなりひら》・僧正遍昭《そうじょうへんじょう》・喜撰《きせん》法師・大伴黒主《おおとものくろぬし》・文屋康秀《ふんやのやすひで》・小野小町《おののこまち》のこと。

ろっかんしんけいつう【▼肋間神経痛】〈名〉肋骨《ろっこつ》の間に分布している神経に生じる、発作的なさしこむような痛み。

ロッキングチェア〈名〉揺《ゆ》り椅子《いす》。◇rocking chair

[1]ロック〈名・する〉❶錠《じょう》。鍵《かぎ》。例 ドアをロックする。❷安全のため、機器を動かせないようにすること。例 ロックをかける。ロックを解除《かいじょ》する。暗証ロック。◇lock

[2]ロック〈名〉❶ポピュラー音楽の一つ。ロックンロールの発展したもので、ジャズの影響《えいきょう》もうけ、エレキギターなどで演奏する。はげしいリズムが特徴《とくちょう》。例 ロックバンド。❷「オンザロック」の略。氷で冷やして飲む、ウイスキーや焼酎《しょうちゅう》など。◇rock

ロックアウト〈名・する〉労働争議での、使用者がわの戦術の一つ。作業場をとじて、労働者が働けないようにすること。◇lockout

ロッククライミング〈名〉登山で、きりたった岩壁《がんぺき》をのぼること。岩のぼり。◇rock-climbing

ロックンロール〈名〉〔音楽〕一九五〇年代にアメリカで生まれた、ビートのきいた音楽。◇rock'n'roll(=rock and roll から)

ろっこつ【▼肋骨】〈名〉❶背中からでて胸骨につながる、胸をかこんでいる骨。左右十二本ずつある。類 あばら骨。❷船の外がわをつくっている肋骨状の骨ぐみ。

ろっこんしょうじょう【六根清浄】〈名〉登山者などが、のぼりながらとなえることば。仏教で、六根のこだわりをすて、きよらかな心をえることをいう。参考「六根」は、仏教で、感覚や意識を生じさせる六つのもとである「眼・耳・鼻・舌・身・意(=こころ)」のこと。

ロッジ〈名〉山小屋。山小屋風のホテルや簡易旅館。類 ヒュッテ。◇lodge

ロット〈名〉同じ製品をまとめて生産・取引《とりひき》・輸送・保管するときの単位。いちどに製造できる量や、注文できる最少販売《はんばい》数などを表わす。◇lot

ろっぷ【六▼腑】〈名〉漢方で、人間のからだの中にあるとされる六つの内臓。大腸・小腸・胆《たん》・胃・三焦《さんしょう》・膀胱《ぼうこう》。例 五臓六腑。

[1]ろっぽう【六方】〈名〉❶東西南北と天地の六方向。❷歌舞伎《かぶき》で、役者が花道を通るときにする、手足を大きく動かす独特の歩きかた。例 六方をふむ。

[2]ろっぽう【六法】〈名〉❶〔法律〕六つの重要な法律。憲法・刑法《けいほう》・民法・商法・刑事訴訟《そしょう》法・民事訴訟法。❷「六法全書」の略。参考「税務六法」のように、ある専門分野に関係する法律をあつめた出版物は、慣例としてなんでも「六法」と名付けられる。

ろっぽうぜんしょ【六法全書】〈名〉「ろっぽう①」、および、それに付属する法律などをおさめた書物。

[1]ろてい【路程】〈名〉目的地までの距離《きょり》や、かかる時間。類 行程。

[2]ろてい【露呈】〈名・する〉かくしておいたことが、おもてにでてしまうこと。また、思わずだしてしまうこと。例 弱点が(を)露呈する。類 露見。

[1]ろてん【露天】〈名〉屋根などのおおいがなく、空が見わたせるところ。例 露天ぶろ。類 野天。

[2]ろてん【露店】〈名〉道ばたに商品をならべて売る、にわかづくりの店。例 露店商。類 出店《でみせ》。

[3]ろてん【露点】〈名〉〔気象〕空気中にふくまれていた水蒸気が、気温がさがったために露《つゆ》に変わりはじめるときの温度。

ろてんぶろ【露天風呂】〈名〉屋外に設けられたふろ。

ろてんぼり【露天掘り】〈名〉鉱石を大地の表面から直接掘り出す方法。

ろとう(路頭)にまよ(迷)う 家もお金もなくなって、生活にこまる。例 一家で路頭に迷う。参考「路頭」は、道ばたのこと。

ろば【▼驢馬】〈名〉家畜《かちく》の一種。ウマに似《に》ているが、もっと小さく、耳が長い。じょうぶで粗食《そしょく》にたえるので、農業や労役《ろうえき》に使われる。うさぎうま。

ろばたやき【炉端焼き】〈名〉客の目の前で、魚や野菜などをいろりで焼いて食べさせる料理。また、その店。

ロビー〈名〉ホテルや劇場、会社などで、入り口につづいている広間。類 ラウンジ。◇lobby

ロフト〈名〉❶屋根裏べや。また、へやの一角にはしごで

ロベスピエール(1758~94) 政治家。フランス革命でジャコバン党を指導。恐怖政治を行なった。

上がるように作った、おもに寝床《ねどこ》とするスペース。❷住居兼《けん》アトリエやスタジオとして使う、倉庫ふうの建物。❸ゴルフのクラブの、打球面の傾斜角度。◇loft

ろへん【炉辺】〈名〉いろりのまわり。類炉端《ろばた》。参考 いろりのまわりでくつろぎながら経験ゆたかな人がしみじみ語る話を「炉辺談話」という。

ろぼう【路傍】〈名〉道ばた。例路傍の人。

路傍の人《ひと》 ただ道を行く人のように、自分とはかかわりのない人。

ロボット〈名〉❶自動的にうごいたり仕事をしたりできる、人間に似《に》たかっこうをした機械。人造人間。❷人にかわって自動的に作業をする機械装置《そうち》。産業用ロボット。◇robot

表現 (1)「彼《かれ》は社長のロボットだ」のように、人の言いなりにあやつられてうごく人間をさしていうことがある。
(2)①は、ふつう一体《いったい》二体《にたい》と数えるが、より人間に近いものは一人二人、ロボット犬などはペットと見なして一匹《いっぴき》二匹と数えることがある。②は移動できるものは一台二台、すえつけてあるものは一基《いっき》二基と数える。

参考 技術革新《かくしん》が進んで、人工知能をそなえ、人間のように考えて行動するロボットも登場している。

ロマネスク〈名〉一〇世紀ごろ西ヨーロッパにおこった、美術や建築の様式。古代ローマの様式に東洋のスタイルがまざっている。例ロマネスク建築。◇Romanesque

ロマン〈名〉❶物語。小説。❷夢《ゆめ》やあこがれにみちていること。例ロマンを求める。男のロマン。◇《フランス》roman

参考 ②は古くは「ローマン」ともいい、「浪漫」と漢字をあてた。

ロマンしゅぎ【ロマン主義】〈名〉一八世紀から一九世紀にかけて、ヨーロッパにおこった文芸や思想のうえでの考えかた。自然のままのすがたや自由な感情をだいじにした。文学ではドイツのゲーテ、フランスのユゴー、絵画ではフランスのドラクロアなどが代表的。

参考 (1)はじめ、その自由奔放《ほんぽう》さにより、形式をおもんじる古典主義と対立したが、のちには、事実をおもんじるリアリズム(=写実主義・現実主義)と対立した。
(2)「浪漫《ろうまん》主義」と漢字をあてて、とくに明治二十年代以後の、森鷗外《もりおうがい》・北村透谷《きたむらとうこく》・与謝野鉄幹《よさのてっかん》・与謝野晶子《あきこ》らに代表される日本文学史上の思潮《しちょう》を表わす。

ロマンス〈名〉❶うっとりするような恋愛《れんあい》。また、それにまつわるできごとや話。「ローマンス」ともいう。❷西洋音楽で、みじかい歌曲や楽曲。◇romance

ロマンスご【ロマンス語】〈名〉フランス語・イタリア語・スペイン語など、ラテン語から発達した言語。

ロマンチシズム〈名〉❶ロマン主義。❷現実を直視しないで、「こうであってほしい」というのぞみに寄りかかった考えかた。▽「ロマンティシズム」ともいう。対リアリズム。◇romanticism

ロマンチスト〈名〉甘く美しい夢《ゆめ》やあこがれを、いつもいだいている人。「ロマンチシスト」ともいう。対リアリスト。◇romanticist から。

ロマンチック〈形動〉考えかたやものごとのなりゆき、ふんいきなどが、夢をみているようで、甘く美しい。「ロマンティック」ともいう。例ロマンチックな物語。◇romantic

ロム【ROM】〈名〉⇩(巻末「欧文《おうぶん》略語集」)ROM

ろめい【露命】〈名〉つゆのようにはかない命。

露命をつなぐ どうにか、ほそぼそと暮らす。

ろめん【路面】〈名〉道路の表面。例路面が凍結《とうけつ》する。路面電車。

ろめんでんしゃ【路面電車】〈名〉道路上にしかれたレールの上を走る電車。都電や市電など。

ロリコン〈名〉「ロリータコンプレックス」の略。成人男性が幼女にしか性的興味をもたないこと。◇Lolita complex による日本での省略複合語。参考 アメリカのナボコフの小説『ロリータ』から生まれたことば。

ろれつ【呂▽律】〈名〉ものを言うときの舌の動きぐあい。

ろれつが回《まわ》らない 舌がよく動かないため、話すことばがはっきりしない。

常用漢字 **ろん**

【論】 言部8 全15画

論 論 論 論 論 論

ロン 教小6 音[ロン] ▨論証《ろんしょう》。論文《ろんぶん》。論理学《ろんりがく》。論説《ろんせつ》。論争《ろんそう》。▨議論《ぎろん》。世論《よろん》。

ろん【論】〈名〉すじみちをたてて、考えをのべること。また、その考え、意見。例自分なりの論を述べる。賛成論。反対論。改憲論。結果論。類説。→ろんじる

論より証拠《しょうこ》 ⇩「しょうこ〔証拠〕」の子項目

論をまたない 論じるまでもなく、わかりきったことだ。

ろんがい【論外】〈形動〉まじめに議論するだけの価値がない。例きみの要求は論外だ。

ろんぎ【論議】〈名・する〉問題をめぐって、意見をだしあい、検討《けんとう》しあうこと。例論議をつくす。類議論。討議。

ろんきゃく【論客】〈名〉人と意見をたたかわせるのがすきな人。すじみちだった話がうまい人。「ろんかく」ともいう。

ろんきゅう[1]**【論及】**〈名・する〉議論が発展して、関連したほかの問題にもふれること。

ろんきゅう[2]**【論究】**〈名・する〉深いところまで研究し、論じること。

ろんきょ【論拠】〈名〉意見のよりどころになるものごと。例論拠を明確にする。たしかな論拠。

ロング〈名〉❶ものの長さがながいこと。例ロングスカート。ロングサイズ。❷距離《きょり》や時間がながいこと。例ロングヒット。ロングタイム。▽対ショート。◇long

ロングラン〈名〉演劇や映画で、評判が高い作品をながいあいだ、上演したり上映したりすること。◇long run

ろんご【論語】〈名〉古代中国の思想家 孔子《こうし》と、その弟子たちの教えや行ないをしるした書物。儒教《じゅきょう》の基本となる書。四書の一つ。

論語読《よ》みの論語知《し》らず 書物からの知識はもっているが、それを生かして使うことができないこと。

ろんこう【論考】〈名〉すじみちをたてて考えたことを、文章によって表現したもの。

表現 「近代哲学論考」のように書名としても使う。

ろんこうこうしょう【論功行賞】〈名〉いくさのあとなどに、各人のてがらの大きさを論じてさだめ、ほうびをあたえること。

ろんこく【論告】〈名・する〉〔法律〕裁判で、検察官が最終的に意見を述べること。被告《ひこく》人がどのような犯罪を行なったか、どのような刑を与えればよいかを述べる。

ろんし【論旨】〈名〉意見の中心となる考え。例論旨を明らかにする。

ろんじゃ【論者】〈名〉議論をしている人。ろんしゃ。

ロマン=ロラン (1866〜1944) フランスの小説家。平和主義者。長編「ジャン=クリストフ」を残す。

ろんしゅう【論集】〈名〉いくつかの論文をまとめて編集した書物。

ろんじゅつ【論述】〈名・する〉考えたことを、すじみちをたてて述べること。

ろんしょう【論証】〈名・する〉論拠《きょ》《ろん》をあげて、考えの正否をあきらかにすること。

ろん・じる【論じる】〈動上一〉❶すじみちをたてて、意見を述べる。例論じるまでもない。政治を論じる。類論述する。❷意見をたたかわせる。例是非《ぜひ》を論じる。類議論する。論議する。▽「ろんずる」ともいう。

ろんじん【論陣】〈名〉相手に言いまかされないように、前もって考えて組み立てた意見。例論陣をはる。

論陣を張《は》る 自分の意見や主張を堂々と述べて議論をくり広げる。

ろん・ずる【論ずる】〈動サ変〉⇩ろんじる

ろんせつ【論説】〈名〉すじみちをたてて考えを述べた文章。とくに、新聞社が、そのときどきの問題について意見を述べた文章。例論説文。論説委員。類社説。

ろんせん【論戦】〈名・する〉ちがった意見を活発にたたかわせること。例論戦を展開する。論戦をたたかわす。類論争。舌戦《ぜっせん》。

ろんそう【論争】〈名・する〉ちがう意見をもつ者どうしが、自分の説をつよく主張しあうこと。例論争の余地がない。類論戦。舌戦《ぜっせん》。

ろんだい【論題】〈名〉❶議論をするときのテーマ。❷講演や講義のときにかかげる題目。

ろんだん[1]【論断】〈名・する〉議論の結果、また、ある論理にもとづいて、断定すること。

ろんだん[2]【論壇】〈名〉❶論説や評論をする人たちのつくっている社会。また、その論を発表する場。❷演説や講演をする人があがる壇。例論壇に立つ。類演壇。講壇。

ろんちょう【論調】〈名〉議論や論説の傾向《けいこう》や調子。例新聞の論調。

ろんてき【論敵】〈名〉論争の相手。

ろんてん【論点】〈名〉議論や論説の中心になる問題やポイント。例論点を整理する。

ロンド〈名〉〔音楽〕同じ主題が、まをおいて何回もくり返される曲の形式。その形式の器楽曲。◇イタリア《イタリア》 rondo

ろんなん【論難】〈名・する〉論争で、相手の論のあやまりを指摘《してき》し、非難すること。

ろんぱ【論破】〈名・する〉議論して相手の論をやっつけること。類言い負かす。

ろんばく【論▼駁】〈名・する〉相手の説のあやまりをはげしく論じたて、非難攻撃《こうげき》すること。

ろんぴょう【論評】〈名・する〉あるものごとの内容や結果などについて、論じつつ批評すること。例論評をくわえる。類講評。コメント。

ろんぶん【論文】〈名〉ある問題について、ふかく考えて出した結論を、すじみちをたてて書いた文章。研究者の業績として 表現 ふつう一編《いっぺん》二編《にへん》と数える。

ろんぽう[1]【論法】〈名〉論理や議論をうまくすすめるための方法。例三段論法。類筆法。

ろんぽう[2]【論▼鋒】〈名〉議論を進める勢い。例するどい論鋒。

ろんり【論理】〈名〉❶考えかたの正しいすじみち。例論理がとおらない。論理の飛躍《ひやく》。論理的。❷その立場に立てば当然そうなるという、ものの考え方やなりゆき。例強者の論理と弱者の論理。資本の論理。類言い分。

ろんりがく【論理学】〈名〉ものごとの考えかたの形式や法則を研究する学問。

ろんりてき【論理的】〈形動〉考えかたや話のすじみちがりくつにあっている。例論理的に正しい。

わ … ワ

常用漢字 わ

【和】 口部5 全8画 和和和和和

ワ・オ やわらぐ・やわらげる・なごむ・なごやか 教小3 音❶[ワ] 調和《ちょうわ》。違和感《いわかん》。柔和《にゅうわ》。英和辞典《えいわじてん》。❷和音《わおん》。和解《わかい》。和食《わしょく》。和服《わふく》。❷[オ] 和尚《おしょう》。訓❶[やわらぐ] 和らぐ。❷[やわらげる] 和らげる。❸[なごむ] 和む。❹[なごやか] 和やか。
注意「日和」は「ひより」、「大和絵」「大和魂《やまとだましい》」などの「大和」は「やまと」と読む。

【話】 言部6 全13画 話話話話話

ワ はなす・はなし 教小2 音[ワ] 話題《わだい》。話芸《わげい》。話者《わしゃ》。会話《かいわ》。講話《こうわ》。茶話《さわ》会。童話《どうわ》。腹話術《ふくわじゅつ》。電話《でんわ》。訓❶[はなす] 話す。話し合い。話し込む。話し相手。話し言葉。話し上手。❷[はなし] 話。おとぎ話。昔話。立ち話。内緒話。長話。

わ[1]【輪】〈名〉❶ほそながいものを円形にまげて、はしとはしとをつないでドーナツ形にしたもの。円をえがけば、その外周が輪であるが、実際には楕円《だえん》形でも、多角形のような角ばった形でも、つながっていれば輪という。例輪になる。輪ゴム。輪投げ。指輪。❷回転する車輪。例輪がまわる。

輪をかける ❶ものごとをさらにおおげさにする。例聞いた話に輪をかける。類尾《お》ひれをつける。❷(「輪をかけて」の形で)さらにもう一段階。例新しい仕事をひきうけたために、輪をかけていそがしくなった。

わ[2]【和】 一〈名〉❶人と人の仲がよいこと。たがいに協力しあう気持ちであること。例和をおもんじる。人の和。家庭の和。❷たたかいをやめること。仲なおりすること。例和をむすぶ。▽→わする ❸〔数学〕二つ以上の数をくわえた合計のあたい。足し算の答え。対差。❹和風である

 ワーズワース（1770～1850） イギリスのロマン派の詩人。自然の美しさを日常語でうたった。

こと。和風のもの。例和のおもむき。

二〈造語〉❶「日本のもの」という意味を表わす。例和菓子。和太鼓。❷日本語のこと。例英和辞典。

和を講《こう》じる 争っていた者どうしが、話し合いをして仲直りをする。類講和。

わ[3]**【▼倭】**〈名〉〔歴史〕古代、中国で、日本をさしていったことば。日本人のことを「倭人《わじん》」といった。

わ[4]〈終助〉❶自分の主張や判断を、相手に知らせる。例わたしはコーヒーにするわ。この服がいいわ。❷軽い感動やおどろきを表わす。例あら、ひどい熱だわ。まあ、おいしそうだわね。❸感心したり、おどろいたりした気持ちをおおげさに表わす。例いるわ、いるわ、砂糖の上にありがいっぱい。

表現 ①と②は、ふつう女性が使う言いかた。

わ[5]**【羽】**〈接尾〉鳥やウサギを数えることば。→ひき〔匹〕

表現 参考 発音は、前にくる音によって、「わ」「ば」「ぱ」になる。

わ[6]**【把】**〈接尾〉たばねたものを数えることば。例一把。二把。

ワーキンググループ〈名〉組織の中で、または、いくつかの組織が共同して、特定の問題の解決や企画《きかく》の実行などにとりくむために編成されるグループ。WG。◇working group

ワーキングプア〈名〉懸命《けんめい》に働いても、生活保護水準以下の収入しかえられない労働者。◇working poor

ワーキングホリデー〈名〉労働ビザなしで、働いて滞在《たいざい》費用をかせぎながら長期の海外旅行ができる、一八歳《さい》から三〇歳(または二五歳)までの青少年向けの制度。文化交流や外国体験をうながすために、二国間で協定を結んで行なう。◇Working Holiday

ワーク 一〈造語〉❶労働。仕事。例デスクワーク。オーバーワーク。ワークスタイル。❷研究。例ライフワーク。二〈名〉「ワークブック」の略。◇work

ワークシート〈名〉❶作業票。❷学習内容を記した紙。❸パソコンの表計算ソフトの作業画面。◇①②work sheet ③worksheet

ワークショップ〈名〉❶参加者が自発的に作業や発言を行なえる、講習会や研究集会。❷工作の仕事などを行なう作業場。◇workshop

ワークブック〈名〉練習問題集。類ドリル。◇workbook

ワースト〈接頭〉いくつかある中でいちばん悪い。例ワースト番組。ワーストスリー。対ベスト。◇worst

ワープ〈名・する〉SFで、宇宙船にのり、宇宙空間をゆがませて、はるかかなたへあっというまに移動すること。◇warp

ワープロ〈名〉文書の作成、編集、印字、記憶《きおく》などの機能をもつ、コンピューターのソフトウエア。例ワープロソフト。◇「ワードプロセッサー(word processor)」の日本での省略複合語。

ワールド〈造語〉世界。例ワールドニュース。◇world

ワールドカップ〈名〉サッカーやラグビーなどの、スポーツ競技の世界選手権大会。「W杯」と略記される。◇World Cup

ワールドカフェ〈名〉話し合いによるアイデアの発想方法の一つ。ある問い(テーマ)について、四、五人ずつのグループでメンバーを変えながら自由に(くつろいだ雰囲気《ふんいき》で)話し合い、最後に全員で話し合うか、各グループの一人がまとめの報告を行なうもの。一九九〇年代にアメリカで始まった。◇World Cafe

常用漢字 **わい**

【賄】 貝部6 全13画

ワイ まかなう 音[ワイ] 賄賂《わいろ》。収賄《しゅうわい》。贈賄《ぞうわい》。訓[まかなう] 賄う。賄い。

わいきょく【▼歪曲】〈名・する〉ものごとの内容などをわざとゆがめること。例事実を歪曲する。

わいざつ【▼猥雑】〈形動〉雑多なものが入りまじり、ごちゃごちゃとしていて、品がない。例猥雑な雰囲気《ふんいき》の盛《さか》り場。猥雑な話。

ワイシャツ〈名〉スーツの下に着る、男子用のえり付きのシャツ。

わいしょう【▼矮小】〈形動〉背が低くて、小さいようす。例矮小な建物。

表現 「矮小な星」「矮小な考え」「問題を矮小化する」のように、ものごとのスケールが小さいことにもいう。

わいせつ【▼猥▼褻】〈名・形動〉性について、いやらしくあつかったり、いやらしい行為《こうい》をしたりするようす。例強制わいせつ罪《ざい》。公然わいせつ罪。類卑猥《ひわい》。

わいだん【▼猥談】〈名〉性に関するつつしみのない話。

ワイド〈名・形動〉❶幅《はば》や空間が広いこと。例ワイドスクリーン。❷テレビ番組や雑誌記事で、話題をくわしく、または幅広くあつかうこと。例ワイド番組。ニュースワイド。芸能ワイド。◇wide

ワイドショー〈名〉芸能ニュースやショッキングな事件、生活情報など、庶民《しょみん》の関心がとくに高い話題について、くわしく報じる番組。◇日本での複合語。

ワイナリー〈名〉ワインの醸造《じょうぞう》所。◇winery

ワイパー〈名〉❶自動車などのフロントガラスに取りつけて、視界をさまたげる雨のしずくをぬぐい去る装置。❷窓《まど》や床《ゆか》のよごれをぬぐい去るそうじ用具。◇wiper

ワイファイ【Wi-Fi】〈名〉機器の区別なく接続できる、無線LAN《ラン》の規格。商標名。◇Wireless Fidelity の略。

ワイヤ〈名〉❶はりがね。例ワイヤロープ。❷電線。▽「ワイヤー」ともいう。◇wire

ワイヤレス〈名〉電線を使わないこと。無線。例ワイヤレスマイク。類コードレス。◇wireless

ワイヤレスマイク〈名〉小さい送信機のついた、コードのないマイク。◇wireless microphone から。

ワイルドピッチ〈名〉投手の暴投。◇wild pitch

わいろ【賄賂】〈名〉相手の地位や立場を利用して、自分に有利にとりはからってもらうためにするおくりもの。例賄賂を使う。賄賂をおくる。類そでのした。リベート。

ワイン〈名〉ブドウを発酵《はっこう》させてつくった酒。赤・白・ロゼの三種類がある。類ぶどう酒。◇wine

ワインカラー〈名〉赤ワインのような、深い赤紫色。◇wine color

わおん【和音】〈名〉〔音楽〕高さのちがう二つ以上の音が、同時に鳴ったときにできる音。コード。

わか【和歌】〈名〉〔文学〕古くからある日本の定型詩。五音と七音とをくみあわせてつくる。五七五七七となる短歌が代表的だが、五七をいくつもかさねて最後が五七七と

倭王武(わおうぶ) ⇨ゆうりゃくてんのう(雄略天皇)

なる長歌や、五七七五七七となる旋頭《せどう》歌もある。やまとうた。敷島《しきしま》の道。例和歌をよむ。類歌。短歌。

表現 一首《いっしゅ》二首《にしゅ》と数える。

わが【我が】【▼吾が】〈連体〉自分の。例我が子。我が国。我がことのようによろこぶ。

[1]**わか・い【若い】**〈形〉❶生まれてからあまり時がたっていないで、さらに成育する時期にある。例若い世代。若いグループ。若いうちに本を読め。❷未熟だ。例考えがまだ若いな。類青い。青っぽい。❸年齢《ねんれい》から考えられるより、はるかに元気だ。例気が若い。七十でテニスとは若いですなあ。類若わかしい。❹人と比べて年齢が下である。例母はおばより二つ若い。類年下。年少。❺番号や数が小さい。例番号の若い順にならべよう。類早い。▽アワカイ

若い燕《つばめ》 年上の女性の愛人となっている若い男。

[2]**わかい【和解】**〈名・する〉❶対立してあらそっていたものが、仲なおりをすること。例敵と和解する。類融和《ゆうわ》。❷〔法律〕直接関係のある者どうしが話し合って解決すること。例和解が成立する。▽アワカイ

わ(我)がいえ(家)のほとけ(仏)とうと(尊)し 自分の家でおがんでいる仏様が、いちばんとうといと思うことから、自分の信じているものが、いちばんいいと思う。

わかいしゅ【若い衆】〈名〉❶若くて元気のよい男たち。例村の若い衆。❷昔ながらの店で働く若い使用人。

わ(我)がい(意)をえ(得)る 自分がのぞんでいたとおりになって気分がいい。例期待どおりの結果が出て 我が意を得た思いだ。

表現 古語の助動詞「たり」を使って、「わが意を得たり。」の形でもよく使う。

わかがえ・る【若返る】〈動五〉もとのように若くなる。若々しくなる。例ベテランの引退でチームが若返る。

わかぎ【若木】〈名〉芽ばえてから、まだあまり年がたっていない木。対老木《ろうぼく》。

わかくさ【若草】〈名〉春に芽をだしたばかりの、若わかしい草。

わかげ【若気】〈名〉いきおいにまかせて考えのたりない行動をとる、若者にありがちな傾向。例若気のいたり。

若気の至《いた》り 若さにまかせて、浅はかな行動をしてしまうこと。

わかさ【若▽狭】〈名〉旧国名の一つ。現在の福井県西部。若州《じゃくしゅう》。例若狭湾。

わかさぎ【▽公▽魚】〈名〉近海でとれる小さな魚。湖などでも繁殖《はんしょく》する。全長一五センチメートルほどで、うす黄色。てんぷらなどにして食べる。

わかざり【輪飾り】〈名〉わらを輪の形に編んで、下に数本のわらをたらし、ウラジロなどをつけた、正月のかざり。

わがし【和菓子】〈名〉日本でつくりだされた伝統的な菓子。米やあんなどをおもな原料とする。対洋菓子。

わかじに【若死に】〈名・する〉若いうちに死んでしまうこと。対長生き。類早死に。早世。夭逝《ようせい》。夭折。

わかしらが【若白髪】〈名〉まだ若いのに白髪があること。

わか・す【沸かす】【▼涌かす】〈動五〉❶〔沸かす〕熱をくわえて水などを熱くする。例湯を沸かす。ふろを沸かす。❷〔沸かす〕相手をむちゅうにさせる。「わかせる」ともいう。例聴衆《ちょうしゅう》を沸かす。❸〔涌かす〕生物が発生するにまかせる。例うじをわかす。

わかぞう【若僧・若造】〈名〉年が若く、まだ一人前になっていない者。

表現 「若僧のくせに生意気な」のように、相手をばかにしていうことば。

わ(我)がた(田)にみず(水)をひ(引)く ⇩がでんいんすい

わかだんな【若旦那】〈名〉商店などの若主人。金持ちの家のぼっちゃん。

わかちあ・う【分かち合う】〈動五〉みんなに少しずつ分ける。例喜びを分かち合う。類分け合う。

わかちがき【分かち書き】〈名〉文章を書くとき、読む人にわかりやすいようにするために、文節と文節のあいだを少しあけて書くこと。参考 英語など、ヨーロッパの言語の文章は、単語と単語のあいだをあける分かち書きで書く。日本語でも、ローマ字で書くときは分かち書きをする。また、かなで書いた文章でも、小さな子どもむけの絵本などでは文節ごとの分かち書きをしてあるものがある。

わかちがた・い【分かち難い】〈形〉密接に結びついていて、分けることや、分けて考えることがむずかしい。

わか・つ【分かつ】【▽別つ・▽頒つ】〈動五〉❶一つのものを二つ以上の部分に切る。例南北に分かつ。類分割する。❷いっしょになっている二つのものを、別々にする。または、区別する。例明暗を分かつ。たもとを分かつ(＝縁《えん》をきる)。昼夜を分かたぬ(＝昼も夜も)。❸くばる。分配する。例悲しみを分かつ。分かちあう。▽あらたまった言いかた。類分ける。

わかづくり【若作り】〈名〉自分の年齢《ねんれい》よりも若く見えるような服装や化粧《けしょう》をすること。

わかて【若手】〈名〉全体の中で、若い方に属して、元気のある人々。例若手の活躍《かつやく》。対中堅《ちゅうけん》。ベテラン。類少壮《しょうそう》。

わかどしより【若年寄り】〈名〉❶まだ若いのに、ものの考え方や態度、外見が年寄りじみている人。❷〔若年寄〕江戸《えど》幕府で、老中《ろうじゅう》を補佐《ほさ》した職。

わかな【若菜】〈名〉春のはじめに生えて、葉が食用になる野草。例若菜をつむ。

わかば【若葉】〈名〉生えでてまもない木の葉。例若葉がもえでる。もえる若葉。

わがはい【我が輩】【▼吾が輩】〈代名〉成年の男性が自分のことをさしていうことば。古めかしく、えらそうな言いかた。類余《よ》。

わかばマーク【若葉マーク】〈名〉自動車運転の初心者(＝免許取得後一年未満)であることを示すため、車体の前後につけるマーク。

わがまま【我が▼儘】〈名・形動〉他人のことなどかまわないで、自分のしたいことをすること。例わがままな人。わがままにふるまう。わがままを言う。類身勝手。自分勝手。手前勝手。

わがみ【我が身】〈名〉❶自分のからだ。例我が身をいとう。❷自分自身。例あすは我が身。

我が身をつねって人《ひと》の痛《いた》さを知《し》れ なにごとにつけ、自分の苦しみや悲しみにひき比べて他人のことを思いやれ、ということ。

わかみず【若水】〈名〉元日の朝早くくむ水。参考「若水」は、これからの一年の邪気《じゃき》をはらうとも、人を若返らせるともいわれる。もとは立春の朝くんだ。

わかむき【若向き】〈名〉若い人に似《に》合うこと。例若向きのデザイン。

わかむしゃ【若武者】〈名〉年が若くてはつらつとし

 若山牧水(ぼくすい) (1885～1928) 明治～大正の歌人。旅を愛し，旅のなかで多くの感傷的な歌をよんだ。

た武士。例あっぱれ若武者。

わかむらさき【若紫】〈名〉うすい紫色。

[1]**わかめ**〘若▽布・▽和▽布〙〈名〉食用にする海藻《かいそう》の一種。ひらたく、いくすじにも切れこんでいる。しるの実《み》や、あえものに使う。三陸地方での養殖《ようしょく》がとくにさかん。 アワカメ

[2]**わかめ【若芽】**〈名〉生えてまもない草木の芽。類新芽。アワカメ

わかもの【若者】〈名〉年の若い人。例若者の特権。類青年。若人《わこうど》。

わがもの【我が物】〈名〉自分のもの。例まるで我が物のようなあつかいをする。我が物顔。

わがものがお【我が物顔】〈名〉他人など眼中になく、ずうずうしくふるまうこと。例我が物顔にふるまう。類傍若無人《ぼうじゃくぶじん》。

わがや【我が家】〈名〉わたしの家。わたしの家庭。

わかや・ぐ【若やぐ】〈動五〉気分やふんいきが若わかしくなる。例若やいだ気持ち。

わ(我)がよ(世)のはる(春) 自分のやることなすことが思いのままになる、いちばん得意になっているとき。例我が世の春を謳歌《おうか》する。

わからずや【分からず屋】〈名〉どんなに説明しても、ものごとの道理を理解しようとしないがんこな人。

わかりきった【分かり切った】〈連体〉ほかの人に質問することがはずかしいくらい当然の。例そんな分かり切ったことをいちいち聞くな。類自明。

わか・る【分かる】〘▽判る・▽解る〙〈動五〉❶意味を知る。例意味が分かる。しゃれが分かる。英語が分かる。味が分かる。わけが分からない。明快な説明でよく分かった。類理解する。知る。❷はっきりみとめられる。あきらかになる。例身もとが分かる。事情が分かる。犯人が分かる。結果が分かる。消息が分かる。先のことはだれにも分からない。❸世の中のことや人情に理解がある。例話が分かる。ものの分かった人だから、きっとたのめば聞いてくれるよ。

━方言東北では、「わがんね」の形で、「だめだ」の意味でも使う。

わかれ【別れ】〈名〉人と人とが別れること。例別れをつげる。別れのあいさつ。類別離《べつり》。離別。

わかればなし【別れ話】〈名〉「もう別れよう」と、夫婦《ふうふ》や恋人《こいびと》の間でかわされる話。例別れ話を持ち出す。別れ話のもつれ。

わかれみち【別れ道・分かれ道】〈名〉❶本道からわかれた道。❷道がわかれているところ。❸今後のすすむべき方向が二つにわかれているところ。例人生の別れ道。▽類岐路《きろ》。

わかれめ【分かれ目】〈名〉❶道が分かれているところ。❷そこをすぎればものごとがどうなるかがきまる、だいじなさかいめのところ。例勝負の分かれ目。類せとぎわ。

わか・れる【別れる・分かれる】〈動下一〉❶[別れる] 人からはなれて別々になる。例駅で友だちと別れた。生き別れる。死に別れる。類さよならする。離別《りべつ》する。❷[別れる] 夫婦が離婚《りこん》する。恋人たちが交際をやめる。類たもとを分かつ。❸[分かれる] もともと一つのもの、または、いっしょだったものが、あるところから二つ以上の部分になる。例二つに分かれる。枝《えだ》が分かれる。道が分かれる。❹[分かれる] 別のものとして区別される。例意見が分かれる。評価《ひょうか》が分かれる。勝敗が分かれる。

わかれわかれ【別れ別れ】〈名〉それまでいっしょだったものが、はなれて別々になること。類はなればなれ。ちりぢり。ばらばら。

わかわかし・い【若若しい】〈形〉元気さかんであったりみずみずしかったりして、いかにも若い、または実際の年齢《ねんれい》よりずっと若く見える感じだ。例気持ちが若々しい。

わかん【和漢】〈名〉日本と中国。例和漢の学。参考江戸《えど》時代に蘭学《らんがく》(=オランダの学問)がおこるまで、日本にとって学問文化は、「和(=日本古来)」と「漢(=中国伝来)」のものがすべてだった。仏教文化も中国をへてきたから「漢」に属する。したがって、「和漢」とは世界中のことであった。→わこんかんさい

わかんこんこうぶん【和漢混交文】〘和漢混▼淆文〙〈名〉文語の文体の一種。和文と、漢文を訓読した文体とが入りまじっている文体。『平家物語』の文章は、その一つの例。

わかんむり〘ワ冠〙〈名〉漢字の冠の一つ。「冠」「冗《じょう》」などの「冖」の部分。

わき【脇】〈名〉❶胸の左右の側面。かたの下のところ。例脇をしめる。脇のした。脇腹。両脇。❷よこの方。例脇を通る。脇から口を出す。脇に寄る。机の脇。類横。❸すすむべき道からはずれた方向。例脇へそれる。脇道。脇見。類横。❹[ワキ] 能楽で、シテの相手役。❺主役に対して、わき役。❻「脇句」のこと。例脇を付ける。

表記①は「▼腋」と書かれることもある。

わき

【脇】月部6 全10画

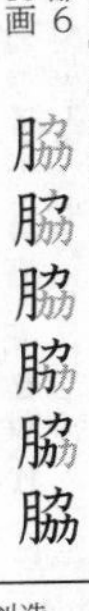

わぎ【和議】〈名〉あらそっていた者が仲なおりするための相談。また、その結果の約束。例和議をむすぶ。

わきあいあい【和気あいあい】〘和気▼藹▼藹〙〈副〉人々のあいだに、争いや混乱もなく、なごやかな気分がみちあふれているようす。

わきあが・る【湧き上がる】〈動五〉はげしいいきおいでもり上がる。例怒《いか》りが湧き上がる。不満の声が湧き上がる。雲が湧き上がる。

わきおこ・る【湧き起こる】〈動五〉下の方から勢いよくわくようにしてあらわれる。例雲が湧き起こる。拍手が湧き起こる。

わきが〘▼腋▽臭〙〈名〉わきの下から出る汗《あせ》がいやなにおいを放つ状態。専門的には「腋臭症《えきしゅうしょう》」という。

わきかえ・る【沸き返る】〈動五〉❶はげしいいきおいで煮《に》たつ。例湯が沸き返る。類たぎる。❷むちゅうになってさわぐ。熱狂《ねっきょう》した状態になる。例熱戦に観客が沸き返る。▽類わきたつ。

わきく【脇句】〈名〉〔文学〕連歌《れんが》・連句で、発句《ほっく》につなげて付けられる七・七の句。脇。

わきげ【脇毛】〘▼腋毛〙〈名〉わきのしたにはえる毛。

わきざし【脇差し】〈名〉むかし、武士が、長い刀にそえて腰《こし》にさした短い刀。

わきた・つ【沸き立つ・湧き立つ】〈動五〉❶[沸き立つ] 湯などがぐらぐら煮《に》えたつ。類たぎる。❷[沸き立つ] むちゅうになってさわぐ。熱狂《ねっきょう》した状態になる。例勝利に沸き立つ。▽類わきかえる。❸[湧き立つ] 雲などが、むくむくと大きくなる。

わきづけ【脇付け】〈名〉手紙で、あて名のわきに書いて、うやまう気持ちを表わすことば。「机下《きか》」「足下《そっか》」

「侍史《じし》」など。

わき・でる【湧き出る】〈動下一〉次から次へとつきることなく出てくる。例地下水が湧き出る。アイデアが湧き出る。

わきのした【脇の下】『▼腋の下』〈名〉うでが肩《かた》につくところの下がわの、少しくぼんだ部分。類腋下《えきか》。

わきばら【脇腹】〈名〉腹のよこの部分。類横腹。

参考 きわめて乱暴にいうと「どてっぱら」。

わきま・える『▽弁える』〈動下一〉ものごとのよしあし、道理などを正しく判断する。例身分をわきまえる。

表現 「わきまえがある」は対処のしかたがりっぱなのをほめることばで、「わきまえた人だ」「わきまえているな」のような感心のしかたにもなる。

わきみ【脇見】〈名・する〉ちゃんと見ていなければならないところから目をそらして、別なところを見ること。例脇見運転。類よそ見。わき目。

わきみず【湧き水】〈名〉地下からわきでてくる水。類いずみ。湧水《ゆうすい》。

わきみち【脇道】〈名〉❶本道からそれた道。❷進むべき方向からずれた方。例話が脇道にそれる。対本筋《ほんすじ》。▽類横道。

わきめ【脇目】〈名〉❶別の方を見ること。類わき見。よそ見。❷関係のない人がよそから見ること。類はた目。よそ目。

脇目も振《ふ》らず わきのことなどに気をとられないで、一心不乱に。例脇目も振らずに働く。

わきやく【脇役】『▽傍役』〈名〉❶演劇や映画で、主役をたすける役。バイプレーヤー。例脇役に徹《てっ》する。名脇役。類助演《じょえん》。❷物語の、主人公以外の登場人物。サブキャラクター。

わぎゅう【和牛】〈名〉日本の在来種のウシ。黒毛で小形。明治時代以降に外来種を用いて作られた改良種もふくめていう。おもに食肉用として飼育《しいく》される。神戸牛《こうべうし》・松阪《まつさか》牛・近江《おうみ》牛・米沢《よねざわ》牛など。

わぎり【輪切り】〈名〉まるい形のほそながいものを、よこから輪のように切ること。例大根を輪切りにする。

常用漢字 **わく**

【惑】心部8 全12画 ※惑惑惑惑惑惑

ワク まどう 音[ワク] □▨疑惑《ぎわく》。困惑《こんわく》。当惑《とうわく》。▨□惑星《わくせい》。惑溺《わくでき》。惑乱《わくらん》。迷惑《めいわく》。誘惑《ゆうわく》。訓[まどう] 惑う。逃げ惑う。惑い。

1 **わく**【枠】〈名〉❶外がわをかこむもの。例枠でかこむ。枠をくむ。枠をはめる。枠をきめる。枠ぐみ。枠づけ。窓枠。外枠。類縁取《ふちど》り。フレーム。外郭《がいかく》。❷ものごとの範囲《いはん》。例枠をはずれる。枠にしばられる。募集《ぼしゅう》枠。別枠。▽ア ワク

枠にはめる 人を画一的にあつかう。

枠をはめる ものごとに制限をつける。

【枠】木部4 全8画 枠枠枠枠枠

わく 参考 日本でつくられた漢字。

2 **わ・く**【沸く・湧く】『▼涌く』〈動五〉❶[沸く] 水が熱くなる。例ふろが沸く。湯が沸く。❷[沸く] その場にいる人がみな興奮してさわぐ。例よろこびに沸く。場内が沸く。沸きたつ。❸[湧く] あとからあとからと、たくさんでてくる。例泉が湧く。石油が湧く。雲が湧く。拍手《はくしゅ》が湧く。湧きでる。❹[湧く] 心の中に、ある気持ちや考えがおこってくる。例勇気が湧く。希望が湧く。アイデアが湧く。興味《きょうみ》が湧く。❺[涌く] 虫などがたくさん発生する。例うじがわく。ボウフラがわく。▽ア ワク

わくがい【枠外】〈名〉決められた範囲《はんい》のそと。例この費用は予算の枠外だ。対枠内。

わくぎ【和くぎ】『和▼釘』〈名〉日本独特の、断面が四角形のくぎ。

わくぐみ【枠組み】〈名〉❶枠をくみあわせて、もののだいたいの形をつくること。また、そのくみあわせた枠。例建物の枠組み。❷仕事や意見などの、おおよそのくみたて。例論文の枠組み。▽類骨組み。フレームワーク。

わくせい【惑星】〈名〉〔天文〕恒星《こうせい》のまわりをまわる天体。ふつう、太陽系の八つの天体(=水星・金星・地球・火星・木星・土星・天王星・海王星)をさす。かつては冥王星《めいおうせい》も含まれた。遊星。対恒星。

ワクチン〈名〉❶死んだ病原体や、毒性をうすめた菌からつくる薬。感染症《かんせんしょう》の免疫《めんえき》を人工的につくるため、接種したり注射したりする。❷コンピューターウイルスを発見して感染を予防するプログラム。◇ドイツ Vakzin

わくでき【惑溺】〈名・する〉あまりほめられないことに心をうばわれ、理性や分別をなくすほど熱中すること。

わくない【枠内】〈名〉決められた範囲《はんい》のうち。例その金額ならば予算の枠内におさまる。対枠外。

わくらば【わくら葉】『▽病葉』〈名〉病気にかかって変色した葉。また、夏、赤や黄などに色づいてしまった葉。

わくらん【惑乱】〈名・する〉心がまよい みだれて、正しい判断ができなくなること。また、心をまどわし みだすこと。例人心が(を)惑乱する。

わくわく〈副・する〉期待や喜びで、心が落ちつかないようす。例わくわくした気持ち。

わくん【和訓】〈名〉漢字に、固有の日本語をあてて読むこと。また、その読みかた。訓。

わけ【訳】〈名〉❶人の世のなりゆくすじみち。例あれは訳のわかった人だから、まかせておけばよい。訳知り。❷ふくまれる意味。例夢《ゆめ》にうなされて、訳のわからないことばを口ばしる。❸そうなる理由。うちにひそむ事情。例深い訳がある。本番となると、練習とは訳がちがう。あとからきた客を先にするとは、どういう訳だ。訳あり。類いわれ。いきさつ。ゆえ。❹(「わけない」「わけなく」の形で)「なんのめんどうなこともない」「容易だ」「なんの苦もなく」という意味を表わす。例わけなくやり上げた。❺結果として当然である。…はずである。例ジョージは日本で育ったのですか、どうりで日本語がうまいわけだ。❻(「…わけだ」「…わけです」の形で)断定してはつよすぎる場合に、少しぼかす気持ちを表わす。例これでどうやら一段落というわけです。❼(「…わけにはいかない」の形で)「そうすることは許されない」という気持ちを表わす。例これをこのままにしておくわけにはいかない。❽(「…わけではないが」と打ち消すことばを前おきに使って)実際は、打ち消すどころか、その内容のことをいうための前ぶれとするときに使う。例自慢《じまん》するわけではないが、いちども休んだことがない。

表記 ④～⑧は、ふつうかな書きにする。⑤～⑧は、形式名詞の用法。

わけあり【訳有り】〈名〉特別な事情やいきさつがあること。例訳ありのふたり（＝いい仲の男女）。

わげい【話芸】〈名〉落語や講談のような、たくみな話術によって人をひきつけ、楽しませる芸。

わけい・る【分け入る】〈動五〉かきわけながら奥のほうまで入っていく。例ジャングルに分け入る。

わけぎ〖分け▼葱〗〈名〉ネギの変種で、それより小さい野菜。葉も細く短い。

わけしり【訳知り】〈名〉世の中の表や裏《うら》、とくに男女間のことなど、人情の機微《きび》に通じていて、ものわかりがいい人。例訳知り顔。

わけても〖▽別けても〗〈副〉いくつかのものの中で、とくに。なかでも。ややかたい言いかた。例くだものが好物で、わけても柿《かき》には目がない。類なかんずく。とりわけ。

わけな・い【訳ない】〈形〉きわめてたやすい。例難問をわけなく解く。類造作《ぞうさ》ない。

わけへだて【わけ隔て】〖▽別け隔て〗〈名・する〉差別したあつかい。例わけ隔てなくあつかう。

わけまえ【分け前】〈名〉いっしょに手に入れたお金やもののうち、めいめいにわける分。例分け前にあずかる。分け前をとる。類割り前。配当。配分。取り分。

わけめ【分け目】〈名〉❶ものを分けた、さかいのところ。例かみの毛の分け目。❷ものごとがどうなっていくかをきめる大事な場面。例天下分け目のたたかい。

わ・ける【分ける】〈動下一〉❶一つのものをいくつかの部分にする。例かみの毛を分ける。均等に分ける。三つに分ける。類分割《ぶんかつ》する。❷たくさんあるものを、基準をもうけて区別する。例生徒たちを赤と白の二つの組に分けた。類分類する。❸一部分を人にあたえる。例金を分ける。仕事を分ける。くだものを分ける。血を分けた子。類分割する。配分する。❹進むために、おしひらく。例人波を分けて外に出た。かき分ける。

表現 勝負ごとで、あいこになることを「星を分ける」という。この「分ける」は均等に分けあうこと。「勝敗を分ける」「明暗を分ける」では、両者の立場が正反対になる。この「分ける」は、区別をはっきりさせること。

わご【和語】〈名〉中国から漢語がつたわってくる前から日本で使われていたことば。対漢語。外来語。類やまとことば。参考 たとえば、「水」の「すい」、「流」の「りゅう」は漢語であるが、「みず」「ながれる」は和語。

わこう【▼倭▼寇】〈名〉〔歴史〕鎌倉《かまくら》時代の終わりから室町《むろまち》時代にかけて、中国や朝鮮《ちょうせん》の沿岸を略奪《りゃくだつ》した、おもに日本人の海賊《かいぞく》集団。中国や朝鮮のがわからのよび名。

わこうど【若人】〈名〉若者。青年。詩歌などに使われる古い言いかた。例若人のつどい。

わゴム【輪ゴム】〈名〉輪になっている細いゴム。ゴム輪。例輪ゴムでとめておく。

ワゴン〈名〉❶料理などをのせる、滑車《かっしゃ》のついた移動式の台。❷⇩ワゴンしゃ ◇wagon

わこんかんさい【和魂漢才】〈名〉日本固有の精神は失わずに、中国から伝わった学問を身につけること。参考 平安時代には、漢詩文の教養があることを漢才といい、和歌のたしなみがあることを和魂といって、両方をそなえる和魂漢才が理想的な教養であった。明治時代には、西洋に学ぶために「和魂洋才」ともじられた。↓わかん

ワゴンしゃ【ワゴン車】〈名〉後部に荷物をたくさん積める乗用車や、箱形の商用車・工事用車などの総称《そうしょう》。ライトバンやミニバンをふくめていう。ワゴン。

わざ【技・業】〈名〉❶［技］スポーツや武術、工芸など、それぞれの方面で、うまくやりこなすために身につけなければならない、一定の型やこつを必要とするやりかた。例技をみがく。技をきそう。技をかける。技に切れがある。技のさえ。早技《はやわざ》。得意技。類技術。技芸。術。テクニック。❷［業］その人がやったこと。それによってできたこと。例集中力のなせる業。至難《しなん》の業。人間業。神業。

わざあり【技あり】〈名・感〉柔道《じゅうどう》の試合の判定で、「一本」にちかい技。二度の技ありで一本になる。

わさい【和裁】〈名〉和服をつくること。また、その技術。対洋裁。

わざし【業師】〈名〉❶すもうや柔道《じゅうどう》などで、わざをかけるのがたくみな人。❷交渉《こうしょう》などで、場合に応じてさまざまに対応して、結果として自分の有利な方へもっていくことのできる人。

わざと〈副〉目的があって、意識的にするようす。例わざと知らん顔をする。類わざわざ。故意に。ことさら。

方言 群馬・埼玉などでは、「わざっと」とも言い、また、「わざとだけんど持ってって」のように、「少し」の意味でも使う。

わざとらし・い〈形〉そのことを意識的に行なっているということが、ありありとわかるようすだ。例わざとらしい笑いかた。わざとらしいおせじ。対自然。類不自然。

わさび〖▽山▼葵〗〈名〉山間の清流で栽培《さいばい》する多年草。鼻につんとくるからみがあって かおりがよく、酒かすにつけてわさびづけにし、また、太い根茎《こんけい》をすりおろしてすしやそばなどの薬味にする。例わさびをきかせる。

わさびづけ【わさび漬け】〖▽山▼葵漬け〗〈名〉ワサビの、根や茎《くき》、葉をきざんで、酒かすに漬けた食べ物。

わさもん（方言）新しもの好《ず》きな人。熊本で言う。

わざわい【災い】〖▽禍（い）〗〈名〉❶病気や天災、事故などの、わるいできごと。例災いをまねく。災いとなる。類災難。不幸。❷〈する〉あることがらの結果、よくない事態が生じること。例彼女《かのじょ》の場合、美貌《びぼう》が災いして、不幸をまねいてしまいましたね。▽対さいわい。

表現 (1)対義語の「さいわい」は、副詞としても使えるが、「災い」は副詞にはならない。(2)「災いする」は、たとえよいことでも、それが作用してわるい結果になれば、「…が災いした」という。

災いを転《てん》じて福《ふく》となす ふりかかった災難をたくみに処理して、逆にしあわせのもとになるようにする。

わざわざ〈副〉ふつうはしないことを、特別にするようす。例わざわざ出むかえる。わざわざ持ってきてくれて、ありがとう。わざわざ出むくこともなかろう。

わさん【和算】〈名〉江戸《えど》時代、日本で独自に発達した数学。中国の数学をもとにし、当時のヨーロッパの数学とおなじくらいの水準に達したが、明治以後はすたれた。和算家としては、関孝和《せきたかかず》が有名。

わさんぼん【和三盆】〈名〉多く和菓子《わがし》に使う、高級な白砂糖。「三盆白《じろ》」ともいう。

わし[1]〖▼鷲〗〈名〉猛禽《もうきん》の一種で、タカのなかま。くちばしとつめがするどく、鳥や小さなけものをとらえて食べる。イヌワシ・オオワシ・ハクトウワシなどの種類がある。アワシ

わし[2]【和紙】〈名〉コウゾやミツマタなどを原料とした、日本独自の製法による、手すきの紙。対洋紙。ア**ワシ**

わし[3]〈代名〉「わたし」の、ややぞんざいな いばった言いかた。中年以上の男性が使うことがある。例わしにも一杯《いっぱい》く

れないか。アワシ

━ 方言 関西では、年齢《ねんれい》にかかわりなく「わたし」の意味でふつうに使われる。また、女性が使う地域もある。

わしき【和式】〈名〉 日本に古くからつたえられている様式。例 和式のトイレ。対 洋式。類 和風。

わしつ【和室】〈名〉 たたみをしいた日本風の部屋。対 洋室。類 日本間。座敷《ざしき》。

わしづかみ【▼鷲▼摑み】〈名・する〉 ❶指をひろげてぎゅっとつかんではなさないこと。例 賊《ぞく》は札束をわしづかみ(に)して逃走した。❷強く魅了《みりょう》することのたとえ。例 ファンの心をわしづかみにする。

わ(和)してどう(同)ぜず ⇩「わする」の子項目

わしばな【わし鼻】【▼鷲鼻】〈名〉 あたまの部分が、ワシのくちばしのように、するどく下へまがっている鼻。類 かぎ鼻。

わしゃ【話者】〈名〉 ❶それを話す人、話した人。例 母語話者(=ネイティブスピーカー)。対 聴者《ちょうしゃ》。類 話し手。❷〔文学〕⇩かたりて〔語り手〕③

わじゅつ【話術】〈名〉 話をうまくすすめ、相手によく聞いてもらうための技術。例 話術にたけた人。

わしょ【和書】〈名〉 ❶⇩わほん ❷日本語で書かれている本。対 洋書。漢籍《かんせき》。

わじょう【和上】【和▽尚】〈名〉 修行をつんだ徳の高い僧《そう》。例 鑑真《がんじん》和上。参考 仏教の宗派によっては、「おしょう」「かしょう」とも呼ぶ。

わしょく【和食】〈名〉 さし身やてんぷら、焼き魚など、日本風の料理。日本料理。対 洋食。

━ 表現 日本の外から見て、「アメリカの日本食レストラン」のようにもいう。

わじん【▼倭人・和人】〈名〉 ❶〔倭人〕古代の中国で、日本人のこと。例「魏志《ぎし》」倭人伝。❷〔和人〕昔の北海道(=蝦夷地《えぞち》)で、アイヌの人々に対して、本州から移住した人々のこと。アイヌ語ではシャモ(=隣人《りんじん》の意味)という。

わずか【僅か】〈形動・副〉 数量や時間、程度などが、ほんの少しであるようす。例 わずかだが貯金がある。合格点にわずかにとどかない。わずか一週間で完成した。類 ちょっぴり。たった。→わずかに(次項)

わずかに【僅かに】〈副〉 あぶないぎりぎりのところで。例 矢はわずかに右にそれた。類 かろうじて。

わずら・う【煩う・患う】〈動五〉 ❶〔煩う〕心配ごとがあって、なやみ苦しむ。❷〔患う〕病気にかかる。古めかしい言いかた。例 腎臓《じんぞう》を患う。▽類 病《や》む。

表現 ①は「思い煩う」の形で使うことが多い。

わずらわし・い【煩わしい】〈形〉 こみ入っていて、めんどうくさい。例 煩わしい人間関係。類 むずかしい。大儀《たいぎ》。煩瑣《はんさ》。煩雑。

わずらわ・す【煩わす】〈動五〉 ❶精神的にあれこれなやませる。例 心を煩わす。❷迷惑《めいわく》をかける。手数をかける。例 手を煩わす。いろいろお手を煩わしてすみません。▽「わずらわせる」ともいう。

わ・する【和する】〈動サ変〉 ほかの人の歌などに調子をあわせる。例 声を和する。

和して同《どう》ぜず 人と親しくつきあっても、まちがった行ないをともにするようなことはしない。参考『論語』の「君子は和して同ぜず、小人《しょうじん》は同じて和せず」から。

わすれがた・い【忘れ難い】〈形〉 心の奥《おく》にはいつもあって、何かの折には思い出される。忘れ去ることができない。例 忘れがたい印象《いんしょう》を残す。参考 文章語で「忘《ぼう》じ難い」ともいう。例 故郷《こきょう》忘じ難し。

わすれがたみ【忘れ形見】〈名〉 ❶その人を忘れないために持っている、記念の品。❷その人が死んだあとにのこされた子ども。類 遺児。

わすれさ・る【忘れ去る】〈動五〉 すっかり忘れてしまう。例 昔のいやなことはすべて忘れ去った。類 忘却《ぼうきゃく》する。

わすれっぽ・い【忘れっぽい】〈形〉 忘れやすい性質だ。例 年のせいか忘れっぽくなった。

わすれなぐさ【忘れな草】〈名〉 庭などにうえる草花の一種。多年草。ヨーロッパ原産。春から夏にかけて空色の小さな花がたくさんさく。「わすれなそう」ともいう。

参考 英語名 forget-me-not を直訳した名。

わすれもの【忘れ物】〈名〉 持ってこなければならないものを、うっかりして、忘れてきてしまうこと。忘れてきたもの。例 忘れ物をする。類 遺失物《いしつぶつ》。

わす・れる【忘れる】〈動下一〉 ❶おぼえていたことが思いだせなくなる。例 言われたことを忘れる。名前を忘れる。類 度忘れする。忘却《ぼうきゃく》する。❷気がつかないでいる。例 われを忘れる。楽しくて時間のたつのを忘れた。❸うっかりして、置いてきてしまう。置き忘れる。例 傘《かさ》を忘れる。❹するべきことを、うっかりしていない。例 宿題を忘れる。類 失念する。❺あることがらを気にかけないようにする。例 仕事のことは忘れてのんびりしよう。

わすれんぼう【忘れん坊】〈名〉 しょっちゅうものごとを忘れる人。くだけた言いかた。

わせ【▽早▽生】〈名〉 イネや野菜、くだものなどで、早く成熟する性質をもつもの。対 おくて。晩稲《ばんとう》。表記 イネの場合には、とくに、「▽早▽稲」と書く習慣がある。

[1] **わせい【和声】**〈名〉〔音楽〕一定のきまりにしたがって配列した、和音のつらなり。ハーモニー。アワセー

[2] **わせい【和製】**〈名〉 日本でつくられたもの。例 和製英語。類 日本製。国産品。アワセー

わせいえいご【和製英語】〈名〉 英語をまねて日本でつくった、英語ふうのことば。「ワンパターン」のように、英語の単語をつなげたり、「ナイター」のように、形を英語らしく変えたりしてつくられる。

ワセリン〈名〉 石油を蒸留したかすからつくった白いあぶら。薬品や整髪《せいはつ》料、さびどめなどの原料とする。商標名。◇Vaseline

わせん【和戦】〈名〉 ❶たたかいをしないかするか、ということ。例 和戦両様のかまえ。❷たたかいをやめること。

わそう【和装】〈名〉 ❶和服を着たすがた。❷日本式の本の装丁《そうてい》。例 和装本。類 和とじ。▽対 洋装。

[1] **わた【綿】**〈名〉 ❶絹《きぬ》や木綿《もめん》の繊維《せんい》、または化学繊維でつくる、ふわふわしたかたまり。絹のものを「真綿《まわた》」ともいう。❷〔植物〕繊維をとるために栽培《さいばい》される一年草。種の表面をつつむ白い毛が、木綿の糸や織物の原料となる。種からは綿実油《めんじつゆ》という油もとれる。

綿のように疲《つか》れる 何もできないほどくたくたになる。

[2] **わた【▽腸】**〈名〉 魚などの内臓。

わたあめ【綿あめ】【綿▼飴】〈名〉 ⇩わたがし

わだい【話題】〈名〉 話の中心になる材料。例 話題がつきる。話題をかえる。話題にのぼる。世間の話題になる。豊富な話題。類 テーマ。

わたいれ【綿入れ】〈名〉 おもて地とうら地のあいだにうすく綿を入れた、冬用の衣服。

 和田英作(えいさく) (1874～1959) 明治～昭和時代の洋画家。ドイツ・フランスに留学。のち東京美術学校教授。

わたがし【綿菓子】〈名〉縁日《えんにち》などで売られる、綿のかたまりのようなふわっとした菓子。ざらめをとかして、ほそい糸にしてふきつけたものを 割りばしに からめとってつくる。東日本では、「綿あめ」ということが多い。

わだかまり〖▼蟠り〗〈名〉心の中にひっかかるものがあって、気持ちがさっぱりしないこと。例 わだかまりがある。わだかまりをすてる。類 しこり。

わだかま・る〖▼蟠る〗〈動五〉❶じゃまなのに、どかずに場所をとっている。とぐろをまいている。❷心の中にひっかかりがある。例 わりきれない思いが まだわだかまっていた。

わたくし【私】[一]〈名〉おおやけや全体のことでなく、自分だけに関すること。例 本日は公務ではなく、私の用件で まいりました。彼《かれ》は私のない(=自分だけの利益をはかるようなことはしない)りっぱな人物だ。わたくしごと。対 おおやけ。→わたくしする
[二]〈代名〉自分自身をさすことば。例 私が高田です。

表現 [二]の「わたくし」はきちんとした、ていねいなことばで、表向きの書き物にも使えるし、あらたまった場面での会話にも使える。男も女も使う。少しくだけた場面では、それが「わたし」になり、さらにくだけると「あたし」になる。[一]の「わたくし」が「わたし」になることはない。

わたくしごと【私事】〈名〉❶相手に関係のない、個人的なこと。例 私事を申して 恐縮《きょうしゅく》ですが、実は…。類 私事《しじ》。❷かくしごと。

わたくししょうせつ【私小説】〈名〉作者自身の実生活や体験を素材として、その時どきの心境《しんきょう》をありのままに書くことにより、人間の真実を追求しようとする小説。

わたくし・する【私する】〈動サ変〉みんなで使うべきものを個人の所有物にする。例 権力を私する。

表現 横領や職権濫用《らんよう》などのよくない行為《こうい》をさす。

わたくしりつ【私立】〈名〉「私立《しりつ》」のこと。同じ読みの「市立」とまぎれないための言いかた。

参考 同様に、「市立」は「いちりつ」と言って区別する。

わたぐも【綿雲】〈名〉⇩せきうん

わたげ【綿毛】〈名〉❶「綿《わた》②」のような毛のかたまり。❷タンポポなどの種に生える、毛のようなもの。種が風にのってとびちるのに役立つ。冠毛《かんもう》。

[1]**わたし【渡し】**〈名〉❶川などで船を使って、人や乗り物をむこう岸へはこぶこと。また、その場所。例 渡し場《ば》。❷品物を相手にわたすこと。例 店頭渡し。

[2]**わたし【私】**〈代名〉「わたくし」のややくだけた言いかた。女性が自分をさす もっともふつうの言いかたで、おとなの男性も他人に対して使う。例 小説の主人公の「私」。類 ぼく。

表現 自分をさす代名詞は、ふつうは「わたし」「ぼく」(または「おれ」)を使うが、あらたまって言うときは「わたくし」を使う。→わたくし 表現

わたしぶね【渡し舟・渡し船】〈名〉川などで、人や乗り物をむこう岸にはこぶのに使う船。

わた・す【渡す】[一]〈動五〉❶はなれているもののあいだを一方から他方へとどかせる。かける。例 橋を渡す。枝《えだ》から枝へ綱《つな》を渡す。張り渡す。見渡す。❷こちらからむこうへ、人やものをとどける。例 小舟《こぶね》で人をむこう岸へ渡す。❸こちらにあるものを、手を使って相手にあたえる。例 品物を渡す。手渡す。
[二]〈接尾〉動詞の連用形につけて、「相手にあたえる」という意味を表わす。例 ゆずり渡す。売り渡す。言い渡す。引き渡す。

わだち〖▼轍〗〈名〉車輪が通った地面に残るあと。例 雪の上にわだちが二本、くっきりと残っている。類 軌跡《きせき》。

わたつみ〈名〉海の神。海。「わだつみ」ともいう。

わたぼうし【綿帽子】〈名〉真綿をひきのばしてつくった女性のかぶりもの。

参考 むかしは防寒用に使ったが、現在は、婚礼《こんれい》のときにかぶる。

わたぼこり【綿ぼこり】〖綿▼埃〗〈名〉❶ほこりがかたまって、わたのようになったもの。❷わたのくずがちらばったもの。

わたゆき【綿雪】〈名〉綿のようにふわっとした感じの消えやすい雪。類 ぼたん雪。

わたり【渡り】〈名〉❶外国からもたらされたものであること。例 南蛮《なんばん》渡り。❷話しあいや 交渉《こうしょう》のための足がかり。例 渡りをつける。❸渡り鳥の移動。例 渡りをする。渡りの時期。

渡りに船《ふね》 なにかをしようとしているとき、つごうのよいことが うまいぐあいにおこること。

渡りをつける 本格的な話し合いの前に、あらかじめ相手と接触《せっしょく》し、きっかけをつくる。

わたりあ・う【渡り合う】〈動五〉たがいにたたかう。例 互角《ごかく》に渡り合う。堂々と渡り合う。

表現 はげしい論争をすることなどにもいう。

わたりある・く【渡り歩く】〈動五〉次々と生活や仕事の場所をかえる。例 あちこちの会社を渡り歩く。

わたりどり【渡り鳥】〈名〉繁殖《はんしょく》地と越冬《えっとう》地とのあいだを季節によって移動する鳥。ツバメ・カッコウ・オシドリ・ハクチョウなど。対 留鳥。類 候鳥。

わたりろうか【渡り廊下】〈名〉二つの建物のあいだをつなぐ廊下。

わた・る【渡る】[一]〈動五〉❶そこを よこぎって むこうがわへ行く。例 川を渡る。橋を渡る。道を渡る。アメリカへ渡る。田の上を風が渡る。類 横断する。❷世の中で暮らしていく。例 世間を渡る。❸ものが、ある人の手に入る。例 手に渡る。人手に渡る。手紙はたしかに渡ったかな。❹ある範囲《はんい》に およぶ。例 私事《しじ》にわたって 恐縮《きょうしゅく》ですが、友だちと会う約束があるのです。静岡・愛知の両県にわたって地震《じしん》の被害《ひがい》があった。❺ある期間ひきつづく。例 三か月にわたる工事。
[二]〈接尾〉動詞の連用形につけて、「広い範囲に」「すみずみまで」という意味をそえる。例 晴れわたる。鳴りわたる。行きわたる。ひびきわたる。聞こえわたる。

表記 [一]①で、浅い水の中を歩いていく場合は「▽渉る」と書かれることがある。また、[一]の④と⑤は ふつう かな書きで、漢字で書くときは「▼亙る」「▼亘る」と書かれる。

渡る世間《せけん》に鬼《おに》はない 世の中には、無情な人ばかりでなく、なさけぶかい、心のあたたかい人もいる。

わっか【輪っか】〈名〉「輪」のくだけた言いかた。

ワックス〈名〉床《ゆか》や木製品などのつやをだしたり、すべりをよくするためにぬる ろう。◇wax

わっぜ(方言) とても。たいそう。鹿児島で言う、比較的新しい方言。わっぜー。例 わっぜ苦労すっがよ。

ワット〈名・接尾〉電力の単位。一ボルト・一アンペアの電流の仕事率が一ワット。記号「W」。◇watt

[1]**わっぱ**〖▽童〗〈名〉子ども。俗《ぞく》っぽい言いかた。例 こわっぱ。

[2]**わっぱ【輪っぱ】**〈名〉❶輪や、輪の形をしたもの。くだ

和田三造(さんぞう)(1883〜1967) 洋画家。東京美術学校に学び，黒田清輝に師事。代表作は「南風」。

けた言いかた。❷スギやヒノキなどのうすい板をまげてつくった容器。例わっぱ飯《めし》。

ワッフル〈名〉小麦粉に卵・砂糖・牛乳をまぜて焼き、ジャムやクリームなどをのせて二つに折った菓子《かし》。◇waffle

ワッペン〈名〉❶ブレザーコートの胸などにつける、紋章《もんしょう》風のかざり。❷目じるしのために、胸などにつけるマーク。◇ドイツ Wappen

わて（方言） わたし。関西で言う。

わとじ【和とじ】『和▼綴じ』〈名〉和紙を二つ折りにして何枚もかさねて表紙をつけ、糸で はしをとめたもの。和本のとじかた。対洋とじ。類和装《わそう》。

わな『▼罠』〈名〉❶鳥やけものをとらえるための しかけ。❷人をだまして、おとしいれるための はかりごと。▽例わなを(に)かける。わなにはまる。わなにおちる。わなにかかる。類落とし穴。トラップ。

わなげ【輪投げ】〈名〉立てた木の棒に輪を投げ入れる遊び。

わなな・く〈動五〉おそろしさや寒さのために、ぶるぶるふるえる。類戦慄《せんりつ》する。おびえる。おののく。

わなわな〈副・する〉怒《いか》りや おそろしさのために、からだがこきざみにふるえるようす。類ぶるぶる。がたがた。

わに『▼鰐』〈名〉熱帯地方の川などにすむ爬虫《はちゅう》類の一種。トカゲを大きくした形で、全身かたいうろこにおおわれ、体長一〇《メートル》にもなる。大きな口とするどい歯をもつ。性質は凶暴《きょうぼう》で、とくに尾《お》の力がつよい。皮は財布《さいふ》やベルトなどの材料に利用される。
方言 島根・広島などでは、「サメ」の意味でも使う。

わにぐち【わに口】『▼鰐口』〈名〉神社や仏堂の前方の軒《のき》につるし、参拝者が鳴らす、ひらたい大きなすず。

ワニス〈名〉樹脂《じゅし》をアルコールや油でとかした、透明《とうめい》な塗料《とりょう》。木製品の湿気《しっけ》を防いだり つやを出したりするために、また、油絵に使う。ニス。◇varnish

わび[1]『▼侘び・▼佗び』〈名〉茶道《さどう》や俳句の世界でいう、しずかでおちついた おもむき。類さび。アワビ」

わび[2]『▼詫び』〈名〉あやまること。例わびを入れる。おわびのことば。類謝罪。アワビ

わびし・い『▼侘びしい』〈形〉❶ともにすごしたりする人がいなくて、さびしい。例ひとり住まいは わびしいものだ。❷しずかで、ものさびしい。例わびしい景色。❸まずしくて、いかにも景気がわるそうである。例わびしい暮らし。類みすぼらしい。

わびじょう【わび状】『▼詫び状』〈名〉おわびをするための手紙。

わびずまい【わび住まい】『▼侘び住まい』〈名〉❶俗世間《ぞくせけん》からはなれて、ひっそり暮らすこと。その住まい。❷まずしくて、みすぼらしい暮らし。その住まい。

わ・びる『▼詫びる』〈動上一〉自分のまちがいや失敗などを、許してくれるように相手にたのむ。例無沙汰《ぶさた》をわびる。あやまちをわびる。類あやまる。謝罪する。

わふう【和風】〈名〉日本的な様式・つくり方。例和風建築。和風スープ。対洋風。類和式。

わふく【和服】〈名〉日本風の衣服。きもの。対洋服。

わぶん【和文】〈名〉日本語で書かれた文章。また、その文字。日本文。例和文を英訳する。和文タイプライター。対欧文《おうぶん》。漢文。類邦文《ほうぶん》。

わへい【和平】〈名〉戦争状態を終わらせて、平和にすること。例和平をむすぶ。和平交渉《こうしょう》。

わほう【話法】〈名〉❶話をすすめる技術。話しかた。❷〔文法〕自分の話の中に、他人のことばを引用するときの方法。間接話法と直接話法とがある。

わぼく【和睦】〈名・する〉あらそっていた国と国とが仲なおりすること。例和睦が成立する。

わほん【和本】〈名〉日本古来の製本方法によって作られた本。和とじ本・巻子《かんす》本(=巻物《まきもの》)・折本《おりほん》(=一枚の紙を折りたたんだ本)など。和装本《わそうぼん》。

わみょう【和名】『▼倭名』〈名〉⇩わめい①

わめい【和名】〈名〉❶日本で古くから使ってきた、ものの名まえ。「わみょう」ともいう。❷生物の名で、ラテン語を主とした学術名に対して、日本語の標準的なよびかた。

わめ・く『▽喚く』〈動五〉大声で、さけびたてる。例今さらわめいても、もうおそい。泣きわめく。

わや（方言） むちゃくちゃ。台無《だいな》し。北海道・大阪などで言う。

わやく【和訳】〈名・する〉外国語で書かれた文章やことばを、日本語であらわすこと。例英文和訳。類邦訳《ほうやく》。

わよう【和洋】〈名〉日本と西洋。

わようせっちゅう【和洋折衷】〈名〉日本風のものと西洋風のものの両方をまぜて とりいれること。

わら『▼藁』〈名〉イネやムギの茎《くき》を干したもの。例わら人形。わらぶとん。わら屋根。麦わら。

わらにもすがりたい 苦しいときには、あてにならないとわかっているものにでも、あてにして助けを求めたい。

わらをもつかむ 「おぼれる者はわらをもつかむ」の略で、こまったときや あぶないときには、たよりにならないものをもたよりにする、ということ。例わらをもつかむ思い。

わらい【笑い】〈名〉❶笑うこと。例笑いがとまらない。笑いをおさえる。❷あざ笑うこと。例笑いをまねく。もの笑い。▽↓囲み記事35(892ページ)

笑いが止《と》まらない ものごとが自分の思いどおりにうまくいって、笑わずにいられない。

笑いのつぼ ある人がとくにおもしろがることがら。俗《ぞく》な言いかた。例笑いのつぼに はまる。

わらいぐさ【笑いぐさ】『笑い▽種』〈名〉⇩おわらいぐさ

わらいこ・ける【笑いこける】〈動下一〉あまりのおかしさに、からだをよじるようにして笑う。

わらいごと【笑い事】〈名〉おもしろがって笑っていていいものごと。「笑い事ではない」「笑い事ではすまない」のように、ふつう打ち消しの形で使う。

わらいじょうご【笑い上戸】〈名〉❶酒に酔《よ》うと笑いだしたり、きげんがよくなったりする人。❷ちょっとしたことでもすぐに笑いだす人。▽対泣き上戸。

わらいとば・す【笑い飛ばす】〈動五〉大声で笑って、そのことはまったく問題にならないという態度をみせる。

わらいばなし【笑い話】〈名〉❶こっけいな内容のみじかい話。類笑話《しょうわ》。❷あるできごとを、気楽におもしろおかしく話すこと。また、そのようなできごと。例あのときの騒動《そうどう》も今では笑い話だ。

わらいもの【笑い者】〈名〉ばかにされて、笑われてしまう人。笑われ者。例笑い者にする。笑い者になる。

わら・う【笑う】〈動五〉❶うれしい、おかしいといった感情がおこったとき、しぜんに顔がほころびたり、声をたてたりする。例落語をきいて笑う。うれしくてひとりでに笑ってしまった。笑って済《す》む話ではない。❷相手に親しみの感情をみせるために、顔の表情をやわらげる。また、悲しさやさびしさをかくすために、ときには照れか

 渡辺崋山(かさん) (1793~1841) 江戸後期の蘭学者・文人画家。鎖国政策を批判，蛮社の獄で処罰され自殺。

くしや皮肉の気持ちを表わすために、顔の表情をやわらげる。例あの子は会うといつもにっこり笑ってあいさつする。はずかしさを笑ってごまかした。類ほほえむ。❸ばかにする。あざける。例失敗を笑う。人に笑われる。類嘲笑《ちょうしょう》する。
表記 ③は、「▼嗤う」と書かれることもある。▽↓囲み記事35(892ページ)

笑う門《かど》には福《ふく》きたる いつも笑い声のたえない家には、しぜんに幸福がおとずれてくる、ということ。

わら・える【笑える】〈動下一〉❶笑うことができる。❷自然に笑ってしまう。おさえようとしても笑わずにはいられなくなる。例笑える話。

わらかす（方言） 笑わせる。西日本で言う。

わらじ【▽草▼鞋】〈名〉わらを編んでつくったひらたいはきもの。ひもで足にゆわえつけて使う。↓げた絵
表現 左右二枚をひと組みにして一足《いっそく》二足《にそく》と数えるが、一双《いっそう》二双《にそう》を使うこともある。

わらじを脱《ぬ》ぐ 旅をやめて、そこにとどまること。
参考 むかし、ばくちうちなどが、旅先で、土地の親分の家にいちじ身をよせて、おちつくことをいった。

わらしべ【▼藁▼蕊】〈名〉イネのわらの芯《しん》。また、わらのくず。

わらばんし【わら半紙】【▼藁半紙】〈名〉わらの繊維《せんい》に、コウゾやミツマタの繊維などをまぜてすいたそまつな紙。ざら紙。

わらび【▼蕨】〈名〉山野に生えるシダ植物の一つ。にぎりこぶしのかたちに巻いている若葉を食用とする。

わらぶき【▼藁▼葺き】〈名〉わらでふいた屋根のつくり。

わらべ【童】〈名〉「子ども」の古い言いかた。わらわ。類童子《どうじ》。

わらべうた【童歌】〈名〉古くから子どもたちにうたいつがれてきた歌。絵かき歌・しりとり歌・かぞえ歌などがある。

わらわ【▽童】〈名〉⇩わらべ

わらわ・せる【笑わせる】〈動下一〉❶人を笑うようにさせる。例満場を笑わせる。わざと失敗して皆を笑わせる。❷あまりにばかばかしくて、笑ってしまうほどだ。例あんなやつが人に説教するなんて、笑わせるぜ。

わり【割・割り】 一〈名〉❶[割]わりあい。例週にいちどの割で連絡《れんらく》がある。❷[割]損得などの関係にあるものについての比率。例割がいい。割をくう。❸[割](「…割に」の形で)…ことからふつうに考えられる程度とは不相応に。例高い割にまずい。年の割に若く見える。↓わりに ❹[割り]「割りあて」という意味を表わす。例部屋割り。あたま割り。❺[割り]くわえるものの名につけて、「それで酒などをうすめること」という意味を表わす。例水割り。
二〈接尾〉[割]❶数量の十分の一を単位として数えることば。必要に応じて、百分の一の「分《ぶ》」、千分の一の「厘《りん》」、一万分の一の「毛《もう》」と合わせて割合を表わすのに使う。例一割引き。打率《だりつ》は三割四分五厘六毛。❷「割引《わりびき》」の略。例(予約料の)早《はや》割。(携帯《けいたい》電話使用料の)家族割。

割《わり》が合《あ》わない 努力に対する見返りが少ない。

割を食《く》う 人がうまくいった影響《えいきょう》で、損をする。

わりあい【割合】 一〈名〉❶そのものが全体の中でしめる量。基準となるものに対する、そのものの量の多い少ない。例五人にひとりの割合でめがねをかけている。類比率。❷(「…割合に」の形で)基準となるものから予想されるそのものの程度と比べて。例年の割合にませたことを言う。▽類割。
二〈副〉比較《ひかく》的。予想以上に。「割合に」ともいう。例割合元気だったので安心した。割合早くついた。

わりあいに【割合に】〈副〉⇩わりあい二

わりあて【割り当て】〈名〉わりあてること。わりあてられた仕事や分量。例割り当てをきめる。

わりあ・てる【割り当てる】〈動下一〉全体をいくつかにわけたそのひとつひとつを、あたえたりうけもたせたりする。例仕事を割り当てる。部屋を割り当てる。類割りふる。ふり当てる。ふり分ける。

わりいん【割り印】〈名〉二枚の書類の両方にまたがっておす印。例割り印をおす。類合印《あいいん》。

わりかし【割かし】〈副〉「わりあいに」のくだけた言いかた。例わりかし似合うよ。類わりと。

わりかん【割り勘】〈名〉勘定《かんじょう》を、人数で割ってみんなが均等にしはらうこと。「割り前勘定」をちぢめた、ややくだけた言いかた。例割り勘にする。

わりき・る【割り切る】〈動五〉多少はっきりしない部分やきめかねるところがあっても、すっぱりと処理してしまう。例割り切った考え。

わりき・れる【割り切れる】〈動下一〉❶うたがわしい点がなくなって、納得《なっとく》がいく。打ち消しの形で使うことが多い。例彼の言い訳《わけ》にはどこか割り切れないものを感じた。❷〔数学〕ある数を他の数でわった答えが整数になり、あまりがでない。

わりご【▽破子・▽破▽籠】〈名〉うすくけずった木を編んでつくった、食べものを入れる容器。むかし、弁当箱や食器にした。

わりこ・む【割り込む】〈動五〉正しい順序やルールをまもらないで、むりに自分を先にする。例行列に割り込む。話に割り込む。

わりざん【割り算】〈名・する〉ある数や式を、別の数や式でわる計算。除法《じょほう》。対かけ算。
参考 わり算の答えを、「商《しょう》」という。

わりした【割り下】〈名〉しょうゆやみりん、砂糖などであじをつけたしる。すき焼きなどの煮《に》じるに使う。

わりだか【割高】〈形動〉品物の質や量から考えて、適当だと思われるねだんより高い。対割安。

わりだ・す【割り出す】〈動五〉すじみちをたてた考えや計算によって、結論をだす。例犯人を割り出す。

わりつけ【割り付け】〈名・する〉⇩レイアウト

わりと【割と】〈副〉⇩わりに

わりに【割に】〈副〉予想したよりも。「割と」の形でも使う。例割にいい線いっている。類割合に。まあまあ。

わりばし【割り箸】〈名〉使うときに割って二本にする、使いすての箸。
表現 一膳《いちぜん》二膳《にぜん》と数える。

わりびき【割引】〈名・する〉ねだんを割り引くこと。例割引セール。割引券。対割りまし。類値引き。プライスオフ。分《ぶ》引き。

わりび・く【割り引く】〈動五〉❶きまっているねだんのうち、ある割合だけやすくする。類値引く。❷ものごとの程度を、みかけよりひかえめに考える。例かれの自慢《じまん》話はかなり割り引いて聞いたほうがいいよ。

わりふ【割り符】〈名〉紙や木のふだに印をおして、二つにわったもの。二つを合わせてみて、正しいものや正しい相手であることの証拠《しょうこ》とする。

わりふり【割り振り】〈名〉割り振ること。例係の

わ

和辻哲郎(わつじてつろう) (1889〜1960)　倫理学者。人と人との間柄を基礎とする倫理学の体系を樹立。

割り振り。

わりふ・る【割り振る】〈動五〉全体をいくつかに分けて、それぞれの担当や使い方をきめる。例作業を割り振る。時間を割り振る。類割り当てる。ふり当てる。ふり分ける。

わりまえ【割り前】〈名〉全体のうちで、その人にわりあてられたお金や分量。例割り前勘定《かんじょう》(=割り勘)。類分け前。配当。取り分。

わりまし【割り増し】〈名・する〉きまっているねだんを、ある割合で高くすること。例割り増しになる。割り増し料金。対割引。

わりもどし【割り戻し】〈名・する〉割り戻すこと。そのお金。類リベート。

わりもど・す【割り戻す】〈動五〉うけとった金額のうち、ある割合の額をかえす。

わりやす【割安】〈形動〉品物の質や量から考えて、ねだんが安い。例割安な買い物。対割高。類格安。

わる[1]【悪】■一〈名〉わるいことをする人。例ふだつきの悪。類悪人。悪党。アワル
■二〈接頭〉「わるい」「有害な」「不適当な」などという意味を表わす。例悪ふざけ。悪知恵《ぢえ》。
■三〈接尾〉「わるいこと」「わるい人」などという意味を表わす。例意地悪。性悪《しょうわる》。

わ・る[2]【割る】〈動五〉❶ものに力をくわえて、二つ以上の部分にわける。例ガラスを割る。せんべいを割る。類くだく。こわす。
❷いくつかの部分に分ける。例三つに割る。ひろい部屋を割って使っている。類くぎる。分割する。
❸おしわける。例あいだに割って入る。割りこむ。
❹液体などをまぜて、うすくする。例水で割る。
❺かくさずに示す。例口を割る。腹を割って話す。
❻わり算をする。記号「÷」。例八を二で割る。割り切れる。対かける。類除《じょ》する。
❼数量が、ある基準をたもてなくなって、それより低くなる。例半数を割る。千円を割る。類きる。
❽ある線の中にいられなくなって、そこから外にでる。例土俵を割る。▽アワル

わるあがき【悪あがき】〖悪▽足▼掻き〗〈名・する〉「なんとか助かろう」「にげよう」などと思って、してもむだなことを、必死にやってみること。例ここまできたら悪あがきはやめなさい。

わる・い【悪い】〈形〉❶道義的によくない。けしからん。例悪いやつ。行ないが悪い。意地が悪い。身持ちが悪い。対いい。
❷望ましくない。例悪いことに。悪くすると。ぐあいが悪い。つごうが悪い。縁起《えんぎ》が悪い。運が悪い。日が悪い。間《ま》が悪い。たとえお世辞《せじ》でも悪い気はしない。対いい。
❸質がよくない。力がおとっている。例悪い点。頭が悪い。できが悪い。道が悪い。つくりが悪い。対いい。
❹よく機能していない。順調でない。正常でない。例水の出が悪い。胃の調子が悪い。使いがってが悪い。切れあじが悪い。気分が悪い。胃が悪い。気を悪くする。悪くなる(=食べものがくさる)。対いい。
❺さしさわりがある。例からだに悪い。対いい。
❻接した感じがよくない。例気味が悪い。あいそが悪い。きげんが悪い。口が悪い。感じが悪い。対いい。
❼おちどがある。例こうなったのは、だれが悪いのか。
❽相手に対して申しわけない。例先に帰ると悪いから、待っていてあげよう。悪いけど、先に帰るね。類すまない。
表現「悪くない」という言い方は、「悪い」をたんに打ち消す以外に、「なかなかいい」という意味でも使われる。例「味付けはどう?」「うん、悪くないよ」。
方言島根・広島・山口などでは、「痛い」の意味でも使う。

悪い虫《むし》がつく ⇩むし〔虫〕表現(3)

悪くすると ものごとが悪い方向へ動くと。例悪くすると大事《おおごと》になるかもしれない。

わるがしこ・い【悪賢い】〈形〉わるいことについて頭がよくはたらくようす。例悪賢い人。類ずるい。こすい。

わるぎ【悪気】〈名〉相手をきずつけたり損害をあたえたりしようとする、わるい気持ち。打ち消しの形で使うことが多い。例手がすべっただけで、悪気はなかったんだ。

わるぐち【悪口】〈名〉人をわるく言うこと。また、そのことば。「わるくち」ともいう。類悪口《あっこう》。

わるさ【悪さ】〈名〉子どもなどの、人に迷惑《めいわく》をかけるよくない行ない。例悪さをする。類いたずら。

わるだくみ【悪巧み】〈名〉人をおとしいれるような、よくない計画。類策謀《さくぼう》。陰謀《いんぼう》。謀略。

わるぢえ【悪知恵】〖悪▼智▼慧〗〈名〉自分が得《とく》をするために、人をだましたり、おとしいれたりするようなわるい考え。例悪知恵がはたらく。類奸知《かんち》。狡知《こうち》。

ワルツ〈名〉四分の三拍子《びょうし》の優雅《ゆうが》なおどりの曲。また、そのおどり。円舞《えんぶ》曲。◇waltz

わるのり【悪乗り】〈名・する〉調子にのって、まわりの人がいやになるようなことまで、言ったりしたりすること。

わるび・れる【悪びれる】〈動下一〉自分の悪い行ないをはじた、おどおどしたようすをみせる。
表現「悪びれず」「悪びれたふうもなく」など、打ち消しの表現をともなって、「自分が悪かったと反省するようすもなく、平然と」という意味で使う。

わるふざけ【悪ふざけ】〈名・する〉見ていて不愉快《ふゆかい》になるほど、ふざけること。類臆面《おくめん》もなく。

わるぶ・る【悪ぶる】〈動五〉自分がさも悪者であるかのようにふるまう。

わるもの【悪者】〈名〉わるいことをする人。例悪者になる。悪者にする。悪者あつかい。類悪人。

わるよい【悪酔い】〈名・する〉酒を飲んで、頭痛やはき気がするような、ひどい酔いかたをすること。

われ【我】〖▼吾〗■一〈名〉自分自身。例我を忘れる。我も我もと。我と思わん者(=自分こそはと思う者)は名乗り出よ。
■二〈代名〉❶自分をさしていう古い言いかた。例我は海の子。戦い我に利あらず。❷相手をさしていう乱暴な言いかた。

我関《かん》せず 自分には関係ない、という態度をとる。

我こそは 自分こそは。例我こそは、と思う者は名乗り出よ。参考自分こそ能力があってそれにふさわしい、という気負いの入った言いかた。

我に返《かえ》る ❶気をうしなっていた人の意識がもどる。❷むちゅうになっていた状態から、冷静な状態にもどる。

我も我もと 人におくれないようにと、たくさんの人が次つぎに。

我を忘《わす》れる 自分のことを忘れてしまうくらい、むちゅうになる。

われがちに【我勝ちに】〈副〉人をおしのけても、自分が先になろうとして。例我勝ちににげだす。類我先に。

われがね【割れ鐘】〖▽破れ鐘〗〈名〉ひびの入ったつりがね。打つと、ひびきのある音でなく、にごった音になる。
表現「割れ鐘のような声」といって、太くてにごった大声を

わ

 ワット(1736~1819) イギリスの機械技術者。蒸気機関の改良に成功し，産業革命に貢献。

━形容することばとして使う。

われき【和暦】〈名〉元号を用いた、日本独自の年数の数えかた。たとえば、西暦二〇二一年に対する、令和三年。邦暦《ほうれき》。対西暦。

われさきに【我先に】〈副〉他の人よりも自分の方が先になるように急ぐようす。例観客は我先に出口に殺到《さっとう》した。類我勝ちに。

われしらず【我知らず】〈副〉無意識のうちに。例我知らず身をのりだしていた。

われながら【我ながら】〈副〉自分のしたことではあるが。例我ながらよくやったと思う。類自分ながら。

わ(割)**れなべ**(鍋)**に と**(▼綴)**じぶた**(蓋) 人には、それぞれ似《に》つかわしい相手がいる、ということ。結婚《けっこん》する男女についていうのがふつう。

参考「とじ蓋」とは、修繕《しゅうぜん》した蓋のこと。

われめ【割れ目】〈名〉割れてできたすきま。類さけめ。

われもこう〖▼吾▼亦紅〗〈名〉山野に生える多年草。初秋に、くろみをおびたあかむらさき色の小さな花が、まるくむらがってさく。根は漢方薬に使う。

われもの【割れ物】〈名〉ガラスや陶器《とうき》などでできた、われやすい品物。

われら【我ら】〖我▽等〗〈代名〉❶「わたしたち」の古風な、またはものものしい言いかた。類われわれ。❷おまえたち。乱暴な言いかた。

わ・れる【割れる】〈動下一〉❶ものが二つ以上の部分にわかれる。または、ひびが入る。例花びんが割れる。ガラスが割れる。頭が痛くて割れそうだ。❷かくされていたこと、とくに、わるいことが明らかになる。例ほし(=犯人)が割れる。類露見《ろけん》する。

表現「割れるような拍手《はくしゅ》」は、盛大《せいだい》であたりにひびきわたるような拍手を形容した言いかた。

われわれ【我我】〈代名〉「わたしたち」の古風でかたい言いかた。類我ら。

常用漢字 **わん**

【湾(灣)】 氵部9 全12画

湾 湾 湾 湾 湾

ワン 音[ワン] ▨湾内《わんない》。湾岸線《わんがんせん》。湾入《わんにゅう》。湾曲《わんきょく》。▨港湾《こうわん》。東京湾《とうきょうわん》。

【腕】 月部8 全12画

腕 腕 腕 腕 腕

ワン うで 音[ワン] ▨腕章《わんしょう》。腕力《わんりょく》。▨手腕《しゅわん》。鉄腕《てつわん》。敏腕《びんわん》。訓[うで] 腕。腕相撲。腕試し。腕前。腕まくり。二の腕。すご腕。細腕。

わん[1]【湾】〈名〉海面の一部が陸地にふかく入りこんでいる場所。例東京湾。類入り江。入り海。アワン

わん[2]〖▼椀・▼碗・▼鋺〗━〈名〉❶ご飯やしるを入れる、皿《さら》より底のふかい食器。おわん。例椀によそう。椀にもる。しる椀。❷「①」の食器に入れた料理。すいものをさす。例お椀がつく。▽アワン

━〈接尾〉飲食物《いんしょくぶつ》を入れたわんを数えることば。例みそ汁ひと椀。

表現 ━の①は、ふだん使うものは一個二個と数える。特別な来客用は一客《いっきゃく》二客《にきゃく》、骨董《こっとう》品や美術品は一口《いっこう》二口《にこう》と数えることがある。━の②は、一杯《いっぱい》二杯《にはい》、一椀《ひとわん》二椀《ふたわん》と数える。

表記 木製のものを「椀」、せとものを「碗」、金属製のものは「鋺」と書くが、ふつうは木製のものをいう。

わんがん【湾岸】〈名〉湾に沿った海岸。例湾岸地域。湾岸道路。参考「湾岸諸国」などいうときの「湾岸」は、中東のペルシャ湾のこと。

わんがんせんそう【湾岸戦争】〈名〉〔歴史〕前年にイラクがクウェートに侵攻《しんこう》したことをきっかけに、一九九一年一月、アメリカを中心とする多国籍軍がイラクを空爆して始まった戦争。同年二月、クウェートからイラク軍が一掃され、三月、暫定《ざんてい》停戦協定が結ばれて終結。

参考 イスラム世界への異教徒の軍事介入《かいにゅう》として、その後のイスラム教徒による反米テロにつながった。

わんきょく【湾曲】〖▼彎曲〗〈名・する〉弓なりにまがっていること。例せぼねが湾曲する。

ワンクッション〈名〉直接的なショックをさけるために、あいだにはさむもの。例ワンクッションおく。◇one と cushion による日本での複合語。

ワンゲル〈名〉「ワンダーフォーゲル」の日本での略。

ワンコイン〈名〉五百円玉や百円玉一枚で、買ったり利用できたりすること。例ワンコイン弁当。◇日本でできた複合語。

わんこそば〖▼椀子▼蕎▽麦〗〈名〉おわんに一口分のそばを入れ、客が食べおわると同時に店員が次のそばを放りこみ、そのくり返しを満腹になるまで続けるもの。岩手県盛岡《もりおか》の名物。もとは、食事をもてなすときの作法だった。

ワンサイドゲーム〈名〉スポーツで、一方が大差をつけて勝つこと。大差のついた試合。対接戦。シーソーゲーム。◇one-sided game から。

わんさと〈副〉❶人がうるさく、おおぜい集まるようす。例ファンがわんさと押し寄せた。❷たくさんあるようす。例仕事がわんさと残っている。▽「わんさか」ともいう。

わんしょう【腕章】〈名〉布などでつくった、うでに巻きつけるしるし。例腕章をする。腕章をつける。

ワンストップ〈名〉従来は一か所で行なえなかったような、複数の異なる商品の購入、サービスの利用、行政上の手続きなどが、一か所でできること。◇one-stop

ワンセグ〈名〉携帯《けいたい》電話やカーナビなどに向けて送信される、地上デジタルテレビ放送。解像《かいぞう》度が低いため受信しやすい。対フルセグ。◇one segment (=送信単位)から。

ワンダーフォーゲル〈名〉数人のグループをつくって山野を歩き、心身をきたえる運動。略して「ワンゲル」ともいう。◇ドイツ Wandervogel

ワンダーランド〈名〉ふしぎの国。おとぎの国。◇wonderland

ワンタッチ〈名〉❶指で一回ふれるだけでとりあつかいができること。例ワンタッチ式の傘《かさ》。❷バレーボールで、コートの外に出たボールに、そのボールを受けようとしたがわの選手がふれていたこと。◇one-touch

ワンタン〖▽雲▼呑〗〈名〉中華料理の一つ。小麦粉をねってつくった皮でひき肉をつつみ、ゆでて、スープにうかべたもの。◇中国語「餛飩」から。

ワンチャン〈名・副〉「ワンチャンス」を略した若者ことば。うまくいく、わずかな可能性。ひょっとすると。例ワンチャンあるかも。ワンチャンまにあうかも。

わんにゅう【湾入】〖▼彎入〗〈名・する〉海岸線が弓のかたちにまがって、陸地へ入りこんでいること。

わんぱく〖腕白〗〈名・形動〉男の子が、いたずらで手におえないこと。例腕白ぼうず。類悪たれ。悪童。いたずらっ子。参考女の子の「おてんば」にあたる。

ワット=タイラー　生没年不明。1381年，イギリスの農民反乱を指導し，農奴制廃止を王に認めさせた。

ワンパターン〈名・形動〉きまりきっていて、かわりばえがせず、おもしろみがないこと。例ワンパターンな発想。◇one と pattern による日本での複合語。

ワンピース〈名〉上下をひとつづきに つくってある、婦人服や水着。対ツーピース。セパレート。◇one-piece

ワンポイント〈名〉❶一か所。だいじな一点。例ワンポイントアドバイス。❷一か所だけに模様や刺繍《ししゅう》があること。❸点数の一点。◇one point

ワンボックスカー〈名〉❶ワゴン車のうち、車内空間をできるだけ広くするため、ふつうは前部に付けるエンジンをゆか下に付けてボンネットをなくし、全体がしきりのない箱形になっている自動車。❷「ミニバン」のやや古い言いかた。◇one と box と car による日本での複合語。

ワンマン〈名〉❶自分の思うとおりにものごとをすすめないと、気がすまない人。例ワンマン社長。❷ただ一人。例ワンマンショー。◇one-man

ワンメーター〈名〉タクシーに乗る距離《きょり》が、初乗り運賃だけで行ける範囲《はんい》におさまること。◇one と me-ter による日本での複合語。

わんりゅう【湾流】〈名〉メキシコ湾からヨーロッパの北西部の海岸にかけて流れる、大西洋の暖流。メキシコ湾流。この湾流のおかげで、イギリスは緯度《いど》の高さほどには寒くない。

わんりょく【腕力】〈名〉❶うでのちから。例腕力がつよい。腕力がある。類うでっぷし。❷ちからずく。うでずく。例腕力をふるう。腕力にうったえる。

ワンルーム〈名〉流し台とユニットバスの付いた、一部屋だけからなる住居。例ワンルームマンション。◇one-room

わんわん 一〈名〉イヌのこと。幼児の言いかた。二〈副・感〉❶イヌがつづけてほえる声。例わんわん(と)うるさく犬がほえる。❷はげしく泣くようす。例わんわん(と)泣く。

を ヲ

を〈格助〉動作や作用が行なわれる対象となるものごとや、場所、時間などを直接しめす助詞。
❶動作・作用が直接はたらきかける めあてとなるものごとをしめす。例本を読む。山をながめる。天体を観測する。
❷動作・作用の結果、つくりだされるものごとをしめす。例ご飯をたく。計画を立てる。苗《なえ》をそだてる。↓囲み記事53(1208ページ)
❸移動していく場所をしめす。例公園を散歩しませんか。九州をひとりで旅行した。
❹出発点または通過点となる場所や時間をしめす。例電車は となりの駅を出たから、もうくるだろう。先頭のランナーは二〇キロ地点をすぎようとしています。五時をまわったところだ。
❺動作・作用によって経過する時間をしめす。例スタートから三十分を経過しました。
参考 標準語の「お」と「を」の発音は同じであるが、かなの表記では区別される。助詞の「を」は、必ずほかの語のあとに付いて使われるので、「くっつきの『を』」とか「下の『を』」とか、各地でいろいろな名前で呼ばれている。

をば 格助詞の「を」(前項)の、文語的な感じのことば。例失礼をばいたしました。この川をば利根《とね》川という。参考「ば」は、副助詞の「は」が濁音《だくおん》化したもの。

をもって(▽以て) ⇩もって 一

ん ン

ん[1]〈感〉「なにかな」とかるく疑う気持ちを表わす。気がるでくだけた言いかた。例ん、なに？ 参考 実際に発音するときには しり上がりのイントネーションになる。

ん[2]〈助動〉一打ち消しの助動詞「ぬ」の終止形と連体形の別の形。↓ぬ 一・巻末の「助動詞の活用」 二文語の助動詞「む」の別の形。例あらんかぎりの力。あふれんばかりの水。↓む〈助動〉 参考 二は、平安時代に早くも発音が「ム」から「ン」に変化したので、古くから「む」とも「ん」とも書かれていたが、現代では「ん」と書かれるのがふつう。一と混同しやすいので注意が必要。

んち〖ん▽家〗〈接尾〉たとえば「きみのうち」の、「のうち」をくだけて言った形。「…の家」という意味を表わす。例きみんちの犬はなんていう名前？

んとこ〈接尾〉たとえば「きみのところ」の、「のところ」をくだけて言った形。「…の所」という意味を表わす。例ぼくんとこの犬の名前はゴリーというんだ。

んぼう【ん坊】〈接尾〉人の性質などを表わすことばにつけて、軽蔑《けいべつ》やからかいを表わす。子どもっぽい言いかた。ちぢめて「んぼ」ともいう。例けちんぼう。くいしんぼう。あわてんぼう。あばれんぼう。おこりんぼう。

 王仁(わに) 応神天皇の時代に，百済から「論語」「千字文」をもって来日したと伝えられる人。

語彙のひろがり
ことばの世界

ここから先のページでは、わたしたちの使っている日本語がどんなことばなのか、ふかく分け入って考えたり、ひろく見わたしてとらえたり、いろいろ試みをしてみましょう。具体的な例で考えます。

こんなやりかたで、ほかのことばについても考えてみてください。

ことばの世界が、ぐんぐんとひろがっていくでしょう。

〜形容詞の「あまい（甘い）」を例に〜

義語」とよばれるものがあります。
ことば（対義語）を集めて、グループをつくることができます。
グループを生み出していきます。
な、「ことばのビッグバン」を、ノートの上で、頭の中で、体験してみてください。

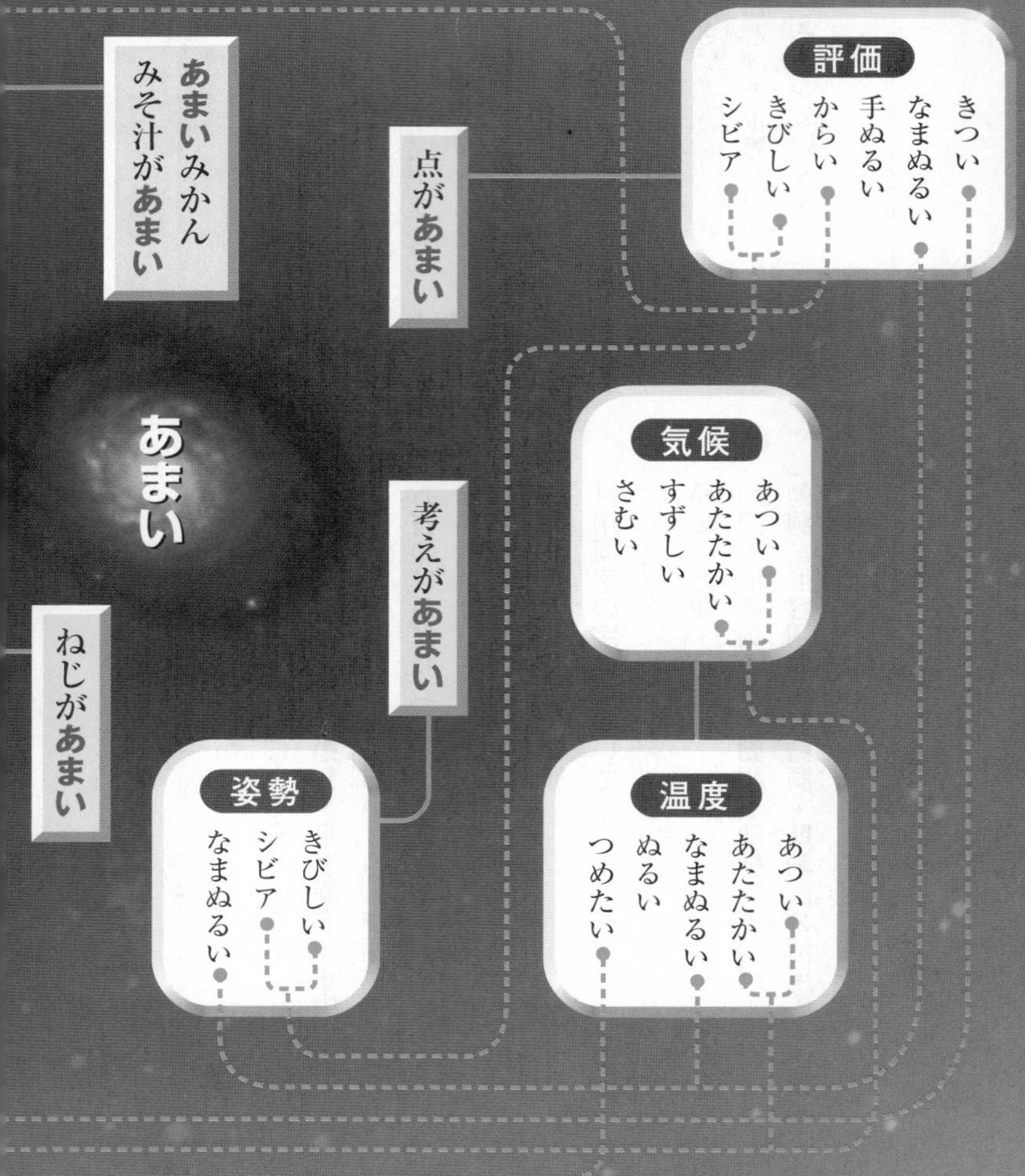

ことばのビッグバン

- ことばには、ひとつのことばでたくさんの意味をもっている、「多
- それぞれの意味ごとに、関連したことば（類義語）や反対の意味の
- それぞれのグループの中のことばは、四方八方に、次つぎと新しい
- はるかな昔、宇宙ができるときに起こったといわれる大爆発のよう

かけ橋

があります。
と、大海原にいくつもの島じまが生まれます。
いだにも、じつは、ひじょうに近い関係があります。
橋や、連絡船や、飛行機があります。

吹きかたによる風の名

嵐（あらし）
台風（たいふう）
暴風（ぼうふう）
はやて
野分（のわき）
旋風（せんぷう）
つむじかぜ
たつまき
大風

強さによる風の名

そよ風
微風（びふう）
強風（きょうふう）
烈風（れっぷう）
疾風（しっぷう）

季節による風の名

木枯らし
薫風（くんぷう）
秋風
春風

方角による風の名

東風（ひがしかぜ　とうふう　こち）
西風（にしかぜ　せいふう　にし）
南風
凱風（がいふう）
北風
朔風（さくふう）

場所や物による風の名

ビル風
潮風（しおかぜ）
松風（まつかぜ）
爆風（ばくふう）
海風
山風
川風
山おろし

はだの感じによる風の名

涼風（すずかぜ　りょうふう）
熱風
寒風
からっ風

風

風がないこと

無風（むふう）
朝なぎ
夕なぎ
なぎ

自分との関係による風の名

向かい風
追い風
横風
順風（じゅんぷう）
逆風（ぎゃくふう）

ことばの

- ことばには、似たものどうしのなかま
- なかまをまとめて一つの島に見立てる
- 距離のうえでは遠く見える島と島のあ
- 遠くて近い島どうしをつないでいる、

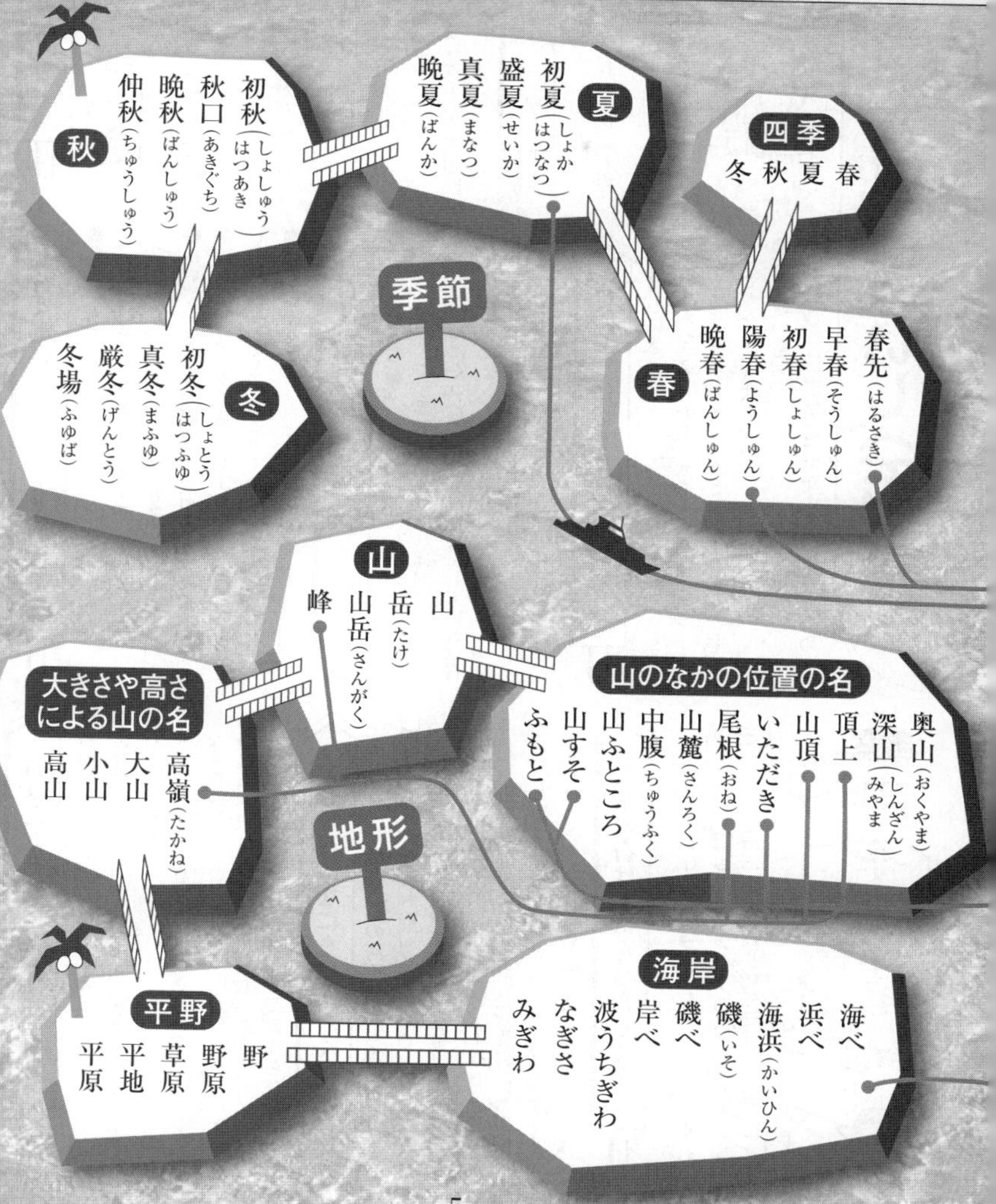

あらわすものの性質から　いし(石)は?

石はかたい

●石に矢のたつためしあり。

●石頭→頭がかたい

「考えかたが石部金吉でどうしょうもない」

とらだ!
しとめた!
石だった!

●石をもて追わるるごとく　ふるさとを出でしかなしみ　消ゆる時なし(石川啄木)

むかしユダヤでは、みんなで石を投げて人を処刑《しょけい》した。

石は変化しない

●石の家。

木の家はもえやすい。土の家はくずれやすい。石の家は長もちする。

●石の橋＝石橋

日本には石橋が少ないが西洋には石のアーチ橋が多い。

●石にきざんだ文

＝石文・碑《いしぶみ》

石は重い

●たくあん石。

「おもし」は「重し」からできたことばだが、ふつう「重石」と書く。見た目にも重みがある。

●抱いている子が、眠ったら石のように重くなった。

●石がながれて木の葉がしずむ。

ありえないことがおこっている。

●磐石《ばんじゃく》のかまえ。

石はつめたい

●石の上にも三年。

冷たい石の上にも三年すわっていれば、すこしは温まる。住みにくいところでも、がまんしていれば自分のところになる。

●石山の石より白し秋の風(芭蕉)

さむざむとした感じになってきた。

石は熱しにくくさめにくい

●焼け石に水。

焼けてあつくなった石に水をそそいでも、ジュッといって蒸発してしまう。すこしばかりの策をほどこしてもなんの意味もない。

●石やきいも。

●温石《おんじゃく》は湯たんぽやかいろのようなもの。

石はただそこにある

●石のようにおしだまっている。

●路傍《ろぼう》の石。石っころ。(道ばたの価値なき石)

●石もさけばむ。

もの言わぬ石すら、この無法さにはだまっていられなくなる。

●沿線の小駅は石のように黙殺された。

(横光利一『頭ならびに腹』)

川原の石はなにをはたらく?

●賽《さい》の河原の石と地蔵菩薩《じぞうぼさつ》。

●流れの石。渓流の石。

●枕石漱流と漱石枕流。

「石に枕《まくら》し、流れに口すすぐ」は風流なこと。漱石枕流は言いちがえてしかもこじつけた。さすがにこじつけのうまい人と感心し、「さすが」を「流石」と書くようになった。

人家の石はなにをはたらく?

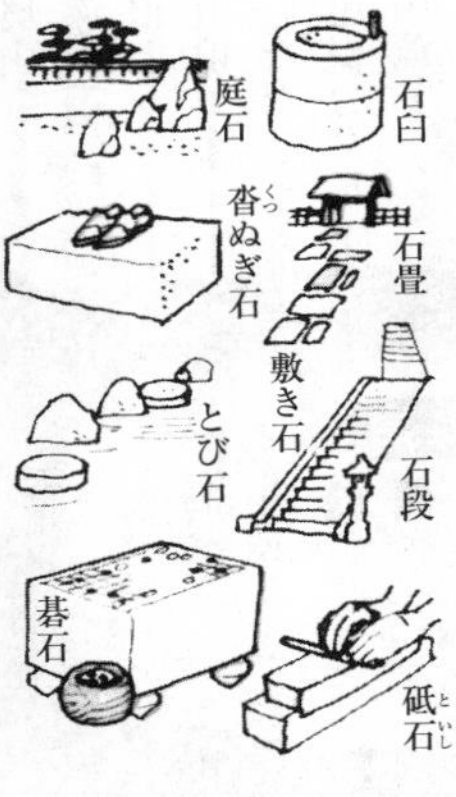

くることばの使いかた　みず（水）は？

水は生命をささえる

●いのちの水。　●みずみずしい。
●末期《まつご》の水。（いのちの最後の経験）
●死に水。死に水をとる。（人の最期をみとる）
●植木に水をやる。水を打つ。打ち水をする。
庭木に打ち水をしたら、木々が生き返ったようになった。

水は清らか

●君子は水を好む。
●水清ければ魚住まず。
あまり清すぎると魚も住めない。世の中には多少のにごりが必要。
●山紫水明。明鏡止水。

水は無色無味無臭

●話に水をさす。
おもしろく進んでいた話に、口をさしはさんで、味をおとす。
●水っぽい酒。　●血は水よりもこい。
●水くさい。　●水増しする。　●水入らず。

水は自由自在

●水は方円の器《うつわ》に従う。
水は四角な容器に入れれば四角になり、まるい容器に入れればまるくなる。人もそのように環境《かんきょう》で変わる。
●行雲流水。

水は低い方へ動く

●水は低きにつく。
●水は流れる。
「流れ」といえば水にきまっている。「流れにさおさす」
●水をこぼす。こぼした水はもとにもどらぬ。
→覆水《ふくすい》盆《ぼん》に返らず。
●わびぬれば身をうき草の根を絶えて、さそふ水あらばいなむとぞ思ふ（小野小町）

水はすきまから出入りする

●水がしみる。水がしみこむ。　●水がにじむ。
●水がもれる。水もれ。
●水ももらさぬ。
水ももらさぬ警戒《けいかい》。水ももらさぬ仲。
●上手《じょうず》の手から水がもれる。

水は物をぐじゃぐじゃにする

●水にぬれる。水ぬれ注意。
●水につく。水につかる。水をかぶる。
●水にひたる。水にひたす。水びたしになる。
●浸水《しんすい》。冠水《かんすい》。

水にはかさがある

●水がたまる。水をためる。
●水に浮く。水に浮かべる。
●水にもぐる。水をくぐる。
●水を張る。
●水かさが増す。

水は物をのみこむ

●水におぼれる。
●水にはまる。
●大水。鉄砲《てっぽう》水。
●水攻《ぜ》め。
●洪水《こうずい》。治水《ちすい》。入水《じゅすい》。

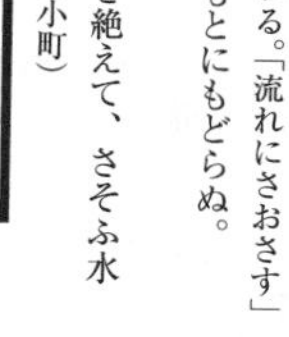

水は液体を代表する

水石けん。水ぐすり。水っぱな。
水気《みずけ》。水飴《あめ》。

→みず 絵（一二六五ページ）

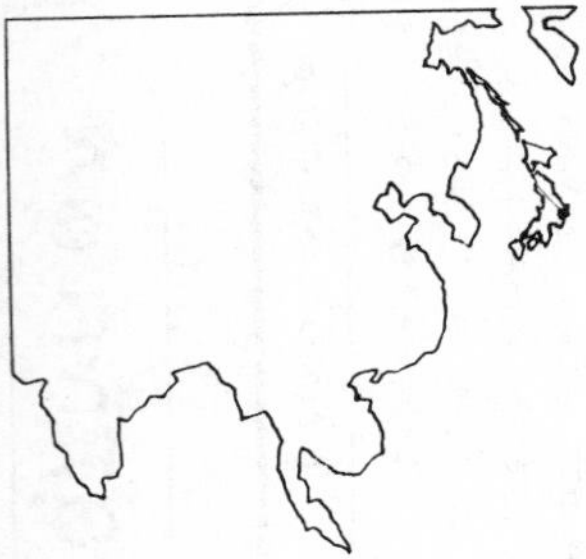

意味の分担

ことば

日本語には
■もとからの日本語→和語
■大陸伝来の漢字音でできた日本語→漢語

もともと同一のことをいい表わしていたことばがこの三種によって、意味の分担

【例１】「なみ」と「波（は）」と「ウエーブ」

■「なみ」は、岸辺にうち寄せる、海の波にみられるような、水のうねった動きをいいます。

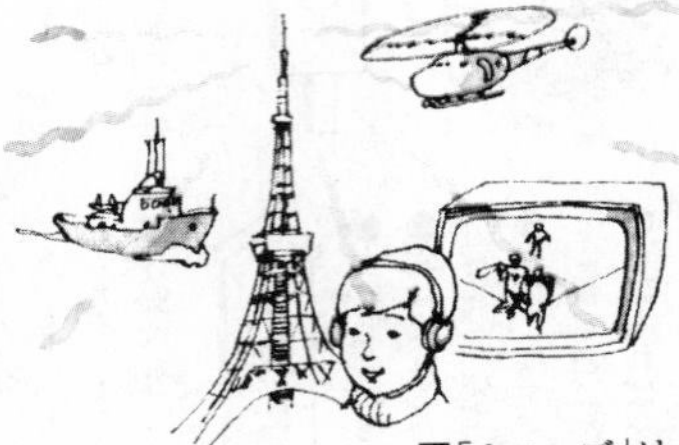

■その「なみ」が目に見えない音の世界にも、電気の世界にもあることがわかりましたが、これを「音のなみ」「電気のなみ」とはいわず、「音波（おんぱ）」「電波（でんぱ）」というようになりました。

■「ウエーブ」は、英語の wave からきました。wave は海の波も、電波も、かみの毛の波うちも、みな表わしますが、日本で使う外来語「ウエーブ」にはかぎられた用法があります。

	もともとの意味で	発展した意味で
な　み	• 寄せては返す波 • さかまく波 • 大波、荒波（あらなみ） • さざ波	〔人間の世界へ〕 • 人の波 • 世の荒波にもまれる • 波かぜをたてる
波（は）	• 波浪（はろう）、波頭（はとう） • 風波（ふうは） 	〔物理の世界へ〕 • 波動 • 音波、電波、電磁波、衝撃波（しょうげきは）、長波、中波、短波
ウエーブ		〔人間の世界へ〕 • かみにウエーブをかける 〔物理の世界へ〕 • オールウエーブのラジオ

【例2】

「ふね」と「船(せん)」

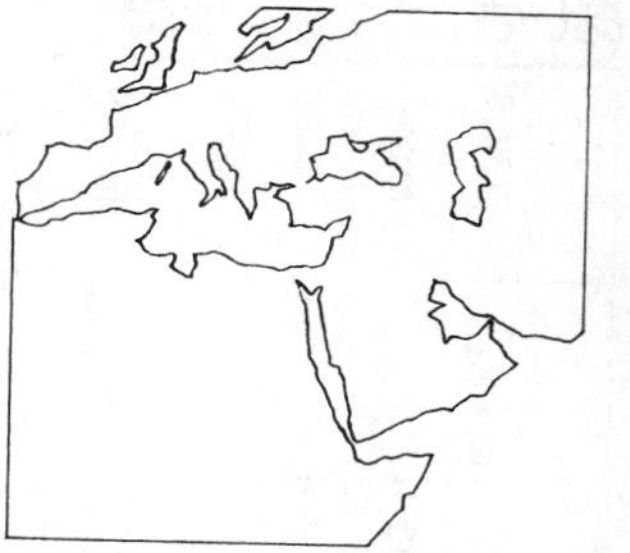

■「ふね」は水の上をいくものです。

■飛行機の発明についで、空をいく「ふね」のようなもの

も発明されました。

これには「飛行船」という名がつきました。

■宇宙へ飛び出していく、機械も発明されました。これも「宇宙船」といわれます。

■飛行船や宇宙船を、「空とぶふね」「宇宙をいくふね」ということはできますが、わざわざ詩のようなことばでいっている感じで、一つのことばとは思えません。「ふね」にかわって「船《せん》」で実用のことばをつくっているのです。

■「みなと」→「港」→「空港」も同じ関係です。

【例3】　「とぐ」と「研」

■「研」という漢字は、砥石(といし)で刃物を とぐ ことを表わしています。ですから「研ぐ」と使うことができます。

■「研磨」ということばでは、もともとの意味のとおり、とぐことを表わしています。

■「研究」「研修」「研鑽(けんさん)」などのことばでは、勉強して、知恵にみがきをかけることを表わしていますが、このような「研」を「とぐ」とはいいません。

語種による

の由来

■西洋のことばが入ってできた日本語
↓外来語
の三種があります。

をして、すこしずつちがう方面ではたらくようになることがあります。

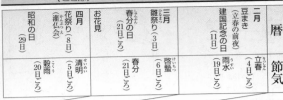

あいさつ（手紙のことば）・季語（季語は代表的なものだけにし、「春の月・夏草・秋風・寒雀」のように、季節の名を含んでいるものはとり上げていない。）

春

暦	節気	旧暦
二月 豆まき（立春の前夜） 建国記念の日（11日）	立春《りっしゅん》（4日ごろ） 雨水《うすい》（19日ごろ）	睦月《むつき》（旧一月） 節分《せつぶん》（立春の前夜） 松
三月 雛祭《ひなまつ》り（3日） 春分《しゅんぶん》の日（21日ごろ） お花見	啓蟄《けいちつ》（6日ごろ） 春分（21日ごろ）	如月《きさらぎ》（旧二月） 初午《はつうま》（最初の午の日） お彼岸《ひがん》（7日間） 梅
四月 花祭り（8日）（灌仏会《かんぶつえ》） 昭和の日（29日）	清明《せいめい》（5日ごろ） 穀雨《こくう》（20日ごろ）	弥生《やよい》（旧三月） 桃《もも》の節句（3日） 桜

花の雲鐘は上野か浅草か　芭蕉

春一番《はるいちばん》　東風《こち》　風光《かぜひか》る

淡雪《あわゆき》　残雪《ざんせつ》　朧月《おぼろづき》　霞《かすみ》　春雨《はるさめ》　陽炎《かげろう》　水温《みずぬる》む　雪解《ゆきど》け

山笑《やまわら》う　木が芽ぶき、花も咲きはじめ、山々が活気に満ちた明るい感じになるのを、擬人的にいったもの。反対に、冬は「山眠る」という。

春の花（樹木）
桜《さくら》　梅《うめ》　藤《ふじ》　桃《もも》　梨《なし》　杏《あんず》　木蓮《もくれん》

蝶《ちょう》

鶯《うぐいす》　雲雀《ひばり》　雉子《きじ》　燕《つばめ》　雀《すずめ》の子

農事
麦《むぎ》の芽《め》　麦踏《むぎふ》み　田起《たお》こし　畦塗《あぜぬ》り　代《しろ》かき　苗代《なわしろ》

蛙《かわず》

春の花（野草）
蒲公英《たんぽぽ》　菫《すみれ》　紫雲英《げんげ》　菜《な》の花《はな》　薊《あざみ》

蕗《ふき》の薹《とう》　芹《せり》　独活《うど》　薇《ぜんまい》

春の花（低木）
連翹《れんぎょう》　山吹《やまぶき》　躑躅《つつじ》　馬酔木《あしび》

木《き》の芽《め》　猫柳《ねこやなぎ》　下萌《したも》え　若草《わかくさ》

時候のあいさつ（手紙のことば）

◇余寒・残寒・寒明け
余寒まだ去りやらず…
春とはいえ、まだ名ばかりで…
春まだ浅く、毎日寒い日が続いております。
寒さもだんだん遠のき…
寒気もようやくゆるみ…
◇早春・初春・春暖
ようやく春の足音も近づき…
どことなく春めいて参りました。
ひな祭りも過ぎ、…
「梅一輪一輪ほどの暖かさ」と申しますが、…
今朝、チューリップの芽を見つけました。
◇陽春・永日・長閑・花冷え・菜種梅雨
桜花らんまんの季節、…
花冷えとかいいますが、この二三日…
このところうららかな日が続いております。
すっかり春になりました。
あちこちの花便りを聞くようになりました。

新暦と旧暦

旧暦（陰暦）は、太陽の周期ではなく、月の満ち欠けで一か月の長さをきめているので、実際の気候とずれが生じる。その欠点を補うためのものが節気である。この方は、太陽の運行を見て、一年を二十四に等分するので、四季がきちんととらえられる。そのため、農作業などは、ほとんど節気を見て進められた。八十八夜、二百十日などというのは、そのなごりである。この「季節のことば」では、その点を考えて、上

夏

雲《くも》の峰《みね》
入道雲《にゅうどうぐも》
虹《にじ》
雷《かみなり》
雹《ひょう》
夕立《ゆうだ》ち

時候のあいさつ(手紙のことば)

◇初夏・葉桜
風薫る五月になりました。
皐月の空に鯉のぼりが泳ぎ、…
万山萌えるような緑につつまれ…
鮮やかな新緑が目にしみるようなこのごろ、…
うっすらと汗ばむような陽気…

◇梅雨・短夜(みじかよ)
うっとうしい日がつづいております。
連日の雨に心までしめっぽくなり、…
天気予報は今日も雨を告げております。
長く降りつづいた雨も止み、…
雨間に白いワイシャツ姿が目につきます。

◇盛夏・暑中・晩夏
濃い日差しがいよいよ夏を思わせるこのごろ…
暑中お見舞い申しあげます。
きびしい暑さが続いておりますが、…
何もしなくてもじっとりと汗が出てきます。
夕立のあとの涼しさにほっと一息ついております。

五月雨や大河を前に家二軒　蕪村

梅雨《つゆ》
五月雨《さみだれ》
出水《でみず》

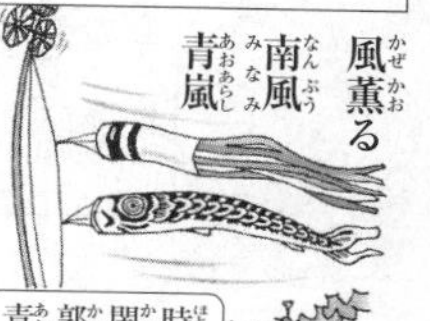

風薫《かぜかお》る
南風《なんぷう》《みなみ》
青嵐《あおあらし》

夏の花(草花)

卯《う》の花
勺薬《しゃくやく》
牡丹《ぼたん》
合歓《ねむ》の花
夾竹桃《きょうちくとう》
百日紅《ひゃくじつこう》《さるすべり》

葉桜《はざくら》
若葉《わかば》
青葉《あおば》
新緑《しんりょく》
万緑《ばんりょく》
緑陰《りょくいん》

時鳥《ほととぎす》
閑古鳥《かんこどり》
郭公《かっこう》
青鷺《あおさぎ》

蝉《せみ》

竹落葉《たけおちば》　植物の中でも変りだねの竹は、夏に落葉する。だから「竹落葉」は夏を表わし、「竹の春」は秋、「竹の秋」は春、というのが、俳句の約束である。

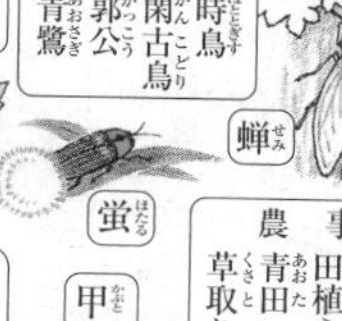

蛍《ほたる》

農事

麦秋《ばくしゅう》
田植《たう》え
青田《あおた》
草取《くさと》り

夏の花(草花)

燕子花《かきつばた》
花菖蒲《はなしょうぶ》
紫陽花《あじさい》
月見草《つきみそう》
鈴蘭《すずらん》
向日葵《ひまわり》

甲虫《かぶとむし》

鮎《あゆ》

新茶《しんちゃ》
冷麦《ひやむぎ》
鮨《すし》

筍《たけのこ》
苺《いちご》
胡瓜《きゅうり》
茄子《なす》
トマト
枝豆《えだまめ》

鰹《かつお》

蛇《へび》

	五月	六月	七月
暦	憲法記念日(3日) みどりの日(4日) こどもの日(5日) 母の日(第2日曜)	父の日(第3日曜)	お盆 海の日(第3月曜)
節気	立夏《りっか》(6日ごろ) 小満《しょうまん》(21日ごろ) (八十八夜)	芒種《ぼうしゅ》(6日ごろ) 夏至《げし》(22日ごろ)	小暑《しょうしょ》(7日ごろ) 大暑《たいしょ》(23日ごろ)
旧暦	卯月《うづき》(旧四月) 藤	皐月《さつき》(旧五月) 端午《たんご》の節句(5日) 菖蒲	水無月《みなづき》(旧六月) 衣更《ころもがえ》 土用《どよう》(18日間) 牡丹

段に現在の暦、中段に節気、下段に旧暦をおいた。俳句の季語は、現代の季節感と違っているように思われることが多いが、一か月ずらすことによって、いくらか近づくことができよう。かつて旧暦で行なわれていた行事は、今でも一月遅れでやっている地方が多い。

秋

あいさつ（手紙のことば）・季語（季語は代表的なものだけにし、「春の月・夏草・秋風・寒雀」のように、季節の名を含んでいるものはとり上げていない。）

	八月	九月	十月
暦	八月 終戦記念日（15日）	九月 お月見 敬老の日（第3月曜） 秋分《しゅうぶん》の日（23日ごろ）	十月 体育の日（第2月曜） 紅葉《もみじ》狩り
節気	立秋《りっしゅう》（8日ごろ） 処暑《しょしょ》（23日ごろ）	白露《はくろ》（8日ごろ） （二百十日～二百二十日） 秋分（23日ごろ）	寒露《かんろ》（9日ごろ） 霜降《そうこう》（24日ごろ）
旧暦	文月《ふみづき》（旧七月） 七夕《たなばた》（7日） 盂蘭盆会《うらぼんえ》 萩	葉月《はづき》（旧八月） 十五夜（中秋の名月） お彼岸《ひがん》（7日間） 薄	長月《ながつき》（旧九月） 菊《きく》の節句（9日） 菊

稲光《いなびか》り

天《あま》の川《がわ》

星《ほし》

野分《のわき》

台風《たいふう》

露《つゆ》　霧《きり》

名月《めいげつ》

名月をとってくれろと泣く子かな　一茶

蜻蛉《とんぼ》

いなご

ばった

農　事

案山子《かかし》　初穂《はつほ》　稲刈《いねか》り　刈田《かりた》　落穂《おちほ》　新米《しんまい》

秋の実り

柿《かき》　林檎《りんご》　梨《なし》　葡萄《ぶどう》　栗《くり》　茸《きのこ》

百舌《もず》　啄木鳥《きつつき》　渡り鳥　雁《かり》　鶫《つぐみ》

秋刀魚《さんま》

鮭《さけ》

水澄《みずす》む　日本人は、季節ごとの水を感じを、春の「水温む」に対して、秋には「水澄む」ととらえた。夏の「出水（洪水）」、冬の「水枯る」もある。

秋の花

朝顔《あさがお》　秋桜《こすもす》　菊《きく》　萩《はぎ》　桔梗《ききょう》　尾花《おばな》

虫《むし》の音《ね》

蟋蟀《こおろぎ》　きりぎりす　鈴虫《すずむし》

時候のあいさつ（手紙のことば）

◇残暑・初秋

残暑きびしきおりから…

暦の上では秋になりましたが、…

このごろは少しずつ涼しさが感じられますが、…

どことなく秋の気配がしのびよってくるような…

暑さもうすらぎ、しのぎよい季節になりました。

◇中秋・秋冷

天高く馬肥ゆる秋になりました。

朝夕はめっきり涼しくなり、…

二百十日も無事にすぎ、…

虫の音も夜ごとにさびしさを増し、…

名月はあいにくの曇りで見られませんが、

◇晩秋・短夜(みじかよ)

灯火親しむの候、…

いちょうの葉は鮮やかに色づき、…

秋もはや半ばを過ぎ、…

あちこちで菊の展示会も催され、…

秋のとり入れもすっかり終わり、…

冬

	十一月	十二月
暦	文化の日（3日） 七五三（15日） 勤労感謝の日（23日）	天皇誕生日（23日） クリスマス 餅つき 大晦日《おおみそか》
節気	立冬《りっとう》（8日ごろ） 小雪《しょうせつ》（22日ごろ）	大雪《たいせつ》（7日ごろ） 冬至《とうじ》（22日ごろ）
旧暦	神無月《かんなづき》（旧十月） 紅葉	霜月《しもつき》（旧十一月） 雨 / 師走《しわす》（旧十二月） 除夜《じょや》 桐

	一月
暦	元日（1日） 七草がゆ（7日） 成人の日（第2月曜）
節気	小寒《しょうかん》（6日ごろ） 大寒《だいかん》（21日ごろ）

時候のあいさつ（手紙のことば）

◇小春・初冬・向寒
向寒のみぎり…
だんだんに寒くなって参りました。
昨日の木枯しで空がすっかり広くなりました。
今朝は霜柱が立ちました。
小春日和と申しましょうか、…
◇年末・短日・厳寒
厳しい寒さが続いております。
師走の風もあわただしく、…
こちらは昨日初雪をみました。
クリスマス商戦もたけなわに…
いよいよ年もおしせまって、…

冴《さ》ゆ　冬、きびしい寒さですべてが引きしまった気分になる。俳句では、それを「冴ゆ」といい、「冴ゆる夜」「月冴ゆ」「星冴ゆ」の形で用いる。

いくたびも雪の深さを尋ねけり　子規

大根《だいこん》
葱《ねぎ》
蜜柑《みかん》

湯豆腐《ゆどうふ》
おでん
河豚《ふぐ》
鱈《たら》
鴨《かも》

初詣《はつもうで》
初夢《はつゆめ》

お飾《かざ》り
注連縄《しめなわ》
鏡餅《かがみもち》
門松《かどまつ》
福寿草《ふくじゅそう》

遊び
歌留多《かるた》
独楽《こま》
追羽根《おいばね》
凧上《たこあ》げ

新年のあいさつ（手紙のことば）

◇新春・初春《はつはる》・迎春
謹賀新年　恭賀新年
賀正
明けましておめでとうございます。
初春のお喜びを申し上げます。
松の内も明け…

方言のひろがり

方言のひろがりかたには、いくつかの特徴《とくちょう》があります。「いる（居る）」と「かお（顔）」という二つのことばを例にながめてみましょう。（参考資料：国立国語研究所『日本言語地図』）

いる（居る）

「いる」の地図を見ると、日本列島の中央部で東のイルと西のオルに大きく区分されています。飛騨山脈や大井川といった自然の境界がことばの境界と一致しています。

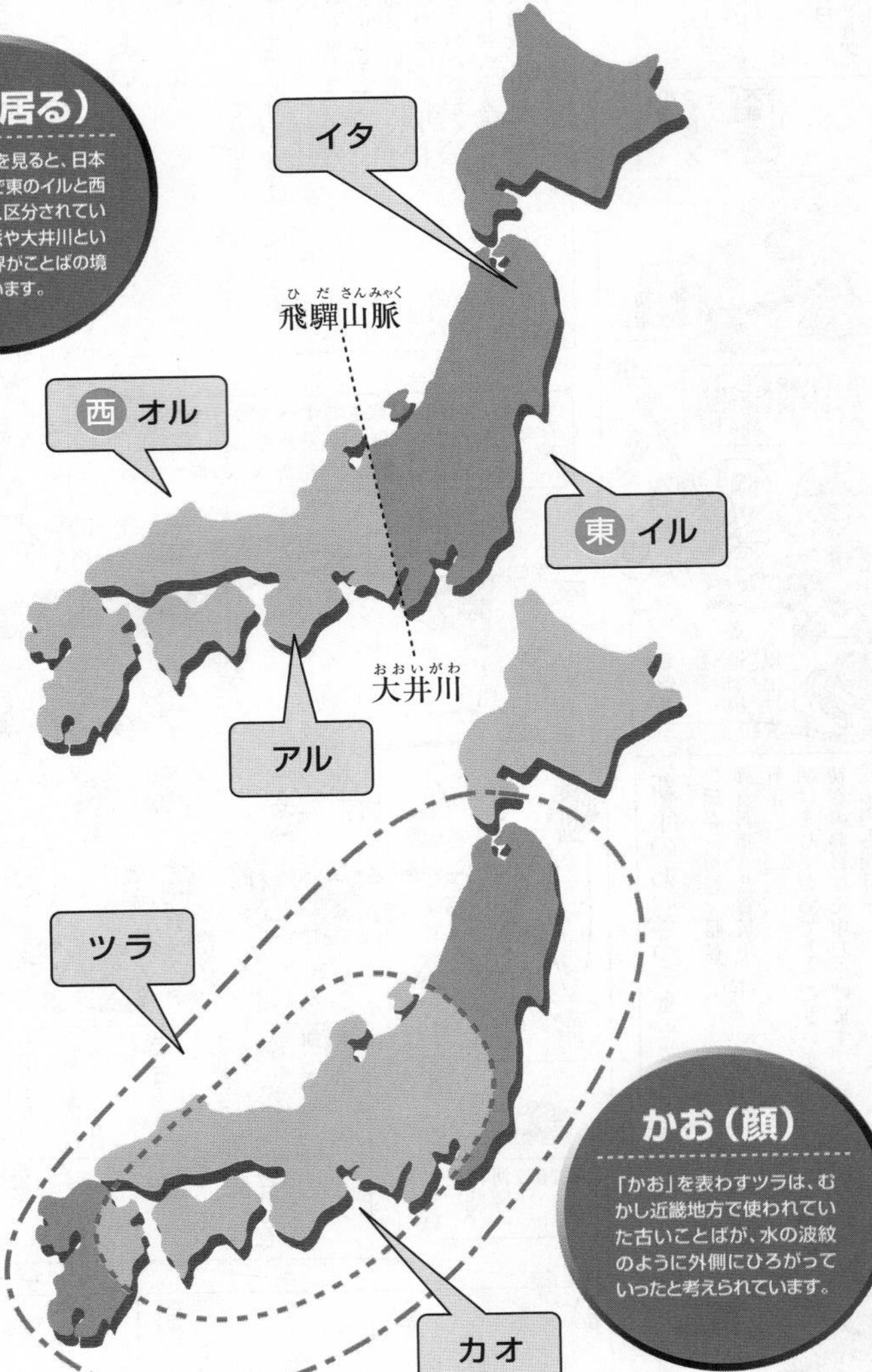

かお（顔）

「かお」を表わすツラは、むかし近畿地方で使われていた古いことばが、水の波紋のように外側にひろがっていったと考えられています。

方言のゆたかさ

ふだんなにげなく使っていることばにも、地域によっていろいろな言いかたがあります。地図の上で、各地の「おはよう」と「捨てる」にあたる言いかたをながめてみましょう。

おはよう

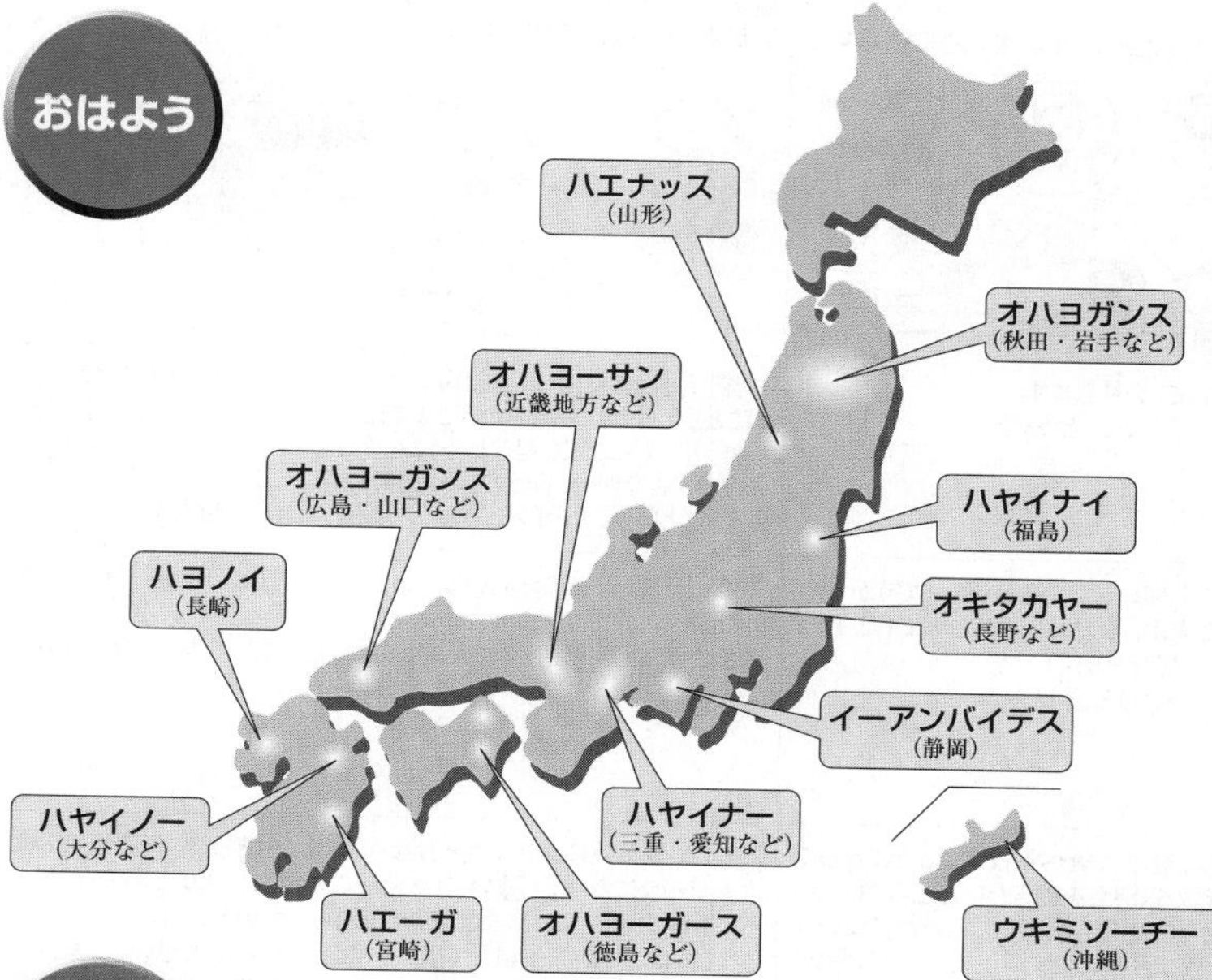

すてる（捨てる）

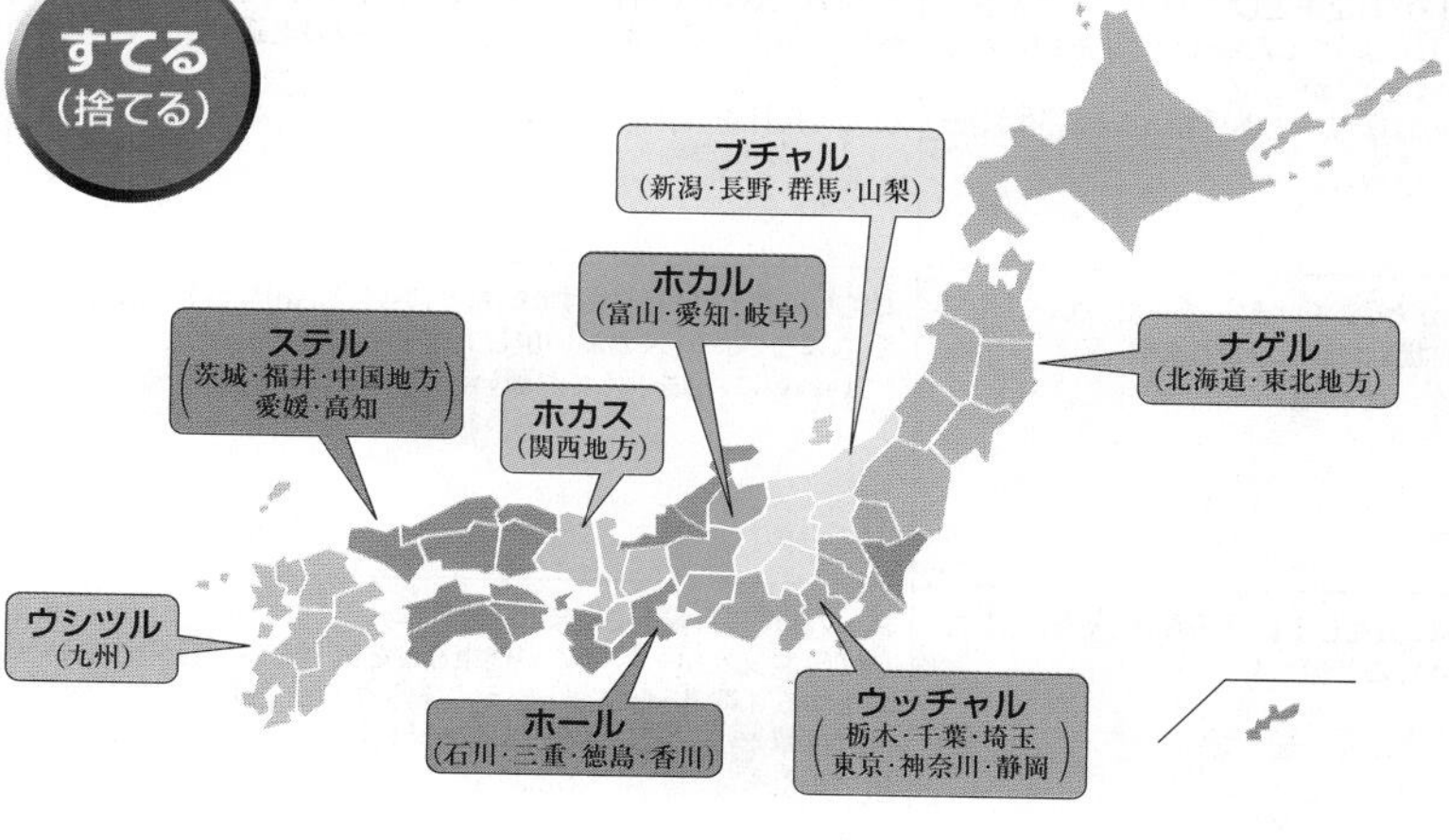

音声と文字の違いはあっても、そこに流れるパターンは同じである。
何より大切なのは、相手への気づかいと思いやりである。

話しことばと書きことばの対比

会話 友人の送別会への出席を先生に依頼する	手紙 恩師を同窓会に招待する

(入室して) 失礼します。 〈ああ、○○くん、どうぞ。〉	拝啓　毎日暑い日が続いておりますが、先生にはお変わりなくお過ごしのことと存じます。私もおかげさまで元気にやっております。(「拝啓」などの書き出しのことばを起首という。起首のあと、時候のあいさつを述べ、先方の安否を問い、自分の状況を報告する。ここまでが前文で、この部分を省くというのが「前略」である。返事の場合は「拝復」を用いる)
先生にお願いしたいことがあってうかがったのですが、今お時間よろしいでしょうか。 (相手の都合を聞く) 〈ああ、いいけど、何だい〉	さて、本日は先生にお願いしたいことがあってお手紙を差し上げました。 (「さて」でいよいよ用件に入るが、ここではまだ予告の段階である)
じつは、今度大阪へ転校することになった山田君の送別会を開きたいと思っているのですが、先生にも出席していただけないかと思って、お願いにまいりました。日にちは来月の3日を予定しています。もしご都合がよろしいようでしたらぜひご出席いただけないでしょうか。 〈その日はちょうどあいているから出席させてもらうよ。〉	じつは、夏休みにクラス会を行なうことになりました。卒業以来みんなバラバラになってしまいましたが、この機会にクラスメートが集まって近況や昔の思い出などを楽しく語らいたいと思っております。つきましては、ぜひ先生にもご出席いただけないかと思い、ご案内申し上げる次第です。日にちは来月3日の土曜日を予定しております。後日、ご出席いただけるかどうかの確認のお電話をさせていただきます。 (ここで用件を具体的に述べる)
ありがとうございます。あらためて、くわしい案内状をお渡しいたします。 〈うん、よろしく。〉	お忙しいこととは存じますが、先生にも久しぶりにお目にかかりたく、なにとぞよろしくお願い申し上げます。 (ていねいに、念を押してお願いし、用件をしめくくる)
では、失礼します。どうもおじゃましました。 〈はい、ご苦労さん。〉	猛暑の折、ご自愛下さいませ。敬具 (結び。後文ともいう。先方の健康などを気づかい、終わりのあいさつをする。「敬具」を結語という。「拝啓・謹啓・前略」などの起首と「頓首・草々・不一」などの組み合わせに注意する。それぞれの語の用いかたを辞書で調べるとよい)

ことばによる人とのふれあい——話しことばと書きことば

	段階	場面ごとのコミュニケーション			
事例	それぞれの段階での注意事項 	買い物 行きつけの店で買い物をする 	道を聞く 知らない人に道をたずねる 	電話 友人に約束のことわりを言う 	訪問 初めての家を訪ねて方言調査を行なう 
①近づく	最初の印象が大切になる。態度に気をつける。	（ケーキ屋に入って） こんにちは。 〈いらっしゃいませ。〉	すみません。 （頭を下げながら、道行く人を呼び止める）	もしもし、○○さんのお宅でしょうか。 （相手を確かめる） 〈はい、そうです。〉	ごめんください。（相手が出て来たところで）こんにちは。
②切り出す	相手の気持ちを考えながら、じょじょに本題へと話を進める。	きょうはお客さんがみえるんですが、何がいいでしょうね。 （店員におすすめの品を教えてもらう）	道をお聞きしたいんですが。 （初対面なので、あやしまれないよう、すぐに用件を言う）	○○くんと同じクラスの鈴木と申しますが、○○くんお願いします。 （自分の名を必ずはじめのうちに告げる） 〈はい、ちょっとお待ちください。〉	わたしは○○中学の中村と申します。お願いしたいことがあって、○○さんの紹介でまいりました。
③用件をすます	用件を果たすための中心の部分。大事なことをもれなく、誤解のないように伝えるように心がける。	それじゃ、そのショートケーキを3つとシュークリームを4つお願いします。 おいくらですか。	ここから東京駅へは、どう行けばいいでしょうか。 （相手の答えを聞き、わからないところは確かめる）	〈お電話代わりました。○○です。〉 やあ、○○だよ、こんにちは。 日曜日のハイキングのことだけど、家のつごうで急に行けなくなったんだ。せっかくさそってもらって悪いんだけど5人で行ってくれないかな。〈それは残念だね。〉	じつは夏休みの自由研究で、この地方の方言を集めています。あまりお時間はとらせませんので、ふだんお使いになっている方言について教えていただけないでしょうか。（目的をはっきりと告げて、相手のつごうを聞く）
④しめくくる	じゅうぶんに意が通じたかを確かめるとともに、相手への気づかいを忘れないようにする。	これならお客さんに喜んでもらえそうだわ。また来ますね。	わかりました。どうもありがとうございます。助かりました。	また今度さそってよ。ほかの人たちにもよろしくね。 〈わかった。〉	（用事がすみ）おかげさまでとても参考になりました。どうもありがとうございました。調査の結果がまとまりましたら、あらためてご報告いたします。（お礼を述べ、ていねいに頭を下げる。）
⑤離れる	人間関係は別れぎわも大切である。悪い印象を残さないようにする。	それじゃ、どうも。 （西日本では「ありがとう」と言うことが多い） 〈毎度ありがとうございました。〉	じゃ、失礼します。 （一礼してその場を去る）	それじゃ、また。 〈じゃあね。〉 （相手が切るのを確かめてから、こちらの受話器をおくようにする）	お忙しいところ、どうもおじゃましました。失礼します。（きちんと戸を閉める。相手から見えなくなるまでは訪問中である）

常用漢字の字体について

●平成二二年一一月三〇日 内閣告示「常用漢字表」の、前文中の「(付)字体についての解説」より。

第1 明《みん》朝《ちょう》体《たい》のデザインについて

常用漢字表では、個々の漢字の字体(文字の骨組み)を、明朝体のうちの一種を例に用いて示した。現在、一般に使用されている明朝体の各種書体には、同じ字でありながら、微細なところで形の相違の見られるものがある。しかし、各種の明朝体を検討してみると、それらの相違はいずれも書体設計上の表現の差、すなわちデザインの違いに属する事柄であって、字体の違いではないと考えられるものである。つまり、それらの相違は、字体の上からは全く問題にする必要のないものである。以下に、分類して、その例を示す。

なお、ここに挙げているデザイン差は、現実に異なる字形がそれぞれ使われていて、かつ、その実態に配慮すると、字形の異なりを字体の違いと考えなくてもよいと判断したものである。すなわち、実態として存在する異字形を、デザインの差と、字体の差に分けて整理することがその趣旨であり、明朝体字形を新たに作り出す場合に適用し得るデザイン差の範囲を示したものではない。また、ここに挙げているデザイン差は、おおむね「筆写の楷書《かいしょ》字形」において見ることができる字形の異なりと捉えることも可能である。

1 へんとつくり等の組合《くみあわ》せ方について

(1) 大小、高低などに関する例

硬 硬　吸 吸　頃 頃

(2) はなれているか、接触しているかに関する例

睡 睡　異 異　挨 挨

2 点画の組合せ方について

(1) 長短に関する例

雪 雪 雪　満 満　無 無　斎 斎

(2) つけるか、はなすかに関する例

発　発　備　備　奔　奔　溺　溺

空　空　湿　湿　吹　吹　冥　冥

(3) 接触の位置に関する例

岸　岸　家　家　脈　脈　脈

蚕　蚕　印　印　蓋　蓋

(4) 交わるか、交わらないかに関する例

聴　聴　非　非　祭　祭

存　存　孝　孝　射　射

(5) その他

芽　芽　芽　夢　夢　夢

3 点画の性質について

(1) 点か、棒(画)かに関する例

帰　帰　班　班　均　均　麗　麗　蔑　蔑

(2) 傾斜、方向に関する例

考　考　値　値　望　望

(3) 曲げ方、折り方に関する例

勢　勢　競　競　頑　頑　頑　災　災

(4) 「筆押さえ」等の有無に関する例

芝　芝　更　更　伎　伎

八　八　八　公　公　公　雲　雲

(5) とめるか、はらうかに関する例

環　環　泰　泰　談　談

医　医　継　継　園　園

(6) とめるか、ぬくかに関する例

耳　耳　邦　邦　街　街　餌　餌

(7) はねるか、とめるかに関する例

四　四　配　配　換　換　湾　湾

(8) その他

次　次　姿　姿

4 特定の字種に適用されるデザイン差について

「特定の字種に適用されるデザイン差」とは、以下の(1)～(5)それぞれの字種にのみ適用されるデザイン差のことである。したがって、それぞれに具体的な字形として示されているデザイン差を他の字種にまで及ぼすことはできない。

なお、(4)に掲げる「𠮟」と「叱」は本来別字とされるが、その使用実態から見て、異体の関係にある同字と認めることができる。

(1) 牙・牙・牙

(2) 韓・韓・韓

(3) 茨・茨・茨

(4) 𠮟・叱

(5) 栃・栃

第2 明朝体と筆写の楷書との関係について

常用漢字表では、個々の漢字の字体(文字の骨組み)を、明朝体のうちの一種を例に用いて示した。このことは、これによって筆写の楷書における書き方の習慣を改めようとするものではない。字体としては同じであっても、**1**、**2**に示すように明朝体の字形と筆写の楷書の字形との間には、いろいろな点で違いがある。それらは、印刷文字と手

書き文字におけるそれぞれの習慣の相違に基づく表現の差と見るべきものである。

さらに、印刷文字と手書き文字におけるそれぞれの習慣の相違に基づく表現の差は、**3**に示すように、字体(文字の骨組み)の違いに及ぶ場合もある。

以下に、分類して、それぞれの例を示す。いずれも「明朝体―手書き(筆写の楷書)」という形で、上(原文は右)側に明朝体、下(原文は左)側にそれを手書きした例を示す。

1 明朝体に特徴的な表現の仕方があるもの

(1) 折り方に関する例

衣―衣　去―去　玄―玄

(2) 点画の組合せ方に関する例

人―人　家―家　北―北

(3) 「筆押さえ」等に関する例

芝―芝　史―史

入―入　八―八

(4) 曲直に関する例

子―子　手―手　了―了

(5) その他

辶・辶―辶　竹―竹　心―心

2 筆写の楷書では、いろいろな書き方があるもの

(1) 長短に関する例

雨―雨雨　戸―戸戸戸

無―無無

(2) 方向に関する例

風―風風　比―比比

仰―仰仰

糸—糸糸　ネ—ネネ　ネ—ネネ

主—主主　言—言言

年—年年

(3) つけるか、はなすかに関する例

又—又又　文—文文

月—月月

条—条条　保—保保

(4) はらうか、とめるかに関する例

奥—奥奥　公—公公

角—角角　骨—骨骨

(5) はねるか、とめるかに関する例

切—切切　改—改改

酒—酒酒　陸—陸陸

穴—穴穴

木—木木　来—来来

糸—糸糸　牛—牛牛

環—環環

(6) その他

令—令令　外—外外

女—女女　叱—叱叱

３　筆写の楷書字形と印刷文字字形の違いが、字体の違いに及ぶもの

以下に示す例で、括弧内は印刷文字である明朝体の字形に倣って書いたものであるが、筆写の楷書ではどちらの字形で書いても差し支えない。なお、括弧内の字形の方が、筆写字形としても一般的な場合がある。

(1) 方向に関する例

淫—淫（淫）　恣—恣（恣）

煎—煎（煎）　嘲—嘲（嘲）

溺—溺（溺）　蔽—蔽（蔽）

(2) 点画の簡略化に関する例

葛—葛（葛）　嗅—嗅（嗅）

僅—僅（僅）　餌—餌（餌）

箋—箋（箋）　塡—塡（塡）

賭—賭（賭）　頰—頰（頰）

(3) その他

惧—惧（惧）　稽—稽（稽）

詮—詮（詮）　捗—捗（捗）

剝—剝（剝）　喩—喩（喩）

〔謙譲語と丁重語の使いかた〕

①「お食事に　お招きし　ます。　ご都合は　いかが　ですか」
（美化語）（謙譲語）（丁寧語）（尊敬語）（「どう」のあらたまった語）（丁寧語）

いちだんとあらたまった、ていねいな言いかた にすると、

②「お食事に　お招きいたし　ます。　ご都合は　いかが　でございますか」
（美化語）（謙譲語＋丁重語）（丁寧語）（尊敬語）（「どう」のあらたまった語）（丁寧語）

尊敬語・謙譲語のつくりかた

尊敬語		謙譲語	
お（ご）～になる お（ご）～なさる お（ご）～くださる	「お持ちになる」 「ご注文なさる」 ※「お書きくださる」	お（ご）～する お（ご）～いただく お（ご）～申し上げる お（ご）～にあずかる	「お持ちする」 「ご利用いただく」 「ご案内申し上げる」 「おほめにあずかる」
～ていらっしゃる ～てくださる	「分かっていらっしゃる」 ※「説明してくださる」	～ていただく ～てさしあげる ～てあげる	「譲っていただく」 「調べてさしあげる」 「読んであげる」
～なさる ～れる・～られる	※「決めなさる」 「希望される」		

※印の用法は、「お書きください」「説明してください」「決めなさい」などのように命令形で用いることがある。ほかの活用形に比べて敬意は低くなるので注意が必要。

特別な動詞を使う場合

動詞	尊敬語	謙譲語	丁重語
行く	いらっしゃる おいでになる	うかがう	参る
来る	いらっしゃる おいでになる	うかがう	参る
いる	いらっしゃる おいでになる		おる
する	なさる		いたす
言う	おっしゃる	申し上げる	申す
知る	ご存じ（だ）	存じ上げる	存ずる
見る	ご覧になる	拝見する	
食べる	召し上がる	いただく	
読む		拝読する	
聞く		うかがう	
会う		お目にかかる	
見せる		お目にかける	

敬語の分類　―5分類と3分類の関係―

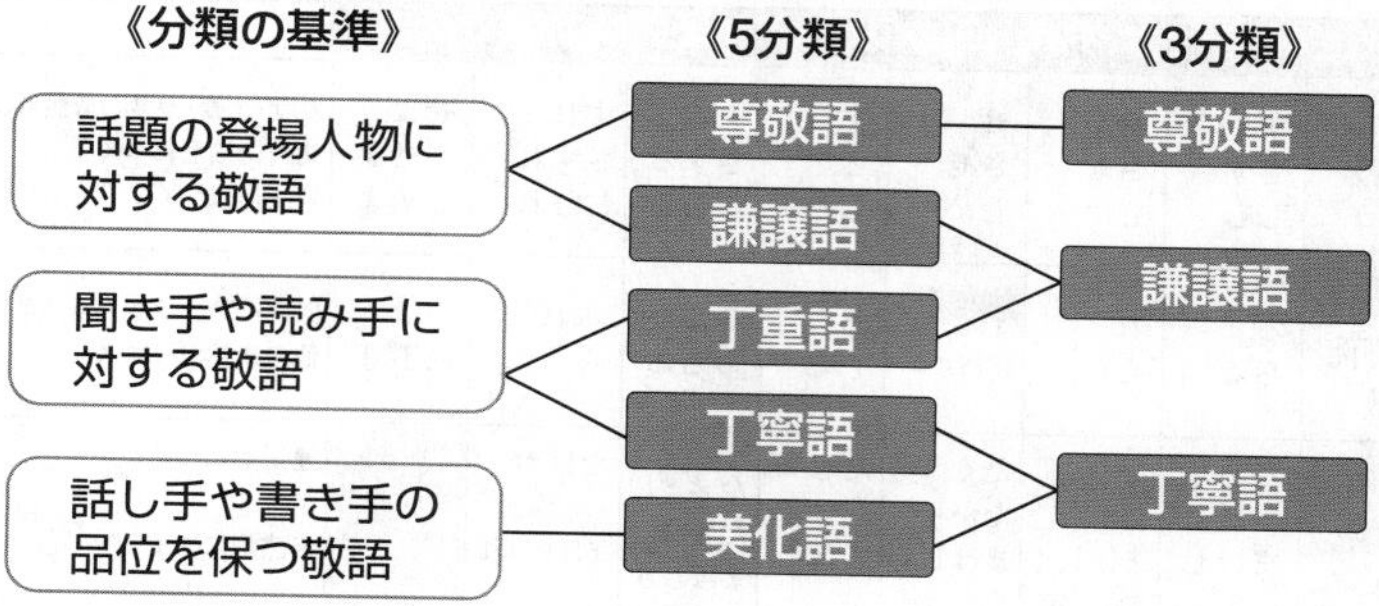

尊敬語　話題にのぼっている人の行為・状態・ものごとを高めて言うことによって、その人に対する敬意を表わすことば。動詞の「いらっしゃる」「おっしゃる」「召し上がる」「お使いになる」「ご利用になる」「読まれる」、形容詞の「お忙しい」、形容動詞の「ご多忙（だ）」、名詞の「お名前」「ご住所」など。

謙譲語　自分や自分のがわの行為を低めて言うことによって、その行為が向けられる人を高くあつかい、その人に対する敬意を表わすことば。動詞の「うかがう」「申し上げる」「お目にかかる」「差し上げる」「お届けする」「ご案内する」、名詞の「お手紙（を差し上げる）」「ご説明（を申し上げる）」など。

丁重語　自分や自分のがわの行為やものごとを低めたり、ひかえめに言ったりすることによって、聞き手や読み手に対して、話し手や書き手のあらたまった態度を表わすことば。動詞の「まいる」「申す」「いたす」「おる」、名詞の「小社」「拙著」など。

丁寧語　聞き手や読み手に対して、話し手や書き手のていねいな態度を表わすことば。「です」「ます」「ございます」など。

美化語　聞き手や読み手に対して、話し手や書き手のきれいなことばづかいを示すことば。「お酒」「お料理」など。

敬語の5分類　―用例で確かめよう―

〔敬語をどんどん増やしていく〕

敬意レベル ★★★★ → 高い

★　まず、ふつうの **くだけた言いかた** では、

①「こっち　へは、何曜日に　来る　の」

★★　**ていねいな言いかた** にすると、

②「こっち　へは、何曜日に　来　ますか」
（ますか：丁寧語）

★★★　さらに、**あらたまった言いかた** にすると、

③「こちら　へは、何曜日に　来　ますか」
（こちら：「こっち」のあらたまった語）（ますか：丁寧語）

★★★★　さらに、**話題の人物（である聞き手）に敬意を表わした言いかた** にすると、

④「こちら　へは、何曜日に　いらっしゃい　ますか」
（こちら：「こっち」のあらたまった語）（いらっしゃい：尊敬語）（ますか：丁寧語）

助動詞の活用（文語）

種類	語	未然形	連用形	終止形	連体形	已然形	命令形	
使役	す さす しむ	せ させ しめ	せ させ しめ	す さす しむ	する さする しむる	すれ さすれ しむれ	せよ させよ しめよ	四段・ナ変・ラ変の未然形につく。 他の未然形につく。 未然形につく。
受身・自発・可能・尊敬	る らる	れ られ	れ られ	る らる	るる らるる	るれ らるれ	れよ られよ	四段・ナ変・ラ変の未然形につく。 他の未然形につく。
希望	たし まほし	たく たから まほしく まほしから	たく たかり まほしく まほしかり	たし まほし	たき たかる まほしき	たけれ まほしけれ		連用形につく。 未然形につく。
比況	ごとし	ごとく	ごとく	ごとし	ごとき			連体形・「連体形＋が」につく。
断定	なり たり	なら たら	なり に たり と	なり たり	なる たる	なれ たれ	なれ たれ	連体形につく 名詞につく。
完了・存続	たり り	たら ら	たり り	たり り	たる る	たれ （れ）	（たれ） （れ）	連用形につく。 四段の已然形・サ変の未然形につく。
完了	ぬ つ	な て	に て	ぬ つ	ぬる つる	ぬれ つれ	ね てよ	連用形につく。
打ち消し（否定）	ず	な ざら	に ず ざり	ず	ぬ ざる	ね ざれ	ざれ	未然形につく。
過去、完了など	き けり けむ	（せ） （けら）		き けり けむ	し ける けむ	しか けれ けめ		連用形につく。
当然	べし	べく べから	べく べかり	べし	べき	べけれ		ラ変の連体形につく。 他の終止形につく。
打ち消しの意志・推量	まじ	まじく	まじく まじかり	まじ	まじき	まじけれ		ラ変の連体形につく。 他の終止形につく。
推量	らし らむ めり		（めり）	らし らむ めり	（らし） らむ める	（らし） らめ めれ		ラ変の連体形につく。 他の終止形につく。
伝聞	なり			なり	なる	なれ		終止形につく。
意志・推量	む まし	（ませ）		む まし	む まし	め ましか		未然形につく。
否定の推量	じ			じ	（じ）	（じ）		未然形につく。

形容詞の活用（文語）

活用の種類	語例	語幹	未然形	連用形	終止形	連体形	已然形	命令形
ク活用	よし	よ	よく よから	よく よかり	よし	よき よかる	よけれ	よかれ
シク活用	うれし	うれし	うれしく うれしから	うれしく うれしかり	うれし	うれしき うれしかる	うれしけれ	うれしかれ
			接続助詞「ば」（仮定条件）がつづく。	上段の形は文を中止する。下段の形は助動詞「き」（過去）などがつづく。	文を終止する。	上段の形は名詞を修飾する。下段の形は助動詞「べし」（当然）などがつづく。	接続助詞「ば」（確定条件）がつづく。	「そのような状態であれ」という命令の意味をもって文を終止する。

形容動詞の活用（文語）

活用の種類	語例	語幹	未然形	連用形	終止形	連体形	已然形	命令形
ナリ活用	しずかなり	しずか	なら	なり に	なり	なる	なれ	なれ
タリ活用	堂々たり	堂々	たら	たり と	たり	たる	たれ	たれ
			接続助詞「ば」（仮定条件）がつづく。	上段の形は助動詞「き」（過去）などがつづく。下段の形は文を中止する。	文を終止する。	名詞を修飾するほか、助動詞「べし」（当然）などがつづく。	接続助詞「ば」（確定条件）がつづく。	「そのような状態であれ」という命令の意味をもって文を終止する。

活用の種類	語例	語幹	未然形	連用形	終止形	連体形	已然形	命令形	
上一段活用	着る	（き）	き	き	きる	きる	きれ	きよ	
	干る	（ひ）	ひ	ひ	ひる	ひる	ひれ	ひよ	
上二段活用	起く	お	おき	おき	おく	おくる	おくれ	おきよ	
	恨む	うら	うらみ	うらみ	うらむ	うらむる	うらむれ	うらみよ	
下一段活用	蹴る	（け）	け	け	ける	ける	けれ	けよ	一語のみ
下二段活用	あく（開）	あ	あけ	あけ	あく	あくる	あくれ	あけよ	
	なぐ（投）	な	なげ	なげ	なぐ	なぐる	なぐれ	なげよ	
カ変	く（来）		こ	き	く	くる	くれ	こ	
サ変	す（為）		せ	し	す	する	すれ	せよ	
	信ず	しん	しんぜ	しんじ	しんず	しんずる	しんずれ	しんぜよ	
ナ変	死ぬ	し	しな	しに	しぬ	しぬる	しぬれ	しね	「死ぬ」「往（い）ぬ」のみ
ラ変	あり（有）	あ	あら	あり	あり	ある	あれ	あれ	「あり」「をり」「はべり」「いまそかり」のみ
			助動詞「ず」、「す（ナ変、ラ変）・さす（その他）」（使役）、「しむ」（使役）、「る（ナ変・ラ変）・らる（その他）」（受け身）、「む」、接続助詞「ば」（仮定条件）などがつづく。	文を中止するのに使われるほか、接続助詞「て」、助動詞「つ・ぬ」（完了）などがつづく。	文を終止するのに使われるほか、助動詞「べし」（当然）、「まじ」（打ち消しの意志）、「らし」（推量）（ただし、ラ変の場合は連体形につづく）などがつづく。	名詞を修飾するほか、助動詞「ごとし」（比況）、「なり」（断定）などがつづく。	接続助詞「ば」（確定条件）がつづく。	命令の意味をもって文を終止する。	

動詞の活用（文語）

活用の種類	語例	語幹	未然形	連用形	終止形	連体形	已然形	命令形
四段活用	書く	か	かか	かき	かく	かく	かけ	かけ
	継ぐ	つ	つが	つぎ	つぐ	つぐ	つげ	つげ
	押す	お	おさ	おし	おす	おす	おせ	おせ
	立つ	た	たた	たち	たつ	たつ	たて	たて
	買ふ	か	かは	かひ	かふ	かふ	かへ	かへ
	飛ぶ	と	とば	とび	とぶ	とぶ	とべ	とべ
	読む	よ	よま	よみ	よむ	よむ	よめ	よめ
	取る	と	とら	とり	とる	とる	とれ	とれ
			助動詞「ず」（打ち消し）、「す・しむ」（使役）、「る」（受け身）、「む」（推量）、接続助詞「ば」（仮定条件）などがつづく。	文を中止するのに使われるほか、接続助詞「て」、助動詞「つ・ぬ」（完了）などがつづく。	文を終止するのに使われるほか、助動詞「べし」（当然）、「まじ」（打ち消しの意志）、「らし」（推量）などがつづく。	名詞を修飾するほか、助動詞「ごとし」（比況）、「なり」（断定）などがつづく。	接続助詞「ば」（確定条件）がつづく。	命令の意味をもって文を終止する。

助動詞の活用（口語）

種類	語	未然形	連用形	終止形	連体形	仮定形	命令形	
使役	せる	せ	せ	せる	せる	せれ	せろ （せよ）	「せる」は五段・サ変の動詞につく。 「させる」はそれ以外の動詞につく。
	させる	させ	させ	させる	させる	させれ	させろ （させよ）	
受け身	れる	れ	れ	れる	れる	れれ	れろ （れよ）	「れる」は五段・サ変の動詞につく。 「られる」はそれ以外の動詞につく。
	られる	られ	られ	られる	られる	られれ	られろ （られよ）	
可能・自発・尊敬	れる られる	れ られ	れ られ	れる られる	れる られる	れれ られれ		
希望	たがる	たがら	たがり たがっ	たがる	たがる	たがれ		
	たい	たかろ	たく たかっ	たい	たい	たけれ		
ていねい	ます	ませ ましょ	まし	ます	ます	ますれ	ませ	命令形は「いらっしゃる」「くださる」などだけにつく。
断定	だ	だろ	で だっ	だ	な	なら		
ていねいな断定	です	でしょ	でし （で）	です	（です）			
打ち消し（否定）	ない		なく なかっ	ない	ない	なけれ		
	ぬ （ん）		ず	ぬ （ん）	ぬ （ん）	ね		
過去、完了など	た だ	たろ だろ		た だ	た だ	たら だら		「だ」はガ行、ナ行、バ行、マ行の五段活用動詞につく。 「た」はそれ以外の動詞、その他の活用語につく。
推量 様態	そうだ	そうだろ	そうで そうだっ	そうだ	そうな	そうなら		動詞の連用形、形容詞・形容動詞の語幹につく。
推量	らしい		らしく らしかっ	らしい	らしい			
	ようだ	ようだろ	ようで ように ようだっ	ようだ	ような	ようなら		
伝聞	そうだ		そうで	そうだ				活用語の終止形につく。
意志 推量	う よう			う よう	（う） （よう）			「う」は五段活用動詞、形容詞・形容動詞などにつく。「よう」は五段活用以外の動詞につく。
打ち消しの意志・推量	まい			まい	（まい）			

形容詞の活用（口語）

語例	語幹	未然形	連用形	終止形	連体形	仮定形	命令形	
よい	よ	よかろ	よく よう よかっ	よい	よい	よけれ		連用形「…く」で終わる形——文を中止する。また、副助詞「は」「も」がつづく。 連用形「…かっ」で終わる形——助動詞「た」などがつづく。
白い	しろ	しろかろ	しろく しろう しろかっ	しろい	しろい	しろけれ		
うれしい	うれし	うれしかろ	うれしく うれしう うれしかっ	うれしい	うれしい	うれしけれ		
		助動詞「う」がつづく。	文を中止するのに使われるほか、動詞、副助詞「は」「も」、助動詞「た」などがつづく。	文を終止する。「な」「よ」などの終助詞、「が」「から」などの接続助詞がつづく。	名詞を修飾する。助詞「の」、その他いくつかの助詞がつづく。	接続助詞「ば」がつづく。		

形容動詞の活用（口語）

語例	語幹	未然形	連用形	終止形	連体形	仮定形	命令形	
しずか	しずか	しずかだろ	しずかで しずかに しずかだっ	しずかだ	しずかな	しずかなら		連用形「…で」で終わる形——文を中止する。また、副助詞「は」「も」がつづく。 連用形「…に」で終わる形——動詞、副助詞「は」「も」がつづく。 連用形「…だっ」で終わる形——助動詞「た」などがつづく。
きれい	きれい	きれいだろ	きれいで きれいに きれいだっ	きれいだ	きれいな	きれいなら		
シック	シック	シックだろ	シックで シックに シックだっ	シックだ	シックな	シックなら		
		助動詞「う」がつづく。	文を中止するのに使われるほか、動詞、副助詞「は」「も」、助動詞「た」などがつづく。	文を終止する。「な」「よ」などの終助詞、「が」「から」などの接続助詞がつづく。	名詞を修飾する。助詞「の」、その他いくつかの助詞がつづく。	接続助詞「ば」がつづく。そのままでも使われる。		

活用の種類	語例	語幹	未然形	連用形	終止形	連体形	仮定形	命令形	
上一段活用	おきる	お	おき	おき	おきる	おきる	おきれ	おきろ おきよ	
	信じる	しん	しんじ	しんじ	しんじる	しんじる	しんじれ	しんじろ しんじよ	
下一段活用	あける	あ	あけ	あけ	あける	あける	あけれ	あけろ あけよ	
	なげる	な	なげ	なげ	なげる	なげる	なげれ	なげろ なげよ	
カ行変格活用	くる	(く)	こ	き	くる	くる	くれ	こい	
サ行変格活用	する	(す)	さ し せ	し	する	する	すれ	しろ せよ	未然形「さ」+「せる」「れる」 「し」+「ない」「よう」
	愛する	あい	あいさ あいし あいせ	あいし	あいする	あいする	あいすれ	あいせよ	未然形 「さ」+「せる」「ない」 「れる」 「し」+「よう」
	参加する	さんか	さんかさ さんかし さんかせ	さんかし	さんかする	さんかする	さんかすれ	さんかしろ さんかせよ	未然形 「さ」+「せる」「れる」 「し」+「ない」「よう」
	リードする	リード	リードさ リードし	リードし	リードする	リードする	リードすれ	リードしろ リードせよ	未然形 「さ」+「せる」「れる」 「し」+「ない」「よう」
			助動詞「せる・させる」「ない」「よう」「れる・られる」がつづく。	文を中止するのに使われるほか、接続助詞「て」「ながら」、副助詞「は」「も」、助動詞「た」などがつづく。	文を終止する。「な」「よ」などの終助詞、「が」「から」などの接続助詞がつづく。	名詞を修飾する。助詞の「の」、その他いくつかの助詞がつづく。	接続助詞「ば」がつづく。	命令の意味をもって文を終止する。各欄の上の「…ろ」で終わる形は話しことば的。これには終助詞「よ」がつづくことがある。	

動詞の活用（口語）

活用の種類	語例	語幹	未然形	連用形	終止形	連体形	仮定形	命令形	
五段活用	買う	か	かわ かお	かい かっ	かう	かう	かえ	かえ	
	書く	か	かか かこ	かき かい	かく	かく	かけ	かけ	
	継ぐ	つ	つが つご	つぎ つい	つぐ	つぐ	つげ	つげ	
	押す	お	おさ おそ	おし	おす	おす	おせ	おせ	この行の動詞には音便形はない。
	立つ	た	たた たと	たち たっ	たつ	たつ	たて	たて	
	死ぬ	し	しな しの	しに しん	しぬ	しぬ	しね	しね	
	飛ぶ	と	とば とぼ	とび とん	とぶ	とぶ	とべ	とべ	
	読む	よ	よま よも	よみ よん	よむ	よむ	よめ	よめ	
	取る	と	とら とろ	とり とっ	とる	とる	とれ	とれ	
			各欄の上の形には助動詞「せる」「れる」「ない」がつづく。下の形には助動詞「う」がつづく。	各欄の上の形はもともとの連用形。下の形は音便形。もともとの連用形は、文を中止するのに使われるほか、接続助詞「ながら」、副助詞「は」「も」などがつづく。音便形には、接続助詞「て・で」、助動詞「た・だ」などがつづく。	文を終止する。「な」「よ」などの終助詞、「が」「から」などの接続助詞がつづく。	名詞を修飾する。助詞の「の」、その他いくつかの助詞がつづく。	接続助詞「ば」がつづく。	命令の意味をもって文を終止する。終助詞「よ」などがつづくこともある。	

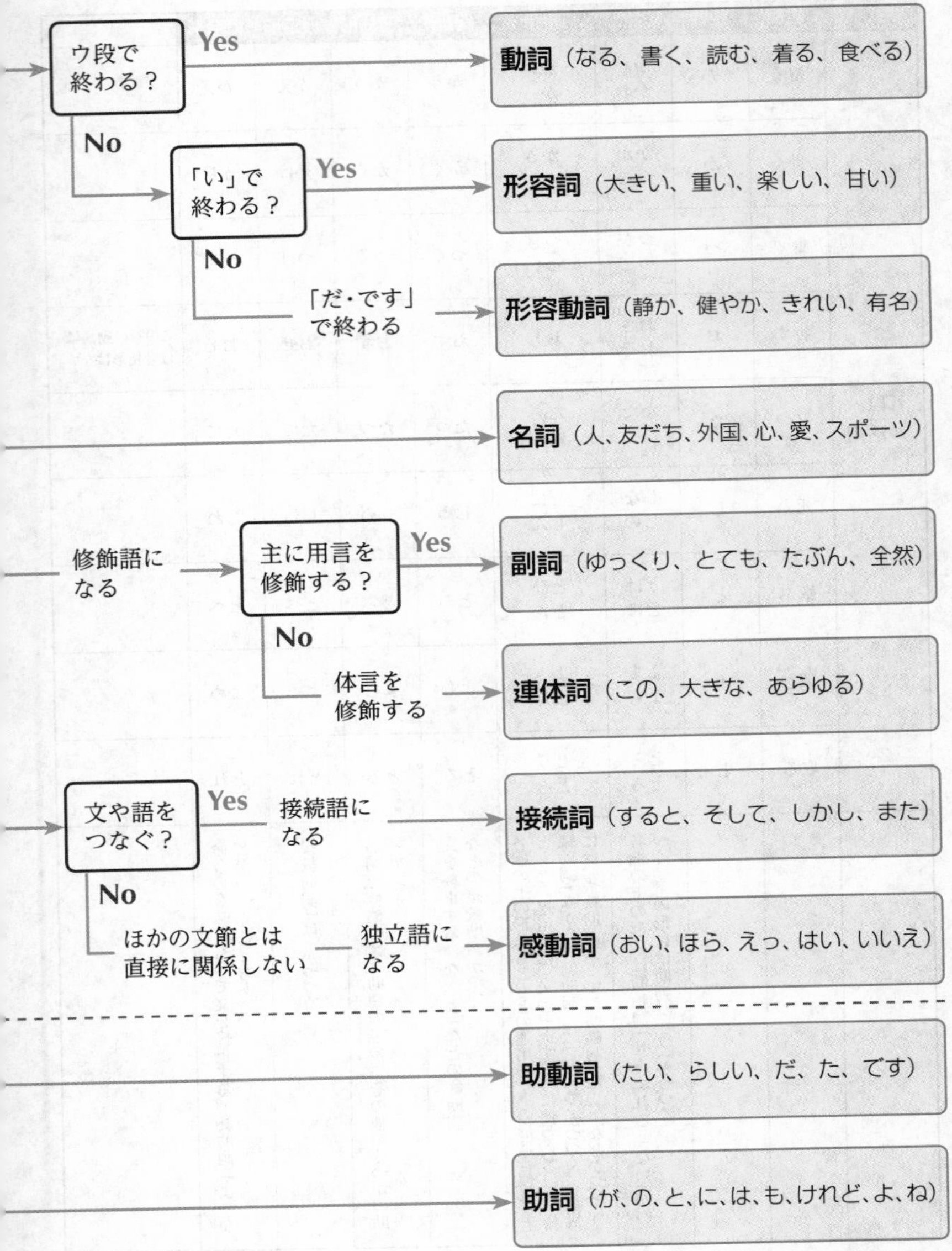
ウ段で
終わる？
Yes
動詞（なる、書く、読む、着る、食べる）
No
「い」で
終わる？
Yes
形容詞（大きい、重い、楽しい、甘い）
No
「だ・です」
で終わる
形容動詞（静か、健やか、きれい、有名）
名詞（人、友だち、外国、心、愛、スポーツ）
修飾語に
なる
主に用言を
修飾する？
Yes
副詞（ゆっくり、とても、たぶん、全然）
No
体言を
修飾する
連体詞（この、大きな、あらゆる）
文や語を
つなぐ？
Yes
接続語に
なる
接続詞（すると、そして、しかし、また）
No
ほかの文節とは
直接に関係しない
独立語に
なる
感動詞（おい、ほら、えっ、はい、いいえ）
助動詞（たい、らしい、だ、た、です）
助詞（が、の、と、に、は、も、けれど、よ、ね）

品詞の分類（2） フローチャートで単語を分類してみよう

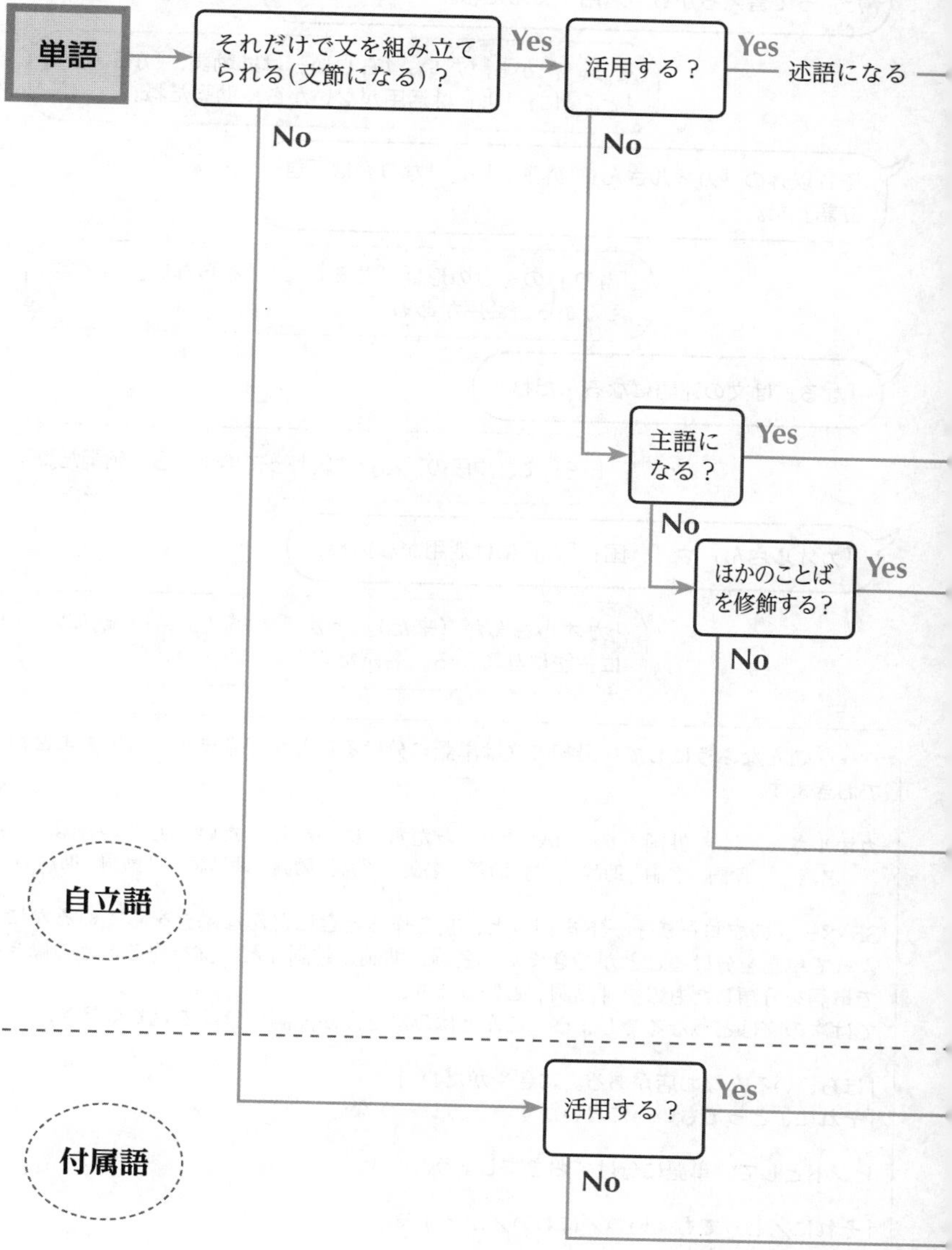

この中で「たい」「らしい」は「たかった」「らしかった」って言えるから、活用するんだね。

そう。だから「たい」「らしい」は助動詞、「が」「の」「と」「に」「よ」は活用がないから、助詞だね。

それ以外の「カオルさん」「外国」「人」「なり」は「自立語」だ。

「なり」のもとの形は「なる」で、「ならない」って言えるから、活用がある。

「なる」は文の述語になるんだね。

そして、ウ段の「る」で終わっているから、動詞だ。

「カオルさん」や「外国」「人」には活用がないね。

「カオルさんが（来た）」とか「人が（多い）」みたいに主語になるから、名詞だ。

……こんなふうにして、最初の文は単語に分けることができます。結果をまとめておきます。

カオルさん	は	外国	の	人	と	友だち	に	なり	たい	らしい	よ
名詞	助詞	名詞	助詞	名詞	助詞	名詞	助詞	動詞	助動詞	助動詞	助詞

35ページのフローチャートを使うと、文を作るときにどんな働きをしているかによって単語を分けることができます。名詞、助詞、動詞など、文を作るときの働きで単語を分類したものを「品詞」と呼びます。
では次の文はどうなるでしょう。こんどはみなさんが品詞に分けてみてください。

「ほら、いろんなお店がある。にぎやかだね。」
「それに、とってもいいにおいがする。カレーかな。」

ヒントとして、単語に分けておきましょう。

「それに／とっても／いい／におい／が／する 」
「カレー／か／な」

品詞の分類（1）

文を分解してみよう —「文節」「単語」「品詞」—

これは日本語の文なんだけど、どう読むかわかる？
「カオルさんはがいこくのひとともだちになりたいらしいよ。」

うーん、このままだと読みにくいなあ。わかりやすいように切ってみよう。
「カオルさんは　がいこくの　ひとと　ともだちになりたいらしいよ。」

漢字も使って書くとこうなる。
「カオルさんは　外国の　人と　友だちになりたいらしいよ。」

「カオルさんは」「外国の」のように文を自然に区切ったものの一つ一つが「文節」だ。「ね」をつけて切れるところだと考えればわかりやすいね。こういう文節が組み合わされて文を組み立てているんだ。

文節はもっと細かく分けられるね。

そう、こんなふうになる。
「カオルさん／は　外国／の／人／と　友だち／になり／たい／らしい／よ。」

そうやって分けた一つずつが「単語」だ。

じゃあ、この単語を35ページのフローチャートを使って分類してみよう。左上からスタートだよ。

まず、文に出てきた単語のうち、「が」「の」「と」「に」、それから「たい」「らしい」や「よ」は、それだけでは文の中で使えないね。

こういうことばを「付属語」って言うんだ。

なるべく購入《こうにゅう》しないことや過剰《かじょう》包装をことわること)」，または「リペア repair(=修理)」を加えたもの。

4WD《よんダブリューディー》 ⇨(本文)四輪駆動《よんりんくどう》 類 AWD。◇4-wheel drive の略。

5G《ファイブジー》 第5世代移動通信システム。4G(LTE)をはるかに超える高速・大容量の通信を，同時に複数の端末《たんまつ》で可能にする。例 5G 対応スマホ。◇5th Gneration の略。

5W1H ⇨(本文)ごダブリューいちエイチ

8K《はちケー》 よこ7680×たて4320ピクセルの，UHD(超高精細《ちょうこうせいさい》)の解像《かいぞう》度。「4K」の約2倍。スーパーハイビジョン。例 8K 対応テレビ。◇Kは「キロ」で，(約)8千の意味。

9·11《きゅうてんいちいち・きゅういちいち》 2001年9月11日，イスラム過激派《かげきは》のテロ組織によって起こされた「アメリカ同時多発テロ」の日付。ニューヨーク市内の超高層ビル2棟《とう》に，ハイジャックされた旅客機が突っこんだ。「9.11」とも書く。

【英語のフレーズの略記】

(小文字で書かれることもあります。)

ASAP できるだけ早く。◇as soon as possible の略。

BBL あとで戻ります。◇(I'll)be back later の略。

BFF 永遠の親友。おもに女子どうしの，形式的な呼びかけのことば。◇best friends forever の略。

BRB すぐ戻ります。◇(I'll)be right back の略。

BTW ところで。◇by the way の略。

CU さようなら。またね。◇See you. の略。

CUL8R ではまたあとで。◇See you later. の略。

ETA 到着予定時刻。◇estimated time of arrival の略。

FYI ご参考まで。ご報告まで。類 FYR。◇for your information の略。

FYR ご参考まで。類 FYI。◇for your reference の略。

GJ よくやった。◇good job の略。

GL 幸運を祈る。◇good luck の略。

HAND よい1日を。◇Have a nice day の略。

HRU 元気ですか。調子はどうですか。◇How are you? の略。

IDK わかりません。◇I don't know. の略。

IMO 私の考えでは。私見《しけん》では。◇in my opinion の略。

IOU お金を借りたときのメモ。例 IOU $20 (=20ドル)．◇I owe you の略。

LMAO 大笑い。類 LOL。ROFL。◇laughing my ass off(=下品な表現)の略。

LMK 教えてください。知らせてください。◇let me know の略。

LOL ❶大笑い。類 LMAO。ROFL。◇laughing out loud の略。❷愛をこめて。◇lots of love の略。

LTNS お久しぶりです。しばらくです。◇long time no see の略。

NP 問題ない。だいじょうぶ。どういたしまして。◇no problem の略。

NRN 返信は不要です。◇no reply necessary の略。

OMG たいへんだ！ なんてことだ！ ◇Oh my God! の略。

OOO 不在。休暇《きゅうか》中。◇out of office の略。

PIC 担当者。◇person in charge の略。

RIP 安らかに眠れ。ご冥福《めいふく》をお祈りします。欧米で，墓標《ぼひょう》にきざまれる略語。◇rest in peace の略。

ROFL 笑いころげる。類 LMAO。LOL。◇rolling on the floor laughing の略。

RSVP 折り返しご返信ください。◇フランス Répondez s'il vous plaît. の略。

TBA 詳細《しょうさい》は追って連絡します。◇to be announced の略。

TBC ❶詳細《しょうさい》は追って確認します。◇to be confirmed の略。❷続く。◇to be continued の略。

TBD 仮《かり》の予定。追って決定します。◇to be determined の略。

TGIF 金曜日ばんざい(週末だ)。◇Thank God it's Friday! の略。

THX サンキュー。◇Thanks. の略。

WIP 処理中。作業中。◇work in progress の略。

WTF なんだって。なんてこった。◇what the fuck(=下品な表現)の略。

XOXO キスとハグ。大好き。

◇watt hourの略。

WHO 世界保健機関。すべての人々が，可能な最高の健康水準に到達《とうたつ》することを目的とする，国連の専門機関。伝染《でんせん》病の撲滅《ぼくめつ》や健康的な生活習慣の推進などをおこなう。◇World Health Organizationの略。

Wi-Fi ⇨(本文)ワイファイ

WLB ワークライフバランス。夫婦共働きの家庭が増えたなかで，仕事と私生活・家事の両立をはかる考え。◇work-life balanceの略。

WMO 世界気象《きしょう》機関。世界各国の気象関係の仕事の調整などを行なう，国連の専門機関。◇World Meteorological Organizationの略。

WRO 小・中・高校生が製作したロボットの，国際的な競技大会。◇World Robot Olympiadの略。

WTO 世界貿易《ぼうえき》機関。国連の関連機関。◇World Trade Organizationの略。

WWF 世界自然保護基金。国際的な環境保護団体。例WWFジャパン。◇World Wide Fund for Natureの略。

WWW ⇨(本文)ウェブ ◇World Wide Webの略。

【x X】

X ⇨(本文)アルファ 表現

X線 ⇨(本文)エックスせん

Xデー あるとても重要なことのある，またはありそうな，まだいつかということはわからない日。例東京直下《ちょっか》型地震のXデー。◇X day(D-dayともいう)

XL 衣類などの，Lより大きいサイズ。◇extra largeの略。

XS 衣類などの，Sより小さいサイズ。◇extra smallの略。

【y Y】

y 年月日の，年。◇yearの略。

Y字路《ワイじろ》 Yの字の形の道路。

YA ⇨(本文)ヤングアダルト

YH ⇨(本文)ユースホステル

YMCA キリスト教青年会。ボランティアやアウトドア活動などを行なう国際NGO。例日本YMCA同盟《どうめい》。→YWCA ◇Young Men's Christian Associationの略。

YWCA キリスト教女子青年会。女性の地位向上や平和運動など，さまざまな社会問題にとりくむ国際NGO。例日本YWCA。→YMCA ◇Young Women's Christian Associationの略。

【z Z】

Z アメリカの漫画《まんが》などで，「ZZZ…」のような形で，いびきを表わす。

ZIP《ジップ》 ❶コンピューターのファイル圧縮の形式の一つ。類LZH。❷アメリカの郵便番号制度。◇Zone Improvement Planの略。

【数字で始まる略語】

1·17《いってんいちなな・いちいちなな》 1995年1月17日に起きた「阪神・淡路《あわじ》大震災《だいしんさい》」の日付。明石《あかし》海峡を震源とする地震による大災害。「1.17」とも書く。

3·11《さんてんいちいち・さんいちいち》 2011年3月11日に起きた「東日本大震災《だいしんさい》」の日付。東北地方の太平洋沖を震源とする地震と津波，原子力発電所事故による大災害。「3.11」とも書く。

3D《スリーディー》 三次元。立体。例3D映像。3Dプリンター。◇3 dimensionsの略。

3K《さんケー》 「きつい，きたない，きけん(危険)」な仕事のこと。例3K労働。◇ローマ字の頭《かしら》文字から。

3R《さんアール・スリーアール》 使い終えた物の，リデュース(=ごみの減量)，リユース(=瓶《びん》などの再使用)，リサイクル(=再生利用)のこと。環境問題に配慮《はいりょ》した循環《じゅんかん》型社会をめざす標語。例3R運動。→4R ◇reduce, reuse, recycleから。

4K《よんケー》 ❶よこ4096×たて2160ピクセルの，UHD(超高精細《ちょうこうせいさい》)の解像《かいぞう》度。フルハイビジョンの約4倍。例4K対応テレビ。→8K ◇Kは「キロ」で，4千の意味。❷陸上部や水泳部で，400メートルリレー。◇Kは「継走《けいそう》・継泳」の意味。

4R《よんアール・フォーアール》 「3R」に，「リヒューズ refuse(=物を

賃貸《ちんたい》マンションなどの経営を行なう。◇Urban Renaissance Agencyの略。

URL ウェブページのアドレス(インターネット上の情報のありか)を示す,「http://」「https://」で始まる文字や記号の列。◇uniform resource locatorの略。

USA アメリカ合衆国。◇United States of Americaの略。参考 英語ではUSをよく使う。

USB ❶コンピューターと周辺機器,スマートフォンなどを接続してデータを転送するための,もっとも普及《ふきゅう》しているインターフェース。◇universal serial busの略。❷「USBメモリー」の略。→次項

USBメモリー USBジャックに挿《さ》して使う,手軽で安価なデータ記憶メディア。

USJ ユニバーサルスタジオジャパン。大阪市にあるテーマパーク。◇Universal Studios Japanの略。

UTC 協定世界時。セシウム原子時計がきざむ時刻と,地球の自転から求められる時刻とのずれを修正した,世界共通の時刻。◇universal time coordinatedの略。

UV 紫外線《しがいせん》。おもに日焼けをいやがっていう。◇ultraviolet (rays)の略。

UX ユーザーエクスペリエンス。使い勝手のよさからいう,情報機器やアプリの使用体験。◇user experienceの略。

【v V】

V ❶⇨(本文)ボルト ❷⇨VTR②

Vシネマ 劇場で公開せず,販売・レンタル用のソフトとして作られる映画。商標名。◇日本での複合語。Vはvideoの略。

Vリーグ 日本の男女バレーボールリーグ。◇Vはvolleyballから。

VAR ビデオアシスタントレフェリー。試合・競技中にビデオ判定を行なう審判《しんぱん》員やシステム。◇video assistant refereeの略。

VB ⇨(本文)バレーボール

VDT 画像表示端末《たんまつ》。コンピューターのディスプレイ。例 長時間のVDT作業。◇visual display terminalの略。

VFX 映画の,視覚効果。CGを使った特殊《とくしゅ》効果技術。類 SFX。◇visual effectsから。

VICS《ビックス》 道路交通情報通信システム。カーナビに渋滞《じゅうたい》や工事中などの情報を知らせる。◇Vehicle Information and Communication Systemの略。

VIP 政府の要人や国賓《こくひん》など,特別に待遇《たいぐう》しなければならない重要な人物。「ブイアイピー」とも「ビップ」ともいう。例 VIPなみの待遇。◇very important personの略。

vo 〔音楽〕ボーカルの担当者。◇vocalの略。

VOD ビデオオンデマンド。配信中の番組をいつでも視聴《しちょう》できるサービス。◇video on demandの略。

VR コンピューター技術によって作り出される,現実だと錯覚《さっかく》するような世界。バーチャルリアリティー。仮想《かそう》現実。◇virtual realityの略。

vs VS ⇨(本文)バーサス

VTR ❶ビデオテープレコーダー。ビデオデッキ。◇videotape recorderの略。❷テレビ番組の中で流される,あらかじめ録画された映像。「V」ともいう。

【w W】

w SNSやコミュニケーション用アプリで,文末につけて「笑い」を表わす,若者の表現。類 草《くさ》。◇ローマ字のwaraiから。

W ❶⇨(本文)ダブル ❷寸法の表示で,横幅《よこはば》。よこ。→D・H ◇widthの略。❸方位磁石などで,西。対 E。◇westの略。❹⇨(本文)ウエスト ❺⇨(本文)ワット

W杯《はい》 「ワールドカップ」の略記。

WADA《ワダ》 世界アンチ・ドーピング機構。スポーツ選手のドーピング検査を行なう。→JADA ◇World Anti-Doping Agencyの略。

WBA 世界ボクシング協会。◇World Boxing Associationの略。

WBC ❶ワールドベースボールクラシック。野球の国別対抗戦。◇World Baseball Classicの略。❷世界ボクシング評議会。◇World Boxing Councilの略。

WBGT ⇨(本文)暑《あつ》さ指数《しすう》

WBT インターネットを利用して行なう学習。→CBT② ◇web-based trainingの略。

WC 「トイレ」のこと。◇water closetの略。

WG ⇨(本文)ワーキンググループ

Wh ワット時《じ》。電力量の単位。ワットアワー。

かた。2020年より小学校で必修《ひっしゅう》化されたプログラミング教育も，その一環《いっかん》。→ STEAM 教育（前項） ◇science, technology, engineering, and mathematics の略。

SUV スポーツ多目的車。類RV。◇sport utility vehicle の略。

Sv ⇨（本文）シーベルト

【t T】

t ⇨（本文）トン

T ❶「Tシャツ」の略。例 ロング（＝長そで）T。❷ ⇨（本文）テラ㊀ ❸ ⇨（本文）トーナメント ❹ ホテルの料金表などで，ツインルーム。 ◇twin room の略。❺ 元号の「大正《たいしょう》」の略記。

Tシャツ ⇨（本文）ティーシャツ

T定規《じょうぎ》 ⇨（本文）ティーじょうぎ

T字路《ティーじろ》 Tの字の形の道路。丁字路《ていじろ》。

Tリーグ 日本の卓球チームが参加するリーグ戦。

TB テラバイト。コンピューターの記憶容量の単位。ギガバイト（GB）の千倍。◇terabyte の略。

TC T/C ⇨（本文）トラベラーズチェック

TCG トレーディングカードゲーム。 ◇trading card game の略。

TDL 東京ディズニーランド。千葉県浦安《うらやす》市にあるテーマパーク。◇Tokyo Disneyland の略。

TDS 東京ディズニーシー。TDL に隣接《りんせつ》するテーマパーク。◇Tokyo DisneySea の略。

Tel TEL 電話番号の前につける略記。◇telephone の略。

TG ⇨（本文）トランスジェンダー

TGS 東京ゲームショウ。国内最大のゲーム展示会。◇Tokyo Game Show の略。

THX 映画を製作されたもとの状態に忠実《ちゅうじつ》な形で上映するための，劇場用の音響《おんきょう》・映像の品質規格。◇アメリカの社名から。

TKO ⇨（本文）テクニカルノックアウト

TL ⇨（本文）タイムライン

TM ❶ ⇨（本文）トレードマーク ❷ ⇨（本文）タウンミーティング

TOEFL《トーフル》 アメリカなどへの留学《りゅうがく》希望者のための，英語力判定テスト。◇Test of English as a Foreign Language の略。

TOEIC《トーイック》 国際コミュニケーション英語能力テスト。◇Test of English for International Communication の略。

TPO 時間・場所・場合によって，それにふさわしい行動をすること。服装についていうことが多い。◇time, place, occasion の略。

TPP 環《かん》太平洋戦略的経済連携《れんけい》協定。環太平洋パートナーシップ協定。参加国の間の関税の全廃《ぜんぱい》をめざす。◇Trans-Pacific Partnership（Agreement）の略。

TSマーク 自転車やヘルメットなどが，安全基準を満たしていることを示すマーク。◇TS は traffic safety の略。

TT ⇨（本文）チームティーチング

TV 「テレビ」のこと。

TW ⇨（本文）ツイート

【u U】

U その年齢《ねんれい》以下であること。例 U-20サッカー日本代表。◇under の略。

Uターン ⇨（本文）ユーターン

UAE アラブ首長国連邦《しゅちょうこくれんぽう》。◇United Arab Emirates の略。

UD ⇨（本文）ユニバーサルデザイン

UEFA《ウエファ》 欧州《おうしゅう》サッカー連盟《れんめい》。◇Union of European Football Associations の略。

UFO《ユーフォー》 未確認飛行物体。宇宙人が乗っているという，空飛ぶ円盤《えんばん》。◇unidentified flying object の略。

UHD ウルトラHD。超高精細《ちょうこうせいさい》のテレビ放送やブルーレイディスクの規格。「4K」と「8K」。◇ultra high-definition の略。

UI ユーザーインターフェース。なるべくわかりやすく操作できるように，機器にほどこされている工夫《くふう》。◇user interface の略。

UK 連合王国。イギリスのこと。◇the United Kingdom（of Great Britain and Northern Ireland）の略。

UMA《ユーマ》 なぞの未確認動物。雪男・ツチノコ・ネッシーなど。◇日本での複合語 unidentified mysterious animal の略。

UN ⇨（本文）国際連合《こくさいれんごう》 ◇United Nations の略。

UNESCO ⇨（本文）ユネスコ

UNICEF ⇨（本文）ユニセフ

UR 都市再生機構。かつては公団住宅であった

tainable development goals の略。

SE ❶映画などの，音響《おんきょう》効果。◇sound effect の略。❷システムエンジニア。業務内容に応じたコンピューターのプログラムを設計する技術者。◇system(s) engineer の略。

SEC アメリカの証券取引委員会。◇Securities and Exchange Commission の略。

SF 空想科学小説。例SF作家。SF映画。◇science fiction の略。

SFマーク 業界団体の安全検査に合格したおもちゃの花火に表示されるマーク。◇SFは safety fireworks の略。

SFX 映画の，特殊《とくしゅ》効果技術。類VFX。◇special effects から。

SGH スーパーグローバルハイスクール。国際社会で活躍できる人材を育成する，文部科学省認定《にんてい》の高校。→SSH ◇日本での複合語 super global high school の略。

SHM-CD 透明度の高いプラスチックを使った，超高品質素材のCD。商標名。◇Super High Material CD の略。

SI 国際単位系。メートル法を基礎とする，世界共通の単位の体系。◇フランス système international d'unités の略。

SIM《シム》 携帯電話に挿入《そうにゅう》する，契約者情報を記録したICチップ。例SIMカード。◇subscriber identity module の略。

SL 蒸気機関車。◇steam locomotive の日本での略。

SM サディズムとマゾヒズム。◇sadomasochism の略。

SMS 携帯電話の番号をメールアドレスのように使って，短文を送れるサービス。ショートメッセージサービス。◇short message service の略。

SNS ソーシャルネットワーキングサービス。ソーシャルメディア。インターネット上で人と人とのつながりをつくり，そのつながりを管理し，拡大《かくだい》できるサービス。アカウントを登録して，自己紹介《じこしょうかい》をしたり，掲示板《けいじばん》やタイムラインに投稿したりして，利用者どうしが交流する。◇social networking service の略。

SOGI《ソジ》 どちらの性別の人を好きになるかを表わす「性的指向《しこう》(sexual orientation)」と，自分の性別をどう認識《にんしき》するかを表わす「性自認(gender identity)」。異性愛以外のさまざまな性のありかたを認めあう考え。類LGBTQ。

SOHO《ソーホー》 自宅や小さい事務所で，パソコンを使って，一人かごく少人数で行なう仕事のしかた。◇small office / home office の略。

SOL 「生命の尊厳《そんげん》」。医学で，とくに終末医療《しゅうまついりょう》を受ける患者の，延命《えんめい》に絶対的な価値を置く考えかた。対QOL。◇sanctity of life の略。

SOS ❶船などが遭難《そうなん》したとき，救助を求めるために使ったモールス信号。❷助けを求めること。例SOSを出す。

SP ❶要人の護衛《ごえい》にあたる警官。◇security police の略。❷「スペシャル」の略記。特別番組。特集記事。例新春SP。巻頭SP。

SPI 現在のリクルート社が開発した，能力と性格をはかる総合適性《てきせい》検査。入社試験に使われる。◇synthetic personality inventory の略。

SS ❶サービスステーション。ガソリンスタンドや販売店の自動車修理工場や，商品のアフターサービスを行なうところ。◇service station の略。❷シークレットサービス。アメリカの警察機関で，要人《ようじん》の警護にあたる人。◇Secret Service の略。

SSD 半導体《はんどうたい》を使った，コンピューター用の記憶装置。HDDよりも衝撃《しょうげき》に強く，処理が高速。◇solid state drive の略。

SSH スーパーサイエンスハイスクール。とくに理科と数学の先進的な教育を行なう，文部科学省認定《にんてい》の高校。→SGH ◇super science high school の略。

SSL データを安全に送受信するためのインターネットの規格。これに対応したページはアドレスが「https」で始まり，パスワードを入力して閲覧《えつらん》する。◇secure sockets layer の略。

SSW スクールソーシャルワーカー。生徒や保護者を支援《しえん》するために学校に配置される，福祉《ふくし》の専門職。◇school social worker の略。

STマーク 安全基準を満たしたおもちゃに，日本玩具《がんぐ》協会が表示を認めるマーク。◇STは safety toy の略。

START《スタート》 アメリカとロシアの間の，戦略兵器削減《さくげん》条約。◇Strategic Arms Reduction Talks の略。

STEAM教育《スティームきょういく》 STEM《ステム》教育に，芸術の「A(=art)」を加えた考えかた。

STEM教育《ステムきょういく》 理系(科学・技術・工学・数学)の学問の教育を早期に取り入れていく考え

answer の略。

QC 製品の，品質管理。◇quality control の略。

QOL 「生命の質」。医学で，とくに終末医療《いりょう》を受ける患者本人の望みを重んじる考えかた。対SOL。◇quality of life の略。

QRコード 正方形の白黒の図像として表わした2次元バーコード。おもにスマートフォンのさまざまなサービスに利用されている。◇quick response code から。

【r R】

r ⇨(本文)半径《はんけい》 ◇radius の略。

R ❶元号の「令和」の略記。❷イヤホンなどの表示で，右。対L。◇right の略。❸⇨R指定 ❹エレベーターや階段などの表示で，屋上《おくじょう》のこと。対B。◇roof の略。❺国道。例R1(=国道1号線)。◇route の略。❻自動車のシフトレバーで，バックすること。対D。◇reverse の略。

Ⓡ ⇨(本文)登録商標《とうろくしょうひょう》

R&B リズム＆ブルース。アメリカの黒人が始め，ロックのもととなったギターと歌の音楽。◇rhythm and blues の略。

R指定《してい》 映画を見る年齢《ねんれい》制限で，15歳未満は見られない「R15＋」と，18歳未満は見られない「R18＋」。→PG12 ◇R は restricted の略。

RAM《ラム》 データの読み出しと書き込みの両方が可能な，コンピューターの記憶《きおく》装置。◇random access memory の略。→ROM

RC ❶鉄筋《てっきん》コンクリート。◇reinforced concrete の略。❷⇨(本文)ラジコン ❸⇨(本文)リモコン

RDB ⇨(本文)レッドデータブック

Re 電子メールの返信の，件名の先頭に自動的につく略語。◇reply の略。

RGB 赤・緑・青。光の3原色。◇red, green, blue の略。

Rh因子《いんし》 血液型を決める成分の一つ。この成分がある場合を Rh プラス，ない場合を Rh マイナスと呼び，輸血のとき この血液型が合わないと障害を起こすことがある。参考 Rh は，実験に使われた rhesus monkey(=赤毛ザル)から。Rh マイナスは日本人には少ない。

RNA 〔生物〕リボ核酸《かくさん》。DNA の遺伝《いでん》情報からタンパク質を合成する はたらきを持つもの。◇ribonucleic acid の略。

ROM《ロム》 データの読み出し専用で，書き込みができないコンピューターの記憶《きおく》装置。◇read only memory の略。→RAM

RPG ロールプレイングゲーム。キャラクターになりきってプレイするコンピューターゲーム。商標名。◇role playing game の略。

RT ツイッターの，リツイート。◇retweet の略。

RV 山地や海岸でも乗りやすい，レクリエーション・レジャー用の自動車。類SUV。◇recreational vehicle の略。

【s S】

s 秒。◇second の略。

S ❶衣類や飲み物など，いくつかの大きさを用意した商品で，小さいサイズ。◇small の略。参考 さらに小さいサイズを「SS」「XS」という。❷方位磁石などで，南。対N。◇south の略。❸特別。特等。例S席。◇special の略。❹元号の「昭和《しょうわ》」の略記。❺ホテルの料金表などで，シングルルーム。◇single room の略。❻野球で，ストライクのカウント数。◇strike の略。❼俗《ぞく》に，「サディスト」「サディズム」の略。対M。

SA 高速道路のサービスエリア。類PA。◇service area の略。

SACD スーパーオーディオ CD。高音質の CD の規格。◇Super Audio CD の略。

SAS ⇨(本文)睡眠《すいみん》時《じ》無《む》呼吸《こきゅう》症候群《しょうこうぐん》

SAT《サット》 警察の特殊《とくしゅ》急襲《きゅうしゅう》部隊。対テロ作戦を担当する。◇special assault team の略。

SB ⇨(本文)ソフトボール

SC ショッピングセンター。◇shopping center の略。

SDカード デジタルカメラやビデオカメラなどに使う，超小型のメモリーカード。◇SD は secure digital の略。

SDGs《エスディージーズ》 「持続《じぞく》可能な開発目標」。2015年に国連サミットで採択《さいたく》された，2030年までに世界で達成すべき17の目標。貧困《ひんこん》・健康・教育・不平等・衛生《えいせい》・環境・平和などの問題の解決が めざされている。→ESD ◇sus-

PK戦《せん》 サッカーで，同点で試合が時間切れになったとき，両チームから5人ずつ出て，ゴールキーパーの守るゴールに順番にボールをけり，その得点差で勝敗をきめる方法。

PKF 国連平和維持《いじ》軍。◇peace-keeping forcesの略。

PKO 国連平和維持《いじ》活動。◇peace-keeping operationsの略。

PL法《ほう》 製造物責任法。製品の欠陥《けっかん》による損害に対して，メーカーが賠償《ばいしょう》責任を負うことを定めた法律。◇PLはproduct liabilityの略。

PLO パレスチナ解放機構。イスラエルからの解放を目的に結成されたアラブ人の組織。◇Palestine Liberation Organizationの略。

p.m.　PM 午後の時刻を示す。【対】a.m.。AM。【参考】「子午線《しごせん》の後」の意味のラテン語post meridiemから。英語などでは「7:00p.m.」のように時刻を示す数字の後につけて使うが，日本では前につけられることも多い。

PM 排ガスなどの粒子《りゅうし》状物質。◇particulate matterの略。

PM2.5《にーてんご》 ◇2.5マイクロメートル以下の微小粒子《りゅうし》状物質。→PM(前項)

PO 地図などで，郵便局の略記。◇post officeの略。

POD オンデマンド出版。→(本文)オンデマンド ◇print on demandの略。

POP《ポップ》 ⇨(本文)ポップ(POP)

POS《ポス》 小売店で，売り上げや在庫についての情報を，「販売時点」でレジを通じて自動的にオンライン管理すること。【例】POSシステム。POSレジ。◇point of saleの略。

PP ポリプロピレン。石油からつくる合成樹脂《じゅし》。軽くて丈夫《じょうぶ》で熱に強い。◇polypropyleneの略。

PPC 普通紙に対応した，一般《いっぱん》的な複写機。【例】PPC用紙(=普通紙)。◇plain paper copierの略。

ppm 全体を100万としたとき，求める部分がいくつになるかを示す数。1万分の1パーセント。百万分率《ひゃくまんぶんりつ》。大気や水の中にふくまれている物質の量を表わすときなどに使う。◇parts per millionの略。

PPT マイクロソフト社のプレゼンテーション用ソフト「PowerPoint《パワーポイント》」のこと。

PPV ペイパービュー。有料テレビで，1作品ごとに料金を支払うこと。◇pay-per-viewの略。

PR ⇨(本文)ピーアール

PS 追伸《ついしん》。二伸。◇postscriptの略。

PSEマーク 電気用品安全法のもとで，安全な電化製品に表示されるマーク。◇PSEはproduct safety of electrical appliance and materialsの略。

pt 「ポイント」を数える略記。【例】1pt=1円で使える。

PT プロジェクトチーム。◇project teamの略。

PTA 学校単位につくられる，父母と教師の会。◇Parent-Teacher Associationの略。

PTSD 災害や戦争，事故などの異常な体験が原因となって生じる精神の障害《しょうがい》。心的外傷後《しんてきがいしょうご》ストレス障害。◇post-traumatic stress disorderの略。【参考】体験直後に発症《はっしょう》する場合も，しばらく後の場合もある。強い不安や恐怖，無力感，まだその体験の渦中《かちゅう》にいるかのような感覚や行動など，さまざまな症状が出る。→(本文)トラウマ

PU ポリウレタン。合成ゴムの一種。◇ドイツ Polyurethanの略。

PV ❶ページビュー。あるウェブページが，ある期間中に何回見られたか。◇page viewの略。❷パブリックビューイング。会場の大画面で試合などを見ること。◇public viewingの略。❸新曲などの販売促進《そくしん》用の映像。【類】MV。VC。◇promotion videoの略。❹プライベートビデオ。個人が撮影した映像。◇private videoの略。

PVC ポリ塩化《えんか》ビニール。【例】PVCフィギュア。◇polyvinyl chlorideの略。

PW ⇨(本文)パスワード

PYP IB(国際バカロレア)教育の一環《いっかん》としての，3歳から12歳までを対象とする教科教育プログラム。◇Primary Years Programmeの略。

【q Q】

Q ❶トランプのクイーン。12にあたる。❷「A(=答え)」に対して，問い。問題。◇questionの略。❸⇨(本文)クォーター②

Q熱《キューねつ》 家畜《かちく》からうつる病気。◇Qは「疑問符(？)」の意味のqueryから。

Q&A 問いと答え。【類】FAQ。◇question and

own goal の略。

OHC 発表のとき，書物や立体物などの資料を撮影《さつえい》して，スクリーンやモニターにうつしだす装置《そうち》。オーバーヘッドカメラ。書画カメラ。◇overhead camera の略。

OHP 透明《とうめい》のシートに書かれた文字や図表を，スクリーンに大きく映しだす装置。◇overhead projector の略。

OJT 社員教育で，講習に対して，実際に働きながら仕事をおぼえること。実地訓練。◇on-the-job training の略。

OK ⇨(本文)オーケー

OL 会社などにつとめる女の人。◇日本での複合語 office lady の略。

OP ❶⇨(本文)オープン三② ❷⇨(本文)オープニング

OPAC《オーパック》 図書館のオンライン蔵書《ぞうしょ》目録。◇online public access catalog の略。

OPEC《オペック》 石油輸出国機構。中東《ちゅうとう》などの産油国《さんゆこく》が自己の利益を守るための組織。◇Organization of Petroleum Exporting Countries の略。

or インターネットのURLで「.jp」の前に入れる，財団法人や社団法人などの団体を表わす文字。◇organization の略。

OS パソコンやスマートフォンの基本ソフト。パソコン用の Windows《ウィンドウズ》や macOS《マックオーエス》，スマートフォン用の Android《アンドロイド》や iOS《アイオーエス》などのこと。◇operating system の略。

OVA 販売用のビデオソフトやDVDソフトとして制作されたアニメ。◇日本での複合語 original video animation の略。

oz ⇨(本文)オンス

【p P】

p P 「ページ」を表わす。

P ❶「プロデューサー」のこと。❷自動車のシフトレバーで，駐車。◇parking の略。❸駐車場を表わす記号。

Pa ⇨(本文)パスカル

PA 高速道路のパーキングエリア。類SA。◇parking area の略。

PB ⇨(本文)プライベートブランド 対NB。

PC ❶「パソコン」のこと。◇personal computer の略。❷ポリティカルコレクトネス。社会制度や言論が，あらゆる面で差別や偏見《へんけん》をふくんでいないこと。◇political correctness の略。

PCR検査《けんさ》 ウイルスの遺伝子《いでんし》を増幅《ぞうふく》させて行なう検査。◇PCR は polymerase chain reaction の略。

PDCA 計画・実行・評価・改善の4つの作業をくり返す，業務改善の考えかた。例PDCAサイクル。◇plan, do, check, act の略。

PDF コンピューターで作成した文書を，印刷したものと同じ形式でどのコンピューターでも見られるようにしたファイル。◇portable document format の略。

PET《ペット》 ペットボトルに使われる合成樹脂《じゅし》。ポリエチレンテレフタレート。◇polyethylene terephthalate の略。

PETA《ピタ》 アメリカの動物保護団体。各国に支部をもつ。◇People for the Ethical Treatment of Animals(＝動物の倫理《りんり》的扱いを求める人々の会)の略。

PG ❶⇨PG12(次項) ❷プロパンガス。◇propane gas の略。❸ラグビーで，ペナルティーゴールのこと。ペナルティーキックによる得点。◇penalty goal の略。

PG12《じゅうに》 映画を見る年齢《ねんれい》制限で，12歳未満(小学生以下)には保護者の指導・助言がいること。→R指定 ◇PG は parental guidance の略。

Ph.D. 博士号《はくしごう》。…博士。 ◇ラテン語 philosophiae doctor の略。

PHEV PHV 家庭用電源からも充電できる，プラグインハイブリッド(電気)自動車。◇plug-in hybrid (electric) vehicle の略。

PIAAC《ピアック》 OECD(経済協力開発機構)が実施《じっし》する，国際成人力調査。各国の成人が，実社会で生きていく上で必要とされる総合的な知識をどの程度もっているかを比較《ひかく》調査する。→PISA ◇Programme for the International Assessment of Adult Competencies の略。

PISA《ピザ》 OECD(経済協力開発機構)が実施《じっし》する，学習到達《とうたつ》度調査。各国の15歳の生徒を対象に，読解力・数学的リテラシー・科学的リテラシーの三分野の学力を調査して比較《ひかく》をする。→PIAAC ◇Programme for International Student Assessment の略。

PK ⇨(本文)ペナルティーキック

NB PB(プライベートブランド)に対して，ナショナルブランド。大手メーカーの商品。◇national brand の略。

NBA アメリカのプロバスケットボールリーグ。◇National Basketball Association の略。

NC 数値制御《せいぎょ》。工作機械などを自動で高い精度で制御するしくみ。◇numerical control の略。

NDC ⇨(本文)日本十進分類法《にほんじっしんぶんるいほう》

ne インターネットのURLで「.jp」の前に入れる，ネットワークサービスを表わす文字。◇network の略。

NEXCO《ネクスコ》 高速道路株式会社。かつての日本道路公団を民営化・分割してつくった，東日本・中日本・西日本の三つの会社。◇Nippon Expressway Company の略。

NF ⇨(本文)ノンフィクション

NFC 10cm以内の近距離《きんきょり》無線通信の国際標準規格。◇near field communication の略。

NFL ナショナルフットボールリーグ。アメリカのプロの，アメリカンフットボール統括《とうかつ》団体。◇National Football League の略。

NG ❶テレビや映画の撮影《さつえい》に失敗すること。例NGを出す。◇no good の略。❷俗《ぞく》に，禁止されていることや，禁句。例NGワード。

NGO 非政府組織。政府に属さないで国際的な活動をする民間の団体。利益を目的とせず，開発や，人権・平和・環境問題などにとりくむ。◇non-governmental organization の略。

NHK 日本放送協会。対 民放《みんぽう》。◇Nippon Hoso Kyokai の略。

NIE 「教育に新聞を」。新聞記事を学校の教材として利用すること。◇newspaper in education の略。

NIMBY《ニンビー》 原発《げんぱつ》やごみ処理場などをどこかにつくらなければならないことはわかるが，自分の住まいの近くにはつくってほしくないという，苦しい本音のこと。◇not in my backyard(=私の裏庭にはつくらないで)の略。

No. ❶ナンバー。…番。❷雑誌などの，…号。類Vol.。◇ラテン語 numero から。

NOC 各国の，国内オリンピック委員会。日本ではJOCのこと。→IOC ◇National Olympic Committee の略。

NPB 日本野球機構。日本のプロ野球の統括《とうかつ》団体。◇Nippon Professional Baseball Organization の略。

NPO 非営利組織。営利を目的とせずに社会のためになる活動を行なう，民間の団体。例NPO法(=「特定非営利活動促進《そくしん》法」の通称《つうしょう》)。◇nonprofit organization の略。

NPT 核拡散《かくかくさん》防止条約。◇nonproliferation treaty の略。

NSC アメリカの国家安全保障会議。大統領の諮問《しもん》機関。日本の同名の会議を「日本版NSC」ともいう。◇National Security Council の略。

NY アメリカ最大の都市，ニューヨークのこと。◇New York の略。

【o O】

O ❶血液型の一つ。❷野球で，アウトのカウント数。◇out の略。

O脚 ⇨(本文)オーきゃく

OA ❶ファックスやコンピューターを使った，事務の自動処理。例OA機器。◇office automation の略。❷⇨(本文)オンエア

OB ❶その学校の男子卒業生や，その会社などの男性の退職《たいしょく》者。対OG。◇old boy の略。❷ゴルフで，各ホールの区域外にボールを打ち出してしまうこと。◇out of bounds の略。

OCR 印刷された文字をスキャナーで読みとって，コンピューターの文字コードに変換するソフトウェア。◇optical character reader の略。

ODA 政府開発援助《えんじょ》。先進諸国の政府が，発展途上国の経済発展のために行なう援助や技術協力。◇official development assistance の略。

OECD 経済協力開発機構。先進国が中心となり，経済成長，雇用拡大，金融安定化，発展途上《とじょう》国の経済発展援助《えんじょ》などを目的に活動する。◇Organization for Economic Cooperation and Development の略。

OEM よその会社のパソコンや自動車などの商品を，受託《じゅたく》して製造すること。◇original equipment manufacturing の略。

OG ❶その学校の女子卒業生や，その会社などの女性の退職《たいしょく》者。対OB。◇old girl の略。❷サッカーなどの，オウンゴール。自殺点。◇

【m M】

m ❶⇨(本文)メートル ❷⇨(本文)ミリ㊀ ❸年月日の，月《つき》。◇monthの略。❹時間の，分《ふん》。◇minuteの略。

M ❶衣類や飲み物など，いくつかの大きさを用意した商品で，SとLの間のサイズ。◇midiumの略。❷俗《ぞく》に，「マゾヒスト」「マゾヒズム」の略。対S。❸⇨(本文)マグニチュード ❹⇨(本文)マッハ ❺⇨(本文)メガ㊀① ❻元号の「明治」の略記。

M&A 企業《きぎょう》の合併《がっぺい》・買収《ばいしゅう》。◇mergers and acquisitionsの略。

max. マキシマム。最大。対min. ◇maximumの略。

mb ⇨(本文)ミリバール

MB メガバイト。コンピューターの記憶容量の単位。キロバイト(KB)の千倍。◇megabyteの略。

MBA 欧米《おうべい》の，経営学修士《けいえいがくしゅうし》の資格。◇master of business administrationの略。

MC ❶司会者。とくに，イベントの進行を行なうプロの司会者。例ブライダルMC。◇MC(=master of ceremoniesの略) ❷コンサートで，曲と曲のあいだに入れるトーク。◇日本語独自の意味。❸ラップミュージシャン。ラッパー。

MCU ❶マイクロコントローラー。コンピューターの心臓部にあたる，超小型のデータ処理装置。マイコン。類MPU。◇micro control unitの略。❷メモリー制御《せいぎょ》装置。おもにCPUに内蔵される。◇memory control unitの略。

MF ⇨(本文)ミッドフィールダー

mg ⇨(本文)ミリグラム

MIDI《ミディ》 シンセサイザーなどの電子楽器の演奏データをコンピューターで制御《せいぎょ》するための規格。◇musical instrument digital interfaceの略。

MIT アメリカの，マサチューセッツ工科大学。◇Massachusetts Institute of Technologyの略。

mL ⇨(本文)ミリリットル

ML メーリングリスト。何人かの人々のメールアドレスをグループとして一つのメールアドレスに登録して，情報を共有しながら連絡しあうしくみ。◇mailing listの略。

MLB メジャーリーグ。大リーグ。アメリカのプロ野球。◇Major League Baseballの略。

mm ⇨(本文)ミリメートル

MOOC《ムーク》 大規模《だいきぼ》公開オンライン講座《こうざ》。録画した講義のもようを，インターネットを通じてだれでも無料で見られるようにしたもの。◇Massive Open Online Courseの略。

MP3《スリー》 MPEG《エムペグ》に使われる音声ファイルの形式。音楽の再生に向く。

MPEG《エムペグ》 動画ファイルの形式の一つ。◇Moving Picture Experts Groupの略。

MPU マイクロプロセッサー。コンピューターの心臓部にあたる超小型のデータ処理装置で，MCU(マイクロコントローラー)より高性能のもの。◇microprocessing unitの略。

MRI 細胞《さいぼう》がもつ磁気《じき》を検出してコンピューターで画像化する断層撮影《だんそうさつえい》法。脳などの診断《しんだん》に使われ，CTに比べて利点がある。◇magnetic resonance imagingの略。

MSF 国境なき医師団。世界中で医療《いりょう》活動を行なうボランティア組織。◇フランス Médecins sans frontièresの略。

MT車《しゃ》 変速(=ギアの入れかえ)操作を手で行なう自動車。マニュアル車。対AT車。◇MTはmanual transmissionの略。

MTB ⇨(本文)マウンテンバイク

MV ミュージックビデオ。音楽のビデオクリップ。類PV。◇music videoの略。

MVP 最優秀《ゆうしゅう》選手。プロ野球などで，その期間にもっともすぐれた活躍《かつやく》をしたとみとめられた選手。◇most valuable playerの略。

【n N】

N ❶方位磁石などで，北。対S。◇northの略。❷住宅の間取りで，納戸《なんど》のこと。◇ローマ字のnandoから。❸⇨(本文)ニュートラル㊂ ❹⇨(本文)ニュートン

NAFTA《ナフタ》 北米自由貿易《ぼうえき》協定。アメリカ・カナダ・メキシコの3か国が締結《ていけつ》する。◇North American Free Trade Agreementの略。

NASA《ナサ》 アメリカ航空宇宙局。宇宙開発のための米国の政府機関。◇National Aeronautics and Space Administrationの略。

JPN オリンピック・パラリンピックなどの国際競技大会での，日本の略号。◇Japan の略。

JR かつての国鉄(日本国有鉄道)が分割・民営化されて生まれた，六つの旅客鉄道会社と貨物会社のグループ名。◇Japan Railways の略。

JRA 日本中央競馬《けいば》会。◇Japan Racing Association の略。

JSL 第二言語としての日本語。母語《ぼご》が日本語でない人々のための日本語(の教育)。◇Japanese as a second language の略。

【k K】

K ❶トランプのキング。13にあたる。❷住宅の間取りで，台所のこと。◇kitchen の略。❸韓国《かんこく》のこと。例 K ポップ。K 文学。◇Korea の略。❹野球で，三振《さんしん》を数える略号。❺⇨(本文)カラット② ❻⇨(本文)キロ㊂ ❼⇨(本文)絶対温度《ぜったいおんど》

K点《てん》 スキーのジャンプ競技で，着地場所にもうけた，得点の加算・減算の基準位置。◇ドイツ Konstruktionspunkt から。

KB キロバイト。コンピューターの記憶容量の単位。◇kilobyte の略。

kcal《キロカロリー》 ⇨(本文)熱量《ねつりょう》②

kg ⇨(本文)キログラム

KJ法《ほう》 文化人類学者の川喜田二郎《かわきたじろう》が考案した，カードによる情報整理とアイデア発想の方法。ブレーンストーミングを行なったあとの問題解決法としても利用される。

kL ⇨(本文)キロリットル

km ⇨(本文)キロメートル

KO ノックアウト。例 KO 勝ち。

kt ❶⇨(本文)カラット② ❷⇨(本文)ノット

kW ⇨(本文)キロワット

kWh ⇨(本文)キロワット時《じ》

【l L】

L ❶衣類や飲み物など，いくつかの大きさを用意した商品で，大きいサイズ。◇large の略。参考 さらに大きいサイズを「LL」「XL」という。❷⇨(本文)リットル ❸イヤホンなどの表示で，左。対 R。◇left の略。

L.A. アメリカの都市，ロサンゼルス。◇Los Angeles の略。

LAN ⇨(本文)ラン

LCC 格安《かくやす》航空会社。サービス内容をおさえた格安な旅客機。◇low cost carrier の略。

LCD 液晶《えきしょう》ディスプレイ。◇liquid crystal display の略。

LD ⇨(本文)学習症《がくしゅうしょう》 ◇learning disorder の略。

LDK リビングルーム(L)とダイニングキッチン(DK)とを兼ねた部屋。例 3LDK(=3つの個室とLDK)のマンション。

LED 電流を通すと発光する半導体素子。消費電力が少なく，熱を出さず，長期に使える。発光ダイオード。例 LED 電球。LED 照明。青色 LED。白色 LED。◇light emitting diode の略。

lg インターネットの URL で「.jp」の前に入れる，地方公共団体(都道府県・市区町村)を表わす文字。◇local government の略。

LGBT 同性愛，両性愛，性別違和《いわ》(性同一性障害)の人。性的少数者。→LGBTQ(次項) ◇lesbian, gay, bisexual, or transgender の略。

LGBTQ 「LGBT」に，それ以外の性的少数者も加えた言いかた。「LGBTQ＋《プラス》」ともいう。類 SOGI。◇Q は queer と questioning をかけたもの。

LL教室《きょうしつ》 英語のリスニング(聴解《ちょうかい》)や発音を学ぶための設備をそなえた教室。◇language laboratory の略。

LNG 液化《えきか》天然ガス。◇liquefied natural gas の略。

LP 1分間に33と3分の1回転する，直径約30cm のレコード。アルバム。対 EP。◇long playing の略。

LPガス 液化石油ガスの通称《つうしょう》。石油の精製の際に副産物として生産される，クリーンで安全なガス。家庭用燃料のプロパンガスや，ライターに使うブタンガスなどがある。◇LP(=liquefied petroleum の略)gas

LSI 大規模集積回路。一枚の小さな板にたくさんの IC《アイシー》を組みこんだもの。コンピューターなどに使われる。◇large-scale integration の略。

LZH コンピューターのファイル圧縮の形式の一つ。類 ZIP。

Paralympic Committee の略。

iPS細胞《さいぼう》 生体のさまざまな組織に分化する可能性をもち，とくに再生医療《いりょう》に役立てるためにつくられる細胞。人工多能性《たのうせい》幹細胞《かんさいぼう》。◇ induced pluripotent stem cells から。

IQ ⇨(本文)知能指数《ちのうしすう》 ◇ intelligence quotient の略。

IR ❶統合型リゾート。カジノをふくむ，観光客のための複合施設。日本のどこかにもつくることが構想《こうそう》されている。◇ integrated resort の略。❷企業《きぎょう》が投資家に知らせる広報《こうほう》。◇ investor relations の略。

ISBN 国際標準図書番号。おもに市販《しはん》本のカバーや奥付《おくづけ》に表示される，その本固有の13桁《けた》のコード。 ◇ International Standard Book Number の略。

ISO 国際標準化機構。工業規格を世界中で統一することを目的とする組織。◇ International Organization for Standardization から。

ISS 国際宇宙ステーション。大気圏《たいきけん》の上のほうに建設された，有人《ゆうじん》の実験施設。◇ International Space Station の略。

IT 情報技術。コンピューターの技術的発展を基盤《きばん》とする，通信や情報処理の技術。◇ information technology の略。

IUCN 国際自然保護連合。絶滅危惧種《ぜつめつきぐしゅ》の「レッドリスト」も作成する。◇ International Union for Conservation of Nature and Natural Resources の略。

IWC 国際捕鯨《ほげい》委員会。クジラの保護を目的とする機関。◇ International Whaling Commission の略。

【j J】

J ❶「日本(ジャパン)」のこと。㊞ Jポップ。❷トランプのジャック。11にあたる。 ❸⇨(本文)ジュール

Jアラート 日本政府が配信する全国瞬時《しゅんじ》警報システム。◇ J は Japan から。

Jリーガー Jリーグの選手。

Jリーグ 日本プロサッカーリーグ。◇ J は Japan から。

JA ⇨(本文)農協《のうきょう》

JADA 日本アンチ・ドーピング機構。スポーツ選手のドーピング検査を行なう。→ WADA ◇ Japan Anti-Doping Agency の略。

JADMA《ジャドマ》 日本通信販売協会。◇ Japan Direct Marketing Association の略。

JAF 日本自動車連盟《れんめい》。故障車の救援《きゅうえん》サービスなどを行なう会員制の組織。◇ Japan Automobile Federation の略。

JAL《ジャル》 日本航空株式会社。◇ Japan Airlines の略。

JARO《ジャロ》 日本広告審査《しんさ》機構。 ◇ Japan Advertising Review Organization の略。

JAS ⇨(本文)ジャス

JASRAC《ジャスラック》 日本音楽著作権協会。◇ Japanese Society for Rights of Authors, Composers and Publishers の略。

JAXA《ジャクサ》 宇宙航空研究開発機構。◇ Japan Aerospace Exploration Agency の略。

JBC 日本ボクシングコミッション。◇ Japan Boxing Commission の略。

JCT ⇨(本文)ジャンクション

JETRO《ジェトロ》 日本貿易振興《ぼうえきしんこう》機構。◇ Japan External Trade Organization の略。

JFA 日本サッカー協会。◇ Japan Football Association の略。

JICA《ジャイカ》 国際協力機構。ODA(政府開発援助《えんじょ》)，技術協力，資金協力，青年海外協力隊の派遣《はけん》などを行なう独立行政法人。◇ Japan International Cooperation Agency の略。

JIS ⇨(本文)ジス

JISコード ⇨(本文)ジスコード

JOC 日本オリンピック委員会。スポーツを通じて世界平和の維持《いじ》と国際友好親善に貢献《こうけん》するとともに，日本選手の育成・強化をはかる。→ JPC・IOC ◇ Japanese Olympic Committee の略。

jp インターネットの URL の末尾につける，日本を表わす文字。◇ Japan の略。

JP 日本郵政。郵便局やゆうちょ銀行などのグループ企業《きぎょう》。◇ Japan Post の略。

JPC 日本パラリンピック委員会。障害者スポーツの国際大会への選手の派遣《はけん》や，選手の強化などにとりくむ。→ IPC ◇ Japanese Paralympic Committee の略。

JPEG《ジェイペグ》 コンピューターの画像ファイルの，最もよく使われている形式。◇ Joint Photographic Experts Group の略。

【i I】

i 「案内所(インフォメーション)」を表わすピクトグラムに使う略字。

Iターン 都市部に住む人が，地方に移住して就職《しゅうしょく》すること。「Uターン」をもじって，「I」の字の形になぞらえたことば。

IAEA 国際原子力機関。原子力の平和的利用(発電など)やその安全対策を促進《そくしん》し，核《かく》兵器などへの軍事的利用を防止する，国連の関連機関。「核の番人」ともよばれる。◇International Atomic Energy Agencyの略。

IB 国際バカロレア。大学入学国際資格制度。インターナショナルスクールなどの生徒に対し，加盟《かめい》国の大学に入学，または受験するための資格をあたえる制度。もと，フランスの大学入学資格試験。◇International Baccalaureateの略。

IBAF 国際野球連盟《れんめい》。◇International Baseball Federationの略。

IBT インターネット経由で行なわれる試験。→CBT①　◇internet-based testingの略。

IC ❶集積回路。多数のトランジスターや抵抗《ていこう》器などを，一枚の小さな板に組みこんだ電子回路。テレビなど，いろいろな電気製品に使われる。◇integrated circuitの略。❷⇨(本文)インターチェンジ

ICAN《アイキャン》 国際NGO(非政府組織)の一つ，核《かく》兵器廃絶《はいぜつ》国際キャンペーン。2017年にノーベル平和賞を受賞。◇International Campaign to Abolish Nuclear Weaponsの略。

ICBL 国際NGO(非政府組織)の一つ，地雷禁止国際キャンペーン。◇International Campaign to Ban Landminesの略。

ICBM 大陸間弾道弾《だんどうだん》。核弾頭《かくだんとう》をつけた，非常に遠くまで飛ばせるミサイル。◇intercontinental ballistic missileの略。

ICOMOS《イコモス》 国際記念物遺跡《いせき》会議。文化遺産を保護するためのNGO(非政府組織)。ユネスコの諮問《しもん》機関として，あらたに登録される世界遺産の審査《しんさ》も行なう。パリに本部がある。◇International Council on Monuments and Sitesの略。

ICT 情報通信技術。「IT(情報技術)」に通信技術を加えた言いかた。◇information and communication technologyの略。

ICU ❶⇨(本文)集中治療室《しゅうちゅうちりょうしつ》◇intensive care unitの略。❷私立大学の一つ，国際基督教《キリストきょう》大学の通称《つうしょう》。例ICU高校。◇International Christian Universityの略。

ID その人が，たしかに本人であると証明するためのもの。例ID番号。IDカード。ユーザーID。◇identify, identificationの略。

IEA 国際エネルギー機関。OECD(経済協力開発機構)の付属機関。◇International Energy Agencyの略。

IF 国際競技連盟《れんめい》。競技ごとにつくられている国際組織の総称《そうしょう》。◇International Federationの略。

IH 電磁誘導《ゆうどう》加熱。磁力線を利用して加熱調理する方式。うずまき状のコイルで磁力線を発生させて電流をおこし，その電流が鍋《なべ》そのものを発熱させて加熱調理を行なう。例IH炊飯《すいはん》器。IHクッキングヒーター。◇induction heatingの略。

ILO 国際労働機関。労働者の生活の向上をおもな目的とする，国際連合の機関。◇International Labor Organizationの略。

IME コンピューターで漢字などを入力するための，文字変換用のソフトウェア。◇input method editorの略。

IMF 国際通貨基金。為替《かわせ》相場の変動によって自由貿易がそこなわれないように，各国の通貨価値を安定させることを目的として設けられた国際連合の専門機関。◇International Monetary Fundの略。

INTELSAT ⇨(本文)インテルサット

I/O インプット(入力)とアウトプット(出力)。入出力。

IOC 国際オリンピック委員会。スイスのローザンヌに本部がある。→IPC・JOC　◇International Olympic Committeeの略。

IoT モノのインターネット。家電や自動車など，身の回りのあらゆるものをインターネットに接続できるような製品にする考え。◇Internet of Thingsの略。

IPA 国際音声字母《じぼ》。それぞれの言語の発音のしかたを記すために定められた記号。◇international phonetic alphabetの略。

IPC 国際パラリンピック委員会。ドイツのボンに本部がある。→JPC　◇International

GIGAはGlobal and Innovation Gateway for Allの略。

GIS 地理情報システム。地理的な情報と，位置に関するデータや統計的なデータなどとを合わせ，地図上に文字やグラフ，画像などをわかりやすく示す情報システム。カーナビのほか，都市インフラ整備，災害復旧事業などに広く応用される。◇geographic information systemの略。

GK ❶ゴールキーパー。◇goalkeeperの略。❷ゴールキック。◇goal kickの略。

GM ゼネラルマネージャー。プロ野球やサッカーのチームの総監督。◇general managerの略。

go インターネットのURLで「.jp」の前に入れる，政府機関を表わす文字。◇governmentの略。

GP ❶⇨(本文)グランプリ ❷金メッキ製であること。 例24KGP(=純金メッキ製)。◇gold-platedの略。

GPIF 年金積立金《つみたてきん》管理運用独立行政法人。厚生労働省に属《ぞく》する，公的年金の資金をあずかる機関。◇Government Pension Investment Fundの略。

GPS 全地球測位《そくい》システム。人工衛星《えいせい》を利用して，自分が今いる地球上の地点の，緯度《いど》と経度と高度を正確に測定するシステム。カーナビや魚群探知器などに利用される。◇global positioning systemの略。

GPU 画像表示専用のIC(集積回路)。◇graphics processing unitの略。

GS ガソリンスタンド。◇gas stationの略。

GSOMIA《ジーソミア》 軍事情報包括《ほうかつ》保護協定。同盟《どうめい》国の間で軍事情報を提供《ていきょう》するとき，よその国へ漏洩《ろうえい》するのを防ぐために結ぶ協定。◇General Security of Military Information Agreementの略。

GW ⇨(本文)ゴールデンウイーク

【h H】

h 時間。例24h。◇hourの略。

H ❶元号の「平成」の略記。❷鉛筆《えんぴつ》の芯《しん》のかたさを示す記号。HBよりかたいもの。◇hardの略。❸寸法の表示で，高さ。たて。→D・W ◇heightの略。❹⇨(本文)ヒップ①

ha ⇨(本文)ヘクタール

HACCP《ハサップ》 食品の衛生《えいせい》管理システム。◇hazard analysis and critical control pointの略。

HB ❶鉛筆《えんぴつ》の芯《しん》のかたさを示す記号。ふつうのかたさ。◇hard blackの略。❷⇨(本文)ハンドボール

HC スポーツチームのヘッドコーチ。◇head coachの略。

HD ❶⇨(本文)ハードディスク ❷画質が高精細《こうせいさい》であること。◇high-definitionの略。❸「ホールディングス」の略記。実際に事業を行なう会社(事業会社)の株式を所有して傘下《さんか》に置く，持株《もちかぶ》会社のこと。◇holdingsの略。

HDD ハードディスクの駆動装置《くどうそうち》。◇hard disc driveの略。

HDMI テレビと録画・再生機器などを1本のケーブルでつなぐ，高画質・高音質の規格。例HDMI端子《たんし》。◇high-definition multimedia interfaceの略。

HDTV ハイビジョン放送。◇high-definition televisionの略。

HIV エイズ(AIDS)の病原体。エイズウイルス。◇human immunodeficiency virus(=ヒト免疫《めんえき》不全ウイルス)の略。

HP ⇨(本文)ホームページ

hPa ⇨(本文)ヘクトパスカル

HR ❶⇨(本文)ホームルーム ❷⇨(本文)ホームラン

HSC 繊細《せんさい》すぎる子。◇highly sensitive childの略。

HSP 繊細《せんさい》すぎる人。◇highly sensitive personの略。

HTML コンピューターでウェブページを作成するための言語。例HTMLファイル。◇hyper text markup languageの略。

http インターネットのブラウザーで，URLの先頭につける文字列。→https ◇hyper text transfer protocolの略。

https 「http」の，セキュリティー機能を強化したもの。パスワードを入力して閲覧《えつらん》する。◇sはsecureの略。

HV ⇨(本文)ハイブリッドカー ◇hybrid vehicleの略。

Hz ⇨(本文)ヘルツ

FBI 連邦捜査局《れんぽうそうさきょく》。アメリカ司法省に属する捜査機関。◇Federal Bureau of Investigation の略。

FC ❶ファンクラブ。◇fan club の略。❷サッカーのチーム名に使う略語。◇football club の略。❸⇨(本文)フィルム コミッション ❹⇨(本文)フランチャイズ②

FCV 燃料電池自動車。→(本文)燃料電池《ねんりょうでんち》 ◇fuel cell vehicle の略。

FG フィナンシャル(=金融《きんゆう》)グループ。銀行グループ企業《きぎょう》の名前に使う略語。◇financial group の略。

FIFA《フィファ》 国際サッカー連盟《れんめい》。◇《フランス》Fédération Internationale de Football Association の略。

FK ⇨(本文)フリーキック

FM 音などを電波にかえる方式の一つ。音波のかたちにしたがって，電波の周波数を変化させる。雑音が少なく，ラジオのFM放送や，テレビの音声を送るのに使われる。周波数変調。対AM。◇frequency modulation の略。

FOMC アメリカの，連邦《れんぽう》公開市場委員会。FRBの理事らで構成され，金融《きんゆう》政策について決定する。◇Federal Open Market Committee の略。

FP ファイナンシャルプランナー。資産運用などについての助言を行なう資格をもつ人。◇financial planner の略。

FRB ❶アメリカの，連邦《れんぽう》準備制度理事会。「②」の中心組織。◇Federal Reserve Board の略。❷連邦準備銀行。他国の中央銀行に相当《そうとう》する，アメリカの12の銀行。◇Federal Reserve Bank の略。

FRP 繊維《せんい》強化プラスチック。◇fiberglass reinforced plastics の略。

FTA 自由貿易《ぼうえき》協定。2か国以上の国や地域の間で，関税や数量制限などの自由な貿易の障害をとりのぞく協定。おたがいの貿易や投資の拡大をはかる。◇free trade agreement の略。

FW ⇨(本文)フォワード

Fwd 受信した電子メールをだれかに転送するとき，件名の先頭に自動的につく略語。◇forward の略。

【g G】

g ⇨(本文)グラム

G ❶⇨(本文)ガウス ❷⇨(本文)ギガ㊀ ❸⇨(本文)重力《じゅうりょく》 ❹NHKの，総合テレビ。NHKテレビ。◇general から。❺(あとに参加国・地域の数をつけて)「財務相《ざいむしょう》・中央銀行総裁《そうさい》会議」または「首脳会議」という意味を表わす。例 G7《ジーセブン》(=アメリカ・日本・ドイツ・フランス・イギリス・カナダ・イタリアの財務大臣などによる会議)。◇group の略。

G1《ジーワン》 競馬《けいば》で，格付けの最も高いレースの総称《そうしょう》。◇grade one から。

Gマーク 経済産業省の審議《しんぎ》会によって，デザインがすぐれていると認められた商品につけるマーク。◇good design mark から。

Gメン ❶FBI(アメリカ連邦捜査《れんぽうそうさ》局)の捜査官。❷密輸などの不正の摘発《てきはつ》を行なう捜査官の通称《つうしょう》。例 麻薬《まやく》Gメン。万引きGメン。◇G(=Government の略)-men

GB ギガバイト。コンピューターの記憶容量の単位。メガバイト(MB)の千倍。◇gigabyte の略。

GDP 〔経済〕国内総生産。その国の国内で，1年間に新しく生産された物やサービスの値段を合計したもの。経済力の目安とされ，この伸び率を経済成長率という。◇gross domestic product の略。

GF ガールフレンド。彼女《かのじょ》。対BF。◇girl friend の略。

GHQ 連合国軍総司令《しれい》部。第二次世界大戦後，ポツダム宣言の執行《しっこう》のために，日本で占領《せんりょう》政策を実施《じっし》した。1952年のサンフランシスコ講和条約の発効で廃止《はいし》。これにより，新憲法の制定，農地改革，教育改革，財閥《ざいばつ》解体など，さまざまな変化があった。◇General Headquarters の略。

GID ⇨(本文)性同一性障害《せいどういつせいしょうがい》 ◇gender identity disorder の略。

GIF《ジフ》 コンピューターの画像ファイルの形式の一つ。アニメーションにしたり，背景を透明にしたりできる。◇graphics interchange format の略。

GIGA《ギガ》**スクール構想**《こうそう》 小・中学校に，生徒ひとり1台のパソコンと高速ネットワーク環境を整備する，文部科学省が進める計画。◇

から。

Eコマース ⇨(本文)電子商取引《でんししょうとりひき》

eスポーツ コンピューターゲームの対戦競技。◇e-sports(=e は electronic の略)

Eメール ⇨(本文)電子《でんし》メール ◇e-mail(=e は electronic の略)

EC ❶⇨(本文)電子商取引《でんししょうとりひき》 ❷ヨーロッパ共同体。ヨーロッパ連合(EU)の前身《ぜんしん》。◇European Community の略。

ECB ヨーロッパ中央銀行。◇European Central Bank の略。

ECO《エコ》 子供環境運動。カナダの少女がクラスメートとともに始めたもの。1992年ブラジルで開かれた地球サミットで，当時12歳の少女がスピーチを行なった。◇Environmental Children's Organization の略。

ed インターネットのURLで「.jp」の前に入れる，高校までの学校などを表わす文字。◇education の略。

EEZ ⇨(本文)排他的経済水域《はいたてきけいざいすいいき》

EFTA《エフタ》 ヨーロッパ自由貿易《ぼうえき》連合。◇European Free Trade Association の略。

e.g. ⇨ex. ◇ラテン語 elempli gratia から。

EL 電圧をかけることによる発光現象《げんしょう》。例 有機ELディスプレイ。◇electroluminescence の略。

EMS 国際スピード郵便。◇Express Mail Service の略。

EP 1分間に45回転する，直径約18cmのレコード。シングル盤《ばん》。ドーナツ盤。対 LP。◇extended playing の略。

EPA ❶エイコサペンタエン酸。イワシなどに含まれる脂肪酸《しぼうさん》。→DHA ◇eicosapentaenoic acid の略。❷経済連携《れんけい》協定。「FTA」の日本での言いかた。◇Economic Partnership Agreement の略。

EPG デジタル放送の電子番組表。テレビ画面に番組表を表示し，録画予約ができるもの。◇electronic program guide の略。

ER 病院の救急処置室。◇emergency room の略。

ES ⇨(本文)エントリーシート

ESD 持続可能な開発のための教育。未来のため，広い視野に立つ社会づくりの担《にな》い手を育てる教育理念。→SDGs ◇education for sustainable development の略。

ESL 第二言語としての英語。英語を母語《ぼご》としない人々にとっての英語(の教育)。◇English as a second language の略。

ESP 超能力。◇extrasensory perception(=超《ちょう》感覚的知覚)の略。

ESS 英会話学習サークル。◇English Speaking Society の略。

E.T. 地球外生命体。宇宙人。アメリカ映画の題名から。類 エイリアン。◇extraterrestrial の略。

etc. 「…など」の意味を表わす。エトセトラ。◇ラテン語 et cetera から。

ETC 自動料金収受《しゅうじゅ》システム。有料道路の通行料金を，料金所で車をとめることなく，通過するだけで精算できるシステム。料金所に設置したアンテナと，車につけた装置とのあいだで無線通信をおこない，料金は後日銀行から引き落とされる。◇electronic toll collection system の略。

EU ⇨(本文)ヨーロッパ連合《れんごう》

EV ❶電気自動車。◇electric vehicle の略。❷エレベーター。

ex. 例をあげるときの略記。e.g.。◇example の略。

EXPO《エキスポ》 ❶博覧《はくらん》会。見本市《いち》。◇exposition の略。

【f F】

F ❶パソコンの，いくつかのファンクションキー。「F1」キーから順に，ある特定の操作をわりあてたもの。◇function の略。❷建物の「階」を示す。例 2F(=2階)。◇floor の略。

F1 ⇨(本文)エフワン

FA ❶フライトアテンダント。旅客機の客室乗務員。類 CA。◇flight attendant の略。❷工場内のオートメーション。例 FA化。◇factory automation の略。❸⇨(本文)フリーエージェント制《せい》

FAO 国連食糧《しょくりょう》農業機関。◇Food and Agriculture Organization の略。

FAQ よくある質問。おもにウェブサイトの，使いかたをQ&A形式で回答するもの。◇frequently asked questions の略。

FAX ⇨(本文)ファックス ◇fax(=facsimile の略)

撮影《さつえい》するために，X線とコンピューターを組みあわせた装置。コンピューター断層撮影装置。◇CT(=computerized tomography) scanner

CV アニメやゲームの声優《せいゆう》。◇日本での複合語character voiceの略。

CVS コンビニのこと。◇convenience storeの略。

c/w ⇨(本文)カップリング〔参考〕

【d D】

d ❶年月日の，日《ひ》。◇dayの略。❷⇨(本文)デシ

D ❶「ディレクター」のこと。❷寸法の表示で，奥行き。→H・W ◇depthの略。❸自動車のシフトレバーで，通常走行(ドライブ)のこと。〔対〕R。

da ⇨(本文)デカ

DAISY《デイジー》 視覚障害者のためのデジタル録音図書の，国際標準規格。〔例〕DAISY図書。◇Digital Accessible Information Systemの略。

dB ⇨(本文)デシベル

DC ⇨(本文)直流《ちょくりゅう》② 〔対〕AC。◇direct currentの略。

D.C. ⇨(本文)ダカーポ

DF ⇨(本文)ディフェンダー

DH 指名打者。プロ野球で，守備は受けもたない打撃専門の打者。◇designated hitterの略。

DHA ドコサヘキサエン酸。青魚に多くふくまれる脂肪《しぼう》酸。血中の中性脂肪を減らし，心臓病や認知症《しょう》の予防によいとされる。◇docosa hexaenoic acidの略。

DIY 家具などを，自分で作ること。〔類〕日曜大工《だいく》。◇do-it-yourselfの略。

DJ ❶ラジオのポピュラー音楽番組のパーソナリティー。❷ディスコやクラブで，曲を選んでかける人。❸ヒップホップで，スクラッチ(=レコードをこすって出すノイズ)を担当する人。◇disk jockeyの略。

DK ⇨(本文)ダイニングキッチン

dL デシリットル。0.1リットル。◇《フランス》décilitreの略。

DL ⇨(本文)ダウンロード

DM ❶ダイレクトメール。会社が個人宛《あ》てに直接送る，商品などの印刷物やカタログ。◇direct mailの略。❷ダイレクトメッセージ。SNSで，特定の相手に直接送るメッセージ。◇direct messageの略。

DMAT《ディーマット》 災害派遣《はけん》医療《いりょう》チーム。専門の訓練を受けた医師や看護師からなる。→DPAT ◇Disaster Medical Assistance Teamの略。

DMO 観光地域づくり法人。地域の活性化のための，観光庁に登録する法人。〔例〕日本版DMO。◇Destination Management Organizationの略。

DNA 〔生物〕デオキシリボ核酸《かくさん》。すべての生物に存在する遺伝子《いでんし》の，本体である物質。配列順序によって，種《しゅ》ごとに遺伝情報が異なる。◇deoxyribonucleic acidの略。

DNA鑑定《かんてい》 人のDNAを調べて，犯罪の捜査《そうさ》や実の親子かどうかの特定に役立てる方法。

DPAT《ディーパット》 災害派遣《はけん》精神医療《いりょう》チーム。専門の訓練を受けた医師や看護師からなる。→DMAT ◇Disaster Psychiatric Assistance Teamの略。

DPE 写真の，現像・焼きつけ・ひきのばし。◇development, printing, enlargementの日本での略。

dpi 1インチの幅《はば》あたりの画素数で表わす，解像度の単位。◇dot per inchの略。

DPT ジフテリア・百日ぜき・破傷風《はしょうふう》のための，三種混合ワクチン。◇diphtheria, pertussis, tetanusの略。

Dr. ⇨(本文)ドクター

DTP 入力された原稿の編集・レイアウト・版下作成を，パソコンで行なうこと。◇desktop publishingの略。

DV 同居する配偶者《はいぐうしゃ》や交際相手から加えられる暴力で，ふつう男性によるもの。ドメスティックバイオレンス。◇domestic violenceの略。

DVD CDと同じ直径12cmで，はるかに多くの情報をデジタル方式で記録できる光ディスク。映画のソフトやコンピューターの記憶媒体《きおくばいたい》として利用される。◇digital versatile diskの略。

DX 「デラックス」の略記。

【e E】

E ❶方位磁石などで，東。〔対〕W。◇eastの略。❷NHKの，教育テレビ。Eテレ。◇education

自動化。CADデータを変換してNC工作機械に送信し，製品を加工する。コンピューター援用《えんよう》生産。◇computer aided manufacturingの略。

CATV ⇨(本文)ケーブルテレビ

CBT ❶パソコンの画面上で解答する試験。→IBT ◇computer-based testingの略。❷パソコンを利用して行なう学習。→WBT ◇computer-based trainingの略。

cc ❶立方センチメートル。液体・気体の容量の単位。1ccは1mL《ミリリットル》にあたる。◇cubic centimeterの略。❷電子メールを，送り先の人以外の人にも参考として送る機能。→bcc ◇carbon copyの略。

CCD 電荷結合素子《でんかけつごうそし》。光を電気信号に変えて画像化する部品。例CCDカメラ。◇charge coupled deviceの略。

cd ⇨(本文)カンデラ

CD ❶「キャッシュディスペンサー」の略。金融《きんゆう》機関の，現金自動支払《しはらい》機。類ATM。◇cash dispenserの略。❷音声信号を数字化して記録した，直径12cmの円盤《えんばん》。レーザー光線を用いて再生する。コンパクトディスク。◇compact discの略。

CD-ROM《シーディーロム》 「CD②」を，コンピューターの読み出し専用の記憶媒体《きおくばいたい》に利用したもの。容量が大きく，プログラムやゲーム，映像などのソフトとして使われる。

CEFR《セファール》 ヨーロッパ言語共通参照枠《さんしょうわく》。外国語学習の習熟度を，A1(初級)からC2(上級)までの6段階で示す国際標準規格。日本での英語教育にあてはめたものを「CEFR-J」という。◇Common European Framework of Reference for Languagesの略。

CEO アメリカなどの企業《きぎょう》の，最高経営責任者。日本での社長にあたる。→COO ◇chief executive officerの略。

cf. 「…を参照・比較せよ」という意味の略記。◇ラテン語conferから。

CF CMとする映像作品。◇commercial filmの略。

CG ❶⇨(本文)コンピューターグラフィックス ❷⇨CGI

CGI コンピューターでつくられた映像。◇computer-generated imageryの略。

CI ⇨(本文)チェックイン 対CO。

CIA アメリカ中央情報局。国家にかかわる情報収集・情報活動を行なう米国の機関。◇Central Intelligence Agencyの略。

CK サッカーの，コーナーキック。◇corner kickの略。

CLIL《クリル》 学校で，それぞれの教科の学習と言語(英語)の学習とを組みあわせた授業。内容言語統合《とうごう》型学習。◇Content and Language Integrated Learningの略。

cm ⇨(本文)センチメートル

CM ⇨(本文)コマーシャル

CMYK シアン(水色)・マゼンタ(濃いピンク色)・黄色・黒。印刷用インクとする四つの基本色。◇cyan, magenta, yellow, key blackの略。

co インターネットのURLで「.jp」の前に入れる，日本の企業《きぎょう》を表わす文字。◇commercialの略。

CO ⇨(本文)チェックアウト 対CI。

CO_2《シーオーツー》 二酸化炭素《にさんかたんそ》の化学式。例CO_2排出規制。

.com《ドットコム》 インターネットのURLの末尾につける，企業《きぎょう》などを表わす文字。◇commercialの略。

COO アメリカなどの企業《きぎょう》の，最高執行《しっこう》責任者。CEOの決めた経営方針や企業戦略にもとづいて，実際に業務を行なう。◇chief operating officerの略。

Co-op《コープ》 ⇨(本文)生協《せいきょう》 ◇co-operativeの略。

COTY 日本カー・オブ・ザ・イヤー。◇Car of the Year Japanの略。

CPI 消費者物価指数。商品やサービスの値段が，基準とする年からどれだけ上下したかを測定する数値。◇consumer price indexの略。

CPU コンピューターが計算処理を行なう中心部分。中央処理装置。中央演算装置。◇central processing unitの略。

CS ❶通信や放送に使う人工衛星《えいせい》。通信衛星。◇communications satelliteの略。❷「CS放送」の略。「①」による放送。❸プロ野球のプレーオフ。クライマックスシリーズ。◇Climax Seriesの略。

CSR 企業《きぎょう》の社会的責任。◇corporate social responsibilityの略。

ct ⇨(本文)カラット①

CT 「CTスキャナー」の略。人体内部の横断面を

ベースボール ❸⇨(本文)ブロードバンド

BB弾《ビービーだん》 空気銃(エアガン)に使う，プラスチック製の丸い弾《たま》。◇BBは，弾の直径を表わす区分から。

BBC 英国放送協会。イギリスの国営放送。◇British Broadcasting Corporationの略。

BBQ 「バーベキュー」のこと。

BBS コンピューターのネットワークを介《かい》して，だれかが情報を書き込み，それをもとに参加者たちが次々に意見や情報を交換するシステム。電子掲示板。掲示板。◇bulletin board systemの略。

B.C. 西暦《せいれき》の紀元前《きげんぜん》の年号を示す。対A.D.。◇before Christの略。

BC兵器《へいき》 生物兵器と化学兵器のこと。◇BCはbiological, chemicalの略。

B-CAS《ビーキャス》カード デジタル放送を視聴するために必要な，テレビなどの受信機に差しこむカード。◇B-CASは，日本の会社名の英語表記BS conditional access systemsの略称《りゃくしょう》。

bcc 電子メールで，送り先の人に知られない形で，ほかの人にもメールを送る機能。→cc② ◇blind carbon copyの略。

BCG ウシの結核菌《けっかくきん》からつくった，結核予防用のワクチン。◇フランス Bacille de Calmette et Guérinの略。

BD ⇨(本文)ブルーレイディスク

BF ボーイフレンド。彼氏《かれし》。対GF。◇boy friendの略。

BGM 作業の能率を高めたり，ふんいきをやわらげるために流す音楽。◇background musicの日本での省略語。参考 映画やテレビドラマの音楽は「劇伴《げきばん》」という。

BIE 万国《ばんこく》博覧会国際事務局。パリに本部がある。◇フランス Bureau International des Expositionsの略。

BK 銀行。◇bankの略。

BL ボーイズラブ。男子どうしの恋愛をえがいた漫画や小説。◇日本での複合語boy's loveの略。

BLM 黒人に対する警官のあいつぐ暴行をきっかけに欧米《おうべい》で広まった，人種差別抗議運動のスローガン。◇Black Lives Matter(=黒人の命も大事だ)の略。

BLT ベーコン・レタス・トマトをはさんだもの。例BLTバーガー。BLTサンド。◇bacon, lettuce, tomatoの略。

BMI 肥満度指数。「体重(kg)÷身長(m)÷身長」で計算する。「22」が標準。◇body mass indexの略。

BMX 自転車で行なうモトクロス。◇bicycle motocrossの略。

BPO 放送倫理《りんり》・番組向上機構。非営利・非政府の組織。◇Broadcasting Ethics and Program Improvement Organizationの略。

bps データ通信で，1秒間に送受信する情報量の単位。ビット毎秒。◇bits per secondの略。

Bq ⇨(本文)ベクレル

BS ❶放送に使う静止衛星《せいしえいせい》。放送衛星。◇broadcasting satelliteの略。❷「BS放送」の略。「①」による放送。→(本文)衛星放送

BSE 牛《うし》海綿状《かいめんじょう》脳症《のうしょう》。脳にスポンジのように穴があき，歩けなくなって死ぬ，ウシの感染症《かんせんしょう》。通称《つうしょう》，狂牛病。◇bovine spongiform encephalopathyの略。

BT ⇨(本文)ブルートゥース

BTB溶液《ようえき》 ［化学］ブロモチモールブルーという指示薬《しじやく》の水溶液。酸性で黄色，中性で緑色，アルカリ性で青色を示す。光合成《こうごうせい》の実験などに使う。◇BTBはbromothymol blueの略。

BTO 受注生産。パソコンのメーカー直販《ちょくはん》などで，注文を受けてから商品を製造すること。◇build to orderの略。

【c C】

C ❶評価や格付けで，Bの下のランク。例C判定。❷⇨(本文)クーロン

©《まるシー》 著作権を表わす記号。著作権の所有者や著作年を記す。◇copyrightの略。

℃ ⇨(本文)セ氏《セし》

C&W ［音楽］カントリー&ウエスタン。◇Country and Westernの略。

CA キャビンアテンダント。旅客機や列車の客室乗務員。類FA。◇cabin attendantの略。

CAD《キャド》 コンピューターを利用した設計や製図。コンピューター援用《えんよう》設計。→CAM 例CADシステム。三次元CADデータ。◇computer aided designの略。

cal ⇨(本文)カロリー①

Cal ⇨(本文)カロリー②

CAM《キャム》 コンピューターを利用した製品製造の

AET 「ALT」のうち，英語指導助手。◇assistant English teacher の略。

AF オートフォーカス。カメラの自動焦点《しょうてん》機能。◇autofocus の略。

AI ⇨(本文)人工知能《じんこうちのう》 ◇artificial intelligence の略。

AIDS ⇨(本文)エイズ

AL ⇨(本文)アクティブラーニング

ALS 筋萎縮性《きんいしゅくせい》側索硬化症《そくさくこうかしょう》。筋肉がやせていき，体の自由がきかなくなる難病《なんびょう》。◇amyotrophic lateral sclerosis の略。

ALT 外国語指導助手。外国語(ふつう英語)の授業で，日本人の先生をたすけて，おもに発音や会話の指導をする外国人補助教員。→AET ◇assistant language teacher の略。

a.m. **AM** 午前の時刻を示す。対p.m.。PM。◇「子午線《しごせん》の前」の意味のラテン語 ante meridiem から。英語などでは「10:30a.m.」のように，時刻を示す数字のあとにつけて使うが，日本では前につけられることも多い。

AM 音などを電波にかえる方式の一つ。音波のかたちにしたがって，電波の振幅《しんぷく》を変化させる。ラジオの中波放送や，テレビの映像を送るのに使われる。振幅変調。対FM。◇amplitude modulation の略。

AMeDAS ⇨(本文)アメダス

ANA ❶中立選手。陸上競技選手のドーピング問題で国際大会への出場が停止されている国から，出場を特別にみとめられた選手。◇authorised neutral athletes の略。❷全日本空輸《くうゆ》株式会社。全日空《ぜんにっくう》。◇All Nippon Airways の略。

AO入試《にゅうし》 面接や小論文などを通じて，人物と志望動機を重視《じゅうし》して入学者をえらぶ入試方式。参考AO は admissions office から。学校の推薦《すいせん》がいらない点で推薦入試と異《こと》なる。

APEC《エイペック》 アジア太平洋経済協力会議。アジア・太平洋地域の経済協力や貿易拡大などのための国際会議。◇Asia-Pacific Economic Cooperation の略。

AR 拡張《かくちょう》現実。専用ゴーグルやスマートフォンの画面を通して，現実とCGを重ねあわせた状況《じょうきょう》を体験できる技術。ゲームや図鑑，シミュレーションなどに応用されている。◇augmented reality の略。

AS ⇨(本文)アーティスティックスイミング

ASD ⇨(本文)自閉症《じへいしょう》 ◇autism spectrum disorder の略。

ASEAN《アセアン》 東南アジア諸国連合。10か国が加盟《かめい》する，地域協力のための組織。◇Association of Southeast Asian Nations の略。

ASMR 高感度マイクでごく身近な音を映像とともに収録し，聴覚に一種の快感をあたえるような動画。◇autonomous sensory meridian response(=自律感覚絶頂反応)の略。

AT車《しゃ》 自動変速式の，現在一般《いっぱん》的な自動車。オートマチック車。対MT車。◇AT は automatic transmission の略。

ATM 金融《きんゆう》機関の，現金自動預払《あずけばらい》機。類CD。◇Automatic(automated) teller machine の略。

ATS 自動列車停止装置。停止信号で列車を自動的に止める。◇automatic train stop の略。

AU アフリカ連合。アフリカの諸国・地域が加盟《かめい》する機関。◇African Union の略。

AV ❶テレビやDVDレコーダーなど，映像と音声を同時にたのしめる電気製品。◇audio-visual の略。❷「アダルトビデオ」の略。成人向けのひわいなビデオ・DVDソフト。日本での言いかた。

AWD 自動車の，全輪駆動《ぜんりんくどう》。四輪車なら「4《よん》WD」ともいう。◇all wheel drive の略。

【b B】

B ❶評価や格付けで，Aの下のランク。例B判定。❷血液型の一つ。❸エレベーターや階段などの表示で，地階のこと。例B1F(=地下1階)。対R。◇basement の略。❹野球で，投球がボールになったカウント数。◇ball の略。❺⇨(本文)バスト

B29《ビーにじゅうく》 広島・長崎への原爆投下にも使われた，アメリカの大型爆撃戦闘機。◇Bomber-29の略。

B級《きゅう》 ⇨(本文)ビーきゅう

B判《ビーばん》 印刷用紙のサイズの系列。B1判から，数が増えるごとに半分のサイズになる。たとえば，中学校の多くの教科書はB5判，この辞典はB6判。→A判

Bリーグ 日本の男子プロバスケットボールリーグ。◇B は basketball から。

BB ❶⇨(本文)バスケットボール ❷⇨(本文)

欧文《おうぶん》略語集

◉アルファベット(ローマ字)からなる略語や，アルファベットで始まることばを約650項目，語義の数でかぞえると780語分以上を集めて，ABC順に掲載《けいさい》しました。「a」の次が「A」という具合に，小文字と大文字では小文字を先にならべました。
◉意味の説明のあとに，「◇」で，もとの英語などの外国語のつづりを示しました。
◉略語のもとのことばが本文中に掲載されているものは，「⇨」でそのことばを引けるように示しました。また，「→」で，関連する略語を示しました。
◉【z Z】のあとに，「3D」「5W1H」など，数字で始まるいくつかの略語を掲載しました。
◉【数字で始まる略語】のあとには，英語でよく使われるフレーズを略語にしたものを集めました。携帯電話のメールや，SNS，メッセージアプリなどで使われる，くだけた書き表わしかたです。日本語でよく使われる「(笑)」などと共通するものもある点に気づきます。

【a A】

a ⇨(本文)アール

A ❶評価や格付けで，最高のランク。例A判定。❷血液型の一つ。❸「Q(=質問)」に対して，答え。解答。◇answerの略。❹トランプのエース。1にあたる。❺⇨(本文)アンペア

A級戦犯《エーきゅうせんぱん》 ❶第二次世界大戦後の極東《きょくとう》国際軍事裁判で，勝ったがわの連合国によってうったえられた，東条英機《とうじょうひでき》ら重要戦争犯罪人。❷集団で行なったものごとの失敗の責任を，もっとも問われるべき人のたとえ。

A判《エーばん》 印刷用紙のサイズの系列。A1判から，数が増えるごとに半分のサイズになる。たとえば，もっとも普及しているプリンター用紙はA4判，多くの文芸雑誌はA5判，文庫本やはがきはA6判。→B判

AB 血液型の一つ。

ABC ❶英語のアルファベット26文字の最初の3文字。また，アルファベット全体。❷ものごとの初歩。例ABCから教える。類いろは。

ABC兵器《へいき》 3種の大量破壊兵器である，核《かく》兵器・生物兵器・化学兵器のこと。◇ABCはatomic, biological, chemicalの略。

ABS樹脂《じゅし》 電化製品の外装《がいそう》や自動車の内装などに使われる，合成樹脂の一種。◇acrylonitrile, butadiene, styreneから。

ac インターネットのURLで「.jp」の前に入れる，日本の大学や研究機関などを表わす文字。◇academicの略。

AC ⇨(本文)交流《こうりゅう》三 対DC。◇alternating currentの略。

ACジャパン 公共広告を行なう公益団体。◇ACはAdvertising Councilの略。

AD アシスタントディレクター。演出助手。◇assistant directorの略。

A.D. 西暦《せいれき》の紀元の年号を示す。対B.C.。◇「主《しゅ》の年に」の意味のラテン語Anno Dominiから。→(本文)きげん〔紀元〕参考

ADHD 注意欠如《けつじょ》・多動症《たどうしょう》。幼児期に発症する発達症で，ものごとに集中することができない，落ち着きがなくじっとしていられない，思いついたら突然《とつぜん》行動にうつすなどの症状がある。◇attention deficit hyperactivity disorderの略。

ADSL 電話回線を利用して，高速で大量のデータを通信する技術。また，その通信網《もう》。非対称《ひたいしょう》デジタル加入者線。◇asymmetric digital subscriber lineの略。参考「非対称」とは，上りと下りの速度が異《こと》なるということで，アップロードよりダウンロードのほうが速い。

AED 自動体外式除細動《じょさいどう》器。急性の心肺《しんぱい》停止状態におちいった人の，心臓をはさむ位置の地肌《じはだ》に2枚の電極パッドをはりつけることによって，自動的に心臓の動きをしらべ，電気ショックをあたえて正常な拍動《はくどう》をとりもどすための救命装置《そうち》。音声案内にしたがってかんたんに使えるようになっている。◇automated external defibrillatorの略。

1984年 2月 1日 初版発行
1987年 2月 1日 第二版発行
1990年12月15日 第三版発行
1993年11月20日 第四版発行
1997年11月 1日 第五版発行
2002年 1月10日 第六版発行
2006年 1月10日 第七版発行
2012年 1月10日 第八版発行
2016年 1月10日 第九版発行
2021年 2月10日 第十版シロクマ版発行

例解新国語辞典 第十版 シロクマ版

二〇二三年一二月一〇日 第四刷発行

監修 林 四郎（はやし・しろう）

編著 篠崎晃一（しのざき・こういち）〔編修代表〕

相澤正夫（あいざわ・まさお）

大島資生（おおしま・もとお）

発行者 株式会社 三省堂 代表者 瀧本多加志

印刷者 三省堂印刷株式会社

発行所 株式会社 三省堂

〒一〇二—八三七一

東京都千代田区麴町五丁目七番地二

電話 （〇三）三二三〇—九四一二

https://www.sanseido.co.jp/

〈10版例解新国語(特)・1,392 pp.〉

ISBN978-4-385-13684-4

本書の内容に関するお問い合わせは，弊社ホームページの「お問い合わせ」フォーム（https://www.sanseido.co.jp/support/）にて承ります。

囲み記事 目次

誤解《ごかい》されやすいことば・新しい言いかた

この辞典でおもに 注意 のマークをつけて説明してある、正誤《せいご》が問題となりやすいことばや、新しい言い方がされるようになったことばを一覧にしました。ことばの意味や使い方は次第《しだい》に変化していきますので、ある表現が正しいかまちがっているかを安易《あんい》に決めつけることはできません。本来の意味を知りつつ、広まってきた新しい使い方にも敏感《びんかん》でいることが、思わぬコミュニケーションギャップを生まないためには大切です。

明《あか》るみに出《で》る
あくどい
当《あ》たり年《どし》
当《あ》たらずといえども遠《とお》からず(「当たる」の子項目)
あっけらかんと
あみだ(阿弥陀)
雨模様《あめもよう》
荒《あら》らげる
いいなずけ
潔《いさぎよ》い
一敗《いっぱい》地《ち》にまみれる
一姫二太郎《いちひめにたろう》
因果応報《いんがおうほう》
上《うえ》には上がある
うが(穿)つ
浮《う》き足《あし》立《だ》つ
うそぶ(嘯)く
うなされる
縁起《えんぎ》を担《かつ》ぐ
大勢《おおぜい》
おざなり
押《お》しも押されもしない(「押す」の子項目)
おぼつかない
お持《も》たせ
御《おん》の字《じ》
課金《かきん》
確信犯《かくしんはん》
風《かぜ》の便《たよ》り
活《かっ》を入《い》れる
かませ犬《いぬ》
辛党《からとう》
かわ(躱)す
間《かん》髪《はつ》を入《い》れず(「間」の子項目)
感嘆符《かんたんふ》
閑話休題《かんわきゅうだい》
気《き》が置《お》けない
奇特《きとく》
きめ細《こま》か
疑問符《ぎもんふ》
きら星《ほし》のごとく
切《き》り崩《くず》す
極《きわ》まりない
極《きわ》め付《つ》き
際物《きわもの》
君子《くんし》は豹変《ひょうへん》す
檄《げき》を飛《と》ばす
決選投票《けっせんとうひょう》
好一対《こういっつい》
後生《こうせい》畏《おそ》るべし
姑息《こそく》
こな(熟)れる
ごぼう抜《ぬ》き
こんがらがる
今昔《こんじゃく》の感《かん》
最高潮《さいこうちょう》
さいさき(幸先)
最小限《さいしょうげん》
采配《さいはい》
先《さき》を越《こ》される
五月晴《さつきば》れ
五月雨式《さみだれしき》
早急《さっきゅう》
触《さわ》り
慚愧《ざんき》
潮時《しおどき》
敷居《しきい》が高《たか》い
敷《し》く
地獄《じごく》の釜《かま》の蓋《ふた》も開《あ》く
忸怩《じくじ》たる
自首《じしゅ》
至上命題《しじょうめいだい》
弱冠《じゃっかん》
しゃにむに(遮二無二)
従来《じゅうらい》
粛々《しゅくしゅく》
入水《じゅすい》
酒池肉林《しゅちにくりん》
出生《しゅっしょう》
順延《じゅんえん》
緒《しょ》
憧憬《しょうけい》
食指《しょくし》を動《うご》かす
緒言《しょげん》
助長《じょちょう》
涼《すず》しい顔《かお》
すべからく
せいぜい(精々)
性癖《せいへき》
世間擦《せけんず》れ
施工《せこう》
拙速《せっそく》
壮絶《そうぜつ》
代替《だいたい》
大量《たいりょう》
高《たか》みの見物《けんぶつ》
多士済済《たしせいせい》
他力本願《たりきほんがん》
端緒《たんしょ》
断腸《だんちょう》の思《おも》い
断《だん》トツ
乳離《ちばな》れ
掉尾《ちょうび》
貼付《ちょうふ》
続《つづ》き柄《がら》
手《て》をこまぬく
でき(出来)る
天《てん》に唾《つば》する
天衣無縫《てんいむほう》
天地無用《てんちむよう》
電流《でんりゅう》
特訓《とっくん》
取《と》り崩《くず》す
頓服《とんぷく》
とんぼ返《がえ》り
ない〈助動〉
なおざり
流《なが》れに棹差《さおさ》す
情《なさ》けは人《ひと》の為《ため》ならず
なし崩《くず》し
名前負《なまえま》け
習《なら》い性《せい》となる
にやける
入籍《にゅうせき》
熱《ねっ》に浮《う》かされる
農作物《のうさくぶつ》
の(伸)るか反《そ》るか
橋桁《はしげた》
バックスキン
破天荒《はてんこう》
花《はな》も恥《は》じらう
はなむけ
波乱《はらん》
万端《ばんたん》
悲喜《ひき》こもごも
引《ひ》く
人《ひと》ごと